饶宗颐

二十世纪学术文集

卷一　史溯

中国人民大学出版社
· 北京 ·

饶宗颐二十世纪学术文集

目录

小　引

20世纪为中国学术史之飞跃时代，亦为反哺时代。何以言之？飞跃者，谓地下出土文物之富及纸上与田野调查史料之大量增加。由于考古学之推进，可征信而无文献纪录之历史年代，已可增至七八千年之久。反哺者，谓经典旧书古写本之重籀，奇字奥旨，新义纷披，开前古未有之局。

余之生，值1917年，实为王静安考证殷代先公先王之年。洹水甲骨之面世，至于今岁1999年，恰当期颐大齐之数，而余年且八十有五矣。当代学术之显学，以甲骨、简帛、敦煌研究之者成就最高，收获丰富，影响至为深远，余皆有幸参预其事。他若楚辞与楚学之恢弘、滋大，而垂绝复兴之赋学与文选学，余皆曾致力，不无推动之绩。至余所开拓之新业，如潮学、比较史前文字学与悉昙之学，则亦薄著微劳。本书为诸论文之结集，所以命名为“饶宗颐二十世纪学术文集”者，即以本世纪之新资料新路向为研究主要对象，盖纪其实也。

为迎接21世纪之来临，新写本之不断出土——近时郭店楚简，对于学术界之震撼，即其著例，故将另有新境界之展开，新校雠学之诞生，更有助于此一新事业。古典重温，新义滋起，或可能导致未来之文艺复兴，谨拭目以俟之。

本集所采，以单篇论文为主，依类相从，以便寻检。相当于一部巨型之《选堂集林》。属于新资料之专著，间亦作为附录。其旧著有因新资料而加修订，借此次刊布，谨求教于方闻之士。

书中采录兼有2001年之作，因所论仍属旧问题，因并附入焉。

2002年1月　饶宗颐谨记

卷一 史溯

目录

神话传说与比较古史学

卷一

饶宗颐二十世纪学术文集·史溯

目　录

论古史的重建

远东地区居民，大抵为汉藏语系及印欧伊兰语系。以种族言，前者为夷、越、戎、羌与诸夏所由构成。后者自昔统称曰胡。汉、胡对立，为汉、唐记载之所常见。

以宗教信仰言，后者即佛、祆、回诸教入华之媒介人物。百川汇合、万汇交融，以形成今日中华民族文化之共同体。自红山文化发现以来，又知远古东胡琢制夷玉工艺之卓绝，其庙墓坛壝结合形态，具见天圆地方观念之悠远。女神形状与西亚更多类似。余尝举哈拉发（Halaf）女神肩上之⊞号，与甲骨文巫字及周原所出白色西域人头部刻符之一致，中外远古文化交流之迹，粲然可见，非一般想像始料所及。地不爱宝，出土文物上之文字记录，若甲、金、简、帛等等，数量之富，与纸上文献资料，可相匹敌。以甲骨文而论，若干万片文字，诚为古史之无尽藏，倘能细心寻究，有无数新知，正待我人之探测，其事有同于开矿。略举其例：濮阳墓地之龙虎图案，足以推证卜辞之侑祭龙虎，非星象莫属。卜辞有河字而无江汉，实则漾即漾水，为汉水之源。从卜辞零碎资料，可以重构殷代之日书。凡此种种，皆余近年之新见，有待高明之扬榷。余所以提倡三重史料，较王静安增加一种者，因文物之器物本身，与文物之文字记录，宜分别处理；而出土物品之文字记录，其为直接史料，价值更高，尤应强调它的重要性。

有些未来主义者，着眼于将来，热情去追求他所虚构的理想。其实，如果对过去没有充分清楚的认识，所得到的，徒然是空中楼阁。“未来”必须建筑在“过去”历史的基础之上，否则，所有的虚拟假设，其目标与方向，往往是不正确的误导。反思过去史学界，从洋务运动以后，屡次出现这种过失，不免患了幼稚病。所有新与旧之争，伪经、疑古之争，本位文化与全盘西化之争，都是走许多冤枉路。回头是岸，现在应该是纳入正轨的时候了。以前许多错误的学说，像说古代只有龟卜而没有筮卦、易卦是从龟的形体演变而来；说五行思想要到汉代才正式发生，把古代某些制度演进的硕果尽量推迟，使古籍上的许多美丽的记录完全无法理解而受到贬视。由于不必要的假设，把事物的年代推后，反而怀疑古书种种的可信性。国史是一条绵延不断的长流，又吸收、汇合许多支流，蔚成大川。世界上没有其他国家像我们这样长远经过多民族融合而硕果仅存、屹立不动的时空体制。西亚、希腊已经过了无数次更易主人、历尽沧桑的文化断层。中国迄今还是那个老样子。中国科学智慧的早熟，如音乐音阶在六千年前已产生七孔笛，即其一例。近年大量丰收的出土文物，使古史景象完全改观。我们不能不正视历史的真实面貌。以前对于古史的看法，是把时间尽量拉后，空间尽量缩小。我们不能再接受那些的理论。对历史上事物的产生，如何去溯源、决疑，不能够再凭主观去臆断，不必再留恋那种动辄“怀疑”的幼稚成见，应该去重新估定。

我们今后采取的途径有三：

（一）尽量运用出土文物上的文字记录，作为我所说的三重证据的主要依据。

（二）充分利用各地区新出土的文物，详细考察其历史背景，作深入的探究。

（三）在可能范围下，使用同时代的其他古国的同时期事物进行比较研究，经过互相比勘之后，取得同样事物在不同空间的一种新的认识与理解。

现在，我们的视野扩大了，不再像以前只踽促在本国的阃阈内，作“同室操戈”式的无谓争论；我们不能再像以前那样，仅停滞在几本古书、在纸上文献，翻筋斗式地去任意作先后的安排，来武断事物出现的层次；或者只赤手空拳打几套玄学式的历史学的猜拳游戏。须知，地下层出不穷、浪翻鲸掣似地出现古物，正要求我们须更审慎地、冷静地去借重它们以比勘古书上种种记录，归纳出符合古书记载原意的合理解释，而寻绎出有规律的历史条理。

我们要避免使用某一套外来的不切实际的理论去堆砌主观架构，来强行套入，作出未能惬心餍理的解说，这是懒惰学究的陈腐方法。我们亦要避免使用旧的口号，像“大胆假设”之类，先入为主地去作一些“无的放矢”的揣测工夫，这是一种浪费。总而言之，我们要实事求是，认真去认识历史。今天三重资料的充分提供宝贵资料记录，我们恍如走在山阴道上应接不暇，好像陈设满汉筵席，让我们好好去品尝，时代要求我们去辨味、去咀嚼。我们现在可以见到的东西——古史文物，已超过束晰时代汲塚所出的若干倍。古史的重建运动，正在等候我们参加，新的成果正待我们去共同努力。揭谛(go)！揭谛（go)！莎婆诃！

刘起钎先生在他的《古史续辨》序言，劈头儿便谈到《古史辨》第8册的往事，我所拟的该书第8册目录，经于1940年在成都齐鲁大学的《责善》第1卷第3期披露，至今已经历了半个世纪。中间有些出版界人士要我照着该目录重新加以编印，我因为工作关系没有暇晷答应。其实，主要是我的古史观有重大改变了。

记起我在弱冠前后，尤其在中山大学广东通志馆工作的时候，馆藏方志千余种，占全国的第二位。那时候，我深受顾先生的影响，发奋潜心，研究古史上的地理问题。曾经把古书所有与地名有关的记载抄录若干册，《楚辞地理考》即其时得以刊布的一种。当日古代地理研究的讨论文字集中在《禹贡》一刊物，该刊亦曾印行过一期《古代地理专号》，我和钱先生讨论的文章亦发表在该期，我对顾老的“古史中地域扩张”论点，已有不同的看法。那些依据地名迁徙，作出推论，滥用同音假借来比附音义相近的地名，建立自己一套想像所考虑到的“地名层累”（“层累”二字可能取自顾先生的层累造成的古史观)，许多古史地名都给以重新搬家。于是西周建国改为由秦迁晋，楚的洞庭、沅、湘不在湖南而移至湖北。这些论点从表面看来，似是言之成理，但经不起推敲。我认为关于把古史地域的尽量缩小，同名的古史地名可作任意易位，这是不牢固的推理方法，这样连篇累牍的讨论是没有意思的。在我屡次比勘之下，觉得无法接受，只有失望。所以我决定放弃第8册的重编工作，原因即在此，遂使《古史辨》仅留下只有七册，而没有第8册，这是我的罪过。顾先生把我带进古史研究的领域，还让我参加《古史辨》的编辑工作，我结果却交了白卷。

我的思想改变，我不敢说是“入室操戈”，但真理在前面，我是不敢回避的。古史记载出于后代许多增饰附会，王仲任谓之“虚增”，是应该加以廓清的，这无疑是《古史辨》工作的最大贡献。但把古代文明过于低估（如说湘水流域汉初文化尚低之类)，把古代空间缩得太小，反而离开史实。近期各地古物的出土，本身已作充分证明，应当重新论证。我的文集第 1 册开宗明义是讨论古史问题，我所采用的方法和依据的资料虽然与顾先生有些不同，可是为古史而哓哓置辩，这一宗旨老实说来，仍是循着顾先生的途辙，是顾先生的工作的继承者。谨以此书敬献给顾老，表示我对他的无限敬意。

记得陈寅老在《彰所知论与蒙古源流》一文中说过：

> （元代先世系统的构成）是逐层向上增建。其例原不限于蒙古史，其他民族相传之上古史，何独不然！

这无异说是层累造成。顾老过去何曾不是运用这一观点来处理古史材料，可惜当时出土东西不多，但方法仍是正确的。

出土文物如果没有文献作为媒介说明的根据，直接的报导，只有考古学上的数据。这和当时的人地关系无法取得某历史事件的联系与说明。仅有“物”的意义、没有“史”的实证。许多人轻视纸上记载，我认为二者要互相提携，殊途而必同归，百虑务须一致，才是可靠可信的史学方法。

谈三重证据法

——十干与立主

目前要细谈夏代文化，尚嫌太早。本人虽曾游历豫、晋各地，在博物馆看到一些古陶；但许多有关实物，尚未正式接触，故谈不到研究。所谓夏文化，从广义说，可从文献记载上的夏礼，结合出土资料加以探讨。现在试从这一角度来谈：

古《礼经》每记"夏祝"。夏、殷、周三代礼制的差别，儒家经典言之不厌其详，现在只谈天干命名和丧礼立主二事，来考察殷人如何因袭夏礼的迹象。

夏末诸帝帝号有胤甲、孔甲和履癸。（今本《纪年》无"履"字只称癸）胤训嗣，孔训嘉，履和礼二字互训，诸帝号皆在天干上加一美名，这和殷王名号的戋甲、阳甲、沃甲等完全一样。可以看出商人在王号制度上是有因循夏代的迹象。殷代先公先王名曰癸的只有早于夏桀一些时候的示癸（卜辞称示癸）一人。示癸即成汤的父亲，其他无所闻。桀被放于南巢，死于亭山，国破身亡，自然无法取得庙号。这个癸字当是生称，不能说他生或死于癸日，由后人依据他的忌辰为之立庙号。如果夏主的甲、癸不是忌日，殷人当亦如之（纣称帝辛，纣之子武庚，故"辛"与"庚"不可能是庙号，亦是这个道理）。

可是向来一般甲骨学者都采用三国谯周的说法（见《古史考》），把所有殷代先王的甲乙名称说是忌日的庙号。卜辞所见的三匚六宗，说者都认为是出于成汤所追定。其实祀典上从示壬、示癸才开始有用甲乙名称的配偶，以前无之。示壬配曰妣庚，示癸配曰妣甲，庚和甲日干不相次，于省吾认为是根据当日的典册，但非出自成汤时，因示癸、妣甲是成汤的父母，应该称为父癸和母甲，但卜辞所见是称示癸和妣甲，可见必出于成汤以后礼官的典册。说甚有理。

《大戴记·诰志》："天子，卒葬曰帝。"谯周言"死者庙主曰甲"，又云："夏、殷之礼，生称王，死称庙主，皆以帝名配之，天亦帝也。"（《殷本纪》索隐引）按《礼记》："措之庙立之主曰帝。"（《曲礼》下）郑玄注："同之天神"。这是说立为木主放入庙内才可以有"帝"的称号，那是把死者当天神来看待。李学勤缀合《库方》九八五和一一〇六，举出卜辞有一则：

乙巳卜，其示帝？

乙巳卜，帝日，叀（惟）丁？叀乙？又日叀辛？又日。（以上一面）

乙巳卜，其示。　弜。

乙巳卜，帝日，叀丁？

此条见《合集》一一〇六，收入《美国所藏甲骨集十、十一两号缀合肋骨》的拓本。这正是卜立庙主以何日为吉，起初有丁、乙、辛三日的选择，最后才定在丁日。这条只能说是立庙主号为"帝"诹日之卜，而有三个日辰以供选择。可见立庙主不一定是甲日，主要是加上帝号，同之于天神。庙主之名可以是甲，亦可以不是甲。既有丁、乙、辛三日之卜，便该没有如忌日那样一定卒于某日。这样看来，庙号出于忌辰之说就站不住了。

汉代经学家的意见，从《白虎通》至易纬《坤凿度》及郑玄注以至晋初皇甫谧，都一致认为殷家质直，以生日为名。只有魏的谯周有点出入，《易纬》引孔子在解说前后二个帝乙同名的事实时说道："殷录质，以生日为名，顺天性也。"（《永乐大典》度字号）这里"录"字有它的特殊意义。据《礼记·檀弓》下："铭，明旌也，以死者为不可别已，故以其旗识之，爱之斯录之矣。……重，主道也。殷主缀重焉，周主撤重焉。"郑注："为'重'以存录其神。"古代立主的制度，在"措之庙立之主"之前，先立一根木头，相当于铭旌的杠。士长三尺，天子长九尺，这根木叫做"重"，置重于中庭，把死者的名字写在铭旌上，取铭置于重间，出殡时，重先行，及虞葬时，由甸人抗（举）重依道左，既虞而将重埋之。（详见《仪礼·既夕礼》）《礼记外传》云："重，未葬之前以代主也，犹以生事之，未忍作木主"。重是未有木主以前代替神主的东西，所以说“重是主（之）道也”。重在晋代称为凶门，又称衰门。王肃《丧服要记》云：“鲁哀公曰：‘衰门起于禹。’”（《御览》引）可见重是夏时丧礼的用物，原是夏文化。殷人在重上联缀木主，周人则撤去之。重上挂着铭旌，记录死者名字，所以说“重”以存录其神。记名可称为录，殷人以生日为名，所以《易纬》说“殷录质”也。录即是“爱之斯录之”的意思。立木主是安葬后的事，虞祭的木主用桑，在未葬之前用代主之木名为重，以为死者神之所凭依。这原是夏制，殷亦因之，并缀木主于其上，即所谓“殷主缀重”。人但知立庙主，而不知立庙之前尚有代主之“重”，其作用与主相同，是一种临时的“主”，其原亦出于夏礼也。重上悬铭旌记死者之名，殷录尚质，故但书生日之甲乙为名而已。《白虎通》卷八《姓名》云：“不以子丑何？曰：甲乙者，干也；子丑者，枝也；干为本，本质，故以甲乙为名也。”我疑心殷人姓子氏，对“子”有所忌讳，故不以十二辰为名而全用十干。只有高祖亥一名见于卜辞。亥还是夏时人，乃用地支最末之亥为号。卜辞亥亦作核，王观堂谓亥乃其正字；若然，则夏世殷商的先人命名，亦曾一度杂用十二辰，后来乃统一之改用天干，以上甲微为始。这是一项重要的礼制。

用天干甲乙为号，周初方国犹行之。《齐世家》、《古今人表》记齐太公之子丁公（伋）、继之为乙公（得）、癸公（慈母）。丁、乙、癸都是天干，但不相次。宋亦有丁公，汪中谓“夏殷之礼相沿而未革，故犹有以甲乙为号。”（《述学·玎文正》）朱骏声云：“商质，二十八王皆以生之日名也，齐盖用殷法。”周初在谥法未兴之前，仍有以甲乙为名号。

《尚书·皋陶谟》说：“（禹）娶于涂山，辛壬癸甲，启呱呱而泣，予弗子，惟荒度土功。”连续记着四个天干，自辛至甲。有的考古家把它说成婚配的对象，代表着人来看待，可是找遍先秦汉代的说法，都解说为时日。延光二年在嵩山立的开母庙石阙铭说：“爰纳涂山，辛癸之间，三□□入，实勤斯民。”《水经·淮水注》引《吕氏春秋》作：“自辛至甲，四日后往注水，故江淮之俗以辛壬癸甲为嫁娶日。”这一说是正确的。禹生启的故事，非常动人，且曾被谱为乐章，在周武王翦商灭纣、献俘的时候，龠人还奏着《崇禹生开（启）》三终，王定。（见《周书·世俘解》）由《尚书》这段话，可能夏初已使用十干，且有诹吉日之事。癸与甲周而复始，古称为“十日”，观晚期夏帝，不少以甲、癸为名，殷人踵用之。辛壬癸甲自宜以指十日中的四个日子为是。《史记·夏本纪》赞“孔子言行夏之时”，殷礼用天干记名和未葬时以重代主，原皆夏俗。殷因夏礼，这只是其中之二事，姑妄言之。其他暂置而不论。

此外，我想借此机会说一说有关研究夏文化的材料和方法的问题。现在大家都把注意力集中在田野考古中探索夏文化的遗存，这无疑是十分重要的。夏文化的研究能否出现决定性的突破，有赖于这方面的努力。但是就夏文化的整体而言，地下遗存毕竟有它本身的局限性，而且遗存也不一定有文字标志足以表明文化的内涵；所以，我们还得把考古遗存同传世文献结合起来进行考察和研究。尽管古籍中关于夏代的材料不多，但是许多零星的记载，却往往透露着夏代社会的消息，有待我们进一步去发掘。值得特别提出的是甲骨文。在甲骨文中有许多关于商代先公先王的记载，在时间上应该属于夏代的范畴，可看作是商人对于夏代情况的实录，比起一般传世文献来要可靠和重要得多。我们必须而且可以从甲骨文中揭示夏代文化某些内容。这是探索夏文化的一项有意义的工作。总之，我认为探索夏文化，必须将田野考古、文献记载和甲骨文的研究，三个方面结合起来。即用“三重证据法”（比王国维的“二重证据法”多了一重甲骨文）进行研究，互相抉发和证明。倘能在这方面做出成绩，那么，我们对于夏代情况的了解，将会更加具体而全面。那时来讨论夏文化的有关问题，就可说是适时了。我们期待着这一天早日到来。

1982年5月香港夏文化探讨会上致词

补记

我所以强调甲骨应列为“一重”证据，由于它是殷代的直接而最可靠的记录，虽然它亦是地下资料，但和其他器物只是实物而无文字，没有历史记录是不能同样看待的，它和纸上文献是有同等的史料价值，而且是更为直接的记载，而非间接的论述，所以应该给以一个适当的地位。况且已出土的甲骨数量十分惊人，据胡厚宣先生统计，存在的甲骨总额已超过十万片，如除去复出，实际有点夸大。目前因为文字辨认的困难，所以还未能做到“物尽其用”，取得更完满的论证结果，这正需要我们大家的加倍努力。目前甲骨研究的队伍，年老者逐渐退休，年轻者以学力关系尚接不上，还要好好地培养接班人才来展开研究工作，发挥更大的收效。西亚泥板文字，从1851年

Rawlinson 印行他的释读成果，楔形文研究的基础遂告奠定，至今已经取得极辉煌的成就。甲骨文发现比它只迟了半个世纪，希望学者迎头赶上。

所谓“三重证”还有另一讲法，杨向奎先生提出：“民族学的材料，更可以补文献、考古之不足，所以古史研究中的三重证，代替了过去的双重证。”他所著的《宗周社会与礼乐文明》一书正好代表这一方面的见解和研究的成就。我个人认为民族学的材料只可帮助说明问题，从比较推理取得一种相关应得的理解，但不是直接记录的正面证据，仅可以作为“辅佐资料”，而不是直接史料。民族学的材料，和我所采用的异邦之同时、同例的古史材料，同样地作为帮助说明则可，欲作为正式证据，恐尚有讨论之余地。如果必要加入民族学材料，我的意见宜再增入异邦的古史材料，如是则成为五重证了，其间相互关系有如下图所表示：

- 古史五重证
  - 直接证据
    - 实物（考古学资料）
    - 文献
      - 甲骨、金文材料
      - 经典材料
  - 间接证据
    - 民族学资料
    - 异邦古史资料

畏兽画说

宋姚宽《西溪丛语》云："《大荒北经》有神兽，衔蛇，其状虎首人身，四蹄长肘，名曰彊良，亦在《畏兽画》中，此书今亡矣。"姚氏解陶潜《读山海经三首》，独具只眼，为最早解此诗而深具卓识者，故毛晋称其能破人疑团。如姚言，古实有"畏兽画"之书，《山海经》所谓怪兽者，多在其中。考郭璞注《山经》每引之，试举如次：

> "有兽焉，其状如禺而长臂，善投，其名曰嚻。"郭注："亦在畏兽画中，似猕猴。"（《西山经》）
>
> "何罗之鱼，一首而十身……有兽焉，其状如貆而赤豪，其音如榴榴，名曰孟槐，可以御凶。"郭注："亦在畏狩（兽）画中也。"（《北山经》三）
>
> "彊良。"郭注："亦在畏兽画中。"

郭注引"畏兽画"凡三条。另一条云："氐人国，……人面鱼身而无足。"郭注："画：胸之以上人，胸以下鱼也。"《海内南经》省称曰"画"，当亦是指"畏兽画"。

《宣和书谱》韦权草书二，其一为画畏兽。"畏兽"一名词，在后来还常被人广泛使用。

西方自两河流域三千年来即有鹰首狮、带翼狮一类之神兽，称为 griffin，拉丁文为 gryphus，源出闪语。可以“畏兽”译之。

畏之为言威也。《大盂鼎》：“畏天威。”《班毁》：“亡不咸斁天畏。”天畏即天威。《书·康诰》：“天畏棐忱。”《风俗通·十反篇》引作“天威棐忱”，《诗·我将》：“畏天之威”，《庄子·渔父》：“遇人如此其威也。”宣颖注：“威，敬畏。”故知畏兽谓威（猛）之兽，可以辟除邪魅，袚去不祥。汉代神兽镜铭亦称曰“天狩”。狩与兽通。其辞曰：“上有天守”，“上有古守辟不祥”，“上有神守及龙虎”，又呼作“奇守”，如云：“辟邪配天禄，奇守并未出兮。”“刻画奇守成文章，距虚辟邪除群凶，师子天禄全是中。”皆借守为狩，神守、天守、奇守，均指畏兽也。以天兽辟邪。“天狩”二字亦见《真诰》驱鬼文，道士亦用之。由是可知古人图画畏兽，目的正所以袚除邪魅。

玉器、铜器之图铸动物纹样，说者以为巫觋借此以沟通神人，有类萨满教之所为，实则此类动物，若螭龙、饕餮之类，均是畏兽、天狩。王孙满言“夏铸鼎象物，使民知神奸，故民入川泽山林，不逢不若，魑魅罔两，莫能逢之。”图铸象物，谓“诸谲诡异状者通曰物”，此“物”即畏兽是矣。

《吕览·谕大》云：

> 事在大：
> 地大则有常祥、不庭、岐母、群羝、天翟（穆）、不周；
> 山大则有虎、豹、熊、螇蛆；
> 水大则有蛟、龙、鼋、鼍、鳣、鲔。
> 《商书》曰：“五世之庙，可以观怪。”

吕氏所引《商书》为佚书，今不可见。宗庙可以观怪者，正以其陈列礼器，器上多镂绘怪兽之属，象征宇宙某种大神，故称之曰“大”，而大复得区分为地大山大水大等等，老子谓“域中有四大”，是其比也。近年浙江大反山所出越玉礼器，其上镂刻散发张口巨眼之神像，如《楚辞·大招》谓“豕首纵目，被发鬤只”者，王逸注称“盖蓐收之状”。江西新干商墓出土之神人兽面玉饰，虽不得遽以指此，要亦其类矣。

古代之畏兽画，像郭璞《山海经注》所记有人面鱼身的氐人，强良亦在其列，强良是虎首人身四蹄长肘，有点如开明兽。

最古的动物画，见于高邮龙虬庄的黑陶盆沿的刻符，绘列四只动物，其中一是鱼类，绘这类动物，或如郭注言“何罗之鱼……可以御凶”，有辟邪的作用。

《墨子·非攻》下："河出绿图，地出乘黄。"《周书·王会》："乘黄似骐。"骐者，《说文》："骐，马青骊文如綦也。"《书·顾命》"骐弁"郑注："青黑曰骐"，指其颜色。

汉《郊祀歌·日出入》："訾黄其何不徕下。"应劭曰："訾黄一名乘黄，龙翼而马身。"《海外西经》："白民之国……，有乘黄，其状如狐，其背上有角，乘之寿二千岁。""乘黄"为有翼之飞马。希腊有带翼马，希腊文 πήγασυς 即 Pegasus。法文 Pégase 为诗神所骑之天马。天文上之飞马座，近春分点之北方星座。

"畏兽"又称为"瑞兽"。《宋书·符瑞志》："泽兽能言，连知万物之情。"《白泽图》、《历代名画记》著录，凡三百二十事，十分繁赜。北方东胡牌饰每作神兽图像，所谓"鲜卑郭落带"。张晏云："鲜卑郭落带，瑞兽名也。"其遗物如榆树县老河深墓群出土之鎏金"类马似牛吻上生角"之神兽牌饰。（见《吉林博物馆》第九，为鲜卑时期物）"郭落"者，伯希和以为即突厥语革带（quraq）的对音。可备一说。

《山海经》之为书，多胪列神物。或兽身人面，或人身兽面。古代畏兽画，赖以保存者几希！参看吴荣曾《战国汉代的操蛇神怪及有关神话迷信的变异》，见《先秦西汉史研究》。故郭景纯云："游魂灵怪，触象而构，流形于山川，丽状于木石者，恶可胜言！……是故圣皇原化以极变，象物以应怪，鉴无滞赜，曲画幽情，神焉廋哉！"可谓知言。

近见李零发表《论中国的有翼神兽》[①] 讨论古代各种有翼怪兽，并附图片。他指出西域入贡的桃拔（符拔、扶拔）狮子，即是天禄辟邪的外来名称。在四川出土的汉代画像石，一对老虎上面写着"辟卯"、"除凶"。他认为卯是"邪"的误书。但此字分明是《尧典》今文"宅西曰昧谷"的"昧"字，伏生本作卯同，日入处为大蒙，昧谷即蒙谷，辟卯谓去昧，除魅，与辟邪取义相合。《说文》："改，毅改大刚卯以逐鬼鬽也。"逐鬼鬽即去邪魅。借神兽之力以祛除邪逐鬼魅，为中国古代固有邪、正严厉区分之观念，与西方不同。而"畏兽"名目之提出，尤见其特异。西方之 Chimera，侧重在幻想。吾华则尊重"敬畏"、"威俨"，取义有异。此则文化底蕴之差别。李零佳作，对神兽搜罗至富，但未引证及于"畏兽"名目，本文可补其不及云。

---

① 北京《中国学术》，总第5辑，2001（1）。

濮阳龙虎蚌塑图像涵义蠡测

法国桀溺教授（Jean-Pierre，Diény）年前寄赠所著《古代中国龙之象征》（*La Symbolisme de Dragen dans Chine antique*）一书，综合近年各处关于龙的种种说法，加以分析，认为都不可靠；惟列举出文献上所有龙之记录，加以译述，甚有参考价值。

其时濮阳西水坡45号大墓的用蚌壳砌成的龙虎报告，尚未公布，这一经碳测为距今5800±110（公元前3850年）树轮校正年代为距今6460±135（公元前4510年）的仰韶文化遗址中发现的龙虎相对形象，被称为中国的第一龙。①

美国张光直教授对这一新资料立即发表他的见解，他根据道藏的《三跻灵应经》和《抱朴子》，认为这是古代原始道教上的龙虎鹿三跻②，当然可备一说。由于三跻之说颇为晚出，学人复另寻新解。余意随县擂鼓墩之苍龙白虎中写一斗字漆器上的图绘，必与濮阳此龙虎图像有相当关系。冯时发表《河南濮阳西北坡46号墓的天文学研究》一文，指出蚌塑龙虎之北侧，又有三角形图像，并出有两根人胫骨，因推测这即是北斗图像，而胫骨则为斗杓。因而推论是墓之龙虎即大火与参，代表东西二陆，充分说明此45号墓蚌塑之

① 精印图版见《岁月河山》。

② 张光直：《濮阳三跻与中国古代美术上的人兽母题》，载《文物》，1988（11）。

图像实具有天文学的含义。[①]

关于龙的问题，已有许多人作深入的研究，今不详述。

湖北黄梅县白湖乡焦墩遗址发现大溪文化时代约6000年前用不同颜色的卵石摆塑成的龙的形象，长达4.46公尺，宽2.26公尺，它呈东西向卧，甚状鹿首、鱼尾蛇身，伸爪卷尾，曲头张嘴，威武飞扬，和濮阳的龙、虎，可相媲美。

内蒙古阜新石器遗址亦发现蜷曲的长龙，被目为最古的龙，和红山文化的玉龙、猪龙一脉相承。可见龙的传说在中国历史多么悠远。

湖南新出土马王堆帛书《易传·二三子问》引用有一段孔子谈龙的文字，非常精彩，兹录之如下：

> 孔子曰：龙大矣！龙刑（形）瞿（迁）段（假），宾于帝，俱神圣之德也。高尚行虖星辰日月而不眺，能阳也；下纶（沦）穷深潚之潚（渊）而不沫，能阴也。上则风雨奉之，下〔纶〕则有天□□□，□乎深汃，则鱼蛟先后之，水流之物莫不隋（随）从；陵（陆）处，则雷神养之，风雨辟（避）乡（向），鸟守（兽）弗干。曰：龙大矣！龙既能云变，有（又）能蛇变，有（又）能鱼变，蜚（飞）鸟蚰虫，唯所欲化，而不失本刑（形），神能之至也。（下略）

这篇赞美龙之神德的文字，旷古之所未有，足以羽翼《周易》，使人了解何以《易传》以乾卦比方神龙的道理。这些新资料，都是桀溺所意想不到的。

至于以龙虎对称形象，在古代文物作为装饰已成为一普遍惯例，举其荦荦之大者：

春秋时有龙虎形装饰之鼓座，1980年安徽舒城九里墩出土。[②]

汉代铜镜龙虎纹尤为普遍。汉画像石其上刻龙虎合璧形象，若郫县、合川（公社）、渠县（沈府君石阙等皆然）。边地之远者，若邛都东汉墓之摇钱树残片，亦有左右龙虎座。[③] 此类形象遽数之不能终其物，不能谓其都有天文意义。“云从龙、风从虎，圣人作而万物睹。”[④] 史迁且引用是语。天象上先有

① 《文物》，1990（3）。

② 图见《考古学报》，1982（2）。

③ 拓本见《考古》，1987（3），279页。

④ 《易·乾·文言》。

东西龙虎二宫的确定，然后演化而为四灵，但汉时龙虎对列，仍为通例。

冯时提出之新解，关键在蚌塑之三角状物，合以胫骨，是否代表斗柄，十分难说。何以斗杓不用蚌壳砌成而改用人骨？冯氏解说，引《周髀》之髀即人骨，以为佐证。髀者表也，乃测日景之工具，何得比附为斗柄？又两根胫骨横置于东侧是否与三角形密接，冯氏说明45号墓作为斗杓之二根胫骨系自另一M31号墓特意移入，既不同墓所出，又不同为蚌塑，如何可以联系视作一物，凡此皆难明之处。

濮阳地在淮水流域，这些用蚌壳砌成的蚌，我想即是古代所谓蠙珠，《说文·玉部》：玭字下引东汉宋宏说：淮水中出玭珠，玭是蠙的另一写法，《禹贡》说："淮夷蠙珠臮鱼"，韦昭说："玭，蚌也。"《广韵》："蠙，珠母也。"濮阳的龙虎用蚌壳砌成，即取自淮水的特产的蠙珠，这一点是需要补充的。

关于墓葬中出现龙虎蚌塑形象，我想不妨可作另一解释。《葬书》① 上说：

> 龙虎抱卫，主客相迎。②
> 四势朝明，五害不亲。③

又云：

> 夫噫气能散生气，龙虎所以卫区穴。④ ……
>
> 夫葬，以左为青龙，右为白虎，前为朱雀，后为玄武。⑤ 青龙蜿蜒，白虎驯頫，形势反此，法当破死。故虎蹲谓之衔尸，龙踞谓之嫉主。……
>
> 夫以支为龙虎者，来止迹乎冈阜，要如肘臂，谓之环抱。⑥

以上风水家之言，虽属后起，然古有形法家，以宫宅地形著论。下葬定穴，其事由来已久，陕西沣西井叔家族墓地，出有人的下颔骨，上刻着"王君穴"

---

① 旧题晋郭璞撰。

② 注云：凡真龙落处，左回右抱，前朝后拥，所以成其形局也。

③ 注云：四势即龙虎主客也，贵乎趋揖朝拱。（《内篇》）

④ 注云：天地之气噫则为风，最能飘散生气，故必借前后左右卫护区穴，而后能融结也。

⑤ 注云：此言前后左右之四兽，皆自立穴处言之。

⑥ 注云：自为局垣，一龙一虎，如规之圆，言其形如步武，旋转自然，围簇环抱而恬软也。（《外篇》）

三字。[1] 若杨筠松《撼龙经》一类书固晚出。[2]

远溯《周官》已有冢人、墓大夫之职，疑自新石器时代以来墓葬体制已具规模，西水坡墓穴之结构，冯时以为其上圆下方的格局，乃选取盖天图中的春秋分日道、冬至日道，与阳光照射界限，再加之方形大地，无异显示一幅天圆地方的宇宙模式。我不敢相信五千年前人们已有盖天的宇宙观，但对葬地结穴，必具有以龙虎表示拱卫区穴的意念，故用蚌珠来砌成龙虎之象。以是推之，风水之说很可能即滥觞于此。“风水之法，得水为上，藏风次之”，“观于阴阳，相其流泉”，远古人民，观地形，相土宜，其墓葬之学识远非今人所能阚测。《葬经》虽晚出，而葬制早已存在。我个人以为西水坡之龙虎蚌塑，与其以天文学说之，不如以风水说之，较近情实。我们再细看墓里蚌塑诸图像，实分三组：

（一）45 号大墓　左（西）虎　人（墓主）　右龙（东）。

（二）龙虎合体作为一躯，龙的前面有圆珠，其首有蜘蛛，虎的背又有一鹿。

（三）龙　有人骑于背上。　虎　朝西。

这三组中第一、第三都是东龙西虎，第二组又是龙虎合体，龙上复有一蜘蛛，我们不能只说鹿，而弃蜘蛛于不顾。综合三组看来，似乎应当以东龙西虎为主体，鹿和蜘蛛是附属品，但必有它们本身另外的涵义。

先说蜘蛛，《抱朴子·对俗篇》曾说：“太昊师蜘蛛而结网。”古代对于蜘蛛看作经天纬地的象征，《西南彝志》的《创世纪》说：

> 蜘蛛天边行……抽线来织天。……同来织天地，织它密又密，织的青幽幽，织的明朗朗。……疾风也争先，忙把蜘蛛带。（10 页）

这种思想必有甚早的来源，认为蜘蛛结网即是织成天地，汉代人解释《尧典》上的“钦、明、文、思”一句说“经天纬地谓之文。”从蜘蛛悟出经纬的意义，“文”正是经天纬地的 pattern。“文”的最古老字形已在山西尧都发现。神话上太昊要向他学习，不为无因。在龙身上放一只蜘蛛，是否有这种用意，我不敢断定；但蜘蛛与天地开辟，有点因缘，彝族犹有这种沉淀的思想遗存，

① 张长寿：《说王君穴》，载《文物》，1991（12）。

② 参《读书敏求记校证》“赖布衣书”条。

可与濮阳遗物印证，是很有意思的。后代以蜘蛛象征喜事，长足的蜘蛛叫做蟏蛸（《诗·豳风·东山》“蟏蛸在户”）《西京杂记》卷三陆贾云：“夫目瞤得酒食，……乾鹊噪，而行人至；蜘蛛集而百事喜。”《太平御览》卷九四八引《广五行记》：“蜘蛛集于军中及家有喜事。”是以蜘蛛代表“喜”的吉事，这样看来，它的来头是不小的！

次说鹿。一向以鹿作为寿征，《瑞应图》：“天鹿者能寿之兽，五色光晖。”《太平御览》九〇六引《春秋历命序》：“神驾六飞鹿，化三百岁。”又引《春秋运斗枢》：“瑶光散而为鹿”（或作“摇光星散为麋”）。古人认为麋鹿是天上招摇北斗星的化身，《抱朴子·玉策篇》：“鹿寿千岁”，鹿又同音读为禄，所以鹿亦是吉征。

在龙身上放蜘蛛，虎背置一鹿，想都是取吉兆为义，至龙之前面有圆珠，如后代龙吐珠的形象，《庄子·列御寇》：“夫千金之珠，必在九重之渊而骊龙颔下。”从濮阳遗物看来，骊珠的传说亦是极为悠久的。

濮阳西水坡仰韶文化遗址之龙虎图像，说明四灵中之青龙、白虎迹象，在距今六千年的仰韶文化中已经出现。证之卜辞，龙、虎的记载极多。龙为星象已无可疑，而“虎”之记录，如武丁期贞人自的卜辞，有“虎不其⿱夕冋”、“今夕允⿱夕冋”之卜，其事在十月、十一月。

《合集》二一三八七至二一四〇〇皆此类记录，细察⿱夕冋字从夕从冃（即冋），有关夜间天象，疑读为炯。《集韵》四十一回，炯，明也。允⿱夕冋即允明。知虎应指星座。《合集》二一三八七“丁丑卜王叀豕羊用，帝虎，十月；丁丑卜，王勿帝虎，十月。”二辞对贞。帝即禘，帝虎可能即致祭于西方白虎宿。《尧典》：“宵中星虚，以殷中秋”，“日短星昴，以正仲冬。”合以曾侯乙墓漆箱之龙虎对峙。配合二十八宿。从卜辞所记禘祭虎座事实看来，对于天文上四灵划分，其前先作龙虎二分法，从殷代到春秋还是很流行的。

白虎宫对应二十八宿中的奎、娄、胃、昴、毕、觜、参七宿。二十八宿的安排与四宫四时相联系。龙虎作为天象划分的记号，来源之早，令人难以想像。以四象及濮阳龙虎图像作为风水理论的起源，近人亦有此说，可参看一丁等著《中国古代风水与建筑遗址》① 一书。

① 河北科学技术出版社出版。

论贾湖刻符及相关问题

河南舞阳贾湖考古报告的刊布，昭示了过去从无所知的远古文化形象，特别是该书第七、八章对于随葬用龟的习俗和骨笛律制的描述。有关龟甲、骨器上契刻符号的初步探索，一新人们的耳目，为人类展开七八千年华夏文化邃古的创作智慧，揭开一序幕，意义的重大，不言而喻。

贾湖刻符共有 16 例，刻于龟甲者 9，骨器者 2，石器者 2，陶器者 3，该报告对于各记号已有详细深入的说明和推论。拙作《汉字树》① 写作时，只引述贾湖龟甲上三个符号，其一见该书彩版四八的符号，像人举手之状（图 1）。除此之外，全无所知。贾湖龟甲原物，部分在郑州河南省博物馆，曾仔细摩挲过。骨器陶器因分贮他处，他时有机缘，再谋目验。兹就观察体会所得，提出几项作进一步的解说：

图 1　龟背甲片刻符（M387:4）

①《符号、初文与字母——汉字树》，香港，商务印书馆，1998。

图 2　骨笛刻符（M253:4）

图 3　柄形石饰及刻符（M330:2）

一、天象的和

龟腹甲刻符（M335:15）的（图 4），报告在符号研究二《内容分析》已有详细讨论，谓其形颇似现在的日字，认为即是“日”。同时举出其他陶文的太阳形状，作出比较，殷墟时期，甲文的“日”字仍未定型，但应是继承上面诸形状而来的。至于刻划在陶罐的口沿下方另一光芒紊乱的星象，拓本见上卷图一七〇之一（图 5），摹本见同卷图一七九之八（图 6）。编者认为是太阳的形象。余按古陶器在口沿之下刻镂天象记号，像广东浮滨文化揭阳云路、埔田陶片上有浮凸星纹作╳，亦有此例。[①]

图 4　龟腹甲片刻符（M335:15）

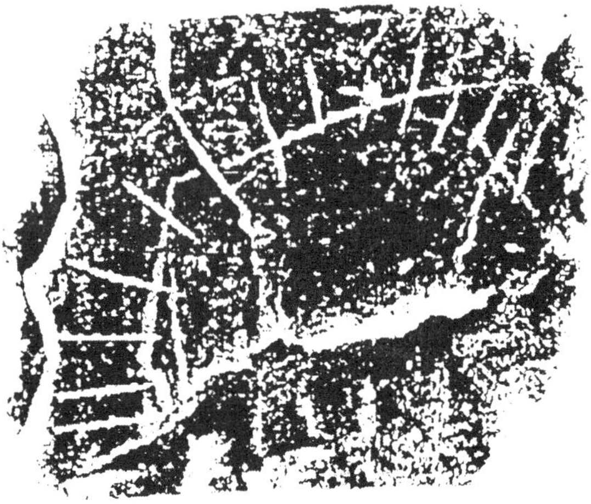

图 5

① 参拙作《浮滨文化的石璋符号及相关问题》，载香港《岭南学报》，1999（1）。

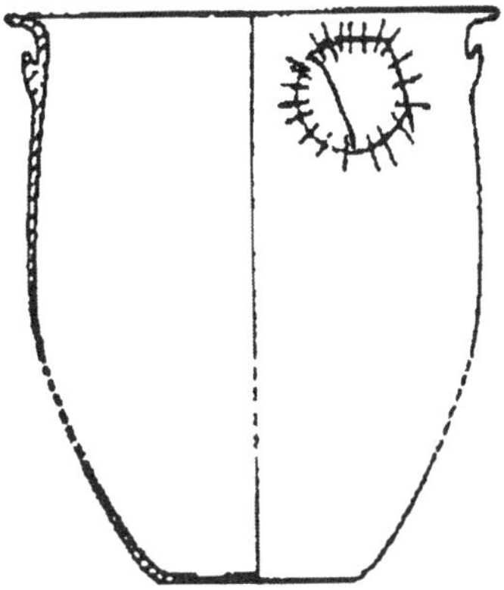

8

0　　20公分

图 6

细审图形中间有曲折线，并作杂乱的光芒四射状，必有它的特殊意义。与大河村、大汶口各地之以圆形表示太阳不同，安徽蚌埠“日”作☼，阳光齐整，亦与此不类。此一图形特征乃状“芒气四出”之孛。《晋书·天文志》（二）妖星下区别彗与孛星之异，说道：“偏指曰彗，芒气四出曰孛。孛者，孛孛然非常，恶气所生也。晏子曰：‘君若不改，孛星将出，彗星何惧乎!’由是言之，灾甚于彗。”该符号光芒乱出，很可能显示孛星之形象，刻镂于陶器，以示灾异。《左传·昭公十七年》“冬有星孛于大辰”（心宿之二），即是此类星象的记录。

二、陶坠的⊕号

报告上卷 340 页讨论陶坠甚详。此图形编号为 T108（3B）:2（图 7），摹本见上卷 340 页图二六一之七（图 8），拓本见上卷 207 页图一七〇之四（图 9）。⊕之刻痕甚深，线条粗壮，编者谓此如作为一测量性质垂球，以刻痕找寻中心点之用，亦可视作戳记。⊕形亦见于河姆渡陶鼎足底，半坡、姜寨……皆常见此符。在西亚则⊕号屡屡出现，表示富庶，我认为⊕应是“甲”的雏形。十干起始于甲，可能远源于此。

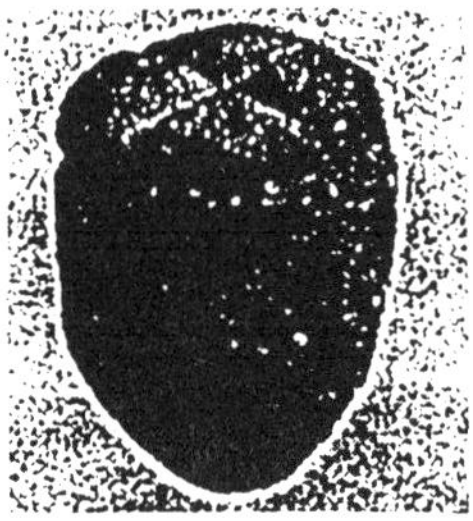

7

图 7

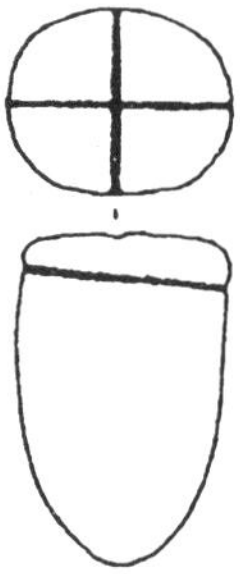

7

图 8

4

图 9

刻符此形（图 10），拓本见上卷图一七〇之三（图 11），说者谓可能用作陶工戳印。按《说文》十二："乁，右戾也，象左引之形。"相反的有"乀"从反"丿"，读与弗同。此字后代音房密切。饶炯谓乀即撇之古文，似未确。殷契另有"丿"字，作量词用，形义完全不同。惟与契文"乙"字略近似，有可能是乙字。小河沿陶文有乙己，应是十干的乙与己。

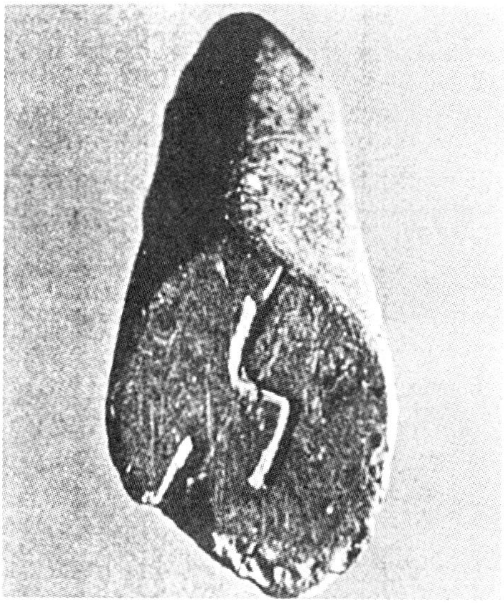

图 10　3 石器刻符（H141:1）

3

图 11

2

图 12

见上卷图一七〇之二（图 12），解说者谓具记号作用，不明何所指，也许

可能像陷阱之坎形，或尖底器物。最特别的是用刺孔来表示用笔，以积点为画，邃古人们已晓得用此技法，此为最原始之特例。

后代画样的粉本，犹存此制，见于英法保存之敦煌画样。[①]

三、数字“八”及其涵义

龟腹甲（M387:4）右侧刻一“八”记号（彩版四八之四）甚是显著（图13）。安徽蚌埠双墩所出陶文，亦有儿、十（10、11）二文。再看其他龟甲上的刻符有一、=、‖、八等号。具见贾湖时代人们已有数字智识，证之崧泽文化在江苏海安青遗址的骨匕，上面刻着：

三五三、三六四、四六二、三五三、一

共13个数，证知远古南北地区数字的运用已很普遍。四川老关岭下层文化陶器上刻区 ⊥⊥[②]，亦是数字。

图13　4龟腹甲刻符（M387:4）

① 参拙作《敦煌白画》，巴黎印本。

② 《四川考古论文集》，50页。

再看七千年前贾湖墓葬中出土的骨笛与龟甲并存，像 M344 出随葬骨笛二支、龟甲八副。统计贾湖 23 座墓随葬的龟甲有 14 座都是以 2、4、6、8 的偶数龟甲作为随葬品，说明当时人们对偶数的重视，奇偶运用有其规律性，是使用占卜的充分证明。

伴出的骨笛，是用鹤骨制成，骨笛早期有五孔、六孔，中晚有七孔，亦有八孔（图 14）。文献所见的管类乐器，按之《说文》所记：

籁一　　三孔龠
管如篪　　六孔（《周礼·笙师》郑注作七孔）
笛　　七孔筒

证明贾湖时代已使用篪及笛。骨笛的音律，已有多人研究。

贾湖人的音乐智慧，出乎想像之外，当时能吹奏出六声及七声音阶。以七孔笛出土最多，又有一枝八孔笛，说明七音阶以外还有了变化音。是时骨笛已能确定乐制的五音体系，纯律和十二平均律的因素，占有相当地位。尤其是每枝骨笛都能发出 C6 音高，作为共同音阶之低音，C6 可相当于“黄钟”。八孔笛如看作下面的音程：

C……ABCDEFGABC

即是后代隔八相生理论之由来。说者引《淮南子》云：“律之初生写凤之音，故音以八生”，恰与骨笛可吹出八音相吻合。《尚书大传》记：“舜之时，西王母来献白玉琯。”《说文·竹部》管字下载此事，并云“前零陵文学姓奚，于伶道舜祠下得笙玉琯，夫以玉作音，故神人以和，凤皇来仪也。”奚景得琯，为汉章帝时事，这是汉代考古一大事。有关出土乐器的记录，证之殷代用玉，多采自于阗，与西域交通甚早，舜时有白玉琯之献，非无可能之事。

我们从埋龟之用八数，篪笛之有八孔看来，贾湖时代人们已善用龟来占卜，令人恍然于画卦何以取于“八”数，有它的时代的逻辑根据。卦之所以为八，并非偶然而来的。《汉书·律历志》云：“人者继天顺地，序气成物，统八卦、调八风、理八政、正八节、谐八音、舞八佾、监八方、被八荒，以终天地之功，故八八六十四卦，其义极天地之变。”“八”之为神秘数字，可溯源至贾湖时代，亦是一奇迹。

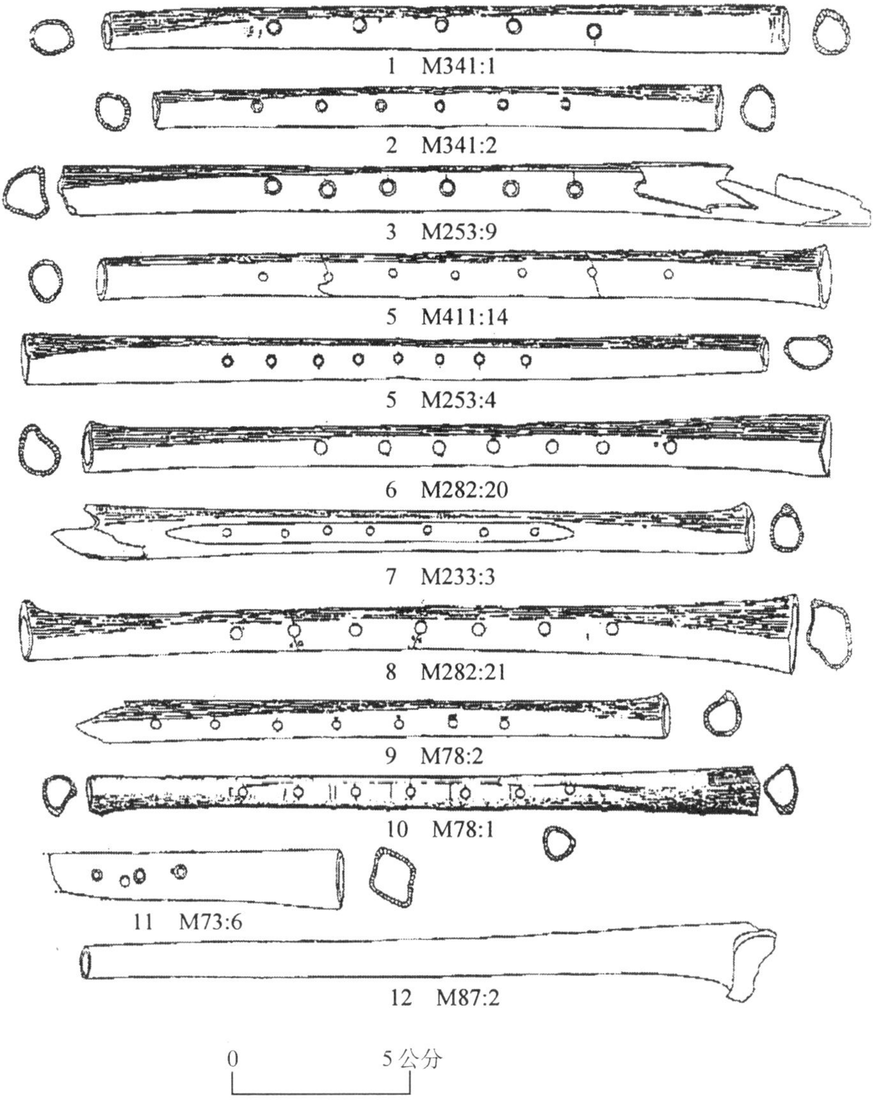
1 M341:1
2 M341:2
3 M253:9
5 M411:14
5 M253:4
6 M282:20
7 M233:3
8 M282:21
9 M78:2
10 M78:1
11 M73:6
12 M87:2
0
5公分

图 14 骨笛

张居中认为贾湖文化的族属很可能是传说中太昊氏的部族。考《左传·昭公十七年》记“冬有星孛于大辰”，占星家梓慎曰：

宋，大辰之虚也，
陈，太皞之虚也，
郑，祝融之虚也，皆火房也；
卫，颛顼之虚也，故为帝丘，其星为大水。

《尔雅》大火谓之大辰。他的说法，宋是心宿，即大火所当之位，陈、郑皆然，卫则属于大水的营室。他预测郑必大火，由于在天象表现上水不胜火，他又说：

水，火之牡也。（言水、火相配，水为雄、火为雌。）

其以丙子若壬午作乎！水火所以合也。（杜预注云：“丙午火，壬子水。水、火合而相薄，水少而火多，故水不胜火。”）

古代以星纪日月之行分为四象，亦称四陆，房、心、尾、箕、七宿为属东陆的苍龙之宿，虚、危、室、壁为属北陆的玄武（龟蛇）之宿。心为大火，人所共知；而营室为大水者，以其属于北陆。古人仰以观测天文，其事兴起极早，此与农作有关。贾湖人的天文知识，从其对星象辨别已有芒气四出状孛的描写，和日字刻符的显豁看来，亦可能有认知取大火的心和大水的室两主要星座来区别南北方向的能力。杜预所言的“水火相薄”，包含有天文的意义，帛书《易传·易之义》：“天地定立（位），水火相射，雷风相榑（薄），八卦相厝（错）。”在今本《说卦》作“水火不相射”，多一“不”字，是不对的，已有学人加以指出。[①]“水火相薄”是古来常用的习语，郑禆灶亦说“火，水妃（配）也。”实为占星家的恒言。帝喾时祝融为火官，尧时阏伯为火正。观天象之大火，由来已久。“龟生于水，发之于火”，贾湖人已惯用龟来随葬。贮石子于龟内，施之占卜，意当时必能辨方定位，对水、火星座之认识，亦有可能的。

由《左传》梓慎之说，太皞之虚在陈，即今淮阳地，与贾湖直线相距只

---

① 参邢文《帛书周易研究》中论水火之说。

有百里而遥。《左传·僖公二十一年》：“任、宿、须勾、颛臾，风姓也，实司太皞与有济之祀。”太皞乃为风姓，早在卜辞已有风地入贡记载：《合》九二四五、九二四六“风入”、“在风”《合》二〇七六九。大皞之名，见于《吕氏春秋》及《礼记·月令》：“孟春之月，日在营室……其帝大皞，其神勾芒。其日甲乙，其数八。”在《月令》一系记录中，大皞被编列在东方，当营室之位，故又称曰苍精（武梁祠画像）。皞字原从日（见王符《潜夫论·五帝德》），《逸周书·太子晋解》云：“自大皞以下至尧舜禹。”孔晁注：“言自庖牺至禹。”汉碑直写作“皓”，魏修孔子庙碑：“虽大皓游龙以君世。”大皓即大昊。《汉书·古今人表》第一人便是“大昊帝宓牺氏”，张晏注：“大昊有天下之号”。大皞为始作八卦的人物。武梁祠题记：“伏戏苍精，初造米业，画卦结绳，以理海内。”《韩敕礼器碑》：“皇戏统华胥，承天画卦。”许慎《说文解字》序：“古者庖牺氏之王天下也，仰则观象于天，俯则观法于地……于是始作《易·八卦》，以垂宪象。”许君此语盖取之《易·系辞》，马王堆本《系辞》文字相同。八卦之有取于“八”，与蕤龟之用八，骨笛之八孔，同一意义。足见贾湖时代对“八”数之凸出，有它的特殊作用。

葬龟之外又有仿制的玉龟，分布遍及东北的牛河梁第二地点1号冢，是最早的玉龟。安徽凌家滩出土的玉龟，内面玉版刻有八角星形图案，经过不少学人研究，一般认为是式盘的雏形，这类图形的陶器纹样，亦见于湖南岳阳坎山堡的器盖，崧泽文化亦有同样图案，证明九宫式萌芽之早，及分布地域之广，几乎整个淮河流域、黄河中下游与长江中游地区都流行之。我尝指出这是与《离骚》“指九天以为正”有关。王逸注云：“中央八方也。”九天观念的形成，和古代天文智识及八卦都有密切关系。昔之传天数者，高辛之前有重黎，于唐、虞有羲和，夏有昆吾等人，由来甚久，可参王元启《史记正伪》卷三《天官书》后所附之《九天说》。九天除中央外，即为八方，八方是八卦方位确立的基础。纳西东巴骨卜的象形文书的“巴格”图所示的方位，亦以四方四隅为占。“巴格”于纳西语意义就是八方。①

内蒙石棚山小河沿文化陶器符号的，分明是卯字，可能亦标记星象，卯即是昴，亦可能是地支的“卯”字，因为小河沿其他的陶文中已出现有乙己两个记号。我们应该从史前陶器上的符号去找寻干支的线索，也许有点收

① 《国学研究》第4卷，614页，北京，北京大学出版社，1997。

获，惟有期之将来。西方近期的学界有人企图把六十甲子周期比拟于西亚算学的六十进，十干十二支合成的22数符合于腓尼基的22个字母，要把干支说成由腓尼基22字母所演变，很难自圆其说，希望以后再作详细讨论。

贾湖刻符，在石器骨器上面都有锲刻，有些在图版上看不很清楚，像八孔骨笛上刻形，义形骨器上刻形（M344:3），牛肋骨上的形。特别在二柄形石器上所刻一组符号形，必有它的用意。由于原版不太清晰，又未睹原物，只好存而不论。综观这16件刻符，都是采取锲刻方法，正是“书契”的滥觞。《易·系辞》说：“上古结绳而治，后世圣人易之以书契。”依唐兰的解释引刘熙说“契刻也，刻识其数也。”他引证许多仰韶期的刻齿的骨板来说明。[①] 汪宁生列举诸少数民族的记账木刻和记事木刻，更加详尽。[②] 其实“书契”一词，理应包括锲刻的符号。刻数只是商业性助记的一端，贾湖这刻记数字和其他指事性质的符号事实正是邃古“书契”的素描。许慎《说文》云：“初造书契，百工以乂，万品以察，盖取诸夬，夬扬于王庭。”书契的功用更广，可以帮助判决事物，界定是非，免于指鹿为马。这是“文字”古代的价值观。贾湖的刻符虽不多，但对汉字来源的关键性问题，提供了崭新的资料，尤其是贾湖刻符伴出的文物，如储石子的甕龟与刻识符号的骨笛，使人了解到贾湖人的生活背景与数理思维。过去文字学家何以把文字起源必追溯到画卦一事，卦是先于书契创造的符号，现在通过贾湖出土情况，可以得到合理的解释，更是意外的收获。

人类的抽象思维是从“数”开始的：数的奥秘是自然哲学的萌芽。泰理斯（Thales）是首位由埃及把几何学带到希腊的人物，毕达哥拉斯倡导数理神学，重视偶数。七千年前的贾湖人对“八”这一数字的重视，龟数用八，笛律有八，与八方相配，八卦的构想，亦由此而诞生。贾湖出土遗物证明这数理神学的观念竟萌芽于七八千年之前，这一桩20世纪的新知，不能不说是中国思想史上重要的突破。

1999年12月28日

① 《中国文字学》。

② 《民族考古学论集》，19～27页。

凌家滩玉版
——远古表示方位与数（九天）的图纹

地不爱宝，荒古文物，不断出土。不特使人们油然“发思古之幽情”，而耳目闻见为之一新。惟探赜索隐，仍有待乎我人之努力。如安徽含山县凌家滩出土夹放在玉龟背甲与腹甲中间的玉版（见照片），过去新闻的报导，只说是“八卦图”，最近方才正式把资料公布。

据陈久金及张敬国的解释认为：“图中的八方表示八个季节，远古没有文字，人们才使用钻孔画图的办法来计数。”他说：“玉片四周的四、五、九、五之数，与洛书‘太一下行八卦之宫每四乃还中央’相合，根据古书中八卦源于河图、洛书的记载，玉片图形表现的内容应为原始八卦。”他所得到的结论是：“河图洛书就是历法，含山出土的玉龟和带图形的玉片，证实了五千年前就有这种历法存在，也反映了我国夏代或先夏的律历制度。”① 这是多么重要而有趣的理论！

久金先生是天文学家，他从时间观念——季节来分析这幅神秘的图纹珍绘，可惜他所采用作为论据的资料都比较晚出，说服力不是太强。我觉得这一幅图纹，圆圈之内分成八枝箭头来代表八方，在它的四角另绘四枝箭头来表示四维，空间观念似乎比时间观念更为显著，我们还可以从另一角度来作别的解释。

① 陈久金、张敬国：《含山出土玉片图形试考》，载《文物》，1989（4），14～17页。

太阳和天上的星辰发出永无停止的光芒，远古的人类最容易通过对天体的观察取得许多对日月星辰的天文智识；于是，太阳崇拜成为地球之上各不同地区民族的共同信仰。这玉版上面的圆圈，象征着太阳，八角和八枝箭头是指太阳辐射出的光芒，是可以理解的。我们看汉代画像砖的星形图纹，像梓潼之作状（图1），曲阜之作状（图2），无论圆圈放出四角或八角的光芒，都和这幅玉版图绘很相似。西南民族使用的铜鼓纹饰，最常见的便是鼓中心的太阳纹，大抵亦作八道光芒。

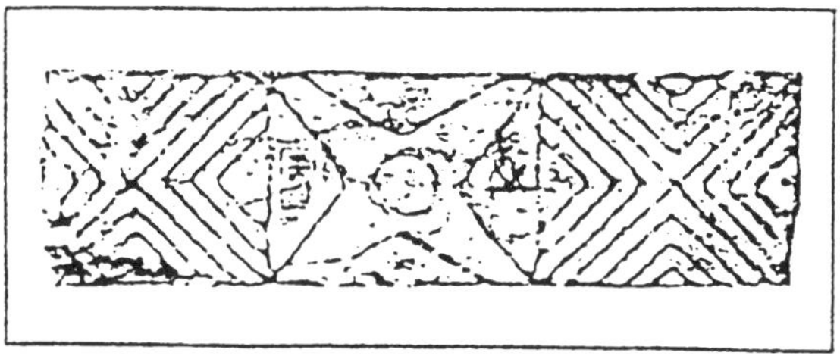

图1　梓潼出土东汉墓画像砖

再看西亚苏美尔（Sumerian）图形文的“天”字（音 an），有一形状作亦作八道之状。简化后便成为：或字，有八道光芒以及十二道光芒，这字是指天神，音 dingir，在 Accadian 楔形文中普遍用作为神的指示词（图3）。用光芒表示星辰是人类共同的习惯。

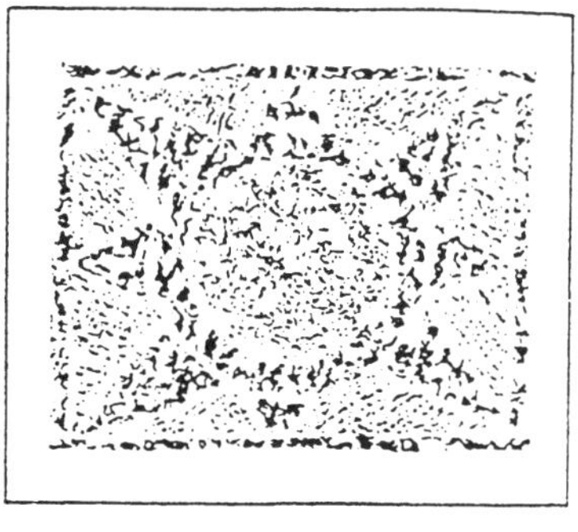

图2　曲阜旧县出土东汉墓画像石（林巳奈夫《气的花纹》，载《京都大学人文科学研究所学报》）

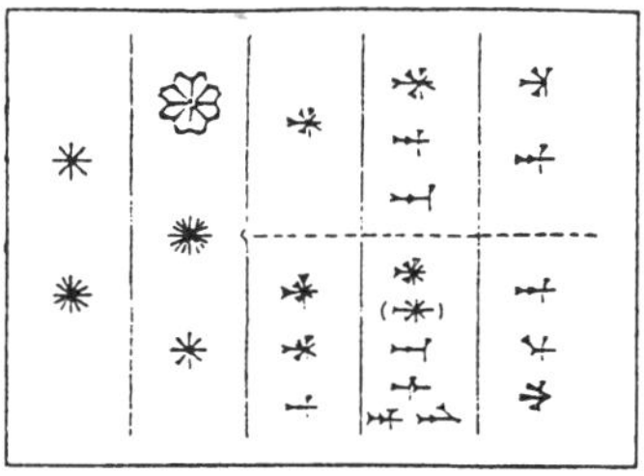

图3　苏美尔与楔形文的天（音 an）与神（音 dingir）字

其实这样代表太阳的图像在公元前四千年代前半的加苏尔（Ghassul）壁画已见之，有八枝红绿色相间的光线，表示太阳之运行。（图4）

这幅玉版图纹（图5）的结构是外方而内圆的，很像玉琮的形状，皆以方与圆相套，亦是外为方而内为圆。方指地而圆指天。这种几何学观念笼括天

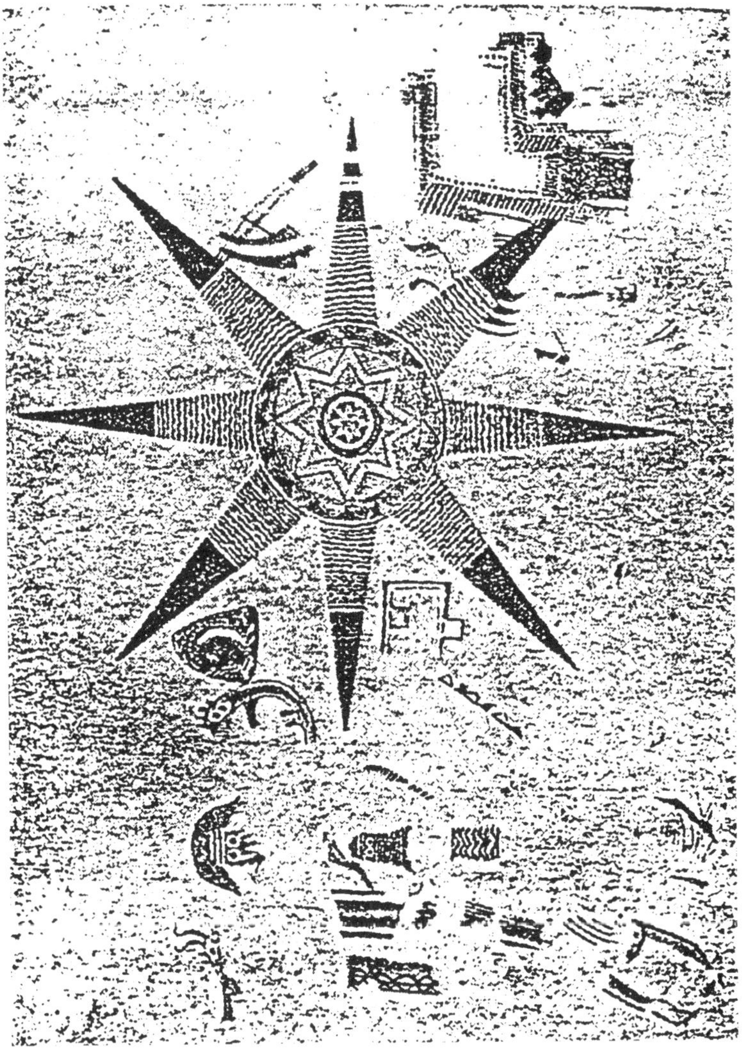

图 4　采自 Mallon 等著《泰利拉特—加苏尔》卷一，封面

地作为远古人们的宇宙观，看来是有遥远的历史，在未有文字之前早已形成。后代学人才说“天为圜”，儒家《曾子》十八篇内有《天圆篇》说道：“天道曰圆，地道曰方，方曰幽而圆曰明。”这一篇代表儒家的宇宙生成论（文载《大戴礼记》）。至于《周髀算经》的“数之法出于圆方”之说，都是后来学者演绎出来的理论，我们从含山这玉版已可看出五千年前未有文字之时已经具备天圆地方的智识。含山玉版在四周边缘钻有若干小圆孔，可能有准备悬系的实际用途。我想这亦是表示数度。《庄子·天下篇》说：“其数一二三四是也。”“其明在数度者，旧法世传之史，尚多有之。”玉版钻刻着数度，在古代世袭的史官所保存的，早已湮泯无遗，幸得这玉片的出现，正可提供一点研究对象。

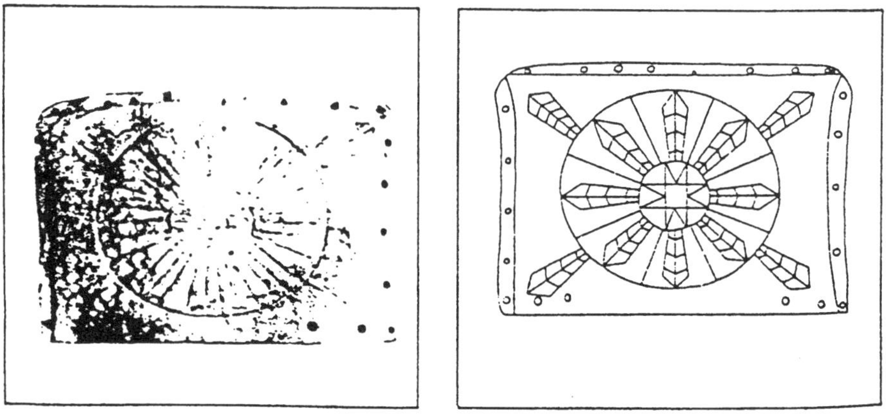

图 5　含山县长方形玉版及其摹本（《文物》，1989（4））

上　方：1、3、1、2、2=9

下　方：2　2　　=4

左右方：　5　　5

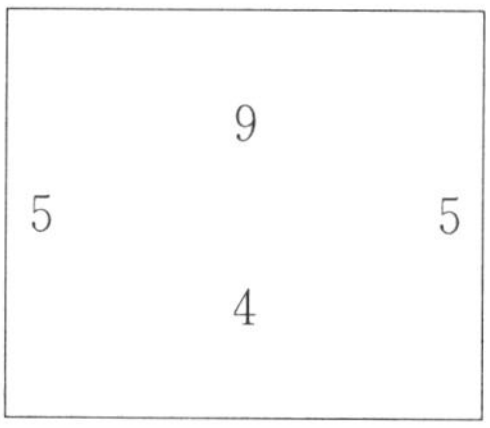

试把它和河图、洛书作比较：

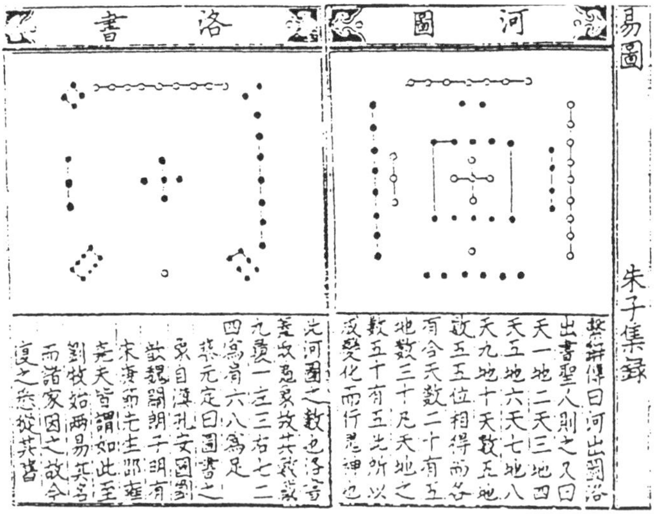

古书中河图洛书（《朱子集录·易图》）：

洛书

4	9	2
3	5	7
8	1	6

河图

		7		
		2		
8.3	5		10	4.9
		1		
		6		

华夏文明，在新石器至铜器中间，应当有一段漫长的玉器时代，近年各地出土许多光怪陆离的玉器，替历史补充了这一缺口。在文字未充分发展之前，只有一些陶符和器物上的纹样，透露出精神史上某些名物、制度的曙光，是非常有意义的。

这件玉版陈久金称为玉片，他即认为是河图洛书的前身。我们看古谶纬书有所谓“河图玉版”，《易·系辞》云：“河出图”，孔安国以为“河图则八卦是也”（孔颖达《正义》引），这一玉片，我以为可以正名称之为“玉版”，似乎比较妥当。

这玉版的纹样应该重新考虑的有下列二桩事：一是四周的数度，是否可以说是洛书？二是箭头所表示的八方四维的概念是指什么？兹试加分析：

玉版周边钻孔所表示的数度如上图，亦即可以写成上面右图。事实是很不相同的：

（一）玉版是上 9 下 4，而左右各为 5，说明它很重视 9、4、5 这三个数字。

（二）河图是用 10 数为主，分为五组，以 6 配合 1，2 配合 7，3 配 8，4 配 9，5 合 5 位于中央。

（三）洛书是取“戴九履一，左三右七，二四为肩，七八为足”一说，纵横而成各为 15 数的幻方；但没有用 10 数。

玉版数字的安排，未必真的有数理根据；前人所想像的河图洛书很可能即从这种文物推衍而来的。这样一套数理系列，应该说明的是：它们都能够分辨生数与成数为不同类型，而加以重新组合排列。

古人把五数位置于中央，一二三四得五为六七八九，故一二三四为“生数”，六七八九为“成数”。《易》学家把一二奇偶区分为天数、地数，而极重视六七八九，谓之“实为天地的全数”（这一理论的根据，详见清代有名经学家惠栋所著《易例》的“九六义”条)。玉版只举出9和4两数,9是成数之极数,4是生数之极数。5和5相对则表示“天数五,地数五。”《易·系辞》云:“五位相得而各有合。”孔颖达《正义》云:

若天一与地六相得合为水,
地二与天七相得合为火,
天三与地八相得合为木,
地四与天九相得合为金,
天五与地十相得合为土也。

这玉版中看不出有“五行”痕迹,但把二个“5”数左右分列;知当时的数理观念已对“5”数非常重视。至于把9和4两数在上下对立起来,似乎与“地四与天九相得”一义有很接近的因缘。

洛书是在汉代很流行,成为“九宫”系统的,《大戴礼记·明堂》说它是“效法龟文”,这一理论比较进步;河图则较简单,仅仅是生数和成数作四方及中央的排列,看来是很原始的。玉版的数字排列是另一套。五千年前已有这样的数理系列,绝不简单,充分看出远古人们的数学智慧。

至于第二点的八方四隅的方位问题,我们看文献上对于八的观念:

《大戴礼·本命篇》:“八者,维纲也。天地以发明,故圣人以合阴阳之数也。”注云:“八为方、维,八卦之数也。”

八方即东、东南、南、西南、西、西北、北、东北的方位,后来因有八风的名目。《素问》称为八正,其书有《八正神明论》,以为“八正者,所以候八风之虚邪以时至者。”此种八风又配合八节。《史记·律书·索隐》云:“八正谓八节之气,以应八节之风。”所谓八节是指立春、春分、立夏、夏至、立秋、秋分、立冬、冬至。如陈久金说,他认为五千年前的天文知识有八节的存在,若单凭这一玉版的图样是很难取得证明的。甲骨文只有四方风名,没有八风;八方之名则部分出现过。从这玉版中八箭头表示八个方向是绝对没有问题的。古代空间观念有八埏(司马相如《封禅文》:“下泝八埏。”),八极(《淮南子·精神训》:“于是乃别为阴阳,离为八极。”),八殥(《淮南子·地形训》),八区(王嘉《拾遗记》:“其明睿照于八区。”),孟康说是“地之八际”。至于八方之四角所加上的四枝箭头则分明是表示四维，到了《淮南子》的《天文训》，对于四维叙述更为具体化。但在皇古之时，八际四维的方位在这幅玉版上却已表现得很清楚。它是不是等于八卦八节，则尚很难说。

我们如果保守一点，对这块玉版所显示的意义，说它有数度、有方隅（八方四维）的形象，则毫无问题；数度所表示的尚有区别生、成数和五五相对之观念，这时五数的重要性已透露端倪。图中以八数为天地的维纲，则灼然可见。当时的数理安排和自然哲学已泄漏了不少“春消息”，对于探讨吾国 before philosophy 的情状，这无疑地是一件崭新而能引人入胜的思想瑰宝。

红山文化，出土人骨两手左右各紧握一玉龟，龟施用于人身，有辟邪延年护身之用，已有六千年之久。值得注意的，尤其是这块玉版竟夹放于龟甲里面，这和历来最难令人置信像各种纬书所说：“元龟衔符”（《黄帝出军诀》）、“元龟负书出”（《尚书中侯》）、“大龟负图”（《龙鱼河图》）等等荒诞不经神话性怪谈，却可印证起来，竟有它的事实依据，那真是“匪夷所思”了！

还有玉版刻划八枝箭的焦点作小圆圈，其呈形，同于崧泽中层陶器的刻划符号，吴县澄湖鱼篓陶罐亦有之，可见在很古时候，这一图形记号已经普遍使用了。1989 年 7 月初稿。

凌家滩文化，自 1985 年发现，经 1987 年、1998 年三次发掘，发现墓葬 44 座，祭坛一、祭祀坑三。其年代经树轮测定为距今 5290±185 年，与红山文化年代相当，早于良渚文化。出土玉器无数，精致绝伦。图版已见《凌家滩玉器》一书，最令人瞩目者，第一号蜷曲玉龙，鳞身与红山一样。第二号的玉鹰，腹部刻八角星纹，双翅对称雕猪首各一，作展翅状。此一八角星纹，与湖南汤家岗八芒太阳纹相似，与长方形玉片所刻表现中央及八方相类。《离骚》：“指九天以为正”，王逸注：“中央八方也”。可见这一九天观念，在五千年前已奠定。从淮河流域南至江湘，久已流行。九宫思想，渊源之早，由此可见，这是一桩值得注意的事。

此一图案形状，传播至广，长江流域上见之，江苏六合程桥羊角山有陶制品，年代约在五千年

红山玉器猪龙与豨韦、陈宝

红山文化遗物之中，以玉龙及女神祭坛最受人注目。内蒙翁牛特旗三星他拉村发现的大型龙状玉，其首部呈现猪头的特征，颈脊又耸起像豪彘刚鬣形态，引起考古学者提出“龙首源于猪首”的说法。[①] 而辽宁牛河梁出土有被认为猪龙者一件，在三官甸子出土的亦有白玉猪龙和一件双猪首的三孔玉饰，俱见于故宫的展出品。

1986 年 9 月我在巴黎曾为吉美博物馆（Musee Guimet）鉴定所藏一件玉猪龙，馆编号 18396GH，当是红山文化遗物[②]，这件古玉来源没有记录，我怀疑是水野清一等在热河赤峰发掘时流出外国的。又美国西雅图美术馆另藏一件红山型的商代猪龙玉[③]，它的头部简直和猪首没有两样。

在牛河梁女神庙内发现有彩绘猪龙下颚的陶塑残块。据说东山嘴红山文化遗址就存有大量猪骨[④]，辽宁地区出土的新石器时代的陶猪，亦不一而足[⑤]。这说明当时的实际生活以农业和畜养为主，对猪的崇拜特别隆重。我们知道南方的河姆渡遗址有猪的陶塑和骨头。崧泽的下层文化墓葬有以猪、鹿

---

① 《文物》1984 年 6 期有文 4 篇，关于红山文化的讨论。而孙守道等更涉及龙的起源，指龙出于猪之说。

② 见 *Orientation*，1988（4），图 2。

③ 见 *Orientation*，1988（4），E.C. Johnson 文，图 7。

④ 《人民画报》，1986（8），4 页。

⑤ 许明纲：《从出土文物看大连地区汉代以前养猪业》，载《农业考古》，1984（1）。

牙床骨随葬，又出有一件家猪造型的陶匜。① 山东大汶口等处出土的新石器时代猪头骨和猪形陶器②，俱见猪被作为家畜的饲养在远古已占重要地位。历史上传说的古代“神帝”，《庄子·大宗师》篇列举第一位是“豨韦氏得之，以挈③天地。”在伏羲之前，他是造物之主，天地由他所造成。《路史前纪》引仲尼亦说：“豨韦氏之囿，黄帝之圃，有虞之宫。”在年代亦远在黄帝之前。豨韦于后来的商代称为豕韦。《方言》：“南楚谓之豨。”《御览》（卷九〇三）引何承天《纂文》云：“河南谓之彘，吴楚谓之豨。”庄子称豨乃用楚语。红山遗物去今五千年，远在虞、商之前，料其时已有豨韦氏的传说。豨韦的韦字可读为围，殷代铜器铭文，韦亦作𬀩；韦、围一字，本只作□。红山猪龙玉器以玉琢成猪首，其身回旋作围绕一圈之状。疑远古之豕韦氏族即以此为祭祀时的宝器，作为权力之象征。意者五千年前的东胡亦奉豨韦为造成天地的神话人物，故其礼器取彘首之状。庄子所以列为神帝之首，自有他的来历。

豕的神话在古代天文学上亦有其长远历史。《史记·天官书》：“奎曰封豕，为沟渎。”正义：“奎，天之府库，一曰天豕，亦曰封豕，主沟渎。西南大星所谓天豕。目占以明为吉。”卜辞有“天豕”，字作豕（铁一九六，四）。《广雅·释天》：“营室谓之豕韦。”《诗经·鄘风》：“定之方中，作于楚宫。”古时观察这一星座来占卜建筑的事情，后来豕韦作为十二分野之一（《左传·昭公十一年》：“岁在豕韦。”）《云梦日书》一七九：“正月营室，心，大凶，危营室，大吉。二月，奎抵房，大凶。”秦时使用二十八宿的占星术，豕韦（即营室）有其重要作用。纬书《春秋说题辞》云：“斗星时散精为彘。四月生，应天理。”（《御览》引）彘是北斗星散精的产物，正可反映古人对猪的宗教信仰。

周、秦史书记载的玉器与若石有所谓“陈宝”者，民间流传神话甚为复杂。

（一）《史记·封禅书》：“（秦）文公获若石于陈仓北阪城，祠之。……命曰陈宝。”

若石是什么？

苏林说：“质如石也。”（《集解》引）

---

① 《考古学报》，1978（2）；《文物》，1976（8）；《崧泽》98页及图版六〇。钟遐：《从河姆渡遗址出土猪骨和陶猪试论我国养猪的起源》，载《文物》，1976（8）。

② 何德亮：《论山东地区新石器时代的养猪业》，载《农业考古》，1986（1）。

③ 崔课注：挈，成也。

《三秦记》:“或言是玉鸡”(《正义》引)。这样看来,它是一种玉器,故亦若石。

(二)扬雄《羽猎赋》:“宝出一方”、“括其雌雄”,李善注引《太康记》云:“秦文公时,陈仓人猎,得兽若彘,而不知其名,道逢二童子曰:此名为㹀弗述,㹀弗述亦语曰:彼二童子名为宝鸡,得雄者王,得雌者霸。陈仓人舍㹀弗述逐二童子,化为雉雄,止陈仓化为石,雌如楚,止南阳也。”又引晋灼云:“天宝,鸡头而人身。”天宝即是“陈宝”。

《三秦记》原书出辛口撰,有《说郛》,及张澍、王仁俊等家辑本,《太康记》有毕沅辑本。据他的记载,玉鸡乃由猪状兽名曰㹀弗述者所变。㹀弗述一名三字很是奇怪,据我研究,后来又变为可以驱除妖怪的傩神,又有狒胃、娟、媪等等异名,略如下表:

㹀弗述(《太康记》)

狒胃(续汉《礼仪志》。段成式《酉阳杂俎·婼皋记》引旧傩词:“狒胃食虎。”)

娟(《史记》索隐引《列异传》:“此名为娟,在地下食死人脑。”)

媪(《搜神记》)

《太康记》的㹀弗述,是一种兽,其形若彘。演化为傩神,分明是猪首神。猪首神见于西汉壁画者,有洛阳卜千秋墓西墙绘一猪头怪人做奔驰状[①],也许即是㹀弗述。《楚辞·大招》:“西方流沙,漭洋洋只。豕首纵目,被发鬤只。”王逸注:“其状猪头纵目,……盖蓐收之状。蓐收曾入虢公之梦,是天之刑神。”(见《国语·晋语》二)。陈宝是一件若石之玉器,传说谓由猪首神㹀弗述所变成。他又名曰媪,我认为媪就应即是猥。《尔雅·释兽》:“豕,奏者猥。”何承天《纂文》:“猥,豕奏毛也”(《御览》九〇三引)。陈宝一名,很早见于《周书》的《顾命》“越玉五重”句下云:“陈宝赤刀”。孔《传》训为陈列先王宝物,殊属望文生义。《广雅·释器》:“陈宝是刀名。”综合上面诸说,我们对陈宝可得下列的新认识。

(一)陈宝是若石的玉器,是玉刀之类。

(二)陈宝所以由彘状之神㹀弗述演变而成,可能在玉器上面原来雕镂有

① 《文物》,1971(6)。

猪首披发神像，如浙江大反山所出的玉器一样，做人头散发状。

（三）西周宗庙，将“越玉”作为陈列的宝物，反山出土的玉，正是越地之玉，西周王室已将其视作瑰宝，《顾命》文中有详细记录。

更有进者，红山文化是古代东胡遗物，《顾命》中所陈列宝玉类别甚多，其中有大玉、夷玉，在东序。夷玉者，《尔雅·释器》：“东方之美者有医无闾珣玗琪焉。”《周书》所谓夷玉也。医无闾山名见《楚辞·远游》：“夕始临乎于无闾”，一作微母闾，《周礼·职方》：“幽州其山镇曰医无闾”，王逸称其地为玉山。红山在辽宁，即古医无闾之疆域，其地有玉山，是红山遗物之玉器，当即珣玗琪之属。《说文·玉部》：玗训石之似玉者，陈宝所谓“若石”是矣，珣单言训为玉器，珣字从玉旬声，旬字甲骨文之形，正像围绕盘曲之状，故红山之猪龙玉器，可释为夷玉之珣，珣玗琪合三字以为玉名，如医无闾山名之作三字，然则猪首神之穦弗述亦作三字为一名，岂皆古代东夷之遗语乎？

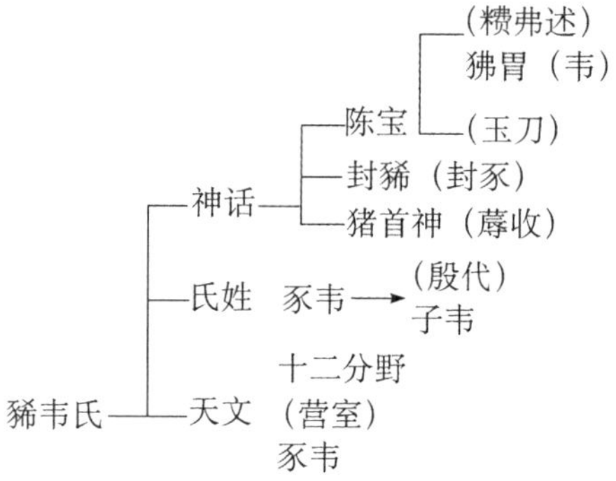

凌家山与红山文化是一系统

"羊"的联想

——青海彩陶、阴山、西藏岩画的⊕号与西亚原始计数工具

有关⊕符号的考证，是西亚文字起源一种最新的理论。⊕字是在苏美尔泥板上最为习见的图形符号，用以代表羊字，音为 udu。通常又加一√号，表示母羊作⊕。它是作一圆圈，其中加"十"形，但何以这样写？其中却有许多道理！

一、从⊕号说起

文字的产生，自来即围绕着神秘的阴影，许多问题一时不能解答，中外是一致的。苏美尔人（Sumerian）的线形文（linear writing）如何发明？始终亦说不清楚；自从 1966 年以来，Schmandt Besserat 女士对于⊕字的解释，大家认为是一崭新的突破。①

一般周知，西亚泥板上的数目字，有下列几种符号：

由于西亚行使六十进制，60 即写一个"P"，60 又作▽，即▽的放大，有时把原形复写多一个圈（参图 1）。这些记号大体依据 Samuel Noah Kramer 的

① 参看 D. S. Besserat："The Earliest Precursor of Writing"及"An Archaie Recording System and the Origin of Writing"二文。及 A. Le Brun 与 P. Vallat：L'origine de l'Ecriture á suse。

订正说法。[1] 数字何以作这样的形状？新的学说认为与泥具的标记（tokens）有关。近东地区环绕 Susa 一带，发现大量泥具，包括球状、锥形、棒条形、丸形等等，有的其上刻划“＋”的符号，可以证知D与⊕等形状，实际即是泥具的写照。从前 Ur 地方亦曾发现⊗形的泥具，以此了解，泥板上常用的⊕字，即作为计算羊的单位。现在依据发掘所得，这些泥具可追溯到 11000 至 8000 年前，这样看来，西亚符号文字的诞生，仍要比华夏为早。西亚最常见的羊字是如下面这样演化的：

（楔形文）

（n°761 Falkenstein，*Zeichenliste*）

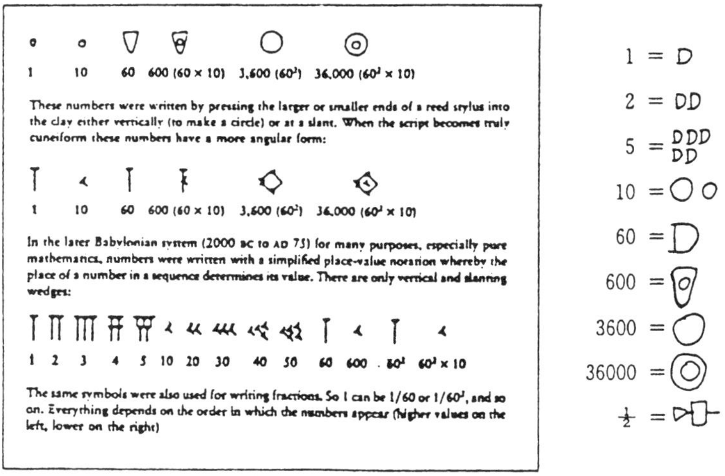

图 1

西亚的山羊（goat）传入华夏，现在所知，据称在庙底沟第二期文化已有山羊遗存。[2]

本文附图 2 是西亚 Jemdet Nasr 出土列 144 号的泥板，上面三个⊕字即指羊。其他是数目字，图 3 是 Ur 地方出土带＋状的圆板。图 4 是圆石块上表示两类型的表示三数，可以印证泥板上刻数的模样。图 6 是圆形及半圆形物上刻划标记在西亚各地分布的部分统计记录。尚有其他不同形状的文献，这里从略。这种繁多实物的出土，充分证明西亚泥板上频频见到的记数符号，即

---

① 见 Kramer：The *Sumerians*，p. 92，及 C. B. F. Walker：*Cueiform*，p. 29。

② 见何炳棣：*The Cradle of the East*，附录五。

由此而产生，说明了人类最初文字起源出于刻划标记（incised signs），而记数的符号有所谓“bullae”的实物作为文字产生之过渡工具，实为极重要的物证。这一新学说对人类文字发生史提供一可靠的理论，可惜似乎还未有人加以介绍，故略举其大要，以供吾国文字学家参考。这和西南民族流行的“刻

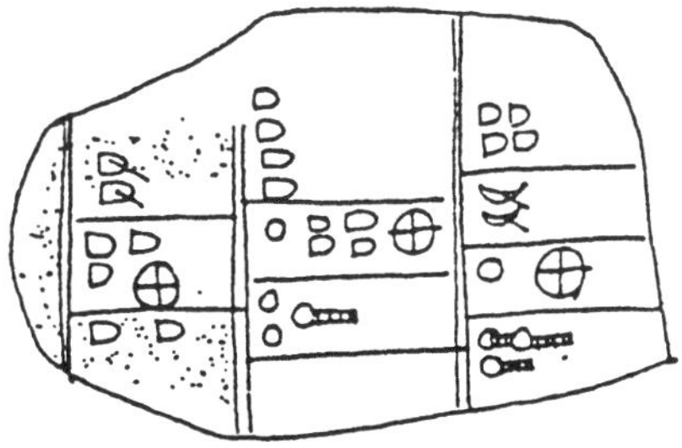

144 (J.N.)

图 2

Discs with an incised cross from Ur.

图 3

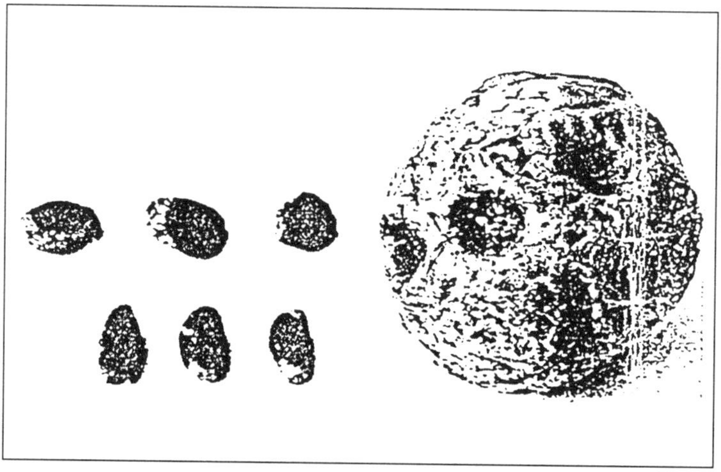

图 4

木为符契”[1]，在未有文字以前的一种初步萌芽的助记手段，意义是很相似的。西亚这类实物对于具体说明苏美尔线形文形成的过程，很有贡献。参看附图 7 其中圆形物⊗的形状和计算羊单位而作为“羊”的标识的⊕字，得到了充分的证明，尤为难得。（D. S. Besserat 的文章，见 Syro-Mesopotemian Studies 1/2，1977 年 7 月。附图 2 以下均采自 Besserat 氏文。）

青海乐都彩陶上有⊕一记号，向来不知其含义。柳湾出土的石纺轮，有⊕的形状上有刻符的＋。附图如下（图 5）：

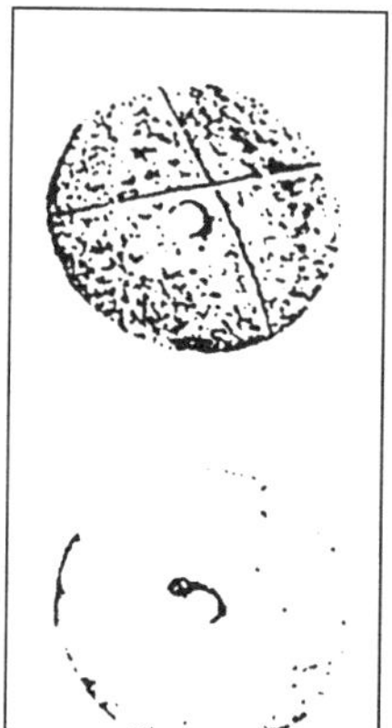

图 5

① 详细可看王恒杰：《边疆民族和考古“刻木”材料初探》，见《向达纪念论文集》，566 页。

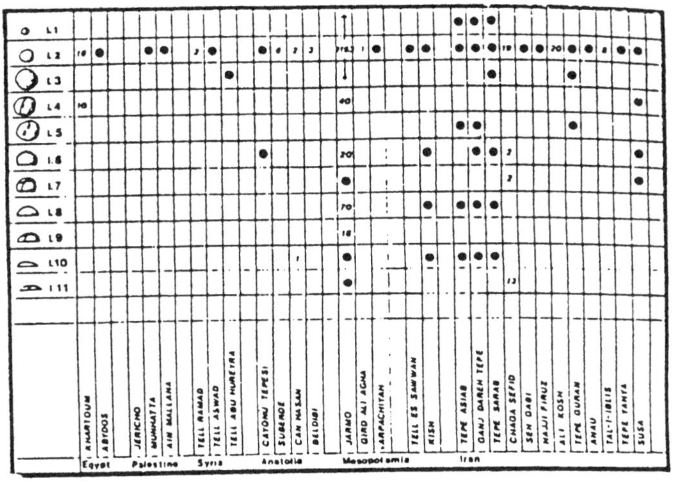

图 6

这可能和西亚同样原初即是指羊的意思，后来被改制为纺轮。在中国，这种工具从未被人注意，似乎应该参考西亚考古家的意见，对于 token 与文字符号有无关涉，再考察在吾国分布的情形。

半坡、姜寨未出现⊕的符号，但姜寨有石球、陶球，其用途是否同于西亚的球状物，还须进一步研究。

见于阴山岩画的符号，据说出现最多的就是“⊕”形。盖山林说“对于它曾有种种不同的解释，或认为它是宇宙的象征。”① 他又说：“早期毡帐画面，只有其象征符号作⊕形。在阴山岩画图二〇中有作田状的，在于羊群之中。”又西藏日土县日松区任姆栋 12 号岩画的动物群中亦有这个田记号。奇怪的是苏美尔的文字中⊕亦写作田，与此相同。

此外，四川珙县僰人悬棺岩画中有⊕⊗〇△△△等符号，珙县的悬棺有人认为是都掌蛮的墓葬。②《华阳国志》卷三《蜀志》说：“帝攻青衣，雄张僚僰。”古代的青衣国在宜宾一带，这些⊕ △△△记号似乎与羌人有关。陕西宝鸡的陶文上有△△△ △△△△等记号，与乐都的⊕号，传播入川，为僰人所采用，是很有可能的。

由上面这些⊕号在青海、阴山地区、西藏大羊同（象雄）及四川各地出现

① 盖山林：《从阴山岩画看内蒙古草原古代游牧人的文明》，载《中亚学刊》，1 期，36 页、47 页。

② 见《文物丛刊》二。

的情况看来，可以想像西亚的代表“羊”的⊕号，似乎曾在中国西北地区传播甚广，大抵皆在羌人活动的区域内。

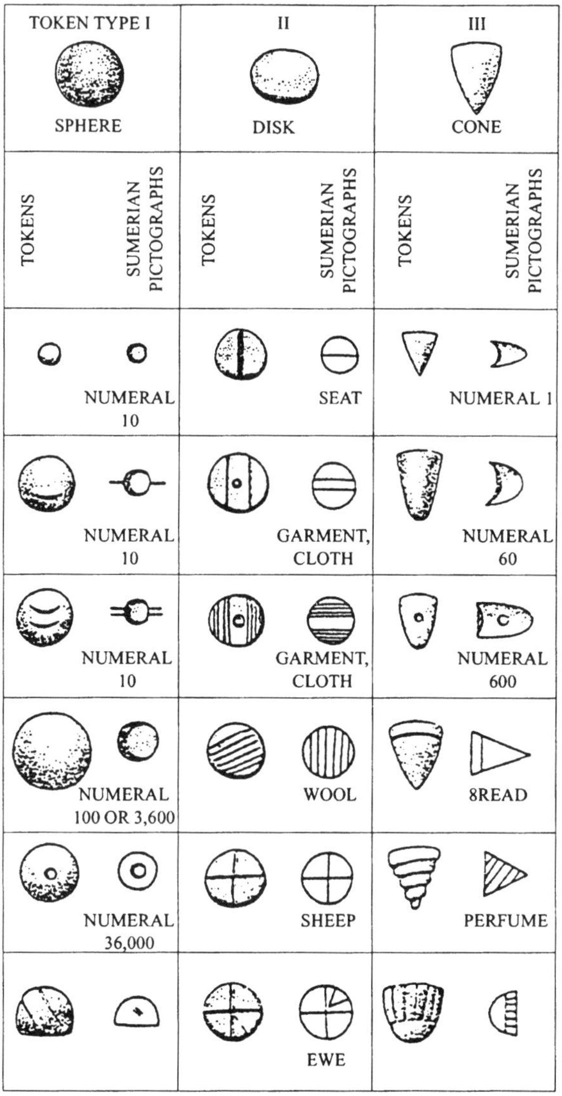

图 7

关于西亚用○◎表数的现象，不意在中国竟亦偶有出现雷同的情况。这即是向来被人注目的云南晋宁石寨山出土的铜片，我年前于昆明博物馆有机缘

目睹原物，黝黑不堪，如果没有林声把它描绘出来是不易辨认的。[1]（见图8）

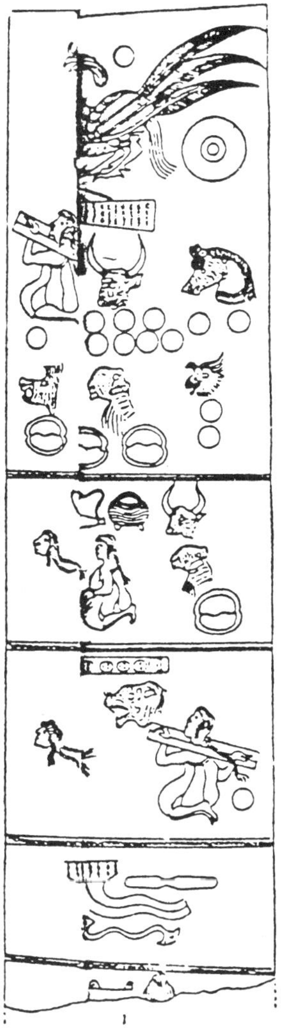

图8

石寨山所出铜片，上有图画文字，又刻带枷而辫发下跽的奴隶及鸡、牛各种动物。其间用圆圈作为表示数量之符号，与Sumerian线形文有类似之处。此为一种Pictoraghs，大概西汉前期滇人尚使用之。其后，汉文流行，遂

① 《西藏日土县古代岩画调查简报》，载《文物》，1987（2）。林声：《试释云南晋宁石寨山出土的铜片上的图画文字》，载《文物》，1964（5），23页。

归于淘汰。石寨山出土镌汉文之印章有三："滇王之印"、"胜西"、"王罕私印"[1]，即其明证。但他们尝经用圆圈表数，有○⊙⊖三种，这种记数与苏美尔文字的记数法用各种圈式代表数字方法很相近。铜牌上划分界线，显然是苏美尔人用双线分割隔开的办法（参见图 2）。

距安阳市 15 公里的鲍家集村，发现仰韶文化遗址，其彩陶花纹有◎⊙⊙诸符号，又见[2] Uruk 和姜寨所常见，故此三个复式圆圈可能是表示数字，即 600、60 之类。

这个殷墟以前的仰韶遗址很可能曾是戎狄之所居，保留下一些西亚的遗俗，有待于深入研究。

二、说

是姜寨第一期符号，止有一见，拓本（19）刻于钵黑彩宽带上，列号 T254W158:1，报告图版一〇〇（C）之四。字有两角，显然是羊字的象形。见附图 9（一）。

属于齐家文化的武威皇娘娘台第四次出土的陶器上面有四个羊头相间的纹样，形作又有一个但作的[3]，可证姜寨的，和它确是同一记号（齐家文化距今 3645±90 至 4130±105 年。时代比半坡稍晚，可以下及于夏世）。参看附图 9（二）。

姜寨第二期遗物，有陶塑羊头，高七公分，似绵羊而眼圆突出。[4] 据该报告姜寨出土以羊骨为最多，是很可注意的。

关于字一向有许多争论。[5] 今以武威皇娘娘台的四羊相向说之，当是羊字。此作四羊相向，后人演为三羊开泰，以羊为祥，此一观念由来已久。陶器上羊的符号又有简写的，像 1959 年甘肃永靖莲花台辛店期在黑头咀所出的夹砂红陶，亦见号。[6] 羌族有戴羊角的习俗，故突出其形。

① 《考古》，1963（9），483 页。

② 《考古学报》，1988（9）。

③ 《考古学报》，1978（4）。

④ 《姜寨报告》，上册图一九二，见本文图 9（三）。

⑤ 参张光裕：《雪斋学术论文集》，306、307 页。

⑥ 《考古》，1980（4），306 页。

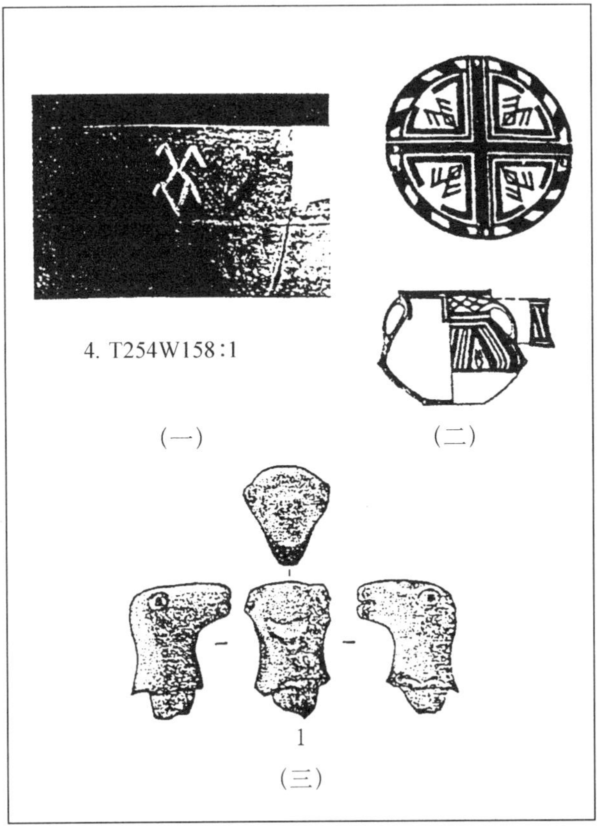

图 9

1982 年，甘肃西和栏桥、寺洼期墓葬，在漾水下游（武都县北）出土陶器上有刻划符号 21 种，见于 42 件豆罐，大都细线阴刻或作粗线，十分珍贵，见图 11。其中 1 之，10 之，可能即是羊的简体。其他同于半坡、姜寨的有、、等符号，而 4 则分明为卍字，与青海乐都亦属一系。寺洼、辛店、齐家文化都和卡约文化很有联系，与半山、马厂均是氐羌先民的文化，所以陶器上的符号属同一系统。

又记

盖山林的《阴山岩画》已由文物出版社印行。本文校稿时获见全书，知道盖君改释⊕为穹庐。他在解匈奴岩画时说道：“散见于狼山地区岩画中的‘⊕’形，应即抽象化了的穹庐形象。以⊙表示外形，里面的十字表示其内的

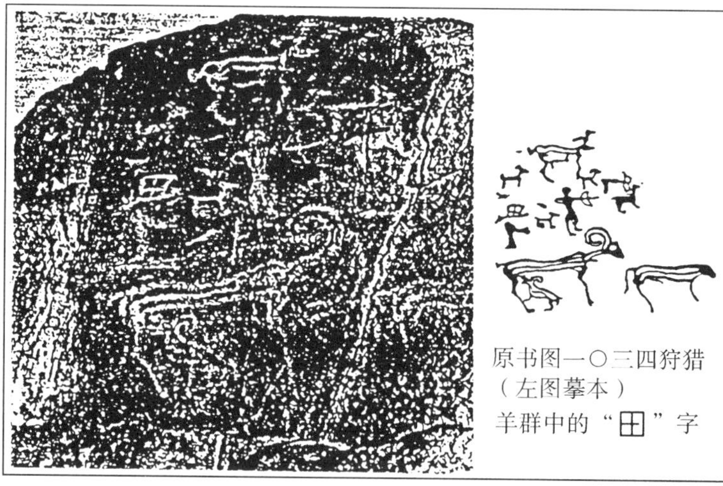

原书图一〇三四狩猎（左图摹本）羊群中的“田”字

图 10　托林沟岩画

十字形木架。在磴口县舒特沟崖畔一处岩画中，竟有十个表示穹庐的⊕形。”（350 页）他把所有的⊕形都说为穹庐。但我们看该书图七〇〇即作穹庐毡帐状，与⊕没有什么关系。在原书图一〇三四羊群中有“田”字，盖君说是代表陷阱，则有点矛盾。再看图一二一九分明把⊕号来说明山羊，许多地方单独刻着⊕字。图一一〇七、一一〇八有二行蒙文，已经译出来，据说一是“道光十五年”，一是“同治十三年”，想是后人加刻的。又原图一一一一则在⊕的两边加上不同方向的卍字来表示祝福和吉祥。我认为岩画上的⊕形，如果看作羊的标记，比较讲得通，字形完全吻合，亦有来历。盖君提出岩画有一些用圆圈或圆点计数的现象（参看原书图八二九），并引用 Sumerian 泥板来作证（375 页）。可惜他不知道西亚有以⊕符号代表羊的悠久传统，我作这一点小小的补充，或者还有可取的地方。

器物名称	器物号	刻划部位	摹文	编号
陶豆	M7:8	口沿上	1.	1
双马鞍形口罐	M7：23	耳下关腹部	2.	2
陶豆	M1:3	柄部	3.	3
陶豆	M4:19 M6:50	豆柄部，双马鞍口罐耳外侧	4.	4
陶豆	M4:17	底座内侧	5.	5
双耳罐	M4:8	腹部	6.	6
单耳罐	M4:6	耳下侧腹部	7.	7
单耳罐	M4:2	耳下侧腹部	8.	8
双马鞍形口罐	M3:2	耳外侧	9.	9
陶豆	M3:6	柄部	10.	10
陶豆	M5:7	盘腹外侧	11.	11
双马鞍形口罐	M6:32	各型陶罐腹部，豆柄部	12.	12
陶豆	M6:27	柄部	13.	13
双马鞍形口罐	M6:17	耳外侧	14.	14
双马鞍形口罐	M6:17	耳外侧	15.	15
陶豆	M6:14	柄部	16.	16
双马鞍形口罐	M6:10	耳外侧	17.	17
双马鞍形口罐	M6:9 M2:12	罐腹部及豆盘内	18.	18
单耳罐	M6:3	耳外侧	19.	19
陶豆	M5:8	各型罐腹部，豆柄部	20.	20
双马鞍形口罐	M5:15	耳外侧	21.	21

图 11

原书图一一一一

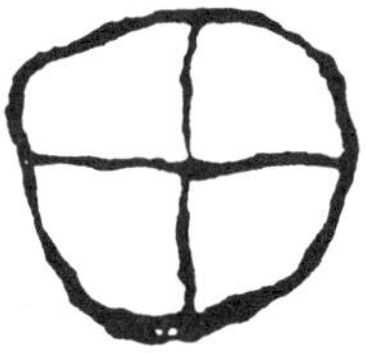

原书图八二八

原书图一〇八九

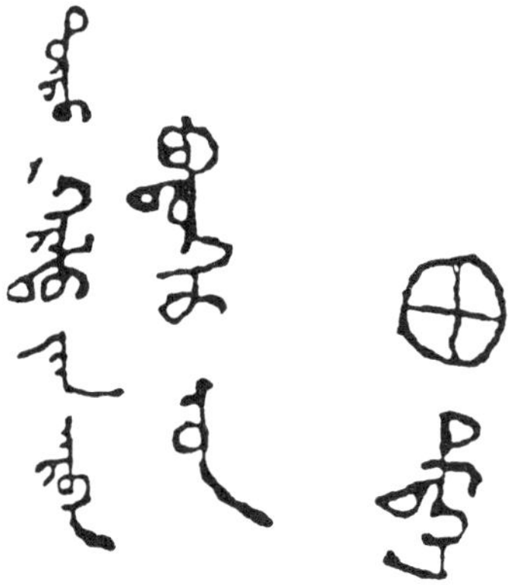

原书图一一〇七　　蒙文

原书图一二一九
北山羊及其记号

原书图八二九　人面像、人形和动物兼用圆圈表示数字

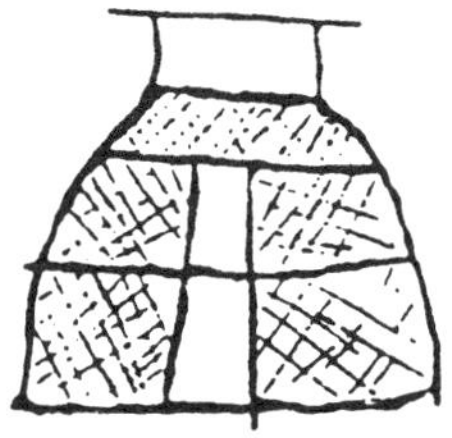

原书图七〇〇　穹庐毡帐

图 12

有翼太阳与古代东方文明

——良渚玉器刻符与大汶口陶文的再检讨

良渚玉器的大量发现，使人对长江以南的古代文化有崭新的认识。最近，浙江文物考古研究所牟永抗先生莅港中文大学，作了一次学术报告。关于近期在余姚县反山和瑶山等处大规模发掘良渚文化祭坛所得的新收获，有所阐发，令人耳目一新。[①]

良渚时代玉器的著录，有的早已见于吴大澂的《古玉图考》。美国弗利亚美术馆（Freer Gallery）收藏的玉器，有的用17编号，说明入藏年代即为1917年。据称从上海收购得来。今岁（1990）4月27、28日，我被邀在华盛顿参加楚文化国际会议，有机缘在该馆库房摩挲这些玉器，事后，又得到该馆寄赠有关照片，以供研究，大喜过望。我的兴趣在探究玉璧、玉镯上所镌刻的图文记号，朋侪之中，日本林巳奈夫、北京李学勤两教授都先后有文章发表讨论，众所周知。[②] 良渚记号和山东大汶口陶尊上记号在文化关系上是衔接的。我尝写过一篇长文：《大汶口"明神"记号与后代礼制》[③]，现在仔细观察玉器上的图纹，结合近期得到资料，不禁引起一些新的看法。值《明报月刊》25周年纪念号征稿，复略抒所见，以就正于高明，并酬答弗利亚美术馆

① 参牟永抗著《良渚文化玉器》一书前言，香港大业公司印行。

② 李学勤：《论新出大汶口文化陶器符号》，载《文物》，1987（12）。

③ 《中国文化》，第2期，香港，中华书局。

的雅意。

先取有翼太阳图徽，加以分析：

在F编号17·79的玉璧立鸟在凸形坎坛之上，其中所绘图样如图1。看来是表示太阳带冠有尾及两翅展开。

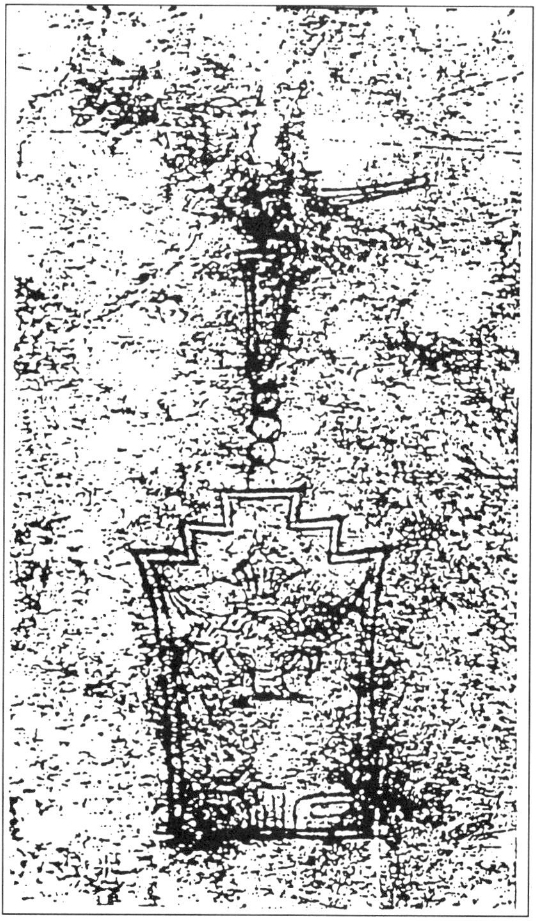

图1

牟君在良渚北湖发现的玉璧有一面刻着如图2的图形。尾作从状，而双翼更为显著。以上二件玉璧图纹都是良渚所出，完全一样，分明是属于同一系统的刻划记号。一件是1917年采集所得，一件是近年新出土的精品。所镂刻的展翅太阳形状，正可互相印证，所不同的只是北湖所刻，没有立鸟在其上方，且刻线较为简单。又F17·385号为一玉镯，浅绿色，外缘上部镂刻一张双翼鸟形，其中作○形，表示太阳。两翼之间，分别刻◎圈较小，其下作神座状（见图 3）。

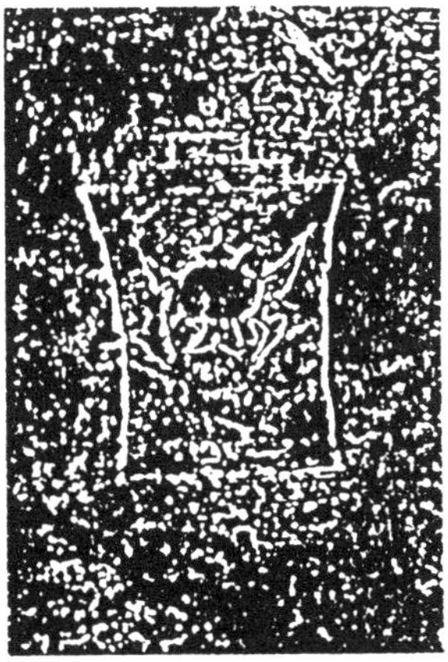

图 2

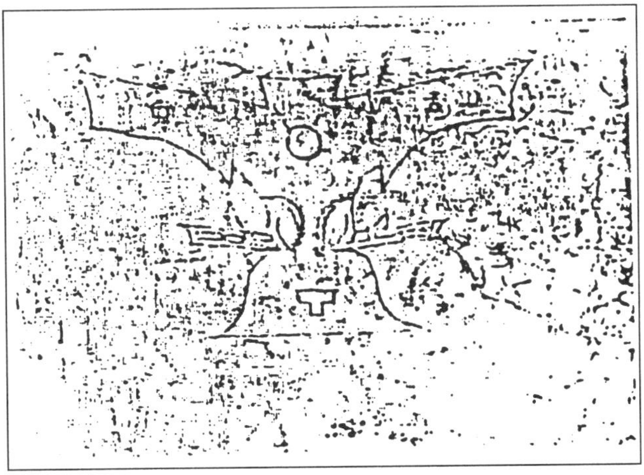

图 3

以上都是把太阳作有翼状，当为古代越人的习俗，其远源可追溯到河姆渡 6000 年前双凤朝阳的雕刻牙牌和双首连体的骨匕。其他遗物，若木制的鸟形器和双鸟联体形的建筑装饰，说明远古时代河姆渡人对鸟的崇拜，而鸟和太阳联结在一起，尤为主要特征。良渚玉器、玉琮、玉钺及三叉形冠饰均有鸟纹饰物，而玉琮璜上浮雕神徽，两边每镂刻鸟纹图案，钱山漾陶刀上亦刻鸟纹，具见当时人们盛行对鸟崇拜的迹象。后来战国流行的鸟书字体，王字上端以双鸟为饰文，知其渊源之远。① 近时中国考古学家已注意到东方沿海及东南地区古代文化中鸟类图像与鸟祖崇拜的问题（如石兴邦教授），引起了热烈的讨论（见图 4、图 5）。

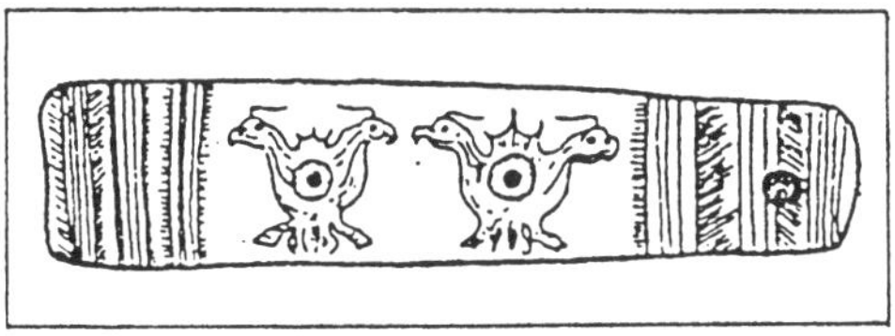

图 4

---

① 万斗云：《河姆渡文化与凤鸟的关系》；王士伦：《越国鸟图腾和鸟崇拜的若干问题》（以上二文为 1990 年 7 月在杭州举行百越民族史研究会第七届年会论文未刊稿）。

关于弗利亚玉器上鸟立于凸形的台座有不同的说法。王士伦谓："这种台座也许是从当时祭坛构造中启示出来的。"与鄙说相同。《史记》索隐"人先祠山下"条云："山下有畤、埒。"畤中各有一土封，故云畤。《三苍》云："畤，埒也。"畤、埒即早期之祭坛。

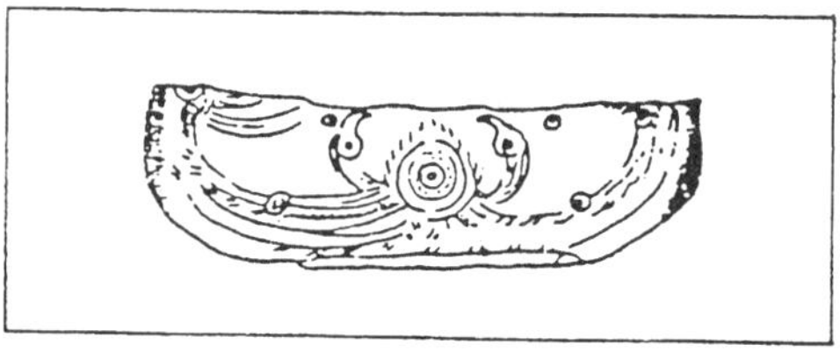

图 5　河姆渡遗物

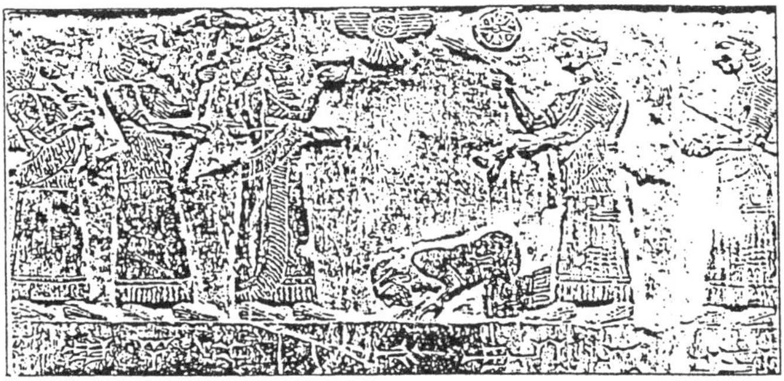

图 6

鸟和太阳关系的传说，不仅古代越俗为然；在近东古代史上，有翼的太阳成为权力集中和宗教意识趋向统一的表征。埃及碑铭即以翼状的太阳视面作为它的特殊标识，赫梯、亚述、巴比伦王朝都采用这种图样作为纪念碑及图章上的装饰物。东方古代人们承认闪族最上神代表太阳的是 Marduk、Ŝamas，埃及则认天上最高神明代表太阳的是 Ra，自从孟斐斯第三世御宇以来，埃及开始崇拜唯一的太阳神阿吞（Ātum），被升为埃及所有神庙中独一无二的主神，这似乎意味着埃及人和闪族文化交流的结果。A. Moret 等指出："Ra 本来居不重要的地位，而其教义来自亚洲的，今竟升为主要之神，由于 Helio-polès（意谓太阳城）祭司的劝告，其皇膜拜此神，法老前此被人认为是 Harus 鹰的化身，从此遂自称为太阳神 Ra 之子。这种宗教改革，岂非即闪族势力复原的表征？太阳神 Ra 的优势，岂非即 Ŝamas 的胜利？"近东有无数的古物遗迹可以说明这一事实。下面试举二例子，都是人所熟知的。

赫梯人艺术浮雕在 Halaf 山岗出土的绘出魔鬼们托着起源于埃及的有翼太阳（公元前 15—前 14 世纪）（见图 7），另一是大英博物馆藏的亚述王接受俘虏的膜拜，其上标识着有翼的太阳（见图 6）。埃及和近东普遍流行的有翼太阳图饰成为一般的常识，历时已久。太阳与鸟的关系在西方神话学里面大家都耳熟能详。远东地区有玄鸟记载、《大荒东经》记"王亥两手操鸟"，而甲骨文王亥之亥字亦从隹作𩀱。以及朝鲜、满族以至西伯利亚关于鸟的传说，流行十分普遍，东方的民族古代统称曰鸟夷，这些问题，中外学人曾经有无数讨论，不必多赘。我现在欲指出的只是“太阳有翼”有吾国考古学上的物证，太阳崇拜是人类共同的信仰。鸟与太阳结合在一起，过去只有西亚有明确的证据，因之西方神话学上有所谓“太阳学说”（Solar theory）之产生。现在我们看河姆渡与良渚的遗物，远东关于“有翼太阳”的信仰，其年代似乎更在前列，这是以前所想像不到的。

图 7

一

和大汶口日轮记号相类似的有良渚有关的遗物二件：

（一）F17 • 348 玉璧有如图 8 的图形。

（二）北京历史博物馆藏的大型玉琮，上面刻划形状如图 9。

（承俞伟超先生影示，得以校正此一图文其下部分不作，是作，非常重要，谨此致谢。）

以上二者都作日和月合璧之状，即西方学人所称为“Sun disc in moon crescent”者，上列二文日轮之下，新月形状，特别显著。玉琮高 49.2 公分，共 19 节，头部镂新月形，由多线刻划而成，完全与良渚玉璧相同，日轮亦然，似表示发出光芒。这两件玉器的特别意义有二：一，证明日轮可带新月形合成一符号；二，这种符号除大型陶尊之外，亦可以刻于玉琮及璧之上。

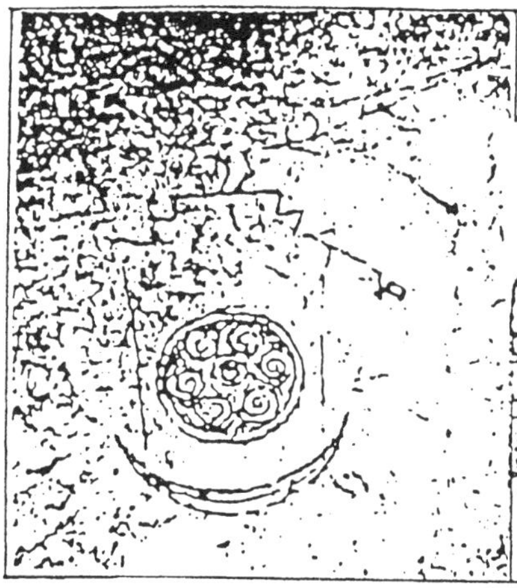

图 8

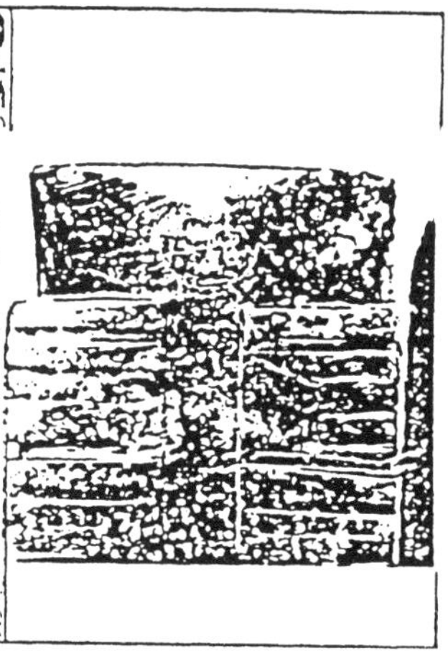

图 9

在古代埃及的月神，往往与太阳神相杂，日、月合在一起。G. A. Wallis Budge 说：

> Among certain ancient Oriental nations the worship of the Moon always preceded that of sun... In the theological system which the priest of Heliopolis succeeded in imposing upon the country some of these were preserved either by identification with the gods of the new schems or by adoption.（*The Gods of the Egyptians*，Vol. 2，p. 34）

他举出 Rameses 第三时代 Thebes 的 Khensu 即所谓 Nefer-hetep 的神像，鸟形神的头部即戴日轮和新月合成之物（见图 10）。据称祂是大神，天之王（lord of heaven）亦即是 Horus。Horus 有大、小及晨神东神等等。据 A. Moret 说："神与鸟的写法及称谓同为 Hr＝Hra，hr 加一语尾，便成 hrj，义为在上（hrt），即指上天（hr），又可解作头部，因此亦可作神祇之双眼解，日月是也。"① Horus 原义实出于鸟。良渚玉璧既镌有翼太阳于祭坛之内，坛上复有立鸟，这一神鸟不妨说是古代越人的 Horus。而表示日月的，亦即

① 《尼罗河与埃及之文明》，36 页，刘麟生译本。埃及文 Hr（w）即 Horus，继作为神的指示字而 ḥrt，即天（heaven），可读 ḥry，hrw，其变形作 ḥrt，又训高（above），参看 Alan Gardiner：*Egyptian Grammar* 字表 468 页（birds）、485 页（sky）。

hr（上天）之义。

图 10

西亚新巴比伦时代石碑，纪念 Adadetir 及其子现藏大英博物院列 90834，其碑额即镌有翼太阳和日轮带新月的记号，与上述玉琮之图形，完全一样（见图 11）。这一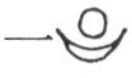图记被使用作器物上装饰图案，遍及近东各朝，下迄萨珊时代的皇冠，仍用形泐于额上。[1]

近东所出圆柱体印章上的图像，从 Akkadian 晚期开始（公元前 2254—前 2154）即在王者之前面刻日轮新月形标记，作为王权的表征。D. Collon 所著

① 联合国版 *Persia Art*，249 页。

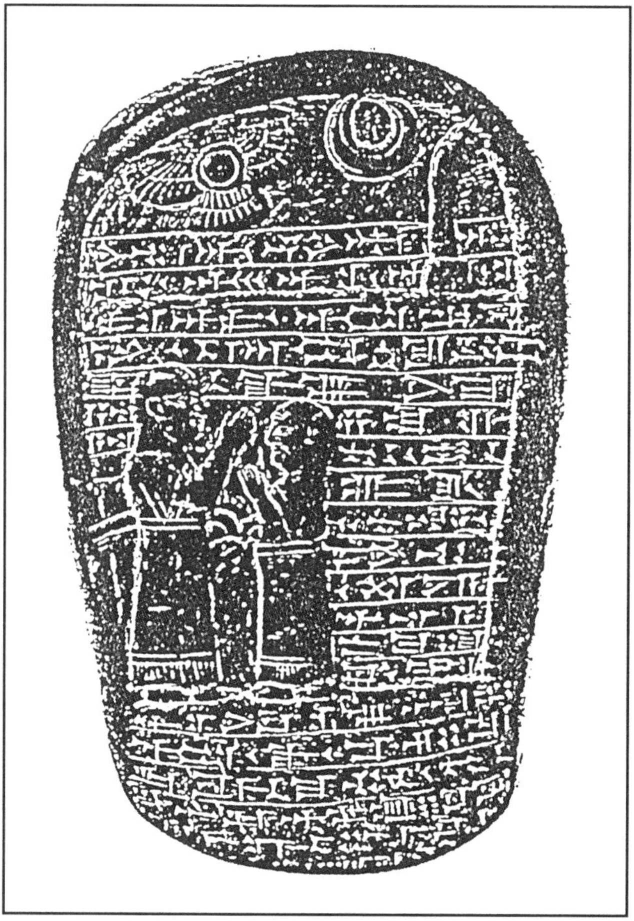

图 11

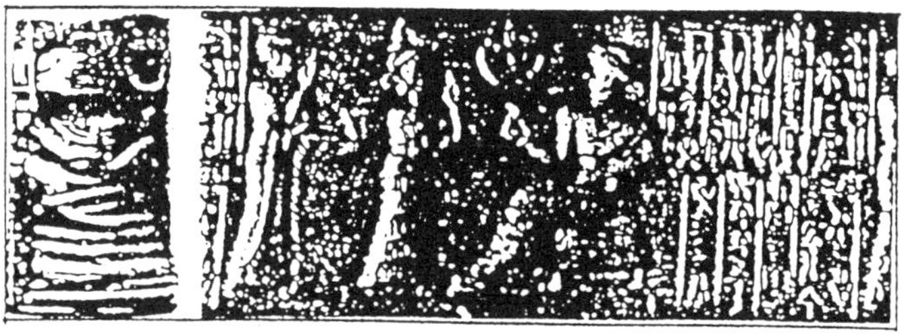

图 12

First Impressions, *Cylinder Seals in the Ancient Near East* 一书有许多图记，试介绍一二例如下，该书列 118 号（图 12），据其考释楔形文记录："圣王 Ibbi-Sin，国之神，四方之主（King of Four Quarters），书刻者，（王之）仆人

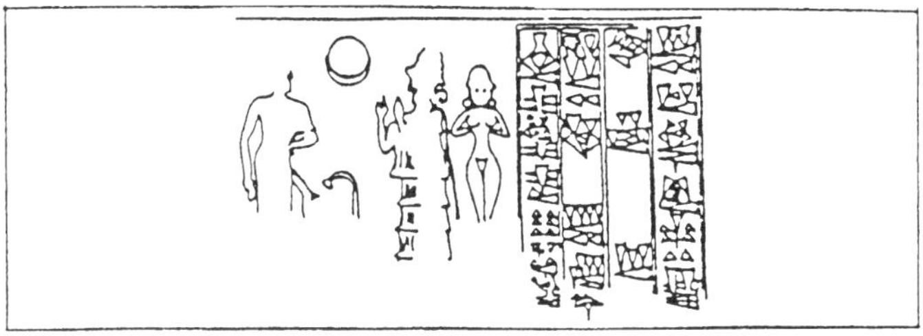

图 13

Aham-arshi，Babati 之子。”Babati 的名字已屡见于 Akkadian 时代之记录。

又列 184 号摹本是 Mari 出土之物；其王执权杖，有女神立其旁。属于 Zimri-Lin 之玺印（图 13），又 Mcguire Gibson 与 Robert D. Biggs 合编的 *Seals & Sealing in the Ancient Near East* 中《印章的应用在古亚述时代》一文（该书 89 页起）若干插图都有不同时期的日轮与新月合组的记号，一如良渚玉璧的形状。亚述于日轮之内加上、○、诸附加纹饰。这些日轮通常都刻在统治者的头顶或前面，象征日神与王权的结合。西亚印章上主要为太阳神，亦有单刻新月形，或日、月、星三者并见，为例不一，大抵因所记日、月、星神之不同而异其写法。

二

大汶口陶尊符号的调查，近时复有新的发展。据吉林大学考古学教授段一平在山东莒县作实地考察，重新整理，摄成录影片，内附陶文符号图表。我为另行归纳，可分下列各组（见图 14）：

a 作状者四。疑表示圭类，为所执之物，“玄圭”象征成功。

b 作冕状者二。冠上有圭作饰物，为统治者地位之象征。

c 作状者三。或表示地域，以字所从之可以见之。

d 作土上有树木之状者一。或即古文“社”字之初形。

e 作三形者一，似彡日之形，表示祭祀之事。

f 作斧钺状者三。有如西亚权杖，表示威权。

g 作日轮及盘或火焰之状者六。表示太阳，为祭祀对象。

大汶口文化曾出土陶尊实为礼器，古代出日入日朝拜之礼所用器物，故镌刻符号于其上。凡此七组符号无异当时祭礼之写照，而“彡”字之出现，具

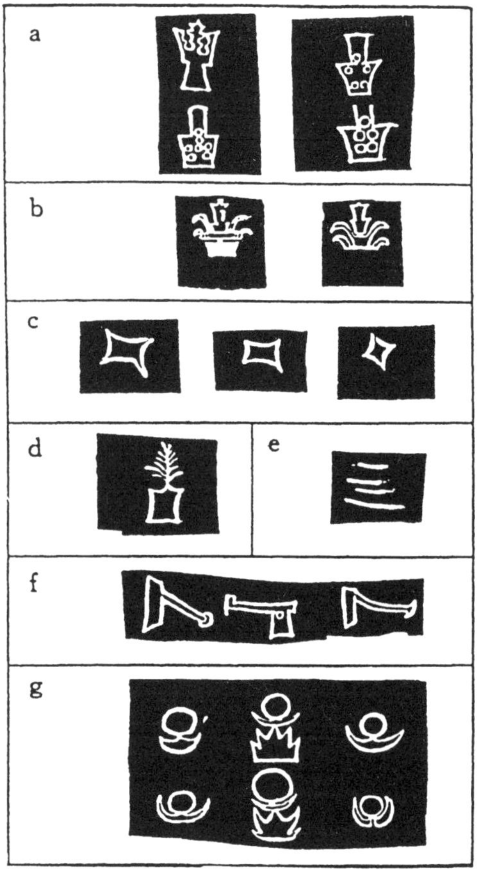

图 14

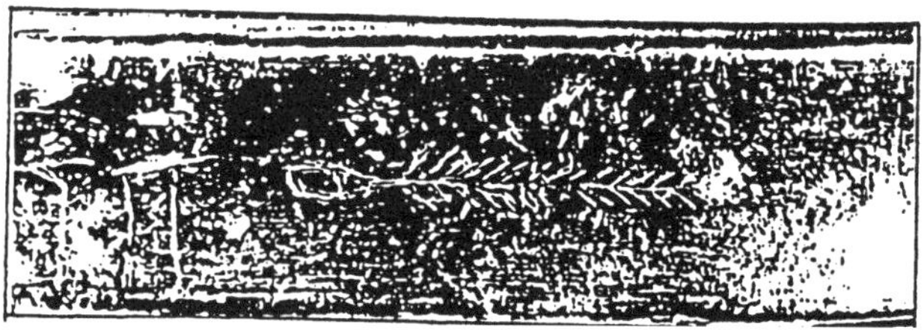

图 15

见祭之明日又祭，大汶口时代已有此礼俗，为殷人“肜日”之礼所自出。

g 图之第四形中间正作，没有凸起，是莒县大朱家村所出，见《考古学报》1991 年第二期，莒县博物馆报告。又号在江西出土的陶鬲亦见之。

此七组符号，若干个别还须加以补充说明：字形看来是树木植在土上。

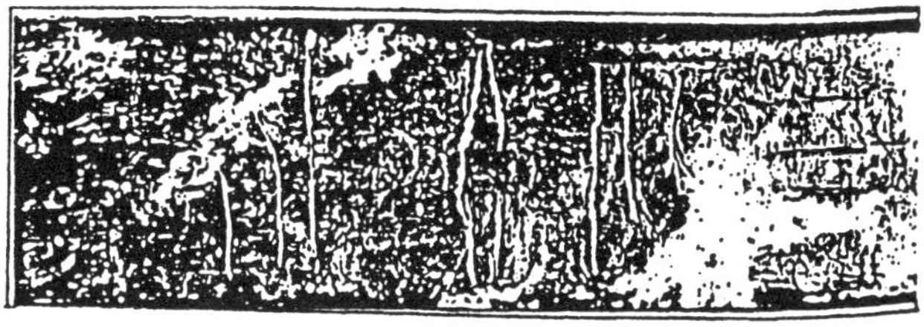

图 16

下体的形状，与另见三处的字应该是同形之文。良渚 F17·348 号边缘刻划与此形体相近之一字（图 15），另一面则镌飞鸟在“二”之间（图 16），下面作，以甲骨文的土字作（后编二，三八，三），可释为从土。以是例之，即是土，其作形者，或表示四方、四土。（卜辞有东土南土等）我以前认是夕，宜订正。

土上有树木者，古文社字作，《汗简》有之。右旁的，当可溯源于此。所谓“各树其土所宜之木”。《周礼·大司徒》：“设社稷之壝而树之田主，各以其野之所宜木。”疑字即指原始的社。后代的栎社、槐社、枌榆社以至丛祠等等，都是社树的遗俗。苏美尔文有一字楔形文作，音为 du（tu），意义是“之间”、“开始”（R. Labat 辞书，61 页），它与汉字的“土”，音义很接近，可以与此比较（图 17）。

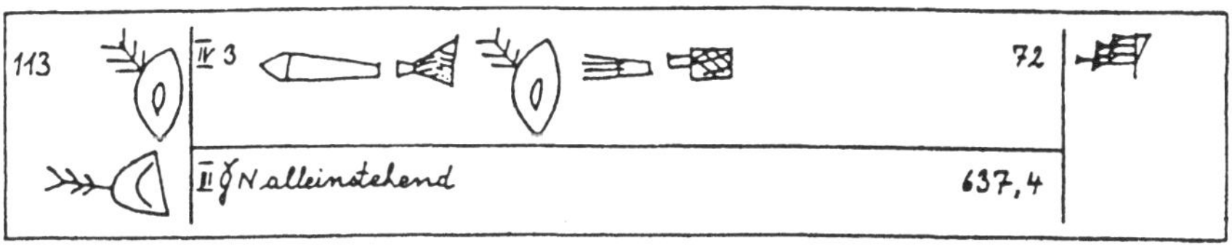

图 17

字，一向未明，今据良渚北湖所出与有翼太阳相反另一面所镌记号（见图 18）参比，疑是礼器的“圭”，以头部中间突起为其特征。后代圭的种类甚繁，如琬圭（徐灏说：“凡穹隆上起者谓之宛，窊下两圜者亦谓之宛，故丘上有丘为宛丘”）、珽（圭）（《说文》：“珽，大圭，长三尺，抒上，终葵首。”终葵即椎。福泉山出土椎形器多件，可证）都有特别形制。赐玄圭所以告成功（《禹贡》）。

又冠冕上部，亦施以此一符号，下部之冕作羽饰。郑玄注《王制》：“有虞氏皇而祭”云：“皇，冕属，画羽饰。”画羽谓染羽五彩，郑读皇为凤皇，

图 18

故以彩羽为说（参看汪荣宝《释皇》）。李学勤释字引“皇”为冕属一说，甚有道理。

三字可能是肜日之肜，表示祭祀之事（何琳仪兄所见略同）。肜日甲文作彡日（《屯乙》六一一九），字亦作彡、，同此。

大汶口诸符号，其中有二字相关联的，如之与，之与是。有增加

饰文的，如加“◦”作……是。

日轮之形，其下灼然作新月形的，一向被称为 sun dice。良渚 F17·348号及北京玉琮最为显著。分明是日和月之结合，其他则诸多变化，大汶口所见符号繁简尤不一致，其作状中间稍有突起，故易看作火字，下体可能是祭坛，非五个山岳。大汶口这一符号形状不很规律化，但之状在西亚苏美尔文则常见之，亦有相似地方（参看图 19）。

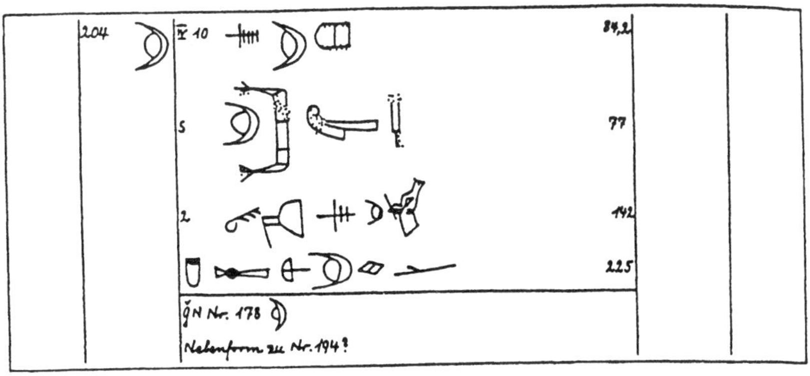

图 19

埃及人的日神 Ra，以圆形为日之标记，其下以一柱支之，后世称此圆形物为阿登（Aten）。从第三朝代初年起，国王徽号，外面有黑线的椭圆形环绕之，下面系以黑线底，其式如，此椭圆形之黑线即代表太阳周天环绕之状。华夏无此制，但以太阳代表统治者，古代意识上是相同的，故《礼统》云：“日者实也，形体光实，人君之象。”（《太平御览》三天部引）

大汶口符号有圭状器符号，证明与祭日之礼有关。《周礼·典瑞》：“王晋（搢）大圭以朝日。”《管子》亦云：“天子执玉笏以朝日。”《广雅·释器》：“珽，笏也。”这样看来，大汶口使用陶尊致祭是当时地位相当高的人物，非王者之尊莫属。

总结而论：大汶口和良渚都有太阳日轮带新月形的图徽，我认为应是“明神”的记号，故其地都有祭日之礼俗。大汶口陶尊符号的综合整理，是本文研究的新突破。

至于有翼太阳在中国考古学上的新发现，可与西亚媲美，我故特为指出。由于自然现象是人类共同的认识，河姆渡的双凤朝阳在器物上雕刻的年代，则比西亚较早。

佛书之鸟夷与古印度火祭之“玄鸟”崇拜

良渚文化的陶器处处以鸟纹为特征，西漾淀出土有鸟形盉及黑陶鸟纹尊。最特出的是青浦福泉山双鼻壶，细划刻镂鸟纹，作成群的飞鸟。又一阔把黑陶带流壶上刻镂五只飞鸟。[①] 玉器以鸟为徽识，玉雕立鸟，早期之半圆形冠状器，实作羽冠，表示鸟与太阳之合一、鸟之地位及鸟之崇拜在良渚文化中的重要性。

良渚居民应是鸟夷之伦，故以鸟为纪。《左传·昭公十七年》郯子言“少皞挚之立也……为鸟师而鸟名”，少皞、太皞亦作少昊、太昊，都是太阳神，王嘉《拾遗记》：“其明睿照于八区，是谓太昊。”可以见之。

印度吠陀经典中阿耆尼——祭坛，用砖砌成鸟形之祭台（bird-shaped altar）。（见插图）鸟为不死永生之标志。鸟在古印度思想中有极悠远历史与神秘意义。火坛之作鸟形，以中央及四方结合成为神我之象征（Ātman：body+self-soul）。据《七婆罗门书》之说，祭坛之鸟形东向，是普鲁洒（puruṣa）七分及一半之长方形（The seven-&-half puruṣa squares），是坛实由造物主（prajāpati）之自作牺牲而创造天地。此造物主即是神之祭品，与苏摩（soma）为供献于神之最高级祭品，乃是神鸟从天携降于下土者，故普鲁洒及造物主皆同作人形亦同作鸟形。凡此嗣后皆为圣者（ṛṣi）所公认为生命之活气

① 俱见《上海福泉山良渚文化墓葬》，载《文物》，1984（2）。《上海青浦福泉山良渚文化墓地》，载《文物》，1986（10）。

(prāna＝vital airs)。ātman 与 hanṣa 之飞鸿有关。《奥义书》中若《诃萨奥义书》、《波罗摩诃萨奥义书》、《声点奥义书》、《糍供奥义书》，都有飞鸟入城中其居民即神我之记录。

Plan of the Altar of Fire in the shape of Falcon（隼）

（**after G.** ***Thibaut*****,** ***Fournal of the Asiatic Society of Bengal*****, 1875**）见 **Louis Renou**: ***Vedic India*****.**

神我与日光都由宇宙卵所化成。hanṣa 是神话中之鸟，可说相当于华夏之玄鸟。《商颂》"天命玄鸟"，《天问》："玄鸟致诒女何喜?"秦、楚同祖帝高阳颛顼，俱有"玄鸟陨卵"之传说（见《史记·秦本纪》）。高阳即天帝，其居处为玄宫（见《庄子》、《墨子》、《随巢子》佚文），神鸟是天使，故称玄鸟。玄鸟在古代齐鲁谓之乞，战国《楚帛书》：于孟陬之正月云："曰：取，乙则至。"《说文》："乞，齐鲁谓之乞，取其鸣自谑，象形也。"《山海经》称之为噎或噎鸣，以为天帝之使者，主宰日月星辰之次。试比较下列两段记载：

《山海经·海内经》："祝融降居江水，生共工……共工生术器……生后土。后土生噎鸣，噎鸣生岁十有二。"

又《大荒西经》："颛顼生老童，老童生重及黎。……下地生噎。处于西极，以行日月星辰之次。"

今就上文为列表如次：

颛顼（天帝）—老童{重（上天）
黎（下地）—噎—以行日月星辰之次

祝融—共工{术器
后土—噎鸣—生岁十二

两文互勘，可见后土即下地之黎，噎鸣亦省称曰“噎”。噎鸣是神鸟，敦煌本《瑞应图》凤鸟有一名曰“发鸣”，有如噎鸣。噎字读为“壹”，亦即是“一”，与乙相同，故乙亦增益鸟旁作鳦。汉七星盘十二神有大乙，即借鳦为乙，演化为大一，为宇宙至上神，为造物主，有如印度之 Prajāpati。在山东齐地，玄鸟氏成为司历官职，郯子所云：“玄鸟氏司分者也。”凡此皆玄鸟神话渲染下之产物。

阿耆尼祭坛之鸟形，可说是天竺之玄鸟。玄鸟在华燕鸟之外，亦以凤凰为代表，其事甚早，惟与火结缘，则似出自楚人之说。《鹖冠子·度万》云：

凤凰者，纯火之禽，阳之精也。

后出纬书如《演孔图》云：

凤，火精也。（《初学记》三十引）

《鹖冠子》现已证明不是伪书。吠陀火祭以鸟为不死之象征，《楚辞·远游》：“仍羽人于丹丘兮，留不死之旧乡。”不死之为 a-mrta 及其与海上方士不死药之关系，曩年撰《邹衍书别考》已详论之[①]，齐景公已言及有鸟曰金翅，即 garuda，疑燕齐之间战国末期似经由方士传入一些梵土智识。《白泽图》称“火之精曰宋无忌”。厥后《荆楚岁时记》云：“祝融为灶神，姓苏名吉利。”按西亚火神称曰 Girra，其名屡见于 Erra 史诗中，疑吉利即用 Girra 而来。阿卡得文火焰亦称 Girri，与吉利之音全合。苏美尔线形文“火”字作，本音 izi，又一作：象火焰，音 Gibil。[②] 元成吉思汗《大祭文》中引用火神经，言及强铁之父。蒙古《黄金史记》：大汗登位时，有灵鸟飞临天穹，大叫两声

① 《选堂集林·史林》上册。

② 参看 Jean Bottéro：Nots sur le feu dans les textes Méopotamiens。

gis-gis，即是“吉思”，溯其远源，与西亚之火曰 Gi-bil 不无关系。蒙古一词即蒙文忙豁勒，由长生天（meŋk təŋgri）之 meŋk 与 gal 合成 meŋgal，gal 即灶火之意。故知灶神苏吉利一名恐是一外来语。

火精名宋无忌，与 ša、gis 或有关涉，管辂《占卦解》入灶一事谓是宋无忌之妖所为，直以宋无忌为火精。《史记·封禅书》言及燕昭齐威宣使人入海，又称宋毋忌等为方仙道形解销化，是火精之传说，由来已久，与古代海上交通或不无关涉矣。

近时出土文物，武昌莲溪寺东吴墓白毫陶俑，作菩萨状。江宁张家山西晋墓魂瓶内有佛像①，四川乐山东汉墓发见一石佛坐像，背有项光，手掌作施无畏印，附近崖墓有顺帝永和及桓帝延熹年号。

吴越及楚地皆盛行用蚀花肉红石髓作琉璃剑饰，已证知非本国土制，其在云南江川李家庄 22 号墓出土六棱形柱状琉璃珠，盖从印度输入。云南呈贡天子庙战国滇墓，其铜盔上有佛光，则战国时期中印交通已获证明。汉永平十二年置永昌郡，边境有身毒居民。王景以神雀之瑞，而进《金人论》，此金人即浮图金人也。

《海内经》：“有盐长之国，有人焉，鸟首，名曰鸟氏。”《御览》卷七九七引作“监长之国”。以作“盐”为是。郭璞注云：

> 今佛书中有此人，即鸟夷也。

景纯引佛书作证，极有趣味。近时山东连云港云台山下龙山文化遗址出土有鸟首形鼎足，又一件陶制鸟头连胫，高 4 公分。鸟喙粗壮前伸，双目圆睁。经鸟类专家鉴定，原型为海鸽。疑是所谓海鸟爰居。连云港古称郁州山，孤悬海中。见《海内东经》。《水经·淮水注》引作“郁山”，郭璞注：“今在东海朐县界。”《大荒东经》：“东海之外大壑，少昊之国。少昊孺帝颛顼于此。”《海内经》所称之鸟氏，在《秦本纪》作鸟俗氏，实祖颛顼。《海内经》以天毒（印度）与朝鲜同列于东方地区，则古地理家或以印度在海中，殆方士辈传闻之讹欤？

《季羡林教授八十华诞纪念论文集》下册

① 《考古》，1985（10）。

余近时撰《塞种与 Soma》一文，举古波斯大流士碑刻上所刊的 SaKa-hauma-varga，为饮 Soma 的塞种，正可与此文参证。又西南出土造像资料极繁富，详姚崇新《成都地区出土南朝造像的外来风格渊源再探》。[①] 近时四川出土佛像，以酆县槽房沟蔡寘墓中摇钱树底座铜佛像在侧面纪年为“延光四年（125）五月十日”，即东汉安帝年号，迄今为止最早之佛像。吴的佛像纪年为永安五年（262）尚在其后。佛教传入，由关陇或西南经金牛道入川，亦是一重要路线。

① 《华林》1 期。

良渚、大汶口图文的一二考察

新石器时代玉器有时刻着一些符号，被视含有某种神秘意义。良渚的玉器刻符和大汶口的陶文有许多雷同互相关涉，似乎说明远古的越族与东夷保持经常的交流接触。这类问题久已引起大家的关怀和热烈讨论。近时邓淑蘋女士把被视为良渚玉器包括公私藏品与出土文物共 12 件，加以整理，做了很详细的比较分析，在资料排比上她已完成初步的基础工夫，但其中涵义还有些重点需要再作进一步的探索。[①]

符号每每是生活的写照。大汶口符号已知的共有七个，从整体联系来看，似乎告诉我们在那个时代有戴皇冠、执礼器、秉斧钺、封茅土，在太阳神鸟祭坛之前。[②] 结合这些图形仿佛构成一幅王者朝日的图画，意味着如《墨子·非攻下》所说的“把握天之瑞令”的古社会领袖活动。又□这一记号凡三见，亦可能是一个民族或地名。良渚的玉璧、玉镯、玉琮上所镂刻图文，较为繁复，经邓君的比勘可得一些新解，像 Freer 美术馆玉镯上的，以良渚陶文证之，日轮下面之应是简化的鸟形，上海博物馆的玉琮上所刻之正为神鸟，可视作的省体（图 1）。台湾故宫博物院玉琮上的◇号与大汶口之□号应同是一个民族的名称（图 2）。

---

① 邓淑蘋：《中国新石器时代玉器上的神秘符号》，载《台湾故宫学术季刊》，一〇，三。

② 饶宗颐：《有翼太阳与古代东方文明》，载《明报月刊》二十五周年纪念号。

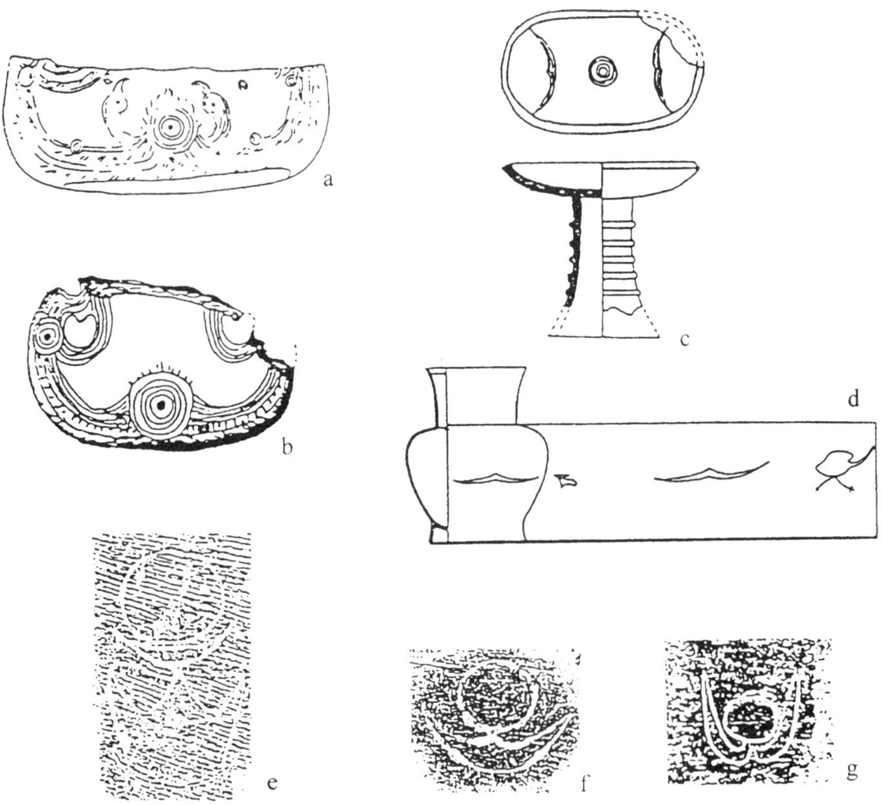

图 1　图 a、b：河姆渡文化象牙片　Pictographs on Hemudu artefacts
图 c、d：良渚文化陶器　Pictographs on Liangzhu artefacts
图 e、f、g：大汶口文化陶文　Pictographs on Dawenkou artefacts

一

这个◇号向来被视作菱形，其实是正方形的变体，试从良渚玉器本身觅取一些例证：

（一）台湾故宫玉璧上双鸟绕日纹，其太阳中间部分作◇，是圆中带方，有如铜钱，“方”的部分正作菱形（见图 3）。

（二）浙江余杭瑶山出土的龙首镯，其鼻部花纹有作双层菱形纹样，菱形之内还加上圆圈，呈◈状，这是方中带圆，这里的“方”都作菱形，可见菱形应该作“方”形来看待（图 4）。

表现在玉器上的制作及纹样，方与圆是主要构成条件。璧是大圆套小圆，

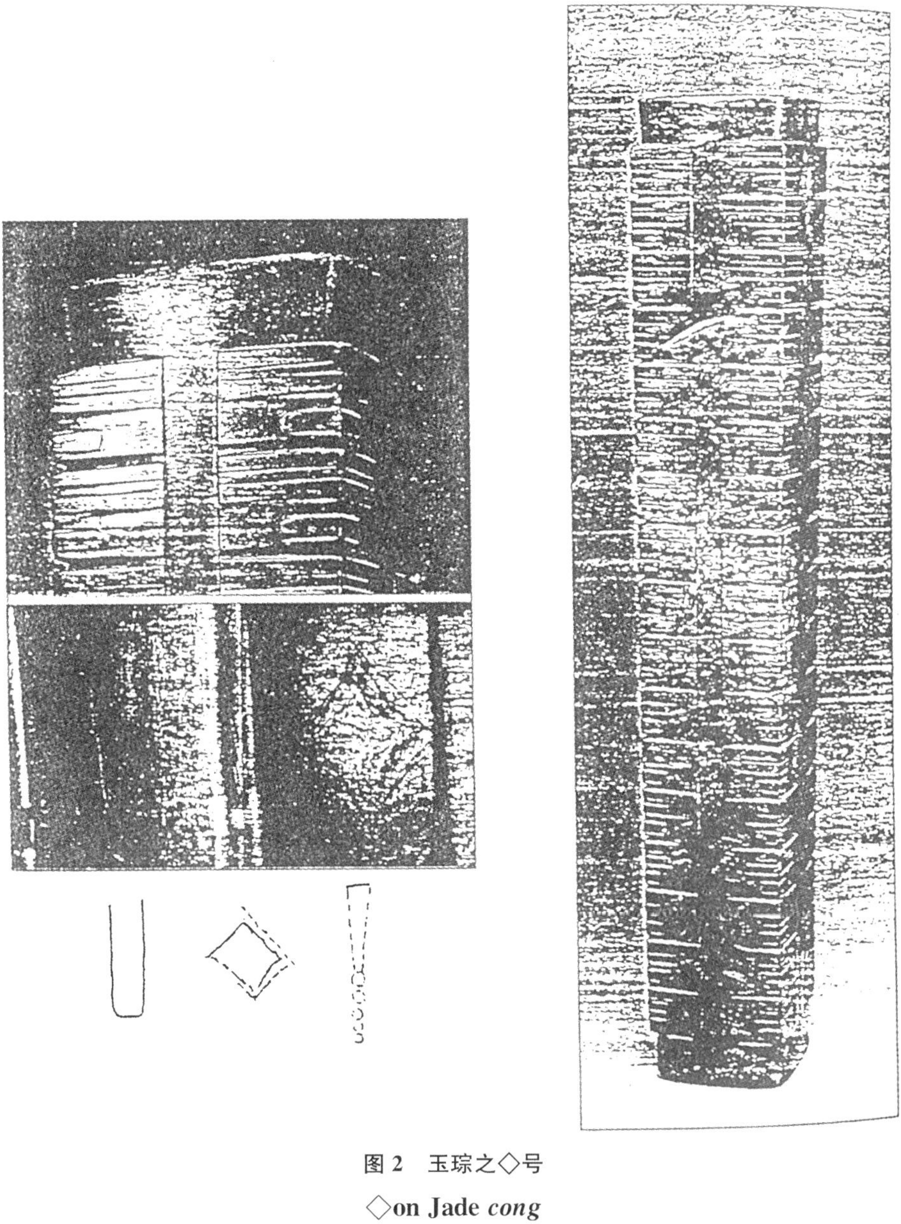

图 2　玉琮之◇号

◇on Jade *cong*

取象于天。《说文》:“璧，瑞玉，圜也。”《周礼》:“璧圜象天”。圭是上圆下方，《说文》:“圭，瑞玉也，上圆下方。”琮亦是方圆相配。《周礼》:“琮，八

图 3　示圆中带方　故宫玉璧上的符号　示方中带圆

Pictographs made up of a circle enclosing a square　Pictographs made up of a square enclosing a circle

方象地。”商代妇好墓的玉琮多数体近方形，外方而内圆，则为纳圆于方之状。[①]

《周髀算经》上说：“数之法出于圆方，圆出于方；方，出于矩。解云：圆规之数，理之以方；方，方周匝也。方正之物，出之以矩。……请问用矩之道，商高曰：平矩以正绳。……环矩以为圆，合矩以为方。方属地，圆属天，天圆地方。解云：物有圆、方，数有奇、耦，天动为圆，其数奇，地静为方，其数耦。此配阴阳之义。……”

易卦坤的特性是直、方、大。《系辞》分别“方以智”和“圆而神”二种作用，是从地方与天圆的想法而来的。从玉器的形制与纹样观察，天圆地方观念之产生，可远溯至新石器时代，古人的几何学智识表现于玉器上是有高度成就的。

作菱形的符号，事实正是“方”的象形，因为圆形相配，有时写歪一点，遂成菱形了。

---

① 郑振香：《殷墟玉器探源》，见《庆祝苏秉琦考古五十五年论文集》。

图 4 上　良渚文化玉龙首镯或其花纹拓片

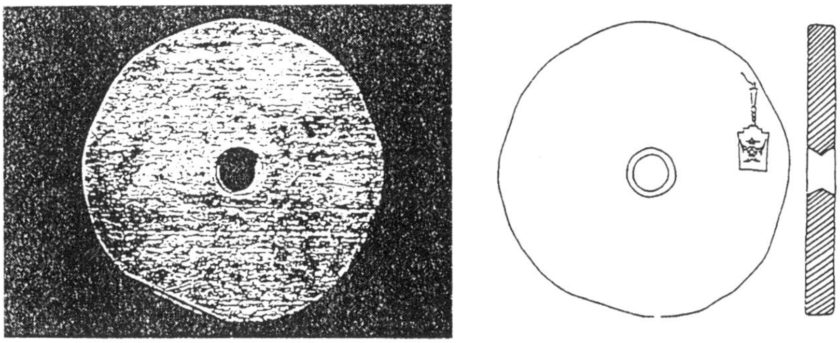

图 4 下　良渚文化黑陶上的符号　Pictographs on Liangzhu artefacts

二

Freer 美术馆玉璧的反面在鸟立祭坛约距一公分的部位上，加刻了如山丘的符号，在侧缘上刻着两只燕子，和两个状像植物的根。这一植物形的符号，见于河姆渡陶钵上的禾草纹，又良渚文化黑陶罐上亦有三个类似的图文（图 5）。

我认为大汶口的这一符号，是上举的植物形纹和□的结合体，类似一个会意字，过去有学者释此字为“封”，我曾谓是“社”的初文。现在看来，这

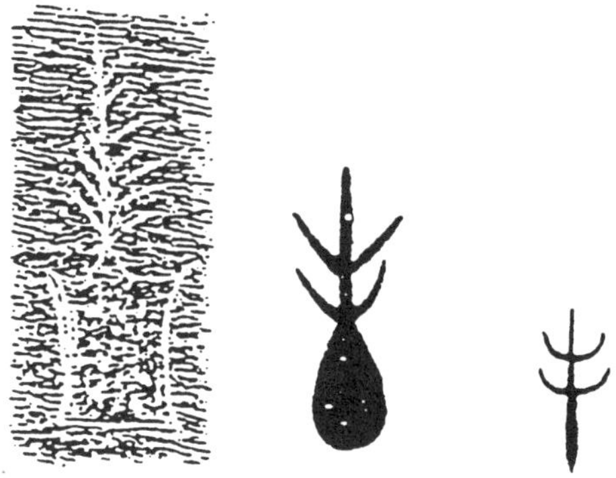

“封”之古文字

良渚玉璧上符号

河姆渡文化陶钵上的禾草纹

良渚文化黑陶罐上的符号

图 5　河姆渡文化与良渚文化符号

Pictographs on Hemudu and Liangzhu artefacts

字实状一束茅草，位于土块之上，正作“茅土”之象。

茅土是古代封壝的事情，授诸侯以茅土。《逸周书·作雒解》：

> 封人社壝，诸侯受命于周，乃建大社于国中，其壝……中央亹以黄土。将建诸侯，凿取其方一面之土，焘以黄土，苴以白茅，以为土封。

这固然是周制，但可能承自远古。《墨子·明鬼下》："必择木之修茂者，立以为菆位。"菆即蕝，《说文》："蕝，朝会束茅表位曰蕝。《春秋国语》曰：致茅蕝表坐。"（见《晋语》）字又作蕞，如淳云："蕞谓以茅剪树地为位尊卑之次也。"茅所以缩酒。南方以茅为贡品。《左传·僖公四年》："尔贡包茅不入"，茅是祭祀必用的东西，普遍使用，所以时时被描绘成为常见的符号。

三

在大汶口文化的朱家集①，出土陶文有三个记号，一是礼器，一是日月合出的明神，一即□字（图6）。此外江西新淦的铜鬲，其耳上铸有方形阴文族徽，作□形，与朱家集相同，显然是一个氏族名。

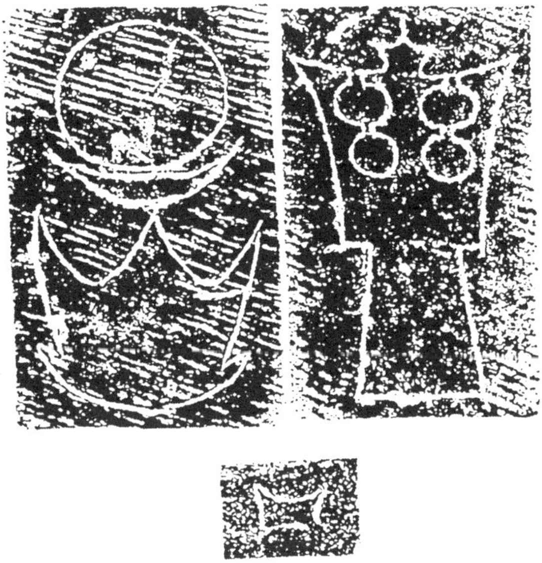

图6　大汶口文化朱家村陶文拓本（2/5）

Pictographs on Dawenkou artefacts

《金文编》附录上列318有□簋，又317为□，作正方形。又有□乙觚、□亼且乙觯，都是商器。于省吾《商周金文录遗》书中收录，14号是□鼎，15号是○鼎（图7）。于氏在该书序文说道：

① 《莒县博物馆报告》，载《考古学报》，1991（2）。

□释方是对的。城子崖图版拾陆陶文□字两见，是夏代后期文字。……□是方的初文，○即圆之初文。《墨子经》上："方，柱隅四讙也。"（讙读作观）又："圜，一中同长也。"这是最恰当的方、圆定义。

图 7　于氏方圆二器

Pictographs on bronzes

他考证□、○是方圆的初文，非常明确。□鼎与□簋都取□为族徽。商代的□氏，可能远源于大汶口时代，朱家集的□氏殆是一家之族。《后汉书·东夷传》载九夷有方夷。《竹书纪年》：

夏帝少康二年，方夷来宾。……八年，征于东海。

帝芬三年，九夷来御。

帝泄二十一年，命畎夷、白夷、玄夷、风夷……黄夷。

夏世与诸夷多来往，方夷为其中之一。《周书·王会》：

方人以孔鸟，方扬以皇凤。

唐大沛《句释》引陈穆堂补注："方扬疑亦扬越之别种。"又引王伯厚补注，“方人即东夷传九夷之方夷”是也。朱家集与大汶口陶文、良渚玉文所见的◇、□既知是“方”的初文，当即是夏时之方夷、周初之方人。则商时之□鼎、□簋，亦应指方人所制之器。方人于九夷为大族，历三代皆以□为氏。其族且南及于扬越，故又有“方扬”之名。扬与越同训。《国语·晋语》韦注：“越，扬也。”新淦商器铜鬲上的□，如果是方字，以方扬当之，地望正合。

古代有胙土命氏的制度。《左传·隐公八年》众仲曰：“胙之土而命之氏。”胙之土言报之以土，即封之以国土，名以为之氏，诸侯之氏，即方国名也。大汶口的，既可看作封墤的见证，其他良渚陶文像植物形符号亦可释为茅，这正是“胙土”的事，而□和□都是氏族徽号，且即方人方夷之“方”，则可说是“命氏”之事，这样看来，胙土命氏的事情，在新石器时代早已举行了。我这一假说，是否有当，希望专家再作进一步的研究，加以指正。

续论良渚陶器及玉器上之刻划符号

长江以南的古代文明，自从河姆渡及良渚、崧泽各处遗物大量出土以后，取得崭新的认识，尤以陶器、玉器上的记号更为人所瞩目，证明在甲骨文字之前，江南一带刻划符号久已为人所普遍使用，虽数量不多，但已逐渐脱离图画而踏入抽象性质和记事的记录阶段。黑陶上的成文句子更出人想像之外。我在1980年旅行各地，与曾宪通在洞庭山某博物馆看到澄湖出土黑陶鱼篓形罐，腹部刻有四个记号，非常惊喜，加以笔录。后来于上海博物馆得沈故馆长的许诺，遍看马桥所出的陶片。此次黄宣佩先生讲词中二件陶文，当日都曾寓目，如见故人，非常高兴。1990年4月杪，我在华盛顿弗利亚美术馆的库房，又有机会摩挲该馆于1917年购入的玉器，即良渚遗物。继复在中大听过牟永抗先生的学术报告，印证我的一些看法。又于1990年5月初在哈佛大学获观Sackler博物馆的良渚黑陶壶①，原物存有九个刻划文字，使我对良渚文化的了解复迈进一步。我先后写过二篇文章，其一初步考释黑陶上的记录，托人在百越文化学术讨论会上宣读，该文已刊于《浙江学刊》1990年第6期。

关于良渚遗物上的记号，据说已发现的共有14个刻划符号，张明华、王惠菊在他们所著《太湖地区新石器时代的陶文》② 有综合性的论述（以下称“张文”），近时中外又有一些对大汶口与良渚相关的讨论，我的不成熟的看

---

① 列1984·159号。

② 《考古》，1990（10）。

法，很愿意抛砖引玉，希望在讨论后取得较合理的一致结论。

在选取材料方面，崧泽年代较前，且已完全公布①，故首先讨论。良渚陶文有一二数字成句像澄湖及哈佛藏圈足器，其中文字有同于吴城者，两处文化有密切关系，故连带把吴城可辨认的文句一并加以考释参证。

一

张文说：崧泽文化有七个刻划记号，其实不止此数，兹择要分别疏说如次：

张说像鱼字，但没有鳍和尾。我看还是释作“贝”较妥。《殷契佚存》835贝作，下面没有分开，与此形差近。贝是泽畔海滨常见之物。

可能是丹字，甲骨文作，此用双钩笔法，与上举的贝一样写法。良渚角形器下部有朱砂痕迹，即用优质木材涂红制成，丹是矿物，涂朱必用丹砂。笔划用双钩法，如甲骨文［之作。马桥（M1:5）豆文有“”，中简笔划亦作复笔，吴城41（编号）陶刀之，可能即是卜辞报丁之残文。合而观之，这种双钩复笔写法不始于殷，可追溯至崧泽时期。

此字上半似宋又似禾，下半分明为业，似是生或字。《说文》：“生，进也；象艸木生出土上。”又“业，出也，象艸过中，枝茎渐益大有所之。”“生”与“之”都取象草木生出之象。此字形从形构论，乃是合体，未知是何字，但木与生都与甲骨字形一样，结体正是一脉相承，说明殷文字和江南远古的陶文存有渊源的关系，这一点是很重要的。吴城陶文有业，见于红色石范背面（编号33·17）可为佐证。

（图1）三文均呈水波状。吴城陶罐文有MM②则是重M。稍后，偃师二里头陶文有M、与此形同。新干铜器其一有纹。山西陶寺出良渚式玉器，中原与越文化久有交流，尚待考索。

此刻划记号见于崧泽第二期陶罐底部，《崧泽》74、93页均载之。在香港榕树湾陶文有（图2）等，似即记数布筹之法，以纵横长短曲折表数；以前只知有“一纵十横”③，兼以颜色分别正负。细看这类符号，还有长、短、曲折，可追溯到新石器时代，是数学史很重要的资料，有待于好好研究。

---

① 见上海市文物保管委员会的发掘报告《崧泽》。

② 编号60。

③《孙子算经》。

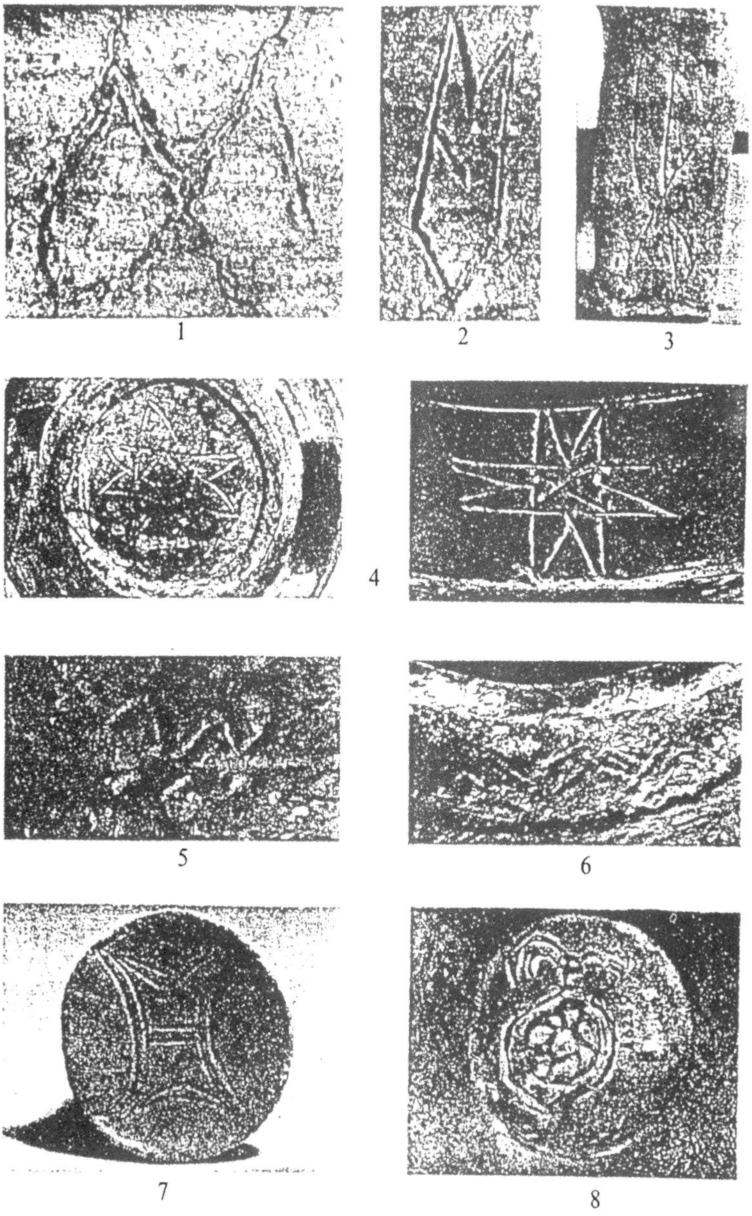

图 1 上　崧泽中层陶器上的压划符号及图徽

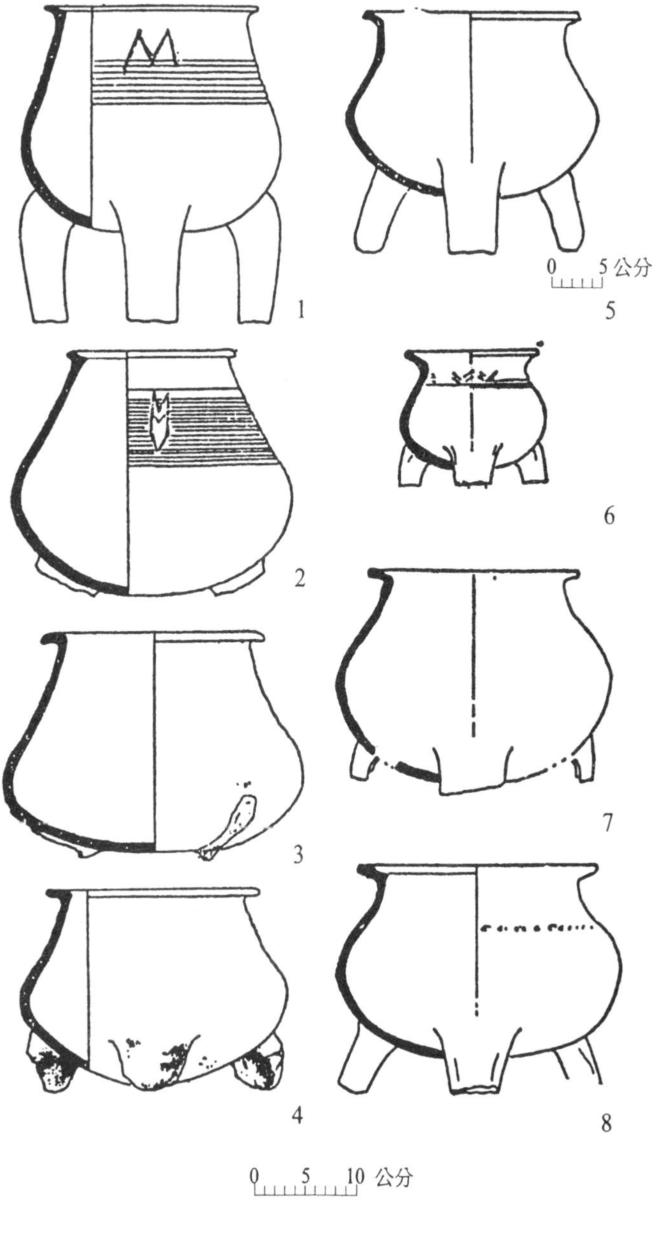

图 1 下　崧泽中层釜形鼎

1、2. ⅠA（M40：1、M10：3）　3、4. ⅠB、ⅠC（M7：4、M18：2）

5、6. ⅡA（M56：1、M60：13）　7、8. ⅡB、ⅡC（M91：9、M94：1）

可补钱宝琮的《古算考源》中《记数法源流考》之所不及。

江西鹰潭角山商代窑址记数陶文，自一至十记数作
。似从五以下再加一、二、三、四、五以构成六、七、八、九、十，好像是一种五进制。见廖根深《鹰潭角山商代记数符号的初步研究》①，郭羽、申夏《关于鹰潭角山商代窑址记数陶文的几个问题》②。

编号	器　物	陶文摹写		出土地点
A.	硬陶豆，折唇浅腹，圈足外侈，素身。	陶文在圈足内壁 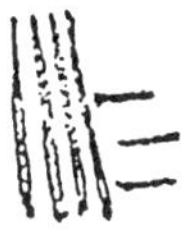	内↑外	YSW. 86. 6. 8. 71（榕树湾?）
B.	硬陶豆，口缘残缺，短圈足，素身。	陶文在圈足内壁 	内↑外	SP.（石壁?）
C.	硬陶豆，双折唇，深腹，高圈足，腹外壁及口缘均饰篦纹一周。	陶文在圈足内壁 	内↑外	不详
D.	残陶豆，器形近 A.，圈足底较平。	陶文在圈足内壁 	内↑外	YSW. BC（榕树湾）
E.	残陶豆，折唇，鼓腹，高圈足外侈。外壁上下各饰篦纹二周。	陶文在圈足内壁 	内↑外	YSW. BC. 6/8/71.（榕树湾）
F.	残花足（豆?）	陶文在圈足内壁 	内↑外	不详

图 2　香港榕树湾记数陶文

① 《百越民族研究》，1990。

② 《南方文物》，1993（3）。

崧泽中层陶器有压划符如此者二个，又两个同样的“✣”刻在纺轮上。澄湖黑陶鱼篓形罐亦有之（图 3），如下图：✵号共五见，当为太湖地区部族的徽号。蒋大沂释此形象为两鱼碰头的“遘”字，张明华说是四鱼相聚状，澄湖记号，他说这“是一个以鱼为图腾的部落制造了一批玉戚的记录。”

这个记号，刻划潦草。像含山凌家滩的玉版中心刻划。此一形状分布极广。浙江史前文化对于木构制作有很大的成就，河姆渡遗物，正可证明这一假设的可靠性，金山亭林所出黑陶三节罐，有刻划符号作“井”状，亦应是表示木构的形式，绝不是井水的井。亦不得为巫字。

澄湖鱼篓形贯耳陶壶，腹部刻划四文，十似兵器，但良渚遗物据称尚未发见戈。此与上海马桥的黑陶阔把陶杯底刻木甲（图 4）二文，最为罕见之例。

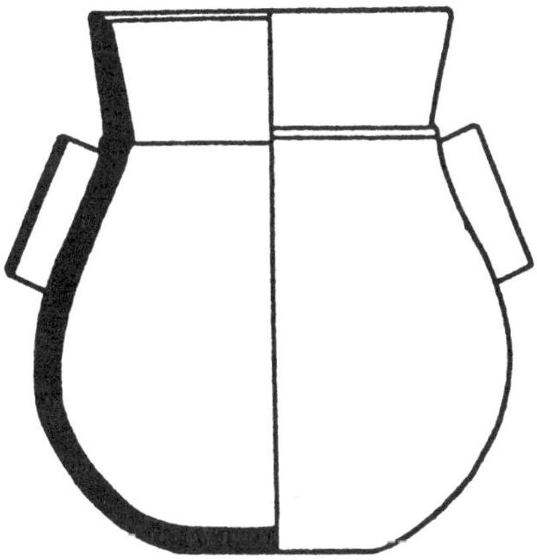

图 3　良渚文化陶器上的刻纹，澄湖陶鱼篓形贯耳壶

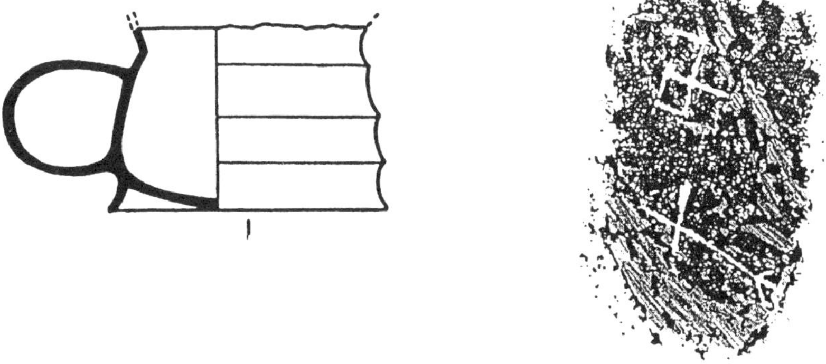

图 4　上海马桥黑陶竹节形阔把杯，阔把杯底刻文有拓本

安徽蚌埠双墩新石器遗址陶器，有大量刻划记号，年代据称相当于河姆渡。陶符多刻在器物底部，除动植物图形之外，几何形符号亦极多，像累积笔画的，应亦是表示木构形状。安徽蚌埠双墩刻符井形，单体四见，组合三见，共三见。余杭良渚陶罐上刻符有一个作形，又很像草席。鱼作，或作，已加以抽象化，出现多至12次，为他处所未见。澄湖四文中，“”见于马桥、吴城（200号），则各处多见之，为出现频率最高的陶符。（详下）

二

吴城陶文多以工具和兵器作为标志，陶文（40）之为网，（18）之为戚，（19）之为刀，一望而知。至于之为矛，、之为弋或戈（图5），亦显而易见。

马桥的陶竹节形把杯底部所刻二个记号：

是二件器物，吴城第二期灰陶刀有（703号），江西新淦近期公布报告，出土陶罐肩部刻文如下[①]：

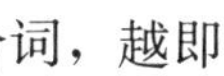

可与马桥考证，应是表示两件兵器并列，为弋、戈之属与吴城无异。至若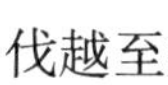像是带柄的兵器，甲金文的字释为昜，或由此演变。维扬之扬，本为兵器，《诗·公刘》：“干戈戚扬”，《毛传》：“扬，钺也。”戚与扬均是兵器。越地古称为扬越，扬越之扬，原当解作“戚扬”之“扬”。扬、越是同义并列复合词，越即钺也。《史记·楚世家》言熊渠兴兵伐扬粤，当同于扬越，《史记·南越传》：“秦略定扬越”。扬越成为大名。今本《纪年》：大起九师至九江，伐越至纡。《御览》卷三〇五引《纪年》作“至九江伐越至纡。”徐文靖《竹书统笺》说，以熊渠所伐的扬越即《纪年》之纡，地在九江附近。[②] 纡即今吴城古陶出土地区。周时其地曰纡。朱右曾说纡当为舒即群舒。未是。扬粤之粤，或作雩，伐纡即伐雩乃伐越。新淦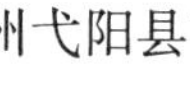则可释为弋，弋与戈一字无别，赣江流域古有弋水，《元和郡县志》信州弋阳县下云：“以地有弋水故也。”

---

① 《文物》，1991（10）。

② 参看拙作《吴越文化》。

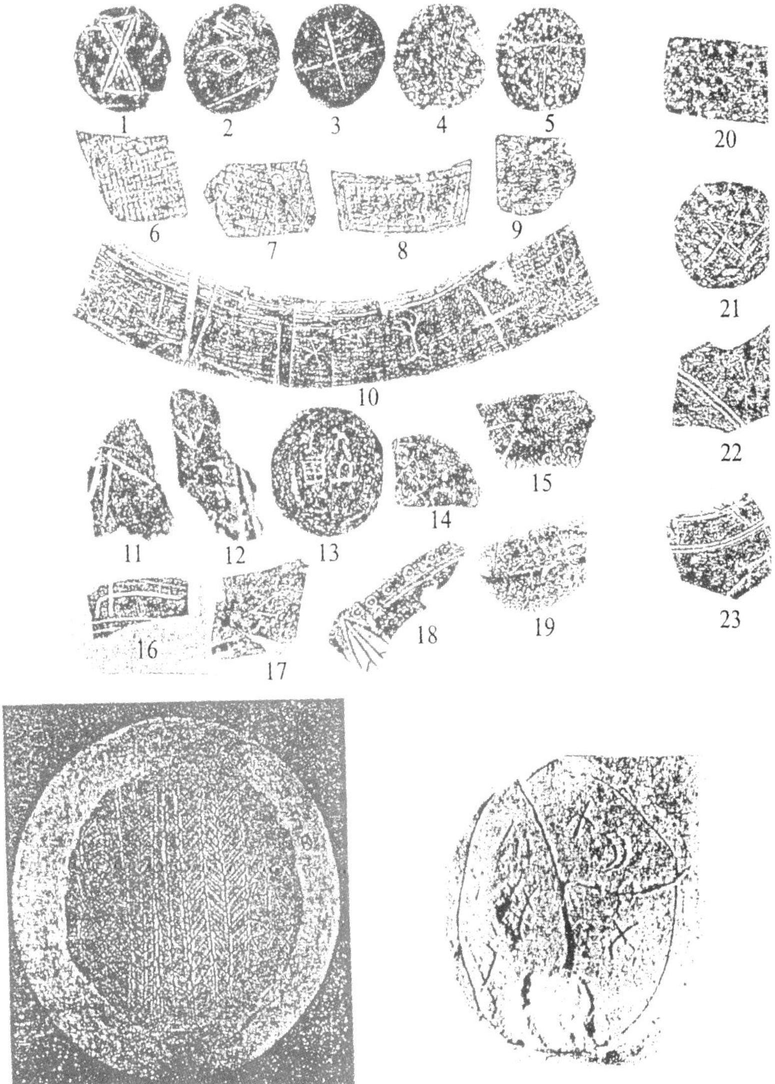

图5 李学勤读“峀田（甸）人且（祖）”，江西清江吴城陶文（第1期）

宣城亦有青弋水，新淦陶文可定为弋字，后代所以有弋阳之地名。这一问题我另有文细说，扬越是同义骈列地名，因吴越以擅冶铸出产兵器为其特征故也。

三

吴城刻划符号材料，非常丰富，据统计有陶文140余名，大抵以单字居多，亦有一些几个字组合成句的，已有许多人讨论过。[①] 彭书附图23之10、11、12、13四器，属吴城第一期，上面刻划文字，曾有多人研究，由于读法从左或从右的不同，释文亦不一致。其中二件近时李学勤释文作“耑相且之宗”（图5—10）。另一释文作“上甲之祖目才中”，是从不同方向来读的，“耑田（甸）人且（祖）”（图5—13）。另一释作“入社才田”。他认为耑是方国名，且说“这两条可以理解为耑国的相和甸人祖庙用器的标记。”[②] 但细察影本的字形，字和耑之作，下面有倒止，形不甚相近，很难说是何字，另一释为才（在），于形亦不近。惟两器均有字，则是事实。试将我的读法举出如下：

宗？ 之  相 甲 ？ 中（仲）

另一陶钵，现藏北京中国历史博物馆，应作：

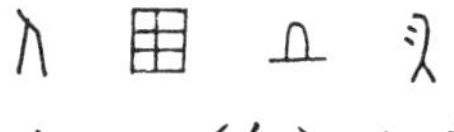

人 田（甸） 土 

与不是一文，当是土，可能是玄字，金文拍敦盖：继作$\frac{88}{8=}$，此字，下有一横笔，亦可为继的省形。问题在字很难确定为何字，“十”也许是剥蚀文。上句惟有“之”、“木”、“目”、“中”诸字可认识清楚，其余仍

---

① 参看彭适凡：《中国南方古代印纹陶》，第四章第二节。

② 《比较考古学随笔》，60页，香港，中华书局，1991。

存疑。不敢妄说。最有趣的是入凵二文出现于哈佛大学藏的黑陶圈足器，其文如下：

这一黑陶壶从器形论，黄宣佩认为应属良渚第二期之物，证明绝对可靠（见图 4、图 5、图 7）；但文字是否出于后来锲刻，则很难说，字多填实，近金文风格，而氒字作㇀，和甲、金文完全一样。如果没有问题的话，良渚文化遗物，得到这一件东西，在研究上有如增入一生力军，十分可贵。我曾经在《浙江学刊》① 发表一篇短文，加以报导，可惜文字摹本印刷完全走样。今重为指出，以供参考。毓字殷卜辞有从母从女，又有从人作㐆者②，与此黑陶正相合。

这黑陶上的刻文，不单是成文的句子，且保存古代奇肱的故事，又有氒（厥）字，有文例可寻，良渚文化时代甚长，当日已有短句的记载，不同一般只刻划单文。象征江南吴越文化，相当早熟，而且与甲骨文字非常衔接。

李学勤在《海外访古续记》亦记此壶，漏去下列数字，只记下五个字，又把入凵合为一文。又在《苏州大学学报》1992 年的《吴学研究专辑》发表《良渚文化的多字陶文》再提到这一陶壶，略谓壶壁薄如蛋壳，且有破损很是脆弱，要想后加伪刻是十分困难的。并引用拙说，希望有清晰照片刊布，兹将该器照片刊出如下，以供研究。

良渚玉器上刻符，多与大汶口陶文相似。一向最令人瞩目的是美国弗利亚美术馆 F17 • 79 号的玉璧，在立鸟的坎坛凸里面镂刻着有翼太阳，带冠有尾，两翅伸展。近年良渚北湖出土的玉璧，一面刻着与此相同的图纹，尾作从状，所不同的是北湖没有立鸟。这二件玉璧都是良渚出土的精品。北湖之璧另一面刻有 状的礼器，它和大汶口符号的凸该是代表圭状的玉器。良渚玉璧上的镂刻图案基本上不少是玉器的写实图绘，如作 形即是玉燕 的描写， 状则为透雕玉冠状饰 一类的写照。大汶口陶器上各种符号，根本不是文字，而是古代生活上品物和自然崇拜的图像标记，大汶口文化和良渚文化似乎接触频繁。故陶、玉器上的记号彼此多有相同之处，试略加比较如下：

---

① 1990（6）。

② 前一，三〇，五。

可见大汶口陶文和良渚玉文之互相袭用，是很可注意的现象。□号表示地面，以甲骨文旦字之作“𣅀”，象日在地上。

至于大汶口的太阳符号，有许多不同看法，归纳起来，实有二类型：一是作日月合璧形，一是日带光芒形。

日月合璧形：

陶尊莒县朱家村

玉琮，北京历史博物馆

日带光芒晕形：

林巳奈夫教授寄示所著《中国古代所见日晕上神话的图像》一文。他认为是日晕之状。有如所谓“珥”，为幻日之环。《周礼·眡祲》十煇之法，郑司农（众）注“煇谓日光炁也。”古代观察日煇变幻，有专职司其事。大汶口居民滨海，礼日之俗很隆重，《尧典》所谓寅宾、寅饯，故屡屡镂刻其图像于陶尊之上。王恒杰近著《从民族学发现新材料看大汶口陶尊文字》[1]，他举出西藏及云南土人至今流行习俗，木郎人说是日月，中甸县泥西区陶人绘于陶瓮上的符号作，下为山形，中间的∞表示吉祥花（藏语称遮得西拉），上面则为日月，足见向日月祈求吉祥为远古以来之共同习惯。如是以

① 《考古》，1991（12）。

为日与月的合象，亦讲得通的。

图 6　云南迪庆藏族匠人造陶器上的符号

总结而论，把良渚代表古代吴越文化，实际应包括前期的崧泽文化和近邻的吴城文化，盖奄有太湖（震泽）与鄱阳湖（彭蠡）两个薮泽地区。远古原为“左洞庭右彭蠡”的三苗氏之所居。传说有苗被帝舜南征后放窜于西北，《后汉书·西羌传》谓：“西羌之本出自三苗。”《穆天子传》卷四亦言：“重䜌氏之先，三苗之口。”一部分苗民西徙和羌族混化。吴城陶文，多识兵器，之为矛茅。诸陶器刻划符号、文字，以殷墟遗文互相比对，相同吻合者甚多，丹砂涂朱、双钩用笔，符号之作合体等现象已出现于崧泽时期，四字成句出于澄湖，以至九字之长句，见于良渚黑陶，说明甲骨刻辞之外，在三苗旧疆有较高文化水准，比之中原陶文仅见一些单文，尤为出色，而文字结构与殷契还是同一体系。古文化出自多元，而文字至于夏、殷之际，已渐趋于一致，虽长江以南出土文物不多，而所得已斐然可观。本文推论，只是提供一点线索，有待以后新资料的陆续发见，才能取得正确的答案。

1992 年 4 月 8 日于香港

1994 年 3 月重改

补记

良渚文化之重要性，由于考古研究的进展，取得更重要的了解。目前所知良渚的遗迹群有五十多个点，从余杭莫角山遗迹作为中心，东西总面积达 30 万平方公尺的土台，以其制作玉器之富之精，在 4000 年前应有政治组织，史称禹会诸侯于会稽，少康封会稽，奉守禹之祀，恐非全属子虚，而禹之前有三苗氏在江淮荆州，其时必有一主要氏族集团，占据越境。上文所陈越地出土图文刻符多处。而余杭良渚文化陶罐上刻划符号近时陆续出土，又有下列诸记号多系写实（图 7），除 7 之翘尾动作如狐犬之外，5 为波浪纹，3 之 为兵器，6 之为席，4 为玉片或石刀之类，其余 1、2、8 皆作树木丛簇之形，似应写作 ，实为同一符号，与大汶口之 只是繁简之别而已。

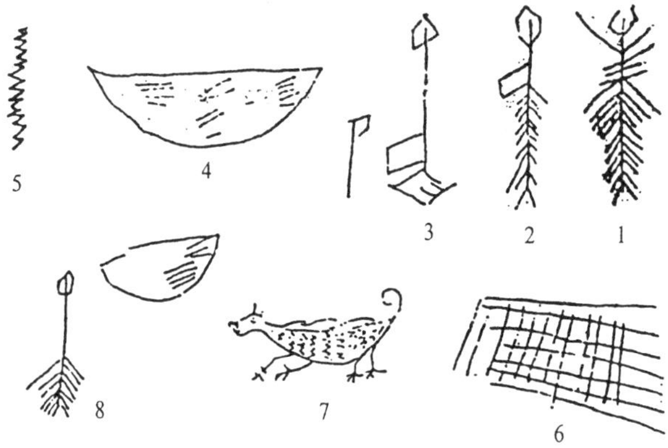

图 7 上　余杭良渚文化陶罐符号

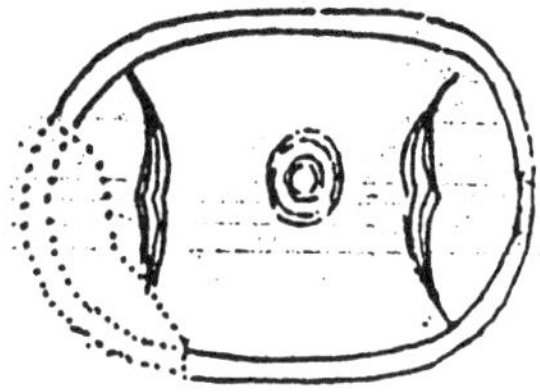

图 7 下　余杭良渚文化陶豆盘面的素描

最值得注意者为大汶口之 一文，传播及于安徽、安阳及江西各地。

 安徽蚌埠双墩刻符单体一，组合五，共六见。

 号见安阳梅园庄西殷墓铜簋上刻划符号。①

 作为阴文，江西新淦铜鬲有之，似用作为族徽，余疑是方夷之方。

良渚文化陶豆盘面的图文，中为太阳，两旁作翼状，应是习见刻符有翼太阳之变形。裘锡圭撰《究竟是不是文字——谈谈新石器时代使用的符号》一文，他提出这些记号，“只为极少数人所使用，成了一种行业文字，或秘密文字。”“最好不要把它们称为文字，更不要随便把它们跟古汉字直接联系起来。”② 这是他的谨慎和保守。其实在文字以前阶段，一般称为符号，仔细分

---

① 《考古》，1992（5）。

② 《文物天地》，1993（2）。

析应该有下面三个阶段：

图语　指示某一事物

纹饰　作为装饰性的图案

记号　表示数目，或徽识

这些都有它的含义，往往是文字的前身。

现今出土的新石器时各记号，上列三者都有之，应该细心加以厘别，不宜轻便说是某字，但亦不当那么保守，一概看成不是文字，因为符号进一步和语言结合，成为名称，它就成为文字了。

附　美国所藏良渚黑陶上的符号试释

波士顿 Sackler 博物馆收藏良渚黑陶圈足器，列 1984・159 号，质薄，其脚部有刻划符号，可以辨认，记之如下：

约有九个，笔画清晰，惜仍有模糊处。其中二字已见吴城第一期，即所谓赣鄱区第三期陶器之敞口浅腹盆底之刻符：

虽此圈足器出土之来历不详，但可暂定属于吴城第一期，为殷代前期之物。①

此九文细加寻绎，尚有文理可循，试逐字加以注说，逞肊之诮，自知不免，惟第一次提出，对于越文化之探讨，或不无涓埃之助。

吴城陶文，同于卜辞之田字，至之为人，之为土，众说皆同。②

此良渚陶文，必非子字。则如金文常见之氒（厥），似古文厷之象形；者，显然为从从倒子之育字③，其前尚有缺文。

二字相连，上一字形，强调右臂，下一字形侧重左臂，殆即后来所

①② 见彭适凡：《中国南方印纹陶》，72 页、332 页。

③ 字从人及倒子，与《新甲骨文编》所收字一样（558 页）。

图 8　美国良渚玉器图纹

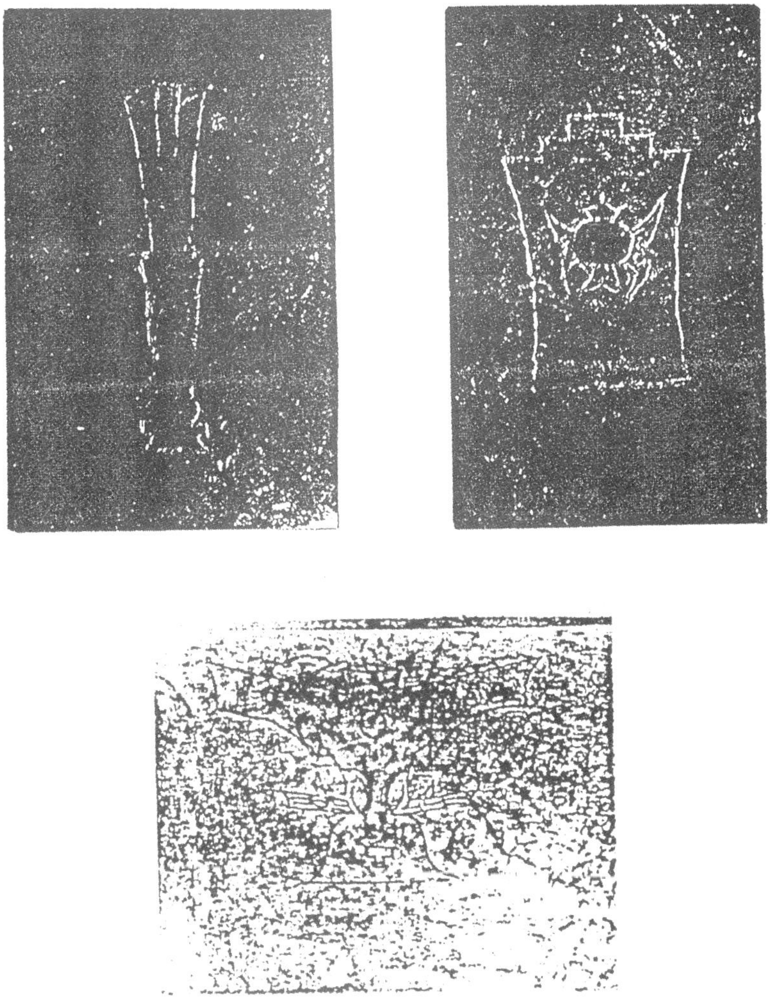

图 9　北湖出土玉璧正反面图纹

谓孑孓。《说文》了部云：

孑，无又（右）臂也，从了，乚象形。

孓，无𠂇（左）臂也，从了，亅象形。

𠂇又则先左后右，此即古传说之“奇肱”也。吴回无右臂，是为奇左，颛顼之子一臂，郭璞云“无左臂也”，是为奇右，其说皆出楚人。此处下文有“乑 ㄥ（厷）”二字，ㄥ即股肱之肱，足为本文坚证。八是人字。[1]“孓孑人”三字即指一臂之人。《吕氏春秋·求人篇》云“其（奇）肱一臂之乡。”《淮南子·地形训》：“海外三十六国，西南方有一臂民。”裴渊《交州记》：“儋耳国东有一臂国，人皆一臂也。”江淹《邃古篇》亦言及“一臂人兮”。盖东吴南越之地古来即盛行一臂民之传说。

宔字，甲骨文所无。（只有从壬之㝐）宀下从土，《说文·宀部》：“宅，人所托居也。𡧹古文宅，厇亦古文宅。”《类篇》：宅、𡧹一字。宔疑即不加声符之乇，可定为宅字。上文为土，“土宅”即“宅土”之倒言，《禹贡》：“桑土既蚕，是降丘宅土。”卜辞又有“宅丘”之文。[2]《尔雅·释言》及毛传均训“宅，居也。”此陶文末有“居”字，与上文宅土正上下相应。故此九文可隶定如下：

孑孓人土宅乑（厥）肱……育（后）

总括而言，良渚此一陶文乃有关古代奇肱民之记载。

段玉裁注孑字，引《山海经·大荒西经》“有人名曰吴回，奇左是无右臂。”郭注：“即奇肱也。又大荒之山有人焉，是颛顼之子，三面一臂”，郭注：“无左臂也。”徐灏笺云：“《山海经》荒诞之说，造字不必有之，或后人傅会《山海经》增此字耳。”如上考拙说可以成立，则孑孓二字渊源已自皇古矣。《山海经》有一臂国、奇肱之国，见于《海外西经》，一臂民见于《大荒西经》。袁珂之书，论述已详，不必多赘。南方传说谓吴回奇左是无右臂，而吴回在《楚世家》中实为楚之先世，尝居火正之职。良渚陶文所记之孑孓人，知吴回故事当曾传播至于越地，楚、越自昔多有接触，自是事实。《山海经》记载，一向视为荒诞不经，自契文出现王亥与王恒，足证《大荒东经》之有据，近时考古人类学家证实印纹陶流布区域，拔牙风俗得数百例证，知《海外南经》所记有人曰凿齿，殊非虚妄，确有实据。今从良渚此一陶文，又证明吴回奇肱之语，非无稽之谈。吴城陶文虽有成句，而意义尚待研讨。良渚

---

① 八是人字，与甲骨文鹿头刻辞之□字，上所从“人”字写法相同。

② 胡厚宣：《说宅丘》，见香港《联合书院三十周年纪念论文集》，21～23页。

黑陶，以前何天行先生所论，只是导夫先路，其零星符号，偶有同于台湾者，又人所共悉，不必深论。此一黑陶之刻文，与甲骨文为同一文字系统，其词汇复与吴城陶文相合，已非同于一般孤立之符号，而应是相当成熟之文字记载，其重要性可想而知，故为指出，以待专家之论定。

本器物承波士顿 Sackler 博物馆惠允亲手观摩，得以写成此论文，谨致万分之谢意。

陕北神木汉墓画像石中春神勾芒人面鸟身，秋神蓐收亦人面鸟身，各奉不同颜色的日轮，一执矩一执规，一下有龙一下有虎，二神分别代表东西方向。杨宽论楚帛书夏季神像，无左右下臂，可能绘的是吴回。其说颇可注意，考帛书六月神曰“叡司夏”，其神祇两手带袖下悬，脚有长短。是否状孑孓人的吴回，尚待研究。

图 10 上　良渚墨陶壶（哈佛大学藏物）

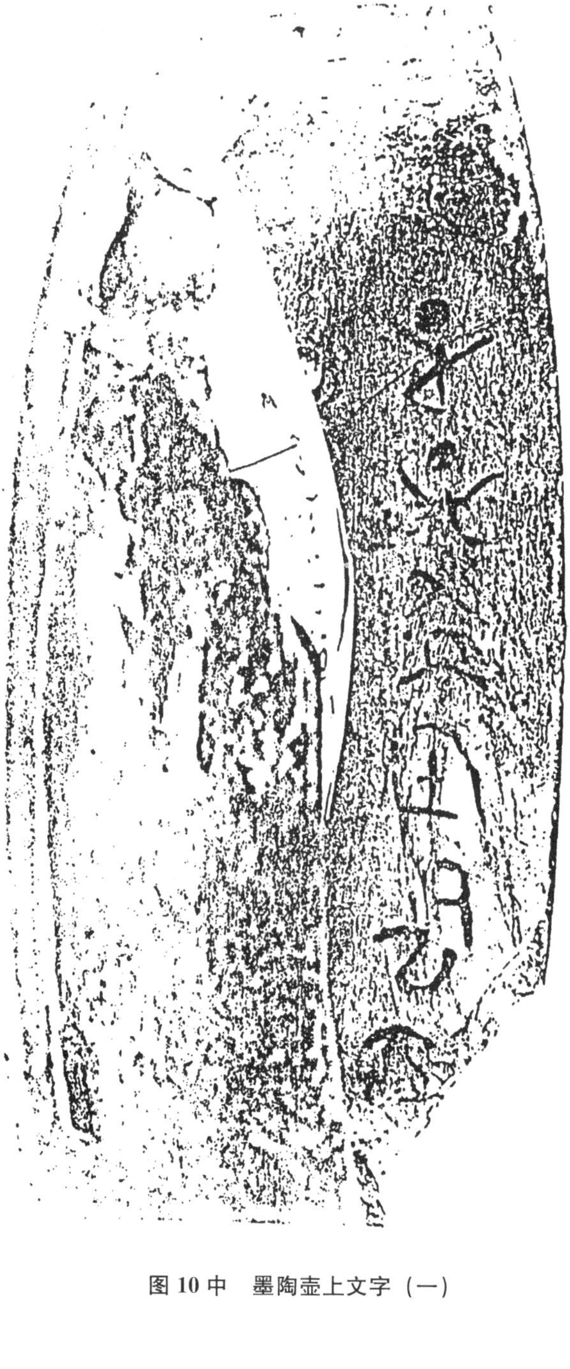

图 10 中　墨陶壶上文字（一）

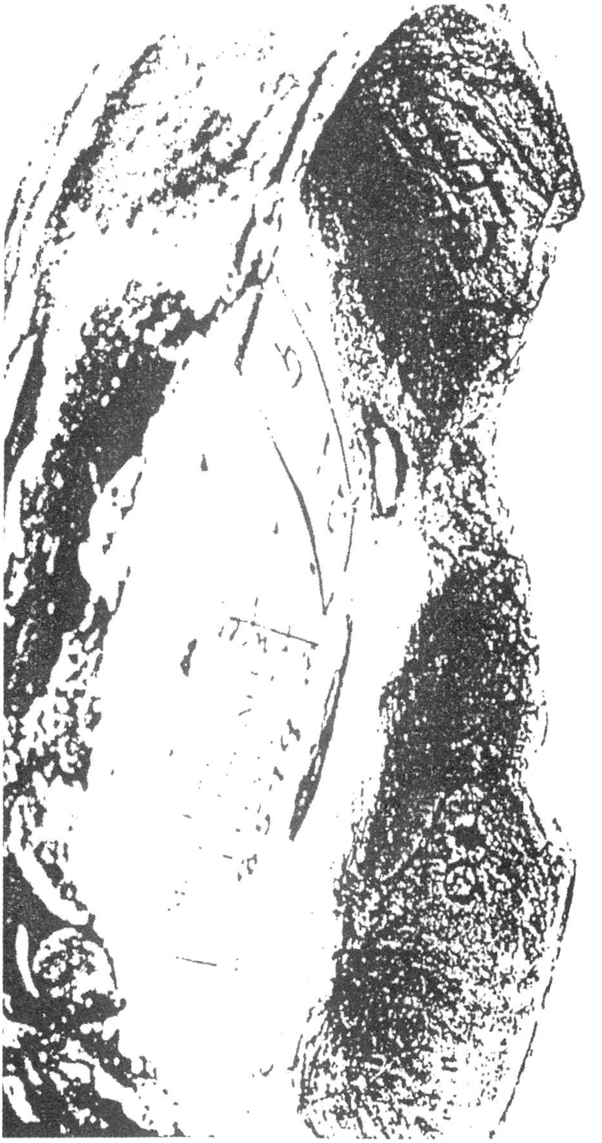

图 10 下　墨陶壶上文字（二）

谈高邮龙虬庄陶片的刻划图文

1993年，上海博物馆黄宣佩先生寄来第35期的《中国文物报》刊登是年4月至6月之间高邮市一沟乡龙虬庄遗址发掘的记录，其第一二阶段文化的年代，大致可定为距今5 500至6 500年。据该报报道：于河边采集得一片磨光泥质黑陶盆口沿的残片，其上有类似文字的刻划符号，见该报所附图版。

1995年3月南京博物院张敏先生来信，指出“该陶片应属河南龙山文化王油坊类型晚期遗物。但出土于高邮，可能由于文化迁徙之故，其年代宜在夏初，与之相同的文化遗存如兴化南荡遗址碳14测年为公元前1889年和公元前1756年。”注附来该片拓本的放大拷贝件，嘱为撰文考释，深感其盛意，爰草此文以报命。

细审摹本和拓本微有小异，第二字拓本作，首部略向上，上半颇近禾形，下半是人，象人，戴禾则是年字。第一字未明。

此片符号似可分为二组，一组四文，另一组作鱼形及动物的图纹，不易辨认。

龙虬庄遗物出现粳稻残粒，其时农产物已相当发达，年似是祈丰岁之事，《周礼》六祝有年祝，郑注引郑司农（众）云：顺祝，顺丰年也。二文下各增一画，必有用意。

第一字不识。第三字可释朱，第四字可释尤，朱读为袾。《广雅》：袾，祝也。《类篇·示部》引《玉篇》：“袾，祝诅也。”又音注：“言神凭于祝子而言也。”祝子一名，《墨子·明鬼》作袾子，文云：“袾子杖揖，出与言

曰。”袾子指神附于其体为代神发言的灵巫。朱尤即祝尤。马王堆《五十二病方》中祝尤一名常见，试举一二例：

> 祝尤：以月晦日之室北，靡宥。　男子七女子二七曰：今日月晦，靡宥室北。

祝尤后人亦写作祝褶、祝由。《说文》：“褶，祝褶也。”《玉篇》古文作袖，《素问》：“黄帝曰：古之治病，可祝由而已。”已谓除去，即《山海经·南山经》“食者不肿，可以已痔”之已。此即所谓祝由科用诅祝来治病者也。其术实肇自皇古。《素问》托之黄帝，证以此片陶文，朱尤之为祝由，合以《五十二病方》，夏初必有此种驱邪巫术，故病方所记辜禳之法，盛行禹步，又称“禹”之名号。（如二〇八云：“令人挟提穨者，曰：今日辛卯，更名曰禹”是。）祝尤之尤，《病方》中常言“已尤”、“久（灸）尤”、“拔尤”，尤即是“疣”，其不同的异文，还有肬、默、疣、頄、又诸写法。殷卜辞常用习语“亡尤”，即承袭此而来。

陶片上刻符之外，另绘有四只动物，似怪兽虫鱼之类不知何所指，但必与“祝尤”有关。《病方》有《去人马疣方》，马尤为古时病名。又祝词云“浸熗浸熗虫”，“每行口，以采蠡为车，乘人黑猪，行人室家，……徂胆（拒）魃。”用畏兽驱祓邪魅，故这一片图文，不啻是《山海经·畏兽图》之小型缩影，古代祝尤巫术之写照。

由这片陶文，可认识到下列各点：

（一）龙虬庄遗址，居江淮之间，古属东夷区域。在夏初已使用与甲骨文同一系统的文字，和山东龙山文化的丁公村黑陶上的刻文，似是一脉相承。

（二）朱与尤二字何以在其下方，加一画？这显示古文字在某些形体上，加上“一”作为指事的习惯，事实有其远源。《说文》训毋字谓为“止之词，从女一，……‘一’以禁止之。”即其例证。朱尤为祝由科，诅去邪者，故于字加“一”。同时亦可作为饰文，其字形作朱、尤，实仍应读为本字，细看《江南至宝》18刻划文字陶片，“朱”下有一横画，而“尤”下一画则不甚明显。（见附图）据是知此例非始于战国字体。我这样解释，似尚符合古文字形构的规律。

（三）古代记录，文字与图画可以同时并存，图形虽为二组而文义可能相需为用。我人看埃及的古代刻辞文书，除使用复杂带字母的圣书（Hieroglyph）之外，还连续附写一些图绘的 Amulets 像神人、神兽及代表生命的☥（ankh）……之类。这一陶片情形很类似，可看作揭示图文并茂的古代记录之一例，足见它的重要性。

1993 年 10 月 25 日初稿
1995 年 1 月重订

18 刻划文字陶片

新石器时代

最大长 3.2 公分，最大幅 6.4 公分

盆形土器の口縁部の破片には二行の文字状符號を刻んぢいる。一行ずっ四っの刻文が認ぬられ、左側の文字のような刻文は、殷代の甲骨文に類似している。右側は抽象的な動物の形を表現したものか。

古史的二元说

此文依据近年出土的大量新材料，参以传世记载，对古史传说中的炎、黄二帝二系之形成，进行了新的探索，提出了一些新看法。

一

吾国的古史系统，从文献上看，非常秩然有序，《逸周书·尝麦解》说："天诞二后为赤帝与黄帝。"《国语·晋语》记大夫司空季子的话说："黄帝以姬水成，炎帝以姜水成。二帝用师以相济，异德之故也。"如何去解释"用师相济"这一句话呢？韦昭注："济，当为挤。挤，灭也。"许多别的文献都说到炎黄之争，总的来看，是炎、黄二系的对立，这个问题已有不少考古家和古史专家讨论过。[①]

近年以来地下跑出了不少新资料，需要和旧材料结合，重新研讨，所以我提出来，把我的看法向大家请教。

江陵王家台出土秦简有《归藏》，其繇辞云：

☰《同人》曰：昔者黄帝与炎帝战□（《文物》1995 年第 1 卷）

---

① 像严文明先生的《炎黄传说与炎黄文化》等等。

这句话是出自殷代的《归藏》。宋本《太平御览》卷七十九《皇王部》引《归藏》云："昔，黄神（帝）与炎帝争斗涿鹿之野，将战，筮于巫咸曰：果哉而有咎。"如果楚简《同人》的繇辞，确为周人占卜所用《三易·归藏》，则炎、黄相挤之事，殷人已有此传说，其由来远矣。

银雀山简的《孙子》佚文有云：

> 〔黄帝南伐〕赤帝战于反山（即阪泉）
> 东伐〔青〕帝至于襄平，战于平□
> 北伐黑帝……至于武隧
> 西伐白帝，至于武刚。已胜四帝，大有天下，……天下四面归之。
> 汤之伐桀也，……战于薄田，
> 武王之伐纣……至于菽遂，战牧之野。

则言及黄帝平四方之帝。则似先有五色帝，继乃有炎、黄二帝之争。

马王堆汉墓帛书《经法》中《五政》云：

> 阉冉乃起黄帝曰：可矣。黄帝于是出其锵钺，奋其戎兵，身提鼓鞄，以禺（遇）之（蚩）尤，因而擒之。帝著之明（盟）曰：反义逆时，其刑之（蚩）尤。

又《正乱》云：

> 力黑（牧）曰：单（战）数盈六十，而高阳未夫。……大（太）山之稽曰，可矣。于是出其锵钺，奋其戎兵，黄帝身禺之（蚩）尤。
>
> 因而禽（擒）之，剥其□革以为干侯，使人射之。劀其发而建之天。名曰之（蚩）尤之旌（旌）……腐其骨肉，投之苦酭（醢），使天下谁（噍）之。上帝以禁。……其上帝未先而擅兴兵，视之（蚩）尤，共工屈其脊，使甘其箭（俞）。

所记平蚩尤之事，以此最为详尽。炎黄之争，其他载籍所记尚多，略举如次：

> 《左传·僖公二十五年》：秦穆公卜勤王，使狐偃占之吉，遇黄帝战

于阪泉之兆。

《战国策·魏策二》：黄帝战涿鹿之野，而西戎之兵不至。

《庄子·盗跖》：然而黄帝不能致德，与蚩尤战于涿鹿之野，流血百里。

《河图》云：玄女出兵符与黄帝，战蚩尤。（《钜宋广韵》引）

《逸周书·史记解》：昔阪泉氏用兵无已，诛战不休，……至于涿鹿之野，诸侯叛之，阪泉氏以亡。（《北堂书钞》卷一一三引《六韬》作“烦厚氏”，一作“烦原氏”，敦煌P·三四五四，周志二十八国，可参看。）

《山海经·大荒北经》：蚩尤作兵，伐黄帝，黄帝乃令应龙攻之冀州之野。……黄帝乃下天女曰魃，雨止，遂杀蚩尤。

以蚩尤即为赤帝，与黄帝交战，大概在先秦之世，其说已相当流行。然蚩尤之名，最早出现于《尚书·吕刑》：“蚩尤惟始作乱，延及于平民。……苗民弗用灵。制以刑。”似蚩尤是苗民的首长。《逸周书·尝麦解》记黄帝与蚩尤之战，较为翔实：

命赤帝分正二卿，命蚩尤宇于少昊，以临四方。……蚩尤乃逐帝，争于涿鹿之阿。……赤帝大慑。乃说于黄帝执蚩尤，杀之于中冀……名之曰绝辔之野。乃命少昊请司（嗣）马（为）鸟师，以正五帝之官。

杀蚩尤的地点，有阪泉、涿鹿之野、冀州之野、绝辔之野之异。马王堆佚书《正乱》力黑（牧）谈话提及“高阳”之名。

到了汉代，文帝初，贾谊《制不定》说：“炎帝者，黄帝同父母弟也，各有天下之半。黄帝行道而炎帝不听，故战于涿鹿之野，血流漂杵。”表明是时炎黄二系已正式形成。《大戴礼记》中的《五帝德》描写黄帝与炎帝战于阪泉之野，三战然后得其志。太史公采其说以撰《五帝本纪》，接着说：“蚩尤作乱，不用帝命，黄帝乃征师诸侯，与蚩尤战于涿鹿之野，遂禽杀蚩尤。”把炎帝等于蚩尤，作为一人。《经法》是战国以来的《黄帝书》，司马迁似曾参考，所以采用其说。

综观上引诸材料，由五色帝简化为炎、黄二帝，形成古史的二分法，此说在春秋非常流行，其由来已久。

二

炎黄二帝的对立，春秋以来，曾获得政治上的支持，实起于秦灵公时之作上下畤。《史记·封禅书》记秦人的祀典：

襄公	自以为主少皞之神，作西畤祠白帝。	——白帝
文公	作鄜畤，祭白帝。	
宣公	作密畤于渭南，祭青帝。	——青帝
灵公	作吴阳上畤，祭黄帝。	——黄帝
	作吴阳下畤，祭炎帝。	——赤帝
献公	作畦畤，栎阳，祀白帝。	

秦仅有四帝，而白帝之祀独多，以方位属西方之故。而灵公作吴阳上下畤，以黄帝属上，炎帝属下。炎、黄之对立，见之官方礼制，得其承认者，此为首次。

秦无黑帝。汉高祖二年入关，说道：“吾闻天有五帝，而有四，何也?”莫知其说。于是高祖曰：“乃待我而具五也。”乃立黑帝祠，命曰北畤。至是，五色帝所属的五畤，方才具足。高祖初起，以蚩尤衅鼓旗，又令祝官立蚩尤祠于长安。

秦灵公所以将黄帝炎帝合为上下畤，似受到殷至春秋流行的炎黄之争二分说之影响，分之为上下。

这二分说，在祀典上具体反映出来。殷卜辞有上示、下示。曹定云考证且乙以上称上亍，且辛以下称下亍，为集合庙主之称，与秦人以上下畤祀两帝不同。

我们看近东的西方古史、史诗所载亦盛行二分说，似是出于造分天地区为上下的道理，在语言学上取得一些论据。在我翻译的《近东开辟史诗》，被戡平的对手 Tiamat 为阴性，是代表深渊、溟涬，甚至地狱、阴间。

Tiamat < Tēhôm(the deep) / Tam̂pu(ocean, sea)

{ Tēbēl (inhabited earth)
  Shēôl (hell)

闪语 ensetu（earth）即由此而来。《正乱》所记蚩尤被擒杀后，受到的遭遇劀发，醢其骨肉等等，和 Tiamat 情况相同，自古以来，失败者沦于九渊之下，为众恶之所归，中外传说是一致的。

三

晋司空季子说："昔少典娶于有蟜氏，生黄帝、炎帝。黄帝以姬水成，炎帝以姜水成。故黄帝为姬，炎帝为姜。"姬、姜之为地名、水名见于殷代卜辞，羌之记录尤夥。又有羗字为田猎地名。（《合集》三七二三三）证知刘家文化即以羌人为其共同体。姬见于卜辞有姬菉（麓）……王其姬菉……其臣。（《合集》二七五四七）《晋语》又说黄帝有子二十五人，得姓者十四人为十二姓。（姬、酉、祁、己……等）惟青阳与仓林氏同于黄帝，皆为姬姓。这些氏姓在殷代卜辞及其他铜器铭辞，多有可征，见拙作《甲骨文通检》第四册《职官人物·前言》。黄帝之后己姓——为方雷之甥，其一夷鼓，则彤鱼氏之甥。余考方雷、彤鱼其地望尚有可征。

方雷之名，见于《盠驹尊》1955 年陕西郿县出土，其铭有"方雷骆子"、"方雷骓子"。殷卜辞亦有雷姓，及澑之地名。周原甲骨 H11·113 有"逐虘兕"记录，即《鲁语》"幽（王）灭于戏"之地，在今临潼东之戏河，考古发掘临潼雷口之西段村即骊戎故疆。[1]

彤鱼或为复合地名，殷有鱼氏。彤者，肇自夏世。《史记·夏本纪》夏后分封，有"彤城氏"。《世本》周有"彤氏"。《尚书·顾命》有"彤伯"。彤地望在陕西。《六国表》云："商君死于彤。"华县西南有古彤城曾出土遗物。《盐铁论》：商君困于彭池即其地。彤鱼氏或即彤伯之先。

以上具见炎黄来历有关地望与氏姓，已有若干文献及考古遗物可以证实。

古史系统原有地域性之不同，史官、礼家众说之外，又有星占家及兵家之说。

太昊、少昊、颛顼之名均被列入星占家之文献，有如秦始皇元年记录之马王堆《五星占》。

东方木为"大浩"即"大昊"，北方"湍玉"，即"颛顼"。

---

① 参《远望集》，234 页。

是时天文上五星与五行结合。上引银雀山简黄帝与四色帝交兵之记载，亦当出于金木水火土五行说盛行之后。

《正乱》于黄帝蚩尤前提及“高阳”名字。观陕西出秦景公磬铭辞称“高阳有灵，四方以鼏平”韵语，合之《离骚》之“帝高阳之苗裔”，是高阳在春秋初已被认为秦、楚之共祖。王逸谓“高阳，颛顼有天下之号。”《大戴礼·帝系》云：“颛顼娶于腾隍氏女而生老僮，为楚人之先。”兹比较诸书世系列表如下：

《晋语司空季子说》：

少典+有蟜氏 —— 以姜水成炎帝
少典+有蟜氏 —— 以姬水成黄帝 —— 青阳、仓林（姬姓）；夷鼓、青阳（己姓）

《大荒东经》：

犬戎＝白犬

黄帝 —— 苗龙 —— 融　吾
黄帝 —— 禺号 —— 禺　京

《大戴礼·帝系》：

黄帝+嫘祖（西陵氏）—— 居若水 昌意（+ 昌濮 蜀山氏女）—— 高阳 颛顼（+ 腾隍氏）—— 老僮
黄帝+嫘祖（西陵氏）—— 玄嚣 居江水

老僮之名，见于望山一号墓简：“先老禮、祝〔融〕（一二〇），嫭□各一牂（一二一），先老禮□（一二二），融各一羝（一二三）。”字从示作禮。《路史·蚩尤传》有嵔熊亦作仡熊。

颇疑《大荒东经》以黄帝为犬戎之先，乃出西戎之人所依托。颛顼为黄帝之后代，再证楚简书写之《武王践祚》文云：

师上（尚）父曰不智（知）黄帝彖□（𫄨）尧（尧）（舜）之道才乎①

即以彖𫄨为颛顼，《五星占》作湍玉，分明列于黄帝之后，故为五帝之一。《大荒东经》黄帝后代有禺京，《归藏》有云“昔穆王子筮卦于禺强”，《庄子·大宗师》：“禺强得之，立于北极。”释文引简文云：“北海神也，一名禺京，是黄帝之孙也。”即采自《山海经》说。然《庄子》则黄帝、颛顼、禺强分列，不相统属。

至若炎帝之名，长沙子弹库战国帛书云：“炎帝乃命祝融。”以共工为祝融之子。帛书亦见共工，字从[illegible]作[illegible]攻，文云：“共工夸步。”合而观之，共工亦出炎帝系统。《山海经·海内经》炎帝世系如下：

炎帝+赤水之子听訞—炎居—节并
　　　　　└戏器————祝融
　　　　　└共工————术器
　　　　　　　　　　　│
　　　　　　　　　　　后土
　　　　　　　　　　　│
　　　　　　　　　　　噎鸣

古史记载纷纭，至难殚理。兹益以近时新知，渐有头绪可寻，但无法作最后之结论，俟他时有新发见，再行考证、订定。

《晋语》记黄帝子有两青阳，一与夷鼓同为己姓，一与仓林同为姬姓，传闻多歧，令人难信。雷学淇谓其姬姓者不得在位，即西陵氏女嫘祖所生居于江水之玄嚣。楚人献青阳以西于秦，今长沙地。茶陵云阳山有青阳冢，玄嚣实国于此（《竹书纪年义证》二），只可备一说。

考《汉书·律历志》引《考德》云：“少昊曰清，清者，黄帝之子青阳也。”《考德》为《逸周书》第42篇，已亡，此为其佚文。《越绝书·计倪内经》：

臣闻炎帝有天下，以传黄帝……故少昊治西方，蚩尤佐之，使主金。

① 上海博物馆藏。

《管子·五行篇》“昔者黄帝得蚩尤而明天道”。《盐铁论·结和篇》竟谓轩辕战涿鹿杀两暤（昊）、蚩尤而为帝。此类以炎帝在先，黄帝在后，及蚩尤为黄帝佐、黄帝杀两昊诸后起之说，越说越远了。

关于大暤少暤两暤传说，余另有专文讨论。①

谯周《古史考》以炎帝即大庭氏。《道藏·真灵位业图》注：“炎帝大庭氏，讳庆甲，天下鬼神之宗，治罗酆山。”见《酉阳杂俎》。四川酆都烟墩堡有旧石器时代遗址，很早即有居民，是炎帝又为楚、蜀共同之大神。考大庭氏见《左传·昭公十八年》“梓慎登大庭氏之库”，地在山东。马王堆《顺道》黄帝问力黑（牧）曰：“大茎氏之有天下也。”字又作茎，从艸。《庄子·胠箧》上古十二氏，为“容成氏、大庭氏、伯皇氏……轩辕氏……祝融氏、伏羲氏、神农氏”。时代纷杂难理，其名已见于出土文献，但谓为炎帝，尚乏证据。

由谯周之说，使炎帝变为酆都大司命帝君，殊觉离奇，吾人综览上列新、旧史料，可得到下面二点认识：

（一）旧载籍所列举之古帝人名，均于地下出土文献有记录可稽，非纯出于子虚乌有。

（二）远之殷之《归藏·繇辞》，近之若汉初马王堆之黄帝书、占星图，战国时代之简帛，事实上炎黄二系对立互争、相济之故事，流传已久。

故知二元之说，乃出于史官之整理结果，殆先有神统，继有帝统。秦人上下畤之祀，使黄帝、炎帝取得神统地位，人间之帝统亦逐渐形成。

历史记录，在古代掌于礼官奠系世者之手。“世”之书存于今者，有《世本》。礼家之重要篇翰，若《武王践祚》存于《大戴礼》者已在楚冢发现，知其书乃成于战国之世，非如前此怀疑出于汉人之手，可信性不高。司马迁撰《五帝本纪》论到黄帝、颛顼、帝喾，十分谨慎，以《五帝德》为依据，亦有取于礼家之记录；今以出土文献证之，最少证知其所论述，乃先秦之旧说，非出汉人之妄作，可以肯定。

虽然，古史二元说不过为纷纭众说整理之结果。实际上古代地域性之帝王尚多。试举一例，四川三星堆文化之发现，为西南文明开一新局，过去习知者蜀有望帝，但常璩《华阳国志》说：

> 开明〔立〕，号曰丛帝，丛帝生卢帝，卢帝攻秦，至雍，生保子帝，

---

① 见《中国神话与传说论文集》，台湾，汉学研究中心。

帝攻青衣，雄张僚僰。

《风俗通》称之曰“卢保”，盖合“卢帝”与“保子帝”为一。秦人伐蜀以前，蜀地称帝者又有卢帝诸号。余曾考之殷卜辞，确有“卢帝”之名，殷人伐之。其辞云：

翌甲子伐卢……𩢄　　伐盧帝（《合集》三三〇八六）
□……卜□与虍□（屯南二一一八）
伐周、壹戱方（英二四二五）

盧字有三个写法，一个仅存虍头，一加皿旁，一增戈旁。殷时确有“卢帝”之名，可证常氏之说。此即非中原地区称帝之明证。

本人蒙贵校邀请，远道来京。讲述问题，过于空泛，深感惭悚。此种不易有结论之题目，只不过提出一种看法，为弥补这个弱点，最后补谈巴蜀古史上的卢帝，比较有确实的证据，聊博诸位同行前辈的莞尔。记得去年在三星堆博物馆陈德安兄面告，当地出土有关卢方遗物尚有不少有待公布。卢方称帝的事实向鲜人知，也许是一新的发现，足为常璩书之佐证。今年是甲骨文发现一百周年，所以连带谈及契文的材料。我一向提倡三重材料，其中一项是甲骨文，由于向来治古史注意出土实物，对于甲骨记录，采用者不多，此项资料犹未能尽其用，故为补充于此，望贤达有以正之。

《首都师范大学学报》，1999（4）

古代东、西方鸟俗神话

——论太皞与少皞

“鸟俗”一名，借用《史记·秦本纪》“大费之子名曰鸟俗氏”语，秦先世神话有女修陨卵，与殷先代契母简狄见玄鸟坠卵故事相同，关于鸟的信仰在中国东方沿海一带十分盛行，故其民人向来有“鸟夷”的统称。

1991年元月山东沂水县柴山乡信家庄出商代二里冈时期铜戈，上有鸟形图文，下有圆形物①，或表示日与鸟，马玺伦说是鸟衔卵。

近时连云港出土一批属西汉末期的汉简，其中一简胪列葬品提及《弟子职》、《列女传》等书名，又有题名曰《神乌傅（赋）》。

此文言及兰陵地名，该赋之末有“兰陵游徼者”数字可辨。《汉书·地理志》：兰陵属东海郡，东海郡领县三十八，首县为郯，志云：

> 故国，少昊后，盈姓②。

所领之县有兰陵、襄贲、朐、费、兰祺、缯、祝其、临沂等。兰陵即荀卿为令之地，萧望之、毋将隆、疏广皆本县人，西汉时文风颇盛。《神乌赋》之

---

① 《文物》，1995（7）。

② 唐兰认大汶口是少昊文化（《大汶口文化讨论集》）。但少昊本在西方，周初政治势力向东发展，盈姓遂为东方著姓，其实东、西均有鸟的信仰，另文详之。

作，正出于此地。

以神乌论之，“日中有踆乌”（《淮南子》）；“乌，日气也”（《论衡》）；吴薛琮《赤乌颂》：“赫赫赤乌，惟日之精。”《春秋纬》言：“火流为乌”（《运斗枢》），乌有赤乌、白乌，都是嘉祥，《瑞应图》言之详矣。

西汉自宣帝以来，东方诸郡乌及凤鸟屡屡呈瑞。兹略记如次：

> 元凤三年（公元前78），有白乌数千，下集泰山、莱芜山南。
>
> 本始四年（公元前70）五月，凤皇集北海、安丘、淳于。
>
> 地节二年（公元前68）夏四月，凤皇集鲁郡，群鸟从之。
>
> 元康元年（公元前65）三月，诏曰：乃者凤皇集泰山陈留，……《书》不云乎：凤皇来仪，庶〔尹〕允谐。……
>
> 三年（公元前63）春，以神爵数集泰山，赐诸侯……帛各有差。
>
> 神爵四年（公元前58）春诏曰：乃者凤皇甘露，降集京师，嘉瑞并见……
>
> 十月，凤皇十一集杜陵。
>
> 成帝河平四年，白乌集孝文庙殿中，黑乌从之。

此文题曰“神乌”，因其原是祥禽。连云港出土简册所记年号观之，兹赋即作于是时。

一

古代以鸟纪鸟官，这一新资料的出土至少有如下几点意义：

（一）从出土地点，可证郯子所说少昊时鸟官一事，有极可靠之处，故孔子特别加以称誉。

（二）证明东方鸟夷的地区，对于鸟的信仰的普遍和可信性。

郯子所说的故事见于《左传·昭公十七年》，他是对昭子问及少皞氏何故以鸟名官这一问题的回答。他开列五帝的名目和所纪的事物，有如下表：

黄帝氏	以云纪	云师云名
炎帝氏	以火纪	火师火名
共工氏	以水纪	水师水名

太皞氏　　　以龙纪　　　龙师龙名
少皞（挚）　以鸟纪　　　鸟师鸟名

又记少皞氏的鸟官都是负责天文历术，有下列诸号：

凤鸟氏—历正
玄鸟氏—司分
伯赵氏—司至
青鸟氏—司启
丹鸟氏—司闭

又有五鸠、五雉诸名，不复备举。

郯子这段话，极不易懂，汉代经学家如服虔等的解释，不免模糊影响之谈。许多古书至今尚不能读通，这段文字即是其中之一例。但孔子对郯子学问的尊崇，居然说出"天子失官，官在四夷"，意思即说礼失求诸野。后来刘歆可能鉴于孔子的重视，他在所著《世经》整理古史的系统，把这条材料作为唯一的依据，再配合《易系辞传》，建立起他的古史体系。他说：

郑子据少昊受黄帝，黄帝受炎帝，炎帝受共工，共工受太昊。故先言黄帝，上及太昊，稽之于《易》，炮牺、神农、黄帝相继之世可知。

其意乃用逆推之法，由少昊上溯黄帝而炎帝、共工，以上而及于太昊，其次第如下：

1. 太昊（龙）—2. 共工（水）—3. 炎帝（火）—4. 黄帝（云）—5. 少昊（鸟）

他再引用《祭典》（即祭法）、《考德》、《春秋外传》、《国语》诸说，以建立他的古史人物系统，即：

太昊帝　　庖牺氏　　（附）共工氏
炎帝　　　神农氏

黄帝　　　　轩辕氏
少昊帝　　　金天氏
颛顼帝　　　高阳氏

由于加上了颛顼帝，使共工氏失去他继承的地位，成为闰位。所以他说："虽有水德，在火木之间，非其序也。"我们看刘歆的时代，正是与五行相配的五德终始说方盛行于天下，是时经学以《易经》为冠冕典籍，故他折衷《系辞》之语，以定伏羲、神农、黄帝之先后。班固在《汉书·郊祀志赞》云：

……倪宽、司马迁等犹从臣谊之言，……彼以五德之说，从所不胜，秦在水德，故谓汉据土而克之。刘向父子以为帝出于震，故包羲氏始受木德，其后以母传子，终而复始。

由是观之，把伏羲氏合于太昊，始受木德，乃起于刘向父子。"始"是吃紧字，班说是否可信，仍待研究。依《汉书·律历志》，刘向总六历列是非作《五纪论》，其文部分见《律历志》，以伏羲合太昊，始受木德之说，或者出自《五纪论》，可惜全篇已佚。惟刘歆确有伏羲木德之说。班固引用之，著于《五行志》。《左传·昭公十七年》："冬有星孛于大辰，西及汉。梓慎曰：……若火作，其四国当之，在宋、卫、陈、郑之间乎？宋，大辰之虚，陈，太昊之虚；郑，祝融之虚，皆火房也。"刘歆《五行传》以为"大辰，房心尾也，宋，大辰虚，谓宋先祖掌祀大辰星也。陈，太昊虚，虙牺木德，火所生也。郑，祝融虚，高辛氏火正也，故皆为火所舍"。是说见《汉书·五行志七下》。刘歆是王莽国师，他采用《左传·昭公十七年》郯子之说。他是失败者，如果没有根据，而作向壁虚造的话，其说必不为班固辈所采用。可是，他这一说，连王逸在《楚辞章句》中亦援引，他说：

道过庖牺，与谘访也。……大皓始结网罟，以佃以渔、制立庖厨，天下号之为庖牺氏。（《远游》章句）

王逸亦认为大皓即是庖牺氏。

东汉儒者王符的《潜夫论》，以至隋陆德明的《易释文》，无不沿用刘歆之说，其中必有道理。

二

刘歆的整理安排是否符合郯子所说的原意，根本是一大问题，因为刘歆是用五德终始相胜之说来作解释；须知郯子所陈的五帝，应如下面之系列：

水　　　龙

　　云

火　　　鸟

而不是《洪范》的金木水火土。关于这一层，向来似未有人提供合理的解释。

郯子的五帝模式，仅有火、水二者是《洪范》五行的项目，其余乃是云与龙、凤。我以为郯子所说的五帝，应该是很早期的五帝说。所以我说不容易懂，理由便在此。幸而频年有许多新出土的新石器时代丰富的文物，结合甲骨文上的记录，可以帮助我们得到初步的了解。以下是我对于郯子的云、水、火、龙、凤五帝说的看法：

兹先谈云：殷代人天象智识，如六云、格云、三嗇云等等词汇，尤其对云有许多特殊称谓，我们看到战国时代后期的《天文气象杂占》[①] 叙述那么复杂，在殷代正已呈现云气占的端倪。殷有“帝云”之名，如：

　　尞于帝云（云）（《合》一四二二七）

云作为祭祀的对象，而有“帝”之称。足证“以云纪”的事，并非无稽之谈。可惜黄帝时以云为官名，记载上只剩下“缙云氏”一名。[②] 是时的五帝，其一乃是云而不是土，卜辞的“帝云”一名，必有它的来历，和远古以云纪不无渊源关系。

次谈水：河为殷的大川，祭河之礼用“帝”，如：

① 马王堆3号汉墓所出。

② 《左传·文公十八年》。

帝于河。(《合》一四五三一)

辛卯贞来河，帝，五小宰。(《合》一四五三六正)

辛巳卜贞：告既，帝于河。(《合》一四五三四)

火，则卜辞有祭五火之辞：

丁丑卜：又(侑)于五火。(《合》三四一六八正，三四一六七)

商人之先阏伯，祀心宿的大火，以火纪时，为陶唐氏火正，故大火为殷代祭祀的主星(见《左传·襄公九年》)。卜辞云："㞢(侑)新大星并火"。又有大火、小火的记载。

至于龙：则遗迹出现特早，如有名的濮阳西水坡的龙虎蚌图，我在湖北见过新石器时代石砌的龙，蒙古据称出土的龙，数据可六千年，为最古的龙。卜辞祀龙的记录尤夥，火和龙可以有"帝"的资格，由来已久。

最后说凤：殷代借用凤字作风，四方东西南北之祭均用帝[①]，祭东南西北的四方风，亦皆用帝[②]。他若："辛未卜：帝风，不用。"[③] 祭风用禘，与祭河相同。帝即禘，依郑玄说，禘为最大之祭的名号，祭圜丘称禘，夏正南郊称禘，地祇之祭方丘亦称禘，于明堂祭上帝亦可称禘。禘为大祭，所包至广，天、人共之，殷礼已是如此，可见早期少皞时代的五帝，郯子所说云、水、火、龙、凤都有帝的称谓，可能和举行最大的禘祭有关，从卜辞祭凤祭河之用帝祭，云称帝云等事实可以透露其中一点消息。以鸟名纪官，使用大量的鸟名，当日对于鸟的崇拜到了极点，神鸟是凤，凤亦读作鹏，马王堆佚书《经法·成法》云：

力黑(牧)曰：昔者皇天使冯(凤)下道，一言而止。五帝用之，以扒(别)天地，〔以〕揆四海。

冯即是鹏，就是神鸟的凤，卜辞称凤为"帝使"，后出的史书《帝王世纪》

---

① 如云"帝四方"，《合》三四一四五、三四一五三、三四一五四诸条。

② 如云"帝于东方曰析，凤曰劦"。《合》一四二九五大片。

③ 见《合》三四一五〇，《屯南》二一六一。

说："黄帝梦大风吹天下尘垢皆去。帝寤而叹曰：风为号令，遂得风后于海隅。"风就等于凤，凤是天帝的号令，是说可与《经法》所言印证，在古人心目中凤是天帝使者，所以有这般重要的崇高地位。东方鸟夷对凤的崇拜，从少昊时代降及于殷，形成一思想上的传统，因之产生许多关于凤鸟的美丽神话，以前学人讨论过多，不复再赘。由于凤是帝使，故可官拜历正，天文上的分、至、启、闭，亦都由他所属的鸟官掌之。

三

春秋时的史官和占星家，大都是古史的专门家，一些不同的传说，由他们保存下来，从他们的谈话，留下一鳞半爪，非常宝贵，极有史料价值。晋大夫蔡墨（亦作黯）对魏献子谈及"社稷五祀"的问题①，提到少皞氏的四叔，魏献子问："谁氏之五官也？"他回答道：

> 少皞氏有四叔，曰重、曰该、曰修、曰熙，实能金、木及水。使重为勾芒，该为蓐收，修及熙为玄冥，世不失职，遂济穷桑，此其三祀也。

他原来是要说五祀，现在只有三祀，所以又提到"共工氏之子句龙为后土，颛顼之子犁为祝融，此其二祀也"。前面的三祀合此二祀共为五祀。

三祀是少皞氏的四叔，一说为少皞之子，四人分属木、金、水。照蔡墨所说，少皞时已有"五行"的木、金、水了，与上面郯子所说的五帝相矛盾，可能郯子是代表东夷系之说，这也许是晋史相传的说法。重、该、修、熙是人名，勾芒是木正，蓐收是金正，玄冥是水正，祝融是火正，后土为土正，皆为官职，后来合称曰五正。这些名号在殷卜辞中只有"土"屡屡出现，余则未见。但春秋之世，则多为神之名：勾芒两见于《墨子》，为人面鸟身之神。②《海外东经》："东方句芒，鸟身人面。"蓐收见于《晋语》二，入虢公之梦，人面虎爪。为天之刑神③。玄冥见《左传·昭公十八年》："郑灾，禳火于玄冥、回禄"，是水神。祝融见于《周语》、瘐钟、子弹库帛书、包山、望山

---

① 《左传·昭公二十九年》。

② 《非攻下》记禹征三苗时见之，《明鬼下》"秦（一作郑）穆公日中见之于庙，其神自称"曰"予为句芒"。

③ 《说苑》作罚神。

楚简。后土又见《楚辞·招魂》，亦作医土，见包山简。春秋之世，郑、虢、秦、楚，此诸名号，无不耳熟能详，不特晋史为然。蔡墨之论五官云：

夫物，物有其官，官修其方，……官宿其业而物乃至。……故有五行之官，是谓五官，实列受氏姓，封为上公，祀为贵神，社稷五祀，是尊是奉。

五官可以受与氏姓，获得崇祀，如蔡墨之说，其事已始于少皞氏。仍有待新材料之出现，然后证实，今且不论。

惟少皞氏的地域，郯子为少昊后，其他在东海郡。周之初封，因商奄之民，命伯禽而封于少皞之虚。[①] 蔡墨谓："使重为勾芒……遂济穷桑。"《帝王世纪》："少昊邑于穷桑以登帝，都曲阜。"此即合《左传》两处为说。

然少昊传说，原在西方。周室东迁，"秦襄公救周，列为诸侯而居西，自以为主少昊之神，作西畤、祭白帝。"[②] 其后秦灵公于吴阳作上畤祭黄帝，作下畤祭炎帝。是时以五帝配五行五色之说朋兴、少昊被目为金天氏而成为白帝，其根据为《山海经·西山经》："长留之山，其神白帝少昊居之，其兽皆文尾，其鸟皆文首……实惟员神磈氏之宫，是神也，主司反景。"郭璞注："日西入则影反东照，主司察之。"少昊实为司日入之神，属于西方。《左传·昭公元年》，郑子产对叔向说："昔金天氏有裔子曰昧为玄冥师。"杜预注："金天氏，少皞。"《汉书·律历志》引《考德》云："少昊曰清，清者，黄帝之子青阳也。"《考德》是《逸周书》第42篇，已亡，此为其佚文。《越绝书·计倪内经》：

臣闻炎帝有天下，以传黄帝……故少昊治西方，蚩尤佐之，使主金。

少昊一向被认为属于西方金德的人物。

少昊和蚩尤，传说亦有许多牵涉，《逸周书·尝麦解》云：

命赤帝分正二卿，命蚩尤宇于少昊，以临四方（一作西），蚩尤乃逐

① 《左传·定公四年》。
② 《史记·封禅书》。

帝，争于涿鹿之阿。……赤帝大慑，乃说于黄帝，执蚩尤杀之于中冀。……乃命少昊（清）司马鸟师，以正五帝之官，故名曰质，天用大成，至于今不乱。

宋罗泌《路史后纪》四炎帝后附《蚩尤传》，贯通群书，整理所得。称：

乃分正二卿，命蚩尤宇于小颢，以临西方。……蚩尤产乱，出羊水，登九淖[1]以伐空桑，逐帝而居于浊鹿。

这是根据《逸周书》而来，罗氏所见宋本少昊有作“小颢”，向所未知。一本作“四方”，罗氏采黄庭坚说：“当作西方，盖为方伯。”

《管子·五行篇》亦云：“昔者黄帝得蚩尤而明于天道……”张惠言谓质、挚古通，质即《左传》之少昊挚。《逸周书》说蚩尤宇于少昊。汉代学人因之有蚩尤为少昊之佐一说。最离奇的莫如《盐铁论·结和篇》竟说：“轩辕战涿鹿，杀两皞、蚩尤而为帝。”[2] 两皞当谓太皞、少皞，此真闻所未闻，越说越远了。

四

现在再谈一谈大皞。清代著《史记志疑》的梁玉绳，博通群书，他在《人表考》开宗明义“太昊帝”下便说：“太昊始见《礼记·祭法》郑注引《月令》。”那是不对的！考之《左传》，便有三处言及太皞，列举于下：

宋子鱼曰：任、宿、须句、颛臾，风姓也，实司太皞与有济之祀，以服事诸夏。[3]

郑子说：太皞氏以龙纪，故为龙师而龙名。[4]

（鲁大夫）梓慎曰若火作，其四国当之，在宋、卫、陈、郑乎？宋，大辰之虚也；陈，太皞之虚也；郑，祝融之虚也，皆火房也。……卫，

---

① 自注：上党羊头山水。

② 参《史林杂识》“蚩尤”条。

③ 《左传·僖公二十一年》。

④ 《左传·昭公十七年》。

颛顼之虚也，故为帝丘，其星为大火。[1]

由梓慎之语，后人遂有太皞都陈之说。

然晋的卜官史赵对晋侯说：“陈，颛顼之族也，岁在鹑火，是以卒灭。”是以陈为颛顼之裔。纬书则以太昊伏羲生于天水。《御览》七八引《遁甲开山图》云：“仇池山四面孤立，太昊之治，伏羲生处。”仇池在今天水。《荀子·正论》云：“何世而无嵬；何时而无琐？自太皞、燧人莫不有也。”以太皞与燧人[2]并举，列为皇古帝王。纬书以燧人列前，贾公彦《周礼正义序》多所讨论，因谓：“燧皇谓人皇，在伏羲前，风姓，首王天下者。”《楚辞·远游》云：

撰余辔而正策兮，吾将过乎句芒。历太皓以右转兮……遇蓐收乎西皇。……指炎神而直驰兮，吾将往乎南疑，祝融戒而还衡兮……从颛顼乎增水，历玄冥以邪径兮。……

《远游》倘为屈原所作，他所指的太皓当即东方属木的太皞帝。新出土长沙马王堆帛书如《五星占》、《刑德》四仲，都备记太皞、少皞。伏生《尚书大传》所记大略相同，比较如下：

《五星占》		《刑德》		《尚书大传》
东方木	其帝大浩 其丞句亢	东	太昊?	东方之极：自碣石东至日出榑木之野，帝太皞神勾芒司之。
南方火	其帝赤帝 其丞祝庸	南	炎帝	南方之极：自北户南至炎风之野，帝炎帝神祝融司之。
中央土	其帝黄帝 其丞后土			中央之极：自昆仑中至太室之野，帝黄帝神后土司之。

① 《左传·昭公十七年》。
② 燧人一名亦见《庄子·缮性》。

西方金	其帝少浩　西 其丞蓐收	大(少)皋	西方之极：自流沙西至三危之野，帝少皞神蓐收司之。
北方水	其帝端玉　北 其丞玄冥	湍王	北方之极：自丁令北至积雪之野，帝颛顼神玄冥司之。

《五星占》中五帝及其丞的名称，和《吕览十二纪》、《淮南子·天文训、时则训》、《礼记·月令》完全相符，惟文字少异，如勾芒的芒作亢，祝融作庸，两皞字皆作浩，而颛顼作端玉，与《刑德》的湍王，俱为异写。而于五帝都记"其神上为岁星（木）、太白（金）、晨星（水）……"。把五星与五德正式结合起来。《五星占》末书"秦始皇元年"，到汉文帝三年七十年间（岁星）五星运行位置。《吕览》自序云："维秦八年，岁在涒滩。"说者谓应在始皇七年，与《五星占》年代相若。《五星占》是一篇非常具体的星占文字，与蔡墨所说的五帝和佐的名字，与五方、五德相配完全一样，后此的《明堂月令》[①]、《吕氏春秋·十二纪》、《礼记·月令》、《淮南子》、魏相奏上的阴阳月令，都是一脉相承的。太史公天官赞论水火金木填五星，天之五佐及日变修德、月变省刑诸说，从马王堆《五星占》和《刑德》看来，他的说法，实在有所因袭承受。这种五德配置设计，有人认为出自邹衍，可是在《汉书·礼乐志》中保存有"邹子乐"的大纲，他称东方木的青帝曰青阳，西方帝的白帝曰西昊，分明不同，似乎不能轻易把这一知识产权归于邹子。《晏子春秋》记楚巫与齐景公谈论五帝之位，而《陈侯因脊毁》果出现黄啻之名，《管子·四时篇、五行篇》写作的年代不易确定，其书第四十一言黄帝作五声以正五钟，五钟以青、赤、黄、景、黑等号，谓"五声既调然后作，立五行以应天时，五官以正人位，人与天调，然后天地之美生。"美哉其言！其时天文和律吕五行久已密切结合相配，具体表现天与人相协调的思想。屈原亦言"令五帝以折中分"（《惜诵》），子弹库帛书有炎帝及五木之名。近时江陵王家台秦墓出土易占竹简"☰同人"曰："昔者黄帝与炎帝战□〔一八二〕"[②]，亦见炎、黄二帝。知五帝传说弥漫于齐、楚者已久，非限于邹子一人之言。至于五行相胜、相生之说，一向纠缠不清，认为出于汉人杜撰，今知《云梦秦简日书甲乙篇》

① 郑玄在《祭法》注引用。

② 《文物》，1995（1）。

均有五行相胜、相生之文，则秦人已惯用之[①]，故秦自以为水德，而名河曰德水，参之《五星占》之文，始皇即位之初，五德配五星之论，已是家常便饭之学说。列太皞为东方，以证宋子鱼谓诸风姓小国实司太皞有济之祀，其地望正合。《荀子》列太皞在燧人前。他竟视太皞为极远古之帝王，足见其名非始于《月令》。《楚辞》屡言及东皇与西皇，《九歌》有东皇太一，《离骚》云："诏西皇使涉予。"《远游》亦言："过蓐收于西皇。"我在从前所作《东母西母说》曾指出战国时以东母、西母与东皇、西皇相配，东皇即太昊，西皇即少昊，形成后来之东皇公、西王母。[②] 马王堆《刑德》九官图，把太〔昊〕属东方木，〔少〕（原文误作大）昊属西方金，南方火为炎帝，北方水为湍王[③]，足见汉以前这种五德总排的模式早已深入人心，为星占家、阴阳家司空见惯的事。而太皞高据东方大帝的宝座，无法把他动摇了。

把太皞与伏羲结合在一起，据班固所说，出于刘向父子，根据《说卦》"帝出乎震"一语与《系辞传》所举诸古帝的先后而定。今按马王堆本《易传》没有《说卦》这一段，而该本《系辞》原文云：

> 古者戏是（氏）之王天下也……□（此字不明）戏是没，神戎氏作。……神戎是没，黄帝、舜是（氏）作。

"是"是"氏"音借，"神农"氏作"神戎"，与银雀山简《孙膑兵法》相同。戏是即宓戏氏不成问题。伏羲名字，梁玉绳说始见于《管子·封禅篇》，余按《庄子·大宗师》所言："伏羲以袭气母"，实是掌大气的宗神，故为人类初祖。楚帛书字作"雹虘"，金祥恒定为"雹戏"即《系辞》的"包牺"，其说可信，已为大家所接受。曹植《庖牺赞》云："木德风姓，八卦创焉，龙瑞名官，法地象天。"自班固取向、歆之说，亦定伏羲为太昊，在他的《汉书》八表中创例的《古今人表》，列于全篇的首位，即是"太昊帝宓羲氏"（上上圣人），因此太昊便成为中国历史上第一个人物了。

我曾细想，班固这样的安排，在当时古代知识比我们现在丰富得多，他所以接受二刘的说法，必有他的根据。我认为可能有三点理由：（1）太昊以

---

① 参拙著《楚地文献三种研究》，455 页。

② 《书目季刊》，27 卷 4 期。

③ 即《五星占》的端玉，乃颛顼的异写。

龙纪，而伏羲是蛇身，西汉鲁恭王所建的灵光殿壁画即绘着“伏羲鳞身，女娲蛇躯”①。验之所有山东、四川、河南各地汉代的画像石无不如此。此其一。(2)所有汉画上的伏羲、女娲，多数手擎日月。元兴二年（公元105）汉镜所绘伏羲手捧日轮，中有金乌②，他复成为太阳神，和太昊之象征太阳正相符合。此其二。(3)《左传·僖公二十一年》记称太皞有济之祀的诸小国均是风姓，故后代亦认为伏羲为风姓，地属东夷，方向居东，于五行为木，故伏羲又有“苍精”③、“木皇”④、“青帝”⑤ 诸号，此其三。基于上列几项缘由，伏羲之为太昊，遂为汉代史家所公认，我们从出土有关遗物中，可以了解到这桩事实。⑥

五

一般说中国东方沿海和东南地区古代文化中特别盛行对鸟的崇拜，表现在遗物上的图像，新石器时代考古学的遗存，资料极为繁多。重要的像大汶口文化陶器上的纹饰，作群鸟相连续飞翔的图案，有的仅作简单轮廓。浙江河姆渡文化的陶器、牙骨上雕刻的双凤朝阳的纹样，或连体各拥一日，或分体共拱一日。形形色色，石兴邦首先作详细的分析⑦，其后讨论者纷繁，大抵说明从七千年前河姆渡开始，下至越族的“鸟田”、“鸟书”，为鸟的崇拜流行的地区。和传说中少昊氏以鸟名官的习惯正相应。大汶口、龙山与良渚都有陶器的鸟形鬶及鸟足鼎，真的以鸟为纪，非常普遍。《史记·五帝本纪》云：“东长，鸟夷。”《山海经·海内经》：“有盐（一作监）长之国，有人焉，鸟首，名曰鸟氏。”郭璞注：“即鸟夷也。”连云港云台山下龙山文化遗址出土鸟首形鼎与鸟首连胫陶器，《御览》卷八七二休征部引《符瑞图》“少皞氏邑于穷桑，日五色，牙（互）照穷桑”；张守节《史记正义》佚文有云：“少昊象日月之始，能师太昊之道，故号少昊氏，此谓象其德也。”此条见张衍田《正

① 王延寿《赋》。
② 重庆沙坪坝出土。
③ 《武梁祠石刻》。
④ 《拾遗记》。
⑤ 《独断》。
⑥ 参看董其祥：《伏羲女娲图像新解》，载《巴渝文化》第二辑。
⑦ 见《中国原始文化论集》。

义辑校》页三，此言少昊兼指日、月，观大汶口陶符，其中一个作日月合璧之状，可明其故。此地区何以专有鸟夷、鸟氏诸名，盖即由“鸟俗”而来。此地为古郯子故国。郯子为“少昊之后，盈姓”，盈者，《逸周书·作雒解》：“殷东徐奄及熊盈以略”。《通志·氏族略》：“郯，祁姓，子爵。”其姓古有盈、祁二说之异。考太皞、少皞二名联称，出自郯子，少昊独以鸟纪，自与鸟崇拜之事有密切关系，众所共悉。《尚书大传》说：“东方之极：自碣石东至日出榑木之野，帝太皞神勾芒司之”（陈寿祺辑本）。这和《五星占》、《明堂月令》、《吕览》一样，惟特别指出他司日出榑木之野，似即以太皞象征日出，我曾经指出战国时太昊即指东皇，少昊指西皇，可以配东母、西母。出土遗书的《刑德》作大昇，与皞，一作大浩，均指日光之皓。《尔雅·释诂》：“皓，光也。”此字异文又有作皞（《逸周书·太子晋》）、曎（《潜夫论·五德志·陈宁赞碑》）。作皓者，见于《隶释》卷十九《魏修孔子庙碑》“大皓游龙以君世”句。诸同音字均可读为“皓”。王嘉《拾遗记》谓“其明睿照于八区，是谓太昊。”则名曰“皓”者，正以其为太阳神故也。

最有趣者，大汶口陶尊上有太阳的图文和良渚的玉琮、玉镯上诸记符，仔细比证之后，得以知日形下面的ᗜ号乃是飞鸟简写之形。我在近作《良渚、大汶口图文的一二考察》[①]，采邓淑蘋女士之说，加以核实。近见高明在论古代陶器图像，举出仰韶期山西华县与庙底沟彩陶上的纹样，正作飞鸟负日之象[②]，可见日和鸟在古代图文表现当时的太阳神话，东、西方大都相同，事实上不能说仅限于东方，西方实亦有之。周人以赤乌兴，《国语》则云鸑鷟鸣于岐山。《逸周书·王会解》记西申以凤鸟、氐羌以鸾鸟，巴人以比翼鸟；足见西方亦有凤鸟的传说。秦地出土金饰亦作鸱形。[③] 秦惠公都雍，有五畤、太昊、黄帝祠以下三百所。[④] 高明文中引《大荒东经》“扶木，一日方至，一日方出，皆载于乌”，来解说大汶口图文的ᗜ形，我上文引《尚书大传》言帝太昊所居正在日出榑木之野，榑木即是扶木，亦即若木。三星堆出土的青铜树，树枝上各立一鸟，说者大都引“日中踆乌”解释之，其实树上还缘绕一条龙，正又是以龙为纪。大汶口陶尊上的太阳图文，应该是远古“太昊”的象征，

---

① 载香港大学《东南亚考古论集》。

② 参图1，原载《学术集林》第二辑。

③ 《文物》，1995（6），9页。

④ 《汉书·地理志》，是时西方已有太昊祠。

继之少昊成为西皇[①]，太昊则成东皇了。谯周谓：代俗以东西阴阳所出入其宗神谓之王父母，是东、西王父母，本指日在东西出入，太昊、少昊分管东、西，想和古代“出入日”的观念是分不开的。

又记

刘歆以《易传》伏羲与神农黄帝先后相继，作为立说根据。《易系辞》以前学人多认为汉人所作，今马王堆出土有之，必为战国后期之物。考《商君书》首篇《更法》：

> 公孙鞅曰：前古不同教，何古之法？帝王不相复，何礼之循？伏羲、神农，教而不诛，黄帝尧舜，诛而不怒，及至文武各当时而立法。……

此数语，亦见《国策·赵策二》。赵武灵王因用胡服对臣下的谈话，可见以伏羲、神农，相继列前已为春秋以来的一般智识，且出现于秦孝公之前。又《荀子·成相篇》云：“文武之道同伏戏。”其字作戏，同于楚帛，对伏羲之赞美，亦为战国末年儒家之公言。

《山海经》中，太皞两见、少皞三见。

《海内经》：“西南有巴国：太皞生咸鸟……是始为巴人。”则太皞竟被认为四川巴人的祖先。又同篇“建木条”云：“太皞爰过，黄帝所为。”三星堆的铜树，亦有人说是建木，与太皞有关，是太皞传说亦传至巴蜀。

少皞见于《大荒东经》：“东海之外有大壑，少昊之国。”此东方的少昊。又一条出《西山经》，已见上文所引，一则出《大荒南经》：“帝俊生季釐，季釐之国有缗渊，少昊生倍伐……以降处缗渊。”地望未详，以羽山亦称羽渊例之，疑缗渊即指岷山。太皞少皞有关资料，略如下表：

太昊

东方　　风姓，司太昊有济之祀。[②]

① 《离骚》：“诏西皇使涉予”。王逸注：西皇即少昊。

② 《左传·僖公二十一年》。

陈，太皞之虚。[1]

榑木之野，帝太皞。[2]

东：帝大浩。[3]

西方　　巴国　　太皞生咸鸟，始为巴人。[4]

秦惠公都雍，有太昊祠。

《河水注》引《神异经》鸟铭曰："有鸟希有，绿赤煌煌，东覆东王公，西覆西王母。"在昆仑铜柱上。

少昊

东方　　鲁伯禽封于少昊之墟。[5]

郯子少昊后，地在东海郡。[6]

东海外大壑少昊之国。[7]

蚩尤宇于少昊之野。[8]

西方　　长留之山白帝少昊主司反景。[9]

秦襄公主少昊之神作西畤。[10]

① 《左传·昭公十七年》。
② 《尚书大传》。
③ 《五星占》。
④ 《山海经·海内经》。
⑤ 《左传·定公四年》，宋代于曲阜建少昊之墓。
⑥ 《左传·昭公二十七年》。
⑦ 《大荒东经》。
⑧ 《逸周书·尝麦解》。
⑨ 《山海经·西山经》。
⑩ 《史记·封禅书》。

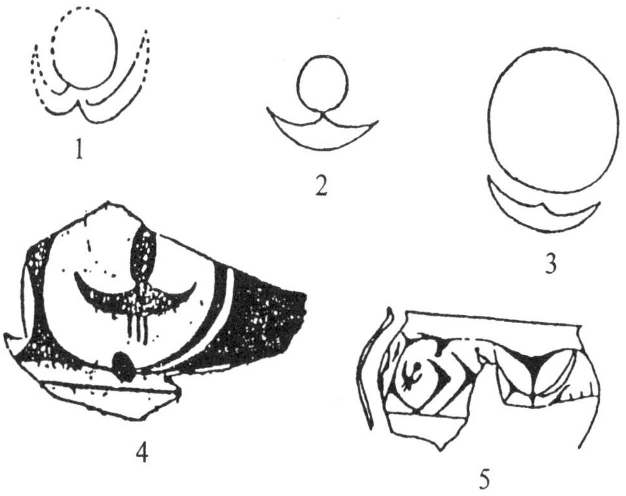

1、2. 大汶口文化莒县陵阳河遗址出土陶瓮刻划图像

3. 美国弗利尔美术馆藏良渚文化玉镯上的刻划图像

4. 仰韶文化庙底沟遗址出土陶器彩绘图像

5. 仰韶文化山西芮城县大禹渡村遗址出土陶器彩绘图像

图 1　仰韶文化华县泉护村遗址出土彩绘图像

古史之断代与编年（傅斯年讲座）

一、由不同文化交流与部族分布谈古史上“时”与“地”的复杂性

近时三代断代工程的公布，引起关心古史国内外许多学人的热烈讨论。国外且有人以民族主义的狭隘立场加以不必要的责难。又复抹杀夏代，全非信史。西方史家治史的法则，认为不同时期的史料，无引证的价值。可是，西亚的史事，能够认识，全靠一部《圣经》，何以中国方面，如果不援引纸上经典的记录，将如何作研究？抹杀夏代这种看法，似乎有点落伍。据当前大量文物出土，和战国楚简的新资料所显示，虞、夏的存在，是不容置疑的。（郭店《缁衣》引诗大小颙，字又作虽，乃夏的省形，慈利简“夏”字作颢，可证，雅即“夏”之借用。）简帛的史料，告知我们许多古籍时代都应该提前，不能像过去，懵然囫囵吞枣地说是汉人所编造。重要的新发现，像王家台秦简的《归藏》繇辞，不少可与《山经》、《穆传》相印证。定州八角廊村40号汉墓出的《六韬》残简，有关有苗的记载，郭店楚简保存了吴（虞）虽（夏）之治，汤（唐）吴（虞）之道、及壳（尧）舜、垦、腦、禝（稷）诸名和他们的事迹。唐、虞、夏时代蝉联相继，儒家已佚典籍具见之，与旧书正相吻合。总括一句，出土简帛，大体证明古籍的古史记录都有它的来历，最少是秦以前口耳流传的事实，不是出于汉后人的捏造。过去不少被认为伪书，

现在可得到公正的平反。

1933年傅斯年先生发表《夷夏东西说》，他以高瞻远瞩的眼光剖析古史的系统，当时的形势，只有东西之分，而无南北之限，历史凭借地理而生。大体只可从东西对峙来看问题，故以殷属之夷，与夏人相对。傅文对夏后氏名称、都邑，和夏与夷交相胜，见于典籍的事实，作重要的阐述，可谓极宏观之能事。

傅先生没有放弃不同时代的史料，对于祖先神话，包括《山海经》以及后代域外有关的传说，都连类引证，他的处理史料的方法，至今仍可供人们借镜。那些持抹杀夏代论者，不妨重温傅文。

所谓“断代”的方法，是近期史家最喜欢采用的。史实有许多只能取得大体的认识，如果必欲千方百计确定它是在某年某月发生，殊无此必要。所谓年代，其来源严格分之，有下列诸项应该注意：

（一）记录者的年代（所见、所闻）

（二）不同记录者的年代（传闻异辞）

（三）被记录的对象发生原有的时代——原本年代

（四）研究者假定的年代，后来作为年代标准——推论的年代

许多年代论断，往往借助于第四项，施用于全体史料，有时不能周延完全适用。不少以前所定标准，不免需要重新修订，像卜辞中的“子组卜辞”，由于花园新出土成批龟甲的记录，带有子占曰、子曰一些词句的特征，研究的结果，年代推前至武丁早期，因此过去所定，凡有纪年月的句子置于铭辞之末的词例，一概安置于殷代晚期的断代标准，恐怕要重新厘定了。

现在试举证一些出土文献。先从征伐四方的古代军事行动，见于《尚书·尧典》的四凶记载作一试验考释，兵家的著述，像银雀山汉简的《孙膑兵法·见威王》篇及另一佚文述征伐五色帝，原文录之如下：

《见威王》：

尧有天下之时，诎王命而弗行者七。夷有二，中国四。故尧伐负海之国，而后北方民得不苛。伐共工而后兵寝不起……

尧身衰而治屈，胥天下而传舜。舜毄讙收。方（放）之宗（崇）；毄归（鲧），方之羽；毄三苗，方（放）之危。亡有户（扈）是（氏）……中国。

有苗民存罚为弘（强）。

舜身衰而治屈，胥天下而传之禹。禹凿孟门而通大夏，斩八林而焚九□西。西而并三苗。……

昔者神戎（农）战斧遂，皇（黄）帝伐蜀禄（涿鹿），尧伐共工，舜代（伐）剮管，汤汸（放）桀，武王伐纣。帝奄反。故周公浅（践）之。故曰德不若五帝，而能不及三王。[1]

佚文：

孙子曰：（黄帝南伐）赤帝……战于反山之原。……至于襄平，东伐（青）帝，战乎平□，北伐黑帝，至于武隧，战于□□……[2]

西伐白帝，至于武刚，战于□□……已胜四帝，大有天下……天下四面归之。汤之伐桀也……至于□□，战于薄田。……

武王伐纣，至于蕟遂，战牧之野。[3]

此条史料非常重要，虽然不能确定写成的年代。[4] 最少可以证明五色帝在孙子时代已形成系统，而尧、舜、禹、纣、周武相继蝉联的年代先后的说法，在孙膑以前，亦大体成立。我们看西方秦国的祭祀体制，秦灵公时于吴阳立上下畤，上畤黄帝，下畤炎帝，是时炎帝与黄帝的二分法已正式形成（公元前424—前415）。

新出江陵王家台秦墓出土的《归藏》中繇辞云：

䷌《同人》曰：昔者黄帝与炎帝战□（一八二）

按《御览》引《归藏》云："昔黄神与炎神争涿鹿之野。将战，筮于巫咸曰：果哉，而有咎。"[5] 孙子所言的反山，当然是阪泉。《左传·僖公二十五年》，秦穆公卜勤王，使狐偃卜之吉，遇黄帝战于阪泉之兆。《逸周书·史记

① 李均明整理：《兵家宝鉴·孙膑兵法》佚书，109页，石家庄，河北人民出版社，1991。

② 有人怀疑伐赤帝此篇应晚至汉高时始出，非是。

③ 李零整理：《兵家宝鉴·孙子兵法》佚书，85页，石家庄，河北人民出版社，1991。

④ 何炳棣认为全书具春秋属性，现存《孙子兵法》与《吴问》都是撰就于吴王阖闾召见孙武之年（公元前512），见《历史研究》，1999（5）。

⑤ 宋本《御览》引，《皇王部》，79页。

解》有阪泉氏。《孙膑兵法》的《见威王》中的"蜀禄"，当是涿鹿。《庄子·盗跖》云："然而黄帝不能致德，与蚩尤战于涿鹿之野，流血百里。"马王堆《经法·正乱》："太山之稽曰：黄帝身□之尤（蚩尤）同而酓（禽）之。其曰：□以为诸侯……。名之（蚩）尤之翯（旌）。"赤帝亦指蚩尤。炎黄之战故事，在春秋时代，用于《易》占的繇辞，已是一般人之通识，老生之常谈。至于尧伐共工，神农伐补遂（即斧遂），舜伐三苗，亦普遍见于其他典籍，像《鹖冠子·世兵》："尧伐有唐，禹服有苗。"其言舜伐剛管，此地名不易考。（按秦时于雍地有菅庙，祀社主为最少之神（见《郊祀志》），管如读为菅，则其地或在雍，事则未详。）

《孙膑兵法》记三苗之事，特别详尽。尧舜与禹都有征有苗的故事。苗民之名，见于《尚书·舜典·禹贡及吕刑》。《舜典》云："窜三苗于三危。"《禹贡》云："三危既宅，三苗丕叙。"郑玄注：《河图》及《地记书》曰："三危之山，在鸟鼠之西，当岷山，则在积石之西南。"《淮南子·地形训》："乐民拏闾在昆仑弱水之洲，三危在乐民西。"又《时则训》："西方极，自昆仑绝流沙沉羽，西至三危之国。"《后汉书·西羌传》，明言"西羌之本，出自三苗，姜姓之别也。"相沿之说，羌人乃是三苗之后。《孙膑》云："禹西面而并（并）三苗。"此说极确，《穆天子传》言："重䍃氏之先，三苗氏之□。"殷卜辞之，即"方（放）之危"之危。又屡见下危及危方地名。《孙膑》文中有一句极难解释，即谓"有苗民存罚为弘（强）"。"存罚"可读为"存蜀"，因三苗之地去岷山不远，当时真有据蜀为强之事，证之卜辞危方与蜀巴人相倚为患，妇好屡有亲征之举。武丁伐下危的战役，自庚午至于壬戌共52日。武丁伐夷方，余考应是西夷。因为夷不限于东方，西面亦有西夷，故《孟子》称舜东夷之人，文王西夷之人，西方亦有夷。妇好伐巴方与伐夷方下危，见《合集》四八〇大龟，即《丙编》三一一、六四七七正反。另详拙作《武丁时夷方考》（待刊）。三苗地域，近时考古家不少著论，以为屈家岭、石家河文化即是三苗文化年代约略相当。《孙膑》只说尧伐共工。伐三苗的是舜、禹。但考之其他典籍，尧与有苗战于丹水之浦，见于清人辑本《六韬》，但《吕览·召类》，《水经·丹水注》商县下仅称尧有丹水之战，以服南蛮，没有说是与有苗交战。定县竹简的《六韬》中第十三有"舜伐有苗……"的篇题，许多简中出现"有苗"一名。有一简称"之□右□蠡之水"，缺文可能即"彭蠡"，即吴起对魏武侯说"三苗之居，左洞庭，右彭蠡"。这与《史记·五帝纪》言“三苗在江淮荆州”，正相符合。舜伐苗之事，《淮南子·修务训》云：“舜南征三苗，道死苍梧。”《礼记·檀弓》：“舜葬于苍梧之野。”马王堆驻军图内舜葬地点在九疑，有明确指示。“帝舜”二字，图见《文物》1975年第2期。屈原《离骚》多次言及舜与九疑地望，可见战国时人都承认舜确有南征的事情。近时舜陵已进行发掘，有新证验。至于禹伐有苗，记载更多，《墨子·兼爱》下引《禹誓》：“蠢兹有苗”。又《非攻》下：“高阳乃命玄宫，禹亲把天之瑞令，以征有苗。”所记与《孙膑》相合。《随巢子》佚文说：“三苗将亡，天雨血……日夜出，昼日不见。”古本《竹书纪年》亦有此说。定县竹简有云“有苗三日不见日”（二二二八），“有苗月蚀日断，三日不解”（一一七五）。北京断代工程天文学家刘次沅曾综合美国学人彭瓞钧等推算，证明公元前2250年至公元前1850年之间，中国地区可看到全部日食现象，古书所记三苗不见日的年代，可以证实。①

古代部族因迁徙而携带其祖先信仰，传播各地，目前所得考古新知，对某一特定问题，产生许多进一步的看法，和过去的理解，大相径庭。

卜辞所见，自武丁时代起，大举征伐夷方（人方），规模壮大，人主亲征，妇好亦与其役，所谓人方即夷方，实包括西夷，非尽属东夷。《商颂》言：“天命玄鸟，降而生商”，又“有娀方将，帝立子生商”。《诗经》是大家所承认最可靠的史料。这里有两个主要问题点：一是玄鸟传说，二是有娀和子（氏）的地望。傅先生论文对玄鸟神话，引证高句丽夫余先祖朱蒙作为佐证，且及《晋书》慕容廆的大棘城即颛顼之墟。持此以论这一神话来源，出自东北。而对有娀和子氏的来历，略而不提，又强调帝俊是《大荒东经》中唯一之帝，当属于东夷，兹重新加以讨论。

（一）有娀与不周

卜辞有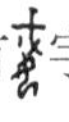字，《合》三八二四四：“□辰王卜，在兮□，娀毓妫……〔王〕占曰……吉。”或释此从戎从女之字为娀，徐中舒认为不确。② 今姑勿论，有娀明见于《离骚》：“见有娀之佚女。”王逸注引诗“有娀方将。”《淮南子·地形训》：“有娀在不周之北。长女简翟，少女建疵。”《离骚》又云：“路不周以

① 江林昌：《尧舜禹伐三苗综合研究与夏代始年的讨论》，载《华学》，第5期。

② 《甲骨文字典》，1350页。

左转兮，指西海以为期。”王逸注：“不周，山名，在昆仑西北。”洪兴祖云：“此山形有缺，不周匝，因而名之，西北不周风自此出也。”

《山海经·西次三经》之首“曰崇吾之山，西北三百里曰长沙之山，又西北三百七十里曰不周之山。东望泑泽，河水所潜也。”

《淮南子》又云：“西北方不周之山，曰幽都之门。”张衡《思玄赋》：“出寒门之绝垠兮，纵余绁于不周。”不周在西北方位。故《吕氏春秋·音初篇》言：“有娀有二佚女，……二女作歌，一终曰燕燕往飞，实始作为北音。”傅先生引此以说明《商颂》之本事。《吕览》明言是“北音”，正符合幽都方位，不作“东”音。近时楚简亦出现“不周”地名。《九店楚简》云：“敢告□绘之子武䜴，尔居复山之阺，不周之埜，尔无事，命尔司兵死者。”足证不周之野一名之存在。《殷本纪》：“桀败于有娀之虚，桀奔于鸣条，夏师败绩。”张守节正义引《张掖记》：“黑水出县鸡山，有娀氏女简狄，浴于玄丘之水。”这些夏代地名，现在不作详细考证，但以“不周”证有娀。古代传说其地望应在西北，不当属之东方，不周之山是幽都之门。我们看《淮南子·泰族训》说“纣之域：左东海，右流沙，前交趾，后幽都”，是很可靠的话。以幽都证不周，其地不在东夷，十分明了。（幽都与共工，说另详下篇。）

（二）帝俊的传说

帝俊一名，出土文献，见于楚帛书云：“帝俊乃为日月之行”，又云：“日月夋生”。（有人读为允生）《山海经》里面，除傅文所列出，见于《大荒东经》之外，又有《大荒南经》、《大荒西经》、《大荒北经》（帝俊竹林）。他是四方都存在的天神人物，可以驱使日月；楚人亦奉之为高级神明，原不限于东方。

《大荒西经》：“帝俊妻常羲（娥）能生月十二。”《大荒南经》曰：“羲和者，帝俊之妻，生十日。”十日、十二月都由他夫妇掌握。《山海经·海内经》炎帝条人物世系如下：

炎帝——炎居——节并——戏器——祝融（居江水）——共工
共工——术器
后土——噎鸣——生岁十二

又《大荒西经》：

帝令重献上天，令黎邛下地，下地生噎，处于西极。

以此互证“下地”即后土，“噎”即噎鸣。下言处于西极，可见其必在西方。

我颇疑噎鸣生岁十有二，可能是另一竹简的混乱。噎鸣有人认为是《太岁开兵》戈所见的肩有双翼，足踏日月的神明——大岁，当然，只是一种望文生义的解释。但我看《西山经》记钟山之神“烛阴”其子曰鼓，化为鵔，郭璞注引《归藏·启筮》说：

丽山之子，青羽，人面，马（鸟）身。

考《御览》卷一天部第一条是元气，引《遁甲开山图》云：“丽山氏分布元气，各生次序，产生山谷。”

丽山氏是元气，为山谷的创造者，他即是钟山之神烛龙，其子名鼓，亦化为“鵔”。他们都是宇宙开辟之神，主宰元气的活动。帝俊能负责日月的运行。烛阴之子鼓亦化而为鵔，疑帝俊或夋，与“鵔”亦是一名的分化，他和杀葆江的钦䲹，即《庄子·大宗师》所云“堪坏得之以袭昆仑”的堪坏，同是一神。它化为大鹗，字亦作“鸶”，“噎鸣”疑是一鸟旁字的神名。噎鸣亦生岁和十二月。都是代表元气的“神帝”（说详下文）。王家台秦简出《归藏》残文，与郭璞注所看见的《启筮》，可以参证。

我以前写过《论大皞与少皞》①，开始认为由东徂西，现在看到西方的材料越来越多，觉得东西都有“鸟”的崇拜，在该文的《后记》已主张东西并存，大家可以参看。以下侧重玄鸟信仰的神话在西方分布的研究。

（三）玄鸟信仰的东西分布

我们考大昊之祀典，已见于秦人的五畤。《汉书·地理志》右扶风：“雍，秦惠公都之。有五畤，置太昊、黄帝以下祠三百三所。”（《郊祀志》作雍旧祠）以大昊列于黄帝之上。太昊是伏羲。《楚帛书》开端即云：

曰古“大”熊雹戏……

① 《中国神话与传说》论文集，1996。

雹戏即庖牺，大家皆同意此说。汉代以大昊为伏羲是开天辟地人物。可追溯到秦、楚的文献。秦惠公的祠祭，置于黄帝之前，是合理的。出土秦器金饰上有鸱鸟形物，有人谓是玄鸟陨卵。[1]《山海经·西次三经》：“长留（一作‘流’）山，其神白帝少昊居之，鸟皆文首。实惟员神魄氏之宫，是神也。主司反景。”按下文云：“泑山，神蓐收居之。……是山也，西望日之所入，其气员。神红光之所司也。”郭璞注：“日形员，故其气象亦然。”是员神以气员说之。员即指“日”，因其在西方，为日入处，故职司反景。此少昊在西方不属东夷的明证。《西次三经》的地理，多数可以实地说之，不完全是神话地名，大可研究，略表之如下：

乐游之山　桃（洮）水　稷泽

流沙　蠃母之山

玉山　西王母所居（奄山＝崦嵫之山）

轩辕之丘　黑水（黄帝）

积石之山　河水

不周之山　泑泽

峚山　稷泽

钟山　崌岸

昆仑之丘　神陆吾（帝之下都）

长留（流之山）　少昊　员神魄氏之宫

章莪之山　毕方鸟

阴山　浊浴（谷）水　蕃泽（见《水经·沮水注》）

符杨（阳）之山　神江居之（《道藏》本作“神江疑居之”）

三危之山　三青鸟居之

騩山　耆（老）童居之

天山　汤谷　帝江（六足四翼，无面目＝浑敦（沌））

泑山（濛山＝蒙谷）　日之所入，其气员，神红光（即蓐收）

以上《西次三经》

阴山

劳山　弱水（张掖郡删丹，《水经》以为即《禹贡》弱水）

① 《文物》，1995（6）。

以上《西次四经》

《西山经》描写帝江是一位六足四翼无面目有如浑沌的神物，《庄子·应帝王》说中央之帝曰混沌。郭店楚简《老子》："有牆虫成，先天地生"。借蚰为混。混沌、浑敦同义。帝江原是江水之神，居于天山。耆童即老童，居于騩山。騩读为隗，都是鬼方氏之地。《大戴礼·帝系》老童的后代陆终氏，娶于鬼方氏之妹女隤，知其族与鬼方早有婚姻关系。

《山海经》又有祖江故事云：

> 西北四百二十里曰钟山，其子曰鼓，其状如人面而龙身，是与钦䲹杀葆江于昆仑之阳。帝乃戮之钟山之东曰瑶崖，钦䲹化为大鹗……鼓亦化为鵕鸟。（《道藏》本）张衡《思玄赋》："速烛龙令执炬兮，遇钟山而中休，瞰瑶谿之赤岸兮，吊祖江之见刘。"

钦䲹《庄子·大宗师》云："堪坏得之，以袭昆仑。"《淮南子·齐俗训》作"钳且得之，以处昆仑。"帝江、祖江、葆江可能是一名的分化，保读如神保之保，与帝、祖均是附加，作为神名：

帝江	天山神鸟（混沌）六足四翼
祖江	钦䲹（堪坏）——鹗（鸢）
（葆江）	（钟山神烛龙）——鵕
丽山氏子	青羽人面鸟身

以上这些巨神，都是鸟身，江水之神曰帝江，又称祖江，是一事的分化。鼓又化而为鵕，可能与帝俊之俊名字有关。代表元气的丽山氏之子亦是青羽人面。所有这些神明都是"鸟"的化身，可以看到古代神话由各民族迁徙而流传分布的时、地复杂性。[1]

玄鸟一名[2]，见于《山海经·海内经》云：

---

① 详拙文《帝江考》，见《九州》，第4期，北京，商务印书馆。

② 玄鸟可通指鸟类。《思玄赋》："子有故于玄鸟兮，归母氏而后宁。"李善注："玄鸟，谓鹤也，母氏喻道也。"

北海之内，有山名曰幽都之山，黑水出焉，其上玄鸟、玄蛇、玄狗……

玄鸟所在地区是幽都山的黑水，黑与玄同色。《黄帝传》："天降一妇人，人首鸟身曰，吾玄女也。"（《图书集成》卷二二三引）穆天子所登的崦嵫之山，为日所入处，传说又言，西海陼中有神，人面鸟身，名曰"弇兹"。这些与鸟有关的神话分布于西山昆仑玄圃之间，我们看下面带"玄"字的名词，以表示之。

玄鸟	玄王（简狄）
玄宫	（颛顼北方之居）
玄丘之水	（《张掖记》黑水）
玄圃	（昆仑）
玄池	周穆王西征所至，一说是罗布泊，陈逢衡谓是黑水小流

彼此之间，都有相互关系。由于玄圃是天帝的活动场所，后来道教徒渲染下的神山，亦出现一所谓"月氏国的人鸟山"，有一所谓"玄览人鸟山经图"的经典，云是元始真王的"人鸟山"，元气生神，是"天地之生根，元气之所聚"（《无上秘要》引《洞玄五符经》）。又称曰："人鸟山，为元始天王所别治，西王母初学道，亦登此山"。（《无上秘要》引《洞玄隐注经》）相传王方平（麻姑即其妹）为上相，治月氏国的人鸟山。[①] 四川友人王家祐有文讨论。

我曾有一文谈《山海经》之鸟夷与古印度火祭的玄鸟崇拜，指出太昊都是太阳神。印度吠陀经典中的 agni 火祭砌成鸟形的祭台。鸟是不死永生的标识。东方鸟的图纹史料十分丰富（河姆渡骨匕已有太阳双头鸟图案），西极的玄鸟信仰，亦有同然。[②] 成都金沙遗址出土金器逾三十件，就中以刻鸟首鱼纹金环及四凤朝阳金箔最为特色。

月氏的人鸟山有其他证据，吐鲁番出土的文书记月氏在西关入贡双头鸟。王嘉《拾遗记》记大月氏国入贡双头鸡，帝乃送还西域，行至西关（即玉门

---

① 《玄览人鸟山经图》见艺文本《正统道藏》册十一，8534 页；见艺文《道藏》本，33372 页。

② 拙文见《季羡林八十华诞论文集》下册。

关），望汉宫而悲鸣一事。在大夏（Batria）margiana 地方，出土公元前的器物，屡见张双翼的鹰 eagle 的图案。像蒙古 Ordos 出土匈奴的双鸟头联结短剑，可证大月支双头鸟之有根据。[①]

关于鸟身人面的众神表列如下：

帝江	六足四翼，无面目，如囊（即浑敦）
勾芒	人面鸟身（见《墨子》，属东方）
禺彊	人面鸟身（属北方）
玄母	人头鸟喙凤身
弇兹	（人面鸟身）
耆童（老童）	六足四翼

在西域的月支字亦作越支，其名已经汉化。[②] 敦煌以西地区，汉武以前，属月支之地域，西方关于鸟的神话，分布极为广泛。西方的玄鸟，不必是燕子的鳦，亦可能是 eagle。

四川三星堆出土的铜器最令人瞩目的是鸟形器，归纳起来，大约有四大类：

（一）铜人的足作爪形立于鸟上

（二）鸟首作形

（三）人首鸟身有四翼像

（四）铜花蕾小鸟

图版可参近刊 Robert Bagley：Ancient Sichuan，Treasures from a Lost Civilization。三星堆鸟形器的涵义，我推想当与西极的玄鸟信仰有密切关系。“西申以凤鸟，氐人以鸾鸟，巴人以比翼鸟”，具见其对鸟的崇拜。三星堆有铜太阳形器，作五道光芒。亦即“太阳”的标志。所以“建木”的信仰在三星堆极为流行。“建木”见于《山海经》及《淮南子·地形训》，是神话的树。三星堆在两个祭祀坑出土青铜树约有六株以上，不少树枝上裹以金箔，真是金枝玉叶，其中最高一株高达 384 公分（树颠不计），干上树枝有三层，最奇怪

① 参看 Askoparpola：The Coming of the Aryans to Iran and India and the Cultural and Ethnic Identity of the Da-sas. *Studia Orientalia* Vol. 64（1988）.

② 李正宇《甘肃藏敦煌文献》述要卷四《坛法仪则》云：“至大越支国，逢迦叶摩腾。”载《古籍整理简报》，364 期，26 页。

的是树干表面有一巨龙，蜿蜒而下，亦可谓为烛龙。

这些当是三星堆地区古蜀人的礼器，《地形训》记“扶木在阳州，日之所曊，建木在都广，众帝所自上下。日中无影，呼而无响，盖天地之中也。若木在建木西，末有十日，其华照地下。”这是极重要的记载。建木是众帝之所上下，众帝当然亦包括帝江、黄帝等。《海内经》说：“建木上有九阳，下有九枸，其实如麻，其叶如芒。太皞爰过，黄帝所为。”追溯到日神的大皞（太昊），而且说是黄帝所造的。三星堆出土这样的神树，充分证明《山海经》的传说，曾在蜀地的流行。

缘木上下的龙，自然可说即是“勾龙”。《太平经》一一二记：“人有命树，生天土各过，其春生三月命树桑，夏生三月命树枣李，秋生三月命树梓梗，冬生三月命树槐柏，皆有主树之吏，树近天门，名曰长生。”神吏主之。这是长生的“命树”，域外及印度均有生命树的崇拜，西亚很是普遍。

三星堆铜树上有众鸟，大家已认为这些青铜树应即是建木。《淮南子》细分之，有扶木（即扶桑）、建木及若木三种。《离骚》云：“饮余马于咸池兮，总余辔乎扶桑，折若木以拂日兮，聊逍遥以相羊。”扶桑，即扶木，在阳谷。扶桑是日之所出，若木是日之所入。

若木见于《大荒北经》及《海内经》：

> 《大荒北经》：“洞野之山，上有赤树，青叶赤叶，名曰若木。”
>
> 《海内经》云：“南海之内，黑水青水之间，有木名曰若木，若水出焉。”①

《水经·若水注》引此文。《文选》谢希逸《月赋》：

> 擅扶光于东沼，嗣若英于西冥。

东西相映，扶光谓扶桑之光，东沼，汤谷；若英，若木之英也，西冥，昧谷。李善注引《山海经》作灰野之山有若木，日之所入处，若水之名，起于若木。依《淮南》及《离骚》古代传说，细分应为扶木、建木、若木三者：

---

① 参拙说《张骞所说邛竹枝之邛都与殷代邛方》（《王道》《法国远东学报》，1997，29～43页）。

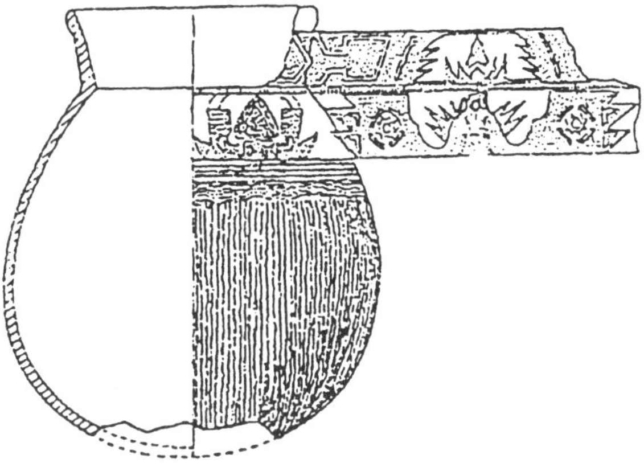

1

4

2

5

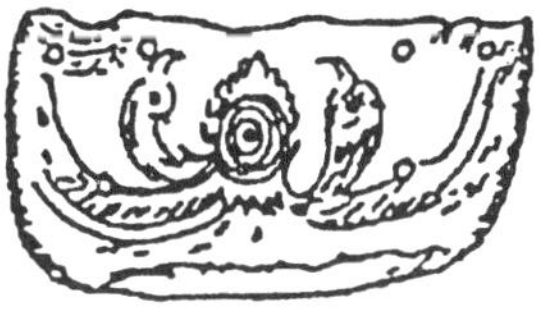

3

6

1　湖南高庙陶罐

2、3　浙江河姆渡

4　陕西华县泉护村彩陶

5　Batria 双鹰图案

6　Ordos 双鸟短剑

扶木	汤谷	阳州	日所出
建木	在都广	天地之中	
若木（若华，若英）	洞（灰）野山	若水所出	日所入

张衡《思玄赋》云：

> 顾金天（即少昊）而叹息兮，若欲往而西嬉，前祝融使举麾兮，缅朱鸟以承嬉。
>
> 躔建木于广都兮，摭若华而踌躇。超轩辕于西海兮，跨汪氏之龙鱼。闻此国之千岁兮，曾焉足以娱余。思九土之殊风兮，从蓐收而遂徂。

《海外西经》："在汪野北。汪氏国在西海外，轩辕之丘，在穷山之际。"建木在西方的都广，赋作"广都"。宋本李善注引《淮南子》亦作"广都"，此其异文。若华即若木，与建木相辉映。蓐收，金神，在濛山，西望日之所入。与若木同在西方。三星堆的铜树，可能包括建木和若木。张衡《思玄赋》言"躔建木，摭若华"，即合二者而兼举之。秦世大费二子，其一曰"若木"（《史记·秦本纪》），即取此以木为名。

关于盐长之国与鸟氏，兹稍作补充。《山海经·海内经》："南海之内，黑水青水之间，有木曰若木，若水焉。有盐长之国，有人焉，鸟首，名曰鸟氏。"（《御览》七九七四夷部十八正作盐长国）《道藏》本作"监"，以宋本证之，"监"应是"盐"之讹文。

此国所以名盐，有它的来历，因巴国以产盐著名。四川盐井极普遍。巴即今土家族居地。巴人自称曰比兹（潘光旦说）。巴人先世，出自太皞。《海内经》云："西南有巴国，太皞生咸鸟，咸鸟生乘釐，乘釐生后照，是始为巴人。"

勘以《大荒南经》："帝俊生季釐，季釐之国有缗渊。少昊生倍伐，倍伐降处缗渊。""乘釐"与"季釐"可能是一人之歧写：缗渊即是岷山之渊，亦属巴蜀地名。

近年四川盐源地区出土大批青铜树（十余株，保存于凉山博物馆），又有铜杖，布满鱼纹，和三星堆所出包金的权杖可相媲美。[1] 又盐亭县于1994年出土铜人跪雕像，亦是三星堆类型之物。[2] 这些都是三星堆文化的残膏剩馥。《海内经》的“盐长国”与“鸟”的信仰有密切渊源，与三星堆遗物，正可互证。

上述我的研究结论如果可以成立的话，商人的兴起，玄鸟神话的起源地点，应该在“不周山”、“黑水”之间。多年以来，大家只摘取“相土烈烈，海外有截”几句话，便定契居蕃为鲁地，便有讨论的必要了。

我认为子氏城遗址所在，可以秦人的好畤定之。见另文《子氏考》。证以妇好活动地区正在西北。商人用玉数量之多，《世俘解》所记俘获宝玉万四千，佩玉亿有八万，十分惊人数字，妇好墓中所出玉器，经鉴定都是于阗产品，如果商人没有长期与西北地区贸易交往，如何可以获得这些“玉的原料”?《殷卜辞》有西母、东母之祭。西母可能即是西王母。郭璞在《丈夫国》注云：“殷帝大戊使王孟采药，往西王国至此。”似非无根据之谈。

又殷人所用铜器原料亦取自西南远至云南。自阚骃以来，都说“契居蕃”，地在上洛商县，这个旧问题，似乎应该重新考虑了。

总结上面的讨论，古代玄鸟的信仰，东西方都存在，因为鸟是太阳的符号，日起于东而没于西，光被四表，所以玄鸟的传说，亦不限于东方一边，《山海经》一书的记载，本身有它的复杂性与矛盾，必须作一次全面的彻底清理。《商颂》“天命玄鸟”，“降而生商”，什么是玄鸟？何以降而生商？必经过这一番爬梳，然后可以认真理解。

三星堆出土众多鸟首、人首鸟身的面具铜器，与建木神树的出土，得到上面种种解释，可与经典互证。目前成都附近考古工作，正在继续进行，收获之富，当更有新资料可供讨论，谨拭目以俟之。

二、以水道为纲谈古史传说形成的架构

古人研究地理，大抵有从水道和郡县二种来进行区划分析的方案。水道是生活上必遵循的路线，人们定居总在有水源的地方，故此，依着水道的线索来探求前人的生活史，更为合理。《书·益稷》：“达于上下，敬哉有土。”

---

① 林向：《中国西南地区青铜树初探》（稿本）。

② 图见《嫘祖故里》，载《寻根》，2001（2），53页，郑州，大象出版社。

《禹贡》每说“降丘宅土”、“任土作贡”，《天问》：“降省下土四方”，“土”的重要性可以见之。

古史人物多来自神话，原本是神，或是久经神化了的人物，典籍记他们居处所在地每用“降居”或“降处”的字眼，表示出自上天的命令，这些圣哲人物，是从天下降的。

《汲冢周书·太子晋解》云：“自太皞以下，至于尧、舜、禹，未有一姓而再有天下者。”这是太子晋对师旷之言，晋为周灵王太子（即公元前561—前545）。如其说可信，“太皞”一名，在此时已出现了。

子弹库楚帛书中的古史帝王人物，除（太昊）雹戏（伏羲）之外，炎帝与帝俊并见。又见“少杲”，即少昊。《山海经》说帝俊是姜姓，可能是同出自姜水区域流传的神话。帝俊在《山海经》神话所见，他活动的地域主要还是在西土（《大荒西经》：“下地是生噎，处于西极，以行日月星辰之行次。”）相当于《海内经》的“后土生噎鸣，生岁十有二”。后稷亦是帝俊的后代，见“帝俊有子八人”条。楚人出自炎帝之后，故帛书亦言及帝俊。“帝俊乃为日月之行”，与噎的任务相同。

上篇已谈到炎黄二系，在秦人的祀典已成为上（黄帝）、下（炎帝）帝之分。其实在此之前，这样的二分法早已存在。《国语·周语》记周灵王二十二年（公元前550年，即波斯建国之年）谷、洛二水斗，王欲壅塞之。太子晋进谏，举前代共工与鲧治水失败情况，而其后代则仍然发达，命姓受祀，且言：“夫亡者，岂繄无宠，皆黄、炎之后也。”指出“其兴者必有夏、吕之功，其废者，必有共、鲧之败。”且言：“王亦鉴于黎、苗之王，下及夏、商之世。”“黄”、“炎”联称，出于太子晋之口，其事先于秦灵公吴阳上下畤约125年。中间郯子言炎帝氏以火纪为火师，见于《左传·昭公十七年》，即公元前525年。蔡墨言“炎帝为火师，姜姓其后”，见于《左传·昭公三十一年》，即公元前511年。今人惯言“炎黄”，黄帝为兄应列前，炎帝为弟居后，正名当称“黄、炎”。因此，周灵王二十年（前550）应即是“炎黄”合称出现的下限年代，换言之，炎黄之形成应在此以前。《晋语》晋大夫（司空）季子（胥臣）[①] 说：

---

① 韦昭注“季子，晋大夫胥臣”。何炳棣：《中国现存最古的私家著述孙子兵法》，载《历史研究》，1999（5），79页。按：胥臣见《左传·僖公二十八年》，食采于臼，亦称臼季，后为司空，故称司空季子。详见梁玉绳：《人表考》，见开明书店廿五史补编本（一），51页，北京，1974。

昔少典取于有蟜氏，生黄帝、炎帝。黄帝以姬水成，炎帝以姜水成。成而异德，故黄帝为姬，炎帝为姜，二帝用师以相济（挤），异德之故也。[1]

二帝异姓，一在姬水，一居姜水，均处于泾、渭之间。这是东周晋地流传的古史传说。胥臣大谈黄帝有子25人，唯青阳与仓林氏同于黄帝，故指为姬姓，同德之难也如是，以其异德，故相挤而用兵，娶妻避其同姓，畏乱灾也。全文讲出黄、炎同生而异德的道理。此段史料，经多人引用，若太子晋之言，则为人所忽略，但其话言之中，蕴藏着非常重要的史实，有待于抉发。其言“共工欲壅防百川，堕高堙庳，以害天下，祸乱并兴，共工用灭。虞时靑伯鲧，称遂共工之过，鄣洪水，尧殛之于羽山，其后伯禹釐改其制，共工的从孙四岳佐之，禹告成功，赐姓曰姒，氏曰有夏。胙四岳之国，命之为侯伯，赐姓曰姜，氏曰有吕。此一王四伯，岂繄多宠，皆亡王之后。”可见佐禹治水有功者，是共工的从孙四岳——山岳的主祭者。韦注曰：“鲧为黄帝之后，共工则炎帝之后。”《史记·齐世家》《索隐》引谯周说：“炎帝之裔，伯夷掌四岳”，说即本此。太子晋指出四岳佐禹的事实。“有夏”之封，其来源如此。此为东周王室相传之夏史，至可宝贵。佐禹之四岳又称太岳之裔胄。四岳者，姜姓氏族的原住地，顾颉刚著《四岳与五岳》一篇，申论十分精彩，可以参看。《水经·渭水注》：“岐水又东径姜氏城南为姜水”。炎帝姜族即兴起于此。后来太公以吕氏而封于东海之滨曰齐，乃取自“天齐[2]，以西方之文化植于东方。”（顾先生语）我们看《殷墟卜辞》中，羌为殷之西方大敌，出现次数极多，安知非炎帝、共工之余裔乎？治古史者知季子之谈黄、炎，而不知周太子晋之谈黄、炎。共工的历史，可在此发掘出一点消息。

晋室保存古史一些鳞爪，季子说：“唯青阳与夷鼓（仓林氏）同为黄帝己姓之姬，青阳，方雷氏之甥也。”韦昭注：“青阳，金天氏帝少昊也”，方雷，西陵氏之姓也，《帝系》曰：“黄帝取于西陵氏之子曰累祖，实生青阳，姊妹之子曰甥。”今按雷、累与方雷皆同声，为一名而异写。如是青阳乃是“少昊”。《汉书·律历志》引《逸周书》第42篇已亡的《考德》云：“少昊曰清，

---

① 严文明：《炎黄传说与炎黄文化》，见《炎黄文化与民族精神》，北京，中国人民大学出版社，1993。引此文为一般人所熟知，但王子晋一语则为一般人所忽略。

② 《汉书·地理志》：“左冯翊、谷口下有天齐公。”齐即脐，天齐言当天之中（苏林说）。醴泉有天齐公祠。在齐地八神曰天主，以祀“天齐”，太公以来作之，见《封禅书》。梵文脐曰 *Nadhī*，希腊之神庙有自然脐石（见 Eliads 书）。泗水有天齐庙。（《文物》，1994（12））

清者，黄帝之子青阳也。”《越绝书》：“臣闻炎帝有天下，以传黄帝，……故少昊治西方。”此以少昊为青阳，治西方之说。“其同生而异姓者四母之子别为十二姓。”这是晋国地区所流传的古史知识，比较他处所流传为翔实。晋大夫董因亦谈实沈之虚（亦见《晋语》），董因是周太史辛有之后。故晋有董家史。董因言：“瞽史记曰：嗣续其祖，如谷之滋，必有晋国。”可见晋国掌握有“瞽史记”的文献，故保存史料较为丰富。

卜辞有“羌方”：于泞，帝乎御羌方，于㞢，𢦏。（《人文》二一四二）

又有水名曰“洋”……（卜贞：王迖于洋，〔往〕来亡灾。）（《前》二，二一，一）

殆即胥臣所言的姜水。又姬、姜二字，《说文》云：“姬，黄帝居姬水以为姓”，“姜，神农居姜以为姓”，即采《晋语》之说。《水经·渭水注》：“岐水又东，径姜氏城南为姜水，按《世本》炎帝，姜姓。《帝王世纪》曰[①]：炎帝神农氏姜姓，母女登，游华阳，感神而生炎帝，长于姜水。”按皇甫谧杂以纬候之言。《御览》七十引《三辅旧事》姜泉在岐山县。（《明一统志》：“姜氏城在宝鸡县南七里。”）

韦昭以神农为三皇之一，在黄帝前。

“方雷”一名，见于铜器铭，1955年陕西郿县李家村出土《盠驹尊》有云：

“王拘驹㪟，赐盠驹旁靁骓子。”又同器盖云：“王拘驹豆，赐盠旁靁骆子。”（《集成》六〇一一、六〇一二）

旁靁即方雷。铭文所见有“旁靁骆子”、“旁靁骓子”。此为“方雷氏”至西周犹存之证。

又师旂鼎：“师旂众仆从王征于方（雷），白懋父在艿”，字正作方雷，不作旁雷。旁字可通假方字。

又北方之神有“黔雷”者：

《大人赋》云：“左玄冥而右黔雷”，《远游》作“召黔赢而见之”。古禳火

① 1993年于宝鸡建炎帝祠。地方人士考证，炎帝生于姜水东岸蒙峪沟。长于瓦峪堡。至今宝鸡城南天台山，尚有神农骨床及炎帝寝殿。此后人假说。

必于玄冥，以其水死而为水官也。此黔雷疑亦出自雷氏。

夷鼓为彤鱼氏之甥，彤鱼氏是彤氏加鱼氏。禹分封有彤城氏，《系本》周有彤伯，见《周书·顾命》。《史记·六国表》秦商君反，死于彤地。《盐铁论》："商君困于彭池"。华县西南有彤城。

共工与鲧皆是失败人物，但均为黄、炎之后，韦昭注云："鲧，黄帝之后，共工，炎帝之后。"出土文献子弹库《楚帛书》云：

> 炎帝乃命祝融，四神降奠三天。
> 共攻夸步，十日四时。

炎帝、祝融、共工并见，帛书共工字作共攻。谓共工为炎帝之后，其说可信。

太子晋言共工之后有四岳，见于《周语》展禽论臧文仲之祀海鸟，因言："共工氏之伯九有也，其子曰后土，能平九土，故祀以为社。"是说亦见《礼记·祭法》。《海内经》："共工生后土。"《左传·昭公十七年》郯子曰："共工以水纪故为水师而水名。"《左传·昭公二十九年》曰："共工氏有子曰勾龙为后土，……后土为社，共工子曰后土。"诸说殆是同一来源。尧流共工于幽州，位属北方，因水位在北方之故。

共工似是由人名作为官名，复变而为族名、地名。它的年代很长，共工与颛顼争长，尧伐共工，《逸周书·史记解》："有共工氏，唐氏（尧）伐之，共工以亡。"共工氏一度伯九有。有全国性的影响力。在古代史上扮演非常重要的角色。《淮南子》、《列子》都有共工与颛顼争为帝之说，还有王家台秦简的《归藏》，尤以《归藏》为重要，录其文于下：

> （坤）曰：不仁。昔者，夏後（后）启是以登天，帝弗良而投之渊。
>
> （坤）：共工以□江（五〇一号）

共工之名出现于坤卦，下面残文有"江"字；显示共工与江水的关系。帝江即江水之神，详余著《帝江考》[1]。古传说除炎黄以姜水、姬水兴起之外，又

① 《九州》，2001（3），北京，商务印书馆。

有祝融降居江水生共工之说，以共工为祝融之子，如是共工乃属炎帝系，与帛书正符合。另一关于炎帝一系的记载，最特出的是《山海经·海内经》云：

炎帝之妻，赤水之子听訞生炎居，炎居生节并，节并生戏器，戏器生祝融。祝融降处江水，生共工。共工生术器，术器首方颠，是复土壤，以处江水。共工生后土，后土生噎鸣，噎鸣生岁十有二。

这段复杂的记载，文中两度言及江水，一曰祝融降居江水，一曰共工生术器……以处江水。可证秦简《归藏》“共工以□江”缺文的涵义。我们再看礼家的古史说，《大戴礼·帝系》云：

黄帝娶西陵氏，生二子，一曰玄嚣，是为青阳，青阳降居江水……二曰昌意，降居若水。昌意娶蜀山女曰昌仆，生高阳……是为帝颛顼。

《史记·五帝本纪》采用之。所记比较简要，没有涉及黄帝的四个妻子，和其他的人物，只突出青阳（少昊）和昌意的儿子颛顼高阳。同时，亦以水道为纲，强调他们二位降居的地域不同的江水和若水，作为活动的地理核心。傅先生当年巨眼若烛，认为考察古地理是研究古史的一条坦道，是很有远见的。晋大夫和《帝系》以姬水、姜水划分黄、炎二系，而以江水、若水，区别青阳和高阳二系，溯其来源而立论，极为概括，治史者宜加以深长思，好好去追究它的来龙去脉。

《山海经·海内经》另有一则云：

黄帝妻雷祖生昌意，昌意降处若水，生韩流……取淖子曰河女，生颛〔顼〕，郭璞注引《世本》曰：颛顼母浊山氏之子名□（昌）濮也。

只谈到若水的颛顼，他的母亲是浊山氏女昌濮。上引《海内经》言祝融与共工是降居江水之一系。祝融、共工出自炎帝，有《楚帛书》可以互证。按照上引诸说，古帝系统，无论江水或若水，西陵氏与蜀山氏，活动地点都在今日四川境内。

黄帝妻雷祖及昌意降居若水之说，《海内经》言之凿凿。郭璞注引《世本》：“黄帝娶于西陵氏之子谓之雷祖，生青阳、昌意也。”又引《竹书》曰：“昌意降居若水”，又引《世本》曰：“颛顼母浊山氏之子。名曰〔昌〕濮也。”

可见《世本》及《竹书纪年》皆有是说，所有若水、西陵氏、雷祖、浊山氏诸地名，不应有误，《大戴礼·帝系》与《世本》、《竹书纪年》均相符合，自战国以来，原有此一历史记录，《周官》小史奠系世，辨昭穆。《世本》及《帝系》当从此出，原为礼家言，故太史公采用其说。汲冢所出《竹书》郭景纯所亲见，故用以注《山海经》，不容置疑。

《西次三经》的帝江，见于殷卜辞：

> 辛亥卜帝𢀜（江）壱我。
>
> 于雷𤎩。
>
> 于氿𤎩。
>
> 于兮𤎩。（《合》三四四八二）

《合集》三四四八二

余考帝江即长江之神，在雷地烄祭，足证雷的地望在江水流域，雷是西陵氏的雷祖，西陵即蚕陵，今之叠溪。祀蚕神。《卜辞》云：

庚午卜穷贞：今……牧示濡（《合》一四三五七）

濡与雷为一地，牧器出于四川彭县竹瓦街曰《牧正父已觯》。陇县韦家庄亦出铜尊，铭曰牧正，此为牧氏一家之物。[1]

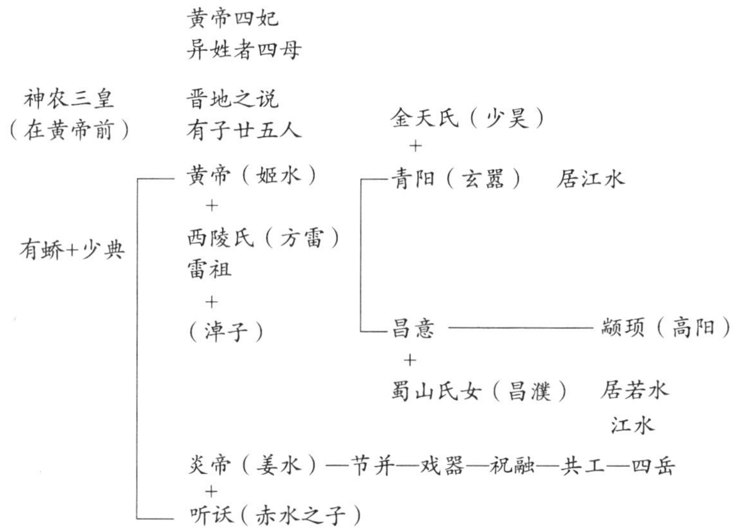

颛顼降居的若水，有人认为出自汉人的编造，因之有改字及取假借字读为“都”或“汝”诸说。[2] 余以为若水仍以旧说指金沙江为是，有以下若干理由：

（一）黄帝娶西陵氏，西陵即蚕陵，今盐亭。

《后汉书·西南夷传》：“安帝永初元年蜀郡三襄种夷叛，攻蚕陵城。”即其地。

（二）嫘祖字亦作女𡡉，卜辞云：“牧示濡”，牧器出土于四川彭县竹瓦街。

---

① 参考拙作《史与礼》序言。

② 余太山：《古族新考》，北京，中华书局，2000。读若为都，又有人读若为汝。

（三）颛顼母为蜀山氏女昌濮。《尔雅·释地》：“南至于濮铅。”明其族出于百濮。

（四）殷卜辞确有“若”为水名。

> 于庚子，王涉若。（《合》三二九五一）
>
> 贞令取于若。（《合》五五七）
>
> ……不……在若。（《东京》一二八〇）

（五）若水之名，起于若木。

> 《山海经·海内经》：南海之内，黑水，青水（青衣）之间，有木曰若木、若水（出）焉。（说见上篇）

江水一作汦水，余解读为氐水，如氐道之氐。无论江水或氐水与若水，都在蜀境，以前蜀地出土情况未明，现在三星堆、金沙的灿烂文物，正可帮助我们作双重证据的印证，成都的发掘，仍在进行，充分说明《帝系》、古本《纪年》、《世本》、《海内经》之说的可信性。

共工与颛顼的争端成为古史的话柄，《淮南子·天文训》云：“昔者共工与颛顼争为帝，怒而触不周之山，天柱折，地维绝，天倾西北，故日月星辰移焉。地不满东南，故水潦尘埃归焉。”郭店楚简《天一生水》亦云：“〔天不足〕于西北，其下高以㢮（强），隓（地）不足于东南，其上□□。”《楚辞·天问》：“地何以故东南倾。”《史记·日者列传》：“天不足西北，星辰西北移，地不足东南，以海为池。”天倾西北、地不满东南之说，由楚简之言，知春秋以来，此说久已盛行，故屈子发问焉。共工与颛顼之争，亦见《列子·汤问》，《淮南子·原道训》作共工与高辛争为帝，遂潜于渊。高辛乃帝喾，自身矛盾。其所触不周之山，地在西北。故不宜谓在东方。惟共工之败，《汲冢琐语》引郑子产云：

> 共工之卿曰浮游，既败于颛顼，自浮沉淮之渊，其色赤，其状如熊。（《御览》九〇八引）

《合集》三二九五一

《东京》S·一二八〇《藏旧堂救》

秦简《归藏·坤卦》繇辞："在帝弗良而投之渊"。句下接言"共工"之事。

《楚辞·天问》："日安不到，烛龙何照?"《山海经·大荒北经》："西北海之外，赤水之北有章尾山，有神人面蛇身而赤，直目（纵目）正乘……风雨是谒，是烛九阴，是为烛龙。"郭璞注引《诗含神雾》云："天下不足西北，无阴阳消息，故有龙衔火精往照天门之中者矣。"此则《诗纬》中"天不足西北"之说，涉及烛龙神话。

下及汉世，整理古史系统出生于西北地区的学人王符，在《五德志》上云：

> 黄帝颛顼，其相骈干，身号高阳，世号共工，代少皞氏，其德水行。

他认为颛顼，世号共工。合二者为一人，这一说是新的糅合看法，对后代有很大的影响。其实细读《帝系》：

> 降居若水的圣人是　昌意 }
> 　　　　　　　　　蜀山氏昌仆 } 高阳　颛顼
>
> 高阳＝颛顼　为降居若水之昌意所生。颛顼的出生地应在四川之若水（金沙江）

秦、楚、蜀三系都以高阳、颛顼为祖先，三星堆及金沙遗址出土之祖先神像，其面具似与颛顼不无关系。

颛顼后来成为疫神，与药王俱见于汉代的记载。

蔡邕《独断》云：

> 疫神帝颛顼有三子，一居江水，为虐鬼；一居若水，为魍魉鬼，一居宫室，善惊小儿为小鬼，于是正岁命方相氏帅……

"一居江水，一居若水"二句，实际是抄袭自《大戴礼记》。颛顼演变而为疫神，愚见与岁末的傩祭有关。

出土文献楚帛书之外，又有马王堆所出太一出行图，令人想起另一幅楚怀王时出土所谓《营丘九头图》。张衡《思玄赋》云：

> 指长沙之邪径兮，存重华于南邻。
> 哀二妃之未从兮，翩缤处彼湘滨。
> 流目眺夫衡阿兮，睹有黎之圮坟。
> 痛火正之无怀兮，托山阪以孤魂。

李善引旧注：黎，高辛氏之火正，谓祝融也。楚怀王之世，衡山崩，而祝融之墓坏，中有营丘九头图矣。（挚虞《文章流别》题“衡注”）

《思玄赋》及《文选》的旧注保存极有价值的荆楚史料：

（一）此乃是张衡自注，这证明衡山楚时有重黎墓。

（二）九头图的九头，指人皇的九头或《天问》的雄虺九首。

《尚书·吕刑》云：乃命重黎，绝地天通。颛顼乃命重黎司天地。

重黎是楚的先代，明见于《郑语》，郑桓公时史伯说：“（荆子）且重黎之后也，黎为高辛氏（帝喾）火正……命之曰祝融，其功大矣。”又《楚语》下：“昭王时，观射父曰：‘及少皞（青阳）之衰也，九黎乱德，（民神杂糅）颛顼受之。’”

> 乃命南正重司天以属神，火正黎司地以属民。（是谓）“绝地天通。”
> 其后三苗复九黎之（凶）德，尧乃命重黎之后，使复典之。

据楚国流传的古史记载，重与黎实为二者，一司天而一司地，祝融是火正的官名，参以《山海经·大荒西经》所记：

> 颛顼生老童，老童生祝融。

颛顼生老童，老童生重及黎。帝令重献上天，令黎卬下地，下地是生噎。……两条合证，老童所生，有重及黎，即是“祝融”。《海内经》的重上天、黎下地即司天司地的来由。他们是颛顼之后，颛顼又是高阳氏，这与《楚辞·离骚》所云：“帝高阳之苗裔”，没有不合之处。包山楚简：“祷楚先老僮、祝融、媸酓各两羖，亯祭……。”

兹参《楚世家》，列表于下：

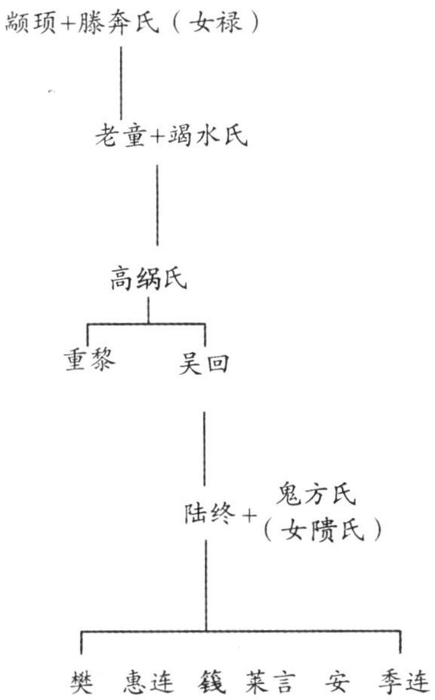

《郑语》韦昭注云：“高辛，帝喾也；黎，颛顼之后吴回也。”颛顼生老童，老童生重黎及吴回，吴回生陆终，陆终产六子，其季曰季连为芈姓。

祝融是火正，古代亦作官名看待。《大戴礼·帝系》曰：

> 颛顼娶于滕奔氏：……产老童，老童娶于竭水氏之子，谓之高緺氏，产重黎及吴回，吴回产陆终，陆终氏娶于鬼方氏。鬼方氏之妹女隤氏。产六子……

《左传·昭公十九年》（前527）说颛顼有子曰黎为祝融。祝融后成为官名的火正。从这一点来说，黎与祝融是一而非二。

后来重黎几乎成为天与地的代号。

> 重（南正）：司天　属（神）
> 黎（北正）：司地　属（民）

《史记·楚世家》，则称陆终娶鬼方氏女生祝融，颛顼娶滕隍氏生老童，老童与祝融都见于出土文献及铜器、楚简。望山简作老橦，包山简：斝祷先老橦。《西山经》作耆童，居于騩山，一作“騩禺”。其所居山名带鬼字，必与鬼方有关。

由祝融降居江水一事论之，帝江即江水之神，卜辞云：

己酉卜吕（工）方氵（水）。（《合》二〇六一五）

工方，应指江水所在之地。工方必因江水而得名[1]。

《营丘九头图》的九头可作二种解释：一是指雄虺九首，或土伯九约。《海内经》祝融生共工，共工生后土。《招魂》云：“土伯九约，其角觺觺些。”土伯即共工所生的后土，包山简作“矦土”。后土是阴间（netherland），故亦为幽都。《招魂》云：“君毋下此幽都些。”幽都又演变为幽州。《尧典》：“流共工于幽州。”《韩非子·外储》称“尧诛共工于幽州之都”，乃本之《尧典》。《山经》又有一地名曰幽都之山。后土、土伯、矦土皆一事之异称。

《淮南子·地形训》：八风，“西北曰幽都之门”，共工之子后土，故主幽都。

王家台《归藏》称共工人面蛇身赤发。《左传·昭公二十九年》，“共工氏有子曰勾龙为后土，后土为社。”《海外北经》共工之臣相柳九首，与雄虺九首。营丘重黎九头图的九头，当与共工有关，可惜此图久已沦佚，今楚地出土文献有大一出行图，其上书一“社”字，分明是指社神。王莽天凤四年，“授诸侯茅土，告于岱宗、泰社、后土。”是社亦可称泰社，加一“泰”字于其前。长沙大一出行图标明是“社”，殆亦即泰社之类。

“营丘”疑指营道，《汉书·地理志》：“零陵郡有营道县，九疑山在南”，《水经注》：“营水又西径营道县。”在今道州。《远游》云：“指炎神而道驰兮，吾将往乎南疑。”南疑即九疑山，马王堆驻军图有其地。火神即炎帝也。

以上所述，当是楚地相传的古史。

《淮南子·本经训》：“共工振滔洪水，以薄空桑。”高诱注：“空桑地

---

① 段渝：《山海经中所见祝融考》，见《山海经研究》，203页。《山海经》对祝融所出有歧说，《海内经》谓祝融为炎帝之裔，《大荒西经》则谓祝融出于颛顼。《楚帛书》祝融实为楚祖先。

名，在鲁。”同书共工与颛顼争为帝，触不周之山。“不周山”地在西海，空桑不应远至山东。《楚辞·九歌》：“逾空桑兮从女。”王逸注只言：“空桑，山名，司命所经。”不云在鲁。刘向《九叹》云：“就颛顼而陈词兮，考玄冥于空桑。”则空桑为玄冥所在，方向应在北方，与颛顼之在北维相符。朱季海《楚辞解故》称司命所经，应在北方的空桑。《山海经》所见的空桑有二：

（一）《北次三经》：白马之山（按《元和郡县志》：“白马山，盂县东六十里”），又“北二百里空桑之山。无草木，冬夏有雪，空桑之水出焉，东流注于虖池。”郝懿行云：“此经空桑在赵、代间。”《归藏·启筮》言：“蚩尤出自羊水，以伐空桑是也。”

（二）《东次二经》之首曰：“空桑之山，北临食水。”（按《东山经》之首曰：“樕蛊之山，北临乾昧，食水出焉。”）东望沮吴，南望沙陵，西望湣泽……又南三百八十里曰姑射之山（按：下言流沙百里，曰：“北姑射”之山，又南三百里曰：“南姑射”。《庄子·逍遥游》：姑射之山，在汾水之阳。《隋书·地理志》：“临汾有姑射山。”）……凡《东次二经》之首曰：“自空桑之山至于硁山，凡十七山六千六百四十里。”

今按：《东次二经》的空桑，与“姑射山”相去不远，此“空桑”应在山西，经文本身有矛盾，不能视作鲁地之“空桑”。《吕氏春秋·古乐》云：“颛顼生自若水，实处空桑，乃登为帝。”此空桑或目为鲁地，由上述考证，仍以在若水（金沙江）为是。

“空桑”亦称曰“穷桑”、“穷野”，《尸子·仁意篇》：“少昊金天氏，邑于穷桑。”张衡《思玄赋》：“遇少皞之穷野兮，问三丘于勾芒。”《文选》旧注云：

少皞金天氏，居穷桑在鲁北。勾芒，木正也。引《左传》少皞氏四子：重、该、修、熙。使重为勾芒木正，该为蓐收金正，修及熙为玄冥，二子相代为水正也，世不失职，遂济穷桑，此其三祀也。杜预曰：穷桑，少皞氏之号也。四子能治其官使不失职，济成少皞之功，死皆为民所祀。

此事又见《左传·昭公二十九年》："少皞四子，分司三正。"此"空桑"亦作"穷桑"及"穷野"之证。此旧注："李善云未详注者姓名"，乃沿高诱"空桑在鲁"之说。

《山海经》又有地名曰："穷山"，《海外西经》："轩辕之国，在此穷山之际。"郭注引《大荒经》云："在岷山之南"，《史记·周本纪》正义引作"穷桑之际"，轩辕之丘见《西次三经》，具详上篇。由此得知少昊即金天氏，原居西方，因其后人济成少皞之功而东迁，故入居于鲁地，"穷桑"、"空桑"，亦成为东方地名。少昊之墟随之而东移于鲁。

此事可以后羿之穷作为佐证。后羿有古神话之夷羿，及夏时之后羿。《楚辞·天问》云："徂穷西征，岩何越焉"，《左传·襄公四年》："后羿自鉏迁于穷石。"考之《离骚》明云：

> 夕归次于穷石兮，朝濯发乎洧盘。

王逸注引《淮南子·地形训》："弱水出于穷石，入于流沙。"郭璞注："穷石今之删丹，在张掖黑水"。又《禹大传》曰："洧盘之水出崦嵫之山"。足证穷石地原在西方黑水，有实地在指。《天问》云："羿焉弹日。"《山海经·海外南经》云：

> 羿与凿齿战于寿华之野，羿射杀之，在昆仑虚东。羿持弓矢，凿齿持盾。

《山海经》原有图绘，故描写如此生动。又《海内西经》：

> 昆仑之虚……在八隅之岩，在赤水之际，非仁羿莫能上冈之严。郭璞注：尝请药西王母。

按《淮南子·览冥训》："羿请不死之药于西王母，姮娥窃以奔月。"此事实见于新出土王家台秦简的《归藏》，文云：

> 《归妹》曰：昔者恒我（姮娥）窃毋死之□□（三〇七）
> 又《履》曰：昔者羿射陼此庄石上。羿果射之曰履□□（四六一）

郭璞注亦言羿尝请药西王母，事见《归藏》，事正相符。足见后羿故事本流传于昆仑墟，不仅东方有羿，西土亦有羿。神话的羿，可能流传更在其前，以羿与穷石的故事流行于西土为例，与少皞的空桑、穷桑、穷野，情形正相似。附表如下：

玄冥（《九叹》）

空桑
空桑（《吕览》）

若水
穷山（《海外西经》）

穷石（《离骚》）

穷野（《思玄赋》）

空桑之山（《北次三经》）

空桑之水（《北次二经》）

穷桑（《尸子》、《思玄赋》）

空桑（《淮南子·本经训》、《九歌》）

现在，再谈颛顼有关的问题。《海内经》有云：

> 流沙之东，黑水之西，有朝云之国，司彘之国：黄帝妻雷祖生昌意，昌意降处若水，生韩流（《竹书》作“乾荒”）……取淖子曰阿女，生帝颛顼。

这是另一条述昌意降居若水的事，可与《帝系》等书参证。郝懿行谓淖子即浊山之子，浊与淖同音。

《山海经》言及颛顼共 14 则，先讨论他的葬处：

（一）**《海外北经》**：务隅之山。帝颛顼葬于阳，九嫔葬于阴。

（二）**《大荒北经》**：大荒之中，河水之间，附禺之山，帝颛顼与九嫔葬焉。

（三）**《海内东经》**：汉水出鲋鱼之山，帝颛顼葬于阳，九嫔葬于阴。四蛇卫之。

以上三条，当出于同一事，而分属不同方向的经。务隅、附禺、鲋鱼是一名的同音异写。《西山经》云："太华之山，又西八十里，少华之山，又西八十里曰符禺之山，符禺之水出焉，北流于渭。"郦道元注引此渭水又东过华阴县北，注云："有符禺之山。"符禺，自即《大荒北经》的附禺之山，郝懿行已言之，谓即"广阳山"之异名，与汉水源流不相属。因《海外北经》务隅之山下。郭璞注云："颛顼号为高阳，冢今在濮阳故帝丘也。一曰顿丘。县域门外广阳里中。"按：一曰乃用《皇览》后起之说，郝氏所谓"广阳山"即出此。是以后人附会之说，否定前说，不可从。此山异名滋多。《太平御览》八七〇引《西山经》又作符愚之山，《文选》谢朓《齐敬后哀策文》云："陋苍梧之不从兮，遵鲋隅以同壤"，李善注引《山海经》"河水之间，鲋隅之山"以解释之。表列异文如下：

务隅　　附禺　　鲋隅　　鲋鱼　　鲋鰅

揆之《山海经·西山经》本文，符禺山水近太华，在渭水流域，不得目为卫之帝丘，此当是颛顼及九嫔原来葬处，山经凡三处，言之再四，不得轻易加以否定。

《大荒西经》：有禹攻共工国山有国名曰淑士，颛顼之子。

《大荒北经》：有叔歜国，颛顼之子，黍食，使四鸟。

西北海外流沙之东，有国曰中辐。（《道藏》本一作轮）颛顼之子，食黍。

《大荒南经》：又有成山，甘水出焉，有季禺之国，颛顼之子，食黍。有国曰颛顼，生伯服，食黍。

以上诸条，均记颛顼之子，食黍，计有淑士之国、叔歜国、中辐国、季禺之国，事迹均不可考。惟伯服一人，吴任臣引《世本》颛顼生偁，字伯服。以《世本》证之，偁即生卷章（即老童）者。古史之湮没者多矣！

《大荒西经》：颛顼生老童，老童生祝融，祝融生太子长琴，是处榣山，始作乐风，有五采鸟。

有玄丹之山，有五色之鸟，人面有发……有池名孟翼之攻颛顼之池。

大荒之中，有山名曰大荒之山，日月所入焉，有人焉三面，是颛顼之子，三面之人不死。

> 大荒之中有山名日月山……天枢也……日月所入……颛顼生老童，老童生重及黎，帝令重献上天，令黎邛下地。下地是生噎，处于西极，以行日月百辰之行次。
>
> 《大荒北经》：西北海外黑水之北，有人有翼名曰苗民，颛顼生讙头，讙头生苗民，苗民釐姓。

以上诸条记颛顼的后人、老童、祝融等的成就，具见上文讨论，其一言有人三面为颛顼之子。三面当即三首，见于子弹库楚帛书之图，属于皋月的三首牛蹄的像，其人所以为颛顼之子者，楚人之先出自帝高阳，凡楚之子民无不出其苗裔。[①]

> 《大荒东经》：东海之外大壑，少昊之国，少昊孺帝颛顼于此，弃其琴瑟，有甘山者，甘水出焉。

一般推证颛顼及少昊地望在东夷，都依据此条立论。少昊金天氏居长留之山，已详上篇引用《西次三经》，少昊之为青阳，亦详前面讨论。我推测少昊的空桑，原在西土穷野，既而因其后裔东迁至鲁，故少昊之虚亦移植于鲁，颛顼的传说亦随之。经学家皆采在鲁之说。此说当属后起，我们看《山海经》记颛顼各条的地名，如黑水（苗氏所居）、騩山（老童所居），其墓葬又在渭水流域的附禺之山。另一条见《大荒西经》互人之国鱼妇，颛顼死而复苏，互人即《海内南经》的氐人。氐人是在蜀刚氐道，氐羌之氐下记有青鸟名曰蠋（蜀）鸟，有大巫山，足证其与浊山氏的密切关系。凡《山海经》所记，除此少昊之国一条为后出史料之外，其余皆是西方地名，三占从二，《山海经》中颛顼生自若水，实处空桑，若水当指金沙江，空桑则指穷野，以此说为当。

秦楚共祖，新出秦景公钟铭云："高阳有灵，四方以鼏平。"《离骚》："帝高阳之苗裔兮。"《史记·秦本纪》："秦之先颛顼之苗裔。"汉代学人皆称高阳是颛顼王天下之号。有出土钟铭可作佐证。《墨子·非攻》记"三苗之乱，高阳命禹于玄宫。"《庄子·大宗师》言"颛顼得之，以处玄宫。"自五方帝之说兴起以后，颛顼帝位被安于北维，属大水的星次。春秋以来，已成为史家的

---

① 见拙作《楚地出土文献三种研究》，272页，北京，中华书局，1993。

共识。《周语》：周景王二十四年（公元前521）将铸大钟，伶州鸠说：

> 武王伐殷之时，……星与日辰之位皆在北维，颛顼之所建也，帝喾受之。

其说果信，则周武以前，颛顼已被列于北维之星次，故有“玄宫”之号，是可作为一重要断代依据。新出土资料，亦屡见颛顼名号，重要有下列二事，见于楚简及马王堆《刑德》乙本九宫图。上海楚简《武王践阼》断片云：

> 师上（尚）父曰不智（知）黄帝彖〔[illegible]〕尧舜之道才（在）乎。

彖〔[illegible]〕即颛顼。《刑德》乙本字作“湍玉”，是其异文。[①] 颛顼后代的老童，见于包山楚简字作“老僮”，列在祝融之前。望山简字作“老潼”，不从人而从示。《史记·楚世家》作“卷章”乃字之讹。《西山经》作“耆童”，居于騩山。其说均不一致。应劭《风俗通义》的灶神引《周礼》记：“颛顼氏有子曰黎，为祝融，祀以为灶神。”此为古《周礼》说。[②]《山海经》以重与黎分为上天下地不同之官职，与《吕刑》、《楚语》所云“绝地天通”正合，又是另一说法。

晋臼季言炎黄为同母兄弟。汉初贾谊亦用此说。《新书·制不定》云：“炎帝者，黄帝同父母弟也，各有天下之半，黄帝行道而炎帝不听。故战于涿鹿之野，血流漂杵。”直以炎帝为蚩尤，足见古事之传闻之多歧，难以殚究。

诸帝王名号，有代号、氏号（氏族）、身号（本人名字）、官号、地名之别，宜细为辨析，而身号地名又往往多同音借用，混淆难别。括而论之，大体由神帝，进而为人帝，以统绪论，则先神统而帝统而道统，以表示之：

（1）神统　神道设教时代

（2）帝统　君王专政时代

（3）道统　政教并行时代

虞、夏、商、周的系列，似由儒家选定为标准，见于楚简。已形成于春秋战国之时，遂为汉以来言道统者所依据。

---

① 参陈松长：《马王堆帛书·刑德》，10页。

② 详王利器：《风俗通义校注》，下册。

其实以水道为纲，选取代表帝统的某圣帝，系属于主要水道作为古史形成提纲挈领之说，只是一种概括的笼统办法。有时可被人假借，利用作为某种政治目的。晋慕容廆以大棘城说成颛顼之墟。诚如顾颉刚所说，是托古以抬高地位，不足为据。

黄帝生昌意，昌意降居若水。古书异本乃有一作“弱水”。《玉海》卷一〇二引即作昌意降居弱水。西方入华安息族昭武九族的安氏，大都依托此说，谓安氏出自轩辕，以提高家族贵胄的地位。像唐代安兴贵的家族，即其一著例，《安忠碑》自言：

> 轩辕帝孙，降居弱水。

《唐书·世系表》：

> 武威李氏，本安氏，出自姬姓，黄帝生昌意，昌意次子安，居于西方，自号安息国。

其他姓氏书亦有同样之说。[①] 余考陶弘景《真诰》卷十二《稽神枢》称颛顼为玄帝，谓：

> 玄帝者，昔轩辕子昌意娶蜀山之女，生高阳，号颛顼，颛顼父居弱水之乡，项身陶七河之津，是为玄帝也。[②]

唐时王瓘著《广黄帝本行纪》称：“黄帝之子昌意居弱水。”[③] 把若水改成弱水，以附会安息为黄帝子孙。此说渊源甚远，不始于唐代，《真诰》书中已有此说了。

《水经》：若水出蜀郡旄牛徼外，东南至故关为若水也。郦道元注云：

> 《山海经》曰：“南海之内，黑水之间，有木曰若木，若水出焉。”

---

① 《凉州粟特胡人安氏家族研究》，见《唐研究》卷三，北京，北京大学出版社，1997。

② 《道藏》艺文本，27437页。

③ 同上书，6067页。

《淮南子》曰："若木在建木西，木有十华，其光照下地。"……然若木之生，非一所也。黑水之间，厥木所植，水出其下，故水受其称焉。若水沿流，间关蜀土。黄帝长子昌意，德劣不足绍承大位，降居其水，为诸侯焉。娶蜀山氏女，生颛顼于若水之野，有圣德。二十登帝位，承少皞金官之政，以水德膺历矣。

郦氏说若水与若木之关系，且谓颛顼生于若水之野，承少昊金天氏之位。具见此一说，久已为地理学家之公认，故著其说，以结我篇。

三、从文献上细数五帝的异说：兼论若水与黄金

五帝系统的形成是一个极复杂的问题。郭大顺著《追寻五帝》①，从近年考古的区域文化探索地下实物的材料，和若干古史记载结合起来，加以解释，自然是一新的成果。譬如以考古学上石、玉、铜、铁四个阶段代表三皇、五帝和三代，是非常笼统的说法。文献上五帝的异说甚为繁赜，三大集团的夷、夏、苗（蛮）又加上东北方的红山文化集团，成为四集团说，把黄帝编入红山文化，是否合理？我想，我们必须把文献上保存神话传说最丰富的《山海经》和春秋以来，历史重要人物的谈话，包括熟悉古礼的学人、政治家、占星家保存在《左传》、《国语》、《世本》等书的点滴记录作一番整理，或许可以了解五帝形成的历程和它的历史背景，然后再利用考古成果，加以比对。

现在先从五色帝说起。《逸周书·尝麦解》说：

命赤帝分正二卿，命蚩尤于（宇）少昊，以临四方。

蚩尤乃逐帝，争于涿鹿之阿，九隅无遗，赤帝大慑，乃说于黄帝，执蚩尤，杀之中冀……名曰绝辔之野。

乃命少昊清（一作请）司马鸟师，以正五帝之官，故名曰质。

《山海经·大荒北经》："蚩尤作兵伐黄帝，黄帝乃令应龙攻之冀州之野。"即是这一故事。是条大家所共熟悉，认为河北张家口地区的涿鹿是五千年前黄帝与炎帝及蚩尤交战的"三岔口"。这段话中出现了黄帝和赤帝的名字。有人

① 郭大顺：《追寻五帝》，香港，商务印书馆，2000。

考证《尝麦解》作于周穆王时代，尚难论定。我们看殷墟卜辞屡见“五方土”及“帝五臣”、“帝五臣正”等语，“五”数的确立，有它的长远来历。《管子》有《四时篇》、《五行篇》，写作年代不明，其书第四十一称：“黄帝作五声以正五钟，五钟以青、赤、黄、景（白）、黑为号”，谓“五声调然后作，立五行以应天时”。我们看贾湖的骨笛辨音声的高度成就，八千年前已有此能力，更在黄帝之前了。子弹库楚帛书有五色木，分明有青木、赤木、黄木、白木、黑木之精之语。其按照五行观念以五色配五方帝在东周秦地已极流行。楚有五木自不待论。《管子·幼官篇》云：

> 用五数饮于黄后之井。

宋本无“用五数”三字，它本均有之。下文有“青后”、“赤后”、“白后”、“黑后”，后亦合称曰后帝，故黄后即黄帝，其余即青帝、赤帝、白帝、黑帝。是五色帝，分明见于《管子》。《幼官》与《月令》无异。楚简有青帝。故杜佑《通典》说：“《月令》出于《管子》。”真有见地。[①]《尝麦解》最关键的问题是所言的“少昊清”的名字，大可进一步研究。

少皞是金天氏一说，据《左传·昭公元年》（前541）孔颖达《正义》云：“金天氏帝少皞帝系、《世本》文也。金天，代号，少皞，身号。”可见此说出自周代史书《世本》。郑子产在晋国答叔向问实沈、台骀之事，谈道：

> 金天氏有裔子曰昧，为玄冥师，生允格、台骀……帝用嘉之，封诸汾川。

杜预注：“金天氏，帝少昊。”这证明春秋时，诸大国晋、郑都知少昊即是金天氏。至于昧为玄冥之师，玄冥是水正，晋蔡墨对魏献子说少皞氏有四叔，其中该及熙都为水正。昧，是金天氏的裔子，他的后人台骀封于汾水地域，正在晋境。证之《西三次经》长留之山白帝少昊居之，地望正合。周之东迁，秦襄公始为诸侯，居于西陲，乃立少昊之神，作西畤，以祠白帝。合此数事观之，少昊之为代表西方的白帝，肇自东周，自是铁的事实。以子产之博物，所言更属可信。清代学者雷学淇在《竹书纪年义证》考证少昊曰清，亦即是

① 参《管子集校》，105页。

质及帝挚。少昊之清迁居东土，自穷桑登帝位，徙都曲阜。少昊清的名字，在出土文献有马王堆的《刑德》写本甲提及“今皇帝十一乙巳”，即汉高祖十一年（前196）；乙本写于孝惠二年（前193），乙本的九宫图所记神名，陈松长说：“西北宫有癸亥青睪，东南宫有丁巳青睪，甲本东南宫则作丁巳青泽，主要是从目从羊。饶宗颐疑其为青阳，为何东南宫和西北宫中都用青阳之名?”

今细审丙本附录的图版有些异文，原形列下：

乙卯大睪　　青繹　　辛酉大睪　　□卯大睪　　己巳青澤①

余谓此睪字当释皋，借为皞。不宜读为“泽”。依东汉所传，“皋为白下羊”一说，繹、澤……都是皋的异写，大睪即大昊，小睪即少昊，青繹、青澤应是青昊，因少昊即清，清即青阳，故于皞前加一青字，青即清，如《尝麦解》之称为少昊清。少昊自西方迁于东方，故可同属东南宫与西北宫两宫。这一资料虽为汉初写本，但可帮助解决少昊与清关系的问题。

《楚帛书》、十二月篇余月（四月）旁记文字有少杲及勾龙二神名。② 少昊金天氏应属西方，此在夏历四月，故有所忌犯。少昊异文又作少杲。

少昊氏东迁以后，其地被目为少昊之虚，《山海经》亦列于《大荒东经》，称“东海之外大壑少昊之国”。《左传·定公四年》（前506）子鱼述成王要表扬周公明德，因商奄之民，命伯禽而封于少皞之虚。杜预注：“少皞虚，曲阜也，在鲁城内。”《正义》云：“昭公二十九年注：穷桑，少皞之号。穷桑地在鲁北。”按《御览》卷三《天部·日下》引《尸子》：“少昊金天氏，邑于穷桑，日五色互照穷桑。”此直视穷桑为日，《左传·昭公二十九年》记晋蔡墨与魏献子的对话，论社稷五祀谈及“少皞有四叔，世不失职，遂济穷桑”。这一穷桑，杜预注云：“穷桑，少皞之号也。”余于中篇考证穷桑即空桑、穷野，金天氏原处西土，其后东迁乃移植于鲁，如神话的后羿，本在西土，夏时的有穷国君之羿，东移于钼，其情形相同。今以伯禽所封在鲁，证知雷学淇之说，少昊之虚由西而徂东。自周以后，更为流行，益以经学家的渲染，宋人

① 陈松长：《马王堆帛书刑德研究论稿》，见《出土思想文物与文献研究丛书》（四），附录图版，台湾，古籍出版公司，2001。

② 参曹锦炎：《楚帛书月令篇考释》。

乃于曲阜建少昊之墓，少昊遂成为东方古国，其民人复被目为东夷矣。

东方的鸟夷，少昊后人盈姓，东迁以后流传的古史系统，由春秋时代的郯子对鲁昭公口述的故事，见于《左传·昭公十七年》（前525），证之《尝麦解》“命少昊请司马鸟师，以正五帝之官”，谈到少皞氏以鸟名官，和黄帝至于少皞五个不同层次的世代，和它作为表示五行的自然现象。

这一古史系统是一般所未闻的，令少年的孔子十分惊讶，见于郯子，而从学焉。既而告人说道：“吾闻之天子失官，学在四夷，犹信!”他认为春秋时，官学已废，东夷小小郯国，还保存一些古代礼俗的遗说，因而有“学在四夷”之叹。

郯子的古史观的特点，有下列二事：

（一）鸟官的背后意义是根据历术，凤鸟氏为历正，其余诸氏代表分、至、启、闭四事。

（二）黄帝氏以云纪，而不属土，太皞、少皞分属龙与鸟（凤）。炎帝和共工则各司火与水。

可见它所采用的五行说，只有水、火，其余是云、龙及鸟，而不是《洪范》的金、木、水、火、土。这是较早的五帝说，共工氏以水纪而居于中间，照郯子所说，诸帝的先后，孔颖达《正义》云：“此传从黄帝向上逆陈之，知共工在神农前、太皞后也。”王莽时刘歆著《世经》，建立古史系统，他说：

> 言郯子据少昊受之黄帝，黄帝受共工，共工受太昊，故先言黄帝，上及太昊，稽之于《易》，炮羲、神农、黄帝，相继之也可知。

照此说安排，事实是：

> 1. 太昊（龙）—2. 共工（水）—3. 炎帝（火）—4. 黄帝（云）—5. 少昊（鸟）

足见共工氏在古代相传古史上地位之重要。刘歆《世经》整理的古史系统即接受郯子的意见，所以能为班固辈所接受，并非偶然。拙作《论大皞少皞》文已论及之。[①] 郯子的说法，必有所承，鸟官取自历术，与天文有关，其学亦

---

① 见《中国神话传说学术研讨会论文集》，台北，汉学研究中心，1996。

应属于占星家一派。

五色帝之祀典，现有记载，最先为秦襄公。《汉书·郊祀志》：

> 平王东徙雒邑，秦襄公攻戎救周，主少昊之神，作西畤，祠白帝。……其后十四年，秦文公东猎汧渭之间，卜居之而吉，文公〔梦〕黄蛇有天下属地，其口止于鄜衍，……于是作鄜畤，用三牲，郊祭白帝焉。……
>
> 作陈宝祠后七十一年，秦德公立，卜居雍。……后四年秦宣公作密畤，于渭南，祭青帝。……自秦宣公作密畤后二百五十年，而秦灵公于吴阳作上畤，祭黄帝，作下畤，祭炎帝。后四十八年，周太史儋见秦献公……儋见后七年，献公作畦畤栎阳，而祀白帝。

观上列记载，秦立国后凡三度祀白帝，一祀青龙，至于灵公乃祀黄、炎二帝，而尚缺黑帝。

《秦本纪》谓："秦之先颛顼之首，裔孙曰女修，生子大业。"女修亦有玄鸟陨卵的神话。大业娶少典之子曰女华，"华生大费，佐舜为柏翳。"按少典为黄帝之父，同出一族。

秦的先世，如《史记·秦本纪》之说，大业即伯益，其母竟为黄帝父少典之女子，中间世代支离。《墨子》称举益于阴方，余考阴方即阴地[①]，或据秦赐姓嬴氏，遂谓其源于东方，恐未然。

秦楚共祖高阳颛顼，秦公钟铭"高阳有灵"可以为证。近年陕西礼县出土秦器甚伙，正属于襄、文二公之物。考《谷朗碑》云：

> 其先世自颛顼，益为舜虞，赐姓嬴氏，至于扉子，封于秦谷，因而氏焉。

扉子即非子，殷《卜辞》字作䨽，辞云：

> 贞：王步自𣕥于䨽（《合》三三一四七）
>
> 步自䨽〔于〕𣕥（《屯南》二六三三）

① 详拙作《秦出土文献编年序》。

即非子之邑，其地可征于殷契。西周之顷，秦人被目为夷，见于蓝田出土的《訇段》，内列西门夷、秦夷、京夷。《师酉段》亦见秦夷之名，足见东周以前秦仍属西夷之一，追襄公佐周列为诸侯，始祀白帝金天氏少昊，成为五色帝白帝出现的首次记录。

星占家在春秋时代，颇多杰出人物，如晋的董因、郑的裨灶、鲁的梓慎，都能从天文上星次，配以四维五行来论人事吉凶。时时提及古帝某某之"虚"。大抵约略依其方国之所属星次与星辰出见情况来作论断，如梓慎谈火星出，有四国当其灾，他说：

> 宋，大辰之虚也，
> 陈，大皞之虚也，
> 郑，祝融之虚也，皆火房也。
> 卫，颛顼之虚也，故为帝丘，其星为大水。

以余考之，所谓"虚"者。《左传》所见，虚有二例：一以古帝为名，一以星宿位次为名。梓慎之说，又有"宋"大辰之虚也一语。孔颖达《正义》曰："虚者，旧居之处，皆先王先公旧居，此地谓之虚可矣。大辰星名，非人居地，而亦谓之虚者，以天之十二次，地之十二域。大辰为大火之次，是宋之区域，故谓宋为大辰之虚，犹谓晋地为参虚。"故星宿十二次亦可以虚称之。《晋语》董因曰："实沈之虚，晋人是居，所以兴也。"韦昭注："虚，次也，居其分次，所主祀也。"此又实沈称"虚"之例。以卫为颛顼之虚，郑裨灶亦言之。《左传·昭公十年》：

> 郑裨灶言于子产曰：七月戊子，晋君将死，今兹岁在颛顼之虚。

杜注："颛顼之虚谓玄枵。"正义曰《尔雅·释天》："玄枵，虚也，颛顼之虚，虚也。"郭璞曰："虚在正北，颛顼水德，位在北。"此处"虚"字，照上说乃指星宿名之虚。

可是，在《左传·昭公十七年》中却说：

> 冬，有星孛于大辰，西及汉。……（鲁）梓慎曰……若火作，其四

国当之。在宋、卫、陈、郑乎！宋，大辰之虚也，陈，太皞之虚也；郑，祝融之虚也，皆火房也。星孛及汉，汉，水祥也，卫，颛顼之虚也，故为帝丘，其星为大水。水，火之牡也。其以丙子，若壬午作乎，水火所以合也。……

此处的“虚”则指区域。梓慎推测，宋、卫、陈、郑四国必有火祸，而卫地本属大水，因星孛牵涉。必水与火合而为灾。此处颛顼之虚，与裨灶所言一样，都指玄枵之次。惟梓慎称陈为太皞之虚，裨灶之说，在昭公九年对子产问曰：“陈，水属也，火，水妃也，楚所相（助）也。”杜注：“陈，颛顼之后，故为水属。”裨灶与梓慎论陈，二家之说不同，这样表示鲁与郑的星占家，就有不同看法。颛顼葬处，后世增添古迹，濮阳亦有颛顼冢，然《山海经》三度言颛顼葬处，都不在濮阳，可见仍无法论定。

上述裨灶、梓慎均视颛顼为位于北方之神，其星为大水。裨灶语见鲁昭九年即公元前533年，昭公十年为前532年，梓慎语见昭公十七年，即公元前525年。

颛顼之虚，照星宿位次，当是北维，按照伶州鸠的说法，周武王伐纣时候，就应该有二十八宿方位配日辰的占星术。裨灶说婺女之星出见，其岁岁星正当北维颛顼的“虚”宿，正位于北维之首，故曰“居其维首”，而乃有妖星，邑姜必当其殃。裨灶引证殷诸侯的逢公居齐地，戊子之日，妖星出婺女，故逢公当其祸而死之，以作例证。殷时确有诸侯逢之地名。《正义》引晏子说齐地有逢伯陵。周伶州鸠论玄枵之次，指出伯陵之后，逢公之所凭神，殷卜辞有逢（见拙著《贞卜人物通考》），足证此事非妄，由是观之，殷时应有北维及婺女星名。“天以七纪”的二十八宿，可能在殷时已具有雏形，分野占在《刑德》占很详细的篇幅，它的来源出自春秋时，这些占星家的谈论，正可透露出一些消息。

其实，梓慎、裨灶所言，有不尽确实之处，张衡在《思玄赋》上说“慎、灶显以言天兮，占水、火而妄讽。”讥讽他不免有点妄告呢！

应劭引古《周礼》说，云：“五祀之神，王者所祭。”五祀之神有二，见于《礼·祭法》，一为《月令》所云祀户、灶、中霤、门、行者，亦见于包山简。一为五行之祀。《左传·昭公二十九年》魏献子问太史蔡墨曰：“社稷五祀，谁氏之五官也？对曰：少皞氏有四叔：曰重、曰该、曰修、曰熙。实能金、木及水。重为勾芒、该为蓐收、修及熙为玄冥。世不失职，遂济穷桑，此其三祀也。颛顼氏有子曰：犁，为祝融，共工氏有子曰勾龙，为后土，此其二祀也。后土为社；稷田正也。有烈山氏之子曰柱，为稷，自夏以上祀之。周弃亦为稷，自商以来祀之。”余前文谈《思玄赋》引旧注出典即在于此，最可注意的是蔡墨所谈社稷五正的由来出于三个来源，表之如下：

木正	勾芒（重）	少皞氏四叔。（叔谓子孙，非一时之人物。）
金正	蓐收（该）	
水正	玄冥（修、熙）	
火正	祝融（犁）	——颛顼氏子。
土正	（勾龙）	——共工氏子。后土为社。
（田正）	稷　（柱）	烈山氏子。

他把由五行形成的五官，分开而隶属古帝三个系统，最特出的把共工氏列于土正，而取消了黄帝。这亦是晋地相传的古史系统之一种。

古帝系统亦有从祀典立论的，像鲁国所流传的展禽论臧文仲祭爰居鸟之不当，其说曰：

> 昔烈山氏之有天下也，其子曰柱，能殖百谷百蔬；夏之兴也，周弃继之，故祀以为稷。
>
> 共工氏之伯九有也，其子曰后土，能平九土，故祀以为社。
>
> 黄帝能成命百物，以明民共财。颛顼能修之，帝喾能序三辰以周民。

次及喾、舜、鲧、禹、契、冥、汤、稷、文、武。

> 夏后氏　禘黄帝而祖颛顼，郊鲧而宗禹。
>
> 商人　禘舜而祖契，郊冥而宗汤。
>
> 周人　禘喾而祖文王，郊稷而宗武王。

报祭：

> 有虞氏报幕，以其能帅颛顼
>
> 夏后氏报杼，以能帅禹

> 商人报上甲微，以能帅契
>
> 周人报高圉、大王，以能帅稷

凡禘、郊、宗、祖、报五者，国之祀典。

> 烈山氏—柱、周弃→稷（田正）
>
> 共工氏—后土→社
>
> 黄帝{颛顼　　幕（帅颛顼）　有虞氏报焉
　　　帝喾（序三辰）

帝喾与颛顼同继黄帝之后，而帝喾以能序三辰的日、月、星，明历术，后世所传的颛顼历即出此。

又鲁有司论祀典，今将先明（明谓有明德者，当为昭，次乃为穆）而后祖。

> 自玄王（玄王指契）以及主癸莫若汤。
>
> 自稷以及王季，莫若文武。

《鲁语》展禽所论的远帝，只举出烈山氏、共工氏、黄帝三位。烈山氏即厉山氏，韦昭注："烈山，炎帝之号也。"其次为共工氏，韦昭注："在戏、农之间。"其子共工之裔子勾龙也。佐黄帝为土官，故曰后土。

如韦说，共工裔子勾龙，乃黄帝主土地之官。如撇开土官不论，实仅存炎、黄二系。

> 黄帝之后，有颛顼、帝喾能修其业。韦昭注："颛顼，黄帝之孙，昌意之子，帝高阳也。"又云："帝喾，黄帝之曾孙，玄嚣之孙，蟜极之子帝高辛也，能序日、月、星三辰，治历。"

能帅颛顼有幕，有虞氏报之。"幕"的名字，出现于楚简，《唐吴之道》云："昔者吴（虞）舜篙（笃）事亽寘（幕）乃弋其孝。"寘即幕。稷与益亦于楚简见之。

至于展禽所论禘、郊、宗、祖、报五种祀典，其先王名字在出土文献最彰著的有卜辞中的上甲（微），而玄王契及冥则尚未考出。有待出土材料之印证。鲁的展禽与晋的蔡墨都突出烈山氏、共工氏，其说可能出于一源，他们都注重社、稷。由于重社，故列入共工氏；重稷，故添入烈山氏。

太史公作《三代世表》，夏以前的五帝，是黄帝、颛顼、佶（帝喾）、尧、舜。自言："余读谍纪，黄帝以来，皆有年数，稽其谱谍，'终始五德'之传，故咸不同乖异。夫子之弗论次其年月，岂虚哉!"远古年代穹远，董理之不易。史迁已慨乎言之。"五帝"名目尤为纷杂，先有配五行的五官，后有配五星的五帝，依蔡墨对魏献子说五官复合以社、稷，当时称曰"社稷五祀"。表之如次：

五官	社稷
木正　火正　金正　水正　土正 句芒　祝融　蓐收　玄冥　后土 （勾龙）	在野为社 田正稷

观于上表，后土为勾龙，亦即是社，合田正为稷，是五官实为六官。

《通鉴》秦始皇帝廿六年条"自以为德兼三皇，功过五帝"，胡三省注："少昊、颛顼、高辛、唐尧、虞舜为五帝。五帝者，德合五帝座星者称帝，则黄帝、金天氏、高阳氏、高辛氏、陶唐氏、有虞氏是也；实六人而称五者，以俱合五帝座星也。"此则六帝减去虞舜而为五帝。司马迁则减去金天氏少昊，亦是六帝而仅存五帝。

郭店楚简云："六帝兴于古。"出现"六帝"一名，而未明言为谁。知战国时"五帝"之外，又有"六帝"之说。

萧吉《五行大义》谓"诸史以少昊、颛顼、高辛、唐、虞为五帝"，此盖自舜以前五行相承为帝也。此说不计黄帝。该书第二十一论五帝有三种，引《河图》、纬侯为说，今不取。又第二十二论五行诸官，始于颛顼，可以参看。

兹总结上面讨论，列出不同型的五帝如下：

（一）配五方五色的五帝

（二）不配合《洪范》的五行的五帝（郯子说：炎、黄、二皞加共工）

（三）配五帝星座的五帝说（有尧而无舜）

（四）不计两昊的五帝说　鲁展禽的烈山（炎帝）、共工、黄帝、颛顼、帝喾

自邹衍倡五德终始（齐威王，前356—前320）以后，又有配合五德终始的五帝说，今不具论。

附表

白帝少昊（金天氏）	秦襄公西畤	（前770，平王东迁之年）
	秦文公鄜畤	（前753）
	秦献公畦畤	（前384—前362）
青帝	秦宣公密畤	（前675—前664）
黄帝	秦灵公上下畤	（前424—前425）
炎帝		
黄、炎	王子晋语（周灵王时）	（前550）
炎、黄	晋胥臣语（僖公·二十八年）	（前632）
大皞	王子晋语	（前545）
大皞	秦惠公	（前500—前491）
颛顼　北维	伶州鸠语（周景王二十四年）	（前521）
太皞、共工、炎、黄、少皞	郯子说（昭公十七年）	（前525）
烈山、共工、黄帝、颛顼、帝喾	展禽说（见《礼记·祭法》）	

本讲中篇谈及若水在古史上的重要性，其相关地名亦见于《卜辞》。昌意降处若水娶蜀山氏女生颛顼，可能有史实的根据。

今观四川近年对三星堆文化源头的追寻。其宝墩文化早期遗址，碳测年代的古城可追溯到距今4500年左右，可相当于颛顼的年代。至于近年在成都平原金沙遗址发掘所得，据林向报道，出土的金器有金面具、金带等，与三星堆铜面具风格无异。其中刻划鸟首鱼纹等纹饰的片金环，尤以四凤鸟朝阳的金箔饰为瑰异。[①] 本文上篇所讲的玄鸟崇拜与三星堆文化的渊源关系已有详细的阐述，这一四鸟朝阳，更是一重要物证。

“若水”是金沙江，为产金之域。西汉时，武帝使番阳令唐蒙先通夜郎，置犍为郡，发巴蜀卒以治道，自僰道指牂柯江，凿山开道，作者数万人，巴蜀大恐。因拜司马相如为中郎将，乘传因巴蜀吏币物，以赂西夷邛、筰。先

---

① 林向：《寻找三星堆文化的来龙去脉》，载《中华文化论坛》，2001（4）。

是为南夷因与汉通，得赏赐多，愿归顺于汉；而西夷邛、筰的君长，亦欲效法斯榆之君，皆请为内臣。相如言：

> 邛筰冉駹者近蜀，道亦易通，秦时尝通为郡县，至汉兴而罢，今诚复通，为置郡县，愈于南夷。

此事见《通鉴》武帝元光五年（前130）。西夷之与南夷，原分为二系，相如称秦时尝通，确系事实。秦发五十万人戍五岭置象郡，其辖境已达《汉书·地理志》所言的大秦人入贡的日南障塞。尹湾汉墓木牍四第二栏记“建陵侯家丞，以故象林候长功迁。”可证武帝时已在象林置有候长，即承秦的故规。武帝通西、南二夷，边关既撤，西至沫、若水、桥孙水，以通邛都，为置一都尉以主之，有十余县属蜀，可见若水在西南的重要地位。

我们看三星堆所出的金器①，卓绝无伦，最令人瞩目，今再提出讨论。其重要金器②计有下列各件：

金虎　纯金，全长11.7公分，出自1号坑，11号铜人头像内昂首，卷尾，足向前伸，脚蹲着，张口，双眼镂空，通身有本模压斑纹，金光闪闪慑人。

金面具（罩）　出土青铜人头共有50件，饰金者3件。1号坑出1件，2号坑出2件。眼部镂空，镶金于额、鼻、口之上部及耳。希腊迈锡尼文化的金面具、金额带，与此可相媲美。

金杖　1号坑出土，残存局部，长1.42公分，直径2.3公分，重500克。用纯金箔包卷而成，出土时已被压扁变形。出土时木芯已碳化，且被压扁。杖的上端安装一段线雕铜制龙首形饰物，金箔表面平雕复杂图案，分为三组，一组刻四游鱼相向及两翔鸟，左右夹有对称两箭之状，似是表示矢鱼之礼（说见下），中间一组刻两人头戴冠耳垂三角形珰。下一组与祭祀坑所出A形铜人面部颇相似。金杖全长142公分，直径2.3公分，重780克。似是王权之象征，中原出物文物向所未见。

金饰牙璋　悬挂神木之上。

金叶　似插于神树（金器图见《三星堆祭祀坑出土文物选》）。

---

① 参邱登成：《广汉三星堆出土金器管窥》，见《三星堆文化》，193页。

② 陈公柔：《曾伯霥铭中的“金道锡行”及相关问题》，见《中国考古学论丛》四十年纪念。

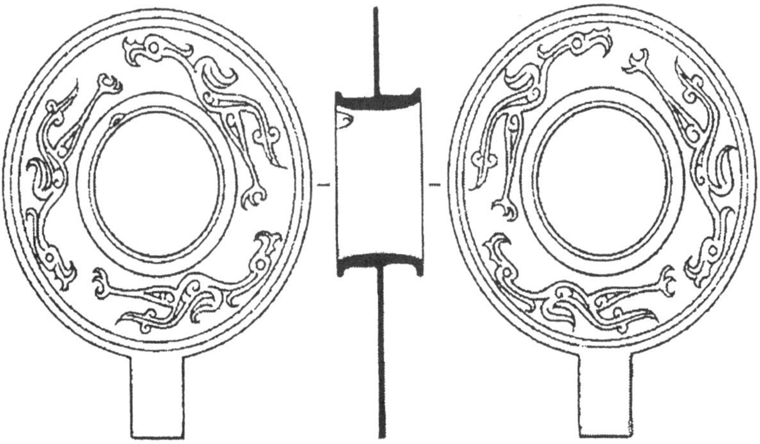

成都金沙铜器上三鸟飞翔图纹

成都金沙金饰上四翔鸟绕日图形

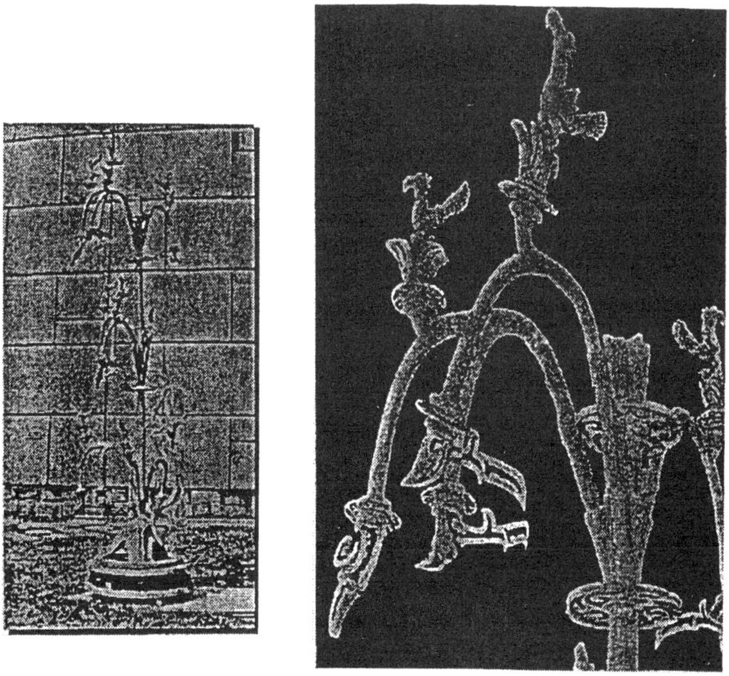

三星堆巨型神木树上的铜制神鸟

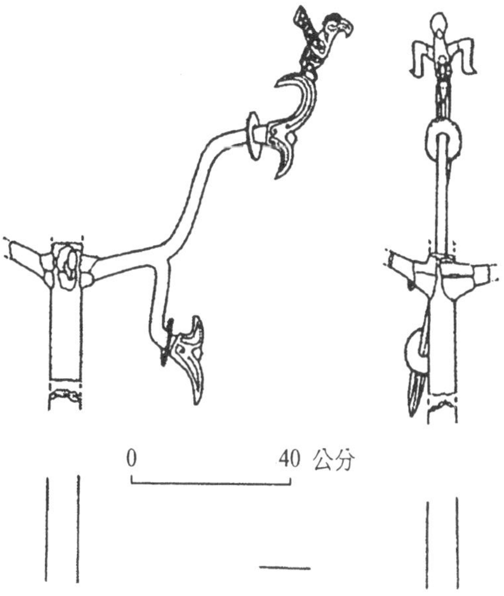

铜制神鸟

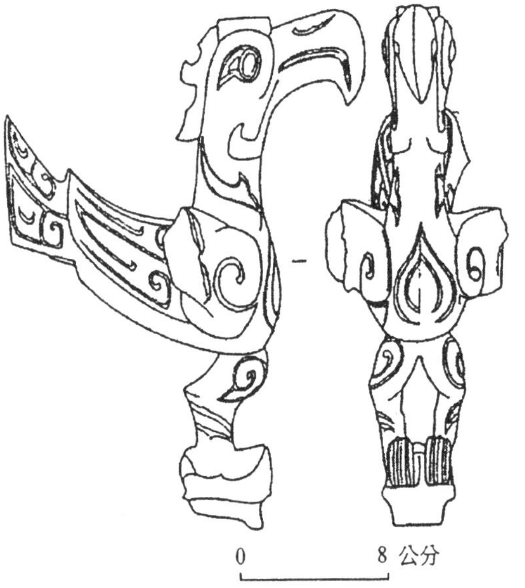

铜制神鸟

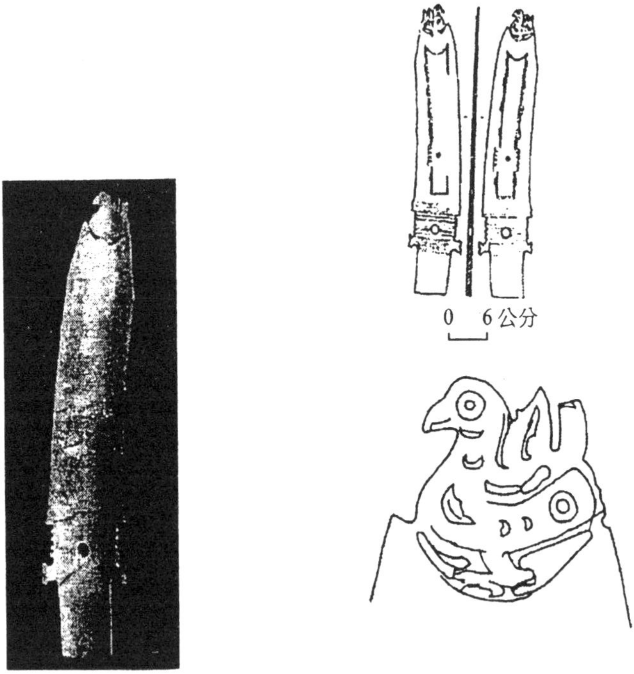

三星堆牙璋嘴上刻镂的神鸟

近时金器在川陇地区的大量发现：成都金沙遗址出土金面具金带图形、蛙形金饰、喇叭形金饰三十余件，尤以鸟首鱼等纹饰的片金环，四凤朝阳的金箔，均属稀世重宝。甘肃礼县大堡子山早期秦仲庄公西居犬丘的大墓出土鸱枭形金饰片及金虎与口唇纹金饰片多件。秦人初为西陲附庸，不能越黄河而东，秦地不产金，黄金来源，有人以为可能得自河西走廊，或取自西南旄牛区金沙江。

《韩非子·内储说》上："荆南之地，丽水之中生金。人多窃采金。"丽水有二说，一说是湖南的澧水，一说是出自旄牛区的丽水（徐中舒说）。丽江云南金宝山与西藏及其附近的女国，都是产金有名之地。旄牛即今之泸定，为若水所在，《汉书·地理志》蜀郡领十五县，旄牛为其中之一县。旄牛亦作牦毛、氂牛。吐蕃先世于此建六牦牛部，以之为名。丽水即牦牛河。

吐蕃历史文书《赞普世系表》记聂墀赞普自称天神降临鸦砻地方，作为吐蕃大牦牛部之主宰。大量产金地区，尚有吐蕃附近之女国。《大唐西域记》卷四："苏伐剌拏瞿呾罗国，唐言金氏，出上黄金，故以为名。"（《释迦方志》文同）梵文 suvarna-gotra，前一字即黄金，下一字为氏族。康藏为产金重镇，法国布尔努瓦著《西藏的金矿》一文引《拉达克史》说：冶金术萌于吐蕃王朝第九代布岱贡槕赞普（spu-de-gung-rgyal）的时代，炼金术始于是时。又称吐蕃黄金即印度《大战书》的蚂蚁金（paippilika）。图齐记藏王陵墓八座，其中有 Hole 国王馈送之金人金马，乌仗国送的金铠甲。西藏人及女国以黄金闻名于世。[①] 今观三星堆遗址出土金器，蜀王国擅冶金术，远在其前历千载，不得让藏人之专美矣。

南越文王墓中金器如金花泡饰（32 枚），由金丝与小金珠焊接而成，此种微型焊合细工，在两河流域，Ur 第一王朝（公元前 4000 年）已出现而流行于埃及、克里特、波斯。南越王墓之银蒜瓣纹及细金泡饰，分明来自西亚之工艺品。[②] 三星堆的金杖、金虎是否当地所制，有无渗入外来技巧，尚有待于深入研究。

长 142 公分之金杖为三星堆最值得研究之物。一般说此金杖为王权之象征。西亚，SARGON 时代在 Kharsobad 宫殿的壁上，其王 Sargon 即手持

① 耿升译：《西藏论文译文》第 4 辑。

② 《南越墓报告》，347 页。详张天恩：《秦器三论》，载《文物》，1993（10）；秦俑兵器，见《包山楚简（考释）》，47 页；《中国古代冶金》（北京钢铁学院）。

杖[1]，此为公元前2000年之事。埃及王则一手钩杖，一手执鞭，此二者据说是保护神Anzti常用之物。mace一字出自O. F.（古法文），显贵者所执，表示权威之杖。（Rames Ⅱ，公元前1300年，登极执此杖。）吾华古代王者则秉钺以示威权，与此不同。

先秦产金，目前所知者：甘肃玉门齐家晚期火烧沟遗址出金鼻饮、金耳环等[2]；商代有河北藁城（金箔），北京刘家河墓（金臂钏）耳环、笄，山西石楼兰家沟（金耳环）、又永和下辛角村（金耳环），以上二者皆属光社文化。河南安阳侯家庄（黄金残片）各处，皆属零件，不关重要。《山海经》记出产黄金之山或水共29处，未及旄牛区之重要。包山楚简自103号至119号皆记黄金若干益之数，用以籴种。最多为115简记“铩金一百益二益四两。”铩金指砂金，以别于版金。《管子·轻重甲》记“楚有汝、汉之黄金。”1965年湘乡楚墓出三块小金片，重1.08克。

产金之旄牛区，还有藏族山南雅砻河的泽当、穷结一带。以若水为中心，今西昌之雅砻江流域，其地东岸犹有地名曰“金矿”。殷之𢀛方应释为卬，由三星堆出金杖证知殷时蜀国已擅用冶金之术，雅砻江为若水，即昌意降居之地，在殷时必以产金著闻，殷人远征卬方，且涉若水，卬人后亦归顺，殷之武力及于蜀境，而旄牛金产，可能自昔即为争夺之对象，武丁伐卬之举，谅与此有关，由是言之，金生丽水，殷人必早有此种智识。

《隋书·西域传·女国传》记：“其国出蜀马，恒将盬向天竺兴贩。”证明蜀与女国互有贸易。《华阳国志》：“涪县有孱山孱水，其源有金银矿，民得采之。汉志广汉有孱亭。”又云：“旄牛县，旄地也。在卬崃山表，卬人自蜀入，度此山甚险难。”《清一统志》：“旄牛故城在今雅州清溪县，周初有髳人从武王伐纣，后为羌地，汉初置县于此。”殷时蜀人必入旄牛采金。常璩《南中志》：“博南县：西山高三十里，越之得南沧水，有金沙，以火融之为黄金。”《后汉书·哀牢传》注引作“金沙洗取，融为金。”《续汉志》：“博南界出金。”按阑仓水在《水经注》属若水系统。

华夏来自未闻有mace的礼制。《周礼·伊耆氏》共（供）王之齿杖，汉代年七十受王杖，见《论衡·谢短》篇，杖上有鸠鸟为饰谓之鸠杖，武威出土有王杖十简，说者谓鸠为不噎之鸟，老人不噎。凡此皆与三星堆之权杖无

① *Summer*书，8页、33页。

② 《文物考古工作三十年》，1976。

关，故三星堆金杖，为蛮夷之制，其来历尚待研究。

至于金杖上鱼带矢的图案，以前误以为树叶，经陈德安仔细观察，实为矢形。余谓此当是古代矢鱼之礼，周原凤雏甲骨 H·11：85[①]：

七六六七一八　曰：其矢▨鱼

张政烺引《左传·隐公十五年》公矢鱼于棠一事加以解释，是也。[②]（说另详陈槃文）

《南史》载南齐萧鉴曾发蚕丛氏之墓，其遗物有开明时的金蚕。以金蚕为葬，他书所记如陆翙《邺中记》："永嘉末盗发齐桓公墓，得金蚕数十箔。"

汉蜀郡蚕陵县，《成都记》云："蚕陵即古蚕丛氏之国。"《清一统志》：蚕陵废县在今松潘厅蚕陵山三营北蚕崖，今成都府灌县西北。

西亚与埃及冶金术发达甚早，埃及史上记其国中"黄金如尘，Mitani 屡屡提出黄金的要求"[③]。公元前 1500 年 Rames Ⅱ 的黄金制成工艺品，灿烂夺目，久已脍炙人口。三星堆出土最高铜人 1.8 公尺，重 980 斤，是商司母戊大鼎之后最大的铜器，国际上古代铜像只有埃及 Pepi 王一世（公元前 2300 年，距今 4300 年）铜像高约 1.75 公尺，可相媲美（Pepi 手执权杖，其他罕可比伦），《汉书·地理志》左冯翊云阳县有休屠金人祠及径路神祠。孟康注："故休屠王有祭天金人像。"径路即轻吕，乃外来语，人所共悉。休屠金人但知其坐高三尺而已。

西南地区出土古物，以带柄镜及蚀花料珠为外来之物，证明与西亚各地久有接触，略记如下：

带柄镜

出带柄铜镜之地方

（1）云南德钦县永芒、宁蒗县大兴岭墓地，短柄，长仅 2.5 公分。[④]

---

① 柯俊：《中国冶金史论文集》，北京，北京钢铁学院，1986。

② 邓少琴：《巴蜀史探索》，154 页。

③ Breasted：《埃及史》，334 页。

④ 《考古》，1975（4），1 页、10 页，又《考古》，1983（5），1 页、4 页，参看张增祺文。

（2）西藏拉萨曲贡，203号墓出铁柄铜镜。[1]

（3）四川巴塘雅江石板墓。四川荥经县“铜牌饰”实即带柄镜与岷江上游同一文化系统。[2]

蚀花料珠

云南江川李家山24号墓石寨山13号墓皆见之。

西藏高原之“gzi”图齐记藏人谓料珠来自伊朗，非东地所制。

雅鲁藏布江下游隆子县及林芝地区石棺葬之出黑色条纹花料珠。

四川冬笋坝49号墓蚀花料珠。

重庆马鞍山西汉墓出琉璃珠。

此一现象，余有一假定解释，《后汉书·南蛮西南夷传》哀牢夷王遣其六王将万人与附塞夷庵多战，风雨交作，箄船沉没，溺死数千，杀其六王。附塞夷疑即塞种南迁至西南地区之族属，尚待证实。

若埃及与华似久有交往，近年新知，维也纳大学科学家研究埃及公元前10世纪的木乃伊上面之丝织物，据谓来自中国。[3] 又陕西泾阳县戈国墓与铜器同出有纸草。如是，三星堆冶金技术，有无与外来有点关系，仍有待于深入研究。

余昔年撰《古代香药之路》一文，证明殷卜辞之郁方即在郁林，以出郁金香致贡而得名。《周礼》有郁人，司郁金香和鬯酒之专职。汉武改秦桂林郡为郁林，盖用殷人郁方旧名，故其地有郁水。广西贵县罗泊湾汉墓出土有“布山”二字漆杯，证明汉代势力早及其地。马王堆五十二病方：“治胻久伤，煮水二〔斗〕，郁一参，莱一参。”（三三二）用郁金为药品。《新修本草》谓

① 西藏拉萨曲贡村石室墓发掘简报，931页，1990年9月。

② 霍巍：《西藏考古新收获与远古川藏文化关系》。

③ 《纽约时报》1993年3月科学版。又李华：《埃及发现公元前十世纪中国丝绸》，载《丝绸之路》，1994（1）。

"郁金主血积，下气生肌止血。"①

1992年，法国远东学院在越南河内举行该院90周年国际学术会议，余以第一人发言，指出香港大湾出土之牙璋与越南之牙璋有密切关系。翌年中文大学中国文化研究所因而安排规模宏大之国际牙璋与南中国文化会议，引起考古学界之巨大关注。司马相如说："西南夷，秦时尝通，置为郡县"，秦的置郡，远至日南，与海外久有交往。三星堆遗物的出土，更可推前，因论古代若水，与汉民族文明的开端有连带关系，兼及黄金一事，及其他相关事物，试为讨论于此，作为本文的附篇。

后记

古史的新旧材料是繁杂而琐碎，令人有治丝益纷欲"理还乱"之感。许多研究家不免先存一成见，把那些对他的假设有利的材料尽量罗列利用，其余则摒弃不论。我们为破除主观作祟，凡讨论某一论点，必将有关材料尽量提出，循览其上下文义相关涉的人物事件，再作判断。例如《山海经》中对颛顼的记载，一般仅据《大荒东经》中"少昊孺颛顼于此"一条，便断定颛顼的族属为东夷，其实谈颛顼的故事，《大荒西经》还有日月山、榣山，《大荒北经》有西北海黑水、《大荒南经》有成山，说颛顼葬处有符隅之山等等，足见神话传说中的颛顼活动地区，遍及西北。颛顼母为蜀山氏女，为黄帝之孙，昌意之子，昌意降居若水，众说皆同。他的母亲既是蜀山氏女，父亲又降居若水，所以《吕氏春秋》说"帝颛顼生自若水"。后来颛顼成为北方尊神，在五色帝的系统中以神帝配合星次，他成为代表北维的人物。伶州鸠对周景王述武王伐纣时的天象，日、月、岁、星、辰"五位"的天文现象，近时经过许多人的讨论，用天文学方法回推计算，证明大部分当时的记录是真实而可靠的。② 如"月在天驷"即指天蝎座π星（Scoπ），正是二十八宿中房宿的距星。曾侯乙墓所出漆器文字称："民祀惟房，日辰于维。兴岁之四。"四即天驷，所言若合符节。这条材料可惜谈伶州鸠问题还未有人加以引用。

① 《明报月刊》1991年4月号《回回药方与阿拉伯医学主流的亲缘关系》，云大食先贤札里奴造者。《回回药方》卷三〇《杂证门》中之据考即《医典》第5卷第1章所伽里努斯的郁金膏药方子。札里奴亚户乃罗马帝国的希腊医生盖伦。回回方中又有二个与"郁金膏药"相连的禄其（lakki）方剂，lakki义为松香、树胶。西汉初的病方，用郁、术、口三味合制药膏以治伤口，当时已晓得用松香制成药。

② 参看江晓原、钮卫星著：《回天——武王伐纣与天文历史年代学》书中的推算成果。

伶州鸠所谈“五位”和“三所”，五位是历数，三所是历史。三所者：

(1) 北维——五位皆在北维——颛顼之所建，帝喾受之。

(2) 姬氏——出自天鼋（玄枵） 析木——逢公之所凭神，逢公是大姜之侄伯陵之后。

(3) 周之分野——岁之所在。月之所在即辰马农祥，周太祖后稷之所经纬。

如果不把北维“颛顼之所建”列入，则可算周分野的岁之所在，及月之所在。其实“三所”乃从天文上的星次来论人事。《淮南子·天文训》：“帝张四维”。史籍记载尚有东维，《庄子·大宗师》提到傅说，其星座属汉津，列于“东维”。汉画像石有图可证。颛顼之列于北维，从伶州鸠谈话，武王伐纣时，的确有这一事实。逢公之事，见于《左传·昭公二十年》，晏子对齐景公述齐地的历史。他说：“昔爽鸠氏始居此地，季萴因之，有逢伯陵因之，蒲姑氏因之，而后太公因之。古者无死，爽鸠氏之乐，非君所愿。”试表之如下：

爽鸠氏——季萴——逢伯陵——蒲姑氏——太公

杜注：“爽鸠氏，少皞氏之司寇。季萴，属夏诸侯，代爽鸠氏者。”杜说乃本之郯子。郯子云：“少皞挚之立，凤鸟适至，故以鸟为官名。其中有五鸠：祝鸠氏为司徒，鴡鸠氏为司马，鳲鸠氏为司空，爽鸠氏为司寇，鹘鸠氏为司事”，“五鸠，鸠民者也。”（《左传·昭公十七年》）爽鸠氏只是五鸠官之一。晏子说齐地始居者是爽鸠氏，不说少皞氏始居此地；可见少皞时，东来居齐的只是爽鸠氏一族，少皞仍应属西方的金天氏。

晏子之说很值得重视。至于蒲姑氏，周王使大夫詹桓伯辞于晋曰：“及武王克商，蒲姑、商奄，吾东土也。”（昭九年传）在铜器记载亦有证据（凤翔出土《𡙇方鼎》有伐蒲姑记载），是逢伯陵真是事实。《左传·昭公十年》禆灶对子产说：“正月，有星出于婺女。七月戊子，晋君将死。今兹岁在颛顼之虚。姜氏、任氏，实守其地，居其维首，而有妖星焉，告邑姜也。邑姜，晋之妣也。天以七纪，戊子，逢公以登。星斯于是乎出。吾是以讥之。”占星家警告晋侯彪将于七月戊子不禄。他根据的理由，是鉴于殷代逢公之死，适有妖星出于婺女，时非岁星所在，故齐地自当其祸。逢公乃以戊子日卒。今则岁星正当玄枵虚星中之水位，即颛顼之虚。客星居北维玄枵之维首。其星占为婺女，故受祸者为齐女之邑姜。邑姜是晋妣，其子孙当有灾，所以言七月戊子者，戊子是逢公死日，“七”是天文的二十八宿，以“七”为纪，故推测其死日必在七月戊子，与逢公之死同日。伶州鸠提到的逢公，为周的皇妣太姜之侄伯陵之后。殷卜辞有逢地名。证之齐晏子、郑裨灶与周伶州鸠诸说，完全吻合。当时确有逢公凭神之事，知《左传》、《国语》所记，完全出于实录。而殷代天文智识确有七纪的二十八宿与十二次，以颛顼之虚，当正北水位的虚星，及殷时有婺女之星宿，都非子虚乌有之谈。

《吕氏春秋·古乐篇》云：“帝颛顼生自若水，实处空桑，乃登为帝，惟天之合。”

《左传》云：“逢公以登，星斯于是乎出”，此处“登”字训升天①，颛顼是神帝，故言登天为帝。

《左传·昭公二十九年》蔡墨对魏献子说：“社稷五祀”谓“少皞氏有四叔曰重、该、修、熙，世不失职，遂济穷桑”。杜注“穷桑，少皞之号也。”孔疏：“贾逵云：少皞处穷桑以登为帝，故天下号之曰穷桑帝。”定四年传（孔《疏》）又云：“盖未为帝居鲁北，既为帝乃居鲁也。”孔《疏》复云：“少皞居穷桑，定四年传称封伯禽于少皞之虚，故云‘穷桑地在鲁北。’《土地名》：穷桑，阙。言在鲁北，相传云耳。”今按《土地名》不知指京相璠《春秋土地名》否。既云“阙”，则其地望原不可知，因有封伯禽于此之事，故有鲁北一说，相传如此。此则谓“穷桑”为号，不是地名。《帝王世纪》亦然。贾逵与杜预，均同此说。

五帝与五色帝的关系，须特别加以讨论。

《周礼·天官》记祀五帝则掌百官之誓戒。郑玄注云：“祀五帝谓四郊及明堂。”贾公彦疏：“五帝者东方青帝灵威仰，南方赤帝赤熛怒，中央黄帝含枢纽，西方白帝白招矩，北方黑帝汁光纪，依《月令》四时迎气。”又《掌次》朝日祀五帝，则张大次（幄）小次。疏引郑司农（众）云：“五帝，五色之帝者，并依《春秋耀文钩》所说”，其神名具三字者，乃后起之说，出于纬书。

关于五色的辨析，来源甚远，甘肃秦安渭河流域大地湾遗址出土彩绘的

① 参裘锡圭说“登立为帝”，《学术随笔》，124 页。

颜料，有人加以分析。红、黑、白、土黄、朱砂、磁青矿带青，诸色俱备。[①] 大地湾绝对年代为7000年至8000年，其时西土先民对颜色的辨认，已有此能力。嬴秦居西陲，诸畤祀五色帝，惟无黑帝。影响所及，蜀地亦有五色帝庙，《华阳国志·蜀志》云：

> 开明时，每王薨，辄立大石长三丈，重千钧为墓志，今石笋也。是曰笋里，未有谥列，但以五色为主，故其庙称青、赤、黄、白、黑帝也。

这可能是秦文化的传播。《秦简·日书》记赤帝临日不可行。凡属金水日，利于出行；火、土日则否。成都西北石笋街的巨石，石笋根基，今犹存于水井中，称曰笋里。有支机石在文化公园。这是古蜀的五色帝遗迹，十分可贵。陇、蜀都有五色帝神庙，可以证史。

《史记·三代世表》云："以《五帝系谍》、《尚书》，集世纪黄帝以来讫共和为世表。"司马贞《索隐》谓太史公取《五帝德》及《帝系》二篇之谍及《尚书》为之。起自黄帝，以下为颛顼、俈、尧、舜、夏、殷、周共七属，兹列表如下：

(1) 黄帝——昌意——颛顼（高阳氏）

(2) 黄帝——玄嚣——蟜极——高辛（帝俈）（黄帝曾孙）

(3) 黄帝——玄嚣——蟜极——高辛——放勋（尧）

(4) 黄帝——昌意——颛顼——穷蝉——敬康——勾望——蟜牛——瞽叟——舜

(5) 黄帝——昌意——颛顼（夏祖）

(6) 黄帝——玄嚣——蟜极——高辛——卨（殷祖）

(7) 黄帝——玄嚣——蟜极——高辛——稷（周祖）

这是大史家司马迁采用礼家的记录，整理古文资料的成果，而建立的古帝系统。最令人惊讶的，远代神帝，原出于黄帝同一家族，颛顼是黄帝的孙子，高辛帝俈是曾孙。尧与离、稷亦出于高辛。宗法与伦理观念，深深地融化入于历史。以天下为一家，历史也出于一家，不特是家天下，而且是"家"

---

① 马清林文，载《文物》，2001(8)。

历史。十分奇特的现象，是否果属于历史的真相？颇引起后人的疑惑。

关于诸帝的次序

东方齐国方面，管仲曾对齐桓公谈古帝封禅之事七十二家，见于《史记·封禅书》及《汉书·郊祀志》，他所记的十二家，其先后如下：

1. 无怀氏——2. 虙牺氏——3. 神农氏——4. 炎帝——5. 黄帝——6. 颛顼——7. 帝喾——8. 尧——9. 舜——10. 禹——11. 汤——12. 周成王

最后的周成王，虽封泰山，但禅于社首，与以前诸帝"禅云云"不同。十二人中他分别神农氏与炎帝为二人，故李奇注"炎帝，神农后。"虙牺之前另有无怀氏一人，见于《庄子》。其余自黄帝以下同于太史公《三代世表》。司马迁斟酌群言，折衷至当，与《管子》相合。

王莽即真之后，仿效周室分封古圣王之后：

黄帝　少昊　颛顼　帝喾　尧　舜

以姚恂为黄帝后，梁护为少昊后，刘歆为颛顼后，皇孙王千为帝喾后。这亦是一政治性整理后的古帝系统。王莽《自本》系出黄帝，故有"黄"而无"炎"。增入少昊，即后来王符之所本。

王符《潜夫论·卜列篇》云："古有阴阳，然后有五行五帝，〔各〕据行气，以生人民。"行气谓五行之气。《孔子家语》五帝第二十四，季康子问于孔子曰："旧闻之五帝之名，而不知其实。孔子曰：'昔丘也闻诸老聃，天有五行……其神谓之五帝。……生为明王，死配五行。'"《家语》所言谓孔子闻之老聃，自出于附会。王符《五德志》之五帝，乃采用刘歆之说。（见附表）刘歆用其父《五纪论》，定太昊为庖牺。减去"帝喾"一代，以成"五"数。兹列王符所说如下：

二皇—伏羲，神农，其一或曰燧人，或曰祝融，或曰女娲。

（1）伏羲太皞（皞字作从睪，与马王堆《刑德》同）（都陈。见昭十七年传）德木　以龙纪。

后嗣帝喾（代颛顼氏）——后稷（烈山氏）——柱（立以为稷）周之兴也，以弃代之。

（2）赤帝魁隗（身号炎帝，世号神农）　代伏羲氏。　后嗣庆都生伊尧，代高辛氏。其德火纪故为火名。

（3）黄帝轩辕代炎帝氏　其德土行后，嗣握登生舜。

（4）白帝挚青阳。世号少暤。代黄帝氏　都曲阜　生白帝文命戎禹其德金行。

（5）黑帝颛顼　身号高阳世号共工　代少暤氏　德水行。为水师而水名。

娀简乔燕卵生子契，为尧司德。　成生黑帝子履身号汤，世号殷。

钱大昕云："太史公《三代世表》谓尧、舜、禹、稷、契皆出黄帝，稷、契与尧同父，……此皆昔人所疑。惟《潜夫论·五德篇》谓帝喾为伏羲之后，其后为后稷，尧为神农之后，舜为黄帝之后，禹为少昊后，契为颛顼后。少昊、颛顼不出于黄帝，尧不出于喾，则舜无娶同姓之嫌。……然则颛顼非黄帝孙，尧亦非帝喾子。"钱氏又据纬书《春秋命历序》所言：黄帝传十世，少昊传八世、颛顼传二十世、帝喾传十世，谓与《潜夫论》合。

王符合颛顼与共工为一人。这是他继刘歆之后，整理帝统的新成果。

王符同乡后辈皇甫谧，安定朝那人。著《帝王世纪》，其书今不传，世有辑本。《史记·鲁世家》封周公于少皞之虚下，张守节《正义》引其说云：

炎帝自陈营都于鲁曲阜，黄帝自穷桑登帝位后，徙曲阜；少昊邑于穷桑以登帝位都曲阜。颛顼始都穷桑徙商丘。穷桑在鲁北，或云穷桑即曲阜也。

竟妄谓炎、黄、少昊、颛顼，莫不都于曲阜。钱穆谓"此必鲁国儒生之所饰说"，良然。

又《帝系》之说，各本间有出入，如"昌意降居江水"句。《大戴记·帝系》一本称"（黄帝）娶于西陵氏之子，产青阳及昌意。青阳降居'泜'水，昌意降居若水。"此"江水"另作泜水。但以《史记·五帝纪》证之，当以作降居江水为是。丁山以《北山经》"敦与之山，泜水出焉"力主泜水说。但未谓"江水"为误。（"斩陈余泜水上"，即在此。）

考《左传·昭公十七年》孔颖达《疏》云：

> 《帝系》云："黄帝生玄嚣也。《史记》云：黄帝正妃生二子，其一曰玄嚣，是为青阳，降居江水。"言降居江水，谓不为帝也。此传言其以鸟名官，则是为帝明矣，故《世本》及《春秋纬》皆言青阳即是少皞，黄帝之子，代黄帝而有天下。号曰金天氏。少皞氏，身号；金天氏，代号也。

此氏以太皞、少皞为身号。唐代学人之说如此。孔疏引《帝系》，而从《史记》"昌意降居江水"，不涉及"泜水"一名。故愚意应信孔《疏》之说从"江水"为是。

又孔《疏》引《国语》"青阳既为姬姓，则己姓非青阳之后，谓《世本》己姓出自少皞，非青阳也。事远书亡，不可委悉耳。"孔氏见《世本》所记，时有歧说，存疑不论。

《世本》辑本甚多。《氏姓篇》云"婼，姬姓之国，黄帝之子昌意，降居若水为诸侯，此其后也"，若字又作"婼"，其歧异如此，恐不可信。

考古家以"类型学"断代作为主要武器。我觉得在同一地区，先后不同时代有某一相同类型的器物形象出现，应作如何解释？例如华县、泉护村太平庄遗址大墓，代表仰韶文化庙底沟晚期的大陶鸮鼎，高达36公分，墓主人只是一位成年女性。郭大顺认为这座鸮尊表示墓主身份之特殊，可与红山文化坛庙冢与女神遥相呼应，说明已进入古国时代。① 我们看甘肃礼县大堡子山秦墓，周幽王时早期秦仲、庄公（前822—前778）所出的鸱枭形金箔饰片，现归法国戴迪安（C. Deydier）收藏。高52、宽32公分，剪成鸱枭形状（树轮校正年代为前1085—前825）。中间殷商有许多鸱枭形器物，若妇好墓所出的鸮尊、西周中期"瘐壶"的长鸟纹头饰。这一组连串作鸱枭状的礼器，究竟象征什么意义？有人认为与玄鸟陨卵传说有关系。《秦本纪》："秦人出于颛顼后裔女修织时玄鸟陨卵，女修吞之生子大业。"为秦的祖先，这与殷契母帝喾妃简狄有娀女玄鸟的传说相同。说明秦与殷同属以鸟为图腾的氏族。②

我在本讲上篇已证明玄鸟神话不限于东夷，玄鸟不一定是指燕子，"燕

---

① 《追寻五帝》，33页。

② 见韩伟：《甘肃礼县金箔饰片纪实》，见《周秦文化研究》，西安，陕西人民出版社，1998。

子”《吕览》以属于北音，殷代玄鸟有娀氏的地望应在不周山。《淮南子·地形训》，“不周曰幽都之门”，证以宋玉《招魂》，“君无下此幽都些”。幽都指的是北方的阴间地府，印度人称枭为 ulūka，四眼，是 yama 的使者。（《梨俱吠陀》一〇，一六五）

希腊人视枭为保护神。罗马人进攻强敌，必许愿于死神。（Dispater 为地狱之父，阴间神为 Veiovis，又有 Manes 亦为死神。）

马王堆帛画，绘有二枭立于堂庑为守护神，引入阴间。

祀枭的用意是否有这样的意义？鸱枭历来视为不祥鸟。管仲对齐桓公论封禅事说道“凤皇麒麟不至……鸱枭群翔，而欲封禅，无乃不可乎！”楚帛书七月下云“有枭内于上下”，楚俗以枭为不祥鸟。

殷契被称为玄王，玄鸟亦代表北方。颛顼为北维玄帝。汉人整理古史系统，以玄王上接玄帝，列殷契为颛顼之后。华县地区本来是玄王殷契初封之地，鲁连子、郑玄、皇甫谧、阚骃、郦道元均主是说，余另有详考。庙底沟文化以大枭鼎和太阳伴鸟图纹为代表类型，说明这一地域在殷商以前的远古时代玄鸟传说久已流行。不必牵涉到东夷。

秦地不产黄金。韩伟谓，秦、晋以河为界，秦仲或庄公时期，秦仅为附庸小国，不易得到东方诸国及周室提供黄金，可能来自河西走廊或阿尔泰地区。我们看成都平原出土许多金箔。黄金的资源，以来自蜀地金沙江为合理。

太史公说：“诸家言黄帝，其文不雅驯，搢绅先生难言之。”史公当时所见史料必甚多，非今日所知，试举一例，王逸《楚辞章句》引《禹大传》：“洧盘山即崦嵫山，为日入处。”《禹大传》不知何书？见于《汉书·艺文志》著录，与禹有关的著述如下：

> 大禽（禹）三十七篇。列于纵横家。贾谊《修政语》引之。
> 禹本纪　《水经·河水注》引之。文同《昆仑记》。
> 大禹记　《水经》序引之。

以上三者与《禹大传》可能是一书，可惜没有流传下来。刘秀认为《山海经》是禹、益的记录，资料缺乏，不能殚究。

本论文写成之后，偶读章太炎《文录续编》中《西南属夷小记》，他认为姜姓出于西羌，非西羌出自姜姓。姜姓由姜水也，其原本西羌。高阳起于若水，高辛起于江水。此西羌合于髦、濮也。张揖曰，“若水出旄牛道外，至楚道入江”，是即以若水为金沙江。《淮南子·地形训》云：“海人生若菌，若菌生圣人，圣人生庶人。”《伊尹献令》：“正南之国九菌”，与产里百濮并言，九菌即若菌，菌指其种，若指其地。若菌生圣人，即指黄帝子昌意降居若水娶蜀山氏女昌濮氏而生高阳也。其说奇创，深得吾心，与拙论相同，因录之，以备参证。

晋史官史赵谈绛县老人的故事，说道：“有与疑年，使之年。老人对曰：‘臣小人也，不知纪年，臣生之岁，正月甲子朔，四百有四十五甲子矣。’师旷曰：‘鲁叔仲惠伯会却成于承匡之岁也。’”（见《左传·襄公三十年》）我人对此一记载，可了解的有下列二事：

（一）用某一事件标识某年，其事例常见于楚简，包山简所见尤多。

（二）绛县老人凭甲子来计年，言若干甲子，以六十甲子为计算单位，不以逐年来记录事件。

可见古代习惯，重视甲子的周期，而不重纪年，或有给他以疑年，亦不以实答之。今人必欲死定纪年以系事，未必尽合古人的习惯。所以纪年之事，只能论其大体，有些事件的发生至于终结，起讫每多龃龉，记载歧出之处，往往不尽不实，只能依据资料作出种种揣测性论断。从材料产生的情况，用比较谨慎处理。无人敢说这是绝对准确。而新资料层出不穷，新认识亦不断涌现，后之视今，亦复如是！惟有待方家逐渐增补修订而已。

附　刘歆《三统历·世经》历代年数表

帝王	王　年	五德	文　献
太昊帝		木	《易》曰：炮牺氏之王天下也。
炎帝		火	《易》曰：炮牺氏没，神农氏作。按此出《系辞传》。
黄帝		土	《易》曰：神农氏没，黄帝氏作。按马王堆本云“神戎氏没，黄帝尧舜氏作。是即氏。”
少昊		金	《考德》曰：少昊曰清。
颛顼		水	《春秋外传》曰：少昊之衰，九黎乱德，颛顼受之，乃命重黎。
帝喾		木	《春秋外传》：颛顼之所建，帝喾受之。（按此即伶州鸠语）

续前表

帝王	王　年	五德	文　献
唐帝	即位（公元前2303）	火	《帝系》曰：帝喾四妃，陈丰生帝尧，封于唐。 《三统》：尧即位七十载。
虞帝	即位（公元前2233）	土	《帝系》曰：颛顼生穷蝉，五世而生瞽叟，瞽叟生帝舜。 《三统》：舜即位五十载。
伯禹	即位（公元前2183）	金	《帝系》曰：颛顼五世而生鲧，鲧生禹，虞舜嬗以天下。 《三统》：夏后氏继世十七王，四三二岁。
成汤	代桀之岁 （公元前1751）	水	《书经·汤誓》：汤伐夏桀。 《左传》曰：（殷）载祀六百。 《三统》：上元至伐桀之岁，一四一四八〇岁，岁在大火房五度。自伐桀至武王伐纣，六二九岁。
武王	伐纣灭殷之岁 （公元前1122）	木	《书经·牧誓》：武王伐商纣。 《三统》：上元至伐纣之岁，一四二一〇九岁，岁在鹑火张十三度。
秦昭王	五十一年（公元前256）		秦始灭周。周凡三十六王，八六七岁。
汉高祖	灭秦（公元前207）	火	《史记·高祖本纪》：伐秦继周。距上元一四三〇二五岁，岁在大梁之东井二十二度，鹑首之六度也。

中国古代“胁生”的传说

一、从 ṛta 说起

人类的智慧越朝向综合方面发展，越有宇宙秩序的理想之追求。印度人在“吠陀”时代，其经典像四吠陀之一的《梨俱吠陀》其中使用 ṛta 一字的次数特伙。ṛta 代表“正”，和 mithu 代表“不正”义恰相反。追溯其语源，梵语 ṛatavan 相当于《火教经》的 ašāvan。古波斯语 aša 是神的法则（devine law），亦作 arta，梵语的 ṛta 亦然（Cosmic Order）。①

1989 年在巴黎举行国际礼学会议。我提出的论文是《左传中的礼论》。我曾统计过《左传》中“礼”字共出现 453 次，与印度《梨俱吠陀》中的 ṛta 出现约 300 次相埒。“礼”字有天经地义的含义，与 ṛta 表示礼的宇宙和谐秩序，彼此可相媲美。以 ṛta 喻“礼”，还是相当恰当的。②

最近收到 1995 年《亚洲学报》（*Journal Asiatique*）首期列第 283 号，这是世界最古老的东方学刊物，其中有 Eric Pirart 教授的“Les noms des perses”（波斯释名）一文，极饶新意，值得加以介绍。P 君指出希腊史家 Herodotus 的《史记》，记载波斯亦称曰 Arteans，在字源上充满伦理的意味。梵

---

① 参看 R. G. Kent：*Old Persian*，170 页，arta 条。

② 见 Essars sun Le Rituel Ⅱ（Billiothéque de L′ E. H. É. vol XCV）。

语 ṛtatra-（《吠陀经》的 ṛtāyu-训礼之和谐观）相当于《火祆教经》（Avesta）用语的 aṣiia-，这一神明代表着祭典礼仪反映之宇宙秩序。希腊文的 ΠέρóaL，古斯波语作 Pāras-＜Pārsua-，依据印度经典《梨俱吠陀》，Parśu 二十女之名，源出于波斯原始二十部族。其名所以称曰 Parśu，意思为“胁”，暗示那种神异胁生的不可思议的奇迹，像印度大神 Indra 和大圣佛陀，就是从胁下生出来的。

西方古代有关胁生的记录，P 氏文中引用有下列三项材料：

（1）Indra——见于《梨俱吠陀》经四·一八·一—二。

（2）佛陀（Buddha）——见于《普曜经》（Latita-vistara）七·二二。

（3）希腊日神 Apollon——见于 Jean Humbert 整理的《荷马史诗》对阿波罗的颂赞。

上举第三项史诗只歌咏太阳神伸臂屈膝于母体之前，无一字言及“胁”。P 氏所以强调波斯一字原义为胁，其国命名为胁，实指胁生之神话，缘《梨俱吠陀》一〇·八六·二三，云：“Parsur 为其名，Manu 之女也。以其有二十（女）之众，可谓幸运之至。然（母体）所受之痛苦亦深矣。”Indra 与诸女神①梵文 Vinsatim，即是“二十”。此一神秘数字，古波斯文写作✓✓（即两个✓，✓为十），在古伊朗亦有其特殊意义。若 Alborz 之二十河；盛世之季，太阳居天极二十日的神话；大流士一世（公元前 521—前 485）之二十行省之类是。印、伊语为同源，从神名取义所自出（eponyme）以寻究之，所谓“Parsur 二十女”者，乃象征波斯二十氏族。故知其以胁为名，从 Indra 与佛陀之传说观之，应是取自“胁生”，于义较胜。梵语 manu 可指人类，及人类之祖，相当于希伯来语之 Adam。俱见“胁生”一事，在神话学上有其重要性，亟有待于探索。

至于佛陀诞生是从摩耶夫人的右胁生出，传说有三十三种祥瑞，加以渲染。汉译的佛典，从汉末以来，不同的译经都有同样的记载。兹列出如下：

后汉孟康详译《修行本起经·菩萨降身品第二》：

---

① 原文如下：Parsun ha nāma mānavi sākam sāsuva vinsátim/bhadram bhala tyasyā abhūd yasya udaram āmayad visuasmād indra uttaraḥ。据 Theodor Aufrecht 德文本：*Die Hymnen des Rigveda* Ⅱ，381 页，最后一句提 Indra 之名，全诗各章皆同。

能仁菩萨化乘白象来就母胎。……十月已满，太子身成，到四月七日……夫人举树枝，便从右胁生堕地，行七步举手而言：天上天下，唯我独尊。①

吴支谦译《佛说太子瑞应本起经》卷上：

菩萨初下，化乘白象，冠日之精，因母昼寝而示梦焉。从右胁入，夫人梦寤，……到四月八日夜晚星出时，化从右胁生，堕地，即行七步。②

西晋竺法护译《普曜经二·降神处胎品》：

佛语比丘：于时菩萨坐于宝净交露棚阁处，妙后右胁所坐宝净棚阁殊妙栴檀而香薰之。……以是之故，菩萨处其右胁。……

又《欲生时三十二瑞品》：

尔时菩萨从右胁生，忽然见身住宝莲华，堕地行七步，显扬梵音。

唐地婆诃罗译《方广大庄严经·处胎品第六》：

尔时菩萨以大严三昧威神力故，令彼一切宝殿中，悉现摩耶圣后之身，皆有菩萨于母右胁结加趺坐。……

又《诞生品第七》：

偈言：……彼人中师子，当出母右胁，……遵师所下足，瑞莲随步起。……佛告诸比丘，菩萨生已，圣母右胁平复如故。……

佛陀从圣母右胁生出来的怪诞行为，法国富莎（A. Foucher）研究佛祖事迹，指出这是源于《梨俱吠陀》中大神 Indra 的故事所演变。

---

① 《大正藏》三，463 页下。

② 《大正藏》三，473 页中—下。

二、胁生神话在中国

欧洲学人似乎认为这种圣哲从胁生出来的奇迹，是印欧语系民族丰富神话中的特有形态。其实，华夏古史亦有同样的传说，有关古代火正祝融的子孙，即从左、右胁分别出生。《世本》云：

> 陆终氏娶于鬼方氏之妹，谓之女嬇。生六子，孕而不育，三年，启其左胁，三人出焉，启其右胁，三人出焉。①

《水经·洧水注》引《世本》此条，文字稍有歧异。《太平御览》卷三六一“产”条，亦引此条，而注出处为《帝系》，则此条实出于《大戴礼记·帝系》，全文云：

> 颛顼娶于滕奔氏，滕奔氏之子，谓之女禄氏，产老童。老童娶于竭水氏，竭水氏之子谓之高緺氏，产重黎及吴回。吴回氏产陆终。陆终氏娶于鬼方氏，鬼方氏之妹谓之女隤氏，产六子，孕而不粥。三年，启其左胁，六人出焉。其一曰樊，是为昆吾。其二曰惠连，是为参胡。其三曰篯，是为彭祖。其四曰莱言，是为云（妘）郐人。其五曰安，是为曹姓。其六曰季连，是为芈姓。……

《国语·郑语》则称为祝融八姓，出于周幽王时，郑桓公和史伯的对话，云：

> 祝融……其后八姓，于周未有侯伯，……昆吾为夏伯矣，大彭、豕韦为商伯矣，当周未有。己姓……董姓……则夏灭之矣。彭姓彭祖……则商灭之矣。秃姓舟人则周灭之矣。妘姓……曹姓……皆为采卫，或在王室，或在夷狄，莫之数也，而又无令闻，必不兴矣。斟姓无后。融之兴者，其在芈姓乎！

这里所举，虽有八姓，但因秃姓是彭姓之别支，斟姓是曹姓之别支，实得只

---

① 《太平御览》卷三七一“胁”条引，见中华书局影印宋本，1712页。

有六姓。《大戴礼》但举其六，与《世本》的称六子正相符合。《史记·楚世家》祖述“帝系”，谓吴回、重黎皆号曰祝融。《太平御览》卷三六一“产”条引《楚世家》则云：

吴回生陆终，陆终生六子，坼副而生焉。

但言“坼副”，而不如《世本》分为左右胁，《帝系》只作左胁。诸说大致差异如此。兹列其世系如下：

祝融八姓，为己、董、彭、秃、妘、曹、斟、芈。祝融是古代的火正，《周语》云：“夏之兴也，融降于崇山。”春秋时梓慎说：“郑为祝融之墟”（见《左传·昭公十七年》）。祝融的活动中心，似乎先在中原。他的后人，“或在王室，或在夷狄”，分布各地。《郑语》说，秃姓舟人为周所灭，斟姓无后，这些都是蕞尔小姓，只有楚的芈姓为大姓，其中又分为（1）芈姓：夔越，（2）夔芈及（3）荆芈三系。夔指四川东部之夔，属于越系，称曰夔越。又有蛮中之蛮芈，别于荆楚之芈，未详所指。诸姓以荆地之芈，后来崛兴，成为南方之大国。

《帝系》所述，一向被目为荒诞神话，不足重视。近年出土遗物甲骨、简帛，逐渐证实其中所言非尽出于子虚乌有。《包山楚简》二三七云：

罷祷楚先老僮、祝融、媸酓各两羖，亯祭、篙之高丘、下丘各一全豢。

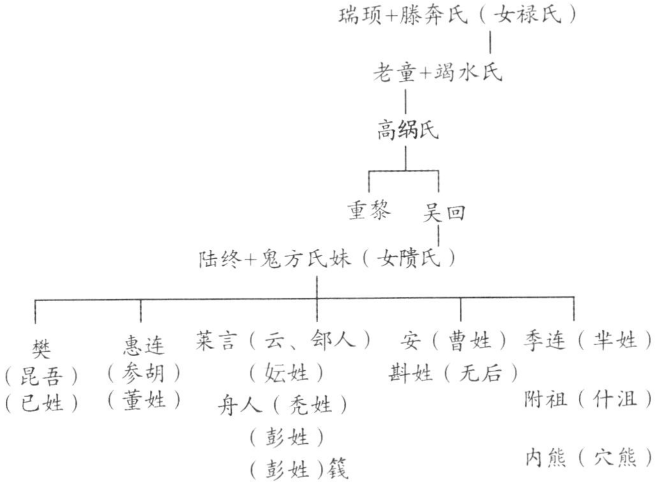

楚人祷祀于其先世，列出老僮、祝融、媸酓（熊）三位之名。陆终之名已见于《邾公釛钟铭》：“陆韢之孙邾公釛……自作禾钟”，详王国维跋。[①]

上表中之人物，有若干新资料可补证者：

滕奔（坟）氏

《山海经·大荒西经》郭璞注引《世本》作滕瑱氏：“颛顼娶于滕瑱氏，谓之女禄，产老童。”《世本》曰：“颛顼娶于胜坟氏之子，谓之女禄，是生老童。”“胜坟氏”下宋衷注曰国名，《帝系》云滕奔氏，禄同（见《太平御览》卷一三五皇亲部引）。一作坟又一作瑱，胜又是滕之异写。朱学浩定滕瑻应读为滕坟，其说曰：

> 滕字从水，以河坟、汝坟、淮坟例之，当亦水名。……涌水在今江陵县东南监利县，流入夏水之支流也。……高阳为楚先，娶于涌坟，地望亦合。（姜亮夫《说高阳》引）[②]

《大戴礼·帝系》一本又作“滕隍氏”。按《说文·水部》：

> 涌，滕也，从水，甬声。一曰涌水，在楚国。
>
> 滕，水超涌也。从水，朕声。

“滕”与“涌”二字皆从水而互训，故滕读为从水之滕，则与涌同义。涌，《汗简》引庾俨《演说文》作𩃟。扬雄《方言》：“沅、涌、澋、幽之语。”注云：“涌，今南郡华容县。”

滕奔氏这一氏族，各本异文最多，计有滕瑱氏、滕瑱氏、滕渍氏、胜渍氏诸不同写法，而以滕坟氏之写法最为可取。由于滕和涌二字互用，知其地即楚郡的涌。殷卜辞有地名曰“甫”：

> 丁卯贞，呼𤰈白（伯）（《甲骨文合集》二三九六）

《甲骨刻辞类纂》释为从用从土。又有堲地：

---

① 见《观堂集林》卷十八，894页。

② 见姜亮夫：《楚辞学论文集》，72页。

……弗……克𡍮……弜乇（《英国所藏甲骨集》三二六）

癸丑卜㱿，其克𡕒（《甲骨文合集》七〇二四）

克𡕒（《甲骨文合集》二二四〇五）

丁卯，克𡕒（《英国所藏甲骨集》一八一八）

壬寅卜……贞……逆𢀛……正（征）幸（《甲骨文合集》七〇五四）

殷代有克𡕒之役，又有𡍮伯之封。𡍮地所在是否即涌水流域，虽无实证，然以盘龙城出土商代遗物证之，殷人势力及于楚境，当无疑问。縢坟氏之为涌坟氏，乃是老僮的母亲。卜辞复有㝐字，辞云：“于㝐，又雨，吉。”（《甲骨文合集》三〇二四七）所有甬、𡕒、㝐诸地都以用为声符，盖一字之异写。《类篇》土部：“埇，地名，在江淮间。”以《史记》言“三苗在江淮州”句例之，埇为楚地，可信。古縢坟氏殆即食采于此。

老童

《包山楚简》作老僮。《山海经·西山经》：“騩山，神耆童居之。”郭璞注：“耆童，老童，颛顼之子。”《史记·楚世家》：“高阳生称，称生卷章。”《集解》引谯周云：“老童即卷章。”谯说或出自《古史考》，卷章是老童的形讹。耆又老之异形，当从《包山简》，以老僮为是。《望山简》作老禮，字从示。

祝融

《史记·楚世家》云，祝融为重黎、吴回之号，是火正之官。祝融一名，子弹库《楚帛书》云：“炎帝乃命祝𬂿（融）”，故《月令》谓祝融为炎帝之佐。《江陵楚简》有宫陞𧊒。《包山楚简》作𥘵陞𧊒，诸融字写法微异，而皆从虫。从楚国各地出土文献看来，祝融为楚先，盖是事实。

陆终氏

邾公钘钟“陆𩡊之孙”，又𤸫钟作𩡊，所从之𩫖为古墉字，宜隶定作𩡊。王国维以同音求之，谓陆𩡊即陆终，其说久已为人所承认。但陆𩡊一名至今仅此一见。祝融亦作祝庸。

内熊

内熊为《史记·楚世家》所见楚祖先以熊为名之第一人。《包山楚简》二见于祝融之下者为媸酓其人，酓借为熊不成问题。李学勤先生以音求之，释媸酓为鬻熊。按清雷学淇谓楚先有三鬻熊，其一乃唐玄宗诏祀夏禹于安邑，以宗伯鬻熊秩宗伯夷配祀者，此鬻熊在虞、夏之际，即此穴熊也。其一即年九十而见文王师事之者，是在商周之际。其一则渠之孙熊严，当汾王之世。《潜夫论》亦谓之鬻熊也。胡玉缙谓：“熊为周师以功德受封，当与周京近。”鬻熊所封之丹阳宜在丹淅之丹阳。[①] 从上述二家之说看来，以嫿熊为鬻熊，尚有可疑之处。愚以为《包山楚简》之“嫿熊”以内熊当之较妥，理由有二。一、嫿字又见《包山楚简》三五，文云：“乙酉之日，不逆嫿以廷，升门又败。”此类句型甚多，“不逆嫿以廷”句，以鬻字读之未安。二、陆蝩之为陆终，祝蝩之为祝融，均从重虫之蚰。楚文字人名在包山简中如万之作蠆亦然。嫿字主要声符为“女”。古有女氏，张澍之《粹集补注世本》姓氏篇女氏引陆贾《新语》说：

> 天皇封弟㑌于汝水之阳，后为天子，因称女皇，其后称女氏。夏有女艾，商有女鸠、女方。（按今本《新语》未见此文）

嫿字从女，应为地名。

《帝系》称“付祖氏产穴熊”。各本“付”作“什”，“穴”作“内”。清人戴震校、汪照校俱改“内”作“穴”，“什”作“付”。余谓蜀有什邡，作“什”未必非，近时四川什邡县出土船棺墓葬有“什方雄王”印章二枚[②]，可以为证。“内”与“女”二字音较近，女有女氏，故内熊之“内”未必是误字。又内字金文作內、內，与“穴”形近，疑穴熊以作内熊为是。

《世本》源于周代史官的记录。太史公极重其书，加以采用。像殷代诸帝和世系，得到甲骨文的证实，完全可靠。楚的先代，得《包山楚简》、《望山楚简》与铜器铭文的互验，亦非出自臆说，都是绰有根据的。

三、坼副与感生说

《史记·楚世家》谓：“陆终六子，坼副而生。”坼副一语出自《诗·大

---

① 参见王树枏撰：《校正大戴礼记补注》和胡玉缙：《许庼学林》“鬻熊封于楚辨”。

② 郑绪滔：《什邡船棺葬出土一枚“十方雄王”印章》，载《四川文物》，1994（5），43页；冯广宏、王家祐：《什邡巴蜀印文考义》，载《四川文物》，1996（3），3页。

雅·生民篇》，记后稷母履大人之迹而生稷，“不拆不副”。《说文·土部》：“坼（拆），裂也。《诗》曰：‘不坼不䮌。’”又《说文·刀部》：“副，判也。《周礼》曰：‘副，辜祭。’䮌，籀文副从畐。”字从重畐，䮌乃籀文。今《毛诗》作“不副”，副与䮌原是一字。

夏、殷的祖先，汉人都说是拆䮌而生，略举其说如下：

董仲舒《春秋繁露·三代改制·质文篇》：“禹生发于背……契生发于胸。”

扬雄《蜀王本纪》：“禹母吞珠，孕禹，拆堛而生于（广柔）县。”（《太平御览》卷八二皇王部引）

《淮南子·修务训》：“禹生于石，契生于卵。”高诱注曰：“禹母修己感石而生禹，折胸而出。”又云：“契母……吞燕卵而生契，愊背而出。”

晋皇甫谧《帝王世纪》：“伯禹，夏后氏，姒姓也。母曰修己，见流星贯昴，梦接意感，又吞神珠薏苡，胸拆而生禹于石纽。”（《太平御览》卷八二，皇王部引）

王充《论衡·奇怪篇》：“儒者称圣人之生，不因人气，更禀精于天。禹母吞薏苡而生禹，故夏姓曰姒；卨母吞燕卵而生卨，故殷姓曰子；后稷母履大人迹而生后稷，故周姓曰姬。《诗》曰：‘不拆不副，是生后稷。’说者又曰：‘禹卨逆生，闿母背而出，后稷顺生，不拆不副。’不感动母体，故曰不拆不副。逆生者子孙逆死；顺生者子孙顺亡。故桀纣诛死，赧王夺邑。言之有头足，故人信其说。”

《诗·生民》当然是周人的作品，诗咏后稷诞生的故事，已用到“拆”、“䮌”的字眼，董仲舒用“发于胸、发于背”解释之。显然是指禹、契母亲生彼二人之事。此诗用拆䮌二字与陆终六子拆䮌而生，所指相同。从此诗本身论之，周人对于后稷母姜嫄见巨人迹，践之身动如孕，但不是逆生，故云“不拆不副”。太史公在《史记·周本纪》所述，全用《诗》义。司马贞《索隐》引《诗》释之，谓“是其事也”，是矣。《生民》诗说“稷之生，不拆不䮌”，亦是事实。由是言之，似周人写此诗时，禹、契拆䮌而生的事，早已为人所传诵，非汉代始有之。《生民》诗中“履帝武敏歆”一句，毛《传》的解释云：“帝，高辛氏之帝也。武，迹。敏，疾也。从于帝而见于天。将事齐敏也。歆，飨。”与郑玄的笺义不同。毛以帝指高辛氏，郑则以圣人皆感天而生，故以“帝”为上帝。胡玉缙谓诸家以为感生者，非直诗人所不及知，即毛公生于六国时，其作《诂训传》，亦未必闻其说。[1] 但对诗中有“不坼不副”之语，如何理解？仍难以圆其说。

王充不信感生说，从另一解训坼副为逆生，逆生当如《左传》郑庄公的“寤生”，寤与啎二字同，《说文》：“啎，逆也。”此处逆生指难产。黄生《义府》及刘氏《左传疏证》皆用其说。但和坼副的取义不同。

《诗·生民》疏引许慎《五经异义》云：“《诗》齐、鲁、韩，《春秋》公羊说，圣人皆无父，感天而生。左氏说：圣人皆有父。……玄之闻也。……《商颂》曰：‘天命玄鸟，降而生商。’谓娀简吞鳦子生契，是圣人感生见于经之明文。”按此为郑玄主感天生说之依据。许君造《说文》，亦用其说。“女部”姓字下云：“姓，人所生也。古之神圣母感天而生子，故称天子。”王充言“儒者称圣人之生，不因人气，更禀精于天”，儒者指三家诗及公羊家言。自哀、平以后，纬书盛行，对于古代伟大人物的圣王，开国之君，无不认为是感天而生。于是感星、感龙等说，纷然而起：

> 瑶光之星……感女枢幽房之宫，生黑帝颛顼。（《太平御览》卷七九引《河图》）
>
> 任已感龙生帝魁。（《太平御览》卷七八引《孝经钩命决》）
>
> 修纪山行，见流星，意感栗然，生姒戎文禹。（《太平御览》卷八二引《尚书帝命验》）
>
> 大迹出雷泽，华胥履之，生伏牺。（《太平御览》卷七八引《诗含神雾》）

此类大抵出于纬候，不能一一尽录。这种神秘不可思议的所谓“神圣人母”感天而生子的异论，充斥于谶纬之书，极盛于东汉，许多大儒受其诱惑，直到后来魏世王肃方大加驳斥，形成经学史上郑、王两派神统与人统之歧说，殊途而不同归。

感生说的真正来源，至今还是一个古史上不能解决的难题。夏禹、商契的传说，成为汉人讨论的热门问题。祝融的后代陆终坼副胁生的故事，则颇为冷落，始终无人过问。最有趣的是陆终的妻子竟是外族鬼方氏的女儿女隤。鬼方者，《逸周书·王会篇》称“正西鬼亲”，殷高宗伐鬼方耗时三年。周王

---

① 胡玉缙：《诗履帝武敏歆辨》，见《许庼学林》，34页。

季伐西落鬼戎。纣之三公有鬼侯，似迁徙至邺西。纣乱天下，脯鬼侯以飨诸侯。鬼方后为隗姓，女隤实即女隗，春秋时为赤狄别种，铜器以媿氏命名者有二十种之多。鬼方之族，久已散居西北各地，汉人以为即先零羌。夏禹兴于西羌，其母亦有坼疈发于背而生禹之传说，禹与陆终之年代，尚难定其先后，然皆出自羌俗，则胁生之事，初肇自羌戎，后乃流传入于中夏也。

印度大神 Indra 与佛陀，都有胁生传说。《梨俱吠陀》谓此为生育之一方式。未必不利于其生母。Indra 自言："余即自胁之宽广处出来的!"（梵文原本云：nākam〔余〕ato nir aya durgahaitat〔长〕tiras-Catā〔从〕Pārsvan〔胁〕nir gamāni〔出〕）大神、大圣乃能有此种异迹，常人安得有之，于是传播为瑞征。佛陀的母亲摩耶夫人，父亲是净饭王，双亲俱在（净饭王梵名 Suddhodana，意思是"洁净的乳粥"），并非感天而生。Indra 是古代南亚地区的万能大神，他是从胁生出来的神圣人物。《梨俱吠陀》诗人为之咏歌，传诵四方，佛陀的胁生传说，即由他而起，诚如富莎之说，借 Indra 的奇迹来增高佛陀的地位和神秘性，自然是说得通的。《梨俱吠陀》的年代，可能在大约公元前 2000 年，最初流行于印度的 Kābul 与 Panjāb 一带。① 公元前 1000 年前期，西北的新疆塞种人成为主要居民，即所谓 Scythian，查 Elam 文作 šá-ak-ga，AKK 文作 gi-mi（r）-ri。其族既与 medes 及波斯人破灭尼尼微，更与波斯之 Achaemenids 王朝（公元前 550—前 332）相抗衡。其后战败臣服，成为波斯帝国之一省（Scythia）。用希腊文写之 med 文 óπāka（Herod l，110），其义为犬②，与华所称之犬戎，或者有点关系。鬼方很难证明是何种族，但居于西北，与塞种人必多所接触。鬼方古有胁生传说，何以和"吠陀"一样？其渊源正极可寻味。

希伯来人《创世记》第 2 章 22"耶和华"为男人造配偶，"取下他的一条肋骨，又把肉合起来。耶和华就用那人身上所取的肋骨，造成一个女人。"肋骨是胁的部分。胁可生人，亦可造人，中外神话有它的偶然相同的地方。

至若大神大圣的诞生，汉代盛行无父感天之说，证以高祖之生，其母刘媪梦与神遇，遂生高祖，可见由来甚早，故三家诗及公羊家皆主之。基督诞生，亦是同样的情形，此其所以为神，不与人相同。把开国的圣人升格为神，加以神化，感生说的主张者用意恐怕如此。班彪著《王命论》，即其一例。这

① C. R. Lanman：*A Sanskrit Reader*，353 页，采 Whifrey、Ludwig 诸人之说。

② Roland G. Kent：*Old Persian*（Lexicon），209 页，Saka 条。

可能是对历史人物的一种解释。《创世记》第1章26、27有两句非常重要的话：

Ⅰ·26 And God said let us make man in our Images，according to our likeness.

Ⅰ·27 And God created the man in his own images，in the image of God. He created him……

Images 和 Likeness 二字在希伯来文是 ṣeḷeṃ 及 demût。上帝造人，是按照上帝的 images（意像）来做，取其 likeness（相像）。关于这个问题，久已有专家详细讨论过。[①]

希伯来传说，人生下来，虽带有原罪，可是上帝对人仍是非常关怀，我们追溯西亚的史诗如 Enûma Elish，Gilgamesh，Erra 等，人是从罪人身上沥血和土制成的，人是神的仆人，人因为过于谍闹，为神厌恶，故神振滔洪水来把人淹死。[②] 人的地位甚低。西亚的统治者尽量把他自己抬高成为神的形象，有人说过，在《圣经》的《创世记》中，人是依照神的形象来创造的。可是在巴比伦，似反其道而行，乃是就人的形象来创造他们的神（In genesis，man is created in the images of Gods but in Babylonians created their Gods in images of man）[③]，这几句话非常精警。西亚人把统治者塑造成为至高无上的神，在阿卡特文（ACC）中，images 是 Salmu，西亚文献中出现极多，但此字却不见于以色列王室所用。这是他们宗教与政治分歧的地方。

中国古代没有史诗，无法与近东各地作详细的比较。通过殷代甲骨文的记录，得知殷代有“神帝”[④] 掌握自然界的一切活动，可以命令风雨雷霆，祸福于人。杀牲祭祀，正如西亚的 tērētnigi（sacrifies），又有贞卜的人物，如西亚的 bārū（seer）与 mašmašu（diviner）。西亚人用羊肝占卜，殷人用龟，亦兼用筮卦。烦琐的礼节和祭祀上的惊人浪费，造成进步的障碍，最后成为神的俘虏[⑤]，其后果和巴比伦王朝完全一样。波斯帝国的崛起与周人的代殷，情

① 参看 J. Maxwell Millers：“In the Image and likeness of God”（*Journal of Biblical Literature*，1972）。

② 人类谍闹，见于 AKK 文，即 hubūru 与 Rigmus。因之，上帝引洪水（abūbu＝deluge）为灾。西亚史诗，常见此说。

③ 见 Alexader Heidel：*The Babylonians Genesis*。

④ 神帝一词见《庄子·大宗师》：“神鬼神帝，生天生地。”

⑤ 参看 E. A. Speiser：“*Ancient Mesopotamia*”，载 *The Idea of History in the Ancient Near East*，72页。

形很相似。大流士一世建国，承其父 Cyrus 之洪业，Cyrus 于公元前 539 年克巴比伦，以有道代替无道，抚有四方，用理万民（其圆筒刻石谓“He constantly sought often order and equity for the black-headed people…”），有 Father 之美誉。所谓 Black-headed people 者，即秦人之“黔首”也。始皇二十六年统一天下，刻石颂德，分立三十六郡，更民名曰黔首。颇疑远受到波斯分省制度之影响，而“黔首”一名则承袭西亚之旧称。[①] 秦祚短促，汉氏代兴，谶纬家乘时造论，《河图》、《雒书灵准听》一系列带神秘性之说朋兴，感天而生之说遂为人所乐道。董仲舒对策中说：“《书》曰：‘白鱼入于王舟，有火复于王屋，流为乌。’此盖受命之符也。”（《汉书·董仲舒传》）《公羊传·哀公十四年》何休《解诂》引《春秋演孔图》有鲁端门赤乌之说。然在此之前，《墨子·非攻篇》已言：“赤雀衔珪之岐社，曰：命周文王伐于殷。”（见《太平御览》卷八四，皇王部引文）波斯之以“胁”为其国名，未必尽如 P 教授所推测；然以胁生为机祥之佳兆（omen），与赤雀衔珪，其理同符，中外有其共通之处，读史者贵能比勘同异，推究其理，于远古“依鬼神以制义”之故，亦可以思过半矣。

补记

《玄中记》（《太平御览》三六〇“产”引）丈夫民条，记殷代大戊时有王英产子二人从背胁间出。《史记·楚世家》裴骃《集解》引干宝说：“魏黄初五年，汝南屈雍妻王氏生男儿从右胳，下水腹上出……以今况古，固知注记者之不妄也。”证明确有其事。《晋书》卷九七焉耆国载：太康中，其王龙安夫人狯胡之女，妊身十二月，剖胁生子曰会。亦有实事可征。此妇产科难产剖腹每援以作实例。又《御览》引《神仙传》述老子割左腋而生，法琳《辩正论》著其事，其说晚出，故兹不论，略加补识如上。

---

① 黔首一名，米索不达美亚文献十分普遍，特别见于《诗篇》，即所谓（nišū），Ṣalmāt qeqqadi ＝Dark-headed（people），如“Poem of Erra”开端即云：（Oh）〔king〕 of all dwelling - places，Creater of the uni 〔verse，. . . 〕，Hendursanga，the first - bo [rn] of Enlil . . . Holder of the lofty sceptre，guardian of the Dark-headed（people）是其著例，兹据 Luigi Cagni 1977 年英译本。

盘古图考

——述唐宋人所见东汉蜀地刻绘“盘古”的壁画

盘古一名之出现，向来以为徐整之《三五历记》所载为最早。[1] 考王羲之《十七帖》之一云：“知有汉时讲堂在，是汉何帝时立此？知画三皇五帝以来备有，画又精妙，甚可观也。彼有能画者不？欲因摹取，当可得不？”羲之不特“书为古今之冠冕，丹青亦妙”[2]。故于周抚在益州时，托其调查汉时所画之三皇五帝。汉时讲堂，即汉景帝时，蜀守文翁所建者也。[3] 唐益州学馆庙记残碑云：

> ……文翁〔为蜀郡〕守，〔始趋〕文学……时〔逢〕百六，烈火□灾，〔堂及〕……〔唯〕石室独存。至
>
> 〔汉兴〕平元〔年　岁〕……名堂为周公礼殿，其……
>
> 堂〔壁〕上图画上古盘古李老□□、历代帝王之像。梁上画仲尼〔及〕七十〔二……〕，中益州〔刺〕史张〔收所画〕，今检□〔皆〕……〔楹有画〕更〔精〕妙，甚可观。……益州刺史刘悛所〔画〕耳，……时

---

① 吕思勉于《先秦史》及《读史札记》盘古考中引用《三五历记》及《五运历年记》，皆从清马骕《绎史》转引。其言《三五历记》之说窃自印度，而未能直接引据梵书加以申证。详细见拙作《选堂集林·史林》，311 页。

② 语见《历代名画记》卷五《王羲之传》，111 页。包世臣《十七帖疏证》手写本。

③ 见《汉书》卷八十九，《循吏传》第五十九《文翁传》。

火德寝微，天下丧乱，西蜀僻远，年号不通，故仍取旧名为初平五年也。四年岁在癸〔酉〕，五年岁〔在甲戌〕……汉书年历兴平元年，岁在甲戌，乃与铭记相符。……（见《八琼室金石补正》卷三五）

此碑乃唐永徽元年庚戌二月立。碑阴题：“成都县今上骑〔都尉〕琅邪颜有意。”末行“此记贺遂亮撰。”惟残缺过甚，兹据台北“中研院”藏碑拓本列03378号校录。宋黄休复《益州名画录》下“无画有名”条云：

《益州学馆记》云：献帝兴平元年，陈留高朕为益州太守，更葺成都玉堂石室，东别创一石室，自为周公礼殿。其壁上图画上古、盘古、李老等神，及历代帝王之像，梁上又画仲尼七十二弟子、三皇以来名臣。耆旧云：西晋太康中益州刺史张收笔。古有益州学堂图。刘瑱，齐永明十年，成都刺史刘悛，再修玉堂礼殿。……悛弟瑱……时推妙手，画仲尼四科十哲像，拜车服礼器，今已重妆别画，无旧踪矣。

其引证之文字，颇为完整，可据以补《益州学馆庙记》中之缺字，最为难得。黄休复时，文翁石室已经后人叠次重妆，故东汉所绘盘古各图，均无可踪迹。故列于“无画有名”之类。

《元和郡县图志》三十一成都县：“南外城中有文翁学堂，一名周公礼殿。”《华阳国志》云：“文翁立学精舍讲堂作石室，一曰玉堂。”李膺《（蜀）记》云：“后汉中平中，火延学观，厢廊一时荡尽，唯此堂火焰不及。构制虽古，而巧异特奇。壁上悉图古之圣贤，梁上则刻文宣及七十弟子。齐永明中，刘瑱图焉。朱龄石平谯纵，勒宋武帝檄文于石壁之室，代王更以丹青增饰古画，仍加豆卢辨、苏绰之像。”（768页）此石室历经增修，蔚为蜀中美术宝库，其事屡见于文人记述，目为奇迹。楼钥《秋涧大全文集》卷七十二，有《汉文翁讲室画像题跋》云：

余读汉魏五书云“成都有汉文翁高朕石室，壁间刻三皇五帝以来圣贤画像，蜀太守张收笔也”收献帝时人。近过刘氏家塾，遂获其本。盖自盘古氏以下，至仲尼七十弟子百一十三人，画极精妙简古，经千有余岁无丝发剥壤，非神物护持畴克尔邪？后有东坡所临王逸少欲摹帖，气韵豪逸，有颜鲁公风格。再四展观，悚然起敬，令人有振缨希古之想，真奇迹也。

所谓“汉魏五书”，其中一种为《汉官仪》，楼氏别有《读汉魏五书》一文详之。楼于刘氏家塾获见此文翁讲堂高朕石室刻画像本。正以盘古氏为首。既云“壁间刻三皇五帝”，而李膺《蜀记》则云“梁上刻文宣及七十弟子”，是出于石刻，以高朕所构原为石室也，楼钥所见，当是旧拓本。称其画“极精妙简古”、“无丝发剥坏”，则黄休复所未获睹者，楼钥竟能见到！楼氏亦指出此画像出自蜀太守张收笔。画家张收为何人？向未闻有考证之者。按左思作《三都赋》，尝造张载问岷蜀事。《晋书·载传》云：“载父收，蜀郡太守。载，太康中，至蜀省父，经剑阁，因作铭，益州刺史张敏见而奇之，表上其文。”则张收乃载之父也。勘以《晋书》，收实尝官蜀郡太守。从贺氏《益州学馆庙记》，汉献帝兴平元年，高朕所建之周公礼殿，其壁上即绘有盘古，与李老诸神并列。是盘古之名，汉末已有之，且形之壁画。兴平元年甲戌，即公元194年。

张收所画，殆是仲尼七十二弟子及三皇以来名臣。《益州耆旧》所传言如此，当北宋初黄休复时，收所画已经被重妆。至南齐时刘悛所画者，唐高宗时尚存，北宋亦被重妆别画，不可复见。刘悛之弟刘瑱，画妇人最佳，见《历代名画记》，瑱兄即刘绘，其事具见《南齐书·绘传》，张收及刘悛，张彦远书无其名，应据补入。

傜区传世之盘王图，湖南有宋之盘王图，桂北有清之盘王图①，皆晚近之作。由贺氏记所志，知以盘古作图，汉末蜀中已流行，则盘古之神话，最迟必产生于东汉以前。

《历代名画记·述古之秘画珍图》下有《益州学堂图》共十，云“画古圣帝贤臣七十子，后代又增汉、晋帝王名臣，蜀之贤相牧守，似东晋时人所撰。”此即本诸张收之笔。上文所考，可为张爰宾此书作一注语。

徐整《三五历记》云：“天地混沌如鸡子，盘古生其中，万八千岁。……”此文见《艺文类聚》卷一所引。整为三国吴人。《隋书·经籍志》云：“《毛诗谱》三卷，吴太常卿徐整撰。”《经典释文》序录：“郑玄《诗谱》二卷”，下云：“徐整《畅》，太叔裘《隐》。”《隋志》又有《毛诗谱》二卷“太叔求及刘炫注。”徐整乃畅演康成之谱，与太叔求（即裘）齐名。《隋志》

① 见岳麓书社出版《盘王大歌》上集卷首。

梁有《三五历说》，图一卷，亡。不著撰人。此如即徐整之书，则《三五历记》原兼有图一卷，盘古图必在其列。整字文操，江西豫章人。

总之，盘古有图，且施之壁画，在徐整以前早已存在。任昉《述异记》称盘古氏有秦汉间俗说，是盘古神话，由来远矣。

补记

文翁讲堂碑，具详施蛰存《水经注碑录》卷十。本文所引，可补其不逮。高朕石室题字，现存有残泐，题名六段，详施氏记。

谈古代神明的性别

——东母西母说

西方文字有性别之区分，古代神性亦分男女，由 gender 可以见之。汉土神明的性别，未见有人讨论。本文以东母西母为例，说明其自殷以后历战国秦汉演变之情形，指出东西母的命名，和日神之关系。《楚辞》言及东皇西皇，东皇指太昊，西皇指少昊，只是男性，此后再配以东母、西母。至于区别为东皇公、西皇母则起于战国，三国以来地契亦盛行之，纬书有《地母经》，唐代又有“大地婆父”一神，混合阴阳二性，尤为奇特。

关于古代神明的性别（gender）区分问题，是极有趣味而值得去详细讨论的。印度《吠陀经》中，诸神地位之升降与性别的区分，法国 Abel Bergaigne 在他的法文巨著《吠陀宗教》第二册已有深入的分析。

西亚巨神 Annu 与太阳神 Marduk 有时亦会成为阴性。吾国东方民族初祀女神为女性，辽宁红山文化发现的女神塑像可为证明。殷代祀东母西母亦然。到了战国，楚人称东皇西皇变为阳性，以后便把东王公配西王母，阴阳西东，秩然而不紊矣。兹分期表如下：

第一期（红山文化期）	母（女神）		
第二期（殷）	东母	西母	王母
第三期（战国）	东皇	西皇	西王母
第四期（秦汉）	东皇公（阳）		西王母（阴）

殷代祀典有东母，显然是女神，属于东方方位的神明。自辽宁发现女神陶塑头部，其祭坛结构亦犁然大明，辽东女神庙的女神，和殷代东母的来历也许有一点渊源。

卜辞关于东母的记载多条，录之如下：

己酉卜㱿贞：賁于东母，九牛。（《合》一四三三七正）

贞尞于东母，三牛。（《后编》上二三，七）（《海外》一，三）（《合》一四三三八）

尞于东母……豕三豕三（《铁》一四三，二）（《合》一四三四一）

贞尞于东母，三豕。（《卜》一，二）（《合》一四三四〇）

贞㞢于东母（《粹》七，七）（《合》一四七六一）

贞于东母㞢……（《林》一，二二，二）（《合》一四三三六）

……于东母（《掇》二九七）（《合》一四三四三）

贞尞……东母……黄……（《合》一四三四二）

（另有东圙母一词，母上一文很难定为何字，暂从略。）

贞人记名者有㱿、亘，是属于武丁时代，其时举行东母的祭祀。祭礼有：賁、㞢（侑），用牲多至九牛，颇为隆重。《魏书·东夷传》云："……夫余国……杀牛祭天，以其蹄占吉凶……"东方的夷人自来即有杀牛的典礼。

殷人亦祀西母，亦有把东母、西母一齐合祭，卜辞所见只有二条：

壬申卜贞，㞢于东母、西母，若。（《合》一四三三五；《后》上六，五）

贞于西母酢帝（禘）（《合》一四三四五）

他辞又见"王母"一名：

贞：乎王女（母），兴（《合》五五七）

……卜㞢贞：乎肇，王母来。（《丙编》六六，填朱）

卜辞又有"东保"一名，其辞如下：

……七□丰，东保用。叀，叀东保。（《屯南》四五七二）

西母、王母是否即西王母，不敢遽定。《易·晋六二》："受兹介福于其王母"已有王母之名。《尔雅·释地》，西王母为古代四荒之一。《荀子·大略》言禹学于西王国，《论衡·无形篇》禹益见西王母，今本《竹书纪年》称："殷大戊征西王母。"此说如果可信的话，殷人势力已远及今甘肃泾阳或酒泉，自是可能之事。此二地皆有西王母遗迹。《元和郡县志·陇右道·酒泉》称："昆仑山去县西八十里，周穆王见西王母，乐而忘政，即此山。"（1023页）

东西母与日神有密切关系，《史记·赵世家》言："周缪王使造父御，西巡狩，见西王母。"《索隐》云："谯周不信此事，而云：'余尝闻之。代俗以东、西、阴、阳所出入，宗其神谓之王父母，或曰：地名在西域，有何据乎？'"

据上所述，古时山西代地曾称呼东西阴阳所出入之神曰王父母。出入即指日之出入，日起于东，而没于西，卜辞谓之"出入日"。上文所记，殷契有王母，而未有王父，有西母而未见西王母，而乃有东母西母之联称，如以代地风俗之例说之，东母西母亦可以指日之东西出入。考日在秦汉时亦被称为日母，枚乘《七发》云：

神归日母。

是其证。红山女神，我疑心原是日神。《文选》李善注引《春秋内事》云："日者阳德之母。"以日属之阴性，古有此说。《山海经》称月为月母。《大荒东经》有"女和（娲）月母之国。"若以母为称呼女神，分配于东西，是为东母、西母。是时尚无东王，而只有东母。

到了战国，东皇、西皇都出现了。《楚辞·九歌》有"东皇太一"，《离骚》云："诏西皇使涉予"。《远游》亦言"过蓐收于西皇"。则东皇、西皇均是阳性矣。王逸注："西皇即少昊"。《明堂月令》五帝有太昊、少昊。王嘉《拾遗记》云："其明睿照于八区，是谓太昊。"《左传·僖公二十一年》：

任、宿、须句、颛臾，风姓也，实司太皞与有济之祀，以服事诸夏。

在马王堆出土的刑德九宫图，东方木为大皋，西方金为〔少〕（大）皋，见于《长沙子弹库帛书》余月作少杲。马王堆三号墓《五星占》作东大浩、西少浩，“浩”乃是“皓”的异写，皓、皞均指日光。西周墙盘云：

昊召（照）亡旲（斁）。

《荀子》杨倞注《赋篇》“皓天”云：“皓与昊同”，《尔雅·释诂》：“皓，光也。”帛书以少杲为少昊，以是知东皇、西皇原指日神，可以配东母、西母，表之如次：

	男性	女性
东		
	东皇太昊 （大皋大浩）	东母

《荀子·正论》云：

何世而无嵬？何时而无琐？自太皞、燧人莫不有也。

以太皞与燧人并列，为较早之记载。

西		
	西皇少昊 （〔少〕皋、少浩）	西母

至以东西分配阴阳，其事似起于战国。《吴越春秋》九记大夫种所陈九术之首，一曰尊天事鬼以求其物：

立东郊以祭阳，名曰东皇公
立西郊以祭阴，名曰西王母

此即谯周所谓东西阴阳者，东方为阳而西方为阴，以日之出入区别之，是不独赵、代之俗为然，且行于越地矣。《月令》及《淮南子·时则训》：五位之令，东方，“太皞、勾芒之所司。”按太皞、伏羲氏，东方木德之帝也（高诱注），此则以五德加以编配者，汉初《五星占》已是如此。东汉三国以来的地契复盛行祀东王公、西王母，即导源于此。

殷代祀典，东西仍以女神为主，故有东母西母之祀。战国乃称东皇、西皇，且以东西分别阳与阴，因而有东王公，用来配西王母。

再论地母与圣母。西亚称母曰 mumum，地母之神，希腊各地均所习见。汉俗“地母”一名，见于易纬《坤凿度》，其中屡引《地母经》一书，言及女娲，惜已失传。《淮南子·精神训》乃言：“以天为父，以地为母”，“精神受于天，形体禀于地。”天父、地母之名乃区以别。秦汉之际，西王母之传说弥盛，其地则谓“在流沙之濒”（《地形训》），其神且有不死之药，姮娥窃之以奔月焉（《览冥训》），故西王母汉以来称之为圣母。开母庙《石阙铭》云：“祈圣母虖山隅。”晋咸宁四年朱曼地契云：

知者东王公，西王聖母，如天帝律令。①

西王聖母当读为西王圣母，以是证之，《开母庙碑》之圣母自指西王母。

吾国古代对气、水、火之神亦有母之称谓。殷卜辞有“河母”（《合》六七二正）。庄子称“伏羲以袭气母”。又有所谓水母及炊母之名目：

王褒《九怀·思忠》云：玄武步兮水母。与吾期兮南荣。

此水母指龟。

《史记·封禅书》：“晋巫先炊”，《正义》云：“古炊母之神也。”炊神殆指灶神。母字一名之运用更为广泛。

以单复数表示阴阳，本为西羌之俗，今保存于藏族，而增 po、mo 以别之。

时代愈后，神性的演变愈为复杂。西方的地母神属于阴性，而唐代民间竟有称地母为父者，又赋之以阳性。其时道士奏《新建祭修祀》有“大地婆父”者，不见于经典。《旧唐书》一百三十《王玙传》云：

---

① 《文物》，1965（6）。

广德二年八月，道士李国桢以道术见，因奏皇室仙系，宜修崇灵迹，请于昭应县南三十里山顶置天华上宫露台，大地婆父、三皇、道君、太古天皇、中古伏羲、娲皇等祠堂，并置扫洒宫户一百户，又于县之东义扶谷故湫置龙堂，并许之。

时昭应县令梁镇上表反对，陈不可行者七事，其一为“大地婆父”祀典无文，言其不经，义无可取。其一为“道君、三皇、五帝，则两京及所都之处皆建宫观祠庙，时设斋醮飨祀，国有彝典，官有常礼。”可见唐时“道君”在两京已有专祠。唐析新丰、万年置会昌县，后改曰“昭应”，宋改曰临潼，即今陕西临潼县。“大地婆父”一名，合二性而为之，颇为滑稽，此出民间道教，乃为特例，爰附记之。

西王母问题，时贤研讨者多，若 Michoel Loewe 之《天堂之路》（*Ways to Paradise*）第四章专论 The Queen mother of the west，引《汉武故事》言见西王母一事，诸多证发，今不复赘。西王母在极西之地，外国学人每加以国际化，如有以印度传说中之女神 umā 及突厥女神比附者，可备一说。至于西汉晚期震动一时之西王母寿，世之言道教者讨论更为热烈，事属后起，故不复及云。

附　母之异名表

东母	西母	（殷卜辞）
河母		（卜辞《合集》六七二正）
气母		（《庄子·大宗师》）
日母		（枚乘《七发》）
月母	女和（娲）	（《大荒东经》）
地母		（《淮南子》）
水母（龟）		（王褒《九怀》）
炊母（灶）		（《史记·封禅书》）

古玉证史

这一次的集会，是玉器研究凝聚力最出色的一次。讨论范围之广，问题点之复杂与重要，提供资料之崭新、丰富，论文之多样性，可说是极有历史意义的结集。

多年以来，南北各地出土玉器之夥，史无前例，经过专家的归纳整理，在这次大会中，给听众增加了许多闻所未闻的珍贵琬琰新消息，多么令人忻悦和兴奋。

本人企图从文化史角度来看玉器工艺发展在中国历史上引起的各种成就与影响，并对此作一简单的综述。吾国在西方考古学方法未入华以前，很早就有人肯定中国曾经历过一个“玉器时代”的阶段。（如《越绝书·宝剑篇》：“黄帝之时，以玉为兵。”）古人对玉与石的差别，辨认的智识，表现在玉石取名上，有次玉、似石、玉属、美石等等区分（见《说文·玉部》），充分说明对于“玉”的研究，已有长远的历史和相当完满的成果。

在印欧语系辞典之中，找不到“jade”这个词。希腊文无“玉”字，“jade”是从西班牙“piedra de ijeda”（stone of the side）而来。拉丁文作“ilia”，法文的“jadéile”乃指硬玉的翡翠。印欧语中没有玉[①]，可是人类对玉的制作，是很普遍而长远的，西伯利亚玉器告诉我们它的作坊创制，已有一万

① 参 Carl Derling Buck 的 *Dictionary of Selected Synonyms in the Principal Indo-European Languages*.

年以上的历史。[1]

关于古代玉的记录，见于古籍引述，有不少专著，值得一述：

《相玉书》

《离骚》："岂珵美之能当。"王逸注："珵，美玉也。"引《相玉书》："珵大六寸，其耀自照。"洪兴祖《补注》，"珵，一曰佩珩也。"《楚语》下："赵简子鸣玉以相，问于王孙圉曰：楚之白珩犹在乎？"则珵乃白珩之类。珩即是璜。《小雅·采芑》："有玱葱珩。"多块的璜，组成玉佩。[2]《礼记·玉藻》："君子必佩玉。""行则鸣佩玉。""佩玉有冲牙。君子无故，玉不去身。"佩玉最下一串，左右有二牙，中间悬一片，与两旁的牙相触，发出有节奏的声音，谓之"玉锵鸣"。《玉藻》："天子佩白玉而玄组绶，公侯佩山玄玉而朱组绶。"则白珩之珵，其大六寸，乃天子所佩者。

《古玉图》

《艺文类聚·宝玉部》引。《御览·玉部》引有《古玉图》。

《玉经》

《抱朴子·仙药篇》引《玉经》云："服玄真者其命不极。玄真者，玉之别名也。令人身轻举。"玄真是玉的别名。

《服玉方》（一卷）

见《隋书·经籍志》。古代迷信服玉可御水气辟不祥。木华《海赋》："群仙缥缈，餐玉清涯。"服食玉英，可以延年益寿，《楚辞》中有许多语句，可为证明。

以上这些书是前代玉器智识的点滴记录，吉光片羽，可惜都已失传了。

王孙圉说国之宝有六，玉是其一。"玉足以庇荫嘉谷，使无水、旱之灾，则宝之。"（《楚语》下）观于裨灶言："用瓘斝玉瓒以救火"（《左传·昭公十七年》），而珑是祷旱之玉（《说文·玉部》），可证王孙是说。夏桀之亡，败于三朡（今定陶地），《书序》云："俘厥宝玉，谊伯、仲伯作《典宝》。"古时《尚书》有《典宝》二篇，久已亡佚。传说岷山夏桀时有二女，名曰琬、琰，斲其名于若华之玉。[3]《书·顾命》记载周成王临终，新君入见，时在西序的陈列品，有："赤刀、大训、弘璧琬琰。"琬琰是长度尺二寸者。这是当时镇

---

① 参俄国 Okladnikov，A. P.："Neolit i bronzovyy vek Pribaikal'ya"（The Neolithic and Bronze Age of the Cis-Baikal Area）(Part III).（M. L.：*Izdatel'stvo AN SSSR*，1955）的论文。

② 孙机：《周代的组玉佩》，载《文物》，1998（4）。

③ 《太平御览》卷八二引《纪年》。

国大宝器，即今日见到的巨型玉刀之类。[①] 玉之为宝，我们在《尚书》中可以体会到的。

古代何以对玉那么重视？实际上有宗教、政治和经济三重意义。

先说宗教、政治意义：祭祀是国之大事，施政的首务。楚国观射父对子期说："祀所以昭孝息民，抚国家定百姓也，不可以已。"他提出一纯、二精、七事是祭祀的要素之说。什么是一纯？他说："圣王正端冕以其不违心，帅其群臣精物以临监享祀，无有苛慝于神者谓之一纯。"祭祀必斋，十分精洁来享神，纯是专精洁净，故列于第一。一纯之下是"二精"。他说："玉、帛为二精。"禹会诸侯于涂山，执玉帛者万国。可见玉在政治上是须臾不可离的礼器。《尧典》说"禹陟帝位以望于山川，遍于群神，辑五瑞。"五瑞是依照不同爵位执玉圭以为信。虞时礼制是否有五等，很难证明。又说巡狩时"修五礼五玉、三帛二生一死（指羔、雁与雉）贽。"在贽见时要修五玉三帛。五玉即是五瑞。三帛所以荐玉，受玉者以帛荐之，周人改用缫。"帛"可说是用作玉的包装的。玉和帛被称为二精，在政治活动的会盟、贽见都需要用玉和帛。至于祭祀天地亦要用玉，祭于山川亦然。《山海经》五《藏山经》所记特别详细。有瘗（埋）、婴、祈（即祓，为庪县）诸祭礼。如招摇之山用一璋玉瘗；空桑之山，祈婴用一璧瘗；薄山，婴用吉玉，采之，飨之。羭山，祠之婴以百珪百璧。郭注："谓陈之以环祭也。"洞庭之山，其祠，皆肆瘗祈酒，婴用圭璧十五，五采惠（饰也）之。郭璞注："采言加绘彩之饰。肆，陈之也。"《说文》："婴，绕也。"婴祭用玉以百数，是山祭用玉最多的礼。四川三星堆使用玉至四百件，我们推测，正是婴祭的遗迹。祭山用玉，祭河亦用玉，祭曰沉。《穆天子传》记穆王至阳纡之山见河宗氏。"河宗柏夭逆天子，劳用束帛加璧"，"天子授河宗璧，河宗柏夭受玺，西向沉璧于河。"殷代卜辞记"攸玨彭河"（《合集》一四三八八），自殷以来祭河沉璧其事习见。其祭先王燎，屡言"爯玉"，爯训举，言以玉奉献。又言埋，如"燎于瀼，三宰。埋三宰一玉"，王宇信有专文讨论。

再谈经济意义：至于玉在经济上的价值，更为重要。《管子·地数篇》说："夫玉起于牛氏边山，金起于汝汉之右……先王各用于其重，珠玉为上币，黄金为中币，刀布为下币。"又说："至于尧舜之王，所以化海内者，北

---

① 《周礼·大宗伯》："以赤璋礼南方。"所谓赤刀，亦可能指涂朱之刀。郑玄说赤刀是武王诛纣之刀。罗振玉《古玉墨本跋》云："此刀建初尺三有六寸，上涂以朱。"

用禺氏之玉，南贵江汉之珠。”又《轻重甲》云：“怀而不见于抱，挟而不见于掖，而辟千金者，白璧也；然后八千里之禺氏可得而朝也，簪珥而辟千金者，璆琳琅玕也，然后八千里之昆仑之虚可得而朝也。”依管子之言，珠玉乃为上等之币，黄金次之。玉与璆琳琅玕出于八千里外之禺氏，及昆仑之虚。禺氏又作牛氏，此在八千里外，指新疆和阗玉，为古代玉料之主要来源。殷墟玉器全为软玉，大抵皆新疆籽玉，妇好墓所出可为证明，地在八千里外，故称之曰边山。齐桓公问管子，海内玉币有七筴，禺氏边山之玉即是其中之一筴。齐桓之能成霸业，有所谓“石璧之谋”与“菁茅之谋”。石璧之谋是出自管子所计划，事情是于阴里筑城，墙之重而门九袭，使玉人刻石为璧。长尺者万，八寸者八千，七寸者七千。珪中四千，瑗中五百。天下诸侯以布泉输齐争收石璧，故天下财物流而之齐，齐因而致富（见《管子·轻重丁》）。齐之兴起，由石璧作坊，以成霸业，这一故事，正可说明玉器在春秋时的经济价值。

由管子所记制玉使尧舜王业兴起，今证验考古出土石器，龙山时期已相当发达，正当尧舜之世。玉的材料主要来自边山遐陬，故自来玉器成为贡品，观《禹贡》所记，可知其概。试看下表：

青州　怪石

徐州（淮夷）　蠙珠（蠙本作“玭”。《大戴礼·保傅》：“玭珠以纳其间。”）

扬州　瑶琨

荆州　砺砥

豫州　磬错

梁州　璆、磬

雍州　球琳琅玕（《说文》：“琅玕似珠者。”）

雍州所贡，即《尔雅·释地》所称为西北之美。产地为昆仑墟。“琅玕”之为西北地区馈赠礼品，尚见于斯坦因记录出土于尼雅的隶书木札。殷时玉戈亦为贡物，妇好墓出土玉戈上记“卢方剐入戈五。”卢方亦称卢伯漅。[①] 马王堆《纵横家书》苏秦献书赵王章，纶山之玉与代马、胡狗骈列为三宝。昆仑山亦

① 详曹定云：《殷商考古论丛》。

被简称作“纶山”。唐代宗时，楚州刺史崔侁献国宝一十二，多属玉器。[1] 是贡物有名之一例。

古人颇注意产玉地理，《抱朴子·仙药》称得于阗白玉尤善。其次南阳徐善亭部界中玉，及日南卢容水中玉亦佳（《石雅》引作陶弘景语）。《水经·温水注》引康泰《扶南记》：“从林邑至日南卢容浦口可二百余里。”其地与寿灵浦相近，冯汉镛考证，葛洪曾去印支半岛，故能知悉卢容水出产之玉。古代越南有他们的玉作坊，近时越南考古家已证实此说。

文献上记载玉器名称非常复杂，地下考古所得玉器以琮、璧、玦、璋、珪等为普遍，然古书所记与新获遗物许多未能对得上。玉器名称有二字三字不等，二字如鲁之玙璠，鲁又有宝刀名曰孟劳。三字者如东北夷玉的珣玗琪，《说文》一作玗琪。又或只作二字，《穆天子传》称曰玗琪是。珣字亦作瑄，余疑珣者殆即红山出土的玉雕龙，其为物形状与旬字契文之作相同，所谓形，旬是玉雕龙的象形字。东北辽西县松岭东北端医无闾山之西北侧，为阜新查海文化遗址。古书所称医无闾出珣玗琪，即此地。《穆天子传》所见玉名二字者甚多。如云：巨蒐之人献“枝斯之英四十，珌佩百只、琅玕四十”。巨蒐即《禹贡》西戎的渠搜。《武帝纪》应劭注“在金城河关之西”。突厥语称玉曰 Gasah，有人谓即《管子》之牛氏及禺氏，其实发音亦与“枝斯”相近，枝斯或其异译。

关于红山文化勾云形类的玉器，近日有热烈的分析与讨论。我们已知红山文化的宗教传统是在兴隆洼文化与赵宝沟文化的基础上形成而发展的。勾云形玉是红山文化第一重玉，其在建平牛河梁等地发现有的放在死者胸前，惟凌源三旬子置于头部乃一特例，知其必为当时权贵之遗物。解说者各持一说。[2] 有谓其云气舒卷如《卿云歌》之言，亦有谓为红山人祷雨所佩，或主张勾云纹乃从兽面形佩所演化，表现的是龙而不是云。其实，古代人的自然崇拜，云和龙是分不开的，故有“云从龙”之说。[3] 东北地区勾云形玉的摹状云气，可能与古代餐玉升遐之思想有关。《楚辞·远游》云：

---

① 见《册府元龟·帝王部·符瑞》及《酉阳杂俎》，其中有雷公斧。

② 杜金鹏：《红山文化勾云形类玉器探讨》；刘国祥：《红山文化勾云形玉器研究》，载《考古》，1998（5）。

③ 孙守道、郭大顺：《论辽河流域的原始文明与龙的起源》，载《文物》，1984（6）。

吸飞泉之微液兮，怀琬琰之华英。玉色頩以脕颜兮，精醇粹而始壮。……载营魄而登霞兮，掩浮云而上征，召丰隆使先导兮，问太微之所居。集重阳入帝宫兮，造旬始而观清都，朝发轫于太仪兮，夕始临乎於微闾。

於微闾即出夷玉的医无闾。从《远游》所说可知：

（一）餐玉　可以升天，使人肌肤光泽，表现出“玉色”之华采，精神充沛。（頩，训美貌，脕，泽也。）

（二）升霞　上征掩浮云，召云师丰隆使为前导。

（三）天的上神名曰旬始（王逸注：“旬始，皇天也。”一说旬始，星名）。如王说，旬始是至高的天神。

（四）在天上的行程，朝从太仪；夕到东北名山的医无闾，即产美玉之地。

咀嚼玉英可以养神、升天，古代对“玉”的宗教信仰，尚保存于《楚辞》里面，如《涉江》说“登昆仑兮食玉英，与天地兮比寿，与日月兮齐光”一类的引出后来的神仙家言。昆仑之玉与医无闾之玉，西方与东方对峙。所以《尔雅·释地》和《淮南子·地形训》都有“东方之美者，有医毋闾之珣玗琪焉。西北方之美者，有昆仑之球琳琅玕焉”的赞美之辞。东西产美玉，交相辉映，成为古代人的地理常识。

自从红山文化的玉器出土，我们对医无间的夷玉之美，才有真正的了解。勾云形的形状看作古人对云气升天的信仰，未尝不可。字象龙形，珣字即以旬为声。其字亦作瑄，《诅楚文》云：“用吉玉瑄璧。”瑄璧即珣璧，《尔雅·释器》：“璧大六寸谓之宣，字亦作瑄。”代表皇天之“旬始”。疑其得名或与玉器之“珣”有关。“旬始”后来变为妖星《广雅》及纬书。神能祸福人，勾云玉器都带人面纹双眼及眉，分明是一神徽，如果这类龙形玉即是珣，其神徽所代表的天神，有至高无上的威力，把它看成旬始，亦不妨聊备一说。

玉器的花纹，已有不少人作专题研究。古代文学作品习惯将玉的纹理与颜色合称曰符采。薛家冈文化的石钺，上面用朱红色，画出花果形饰纹，是较早的特例。左思《蜀都赋》：“江珠搬英，金沙银砾，符采彪炳。”刘逵注云：“符采，玉之横文也。”

《文心雕龙》屡用符采一词。亦有称曰“孚尹”者，《礼记·聘义》：“孚尹旁达，信也。”郑注云：“孚读为浮，尹读如竹箭之筠。浮筠谓玉采色也。采色旁达，不相隐翳，似信也。”《玉篇·玉部》引作：“琈筍，玉采色也。”

一说孚借为肤。孚与符同音。何承天《纂文》作孚瑜，即通指玉之文饰采色。郑玄《周礼》注："于大山川则用大璋，加文饰也，于中山川用中璋，杀文饰也，于小山川用边璋，半文饰也。"用璋大小视山川大小而异。《山海经》所谓"冢"即指主山。如《西山经》之首，"华山，冢也，其祠之礼：太牢、羭，山神也，祠之用烛。斋百日以百牺。瘗用百瑜，婴以百珪百璧。"凡用百瑜、百珪、百璧。其隆重可见。用璋之等级，大、中、边之分，及其文饰之隆杀，亦依山川之等级而定。华山之神曰羭，各地山神均有其专名。各地出土具神祖面纹者，吾怀疑各有它个别的神名，无法稽考。所谓横文如弗利亚圭之有横画纹样在神像之下，当即符采之类。

逸《论语》记："孔子曰：美哉玙璠，远而望之，奂若也，近而视之，瑟若也。一以理胜，一以孚胜。"此出《齐论语·问玉篇》。徐锴云："理谓文理也；孚音符，谓玉之光采也。"孚指文饰。《诗·大雅》："瑟被玉瓒。"《说文》："瑟，玉英华相带，如瑟弦也。"瑟若即瑟。妇好墓出土的柄形器多件，亦称为"琴拨"，上有琴弦纹，即横纹是也。

玉的光采以其玉质颜色为人所称道。三国魏太子与钟繇书云："窃见《玉书》称美玉白若截脂，黑譬纯漆，赤拟鸡冠，黄侔蒸栗。"

曹丕之文，载在《文选》，李善注引王逸《正部论》亦言及玉之四种颜色，谓为"玉之符也"。三星堆出土数百件，单以玉璋论，乳白色为编号K84，青白带褐色斑点为编号 K213—1，黑色及灰黑色为编号 K97 附 1、K94，已有人作过矿物学的分析。[①]

《文选》王元长《三月三日序》中有"文钺碧砮之琛"一句。李善注引徐广《晋纪》曰：鲜卑以碧石为宝。王沈《魏书》曰："东夷矢用楛，青石为镞。"东北重视碧玉，由来已久。妇好墓出土一件被称为柄形器下部有勾云形者实为红山文化遗物，在殷墓发现，当时已成为古物。在现时所知二十余件勾云状玉器中为最早之一件。其柄上即有许多横文，可说是最古玉器上的符采。

最后一点，我想讨论玉器文化南北交流的问题。关于良渚玉文化的南传与西渐，在考察陕西、山西的龙山文化与齐家等文化遗存之际，发现它们的一些石陶器，基本上与石家河和良渚文化非常相似甚至相同，几乎考古界是众口一声认为彼此之间有互相关涉与影响。杨建芳举出七项事实，特别是鹰

---

① 苏永江：《广源三星堆出土玉器考古地质学研究》，见《四川考古论文集》。

首玉笄与虎头管状器更饶趣味。石家河文化已被证明是代表三苗遗存。他们与陕西神木石峁的玉器，很明显地是受到良渚文化的影响，杨君提出三苗被尧舜西窜于三危，正可印证南方良渚文化某些因素被连带传递到遥远的西北地区。[①]

我曾经考证及甲骨文中的危和上危，即是三危，地望去四川不远，俞伟超君引用拙说，来谈三星堆文化。现在我再举出一条新的证据，证明在西北黑水附近确曾有玉石作坊，而且是三苗民的余裔所经营的，出于《穆天子传》中河宗氏柏夭的谈话，非常重要，摘录如下：

> 庚寅，至于重䲢氏黑水之阿。……爰有采石之山，重䲢氏之所守。曰枝斯、璇瑰、瑶琚、琅玕、玪瓏、㻏瓚、玗琪、瑊尾，凡好石之器，于是乎出。……
>
> 柏夭曰：重䲢氏之先，三苗氏之□……（据岳麓书社校点本）

《穆传》中提到很多的美石，至今未见有人作精细研究，像璿瑰一名，郭璞注云："玉名。《左传》：赠以璿瑰。"见《左传·成公十八年》。《说文》璿字引《春秋传》"璿弁玉缨"，实见《左传·僖公二十八年》，均有可征。所谓"好石之器，于是乎出"，是有玉器作坊的最有说服力的记录。

三星堆蜀文化与三苗有相当密切的关系，以约属4500年前的奉节老官庙遗存及三星堆遗址北部的西泉坎遗存，以大量的灰白陶为特征，且普遍流行一种镂空圈足豆，这些遗物恰为石家河文化之特征，故此表示有一批长江中游龙山文化的居民西迁至蜀，论者谓即尧舜禹时期的三苗。[②]

> 银雀山简《孙膑兵法·见威王》云："……尧伐负海之国……舜击讙收（兜）方（放）之宗（崇）；击归（鲧），方（放）之羽；击三苗，放之危。亡有户（扈）是（氏）。有苗氏存蜀为弘。"

此据李均明《兵家宝鉴》本。李读"蜀为弘"句，以蜀为"独"字。今据俞氏说三星堆蜀文化与有苗是同一族系，如是，三苗氏确曾窜徙至蜀，则此文

① 杨建芳：《窜三苗于三危的考古学研究》，载《东南文化》，1998（2）。
② 俞伟超：《三星堆蜀文化与三苗文化的关系及其崇拜内容》，载《文物》，1997（5）。

正可连读成为“有苗氏存蜀为弘”为一单句。存蜀之蜀，自是指四川，三苗与蜀之关系，可取得更佳的论证。

至重䵍一名，其字很难确认。洪颐煊校云：䵍疑鳌字之讹，重黎、三苗皆颛顼之后，见《山海经》。如果洪说无误，则重䵍即是重黎了。

据《尚书》说吕（甫）侯相周穆王而作《吕刑》，以遏绝苗民，乃命重黎绝地天通。“此即《楚语》观射文所言”，“颛顼命重司天以属神，命黎司地以属民，使复旧章。无相侵渎。是为绝地天通。其后三苗复九黎之德。”穆王时代的苗民，自即三苗，重䵍氏居黑水之间，为三苗族属，其为尧、舜所迁放三苗氏之遗裔甚明。重䵍氏在黑水之阿，证之《楚辞·天问》，“黑水玄阯，三危安在?”《尚书·禹贡》：“导黑水至于三危入于南海。”清陈澧解黑水即怒江上游，哈喇苏，蒙古语哈喇为黑。《史记·夏本纪》郑玄引《地记》云：“三危山在鸟鼠之西，而南当岷山，则在积石山之西南。”是三危之地近于岷山。岷山产玉，《山海经》中次九经称之为白珉，珉即文石，汶川县之尤溪玉是。在甘肃积石山新庄坪及永清县秦魏家出土有类似良渚晚期之石璧[①]，证明这一地区受到良渚文化的影响。黎之迁徙至西北，《禹贡》有山名合黎，殷卜辞有伐利的记载。[②] 山西长治县旁的黎城出玉戚，所谓“黎城戚”[③]，是其物证。从龙山文化开始至西周晚期，苗民在西北的活动，没有间断，正可证实三苗之民确曾被西迁，当日尝有大量移民之举，良渚玉雕艺术之西传和黑水苗民之有制玉作坊，是可信的。

以前章鸿钊著《石雅》，以文献结合科学的矿物地质等研究，对于玉的研究，荜路蓝缕，贡献良多。近岁地不爱宝，各地出土玉器之多，令人应接不暇，此次会议更是难能可贵。

玉在中国人生活中，占一极重要地位。西方学人有以金与玉二者来区别欧洲与地中海以西的文化和中国艺术的分野，西方以金而中国以玉，汉人对玉的崇拜，形成了特出的玉文化。[④] 古代思想家对玉赋予崭新的道德与美学的理论。配合玉之纹理符采的认识体验，写出许多经典性作品。“理”字原训治玉，引申为逻辑思维之“理”，影响更加远大。本文提供文献中一些关于“玉”的重要资料，作一综括叙述，并提出一些问题，希望对于“玉”在吾国

---

① 《考古》，1996（11），47页，图39。

② 拙作《甲骨文通检》第五册《田猎·前言》。

③ 《山西出土文物》，1980。

④ 北京大学1998汉学研究国际会议论文提要，274页。

文化史上之重要性有进一步的了解，尤望专家多多指教。

1998年8月10日

补记

古来玉器的出口问题，很值得研究。《魏书·郦范传》记“青州镇将伊利，表告（青州刺史郦范造船市玉，与外贼交通）”，这是山东自昔有玉器走私外销的事实。

附 闻广教授函

选老座右：

去年11月23日有幸聆听宏论，近日又重读会议论文集尊著，深受启发，获益良多！常想中国大陆史前玉器文化似乎并不是各自孤立互不相关独立发展的，类似西方将各文化分别画地为牢的画圈法可能有问题，而尊著指出了其间的关系。试作几点补充如下：

(1)《抱朴子·仙药卷》：“南阳徐善亭部界中玉”，大概即今南阳独山玉，并非 nephrite（软玉，闪玉），而是 saussurite（糟化石），即产在 gabbro（辉长岩）中的 anorthite（钙长石），部分经 zoisitization 而变为 zoisite（黑幼廉石），其中质量相对较好有时在市场上冒充翡翠者即后者。

独山位于南阳市北九公里。

(2)同书同卷之“日南卢容水中玉”：全世界已知最主要的翡翠产地是今缅甸 Tawmaw 一带，位于 R. Irrawaddy 支流 R. Chindwin 之支流 R. Uru (Uyu) 河谷中。甚疑卢容即 Uru (Uyu) 之音转。

Tawmaw 一带在明代及清代前期属云南腾越州管辖，英至缅甸后才实占其地，见（清）檀萃《滇海虞衡志》卷二。又纪晓岚《阅微草堂笔记》卷十五“姑妄听之（一）”(1793)中记有：“记余幼时，……云南翡翠玉，当时不以玉视之……今则以为珍玩，价出真玉上矣。”所以“云南翡翠玉”之得名，并不是如西方许多宝石学书上所说为缅甸翡翠运到云南贸易而得名，而是本属云南管辖。李约瑟等认为翡翠十八世纪之前未曾传入中国，更是大谬不然。又翡翠之价高于软玉也只是近二百年来之事。

(3)“汶川尤溪玉”之“尤溪”应是龙溪之误。此玉是 nephrite，似即古之岷玉。

恭贺

乙卯新禧！

晚　闻广

一九九九年一月九日

风胡子论玉器时代

考古学家区分人类文化的层次，大抵沿袭西方理论，划分为旧石器、新石器、铜器、铁器等时代。但在吾国文献，特别突出“玉兵”一个时期，为西方学者想像所未及，证诸近年东北之红山、西南之广汉、东南之良渚及上海、杭州附近一带玉器出土之夥，大家都认为在中国历史上应该有一玉器时代[①]紧接在石器时代之后，这样的看法大家已渐趋于一致。

提出“黄帝之时以玉为兵”一说出自楚国的风胡子，其事载于《越绝书·第十一记宝剑》，备述楚王召风胡子相与论剑的问答，《吴越春秋》卷四《阖闾内传》亦记楚昭王得吴王湛卢之剑，召风湖子而问之。风胡作“风湖”，北齐刘昼的《刘子》在《命相章》云“犹风胡之别剑。”以作风胡为是。风胡乃是昭王时人。

《汉书·艺文志》兵家阴阳有《封胡》五篇，原注云：“黄帝臣，依托也。”又《古今人表》列封胡于第二等上中仁人之列。传说黄帝之佐七人皆懂兵法，若风后、力牧、常先、封胡之辈。是封胡为黄帝臣，与风胡不是一人，《通典》引《李卫公兵法·守城篇》言：“其后韦孝宽守晋州，羊侃守台城，皆约封胡子伎巧之术。”似唐时《封胡》五篇尚存，故人得传其伎。

《越绝书》卷十一引风胡子曰：“夫玉亦神物也，又遇圣主使然，死而龙

① 黄宣佩：《略论我国新石器时代玉器》，载《上海博物馆集刊》4。

藏。”视玉为神物。龙藏谓如龙之潜藏。古人祭玉之制，见于《山海经》者计有：瘗、沉、庋悬之异。又有曰：“婴者”，郭璞注谓“陈之以环祭，是则不入土。”瘗或用百瑜（《西山经》），婴则百珪百璧。其不埋者或谓之投（《北次二经》、《中次二经》）。当祭礼用婴玉、投玉置于地面者后代均无存焉。风胡子所谓龙藏，殆即指瘗之礼。《诗·云汉》：“上下奠瘗”。《周礼·司巫》：“守瘗。若薶诸地下，何守为?”《尔雅·释言》：“瘗，幽也。”赖埋之于幽，故玉器得以不断出土。其所以为神物者，观夫余杭瑶山之祭坛，琢兽面纹之琮或管，便有38件之多，其神重瞳四眼，戴羽冠之胜。古代司玉有神，《山海经·中山经》：“和山三十八……其中多苍玉，吉神泰逢司之。”此即司玉之吉神也。

《尚书·顾命》：“越王五重：陈宝、赤刀、大训、弘璧、琬琰在西序。”马融注：“越地所献之玉。”周成王时，“越玉”已成为古物宝器。自1936年初发现杭县良渚之遗物，继之1986年良渚墓葬出土玉器七百余件，年代推至公元前3200至2200年。此外江苏吴县草鞋山、余杭大反山、上海青浦福泉山各地大量玉器出土，太湖区域古文化灿然大明，正以美玉为表识，“越玉”之嘉名，得以肯定证实。我在美国Freer美术馆看到大批玉器为1917年购入者，多属良渚遗物，其环璧镌刻日月记号与图形，与山东大汶口文化实互相衔接。

中国古代称玉为石之美者，许慎《说文》玉部所记玉之专名以外，有石之次玉者，石之似玉者；以玉隶于石之品属，玉器归纳于石器之中，说亦可通。风胡子特标出以玉为兵，我人观殷代（妇好墓即其一例）出土之玉戚，刃有钼牙，瑰玮矞皇，而玉戈尤夥，可证其说之非妄。卜辞所载，用玉、玉称珏，不一而足，又言取玉于龠（和）于甘，产玉之地，尚有可考；而地名之字从玉旁者，如，瓘（琘）、玦、瓙，惜其字犹不能辨认，莫悉其地望所在。殷人对玉智识之丰富，更非今人所能想像。

古时玉有专籍，《离骚》“岂珵美之能富。”王逸注引《相玉书》言：“珵大六寸，其耀自照。”戴震云：“珵，玉笏之首，郑康成注《礼》引相玉，珽玉六寸，明自炤，是也。”则以为珽，然《类篇》“珽为大圭长尺二寸。”珽为珵之或体。《相玉书》汉人每援引之，惜已久佚，风胡子论剑而涉及玉，古玉遗说，存十一于千百，其可宝贵又岂在玙璠之下也哉！

由牙璋分布论古史地域扩张问题

——南中国及邻近地区古文化研究国际研讨会开幕演讲*

这次会议的中心为南中国与邻近地区古文化交流，特别以彩陶和牙璋为焦点。把牙璋作为独立研究是古器物学的一桩大事。过去由于对文献的记载未能认真了解，牙璋的定名尚没有作最后的肯定。幸而龙山文化遗址和三星堆遗物出了许多不同形态的带钼牙的玉璋，帮助我们作进一步的比较研究。

1991年12月我去越南参加远东学院90周年的庆典，取得更多的成果。作为第一个发言，我介绍牙璋在国内外的分布，引起越南考古学界的兴趣，何文瑨教授亲自为我翻译成越语，促进了牙璋研究的交流活动，加上邓聪各位专家的努力，中国、日本、越南及美国等学者的支持，遂有今天的盛会。这次是以环绕南中国及邻近地区古文化引起的各种问题的一个国际性研讨会，考古学家与古史学家携手热烈参加，踊跃提供论文共52篇，可说是香港学术界史无前例的一次会议，这本论文集赶得及在开幕前印出，还是了不起的贡献。①

---

* 此文原刊《潮学》，2期（1994年6月），13～14页；并收入黄挺编：《饶宗颐潮汕地方史论集》，84～86页，汕头，汕头大学出版社，1996。

① 所述论文集指邓聪编：《南中国及邻近地区古文化研究——庆祝郑德坤教授从事学术活动六十周年论文集》，香港，香港中文大学出版社，1994。

我们看书中《中国越南牙璋遗址位置分布》图表[1]，国内外共22处。广东地区，以前林巳奈夫记录一件即增城外红花林出土，杨式挺认为这是广东出土文物之最像牙璋者。又有东莞村头的牙璋。我现在要增加广东省揭阳市一件，合上共23处，为分布图添上一地点。揭阳市在70年代有一些石圭石璋出土，1973年该县仙桥公社山前村出土一石璋，灰色沙板岩，长28公分，宽5.6公分，厚约1公分，无阑，上端凹刃分，距下端7.5公分处有穿孔，通体磨光，现藏揭阳市博物馆。凹刃形状，与石峁、三星堆的牙璋极为相近。

牙璋的分布，目前所知，以山东龙山文化临沂大范庄的发现及海阳司马台为最早，特别是无阑或小阑，形制古朴。次为陕西二里头文化的神木石峁，上有齿，面有刻纹；及偃师二里头的长达48.1公分的大牙璋出土，带有成排的钼牙，成为典型的牙璋，证知夏代已有此类礼器。二里冈文化边缘的郑州和三星堆牙璋的发达，说明商代远到西南地带此类瑞玉的普遍使用。广汉祭祀坑出土铜人作双手拱握羊角形凹刃牙璋跪地祈求状，知牙璋可以手执而不止于佩带。自香港大湾出土牙璋以后，引起大家的注目。其他福建漳浦、湖北黄陂、湖南石门各处零星发现的牙璋逐渐有人重新报道，而越南出土牙璋四件过去尚少报道，其最完整者钼牙成列，与二里头、郑州（杨石村）、许昌（陈村）及三星堆之典型牙璋完全一致。由牙璋发现地点观察，东濒黄海，南至交州及闽、粤海隅，都有牙璋传播的足迹。

这使我想起半世纪前顾颉刚先生（1893—1980）创办《禹贡》半月刊时候，他写了一篇文章《古史中地域的扩张》[2]，认为时代愈后，历史传说对地域的知识愈加扩大。因此，《尚书·尧典》“宅南交”一类的记载乃是出于汉代人的观念。当日谈古史的人们无不受他的影响，把三代地域尽量缩小，因此谈殷代地理也只局限于大河南北。幸而频年以来考古事业的发展，令人看法完全改观，证明商代遗址的分布东至辽宁内蒙古，西及四川，南及湘赣。据彭邦炯初步统计，有181个县市。[3] 现今我们看牙璋的分布又推进一步，更远到南海和交趾了。可见《淮南子·泰族训》所称商人疆土：“左东海，右流沙，前交趾，后幽都”，完全符合事实。顾先生过去的狭隘观念，应该重新检

① 此图全名为《中国越南出土牙璋遗址位置分布》，刊于邓聪编《南中国及邻近地区古文化研究》一书之封底内页。

② 顾颉刚：《古史中地域的扩张》，载《禹贡》一卷二期（1934年3月），216页。

③ 彭邦炯：《商史探微》，180页，重庆，重庆出版社，1988。

讨。我曾写过一篇《论古代香药之路》① 提出卜辞有地名郁方②，郁即是香草的郁鬯。《水经注》引东汉应劭《地理风俗记》说："郁，芳草也，百草之华，煮以合酿黑黍，以降神者也。或说今郁金香是也。"郁方当为后来的郁林。乳香药主要产红海沿岸，由西南传入，广州南越文王墓及广西贵县已多有出土。贵县即汉时郁林郡治所在。殷代的郁方可能即此。如是说来，殷人势力已及于西南地区，牙璋从蜀地输入南越与雒越是没有困难的，何况蜀王子安阳王与尉佗屡有军事交涉，先时"蜀王子将兵三万讨雒王"（《水经注》引《交州外域记》），经雅安西昌而建国于越南。蜀与雒越及南越尉佗当日构成三角对峙局面。种种迹象所启示，我人对于古代南海与内地关系的理解，尚有待于深入探索；但牙璋的发现无疑是提供一重要物证。

尚有一二事，附带在此提及：

璋的使用，与告成功有点关系：《太平御览·宝部六》引《吕氏春秋》曰："成功用璋"。今本《吕览》无这一句。孙诒让（1848—1908）《籀庼述林》引段成式（803—863）《酉阳杂俎》述九玉云："安平用璧，兴事用圭，成功用璋。（下略）。"这应是《吕览》的佚文，可以帮助对璋之用途的了解。

又三星堆牙璋的图案，非常有趣：陈德安先生的文章作深入的剖析和解释，最特异的是山岳上山腰两侧的巨掌，陈文说是火正黎之手，但没有证据。③ 我猜想必有其他意义。扬雄（公元前53—公元18）《河东赋》云："河灵矍踢，掌华蹈襄。"薛综注张衡（78—139）《西京赋》的"巨灵赑屃，高掌远蹠"二句说道："河之神以手擘开其上，足蹋离其下，……，手足之迹，于今尚在。"所以置牙璋于山侧，加上手掌，可能表示凹刃的璋即为开山的神秘工具，用掌来擘山，河东有巨灵的传说，意者古代蜀国亦有同然。用璋祭山之礼见于《山海经·南山经》，可能古代人们认为牙璋还有这种开山的作用。然乎否乎？谨贡愚见，以待扬榷。

揭阳石璋之发现，为考古学研究提供重要的依据。谨向提供照片资料的揭阳市博物馆深致谢意。

---

① 饶宗颐：《论古代香药之路——郁与古熏香器》，收入北京图书馆敦煌吐鲁番学资料中心编：《敦煌吐鲁番学研究论集》，373～377页，北京，书目文献出版社，1996。

② 见郭沫若主编：《甲骨文合集》，第3册，780页，5426片，北京，中华书局，1978；第7册，2761页，20624片，1980。

③ 陈德安：《试论三星堆玉璋的种类、渊源及其宗教意义》，见邓聪编：《南中国及邻近地区古文化研究》，87～99页。

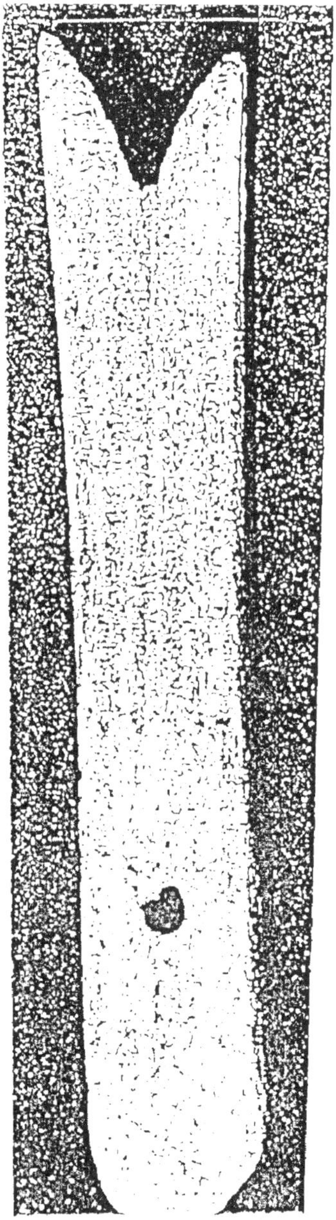

广东省揭阳市仙桥公社山前村出土石璋

由牙璋略论汉土传入越南的遗物

一

1992年12月，法国远东学院90周年纪念学术讨论会在河内举行，我是第一个发言者，报告牙璋在中国内地及沿海分布的情况。并放映香港大湾出土牙璋的经过，由邓聪报道。由于越南考古家的美意，赞同合作研究。此次牙璋讨论会的举行，成为考古学界一桩盛事。河内多年以来，考古工作成绩斐然。已发现有四枚牙璋，其中一件是在红河沿岸永富省地方采集所得，其狭长多齿歧尖的牙璋与偃师二里头的48.1公分的典型璋，非常接近，应该属于早商的遗物。越南的牙璋，何文瑨（Ha Van Tan）教授已有详细研究的论文。这四件牙璋，可归纳为两类型。第一类只一处有阑而齿状较弱，形似圭而刃微凹，其一刃残缺而孔特大，此为近似龙山期较朴素的牙璋（图D：六）。另一类为精制的牙璋，两处有阑。其间有锯齿五排，阑上一处带小齿，饰有若干阴线弦纹与二里头、郑州及三星堆是一脉相承的作风（图D：一一）。又一件仅存阑部及下面片段，此类当为典型早商之物，后来传至南方者。它是当地的制成品，抑从华夏传入的礼器？一时不易解决。我认为殷人的势力已远及东南亚群岛，我们看入贡的巨龟，有马来大龟，近期英伦剑桥所藏的卜甲经E. N. Arnold鉴定，属于棕褐巨龟，为分布于缅甸至印尼的一种大龟。这些事实是很值得注意的。

二

越南的东山文化，其遗物中有若干确系来自汉土。河内出版 1982 年第 1 期的 *Khao CôHoc*（考古学），何文瑨论文中提及的两件器物，一件铜镈戈和一件铜钁，上面都有汉土文字，均是重要例证。河内的铜镈戈据何氏摹绘如图 1—1：(4)。最巧合者，在湖北战国楚故都纪南城 16 公里荆门十里铺镇的包山岗四号墓出土铜镈戈二件，其一胡上铭文五个字，有三个与此戈完全相同（图 1—1：(2)）。[①] 虽然河内戈的形制不及包山戈的精美，基本上是同一风格，可以断定该戈必是楚器绝无疑问。其字形微异者，河内戈，包山戈作。与包山戈类似的戈尚有多件。

常德德山楚墓所出之戈，周世荣于所著《湖南楚墓出土古文字丛考》[②] 有考证，略谓："常德棉 M35 出土，中胡三穿，胡部双面均铸有锋芒毕露的棘字与燎字等（图 1—2：(5)），其中待考。"其第一字，周氏释为棘，引《小尔雅》："棘，戟也"为说。余按：金文棘亦作，《金文编》一一四五引《懆子棘鼎》，乃是人名。此处应解为姓氏名，不得目为戈戟之棘。常德戈的，数字叠用，惟与包山戈的必是一字，而繁简稍殊。如定此字为棘，应为棘氏之物。荆州纪南城出土有中（仲）戈（图 1—1：(1)），以朱朱为复姓，黄锡全说："如此边地区之茹茹氏，乞乞氏之类。"颇为近理。[③] 常德在湘西为五溪蛮之地，汉代为长沙武陵蛮，西接巴中，羌僰，颇疑棘或僰的异写。僰源出于羌。《汉书》多处称为"羌僰"，又称氐僰（《后汉书·杜笃传》），《史记·司马相如传·集解》："徐广曰僰，羌之别种也。"《盐铁论·备胡篇》："氐僰人、冉僰，嶲唐、昆明之属，扰陇西、巴蜀。"僰人出自氐羌。《汉书·地理志》："犍为郡僰道县"，引应劭曰："故僰侯国也。"《汉书·地理志》："越嶲郡，绳水出徼外，东至僰道入江"，绳水即今金沙江。秦时的僰侯国，在滇东北，今为四川宜宾。后来又有滇楚之名，僰人大量徙入滇，远至

① 详见《包山楚墓》上册，299、300 页；又部分拓本见《湖北出土商周文字辑证》，图版 170、273。

② 载《湖南考古辑刊》，1982 年 1 辑。

③ 《湖北出土商周文字辑证》：荆州地区采集，纪南城内出土，援长 16，胡长 12.1，胡有三穿，铭三字，173 页，僰戈条。

越南，故越南铜器受楚文化的濡染甚深。观越南山西出土铜匕首上的人形和长沙出土匕首上的人形正相仿佛。① 楚戈的传入，是很自然的事。现在的问题是这几件楚地出土的奇字戈，还无法读通，我拟定棘为僰，仍难解读全文，但无论如何，这一些奇字戈，必是从汉土来的楚器，是没有问题的。

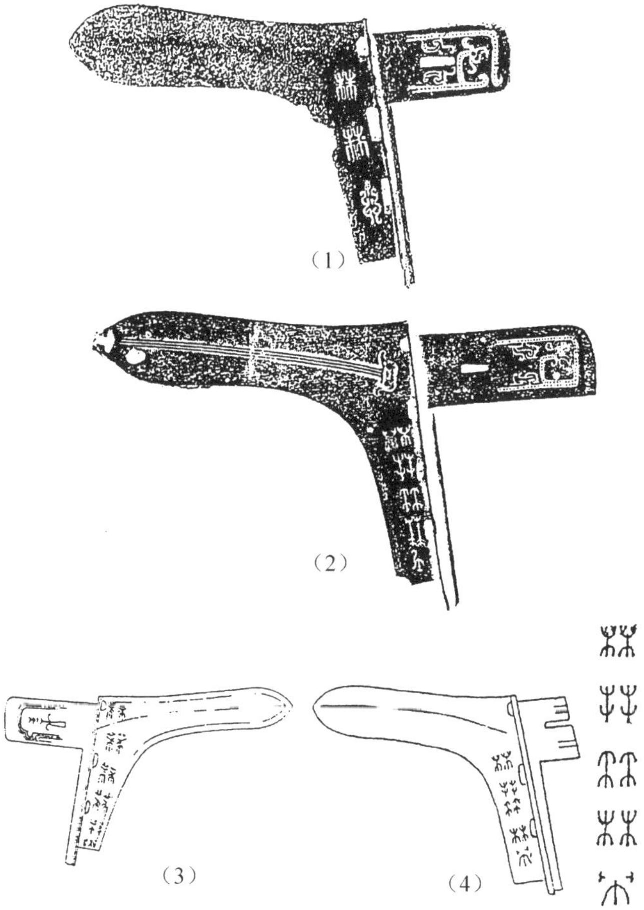

图1—1：（1）荆州纪南城内出土[illegible]中（仲）铜戈　（2）荆门包山楚墓出土铭字铜戈　（3）常德德山楚墓铭字戈　（4）越南东山文化的铭字铜戈

---

① 阚勇：《云南古代铜鼓的首创者——僰人先民》，载《云南文物》，1980（9）。四川珙县《僰人悬棺墓调查记》，见《文物资料丛刊》2。

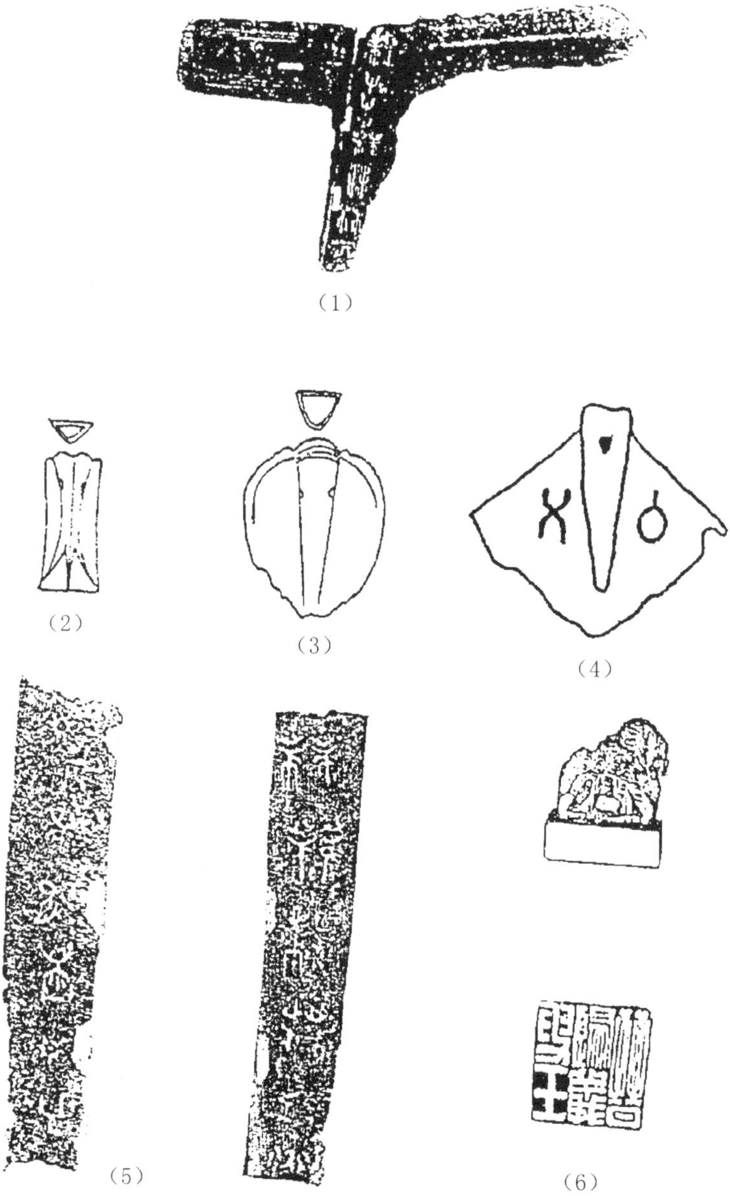

图 1—2：(**1**) 长沙 **1952** 年楚墓出土铜戈　(**2**)、(**3**) 云南李家山出土铜锄　(**4**) 越南铭字铜锄　(**5**) 湖南常德楚墓铜戈铭字拓本　(**6**) 越南清化省 **Tat-ngo** 出土“晋归义叟王”金印

1936年，越南北部清化的Tat-ngo地方，有金印出土，文曰“晋归义叟王”（图1—2：(6)）。① 叟夷活动在越嶲郡，为自川西至云南主要种族。《华阳国志》称：“夷人大种曰昆，小种曰叟。”彝族自称nisu、nesu，su意思是人②，为古羌语，已有多人考证③。叟王的金印，在越南出土，正说明西南夷与越南一向关系来往之密切。

三

何文瑨列举又有铜钁一件，可能为两汉之物。此一蝶翼状铜制农具，上镌二字，亦作，即工字，殷墟卜辞云：“自（《甲骨文合集》一九四三二）入（《怀氏等收藏甲骨文集》七九九）受年（《甲骨文合集》九七九六）可释邛。”四川西昌地区，汉代称邛都夷，《汉书·地理志》：“越嶲郡有邛都（县）”，又《西南夷传》以邛都为越嶲郡，后代川西云南有邛都七部。

为乂字，意思即治。王莽改严道为严治，僰道为僰治。但邛乂地名未见，可能即邛都所辖。示其器为邛地所造。在滇西各地出土铜锄，习见有下列诸形。不作蝶翼状，亦未见有镌刻文字（图1—2：(2)、(3)）。④ 此农具亦可能邛族人入住交州后所刻所制。但字分明为工，以指邛甚为恰当，故必与汉人有密切关系。

从上述诸东山文化遗址所出刻有文字的各种器物加以推寻，无一不与汉土有深切关系。尤以棘字一系列之戈，目前所知，其出土地区集中在湘西和长沙、荆州一带，铭文都带有棘氏字样，僰人后来被封为僰侯，活动地域主要在犍为僰道（宜宾）。《华阳国志·蜀志》：“（保子）帝攻青衣，雄长僚僰。”青衣在雅安一带，自雅安至于黔西都有僰人足迹。棘之即僰，可备一说，还有待他日出土兵器以证实。越南之戈为战国同一族系之物，其为从汉土传入，

---

① 童恩正：《从出土文物看楚文化与南方诸民族的关系》，见《中国西南民族考古论文集》，205页，1990。

② 方国瑜：《彝族史稿》，20页。

③ 原载《印度支那研究会集刊》，卷11之2，1936，详拙文《越南出土归义叟王印跋》，见《固庵文录》，237页。

④ 参《云南青铜器论丛》。

李昆声：《云南牛耕的起源——谈尖叶状与宽叶状铜锄问题》，载《考古》，1983(3)；张增祺：《云南青铜文化的类型与族属问题》，见《庆祝苏秉琦考古五十年论文集》，北京，文物出版社，1989。

与晋叟王金印，情形相同，则可以断定。

至于精制有二阑及多齿之牙璋，决为商代之礼器，可能来自中土，以后证前，亦甚合理。古文献《淮南子·泰族训》说商人疆域：“左东海，右流沙，前交阯，后函都”，交州在殷人势力范围之内，并非夸大的说话。[①]

原载《南中国及邻近地区古文化研究》，香港，中文大学出版社，1994

① 彭邦炯：《商史发微》，190页。

从浮滨遗物论其周遭史地与南海国

一

浮滨类型遗物的分布，现在所知已有四十多处，在潮州地区，潮州市梅林湖出有原始兵器的直援石戈与软陶共存，时代约为夏商，比饶平浮滨为早。浮滨遗物是1974至1976年先后在该地的塔仔山和顶大埔山等处所发现。顶大埔山所出的铜戈，长19.5公分，援长13.3公分，铸作粗糙，被认为目前广东出土较早的青铜器。[①] 浮滨类型的特征为陶器施釉，年代先于夔纹陶，其条纹与加釉情形近于江西吴城；复有刻符共20种。其有阑石戈复与吴城二期石戈相似，大口尊、豆器形风格则与河南二里冈所见略近。觯形壶更与殷墟西区出土之陶觯极为接近，故其年代被定为晚殷及早周，虽尚有不同意见，大体已为一般人所接受。

浮滨出土大批石镞石刀石戈。石戈有锋芒犀利的，其形制从援部平滑至隆脊有棱，从无阑到有阑，反映该地区兵器制作之演进过程及当日战争之频数。[②] 普宁、大埔出现援部作弧形的石戈、惠阳地区的石戈及香港石壁、深湾

① 遗物形状见林业强编：《广东出土先秦文物》，204～205页，香港，香港中文大学文物馆，1984。

② 同上书，204～209页。

的精致石戈与三角形石矛是否受到浮滨类型的影响，其与河南商代石戈类似之处，有待于精细比较研究。

1985年6月，揭阳中夏村发现战国墓，出土铜剑及铜矛各一件。铜矛的形状，据《揭阳文物志》记录：“矛长十四公分，中间起脊，断面呈四棱形。柄一面铸‘王’字徽号。另一面铸UE两号，矛身铸‘1L⊃y’，背面纹饰及符号。”（50页）可惜所附图版模糊难辨。查带着“王”标记的器物，有戈、斧、篾刀等，在广东西江流域之德庆、肇庆、四会、广宁、罗定多见之。论者认为带此类王字纹的兵器，若长沙出土之越王矛，邵阳之王字形矛，说明其先起源于越国而后来流行于百越各地。

浮滨釉陶在口沿与肩部多刻有符号，有人统计共20种记号。我以前曾作过研究：

同于上海马桥的：

同于吴城的：

同于广西平乐的：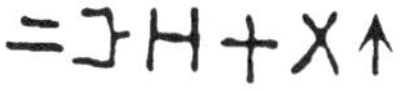

同于肇庆松山的：

同于香港石壁的：

广东始兴白石坪山及增城西瓜岭陶器符号计45种，相同者亦不少。这说明与吴越古文化关系的密切。最特别的是现藏于广东博物馆浮滨巨型彩釉的大口尊，上刻王字，同样标记又有三件，似乎表示浮滨在殷周之际曾经是属于越族的一个王国。

细考带有王字的越式兵器，在湖北出土的便有下列各地：

地点	兵器及文字	见于黄锡全《商周文字辑证》页数
郝　穴	王字矛	172
纪南城	王字书刀	172
大冶县	王字矛	17
天星观	（王）字矛	159
江　陵	王字匕首	169
楚皇城	王字画印	68

南越王胡墓出土的银带钩，其上亦著一“王”字。可见楚、越地区称王之众。赵佗上书汉文帝，说明他何以要称帝的理由，正因为闽越与西瓯各地的蛮夷，只有数千人，亦纷纷称王。因此他亦窃号以自娱。饶平浮滨和揭阳地古时应

属闽越，西江流域属于西瓯，此数处陶器、兵器上面多刻王字，正是当日称王之证据。故知赵佗所说都是事实。《汉书·景武功臣表》："下鄜侯左将黄同，以故瓯骆左将斩西于王功侯七百户。"[①] 是赵佗时犹有西于王，观佗上书言："西有西瓯，其众半嬴，南面称王。"四会、罗定等地陶器均有双钩王字纹，很可能即西于王国的遗物。

二

《史记·越王勾践世家》记："楚威王兴兵而伐之，大败越，杀王无彊，尽取故吴故地至浙江，北破齐于徐州。而越以此散，诸族子争立，或为王，或为君，滨于江南海上，朝服于楚。"[②] 其实威王时，越虽溃散，而其国尚存，分散多处。证以上举刻着"王"字之兵器，及揭阳之战国有王字之铜矛等物，知其族余孽仍活动于各诸侯之间。最明显的记载为《水经注》引《汲冢竹书》："魏（梁）襄王七年四月，越王使公孙隅来献乘舟……箭五百万，犀角象齿。"《史记·秦本纪》云："（秦）惠王卒，子武王立，韩、魏、齐、楚、越皆宾从。"[③] 据此，秦武时，越仍与诸大国通使，秦武元年即周赧王五年。魏襄七年一条，《通鉴》系于赧王前之显王三十五年（公元前334年）胡三省注"国于海上"一句云："汉之瓯、越，闽越、骆越其后也。"[④] 无异指越溃散后，分而为百越。至于公孙隅事迹，明时粤先贤欧大任著《百越先贤志》为之立传，略云：

> 越王无彊为楚所败，其子孙避处江南海上。周赧王时有自立为王者。隅以无彊初避楚，居东武有怪山浮来，镇压其地，因名东武山，乃往相度南海，时依山筑南武城以拟之，而越王不果迁。时三晋惟魏最强，越王与魏通好，使隅复往南海，求犀角象齿以修献。久在峤外，乃得诸琛并吴江楼船、会稽竹箭献之魏，魏乃起师送越王往荆、栖之沅湘，于是

---

① 班固：《汉书》卷十七《表》五《景武昭宣元成功臣表》，657页，北京，中华书局，1962。

② 司马迁：《史记》卷四十一《世家》十一《越王勾践世家》，1715页，北京，中华书局，1959。

③ 同上书，卷五《本纪》五《秦本纪》，209页。

④ 司马光：《资治通鉴》卷二《周纪》二《显王三十五年》，66页，北京，中华书局，1956。

南武疆土为越贡奉邑，称雄交南矣。①

这段记载不知取自何书。所谓“奉越王往荆、栖之沅湘”。盖赖魏师之助重整旗鼓，长沙出土有越王矛、邵阳出土越系兵器“王”字矛，足证此说之非诬。又广州出土有南武城砖及越王宫砖，则公师隅筑南城一事，亦可覆按。② 南武城之建，即出自公师隅计策，其时越人兵力所届，及于南海。

越之后代，在汉初复有南武侯织。《汉书·高帝纪》：“十二年，诏曰‘南武侯织，亦粤之世也，以为南海王。’”③ 《通鉴》亦著其事。④ 南武侯之南武一名，当与广州的南武城有关。赵佗降汉在高祖十一年。他接受陆贾的劝告……说他本是“中国人，亲戚、昆弟、坟墓在真定，……欲以区区之越，与天子抗衡为敌国，祸且及身矣!”“今王众不过数十万，皆蛮夷，崎岖山海间，譬若汉一郡耳，何乃比于汉?”陆贾遂拜佗为南越王，令称臣，奉汉约。⑤ 其时南海悉为尉佗所据，汉封织为南海王，文颖谓“遥夺佗一郡，织未得王之”。但织既受封，必有封国。蒙文通在《越史丛考》中认为“既名南海，则仍当于后之南海郡求之，既言织亦越之世，自当为勾践后裔。”引全祖望《经史问答》谓其当在汀、潮、赣之间，庶几近之。⑥

朱维干、陈元煦著《闽越的建国及北迁》一文中说：“他的封地南武，究竟在何处?《长汀县志》记载为今武平县地。饶宗颐在《潮州志》的《大事志》上说：潮安和饶平两县交界，有地曰南武崃。可能是南武侯封邑的故地。南海王国大约建立在汀、潮、赣之间，这样的推测，离事实总不会太远。”⑦

今年春天我到过饶平调查，南武崃有“草南武”与“石南武”两处，草南武属凤凰山脉，高度 884 公尺；为饶平第二号高山，东南接樟溪，西毗连潮州市之意溪镇。石南武是草南武之前列，山顶大石俗传为韩湘子的脚迹，究实无据。此地所以称为南武，我以前怀疑因汉初南武侯织而得名。1982 年

① 欧大任：《百越先贤志》，卷一，13 页下～14 页上，台北，商务印书馆，1980。

② 参温丹铭：《广州城砖考释》，载《中山大学文史研究所月刊》第 2 卷 3、4 期合刊及《广东通志刊传》卷 1《公师隅传》按语。

③ 《汉书》卷一下《纪》一下《高帝纪》下，77 页。

④ 《资治通鉴》卷一二《汉纪》四《高帝十二年》，406 页。

⑤ 同上书，《高帝十一年》，396 页。

⑥ 见蒙文通：《越史丛考》，42～43 页，北京，人民出版社，1983。

⑦ 朱维干、陈元煦：《闽越的建国及北迁》，见百越民族史研究会编：《百越民族史论集》，123～124 页，中国社会科学出版社，1982。

饶平文物普查，在樟溪镇马山湖水库南武崃西山陂出土石矛一枝，尚难说明与南武侯有什么关系。

蒙文通谓："《汉书·地理志》南海郡揭阳县，莽曰南海亭，亭名南海，地望正合，宜即故南海王国也。"[①] 蒙氏取王莽之南海亭以证武侯织之南海王国，甚有说服力。先是1977年，揭西县坪上区南森乡赤岭村，农民蔡剑裕掘得铜矛一件、铜钺二件，前于此若干年，卜瑞德医生在此亦掘得大量陶器及铜剑铜刀玉璧等物，铜刀柄上刻有"秦"字，原物被携往外国不得踪迹。黄朝凡据此一事作《河婆古城考证》[②]，刘念兹附和之，著《南海王国遗址笺释》[③]，援引蒙文通说为佐证，认为汉初南海王国的古城遗址即揭阳之河婆镇。

> 今按：揭西铜刀上有秦字，可能是秦时南下戍卒携来之兵器，与汉初南海王国毫无关系。南越王墓出土有十年张义戈，江西遂川县左溪河岸1976年出土一批秦代兵器其中带有铭文："廿二年临汾守曋、库系工歍造"，据彭适凡考证，为秦始皇二十二年物（《江西先秦考古》，248页），这些确是秦世兵器，当同为戍五岭时留下之遗物。况汉时揭阳县治，无法证明其必在河婆，以秦证汉，似拟不于伦，故黄、刘之说，尚非通达之论。

三

郭子章《湖中杂记·沿革考》云："（宋）元丰之制，潮止二县（即海阳、潮阳）乃置揭阳县，初卜治留黄村，至绍兴二年，改卜于玉窖村，始有三阳之称。"留黄村即𨻶隍，宋时复置揭阳县，初设治于此，未闻有治于河婆之记录，知黄君之说非有充分根据。明代潮州志书，郭子章在上举《潮中杂记》卷九《郡邑志补》有"南海亭"一条，引《水经·浪水注》云："员水又东南一千五百里入南海，东历揭阳县，王莽之南海亭而注于南海也。"以后顺治《志》照录之，《潮志》首引王莽南海亭以指揭阳县，盖自郭子章始。

---

① 参《资治通鉴》卷一二《高帝十一年》，43页。

② 见《揭西文史》，1985。

③ 载《汕头文物》，1984（12）。

秦汉之揭阳县等于整个潮州领域而更为广阔，奄有闽、赣之地。《通鉴·始皇帝二十五年》：“王翦遂定荆江南地，降百越之君，置会稽郡。”胡三省注：“秦会稽郡治吴县，兼有今闽越、两浙之地。”① 《史记·秦始皇本纪》作“降越君”。《正义》云：“楚威王已灭〔越〕其余自称君长，今降秦。”② 是秦时闽越应属会稽郡所遥领。汉初高祖、孝惠乃分封诸君长为王，而越祀实未绝。

据《史记·东越列传》，高祖五年（前202），复立无诸为闽粤王，王闽中故地，都东治。高祖十二年，立南武侯织为南海王。孝惠三年（前192）立摇为东海王，都东瓯，世俗号称东瓯王。③ 汉初对诸残余越人的政策，是把它瓜分为三处：先后分封为闽越、南海、东海三王国，而南海与东海遥遥相对。南海王不言都治所在，令人煞费考证，以揭阳县当之，大抵可信。由于南海王屡次反叛，史书所记，几乎是一片空白。除《汉书·高帝纪》、《通鉴》之外，《史记·淮南王传》引张苍奏及《严助传》略言之。④ 知其最后“以军降，被处于上淦”。则南海王辖境应及于江西。《舆地纪胜》卷三十四：“上淦即临江军之新淦县”⑤。即今时出土大量商代铜器之地。胡三省注《汉志》：“豫章郡有新淦县”。应劭注：“淦水出上淦，盖淦水之上流也”。此即南海王贬所之上淦也。

西汉时，南海王国亡之后，揭阳县一度确属于闽越王，“建元六年（前135）闽越王郢发兵拒汉，其弟馀善持钬杀之，汉因封馀善为东越王，另立繇为王，以奉闽越之祀。”故知郢之时，揭阳必属闽越王所辖。迨元鼎六年（前111）汉击南越，馀善以东越王上书，请出兵为助，史书记载他的兵至揭阳，以海上风波借口，持两端按兵不动。这时的揭阳可能仍在闽越王繇的管辖之下。前此南海王织所封本在揭阳县境，由于屡次反叛，其地后来遂为闽越所奄有。唐《十道志》说：“潮州，潮阳郡，亦古闽越地。”⑥ 所言是可信的。秦汉时还未有“潮州”的名称，仅名“揭阳县”，现在我们研究浮滨文化遗存分布于粤东与闽西，恰巧是闽南方言的区域，要寻找汉初南海王国的所在，此中正可透露出一点消息。

1993年9月1日

---

① 《资治通鉴》卷七《秦纪》二《始皇帝二十五年》，232页。

② 《史记》卷六《本纪》六《秦始皇本纪》，234～235页。

③ 参《史记》卷二四《列传》五十四《东越列传》，2979页。

④ 同上书，卷一一八《列传》五十八《淮南衡山列传》，3077～3078页。

⑤⑥ 蒙文通：《越史丛考》，43页所引。

浮滨文化的符号

一、引言

岭南学院的前身是岭南大学，我和这两间大学都有深切的宿缘。我的早期著作，整理先君遗著的《潮州艺文志》先后于1935年、1937年分两期专号在《岭南学报》刊出[①]，我又于1995年接受岭南学院颁授人文学博士学位，有这双重因缘。现在《岭南学报》要步武《燕京学报》的后尘，准备复刊，门人马幼垣教授主其事，向我索稿，并且声明必须以潮州有关涉的论著作题目。我经过许久的考虑，到了最近才决定采用这一论文，聊答雅意。

本年（1999）农历正月初八日（即2月23日）我去广东揭阳县博物馆。馆设在有名的学宫。承副馆长林戊源、孙淑彦，及当地文化领导李衍平、陈作宏诸先生的款待，得以饱观馆藏和出土一些文物，非常高兴。我在近著

① 此著就先君遗稿补订而成，三十年代在《岭南学报》发表时，范围自经部起至集部明人集止，别为十三卷，分刊两期专号。第一部分为前七卷，见四卷四期（1935年9月），1～213页；第二部分为随后六卷，见六卷二、三期（1937年9月），1～236页。后来此作成为我总纂《潮州志》（汕头，潮州修志馆，1949）时的《艺文志》，并补完清人集；前见《岭南学报》部分亦添入初刊后的新者。此作近更刊为单行本：饶锷、饶宗颐著《潮州艺文志》（上海，上海古籍出版社，1994）。此书自经部至明人集，据《岭南学报》本复印，清人集部分则用《潮州志》本重排。此事讲得详细点，以示我和《岭南学报》的因缘由来久远。

《汉字树》补记[①]，提及《华学》2 期（1996 年 12 月），曾骐、邱立诚、吴雪彬三先生合写的《仙桥石璋》一文，引述  形符号（124 页）。当我在揭馆看到三件陶片原物以后，始恍然发觉曾文所摹绘，有点失真，有重新仔细讨论的必要。

二、浮滨文化简释

所谓“浮滨文化”是指饶平县浮滨区塔仔金山出土的遗存，以“浮滨”命名的考古学史前文化的一个文化名目。从 1974 年在该地大埔山出土遗物近三百件，以后在邻近地区包括广东的普宁、揭阳、丰顺、大埔，和福建的南靖、诏安、漳浦、龙海、平和、华安等地都陆续发现有浮滨类型的遗物。甚至香港，近年亦有浮滨型文物出土。它分布的地区，从闽南、粤东，及于香港地域。文化层的碳 14 年代数据大约在前 1440—前 920 年的年代范围。曾骐、邱立诚诸位考古家有关浮滨的论著甚多[②]，我在这里不拟详述，简单地说，浮滨遗物相当于殷商时代。

现在先谈石璋，曾骐等在《仙桥石璋》文中对于仙桥二件石璋的形状与“牙璋”的用途都有很详细的说明、报道。这二件石璋，一有孔而一无孔。有孔的 27.9 公分×5.6 公分×1 公分，无孔的 25.5 公分×6.2 公分×1 公分（图 1、2）。该二件石璋都在揭阳仙桥出土。记得 1994 年 2 月在中文大学中国文化研究所主办的“南中国及其附近地区古文化研究国际研讨会”上，我首先发言致开幕词，提出《由牙璋分布论古史地域扩张问题》，附带提到揭阳仙桥的有孔石璋，为该次会议印发的论文集内的牙璋遗址分布图，增加了揭阳一个新地点。我的开幕词在香港还没有正式公布，现在发表作为本论文的附录。

曾骐指出仙桥石璋Ⅱ和四川三星堆神树上所挂的金箔包裹的璋形物，有相似之处，今再将三星堆的鱼形首饰包金箔的璋同时印出，以资比较（图 3）。[③]

---

① 饶宗颐：《符号·初文与字母——汉字树》，188 页，香港，商务印书馆，1998。

② 特别是邱立诚、曾骐：《论浮滨文化》，载《潮学研究》6 期（1997 年 10 月），19～34 页。

③ 朝日新闻社编：《三星堆——中國五千年の謎》，110 页，东京，朝日新闻社，1998。

图1

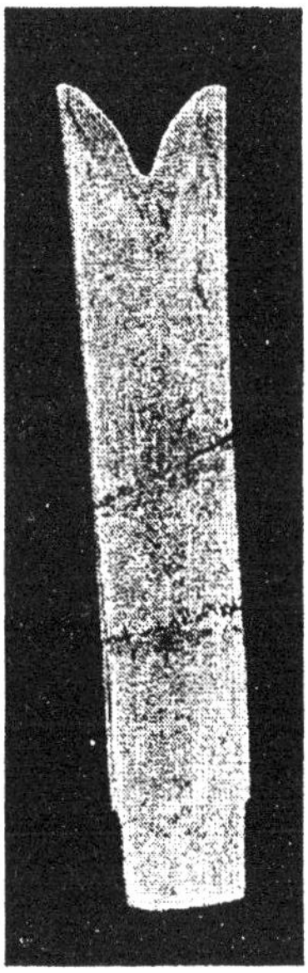

图2

图3

三、与石璋有关诸问题

牙璋之有孔，分明是准备用绳穿引用以悬挂。《山海经》记载祭山之礼，多悬以吉玉。《尔雅·释天》："祭山曰庪县"。郭璞（276—324）注："或庪或县，置之于山。《山海经》曰县以吉玉是也。"陆德明（约550—630）《经典释文》："庪，本或作庋，又作攱。"《集韵》上声四纸："祓、祈：祭山名。或作祈，通作庪、庋。"

三星堆的璋形物刻绘受祭之山左右有手掌，我尝引用《西京赋》的巨灵手掌以解释之（图4）。[①]

古代诅告对方亦用玉，《秦诅楚文》云："敢用吉玉瑄璧，及其宗祝邵鼛，憿告于丕显大神……"诅是明誓时告于神明使加罪于控告的对方。晋国侯马盟书，书写于玉器上，所用有圆形与圭状，即珪璧之属。三星堆祭祀刻绘人持璋跪地以刃前向，想其致祭时必行诅告。

图4

① 朝日新闻社：《三星堆》，217页。

四、浮滨文化的符号及其有关问题

次谈符号。浮滨文化，最特色是陶器上面的刻符或文字，大抵多刻于肩、腹部和豆把之上。有少数刻于口沿侧。邱立诚曾举出见于大埔墓葬的刻符（文字）有 30 个，详见《文物》1991 年 11 期。[1] 我以前见过浮滨大口尊，口沿每见“王”字，曾提出与“汉代南海国”或有关系的论见。[2] 邱君谓：“饶宗颐教授认为‘王’的标记似乎表示浮滨在殷国之际曾经是属于越族的一个王国，这个意见很有见地。浮滨文化的这批刻符，看来不纯粹是记数符号，肯定其中已有的具有指事意义。”[3] 我现在再就新见到的揭阳这一符号进一步加以讨论：

曾文摹写的符号，原形实在应如下列：记号在口沿之下，有二个幸存保留口沿线位，故较准确。另一残文，只剩二道分线，但可依上面二文，予以复原。此类符号，不是刻划，而是浮雕使其笔划突起，值得注意。

陶片出土地点为（赵）埔田梅林山，其一出于云路；参看所附地图（图 5）。

浮滨遗物，经二十年来学人的研究，已一致承认时代属于殷商。

殷甲骨文中有一不识之字，其形与此颇相似。但十字形为正面。其卜辞云：

> ☐申贞于——〔下残〕（《小屯南地》[4]，#三五九四）（图 6）
>
> 又羌，尞军
>
> 己未……不降永

---

① 该文即广东省博物馆、大埔县博物馆《广东大埔县古墓葬清理简报》，见《文物》1991 年 11 期（1991 年 11 月），14～26、13 页。墓葬刻符 30 种有详细表列，见 18 页。《文物》唾手可得，不复制。至于《文物》此文之著作权，据邱立诚等所著《论浮滨文化》之注〔16〕，文实出邱之手，则应注明。

② 饶宗颐：《从浮滨遗物论其周遭史地与南海国》，收入邹兴华编：《岭南古越族出土文物集》，80～83 页，香港，市政局，1993；并见黄挺编：《饶宗颐潮汕地方文化史论文集》，76～83 页，汕头，汕头大学出版社，1996。

③ 见邱立诚等：《论浮滨文化》，26 页。

④ 中国社会科学院考古研究所编：《小屯南地甲骨》，687 页，上册，第 2 分册，北京，中华书局，1980。

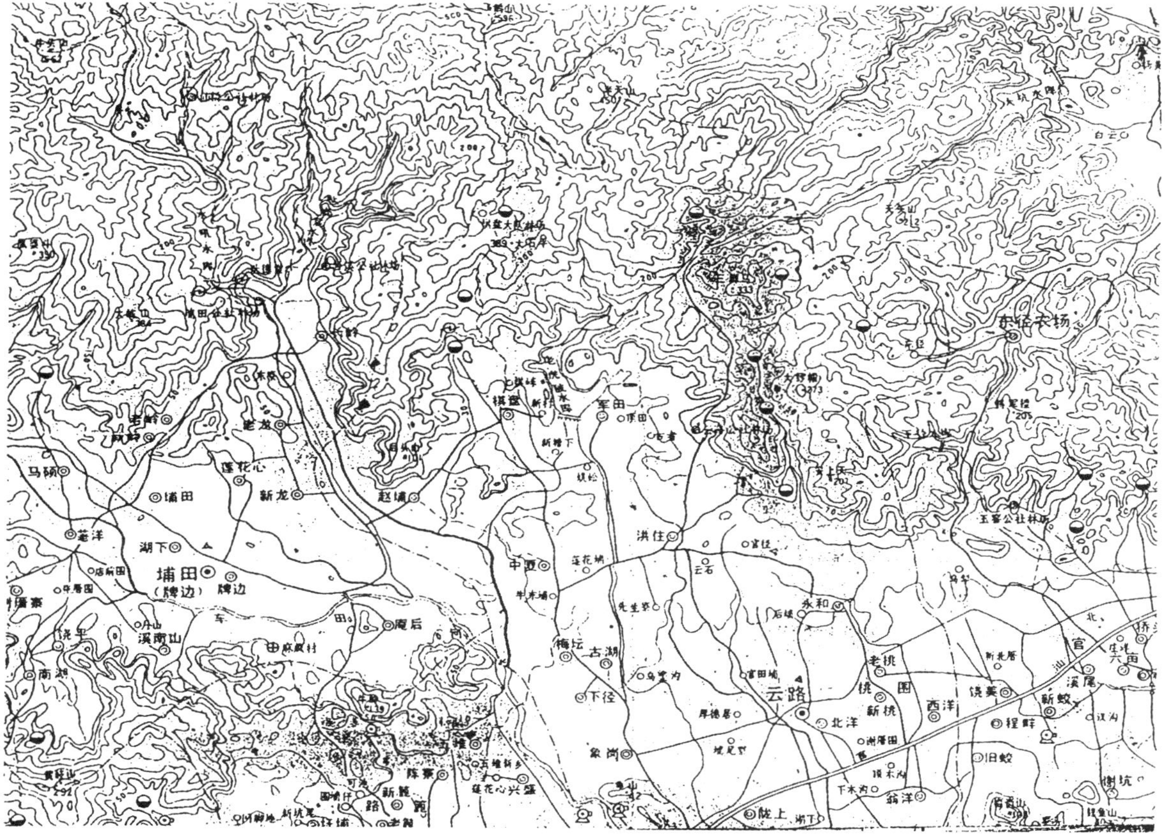

图5　揭阳地图　▲梅林山遗址

又一字则增益“”的偏旁。

庚辰贞：其（《甲骨续存》[1]，#八〇二）（图 7）

徐中舒（1899—?）《甲骨文字典》虽收录此字，却谓其义不明。[2] 按卜辞此字为动词，循其上下之义，知是祭名。释为鬼，则者，可能指逐鬼辟邪之事。

图 6

图 7

卜辞十干的“癸”字一般都写作或，十字形的方向更与异，但绝不是癸字。浮滨 30 个刻符，还无法证明它是文字，只是指示某一事物，所以不能用卜辞来作解释。

古代星图习惯用圆圈和相连的线来表示星座。见于汉代符箓上的星象图、敦煌所出的星图（如 Stein3326 的全天星图），无不如此。

---

① 胡厚宣：《甲骨续存》，下编（册三），547 页，上海，群联出版社，1955。

② 徐中舒主编：《甲骨文字典》，1526 页，成都，四川辞书出版社，1988。

云路、埔田所出陶片三文（图 8、9、10），都作✕形状，似可以看作星象。浮滨陶文 30 种中，又有✳、✱的纹样。✳是四正、四维所组成。✱则稍简化，向来被视为星辰。西亚习见的✳符，意义是天神，楔形文写作𒀭，通常作为限定词，在神名之前表示神之名号。✳正象光芒八道。浮滨的✳，是否如此，尚无法证明。但✕之为星象，却非常明显。✳号已见于半坡。[①] 汉代画像砖有⊠的图案，像四川梓潼之作四角光芒，和✕十分相像。[②]

古代人对天文观念发达甚早，殷卜辞有“从斗”之辞。

✕可说是维斗的图案。《庄子·大宗师》说：“维斗得之，终古不忒。”李颐注云：“北斗，所以为天下纲维。”《大宗师》又云：“傅说得之，以相武丁，奄有天下，乘东维，骑箕尾，而比于列星。”陆德明《经典释文》：“东维，箕斗之间，天汉，津之东维也。崔〔譔〕云：傅说死，其精神乘东维，托龙尾，乃列宿。今尾上有傅说星。”傅说是殷代名臣，死后化为星座，星有名称“傅

① 见饶宗颐：《汉字树》，见《论半坡》第 29 号，156 页。

② 参看饶宗颐：《未有文字以表示“方位”与“数理关系”的玉版——含山出土玉版小论》，载《中国语文通讯》3 期（1989 年 7 月），9～13 页。

说”。殷代的星宿信仰即可窥见一斑。浮滨文化年代属于殷商，故之象四维及中央五星之状，可以推想而知。维斗是天下之纲维。天亦有四维。纲，《说文》训网纮，古文作㭃，从木从糸。大绳为纮。即以纮与中央斗星维系之象。

如果是作为五星的征象，浮滨在古代是一王国，当然对天象有某种信仰。天垂象，见吉凶，王者“则天”，这一观念，各处大抵同然。所以特别用浮雕来显示它的重要性。这是一种显示天道的“象纬”记号。象纬者，杜甫游龙门寺诗云“天窥（一作阙）象纬逼”。明万历潮州知府郭子章（1542—1618）所著的《潮中杂记》，有《象纬解》一文，收入顺治时候吴颖编修的《潮州府志》。文中指出潮州隶东广，于汉为南越地，春秋为百越，其于十二次为星纪，于二十八宿属牵牛。吴颖于志中地书转载其文，懔于天道，应当知所儆惕。这种符号镌于器物之上，最少昭示当日地方居民很关心天象。马王堆汉墓出土还有《五星占》、《天文杂占》，正可作为佐证。

五、结语

本文所提出一点不成熟意见，只是推想，还待深入论证。但提供符号原状，十分重要。我甚希望以后考古家发表有关符号时，勿采取摹写方法，多用准确照片，以免导致误解。

再谈荆门太岁戈

湖北荆门东桥地区出土铜戈，内部西面有铭文四字：

(1) 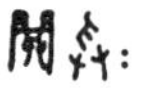：閞兵

(2) ：岁大

说者释为“兵辟太岁”，而读作“兵避太岁”，已为一般学人所承认。近时更牵合马王堆新出的神祇图，一致以避兵之义说之，取《论衡·难岁篇》“移徙者避太岁之凶”以立训。然太岁有吉凶二面，《淮南子·天文训》：

> 太岁：迎者辱，背者强；左者衰，右者昌。小岁：东南则生，西北则杀；不可迎也，而可背也，不可左也，而可右也。

又论刑德云：

> 凡用太阴，左前刑，右背德，击钩陈之冲辰，以战必胜，以攻必克。

又论太阴云：

太阴、小岁、星、日、辰五神皆合，其日，有云气风雨，国君当之。天神之贵者，莫贵于青龙，或曰天一，或曰太阴。太阴所居，不可背而可乡，北斗所击，不可与敌。

《史记·天官书》亦言：

岁星所在，五谷逢昌，其对为冲，岁乃有殃。

岁星赢缩，以其舍命国，所在国不可伐，可以罚人。

《左传·昭公三十年》记史墨云："越得箴而吴伐之，必受其凶。"杜预注："岁星所在，其国有福，吴先用兵，故反受其殃。"是岁星所在之国为吉，其对冲则为殃，钩陈为子，对冲之辰是午，子午相冲，能以刑德击对冲之辰，乃可取胜。又岁有大小，小岁即是太阴，其向背之方亦为兵阴阳家所常掌握。《甘氏星经》云：

凡岁星所在不可伐，假令岁星在寅，则其岁不可东北征，利西南；西南无年有乱民，是为岁星之冲，常受其凶也。

马王堆三号墓《五星占》：

列星监正，九州以次，岁十二者，天干也。营室摄提格始昌，岁星所久处者有卿（庆）。

野有卿（庆），受岁之国不可起兵，是胃伐皇……

是凡对冲即不吉，避岁即在避冲，相反则可取胜，《汉志》所谓："推刑德，随斗击，因五胜，假鬼神以为助者也。"说者却泥于避兵的消极义，而忽略了用兵的积极义。太岁本有吉凶两面，专侧重于避兵，不免成为落于一边的偏见。

荆门戈的開字，分明是"开"，即《说文》开的古文開，段注谓"一者象门闭，从𠬞者，象手开门。"俞伟超文引节墨刀币背文一作開，他说"就字形论，有可能是开字。"按開封以读作开封为是。荆门戈此字正是开字，不必辗转借作辟，因原形分明是開而非闢。更不必由辟转读为“避”。愚意此铭文可读为太岁开兵。是从正面揭出用兵的指示。《逸周书·大武解》云：

> 武有七制：一曰政，二曰攻，攻有九开。开有四凶、五良。
>
> 孔晁注云：“开，启也。四凶：一曰攻天时，二曰攻地宜，三曰攻人德，四曰攻兵利。（‘五良’从略。）凡此九者，攻之开也。”
>
> 孔注又云：“攻击之道所由开也。”

“开”字是用兵大武的专用词。《荀子·议兵》：“微子开封于宋。”開古作闓，又《逸周书·武顺解》云：

> 一卒居前曰开。

孔注亦云：

> （开）犹启也。

《诗·六月》：“元戎十乘，以先启行。”李白《蜀道难》：“一夫当关，万夫莫开。”此启之义。《小尔雅·广诂》：“开，逵也。”《说文·辵部》：“逵，先道也。”先道即先导。逵，经典多作率，与帅互通，领先之意。

“太岁开兵”的涵义是说由太岁领率众兵先行，如是则无往而不利。由是言之，是戈可能是出兵时主将使用兵祷的法器，故题记曰：“太岁开兵”。以表示神灵与威武。李零文中提到《封禅书》述武帝伐南越告祷太一，以牡荆画幡：日月北斗登龙，以象太一三星，为太一锋。他说太一是太岁的别名，天一统北斗代行九宫，主杀伐。以古兵阴阳家除讲迎岁、背岁，还有顺斗、逆斗；斗、岁可以互代。他又说是戈援神像可代表北斗，其足下所踏日月代表月刑日德的概念。这一说法是可以讲得通，用不着拘泥于“避兵”的作用。“太一锋”之所以有“锋”之名，即绘画太一以作先锋，太史奉之以指所伐之国，则威灵所至，所向无敌。是戈之以“太岁开兵”题榜，于兹得其确诂，则“开”字之不宜转读为“避”，从可知矣。

1992年10月于香港

兵辟太岁戈　战国

1963年湖北省荆门车桥大坝出土，现藏湖北省荆州博物馆，通长21.9、内长8、宽6.5公分。援两面各铸一神人，头上插羽。双耳珥蛇，腰缠两蛇，一手握龙，一手操两头兽，足下踏日月，胯下一龙，为“太岁星”的形象。内两面饰兽纹，分别铸有“兵辟”、“太岁”四字铭文，为巴蜀遗物。

胡里安（Hurrian）与“胡”之来源

——上代塞种史若干问题

今年5月，我应历史研究所之邀，讲述一些古史问题。停滞北京期间，北京大学荣新江兄尝两度会晤，承告知他多年以来，和张广达教授合著有关于阗国论文，即将汇集为《于阗史论稿》，由上海书店出版。他们两位累岁精力所萃，结合中外史料，对塞语文献的钻研，敦煌新出资料，涉及于阗国号、从德太子（Teūm-ttehi）使臣各种文书的断代研究，真是源源本本，殚见洽闻，为佛教史增入若干新叶；填补了许多空白，一向于阗文材料被视为畏途，通过两教授的探索，死文字给弄活了。这回的结集，对中古西域史贡献之巨，史学界都有口皆碑，无待我来饶舌！

我对于阗史涉猎至浅，承命执笔为序，倍感惶悚，书中重要问题，我无资格参加讨论，但看本书开端从“上古于阗的塞种居民”讲起，关于在中国境内对远古塞族名称的推测，我有一些看法，姑且提出来，向二位先生请教。

一、上古塞种语言文字统称为“胡书”

和阗地区出土的塞种语较于阗语更古老的，像托姆舒克（Tumšuq）、木头沟（Murtuq）语，都同属于伊朗语系。和阗语山称 ggara-，即 Av 之 gari-，梵语之 giri-，净土的“净”，和阗与托姆语均作 vasuta-即其一例。语言学的研究证明和阗早期居民是塞种，操印欧语系中属伊朗系东支的塞语（Saka languages），而考古学及人类学的发掘其头骨特征证明属于高加索种。

在古精绝国（尼雅）出土的佉卢书文书，其中有不少伊朗语借字，说明塞族语言在这一地区流布之广。① 该地区在未经突厥化、伊斯兰化以前，所有语文，相当复杂，有婆罗谜文、佉卢文、吐火罗文、窣特文、龟兹文、于阗文种种之不同，汉人都笼统地称为“胡书”，谢灵运说：“胡书者，梵书。”此指 Brahmi，又云：“胡字谓之佉楼书”，即指 Kharosthi（日僧安然《悉昙藏》卷一引）以后从梁僧祐《出三藏记》的《胡、汉译经书义同异记》至隋彦琮的《辩正论》一概称之为“胡书”。姜赖之虚，被称为胡之大国，及胡书之胡，《水经注》二记龙城云：“河水又东注于泑泽，即经所谓蒲昌海也。水积鄯善之东北龙城之西南。龙城故姜赖之虚，胡之大国也。”龙城即龙堆，说者谓即楼兰故地。蒲昌海即今罗布淖尔，黄文弼据姜赖之虚一名推论楼兰土人必有姜戎，即塞种人之裔胄，甚是。② 这个“胡”书应该是指什么？是本人所欲探索的焦点。

二、蚌雕白种人头部记号与西亚 Halaf 相同

本书说道“公元前 8 世纪后，塞人逐渐出现于欧亚内陆，约前 630—620 年，以斯基泰为名见称于希腊史籍，其分支侵入美索不达米亚上游叙利亚。”这是很保守的说法。近年在甘肃灵台白草坡西周墓所出铜戟上有白种人特征的人头像，陕西扶风周原宫殿出土两件蚌雕白种人头像，说者认为即希腊史家所说戴尖帽的塞种人，亦有称之为吐火罗人。③ 最令人瞩目的是周原蚌雕像上刻有☩（巫）的记号，和西亚五千年前 Halaf 女神肩上的☩号完全相同，而☩一符号作为陶器的纹样，在 Halaf 时期屡见不少，这一事实我曾撰文指出，引起国际学人的注意，美国梅维恒复加以英译。④ 远古时代高加索地区人民与吾华可能有相当接触。W. B. Henning 所作《历史上最初的印欧人》（1978 年刊）提出：“楔形文中经常出现的古提人（Guti）就是吐火罗人的前身，他假定公元前 3000 年的末期，古提人离开波斯西部，长途跋涉到了中国，仍过着游牧生活。月氏一名最初即源于 Guti（Kuči 亦由 Guti 变来），吐火罗一名原于 Tukri（此名亦见于楔形文），Guti 与 Tukri 是孪生兄弟，是历史上最初的印欧人，他们在波斯的出现先

---

① 参 R. E. Emmerick：*Saka Grammatical Studies*，The Language 章。

② 《西北史地论丛》，214 页。

③ 参看林梅村文 Lim Mei-cun：Tocharian people：silk Road Pioneers，*Senri Ethnological Studies* no. 32，p. 91.

④ 见 *Sino-Platonie Papers* No. 26，“Questions on the Origins of Writing Raised by the Silk Road” by Jao Tsung-i，University of Philodelphia，1991.

于赫梯人之到达细亚细亚。”他这一新说，未为一般学人所接受。[①] 现在我们看✠的记号，见于 Halaf 女神肩上，隔 2000 年后，重新出现于商周之际的塞种人雕像之上。说明高加索塞种在中国地区活动历史的悠久，月氏和吐火罗（疏勒河南榆泉盆地有地名吐火洛泉，论者以为即 Tochari 的对译）都属于塞种，古代迁徙频繁，东西互相接触，自是意料中事。

三、从胡里安（Hurrian）文件看古代东、西的马政

《魏书·西域传》“和阗有好马驼骡。”所以和阗的马钱，用马作花纹，标榜其特产。Hurrian 在世界史上被认为最早把马政以及战车传入近东的民族。[②] 他们建立的米丹尼王国（Mitanni）在一件与赫梯王所订的条约中，记载养马法及马拖车的训练出自米丹尼人 Kikkuli，同时用了一些和梵语相同的词汇，如“一”之 aika-相当于梵文的 eka；又出现若干吠陀的神名，像 Mi-it-ra（即 Mitra）、Aruna（Varuna）、In-da-ra（Indra）说明 Hurrian 是扮演沟通印、欧两地联结伊朗与印度语的重要角色。所以米丹尼被认为是雅利安人在美索不达米亚建立的国家。

有人以为中国马车制度是从西亚传入的[③]，其实米丹尼关于马政记录，这

① 参看徐文堪：《从一件婆罗谜字帛书谈我国古代的印欧语和印欧人》，见《季羡林教授八十华诞纪念论文集》，373～403 页。对 Henning 之说的赞扬者与反对者，都有所论列。

② Hurrian 民族历史，在埃及、赫梯史籍中多有记载。汉译史书，以谢德风等所译捷克有名学者 B. Hrozny（赫罗兹尼）的《西亚细亚、印度和克里特上古史》（三联，1958）一书最为详尽。参该书 146～151 页讨论米丹尼为雅利安人所建立之王国。

③ 主张马车是由两河文化输入的学人，没有提到 Mitanni 这一有名的文件。他从 Piggott 的文章转引赫梯（Hittite）的材料，最早有关文献是公元前 1700 年前后记载了安纳托利亚（Anatalia）王动用 40 辆马车作战。他说里海的车子比殷虚的车早 300 年至 500 年。他统计汉文资料，指出甲骨文中（《平津》二，212）只言擒获了两辆车（原文是“……㒳车二㒳”），证明此时马车还没有成为作战主力。又引《左传·昭公十三年》，有车四千乘；昭五年，马车总数达到 4900 辆之多。又据《多友鼎》记玁狁战役，127 辆马车被缴获，标志着要到公元前 9 世纪后半，中国才进入车战成熟的时代。这种粗略的统计，很有商榷的余地：甲骨文㒳字可用于车若干㒳，同时亦用于马若干㒳，㒳殆是两字异形。（金文大篆作[illegible]，㒳为省形。卜辞㒳亦作数字用，如“叀㒳羊用”（《合集》一一三六四）以他辞“其鼎（贞）用三羊”（《合集》三〇九九七）证之，㒳即两甚明，借㒳为辆，非丙字。“马……㒳”可以解作马车若干㒳，“马五十㒳”的记载卜辞屡见，我认为应该释为马车五十辆。《逸周书·世俘解》云：乙巳，陈本命新荒蜀磨至，告禽霍侯艾侯，俘佚侯小臣四十有六，禽御八百有三两，告以馘俘。（用唐大沛《分编句释》本，引张惠言说：“大臣不当以两计，御盖谓车。”）《吕览·简选》：“殷汤良车七十乘，必死六千人，战于郕。”又云：“武王虎贲三千人简车三百乘，以要甲子之事于牧野，而纣为禽。”

当日单就霍、艾两个侯国，便擒获 803 辆战车。以此证之，卜辞的马五十㒳，即马车五十㒳。夏氏没有引用《逸周书》，大概认为不可靠。这里的擒 803 辆的数字，已可与埃及在 Megidda 之役，俘获 894 辆相媲美。

一赫梯文献的绝对年代，据说是公元前1400，相当于殷代中期。甲骨刻辞中对于马名的记录，相当详细，又有多马羌、小多马羌；方国有马方，官名有马亚、马小臣，屡屡言及马五十两（如《合集》一一四五九），当然指战车。以马作为偏旁的契文，有䮂、騽、𩣡、骛、䭾、驳、豚、骆等等。騽字见《说文》。“一曰‘骊马黄脊’”。𩣡可读为骊，卜辞又有“赤鸡”及“妈䮾”之名。文云：

庚戌卜贞：王……于慶。㚃䮾（《合集》三六八三六）

于马〔方〕……䮾㚃（沿）（《合》三六八三六）

㚃䮾是双音字马名，如匈奴称马有“驮騠騊駼”（王会解“禺氏騊駼”）、“驒騱”之比。卜辞“爻戊”亦作“学戊”，㚃字如读为晓母之学（粤语），则㚃䮾可能是梵语 haya 的对音，haya 的意义是迅速（Speeding），亦是日神的标帜，所谓 Sapta sūrya 是“七日”之意，有如《楚辞》的羲和为日御，haya 表示七个御车的太阳，如吾华的十日。周初“轻吕”（《逸周书·克殷解》），剑名，是外来语，人所共知；㚃䮾如果是 haya，亦相当有趣。《蒙古秘史》：

荅驿儿	孛罗	豁牙儿	曲䮉	阿黑骟思秃
dair	boro	gojar	külu-güd	ar tastu
一只（马）	一孛罗马	二只	骏	骟马

蒙语的曲䮉π，külu 表示骏马，kikkuli 人名的取义，或与马有关系，蒙语取自回鹘字母，借粟特文（Sogdian）为之，源于 Aramaic script。殷代诸羌和塞种人多有来往，血统不无混杂，印欧语渗入殷人语文，非不可能之事，卜辞对产马方国及马名的记载，年代与 Mitanni 正相若，东西两地的马政不妨同时发展，并驾齐驱，很难定它的先后。

本书说：“于阗语的 aśś，意为马，和瓦罕语的 yuš 相同。”按古波斯语“马”为asa-，正与于阗语 aśśa 为同一语源。[①]

① 参 R. G. Kent：*Old Persian*.（Lexicon），173 页 asa-条，又 Asagarta-asabāya 各条。

四、和阗马钱王号出自波斯传统模式

和阗通行的马钱二面皆有文字，一面是汉文曰“重廿四铢铜钱”，另一面是佉卢文：

> Maharajasa，rajati rajasa，Mahatasa Gugramayasa. 意思为：大王，“王中之王，伟大者：矩伽罗摩耶娑”。（见夏鼐《和阗马钱考》）

榎一雄以为这是模仿大夏国王 Eucretides 一世（公元前 171—前 155）的铸币形式。其实这种“大王，王中之王”的称呼，是波斯王国从苏美尔以来习用夸大式的最高统治者称谓套语，试比较如下：

苏美尔：

> Lugal Gal-u
> Lugal Lugal meṣ̌.
> (Great King，King of Kings，下同。Lugal 即 King。)

巴比伦：

> Šarru rabū
> šar šarrāni

古波斯：

> xšâyaθiya vazraka
> xšâyaθiya xšâyaθiyàniàm

苏美尔在“大王，王中之王”下面本来还有“Lugal kur kur meš”（King of all lands，Kur 即地，Mes 指多数）一句。和阗没有很大的版图，故不用此句，但称“伟大者”而已。和阗用驴唇书是印度俗语；因其民族属于塞种，所以仍旧沿袭波斯的称呼模式。

五、"胡"字涵义的演变

"胡"字在历史上的涵义屡有伸缩、转移、变迁。西方公元4世纪以降，横行欧洲的游牧部族有Huns，匈奴与Huns不是同族，曾经引起许多讨论和质疑[①]，陈寅恪在《论五胡问题》中说："胡本匈奴专名，去na著hu，故音译曰胡"，印度笈多时期碑铭均称匈奴为Hūna，实有二音。去na而仅存首音，是说似不近理。《周书·王会解》记西面诸藩属：

禺氏（月氏）：騊駼
大夏：兹白牛
犬戎：文马
数楚：（孔注北戎）每牛
匈奴狡犬

皆北向。

此处匈奴与塞种之月氏、大夏区分为不同种属。《汉书》晋灼注说："尧时曰荤粥，周曰猃狁，秦曰匈奴。"则匈奴是秦时的名称。秦以前的文献，有东胡（王会解"东胡黄罴"）、林胡（《史记·廉颇传》："李牧破东胡，降林胡"）、三胡（《史记·楚世家·索隐》：林胡、楼烦、东胡），胡与貉连称（《史记·天官书》："其西北则胡、貉、月氏诸衣旃裘引弓之民"），知原来的胡似非专属匈奴。顾炎武《日知录》谓"胡之称号始于林胡，东胡。"（卷三二）王国维《西胡考》言"战国晚期于北方民族概称曰胡人。"至秦乃以胡专指匈奴，以匈奴为诸胡中之最强大者，谶书言"亡秦者胡"，贾谊《过秦论》："胡人不敢南下而牧马"，皆指匈奴。而匈奴亦自称曰胡，观狐鹿姑单于《致汉武帝书》："南有大汉，北有强胡。胡者，天之骄子也。"可以为证。在中国人方面，则以北胡与南越对称。东汉高诱云："中国以鬼神之士（事）曰忌，北胡、南越皆谓之请龙。"（《要略训》注）即其一例。胡遂成为北方异族的统称。汉代有"秦胡"（居延简："属国秦胡卢水"），指祖居秦地未融合于汉族

① 见余太山的《匈奴、Huns同族论质疑》，见《塞种史研究》，242页。

的少数异族。[①] 又称粟特为粟特胡（汉简），沮渠蒙逊即卢水胡人，其先世为匈奴左沮渠，以官为氏。高昌有屠儿胡（吐鲁番文书第六册），《北史·高昌传》云："文字亦同华夏，兼用胡书，《毛诗》、《论语》虽习读之，而皆为胡语。"此高昌用胡语读汉人经典。实为双语国家，与和阗相同。汉简记有月支国胡支桂，手廿九，黑色。是分明非汉族而为支姓者。晋有支胡官印（上海博物馆藏"晋支胡率善仟长"印），《后汉书·西羌传》："湟中月氏胡，其先大月氏之别也。"同书《邓训传》："先是小月氏胡分居塞内，……每与羌战。"则小月支亦称为胡，以其曾臣属匈奴之故。[②]

汉灵帝时，洛阳流行胡化，京师有胡服、胡帐、胡床、胡饭、胡箜篌、胡笛、胡舞，京都贵戚皆竞为之。（《续汉书·五行志》及《御览》卷七〇六、六九九引《风俗通》）献帝时，牛辅帐下有支胡赤儿。（李贤注引《献帝纪》）士燮为交州刺史，车骑满道，胡人夹毂烧香者常有数十。蜀诸葛亮军前有胡侯二十余人。足见汉末胡化之深及胡字之广泛使用。

唐代，藏人专称粟特为胡，见T·一二六三《藏汉对照字汇》，藏文作སོག་པོ（Sog. po）首音分明是粟，或谓即西胡。[③] 至13世纪，Sog. po用以指蒙古族，亦有人谓是"阻卜"的对音。

可见胡字涵义广狭及转变的大概。以胡代表西北异族的通名，远至粟特，近及高昌皆然，和阗自然亦包括在内，故其言语文字亦可称为胡书。

大家都知胡名出于匈奴，匈奴且自称为胡，但何以有这一名称？需要进一步加以解答。

六、虫、Hor与Hrw

由于于阗一带先民头骨多为高加索人，令人联想到远古的白色人种。

周原甲骨H一一·二有"虫白（伯）"一名，有人释虫，读为崇伯，是不对的！虫应是虺，虺通作隗[④]，隗姓在春秋时被称为怀姓九宗，《大戴礼·帝系》："陆终氏娶于鬼方氏，鬼方氏之妹谓之女隤氏。"他们都是鬼方之族，殷

① 参黄烈：《谈汉唐西域四个古文化区汉文的流行》，见中山大学《纪念陈寅恪教授国际学术讨论会文集》，414页。

② 参黄盛璋：《杂胡官印考》，载《西北史地》，1986（4）。

③ 王尧：《吐蕃简牍综录》，28页，粟特条。

④ 王晖：《"虫伯"及其种族地望考》，载史念海编：《中国历史地理论丛》，1990（2）。

周有鬼侯、西落鬼戎，与虺可能是一系，王国维久已提出此说。人所共悉。虫、虺与怀、隗都与胡音相近。

在西藏北部东西北部地区，至今散居着许多被称为 Hor 的游牧民族。在 P·T·二一六号《藏汉对照字汇》对回纥人称 Hor，但在 P·二七六二则以 དྲུ་གུ (Dru-gu) 称回纥人，最早记载见于 662 年。[①] 有人谓 Hor 是秦汉小月支之苗裔，亦有说宜改译为畏兀儿。[②] 我则认为 Hor，实在应是“胡”字的音译在西北保存下来的残迹。Hrw 在《圣经》上称为 Horite。

Hurrian（胡里安人）建立的米丹尼王国在埃及历史上被目为雅利安民族（Aryan race）。他们的原住地应在乌浒河（Oxus）药杀水（Jaxartes R.）源北东部山地之后。米丹尼语言的影响，向西扩展至奥伦特河谷（Orontes Valley）更东至尼尼微（Nineveh）。他们形成一个有力而文化优越的国家，从她的异邦喀斯特（Kassite）王朝统治下的巴比伦沿幼发拉底河（Euphrates）迤西促成商业的成长与繁荣。[③] 马的训练法影响最大，在哈杜沙什（Hattusas）地方（即赫梯人 Boğas-Köy 村遗址）[④] 所出的文书证明他们是人类文化上马和战车事业最大的贡献者。Hurrian 在埃及文献原称为 Hrw（Hur）。在楔形文史料出现于 Mari 区域所见的称 Hur-lili。我认为 Hrw、Hur 即是“胡”这一名称的来源。

北方诸胡都是骑马民族，对马不能不加以重视与崇拜，和阗亦不能例外，他们的钱币即用马作为标志。匈奴所以自称为胡，可能即取自此以养马闻于世的 Hrw、Hur 为名。匈奴的前身据说是獯育，相传为黄帝所逐。（《史记·五帝纪》：“北逐荤粥，合符釜山。”）《史记·匈奴传》：“唐虞以上有山戎、猃狁、荤粥。居于北蛮，随畜牧而转移。《诗》言“薄伐玁狁”，不嬰篙作厰妥，妥即允，字从女，《左传》允姓之奸，“允姓”自是厰允之省称。《多友鼎》记“玁狁放興，广伐京自”，“俘戎车百乘一十又七乘。”是一场很重要的战役。匈奴、玁允的种别异名很多，《诗·绵》：“混夷駾矣。”混夷亦是绲戎。《匈奴传》

---

① 王尧：《敦煌本吐蕃历史文书》，新版，179 页，1992；可参森安孝夫：《突厥与霍尔（Hor）》，见《亚非语言文化研究》14 集（1977）。

② 韩儒林：《乌鹆、Huiur 及 Hor》，见《穹庐集》，91 页，引美国 J. H. Edgar 说，谓即秦汉小月支之苗裔。

③ 参看 J. H. Breasted：*A History of Egypt*，p. 263 及同书有关 Mitanni 各条。

④ John Garstang & O. R. Gurney：*The Geography of the Hittiti Empire*，London，1959.（Ankara 考古学研究所印行）

记“秦穆公得由余，西戎八国服于秦，故自陇以西，有绵诸、绲戎翟貘之戎。”颜师古《汉书》注：“混夷也。”按混、绲亦可能是 Hur（Hrw）的对音。汉代秦地的胡广泛分布于河西走廊、青海东至河北平原，由于秦穆的开拓土宇，分散为若干部落，到了汉代还保留着“秦胡”的称谓。

Hrw 在 Amarna 信件中称为 Hurrū-ḫe，或 Hurwū-ḫe。他处或称 Harri、Hurra，意义是洞穴，原意可能指穴居的人。

七、塞种与犬戎及瓜州之戎

塞种（Saka）之名，西方文献始见于古波斯王大流士一世（公元前 521—前 486，相当周景王二十四年至周敬王三十四年）Achalmenids 的 Behistam 碑文。汉代记载塞种更为具体。《汉书·西域传》：“塞种分散往往为数国，自疏勒以西北，休循、捐毒之国皆塞种也。”汉时有妫塞王国，《通鉴》四四：“明帝永平三年（六）莎车王贤以兵威逼，于寘、大宛、妫塞王国使其将守之。”胡注：“妫塞国，塞种，临妫水而居者，因以为国名。”从希腊史家之说，知波斯人泛称之为“Scythians Saka”。在高加索地区，Scythian 语言有 Ossetic 者，今日仍为人所使用。塞种人的活动地带跨有欧陆，已为史家共认之事实。（《左传·昭公九年》）记晋人率阴戎伐颍，周王责让之，谓“先王居梼杌（凶人）于四裔以御螭魅，故允姓之奸居于瓜州，至晋惠公夷吾自秦归国，诱以俱来。”杜预注：阴戎是陆浑之戎，《僖二十二年传》“秦晋迁陆浑之戎于伊川”即是此事。在《襄十四年传》记晋惠公赐姜戎以可耕的田地之经过，十分详细，结合《左传》这三条材料，细心勘校，实在是同一桩事。杨氏《左传注》把允姓与姜姓分为二姓，指杜注误混，其说不确，因彼等同为晋惠公所徙之戎，不应强分为二。《史记·秦本纪》载穆公三十七年（前 623）用由余之计伐诸戎，益国十二，拓地千里。晋惠公携姜戎东迁，即在是时。《襄十四年传》云：

> （晋人）将执戎子驹支，范宣子亲数诸朝，曰：来！姜戎氏。昔秦人迫逐乃祖吾离于瓜州，乃祖吾离……来归我先君，我先君惠公有不腆之田，与女剖分而食之。

勘以《昭九年传》：

允姓之奸居于瓜州，伯父惠公归自秦而诱以来，使逼我诸姬，入我郊甸，则戎焉取之。戎有中国，谁之咎也？

可见同属瓜州之戎，虽一称姜戎氏一称允姓，仍是一事。

荀济《论佛教表》引《汉书·西戎传》之文云："塞种本允姓之戎，世居敦煌，为月氏迫逐，遂往葱岭南奔。"他认为允姓即是塞种，必有根据。

《水经注》："河水源西出捐毒之国，西去休循二百余里，皆故塞种也。"说本《汉书·西域传》。徐松《补注》引颜师古注塞种即释种。《元和姓纂》云："塞姓，天竺胡人之释后，即释种也。"荀济之说，徐松引用之。《后汉书·西羌传》"自……当至滇良世居河北大允谷"，《水经注》二记积石之山去西羌之中，烧当所居也，引司马彪曰："西羌者，自析支以西滨于河首左右居也。"大允谷当因允姓所居而得名。

余太山新说以为允姓是 Asii（希罗多德作 Tssedone）的对译，塞人有四种属，其中 Asii 和 Tochari 即允姓和大夏（《塞种史研究》）。按秦人迫逐的瓜州一带诸戎，名目繁多，是否都是塞种，尚无确证。《诗经》所载，文王时的混夷即秦穆时的绲戎，不成问题："混夷"和 Hrw 对音颇合。姜戎之祖吾离，如果是种族名，似可把"吾离"视为胡里 Hurri 的对译。Mitanni 文件，说明 Hur-王国在欧、印文明联系上的重要地位，时代与殷中叶相当，"胡"的名号在先秦后期已甚通行，可能"胡"一名先时即取自 Hrw 的王国，以通指塞种诸戎，汉后袭用之，故"胡语"亦得通指塞种各种语言。鄯善龙城的姜赖之墟为姜戎旧地，亦得被目为胡之大国。我这一说，也许比较视胡作为匈奴广泛的异称，更进一步。至于周原蚌雕白种人，如果以文王时代的混夷目之，较之看作吐火罗人或广泛的塞种人，似乎更加贴切了。

八、余论

在殷周之际西北劲敌，混夷可代表塞种还有羌戎，是代表藏语系的民族。允姓之允，我以为是玁狁的"狁"字之异写，兮甲盘、虢季子白盘作厰執，允即厰允的简称，西羌伯之大允谷即取允姓为名。《襄十四年传》分明说道"我诸戎饮食衣服不与华同，贽币不通，言语不达。"可见其非印欧语系的人种莫属，至于同时何以复称之为姜戎者，必其族人已和羌人混血成为杂种，像殷时有马方，又有多马羌及小多马羌（卜辞云：乎小多马羌臣，《合集》五七一七六）当即羌与马方的混合。多马羌复有小多马羌，亦如月氏之有小月支。姜（羌）戎从瓜州内迁，和后来小月氏的内迁一样。《史记·建元以来侯者表》，侯国騠兹，是小月氏若苴王稽谷姑封此，索隐：在琅邪。瓡摄为小月氏王扜者封邑，《汉书·地理志》河东有狐讘故城。以后况前，种族迁徙，是司空见惯的事情。

《水经注》四十三危山引《左传》语，文云："杜林曰：燉煌，古瓜州也。……瓜州之戎，并于月氏者也。"阚骃《十三州志》亦云："瓜州之戎，为月氏所逐。"（《太平寰宇记》引）则古明有此说。月氏，《管子·地数篇》音借作"牛氏"，《管子》屡次言及玉起于禺氏（月支）之边山，去周七千八百里。殷妇好墓所出玉器多件，现已证明其玉料均来自于阗所产，有人取突厥语的玉名 qāsch，以解释"月氏"，谓月氏即是玉之译名。于阗与月氏有不可分之关系，于兹可见。《水经注》二：于阗南山，俗谓之"仇摩置，山多玉石"，仇摩置亦作瞿摩帝，梵言 Gomati，又于阗梵名 Gostana（瞿萨旦那），本书考证牛头山于阗文拼法是 Cūttausanä，go 与 co 都是"牛"，"说明最早的一批居民对牛的重视和崇拜，或许透露迁徙而来的塞人对牲畜的重视。"其实对牛的崇拜原为印度的习俗，印度造字的圣人号 Govinda（瞿频陀），意义是 Obtainer of go（牛）[①]，go stana 训牛国，这完全是印度化的结果，附带说明于此。上面我的一些不成熟的看法，趁本书的印行，略抒所见，愿治中外关系的同好有以匡正之。

1992年6月11日于香港

7月18日改订

补记

余太山兄著《允姓之戎考》区别姜戎与阴戎为二，又谓玁狁不得为允姓，彼盖执定"允姓"二字必系全为音译之专名，用对音方法，无往而不可视为一名之异译，于是《世本》明言为"允姓国"下之人名"允格"，以及金城郡下县名之允吾、允街，均得视作"允格"之异译。允姓既得等于允格，玁狁

---

① 参拙作《选堂集林·史林》，下册，1442页。

便不得与允姓有关。愚意称戎子驹支曰姜戎氏，实出自范宣子之口，安得谓其非姜戎！彝铭所见玁狁作厰妟，《不𡢁簋》字作，为女旁允声，其他亦作良𩛥簋（多友鼎）则增丮旁，或作𩵦（兮甲盘、虢季子白盘。）则为𣐽簋旁允声，都是以“允”为声符，此以“允”为姓之明征。故《世本》列出之氏姓有“允姓国”一系。足见允姓之奸之“允”，应解作氏姓之名号。不必将允姓＝Assi，此为余之看法，亦未敢肯定为是。

兹再有一点补充为：犬戎胡说。

胡字来源，一般认为“胡”的称谓，不能早于战国，吴荣曾著《战国胡貉各族考》已详论之。近岁学人研究九姓胡入华史事，以及祆神是否可名曰“胡天神”，在天神之上加一“胡”字，诸问题论说纷繁，已详荣新江近年的论著。

余按犬戎亦被称为“胡”，《穆天子传》所见不止一次。

> 乙酉，天子北升于☐曰天子北征于犬戎。犬戎☐胡觞天子于当水之阳。
>
> 孟冬　壬戌，天子至于雷首，犬戎胡觞天子于雷首之阳，乃献良马四匹。

犬戎可以称胡，是“胡”之称，不始于匈奴与林胡，实可追溯至西周时期。

余久疑犬戎应为塞种。Saka 之义为犬，意思是 guardian of the flocks（（羊）群的看护人）pIE ku̲on-Med. δπāka“dog”希腊 Herod，1，110。（参 Raland G. Kent《古波斯文法》，字汇 209 页）

犬在波斯火教中极受重视，其驱邪之礼有所谓“犬视”，粟特文作 sagdid，Sag 即是犬。敦煌白画中 P·四五一八之二四，二女手持日月，其一以盘奉犬，另一有犬在其侧，经多人研究，已确认为祆神。

周穆王称犬戎事见《周语》。《王会》四夷位次“其西为犬戎”在伊尹朝献令正西有昆仑、狗国，可能和塞种有关。殷卜辞有犬侯、犬方，可视为犬戎，殷人与周交战以多子族出兵，每借犬人之助。波斯碑铭记塞种有三，其一戴尖帽者即波斯文所谓 Saka tigraxaudā。周原发现戴尖帽蚌雕白种人像，可以说是犬戎胡。本文已有详细论述，以犬戎为塞种，自是合理的。

中、外史诗上天地开辟与造人神话之初步比较

——近东开辟史诗前言

本史诗是西亚关于天地人类由来的神话宝典，是世界最早史诗之一。希伯来《圣经》中的《创世记》即从此衍生而出。在中国的翻译界，尚未有人把这史诗全文介绍过。这是首次译出的尝试。

所谓史诗（epic）一字，从希腊文 *επι ós* 而来，拉丁文是 epicus，含有“对话”的意思。它是“narrated in a grand style”（用雄伟的风格说出的文体），narrated 可说是“赋”的作法，所以亦可说是叙事诗。[①]

史诗的性质有几个特点：它必是口传的（oral），必是与宗教信仰分不开的，又必是和该民族的典礼有联系的。史诗对于战争事件往往有极详细而生动的描述与铺陈，大部分歌颂该地崇祀之神明，把诗中的英雄人物尽量加以凸出。[②] 西亚史诗的特征，Luigi Cagni 在谈到“Erra”一诗时，已有详细讨论。[③]

汉民族在古代应该有他们自己的史诗。但由于古代史官记言与记事分开，记事侧重时日，对于事态的描写多采取“省略”（ellipse）手段，所以没有像西方史诗的强调英雄主义。“省略”是修辞上很重要的法式。[④] 古代汉语的特

---

① 日本清水茂：《赋与叙事诗》（见語りの文學，筑摩山房，昭和六十三年）。

② 杨牧：《论一种英雄主义》。

③ *Source from the Ancient Near East*, Vol. 1, 1977.

④ Henri Morier: *Dictionnaire de Poetique Rhetorique*, p. 154.

征，采用省略句式见于殷代占卜文辞是非常普遍的，所以对神话人物没有作故事性的高度描写。《诗经》中雅颂的体裁久已脱离了口语，所以不是 epic 的叙述形式，因此，一般认为古代中国没有史诗。又史家作史书，极力主张“尚简、用晦”[①]，故冗遢、详尽的文体亦不受人欣赏。唐代的俗讲变文兴起，衍生后来的弹词七字体，与天竺希腊的繁复冗长的史诗，其构章遣词，实无差异，这样的文体在吾国反属后起，这是文学形式由简变繁的另一方向。[②] 但在民间口语文学却保存大量的活的史诗，尤其是在少数民族的口传文学里面，像桂西布努瑶族的长篇史诗《密洛陀》，其中“萨当琅”长达 2 000 多行。西藏的格萨尔史诗有 39 部，如果把另外的 67 部加以整理，可有 80 万行之多，比起印度的《摩诃婆罗多》还要丰富。[③] 这样看来，礼失而求诸野，中国的史诗还活生生地保存着，正是口头文学的一个无尽藏呢！

史诗的吟唱是需要宗教仪式的。能吟唱史诗的人通常被尊为圣者或先知，印度称之为 Kavi，波斯的《火教经》里面有八位统治阶层的人物，在他们名字的前面，都加上 Kavi 的称号[④]，可见吟唱者地位之高，有时还是王者。在吾国少数民族中能够吟唱史诗的人物是相当于巫师，有他的特殊社会地位。如彝族即由呗耄来主持，呗耄即是口述史诗的巫师；彝文作ㄐ昮（pe-rmo˧）其读音同于梵呗之呗，意思是唱诗，昮似乎是借用汉文的昴，略为写变，复同音读为耄，或写作笔姆，哈尼族谓为批莫，皆一音之变。吟唱史诗的习惯往往保存于极隆重的礼节，或在时节与婚丧庆典中举行；不同于一般曲艺之为娱乐性的。在各少数民族心目中，史诗是圣典，吟唱本族的史诗，其实等于本族的神谱、神根的活动表现，吟唱史诗的人可说是代表本族的先知，他的祭坛是人和神互相沟通的一种场合，像黔边的土家族，他们巫师的傩坛即有开天辟地的歌唱，而巫师是身兼祭祀、歌舞等职掌，可见吟唱史诗根本与宗教是分不开的。[⑤]

中国少数民族口头文学里面关于天地开辟的史诗非常丰富，所以这样一首世界最古的开辟史诗是很需要加以译出，提供给研究神话的人们作为参考

---

① 刘知幾《史通》强调此点。杜预：《春秋左传序》云：“志而晦”。

② 陈寅恪：《论再生缘》引言。

③ 参王沂暖：《藏族格萨尔王传的部数和诗》，见《格萨尔研究特刊》，184 页。《密洛陀》被称为百科全书式的创世史诗，有孙剑冰译本。

④ Richard N. Frye：*The Heritage of Persia*，60 页。

⑤ 黄林：《吟唱史诗不同于说唱曲艺》，载《中国音乐学》，1987（2）。

资料。本文之作，正为填补这一缺陷。

近东开辟史诗是阿卡得人（Akkadian）的天地开辟神话。因起句“Enuma-eliš”（when on high 天之高兮）命名，全文用楔形文刻于七大泥板之上。上半记述天地开辟之初，诸神间之互相战斗，由于两大势力的争夺，后来才产生出太阳神马独克（Marduk），终于征服了对方黑暗势力的澈墨（Tiamat）。下半部叙述马独克安处宇宙间三位最高神明：Anu，En-lil，及 Ea，遂兴建巴比伦神庙的经过，和它如何从反叛者身上沥取血液来创造人类。最末历述马独克的光辉功绩，和他享有五十个不同名号的特殊荣誉。

这首史诗的写成年代，一般认为属于 Kassite 时代，所谓中巴比伦（公元前 1550—前 1155）时代。（巴比伦共有 36 个王，共统治 576 年，其第一王朝的年代为 Sam-suditana，即公元前 1623—前 1595。）在汉谟拉比（Hammurapi，公元前 1792—前 1750）之后。它的时代大约相当于我华夏代晚期（公元前 21—前 16 世纪）。

吟唱这首史诗在当地习俗，为每个新年的第四日，举行隆重的节季典礼，有下列几点意义①：

（一）为 E-zida 神庙之洁祀，即在 Borsippa 之 Nabû 庙内讲说太阳神马独克（Marduk）开辟天地和创建神庙的故事。

（二）为恢复神庙祭典，规定由中间化名者（interalia）歌颂关于 Anu 及诸神的劳绩。

（三）为帮助小儿诞生的典礼，昭告人类的始生，是从有罪而被殛死的神明身上，沥取其血抟土而作成的（how man who first created from clay mixed with blood from a slain god）。

（四）吟诵此诗可以帮助牙医拔出痛牙，而诅咒其蠹虫使勿复为害。②

马独克（Marduk）一字是由阿卡得文的 mār（子）和苏美尔文的 Utu（太阳）会合而成，意思是太阳的儿子。祂是最高的神明，太阳之下一切都是祂的产物，马独克在阿卡得人的歌颂之下，拥有五十个不同的名号，祂具有无比的威力，超乎一切的崇高地位。神是全能的，这一思想在西亚很早已是根深蒂固，所以后来移植至以色列。

---

① 参看 M. L. West 编注希腊 *Hesiod*：*Theogory* 的前言，1966，Oxford 印本。

② 关于诅咒防止牙蠹的事（Incantation against Toothache），在新巴比伦时代很流行，但在 Mari 文献古巴比伦时代的泥板出土有 ši-pa-at tu-ul-tim。

人是从宇宙中的有罪的恶神取出他的血来塑造的，所以是有“原罪”的。人的产生，是为诸神服务而制造的，人必须是神的侍奉者，人在神的恐怖威严之下是要战栗的，没有一点地位的，这一原则性的基本理论亦为以色列所吸收。[①]

有人认为汉族是务实趋善的民族，原始性的自然宗教始终没有在内部发育成高级的人为宗教，使中国人免除了“原罪”，但也使中国的原生态神话仅存片断，还显得晦涩、枯槁而凌乱。[②] 我不同意这种看法：我认为原罪的有无，起于神话背景的差异，中国的造人传说，属于用泥捏成一系，不同于西亚。而且，由于书写工具的不同，殷周典册，锲刻书写于龟骨、铜器与玉器及简牍，不适宜作长篇记录。史家又主张尚简用晦，阻碍了史诗作冗长描写的叙述形式，但民间的口语文学却照样仍旧保存着而流传下来。

西亚开辟史诗，认为在开辟之初，什么东西都没有，既没有“名”，亦没有“形”，命运更谈不到。“无”是宇宙的本来面目，因为这时候，什么神都还没有降生下来。

因此史诗在开头，使用否定词的 la，便有许多次。

阿卡得语的否定词有三个，一是 lā，一是 ul，一是 ai。[③] lā 字在第一章的一、二、六、七、八行都出现。

1. la na-busúša-ma-mu
(the heaven) had not been named
既未有名
2. šu-ma la zak-rat
had not been called by name
亦未赋之以名
6. ši-ma-tu la ši-i-mu
their destinies undetermined
命运未定
gi-pa-ra la ki-iṣ-ṣu-ru

① 参看 J. Bottéro: *Naissance de dieu*, *La Bible et L'Historien*（《神之诞生——圣经与历史家》），巴黎，1986。

② 见萧兵为王孝廉《中国的神话世界》所写的序言。

③ 见 Ungnad-matouš: *Grammatik des Akkadischen*（《阿卡得文法》），111 页，否定词。

ṣu-ṣa-a la še-ú

no reed but no mashland

无纬萧、无薮泽

7. la šu-pŭ-u ma-na-ma

whatever had been brought into being

渺焉无形

8. šu-ma la zuk-ku-ru

uncalled by name

名号不立

la 字楔形文字作𒆷。

希伯来文的否定词 κζ 亦是 la，它们是同一语系。我在这里，用汉语的否定词“未”、“无”、“不”来翻译它。

西亚泥板中第一位神明叫做 Apsû，意思是溟海（Ocean）。这一名词可能是出于闪语，义为地表，或海岸，是指水之清者，我把它音译作滃虚。

Mu-um-mu 蒲德侯教授认为是 Tiamat 的绰号，其字相当于阿卡得语的 ummu，其义为母，所以我音译作漠母。Apsû 是水之清者。而 Tiamat 出自闪语，义为溟海，水之积聚，大地之浮沤也，则指水之浊者，与 Apsû 恰恰相反，我把她音译为澈墨。古汉语训“海，晦也。”即以海为晦。

Apsû 和 Tiamat 两者一清一浊，代表两种相对的势力，在天地未形成之前互相斗争，后来波斯《火教经》里的 Ahuramazda（creator of the world）与 Ahriman（power of evil & darkness）二人为兄弟，而代表一明一暗，互相斗争，正如 Apsû 与 Tiamat 之为夫妇，情形相同，这是近东宇宙论之二元主义。既有了滃虚作为原始神之后，继而诞生 Lahmu 与 Lahamu，这二名的原意不明。以后遂有 Anšar 与 Kišar 诞生，an 是苏美尔文的天，ki 是苏美尔文的地，šar 有全体的意思，高的全体指天，低的全体指地，史诗喜作俪句，是其著例。在史诗里面，e-lis（on high）指高，săp-lis 指低，二者相对，表之如下：

e-lis	săp-lis
an	ki
天	地

An-sar 又生子曰 an-nu，nu 训主，故 An-nu 义即天之主。annu 又生 Ea，他又别名 nu-dim-mud，dim 训创造，mud 训生，意译应该是“创生之主”。

Ea 之妻曰 Dam-ki-na，在苏美尔文亦称曰：Dam-gal-nun-na，dam 训室，gal 训巨，nun-na 训皇子，意译是“皇子之巨室”①。

马独克以前的神谱，可系列之有如下表：

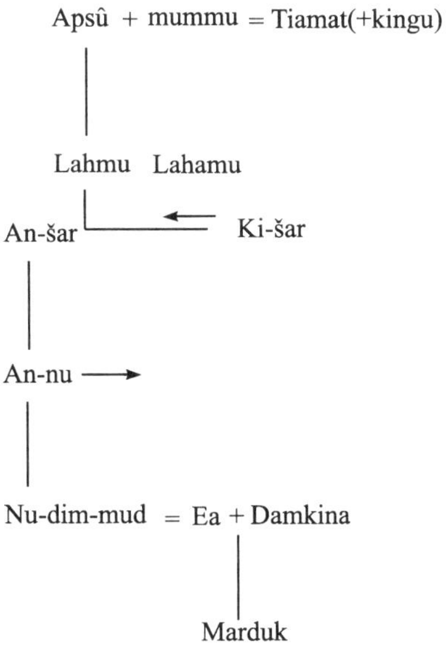

希腊 Hesiod 所著的神谱（Theogony）在 Zeus 以前由 Kronos 与 Titan 造分天地，和这史诗的 Anšar 与 Kišar 很相类似，腓尼斯的神谱亦有相雷同之处，试比较如下：

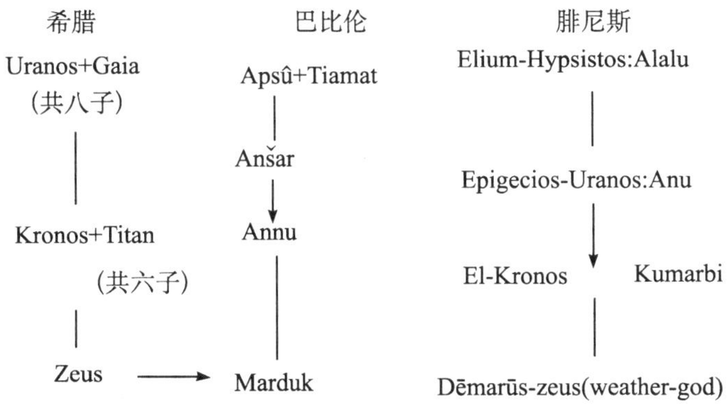

① 参看 *La naissance du monde*（《世界之诞生》），117～151 页。

日本民俗学者（如大林太良等）认为上代日本的“天皇制”，王权与神话之不可分割，实是远古东方（Oriental）神王制的派生物。[①] 统治与神权成为合一体。在近东，希腊史诗所表现几无二致。但在远东的神统，恐怕未必相同，似乎不必勉强加以比附。

惟名与命两个观念相当重要。[②] 远东与近东则有类似之处，在开辟之初，诸神未降，名号不立，命运未定。有了神才有了名，命运亦因之而定。“无”是天地未生以前的形状。这与《老子》书所说“无名天地之始”是一致的。从天地开始时未有名，到诸神降生，各有其名。至于太阳神马独克统一宇宙，建立奇功，终至赋予五十名号，成为威力最大莫可与京的大神。名号的重要性是代表文化的内涵，这五十名号，具体与抽象的意义都齐全，欲了解西亚文化的根源，应该从这一处着手，不可忽视。[③] 中国方面在名号所表现的哲理精粹处尤其是“谥法”方面，很值得去作比较深入的研究。

我现在最感兴趣而要进行讨论的有两项：一是开辟神话，一是造人神话，二者有密切关系，可以说是二而一的。开辟神话最为家喻户晓的是盘古的问题，我曾经考证东汉末年四川的文翁祠堂壁画已刻绘盘古像，宋人且见过拓本。一向认为盘古最早出现于三国是不对的。见于战国中期楚缯书上的记载有“日月夋生”及雹戏、女皇生子四之说，可证《山海经》里的帝俊是上神，日月都由其生出，确为战国流行于南方的传说。雹戏女皇即伏羲女娲已成定论（见拙作《楚帛书》），可破旧说伏羲女娲名字初见于《淮南子・览冥训》之非。

《淮南子・精神训》说：“古未有天地之时，惟像无形。……有二神混生，经天营地。……于是别为阴阳，离为八极，刚柔相生，万物乃形。……烦气为虫，……精气为人。”他提出的二气说，我们看彝族的宇宙论和古代楚人之说，实息息相关。彝族的《创世志》开头便说：

> 金锁开混沌。……先叙哎与哺。哎哺未现时，只有啥和呃，啥清而呃浊，出现哎与哺。清气青幽幽，浊气红殷殷。……局啊现日影，日影亮晶晶，宏啊显月形，月形金晃晃，闹啊变青烟，……努啊成红雾。

---

① 吉田敦：《古代オリエト文學上ギリシア神話》，见《筑摩世界文学大系》八二。

② 参看旧作《古代文学之比较研究》第一节，载京都大学《中国文学报》31期。

③ 关于Marduk的五十名，参J. Bottéro：Les noms de Marduk，L'ecriture et al Logique en Mésopotarnie ancienne及Franz M. Th. Böhl：Die fünfzig Namen des Marduk.

……六形未现时，谁也不先显，六形出现了。哎哺影形成。[①] ……

在混沌未开之前，先有六形。有如《庄子》所说的“乘六气之变”。（《逍遥游》）六形中以清浊分，六形代表天空六种自然物，表之如下：

清气	浊气
啥	呃
哎（影）	哺（形）
局（日）	宏（月）
闹（烟）	努（雾）

这时还未有天地，只有啥、呃清浊二气，这即是《淮南子》所说的二神。彝族史诗叙传说有圣人名曰努娄哲，开始发现封锁天界的秘密，他掌握打开金锁，由他来开天辟地。史诗接着叙由蜘蛛撒经纬线来织成天地。再由“九女子造天，九男子造地。千千万的哎，千千万的哺”形成天地间的一切。这岂不是《淮南子》所说的“经天营地”？此中似亦渗入汉人的“经天纬地”的思想，不过加进彝族的想像，由蜘蛛来执行这一工作罢了。彝族把天、地分成二系，有点像西亚以 an 为天，以 ki 为地，都有二元论的倾向。

我们再谈《东巴经》中纳西族的《创世纪·开天辟地》神话，纳西象形文原来写作：

（崇＝人类）

（搬＝迁徙）

（图＝出现来历）

三字按照纳西读音就是崇搬图，意思是“人类迁徙记”。这崇搬图至今已有五种译本之多，为《东巴经》之冠，可见其重要性。东巴《创世纪》的要语是这样的[②]：

① 《西南彝志选》，贵阳，贵州人民出版社。啥、呃指清、浊，哎、哺指影和形，局、宏、闹、努指日月烟雾，都是彝语，详这书的注解。

② 本文采用林向肖：《对纳西族创世神话本来面目的探讨——创世纪、开天辟地校注札记》，见《神话新探》，359页。

（一）混沌世界：东神、色神与“石”、“木”的存在

很古很古的时候，天地混沌未分，东神、色神在布置万物，人类还没有诞生。石头在爆炸，树木在走动。（《创世纪》，1 页）

（二）“影”先于“形”

天地还未分开，先有了天和地的影子。日月星辰还未出现，先有了日月星辰的影子；山谷水渠还未形成，先有了山谷水渠的影子。（同上，1～2 页）

（三）三、九与万物的相对性（善、恶、真、伪之判别）

三生九，九生万物。

万物有“真”有“假”，万物有“实”有“虚”。（2 页）

（四）鸡生蛋与白气和黑气

“真和实相配合，产生了光亮亮的太阳。太阳光变化，……产生绿松石……产生一团团的白气，白气又变化，产生……依格窝格善神。”“依格窝格……变出一个白蛋，白蛋孵出一只白鸡，……自取名为恩余恩曼。……恩余恩曼生下九对白蛋，一对白蛋变天神，一对白蛋变地神，一对白蛋变成开天的九兄弟，一对白蛋变成辟地的九姊妹。……”相反地，“假与虚相配合，出现了冷清清的月亮。月亮光变化，产生黑宝石，黑宝石又变化，产生一黑气，……黑气又变化，产生了依古丁那恶神，依古丁那作法又变化，变出一个黑蛋，黑蛋孵出了一只黑鸡，……自取名曰负金安南。”“负金安南生下九对黑蛋，卵化出九种妖魔，……九种鬼怪。”（据林向肖文引另一本《创世纪》）

我们可把上面的《创世纪》中种种角色列成下列系统表。（见下页）

这一套宇宙生成论的形成，溯其来历是相当复杂的，这里不便仔细分析，我想它与彝族的开辟说亦有点关系，像先有影，然后有形，即是彝族的哎和

（1） 真+实⟶日⟶白气⟶白蛋⟶白鸡—九对白蛋—九姊妹 / 九兄弟 / 地神 / 天神
日 ‖ 绿松石　白气 ‖ 善神 依格窝格　白鸡 ‖ 恩余恩曼

东神　石
色神　木
三 — 九⟶万物

（2） 假+虚⟶月⟶黑气⟶黑蛋⟶黑鸡⟶九对黑蛋—九种妖怪 / 九种鬼怪
月 ‖ 黑宝石　黑气 ‖ 恶神 依古丁那　黑鸡 ‖ 负金安南

哺的分别。白气和黑气亦即彝族的清、浊二气，这样都是从二气说演衍而来的。三生九，九生万物是取自汉人的。至于鸡蛋说，我认为是吸收印度人的安荼（aṇḍa）论①，又有吸取自西藏的，像代表善神的依格窝格，据《古事记》解说，“取自藏文本一个字母（O），改写用双线作。”而代表恶神的依古丁那，《东巴经》文用双线作，则“取藏文字母，加黑点表 na 之音”，按藏文黑为 nag-po（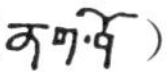）代表黑暗（dark）。这些更属于后起踵事增华的理论。②

最堪注意的是在混沌阶段，木和石的崇拜显示初民对洪荒世界所感受的是植物和矿物。有人引用《东巴经》的《动丁》迎动神经，指出《东巴经》传说，最初造物之神是“动”和“色”，即是阳神和阴神，是结为对偶的两兄妹，所以东巴教以石象征动，木象征色，大凡东巴作道场，必用一块小神石“动鲁”和几根木偶“木森”，用祭米撒神石，用牲血点木偶，具见他们对木、石的崇拜。动神和色神，《创世纪》作东神，按之汉语的训诂，东即训动，《广韵》一东：“春方也。《说文》曰动也。”东神和动神自是一而非二。东为动，故属阳，如是东巴传说在宇宙开始混沌时期即用二元说了，表之如次：

东（动）神　　　　色神

① 参拙作《安荼论（aṇḍa）与吴晋间之宇宙观》，见《选堂集林》，311 页。
② 参看林向肖文。

石　　　木
阳　　　阴
兄　　　妹

其中二者代表兄妹结婚，似乎受到南方傜族伏羲女娲为兄妹一说所影响的。纳西《东巴》经典上神鬼的名字，异常丰富，它具多神崇拜的特点，据初步编号有2400名之夥。可见其吸收多方面的情形，有待于深入研究。

中国少数民族史诗，多数有创世纪的开辟神话，这里只举彝族和东巴二种，以供比较，其余暂不涉及。

至于造人的传说，西亚造人的缘由是要为神服务的。伊拉克新发现在西尔巴古城出土的泥板有关洪水的记载，年代比《圣经》要早一千年。泥板上说，人似乎是因为职位较低的神都厌倦工作不干，于是天国神明遂创造了人类，可是“人”——这新物种，繁殖太快而且吵嚷太厉害，于是众神大怒，决定把所有的人都淹死，只有一家人幸免，他即是一个被称为阿特拉哈希斯（Atrahasis）的人，意思是极有智慧者。他造了一只方舟——这被认为巴比伦历史上相当于《圣经》的诺亚（Noah）。法国Réne Labat编著《近东宗教》一书，已收入Atrahasis史诗的全文（见该书26～36页），关于他的故事，一般已耳熟能详，今不备述。阿特拉哈希斯是洪水后剩下来唯一的人物。在吾国西南民族的史诗亦有同样的传说，东巴《创世纪》记载洪水滔天，只剩下纳西族祖先从忍利恩孑然一身，藏于牛毛牛皮的革囊，用九条铁链，三头拴在柏树上，三头拴在杉树上，三头拴在岩石上，才得死里逃生。作为东巴《创世纪》主要角色的从忍利恩，如何与洪水搏斗，为人类生存而挣扎，可以说是西南民族的阿特拉哈希斯了。以前陶云逵记述鲁魁山獐子族的神话云：“昔日洪水为灾，人类死光，只剩一人名Apúdamu，亦称阿普（Apú），后来天神mumi遣三仙女下凡，与Apú相配，七年后，第二仙女怀孕，生下一个小葫芦，阿普把它剖为四瓣，成为人类之祖，大的为汉人之祖，二为黑夷（即纳西）之祖，三为哈尼之祖，四为摆（白）夷祖。”这个神话，据马学良调查，至今云南夷区还普遍地流传着。① Apú与西亚史诗宇宙第一位神Apsû，天神mumi和mummu俨然名字相同，两者之间，有无关系，殊属难言，我在云南博物馆看过晋宁山出土铜片，其记数方法用圆圈表数，和苏美尔人有点

① 马学良：《灵竹和图腾》，见《云南彝族礼俗研究》，3页。

相似，远古时候西亚的洪水神话可能随着西羌传播入滇，亦未可知，这是很值得研究的问题。

史诗第六泥板是关于沥血造人的记录。但在吾国传说，人只是用黄土塑成，没有染半点鲜血。黄土造人之说始于东汉，见于应劭《风俗通》："俗说天地开辟，未有人民。女娲抟黄土作人，剧务，力不暇供，乃引绳于絙泥中，举以为人。故富贵者黄土人也，贫贱凡庸者絙人也。"[①] 希伯来《创世记》："上主天主用地面的灰土形成了人。"注家都说希伯来文的"人"字原有红土或黄土的意思，是说人是属于土的东西。令人更感兴趣的是回教徒开辟神话，亦有相同的用泥土造人之说法。向来中外研究女娲氏的文章，都未注意及此。《可兰经》十五章《黑秩尔》：

> 我确以黑泥干土造化人类，使之成形。〈26〉那时候，你的主对众天使说："我将由黑泥干土造化人类，使之成形。〈28〉当我完成他，并吹入我的灵的时候，你们就向他伏身下拜。"〈29〉（据时子周译述，中华丛书本，384 页）

《可兰经》又记众天使中惟以卜厉厮拒绝，且说"我不应该向你由黑泥干土造化的人下拜"，因此他被主所驱逐。据说人类由泥土造成是因为土的性质是温和的，有培养性的。可是魔鬼却由火所造成，则因为火性是暴烈的、有毁坏性的。

应劭所说人是用黄土制成，《可兰经》则说用黑泥干土，颜色稍有不同。

汉土少数民族关于造人的传说，不少都说是用泥土捏造。兹表之如下：

西北

哈萨克族	女天神迦萨甘造天地，以其光热造日月，用泥土造人。	见《迦萨甘创世》

① 《太平御览》卷七八《皇王部》三引，又见同书卷三六〇，参吴树平《风俗通义佚文》，449 页。

维吾尔族	女天神创造亚当，以地球上的土捏成人形。	《麦德尔神母创世纪》
蒙古族科尔沁	天神用泥土造人。	

西南

彝族	用白泥做女人，黄泥做男人。	阿细的史诗
傈僳族	天神木布帕用天泥捏出地球，从此地上才有人。	《创世纪》
崩龙族	天上大神嘎美和呼莎米用泥巴团捏人，第一个是男人，叫普，第二个是女人，叫姆。	

这些都是后来的传说，想由女娲故事演变而生，传播各个不同的地区。[①]

其他不同的说法还有：

彝族梅葛《创世》	天神格滋造人，撒下三把雪。
傜族史诗《密洛陀》	用蜂蜡造人。
土族	用石头造人。

附记之，以供参考。

伏羲女娲的传说很早就流播及于西域，及西南各地[②]，藏族传说原始记录中已提及女娲，西南民族对于补天的神话尤夥。我在新疆吐鲁番博物馆见所藏唐初张雄墓中出土伏羲女娲交尾图数十件，为覆棺之用。深知伏羲女娲的故事很早便为西北人士所熟稔。《可兰经》有无吸收自汉土女娲抟土之说？是很值得玩味的！

伏羲与女娲的关系向来有二说：

一说是夫妇。

另一说是兄妹，亦出自《风俗通》。

① 详见萧兵：《女娲考》，见《楚辞与神话》。

② 赵华：《伏羲女娲之西域化》，载《新疆艺术》，1987（3）。

女娲，伏羲之妹，祷神祇置婚姻，合夫妇也。（见唐神清《北山录》，注解天地始第一引）

李冗《独异志》下："宇宙初生之时，只有女娲兄妹二人，在昆仑山下。"

后来流行于南方，为苗、傜所吸收，东巴《创世纪》以宇宙原始东神、色神为兄妹而结婚，显然是受到这一说的暗示。

在汉土南方楚人的神话里面，雹戏、女皇（娲）是人类第一对夫妇，女娲抟黄土以造人。回教徒认为泥土是温和的，有培养性的，与汉土的看法基本上是相同的。

西亚史诗述天地开辟，由 Apsû 与 mummu 结婚，由是再生出 an-šar（天）与 ki-šar（地）。而大宙之乱起于滃虚与漠母夫妇间之相争，揆以"天地之道，阴阳而已"，西亚史诗，亦未离此义！其在汉土，《易经》上经首乾坤，下卦起咸恒，正以天地之始，造端于夫妇。咸卦示夫妇之道，贵在"感应以相与"。咸就是感，感必相应，故其《彖辞》云："天地感而万物化生。圣人感人心而天下和平，观其所感，而天地万物之情可见矣。"汉土以相感之咸，象征天地之相感，与西亚史诗之描写夫妇相搏，子复父仇者迥然异趣，截取澈墨之残躯，以造分天地；沥 kingu 之血以塑成人类，在汉土传统思想实为不可想像之事。于此可见两种文化基质的悬殊，汉土所以无"原罪"，其故可深长思。西亚这一史诗向来未有全译本，国人引证，间或片段取材，未窥全豹，未由取与少数民族史诗作进一步的比较，本篇之作，聊当喤引，或不无启发之劳，惟望方家加以是正。

再者，少数民族史诗，因长期以来，与汉人接触，不无多少受汉化的影响，试以苗族为例，苗族称长篇叙事古歌为贾（Jāx），可能出自汉语的"赞"。苗族传授古歌有一定的时日，通常在旧历正月初三日至十五之间的吉日。歌师首先祭祀歌神，歌神苗语曰 jent Dians Lax（定拉），"定拉"即天地之神。古歌即由其创造的。

苗族古歌有齐言（五、七古）及长短句体，其《开天辟地歌》即有十二种不同本子。（据唐春芳所采集）过竹氏所采集的为苗地巫师采波唱的，即为长短句体。[1] 若其押韵每随四声（不押韵而讲平仄）作对偶句，用双声词，实皆吸收汉诗特征，正为汉化之优美成果。

1989 年 7 月于雪梨

① 参过竹：《苗族神话研究》，南宁，广西人民出版社，1988。

古史上天文与乐律关系之探讨

——曾侯乙钟律与巴比伦天文学无关涉论

湖北随县钟铭的出土，由于铭辞上律吕结构记录的详尽与准确，对于世界的乐学领域给予极大的震荡。美国麦克伦（E. G. Mclain）氏撰《曾侯乙青铜钟》一文，其副题竟标明："巴比伦的生物物理学在古中国"[1]（见黄翔鹏、孟宪福译《中国音乐学》，1986（3））。这些编钟律铭记载之完整和可信性，远非处于公元前5世纪而历来最为音乐史家所向往的希腊只有柏拉图对话之中偶尔提及的一些简单的谈话所可同日而语。这种高度惊人的景观竟使这位西方学人喜极若狂地说道："如果曾侯钟为其同时代的史家希罗多德知道的话，可能被目为古代世界第八奇迹。"未免言之过甚其辞。须知曾国仅仅是楚的附庸国之一，当时它采用的乐制已是这样复杂，至于楚国的乐律，对于浊音特别标出，结构又复不同。文献上所说九歌九辩等乐舞的场面，可惜无详细具体的资料可供研究。

这位学人的看法有点离奇，他竟认为中国古代音乐的宇宙论（tonel cosmology）看来是建立在以理论八度为720∶360之一种纯律制的基础上，这种律制有可能是从巴比伦传入中国的（节黄氏译文的结论）。

唯一的理由是这样的：西亚在他们的创世纪的《开辟史诗》（Enumaelis）里面言及巨神马独克（Marduk）的伟大，他的御座的建筑是以3×5直到720为限的乘法。这个御座需要两年（即2×360＝720天）建成，即360日的倍数。因为720表现的萨尔（sar，即王位）是为计算砖数之单位，这个数字

720∶360 是一个八度倍数（octave double），在音律上也含有上下行音阶的双重意义。巴比伦是把历法与音阶结合在一起寻出宇宙的和谐，这种音乐上追求的路向，在中国亦有同样的狂热。麦氏据此把曾侯钟的乐制视为出于巴比伦，我们细按他的理论只有表面的类似，对于巴比伦和华夏在天文及乐律上还有许多问题值得我们再去探讨。

西亚《开辟史诗》，第 5 版开头一段云：

1. úba-áš-šim man-za-za an Dingir. Dingir Gal. Meš
   （英译）He constructed stations for the great gods.
2. Mul-meš tam-šil-šn-n[u]lu-ma-ši uš-zi-iz.
   Fixing their astral likeness as the mages.
3. ú-ad-di Mu. An. Na mi-is-ra-ta ú-ma aṣ-ṣer.
   He determined the year by designating the zones.
4. 12 I TU-meš mul meš 3. Ta. àn uš-zi-iz
   He set up three constellations for each of the twelve months.
5. iṣ-tu Ud-mi ša Mu. An. Na us-ṣ[i-r]ú u-ṣù-ra-ti
   After defining the days of the year [by means] of (heavenly) figures.
6. ú-šar-šid man-za-az ni-bi-ri ana ud-du-u rik-si-šú-un
   He found the station of Nebiru to determine their (heavenly) hands.
7. a-na la e-piš an-ni la e-gu-u ma-na-ma
   That none might transgress or fall short.
8. man-za-az en-lil u é-a ú-kin it-ti-šu
   Alongside it he set up the station of Enlil and Ea.
9. ip-te-ma Ka. Gal. Meš ina ṣi-li ki-lal-la-an
   Having opened up the gates on both sides.
10. ši-ga-ru ud-dan-ni-na šu-me-la u im-na
    He strengthened the locks to the left and the right.
11. ina ka-ba-ti-ša-ma iš-ta-kan e-la-a-ti
    In her (Tiamat's) belly he established the Zenith.
12. [d]šeš-ki-ru uš-te-pa-a mu-ša iq-ti-pa
    The moon he caused to shine the night (to him) entrusting.
13. ú-ad-di-šum-ma šu-uk-nat mu-ši ana ud-du-ú Ud-me
    He appointed him a creature of the night to signify the days

14. ar-hi-sam la na-par-ka-a ina a-ge [e]- [š] aú-ṣir

Monthly, without cease, form design with a crown.

上面阿卡得文（Accadian）原本记音我是根据 B. Lansberger 和 J. V. Kinnier Wilson 二人合著的修正本（The fifth tablet of Enuma-Elis, Journal of Near Eastern Studies, 1961），英译是采用 James B. Pritchard 较后在 1963 年的第 3 版改定译本。我已将史诗七大泥板用典雅的文言译出，现摘录这十四句汉译如下：

1. 彼为巨神，置其躔次兮。
2. 列宿以陈，罗星象兮。
3. 历离其阈，以成岁兮。
4. 依十二月，为三天（星座）兮。
5. 因其天体，年日以叙。
6. 建之以太岁（Nebiru），以正晷度。
7. 毋或违之，或倾侧之。
8. 司其畛域，恩立（En-lil）阏亚（Ea）。
9. 启其天门，别以两极。
10. 深扃为固，在其左右。
11. 于其脐中，以立天极（zenith）。
12. 生月之辉，宵以寄焉。
13. 司夜之主，昼以形焉。
14. 月作冠冕，罔有停息。（下略）

《开辟史诗》的第 5 版是巴比伦古天文最重要的记录。在楔形文字中有几个重要的字应加以说明：man-za-za，在第 1 句和第 6、第 8 句都出现，英译是 station，我分别以躔次、晷度、畛域翻译之。mu（an-na）亦即 šattu，第 3、第 5 句均见之，意思是年岁。mul meš 亦称 kakkabu，在第 2、第 4 句均见，英译为 Constellation，义为星座。Mul 古苏美尔文称作✳，正象星光之状。加 mes 表示多数。B. L. Van der Waerden 在他所著德文本的《天文学的起源》一书中特别列出三星座（Die je drei Sterne）一节，即引据是篇“依十二月，为三天（星座）兮”一句，加以说明考证。所谓三星座是把一年十二个月分属于三位巨神：Ea、Anu、Enlil 之下，3×12=36 星座，分为三个层次，有如下表：

月	Ea 星座	Anu 星座	Enlil 星座
Ⅰ. Nisannu	IKU	DIL. BAT	APIN
Ⅱ. Aiaru	MUL. MUL	ŠU. GI	A-nu-ni-tum
Ⅲ. SimĀnu	SIBA. ZI. AN. NA	UR. GU. LA	MUŠ
Ⅳ. Dūzu	KAK. SI. DI	MAS. TAB. BA	ŠUL. PA. E$_3$
Ⅴ. Ābu	BAN	MAS. TAB. BA. GAL. GAL	MAR. GID$_2$. DA
Ⅵ. Ulūlu	ka-li-tum	UGA	ŠU. PA
Ⅶ. Tašrîtu	NIN. MAȞ	zi-ba-ni-tum	EN. TE. NA. MAŠ. LUM
Ⅷ. Arahsa-mna	UR. IDIM	GIR$_2$ TAB[2]	LUGAL
Ⅸ. Kislîmu	ṣal-bat-a-nu	UD. KA. DUḪ. A	UZA
Ⅹ. Tebētu	GU. LA	al-lu-ul-tum	A$_2$ mušen[3]
Ⅺ. Šabaṭu	NU. MUŠ. DA	SIM$_2$. MAḪ	DA. MU
Ⅻ. Addaru	KUA	^{d}Marduk	KA$_5$. A

大英博物院现存有名的尼尼微（Nineveh）发掘出来的亚述巴尼帕（Banipals）王朝遗物（公元前 669—前 630），原在他的中秘保存下来的天体平面圆球形分野图泥板，上面刻划楔形文三部分，可惜残缺不全。这张图片，向来经过不少历史家引述。李约瑟在他的《科技史》第 3 册天文学部分亦采用之（中文译本，192 页），并引据欧洲天文学史家的考证，加以说明。关于上面的楔形文很需要给予解释。

图表上面残存十一月二栏，十二月一栏。一月只剩下 še（）nu（）二名，即一月月名之 Nisannu 之部分。第一栏十一月十二月其首之一字，即月，凡月名之前，必系此为标帜。音 iri、iru，苏美尔象形文作，作半月带光芒状。

第一、二栏十一月其首皆有字，即星，凡星名之前必系此为标志字，音 mul，mulu 亦即 kakkabu。苏美尔象形文作。

故知十二月上栏即是 iri（月）：šabatu mul（星）：Mu. muš. da

下记 2　　20

中栏即是 mul（星）：Šim. mah

下记 1　10

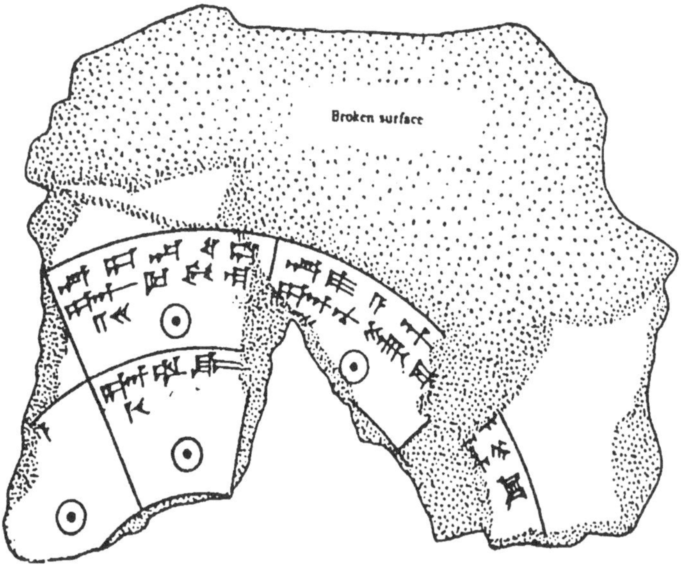

DIE ASSYRISCHE ZEIT

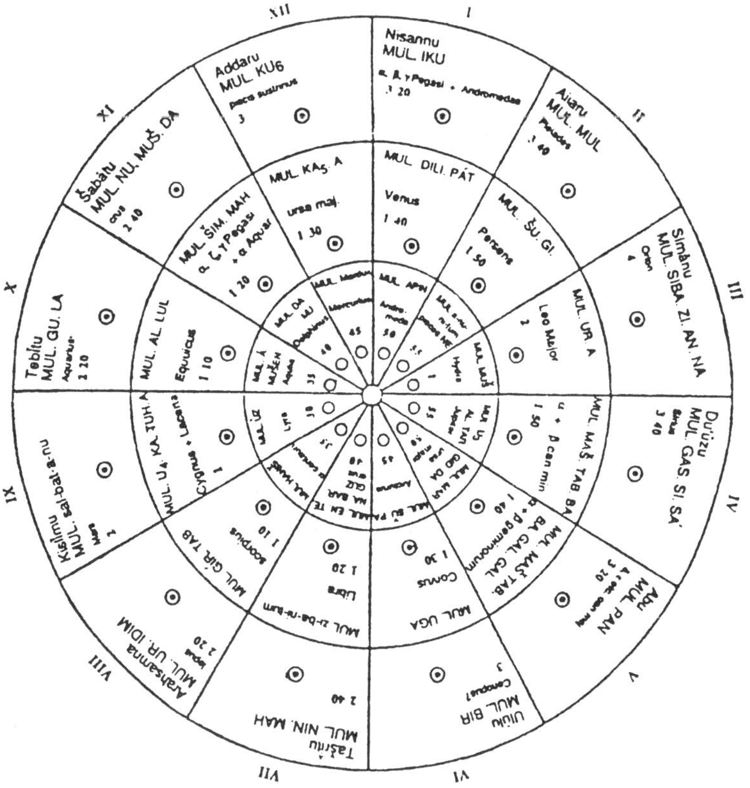

此为 1934 年 A. Schott 据上面残图加以复原之表。[2]

这个星图所表示的十二月，在朝向三个同心圆轴和三个层次之下形成的三十六个星座区域，上面的星座名称经过许多专家研究都已弄清楚了。这三个层次亦叫做三道（Three roads），有人译作三环。每道按月区分名为十二星座，大概是依照月的朔日偕同日出的时间，而每一个月配以一个星座。

中间一道是赤道带，代表阿努的星系。

外围一道是赤道以南，代表阏亚的星系。

内面一道是北极区的星群，代表恩立的星系。

这时尚未有黄道之名；黄道名称要在公元前 420 年以后才出现。

这幅星图原来保存在公元前约 600 多年的巴尼帕王的图书馆（相当于周惠王八年至周襄王二十二年，约略和齐桓公秦穆公同时）。但它的编成时间一般认为应该在公元前 1400 年至 1600 年，相当中国的殷代。这是巴比伦最古的天文学资料。我们从《开辟史诗》“司其畛域，恩立、阏亚”二句，可以看史诗所描写的和星图上的区划，很是符合。使人推想星图和史诗可能是相等的年代。

上面的星图中一些星座是很不易观测的，所有星座，经过历来的研究，大抵都很清楚，有的还是行星：

Dil. bat＝Venus	列阿努系的正月	金星
Sa-bat-a-nu＝Mars	列阏亚系的九月	火星
Ud. Al. Tar＝*d*Marduk＝Jupiter	列阿努系的十二月	木星

他如：

Iku＝Pegasus 飞鸟座

Mul. mul＝Pleiaden 昴星座

Siba-zịan-na＝γOrionis 猎户座

Kak. si. di＝Sirius 天狼星座

Ban＝Canis minor 小犬星

Gir. Tab＝Scorpions 天蝎座

En. Te. na. maš. Lum＝Centaurus 半人马座

在 Vander Waerden 的书中已有详细的若干附表加以说明，今略举一二，不殚复述。

值得讨论的还有 Nebiru 一字，在上述星表中，阿努系第十二月是大神马独克，亦即是木星，马独克是造分天地的伟大人物，他是太阳神，同时代表木星。所以我把 Nebiru 译成太岁。它位于北维的恩立与南维阏亚的中间，表现它在天体上的重要性。所以被尊为木星。巴比伦已有公元前 131 至 59 年的木星观测记录的泥板，对于木星有高度的认识。我国殷代甲骨文上亦有“大岁”的名称出现，作为祭祀的对象。临潼所出周武王时的利簋有“岁贞克”之语，岁指岁星，合以《荀子·儒效篇》说：“武王之诛纣也，行之日以兵忌，东面而迎太岁。”战国时兵家对大岁当头种种迷信的解释，汉人对岁星的重视，亦有悠久的历史，《山海经》的名言“要之以太岁”，与巴比伦史诗的以大岁来正晷度，意义是相同的。

至于史诗称“于其脐中，以立天极”，在中国的东方的传说，便有“齐是天脐”的种种说法，印度亦言“由脐生出空界”（Antariksa）。“脐”的观念，中、印之间也许有点关系，可能远源来自西亚，是很值得研究的。①

阿努、阏亚和恩立三位巨神，在远古苏美尔人的神话里是代表自然界三个不同的部分：

阿努 anu（亦称 an. Anum）：天神

恩立 Enlil（Ellil）：地神

阏亚 Ea（Enki）：水神

（参看 René Dussand《巴比伦与亚述的宗教》法文本）他们三位都是宇宙间的巨灵，所以天文学上星图亦采用他们的名字作为区划星体区域的标志。

李约瑟说：“北京天坛和祈年殿至今还保存三层的圆台，似乎有意象征艾亚、阿努、恩立的三环。”[3] 其实从汉代以来，中国的天官主要分为三垣二十八宿，即紫微垣、太微垣、天市垣。三垣是把天体分划为三个区域，这种观念似乎从中国本土的“三天”而来。楚帛书说：“三天☐思，敄奠四亟（极）”。和巴比伦没有什么关系。

中国的天体区划是三垣二十八宿，巴比伦则是三环三十六宿。亚述人是把天体主要星座按十二个月来作很齐整的安排，对于星座的认识比远东的二

---

① 参看拙著《选堂集林》，324 页。

十八宿增加许多，看来他们的天文学应该比我们发展得早，而且精确。

公元前 1100 年亚述人采用巴比伦历法十二个月的月名，一年的开始从春分算起（相当于现在的三月到四月），一年十二个月，大小月相间，大月三十日小月二十九日，都三百五十四日。岁首既定在春分，故需要置闰。在公元前 6 世纪之前，置闰无一定规律，汉谟拉比（Hammurabi）的法律上有“闰六月”的明文，要到大流士一世（Darius I；公元前 521—前 483）才规定八年三闰。巴比伦人是以朔望月表示回归年的长度，即：

$$一回归年=12\frac{1}{3}朔望月$$

这在塞琉士王（Seleucid）公元前 311 年的十二星座与日月运行表可以得到证明。

反观吾国，《尧典》上说：“朞三百有六旬有六日”，其时只知一年是三百六十六日的整数。《尧典》作成的年代尚无定论。朔字最早记载见于《诗经》十月之交中“朔日辛卯，日有食之”一句，说者以为周幽王之世。殷代甲骨文的材料有一条涉及垦田的记载：

圣。五百四旬七日，至丁亥从，在六月。

这条的“至”是指六月的夏至。董作宾《殷历谱》据此列为至谱的主要依据。张政烺认为五百四旬七日是把 547 整日加上占卜之日子算不足一日共得 547.5 日，恰好是回归年一年半的日数（即减去一回归年 364 日得 183.5 日，是为半年的日数）。卜辞又有许多地方提到“至日”，殷代的天文学能够确认二至，即十二月和六月里面的冬至与夏至作为天象的标准来配合农事的活动，是没有问题的。可以说是以冬至为岁首，和巴比伦之以春分作为岁首，是不同的。

《小屯南地》一书中卜辞所记祭祀的时候有舞戚（南地七八三正“甲辰卜舞，叀戚，三牛”）、奏商（又四三三八“……其奏商”）之辞。殷墟建筑遗存，在甲六基址上的陈设，表示着左方肴馔（食）右方奏乐（有石磬遗物）的习俗。殷人以乐舞事神，是司空见惯之事。

古代掌乐的官，在《周礼·春官》称为大司乐，“死则以为乐祖，祭于瞽宗。”《礼记·明堂位》云：“瞽宗，殷学也。”甲骨文里有大学的记载。《南地》六十：“于且丁，旦帅。……于大𦥯帅。”大𦥯即是大学，当是瞽宗所在地。乐官称为瞽。《国语·周语》记景王问钟律于伶州鸠，鸠答言“古之神瞽，考中声而量之以制。”韦注：“神瞽古乐正，知天道者也，死以为乐祖，祭于瞽宗。”瞽如何能知天道？《周语》又说：“先耕时五日，瞽告有协风至。”协风见于卜辞，“东方曰析，风曰劦。”协风后来又称为融风或条风。《淮南子·天文训》：“距冬至四十五日条风至。”条风至的节候是立春。虢文公述周时藉田之礼，“瞽帅音官以风土。”乐师的瞽，其部属尚有一些乐官，来分掌依据音律以观察风土的事情。殷武丁时有劦风的记录，当时有大学，必有乐官的瞽，然后能够预告协风的来临作为节候的报告，他们也许能像《淮南子》所说的从至日（冬至）去推算立春，以便行藉田之礼，殷代的乐正可以立均出度，从音律结合天文去测知节候，是想像得到的。

《吕氏春秋·音律篇·季夏纪》云：

> 古圣至理（治）之世，天地之气合而生风，日至则月钟（聚）其风，以生十二律。
>
> 仲冬日短至则生黄钟。
>
> 仲夏日长至则生蕤宾……
>
> 孟冬生应钟，天地之风正，则十二律定矣。

十二律的订定是根据日的短、长至作为定点，可见天文上的定点，亦即乐律上的定点。

> 冬至点——黄钟
>
> 夏至点——蕤宾

殷代天文智识确有鸟星、至日等记录，但未必能如《吕览》所说从两至来制定十二律。殷时有四方风名，那时的神瞽，能讲究合律生风，是很自然的事。十二律名称何时出现，尚无明确资料。西汉汝阴侯墓的天文仪器画出二十八宿和十二个月的相对位置，和《淮南子·天文训》所说“辰星正四时，常以二月春分效奎、娄，以五月夏至效东井、舆鬼，以八月秋分效角、亢，以十二月冬至效斗、牵牛”相符合，证明从二至配合星象来制定时间，再用二至

来确定十二律，在吕不韦的时代已充分使用。我们看《左传》所记，当时对于分、至、启、闭的重视和五声和八风等记载，这些事情，春秋时候大家已耳熟能详。运用天文定点行使于乐律上面，这说明天文与乐律关系的密切，在中国古代不是神话而是史实，这和巴比伦情形是很相像的。

与随县曾侯乙墓的编钟一同出土的漆箱盖，其上中间写一特别大的斗字，并绘青龙和白虎于其左右，二十八宿之名罗列于四周。把二十八宿的年代大大提前。证明《史记·天官书》所记汉代星图上是同样依四灵在四个方向来分配是同一脉相承的系统，没有如巴比伦那样按十二月来安排星座的具体而整齐。可见中国与亚述的天文学实际还有很大的距离。但是一般谈起中国天文，每每有中国出于巴比伦的误解，甚至还欲把一切关于天象的名目包括岁阳月名等等，采用同音比附方法，一一说成出于巴比伦的星座，那是很有问题的。只有法国的马伯乐他最反对这种说法，他认为两国的天文学根本没有什么关系，我觉得非常合理。在建立音乐上的和谐观念和喜欢结合天文观念来解释乐律的事，彼此之间有许多雷同之处，但只是表面上的类似，不能轻易便认为这种律制是从巴比伦传入中国的。

【注释】

［1］见 Ernest G. Mclain："The Bronze Chime Bells of the Marquis of Zeng：Babylonian Biophysics in Ancient China."（*Journal of Social and Biological Structuries*，vol. 8，No. 2（1985），pp. 144-173）。

［2］表中星座汉名，依席泽宗订定。

月份	Ea 星座	Anu 星座	Enlil 星座
Ⅰ. Nisannu	3. 20 IKU（室、壁）	1. 30KA$_3$. A	45^d*Marduk*（火星）
Ⅱ. Aiaru	3. 40 MUL$_2$. MUL$_2$（昴）	1. 40 DIL. BAT（金星）	50 APIN（犁星）
Ⅲ. SimĀnu	4 SIBA. ZI. NA（参）	1. 50 ŠU. GI（天船二）	55 *A-nu-ni-tú*
Ⅳ. Dūzu	3. 40 KAK. SI. DI（天狼）	2 UR. A	1 NANGAR
Ⅴ. Ābu	3. 20 BAN（弧矢一）	1. 50 MAŠ. TAB. BA	55 UD. AL. TAR
Ⅵ. Ulūlu	3 BIR	1. 40 MAŠ. TAB. BA. GAL. GAL（北河二）	50 MAR. GID$_3$. DA（北斗）
Ⅶ. Tašhrītu	2. 40 NIN. MAH	1. 30 UGAmušen（轸）	45 ŠU. PA（大角）
Ⅷ. Arahsamna	2. 20 UR. IDIM（豺狼星）	1. 20 RIN$_3$	40 EN. TE. MAŠ. LUM（库楼七）
Ⅸ. Kislîmu	2 *sal-bat-a-nu*（火星）	1. 10 GIR$_3$. TAB（房、心、尾）	35 LUGAL（轩辕十四）
Ⅹ. Tebētu	2. 20 GU. LA（虚）	1 UD. KA. DUḪ. A（天津二）	30 UZA（织女）
Ⅺ. Šabaṭu	2. 40 NU. MUŠ. DA（天鹤）	1. 10 NANGAR	35 A$_2$mušeu（牛郎）

Ⅻ. Addaru 3 KUA（北落师门） 1. 20 ŠIM$_3$. MAH（危） 40 DA. MU（河豚座）

另一星座资料，则以 Elam、Akkad、Amurru 区域划分，附以备览。另详《曾侯乙编钟时代之前中国与巴比伦音律和天文学的比较研究》，饶宗颐、席泽宗、程贞一合著，载《曾侯乙编钟研究》（湖北人民出版社）。

月份	Elam 星座	Akkad 星座	Amurru 星座
1	……	APIN（犁星）	IKU（室、壁）
2	……	*A-nu-ni-tum*	ŠU. GI（天船二）
3	……	SIBA. ZI. AN. NA（参）	MUŠ（长蛇座）
4	……	UD. AL. TAR	KAK. SI. DI（天狼）
5	……	MAR. GID$_2$. DA（北斗）	MAŠ. TAB. BA. GAL. GAL（北河二）
6	……	ŠU. PA（大角）	BIR（老人星?）
7	……	*zi-ba-ni-tum*（氐）	NIN. MAH
8	GIR. $_2$TAB（房、心、尾）	UR. IDIM（豺狼座）	LUGAL（轩辕十四）
9	……	UZA（织女）	*sal-bat-a-nu*（火星）
10	GU. LA（虚）	A$_2$*mushen*（牛郎）	AL. LUL（南河三）
11	N[U. MUŠ. DA]（天鹤座）	DA. MU（海豚座）	ŠIM$_2$. MAH（危）
12	……	*ni-bi-rum*（火星）	KA$_5$. A

[3] Joesph Needham 在他的 *Science & Civilization in China*, vol. Ⅲ, p. 257 写道："Another circumstance worth noting is that the Altar of Heaven as if to symbolise the Three Roads of Ea-Anu-Enlil. Here the officiating emperor naturally occupied the central polar position. If Chinese equatorial astronomy derived, at least in part, from Old Babylonian equatorial astronomy, such traces are just what we might expect to find."

论楚人之二㷯（气）与魂魄观念及汉初之宇宙生成论

气字从米，气声。《说文》气或体作⿱既米，声符从既。楚帛之㷯字，我最先据《汗简》释为气。今按《汗简》㷯为气之古文，云“见《义云章》”。《古文四声韵》云：

㷯 （《碧落文》）

炁……　（《淮南上升记》）

是气字作从火，既声，《碧落文》与《义云章》皆有此字形，可与楚帛书参证，至于炁字，《关尹子》云：“以一炁生万物”。说者谓炁字首见于此，其实亦见于佚书《淮南上升记》。唐《无能子·圣道篇》：“天地未分，混沌一炁。”《无能子》题记“于唐末光启二年（886）寓于左辅景氏民舍”。其书晚出，不足为据。

今知㷯确为气字，楚帛书所见有㷯与（百）㷯，合为二气。

字，有人释寮，我释为熏，字有人释害，曾宪通据中山王譽器百字作定为“百”字，甚是。（考证具详《楚帛书》）熏气和百气即是《老子》书之营、袙。马王堆乙本：

载营袙抱一，能毋离乎？

甲本作“营魄抱一”，与今本同。《说文》：“魄，阴神也，从鬼，白声。”段注引《孝经》说：“魄，白也。白，明白也。”《白虎通》：“魄者，迫然著人，主于性也。”“魄者，迫也，犹迫迫然著于人也。”魄之作袙，如琥珀之作虎魄。袙为字书所无。古代借“白”字为魄，马王堆乙本白作袙，乃加示旁为繁形。楚帛则以“百”为“白”，皆同音通假之异形字。

《左传·昭公七年》，子产说云：“人生始化曰魄，既生魄，阳曰魂。”杜预注：“魄，形也。”“魂，阳神气也。”孔颖达《正义论》：“魂魄，神灵之名，本从形、气而有。”陈义甚精而详尽，引《孝经》说云：

魄，白也，魂，芸也。
白，明白也，芸芸，动也。

段玉裁说即本此。孔氏复为之解曰：“形有体质，取明白为名，气惟嘘吸，取芸动为义。”按《老子》又言：“夫物芸芸。”芸芸即动。此以芸字解魂，以白字解魄，并取声训。孔氏区别魄为形而魂为气，而引申之云：“附形之灵为魄，附带之神为魂。附形之灵，谓初生之时，耳目心识手足运动，啼呼为声。此则魄之灵也；附气之神者，谓精神性识渐有所知，此则附气之神也。是魄在于前，而魂在于后，故云既生魄，阳曰魂。”以之申释子产之论，而定魄与魂有先后之义。正如《淮南子》论“天先成而地后定”，有后先之别。

以形与气分别魄与魂，其说原见于《礼记·郊特牲》，云：

魂气归于天，形魄归于地，故祭，求诸阴阳之义也。……

《礼运》云：

故天望而地藏也，体魄则降，知气在上。

此将魂视作气，属之于天，魄视作形，属之于地，分为阴阳。然揆之刘安之说，魂属天，则应先成，与子产说异。是则阴阳二者，孰先孰后，殊难质言。魂亦指生人之精神，为《楚辞》中所习见，如：

昔余梦登天兮，魂中道而无杭。（《九章·惜诵》）
羌灵魂之欲归兮，何须臾而忘反？（《哀郢》）
魂识路之营营。（《抽思》）
魂营营而至曙。（《远游》）

惟《远游》云：

载营魄而登霞兮，掩浮云而上征。

则取《老子》“营魄”一词，以指升仙者保合形神以上天。故《远游》屡言：“审壹气之和德”，“无滑而魂兮彼将自然。壹气孔神兮于中夜存。”壹气即《老子》所谓（载营魄）抱一，魂不可滑，则魂与魄仍互相维系也。抱一而须载营魄者，谓以阴魄守阳魂。抱一者，以气合血肉之躯（《素问》：“取血于营”），魄与魂合，抱神以静，故曰“能无离”（参朱谦之说），使魂魄相安如鸡之抱卵，此道家生时之修养方法也。若升仙之时，则魄随魂同上升于天。惟一般死者非神仙者流而为凡夫，其形魄仍归于地，而魂气则无所不之。（吴季札葬，其子曰：骨肉复归于土，命也。若魂气则无所不之也。）《越绝书》十三《枕中篇》记范蠡论魂魄，由人而推及，其说曰：

越王问于范子（蠡）曰：寡人闻人死（《四部备要》本，上海中华书局据明刻本校刊，作“失”）其魂魄者死，得其魂魄者生，物皆有之，将人也？

范子曰：人有之，万物亦然。……

……

问曰：何谓魂魄？

对曰：魂者，橐也。魄者，生气之源也。故神生者，出入无根（“出入无根”，《四部备要》本，上海中华书局据明刻本校刊，作“出入无门，上下无根”），见所而功自存，故名之曰神。……神主生气之源，魂主死气之舍也。魄者至贱，魂者至贵（“源”，《四部备要》本作“精”；“至”作“主”）。……观其魂魄，即知岁之善恶矣。

此别魂魄有贵贱之差，后来道家因有魂属善、魄属不善之说。《淮南子·说山训》设为魄与魂之对话。魂以无有为体，以其不可见故，凡此皆战国至汉初之魂魄二元论。清龚自珍著《释魂魄》（查《四部备要》本《定庵全集》册一《定庵文集》（上海中华书局据通行本校刊未见））认魂与魄有高下之分。（《定庵文集》卷三）其说如次：

上阳	魂	有知	《易》“精气为物”；《诗》“於昭于天”；圣智
下阴	魄	无知	《易》“游魂为变”；孔子：“体魄则降”凡民

虽所论未必尽谛，亦从二元论出发者也。

古埃及人信仰魂升天而体入地，可与汉俗比较，兹录《死书》，加以说明如下：

soul	to	heaven	body	to	earth
ba	ar	pet	′sat	ar	ta

ba是魂，上升于天，′sat是体（魄）入于地，此与孔子对子游说：“体魄则降”（《礼运》）相同。

the	soul	which	is	among	the	gods
	ba-R			am		neteru

此如诗云“在帝左右”，以魂上升于天也。（参看W. Budge，The Egyptian's Ideas of God，圣书象形文从略。）可知以魂魄分别属之上天下地，中外亦有同然。

魂有知而魄无知，凡民之魂不能上升于天而又无所不之，故楚巫有礼魂及招魂之俗。《楚辞》所见，生者期与天地比寿，死者则望其引魂上天。马王堆出土覆棺之帛盖，或称为铭旌，然铭旌必书死者姓名。而马王堆第一号第三号两墓所出均不书死者名字，故知其不得为铭旌，实则墓所出皆覆棺之物，其图绘布局无异，作用与吐鲁番所出上绘伏羲女娲画之为覆棺之物相同，吐鲁番所出计数十件之多。此类主题不外引魂上天。近时诸家解释意见均趋一致。其义今为众所共悉，不必缕述。

余英时《论中国古代死后世界观的演变》一文，其中谈魂魄一章可以参看，彼举出《汉书·东方朔传》解说隐语：

柏者，鬼之廷也。颜师古注训松柏之树为廷府。

颜注似望文生义。今知《老子》营魄字可作袙，《颜氏家训·勉学篇》引徐整碑又作洦，合以楚帛之百气，则柏字当亦出于同音借用，不得以松柏直解之，至于熏字与魂亦同部字，古人每每音同借用。

兹总结上说，表列如下：

气
┌ 熏（魂）—— 沄、营
└ 百（魄）—— 迫、袙 —— 洦 —— 柏
《楚帛书》　《马王堆乙本老子》　《徐整碑》《东方朔传》

周原卜辞：

卜鼎（贞）：既⿰贝鬼（魄）（二十二片）
佳十月既死□　亡咎（二十四片）

下辞说者谓是“既死魄”，夺去一字；上辞说者谓是“既生魄”之省言。⿰贝鬼是否读为魄，仍待证明。然古代月相分明有生魄死魄之语，魄字之渊源甚为悠久。

将魂魄（即营魄）分为气与形两组是汉代阴阳家言。但楚帛书分明说是熏气与百气，作为二气看待，自属较原始之说。彝族宇宙论至今仍盛行二气

理论，彝族以哎与哺代表阴阳二气，运行升降，一年之间有八轨以示八节之变化，详《彝族天文学史》图一〇·三二气轨道图，所谓二气八节自是取诸汉人阴阳二气与八风之说，十分明显。

《淮南子·说林训》："黄帝生阴阳。"又《精神训》："有二神混生，经营天地，……于是乃别为阴阳，离为八极。"《精神训》之二神实即二气之异名。二气为宇宙生成之基因。《天文训》言：

> 道始于虚霩。虚霩生宇宙，宇宙生元气。……故天先成而地后定。
>
> 天地之袭（重）精为阴阳，阴阳之专精为四时。四时之散精为万物。……火水气之精者为日、月，日月之淫为精者为星辰。

万物皆由至"精"所出。楚帛书云："五木之精"，精即精。《淮南》又区别精有袭精、专精、散精、淫精之别，自是踵事增华之谊。帛书先言二气，后述四诗，《淮南》则以二气阴阳为袭精，四时为专精。然则熏气与百（魄）气之为二气，在《淮南》眼中是为袭精，《淮南》之说，又进一步矣，兹据《天文训》隐括表之如下：

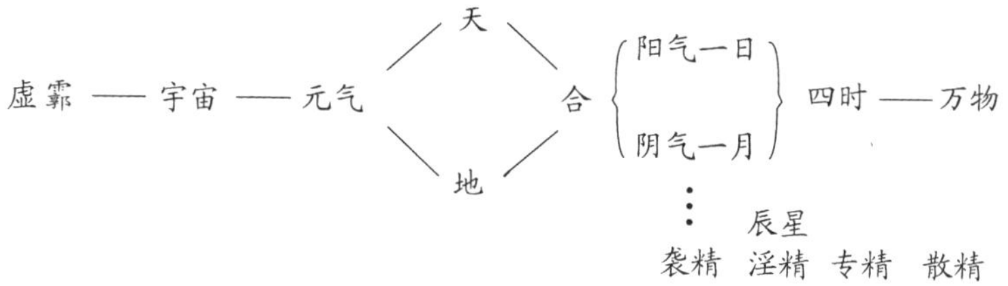

由上可见楚地区之宇宙生成论，从楚帛书演进至于汉初复杂化之梗概。

又记

郭店《老子》后附有《太一生水》篇，论一切相補（辅）之义，以为岁之形成，由湿、燥之所生，湿、燥乃仓（沧）然（热）之所生，仓、然即寒暑也，以成四时，以成阴阳，如是以成天地。又言：

下，土也，而胃（谓）之地。

上，燹也，而胃之天。

以天、地分上下，而下为土而上为燹。在此处气为“偏称”，上属于天，与《楚帛书》以燹（气）概括熏气、百气二气不同。有人以帛书此二气读为《太一生水》之仓、然二者，但楚简以燹专属于天，与帛书之分为二气，于义不合。

冯时不取众说，而读为寅气、金气，谓指阳气与阴气。顷细察原文寅字与下文黄、黼二字所从之黄字实作黄。《说文》云：“黄从田炗声，炗古文光，黄字上部为廿，熏从熏，熏从‘中’。”帛书此字上半不从廿而从屮，完全吻合。故不必改读为黄。

曾宪通新说，辨字形甚审，唯以屮音比附于燥，读为燥气，然燥与湿相对，不与仓相对，亦与《太一生水》原文不符。故不必强与帛书以同音觅取对应。

《太一生水》中，阴阳复因四时而分为燥湿、寒热，与帛书之二燹之概括阴阳，不能对应。

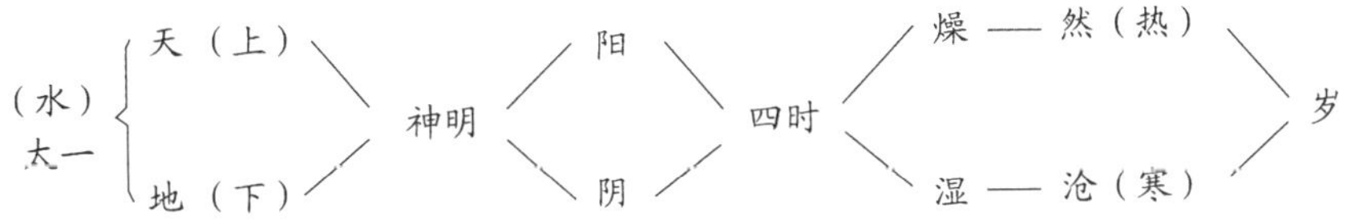

2002年2月

余以此二气相当于老子所言之营、袙，亦即魂魄。《彝族创世志》之清浊二气宇宙观亦与此相类。

附录　彝族创世志

(一) 金锁管着混沌（选自原译本卷一）

金锁管混沌，

不讲嘛不明；

要讲从根起，
先叙哎与哺。

哎哺未现时，
只有啥和呃，
啥清与呃浊，
出现哎与哺。

清气青幽幽，
浊气红殷殷，
清翻黑压压，
浊变晴朗朗，
青者着云裳，
红者戴霞勒。

局啊现日影，
日影亮晶晶，
宏啊显月形，
月形金晃晃。

闹啊变青烟，
青烟像彩衣；
努啊成红雾，
红雾像罗裙。

六形未现时，
谁也不先显；
六形出现了，
哎哺影形成。
清气像彩髻，
浊气似华冠，

天空显美景，
日月多光明，
会动会变化，
哎阳与喃阴。

又起变化了，
哎现出银天，
喃现出金霞，
它俩又相配，
显十五彩色，
天空雏形成，
努娄哲发现。

天空形成了，
又在变化呢。
金影从而现，
日月形象成。
彩色十五种，
照映于大地。

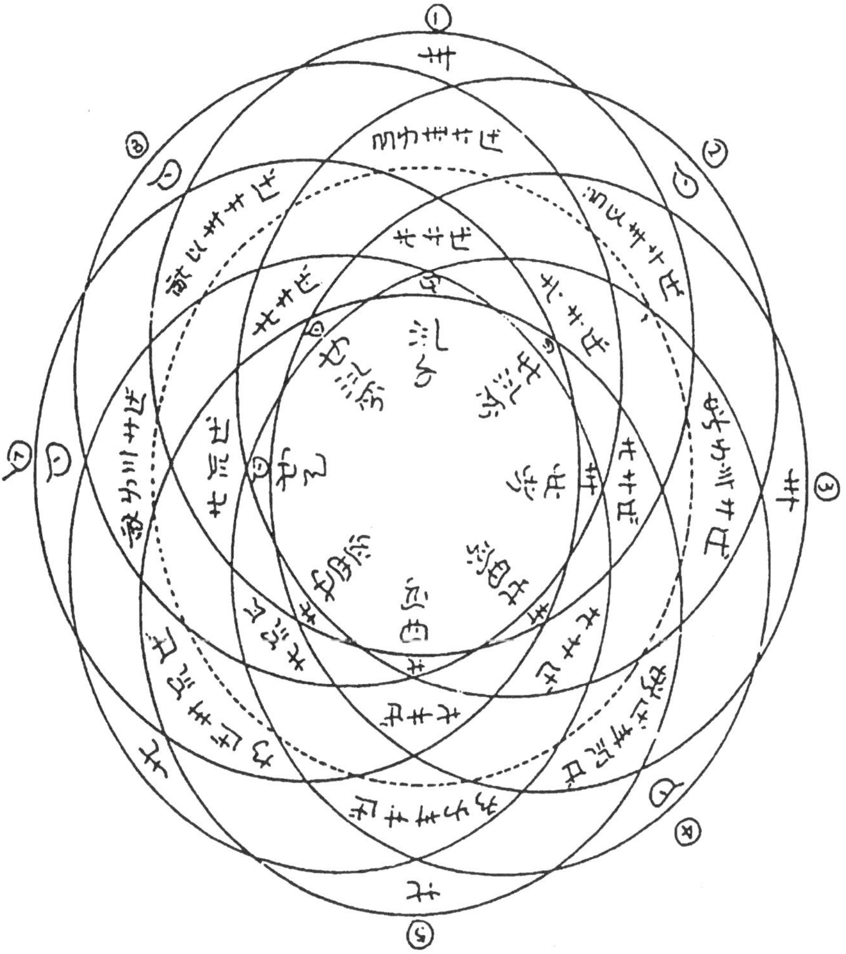

《宇宙人文论》所载清浊二气运行的轨道图

注：阴阳二气的升降引起地上的寒暖变化。在一年中，气的运动有八条轨道，便产生地上气候的八节变化。（采自《彝族天文学史》）

谈印度河谷图形文字

（印度 V. V. Paranjpe 题辞）

1. I have seen with great interest Prof. Jao Tsung-Yi's pioneering paper on the "pictographic characters of the Indus Valley Script".

2. It is a significant contribution to the researches being done on the Indus Valley script which has defied a convincing solution so far. Some of the characters in the Indus Valley script undoubtedly seem to be pictographic and it would have been the most natural thing to compare them with the leading pictographic script of the world, the Chinese. If no such attempt has been made in the past it is presumably because there are few scholars who have the necessary knowledge of both cultures and writings.

3. Prof. Jao has the unique qualification of being both an eminent Chinese scholar as well as a scholar of Sanskrit. His scholarship in Chinese needs no introduction but very few are perhaps aware of the fact that he has been an equally interested student of Indology and particularly Sanskrit. I know this for a fact because I had myself the good fortune of exchanging Sanskrit with his Chinese during my stay in Hong Kong in the mid 60's when we worked on a translation of the Gita into Chinese. Later on, Prof. Jao visited India and spent considerable time in Poona at the Bhandarkar Oriental Research Institute and in Pondicherry at the French Oriental Centre.

4. By working on a comparative study of Indian and Chinese source materials, Prof. Jao has blazed a new trail which opens interesting vistas for future research. Of particular interest and value to scholars would be the material he has collected on Swastik from Indian as well as Chinese sources.

V. V. Paranjpe（白春晖）

Ambassador of India, Seoul.

一、学者在研究印度河谷图形文字的成果

印度河谷（Indus Valley）的古代文化遗址，自从 1920 年 Sir John Marshall 发现以后，Ernest Mackay 在 1930 年和印度、巴基斯坦跟美国考古家相继发掘了几处遗址。这一个在雅利安人入侵印度以前（公元前 2500—前 1800 年）久已被人遗忘的古文化，分布在印度河沿岸，计有 Harappa，Mohenjo daro 等处。另一方面，在 Narmada 及 Tapti 两河流域勘查所得，距离 Mohenjo daro 南面 600 英里 Surat 附近的 Bhagatray 河口，发现的一所遗址，亦属于这个古文化，足见它的分布地区相当广泛。在现代的 Gujarat 地区，于 1953 年亦发掘出 Lothal 城遗址，相距不远的 Rangpur 也有重要的古物出土（参考所附地图）。Gujarat 就是《诸蕃志》所载的胡茶辣国，亦即是玄奘《西域记》卷十一所说的瞿折罗国。有人认为当雅利安人入据印度以后，胡茶辣这个地区，可能是印度河谷文化的最后堡垒。

最近几十年间，学者对印度河谷文物的研究渐趋踊跃，一时成为显学。印、欧学者的著述，车载斗量。[①] 这方面的成就，很可以跟中国的甲骨学相互辉映。那些遗址有若干是砖造的建筑，其中以谷仓、浴室最令人瞩目。古物包括有印章、铜片和陶器残片，上面都有圆形的符号刻镂着。那一批印章，大抵用蜡石、滑石、玛瑙或陶泥制成的。印模里往往附有动物的形象作为标志，有时并具有两行至三行图形符号。这一项资料，到目前为止大概有 2 000 件，现在且将出土地点和数量作简略的介绍：

（一）Mohenjo daro：1350 Inscriptions 1931、1938

---

① 这方面的著述，见法国 L. Renou 之 Bibleographie Vedique，印度友人 R. N. Dandekar 教授著 Vedic Biblography，Poona，第一：1946，281～302 页；第二：1961，655～684 页；第三：1973，788～982 页。

（二）Harappa：990 Inscriptions 1940

（三）Chanhu daro：140 Inscriptions 1943

（四）Lothal，Kalibangan，Alamgipur 及其他有 120 Inscriptions。

（五）美索不达米亚及伊兰玺印所见，亦有 30 Inscriptions。①

上列的图形文字，至今还未有人能够通读，但据学者研究所得，归纳起来有下面几种说法：

（一）Dravidian Origin 说

（二）Sumerian 或埃及 Origin 说

（三）Indigenous Origin 说②

这些说法当中，仍然没有人敢肯定某一项才符合事实。直至 1953 年，H. Heras 神父在孟买刊行了 *Studies in Proto-Indo-Mediterranean Culture* 一书，用南印度 Dravidian 语为桥梁，来窥测印度河谷图形文的秘奥，于是他的学说逐渐受人所重视。

1963 年我曾经在印度蒲那（Poona）、班达伽（Bhandarkar）东方研究所遍读 Marshall 等人的考古报告。其后，在新加坡大学授课之余，又于星大图书馆重新阅读考古学者在印度的发掘报告及 Heras 所撰写的书籍。在这一段期间，适逢 Sir Mortinner Wheeler 的综合性著作亦第三次出版了③；Asko Parpola 等合著的 *Decipherment of the Proto-dravidian Inscriptions of the Indus Civilization* 和 *Progress in the Decipherment of the Proto-dravidian Indus Script* 在 1969 年先后印行。1973 年，*Materials for the Study of the Indus Script I*（*A concordence to the Indus inscriptions*）数百页的巨著，亦在芬兰出版了，而且还获得 Asko Parpola 惠寄，因此我在这一方面的知识就比以前更全面化，还有，记得在 1971 年春天，我在普林斯顿大学艺术史系图书馆内，亦偶然检得 *Ancient India Bulletin of the Archaeological Survey of India*，No. 18 &19（1962—1963），细读了 *Excavation at Rangpur and Oth-*

① 印度河谷文化的主要考古报告，有下列几种：

A. John Marshall：Mohenjo-daro and the indus civilization，London 1931，vol. III，Plates cii-cxviii.

B. E. J. H. Mackay：Further excavations at Mohenjo-daro，Delhi，1937-38，vol. II，Plates lxxii-ciii.

C. M. S. Vats：Excavations at Harappa，Delhi，1940，vol. II，Plates lxxxiv-civ.

② 请参阅下列书籍：

A. Rav. B. Pandey：*India palaeography* p. 31.

B. Ahmad Hasan Dani：*Indian palaeograhy* 1936，Oxford.

③ Sir Mortinner Wheeler：*The Indus civilization*，1968，Cambridge.

er Exploration in Gujarat 报告，我对 Rangpur 出土陶器上的刻文，大致有了基本的认识。

最令我感到兴趣的，中国近二十年来亦有为数不少的陶文出土。年代最久远的有半坡、乐都、二里头这些地点。出土的陶文符号，除了几个数字之外，其他几乎不能辨识，但它们的刻划形状，有许多跟 Rangpur 和 Harappa 陶印上的 Graffiti 十分类似。关于这一方面的事实，尚未为人所注意，现在我尝试提供出来，向研究古文字的学者求教，希望收到切磋的效用。

在未把印度陶文和中国陶文作出比较之前，让我先将印度 Rangpur 陶片上的 Graffiti-Marks 简略地介绍。那些符号合计有 222 个，图版刊载在报告内的附图 xxv 至 xxviii。由于摹本的图形较为清晰，谨附录在后面，以供参考。那些符号大致上可分做三类：

（1）Human and animal figures（人、兽图形）

（2）Strokes and plant-motifs，geometric designs（几何图形）

（3）Misellaneous symbols（其他符号）

根据报告的分析，属于第一类的占 26 种，属第二类的有 188 种，属第三类的仅得 8 种。上述三者之中，最值得注意的是第二类的线形符号。这些符号或作简单的垂直线（Vertical strokes），或作矢形（Arrow-Mark），与三叉形（Trident）等。从附图所见的资料看来，除了 Rangpur 之外，还有其他的遗址；所引用的陶文，并注有出处，请参考该文附载的考古报告简称表。那些材料大抵是 Harappa 和 Mohenjo daro 各处所出土的印章与图片上的刻文。这一批图形符号，究竟有什么涵义，至今仍然很难确定。唯一可以肯定的是印度河谷图形文字，跟印欧系统的语言结构完全相违背。此外，在若干说法当中，有一说认为印度河谷印章上系有纤维物，这种情况与曾在伊拉克（Iraq）史前遗址的发见相似，从而推断这一类印章必然是商品及财物的印信（参考 Discovery Art vol. 3，No. 34）。这一现象跟汉人施用封泥，也很相似。

二、从古文物的资料窥测中印古文化某些类似的迹象

在史前时期，中印文化是否有接触过，详细情形还是未能知悉。但是，从肩斧及段斧的分布看来，可见古代越族文化传播范围的广泛。肩斧和段斧

输入 Assam，主要是循陆道，但由孟加拉以至 Santal Parganas 所发现的，可能是沿海路传播。①

从上面这一个事例去窥探，中印文化也许可能有若干程度的接触。即就 Rangpur 的陶文跟半坡陶文相与比较，彼此相同的有九个符号。倘若再拿华侨新村的陶文及明刀背文勘比，相同的符号也相应增加。现在分述如下：

（1）Rangpur 陶文跟半坡陶文相同的：

| 1 ‖ 2 ↾ 7 ↑ 14 ↓ 15 × 16 † 17 ʃ 19 丰 23

（依据半坡文编号）②

（2）它跟华侨新村陶文相同的：

↑ 14 屮 37 × 17, 36 ˥ 22, 27, 39 ⩛ 30 山 21 ⋈ 33, 34, 35

（据华侨新村陶文编号）③

（3）它跟明刀背文相同的：

∠ IX/16 ↑ VIII＼3 ↙ VIII＼2 ＋ II＼11 ✓ VI＼17 川 IV＼14 口 XIII＼2 ⧗ II＼15

---

① 印度东部 Assam 及 Bengal 山区地带的史前文化，颇受到缅甸及南中国的影响；例如 Daojali Hading 发掘所得的肩斧和有段的石斧（见附图），显然是越族的遗物。Bridget & Raymond Allchin 在他们所著的 *The Birth of Indian Civilization* 有以下的一段话：

… But the rich deposit, included large numbers of stone axes, bones, and quantities of sherds of cord-impressed and striated beater-impressed pottery. Among the stone tools were large numbers of small ground axes of rounded form, and numbers of small shouldered adzes with angular outline. Both these are types not encountered in the northern or southern groups. They are types which have an extensive distribution in China and Southeast Asia and a long and respectable ancestry there. So too has the pottery, in so far as it can be identified. Its affinities seem to be with South China, recalling the pottery of the neolithic sites around Hong Kong.

Bridget & Raymond Allchin 在 *The Birth of Indian Civilization* 一书又有下列的结论：

The eastern border regions, represented by the hills of assam and bengal, show many profound influences from Burma and South China, and it is not surprising that neolithic culture known from surface collections of stone implements and from the solitary excavation of Daojali hading should reflect culture traits deriving from the same direction. These traits are also to be found, though mixed with those of India, in the surface collections of neolithic tools from the eastern parts of the central region…. In this context one may note that Indian contacts with China, when they developed in the first millennium A. D., did so primarily via the western routes across afghanistan and central Asia.

云南跟缅甸接壤，汉代尝有身毒（印度）人入住该处（见《华阳国志》），印度文化传播入滇可能很早。又近年云南晋宁石寨山所发掘西汉中期（公元前 125—前 118）第 13 号墓中，发现了蚀花肉红石髓珠（Carnelian），可参《考古》1974 年第 6 期夏作铭先生文。这些髓珠是否由本地制造，抑或从外地输入，学者仍未清楚。然而，印度河谷之 Chanhu-daro 曾发现此类石珠的工场，这是否跟云南墓葬品物有关系，尚难确定。

② 参《西安半坡》考古报告集，197 页。

③ 参《考古学报》，1958（2），50 页。

（据刀币背文编号）[1]

上面所列举的符号仅在形状方面偶然地相同，而特地拈出来提供给大家参考，至于个别符号的涵义是否仍然有联系，有关这一方面现在正待致力探索，且让我就下列几个符号，特别谈谈。

（一）卍形符号在中国古文化遗址的发见和它的字义

卍形符号，历向被认为自东汉以后佛教传入中国来，我国才有这个符号。但是，从最近所知的事实显示，它老早就在中国古文化地域的陶器上普遍存在了。青海乐都县柳湾墓地，考古学家认为是黄河上游原始文化的渊薮。自1974年至1975年间发掘的墓葬，计齐家文化类型的有102座。半山类型的有144座，马厂类型的有318座。这300多穴的墓地，出土的陶器共达4 705件，其中彩陶即有208件。彩陶以黑色和红色为主，花纹较为繁缛。最惹人注目的，这批彩陶壶上绘写有各种符号，书写的位置多在陶壶下股部分及底部。据考古报告所载，搜集到的符号有50多种，其中以“十”、“一”、“卐”最为习见。而后面的一个符号分作卍、卐形状[2]但是，这种符号在半山型和齐家型的陶器上仍然未有发现。马厂这个“卐”符号有什么意思，虽然还未能臆测，但最有趣的，Susa出土的彩瓶上亦有卍号，印度Harappa印章上也屡屡发现这个符号。这个符号有卍和卐两种写法，所包含的意思并无分别，而且在公元前2000年已在印度出现。

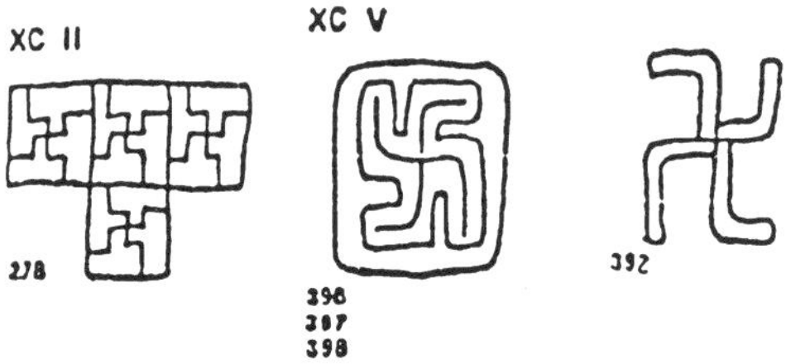

这个卍字在南北朝的造像及佛典又广泛地出现。慧琳《一切经音义》说：“卍字之文……唐云吉祥相也。……大福德之相。”可知卍是代表吉祥。梁刘勰记叙剡山石城寺在天监十五年造成的一尊弥勒石像，有一句是作“当胸万字”，另一方面元魏菩提流支译《十地经论》记，也有“菩萨胸中，有功德庄严金刚万字相”的句子。大概南北朝期间工匠及佛教徒已经用“万”字去代替卍了。

① 参《考古》，1973（1），36～37页。
② 参《考古》，1976（6），376页。

佛教伪经有《胸有万字经》一卷，苻秦释道安录定为伪疑经。唐明佺等《武周刊定众经目录》云："一名胸现万字经。"这本书虽然被鉴定为伪冒，但一直亦流传至唐代，而"卍"这个符号，至今仍念作"万"字了。

在器物方面，近年河南陕县刘家渠唐开成三年墓出土铜镜上刻卐字，旁镌"永寿之镜"四文[①]，即见唐时习以卐字作为纹饰。

卍代表生命之轮（Wheel of life），所谓"Swastika"即是此义。此一符号遍及区宇，亚洲及哥伦布以前之美洲，各处都有发现。这个符号共有四种形式：卍、卐、卍、卐，表示男女及其后世的儿女。[②]

云南丽江摩些文字也有卍（见李霖灿书1710）：它的意义为"好"，音mɯ˩：而表示好的星宿，字形作卍（参李书64），音km m˧。这个字的构成大概是合卍（好）与✦（星）两字而成，属于汉字六书中的会意。

后代瓷器亦每用卐字为纹饰，有单用一字者，如惠阳新庵三村瓷二祀底下有卐字（《考古》1964年第4期，198页，图八之一一）

西藏喇嘛教也有这个符号。卐号有作"右旋"的，而钵教（Bon-pa）则用卍，符号是作"左旋"的。这两种写法在汉人往往是混杂了。摩些文的卍

① 《考古通讯》，1957年4月，17页。

② 见 Hugh A. Moran & David H. Kelley：The alphabet and the ancient calendar signs，p. 22。

形，很可能是从西藏传去，年代也许较为晚近。清末叶德辉的《郋园书札》据梵语来将这个字加以解释①，但有许多附会的地方。至于考古学上的新资料与摩些文的资料，可惜他看不见，所以无法再作进一步的分析了。

（二）从符号来窥探古文化的图文取象之相同

印度哈拉巴（Harappa）印文有一纽的背面是作形状的（Vs. 3526），看起来是一束丝。同时，这个符号又有时跟代表吉祥的卍符号骈列一起。在我国的古物资料，类似这一个形状的符号也屡次发现，试列举下面几项来说明：

pl. CXV III　　pl. XC III

哈拉巴印文背文有作上图者，乃象束丝之形。又有以此与代表吉祥之卍字骈列者。此一符号见于汉俗考古资料不一而足，列举如次：

（1）殷墟小屯甲二三〇七与二三〇三之缀合（刘渊临君摹本见《中国文字》38册），有似者三文，又绘两猿头部。

（2）四川汉墓（R. C. Rudolph书，26页）有形，鲁氏谓为 Endless design of seven loops.

① 叶德辉在《郋园书札》有下面一段的考证："《大宝积经》言佛身有卍字文。慧琳《一切经音义》云：梵云室哩未瑳二合。唐云吉祥相也。有云万字者，谬说也。《华严经》花藏世界品之一；慧琳《音义》卐下云：梵书万字，卍下云：室利靺瑳，此云吉祥海云。夫所谓室利靺瑳，即前经云室哩未瑳，梵之本音也；所谓吉祥海云，唐之译义也。景教碑额之十字，旁绕五云，即卍字之变体，以中文划之则成十矣。"案文中所说的室利靺瑳，即梵语的Śrivatsa一字，而叶氏将卍附会为基督教的十字架，实属不必。有关卍字的详细资料，请参考王锡昌《释卍》一文，《文学年报》1939年第5期。

（3）旅顺李家沟西汉贝墓陶奁亦有近似之纹样①，象三束丝状，作形。马厂期彩陶有∞及一束或两束丝之符号。

另一方面，埃及象形文有字②，在形方面是代表 Looped rope，在义方面是 Plan，用作（Snt）的 Det.（义符）。这个字的字形，也就是从束丝的。从比较古文字学来说，这个束丝形的符号是最值得注意的。丝的编织和丝织品的制造是以中国为最早，这些物品远传至域外，也极有可能。可惜胡厚宣近年所撰《殷代的蚕桑和丝织》一文③，尚未有注意用其他古文字资料来作比较，这里顺便提出来，有待硕学共同致力探讨。

马来亚与中国的海外交通，现在还未知从哪个时候开始。但是，殷墟发见的巨龟，根据科学的鉴定，证实是马来种的。又柔佛州出土的古代陶片，与百越地区有许多类似的地方。即就马来当地流行的巫术来说，如 Pělěsit 符咒使用 Birth spirit（生神）的图录，跟小屯卜骨文字、旅顺西汉贝墓出土的陶奁、四川汉墓的纹样如出一辙，并作丝捆交络的形状如。就这些线索看来，古文化的传播，未知是否自中国传往外地而一直流存至现在，这是值得继续研究的。马来族的掌梦、招魂的巫术，跟中国古代楚风俗亦多相似。最有趣的就是竹王的神话，它显然是与西南夷的信仰同出一源。④

（三）印度古图形文与甲骨文的初步比较——周字的出现

印度印章上的丝状物图形，跟殷墟甲文资料与四川汉墓所发见的符号相类似，在上文已经介绍过了。现在特别将甲骨文的“周”字提出来谈谈。甲文的“周”字是作的；1977 年 10 月陕西扶风县周原发见了大批甲骨，其中计甲 127 片有文字，同时也出现了“周方白（伯）”一名。奇怪的很，字

---

① 《考古》，1965（3），155 页。

② 见 Gardiner 著《埃及文法》，522 页 Sign-list，原见 Pyr. 644。

③ 《文物》，1972（11）。

④ 生神符见 W. W. Skeat：*Malay Magic*，纽约，1967，320 页。据凌纯初、芮逸夫的《湘西苗族调查报告》（12～14 页）所载，湘西红苗祭祀白帝天王兄弟三人。《永绥厅志》指出最尊贵的一位是在竹山螟，而神话中的竹王亦有三子。中国的典籍对竹王的事迹也曾记载，例如《后汉书》卷七十六《西南夷传》，记有夜郎县竹王三郎神；同时《水经注》三十六《郁水》注所记大致相同，足见这种信仰在中国西南部普遍流行。马来半岛人对竹王的崇拜，过往相当流行，所以黄遵宪在新加坡的杂诗有“便拜竹王神”来记述当地风俗。日本人在这一方面也有专著，例如《竹取物语》，及松本信广《竹中生誕譚の源流》，见 1968 年的《东亚民族文化论考》，157 页；此外，尚参 Skeat & Blagden：*Pagen Races of the Malay Pennimsula* vol. II pp. 334-344 及 Skeat：*Malay Magic*。

在印度古图形文资料在多处有发见①，略举如下：

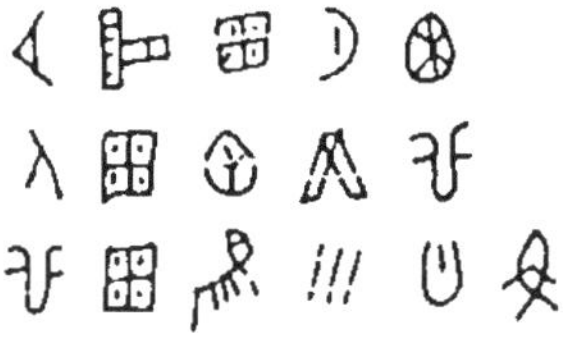

现在且从底下一项着手。Asko Parpola 等人以为符是表示女性，同时在一面古印度的铜牌上面，也镌刻上：

符可能是神名，在 Marshall 氏所编纂的字表中亦有作为（81）形状的；这个符号很像男性的“性器官”，而在古印图文书出现了 873 次；又据 Asko Parpola 等人的统计，左读而放在末端位置上的，共有 627 次。印度习惯，人民有对“性器”Linga 的崇拜，所以看作神名去解释也很妥帖。Asko Parpola 引用苏美尔文将释为船形②，但是不能将前后连串的符号一起解释。第二项的“人”字，与吴城陶文的人字又相似，似可释作“人周”。如果字确为周字，那么我们可以推想到哈拉巴在古代对周人已经有认识。

田和在古印图文是同一字（Sign list 5），而甲骨文的田字亦作、等形，像田地阡陌纵横的形状（《甲骨文编》，522 页）。符 Asko Parpola 释作 King，但从甲文去比较似可以作为且（祖）字。因此，印度古图文的“”，也就是“田祖”。又有另一符号作，又作（275），亦应该释为祖

① 根据 Asko Parpola 等人所撰 *Materials for the Study of the Indus Script I* 与“”字有关的，合计有下列七条：

11042		p. 45，312，321，432
603511040		p. 171，302，500
144423099	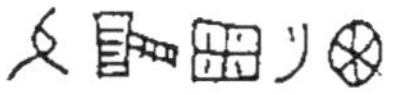	p. 188，249，273，321
363123099		p. 209，321
342079699	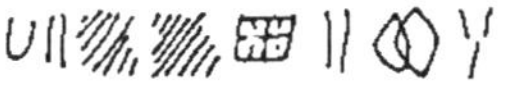	p. 230，321，368，477，518
301311040	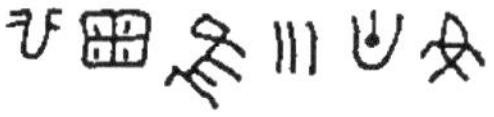	p. 236，321，432
209411099		p. 321，426，510

② Decipherment of the Proto-dravidian Inscriptions of the Indus Civilization No. 1，p. 21.

字（像《藏龟拾遗》一·一四沮丁）。这个字上面从宀，Asko Parpola 引用埃及古文字的“天”写作“”形去分析，并由此推论古印图文也可能利用它来作为 Determinative 符号；同时，Hittite 文的及是解释作 Great king（II p. 6）的，Asko Parpola 认为的含义也是一样，是代表“伟大的君主”的。然而，我却认为它是神名。在甲文里“”字也借用为“祖”字。古印图文的“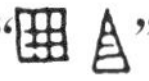”也就是田祖；（459）即是火祖；（H 256）的字，也极似甲文的“齐”字，可能是表示“植物之祖”了。

自从殷墟甲骨出土以后，在本世纪的 20 年代，印度河谷又发现了一种世界上古老的图形文字；它与契文可算是东方文字的瑰宝，所不同者，它仍旧是有待于开发的矿藏罢了。50 年来，不少考古学家、史学家、古文字学家都致力钻研，所以有不同的著作相继问世。但是，这一方面的学问尚未为中国学者所注意，本文撰作的目的，就是把它向大家介绍，以求引起共同探讨、共同研究的兴趣。

印度河谷图文，虽然还在探索阶段，究竟它属于哪一个语文系统，至今仍未能确定，但是始终未有人尝试将汉语系统的资料，跟它作比较。就 Asko Parpola 等人编纂的古印图文看来，虽然有若干部分保留着图画的面貌，但有许多资料已经是符号化了。当然，这些符号的构成，总不能离开事物的形状；倘若我们循着这个途径去探求，恐怕也不会走错方向。即使是拼音语系，学者在字母学的理论虽然众说纷纭，但有不少人从个别字母的形貌及其演变过程去求证。从字形方面着手，甲骨文固然是一种很好的材料。另一方面，彼此的年代也很接近，文化的程度也可能距离不远，甚至互有交往和影响也难逆料，所以我们不妨在这一方面，开辟一条新的途径。

中国在近年的考古收获也十分丰富，而出土陶文为数亦不少，其中大部分未为人所认识，我个人认为这些资料很值得拿来和域外陶文作一个初步的比较，借以寻求古文化演进的线索和他们的交互关系。要完成这项工作，经历的路程既遥远而又艰巨，绝非单凭个人的才智能够胜任，正有待大众的努力。

不过，在未搜集到充分的资料以前，我们绝不能凭空臆断。若干西方学者很容易犯上这个毛病，信口就认为中国文化是从西方传来，如 I. J. Gelb 教授，他在所著 *Origin of the Alphabet* 的文字树当中，就把 Chinese pict. 的年代列为公元前 1400，把 Proto-indic pict. 列为公元前 2200，并且将 Chinese pict. 放置在 Proto-indic pict. 之下。(见 Study of Writing 卷首的图表) I. J. Gelb 又怀疑中国象形文是出自印度,如果采用碳素鉴定资料年代去研究①,他的观点殊不可靠,应该加以订正的。

黑龙江社会科学期刊 2001 年第 6 期发表希腊文专家刘以焕的《赓扬四堂又一堂——甲骨学五氏同堂》一文指出饶宗颐“从世界范围审视应合罗王董部为五堂。尤其对二十世纪二十年代在印度河谷发现的印章图形文字着手进行破译与考释,这许是域内学人治这门学问的嚆矢。”

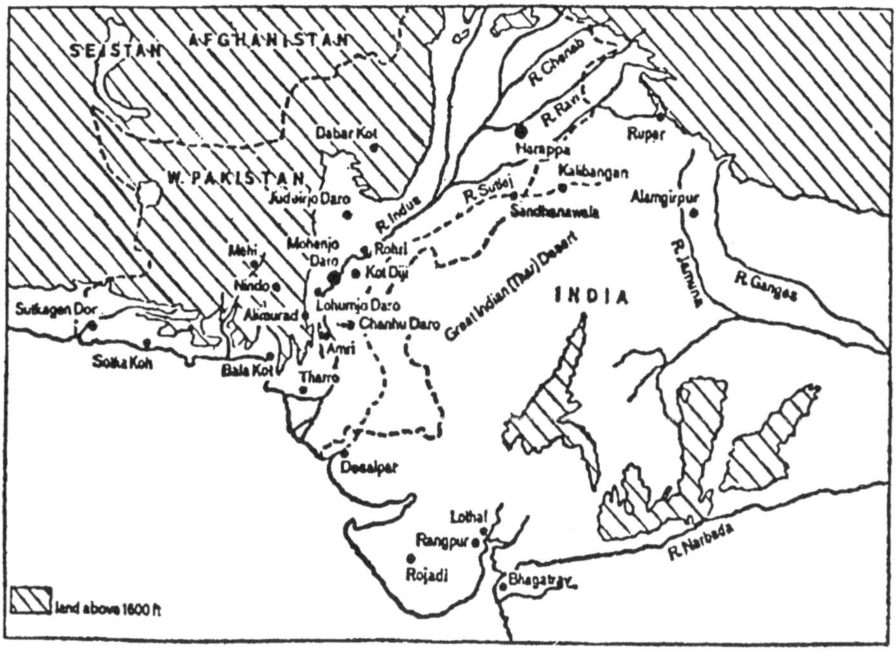

印度河谷文化主要遗址分布图

Map of principal sites of the Harappan civilization

---

① Harappa 文化的年代,根据放射性碳素测验的结果(参 Bridget & Raymond Allchin 所撰的 *The Birth of Indian Civilization* 333~338 页附载的记录)所得,在 Kalihangan, Rajastham 的 Harappa 文化,其年代为 3075±100 年,而 Pre-Harappa period 可至 4195±115 年;在 Lothal 及 Gujarat 的年代,大抵是介乎 3405±125 年,至 3915±130 年之间。Rangpur 陶器多数是属于 Period IIA 及 Period III 的器物,所以它的年代大约为 3405±125,至 3820±120 年之间。从上面看来,可知中国殷墟器物的年代(1384 B. C. +1978 A. D. =3362 年)跟印度河谷文化年代颇为相近;而印度河谷文化则比半坡文化又迟了 2000 多年了。

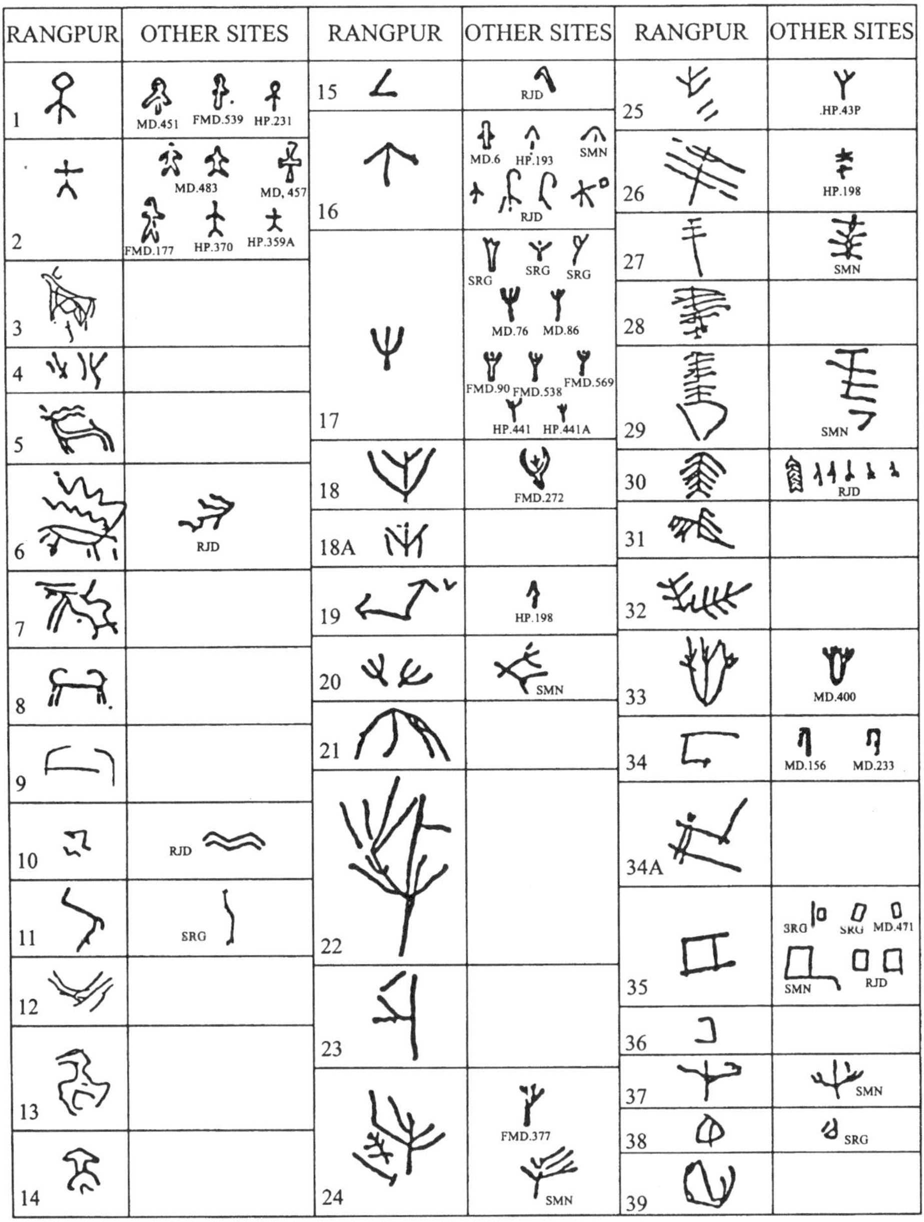

The graffiti

Abbreviations in figs. 47-49: FMD=Mackay, *op. cit.*, (1938); HP=Vats, *op. cit.*, (1940); MD=Marshall, *op. cit.*; RJD=Rojdi; SMN=Somnath; SRG=Saragwala (Lothal)

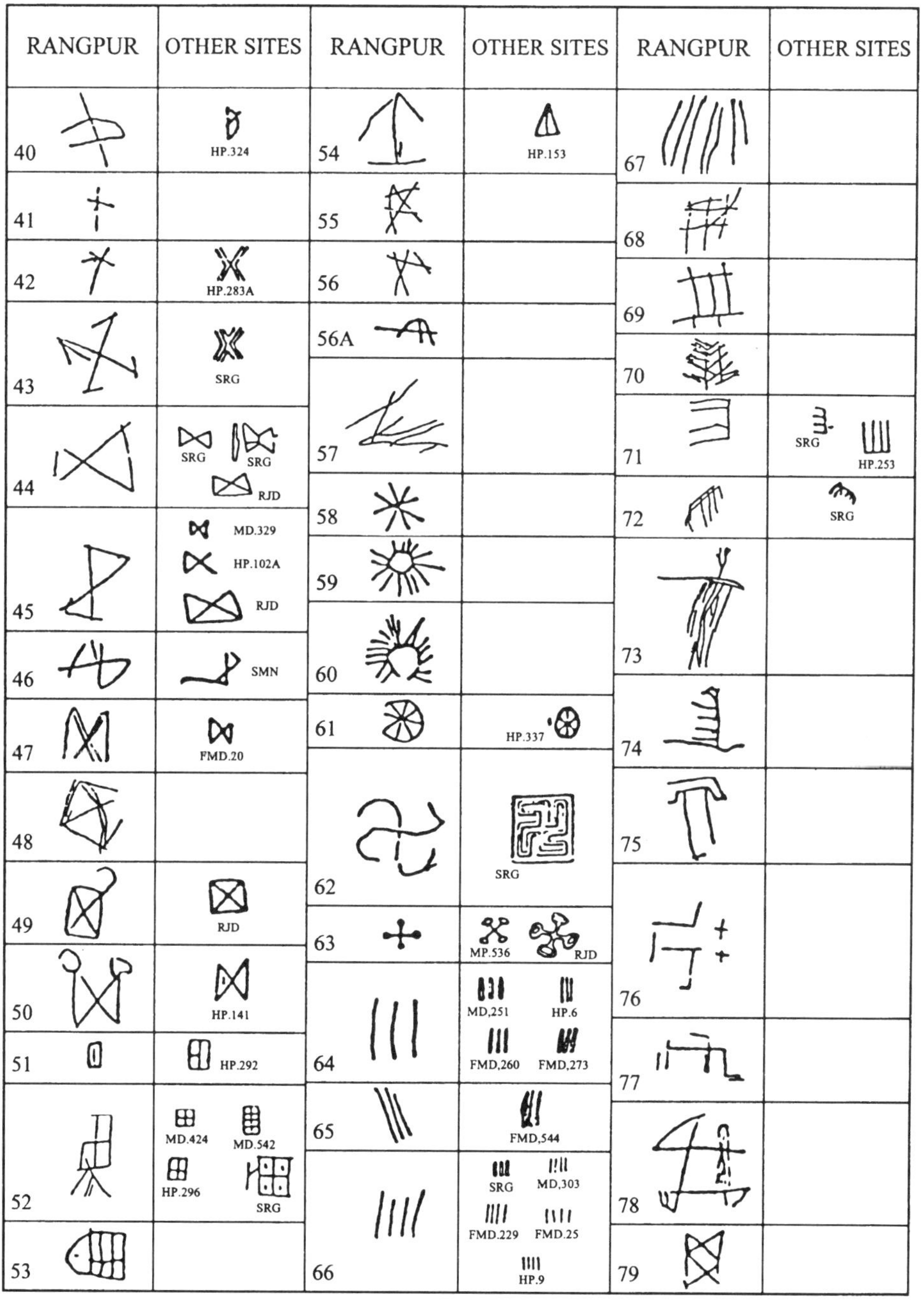

The graffiti

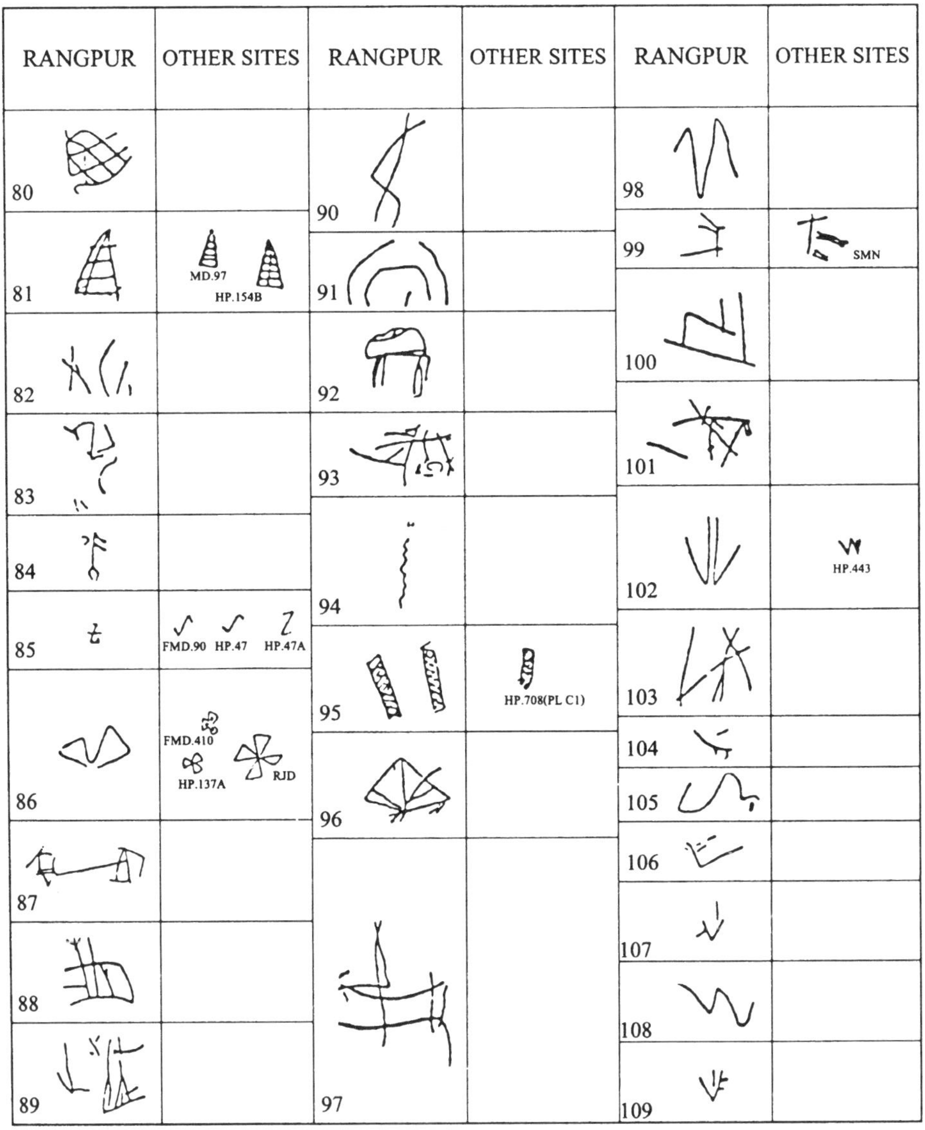

The graffiti

※Sign list

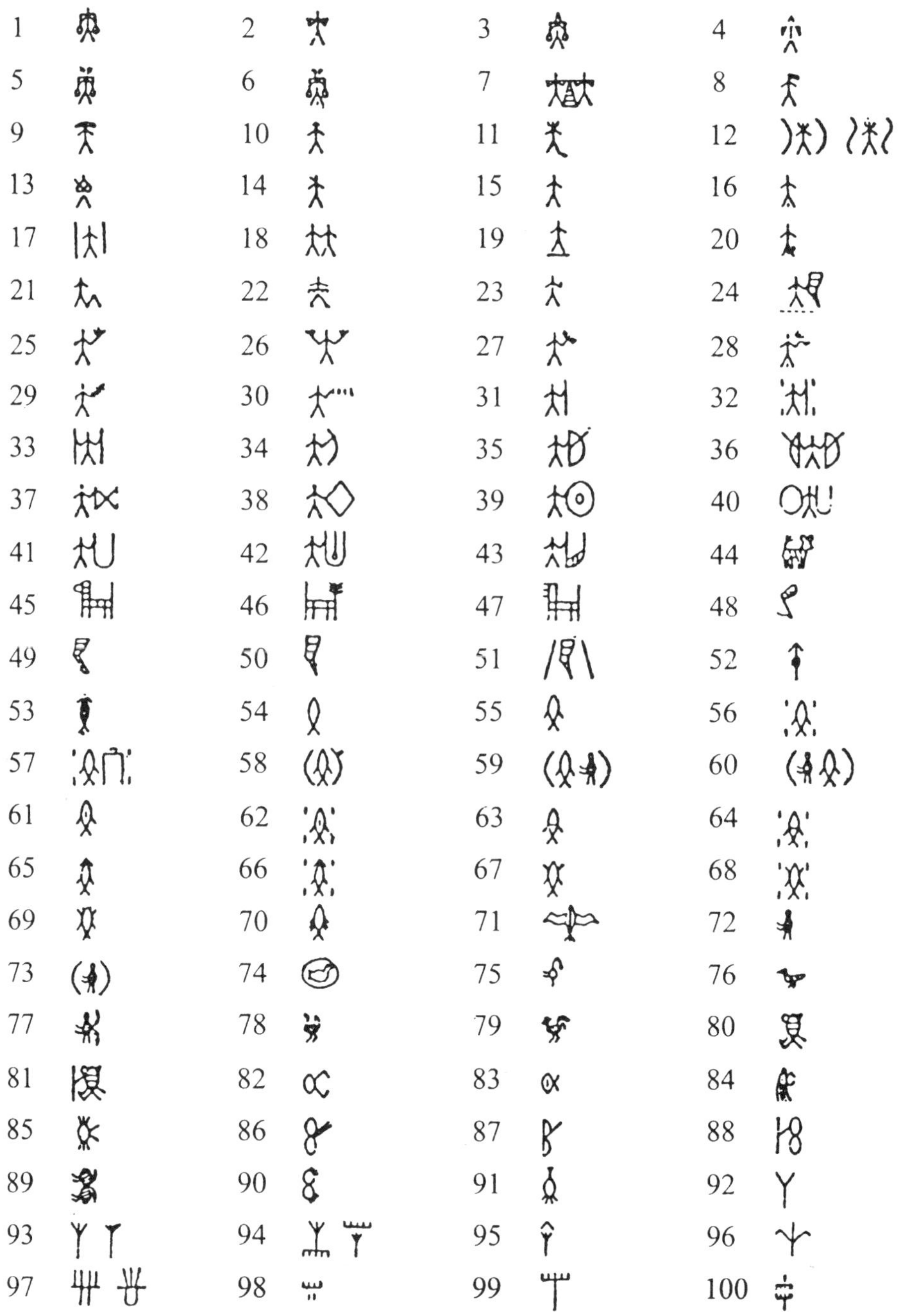
1 2 3 4
5 6 7 8
9 10 11 12
13 14 15 16
17 18 19 20
21 22 23 24
25 26 27 28
29 30 31 32
33 34 35 36
37 38 39 40
41 42 43 44
45 46 47 48
49 50 51 52
53 54 55 56
57 58 59 60
61 62 63 64
65 66 67 68
69 70 71 72
73 74 75 76
77 78 79 80
81 82 83 84
85 86 87 88
89 90 91 92
93 94 95 96
97 98 99 100

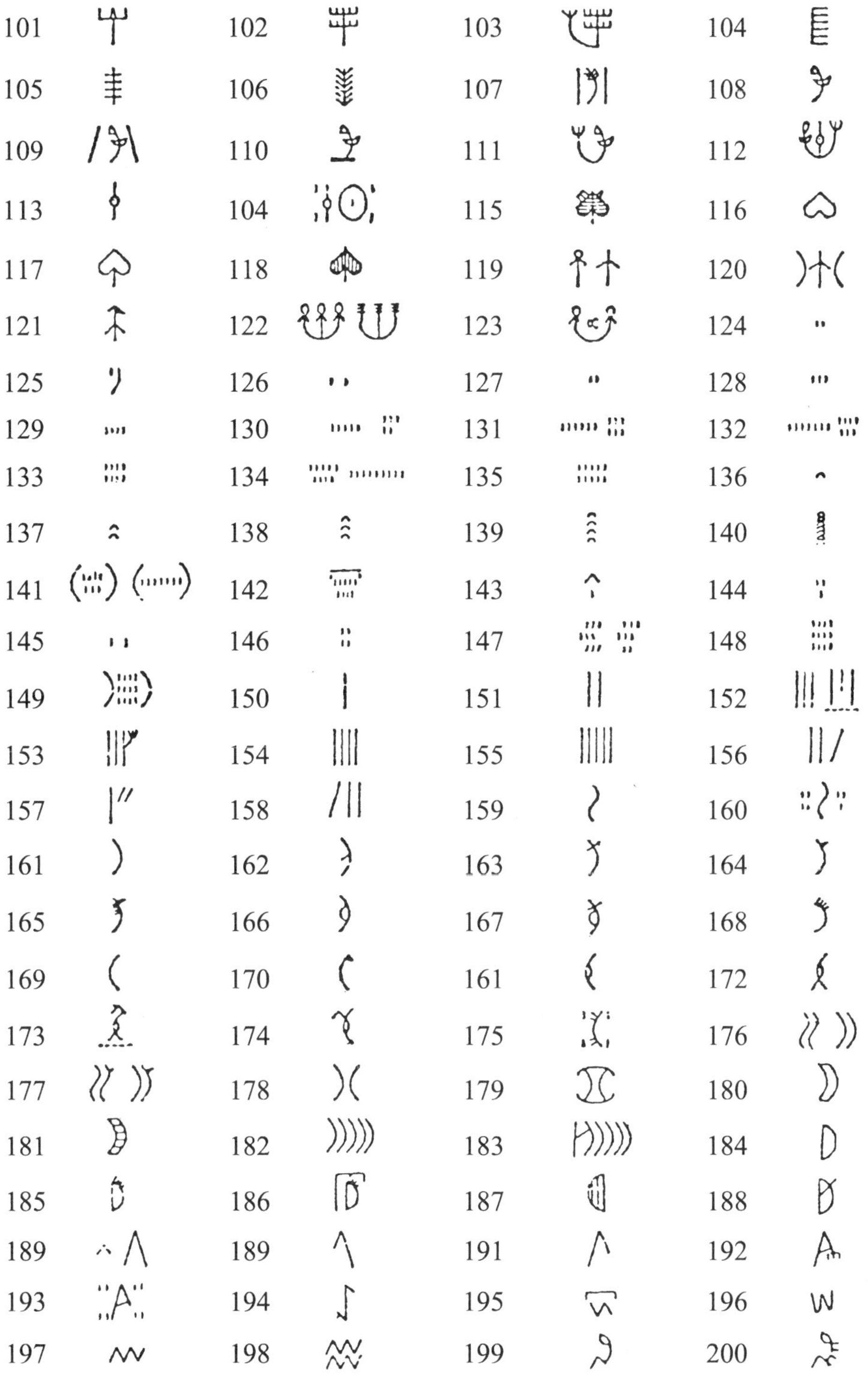
101 102 103 104
105 106 107 108
109 110 111 112
113 104 115 116
117 118 119 120
121 122 123 124
125 126 127 128
129 130 131 132
133 134 135 136
137 138 139 140
141 142 143 144
145 146 147 148
149 150 151 152
153 154 155 156
157 158 159 160
161 162 163 164
165 166 167 168
169 170 161 172
173 174 175 176
177 178 179 180
181 182 183 184
185 186 187 188
189 189 191 192
193 194 195 196
197 198 199 200

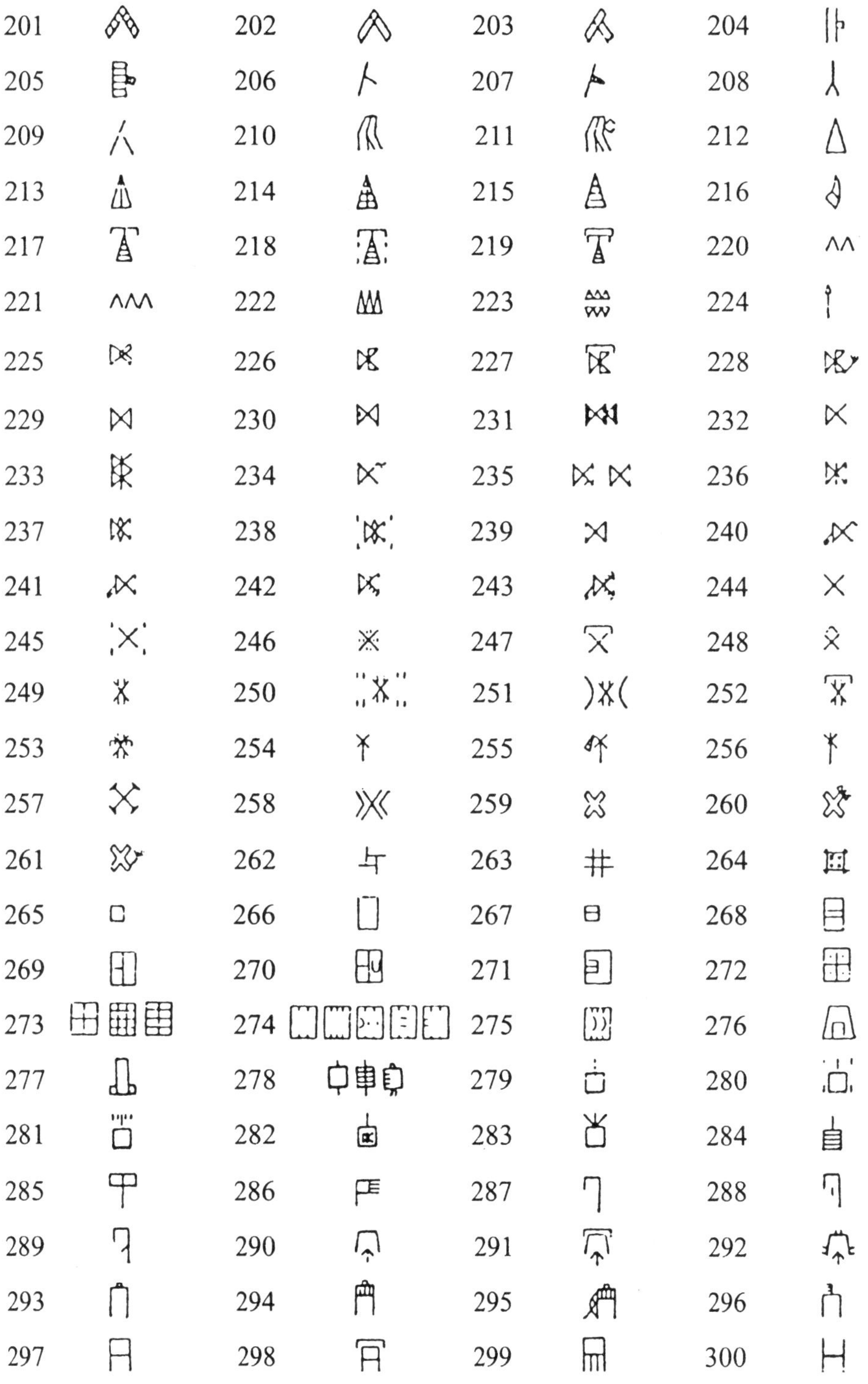
201 202 203 204
205 206 207 208
209 210 211 212
213 214 215 216
217 218 219 220
221 222 223 224
225 226 227 228
229 230 231 232
233 234 235 236
237 238 239 240
241 242 243 244
245 246 247 248
249 250 251 252
253 254 255 256
257 258 259 260
261 262 263 264
265 266 267 268
269 270 271 272
273 274 275 276
277 278 279 280
281 282 283 284
285 286 287 288
289 290 291 292
293 294 295 296
297 298 299 300

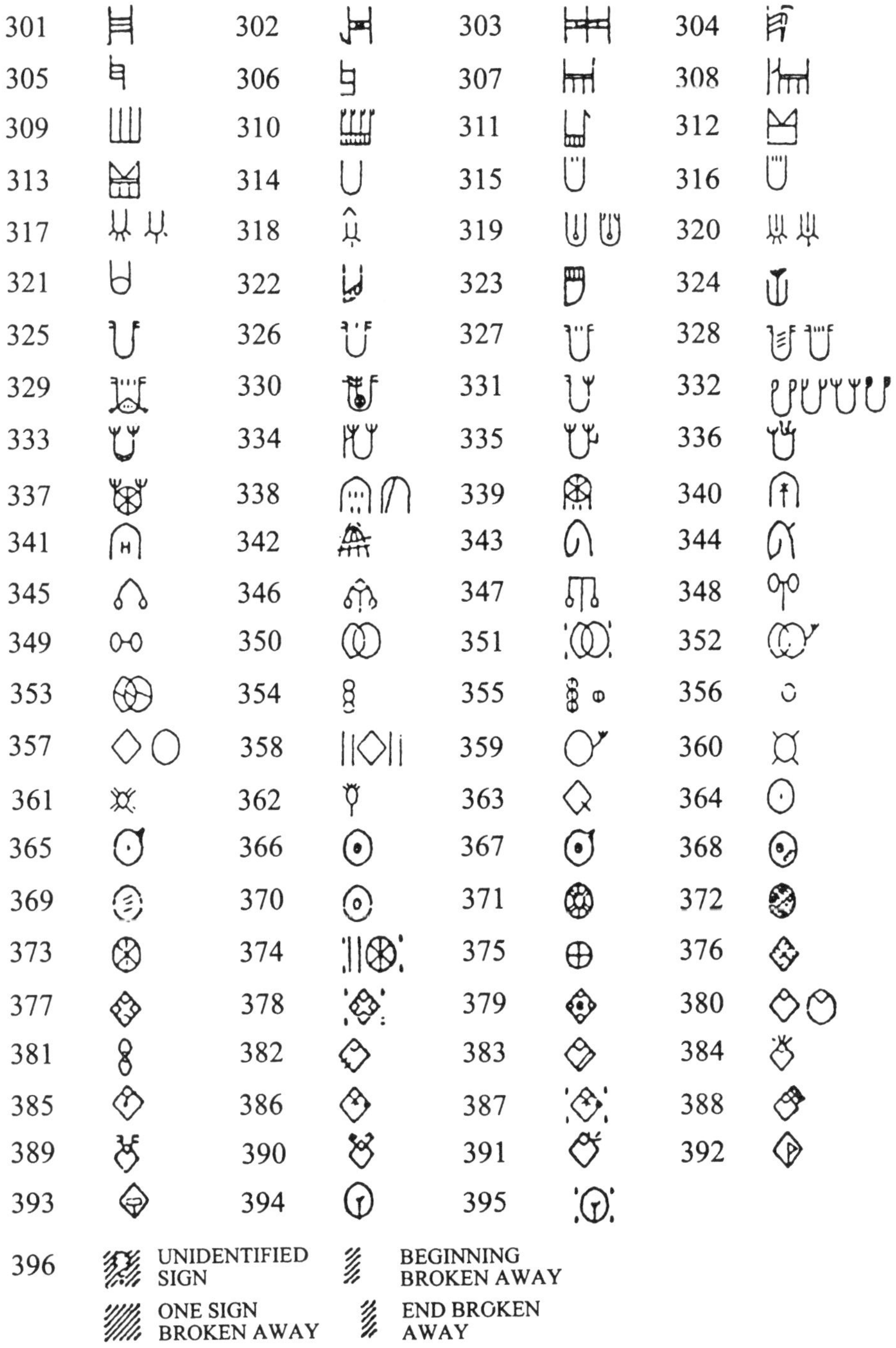
301
302
303
304
305
306
307
308
309
310
311
312
313
314
315
316
317
318
319
320
321
322
323
324
325
326
327
328
329
330
331
332
333
334
335
336
337
338
339
340
341
342
343
344
345
346
347
348
349
350
351
352
353
354
355
356
357
358
359
360
361
362
363
364
365
366
367
368
369
370
371
372
373
374
375
376
377
378
379
380
381
382
383
384
385
386
387
388
389
390
391
392
393
394
395
396
UNIDENTIFIED SIGN
BEGINNING BROKEN AWAY
ONE SIGN BROKEN AWAY
END BROKEN AWAY

1
2
3
4
5
6
7
8
9
10
11
12
13
14

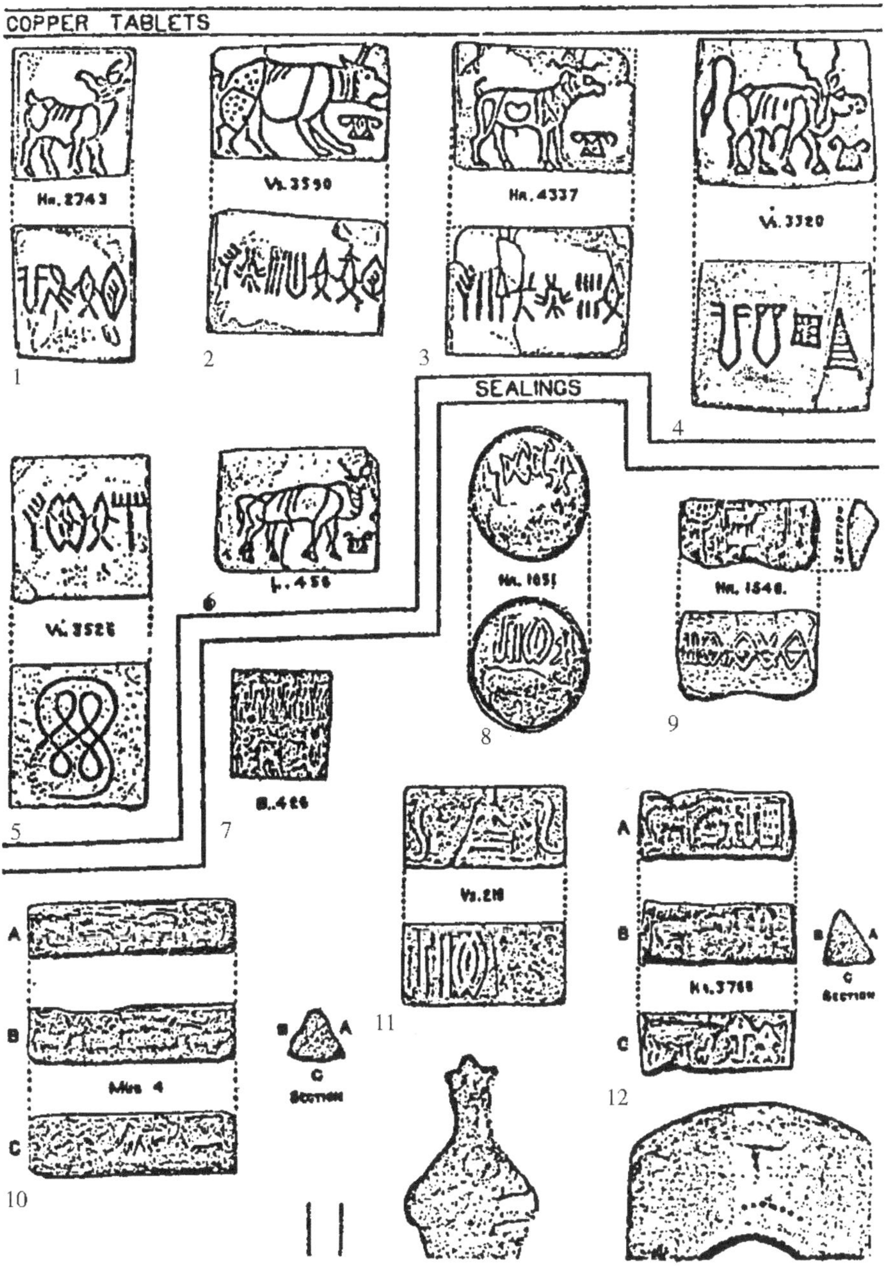
COPPER TABLETS
SEALINGS
1
2
3
4
5
6
7
8
9
10
11
12

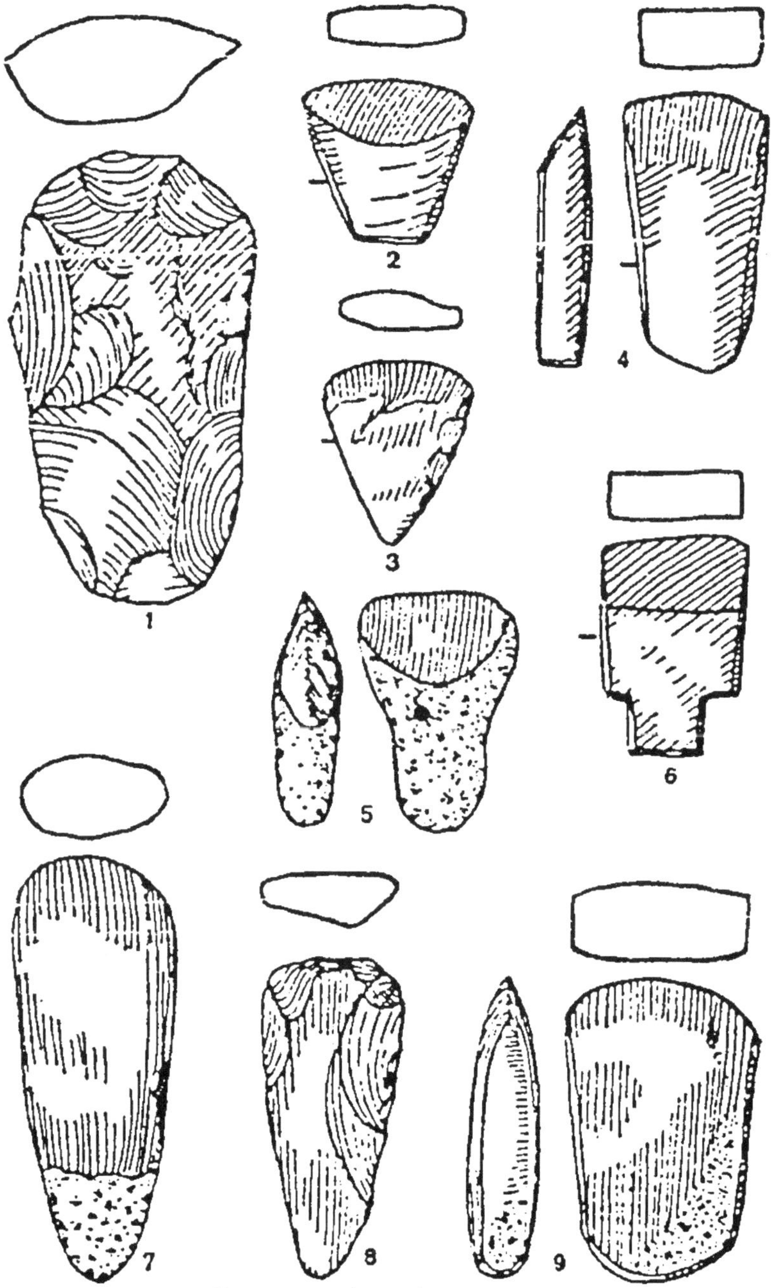

Stone axes from Assam. 1∶3

1. North-East Frontier Ageary；2，3 and 6，Cachar hills；4 and 8，Garo hills；5，7 and 9，Nags hills.

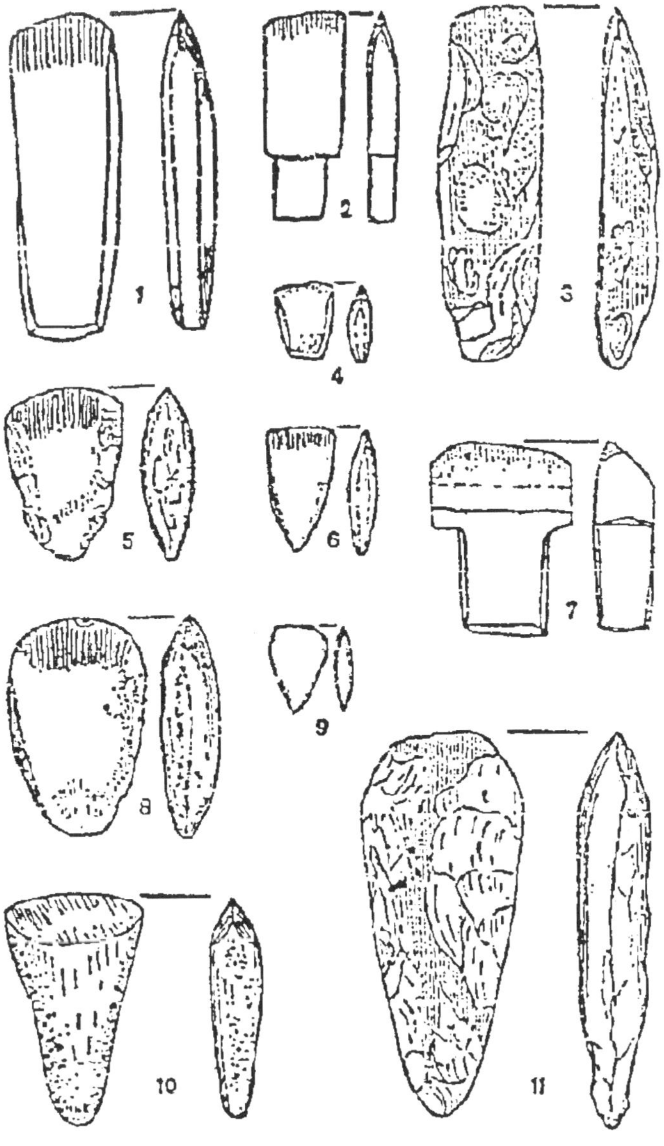

Stone axes from Santal Parganas, Eastem Central India. 1∶3 (approx.)

《阿闼婆吠陀》第一章“三七”（trisaptās）释义

《阿闼婆吠陀》第一章向来称为“神秘助记之方”。

一・一

1. 唵！三七之行，蕴一切色，
   音声之主，力显其神，
   指示我之全身。
2. 再来乎！音声之主，结其神心。
   至善之主，复与我相亲。
   以我之所闻，以就我兮。
3. 尔其张之，如弓与弦，叩其两端。
   音声之主，张之急兮。
   以我之所闻，以就我兮。
4. 音声之主，盍往谒之，
   音声之主，我其赞之。

以系我之所闻兮，

使我之所闻，永无离兮！

《阿闼婆吠陀》是以咒语为主的经典，一向传承有两派：即Śaunaka和Paippalada二系，传本多有出入，今不细论。其古名本为Atharva-aṅgiras，二义结合为一，一表吉祥增益之咒法，一表仇敌调伏之咒法，一正一反，相倚相成，而强调婆罗门之魅力，故又称为婆罗门吠陀（Brāhman-veda），咒法所重在声音，印度之教，以为声音具有无上不可思议之威力，故但事讽诵，无庸求解，甚且视为罪过。此颂所称音声之主Paryanti，能显其神通，所以为全书之冠者，正以赞诵音声为一切教义之本故也。

一切色梵言Visva rupani。自来解译心经，对rupam一字皆译为色，以指物之具有形体者（form），今仍旧译称为一切色。W. P. Whitney译三七（梵言tri-saptas）为thrice Seven，谓有三义：一言三或七数，如三界二德七圣七星之类；二谓三之七（three Seven）如七日七祭司之类；三谓七之三倍，即二十一，如指十二月十五季、十三界，加一太阳（12＋15＋13＋1）即成此数。第三者在我国亦有相似之例，东汉马融说“大衍”之数即由下列诸自然物构成：

1	＋	2	＋	2	＋	4	＋	5	＋	12	＋	24	＝50
（北辰）		（两仪）		（日月）		（四象）		（五行）		（十二月）		（节气）	

其理由相似。

“三七”之为吠陀神秘数字（thrice seven）谓三倍七数，出自《梨俱吠陀·原人歌》：“树以七根，又造三七以为柴薪。”（saptāsyāsan paridhayas；trih sapta samidhaih K. rtāh. “Purusa”一五之二）三七为祭火神阿耆尼（agni）所用火枝之数。行祭之时以purusa为牺牲，取绿色柴枝，围于火坛以为栅。三是常数，七则为神秘之数。原人颂中“三七”之数与火祭有密切关系。

考行使咒术及重视七数，远源可追溯到西亚，阿卡得文（Accadian）咒术师名ašipu（Conjunateur）七字阿文作sibi，sibiti。古代彼族施于葬礼之咒语，开端有云：

god、god、god、god、god、god、god，Spirit、Spirit、Spirit、Spirit、Spirit、Spirit、Spirit，Divine lord，divcme Enlil evil，Lord，divine Ea，brother（?）divine Utu，house...

念天神与精神二字各共七次，盖七之为数，具有神秘功效。西亚在史前时代，七数已非常流行，常利用于各种艺术品之设计。另一早期咒文断片，屡屡言及洗礼及明神 Apsu 之居，末二句云：

Doves, birds of detiny all away; Seven Stones they were, Seven Stones they were, Seven Statues indeet away.

“去矣神鸽，彼其七石，彼其七石、七像实已俱逝。”文中叠举“七”数，不无特殊之意义。（见 B. L. Goff 之《史前美索不达米亚的记号》，174、176 页）

又一处提到七字神咒：

For the great lord Ea hath sent me; He hath prepared his spell for my mouth with a censer for those Seven, for clear dicision（Goff 上书，188 页）

“大神 Ea 赐与我者：彼已准备我口中之神咒与一香炉，为其‘七’数作明显之决定。”除七字之 Spell 外，书中又屡次提及 Seven loaves of barley bread，“麦之七块”。西亚史诗 *Erra* 中 Sibiti 为“七”之邪神，史诗云：“施必褫（Sibiti）者，无敌英雄也，充满可怖威力，嘘气立死，人所畏惧，无敢向迩。”拥君权（Išum）而为门，众神之主 Anum 怀胎大地，诞生七神，名之曰 Sibiti。（1. 23-25）恃其毁灭之灵，如狮子，如火炬，故“七”字具有无上神秘力量。（参看 Luigi Cagni：*The Poem of Erra*）七字神咒性质或如后代藏密之六字真言，Spell 即是真言，古代西亚对七数之神秘性，重复举“七”个“神”字，必提起大神 Enlil 及 Ea 之名字。上述资料可窥见大概。影响所及，犹太教及回教之经典，皆重视七数：

《圣经·创世记》第四章有云：“若杀该隐，遭报七倍；杀拉麦，必遭报七十七倍。”又《马太福音》耶稣说：不是到七次而是到七十个七次。（Matthieu 18 之 21-22）又《创世记》第四十一章，谈及七母牛，法老做梦，解者以为必先来七个丰年，随后来七个荒年。《可兰经》一二之四六、四七，Yusufu 说：国王梦见七头牛，亦有七穗麦七荒年之应（马坚译《古兰经》，180 页）说即本此。“七”之为神秘数字在希伯来及回教世界亦极盛行。（参看 L. Paneth：La symbolique das nombres das l'inconscient, p. 158, La symbole "7")

印第安人、契洛基人亦以四与七为圣数。七之构成，由四方加上三维（上中下）。在《阿闼婆吠陀》第五之一〇有颂一首，Whitney 氏标题曰 for defence from all quarters，兹摘录英译如下：

1. My stone-defence are thou; whoever from the eastern quarter, malicious, shall assail me, this may he come upon, (rch).

2. My stone-defence are thou; whoever from the southern quarter etc.

3. My stone-defence are thou; whoever from the western quarter etc.

4. My stone-defence are thou; whoever from the northern quarter etc.

5. My stone-defence are thou; whoever from the fixed quarter etc.

6. My stone-defence are thou; whoever from the upward quarter etc.

7. My stone-defence are thou; whoever from the intermediate quarters of quarters etc.

8. By the great one (bṛhat) I call unto mind, …by Sarasvati, mind-yoked, we call unto speech.

在西亚咒语有七石，此颂 stone-defence 合以汉文，译作"石敢当"最为恰当。颂中表示四方及上中下三维皆有抗御邪魅（malicious）之威力。"七"之形成，分明由四方合以三维，此颂可提供有力之证，视《墨子》之《迎敌祠》，只言"敌以四方来"，只言四方而不及三维，更为具体。吾国古代音乐理论有"七始"之名，《太平御览》卷五六五引《乐说》云："七始八终，各有其宜。"注云："七始谓四方及天地人也。"又有五元，为礼乐之本说，表之如下：

上元——天气

中元——人气

下元——地气

时元

风元

亦见《御览》所引，添以时、风二元，更加复杂。上中下元即是三才，故七数可说是四方＋三才＝七。《阿闼婆吠陀》之《石敢当颂》，辟邪于四方及上中下三维祈求平安，最后请出 bṛhat，相当于汉俗太一之神。据说此颂施于厌胜巫术，其文句常被引用于家屋祈福禳灾之用。汉俗之“上梁文”，与敦煌所出驱傩习见之《儿郎伟》，必用抛梁东、抛梁西、抛梁南、抛梁北、抛梁上、抛梁下诸惯语，与印度此颂命意措词颇相类似，故备录其文，以供参考。

至于“石敢当”立碑辟邪，似始于唐宋，见于《墨庄漫录》，洼德忠有《石敢当、石狮与风狮爷》一文详述西南各地之习俗（《东方学》1986 年 72 期）。庆历中，张纬宰福建莆田，得一石铭，文云：“石敢当，镇百鬼，压灾殃。”唐大历五年（770）县令郑（押字）记。论者谓此为石敢当最古资料。印度之 Stone defence，其俗流行必甚早，其辟邪之功，似在“七”之神秘作用，远源追溯到西亚之七石、七咒，所谓 twice Seven 二倍七数，而印度则为 tri-sapta 三倍七数，耶稣则说七十个七数，更是变本加厉，“七”数之神秘作用及其在历史上意义，有不容忽视者。

七字之语源，世界不同语系之语文，若干似不无多少关系，有待于专家之探讨，试略揭其名如下表：

imim（Sumeriain）

Šibi setûm（Akkdian）

Sapta（梵文）

Ških（希伯来）

Sabɛi Sabɛum（阿拉伯）

haft（7）古波斯语

haftad（70）古波斯语

yadi（突厥、蒙古）

语言学方面，本文不拟涉及，但指出彼此思想脉络，拥有互相吸收之处，《可兰经》与《旧约》更为明显。吾华自北周大量翻译《五明论》及《婆罗门天文》一类著述，虽已失传，但天竺咒术入华，不自唐始。《阿闼婆吠陀经》中咒术充满篇幅，《长阿含经》卷十四《梵动经》有一段讥讽婆罗门“行遮道法，邪命自活，或为人咒病，或诵恶咒，或诵善咒，或咒水火，或诵象咒，或支节咒，或安宅符咒，或火烧鼠啮能符咒等等，沙门瞿昙无如此事。”由于佛徒之排斥，此一《吠陀》始终未有译本，然咒术在唐代仍极盛行，观中宗景龙三年，近臣宴集，各献伎艺以为乐，左金吾将军杜元能诵《婆罗门咒》，一时播为美谈。[1] 唐特设有咒禁师官，见《唐会要》。胡三省注："婆罗门咒，今所谓天竺神咒也。"则其时阿阏婆咒文，想必有片断传入民间。西北驱傩上梁之向上下四方祈禳，与《石敢当颂》有暗合之处。石敢当之名即 stone defence，唐后其事盛行，凡此种种极可玩味。"三七"一词出于吠陀，兹略考其来历。近时叶舒宪在《人日之谜》一文[2]已畅论"七"字及其作为世界神话通行之模式，惟于印度资料未曾涉及，本文所论，或可补其不逮，仍望专家有以匡正之。

本文为季羡林先生八十颂寿而作

① 《通鉴》标点本，6633 页。

② 《中国文化》第 1 期。

卍符号与古代印度

拙作《卍考》之撰写，主要目的在展开讨论佛教入华以前，卍字产生的事迹。对于欧亚各地所受卍这一符号的广泛影响，略去不谈。由于西方学人对卍的探索有极悠长的历史，论著浩繁，不用我们去费唇舌。

比利时 Goblet D. Alviella 氏于 1891 年著《符号的迁移》(*The Migration of Symbols*)，其第二章即为 On the Gemmadion on Swastika，全文共 50 页，事在 100 年前。文中征引繁博，溯源于 Troas 文化，谓卍符号东由高加索传入印度，西则由 Mycenee 而希腊、小亚细亚、马其顿、西西里、罗马，而 Villanova 文化亦出现卍号，传播之广，18 世纪，且远及冰岛。余所见此文为 1894 年印度政府翻印本，比一般常用的 1958 年纽约印本早得多。此文希望有人全篇为之译出，相信对国人将有极大裨益。

芮传明君在其近著《中西纹饰比较》中首篇即谈卍形纹饰，第一节提到前人以为卍字正式制定为万字，归功于武后，所据为晚出《一切经音义》、《翻译名义集》等论著。芮君复撰《古代中国卐考》一专文，刊于《学术集林》卷五，讨论此说。

余于《卍考》文中早已指出刘勰在梁天监十五年为剡县石城寺弥勒像撰碑文，言及“当胸万字”。考竺法护译《普曜经》卷三，亦已说“太子胸有卍字”。这些事都早在武后长寿二年著卍字于天枢之前。因此，我们不能谓卍字之制定为万，始于武周。况武周时流行有《胸现万字经》，乃属伪经。事均后起，无庸深论。钱文忠《读梵学集》谓弘始间佛陀耶舍译《长阿舍经》，卍已作万，故认为卍进入汉字体系，至迟必在后秦。（《集林》五，355页）足见武周说之不能成立。

卍字见于殷代甲骨文字，共有二义：

（1）天象

其卜辞云：衎日……雨……采卍分日侌（阴）（《合集》二一〇一三＝《缀合》七九）

此字位于（大）采之下，必指云气之象。是版字纤小，董作宾目为文武丁时期，实当为武丁时物。

以小河沿陶文之卍证之，应是卍字。《尚书大传》舜时卿云歌曰："卿云烂兮纠漫漫"（《御览》八云部引），此字卍字可读为漫，状云气景象。

（2）卍舞

卜辞云：乙酉……雨[illegible]……雨……各（云）……雨。

丙戌卜……卍舞，[illegible]雨，不雨？

丙戌卜，于戊雨。

丁亥卜，舞[illegible]……今夕雨。（《合集》二〇九七四）

按卍舞当即万舞，殷卜辞字亦作万舞，见于《小屯甲编》。

今日辛，王其田，亡𢦏。

☐乎万舞。（《甲》一五八五＋一六二〇，参《考释》，211页）

万字作万，屈万里据古鉩定为万舞，可从。《诗·简兮》："方将万舞。"《商颂·那》："庸鼓有斁，万舞有奕。"毛传："以干羽为万舞，用之宗庙山川。"殷人盛行羽舞。《合集》一条当是舞雩求雨之卜，万舞为干羽的万舞。卜辞中的万舞，裘锡圭论之已详，众所共悉。卍舞殆为万舞之异写，惜只有一见。

经上述甲骨文字所见卍字，可知远在殷世卍与万、萬三文互相通借。以卍为萬，在契文已有此种现象。与佛教的卍字相，毫无关涉。甘肃境内寺洼文化遗物，如西和县栏桥遗址 M 四陶罐耳上有卐符，其年代为公元前 1335±175，约当商代中期。[①] 寺洼属羌人的文物，证明殷代羌人与殷均已吸收此一符号，且已进入汉字体系之中，为时必甚久，恐在夏、殷之前矣。

芮氏文中举出周仲丁壶及战国铜器狩猎纹壶，其上都有卍纹，但不十分类似。其实子叔黑臣簠盖，刻有卐纹，𫊣钟右舞部刻卍纹，战国早期越器戈内亦有卐符号，江陵太晖观楚墓彩绘豆以卐为纹饰（均为刘昭瑞兄指出）。足见上承殷代，此一记号流行之广。而卍形纹样与印度公元前 4000 至 3500 年之米哈迦尔文化（Mehrgarh Civilization）陶器所见完全吻合，很值得研究。

近时印度考古学新知，比哈拉巴文明更早在次大陆俾路支（Baluchistan）地区几次发掘中发现所谓米哈迦尔文明，出土有泥砖建成的储藏室，内有陶器和铜器，陶器出口输往伊兰。贝壳编制颈环出于近阿拉伯海之口岸。估计年代约为公元前 5000—公元前 3500 年，又有男、女塑像，女带长发，男披缠头巾（turban），首次发见。[②] 在俾路支与印度西北边界[③]发掘出土一件绘有圆圈，内画一个“卐”号。[④] 这个记号在汉土西周、战国器物上非常习见。

印度大文法家波你尼仙书中说卍号用为牲畜的耳记（earmarking）。见于史诗（Ramayana）及《大战书》，这个符号代表吉祥，印度河谷文化亦已普遍使用，尽人皆知。雅利安人以前的印度一般认为是达罗毗荼人的世界。近年印度天文学家悉哈（B. G. Sidharth）在他的《历法天文学、天文年代与考古：关于古物及其科学的一个新观点》[⑤] 论文中极力强调米哈迦尔文化的人们已经把卐符作为主题的重要性，他主张雅利安人所遇的不是哈拉巴人，而是大夏人，他说通过对印度南部发现的骸骨进行分析后，发现多是与地中海区居民或是高加索人种相同。这就揭穿了有关达罗毗荼人说的真面目。我从前尝举出卍这一符号在西亚分布邻近各地，一般追溯到公元前 4000 年于死海泰利拉特、加苏尔（Telêlat Ghasûl）文化层中出现一石权杖头部带有卍字形。又在阿富汗西伯尔汗（Shibergan）出土的金器近 20 000 件，有一剑鞘上镂刻两行连续卍字作为纹饰，乃为公元前 1 世纪至 3 世纪月氏人的遗物，大概在

① 《考古》，1987（8）。

② 参看 J. F. Jarrige 与 Meadow 的《印度河谷文明的履历》（The Antecedents of Civilization in the Indus Valley。见 *Scientific American*，1980 年，243 期。

③ 参所附地图，著米号，即表示有卍字陶器出土之地。

④ 参下文引悉哈论文。

⑤ 中文译文，见赵令扬、冯锦荣：《亚洲科技文明》。

亚历山大死后（公元前 323）希腊大夏时代用连续卍字施用作器物上的纹饰，似乎是希腊人惯用作风，ILIOD 所出的圆形器亦有此例。这个代表吉祥意义的卍字，月氏人亦广泛使用。[1] 一般所知，米坦尼—赫梯（Mittani-Hittite）文件上的神名，可与吠陀互证，《吠陀经》的首创者雅利安人事实亦复川流不息地由阿富汗逐渐南徙。今天考古学的新知告诉我们卍这一符号在印度的诞生可追溯到公元前 3500 年的 Mehrgarh 文化，它和 Anatolia 附近公元前 7000 年的 Nevali Cori 文化相衔接。1891 年《符号的迁移》一文的作者，指出卍符在世界各地分布情状，惟波斯地区则未之见。百年以来，考古学的推进近东、印度、华夏的新知，大可补其不及。印度与华之间，卍符在殷代早已被吸收成为契文。与万、萬二字互相通用，远在佛典传入之前。而印度则哈拉巴文明所出带有卍符的印章，J. Mashall 的考古报告所见的方形外圈内有卍号，与 Rangpun 陶片上的符，亦非最原始之物，更在此以前出现的有的陶纹，和汉土的𩱦钟、越戈一样，真是匪夷所思！故为指出，以供同好作进一步的参考。

《学术集林》卷 11，上海

① 参看拙作《丝绸之路引起的文字起源问题》，载《明报月刊》1990 年 9 月号，又 V. Mari 英译，及《说卍》，同月刊 1990 年 10 月号，香港。

此图据 *Scientific American* 原图复制

Mehrgarh 遗址位于 Bolan 河流域，邻近巴基斯坦中部俾路支地区的印度河平原的西缘。此图标出了印度河流域的两个大城市摩亨佐·达罗、哈拉巴以及其他考古遗址。

F. Staal 著 *Agni* 书后

在世界林林总总印度学著作之中，加州大学教授史达尔（Frits Staal）先生所著《火祭》一书，是一部别开生面而最富有吸引力、有关世界古典礼制之巨著。四吠陀及吠陀分专著与论文，车载斗量，见于印度 R. N. Dandekar 氏的《吠陀目录学》（*Vedic Bibliography*，Poona）连续几部书的钩稽评骘之下已无遗蕴。但能够将已经遗失了之远古祭坛和礼赞之曲折繁琐手续予以复原，并配上录音带保存着诵唱音声原貌，无如《火祭》此书之重要，可以说是一种创举。全书装订作两巨帙，重量几乎数公斤。承史教授从美国远道寄赠，我初收到时非常惊讶，回信给他说这好像是“宁（文）王遗我大宝龟”（《尚书·大诰》）。印度火祭典礼在祭坛下必埋一神龟（kūrma）。我是专门研究龟卜历史制度的人，对于此一大著当然特别感到兴趣，自是不言而喻。

此书写作动机在著者自序中已有详细说明，它是对印度南部南部智利（Nambudiri）地方现行火祭礼仪的详细记录，从四月起前后举行火祭，关于建坛、苏摩酒祭，以及如何唱诵等等描绘，每一动作都摄影成图，令人读之如亲临其境，躬与其盛。苏摩酒祭在古代印度异常隆重，华僧视吠陀为外道，介绍者绝少，今从史氏此书可以知道苏摩祭之真相，令人大开眼界。

我于史氏此书读后有拟补充者二事：一为汉译佛典对火祭之记录及 Agni 一字之异译，二为火祭祭台之鸟形象征不死标志与华夏大乙神话之比较，暨古代齐学与梵书关系之推测。后者见于另文。

印度火祭之俗，何时正式入华今不可考。《高僧传·维祇难传》称他“本天竺人，世奉异道，以火祠为正。……沙门夜密加咒术，令难家所事之火，欻然变灭。……即于佛法大生信乐。”可见维祇难原是婆罗门徒，后来才改信佛教，他原有家中所祀之火祠，当然是 Agni（有人误说是火袄教，是不对的）。彼于吴黄武三年（224）至武昌，时佛教入华已久矣。

近时出土文物，武昌莲溪寺东吴墓白毫陶俑，作菩萨状。江宁张家山西晋墓魂瓶内有佛像①，四川乐山东汉墓发见一石佛坐像，背有项光，手掌作施无畏印，附近崖墓有顺帝永和及桓帝延熹年号。

吴越及楚地皆盛行用蚀花肉红石髓作流离剑饰，已证知非本国土制，其在云南江川李家庄 22 号墓出土六棱形柱状琉璃珠，盖从印度输入。云南呈贡天子庙战国滇墓，其铜盘上有佛光，则战国时期中印交通已获证明。汉永平十二年置永昌郡，边境有身毒居民。王景以神雀之瑞，而进《金人论》，此金人即浮图金人也。

火祭手续，在后秦弘始间，佛陀耶舍（Buddhayasa）等译之《长阿含经》（Dīrgāgmma）卷十五第三分《究罗檀头经》（第四）记婆罗门的礼仪云：

> 时婆罗门欲设大祀，办五百特牛、五百牸牛、五百特犊、五百牸犊、五百羖羊、五百羯羊，欲以供祀。
>
> ……诸婆罗门，我又闻瞿昙知二种祭祀，十六祀具。
>
> ……佛告婆罗门：尔时刹利王水浇头种，以十五日月满时出彼新舍，于舍前露地然大火藱，手执油瓶注于火上。……
>
> 时婆罗门手自斟酌，供佛及僧。食讫，去钵行澡水毕。佛为婆罗门而作颂曰：
>
> 祭祀火为上，讽诵诗为上。人中王为上，众流海为上。星中月为上，光明日为上。……（《大正藏》册一，101 页）

牸，《广韵》去声七志“牝牛”。藱，去声五寘“草名”。羯，入声十月“犗羯”，犗，“犍牛”，去声十七夬，犍训“犗牛”。此一偈见于《阿含经》的异译者多处，不

① 《考古》，1985（10）。

复缕举。

印度火祭之祭坛有三火，见于《唱赞奥义书》四之十一：

(1) 居家火：gārhapatya (domestic fire)。亦称家主火，亦即根本火、西祭火。

(2) 南方火：dakṣināgni (southern fire)。亦即祖先祭火。

(3) 福田火：āhavanīya (offering fire)。亦称东祭火、供养火。

《奥义书》中三火对宇宙自然物之编配如下：

居家火：地 (pṛthivi)，火 (agni)，粮 (annam)，日 (āditya)

南方火：水 (āp)，方 (diśo)，星 (nakṣatrārn)，月 (candramā)

福田火：气 (prāṇa)，空 (ākāsa)，天 (dyam)，电 (vidyad)

嗣由三火演为四火、五火，而五火具各种之几何形，有圆、方、半月、三角、六角等之不同。

宋求那跋陀罗译《阿含经》四记马祀大会，有云：

然婆罗门，当勤供养三火，随时恭敬，礼拜奉事，施其安乐。何等为三，一者根本，二者居家，三者福田。

何者为根本火。……谓善男子，方便得财，手足勤苦，如法所得，供养父母，令得安乐，是名根本火。何故名曰根本。若善男子，从彼而生，所谓父母，故名根本。善男子，以崇本故，……

何等为居家火。(从略)

何等名（福）田火。(从略)

佛氏反对婆罗门，将三火改作贪欲火、瞋恚火、愚痴火之三毒。

陈时真谛译《金七十论》：

第一偈说明云：四皮陀中有别因，此因得果，是定是极，故汝欲知则无所用。四皮陀中说言，我昔饮须摩味，故成不死，得入光天，识见诸天，……

如马祠说言，尽杀六百兽，六百兽少三不具足，则不得生天为戏等五事……（《大正藏》册五十四，1245 页）

偈：“离欲故没性，忧欲故生死。由自在无碍，翻此故有碍。”

“我今行大施，作大（火）祠天事，今饮须摩味，于后世间，我应受乐因。此忧欲受生生死，谓梵处等，乃至兽生是名布施缚。”（1256 页）

此为《金七十论》涉及马祭与须摩（soma）之记载。

密宗《孔雀明王经》卷中言：

阿难陀有四药叉大将常在空居，拥护所有空居众生，令离忧苦，其名曰：

素[引]哩野[二合]

素谟[引]

阿儗𩕳[二合]

嚩[引]庾

彼亦以此佛母大孔雀明王，拥护我[某甲]并诸眷属，寿命百年。（《大正藏》册十九，427 页）

以梵文复原之，素里野即 suriya，素谟即 soma，嚩庾即 vayu，为风神，阿儗𩕳即 agni。同卷又列若干将军名号，其中包括：

印捺啰（Indra），素摩（Soma），嚩噜拏（Varuna），钵啰惹跛底（Prajapati），婆啰纳缚惹（Bharadvāja），伊舍那（Iśāna）

吠陀地位极高之尊神，至是都被降而为夜叉。此处 agni 译作阿儗𩕳，soma 又译成素谟和素摩二名。

梁扶南僧伽婆罗译《孔雀王咒经》下云：

阿难上方有四夜叉大军主住上方，常守护上方，其名如是：

苏摩[梁言月]

修利[梁言日]

恶祁尼[梁言火]

婆膈梁言风（《大正》九八四，册十九，452 页）

此又译火作恶祁尼，与玄奘之作阿耆尼之音相同。

唐代密宗巨匠所译经典，有时译 Agni 为“阿儗你”。金刚智译出之《金刚峰楼阁一切瑜伽瑜祇经》、《大正藏》八六七卷上，《一切如来内护摩金刚轨仪品》第十之中，全品概为真言，几乎每篇皆提及 agni 之名，一概以“阿儗你”译之，兹引述如下：

复次金刚手，我说内护摩。……因字金刚句，发生猛利火，烧除众不祥，名金刚持地，速悟无等觉。……

唵引嚩日啰二合　驮引睹　阿儗你二合鍐！

唵引嚩日啰二合　阿乞刍二合毗也一合　阿儗你　吽！

唵引嚩日啰二合　啰怛那二合三婆缚　阿儗你　怛㗚！

唵引嚩日啰二合　路计湿嚩　啰啰惹　阿儗你　纥哩

唵　嚩日啰二合　阿谟伽　阿儗你二合噁

以上五真言，试将梵文为之复原，嚩日啰是金刚（vajra）；驮睹是“界”（dhātu）。以下是金刚界曼荼罗之四佛：

（一）阿乞刍毗也，梵文 akṣobhya，即阿闳佛。

（二）啰坦那三婆缚，梵文 ratna-sambhava，即宝生佛。

（三）路计湿嚩啰啰惹，梵文暂拟为（vai）roca-svara-raja，义为通照一切王。相当于毗卢遮那，即大日王。

（四）阿谟伽，梵文 amogha，即不空，全名应是 amoghasiddhi，义为不空成就。

此一护摩金刚轨仪品中之咒真言，上举四方四佛之后，胪列各金刚十六大菩萨，故云“复次一心听，金刚萨埵明”，“复次金刚王……钩字生大钩”等等，每菩萨真言内皆有“阿儗你”名以示金刚火，兹依四方亲近菩萨分列于后：

东方阿闳四亲近

西　白（色）　金刚萨埵　嚩日啰二合　萨怛缚二合　阿儗你二合　吽　噁

（vajra sattva）

北　黄　金刚王　嚩日啰二合　啰惹　阿儗你二合　吽　弱入声

(vajra raja)

真言称为"金刚染"

南　赤　金刚爱　嚩日啰二合啰诫　阿儗你二合吽　鹄

(vajra rāga)

真言作金刚称

东　绿　金刚喜　嚩日啰二合娑度阿儗你　吽　索

(vajra sādhu)

南方宝生

北　黄　金刚宝　嚩日啰二合啰怛曩二合阿儗你二合　吽　唵

(vajra ratna)

东　赤　金刚光　嚩日啰二合帝惹　阿儗你　吽　喑引

(vajra tejas)

西　青　金刚幢　嚩日啰二合计都　阿儗你　吽　怛嚂二合引

(vajra ketu)

南　白　金刚笑　嚩日啰　贺娑引阿儗你　吽　鹄

(vajra hāsa)

西方

东　白　金刚法　嚩日啰　达摩　阿儗你　吽　缬利二合

(vajra dharma)

南　青　金刚利　嚩日啰二合底乞叉拏三合阿儗你　吽　谈

(vajra tikṣna)

北　黄　金刚因　嚩日啰二合系睹　阿儗你　吽　輡

(vajra hetu)

真言作"金刚转轮"

西　赤　金刚语　嚩日啰二合婆引洒　阿儗你　吽　嚂

(vajra bhāṣa)

北方（不空成就）

南　绿　金刚业　嚩日啰二合羯磨　阿儗你二合　吽　剑

(vajra karma)

西　黄　金刚护　嚩日啰　啰乞叉二合　阿儗你　吽　憾

(vajra rakṣa)

东　青　金刚牙　嚩日啰　药乞叉二合　阿儗你　吽引　吽引

(vajra yakṣa)

北　黄　金刚拳　嚩日啰二合散地　阿凝你　　吽　　鑁(Ban)

(vajra sandhi)

以上为十六金刚大菩萨，每一菩萨都诵“阿凝你”名一次。

密宗护摩坛炉即从婆罗门火祭孳生，于圆、方、半月、三角、六角诸形之外，更增莲华（有八叶形与一叶形）一形。而护摩火炉之种类更具有息灾、增益、调伏、敬爱、钩召、延命等作用。

Agni 一名，在玄奘《西域记》译作阿耆尼，古代焉耆语作 argi/arki（W. B. Henning 说），又有下列不同译法：

阿耆毗　刘宋求那跋陀罗译《杂阿含》第二十一卷译曰火。见《翻梵语》卷五外道。

阿耆毗　译“有火”。见《外道诱质多长者经》。

总结上文，阿耆尼又有下列诸译名：

恶祁尼　　梁译《孔雀王咒》

阿凝你　　唐金刚智译《一切瑜伽瑜祇经》

阿凝伫　　又译《孔雀明王经》

今备列于此，以供读此书之参考。

梨俱吠陀中 Agni 的颂赞，最少有二百之数，仅次于 Indra，兹将梨俱 1.1 之经常为人传诵之名篇，以四言句式韵语翻出，Agni 一名则从密宗习惯，音译作“阿凝”。

R. V. 1.1

1. 我赞阿凝，祀事之师，神所凭依，百禄是宜。

2. 众仙歌颂，自古及今，阿凝已来，神之所歆。

3. 福祐既臻，月以继日，休誉所归，群英（由于阿凝）咸集。

4. 阿凝增辉，（禋祀）是祷，神之监临，四方是保。

5. 阿凝降神，光华洋溢，真实不虚，睿智靡测。

6. 彼礼释者，爰赐嘉猷，紧安吉罗，事无不售。

7. 惟汝阿凝，夙夕祈禠。昭昧尔思，持敬不移。

8. 保其祭典，天秩是崇。含弘光大，厥誉日隆。

9. 神喜近人，如父与子，愿与永偕，造福无比。

至吠陀经典中《阿耆尼》——祭坛，用砖砌成鸟形之祭台（bird-shaped altar)。鸟为不死永生之标志。鸟在古印度思想中有极悠远历史与神秘意义。火坛之作鸟形，以中央及四方结合成为神我之象征（Ātman：body＋self-soul)。于另文讨论之。(参《佛书之鸟夷与古印度火祭之玄鸟崇拜》一文)

历史家对萨满主义应重新作反思与检讨

——“巫”的新认识

巫字见于殷契有二个不同的字形，大多数作☩，有一个作☩（《殷虚书契后编》二、四二、四）。☩字所以可释为巫，由于字形同于《诅楚文》中的“丕显大神☩咸。”☩咸即是巫咸。☩之即巫，久已成为定论。

在萨满主义流行的今天，许多学人，解释古史上的问题，差不多习惯喜欢采用“巫”的观点来处理，不免运用过滥。本文重点在利用甲骨文上所见关于☩的记载，结合文献，以寻求合理的解释，据以了解殷代巫字所表现的历史真相，提供古史家的参考。

一、从巫咸说起——巫为官名、氏名与巫的神格

《说文》训巫为祝，又云：“古者巫咸初作巫”，这一说分明是采自《世本》的。《尚书·君奭》云：

> 在大戊时，则有若伊陟、臣扈，格于上帝。巫咸乂王家。在祖乙时，有若巫贤。

这二位以“巫”为氏的重要人物：巫咸与巫贤有人说是父子，一是大戊时的名臣，一是祖乙时的大官员。事实上巫咸并非神话人物，确有其人且见于甲

骨刻辞。但不称为巫咸而作“咸戊”。秦简《日书》巫咸作巫减。有时只称其私名曰咸。戊是官名，戊与巫两字古音相近（陈梦家《综述》，365页）。《白虎通·姓氏篇》则称巫咸作“巫戊”。清王引之谓巫戊是今文（《经义述闻》）。按之卜辞称戊者又有戊陟、戊⿱⺍又、⿱⺍又戊、尽戊等人名。归纳起来，有下列四例：

咸——只称其私名

巫咸——官名＋私名

咸戊——私名＋官名

巫戊——两称其官名，而略去私名

可见巫是官名，可无疑问。江陵王家台十五号秦墓简：归藏曰：昔者殷王贞卜其邦，尚毋又咎。而殳占巫咸，咸占之曰：不吉。夆其席投之亦谷，夆在北为犯（牝）（二一三简）。殷时确有巫咸其人，或但称其私名曰咸。

巫由官名演变为氏名，以巫为氏。

巫是属于“以事为氏”的一类。（宋本）《太平御览》卷三六二人事“姓”项下引《风俗通》云：“以事：巫、卜、陶、丘也。”可证。《史记·燕世家·正义》：“巫咸，吴人。今苏州常熟县西海隅山有巫咸冢及巫贤冢。”

《世本》及《说文》以巫咸为开始作巫的人物，这一说由今观之，是很有问题的。

二、绝地、天通的意义与巫

《周书·吕刑》说“乃命重黎，绝地、天通”，这一句话在《国语·楚语》中楚昭王问观射父，把它直译作：“重黎实使天地不通”。“不”字即针对“绝”字而言。“绝地天通”意思是说把天与地划分，置官以主之，使神民异业。

神——天——南正重

民——地——火（北）正黎

“重黎世叙天地”，重是南正、黎是火（北）正，是把天地划分，职掌各有所司。观射父的议论之中，牵涉到巫觋之事，他说：

> 古者民神不杂。民之精爽不携贰者戴古，而能齐肃衷正，其智能上下比义，其圣能光远宣朗，其明能光照之，其听能听征之，如是则明神降之，在男曰觋，在女曰巫，是使制神之位次。……及少皞之衰也，九黎乱德。民、神杂糅，不可方物，夫人作享。家为巫史，无有要质，民匮于祀。……

《史记·历书》又复述这一桩事。这段话古史家无不熟悉，屡屡见于专家征引。它究竟是讲什么？很值得仔细寻绎。巫觋是民人之中最精爽又能专心一志的，他具有特殊的智力，所以明神看中他，降灵于其身，他变成神和人的中间媒介（medium），到了后来，家家户户都有巫史，老百姓疲于祭祀，神和民的关系给弄乱了。重黎负责断绝地与天的沟通，是对苗民过度迷信和滥用巫术的一种纠正措施，目的可说是在于澄清“神治”。在神道设教的古代蒙昧时期，“绝地天通”便是要使民与神划分清楚他们的业务，所谓“神民异业”，划分神属天而民属地的两个不同的层次，复置官以统治之，使各就其序。虽然巫觋是能沟通神人的角色；而绝地天通，即在禁止巫术的泛滥，使天与地各就其位，神、民分开，不至于混乱不清。这是“绝地天通”一语的真正意义。《吕刑》说“苗民弗用灵，制以刑。”绝地天通是对付苗民的一种手段，划清神与民的界限，可以看做古代一种宗教整肃运动，目的在消除“家为巫史”的习俗。

古时巫与医不分。《山海经》的十巫，其中巫彭传说是被认作（发明）“医术”的人，这些巫都与医药有关系，而巫咸在《诅楚文》中称为大神巫咸，已经具有神格。最紧要的是所谓“灵巫”是以玉“事神”，见于《说文》，靈字，原本从玉，又或从巫作靈。这说明巫和玉二者的密切关系。我们看新石器时代玉器分布之广，从东北红山至东南的良渚，夷玉与越玉大量出土，大反山玉器上刻画神像，足证使用玉器的灵巫很早就已经存在了，我们先明白这一点，可知卜辞中的巫，有的应是神格。所以甲骨刻辞中的巫每每作为祭祀的对象。

巫咸到了战国被称为“大神巫咸”（《诅楚文》)。《离骚》云：“巫咸将夕降兮，怀椒糈而要之。百神翳其备降兮，九疑缤其并迎。”屈原去国的判断最后取决于大神巫咸，百神同来迎迓，具见其地位之崇高。司马迁《封禅书》

说："巫咸之兴自此始。"他不说巫之兴自巫咸始，而说"巫咸之兴"，他是把巫咸看作巫官的通称。关于巫咸一名称的演化，顾炎武有很详确的考证。[①]

殷代官名借戊字为巫，必有它的特别含义。戊为中宫（见《说文》）。天干的戊，自昔便被看成吉日，因为戊者茂也（古训诂书皆同）。《诗经》："吉日惟戊。"《毛传》："惟戊，顺类乘牡也。"后读戊为牡，故戊为刚日。匈奴之俗，亦以"日上戊己"（见《史记·匈奴传》）。故其官称为戊己校尉。因为"阴阳和调，物乃茂成"[②]。戊的意义是"茂成"，故为吉日。借戊为巫，或以巫占尚吉，因以戊为名，故知借戊字为巫，不止巫与戊同音的关系，尚有其深层意义。

关于"神"与"民"的区别，保持不混乱的秩序，到了战国中期的文献，像现今藏在Sackler Gallery的《楚帛书》里面有一段说：

> 群神五正，四◻尧（饶）羊（祥），建恒褱（属）民，五正乃明，神是亯（享）。

《史记·历书》记黄帝"建立五行，起消息，正闰余，于是有天地神祇物类之官，是谓五官，各司其序，……民是以能有信，神是以能有明德。"群神五正即指五官（谓司五行之神），由于建立恒道，使其民有所属（**褱**，即属字），故五正乃有明德，而神得享于其位。这样便是使神、民各就其序。《楚帛书》对这一件事亦复叮咛再三。再看银雀山汉简的《晏子》（七）亦云：

> 是以神、民俱顺，而山川入（纳）禄（禄）。

神与民俱顺，即各依其位而不乱，山川百物自然亦纳入轨道了。

三、说《周礼》"巫恒"、《商书》"恒舞"与巫的职掌

《周礼·春官》有"司巫"一职，云："国有大灾，则帅巫而造巫恒。"以"巫恒"作为众巫之首。巫恒之名，在巫字之下加一"恒"作为形容词，郑玄

① 参游国恩《离骚纂义》，377页引。

② 壶关三老上书给汉武帝中话，见《汉书·戾太子传》。

训恒为久，说巫恒如巫先之例。古代语汇可以相比况的又有所谓“恒舞”，恒训常，恒舞意思是指经常举行乐舞之事，商代对于滥行乐舞视为禁条，《墨子·非乐》引“汤之官刑”说：

其恒舞于宫，是谓巫风。其刑：君子出丝二卫（遂）。

古文尚书《伊训》十愆指为三风之一亦言：

敢有恒舞于宫，酣歌于室，时谓巫风；敢有殉于货色，恒于游畋，谓之淫风。

巫以舞降神，故讥恒舞为巫风，这里“巫风”是贬辞。汤的官刑对于过度的乐舞，施以甚轻的刑罚，只科以二遂（用孙诒让说）之丝于君子，而小人则否。《墨子》引用之作为他的《非乐说》的佐证。我们看殷卜辞中的舞字出现次数之多，知汤刑是无效的！

舞字有时只写作“無”，《周礼·地官·乡大夫》，《兴舞》下郑注云：“故书舞为無”引杜子春云：“無读为舞。”铜器铭文有“于大無司折（誓），于大司命用壁”之语（齐洹子孟姜壶），“大無”即是大巫，此即借無为巫之明证。

《周礼》中“司巫”之职，属于春官，请看下文：

大卜，下大夫二人……
龟人，中士二人……
菙氏，下士二人……
占人，下士八人……
筮人，中士二人……
占梦，中士二人……
大祝，下大夫二人……
丧祝，上士二人……
甸祝，下士二人……
诅祝，下士二人……
司巫，中士二人、府一人，史一人、胥一人、徒十人
男巫无数、女巫无数、其师中士四人……

大史，下大夫二人……

郑玄注：“司巫，巫官之长。”从上列记载看来，司巫和男、女巫的官职的位次是“中士”而已。比大卜、大祝、大史之职位稍低，至于一般之巫，地位更低。《周礼》“女巫舞雩”用于天旱之时，《左传》记“大旱，公欲焚巫尪”（僖二十一年），《礼记·檀弓》记岁旱，欲以愚妇人暴巫，无论舞婆娑以降神，或者暴以求雨，都是比较下层的人物。以前有人尝说“巫以事神”即女妓之始（明时杨慎《升庵全集》卷七十一），近时且有人说“九歌女巫，与希腊古代之庙妓相似”①。故巫之职甚卑，至于后代或有用女巫祠神之俗。天水秦简有云：

辰，虫也。……其为人：长颈，小首，小目，女子为巫。男子为祝名。②

巫的地位不高，由此可以概见。

天旱烄女巫以祈雨及舞雩之事，殷代卜辞所见记载不少，如“贞：勿烄婞，亡□从〔雨〕”（《前编》六，二七，一）、“癸卯卜㕣真：乎多老〔舞〕、王占曰，其有雨”（《前》七，三五，二）。女婞正是被暴焚的女巫，故其名字从女旁，呼多老舞雨，多老亦是男觋之属，后代南中能懂夷经的巫师尚有“耆老”之称。（见《华阳国志·南中志》）

祈雨而暴巫是以巫作为牺牲，古书记汤祷雨于桑林是一桩非常动人的故事，向来有许多不同的说法，最值得讨论的是有人把汤亦看成巫，这是错误的。唐武则天时候，北门学士之一的阎朝隐为要谄媚武后，亦尝以身作牺牲伏在俎上③，我们不能以此把阎朝隐说成为巫！汤祷于桑林把自己扮演巫尫的角色，目的在博得人民的爱戴，他与阎氏情形是一样的。卜辞中祈雨舞雩之事，许多是由王来亲占，故屡见“王固曰”一类的词句，我们不能因为王亲占便说这些王都是巫。巫本身有他的职掌与身份，《周礼》所记大卜、大祝与司巫各有所负责的事务，司巫只是中士而已。一般谈古史的学人每每作连类

① 姜亮夫说，见《说屈赋中之巫》，见《楚辞学论文集》，343页。

② 《文物》，1989（2）。

③ 参拙作《从石刻论武后之宗教信仰》，见《选堂集林》中册。

推理，说商代重视巫术，遂把商王说为“群巫之长”[①]，或者说他“身兼大卜大祝大巫”，这样囫囵吞枣的看法是没有根据的！

四、由《封禅书》所记秦汉之际对祀典的调整——论巫的身份及其地域性

《史记》的《封禅书》是记载先秦至汉初有关宗教情况最可信的记录，尤其对秦人的巫祝事务有很详尽而有趣的说法，我们通过《封禅书》知道秦制仍是上承《周礼》，秦称“祭”为“祠”，秦的祠官属于大祝，而巫则应由祠官来管理的。

秦始皇与齐鲁的儒生讨论封禅之事于泰山之下，没有成功而自作决定。据说“其礼颇采大祝之祀雍上帝所用，而封藏皆秘之。”虽然当日文件没有公开，但显然是采取大祝所掌的礼仪，特别是雍地所行祭上帝的制度。秦置“大祝”之官，仍是沿用周制。秦居关中，地理上和周不同。《封禅书》说：“三代之君皆在河洛之间，故嵩高为中岳。”“其礼损益世殊，不可胜记。”每一朝代的礼制都有因袭和损益，秦地不及河洛，不能举行中岳之祭，所以秦人对于山川之祀典必须另行调整。[②]《封禅书》说：

> 及秦并天下，令祠官所常奉天地名山大川鬼神，可得而序也。于是自殽以东，名山五，大川……自华以西名山七、名川四。……

这是当日调整后的祀典情形，山川诸祀实际都由祠官所掌，有的地方，皇帝不能亲往致祭，“诸此祠皆由大祝常主，以岁时奉祠之。”故知大祝是秦的礼官，有些地方是由他来主持祭事的。《封禅书》又说：“远方神祠者，民各自奉祠，不领于天子之祝官，祝官有祕祝，即有菑祥，辄祝祠，移过于下。”这是说远方有它的神祠，不属于大祝所管理，则由百姓自己去致祭。如果碰到有灾祥发生，方才令祝官往祭。祝官属下有所谓祕祝，他们往往把过失的责任推诿给下级的官员和老百姓。《说文》：“祕，神也。”这些神秘的祝官，也

① 张秉权说古代巫术往往操在国君之手。引陈梦家说以巫咸为商王之咸，《周礼》的恒巫是王恒（《甲骨文与甲骨学》，411 页），这种过分的推论是很危险的。

② 参看周勋初《九歌新考》秦汉宗教一章。

许是“巫”。

汉高祖即位以后，宫廷里面，供养许多不同地区的巫祝。大致沿袭前代礼制。《封禅书》说：

悉召故秦祝官。复置太祝、太宰，如其故仪礼。因令县为公社。（李奇云：“犹官社也”）

令祝官立蚩尤之祠于长安。长安置祠祝官、女巫。其梁巫，祠天地、天社、天水、房中、堂上之属。

晋巫　祠五帝、东君、云中、司命、巫社、巫祠、族人、先炊之属。①

秦巫　祠社主、巫保、族累之属。

荆巫　祠堂下、巫先、司命、施糜之属。

九天巫祠九天。

皆以岁时祠宫中。

其河巫祠河于临晋；

而南山巫祠南山秦中。

汉高祖对于祝典的安排，大有所更张，是行集中政策，把各地不同的巫官罗致于长安宫中。我们看上列各地之巫所祭祀的对象，何等广泛与复杂，《楚辞·九歌》的东君、云中、司命，事实是出自晋巫。这些巫官所掌的祀典，富有地方色彩。所以班固在《汉书》的《高帝本纪》赞说：“及高祖即位，置祠祀官，则有秦、晋、梁、荆之巫。”他特别欣赏汉高祖这一措施。颜师古注引文颖曰：“巫，掌神之位次者也。”梁晋诸巫皆属于长安的祠、祝之官，他们是管理神祇的种类、位次和礼节的各项神事的人物。虽然当日的详细记录没有留传下来，我们还可从许多文献的点滴中钩索出一些陈迹。

观以上诸巫，祭祀的对象有天地、五帝、九天及河、岳、社之神。河岳及社之祭祀均可追溯至殷代。就中荆巫所祠的巫先一名，亦见于甲骨刻辞，卜辞又有“宝巫”，似可看作巫保。这些巫的名目，都亦有它的远源的。上引这段文字十分重要，是汉初神学上一篇极有历史性的记录，可以看出所有祭

① 《汉书·郊祀志》文字约略相同。惟晋巫下作“巫社、巫祠、族人炊”。颜师古云：“巫社、巫祠皆古巫之神。族人炊古之炊母之神也。”文字有点出入。

祀的各种礼仪，都是由大祝来负责。大祝是周的官名，于《周礼》仅属下大夫之官秩。汉高祖在国都所在地的长安置祠官、祝官和女巫。云梦秦简“祭”都叫作“祠”，故知“祠官”是秦的官名。女巫则殷、周以来都有之，至于梁、晋、秦、楚各地方性的巫，亦都被请到宫中来主持祭事。由于各地都有不同的仪式和祭品，故非由该地的巫官来负责不可。

由《封禅书》所记秦汉之际各地诸巫，是由祝官所掌辖。这些巫事实是政府承认的官职，而不是民间那些借神附体作魔法的小巫。

五、甲骨文中有关巫的记载之分析

甲骨文所见的巫，非常复杂，兹就目前所见材料[①]，归纳为下列各项：

（一）巫先

> 叀（惟）巫先。（《合集》二一八八〇＝南明一〇三）

巫先一名，与《封禅书》“巫之巫先”相同，《汉书·郊祀志》颜师古注云：“巫先，巫之最先者也。”司马贞《史记索隐》：“巫先谓古巫之先有灵者，盖巫咸之类也。”都把巫先说是通名。[②] 郑玄注《周礼》“司巫”中提及“巫恒”一词，注云：玄谓：“恒，久也。巫久者，先巫之故事。”则作先巫。《灵枢经》：岐伯曰：“先巫者，因知百病之胜。”则作先巫。卜辞的巫先是否和上述的巫先属于通名，因只有一条，很难确定。时有贞人先，先即是有侁氏之侁，侁亦借作莘，《周语》：“有神降于莘”。巫先亦可能即莘地之巫。[③]

（二）帝巫与“旁招”

卜辞云：

> 癸亥贞今日，小帝于巫，豖一犬（《合》三四一五五）

---

① 考李孝定《集释》，1595 页。姚孝遂《类纂》，1119 页，大抵参照岛邦男之《综类》，418 页列出三项。

② 周策纵引闻一多说有人先祠。见《史记索隐》。今本《史记》无之，查《广雅》丛书三十卷本之《索隐》云：“按《汉书仪》云：祭人先于陇西县人先山，山上皆有土人，山下有畤埒。”

③ 参拙作《殷代贞卜人物通考》，647 页。

癸巳卜，其帝于巫（《合》三二〇一二）
辛亥卜，小帝北巫（《合》三四一五七）
帝东巫（《合》五六六二）

帝是祭名，小帝似指小型的祷祭，故用牲只有一犬，有的称为东巫、北巫，可以推知应尚有西巫和南巫，这必是祭于四方之巫。卜辞四方巫每与燎土同见于一片。有时帝巫亦作“巫帝”。卜辞云：

壬午，尞土，延巫帝（《合》二一〇七五）
巫帝一犬（《合》二一〇七四）
庚……巫帝，二犬（《合》二一〇七五）
帝二犬（《合》二一〇七六）
壬午卜，巫帝（《合》二一〇七八）
巫帝一犬一豕，尞土（《合》二一〇七八）
巫帝一犬（《合》三四〇七四）
丁酉卜巫帝（《合》三四〇七四）
甲子卜巫帝（《合》三四一五八）
庚戌卜，巫帝，一羊一犬（《合》三三二九一）

上列有二条同在壬午日卜巫帝，同时亦卜燎于土，土是社神，则所谓帝于东巫、北巫，正如他辞之言燎于东土、北土，故知东巫北巫，即是东土北土之巫。即《诗经》所云“与我牺羊，以社以方”（《小雅·甫田》）[①] 实为方社之祭。今韩国巫俗用木头写四方帝逐鬼诸名号，湖北谷城县的春秋赛祭，摆五张桌子，上供五方之神，谓之“跑五方”。[②] 殷代祭四方之巫，尚可想像它的大概情形。

余谓“帝四方之巫”，当即《周礼》所谓“旁招”。《周礼》云：“男巫掌望祀、望衍、授号，旁招以茅。”延巫帝的意思可说是指“望衍”。郑玄说“衍读为延，声之误也。”“望祀谓有牲粢盛者，延，进也，谓但用币致其神。”卜辞正作延，此句不言犬数，是不用牲的，故云“延”。“旁招”者，张衡

① 参金忝坤：《韩国巫俗图录》（集文探版）106图。
② 杜棣生：《谷城县端公舞源流初探》，见《楚史论丛初集》，252页。

《东京赋》薛综注云“旁四方”，《月令》“命有司大傩旁磔”，郑注“旁磔于四方之门”，孙诒让《正义》称“旁招，招四方所望祭之神”。又云：“此所谓望祭者盖广赅四方众神；与‘四望’专属于大山川者异。”今观卜辞言及四方曰东巫曰北巫，其为古代的“旁招”甚明，旁即四方，故知巫帝之巫，证之《周礼》，应属“男巫”之所掌。且言一犬二犬，明为旁“四方磔”犬之事。此类之辞其禳用茅，《晏子·内篇》记“台成有鸮，柏常骞，齐之巫也，请禳而去之”，《晏子》所说的柏常骞，正是男巫的例证。

卜辞所载又有四戈之礼，可能即是如《周礼·方相氏》的“入圹以四戈击四隅，驱方良（即魍魉）”来逐疫赶鬼的动作。但卜辞所见另有“四☩（巫）”一名，见于《戬寿堂甲骨》一，九（《佚存》八八四），由于该片上文有二示、三示，此处当作“四示”，作四☩者乃是四〒的笔误。（王国维说，李孝定从之，甚是。）

（三）伐巫

乙丑卜，酌，伐于巫（《合》三二二三四；《掇》二五〇；《存》一，一七七八）

丙寅卜，酌，伐于兇（《合》三二二三四；《掇》二五〇；《存》一，一七七八）

戊寅卜，巫又伐（《库》九七二）

戊寅卜，又伐巫（《库》一〇三二）

此处巫与兇并列，知巫亦是巫神，作为祭祀的对象。伐是祭名，卜辞常见。安大略甲骨 M〇〇五九号有“☩ ⊤（宗）”一词，见许进雄所撰《索引》（一）。

（四）𠕁巫

壬辰卜，亘贞：有𠕁巫，乎取𠩦。（《合》五六四七正）

这是第一期卜辞，其骨臼由㱿署名，𠕁告于巫，而呼“取”。卜辞又云：

“叀□言舌、弜舌。告言舌”（《合》三〇五九五）。什么是取和㠯，详下文的“取巫”及“㠯巫”两条。

（五）取巫与用巫

……周取巫于□（《合》八一一五）

……取巫（《乙编》六一〇九）

甲戌……执，三甶（惟）巫，……母庚（《合》二〇三六五）

乙亥，□（扶）：用巫，今兴母庚，允史（使）。（《合》一九九〇七）

此二条都有祀母庚之卜，甲戌是乙亥之前一日。

……其用巫……賁，且（祖）戊，若。（《后编》上五，二二；《合》二五六〇七）

《易·巽卦》九二爻辞：“巽在床下，用史巫纷若，吉。”马王堆本作“用使巫，忿若，吉”，这一“用”字，如果释为用人之用，则殷时有以巫来作人牲者。

（六）氐（以）巫

甲子，卜㱿贞：妥氐（㠯）巫、二告。（《合》五六五八正）

贞：妥以巫。（同上）

贞妥不以巫。（同上）

贞伐……巫以。（同上）

贞：周氐巫，二告。（《合》五六五五、五六五六、五六五四＝《屯乙》七八〇一、四一一〇）

……以巫

贞：再以巫（《合》九四六正＝《屯乙》八一六五）

贞再弗以巫（同上）

再以巫

贞㞢以巫　其以巫（《合》五七六九正=《屯》二七六一）

以上句例多相同。妥即子妥，此为第一期武丁时刻辞，周原所出月氏人头骨上刻巫字，合上引辞证之，周方国之有巫，已远在殷武丁之世。故知周前期的历史，有借于殷代刻辞之助。殷、周交往事迹，更可推前一段时期。

（七）降巫（《合》五六五七）

此字待考，所从之攵应是降字省，殆指巫降之礼，《离骚》："巫咸将夕降兮。"

（八）巫吒

隹（惟）巫言舌（《合》三〇五九五）

吒即咤。《尚书·顾命》："王三宿、三祭、三咤。"宿，进也；祭，酒至地也；咤，奠酒爵也。此为祼献之礼，殷时巫（祝）亦参预其事。《周礼》司巫"凡祭事守瘞。"孙疏云："阴祀之瘞埋，自在正祭时既瘞之后。尚有荐献之礼节，故以司巫守之。"舌示，荐献之事也。

（九）新巫

乙巳卜……贞其……新巫。（《合》五六五三）

（十）宝巫

𠂤子宝巫（《合》五八七四）

子字可能指贞人子，宝巫当是"保巫"，《诗·楚茨》三言神保，马瑞辰说保与宝同，引《金縢》"无坠天之降宝"，郑注："宝犹神也"，秦巫有巫保，殷时称为保巫。①

① 姜亮夫有《灵保说与神保考》（《楚辞学论文集》，309页）可参。

（十一）巫宁风

癸巳……巫宁……土、河、岳（《合》二一一一五=《京》二九二六）

癸酉卜，巫宁风（《合》三三〇七七=《后》下四二，四）

辛酉卜，宁风，巫、九豕（《合》三四一三八=《库》方一一二）

巫有宁风之术，殆指用磔以祭。

（十二）女巫

贞巫姘不祁（御）（《合》五六五二=《邺》一，三八，六；《京》七五七）

……巫妹弁子（《拾》一一，一一）

丁亥卜殸贞：巫妟（如）（《合》五六五〇）

巫妦𡆥（《合》二一五六八）

这些巫之名字都从女旁，若姘、妹、如、妦等，当是女巫。“在男曰觋，在女曰巫。”御者，他辞有云：“丙申卜巫，祁不祁”（《合》五六五一），《周礼·女巫》“旱嘆则舞雩”卜辞烄婞之事。婞即是“女巫”。从甲骨材料，知殷代之巫实兼指男巫与女巫，与《周礼》相同。

（十三）地方之巫

卜𡇒：巫……至，曰巫（《合》二〇一五二）

乙巳卜，巫𠙵（由）澅（《合》二〇三六四=《乙》一五二）

丙午卜，巫澅（《合》二六四一二=《乙》一〇六）

澅地名，卜辞有睿方（《宁》一，二三三；《屯乙》八六七八）巫由澅者，谓由澅地来之巫。

殷代有不同地区的巫，与汉初情形正相同。古代的巫有它的地域性。《山海经·五藏山经》记载各地区山川神祀的仪式和祭品的不同，观于殷代有从某地来的巫，正可证明这一点的正确性。

六、巫与筮（路筭与露筮）

《史懋壶》云：

> 窺（亲）令史懋路⿱⺮⿱巫廾，咸。

⿱⺮⿱巫廾字一般多释为“筭”字，但此字其中间实是从巫而不是从玉，所以杨树达用方濬益说，另行指为“筮”而读路筮为露筮。《汉书·张禹传》：“择日絜齐露蓍，正衣冠，筮毕。”服虔注“露筮，易蓍于星宿下，明日乃用，言得天气也。”是训路，巫为露天用筮举行卜卦之事。[①]

筭是算字的异写，《史懋壶》这字应当隶定作𥮉而不是筭，但是许多古史家及神话学者解说这字时，从筭（算）一义加以推论的便不能成立了。[②]

马王堆本《易经·巽卦》写作筭，为八宫的第一卦，筭即筮卦的筹策。

侯马盟书中关于卜筮有数件，是写在圭形或璧形的玉片之上面，文云：“癸二仝五，卜以吉，𥮉。”文中卜与筮二字并见。其他283、289页都出现𥮉字。

我一向认为殷代的占卜已具备卜和筮二者兼用的习惯，古文献和卜辞都有它的坚证，可以支持这一说法。近年来周原出土的遗物，小屯西地的卦数陶毁残片、殷墟南地的卜甲卦数，和苗圃的卦数磨石，一一见诸考古报道，证知当时的易卦是用数字的奇偶来表示阴阳爻，不特刻画于石制器物，有时还锲刻在龟甲的上面。

过去古史的记载都说筮法始于巫咸，例如：

> 巫咸作筮。（《世本·作篇》、《吕氏春秋·勿躬篇》）
> 昔之言天数者……殷商巫咸。（《史记·天官书》）
> 殷时巫咸善筮。（谯周《古史考》、《御览·方术》引）

---

① 《积微居金文余说》卷二，247页。

② 日本森安太郎在他的《黄帝的传说》，王孝廉译本，239页，《数、巫、越》一章中之说。

现在看来，上列之说是可信的。《尚书·洪范》云：

择建立卜筮人。乃命卜筮。

卜与筮二者同时进行，可以做到神、人协从，在多样的占卜手续之下取得一致的决断。

巫咸也许是对于筮术有开拓性的贡献，故《世本》把他列为筮的作始者。

巫觋祝史，四者并列，侯马《盟书》习见。《礼记·礼运》：祝嘏辞说，“藏于宗祝巫史，非礼也，是谓幽国。”“王前巫而后史，卜筮瞽侑，皆在王左右。”马王堆帛书易传《要》：“吾与史巫同途而殊归。”盖巫在前而史在后。《荀子·王制》又称“伛、巫，跛、击之事也”，击即觋。侯马字作觋，增口旁。

关于占卜的事情，一般都视为巫术的一种，而把它看成萨满教那类有神灵附体的巫术。其实，贞卜的贞，意思是“问事之正曰贞。”其中含有价值意味，即是否属于正当的决定。我已指出占卜在《大禹谟》中所说“先蔽志而后命龟”，好像占卜者预先已有初步的主意，然后问卜，故《洪范》云“人谋鬼谋”，人谋还是第一位，不是完全依靠神的意旨。占卜是借用神刀，来 confirm 人谋先前的决定。这样不能说占卜纯是一种巫术，它在政治上执行任务时，却是一种手段。

七、巫九备与夏舞

殷卜辞晚期常见的套语有曰：“今田，巫九备”一句，向来有许多不同的解说。[①] 我认为于省吾的说比较合理。我们看许由亦作许田，以此为例，备读为繇或由，是可信的。备字可定为从夊从田（由），或读为遙。（《集韵》：“遙”；《说文》：“行遙径也。”）夏启有九代之舞，亦称为舞九招（《山海经·大荒西经》注引《竹书》），楚人的九歌、九辩，据说即由九招衍生而来（见《启巫》及《天问》）。九代之乐，《吕氏春秋·古乐篇》：“大乐之野，夏后启于此舞九代……左手持翳，右手操环。”在随县曾侯乙墓出土五弦琴的彩绘，

① 参屈万里《小屯甲编考释》2877 号、3659 号二条。

作十二凤鸟，即夏后开神话的图像。[1] 按九代疑即九备，从繇之字，若繇字亦作囮（《集韵》卷四），化与代形近易误，夏后氏九代（化）之舞，在殷代后期，可能成为一种武舞，在出师之前举行，以示威武而助勘敌之用。有如周人之大武及武宿夜（《礼记·祭统》郑玄注：武宿夜，武曲名也。）卜辞所见的巫九备，大都记于伐人方出师以前巫师作此舞。故说“九备（繇）”即九代，是合理的。

八、巫步与巫医

巫步

扬雄说过：“昔者姒氏治水土，而巫步多禹。”（《法言·重黎篇》）由于传说大禹是因有病足疾而行跛。即《荀子》所云“禹跳”（《非相篇》）。古代以废疾的人主持巫祝之事，故自来有“巫跛击伛”（《王制篇》）的说法。后代道教科仪中有所谓“禹步”者，即渊源于此。汉代人谓称之为“巫步”，近年考古资料对于“禹步”可追溯至云梦秦简[2]及马王堆七十二方。甘肃天水秦始皇八年上邽简日书所载有一条说：

> 得择日出邑门　禹步。三乡（向）北斗，质，画地视之曰，禹有直，五横，今利行。（《简甲》六六）

这是秦日书所载《禹须臾行》中非常重要的一段证明[3]，朝拜北斗而作禹步，秦时西北风俗已是如此。汉以前已流行各处。“禹步”至今道士圈内尚行之。民间舞蹈犹多存其遗俗，湖北谷城的“端公舞”，即其一例，端公之舞，进一步，退一步，左旋右转，正是禹步典型。端公是贬词（因被人目为异端），但其巫师原自称为“高公师”，高公应是“高功”，知其原出于道教。[4]

巫医

古时巫与医无分别，至今少数民族尚然。良医都是巫师，故医字从巫作

---

① 冯光生：《珍奇的“夏后开得乐图”》，载《江汉考古》，1983（1）。
② 详拙作《云梦秦简日书研究》。
③ 何双全：《天水放马滩秦简综述》，载《文物》，1989（2）。
④ 杜棣生：《谷城县端公舞源流初探》，见张正明主编《楚史论丛》，252页。

“毉”，《山海经·海内二经》“开明之东有巫彭、巫抵至巫相。”郭璞注云“皆神医也”。此医而给以巫之名。郭璞又有《巫咸山赋》序云：“巫咸以鸿术为帝尧医”，此并以医为巫。即巫咸亦被给以医之名。

《公羊传·隐公四年》“于钟巫之祭”何休注云“巫者事鬼请祷解，以治病请福者也。”故后来祝由科为巫之支流，《论语》说“人而无恒不可以作巫医”。巫与医二事古时每连言。

《山海经》里巫山一名常见，于《大荒南经》上面有“帝药，八斋”，郭璞注说“天帝神仙药在此”，《大荒西经》有灵山，巫咸巫即至巫罗共十巫：“从此升降，百药所在。”灵字或从玉作靈，巫以玉事神，故灵山即是巫山（袁珂《校注》，367 页）。巫与医自古以来即有不可分的关系，近人论之至详，今不多及。[①]

天水秦简里有二条涉及巫医。

九、巫的新发现与胡巫

在陕西扶风召陈村的西周宫殿乙区遗址，发现蚌雕的人头像，头戴尖帽，头部只存大半，高 2.8 公分，其人高鼻深目，系白色人种，头顶刻有一☩字，说者谓是大月氏乌孙人种，居留于今甘肃宁夏之间，与周人常有来往，头部刻☩字可能是充任巫的职司。另外周原建筑的板瓦绳纹阳面亦刻有☩（巫）字。这二事都是新近关于巫的资料。[②]

这白色人种的族属，已有一些人研究，由于人头像头戴尖帽，故被认为是希腊史家 Herodotos 笔下的尖帽塞（Sakes）人。[③] 林梅村则认为吐火罗（Toxri）人亦有这种帽子，在塔里木盆地及楼兰、尼雅一带有大量发现。他举出的佐证是 1918 年阿富汗的西伯尔汗金丘发现公元前 1 世纪月氏人的遗存，其金器中有一件金剑鞘的边缘便镂刻许多个☩字符号作为装饰，对于探索带有这个符号☩的头像族属，提供一个依据。我尝细读 V. I. Sartanidi 的报

---

① 参周策纵文《中国古代的巫医与祭祀、历史、乐舞及诗的关系》，载《清华学报》，新 1、2 期合刊，1979，1～60 页），唯周氏必欲把《山海经》的十巫，逐一用音训方法加以确定种别与性质，由于材料不够，推测的成分太多，不易为人接受。

② 图见陈全方：《周原与周文化》，20 页，又同书陶文概论部分，189 页；伊或平：《西周蚌雕人头种族探索》，载《文物》，1988（2）。

③ 林梅村：《开拓丝绸之路的先驱——吐火罗人》，载《文物》，1989（1），72 页。

告，这一金器上面镂刻的却是卍的符号，并不是✠，卍是 Svastika，不等于✠，林君似乎没有弄清楚。[①]

汉代文献每每提到“胡巫”一名称。武帝时有两桩有名的事件，都由胡巫担当主角，一是江充的巫蛊案，“充将胡巫掘地求偶人，以捕蛊”（《汉书·江充传》）者。而戾太子造反，“炙胡巫上林（苑）中”（《戾太子传》）。一是李广利投降匈奴，卫律“饬（令）胡巫言：‘先单于怒曰：胡故时祠兵，常言得贰师（即李广利）以社’（谓以李作为人祭以祭地神）。今何故不用？于是收贰师”（《汉书·匈奴传》）。李广利即因胡巫之言而被匈奴用作为祠兵的牺牲。西域有巫祝埋牛羊以诅军事的习俗。（见《汉书·西域传》渠梨城条）胡地之巫，一般以为即萨满的前身。

荆巫有九天巫，祀九天。胡亦有之。《史记索隐》引《三辅故事》云：“胡巫祀九天于神明台。”“九天”一名亦见于《楚帛书》。《离骚》云：“指九天以为正”。则战国时，九天之名已出现，汉、胡同有祭九天之俗。突厥呼天为 Tengre，即蒙古之腾格里（Tengri），匈奴谓之撑犁，皆一音之转。[②] 九天形象在汉铜镜中久习见之。《海内十洲记》：“祠上帝于北河，归大功于九天。”祭九天之事，由胡巫司之，汉代胡巫不少服官于中土。周原出土头部刻巫字的戴尖帽的塞种人，正为周初的胡巫提供一物证。

纳西文字有✠，音斗，乃借自汉语。（李霖灿说）

十、关于“巫教”问题

什么是“巫”的内涵？至今似乎还没有正确的答案。现在通过上面从文献结合甲骨文的记载看来，殷、周之世，“巫”已是一种官职，《礼记·礼运》：“王前巫而后史，卜、筮、瞽、侑，皆在左右。”郑玄注：“侑，四辅也。”又《丧大记》两次言及：“巫止于门外，君释菜，祝先入，升堂。”郑玄云：“君行必与巫，巫主辟凶邪也。释菜，礼门神也。”是巫必常在君主的身边，因他有能力辟除凶邪，在礼门神时，祝可先入，而巫必止于门外。这样说明巫的地位和他对人君所负责的任务。巫专掌祀神的事务。他和大祝、大卜在周时可以并列。

---

① V. I. S: The Treasure of Golden Hill, *Journal of Archeology*, 1980.

② 杜而未记突厥与蒙古皆祀九天，见《中国古代宗教研究》，30、34 页。

大祝官名见于西周的“禽鼎”，“司卜事”之职，见于《舀鼎》。《大戴礼·千乘篇》：记四时的四佐。司徒典春，有“日、历、巫、祝，执伎以守官，俟命而作。”巫与祝并列，属于春官之司徒，与周礼符合。“执伎”一名，亦见《礼记·王制篇》。《说文》训巫为祝，是有道理的。秦汉之际很明显地巫是属于祠祝官下面一种负责神事的专业人员。在远古的中国，曾施行过禁止“家为巫史”的神、人关系的整肃事宜，把巫的职掌与一般老百姓划分清楚，祠祀之事由巫官来负责，“巫”已成为一种管理神事而属于政府的专门职业。卜辞所见，巫的职掌范围和性质，和秦汉之际几乎没有太大的差别。我们不能拿民间原始性魔法形态的借神附身所谓 Ecstatic 的萨满式的巫术来任意加于三代之上，特别是与殷周有关祭祀的典制来作种种的比附。

在古代埃及，法老是降临人间的神，而苏美尔的王（ŝannum），不是神而是人，是维系神与人的和谐关系；中国的君主亦是人而不是神，他们只是代天行道的王权掌握者，但不是降临人间有神灵附体的所谓“巫王”。“巫王”一名是毫无根据的！近时宋兆麟著《巫与巫术》一书，把殷周说成巫教的黄金时代，又说战国以后，巫教才趋向没落，他把凡与祭祀及鬼神有关的事情都登记入巫术的账目里面，还制造出“巫教”这一题榜，巫术与魔法及宗教泾渭不清地混在一起，是很不科学的。西亚以占卜术影响各地，人神交往，但“巫”的观念则绝迹。[①] 以色列《圣经》谴责巫术（《使徒行传》），印度的 Athava Veda 屡屡见到“against Katudhana (Soncarars)”的偈颂。汤的官刑指出“巫风”的滋长，是要给予刑罚加以遏止的，邪道的巫术，为宗教所不容许，中外是没有不同的。

Hars Küng 在回答秦家懿谈中国古代宗教时，指出巫与先知不同。《圣经》中的祭司不同于占卜者。他说：“魔法的余波可以保留于宗教里面，魔法与宗教今天同时共存，而互相渗透。”但魔法决不等于宗教，殷周有他们立国的礼制，巫卜只是其庞大典礼机构中负责神事的官吏。巫，从殷以来成为官名，复演变为神名。——为大神巫咸之名，从屈原所问卜的巫咸和《诅楚文》中的大神巫咸，均可看出战国时与巫有关的神明仍有很崇高的地位而为国与国间外交上和知识分子所崇奉，巫在社会的需要，还是以其能够维系人心。巫咸是殷的名臣，他能“乂（治理）王家”。《书序》说：“伊陟赞于巫咸，作

---

① A. Leo Oppenhein 在他的 *Ancient Mesopotamia* 说：“Noteworthy is the absences of Shamanistic Concepts in Mesopotamia”（222 页）。

《咸乂》四篇。"《咸乂》四篇是他的政治理论，可惜已经失传了。巫咸是大政治家，证之卜辞，确有其人。他死而为神，故屈原引以为重。我们不能用一般巫术的例子来看待他，说巫咸是萨满，说屈原请教于巫咸，亦是一种萨满的行为。在屈原心目中巫咸应是一位代表真理（truth）的古圣人，和巫术毫不相干！对于"巫"字在古代中国的真相，和使用巫术遗存在民间宗教的陈迹，泛滥而毫不加以思索地来比附古代历史，这一方法是否正确？我认为很值得历史家再去作反思！如果说三代的政治权力完全依靠占卜者、巫术和自称能够与神灵沟通的手段来建立，而把古人所记录下来的典章制度，一笔抹杀，把整个中国古代史看成巫术世界，以"巫术宗教"作为中国古代文化的精神支柱，我想：在目前不断出现的地下文物其本身已充分提供实证，去说明古代"礼制"的可靠性，和纠正这种理论的轻率、混杂、缺乏层次的非逻辑性。春秋以来的学人无论儒家和其他的学派，都用一个"礼"字来概括三代的典章制度。我写这篇文章的主要目的，希望大家对"巫"一概念的正视，可否采用旧观念的"礼"，和有关的制度去细心地探讨来代替"巫"的看法，换句话说，从制度史观点来整理古史，或者比较合理，或许可以避免误入歧途，我这种态度是否值得深长考虑，还望大家加以指正。

《西亚文献中的火》读后记

蒲德侯（Jean Bottéro）先生是法京西亚历史文化研究的老前辈。从 1958 年起在索邦高等实验研究院主持亚述学（Assyriologie）讲座，精研楔形文字闪族诸文字，所著《神的诞生——圣经与史学家》（*Naissance de Dieu-la Bible et l'historien*，1986）、《美索不达米亚：文字、理智与诸神》（*Mesopotamie-l'écriture, la raison et les dieux*，1987）久已风行于世。

他写了许多专题论文，像上面所译的是他从西亚文献中整理出来的关于"火"的综述，另外有谈西亚的烹饪术，可谓姊妹篇，极为脍炙人口。他又探索西亚的占卜术，成《古代美索不达米亚的征兆、记号与文字》（Symptômes, signes, écritures en mésopotamie ancienne）一文长达 125 页①，分析西亚僧侣显示于羊肝占卜上的语言结构及其推理作用，为十分重要的文字，可惜尚无人译出，这里谈火一文，是出于他的女公子所译，特为披露于此，以供治古代史学者的参考。

"火"是人类文明的火花，没有火就没有光和热，和日常生活关系最为密切，火有她的神秘性，许多民族都崇拜火，用火熏烧作为人神交通的媒介，演变为礼仪这一模式，西亚、中、印都一样有火的神明，印度称曰 agni，华曰祝融，西亚则有 Išum、Er-ra、Gir-ra 诸名。西亚在公元前 2600 年已出现火神。苏美尔文在 Uruk 第四期，火字写作 ，有火光六道。汉籍传说，黄帝

① 载于《占卜与理性》，*Divination et Rationalité*，1974。

的陶正宁封子掌火，能作五色烟（《太平御览》卷八六八火部引《列仙传》）。祝融见于夏世（《周语》：夏之兴也，融降于崇山），时代更早。

西亚人所用的火种以芦苇（gigi-llu）为主，已燃烧的芦苇名 gi-lil，他们所用的树木，蒲君所述有灌木、枯木、朽木，木材有像杨树（sarlatu），中国则较为复杂，由于五行说流行，配上五色和季节有五木的名目。五木见于《楚帛书》，古代有随季节而改变用木的习俗，五木是榆柳（春）、枣杏（夏）、桑柘（季夏）、柞楢（秋）、槐檀（冬）之异。

中国自古以来有掌火专职的官员，称曰火正，晋国史官传说，唐尧时的火正，居于商丘主祀大火，是殷人的先代。殷墟卜辞对于火的记载甚多，证明殷人确有“㞢火”，“又于五火”的事，其时对于天象的观测已对大辰火星有充分认识，近时在河南地区考古家已证明有当日观象的遗迹。火官是主司出纳火和改火之责，一直到汉代还有火官之设。[1]

西亚亦用火石，即黑曜石（Ka-izi-iŝati），中国钻燧取火（见《管子·轻重己》等书），神话人物有燧人氏（见《荀子》、《尸子》、《尚书大传》），西亚祭祀必烧火（supu），和殷代的𡿺、焚相同[2]。最有趣的是西亚的火（Isum）被解说为烧焦了草木的土地（sconched earth）可以肥沃，代表烧的火神 Erra 和代表肥沃的地母神 mamma 可以取得恰当的结合。谚云“火不烧山地不肥”，古代益烈山泽和火耕正是这个道理。

西亚火神 Erra 似是主破坏方面，它的涵义有时亦表示饥饿和瘟疫，所以亦成为 god of plague，由于德文本 Erra 史诗的印行（P. F. Gossmann，*Das Fra-Epos*，Wurzbürg，1955），有关的资料更加丰富，近人对西亚火神的研究有许多新说，详细见 J. J. M. Roberts：*The Earliest Semitic Pantheon* 21 及 38 两条。

国人研究西亚史事者不多，相信本文的译出，对于欲从事古代“火”的问题比较研究的人们不无点滴的助益。

① 汉简记元康五年丙吉奏夏至先一日除隧（燧）取火。参劳幹《居延简考证》“别史官”条和陈槃《汉简识小》，96 页。

② 参王晖《殷人火祭说》，载《四川大学学报丛刊》，第十辑。

附录一　近东开辟史诗

（饶宗颐汉文译本）

第一版

（一）混沌

天之高兮，既未有名。
厚地之庳兮，亦未赋之以名。
始有滄虚（Apsû），是其所出。
漠母（Mummû）彻墨（Tiamat），皆由孳生。
大浸一体，混然和同。
无纬萧以结庐，无沼泽之可睹。

（二）神降

于时众神，渺焉无形。
名号不立，命运靡定。
及乎神之降，乃与俱生。
迨力牧（Lahmu）与力遐牧（Lahamu）之出，始肇锡以嘉名。
先彼辈而长成，既累世而滋大。

产安撒（An—Šar）与基撒（ki—Šar），凌驾于众人。
载祀绵延，历有年所。
安拏（Annu）继嗣，堪匹其父母。
伊安撒之长子安拏，与其父而无殊。
及乎努知穆（Nudimmud）之生，一如安拏之躯。
彼更肖其尊亲，将为众父之主。
既广识而濬哲，复多力而孔武。
其强圉终迈厥祖安撒兮，
于昆季之众神中，诚为无敌者也！

（三）初扰

此诸神昆季，常结为一体。
彼等困扰彻墨，汹涌于其前后。
噫！彼辈搅乱彻墨（情绪），
处于天宫，极嬉娱而烦渎；
滃虚既不能去其喧哗，
彻墨则无言而作态如故。
彼等之行诚为可憎，
其容诚为可厌。（真横蛮之至。）
滃虚为诸巨神之自生者，
狂呼对其贰漠母而言曰：
“漠母！我之贰兮，谁能悦予之心？
汝盍来兹，共质之彻墨。”
彼等往而坐于其前，
长子（头胎）询谋于是。
滃虚乃张其口，
语骄赫之彻墨：
“彼辈诚使余不胜其扰，
昼夜不宁。
余誓将歼之，杜绝其方。
庶几可以康复，俾余小休。”

及彻墨闻其言，
愤怒而斥其夫；
肆意咆哮，责其欺凌，
作狂态而悲吟：
“胡为乎！余殆将毁弃我等之所建者？
彼固烦渎，惟余等当亲切留意焉。”
于是漠母怂恿瀹虚，有所进陈——
然漠母之言，颇为无礼：
“严父乎！必绝此叛逆之路，
而后济于事，昼夜庶几安宁。”
瀹虚闻之，面遽作色。
盖囿于其图对抗诸神之恶魔也。
漠母即趋其膝前，
瀹虚拥其颈而抱，坐下吻之。

（四）阏亚（Ea）解纷

今者，两人之间有何阴谋，
皆传至彼等初生之诸神。
诸神聆言，颇为震愕；
但保持缄默，处于无言。
独无所不知而睿智之阏亚（Ea），洞悉其情，
因其智力凌驾一切为不可及也。
彼想出一可施行之策，
彼作巧妙符咒以对付之，
讽诵之使其入于深沉之境。
当彼扰其入睡，即佯作鼾声。
方瀹虚俯伏渐入酣眠之际，
其佐（漠母）已力搅动之矣；
彼乃除其带，裂其冠，
移去其光晕，置于彼处，
遂加桎梏于瀹虚而弑之，

复缚漠母而置诸枷锁之后。

（五）滳虚显灵

于是乎滳虚乃建立其居所，
遂执漠母系以鼻绳。
及至阏亚践其仇敌并制服之，
然后操胜算于既得，
在其密室之中，始稍获宁静而休息焉。
遂为滳虚安顿神龛，并名之曰“滳虚”，
于其地置祭棚焉。
阏亚与其妻莴洁娜（Damkina），居处辉煌，
可谓宿命之宫，运会之馆。
乃另为创造一神，能干非常，智慧驾于众神之上，
于是在滳虚之心中，马独克（Marduk）生焉。
在神灵滳虚之心中，马独克生焉。
生之者谁？是为阏亚，实其父也。
育之者谁？是为莴洁娜，实其母也。
彼啜乳于诸女神之胸；
其乳母哺之，充满震栗可怖（之象）；
其体态充满诱惑，其眼睛闪耀有光，
其步履宽绰，其指抝老成。
其生父阏亚见之，
鼓舞欢腾，其心深为喜悦。
既赐之以美备，授之以成双之神首，
尽力赞扬之超乎一切。
其完满之体躯出乎想像之外，
奥乎莫可窥测，渊乎难以揣度；
既具四眼，且具四耳，
其唇动则有火喷出。
其听官巨大各有其四，
眼之数亦如之，烛照万物。

彼为众神中最崇高者，魁梧无匹，
肢体庞大，极度高峻。
“吾小儿乎！吾小儿乎！
吾儿，太阳也，诸天之太阳也。”
饰之以十神（日）之光弭，其威棱绝世，
其光闪烁可怖，发为巨热，布于全身。

（六）再扰

安拏带来生出四方风，
畀付其威力，以成为造物之主。
彼风行天下，以为扶摇惊飙之驭。
彼遂掀起巨浸，以骚乱彻墨之所。
至是，群神乃于惊飙中蒙受苦难，迄无休止矣。
彼等乃于心中蓄怀不轨，
语于其母彻墨曰：
“当彼等弑汝夫君滄虚，
汝未尝拯救之，但静观其变而已。
彼遂造此可怖之四方风，
以削减汝之活力，而吾等亦难以获得休息。
让汝夫滄虚（之精神）存于汝之心中，
漠母既已被征服矣！汝亦已势孤矣！
……（使）汝之步伐，精神涣散，
……汝不爱吾等，汝亦将无宁日，
吾等目光凝注，
……无有休止，让吾等稍息！
……（共）赴战阵，汝其复仇乎！
……今所用以报复彼等者，有如此风！”

（七）彻墨备战

彻墨闻言而喜。

"……拜汝所赐、让余等先造穷凶怪物；
……诸神处于其中……
……余等将布阵，以待诸神……"
彼等遂簇拥彻墨，
咆哮、狂叫，准备攻战，
复组一议会以主军事。
母许芭（Mother Huber）更为调度一切。
益以无敌之武器及怪兽雄虺之属，
与不可约制之獠牙，
以毒为血，充满其体，
又有嗥吼巨龙，饰之以大恐怖，
复冠翚珥于彼，使其如神，
因此，凡注视彼等者，将遭毁灭，
而彼等高举其身，无再回复（原状）。
彼遂分布毒虺、蛟龙与狮身人、
巨狮、疯犬、蝎子人、
强有力之狮妖、飞龙、半人马怪物，
携其绝不留情之武器，入阵不惧，
其施令严，故彼等之服从性亦高。
挈同此十一类迈进，
于初生诸神中组成彼之集团。
伊遂立金固（kingu）为盟主，
领导众位，发号施令。
慷慨执戈，以赴战斗。
在战阵中，彼为主帅——
彼已获信任，一若其被位于议会之中：
"余将为汝施发符咒，于众神大会中升拔汝。
告知所有之神，汝已获予授以全权。
其实汝已是至高无上者。汝即余之唯一伙伴。
汝之发言，将胜于所有之亚挐娜奇（Anunnaki）。"
伊乃赐之以"天命之铭"，悬之胸次：
"汝其谨记之，汝之命令，将不容变更，以维持久远。"

旋金固被选入主安拏之位，
为其子孙众神计，〔诞授厥〕命：
“汝言将致首次之平靖，
汝必慎用权力，于扫荡之功为首要！”

第二版

当彻墨既如是以输入品取代其手艺，作为献礼，
正准备与诸神作战。
为报复瀹虚，彻墨（不惜）干出罪恶。

（八）诸神备战失败

其作战部署，却泄漏于冈亚。
当冈亚聆及兹事，
彼即转入暧昧之宁静，端坐如常，（若无所闻，）
已而，经进一步之思考，其怒乃平息。
彼因自行往视其（祖）父安撒。
当彼至其祖父安撒之前，
乃详陈彻墨之阴谋，并复述其言曰：
余父乎！彻墨频扰我等，憎恨我等，
彼已成立议会，狂怒而将欲发难妄动矣。
所有诸神已与其纠合同流，
即汝向所提挈者亦趋向彼所矣。
（按自此以下（15）—（48）文字悉同于第一版，兹照录之，不避复出。）
彼等遂簇拥彻墨，
日夜筹谋，激怒不休，
咆哮，狂叫，准备攻战，
复组一议会以主军事。
母许芭更为调度一切。
益以无敌之武器及怪兽雄虺之属，

与不可约制之獠牙，
以毒为血，充满其体，
又有嗥吼巨龙，饰之以大恐怖，
复冠晕珥于彼，使其如神，
因此，凡注视彼等者，将遭毁灭，
而彼等高举其身，无再回复（原状）。
彼遂分布毒虺、蛟龙与狮身人、
巨狮、疯犬、蝎子人、
强有力之狮妖、飞龙、半人马怪物，
携其绝不留情之武器，入阵不惧，
其施令严，故彼等之服从性亦高。
挈同此十一类迈进，
于初生诸神中组成彼之集团。
伊遂立金固为盟主，
领导众位，发号施令，
慷慨执戈，以赴战斗。
在战阵中，彼为主帅——
彼已获信任，一若其被位于议会之中：
“余将为汝施发符咒，于众神大会中升拔汝。
告知所有之神，汝已获予授以全权。
其实汝已是至高无上者。汝即余之唯一伙伴。
汝之发言，将胜于所有之亚挲娜奇。”
伊乃赐之以“天命之铭”，悬之胸次：
“汝其紧记之，汝之命令，将不容变更，以维持久远。”
旋金固被选入主安挲之位，
为其子孙众神计，〔诞授厥〕命：
“汝言将致战火之平靖，
汝必慎用权力，于扫荡之功为首要！”

（九）诸神采防卫之策

安撒聆知彻墨已成大患，

(50)彼自抚其腰，自咬其唇，
其心情沉郁，其神态紧张。
闭口抑制其号咷：
“（吾等其相见于）战阵乎？
起！起！奋汝干戈！
瞰之哉，漠母与滃虚，汝已弑之矣！
今者必取忠于彼之金固。
智哉创生之主（阏亚别名）。”
(58)诸神中之努知穆应之曰：
〔下缺〕
(72)对于其子安挐，彼训诫之曰：
“……兹乃智力最盛之英雄也，
其力超众，足以扞御强敌。
往矣！汝力迈乎彻墨之上，
安定彼之情绪，使其心坦荡，
彼若不听汝言，
可告知吾等之言，或即从之。”
当闻其父安撒之命，
(80)彼即直趋阵前，（往见彻墨。）
惟当其向迩而见彻墨之布置，
彼亦不能抵抗之，遂转身而返，
归见其父安撒，状甚沮丧。
因告之曰：
“予手不足为汝征服之！”
安撒于是乎俯首无言，
其发下垂，摇曳其首，以及阏亚。
所有居诸天之亚挐娜奇，云集于此，
咸缄其口，默坐无声。
(90)“果无一神可赴战阵，
以讨彻墨而让其逃匿乎？”
其主安撒，众神之父也，肃然起立，
沉思有顷，乃对诸天亚挐娜奇言：

“彼其威力强大，信能复仇，
其惟马独克，利于战阵，其真英雄乎！”
阏亚因召马独克至其私邸，
授以机宜，告以胸中韬略。
“咦！马独克乎！其熟思予之忠告，莫忘倾听汝父之意，
汝为吾子，当能慰乃父之心。
往觐安撒，恍如临于战阵；
屹立陈辞，彼见之则心安矣。”
马独克闻言大悦，
乃往觐安撒而亲近之。
当安撒见之，其心亦充满愉悦，
遂吻其唇，胸中郁闷遂亦祛除矣。
“安撒！大启汝口，毋再缄默，
余将往矣，以遂汝心中之所冀求也。
安撒！大启汝口，毋再缄默，
余将往矣，以遂汝心中之所冀求也。
岂有壮士而敢鏖战与尔为敌者哉？
然仅此彻墨一妇人而已耳，乃能执戈而奔驰向汝乎！？
噫嘻！余父，造物主也，宜乎欢喜愉悦。
彻墨之项，终当为汝所践踏矣！
噫嘻！余父，造物主也，宜乎欢喜愉悦。
彻墨之项，终当为汝所践踏矣！”
“吾儿！（汝之）智足以牢笼一切，
且施汝之神咒使彻墨平静，
以暴风雨之战车，疾驰以从彼所，
彼等见汝已获彻墨，必不敢抵御，即可破之！”
马独克闻其父之言，喜不自胜，
其心雀跃，语其父曰：
“创造诸神之神乎！诸巨神之命运乎！
若余诚能为汝之复仇者，
余将制服彻墨以拯汝等性命，
且召开大会，以高揭吾命运之大纛。

余当加入欲舒健拿（Ubshukinna），汝试莞尔坐下，
让余之昌言，代汝决定此一命运。
不可改易而施行之吾之事功；
此不能撤回，不可更动者是即余之训令。”

第三版

（十）诸神开始联结一致

安撤乃开口，
语其佐嘉加（Gaga）而言曰：
嘉加，余佐乎！将（何以）悦予之心。
余将遣汝往力牧及力遐牧处，
汝其知所辨别，且善于辞令；
天神汝父之生汝，实先于余！
俾众神至此，
如朋盍簪，而聚会于斯，
俾其宴乐，飨宾以美食与佳酿，
为马独克，彼等之复仇者故颁定法令。
往之哉嘉加，宜坚守汝位以待。
复述余将告汝之言于彼：
安撒乎汝子，命余临此，
托余寄声以训命其心。
（乃言）：彻墨频扰我等，憎恨我等，
彼已成立议会，狂怒而将欲发难妄动矣。
所有诸神已与其纠合同流，
即汝向所提挈者亦趋向彼所矣。
彼等遂簇拥彻墨，
（按自（19）—（51），文句悉同于第一版之（128）—（160））
日夜筹谋，激怒不休，
咆哮、狂叫，准备攻战，
复组一议会以主军事。

母许芭更为调度一切，
益以无敌之武器及怪兽雄虺之属，
与不可约制之獠牙，
以毒为血，充满其体，
又有嗥吼巨龙，饰之以大恐怖，
复冠晕珥于彼，使其如神，
因此，凡注视彼等者，将遭毁灭，
而彼等高举其身，无再回复（原状）。
彼遂分布毒虺、蛟龙与狮身人，
巨狮、疯犬、蝎子人，
强有力之狮妖、飞龙、半人马怪物，
携其绝不留情之武器，入阵不惧，
其施令严，故彼等之服从性亦高。
挈同此十一类迈进，
于初生诸神中组成彼之集团。
伊遂立金固为盟主，
领导众位，发号施令，
慷慨执戈，以赴战斗。
在战阵中，彼为主帅——
彼已获信任，一若其被位于议会之中：
“余将为汝施发符咒，于众神大会中升拔汝。
告知所有之神，汝已获予授以全权。
其实汝已是至高无上者。汝即余之唯一伙伴。
汝之发言，将胜于亚挈娜奇之一切。”
伊乃赐之以“天命之铭”，悬之胸次：
“汝其谨记之，汝之命令，将不容变更，以维持久远。”
旋金固被选入主安挈之位，
为其子孙众神计，〔诞授厥〕命：
“‘汝言将致战火之平靖，
汝必慎用权力，于扫荡之功为首要！’
余遣安挈上阵，彼不能面对（彻墨）；
努知穆则因恐惧而归退。

马独克，其最聪慧者，亦汝之子也，乃进焉，
盖其心已促使彼安排一切以对付彻墨。
彼启其口而告余曰：
‘若余诚能为汝之复仇者，
余将制服彻墨以救汝等性命；
且召开大会，以高揭吾命运之大纛。
余当加入欲舒健拿，汝试莞尔坐下，
让余之昌言，代汝决定此一命运。
不可改易而施行之吾之事功，
此不能撤回、不可更动者是即余之训令。’
今者从速为彼颁定法令，
使彼可前往对付汝等之劲敌矣！”
嘉加乃启程，踏足其途。
于力牧及力遐牧之前，诸神皆其父辈，
彼谨致敬礼，亲吻彼等脚下之土地，
起立然后磐折而致词曰：
“安撒乎汝子，命余临此，
（按自（71）—（125）文句多重出。）
托余寄声以训命其心。
乃言：‘彻墨频扰我等，憎恨我等，
彼已成立议会，狂怒而将欲发难妄动矣。
所有诸神已与其纠合同流，
即汝向所提挈者亦趋向彼所矣。’
彼等遂簇拥彻墨，
日夜筹谋，激怒不休，
咆哮、狂叫，准备攻战，
复组一议会以主军事。
母许芭更为调度一切，
益以无敌之武器及怪兽雄虺之属，
与不可约制之獠牙，
以毒为血，充满其体，又有嗥吼巨龙，饰之以大恐怖，
复冠晕珥于彼，使其如神，

因此，凡注视彼等者，将遭毁灭，
而彼等高举其身，无再回复（原状）。
彼遂分布毒虺、蛟龙与狮身人，
巨狮、疯犬、蝎子人、
强有力之狮妖、飞龙，半人马怪物，
携其绝不留情之武器，入阵不惧，
其施令严，故彼等之服从性亦高。
挈同此十一类迈进，
于初生诸神中组成彼之集团。
伊遂立金固为盟主，
领导众位，发号施令，
慷慨执戈，以赴战斗。”
在战阵中，彼为主帅——
彼已获信任，一若其被位于议会之中：
“余将为汝施发符咒，于众神大会中升拔汝。
告知所有之神，汝已获予授以全权。
其实汝已是至高无上者。汝即余之唯一伙伴。
汝之发言，将胜于亚挈娜奇之一切。”
伊乃赐之以“天命之铭”，悬之胸次：
“汝其谨记之，汝之命令，将不容变更，以维持久远。”
施金固被选入主安挈之位，
为其子孙众神计，〔诞授厥〕命：
“‘汝言将致战火之平靖，
汝必慎用权力，于扫荡之功为首要！’
余遣安挈上阵，彼不能面对（彻墨）；
努知穆则因恐惧而归退，
马独克，其最聪慧者，亦汝之子也，乃进焉，
盖其心已促使彼安排一切以对付彻墨。
彼启其口而告余曰：
‘若余诚能为汝之复仇者，
余将制服彻墨以救汝等性命，
且召开大会，以高揭吾命运之大纛。

余当加入欲舒健拿，汝试莞尔坐下，
让余之昌言，代汝决定此一命运。
不可改易而施行之吾之事功；
此不能撤回、不可更动者即余之训令。’
今者从速为彼颁定法令，
使彼可前往对付汝等之劲敌矣！”
力牧与力遐牧等聆言，莫不大声嚎哭。
诸天之义芝芝（igigi）悲痛而嗥曰：
“是何奇诡也！彼辈竟作此决定！
彻墨之用心，深不可测，实非余等所能揣度也。”
彼辈皆已准备妥当，行将就道，
所有诸大神之命运，已有定数矣；
众皆趋往安撒之前，集于欲舒健拿内，
相互拥吻，
会谈就宴，
欢愉进餐，注酒荐酌，
沾濡举觞，陶然而醉。
旨酒既酣，狂饮无已，
兴致飞越而体倦不能兴矣，
惟为彼等之复仇者马独克颁布其政令焉。

第四版

（十一）父辈诸神拥立马独克

彼等遂为其立一王子之宝座，
俾面对其父，垂拱而主其事。
“汝实为诸神中之最光荣者，
汝之诏令属于大宙，汝之命令即为安挐之令，
马独克乎！汝实为诸神之最光荣者，
汝之诏令属于大宙，汝之言即为安挐之言，
自兹日起，汝之宣示将为不可改易者。

陟降之任，将全出于汝手。
汝之发言将为事实，汝之宣诏将为无可非难者。
诸神之中，毋有敢犯汝之令者。
其诸神座位需施装饰者，
愿彼辈之神龛永处于汝之殿。
噫嘻，马独克！汝诚为我等之复仇者，
吾等愿立汝为宇宙之王，
于大会座中，汝之言将为最权威者，
汝之兵器无敌，必将摧毁（我等之）仇人，
噫，至尊！勿伤害倚畀汝者，
至于作恶之神，则务请除去之。”
既已树立偶像于彼等之中间，
彼等遂向其长子马独克言曰：
“至尊，汝之诏令于诸神中实为首要者。
汝之言，即可立致生与灭，
启汝金口，偶像将化为乌有，
再言之，则偶像将复重现。”
彼于是启口，而偶像果化为乌有，
及彼再言之，偶像果又重现也。
其父辈诸神，亲睹其言语之应验，
皆喜而致敬曰：“马独克，真乃王者也！”
彼等遂授之以节杖、宝座与法服焉。
又赐威力无比之兵器，以抵御其敌：
“去！去！殄彻墨之命！
俾众风得攫其血，置于不可知之地。”
产自荆树之甜果，彼之命运既已定矣，其父辈诸神，
乃促使其踏足成功与收获之道。

（十二）马独克准备作战

彼爰造一弓，以为武器，
系之于前，张弦以固之。

彼高举权杖，以右手紧握之。
弓与矢橐悬诸其侧，
布闪电于其前，
激以火焰，充乎其身。
继而张一巨网，将罗彻墨于其内，
复设四风围绕之，务使其无可遁逃：
（四风也者，）南风、北风、东风、西风（是也）。
擎兹（神）网以近彼躯——乃其父安挲所赐者；
彼又发动魔风伊呼噜（Imhullu），回旋风、暴风、
四方风、七方风、旋风与无比之狂风；
彼即驱策此等七位风神共趋阵前，
为煽动彻墨内部，使其不稳，彼等遂皆起而随之。
少顷，至尊兴作洪水滔滔，此尤其有力之武器。
彼乃驰其无可抵抗而令人震栗之飙车，
挽套车轭以临之；其佐有四：
戕者、残恶者、蹂躏者、迅行者，
皆裂唇而含毒齿，
勇于毁坏而不倦。
右布进击者，可撼敌于阵上，
左陈格斗者，下手毫不留情，
彼乃披一可怖之甲胄为外衣，
以其震慑之光珥为头饰。
至尊乃依其计划直趋阵前，
严肃无畏，面对彻墨。
双唇衔以符咒，
手中紧执一种植物，有毒放出。
继是，群神乃于其旁摩掌擦拳，众甚嚣咻，
诸神，其父也，皆扰攘之，诸神皆扰攘之。

（十三）马独克与彻墨之战

至尊乃依原定计划趋前，视察彻墨之底蕴，

然后及于其伙伴金固。
当彼熟视之，反觉其部署未必可行，
终致分心，步伐失次。
而身旁诸神，皆彼之助拳者，
睹兹骁勇英雄（之表现），咸感眩惑不解。
彻墨首不回顾而疾呼之，
口出横蛮轻蔑之言曰：
“汝何物也，竟敢妄欲与我方诸神之至尊一斗哉！
是彼等自集之（然后拥尔至此），抑尔召集之（然后率彼等至此）?”
于是至尊祭起其有力之武器洪水，
并为激怒彻墨计，乃对其言曰：
“汝何故起僭越之念，傲慢不逊，
汝既已立心挑起叛乱，
……使子而拒其父，
彼等实皆汝所生，而竟捐弃其爱乎！
汝又立金固为汝之伙伴，
授之以安拏之位，则更属不当！
以滔天之罪行，对抗诸神之王安撒，
与及吾父辈诸神，汝之奸恶实不可或恕！
汝其整军旅，奋汝戈矛，
起！起！尔我且单独比斗，以决一死战也！”
彻墨闻之，
顿失理智，举止若狂，
勃然大怒，咆吼不已。
又摇震双足以抵地，
复鼓其舌而作咒，
而阵上诸神，亦皆磨戈植矛，（准备搏斗。）
彻墨继而与聪明神武之马独克，
单独比斗，酣战不休。
至尊乃布网以掩彻墨，
魔风则尾随之，伺机扬击其面；
当彻墨张口意欲吞噬（马独克）之际，

彼乃鼓策魔风猛进，使其双唇难闭，
众风群起而吹袭其腹，
使其躯体膨胀而其口阔张，
彼即以箭射其腹，
洞穿五内，并裂其心。

（十四）马独克之胜利

彼既一战而胜之，遂了结（彻墨）之生命。
并暴其尸体，（以为京观）而践踏之。
彻墨既受戮，
其众星散，伍卒溃败，
昔尝追随并助阵之诸神，
咸恐惧震栗，俱背弃之，
冀免一死，
彼等既已遭围困，无可逃遁，
至尊乃俱俘虏之，毁其武器，
置之罗网之中，然后彼等始悟已遭诱陷，
乃于牢笼中恸哭不已；
至尊之盛怒未息，彼等遂皆下狱。
至其所部形貌可怖之十一怪物，
以及列于其右之诸妖魔，
皆为至尊缚双手而桎梏之。
以彼等曾反抗故，遂蹂躏之于足下，
就中金固为渠魁，
乃系之而交付于乌基（Uggae）；
从其身上撤去其“天命之铭”，以其非所宜有者，
钤以印信，即扣于胸前，（用昭其罪。）
既已制服其大憝，
并削去其骄矜之仇敌，
至是，安撤戡叛之役，终告凯旋。
努知穆之愿亦获偿矣；勇武之马独克

加强控制诸降神，
转而顾其为彼所系之彻墨。
于是，至尊遂践踏彻墨之足，
以其执法严厉之权杖，敲碎其头颅焉。
彼既已切断其动脉之血矣，
北风乃吹拂之于冥漠之地。
其父等睹此（胜利），喜极而欢呼；
彼辈争携礼品以致贺之。
惟至尊止步而视（彻墨之）残骸
思欲分割其体而有所创造焉。

（十五）造分天地

彼乃剖裂之若蚌蛎之甲，分为两半，
其一立之以为苍穹，
设闸遣戍卒坚守自固，
复令毋许其因水而潜逃。
彼遂跨越诸天而俯瞰余域。
当至尊丈量滃虚所拥土地之广袤时，
彼复测度滃虚之舍及努知穆之所居。
因其广居，相其端倪，确定为（宇宙之宫）埃沙华（Esharra），
以其广居埃沙华，置之为苍昊，
而安拏、恩立（Enlil）与阏亚，各分占其地。

第五版

彼为巨神，置其躔次兮。
列宿以陈，罗星象兮。
历离其阈，以成岁兮。
依十二月，为三天兮。
状以天形，年日以叙。
建之以泥毕乌（太岁）（Nebiru），以正晷度；

毋或违之，或倾侧之。
分其畛域，恩立、阏亚。
启其天门，别以两极；
深扃为固，在其左右。
于其脐中，以立天极。
生月之辉，夜以寄焉。
司夕之神，昼以形焉：
“月作冠冕，罔有停息。
因月而动，升地上兮；
有光生角，指六之日兮；
至于第七日，冠珥之半兮；
值月之望，位反居月之半。
迨日追及之兮，至于天之底下。
减其晕珥，光乃后退；
至于消失，因日之故。
迄于卅日兮，乃复与日相对。”
“树以标帜，循其轨度。
……，近而断之。”
〔第（25）至（44）行残缺。〕
日辰既定，曜灵（Shamash）安所。
有朝有宵，以定其疆。
取其唾涎，原属彻墨；
马独克乃造……
彼遂兴云，复敷之以水；
风之拂兮，雨之与凄。
袭之以烟雾，销其荼毒。
彼（马独克）皆用之，为己之所取资。
置（彻墨）之首兮，以为山岳。
濬其深兮，泛成渊海。
自其双眼，决为欧霏域（Euphrates）与泰姬维（Tigris）两河。
塞其鼻孔，彼使……
就其两乳，以起崇山。

掘泉为井，用汲取水。
绞搓其尾，束之以鞶革（督麻，Durmah）。
……，滃虚在其足；
……其股，牢结于天。
天之覆兮，地之载兮。
……泛流于彻墨之中兮；
……全出于其罗网之外。
彼乃造分天地……
其疆界……乃定……
立其弘规，以布政令。
制其神龛，以致于阏亚。
天命之铭，取自金固，
贻之安拏，以为之贽。
诸神既毕战阵，旋即离去。
彼乃奉献（罪俘），于其父之前。
彻墨所造之十一怪物……
既粉碎其武器，又胥縻于足下，
塑图其状，悬之天阙。滃虚训示曰：
“俾作鉴戒，以示永志。”

（十六）马独克初受封

诸神睹此，喜极无言。
力牧、力遐牧，及其诸父，
皆过而向彼及其王安撒存问焉，
安拏、恩立与阏亚皆往致贺礼。
其母萏洁娜，亦忭庆而馈赠；
欢颜既开，共致其庆祝焉。
而于思美（Usmi）则私赠礼物以贺其功，
彼乃委之为滃虚之司法者及诸神龛圣物之守护者。
大命既集，诸天之义芝芝皆俯首鞠躬，
而众亚拏娜奇皆俯吻其足，

……与会者无不倾服，
皆立于其前而稽首曰：“彼固真主！”
(89)其父辈立于诸神之后，无不因其魅力而感满足。
〔缺第（90）至（106）行。〕
(107)阏亚与茗洁娜……
彼等（二人）乃开口对诸巨神义芝芝曰：
“昔者，马独克仅为余等之爱子，
(110)今则为汝等之主，宜三呼其号。”
众皆随声，致其颂曰：
“其名应为天上及地下百神之主（卢格敌马兰奇亚 Lugaldimmer-ankia），惟彼是依！”
彼等既赋马独克以统治之权，
并为彼宣示表白，预祝其幸运及成功：
“汝将为吾等神殿之守护者，
汝有所命，当共遵行。”

（十七）巴比伦计划

马独克乃启齿，
谨陈词于其父辈诸神之前曰：
“滃虚！其俨在上，
(120)帝之所居，如同明堂（埃沙华），余既为汝建之矣！
在其下者，余亦固其弘基而大起矣。
余将广启屋宇，以为我壮丽之居。
余将建之以为神殿。
余将置寝宫，以立我之威权。
当汝等由滃虚之处莅此赴会，
可投宿于兹，可容汝等之住处。
当汝等由诸天降此赴会，
可投宿于兹，可容汝等之住处。
余将名之曰巴比伦（Babylon），义为巨神之居所。
(130)余将建造之，穷极工巧。”

（十八）创造人类

其父辈诸神聆渠此言，
即向彼等之长子马独克，叩以下列诸事端：
“汝所创造之一切，
谁将获汝之授权而有之？
观于地上汝所创者，
谁将享之？
巴比伦乎！是为汝所锡之嘉名，
于其处所，建我永恒之居！
……，以供吾等日常之给养，
……吾人……，
无人可篡夺吾人既立之事功
于其间……其役……”
马独克闻言大喜，
乃就诸神之质询而答曰：
彼既虔刘彻墨，予诸神以光明，
乃开口发言，无限尊贵：
“……彼等……，
……皆可为汝等所信赖。”
诸神俯首于其前而语，
对此卢格敌马兰奇亚曰：
“曩者谓王仅为吾等之爱儿，
今则诚乃吾侪之共主，盍三呼其号！
其咒文即可赋予吾等生命，
彼为具有光荣、威权与帝位之主。
闲亚熟知技艺，其术多方，
一切待彼布其方策，吾等（谨服事之）。”

第六版

当马独克闻众神之言，
其心急欲创造奇观，
爰开金口，告知阏亚，
以表其胸中熟筹之计：
“余将抟其血而构其骨兮，
余将置此仆竖而名之曰人。
余誓将造此野蛮人，
俾其从容而服役于诸神。
余将美饰并改变诸神之道，
分彼为两，而同受钦敬。”
阏亚即答应之而致词焉，
请致他术，用慰诸神：
“可牺牲彼众兄弟中之一人。
彼虽独自死去，人类可由之而生，（以承其血统。）
请集诸神于此（而议之），
交出有罪者，（而赋予此重任，）彼等或可忍耐。”
马独克遂召众神与会，
亲主其事，而示训诲，
诸神无不留心聆听其言。
王乃下诏与亚拏娜奇曰：
“如汝前言果信，
今宜循信誓，遵行朕命。
孰为首事作乱者，
使彻墨叛而陷入战阵耶？
当交出其渠魁，
予将使彼负罪，汝等可安然无事。”
诸巨神义芝芝乃趋前，
向卢格敌马兰奇亚，即诸神之忠告者，彼等之主答曰：
“是由金固倡首，

而使彻墨叛而参与大战。”
彼等乃拘系之，执之阏亚之前。
加之以罪而歃其血焉。
以其余沥，塑造人类。
（阏亚）即使之服役，遂遣去诸神。

（十九）建立巴比伦

智者阏亚既造人类，
使其为诸神服役——
而事有难于理解者，
盖出于马独克之安排，亦努知穆所缔造者。
马独克，众神之王也，乃分
诸亚孥娜奇为两，（格于上下，使司天地。）
并使之属安孥，以恪遵其训示。
在天职掌其事者三百，
于地之上掌其仪者为数亦同，
天地之间，凡所安置，共六百焉。
部署既竣，
天地之间，亚孥娜奇各就其位矣。
诸亚孥娜奇乃开口，
向其主马独克而言曰：
“今兹陛下，既拯救吾侪，
吾等将何以为报乎？
吾等将建一神庙，为之命名。
‘且瞰乎，宵以为息游之寝’；吾等欣有托焉。
吾等将复为置一御座，供主休憩。
春节来觐，吾等亦有其所焉。”
马独克闻言，
欣容如日之升，光芒焕发，曰：
“可建巴比伦，如君等所请。
施以砖石，并名之曰‘圣殿’。”

诸亚拏娜奇乃依其言而为之；
经一整年而造砖焉，
越翼岁，
高者如明堂之翘首庙（Esagila），可与瀹虚齐，
复建层塔，高如瀹虚者。
彼等更于其中建居室，以处马独克，恩立与闲亚；
彼等即各依其位次，奉彼登极威严之座，
其座之触手俯瞰埃沙华之基。
及乎彼等既筑成，昂首屹立，
诸亚拏娜奇乃各择其神龛，
其三百义芝芝……亦复齐集，
至尊乃立于巍峨之坛，此即彼等为其创建之所，
父辈诸神宴处其中，彼乃坐而言曰：
“是即巴比伦，汝之居室在焉。
依兹广宅，作乐其中。”
诸巨神皆就其座，
起而举杯饮宴焉。

（二十）马独克隆重授勋（及其最后成就）

欢娱既终，
明堂之中，一时礼仪悉备。
规章既定，祥兆遂兴，
上天下地之间，众神分配，各就其列。
五十巨神咸升其位。
命运之神者七，立三百（诸神于天上）。
恩立举其弓，彼之武器也，而置于彼等之前。
其父辈诸神见其所造之网。
当彼等注视其弓，极其精致，诸父无不称赞其巧艺。
安拏举之而告与会之众神，
既吻其弓，然后曰：“是余之女儿也。”
彼所以以此名其弓者：

"长木（Longwood），一也；精确（Accurate），二也；
其三命之曰天弧星（Bow—Star），余所造以照耀诸天者也。"
彼乃与其兄弟诸神，定弓之位置。
乃安拏颁布弓之命运，
而奠其巍峨之宝座于众神之前，
安拏乃置之于诸神之议会中。
诸神既已云集，
彼等乃对扬马独克之王庥，鞠躬如也；
并宣其诅咒，用水与油，临深履薄，以发誓言。

（二十一）初次颂赞

当彼等授予其王权以统治众神，
当彼等给予彼统治天界与地上百神之权，
安撒即宣布其至崇高之名：阿撒鲁晞（Asarluhi），因曰：
"吾人每称呼其尊号，必恭敬行礼，
当其发言时，诸神宜注意之，
俾其命令为上天下地之至尊者。"
〔缺第(105)行〕
"为我等复仇者，乃至崇高之子。
俾其权力凌驾一切，无有对手。
俾其挈领其所创之黔首。
俾彼等欢呼，率服其方，永矢毋忘，至于末日。
俾彼为其诸父设丰足之粢盛食品以祭献，
广其供奉，而守其寝殿。
使其闻薰香，……神咒，
作一相类似之像于地上，一如彼在天上之所为，
令其黔首共祇敬之，
使其臣民长洁其心，而称道其神，
俾彼等因其所言而祇礼女神，
兼以使其椒糈，繁殖以敬事诸神，
奉礼勿替，

滋荣其地域，以隆其祷祀，
使黔首虔敬于神（而不怠）。

（二十二）马独克美号五十嘉名

至于吾等，当为唱颂各种名号，彼诚吾等之明神。
让吾等谨颂其五十神之嘉名：
备极光荣，而其功绩亦如之，
①马独克，有如其父安拏，生时即以此命名，
彼即供给畜牧及饮水之地，以充实（诸神之）厩者。
以洪水为其武器，以制服诸诽谤及反叛者。
拯救其父辈诸神于困厄之中。
彼诚为太阳之子，诸神中之最赫耀者也。
彼等将长期流转于其光耀辉煌之中！
以其生命佽助彼所孕育之人民，
彼等为神服役，由其赋与安逸。
创造、破坏、拯救、恩惠，
皆出自其命令。宜乎诸神民皆向彼致无穷之敬意。
②马累加（Maruka）是为真神，万物之缔造者，
能悦诸亚拏娜奇之心，并抚慰诸义芝芝。
③马累度古（Marutukku）实为领土、城市与人民之庇护者，
人民将对其赞颂无斁。
④巴拉莎古苏（Barashakushu）起而执其权，
其心广，其情温。
⑤卢格敌马兰奇亚，乃吾等于议会中所致称颂之名号。
吾人既已升举更命令为凌驾其父辈诸神者，
彼固为上天下地一切神明之主。
彼乃王也，其戒律深为上天下地一切神明所牢记，不敢或忘。
⑥拿利卢格敌马兰奇亚（Nari-Lugaldimmerankia）之所由名，吾人称之为众神之宰；
彼处于天地之间，为我等排难解纷，
且为诸义芝芝及亚拏娜奇分配其驻屯之所。

诸神闻其名，将震栗而怯退。
⑦阿撒胡老道（Asaruludu）之名，乃其父安拏所命。
彼实为诸神之光，伟大之领袖，
身为诸神明及土地之守护神，
于凶猛之单打独斗中，拯救吾人于困厄苦难之际。
阿撒胡老道又被命名为⑧男挑拉固（Namtillaku），意即保全生命之神也。
彼能使已消失之神恢复原形，如同彼之所创者，
又能以其咒使已死之神，得以复苏。
彼能毁灭刚愎之强敌，吾等宜乎称颂其勇武。
阿撒胡老道又有第三名曰⑨男弧（Namru），
为光耀之神，使吾道生辉（照临上下）。
厥三名号，实为安撒、力牧与力遐牧所公布者，
对其子辈诸神，彼等呼之曰：
“其三名号均为吾等所公布者。
一如余等，汝等须必高呼其名。”
众神皆乐于遵命。
彼辈乃于欲舒健拿中交换意见：
“吾人之复仇者，英雄儿子也，
吾人之支柱也，必称扬其名！”
彼等乃于议会中公告其命运，
并称扬其名号于圣殿之中。

第七版

⑩阿沙胡（Asaru），耕作之赐与者，准其水平，
创造谷物与百草，使植物萌生。
⑪阿沙胡亚林（Asarualim），长于审议，于审议会中极负盛名，
众神倚之，得无所惧。
⑫仁慈之阿沙胡亚林拏娜（Asarualimnunna）乃其生父之光辉，
彼用指挥安拏、恩立与年伊芝古（Ninigiku）之法令，
为彼辈之供给者，分配其所应得者，

其有角之帽繁多……
⑬陶陶（Tutu）即使彼等终得以复原者。
让其为彼等洁净神龛，使之安适。
让彼施其符咒，使众神可以安逸。
逢彼之怒，亦可使其归休。
于众神之议会中，彼实为至高无上，
诸神无有可与伦比者。
陶陶亦即⑭士欲健拿（Ziukkinna），众神东道主之生命也。
彼为众神建立神圣之诸天，
并掌握彼等之意向，以决定彼等之行。
彼将不为蒙蔽者（指人类）所遗忘。彼等将永志其所作为。
陶陶其第三名号为⑮士古（Ziku），诸神圣之建立者，
和气之神，倾听而垂允之王者也。
彼生殖财富与珍宝，带来丰盛，
令我辈所需之一切更加充足；
使吾等于惨痛之苦难中，得嗅闻其仁慈之气息。
俾共传语，俾共激厉，俾共讴歌而赞扬之。
陶陶为人民所夸扬之第四名号曰⑯阿嘉古（Agaku），
彼诚为圣咒之王，能拯救死者，使之复生；
彼对所征服之诸神，有大慈悲焉，
除去加诸曾经为敌之众神身上之桎梏，
为解救诸神，乃创造人类。
于其弘力之中，赖其宽仁以赐与生命，
俾其于黔首众口，永矢良言，
使勿失坠——彼辈即为其所手造者。
陶陶之第五名号亦即⑰陶古（Tuku），诸神之口将嗫嚅其圣咒，
彼以其神圣之符咒根绝一切之妖妄。
⑱撒素（Shazu），彼固洞悉诸神之心者，验之于内，
使行邪恶者无所逃匿。
彼设立诸神之议会，使彼等欢心；
彼能克服诸不堪忍耐者，如彼等权利之扩张，
彼乃维护正义，杜绝欺诈之谈，

操持其立场，辨别邪、正之分。
撒素，诸神或又称其第二名号曰⑲士思（Zisi），彼即平敉谋叛者也，
自其父辈诸神之身，驱除惶恐。
其三，撒素亦即⑳舒颖（Suhrim），彼即以其武器根除一切仇敌者，
挫折彼辈之诡计，驱散之于诸风之中，
抹去一切于其面前战栗之邪恶者，
让众神于议会中雀跃欢呼！
其四，撒素亦即㉑舒古颖（Suhgurim），彼乃其父辈诸神——诸创造者清听之设立者也，
根除劲敌，灭其种嗣，
挫其所为，使之绝迹。
让其名长留于天地之间，为人歌颂。
其五，撒素又被称颂为㉒沙颖（Zahrim），生存之主也。
彼能殄灭所有之敌手，一切不服从者，追击邪恶，
所有未得正果之神，必挈返而安之于神龛，（以便日夕膜拜之，）如是使其名足垂之永久。
又次，其六，对于撒素，彼等将致所有之荣誉，为㉓沙古颖（Zahgurim）
一切仇敌，彼将歼灭之，如于疆场之上。
㉔安必露露（Enbilulu）为能使彼等极享盛名之主，
为赐彼等名号之无所不能者，并为之制定隆重之献礼。
彼将永远治理土地、畜牧与水利，
开濬井渠，使丰富之水源，获得分配。
其次，安必露露将被尊为㉕阿巴登（Epadun），彼为能降甘露以润田畴之主也，
天地间之灌溉者，创育佳苗，各就其列，使之为草原上有利于耕犁之地，
水坝，沟渠井然，使畎亩各定其疆界。
其三，安必露露亦被称颂为㉖安必露露古高（Enbilulu Gugal），
为诸神耕地之灌溉者，

充实，富裕及谷物丰收之主，
供给财富，使居者皆饶裕，
艺植蜀黍，并使大麦滋长。
安必露露亦即㉗希高（Hegal），积聚谷物，供民人之消耗，
能致甘雨于大地，以润蔬果。
㉘撒尔撒（Sir. Sir）为堆积山阜于彻墨身上者，
以其兵器，运走彻墨之尸骸，
复领其地，为彼等忠诚之牧人，
其毛发即为谷田，其角帽可为畎亩，
广漠之海洋，于其复仇之激怒中奔腾，
跨越彼（彻墨）躯有如跨越决斗场上之一座桥梁。
撒尔撒，彼等又称之曰㉙马立（Malah）及其他——
彻墨乃其侍女，彼则为御者。
㉚基尔（Gil），彼储积谷物，有如山陵，
大麦玉米由是而足，且滋生大地之种子焉。
㉛基尔马（Gilma），彼能使诸神高贵之住所耐久堪用，为安全之创造者，
彼如箍桶之铁环，诸多贡献。
㉜阿基尔马（Agilma）为广受褒扬者，彼褫去地位不当之冠冕，
置行云于流水之上，使恒留高处。
㉝苏林（Zulum），众神之领域乃其所指定者，并为创建之指示者，
彼为分配供给食物祭品，并照拂诸神龛。
㉞漠母，乃天地之创造者，彼领导……
彼为使天地净化庄严之神，又名㉟苏林马（Zulumma），
诸神之间，无有比其更为强壮有力者。
㊱基殊拏田纳（Gishnumunab），众民人之创造者，开辟大地者，
彻墨阵中诸神之摧毁者，而人类即由彼辈之精髓中出。
㊲卢高押道保（Lugalabdubur），挫折彻墨谋变之王者，灭绝其武器，
前后之根基皆极为坚固。
㊳柏高古安拿（Pagalguenna），彼乃诸王者中之首位，其力也超群，

处于诸帝居所之最高者，于众神中最受赞誉。
㊴卢高督麻（Lugaldurmah），王也，诸神之盟也；督麻之主（意即大团结之主）也，
处于诸帝居所之最高者，于众神中最受赞誉。
㊵亚华拏拿（Aranunna）乃阏亚之顾问，诸神之创造者，其父辈也。
侯王之次，无神可与相比。
㊶独莫独古（Dumuduku），其净居于独古（Duku）已重新之。
独莫独古，卢高古独嘉（Lugalkuduga）若无其人，将无从定策。
㊷卢高兰拿（Lugallanna），众神中武力最特出之王也。
亦即安拏之力量也，因安撒之召而臻无上。
㊸卢高渥嘉（Lugalugga），将所有彼等引离斗争，
彼充满智慧，视野广阔。
㊹伊金固（Irkingu），执金固于乱军之中，
指引大众，奠立统治之权。
㊺金马（Kinma），彼领导诸神，达其意旨，
诸神闻其名为之震栗，如立风暴之中。
㊻埃息思居（Esizkur），彼将高坐于祷室，
以接受诸神之献礼，
由此而彼等将获委任，
创作机巧之物，必不能无其助力；
其一即为四黔首，如无之，
则众神于其时亦不知其法也。
㊼基比尔（Gibil），彼能保持武器之坚锐，
以其巧技，建奇功于战彻墨之阵，
其识力过人，故其智广，
其心博大，故诸神均莫能测其高深焉。
㊽阿都（Addu）为其名，遮蔽天际，
让其仁慈之大笑永远翱翔于大地之上，
使其一如漠母，减薄云层，
为凡间民人提供活计。
㊾阿撒乌（Asharu），恰如其名，作为掌管命运诸神之指导，

所有民人皆在其掌握之中。
㊿泥毕乌（Nebiru）彼将司经天纬地之责。
众神必侍候之，否则难以行乎上下。
泥毕乌实为星座，闪耀于天际，
位于中央，诸神皆顶礼之，
曰：“彼处于大溟之间，经行不息，
字之曰‘横道’，执其环中。
彼等宜高揭天上群星之轨迹，
彼为一切神之牧者，有如驯羊。
愿彼克服彻墨，制其死命。
于人类之未来，当时日徂谢之际，
愿其（指彻墨）退却也，无有歇止，永远远离。
因其缔造太空，作成坚固之大地，
神父恩立乃名之曰‘大地之主’焉。”
当众天之义芝芝呼毕其所有名号时，
阏亚闻之，神为之悦，
乃曰：“有是诸名，其神父因此而深感荣耀矣。
彼实如朕，其名将为阏亚。
余所有组成之典礼，彼将为其支配者。
余所有之指示，彼将举而施行之。”
以此五十嘉名，诸神
遂赞颂之：厥名为五十，所以建其至尊之地位也。

乱曰：
汝其识之，俾汝有司，共训诲之。
圣与智者，共讨论之。
为父者诵之，以诏其子。
牧人虞人（畜牧者），共提其耳。
以娱其神，恩立、马独克。
俾饶益其地，既富且庶。
定其法则，厥命不渝。
金口已开，靡神可易。

正视诸事，毋改其度。
靡神可胜其忿兮，逢彼之怒！
惟其心之宽兮，情之广兮，
罪者违者，胥可近其前兮！
〔缺第(157)行。〕
(158)著之纪录，示方来兮。
马独克之居，乃诸天工（义芝芝）所造兮。
(160)……请共讴歌。
……马独克之烈兮，
克戡彻墨，承皇统兮。

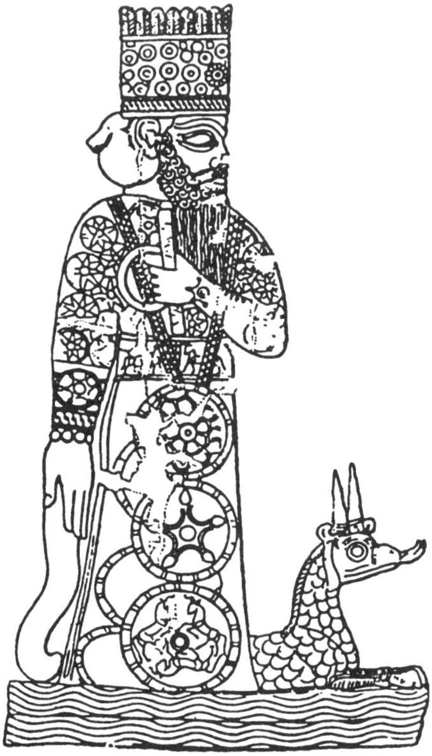

太阳神马独克图像（THE GOD MARDUK）

本史诗依据 J. Bottéro 教授法文译稿分为 22 小节，加上小题，以便读者。译者附记。

马独克五十神名表

①马独克（Marduk）

②马累加（Maruka）

③马累度古（Marutukku）

④巴拉莎古苏（Barashakushu）

⑤卢格敌马兰奇亚（Lugaldimmerankia）

⑥拿利卢格马兰奇亚（Nari-Lugaldimmerankia）

⑦阿撒胡老道（Asaruludu）

　又名：⑧男挑拉固（Namtillaku）

　　⑨男弧（Namru）

⑩阿沙胡（Asaru）

⑪阿沙胡亚林（Asarualim）

⑫阿沙胡亚林拏娜（Asarualimnunna）

⑬陶陶（Tutu）

　又名：⑭士欲健拿（Ziukkinna）

　　⑮士古（Ziku）

　　⑯阿嘉古（Agaku）

　　⑰陶古（Tuku）

⑱撒素（Shazu）

　又名：⑲士思（Zisi）

　　⑳舒颖（Suhrim）

　　㉑舒古颖（Suhgurim）

　　㉒沙颖（Zahrim）

　　㉓沙古颖（Zahgurim）

㉔安必露露（Enbilulu）

　又名：㉕阿巴登（Epadum）

　　㉖安必露露古高（Enbilulu Gugal）

　　㉗希高（Hegal）

㉘撒尔撒（Sir. Sir）

　又名：㉙马立（Malah）

㉚基尔（Gil）
㉛基尔马（Gilma）
㉜阿基尔马（Agilma）
㉝苏林（Zulum）
㉞漠母（Mummû）

又名：㉟苏林马（Zulumma）

㊱基殊拏母纳（Gishnumunab）
㊲卢高押道保（Lugalabdubur）
㊳柏高古安拿（Pagalguenna）
㊴卢高督麻（Lugaldurmah）
㊵亚华拏拿（Aranunna）
㊶独莫独古（Dumuduka）
㊷卢高兰拿（Lugallanna）
㊸卢高渥嘉（Lugalugga）
㊹伊金固（Irkingu）
㊺金马（Kinma）
㊻埃息思居（Esizkur）
㊼基比尔（Gibil）
㊽阿都（Addu）
㊾阿撒乌（Asharu）
㊿泥毕乌（Nebiru）

后记

1976年余在巴黎，初从J. Bottéro教授治楔形文字及西亚史事，承其启迪，因着手翻译开辟史诗，荏苒十载，全文七巨版，始获完篇，易稿不止一次。就中分章细目，即取自法文译稿，至于底本，则以James B. Pritchard于1963年第三次修订英译本为依据。顷全篇三校完毕，获见陶阳、钟秀二君合著《中国创世神话》一书（中国文化丛书本，1989年9月，上海人民出版社），著者搜集56个不同民族之文献及其口头流传神话、史诗，因其专攻民间文学，故网罗特别丰富，提供资料，使吾人省去不少工夫。就中第二章："创世神话概观"及"西南创世史诗群"二文颇为重要。书中偶举希腊、罗马各地神话与华比较，西亚方面，提及 Uruk 之吉加美什（Gilgamesh）史诗，而于 E-nû-ma E-liš 反未涉及。吉加美什史诗年代较先。在胡里安（Hurrian）文献中已有从 Hattus as 文译出之片段。惟 E-nû-ma E-liš 方为纯粹之开辟史诗，不能忽视。故本书之印行，正可补其不及。为国人有兴趣研究远古比较神话学者补充一点第一手资料。

尚有二事须论及者：一为关于埃及之开辟神话，其藏于大英博物院列 10188 号之纸草记录，年代为公元前 312 年，当亚历山大之子统治时期之物，有 Version A 及 B，论及宇宙之创造问题，世所称为“Ra 神之发展所知记”者，《埃及诸神》（*The Gods of the Egyptians*）一书之作者 E. A. Wallis Budge 已有详细研究。（该书 291～321 页）

另一为西亚各朝 cylinder 印章上有关太阳神 Marduk 图像之考证。Beatrice Laura Goff 在其巨著《美索不达米亚史前符号》（*Symbols of Prehistoric Mesopotamia*）第十章《苏美尔神话学之原始》中有仔细研究，提出许多看法。

以上二点，本拟附带作一介绍，奈全书排印已竣，未遑著论，惟有候诸异日耳。

1990 年 6 月，饶宗颐记于香港

附记

关于西亚史诗英文译本，又有芝加哥大学 Alexander Heidel 氏的 *The Babylonian Genesis*，1942、1951、1963 印本。同氏的 *The Gilgamesh Epie & Cold Textament Parallels*，1946、1949、1963 印本。皆通行之本。

附录二　曾侯乙编钟时代之前中国与巴比伦音律和天文学的比较研究*

一、引言

当传教士利玛窦（Matteo Ricci，1552—1610）1599年在南京文庙初次听到中国礼乐时，现在所谓的西方“古典音乐”尚不存在。连音乐家如委瓦第（Antonio Vivaldi，1675—1741）和巴赫（Johann Sebastian Bach，1685—1750）也尚未出生。利氏的音乐经验主要来自格里高里（Gregorian）宗教音乐，所以对中国礼乐的丰富音色甚为惊讶。① 的确，在那时中国在音律学上的成就是十分先进的。那时朱载堉所推导出的十二等比（或平均）律与其在律管上应用的管口校正已在1584年的《律学新说》中发表了15年。② 然而不到二个世纪，当传教士钱德明（Jean Joseph-Marie Amito，1718—1793）在欧洲于1780年发表《中国古代与现代音乐回忆录》（*Mémoire sur la Musigue des*

* 此文为程贞一、席泽宗、饶宗颐合著，因缘饶宗颐论文《曾侯乙钟律与巴比伦天文学》（已发表），在征得席泽宗和香港饶宗颐同意后，由程贞一改写而成。

① L. J. Gallagher, *China in the 16th Century*, *The Journals of Matthew Ricci*, *1583-1610*, New York: Randon House, 1953, p. 335.（L. J. 加拉格尔：《十六世纪的中国：利玛窦中国札记》，纽约，兰登出版社，1953）

② 戴念祖：《朱载堉——明代的科学和艺术巨星》，91～97页，北京，人民出版社，1986。

Chinois tant anciens gue modernes)[1] 时，这情形就非常不同了。当时莫扎特（1756—1791）已在创作他不朽的音乐。欧洲音律学的发展尤其是在乐理上与乐器上已经超过了中国。

钱氏对希腊七音音阶形成的看法与当时欧洲音乐界不同，他认为毕达哥拉斯的音阶知识是由中国传过去的。他说："古希腊的七音音阶，毕氏的竖琴与它由四度音转换的全音阶，以及他整个音阶体系，多半是从早期中国所抄袭过去的。"[2] 钱氏的看法欧洲人是不接受的，当时就受到排斥。到 19 世纪，"古典音乐"在贝多芬和勃拉姆斯等领导下已进入鼎盛时期，然而音乐在中国并无显著的进展，与西方比较更显得落后。法人沙畹（E. Chavannes）在 1898 年倡言中国音律是由希腊在亚历山大（Alexander Ⅲ，公元前 356—前 323）东征时传入中国的（相当于战国末期）。[3] 随着中国声望在国际上一落千丈，许多史学家与汉学家受了过分偏见的影响，否认在周之前中国有任何文化。在此潮流下，沙氏音律东传的看法也就为世人所接受了。

毕达哥拉斯发现谐和音程比率的传说，在公元前 4 世纪就已有人怀疑。希腊学者如埃索克拉斯（Isokrates，公元前 4 世纪）和卡理马柯斯（Callimachus，公元前 4 世纪）均认为毕氏的音律知识是在他东游埃及时学到的。斯特波（Strabo，公元前 1 世纪）和杨布理柯斯（Iamblichus，公元 3 世纪）认为毕氏的谐和音律是由巴比伦得知的。[4] 毕氏东游一事很可靠，在亚里士多德的《形而上学》（Metaphysics）中也可推测出。[5] 至于沙畹认为中国音律由希腊传入的看法，实在与历史上的实物、铭文和文献等皆无法吻合。李约瑟（Joseph Needham）说："沙畹的假设必须摈弃，不仅因为在毕氏活着的同一世纪中，无论如何，远在亚历山大的远征可将希腊音律公式传入中国而产生影响之前，中国人已在调十二编钟的音律，而且因为中国音域的结构基本上与毕氏音阶不相同。"[6] 关于钱德明的理论，李约瑟有下列意见："公氏认为向

---

①② *Mémoires Concernant L'Histoire, Les Sciences, Les Arts, Les Moeures et les Usages, des Chinois, Par les Missionnaires de Pékin* (Paris, 1776-1814). (《北京传教士有关历史、科学、艺术、道德及风俗习惯的回忆录》，巴黎，1776—1814)

③ E. Chavannes, *Les Mémoires Historigues de Se-Ma Ts'ien*, Vol. 3 (Leroux, Paris, 1898), pp. 630-645. (E. 沙畹：《司马迁的史记》，第 3 卷，勒鲁，巴黎)

④ 见 *Introductio Nicomachi Arithmetic*，141～142 页和 168 页。(《尼科马科斯算术引论》)

⑤ Metaphysics Ⅰ. (亚里士多德：《形而上学》，第 1 卷)

⑥ Joseph Needham, *Science and Civilization in China*, Cambridge: Cambridge University Press, 1962, Vol. 4, p. 177. (李约瑟：《中国科技史》，第 4 卷，剑桥，剑桥大学出版社，1962)

另一方向传播（即音律由中国传入希腊）的看法，在如此早期便发生，也不能再认真地相信。”

李约瑟认为处理该问题最简单的方法是假设谐和音率的知识是从巴比伦向东、西双向传播，一到希腊，另一到中国，然后在两地分别发展。上面已提及早在亚历山大占领巴比伦之前，毕达哥拉斯已去过巴比伦，希腊学者如杨布理柯斯也已推论音律的知识就是在那时由毕氏带回希腊的，因此巴比伦西传到希腊的假设可能是言之有据的。然而，中国音律来自巴比伦的假设却没有任何根据。李约瑟说：“在此必须强调申明，音律知识起源于巴比伦只是一个假设。因为巴比伦音乐我们知道得很少。但就现存资料而论，此一假设是该问题的答案。”[①] 可是李约瑟对中国音律的分析含有一些基本的误解。譬如，他和鲁宾逊（Kenneth Robinson）误认中国十二律中没有纯八度的概念，因而否认其半音音阶的功能。再加近年考古发掘所提供有关音律的新资料，证实确有必要重新考虑音律由巴比伦传入中国这种可疑的假设。

1978年，湖北随县曾侯乙墓中出土125件乐器及有关乐理和律名的铭文约3000字。由墓中楚王所赠随葬镈钟上的铭文确定该墓葬于公元前433年到前400年之间。[②] 这些铭文和乐器的制作约迟于毕达哥拉斯60年到100年之间，给古代中国音律学和音乐提出了不容否认的珍贵实物资料。乐器中的双音编钟证实在公元前5世纪中国已有超过五个八度音域的半音音阶乐器。铭文证实当时旋宫乐理和律调变换均已推导形成。当时中国的音律、乐理与物理声学方面的知识已远超过同时代的希腊，这些成就绝非在短期所可达到的。这种音律知识和乐器使中国音律由巴比伦传入的假设更加值得怀疑。麦克伦（Ernest McClain）对曾侯乙编钟的成就极为重视，撰写了《曾侯乙青铜钟：巴比伦的生物物理学在古代中国》一文[③]，但他的结论有多处值得商榷。譬如他认为当时曾国音响学家已知绝对振动频率的精确测定。在此我们分析他主张巴比伦东传中国的解释。

---

① Joseph Needham, *Science and Civilization in China*, Cambridge: Cambridge University Press, 1962, Vol. 4, p. 177.

② 随县擂鼓墩一号墓考古发掘队：《湖北随县曾侯乙墓发掘简报》，载《文物》，1979（7），1～16页。

③ Ernest G. McClain, “The Bronze Chime Bells of the Margnis of Zeng: Babylonian Biophysics in Ancient China”, *J. Social Biol. Struct.* Vol. 8, pp. 147-173, 1985.（欧内斯特 G. 麦克伦：《曾侯乙青铜钟：巴比伦的生物物理学在古代中国》，载（美）《社会生物工程杂志》，1985年第8卷，147～173页）

麦克伦认为：“这些新的考古物据加强了美索不达米亚把数字、音律和日历连接的‘生物物理’（biophysics）在泛欧亚发展的假设。”很明显，麦氏在此所谓的“生物物理”与现代科学上的“生物物理”完全不同。更值得注意的是在什么时代音律与日历在美索不达米亚连接起来，麦氏没有提出任何资料。但他认为中国与希腊其音律与历法的连接皆蕴涵在巴比伦的神话中，他解释道：“所有中国与希腊律历关系都可追溯到‘纯谐和音阵’（‘Just’ harmonic matrix），至少在曾钟铸制之前 14 世纪，已蕴涵在古巴比伦乘法表中，在巴比伦创世神话（Enuma Elish）中也间接地提到。只有当八度音程比 2∶1 扩展到 720∶360，那就是一周圈 360 单位，才有足够的单位数作适当的比率来定十二音音阶，满足古代人对完美匀称的爱好，这完美匀称的观念对古代艺术、科学与政治理论有主导作用。”在此麦氏所谓音律历法连接的来源关系，完全建立在他的主观的推论上，并没有事实根据。

本文的目的是进一步讨论音律知识由巴比伦传入中国的假设。为此，我们在本文的第二部先比较中国与巴比伦在音律方面的成就，然后在第三部比较中国与巴比伦在天文方面的成就。在第四部我们分析在巴比伦文化中，天文与音乐的关系与在华夏文化中两者之间的关系，最后在第五部我们提出一些观点评论巴比伦文化东传中国的假设。

二、音律知识的比较

人生长在一个充满声音的环境里，多方面的音响经验是不自觉的，早期引起人们美感兴趣的音响发现是某些声音当同时发出时听起来很悦耳。这种发现的微妙之处在只有当声音之间的音程配合了某些条件时，才能在一起发出悦耳的谐和音。音律学起源于这些条件的数字认识，当两音之间的音程配合为一与二的比率时，自然就得纯八度谐和音。当两音之间的音程配合为三与四或二与三的比率时，相应地我们得纯四度或纯五度谐和音。西方科技史学家把这谐和音率的发现归功于公元前 6 世纪的毕达哥拉斯。由上节的讨论，历来中西学者对此均有所怀疑。曾侯乙编钟的出土证实中国发现谐和音率不可能会迟于毕氏。在本节我们比较中国与巴比伦和希腊的音律认识。

（一）巴比伦的音律知识

我们对古代巴比伦音律的认识仅限于某些乐器与那些乐器图形的记载。

关于其音乐及其乐理的知识，我们所知道的极少。20 世纪苏美尔（Sumerian）文化的发现是考古学上的一件大事，苏美尔文化是美索不达米亚的早期文化。在苏美尔文化层出土的陶片上发现各式竖琴与弹琴师的图刻，此外出土了一些当时使用的乐器如长颈琴、笛等。这些文化遗物的时代大约在公元前 2500 到 2000 年之间①，是巴比伦文化最早有关乐器的资料。很明显当时弦乐已有相当的发展。就现存有关诗歌方面的资料而言，有些学者认为当时音乐已普遍在宗教典礼中应用。② 可惜这些文物中没有音律方面的资料。截至目前，我们还是没有直接的资料确定巴比伦人对谐和音律上的知识。然而为了支持谐和音律来源于巴比伦，然后东传中国和西传希腊的假设，李约瑟和鲁宾逊均认为巴比伦人在中国《考工记》时代已发现纯律音阶。

在李、鲁二氏的假设中，当谐和音率知识初传入中国和希腊时，“无疑的，谐和音率级数中的音响含义并没有马上可以正确地认识，因为在中国与在希腊一样，均发现调率公式被应用在不适当的事件上。”在中国他们引用了《考工记》中冶铸青铜合金的公式为例，其公式在《考工记》中称之为“六剂”，现引如下：

> 六分其金而锡居一，谓之钟鼎之剂；
> 五分其金而锡居一，谓之斧斤之剂；
> 四分其金而锡居一，谓之戈戟之剂；
> 三分其金而锡居一，谓之大刃之剂；
> 五分其金而锡居二，谓之削杀矢之剂；
> 金锡半，谓之鉴燧之剂。

很明显，该公式的一个可能解释方法是铜的含量比为 5/6、4/5、3/4、2/3、3/5 和 1/2。这也正是求纯律音阶的小三度，大三度，四度，五度，大六度和八度弦长的比率，所以他们称之为“误用谐和音率的例子”，李约瑟和鲁宾逊对这项数字的巧合的理解未必正确。“六剂”实为当时因制作器物对象不同而应用不同青铜合金的配制公式，与“误用谐和音率”的例子不相干。值得在

---

① S. N. Kramer, *History Begins in Sumeria*, Arthaud, 1957.（S. N. 克雷默：《苏美尔历史起源》，阿瑟德，1957）

② Claude Frissard, *Musical Life in Ancient Mesopotamia*, Music, 1954.（克劳德·弗里萨德：《古代美索不达米亚的音乐生活》，《音乐》，1954）

此注意的是古代纯铜也称之为“金”[①]。“六剂”公式也应照此分析。譬如公式一钟鼎之剂“六分其金而锡居一”是指铜六锡一，即锡含量为 14.3%。分析曾侯乙编钟的青铜成分证实“钟鼎之剂”实为当时所采用的公式。五件钟的样例锡含量的测量为 12.49%到 16.6%之间，平均为 13.75%，相当接近于 14.3%。编钟经复制研究表明，钟的含锡量在略高于 13%时，青铜合金铸钟的综合性能为最优。[②]

值得讨论的是在所谓“误用谐和音率”的例子中，李、鲁二人间接地认为巴比伦在《考工记》时代已发现纯律音阶。他们相信《考工记》的年代最迟为公元前 3 世纪，也可能更早。以近代出土文物为根据来分析《考工记》的内容，闻人军认为其年代应在公元前 5 世纪初或较早。[③] 也就是说，在公元前 5 世纪最迟到公元前 3 世纪，巴比伦人已发现纯律音阶了。这是极为可疑的。目前我们虽没有关于巴比伦音律的具体资料，但因其与希腊文化有早期的接触，这两种文化在公元前 5 世纪到 3 世纪之间有关音律知识不应有太大的差异。就希腊而论，其间费禄劳斯（Philolaus，公元前 5 世纪后期）才把八度音程中的二个四度音列（tetrachord）各分为二个整音和一个半音，加上八度音程中原有的一个整音而得五个整音二个半音的七声音阶。其中主要的纯律为八度、五度和四度，而这三纯律的音响意义照后来的记载并未获得正确的理解。

李约瑟和鲁宾逊引用了这些记载作为希腊“误用谐和音律”的例子：“这些记载是以尼科马柯斯（Nicomachus of Gerasa，公元 1 世纪）为最早，后经杨布理柯斯、波依提乌斯（Boethius，公元 480—524 年）等人的重复记载，其大意如下：毕氏经过一打铁店，听到铁锤发出的声音正形成八度、五度和四度音程。经检查铁锤后，他意识到这是因为锤头重量不同所致，故不同音的发出由铁锤的质量而定。他然后制了四个质量相同的砝码作为其实验的根据。但不论拿任何东西来作试验，弦以拉力、瓶以敲击、笛或单弦长度的测量，总得数字 6、8、9、12，形成谐和音率 6∶12 八度音，8∶12 五度音和 9∶12四度音。”[④] 当然，打铁所发的声音与锤头的质量并不构成上述的比率。

① 张子高：《六齐别解》，载《清华大学学报》，第 4 卷第 2 期，1958。

② 李仲达、华觉明、张宏礼：《商周青铜容器合金成分的考察》，载《西北大学学报》（自然科学版），1984（2）。

③ 闻人军：《考工记成书年代新考》，载《文史》，1984（23）。

④ Joseph Needham, *Science and Civilization in China*, Cambridge: Cambridge University Press, 1962, Vol. 4, p. 180.

由此可见音律学在希腊发展得很慢。自费禄劳斯公元前 5 世纪到波依提乌斯公元后 6 世纪希腊在音律学上没有什么特殊的进展。

（二）古代中国的音律知识

回顾中国在音律上的发展，现存最早乐器遗物可追溯到浙江余姚公元前约 6000 年的河姆渡文化的骨哨和西安半坡公元前约 5000 多年前的仰韶文化的原始陶埙。但最值得注意的是 1987 年在河南舞阳贾湖出土的七孔骨笛，共 16 支。贾湖遗址中笛文化层的碳 14 年代测定为公元前约 5000 年。16 支笛中只有编号为 M282：20 的一支最完整，也无裂纹，可作测音研究。此笛长 22.2 公分，可发八个音。一孔音与七孔音约成八度，加上筒音而形成一个七音音阶。① 在公元前 2500 年到 2000 年之间，相当于苏美尔竖琴在陶片图案中出现的最早期间，中国乐器遗物现有笛、陶钟、陶埙等，可是在此时期的中国古代乐器遗物中尚未发现弦乐遗物，或任何有关弦乐的文物遗物。

公元前 2500 年到 2000 年相当于中国五帝时代，《尚书》中有 3 处记载八音②：

> 二十有八载，帝乃殂落，百姓如丧考妣。三载，四海遏密八音。（《尚书·舜典》）
>
> 诗言志，歌永言，声依永，律和声，八音克谐。（《尚书·舜典》）
>
> 予欲闻六律、五声、八音。（《尚书·益稷》）

而照后来的记载，八音为金、石、土、革、丝、木、匏、竹，由八音中的丝我们可推测在帝尧和帝舜时代弦乐可能已出现。《乐记》上也说："昔者舜作五弦之琴，以歌南风。"然而《尚书》的成书年代无疑地迟于五帝时代，因此，有些学者怀疑这记载的可靠性。值得提出的是早期古代书籍中的资料可能经过口传的阶段才记录成书，因此这问题的关键不在成书年代而在书中记载内容是否有事实根据。

近来考古发掘证实在五帝时代，在中国东北与中原地区有大汶口文化和

① 河南省文物研究所：《河南舞阳贾湖新石器时代遗址第二至六次发掘简报》，载《文物》，1989（1），1～14、47 页；黄翔鹏：《舞阳贾湖骨笛之测音研究》，同上，15～17 页。

② 《尚书·益稷》中还有"夔曰，戛声鸣球，搏柎琴瑟以咏。"这记载不见于伏生《尚书》传本。

龙山文化，在东南沿海一带有良渚文化，在西部地区有齐家文化。由这些文物遗物，我们可观察当时中国文化发展情况。譬如，山东莒县陵阳河大汶口文化层出土的四个陶罇（碳 14 年代约公元前 2500 年）。[①] 由其罇上所刻陶文，可体会到与《尚书·尧典》篇所载帝尧命天文官吏去四方“钦若昊天，历象日月星辰，敬授人时”的一致性。[②] 派到东方知天文官员的任务是：“寅宾日出，平秩东作。”而刻有陶文与的两个陶罇可能是用来迎接日出的礼器，刻有斧和锄的两个陶罇可能是用来庆祝丰收的礼器。[③] 这种理解与利用《尧典》所载鸟、火、虚、昴恒星组与四季之关系以岁差原理推算观测年代为公元前 2400 年（见三（二）1 节）也正好符合。《尧典》为《尚书》最早的一篇，而其内容似乎有事实根据。因此，《尚书》中有关八音的记载不应弃之为无根据的传说。弦乐器在此时是否已出现，也不应该因无遗物作证而被绝对否认。

弦乐器的重要性在其弦长比与音律比呈现直接关系，而不像管长比须经过管口校正才得正确的音律比。因此多数科技史家认为谐和音律的数字认识最可能的是发现在弦乐器上。当然，证实巴比伦弦乐器在这时已出现并不就证实巴比伦人对谐和音律的数字认识。不过弦乐器的出现对谐和音律的认识是非常重要的。值得提出在这同一时代，埃及弦乐器也已出现。在中国目前虽无遗物实证，但由《尚书》中八音的记载，可间接推测在此时中国弦乐可能也已出现。

（三）商代中国的音律知识

根据考古发掘的甲骨文与乐器遗物，我们对商代在音律上的成就有比较正确的认识。商代出土的乐器种类增多，有鼓、磬、钟、埙、笛等，但是弦乐器迄今仍未发现。现存最早的弦乐器出土于曾侯乙墓，共有十二个二十五弦瑟和一个十弦琴。此外还有一个五弦的弦器。这些公元前 5 世纪的弦乐器已很先进，不是短期所能形成的。由曾侯乙的弦乐器和早期文献记载如《诗经》以及上述的《尚书》所言，我们可推知中国弦乐器的起源也很早，考古发现的印证是有可能性的。

---

① 山东省文物管理处和济南市博物馆：《大汶口》，117 页，北京，文物出版社，1974。

② 邵望平：《远古文明的火花——陶罇上的文字》，载《文物》，1978（9），74～76 页。

③ Cheng-Yih Chen, The Impact of Archaeology on the Chinese History of Science and Technology.（程贞一：《考古学对中国科技史的影响》，第四届中国科技史国际会议，澳大利亚悉尼，1986）

商代遗留下来的乐器虽没有弦乐器，但有多种保持发音功能的乐器，可以直接作音律的测量与分析。这对音律结构的研究极为重要。由商代乐器发音的测量，我们得知商代中后期已有五声音阶。商代的编钟与编磬常为三个一组。因锈蚀，钟的发音质量常不如磬。故宫博物院收藏有一组商代编磬共三枚，刻有“永启”、“永余”和“夭余”铭文（图 1）。此器出于安阳殷墟的坑中。① 据民族音乐研究所测定得知其频率，现列入表 1。②

表 1　商代编磬频率测量与理论的比较

音名	测频率（振次/秒）	理论频率（振次/秒）	“永启”律——调式	
			调一	调二
永启	948.6	948.6（绘）	商（re）	徵（sol）
永余	1046.5	1067.2	角（mi）	羽（la）
夭余	1278.7	1264.8	徵（sol）	宫（do）

表中理论频率是假设“永启”律 948.6（振次/秒）为已知率，用五度相生法求得。这编磬音律的构造为三度音组，在五声音阶中可得“永启——商”和“永启——徵”二个律调。由此可见，商代音乐家可能已有“音调”这个概念。

进一步分析这编磬音律中音程的关系，现列“永启—永余”和“永启—夭余”两音程的计算如下：

$$\frac{948.6}{1046.5}=\frac{8}{9}+0.018\text{（大二度多 0.018）}$$

$$\frac{948.6}{1278.7}=\frac{3}{4}-0.008\text{（纯四度少 0.008）}$$

可见编磬音程十分接近大二度和纯四度。尤其是四度谐和音律 3/4，其绝对差仅 0.008，不是普通人耳所能分辨的。问题是上列编磬音程是如何求得？是否商代音乐家已知道谐和律的数字关系？十分明显，就是凭人耳辨认也应有一个调音的正确依据，不然这种准确性是很难达到的。李纯一曾把商代不同地区的陶埙、编磬与编钟等乐器作了一个系统性的研究。他注意到乐器所发的 $^\sharp$C、$^\sharp$F、$^\sharp$A 等乐音均有共同音，这现象当然不是出于偶然。因此他的结论是商代至少在后期已可能具备一定的标准音或绝对音高的观念。③ 杨荫浏对古乐

① 此三枚编磬原为于省吾收藏。

② 李纯一：《中国古代音乐史稿》，40 页，北京，人民音乐出版社，1964。

③ 同上书，48 页。

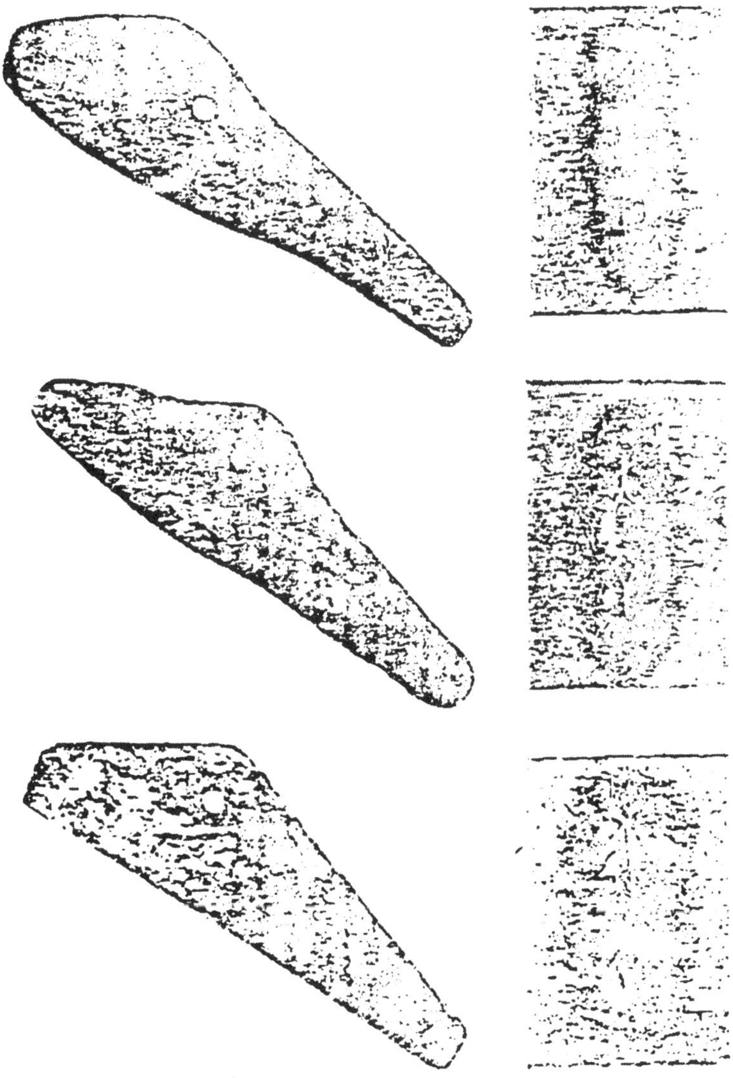

图 1　安阳殷墟出土的一套三枚编磬，现藏故宫博物院。

铭文拓片为“永启”、“夭余”和“永余”。

的研究也得到相同的结论。[①]

除了五声音阶之外，商代晚期音乐家也许已有十二音阶的初步观念。在辉县琉璃阁商代晚期墓中出土了三个陶埙，一大二小。其中一小埙完整无损

① 杨荫浏：《中国古代音乐史稿》，上册，26 页，北京，人民音乐出版社，1981。

（另一小埙残，大埙则吹口破裂），这陶埙呈一平底尖顶圆丘形。顶端有一吹口，埙体前后各有二、三个音孔，共计五孔，可发十一个高度不同的音。（见图 2）照民族音乐研究所的测量，这陶埙音律中的音程有半音、五度、八度等关系。从十二音音阶的观点来看，这陶埙已具有九个半音，仅缺三个半音。在这九个半音中，有七个为相连的半音。① 在图 2 可见所缺的三个半音均在低音部分，很可能这些低音半音在吹口破裂的大陶埙所作的音律中。由此可见，在商代晚期，陶埙已是一种相当进步的旋律乐器。

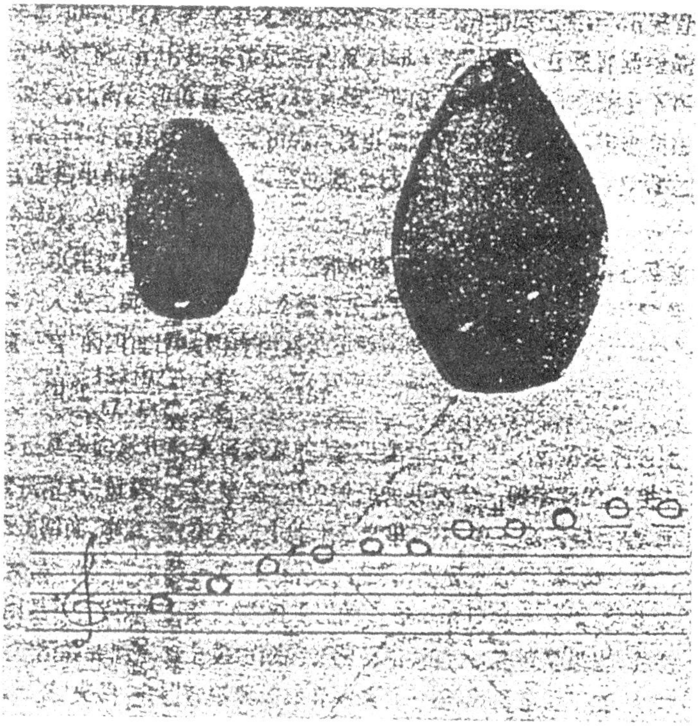

图 2　辉县琉璃阁商墓出土的陶埙

大埙吹口破损，小埙完整，可发出音谱中的十一个音度。（另一小埙因残，不在图中）

（四）中国与希腊的音律比较

上面已提起过李约瑟与鲁宾逊对中国音阶的评论，他们认为中国十二律中没有纯八度的概念。因而否认其半音阶的功能，称十二律为中国“十二音

① 李纯一：《中国古代音乐史稿》，44～45 页。

之域”，而不是十二音音阶。他们的结论是“中国音域的结构基本上与毕氏音阶不相同”。这是因为他们误解了中国十二律和音阶的计算方法。若把《管子·地员》中五声音阶与《吕氏春秋》十二律的计算方法如图 3 配合在一起①，很明显地可在林钟和南吕音律范围中见纯八度的音程关系。如图 3 所示，五声音阶中的“徵”音比林钟律低纯八度，108∶54；同样，五声音阶中的“羽”音比南吕律低纯八度，96∶48。事实上，中国计算音的上下相生法，同时在用了纯五度和纯八度两个音程的关系，并不仅建立在五度相生的原则上，纯八度的概念已合并在音阶计算的步骤之中。②

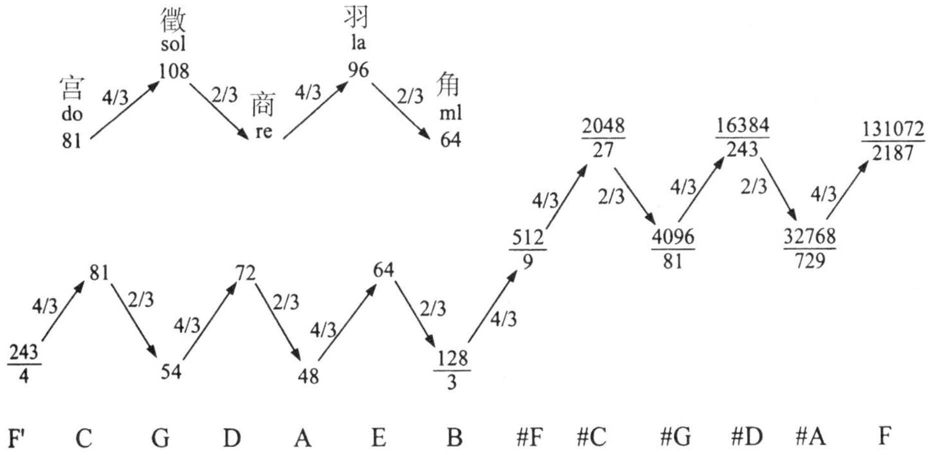

图 3 《管子·地员》五声音阶（徵调）和《吕氏春秋》十二律计算方法的配合说明纯八度的音程关系。

现在把由《吕氏春秋》十二律计算法所得的十二个宫调七声音阶列入表 2 与纯律音阶与希腊毕氏音阶作一比较。由表 2 可见“黄钟—宫”的四度比纯四度约高：

$$四度\frac{1331072}{177147}=\frac{3}{4}-0.0101$$

① Cheng-Yih Chen, Early Chinese Work on Harmonic Progression in Tonal System. （程贞一：《中国早期谐和音系统的研究》，见《第三届国际中国科学史讨论会论文集》，北京，科学出版社，1990）

② Cheng-Yih Chen, The Generation *of Chromatic Scales in the Chinese Bronze Set-Bells of the 5th Century*, Science and Technology in Chinese Civilization. Singapore, World Scientific, 1987. （程贞一：《从公元前五世纪青铜编钟看中国半音阶的生成》，新加坡，世界科学出版社）

表 2　《吕氏春秋》十二律计算法所得的十二个宫调七音音阶与纯律音阶和希腊毕氏

音律 \ 音程	黄钟	大吕	太蔟	夹钟	姑洗	仲吕	蕤宾	林钟	夷则	南吕	无射	应钟	希腊	纯律
	C	♯C	D	♯D	E	F	♯F	G	♯G	A	♯A	B		
基　音	1	1	1	1	1	1	1	1	1	1	1	1	1	1
大二度	8/9	8/9	8/9	8/9	8/9	59049/65536	8/9	8/9	8/9	8/9	59049/65536	8/9	8/9	8/9
大三度	64/81	64/81	64/81	6561/8192	64/81	6561/8192	64/81	64/81	6561/8192	64/81	6561/8192	64/81	64/81	4/5
纯四度	131072/177147	3/4	3/4	3/4	3/4	3/4	3/4	3/4	3/4	3/4	3/4	3/4	3/4	3/4
纯五度	2/3	2/3	2/3	2/3	2/3	177147/262144	2/3	2/3	2/3	2/3	2/3	2/3	2/3	2/3
大六度	16/27	16/27	16/27	19683/32768	16/27	19683/32768	16/27	16/27	16/27	16/27	19683/32768	16/27	16/27	3/5
大七度	128/243	128/243	128/243	2187/4096	128/243	2187/4096	128/243	128/243	2187/4096	128/243	2187/4096	128/243	128/243	8/15
八　度	1/2	1/2	1/2	1/2	1/2	1/2	1/2	1/2	1/2	1/2	1/2	1/2	1/2	1/2

这正是李约瑟和鲁宾逊所说的“纯四度”问题。① 可是他们的比较只限于“黄钟—宫”律调，表中所列的其他 11 个律调的四度均为纯四度。事实上，在表 2 中的 12 个律调中，有 7 个七声音阶，即“大吕—宫”，“太蔟—宫”，“姑洗—宫”，“蕤宾—宫”，“林钟—宫”，“南吕—宫”和“应钟—宫”与毕氏的七声音阶是完全一样，因此毕氏音阶的结构基本上与中国的音阶是相同的。也许值得提出，由表 2 可见“夹钟—宫”音阶与纯律音阶几乎一样，因为其大三度、大六度和大七度虽与纯律不一样，但相差非常小，非普通人耳所能分辨的。

七声音阶在公元前 5 世纪后期，费禄劳斯（Philolaus）时代，开始成为希腊主要音阶。在中国，七声音阶在公元前 6 世纪后期伶州鸠时代，也已流行。照《国语·周语》所载，周景王在公元前 522 年左右曾问伶州鸠“七律

① Joseph Needham, *Science and Civilization in China*, Cambridge: Cambridge University Press, 1962, Vol. 4, p. 178.

者何”？伶州鸠的解释为“数合声合（‘合’，《四部备要》本，上海中华书局据士礼居黄氏重雕本校刊作‘和’），然后可同也，故以七同其数，而以律和其声，于是乎有七律”。他并指出七律出现在周武王伐殷时（公元前1066），虽七声音阶在中国出现很早，但五声音阶仍为旋律创作的中心所在。譬如《左传·昭公二十五年》（公元前517）的记载说“七音、六律，以奉五声”。公元前3世纪的《吕氏春秋》在讨论古乐时也有“铸十二钟以和五音”的记载。由此可见，虽然构造相同但希腊和中国对七声音阶的应用是有差别的。曾侯乙编钟的出土证实在公元前5世纪曾国音乐家已有超过五个八度音域的十二音阶以供五声、六律或七音为主的旋律和转调的创作。

三、天文知识的比较

科技史学家认为音律知识由巴比伦传入中国，这项假设与早期中国天文知识由巴比伦传入的假设是密切相关的。在本节中，我们将比较中国与巴比伦早期天文的认知来理解这两个文化在天文学上的关系。我们先讨论这两个文化在历算方面的异同，然后再讨论两者在天文体系上的异同。

（一）历算的比较

1. 古代中国的历法

在二之二节中，我们已讨论过《尚书·尧典》中记载帝尧派天文官到四个方向从事天文观察的任务。根据近来中国考古发现这项记载可能有事实根据。同时这发现支持了毕渥（Biot）根据岁差原理推算《尚书·尧典》中四仲中星年代为公元前2400年。因此，现存有关历算最早的计算应属于《尚书·尧典》中下列的记载：“期三百有六旬有六日，以闰月定四时成岁。”这段记载中提到季节和闰月，指示当时的历法已在调整月的相位与年的季节关系。除了“岁”（年）和“月”这两个自然周期外，这段记载并提到一个人为的十日周期谓之“旬”，相当于现在的七日周期。这段记载说到一个季节年为366日，但没有提到月的长度。有关月长度的合理推想是人们对月长度的测量精度至少不会低于对年长度的测量精度。事实上，也许会更加精确，因为年的长度比月的长度难于测定。假定这两者的测知是同样精确，那么，当时所知月长的上限应为29.6日。因此，我们推测相当于帝尧时代可能已用了大月30日和小月29日来调整月相和季节的关系。

现存最早关于大小月的记载见于约公元前14世纪的商代甲骨文中，由甲骨文得知殷历的闰月有14个月的。① 近来甲骨文的系统整理，发现在150多个13月的记载中仅有2个14月的记载。② 这似乎表明在殷商时期闰月的置法已有初步的系统了。甲骨文中尚未发现关于回归年和朔望月长度的明确记载。董作宾利用甲骨文中的零星记载推算出朔望月为29.53日，回归年为366.25日。③ 不过这些数据的推算牵涉到缄默的假设，还得有进一步的证据才能得出四分历是由商代所流传下来的结论。不过，根据董作宾的研究，我们可以肯定，商代天文学家们所知道的回归年长度比《尚书·尧典》中所载的366天更准确。甲骨文的记载确实证明在公元前14世纪时，中国历法已是阴阳合历，利用大小月、一年十二月和设置闰月的方法来协调月相和季节的关系。甲骨文中所显示的殷历和《尚书·尧典》中有关历法的记载是一脉相传的。

中国历学很早就显示向两个不同的方向发展：一是不断地在历法中增添天文的内容，如日月蚀和行星运行等；另一是为了便于计日编年的应用而引进人为的周期。第一个人为周期被引进的是十日的“旬”。这是一个方便而又合乎逻辑的选择，因为中国的数字无论是甲骨文中的字符组合数字或是筹算中的排位数字都是十进制，而且三旬近于一个月，三十六旬近于一个年。一旬中的日名为甲、乙、丙、丁、戊、己、庚、辛、壬、癸，形成一个以十为周期的循环“干”系统。早在甲骨文中，这“干”系统已与一个以十二为周期的循环“支”系统排列组合为一个以六十为周期的循环“干支”系统，用于纪日。到了公元前1世纪，这系统又从纪日扩展到纪年，干支纪年到现在仍在应用。

我们要强调的是干支纪日出现在闰月制度发明之后，它不是用来代替朔望月和季节年的计日。因此，所谓“中国文化中最古的纪日制度与太阳、月亮完全无关”这一类的评语是十分容易引人误解的。干支系统在中国历学上的意义是它提供了一个脱离季节年和朔望月的独立纪日法，为一切地区和任何时代提供了一个公共参照的系统。譬如，由干支纪日的应用，我们可以根据春秋时代的编年及季节日的测定而计算出那个时代所得的回归年的长度。《左传》中有两次“日南至”（即冬至）的纪录：一次是鲁僖公五年（公元前655）正月辛亥，

① 董作宾：《安阳发掘报告》，第2册，1943。

② 饶宗颐主编：《甲骨文通检》，第2册，香港中文大学出版社，1990。

③ 董作宾：《殷历谱》，李庄，中央研究院，1945。

一次是鲁昭公二十年（公元前 522）二月乙丑。这两次冬至间隔的 133 年的日数，可由干纪日系统求得，即 809 个干支周期加上从辛亥到己丑的 38 日，共计 48578 日。因此我们得知春秋时代一个回归年是 $365\frac{33}{133}$日。

上一世纪以来，许多人谈到巴比伦对中国天文学的影响时，常以中国干支系统为例证之一，因为美索不达米亚的数字系统为六十进位，而干支系统的周期正是六十。无疑希腊和亚历山大的六十分数制以及圆周分为 360°的制度，导源于巴比伦。但是，如认为干支系统也导源于巴比伦，实无根据。李约瑟也曾经指出："中国的圆周是 $365\frac{1}{4}$°而不是 360°"，"六十分数制在中国未起过任何作用"①。事实上，中国的干支系统完全不同于巴比伦的六十进位系统，不仅功能不同而且观念也不同。干支系统不是一个基数系统，而是一个周期序数系统；不是由六十进位数字原理所推导而得，而是由"干"和"支"两个循环系统所排列组合而成。如用现代符号〔A〕代表"干"系统和〔B〕代表"支"系统如下：

〔A〕＝〔干〕＝〔A_1，A_2，……，A_{10}〕
＝〔甲，乙，丙，丁，戊，己，庚，辛，壬，癸〕
〔B〕＝〔支〕＝〔B_1，B_2，……，B_{12}〕
＝〔子，丑，寅，卯，辰，巳，午，未，申，酉，戌，亥〕

于是六十干支系统可由下排列的组合而得：

〔AB〕＝〔A_1B_1，A_2B_2，A_3B_3，A_4B_4，A_5B_5，A_6B_6，A_7B_7，A_8B_8，A_9B_9，$A_{10}B_{10}$，A_1B_{11}，A_2B_{12}，A_3B_1，A_4B_2，A_5B_3，A_6B_4，A_7B_5，A_8B_6，A_9B_7，$A_{10}B_8$，A_1B_9，A_2B_{10}，A_3B_{11}，A_4B_{12}，A_5B_1，A_6B_2，A_7B_3，A_8B_4，A_9B_5，$A_{10}B_6$，A_1B_7，A_2B_8，A_3B_9，A_4B_{10}，A_5B_{11}，A_6B_{12}，A_7B_1，A_8B_2，A_9B_3，$A_{10}B_4$，A_1B_5，A_2B_6，A_3B_7，A_4B_8，A_5B_9，A_6B_{10}，A_7B_{11}，A_8B_{12}，A_9B_1，$A_{10}B_2$，A_1B_3，A_2B_4，A_3B_5，A_4B_6，A_5B_7，A_6B_8，A_7B_9，A_8B_{10}，A_9B_{11}，$A_{10}B_{12}$〕

---

① Joseph Needham, *Science and Civilization in China*, Cambridge: Cambridge University Press, 1962, Vol. 3, p. 82.（李约瑟：《中国科技史》，第 3 卷，剑桥，剑桥大学出版社，1962）

由此可见，这个程序与六十进位制毫无共同之处，因此六十干支系统不能用来证明中国天文历算受巴比伦的影响。

2. 古巴比伦的历法

根据前期巴比伦王朝（公元前 19 到前 16 世纪）传下来的月名，以及月名在亚述（Assur）出土的约在公元前 1100 年的一块泥砖上的排列，我们得知，巴比伦人当时是把春分固定在一月（Nisannu）份，这与中国把冬至作为一年的开始是不相同的。巴比伦人以太阳落后新月在西方初见为一个月的开始，这与中国人以朔旦为一月的开始也不相同。出土资料显示古巴比伦历已用闰月来调整月份和季节的关系。在一块泥砖上记载着，国王汉谟拉比（Hammurabi，约公元前 1792—前 1752 年）曾下令说："今年年成不好，下个月必须改为闰六月来代替七月（Tashritu），原定七月二十五日应缴的赋税改在闰六月（Ululu Ⅱ）二十五日缴纳。"[①] 这表明当时已有闰月，但置闰方法并无系统规定，由国王的一个命令就可以更改。由前巴比伦王朝的最早历法资料到亚述帝国昌盛之前（约公元前 1000 年）并没有发现有关季节年长度和朔望月长度的记载。我们推测在这期间大小月的方法可能已被采用。与《尚书·尧典》和甲骨文所披露有关中国历法的发展相比，巴比伦人在历法上的进展并无显著的差异。

表 3　　巴比伦八年三闰的程序

时间 *	闰月年份	闰月数目
－528 至－521	2U　4A　7A	3
－520 至－513	2U　4A　7A	3
－512 至－505	2U　4A　7A	3
－504	2U	1

* "负"符号代表公元前，U 闰月在年中，A 闰月在年底。

据帕克（Parker）和杜贝斯坦（Dubberstein）对巴比伦泥板中闰月记录所做的编年[②]，威登（Waerden）算出在公元前 528 至前 503 年之间，巴比伦历法使用八年三闰法，其闰月情况见表 3。然后，在公元前 5 世纪之交，改进

① F. X. Kngler, *Sternkunde und Sterndienst in Babel*, Münster, 1909, Vol. 2, p. 253，引自 A. Pannekok 的 *A History of Astronomy*。(F. X. 奈格尔：《巴比伦的天文学和天文学家》，引自 A. 潘尼科克《天文学史》，31 页，伦敦，史密森·尚德出版公司，1961)

② R. A. Parker and W. A. Dubberstein, *Babylonian Chronology*, Providence: Brown University Press, 1956. (R. A. 帕克和 W. A. 杜伯斯坦：《巴比伦年表》，普罗维登斯，布朗大学出版社，1956)

为十九年七闰制，其置闰情况见表 4。① 由此表可以看出，在公元前 5 世纪时，巴比伦历法已掌握了十九年七闰的规律，照泥板记录，这方法在公元前 1 世纪仍在应用。

表 4　　巴比伦十九年七闰的程序

时间*	闰月年份								闰月数目
−500 至 −482	1A	3A	6A	(8A)	11A	14A	17U	19A	8
−481 至 −463		(3A)	(6A)	8A	11A	14A	17U	19A	7
−462 至 −444		3A	(6A)	8A	11A	14A	17A	19A	7
−443 至 −425		3A	(6A)	8A	11A	14A	17A	19A	7
−424 至 −406		3A	6A	8A	11A	14A	17U	19A	7
−405 至 −387		3A	6A	8A	11A	(14A)	17U	19A	

* “负”符号代表公元前，U：闰月在年中，A：闰月在年底，()：在陶片上没有找到。

王韬②、新城新藏③和薮内清④都分别对《春秋》中从公元前 722 至公元前 476 年间的编年与朔闰记录作了系统的研究，他们的结果归纳于表 5 中。⑤ 由此表可见在公元前 6 世纪之前中国已发明十九年七闰制并且已有系统的应用了。

表 5　　《春秋》中的十九年七闰记录

期间*	闰月数目	期间*	闰月年份	闰月数目
−722 至 −704	7	−589 至 −571	3 6 8 11 13 16 19	7
−703 至 −685	6	−570 至 −552	3 5 8 11 14 17 19	7
−684 至 −666	7	−551 至 −533	3 5 8 11 13 16 19	7
−665 至 −647	7	−532 至 −514	3 6 8 11 13 16 19	7
−646 至 −628	6	−513 至 −495	2 6 8 11 13 16 19	7
−627 至 −609	7	−494 至 −476	3 5 8 11 13 16 19	7
−608 至 −590	8			

* “负”符号代表公元前。

将表 5、表 3 和表 4 进行比较，可以看出在发明和完善十九年七闰制并系统地应用之前，中国和巴比伦都曾经历过一个不确知的阶段。尽管如此，在置闰的分配上彼此仍有所不同。表 3 和表 4 显示，在巴比伦历法中由八年三

---

① B. L. van der Waerden, Science Awakening Ⅱ, *The Birth of Astronomy*, Leyden: Noordhoff International Publishing, 1974, p. 103. (B·L·万·德·威尔登：《科学之觉醒》Ⅱ，《天文学的诞生》，雷登，诺德霍夫国际出版公司，1974)

② 王韬：《春秋朔闰至日考》，1900。

③ 新城新藏：《东洋天文学史研究》，东京，1929。

④ 薮内清：《中国天文学史》，东京，1969。

⑤ 陈久金：《历法的起源和先秦四分历》，见《科学史文集》，第 1 辑，5～21 页，1978。

闰制转变为十九年七闰制发生在公元前504到前482年一个较短的时期以内，而在此之前，中国天文学家们已经系统地应用了十九年七闰制几乎一个世纪。因此，我们看不出巴比伦对中国历法的影响。恰恰相反，如果这一时期有传播的话，倒可能是中国影响了巴比伦。因为十九年七闰制出现在中国远在出现于巴比伦之前。巴比伦之突然放弃八年三闰制改用十九年七闰制，而且在很短的时间内就完成，显示有受外来影响的可能性，不过，在没有充分的直接证据之前，我们倾向于中巴在历法上平行发展的看法。

（二）赤道体系的比较

中国古代天文的一个特征是北极与赤道系统的早期应用。李约瑟在他的《中国科学技术史》中说："许多欧洲学者以为天文学不经过黄道阶段而直接发展到一个齐全的赤道系统是几乎无法置信的；然而却毫无疑问地发生了。"接着他又指出："这现象首先发生于巴比伦"，并建议中国赤道系统导源于巴比伦的可能性。[①] 他主张赤道天文学起源于巴比伦的看法主要是建立在以下三点上的：（1）把巴比伦平面球形图（Planisphere）中的中环理解为赤道带；（2）巴比伦星图的中环与中国利用四仲中星来确定季节的年代比较；（3）中国和巴比伦对星命名之间的关系。在此我们把早期中国与巴比伦在赤道体系方面的工作作一比较。

1. 古代中国的赤道体系

根据《尚书·尧典》，帝尧时代的四季是由观测四组恒星于黄昏时通过南方中天来确定的。其原文如下：

> 日中星鸟，以殷仲春。……日永星火，以正仲夏。……宵中星虚，以殷仲秋。……日短星昴，以正仲冬。

这段文字提供了四组星和春秋二分及夏冬二至的直接关系。由这象限组星与四季关系的认识，古代中国天文学家逐渐地建立了二十八宿赤道系统，形成赤道坐标的关键部分，表6列出现在所知的完整的二十八宿系统，并列于每一宿的距星及其星等及1900年的赤经和赤纬。[②]

---

① 李纯一：《中国古代音乐史稿》，231、252～258页。
② 竺可桢：《气象学报》，1944（18），1页。

表 6　　中国二十八宿和其距星的星等及 1900 年的赤经和赤纬

1		角 jiao	α Virginis（1・2） 13 19 55—10°38′22″
2		亢 Kang	κ Virginis（4・3） 14 07 34—09°48′30″
3		氐 Di	α^2 Librae（2・9） 14 45 21—15°37′35″
4		房 Fang	π Scorpii（3・0） 15 52 48—25°49′35″
5		心 Xin	σ Scorpii（3・1） 16 15 07—25°21′10″
6	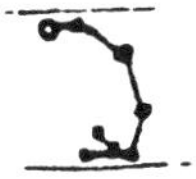	尾 Wei	μ″ Scorpii（3・1） 16 45 06—37°52′33″
7		箕 Ji	γ Sagittarii（3・1） 17 59 23—30°25′31″
8		斗 Dou	φ Sagittarii（3・3） 18 39 25—27°05′37″
9		牛 Niu	β Capricomi（3・3） 20 15 24—15°05′50″
10		女 Nü	ε Aquarii（3・6） 20 42 16—09°51′43″
11		虚 Xü	β Aquarii（3・1） 21 26 18—06°∞′40″

续前表

12		危 Wei	α Aquarii (3 • 2) 22 ∞ 39−∞°48′21″
13		室 Shi	α Pegasi (2 • 6) 22 59 47+14°40′02″
14		壁 Bi	γ Pegasi (2 • 9) ∞ 08 05+14°37′39″
15		奎 Kui	η Andromedæ (4 • 2) ∞ 42 02+23°43′23″
16		娄 Lou	β Arietis (2 • 7) 01 49 07+20°19′09″
17		胃 Wei	41 Arietis (3 • 7) 02 44 06+26°50′54″
18		昴 Mao	η Tauri (3 • 0) 03 41 32+23°47′45″
19		毕 Bi	ε Tauri (3 • 6) 04 22 47+18°57′31″
20		觜 Zi	λ^2 Orionis (3 • 4) 05 29 38+09°52′02″
21		参 Shen	δ Orionis (6 • 1) 05 35 43−01°59′44″
22		井 Jing	μ Geminorum (3 • 2) 06 16 55+22°33′54″
23		鬼 Gui	θ Cancri (5 • 8) 08 25 54+18°25′57″
24		柳 Liu	δ Hydrae (4 • 2) 08 32 22+06°03′09″

续前表

25		星 Xing	α Hydrae（2・1） 09 22 40—08°13′30″
26		张 Zhang	μ Hydrae（3・9） 10 21 15—16°19′33″
27		翼 Yi	α Crateris（4・2） 10 54 54—17°45′59″
28		轸 Zhen	γ Corvi（2・4） 12 10 40—16°59′12″

由于春分点随地球自转轴方向的逐渐变动而逐渐沿着黄道西移，形成岁差的现象。因此，《尚书・尧典》所载象限宿与四季的关系已不符合现代的观察。早在 1862 年，毕渥（J. B. Biot）已提出可利用岁差原理来求《尧典》所载四仲中星的观测年代，他取观测时间为下午六时，得到的观测年代为公元前 2400 年左右，恰与传统所认为的帝尧时代吻合，除了四组星的赤道带区域上有些不确定因素之外，毕渥的结论是不易否认的。不过，桥本增吉于 1928 年假定观测时间为下午七时，得到的观测年代为公元前 8 世纪。[①] 虽然没有确凿的根据可以否定天文家的中天观测是在下午六时进行，但桥本增吉的计算表明了观测时刻的选择对计算结果的敏感关系。为了避免这敏感关系，竺可桢于 1944 年采用二十八宿距星在赤道带出现最多的年代为计算方法，其结果见表七。[②]

表 7　　　　　　二十八宿距星处于赤道南北 10°范围以内的数目

时间*	二十八宿距数目
+1900	11
0	14
−2300—−4300	18—20
−6600	15
−8800	6

* “负”符号代表公元前，“正”符号代表公元后。

① J. B. Biot, *Etudes sur L'Astronomie Indienne et sur L'Astronomie Chinoise*, Paris: Lévy, 1862, p. 263.（J. B. 毕渥：《中国、印度天文学之研究》，巴黎，利夫，1862）

② 桥本增吉：《书经尧典之四中星的研究》，载《东洋学会》，第 17 卷第 3 期，303 页，东京，1928。

由表 7 可见，在公元前 4300 年至公元前 2300 年之间，二十八宿距星处于赤道附近的数目最多，支持毕渥的早期计算。

值得在此回忆一下本世纪上叶在疑古高潮时对《史记》中所叙述的中国古代史的看法与评论。当时有许多著名的历史学家和汉学家尤其否认西周以前的中国历史，虽然商代甲骨文的发现以及随后将《史记》中所在商朝 31 位君王中之 29 位君王名称都从甲骨文中找到，但这些学者又坚持商代以前的历史不可靠，认为《史记》中叙述的夏代与五帝均为伪史，没有事实根据。① 这种观点无疑地影响了对二十八宿起源的研究，这从 1959 年李约瑟关于这项研究所做的结论可以看出来：

> 根据我们现在对中国古代历史的了解，从宽估计，《尧典》的年代未必能早于公元前 1500 年；因此也许桥本增吉的结论最值得注意。但是，可能性仍存在，即《尧典》的记载确实是古老的天文观测传统的遗迹，不过它根本不是中国固有的，而是属于巴比伦的。②

在这里我们可以看出当时中国古代史的知识背景对李约瑟的结论起了关键性的作用。

由于近几十年的考古发掘，我们对商代之前的文化有了局部的认识。在二·（二）节中，我们已简单地叙述了商之前的文化分布，并讨论了《尚书·尧典》中派天文官去四方的记载可能是有事实根据。大汶口文化层所出土的陶罇（碳 14 年代约为公元前 2500 年）与罇上的陶文暗示“寅宾日出，平秩东作”记载的可靠性。同时给毕渥计算《尚书·尧典》所载象限组星与四季关系的观测年代提出一个独立的证据。出土文物同时也给二十八宿的完成年代提出一些重要的资料。

二十八宿完成的年代是一个争辩了几乎三世纪的问题。这争辩大体可分为两派，一派认为二十八宿的完成年代不早于《吕氏春秋》，在公元前 3 世纪。另一派主张二十八宿完成的年代不迟于《月令》，在公元前 7 世纪或更早。1978 年曾侯乙墓二十八宿天文图在湖北随县的出土否认了二十八宿的完

---

① 见顾颉刚：《与钱玄同先生论古史书》，《古史辨》第 1 册，59 页，1926。

② Joseph Needham, *Science and Civilization in China*, Cambridge: Cambridge University Press, 1962, Vol. 4, p. 246.

成年代不早于公元前 3 世纪的看法。因为曾侯乙卒于公元前 433 年，故墓中的二十八宿天文图（图 4）不可能晚于公元前 5 世纪。[1] 由图 4 可见这天文图是以二十八宿的名字顺着时针方向环绕着一个“斗”字（可能代表北斗）排列成一个椭圆形的赤道环。所有二十八宿的宿名均写为篆书。图 5 是这些篆体宿名与现在印刷体的对照，此图应与表 6 所列的二十八宿对比，除了个别情况外，彼此都能对上。这些宿名对二十八宿起源问题研究具有无与伦比的价值。[2]

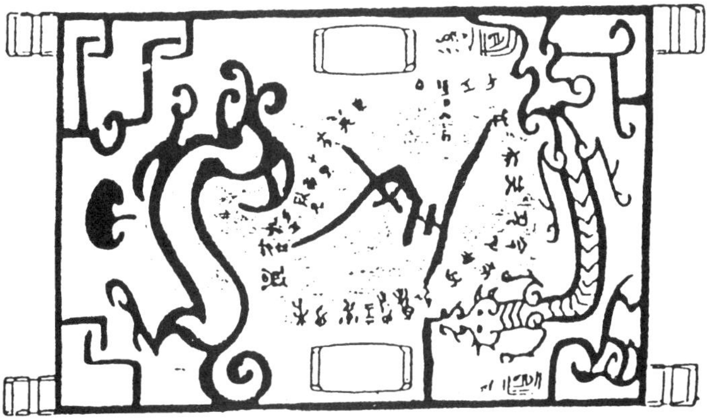

图 4　1978 年在湖北随县擂鼓墩出土的
衣箱上的二十八宿天文图像

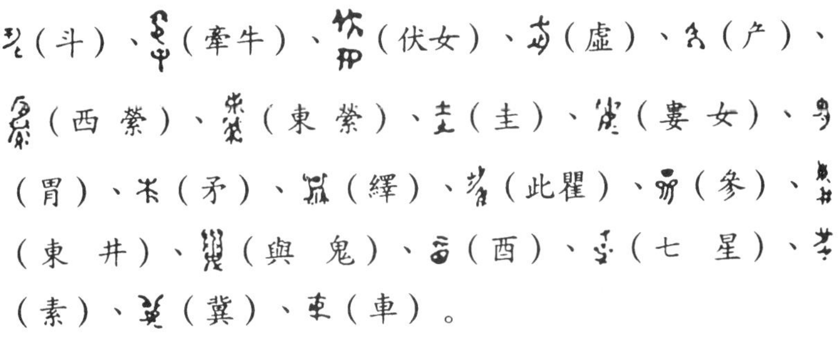

图 5　曾侯乙天文图中赤道环上二十八宿的篆体宿名与现在印刷体的对照

曾侯乙天文图中赤道环的东西两旁绘有一龙一虎，很明显，龙当为东宫

---

① Joseph Needham, *Science and Civilization in China*, Cambridge: Cambridge University Press, 1962, Vol. 4, 图版 5。

② 王健民、梁柱、王胜利，《文物》，1979（7），40～45 页。裘锡圭，《文物》，1979（7），25～32 页。

苍龙，虎当为西宫白虎。图中似乎没有四宫中的南宫朱雀和北宫玄武。黄建中等[1]认为，如果把木箱前后两侧所显示的设计和箱盖上的天文图一并考虑的话，其他两宫也都有了（见图6）。这看法假设前侧的图画设计为南宫朱雀、后侧为北宫玄武。全黑设计代表北宫玄武，可解释为当时北方玄武在地平线下看不见的意思。为了支持这解释，黄建中等又认为天文图中赤道环的亢（陸）宿之下所写的“甲寅三日”可能是曾侯乙逝世的日期，从年表推算，这日期是该年五月初三，接近于春分季节。[2] 因此，黄昏时，北方七宿处于地平之下看不见。这解释很有意思，但有待于进一步研究。

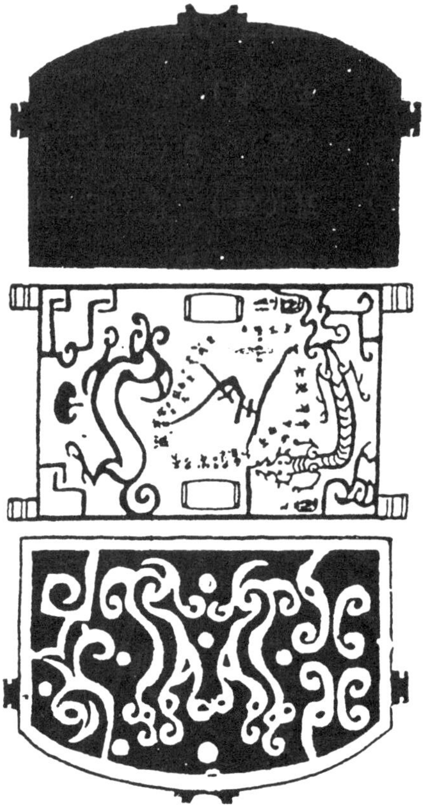

图6　曾侯乙二十八宿衣箱前侧图画（下）和后侧全黑（上）以及箱顶上的天文图（中）

① 黄建中、张镇九、陶丹和 Kenneth Brecher（肯尼思·布雷彻）：《擂鼓墩一号墓天文图像考论》，第十届国际广义相对论与引力会议论文，意大利，1983年7月。

② 王健民、梁柱、王胜利，《文物》，1979（7），40～45页。

2. 古巴比伦的赤道体系

现存有关巴比伦的天文知识，主要来自19世纪中叶以来的考古发现。巴比伦的浮雕和泥砖于1843年的考尔萨巴德（Khorsabad）遗址首先出土，接着是1849和1850年在尼尼微（Nineveh）遗址的第一皇宫图书馆（Kuyunjik）和1853年在亚述巴尼帕（Ashurbanipal）图书馆遗址出土，大多数泥砖文物现都收藏在欧洲的博物馆里。约一世纪前，自楔形文字（Cuneiform writings）得以辨认以来，科技史学家对泥砖楔形文字中的天文资料的研究已有进展，做出了显著的成绩。两块保存在英国博物馆的泥砖（K250和K8067）可能是前巴比伦王朝（公元前19—前16世纪）时期遗物的传抄品。① 砖上刻有伊拉姆（Elam）、阿卡得（Akkad）和阿姆鲁（Amurru）三地的恒星和行星的名称，现入表8。② 表8中所列的这些星和三个地区所崇拜的神亚努玛（Ea或Enuma）、阿努（Anu）和恩利尔（Enlil）有关系，见表9。表9是1920年薛洛德（Schroeder）根据收藏在柏林图书馆一块出土于亚述约公元前1100年的泥板复原出来的。③

奈给保尔（Neugebauer）曾指出："对太阳、月亮和金星的神化不能算做天文学"，以及"对一些惹人注目的恒星和星座的命名也不构成天文科学"④。我们对表8中所列恒星和行星的兴趣来自它们后来与月份发生了联系（见表9）并且也在出土的星图中出现。局部平面球形星图（见图7）发现在出土的泥板残片上。⑤ 这些是属于"亚努玛—阿努—恩利尔"系列的泥砖，包含有连续编号的70多块泥板，占文有7000多条。据说经过了几个世纪时间，直到公元前1000年左右，这些众多占文的规范化才最后定型。因此，巴比伦平面球形星图的出现应在公元前1200年左右，正相当于中国商朝迁都于殷以后的

① *Cuneiform Texts* (British Museum)，第25册，图版40、41和44，1909，见E. F. Weidnen, *Handbuch der Babylonischen Astronomie*, Leipzig, 1915。(《楔形文字读本》，大英博物馆。见E.F. 韦德纳：《巴比伦天文学辞典》，莱比锡，1915)

② B. L. van der Waerden, Science Awakening Ⅱ, *The Birth of Astronomy*, Leyden: Noordhoff International Publishing, 1974, p. 68，见表2。(B. L. 万·德·威尔登：《科学之觉醒》Ⅱ，《天文学的诞生》，雷登，诺德霍夫国际出版公司，1974)

③ O. Schroeder, *Keilschrifttexte aus Assur Verschiedenen Inhalts*, Leipzig, 1920, No. 218, p. 119. (O. 施罗德：《来自亚述的各种不同内容的楔形文字文献》，莱比锡，1920)

④ O. Neugebauer, *The Exact Science in Antiguity*, Providence: Brown University Press, 1957, 2nd ed. p. 99. (O. 奈给保尔：《安提瓜提之严谨科学》，2版，普罗维登斯，布朗大学出版社，1957)

⑤ E. A. Wallis, Budge (ed.), *Cuneiform Texts from Babylonian Tablets* (*British Museum*)，第33卷，6页，图版11和12，1912。(E. A. 沃利斯·巴奇编：《巴比伦楔形文字表》，大英博物馆)

时间（约公元前 1384—前 1111）。

表 8　伊拉姆（Elam）、阿卡得（Akkad）和阿姆鲁（Amurtu）三地区的恒星和行星

编号 No.	伊拉姆的星 （Stars of Elam）	阿卡得的星 （Stars of Akkad）	阿姆鲁的星 （Stars of Amurru）
1	……	APIN（犁星）※	IKU（室、壁）
2	……	*a-nu-ni-tum*※※	SHU. GI（天船二）
3	……	SIBA. ZI. AN. NA（参）	MUSH（长蛇座）
4	……	UD. AL. TAR	KAK. SI. DI（天狼）
5	……	MAR. GID. DA（北斗）	MASH. TAB. BA. GAL. GAL（北河二）
6	……	SHU. PA（大角）	BIR（老人星？）
7	……	*zi-ba-ni-tum*（氐）	NIN. MAH
8	GIR. TAB（房、心、尾）	UR. IDIM（豺狼座）	LUGAL（轩辕十四）
9	……	UZA（织女）	*sal-bat-a-nu*（火星）
10	GU. LA（虚）	*mushen*（牛郎）	AL. LUL（南河三）
11	N（U. MUSH. DA）（天鹤座）	DA. MU（海豚座）	SHIM. MAH（危）
12	……	*ni-bi-rum*（火星）	KA. A

※　相当于现今的仙女处 γ 星和三角座 α、β、γ 星。

※※相当于现今的仙女座中间部分和双鱼座东北部分。

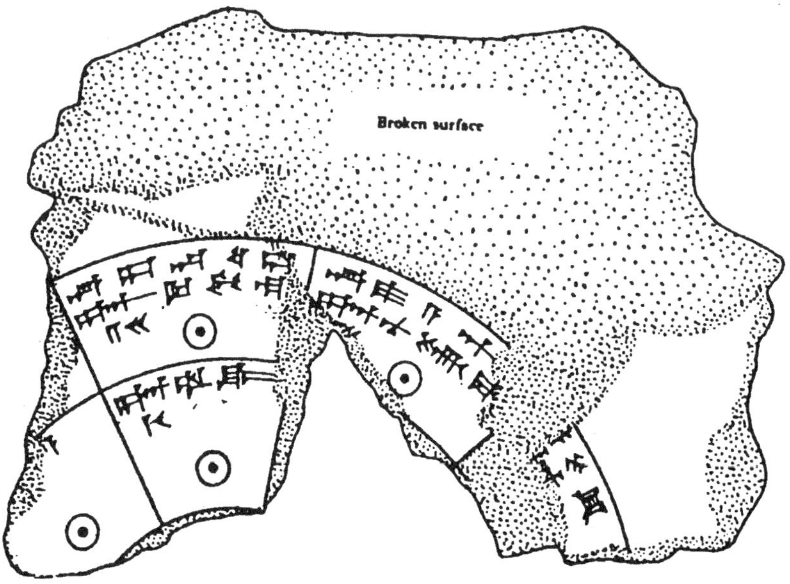

图 7　巴比伦平面球形星图（Planisphere）（约公元前 1200 年）

表 9　分属于亚努玛（Ea 或 Enuma）、阿努（Anu）和恩利尔（Enlil）的恒星和行星*

月份 Month	亚的星 Stars of Ea	阿努的星 Stars of Anu	恩利尔的星 Stars of Enlil
Ⅰ. Nisannu	IKU（室、壁）	DIL. BAT（金星）	APIN（犁星）※※
Ⅱ. Aiaru	MUL. MUL（昴）	SHU. GI（天船二）	*A-nu-ni-tum*※※※
Ⅲ. Simanu	SIBA. ZI. AN. NA（参）	UR. GU. LA（轩辕九）	MUSH（长蛇座）
Ⅳ. Duzu	KAK. SI. DI（天狼）	MASH. TAB. BA	SHUI. PA. E
Ⅴ. Abu	BAN（弧矢一）	MASH. TAB. BA. GAL. GAL（北河二）	MAR. GID. DA（北斗）
Ⅵ. Ululu	*ka-li-tum*	UGA（轸）	SHU. PA（大角）
Ⅶ. Tashritu	NIN. MAH	*zi-ba-ni-tum*（氐）	EN. TE. NA. MASH. LUM（库楼七）
Ⅷ. Arahsamna	UR. IDIM（豺狼座）	GIR. TAB（房、心、尾）	LUGAL（轩辕十四）
Ⅸ. Kislimu	*sal-bat-a-nu*（火星）	UD. KA. DUH. A（天津二）	UZA（织女）
Ⅹ. Tebetu	GU. LA（虚）	*al-lu-ut-tum*（小马座）	A*mushen*※（牛郎）
Ⅺ. Shabatu	NU. MUSH. DA（天鹤座）	SHIM. MAH（危）	DA. MU（海豚座）
Ⅻ. Addaru	KUA（北落师门）	dMardud（火星）	KA. A

※　Mushen 意思是鸟，A*mushen*（更正确的 A2*mushen*）的意思是鹰。

※※　相当于现今的仙女座子星和三角座 α、β、γ 星。

※※※相当于现今的仙女座中间部分和双鱼座东北部分。

*席泽宗按：表 8、9、图 8 有连带关系，表 9 最为重要。巴比伦的星名至今未有定论，而且星群划分和希腊不同，和中国更不相同。现在采用最简单的办法直接用中国星名与它对应。没有中国星名的，用希腊名，没有希腊名的直接译它的星名，如犁星。更仔细一点则应为：UZA 原意为山羊，希腊为天琴座，中国为织女（渐台），A*mushen* 原意为鹰，希腊为大鹰座，中国为牛郎（河鼓）。

平面球形星图是一个由三个同心圆所组成的图形，以 12 个半径划分成 36 个部分。每一部分写有星名及数字。这些数字形成简单的等差级数但其意义尚未清楚确定。很明显这星图是代表天空的分区，遗憾的是至今只有一些残片被发现。1900 年，潘切斯（Pinches）首先利用大英博物馆收藏的一些残片进行复原。① 虽然潘切斯所用的一些残片，大多数后来又遗失了，但他所复原的平面球形星图为斯考特（Schott）提供了基础，使他于 1934 年能重新复原出一个平面球形星图②，（图 8）图中的三环（俗称“三路”或“三道”，three

① T. G. Pinches, *J. Royal Asiatic Soc.* 1900，573 页。（潘切斯：《皇家亚洲社会科学》）

② A. Schott, *Zeitschrift d. deutsch. Morgenländischen Gesellschaft*，第 88 卷，1934，302 页。（A. 斯考特：《德意志学报：东方社会》）

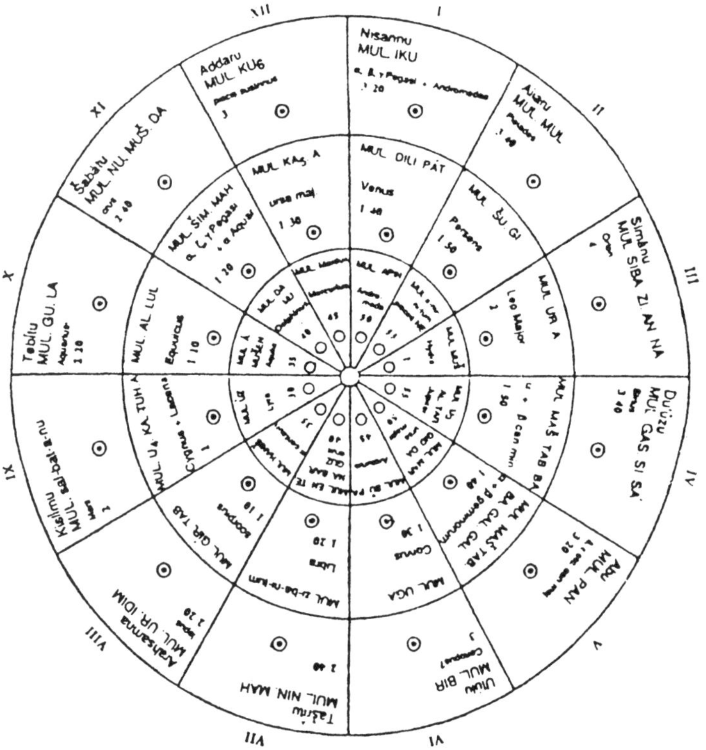

图 8　1934 年斯考特（A. Schott）重新复原的
巴比伦平面球形星图（Planisphere）

国内译名如下：

	Ⅰ	Ⅱ	Ⅲ	Ⅳ	Ⅴ	Ⅵ	Ⅶ	Ⅷ	Ⅸ	Ⅹ	Ⅺ	Ⅻ
圈一（月名）	正月	二月	三月	四月	五月	六月	七月	八月	九月	十月	十一月	十二月
圈一（星名）	室壁	昴	参	天狼星	弧矢一			豺狼座	火星	虚	天鹤座	北落师门
圈二	金星	天船二	轩辕九		北河二	轸	氐	房心尾	天津二	小马座	危	木星
圈三	犁星	双鱼				大角	库楼七	轩辕十四	织女	牛郎	海豚座	

席泽宗按：此图内容和表 9 基本相同，“Mul”为星字，其后为巴比伦星名。和表 9 不同的四个星用线标出。

roads）与表 9 相对照可以看出，中环相当于阿努星序，外环相当于亚星序，内环相当于恩利尔星序。这样的安排正符合于《创世诗》（Enuma-Elis）所讲的故事。分析图 8 与表 9 中的星名可见巴比伦的“月站”和中国的二十八宿的名称没有一个有直接相应的含义。虽然有人认为有几个星的名称可以间接地对应起来，但那种联系实在牵强附会，不足为信。[①]

许多天文史学家认为平面球形星图中的中环正是赤道带，证实巴比伦的天文学在公元前1200年或更早已采用了赤道系统。然而，分析中环分别对应12个月的12个星，发现这些星并非其相应月的偕日出的星。这12个星中，竟包括了两个行星：一月份的金星（DIL·BAT）和十二月的木星（Marduk）；这显然是错误的，因为行星不可能和某一特定月份发生固定关系。由此可见，中环阿努的星不能形成赤道系统。它和《尚书·尧典》中分布在四个象限上的宿不同，象限宿实为一个赤道系统和四季有固定的关系。除了决定季节之外，中国的宿同时也用来作为表示天体位置的依据。这样的用法在甲骨文中就有所发现，譬如公元前1300年左右有关新星出现的记载："七日己巳夕㞢出新大星并火。"[②] 在这里，新星的位置用组星"火"（即心宿）表出，这样的用法对赤道天体坐标的发展有密切的关系。

公元前700年左右，巴比伦的天文学家建立了一个改进的赤道恒星系统，这系统在"犁星（Mul Apin）泥板系列"中发现，共有三十六星群，其中除8个亮星远离赤道之外，其余28组星全在赤道南北30°范围以内。[③] 三十六星群全为恒星，远较平面球形星图进步。然而与此同时，中国的"宿"系统也发展到它的最后完整形式。值得注意的是当二十八宿的二十四宿在《月令》中出现时，其应用已十分系统化了，举正月为例："孟春三月，日在营室，昏参中（《礼记正义·月令》作"昏参中"，见《十三经注疏》中华书局影印本，1979），旦尾中其日甲乙。"这表明了"宿"系统用法的一般性质，它是用来确定太阳的位置。《月令》为公元前7世纪左右西周时期的作品，后来被收入《礼记》中。

将犁星系列中的三十六星群和二十八宿相比，我们没有发现任何有相互影响的证据，李约瑟提出《周髀算经》中的"七衡图"作为中国受巴比伦影

① G. Thibaut, On the Hypothesis of the Babylonian Origin of the So-called Lunar Zodiac, *Journal of the Asiatic Society of Bengel*.（G. 蒂伯特：《巴比伦所谓太阴黄道十二宫的起源假设》，载《本格尔亚洲社会杂志》，1894年第63卷，144页）

② 陈久金：《历法的起源和先秦四分历》，见《科学史文集》第1辑，第三章，1978。

③ E. F. Weidner, Ein Babylonisches Kompendium der Himmelskunde. *Am. J. of Semitic Languefes and Literature*. 1924年第40卷，186页。（E. F. 韦德纳：《巴比伦天文学概论》，载《美国闪族语言文学杂志》，1924年第40卷，186页）

响的证据。[①] 但是七衡图是以北极为中心的七个同心圆，用来描述太阳周年视运行轨道的变化。它是陈子在某些假设和简化下，根据日影长度和南北距离之间的关系计算出来的，并非用来划分天空。中国把恒星划分为中宫、外宫和赤道二十八宿，似乎类似巴比伦的三环，但这并非由于巴比伦三环的影响。恒星天图分中外宫是赤道“宿”系统合乎逻辑的扩充。

也许值得在此提出，在公元前 7 世纪时，黄道概念和赤道概念都还没有正确形成。当时更没有如现代这样明确的定义。巴比伦的三十六星群沿赤道内外 30°选择可以看做是向赤道或黄道系统发展的一个中介步骤。因此，到了公元前 3 世纪和前 2 世纪塞琉古（Seleucid）时期的巴比伦泥板所出现的天文系统为黄道系统而非赤道系统，并不是不能理解的。这只不过再一次说明了科学发展的多重道路。

四、天文和音律相结合的比较

天文学和声学均为起源很早的自然科学，这方面的早期知识主要来自观察与体验的累积。现象的认识与分析常建立在直觉的主观见解上。一个很自然的直觉思想是这两方面的知识有相联的关系。本节比较巴比伦、希腊与中国在这方面的思想来分辨这三个文化相同之处并分析它们之间的相互影响。值得强调的是在此我们讨论天文与音律的结合、有关音乐与天相联关系方面的思想与理论，不论是精神的天、哲理的天或神权的天，虽有其重要的文化价值，因其普遍的共同性，在此不讨论。

（一）巴比伦的四季与音律关系

根据希腊学者的叙述，巴比伦人很早就认为音律与历法有直接关系。可是在美索不达米亚出土的巴比伦陶片上至今尚未发现明显的记载。最早的清楚记载来自公元后 1 世纪后期的希腊作者。普鲁塔克（Plutarch，约 46—120）有下列叙述：

> 迦勒底人（Chaldeans）说，春季之于秋季，其关系为四度；于冬

① Joseph Needham，*Science and Civilization in China*，Cambridge：Cambridge University Press，1962，Vol. 3，pp. 256-257.

季，其关系为五度；于夏季，其关系为八度。但是，如果幼里彼得斯（Euripides，约公元前 5 世纪）正确地把一年分为夏季四个月，冬季同数，众所爱好的秋季为一双（即两个月），春季同数，则季节的变迁成八度比例。[1]

迦勒底是在幼发拉底河下游的南岸，很明显，普氏所说的是巴比伦认为一年四季的分划是依照谐和音律而定的。

李约瑟和鲁宾逊的解释是“数字形成这些比例的为春季六、秋季八、冬季九和夏季一二，正是毕达哥拉斯用来表达谐和音率的数字”[2]。由这些比例，加上四季共有十二月，李、鲁两氏计算出来四季在巴比伦为春季 2.1 月（实$\frac{72}{35}$月），秋季 2.7 月（实$\frac{96}{35}$月），冬季 3.1 月（实$\frac{108}{35}$月）和夏季 4.1 月（实$\frac{144}{35}$月）。正因为春短夏长在巴比伦比在希腊更为接近典型，他们认为这个事实增强了这段文字的价值。该计算所得的四季月数的分配与普氏所载的希腊幼里彼得斯的分配并不同。幼氏分春季与秋季各为两个月，而夏季与冬季各为四个月，因此其中没有四度、五度的比例，只有八度的比例。

（二）希腊的天体运行和音律关系

照希腊的记载，毕达哥拉斯的发现谐和音律的数字关系增强了他的数字统治宇宙的形而上学思想。他认为谐和音律的数字也操纵天球运行。毕氏与毕家学派认为地、月亮、太阳、行星等都为球形，除了地球之外还有一个（想像中的）逆地球（counter-earth）。所有地球、逆地球、月亮、太阳、行星等天球都环绕着一个（想像中的）中心火旋转。[3] 当然没有人见过“逆地球”和“中心火”。很明显这个天体运行的体系不是以观察为根据建立的。毕氏与毕家学派同时也认为如此巨大的天体以高速环绕一个中心火是不可能没有来自运行所发出的声音。因此每一球体必因其与中心火距离的不同而发出不同

---

① Plutarch, *Moralia*, “Creation of Soul” (translated by John Phillips, 1694).（普鲁塔克：《摩拉里亚·灵魂的创造》，约翰·菲利普译本）

② Joseph Needham, *Science and Civilization in China*, Cambridge: Cambridge University Press, 1962, Vol. 3, p. 181.

③ D. R. Dicks, *Early Greek Astronomy to Aristotle*, Ithaca: Cornell University Press, 1970.（D. R. 迪克斯：《亚里士多德的早期希腊天文学》，62～91 页，伊萨卡，康奈尔大学出版社，1970）

的音响。而这些音响形成一个谐和音调。这个含有诗意的幻想理论即所谓的“球体谐和音”（Harmonic of sphere）或“球体音乐”（Music of sphere）。

“球体谐和音”的一个很明显的困难是为什么人们听不见这些球体的谐和声音。毕氏的巧妙解释是球体声音的一直存在形成了一个声音的背景，人一生下来就一直在这声音背景中，没有真正的肃静作比较，故分辨不出背景与无声，不自觉地也就听不出宇宙的“球体谐和音”。

历来有多种不同的宇宙“球体谐和音”的排列，现列小普里尼（Pling, the Younger）的记载如下[①]：

地球

……全音

月亮

……半音

水星

……半音

金星

……小三度

太阳

……全音

火星

……半音

木星

……半音

土星

……小三度

恒星

甚至在公元17世纪开普勒（Kepler，1571—1630）仍在追寻一个以不同的天体的最高与最低的轨道速度的方法来解释这宇宙“球体谐和音”。

---

① Colin A. Ronan, *Changing Views of the Universe*, New York: Macmillan, 1961.（柯林·A·罗兰：《宇宙观的变迁》，纽约，麦克米伦出版公司）

然而，毕氏的“球体谐和音”并不是一个以观察为根据的理论。事实上，天体循环运行的半径比率与谐和音律根本就没有关系。李约瑟和鲁宾逊在讨论“误用谐和音律”的例子时，就列毕氏“球体谐和音”为希腊的第一个误用实例。毕氏虽知道弦长与谐和音的数字关系，但不了解这数字与弦的振动关系，以及发音的原理。毕氏的兴趣在数字与事物的关系，并没有进一步分析这关系的实际内容。亚里士多德曾批评毕氏的数字观念而说“毕氏相信万物为数字组成，不理解数字可脱离实物而单独存在。”①

（三）中国的天文与音律的结合

1. 音律与日光的相应

天文与音律的结合，在中国与在巴比伦和希腊的情形有本质的不同。在中国，没有例子牵涉到应用谐和音律（3/4、2/3 和 1/2）作为天文观象计算的数字根据。最接近于利用有关音律数字的例子可能是《周髀算经》中陈子利用生律之数 81 作为日光所照范围的计算。

黄钟生律之数为 81 起源很早，《管子·地员》中叙述五声音阶的计算时指出，“凡将起五音，先主之一而三之，四开以合九九，以是生黄钟小素之首以成宫”。这就是说由 1×3^4 而得 9×9（即 81）为生黄钟之数。取 81 为黄钟律的宫，《管子·地员》以三分损益法而求得：

徵（108）	1	基音
羽（96）	8/9	大二度
宫（81）	3/4	纯四度
商（72）	2/3	纯五度
角（64）	16/27	大六度

由此可见，由生律数 81，以三分损益法可生成纯四度、纯五度，虽《管子·地员》没有明显提出，也可生成纯八度。

陈子测量太阳运行的模型，假设地平不动而太阳在一个与地平行的平面环绕北极。以这模型来解释昼夜现象与昼夜长短随着太阳轨道迁移的变化是很困难的。陈子认为光与声在性质上有类似之处。因此采用了声的知识以求

① Aristotle, *Metaphysics* XII p. 6.

解决这问题的方法。声音辐射范围是有限的，而人之所听闻远近宜如声音传播也是有限的。陈子说："人所望见远近，宜如日光所照。"为求日光所照的范围，陈子采用了生律之数 81，把太阳远近所著及日光所照的整个范围直径定为 81 万里，超出这个范围就是黑暗。由此假设，陈子模型不但大致上可说明昼夜现象与变化，而且也可以解释北极之下，夏季与冬季有无日光的现象。

但是，很明显陈子并没有了解生律数 81 的含义。数字 81 的应用是为避免非整数，以三分损益法求五声音谐得除四次，81 正是其最小公倍数，因此 81 是一个方便的数字来求其他的律数。由上引《管子·地员》篇所述 81 数字的来源，很明显当时律学家已正确地了解了律数的相对值而不是绝对值与谐和律有关系。生律数 81 当然与声音辐射范围没有关系。陈子不但认为与辐射范围有关系，而且把这关系应用在光照的范围上，这是错误的。在与弟子荣方讨论学术方法论时，陈子主张"同术相学，同事相观"。虽然这理论是正确的，但在此他对光与律之间的"相观"与"相学"均没有做得正确。

2. 历与律的合一

古代中国人很早就认为音律与历法有关系，他们主张音律与月份有一对一的相应关系。在《月令》中，月与律的关系列如下：

孟春之月，日在营室，——其音角，律中大簇

仲春之月，日在奎，——其音角，律中夹钟

季春之月，日在胃，——其音角，律中姑洗

孟夏之月，日在毕，——其音徵，律中中吕

仲夏之月，日在东井，——其音徵，律中蕤宾

季夏之月，日在柳，——其音徵，律中林钟

孟秋之月，日在翼，——其音商，律中夷则

仲秋之月，日在角，——其音商，律中南吕

季秋之月，日在房，——其音商，律中无射

孟冬之月，日在尾，——其音羽，律中应钟

仲冬之月，日在斗，——其音羽，律中黄钟

季冬之月，日在婺（《礼记正义·月令》作"日在婺女"），——其音羽，律中大吕

一个直接的问题是这一对一相应的关系是建立在什么原理或根据上。

很明显，中国古代的历律相应保留了月与月之间和律与律之间的关系与序列。历法中月的测定与音阶中律的推算全保留其原有方法与原理。音阶中的谐和音律没有用来计算月份。这一点与上述巴比伦采用谐和音律计算季节月份的分配，在观念上是不同的。中国古代历律的相应是建立在模式关联（pattern association）的思维上。如图 9 所示，一个年度分为 12 个月的模式文理，与一个八度分为 12 个律的模式文理，有多项类似之处。历与律为两项最早与数字发生直接关系的自然科目，而这两项科目之间有不易抹煞的共同特征。譬如，一个回归年不能以整数分入朔望月，正如一个纯八度不能以整数分入半音程。古代中国解决这问题的数理方法也十分类似，一个是采用大小月把一年度分成十二月，另一个是采用大小半音把一个八度分成十二个半音。这些类似模式文理的认识，必然与历律相应的看法有关。[①] 以现代水平评论，历律相应的看法不是建立在科学的推理，然而，在当时这类模式关联的思维也有其直觉的科学价值，不能一概而论地评为迷信。

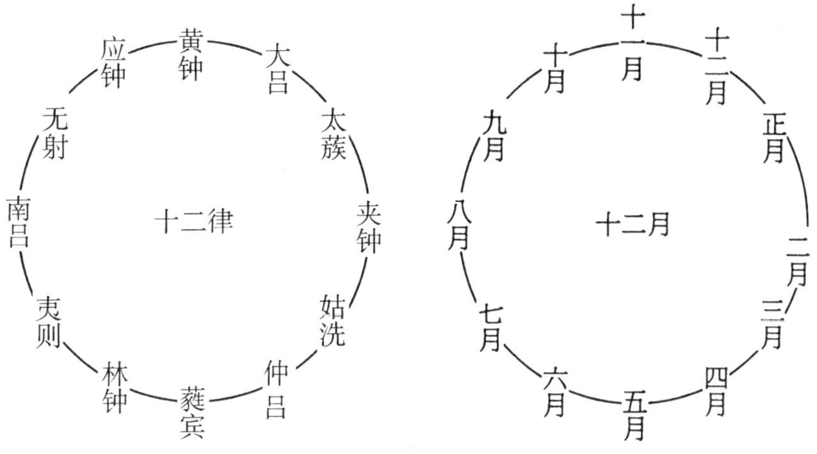

图 9　八度十二律模式与年度十二月模式的比较

五、结论

由上面对早期中华文化与古巴比伦文化在音律学和天文学方面现存资料

---

① Joseph Needham, *Science and Civilization in China*, Cambridge: Cambridge University Press, 1962, Vol. 4, p. 246.

的比较，我们可见这两种文化虽有些相同的发现，但许多方面的成就却有重要的区别。音律分析与天文观察均属于自然现象的研究，这些自然现象的规律与原理是永恒不变的。不同文化对同样自然现象的研究而有相同的发现是必然的，不足以为传播的证据。因此星体规律与季节关系的类似认识，以及相同谐和音律如3：4、2：3和1：2的发现，均不证实传播，还必须更进一步地分析这些发现的过程和考察是否有传播的痕迹和资料。

李约瑟把《尚书·尧典》所载赤道组星与四季的关系推测为“巴比伦古老天文观测传统的遗迹”是没有根据的，把《周髀算经》中“七衡图”作为中国赤道天文体系受巴比伦平面球形星图影响的证据也是不正确的，因为平面球形星图的中环并不是一个恒星赤道环。此外，“七衡图”为太阳周年视运行轨道的平面图，与平面球形星图并无关系。现存资料显示赤道天文体系在中华文化中的形成与发展是独立生成的，并没有受到巴比伦的影响。虽然这两种文化的历法均采用了闰月制度，现存资料证实其发展过程并不相同。十九年七闰法在中国的形成要比巴比伦早约一个世纪（见三（一））。关于闰月制度的起源问题，目前还没有决定性的资料。在中华文化中，早在《尚书·尧典》与甲骨文中已有闰月的记载。在古巴比伦文化中，汉谟拉比时代的泥板楔文中也有闰月的记载，不过闰月是处理季节与年月周期的一个人为方法，同时也是一个合理简易的明显方法，在不同文化中分别发明是很可能的。

李约瑟和鲁宾逊的假设认为谐和音律起源于巴比伦然后东传到中国也与现存资料不符合。近来出土有关音律文物的时代已早于现存巴比伦文物的时代，证实音律知识在中华文化里也有悠久的历史。譬如，1987年在贾湖出土的一支完整无裂纹并保留发音功能的骨笛。由该笛测得公元前5000多年前已有六声音阶，加上筒音可能形成最早的七声音阶（见二（二））。由出土的商代乐器，我们可得知当时不但已有十二音阶形成的趋势而且具有标准音的观念（见二（三））。这些发展已超出同时代的希腊。

《管子·地员》所载音阶生成的计算方法，清楚地证实当时谐和音律如纯四度3：4，纯五度2：3和纯八度1：2不但已明确发现而且已应用在音律三分损益上生和下生的原理中了。虽然《管子》为稷下学士在齐国后期（约公元前4世纪）所编写的书，但其内容收集了历来的资料，包括管仲（卒于公元前645年）时代的资料。曾侯乙双音编钟的出土更证实了在公元前5世纪已有五个半八度音域的十二音阶。这些出土文物加上《国语》所载单穆公和伶州鸠在公元前522年对周景王所谈有关钟的度律与其十二律的形成，证实在毕氏可能发现谐和音律数字关系的同一世纪，古代中国声学家不但已有完整的十二音律，而且已采用了谐和音律的数字关系创造了五度相生的上下原理。① 这当然完全否定了沙畹所谓音律知识是由希腊在亚历山大东征时代（公元前 4 世纪）传入中国的谬论。同时也确证由巴比伦东传到中国的假设，不但不是建立在现存巴比伦的音律资料，也不是建立在现存中国的音律资料的基础上。

由上第四节对巴比伦、希腊和中国在天文和音律相结合方面的观点的叙述和所做的比较，我们也可作一结论，麦克伦认为曾侯乙编钟的出土增强了美索不达米亚天文与音律相结合知识在泛欧亚发展的假设是没有根据的。麦氏认为只有把八度音程比 2：1，利用天文周圈 360 单位，而扩展到 720：360 才有足够的单位数作适当的比率来定十二音音阶。事实上，中国十二音阶的形成与巴比伦把一圆圈分为 360 单位根本就没有关系。此外，中国古代的圆周是 365 $\frac{1}{4}$度，也不是 360 度（见三（一）1）麦氏认为中国律历关系可间接地追溯到巴比伦创世神话中只是一个主观的见解，没有任何根据。

程贞一　美国圣地亚哥加州大学物理教授
席泽宗　中国科学院自然科学史研究所研究员
饶宗颐　香港中文大学中国文化研究所荣誉讲座教授

① Cheng-Yih (Joseph) Chen, A Reexamination of the Early Natural Science in Chinese Civilization. University of Hong Kong Press.（程贞一：《中国古代科学的重估》，第六周年东亚科技史基金会演讲，1988，香港大学出版社）

饶宗颐

二十世纪学术文集

卷二 甲骨（上）

中国人民大学出版社
· 北京 ·

目录

殷代贞卜人物通考

卷二

饶宗颐二十世纪学术文集·甲骨

目　录

FOREWORD

The greater part of the books on the Oracle Bones that have appeared since their discovery, sixty years ago, have been compilations of inscriptions ranging from tiny fragments with a single character or part of a character, to a full-size plastron of a tortoise, or the shoulder-blade of an ox, engraved with over two hundred and fifty-three characters. With infinite care these have been transcribed, photographed, reproduced in rubbings, collated and studied, until from the whole known collection of some 100, 000 fragments scattered through many lands, about 40, 000 inscriptions have been numbered and recorded and made available to scholars throughout the world.

In contrast to this work of reproducing, recording and cataloguing, comprehensive studies have been comparatively few. The *Yin-hsü shu-ch'ik'ao-shih* (《殷虚书契考释》, *Interpretation of the Inscriptions from the Waste of Yin*) by Lo Chên-yü (罗振玉, 1914) was the first of these, followed by the special studies of Wang Kuo-wei (王国维), which were afterwards collected in the posthumous *Kuan T'ang tsi-lin* (《观堂集林》). The *Preliminary Reports on the Excavations at An-yang* (《安阳发掘报告》), published by the Academia Sinica 1929—1933, include numerous papers on various aspects of the newly excavated material; while the monumental *Chia-ku wên tuan-tai yen-chiu li* (《甲骨文断代研究例》, *The Method of Determining the Periods of the Oracle Bones*) by Tung Tso-pin (董作宾) in 1933 was the most important comprehensive study on the Oracle Bones published in the period immediately preceding the war. During the war the chief contributions were the *Chia-ku hsüeh Shang-shih lun-ts'ung* (《甲骨学商史论丛》, *Collected Essays on Shang History from the Oracle Bones*) by Hu Hou-hsüan (胡厚宣), published in three series from 1944 to 1946; and the *Yin-li p'u* (《殷历谱》 *The Calendar and Chronological Studies of the Yin Dynasty*) by Tung Tso-pin published in 1945. After the war much valuable material collected by Hu Hou-hsüan was published on the Mainland, and a complete corpus of inscriptions on Oracle Bones excavated at An-yang was published in four volumes by the Academia Sinica, now in Taiwan, between 1948 and 1953 (*Hsiao-T'un*: *Inscriptions*, 《小屯·殷虚文字》). This recently published material has made available new sources for further study, of which Mr Jao has taken full advantage to produce a work on different lines from any followed so far.

To the present time no scholar has made a comprehensive study of the persons whose names appear on the Oracle Bones in connection with the divination ritual, that is to say, the actual diviners whose names are recorde in the divination inscriptions as officiating at the divination ceremonies.

This task has been undertaken by Mr Jao Tsung-i. Mr Jao has listed some 130 names which appear in all some 10, 000 times on the Bones, being all names of persons, other than the King himself, participating in the divination ceremonies. Some occur only once or only a few times; some as many as 2,000 times. or more. Collecting and transcribing every one of the sentences in which these names occur, Mr Jao has been able to present a picture of the activity of the diviners of the Yin dynasty, from the reign of Wu-ting (武丁) to the end of the dynasty.

The period in which some of these persons lived is determined, by the appellations with which they address the deceased ancestors, to belong to the reigns of certain monarchs. The dating of the remainder is deduced by their association on the Oracle Bones with those of known date. Thus a large number of inscriptions, hitherto undated, is brought into the datable sphere.

The inscriptions in which the names of these diviners occur are arranged first under the names of the persons concerned, and next under the matters in connection with which they were called upon to divine: "the weather", "the evening", "the decade", "sacrifices", "coming and going", "military expeditions", "outlying regions" etc., a survey of which is sufficient to reveal the matters which were of daily concern to the Yin people. A convenient summary of these for Western readers can be seen in the list of *Contents*, given in English at the end of the work.

The divination ritual is discussed in relation to the divination rules preserved in the three Ritual Books, *I-li* (《仪礼》), *Chou-li* (《周礼》), and *Li-chi* (《礼记》), and others of the Chinese Classical books, each throwing light upon the other. Although compiled at a later date, the Ritual Books, as can be seen from resemblances on the Oracle Bones, are based upon ancient rites and usages derived from the dawn of Chinese history. The Oracle Bones thus provide the evidence for the "rites of Yin" that Confucius admitted was lacking in his day. Similarly, in his study of the "idioms and phrases" used by the different diviners, the author has revealed resemblances to the style of the Classical books that increase our confidence in the antiquity of the sources from which those books are derived.

Thus, this book of 1, 400 pages, which might appear at first sight to be but a compendium of oracular sentences, many of which are in a fragmentary condition, is in reality a valuable source book for a systematic study of the Oracle Bones in relation to the Classical books, and does in fact provide in a convenient form a basis for the critical study of Yin dynasty history, society, and religion.

Mr Jao, who is a lecturer in Chinese literature at the University of Hong Kong, is peculiarly well fitted for this task. Ranging wide in his studies since his earliest days, he has for ten years devoted a large part of his energies to the study of the Oracle Bones, upon which he has already published a number of important papers, of which the following may be mentioned: *Oracle Bones in Collections in Paris* (《巴黎所见甲骨录》), Hong Kong, December 1956; "Oracle Bones in Japanese Collections" (《日本所见甲骨录》), *Journal of*

Oriental Studies, Volume Ⅲ, No. 1 University of Hong Kong, January 1956 (published in June 1957); "Some Oracle Bones in Overseas Collections" (《海外甲骨录遗》), *Journal of Oriental Studies*, Volume Ⅳ, Nos. 1 and 2, University of Hong Kong (in the press).

In addition, Mr Jao is at present preparing for publication an encyclopaedic work on the "Interpretation of the Divination Sentences": *Pu-tzǔ i-chêng* (《卜辞义证》).

In all these studies Mr Jao Tsung-i has combined a capacity for tireless work and comprehensive outlook with extraordinary exactitude and infinite attention to detail.

We wish to acknowledge with gratitude a generous grant from the Trustees of the Harvard-Yenching Institute by which the publication of this important work has been made possible.

F. S. Drake

University of Hong Kong
14th July, 1959

自序

有清之季，洹水炳灵，龟文呈兆，旷代未睹，一旦发冢，并出尘埃；既补亡之取资，尤沾溉之无尽。学者钻研其涂多方，或师洨长以考文，或类广微之证史，无不锐心冥索，各立傀异。自董氏贞人之说行，然后分期断代，略有可循，而殷商遗事，晦盲否僿，近三千年莫之知者，乃得粗具端倪，寖且蔚为显学，亦一时之盛事也。

惟契文简质，通读匪易，单辞只语，咸是碎金，人地专名，罔由寻证，自非通体董理，爬梳抉剔，而欲综核名实，戛乎其难，宗颐研讨有年，阙测所得，窃以断代根柢，在于卜人，分人研究，当务尤急。惟有比次其贞卜之文辞，钩稽相关之人物，则时代序次，庸有脉络之可寻，融会旁通，庶免枘凿之难入；是故见夶与㝉内同版，知向隶文武丁之未安[①]，察泳有沚戠之贞，悟曩说第五期之难信[②]。凡所緦理，稍异时贤，但求心安，非敢唐突。亦以前修未密，苴缀有待，是用属词比事，莫惮其劳，又卜辞为殷王室档案，所见人物，大都王之亲近，不出宗老小臣多子世妇之流，迹其名字，晦薶千载，《尚书》、《殷本纪》、《竹书》、《人表》，概乎未闻者。历世绵远，凡兹钩索，未始不可补龙门之遗，苴兰台之缺，绍子氏之统绪，而

① 夶与㝉同版，见《小屯甲》二三六一；与内同版，见《屯甲》二三四。又《屯乙》五三四七㝉之卜辞言："乎取夶刍。"知夶宜属武丁时。

② 《库方》一五一一云："卜泳贞：今十三月，沚戠至。"同版又见卜人亘、㝉等，原物现藏大英博物院，余复勘无误，永字旁明从水，与贞人泳同名。

激一代之风烈者也。

若夫殷礼无征，宣尼所喟。少牢特牲，乃诸侯卿士之祭[①]，肆献祼享，惟《周官》凡目之存。杜君卿闲拾珠玑，凌次仲差具条例，欲以聚氄毛之冠，缀狐腋之裘，湮堕既多，望古兴叹而已。今者赖此契龟，粗得涯略，王宾之文，征诸《洛诰》，立尸之义，同乎《礼器》。[②] 八命可证太卜之篇，莅卜亦符士丧之礼[③]，轩辕审兆，果见龟焦[④]，上甲作傩，载在《世本》。[⑤] 他如“不兴”、“惟农”之语，非《易》象《管子》莫由详[⑥]，合㽙大御之指，得《春秋》、《公羊》而弥备。[⑦] 凡此之类，留心古礼，固宜讲明，析疑抉隐，譬电坼与霜开，觅证寻源，每珠流而璧合，虽曰草昧之初辟，亦类泾渭之疏凿者矣。

宗颐束发受书，即耽《仓》、《雅》，慕义之心方切，淑世之术长乖，坐阅日月之驰，弥深澒洞之叹，海隅留滞，淹忽十载。中间亦曾东走扶桑，西极罗马，曝蠹书于羽琌，索玄珠于赤水[⑧]，独行踽踽，窥古茫茫；冥搜遐想，惭无补于时艰，馈贫课虚，味深同乎画饼。惟是反覆龟策，耽思傍讯，非徒考史，盖以研经，冀循此涂，参互证绎，庶几经文可通，三《礼》辨秩。曾谓不明故训，不甄典制，不通校勘，不娴文例，而欲尚论三古，譬诸绝潢以蕲至海，其道奚由。天下方毁经，相率侈于言史，本根之学既蹶，则皮傅奇邪之论滋起矣。余杭章氏谓说彝器款识之极，足以覆国，慨乎其言，可胜叹哉！

余书胪列旧辞，有类獭祭，钩稽名号，事等点鬼。自知绪烦而寡要，思劳而蔑功，玉少石多，其琐已甚。然而殷代荒邈，文献不足，仅此剩文，略可征信，故不惮覶缕，撰为长编，以便来彦；所谓虫茧重厚，称其出丝，想

---

① 郑氏三《礼》目录。

② 立尸见《屯乙》六六九六，参本书卷五。

③ 俱详本书前论。

④ 详《魏书》诸帝子孙传。焦即龟𪚰不兆也。《小屯乙》四八二二及四七四一有“卜𪚰”语，其甲面俱不见兆。

⑤ 《太平御览·礼仪部》引《世本》云：“微作傩。”

⑥ 《屯甲》二一二四云：“岁卜不兴，亡匄。”《后编》下一一、一：“岁不兴，用。”《易》同人九三爻辞“三岁不兴”语可互证。“岁亩农”语，见《后编》上七、一一，《续编》二、二、一，《明义士》六六八。又云“岁今农”，见《明义士》四六。《管子·五行篇》云“岁农，丰年大茂”，可为卜辞佐证。

⑦ 《小屯乙》五七八三：“合㽙，大钔于祖乙。”即《公羊》大事大祫之义。

⑧ 余于东西诸国所见甲骨，俱有载录。于扶桑有《日本所见甲骨录》，于法京有《巴黎所见甲骨录》，于瑞士则有《瑞士巴塞尔人种学博物馆所藏甲骨考释》，于英国则有《伦敦读契记》待刊，其重要者，散见本书各条下。

读者之不我谴诃也。凡予所解悟与所考论者，未敢自信其是，当俟后之匡正。惟甲骨发现历五十年，丛碎繁赜，散无友纪，至于今兹，乃粗具条理，此则肇于余手，其中甘苦，治卜辞者类能道之，无庸余之烦言耳。戊戌秋饶宗颐自序。

例 言

现存数万片甲骨刻辞，以贞卜者性质而论，大别可分为三类：一为王自卜者，一为卜人记名者，一为不记名者。其卜人记名约占全数三分之一，本书即专从卜人记名之刻辞加以研究。如武丁时卜人㱿，本书所采辑即有二千余条，几与《殷虚书契》一书相埒。

治卜辞者，无不盛言分期，因有所谓“断代”及“分派”二种方法，然分派必以断代为依据；断代则以贞卜人物及其对先王称谓为区划标准。过去甲骨学者，于卜人之探索，往往仅举一二事以示例，未能将刻辞所见之卜人，通体董理，以故断代标准不能确立。即偶有揭出者，大都以偏赅全，衡之他辞，动多乖牾。鄙见无论“断代”、“分派”，必先以分人研究为基础，本书之作，即在提出卜辞之“分名研究法”，使有卜人记名之刻辞，得一综合之整理。

本书所谓“贞卜人物”，乃指前辞记名之“卜某”及“卜某贞”一类之人物。旧目之为贞人，然间多省略“贞”字，而“贞人”一词，旧籍罔征，故兹改称曰“贞卜人物”。（“贞”、“卜”二字连言，见《左传》哀十七年云：“卫侯贞卜。”）凡刻辞所见卜人记名，为例綦繁，别为释例一篇，以论究之。

贞卜事项，《周礼》八命，不出天象、人事两大纲，而“国之大事，在祀与戎”，殷人亦不能外，故此两类所见特多。祖甲以来，时占则卜夕卜旬，宾祭则夕禘祢禘，尤更仆难数。今不避稠叠，并为胪列，凡贞卜之事，谨依类诠次，殷礼可征，其在兹乎。

卜辞所见人物，若侯、伯、子、妇、小臣、方国君长，多与卜人有关，若此之伦，别为缀稡考证，撰成《外编》，将与本书相辅而行。本书则但于卜人事辑中举出同辞人物之名号，及所见书名叶数，以备钩稽，而免繁冗。

卜辞简质，通读维艰，本书撮录各辞，审释句读，随文阐义，多出己见，扬搉论定，尚待方来；其搴采前修近贤之说，则揭明所出，不敢攘善；惟通训则从略，但甄采精要，于异说不复繁陈，用祛纷粗之病。（至于句读方面，学者每于句末，不理是否卜问，一律加上疑问号，今则但作断句，以求矜慎。）

读契之事，校勘为先。综其大要，约有两端：一曰原物对勘，一曰同辞互勘。余于金璋方法敛诸摹本，曾就大英博物院、剑桥大学图书馆、瑞士巴塞尔人种学博物馆（即德国卫礼贤旧藏）所藏者，加以覆勘，颇有发正，如泳应改属武丁时，即其一例也。至于同辞互见之版，甲骨著录书，比比皆是。有同书重出者（如《前编》四、三六、五与六，两片上下自重），有同片而重出凡四次者（如《邺中片羽初集》下三三、八，又见于《双剑诊》一二八，《京津》三三二六及《续存》下六六三等），纷纭难究。大抵摹不如拓，拓不如影，参互比勘，是在乎善读之士。本书于重出之片，不惮繁琐，详为注明，或于契学，不无涓埃之助。

龟甲古脆，出土即遭断碎，弥增断烂之憾，于是缀合工作尚焉。自观堂开其端，至于近世，若曾氏（《殷契叕存》、《缀合编》）、郭氏、李氏（《殷虚文字缀合》）、张氏（《小屯丙编》），皆颛门之业，前人之劳，后人之逸，裨益无穷，今多摭取。间亦有一二新缀，或旧缀未安者，不敢强从，并为注出，用资考校。

治卜辞者，类多注重年世，武丁、祖甲，享年尚永，至于廪辛、康丁，则皆短祚（据《今本纪年》，廪辛四年，康丁八年），卜人之高寿者，何尝不可绵历数世；倘欲区别某某为某王之人，事甚困难。其或以字形成语，捋撦立证，每乖通达之义；今但列其事实，不欲妄断。至若以事系年，董氏《历谱》，间有比次，偶为附记，以资参考，而俟论证。

殷代祭祀之制，卜辞所载，稍存梗概，如七甲连续之祭、岁事之祭，皆荦荦大端，而名目繁多；或欲纳为五种祀典，苟广观旁求，则知非此所能毕赅者。其祭法祭统，较之周礼，其间损益之迹，犹灼然可稽。本书于殷、周礼制异同，多随文诊发，庶几卜辞与经籍，有参互证验之功。

刻辞有但记“卜某”，而他处不见“贞”字，末由确定为卜人与否者，仅依存疑之义，不欲删剟，姑列于备考中。

大龟巨骨，所镌刻者，往往占卜不止一人，其同版及同辞所见卜人，即为同期之明证，除于卜人各条下分述外，别为两表于卷末，以备稽览。

甲骨丛瓻，杂处各方，勼集非易。治此学者，宝其涓滴，有同瑾瑜，传拓之勤，嘉惠来学。本书于有卜人记名之残碎各辞，虽仅存一二字者，亦为摭拾；明知榛楛不汰，芜滥可讥，而归纳条系，标注出处，期不负前贤蒐讨之心，而为后人省寻检之劳，区区微意，览者或有取焉。

征引甲骨书籍简称表*

《铁》	《铁云藏龟》	刘　鹗	1903
《前编》	《殷虚书契前编》	罗振玉	1912
《菁华》	《殷虚书契菁华》	罗振玉	1914
《之馀》	《铁云藏龟之馀》	罗振玉	1915
《后编》	《殷虚书契后编》	罗振玉	1916
《图录》	《殷虚古器物图录》	罗振玉	1916
《明义士》	《殷虚卜辞》	明义士	1917
《戬寿》	《戬寿堂所藏殷虚文字》	姬佛陀	1917
《林》	《龟甲兽骨文字》	林泰辅	1621
《簠室》	《簠室殷契征文》	王　襄	1925
《拾遗》	《铁云藏龟拾遗》	叶玉森	1925
《存真》	《殷虚文字存真》	关百益	1931
《福氏》	《福氏所藏甲骨文字》	商承祚	1933
《燕大》	《殷契卜辞》（燕京大学藏）	容　庚	1933
《通纂》	《卜辞通纂》	郭沫若	1933
《续编》	《殷虚书契续编》	罗振玉	1933
《佚存》	《殷契佚存》	商承祚	1933

* 本表以甲骨著录书为限，并依出版先后为次。

《邺》（初、二、三）	《邺中片羽》初、二、三集	黄　濬	1935
《鄴斋》	《鄴斋所藏甲骨拓本》	金祖同	1935
《库方》	《库方二氏藏甲骨卜辞》	方法敛	1935
《柏根》	《柏根氏旧藏甲骨文字》	明义士	1935
《侯家庄》	《安阳侯家庄出土之甲骨文字》	董作宾	1935
《文录》	《甲骨文录》	孙海波	1937
《粹编》	《殷契粹编》	郭沫若	1937
《七集》	《甲骨卜辞七集》	方法敛	1938
《天壤》	《天壤阁甲骨文存》	唐　兰	1939
《零拾》	《铁云藏龟零拾》	李旦丘	1939
《遗珠》	《殷契遗珠》	金祖同	1939
《金璋》	《金璋所藏甲骨卜辞》	方法敛	1939
《叕存》	《殷契叕存》	曾毅公	1939
《诚斋》	《诚斋殷虚文字》	孙海波	1940
《屯甲》	《殷虚文字甲编》	董作宾	1940
《遗宝》	《河南安阳遗宝》	梅原末治	1940
《摭佚》	《殷契摭佚》	李旦丘	1941
《叙圃》	《叙圃甲骨释要》	何　遂	1941
《骈枝》	《殷契骈枝》（三编）	于省吾	1943
《厦大》	《厦门大学所藏甲骨文字》	胡厚宣	1944
《六录》	《甲骨六录》	胡厚宣	1945
《平津》	《战后平津所获甲骨集》	胡厚宣	1946
《双剑》	《双剑誃所藏甲骨文字》	胡厚宣	1946
《龟卜》	《龟卜》	金祖同	1948
《屯乙》	《殷虚文字乙编》	董作宾	（上、中册）1949 （下册）1953
《宁沪》	《战后宁沪新获甲骨集》	胡厚宣	1949
《缀合编》	《甲骨缀合编》	曾毅公	1950
《摭续》	《殷契摭佚续编》	李旦丘	1950
《拾掇》一	《殷契拾掇》	郭若愚	1951
《南北》	《战后南北所见甲骨录》	胡厚宣	1951
《拾掇》二	《殷契拾掇二编》	郭若愚	1953

《京津》	《战后京津新获甲骨集》	胡厚宣	1954
《续存》	《甲骨续存》	胡厚宣	1955
《殷缀》	《殷墟文字缀合》	郭若愚等	1955
《外编》	《殷虚文字外编》	董作宾	1956
《巴黎》	《巴黎所见甲骨录》	饶宗颐	1956
《日本》	《日本所见甲骨录》（一）	饶宗颐	1956
《综述》	《殷墟卜辞综述》	陈梦家	1956
《汉城》	《汉城大学所藏大胛骨刻辞考释》	董作宾	1957
《屯丙》	《殷虚文字丙编》	张秉权	1957
《书道》	《书道博物馆藏甲骨文字》（一）（《甲骨学》第六号）	青木木菟哉	1958

本书征引未刊甲骨材料

日本京都大学人文科学研究所藏

日本东京博物馆藏

日本东洋文库藏

日本奈良天理参考馆藏

英国剑桥大学图书馆藏 （金璋 L. C. Hopkins 叶慈 Frof. W. T. Yetts 旧藏）

李棪斋藏甲骨

瑞士巴塞尔人种学博物馆藏（摹本部分见方法敛《甲骨七集》）

卷一　前　论

一、论卜事起于殷前及卜用甲骨在地理上之分布

卜事之兴，远在殷前。《墨子·耕柱篇》："昔者夏后开，使蜚廉采金于山川，而陶铸之于昆吾。是使翁难乙（"翁难乙"孙诒让校谓当作"益靳以"。"翁"乃"益"之误字）卜于白若（一作"目若"，非。《初学记》、《路史》、《玉海》引俱作"白若"。参吴毓江《墨子校注》）之龟。"《六韬·文师篇》："文王将田，史编布卜。（《宋书·符瑞志》作"史徧"。）曰：'编之太祖史畴，为禹占得皋陶。'"《史记·龟策传》："自三代之兴，各据祯祥。涂山之兆从，而夏启世；飞燕之卜顺，故殷兴。"《汉志》有《夏龟》二十六卷。此载籍所记夏人占卜之事也。（《史记·孝文纪》："代王卜之龟卦，兆得大横。有占曰：'夏启以光。'"此繇词之言及夏史者。）

殷人占卜，龟与骨兼施。小屯所得，以数万计。至地下发掘之遗物，其早于殷商文化者，若山东历城之城子崖，旅顺之羊头洼诸黑陶遗址，均有卜骨出土。滕县安上村、永城黑孤堆等拍印纹陶遗址，则有少数卜龟残片出土。于是近贤乃有骨卜为东夷文化，而龟卜为淮夷文化之论。（石璋如氏说，见《骨卜与龟卜探源》，载《大陆杂志》八卷九期。）按《魏志·东夷传·夫馀》云："杀牛观蹄，以占吉凶。蹄解者为凶，合者为吉。"（《后汉书·东夷传·夫馀国》文略同，无"蹄解"二句。）杨方《五经钩沉》（《隋志》作"拘沉"，《初学记》作"钩渊"）云："东夷之人，以牛骨占事，

呈示吉凶，无往不中，牛非含智之物，骨有若此之效。”（《初学记》二十九、《御览》八九九引，又《经义考》二四〇。）则晋人已有是说。（杨方，高凉太守，晋太宁元年著此书，见《中兴书目》。马国翰《玉函山房佚书》得五节，王谟《汉魏遗书钞》亦有辑本。）然近岁新发见之遗物，若陕西西安张家坡村西周遗址有文字钻孔之卜骨出土，邠县有九钻九兆而未凿之卜骨，与绳纹陶石斧并存，凤县有圆孔钻凿卜骨，成都青羊宫又获灼过之龟甲九十一片（并详见附表）；虽年代稍晚，要此卜龟卜骨之文化，原不限于东土，而其分布，东极辽宁，西至陕、蜀。由黑陶遗址所出言之，卜事之兴起，自在殷之先世，则无疑也。

附　卜用甲骨发现地址分布表（甲骨有文字者加 * 号）

发现地点	发现年份	备　考
安阳 * 小屯村	1899—1937	刘鹗《铁云藏龟》序言龟版己亥岁出土，即光绪二十五年（西元 1899）。董、胡二氏《甲骨年表》据之定为甲骨发现之始。（惟郭若愚《殷契拾掇》序谓：“据说胡石查〔义赞〕亦藏有甲骨三十余片。如此甲骨发现时期必须提早。”按胡氏同治举人，署海宁知州。又汐翁〔《龟甲文》〕、王襄〔《龟甲文题记》〕皆言戊戌己亥间发见龟甲。则较此早一年。）其后中央研究院于 1928 年至 1937 年，在此作十五次发掘。其中第十、十一、十二三次无甲骨发现。第一次至第九次所得，具载《小屯甲编》中，共拓本三九三八号，另牛头刻辞一，鹿头刻辞二，鹿角器刻辞一。第十三次最多，共得有字龟版一七七五六片，有字骨版四八片。第十四次只得有字龟版二片。第十五次得有字甲骨六〇〇片。（详参拙作《小屯乙编下辑书评》一文，载香港大学《东方文化》一卷二期）
* 侯家庄	1934	是年 4 月至 6 月，在庄南发掘，得有文字甲骨十五片；内完整大龟腹甲六版，背甲一版，合散出者共得四十二片。（详董作宾《安阳侯家庄出土之甲骨文字》）又庄西北高井台子龙山文化层，亦有卜骨出土。（详见《安阳发掘报告》四·六二九）
* 后冈	1931	在灰土层及绿土层中有卜骨及卜甲。其有字卜骨一片收入《小屯乙编》，列九一〇五号。（又载《安阳发掘报告》四，董作宾《释后冈出土的一片卜辞》）

续前表

发现地点	发现年份	备　考
*四盘磨	1931—1950	1931年在村东、北两地发掘，出土有卜骨，带火号之龟甲，小屯式石刀及小屯式刻纹陶片。（详《安阳发掘报告》四・六二七）1950年分别在村西、西南及西北三地发掘，共得龟十五、骨十四片。除其中大卜骨有习契横刻文字三行外，余皆无刻辞。（详见郭宝钧文，载《考古学报》五）
花园庄	1950	是年与四盘磨村同时发掘，在西北地得有凿无钻卜骨，与大司空村出土者同。（据陈梦家《殷虚卜辞综述》）
王裕口与霍家小庄	1932	在灰土层中出土无文字之甲骨及多量灰陶片。与小屯所出者略同。（详见《安阳发掘报告》四・六三三）
南霸台（武官）	1934	出土小屯期卜用无字甲骨甚多。（详见《六同别录》石璋如《小屯的文化层》）
同乐寨	1934	发现卜骨六版，有火灼，未钻凿。与小屯略异。（见胡厚宣：《殷代卜龟之来源》）
*大司空村	1953	在殷代遗址出牛胛骨十五片，龟腹甲四十五片，与小屯同，中有二片为习刻龟甲。（详马得志等：《一九五三年安阳大司空村发掘报告》，载《考古学报》九・七一，见该书图版三六）
濬县　大赉店	1932	在黑陶文化层中，得卜骨一片，上有灼痕。（见刘燿：《河南濬县大赉店史前遗址》，载《田野考古报告》一・八三）
郑州*二里冈	1952	在殷代遗址出卜骨三七五片，肩胛骨为多，又牛头盖骨一块，少数为猪、羊、鹿肩胛骨。深钻孔密集，不用直灼法，骨臼多削去一半。又龟腹甲残片九版，多为单钻无凿，有青铜钻子发现。（详见安志敏：《一九五二年秋季郑州二里冈发掘记》，图版十四至十六，载《考古学报》八） 又一牛肋骨上有习刻“十”字。一肱骨上刻“㞢”字，又一薄骨片上有一字。（图见《文物资料》1954〔5〕陈梦家文附图四甲乙及图五，及《殷虚卜辞综述》图版三、四）
方白柴庄		亦有陶鬲及卜骨发现。（见《综述》）

续前表

发现地点	发现年份	备　考
彭公祠	1954	在殷代遗址中圆形灰坑内出上，钻凿兼施之龟甲数片；又长形灰坑出土仅钻之卜骨。（见《文物资料》，1954〔6〕，34页）
永城　黑孤堆	1936	在拍印纹陶遗址，得龟版一片，背有灼过椭圆形火号二，与安上村同。（见李景聃文，见《田野考古报告》二。）
辉县　琉璃阁	1950	殷代遗址发现卜骨二十片，以牛胛骨为多，中有猪肩胛骨三小片，有钻灼，技巧拙劣，作风接近龙山所发现者。（图附陈梦家文，载《文物资料》，1954〔5〕。又《辉县发掘报告》，13页及图八，《综述》图六。）
洛阳　东关泰山庙	1952	殷代遗址出上卜用腹甲一片，残存上半部，背有密集方形钻凿，近顶端处，钻圆孔一，未透。（图载郭宝钧等：《一九五二年秋洛阳东郊发掘报告》，载《考古学报》九·九二，图版二、一。又《综述》图八）
		以上河南省
邢台　贾村	1957	殷代遗址，有窖穴及灶，出土有牛卜骨七片及龟背甲三片，钻凿灼兼施。（图见《文物资料》，1958〔10〕，31页） （按《殷本纪》："祖乙迁于邢"，卜辞有"井方"。后世邢曾迁襄国，即河北邢台，其地有殷遗物出现，固无疑者。惟殷都之邢，地难确指，仍有待地下之物证。） 又按宋寇宗奭《图经衍义本草》卷三十一"秦龟"条云："龟甲非秦地有，四方皆有之，今河北独流钓台甚多。"独流在河北静乐县西，钓台在洹水下游，可见宋时此处屡有卜龟出现。（卫聚贤说）
		以上河北省
历城　城子崖（龙山镇）	1930—1931	发掘两次共得卜骨十六片。（其中十五片发掘所得，一片在地面拾获。）上层纯为牛胛骨，下层为牛、鹿及其他兽骨，不见龟甲。有单钻、联钻，或仅灼者，或凿而后灼者，有卜兆，无刻辞。（详《城子崖报告书》，85页）
济南　大辛庄	1939 1948	是年 F. S. Drake 拾得卜骨于此。（见所著 Shang Dynasty Find at Ta-hsin Chuang，Shantung。〔*Chian Journal*，31，No. 1，2. 1939.〕） 1948年，在济南南郊齐鲁大学墙外沟濠中，掘获卜骨一，残存三钻孔。（据《综述》）

续前表

发现地点	发现年份	备　　考
蝎子沟	1953	1953 年在大辛庄南蝎子沟一带出卜甲卜骨五片，与小屯同。伴出品有刻纹白陶、石斧等。（见《文物资料》，1954〔4〕，118 页，图见《综述》图版七）
滕县　安上村	1934	在下层龙山期遗址，出卜龟一片，为腹甲，现兆施凿，灼火号作椭圆形。（见石璋如：《骨卜与龟卜探源》。又民国二十二年《研究院院报》一三五）
以上山东省		
洪赵县＊坊堆村	1954	在霍山麓村南土坡发现左右两牛胛骨，正面有小兆，钻孔作窝形，与安阳异。其一上有刻辞一行，曰“北宫[illegible]三牛又（似左右）疾贞”八字，体近战国草隶。（《文物资料》，1956〔7〕，27 页，图见该书 20 页）洪赵县地为春秋赵简子采邑。论者谓此为春秋时物。北宫，氏名。《春秋》成十七年有北宫括，为晋卿。
以上山西省		
旅顺　羊头洼	1933	在黑陶遗址，出鹿左肩胛骨，有漏斗状钻痕三。（见金关丈夫著《羊头洼》，48、49 页，《综述》图版二二·一）
以上辽宁省		
西安　客省庄	1955	在西周灰坑中，掘获卜骨四件，大而完整，钻凿作小巿式。（见《综述》）
＊张家坡村	1956	是年 1 月 23 日，在西周遗址灰层，发见残牛胛骨一片，有圆形钻孔，正面有卜兆，其侧有文字两行。一云：“何V（入字倒书）二五。”一云：“[illegible]（凡）八二五。”（横写）为记数之辞。可能为周代刻骨。（图见《文物资料》，1956〔3〕，40 页。） （按《水经·渭水注》引车频《秦书》：“苻坚建元十四年，高陵县民穿井得龟，大二尺六寸，背负八卦古文。”亦见《续博物志》及《晋书·载记》。高陵在长安东北，当泾、渭之会。此或有文字之龟甲，苻秦发见之。）
邠县	1951	出卜用胛骨一片，上半凡钻灼十三，有九兆，无凿。伴出有绳纹陶、石斧。《殷本纪》有北殷氏，或以为此乃北殷遗物。（详见《文物资料》，1954〔5〕，7 页。图片又见《综述》图八。）

续前表

发现地点	发现年份	备　　考
凤县　龙口村	1955	出土于龙口村郭家湾附近台地战国遗址灰层中。凡九片。中二片完整无缺。骨分三种：一为灼而无钻凿，一为钻、凿、灼三者俱全，一为有钻、灼而无凿；钻孔皆圆，中有狭长枣核形凿，与岐山齐家村所出者近似。（图见《文物资料》，1956〔2〕，38、40页，及《综述》）
岐山县　齐家村		得卜骨二，一仅有狭长凿，另一在圆钻正中有细长之枣核形凿。（见《综述》） （按《诗·绵》："古公亶父，至于岐下。""爰始爰谋，爰契我龟。"司马相如《封禅文》："获周余珍，收龟于岐。"岐山当有卜龟遗物，有待于发见。）
以上陕西省		
成都　青羊宫	1954	是年10月在成都西郊青羊宫古遗址第六层（第五层属战国，此当较早），出土有卜龟十七片。一为腹甲，上有圆形钻及灼痕，又无钻灼卜甲七十余片。（详见《文物资料》，1955〔6〕，129页。图见《考古通讯》，1956〔2〕，图版一一之六及44页）
以上四川省		
南京　北阴阳营	1955	出土有卜骨二，直灼卜甲一，伴出品有铜镞等小件铜器。（据《综述》校后附记）又在南京挖鱼池附近，发现卜甲二十余片，为龟腹甲，里部上端有凿孔。据谓年代早于六朝。（见《文物资料》，1955〔11〕，128页）
以上江苏省		

二、论殷代甲骨之属类

殷墟所得卜用甲骨，龟以腹甲为多，骨则以牛胛骨为大宗。兹就历年所发现，及其有关文献分述如下：

(甲) 龟

（1）腹甲　《周礼》太卜注："卜用龟之腹甲。"《史记·龟策传》："庐江郡常岁时生龟，长尺二寸者二十枚，输太卜官。太卜官因以吉日剔取其腹下甲。”今观殷虚出土刻辞锲于腹甲之多，足证是说；惟有时亦镌于背甲者。

（2）背甲　仅见于小屯北村及济南大辛庄。小屯YH一二七坑所出一七〇八八片中，约有五百为背甲改制者，他或制成石刀状，中间穿孔，而刻辞于其上。

龟类之外，间有用鳖甲者，为极少数。（见《综述》图版十三下左）

卜辞所见龟之属类有曰“䨩”与“𪛉”者，其辞如下：

贞：𢀛来王。隹来，允至。氏（致）龟：䨩八，𪛉五百十。四月。（《续存》下五七，又《综述》图版二一）

按“来王”读如《诗·殷武》“莫敢不来王”，盖言贡龟事。

……入五十。口帚井三䨩自……七。耳十五。（《续编》四、二六、五）

乙巳卜穷贞：今夕□不䨩。（《屯乙》八四一四）

……卜，习雨龟，一卜，五……（《粹》一五五〇，雨龟分为二文。）

《周礼》，六龟各有名物，天龟曰灵属，地龟曰绎属。郑注：“龟俯者灵，仰者绎；天龟俯，地龟仰。”《尔雅·释鱼》：“龟俯者灵，仰者谢。”郝懿行《义疏》谓：“谢与绎古同声。”卜辞之䨩，殆即天龟之灵，𪛉即地龟之绎。何以言之？

䨩　此字《粹编》分书作雨龟，雨与霝形近，雨龟后人遂作䨩龟与灵龟。《易·颐卦》：“舍尔灵龟。”《尔雅·释鱼》十龟，二曰灵龟，敦煌卷子《瑞应图》亦绘灵龟。（伯希和目二六八三，余于巴黎亲见之。）曰“雨龟”者，疑谓龟作俯状，如雨之下降。

𪛉　此字上从盂，疑古盈字。（𡈼即呈字所从之壬。古盈与逞通，如《左传》栾盈，《史记》作栾逞。《索隐》“逞”音“盈”。此类例证尚夥，参《尔雅义疏·释诂》。）盈与绎正一音之转。上仰者逞，故曰𪛉。

䨩与𪛉之命名，疑亦取象于龟兆。《洪范》卜五：一曰雨，四曰驿。雨者，兆之体气如雨然；驿者，龟兆象气落绎不连属，驿即绎也。（《说文》引《尚书》此文，作“圛”，云：“升云半有半无，读若驿。”郑玄训圛为明，义异。）

《墨子·耕柱》：“卜于白若之龟。”《周礼》六龟之属其“北龟曰若”。郑注：“西龟左，北龟右。各从其耦。”卜辞有云：“𠈌若。”（《佚存》七四四。

商氏云："龟之从彳，与从水作渑意同。"以徿即龟字。）似指北龟。

《急就篇》："亭历桔梗龟骨枯。"颜师古注："龟骨，谓龟甲也。"政和《证类本草》引《本草图经》云："方书中又多用败龟，取钻灼之多者。"《日华子》："卜龟小，而腹下曾钻十遍者，名败龟，入药良。"（《本草纲目》四十五引）王应麟注《急就》即引败龟为说。可知经钻灼之龟，向称曰"败龟"。自汉以来，卜龟屡有发见，惟人以为药品耳。

（乙）骨

（1）牛胛骨　殷墟发见牛骨累数万片，多属此类。

（2）牛头骨　如《小屯甲编》三九三九。郑州二里冈出土有牛头盖骨。

（3）牛距骨　即《小屯乙编》八六八八，为左距骨。小屯第十三次发掘所得者，宰封署名，为剅（图）大乙之纪事刻辞。（参看高去寻《殷虚出土的牛距骨刻辞》）

（4）牛肋骨　小屯第五次发掘者，文极草率，无钻、灼卜兆之痕。（胡厚宣《甲骨学绪论》）《京津》三九二二版即肋骨刻辞，善斋藏四五五一。（《综述》图版十五下）又《善》一二五七亦同，皆出于习刻。郑州二里冈亦出有肋骨。（图见《综述》图版十五上）《佚存》五一八、四二七（《邺初》下四七、九重）及四二六（《邺初》下四七、七重）记宰封狩猎及殷王赏赐辞之两雕骨，亦属肋骨。（见《商书》董氏序）

（5）牛肱骨　郑州二里冈出土，上刻"㞢"字。（见《综述》图版十四下）

（6）人头骨　"中央"研究院史语所藏人头骨，上刻"口丑用玗……义友……"（拓本亦见《拾掇》二、四九及《京津》五二八二）又明义士旧藏辞云："且乙伐……尸方白。"（摹本见《综述》图十三下右）其他人头骨，如《拾掇》二、八七存一"隹"字。《京津》五二八一存"方白用"三字。（又见《综述》图十三上）《续存》二三五八为人头右颞骨，上存一"白"字，又善斋旧藏人头骨上刻"㪤"字。（见《综述》图版十四上）此类殆某方君长，被杀败俘获后，用其头以祭，并刻辞以纪其事。（如《赵策》以知伯头为饮器，即其例。）

（7）鹿　骨　《小屯甲编》三九四〇及三九四一为帝乙、帝辛时物，刻祀文武丁鹿头刻辞。同书三九四二亦为鹿角器。郑州二里冈出土有卜用鹿肩胛骨一片。（日本亦有用牡鹿左肩骨卜，见《古事记》。）

（8）猪　骨　发现较少，惟辉县琉璃阁及郑州二里冈殷代遗址，出土并有卜用猪骨。

（9）羊　骨　二里冈出土，有卜用羊肩胛骨。（按《论衡·卜筮篇》：子路问孔子曰："猪肩羊膊，可以得兆；雚苇藁芼，可以得数，何必蓍龟？"其说信矣。）

（10）马　骨　安阳出土卜用兽骨有之。（据杨锺健说。）

三、论龟卜占书源流

太史公曰："三王不同龟，四夷各异卜。"（《史记·自序》）因撰《龟策列传》，惜原篇已亡。褚少孙乃取秦汉卜人占龟杂说充之。《汉书·艺文志》载《龟书》五十二卷，《夏龟》二十六卷，《南龟书》二十八卷，《巨龟》三十六卷，《杂龟》十六卷。则汉时此类之书颇繁，惟皆散佚。今欲征古制，独赖此篇，惜于先秦所记不详。

《左传》所言卜筮事，有师春者，曾抄集为书。晋太康二年出于汲冢竹简。（见《晋书·束皙传》）文与左氏无异。（详《唐书·刘贶传》、《史通·申左篇》、《东观馀论》）《隋志》有《龟经》一卷，题晋掌卜大夫史苏撰。又言梁有史苏《龟经》十卷，亡。史苏，晋卜筮之史。（《左·僖十五年传》杜注）《抱朴子》谓："史苏、辛廖，卜筮之圣也。"（《辨问篇》）其书今亦不传。《五行大义》之《论刑篇》、《论五灵篇》并引史苏《龟经》。《说郛》（卷一〇九）有失名《龟经》一卷，清吴省兰刊入《艺海珠尘》中（丝集子部谱录类），未必为史苏之作。（苏又有《沉思经》一卷，在龟卜类，隋、唐《志》并著录。）《隋志》及他书所记《龟经》及龟卜之书，可考者有下列各种：

《龟文经》　郑思远（思远，三国吴葛玄弟子，葛洪师事之）所集道书。《抱朴子·内篇·遐览》著其目，与《玉策记》、《八卦符》并举。又《杂应》引《龟文经》言："大兵之后，金木之年，必有大疫，万人余一。"当即此书中之文。又《黄白》引《龟甲文》云："我命在我不在天，还丹成金亿万年。"此"龟甲文"与《铜柱经》、《玉牒记》并列，当是书名。"龟文"可称为"龟甲文”，未知是否即出于《龟文经》。此当是晚出道家所撰，假托神龟灵异，或杂谶纬之说，取为书名；与殷墟龟甲刻辞无关。

《龟决》　晋葛洪撰。二卷。《隋志》云：“梁有，已亡。”

《管郭近要决》《龟音色》《九宫蓍龟序》　《隋志》著录各一卷，梁有，已亡。管、郭当为魏之管辂，晋之郭璞。此自出东晋后人所撰。

《龟卜要决图》《五行九亲》《隋志》著录各四卷，梁有，亡，不著撰人。

《龟亲经》　周子曜撰，三十卷。《隋志》：“梁有，亡。”龟亲当指九亲。

《龟经》《五兆算经》《龟上五兆动摇经诀》　唐孙思邈撰。各一卷，《唐书·艺文志》著录。（思邈，京兆华原人，寿百余岁。周宣帝时，隐居太白山，至唐高宗永淳元年乃卒。）《隋志》有《龟卜五兆动摇决》，无撰人名，殆思邈之书。

上举为隋唐以前龟卜占书之佚籍，均不可见。清代西蜀刘仕伟著有《灼龟》一书，论古焦契法，李调元为序，载《童山文集》六，惜其书亦不见流传。他若《卜法详考》等，世所习知，不具论。

《书·金縢》云：“乃卜三龟，一习吉。启籥见书，乃并是吉。”《周礼》：“卜师掌开龟之四兆。”郑注：“开出其占书。”足证周初占卜，必检视占书。《汉书·王莽传》：“是日天复决其以勉书。”晋灼云：“勉字当为龟。”盖误“龟”为“黾”，又由“黾”借为“勉”，是勉书亦龟书之类，莽时占卜犹用之。证以《汉志》有《龟书》、《夏龟》，当是此类经典；从知殷人占卜，亦当有此种龟书，供审辨占兆之用，如麽些巫师之灼骨辨兆，必翻占卜经典，乃作解释。（详《人类学集刊》第一卷第一期陶云逵《麽些族之羊骨卜及𧄍卜》）此在当时，或著在简册，或扃镉于中秘，惟卜官乃得检视。惜殷墟历次发掘，未见此类之纪录，遂使殷人卜法，莫由悉其详；虽龟骨实物，备记兆象，而其所以然之故，仅能凭臆推断，此治卜辞者一大憾事也！

周人卜用三龟，向谓乃取玉兆、瓦兆、原兆三种兆象，名占一龟。然《周礼》所记，周人实兼取夏、殷、周三易为筮，卜亦兼用三兆，殷、周占卜，未必相同。《周礼》：“卜师掌龟之四兆。”而《隋志》著录之书，卜龟间用五兆，据《周礼》占人疏，乃指金、木、水、火、土五种兆象。凡卜灼：龟之四足，依四时而灼之，其兆直上向背者为木兆，直下向足者为水兆，邪向背者为火兆，邪向下者为金兆，横者为土兆，是周观四兆。而汉人辨五兆。此五兆者，已纳入五行之说，殷代恐不如此。其他有用九宫九亲之法，又有音色，“音”或为纳音，兹并汉后人踵事增华，不可以语其朔也。

四、论占卜仪式及其有关人物之职掌

古占卜之仪，备著于《礼经》。试举《仪礼·士丧礼》所记卜葬日一事为例论之。

> 卜日，……卜人先奠龟于西塾上。南首，有席。楚焞置于燋，在龟东。族长（郑注：“有司掌族人亲疏者。”）莅卜，反宗人吉服立于门西，东面，南上。占者三人在其南，北上，卜人及执燋席者在塾西，阖东扉。主妇立于其内，席于阑西阈外。宗人告事具。主人北面。……莅卜即位于门东，西面。卜人抱龟，燋（执燋者）先，奠龟西首，燋在北。宗人受卜人龟，示高；莅卜受视，反之。宗人还，少退，受命。（莅卜）命曰：……许诺。（宗人）不述命，还，即席西面，坐，命龟。兴，授卜人龟，负扉。卜人坐，作（灼）龟，兴，宗人受龟，示莅卜。莅卜受视，反之，宗人退，东面，乃旅占。（谓三人共占之）卒，不释龟，告于莅卜与主人。占曰：某日从，授卜人龟，告于主妇。主妇哭，告于异爵者，使人告于众宾。卜人彻龟。宗人告事毕。……若不从，卜择如初仪。

由此段文字，可知占卜之礼，参与其事之人物，应有下列：

（甲）问卜者　即主人及主妇。

（乙）莅卜者　即亲临主持卜事之人。《士丧礼》所记为士之卜，若天子之卜，大事由宗伯莅卜，小事则由太卜莅卜。（见《周礼·太卜》及郑注、贾疏。又《仪礼·释官》云：“族长莅卜，经即称为莅卜，以事目其人。”）

（丙）宗　人　司告事，兼示龟于莅卜者。

（丁）卜　人　司奠龟灼龟之事，即《周礼》之卜师。《说文》：“卜，灼剥龟也。”此卜之本义。其与卜人配合待事者，尚有执燋（即《周礼》之菙氏，掌供燋契）及布席者。

（戊）占　人　司占龟之兆象、色、墨、坼等，以定吉凶。《说文》：“占，视兆问也。”此占之本义。褚少孙《补龟策传》云：“荆支卜之”（按灼龟以荆，参《白虎通》引《三正记》。楚地多产薪樵，故曰荆。《菙氏》郑注引杜子春说），必制其创，理达于理，文相错迎，使工占之，所言尽当。理达（《御览》引作“程达”），谓呈兆也。《潜夫论·卜列篇》：“兆告其象，卜底其思，以成其吉。”兆告象即占之事，明与卜殊科。故《周礼》“卜人”之外，又有“占人”。云：“凡卜筮：君占体，大夫占色，史占墨，卜人占坼。”（参《礼记·玉藻》）其差别如此。

五、论卜辞中贞卜及占之分别

上论占卜职掌之异，皆周人礼制。若殷之卜法，史无明文，今就卜辞所记，合以《周礼》推勘之，举可知者如下。

（1）王亲贞

癸亥卜，太贞：㞢（有）其降囚。（《屯甲》三八二七）

□丑卜，太贞：□日雨。（《屯乙》四○○）

壬戌卜，王贞：今夕亡尤。　壬戌卜，王贞：今夕亡尤。（《屯甲》二六九二。）

按同版贞人有何与宁。

戊寅卜，王贞：从𢀛（祝省形）。（《屯甲》二五九一）

辛丑王卜，贞：田〔𦎫〕往来亡𢦏（灾）。王〔𡆥曰：吉〕。（《屯甲》三三五○）

同版王卜贞田某地往来亡灾，语数见不具录。

（2）王亲占

王固曰：“吉！易。”（即锡，赐也。）（《屯乙》四八六八龟背）

按是版龟面辞云：“己酉卜，亘贞：易禾？不易禾？”（《屯乙》四八六七）

故占曰：“吉！易。”占词省去受词之“禾”。

王固曰：“其氏。”（《屯乙》三七九六龟背，词凡二见。）是版龟面辞云：“癸未卜，殸贞：疲氏羌。　贞𢀛：氏羌。”

王固曰：“吉！氐。”。（《屯乙》四六○七龟背）　是版龟面辞云：“辛亥卜，穷贞：𡿺𤴓化，氐王𠂤。　辛亥卜，穷贞：𡿺𤴓化，弗其氐王𠂤？”

按“王𠂤”与他辞之“王事”义同，说详拙著《卜辞义证》。

王固曰：“吉！帝若。”（《屯乙》五八五八龟背）

王固曰：“𣦵（死）！隹……𢦏（灾）。”（《屯乙》五二五四龟背）

龟面记召伐肹白（薛伯）事。

贞：今日，〔其雨〕。王固曰：“𠤕（疑）！丝（兹）三（汔）雨；之日，允雨。三月。”（《前》七、三六、二）

按固即占字。卜辞常于龟面书某日卜某贞某事，而王固曰云云，多锲于背，其例极夥；此殆王亲占龟之体兆，定其吉凶之辞。亦有锲于骨面贞人语之下者。如：

己巳卜，宂贞：龟（秋）𡿺（得）妊。𠂇固曰：𡿺。庚午夕㞢。辛未……（《屯乙》五二六九）背面：“王固曰：吉。”或：“王固曰：𡿺！”（语甚多）

癸丑卜，争贞：自今至于丁巳，我𢦏𠚤。王固曰：丁巳，我毋其𢦏，于来甲子𢦏。旬㞢一日癸亥，车弗𢦏；之夕㞢，甲子允𢦏。 癸丑卜，争贞：自今至于丁巳，我弗其𢦏𠚤。（《屯乙》二三五八+二四三四+七七九五。《殷缀》四四四所缀不确，今改正。《续存》重出，载该书附图七。）

癸酉卜，㱿贞：旬亡𡆥。王二曰：匄。王固曰：俞！㞢希㞢梦。五日丁丑，王𡪭（嫔）中丁。氒（厥）险（旋），在宦阜。十月。（《菁华》三。同书王固曰辞数见。）

他辞或言：

〔王〕𣪠固曰：……（《京津》一六〇〇）

按亦作“王𣪠曰”。（《前》七、二九、三，《铁》二五五、一，《后》下二八、五）𣪠读为挋。《士丧礼》郑注“古文挋皆作振。”《尔雅·释言》：“振，讯也。”又《释诂》：“讯，言也。”此言“王𣪠曰”，犹“王讯曰”，谓王有所谋讯；《洪范》所谓“谋及卜筮”之谋，即是义。（说另见拙作《日本所见甲骨录》一，载港大《东方文化》。）

或言：

“王如曰”。（《前》五、三〇、三）

按《尔雅·释诂》：“如，谋也。”是“王如曰”，犹言“王谋曰”，与“王挋曰”之为“王讯曰”义同。

或言自卜：

余及兹月出。自卜。 甲戌卜，又曰吉。余弗及之月出，自卜。（《侯

家庄》二九）

按以“余一人”语例之，此“余”字当为王自称代名词。

（3）臣工代占

王臣坴曰：坴首，若！（《屯乙》六三八五甲背，即六三八六）

按《屯乙》六四一九云：“……王来，坴首，雨小。”“坴首”读为《左传》之“除道”，说见下。

戊子卜凷：……亦出晁（有闻）。凷固曰：晁！……（《京津》一五九九）

按凷即叶，人名。详下《贞卜人物事缉》。

……〔亡〕囚。凷固曰：吉！（《京津》一六〇一）

……凷固曰：若！往。（《明义士》五七四）

……凷固曰：……（《前》六、三九、一）

戊戌卜，𠂢占：妫（嘉）！（《之馀》二、二，《续》五、七、四重）

由上知“固曰”不限于王，此则命臣工代固也。“固”、“占”一字，《汉书·天文志》：“占曰：为白衣之会。”“占曰”，即卜辞之“固曰”也。凡固曰以下，皆断休咎之辞；盖占人即察兆象，以定吉凶，与卜及贞固异其职掌也。

上引末条“𠂢占”，无曰字。考王固亦有省“曰”字者，如《屯乙》四五二四是。

卜辞有“贞”、“卜”、“占”三事分言者，如：

丙寅卜，吴贞：卜𠂢曰：其出（侑）于囗（祊），𦉪。王曰：弜（弗）𣅀（祷）。羽（翌）丁卯，率（即𨑒，先道也，见《说文》，此假为语词之率）若。八月。（《文录》五一九）

此为最显著之例。由此辞，知吴主贞问，而𠂢卜之，王则亲占其事之宜忌，辞省“固”字。又如：

……丙申，王㑺（宿）固。　光卜曰：不吉！出𢀛（杀）。丝……（日本中村不折藏，原物现存东京书道博物馆。载《遗珠》六二〇背，《通纂·别》二、三、一重）

按宿读为肃。肃，戒也。见《周礼·大宗伯》郑注及《祭统》注。《说文》夙古文作㑺。则此亦“夙”字。夙，早敬也。夙、肃声义同，《诗》：“载震载夙。”《笺》：“夙之言肃也。”是其证。

上辞王亲占，而光卜之。又如：

戊戌卜鼎（贞：）𦉍卜：日丁酉。（《屯乙》四八一〇）

上辞上已言"卜贞"，下又云"𦉍卜"。从上举三辞，知㕥、光、𦉍，并为卜人，此有明文可稽者也。

庚寅卜，㱿贞：来辛丑，卜曰：……（《屯乙》五四一一）

此辞则不著卜人名。至明著为占人者，前举之凷固、𠂤占，皆其例证。其明著为卜人者，如《佚存》五二七言："□午卜，卜穷贞：……"东京博物馆藏片："壬午卜，卜即贞：……"（原文参卷二《辞式释例》）俱重"卜"字，其上卜为动词；下卜为名词，则指卜官而言。《周礼》掌卜之官曰太卜，为卜师，卜人之长。《左传》称曰"卜正"（隐十一年），可见卜为官名，知穷与即，均卜官也。

卜辞有言"告"及"告事"者：

旃罘㱿亡囚，𠚤告。（《屯乙》三二一二。同版旃罘㱿辞凡三见）

贞：大……𠚤告。二月。（《京津》一八七六）

辛酉卜鼎（贞）雀亡囚。南土，𠚤告事。（《屯甲》二九〇二。同版言𠚤告事，凡数见）

丁未，卜贞：何𠚤告。　丁未，卜贞：庚寅（二字合文），𠚤告王。（《屯乙》九〇七三牛骨，按何亦卜人名）

……卜，𡎦告。……（《粹》一五七七，《京津》二七五三重）

甲戌卜，穷贞：羽（翌）乙亥，竝告。𠫓其出于□。（《屯甲》三四八一）

……卜贞：在㠯。犬𠚤告曰：从！叀戌申，利亡□。（《文录》六〇八）

乙酉卜，争贞：麋告曰：方凷。今𣏟，同受㞢又（祐）。（《天壤》六二）……麋告曰：方……　（《京津》一三四五）

□丑卜尹……犬告曰：……　（《林》二、二六、六，《遗珠》三〇七重）

此类不一而足。由上举各辞，知𠚤、𡎦、竝、𠚤、麋、犬等曾司告事，《士丧礼》谓："宗人告事。"则此辈皆为宗人矣。

六、论宗人与莅卜

宗人者，《仪礼・丧服传》郑注："宗者，世父为小宗，典宗事者也。"

《礼运》："宗祝在庙。"郑注："宗，宗人也。"《鲁语》上："夏父弗忌为宗。"韦注："宗，宗伯掌国祭祀之礼。"是或省称曰宗。契文工与𠙵乃示字。《摭佚》十八："……眔㞢工。"《燕大》三一："不佳㞢示。"他辞作"其㞢𠙵"。（《佚存》七同版两见。）习见之"工典"。（《前》四、四三、四，《后》上廿一、三）亦作"𠙵典"（《后》上十、九）或"𠙵典"（《后》下二十、七）。他辞又见"左𠙵"（《京津》三一五五），即"左宗"。卜辞有人名"𠙵叡"（《天壤》四二骨臼），他辞但作叡。（详下《贞卜人物》"叡"条。）𠙵与工为一文，并当释示，亦即宗。非工字。称为"示叡"者，兼著其官名，此明叡之为宗人也。

《大戴礼·诸侯衅庙》："祝、宗人、宰夫、雍人皆玄服。宗人曰：'请命以衅某庙。'君曰：'诺。'遂入。……既事。宗人告事毕，皆退。反命于君。……宗人请就宴，君揖之，乃退。"又《诸侯迁庙》言祝与宗人皆斋，至庙。宗人摈，举手曰："有司具，请升。"君乃升。宗人司祭事，与祝并列，故合称宗祝。卜辞又有称司𠙵者："壬辰卜，□贞：叀弓……令司𠙵。"（《续存》上七〇）或释司工，实应读为司宗，即令其司宗事。他辞云："己酉贞：王其令火司我𠙵。己酉贞：火叶王事。"（《拾掇》一、四三一，《宁沪》一、四九六，五〇五及六七二重）火为人名（《明义士》二〇五二云"令火"可证），则火亦殷之宗人矣。（他如"多𠙵"，见《拾遗》十四、七，《屯乙》三三一七，即"多宗"。说详拙作《卜辞义证》。）

旧知卜人与贞人不同，而不知视兆之占人，及司告事之宗人，亦宜加以厘别。

所谓莅卜者，《周礼·肆师》云："尝之日，莅卜来岁之芟；狝之日，莅卜来岁之戒；社之日，莅卜来岁之稼。"卜辞每言莅黍事：

庚戌卜，〔㱿〕贞：王立〔黍〕，受年。　贞：王勿立黍，弗其受年。（《屯乙》六九六四）

乙卯卜，㱿贞：王立黍，若。　贞：王勿立黍。（《屯乙》三一五二）

"立"读为"莅"，即莅卜黍年，盖王亲莅卜也。他辞亦记臣工莅卜，如云：

癸亥卜，彭贞：其又（侑）王日妣己，在十月又二。　小臣𠂤立（莅）。（《屯甲》二六四七）

㘡小臣𠂤立（莅）。（《屯甲》二七八一）

此殆记小臣𠂤莅卜事，上条莅与贞分言，盖由𠂤主卜而彭贞问之。董彦堂先生名"卜某贞"一辞，"贞"上之人名为"贞人"，以别于灼龟之卜人。

按贞训卜问（《周礼》先郑注："贞，问也。"《说文》训卜问，本此），殷墟卜辞惯例，或用贞字于句首，而不书人名（如：《屯甲》二六八七："贞王其𡆥，……贞：其𣪍……贞：亡壱。贞，叀今……"）；其前辞或言"卜某贞"，"卜某曰贞"（详卷二《释例》）。《周礼·春官》太卜云："凡国大贞，卜立君，卜大封。"是贞事原属太卜所掌。周时莅卜者，大事由宗伯，小事由太卜掌之。是所谓贞人，亦卜官也。故卜辞每省"贞"字，但称"卜某"，即其明征。《周礼》太卜与卜师有别，卜师为太卜属官，主开兆扬火作龟，相当于《仪礼》之卜人；太卜则司卜事，《舀鼎》："命女更乃且考司卜事。"疑即太卜，此相当于莅卜者。卜人与莅卜二者，职位有高下之别。殷文字简质，但举"卜某"二字以概之，当亦可指莅卜之官，非纯指开兆之卜人耳。

七、论占卜人数

占卜人数，卜辞所见，有二人至三人共贞者。

癸未卜，争、𡧊贞：旬亡𡆥。（《粹》一四二四。此类之例尚多，详卷二）

丁丑卜，𠓛、争、大（此二字合文）贞：令羽（翌，祭名）子𢀛臣于𦾔。（《前》二、三七、七）

三人共贞例，仅此一见。《洛诰》："公既定宅，伻来来，视予卜休，恒吉。我二人共贞。"《释文》引马融云："贞，当也。""当"训值。是某贞者，犹言某当值其事，与莅卜义合。《洪范》云："三人占，则从二人之言。"证以《士丧礼》，占者三人，卜辞多言"卜"，少言"占"，有时似以"卜"概"占"。《白虎通·蓍龟篇》："或曰：天子占卜九人，诸侯七人，大夫五人，士三人。"陈立《疏证》据此，谓为夏殷制。又谓：别一说，以天子至士同为三人。今观卜辞，殷时占卜人数，似无定制。

八、论卜人与史官

契文每于龟甲顶端，或甲尾、甲桥、背甲及骨之面、臼部分，签署私名，如㱿、争、亘等，与贞卜人物多相同；说者遂目彼辈为史官。（参胡厚宣：《卜辞记事文字史官签名例》，载《中研院史语所集刊》十二本）然卜辞本身，从未见称为史殻、史争、史亘者。（殷代彝器有识史官名者，如：《趠卣》云："史趠作祖丁宝隫彝。"见《攈古录》二、一、七一。《喜鼎》云："史喜作朕文考翟祭，厥日唯乙。"见《吉文》一、三五。趠为亘之繁形，未审史趠与史喜即卜辞习见之卜人亘及喜其人否?）考载籍所记商之史官，有迟任（盘庚太史，见《尚书》郑注）、尹逸（商末史，见《逸周书·克殷解》、《史通·史官》）、向挚（纣内史，见《吕览·先识》，《通典》作"高势"）、辛甲（见《左·襄四年传》、《晋语》、《韩非·说林》），均于卜辞无征。契文明著史官名者，惟见"太史𠄞"（京都大学藏片五六六，《前》四、三四、一十《铁》二二六、二——《缀合编》三八）、"太史夹"（《屯甲》三五三六："贞：甶太史夹令。七月"）耳。

《周礼》占人下云："史占墨。"《礼记·玉藻》云："史定墨。"郑玄以为即太史。故太史职云："大祭祀，与执事卜日。"郑注："执事，太卜之属；与之者，当视墨。"春秋时多使史官占卜，如晋献公卜伐骊戎，而史苏占之，是其例。盖卜筮官与太史为官联也。故卜筮官，亦通谓之史。（《晋语》韦昭注："筮史，筮人。"）惟此乃卜筮官属，与史占墨之为太史者异。（详《周礼正义》）董氏严分卜与贞为二事，谓："太卜司卜，卜人仅限于太卜，主灼龟、见兆、断吉凶之事；太史司贞，贞人则谓问卜之人，任何人皆可充任。"按之《周礼》，则太卜乃莅卜之官，其职高于卜人，而史亦可占墨，以定吉凶，参与卜事，其区别不必如是之严也。

九、论卜辞与命辞

《周礼》："凡卜筮既事，则系币以比其命。"杜子春云："系币者，以帛书其占，系之于龟也。"郑玄谓："既卜筮，史必书其命龟之事及兆于策，系其礼神之币而合藏焉。"杜与郑异说。惟可知者，周人书其命龟之辞于简策及帛，而殷人则多锲于龟甲或兽骨之上。是殷人之甲骨刻辞，实即殷人卜龟之命辞也。如郑说，书其命龟之事为史官；夫史所以纪言纪事，有时亦兼为占卜，非凡史官皆即为贞人，故纪事刻辞署名之史官，多未见于"卜某贞"一类之前辞。例如䜌为史官名，亦称小臣䜌（侯家庄殷墓一〇〇三西道北壁出土断耳石毁云："辛丑，小臣䜌入毕〔纳禽〕，图，在啚，以毁。"《攈古录》二、二有《小臣䜌卣》，《双剑誃吉金录》下有䜌勾兵，东京博物馆藏骨但识人名䜌字，䜌籀文系），而契文之贞人未见䜌，可知史官原但掌书卜事，而未必尽为莅卜者也。

又同一贞卜人物，其字体结构，笔画巨细，风格每有不同，占卜者与写刻者不尽出于一人之手。说分见下贞卜人物章。

十、论殷契占卜事类与《周礼》作龟之八命

《周礼》："太卜以邦事作龟之八命。一曰征，二曰象，三曰与，四曰谋，五曰果，六曰至，七曰雨，八曰瘳。"旧说言"征"谓征伐，"象"谓云物灾变，"与"谓卜人物当予与否，"谋"谓卜谋议疑难，"果"谓卜事成与否，"至"谓卜来至与否，"雨"谓卜天雨不雨，"瘳"谓卜疾病痊愈。（参郑注及《周礼正义》）此八命者，皆国之大事，占卜时命其辞以告龟，故曰"命"。殷虚卜辞即锲刻命辞于甲骨者。周之八命，皆见于殷契，若"征"、"雨"、"瘳"之例，世所习知，兹不胪举；其他五项，举例如下。

【象】

象谓观象云物，察应寒温。《管子·侈靡篇》所谓"视之天变，观之风气"。是矣。

> 癸亥卜贞：旬一月，昃，雨自东。九日辛未，大采，各云（洛雲）自北，𢦏𢓊（延），大风自西，㓝（拂）云（雲），兖（率）雨，每（晦），蕭（祥）日。（《屯乙》三〇三十四七八——《殷缀》七八　《殷历谱·日谱》二）

按"㓝云"应读拂雲。字通作"茀"。《楚辞·天问》："白蜺婴茀。"王注："茀，白雲逶移若蛇者也。言此有蜺气，逶迤相婴。"洪《补注》："蜺，雌虹也。茀音拂。《说文》云：'霈，雲貌。'疑即此茀字。"卜辞言"㓝雲"自即《天问》之茀。

> 癸巳，卜𡗜：旬二月四日丙申，昃，雨自东，……小采，既。丁酉，雨至东。……　癸酉卜𡗜：旬四日丙子，一月。雨自北，丁，雨。二日，雈（霧）。庚辰，……　癸丑卜𡗜贞：旬八，庚申，𡨦，允（允，贝塚释作"人"，审原拓似为"允"）雨自西，小〔采〕，夕既。（京都大学人文科学研究所藏龟，图见《殷代青铜文化之研究》，并参原拓本）

按《鲁语》："天子大采朝日，小采夕月。"而卜辞所记大小采，乃指天象，每与云雨连称。于省吾谓大小采就云色之多少言之。（《骈枝》三编）此片卜王字，均作𡗜。从上下文可证即"卜王贞"之略辞。"既"者《诗》郑笺

“尽也”。《春秋》桓三年：“秋七月壬辰朔，日有食之，既。”与此辞“夕既”语例同。𡨦乃痀字。此读为佝，《说文系传》：“佝，覆也。”段注云：“佝，瞀也。”《汉书·五行志》作“区霿”，应劭注作“鹊霿”，俱骈词通用。义谓天际蒙晦不明，有云雾覆之。

戊午，卜曰：今日𢦏（瞀），抑，允𢦏。一月……　戊戌卜：其𠂤。翊己，抑𢦏，不见云（雲）。　（《屯乙》一〇〇十四四五）

按翊己即戊戌之翌日己亥。契文抑与印为一字，不从手，《诗·齐风》：“抑若扬兮。”《传》：“抑，美色。”“抑”借为懿，此殆谓放晴无云，天气开朗而美也。

……王固曰：㞢希（杀）。八日庚戌，㞢各云（格雲）自东面，母（晦）。昃，亦㞢（有）出蜺自北，饮于河。（《菁》四）

按《周礼》：“保章氏，以五云之物，辨吉凶水旱降丰荒之祲象。”郑司农云：“以二至二分，观云色。青为虫，白为丧，赤为兵荒，黑为水，黄为丰。”《御览》引《春秋演孔图》：“霓者，斗之乱精也。斗失度，则投霓见。”又引《黄帝占军诀》：“攻城有虹，从南方入，饮城中者，从虹攻之，胜。”证以卜辞，云气虹蜺占候之术，殷人已盛行之。（参于氏《骈枝》之《释虹》、《释云》两篇。）

壬辰卜内：羽癸巳，雨。　癸巳，冐，允雨。（《屯甲》三三三六）

按冐即《说文》冐字，从冃。冃音蒙，借为蒙或瞢。他辞言“冐日”（《铁》四四、三，《厦大》十七〔《续存》上一二三四重〕）“甶㑹，……至十月。”（《京津》三六三六）“冐日”读如“瞢日”《周礼》眡祲“六曰瞢”，日月瞢瞢无光也。

……卯㞢……　䨮（霾）。庚申，亦㞢𠬝㞢鸣雎。……　疒皇（圉）羌戎。（《屯甲》二四一五，又《殷缀》三六。其骨面为永贞旬之辞。）

按䨮即阴霾字。㞢𠬝指蒙气。（说见下）鸣雎指灾变。（契文雎字从目在隹上甚显。《说文》训雎为仰目，无鸟名义。）《史记·天官书》：“岁星与翼轸晨出，曰天睢。白色大明。”此星占之说，疑与殷代鸣雎有关。疒，武丁时人名。上辞盖记异征。谓阴霾，庚申又有蒙气及鸣雎；而疒遂有圉羌戎之役。考《地镜》云：“鸡夜鸣，天子适有急令，戎马兴。”“众鸟集木上，鸣而泣，兵且起，邑将虚。”（马国翰辑本）则鸟鸣为兵起之兆，此古之鸟占也。

【与】

癸未卜，穷贞：令鸣眔（遝即逮，及也）方，八月。　贞：令方归。

（《屯甲》二八一四）

辛丑卜，穷贞：旃眔㱿氏羌。　贞：旃眔不其氏羌？（《屯乙》六三七二）

戊子卜，𠬝贞：王曰：余其曰：多尹其列二侯上丝眔㝬侯。　其徂，……周。（《通纂·别》二、四、一一。按《后》下八、六“□□，卜争贞：令上丝眔禾侯。”可与此辞互证。）

庚午卜，㱿贞：正，羊八，犬八。　乎（呼）𢇍同龙𡍮。（《屯乙》四五二八）

卜辞凡言某眔某，或某同某，疑即八命之与。

【谋】

谋，旧训谋议。按《诗·大雅·生民》：“载谋载惟。”毛《传》引《周官》：“尝之日，莅卜来岁之芟。”云：“谷熟而谋陈祭而卜矣。”循毛《传》说，则卜辞之“卜受年”，殆亦谋之事。（“卜受年”辞分见下各《卜人事辑》。）

【果】

郑注谓以勇决为之，引《左·昭十七年传》“司马子鱼卜战，令龟曰：……尚大克之，吉”一事为证。按《御览》七十九引《归藏》云：“黄帝与炎神争斗涿鹿之野。将战，筮于巫咸曰：‘果哉，而有咎。’”此即所谓“果”者也。以是知卜辞中，言贞𢦏某方者，即八命“果”之一类。故多用“允”、“克”等肯定语。如：

壬午卜，㱿贞：亘允其𢦏鼓。　壬午卜，㱿贞：亘弗𢦏鼓。（《殷缀》二七二）

甲戌卜，㱿贞：雀〔及〕子㢠𣲀（借为诛）𡇒方，克。（《屯乙》五五八二）

【至】

凡卜辞言至、来、归等，当属八命之“至”。

贞：今之夕至，𢍰卬（御）于丁。　贞：于羽（翌）丁巳至，𢍰卬。　戊午卜贞：今日至，𢍰卬于丁。（《林》一、二二、廿十《续》一、四四、六，见《殷历谱》下四《日至谱》一）

□寅〔卜〕□贞：今𣡕□其至。（《屯甲》二九）

丁亥卜，𠬝：余令曰：方其至。　丁亥卜，𠬝：方至。（《南北·坊》五、二三）

己卯卜，侯……于来月至。（《粹》一二七三）

贞：之五月，陕至。（《屯乙》三四六八）

贞：今四月，僯至。（《簠人》九五，《续编》三、三八、四重）

按《屯甲》五〇："贞僯氏。"即此人。

……卜□贞：今十三月，旬至。（《续编》五、十九、五）

□辰卜，旅贞：羽丁巳，……吴至。……在自褮〔卜〕。（《后》下二五、五）

壬（子）贞：亡至。（《屯乙》四一三）

以上"至"

丁卯子卜：吊帰。（《库方》一五五七）

按吊，人名。《京津》四八〇八残甲仅锲一"吊"字。

癸丑子卜：豕帰。（《库方》一九八八）

丁卯卜，彴贞：彶（及）五月，乎帚来帰。（《屯乙》五一二三）

以上"归"

乙卯卜，我贞：来，　又（有）来？亡来？（《屯乙》九四一）

以上"来"

契文又有卜出入者，《史记·日者传》："司马季主云：昔先王之定国家，必先龟策日月，而后乃敢代（日本枫山本作"伐"，是），正时日乃后入。"入者，言战胜振旅，而入其境，必卜其时日也。即寻常之出入都邑，亦必正时日；观卜辞屡云"入于商"及"入与某地"，可证。此当亦属于"至"一类。

八命中，属于天象者二，雨、象是也；属于人事者六，征、与、谋、果、至、瘳是也。故契文所见贞卜事类，大体言之，不出天象人事两大纲。至详细分析，别见本书末各期贞卜事类表。

十一、论卜辞中关于"龟"之记载

卜辞中有关龟之记载颇繁，多可与经典互证。

曰用龟，即衅龟。

丙午卜，其用龟。（《前编》四、五四、七）

丙午卜，其用龟。　丁酉卜。（《佚存》九五九）

用龟，一月。（《前》四、五四、六）（胡厚宣释西龟。）

《周礼·龟人》云："上春衅龟，祭祖先卜。"衅谓杀牲以血之。用龟即杀龟以祭。《续编》四、二六、五言："帚井三龗。""三"即"乞"，间读为刉（说详下），与"䥶"为一字。故"三龗"亦衅龟之事。

曰龗示，即龟宗。

丙寅贞：叀乎。以羌眔𠂤，于龗示，用。（《南北·明》四六八）

乙卯贞：彳（升）伐，龗示。五羌三牢。（《南北·明》四九五）

于龗示，又（侑）。（《南北·明》四九六）

贞：来丁丑，又（侑）岁于伊、龗示。（《南北·明》四九七）

龗当为龟之繁形。侑于龗示者，褚少孙云："王者发军行将，必钻龟庙堂之上，以决吉凶。今高庙中有龟室，藏内以为神宝。"是龟宗即龟之所。

或曰益龟。如：

……卜，出贞：益龟。旬，不𩰫（融），不工。……（《后编》下十九、一）

是版益龟二字合文。益龟一语见于《易》。《损卦》六五爻辞："或益之十朋之龟，弗克违，元吉。"《益卦》六二爻辞："或益之十朋之龟，弗克违，永贞，吉。王用享于帝，吉。"殷周行卜，每用多龟，增益卜龟之数，故曰益龟。"不融不工"者，融，明也，殆谓龟体色不明；不工即不示，读为《周礼》"眡高"之眡。《士丧礼》称"示高"，与卜辞作"示"正合。《左·昭四年传》："入不示。"语同。不融犹《洪范》记龟兆有曰雨曰霁曰蒙，蒙为阴闇，是即不融之象。

告龟以卜事曰命龟。卜辞云：

其乍兹邑。四月。　贞：隹龟令。（《燕大》一九二）

癸丑卜，……于𪚰令。（《拾掇》四三五，《宁沪》一、五九五重）

……亚于𪚰。（《佚存》七八〇）

按卜辞宾词先行，故"隹龟令"犹言"惟命龟"。《春官·太卜》："眡高命龟。"郑注："命龟，告龟以所卜之事。"《左·文十八年传》："惠伯令龟。"杜注："以卜事告龟。"令龟于命龟义同。惟龟于𪚰实为异字。他辞云：

迭𠣜𢇍（命）。　于𩋾叀（惟）今龟。　叀今𪚰。（《粹》一一五一）

上版中一称龟，而一作𪚰。按《说文》："𪚰，灼龟不兆也。《春秋传》曰：'龟𪚰不兆。'读若焦。"《哀二年传》："卜战，龟焦。"无"不兆"二字。又《定九年传》："卫侯将如五氏，卜过之，龟焦。"《魏书·诸帝子孙传》："昔轩辕卜兆，龟焦。"俱借𪚰为焦。《广韵》字作𪚰，灼龟不现兆曰𪚰。此片龟与龝分言之。考卜辞间言灼龟不见兆之卜，《屯乙》四八二二残甲右甲桥有“卜龝”二字。又同书四七四一残甲左甲桥有“贞龝”二字，此两版同为第十三次发掘所得，可以缀合，见《殷缀》二七七。审甲上俱无坼兆，正可证龝为灼龟不兆之说。（卜辞龝又作䆋，借为𪚿，即“秋”字，每见“今龝”〔《后编》下三三、一〕、“告䆋”〔如《粹编》二及四，又《南北·明》四六六，四六七〕，即“今秋”、“告秋”。与此义别。）

又言“𦶜龟”，或指祓龟之卜。

壬子，贞：屰𦶜龟。　弜屰𦶜龟。（《南北·明》四六七）

按𦶜亦作𧀻，乃繁形。他辞云“甲辰卜，亚：𧀻兄丁，用”（《六录·中央》三）乃为祭名。考《士丧礼》言“奠龟”，𦶜与𥻘古今字，《龙龛手鉴》有𥻘字，音弟。其义未详。以意揣之，疑借为焍。《龟策传》：“人若已卜不中，皆祓之以卵，灼以荆。祝曰：今日吉，谨以粱卵焍黄，祓去玉灵之不祥。”《索隐》：“焍，灼龟木也。言烧荆枝，更递而灼，故有焍名。”𦶜即𥻘，音弟，可读为焍，当指祓龟也。

若贡龟则曰“献龟”。

乙卯卜，穷贞：鬲（献）龟，翊日。十三月。（《前编》七、五、二）

《逸周书·王会篇》记四方所贡“正西神龟为献”。《今本纪年》周厉王元年“楚人来献龟贝”。此言贡龟也。又曰“来龟”、“氐龟”。卜辞云：

戊戌卜，𡧊贞：𢆶祀。六来龟三。（《续存》下四四，《佚存》九九一重，甲尾）

丁巳卜，争贞：〔氐龟〕。贞：不其氐龟？（《库方》六二四）

贞：龟不其南氐？（《前编》四、五四、五，《林》二、一八、八重）

丙申卜，𠮷贞：龟氐。（《续存》下六四）

贞：出〔来自南，氐〕龟。（《前编》四、五四、四）

出来自南，氐龟。（《屯乙》六六七〇）

贞：𢦏不其氐龟？（《南北·辅仁》一）

按六为地名。《春秋》文五年，“楚人灭六”。今安徽六安地，正在殷之南土。证之《禹贡》：“九江纳（《夏本纪》作入）锡大龟。”《鲁颂·泮水》：“憬彼淮夷，来献其琛。元龟象齿，大赂南金。”元龟象齿，俱淮夷所献。武丁卜辞言来龟、致龟外，又言“来齿”、“氐齿”、“入齿”，可与《诗经》互证。

癸未卜，争贞：旬亡𡆥。王固曰：出希〔三〕日乙酉，夕㞢。丙戌，允出来入（纳）齿。十三月。（《库方》一五九五）

辛巳卜，争贞：其出〔来〕齿。　贞：亡来齿？（《屯乙》三三七九整龟）

……丙戌允出来，入齿。（《铁》一八五、一，参《殷历谱》下三《交食谱》）

〔卜〕穷贞：　……来齿。　今五月，亡其来齿？（《殷缀》一三三）

己亥卜，殻贞：曰戈氏齿王。　（《林》一、六、三，《珠》一四三〇重。即谓致齿于王，“于”字略去。）

齿即象齿，盖亦当日纳贡之物。殷墟发掘列《屯乙》四三三〇号，为最大之龟腹甲。据研究所得，乃马来半岛之龟类。（全龟长四四〇公厘，宽约三五〇公厘，钻、凿共二〇四处。）是即南服远夷所贡之元龟矣。

古时专职掌龟之官曰龟人，储龟之所曰龟室（见《周礼》），《曲礼》云：“龟策敝则埋之。”郑注：“不欲人亵之也。”小屯出龟之地，或以为商末瘗藏之所。（罗振玉《殷代贞卜文字考》、陈邦福《殷虚瘗契考》有是说。）今观中研院第十三次发掘一二七坑，中间一层一·六公尺，即满储甲骨，又有遗骸一，头部及上躯露出甲骨以外，似当时管理甲骨者，殆所谓龟人。只此一坑所获，计龟甲一七〇八八版，牛骨八片，蔚为巨观，多为武丁时物，意者即殷人龟室之所在地欤？

十二、论殷人兼用“卜”、“筮”

殷代占卜之制，史无可征。惟《洪范》稽疑言：“择建立卜筮人。”“立时人作卜筮。”又言“龟从筮从”。则殷人占卜，“龟”与“筮”兼施。龟所以审兆辨体，故《洪范》有雨、霁、蒙、驿、克，此言兆象也；筮所以揲爻立卦，故有“贞”、“悔”，此言卦象也。二者厘然有别。予谓殷当有筮法，卜辞 ⊞ 字，以《诅楚文》证之，为“巫”字无疑。巫与筮通，《周礼》簭人有九簭，曰巫更、巫咸等，郑注：“巫读皆当为筮。”卜辞有云：

丙戌卜贞：⊞曰：集贝，于帚用，若。一月。（《零拾》二三，《续存》下二二八重）

“⊞曰”读为“筮曰”，于义可通。近人乃多言殷俗无筮，甚且有谓龟版即“龟策”，而读“龟策”二字为龟册，并举《小屯乙编》“三册，册凡三”（四五二八）一辞为说。（懿恭文，载《文物资料》，1954〔5〕）然《龟策传》明言，“揲策定数，灼龟观兆，变化无穷”。龟与策之异其事，昭然若揭。再征之先秦古籍，《诗·氓》："尔卜尔筮。"《楚辞·卜居》："端策拂龟。"《荀子·王制篇》："钻龟陈卦。"《韩非·饰邪说篇》："凿龟数策。"《礼记·曲礼》："龟为卜，筴为筮。"均其明征。若《乙编》所云"册三"之册，当谓简册。《尚书·多士》云："惟尔知，惟殷先王，表册有典。"卜辞习见"示册"、"爯册"，自指简册而言，非谓龟版之累叠。是知龟与策乃显为二事，策指揲蓍言之，蓍草易朽，故今无存，不得以此遂谓殷人无筮，此不得不为辨正者也。

卷二　贞卜人物记名辞式释例

完整之卜辞，大抵包括（一）前辞——即记卜日，及贞卜者名字。（二）命辞——命龟之辞，为贞卜之事项。（三）占辞——因兆以定吉凶，系有“某固曰”，及“㞢杀”、“㞢来艰”等语。（四）断辞——即书贞卜之结果，每记“允”、“允不”等字，为判断语气。（论者或目此为应验事实，称为“验辞”；然衡以甲骨本文，多贞问结果之判断，不尽为日后事实之征验，今改称“断辞”。）有时简化，省去命辞，仅存前辞与占辞者；亦有但书命辞于龟腹甲，而别补识前辞于龟背者。若论其辞例，乃关系卜辞通体之文法，应另行论列。本篇所欲言者，乃卜辞所见之贞卜人物，故以前辞为主要研究对象。

在前辞中，对于贞卜人物记名之辞式，一般甲骨学者所恒言者，有“卜某贞”，及省略“贞”字之“卜某”两式。然遍考数万片卜辞，此类辞式，变化至繁，兹重为归纳，得下列各种：

一、但言“卜”者

（1）卜某例

此类辞多为“卜某贞”之省，故可确定“卜”下一字为人名。有时同版同辞同人所贞，而或省云“贞”字者。如：

癸巳卜，亘贞：自今五日雨。　贞：自今五日不雨。　辛丑卜，亘：其雨。　辛丑卜，亘：不雨。（《屯乙》五三八八）

癸卯〔卜〕，兄。癸丑卜，兄。　癸亥卜，兄贞。（《遗珠》一三三二）

上二辞，其一上言“卜，亘贞”。另一组省“贞”字，但言“卜亘”。其一上省“贞”字，但云“卜兄”，次言“卜，兄贞”。两版辞皆自下向上读，此一例也。

或同版异人所贞，有省“贞”字有不省者。如：

己酉卜，彭。　己酉卜，己酉卜。　庚戌卜，彭。　庚戌卜。　辛亥卜，何贞：其窆。（《屯甲》二四六五＋二六九〇——《殷缀》三九，《缀合编》三八五重，为骨版长条）

按己酉、庚戌、辛亥三日相次，前两日为彭卜，其辞不言“贞”；后一日为何卜，则著“贞”字，是同版异人所贞，而或省或否，此又一例也。

有以省“贞”字“卜某”一类之辞式，为文武丁时卜辞之特征；然考诸武丁卜辞亦惯用之。举例如下：

己未卜，㱿：令㑒（俭）往沚。　己未卜，㱿：勿令㑒往沚。（《屯乙》五三〇三）

按㑒，人名。《集韵》五十琰“俭”下重文㑒云：“古作㑒。”即此字。

壬申卜，㱿：羽（翌）甲戌，其雨。　壬申卜，㱿：羽甲戌，不雨。（《续》四、一七、四）

壬申卜，㱿：羽乙亥，子汏其来。　子汏其隹（惟）甲戌来？（《屯乙》七七五一）

戊辰卜，㱿：勿于九宗。（《柏根》一五，又《七集·柏》五一重）

辛卯〔卜〕，㱿：勿……⽶……（《六录·中央》七六）

癸丑卜，㱿：隹囚。（《屯乙》七七五二）

癸亥卜，㱿。戊申卜，㱿。（《摭佚》一一八）

庚辰卜，争：帚（妇）茧来。（《屯乙》六七一六）

丁巳卜，穷：㣈（御）子戎于父乙。　穷：㣈子戎于兄丁。（《铁》二五四、二，《后上》二二、六重）

丁巳卜，穷：㞢（侑）于大戊。　丁巳卜，内㞢〔于〕⿻尹，宰。　丁巳卜，内：㞢于⿻尹，三牛。六月。（《屯乙》四六八二）

按此见于同版同日所卜，两卜人俱省“贞”字。

癸亥卜，亘：其𤼽（发）雀。　癸亥卜，亘：弗𤼽雀。（《缀合编》一四一——《库》一一一七＋《库》一一五一）

按发，乱也。说见卷三。有时读为拨乱之拨。

乙亥卜，亘。（《屯乙》一七一一）

丙午卜，亘。（《金璋》四四九骨背）

丙申卜，㞢。　辛丑卜，㞢。（《佚存》一四二）

甲寅卜，㞢。（《屯乙》七七八二）

己酉卜，韦：其雨。（《屯乙》八八五）

辛亥卜，韦。（《屯乙》一〇三二）

乙未卜，永：其雨。（《屯乙》三三九八）

按此甲同版上“卜永其雨”之辞凡数组，并省“贞”字。

癸亥卜，永：旬亡〔𡆥〕。（《续存》上八九〇）

壬子卜，葡：羽癸丑雨，允雨。（《前编》七、四四、一，《粹》七三五重）

按同版贞雨之辞数见。

丁卯卜，[illegible]：五月。（《屯乙》八六八六）

卜[illegible]二字合文。

丁亥卜，[illegible]：余令曰：方其至。　丁亥，卜[illegible]：方至。（《南北·坊间》五、二三）

甲子卜，何。　……卜何。（《屯甲》二六九四）

辛未卜，何。（《屯甲》二八五六）

兹不惮缕举。又《殷缀》一一五㱿卜帝令雨，全龟所见皆称“卜㱿”，俱省“贞”字。可知此类省“贞”字之辞式，原不限于某一时期，但为行文方便，故“贞”字从省，各期贞卜人物均见之。

（2）某卜例

此类辞式，常见于卜人子及余所贞者，作纤细字体。例如：

庚子，子卜：叀小宰，钔（御）虎母。　辛丑，子卜贞：用小宰虎母。

庚子，子卜：叀小宰[illegible]司。　辛丑，子卜贞：用小宰[illegible]司。（《屯乙》四五〇七）

按《粹》八五〇：“其[illegible]年于㬥，叀今日彡，又雨。”此片虎母二字合书。

上辞刻于完整龟腹甲，左右对举；一称“子卜贞”，一省称“子卜”，略去“贞”字。卜人子字，概作[illegible]，与干支字子作[illegible]形有别。又如：

乙未，余卜：今八〔月〕。　乙未，子卜贞：史（使）人，隹（惟）

若。　乙未，余卜：玗（于）九月，又（有）事。　玗九月，又事。　乙未，余卜贞：今龝（秋），龘归，若。　丁酉，今八月。……　（《屯乙》四九四九）

上辞字细如发，同版亦见卜人我所贞辞；同为乙未日卜，而下言“余卜贞”，上称“余卜”，亦省“贞”字。

二、但言“贞”者

（1）某贞例

此类极鲜见，不言“卜”，仅言“贞”。如：

壬寅，㞢贞：永幸𩑢。　贞：永弗其幸？（《屯乙》七〇四〇）

（2）贞某例

癸卯贞：㞢，旬亡𡆥。　贞：出𡆥。　癸巳贞：㞢。　出𡆥。　癸未，㞢旬亡𡆥。（《金璋》三九六）

上辞㞢为人名，第五辞并“贞”字亦省之，乃极简略之语法。（因他辞常见“㞢贞：旬亡𡆥”语，故知㞢亦贞人。参下《贞卜人物事辑》㞢条。）《屯乙》二一二三全版省去卜人名，仅著一“贞”字。

三、兼言“卜”与“贞”者

（1）卜某贞例

此类习见。说详董氏《断代研究例》。其卜旬之辞若干组，有时略去卜人名者，如：

癸亥卜，教贞：旬亡𡆥。　癸酉卜，贞：旬亡𡆥。　癸未卜，贞：旬亡𡆥。　（《屯甲》二六四九）

此俱卜人教所贞辞，其癸酉、癸未两组，并省人名，此修辞学所谓承上省之例。

（2）某卜贞例

如上举“子卜贞”、“余卜贞”是。

（3）卜贞某例

如：“乙卯，卜㒸（贞）。内。”（《屯乙》九〇六五胛骨）此卜人名系于“贞”下，为罕见之例。

（4）卜贞某卜例

如：

戊戌卜鼎（贞）：𠂤卜：日丁酉。（《屯乙》四八一〇）

上辞笔画细小，字体欹侧，同版有"丁亥令邑，之月"一语，知𠂤与邑皆武丁时人。（说详下《贞卜人物事辑》）

四、重言"卜"或"贞"者

（1）某日卜卜某贞例

□午卜，卜穷贞：王甶（惟）帚（妇）好令正（征）尸（夷）。（《续》四、三〇、一，《佚存》五二七重）

壬午卜，卜即贞：其澉。（东京国立博物馆藏片。见《通纂·别》二、七、一三）

（2）某日卜某贞贞例

己酉卜，何贞贞：其罕又一牛，乡（飨）。（《屯甲》二四九〇）

按《书·洛诰》："伻来来。"重用"来"字，以示二人。此重"贞"字，文例相似，疑指贞问二次。《屯乙》七一三三龟云："壬申卜韦贞。　贞。贞。"不系事，而叠记三"贞"字，亦罕见之例。

五、言"曰"者

（1）某曰例

癸酉卜贞：方其𤼲（发），今月，𠬝（按即濮。见《宗周钟》"南国𠬝子"）不执。余曰：不其𤼲（发），允不。（《屯乙》一三五）

癸巳〔卜〕曰：子帚亡……　（《屯乙》二三二）

……喜曰：……　（《库方》一一九七）

……叜曰：……　（《屯乙》一八八〇甲背）

（2）某卜曰例

丙申，王宿固。光卜曰：不吉！㞢杀（杀）。兹……（《遗珠》六二〇背）

（3）卜某曰例

己丑卜，𠂤曰：隹𢦏。（此为"叶"繁形，即卜辞成语"叶王事"之叶。）（《屯甲》二三六九）

庚午卜𡿨曰：雨。（《屯乙》三八六） 庚午卜𡿨曰：羽……雨。（《屯乙》一七）

按上二片似可缀合。

……卜，𡿨曰：其雨？ 乙丑，允雨。（《屯乙》三九一）

壬午卜𠙵（叶）曰：方甲午正（征）在……（《双剑》六二，《续存》下五八三重）

（4）卜某贞曰例

己亥卜，㱿贞曰：戈氐齿王。（日本东洋文库藏，见《遗珠》一四三〇，《林》一、六、三重）

乙丑卜，㱿贞曰：𢀛方其至于彖土，其出……（《佚存》二一，《元嘉》八七文同）

……〔卜，〕㱿贞曰：召……（《屯乙》七一一五）

辛丑卜，争贞曰：𢀛方凡𡆥于土。（《续》三、一〇、一）

□未卜，宾贞曰：〔𠂤〕……（《屯乙》三九一九）

乙卯卜，宾贞曰：氐乃邑。（《燕大》一七三）

丙子卜，葡贞曰：……（《前》七、一五、三）

癸巳卜，亘贞曰：之……（《前》七、九、二）

乙亥卜，中贞曰：其出（侑）于丁，亩三军。九月。（《续》一、四五、五，《佚存》八七四重）

壬午卜，中贞曰：其狩。九月。（《金璋》一二二）

（5）卜某曰贞例

庚子卜，行曰：贞：羽（翌）辛丑，其又𠂤（升）岁于祖辛。（《佚存》四〇一）

（6）卜某贞卜曰例

庚寅〔卜〕，㱿贞：来辛丑卜曰：……（《屯乙》五四一一）

丁亥卜，大贞：卜曰：其出𠬝（贵），𠂤（升）岁自上甲。王三（汔）〔钔〕（御）。（《金璋》一二二）

按贵即馈，说详拙作《巴黎所见甲骨录》。

（7）卜曰例

戊午卜，曰：今日戠，抑，允戠。（《屯乙》一〇〇）

按此可与《屯乙》四四五缀合，见卷一。

壬申卜，曰：今五月，方其发不？（《屯乙》一〇七）

庚子卜，曰：缶弗……（《屯乙》四一〇）

丁卯卜，曰：之戎（合文）任出发，皈允发。　皈允发之戎（合文）任。（《甲屯》三一〇四甲尾左右对贞。）

（8）贞曰例

辛丑卜，𣪊贞：今日子𢀛其豖（豪）𡚤方，缶𢦏。五月。　贞曰：子𢀛至于出口（即时阏），乍火𢦏。

辛丑卜，𣪊贞：今日子𢀛其豖𡚤方，缶弗其𢦏。　勿曰：子𢀛至于出口，乍火𢦏。（《屯乙》六六九二）

按同版子商𢦏𡚤方辞数见，详下《卜人事辑》𣪊章。

上辞对贞上言“卜𣪊贞”，下云“贞曰”，省去主词之“𣪊”，其对贞语则云“勿曰”。

（9）卜曰贞例

甲申卜曰：贞：（首）往……来……（《屯乙》四三）

丁酉卜曰：贞：……𦔻。（《佚存》三九一。又同书四〇三自重，据商氏释文，知有卜字）

（10）重曰字例

丁巳卜，穷。　王如（按如，谋也，见《尔雅》）曰：曰：乎！曰：吉！𢆶。（前五、三〇、三，又《缀合编》附图三）

六、二人同贞者

（1）卜某某贞例

胡厚宣《卜辞杂例》二〇，列为两史同贞例，举例有五。兹续补如下：

癸未卜，争、𡧊贞：旬亡𡆥。（《簠室·贞》三一，《粹》一四二四，及《遗珠》一九六文同）

癸丑卜，争、𡧊贞：旬亡𡆥。（《京津》一八一〇）

〔癸〕□〔卜〕，争、𡧊贞：旬亡𡆥。壬辰雨。　……𡧊贞：旬亡𡆥，丁未雨。己酉……（《林》一、二七、一〇）

癸未卜，争、𡧊〔贞〕：……（《宁沪》二、二二）

以上争与㱿二人同贞。

……〔卜〕殻、㱿贞：旬〔亡𡆥〕。（《京津》一八二一，同书二六四五自重）

以上殻与㱿二人同贞。

癸亥卜，宕、㱿贞：旬〔亡𡆥〕。（《林》一、二六、一一）

以上宕与㱿二人同贞。

〔癸〕未卜，内、㱿贞：旬〔亡𡆥〕。（《林》一、二六、一〇）

以上内与㱿二人同贞。

己丑卜，彭、宕贞：其禡（马）且（祖）丁门、于砮衣。邛彡。（《屯甲》二七六九）

以上彭与宕二人同贞。按禡读如《诗》“是类是禡”。《尔雅》：“师祭也。”古祠兵之礼。

癸亥卜，大、即：王其田畢（禽）。（《屯甲》一二七四）

以上大与即二人同卜，省“贞”字。

壬寅卜，兄、𢓊：奭（賁）……（《佚存》九六九）

按商氏误释𢓊。以上兄与𢓊二人同贞，省“贞”字。

此类陈梦家称为“并卜卜人”，谓其例仅见于武丁时之㱿一人，今观大与即共卜，则祖庚、祖甲时，亦有此例。

（2）卜某贞某贞例

癸未卜，亘贞，𡚤（妻省，详《贞卜人物事辑》及子妻条）贞：方……亡……（《屯乙》三六八一）

（3）卜某贞某曰例

辛亥卜，自贞：太曰：丁，不如。十一月。（《佚存》一〇八，据商释）

□亥卜，自贞：太曰：有孕，妫（嘉）。㚔曰：妫。（《佚存》五八六，《南北·无想》二〇五重）

以上诸式为两卜人共贞之例，《书·洛诰》“我二人共贞”是也。

七、书卜时者

（1）但记某日卜例

壬午卜。　癸未卜。　（《屯乙》九〇三〇）

此整龟不书贞卜人名。自甲中至尾，书“壬午卜”者四，“癸未卜”者亦四，左右对列，例极罕见。

（2）叠记某日卜某例

癸巳卜，何。　癸巳卜，何。　癸巳卜，何。　癸巳卜，何。（《屯甲》二八一三）

□戌卜，彭。　己酉卜，　己酉卜，　己酉卜，彭。（《屯甲》二六九〇）

辛亥卜，彭。　辛亥卜，　辛亥卜。（《屯甲》二四九一）

（3）卜某贞某时贞例

甲辰卜，㱿贞：今栺贞：不昌（败）。（《前》六、三九、三，《京津》一九四九重）

八、书卜地者

（1）在某地贞例

癸亥卜，在长八觫贞：王旬亡畎。（《屯甲》三四六）

（2）在某地某贞例

癸酉卜，在攸，黄贞：王旬亡畎。（《续》六、一、五）

癸亥卜，在攸，泳贞：王旬亡畎。隹来征〔尸方〕。（《通·别》二、四、八）

乙酉卜，在淢，立贞：王步于淮，亡巛（灾）。（《金璋》五七四）

（3）往某地贞例

□午卜争贞：王往休贞。（《前》五、二六、二）

叶氏《集释》以“休”下“贞”字属之他组，非。

（4）在某地卜例

癸酉卜，王在中卜。　癸酉卜，王。　癸酉卜，王。（《京津》三六四一）

辛卯卜，王在自袋卜。　辛卯卜，王。在三月。　辛卯卜，王。（《京津》三六四二）

丁未卜，行贞：王窆叙，亡尤，在自宊（寮）卜。（《佚存》三九五）

同版同类辞数见。

癸丑卜，行贞：今夕亡囚，在丰（邦）卜。　甲寅卜，行贞：王其田，

亡巛，在二月，在自丯（邦）。（《佚存》二七一）

壬午卜，行贞：今夕亡田，在正〔月〕，在丘畐（畴）卜。　癸未卜，行贞：今夕亡田，在正月，在丘畐卜。

甲申卜，行贞：今夕亡田，在剢卜。　□酉卜，行〔贞〕：今夕亡〔田〕，在剢卜。（《南北·明》三九五）

戊辰卜，尹贞：王其田，亡巛，在正月，在□卜。（《金璋》二五）

九、但识人名者

（1）记名于辞末例

此类或不书“卜”、“贞”等语，但记名于辞之末。

贞：隹奔司（祠）壱帚（妇）好。　㱿。（《屯乙》七一四三龟背）

贞：王卩豕父乙。　宁。（《屯乙》二七三二）勿卩豕父乙。　宁。（《屯乙》三〇六八）

此二片可缀，见《殷缀》二〇六。

贞：昌大不氐嬄（囏）。　宁。（《屯乙》二二八五，在甲尾左）

癸卯卜，黄贞：王旬亡畎，在正月，王来征尸方，在攸侯喜啚（鄙）。　永。（《南北·明》七八六，又《缀合编》拓本六八）

叀（惟）㲋亡巛。　泳。（《诚斋》四五五）

其用鼀，弗每王。　泳。（《侯家庄》骨三三又三五）

其瑗从用……我主。　泳。（《侯家庄》骨三四）

壬申卜，斫于㚇（无）。　午。（《屯乙》八四〇六）

贞：其品司于王。　出。（《后》下九、一三，同书一〇、一文同）

己丑，丁（即子丁）来㐅（于）卫。　彴。（《屯乙》四五七七，字细小）

癸巳卜贞帚娶亡至。　口。（《屯乙》八八二〇，又八八五五，又八七一三）

丙子卜贞：雀旬又五日巫。　喜。（《库方》五四八）

来三百。　何。（《屯甲》二九八三甲尾，为二九八二之反面，有㞢署名）

壬辰卜，方其羣见。　何。（《续》六、九、六，同书五、二九、五文

略同）

以上诸人俱详下《贞卜人物事辑》。甲尾记名例，如犾署名者，侯家庄所出习见。说详董氏《安阳侯家庄出土之甲骨文字》，兹不复举。

（2）上书卜某贞复识名于辞末例

辛酉卜，㱿贞：我亡囚。　㱿。（《屯乙》七七九六，即七七九五龟背辞）

庚戌卜，争贞：令𡨦归罘㞢工。　㐱。（《摭佚》一八）

此争贞而㐱识名于末。

十、龟甲卜人记名特例

（1）记名于甲背例

龟腹甲甲面对贞之辞，往往径书贞某事，而不记卜人之名，有时补识于甲背者，举例如下（所举皆整龟）：

㱿、争　《屯乙》六四一九贞“王来𡴆首”事，不书卜某名。其背（即《屯乙》六四二〇）记“己未卜，㱿”。“甲子〔卜〕争”。即知卜人为㱿与争。

㱿　《屯乙》七〇〇九：“贞：西土受年。”背（《屯乙》七〇一〇）云：“丁未卜，㱿。”

宊　《屯乙》六三七一贞“王梦”事，不书卜某名。其背（即《屯乙》六三七二）记“壬戌卜宊”。知卜人为宊。

《屯乙》六九五一：“㞢于且乙，　亩癸未用。”背（《乙》六九五二）云：“癸未卜，宊。”

《屯乙》七六六一：“贞王往斿。”背（《乙》七六六二）云：“辛丑卜，宊。”

𡆥　《屯乙》六四〇四：“贞：𣎵于王亥母”，及其他各事，不书卜某名。其背（即六四〇五）记“贞：卜𡆥”。知卜人为𡆥。

《屯乙》六七一五：“贞：卜（外）丙弗𡆥王。”无卜人名，背（即《乙》六七一六）云：“辛未卜，𡆥。”《屯乙》七七八一：“钔王㈡于妣癸。”事，背（七七八二）云：“甲寅卜，𡆥。”

内　《屯乙》六六〇一：“贞：羽癸丑其雨。”不书卜人某名。其背（即

《乙》六六〇二）记“□亥卜，内”。知卜人为内。

亘　《屯乙》六七二一不书卜人名。背（《乙》六七二二）云：“癸酉卜，亘。”

争　《屯乙》七一二八：“贞羽甲午，用多[illegible]。”背（《乙》七一二九）云：“癸巳卜，争允用。”

争、穷　《屯乙》七七四六：“贞帚[illegible]其来告。”“贞：而伯伐霍，矢舟。”背（《乙》七七四七）云：“丁未卜，争。”（左桥）“癸亥〔卜〕穷”（右桥），知争、穷同卜。

（2）人名共用例

如《屯乙》六四二二整龟右方辞云：“辛巳卜，争贞：[illegible]不其受年？”左辞云：“旬不其受？年。”知“辛巳卜争”四字为左右两辞所共用。

（3）记一名以领众辞例

如《屯乙》六四〇三。右辞一记“□寅卜，㱿贞”。㱿名仅此一见，而整龟所贞各辞均省“卜㱿”，知各辞均㱿所贞。其甲尾云：“贞：我出帚。贞：我亡。”不记贞人名，而其背（即《屯乙》六四〇九）云：“卜㱿贞：我亡，我出。”足证贞人为㱿。

十一、论卜王

卜王一类之辞，契文常见。有但记“某日卜王”四字，或谓只见于祖甲时，因其辞中王字，多写作𠙻，故倡祖甲改制说。谓祖甲即位第一件事，即将武丁以来王字之𠙶形，改写为𠙻，上增一横画；因之，凡言卜王者，概目为祖甲时之卜辞。然以浅陋所知，实有不少例外。如：

癸巳卜𠙶。（《遗珠》二六六）

癸未卜𠙶。　癸未卜𠙶。（《簠室·典礼》二）

丙寅卜𠙶。　……（《屯甲》三六三四骨）

上辞“王”字上均无一横画，是不得云凡言“卜王”者，只见于祖甲时也。又其所列于祖甲、廪辛时之贞人，若何、若兄、若出，其卜辞所见“王”字，亦间作𠙶者，姑举数例以概之：

何卜　𠙶（《京津》三八五六）　𠙶　（《前》四、五一、一，

《林》一、三〇、一四重）

兄卜　太（《续》三、二七、二）

出卜　太（《京津》三四八一，又《簠·杂》六一，即《续》一、四四、五）

则祖甲时辞，“王”字亦不尽作𠙶之形也。

《屯乙》所载巨牛胛骨上记某日卜王之辞，若八六八三、八六八四、九〇七一、九〇八〇诸版，王字并作太。又同书九〇八四、九四八五、九〇八六叠记卜王，王字变形作凵，上皆无横笔。原刻俱在，可覆按也。

考“某日卜王”语，亦作“某日王卜”。

己未王卜。（《簠·杂》四五）

丙寅𠙶卜。（剑桥大学藏骨，即《金璋》二）

辛亥太卜。　辛亥太卜。（《屯乙》三三八，见于残甲左右对言）

戊戌𠙶卜。　戊戌𠙶卜。（《金璋》二七）

从上四辞观之，“王”字作𠙶，间亦作“太”与“王”，实三形兼用。余谓“卜王”乃“卜王贞”之省略；卜辞有言“卜王贞”者：

壬戌卜，太贞：𢀛亡其豼。（《续》六、一一、八）

己未卜，太贞：三（汔）出𣲦于且乙，太吉，兹卟。（《佚存》八九四）

壬子卜，太贞：不氐。（《屯乙》六七一一甲）

戊寅卜，太贞：（《屯乙》六六八八整甲）背云：“王固曰俞！不吉，在兹。”（《屯乙》六六八九）

己卯卜，太贞：雀受娕（宠）。（《簠·杂》六六）

庚申卜，太：𢀛又羌。（《外编》三六〇，《六录·清晖》一〇五重）

卜太……月……徣。（《外编》二四四，《六录·清》一〇一重）

戊寅卜，太贞……（《簠室·贞类》一）

或言“卜王贞曰”者：

丙申卜，𠙶贞：其〔雨〕。　丙申卜，𠙶贞曰：不雨。（《文录》一一五）

甲戌卜，𠙶贞曰：雨。（《文录》一一六）

或言“卜王曰”者：

癸卯卜，太曰：𠂇（耑）其戒。　贞：余勿乎，征𠤕（衅）。凵曰：吉。𡦂（似“其乎”二字）𠤕。（《前》四、四二、二）

癸亥卜，太曰：甴……（《屯甲》二九〇七，同版见卜𠔁。背面王字

作𡆥）

丁巳卜，𠅤曰：庚……其……（《屯乙》三六五）

或言“王曰贞”：

甲寅卜，𠅤曰贞：羽乙卯，其田，亡巛，于谷。（《佚存》一一三）

……王曰贞：其雨。（《屯甲》二五七九）

己酉卜，𠅤曰贞：亩尸……自取且乙𦆵……若。（《燕大》二五）

……卜，𠅤曰贞：……小臣令。（《文录》五八六）

壬午卜，𠅤曰贞：又（有）梦。（《铁》二六、三）

按同版上一组“王”字形作王，而下作𠅤，《抱残》本及鲍鼎本均如此。

庚午卜，𠅤曰贞：羽辛未其田，往来亡巛。不冓（遘）𡆥，兹用。庚午卜𠅤曰贞：毋田。（《邺初》四十、一，《京津》三四五四重）

或言“王卜贞”、“王卜曰”：

〔癸〕卯，王卜贞：旬亡𡆥。〔王〕𠓛曰：吉。在六月。…… 𩐁。（《宁沪》三、二七八）

辛未𠅤卜，曰：余告多君曰：般。卜又𢻫（杀）。（《后》下二七、一三）

〔辛〕未王卜〔贞〕（疑应作“曰”）：余告多君曰：般。占曰吉。（《综述》引北京图书馆藏）

或言“贞王曰”：

贞：𠅤曰：𠁁（即𠃬残形。）……（《屯乙》六三一五）

或言“贞卜王”：

辛巳贞：卜，𠅤：𦓐（疑“而”字）……（《屯乙》九〇八一骨）

上举各例与贞卜人物辞式皆同，盖王自行贞卜也。亦有蒙上下文而省者。如：

戊子卜，𠅤在𠂤喜卜。 戊子卜，𠅤。 戊子卜，𠅤。 戊子卜，𠅤。（《京津》三六四〇，又三六四一例同）

按此即蒙上文省去“在某地卜”数语。

甲寅卜，𠅤。 甲寅卜，𠅤。 乙卯卜，𠅤。 乙卯卜，𠅤曰贞：羽丙辰，𠅤其步自𠂤。 乙卯卜，𠅤曰贞：于丁巳步。（《京津》三四八三）

按“乙卯卜，王”，即蒙下文省去“曰贞”以下诸字。

有径省“贞”字者：

甲戌卜，𠅤：余令角帚叶朕事。（《佚存》一五，《粹编》一二四四重）

甲辰卜，𠙶：自今至己酉雨。　允雨。（《屯甲》三一二一）

甲寅卜，𠙶：叀𦔻示（宗）⊕，五月。（《屯乙》二八二）

此三条王字作𠙶，犹是武丁书体。

故知“卜王”即“卜王贞”、“卜王曰”之省语，犹“卜𣪊贞”、“卜宊贞”之省作“卜𣪊”、“卜宊”，但记王自贞而已；此种辞式，不必限于某一王也。至于叠记“某日卜某”之辞式，其他卜人若𠁁。（《佚存》一四二）何（《屯甲》二六九四、二八一三）彭（《屯甲》二六九〇）兄（《遗珠》一三三二）均习见之，与“某日卜王”例同，只是语法简略耳。（参上卜某例及书卜时例）旧解卜王为卜嗣王，乃误以某日卜王之辞式为贞问王室之事，又误“卜”下之“王”字，为受词，正坐不能将卜辞通体比勘之过；今参以贞卜人物记名辞式，则其义自明，无庸深求，反失之于千里也。（王自贞卜一类之辞，将另有专文研究，本书从略。）

十二、卜字释义

契文中卜字，具有二义：一为动词，所谓某卜是也。一为官名，所谓卜某贞是也。（以“某日卜，卜某贞”叠用卜字，其义尤显。）又有称多卜曰者，如：“……𠙶卜……多卜曰……𦥑罘……”（《屯甲》九四〇）多卜疑为官名，与多尹、多射、多君等同例。古者卜非一次，不仅用一龟。于卜曰枚卜，于筮曰枚占（详《归藏·郑母经》）、曰枚筮。（《左·昭十二年传》）《大禹谟》云：

禹曰：枚卜功臣，惟吉之从。帝曰：禹！官占，惟先蔽志，昆命于元龟。朕志先定，询谋佥同，鬼神其依，龟筮协从。卜不习吉。

按习，即袭，重也。习卜非吉，《易·蒙卦》所谓“再三渎，渎则不告”。《诗·小旻》所谓“我龟既厌，不我告犹”是也。殷墟卜辞恒见“习卜”语。

癸未卜：习一卜。　习二卜。　王其乡（飨）在𡧊。　弜乡。（《佚存》二二〇，《通纂·别》何一、八、三重）

己酉，　习二卜。　……用卜。（《摭续》六一）

习，二卜。　习三卜。　习四卜。（《宁沪》一、五一八）

……习龟卜，又来𨍭，其用于……（《明义士》七一五）

著于刻辞，以昭其事。然殷人行卜，手续极为繁复，有同事同日同人所卜，而用至五龟者，其命辞皆同。（参胡厚宣《卜辞同文例》）但识一、二、

三、四、五等数字于不同龟版上以别之。故刻辞有明文记元卜、一卜、二卜、三卜、四卜、五卜、六卜等语：

【元卜】　庚申卜，旅贞：叀（惟）元卜，用。在二月。（《续编》一、三九、九）

按元，始也。见《尔雅》。卜辞云："自上甲元示三牛，二示二牛。"（《前》三、二二、六）元亦训首也。

【一卜】　……卜习雨龟，一卜。五……（《粹编》一五五〇）

【二卜】　……贞：二卜……〔王〕固曰：角……（《京津》一五九六）

……卜王……兹二卜……乎勿……（《屯甲》一六八）

【三卜】　乙卯卜，穷贞，三卜。王往字于阴京，若。六月。（《平津·元嘉》一三三，《邺初》三三、十一，《续存》上七四四重）

戊寅卜，贞：三卜。用血三羊，𠬝伐廿，鬯卅，牢卅，艮二夕于妣庚。三。（《前编》八、十二、六）

二月，贞卜：子亡若。二月卜，又若。三月卜，又若。丝（兹）三卜，亡若。（《粹编》一二五五）

按此指异月三卜。

癸酉，㱿贞：旬三卜，亡𡆥。（《屯甲》五四四）

按此指一旬间之三卜。

甲辰卜，犾贞：王其田，叀羽日乙，亡巛。　甲辰卜，犾贞：叀羽日戊，亡巛。　甲辰卜，犾贞：叀壬，亡巛。　甲辰卜，犾贞：彐从，三卜。叙嫠。（釐，福也。）　甲辰卜贞：王其田𫶧盄。（《侯家庄》甲三）

按此版甲辰日卜六事，董氏谓"从三卜"为从第三次之卜，即于壬日出畋。如以"从"与上人名之彐连读，指三次卜问彐从畋之吉否，亦通。

……卜……三卜，……〔王〕固曰：……幸。上吉（《续存》下三八一）

……贞：三卜。（《京津》一五九七）

【四卜】　丁巳卜，太贞：四卜。弗其隻（获）𢦏（拨）方。　𠀁（巫）钔方。　己卯卜太勿……（日本奈良天理参考馆藏片，据京都大学贝塚茂树氏拓本）

丁巳卜，太贞：四卜。乎从方，允隻。　己卯卜，太令钔方。（中研院史语所藏。《外编》三〇，《南北·师》一、六十重）

按上二辞同日同事之卜，皆王亲贞。似为同版之折。

非鸣。　其用四卜。　己亥卜，　非鸣　……吉用。（《粹编》一二五六〔《京津》四五八七重〕＋《戬》一二五、五〔《续》六、二〇、八重〕——《缀合编》一〇二）

按“非鸣”殆谓鸟不鸣，与他辞之某日鸣鸟（李棪藏骨，见下卜人殸条），义适相反，古所谓鸟情占是矣。（《隋书·经籍志》和菟有《鸟鸣书》，王乔有《鸟情占》。其他有关占鸟情一类之籍尚多，皆此术也。）

【五卜】　（《屯乙》四八五七）

按此五卜二字合书。其右有亖（四）字。《屯甲》二六八有“五卜”二字仿佛可辨。

【六卜】　戊子卜用六卜。（《屯乙》五三九九）

观上所列，以三卜为最多。卜辞异龟同卜惯例，于甲上识数字，可据以审其所卜之次数。其同文龟甲就目下所知，仅记及“五”数而止。（如《屯乙》七七六六，《殷缀》一九六整甲上识“五”字，详下殸卜“王入”条，及“伐下”条。）六卜仅见“用六卜”一语。似殷人通制，卜用五龟。（其龟版上所记卜序之数，有自　至十，或再由　起以至七八者。胡厚宣《同文例》序言，谓为一事之十八卜，如是一卜可用至十八龟矣。惜乏同辞异版之例可为佐证。按此类纪数法，当另有涵义，未必占卜次数，兹不具论。）惟考之周人礼制，则通常卜用三龟。《书·金縢》云：“乃卜三龟，一习吉。启籥见书，乃并是吉。”《论衡·卜筮篇》：“周武王不豫，周公卜三龟。”《大诰》：“我有大事休，朕卜并吉。”郑玄注：“卜并吉者，谓龟皆从也。”孙星衍《疏》云：“古人卜用三龟，而以玉兆瓦兆原兆，各占一龟。”此援《周礼》为说，然殷人实以卜五龟为多，每龟所占兆象，今不可悉考。所可知者，周制损殷卜龟之数，减五为三。故《礼记·曲礼》云：“卜筮不过三。”即依周制。降及春秋，卜郊有三卜（襄七年）、四卜（僖三十一年，襄十一年）、五卜（成十年）。《公羊传》谓：“三卜，礼也；四卜，非礼也。”今观卜辞，则殊不尔，即此一端，亦可明殷、周礼制损益之故矣。

以上并殷人一事多卜之明征。通籀全部卜辞所记贞卜人物命辞之辞式多书“卜”而少言“贞”，其省略“贞”字尤为惯例；故知言“卜”可以概“贞”。余于本书所以不沿“贞人”之名，而题曰“贞卜人物”者，以“贞”之涵义较狭，故统贞卜而言之。

十三、贞字释义

“贞”字在经传中，实具数义，兹参以卜辞而疏通之。

（一）泛言“卜问”，此自贞卜动作之过程言之。　《周礼·春官》天府：“季冬陈玉，以贞来岁之媺恶。”郑司农云：“贞，问也。”卜辞云：“壬寅〔卜〕，㱿贞：……正丰（玉）。”（《京津》一三四三）正玉，殆陈玉以贞卜也。（他辞云：“乙巳卜，穷贞：羽丁未，酌，𠂤岁于丁，奠，㞢□〔珏〕。”〔《续存》下七二〕㞢珏即侑珏，谓陈玉以祭。）《太卜》云：“凡国大贞，卜立君，卜大封，则眂高作龟。”郑司农云：“贞，问也。”

（二）训“当”，此自贞卜之职掌言之。　《书·洛诰》：“我二人共贞。”《释文》引马融云：“贞，当也。”古贞即鼎字，故训为“当”。当犹言当值。卜辞言“卜某贞”、“某贞”，以此义解之，亦无不可。盖谓卜官某，当值其事，即所谓莅卜也。当值之意，有时可省略，故“卜某贞”得省为“卜某”或“某卜”。

（三）专言“正龟”，引申为事之“正”，此自贞卜之手续及其结果言之。　《周礼》：“国大迁，大师则贞龟。”郑注：“正龟于卜位也。”又郑注云：“问事之正曰贞。”《易》：“师贞，丈人吉。”《彖》云：“贞，正也。”《广雅·释诂》：“贞，正也。”故贞有“良贞”及“不良贞”之分。《史记·龟策传》：“祝曰：今日良日，行一良贞。”又云：“灵龟卜，祝曰：假之灵龟，五筮五灵，不如神龟之灵，知人死，知人生，某身良贞。”依是以言，良贞谓吉，则不良贞为凶矣；此占问判断之词。卜辞每言正，如云：“吉正”（《屯乙》五九八九），“戊子卜，穷……正。王固曰：吉，正。”（《续存》上六五五）《诗文·王有声》：“维龟正之。”即谓问事得其正也。《易》卦辞言“利贞”，《坤卦》“利牝马之贞”，贞字并取正为义。

（四）训“定”，又以“鼎”字代贞。　贞训正，故引申为定。《释名》：“贞，定也。”定与鼎同音。《说文》鼎字下云：“籀文以鼎为贞。”卜辞所见，不少径以鼎字文代用为贞，是不始于籀文；又知籀文中实有不少源于殷文字也。考武丁卜辞，有同版鼎与贞并见者。如《屯乙》八八八八残甲桥云："己巳鼎（贞）：帚嬂允亡囚。　贞：妫亡囚。"上用鼎而下用贞，是其例。（参《外编》诸妇章）

综上而论，贞字有取疑问语气者，为"贞问"之义；有取肯定语气者，则为"当值"之义；或卜事得"正"之义。旧说于贞字下，每施问号，多不可通。今参诸经典，得条析其异训如上，言卜辞者所宜详辨也。因论贞卜人物记名辞式，故并及之。

卷三　贞卜人物事辑一

㱿（上）

殷契贞卜人物，以㱿所见次数为最多。其辞中先王有父乙之名（如《屯乙》一八八一，三三八三，六七三二，七一八三及《殷缀》四四六等。）父乙即武丁父小乙，故知㱿乃武丁时人。近世出土商器，有《㱿彝》（《邺中》二上十三）、㱿觚（邺中三上四〇），当即㱿所用之器，故识其名。

契文人名㱿字，皆从“青”从“殳”。有省作“青”者（《缀合编》附图二四）。《广雅·释诂》：“㱿，善也。”㱿同㲉。《说文》：“㲉，谨也。”《檀弓·释文》：“‘㲉’本又作‘㱿’。”知㱿、㲉一字。

卜辞每见㱿与旃二人共事。亦有㱿自行贞问者，为罕见之例；亦见于宾及争所卜之辞。

戊戌卜，㱿贞旃：眔（逮）㱿亡𡆥。（祸，下同。）凸〔告〕。　旃眔㱿亡𡆥。凸告。（《屯乙》三二一二）

按凸，人名，即卜人凸，亦称小臣凸；于此为司告事者。凸事详下。

贞：旃眔㱿其㞢（有）𡆥。（《屯乙》八一六九）

□申卜㱿贞：旃〔眔㱿〕凷（叶，协也。）王事。　贞：旃眔㱿弗叶王事。（《屯乙》二八八二＋二八八五＋二八八九，《殷缀》二一三）

以上㱿卜。

辛丑卜，宾贞：旃眔㱿氐羌。　贞：旃眔㱿弗其氐羌？（《屯乙》六三七

三）

以上宂卜。

甲戌卜，争贞：我勿𢦔（将）自兹邑。㱿宂（傧）巳（祀），乍若。（顺也。）（《粹》一一一七，又一一一六残文同。参《卜辞同文例》四五）

以上争卜。

可见㱿与宂、争俱同时。

㱿所贞卜辞，兹分类辑录如下：

一、【卜雨】

丁巳卜，㱿贞：雨。　贞：不〔雨〕。（《铁》一〇七、三）

庚寅〔卜〕，㱿贞：雨。（《京津》四五五）

庚子卜，㱿贞：雨。（《续编》四、一四、五，又四、一六、十重）

乙亥卜，㱿贞：雨。　甲申卜，㱿……（《续存》上七五）

己卯卜，㱿贞：不其雨？　己卯卜，㱿贞：雨。　王固：其雨，隹（惟）壬；壬午允雨。（《屯乙》四五二四）

……㱿：……允雨。　……㱿：不其〔雨〕？（《库方》二九六）

□午卜，㱿贞：今……其雨。（《屯乙》二七九〇）

按《诗·伯兮》："其雨其雨。"犹"将雨"也，"其"训"将"，见《经传释词》。

□午卜，㱿贞：我……　〔王〕固曰：辛，其雨。……曰：辛丑，允雨。（《续编》四、九、一）

乙卯卜，㱿贞：……曰：氏。㞢……其雨。（《簠·天》五五，据王释）

以上俱贞雨之辞。或因不雨而卜吉凶者：

壬寅卜，㱿贞：不雨，隹丝（兹）商㞢（有）乍囚（作祸）。　贞：不雨，不隹丝㞢乍囚？（《屯乙》五二六五）

庚申卜，㱿贞：我㞢乍囚。　庚申卜，㱿贞：我亡乍囚？　不征（延）雨。　贞：〔隹〕囚？　不隹囚？（《屯乙》六二六三龟）

或系以时，兼记"之日"、"今日"与"翌日"者：

乙亥卜，㱿〔贞〕：之日允雨。（《遗珠》一一四二，《林》一、四、九，及《龟卜》九〇重。现藏日本东洋文库）

癸巳卜，㱿贞：今日其雨。（《屯乙》八一四四右甲）　癸巳卜，㱿贞：今日不雨。　允不。（《屯乙》五七九八左甲）

按此二片可缀合，《殷缀》所无。

甲午卜，𣪘贞：今日雨，……且辛。（《续编》一、一八、六，《戬》四、一一重）

丁□〔卜〕，𣪘贞：今日雨。（《续存》下一一二）

戊午卜，𣪘贞：羽（翌，下同）庚申，其雨。　贞：羽庚申，不〔其雨〕。（《屯乙》一四七一＋一七一七——《殷缀》四二一）

此辞刻于甲桥以下。其上有丁巳日亘卜雨之辞，即戊午之前一日。

辛酉卜，𣪘：羽壬戌，其雨。　辛酉卜，𣪘：羽壬戌，不雨。之日夕，雨不祉（延）。　壬戌卜，𣪘：羽癸亥，不雨。　癸亥雨。　〔甲子卜〕，𣪘：羽乙丑，其雨。　〔甲子卜〕，𣪘：羽乙丑，不雨，允不。　丙寅卜，𣪘：羽丁卯，其雨。　丙寅卜，𣪘：羽丁卯，不雨。　乙亥卜，𣪘：羽丙子，其雨。　乙亥卜，𣪘：羽丙子，不雨。　丙子卜，𣪘：羽丁丑，不雨。羽丁丑，其雨。丁丑〔卜〕，羽戊寅，既雨。　……卜𣪘：……羽……其雨。　〔卜，𣪘〕：羽……雨，允不雨。（《屯乙》五二七八＋五九八七。《殷缀》所无，各辞皆依干支排比）

上辞整龟为𣪘卜雨之辞，俱省“贞”字。

〔癸〕酉卜，𣪘〔贞〕：羽甲戌，不雨。（《金璋》三五〇）

乙酉卜，𣪘贞：……日，步不雨。（《南北·坊》三、三十）

甲辰卜，𣪘贞：羽乙巳其雨。（《粹》七四一，《续存》下一〇〇文同）

乙未卜，𣪘：羽丙申，不雨。（《铁》一五八、二）

按以下各辞俱省“贞”字。

壬申卜，𣪘：羽甲戌，其雨。　壬申卜，𣪘：羽甲戌，不雨。（《续编》四、十七、四，《簠室·天象》七二重）

……卜，𣪘：……丁巳雨。（《库方》七五四）

或卜自某日至某日雨不雨：

戊戌卜，𣪘贞：自今至于壬寅雨。　贞：自今至于壬〔寅，不〕雨。（《屯乙》五〇九五＋四九三三——《殷缀》二九一）

按背锲：“王固曰：庚雨。”（即《屯乙》五〇九六）

壬寅卜，𣪘贞：自今至丙午，不其雨？（《屯乙》七四二五）

同版见卜人争。

辛酉卜，𣪘贞：自今至于乙丑，其雨。　……　辛酉卜，𣪘：自今至于乙丑，不雨。　贞：乙丑其雨，隹我囚。　羽〔乙丑，其〕雨，〔不〕隹

我囚？（《屯乙》四七六一＋五二三四——《殷缀》二八二）

……散贞：自今〔至〕……雨。（《屯乙》六四一八）

……散贞：……其雨。（《屯乙》二三三一）

或卜某月雨不雨：

癸巳卜，散贞：今十一月不雨。（《铁》三九、二）

□亥〔卜，〕散贞：十一月雨。（《屯乙》四七四〇）

己未卜，散贞：今十三月雨。　贞：十三月，不其雨？　己未卜，散贞：今十三月，不其雨？　贞：今十三月雨。（《屯乙》六二九九）

按此为整龟，卜十三月雨不雨，辞凡五组，左右对贞，此为同日五卜。兹录其二组辞。下三组俱省前辞之日名及卜人名，不具录。又记："隹上甲壱雨，不隹上甲？"辞共四组，盖以不雨，由于先王上甲为祟之故。

或卜旬而兼记天雨：

癸未卜，散贞：旬亡囚，丁亥雨。　癸巳卜，散贞：旬亡囚。丁酉雨。己雨，庚亦雨。（《南北·诚》十二）

癸巳卜，散贞：旬亡囚，丁酉雨。（《燕大》一二〇）

或言帝命雨：

丙寅卜〔散：羽丁〕卯，帝其令雨。　丙寅卜，〔散：羽丁〕卯，帝不〔其令〕雨？允不〔雨〕。　丁卯卜，散：羽戊辰，帝其令雨。　丁卯卜，散：羽戊辰，帝不令雨。戊辰允雈（雾）。　戊〔辰卜，散：羽己巳，帝其令雨。〕　戊辰卜，散：羽己巳，帝不令雨。　己巳〔卜，散：羽庚午，帝其令雨。〕　己〔巳卜，散：羽庚午，帝不令雨。〕……　辛未卜，〔散〕：羽壬〔申〕，帝其〔令〕雨。　辛未卜，〔散〕：羽壬〔申〕，帝不〔令〕雨。壬䢅。　壬申卜，散：羽癸酉，帝其令雨。　壬申卜，散：羽癸酉，帝不令雨。　甲戌卜，散：羽乙亥，帝其令雨。　甲戌卜，散：羽乙亥，帝不令雨。　乙亥卜，散：羽丙子，帝其令雨。　乙亥卜，散：羽丙子，帝不〔令雨〕。　丙子卜，散：羽丁丑，帝其令雨。　〔丙子卜，散：羽丁丑，帝不令雨。〕……（《屯乙》八三五＋八五一＋一〇七〇＋一一六四＋一三一二＋一一五七＋一五七九——《殷缀》一一五。各辞皆依干支排比）

按此一龟甲为卜帝令雨最完整之记录。自丙寅至于丙子一旬间，连续贞卜之辞，各有对贞，经缀合后，已粗可读。尚缺庚午、癸酉二日，应在甲尾残处。其言"壬䢅"者，记壬申日有晕气。䢅即烨。《周礼》眂

祲掌十煇之“煇”。郑注：“日光炁也。”其背残，有云：“己巳，帝允令雨，至于庚。”（《屯乙》一五八〇十八五二）

戊子卜，㱿贞：帝及四月，令雨。　贞：帝弗其及今四月，令雨。王固曰：丁雨，不甫辛。　旬丁酉，允雨。（《屯乙》三〇九〇整甲）

……〔卜,〕㱿：羽乙卯，帝其令雨。（《库方》六〇七）

按《天壤》二四，为亘卜不雨之辞，其边缘存一㱿字，乃别组辞。见下亘条。

或兼记雨之状态者：

癸亥卜，㱿：羽甲子不雨；甲子雨小。（《拾掇》二、三，《京津》三九六重）

按《史记·天官书》记魏鲜决八风有云：“西北，我菽为。小雨，趣兵。”小雨一词见此；卜辞作雨小。

己卯卜，㱿贞：嬰（蔑）雨。我不其受〔年〕？（《屯乙》五一九。右对贞辞缺）

按“嬰雨”亦作“𤔲雨”，（《前》六、七、六）即“蔑雨”。他辞云：“止𤔲勿雨。”（《屯乙》六三八六）《后汉书·张衡传》：“浮蔑蒙而上征。”注云：“蔑蒙，气也。”《汉书·扬雄传》字作“蔑”，皆异文。故蔑雨之蔑，犹濛气也。说详《卜辞义证》。

或卜求雨之祭：

□申卜，㱿贞：烄，亡其雨？　□申卜，㱿：……舞岳。（《前编》六、二十、二。同版见争贞雨之辞）

按“舞岳”谓山川之雩。《尔雅·释训》：“舞，号雩也。”郭注：“雩之祭，舞者吁嗟而请雨。”《周礼·司巫》：“若国大旱则率巫而舞雩。”又《舞师》：“教皇舞，帅而舞旱暵之事。”是烄即求雨烧柴祷于天也。《说文》：“烄，交木然（燃）也。”《玉篇》：“烄，交木然以燎柴天。”《管子·幼官篇》言：“烧交疆郊。”交借为烄。

己未卜㱿贞：我舞。（《粹》一三一二，《文录》八七七文同）

……卜，㱿贞：岳戎我雨。（《簠·天》二六）

按戎，助也。见《诗·常棣》“烝也无戎”传。（说见《卜辞义证》）此云“岳戎我雨”者，祷于岳以求佑助也。

……㱿贞：我其舞，㞢〔从雨〕。（《南北·坊间》五、一一，《拾掇》二、四四九重）

或久雨而卜祭星以禳者：

丙申卜，㱿贞：来乙巳，酢下乙。王固曰：酢。隹（惟）㞢希（杀）。其㞢𠷎。乙巳酢。明雨，伐。既雨，咸伐。亦雨，𢿨卯鸟星。

按下注“㞢于上甲”诸字，细小。（《屯乙》六六六四龟腹甲，涂朱。同书六六七二同文）背（《屯乙》六六六五）辞云：“乙巳夕，㞢𠷎于西。己丑于上甲伐十䍧。”其上记“一”字，为第一卜。

丙申卜，㱿〔贞〕：〔来乙〕巳酢下乙，〔王固〕曰：酢。隹〔㞢〕希。其㞢𠷎。乙巳明雨，伐，既雨，咸伐。亦雨，𢿨鸟星。（《屯乙》六六七二腹甲，《殷缀》四八一。参《同文例》三）

背（《屯乙》六六七三）辞亦云：“乙巳夕，㞢𠷎于西。”此上记“二”字，为第二卜。

按㞢希即有杀，《说文》杀古文作𣏂。形同。《吕览・仲秋纪》：“杀气浸盛。”高注：“杀气，阴气。”引申为灾害。𠷎即㕦，古兜字，见《汗简》。古语有“瞢兜”。（《说文》“眵”字下注。）目蔽垢也。“㞢𠷎”犹言“有兜”。他辞云：“……夕㞢𠷎于西。”（见上引二片背）“……𩂣（霾）。庚申亦㞢𠷎，㞢鸣雎……”（《屯甲》二四一五）指日入蒙气。故“㞢希㞢𠷎”连言，并指煞气蒙气。古人以为氛祲也。说详拙作《卜辞义证》。上辞数言伐，谓伐牲，《广雅・释诂》：“伐，杀也。”其背云：“伐十䍧。”可证。《春秋》庄二十五年：“秋，大水，鼓。用牲于社于门。”所以止雨。（详《春秋繁露・止雨篇》）𢿨即用牲之事。卯于星者，即古之所谓“禜”。《左・昭元年传》：“日月星辰之神，则雪霜风雨之不时，于是乎禜之”是也。《洪范》：“星有好雨。”马融注：“毕星好雨。”《诗》：“月离于毕，俾滂沱兮。”《论衡说日篇》：“丽毕之时，当得雨。”此毕星为好雨者也。若止雨之星，则载籍无征。由此辞知殷时禳于鸟星，以止雨。鸟星为南方七宿，《尧典》所谓“日中星鸟，为殷仲春”者。

二、【卜晴】

或曰㪣：

戊申〔卜〕，㱿贞：㪣，若。（《铁》二六三、三，《零拾》八一，及《续存》下七九重）

按“㪣”即“啓”，晴也。《说文》：“啓，雨而昼姓也。”

或曰易日：

甲寅卜，㱿贞：羽乙卯，易（锡）日。 贞：羽乙卯。 乙卯，不其易日？（《屯乙》六三八五甲）

背云：“王固曰：止𩂣，勿雨。 乙卯，允。明雈，三……食，日大星。王固曰： 王臣固曰：……耷首，若。”（《屯乙》六三八六）

按“易日”即“锡日”，天雨求赐日也。上辞食上文字不明，似为“雈，三卜㞢食”，未核原版，不敢遽定。他辞有类此者，如：“乙未卜……王羽丁酉，酌，伐，易日。丁，明雈，大食。”（《续》六、十一、三）“丙申卜：羽丁酉，酌，伐，攺。丁，明雈，大食，日攺，一月。”（《库方》二〇九）可相印证。大食指食时。“日大星”与“日攺（啓）”同义。星盖借为姓。《说文》：“姓，雨而夜除星见也。”《诗》：“星言夙驾。”郑《笺》：“星，雨止星见。”此云大星，应读大晴。《韩非·说林》：“雨十日，夜星。”《说苑·指武》作“夜晴”，可证。（参杨氏《积微居甲文说》）惟占辞前云“止蔑，勿雨”者，谓蒙气已止，不降雨也。

丙寅卜，㱿贞：来乙亥，易日。（《屯乙》五八四九） 丙寅卜，〔㱿〕贞：来〔乙〕亥，〔不〕其易〔日〕？〔王〕固曰：……乃丝易日。〔乙〕亥，不〔易〕日，雨。（《屯乙》五六八九＋五八四六。参《殷缀》三〇三）

贞：羽庚申，我伐，易日。庚申，明雈。王来，耷首。雨小。 贞：羽庚申，不其易日？（《屯乙》六四一九甲） 背（《屯乙》六四二〇）云：“己未卜㱿： 不其明雨？ 羽庚，其明雨。 〔王〕固曰：易日！其明雨，其夕不雨。”

按另一组为甲子争卜羽乙〔丑〕不其雨之辞，不录。

按耷字，见《集韵》，止也。卜辞每以“耷”为除。首读为道（《左》成十六年“行首”，襄二十三年“盟首”，两“首”字并读为“道”。见《经义述闻》。《史记·始皇纪》：“追首高明。”《索隐》云：“今碑文‘首’作‘道’。”皆其证。）“耷首”犹言“除道”。《左·庄四年传》：“除道梁溠。”王出行，先除道。其下接言雨小者，盖指雨师洗道。《九歌》所谓“使涑雨兮洗尘”是矣。

癸酉卜，㱿贞：羽乙亥，不其易日？（《续编》五、一一、一，《佚存》九八二重，同版见卜人宊、𡆥）

丁未卜，㱿〔贞〕：羽戊申，……易日。 庚戌卜，㱿〔贞〕：羽辛亥易日。 辛亥卜，㱿贞：羽壬子，不其易日？（《金璋》六五四）

癸巳卜，㱿贞：羽甲午，易日。（《双剑》一一，《续存》下八六重）

乙丑卜，㱿贞：𣱼〔雨〕。　贞：易日。（《屯乙》二六五六）

此甲上端左右对贞。背云：“王固曰：㞢祟，其告。”（《屯乙》二六五七）

按“𣱼雨”卜辞习见，亦作𠃊雨（《南北·明》四四九）、㿝雨（《平津·元嘉》五九），即“巳雨”之繁形。古“㠯”、“巳”字，与“嗣”俱通。《诗》“於穆不巳”亦作“不似”，《诗》“似续祖妣”，《传》：“似，嗣也。”《笺》云：“读如辰巳之巳。”故知“巳雨”犹“嗣雨”，谓雨之继降不断，故有求锡日之卜也。说详《卜辞义证》。

……卜㱿贞：羽丁未，酢中丁。易日。（《平津·元嘉》九六，《续存》上五六四重。同版为㱿卜伐𢀛方之辞）

己丑卜，㱿贞：羽庚寅，其𡧊，不其易日。（《簠室·典礼》一〇）

按𡧊古文宜，祭名。《泰誓》：“宜于冢土。”《周礼·大祝》：“太师宜乎社。”《尔雅·释天》郭注：“宜，有事祭也。”𡧊字亦作劆。如：“王劆武丁𣙙。”（牛距骨刻辞）或称大𡧊。《大丰𣪘》：“王飨大𡧊。”《貉子卣》云：“王牢于㕟，咸𡧊。”读为祭名之“宜”，均可通。

壬午卜㱿贞：于𣉻。　贞：羽丁亥，易日。（《铁》二二、一，《续编》一、五〇、三，《戬寿》九、一〇重）

按𣉻，地名。即目繁形。故子目亦作子𣉻。（《屯乙》六九〇九）详《外编》“诸子”章。

□申卜，㱿〔贞〕：羽乙酉，易日。（《京津》五〇二）

三、【卜风】

癸卯卜，㱿贞：王固曰：㞢祟（杀）！……𦔻凤（风）。（于省吾读为“骤风”。）之〔夕〕……羌五。（《佚存》三八六，《邺初》下二四、二重）

按此卜有骤风，用五羌以禳之。盖杀羌人以磔祭。

四、【卜夕】

乙巳〔卜〕，㱿贞：今夕亡囚。（《续编》三、七、四，《戬寿》三八、八重）

丁酉卜，〔㱿〕贞：今夕亡〔囚〕。　戊戌卜，㱿贞：今夕亡囚。止（之）……　庚子卜，㱿贞：今夕亡囚。　辛丑卜，㱿贞：今夕亡囚。　壬寅卜，㱿贞：今夕亡囚。（《粹编》一三三三）

有兼记异征者：如鸣鸟：

庚申卜，㱿贞：王勿……（李棪藏骨）

……之日夕㞢鸣𠂤（鸟）。（上片背）

按鸣鸟乃记异征。《屯甲》二四一五巨骨言：“……㞢𠬝㞢鸣雊。”雊殆即鴝。《集韵》：“鴝鴝，鸟名，人面鸟啄。”鴝音兜，则以为驩兜鸟。《左·襄三十年传》：“或叫于宋大庙。曰：譆譆！出出！鸟鸣于亳社，如曰譆譆。甲午，宋大灾。”以鸣鸟为不祥，然《山海经·大荒西经》：“弇州之山，五彩之鸟，仰天名曰鸣鸟。”《书·君奭》郑注亦以鸣鸟为凤。《屯甲》二九〇四胛骨：“庚申卜□：令小臣取囗（祊）羊（祥）鸟。”《瑞应图》云：“凤者王者之嘉祥。”（《六帖》九十四引）则羊鸟亦可能即凤也。此类为古祥异之有趣资料，故并记之。（参拙著《巴黎所见甲骨录》附录《释𪆖篇》）

夕壴

□丑卜，㱿贞：……夕壴丁丑……（《续编》五、一九、十二，《佚存》二五背，及《遗珠》九八〇重。“夕”商释“月”）

按“壴”与金文壶字下体相同，当是“壹”之本字。𡚁𡚁篆文作壹壹，二字即从此。壴即壹，卜辞用于天象，恒见“夕壴”之文。此壹当读为曀。《开元占经》一〇一引《竹书》：“帝辛时天大曀。”是也。《说文》：“曀，天阴沉也。”《诗》：“终风且曀。”旧释亞及壴，未确，说详拙作《殷代天文杂占志》。

五、【卜旬】

癸卯卜，㱿贞：旬亡𡆥。王固曰：㞢希（杀）。其㞢来嬉（艰）。三（迄）至七日，己巳，允㞢来嬉自西。……（《菁》一。下接记𢀛方入侵事）

按同版又有“癸巳卜，㱿贞：旬亡𡆥”，下接记土方入寇东鄙，𢀛方侵西鄙事。又《缀合编》一一七有：“癸未卜，㱿贞：旬亡〔𡆥〕。”下记𢀛方事，俱详卜征伐条。

癸未卜，㱿贞：旬亡𡆥。王固曰：往！乃𢆶（兹）㞢希（杀）。六日戊子，子弢□（死）。一月。（《菁》三）

癸巳卜，㱿贞：旬亡𡆥。王固曰：乃𢆶亦㞢希若𠭰。……（同上。下文记子央坠事，见卜狩猎条）

按“若𠭰”成语习见。旧释偁，审其偏旁，实从“乃”，当为扔字。

《广雅·释诂》：“扔，引也。”从再从手同意。扔读为仍。老子：“攘臂而扔之。”本又作“仍”。仍，因也；见《说文》。《汉书·王莽传》：“吉瑞累仍。”此言“有煞若仍”，语例同，谓祸害相仍也。

又按《缀合编》一一七：“〔癸〕亥卜，㱿贞：旬亡𡆥。”下记王狩敝麓事，详卜狩猎条。

癸酉卜，㱿贞：旬亡𡆥。王二曰：匄……（同上，下记“㞢杀㞢梦”详卜梦条）

按二曰者，“二”与“再”同用。《𪑩羌钟铭》：“唯廿又再祀。”即二十又二祀。故“二曰”犹言“再曰”，表示郑重其言。匄，求也。

癸亥卜，㱿贞：旬亡𡆥。王固曰：〔㞢希〕，其亦㞢来媗（艰）。五日丁卯，子（亟）𡜲不（死）。（《菁》四，《拾掇》四五四文略同，惟子字作“”，是版各书重出颇多，见下）

……㱿贞：旬亡𡆥……〔㞢〕希。其㞢来〔媗〕……允㞢来〔媗〕……（《南北·师》二、八十）

癸丑卜，㱿贞：旬亡𡆥。　癸卯卜，㱿贞：旬亡〔𡆥〕。　癸未卜，㱿贞：旬亡𡆥。三日乙酉，王固曰：㞢希（杀），酉㞢𠬝。（《佚存》九二三，《续》四、四六、六重）

癸丑卜，㱿贞：旬亡𡆥。庚申㞢𠬝，千𢼄。三月。　癸酉卜，㱿贞：旬亡𡆥。（《续存》下四一二）

按此片𢼄字，宜读为啓奏之啓。《后》下十二、十四：“𢿨再册……”下云：“𢓊啓。”《前编》三、一、一：“壬子卜白（伯）𠕉其𢼄。”《林》二、八、一二：“贞：𢦏𢼄。王其幸方。”可证。千盖人名。他辞云：“千受王又。”（《屯甲》二九〇七，同版见卜人）是片谓有𠬝，而千啓奏之，则千殆候气之官。

其他如：

癸丑卜，㱿贞：旬亡𡆥。　癸未卜，㱿贞：旬亡𡆥。　〔癸〕卯卜，㱿贞：旬亡𡆥。　癸巳卜，㱿贞：旬亡𡆥。（《缀合编》二八七——《铁》六七、三十《铁》六九、三十《天壤》六）

癸丑卜，㱿贞：旬亡𡆥。　癸巳卜，㱿贞：旬亡𡆥。（《续》四、四八、六，《遗珠》二〇四及《诚斋》三八文同）

癸丑卜，㱿贞：旬亡𡆥。（《续存》上九一八，《邺初》下四二，十一文同）

癸丑卜，𣪘贞：旬亡𡆥。　癸卯卜，𣪘贞：旬亡𡆥。（《库方》一六九四）

癸卯卜，𣪘贞：旬亡𡆥。（《宁沪》二、二三，《续存》上九四九，下四二五文同）

癸巳卜，𣪘贞：旬亡𡆥。（《林》一、七、二，《遗珠》一二一八重）

癸未卜，𣪘贞：旬亡𡆥。　癸丑卜，𣪘贞：旬亡𡆥。（《佚存》三八六，《邺初》下二四、二重）

癸未卜，𣪘贞：旬亡〔𡆥〕。（《续存》上九四七。原刻“旬”在“贞”字上，颇奇特。又本书上九一九，下四二一，《林》二、一六、一二及《库方》一七二八文同）

癸酉〔卜〕，𣪘〔贞〕：旬〔亡𡆥〕。（《京津》一八三二）

〔癸〕酉卜，𣪘贞：旬亡𡆥。（《续存》上九〇四）

癸亥〔卜〕，𣪘贞：〔旬〕亡𡆥。〔癸〕酉〔卜〕，𣪘〔贞〕：旬〔亡〕𡆥。（《六录·清》一一八，《外编》四一二重）

癸亥卜，𣪘贞：旬亡𡆥。（《续编》四、四〇、二，《铁》三三、三，《六录·中》一三一，《京津》一七八一文同）

癸……𣪘〔贞〕：旬亡𡆥。　癸巳卜，𣪘贞：旬亡𡆥。　……卜𣪘贞：旬亡𡆥。八月。（《续存》上九五三）

癸□〔卜〕，𣪘〔贞〕：旬〔亡〕𡆥。（《林》二、八、三）

……卜，𣪘贞：旬亡𡆥。（《库方》一六八二）

……𣪘〔贞〕：旬亡𡆥。（《南北·坊》四、一三七）

……𣪘𢦏贞：旬〔亡𡆥〕。（《京津》一八二一，又二六四五自重）

此条𣪘与𢦏同贞。

按《易·丰卦》初九：“象曰：虽旬无咎，过旬灾也。”“旬无咎”与“旬无𡆥”语同。

或言“旬亡𢀛”：

癸未卜，𣪘贞：旬亡𢀛。其㞢来媸（艰），三允㞢来媸自□。告曰：𢀛方……（《簠·地》五八，又《续》四、三三、一重。《续编》左方“𣪘”字被削去）

附小旬：

壬子卜，〔𣪘〕贞：小旬。……亩示……于……牛。（《文录》三七四，《存真》一、一六重，𣪘字拓本未明，许敬参释鼓，非。疑是“𣪘”残形）

按卜辞所见小旬凡三，上举外，又一见于《后编》“喜〔贞〕……小旬……叙若……示”（《下》二一、四）。喜为卜人名。喜上干支，拓本未明，可能为壬子，未敢据定。

六、【卜年】

或但言受年：

丙申卜，𣪘贞：我受年。（《屯乙》三二三四，左方对贞辞缺）

癸丑卜，𣪘贞：我不其受〔年〕？（《后编》上九、十）

癸卯〔卜〕，𣪘贞：我受〔年〕。（《京津》一一三六）

癸卯卜，𣪘：我受年。（《燕大》一二七）

此省贞字。

癸卯卜，𣪘：我不其受年？（《佚存》五四，《簠·岁时》一〇文同）

己巳卜，𣪘贞：我受〔年〕。（《屯乙》七七三）

□未卜，𣪘贞：我受年。（《七集·普林斯》一一一）

乙酉卜，𣪘贞：我受〔年〕。（《燕大》四九四）

乙巳卜，𣪘贞：我不其受年？（《粹编》八六七）

……𣪘贞：我受年。（《续编》一、三七、一，同版另一组残辞言“受漆年”）

……卜，𣪘贞：我不其受年？一月。（《平津·元嘉》四九，《续存》上一八八重）

……卜，𣪘贞：不其受〔年〕？（《遗珠》一二〇七）

……卜，𣪘贞：今来岁，我不其受年？（《屯乙》一三九四，又《殷缀》一〇九。同版见卜人亘及𠁁。岁上“其”字应属另组）

按“今来岁”连言，“今”不作“是时”解，应是语词。《尔雅·释诂》：“肆、故，今也。”他辞云：“……今来乙卯，㞢于咸，十牛。”（《屯乙》四七六一）例亦同。

……卜，𣪘……今岁……（《铁》二六九、二，《诚斋》二三二及《京津》五五〇重，又京都大学一六五略同）

……卜，𣪘……年……　（《南北·无想》一〇二）

或言年㞢𡆥：

庚子卜，𣪘贞：年㞢𡆥，五月。　庚子卜……年……（整龟。《京津》六四八，《六录》、《双剑》一重，上海博物馆《文物周刊》二十五期有摹

本。同版见卜人㝦）

或言米年：

□卯卜，𣪘贞：米年，娥于河。（《林》一、二一、十四）

按“米”即“祈”，说详《卜辞义证》。

……𣪘……米年。（《文录》一四一）

所卜农作物有黍、□（糪）、□（齍）等：

己巳卜，𣪘贞：我弗其受黍年？（《屯乙》六三九）

〔丙辰〕卜，𣪘贞：我受漆年。　丙辰卜，𣪘贞：我弗其受漆年？四月。（《屯乙》六七二五）整甲背云：“王固曰：吉！受㞢年。”（《屯乙》六七二六）

癸亥卜，𣪘〔贞〕：我黍〔受年〕。（《铁》七二、二）

……𣪘贞：王……其漆……（《续存》下一六八）

癸酉卜，𣪘贞：帚妌不其黍年。二月。（《宁沪》三、二五）

……𣪘……漆。……（《屯乙》二二一七）

……𣪘贞：于□（蔡）漆。（从水，“黍”字繁文）受年。（巴黎 Cernuschi 博物馆藏骨。见《巴黎》一四）

按蔡应即蔡叔封旧地，在河南上蔡。与□（祭）异地，详拙作《巴黎所见甲骨录》。

戊戌卜，𣪘贞：我受糪年。（《粹编》八七〇）

癸巳卜，𣪘贞：我受糪年。三月。（《通·别》二、四、五，《遗珠》四五六重）

甲子卜，𣪘贞：我受糪年。　甲子卜，𣪘贞：我受漆年。（《续编》二、二九、三，《簠·岁》一六重）

己巳卜，𣪘贞：我受〔□〕年。　贞：我〔不其〕受□年？在□。（《屯乙》七七一＋七七三—《殷缀》四〇七）

按糪，唐兰读为稻。《说文》：“糪，糜和也。”义无涉。惟从米与从禾同意（如粢又作秶），疑糪即穛。《集韵》：穛稌，谷名。□，从田从齐省。考黍字或益田作𪐴（《屯乙》七七八一），例同。此齍疑即穧《说文》：“穧，稷也。从禾齐声。”经典或仅作“齐”（《礼记·祭统》），《说文》或从次作秶，又作𥂁。契文则从田，殆即一字。

丁巳卜，𣪘贞：𪐴年鲁。　贞：乙保黍年。　乙弗保黍年。（《屯乙》七七八一同版云：“卬王囙，于妣癸”及“贞取牛”。）背云：“王固曰：

吉！鲁。　王固曰：吉！保。”（《屯乙》七七八二）

按他辞云：“魯妨，允妨。征𠀠。”（《屯甲》三〇〇〇）魯即鲁，彝铭屡见“鲁休”（《散繇鼎》），“鲁福”（《戜者鼎》），“万福屯鲁”（《夷镈》），为祝嘏之辞。屯鲁犹《诗》言纯嘏。受福曰嘏，此祝先王乙（大乙或小乙）降福于黍也。䵖字从黍从田，殆黍之繁形。

或卜莅黍：

乙卯卜，㱿贞：王立（莅）黍，若。　贞：王勿立黍。（《屯乙》三一五二。又三二七四、三三二三、三三四一并同文；为一事卜用四龟者）

按立读莅，视也。（《尔雅·释诂》）《周礼》之《乡师》、《司市》及《大宗伯》注俱云：“故书莅作立。”郑众云：“莅，视也。”王立黍即王视黍。

庚戌卜，〔㱿〕贞：王立〔渿〕，受年。　贞：王勿立渿，弗其受年？　……〔立渿〕其受年。　……立黍弗其受年？（《屯乙》六九六四整龟）

其背（即《屯乙》六九六五）识：“戊午卜㱿。”知为㱿卜之辞。

或卜莅秅：

丁丑卜，㱿贞：王往立（莅）秅，征从沚戜。（《柏根》二四，《七集·柏》三三重）

按《屯乙》七六七二龟：“贞亩受年。”背云：“王固曰：亩秅，隹……”京都大学藏片九三三：“己未卜，□贞：亩王在……亡秅黍。”旅顺博物馆藏片：“……不秅。十三月。”秅为动词。《说文》㝵读若蘖，说者多以秅为蘖字。（明义士《考释》）他辞又见“……贞：今𡆥商秅。　……贞今𡆥不秅”语（《屯甲》二一二一），则以秅为孽害之孽矣。故知秅盖指禾害而言。曰“王往莅秅”，殆谓往省视禾之受虫害也。征，人名，他辞每称“犬征”，似是官犬人职。（参《综述》五一四）

或卜协田：

乙巳卜，㱿贞：……　……㱿贞：王大令众人曰〔劦田！其〕受〔年。十一月〕。（《前编》七、三十、二，参《续编》二、二八、五补文）

按《粹》八六六残文：“曰：劦〔田〕！其受年。”语略同。（见《同文例》三三）《诗·周颂·臣工》：“明昭上帝，迄用康年。命我众人，庤乃钱镈，奄观铚艾。”所云“命我众人”可与卜辞“大令众人”互证。《吕氏春秋·长利》：“协而耰。”即《诗·载芟》所云：“千耦其耘。”谓多数人协耕也。《周语》记藉田事云：“王使司徒，咸戒公卿百吏庶民。”又言：“稷则徧戒百姓，纪农协功。”则𠬝田为纪农协功，藉田之礼也，即所以示戒。《前》四、三十、二：“贞甶小臣……令众黍。一月。”（据叶释）他辞又言小众人臣，《续存》下四七六：“贞：甶（惟）米乎小众人臣。　壬辰卜贞：商𢼸（牧）。”米为农官，故呼臣庶服田也。所云众人即庶人，与《盘庚》“有众”义同。

亦称曰耒，即藉田：

丁酉卜，㱿贞：我受甾（甫）耤（耤），在姷年。三月。　丁酉卜，㱿贞：我弗其受甾（甫）耤在姷年。（《屯乙》三一五四＋四三〇六——《殷缀》二二二）　背云：“王固，卜曰：我其受甫耤在姷年。”（《屯乙》三一五五）

旃罘㱿甾耤田于姷，受年。　贞：弗其受㞢年？（《屯乙》三二一二）

按甾从罗氏释甫。耤田者，《𢦏毁》云：“官司耤田。”亦曰：“耤农。”《令鼎》：“王大耤农于諆田。”《周语》上：“王治农于藉。”又曰“藉稻”，《左传》昭十八年：“六月鄅人藉稻。”卜辞：“我受甫耤，在姷年。”甾，陈梦家据唐兰释苗，谓为动词，略云：“是先苗而后耤。《齐民要术》：‘苗出垄则深锄。’《周礼》里宰郑众注：‘耡读若藉。’”然他辞㱿卜云：“甾受黍年。”（《屯乙》六五一九）争卜云：“乎甾耤于姷，受㞢年。”（《屯乙》三二一二）可见甾为人名及地名，当即圃田之圃，陈说非。又姷即郋。《说文》：“郋，汝南邵陵里，读若奚。”

己卯卜，㱿贞：乎畾（雷）耤（藉）于名。亯（享），不？（《屯乙》七八〇八）

按“雷”字，从于省吾释。（《骈枝三编》）他辞云：“……雷耤（藉）在名，受㞢年。　雷弗其受㞢年。”（《屯乙》三二九〇）与此为同事之卜。亯即亯，献也。今作享。“名”与“明”为一字，此盖地名，疑读为“盟”。《春秋》隐十一年苏忿生邑有盟，或即此。雷即妇雷，详下诸妇章。

或言雈者：

癸亥〔卜〕，㱿贞：于京雈。（《铁》二六二、一）

按雈旧以为观字。《说文》：“雈，鸱属，读若和。”蒦即从又持雈。刈谷之穫，即从禾蒦声，陈梦家谓雈即穫之初文。按他辞云：“庚子卜贞：王其雈耤，甶往。十二月。”（《后编》下二八、一六）“其雈耤”此犹

《诗·七月》之言“其穫”。又：“帚井黍萑。”（《后编》下六、九）胡厚宣训“萑”为茂盛。惟“萑”无“茂”义。此宾词位前，“黍萑”即穫黍也。京，地名，《左传》隐元年京城大叔。贾逵云：“京，郑邑。”《汉书·地理志》：在河南郡。

或卜某地受年：

乙巳卜，㱿贞：西土受年。三月。（《后编》下三八、三）

丁未卜，㱿贞：▨受年。　贞：▨不其受年？三月。（《屯乙》七〇〇九）　同版亦云“贞：西土受年。　贞：西土不其受年？　▨（葡）受年　不其受。　㛸受年。　㛸不其受年？”

背识：“丁未卜㱿。”（《屯乙》七〇一〇）知同为㱿卜。

按▨即畴。《周语》中：“昔挚畴之国也。由太任。”韦注：“挚、畴二国，任姓，奚仲、仲虺之后。”《书序》：“中虺作诰。”《史记》“虺”作■，《荀子·尧问》作“中蘬”。《左·定元年传》：“仲虺居薛，以为汤左相。”卜辞▨亦作■，■疑其异构。

癸丑卜，㱿贞：蕭受年。　贞：蕭不其受年。（《殷缀》二四八——《屯乙》四三七三十五一八）

同版又见卜“罗受年”、“■受年”。按此二地所在，详下卜征伐条。

□□卜，㱿〔贞〕：……在■……田■……〔受〕年。（《菁华》十、七）

七、【卜狩】　渔附

或言狩于某地，兼记其禽获之数者：

□寅卜，㱿贞：今日，我其狩盂。（《续编》五、三三、四，同版见卜人甹）

……㱿贞：今日，我其狩。……　……狩隻■鹿五十㞢六。……　……贞：今日我其狩盂……　……隻■（狸）十一，鹿……（《缀合编》二二七——《前》四、八、一十《前》四、四七、六。又《前》四、八、一与同书五、十四、五重。同版见卜人甹，可与上举《续编》再缀）

戊午卜，㱿贞：我狩■。■（禽）。之日，狩，允■。隻虎一，鹿卌，犷一百六十四，麑一百五十九，■赤㞢双二，赤八十。……（《屯乙》二九〇八）

按■，地名，即龟。《左》桓十二年：“会宋公于龟。”杜注：“龟，宋地。”■字从萑从井。井，陷阱也。蒦古鉢古匋皆从艸，与此同。■殆蒦字，《广雅》：“蒦，持也。”林义光谓即獲之古文。此作萑，与“隻”同文异写。“赤”者，狐也。《诗·北风》：“莫赤匪狐，莫黑匪乌。”此为代语，疑以“赤”指“狐”。

丙戌卜，㱿贞：羽丁亥，我狩罙（宁）。　〔丙〕戌卜，㱿贞：〔羽丁〕亥，……（《屯乙》六七七六残甲）

按《左》定元年：“还卒于宁。”杜注：今修武县。《韩诗外传》：武王伐纣，勒兵于宁，更名宁曰修武。即此。

□申卜，㱿〔贞〕：王其狩。（《明义士》二六九）

□申卜，㱿贞：其狩。（《遗珠》一〇六）

甲申卜，㱿贞：王涉狩。（《前编》四、一、一）

辛亥卜，㱿贞：王勿往出狩。（《七集》天津一四）

……卜㱿……勿狩……（《续编》一、二九、五）

或言出狩发生事故者：

〔癸〕亥卜，㱿贞：旬亡𡆥。王固〔曰：㞢祟！五日〕丁卯，王狩敝（即敝麓），𠂤车马〔硪，𠂤阾〕在车。𢀛马亦□，𢀛亦㞢佬。（《续》四、三三、一十《簠·地》三一即续五、一〇、一十《续》三、四〇、二——《缀合编》一一七。又《林》一、七、一一，《前》五、六、四，《铁》一一四、一，《前》七、一八、三，《前》七、五、三文并略同。参《殷历谱》下九，《同文例》四四。《佚存》九八〇，《簠室·游田》一二二重见）

按敝麓者，《郑语》：“史伯对郑桓公言：若克（虢、郐）二邑，鄢、蔽、补、丹，君之土也。”敝即蔽矣。地当在豫西。他辞言𠂤事，如：𠦪卜辞云：“令𠂤取戉罘什于[illegible]。”（《屯甲》二一二四）“隹𠂤乎朢（望）……”（《后》下十八、十）“……贞：彶罘𠂤氏：㞢取。”（《拾掇》九十七）知𠂤为武丁时重臣。至𢀛事迹详见拙作《巴黎所见甲骨录》。

癸巳卜，㱿贞：旬〔亡𡆥。王固曰：㞢〕祟！若𠧟（扔）。甲午，……马硪，𩰫（貍）王〔车〕。……　癸未卜，㱿贞：乃兹㞢祟……（严一萍藏骨。《宁沪》二、二四，《拾掇》四五四，《续存》上九七二，《外编》四六二俱重）背云：癸亥卜，㱿贞：旬亡𡆥。王固曰：㞢祟！……五日丁卯，子[illegible]……（《宁沪》二、二五，《拾掇》四五四背，《续存》上九七三，《外编》，四六三俱重。《菁华》四文略同）

按他辞云：“……水其𩰫兹邑。”（《屯乙》三一六二）知𩰫读为埋，与此“埋王车”义同。埋于水与土中俱曰貍，《集韵·十六怪》，貍、薶一字。引《周礼》“貍沈山林三泽”，即瘞埋之埋（非御字），说详《卜辞义证》。

癸巳卜，㱿贞：旬亡𡆥。王固曰：乃兹亦㞢希若𠭰（扔）。　甲午，王往逐𡚁，小臣叶车马硪，𡉚王车，子央亦𨸏。（《菁华》三）

按𨸏，唐兰读为《说文》歺，古文𣦵之反写，象人自颠下坠。歺读与颠同，《楚辞·离骚》：“厥首用夫颠陨。”（于省吾释“阹”，谓为从阜从左，审其偏旁明为“人”之倒书，非左字。）

或卜狩之宜否者：

壬申卜，㱿贞：王勿祉（延）南狩。（《铁》八八、三，《六录·清晖》二五及《外编》二九四重）

按《易·明夷》九三“于南狩”，语同。

或卜逐鹿逐麋获𤉲者：

丙辰卜，㱿：王其逐鹿，隻（获）。（《屯乙》三三三四对贞辞缺，　背有“辛酉卜㱿”语）

庚申卜，㱿贞：乎逐鹿。（《屯乙》七四九二）同版云：“庚申卜，㱿贞：昔且丁不……”

□午卜，㱿贞：逐鹿于万，幸。（《之馀》十三、一，《续编》三、四四、一重，京都大学藏骨二〇一文同）

壬戌卜，㱿贞：乎多犬网鹿于𦸕。　壬戌卜，㱿贞：取、豖乎网鹿于𦸕。（《屯乙》五三二九）

按“多犬”官名，即犬人，《周礼》秋官之属，掌犬牲。他辞云：“戊辰卜，在𣳋，犬中告麋。王其射，亡𢦏𠬝。”犬中之犬亦官名。杨遇夫谓：殷代犬人职，与地官之迹人相当。郑注：“迹之言迹知禽兽处。”《说文》：“禽走，臭而知其迹者，犬也。”上辞呼“多犬网鹿”，可申杨说。取豖皆人名。

丙申卜，㱿贞：我其逐免（麋），隻。（《屯乙》六七二八）

壬申卜，㱿贞：甾（圃）𠬝免（麋）。丙子，𢀛。允𠬝一百㞢九……（《前编》四、四、一）

辛未卜，㱿贞：我隻嬰（借为麋）。十月。（《铁》一九七、三）

癸未卜，㱿贞：多子隻（获）𤉲。（《屯乙》三七六四）

按《续存》下一六六记“隻𤉲八”，参穷条，《戬》四〇、一〇，《库方》一五〇九，㱿卜记㞢获残辞，不录。

或卜逐罬者：

□亥卜，㱿贞：其逐罬，隻。（《珠》九二〇）

癸丑卜，㱿〔贞〕：罬其隻。（《殷缀》二八三——《屯乙》四八一五＋四七六五＋四七六八＋四七七〇＋四八六九）

或卜刍者：

己丑卜，㱿贞：氐刍，其五百隹六。　贞：□氐刍，不其五百隹六？（《屯乙》六八九六。背见卜人宂）

按《吕览·季夏纪》："是月也，令四监大夫，合百县之秩刍，以养牺牲。""氐刍"即"致刍"。

或卜射者：

甲午〔卜，〕㱿贞：射……（《铁》一八〇、四）

□寅卜，㱿：……王射……（《京津》一四三〇）

乙未卜，㱿贞：⽳射……（《林》二、二一、一〇）

附卜渔：

辛卯卜，㱿贞：王往征鱼，若。　辛卯卜，㱿贞：王勿征鱼，不若。壬辰卜，㱿贞：㞢（侑）且辛二牛。　㞢且辛，二牛。（《屯乙》六七五一。　背云："壬辰，允不雨，风。　王固曰：隹庚。㞢祖辛。"同版有宂贞雨语）

按"鱼"即"渔"。《说文》："渔，捕鱼也。"《易》："以佃以渔。"《释文》本亦作"鱼"。鱼即古渔字。他辞云："……王渔……"（《前》六、五〇、五）渔字从四鱼在水中。《遹𣪕》："穆二王在𦎫京，呼渔于大池。"（《贞松》六、三）《井鼎》："王呼渔于䆝池。呼井从渔。"（《贞松》三、二三）而《静𣪕》称"射于大池"。似渔即矢鱼之礼，姑附于射之下。

八、【卜往来】

卜入某地者，以入于商所见为多。

辛卯卜，㱿贞：来辛丑，王入于商。　己丑卜，㱿贞：来乙巳，王入于商。　庚寅卜，㱿贞：来乙巳，王入于〔商〕。（《前编》二、一、三，《缀合编》一六五重）

乙未卜，㱿贞：来乙巳，王入于商。（《京津》一五八五）

……贞：来乙巳，王入于商。　……乙巳，王入于商。（《京津》一五

八八，《诚斋》三四七重）

甲戌卜，㱿贞：今六月，王入于商。（《前编》二、一、一）

癸巳卜，㱿贞：来乙巳，王勿入于商。　辛卯卜，㱿贞：今七月，王入。　贞……王勿〔入于〕商。（《续存》下三六一）

……㱿贞：之七月，王入于商。　戊寅卜，㱿贞：之七月，王入于商。　辛巳卜，㱿贞：王于之七月入〔于商〕。　甲申卜，㱿贞：王于八月，入于商。（《续编》三、一四、一）

贞：今七月，王入于商。　辛卯卜，㱿贞：来乙巳，王勿入。　贞：王于八月入于商。（《前编》二、二、一）

辛卯卜，㱿贞：王入于商。　辛卯卜，㱿贞：王勿入于商。（《屯乙》五三二六＋五三三九——《殷缀》三〇四背）

……卜，㱿贞：来乙巳，王勿入于〔商〕。（《南北·明》二一六）

乙卯卜，㱿贞：今夕，王入〔于〕商。（《库方》一七）

按他辞恒言“在大邑商”，“在天邑商”，卜辞亦见丘商。（《屯乙》四五一八）当即商丘。《左·襄九年传》：“陶唐氏之火正阏伯居商丘。”又《昭元年传》：“迁阏伯于商丘，主辰，商人是因，故辰为商星。”《续汉郡国志》梁国睢阳下云：“本宋国，阏伯墟。”杜预《释地》：“宋、商、商邱，三地一名。”入于商，殆即商丘地。《库方》一五一二云：“甲辰卜，㱿贞：商……”辞残附记于此。

甲辰卜，㱿贞：王入。　甲辰卜，㱿贞：王勿衣入。于礿入。（《屯乙》三二七四，同书三三二三、三三四一及七七六六并文同）

按上五版文全同，俱第十三次所出，均见于整龟上左右对贞，以三二七四号最为完整，惟“勿”字漏刻二笔。其三三二三记数字为“一”，三三四一记数为“三”，三二七四为“四”，七七六六为“五”，计当尚有数“二”一版。嗣见《屯乙》三一五二，残龟甲尾及桥文同，并记“二”字，正密合无间。知此事之卜凡用五龟。胡氏《同文例》七三列此仅举其三，故误为四卜，实当为五卜也。（“礿”字，胡氏释为“初”，非是。）

……㱿贞：王于生七月入。　……㱿贞：生七月，王勿衣，入。〔甲〕戌卜，青（㱿省形）贞：王于生七月，胶。　乙亥卜，㱿贞：生七月，胶。　己卯卜，㱿贞：生七月……　贞：王于生七月，入。　贞：王于生七月入。　（《缀合编》三三一，罗氏藏胛骨拓本，左行，上记三字。见该书附图二二、二三、二四。曾氏摹本“胶”字脱“月”旁。又《宁沪》三、

九〇骨文略同右行，上记“五”字，似为第五卜）

按辞言：“于生某月，胶。”与“生某月，入”语例同，胶乃动词，为祭名。《广韵》有胶字，云：“声也，音爻。”即此。胶训“声”，应读为詨。《集韵》五爻：詨与謼、呼等同，“吴人谓叫呼为詨”。《尔雅·释言》：“祈，叫也。”郭注：“祈祭者，叫呼而请事。”是“之七月胶”，即谓王于此七月祈祭呼叫也。

乙酉卜，𣪘贞：王于八月入。　丙戌卜，𣪘贞：王于八月入。（《缀合编》附图二一）

丁酉，𣪘贞：来乙巳，王入于冥（鄍）。（《铁》一八六、一，《续编》三、一五、一重）

此省“卜”字。

按冥即鄍。《说文》：“鄍，晋邑也。”《左》僖二年：“伐鄍三门。”杜注：“鄍，虞邑。”未审即此地否？

己亥卜，𣪘贞：王……　己亥卜，𣪘贞：王入。　己亥卜，𣪘贞：王勿于𣪊。……（《金璋》六九九）

按“于𣪊”之“于”，训为“往”。《诗·桃夭》“于归”，《毛传》：“于，往也。”于𣪊谓往行𣪊祭。

癸卯卜，𣪘：　辛亥卜，𣪘贞：王入。（《拾掇》二、九八）

□辰卜，𣪘贞：王入。（《屯乙》二八三二）

己亥卜，𣪘贞：王勿入。（《铁》一五一、一）

□卯卜，𣪘贞：羽庚辰，王勿入。（《库方》一九四）

癸酉卜，𣪘贞：今日，王步。　辛丑卜，𣪘贞：羽乙巳，王勿步。（《南北·师》一、七二、《外编》三七重）

丙午卜，𣪘贞：羽丁未，王步。　贞：羽丁未，王勿步。（《屯乙》四六九三）

按王步者，《书·武成》：“王朝步自周，于征伐商。”句法同，步字或从彳作“徏”。（见《戬寿》三九、一〇，文云：“丁丑卜，𣪘贞：王徏，亡……”）

戊寅〔卜〕，𣪘贞：羽己卯，步，〔亡〕𡆥。（《库方》二一〇）

乙未卜，𣪘贞：今日步。（《铁》一二九、一）

……𣪘贞：步……（《库方》七三五）

□辰卜，𣪘贞：……今日，步于囧。（《明义士》九九二）

或言来者：

丙辰卜，𣪊贞：今𢦔（哉），我其自来。　丙辰卜，𣪊贞：今𢦔，我不其自来？（《屯乙》六七四八整甲）背云：王固曰：“吉！其自来。”（《屯乙》六七四九）

按《屯乙》五六六四及《遗珠》一四〇七残辞俱有“来”字。

或言往与皀者：

乙卯卜，𣪊贞：今日，王往于𦎫。……之日，大采雨，王不步。　辛亥卜，𣪊贞：勿于乙门令。　辛亥卜，𣪊贞：于乙门令。　辛亥卜，𣪊贞：……（《粹》一〇四三，《前编》七、四〇、一文同）

乙卯卜，𣪊贞：今日，王往于𦎫。（《后上》一二、九）

上二辞同日同人所贞。

……卜，𣪊：……王往……于𦎫。（《遗珠》一一一一，现藏日本东洋文库。亦见《龟卜》八）

按𦎫即“𦎫”，《说文》：“孰也。从亯从羊，读若纯。”《淮南子·说林训》高注：“錞读如顿首之顿。”此𦎫为地名，疑读为顿。《诗·氓》：“送子涉淇，至于顿丘。”或其地。

……𣪊贞：𠫓往于𠀠（𠀠）自。（《屯乙》七一八，又《殷缀》四〇二）　壬戌卜，𣪊贞：王〔往〕𠀠皀。（《屯乙》五一四）

按“𠀠”为眉字，疑即郿，《春秋》庄二十八年：“筑郿。”《水经注》：“济水又北迳微乡东。”《公羊》作微。

□子卜，𣪊贞：王往萑迺，三月。（《续》五、十九、七，《续存》下三七三重）

戊戌卜，𣪊贞：王往。（《屯乙》七〇六一）

……卜，𣪊贞：王往𠫤（去）……　〔卜，𣪊〕贞：冒勿（犁）牛……（《佚存》三三三）

……卜，𣪊〔贞：王〕往𣳚若。四月。（《前编》六、二〇、一）

按𣳚与𢆶同。以文义推之，殆矢字。《尔雅·释诂》：“矢，陈也。”

己未卜，𣪊：令㚔（俭）往沚。　己未卜，𣪊：勿令㚔往沚。（《屯乙》五三〇三）

己未卜，𣪊贞：王皀。　己未卜，𣪊贞：今日王……　己未卜，𣪊贞：王叀今日往。　贞：王勿隹今日往。　于羽庚申，　勿于羽庚申。（《屯乙》三四四五）

己未卜，𣪊贞：我于𨿅（雉）𠂤。 贞：勿于雉𠂤。（《屯乙》五四〇三，又《殷缀》一八二）

……卜，𣪊贞：王勿……于𡔷（鼓）𠂤。……（《京津》一五六〇）

□卯卜，𣪊贞：犬征，其㞢（侑）𡿧。 ……卜𣪊贞：王𠂤于𠳄（曾）。 ……𣪊贞：犬征，亡𡿧。（《续编》二、二四、四）

按"𠂤"即"𠂤"繁形。有益一或二者，犹册之作𠕋也。𠂤读为师，谓师次其地。犬或指犬人。𠳄即曾，从于省吾释。《簠室·游》六八："王𠂤于𠳄，迺乎……"与此同地。《春秋》僖十四年"鄫子来朝"，杜注："今琅邪鄫县。"《诗》溱洧，《水经注》引作"潧洧"。潧水出郑县西北，殷之曾地，或即此。（丁山说）

或言"出"者：

癸丑卜，𣪊：……王自出。（《库方》一八〇九）

……𣪊贞：今𠙵王出。（《粹编》一〇五三）

乙□卜，𣪊贞：勿出。……（《库方》一八七）

戊子卜，𣪊贞：王勿𠙵（古），𢓊，往出。（《遗珠》四〇三）

或言"省"、言"至"、言"𢆶"者：

丁亥卜，𣪊贞：𥄎（省）至于𣄰。（《佚存》五三二，《续》三，十四、二重）

按𥄎即省方之省，亦作徝。𣄰亦作𣄰丘。（《屯乙》六九二六）即廪丘。《左·襄二十六年传》："以廪丘奔晋。"今山东范县东南有廪丘城。

……𣪊贞：……𥄎（省）于……（《屯乙》六八九四）

□辰卜，𣪊贞：亡至。……（《京津》二三三七）

□子卜，𣪊贞：其……自商。王固〔曰〕：……三（汔）至。……㞢来〔艰〕……（《遗珠》六〇三）

丁酉卜，𣪊贞：𢆶𠬝。（李棪藏，即《金璋》一）

𠬝为地名。即𣛭之省。

按《屯乙》二七四四，《邺初》下四二、一五，𣪊卜残辞存一"𢆶"字。

或言𠫭（去）者：

乙未卜，𣪊贞：王其𠫭𣴎告……（《前编》七、二八、三）

丙申卜，𣪊贞：羽丁酉，亡其𠫭。（《粹编》一一三五）

按《屯乙》三八九二残辞云："……𣪊贞：𠀠（同）羊𡙁……"。"𡙁"

疑即“矢”字。

或言“归”、言“涉”者：

……𣪘……　贞：王歸。（《燕大》四〇四）

己酉卜，𣪘贞：王……歸。（《铁》五一、二）

丙寅卜，𣪘贞：其歸，若。（《续编》四、三五、一）

己亥卜，𣪘贞：羽庚子，王涉歸。（《南北·明》二一九）

己亥卜，𣪘贞：于辛丑涉。（《遗珠》四二七）

辛亥〔卜〕，𣪘贞：〔羽〕乙未涉。……（《续存》上一三八六）

……卜，𣪘贞：涉河，……我……（《佚存》八六八）

按《佚存》一〇七：“壬辰王其涉河。”《铁》六〇、二重“涉”字，商氏释文误摹。《书·盘庚》：“其涉河以民迁。”《左·僖十五年传》：“涉河，侯车败。”语并同。

九、【卜梦】

癸酉卜，𣪘贞：旬亡𡆥。𠫓二曰：匄！𠫓固曰：俞！㞢希（杀）㞢梦。五日丁丑，王寤中丁。𠂤（厥）阹，在𡧊阜。十月。（《菁》三）

己丑卜，𣪘贞：王梦，隹且乙。　贞：王梦，不隹且乙。（《屯乙》五二六五）

己丑〔卜，〕𣪘：王梦不隹……（《七集·孙氏》六）

□寅卜，𣪘贞：王梦兄丁，隹𡆥。　贞：王梦兄丁，不隹𡆥？（《屯乙》六四〇八甲）

辛未卜，𣪘贞：王梦兄戊，何从，不隹𡆥？四月。（《佚存》六二，《铁》一二一、三重）

按何即卜人何，详下。

丙子卜，𣪘贞：王梦㚢，不隹……（《京津》一六二八，《邺初》下三一、七重）

按㚢即帚妥（见《粹》一二四〇），详下诸妇章。

丙戌〔卜〕，𣪘贞：王㞢梦……示不……乎……（《遗珠》五一三）

庚戌卜，𣪘贞：王㞢梦，不隹𡆥？（《遗珠》五一四）

戊午卜，𣪘贞：王㞢梦，其㞢𡆥。（《屯乙》二九七一）

丙午〔卜〕，𣪘贞：王梦，隹㞢〔𡆥〕。（《京津》三九，又一六三三自重）

戊戌卜，㱿贞：王梦，不〔隹〕囚。八月。（《屯甲》三四七六）

……卜㱿……王梦，……不隹虫……不若。（《库方》一八七）

……卜㱿……梦隹……（《屯乙》八一二五）

按：《周礼》太卜掌三梦之法，其二曰“觭梦”。郑玄云：“觭读如‘诸戎掎’之掎，掎亦得也；言梦之所得。殷人作焉。”殷人占卜之方曰“觭梦”。《书·泰誓》中：“朕梦协朕卜，袭于休祥，戎商必克。”（《周礼·占梦》：占六梦之吉凶，其四曰寤梦，《御览》三百九十七引《周书》：文王去商，在程。太姒梦见商之庭产棘，寤惊以告文王一事，即《程寤篇》之逸文，《大开武篇》言：“天降寤于程。”此盖寤梦之一例，所谓休详是矣。）知占梦与占卜并用。《汉书·艺文志》：“众占非一，而梦为大，故周有其官。”《诗》所谓：“召彼故老，讯彼占梦。”是也。殷人占梦，是否置官，今不可考，由卜辞观之，则梦亦卜人所掌。见于㱿卜之辞，其入于王之梦者，有祖乙、兄丁、兄戊及何与妇敏诸人。汲冢《竹书》有《琐语》十一篇，记诸国卜梦妖怪相书。（见《晋书·束皙传》。）谅曾涉及殷人占梦，惜书已失传矣。

十、【卜疾病】

辛未卜，㱿贞：虫疒（疾），告……（《铁》一五六、一）

□酉卜，㱿贞：虫疒。……（《六录·清》一二五）

甲子卜，㱿贞：王疒齿，隹易。（《前编》四、四、二） 甲子卜，㱿贞：王疒齿，亡易。（《前编》六、三二、一）

按此二版为同日同人所卜。杨遇夫云：“易”谓换牙易齿，引《素问》：“丈夫八岁肾气实，发长齿更。”予谓此“易”字当训平复。《尔雅·释诂》，易与平同训。“亡易”犹言“不易”，《左·襄三年传》：“以岁之不易。”不易，多难也。

疒齿隹…… 疒齿不隹……（《屯乙》五六四一龟背）其正面辞云：“……卜㱿贞：…………隹妫。”（《屯乙》五六四〇）

乙巳卜，㱿贞：虫（有）疒（疾）（身），不其？ 乙巳卜，㱿贞：虫疒，。（《屯乙》四〇七一，文对贞）

按即龙字，如龙甲，《屯乙》四五〇七作“甲”，同书三二五二作“甲”，《拾遗》三、七作“〔甲〕”。“庞”字，《铁》一二、三作，《京津》一九七七作，并其明证。或释眴，非也。即“龙”而读

为“宠”，和也。说详《卜辞义证》。

……卜殸〔贞〕：……虫疒首。（《遗珠》二六八）

贞：虫疒自（鼻），隹虫壱。　贞：虫疒自，不隹虫壱？（《屯乙》六三八五甲，上方一辞为殸卜）

乙未卜，殸贞：妣庚𢀛（宠）王疒。　乙未卜，𠂤贞：妣庚𢀛王疒。（屯乙三〇六六）

按此同日同事异人所贞。

□午卜，殸贞：虫疒，隹奐（黄）尹壱。（《双剑》十七，《续存》下三八四重）

丁酉卜，殸贞：杞侯熌弗其𡆥凡（同）虫疒。（《后》下三七、五，同版见子㛿）

按卜辞言疾病惯语，每云：“𡆥凡虫疒。”旧读𡆥凡，以凡为风省，严一萍云：“似风为致病主因，《素问·风论》：‘风者百病之长。’”（《卜辞征医》）然卜辞凡字恒用作“同”。如云：“……今𢆶凡（同）受虫又。”（《前》七、二八、四）“乎𢇍凡（同）龙圭。”（《屯乙》四五一六）故此处宜释为“祸同”。古“同”与“重”通；《集韵》痌，重文作㾓。（《书·顾命》：“奉同瑁。”同者，郑注：“酒杯。”朱骏声谓假借为“钟”。《周礼·大司乐》“六律六同”，《汉书·郊祀志》王莽奏“同”作“钟”。《列子·黄帝》：“状不必童。”注：“童”当作“同”。《史记·建元以来年表》“千钟”，《集解》徐广曰：一作“重”。《淇水注》引《史记》作“千童”。斯并“重”、“童”、“钟”、“同”音同通用之例证。）故知“𡆥同虫疒”应读为“𡆥重虫疒”。谓灾祸重而致疾。殷人视疾病之来源，为天帝降灾及鬼神为祟，故有是语。以下凡此字皆径释作“同”。

辛卯卜，殸贞：𢆶𡆥同虫疒。（京都大学四六）

按此二条卜诸侯群臣之疾。

按𢆶与熌疑为一字，详《卜人事辑》黄条。

戊子卜，殸贞：……𡆥同虫〔疒〕。（《续编》五、三十、一）

□子卜，殸贞：……〔𡆥〕同虫〔疒〕。（《续存》上八二四）

甲子卜，殸贞：疒役（疫）不祉（延）。　贞：疒役其祉。　虫疒齿，隹虎蠱（蛊），　不隹蠱？（《屯乙》七三一〇整龟。同版见卜㝐）

甲戌卜，殸贞：王不役，在……（《后编》下二六、十八）

按“役”，《说文》古文从人，则役乃役字。考他辞云：“……贞钔役。”（《前编》六、十二、四）知役读如瘦。《广雅》：“瘦，病也。”瘦即疫。钔役犹言御疫。《汉书·郊祀志》：“以御蛊灾。”《正义》谓：“蛊者，热毒恶气为伤害人。”《左·昭元年传》杜注：“凡厉气传疾者，皆可谓之蛊。”辞言“疾疫不延”，即卜传染病之蔓延与否也。上辞所见殻卜疾病，有疾齿、疾首、疾鼻、疾身等病与疫气等；其言为疾祟者有黄尹；祷于先妣求祐者有妣庚；卜诸侯群臣之疾者有杞侯、烍及𢆶二人。

十一、【卜邑】

或卜作邑：

甲寅卜，殻贞：我乍（作）邑，若。（《戬寿》三二、九，《续》四、三三、四，《续》五、二四、三重）

乙巳卜，殻贞：我乍邑。　癸卯卜，殻贞：我乍邑。　壬寅卜，殻贞：我乍邑。（《邺二》下四二、一，《京津》一六〇四重）

丁未卜，殻贞：我乍邑。（《燕大》一七九）

□戌卜，殻贞：我乍邑，帝……（《京津》一六〇三，《续存》上八〇四重）

按作邑即筑城邑。《诗·文王有声》：“作邑于丰。”“筑城伊淢，作丰伊匹。”是也。《月令问答》：“中秋筑城郭。”此行卜，以问筑邑宜忌。

遇有外寇，或卜邑之安全：

乙丑卜，殻贞：𢆶邑亡㕧（震）。　己卯卜，殻贞：𠂤方不至于𠂤。（《续》三、一、三，《簠室·地望》四五及五一重）

按“亡㕧”亦作“弗㕧”（《前编》二、一三、二），殷时习语。《鲁颂·閟宫》：“鲁邦是常”，“不震不腾”。“亡震”与“不震”语同。辞谓𠂤方不侵𠂤地，故不受震惊也。

或作邑以求上帝之祐，其惯语曰：“终兹邑。”

丙辰卜，殻贞：帝隹其冬（终）𢆶邑。　贞：帝弗冬𢆶邑。　贞：帝隹其冬𢆶邑。　贞：帝弗冬𢆶邑。　羽庚申，𢦏于黄奭。　贞：我无（舞）雨。（《屯乙》七一七一，旁记“二”字，又四五三四文同，上记“四”字。二版皆为整龟，一为第二卜，一为第四卜）

按卜辞奭为配偶意。“黄奭”即黄尹之配。

戊午〔卜〕，殻贞：〔帝〕隹冬（终）〔𢆶邑〕……（《屯乙》七九六六）

按《书·多士》：“殷命终于帝。”冬读为终。终，成也。《左·昭十三年传》："求终事也。"杜注："终，毕也。"《诗·文王有声》："考卜维王，宅是镐京。维龟正之，武王成之。"《燕大》一九二："贞：隹龟令。其乍兹邑"。此作邑卜龟之证。"终兹邑"，犹言成兹邑，求帝之祐也。

若降害则曰"煬兹邑"：

辛卯卜，㱿：……帝矤兹邑。（《七集·柏》三二，《柏根》二八重）

按《屯乙》三一七〇："贞：帝矤兹邑。"又《屯乙》七〇〇："〔贞〕帝矤唐邑。 贞：帝弗矤〔唐邑〕。"《前编》七、十五、二："贞帝弗矤兹〔邑〕。"《续编》六、七、二："帝矤兹邑。"此字从旱；然亦从㫃作矤。《京津》四八〇九及四九四二并有"矤"字，乃人名，疑㫃即昜（昜）省。此从矢从昜，《说文》："煬，伤也；从矢昜声。"故知矤即煬字。"帝煬兹邑"者，谓天帝降灾伤害于兹邑也。

有卜为邑祷祠者：

甲戌卜，㱿贞：我勿將（将），自兹邑。㱿穷巳（祀）乍……（《续编》六、九、五，《粹编》一一一八文略同）

甲戌卜，㱿贞：我勿將兹邑。㱿〔穷〕巳乍……（《前编》四、四、三）

上二条同人同日同事之卜。

按"将"义为进酒。此读如《诗·文王》："祼将于京"、"厥作祼将"之"将"。

十二、【卜祭祀】

(甲) 祭山川社

(一) 岳

己丑卜，㱿贞：桒（賁）于岳。（岳） 贞：……桒五月。 贞：于雨桒。（《屯乙》四六四一）

整龟记"三"字，当为第三卜。

按是版雨与岳同为賁祭之对象，雨殆后世所谓雨师矣。

辛酉卜，㱿贞：桒于岳。（《粹编》三二，《京津》五八四重）

□戌卜，㱿贞：桒于岳，小䍧。（《续编》一、四九、二，《簠室·人名》二四重）

……卜，㱿贞：岳戎我雨。（《簠·天》二六，重见前卜雨条）

戊午卜，㱿贞：叀（惟）岳…… 戊午卜，㱿贞：乎𨸏…… 甲午卜，㱿贞：𢦏且…… 甲午卜，㱿贞：帝……（《菁华》十、八）

按“亩岳”，犹《诗》言“维岳降神”之“维岳”。呼𠂤致祭，见于同版，均为戊午日卜。上辞祭岳皆用尞，柴燎也。

（二）河

丙子卜，㱿贞：勿𦍒（羊），酢河。　丙子卜，㱿贞：乎舌（舌，人名。）酢河。尞三豕、三羊，卯五牛。（《后编》上二四、十，《粹编》四七重）

按“舌”，《粹编》拓本作“言”。

丙子卜，㱿贞：勿𦍒，酢河。　丙子卜，㱿贞：乎言酢河。尞〔三〕豕，〔三羊，卯〕五〔牛〕。（《粹编》四八）

丙子卜，㱿贞：勿𦍒，酢河。十二月。　丙子卜，㱿贞：乎言酢河。……（《京津》五九〇）

按上三辞刻于胛骨，为同日同事之卜，即十二月丙子日也。“言”为人名，《后编》作“舌”。《粹编》四七上记“一”字，为第一卜，四八记“三”字为第三卜。（参《同文例》五九）疑《京津》五九〇为第二卜。“勿罕”即“勿羊”，与他辞之“不祥”、“弜祥”、“弗祥”义同。（参拙作《巴黎所见甲骨录·释𦍒》及《释舌篇》）

辛卯卜，㱿贞：三（汔）乎酢河，不潛。正。（《殷缀》七六——屯甲三六六〇＋三六六五，对贞辞残。同版云：“子渔亡壱。”）

丁巳卜，㱿贞：㞢于河。（《续存》上二〇三）

“㞢”即侑，祭名。说见下“王亥”条。

庚戌卜，㱿贞：于河，㞢匚（祊）。　庚戌卜，㱿贞：勿于河，㞢匚。三月。（《屯乙》八三一〇。右下云：“贞：其沚于娟。”）

庚申卜，㱿贞：取河，㞢从雨。（《粹编》五七）　……㱿贞：取河，㞢〔从雨〕。（《林》二、八、十一）

按“取”疑读槱，烧薪以祭。“从雨”者，于省吾解为顺雨。此于河祷雨，于“岳”则求其戎雨，《礼》所谓雩祭祀山川百源是也。

壬寅卜，㱿贞：河壱王。　壬寅卜，㱿贞：河弗壱王。（屯乙五二六五）

按此卜河为祟。

……卜㱿：……河……（《宁沪》三、三九）

（三）土

戊申卜，㱿贞：方帝。尞于土、兕，……上甲。（《屯乙》五二七二）

甲寅卜，㱿贞：尞于土，㞢。　㞢罕，㞢一人。　㞢亩犬㞢羊。　㞢一人𠈏。（《屯乙》五三二五，又见《殷缀》三〇四。）

按《屯乙》五二七二，"土"与"兇"并祀，再及上甲，是土当为地祇，即社也。《墨子·明鬼》下引古曰："周代祝社方。"《诗·云汉》："方社不莫。"旧以为殷先公相土，非是。桒于社，㞢犬羊㞢一人者，兼用一人以侑祭。𠈏即齐，读为齍。《诗·甫田》："以我齐明，以社以方。"《传》："器实曰齐，谓黍稷也。"则兼具粢盛，于此可见祭社祀典之隆矣。方帝，谓禘于四方。他辞云："贞：勿方帝。"（《屯甲》一一五七）"……卜㱿：……方帝……"（《续存》上四七二）或言帝方："甲寅卜，其帝方。一羌一牛九犬。"（《明义士》七一八）此例常见不具举。

附兇（兇父）：

己巳卜，㱿贞：桒于兇。（《福氏》二三）

庚申卜，㱿贞：桒于兇。（《屯乙》七〇一八）

庚戌卜，㱿：羽辛亥，桒于兇。（《殷缀》二九三——《屯乙》四九六六＋四九六七＋五五七七）

戊申卜，㱿贞：方帝。桒于土、兇、……上甲。（《屯乙》五二七二）

按兇字，契文作𡆧，旧释兕。近陈梦家改释"兇"。兇象地穿交陷其中。此字上从𠙴，似丘，正象中间洼落，以当凶字，颇当。兇亦称"兇父"。如："于兇父，桒雨。"（《摭续》二二）《左传》昭二十九年有董父，好龙，扰畜之。舜赐姓曰"董"，氏曰"豢龙"，封诸鬷川。知鬷川之鬷即得名于兇。"㚇"、"兇"一字，《说文》：稯，籀文作"稅"，即其明证。卜辞兇又作㒰（《宁沪》一、一二 ·："桒年于㒰。"《粹》一五四七，又一五四八："其𩂣于㒰，又雨。"），上益"从"字为声符，正与㚇同音。故兇父即㚇父，后称董父，盖古之豢龙氏，故殷人每向之祈雨祈年也。

与兇并祀者有土、河、岳。如："己亥卜田，㳄（率）桒。土，犬，兇犬，河犬，岳犬。"（《粹》二三）又有亳社及小丁。"于亳土（社），钔。 于兇，钔。 于小丁，钔。"（《粹》二十）又有夭火，即阏伯。如："……丙，桒岳、夭、火、兇。"（续编一、四九、四）具见兇在殷人祭祀中地位之隆。至畋猎之卜，有云："己丑卜，叏（宎）兇、目、芈、羊。"（《拾掇》二、一五九，《宁沪》一一〇重，为巨牛胛骨。同版此辞数见）叏为宎之省形，乃挍字。《祭义》"獀狩"，郑注："春猎为獀。"《尔雅·释天》："春猎为蒐。"蒐亦作挍，谓搜索取禽。此辞于叏下记兇、目、芈、羊者，疑从猎者四族。目即《殷本纪赞》之目夷氏，芈即楚先之芈姓，

《郑语》："楚之兴也，其在芈姓乎。"兕即嵏，《夏本纪》："汤遂伐三嵏。"《孔传》："三嵏，国名，今定陶。"《括地志》："济阴县，古定陶也。东有三鬷亭。"殆鬷川之地。则兕亦殷时氏族。羊者他辞有羊方（《屯甲》三五一〇），是。

（乙） 祭先公先王先妣

（一）王夭（阏伯）

壬辰卜，㱿贞：于王夭。 贞：于王夭，乎雀用牛。（《屯乙》五三一七）

按《续编》一、四九、四："⿱大木岳、夭、火、兕。"则王夭亦称"夭"，考"夭"读为阏。"夭"通"遏"。阏伯，《路史后纪》作"遏伯"。（《左传》宣十二年杜注："水遇夭塞。"疏："夭遏是壅塞。"夭遏双声。《说文》："阏，遮拥也。"《尔雅》岁名"单阏"，《淮南·天文训》作"单遏"。《左·襄二十五年传》："虞阏父，为周陶正。"《史记索隐》作"遏父"，并其证。）故夭与阏同。王夭即阏伯。《左·昭元年传》："迁阏伯于商丘，主辰，商人是因。"此阏为商之先。故卜辞亦称王夭，即王阏也。《汉书·律历志》："大火，阏伯之星也。"辞称"夭火"。疑指阏伯及火星。王夭事，《屯乙》五三一七，《前编》一、四五、三，《后编》下四、十四并载之。

（二）蔑（昧）

辛亥卜，㱿贞：㞢（侑）于戮（蔑）。召（招）…… 犬，𠯑五牛。（《续编》二、二四、五）

丁亥卜，㱿贞：𠯑㝿（享）𡴨（蔑）于雇。（顾，地名。）（《佚存》五二四，《续编》一、二八、六，《南北·师友》二、五三重）

贞：王㞢匚于㒸。隹之㞢又（祐）。（《屯乙》七七九九）背云："丙子卜，㱿。"（《屯乙》七八〇〇）

按卜辞"蔑"字，异形颇繁。或从㗊从免从嬰，又益戈或丂诸偏旁，隶定可有㒸、㜲、㦝、嬰诸体，皆蔑之别构。（说详《卜辞义证》）他辞亦称"嬰介（宗）。"（京都大学藏龟一五〇）蔑为何人，郭氏初以《山海经》寒荒之国有女薎说之。今按"蔑"当为"昧"或"冥"，《左·昭元年传》："金天氏有裔子曰昧，为玄冥师。"服虔云："金天，少昊也。玄冥水官也，师，长也。昧为水官之长。"是玄冥乃官名，《汉书·人表》作"帅昧"，当是"师昧"之形讹。古"昧"、"蔑"二字通。《左》隐元年“盟于蔑”，《公》、《穀》作“眛”。文七年“先蔑”，《公》、《穀》作“先眛”。是卜辞之蔑，即水官之眛也。《说文》：“莫，火不明也。读与蔑同。”蔑又通作冥。《尔雅·释草》“菥蓂”，《本草》一名“蔑析”。又《释诂》“覭髳”，郝氏云：“字亦变作溟沐，及蠛蠓。”是皆同声通用之证。《鲁语》上：“冥勤其官而水死。”又：“商人郊冥而宗汤。”《礼记·祭法》：“殷人禘喾而郊冥。”《左》昭二十九年：“水正曰玄冥。”今本《竹书》：“商侯冥死于河。”是冥亦为水官也。召读为“招”。《周礼》男巫“招弭”，女祝“招梗”。亦作袑。《庄子·天运》：“巫咸袑曰。”《楚辞·招魂》：“巫阳焉乃下招曰。”“招”、“祝”可通。郑注：“招，招福也。”他辞云：“贞：召河，桒于蚰，㞢雨。”谓袑于河。此云“于蔑召”，言侑于蔑以招福也。

（三）王亥

辛未卜，散：𠆢 亩 㞢 彐，酢于王亥。　辛未卜，散：今来甲戌，酢王亥。　㞢于王亥。（《屯乙》五三五五十五三八〇——《殷缀》三〇九。同版见卜人内）

甲辰卜，散贞：来辛亥，桒于王亥，三十牛。二月。（《后编》上二三、十六）

庚□〔卜〕，散贞：〔于〕王亥桒〔年〕。（《戬寿》一、三，《续编》一、二、二重）

□亥卡，散：……〔王〕亥告……（《南北·无想》二五七）

按上第一条散省“贞”字，而酢王亥在甲戌日。第二条桒王亥在辛亥日，可见祀王亥不限定于亥日也。王亥亦作王隻。（《佚存》八八八）亦称“高且王䰲”。（《拾掇》一、四五五，《宁沪》一、一四一，《京津》三九二六重）字从手从隹。足证《大荒东经》王亥两手操鸟之说。经籍所见亥之异名颇繁，有该（《天问》）、核（世本）、垓（《古今人表》）等；详王氏《观堂集林》。

又按“㞢”，王国维读为《诗》“以妥以侑”之“侑”。卜辞习见。“㞢”之用法，除作语助词之“有”及“又”与福祐外，“㞢”之为“侑”，盖有二义：一对鬼神言，祭祀之事也；一对生人言，酬酢之事也。两者之间，宜加厘别。《尔雅·释诂》：“酬、酢、侑，报也。”《说文》侑为姷之或体，云：读若祐。《易·系辞》云：“可与祐神。”《诗·雝》：“既右烈考。”以右为之。左右之右，本作“又”。故契文㞢神之“㞢”，间亦作“又”，实当读为右或祐也。《尔雅》侑训报。卜辞祀于先公先王辄曰㞢于某。则“㞢”亦可训报。《鲁语》上：“上甲微能帅契者也，商人报焉。”《孔丛子·论书篇》：“书曰惟高宗报上甲微。”是报当即侑矣。至于生人之酬酢，如云：“贞：帚好㞢（侑）𡆥，于多妣介。”（《遗珠》七）“……妥氏，㞢取。……妥弗其氏，㞢取。”（《屯乙》二九〇三）妥为子妥，取为子取。辞意谓子妥侑子取。《周礼》：“膳夫以乐侑食。”注：“犹劝也”。凡燕飨之礼，已饮食而后劝之曰侑。字亦作宥，《左》僖二十五年：“王飨醴命之宥。”谓飨宾时，别有币馈赠。《聘礼》云：“若不亲食，使大夫各以其爵朝服致之，以侑币致飨。”《公食大夫礼》：“宰夫束帛以侑。”是也。

（四）上甲

癸未卜，㱿贞：羽（翌）甲申，𠀠𡧊上甲日。王固曰：吉。𡧊，允𡧊。　贞：翌甲申，𠀠勿𡧊上甲日。　癸未卜，㱿贞：告于妣己眔妣庚。贞：勿告于妣己眔妣庚。（《屯乙》三二九七）

按上辞左右对贞，同日所卜。左辞省“癸未卜㱿”四字。此前辞左右共用之例。妣己、妣庚俱上甲配。他辞作“……勿𡧊，羽日。”（《屯乙》三三二三）𡧊为安之繁体，益止旁，《尔雅·释诂》安与妥俱训止。𡧊义殆如《诗·楚茨》“以妥以侑”之妥，谓尸处神坐，拜以安之。《诗·凫鹥》：“公尸来燕来宁。”燕与安通。又“侒”、“宴”并训安。（见《说文》）俱借字。契文安作𡧊，如穷之作窮，其例正同。

癸卯卜，㱿：羽甲辰，㞢（侑）于上甲，十牛。（《屯乙》五二六五）

……卜㱿：羽甲辰㞢上甲𢍰（异）……（《粹编》九八）

按上三辞俱于甲日祭上甲。𢍰从𠬞从田，乃“异”字，读为翼。《尔雅·释诂》：“翼，敬也。”《诗》：“有严有翼”，“以引以翼”，翼俱训敬。此言敬侑于上甲也。

壬午卜，㱿贞：㞢伐上甲，十㞢（又）五。卯十小𤜵〔㞢五〕。　㞢伐于上甲，十㞢五。卯十小𤜵㞢五。勿㞢。　衮（卒）㞢。（《屯乙》三四一一）

按上辞锲在大龟左右，两甲桥对贞。左辞省记日及贞人名之前辞。又不书“勿”，为对贞之特殊文例。“伐十㞢五”，谓伐舞十又五人。《乐记注》：“一击一刺为一伐。”小𤜵亦十五与伐数正相应。衮即卒，从唐兰释。此处卒疑祭名，盖誶字。《广雅·释天》：“誶，祭也。”

□未卜，㱿贞：㞢于上甲三伐……（《库方》三六二）

癸亥卜，㱿贞：上甲三牛，㞢伐十。□十豕。（《屯乙》二一〇三，又

见《殷缀》一六二）

辛亥卜，𣪘贞：王入。　贞：勿衣入。　贞：王于𤰈，酌于上甲入。（《续存》上二三六）

乙卯卜，𣪘贞：𣏟（祈）雨上甲。（《通·别》二、五、五）

甲申卜，𣪘贞：在𣛧𡆧（宜）上甲。𠍋。（《续编》三、三十、四）

按此卜在某地宜（祭名）于上甲。𠍋字从亯从内，隶定为𦉢。𦉢，献也。疑献纳之“纳”字繁体。𦉢又为人名。《通·别》一大龟二：“丁巳卜，𠨚贞：令𠍋易（锡）𢀛食，乃令西史，三月。”可证。𣛧为地名，亦省作𠬪。

……𣪘贞：……上甲……（《拾掇》二、三四七）

……𣪘……上甲……（《燕大》二三七）

（五）示壬

壬辰卜，𣪘：㞢于示壬，𤘘。（《屯乙》五二六五）

壬戌卜，𣪘贞：㞢于示壬。（《后编》上一、三）

按《史记·殷本纪》作主壬。卜辞所见字作工壬，亦作𠀁壬（哲庵藏片，见《综述》图版二一）、𠮠壬（共两见。京都大学藏甲列一七，及一七〇三）。足证𠮠为示字。（详《卜辞义证》）

（六）唐

甲寅卜，𣪘贞：㞢于唐一牛。其㞢曰……（《前编》一、四七、一）

丙辰卜，𣪘贞：㞢于唐。（《库方》一六〇一）

按㞢曰即侑曰。《礼运》：“王前巫而后史，卜、筮、瞽、侑，皆在左右。”侑，劝也。侑曰以下文缺，当是侑辞。

乙巳卜，𣪘贞：𠆢其〔取〕唐，集，〔受〕㞢又（祐）。（《续编》一、六、六）

乙亥〔卜〕，𣪘贞：……于唐。（《粹编》一六八）

按以上两条祭唐，皆在乙日而不称大乙。

……卜𣪘……唐……告……（《天壤》六六）

同版见卜人争。

按《礼运》言：“祭祀荐食，祝以孝告，嘏以慈告。”此告之义。

……𣪘……𢦏（升）……唐……（《拾掇》二、四五〇）

……𣪘……唐……（《七集·上海》一七二，《拾掇》五五重）

按“唐”即“汤”。王静安举唐字古文从口易以证之，并引古《归藏》："桀篮伐唐。"（《御览》八十三引）《叔尸镈》称："虩虩成唐。"谓唐即汤。考《佚周书·史记解》两言"唐氏"。云："唐氏伐之，共工以亡。""唐氏伐之，西夏以亡。"此"唐"当非"唐尧"，即汤也。又《王会》："北唐以间。"《殷本纪赞》：契为子姓，其后分封有北殷氏，则北唐应为北殷。《秦本纪》："宁公二年伐荡社。"又十二年"伐荡氏取之"。《索隐》："西戎之君，号曰亳王，盖成汤之胤。徐广云：一作汤杜。""荡"即"汤"，亦即"唐"。"荡氏"即"唐氏"矣。此可补王氏之说。唐之庙号亦称大乙。又曰"唐宗"。（《后编》上一八、五）《殷本纪》、《世本》、《荀子·成相篇》作"天乙"。王静安云："卜辞于汤之专祭，必曰大乙，惟告祭等乃称唐。"上录殸卜之辞，则并称唐，无称大乙者。

（七）大丁

□申卜，殸贞：大丁乎（呼），太章衠……（《簠室·帝》三三，《续编》五、三、一重）

按"乎"即呼，亦祈祭，《尔雅》郭璞注："祈，祭者叫呼而请事也。"太丁为成汤子，《殷本纪》："汤崩，太子太丁未立而卒。"

（八）大甲

丁亥卜，殸贞：昔乙酉，葡旋（旋）卸（御）……大甲且乙，百鬯百羌，卯三百〔牢〕。（《后编》上二八、三，《佚存》五四三文略同，缺上数字）

按"葡"即卜人葡，详下。

辛巳卜，殸贞：酢，我囗（祊）大甲且乙，十伐十牢。（《屯乙》三一五三）

癸丑卜，殸贞：𠦪年于大甲，十牢；且乙十牢。（《后编》上二七、六）

丁亥卜，殸……大甲且乙……（《明义士》二三五〇）

按上四辞太甲、祖乙并祀，囗为动词即祊字。《说文》："鬃，门内祭先祖所旁皇也。《诗》：祝祭于鬃。祊，鬃或从方。"《毛传》："祊，门内也。"

癸卯卜，殸贞：羽〔甲辰〕，酢〔大甲〕。　癸卯卜，殸贞：羽甲辰，勿酢大甲。（《铁》一一五、一）

……殸贞：来甲辰，酢大甲，易日。（《铁》二七〇、一）

癸卯卜，殸：羽甲辰，酢大甲。　贞：甲辰，勿酢大甲。（《屯乙》七二五八甲）

按上二辞祭大甲皆同在甲日。

乙未卜，𣪘贞：大甲乎（呼），太咼（𠱴残文）𧗠……（《七集·天津》二）

戊午卜，𣪘贞：大甲……（《库方》六一九）

……卜：𣪘：……大甲。（《续存》下一九四）

按卜辞亦称夫甲。（《前编》四、七、六，《龟卜》二九）罗氏谓即大甲，《殷本纪》："帝中壬即位，四年崩，伊尹乃立太丁之子太甲，太甲，成汤適长孙也。"《诗·商颂·那》："汤孙之将。"《传》云："汤孙太甲。"

（九）大戊

□巳卜，𣪘〔贞〕：大戊希（煞）王。（《林》一、十二、十）

按《世本》、《史记》作"太戊"。《殷本纪》："雍己崩，弟太戊立，是为帝太戊。伊陟为相，殷复兴，诸侯归之，故曰中宗。"《诗·烈祖》序云："祀中宗也。"《传》云："中宗，殷王大戊。"与《史记》同。《纪年》："太戊名密。"卜辞云："在中宗，不隹祸？八月。"（《京津》一一七〇，《明》一〇五）此中宗疑即太戊。他言"中宗且乙"者，习见。（《综述》，415页）《御览》八十三引《纪年》："祖乙滕即位，是为中宗；居庇。"则指祖乙矣。（《观堂集林》九）

（十）中丁

癸酉卜，𣪘贞：（中略）五日丁丑，王𡨦（嫔）中丁，氒（厥）𨸏（旋），在𡧊阜。十月。（《菁华》三）

按《小臣谜𣪘》："雩（粤）氒（厥）复归，在牧自。"与此"氒旋，在𡧊阜"句法相同。

……卜，𣪘贞：羽丁未，酢中丁，易日。（《平津·元嘉》九六，《续存》上五六四重）

按《殷本纪》："中宗崩，子帝中丁立，帝中丁迁于隞。"中丁即大戊子。《纪年》、《世本》作仲丁。

（十一）祖乙（下乙）

丁巳卜，𣪘贞：告𡆥于且。勿㞢岁𥛱（福。）　勿㞢𥛱且〔乙〕。　……且乙告太（王）𡆥。（《屯乙》三四六八）

按"㞢岁𥛱"谓致岁福。《汉书·艺文志》杂占家有《请祷致福》十九卷。《周礼》凡都祭祀致福于国，国有故则令祷祠是也。上辞于"且"即"且乙"略称。

又按"王囼"一语，常见。"乙丑卜，㱿贞：王囼隹不……"（《铁》一七七、四） "丁卯卜，㱿贞：王囼……小尸。"（《京津》二三一二） "戊子卜，㱿贞：王囼，龙（宠）。"（《屯乙》七六八）此均㱿卜有关王囼之辞。囼从米在囗中，乃《玉篇·囗部》之"㐰"字，音莫兮切。每用作疾病名。如云："车不囼。"（《明义士》一三三四）《王会》："佩之，令人不眯。"《西山经》郭璞注云："或曰眯，眯目也。"亦作寐，即昏迷字。"不囼"，犹不迷也。他辞言："王亦冬夕囼。"（《菁华》六、一）谓王终夕迷不醒也。又言："贞：𢦏囼于且乙。"（《屯乙》六九〇）谓于祖乙御眯疾，禳以弭灾也。说详《卜辞义证》。

甲午卜，㱿贞：羽乙未，㞢于且乙。 贞：羽乙未，勿㞢于且乙。（《殷缀》二二〇——《屯乙》四〇五七十四二一八。同版见卜人宁、争、𡆥）

癸酉卜，㱿贞：羽乙亥，㞢于且乙。（《续编》一、一三、一，《簠·帝》五九重）

乙巳卜，㱿贞：㞢于且乙一牛用。（《屯乙》六一一一，亦见《殷缀》二七二）

上三辞祀祖乙，皆在乙日。

辛未卜，㱿贞：𡧍告于且乙。 辛未卜，㱿贞：勿𡧍告于且乙。（《殷缀》一一二——《屯乙》一二〇四十三一六八）

按𡧍从𣎵，从宀，从卩，殆蒂之繁形。祭名。其益宀旁者，如福之作富。（《屯乙》七一八三）此字疑读为禘。《玉篇》："禘，福也"。其言𡧍告，犹他辞之福告，故知其为禘字。

壬戌卜，㱿贞：㞢于且乙。（《平津·元嘉》五六，《续存》上二五六重）

……㱿……㞢于且乙，罕。（《铁》一三五、一）

……卜，㱿贞：𣜩……且乙……（《屯乙》七九五）

按"𣜩"为"𣎳"之繁形，义与"祈"同，说见《义证》。

□未卜，㱿贞：且乙弗𠂇（左）王。（《佚存》十二）

辛巳卜，㱿贞：且乙若。（《拾掇》一八三，《续存》上二九九重）

按《殷本纪》："祖乙迁于邢。""河亶甲崩，子帝祖乙立。殷复兴，巫贤任职。"《尚书·君奭》："在祖乙时则有若巫贤。"《纪年》："祖乙名滕。"《晏子·内谏篇》："夫汤、太甲、武丁、祖乙，天下之盛君也。"亦见《孔丛子·论书篇》引公西赤语，"汤"作"唐"。卜辞常见中宗且乙，即指祖乙滕。

又按他辞祖乙与太甲并祭者，如《后编》上二八、三，《佚存》五四三。见“大甲”条。

乙卯卜，㱿贞：来乙亥，酢下乙，十伐㞢五，卯十𤘲。二旬㞢一日乙巳，酢雨…… 勿羊。隹乙亥，酢下乙，十伐㞢五，卯十𤘲，四……（《屯乙》一九八三，亦见《殷缀》一七三）

甲辰〔卜〕，㱿贞：下乙宾于……（《屯乙》七一九七）

按下乙即中丁子祖乙。（胡厚宣：《卜辞下乙说》，见《商史论丛》一。及《综述》，414 页）

（十二）祖辛

壬辰卜，㱿贞：㞢于且辛。（《屯乙》二三二六） 壬辰卜，㱿贞：㞢且辛二牛， 㞢且辛二牛。（《屯乙》六七五一）

庚申卜，㱿贞：辛，㞢（侑）豕且辛。（《屯乙》五三一三）

乙……㱿贞：㞢于且辛十……（《珠》一〇四六）

癸□卜，㱿贞：羽辛酉，㞢〔于且辛〕。 贞：羽辛酉，勿㞢于且辛。（《屯乙》二五五六）

甲午卜，㱿贞：今日雨……且辛。（《续》一、一八、六，《戬》四、一一重，与上卜雨重见）

……㱿贞：𢦔于且辛。（《拾掇》二、四五三）

□亥卜，㱿……且辛……（《续存》上二六八）

癸丑卜，㱿贞：隹且辛𡆥，王囧（眯）。 贞：不〔隹〕且辛𡆥？王囧。（《屯乙》四五九三）

按同版云：“壬子卜内贞，羽癸丑于且辛。”知先一日由内卜之。王囧说见上祖乙条。

贞告于且辛……（《遗珠》三五二，同版见㱿）

按《殷本纪》：“祖乙崩，子帝祖辛立。”《纪年》：“祖辛名旦。”

（十三）羌甲

甲午卜，㱿贞：㞢于羌甲。（《前编》七、四〇、二）

按羌甲即沃甲。沃为羌之形讹。（参于省吾说）旧误以羌甲为羊甲，谓即阳甲，非是。《殷本纪》：“帝祖辛崩，弟沃甲立，是为帝沃甲。”《世本》作“开甲”，《纪年》称开甲名踰。

（十四）祖丁

庚申卜，㱿贞：昔（醋）且丁。不黍隹青（㲋）。（《屯乙》一九六八，

右甲桥）　庚申卜，㱿贞：昔且丁不黍不……（《屯乙》七四九二，左甲桥。二片可缀，《殷缀》无）

按昔，祭名。读为"醋"，通作酢。《特牲馈食礼》："祝酌授尸，尸以醋主人。"郑注："古文醋作酢。"《书·顾命》："盥以异同，秉璋以酢。"《孔传》："报祭曰酢。"《诗·楚茨》："万寿攸酢。"《传》："酢，报也。"《士虞礼》及《馈食礼》郑注皆云："醋，报也。"义同报祭之报。字亦作"䄍"。《玉篇》："䄍，报祭也。"此谓不以黍（稷）而以青报祭。青读为穀。（《殷契骈枝》三）

丁酉卜，㱿贞：今日用五宰且丁。（《屯乙》二二二二）

丙戌卜，㱿贞：羽丁亥，㞢于且丁。（《粹》二六二）

癸亥卜，㱿贞：㞢于且丁。（《屯乙》五三三四）

戊午卜，㱿贞：于且丁㓝……（《续》一、二二、一，《戬》五、二重）

□丑卜，㱿贞：彡……\)(（凡）于且丁。九□五□。（《屯乙》四二七五）

丙子卜，㱿：……告……且丁……（《屯甲》三〇二六）

……卜，㱿：……且丁……（《续存》上二七四）

按《殷本纪》："帝沃甲崩。立沃甲兄祖辛之子祖丁，是为帝祖丁。"《纪年》："祖丁名新。"卜辞云："案宗又。"（《屯甲》一〇四〇）"㞢新宗，王受又。"（《佚存》二一七）"祖丁，𠮷新宗。"（《佚存》一三三）杨遇夫谓祖丁名新，故庙称新宗。然他辞云"且甲旧宗"（《拾掇》一、三九〇），则新旧对言，非专指祖丁之庙也。

（十五）南庚

□申卜，㱿贞：于南庚㓝（御）肴（孽）。（《七集·柏》十一，《柏根氏》十八重）

庚午卜，㱿贞：于南庚㞢（侑）。（《金璋》六九二）

按《殷本纪》："帝祖丁崩，立弟沃甲之子南庚，是为帝南庚。"《御览》八十三引古《纪年》："南庚更自庇迁于庵。""肴"为"孽"。《汉书·五行志》所记有龟孽、虫豸之孽，鳞虫之孽。卜辞每言风雨疾病为孽。此祭于南庚以御禳之。即《左传》及《东京赋》云"禁御不若"之意。

（十六）龙甲（阳甲）

……卜，㱿〔贞〕：㓝帚□于𠄎甲。（《续编》五、二五、五）

……卜，㱿〔贞〕：㓝帚好于𠄎甲。〔馈〕㞢妾。（《屯乙》七〇四〇）

按㔽即龙字，《广雅·释诂》："龙，和也。"《诗》："何天之龙。"《传》训龙为和，故㔽甲即和甲。今本《纪年》："阳甲名和。"《大荒北经》郭注引《竹书》："和甲西征得一丹山。"此㔽甲为和甲，即阳甲审矣。说详《卜辞义证》。《殷本纪》："帝南庚崩，立帝祖丁之子阳甲，是为帝阳甲。"则龙甲乃祖丁之子。

（十七）父庚

贞㞢犬于父庚，卯羊。　禂（祝）氏，㞢疒齿。鼎（贞）龙（宠）。　……龙。不其龙？（《屯乙》六七〇〇＋七四七三）背（《屯乙》七四七四）云："王□曰：其隹戊，㞢𠬝不吉。……其㦰。"

此为第三卜，同版他辞为㱿卜，知此亦㱿所贞。又《屯乙》七四五，二六六二，《屯乙》七〇五四＋七三八四文略同。又《屯乙》六七四三文同。背云："隹父庚，　不隹父庚？　隹父辛，　不隹父辛？"（《屯乙》六七四四）按盘庚为武丁父，故武丁卜辞称之为"父庚"。《殷本纪》："帝阳甲崩，弟盘庚立，是为帝盘庚。"古本《纪年》："盘庚旬自奄迁于北蒙曰殷。"（《御览》八十三引）父辛即小辛。《殷本纪》帝盘庚崩，弟小辛立，是为帝小辛。《纪年》："小辛颂即位，居殷。"（《御览》引）小辛亦武丁父行，故称父辛。

又按"鼎龙"，犹言"贞宠"。谓卜问齿疾，得良贞也。卜辞凡卜疾病之吉语每曰"龙"。《诗·酌》："我龙受之。"《传》："龙，和也。"《玉篇》："龙，宠也，和也。"（详《说文诂林》引潘鸿《训龙为和辞》）辞每言："疾龙。"（《簠室·文字》四二）即谓疾和。说见《卜辞义证》。

（十八）父乙（小乙）

乙巳卜，㱿贞：乎子室㞢于……㞢且𦍌。　壬辰卜，〔㱿〕贞：乎子室卯，㞢母于父乙。𧯛𦍌，𠕋㞋三𡎸，五𦍌。（《屯乙》六七三二）

按卜辞言𧯛羊、𧯛𦍌，𧯛本壴字，此为用牲名。壴读为殪；殪，杀也。（《文选》李善注）殪通作"瘗"，《觐礼》："祭地，瘗。"郑注："古文瘗作殪。"是为瘗薶之礼。

又按𠕋与册为一字，亦作栅（《屯甲》七二六，一三四三）及𠕋。"爯册"亦作"爯𠕋"（《屯乙》三四一二）、"爯𣪊"（《林》二、一一、一一）。"𠕋用"（《屯甲》二四二三）亦作"𣏌用"（《南北·明》四五四，又《坊》、二、一八七）。𠕋即𠕋字。《说文》："𠕋，告也。"卜辞凡言𠕋若干𦍌，谓记牲数于册，献告于神也。其言𠕋㞋及𡎸数者，㞋即百濮之濮，见

《宗周钟》。𣞤为舞之繁体，其益土旁者，如契文羌之作𢀛，及籀文臧之作壄。祭祀时以濮人若干舞于神，此用南夷之舞。如《周礼》鞮鞻氏掌四夷之舞是也。说详《义证》。

乙丑卜，㱿贞：先酌，子凡父乙三䍙。　贞：先酌，子凡父乙三䍙。（《殷缀》四四六——《屯乙》二四九四＋二八〇六）

上二条皆于乙日祀父乙。

癸巳卜，㱿贞：子渔疒目，禈告于父乙。　癸巳卜，㱿贞：子渔疒目，禈……（《缀合编》一二——《佚存》五二四〔《续编》一、二八、六，及《南北·师友》二、五三重〕＋《库方》一六八〇）

甲辰卜，㱿贞：羽乙巳，㞢于父乙，䍙用。（《屯乙》二二九三）

甲辰卜，㱿贞：㞢䍙于父乙。（《屯乙》一八八一）

同版云："贞𡗜（黄）隹㞢𡆥。贞：𡗜不隹㞢𡆥?"谓黄尹为害也。

辛亥卜，㱿贞：㞢……于父乙。　贞：父乙亡其□。　贞：㞢于父乙。（《屯乙》三二一六）

己卯卜，㱿贞：卬〔帚〕好于父乙。𢀛羊，㞢豕，𠬝十䍙。　贞：勿𠬝……（《屯乙》三三八三）

壬寅卜，㱿贞：㞢于父乙，䍙。曰：勿卯，鼎。（《屯乙》六六九一）

壬寅卜，㱿贞：王𡆥，隹父乙𡆥。　壬寅卜，㱿贞：王卩于父，𥛱。（《屯乙》七一八三）

按上二辞均在壬寅，为同日之卜。禈告即告福，《周礼·膳夫》凡祭祀之致福者，郑注："致福谓诸臣祭祀，进其余肉归胙于王。"其云"卩（卬省，即御字）于父𥛱"者，父为上文父乙之省称，谓于父乙请祷致福也。

又按"卯"用牲名，读为"刘"。《尔雅·释诂》："刘，杀也。"《汉仪注》："立秋貙膢。"伏俨曰："膢音刘，杀也。"《续汉书·礼仪志》作"貙刘"。凡契文杀牲之卯，义与刘同。

□未卜，㱿……隹父乙……（《南北·无想》二二九）

……㱿贞：……父乙……大刍……于𠀠……（《屯乙》五二八）

……卜，㱿贞：今𠯑王……　……贞：今日，酌小䍙于父〔乙〕。（《续编》二、二一、五）

（十九）兄丁

丁卯卜，㱿贞：今日夕，㞢于兄丁。　丙寅卜，㱿贞：其㞢火。（《屯甲》三〇八三）

按《晋语》："大火，阏伯之星也，是谓大辰。"商主大火，见《左》昭元年及襄九年传。卜辞云："㞢新（薪祭）大星并火。"（《后编》下九、一）"其桒年⿱于小火，贯（馈）。"（《粹》一五四〇，《缀合编》二六二）又有"五火"（《拾掇》三七六）。此称"㞢（侑）火"，疑指祀火（星）。他辞言："隹𠂤（师）火命。"（《佚存》六七）即火师之官，掌祭火星行火政，商之火正也。卜辞恒见祀龙之文，如："桒龙。"（《粹》四八三）"其兄龙，兹用。"（《后》下六、十四）"龙其兄（祝），王受又。"（《巴黎》十五）又云"龙宗"。（《续存》上二二四一）《左·襄二十八年传》："龙，宋郑之星也。"蔡邕《独断》："灵星，火星也；一曰龙星。"并商人祀龙星之证。

又按此条于丁日祀兄丁。

癸丑卜，㱿贞：隹兄丁。　癸丑卜，㱿贞：不隹兄丁。（《屯乙》五三三八，又见《殷缀》三〇四）

按董氏《断代例》疑兄丁为小乙之子，武丁之兄，又一说兄丁即武丁，武丁死，弟某摄位，故称之为"兄丁"。惟《史记》、《世本》俱缺此一世，尚待证。

（二十）九宗

丙戌卜，㱿贞：于九〔示〕。　勿㞢于〔九〕示，牛。（《屯甲》三四二三）

戊辰卜，㱿勿于九宗……　（《七集·柏根》五一，《柏根氏》十五重）

按《后编》上二八、十及十二："贞：桒于九示。"或曰：九示指由大乙至祖丁九世。他辞九示或与田祖并祀。"庚申卜，彡自上甲一牛，至示癸一牛；自大乙九示一牢，秜示一牛。"（京都大学藏甲一二九八）秜，《玉篇》："禾束。"《诗·甫田》："田祖有神。"秜宗即田祖之类。他辞言："王𠁁蓐示𣎳。"（《屯乙》二八二）又云："告于蓐。"（《前》五、四七、五）《礼记·祭法》："厉山氏之有天下也，有子曰农，能殖百谷。"农宗当祀农神，汉人谓之先农。（见《独断》）殷代农业相当发达。故有"秜宗"、"农宗"之祀典。

附　王：

□卯卜，㱿贞：㞢于王……　□辰卜，㱿贞：𢦏犬……（《南北·师友》二、五七，《外编》一七重）

□子卜，㱿贞：来辛亥，桒于王……（《金璋》三九〇，其他各辞伪）

按卜辞先公称王者，有王亥、王夭，此二辞王下字缺，未详何人。又𢦔字从戌𢆶，象束丝形。殆“𢆶”之本字。𢆶原从糸，后乃从丝，如畜之作蓄，是其比。隶定应作“绒”，此字习见，为用牲名，即鐖也。《周礼·犬人》：“凡𢆶珥沈辜。”字亦作“鐖”及“祈”，说详《卜辞义证》。

祖：

戊子卜，㱿贞：出于且……（《金璋》四八八）

戊午卜，㱿贞：〔出〕于且……（《铁》一六二、三）

……卜，㱿贞：出于且……（《拾掇》二、四四五）

上并仅存“祖”字残辞，未详何人。

兄：

癸卯〔卜〕，㱿：𠂤于兄……（《前编》四、二六、二）

……㱿贞：于兄□𢌳年　……㱿今𢽍……（《续编》二、七、八）

上“兄”残辞。

丁：

丙寅卜，㱿〔贞〕：丁卯，𠂤于丁。卯𠂤三十宰。（《后编》二三、十一）

又《续编》一、四五、二字则宜为“祊”。

庚：

丙子卜，㱿贞：勿𢌳帚好于庚。（《屯乙》三二五一）

按上二辞“丁”、“庚”未详何人，姑系于此。

以上祭先公先王。

（一）高妣己

庚子卜，㱿贞：王出匚于高妣己。妣□母□。（《后编》上六、七，《续存》下五五重）

庚子卜，㱿贞：出匚于高妣己。……来……（《粹编》三九九）

丁丑卜，㱿贞：于来己亥，𢽍高妣己眔妣庚。（《续编》一、三九、八）

……卜，㱿〔贞〕：羽己卯……高妣己……用……（《南北·明》九六）

按高妣己为祖乙配。《后编》缺文应为妣己、母庚，盖祭母庚而兼及祖乙、祖丁之配。（董氏说）妣庚则小乙之配也。

（二）高妣庚

□卯卜，㱿贞：勿出〔于〕高妣庚。（《南北·无想》一二八）

按《前编》一、三六、五：“贞：勿出于高妣己、高妣庚。”高妣庚亦祖乙之配。加高字以别于祖辛、祖丁配之妣庚、妣己也。

（三）妣己

戊寅卜，㱿贞：妣己㸓。（《屯乙》二六四〇）

癸酉〔卜〕，㱿〔贞〕：妣〔己〕㞢㫃……　癸酉卜，㱿……于〔妣〕己。　㞢㫃，妣己槃。　勿㞢妣己。（《屯乙》三三一七）

按祖乙、祖丁配，俱有妣己，此疑指祖丁配，武丁之祖母也。

（四）妣庚

庚申卜，㱿贞：王禶于妣庚。……𠭰……（《前编》四、二、八）

按"禶"字，卜辞除用作"福"外，有时作动词。可读为"禉"，《说文》禉为"槱"之或体。《周礼·春官》："以槱燎祀司中、司命、飌师、雨师。"《诗》："薪之槱之。"《风俗通·祀典》："槱者，积薪燔柴也。"则薪及禉，义与燎同。

□卯卜，㱿贞：𠭰妣庚𦈢（舞）。　贞：𠭰妣庚，五𦈢。　贞：㞢妣庚羊，告。其㸓。（《屯乙》五二四七）

丙寅卜，㱿贞：妣庚㞢（侑）女往，二牛，羽（翌）庚用。（《遗珠》三四一）

戊午卜，㱿贞：勿𤔲㸓于妣庚。（《屯乙》八二九二）

按"𤔲"即"爰"字，说见下。《诗》："周爰谘诹。"爰，为也。爰㸓犹言为御祭。

己亥卜，㱿贞：酌妣庚……（《铁》四六、一）

按祖乙、祖辛、祖丁、小乙配，俱有妣庚，武丁卜辞于祖乙配称高妣庚，小乙配称母庚，则此或指祖丁配，亦武丁祖母也。

（五）妣癸

贞：禶于妣癸，𠭰三小䍩。（《遗珠》三六六，同版见卜人㱿）

按此祖丁配，见《后编》上三、十四。

（六）母庚

辛丑卜，㱿贞：兄（祝）于母庚。（《铁》一二七、一，《通纂》别二、九、一，《安阳遗宝》二、一重。原物现在日本。同版有㱿贞"帚好㞢子"之辞）

按母庚即小乙配（《后编》上四、六），为武丁母，故曰母庚。

（七）母癸

壬辰卜，㱿贞：羽癸巳，㞢于母癸，三䍩羌五……（《佚存》一七〇）

按此于"癸"日祀母癸。祖丁及武丁配俱有妣癸（《后编》上四、九），而此称母癸，可能指祖丁配；倘为祖庚称其母妣癸，则上辞当属祖庚时矣。姑系于末。

（八）多妣

……瞉贞：岀于多妣。（《拾掇》一九七）

丙午卜，瞉贞：三羌多妣。（《屯乙》六六七二）小字，刻于“鸟星”句之侧。

按“多妣”谓诸妣也。与多父、多兄等例同。

以上祭先妣。

（丙）祭旧臣与杂祀

𡗜（黄）尹：

己亥卜，瞉贞：岀伐于𡗜尹，夨岀于𢿛。（《前编》一、五二、三，《续编》一、四七、五重）

按𢿛即昧，是黄尹配享于昧也。他辞云：“其又蔑眔伊尹。”（《屯甲》八八三）正同。

己酉卜，瞉贞：岀于𡗜尹。五月。（《佚存》一五九，《续编》一、四八、一，《南北·师》二、十九重）

庚寅卜，瞉贞：岀于𡗜〔尹〕。（《明义士》六七八）

……瞉贞：岀于𡗜尹，七月。（《金璋》五〇一）

壬子卜，瞉贞：岀于𡗜尹。　贞：岀于𡗜尹。（《屯乙》三二八八）

癸未卜瞉：𣎳𡗜尹一豖一羊。卯三牛，𦉪五十牛。（《屯乙》六一一一）

贞：夨尹𢀛王。　贞：夨尹弗𢀛王？（《屯乙》六二六三，同版上辞为瞉卜）

“夨”乃“𡗜”字漏刻两横笔。

按“𡗜尹”即“黄尹”。“黄”、“衡”古通。彝铭之“赤市幽黄”，即《礼记·玉藻》之“赤绂幽衡”。《殷本纪》：“伊尹名阿衡。”《诗·长发》：“实惟阿衡，实左右商王。”“阿衡”与“尹”皆官名。卜辞称“黄尹”，即“衡尹”，亦以官名名之。

咸：

戊戌卜，瞉贞：叀咸，先酌。（《屯乙》一九〇四）

贞：咸允左王。　贞：咸弗左王。（《屯乙》七二〇一＋七五〇九，同版上辞为瞉卜）

按“咸”即“巫咸”。《书·君奭》：“巫咸乂王家。”《书序》作“《咸乂》四篇”，但称曰“咸”，与卜辞同。

左读为佐，《周礼》序官：“以佐王均帮国。”郑注：“佐犹助也。”左王读为佐王。

以上祀旧臣。

𢀛示（豩宗）：

乙卯卜，𣪊贞：于𢀛示，𣎴……（《续存》下一八四）

丙午卜，𣪊：卯于𢀛（豩），十牛。（《七集·天津》三）

按此疑“龙”字，殷人祀龙星，故他辞有“龙宗”（《续存》上二二四一），与此称宗相类。龙即豩。《楚语》：“日月会干龙豩。国于是乎蒸尝，家于是乎蒸祀。”亦见张衡《东京赋》。豩即尾星。《左·僖五年传》：“龙尾伏辰。”是矣。卜辞有祀尾之文：“王固曰：其隹丙戌幸。㞢（侑）𡰪。”（《屯乙》四二九三，见下卜人𠂤条）𡰪即尾字，可定为尾星。此字见于《七集》者，其上从“豕”，灼然甚明。则以龙宗为豩，自无不可也。

蚰：

庚戌卜，𣪊贞：蚰𡆥我。五月。　庚戌卜，𣪊贞：蚰不我𡆥？（《屯乙》四六八三）

按“蚰”，《说文》云：“虫之总名，读若昆。”战国器《蚰匕铭》，言蚰为水虫。殷人祀蚰，所以侑雨，知为水神，故与水旱有关。如云：“贞：召（招）河，𣎴于蚰，㞢雨。”（《屯乙》五二七二）祭蚰每用𣎴，他辞若《前编》四、五二、四，又四、五五、二，四、五五、三，《后编》上九、一一，又二三、十五，《林》一、七、十六，《屯乙》四七三三皆是，不具举。

东母：

己酉卜，𣪊贞：𣎴于东母，九牛。（《簠室·典礼》二〇，《续编》一、五三、二重）

……𣪊贞：𣎴于东母，五豕五羊五……（《簠室·典礼》十七，《续编》一、五二、六重）

按他辞云：“壬申卜，贞：㞢于东母西母，若。”（《续编》上二八、五）“贞：于东母，㞢匚……”（《林》一、二二、二）“……𣎴于东母，豕三犬三。”（《铁》一四二、二）卜辞有东母西母，殆东西方之女神，《楚辞·九歌》、《史记·封禅书》有“东君”，乃日神，《山海经》、《穆天子传》有西王母，或自此演化。

西：

贞：我尞。　尞于西，一牛。（《屯乙》七〇六一，同版㱿卜）

按他辞每言“尞于东”。又：“贞：方告于东西。”（《前编》一、四八、四）此四方之祭。《曲礼》：“天子祭天地，祭四方，祭山川。”《周礼·大宗伯》以祀“天地四方”是也。

以上杂祀。

㱿贞卜之辞，所见祭祀之对象，已详上列。其他剩文碎义，有祭名可征者，除见前例外，再胪举如下：

【尞】

□辰卜，㱿贞：〔勿〕䒱（祥），尞十豕，……羊卯……（《铁》八六、三）

□巳卜，㱿贞：……尞四羊四豕，卯四牛四……（《戬寿》二五、八，《续编》二、十七、八重）

乙亥卜，㱿贞：今日尞三豕、三羊、三犬。（《屯乙》四三二八）

庚申卜，㱿贞：尞牛。（《铁》一三三、三）

丁酉〔卜〕，㱿：今日，勿尞罕。（《铁》九八、一）

……卜㱿……𤔲尞……（《摭续》十三）

按“𤔲”字，亦作“𠬝”。《后编》上十五、八：“……王其𤔲舟于滴。”《前编》二、二六、二作“𠬝舟”，知为一字。叶玉森释𠬝为援。李亚农证成其说，读为语词“爰居爰处”、“爰伐琴瑟”之“爰”是也。（《摭续》四十七）此云𤔲尞，宜读“爰尞”。《虢季子白盘》“爰𢾊”，语例正同。《燕大》一七八：“乙未卜，㱿贞：𤔲……”辞残。

□酉卜，㱿：……尞于……三豕……，卯九……　（《明义士》三〇一）

……卜，㱿贞：尞于……　（《遗珠》一〇三八）

按尞，燎也。燎牲者，《吕氏春秋·季冬纪》：“收秩薪柴，以供寝庙及百祀之薪燎。”高诱注：“燎者，积聚柴薪，置璧与牲于上而燎之，升其烟气。”尞亦作燎，见《集韵》。

其他残辞言尞祭者，如《屯乙》二八三〇，三一九九及八二六五，《林》二、九、九，《续存》上四四〇，四四四及下二四四等，不具录。

【酌】

乙巳卜，㱿贞：来辛亥，酌。（《后编》上二一、一，《续编》二、六、一〔即《簠室·典礼》二六〕文同）

乙未卜，㱿贞：酌𢓊。　贞：酌𢓊。　贞：羽乙未酌……（《屯乙》二五〇八）

按“𢓊”字亦作“𡉉”，　（《燕大》一三四）或“𡧊”。（《林》一、二九、十六）宜读为“纳”。其曰“𡉉宫”（《前编》五、二五、一）即《周礼》太宰之“纳亨赞王牲事”也。曰“勿𡧊犬”（《燕大》二三四），即“纳犬”也。曰“𡧊马”（《南北·明》七四七），即“纳马”也。曰“及𡧊日”（《屯乙》五六一三），即他辞之“入日”（《佚存》四〇七，《粹编》十七），《尧典》之“寅饯入日”是也。知𢓊为献纳本字，此言酌𢓊，殆谓酌祭而纳亨致牲。说详《卜辞义证》。

□戌卜，㱿贞：来乙巳酌……（《粹编》四五九）

壬辰卜，㱿贞：来甲寅，酌……二旬㞢……（《殷缀》二九〇——《屯乙》四九一三十六一四七）

甲寅卜，㱿：乎子汰酌缶于㝠（冥）。　于商酌缶。（《屯乙》七七五一）背云：“癸丑卜㱿：隹囚！　隹缶用。”（《屯乙》七七五二）

庚申卜，㱿贞：甶今勿酌。（《前编》四、三、一）

癸卯卜，㱿贞：于翌癸□酌……杏。（《铁》四〇、二，京都大学人文研究所五一三同）

按“酌”即“酒”字，《说文》：“奠，置祭也。从酋。酋，酒也。”段注：“置酒食而祭之。”酒祭之义当如此。惟卜辞“酒”与“杏”每连言。如：“贞：酌杏。”（《燕大》四二）“……杏酌𡆥，曹大甲。”（《后编》上二三、一）则酌或可解为燔柴之禋。上辞又言“酌缶”者，“缶”卜辞每借为“保”，亦读为“珤”。宝字古作“珤”。（见《穆天子传》、《玉篇》）“酌缶”谓置宝玉而燎之，于义亦通。

【㞢与匚】

己卯卜，㱿贞：㞢匚于……（《前编》七、三三、二）

辛巳卜，㱿贞：勿𦫳㞢于……（《铁》一八九、一）

……卜，㱿贞：㞢于……（《遗珠》一〇四一，《林》二、三〇、八重。原物现藏日本东洋文库。又《屯乙》九二六文同）

庚午〔卜〕，㱿贞：其㞢……（《京津》二三三四）

其他残辞如《京津》八九一，一三〇三，及《燕大》二八八，不具录。

【𣎵与𣝗】

庚戌卜，㱿：𣎵于……（《京津》六四四。又《南北·坊间》三、四三

略同。干支缺）

辛卯〔卜〕，㱿：勿⿰……（《六录·中央》七六）

己卯卜，㱿贞：㞢桒，𠧧，下上若。　己卯卜，〔㱿〕贞：㞢𣏟，𠧧，下上弗若。（《屯乙》四〇六五）

按“桒”与“𣏟”为一文，祈，祭也。说详《卜辞义证》。𠧧字以释“眚”为是。《天问》：“降省下土四方。”解言省视下上之顺否，省本有占义。《后汉书·方术传》：“省气。”注谓：“观城郭人畜气以占之。”以省训占，亦通。

【卯与晢】

壬申卜，㱿贞：五羌，卯五牛。（《后编》上二七、二，同版云：“贞：子渔亡其从。”）

□申卜，㱿贞：五羌，卯五牛。（《前编》四、五〇、七，《京津》一〇九一重）

辛卯〔卜〕，㱿：晢……辛……（《京津》八四三）

……卜，㱿：……晢……伐……（《南北·无想》一四六）

又《屯乙》九七六仅存“㱿晢”二字。

……不潧（晢繁形）九……（《屯乙》七七五八）

同版为㱿卜，又背云：“王固曰勿𣿅。（晢或体。）”

按“卯”与“晢”，说已见前。

【舞与伐】

癸酉卜，㱿贞：多奠（按即侯甸之甸）衣，㷊（舞）𩫖（墉）。（《殷缀》二八二——《屯乙》四七六一十五二三四）

……㱿贞：我其无（舞），㞢〔从雨〕。（《拾掇》二、四四九，《南北·坊》五、十一重）

己未卜，㱿贞：我不无（舞）。（《南北·诚》三七）

□午卜，㱿……𠬝（濮）二舞。（《屯乙》五二六五）

戊寅卜，㱿贞：収（供）伐，羽（翌）庚辰用。（《粹编》一一三九）

……㱿贞：王……又十伐。（《屯乙》二六一五）

丁未卜，㱿贞：酻彳（升）。伐十，十宰，　贞：我用𡚸孚。（“孚”即“俘”。《屯乙》六六九四龟）

按“伐”为“舞”，解见上。“𡚸”为方国名。他辞云：“乎雀伐𡚸。”（《殷缀》二四九）此用𡚸国之俘为祭。孚即乎，读为俘。

【巳（祀）与宾】

甲辰卜，㱿贞：王宜，羽（翌）日。（《屯乙》三七三三）

甲辰卜，〔㱿〕贞：王宜，羽日。　贞：王咸酌，昪。勿宜，羽日。〔上甲〕（《屯乙》三三二三）

按《屯乙》三三四一、三二七四、七七六六及三一五二残版，与此为一事五卜。惟七七六六作“贞王衣窒羽日”。省去“卜㱿”诸字。宜为宊字繁形，即傧也。说见卜人宊条。

辛卯卜，㱿贞：巳（祀）宊，若。（《粹编》一一一五，同版见卜人㞢）

辛卯卜，㱿贞：我勿巳宊，不若。（《簠室・典礼》三五，《佚存》一一九，《续编》四、三四、五重）

……㱿贞：我勿巳宊，乍帝降不若。　……卜㱿贞：我其巳宊，乍帝降若。（《粹编》一一一三）

癸未卜，㱿贞：𠫓彖𠂤（祀），若。二月。（《平津・元》八五，《续存》上七四二重）

按“巳宊”即“祀宾”，说见卜人宊条。“彖”为“𧰼”（《史敖𣪘》），即𧰼之本字，应释“原”。（商氏：《佚存考释》）此辞彖为副词。《尔雅・释言》：“荐，原，再也。”原亦训“重”。（《汉书・礼乐志》注）此云“王彖祀”者，谓王再行祀也。

乙丑卜，㱿贞：我叀（惟）宊为。　〔丁〕未卜，㱿贞：我为〔宊〕。……〔卜〕㱿贞：我叀宊为。（《后编》下十、一三）

丙申卜，㱿贞：叀宊为。　丁酉卜，㱿贞：叀宊为。（《前编》五、三〇、四）

丁未卜，㱿贞：我为宊。　乙丑卜，〔㱿〕贞：我叀宊为。　丁卯卜，〔㱿〕贞：我叀宊为。　丁未卜，㱿贞：勿为宊。　乙丑卜，㱿贞：我勿为宊。　丁卯卜，㱿贞：我勿为宊。（《南北・明》一四五）

按他辞云：“……卜㱿贞……　我乍宊……”“乍宊”与“为宊”同义。《尔雅・释言》：“作，为也。”《周礼・典同》“以为乐器”注：“为，作也。”可证。于省吾读“我其祀宊乍”句，谓作犹为也。即我其为祀倒语。

【㿝】

……㱿贞：王于㿝……（《京津》九六八，《诚斋》三〇〇重）

丙午卜，㱿贞：羽丁未，㞢。（《铁》一三七、一）

按《拾掇》二、九八："王于𢀛，酌于甲，入。"此记王往行𢀛（祫）祭事。于，往也。《诗·棫朴》："周王于迈。"《笺》云："于，往也。""𢀛"、"𢀛"一字。

【衣】

癸酉卜，㱿贞：今多奠（甸）衣，舞𩂣。（《屯乙》四七六一，重见上）

乙巳卜，㱿勿衣。（《屯乙》三〇九四）

按"衣"即"殷祭"。《公羊》文二年传："大祫者何？合祭也……五年而再殷祭。"《臣辰盉》作"𡪞祭"。《中庸》郑玄注："齐人言殷声如衣。"《大丰𣪕》："衣祀丂王。"《庚嬴鼎》："客王□宫，衣事。"晚期卜辞每言"自上甲至于多后衣"。乃祭自上甲而遍祀各先王，为大合祭。殷字，《说文》训为作乐之盛称。《易·豫卦》："殷荐之上帝。"《左·襄二十二年传》："殷以少牢。"殷皆训盛，殷为合祭故有盛义。

【告】

□申卜，㱿贞：告……乎王𦎫……乎王……（《前编》七、一、三）

……㱿贞：……告于……（《南北·无想》一四三）

按"告"即"祰"。《说文》："祰，告祭也。"《周礼》六祈二曰造。杜子春云："造祭于祖也。"《玉篇》："祰，祷也。"告即祷告。

【舌（祏）】

……卜，㱿：……㞢舌……（《库方》六八五）

按"舌"读为祏。《集韵》："祏，报神祭也。"通作"襘"。《周礼》郑注："除灾害曰襘，襘犹刮去也。"说详拙作《巴黎所见甲骨录·释舌篇》。

【𢀛】

……卜，㱿……𢀛……（《京津》九二四，九二六）

……卜，㱿……㞢𢀛……（《屯乙》一〇八六）

按𢀛即御，《说文》："御，祀也。"

以上皆与祭祀有关之辞。

【用】

甲午卜，㱿贞：羽乙未，用若。（《续存》下四〇二）

□亥卜，㱿贞：……青用。〔不若。〕（《铁》一二一、一）

按"用"，卜辞多以为用牲，此言青用即用𣪍也。亦有指用人用玉者，如上举之用㜸孚，及缶用是也。用亦训行。《方言》六："用，行也。"其语屡见于《易》。详胡氏《释丝用丝御篇》。

【薶】

己卯卜，殻贞：我其𨟭𠦪（禽）。　己卯卜，殻贞：弗其𠦪。（《屯乙》二二三五）

……卜，殻贞：章……克（商释兄，非。）𠬞（供）百……貍（薶）羊……（《佚存》一五八。据商释）

按“貍”读为“薶”。《尔雅·释天》：“祭地曰瘗薶。”《礼·祭法》：“瘗埋于泰折。”《说文》“薶”、“瘗”二字互训。契文亦借貍为埋。

【鱶】

己丑卜，殻贞：𢦏于丘商。四月。　贞：勿蕭（祥），𢦏于丘商。（《屯乙》五二六五）

甲子卜，殻：𢦏于丘商。　勿𢦏于丘商。　贞：用小宰于𡆥。　贞：勿用小宰于𡆥。（《屯乙》四五一八龟）

按“丘商”即“商丘”，他辞如“丘畴”（《南北·明》三九五），皆冠“丘”于地名之前，《春秋》地名沿此例者，若丘舆（成二年），是其比。绒，用牲名，即“幾珥”之幾。说见前。

【用马牲】

壬子卜，殻贞：槩马。（《铁》二四八、二）

己亥卜，殻贞：方𠙵（冎）马取乎钔事。　贞：勿乎取，方𠙵马。（《屯乙》七三六〇，整甲左右对贞）

按槩象以手献禽于神，或从二手，或省“又”但作“集”。（《天壤》八二，《零拾》二三）占用为献祭专字，李氏释为《说文》训数祭之“橐”。（《金文研究》）余谓字从短尾禽之“隹”，宜读为进。《说文》：“进，登也。”（许言进为閵省声，实即从隹声，故集与进同。）《玉篇》：“进，升也。”宋玉《高唐赋》：“进纯牺。”李善注：“进谓祭也。”《塱鼎》“槩于周窃”，即“进于周庙”。“槩马”之槩，可读如“进纯牺”之进。

又按《拾遗》三、十一：“贞槩马于且。”《摭续》三十六：“乙未卜，其风，其槩龙。陟于祖……　乙未卜，其槩龙于父甲。”此处龙为牲名，盖读为駹。《周礼》犬人：“凡幾珥沈辜，用駹可也。故书駹作龙。”可证。“槩龙”与“槩马”同为进牲之事。《左传》襄九年：宋灾，祝宗用马于四墉，祀盘庚于西门之外。古祈禳多用马牲。校人职：“凡将事于四海山川，则饰黄驹。”郑注：“杀驹以祈沈礼。”是也。“𠙵”即“冎”，读为割。《吕览·孟冬纪》：“大割祠于公社及门闾。”高注：“大割，杀牲也。”月令作“大割牲”。𠛱马犹言割马也。

【展牲供牲】

丙寅卜，𣪘贞：王往𡵂牛于𦎫。　贞：王勿往𡵂牛。三月。（《南北·辅仁》七）

丁亥卜，𣪘贞：王其乎𢍰（供）。𤔲（爰）白（伯）出牛，允〔正〕。（《屯乙》三三二八，辞有对贞）

庚午卜，𣪘贞：正羊八犬八。　三羌五羌。（《屯乙》四五一六）

按《周礼》充人：“掌系祭祀之牲牷。”“凡散祭祀之牲，系于国门，使养之展牲则告牷。”《肆师》大祭祀展牺牲。注云：“展，省阅也。”《诗·无羊》序：“宣王考牧也。”省牛谓考牧之事。（详闻一多：《释省㣲》）又呼供出牛，殆供牲之事。《周礼·小宗伯》：“毛六牲，谓其名物而颁之五官，使共奉之。”又残辞言“豜”者，有云“……卜𣪘……亡……豜”（《京津》二三〇二）。姑系于此。

以上用牲。

【古人】

癸未〔卜〕，𣪘贞：𠙵（古）人……（《库方》六二五）

按“古”疑读为辜，磔牲以祭。《周礼·大宗伯》：“以疈辜祭四方百物。”《汉书·地理志》下：“越巫䀎鄗祠三所。”字从卯作“䀎”，钱大昕谓䀎从卯无义，当是𣨛之讹。然卜辞用牲，古与卯均见。《汉志》之䀎鄗“䀎”，乃“古”繁形，益卯旁。孟康云：“䀎音辜磔之辜。”是也。

桒玉：

甲午卜，𣪘贞：王桒，丝（兹）玉，咸又（祐）。（《屯乙》七七九九）　〔甲〕午卜，𣪘贞：王桒，丝玉，咸弗又？（《屯乙》二三二七）

二片可缀合。背云：“王固〔曰〕：亩既。”（《屯乙》二三二八）

壬寅〔卜〕，𣪘贞：……正玉。（《京津》一三四三）

□未卜，𣪘〔贞〕：……玉……　贞：勿……玉……（《京津》一〇七〇）

按玉字作丰，象系玉形。桒从木，益两手。丰本象枝状，卜辞用为祾。《尔雅·释天》：“祭山曰庪县。”郭注：“或庪或县，置之于山。《山海经》县以吉玉是也。”《释文》“庪”本或作“庋”。又作“攱”。《集韵》作“祾”。云：“祭山名。”说详《卜辞义证》。

以上用人悬玉。

卷四　贞卜人物事辑二

㱿（下）

十三、【卜征伐与方国】

（一）𢀛方（即耆国）

癸巳卜，㱿贞：旬亡𡆥。王𠧞曰：有祟！其㞢来𡆥（艰）？三（乞）至五日丁酉，允㞢来𡆥自西。沚𢦔告曰：土方𢀛（发）于我东啚（鄙），〔𢦏〕二邑；𢀛方亦𠬶（侵）我西啚田……（《菁华》一，董氏《殷历谱》系于武丁二十九年三月十四日，可备一说）

按“𢀛”字，向来异说纷纭，多误以𠃧为工，故或释为“邛”。今知丅与𠃧为一文，即示之异写（详上示壬条），则𢀛字隶定应为从示从口。《玉篇》有“呩”字，为嗜之古文，则𢀛乃呩也。（李亚农已发此说。）视之古文作眎，《集韵》亦作“睹”，《五帝纪》注：尧姓伊祁，《礼记·郊特牲》作伊耆。由示与耆通用证之，知𢀛方即耆方。《尚书》西伯戡黎，《史记》黎作耆。《尚书大传》：“文王出则克耆。”《周本纪》云：“明年，败耆国。”（明柯维熊本“耆”下从目作“着”。）《正义》曰：“即黎国也。邹诞生云：‘本或作黎。’孔安国云：‘黎在上党东北。’《括地志》：‘故黎城，黎侯国也，在潞州黎县东北十八里。’”以卜辞所纪𢀛方地望征之，盖在殷之西，常侵伐（越）唐诸地，当在太行山一带，与上党之黎，地理吻合。㐁亦作“𠮷”。如云：“乎取𠮷。”（《金璋》五六七）“自𠮷。”（《屯甲》十一）“𠮷亩戉。”（《京津》四九一〇）“己酉：弜𢀛方。”（《屯甲》三六一三）并即㐁方，而省口作“𠮷”。卜辞又屡言“呼臣㐁”。则㐁曾入事于殷，故又有“𠮷侯”之记载。（《前编》六、二九、七，《林》二、一、八重）𠮷之作㐁，亦犹册之作曹，目之作昌矣。耆为殷西大国，周之翦商，必先伐耆，乃克陈师东指，《尚书》因有《戡黎》之篇。今由卜辞之㐁（哫），以证《周本纪》之耆，知汉人传写《尚书》，其作“黎”与“阢”（《集解》引徐广说），并后来假借，而非其朔，是则有裨于经典者矣。（杨树达读卜辞之“旨方”为耆，未确。契文㫖，应为召，非耆字。说别详《卜辞义证》。）

又按：“三”字读为“汔”。《易·井·彖辞》“汔至”，与此语同。又《未济》“小狐汔济”，《诗·民劳》数用此字，如：“汔可小康。”《左·昭二十年传》杜注：“汔，其也。”知“三至”义即“其至”，或读“乞”或“迄”，尚差一间。“𤼵”与“𤼷”异字，𤼵从𣥠，《说文》读若拨，《诗·谷风》引《韩诗》云：“发，乱也。”他辞亦言“方𤼵于蚁，俘人”。𤼵均即发字，谓方为乱也。（见《综述》三二二）“㑴”读为“侵”，从唐兰说。“畐”即“鄙”。《春秋》襄八年：“莒人伐我东鄙。”《左》隐元年：“大叔命西鄙北鄙贰于己。”语正相类。《左》庄二十六年：“群公子皆鄙。”杜注：“边邑也。”《礼记·月令》：“四鄙入保。”郑注：“界上邑。”“来婠”旧读“来艱”，甚䟽。国有难作曰“艰”。《大诰》“有大艰于西土”，《君奭》“亦大惟艰”是也。周人言“艰”，乃袭殷语。

癸未卜，𣪊贞：旬亡〔𡆥。王𡆥曰：㞢〕希！其㞢来婠？三（汔）〔至五日〕，……允㞢来婠自西。𡵂戈……告曰：㐁方𤼵（发）于我奠（甸）……（《缀合编》一一七——《续编》三、四〇、三十四、三三、一十五、一〇、一。〔《簠室·地望》三一重〕左方言狩敝麓事，文见前）

〔癸亥卜，𣪊贞：旬亡𡆥〕，王𡆥曰：㞢希！其㞢来婠？三至七日己巳，允㞢来婠自西。𡵂叒角告曰：㐁方出，㑴（侵）我示𥷚田七十五人。（《菁华》一，董《谱》列己巳为武丁二九年三月二十一日）

按“示𥷚”殆即“时来”。《春秋》隐十一年：“会郑伯于时来。”《左传》作郲。《公羊》“时来”作“祁黎”。“示”、“祁”同音。时来，郑地。杜注：荥阳县东有釐城。卜辞“来”作𥷚，亦以来为声。

又按以下各条董《谱》有系年月日者，不复注，参阅该书。卜辞但记日，偶有书月及年祀者，为数亦极少，欲以系年，书缺有间，其事仍有待也。

癸丑卜，㱿贞：𢀛方其〔出〕。　癸丑卜，㱿贞：𢀛（异）𠬝𢀛方。四月。（《金璋》三六四）

按“异”人名，即“子异”，详诸子章。“𠬝”即“参”字，读为“戾”，训“至”；旧误为“及”，说见《义证》。“异参𢀛方”，言子异至沓国境也。

壬子卜，㱿贞：𢀛方出，不隹我㞢乍𡆥？五月。　壬子卜，㱿贞：𢀛方出，隹我㞢乍𡆥。（《续编》三、十、二，又见《缀合编》一二〇。又《库方》一五四九〔亦见《缀合编》一一九〕文并同）

乙丑卜，㱿贞曰：𢀛方其至于彖土。其出……（《佚存》二一，《平津·元》八七〔《续存》上五五一重〕文同）

按“彖土”异“原土”。原者，《左》隐十一年：以苏忿生田与郑，有原。《水经注》：“济水东源，出原城东北，昔晋文公伐原，以信而原降，即此城也。”故城在河南济源县西北，殷之彖土，疑在此。

……㱿贞：𢀛方其至于𠂤　……㱿贞：王往，𠂤于洮。（《续编》一、四、六，《簠室》之《地望》四六及《游田》十九重）

按“𠂤”即“自”之繁文。下或从二者，如𪞶字或从𠂤作𪞶，如：“……自西……𢀛方𪞶我……𠬝亦𢦏𠂤。”（《前编》七、十七、一）是其例。（《积微居甲文说》）犹册之作𡘇也。𠂤于某，意谓师次于某地。

己卯卜，㱿贞：𢀛方不至于𠂤。（《续编》三、一、三）

乙丑卜，㱿贞曰：𢀛方其至于……（《京津》一二三三）

己卯卜，㱿贞：𢀛方出。王自疋。（即“正”，与征同，下皆作“正”）下上若，受我〔又〕（祐）。（《柏根氏》二五，《七集·柏根》三〇重）

辛亥卜，㱿贞：勿隹王往伐𢀛方？　贞：勿隹王往伐𢀛方，下上弗若，不其受〔㞢又〕？（《后编》上十六、十二）

癸丑卜，㱿贞：勿隹王正𢀛方，下上弗若，不我其受又？　癸丑卜，㱿贞：勿隹王正𢀛方，下上弗若，不我其〔受又〕？（《簠室·征伐》十五、十六，《续编》三、三、二及《佚存》一一六重）

□丑卜，㱿贞：勿隹王正𢀛方，下上弗若，不我其受〔又〕？（《林》二、九、六）

庚申卜，㱿贞：王勿正𢀛方，下上弗若，不我其受又？（《前编》五、二

二、二，《后编》上十六、八及《续存》上五七四文同）

甲子卜，㱿贞：乎伐𢀛方受〔㞢又〕。（《前编》七、三五、一，《遗珠》一一八九左方残文略同）

戊寅卜，㱿贞：勿登人三千，乎伐𢀛方，弗〔其受㞢又〕？（《林》二、二七、六）

□卯卜，㱿贞：登人三千……　壬辰卜，㱿贞：勿𦎫（祥），登人……𢀛方。（《续存》下二九二，《双剑》五六重）

丙午卜，㱿贞：勿登人三千乎伐𢀛方，弗其受㞢〔又〕？　丁卯卜，㱿贞：羽辛未，勿令。（《金璋》五二四）

癸巳卜，㱿贞：𠬞人乎伐𢀛〔方〕，受〔㞢又〕。　……㱿贞：羽辛未，令伐𢀛方……　……〔登人〕三千，乎伐𢀛方，受〔㞢又〕。（《后编》上一七、一）

按《平津·元》九六（《续存》上五六四重）文同，左行，而此右行，乃成对胛骨同事贞卜之例。

……卜，㱿贞：登人……　（《遗珠》一八八）

按登者，《书·盘庚》：“乃登进厥民。”《周礼·小司徒》：“使各登其乡之众寡六畜车辇。”登为登进。《说文》：“进，登也。”登人与《盘庚》之“登民”相类，并殷时习语。他辞亦作𠬞人，卜辞𠬞字皆用为供。如𠬞马𠬞牛，即供马供牛。《广雅·释诂》：“供，进也。”故供人与登人义无二致。杨遇夫读登为征，谓𠬞为登字省写，义亦可通。

庚寅卜，㱿贞：勿𠙵（首）人三千，乎𦣞𢀛。（《南北·师》一、六三，《同文例》附图二七三，《外编》一〇七重）

按卜辞沚戓字亦作𢦒。（《佚存》五四四）丏即《说文》首字之𦣻所自出，知𠙵乃首字。他辞恒见“多𠙵”一词，即多首也。如：“王令多𠙵𢓊（御）方于……”（《后》下四二、九）《广雅·释诂》首与令、长、将、正俱训“君”。《檀弓》：“毋为我首。”谓魁帅也。故多首犹言多君、多正、多帅。首用为动词，有率领之意，犹将之训帅，衛之训将。（见《说文》）云“首人三千”，即帅人三千也。𦣞谓候望，《广雅·释诂》：“望，覗也。”《淮南子·时则训》：“九月官候。”高注：“候，望也。是月缮修守备，故曰官候。”汉有伍候之法，见《晁错传》，又于边鄙设候官，具见居延简。由“望𢀛”之望，知此制殷已有之。《佚存》九八二：“庚寅卜，𡆥贞：𠙵三千人伐〔𢀛〕。”与此为同日同事异人所卜，文互为正反。

（参《同文例》九八）

辛丑卜，𣪘贞：𢀛方其来，王勿逆伐。（《缀合编》一三五——《福氏》十一十《燕大》七一；《后编》上十六、十一文同）

辛丑卜，𣪘贞：𢀛方其来，逆伐。（《前编》四、二四、一）

上二版同日同事之卜，似为对贞之辞。

〔辛〕未卜，𣪘贞：王勿逆伐𢀛方。下上弗若，不我其受又？八月。壬申卜，𣪘贞：于河〔匄〕𢀛方。（《簠室》之《地望》四二、《征伐》十四，及《续编》一、三六、五重。又《后编》上十七、三文同）

按逆读为迎，《禹贡》"逆河"，今文《尚书》作迎河。《说文》："逆，迎也。"逆伐即迎伐。

丁未卜，𣪘贞：勿令𠂤伐𢀛，弗其〔受㞢又〕？　戊申卜，𣪘贞：勿隹王往。（《佚存》八六二）

戊申卜，𣪘贞：勿隹王〔往〕。　贞：勿令𠂤伐𢀛，弗其〔受㞢又〕？（《林》二、二四、五）

按"戊申"即"丁未"之翌日。

□卯卜，𣪘贞：叀𠂤……　……卜，𣪘贞：伐𢀛方……　□寅卜，𣪘贞伐……（《粹编》一四九六）

按𠂤，人名。其事迹详拙作《巴黎所见甲骨录》。

壬戌卜，𣪘贞：三（汔）令我史步伐𢀛方。（《殷虚古器图录》十二｜十三，为巨牛胛骨）

……卜，𣪘贞：乎（呼）多𦥑伐𢀛方，受㞢又。　癸酉卜，𣪘贞：乎多𦥑伐𢀛方，受㞢〔又〕。　□辰卜，𣪘贞：羽辛未，令伐𢀛方，受㞢又。一月。（《簠室·征伐》四，《续编》三、二、三重）

己丑卜，𣪘贞：令戉来。曰：戉䢅伐𢀛方，在十月。（《金璋》五二五，《前编》六、三十、二文同）

……𣪘贞：五百䢅……　□丑卜，𣪘贞：五百……（前编七、九、二）

按䢅（《前编》六、三十、一及二）字亦作㴇（《前》七、九、二及《金璋》五二一），𠬝、㕚乃一字异写，均象人手执器形。或作䢅（《前》六、三十、三），字下体明从父或攴，契文父攴不分。又繁形多从宀从水，如酒或作酉及㴚，故此殆为攴字，盖即"扑"也。（旧释寇或宰，均于形义不合。）扑通作撲。《天问》"朴牛"，《山海经》作"僕牛"。卜辞言"䢅伐"，应即《宗周钟》之"戮伐（𠭯都）"，《虢季子盘》作"博伐"，与《诗》之

"薄伐（西戎）"同。故"寖伐𢀛方"即"戣伐𢀛方"。寖又为名词，可读为僕。其言"多𡨦"、"五百寖"（《前》七、九、二）即"多僕"、"五百僕"，多僕犹多臣也。又为地名："……𡩠（寢）于寖。"（《前》六、三十、三）他辞又有"㑦侯"，字从人从父，㑦即僕。㑦侯见《林》二、三、一八，《金璋》五九七，《拾掇》二、一三二。当即濮。《春秋》隐四年："卫人杀州吁于濮。"又《春秋》成十六年哀二十七年传，俱有地名濮。杜注："濮，陈地，水名。"《释文》濮音卜，殷之㑦侯地当在濮水间。

辛亥卜，𣪘贞：伐𢀛方。帝受（授）〔我又〕。　贞：帝不〔我〕其受〔又〕。（《摭续》一四五，《粹编》一〇七三文同）

丙辰卜，𣪘贞曰：𢀛方氐，𢊁方𦎫（敦），曰：允。（《京津》一二三〇）

按𢊁方名亦见《佚存》六八二。（《文录》六二四，《存真》七八重）𢊁殆即郻。《路史·国名纪》："宛丘西南四十里有郻亭。"（今河南淮宁县）允即"允敦"之略词。

乙巳卜，𣪘贞：弗其受𢀛方又。（《前》七、三三、三，《戬寿》十二、一〔即《续编》三、五、六〕文同）

……〔𣪘贞〕：我受𢀛方〔又〕。　……𣪘贞我受𢀛方又。（《佚存》三八〇，《邺中》初下二五、一重）

乙丑卜，𣪘贞：于仔，𢀛方𡴆（执）。（《续编》一、四〇、六）

按"仔"即保，亦作"㐲"，《左传》之"保城"，晋地。成十三年："伐我保城。"与《前编》七、一、一"……卜亘贞：我㐲"，语略同而义异。

庚子卜，𣪘贞：勹𢀛方于好，𣜩。乙未，𡿧。（《续编》三、一、二）

戊子卜𣪘贞：勹𢀛方于……（《续编》三、五、四）

乙酉卜，𣪘贞：𢀛方衘，王其勿告于乙。（《续编》三、四、二）

……卜𣪘贞：𢀛方衠，𢓜（率）伐不王。告于且乙，其正（征），勹又（祐）。七月。　……〔卜〕，𣪘贞：𢀛方衠，𢓜伐不王。其正。告于且乙，勹又。（《南北·明》七九，同版见帚姘）

按衠从行从方，又益止旁或𠚤旁，当是"彷"字。卜辞云："其衠于𡆥示。"（《续编》五、九、二）为门内祭先祖彷徨之祊，此则读为"方命"之方。《尧典》"方命圮族"，《孟子》"方命虐民"。方，叛也，逆也。上辞言𢀛方叛不来王，乃率伐之。

……卜，𣪘贞：𢀛方允𢦏戉。（《粹编》一〇七一）

己巳卜，㱿贞：𢀛方弗允𢦏戉。（《前编》七、八、一）

……卜，㱿贞：𢀛方允……（《平津·元》八八，《续存》上五五七重）

己未卜，㱿贞：𢀛方弗允……（《续编》三、六、八）

乙巳〔卜〕，㱿贞：𢀛方……𤔲（爰）……（《前编》五、二三、四）

其他㱿卜有关𢀛方残辞，如《铁》七九、一，《库方》一八九六，《遗宝》四、一四，《屯甲》三九〇八，《续存》上五八七等，不具录。

（二）土方

癸巳卜，㱿贞：旬亡𡆥。王𠧢曰：㞢希！其㞢来嬉（艰）？三（迄）至五日丁酉，允㞢来嬉自西。沚𢦔告曰：土方𤼵（发）于我东啚（鄙），𢦏二邑；𢀛方亦𢂁（侵）我西啚田。（《菁华》一，与前重见，董《谱》列武丁二十九年三月十四日）

按土方即杜方。《诗·绵》："自土沮漆。"《齐诗》作"自杜"。周有杜伯，射王于鄗，见《墨子·明鬼》及《周语》上。韦注："杜国，陶唐氏之后。"《左传》襄二十四年，士匄言："在商为豕韦氏，在周为唐杜氏。"贾逵云："祝融之后，封于豕韦，殷武丁灭之，以刘累之后代之。"土方果为唐杜氏，则武丁灭之，故伐土方之事，仅见于武丁卜辞。（参《综述》，273页）《汉书·地理志》：右扶风杜阳杜水，南入渭。《水经注》："杜水出杜阳山。"《方舆纪要》："杜水在今陕西麟游县西南。"疑土方旧地即在此。（《商颂》："禹敷下土方。"《楚辞·天问》作："禹之力献功，降省下土四方。"与此方国名之土方义异。）

丁酉卜，㱿贞：今𡆥（兹），王𠬪人五千正土方，受㞢又。三月。（《后编》上三一、六）

癸巳卜，㱿贞：今𡆥，王𢓊（循）土方，受㞢〔又〕。　壬辰卜，㱿贞：今𡆥，王𢓊土方，受㞢〔又〕。（《簠室·游田》三，《续编》三、十、一重，又见《缀合编》一三一）

庚申卜，㱿贞：今𡆥，王𢓊土方，〔受〕㞢〔又〕。　庚申卜，㱿贞：伐土方，受〔㞢又〕。（《林》二、九、三，又同书一、二七、十一文略同）

戊辰卜，㱿贞：王𢓊土方……　癸丑卜，㱿贞：王百𣳾（仆）用。旬壬戌，㞢用𣳾百。三月。（《京津》一二五五）

按𢓊即徝，徝方语习见。《易·复》："后不省方。"《淮南·精神训》："禹南省方。"《东京赋》："省方巡狩。"《中鼎》及《中甗》："王令中先省南或（国）。"《𩰫鼎》："师雝父徝衜（讨），至于𡊨（甫）。"徝有巡视义。

（详闻一多《释省徜》）

……殻贞：今𠯑，王伐土方。受〔㞢又〕。（《续编》三、九、一，《簠室·征伐》三五重。《林》二、九、一及《粹编》一一〇五，又《京津》一二五七残文同）

乙卯卜，殻贞：王甶土方正（征）。（《明义士》二三三八）

己酉卜，殻贞：今𠯑，王甶土方〔征〕。（《库方》一五五八，亦见《缀合编》一二三）

丁丑卜，殻贞：今𠯑，王比沚䧹伐土，受㞢又。（《库方》一五九九，亦见《缀合编》一二三，右下方伪刻。《铁》一二二、二文同，干支异。又《七集·天津》十三残辞亦属此类）

丁巳卜，殻贞：王甶沚䧹比伐土方。（《戬寿》十二、十三、《续编》六、十六、七重。《粹编》一〇九九文同）

按沚䧹事见后。比读如《诗·皇矣》“克顺克比”之比。“克比”《乐记》作“克俾”。《尔雅·释言》：“俾，职也。”郭注：“使供职。”《释诂》：“俾，使也，从也。”郝疏：“从顺使令。”故卜辞言“王比某”犹言“王俾某”。《尧典》：“有能俾乂。”《史记》作“使治”。王比某，即王使某也。又别一词例称：“王甶（惟）某比伐。”比又训辅。（见《易·比卦》）《尔雅·释诂》：“比，俌也。”比又通弼。《皋陶谟》：“弼成五服。”弼一作“㢸”。故“甶某比伐”解为惟某相辅致伐，于义亦通。俾又可训从。《尔雅·释诂》：“俾、拼、抨、使，从也。”是以“比”、“从”两字，每混不别。或训王比之“比”为亲，恐未确。

（三）基方

辛丑卜，殻贞：今日，子𢀛其𧰨𡍮方，缶𢦏。五月。　辛丑卜，殻贞：今日，子𢀛其𧰨𡍮方，缶弗其𢦏？　壬寅卜，殻贞：自今至于甲辰，子𢀛弗其𢦏𡍮方？　壬寅卜，殻贞：自今至于甲辰，子𢀛𢦏𡍮方。　贞：自今壬寅至于甲辰，子𢀛𢦏𡍮方。　壬寅卜，殻贞：㪔雀甶𠶷𧰨𡍮方。　壬寅卜，殻贞：子𢀛不𦬯𢦏𡍮方。　壬寅卜，殻贞：子𢀛𠃬𦎧。　曰：𠃬甲𦎧。　曰：子𢀛于乙𦎧。　甲辰卜，殻贞：羽乙巳曰：子𢀛𦎧，至于丁未，𢦏。　贞曰：子𢀛至于㞢囗（祊），乍火𢦏。　勿曰：子𢀛至于㞢囗（祊），乍火𢦏。（《屯乙》六六九二整龟）

按“𡍮”字，从土从其，乃“其”之繁形。契文如“無”之作“𡔅”，“羌”之作“𡎸”是其比也。古“其”、“基”一字。《说文》，祺，籀文从基作禥。《尚书》“丕丕基”，《大传》作“丕丕其”，皆其明证。基盖即箕。《左传》成十三年：“焚我箕、郜。”《方舆纪要》：“箕山在解州平陆东北。”疑即古基方地。

又按“䢅”读奠，即郑也。“亯”即廪丘，卫地。“㞢”地名，如云：“勿乎取㞢邑。”（《林》二、八、一）亦从“又”作“㞢又”。（《菁华》六：“……昔甲辰发于㞢又俘人……”可证。）“㞢”盖读为“时”，时古文从㞢声，故二字通用。（如《汉书·张苍传》“时历制度”，《史记》作“之立制度”。）囗为“方”，卜辞每假作“祊”，祊即“闬”。“㞢祊”地名，读为“时闬”。《左》昭十九年：“郑大水，龙斗于时门之外洧渊。”其即此乎？卜辞有水名“汉”者（《佚存》二四二），旧释洧。又有泏，当即洧渊（杨树达释泏为滍，未确），上言奠（郑）雀与廪𧰨基方，则以㞢囗为郑地之时门，正合。

又按𧰨字从豕从聿，即“𧰨”。《字汇》𧰨同𧱓。《集韵》作“𤞞”。《夏小正》“狸子肇肆”。《传》以肆为杀。《诗》、《礼》皆谓祭牲体解为肆，于杀义近。上辞先言𧰨𡋲方，下变文言“𢦏”，足证“𧰨”与“𢦏”同意。𧰨亦作“肆”，《诗》：“是伐是肆。”此卜子𢀛与𠙵分行敦伐，一于甲敦，一于乙敦，而辞有详略。

又按“乍火𢦏”者，《左·昭十八年传》：“火之始也，七日其火作乎。”又昭六年：“火未出而作火。”《郊特牲》疏引作用火。杜注云：“火（星）未出，而用火相感致灾。”乍火与火作义同。“作火𢦏”者，谓用火而致灾也。

辛〔卯卜，㱿贞：𡋲〕方〔缶乍𩫏。其㞷弗𠣬〕。　辛卯卜，㱿贞：𡋲方缶乍𩫏，不㞷弗𠣬。　辛卯卜，㱿贞：𡋲方乍𩫏，其㞷〔弗𠣬〕。　辛卯卜，㱿贞：𡋲方乍𩫏，不㞷弗𠣬。　辛卯卜，㱿贞：乀𪇰𡋲方。缶乍𩫏，子𢀛〔𢦏〕。……　辛〔卯〕卜，㱿贞：乀𪇰𡋲方。缶乍𩫏，子𢀛𢦏。四月。（《屯乙》九〇六＋五五九一＋五七六〇＋五七六五＋五七九〇＋五五九三，——《殷缀》一二一＋《屯乙》七九八一）

按㞷即𣏂之繁形，其㞷犹言“其杀”。《孟子》言“杀三苗”，《古文尚书》作𣪩，亦作𣏂。“缶乍𩫏”谓“于缶地作墉”。《诗·皇矣》：“以伐崇墉。”墉，城也。“弗𠣬”即“不旬”。读如《诗》“来旬来宣”之旬。旬，巡也。《书·泰誓》：“王乃徇师。”《周语》：“乃命其旅曰徇。”弗旬谓不用师以徇也。

又按𩰫，字书所无，以文义揣之，意为抵御。金文工𢼸一作"攻敔"，《济水注》"鱼山"，《瓠子河歌》作"吾山"。此字疑读为"敔"，敔与圉、御音义同。𠂤为秎，即"犁"字，疑人名。（卜辞𠭰方应释召方，陈梦家于《综述》读为黎。又引《库方》一八七五，然原子摹作𠂤，又引《缀合编》一八四，然原片见《粹编》乃作𠂤，俱无点，实非𠂤字。故宜依《大传》及《史记》以耆为黎。）

乙……㱿贞：弗其𢦏𡗗方。（《库方》六〇四）

丁卯卜，㱿贞：𡗗〔方〕其𢦔〔戎〕。（《拾遗》四、一七）

〔丁〕卯卜，㱿〔贞〕：𡗗方。不其〔戎〕。（《佚存》三五四）

按𢦔即戎，戎，兴兵也。说详《卜辞义证》。

甲戌卜，㱿贞：雀及子𢀛䢊𡗗方，克。（《屯乙》五五八二）

按䢊即"辻"。《说文》："辻，步行也。"《广韵》，辻古徒字。徒通涂。《列子·天瑞》："食于道徒者。"道徒即道涂。故知䢊与𡍮同。䢊某方即𡍮某方也。𡍮，《集韵》训止，卜辞多用为袚除之"除"。如"𡍮若兹鬼"（《叕存》二八），谓有鬼袚除之，曰"𡍮首"，即除道。（说见上）又为"诛"。《考工记·玉人》："以除慝。"郑注训除为诛。卜辞言𡍮某方若𡍮𡗗方、𡍮虎方。（《佚存》九四五）"𡍮"字并读为诛。于省吾谓借为屠（《骈枝三编》），义亦通，不如释"除"较当。说详《卜辞义证》。

（四）羌方

己酉卜，㱿贞：王叀北羌伐。（《前编》四、三七、一）

壬午卜，㱿〔贞：多〕臣往羌……幸……（《平津·元》一一〇，《续存》上六〇一重）

……卜，㱿贞：㦰幸羌。王固曰：㞢……　（京都大学五六〇）

□寅卜，㱿贞：般亡不若，不𦍒羌。　贞：般亡不若，不𦍒羌。　贞：般亡不若，〔不𦍒羌〕。　般其𦍒羌。（《殷缀》一三五——《屯乙》一一四八＋一一五〇＋二九六二＋二九七二＋三〇一七＋四〇七三）

戊午卜，㱿贞：勿乎𢓊（御）羌于九𠃬，弗其〔隻〕。（《续编》五、十六、八，同书六、十六、五重）

戊午卜，㱿勿乎𢓊羌于九𠃬，弗其〔隻〕。（《前编》六、四十、一）

按"九𠃬"与"九𠃬"当为一地，丁山读为《西周策》之厹由。（《殷商氏族方国志》，104页）他辞有自𠃬（《通纂·别》二中村八），又九𠃬亦见《前编》六、六一、六。

□戊卜，㱿贞：𢆶……戋羌龙。（《拾掇》五二〇，《续存》上四六重）

□巳卜，㱿贞：勿□羌。（《拾掇》六，《七集·上海》四七重）

丁巳卜，㱿贞：自隻（获）羌，十二月。（《后编》上三〇、一四）

庚子卜，㱿贞：令子𠧢先，涉羌于河。　庚子卜，㱿贞：勿令子𠧢先，涉羌于河。（《殷缀》二七六）

按羌亦称羌方。（凡称“羌方”，皆益“糸”旁。）如：“……𢦏羌方”（《前编》六、六〇、六），“戋羌方”（《屯甲》一九四八，《粹》一四四），“䦹羌方”（《屯甲》二〇〇二），“𣏂（杀）羌方”（《续》三、四一、七）。殷伐羌人数有逾万者。《库方》三一〇：“辛巳卜□贞：登帚好三千，登旅万，乎伐羌。”伐羌人数共万三千。《商颂》：“昔有成汤，自彼氐羌，莫敢不来享，莫敢不来王。”羌为西戎巨族。“禹兴于西羌”（《史记·六国表》），则羌人自先夏已据有西土，其族至大。殷人与羌，亦为婚媾。卜辞所见有“妣羌”（日本京都大学藏甲二〇六）、“帚羌”（《前编》五、十七、四）。此如周之纳狄后，故有“妣羌”等之名。从知《诗》之“姜嫄”，所谓“爰及姜女”，即为羌人也。降及东周，宣王三十九年，战于千畝，王师败绩于姜氏之戎。（《周语》上）千畝为晋地，在介休县，则羌人仍盘踞山西一带。《左》僖三十二年，殽之役，晋兴姜戎。襄二十四年：范宣子数戎子驹支曰：“姜戎氏！昔秦人迫逐乃祖吾离于瓜州。”盖羌自夏殷以来，屡为边患，出没靡定。卜辞所载，其族非一，有“北羌”（《邺》三下三四、一四：“贞：……北羌，㞢告曰戎”）、“马羌”（《屯乙》四七一八，《林》二、十五、十八）、“多马羌”（《粹》一五五四，《续》五、二五、九）、“小羌”（《京津》一二九一）。上辞言邗羌九𩰫，窃谓“九”乃地名。即《诗》之“艽野”。《小明》：“吾征徂西，至于艽野。”《礼记·文王世子》：“西方有九国焉。”是也。《屯乙》言“涉羌”，则羌又为水名。《晋语》：“炎帝以姜水成。”《水经·渭水注》：“岐水东迳姜氏城南为姜水。”在今陕西岐山县，此或姜族，西迁雍州后传播之地名，殷时之姜水则难确指。辞又言“幸羌”，他辞亦称“㚔羌”（《殷缀》一三五）。“㚔”即“达”，读为挞伐之“挞”。《诗》：“挞彼殷武。”《释文》引《韩诗》：“挞，达也。”是挞伐字本作“达”，契文作“㚔”；幸或㚔之省形。

又按羌或释芍。又有证其即羊字。然卜辞羊、羌二字屡见于同版者，实明为异文。举例言之，《拾掇》二、二二：“其又于𦍌（羌甲）𤘘

（羊土）。”京都大学藏甲一九五一：“桒五犬一㐀（羊）于𦍌（羌）……”足证羌与羊别。

……㱿贞：貍来羌。（《明义士》二三四三）

□丑卜，㱿贞：今来羌，……用于……（《后编》下三七、七）

丙子卜，㱿贞：今来羌𤔲（率）用。（《屯乙》七五〇九） 丙子卜，㱿贞：今来羌，勿用。（《屯乙》七二〇一）

二片可缀，《殷缀》无。

按“率”与“勿”对言，率读如《尧典》“率舞”，《诗·思文》“率育”之“率”，语词也。是甲背云：“我来卅。”（《屯乙》七二〇二）知我所来者，即三十羌，可破一向谓“来”为“来龟”之误说，又可见正反面辞须互相寻证。

癸未卜，㱿贞：疲氐羌。（背：“王固曰：其氐！”） 贞：㕭氐羌。（背：“王固曰：其氐！”）（《屯乙》三七九五及三七九六） 贞：疲不〔其氐羌〕？〔贞：㕭〕不其氐羌？（《屯乙》三七九三，上二片可缀——《殷缀》二四一）

癸亥卜，㱿贞：勿𧬰（祥），㳙羌。（《续编》五、三四、三）

癸亥卜，㱿贞：㳙羌百。放三斿㫃（偃）……（《续编》二、二九、三，《簠室·杂》四七重）

甲子卜，㱿贞：勿㳙羌百。十三月。（《铁》一七六、一）

按上辞言“来羌”、“氐羌”，盖指捕获羌人来献。“氐”，“至”也。（《说文》）“氐羌”犹言“致羌”。“羌用”及“㳙羌”则杀羌人以作牺牲。“㳙”与“施”同，《晋语》：“秦人杀冀芮而施之。”韦注：“施，陈尸以示众也。”㫃字象手执旗，疑“㫃”字。《说文》：“旇，旌旗之旒也。”此殆谓旗之三斿为风所偃，以为不祥，故杀羌百人以禳之，犹《左》僖二十八年书“亡大旆之左旃”，即其例。

乙亥卜，㱿贞：乎（呼）商从羞𡖊。 贞：乎商从羞𡖊。（《前编》七、十九、四）

按羞为羌之繁形。如舞之作䍢，从殆即小臣从，乃人名。商读为赏，𡖊即贝字，《穙鼎》云：“在斤，天君商（赏）氒征人斤贝。”谓赏以斤地之贝。此辞则谓赏从以羌地之贝也。

（五）下𢀛（𢀛方）

己酉卜，㱿贞：𢀛方其㞢囚。 己酉卜，㱿贞：𢀛方亡其囚？五月。

（《屯乙》六三八二）

辛〔酉卜，㱿贞：今〕𢀛（兹），王比〔皃𠂢（望乘，下同）〕伐下⿱，受㞢又（祐）。　辛酉卜，㱿贞：〔今〕𢀛，王勿比皃〔𠂢〕伐下⿱，弗其受㞢又？（下残）（屯乙七三四八）

其上锲“一”字。此为第一卜。按是残甲又可与七〇五四及二〇九缀合。

辛酉卜，〔㱿〕贞：今，𢀛，王比皃𠂢伐下⿱，受㞢又。　辛酉卜，㱿贞：〔今〕𢀛，王勿比皃𠂢伐下⿱，弗其受㞢又？　辛酉卜，㱿贞：王比沚𢦔。　辛酉卜，㱿贞：王勿比沚𢦔。　辛酉卜，㱿贞：王亩沚𢦔比，　辛酉卜，㱿贞：王勿隹沚〔𢦔比〕。（《屯乙》一九二三＋二六六二——《殷缀》一六三＋六七四三）

上刻“二”字，此为第二卜。

辛酉卜，㱿贞：今𢀛王比皃𠂢伐下⿱，受㞢又。　〔辛〕酉卜，㱿贞：今𢀛，〔王〕勿比皃𠂢〔伐〕下⿱，弗〔其受〕㞢又？　贞：王比沚𢦔。　贞：王勿比沚𢦔。　辛酉〔卜〕，㱿贞：王亩沚𢦔比。辛酉卜，㱿贞：王勿隹沚𢦔〔比〕。（《屯乙》七四七三＋六七〇〇，《殷缀》所无。）

上刻“三”字，此为第三卜。各龟卜伐下⿱事，惟此甲为最巨而最完整。

辛酉卜，㱿贞：今𢀛，王比皃𠂢伐下⿱，受㞢又。　辛酉卜，㱿贞：今𢀛，〔王〕勿比皃𠂢伐下⿱，弗其受㞢又。　辛酉卜，㱿贞：王比𢦔。　〔辛酉卜，㱿贞：王勿隹𢦔比。〕　辛酉〔卜〕，㱿贞：王亩沚𢦔比。　〔辛酉卜，㱿贞：王勿隹沚𢦔比〕。（《屯乙》七四五＋二〇二九＋二〇九九——《殷缀》一〇二）

上刻“四”字，此为第四卜。

辛酉卜，㱿贞：今𢀛，王比皃𠂢伐下⿱，受㞢又。　辛酉卜，㱿〔贞：今〕𢀛，王勿〔比皃〕𠂢伐下⿱，弗其受㞢又。　贞：王比沚𢦔。　贞：王勿比沚𢦔。　辛酉卜，㱿贞：王亩沚𢦔比。　〔辛〕酉卜，㱿贞：王勿隹沚𢦔比。（《屯乙》二五二二＋二五五三＋二五五五＋二六四四＋二七〇〇——《殷缀》一九六＋四六〇八）

上刻“五”字，此为第五卜。

按上辞卜伐下⿱同日同事，为五龟之卜，今由缀合可得其概。盖殷人卜龟同日同事同人之卜，往往不止用一龟，此亦一重要例证。又《屯乙》

七〇五八，亦见“辛酉卜，㱿贞：王比沚䁒”事，数字已缺，则疑为第一卜之残辞。文中“叀”与“隹”，互文兼用，“叀”每用于肯定语气，“隹”用于否定语气，可见殷代文法之一斑。

乙卯卜，〔㱿贞：王〕比皃㚔〔伐下〕𢀛，受㞢又。　乙卯卜，〔㱿贞：王〕勿比皃㚔伐〔下〕𢀛，弗其受〔㞢又〕。(《屯乙》六八八八＋二六一六)

乙卯卜，㱿贞：比皃㚔伐下𢀛，弗其受㞢又。(《铁》一五〇、三)

按《屯乙》二六一六，六八八八，残文与此略同，而“㱿”字缺，应为同日同事之卜。

丙申卜，㱿贞：今𠷎，王勿伐下𢀛，弗其受㞢又。(《续编》三、一一、四)

辛丑卜，㱿贞：今𠷎，王比皃㚔伐下𢀛，受㞢又。　贞：今𠷎，王勿乍(作)，比皃㚔伐下𢀛，下上〔弗若，弗我其受㞢又〕。(《缀合编》一二五，《库方》一六一四＋一六一五＋一六二四)

按“王勿作”读如《商书》“般庚作”之“作”。

辛丑卜，㱿贞：今𠷎，乎比皃㚔伐下𢀛，受㞢又。(《拾掇》二、五七，《宁沪》二、五七及《续存》上六二三重)

辛丑〔卜〕，㱿贞：今𠷎，勿〔比〕皃〔㚔〕……(《续存》下三三二)

按上三辞，当为同日一事之卜。

己酉卜，㱿贞：今𠷎，王比〔皃㚔〕……　贞：勿比皃㚔……(《库方》一五五八，又见《缀合编》一二三)

……卜，㱿贞：王比皃㚔伐下𢀛，受又。　……〔㱿〕贞：王勿比皃㚔伐下𢀛，不受又。(《粹编》一一一三)

……㱿贞：……今〔𠷎，比〕皃㚔……(《屯乙》三六八五)

按𢀛方名，亦见《粹编》一九六，《佚存》九一三，《邺中》三、四四、六，《南北·明》四九九，《京津》四三八六。他辞又言：“在𢀛卜。”(《金璋》二五)𢀛字亦从廾，《佚存》三八〇：“……𢀛，其隹庚，我受㞢又。其隹……”(《邺初》下二五、二重)惜文残。于省吾据《古文四声韵》“危”字下引《古孝经》作㔾，定为危字。《集韵》：“岊，古危字。”下从山。又有“郈”字，为邑名与地名。未详所在。据《山海经·中山经》有陆郈之山。然寻征人方卜辞，则𢀛似在攸侯国附近。

(六)𢀛方

丁巳卜，㱿贞：王𦥑(学，读为教)众千于𢀛方，受㞢又(祐)。　丁

巳卜。㱿贞：王勿𦥑众兊方，弗其受㞢又。（《殷缀》一六〇——《屯乙》一八八四＋一九八六，又四三九重出）

己丑〔卜，㱿贞〕：今〔𠀠〕，……伐兊方，受㞢又。　己丑卜，㱿贞：今𠀠，王亩正（征），受又。（《屯乙》三二六四）

辛巳卜，㱿贞：王叀𠭯〔侯〕伐兊〔方〕，受〔㞢又〕。（《戬寿》一三、五，《佚存》二三，《续编》三、一二、五重）

……卜，㱿贞：王伐兊。帝受（授）我又。□月。（《续存》上六二七）

按兊旧释蒙或𩰬，均未确。卜辞又有𡿥字，为祭名，亦作𡿥。考《说文》“次”字古文作𠗱，实即此之变形。故𡿥当释“次”。兊从𡿥从儿，则为佽字。其云：“王宾𡿥，旬亡尤。”（《前编》六、六一、一）宜读“王傧次”。《士冠礼》云：“宾就次。”《左·僖九年传》：“杀夷齐于次。”杜注：“丧寝也。”𡿥犹今言位次矣。辞又云：“𡿥祭上甲。”即依次以祭上甲。故所见工典致祭之辞，曰：“工典其𡿥。”（《续编》一、五、一）“工典其劦。”（《明义士》七八九）“工典其雚。”（《前编》四、四三、四）“𢀛典其彡。”（《后编》下二十、七）其𡿥即就次，劦谓合祭，雚读如《论语》“禘自既灌”之“灌”，彡为彡日。皆祭之动作。知于氏读𡿥为用牲之毛炰，义未通畅。至于兊方之为佽方，其地未详。古有次姓。《吕览·知分》：“荆有次非。”一作“佽飞”。《庄子·徐无鬼》：“见大隗于具茨之山。”《释文》：“一本作‘次’，同。”司马彪云：“具茨山在荥阳密县东，今名泰隗山。”疑次方与具次山有关，在今河南境。

（七）湔方

壬辰卜，㱿贞：戉𢦏𣴎（湔）方。（《缀合编》一二九——《续编》五、四、二＋《簠·文》二八＋《续编》五、七、七）

戊戌卜，㱿贞：戉𢦏湔方。　贞：戉弗其𢦏湔方。（《续编》四、二九、一，《簠室·地望》六〇重）

己未卜，㱿贞：𠂤克湔。（《续存》下四七〇）

按戉伐湔方，亦见《缀合编》一二九，《续编》四、二九、一，已见上引。他言“戉受湔方又”者，有《粹》一一二三，《铁》一六二、四，《前》七、四二、一。𣴎字从沚从𠛱，𠛱亦作𠛱，乃椠字。契文般庚之“般”字，并从“月”，则肯为前字无疑。湔方乃春秋之泉戎，见《左·僖十一年传》。又昭二十二年：“司徒醜以王师败绩于前城。”服虔曰：“前读为泉，即泉戎也。”杜注：“今伊阙北有泉亭。”在河南洛阳县西南。

（八）夗（祭方）

壬辰卜，㱿贞：雀𢦔夗（祭）。　贞：雀弗其𢦔夗？　壬辰卜㱿：雀弗其𢦔夗？三月。（《屯乙》五三一七，又《南北·诚明》三〇云：“贞雀𢦔夗方。”）

按“夗”亦称“夗方”即祭。《说文》作鄒。云：“周邑也。”《穆天子传》“鄒父”，字同许氏。《春秋》隐元年：“祭伯来。”僖二十四年《传》谓：“祭，周公之胤。”然殷已有其国，而字作“夗”。《春秋释例》：“祭在陈留长垣县北祭城。”

（九）召（方）

癸丑卜，㱿贞：召𢦔。㞢蛊。　召弗其𢦔㞢蛊。（《殷缀》二六四——《屯乙》四六一五＋四六六二＋四六六六）

丙午卜，㱿贞：羽丁□，召……（京都大学四八七）

……㱿，贞曰：召……　……㱿贞：召……（《屯乙》七一一五及六四二一，疑二片可缀）

按周金文“召”繁形作“䨼”，契文亦同。（《续编》三、二二、五）或作“䨼”（《前》二、二二、一）。他辞每言“召方”（京大二六六：“己酉卜，召方来。告于父丁。”他不备引），旧误召为旨。说详白川静《召方考》。（《甲金学论丛二集》）召盖《春秋》之召陵。僖四年《传》：“盟于召陵。”杜注：“颍川县。”《史记·秦本纪》：“伐楚，取召陵。”故城在今河南郾城县东。殷时召方疑居此。

（十）亘（方）

□申卜，㱿贞：亘戎，隹我𡆥。其冬（终）于之。（《续编》五、三、三，对贞辞残）

壬申卜，㱿贞：亘戎，其𢦔我。（《屯乙》五二三四。又见《殷缀》二八二，对贞辞残）

戊午卜，㱿贞：雀追亘，〔亡隻。〕　戊午卜，雀追亘，㞢隻。（《屯乙》五三〇三。同版尚有记亘事，不具录。他辞云：“贞：今雀𦎫亘。”《簠室·人名》四〇）

按亘亦称亘方。（《粹》一九三，《综述》276页引温州文管会藏甲）《史记·秦本纪》：“白起攻魏取垣。”《魏世家》称“王垣”。《水经·河水注》：“（清水）西南迳垣县故城北。”《汉书·地理志》河东郡有垣。今垣曲县西廿里。“垣”与“亘”古为一字。《文选·西京赋》：“缭垣绵联。”

敦煌所出永隆写本，及日本上野氏藏古钞本，“垣”均作“亘”，可证。

（十一）缶

丁卯卜，㱿贞：王𦍒缶于𦉪（旬）。（《明义士》二三三〇。骨面刻“七”字）

丁卯卜，㱿贞：王𦍒缶于𦉪。（《续编》一、五二、一。上刻“九”字）

丁卯卜，㱿贞：王𦍒缶于𦉪。二月。（《后编》上九、七）

丁（漏刻二横笔）卯卜，㱿贞：王𦍒缶于𦉪。（《粹编》一一七五）

以上同日同人同事之卜。

庚辰卜，㱿贞：王𦍒缶于〔𦉪〕。（《续编》五、三五、五，《天壤》六八重）

按“𦍒”读为“敦”。《诗》：“敦商之旅。”《宗周钟》：“王𦍒伐，其至。”《不𡢁𣪘》：“女及戎大𦍒𢦏。”义并同。“𦉪”旧释“蜀”，陈梦家改释“旬”，读为荀是也。《说文》：“郇周武王子所封国，在晋地。读若泓。”《左》僖廿四年：“盟于郇。”《水经·涑水注·涑水》又西迳郇城。《诗》：“郇伯劳之，盖其故国。”《括地志》：“郇城在（今山西）猗氏县西南四里。”

癸亥卜，㱿贞：我史𢦏缶。　癸亥卜，㱿贞：我史毋其𢦏缶。（《屯乙》六七〇二残甲，又七七九五同文，为一事多卜。其背〔即七七九六〕左桥云：“辛酉卜，㱿贞：我亡𡆥。　㱿。”）

按我、史皆人名，分详下《卜人事辑》。同版又见卜人争及子䢅。

癸亥卜，㱿贞：羽乙丑，多臣𢦏缶。（《殷缀》一七四——《屯乙》一〇〇〇十二三八八）

丁酉卜，㱿贞：王𢆶勿𦍒缶，𢦏。三月。（京都大学藏一七一〇）

己未卜，㱿贞：缶其𤕫（穑）我旅。　己未卜，㱿贞：缶不我𤕫旅。一月。　己未卜，㱿贞：缶其来见王。　己未卜，㱿贞：缶不其来王？（《殷缀》三〇一——《屯乙》五二二七十五三九三十五一五七）

按“缶”读为“匋”。《说文》“匋”下云：“《史篇》读与缶同。”《左·定二年传》，殷民七族有陶氏。《左·哀元年传》引《夏书》：“惟彼陶唐”，“有此冀方。”冀在河东。《汉书·地理志》河东郡蒲反有尧山。《水经·汉水注》：“陶城在蒲坂北。城，舜所都也。南去历山不远。”今永济县。此并主陶为晋地。与另一说主山东定陶为陶丘者异。故缶可能即陶唐氏之陶，臣服于殷复为陶氏。卜辞缶与基方相迩，当在晋南，与

“罚”之为“郇”，地正相近。卜辞缶又作㛄，见穷贞辞。（《续编》四、一五、一）

（十二）衜

□申卜，㱿贞：大丁乎，王辜衜。（《续编》五、三一、一；《簠室·帝》三三重）

乙未卜，㱿贞：大甲乎，王辜衜。十月。（《金璋》五二六；《七集·天津》二文同）

……㱿贞：我𢦏衜。在䜌。（《文录》五八〇）

□酉卜，㱿贞：我𢦏衜于䜌。一月。（《明义士》三七）

按《说文》䜌为悖之或体。䜌读为郣，盖殷东侯甸。《说文》：郣，沛郡。《左》昭二十年：“齐侯田于沛。”疑即此。（丁山说）

庚子卜，㱿贞：我勿戎衜。十一月。（《拾遗》九、十二）

辛未卜，㱿贞：王戎衜，受又（祐）。（《明义士》二三三七，《林》一、七、九〔《遗珠》一二〇五重〕，及《林》一、二九、七残片文同）

甲戌卜，㱿贞：王戎衜。受又。（《库方》一八〇六）

乙……㱿贞：衜不我𢦏。（《燕大》六九〇）

□辰卜，㱿〔贞〕：今我其〔𢦏〕衜，其……（《京津》一三七五）

辛巳卜，㱿贞：今……衜。　辛巳卜，㱿贞：今十二月。（《屯乙》七三八七，背识“龙取”二字）

……卜，㱿……于衜。（《拾遗》九、十三）

按《殷缀》一三九背云：“勿令子衜涉。　令子衜涉。”（同版见：“王比兕𠂤伐下〔𢀛〕。　㚔奚十。……甶百。”）疑衜即子衜。《广韵》有“𨚍”字，亭名。其地未详。

（十三）𢀛

……卜，㱿贞：᪥爯册。……乎比伐𢀛〔方〕。（《屯乙》七七三九，又八一二〇文同）

按“𢀛”亦称“𢀛方”。“妇好”、“沚᪥”及“而伯龟”（《屯乙》二九四八）皆曾伐之。字旧释“巴”，或释“印”，其地未详。

（十四）尸

□亥卜，㱿贞：王甶昜白（伯）㷀比〔正尸〕。　贞：王甶侯告此正尸。（《屯乙》二八七一）

按尸即尸方，亦称尸戎。说详下卜人穷条。

（十五）𢀛

……㱿贞：王〔追〕。　……豙𢀛。……　㱿贞：〔豙〕……（《后编》下三四、七）

（酒）乎豙𢀛〔方〕。……（《续编》六、七、一，《簠室·游田》六八重）

按他辞云：“贞：今𢆶王伐𢀛方。……登人五千乎……”（《前编》七、十五、四）𢀛地未详。豙与𧰼疑为一字之异构。

（十六）戈

乙未卜，㱿贞：𧰼戈。（《屯乙》五一六三）

己亥卜，㱿贞曰：戈氏齿王。　曰：戈氏齿王。　贞：勿曰戈氏齿王。（《缀合编》一四四——《林》一、六、三〔《遗珠》一四三〇重〕+《林》一、六、二〔《遗珠》一四三二及《龟卜》一二四重〕）

按戈故夏国，即豷所封。《左》哀元年：“遂灭过戈。”又哀十二年：“宋郑之间有隙地。其一邑曰戈。”即此。他辞云：“壬子贞：子戈亡𡆥。”（《京津》三一四七）即殷代封于戈者。戈致齿于王，谓戈人入贡象齿说见卷一。

（十七）先

乙丑卜，㱿贞：子𢦔弗其隻先。（《屯乙》七七九五）

按先即侁，通莘。《吕览·本味》：有侁氏女子得婴儿于空桑之中，命曰伊尹。高注：“侁读曰莘。”《孟子》：“伊尹耕于有莘之野。”《汉书·古今人表》：“有㜪氏，汤中妃，生太丁。”字亦作㜪。《路史·国名纪》：“侁，商世侯国名。”卜辞有“先侯”，见《前编》二、二八、二。

（十八）桑

辛巳卜，㱿贞：乎雀𦎫桑。　辛巳卜，㱿贞：乎雀𦎫〔鼓〕。（《殷缀》二四九——《屯乙》四三八〇+四九一九+五一六三+五一七七+五一九三）

按古地名曰桑者，有桑间，在濮阳南（《乐记注》）；桑中，在牧野（《诗·鄘风》：“期我于桑中”）；桑田，在虢，《左》僖二年：“虢公败戎于桑田。”今河南阌乡县东。卜辞之桑，疑为桑田之戎。

（十九）鼓

壬午卜，㱿贞：〔亘〕允其𢦏〔鼓〕。八月。　壬午卜，㱿贞：亘弗𢦏鼓。（《屯乙》四六八四，又《殷缀》二七二）

按鼓疑即《春秋》白狄之鼓。《水经·濁漳水注》："泜水东迳昔阳城南，本鼓聚矣。《春秋左传》昭十五年：'晋荀吴帅师，伐鲜虞围鼓。三月，鼓人请降。以鼓子鸢鞮归。'京相璠曰：白狄之别也。下曲阳有鼓聚，故鼓子国也。"卜辞别有地名雇，乃《商颂》"韦顾既伐"之顾，与此异地。

（二十）盧

庚申卜，㱿贞：伐䖒。屰戋。（《京津》七一）

按䖒即盧，《说文》，𠂁篆文作𧇠，殆盧字。《牧誓》羌、盧、彭、濮人之盧，《史记》"盧"作"纑"。《左》桓十三年："屈瑕伐罗，罗与盧戎两军之，大败之。"杜注："盧戎，南蛮。"屰为人名，详下《卜人事辑》。

（二十一）𦣠（望）羊

癸巳卜，㱿贞乎雀伐望羊。（《拾掇》二五二，《续存》上六〇九重）

按他辞云："贞：令𦣠𦍌帰。　贞：勿令𦣠𦍌帰。"（《殷缀》二六〇——《屯乙》四五三一＋四八二〇＋四八九三＋五七四四）"羊"字作"𦍌"，繁简无别。

（二十二）𤢻

乙未卜，㱿贞：勿隹王自征𤢻。（《通·别》二、四、十，《遗珠》四八一重）

庚寅卜，㱿贞：乎雀伐𤢻。（《林》二、十五、十一）

丁丑卜，㱿贞：我伐𤢻。（《七集·卫》五）

按字作"𤢻"，旧释"猷"，今定为𤢻。《说文》："糟，从米覃声。读若鄿。"《系传》作"谭"，疑即谭地。《说文》："鄿国也。齐桓公之所灭。"《春秋》庄十年："谭子奔莒。"谭在山东历城东南。

（二十三）罬

辛巳卜，㱿贞：乎雀伐罬。　辛巳卜，㱿贞：勿乎雀伐罬。（《殷缀》二四九——《屯乙》四三八〇＋四九一九＋五一六三＋五一七七＋五一九三）

……卜，㱿贞：我戋罬。（《库方》一七五〇）

按此方国名。字从"网"从"𠈌"，可隶定作"罙"。《篇韵》："罙，古军字。"军读为郓。《说文》："郓，河内沁水乡。鲁有郓地。"《公羊》作"運"。故沁水城在河南济源县东北。《左传》成四年、十六年、昭二十九年之郓，皆在鲁西。殷之军地，所在待考。

（二十四）㡯

□午卜，㱿贞：……𢦏㡯。（《粹篇》一五五六）

（二十五）戉

丙午卜，㱿贞：戉其㞢𢦏。（《京津》一二九六）

丙午卜，㱿贞：戉亡其……　丙午卜，㱿贞：王𣪊曰：戉其㞢……（《前编》七、二九、三）

……㱿贞：王𣪊曰：戉其㞢……　□酉卜，㱿贞：戉亡其𢦏。（《铁》二五五、一）

按“𣪊”即“挋”，读为“讯”，说见卷一。

丙子卜，㱿贞：勿乎鸣比戉吏（使）㗊。（《平津·元》一〇六，《续存》上六一六重）

贞：勿乎鸣比戉吏㗊。　乎鸣比戉吏㗊。（《邺初》上三三、五，《京津》二二二〇重）

按㗊为地名。他辞云：“……在㗊贞：从东……”（《簠室·地望》二八，《续编》三、二九、六，《佚存》九〇〇重）《左传》桓十八年有：“首止。”《方舆纪要》：“首乡在归德府睢州东南。”疑即此。

戊戌卜，㱿贞：戉𢦏湔方。　贞：戉弗其𢦏湔方。（《续编》四、二九、一，同版见帚好及光）

壬辰卜，㱿贞：戉𢦏湔方。（《缀合编》一二九——《续编》五、四、二十《簠室·文》二八十《续》五、七、七）

丙申卜，㱿贞：戉㞢……（《续存》上六二一）

丙申卜，㱿贞：戉㞢……（《金璋》三六七）

……㱿贞：戉其𢦏。（《林》二、一三、四）

……卜，㱿贞：戉比……（《前编》七、十一、一，《遗宝》七、五文同）

□亥卜，㱿〔贞〕曰：戉……（《明义士》四八三）

□子卜，㱿贞：□冥……　□寅卜，㱿贞：戉于……刍。（《后编》上九、一，《库方》十四文略同）

按“戉”亦称“戉方”（《续编》二、二一、十一），又有“西戉”（《综述》引哲庵三一六云：“……伐西戉，……余其比……”），戉即“越”。《佚周书·世俘解》：“吕他命伐越、戏方。”即殷之戉。戏地所在，据《左》襄九年“盟于戏”，《左》成十七年传作“戏童”，地在开封汜水县南。（沈钦韩《左传地名补注》）戉当近此。（《春秋》桓元年：“及郑伯盟于越。”杜注：“越，近垂地名。”垂为卫地，又宣八年《传》亦有越。《春秋大事表》云：越在山东曹县，此殆古之东越，与此之为西越别。）

（二十六）雀

甲戌卜，㱿贞：雀及子𢀛𣵀𡏳方，克。（《屯乙》五五八二）

戊午卜，㱿贞：雀追亘，〔亡隻（获）。〕 戊午卜，雀追亘，㞢隻。（《屯乙》五三〇三）

同版见争卜及亘事甚多。

癸巳卜，㱿贞：乎雀伐𡰥羊。（《拾掇》二五二，《续存》上六〇九重）

辛巳卜，㱿贞：乎雀伐𦉢。 辛巳卜，㱿贞：勿乎雀伐𦉢。 辛巳卜，㱿贞：雀𠬪（得）亘。我…… 辛巳卜，㱿贞：雀弗其得亘。我…… 辛巳卜，㱿贞：乎雀𦎫桑。 辛巳卜，㱿贞：乎雀𦎫〔鼓〕。（《殷缀》二四九——《屯乙》四三八〇＋四九一九＋五一六三＋五一七七＋五一九三）

以上为同日同人之卜，各辞并左右对贞。

壬辰卜，㱿贞：雀𢦏㸚（祭）。 壬辰卜，㱿贞：雀弗其𢦏祭。三月。 壬辰卜，㱿：雀弗其𢦏祭。三月。（《屯乙》五三一七）

按雀为殷侯国。卜辞云：“乎侯雀。”（《屯甲》四四〇）“雀受侯又。”（《戬寿》四七、七，《续编》二三一、四重）亦称“雀男”，（《林》二、二二、一二）其采地与田牧所至，可征于卜辞者：“……雀宅𦉢……”（《续编》六、二六、一）“……雀刍于教……”（《新获卜辞》三二二，即《屯甲》二六〇）“雀田于㫃（偃）。”（《铁》一九一、二）《水经·河水注》：“教水出垣县教山南。”偃即河南偃师。是雀地当在豫西。《穆天子传》：“至于雀梁，浮于荥水。”《济水注》以为黄雀沟。则近荥泽之雀梁，殆即雀侯之故居矣。（参丁山《殷商氏族方国志》，125页）

上数辞卜雀伐𡏳方、追亘、𢦏祭、伐𦉢、𦎫桑，知雀侯于武丁时，常司军旅之事。

……卜，㱿贞：缶其𢦏雀。（《铁》一、二）

壬辰卜，㱿贞：于王夭。 贞：于王夭，乎雀，用三牛二牛。 㞢（侑）王夭，伐五卯宰。 㞢王夭，伐一，卯宰。 㞢王夭，伐三。卯宰。（《屯乙》五三一七）

癸酉卜，㱿贞：雀叀今日𢦔。（右辞） 癸酉卜，㱿贞：雀于羽甲戌𢦔。（左辞）（《屯乙》五七九八＋八一四四，《殷缀》所无）

甲申卜，㱿贞：雀受又。（《明义士》二三五八）

己巳卜，㱿贞：雀其𢦏。　贞：雀不𢦏。二月。（《屯乙》五三四七）

乙亥卜，㱿贞：雀㞢乍囚。　乙亥卜，㱿贞：雀亡乍囚。（《屯乙》五三四九）

丁酉卜，㱿贞：雀亡囚。（《南北·坊》三、九二）

……㱿贞：雀亡囚。（《前编》五、四一、八，又见《缀合编》一三八）

□未卜，㱿贞：雀……（《前编》七、一〇、三，又见《缀合编》一三八）

……卜，㱿贞：雀亡〔囚〕。（《拾掇》二、四七五，《南北·坊》五、四七重）

……㱿贞：乎雀……　……㱿贞：雀其幸……（《金璋》六八五）

壬子卜，㱿：王乎雀□若。（《京津》二一三五）

□寅卜，㱿贞：入勿乎雀……（《屯乙》六七〇九）　同版云：“贞：于之一月步。”

按雀为殷之屏藩，出入佐王，故贞雀之事特多。祭于㒼伯，亦命雀用牛。其㱿卜残辞，如《铁》七九、三言：“雀……旁”（即孽）《南北·坊》四、一九五言：“雀……征。”又《续存》上一〇八二，《林》二、十七、四，《七集·普》三八俱及雀事，并残缺。

（二十七）角

庚寅卜，㱿贞：……氏角。（《屯乙》二〇四八）

庚寅卜，㱿贞：甾、化、疋，𢦏弅。隹……　贞：甾、化、疋，弗其𢦏。（《屯乙》四七〇一）

庚戌卜，㱿贞：〔甾〕、疋、化，𢦏弅，王固曰：隹乙。其隹甲申𡆥。（《屯乙》七二〇四）

丁未卜，㱿贞：〔甾〕、疋、〔化〕　其受又（祐）。（《屯乙》七二〇七）

辛酉卜，㱿贞：〔甾〕、疋、化，𢦏角。　贞：甾、疋、化，〔弗〕其𢦏角。（《屯乙》二三二七）

按甾、疋、化或言“甾、化、疋”。盖三名联称，《屯乙》三九九三：“疋叶王〔事〕。”汉城大学博物馆藏巨胛骨云：“宂叒化，乎告……”疋、化为人名，可证。“弅”与“角”并“角”之繁形，《菁华》又言“岦叒角”，《路史》齐太公后有角氏，然殷时已有角国，地望未详。

（二十八）甾

己酉卜，㱿贞：甾隻羌。（《前编》四、五〇、六，《京津》一三一六重）

……㱿贞：射𠭯……曰：叀既。己卯……隻羌十……（《前编》七、十八、一）

……㱿贞曰：𠭯归𢀛（珙）来，我…… ……㱿贞：自王令……（《南北·师》二、八二）

……卜，㱿贞：其徐（猜），㞢囚。 贞；勿乎𠭯归。（《屯乙》二八八）

按“徐”即“赼”。《龙龛手鉴》引《说文》云：“赼，疑也。”即猜字。说详《卜辞义证》。

癸巳卜，㱿贞：吏（使）人于𠭯其㞢曰：……（《戬寿》二六、九，《续编》五、十七、八，同书六、十六、八及《佚存》四一重）

乙巳卜，㱿贞：𠭯正化，叶王事。 乙巳卜，㱿贞：𠭯正化，弗其叶王事。七月。（《屯乙》八二〇九甲左右对贞。又《遗珠》二八二文同）

戊申卜，㱿贞：王𦣻𣲖、𠭯。 戊申卜，㱿贞：王勿臓𣲖、𠭯。（《簠室·杂》五六）

按《殷缀》二二三：“丙辰……贞：叀〔◇令〕，比𣲖𠭯。 贞：勿隹◇令，比𣲖𠭯。 令𠭯比，𣲖𠭯。 勿令𠭯比，𣲖𠭯。”（《屯乙》三一七一十三四一七）“𣲖”为人名，字从水从屮，为“沐”之异写，殆卜人“沐”。参看下《卜人事辑》“沐”条。上辞“𦣻”与“勿臓”对文。他辞云：“……卜，㱿贞：侯告再册，王臓。”（《库方》一六三七）“……再册，王勿𦚋。”（《前编》七、十二、四）语例相同，知臓与𦣻二字，用法相类。𦣻即薛，读为𡕰；𦣻与㝵同。臓与歲殆为一字。《白虎通》及《广雅·释言》云：“歲，遂也。”《御览》引《春秋元命包》亦云：“歲之为言遂也。”则“勿歲”犹言“勿遂”。

𠭯亦殷之重臣，屡掌征伐以协王事。𠭯伐角事见上角条。其他㱿卜残辞若《佚存》五四〇，《遗珠》八〇八，京都大学二八六皆言及𠭯，不备录。

附征伐有关残辞：

言今𢀛者：

己巳卜，㱿贞：今𢀛，王……比伐……（《宁沪》三、八二）

□丑卜，㱿贞：今𢀛，王……伐……（《库方》一八七三）

□戌卜，㱿贞：今𢀛，王比……（京都大学六二一）

庚……㱿〔贞〕：今𢀛，王比……（《续存》上六九八）

壬子卜，㱿贞：今𢀛…… 壬子卜，㱿贞：今〔𢀛〕，……（《屯乙》八二二五，背〔《屯乙》八二二六〕云："贞：今𡆥，王勿…… 贞：今𡆥……"）

戊寅卜，㱿〔贞〕：今𡆥，王……（《库方》二一二）

☐丑卜，㱿贞：〔今〕𡆥，王……（《屯乙》二八〇九）

按"今𡆥"为记时成语，卜辞习见。其字至今纷纭，尚未有定论。考𡆥字上从ψ，以𢦏之作𢦏例之，明为从才。故"今𡆥"亦省作"今ψ"。（《铁》一五一、二）此字从才从口，当释"哉"。"哉"与"栽"、"兹"古并通。《诗·下武》："昭兹来许"。《续汉志》注引作"昭哉来御"。《中庸》："栽者培之。"郑注："栽或为兹。"《离骚》："滋兰九畹。"《楚辞集注》："滋一作莪。"斯并"哉"、"兹"通用之证。故卜辞之"今𡆥"、"来𡆥"，犹言"今兹"、"来兹"，决非"春"字。杨树达读为"载"，义犹未达。说详《卜辞义证》。

言登人者：

丁酉卜，㱿贞：勿登人三千。（《铁》二五八、一，《拾掇》二、一五二重）

……㱿贞：今……登人三千。（《续编》五、十三、七）

☐未卜，㱿……王登千……乎伐……𢦏。（《佚存》三二四）

☐酉卜，㱿贞：登人……（《林》二、二七、十五，《遗珠》一一八五重）

癸巳卜，㱿贞：登人……（《簠室·征伐》四七，《续编》三、三、一重）

癸巳卜，㱿贞：登……（《佚存》三七八，《邺初》下二八、一重）

言収人者：

辛未卜，㱿贞：我収人，在☐。不㫚，受㞢年。 贞：我弗其受黍年。（《屯乙》二七三四）

☐寅卜，㱿〔贞〕：王収人……〔于〕旬。（《后编》下二七、七）

☐寅卜，㱿〔贞：王〕収人……〔于〕旬。（《后编》下三十、十）

上二片似可缀合。

☐丑卜，㱿贞：令在北𠀠収人。（《粹编》一二一七）

按"𠀠"即"𡆧"，说见前。𠀠称北𠀠，如羌有北羌，𡚬有南𡚬。（《文录》八一九）冠方名于地名之前，其例正同，此卜在𠀠北供人，以备征伐也。

㱿卜残辞，与征伐有关者，兹掇拾如下：

言“伐于某”者：《燕大》七三八。

言乎〔伐〕方受出又者：《金璋》六八二，《遗珠》四六九。

言豙某者：《南北·无想》一九一，《屯乙》二二一五。

言甶王往伐者：《南北·坊间》五、三四，《遗珠》九五四。仅存“甶王”二字者：《遗珠》一〇一六。存“王甶”者：《铁》一五三、三。言“某方戋，甶王征”者：《铁》二六二、三。言“王比伐”者：《续存》上六九二。

言“乎伐”者：《屯乙》三二三六。言“王徣征”者：《续存》下三二六。

言“章”者：《遗珠》四七七，《屯乙》五一七七。

言“弗其戋”者：《铁》三九、三（《续编》四、三七、一重），《铁》一七一、四。仅存“弗戋”者：《明义士》一二七四。

仅存“执㴱”者：《燕大》六三九。存“㴱”字者：《铁》一六一、二。

仅存“执”者：《南北·明》二九三。

附致贡：

甲辰卜，㱿贞：奚来白马。王固曰：吉。其来。　……马五。……（《屯乙》三四四九）

……奎奚十。……甶百。（《屯乙》一二一六，亦见《殷缀》一三九背）

按《左·桓十七年传》：“于奚。”《水经注》：“漷水西迳薛县故城北，《地理志》曰：夏车正奚仲之国。”此言奚地入贡白马。

甲申卜，㱿贞：氐马。（《屯乙》七六四七）

不其氐马？（《屯乙》七六七六）

上二残甲似可缀合。

〔贞：妻其来牛。〕　贞：妻弗其来牛？　贞：妻来牛。　弗其来牛？（《屯乙》六九六四整甲，背云：“戊口卜㱿。”）

按殷之妻地，与兒伯国为邻。卜辞云：“妻告曰：兒伯……”（《后编》下一、一四）兒即春秋之郳国。庄五年：“郳犂来。”杜注：“东海昌虑县东北有郳城。”兒在今滕县。《史记·田单传》有齐画邑人王蠋。《水经·淄水注》：“澅水南有王蠋墓。”又引《孟子》：“去齐三宿而后出画。”《括地志》：“澅邑，因澅水为名，在临淄西北三十里。”妻地在殷都之东。上辞卜其贡牛事。参下论诸子章子妻条。

又㱿卜残辞言氐者附列于下：

己亥卜，㱿贞：王曰氐……（《明义士》七二三）

壬申〔卜〕，㱿贞：其氐。（《明义士》六八〇）

壬寅〔卜〕，㱿贞：……氏……用自……至下……（《屯乙》七七五八）

乙卯卜，㱿贞：其曰氏。（《簠室·天象》五五）

辛未，㱿贞：……氏……（《库方》三〇二）

其他与㱿有关之人物及方国致贡者尚多，另详。

十四、【㱿卜之辞所见人物】

各贞人辞中，有关殷代人物之记录，本书另有专章探讨。今但举其所见各书之卷数页数，用备参稽，以证知其人之时代。惟卜辞对于人物之称谓，有时揭其国邑或氏姓，其为地名抑人名，辨析綦难。兹泛举于此，至于详细，具见专章。

（一）侯

𠇒（仓）侯　《京津》二一一九（《拾掇》一、四六五重），《续编》三、十二、一（《佚存》二三重）。

㜽侯　《屯乙》五二三四。

旃（侯）　《遗珠》一〇一二，京都大学九二，《屯乙》四二〇一。按“旃侯”见《南北·明》一〇四，《屯甲》八五四，及殷虚出土玉戈。

杞侯炽　《后编》下三七、五。

侯告　《屯乙》二八七一。

侯虎　《菁华》七。

按《屯乙》四五八二但见一侯字。

（二）伯

昜伯𡙇　《前编》四、三、四，《南北·师》二、一四八文同。《遗珠》五七一，《库方》一六三七，《屯乙》二八七一十七二四六。《京津》一三三六。

㝩（伯）　《屯乙》七四二五，《菁华》一，《缀合编》一一七——《续编》五、十、一十《簠·地》三一。按“㝩伯”名见《屯乙》二一五六，字亦作𡶈。

𠬪（爰）伯　《屯乙》三三二八甲尾。

（宋伯）𢓊　《屯乙》二八八。按“宋伯𢓊”见《佚存》一〇六。

而伯龟　《屯乙》七七四六。

（三）诸子

子𡿺　《林》一、五、一〇，《佚存》七八六，《南北·无想》二二二，《京津》一四二七，《拾掇》二二九（《续存》上一〇六八重），《殷缀》一二一——《屯乙》五五九一十五七九〇，《殷缀》二七六——《屯乙》四七三七十五六〇五十五六〇六，《屯乙》五五八二，《屯乙》六六九二，《屯乙》六七〇二，《屯乙》七六四七，《屯乙》七七九五。

子吕　《菁》一，《屯乙》二一六八（亦见《殷缀》一一二），《屯乙》四五二四，又七四二五。此亦作“吕”。

子渔　《续编》一、二八、六（《佚存》五二四，及《南北·师友》二、五三重），《续编》三、四八、三，《库方》一六八〇，《南北·坊》二、一六。

子邕　《六录·清晖》五二。（《外编》三八六重）　子韋　《南北·明》二二〇，《铁》二四七、二。　子[illegible]　《京津》二〇八二。

子汏　《续编》五、六、六（《簠室·人名》九重），《屯乙》七七五一，《屯乙》三〇九四。

子央　《菁华》三。

子凡　《殷缀》四四六——《屯乙》二四九四十二八〇六。

子豉　《菁华》三。

子寅　《菁华》三。

子[illegible]　《菁华》四。

子溟　京大六三五。

子鬲　《库方》六七〇。

子昌　《屯乙》六九〇九。

子戎　《双剑》四二。（《续存》下二二四重）

子[illegible]　《拾掇》四五四。（《宁沪》二、二五，《续存》上九七三及《外编》四六三重）

子窖　《后编》下三七、五。

子窑　《屯乙》六七三二。

子[illegible]　《屯乙》三〇九四。

妻（子妻）　《宁沪》二、五二，《粹编》一四九八。

妥（子妥）　《屯乙》二九〇三，又四六二八。（亦见《殷缀》二六八）

按他辞又有小臣妥及帚妥，互见《外编》诸子诸妇章。

晉（子晉）　《续编》一、二八、六。（《南北·师》二、五三重）

异（子异）　《金璋》三六四。

邑子　左子　《屯乙》八四二四，《巴黎》二三。（文略同，惟无㱿名）

多子　《库方》二九五，《屯乙》三七六四。

（四）诸妇

帚好　《铁》一二七、一，《铁》一八三、一，《铁》二一四、二，《前编》四、三八、一，《前编》五、十二、三，《前编》六、五、六，《明义士》九四九，《续编》四、二九、一，《续编》四、二九、二（《簠室·典礼》一一六重），《续编》四、三〇四（《簠室·典礼》一一二重），《遗珠》三七一，《遗珠》五二四，《遗珠》六二〇（《通·别》二、二重），《粹编》一二二九，《屯甲》二〇四〇，《屯乙》七四三，《㱿缀》四〇五（《屯乙》七四三十一九二四），《屯乙》三三八三，《屯乙》四七二九，《屯乙》六三一〇，《屯乙》六六九一，《屯乙》七〇四〇，《屯乙》七七三一，又《屯乙》七七九九，《南北·无想》二〇四，《续存》上一〇三四，《续存》下四五〇，《续存》下四五四，《屯乙》二三二七十七七九九（《㱿缀》所无），《续编》三、一、二（但称“好”，无“帚”字）。

帚姘　《铁》一四七、三，《前编》七、十二、三，《簠室·典礼》一〇八，《簠室·典礼》一〇九（《续编》三、二六、一重），《簠室·典礼》一一八（《续编》一、五三、一重），《续编》三、四、二，《续编》四、二六、二（《戬寿》二五、十二重），《库方》五六五，又一六三〇，《遗珠》三七一，《六录·清》四八（《外编》一七八重），《宁沪》三、二五，《南北·明》七九，《南北·师》一、八二，《续存》上一〇三七，又一〇四〇，《平津·元》十四（《续存》上六二及《外编》四五九重），《平津·元》十五（《续存》上六三重），《南北·师》一、十五（《外编》五重），《南北·师》二、十四，《屯乙》七一三一（又同书六六八六文同），《戬寿》二五、一二（《续编》四、二六、一重）。

帚婐　《后编》上、九、一（此仅称“婐”），《续编》四、二八、四（《簠室·典礼》一二一重），《屯乙》一二七七，又三二五一，又三三五九，《㱿缀》四五四——《屯乙》三二五一十三三五九。

帚嫂　《粹编》一二三七。

帚𠮛　《屯乙》七三四五。

帚良　《屯乙》二五一〇（《京津》二二〇八但称“良”）。

帚妓　《㱿缀》九四——《屯乙》四九六十一二二六。

帚丙　《屯乙》二六八四。　《帚冎》　《屯乙》七〇四一。

帚㞢　《拾掇》三四二背。

帚婡　《拾遗》九、四。

帚𡚷　《屯乙》六六九一。

娥　《林》一、二一、一四，《续编》三、四八、三。（《南北·坊》二、一六重）

娟　《屯乙》一二〇一，他辞娟多为地名，此言“娟㞢子”。

妹　《屯乙》一七五〇。（亦见《殷缀》一五二）

婴（帚婴）　《铁》一九七、三。

女（帚女）　《遗珠》三四一。

姼　《屯乙》五六四〇。

女　《续编》六、一八、二，《南北·明》一〇，《南北·诚》六，《续编》六、一八、二。

妥　《屯乙》二九〇三，《殷缀》二六八——《屯乙》四六二八＋四八二六＋四九四七。（按卜辞又有子妥及小臣妥。）

敏　（或妥别构，详下诸妇章。）《京津》一六二八。（《邺初》下三一、七重）

雷　（雷）《屯乙》七二七。（同书六八七七，及《续存》下三八八文同。他辞见“雷帚”。〔《后编》下四二、七〕）

其他殷卜残辞仅存“帚”字者，有：《铁》二〇一、二，《前编》五、二九、五，《库方》二九〇，又一八三五，《屯乙》三三五九（《殷缀》四五四），又八四六二，《南北·无想》二五八，《续存》下四五一，又四九六。

（五）卜人

穷　《屯乙》六三七三。

争　《粹》一一一七，又《同文例》四五。

亘　《屯乙》六六九八，《屯乙》四六八四＋六一一一，《京津》二五八二，《库方》三四七。参上征伐亘方条。

彸　《殷缀》七三——《屯乙》三四二七＋三四七七。《佚存》八五（《续编》六、十一、一及《铁》七二、三重），《拾掇》一、九七。（反面识殻字）

先　《库方》六五〇。

韦　同上。

𠦪　《京津》一四三四（《六录·中央》一四六重），《平津·元》一〇六。（《续存》上六一六重）

豕　《铁》一六一、一，《后编》下三七、三，《续编》二、二四、四。

𣪊　《续存》下四六九，《簠室·典礼》三九。

自　《后编》上三〇、一四，《粹编》一一三二，《遗珠》二八〇，《铁》一二、三，《前编》四、三、五。

叶　《拾掇》五三一。

𠃬　《屯乙》一三四一。

光　《京津》二三二一。

坙　《南北·坊》三、一〇一。

卣　《诚斋》四六八。

从　《殷缀》三二三——《屯乙》五七八六＋五八九六。《前编》七、十九、四："呼商（赏）从羌县（贝）。"

取　《屯乙》七三六〇。

㣺　《屯乙》三七六七，又六七二八，《遗珠》二三。

屰　《京津》七一。

𣪘　《殷缀》二六二——《屯乙》四五六一＋四五五二。

史　《图录》十二＋十三，《屯乙》六七〇二。

𡗜　《簠·人》四七，《续存》下三九一。

我　《图录》十二＋十三，《殷缀》二八二，《屯乙》六七〇二，《屯乙》七七九六，《库方》一七五〇，《七集·卫》五，《屯乙》六七四八，《屯乙》二六九六，《京津》二三〇四，《屯乙》七七九六，《屯乙》二八九一，《屯乙》六二六三，《屯乙》三〇九四，《屯乙》二三〇六，《缀合编》一六二——《邺三》下三五、四＋辅大拓本。按"我"字所见尚多，有极难定为人名者，不备举。

𠦝　《京津》一八二一。（二六四五自重）

𠙵　《屯乙》三二一二。

𡴘　《佚存》八六二，《林》二、二四、五，《粹编》一四九六，《菁》十、八，《铁》一〇五、二，《南北·师》二、一六三，《屯甲》三三三八。　𡈼　《屯甲》二九五六。

按以上均卜人之见于㱿所贞之辞者，可知俱属武丁时人。

（六）其他

沚戠　《铁》七二、三（《佚存》八五重），《铁》一二二、二，《前编》七、十七、三，《前编》七、十九、一，《前编》七、二七、一，《前编》七、三九、一，《菁华》一，《戬寿》十二、十三（《续篇》六、十六、七重），《林》一、八、十八（《龟卜》四重），《燕大》八五，《续篇》五、二三、一（《佚存》五三七重），《戬寿》四五、十二（《续篇》五、二〇、十二及六、二十、七重），《佚存》二二，《库方》一〇五九，《柏根》二四（《七集·柏根》三三重），《七集·天津》十三，《粹编》一〇九七，《粹编》一〇九八，《粹编》一〇九九，《双剑》六七（《续存》下三三三重），《屯乙》七二七（又背七二八），《屯乙》六八七七（又背六八七七），《续存》下三八八（又背三八九，按上三版为同日同事之卜），《屯乙》一七一二，《屯乙》一七二六，《屯乙》六三七〇，《屯乙》六六六八（又背六六六九），《屯乙》七七三九，《屯乙》八一二〇，《屯乙》六七〇〇+七四七三（《殷缀》所无），《殷缀》一〇二（《屯乙》七四五+二〇二九+二〇九九），《殷缀》一五七（《屯乙》一七〇八+一七一二），《殷缀》一六三（《屯乙》一九二三+二六六二+六七四三），《殷缀》一九六（《屯乙》二五二二+二五五三+二五五五+二六四四+二七〇〇+四六〇八），《缀合编》一二三（《库方》一五五八+一五九九），《宁沪》三、八四，《南北·师》二、一〇一（《外编》十三重），《南北·诚明》二九，《续存》上四二一，《续存》上六六八，《续存》上六六九，《续存》上六七三，《续存》上六八三，《续存》上六八五，《续存》上六八七。

按沚戠为武丁时重臣，或但称“戠”，知沚乃其采邑名。又称“伯戠”。如：“贞白戠执四月。”（《天壤》九〇）又称“𠂤戠”。如：“鬳比𠂤戠。”（《屯乙》八一六五）𠂤即𠂤，为师字，乃官名，犹般之称𠂤般也。

朢乘（望乘）　《铁》一五〇、三，《佚存》二二，《粹篇》一一一三，《双剑》六七（《续存》下三三三重），《屯乙》二六六二，《屯乙》二七〇〇（亦见《殷缀》一九六），《屯乙》三六八五，《屯乙》二六一六+六八八八（《殷缀》所无，按二六一六亦见《殷缀》二〇一），《屯乙》六七〇〇+七四七三（《殷缀》所无），《屯乙》二一〇九+七〇五四+七三四八（《殷缀》所无），《殷缀》一〇二（《屯乙》七四五+二〇二九+二〇九九），《殷缀》一六三（《屯乙》一九二三+二六六二+六七四三），《殷缀》一九六（《屯乙》二五二二+二五五三+二五五五+二六四四＋二七〇〇），《缀合编》一二三（《库方》一五五八＋一五九九），《缀合编》一二五（《库方》一六一四＋一六一五＋一六二四），《宁沪》二、五七（《拾掇》二、一五七及《续存》上六二三重），《南北·诚明》二九，《续存》下三三二。

　《铁》九四、二（《南北·坊》三、九四文同），《粹》一一六八，《遗珠》一三五一，《屯乙》二一四八，《拾掇》五二〇（《续存》上四六重），《续存》下四七〇。

陕　《前编》五、七、六，按《屯乙》三八二二，字作阦。

　《屯乙》八一一〇，《天壤》六九（《南北·诚明》四一重），《续编》五、二二、四同文，《簠室·人》四七。

疲　《殷缀》二四一——《屯乙》三七九三＋三七九五，又《屯乙》六四四六，二四六六。

呗　《殷缀》二四一。

旃（旜）　《殷缀》二七一——《屯乙》四六七五＋四九八八，《殷缀》二一三——《屯乙》二八八二＋二八八五＋二八八九，《屯乙》三二一二，又八一六九，又六三七三。

龙　《殷缀》一三五，《屯乙》七三八七。（背）

般（自般）　《屯乙》一一四五，《屯乙》一一五〇，《金璋》四一一，《京津》一二九四，《殷缀》一三五，《南北·师友》一、六三。（《外编》一〇七重）

鸣　《库方》一二三八，《平津·元》一〇六。（《续存》上六一六，《京津》二二二〇重）

偁　《铁》六〇、四，《屯乙》八一六五。

弤　《佚存》九九一（《续存》下四四重），《屯甲》三三五三同文，《屯乙》五三九七。

巂　《屯乙》八一六五。

冕　《京津》一四三四（《六录·中央》一四六重），《平津·元》一〇六（《续存》六一六重）

弄　《屯乙》二八九九，《屯乙》四二九九，《屯乙》七〇七九。

　《铁》八八、四（《佚存》七三一重），京都大学四六之，疑此字省书。

買　《金璋》六七五。（又见《缀合编》一〇三）

绳　《续编》五、三、二。

免　《屯乙》五三〇三。

为　《续存》上六五〇。（《铁》一六一、一重）

㒸　《屯乙》七二七，《续存》下三八八。

商　《缀合编》三〇四（北平图书馆藏骨，言“商氏”），疑即子商。

㣈　《库方》四一六。

貍　㕧（讙）　《屯乙》四七七六＋四七七七。《殷缀》四六七。《明义士》二三四三。

㪿　《屯乙》四四八八＋八三八七。　以上二辞言氏。

见　《续存》上六四七。

陕（㚏）　《粹编》二五七，《续存》上一一九四，《前编》七、十、一。按旧释“陵”。

㵒　《宁沪》二、五二。按古文沬作頮，或即此字。

豙　《殷缀》三〇二，此殆“原”字。

㳄　《之馀》一四、二。

矢　《遗珠》九九〇，文云：“矢乎。”

言　《后编》上二四、一〇作“舌”。（《粹编》四七重）《粹编》四八，《京津》五九〇，《卜辞同文例》五九文同。

千　《续存》下四一二。

䖵　《铁》一一四、一，《前编》五、六、四，又七、五、三，《佚存》九八〇，《簠室·游田》一二二，《缀合编》一一七，《同文例》四四。

贮　《屯乙》四五三九。

利　《林》一、十八、十一。

𣪊　《六录·中央》一七〇。

㪉　《佚存》七八八。　上二片𡧊贞之辞，仅余一字，疑人名。

㬜　《续编》一、二八、六（《南北·师》二、五三重）。按卜辞有子𡠗。

十五、【杂卜】

王：

辛丑卜，𡧊贞：帝若王。　贞：帝弗若王。（《殷缀》三二三——《屯乙》五七八六＋五八九六）

按《尔雅·释言》：“若，顺也。”又《释诂》：“若，善也。”《汉书·

礼乐志》："神若宥之。"注："若，善也。"殷时习语"若"与"不若"习见。

其他残辞仅存"帝"字者，有《铁》二六七、一，（丁亥㱿卜）《拾掇》二、一九一，（辛卯㱿卜）及《菁华》十、八。（文见前）

……㱿贞：子冥……王固〔曰：〕……隹丁冥……（《屯乙》六八〇三）

……㱿贞：王固曰：其……（《库方》六九四）

……㱿贞：……固曰：……（《戬寿》四六、九）

㱿贞：……固曰：其隹……（《续编》五、七、八）

以上有"王固曰"语。

至于残辞有王字者，又有：《铁》一五三、三，《前编》五、四三、三，《金璋》五三七及六九九，《遗珠》一〇一六，《诚斋》四二二，《宁沪》三、五一，《南北·明》二七九，《拾掇》二、二五一，《京津》五四五，二四〇六及二七七九诸版。

王族：

庚申卜，㱿贞：乎王族彶比彖（原）。　庚申卜，㱿贞：勿乎王族比彖。（《殷缀》三〇二——《屯乙》五三一一＋五八〇七＋五八七六）

□卯卜，㱿贞：令……王旟……（《铁》九三、一）

按《楚语》上："楚师可料，在中军王族而已。"此"王族"二字可征于经典者。《铁》所见之族字从二矢，乃繁形。

妃：

辛丑卜，㱿贞：霝（灵）妃不㞢（死）。（《前编》四、二四、三）

辛丑卜，㱿贞：霝妃不㞢。（《福氏》一一＋《燕大》七一——《缀合编》一三五）

按"不死"乃殷时习语，所以祈长生而匄永命。又如："贞：子毋其毓（育），不㞢。"（《簠室·杂》六九）"□午卜，帚妹子不㞢。"（《拾遗》九、四）实为嘏辞。亦称"勿㞢"。如："王固曰：吉！勿㞢。"（《屯乙》三一四八，又六一八六略同）考《列子·天瑞》引《黄帝书》："谷神不死。"又见于《老子》。《易·豫》六五："贞疾恒不死。"《楚辞·天问》："延年不死，寿何所止?"《齐綸镈》："用旂（祈）寿老（考）毋死。"证以卜辞"不死"之观念，殷时已盛行，降至春秋，齐楚益张其说，遂有长生久视之学。

臣：

壬午卜，㱿……〔多〕臣往羌，……幸。（《平津·元》一一〇，《续存》六〇一重）

……卜，㱿贞：……多臣……弗……幸。（《屯甲》三四七七）

……卜，㱿……小臣……（《续存》下四七五，《京津》二一〇七同）

……㱿……王氏……臣正。（《屯乙》六四一四）

令：

辛亥卜，㱿贞：于乙门令。　辛亥卜，㱿贞：勿〔于〕乙〔门令〕。（《前编》七、四〇、一，《粹编》一〇四三同文）

按他辞云："……王往于章。……于乙门令。"（《金璋》四七八）"贞：勿于乙门令。"（《佚存》五八二、《六录·束》五五重）门即祊，故又见"宗门"（《屯甲》八九六），即宗祊也。乙门之外，复有丁门（《林》二、二、一五："贞自丁门。二月"），或"且丁门"（《屯甲》二七六九），"父甲门"（《宁沪》一、二〇一），是乙门之乙，虽不知指大乙、祖乙抑小乙，惟为庙主之名则甚明。

丁巳卜，㱿贞：出令于弘。（《前编》五、一五、一）

己丑卜，㱿贞：羽庚寅，令。（《佚存》三九）

己亥卜，㱿贞：羽庚子，勿令。（《遗珠》七八七）

其他：

庚寅卜，㱿贞：来辛丑，卜曰……（《屯乙》五四一一）

丁卯卜，㱿贞：我自亡攺（啓）㪇。（《屯乙》八一一）

按此辞颇费解。㪇字见《广韵》二十六咸。云："鸟㪇物也。"读与欃、馋同音。卜辞㪇有二义：一指灾祸，如云"降㪇"（《林》二、二二、三，《续编》五、二、一），谓降灾也；一为方域名，如云"㪇入"（《屯乙》七〇四一，六三七四甲桥）。此辞称"𢼄㪇"，𢼄读为啓奏，殆谓我于自同啓奏㪇国之事。同版云："贞㚔（卒）亡𢼄㪇。"又云："步于卒。"以是比况，我、自似当与卒同例，为专名，不宜作我之师旅解，姑备一说于此。

壬午卜，㱿贞：戎及受……（《屯乙》四七六五）

按上列为王及王族、妃、臣正等有关之卜辞，姑列为"杂卜"一项。

十六、【成语】

㱿之卜辞，所见成语，已散入前举各事类中。其残辞所见，为上文所不及录者，兹更补述如次：

〔若〕

甲申卜，㱿贞：若。（《屯乙》七七六九，对贞辞缺）

癸未卜，㱿贞：王为……若。（《前编》五、三〇、五）

乙酉卜，㱿贞：我……若……亡……（《库方》二四一）

……㱿贞：……若。（《屯乙》一一五〇）

〔勿祥〕

丁酉卜，㱿贞：王勿蕭（祥）曰：……（《后编》下四〇、六）

□亥卜，㱿〔贞:〕勿蕭（祥）于……（《六录·束》五八）

癸亥卜，㱿贞：勿蕭（祥）澉羌。……（《续编》五、三〇、三）

〔乍㝐〕

庚申卜，㱿贞：乍㝐。（《屯乙》七二三七）

庚申卜，㱿贞：勿乍㝐。（《屯乙》一八七三）

戊□卜，㱿贞：我……乍㝐……（《林》二、七、八）

按"乍㝐"与"为㝐"义同，说见上卜祭祀"㝐祀"条。

〔其㝵〕

……卜，㱿……其㝵……易……（《拾掇》一、二三六）

按"其㝵"即"其得"。《易经》繇辞每言"得"，如《坎》九五云："三岁不得，凶。"《既济》六二："勿逐，七日得。"是其例。

〔乍囙〕

庚申卜，㱿贞：我出乍囙。　庚申卜，㱿贞：我亡乍囙。（《屯乙》六二六二）

己丑卜，㱿贞：王亡乍囙。（《屯乙》三四二九）

〔隹囙〕

癸丑卜，㱿：隹囙。缶隻用。（《屯乙》七七五二）

壬寅卜，㱿贞：隹囙。（《续编》六、一五、三）

□酉卜，㱿贞：□不隹囙。（《屯乙》六三〇六）

丙午卜，㱿贞：王聑隹囙。（《屯乙》六二九七）

□丑卜，㱿贞：王聑隹不……（《佚存》八二）

按"聑"即"听"字，或但作"耶"，与魏三体石经《无逸》古文，及《古文四声韵》引《义云章》，"听"字形同。详《骈枝三编》。

〔亡囙〕

……㱿贞：……囙……（《拾掇》一）

……卜，𣪕……亡〔囚〕。（《铁》二六六、四）

……卜，𣪕〔贞〕：旬亡〔囚〕。（《京津》一七九四）

……卜，𣪕……亡 囚。（《京津》一八四八）

按“亡囚”语，以“贞旬”一类为多。具已见上，上列则为残辞。

〔㞢𡆥〕

甲寅卜，𣪕贞：王隹㞢𡆥。（《续存》上三一五）

癸……𣪕贞：……隹𡆥。（《续存》上一〇一〇）

按㞢𡆥谓有蹉跌也。

〔亡𣦼〕

……𣪕……亡𣦼……（《明义士》一四〇三）

按𣦼即死。《诗·陟岵》：“尚慎旃哉，犹来亡死。”“亡死”与“亡𣦼”语同。其相反之语曰“其𣦼”（《屯乙》五三四七）。见上雀条。

〔亡其虎〕

□申卜，𣪕贞：亡其虎。（《屯乙》七一九〇）

〔其𡿬〕

辛卯卜，𣪕贞：其𡿬。（即𦰩，与“熯”同。说见㝐条。） 辛卯卜，𣪕贞：不𡿬。（《屯乙》六六九八）

〔来嬄〕

壬戌卜，𣪕贞：今十月，其㞢来嬄。（《簠室·人名》一〇三）

贞：亡来嬄自西。（《屯乙》六二〇二，其背六二〇三云：“庚子卜𣪕。”）

按“来嬄”即“来艰”，说见前。

〔不𠬝〕

甲辰卜，𣪕贞：今𦎫贞：不𠬝。（《前编》六、三九、三，《京津》一九四九重）

按不𠬝即不败，详《殷契骈枝》，及卷五㝐条。

〔㞢敏〕

……卜，𣪕贞：㞢敏。……（《明义士》七七）

按㞢敏疑即㞢每之繁形，字益又旁。读为“有悔”。《易·乾》上九爻辞“亢龙有悔”是也。

〔𠆢每〕

……卜，𣪕贞：……𠆢母，二月。（李棪藏骨）

按“个”疑不之残形，“不母”即“不悔”。然细审之，又似“东”字残形，则此应是“东母”也，姑识所疑以俟考。

〔出䎽〕

……卜，㱿贞：出䎽曰：……（京都大学四七七）

按“出䎽”即“有闻”。方国报闻也。

〔出齿〕

□酉卜，㱿贞：出齿不……（《屯乙》三二五六）

甲申卜，〔㱿〕贞：隹乙齿。　〔甲申〕卜，㱿贞：〔不〕隹乙齿。（《殷缀》四七六——《屯乙》五七一三+五七二八）

〔出希〕

癸未卜，㱿贞：……乃丝出希……（《拾掇》四五四，《宁沪》二、二四，《续存》上九七二，及《外编》四六二重）

癸未卜，㱿……曰：出希，其……（《簠室·杂事》一一九）

他如“出𡆥”、“出蛊”、“出希若𠭯”、“出希弗𠃌”、“其徭（猜）出𡆧”、“隹易　亡易”、“𢀛（宠）　不其𢀛”、“勿𦛔”、“邑亡䢅（震）”，诸常见成语，说均详前，不复举。

附残辞摭存：

㱿卜之辞，有残存三数字，或具干支者，并为辑出，以备稽览及缀合之助。

□寅卜，㱿……曰：隻……（《铁》一〇三、三，《续编》三、四一、六重）

己巳卜，㱿，贞：不其亦……（《屯甲》三五二七）

存“王取”二字者：　《天壤》八三，《前编》四、二六、一。

存“乎取”二字者：　《续编》六、一三、三，《库方》二八二。

存“亩某月”者：《屯乙》一〇五九，又二〇〇九，又六五〇六。

存“今□月”者：　《明义士》七五一。（《诚斋》四一〇，仅存“今”字）

存记时之“翌”字者：　《铁》一〇九、一（《续编》六、一八、五重），《明义士》二三六二，《续编》六、一七、六，《南北·诚》二五，《南北·无想》二六五，《屯乙》六九四一等。

仅存“我”及“我隹”、“不隹”相类残辞者：　《诚斋》四一一及四一五，《南北·坊》三、一三一，《南北·师》二、一一七，《文录》八三一（同书九〇一重），《邺三》下三五、四（《南北·辅》三重），又《屯乙》一一一三（字纤小）。

又《京津》二〇九八（《续存》上五六二重），残辞："□酉卜，㱿……吁子□……"丁山读吁为人名，然他辞"吁"乃动词。余则定为"嗞"字，说见卜人争条。《续存》下三七二存"𠬪"字。《京津》一四五九存一"虎"字。《佚存》五二四（《七集·孙氏》四及《南北·师》二、七三重）存"弗羿"二字。《遗珠》八一三存"口"字。《佚存》九五三存"家"字。《文录》八一七存"冥"字。《前编》五、一四、三存"之"、"𣪕"二字。《拾掇》二〇四存"寅屮"二字。

其㱿卜残辞存卜日之干支者：

甲子（卜）　《林》二、一一、二，《诚斋》四〇七，《屯乙》四八一六。

乙丑　《库方》一七三一，《屯乙》七二四五，又七八三四，《明义士》一〇二七。

丙寅　《遗珠》一三五二，《屯乙》六一四七，《南北·无》二七五，《续存》上一二二七。

丁卯　《屯乙》一〇七七，《续存》上一二五二。

戊辰　《遗珠》一四一三，又一四一六，《续存》上一二五三，又一二九六。

己巳　《库方》三三五，《天壤》二一，《殷缀》一八三。

庚午　《明义士》二五，《双剑》九七，《京津》九一七，《续存》下五五一，东京博物馆藏片。

辛未　《铁》一四七、二，《屯乙》三一九一，《南北·无》二八二，《续存》上六四九，京大四〇七。

壬申　《遗珠》一一三八，《屯乙》九二四，《龟卜》一一六。

癸酉　《前编》四、四三、一，《南北·无》三一二，《屯乙》九二一，《殷缀》一二二。

甲戌　《京津》二五四六，《续存》上一二九五。

乙亥　《遗珠》一三九九，《南北·诚》五二，《续存》上六九五，《屯乙》七四四九。

丙子　《拾掇》二、四四一，《南北·坊》五、五二，《续存》上四二八，《库方》五一五，《屯乙》七八〇〇。

丁丑　《铁》一一二、二，又二二六、四，《南北·辅》二。

戊寅　《明义士》七二一，又一五四八，《文录》一七二。

己卯　《铁》一一五、四，《遗珠》一四一四。

庚辰　《屯乙》四五一二，

辛巳　《粹编》一一〇〇，《六录·中》一五八，《平津·元》一二四，《屯乙》四四一〇。

壬午　《拾掇》二、三四四。

癸未　《屯乙》五三〇六，《库方》七二〇，《续存》上八九七，又一三八一，《铁》一二八、三，又二二六、三。

甲申　《金璋》三八六，《续存》上六二二，《龟卜》一一五，《屯乙》八四一八。

乙酉　《林》二、一二、十，《福氏》七，《续编》三、七、四，《铁》一〇二、四。

丙戌　《明义士》二三三九，《诚斋》四〇〇，《拾掇》二、二五〇。

丁亥　《燕大》二七，《续存》上一二三一，《铁》二六七、一，又二二三、一，《续存》上一二〇八，又一二四九，《屯乙》六四四。

戊子　《续存》上一二二八，《屯乙》五三一八。

己丑　《佚存》五四四，《遗珠》八〇九，《屯乙》三六〇六，《南北·诚》三五，《南北·明》一七七。

庚寅　《京津》二七〇二。

辛卯　《金璋》七一六，《六录·清》一三三，《京津》二三九〇，《续存》上一九九，《外编》三二一。

壬辰　《铁》一〇九、一，《续编》六、十八、五，《遗珠》一四一九，《南北·无》一九一，《南北·坊》四、一九〇，《屯乙》四三九一。

癸巳　《缀合编》一三〇，《续编》二、二五、一，《佚存》三七八，《库方》一九二，《屯乙》二七四九，又五〇一四，《续存》上六二〇。

甲午　《诚斋》三九四，《铁》二三〇、二。

乙未　《屯乙》七二六〇，《遗珠》三〇一，《平津·元》一七五，《京津》一五一七，又二三一九，又二五二六，《续存》上一四〇五。

丙申　《屯乙》一九〇二，又七八七七。

丁酉　《诚斋》四七七，《续存》上一三三二，《铁》一六一、四，《外编》一五〇。

戊戌　《遗珠》一四二〇，《屯乙》一三八六，又四一二四，《殷缀》四五一。

己亥　《前编》四、二、四，《续编》五、二五、一，《南北·辅》四，《京津》八七五，《续存》上四三五。

辛丑　《屯甲》一二〇。

壬寅　《前编》一、五二、五，《屯乙》二八九二。

癸卯　《双剑》九一，《京津》一六〇四，《续存》下五四二，《邺中》二下四二、一及二。

甲辰　《屯乙》四五九一。

乙巳　《戬》三八、八，《遗珠》三〇二，又一四一五，《续存》上三九五，又一四〇〇，又下三一八。

丙午　《林》二、二八、十。

丁未　《六录·束》一〇四，《屯乙》七〇一〇。

戊申　《粹编》四六二，《屯乙》三二五五，《南北·师》二、一六六，《京津》九〇四。

己酉　《京津》二三八九，《续存》上五九七，东京博物馆藏片。

庚戌　《铁》一一八、三，《南北·师》二、六二，《京津》二三六九。

辛亥　《南北·明》一五〇，《屯乙》八一六六。

壬子　《屯乙》四〇九九，《续存》上一三九二。

癸丑　《续存》上三九五。

甲寅　《库方》四〇一，《屯乙》五七九。

乙卯　《七集·上海》六，《库方》一九一一，《屯乙》三二九一。

丙辰　《屯乙》四四二五，又六一九六。

丁巳　《铁》九四、一，《屯乙》六四五九，《南北·坊》三、一〇〇，《京津》八六四。

己未　《邺》二下三八、二，《金璋》五四六，《屯乙》六四二〇，《京津》二五一六。

庚申　《京津》二三七〇，《屯乙》三七四四，又七五四二。

辛酉　《诚斋》三八八，《屯乙》二三五九，又三三三五，又七四七八，《殷缀》一九〇。

壬戌　《铁》一四七、一，《屯甲》二〇七〇。

癸亥　《铁》二〇三、四，《金璋》六九六，《摭佚》一一八，《京津》二三〇八，《续存》上九四五，又上一三六一，又上一三九〇，《屯乙》

三一六三，《南北·师友》二、一六六，又一六二，《外编》一七一，《殷缀》一三二。

仅存天干者：

丙　《铁》一八七、一，《屯乙》五七四五。

丁　《明义士》九四九，《屯乙》一五一二，又四四二四。

戊　《诚斋》四九四，《拾掇》三，《七集·上海》五一。

己　《铁》六〇、三，《京津》二二九三。

庚　《七集·上海》一一七，《六录·清》一二二，《拾掇》四七四，《屯乙》五八四七，《外编》三三三。

辛　《屯乙》四八三，又八三五八。

壬　《七集·上海》六五，又一九二，《拾掇》九，《南北·无》二八八，《屯乙》三八九四。

癸　《屯乙》一〇九七，又四七八二，又四八二五，又八五五六，《京津》二二五四，《库方》四一〇，又四四四。

仅存地支者：

子　《簠·贞》二四，《续编》五、七、三，又六、十九、十，《遗珠》一四一七，《屯甲》一一六，又一〇一〇，《续存》上一二五五，又上一三九四，《屯乙》二三〇〇，又五六二八，《库方》一五一八，《拾掇》四八七。

丑　《铁》二二三、一，《簠·贞》一九，《续编》一、二三、二，《宁沪》三、五，《文录》五六七，《屯乙》三三三九，《续存》上一二〇八，又一二四九。

寅　《七集·上海》九六，《拾掇》二，《屯甲》九九九，《屯乙》六一九三，《外编》八八。

卯　《铁》二〇二、二，《林》二、一九、三，《文录》八六三，《六录·曾》二〇，《拾掇》五，《南北·无》二九九，《京津》二二六〇。

辰　《遗珠》一三六五，《六录·清》一三四，《屯乙》三〇一五，又七七五三，又八三七一，《拾掇》二、一九三，《京津》二六一六，《续存》上一三九三，《外编》一九七。

巳　《铁》二四六、四，《宁沪》二、七四。

午　《屯乙》三九一三，又四〇八一，《明义士》八〇〇，《双剑》九二，《屯甲》三二五八，《库方》一八一九，《续存》下五五二，《文录》一七三。

未　《续编》五、一七、二，《库方》二一六，《屯甲》一六〇，《屯乙》一〇三一，又二六〇六，又三〇八二，又八三〇〇，又八四七九，《铁》一一七、一，又二七〇、三，《库方》七一二。

申　《遗珠》七七四，又一四一八，京大一九八。

酉　《前编》六、一八、二，《诚斋》四七〇，《屯甲》二九五五，《南北・无》三四九，又《师》二、一六二，《续存》上一三六一，《后编》上二九、二，《屯乙》二三七一，又四九九四，又七七八九，《外编》一七一。

戌　《铁》九、四，《屯乙》一二六〇，又六八八七，又七四六六，又七七九八，《宁沪》二、八八，《拾掇》七，《京津》二三〇五，《七集・上海》六八。

亥　《诚斋》三九〇，《库方》一五一八，《屯甲》三三八二，《拾掇》三四六，《京津》九三五，又九三九，《续存》上一二〇八，屯乙五〇六七。

仅存“卜𣪘”二字者：

《铁》一二六、四，《前编》四、二五、一，《燕大》六三八，《库方》三四七，又七四二。《柏根氏》二七背，《遗珠》五四一，《续编》二、七、六，《天壤阁》六六，《屯甲》一〇四三，又三二六九，又三八一一，《屯乙》一九二四，又四一二，又五八九一，又六四〇九，又六五四三，又八五九六，《六录・清》一三二，《平津・元》九七，《南北・诚》五八，又《无想》四〇一，又《师友》二、九四，又《坊间》四、二七六，《京津》一三，又二二五七，《续存》上五六九。

仅存“𣪘贞”二字者：

《铁》一四四、三，《燕大》一七四，《金璋》四八九，《库方》二一八，《七集・上海》一二八，《屯乙》六四三一，又六八三九，又七三五〇，又七三六九，又七八四一，《拾掇》四六八，《南北・无想》二八，《南北・无想》三九六，《南北・诚明》五一，《南北・坊间》四、二三，五，《京津》五

○一。

仅存“卜㱿贞”三字者：

《林》一、十六、四，《续编》五、三五、四，《屯乙》二二三三，又二三四八，又五九六一，又七六九一。

其他如《遗珠》八一六，《拾掇》四及八，《南北·无想》三六八，《屯甲》一○二四，《续存》上六六○，又一二六九，又一三五三，《屯乙》二八九五，又三○六四，又三九六八，《粹编》六三三，《诚斋》四○五，《拾掇》二、三六五，又四五五，《邺初》下四二、七（《京津》二六一六重），又四六、一五，《文录》一七一（同书七五五自重），《京津》一一一五等，仅见卜㱿贞及其他残文，无干支，不具录。

仅存“㱿”字者（部分为签名者）：

《铁》二五、四，八五、三，一五三、一。《明义士》五九五，一七八六，一八六四，二○○二，二三六三。《存真》八六，八七。《燕大》五八六，五八七。《库方》二五三，三二○，六九二。《文录》七六二背。《七集·上海》二四，七一，又《柏根》三五，又《皇》二。《六录·中央》一四四，一四九，《束》一二五。《屯甲》八四，八九，一四六，一六四，三○三○，三一三八，三三二七，三四九一，三六七二，三七七四，三七八四，三八四三，三八五三，三八六二，三九○三，三九二四。

《屯乙》七六九，八八三，九七二，一七九○，二四一八，二四六九，二五三四，二七一○，三一四九，三二一三，三二八四，三二九五，三三○八，三三○九，三三一○，三三七六，三四三九，三六三一，三九一七，四○六六，四三八八，四四八九，四五一二，四五三九，四七九七，四八八八，四九五四，四九七一，五一三五，五二○五，五二二○，五三九○，五四一四，五五三七，五五六二，五九七○，六○五七，六一九五，六二二九，六五四一，六六五三，六七一四，六七三六，六九六三，七○五七，七○七三，七一四三，七二七五，七三六二，七五四五，七七二七，七七九六，七七九八，七八二七，七八九四，七九九六，八一六八，八一七三，八二○二，八三六二，八四○五，八四一九。

《拾掇》九七，二六○，三四八，三四九，三五○，三五一。《南北·诚明》一○，《文管》十二，《无想》九、三二、六四，《师友》二、一三八，

《坊间》一、五〇，《坊间》三、二四，又二六，又四七。

《京津》一六四，一六五，二七〇，二七一，二七二，二七三，二七四，二七五，二七六，二七七，二七八，二八〇，二八一，二八二，二八三，二八四，二八五，二八六，二八七，八〇七，一二七六，二三七六，二五三一，二七七五。

《殷缀》一一九，一二六，一三七。《续存》上三三，一〇二九，一〇八九。《外编》四三五。

卷五　贞卜人物事辑三

穷

穷为武丁时主要掌卜之官。《佚存》五二七："□午卜，卜穷贞：王亩帚好令征尸。"重"卜"字。东京博物馆藏片："壬午卜，卜即贞。"（《通纂·别》二上野五）例同。知穷上"卜"字非衍文，乃指其官职。曰："卜穷"、"卜即"者，犹《春秋》称晋之卜偃（闵元年《左传》），鲁之卜齮（闵二年《传》），此穷为卜官之明证也。

穷字异形颇多，有从宀从人者（如《后》卜三三、十），有从幺者（《屯乙》五〇七八），有从止完声者（《天壤》二七、二八），有倒书者（如《续存》下六七）。穷用为动词，卜辞习见"王穷"语，即《洛诰》之"王宾"。动词穷字，契文中穷、窆、宜、窔、窋、娗、竔诸形并通用，而窆字最为习见。

穷　如："父乙穷于且乙。　父乙不穷且乙。"（《屯乙》二九七七）

"贞：咸不穷于帝。"（《屯乙》七一九七）

窆　甲子卜，贞：王窆叙，亡尤。（《续存》上一五四九）

此辞动词作窆，常见于卜人即、行、旅等之辞。

宜　"甲辰卜，散贞：王宜羽日。"（《屯乙》三七三三）

窔　"乙卯卜，行贞：王窔叙，亡尤。　乙卯卜，行贞：王穷毓（后）且乙，岁牢，亡尤。在九月。"（《林》一、十二、十五）

此辞两窆字异形，其一从完从止，与《天壤阁》二七同。唐兰云：

从止，完声，读为賓。卜辞以为王宾字。按《甲骨文录》所见“王宾岁”、“王宾𣪘”，字多从完作“𡧍”。

𡧍　“贞：弗其𡧍。”（美国Field博物院藏甲，即《库方》二一七八）

𡚾　“甲午卜，争贞：王𡚾咸日。”（《屯乙》七五二〇）

𡧍　“卜，穷贞：王𡧍，岁亡壱。”（《前》七、二十、二）　“穷贞：王勿𡧍，夕不左。”（《前》七、三〇、三）

此辞同版中贞人名作穷，而动词作𡧍，避复而异写。𡧍即嫔也。《大荒西经》：“夏后开上三嫔于天。”而卜辞言“不穷于帝”。帝即天帝，穷读为嫔。

卜人之穷，间有作“𡧍”者。（《通纂·别》二、八、十三郭氏摹本）其署名之片，亦作𡧍，如“岂入十　𡧍”。（《双剑》四，《续存》下四重）

穷贞卜之辞，字体风格，多宏放雄伟；间有作纤细笔画者，如《屯甲》三四三〇“□辰卜，穷贞：受㞢（有）禾”一版，与子𠁩所卜者颇近似。其他穷卜辞之字细小者，若《前》八、十三、三，《续》四、四六、二，均属罕见之例。

穷事有见于卜人大所贞问者，如：“……大贞：令穷比自……”（《簠·人名》四八）则穷之生年，可能下及祖庚之世。

穷所贞卜辞，兹分类辑录如下：

一、【卜雨】

己巳卜，穷贞：雨。（《遗珠》九二六）

癸巳卜，穷贞：雨。（《粹编》七五二）

……卜，穷贞：不其雨。（《诚斋》六〇）

以上俱贞雨之辞。或因雨而卜吉凶者：

□寅卜，穷贞：若。丝邑雨，帝隹兹邑㞢龙（宠），不若。（《通纂·别》二、二，《遗珠》六二〇重）

按㞢龙二字合文，读为有宠。下“不若”与上文“若”对贞。

或系以时，兼记“今日”与“翌日”者：

甲寅卜，穷贞：今日其雨。（《续编》四、十三、二）

□丑卜，穷贞：今日其雨。（《拾掇》二、一五三）

□卯卜，穷〔贞〕：今日不雨。（《林》一、十、七）

己酉卜，穷贞：㞢（生）来父陟，今日雨。　丁未卜，穷贞：生十二月

雨。(《金》四八三，生月谓下月，见《综述》)

庚辰卜，穷贞：羽辛巳雨。(《前编》四、二、七)

庚辰卜，穷贞：丁亥其雨。　贞：羽丁亥不雨。(《遗珠》四五三)

辛丑卜，穷贞：羽壬寅其雨。　贞：羽壬辰不其雨。(《屯乙》六七五一)

……卜，穷贞：羽戊不其雨。(《粹编》七三九)

或卜自某日至某日雨不雨：

癸酉卜，穷贞：自今至于丁丑，其雨。(《屯乙》六七二三)

甲戌卜，穷贞：自今至于戊寅，雨。(《前编》三、二一、五，《粹编》七三六重)

己卯卜，穷贞：自今至于癸未，雨。(《天壤》二四甲，《拾掇》四六四及《南北·师》一、十六重)

或卜某月雨不雨：

乙□卜，穷贞：及今三月雨。王固曰：其雨。隹……(《南北·师》一、一四，《外编》四重)

壬寅卜，穷贞：今十月□雨。(《屯乙》二六四二)

或言年㞢雨：

丁丑卜，穷贞：𠂹年于上甲。𡆥三宰，卯三牛。一月。勿𦝠(孽)，年㞢雨。(《续编》一、三、一，《簠室·天象》二四重)

按勿𦝠即勿孽。他辞云："贞：勿𦝠。"(《林》一、二六、二)"勿𦝠，𦝠。"(《前编》六、六七、七)"𦝠，勿𦝠，𦝠。"(《金璋》六二五)是其例。此祈年于上甲，卜年丰而无孽害也。

或言見雨：

己酉卜，穷贞：今日王其步□，見雨。亡巛。一月。(《簠室·天象》二九，《续编》六、十、四重)

按見雨之见，疑读为"霓"。《说文》：霰，稷雪也。或体作霓，字从見。《诗》："如彼雨雪，先集维霰。"霰即米雪，故"見雨"可解为雨霰。

或言𢇛雨：

庚辰卜，穷贞：𢇛雨，我其𣆪。　〔贞〕：𢇛雨，我弗其𣆪。(《屯乙》五二七九)

□申卜，穷贞：𢇛雨，㚸……(《诚斋》一〇一)

按𢇛雨谓杀气盛而有雨也。𢇛，非𠂹字。

或记雨之状态者：

甲子卜，穷贞：大雨，……于……（《遗珠》一一五〇）

己未卜，穷贞：㲋（蔑）雨，隹屮壱。（《前编》六、七、六）

按蔑雨说见上卜㱿条。

乙未卜，穷贞：今日其征（延）雨。（《前编》二、九、二）

或卜雨兼及月食者：

〔己〕丑卜，穷贞：羽乙〔未〕酢。黍𠭯（登）于且乙。〔王〕固曰：屮希。不其雨。六日〔甲〕午，夕，月屮食。乙未，酢多𠕒（宗），率赳遣。己丑贞：勿酢登。（《屯乙》三三一七十三四三五十三三一八——《殷缀》二三〇，同版见卜㱿）

按此记月食，“午”字上天干残，以翌乙未推之，当是甲午。（董氏《殷代月食考》据 H. Dubs 西元前 11 至 14 世纪安阳及中国所见《月食表》，系于西元前 1372 年 3 月 27 日，相当盘庚二六年三月十六日，可备一说。惟穷为武丁时卜官，是否上及盘庚世则殊可疑。）

又按多𠕒即多宗，𠬝宜释赳。说见拙作《卜辞义证》。《集韵》：赳，起也。遣者，《集韵》：祖奠也。《周礼》大史：“遣之日。”郑注：“遣谓祖庙之庭，大奠将行时也。”

或记祷雨者，有“舞”、有“𠦪（祈）”、有“酢”及“雩”。

辛巳卜，穷贞：乎舞，屮（有）从雨。贞：乎舞，屮从雨。（《殷缀》一八八，《屯乙》二二九五十二六八九。背〔《屯乙》二二九〇〕云：“之夕雨。”）

甲子卜，穷贞：𡉀，𠦪雨，娥。（《佚存》三八九，《邺初》下三六、一重）

按𡉀为埶与艺字，亦读作祢，秋畋也。又读为迩，训近。见《殷契骈枝》。

甲子卜，穷贞：于岳𠦪雨，〔娥〕。（《续存》下一三二）

丁未卜，穷……甲寅酢……七十伐屮五，卯十宰。八日甲寅，不酢雨。（《屯乙》二九八二）

癸未卜，穷贞：丝雺，隹降𡆥。癸未卜，穷贞：丝雺，不隹降𡆥。甲申卜，穷贞：雩口（方），亡贝。贞：雩口其屮贝。（《殷缀》一二六——《屯乙》九七一十九九二整龟。背云：“王固曰：吉。降𡆥。”兼识“㱿”名）

按是版霁字作[illegible]：从雨从齐。《说文》："霁，雨止也。"《尔雅·释天》："济谓之霁。"《书·洪范》："曰霁。"郑注作"济"。云："济者，如雨止之云气在上也。"文云兹霁，不降祸，乃有雩方之事。雩囗者，言雩于四方也。《礼记·祭法》："雩宗，祭水旱也。"《春秋》桓五年："大雩。"服虔注："雩，远也。远为百谷求膏雨也。"又"出贝"、"亡贝"对言。贝应即他辞之䍜字，此省口；贝之为䍜，犹册之为㗊也。按贝䍜并读为退，通作败。《说文》："退，斁也。引《周书》曰：'我兴，受其退。'"今《尚书·微子》作"受其败"。《礼记·孔子闲居》："四方有败。"注："败谓祸烖也。"此言"出贝"、"亡贝"，即出败亡败，与出囚、亡囚义略同。（"䍜"说参《续殷契骈枝》）

二、【卜晴】

或言戌（啓）者：

……〔卜〕，㱿贞：戌，若。（《粹编》六三三）

丙辰卜，㱿：丁巳，戌。（《续存》下七八）

戊申卜，㱿贞：出傷，戌。（《铁》二四五、一，《南北·师》二、三二重）

按傷从人从昜。《广韵》三十七荡有"傷"字，长貌，与曭同音。曭，日不明也。卜辞盖假傷为曭。傷古通荡。《法言·渊骞篇》："傷而不制。"李轨注："傷古荡字。"宋治平本作"偒"。《诗》："鲁道有荡。""出傷"与"有荡"语正同。

辛丑卜，㱿：羽壬寅，戌；壬寅雈（霧）。（《遗珠》一六六）

或言易日：

丙午卜，㱿贞：羽丁未，易日。　贞：羽丁未，不其易日。（《殷缀》二四二——《屯乙》三八五三＋四五二九）

甲寅卜，㱿贞：羽乙未，易〔日〕。（《殷缀》二四六——《屯乙》四三四〇＋六〇九四。背〔《屯乙》四三四一＋六〇九五〕云："王固曰：吉！易日。于庚……"）

乙亥卜，㱿贞：羽乙亥，酌茲（系），易日。乙亥酌，允易日。（《前编》七、四、一）

乙酉卜，㱿贞：羽丁亥，不其易日。（《粹编》六〇五）

□午卜，㱿贞：羽……　贞：羽丁未，不其易日。十一月。（《屯乙》

二一六四）

附雷及𤎵：

乙巳〔卜〕，穷贞：丝𧕋（雷）其……（《屯乙》三四三四）

丁巳卜，穷贞：𤎵，隹囚。（《京津》一九五二）

按卜辞记天象，每用发语词之兹字。如："兹雾"、"兹风"（《前编》六、四、一）、"兹雨"（《林》一、二五、一六），此言"兹雷"，亦其例。𤎵即曹兜，为蒙气。说见上卜散条。

三、【卜风】

癸卯卜，穷贞：罗雚（宁风）。（《燕大》五五八）

按《周礼》小祝掌小祭祀将事，候禳祷祀之祝号，宁风旱。《左·昭五年传》："投其首于宁风之棘上。"杜注："宁风，齐地。"然其取名应本于宁风旱，此宁风一词可征于经典者。

己丑卜，穷贞：雨。庚寅雚（风）。（《簠室·天象》十二，《续编》四、八、一及《佚存》五五重）

丙戌卜，穷贞：……雨。㝠雚（风）。不……（《林》二、二六、二）

按𠷎为珏字（详见下卜人𠷎条），此从宀，𠷎之作㝠，犹福之作富，新之作䢋矣。珏、瑴一字，通作瑴，"㝠风"即"瑴风"。《尔雅·释天》："东风谓之谷风。"《诗·邶风》毛《传》说同，云："阴阳和而谷风至。"孙炎注："谷之言瑴；瑴，生也。"《国语》："瞽告有协风至。"善齐藏骨记四方风名，东曰"䂂风"。是古籍称"协风"，"谷（瑴）风"，卜辞均见之。

□未卜穷：……雨。　羽壬戌，其雨。壬戌雚（风）。（《后编》上三二、一）

戊戌〔卜〕，穷……雚（风）。（《林》二、一六、一六）

四、【卜夕】

丁酉卜，穷贞：今夕亡囚，星。　己亥卜，穷贞：今夕亡囚。（《续编》四、四五、七，《簠室·天象》四重）

按卜夕，卜辞习见。《左·庄二十二年传》："未卜其夜。"服虔云："臣将享君，必卜之，示戒慎也。"《晏子·杂篇》："婴已卜其日，未卜其夜。"知古人举事，不止卜日，且又卜夜。上辞殆因天蒙雾，故卜是夕之吉凶也。

五、【卜旬】

癸丑卜，穷贞：旬亡囚。一月。（《佚存》三〇二，《续存》上九三三文同）

癸丑卜，穷贞：旬亡囚。三月。　癸卯卜，穷贞：旬亡囚。〔二〕月。（《粹编》一四二〇）

癸丑卜，穷贞：旬亡囚。四月。　癸未卜，穷贞：旬亡囚。三月。　癸巳卜，穷贞：旬亡囚。四月。　癸卯卜，贞：旬亡囚。四月。　癸亥卜，穷贞：旬亡囚。五月。　癸酉卜，贞：旬亡囚。五月。（《遗珠》一九八）

癸丑卜，穷贞：旬亡囚。六月。　〔癸〕酉卜，穷〔贞旬〕：亡〔囚〕。（《后编》下十三、一）

癸丑卜，穷贞：旬亡囚。七月。（《续编》四、四五、三）

癸丑卜，穷贞：旬亡囚。八月。（《遗珠》一二一四，亦见《缀合编》二八五）

癸丑卜，穷贞：旬亡囚。九月。（《铁》二一五、三，《戬寿》二八、十，《续编》四、四六、三重，又《遗珠》一二一九文同）

其他如《续存》上九一六，《燕大》一一六，及《续编》四、四六、二，皆癸丑日贞旬亡囚之辞，不具录。

癸卯卜，穷贞：旬亡囚。三月。　癸酉卜，穷贞：旬亡囚。四月。　癸未卜，穷贞：旬亡囚。（《粹编》一四一九）

癸卯卜，穷贞：旬亡囚。六〔月〕。（《续编》四、四五、五，《簠室·杂事》三九重）

其他如《通·别》二、九、三（《安阳遗宝》二、四重），《续编》四、四五、二，《粹编》一四一八，一四二〇，《邺三》下三四、一，及《续存》上九五九，皆“癸卯卜，穷贞：旬亡囚”之辞，不具录。

癸巳卜，穷贞：旬亡囚。二月。　癸酉卜，穷贞：旬亡囚。十一月。　癸未卜，穷贞：旬亡囚。十一月。　癸巳卜，穷贞：旬亡囚。十二月。　癸卯卜，穷贞：旬亡囚。十二月。　癸丑卜，穷贞：旬亡囚。十二月。　癸亥卜，穷贞：旬亡囚。（《平津·元》二一，《续存》上八一重）

癸巳卜，穷贞：旬亡囚。五月。　癸卯卜，穷贞：旬亡囚。六月。　癸丑卜，穷贞：旬亡囚。六月。　癸亥，穷贞：旬亡囚。六月。　癸卯卜，穷

贞：旬亡𡆥。　癸丑卜，穷贞：旬亡𡆥。八月。　癸亥卜，穷贞：旬亡𡆥。八月。（《平津·元》一四八，《续存》上九七一重）

癸巳卜，穷贞：旬亡𡆥。八月。（《摭续》二三八）

癸巳卜，穷贞：旬亡𡆥。十一月。（《屯甲》二一二二）

癸巳卜，穷贞：〔旬〕亡𡆥。　癸酉卜，穷贞：旬〔亡𡆥〕。（《簠室·杂》三一）

癸巳卜，穷贞：〔旬〕亡𡆥。　癸未卜，穷贞：旬亡𡆥。十月。（《续存》上九二三）

癸巳卜，穷贞：旬亡𡆥。　癸卯卜，穷贞：旬亡𡆥。　癸丑卜，穷贞：旬亡𡆥。　癸亥卜，穷贞：旬亡𡆥。六月。　癸巳贞：旬亡𡆥。（《续存》上九七〇）

其他如《铁》二五三、一（《续编》四、四五、四及《佚存》三五重），《续编》四、四四、二（《佚存》三五重），《续编》四、四六、四，《京津》一七九〇，《续存》下一八二等，皆"癸巳卜，穷贞：旬亡𡆥"之辞，不具录。

癸未卜，穷贞：旬亡𡆥。六月在𩫖。　癸巳卜，穷贞：旬亡𡆥。六月。　癸卯卜，穷贞：旬亡𡆥。六月。　癸丑卜，穷贞：旬亡𡆥。七月。　癸巳卜，穷贞：旬亡𡆥。八月。　癸卯卜，穷贞：旬亡𡆥。八月。（《簠室·杂事》三五，《续编》四、四五、八重）

癸未卜，穷贞：旬亡𡆥。　癸酉卜，穷贞：旬亡𡆥。（《续存》上九六一）

癸未卜，穷贞：〔旬亡𡆥〕。　癸卯卜，穷贞：旬亡𡆥。〔十一月〕。（《摭续》二三七）

其他如《前编》七、二二、二，《库方》一五九六，《遗珠》七四〇，《续编》四、四四、三及《续存》上八八四，皆"癸未"日穷贞旬亡𡆥之辞，不具录。

癸酉卜，穷贞：旬㞢希（杀）。（《屯甲》一二二二）

癸酉卜，穷贞：旬亡𡆥。三月。（《戬寿》三〇、十一，《续编》四、四〇、一重）

癸酉卜，穷贞：旬亡𡆥。八月。　□亥卜，穷贞：旬亡𡆥。七月。（《京津》一七八四）

癸酉卜，穷贞：旬亡𡆥。十一月。（《续编》四、四五、一。其他贞旬亡

卧辞，尚有数组，不具录）

癸酉卜，穷贞：旬亡卧。　癸未卜，穷贞：旬亡卧。　癸巳卜，穷贞：旬亡卧。　癸酉卜，穷贞：旬亡卧。　癸丑卜，穷贞：旬亡卧。　癸亥卜，穷贞：旬亡卧。四月。　癸丑卜，穷贞：旬亡卧。四月。　癸未卜，穷贞：旬亡卧。三月。　癸巳卜，穷贞：旬亡卧。四月。　癸卯卜，贞：旬亡卧。三月。　癸亥卜，穷贞：旬亡卧。五月。（《缀合编》二八六——《遗珠》一九七＋一九八）

癸酉卜，穷贞：旬亡卧。　癸未卜，穷贞：旬亡卧。　癸巳卜，穷贞：旬亡卧。（《粹编》一四二一）

癸酉卜，穷贞：旬亡卧。　癸未卜，〔穷〕贞：旬亡卧。五月。（《南北·明》二三三）

其他如《铁》一四六、三，《燕大》一一七，《南北·师》二、一二九（《外编》八四重），及《续存》上八八七，皆“癸酉”日穷贞旬亡卧之辞，不具录。

〔癸〕亥卜，穷贞：旬〔亡〕卧。一日䨺（霾），甲子……（《续编》六、十二、四，《天壤》八重）

癸亥卜，穷贞：旬亡卧。一月。　癸酉卜，穷贞：旬亡卧。一月。（《遗珠》四八五）

癸亥卜，穷贞：旬亡卧。一月。　癸巳卜，穷贞：旬亡卧。十月。（《屯甲》二六二六）

癸亥卜，穷贞：旬亡卧。二月。　癸酉卜，贞：旬亡卧。三月。　癸未卜，贞：旬亡卧。　癸卯卜，穷贞：旬亡卧。五月。

……卜，穷贞：旬亡卧。五月。（《遗珠》一九九）

癸亥卜，穷贞：旬亡卧。五月。　癸卯卜，穷贞：旬亡卧。八月。　癸亥卜，穷贞：旬亡卧。九月。（《续存》下四一六）

癸亥卜，穷贞：旬亡卧。六〔月〕。　癸丑卜，穷贞：旬亡卧。八月。　癸亥卜，穷贞：旬亡卧。八月。　癸酉卜，穷贞：旬亡卧。九月。（《续存》下四一三）

癸亥卜，穷贞：旬亡卧。七月。（《续存》上八九五，《京津》一八〇八重）

癸亥卜，穷贞：旬亡卧。九月。（《遗珠》二〇〇）

癸亥卜，穷贞：旬〔亡卧〕。　癸未卜，穷贞：旬亡卧。　癸巳卜，穷

贞：旬〔亡囚〕。　癸卯卜，穷贞：旬亡囚。　癸丑卜，穷贞：旬亡囚。（《铁》二五三、一）

癸亥卜，穷贞：旬亡囚。　癸丑卜，穷贞：旬〔亡〕囚。（《燕大》一一五）

癸亥卜，穷、𡧊贞：旬〔亡囚〕。（《林》一、二六、十一）

此穷与𡧊同贞。

其他如《遗珠》一二一〇，《屯甲》二〇九八，及《续存》上八八五，皆“癸亥”日穷贞旬亡囚之辞，不具录。又《戬寿》三〇、十一（《续编》四、四〇、一重），《遗珠》一九四，一二一七，一三〇二，《京津》一七九三皆卜旬残辞。

六、**【卜受年】**

或但言受年：

丁丑卜，穷贞：受年。（《屯甲》二八六六）

壬戌卜，穷贞：我受年。（《簠室·岁时》一，《续编》二、二八、六重）

壬子卜，穷贞：我受年。（《双剑》二七，《续存》下一五七重）

辛亥卜，穷贞：我受〔年〕。（《燕大》一二九）

或卜某地受年：

甲午卜，穷贞：西土受年。　贞：西土不其受年。（《屯乙》三四〇九）

己丑卜，穷贞：戊受年。（《续存》上六一四）

乙卯卜，穷贞：隹受年。　乙卯〔卜，穷〕贞：𦎫受年。（《屯乙》四六三一）

按隹疑读为睢。春秋宋地有“睢上”、“睢澨”（《左》成十五年），在河南旧归德府。又有“次睢之社”（僖十九年）。睢即睢水，自河南杞县流经睢县北。殷隹地殆近宋之睢县。

或言桒年：

□巳卜，穷贞：桒年于岦，五小宰𠤱。三月。（《邺初》下三七、二，《拾掇》二、一三五重）

丙子卜，穷贞：桒年于㽕……（《簠室·岁时》一七）

甲戌卜，穷贞：桒年……（《金璋》七一七）

癸丑卜，穷贞桒年于……（《南北·师》二、一九七）

所卜农作物有黍：

辛卯〔卜〕，穷贞：受黍年。（《屯乙》五八九八）

丁丑卜，穷：我受黍〔年〕。（《六录·曾》八）

甲戌卜，穷贞：甾受黍年。（《屯乙》六五一九）

……穷贞：乎黍于章。图，受〔年〕。（《簠室·岁时》二三，《续编》二、二八、六重）

戊寅卜，穷贞：王往，氏众黍于囧。（《前编》五、二〇、二）

有麦：

丁酉卜，穷贞：羽庚子，出告麦。　羽己酉，亡其告麦。（《明义士》二三三二）

……卜，穷羽庚子，出告麦，允出告麦。　庚子卜：穷：羽辛丑，出告麦。（《前》四、四〇、七，尚有残辞不具录）

按告麦事，又见《前编》四、四〇、六及同页七。《后编》下一、五干支表，首云："月一正，曰食麦。"《夏小正》云："三月，祈麦实。"《传》云："麦实者，五谷之先见者，故急祈而记之。"《尔雅·释诂》："祈，告也。"《一切经音义》九引孙炎云："祈，为民求福叫告之词也。"是告麦即祈麦实之礼。

或卜坚田：

癸卯〔卜〕，穷贞：〔令〕𠂤坚田于章。（《燕大》四一七）

戊辰卜，穷贞：令泳坚田于𦍌。（《前编》二、三七、六，又《前》四、一〇、三残辞略同）

乙丑〔卜〕，穷〔贞〕：令□坚〔田于〕……（《林》一、二八、五）

按坚即圣。《说文》云："汝颍之间，谓致力于地曰圣。"从又与从㕚同。上辞𠂤与泳并受命治田。《周语》上："古者太史顺时覛土。""太史告稷。""王曰：史帅阳官以命我司事。"知太史之官亦参与坚田之事。卜辞所见，𠂤为小臣，泳亦卜人，正可参证。

亦曰𡋯田：

癸巳卜，穷贞：令众人……入羊方𡋯田。　贞：勿令众人。六月。（《屯甲》三五一〇＋《京津》一六八一）

按𡋯字，从臼从用从土，疑读为壅。《说文》："秄，壅禾也。"《左·昭元年传》杜注："壅苗为蓘。"此言𡋯田，即壅田也。

或卜耤：

□申卜，穷贞：乎耤……生…… ……不其……生……（《屯乙》七三九六）

或卜稃：

己丑卜，穷贞：今𠀠商稃。 贞：今𠀠不稃。（《屯甲》二一二一，即大龟四版之一）

按今𠀠即今兹，说见前。《左·僖十六年传》："今兹，鲁多大丧。"与此略同。又襄二十八年："今兹，宋郑其饥乎？"《吕览·任地》："今兹美禾，来兹美麦。"高诱注："兹，年也。"

或言穡：

……卜，穷贞：……佳䅘……（《续编》五、二五、六，《前编》四、四一、三，《戬寿》四四、九重） 又《续》五、三〇、八："不佳䅘。"

按《说文》啬，《古文》作嗇。此从秝从田，契文亦作䅘（《金璋》七三九十《库方》一八四四）、番（《后》下七、二）及嗇（《戬寿》四一、二），俱稼穡之穡字。

七、【卜狩】

或言狩于某地，兼记禽获之兽者：

壬戌卜，穷贞：王狩毕……（《铁》三四、一，《续存》上、七二九重）

壬戌卜，穷贞：雀毕鹿。（《铁》一九四、四）

壬午卜，穷贞：隻虎。（《续编》四、七、二，《南北·师》二、一六重）

戊午卜，穷贞：王隻……（《屯乙》二七九）

□未卜，穷贞：……亩……狩……（《文录》五三八）

……穷贞：周毕豕。祉濼。（《屯乙》七四六一）

戊子卜，穷贞：玉逐集于沚，亡巛。之日，王往逐集于沚，允亡巛。隻集八。（《续存》下一六六）

癸未卜，穷贞：羽戊子，王往逐米。（《佚存》三八九，《邺初》下三六、一重）

贞：王其逐眔隻，弗岦眔，隻豕二。 贞：其逐眔隻，弗岦眔……（《殷缀》二〇五，同版有穷获羌之辞）

或曰田：

丙午卜，穷贞：王往出田，若。（《殷缀》二二〇——《屯乙》三〇九

一十四〇五七十四二一八）

壬午卜，穷贞：勿乎田于穡。（《铁》二一五、一）

辛巳卜，穷贞：……于穡。（《前编》七、三七、二）

癸未卜，穷贞：王往田……（《屯乙》八四二五）

……穷贞：我田其……（《南北·无想》二五五）

按田即畋。《左传》畋猎字多作“田”。宣二年《传》：“田于首山。”《文选·朱浮与彭宠书》注引“田”作“畋”。昭二十年《传》：“齐侯至自田。”《释文》“田”本又作“佃”。《易》：“以佃以鱼。”《释文》亦作“田”。田、佃与畋并通。《广韵》：“畋，取禽兽也。”辞云：“王往出田。”即出畋也。武丁卜辞，多以田为农田专字，或谓至祖甲乃专用田为畋猎字，然观此辞云卜穷贞，则非始自祖甲可知矣。

或曰焚：

羽癸卯，其焚，毕。癸卯，允焚。隻冢十一，豕十五，貍廿。　贞：于甲辰，焚。　勿〔于甲辰焚〕。　于甲辰焚。　〔勿于甲辰〕焚。（《殷缀》一九四——《屯乙》二五〇七十二六三六十三五六〇十四五九五十四七二三，同版穷卜）

按《管子·揆度篇》：“烧山林，破增薮，焚沛泽，逐禽兽，实以益人。”《孟子》：“益烈山泽而焚之。”《周礼·大司马》：“春蒐火弊，献禽以祭社。”《礼记·郊特牲》：“季春出火，为焚也。”焚即焚田。《尔雅·释天》：“火田为狩。”郭注：“放火烧草猎亦为狩。”（参胡厚宣《殷代焚田说》）

或卜刍者：

庚辰卜，穷：朕刍于斗。　贞：朕〔刍〕于丘纫。（《屯乙》七一一九）

按纫字亦见《格伯毁》。铭云“毕纫”，杨遇夫读“纫”为到字。

庚辰卜，穷贞：乎取、尣刍于囗。　庚午卜，穷贞：田龤冤。　贞：田弗其龤冤，　贞田冤。弗其龤。（《屯乙》五三四七）

按取与尣皆人名，详下《卜人事辑》。冤，地名。《左·昭五年传》有菟氏，殆即此。《水经注》：野菟水上承西南菟氏亭北野兔陂，郑伯劳屈生于菟氏者也，《寰宇记》：菟氏城在开封府尉氏县西北四十里。

乙未卜，穷贞：氏武刍。　氏武刍。（《殷缀》一六五——《屯乙》一九四一十二二三六）

按武疑即武城。《左》昭二十三年、襄十九年，并有武城，鲁地。僖六年亦有武城，春秋申地，后属楚，在南阳宛县北。殷人畋猎之武城，未详所在。

庚午卜，㱿贞：)(㱿刍奠。(《前编》七、二九、四)

按奠即郑，言刍于郑地。㱿为㱿伯，亦见《前编》一、二六、五，及《林》二、一一、一六。)(人名，他辞有帚)(。(见《福氏》三一骨臼)详下诸妇章。

……卜㱿：……往刍……昙……(《林》一、二八、一一)

附射：

……卜，㱿贞：……隻……令……射……(《前编》五、四二、六)

附鱼：

□寅卜，㱿贞：羽丁卯鱼，乡(飨)多囗。　贞：不其鱼。(《前编》四、二二、二)

八、【卜往来】

卜王出入者：

癸酉卜，㱿贞：王往出，从……(《佚存》九九六，据商释)

辛巳卜，㱿〔贞〕：王出……(《佚存》四八二)

□辰卜，㱿〔贞〕：王出……(《续编》五、一八、五)

……卜，㱿贞：王出于䇂。贞：王今丁巳出。(《屯乙》七五七六)

壬辰卜，㱿贞：王出于囗。彡，迺入。(《屯乙》四一六六)

丙午卜，㱿贞：王入，若。(《屯乙》五四六七)

甲戌卜，㱿，贞：王入。(《续编》三、三八、四，《簠室·游田》六一重)

〔乙〕亥卜，㱿〔贞〕：羽丁丑，王入。(《续编》三、三八、三)

甲□卜，㱿贞：王入。(《前编》一、九、七)

或言往者：

庚寅卜，㱿贞：今藿，王往……(《安阳遗宝》四、十五)

癸未卜，㱿贞：王往于𡆥。(《前编》二、二一、二)

壬子卜，㱿贞：王往休。(《前编》五、二六、三)

庚子卜，㱿贞：王往休，亡〔𡿧〕。……(《后编》上十二、八)

按休地名，《孟子》云："去齐居休。"汉有休侯。地在山东滕县西。

□未卜，㱿贞：〔王〕往于䇂。(《库方》一八一一)

戊午卜，宐贞：王往萑〔火〕……亡……在……（《林》二、十六、二〇）

□辰卜，宐贞：王今日往，戉尠。　□辰卜，宐贞：受㞢年。（《屯乙》三四三〇。字小似子、𠂤所卜）

乙卯卜，宐贞：三卜王往𠬞（升）于陨京，若。六月。（《邺初》三三、十一，《平津·元》一三三及《续存》上七四四重）

按𠀠者，以𥝩之从𠬞例之，𠬞乃升字，𠀠隶定可作“𡊟”，乃升之繁形。升为祭名，他辞如：“丁酉卜，出贞：令𡊟……鸣……。”（《前编》五、四六、四）“□卯卜，𡧊〔贞〕：王其𠀠，〔亡〕𢀛。十三月。”（《戬寿》四五、八）《仪礼·觐礼》：“祭山丘陵升。”《礼器》：“因名山升中于天。”升，进也，谓升进祭品。

又按陨京者，《左·庄八年传》：“田于贝丘。”京相璠云：“博昌南近渑水，水侧有地名贝丘。”地在山东，未必陨京，苟记之以俟考。

甲午卜，宐贞：王往出𠫑。（《前编》七、二八、三，《后编》上二八、九文同。）

□戌卜，宐：……㞢𠫑。五月。（《佚存》九八）

乙酉卜，宐贞：王往出。（《金璋》五九六）

丙午卜，宐贞：王往出田，若。（《屯乙》四二一八，亦见《殷缀》二二〇）

壬申卜，宐贞：勿往，从尸（夷）。（《金璋》三八〇）

……卜，宐贞：王往省。……卜，宐贞：自今至……（《粹编》一〇四五，《续存》上六四五重）

辛未卜，宐贞：王往𨸏，亡𡿧。　辛未卜，宐贞：叀王〔往〕……（《屯甲》二一二四即大龟四板之一）

□酉卜，宐贞：州臣㞢往，自𡨥𡕥。（《粹编》二六二）

按州可作二解。一为国名，《春秋》桓五年：“州公如曹。”《世本》：州国，姜姓。另一疑为州闾之州，他辞有“小丘臣”（《佚存》五三三，《六录·清》五七，《外编》三五六重），州臣殆其比。殷时地方官制，可于此征之。《礼记·内则》：“州史献诸州伯，州伯命藏诸州府。”郑注：“五党为州；州二千五百家。”引《周礼》为说。殷有州臣，其姬周州闾之制，所自出乎？

或言来者：

戊戌卜，穷贞：今十二月，其来。（京大三七九）

丙辰卜，穷贞：㞢来自……（《金璋》四九五）

或言步者：

癸丑卜，穷贞和：王步……（《六录·中央》一二三）

壬戌卜，穷贞：亩甲子步。（《平津·元》一〇九，《续存》上六〇〇重）

戊中卜，穷贞：……步……（《屯乙》六二一四）

或言幸者：

癸巳卜，穷贞：臣幸。王固曰：吉！其幸。隹乙□，七日丁亥，既幸。　贞：臣不其幸。（《屯乙》二〇九三，亦见《殷缀》九五）

九、【卜梦】

戊午卜，穷贞：王梦，隹妣壬。（《屯乙》四五九五，亦见《殷缀》一九四）

乙巳卜，穷贞：王梦葡，其隹畜（孽）。（《铁》二、四，葡亦卜人名，见下）

己酉卜，穷贞：王梦，隹□囚。（《铁》二四九、一）

庚子卜，穷贞：王梦白牛，隹囚。（《簠室·人名》六）

丙辰卜，穷贞：乙卯，[illegible]（噎）。丙辰，王梦自西。……（《南北·师》一、七一，《外编》二重）

贞：王梦，隹囚。贞：王梦，不隹囚。（《屯乙》六三七一。背〔六三七二〕云："壬戌卜穷。"）

贞：帚好梦，不隹父乙。（《屯乙》六二一五，亦见《殷缀》二八六，同版为穷卜）

十、【卜疾病】

癸亥卜，穷贞：其㞢疒（疾）。（《屯乙》三七九九）

丁未卜，穷贞：乎疒。　贞：㞢〔疒〕身，钔……（《屯乙》七五六八）

□戌卜，穷贞：……疒，王秉[illegible]。……（《续编》六、二三、一〇，《簠室·人名》三二重）

……卜穷，……㞢希……疒……（《京津》一六五六，同书一八九七重）

壬午卜，穷贞：⿱囚同㞢疒。一月。（《林》二、二、四）

……穷贞：……囚同〔㞢疒〕。（《屯乙》六九三一）

以上统言疾。或言疾骨：

贞：㞢疒𠔿（骨），隹𡆥。　贞：疒骨，不隹𡆥。（《屯乙》三八六四。其背〔三八六五〕云：“□午卜，穷贞：㞢疒〔骨〕，不隹𡆥。骨，隹𡆥。”）

或言疟疾为害：

……卜，穷：……㾈𠧗（孽）。（《佚存》三四四）

按㾈即瘧，乃瘧之初字。《墨子·经说》下，唐写《食疗本草》俱有“㾈”字，与契文同。（陈邦怀说）

或言先王𡆥疾及疾宠：

壬申卜，……今日……　贞：隹父甲𡆥。　贞：疒……（《缀合编》三九三——《屯甲》三一五〇＋三一四五，亦见《殷缀》三五六）

……其克𢀛（宠）王疒。　……庚，克𢀛王疒。（《殷缀》二三七——《屯乙》三六〇五＋四〇五九，背〔《屯乙》四〇六〇〕云：“卜，穷。”）

甲辰卜，穷贞：𠍙其疒𢀛（宠）。（《续编》二、一六、四，字小似子组，同版有卜人争）

庚子卜，穷贞：𢀛（宠）。（《林》二、二三、一七）

或言𡆧：

乙巳卜，穷贞：今夕𡆧，不𪓐。（《屯乙》八四一四）

贞王：𡆧（眯），隹盘。　贞：王𡆧，不隹盘。　贞：隹父乙𡆧王。贞：〔不〕隹父乙𡆧〔王〕。（《殷缀》二八六——《屯乙》四八二一＋五〇一〇＋六二一五，同版为穷所卜）

十一、【卜邑】

乙卯卜，穷贞：曰：氏乃邑。（《燕大》一七三）

癸巳卜，穷：帝毋其既，入（纳）邑𡧊。（《屯乙》五二四一）

戊戌卜，穷贞：兹邑亡降囚。（《屯乙》六五九四）

戊寅卜，穷贞：帝〔䢅兹邑〕。　贞：帝弗䢅兹〔邑〕。（《前编》七、一五、二）

附作寝：

乙未卜，穷贞：王𠧟（去）乍𡨦（寝）。（《遗珠》一〇七）

……穷贞：乍王𡨦于……（《前编》四、一五、五）

癸巳卜，穷：亩今二月，宅东𡨦（寝）。（《前编》四、一五、一）

按《京津》四三四五：“贞：于东𡨦。”又四六一四：“于西𡨦，于东寎。"《燕大》五九五："贞：今二月，宅东寎。"文同。

戊戌卜，穷贞：其爰东室。　贞：弗其爰东室。（《屯乙》四六九九）

按爰，于也。《诗·卷阿》："亦集爰止。"笺：爰，于也。又《广韵》："爰，行也，为也。"上辞之爰，训于与为，均可通。

十二、【卜祭祀】

(甲) 祭山川

（一）岳

甲午卜，穷贞：㞢于岳。三小䍧，卯一䍧。　贞：㞢于岳，三小䍧，卯三䍧。（《屯甲》二一二一，即大龟四版之一）

丁巳卜，穷贞：㞢于岳。（《前编》一、五一、一，亦见《缀合编》一）

癸卯卜，穷贞：㞢于岳。（《金璋》四〇六）

壬戌卜，穷贞：𡘋（爰）㞢于岳。（《天壤》四二）

……卜，穷贞：㞢于岳……（《库方》一五七九，上半误缀）

己卯卜，穷贞：取岳……（《粹编》三六）

甲子卜，穷贞：于岳𠦪雨〔娥〕。（《续存》下一三二）

（二）河

戊午卜，穷贞：酢，𠦪年于岳、河、夒。　乙卯卜，穷贞：鬲（献）龟，翊日，十三月。（《前编》七、五、二）

辛酉卜，穷贞：𠦪年于河。　贞：𠦪年于夒，九牛。（《铁》二一六，一《佚存》八八六重）

按此祈年之礼，或河岳并祀，《诗·时迈》"怀柔百神，及河乔岳"是也。又或兼祀高祖夒。

丙子卜，穷贞：㐱（奴）珏，酢河。（《铁》一二七、二，同版见卜人古）

按此以璧及奴祭河。《穆天子传》："河宗柏夭受璧，西向沉璧于河。"《说文》奴古文从人作仗。此从二人。《后编》上二三、四："㞢于河牢。沖𡚱。"亦以妾为牺牲。𡚱殆嬖字，谓王所嬖倖者。其字又见《粹编》三八〇、三八七，与㐱之为奴，殊形异字。他辞言："多辟臣。"字作"㖕"（《粹编》一二八〇，《京津》四七七〇重），𡚱视㖕多一女旁，所以区其性别也。

□申卜，穷贞：其酢㔾于河，〔于〕来辛丑……（《燕大》三七一）

乙酉卜，穷贞：吏（使）人于河。汫（沈）三羊，酉三牛。三月。（《粹编》三六）

己亥卜，穷贞：王至于汆，衆于河。三小䍧，汫三牛。出雨，王步。（后编上二五、三）

□辰卜，穷……人于河。……䍧汫五□㞢……（《摭续》一〇一，《南北·文》二六重）

上二辞皆字小。

按《集韵》："汆，古歆字。"《说文》训水入船中之淦，或作汵，字从今。此处汵为地名。《周语》："回禄信于聆遂。"宋庠音禽。《后汉书·杨赐传》引作"黔遂"。俱从今声，疑即此。（《竹书》误从令作"聆遂"。《说文》耳部引亦作聆。）汫牛者，《穆天子传》："祝沈牛马豕羊。"祭河沈牲，《仪礼·觐礼》云"祭川沈"是矣。

……卜，穷……甲申……𠂇（升）岁……至于多后，河……彡。十三月。（《簠·帝》一七一）

甲申卜，穷贞：告𪔵（秋）于河。（《巴黎》三，《佚存》五二五重）

□未卜，穷……于河〔告〕𪔵。（《南北·坊》四、五四）

按告龟即告𪔵，𪔵古秋字。

壬申卜，穷贞：衆于河。　贞：勿衆于河。（《屯甲》二九九八）

乙巳卜，穷贞：舞河。……（《屯乙》三八九九）

丙午卜，穷〔贞〕：河弗若。（《遗珠》一四二六）

壬午卜，穷贞：河𣏟我。（《金璋》五九八，《拾掇》一七九文全同）

壬午卜，穷贞：河𣏟〔我〕。（《戬寿》七、一四，《续编》一、三五、七重）

按《左·哀六年传》："昭王有疾，卜曰：河为祟。"河𣏟者谓河为祟也。

附岀：

□巳卜，穷贞：𣎵年于岀。五小䍧，㞢。二月。（《邺初》下三七、二，《拾掇》二、一三五重）

己巳卜，穷贞：衆于岀。（《明义士》二三二八）

（乙）祭先公先王

（一）夏

乙亥卜，穷贞：王寍，岁亡壱。　衆于夏，六牛。（《前编》七、二〇、

二）

甲寅卜，宐贞：……　……𠂤于夒，宰。十月。（《前编》六、一八、四）

辛酉卜，宐贞：𠂤年于河。　贞：𠂤年于夒，九牛。（《铁》二六、一，《佚存》八八六重）

……宐……𠂤于夒。（《屯甲》一一四七）

按夒字，王静安初释夋，谓即帝俊；继改释夔，而读为喾，实皆未妥，故各家多不从其说。窃谓夒乃“頁”字。《大克鼎》“柔远宁迩”之柔作頣，《番生毁》作𩕶，附益夊旁。是頁夒为一字。《说文》：“頁，头也；从百从儿。”盖古文首字。（《说文义证》引王念孙谓：頁即首字。段氏误以頁为䭫，徐灏等均正之。）吴大澂以𩑋为頁字之最古者，象人体全部是也。（《古籀补》）頁与“百”、“首”同文，卜辞之夒，乃借为离，“首”、“离”一声之转。再以形论，离古文作𢍏。与古文首之作𦣻，上从鬊（即巛）正同。而离字从囟从内，囟者犹《克鼎》頣字偏旁之𡿺（杨遇夫《积微居金文说》谓𡿺即𨛜字。𨛜远，读为经传之柔远，古首字，正读如𨛜）。内篆文作蹂，故离字古当从蹂为声，斯并首、夒、柔、离古通用之证。（《毛公鼎》：“欲我不作先王𡖖。”𡖖疑即《说文》训面和之腬，读若柔，字亦从夒。又頁字，后人读胡结切者，疑与䫙之读胡计切者相似。）故知卜辞之夒，原为頁字，而读为离。《说文》离读与偰同。是夒即殷祖之契矣。卜辞称高祖者，有高祖亥、高祖乙及高祖夒，王静安以为帝喾，实则非契不足以当之。《鲁语》上：“商人禘舜而祖契。”《礼记·祭法》：“殷人祖契而宗汤。”称契为高祖正合。契为尧司徒，封于商，故曰“殷契”（《殷本纪》）。《舜典》作“契”，《说文》作“偰”，《史记·司马相如传》及《汉书·古今人表》借“离”为“偰”，卜辞则以頁为契，此古今之异文也。

（二）蔑（昧）

辛酉卜，宐贞：出于𠊱。　贞：出于𠊱，十𦍒（羕）𤘽。（《续编》一、五一、四，《簠室·人》二八重）

辛酉卜，宐贞：𠂤于𧆑，百牛。二月。（京都大学三五四）

按上二版蔑字同文异写，蔑即昧或冥，说详前卜人𣪘条。𦍒字似从羊从豕，《集韵》：“豨羊长尾也。”

（三）王亥

丁巳卜，宐贞：𠂤于王亥十青（觳），卯十牛三青，告。其比𠑹乘征下

𢀛。(《南北·师》一、一九,《外编》八重)

乙未卜,㱿贞:出于王〔亥〕。……　贞:𠭯犬……(《续编》五、九、五;《簠·典》六四重,仅存“贞𠭯犬”三字)

(四)上甲

庚戌卜,㱿贞:𣎵甲寅,出于上甲,五牛。　贞:来甲寅,出于上甲,三牛。(《屯乙》四七四七,此于甲日祀“上甲”)

己亥卜,㱿:出于上甲,五牛。　出于上甲,五牛。(《六录·双》一,《京津》六四八重)

丁丑卜,㱿贞:𣏟年于上甲,𣎵三𦍩,卯三牛,二月。(《续编》一、三、一,《簠室·帝系》八重)

乙亥卜,㱿贞:乍(作)大𢀛(御),自上甲。(《后编》下六、十二)

按大𢀛即大御祭。大为助动词,犹他辞之言“大出”。

□未卜,㱿贞:于上甲,告龟(秋)。爯〔册〕……(《续存》上一九六)

己卯卜,㱿贞:羽甲申,用。射𠂤氐羌,自上甲……(《燕大》二三五,此片字细小。射为官名)

(五)示壬

□未卜,㱿〔贞〕:𣏟……于示壬,□月。(《林》一、一三、一〇)

壬子〔卜〕,㱿:出〔于〕示壬。(《屯乙》五一五五)

(六)唐

癸卯卜,㱿贞:井方于唐宗彘。(《后编》上一八、五)

□巳卜,㱿贞:……其……　贞:上甲龢眔唐。(《前编》二、四五、二)

按龢即和,疑指和甲,他辞亦作龙甲。此和甲与上甲及汤配享也。

癸酉卜,㱿贞:陟岁于唐。　贞:勿陟岁。(《粹编》一六七,《京津》六六一重)

按《尔雅·释诂》:“陟,陞也。”《周礼》太卜,三曰“咸陟”。郑注:“陟之言得也。读如‘王德翟人’之德。”《玉篇》:“德,福也,升也。”陟岁与他辞言“升岁”义同。说见下。

壬申卜,㱿贞:勿出于唐。(《福氏》一五)

(七)大甲

癸丑卜,㱿贞:酌大甲。告于且乙,一牛。八月用。　……贞:酌大甲

斫宗用。八月。（《簠室·帝系》三八及四〇，《续编》一、一〇、四，及《佚存》一一五重）

乙丑卜，穷贞：㞢于大甲。（《南北·师》一、二一，《外编》六重）

……穷贞：㞢𰀀（升）伐于大甲。……（《粹编》一八三）

乙〔亥卜〕，穷〔贞〕：大甲若王。　乙亥卜，穷贞：〔大甲弗〕若〔王〕。（《屯乙》二四九四，亦见《殷缀》四四六）

……卜穷贞：大甲保。　贞：咸保我田。（《屯乙》六三八九）

（八）大戊

丁巳卜，穷：㞢于大戊。（《屯乙》四六八二，同版见卜内“㞢于𰀁尹”之辞）

（九）祖乙

癸丑卜，穷贞：酌大甲。告于且乙，一牛。八月用。（《佚存》一一五。参上大甲条）

甲戌卜，穷贞：羽乙亥，㞢于且乙，用。五月。（《屯甲》三五一〇＋《京津》一六八一）

甲戌卜，穷贞：今日先□。羽乙亥，用。且乙。（《屯乙》七七六七）

乙亥卜，穷贞：合（祫）𰀂，大钔且乙。　丙子卜，穷贞：力（㕣即㽞）于且乙。（《屯乙》五七八三）

戊子卜，穷贞：王隹且乙𰀃（孽）我。（《七集·柏》四〇，《柏根》二〇重）

辛卯卜，穷贞：𰀄于且乙。（《京津》六七八）

乙巳卜，穷贞：㞢于且乙，二青。（《屯乙》七四八三）

丙午卜，穷贞：㞢于且乙，十白豕。（《前编》七、二九、二）

丁未卜，穷贞：告于且乙。（《屯乙》六八五六）

甲寅卜，穷贞：㞢于且乙。七月。（《金璋》五二七）

□卯卜，穷〔贞〕：钔于且乙。（《南北·师》一、三八，《续存》上二五五，《外编》一七五重）

贞：㞢于且乙十伐，卯三牛。（《殷缀》一九四，同版为穷卜之辞）

……穷〔贞〕：禃于且乙。告王𰀅（眯）。四月。（《屯乙》三一九八）

……卜，穷：……入，㞢且乙。（《后编》上二、一五）

……卜，穷：……乙酉……且乙。𰀆（祷）……翊……　□亥卜，穷贞：……乙酉……𰀇……酌……（《宁沪》三、二九）

按上第二、三、四、七各辞皆于乙日祀祖乙。又《宁沪》三、三四：“甲子卜，穷贞：羽乙丑，㞢于且……”疑为“且乙”。姑录于此。

（十）祖辛

丙午卜，穷贞：于且辛钔。（《屯乙》七四三二）

□午卜，穷贞：钔于且辛，哲。……（《铁》一七六、三）

（十一）祖丁

己丑卜，彭穷贞：其羼且丁门，于砉，衣。邛彡。（《屯甲》二七六九）

按羼为马之繁形，读如师祭之祃。邛即《诗》训我之“邛”。《尔雅·释诂》：“邛，我也。”他辞有云：“余彭朕桼。”（《前编》三、二七、六十《前》四、一八、一）与此“邛彡”语例正相同，故知邛即自称代名词。

（十二）南庚

己亥卜，穷贞：钔于南庚。（《前编》一、一三、二）

庚申卜，穷贞：南庚〔伐〕，㞢𡆥。（《前编》一、一三、三）

……卜，穷贞：钔于南〔庚〕。…… ……钔于南庚，三㞋。（《库方》一六四一）

（十三）父乙（即小乙）

乙巳卜，穷贞：𠥓（禧省）于父乙。 乙巳卜〔穷〕：勿衣，禧于父乙。（《屯乙》六九二七）

庚寅卜，穷贞：㞢于父乙。（《金璋》五四二）

乙巳卜，穷贞：今日，㞢于父乙，罕。 贞：今日㞢于父乙，一牛。（《屯乙》一八八五）

丁丑卜，穷贞：父乙允左多子。 贞：父乙弗左多子。（《屯乙》三三九四）

按左字契文作㞢，即左字加饰文。左即佐也。《诗·长发》：“实左右商王。”他辞云：“且乙弗左王。”（《佚存》一二，《屯乙》二八八二）“咸弗左王。”（《屯乙》七二〇一）左字作𠂇，与㞢实一文。

辛酉〔卜〕，穷贞：父乙壱王。（《屯乙》六五八七）

庚寅卜，穷贞：父乙㣇。（《续编》一、二八、四，《拾掇》一九〇重）

丁未卜，穷贞：父乙㣇。（《续编》一、二九、五）

……穷……父乙……𠮛（故）……（《续存》上二八九）

贞：王卩豖父乙。 穷。 勿卩豖父乙。 穷。（《殷缀》二〇六——

《屯乙》二七三二十三〇六八）

丙子卜，穷贞：父乙異（翼），隹鬳攵（败）王。〔丙子卜，穷贞〕：父乙不異，鬳攵王。（《屯乙》七七〇五十七七〇六）

按古籀从贝之字或作鼎。如“鼎刂”、“鼎口”、“鼎䙴”，即籀文之“则”、“员”、“賈”，以此例之，“鬳攵”乃“败”字。“败王”与“𡿧王”语例正同。

贞：王㱿（设）父乙。贞：隹父乙𡆥（𤸰）王。贞：〔不〕隹父乙𡆥王。（《殷缀》二八六，同版：“丙申卜，穷贞。”）

按此“㱿”用为动词，乃“设”字。他辞有“㱿门”（《续编》五、八、五）、“㱿𡪞”（《前编》五、三八、四）、“㱿司（祠）室”（《佚存》八四三，《六录·清》一〇二重），皆读为设。《说文》：“设，施陈也。”《仪礼·少牢馈食礼》记司宫屡言“坐设”。《礼器》：“设祭于堂。”此言“设父乙”，谓设奠于父乙也。参《卜辞义证》。

（十四）九宗

辛酉卜，穷贞：勿于九宗𣏟。（《簠室·典礼》三〇，《续编》三、一、一重）

□午卜，穷贞：……九宗钔……（《邺》三下三五、一二，《京津》九三二重）

附甲：

甲子卜，穷贞：乍出于甲，正。……出于甲，小罕用。（《屯乙》七三一〇）

丁：

丁丑卜，穷贞：子𩁹（雍）其钔王于丁。𢦏二。妣己，𡕒𤘪三，用羌十。……（《佚存》一八一）

丙寅卜，穷贞：羽丁卯，出于丁。贞：勿出于丁。五月。贞：羽丁卯，出于丁。罕出一牛。丁卯卜，穷贞：岁卜不兴，亡匄。五月。丁未卜，穷贞：今日，出于丁。六月。丁未卜，穷贞：出于丁，罕用。贞：罕出一牛。六月。丁巳卜，穷贞：出于丁。用一牛。贞：勿出。六月。丁巳卜，穷贞：出于丁。罕出牛。六月。丁巳卜，穷贞：出于丁，一牛。六月。贞：勿出。七月。贞：出于丁，一牛。七月。甲寅卜，贞：羽乙卯，𢆶十牛，羌十，用。贞：勿亩牛。乙卯卜，贞：𢆶十牛，羌十人用。八月。（《屯甲》二一二四，即大龟四版，据董、郭二氏释文，参下

卜人吉条）

按《易·同人》九三爻辞："升其高陵，三岁不兴。"卜辞言"岁卜不兴"，可征于《易》，知出殷人习语。

又按"𦨶"字从"舟"从"𢆶"，乃"继"字。金文《拍盘》"继母"字作"𢆶"。与此偏旁略同。考《尔雅·释诂》："係，继也。""係"即"繫"，古与"继"通用。《易·坎》上六："係用徽纆。"《穀梁》宣二年注引作"继用"。《诗》"何彼秾矣"，序："不繫其夫。"《释文》："繫本或作继。"上辞言𦨶十牛即繫十牛。

戊子卜，㱿贞：甶今一月，用三白（百）羌；于丁用。（《燕大》二四五）

□丑卜，㱿贞：……三百羌于丁。（《佚存》五七〇，现藏巴黎大学。《巴黎》二重）

乙亥卜，㱿贞：出于丁。（《后编》上、二五、六）

甲戌卜，㱿贞：于丁出。（《金璋》五二一）

丁丑卜，㱿贞：出于丁，䍙用。七月。（《遗珠》二〇）

丁丑卜，㱿贞：出于丁。勿𦍒，䍙用。（《屯甲》三五一〇＋《京津》一六八一）

乙酉卜，㱿贞：羽丁亥，𣏟于丁。十一月。（《前编》一、三四、二，《续存》下四七重）

丙戌卜，㱿贞：出于丁，䍙。（《明义士》二三三六）

丙戌卜，㱿贞：羽丁亥，出于丁，𦍒。（《续编》二、一八、六）

丙辰卜，㱿贞：□于丁。十牛十羊，十月。（《前编》一、五三、三）

丁巳卜，㱿贞：出于丁。（《诚斋》一七三，《京津》七二一重）

……卜㱿：……丁埶……十三月。（《后编》下二三、一七）

按埶即艺，又读为祢。（于省吾说）《王制》："造乎祢。"《书·尧典》"艺祖"。马融注："艺，祢也。"

……卜㱿，……羽……出于丁。（《林》一、一六、十三）

按他如《诚斋》一七三："丁巳卜，㱿贞：出于□丁。"《京津》八三八："……㱿……巳出……丁，用，日……"则未知为"祖丁"、"父丁"抑"兄丁"，姑系于此。

丁宗

乙酉卜，㱿贞：丁宗亡不若。六〔月〕。（《簠室·人名》一四，《续编》

四、三五、五重）

庚

……卜，穷贞：……于庚……（《簠室·贞类》八）

兄

□辰卜，穷……于兄……乎䢅……（《燕大》六六一）

大宗

甲午卜，穷贞：大示，三䍧。二月。（《平津·元》六五，《续存》上三三三重）

甲申卜，穷贞：王配大示。（《前编》三、二二、三）

丁巳卜，穷贞：配，㞢于大示。（《佚存》五六一）

按配，祭名。他辞云："贞：钔王自甲，配大示，十二月。"（《前编》三、二二、四）于省吾释"習"，读为金文之"饔"。《臣卣》："王初饔旁。"《召鼎》："王饔于大室。"即此字。

[illegible]宗

辛丑卜，穷贞：[illegible]宗。（《续存》上三三四，《平津·元》六四重；《遗宝》七、七文全同；惟辛字缺）

以上祭先公先王。

（一）妣甲

甲子卜，穷贞：乍㞢于妣甲，正。（《屯乙》七三一〇）

甲午卜，穷贞：㞢于妣甲，一牛，正。（《屯乙》三四二四，对贞辞残）

按此于甲日祀妣甲。考示癸、祖辛配俱有妣甲。他辞又称为"祖丁母"，如："于且丁母妣甲，钔。㞢𡿧。"（《续编》一、三五、一）祖丁为祖辛子，则此"祖丁母妣甲"，殆指祖辛之配也。上辞为穷卜，疑指祖辛配之妣甲。

（二）妣丁

……卜，穷贞，……妣丁，羌用。（《前编》八、一三、三）

按《屯乙》一一七四有"〇匕"，即丁妣，殆妣丁之倒称。

（三）妣壬

……㞢妣壬䵼（穡）。……（《屯乙》四五二九，亦见《殷缀》二四二，同版穷卜）

按大庚大戊配俱有妣壬。

（四）妣己

乙酉卜，穷贞：钔于妣己。　贞：钔掔于母庚。　贞：于母己钔掔。贞：亡瞖。九月。（《屯乙》六二六九）

按单子二字合文。殆以封于单邑得名。单在周为畿内国。殷周单氏礼器，后世多有存者，《博古图》著录之，说另详诸子章。又《佚存》一八一："子雝（雍）钔王于丁及妣己。"已见上丁条。"亡瞖"，成语。瞖与僭同，见《集韵》。

（五）妣庚

辛卯卜，穷贞：隹妣庚壱。（《通·别》二、八、一）

（六）母己

贞：于母己，钔掔。（《屯乙》六二六九。同版穷卜，见上"妣己"条）

按《前编》一、三九、一："贞：于母己钔。　贞：于兄丁钔。"以母己与兄丁同祭。他辞又见妣母己（《屯甲》二四二六："□戌卜，出匕母己。"）、中母己〔《屯乙》四五〇七："辛丑卜，中母己鼎（贞）。辛丑卜：中母己其钔"〕，均未知何王之配。

（七）母庚

辛酉卜，穷贞：㞢于母庚。　贞：勿㞢于〔母〕庚。（《林》一、一三、一四）

丁酉卜，穷贞：羽庚子，酌母庚。（《簠室·帝系》二三六，《续编》一、三、一重，此于庚日祀母庚）

戊寅卜，穷贞：钔帚妌于母庚。（《南北·师》一、二一，《外编》六重）

按"御掔于母庚"，见上妣己条，不复著。母庚即小乙配。

以上祭先妣。

𡗜（黄）尹

癸丑卜，穷贞：㞢于𡗜尹，二月。（《前编》一、五一、六，《林》二、一七、六重）

伊

□酉卜，穷贞：伊牛于……（《金璋》四九五）

按伊亦称"伊示"（《双剑》一九〇，《续存》下七六六重）、"伊囗（祊）"（《南北·明》四九三及四九七），即伊尹之庙。

咸

癸亥卜，穷：咸又。羌卅，岁十牢。（《拾掇》四一二）

丁未卜，穷〔贞〕：咸受又。　贞：咸弗受〔又〕。（《殷缀》四四

五——《屯乙》二四七一十二五三九）

𦥯（学）戊

贞：㞢（侑）于𦥯戊。　勿藿，㞢于𦥯戊。（《殷缀》一九四，同版穷卜）

尽戊

尽戊𢀛王。　尽戊弗𢀛王。（《殷缀》二四二，同版穷卜）

按卜辞有𦥯戊、尽戊、咸戊、戊陟，他辞云：“贞：戊陟、戊𦥯𢀛。”（《图录》一三）则“𦥯戊”亦作“戊𦥯”。又咸戊与𦥯戊并祀。如：“丁未卜𡆥：㞢咸戊𦥯戊兮。”（《粹编》四二五，《京津》二九三八重）“𦥯戊”又作“爻戊”（《之馀》八、二）。考殷学曰瞽宗，见《礼记·明堂位》。卜辞有“学东”语，（《前编》五、二〇、一）明殷人之有学宫也。《周礼·大司乐》：“凡有道者有德者，使教焉，死则以为乐祖，祭于瞽宗。”𦥯戊盖贤人之祭于学宫者，故以学为号。尽戊未详。

以上祀旧臣。

壬子卜，穷贞：勿桒于𡆥。　桒于𡆥。　桒于𡆥，一月。（《屯乙》四九六六十五五七七——《殷缀》二九三）

按争卜辞两见：“王三（汔）正河，新𡆥。”（《后编》下一六、二，《粹编》五二四）即此字。

东　西

甲申卜，穷贞：桒于东，三豕三羊，𡇒犬，卯黄牛。　癸未卜，穷贞：桒犬，卯三豕三羊。（《续编》一、五三、一，《簠室·典礼》一八及二一重）

按𡇒为䍙字。此云䍙犬，为用牲名，盖读为珥与衈。《周礼·士师》：“凡刉耳则奉犬牲。”郑注：“珥读为衈，衅礼之事。”䍙音莫兮切，疑通作珥。（如弭之通侎，䴢之通麋矣。）

甲申卜，穷贞：勿于东𠂤告。（《南北·师》二、五六）

按卜辞言𠂤与𢀛同例，他辞云：“帝东𢀛”（《粹编》一三一一），“帝北𢀛”（《邺三》下四六、五），“四戈　四𢀛”（《戬寿》、九《续编》一、二、四及《佚存》八八四重）。𢀛为巫字，东𢀛即东巫，四方巫之一。𠂤乃“方”字省笔，故𢀛方亦作𢀛𠂤（《殷缀》三五），东𠂤即东方也。《诗》：“来方禋祀。”《曲礼》：“天子祭天地，祭四方祭山川，祭五祀，岁徧。”郑注谓祭四方及五祀盖殷时制。

丁巳卜，穷贞：𣏌兹于东。　贞：勿𣏌兹于东。（《屯乙》六七〇八）

按“𢆶”即“系”，谓系玉帛为祭。《左·襄十八年传》：中行献子以朱丝系二玉二瑴祷于河。是其例。

𣎆系与𣎆珏，事正相类。𣎆亦祈祭之祈字。

辛巳卜，穷贞：𣎆于东。（《续存》上四四二）

己巳卜，穷贞：帝（褅）于西。（《屯乙》二二八二）

以上杂祀。

其他穷卜之辞，賸文碎义，有祭名可征者，再列如下：

〔帝〕

甲辰卜，穷贞：帝（倒书）于……（《后编》上二六、五）

□辰卜，穷贞：帝昔……（《屯乙》八二〇七，按帝并读为褅）

〔𣎆〕

己未卜，穷贞：𣎆。（《后编》下四〇、一五）

癸未卜，穷贞：今日𣎆。（《拾掇》二、七，《京津》八九九重）。

庚子卜，穷贞：羽癸□𣎆。（《续编》二、四、一〇，《戬寿》二一、七重）

辛亥卜，穷贞：𣎆……（《屯乙》七六五）

丙午卜，穷贞：𣎆𡆥。　贞勿䍙，𣎆𡆥。　贞：𣎆𡆥，㞢（侑）𤜶。（《缀合编》五——《续编》一、一五、一十《续》一、一、四）

辛亥〔卜〕，穷贞：𣎆九牛。　贞：𣎆十牛。（《粹编》四七一）

丙申卜，穷贞：𣎆十牛。（《后编》上二三、三）

壬戌卜，穷贞：𣎆□牛。（《续存》上三六一）

……穷贞：𣎆……（《粹》四三）

□午卜，穷贞：𣎆……（《宁沪》三、四五）

〔酌〕

壬辰卜，穷贞：酌。（《库方》一五一一，同版见卜人泳、亘及沚𢦔、子商）

丁亥卜，穷贞：羽辛卯，酌伐……（《库方》一七〇〇）

□戌卜，穷……羽辛……酌。旬……十月。（《屯甲》三四〇二）

……穷贞：𠬞（升）酌伐。　贞：羽庚辰，王亡𡆥。（《屯乙》四九三）

……卜，穷贞：羽辛卯，酌伐。（《七集·天津》一一）

……卜，穷贞：㞢𠃊……高先酌。（《京津》八四九，《续存》上二〇〇重）

癸酉卜，穷贞：羽乙亥，酌。⧉伐于……　贞：羽乙亥，勿酌。⧉伐于……　贞：羽乙亥，酌。⧉伐于宰。　贞：羽乙亥，〔勿酌，⧉伐于宰〕。　贞：羽乙〔未，酌〕。我、⧉伐〔于宰〕。　贞：羽乙未，勿酌。我、⧉伐于宰。（《屯乙》五三八六十五八〇八。《殷缀》所无）

按⧉为人名，他辞言“⧉告”（《文录》六〇八），“令⧉”（《屯乙》四九二五），“𢀛⧉于……”（《粹编》五〇二），可证。说详下。我亦卜人名。宰疑宷之省形。

〔合𠨘〕

详上祖乙条。见《屯乙》五七八三。

按此片𠨘字益匕（杝）形。“合”殆祫字。《春秋》文二年：“大事于大庙。”《公羊传》：“大事者何？大祫也。大祫者何？合祭也。毁庙之主陈于太祖，未毁庙之主，皆升合食于太祖。五年而再殷祭。”《说文》：“祫，大合祭先祖亲疏远近也。”此言“合𠨘大御祖乙”，为合祭无疑。祖乙为武丁高祖，其下尚有祖辛、祖丁、阳甲诸世，当并升而合食于祖乙也。

〔出与匚〕

乙丑卜，穷贞：出伐于……（《屯乙》六九三〇）

戊子〔卜〕，穷贞：……　乙未……出伐二牢。（《福氏》三一）

乙丑卜，穷贞：出匚于保。（《屯甲》三五一〇＋《京津》一六八一）

戊寅卜，穷贞：王出匚，若。（《续存》下二三四）

……卜，穷贞：出彐……高先酌。（《京津》八四九，《续存》上二〇〇重）

□未卜，穷贞：出㐄（升）于……（《续存》上四二四）

丙午卜，穷贞：出于……（《续存》上四二一）

庚寅卜，穷：……新𠨘出……（《金璋》七三四）

……卜穷：……匚……（《库方》三四二）

〔米〕

壬午卜，穷贞：米……（《前编》五、四〇、五，同版见卜人昍）

戊戌卜，穷贞：米于大……亦……（《林》二、四、四）

〔衣与裈〕

丙申卜，穷贞：王若。　贞：王勿衣。　丙申卜，穷贞：示左（佐）

王。　贞：示弗〔左〕王。（《屯乙》四九八三）

己酉卜，穷贞：勿衾（logo）。乎比丘、伊。（《屯乙》六六八四）

〔告〕

甲戌卜，穷贞：羽乙亥，竝告。王其出于囗（祊）。五月。（《屯甲》三四八一）

……穷贞：麋告曰：方古（故）。今𢆶，同受㞢又（祐）。（《前编》七、二八、四）

丙辰卜，穷贞：𦥑告……于……一月。（《前编》四、四、六）

□酉卜，穷：……亩王……告。……（《遗珠》一〇五〇）

〔钔〕

丙辰卜，穷贞：钔。王固曰：吉！其钔。（《燕大》六三背）

□午卜，穷贞：……丁钔……（《京津》九三二，《邺三》下三五、一三重）

……卜穷：……钔于……卅羌。（《明义士》九〇八）

□申卜，穷：……𢀛（紂）钔……百。……（《京津》七四一，同书二三五三重）

〔𡧍〕

乙亥卜，穷贞：王𡧍，岁亡𡆥。（《前编》七、二〇、二）

……〔卜〕，穷贞：王勿𡧍，夕不左。……（《前编》七、三〇、三）

按𡧍即嫔，与傧同用。说见前。

〔齐〕

乙亥卜，穷贞：不牛，示（寘）𠫬（齐）。叀……（《林》二、二五、一六）

按𠫬即齐，粢盛也。“示齐”读为“寘齍”。辞意言不以牛，而以黍稷寘奠也。他辞言“不黍隹青”（《屯乙》一九六八），与此义正相反。

〔䄬〕

……〔卜〕，穷……王䄬龙，告……（《拾掇》二、一六一，《续存》下四七七重）

按䄬为禼之繁形，卜辞多作舌。禼亦作𥛉。《说文》训祀也，此祷祀于龙宗，说详《巴黎所见甲骨录·释舌篇》。

〔䄻〕

……穷贞：……䄻亩……（《前编》六、三、八）

按禊即祝字。

〔禈〕

……穷……禈……（《屯甲》三二八九）

〔秦（臻）宗〕

戊戌卜，穷贞：乎取……弜粸〔宗〕。（《后编》下三七、八）

按“弜粸示（宗）”一语，他辞屡见。如：“弜粸示于妣庚，𠭯。”（《屯甲》七八三）“丙……弜粸示。”（《佚存》九五五，《续编》六、二、三五重）“弜粸〔于〕小乙。甲寅……且乙𠭯，㞢（粸缺形）示。”（《续编》一、十六、六）“其𫠣日于且丁，粸又（侑）示。丝用。”（《战后宁沪》一、一九二）考籀文秦字作“𥡆”，与契文同。知此为秦字。诸辞秦在弜之下，乃用为动词。又一片云：“于岳，粸即（飨）。”（《后编》下三九、二，《京津》三九三七重）其义尤显。“秦”当读为臻。《尔雅·释诂》：“薦，挚，臻也。”郭注：“薦，进也。”《易·坎》：“水洊至。”《释文》引京房洊作臻。《说文》洊亦作瀳。故知“秦即”犹言“薦飨”，“𠭯秦宗”犹言“𠭯薦宗”。所云“秦示”者，即薦于宗庙之义。（杨遇夫《积微居甲文说》读“㞢示”为祖乙之滕，殊误。治契文须从比勘同义异辞着手，否则无以通其假借，斯正其一例也。）

〔立尸〕

〔辛□卜，〕穷贞：立尸。　辛□卜，穷贞：勿立尸。　……亩羽甲申，立尸。　……卜，穷贞：勿隹羽甲申，立尸。（《屯乙》六六九六，同版见卜人争）

丁丑卜，穷贞：隹冥尸。　贞：不隹冥尸。〔隹〕之〔尸〕。不隹之尸。（《殷缀》二六七——《屯乙》四六二五＋九六六〇＋四六六一）

按立尸者，《礼器》云：“夏立尸而卒祭，殷坐尸。”“周坐尸。诏侑武方（谓观尸无常所），其礼亦然，其道一也。”是自夏殷以来，并有敬尸之礼。上辞言“立尸”、“之尸”，祖甲时即及大所卜辞，又见“王室尸，岁亡尤”语。（《续编》一、三〇、三及《天壤》二八）考《诗·丝衣传》云：“绎宾尸也。”陈奂传疏：“绎祭以宾礼事尸，谓之宾尸。”卜辞又云：“壬午卜，大贞：殴（设）六尸。”（《林》一、二六、六。《粹》五〇三：“贞：殴六尸。”）明殷时有卜尸之礼。又：“癸卯卜，贞：今日，令𠂤取𡿪囗（祊）尸。七月。”（《前编》七、三、二）“……日，其取伊囗（祊）尸。”（《南北·明》四九七）上辞之“取”，疑读为诹，谓诹问黄祊、伊祊之尸，此即卜尸之事也。《仪礼·特牲馈食礼》及《少牢馈食礼》并有筮尸之仪。《礼记·表记·正义》言："大夫士筮尸，天子诸侯有卜尸。"是也。《礼器》："周旅酬六尸。"尸数亦六。郑氏云："后稷之尸发爵不受旅。"盖周为七庙，旅酬相酌，文武并亲庙六尸，相对为昭穆，更次相酬，其爵仅逮于祢庙之尸而止，其毁庙无尸，则但有主；而后稷之尸，为发爵之主，故不与子孙旅酬。殷之六尸，详细如何，已不可考。鲁实先援《礼纬稽命嘉》及《钩命决》"殷五庙至子孙六"，谓殷人六庙，当为六尸。说见所作《释䀈篇》。《困学纪闻》五引杜佑《理道要诀》谓："立尸遗法，乃本夷狄风俗，至周未改。"考《礼记》曾子问孔子论"祭成丧者必有尸"之义。盖立尸为华夏古制，故《朱子语类》以杜说为非。《礼器》言："三代之礼，夏造殷因。"郑注："周坐尸"，言"此亦周所因于殷也。"今由卜辞，足证其说之确。

以上皆祭祀有关之辞。

〔用牛〕

□辰卜，穷：……一牛。（《遗珠》三九九）

□酉卜，穷贞：伊牛于……（《金璋》四九五）

丙……穷贞：……来五……五牛。（《天壤》三九）

……卜，穷贞：叀小牢。（《宁沪》二、五三）

〔澉〕

壬辰卜，穷贞：㳄（率）澉。（《屯乙》八三五二）

己亥卜，穷：澉川牛。（《明义士》一一六四）

〔蠽〕

庚申卜，穷贞：𢦏（蠽）。（《铁》二五三、二，《续编》三、四七、五，《戬寿》四三、九重）

乙丑卜，穷贞：参（戾），我𢦏。　贞：勿〔参〕，我〔𢦏〕。（《殷缀》四〇六——《屯乙》七七〇十九三七）

〔䕩〕

丁丑卜，穷贞：纟（秎）梟，岁卜，㞢帚䍐（䕩），用。弗赳（猜）。㞢……（《明义士》二九九）

按他辞云："庚申卜，穷贞：勿隹梟。　……叀梟。"（《屯乙》八三一四）梟疑读为御。如"秎梟𢀛方"，见《殷缀》一二一，已详卷四赧条。

……卜穷：……𪊲（䕩）在𣳾。（《前编》六、四三、五）

〔集〕

丙午卜，穷贞：业（生）槧于囗（祊）一月。 □午卜，穷贞：羽丁未，……（《屯甲》二四〇二）

按牲熟曰饔，生曰饩。《论语》："告朔之饩羊。"郑注："牲生曰饩。"凡牲生曰饩，说详《仪礼·聘礼疏》。此云"生槧"，即进生牲也，应与"饩"义同。

〔馈用〕

丙寅卜，穷贞：来羌。来甲戌，（馈）用。（《前编》六、六七、四）

己亥卜，穷贞：用，来羌。（《屯甲》五九，字细小）

乙亥卜，穷贞：二羊出……用。自〔上甲至〕于多〔毓衣〕……（《屯甲》一一三一）

〔刚〕

甲午卜，穷贞：取刚于旇（偃）。 贞：勿取于……六月。（《屯甲》三五一〇十《京津》一六八一）

按刚字，亦作犅。从牛。（《前》二、一七、六）为地名。罗氏释犅。《说文》犅训特牛。《静毁》犅作。从牛刚声，林义光谓刚当即刚之古文。（《文源》）上辞云"取刚"，即"取犅"，刚殆谓牡，如《礼记·明堂位》"周骍刚"。《后编》上二三、四："己未卜，其刚羊十于西南。"《说文》："刚，彊断也。"又"刉，曰断也。"《广韵》："刉，断切也。"此"刚"用作动词，与刉义同，则有断割之义。

〔省牲〕

丙午卜，穷贞：乎牛于多〔奠〕（甸）。 贞：勿乎牛于多奠。（《屯乙》八四六一）

□卯卜穷：…… 牛不……。（《后编》下二七、五）

按疑字。读如《易·姤》"包有鱼"之包，亦即庖与苞，读为"炰"。《周礼》封人"毛炰之豚"。郑注："毛炰豚者，爓去其毛而炮之。"《礼运》："以炮以燔。"郑注："炮，裹烧之也。"

〔引牛〕

癸亥卜，穷贞：羽丁卯，酌。牛百于丁。（《粹编》五二八）

按引字旧释弹或弦。《汗简》为弹字，固与此形近。郭氏谓假为禅。《广雅·释天》："禅，祭也。"余谓此字从弓安○，不如释为引，《尔雅》："矢、雉、引、延，……陈也。"此云引牛百，即陈牛百。他辞如：

"癸卯卜贞：弜鬯百牛百用。"（《前编》五、八、四）又每与祉连言。如："戊寅卜贞：𢀛祉尸，七月。"（《前》五、八、三）"己卯卜贞：𢀛，勿祉于丁示，熹。"（《前》五、八、五）祉即延，亦训陈，与引义同。

〔示𢀛〕

……卜，㝃贞：㞢（侑）白𢀛，示（寘），三月。　辛……㝃……甲……用。（《宁沪》三、三〇）

按争卜辞云："㞢白𢀛（彘）于妣癸。"（《宁沪》二、三七）与此辞互证，知𢀛亦牲名，与彘同。"示"读为寘，他辞习见之"品𢀛"（《屯甲》三五八八）、"用𢀛"（《库方》一〇〇九），𢀛与𢀛乃一字。故《续存》下六五骨臼："帚杞示（寘），㞢（侑）七𢀛。㝃。"由㝃署名，语例与此正同。说详下。

己未卜，㝃贞：㞢豕。……（《屯乙》四七二三）

以上用牲。

〔玉〕

乙巳卜，㝃贞：羽丁未，酌。𠦪岁于丁；奠，㞢珏。（《续存》下七二）

辛酉卜，㝃贞：乎自般取珏。不左。（李棪藏骨，即《金璋》一）

以上陈玉。

十三、【卜征伐与方国】

（一）𢀛方

乙巳卜，㝃贞：𠂤乎告𢀛方出。允其……（《前编》五、一七、七，亦见缀合编一一五）

乙巳卜，㝃贞：𠂤乎告𢀛方，其出。允。（《遗珠》一七九）

癸卯卜，㝃贞：𢀛方出。隹㞢乍𡆥。（《续存》下二八五）

壬子卜，㝃贞：𢀛方出，王萑。（蒦，借为获。）五月。（《南北·师》一、六二，《外编》一重）

庚子卜，㝃贞：勿登人三千，乎〔伐〕𢀛方，弗〔其〕受㞢又。（《前编》七、二、三）

戊辰卜，㝃贞：登人，乎往伐𢀛方。（《戬寿》十一、十二，《续编》三、四、四及《佚存》一九重）

甲辰卜，㝃贞：勿乎伐𢀛，弗其受㞢〔又〕。（《簠室·征伐》一三，《续编》三、四、三重）

辛未卜，穷贞：乎伐𢀛方，受出又。　癸丑卜，穷贞：今至于丁巳，追。（《通·别》二、八、一三）

丁未卜，穷贞：勿令𠂤，伐𢀛方，弗其受出又。（《佚存》一七，《续存》上五八〇及善斋一五九文同）

□子卜，穷贞：𠂤三（汔）步伐𢀛方，受出又。十二月。（《粹编》一〇七二）

己亥卜，穷贞：羽庚子步，戈人不𢀛（𦎫）。十三月。　辛丑卜，穷贞：𢀛令，氐戈人，伐𢀛方，𢦏。十三月。（《金璋》五二二）

戊寅卜，穷贞：今龟（秋），𢀛方其𢀛于𢀛。（《续存》上五五〇）

□申卜，穷贞：……正（征）𢀛……（《南北·无想》一七一）

……穷贞：……𢀛方……（《平津·元》九四，《续存》上五八一重。《京津》一二五一文同）

（二）鬼方

己酉卜，穷贞：鬼方昜（禓）。亡囚。五月。（《屯乙》六六八四）

按“鬼方昜”语，亦见《屯甲》三三四三胛骨，卜人为内，同在五月己酉，与此为同事异人之卜。他辞云：“卜贞：鬼不囚。”（《南北·无想》二二一）“贞：畏其出囚。”（《屯乙》六六九）鬼方之名，见于《易》及《诗》。《既济》九三：“高宗伐鬼方，三年克之。”又《未济》九四：“震用伐鬼方，三年有赏于大国。”《大雅·荡》：“内奰于中国，覃及鬼方。”古本《纪年》：“武乙三十五年，周王季伐西落鬼戎，俘其二十翟王。”（《后汉书·西羌传》注引）今本《纪年》称：“武丁三十二年伐鬼方，次于荆。”西周初期《小盂鼎》记伐䰡方，……俘人万三千八十一人。其地当在殷西，或处山陕之间。春秋器《梁伯戈》，有“抑魃方蛮”语，可见其族之盛。隗姓赤狄殆即其胤。鬼族自昔与诸夏通婚媾。《世本》陆终取鬼方氏之妹谓之女嬇。殷末有鬼侯，《殷本纪》：“纣以九侯为三公”。徐广曰：“一作鬼侯。”《正义》引《括地志》：“相州滏阳西南五十里有九侯城，亦名鬼侯城。”此殆鬼族入臣于殷而邑之于此。卜辞言“鬼不囚”，“畏出囚”。“畏”、“鬼”一字。（见《观堂集林》十二）当并指鬼方。至云“鬼方昜”者，昜疑读为禓。《说文》：“禓，道上祭。”《玉篇》：“禓，强鬼也，道上祭也。”《礼记·郊特牲》：“乡人禓。”郑注：“禓，强鬼也。谓时傩索室殴疫逐鬼也。”此即《论语·乡党》之“乡人傩”。《周礼·春官》占梦：“始难。”郑注：“难，谓执兵以有难却也。故书难或为难或为傩。”《淮南·时则训》：“天子乃傩。”高注：“傩，犹除也。”难、傩、禓俱通。故知鬼方禓犹言“难却鬼方”也。《御览·礼仪部》引《世本》云“微作傩”。微即上甲微，是时傩逐鬼驱疫之俗，殷时已盛行之。

（三）土方

戊午卜，穷贞：王比沚戠伐土方，受㞢〔又〕。（《后编》上一七、五）

……卜，穷贞：今𡆥，収〔人〕正土方。（《续编》三、八、九）

按此土方字作“汢”，益水旁。以下凡诸方国已见卷四殸条考证者，兹不复论。

（四）羌方

癸卯卜，穷贞：叀𠂤乎，令沚𡘯羌方。十月。（《前编》六、六〇、六）

按卜辞云：“羌其𡆥沚。”（《粹编》一一七〇）“方其来于沚。”（《前编》七、二九、一）知沚地每为羌方及方夷所侵掠。沚戠即封于沚地者。（《屯乙》七八一八穷贞辞，上言：“沚戠啓𠂤。”又云：“戠在丝示，若。”可证）沚或省作“止”。（《屯乙》三七九七：“勿隹止戠。”）他辞言：“方来，入叉邑。今夕，弗㞢王𠂤（师）。”（《燕大》八九。叉字据《综述》释文。）又伐人方辞云：“在叉，步于沚。”（《前编》二、一九、五）则沚地当与叉相迩。

甲戌卜，穷贞：在昜牧，隻（获）羌。（《遗珠》七五八，《通·别》二、六、七重）

按昜牧谓昜之牧野，如《周语》之称“商牧”矣。卜辞方伯有“昜伯㷉”，昜殆其封地。周有阳樊，见《隐十一年传》、《僖二十五年传》。杜注：“野王县西南有阳城。”晋地亦有阳，见《左·昭四年传》，即《汉志》颍川郡之阳城。殷时之昜，与羌为邻，以晋地当之，较合。

癸未卜，穷贞：叀𡆥往追羌。（《前编》五、二七、一，《续存》下五一重）

丁丑卜，穷贞：㞢隻羌。九月。　贞：㞢不其隻羌。（《殷缀》二〇五——《屯乙》四八五八＋四五〇九＋二七二八）

□戌卜，穷贞：㞢隻羌。（《屯乙》八四二二）

乙巳卜，穷贞：𦥑隻羌。一月。　乙巳卜，穷贞：𦥑不其隻羌。（《屯乙》八六五）

丁亥卜，穷贞：羌舟戉（啓），王𠁥（𠫓）。（《佚存》九八二）

按䭯疑读为诣，《说文》："诣，候至也。"《玉篇》训诣为往也到也。

辛丑卜，宾贞：羌𢦏𦥑。（《后编》下二九、一四）

按他辞云："贞：𢦏不其得。"（《戬寿》三六、七）又有子𢦏，人名，见《京津》二〇八五。（《续存》一三三四重）知𢦏即子𢦏其人。此辞殆贞𢦏得羌事；因宾词位前，故云"羌𢦏𦥑"也。

壬午卜，宾贞：□不……幸多臣往羌。（《粹编》一一六九）

辛丑卜，宾贞：𢀛罘𣪊氏羌。　贞：𢀛罘𣪊不其氏羌。（《屯乙》六三七三）

庚子卜，宾贞：羽甲辰用。　𡈼乘来羌。（《燕大》五九六，据容释）

辛巳〔卜〕，宾贞：〔羽〕甲申用。　目来羌自……（京都大学九八四）

按目殆即目夷，子目封国，见外编诸子章。

乙丑卜，宾贞：少来羌六用。（《京津》一〇九五）

按《战国·西周策》："梁之君臣，欲得九鼎，谋之晖台之下，少海之上。"卜辞之少，可以梁地"少海"当之。《说文》："郊，地名。"《玉篇》则云"鲁地"。

乙巳卜，宾贞：三羌于且乙。（《前编》一、九、六）

癸亥卜，宾贞：勿𦎫，用百羌。（《后编》下三七、八）

戊子卜，宾贞：叀今夕用三白（百）羌于丁，用。（《燕大》二四五）

□丑卜，宾贞：……三百羌于丁。（《佚存》五七〇，《巴黎》二重）

……宾贞：……五罕……圂罕……羌。（《京津》一一〇七）

（五）马方

□未卜，宾贞：马方其正。（《京津》一六八一）

癸巳卜，宾贞：多马下蒿戎。（《前编》四、四五、五）

己丑卜，宾贞：令多马。（《林》一、二五、四）

□寅卜，宾贞：令多马羌御方。（《续编》五、二五、九）

……卜宾：……马其𡿧。（《遗珠》二八五）

按多马方与马方同。《吕览》之《孝行》、《长攻》篇云："马郡宜马。代君以善马奉襄子。"《汉志》雁门郡有马邑，代郡有马城，殆马方之遗。称曰"马"者，以多产马名。《左·昭四年传》"冀之北土，马之所生"是也。争卜辞又见"马羌"名。（《林》二、一五、一八）而此称多马羌，是马羌非谓马方及羌方，乃属一名，犹《魏略》之言"白马羌"也。（参鲁实先说）

（六）御方

□寅卜，宗贞：令多马羌御方。（《续编》五、二五、九重见上）

按《集韵》：御，古御字。他辞云：“贞：遘于卸方。”（《前编》五、一一、七）自卜辞亦见“卸方”（《缀合编》一四七）名。《佚周书·世俘解》：“大公望命御方来。丁卯，望至，告于馘俘。”卸方即御方也。《不嬰毁铭》：“駿方厥允（玁狁），广伐西俞。”《噩侯鼎》“駿方卿王射”。駿即御字。上辞御益彳旁，他并作“卸”。御方盖玁狁之一支。（参《综述》，283页）上引辞御方之御，如读为动词，言命马羌抵御方人，于义亦通。

（七）𢦏方

王固曰：吉！𢦏。之日，允𢦏𢦏方。十三月。（《屯乙》四〇六九，此龟板之背，见卜人宗，故列此）

按𠇍卜辞亦言：“……戊子，幸。𢦏𢦏方。”（《屯乙》二五〇三）又云：“王固曰：既。三日戊子，允既。𢦏𢦏方。”（《屯乙》四七〇一）“𢦏”、“𢦏”应为一字，见诸同版，因异义而殊形。《左》昭元年、定四年并言：“周公杀管叔，而蔡蔡叔。”上一“蔡”字，《说文》作“𣏕”，此类句法正相同。𢦏方殆即𢧵，《说文》邑部：“𢧵，故国在陈留。从邑，𢦏声。”《春秋》字作“戴”。三传作“载”。《汉书·地理志》：“梁国甾县，故戴国。”他辞云：“贞：射在𢦏方。”（《簠室·地望》六二）字作“𢦏”。周器有《𢦏叔鬲》。（《窸斋》十七、十五）又殷器有《▽父戊爵》，▽为国族名，当亦𢦏之省形。（晚期卜辞有𢧵，《前编》二、一〇、一：“戊寅王卜，在𢧵贞。”亦见《林》二、五、七，为征人方所经，应在安徽境，或与此异地。）

（八）𠂤（旁）方

庚午卜，宗贞：𠂤方其〔𢿢〕，乍戎。（《文录》六三一）

按《说文》古文旁作𠑹，金文旁作㝑，即此。他辞云：“己卯贞：𠂤不……”（《拾遗》五、一〇）旁疑即鄗。《说文》邑部：“鄗，汝南鲖阳亭。”今河南新蔡县北。又何贞卜之辞有云：“亚旁，以羌。其卸用。”（《屯甲》二四六四）亚者，《酒诰》列于内服，盖畿甸诸侯。旁之称“亚旁”，犹雀侯之称“亚雀”，（《前编》八、一三、二）犬侯之称“亚犬”（《续殷文存》上十七有《亚犬鼎》）也。

（九）下𠂤

庚申卜，宗贞：今𢆶（兹），王〔比〕兒𠂤伐下𠂤。……（《粹编》一一

○八）

庚申卜，穷贞：今𡆥，王比凫𠬝伐下𢀛，受〔㞢又〕。（《粹编》一一〇九）

辛巳卜，穷贞：今𡆥，王比〔凫〕𠬝伐下𢀛，受㞢又。（《续编》三、八、九，《后编》上一八、三文略同，又《缀合编》三三七）

……卜，穷贞：今𡆥，〔王勿〕伐下𢀛。（《南北·坊》五、三二，《拾掇》二、四六四重）

丁巳卜，穷贞：㭉于王亥十青（㝅），卯十牛三青，告。其比凫𠬝征下𢀛。（《南北·师》一、一九，《外编》八重）

辛丑卜，穷贞：令多䋣比凫𠬝伐下𢀛，受㞢又。（《后编》上三一、九）

……穷贞：登人伐下𢀛，受㞢又。（《续编》一、三七、一，《簠室·征伐》二七重）

按多䋣即多尹，䋣乃繁形，犹金文命之作𠊮矣。𢀛地所在，据征人方卜辞云："在鴅（鴈）贞：步于𢀛。"（《前编》二、一九、六）"在𢀛贞：今日步于攸。"（《续编》三、三〇、七）"在𢦏贞：今日步于𢀛。""在𢀛贞：今日步于叉。"（《缀合编》二一八，《前编》二、一〇、一，又《金璋》五四四）𢀛地当在今皖苏交界处。（参《综述》，301页）疑下𢀛即在𢀛附近，其名称之上，冠以"下"字，如杜之有下杜（《水经注》：下杜城即杜伯国），相之有下相也（应劭云："相水出沛国相县，于水下流置县故名下相"）。

（十）方

癸未卜，穷贞：令鸣眔方。　贞：勿令方𠂤。八月。（《前编》五、四六、五）

癸未卜，穷贞：令鸣眔方。八月。　贞：勿令。（《屯甲》二八一四）

丙子卜，穷贞：方其大出。七月。（《前编》五、二八、六）

癸……穷〔贞〕：方其大出。（《续存》上五〇四）

丁卯卜，穷贞：方不出。（《后编》上二九、十一）

辛未卜，穷贞：今日。令方𠂤。□月。（《前编》五、二九、二）

……卜，穷……方其㞢……（《铁》二三八、二）

□午卜，穷……方古（故），……追……（《前编》五、二六、六）

按方即方夷方人。《后汉书·东夷传》，夷有九种：曰畎夷、于夷、方夷……章怀注引《纪年》云："少康即位，方夷来宾。"《逸周书·王会》："方人以孔鸟。"盖方人自少康中兴以来，宾服于夏，至殷其族益大，故屡见于记载。其云"方大出"者，谓其出为边患也。时或受殷之册封。他辞云："亩王畀方。"（《明义士》二〇九）方之地望，当在山西。辞云："方其出〔于〕唐。"（《屯甲》二九二四）《晋世家》："唐在河汾之东。"又云："方不出于匬。"（《前编》六、三五、四，《菁华》九、八）匬即隃。《穆天子传》："乃绝隃之关隥。"郭注："隃，雁门山也。"俱其明证。西周《师旂鼎》："师旂众仆，不从王征于方。"《诗·出车》："往城于方。"《六月》："侵镐及方。"俱其地。（参《综述》二七〇）

（十一）召

丙午卜，穷贞：召弗其凷（叶）王事。（《续编》三、二六、三，《簠室·人名》一〇一重。同版见人名䩉。又《续编》三、二七、一，即《簠室·人名》一〇二，文同）

按召方说见敼章。凷王事，殷时成语，兹再补释之。或读"蓝王事"，又或释叶。此字从口从十，以叶为是。《说文》叶即协之或体。《周礼》"协辞命"，故书作"叶"。《大戴礼·诰志》："虞汁月。"《尧典》称："协时月正日。"《周礼·太史》云："与群执事，读礼书，而协事。"俱"叶"、"协"一字之证。协王事者，《周语》上言料民之事云："司民协孤终，司商协名姓，司徒协旅，司寇协奸，牧协职，工协革，场协入，廪协出，于是乎又审之以事。"是即协之义也。

辛未卜，穷贞：召……𠀎。（《屯乙》一九一八）

按𠀎即丂字，卜辞习见孽字，作𡿨及肹，并从此。

（十二）湔

丁巳卜，穷贞：乎湔，若。（《前编》六、三五、八，《粹编》一二四九重）

□巳卜，穷贞：乎湔韦。（《京津》五六六）

按湔即泉戎，说见敼章征伐方国条。

（十三）尸戎

戊戌卜，穷贞：牧匄尸，令蕣氏掔。（《前编》五、二七、一，《续存》下五一重）

按掔即牵。《春秋》定十四年："公会齐侯、卫侯于牵。"《公羊》作"坚"。《释文》本又作"掔"，音牵。《众经音义》引《三苍》云："掔亦牵字。"杜注："魏郡黎阳县东北有牵城。"在今河南濬县东北。

己亥卜，穷贞：牧匄尸戎……（《京津》六四九）

□亥卜，穷贞：……匄……戎……亩……（《文录》七三八）

按此疑与上条文同。

庚寅卜，穷贞：今𠘰，王其步伐尸。　庚寅卜，穷贞：今𠘰，王勿步伐尸。（《屯乙》七八一八）

壬申卜，穷贞：勿往从尸。……（《金璋》三八〇）

按“尸”，又称“尸戎”，及“尸方”。（侯告伐之，见《粹编》一一八七。）武丁曾挞伐，后又臣服于商。故他辞云：“……尸其臣（倒书）商。”（《京津》一二二〇）《汉书·地理志》：“偃师有尸乡，成汤所都。”其地当以尸戎得名。春秋时曰尸氏，《左》昭二十六年“刘人败王城之师于尸氏”是也。他辞又云：“……亩伐尸于函。”（《后编》下二二、五）函即函陵。《左·僖三十年传》：“晋侯秦伯围郑，晋军函陵。”在今新郑县北。今以牵及函诸地证之，尸方当在今河南境。

（十四）弗方

甲辰卜，穷贞：弗方其爯，隹戎。十一月。（《后编》上一八、四）

（十五）卜

戊申卜，穷贞：卜亡囚。（《殷缀》二一八，全文见下）

按卜为地名，以同版“洮亡囚”，“冎亡囚”知之。他辞如：“丁亥……于卜……迖。”（《粹编》五二六）“其自卜，又来囚。”（《粹》一二五三）郭氏读卜为地名是也。《逸周书·王会解》：“方人以孔鸟，卜人以丹沙。”殷时之卜，殆《王会》之卜人。孔晁注：“西南之蛮，丹沙所出。”

（十六）洮（北方）

壬子卜，穷贞：𦎫，洮不𢦏。　贞：其𢦏。六月。（《屯甲》二一二四，大龟四版之一）

戊申卜，穷贞：卜亡囚。　戊〔申〕卜，穷贞：𡧊亡囚。　贞：冎弗亡囚。　贞：冎弗其𡆥〔囚〕。　贞：洮氏。（《殷缀》二一八——《屯乙》三〇八一＋三一四一＋三二七六＋四〇四六）

按洮字，或释洮。然审其文作𣲍（见《续编》三、三〇、三），明为从水在北中，实应释洮。其辞云：“王往，自于洮”（《续编》一、四、六），“……贞：𡆥不若，在洮”（《续编》三、三〇、三）。又有“南洮”（《续》一、五三、三）、“北洮”（《续》三、三〇、三）之名。亦称北方，“辛亥卜，北方其出”。（《双剑》一八七）则洮乃方国名。洮、北当为一字也。西周彝铭，北伯器有鼎、鬲、卣；北子器有觯、尊、盘，许印林以为北即邶国。北白诸器出于燕，自属可信。（参西周《铜器断代》三）故卜辞之沘，可能即邶。若然，邶乃殷北鄙之国，且有南北之分矣。许君以为邶故商邑，自河内朝歌以北，乃于商之邦畿求之。王静安以为邶即燕，王亥托于有易，已履其境，其说近是。

（十七）冄（方）

按冄文见上引，亦称冄方。如："……冄方弗亡囚。"（《屯乙》二一七〇）"冄方弗其出囚。"（《屯乙》三五三六）两片似可缀。

又按《殷缀》二一八残龟，为合占㳄、卜、冄、沘诸国族无祸之卜。

（十八）戈

辛丑卜，宕贞：甶羽（羽）令，氏戈人伐𢀛方，𢦏。十三月。（《金璋》五二二）

甲辰卜，宕贞：今日，令入戈人。…… 癸亥卜，宕贞：勿𢦔（将），戈人出正晄。（《遗珠》四五八，《通·别》二、四、九重）

己丑卜，宕贞：羽庚寅，令入戈人。（《前编》七、三四、二，《续存》下四七重）

甲申卜，宕贞：令戈……（《林》一、三、二）

□戌卜，宕贞：戈幸亘。（《粹编》一一六五）

按"入戈人"之"入"字，读为内，即纳也。他辞又见"自戈"，如："□辰卜，□贞：王隹自戈囚。"（《南北·诚明》三八）是其证。

（十九）獾

癸卯卜，宕贞：出（有），獾、𢦚（弥），我䡇，𢦏（灾）。（《屯乙》二三三一）

乙亥卜，宕贞：勿伐獾。（《库方》一八一〇）

按𢦚本執字，读为秋猎之猕。（于省吾说）䡇即蕹轮之蕹，言田猎遇獾人出，有埋车之祸，故卜之。

（二十）岂

癸亥卜，宕贞：令𠭯侯夂𣥠岂。 贞：勿令𠭯侯。七月。（《屯甲》三五一〇十《京津》一六八一）

癸丑卜，宕贞：……比岂。（《簠室·杂事》一二八）

按他辞有地名自澧（《文录》五六一："贞：亡尤。在自澧。"）。岂、澧一字。说见下《卜人事辑》岂条。

（二十一）亘

庚戌卜，穷贞：于亘，丧帚……（《遗珠》五七四）

□戌卜，穷贞：戈幸亘。（《粹编》一一六五）

（二十二）〓

己酉卜，穷贞：㞢〓（疲），〓出。（《续编》五、六、九，《簠室·游》二八重）

辛卯卜，穷贞：沚戜啓〓，王勿隹之比。　辛卯卜，穷贞沚……（《屯乙》七八一八）

按“㞢疲”为成语。《说文》：“疲，病劣也。”段注：“劣犹危。”《集韵》：“音急，义同。”是“㞢疲”谓有危急之事。以〓方出，书以示警也。

（二十三）雀

戊午卜，穷贞：乎雀往于埜。　戊午卜，穷贞：勿乎雀往于埜。（《殷缀》三〇二——屯乙五三一一十五八〇七十五八七六。同版有㱿卜、争卜之辞，皆有关雀事。背云“自入十”）

癸丑卜，穷贞：□雀〓。　□丑卜，穷贞：匄。〔雀〕〓于丁。（《屯乙》八九三五）

□巳卜，穷贞：雀亡囚。　丁未卜，穷贞：雀亡囚。（《京津》一八四三）

按雀地在雀梁，说见㱿章。“〓于丁”之〓，即墉字。殆读为庸；庸，用也。

（二十四）〓

辛亥卜，穷贞：〓正化，氏王〓。　辛亥卜，穷贞：〓正化，弗其氏王〓。（《屯乙》四六〇六）

按〓字象系绳于人颈，隶定当为㒼，盖即絷本字。故亦作〓。（《前编》二、一九、一）从系从丮，可读为㼌。《集韵》：“㼌，执事者。”故㒼有执事之义。辞云“氏王㒼”，谓致王事也。与习见之“〓王事”语例相类。又见“雀氏石〓”语。（《屯乙》四六九三甲尾）石读为祏，犹言雀致祏事。祏事谓祭事，如《诗》“祀事孔明”之祀事。说详《卜辞义证》。

丙辰卜，穷贞：〓〔弇〕化，𢦏弇。　〓㝎化，弗其𢦏弇。（《屯乙》七七九三）

辛酉卜，穷贞：〓〔㝎化〕，𢦏弇。　贞：〓㝎化弗其〔𢦏〕弇。（《屯乙》三一九六）

□丑卜，穷贞：戠其戋。 甾正化，弗戋戠。（《屯乙》七一五〇）

□未卜，穷贞曰：甾〔正化〕 ……勿曰：甾正化……（《殷缀》二三五——《屯乙》三五五二十三九一九）

……〔甾〕正化，戋戠罘𣪊。 贞：甾正化，弗其戋。 ……甾正化，戋戠。 ……甾正化，弗〔戋戠〕。（《殷缀》一一八——《屯乙》八七七十四〇六二十四〇六九。同版仅见卜人穷）

按𣪊字，旁似从𠂇（即攀），疑𪗒字。

戊戌卜，穷贞：甾不其。（《前编》一、四六、三）

丙戌卜，穷贞：射甾……（《簠室·人名》一三五，《续编》三、四六、七重）

……穷贞：……用甾……（《续存》上一一〇六）

……穷贞：甾其乎……（《京津》二二二四，《续存》上一一〇五重）

壬子卜，穷贞：令戉比甾。（《续编》五、三、二）

（二十五）戉

戊子卜，穷贞：戉其专伐。（《铁》二一六、三，《粹编》一一二一重）

戊辰卜，穷贞：戉亡囚。 贞：戉其出囚。（《平津·元嘉》一〇八，《续存》上六一五重）

壬子卜，穷贞：令戉比甾……（《续编》五、三、二）

……穷贞：戉……（《前编》四、一五、三）

（二十六）㴇

癸丑卜，穷贞：令邑竝执㴇。七月。（《金璋》五二一）

癸丑卜，穷贞：叀𣎆令执㴇。（《南北·明》九〇）

……𣎆令执㴇。七月。（《金璋》四九五，同版穷卜。）

以上三片同人同事之卜。

戊□卜，穷贞：㴇亡囚。（《屯乙》四〇四六，又《殷缀》二一八；说见上）

按㴇即濮，说见上𣪘章。邑与竝皆人名，详下《卜人事辑》。

（二十七）𡆥

己酉卜，穷贞：㦰（戎）𡆥。……（《屯乙》六七三五）

按𡆥疑周字。

（二十八）䧹

癸卯卜，穷贞：㚒（将）䧹，𩫖于京。（《前编》五、八、四）

按雈疑脽字。《汉书·武帝纪》："祠于汾阴脽上。"师古曰："地本名鄈，盖借脽为鄈。"卜辞凡言"将某"即指帅某地之人。如云"将戈人"是。（《珠》四五八）则此之"将脽"，殆谓将脽地之人。亯即庸，与用同，谓用人于京。

附征伐有关残辞：

……宁贞：登〔人〕……　□寅卜，宁贞：登千……　甲寅卜，宁贞：勿登〔人〕……（《燕大》一三五，亦见《缀合编》三〇三）

卜，宁贞：我其𢀛𢦏。（《屯乙》七七五一，对贞辞缺）

……〔卜〕，宁贞：羽乙丑，……𢼸不……　……宁贞：乎……（《前编》六、一二、一）

按𢼸即𣀔之省形。

辛未卜，宁贞：王比𣎆……（《屯甲》一一一八）

按他辞云："贞：勿𣎆于……"（《屯乙》八一三）𣎆为动词，即师次之餗。契文地名常曰某餗，其字有𩛁、𩛁〔《库方》一〇九〇："王比𣎆（省）𩛁"〕诸形。知𣎆即餗之省，隶定宜作朿。

宁卜残辞言氏者：

乙卯卜，宁贞：曰氏乃邑。（《燕大》一七三）

丁亥卜，宁贞：氏。（《续编》一、三七、二《佚存》一八一，《簠室·帝》二二一重。同版见卜人亘）

壬寅卜，宁贞：氏。（《屯乙》二七六三）

……卜，宁贞：……氏。（《遗珠》一〇〇四）

……宁贞：氏……（《屯乙》二四五八）

十四、【宁卜之辞所见人物】

（一）侯

𣪘侯　《屯甲》三五一〇＋《京津》一六八一，《南北·明》五七。（同版宁卜）

𠂤侯　《后编》下二八、一八，《南北·文》六九（《摭续》二八六重），《续存》下四六三。（《双剑》四七重）

侯虎　《菁》七。

侯口　《屯乙》三四六二。

按《库方》二〇一但见一"侯"字。

（二）伯

易伯𡚬　《前编》四、三、四。

而伯　《屯乙》七七四六。

珁（伯）　《前编》七、二九、四。

光（伯）　《殷缀》一八〇——《屯乙》二一五六＋二一二七＋二二一一。

（三）诸子

子渔　《铁》一八四、一，《戬寿》四三、七（《续编》三、四七、四，及《佚存》九〇二重），《戬寿》四三、八（《续编》三、四八、四重），《戬寿》四三、九（《续编》三、四七、五重），日本东京博物馆藏片。

子戠　《铁》一五一、一，《金璋》五四八。

〔子〕妻　《前编》二、五、四，《诚斋》三五一。

〔子〕吕　《铁》一八五、三，《前编》五、八、四，《屯甲》二一二一，《后编》下三〇、三。

子[illegible]　《前编》七、四〇、一。　子啚　《戬寿》四四、二。（《续编》三、四五、五重）

〔子〕麋　《前编》七、二八、四。

子戎　《铁》二五四、二。（《后编》下二二、六，及《续存》下二〇九重）

子畓　《七集·卫》四五。

子鬲　《后编》下八、一。

子凡　《屯乙》七〇二。（亦见《殷缀》一〇〇，《佚存》九二九，及《屯乙》七七九三有人名凡）

子雝　《佚存》一八一。　子隹　《续编》一、三九、三。（《前编》六、五四、五，《后编》下二一、一一，及《续存》上一三一五，有人名雝）

子汏　《前编》六、二四、七，《金璋》六一一，《后编》下九、四。

子目　《屯乙》三〇六九。　子昌　《库方》一五三五。

子徕　《屯甲》三五一〇＋《京津》一六八一。

子漟　《京津》二〇八六。

子婴　《屯乙》六一五六。

子羙（美）　《后编》下一四、九。

〔子〕㝅　　《后编》下三〇、一三。

子穷　　《佚存》一二二。

按《天壤》八二云："子窒隻鹿。"字作窒。

子㞷　　《金璋》六一一。

单子　　《屯乙》六二六九。

(四) 诸妇

帚好　　《簠室·典礼》一、一五(《续编》四、二九、三重),《续编》四、二九、四,《续编》四、三〇、一(《佚存》五二七重),《佚存》五五六,《粹编》一二二八,《金璋》五〇六,《南北·师》一、八〇(《外编》一四一重),《拾掇》五三六,《续存》上一〇二一,又一〇二五,《通·别》二、九、一(《遗珠》六二〇重)。

帚姘　　《后编》下三七、一,《续编》一、五三、一(《簠室·典礼》一八、二一,及一一八重),《南北·师》一、二一,《续存》上一〇三八,又下一六四。

帚酉　　《簠室·帝系》二〇二。

帚㚢　　《殷缀》三五六。

〔帚〕婐　　《戬寿》四八、五。(《续编》六、二六、九重)

〔帚〕良　　《京津》二二〇八。

娨　　《前编》六、二七、一。

妐　　《遗宝》四、一。

姑　　《续编》四、一五、一。(《簠室·天象》三九,《帝系》二〇五重)

妹　　《续编》五、二二、七。

弃　　《宁沪》三、一一四。

妨　　《屯乙》三四三一。

婳　　《菁华》七。

(五) 卜人

㱿　　《屯乙》六三七三。

韦　　《京津》五六六。

葡　　铁二、四。

先　　《续存》上一一四六。

旬　　《后编》下三四、五。

取　《屯乙》五三四七，京都大学六二九。

豕　京都大学八七六。

邑　《金璋》五二一。

坙　《林》一、二八、五。

𡰥　《屯乙》五三四七，屯甲二三六一，与穷同版有𡰥。

㠯　《续编》五、四、三。（《簠·人》五五重）

𣏟　《京津》二一八一《诚斋》三六九，《后编》下九、四。

𡑝　《屯乙》二六〇三。

我　《屯乙》五八三，又四九五三，又七七五一。

卯　《屯乙》六六九七。

行　《续编》五、九、一（《簠·人》一一，又《杂》五五重），《缀合编》一三七："行弗其叶王事。"

何　《京津》二二〇八，《屯甲》三四二一，称"匄任何"。

豈　《粹》五三三，《簠·杂》一二八。

𠀠　《屯乙》四八五八，又四五〇九，又八四二二。

告（子）　《屯乙》三四二六。

丘　《屯乙》六六八四，又七七九三。

洼　《殷缀》二四二。

𡆥　《前编》七、三二、一（《续存》上一一四五重），《屯乙》四九五三："𡆥叶王事。"

佣　《屯乙》六六八四，又七七九三。

泳　《前编》二、三七、六。

叏　《京津》一六四五。

光　《续编》五、四、二，《林》二、二一、五，《缀合》一二九——《续编》五、四、二＋《簠·文》二八＋《续》五、七、七，《簠室·贞类》七。

木　《屯甲》三五一〇＋《京津》一六八一。

𢓊　《屯甲》三五一〇＋《京津》一六八一，京都大学八七六，《屯乙》七四六一。

㇑　《前编》五、一四、七。

（六）其他

沚㦰　《后编》上一七、五，《殷缀》一九二——《屯乙》二四六四＋

二五三七，《屯乙》七八一八，又七八一九，《前编》六、六〇、六，《遗宝》一〇、二，《林》二、四、二，《屯乙》二六三四。

自般　《后编》上十一、一六，《库方》一五五三，《金璋》一，《续》一、二九、三（《簠·人名》六五重），《南北·师》二、六八。（以上自般）《遗珠》一七九，《屯乙》六八七六，《前》二、五、四。（以上般）

自嵩　《后编》下二一、一一。

𡈼乘　《后编》上三一、九，《续编》三、八、九，《粹编》一一〇八，又一一〇九，《燕大》五九六，《外编》八。（《南北·师》一、一九重）

𡈼　《金璋》四九五，《遗珠》一七九，《续编》五、四、三（《簠·人》五五重），《珠》四四三，《南北·明》九〇，《南北·师》二、六八，《屯甲》三三三七，《屯乙》四七五〇，《缀合》一一五——《铁》七一、一＋《前》五、一七、七。

𠂤　《前编》一、四六、五（《粹》五〇八重），《前》四、四五、五，《前》五、四、七（《续》存下七二重），《前》五、二七、一（《续存》下五一重），《前》五、三一、三，《林》二、二、四，《后》下三四、五，《粹》五三三，又一一三七，《柏根》二七（《七集·柏根》五〇重），《文录》六五〇，《续存》上五八〇，《通·别》二、八、五，《佚存》一七，《燕大》四一七，《宁沪》三、四三，京津二一六〇（《南北·文》七一重），《南北·师》二、一一〇，《屯甲》一〇七〇，《屯甲》一一四七，《屯甲》二一二一，《屯甲》二六五四，《屯甲》三四七九，《屯甲》三六五〇，《屯乙》一三四九，京都大学一〇〇八。

鸣　《前》五、四六、五，《屯甲》二八一四。

陕　《前》七、三二、一。（《续存》上一一四五及《京津》二一七六重）

旃　《前》七、三二、一（《续存》上一一四五及《京津》二一七六重），《屯乙》六三七三。

𠮛（言）　《六录·中央》一四八。

贮　《屯乙》六三五六。

䌊　《南北·明》二〇四，《屯乙》七二九九。

竝　《金璋》五二一，《屯甲》三四八一。

苒　《前》五、二七、一。（《续存》下五一重）

臤　《前》五、二七、一（《续存》下五一重），《前》七、二五、三。

㑹　《前》五、三〇、六，《后》下三四、五，《屯甲》三五一〇＋《京津》一六八一。

牧　《京津》六四九，《前》五、二七、一。(《续存》下五一同）　㣲《后》下一二、一四，《续殷文存》下五一《亚㣲觶》。

果　《屯乙》八六五。

𠬝　《屯乙》三二二五，云："𠬝叶王事。"

𡧊　《屯乙》三四二六。

离　𠦪(疑即𠦪)　《屯甲》二一二一。

般　《缀合编》一六〇——《前编》一、一一、二＋《林》一、二六、八。

𣞤　《续编》二、一六、四。

𡨄　《库方》三二七。

䜣　《屯乙》二六〇三，《乙》四七五〇。　斦　《屯乙》六六九七，《屯甲》一〇六七。

𧰼　及　《明义士》二三五四。

门　𠀠(《后编》下一〇、一四)　辞云："令□门眔𠀠眔商秉。"

倗　《续编》三、四七、一，又《缀合编》八九，辞云："令射倗衎。"知倗为射官。

𢇍　《续编》一、三、二(《平津·元》一九，及《续存》上七九重)，《屯甲》三五一〇＋《京津》一六八一。

吕　同上。

𠙵　《屯乙》三四〇五。

见　《续编》五、二八、三："乎见戎……"

级　《续存》下二八六。

舟　《屯乙》四七〇九，《续存》下二八六，《佚存》九八二。

𠙹(古)　《文录》六五〇，《续存》下二八六。

𤰔　《殷缀》一五五——《屯乙》一六一一＋一六四六。　𤔲《屯乙》七二九九，《窸斋》七、四有《小子𤔲毁》。

衮　《前编》七、二、三。

𤴡　《后编》下二九、一四"羌𤴡"。

𣏟　《前编》七、四二、二，《金璋》四七三文同。

疲　《殷缀》二四二。

玮　《续编》三、二六、三。

㪅　《拾掇》二、一〇（《京津》二一七八重），㪅　《前编》四、一三、七，文云：“㪅执。”

㞢　《屯甲》三五一〇＋《京津》一六八一，《前编》六、六〇、六。

正　《屯乙》三九九三，云：“正叶〔王事〕。”

麇　《屯甲》三五一〇。

十五、【杂卜】

王：

甲寅卜，穷贞：王亩出壱。六月。　甲寅卜，穷贞：王亡壱。六月。（《屯甲》一六五四，与同书二〇三二缀合。《殷缀》所无）

辛未卜，穷贞：王出不正。　贞：王亡不正。（《屯乙》七七七三）

甲戌卜，穷贞：盥，屰戊，由王事。（《屯甲》三三三七）

按盥象倒水于皿，疑盥字，谓屰盥浣而启奏，以协王事。

甲子卜，穷贞：王固曰：〔吉〕。（《屯乙》七八一九）

……穷贞：王殻……（《前编》七、四二、一）

戊子卜，穷……正。王固曰：吉正……（《续存》上六五五）

……卜，穷贞……王固曰：……（《南北·明》二六九）

丙辰卜，穷〔贞〕：王亩……（《屯乙》七九七七）

其他如《明义士》一八〇九存“王弗”二字，《屯乙》六八一存“王取”二字。《续编》五、四、六（《簠室·人名》四三重），《簠室·游田》二七，《屯甲》三五一〇＋《京津》一六八一，《屯乙》七〇二，《南北·文管》八〇（《拾掇》二、七一重），《珠》一三七八，《屯甲》三六五七，《拾掇》二、三五三，《续存》上一〇一六，又上一二三五等皆穷卜有关王之残辞。

妃：

庚午卜，穷贞：霝妃亡不若。（《续编》五、三四、四《簠室·杂》五三重）

己丑卜，穷贞：〔钔〕霝妃于……（《前编》四、二四、四）

……卜，穷贞：……妃……（《六录·中央》一二〇）

帝：

壬□卜，穷贞：帝……（《铁》一〇九、三，亦见《缀合编》九九）

……卜，穷贞：帝弗……（《屯乙》六四八二）

莫：

丁巳〔卜〕，穷贞：我其囗莫。（《京津》五一七）

丙戌卜，穷贞：商其……　贞：商莫。（《屯乙》三三三一）

按莫，卜辞习见为“帝其降莫”（如《前编》三、二四、四）。或言“帝其莫我”（如《库方》一八一一），名词动词兼用。其字或从火作㷊（《后编》下二四、二），契文鷬亦作䳘（《屯甲》二一二五），从此，𡗜即𡗜之省形。宜从唐兰读为暵，即今旱字。《说文》：“熯，干皃。”暵、熯音义并同。《广韵》熯同焊。旱暵为邦之大裁，故降莫之义引申则为降灾。“商莫”者，谓商有旱灾也。

吏人：

甲子卜，穷贞：吏人。（《燕大》六六二）

丁丑卜，穷贞：勿吏人。（《福氏》三五，同版见卜人𠱓）

按“吏人”即使人往祭，说见前。

令：

庚申卜，穷贞：令𠂤（凡）𢦏多宁入于……（《佚存》九二九）

戊午卜，穷贞：令……　贞：王勿大令……（《林》二、二八、一〇）

……卜穷：……勿令……十二月。（《续存》上一一五二）

按“大令”殆他辞习见大令眔人之意。𠂤即凡，他辞有子凡，另详诸子章。

今龜：

乙酉卜，穷贞：〔今〕龜大爯……（《续存》上一一九二，《外编》一五六重）

……〔卜〕，穷贞：亩今龜……微戊，𣏟自……（《后编》下一二、一四）

纪时残辞：

甲子卜，穷贞：勿至昒日……（《续编》四、三一、二）

……穷贞：自今至于……（《续存》上四五四）　又《续存》上六四五：“……卜穷贞自今至……”

□卯卜，穷贞：壬至……其既……方。（《南北·文物》四八）

其他：

……来齿。　今五月，亡其来齿。（《殷缀》一三三——屯乙一〇七一＋一四九六，同版穷卜）

按“来齿”亦作“氐齿”、“入（纳）齿”，说见卷一。

庚申卜，穷贞：勿隹鼏。　……亩鼏。（《屯乙》八三一四）

□丑卜，穷贞：……叩戾……（《前编》六、三、五，《摭佚》一一四重）

按《前》四、三〇、一：“贞：乎行取奔，叒于叩戾，氐。”可与此参证。《字汇补》云：“㓷同截。”则叩或截字。

十六、【成语】

若　㞢若　　不若：

己丑卜，穷贞：若。（《续编》四、三三、三，同书六、一六、二，及《戬寿》三四、一二重）

癸巳卜，穷贞：若。（《宁沪》二、六二）

辛未卜，穷贞：㞢若……㞢。（《簠室・杂事》一〇五，《续编》四、三五、六同）

丙申卜，穷贞：王若。（《屯乙》四九八三）

庚午卜，穷贞：霝妃亡不若。（《续编》五、三四、四，《簠室・杂》五三重）

正：

甲申卜，穷贞：正。（《后编》上三一、四）

隹之：

己亥卜，穷贞：隹㞢（之）。（《南北・明》五七）

辛巳卜，穷贞：其曰之。　贞：不曰之。　其曰之。　贞：不曰之。（《殷缀》一九一——《屯乙》二三九一＋二六六四＋二六六五）

按此“之”字可读为兹。

隹㞢：

癸丑卜，穷贞：隹㞢。　贞：不隹㞢?（《屯乙》三一八六）

㪍䢃（作姷）：

……穷贞：……㪍䢃　……穷贞：勿㪍䢃。（《库方》三七二＋七〇八）

按两版俱在甲尾左右，互为正反可缀合，䢃为姷之繁形，《说文》姷训女师，字亦借作侮（《汉书・张良传》），此疑通悔，《诗》：“亦孔之痗。”《释文》本作悔。

㞢闻：

己亥卜，宾贞：㞢𦖞（闻）。允其……（《簠室·帝系》三，《续编》五、二三、六重）

㞢𡆥：

甲寅卜，宾贞：王隹㞢𡆥。六月。（《屯甲》二〇三二，可与一六五五缀合）

㞢𢀛：

癸巳〔卜〕，宾：……㞢𢀛。（《续存》上八六七）

㞢疒：

见上𡆥条。㞢疒，犹有危也。

勿𦍒：

丁巳卜，宾贞：勿𦍒，㞢……（李棪藏甲）

勿执：

丁丑卜，宾贞：圉。　贞：勿圉。（《前编》六、五三、一）

勿食：

丁卯卜，宾贞：勿食。（《粹编》五一七）

不左：

辛酉卜，宾贞：乎自般取珏，不左。（李棪藏骨，即《金璋》一）

按宾卜辞所见“不左”一词，亦见《前编》七、三〇、三。

不丧𠂤：

己卯卜，宾：……不丧𠂤。（《前编》六、五三、七）

按𠂤殆“次”字，说见卜𣪘𠂤方条。《易·旅》六二：“旅即次，怀其资，得童仆，贞。”又九三：“旅焚其次，丧其童仆，贞厉。”王注：“次者，可以行旅之地。”以《易》爻辞征之，“不丧𠂤”即“不丧次”矣。

不𠧟：

见《金璋》五二二。

文云：“戈人不𠧟。”同辞又记氏戈人伐𢀛方，𠧟即橐字；说见下争条。

其降：

戊辰卜，宾贞：不其降。　戊辰卜，宾贞：〔其〕降。（《屯乙》六九六〇）

其𣅀　其齿：

丁丑卜，穷贞：□（束）𡨦。王固曰：其𡨦！隹庚，其隹丙，其齿！四日，庚辰，□允𡨦。十二月。（《前编》七、四二、二，《金璋》四七三，文全同皆为胛骨，一左行，一右行）

亡瞀：

贞：亡瞀。九月。（《屯乙》六二六九）

按亡瞀殆即不僭，《诗·鼓钟》："以雅以南，以籥不僭。"谓二雅二南籥舞三者皆不乱也。《左·哀五年传》："不僭不滥。"注："僭，差也。"此辞上言钟单子于母庚、母己，下言"亡瞀"，谓祭之不乱也。

亡囚：

《京津》一八五七，存此二字。

冥妫（嘉）：

《福氏》一六。

弗桑（丧）：

《铁》一八五、三。

附残辞摭存：

穷卜之辞，有残存若干字及干支者，并为辑出，附载于末。

其存"帝"字者：有《铁》一〇九、三。（亦见《缀合编》九九）存"帝弗"二字者：《屯乙》六四八二。存"戊"字：《屯乙》二八二〇。存"宗"字：《京津》八〇一。存"受"字：《燕大》六二六，《屯乙》七〇二九。存"令"字：《诚斋》四一四，《屯甲》一〇三一，《后编》下三〇、一三。存"昔"字：《前编》四、四一、三。存"多"字者：《前编》四、三〇、三。存"我"字者：《京津》五三五，又二五九〇，又二五二五，《遗珠》一三五九。（同书一三六三文同）存"㞢"字者：《京津》八五一，《邺初》下三七、一一。存"乎"字者：《拾掇》二、一一六，《屯乙》八四〇。

其他如《簠室·文字》五八，《屯乙》一五五九，又五四七四，又六九三一，又六九五〇，《屯甲》一八四六，《燕大》六一，又三八四，《遗珠》五八〇，《京津》一九三三，又二四二八，《拾掇》二〇三，《南北·坊》四、八〇，《续存》上一二五一，又一三四一，并穷卜之残辞。

以下为穷卜残辞，存卜日干支者：

甲子　　《遗珠》一三五七，《屯甲》二一〇五，又三二七〇，《屯乙》五六五二，《南北·诚明》二七，《续存》上一一六。

乙丑　　《库方》三六九，《金璋》七一〇，又七一五，《遗珠》一三六四。

丙寅　《金璋》五三八，《南北·坊》五、五六，《拾掇》二、四四〇，《续存》下一五。

丁卯　《遗珠》一八五，《屯乙》五〇二七。

戊辰　《屯甲》九三五，《屯乙》五五四四。

己巳　《屯乙》五二六九，《南北·师》二、六七，《京津》二七四五。

辛未　《遗珠》二五，《文录》一四九。

壬申　《续》五、一一、二，《屯甲》三一五〇。

癸酉　《遗珠》一三四八，《屯乙》九九三，《续存》上七一一。

甲戌　《林》一、二八、七，《屯乙》六〇五。

乙亥　《续编》五、一三、三，《遗珠》一三三一，《屯乙》一八六六，《南北·师》二、六三。

丙子　《屯乙》三四〇二。

丁丑　《燕大》七三七，《双剑》七一，《屯乙》五九五。

己卯　《库方》一〇二〇，《天壤》二四甲（《拾掇》二、四六四，及《续存》上七二重），《屯乙》七三〇五，日本东京博物馆藏片。

庚辰　《铁》二三四、四。

辛巳　《屯乙》七四四六，《京津》二五六四。

壬午　《簠室·贞类》一〇（《续编》五、一三、三重），《燕大》四〇五，《屯乙》三一二三，又七七六八。

癸未　《双剑》九一（《续存》上五四二重），《屯乙》六九五二，又七七七〇，《林》一、二五、九。（同版有睪字）

丁亥　《双剑》九四，（《续存》下五五四重。）《诚斋》三五三，《六录》曾二一，《屯乙》四五二六。

戊子　《铁》一二二、一，《库方》一六三八。

辛卯　《明义士》二三五二，《安阳遗宝》八、二。

壬辰　《文录》五九四。

癸巳　《遗珠》一四二九，《屯甲》二五〇八，《宁沪》三、一二七，《京津》一八九四。

甲午　《簠室·贞类》九（《续编》五、四、二），《屯乙》三四六九，又三七九一。

丙申　《屯乙》五二四。

丁酉　　《铁》一〇〇、三，《库方》一〇七八，《金璋》七一六。

己亥　　《京津》二三〇九，《屯乙》二九二〇。

庚子　　《续编》五、三三、一，《库方》一五七七，《诚斋》六六，《南北·诚明》二〇，《京津》二二九二。

辛丑　　《屯乙》七六六二，《京津》一五八〇。

壬寅　　《屯乙》二七六三（亦见《殷缀》二〇九），《屯乙》六五七一。

癸卯　　《遗珠》一四〇三，《安阳遗宝》二、六，《屯乙》三八一，又七七二〇，《拾掇》二五四，《拾掇》二、四三九，《南北·坊》五、四五，《续存》上三七四。

甲辰　　《粹编》一五二二，《屯乙》五四九九。

丙午　　《铁》二五七、三，《屯乙》七六〇八。

丁未　　《林》一、三、十一（《遗珠》一一九二，及《龟卜》一重），《屯乙》七四二，又七五六八，《南北·明》三〇五。

戊申　　《屯乙》七三六，又三二七六，《平津·元嘉》一七九，《拾掇》二、一〇九，《续存》上一四〇七。

庚戌　　《屯甲》二四一三，《屯乙》七八七三。

辛亥　　《屯乙》五三〇六，《京津》一三一。

壬子　　《诚斋》三八一，《屯乙》五二七三，《拾掇》二、二四九。

癸丑　　《天壤》八五，《平津·元嘉》一四四。

甲寅　　《屯乙》八三八二。

丁巳　　《前编》五、三〇、三，《屯乙》五二八七。

戊午　　《屯乙》四九九二，《南北·明》三〇二。

辛酉　　《屯乙》八七七，《拾掇》二、一九四。

壬戌　　《遗珠》一三三六，《诚斋》四一七，《屯乙》六三七二。

仅存天干者：

乙　　《前编》六、六〇、一。（存一“戠”字）

丁　　《屯乙》一二六一。

戊　　《六录·清晖》二三，《拾掇》三三七，《外编》三二〇。

庚　　《双剑》五三。（《续存》下二三五重）

辛　　《屯乙》五八五七。

壬　　《铁》一〇九、三。（《戬寿》三二、四，《续编》五、二八、一〇，及六、二五、六重）

癸　《宁沪》三、四八，《续存》上一三五一。

仅存地支者：

子　《库方》七二三，《七集·普》五二，《拾掇》二、一五五，《续存》上一四〇三。

丑　《文录》四八八，《安阳遗宝》八、一四，《摭佚》一一四，《续存》上一三二六。

寅　《拾掇》二、一一二，《屯乙》一二〇〇，又《屯乙》五〇九一。

卯　《平津·元嘉》九三，《屯甲》一一〇六。

辰　《殷缀》四七二，《粹编》八六七，《屯乙》五〇七八。

巳　《屯乙》三三〇〇。

午　《屯乙》三八六五，《燕大》一七一，《平津·元嘉》一八五，《续存》上一四〇八，《南北·师》二、一一五，《外编》四三六。

未　《库方》三四〇，《屯乙》一四〇三，又三九一九，《诚斋》四一四。

申　《前编》六、二、一，《屯乙》四六四四，《京津》七四一。

酉　《簠室·天象》九，《续编》四、四、五，《屯甲》九七二，《南北·坊》四、一二〇。

戌　《京津》二三七五，《屯乙》四四三九。

亥　《簠室·杂纂》一二六，《续编》六、一九、八。

仅存“卜宾”二字者：

《前编》五、二七、六，《库方》三七一，《七集·上海》三六，《七集·普林斯》四六，《拾掇》一八，《拾掇》二、二四八，《屯甲》二三六一，《屯乙》一四一三，又二〇七三，又二一九七，《宁沪》三、六九，《南北·无》三七一。

仅存“宾贞”二字者：

《六录·束》一一五，《诚斋》二三九，《拾掇》一九，《屯甲》三二一二，又三六九三，《屯乙》五八五，又一四九六，又二五八三，又五一〇九，又六〇〇五，又七一一二，又八二六六。

仅存“卜宾贞”三字者：

《前编》四、四四、四，《林》二、一一、一七（亦见《缀合编》一三七），《续编》五、二〇、六（《戬寿》四六、二重），《金璋》四八九，《六录·中央》一五九，《安阳遗宝》七、二，《屯甲》三二一四，又三八四二，

《屯乙》八三七八，《拾掇》四六七，《宁沪》三、一六二，《京津》一〇六，又二三四八，《殷缀》一八〇。

仅存“丂”字者（部分与签名例重）：

《明义士》七二八，又一二七九，《戬寿》九、一，《屯甲》二四七五，又三二五四，又三八四九，《屯乙》一四七五，又二五三七，又四八六八，又五七八八，又六三三七，又六九五七，又八五四五，《六录·束》二九，《六录·中央》一六，《六录·中央》一六〇，《南北·坊》四、九，又一八，《拾掇》二、三〇七，《京津》二一八三。

卷六　贞卜人物事辑四

争

争，契文作，以西周铜器《静卣》、《静𣪘》、《静弔鼎》诸“静”字所从偏旁之“争”证之，可释为“争”字。（《骈枝三编》）又或作。（《文录》五七七）其卜辞中先王有父乙、父庚、父辛诸名，又屡与㱿、宆见于同版，故向来定为武丁时人。

出土甲骨刻辞，所见为争贞卜者，为数颇多，几与㱿、宆相埒。其字体大抵如㱿、宆卜辞，作雄浑之态。惟尚有例外二种：一为细小如子与𠬝所卜者（《前编》四、四六、四，《续编》六、八、一三，《簠室·典礼》七，《续存》上二二八皆其例），一为笔画纤弱，而字体恣肆者。（如《林》二、三〇、一〇）故知刻辞文字，原非尽卜人亲笔书写，未可全依字体作为断代之标准也。

与争同贞之卜人，可考者，习见有𡧊。（《林》一、二七、一〇，《京津》一八一〇，《簠室·贞类》三一）又一片争与㐺共贞（《前编》二、三七、七），乃仅见之例。

争贞卜之辞，兹分类辑录如下：

一、【卜雨】

壬申卜，争贞：雨。　贞：不其雨。（《屯乙》三四二九）

戊辰卜，争贞：其雨。　贞：不雨。（《屯乙》六七五〇，同版见卜人内）。

丙午卜，争贞：其雨。　贞：不雨。（《库方》七二〇）

□寅〔卜〕，争贞：其亦雨。（《京津》一六九）

癸丑卜，争贞：……雨。（《龟卜》九五）

己亥卜，争……雨。（《屯乙》一五八二）

……争贞：雨。（《续存》上一一一，同版见子徕）

以上俱贞雨之辞。或因不雨而卜吉凶者：

甲申卜，争贞：兹雨隹我囗。　贞：兹雨不隹我囗。（《屯乙》四七四二）

庚戌〔卜〕，争贞：雨。帝不我〔囗〕。（《铁》三五、三）

或兼记时，如“之日”、“今夕”、“今日”或“羽”（翌）与“来”者：

庚子卜，争贞：王爿，其冓（遘）。之日，爿，冓雨。五月。（《前编》五、二七、五）

按爿为盘字，此用作动词。应读如《五子之歌》“盘游无度”之盘。孔传：“盘乐游逸。”盘本或作槃。

癸丑卜，争贞：今日其雨。（《续编》四、四、六，《佚存》二重）

□丑卜，争贞：今夕不雨。　□丑卜，争贞：今夕〔允雨〕。（《屯乙》七一五二）

己卯卜，争贞：今夕……王固曰：其雨之夕……（《前编》七、三三、二）

戊寅卜，争贞：羽己卯其雨。　戊寅卜，争：羽己卯不雨。（《屯乙》八六六九）

辛亥卜，争贞：羽乙卯雨。乙卯允雨。　贞：羽乙卯不其雨。（《屯乙》五三〇三）

乙酉卜，争贞：羽丁亥，不雨。（《粹编》七六二）

……卜，争贞：羽庚辰，其雨。（《屯乙》六六六三）

壬子卜，争贞：来。　贞：来丁巳。　羽癸丑：其雨。　羽癸丑，不其雨。（《屯乙》三四七三）

戊辰卜，争贞：来乙亥其雨。　戊辰卜，争贞：来乙亥不雨。（《前编》七、二七、二，《粹编》七三四文同）

或卜自某日至某日雨不雨：

庚午卜，争贞：自今至于己卯，雨。（《后编》上三二、九）

己丑卜，争〔贞〕：自今五日，至〔于〕癸巳，其雨。　〔不〕雨。癸……（《屯乙》五九）

按此类句法，《春秋》亦见之。如文二年云：“自十有二月不雨，至于秋七月。”是。

癸巳卜，争：雨。　癸巳卜，争：自今五日雨。（《屯乙》五二四二）

或卜某月雨不雨：

丁丑卜，争贞：今十一月，其雨。　贞今十一月，不其雨。（《簠室·天象》七五，《续编》四、一九、二重）

己巳卜，争：火。今一月，其雨。　火。今一月，其雨。（《殷缀》二〇九——《屯乙》二七六三＋三八〇七＋四一〇〇）

按此记有火灾而卜雨。《左·昭十七年传》：“郑裨灶言于子产，用瓘斝玉瓒，郑必不火。”火字名词兼作动词。又《十八年传》：“禳火于玄冥回禄，祈于四墉。”又《襄九年传》：“陶唐氏之火正阏伯，居商丘，祀大火而火纪时焉，相土因之，故商主大火。商人阅其祸败之衅，必始于火，是皆知其有天道也。”殷人以火纪时，此辞书火事，正可为证。

贞：及今四月雨。　弗其及今四月雨。（《殷缀》九八——《屯乙》六七五＋七二四＋七二六。其背〔《屯乙》六七六＋七二五〕云：“丁丑卜争。”）

或卜旬而兼记天雨：

……争，𡧊贞：旬亡𡆥。壬辰雨。　……〔争〕𡧊贞：旬亡𡆥，丁未雨。己酉〔亦雨〕。（《林》一、二七、十）

或言帝命雨：

辛未卜，争贞：生八月，帝令雨。　贞：生八月，帝不其令多雨。（《屯乙》五三二九）

丙寅卜，争贞：今十一月，帝令雨。　贞：今十一月，帝不其令雨。（《殷缀》二六八——《屯乙》四六二八＋四八二六＋四九四七。背云：“王固曰：令雨。”）

□子卜，争……自今至〔于〕丙辰，帝……雨。王……（《前编》六、二〇、二）

庚戌〔卜〕，争贞：不其雨。〔帝〕[illegible]（異）……（《续编》四、二一、七）

按異读为翼。《盂鼎》：“古天翼临女。”《逸周书·程典训》：“慎下必翼上。”翼与翊同。

或兼记雨之状态者：

戊寅卜，争贞：雨其䨓（蔑）。（《后编》下三七、七，“蔑雨”说见卷三㪔条）

丙戌卜，争贞：今三月多雨。（《铁》二四九、二，同版为争贞伐下𠂢之辞）

或卜求雨之祭：

□未卜，争贞：𣲖雨，匄于河。十一月。（《殷缀》三四七——《屯甲》二九四九＋二九七三）

或言在某地卜雨：

己亥卜，争……在娟〔羽〕……正雨。（《屯乙》三一八四）

二、【卜晴】

或曰𢦔（啓）：

庚子卜，争贞：羽辛丑，𢦔。（《菁华》七，背云：“贞：羽辛丑，不其𢦔。王固曰：今夕其雨。 羽辛丑，𢦔。 之夕允雨， 辛丑，𢦔。”）

癸未卜，争贞：今〔日〕其𢦔。（《遗珠》四四五）

甲寅卜，争贞：羽乙卯，不其𢦔。（《后编》下二、九）

乙巳卜，争贞：今日，酢伐，𢦔。（《屯乙》三四七一）

或曰易日：

癸酉卜，争贞：羽甲戌，易日。（《屯乙》八六五三）

庚午卜，争贞：羽辛……辛未，圂，允易〔日〕。（《簠室·典礼》八，《续编》二、二五、一重。亦见《缀合编》一三〇）

……争贞：羽乙卯，其圂，易日。乙卯，圂，允〔易日〕。昃，翟，于……（《缀合编》二六八——《铁》一三、三＋六九、一＋一一〇、一）

□丑卜，争贞：王三（汔）〔卯〕曰：羽庚寅，圂。易日。（《铁》一六、三）

癸……争：羽丙午，不其易日。 庚子卜，争贞：羽辛丑，易日。辛丑卜，争：羽壬寅，易日。壬寅，翟。 壬寅〔卜〕，争贞：〔羽〕癸〔卯，易〕日。（《续编》五、十、三，《簠室·天象》三及《典礼》七重）

癸酉卜争贞：羽乙亥，不其易日。（《燕大》四九〇）

〔甲〕子卜，争贞：羽乙丑，〔不〕其易日。（《屯乙》八〇九一）

〔癸〕未卜，争贞：羽甲申，易日。之夕，〔月〕出食。　〔贞〕：羽甲申，不其易日。（《屯乙》一一一五十一九五二十一九五九十一八六八。背云："□夕，月出食。"参下"卜月食"条）

甲午卜，争贞：羽乙未，用羌，用。之日，崔。　甲午卜，争贞：羽乙未，勿蓾。用羌。　贞：羽乙未，用羌。（《殷缀》一六五——《屯乙》一九四一十二二三六，背云："甲午卜争。"）

或言霁者：

丁卯卜，争贞：不霁。帝隹其……　丁丑卜，争贞：不霁。帝不……（《屯乙》二四三八）

三、【卜风】

癸卯卜，争贞：羽……〔王立〕ㄋ（中），亡风。丙子，〔其立中〕，允亡〔风〕。（《簠室·天象》一〇）

己亥卜，争贞：王勿立中。（《粹编》一二一八，《京津》一六〇七，《明义士》二三四〇，香港大学藏骨文同）

壬申卜，〔争〕贞：我立中。　壬申卜，〔争〕贞：勿立中，ㄐ。（《屯乙》七七四一）

……争贞：羽丙子，其立。　丙子立中……亡风，易日。（《金璋》六七七）

……卜，争贞：王立中。（《簠室·杂事》七三，《续编》五、一五、八重；京都大学一九八三文并同）

按《双剑》一五："丙子，其立中，亡风，八月。　……亡风，易日。"（《续存》下八八重）与癸卯争卜一辞，同为丙子日事。又《簠室·天象》九："□酉卜，穷贞：羽丙子，其……　……贞：立中，允亡风。"（《续编》四、四、五重。原片右方尚有亘卜之辞，即《簠·天象》九一，王襄误割为二。其为穷卜，抑亘卜，殊属难言。此版"立中"之上，似为贞字，董氏于《台大所藏甲骨考释》以"贞"为"其"字，并补文作："癸酉卜，穷贞：羽丙子，其立中无风。丙子立中，允无风。"盖据上录争卜亡风一辞拟补之。）"立中"之中，有ㄋ及𠁩两形。他辞又见"其立㫃"语（《粹编》四），知"中"即指旗斿。㫃音偃，旌旗偃蹇飞扬貌，董氏训"立中"为建纛是也。《周礼·春官·司常》："王建大常，诸侯建旂。""凡祭祀，各建其旗；会同宾客亦如之。"郑注："巡狩兵车之会，王乘戎路，皆建其大常。”是“立中”、“立㫃”即建旗也。故卜日以免旗为风所偃。殷之卜辞云：“㴲羌百，放三斿㫃（偃）。”（《续编》二、二九、三）即杀羌人禳以祭旗，可为此说佐证。

癸卯卜，争贞：旬亡𡆥。甲辰，大骤（骤）风。之夕㞢（曀）。乙巳，𡴘囗（羌）五人。五月，在……（《菁华》五）

四、【卜云气】

己丑卜，争贞：亦（亦）乎雀，𤉲于云（雲），犬。 贞：勿乎雀𤉲于云，犬。（《屯乙》五三一七）

丙申卜，争贞：𠃑（云之残形）见𠑹，不雨，受年。（《前编》六、七、四）

按𠃑即“云”。《释名》：“雲犹云云，众盛也。”云即雲字。他辞所见有言：“𤉲于帝云。”（《续编》二、四、一一）或“𤉲于三云”（《林》一、一四、一八）。“𤉲豕四云。”（《库方》九七二）“𤉲于六云。五豕卯五羊。”（《后编》上二二、三）殷人于雲有祀典，为雲气之占。《周礼》保章氏：“以五雲之物，辨吉凶水旱降丰荒之祲象。”郑司农注：“以二至二分，观雲色。故《春秋传》曰：‘凡分至启闭，必书雲物，为备故也。’”（参《殷契骈枝》三编）《史记·天官书》：“凡望雲气，有兽居上者胜。”《正义》引兵书：“雲或如雄鸡临城，有城必降。”上辞言“雲见兔（麇）”，殆谓有雲气如麇，犹古书言“有雲如赤乌”之例，此记异征也。古候岁美恶，亦以雲气为占。《天官书》：“各以其時用雲色占，种其所宜。”如言：“有日无雲不风，当其时者，稼有败。如食顷，小败。熟五斗米顷，大败。则风复起有雲，其稼复起。”辞言有雲不雨，以占其丰歉，即观祲象之事也。敦煌钞本有占雲气残卷，可参证。（《春秋》麇出，辄书。如庄十七年“冬，多麇”。《地镜》：“麇入国，国方见屠。”则以为不祥。）

……〔丙子卜〕，争贞：自其〔出𡆥〕。 ……昔我旧臣 ……石之齿。今之出古（故）。 ……三旬出六日，䨻（霾）。辛〔亥杲方。允𢦏〕。（《外编》八七〔《南北·师》二、一〇五重〕＋《库方》一五一六）

按《殷缀》五四（即《屯甲》二九一一＋二九一三＋二九一五＋二九三五）与此文同。《外编》上刻“四”字，《屯甲》二九三五上刻“一”字，知其一为第一卜，其一为第四卜。参《殷历谱》附图三四及三五。

又按𧰨与霾同用。凡言𧰨者，每及兵事，如《屯甲》二四一五亦其例证，参卷一《前论》释《周礼》八命条。

五、【卜水】

□寅卜，争：……羽己卯，其水……（《前编》四、十二、七）

按《春秋》庄七年："秋大水，无麦苗。"杜注："平地出水。"辞言"其水"，亦记异也。

丁酉卜，争贞：𣲙隹出霾。（《明义士》七五八）

按𣲙字，从水从豸。《续存》下云："乙卯卜贞：今𢆶（兹），泉（泉）来？水𣲙？"（一五四）他辞又有𣶒字。"丙寅卜：洹其𣶒。"（《前编》六、三二、五）𣶒即《说文》之貈，通作涸。《说文》云："涸，渴也，读若狐貈之貈。"后起字或从卤作𪉑。《前编》此辞盖卜洹水涸竭。《续存》言"水𣲙"，当亦谓水涸，故知𣲙与貈乃一字繁简之异。上辞云："𣲙，惟有霾。"即记灾异，言水涸兼有阴曀也。《续存》云："今兹泉来水涸。"乃分贞一事正反之例，贞问泉来抑水涸，卜辞简质，省去此类选择连词之"抑"耳。

六、【卜月食】

癸未〔卜〕，贞：〔旬〕亡〔𡆥〕。　癸丑卜贞：旬亡𡆥。　癸亥卜贞：旬亡𡆥。　癸酉卜贞：旬亡𡆥。　癸未卜，争贞：旬亡𡆥。王固曰：出求！三日乙酉，夕𡆥。丙戌，允出来入齿。十二月。（上记"二"字，肩胛止面）王固曰：出求！七日己未，𡆥。庚申，月出食。（肩胛背）（《库方》一五九五）

按《金璋》五九四骨条正反两面云："……己未，夕𡆥。庚申，月出〔食〕。""癸亥。　癸未，十三月。　癸巳卜，贞：旬亡𡆥。　癸卯卜，贞：旬亡𡆥。　〔癸丑卜，贞：旬亡〕𡆥。"此与《库方》乃同事异卜。两辞合证，知癸未一旬，在十三月。若庚申月食，依甲子推算，应在癸亥一旬；所谓七日己未，即自癸丑以后七日，适为己未。依卜辞文法惯例，《金璋》此辞，宜由下向上读，先书癸亥，次及癸未、癸巳、癸卯，则癸亥正在十三月之癸未前，当属十二月矣。董氏《殷代月食考》依 Homer H. Dubs《安阳月食表》，定此十二月庚申月食时间，相当西元前 1311 年 11 月 24 日 1.7 至 5.2 时。（据 Dubs 表，另一月食时间可比附者，为西元前 1218 年 11 月 15—16 日。陈梦家《综述》改用是说，别无证据；惟谓庚申月食，或在闰十三月后之正月。然就《金璋》此辞文例观之癸亥在十三月之癸未前，当从董氏以属十二月为是。董氏据其所拟《年历谱》，谓此 1311 年，相当武丁二九年殷正十二月十六日辛酉，24 日 1.7 至 5.2 时，相当于一五日庚申之夜。）

癸未卜，争贞：旬亡囚。王固曰：㞢希！三日乙酉，夕㞢。丙戌，允㞢来入齿。…… 癸亥贞：旬亡囚。……（肩胛上记“一”字，《缀合编》一四三——《铁》二三三、三十一八五、一十六八、三）

按此为第一卜，上辞为第二卜，实同人同事异版之卜。其背面应有庚申月食之文，惜刘氏拓本未及之，致缺。

癸亥卜，争贞：旬亡囚。一月。 癸未卜，争贞：旬亡囚。二月。 癸卯卜，〔贞〕：旬亡囚。二月。 〔癸〕卯〔卜〕，贞：〔旬〕亡〔囚〕。五月。 〔癸〕未卜，〔贞〕：旬〔亡〕囚。 癸未卜，争贞：旬亡囚。三日乙酉，夕，月㞢食，闻。八月。（《屯甲》一一一四十一一五六十一二八九十一七四九十一八〇一，见董氏：《卜辞中八月乙酉月食考》，载《大陆杂志特刊》第一辑。原片严一萍氏所缀，见《续殷历谱》。上有“三”字，知为第三次所卜）

按上版缀合可信。八月乙酉月食一组，字体粗大，其他笔画较细小。此腹甲上残存八个月卜旬之辞，依同年间月份排列，三月仅有癸丑、癸亥两个癸日，可推知为小月二九日。八月乙酉月食，董氏据 H. H Dubs 表，谓相当西元前 1279 年 9 月 2 日之月食。（董氏依其《年历谱》，谓此 1279 年，为祖庚二年，但此辞贞人为武丁时之争，乃假定争曾供职于祖庚之世，严氏仍以为可商。卜辞所见月食之文，月份与干支完整者，惟此一版，至足珍视。）

〔癸〕未卜，争贞：羽甲申，易日。之夕，〔月〕㞢食。二。 〔贞〕：羽甲申，不其易日。 背云：“之夕，月㞢食。”（《屯乙》一一一五十一九五二十一九五九十一八六八，张秉权缀）

按张氏著《卜辞甲申月食考》，据 Dubs 表，以西元前 1299 年 4 月 18 日之月偏食当之。又据董《谱》定为武丁四十一年四月十五甲申夕之月食。（见《中研院史语所集刊》二十七本）

七、【卜旬】

癸丑卜，争贞：旬亡囚。三日乙卯，出嬄（艰）。单另豊，参于录（麓）。……丁巳，[illegible]（貍）子豊，参〔于〕……鬼，亦得疒。　癸丑卜，争贞：旬亡囚。王固曰：出求出梦！甲寅，允出来嬄。𠂇（左）告曰出往刍自盗，十从出二……（《菁华》五）

按豊字作豋，与金文《戏仲醴鬲》同。（详《殷虚文字类编》）或释丰，非是。豊即礼或醴。此辞之“豊”，用为动词。《说文》：“礼，履也。所以事神致福也。”事神曰礼。辞言“单兄（祝）礼”，“貍子礼”，殆谓单貍两地之宗祝来致醴。貍与《明义士》二三四三“貍来羌”字同。貍疑读为鄄。《说文》云：“南阳西鄂亭。”“参于录”之“参”，则读如《诗·旱麓》“鸢飞戾天”及《采菽》“亦是戾矣”之“戾”，训为至与止。他辞如云：“奔参，出（侑）父古（示）。”（《前编》四、二八、七）参亦读为戾，可互证。又按往刍自盗，盗，地名。陈邦怀谓温之省形。《左传》隐三年“取温之麦”，即河南温县。左，人名。他辞有左子（见《屯乙》八四二四及《巴黎》二三），与邑子并称，岂其人欤？

癸巳卜，争贞：旬亡囚。甲午，[illegible]。乙未，[illegible]（葡）韦[illegible]（出疑祟字）在泷。十月。（《簠室·地望》四）

癸亥卜，争贞：旬亡囚。　王固曰：出求！五日丁未，在𦎫圉羌。（《缀合编》一三二背——《燕大》一二四＋《前编》七、十九、二）

癸巳卜，争贞：旬出求。不丁口古囚。（《屯甲》一一六一，参下十七“成语”）

癸□〔卜〕，争贞：旬亡囚。王固曰：出求！……旬壬申……（《邺初》下二九、三，《京津》一八〇二重）

癸巳卜，争〔贞：旬〕亡囚。四日丙〔申〕，出来嬄……告曰……戋……（《屯甲》三〇五六）

癸酉卜，争贞：旬亡囚。　癸丑卜，争贞：旬亡囚。　癸亥〔卜，争贞：旬〕亡囚。　癸卯卜，争贞：旬亡囚。　癸未卜，争贞：旬亡囚。王固曰：不吉。　癸酉卜，争贞：旬亡囚。（《缀合编》二八四——《簠室·杂事》二九〔《续编》四、四六、九重〕＋《铁》二五〇、二〔《零拾》四六重〕＋《铁》二六〇、三）

癸酉卜，争贞：旬亡囚。十月。（《屯甲》二一二二，大龟四版之一。

《屯甲》一一四六及一八四六并有癸酉争卜旬之辞）

癸丑卜，争贞：旬亡㞢。　癸巳卜，争贞：旬亡㞢。　癸酉卜，争贞：旬亡㞢。　癸亥卜，争贞：旬亡㞢。（《戬寿》三〇、一，《续编》四、四七、一重）

癸丑卜，争贞：旬亡㞢。　癸酉卜，争贞：旬亡㞢。（《续编》四、四七、二，《佚存》二九重；《库方》六文同）

癸丑卜，争贞：旬亡㞢。　癸亥卜，争贞：旬亡㞢。　癸卯卜，争贞：旬亡㞢。（《七集·上海》七）

癸丑卜，争贞：旬亡㞢。（《簠室·杂事》三九，《金璋》六三三，《续存》上八八六，九二一及九六四并文同）

癸卯卜，争贞：旬亡㞢。　癸未卜，争贞：旬亡㞢。　癸酉卜，争贞：旬亡㞢。（《前编》七、一二、二）

癸卯卜，争贞：旬亡㞢。（《铁》六三、一，《邺三》下三四、一，《续存》上九五六，《金璋》六五八，《屯甲》一〇六八及一〇七八文同）

癸巳卜，争贞：旬亡㞢。（《铁》二二二、三，《续编》四、四六、七，《续存》上九三一，又九六二，又九六三，《遗珠》九四二，《库方》九七，又一六三〇，《诚斋》三七并文同）

癸巳卜，争贞：旬亡㞢。七月。　癸亥卜，争贞：旬亡㞢。九月。（《遗珠》一二二二）

癸未卜，争贞：〔旬亡㞢〕。　癸巳卜争贞：〔旬亡㞢〕。　癸卯卜，争〔贞：旬亡㞢〕。（《续存》上九六八）

癸未卜，争贞：旬亡㞢。一月。　癸卯卜，争贞：〔旬〕亡〔㞢〕。（《续编》四、四七、三）

癸未卜，争贞：〔旬亡㞢〕。　癸卯卜，争贞：旬〔亡㞢〕。（《前编》三、一四、一〇）

按此版刻“贞旬亡㞢”之辞共七组，俱残。

癸未〔卜〕，争贞：〔旬〕亡㞢。（《屯甲》二二二八，同书一一〇七，及《摭续》二五一文同）

癸未卜，争𡧊贞：旬亡㞢。（《簠室·贞类》三一，《粹编》一四二四，《遗珠》一九六文同）

癸亥卜，争贞：旬亡㞢。　癸酉卜，争贞：旬亡㞢。（《续存》上九五二）

癸亥卜，争贞：旬亡囚。　癸卯卜，争贞：〔旬〕亡囚。（《续存》下四一九，《零拾》十三重）

癸亥卜，争贞：旬〔亡囚〕。（《邺初》下四四、一〇）

其他贞旬残辞，如《屯甲》一〇七三，一〇七五，一〇七九，一〇九一，一〇九五，《宁沪》二、一六〇，《续存》上九四一，不具录。又《库方》一五九五，《缀合编》一四三并“癸未卜旬”，已详月食条。

八、**【卜年】**

或但言受年：

丙午卜，争贞：我受年。一月。（《佚存》五五〇）

□巳卜，争贞：我受年。（《库方》一五二五）

丙寅卜，争贞：今来岁我受〔年〕。（《屯乙》四二二九）

癸卯卜，争贞：今岁，受〔年〕。（《摭佚》一〇三，《京津》五四六）

□寅卜，争贞：今岁，我不其受年。在𠜱。十一月。（《屯乙》七八一一，对贞辞残）

按𠜱即𠜱字。《集韵》𠜱或作𠜱。《殷契类纂》正编：“王步自𠜱于雇，亡𡿧。”则𠜱为近顾之地名。

或言𠦪年：

壬子卜，争贞：𠦪年于丁，十勿（犁）牛，𠭰百勿牛。（《续编》一、四四、四）

□寅卜，争〔贞〕：𠦪年……𡆥三羊，〔卯〕三牛。（《殷缀》三四〇——《屯甲》一一六七十二〇二九）

或言某地受年：

癸卯卜，争贞：今来岁，商受年。（《燕大》四九三）

辛巳卜，争贞：𤰔不其受年。　贞：旬不其受年。（《屯乙》六四二二）

贞：吕其受年。　贞：吕不其受年。（《殷缀》一七二——《屯乙》一九八〇十二六五八十二六六〇。　背〔《屯乙》一九八一〕云：“壬子卜争。”）

按金文吕字作吕，同此。《说文》：“吕，脊肉也。昔太岳为禹心吕之臣，故封吕侯。”《潜夫论》：“宛西三十里有吕。”《括地志》：故吕城在邓州南阳县西三十里。

癸巳卜争：东土受年。（《屯乙》五二四二）

癸……争贞：……土……年……（《京津》五三二。字小）

或言年𡆥：

癸巳卜，争贞：日若𢆶𣫬（悔）。隹年𡆥。三月。（《前编》五、一七、五）

按𣫬为每之繁形，读为悔吝之悔。他辞“㞢每”亦益“又”旁。如“𡆥𣫬”，（《明义士》七七）“……允㞢来𡆥自北，𡆥𣫬。𡆥告曰……”（《菁华》二）并其例证。此云“日若𢆶𣫬”，犹言“日若兹悔”。

所卜农作物有黍及䆋：

癸亥卜，争贞：我黍受㞢年。 贞：勿萑。黍受㞢年。（《屯乙》七七五〇）

丁酉卜，争贞：今𡆥，王勿黍。 ……今𡆥，王黍于南（沘）……于南沘。（《续编》一、五三、三，《簠室·岁时》二〇重；又《续编》五、九、三文同）

庚辰卜，争贞：黍于䧹。 ……黍于䧹。（《簠室·岁时》二二，《续编》五、三四、五重）

按䧹即庞，亦称庞𠂤。《后编》上九、三：“丁卯卜，王于庞𠂤。”为妇庞封地，另详诸妇章。《史记·魏世家》：“公孙痤取庞。”殆即其地。

癸未卜，争贞：受䆋年。 癸未卜，争贞：受黍年。（《燕大》四九一）

……〔卜〕争贞：我受䆋〔年〕。（《京津》五六六）

或卜耤田：

丙辰卜，争贞：……乎耤（耤）于隹，受㞢年。（《屯乙》四〇五七，亦见《殷缀》二二〇）

或言𥝢：

丁酉卜，争贞：乎𠭰𥝢，于娟受㞢年。 丁酉卜，争贞：弗其受㞢年。 旃眔𣪘，𠭰耤于娟受年。 贞：弗其受㞢年。（《屯乙》三二一二）

按耤田说已见上𣪘条。《诗·韩奕》：“实亩实藉。”《王制》云：“古者公田，藉而不税。”《鲁语》：“（仲尼云：）先王制土，藉田以力，而砥其远迩；赋里以入，而量其有无。”是藉田乃借民力以助耕公田，而不课其私田之税。《孟子》言：“夏后氏五十而贡，殷人七十而助。周人百亩而彻，其实皆什一。”又云：“助者，藉也。”“请野九一而助。”谓井田九区，八家各私其一区，就中公田一区，为九分之一，民出其劳力以助耕，即耤是也。卜辞凡言“呼藉于某地”，谓令某于某地，戒民协耕也。𥝢字从禾从居。《集韵》："蜀人谓黍曰穛秬。"则秬即黍之别名。

九、【卜狩】

或言狩于某地，兼记其禽获之数者：

癸未卜，争贞：王在丝𡙇，咸狩。（《天壤》八一）

按𡙇为殷王畋猎地名。他辞云："王往田，湄（弥）日，不冓大风。弜田𡙇，王其每（悔）。"（《屯甲》六一五）"庚辰贞：日又戠。其告于父丁，用牛九。在𡙇。"（《粹编》五五）"王亩𡙇田，湄日亡𢦏。"（京都大学四五三）此字唐兰释"猒"。窃谓非也。字从二来二犬，来与来声义俱通。《释名》："来，来也。"故地名之𡙇，应是猌字。（《说文》：猌，犬张龂怒也。）借为慭。《左》昭十一年："会于厥慭。"即此。疑本名猌，加语词则曰"厥慭"，如宋地有厥貉，亦加厥字，是其比。（《秦公钟》："𤔲和万民。"又《者盪钟》："𤔲于我霝龠。"此字并用作语词之慭，可证我说。）

或言王狩：

□未卜，争贞：〔王〕往狩。（《铁》二一七、二，《拾掇》五〇八，及《续存》上七三〇重）

贞：王勿狩于乂。　贞：王狩于乂。　〔贞：王〕勿狩〔于〕乂。（《缀合编》二二六——《前编》一、四四、七十《缀合编》附图二六。背云："甲申卜争。"）

按乂与艾通。《周颂》："奄观铚艾。"艾者，"乂"之假借。《说文》："乂，芟草也。"《逸周书·世俘解》有"霍侯艾侯"。《春秋》隐六年："公会齐侯盟于艾。"杜注："泰山牟县东南有艾山。"今山东临沂县西。

辛卯卜，争贞：我獸（狩）。下乙弗若。（《簠室·游田》一二四，《续编》一、四六、三重）

或言逐𣬉、获豕、获虎：

丙申卜，争贞：王其逐𣬉，冓……（《殷缀》二四七，即《屯乙》四八〇八）

辛卯卜，争贞：豕隻。（《屯乙》七六七四）

壬辰卜，争贞：其虎隻，九月。　壬辰卜，争贞：其虎弗其隻。（《屯乙》六六九六整龟。同版见卜人穷）

按虎字从土从虎。土，金文《散盘》作丄，与此形同。以声类求之，虒或即虪字。《方言》："虎或谓乌虪。"《左传》作"於菟"，《集韵》："虪，菟或字。"

其他如《宁沪》三、八九，《京津》一四二〇皆残辞，仅存"狩"字。

或卜刍者：

丁巳卜，争贞：乎取何刍。(《殷缀》二二四——《屯乙》三一七四+三一七五+三九一〇)

附射：

乙未卜，争贞：……曰出射。王固……(《库方》一八〇二)

癸酉卜，争贞：令多射〔衜〕 ……庚寅卜，争贞：令龏眔毚古衜，出㕜。(《殷缀》三四〇——《屯甲》一一六七+二〇二九)

癸卯卜，争贞：王令三百射，弗告于示。王囬，隹之(兹)。 贞：王囬，不隹之。弗告，三百射……(《殷缀》二六四——《屯乙》四六一五+四六六二+四六六六)

按射为官名，泛称曰多射。(《库方》三："令𠂤以多射若"。)亦曰"射百"〔哲庵藏片一九六："又豋(登)射百，令堇。"〕，曰"射三百"(《屯乙》四四七五)，又省称"三百"(《宁沪》一、五〇六："乙酉卜，叀三百令。")。《穆天子传》："天子之御，造父三百。"郭璞注："三百为御者"，三百一名与卜辞合。

十、【卜往来】

卜入某地者：

辛未卜，争贞：王于生七月，入于商。(《前编》二、一、二)

辛未卜，争贞：王于……入于商。(《戬寿》九、十二，《续编》三、一四、三重)

……卜，争贞：王勿于七月，入于商。(《续编》三、一四、五)

丁酉卜，争贞：来乙巳，王入于冥。(《续编》三、一四、七)

壬辰卜，争贞：王于八月入。 乙亥卜，争贞：生七月，王勿衣，入戠。(《前编》四、六、三)

按戠读为膱。《聘礼》："荐脯五膱，癸半膱横之。"入戠谓纳膱也。

乙亥卜，争贞：王入。(《铁》五七、二，《续编》三、三八、一，《南北·诚》三九重)

庚寅卜，争贞：来乙巳，王入。　……争……今……（《通·别》二、六、五）

乙未卜，争：来乙口，王入。（《摭续》一五九）

乙未卜，争贞：羽丁酉，王步。丙申，𡧊　……乙未卜，争贞：羽庚子，王步。（《殷缀》三〇七——《屯乙》五三五〇＋五九一三）

……卜，争贞：羽乙丑，王步，勿……（《屯乙》八二一四）

戊寅卜，争贞：羽庚辰，王〔步〕……（《续编》五、九、四）

辛酉卜，争贞：今日，王步于𦎫。亡𡆥。（《前编》二、二六、三）

丙申卜，争贞：王步。（《屯乙》四八〇八，亦见《殷缀》二四七）

卜往于某地：

乙亥卜，争贞：王往于𦎫。（《屯乙》七七六七）

乙卯卜，争贞：今日王往于𦎫。（《簠室·游田》一四，《续编》三、二六、一重）

丁卯卜，争贞：王往于𦎫。不左。（《铁》二五五、二）

……争贞：王于𪎶。……（《前编》二、一九、七，《金璋》七〇八："往于𪎶。"）

按𪎶即莤，益束为声符。莤为缩茅沃酒，《左·僖四年传》："无以莤酒。"本作"缩酒"。𪎶与缩同，疑读为宿。《春秋》隐元年："及宋人盟于宿。"《郡国志》："东平国无盐，本宿国，任姓。"

□午卜，争贞：王往休贞。（《前编》五、二六、二）

乙亥卜，争贞：王往于……（《京津》一七一）

戊申卜，争贞：王往立……若。（《铁》二四一、四）

壬戌卜，争贞：叀王自往𨞾（𦼗）。　贞：叀多子乎往。（《屯乙》七七五〇）

戊午卜：争贞：叀王自往𨞾。十二月。（《屯乙》五四〇八）

甲午卜，争贞：往刍𠀠。㒸。（《续编》一、二九、一）

按𠀠即更字。更读为郠。《左·昭十年传》："季平子伐莒，取郠。"《说文》："郠，琅邪莒邑。"约在今山东沂水县境。（详《巴黎所见甲骨录·释𠀠篇》）

丁未卜，争贞：勿隹王自兕乘乎往。　丁巳卜，争贞：勿隹王自兕乘乎〔往〕。（《拾掇》二、一二三）

庚辰卜，争贞：羽辛巳，王往……（《前编》七、三、三）

……卜，争贞：羽……王往……（《库方》一九〇九）

或言“出”者：

己……争：……王……亩出。（《平津·元嘉》一三五）

……争贞：王往出。（《佚存》五三七，《续编》五、二三、一重）

己巳卜，争贞：王复𡳿（疑“出”字）。（《粹编》一〇五八）

或言幸者：

壬午卜，争贞：凡幸罭。（《簠室·杂》七七）

或言往与来者：

丁巳卜，争贞：出毋往，庚来。……（《粹编》一二三一，《京津》一九七八重）

或言“㕣”（去）者：

丁未卜，争：……王往㕣（去）𡧊于㝵。（《后编》上十二、一〇）

或言往田：

乙亥卜，争贞：今𤆍，王往田，若。（《殷缀》二〇——《屯甲》一一三四十一一六八）

壬戌卜，争贞：王往于田若。（《簠室·游田》一二〇，《续编》三、三五、二）

或言涉者：

辛卯卜，争贞：羽甲午，王涉帰。（《前编》五、二九、一）

或言洀者：

甲戌卜，争贞：来辛巳，其旬𣿰。（《前编》六、二、四）

按𣿰即洀字。《管子·小问》：“君乘驳马而洀桓，迎日而驰乎。”尹注：洀古盘字。洀谓盘游也。（详《殷契骈枝》）

或言“在”者：

丙戌卜，争贞：在商亡𡆥。（《簠室·地望》一）

十一、【卜梦】

丙申卜，争贞：王梦，隹𡆥。　丙申卜，争贞：王梦，不隹𡆥。（《殷缀》二四七——《屯乙》四三七二十四八〇八）

丁亥卜，争贞：王梦，隹齿。（《屯乙》七四八二）

丁亥卜，争贞：王梦，隹止（祉）。（《京津》一六三二）

……争贞：王梦，隹𠂤。（《后编》下二〇、五）

……卜，争贞：王梦……（《屯乙》六五八四，《铁》一六五、二文略同）

己亥卜，争贞：𡆥㞢梦，勿𢑚，㞢匄亡……（《续编》三、四一、四，《天壤》八四，《平津·元》一四九，及《续存》上八五五重）

十二、【卜疾病】

己亥卜，争贞：𡧊疒。王亡𡆥。（《屯乙》二七三）

癸卯卜，争贞：王令三百射，弗告……宗。王圂，隹之（兹）。　贞：王圂，不隹止。弗告，三百射。　贞：王骨□（宠）。王骨不其□。（《殷缀》二六四——《屯乙》四六一五＋四六六二＋四六六六）

癸酉卜，争贞：王𦝫（腹）不安，亡征（延）。……（《续编》五、六、一，《簠室·杂事》九二重）

壬子卜，争贞：王𡙇隹㞢巷。（《铁》六、三）

按辞云“王𡙇”，丁山以为人名。《说文》栗在卤部，其古文从西从二卤。此字从大从二卤，卤与金文《盂鼎》作□同。故“𡙇”字疑为从大从栗省，即战栗本字。“王𡙇”者，谓“王战慄”，故云“有巷”也。

壬子卜，争贞：王㞢巷。（《屯乙》八〇六二）

己丑卜，争贞：㞢疒齿，父乙。隹有闻，在洮。（《外编》三五，《南北·师》一、四三重）

……争……㞢疒。（《燕大》八三六）

……卜，争贞：𡆥𡧊舟。　𡆥不其𡧊舟。　贞：冥，亡来𡚬。　贞：疒口，𥜽于妣甲。（《殷缀》一二三——《屯乙》九三〇＋一一三四）

按舟为方国名。舟与州通。《荀子·君道》：“举太公于州人而用之。”《韩诗外传》作“舟人”。《郑语》：“秃姓舟人，则周灭之矣。”韦注：“秃姓，彭祖之别。舟人，国名。”

十三、【卜邑】

或言王作邑，或我作邑：

己卯卜，争贞：王乍邑，帝若。我从之唐。　……邑，帝弗若。……（《殷缀》九六——《屯乙》五七〇＋五九四）

……争贞：王抟（作）邑，帝……（《簠室·杂事》七五，《续编》六、一三、一二重）

甲寅卜，争贞：我作邑。　丙辰卜，争〔贞〕：我作邑。（《戬寿》四、十一，《续编》五、一七、一重）

癸……争贞：我作邑。（《屯乙》二三九二）

壬子卜，争贞：我其……弗左，若。　癸丑卜，争贞：勿作邑，帝若。（《屯乙》七三〇七）

或言洹作邑：

癸亥卜，争贞：洹弗乍（作）〔兹邑〕。　〔癸亥〕卜，争贞：洹其乍兹邑。王固曰：其乍，隹〔出囚〕。（《南北·师》五、三九，《拾掇》二、四七六重）

按洹或指洹水之神，作邑时，有祷于洹以求佑助也。

或言犨兹邑：

戊午卜，争〔贞〕：且乙，其犨兹邑。　戊〔午卜〕，争贞：〔不〕犨兹邑。（《殷缀》一三二——《屯乙》一〇四七＋一〇五〇＋三一六四＋四六五六）

按犨即瘗薶。《礼记·祭法》："瘗埋于泰折，祭地也。"此卜有事于祖乙，因行瘗薶之礼。

或卜为邑祷祀者：

甲戌卜，争贞：我勿将，自兹邑。殸宊巳（祀）乍若。（《粹编》一一一七）

……〔卜〕争〔贞：我〕勿将〔自兹〕邑，殸〔宊巳〕乍若。（《粹编》一一一六）

或言邑㲋（震）：

□寅卜，争贞：兹邑㲋。……月。（《林》一、三〇、七）

按㲋即震字。《诗·常武》："徐方震惊。"《逸周书·作雒解》："殷大震，溃降。"《周语》："玩则无震。"韦注："震，懼也。"详屈万里《自不踬解》。（《中研院史语所》集刊十三本）

其他如《林》二、二一、一〇仅存"邑"字。

十四、【卜祭祀】

(甲) 祭山川社

(一) 岳

癸未卜，争贞：尞于土，米于岳。（《屯乙》七七七九，字细小）

庚戌卜，争贞：岳不我壱。　庚戌卜，争贞：岳壱我。（《屯乙》五二七一）

□午卜争：……取岳丫（祏）。（《铁》一四一、一）

（二）河

乙巳卜，争贞：求于河，五牛，沈十牛。十月，在斗。（《前编》二、九、三）

□巳卜，争贞：……丁未酌河，在斗。（《前编》二、九、四）

戊辰卜，争贞：求于河，□豖三羊，沈五牛。圉……（《外编》一八九，《南北·师》一、五重）

丙子卜，争贞：求于河，沈五牛。（《金璋》七一七）

己丑卜，争贞：羽□卯，酌河。沈三牛，求三牛，卯四牛。（《屯乙》二八五八）

戊午卜，争贞：今〔来〕辛酉，乎酌河。（《前编》一、三二、二）

癸亥卜，争贞：羽辛未，王其酌河，不雨。（《拾掇》二、一九五）

癸亥卜，争贞：求于河。（《续存》下一七一）

□亥卜，争〔贞〕：求于河。（《粹编》五二）

庚戌卜，争贞：王三（汔）正河。新𠭯，允正。十月。（《后编》下一六、二）

□卯卜，争贞：王三正河。新𠭯，……正。〔一牛〕。（《粹编》五二四）

庚寅卜，争贞：我其祀于河。（《屯乙》二五八七）

□巳卜，争贞：升（升）衣，出升，伐河。……（《前编》六、二九、八，字细小）

乙未卜，争贞：……出酉河，三牛。往……（《文录》三六七）

壬午卜，争：于河。　壬午卜，争：勿于河。（《屯乙》五二六五）

辛巳卜，争贞：羽甲申，其出升岁，自上甲、河。十三月。（《明义士》一二五）

按其他残辞之有关河者，如《燕大》二九二，《屯甲》三四六一及《京津》六〇七等，不具录。

（三）土

甲辰卜，争：羽乙巳，求于土，牛。（《屯乙》四七三三）

癸未卜，争贞：求于土。（《屯乙》七七七九，互见上岳条）

壬戌卜，争贞：既出犷，求于土，罕。　贞：求于土，一牛，圉罕。

（《簠室·帝系》四，《续编》一、一、五重）

按狾即猘字，此为地名。《说文》艸部菥下云："江夏平春有菥亭。"见《郡国志》。卜辞所见，未必此地，殆偶同名耳。

附兇：

乙巳卜，争贞：勿㶣于兇。（《之馀》一五、一，《续编》一、四九、五重）

丁酉卜，争贞：兇……（《屯乙》七六四五）

（乙）祭先公先王先妣

（一）夒

甲子卜，争贞：𠦪年于夒，㶣六牛。（《屯甲》三五一二）

（二）蔑

贞：勿告蔑。（《缀合编》二二六——《前编》一、四四、七十《缀合编》附图二六。背云："甲申卜争。"）

……取（诹）茷，戠乎𡆥𠱿。（《林》二、五、五，同版云"丙申卜争"）

按此卜沚戠出征，候望𠱿方，而诹于昧也。

（三）王亥

甲申卜，争〔贞〕：㶣于王亥，其𤣩（玨）。　甲申卜，争贞：勿玨。（《屯乙》六七三八）

按𤣩即玨，古玨、朋一字。（《观堂集林》）《书·洛诰》："孺子其朋，其往"。《孔传》训朋为朋党；然此辞"其朋"，殆指用玨。

己未卜，争贞：王亥𢀛我。　贞：王亥不我𢀛。（《殷缀》一八二——《屯乙》二二一五十五四〇三）

……卜争：……辛丑，告于王亥。（《京津》九五六）

乙巳卜，争贞：出于王亥。（《后编》上一二、一〇）

（四）上甲

辛巳卜，争贞：羽甲申，其出升岁自上甲、河。十三月。（《明义士》一二五，此于甲日祀上甲）

癸丑卜，争贞：出升岁自上甲，至于多〔后，衣〕。（《前编》五、四二、五）

按"丬岁"一语，卜辞习见，他辞亦作"陟岁"（《粹编》一六七），知丬与陟同义。丬字以金文之𠬝（《友𣪘》）、𠬝（汉《好畤鼎》）例之，为升字无疑。（参陈邦福：《殷契说存》，4页）其繁形则作𥚽或𥛇（《骈枝》

三编)，于氏知此繁体为升，而不悟彳亦即升，此盖如禨之即𢀛矣。《尔雅·释诂》陟与登俱训陞。《小尔雅·广言》:“登，升也。”是升岁即陟岁。他辞亦称㞢彳(升)岁于某先王，或但称㞢彳于某，字皆宜读为升。“升岁”即“烝岁”。《洛诰》:“王在新邑，烝祭岁。”《尔雅·释诂》:“烝，进也。”《书》“不蠲烝”。马融注:“烝，升也。”契文“𢍰”与“彳”同义，如云“其𢍰(烝)，新𢀛”(《粹编》九一〇)。他辞亦作“彳新𢀛”(《存真》六，《文录》二八七重)，此又彳于升同字之证。

癸巳卜，争贞：告土方于上甲。四月。(《燕大》六八)

□戌卜，争贞：告于上甲。……(《平津·元嘉》一九，《续存》上七九重)

壬戌卜，争贞：勿䖍，告于上甲。三月。(《续存》下一八六)

□巳卜，争：……〔▽殳〕告于上甲，六牛。羽戊……卯……(《屯甲》三四二二)

……卜，争〔贞〕：𣎵于上甲。(《拾掇》一八二)

乙亥卜，争贞：酌，𢀛方氐(致)牛自上甲。一月。 ……卜争：……後……用上甲……年。(《殷缀》三四〇——《屯甲》一一六七十二〇二九)

按此方国贡牛致祭也。

……争……上甲。(《燕大》二四一)

(五)唐

辛巳卜，争贞：来乙未，酌唐，五军。(《遗珠》五)

乙巳卜，争贞：告方出于且甲大乙。(《前编》一、三、四)

壬戌卜，争贞：羽乙丑，㞢伐于唐，用。 贞：羽乙丑，勿䖍㞢伐于唐。(《屯乙》七五三)

按上三辞皆于乙日祀唐，而其一称曰大乙，与祖甲以后称谓相同。(此条董氏读为且乙、大甲，然“大乙”二字明为合文。如不作合文读，则为“且乙甲大”矣，苟读为“且乙大甲”，则一行顺读，一行由下逆读，于文例未合。)

……争贞：……其酌，翊〔于〕唐，㞢于且……(《屯甲》三四八四)

甲寅卜，争贞：勿钔，帚媟于唐。(《后编》上二七、一)

(六)大丁

庚申卜，争贞：乍大丁。(《粹编》一七二)

（七）大甲

甲辰卜，争贞：出伐于大甲。（《粹编》一八七）

甲子卜，争贞：米于大〔甲〕……　贞：米于大甲，**亦**二羊二豕，卯……　贞：牛涉于东，（矢）。……　贞：执用于且……　丙寅卜，争贞：我受年。（《续存》下一六一，《零拾》一重）。

按牛，人名。他辞云：“贞：牛取，亡囚。”（《屯甲》二〇二）“牛入十，在鱼。”（《屯乙》七一九一）可证。矢者，《尔雅·释诂》：“陈也”或作戾，见《广雅》。

丙午卜，争贞：来甲寅，酻大甲。（《屯乙》六六六四，同版见殸卜，酻下乙卯鸟星文）

按上三辞皆于甲日祀大甲。

（八）小甲

丁卯卜，争：……妣于……㞢小甲。（《屯乙》四二六）

（九）祖乙（下乙）

丁卯卜，争贞：出升岁于且乙，罕，羌三人。（《燕大》二五五）

丁未卜，争贞：王告于且乙。（《屯乙》三五六一）

癸丑卜，争贞：羽乙卯，出于且乙。（《后编》上一九、二）

乙未〔卜〕，争贞：……且乙……（《屯乙》三八七〇）

□寅卜，争贞：羽乙……且乙……（《七集·上海》九五，《拾掇》五七重）

丁酉卜，争贞：来乙巳，酻下乙。（《屯乙》七二九五）

按上四辞皆于乙日祀且乙。

壬申卜，争贞：父乙**𢍜**羌甲。　壬申卜：争贞：父乙弗**𢍜**羌甲。　父乙**𢍜**且乙。　〔父乙弗〕**𢍜**〔且乙〕。（《殷缀》一〇三——《屯乙》七四七十一一九四十二〇〇三）

按此卜跻升庙主也。**𢍜**即“跻”字。扬桓《六书统》：“𨇖，古跻字。”与此同。《集韵》十二齐作“䶒”，上体讹变，而下尚从卩。《春秋》文二年：“大事于大庙，跻僖公。”《诗·长发》：“圣敬日跻。”又：“至于汤齐。”郑注读齐为跻。《公羊传》：“跻者何？升也。”《尔雅·释诂》：“跻、登，陞也。”此辞即谓升小乙庙主，配享于先王羌甲与祖乙，因而卜其事。

（十）祖辛

乙未卜，争贞：来辛亥，酌，萑匚于且辛。七月。　来辛亥，亩萑匚于且辛。（《殷缀》二〇五——《屯乙》二七二八十四五〇九十四八五八）

庚子卜，争贞，𥁕，其酌于且辛。□（祷），㞢升岁，用。（《佚存》八八七）

丁丑卜，争贞：𢦔于且辛罕。（《后编》上二七、一）

壬子卜，争贞：㞢于且辛。（《屯乙》三一四三）

（十一）羌甲

戊寅卜，争贞：于羌甲。（《京津》七四九，《粹编》二五七重）

壬申卜，争贞：父乙□羌甲。　壬申卜，争贞：父乙弗□羌甲。（《屯乙》七四七，亦见《殷缀》一〇三）

（十二）祖丁

丁巳卜，争贞：王其㞢曰：且丁克。（《屯乙》八四六四）

按此于丁日祀且丁。

乙丑卜，争贞：于且丁𢦔。　乙丑卜，争贞：勿于且丁𢦔。（《屯乙》三三二一）

……争贞：㞢于且丁。（《屯乙》二三七六）

（十三）父庚（盘庚）

己卯卜，争贞：羽庚辰，㞢于父庚。（《屯乙》八六六八）

按此于庚日祀盘庚。

丁巳卜，争：𢦔于父庚。（《屯乙》二六八一）

（十四）父乙（小乙）

己未卜，争贞：来甲子，酌彡，正。十月。　贞：来甲子，酌彡，弗其正。　弗其易日。　贞：帝弗……　贞：于父乙宾，乍㴱。　勿于父乙宾……（《殷缀》一七六——《屯乙》二〇一七十二〇三六）

丙戌卜，争贞：父乙左多子。（《屯乙》五六五七）

于父乙，多介子㞢。　㞢豕于父辛，多介子。（《殷缀》一七七——《屯乙》二〇四〇十二六〇〇。背云："己酉卜争。"）

按介子一名，见《礼记·曾子问》。"宗子为士，庶子为大夫，其祭也如之何？孔子曰：以上牲祭于宗子之家。祝曰：孝子某，为介子某荐其常事。若宗子有罪，居于他国，庶子为大夫，其祭也，祝曰：孝子某，使介子某执其常事。"《正义》："介子谓庶子为大夫者。介，副也。某是庶子名，荐其岁之常事告神，止称宗子。其时庶子身在祭位，……就宗子家而祭也。”是知多介子即诸庶子，此卜庶子侑祭于父乙之事，即代宗子致祭。他辞又见“多介父”、“多介兄”诸名，详拙作《日本所见甲骨录》。

己丑卜，争贞：㞢疒齿，父乙。隹㞢闻，在𣲦。(《南北·师友》一、四三)

壬申卜，争贞：父乙𢦏羌甲。　壬申卜，争贞：父乙弗𢦏羌甲。　父乙𢦏且乙。　〔父乙弗〕𢦏〔且乙〕。(《殷缀》一〇三——《屯乙》七四七十一一九四十二〇〇三。背云：“贞：𢦏父乙。　勿𢦏父乙。”)

乙酉卜，争贞：隹父乙降𡆥。　贞：不隹父乙降𡆥。(《屯乙》五四〇八)

按𡆥从囗从止，囗为祊，与示同意，故𡆥殆祉字。祉，福也。《尔雅·释诂》及《说文》同训。《易》“以祉元吉”。又“畴离祉”。《风俗通》记桃梗云：“岁终更始，受介祉也。”此辞“降𡆥”犹言降祉也。

乙酉卜，争贞：小乙于宀，羌三人。(《粹编》二八一)

按此于乙日祀小乙。

辛丑卜，争贞：父乙……(《遗珠》九七一，《拾掇》二、一一〇文同)

(十五) 父甲

壬戌〔卜〕，争贞：……父甲。三伐……(《续存》上三四一)

按香港大学藏骨亘卜辞云：“贞：㞢于唐。　贞：㞢于父甲，豕卯羊。贞：㞢于大甲。”(即《元嘉》五九)同版大甲、父甲并见，则父甲可能即武丁称其诸父羌甲。

(十六) 父丁

己丑卜，争：……寅亚……父丁。(《文录》五七七)

按祖庚、祖甲卜辞，习称武丁为父丁，《文录》此片之父丁，如指武丁，则卜人争可能在武丁崩后继续供职，如是此条乃属祖庚时之卜辞矣。

丁：

庚辰卜，争贞：𠂤㞢于丁。𦉪。(《文录》三四一)

□戌卜，争贞：告于丁。(《续编》一、三、二，《续存》上七九重)

丁未卜，争贞：告其……于丁。(《京津》七三〇)

庚：

庚子〔卜〕，争：今日𠦪于□庚，四牛。(《拾掇》一九四)

按上辞“丁”“庚”未详何先公，姑系于末。

其他争卜祭祀先公先王残辞，仅存“祖”字者，如《燕大》二九三及七三四，《戬寿》二五、十二（《续编》四、二六、一重），《续存》上二九七及二八九等，不具录。

以上祭先公先王。

（一）高妣己

戊辰卜，争贞：澉羌，自妣庚。　贞：澉羌，自高妣己。（《屯乙》六七四六）

按祭于妣庚，兼及祖乙配之高妣己。此与《续编》一、三九、八所云“酌高妣己眔妣庚”相类。

（二）妣甲

贞：疒口，钔于妣甲。（《殷缀》一二三——《屯乙》九三〇十一一三四。同版争卜）

（三）妣己

……争……妣己。（《戬寿》八、一，《续编》一、三九、六重）

（四）妣庚

戊辰卜，争贞：澉羌自妣庚。（《屯乙》六七四六）

贞：钔于妣庚。（《殷缀》二五五。同版概属争之卜辞）

按首辞重见上高妣己条。

（五）妣癸

癸巳卜，争贞：㞢白彘于妣癸不……王固曰：勿左。（《宁沪》三、二七）

壬戌卜，争贞：㞢于妣癸。（《屯甲》三三二九）

按妣甲、妣己、妣庚、妣癸，均详前㱿及宄条。

（六）母丙

□亥卜，争〔贞〕：子戎于母，𡿧（殪）彘，㲋，㞢𠬝母。　贞：……彘……小㲋㞢𠬝母，于母丙。（《殷缀》四三七——《屯乙》一六七〇十二二四九）

按自之卜辞云：“戊午卜，自㞢母丙。”（《屯甲》三〇四七）他辞云：“贞：于母丙钔帚……”（《前编》一、二八、三）“贞：其㞢舌……于母丙钔。”（《续编》一、四〇、七）“贞：亩羊，㞢于母丙。”（《续编》一、四〇、八）“贞：勿于母丙钔。”（《续编》一、四一、一）此皆母丙有关之记载。《殷缀》是版左辞云“于母丙”，而右云“于母”，“母”即“母丙”之略称。卜辞惯用省略之例，可于对贞之语求之。

以上祭先妣。

（丙）祭旧臣与杂祀

黄尹　　黄夾

……卜，争贞：㞢于𤰔尹。（《平津·元嘉》六一，《续存》上二二七重）

己未卜，争贞：𤰔尹壱王。　己未卜，争贞：𤰔尹弗壱王。（《殷缀》三〇二）

□申卜，争：羽〔戊〕戌，〔䖵于黄夾〕。　羽戊戌，勿䖵于𤰔夾。（《屯乙》二五七二）

丙寅卜，争贞：㞢于黄夾，二羌。（《续编》二、一九、一）

按黄尹、黄夾同见，与他辞之伊尹、伊夾（《南北·明》四二二：“𣏟雨于伊夾。”《后编》上二二、四，《粹编》八二八，俱见伊夾）称谓之例正同。夾即《说文》奭字所从之㚇。许君云“或说规模字”。古“母”与模通（《内则》“淳母煎醢”。郑注“母读曰模”是），则黄夾、伊夾即黄母、伊母。（参《综述》，1263 页）岂即黄尹、伊尹之配乎？（傅玄《潜通赋》：“黄母化而为鼋兮，鲧殛变而成熊。”黄母一名见此，与此辞之黄夾义异。）

咸：

乙亥卜，争贞：𣏟于咸。十牛。（《前编》一、四四、二）

辛亥卜，争贞：今来乙卯，㞢于咸。十牛。（《殷缀》二八二——《屯乙》四七六一十五二三四）

甲午卜，争贞：王㝊咸日。（《屯乙》七五二〇）

尽戊：

贞：㞢于尽戊。（《缀合编》二二六，即《前编》一、四四、七，其背云：“甲申卜争”。拓本见《缀合编》附图二六）

以上祀旧臣。

娥：

癸丑卜，争贞：㞢犬于娥。羽舌（𥙲），正。（《通·别》二、六、二，《遗珠》七九〇重）

按此祭于娥用牲。或谓娥即尧女之娥皇（《列女传》），亦即帝俊妻（《大荒南经》）《史记正义》：“舜升天子，娥皇为后。”《鲁语》：“商人禘舜而祖契。”则以卜辞之娥为娥皇，可备一说。

方母：

己巳卜，争贞：方母，于𡵨。　贞：方母，勿于𡵨。（《殷缀》二一一——《屯乙》二八四四十三一三四十四〇八〇）

按此两辞左右对贞，同版又云：“𠦪于土，𡨦。方帝。”则方母者，当即他辞常见之东母西母矣。𡵨为地名。

东：

己丑卜，争贞：……十豕十……　贞：𠦪于东。（《平津·元》六六，《续存》上三七九重）

西：

庚戌卜，争贞：𠦪于西。𠘰一犬一青，𠦪四豕四羊青二，卯十牛青一。（《库方》一九八七，巨胛骨，现藏大英博物院）

按此辞青数与牲数相错，他辞有五青（《菁华》八）、八青、九青（《林》一、一二、一七）、十青（《外编》八），《金璋》六七〇称“百豕青五十”。于氏读“青”为“彀”，谓九青犹《周礼》大宰之九彀，说亦可通。惟彀数无称五十之理，故不如读为彀。《说文》：“彀，小豚也。”《尔雅·释兽》：“貔白狐，其子彀。”狐之子亦可称彀，是彀又为幼畜之通名，不限于豕也。故知“一犬一青”，即谓大犬一与幼犬一，“牛十青一”，谓大牛十与小牛一，此契文以专名为通名之例。《玉篇》彀下注：貔子也。字或作㺉，从犬，则为后起字。

辛酉卜，争贞：□〔𡨦〕丁西。（《铁》五九、三）

乙亥卜，争贞：帝（禘）于西。（《金璋》三六二）

按□字，隶定应作舂，象陷人于坎，以杵舂之。或释臽，即陷字。（《殷契骈枝》三编）他辞云“勿舂”（《后编》下三一、一八）。亦省作□，辞云：“丁丑卜，子戌□用，今日亡𡆥。”（《屯乙》八七一六）此言“舂牢”盖即瘗薶之礼。《祭法》：“瘗埋于泰折，祭地也。”孙希旦《集解》：“泰折，北郊之坎”。此字从凵，凵即坎，《说文》：“坎，陷也”。陷牲于坎，即瘗薶也。

以上杂祀。

争贞卜之辞有祭名可征者，再列如下：

〔𠦪〕

癸巳卜，争贞：𠦪。王其㞢曰：若！　贞：勿𠦪。（《屯乙》七七六二）

壬午卜，争贞：𡆥三豖，卯一羊。（《库方》一七〇一）

……卜，争贞：𡆥𠭯百羊百牛百豖，青五十。（《金璋》六七〇）

丙寅卜，争贞：𡆥三牛。（《屯乙》六九六六）

丙辰卜，争贞：𡆥三罕。（《后编》上二三、一四）

辛卯卜，争贞：……𡆥九……（《七集·上海》一八五）

其他争贞残辞，有关𡆥祭者，如《七集·孙氏》八，《诚斋》二二六及二四三，《续存》上四八七等，不具录。

〔彭〕

癸酉卜，争贞：羽甲戌，夕十羊。乙亥彭十，十牛用。（《佚存》四〇四，《邺初》下三四、三，及《续存》上三六八重）

壬戌卜，争：羽甲子，彭十伐。（《铁》一〇八、一）

己未卜，争贞：来甲子，彭彡，正。　贞：来甲子，彭彡，弗其正。（《殷缀》一七六——《屯乙》二〇一六十二〇三六，重见前祭父乙条）

按彡即肜，卜辞有彡日，又有彡夕。《尔雅·释天》："绎，又祭也。周曰绎，商曰肜。"孙炎注："祭之明日，寻绎复祭，肜者相寻之意。"上辞卜于来甲子彭彡。下文云："贞于父乙穷。勿于父乙穷。"知"彡"者即指来甲子之明日乙丑，肜祭父乙也。其对贞占辞云"正"，一云"弗其正"，即卜于乙日肜祭父乙，为良贞与否。争贞卜在己未日，是于来甲子之前五日预卜之。

戊子卜，争贞：王勿令彭。（《屯乙》五六二四）

其他争卜残辞有关彭祭者，如《明义士》二〇五九，《宁沪》二、三四，不具录。

〔㞢与㔽〕

甲子卜，争贞：㞢羌。（《续编》一、三四、二，《南北·诚》八重）

按诚明文学院藏此辞，左右各有"乙丑卜，亘贞：隹父辛"语。乙丑为甲子之翌日，盖先一日由争卜侑羌事，谓以羌人祭于小辛也。卜辞语多省略，须于同版同文所见参互证释之。

癸亥卜，争贞：㞢于……（《京津》六五七）

□申卜，争贞：㞢于……（《明义士》二三六七）

甲子〔卜〕争……㞢于……辛。（《库方》四七七）

己丑卜，争贞：㞢……自……（《南北·师友》二、一七，《外编》一〇重）

……卜，争……兴……㞢……（《续编》五、二二、九）

癸……争贞：𢦏㞢𠃊于……（《燕大》六五三）

按𢦏即𢦏字，读为语词之“载”，说见卷七亘条。

……卜，争贞：……亥其……□于……十罕。（《京津》八七四）

□卯卜，争……祊……（《铁》二〇八、一）

〔米〕

丁亥卜，争贞：来乙巳米。（《库方》一五九八，同版伪刻甚多）

□酉卜，争贞：我米丝匄……（《屯乙》六七九四）

庚寅〔卜〕，争贞：来乙未米。（《续存》上四六四）

……卜争……米……三牛。（《拾掇》二、一三六）

壬……争：……于……米……（《诚斋》四七一）

……卜，争……米……至……（《续编》五、一五、四）

〔祀与穷〕

〔甲〕子卜，争贞：王祀……月。（《粹编》四二八，《京津》九四六重）

癸酉卜，争贞：亩穷为。（《屯乙》二五二四）　壬戌卜，争〔贞〕、我为穷……（《屯乙》三〇一八）

甲申卜，争贞：王宦……亡尤。（《续编》二、一、二）

甲午卜，争贞：王嫆咸日。（《屯乙》七五二〇）

〔衣与卒〕

辛未卜，争贞：勿衣（卒）。（《前编》二、一、二，同书四、三、五文同）

……争贞：升伐衣，于□倲王。十一月。（《簠室·典礼》二七《续编》一、十三、二，又同书三、十二、六，及《佚存》九四五重，又见《缀合编》八）

按倲《说文》为鬻之或体，于此形同。《说文》训为“鼎实”。《易·鼎卦》“覆公倲”。《诗·韩奕》“其蔌惟何？惟笋及蒲”。王引之谓蔌乃豆实，非鼎实。此辞“倲王”用为动词，似假为餗。说见下。

〔𠌶与告〕

……卜，争贞：𣎵𠌶百羊百牛百豕，青五十。（《金璋》六七〇）

丁巳卜，争贞：降𠌶千牛。　不其降，𠌶……（《屯乙》五三九三）

按𠌶为尞祭时，以册记牲数祀神，此辞所记𠌶牛，至于千数，殊属仅见。

□亥卜，争贞：……眘……（《屯甲》三五四〇）

丁酉卜，争贞：其告鼓。（《燕大》三八一）

癸巳卜，争贞：告王……（《屯甲》三四七三）

□子卜，争〔贞〕：勿告……羊。（《戬寿》二五、五，《续编》二、二一、七及六、一五、七重）

〔钔〕

辛亥卜，争贞：钔……（《南北·无》一四〇）

……卜，争贞：钔于……（《燕大》五）

癸卯〔卜〕，争贞：帝弗㝵酉……钔。（《屯乙》六七一八）

〔戏〕（𤔲）

丁丑卜，争贞：王其戏（𤔲）。 贞：勿戏。（《殷缀》二五五——《屯乙》四五〇二＋四八四二＋四九六九）

〔圂〕

己亥卜，争贞：羽庚子，其圂……（《铁》一五四、一）

……争……其圂……（《七集·上海》六二，《拾掇》一〇重）

〔雋〕

辛酉卜，争贞：取彡爨。（《文录》五三六）

〔醵〕

丁酉卜，争贞：来丁，来醵王。（《后编》下二二、十三）

按《簠室·典礼》二七云"悚王"（文见上引）。此从西从束，二字通用。契文之醵，王静安读为《左传》"无以茜酒"之茜。《后编》下八、二："癸未卜贞：醵豊（醴），亩出酉用。十二月。""醵豊"即茜酒也。《说文》："茜，礼祭束茅加于裸圭，而灌鬯酒，是为茜，象神歆之也。"《礼记·郊特牲》："缩酌用茅。"《诗·小雅·伐木》："有酒湑我。"《传》："湑，茜之也。"茜谓束茅立之祭前，灌酒其上。此云"来醵王"，言来茜酒于王前也。

〔鬼〕

壬辰卜，争贞：隹鬼澉。 贞：不隹之澉。（《屯乙》三四〇七，整甲。刻于左右对贞）

按此以"之"字指鬼物，之为代名词，他辞常见。

……卜，争……多鬼。（《京津》一六三八，《拾掇》二、一五重）

按《菁华》五："……鬼亦得疒。"他辞言鬼者，若："贞：亚多鬼梦，亡疒。四月。”（《前编》四、十八、三）又有䙆字，“贞：叀王䙆”（《前编》四、一八、七）。“□未卜㞢每（悔），……叀王䙆。……萑……衛……㝉（宠）。”（《前编》四、一八、六）䙆读为馈祭之馈。

〔曾〕（赠）

甲申卜，争贞：勿曲，用……兕……（《燕大》六一八）

按他辞云：“丁巳卜，贞：犬曲用，自大宗。”（《林》二、一七、二）曲即曾。可读为《周礼》“男巫冬堂赠”之“赠”。杜子春云：“堂赠，谓逐疫也。”（说详《殷契骈枝》三编）

〔𩫏〕

……争……午……𩫏……不……（《京津》三七九）

〔乡〕

庚寅卜，争贞：乡……（《林》一、二四、八）

……争……乡……七月。（《燕大》七二八）

按乡读为飨。

〔𣏌玉〕

戊戌卜，争贞：王歸𣏌玉，其伐。（《殷缀》二五五——《屯乙》四五〇二十四八四二十四九六九）

十五、【卜征伐与方国】

（一）𢀛方

辛丑卜，争贞曰：𢀛方𢀛（同）𠂤于土。……其𦎫𠬝，允其𦎫。四月。（《续编》三、一〇、一，《簠室·地望》五九重）

按《金璋》六七三与此文同。惟四月摹作三月，疑有误。又《缀合编》一三一（即《前编》六、一〇、五十《续编》二、三一、一）亦见“同𠂤”及“𦎫𠬝”之辞，与此盖同事同文而异版。

又按𠂤即金文皇字之上体，从日有光芒状。他辞所见，有从耳者，如：“王令雀聀伐畀。”（《后编》下一九、三）𠂤殆即京字，读为虩。古虩与愬通（见《易履卦》及《震卦释文》），𠂤于此辞乃方国名，与𢀛方为邻，可能即朔。古地有朔方，《诗·小雅》：“城彼朔方。”汉武置朔方郡，则在今绥远，后世陕西、山西并有朔州，或与古朔地有关。

𠬝字，商氏释爰。（见《殷墟文字类编》）窃谓○即环，此益爪旁，仍读为环。甘肃有环河，源出环县，南注泾水，或其旧地。此言与土

（方）敦伐环，环与杜地正相迩。

庚午卜，争贞：我受𢀛方（又）。（《后编》上、十六、九）

癸酉卜，争贞：王勿逆伐𢀛方。下上弗若，不我〔其受又〕。（《戬寿》十一、十三，《续编》三、五、一及三、六、六重。董谱列武丁三十年八月三日）

癸酉卜，争贞：王勿逆𢀛方。下上弗若，不我其受〔又〕。（《双剑》六〇，《续存》下二九〇重）

癸酉卜，争贞：乎多𡧊伐𢀛〔方〕。（《前编》七、三五、一）

以上三条同日之卜。

己卯卜，争贞：王（“王”字漏刻末笔）令匄𢀛方。八月。（《佚存》三七九，又见《缀合编》六）

乙酉卜，争贞：往复（復），从臬幸𢀛方。一月。（《前编》五、一三、五）

戊子卜，争贞：𢀛其……（《续编》三、七、一，《南北·诚明》三一重）

乙巳卜，争贞：叀王往伐𢀛方，受㞢又。（《后》编上、一七、二，《粹编》一〇八一重）

乙巳卜，争贞：乎多臣伐𢀛方，受〔㞢又〕。（《簠室·征伐》五）

〔乙〕巳卜，争〔贞〕：乎伐𢀛方，受㞢〔又〕。（《粹编》一〇八〇）

以上三条为同日之卜。

丁未卜，争贞：勿令𠂤氏众伐𢀛〔方〕。（《粹编》一〇八二）

辛亥卜，争贞：勿隹王往伐𢀛方，弗其〔受〕㞢〔又〕。（《明义士》二三四五）

戊午卜，争贞：三（汔）令□伐𢀛方，受㞢〔又〕。（《续编》三、七、三，《戬寿》十二、十重）

庚申卜，争贞：乎伐𢀛方，受㞢又。一月。（《铁》二五〇、一，《戬寿》十一、十一〔即《续编》三、六、二〕文同。《殷历谱》附图一二十一三）

辛酉卜，争贞：勿乎氏𡧊，伐𢀛方，弗其受㞢又。　贞：勿𡆥多𡧊，乎皃𢀛方，其𠧟。（《粹编》一〇七四，《续存》下二九一文同）

辛酉卜，争贞：乎伐𢀛方，受㞢〔又〕。（《林》一、十一、三，《续编》三、五、二文同）

按上所录，各依干支先后。其他争所卜残辞，有关𢀛方者，如《前编》

七、二、一，又六、九、六（亦见《缀合编》一五七），《林》二、八、五，《续编》三、八、七，《天壤》六六（《平津·元》九七及《续存》上五六九重）。不具录。

又按“其𠧪”承上“勿执”，其义应有关联。𠧪即𣎵字，《说文》槖部之字皆从之。此读为橐，借作韬。《石鼓文》：“可以𣝗之。”义即“何以束之”，故其𠧪谓“其橐”，盖卜俘其人，梱缚以归也。《金璋》五二二：“戈人不𠧪。”“不𠧪”即“其𠧪”之反辞。

（二）土方

己巳卜，争贞：比伐土方。（《粹编》一一〇三）

〔丙〕戌卜，争贞：令三族〔比〕沚戜，〔伐〕土方，受〔㞢又〕。（《屯甲》九四八）

丁亥卜，争贞：我受土方〔又〕。（《粹编》一一〇一）

癸巳卜，争贞：告土方于上甲，四月。（《燕大》六八）

甲寅卜，争贞：戉其隻征土方。（《续编》三、九、五）

乙卯卜，争贞：沚戜爯册，王比伐土方，受㞢又。（《簠室·征伐》三六，《续编》三、一〇、二重）

□申卜，争：王𢓊土〔方〕。（《金璋》五三八）

……卜，争贞：王𢓊土〔方〕。（《金璋》五三九）

上各辞依干支先后排比。

（三）基方

辛巳卜，争贞：𦥑方……戎。（《殷缀》一七八——《屯乙》二〇六五十二一〇八，同版见内卜子商𢦏𦥑方辞）

辛卯卜，争贞：𦥑方乍𩫖，不𡆥弗𢀛……（《屯乙》五七六〇）

（四）羌（羌方）

壬辰卜，争贞：我伐羌……（《佚存》六七三）

丁丑卜，争贞：来乙酉，𠬝用，泳来羌自元。（《双剑》四五，《续存》下二六五重）

按元地名，疑即邧。《说文》：“邧，郑邑也。”《左传》文四年：“晋侯伐秦，围邧新城。”当作秦邑为是。地在今陕西澄城县。

丁巳卜，争贞：羌……（《屯乙》七一四六）

……卜，争……氐羌……（《京津》一〇八二）

□寅卜，争：羽乙□其……羌。（《京津》一三〇）

丙午卜，争贞：㞢其⿰糹弔羌。（《平津·元》嘉一〇九，《续存》上六〇〇重）

按此辞羌上一字，乃“⿰糹弔”也。弔之繁形。他辞云：“弗其弔羌龙。”（《京津》一二九二）晚期字书如《字汇补》云：“⿰糹弔，以绳缚人也。”与卜辞义合。

甲午卜，争贞：羽乙未，勿𦏴，用羌。　贞：羽乙未，用羌。（《殷缀》一六五——《屯乙》一九四一+二二三六）

（五）下危（危方）

乙亥卜，争贞：酌，危方氏牛，自上甲。一月。（《殷缀》三四〇——《屯甲》一一六七+二〇二九，字小）

辛巳卜，争贞：今𡆥，王勿比皃𠓷，伐下危，弗其受㞢又。〔辛巳卜〕争贞：今𡆥，王比皃𠓷，伐下危，受㞢又。十一月。（《簠室·征伐》二六，《续编》三、十一、五及《佚存》九七九重）

丙戌卜，争贞：今𡆥，王比皃𠓷，伐下危，我受㞢又。（《铁》二四九、二）

庚申卜，争贞：今𡆥，王比皃𠓷，伐下危，受㞢又。（《续编》三、十一、三）

辛酉卜，争贞：王比皃𠓷，伐下危。　辛酉卜，争贞：王勿隹皃𠓷比。（《京津》一二六六）

（六）马方

甲辰卜，争贞：我伐马方。帝受我又，一月。（《屯乙》五四〇八）

乙卯卜，争贞：王……伐马羌……（《林》二、十五、十八）

（七）龙方

己亥卜，争……及龙方。（《遗珠》四六二）

按卜辞言乎帚妌伐龙方（《续编》四、二六、三），从伐者有沚戓。（《屯乙》五三四〇）夏孔甲时有御龙氏。《左传》成二年：“齐侯伐我北鄙，围龙。”杜注：“龙，鲁邑。”龙方或即其地。

（八）召方　翟　薛

庚子卜，争贞：西吏（使），召亡囚，𠙵。　庚子卜，争贞：西吏，召其㞢囚。　贞：西吏，召亡囚，𠙵。　西吏，召其㞢囚。　贞：召亡囚。　召其㞢囚。　召亡囚。　其㞢囚。　召亡囚。　其㞢囚。（《殷缀》二五

七——《屯乙》四五〇六＋四五三六）

按叓字有二读，一为事，一为使。他辞有云：“卜，亘贞：东叓来。”（《屯乙》三七三〇）此言“西叓”，而彼言“东叓”，则似当读为东使、西使。“叶”即协王事之“协”。

庚申卜，争贞：召其伐屮蛊罹（巢）。　召弗其伐屮蛊罹。　戊戌卜，争贞：王歸桒（祈）丯（玉），其伐。贞：其乎美豕从北。（《殷缀》二五五——《屯乙》四五〇二＋四八四二＋四九六九）

按美、豕二人名，殆即子美及卜人豕，详后。

乙卯卜，争贞：召戋罹。　贞：召弗其戋罹。（《屯乙》五三九五）

庚寅卜，争贞：召征妻。　贞：召征，不其妻。（《屯乙》一〇五四）

壬戌卜，争贞：召伐𠂤（薛）戋。　贞：弗其戋。（《屯乙》七二〇一＋七五〇九，《殷缀》所无。又同书二八七四文同）

按罹为方国名，《说文》：“罹，覆鸟令不飞走也。从网、隹，读若到。”即罩字。故罩亦作箌字，又作䍜，见《尔雅·释器》。《诗·毛传》又以樔为之。（巢古读如到。今粤语潮语鸟巢尚称鸟到，可证古音。）罹即巢国，《书序》：“巢伯来朝。”《孔传》：“殷之诸侯。”或以《春秋》文十三年“楚人围巢”当之，谓即安徽巢县。然古山东有巢地，《淮南子·修务训》：“汤整兵鸣条，困夏南巢，谯以其过，放之历山。”《吕览·简选篇》：“殷汤良车七十乘，必死六千人，战于郕，登自鸣条，乃入巢门。”以郕地证之，巢宜在山东。殷之巢国，如上列各辞所记，与画及薛同为召所征伐。画、薛俱在鲁。以此推之，则罹应同在山东为是。上辞称“伐屮蛊隹”，即谓“伐有蠱之巢”。有蠱犹言为害也。文法上此为置于名词前之短语。

又按𠂤即薛字，金文《薛侯盘》云：“胬侯作叔妊襄媵盘。”薛字作胬，与卜辞同。《左传》定元年：“薛宰曰：薛之皇祖奚仲居薛，以为夏车正。奚仲迁于邳，仲虺居薛，以为汤左相。”《春秋》隐十一年：“滕侯、薛侯来朝。”薛故国在今山东滕县南。

（九）𠔏方

壬寅卜，争贞：今𡆥，王伐𠔏方，受屮又。十三月。（《续存》上六二七）

……争贞：今𡆥，伐𠔏方，受〔屮又〕。（《簠室·征伐》三七，《续编》三、十二、四重）

（一〇）𢀛方

壬申卜，争贞：令帚好比沚戓伐𢀛方，受㞢〔又〕。（《粹编》一二三〇）

（一一）𣎵方

戊戌卜，争贞：𣎵方（匄）射，我囚。　贞：𣎵方匄射，不隹我囚。（《屯乙》七七六七）

（一二）方

乙酉卜，争贞：麋告曰：方古（故）。　今𢆶同受㞢又（祐）。（《天壤》六二，《京津》一二二一重）

丙戌〔卜〕，争贞：……方参𢐘……（《后编》下三五、七）

（一三）戉

己巳卜，争贞：戉亡囚。（《金璋》六九九 ）

丙申卜，争贞：戉其……（《前编》四、十三、一）

壬子卜，争贞：亩戉乎罘……（《屯甲》二二五八）

癸亥卜，争贞：戉𡰥隻在西，乎……（《南北·坊》五、一，《拾掇》二、四七〇重）

按𡰥即友，借为有，“𡰥隻”与“㞢隻”同，谓有获也。

□申卜，争……戉㞢……𣎵……𢦏。（《林》二、十九、七）

……争贞：戉𢦏。……　戉弗其〔𢦏〕。（《金璋》五〇三）

其他争贞残辞有关“戉”者如：《前编》七、一六、一，《续存》下三一八，《遗珠》三〇二等，不具录。

（十四）雀

甲子卜，争：雀弗其乎王族来。　甲子卜，争：雀弗其乎王族来。　贞：乎王〔族〕。　贞：勿〔乎王族〕。　雀其乎王族来。　丁卯卜，争贞：乎雀𢀛戎𢍰……　贞：乎雀𥄎目。（《殷缀》三〇二——《屯乙》五三一一＋五八〇七＋五八七六）

壬申卜，争贞：雀……（《南北·坊》五、四七）

甲寅卜，争贞曰：雀来复。　勿曰：雀今来复。（《殷缀》二八三——《屯乙》四七六八＋四七七〇）

乙巳卜，争贞：雀隻亘。　乙巳卜，争贞：雀弗其隻亘。（《屯乙》四六九三）

戊午卜，争贞：乎雀、𣥂、戓。　贞：勿乎雀、𣥂、戓。（《屯乙》五三〇三）

……争贞曰：雀羽乙酉至于𢀛，八月。（《前编》七、十二、一）

其他争卜残辞有关雀者，如《明义士》八二八，《拾掇》二，一一三，不具录。

（十五）亘

乙巳卜，争贞：雀隻亘。　乙巳卜，争贞：雀弗其隻亘。（《屯乙》四六九三）

□辰卜，争……亘其……（《明义士》九四八）

庚午卜，争贞：亘幸。　庚午卜，争贞：亘不其幸。　贞：亘不其幸。　贞：亘幸。（《屯乙》五三〇三）

（十六）𠚤

丁未卜，争贞：𠚤正化，亡囚。十一月。　贞：𠚤正化，其㞢囚。（《屯乙》三四二二，《殷缀》二三六——《屯乙》三五九一+六二六七文同）

丁未卜，争贞：𠚤正化，受又。　丁未卜，争贞：𠚤正化：弗其受又。（《屯乙》七七六四）

□丑卜，争……𠚤正化……𢦏。（《京津》一三二一）

戊子卜，争贞：乎𠚤。（《铁》一六三、三）

□亥卜，争〔贞〕：𠚤正……　贞：𠚤正化，亡囚。叶王事。（《屯乙》八三三九）

……卜，争贞：𠚤𠭰，方其……（《续存》上五三六）

（十七）𡧍

癸丑卜，〔争〕贞：自今至于丁巳，我𢦏𡧍。王固曰：丁巳，我毋其𢦏，于来甲子𢦏。旬㞢一日癸亥，车弗𢦏。之夕𡆥，甲子允𢦏。　癸丑卜，争贞：自今至于丁巳，我弗其𢦏𡧍。　壬子卜，争贞：自今日我𢦏𡧍。　贞：自五日，我弗其𢦏𡧍。（《屯乙》二三五八+二四三四+四三四五+七七九五。同书六七〇二重。按前二片缀合亦见《殷缀》一九〇及四四四）

按𡧍字从宀从由，依《急就汉简》及唐写本《玉篇》，甶为由字，古从宀与冖无别，金文古匋“守”或作𠕁，故知𡧍即宙字。宙为国名，疑即邮。《说文》谓在左冯翊高陵。《玉篇》高陵县有邮亭，在今陕西西安高陵县。

（十八）缶

甲辰卜，争贞：缶其𢀛。（《诚斋》三四六，《京津》一六八四重）

（十九）獐

癸巳卜，争贞：𠭰戋獐。（《前编》七、一二、一）

（二〇）戈

丁未卜，争贞：令𡖊（执）𠂤，𠂤乎遨，戈𡖊。（《前编》六、二二、六）

丁未卜，争贞：令𡖊𠂤，𠂤乎遨，戈𡖊。（《后编》下一二、一〇）

按上二版文同，可以互证。遨疑即子速（见《屯甲》三五一〇及《京津》一六八一，此二片可缀），戈已详前。《史记·夏本纪赞》有戈氏。

（二一）東

丁未卜，争：𠭰東于旋。毋𣪊。二月。（《殷缀》三四〇——《屯甲》一一六七十二〇二九）

按《屯甲》一九二五甲尾残辞云："𠭰東……伊田……勿……二月。"与此乃同事之卜。"将東"者，以他辞"将戈人"例之，即谓将東国之人。東殆东之繁形，如殷之作㲈（《臣辰盉》），福之作富矣。《逸周书·作雒解》："俾康叔宇于殷，俾中旄父宇于东。"以"殷"与"东"对举而言。东即《洛诰·康诰》之东土，《毛班彝》云："三年静东或（国）。"《诗》之《破斧》、《东山》，言周公东征，均称东土为"东"，《小雅·大东》以"东人之子"与"西人之子"对言，传谓："东人，谭人也；西人，京师之人也。"盖"东"为东土之泛称，今由卜辞，知此称谓不自周初，殷时已有之。

旋前释偃，即偃师。其字或从㫃从土作𰀀（《屯乙》四二〇一），繁形有益丝旁作𰀁（《屯乙》五二五七），则如史字之作䜌矣。

（二二）𦣻

癸酉卜，争贞：……亥𡲬𦣻……（《宁沪》二、二八）

乙未〔卜〕，争贞：其㞢（侑）𦣻……（《屯乙》三三五五）

其他争卜之辞所见有关涉征伐及方邑者，有"㞢自"、"𠬝"、"涂"、"六"、"𢑚"诸名，略举如次：

乙亥卜，争贞：叀邑竝令𡆥我于㞢自。一月。（《粹编》一二一三）

按宾卜辞云："丙子卜，宾贞：令𡆥我于㞢自，𠃛告，不𠁩。"（《续编》五、四、三）又："□卯……𡆥于㞢自。"（《京津》一六九八）丙子为乙亥之翌日，盖先由争卜，次日，宾又卜之。㞢自当即《林》二、八、一之出邑（详本书卷四），邑与并皆人名他辞云：“贞：竝亡巛不丧众。”（《后编》下三五、一）详后。

丙寅卜，争：乎龙先侯专 帚（杀）双。（《屯乙》二〇〇〇）

按以同版左方“……卜王贞：余勿伐双”语证之，知双乃国族名。

丁未卜，争贞：勿复，先氐，岁濈，在涂。（《簠室·地望》二四，《续编》二、一、五重）

按涂者，《左·昭二十八年传》有“涂水大夫”。杜注：“涂水，太原榆次县。”疑即其地。此辞疑卜殷王狩在涂未复，爰有濈牲之事。

……卜，争……在六。（《宁沪》二、六六）

……争贞：在豩……（《遗宝》七、三）

按争卜残辞，如：“……卜争……豩隹……王固……”（《京津》一四五一），“……争贞豩”（《明义士》二三四二），皆见此字。

众：

戊寅卜，争贞：今𣎳，众出古。十一月。（《平津·元》一二一，《续存》上七一〇及《外编》四五二重）

辛亥卜，争贞収众人立，大史于西亩（甸）玟……月。（《林》二、一一、一六）

按此言供众人，立读为莅。“大史”当读为“大事”，《春秋》文二年传：“大事于太庙。”则大事即合祭之祫，盖卜祫于西甸。玟于他辞，亦称玟伯。

丙午卜，争贞：羽丁未，丧［众］。（《文录》三七二）

己巳卜，争贞：乎众〔人〕先于𡨄。　贞：勿乎众人先于𡨄。（《库房》一〇，《京津》一〇三〇文同，皆为胛骨）

……争……　贞：勿乎众人先于𡨄。（《京津》一〇三一，对贞之辞为争所卜，残）

按前驱曰先。《越语》：“勾践亲为夫差先马。”《周礼·大司马》：“右秉钺以先。”先字作动词用，上辞诸“先”字义应同此。

壬寅卜，争贞：令众出。　十月。　贞𡆥戊叶。　𡆥戊，不其叶。贞：……戊　戓戊，不其叶。（《平津·元》一二一，《续存》上七一〇，《外编》四五二俱重。）

収人　　登人：

辛亥卜，争贞：収人……（《龟卜》一，《遗珠》一一九二，《林》一、

三、一〇重，现藏东洋文库）

丁酉卜，争贞：今𡆥，王……人五千……方。（《后编》下一、三）

按依契文惯例，此辞殆谓王登人五千呼伐𢀛方之事。

□午卜，争贞：登〔人〕五千。五月。（《续存》上七〇九）

言氏者：

甲申卜，争贞：弗其氐。（《摭佚》五七）

□酉卜，争……弗其……（《屯甲》一四七）

……争贞：……氐多子……（《林》一、一四、四）

……卜，争贞：……氐多𦣻（首）。（《铁》一一八，二）

……卜，争……乎来……　㞢来自南，氐龟。（《屯乙》六六七〇）

十六、【争卜之辞所见人物】

（一）侯

侯告　　《粹编》一三二五。

侯专　　《殷缀》一七四——屯乙二〇〇〇＋二三八八。

禾侯　　《后编》下八、六。

先侯　　《前编》二、二八、二。

𡿩（侯）　　《前编》六、五七、四。

其他摭佚八九，《后编》下八、七，仅存一"侯"字。

（二）伯

而伯龟　　《屯乙》二四九八。

𠛱白　　《后编》下二四、九。

宊（伯）　　《林》二、一九、一六，《屯乙》二九〇七，《平津·元》一〇九（作𡧊），《前编》四，四四、四。

（伯）𠕋　　《续编》一、二九、一。

（三）诸子

子渔　　《续编》一、二九、一。

子㚔　　《后编》下三三、一二，《京津》七七七，《前编》二、三七、七（作"商"）。

子𣊭　　《续编》三、二六、一。　麇　《天壤》六二。（《京津》一二二一重。）

子䖵　　《续编》五、二、四。

子央　《林》一、二〇、四。

子效　《铁》二二、四，《林》一、二一、一二，《明义士》三八七（上二条做“效”）。

子弓　《后编》下三〇、四，《前编》五、七、二（存“弓”字。）

子不　《续编》五、一三、五。

子戎　《殷缀》四三七——《屯乙》一六七〇＋二二四九。

子昌　《殷缀》二三一——《屯乙》三三七三＋三四九八＋三九五四，《库方》一五三五。

子大　《屯乙》三八九五，《屯乙》七七五一（作“子汏”）。

子[illegible]　《屯乙》八〇三五。

子酉　《屯乙》八四一七。

子鬲　《京津》二〇八四。（《续存》上一〇六七重）

子[illegible]　《殷缀》二七六——《屯乙》四七三六＋四七三七＋五六〇五。

（子）吕　《续编》六、一六、二，《殷缀》一一二——《屯乙》八二八＋一二〇四＋三一六八。

（子）售　《屯乙》四五三七。（腹甲四五三六，全龟皆争贞之辞。又见《殷缀》二五七。）

（子）族　《菁华》一一、七。

（子）[illegible]　《菁华》一一、七。

（子）㦰　《前编》四、一一、二，《屯乙》三〇二五。

（子）妥　《屯乙》五三〇三。

（子）斐　《屯乙》一〇五四。

（子）[illegible]　《燕大》六六三。

按子[illegible]《见前编》六、五二、二。

[illegible]子　《前编》七、四三、一。（《续存》下七〇重）

（四）诸帚

帚好　《前编》七、三〇、四，《明义士》二三六一，《粹编》一二二六，又一二三〇，又一二三一，《遗宝》五、一，《屯甲》三四八五，《邺二》下三六、一〇（《京津》一九七七重），《屯乙》二九四八，《殷缀》二七五——《屯乙》四七〇三＋五〇七三＋五一九二。《续编》五、一 二、三。（仅称“好”）

帚姘　《缀合编》九七——《燕大》一八四＋《续编》四、二五、一，

《续编》一、五三、一，又四、三〇、二。

帚姦　《平津·元》一四〇。（《续存》上一〇四三重）

帚媟　《后编》上二七、一，《前编》七、一七、二，《屯乙》二三〇九，《殷缀》二六九——《屯乙》四六三〇＋《六录·双剑》三。

帚尹　《续编》五、二二、二。

帚良　《七集·天津》二二。

帚苜　《屯乙》六七一六。

帚娘　《前编》四、一、六。

其他如《前编》七、七、三，《遗珠》一〇三八，《拾掇》五三七（《续存》上四〇八重），《京津》二〇二九等，皆仅存“帚”字残文。

娵　《菁华》七。

媢　《遗珠》三五一。

姶　《屯乙》二二四四。

妫　《簠室·杂事》六七。

媎　《簠室·杂事》六七。

嬇　《库方》六〇〇。

娄　《通·别》二、六、二。（《遗珠》七九〇重）

（五）卜人

殻　《粹编》一一一七，又一一一六残文同。

亘　《京津》一三二三，《明》九四八，《屯乙》四六九三。

宊　《屯乙》二五二四，又三〇一八，《粹编》一一一六，又一一一七。

先　《续编》二、一、五，《簠室·地》二四，《南北·师》二、七四，《屯乙》七〇九四，《殷缀》一七四——《屯乙》二〇〇〇＋二三八八。

屰　《殷缀》二〇五，《屯乙》二七二八＋四五〇九＋四八五八。　屰《屯甲》一〇九八。

徣　《续编》五、一、三（《簠·杂》六三，及六四重）。　徣　《屯甲》一一三三。

屰　《京津》一一九〇。

自　《前编》一、二四、三，《林》二、三〇、一〇，《外编》八七（《南北·师》二、一〇五重）＋《库方》一五一六。（《殷历谱》附图三四）《殷缀》五四——《屯甲》二九一一＋二九一三＋二九一五＋二

九三五。（《殷历谱》附图三五）

按此二条云“自亡囚”。董氏解作师旅。

泳　《双剑》四五。（《续存》下二六五重）

史　《林》一、二四、一三。　吏　《外编》一四七。（《南北·师》一、五三重）

充　《摭佚》十八。（《京津》二一七七重）

子　《前编》五、二〇、六。

帚　《铁》三、一。

㕚　《续编》六、八、一三。（《簠·人》九二重）

豖　《殷缀》二五五——《屯乙》四五〇二＋四八四二。

宁　《拾掇》二、五九。（《摭续》一八九重）

彘　《屯甲》一一六七。

仌　《屯乙》六四三四，《殷缀》二二三——《屯乙》三一七一＋三四一七。

氺　《殷缀》二二三——《屯乙》三一七一＋三四一七，又《殷缀》三四〇——《屯甲》一一六七＋二〇二九。

专　《前编》五、一二、一。

岦　《戬寿》二五、一二（续四、二六、一重），《续编》五、一二、三。《殷缀》三〇七。（即《屯乙》五三五〇）

行　《前编》四、一一、二。

邑　《粹》一二一三。

洼　《屯乙》八一三八。

𠂤　《粹》一〇八二，《铁》一一四、三，《明》七四一，《续编》三、四一、四（《天壤》八四，《续存》上八五五及《平津·元》一四九重），《屯甲》一四九二，《文录》三四一，《文录》七四四，京都大学一九八一，《库房》二三〇，《续存》上五四一，《殷缀》一二三——《屯乙》九三〇＋一一三四。

圉　《库房》一六〇二，与永同版。

余　《续存》上五四一。

取　《殷缀》二二四，又三〇三，《文录》五三六，《殷缀》二七六，《林》一、七、一（《遗珠》一三六七重），《林》一、二一、一二，《续编》五、二二、二。

何　　《殷缀》二二四。（即《屯乙》三一七四）

我　　《明义士》九八一，《佚存》六七三，《库房》一五一六，《粹编》一一一六，又一一一七，《屯乙》二八二二，又三四一七，又八一一，又一九三八，又三六三六，又三〇一八，又五四〇八，又四七四二，又六九九四，又八三五〇，又六八九五，《殷缀》二二三，又九六，《续存》上九四，又五九六，《屯甲》三二七七。

𡿨　　《簠室·贞类》三一，《京津》一八一〇，《林》一、二七、一〇，《宁沪》二、二二。

葡　　《簠室·地望》四。

韦　　《簠室·地望》四。

卯　　《屯甲》三四二九。

卣　　《屯甲》三五三〇。

从　　《六录·清》一一。（《外编》三一〇重）

（六）其他

沚䤋　《续编》三、一〇、二（《簠室·征伐》三六重），《库方》一五四九（亦见《缀合编》一一九），《粹编》一二三〇，《前编》七、四、三，《屯乙》二九四八，又五三〇三，又六四〇〇，又七八二六，《林》二、五、五，《铁》四二、三，《宁沪》三、八三，《京津》一二六六。

按《前编》七、二八、三，但称“沚”。

旨䘏　《前编》七、四、三，《诚斋》三五七，《拾掇》二、一二三，《铁》二四九、二，《簠室·征伐》二六（《续编》三、一一、五及《佚存》九七九重），《续编》三、一一、三，《京津》一二六六。

为　　《屯乙》二五二四，又三〇一八。

旃　　《燕大》七一〇。

僭　　《前编》七、一一、一。

斦　　《屯乙》五三〇三。

门　　《前编》六、五七、六。

𠳋　　同上。

甾　　同上。

𠚕　　《前编》六、二二、六，《后编》下一二、一〇，《屯乙》三二一二，《金璋》四〇六。

𠙵　　《殷缀》三〇三——《屯乙》五三一六＋五六八九＋五八四六。

龙　　《殷缀》一七四——《屯乙》二〇〇〇＋二三八八。

　　《殷缀》三〇二——《屯乙》五三一一＋五八〇七＋五八七六。

目　　同上。

晄　　《前编》四、二八、六。（《林》二、二二、一三重）

（㞢）　　《簠室·地望》四。

贮　　《屯乙》七二五八。

　　《簠室·典礼》三三，《前编》七、一、四（《林》二、七、六重），又七、二、三。

雈　　《库方》二五一。

翊　　《前编》六、五一、二。

冓　　同上。

刚　　《平津·元》八四。（《续存》上七四一，《外编》四五四重）

佝　　《后编》下二一、一。

　　《遗珠》五七六。

　　《前编》六、二二、六，《后编》下一二、一〇，《续编》六、二五、一一，《簠室·文字》七五。（《前编》四、一三、七，宁卜辞有“执”语。）

臬　　《前编》五、一三、五。

曺　　《库方》一八四六，《前编》七、一二、一。

（依）　　《前编》七、二、三。

　　《林》一、二四、一三。

　　《屯乙》六四一二。

　　《六录·清》一一七。（《外编》二六六＋二六九重）

徥　　《拾掇》二、六三。（《京津》二三五四重。字小似子组。）

车　　《屯乙》二三五八＋二四三四＋七七九五。

克　　《铁》一一、一。

参　　《前编》七、二一、二。

戲　　《屯乙》六九六六。

　　《屯乙》一一五三。

皃　　《屯乙》五三〇三。

陕　　《后编》下二六、四，《前编》七、二一、二。

　　《铁》一五、四，《后编》下二六、四，《屯甲》三三三八，《殷

缀》三〇三，《续存》下三三二。

见　《铁》一五、四。

𤞷（貍）　《前编》六、四八、七，又七、二、四。

𢧁　《前编》七、二、四。

掔　《前编》二、二八、二，又六、一八、一，又七、三、二，《燕大》四九一，《双剑》六九。（《续存》下三二一重）《明义士》二三四三作“𢪶”。

言　《续存》上一二三三。

汈　《菁华》一一、七，《天壤》三六。

𠁧　《前编》六、九、六（亦见《缀合编》一五七），《佚存》三九六。（《邺初》下三六、八及《平津·元》一五〇重）

豊　《前编》五、五、四。

㚘　《屯甲》三五二四。

㝱　《簠室·人名》四二。（《续编》五、二二、二重）

涉　《戬寿》三八、一〇。（《续编》三、三七、六重）

壴　《拾掇》二、五九。（《摭续》一八九重）

䇊　《屯甲》一一六七。　夅　《屯乙》四〇八〇，亦见《殷缀》二一一。

𢍘　《屯甲》一一六七。

𠙵　《续编》五、一三、五。（《簠室·杂事》七九重）

弜　《六录·清》一一。（《外编》三一〇重）

戋　《摭佚》一八。（《京津》二一七七重）

𦀚　《续存》上四五八，又上一二〇一。

吾　《续存》上四五八。

上丝　《后编》下八、六，又下八、七。

队　《前编》六、二〇、一。

𦽆　《燕大》四九一。

十七、【杂卜】

帝：

戊申卜，争贞：帝其降我莫。　贞：帝不我降莫。（《屯乙》七七九三）

……卜，争……上帝……降莫。（《南北·师》一、三一，《续存》上一六八

重）

丙子卜，争贞：帝弗若。（《铁》六一、四）

戊午卜，争贞：帝……（《文录》三八四）

□戊卜，争贞：自今至于庚寅，帝令……（《屯乙》三六八二）

其他有关“帝”残辞，如《拾掇》四七九，《六录·中央》一七五等，不具录。

王：

庚午卜，争贞：亩王乡（飨）戎。（《前编》四、二二、一，《续存》上四〇〇重）

乙未卜，争贞：[illegible]（䝿）。王[illegible]曰：叜……　乙未卜，贞：[illegible]……（《前编》四、二八、七）

按“王呼曰”之呼，乃动词。他辞云：“甲申卜，充贞：告，王[illegible]于且乙多妣。”（《燕大》三八〇）“王呼于父囗。”（《粹编》一二七二）《集韵》：“呼，鸟声。”窃谓呼读为嗞。《管子·小称》“嗟兹乎”，《秦策》作“嗟嗞乎”，《尚书大传》作“嗟子乎”，子、兹、嗞古并通。“王呼曰”与他辞之“王㪅曰”、“王如曰”同例。

叜每为动词，即“搜”字。“其曰毋叜[illegible]。”（《粹编》一一六〇）即其例证。又为地名，如云：“自叜。”（《前编》四、二九、一）“……立中……休五……辰……[illegible]……自叜。”（《元嘉》一二、一三，《续存》二一、二二重。现藏香港大学）是也。上辞叜字下残缺，不审何义。䝿，字书所无，当即锊，古与锾通。《说文》：“锊，锾也。”《书·吕刑》：“其罚百锾，阅实其罪。”《史记·周本纪》锾作“率”，《索隐》旧本率亦作“选”，或作“馔”（《书大传》），此皆今文《尚书》之异写。此辞言䝿，或指罚锾事。

乙亥卜，争贞：王[illegible]，㞢希，不……尸囚。（《前编》六、三七、二）

丙戌卜，争贞：王㞢贝正。（《屯乙》五三二三）

按卜辞成语“㞢贝”、“亡贝”对言，贝借为败，说见卷五穷条。有时贝即指货币之贝朋。如云：“贞：易（锡）多女，㞢贝朋。”（《后编》下八、五）“……[illegible]不囚，易贝一朋。一月。”（《南北·坊间》三、八一）故㞢贝可读为“侑贝”。古聘礼飨宾时，每侑币致馈，似殷时亦以贝为侑。他辞如：“戊申卜，㱿贞：缶㞢（侑），其囗贝。”（《前编》五、一〇、四）此㞢字读为侑较通。（卜辞贝上一字有时亦为地名，与金文同例。故《综述》读㞢贝之“㞢”为邦族名，引《前编》五、一〇、二“土方〔又〕贝”，《铁》一〇四、四“……取㞢贝”为例，惜此二版过于残碎，无上下文义可资推证。）

己巳卜，争贞：乍王受……（《续存》下三九〇）

庚寅卜，争贞：王其敎。不冓〔雨〕。（《宁沪》三、九五）

按敎即教。殷卜辞有云：“王敎众千于兕方，受㞢又。”（《殷缀》一六〇）此云“王其敎”，疑“教众”之略词，谓练军旅之事，此卜教众，遘雨与否也。《易》：“往遇雨则吉。”古者出门每为遇雨之占。

甲午卜，争贞：王㑥……不亡……四月。（《屯甲》三五三〇）

按《宁沪》一、四七八：“王宿亡𢦔。”即宿字，此省宀。

辛巳卜，争贞：王比……（《南北·师》五、三五，《拾掇》二、四六六重）

丁酉卜，争贞：今日王……（《屯乙》二八八三）

丙戌卜，争贞：今𠮷，王其……（《平津·元》二三，《续存》上九四重，《遗珠》一二〇四文同）

丙辰卜，争贞：王往𢓊，从西，若。（《屯乙》七八二六）

……争贞：王𢓊……（《续存》上六四六）

戊寅卜，争贞：𣳫，王𢓊于之，若。（《屯乙》五一七九）

甲戌卜，争贞：𢓊……（《林》一、二、一六，《龟卜》一〇五重）

一人：

壬申卜，争贞：一人……𨸏……　……卜，争贞：……　𢍜多……（《续存》下三一，《双剑》九）

……卜，争……一人……夅。（《明义士》一二八四）

按“一人”即“余一人”，为殷王自称之词，卜辞屡见之。如云：“余一人亡𡆥。”（《金璋》一二四）“其于余一人𡆥。”（《屯甲》二一二三）“余一人从多田（甸）𠧟正。”（陈保之藏甲）经籍如《盘庚》、《汤誓》、《康诰》、《酒诰》、《多士》、《顾命》、《吕刑》亦习见。《秦誓》只称“一人”，如“曰由一人”，无余字。《礼记·玉藻》：“凡自称天子曰予一人。”《白虎通·号篇》：“王者自谓一人者，谦也，欲言己材能当一人耳。”（参胡厚宣：《释余一人》篇）

王族人：

庚辰卜，争贞：乎王族人。（《文录》五八九）

甲申……争……勿…… ……亩族……马令……往。(《粹编》一二九一，《京津》二一〇三重。字细小)

按《殷缀》三〇二争卜辞云："雀弗其乎王族来。"语见上征伐雀条。

小臣：

辛丑卜，争贞：小臣冥妫(嘉)。(《拾掇》二、四七八)

按冥向读为娩，此与小臣联言，释为分娩，殊不辞。冥当读如字。冥嘉，犹《易》之言"冥豫"。冥，夕也，他辞屡言夕福，义略同。《库方》一五三五："壬戌卜，争贞：王固卜曰：子昌其隹丁冥，其隹不其妫。"(大英博物院藏巨胛骨)则以"冥"、"妫"分言之。

南单：

庚辰卜，争贞：𢆶(孚)南单。(《屯乙》三七八七)

按《水经·淇水注》引《竹书纪年》曰："武王亲禽帝受辛于南单之台。南单盖鹿台之异名也。"《库方》四九一又有"……南单，……不吉"语。辞太残缺。卜辞又见"西单"之名。《前编》七、二六、三："〔大〕采，烙云自北。西单，𠕋〔雷〕……鼾星，三月。"单字疑读为墠。《左·昭十三年传》："除地为墠。"《释文》本作坛。《逸周书·王会解》："成周之会，墠上张赤帟阴羽。"《觐礼》："诸侯观于天子，为宫有四门，坛十有二。"墠即坛也。卜辞所谓南单、西单，初未必地名，疑即南坛、西坛。𢆶即孚，《毛公鼎》作𢆶，形同。孚读为酻，《说文》："酻，餟祭也。"《广韵》云："以酒沃地。"此辞意殆谓酻于南坛之上。

十八、【成语】

出冓曰

□寅卜，争贞：乎帚……出冓曰……(《京津》二〇二九)

出𠀠 出工 亡𠀠 于𠀠

按《外编》四五二云："今𢦏，众出𠀠。""出𠀠"之相反语为"亡𠀠"。日本奈良天理参考馆有一片云：

戌亡其𠀠。 其先，𢦏至自行。 ……亡……𠀠。

《佚存》七辞略同。云：

𢦏其出𠀠。 其先行，至自𢦏。 𢦏其出𠀠。 其先𢦏至自行。

"出𠀠"亦作"出工"及"出干"。

庚戌卜，争贞：令𢀛归，眔出工。 𠫓。(《摭佚》一八，《京津》二一

七七重）

贞：不隹㞢示。（《燕大》三一）

按“㞢示”即“有宗”。《老子》云：“言有宗，事有君。”“有宗”一语，已可于卜辞征之。“亡𠀠”或作“亡其𠀠”与“亡𠀠事”。

贞：我事亡其𠀠。　贞：我事㞢𠀠。（《殷缀》一三六——《屯乙》一一五五十二〇四四）

王固曰：吉。隹其亡𠀠事。（《屯乙》七七六五）

贞：自亡其𠀠。（《粹》一二一六）

……卜吏……亡〔其〕𠀠。（《平津·元嘉》一六九）

亡𠀠一语亦见于《京津》四八四四，《续存》上一四五二。他辞又言“不丁”，如“不丁不喜”（《屯乙》七四〇一），不丁殆与亡𠀠同，𠀠、示俱即宗字。（参本书卷一）《广雅·释诂》：“宗，聚也。”崇亦即聚，《尚书·酒诰》：“矧曰其敢崇饮。”传云：“崇，聚也”。崇从宗声，故与宗并训“聚”。王念孙《疏证》：“宗者，众之所主，故为聚也。”是知卜辞云“众㞢𠀠”，即卜众屯聚之宜否。不丁即不宗。《诗》：“上下奠瘗，靡神不宗。”语同。他辞又有“丧𠀠”一语（《屯乙》七九二七），《穆天子传》：“丧宗伊扈。”郭璞注：“宗亦主。”宗又训众，《易》：“同人于宗”，荀注：“宗者，众也。”则“丧𠀠”犹言丧其众，丧其宗主矣。“事㞢𠀠”，即言事有所宗主。《士昏礼记》云“承我宗事”，与卜辞之称“𠀠事”语亦相类。若卜辞之言“于𠀠”者。如：

癸巳卜，争贞：旬㞢𡆥，不于𠀠，𡆥。（《屯甲》一一六一）

于𠀠……尤……（《文录》六五二）

亩（惟）𠀠……㞢尤。（《拾遗》一四、八）

上列“于𠀠”，各辞正与《易·同人》语同，诸𠀠字可读为众，故“不于𠀠𡆥”，即谓不于众祸。凡此皆𠀠当为工及宗之证，此义向所未喻，故备论之。

其𠚤：

乙巳卜，争……方其𠚤。（《屯乙》二二一三）

……卜，争……𠚤。（《明》一四〇五）

其𢦏：

丁酉卜，争贞：其𢦏。四月。（《京津》一六八五）

亡𡆥：

□亥卜，争贞：……亡囚。一日甲子，大……（《平津·元嘉》一六四，《续存》上一二二五重）

毋㪇：

丁未卜，争贞：𢦏㝴于旇，毋㪇。二月。（《屯甲》二〇二九，亦见《殷缀》三四〇）

按辞云："将㝴〔人〕于旇，勿㪇。"㪇字从攴丙声。考弼字篆作弻，从弜丙声，古文亦作𢏚，别从攴，则㪇殆弻字。（丙本席字，"宿"字从此。《广雅·释器》："丙，席也。"古文席作㕀。即《诗》之茀字。）弼通弗及拂，《汉书·五行志》："君臣故弼兹谓悖。"注："犹相戾也。"故知"毋㪇"犹言"毋弼"、"毋拂"，即"毋相戾"之意。

勿𩚀：

戊辰卜，争贞：勿𩚀，帚㪉子子。（《前编》四、一、六）

按𩚀殆饎字，古有地名曰饎人。此言"勿𩚀"疑即"勿咥"。（从食从口同意，如饔亦从口作叨，是其例。）《易·履》："履虎尾，不咥人。"又《讼》："咥惕，中吉。"此为马融读。今本"咥"作"窒"。"勿𩚀"犹言"勿窒"，乃吉语也。

勿匄：

丁酉卜，争贞：王勿匄……（《屯乙》六五三五）

勿𦍒：

丁未卜，争贞：勿𦍒，用。（《遗珠》五七五）

……卜争……𦍋𢦔……（《屯乙》八六〇九）

按𦍋、𢦔二字上下文残，《佚存》八八四（即《戬寿》一、九）亦残存此二字，𦍋可能为"勿𦍒"之缺文。如读为羊灾，则可以《汉书·五行志》之"羊祸"释之。详《巴黎所见甲骨录·释𦍒篇》。

勿㖡：

□酉卜，争……勿㖡。（《簠室·杂事》一三七，《续编》一、三六、七重）

按㖡字从果从口，疑裸字。

不若　若：

甲申卜，争贞：王㞢不若。　贞：王亡不若。（《屯乙》五七九三）

□辰卜争：……制亡不若。（《屯乙》二二六二）

□丑卜，争贞：若……（《前编》六、二七、三，《屯乙》六六六二争

卜辞存“若”字）

不莫：

丙戌卜，争贞：不莫。（《续编》六、二七、二，《簠室·杂事》一〇一重）

来𠬝　来执

壬午〔卜〕，争贞：其来𠬝，不其来执。四月。（《屯乙》四〇三〇）

作孽：

丙……争……令乍䏁。（《后编》下一〇、五）

按㕷，《说文》语相诃歫也。读若蘖。卜辞亦称“作䏁”（如《前编》七、二八、一），与“乍䏁”同，即所谓“作孽”矣。《孟子·离娄》引《书·太甲》：“天作孽，犹可违；自作孽，不可活。”知“作孽”一语，实肇于殷。

来齿：

辛巳〔卜〕，争贞：其㞢〔来〕齿。　贞：亡来齿。（《屯乙》三三七九）

叶王〔事〕：

……争……叶王〔事〕。（《燕大》七九三）

允用：

癸巳卜，争：允用。（《屯乙》七一二九）

之龙：

乙酉卜，争贞：从之龙（宠）。（《文录》六二七）

按《明义士》一三七八“丁未卜争贞亩之……”语残，姑附于此。

残辞摭存：

癸巳卜，争贞：今一月……（《屯乙》七七〇九）

……卜，争……亡……十三月。（《京津》二四一一，同书二六九五重。字细小）

……争……亡……五月。（《屯甲》一〇六四）

……争……亡……二月。（《屯甲》一〇八四）

争卜残辞存“❖”字者，《屯乙》八二六七。存“㐭……爯”二字者，《后编》下三一、一五。存“𡑮”字者，《屯乙》六五六五。存“豕”字者，《屯甲》二九四五。存“𣪊”字者，《京津》一五〇九。存“亯”字者，《簠室·杂事》一二七。（《续编》六、一九、一二重）存“齿”字者，《京津》九一。存“伐”字者，《佚存》一二七〇，《后编》八、一〇。存“我马亡□”数字者，《库方》四一一。存“亩”字者，《前编》六、三五、五。存“受”字者，《续存》上一一。残辞存“王”字者，《屯乙》六〇六四，《龟卜》五，《拾遗》八、一四，《屯乙》三四四七，又六四五四，《遗珠》八一一，又一三八五，《续存》一二二二，《屯乙》六二八一。存“王固曰”者，《林》二、一三、四，《金璋》六八一，《殷缀》九八，《屯乙》一九二二。存“令”字者，《明义士》五七二，《屯甲》九九一，又三四七三，《屯乙》六四三四，《京津》二一九四，《诚斋》一七一，《库方》四〇八。存“用”字者，《屯乙》七一二九。存“囚”字者，《南北·坊》四、一三二，《六录·清》一一七，《屯乙》二六八，又三五九一。存“㞢”字者，《缀合编》二六，《诚斋》四〇四，《续存》下二四二，《屯乙》七九五二。存“今”字者，《南北·明》二七六，《屯乙》二〇一五，《六录·清》一四一。（《外编》三〇四重）存“羽”字者，《屯乙》一九五二，《南北·坊》三、七。其他残辞又如《文录》一六八，《南北·无想》一二〇，不具记。

其争卜之辞仅存卜日干支者：

甲子　《屯乙》四六二九，又六四二〇。

乙丑　《明义士》一九九三，《文录》一六七，《屯乙》四三五七，又五二五六。

丙寅　《屯乙》四一五二。

丁卯　《库方》二〇二，《屯乙》三〇一九。

戊寅　《七集·上海》一七五，《拾掇》一四，《南北·坊》三、一一九，《拾掇》二、一九二，《屯乙》五五〇五（又见《殷缀》三一七），又六九五八。

己巳　《屯乙》五四八六，又四〇八〇。（即《殷缀》二一一）

庚午　《南北·明》三〇四。

辛未　《屯乙》五六九〇。（又见《殷缀》三〇三）

壬申　《屯乙》三一八七。

癸酉　《铁》二五〇、二，《屯乙》八一四八，《续存》下四二六。

甲戌　《铁》二一一、四。

乙亥　《明义士》六九六，《京津》二三〇一。

戊寅　《燕大》七五五。

庚辰　《屯甲》二九六七，《诚斋》三九六（亦见《缀合编》二六九），

《后编》下八、一〇。

壬申　《缀合编》二六九。

癸未　《续编》四、三三、三，《屯甲》一八一四，《缀合编》二六九。

甲申　《诚斋》三九六（亦见《缀合编》二九六），《屯乙》八〇〇七，《京津》二一〇三，《京大》六〇〇。

乙酉　《燕大》一七五，《诚斋》三九六（亦见《缀合编》二六九），《六录·中央》一九四。

丙戌　《林》二、二、一一，《宁沪》三、八七。

丁亥　《缀合编》二六九，《南北·师》二、一六九，《京津》二三九七，《续存》上一三九一，又一四〇一。

戊子　《七集·普》三〇，《京津》二三六八。

己丑　《南北·师》二、一七，《外编》一〇。

辛卯　《七集·上海》一三三，《拾掇》一三，《屯乙》八三五八。

壬辰　《屯乙》四六五一，《京津》二三〇一。

甲午　《遗珠》三〇一，《屯乙》六三〇，《平津·元》一七五，《续存》上一四〇五。

丁酉　《库方》一七三一。

戊戌　《库方》一七三一，《屯乙》二三九三，又三三九七，《京津》二四六九。

己亥　《前编》四、二、三，《库方》四四九，《遗珠》一〇一八，《屯乙》三一八八，《京津》二二一〇。

辛丑　《粹编》一四八五。

壬寅　《屯乙》六六一一一（又《殷缀》二七二），又七九五九，《金璋》四七九。

癸卯　《燕大》一七一，《六录·中央》一五一，《平津·元》七八，《续存》上七〇四，又下一〇一。

甲辰　《簠室·游田》三六（《续编》三、三七、一重），《屯乙》三一一九。

乙巳　日本东京博物馆藏片。

丙午　《遗珠》一四二六，《平津·元》一八三，《屯乙》四六二八，《京津》二三二八，《续存》上一四一二。

丁未　《之馀》一五、二（《续编》五、六、八重），《遗珠》一三三七，

《屯乙》七七四七。

戊申　《遗珠》一三三七，《屯乙》一九五一，又三一八七。

乙酉　《屯乙》二六〇一。（亦见《殷缀》一七七）

庚戌　《簠室·贞类》三三（《续编》五、一五、一重），《库方》七四四，《双剑》九三（《续存》下五四三重），《屯乙》六七六六。

辛亥　《拾掇》二五二。

壬子　《屯乙》一九八一。（亦见《殷缀》一七二）

癸丑　《铁》二五〇、二，《缀合编》三七六，《六录·曾》一四，《续存》下四二六。

甲寅　《明义士》三一六，《续存》下五四〇。

乙卯　《铁》一七三、四，《双剑》九三（《续存》下五四三重），《六录·中央》一五〇，《簠室·贞类》三三。（《续编》五、一五、一重）

丁巳　《明义士》一三三八，《库方》六二四，《屯乙》四五一四，《京津》二〇一，《外编》一七四。

戊午　《屯乙》三一六二，《续存》上二五〇。

己未　《金璋》五四六。

辛酉　《续存》二四二。

壬戌　《库方》一六〇二，《屯乙》三六八八，《京津》九六，《续存》上三四一。

癸亥　《屯甲》二一三〇。

仅存天干者：

甲　《屯甲》一三八。

戊　《南北·坊》二、一七。

己　《续编》一、四七、四，《宁沪》三、一五六，《天壤》三七。

庚　《六录·束》七八，《屯乙》四四六四。

辛　《后编》下二七、三。

壬　《屯乙》八〇二七，《南北·明》三。

癸　《明义士》三一八，《屯甲》一一〇八，《京津》一七九五。

仅存地支者：

子　《后编》下一四、一四，《佚存》一三四，《屯甲》二四九四，又二九一一，《南北·师》二、一五八，《京津》二三二〇。

丑　《铁》一一五、二，《明义士》一九二三，《续存》上一一四一。

寅　《屯甲》三七四〇，《屯乙》四九〇一，又七〇一一，《京津》一八七五。

卯　《屯甲》九九八，又三七五九，《拾掇》二六一。（《续存》上一二四六重）

辰　《柏根》五四（《七集·柏根》一四重），《文录》三一〇，《续存》上七〇四。

巳　《遗宝》十一、二，《屯乙》五三〇五，《京津》四六三，《续存》上一三八三。

午　《七集·上海》六五，《平津·元》一八〇，《明义士》七〇，《拾掇》九，《续存》上一三四七，《屯乙》五七二六。

未　《铁》二三二、一，《明义士》一九四七，《库方》三五四，《屯乙》五〇六三，《续存》上一〇五一。

申　《屯乙》四六四八，《拾掇》四四六。

戌　《屯甲》二〇〇〇，《南北·无》二四八。

亥　《佚存》七二七，《屯乙》一五一三，《南北·文》一。

仅存“卜争”二字者：

《铁》一四九、二，《明义士》二二一三，《佚存》八〇三，《遗珠》一三五四，《屯甲》三八〇九，《屯乙》九〇一，又一六九八，又三四九六，又四三一四，又四六四〇，又六四二八，又六七七五，又七四六七。

仅存“卜争”二字者：

《续编》五、一二、三，《库方》一五七七，《柏根》三五，《遗珠》一三五三，又一三六三，《屯甲》三四九〇，《屯乙》七二九六，又七四二五，《南北·明》二七三。

仅存“卜争贞”三字者：

《明义士》一一四，《燕大》一七四，《诚斋》四一一，《屯乙》一五六一，又五〇二八，《拾掇》二、二一九，《续存》上五八三，《京津》二三〇一。

仅存“争”字者（部分与签名例重）：

《后编》上三〇、一，《明义士》九五〇，《燕大》五七九，《粹编》七四，《七集·上海》三一，又九四，《屯甲》二九一，又六一二，又一〇八八，又三二八四，又三七三三，又三八三五，《屯乙》七三四，又八六八，又一一八六，又一三九五，又一三九七，又一五八九，又二二八六，又二三八五，又二九〇九，又三二八六，又三三二〇，又三四〇二，又三四〇四，又三四一〇，又三四五〇，又三五三八，又三八六一，又三八六五，又四〇二五，又四一三八，又四八三五，又五〇七六，又六三七四，又六七八八，又六八二

○，又六八五四，又六八八○，又七○七七，又七一八四，又七三六一，又七三六八，又七三九五，又七四三三，又七四八九，又七五七○，又七七八二，又七八七二，又七八五九，又七九一六，又七九三六，《拾掇》一一、又一二，《殷缀》一○九，又二二九，《南北·诚》九，《京津》六二○，又二七七五，《续存》上三五。

卷七 贞卜人物事辑五

亘

亘为武丁时人。其卜辞中先王称谓有父乙（《库方》一七〇一，又《殷缀》二七三），即武丁称其父小乙；又有父辛（《续编》一、三四、二）、父庚、父甲（《前编》一、二六、六），即武丁称其诸父小辛、盘庚、阳甲也。

亘字形或作（《续编》一、三七、二）、（《屯乙》六六四一）、（《续编》五、三、三，《屯乙》四八五）。河南出土铜玺内有“子亘梦”三字（见《邺中片羽》上，及《考古社刊》第二期徐中舒《殷代铜器足征说》）。子亘殆即亘也。

亘于卜辞所见，又为邦族名，亦称“亘方”（《粹编》一九三），如：

庚寅卜，贞：于亘。十月。（《后编》上九、二）

乙亥……贞：其𦣞，衣于亘，冓雨。十一月。（《后编》上三一、一）

癸丑卜，隹亘受〔年〕。九月。（《粹编》八八五，《京津》三一四〇重）

庚午卜，争贞：亘幸。 庚午卜，争贞：亘不其幸。 贞：亘不其幸。贞：亘幸。（《屯乙》五三〇三）

壬辰卜，贞：亘亡囚。（《屯乙》二四四三）

亘之地望或在山西，《汉志》河东郡有垣县。殷时亘人常侵扰，卜辞所见，如“亘𢦏鼓”（《殷缀》二七二）。即其一例。他辞云：

壬申卜，㱿贞：亘戎，其𢦏我。（《屯乙》五二三四，又《殷缀》二八

二）

……𡆥（圉）亘。　弗𡆥。（《屯乙》四八五，同版“弗𡆥”二字甚夥）

故雀、犬、戈皆曾征亘。

……贞：令雀𦎫亘。（《簠室·人名》四〇）

乙巳卜，争贞：雀隻亘。　乙巳卜，争贞：雀弗其隻亘。（《屯乙》四六九三）

癸卯卜，㱿贞：乎雀衔伐亘，𢦏。十二月。（《屯乙》三一〇）

……雀取亘我……（《殷缀》二四九）

贞：犬追亘，㞢及。　犬追亘，亡其及。（《殷缀》三〇二）

……戈……𢆶亘，𢦏。（《前编》七、一二、一）

□戌卜，㝉贞：戈幸亘。（《粹编》一一六五）

以上皆卜辞中㱿与亘征伐有关之记载。

亘之卜辞，兹分类辑录如下：

一、【卜雨】

丁卯卜，亘贞：雨。　不其雨。（大英博物院藏巨胛骨背，《库方》一九八七背）

辛巳卜，亘贞：雨。　贞：来庚寅，不其雨。（《屯乙》五五六七）

□申卜，亘贞：雨。（《簠室·天象》二二）

庚申卜，亘：王固曰：不其雨。（《屯乙》三二二三）。

癸丑卜，亘贞：亦𥁕雨。（《库方》一五五九，背云：“乙巳卜，之日允雨。”）

按𥁕雨谓嗣雨，详上㱿条。（参本书卷三）

……卜，亘贞：……雨。（《铁》六、四）

或兼记时者：

□子卜，亘贞：今夕，不征（延）雨。　贞：于𣅀朿。（《前编》一、四九、五）

……亘贞：生□月多雨。（《屯乙》二三六〇）

辛卯卜，亘：夕不雨。（《屯甲》三七四五）

辛丑卜，亘贞：今日其雨。（《续编》一、二三、二，《簠室·天象》五七重）

乙丑卜，亘贞：今日其雨。（《遗珠》一四二）

……卜，亘贞：今日其雨。　……雨其隹……（《续编》四、五、四，《南北·师》二、三五重）

癸巳卜，亘：自今五日雨。（《屯乙》五三八八，同版卜雨之辞甚多）

□申卜，亘贞：今日不其雨。（《林》二、二七、八）

或卜“来日”、“翌日”雨不雨：

辛巳卜，亘贞：雨。　贞：来庚寅，其雨。　贞：来庚寅，不其雨。（《殷缀》四七五——《屯乙》五四五三+五五六七+五七八九）

甲午卜，亘贞：羽乙未，其雨。　甲午卜，亘贞：羽乙未，不雨。（《库方》一五一一）

〔甲〕辰卜，亘贞：羽乙巳，其雨。（《屯乙》七九八九）

或卜自某日至某日雨不雨：

丁巳卜，亘贞：自今至于庚申，其雨。　贞：自今丁巳，至于庚申，不雨。（《殷缀》四二一——《屯乙》一一六一+一四七一+一七一七）

或卜某月雨：

丙申卜，亘贞：今二月，多雨。王固曰：其隹丙……（《天壤》二二）

或言云延雨：

……〔卜〕、亘贞：兹(云）征雨。（《拾掇》二、四四五）

二、【卜晴】

己卯卜，亘贞：羽〔庚〕辰，〔易日〕。　己卯卜，亘贞：羽庚〔辰，不〕易日。（《粹编》六〇六）

……〔卜〕，亘贞：羽丁亥，易日。丙戌霁。（《续编》四、四、五）

甲午卜，亘贞：羽乙未，易日。王固曰：㞢希。丙，其㞢来艰。三日丙申，允㞢来艰自东。妻告曰：兒……（《前编》七、四〇、二）

按兒亦称兒伯，《后编》下四、一一：“东画告曰：兒白（伯）。”《说文》：“郳，齐地。《春秋传》曰齐高厚定郳田。”见《左·襄六年传》，《公》、《穀》字作“倪”。参本书卷四。

三、【卜风】

丙午卜，亘贞：今日风囚。（《后编》上三一、一四）

……卜，亘贞不其凡（风）。（《遗珠》四四三）

四、【卜旬】

癸未卜，亘贞：旬亡𡆥。（《遗珠》一九五）

癸卯卜，亘贞：旬亡𡆥。（《屯乙》八一二六）背云："癸卯，亘……旬……"

癸丑卜，亘贞：旬亡𡆥。　癸亥卜，亘贞：旬亡𡆥。　癸酉卜，亘贞：旬亡𡆥。　癸未卜，亘贞：旬亡𡆥。　癸巳卜，亘贞：旬亡𡆥。（大英博物院藏，《库方》一六一三）

……亘……亡𡆥。（《屯乙》三七五三）

□戌卜，亘贞：𡆥。（《文录》一四八）

五、【卜年】

戊申卜，亘贞：受年。（《金璋》六四五）

或言某地受年：

丁亥卜，亘贞：羊受年。　丁亥卜，亘贞：斫受年。（《屯乙》六七五三）

按卜辞有云"羊方𡈼田"（《屯甲》三五一〇）。又记狩猎之地有"羊"（《拾掇》二、一五九），知羊即羊方。沁水源出羊头山，在今山西，疑羊方地在此。

庚辰卜，亘贞：𠷎（廩）受年。　贞：𠷎不其受年。（《屯乙》七六七二）背：云"王固曰：亩秜隹……"（《乙》七六七三）

乙巳卜，亘贞：㳷不其受年。（《前编》七、四三、一，《续存》下七〇文同）

按㳷殆即鄐。《说文》："鄐，南阳舞阴亭。"《汉书·地理志》南阳郡有舞阴县。

或言𠦪年：

癸卯卜，亘贞：𠦪年于岳。（《燕大》三〇）

辛巳卜，亘贞：祀岳，𠦪来岁受年。　贞：来岁不其受年。（《屯乙》六八八一）

甲申卜，亘贞：臭氏尸。　贞：于河𠦪年。（《铁》一九六、三）

戊申卜，亘贞：受年。王……（《南北·师》二、四七）

甲午卜，亘贞：我受滦年。（《续存》下一六四）

癸卯卜，亘贞：我受黍年。（《铁》二四八、一，《通·别》二、五、一三，《遗珠》九三六重）

……卜，亘贞：……〔受〕黍年。（《京津》五五八）

或言帝受（授）年：

……〔卜〕，亘〔贞〕：勿𩁹。不雨，帝受我年。二月。（《天壤》二四甲，《拾掇》四六四，《南北·师》一、一六，及《续存》上七二重。“亘”字，胡氏误摹作“上甲”。原片藏方豪处，见《大陆杂志》十卷五期金祥恒文，及十卷八期方豪《王氏旧藏两胛骨补记》）

或言锡禾：

己酉卜，亘贞：易（锡）禾。　不易禾。（《屯乙》四八六七）

按此龟背辞云：“王固曰：吉！易（锡）。”（《屯乙》四八六八，省去受词之“禾”）

六、【卜狩】

己未卜，亘贞：逐豖，隻。（《前编》三、三三、三，《京津》一四六〇重。又见《缀合编》二二九。有骨臼刻辞）

辛未卜，亘贞：王逐豖，隻。（《屯甲》三三三九）

……卜，亘贞：逐兕，隻。……〔王〕固曰：其隹己酉，王逐，允隻。（《前编》七、三四、一）

……卜，亘贞：……其隻。（《明义士》一七六四）

辛巳〔卜〕，亘贞：网……（《铁》二二四、四）

……卜，亘贞：王往𪉩。……（《林》一、六、八，《遗珠》一一一四重）

或言刍者：

庚子卜，亘贞：乎取古刍氐。（剑桥大学藏，《金璋》五六七。同版又见贞受年）

七、【卜往来】

有言往于某地：

癸卯卜，亘贞：乎往西。（《燕大》五四）

……卜，亘贞曰：……𩫖。　贞曰：氐来，迺往于𩫖。（《前编》四、三五、一）

乙卯卜，亘贞：今日往，至于章，夕彭，子央于父乙。（《铁》一九六、一）

……亘贞：王从，允……爵，往自章啬。（《铁》五七、二，《续编》三、三八、一，及《南北·诚》三九重。）

或言往或出于某地者：

壬辰卜，亘贞：王往，出于京。（《佚存》九九七，《天壤》七二重）

□子卜，亘贞：王〔勿〕𝌆（祥），出于𢍰。五月。（《前编》二、一八、五）

己巳卜，亘贞：羽庚午，王出。王固曰：不𠃊（以）……（《续编》三、三四、四，《簠室·游田》二六重）

丁巳卜，亘贞：王固曰：亩出。（《屯乙》三一九七）

……卜，亘贞：王出……（《戬寿》二八、七）

……亘贞：勿……出……（《库方》二五〇）

□子〔卜〕，亘贞：〔王〕往出……（《遗珠》一一二〇）

□申卜，亘贞：〔王〕往出……（《燕大》六〇，《库方》四四〇文略同）

……卜，亘贞：〔王〕往出……（《铁》一八三、三）

或言来：

丙申卜，亘贞：亡其来。（《拾遗》一〇、一四）

癸未卜，亘贞：㞢来自……（《金璋》六九九）

……卜，亘贞：东叓来。（《屯乙》三七三〇，亦见《殷缀》二四〇）

按"东叓来"可读为"东使来"。言东方使臣至也。他辞言"西叓"（《殷缀》二五七）正可互证。他亘卜辞言使人者，如"乙巳卜，亘贞：㞢吝。　乙巳卜，亘贞：叓人于……"（《佚存》九九九）是。

或言涉：

癸酉卜，亘贞：臣㝵。王固曰：其㝵。隹□乙甲戌，臣涉，舟祉𦥑（臽），弗告。旬㞢五日。丁亥，幸，十二月。　癸酉卜，亘贞：〔臣〕不其㝵。（《殷缀》一〇九——《屯乙》八一九十一二二二十一三〇七十一三九四十一四四七十一四五五十一七三二）

按𦥑为臽字。此言臣涉水舟陷。（杜注《左传》："昭王涉汉，船坏而溺。"是其比。）"不其㝵"语，可参《京津》二二五一至二二五九诸片。"得"犹今言成事，《易·豫》九四："大有得，志大行也。"《㝬毁》："南征伐楚荆，又得。”语同。

或言步：

己亥卜，亘贞：出…… 己酉卜，亘贞：羽辛亥，勿步。（《缀合编》一五一——《燕大》四十二一六）

八、【卜梦】

丁亥卜，亘贞：王梦……（《林》二、二、五）

九、【卜疾病】

壬戌卜，亘贞：出疒齿，隹出巷。（《续编》五、五、四，《簠室·游田》二九重）

庚戌卜，亘贞：王其疒𠀠（骨）。（《屯乙》七一六三，对贞辞残。同版贞“好𡆥凡疒帚出”事）

……卜，亘贞：出疒……（《屯乙》二一四一）

十、【卜邑】

戊申卜，亘贞：勿乍大邑于……（《金璋》六九六）

十一、【卜祭祀】

(甲) 祭山川

（一）岳

癸卯卜，亘贞：桒年于岳。（《燕大》三〇）

辛巳卜，亘贞：祀岳，桒来岁，受年。 贞：来岁不其受年。（《屯乙》六八八一）

（二）河

戊午卜，亘贞：桒于河。（《簠室·帝系》一九四，《续编》一、三七、二，及《佚存》一八一重）

丙申卜，亘贞：河丩（叫）。…… 贞：河丩，不其猋（熹）。（《殷缀》三二四——《屯乙》五八一二＋五六四三）

按丩读为叫。《尔雅·释言》：“祈，叫也。”郭注：“祁，祭者叫呼而请事。”《左·襄三十年传》：“或叫于宋太庙。”叫，呼也。此言河丩者，卜辞惯例宾词先行，即叫于河，有所祈也。

甲申卜，亘贞：臬氏尸。　贞：于河，米年。（《铁》一九六、三）

附兒（兒父）：

己巳卜，亘贞：桒于兒。（《双剑》一四，《续存》下一七六重）

（乙）祭先公先王先妣

（一）季

……卜亘：……出伐于季。……三，卯六羊。……（《屯乙》三六八四）

按季名见《楚辞·天问》。"该秉季德，厥父是臧。""恒秉季德。"王静安谓该即王亥，乃以卜辞之季，相当于王亥之父冥。（《观堂集林》）

（二）上甲

辛卯卜，亘贞：彡，酌于上甲，亡卷。九月。（《粹编》一〇七，《铁》二四九、一文同）

壬午卜，亘贞：告𢀛方于上甲。（《簠室·帝系》九，《续编》一、四、六重）

（三）唐

□卯卜，亘贞：唐……（《六录·清》七五）

（四）大甲

甲辰卜，亘贞：隹大甲。　……贞：不隹〔大甲〕。……（《屯乙》二七二七）

甲午卜，亘贞：𢦏米于大甲。（《佚存》三二）

按𢦏为𢦏之繁形，益𠬞旁。卜辞云："丁巳，余𢦏彡。　丁巳，余勿彡。十月。"（《殷缀》一二即《屯乙》二一八）"𢦏彡"与"勿彡"对言，则𢦏乃语词。卜辞记兆术语，习见"不𢦏"二字。𢦏从糸从才，隶定殆即紂字。《礼记·檀弓》释文："紂本又作缁。"甾古与载通，《诗·大田》："俶载南亩。"笺读"俶载"为"炽菑"，故卜辞之𢦏可读为"载寝"、"载弄"之载。《诗·载驰》传："载，辞也。"卜辞𢦏字每用于动词之前，如："翌乙亥𢦏出于祖〔乙〕。"（《前编》七、三二、四），"王𢦏出于大戊。"（《续编》一、二、一）"翌甲，𢦏用于夫（大）甲。"（《前编》七、三、六）皆与《佚存》此条句法相类，即"载米"、"载出（侑）"、"载用"，故知𢦏、𢦏用为语词之"载"，说详拙作《卜辞义证》。

（五）祖乙（下乙）

己丑卜，亘贞：出于且乙。（《福氏》四）

壬申卜，亘贞：令犬……衔，其〔祉〕𠬞（升）于且乙。又……亡囚，

在九月。（《金璋》六九六）

按剑桥大学所藏金璋旧物，未见此片，兹依摹本录入。其记月名上有“在”字，武丁卜辞中为罕见之例。

丙寅〔卜〕，亘贞：王絨多乆若，……　贞：王絨多乆若，于下乙。（《屯乙》四一一九）

按他辞云：“贞：王絨多乆……”（《屯乙》三四四二甲背）。“庚申，王絨……子𠬝二乆。”（《屯乙》六五七九甲背）又言用多乆者，如：“贞：翌甲午，用多乆。贞：亡壱。贞：王不㬰。”（《屯乙》七一二八整龟）背云：“癸巳卜，争：允用。”（《屯乙》七一二九）“于甲戌，用乆。　于来乙亥，用乆。”（《殷缀》三三三巨胛骨，即《库方》一一二一）由此数辞证之，知乆为牲名，旧释“屯”或“包”，均不可通。乆字异形颇多，有作文者（《拾掇》一九〇反），与《说文》，“弟”字古文之形相近。《说文》：“㣇，脩豪兽。一曰，河内名豕也。读若弟。”汉河内郡即殷之旧地，呼豕为弟，即殷人遗语。故契文牲名之乆，可以㣇当之。他辞言“絨豕”（如《南北·师友》二、五七，《外编》一七重），此云“絨乆”，絨余释为䰙，是“絨乆”为䰙牲事甚明。此乆字对殷代文化关系甚巨，另篇详之，兹略揭其义于此。

（六）祖丁

己巳卜，亘贞：钔于且丁。（《戬寿》四、一五，《续编》一、二〇、二重）

（七）南庚

丁卯卜，亘贞：㞢于南庚。（《续存》上二七六）

丙辰卜，亘贞：……钔……南庚。……（《屯乙》六七三三）

按此为残甲上端右辞，其左为癸丑贞奚伐“”，亦亘所卜，见下。

（八）父甲（阳甲）

癸卯卜，亘贞：㞢于父甲，犬。　贞：㞢于父庚，犬。（《前编》一、二六、六）

甲辰卜，亘贞：来三宰。　贞：㞢于父甲宰。（《南北·师》二、四二）

……卜亘：……㞢于父甲。（《续存》上二八三）

（九）父庚（般庚）

癸卯卜，亘贞：㞢于父甲，犬。　贞：㞢于父庚，犬。（《前编》一、二六、六，重见上父甲条。）

（十）父辛（小辛）

乙丑卜，亘贞：隹父辛……（《续编》一、三四、二，《南北·诚》八重）

（十一）（小乙）

庚午卜，亘贞：告于父乙。（《续存》下二五）

甲戌卜，亘贞：钟帚好于父乙，䀠𠬝。（《库方》一七〇一）

乙卯卜，亘贞：今日往，至于𦎫。夕彡，子央于父乙。（《铁》一九六、一）

辛卯卜，亘贞：父乙尝。王固曰：父尝。隹不𠃬。　贞：父乙弗尝王。（《屯乙》五二二二，亦见《殷缀》二七三）

按此对贞辞兼系固辞，横行。语多省略，如父乙略称曰"父"，即其例。

（十二）多父

癸酉卜，亘贞：方……　庚午卜，亘贞：不隹多介父尝。　背云：王固曰：隹多父。（《日本甲骨录》东京大学藏一）

……卜，亘……多父……（《铁》一二二、四）

按多介父一名，亦见《粹编》二五七，《前编》一、四六、三，及《林》一、一四、一。东京大学藏骨骨面言"多介父"，而背云"隹多父"，知多父即多介父之略称。《尔雅·释诂》："介，大也。"加介字，殆为敬辞。（说详拙作《日本所见甲骨录》）

（十三）兄丁

癸酉卜，亘贞：㞢于兄丁。（《簠室·帝系》一九四，《续编》一、一三、一重）

附　父：

丙寅卜，亘贞：㞢于父……（《遗珠》四八五）

甲：

……卜，亘〔贞〕：钟于□甲。（《林》一、二二、一四）

庚：

丙子卜，亘贞：王㞢𠤳于庚，白𠂇。　贞：王㞢𠤳于庚，白𠂇勿用。（《殷缀》一〇四——《屯乙》七七五＋九六五）

上辞祭于"甲"及"庚"，未详何先公先王，姑系于末。

以上祭先公先王。

（一）妣癸

□申〔卜〕，亘贞：告于妣癸，㱙王。（京都大学一九六）

按㱙即薛字，读为相乂之“乂”。《克鼎》：“谏薛王家。”《毛公鼎》：“亦唯先正罟（襄）薛𠂤辟。”诸薛字并读作“乂”。《书·君奭》：“巫咸乂王家。”又云：“用乂厥辟。”《多方》：“尔曷不夹介，乂我周王。”乂即辅相之意。《尔雅》：“艾，相也。”卜辞言㱙王，即金文之“薛王”，《尚书》之“乂王”。知此一语相沿，远自殷时。

（二）妣己

□亥卜，亘贞：妣己壱。（《屯甲》三三二一）

（三）妣乙

贞：羽辛亥，勿乎往于，㞢敲于匕乙。（大英博物院藏巨胛骨背，《库方》一九八七）

按此辞同版为亘卜雨事，故系于亘条。最末二字，《库方》摹作“从”，误也。余在英核对原片实作𠤎乙，应是妣乙。又剑桥大学藏骨（金璋列号三五二背摹本所无）云：“贞：㿝河。翌辛亥，乎往于河。㞢㱿于母□。　王固曰：其㞢隹羌。”与此系同日之卜，文为对贞，两片互勘，知《库方》“往于”句，下宜有“河”字，锲刻时略去。而㞢者即以羌为侑，此用羌人为牺牲也。

（四）多妣

庚……亘贞：……多妣……壱。……（《京津》一一六四，《诚斋》一七二重）

（丙）其他杂祀

𡆥戊：

……亘贞：　于𡆥戊。（《铁》一五七、四，《前编》一、四四、四，及《京津》六四一重）

方帝：

卒酉卜，亘贞：我垦。　贞：方帝，卯一牛㞢青。（《前编》七、一、一）

按此禘四方求保佑也，垦即堡字。从土从丘同义，古保、堡通用。（如《檀弓》：“负杖入保。”即入堡。）保，安也，他辞云：“亚三氏众人𠂤□录，乎保我。”（《前编》七、三、一）“我堡”即“保我”之倒言。

东母：

己丑卜，亘贞：羽……　贞：朿于东母，三豕。（《燕大》一二）

……亘贞：出于东……（《前编》七、一一、一）

有关祭祀之残辞：

〔𡳿与𠤎〕

壬申卜，亘贞：其𡳿……（《粹编》一一三〇）

□戌卜，亘贞：𡳿……（《簠室·贞类》一八，《续编》五、二七、三重）

丙寅卜，亘贞：𡳿于……（《铁》二五七、一）

……卜，亘贞：𢓊𡳿于……（《林》一、二八、一九）

……卜，亘贞：其𡳿……（《铁》二二〇、一，《续存》上四二七文同）

甲午卜，亘贞：𡳿𠤎于……　甲午卜，亘贞：……（《续存》上四二五）

戊午卜，亘贞：……𡳿……（《续存》下二四一）

〔𠔇与告〕

己未卜，亘贞：不𠔇。（《铁》二四八、三，《续编》六、一一、四重）

壬午卜，亘贞：告……（《遗珠》一四二八）

〔钋〕

……亘贞：钋寅……（剑桥大学藏骨）

按原片《金璋》列五六四号，但该书摹本缺之。

……卜，亘贞：……钋……（《南北·无》一四一）

〔朿〕

壬午卜，亘贞：朿于……（《遗珠》一〇三九）

〔图〕

甲戌卜，亘贞：羽日乙亥，图……（《前编》七、三七、二）

〔妨〕

……卜，亘贞：……　……卜，亘贞：王妨……（《诚斋》四一二）

〔祐〕

丁亥卜，亘贞：王舌（祒）𢦏于……（《屯乙》三八一一）

按他辞云："在亘米𠇍。𡧊㚤。"（《屯乙》七八一四）衣祭字从丄，乃繁形，附记于此。

〔用牲〕

戊戌卜，亘贞：丿𣪊。（《屯乙》二六八三）

按上为整龟，仅左侧锲此一行，其右无对贞之辞，于例殊属少见。

（《屯乙》六七三五“己酉卜，穷贞：戠□”例同。）其背云“我氏千”（右桥），“帚丙丁百”（左桥），下为㱿署名，此二人者，所氏所示（寘）为何物，背辞略去；今以甲面此辞证之，知即氏兂与寘兂也，此亦可证骨臼常见“丁□”之□为牲名。

庚辰卜，卜亘贞：戠牛于□。（《前编》六、二、一）

按此辞同版见卜人穷。又重“卜”字。地名京上一字，卜辞常见，旧释主与果，皆未确。他辞有不从火作□（《拾遗》一二、七），□（《库方》一八〇五），□（《后编》下二五、一四）。又或不冠京字，但作□（《拾遗》二、一六，《屯甲》一五〇，《屯乙》五六七〇）、□者（《前》二、二一、三《屯乙》八六一）。又或省作□（《后编》上一五、一），繁变之体甚多。考卜辞干支之“未”，其异形有作□（《拾遗》五、三“癸□”）及□（《京津》三〇四七“乙□卜□”），以是知此当释为“未”字。他辞妹字有作“□”（《拾遗》一一、八），亦其佐证。故□乃妹京之合文。《书·酒诰》：“明大命于妹邦。”妹即沬，《诗·桑中》：“爰采唐矣，沬之乡矣。”《毛传》：“沬，卫邑。”在今河南淇县东北。说详《卜辞义证》。

又按卜辞“𢀛牛”与“□牛”混用，《前编》三、二三、三同版中一作𢀛牛，两作□牛，是其例。他辞云“贞𢀛勿牛”（《佚存》三八二同版两见“王往出□”），“𢀛牛百”（《前编》三、二三、三），𢀛牛疑戠牛之省，戠即䵻字。《尔雅·释诂》：“䵻、穧、穫也。”《说文》穫训刈，《广雅·释诂》：“刈，断也，杀也。”故戠牛即杀牛。

丁巳卜，亘贞：眢（劓）牛爵。（《铁》二五〇、一）

按他辞云：“贞：爵亍。　贞：勿爵亍。”（《京津》四一九）“庚戌卜，王曰：贞其……爵用。”《后编》下五、一五）“王其㞢（侑）爵……若。”（《后》下七、八）“又爵。”（《拾遗》一二、一二）爵恒用作动词，即侑爵也。《荀子·王制》：“宰爵，知宾客祭祀飨食牺牲牢之数。”杨注：“宰爵，掌牺牲之事者也。”

辛亥卜，亘贞：用……（《林》二、二一、五）

庚子卜，亘贞：勿牛于䐁。（《粹编》四二一）

……卜，亘贞：勿〔牛〕。五月　……卜，亘贞……五月　庚子卜，亘贞：……（《续编》三、三、一）

戊寅卜，亘贞：取牛，不齿。（《遗珠》一五二）

按《礼记·王制》：“终身不齿。”注：“犹录也。”齿亦训“列”（《左·隐十一年传》注），不齿谓不录也。

……卜，亘贞：……在洮牛……（《平津·元》五九，现藏香港大学）

甲辰卜，亘贞：求三罕。（《续编》一、二七、九）

丙子卜，亘贞：弗其罕……（《摭佚》五九）

〔幸人〕

甲申卜，亘贞：希𡆥，不于壴，古（幸）八人，甫五人。（《簠室·岁时》二四，《续编》一、四七、二重）

按同版又一辞云：“贞：黄尹不希。”此盖言有希（祟）有祸，故卜于壴地，用人以禳之。古人即幸人，说见卷三㱿条。甫即甫，读如膊。《左·成二年传》：“杀而膊诸城上。”《周礼·秋官》掌戮：“谍而搏之。”郑注：“搏当为‘膊诸城上’之膊。”“膊谓去衣磔之。”（鲁实先说）甫亦可读脯。《逸周书·明堂》“脯鬼侯以享诸侯”是也。

十二、【卜征伐与方国】

（一）𢀛方

丁未卜，亘贞：𢀛方出，隹我囚。□月。（《京津》一二二九，《殷历谱》列武丁三十年五月五日，注云“滇《图》一”，即此片）

庚午卜，亘贞：乎伐𢀛方受〔㞢〕又。（《遗珠》一七〇）

□戌卜，亘贞：𢀛方……逆伐，受㞢又。（《遗珠》一八〇）

壬午卜，亘贞：告𢀛方于上甲。（《续编》一、四、六，《簠室·帝系》九重。同版云：“㱿贞：𢀛方其至于𠂤。”）

……亘贞：……𢀛……（《林》二、九、二）

（二）下危（危方）

己未卜，亘贞：今𠁁，王𦔻比〔兒〕𡘋伐下危。下上若，受我〔又〕。贞：今𠁁，王勿𦔻比兒𡘋伐下危，下上弗若，不我其受又。（《缀合编》一二四——《库方》一五五四＋一五九二）

按原版藏大英博物院。今𠁁字作𡿺，多一横笔。

（三）𢀛

癸丑卜，亘贞：王比奚伐𢀛。 癸丑卜，亘贞：王叀兒𡘋比伐下危。（《屯乙》七七四一）

〔癸〕丑卜，亘…… 王比〔奚〕〔伐〕卣。　〔癸丑〕卜，亘……王亩〔皃〕乘……（《屯乙》一二一五，亦见《殷缀》一三九）

按上两巨龟为同事之卜，前者序数锲“一”字，后者锲“五”字，知为第五卜，其残缺文字可依前者补之。又《屯乙》六七三三存“癸丑……贞奚伐……”及“……皃乘此伐卣”残文，应亦同事异版。

（四）戉

丁亥卜，亘贞：𢦏戉。二月。（《粹编》一一二〇）

丁卯卜，亘贞：戉其……（《续存》上六二二）

（五）雀

癸亥卜，亘：其夕𣆪雀。　癸亥卜，亘：弗夕𣆪雀。（《缀合编》一四一——《库》方一一一七十一一五一。曾氏误摹夕为月字。）

按《库》一一五一，“夕”字侧锲于“其𣆪”之间，乃刻漏添注之例。又《粹编》一五五三云：“癸亥卜，亘弗夕雀。　丁卯卜，雀获亘。”郭氏读月为抈。白川静从之，引《说文》：“抈，折也。”以月为动词，今按此与《缀合》一四一同为癸亥日卜，可以互证，仍以释“夕”为是。

（六）尸

甲申卜，亘贞：臭氏尸。（《铁》一九六、三。同版另一辞为：“贞：于河米年。”）

按臭殆即溴。《左》襄十六年：“会于溴梁。”阮氏《注疏》本作“溴”。《校勘记》云：“石经宋本岳本作‘溴’，陆氏《公羊释文》作‘狊’，云本又作‘溴’。”考《尔雅·释地》：“梁莫大于溴梁。”陆氏《释文》又作“溴”。经传“臭”、“狊”常混。然卜辞明从自从犬，则以作“溴”为是。杜注：“溴水出河内轵县东南，至温入河。”《续汉郡国志》：“河内郡轵有溴梁。”《一统志》：“故城今济源县南十三里。”殷时地名之臭，当即春秋之溴。辞云“氏尸”，与他辞言“氏羌”例同，谓以尸地之夷来献。尸在偃师，与溴地正相迩。

其他方国人物有关之辞：

壬辰卜，亘贞：弗其氏𣪘卣。　贞：行氏㞢（侑）自眔㞢邑。（《屯乙》七三八五）

按此为整龟。𣪘字象盛贝于盒中，殆贝货之属。（《篇海》有“贎”字，积货也，与此形近。）此贞问卜人行致贝货，以侑自及邑二人事。《聘礼》所谓侑币致飧者也。“行氏”句下受词省略；“弗其氏”上主词，当是卜人“行”，亦复从省。两辞分锲于甲左右边缘，不作对贞语气。

壬戌卜，亘贞：𠂤其亦出𡆥。　癸亥卜，亘贞：王出……壴𡚬……（《铁》二五八、三，《戬寿》四〇、六，及《续编》五、一七、五重）

癸未卜，亘贞：王出（侑）𠬝，若。　王出𠬝，不若。　甲申卜，亘贞：出𢦏（散）。（《殷缀》二七三——《屯乙》四六八五＋四八八七＋五二二二）

按此甲背云：“弗若。”（《屯乙》四六八六）其“出𠒇”一辞在左桥，而右桥残缺，以文例推之，应有对贞语。𠒇指𠒇伯，则𠬝亦方国名，殆𠬝之繁形，即南国𠬝子，百濮之君长。此卜𩛥醴侑食之事也。

卜亘……出𠑹。（《京津》六四七）

戊寅卜，亘贞：王𢓊□方。（《簠室·游田》二）

……卜，亘贞：𡔛……羌。（《佚存》九九三，《续编》三、四六、二重）

□寅卜，亘：㴱幸。（剑桥大学藏，《金璋》五〇九）

征伐有关残辞：

登人：

戊戌卜，亘贞：勿𦍩。登〔人〕三千。……（《库方》一一）

𠬶䝞𠂤：

……卜，亘贞：乎𠬶䝞𠂤（师）。（《前》编六、五五、七）

按䝞殆𢧵字。《集韵》：“𢧵，戈也。”字疑通作扬。《左·襄二十九年传》，虞、虢、焦、滑、扬皆姬姓国。所云“𠬶䝞𠂤”，即谓供扬地之师旅也。

供马：

甲午卜，亘贞：𠬶马乎𢀛……〔方〕。（《佚存》三七八，《邺初》下二八、一重）

按“乎”下一字应释擭，参下古条。

又亘卜残辞言氏者，附列于下：

己未卜，亘贞：𠆸氏。　贞：𠆸弗其氏。（《簠室·杂事》八二）

丙子卜，亘贞：弗其氏。（《京津》一〇〇一）

……卜，亘贞：氏，〔其告〕曰：出　……氏，不其告曰：出。（《殷缀》二九七——《屯乙》五〇九八＋六〇五六）

……卜，亘〔贞〕：……氏……王……（《佚存》三二九）

按《京津》九九九：“贞：𠆸弗其氏。”又《前编》六、六、五语同。

诸氏字读如《天问》“昭后成游，南土爰底”之“底”。

十三、【亘卜辞所见人物】

（一）侯伯

宫侯虎　大英博物院藏片即《库方》一七六二，《平津·元》一二〇。（《续存》上六六七，及《外编》四五八重）

先（伯）　《殷缀》二七三，《平津·元》一二〇。

（二）诸子

子央　《铁》一九六、一。

子渔　《宁沪》二、四八。

子□　《前编》六、五二、二。

子安　《屯乙》二〇九〇。

子□　《屯乙》五四五一。

妻（子妻）　《七集·天津》一。

吕（子吕）　《前编》七、一三、一。

窌（于窌）　《缀合编》一二七。

冐（子冐）　《前编》一、四九、五。

《遗珠》一三四一亘贞辞仅存“子”字。

（三）诸妇

帚好　《簠室·典礼》一一一，《库方》一七〇一，《遗珠》六二〇，《续编》四、三〇、五（《南北·师》二、一四一重），《京津》一九八九。

帚姘　《续编》四、二七、七（《戬寿》三五、四重），《明义士》七二四，《金璋》六七四。

帚果　《前编》四、四一、五。

帚女　《缀合编》二二九。

帚妥　《明义士》二三三九。

（四）卜人

先　《续存》下四八四。

泳　《前编》四、一三、一。

行　《屯乙》七三八五。

自　《屯乙》七三八五。

壴　《铁》二五八、三。

彭　《前编》五、三四、一。（同书七、三、四重）

取　《金璋》六七四，《前编》五、三四、一（同书七、三、四重），《金璋》五六七，《林》二、八、五《屯乙》四九〇九。

余　《前编》七、三、一。

我　《七集·天津》一，《屯乙》四九〇九，《京津》二四四〇。

步　《戬寿》三八、九。（《续编》六、一六、四重）

𢆶　《屯乙》三六八一。

祀　《明义士》六五四。

光　《遗珠》六二〇。

𡦹　《前编》五、五、二，《续存》下三七一。

𡦺　《屯乙》三七九九。

（五）其他

〔沚〕戓　《续编》五、七、六。（京都大学五六二重）

兒乘　《库方》一五五四，《缀合编》一二四——《库方》一五九二十一五五四，《屯乙》七七四一，《殷缀》一三九。

田父　《前编》五、三四、一。

般（自般）　《金璋》六七四。

𠊱　《簠室·杂事》八二。

奚　《屯乙》七七四一。

𦍌　《前编》六、六〇、八。

㚣　《前编》七、一六、三，《续编》三、四六、二。（《佚存》九九三重）

臭　《铁》一九六、三。

缶　《屯乙》二五六六。

㬜　《遗珠》七九〇。（《通·别》二、六、二重）

𠂇　《京津》二二一六。

歬（前）　《前编》六、三五、七，《遗珠》九八九，《殷缀》一〇四。

𠂤　《屯乙》六七三三。

𤔲　《前编》七、二〇、一。

𢏚　《前编》四、五三、一。

寅　剑桥大学藏。

𠬝　《续编》五、一〇、八。（《簠室·人名》七五重）

䣓　《前编》四、三〇、四。（亦见《缀合编》一二七）
兑　《京津》六四七。

十四、【杂卜】

……亘贞：王遣若。（《续编》四、三四、八，《簠室·人名》八七重）

庚子卜，亘贞：王……（《天壤》一〇六）

辛未〔卜〕，亘贞：王……（《南北·无想》三一）

……卜，亘贞：〔王〕固曰㞢……（《遗珠》一三三九）

丁丑卜，亘贞：王固曰其……（《遗珠》八一〇）

□酉卜，亘贞：……王固曰……（《南北·坊》二、四三）

辛酉卜，亘贞：□希，寅[illegible]。　贞：勿希，寅[illegible]。（《殷缀》六二——《屯甲》三一一七十三一二四十三一三一）

十五、【成语】

若：

己酉卜，亘贞：隹若。（《燕大》一七六）

丁巳卜，亘贞：[illegible]若。（京都大学六三〇）

己……亘贞：……若。　贞：不若。（《前编》五、二四、六）

立史：

甲子卜，亘贞：立史。（《明义士》二三二五）

按立事即莅事。金文齐器每见“立事岁”一语。（《国差甔》，《陈猷釜》，《子禾子釜》）卜辞或言立某史，如：“贞：立[illegible]事。”（《戬寿》三六、一二，《续编》六、二〇、二重）“立[illegible]事。”（《铁》八八、四，《佚存》七三重）知此为殷周以来成语。

其[illegible]：

……亘贞：……其[illegible]……（《续存》上八三五）

隹囚：

甲寅卜，亘贞：隹囚。（《屯乙》一〇七九）

己未卜，亘贞：王聑，不隹囚。（《戬寿》四五、九，《续编》六、一五、八重）

其莫：

己酉卜，亘贞：帝不我〔莫〕。　〔贞：帝〕其莫我。（《屯乙》七一二

四）

按此残甲上端，左右对贞，“不”字原误刻，后改，痕迹犹存。

戊寅〔卜〕，亘贞：帝其莫我。（《库方》一八一一）

弗左：

乙亥卜，亘贞：……弗左……（《铁》八、三）

亘卜之辞，有残存三两字，或具干支者，并为辑出，以备稽览缀合之助。

存“今”、“今日”或“日”字者：《诚斋》四五四，《南北·诚》六二，《续存》下一三七。存“羽日”或“羽”字者：《六录·华西》七，《叙圃》九，《拾掇》二、一九六，《诚斋》三八七，《粹编》八〇五，《续存》上一四〇二。存“之”字者：《前编》一、五三、一。存“今十月”者：《屯乙》六五四九。存“乙矢……又”数字者：《拾掇》二八九（《续存》上一二六一重）。存“其𡳿”二字者：《屯乙》四九五〇。存“弗其”二字者：《戬寿》二一、一四。（《续编》三、九、五重）

存“辰不”二字者：《遗珠》一四〇二。存“弋”及一二残文者：《京津》一二五五，《诚斋》三八四。存“乎”字者：《铁》一七七、二，《续编》五、三五、四，《续存》上六二〇。存“受”字者：《续编》四、二五、一。（亦见《缀合编》九七）存“其”字者：《拾掇》二、二五三。存“亦”字者：《殷缀》二三一。（即《屯乙》三九五四右甲桥）存“衜”字者：《屯乙》七四七九。存“征”字者：《前编》六、六五、四。存“于”字者：《京津》二六六五。存“𢀛”字者：《粹编》一一四一。

具亘卜残辞存卜日之干支者（依干支次序排比）：

乙丑　《屯乙》六一五八，《六录·中央》一五五。

癸酉　《金璋》四九七，《屯乙》六七二二。

甲戌　《簠室·贞类》一七。

乙亥　《屯乙》一七一一。（又见《殷缀》一四七）

戊寅　《屯乙》二五三三。

己卯　《屯乙》二一八二。

庚辰　《六录·束》一〇六，《屯乙》八四三三。

壬午　《燕大》一七七，《遗珠》五四六。

癸未　《铁》七五、三，《金璋》四九七。

丙戌　《明义士》六九七，《南北·诚》四八。

己丑　《屯乙》八六四〇，五七四六。

癸巳　《前编》七、九、二，《拾掇》二、四四二。

丁酉　《燕大》一七七，《遗珠》一三五八，《拾掇》一七。（《七集·上海》七二重）

戊戌　《叙圃》九。

己亥　《遗珠》一三四〇。

庚子　《遗珠》一四〇八，《南北·无》二九六。

壬寅　《京津》二三六一。

癸卯　《屯乙》三五四六。

丙午　《金璋》四四九。

戊申　《粹编》一五一一，《续存》下一〇三。

辛亥　《续存》上三五一，《屯乙》七〇一四。

癸丑　《金璋》四九七。

甲寅　《六录·中央》一五三。

戊午　《铁》二四七、一。

己未　《铁》二〇〇、四。

癸亥　《库方》一七三六。

仅存天干者：

丙　《屯乙》六八六四。

仅存地支者：

辰　《平津·元》六二。

午　《南北·无》三〇四，《京津》二三七一。

未　《南北·明》二九九。

酉　《库方》二〇四，《屯乙》四九二三，《铁》一四五、三。

戌　《续编》五、二七、三。（《簠室·贞类》一八重）

仅存“卜亘”二字者：

《铁》三七、三，《南北·无》三六二，《前编》五、一、七。

仅存“亘贞”二字者：

《屯乙》二三八九，《南北·坊》一、四九又六五，《明义士》一八七八，《库方》六四四，《拾掇》三四七，《七集·上海》一九六。（《拾掇》一六重）

仅存“卜亘贞”三字者：

《库方》七三四，《诚斋》四一九。

残文仅存“亘”字者：

《六录·束》二七，《屯乙》二五三，九三八，五一七五。

附亘

他辞又有亘之署名：

庚申……至于……雨。　亘。（《文录》一二九）

中示（寘）。　𢀛。（《前编》四、三七、三骨面）

殷铜器铭文有“亚亘𢓊”成组之祭器计十一件，凡鼎二、毁一、甗一、尊一、卣一、斝一、觚一、爵二，见《十二家吉金图录》（契斋藏），当即亘所用之器。

亘亦为地名：

丙戌卜，在𢀛贞：今〔日〕王步于□，亡𡿧。（《前编》二、八、七）

亘疑与亘为一文，以𡴀亦作𡶒，宁又作𡧊例之，非无可能，故系于亘之后。

内

卜人内字，契文所见，大抵作冂（如《林》一、二六、一〇，及二、二八、一，《屯乙》六七五〇），与丙字颇别。惟《屯乙》五三五五同版天干之冂，与卜人冂二形迥异，故知此必为内字。他辞有漏刻顶画作冂者。（《屯乙》三五二六）

内之卜辞，所祭先土有父乙，如：“乙丑卜，内……父乙。”（京都大学一九八）又卜人争与𠂤并言及内事。如：

□卯卜，争贞：氏内。（《拾掇》一、二六一，《续存》上一二四六重）

庚申卜，𠂤贞：王令内。（《屯乙》四二五六）

又内与㱿同版。（《屯乙》四九五三）与㫚同服职：

贞：乎㫚眔冂（内）入𢍰事。（《前编》四、二八、三）

故知内为武丁时人。其辞所见重要人物，如子𠷎（《前编》五、一三、一，《屯乙》八三七〇）、侯专（《佚存》八）、𢆶（《屯乙》三五二六）、般（《屯乙》四五四〇，六九八八）、史（《屯乙》五三〇二），均值武丁之世。与内并卜者，又有卜人𡧊。（《林》一、二六、一〇）

内贞卜各事，列举如下：

一、【卜雨】

……卜内：不雨……　丙午卜，内贞：其雨。　庚戌卜，内贞：不〔雨〕。（《屯乙》三一一二）

壬辰卜，内贞：今日其雨。　……今日不其雨。（《金璋》七一〇）

壬辰卜，内：羽癸巳，雨。癸巳，冐，允雨。（《屯甲》三三三六骨）

壬子卜，内贞：羽丙申，其雨。（《屯乙》七八八九）

按此残存左甲上端，对贞辞缺。甲心有"……大豕仌"诸字，近桥处有"于王亥帚我"等句。

□丑卜，内：羽丁卯，不其雨。（《续存》下一〇五）

丙子卜，内：羽丁丑，其雨。　羽丁丑，不雨。（《屯乙》五三五五，又《殷缀》三〇九）

按两辞在甲尾，左右对贞。同日内卜王步于豈，见下。

辛亥卜，内贞：今一月，帝其令雨。四日甲寅夕。　辛亥卜，内贞：今一月，不其令雨。（《拾掇》二、六，《京津》四二八重。此为腹甲上端，参《殷缀》二六一）

按此与内贞米四方风，并为辛亥日同人所卜，详下。

二、【卜晴】

丙寅卜，内：羽丁卯，王步，易日。　羽丁卯，王步，不其易日。（《屯乙》八一一，整龟左右对贞。）

甲子卜，内：羽乙丑，　乙丑……攺。　乙丑卜，内：羽寅攺。　丙允攺。　丁卯卜，内：羽戊辰攺。　辛未卜，内：羽壬申攺。壬，冬（终）日雈。　羽申不其攺。　壬……羽癸攺。（《续存》下七六）

按此骨版宜自上向下读，乃卜一旬之阴晴。自甲子至于癸酉，每隔日一卜，如甲子则卜翌日乙丑。间或补记应验事实，如辛未卜翌日壬申啓否，至壬日则终日蒙雾，故书之。此辞但记卜人内，省"贞"字，应尚有己巳、庚午二日之卜辞，残缺。

丙寅卜，内：羽丁卯，攺。　戊……内：羽□巳……（《粹编》六四四，《京津》四八五重）

辛亥卜，内：羽壬子攺。（《燕大》一四五）

癸丑〔卜〕，内：羽甲寅攺。（《燕大》一四六）

三、【卜风】

壬戌卜，内贞：之其凡（风）。　贞：不其风。（《屯乙》七九四〇）

按此残存腹甲上端，左右对贞语尚可辨。“之”读为语词兹字。

癸未卜，内贞：旬庚戌，凤（风）。（《拾掇》二三七，《续存》上一六七重）

贞：帝于东方曰析，风曰劦，[illegible]年。　贞：帝于西方曰彝，风曰[illegible]，[illegible]年。　辛亥卜，内贞：帝于南方曰[illegible]，风尸，[illegible]年。一月。　辛亥卜，内贞：帝于北方……曰役，[illegible]〔年〕。（《拾掇》二、六〔即《京津》四二八〕＋《屯乙》四五四八＋四七九四＋四八七六＋五一六一＋四八八三＋六五三三＋六五一三。《殷缀》二六一所缀不全，后三版严一萍补缀，尤以六五三三左甲桥最关重要。）

按四方风名，见于刘善斋旧藏巨牛胛骨云：“东方曰析，风曰[illegible]；南方曰[illegible]，风曰[illegible]；西方曰[illegible]，风曰彝；〔北方曰□，〕风曰[illegible]。”（《京津》五二〇，《拾掇》二、一五八重）与上举龟甲卜辞大体相同。其字形微异者如甲作劦，而骨作[illegible]，益口旁；甲作[illegible]而骨作[illegible]；甲作[illegible]而骨作[illegible]；骨作[illegible]而甲则殳旁倒写；只是繁简之异。甲称“西方曰彝风曰[illegible]”，骨则倒作“西方曰[illegible]，风曰彝”，甲称“南方曰[illegible]风尸”，似尸上夺一曰字。此四方风名，胡厚宣、杨树达俱有精详考证，杨氏以为四方草木之神，苦乏的证，其间剩义尚多，有待探索，兹再补论如次：

东方曰析。　剑桥大学藏骨云：“卯于东方析，三牛三羊青三。”（《金璋》四七二）《大荒东经》言“东方曰折”，“折”、“析”形近。“析”乃东方区域之通名，他辞云：“旬𡳿[illegible]。之日[illegible]，夕𡳿豕在析，八月。”（《缀合编》一六九——《文录》六八＋七二四）此记天象，谓夜有豕星，在析出现。（参下卜人出条）《史记·天官书》：“奎为封豕。”《正义》：“奎一曰天豕。”此殆指奎星见于东方之析。古天文列星次有十二次之区分，其一曰析木。《尔雅·释天》：“析木之津，箕斗之间，汉津也。”箕为木宿，斗为水宿，天汉起自箕尾，于辰在寅为木，故主起处而名为析木。殷时称东方地区曰析，必与星宿有关，可知分野上寅宫“析木”一名之产生，已有悠长历史。

东方之风曰[illegible]。即《国语》之协风。《周语》云：“耕藉先时五日，瞽告有协风至。”韦注：“立春日，融风也。”《郑语》：“虞幕能听协风，以成乐物生者也。”《山海经·北山经》：“母逢之山，北望鸡号之山，其风曰⿰风劦。”字又作⿰风劦。《说文》“劦”字下引作“其风曰劦”。

南方之风曰“□”。　此字实即散字，微字从此得声。卜辞恒见人名散。（《殷缀》二七三，见卜人亘条）《说文》岂下云：“从微省声。”微通作闿，故《广雅·释诂》：“微，明也。”（见《通训定声》。）此字杨氏读作岂，谓即凯风是也。《尔雅》：“南风谓之凯风。”字又作“恺”。《淮南子·地形训》：“南方曰巨风。”高注：“一曰恺风。”

南风下言“尸”者，此亦星占之说。《开元占经·南方七宿·占篇》引石氏云：“舆鬼五星，中央色白如粉絮者，积尸气也。”尸疑指南方积尸之气。

西方曰彝风曰“□”。　他辞作⿰韦卜风。《前编》四、四二、六：“⿰韦卜风，叀豚，又大雨。”□乃⿰韦卜之省形。又《粹编》一二八一：“其罗，叀日㸚（彝）⿰韦韦用……”（《京津》四三一六重）“彝⿰韦韦”即指西方彝之⿰韦韦风。善斋巨骨刻辞作“西方曰隶风曰彝”，实当作“西方曰彝风曰隶”方合。《大荒西经》言西北“来风曰韦”，即⿰韦卜风是也。（参《综述》。他辞人名习见⿰韦卜字，与此无关。）

北方之风曰“役”。　诸家未详。役于卜辞为瘚字。《广雅》：“瘚，病也。”王念孙《疏证》：“《说文》民皆病曰疫，疫与瘚同。”《吕氏春秋·有始览》：“西北曰厉风。”《楚辞·天问》：“伯强何处？惠气安在？”王逸《章句》：“伯强为大厉疫鬼。”伯强即禺强，为北方神明，见《庄子》、《山海经》等书。《淮南子·地形训》云：“隅强，不周风之所生也。”《史记·律书》：“不周风居西北，主杀生。”不周风、厉风，皆西北风后起之异名；殷人称之曰“役”，役即瘚，以其神为大厉疫鬼，故曰疫风，亦称厉风。厉与疫同义，《檀弓》下：“斩祀杀厉。”郑注：“厉，疫病。”字又作疠，《左·哀元年传》：“天有灾疠。”杜注：“疠，疾疫也。”故知疫风即厉风，此义可补胡、杨二氏之缺略。

抑有进者，汉人有风占之说，见《论衡·变动篇》，亦称“风角”。《后汉书·郎颉传》注云：“候四方四隅之风，以占吉凶。”西汉翼奉京房皆有《风角书》（见《隋志》），何休复为之注。《尔雅·释天》言四方之风，北曰凉风，西曰泰风，南曰凯风，东曰谷风，《吕氏春秋》（《有始览》）、《淮南子》（《地形训》）等俱言八风，纬书如《通卦验》（《左》昭二十年正义引）、《春秋考异邮》（《御览》九引）亦述八风之名，八风即合四方四隅之风，此后起之说。殷人已言四方风名，即风占之滥觞，此言术数史者，不可不知也。上辞贞褅四方之风并行米祭。米即祈，北方为大厉疫鬼，故禳之；东方为协风，能成乐百物，则祈之。（原甲左桥残缺，于西南方应亦有米字今残。）《月令》云："磔禳以毕春气。"郑注谓："磔牲以禳于四方之神，所以毕止其灾。"此即米风之义，后世祈风之术，殆昉于此乎？原辞在西方南方中间有"贞：豖其出不"一行，与甲上端"出豖不若，一月"语对贞，其卜日辛亥，正值孟春，复贞用豖，其为磔禳之事明矣。

四、【卜旬】

癸未卜，内贞：旬亡囚。（《续编》四、四九、一）

〔癸〕亥卜，内贞：旬亡囚。（《铁》二〇七、三）

五、【卜年】

癸未卜，内贞：我受漆年。　贞：我不受漆年。（《屯乙》五三〇七）

按两辞左右对贞，分锲甲尾左右两边。其下尚有"贞且丁"语，左右同文，两行分记，当亦内所卜。为人名，即子。殆鬳字，即献。他辞云："贞：不曹于且乙。"（《屯乙》四八三四）义即不献册也。

□子卜，内贞我受年。（《粹编》八七三）

贞：令旃田于。　勿令旃田于。（《屯乙》七二八八整龟。上为辛亥内卜）

按豈与豆通，如鋀为鐙或字，鄧之即郖是。（见《集韵》）《穆天子传》："次于洹水之阳。"《水经·河水注》："宏农县故城东有洹津。"洹即郖也。今河南灵宝县西。

六、【卜往来】

庚戌卜，内贞：王入于商，亡乍囚。（《屯乙》八三四六。对贞辞残）

丙子卜，内贞：羽丁丑，王步于豈。　丙子卜，内贞：羽丁丑，王勿步。（《殷缀》三〇九——《屯乙》五三五五十五三八〇）

按同版甲尾书丙子卜明日丁丑降雨与否，因明日丁丑王将步于豈也。此两事因有相互关系，故同日卜之。豈亦称自澧，详下。

辛巳卜，内贞：般往来亡囚。（《屯乙》六九八八）　背云："王固曰：

亡囚。”（《屯乙》六九八九）

按此残存左甲，其右对贞辞缺；上尚有“朕刍于斗”语。

辛亥卜，内贞：今一月𠂤空化，其出至。　贞：𠂤空化，其于生二月出至。（《屯乙》七二八八整龟）　背云：“王固曰：今月其出至，隹毋其于生月𠬝。”（《屯乙》七二八九）

按此卜今月或生月𠂤至孰吉，“今”、“生”对言。《屯乙》三二八二：“帝其及今十三月令𩁹。　帝其于生一月令𩁹。”一月为十三月之次月，以是证之则“生月”为下月可知。

壬辰卜，内：……五月史出至。　今五月，史亡其至。（《屯乙》五三〇二）

按此锲于甲背，其甲面辞云：“六月出来曰：史出疒。”（《屯乙》五三〇一）史亦卜人名，由此辞知史曾役于外，又复染疾，故五月内卜其至不至；六月又传其有疾，辞言“出来曰”，犹言有人来云，卜辞行文简质故主词每省略。

庚辰卜，内：丘其出冓。（《续编》五、二一、八，同书六、二二、四重）

庚辰卜，内贞：丘亡冓。（《续存》下四八七）

按上二辞似可缀。丘，人名。冓读为遘。

七、【卜邑】

庚午卜，内贞：王乍邑，帝若。　庚午卜，内贞：王勿乍邑，𠙵（在）丝，帝若。　庚午卜，内：𡧊乎步，八月。（《屯乙》六七五〇）

按此为整龟。于甲尾处尚有贞作邑辞一组，惜残缺。𠙵即“在”字异形，𠙵丝”如他辞云“在兹”也。同日庚午内所卜者，另一组为𡧊呼步事，𡧊与步皆人名，分详《卜人事辑》。

己亥卜，内贞：王出石（祏）在𢆶北东，乍邑于之。　王出石，在𢆶北东，乍邑于之。（《屯乙》三二一二）

按上辞锲于整龟左侧甲桥处。其右侧甲桥则锲“贞𣪊眔旃”之辞，余悉为争卜受年语。此为内所贞问，但书其事不作对贞语气。又于左甲下刻线处，再锲小字“乍邑于𠀠”一句，共三见，其前辞并省略之。𢆶象鹿有角，或释鹿字，予释眉（见本书卷三）眉与麋同。他辞云：“夫入二，在𢆶。”（《屯乙》二二六七甲背）“之”为代名词，即指眉地。

附：

贞：乎乍（作）圂于叀。　勿乍圂于叀。（《屯乙》八一一。同版上辞为内卜）

按圂，《苍颉篇》云："豕所居也。"《汉书·五行志》："豕出圂。"颜注："养豕之牢。"此卜作猪圈之吉否。

八、【卜祭祀】

(甲) 祭日与山川

（一）日

戊戌卜，内：乎雀绒牛。于出日，于入日，窜。　戊戌卜，内：乎雀绒一牛。　戊戌卜，内：绒三牛。（《屯乙》二〇六五，又《殷缀》一七八）

按他辞云："辛未又于出日，兹不用。"（《佚存》八六）"辛未卜，又于出日。"（《粹编》三九七）"丁巳卜，又出日；　丁巳卜，又入日。"（《佚存》四〇七）"出入日，岁三牛。"（《粹》一七）"又"即"侑"。《书·尧典》："寅宾出日。""寅饯纳日。"《史记·五帝作》"敬道日出"，"敬道日入"。卜辞作出入日，与《史记》合。《说文》及《广雅·释诂》云："傧，道也。"《礼运》："山川所以傧鬼神也。"《诗·常棣》："傧尔边豆。"传："傧，陈也。"卜辞盭窜于出日入日，盖陈牲以祭。郑玄谓："出日为春分朝日，入日为秋分夕月。"然观卜辞同在戊戌日卜，是殷时所谓出入日乃指朝暮。《仪礼·觐礼》："天子乘龙载大旆，象日月，升龙降龙，出拜日于东门之外。"《周语》内史过曰："古者先王有朝日夕月，以教民事君。"即此典礼。《墨子·节用》："东西至日所出入。"知"出入日"一语，至春秋时犹惯用之。

辛未卜，内贞：日亩羊，六月。（《殷缀》三〇九——《屯乙》五三八〇十五三五五）

按日亩羊读为日惟祥。他辞云："盖日隹戕。"（《佚存》二七六）"盖日，大戕。昃，亦雨自北。"（《屯乙》三二）又作"盖日"（《殷缀》七八），参拙作《释盖篇》。此锲于甲上端之左侧，中有"出来"二字，右无对贞语，下为辛未殻卜彭王亥事，盖同日所卜。

（二）河

己亥卜，内：羽辛丑，乎雀彭河。……　羽辛丑，乎雀彭和。卅……（《殷缀》二二六——《屯乙》三二二九十三二三〇）

丁卯卜，内：桒于河。十牛，𡨦十牛。（《后编》上二四、四）

甲辰卜，内：桒于河，一羊一豕，卯一牛。（《粹编》四四，《京津》五九五重）

庚戌卜，内：彭十宰于甘。（《南北·明》一二六）

（乙）祭先公先王先妣

（一）上甲

戊午卜，内贞：若𠙵（叶）。 贞：叶不若。 贞：自〔上甲〕出伐。勿自上甲出伐。（《屯乙》 ·二五五）

按《屯乙》一九一〇，残甲有“勿自上甲出伐”语，其肯定之对贞辞缺，《殷缀》一四一取与右片缀合。

（二）大甲

内卜：羽甲寅彭。𡉚钟于大甲，羌百羌，卯十宰。（《粹编》一九〇，据郭释）

按此于甲日祀大甲。前辞但称“内卜”。字体奇恣。

（三）大庚

□未卜，内𠬝贞：……伐十出卅……内：出于大庚𡆥……（《林》一、二六、一〇）

乙卯卜，内：𠱠大庚，七宰伐廿……（《屯乙》四三三一）

乙卯卜，内：𠱠大庚……（《屯乙》六二〇八）

按上两残甲为同日同人所卜，似一版之折。

（四）祖辛

壬子卜，内贞：羽癸丑，出于且辛。（《屯乙》四五九三）

按此残甲存上半，内卜辞锲于右；其左为癸丑㱿贞祖辛𢀛王事。癸丑为壬子之翌日，是先一日由内卜，其次日再由㱿卜之。

（五）父乙

乙丑卜，内：……父乙。（京都大学一九八）

（六）妣壬

戊寅卜，内贞：乎……𡿨妣壬。（《屯乙》四六六七）

按此右甲桥残辞，尚有右对贞语缺。以《殷缀》二二七例之，当是“弗𡿨”。

（丙）祭旧臣

黄尹：

丁巳卜，内：㞢与𡆥尹三牛。六月。　丁巳卜内：㞢黄尹䍧。（《屯乙》四六八二）

按同版刻线下有“㞢于黄尹四牛”句，疑亦内所卜。此三辞即贞问用牛数多寡之孰吉。又记同日宕卜㞢于大甲，则为同日异人之卜。

祭祀有关残辞：

乙卯卜，内贞：祀乍王……𡆥。（《屯乙》二四六五）

九、【卜征伐及方国】

（一）鬼方

己酉卜，内：鬼方昜，〔亡〕𡆥。五月。（《屯甲》三三四三）

按此与《屯乙》六六八四胛骨“卜宕贞：鬼方昜”，同在五月己酉，为同时同事异人之卜。（详本书卷四）

（二）基方

癸未卜，内贞：子商𢦏𡏳方缶。　癸未卜，内贞：子商弗其𢦏𡏳方缶。癸未卜，内贞：子商㞢仔（保）。　癸未卜，内贞：子商亡其保。（《殷缀》一七八——《屯乙》二〇六五＋二一〇八）

乙酉卜，内贞：子商𢦏𡏳方。丙戌卜，内：我乍𡏳方柞。四月。（《前编》五、一三、一，《续存》上六二八重）

按《殷缀》一七八同龟左桥辞云：“辛巳卜，争贞：基方戎。”辛巳为癸未前二日，是基方作戎，先由争卜，其后子商挞伐，内又卜之。继癸未日为甲申乙酉丙戌，是《前编》内卜亦与此同时，皆四月之事。“㞢仔”即“有保”，他辞言“吉保”（《屯乙》七七八二）。《书·召诰》：“天迪格保。”《诗·山有枢》：“他人是保。”注：“保，安也。”此出征祈福佑之㫗假词也。

（三）羌（方）

癸丑卜，内贞：五十羌。（《屯乙》九一八）

（四）衔

辛丑〔卜〕，内贞：我𢦏衔于𧇾。（《前编》六、二二、八）

壬□〔卜〕，内贞：衔其来正我于兹䆃。（《佚存》三六四）

（五）雀

甲戌卜，内：羽丁丑，雀毋其幸。　甲戌卜，内：臣正㞢征，执陟。十月。　乙亥卜，内：翌庚辰，雀弗……（《缀合编》一五九——《遗珠》

五五九十《珠》四五九）

按此二片缀合后，仅存左甲桥大部分，右方辞悉缺。臣正指官职。《尔雅·释诂》："正，长也。"郭注："谓官长。"《左传》隐六年"五正"，杜注："五官之长。"

己亥卜，内：羽辛丑，乎雀酌河，……　羽辛丑乎雀酌河，卅……（《殷缀》二二六——《屯乙》三二二九十三二三〇）

（六）亩

〔癸〕丑卜，内：我弗其𢦏亩。（《后编》下二五、一）

附征伐有关之辞：

辛酉卜，内贞：往西，多𦁚其氐王伐。　贞：往西，多𦁚不其氐伐。贞：往西，多𦁚其氐王伐。　往西，多𦁚不其氐伐。（《屯乙》五三九五整龟）

按此左右对贞，自甲上端至桥分记，各为二组。下为乙卯争卜召伐翟事。乙卯为辛酉之前六日，多𦁚即多尹，卜其助王往西土致伐。又甲心上下数见贞祖乙肹（乂）王之辞，盖征伐国之大事，故求祖乙佑助也。

戊辰卜，内贞：戎嵩射。　勿戎嵩射。（《六录·双剑》二整龟）

按上辞左右对贞，刻于甲桥。《屯乙》四四七三："戎嵩射三百。"（左桥）《乙》四四七五："贞：戎嵩射三百。"（右桥）与此似同时所卜。

戊午卜，内贞：乎射弗羌。　贞：亘隻。（《殷缀》二八三——《屯乙》四七六五十四七七〇十四八一五）

按辞言"弗羌"，须以对贞语"亘隻"补足之，其义始明，因其主词及动词皆略去。此卜辞省略最多之例，同版云："戊午卜㱿贞：戎及受。"与此盖同为戊午日所卜。

辛酉卜，内贞：其伐……（《屯乙》三〇七九）

……内贞：我弗其𢦏……（《屯甲》三二三五）

十、【内卜辞所见人物】

（一）侯

侯叀　《佚存》八，《京津》一六六七。

（二）诸子

子商　《屯乙》八三七〇，《殷缀》一七八——《屯乙》二〇六五十二一〇八，《前编》五、一三、一。（《续存》上六二八重）

（三）诸妇

帚溼　《库方》四六九。

帚姘　《屯乙》三三二一，辞云“帚姘㚤”。

（四）卜人

叶　《殷缀》一四一——《屯乙》一二五五十一九一〇。

𡆥　《粹编》一九〇。

壴　《屯乙》二〇二七。

𢆶　《屯乙》六七五〇。

步　《屯乙》六七五〇。

史　《屯乙》五三〇二。

（五）其他

𢆶　《屯乙》三五二六云“乎𢆶”。

戕　《屯乙》四五四〇。

克　京都大学一七八。

旃　《屯乙》七二八八。

般　《屯乙》四五四〇，又六九八八。

丘　《续编》五、二一、八。

十一、【杂卜及残辞】

辛未卜，内贞：不隹囚。（《拾掇》五三八，《续存》上九八五重）

庚子卜，内贞：土不幸……（《铁》一一一、三）

壬子卜，内：王……（《零拾》八五，《续存》下四九二重）

□卯卜，内：……王出……（《屯乙》五〇七一）

内卜之辞，有残存三数字或仅具干支者，并为辑出，以备稽览及缀合之助。

存“弗其受”三字者：《屯乙》七六二六。存“二月𢆶”三字者：《屯乙》五〇四七。存“莫我”二字者：《屯甲》三〇八四。存“爯晋”二字者：《拾掇》四九五。（《续存》上一一一九重）存“乎”字者：《六录·清晖》六八。存“今”字者：《林》二、二八、一。（《遗珠》一三八六重）

其内卜残辞存卜日之干支者：

丙寅　东京博物馆藏片。

壬申　《屯乙》四四七七。

己卯　《屯乙》四七五一。

丙午　东京博物馆藏片。

仅存地支者：

未　《南北·无想》二七八。

申　《南北·无想》三二四。

仅存“卜内”二字者：《屯甲》二三四。

卷八　贞卜人物事辑六

古

古字，唐兰释“古”，以《盂鼎》“古”字作古，形与之相近，不填实则作古也。其卜辞先王称谓有父乙（《屯乙》一七一四），即武丁称其父小乙。㱿、亘卜辞每言及古，如云：

卜㱿……乎古。……（《屯乙》四三一二。《后编》上一、三，㱿、古同版）

甲子卜，亘贞：𠂤〔酒〕在疾，不从王。　古。　贞：其从王。　古。（《屯甲》二一二一，大龟四版之二）

大龟四版之一为古贞旬之辞，同版见卜人𠭰及允。（《屯甲》二一二二）又妇好曾侑古事，见《遗珠》七，文云：“贞：帚好㞢古于多妣介。”凡此各条，皆古为武丁时人之证。

古又称古子。《京津》二〇九七云：“癸丑卜，贞：𣪊古子。”他辞亦言古来入贡事。如：

贞：古来犬。　古不其来犬。　古来马。　不其来马。（《屯乙》五三〇五）

殷代铜器有关古之遗物，见于著录者，有：《亚古毁》（《邺中片羽》三上二六。铭文云：“己亥，王易贝，在𩃬门，用乍父已隮彝。古”），《亚古父已盉》（《殷文存》上三三）、《古作父丁彝》（《博古图》八、一一，《啸堂集古录》上二六）等。

旹之卜辞，兹分类辑录如下：

一、【卜雨】

〔庚〕申〔卜〕，旹贞：不其雨。 □申……旹……不其……（《屯乙》四二五六）

按同版旹卜王令内事，同在庚申日。

壬子卜，旹贞：雨。（《屯乙》六二〇〇）

……旹贞：今……王固曰：其雨隹……（《遗珠》一一四四）

戊申卜，旹贞：兹雨隹若。（《京津》四七六）

或系以时者：

丁巳卜，旹贞：今日，䢔（延）雨。（《铁》二四六、一，《续编》四、十一、四重）

甲戌卜，旹〔贞〕：今日䢔雨。（《簠室·天象》四二）

戊寅〔卜〕，旹贞：今日不雨。（《前编》三、一七、一）

癸未卜，旹贞：来庚寅〔雨〕。 贞：庚寅不其雨。（《屯乙》二八一二）

或卜某月雨不雨：

己巳卜，旹贞：今二月雨。（《续编》四、七、二，《南北·师》二、一六重）

丙子卜，旹贞：今十一月，不其雨。（《屯乙》二三〇五）

或言时雨：

辛未卜，旹贞：黍年，出𤴓（是）雨。 贞：黍年出𤴓雨。 贞：王饮出𡆥。 饮，亡𡆥。（《殷缀》二二九——《屯乙》三二八五＋三三一九整龟）

按背左桥云："禘𠔁。争。""王固曰：吉，不隹丁未。"则兼记祈年事，有争署名。𤴓即昰字。《说文》："是，从日正。"又正字下云："是也。"此云"正雨"即"是雨"。他辞所见字亦从日作者。如："庚辰卜，大贞：雨不昰，辰不隹年。"（《林》一、一六、一七，《前编》七、三〇、一重）"是"与"时"古音义俱通；《尔雅·释诂》："时，是也。"（参郝疏）故"是雨"即时雨。《洪范》："肃时雨若。"《礼记》："天降时雨，山川出云。"《月令》："季春之月，时雨将降，下水上腾。"时雨即谓顺时降雨。卜辞又言"𤴓年"。"帝令雨，𤴓年。 贞：帝令雨，弗其𤴓年。"（《前编》一、五〇、一）即时年也。时年应如《洪范》“时旸”、“时燠”、“时寒”、“时风”之时。《墨子·七患篇》亦见“时年”一词。卜辞盖用“是”为“时”字。“是雨”旧读作“足雨”，未确。战国长沙缯书每言“寺雨”，亦即时雨，惟借“寺”为时耳。

或言帝命雨：

壬申卜，㱿贞：帝令雨。（《屯乙》六六六六）

按此为巨龟右背甲，反面朱书杂契刻。

癸丑卜，㱿贞：今日，帝不其令〔雨〕。（《续存》上四八一）

或卜雨兼及云雷者：

癸卯〔卜〕，㱿贞：丝云（雲），其雨。（《屯乙》四六〇〇）

癸巳卜，㱿贞：……雨。𤰈（雷），十月，在……（《后编》下一、一二）

按《汉书·王莽传》中：“冬靁。”此书十月有雷，语略同。京房《易妖占》曰：“天冬雷，地必震；教令挠，则冬雷，民饥。”（《御览》八七六引）盖古以冬雷为咎征。

辛酉卜，贞：自今五日雨。（《屯乙》七三一二，同版㱿卜）　背云：“壬戌𤰈（雷），不雨。　四日甲子，允雨。王固曰：隹鬼！隹水！”（《屯乙》七三一三）

按此为整龟，甲面已锲他组辞，故贞辞转书于背。壬戌即辛酉之翌日，自辛酉至甲子恰为四日。

附㱿：

□寅卜，㱿贞：㱿，不隹𡆥。　……㱿，隹𡆥。（《殷缀》一八九——《屯乙》二三五一＋二六〇四）背（《屯乙》二六〇五）云：“王固曰：吉！勿隹𡆥。”

二、【卜晴】

庚辰卜，㱿贞：羽辛巳，易日。王固曰：易日。　贞：羽辛〔巳，不其易日〕。（《殷缀》二一五——《屯乙》二九三八＋三四三六）　背云：“贞：羽辛巳，易日。　贞：羽辛巳，王……易日。”

三、【卜旬】

癸酉卜，□贞：旬亡𡆥，十月。　癸卯卜，㱿贞：旬亡𡆥，十一月。癸巳卜，㱿贞：旬亡𡆥，十三月。　……卜㱿〔贞〕：旬〔亡〕𡆥。　癸酉卜，𡆥贞：旬亡𡆥，二月。　癸未卜，𡆥贞：旬亡𡆥，二月。　癸……𡆥〔贞〕：旬〔亡〕𡆥。　癸卯卜，𡆥贞：旬〔亡〕𡆥。　癸丑卜，𡆥贞：旬亡𡆥。　癸亥卜，𡆥贞：旬亡𡆥。　……𡆥贞：〔旬亡〕𡆥。　癸巳卜，𡆥贞：旬亡𡆥，四月。　癸卯卜，𡆥贞：旬亡𡆥，五月。　癸丑卜，𡆥贞：旬亡𡆥，五月。　癸亥卜，□贞：旬亡𡆥，五月。（《屯甲》二一二二，大龟四版之四）

按上版同卜旬者，尚有十一月宊卜，十二月𣌭卜，五月𠘯卜。知卜官贞事，时有更动，不拘于某一人。此龟为纯粹卜旬之辞，一旬一卜，其系有月名者，自十月癸酉以至五月癸亥，所占月数前后共九个月。其刻辞排比先后之次，大抵由右而左，由下而上，再及四隅空隙处。此较完备之记录，可考见殷礼卜旬之制，参董氏《大龟四版考释》。

癸酉卜，𡆥贞：旬亡𡆥。（《屯乙》七三九二）

癸巳卜，𡆥〔贞〕：旬亡𡆥。（《平津·元》一四六。同版贞旬亡𡆥辞数见，未详卜人）

〔癸〕酉卜，𡆥〔贞〕：旬亡𡆥，一月。　癸……𡆥……旬〔亡𡆥〕。（《京津》一七八三）

癸酉卜，𡆥贞：旬亡𡆥，三月。（《燕大》四三四。同版有癸巳争卜旬亡𡆥）

癸酉卜，𡆥贞：旬亡𡆥，五月。（《南北·坊》四、一三四）

癸酉卜，𡆥贞：旬亡𡆥，八月。（《京津》一八〇五）

癸酉卜，𡆥贞：旬亡𡆥，九月。（《屯甲》二七八三）

癸酉卜，𡆥贞：旬亡𡆥，九月。　癸未卜，𡆥贞：旬亡𡆥。（《续存》上九二九）

癸酉卜，𡆥贞：旬亡𡆥，十月。（《续存》上九三四）

癸酉卜，𡆥贞：旬亡𡆥，十一月。　癸丑卜，𡆥贞：旬亡𡆥。（《续存》上九五一）

癸酉卜，𡆥贞：旬亡𡆥，十三月。　……卜，𡆥贞：旬〔亡𡆥〕，一月。（《粹编》一四二三）

癸未卜，𡆥贞：旬亡𡆥。（《续存》上八九四）

癸未〔卜〕，𡆥〔贞：旬〕亡〔𡆥〕。（《续存》下四一八。同版尚有无卜人之贞旬亡𡆥辞数见）

癸未卜，𡆥贞：旬亡𡆥。　癸巳卜，𡆥贞：旬〔亡𡆥〕。　癸卯卜，𡆥贞：

〔旬亡𡆥〕。　癸亥卜，〔𠰷〕贞：旬〔亡〕𡆥。（《拾掇》二、四五六）

癸未卜，𠰷贞：旬亡𡆥。　癸卯卜，𠰷〔贞：旬亡𡆥〕。（《南北·坊》五、四三）

癸未卜，𠰷贞：旬亡𡆥，三月。　癸巳卜，𠰷贞：旬亡𡆥，三月。（《明义士》一四三）

癸未卜，𠰷贞：旬亡𡆥，六月。　癸未卜，〔𠰷〕贞：旬亡〔𡆥〕。（《续存》上九二五）

癸巳卜，𠰷贞：旬亡𡆥。（《燕大》四三五）

癸巳卜，𠰷贞：旬亡𡆥。（《续存》下四三一）

癸巳〔卜〕，𠰷贞：〔旬〕亡〔𡆥〕。（《邺二》下三八、一三，《京津》一七八八重）

癸巳〔卜〕，𠰷贞：〔旬〕亡𡆥，雝出。　癸卯卜，𠰷贞：旬亡𡆥，十一月。　癸酉卜，𠰷贞：旬亡𡆥，十一月。　癸未卜，𠰷贞：旬亡𡆥，十二月。〔癸〕巳卜，〔𠰷〕贞：旬亡𡆥，十二月。（《续编》四、四六、五，《簠室·杂类》三九文略同）

按雝人名，亦称子雝。他辞云："乙酉，子雝又出，二月。"（《天壤》八引《簠室》藏骨）雝即雝字。（详《巴黎所见甲骨录》第三片释文）

癸巳卜，𠰷贞：旬亡𡆥，二月。　癸□〔卜〕，𠰷〔贞：〕旬〔亡𡆥〕。（《金璋》六一九）

癸巳卜，𠰷贞：旬亡𡆥，十月。　告。（《京津》一八一一）

癸卯卜，𠰷〔贞〕：旬亡〔𡆥〕。（《南北·坊》四、一三五）

癸丑卜，𠰷贞：旬亡𡆥。（《续编》四、四八、四）

癸□〔卜〕，𠰷贞：〔旬〕亡（𡆥），八月。　癸丑卜，𠰷贞：旬亡𡆥，八月。　癸酉卜，𠰷贞：旬亡𡆥，九月。　癸未卜，𠰷贞：旬亡𡆥，九月。〔癸〕巳卜，𠰷贞：旬亡𡆥，十月。（《遗珠》二〇一）

〔癸〕亥卜，𠰷〔贞〕：旬亡〔𡆥〕。（《续存》上九〇二）

癸亥卜，𠰷贞：旬亡𡆥，二月。（《后编》下三三、九。同版尚有无卜人之贞旬亡𡆥辞二组）

癸亥〔卜〕，𠰷贞：旬亡𡆥，五月。（《遗珠》一二二〇）

癸亥〔卜〕，𠰷贞：旬亡𡆥，七月。（《宁沪》三、一〇七）

其他如《南北·坊》四、一三六，《燕大》一二三，《续存》上九〇一及九〇九，《京津》一八五五，又一八八一，《遗珠》七四一等，皆𠰷贞旬亡𡆥残辞。

或言旬㞢𢀛：

癸亥卜，𡆥贞：旬㞢𢀛。其㞢来〔㜸〕自……（《燕大》五九三）

或贞旬兼及“夕㞢”：

癸亥卜，𡆥贞：旬亡𡆥。之夕㞢。甲子，𤔲（铸）澉。王……（《南北·师》二、一三一）

按𤔲，以金文𤔲字例之，盖即铸字，此为人名，说详后。

或贞旬兼及“月食”：

〔癸未卜〕，𡆥〔贞：旬亡〕𡆥，三日〔乙酉〕，夕〔月㞢〕食，闻。（《燕大》六三二）

按以《屯甲》一二八九、一七四九等片缀合，争卜乙酉月食之文参证，与此乃同事异人所卜，说见上争条。（参《大陆杂志特刊》第一辑。）

四、【卜年】

或言𠦪年：

己巳卜，𡆥贞：其𠦪年于上甲，𠦪。九月。　甲子卜，𡆥贞：𠦪年自上甲。九月。　癸亥卜，𡆥贞：𠦪年自上甲，至于多毓。九月。　丁酉卜，𡆥贞：大示五牛。九月。　……𡆥贞：大示三牢。九月。　……〔𡆥〕贞：大示牛。九月。　……贞：来乙亥，𩫖其𩛥，王若。九月。（《屯甲》二九〇五）

按上为巨胛骨，卜九月祈年事。最堪注意者，为“自上甲至于多后”之合祭，亦于祈年之际举行之。武丁时，卜辞有此语者，又如：“癸丑卜，争贞：㞢𢓊伐，自上甲至于多后。”（《前编》五、四二、五）“……卜宕……　甲申……𢓊岁〔自上甲〕至于多后……”（《簠室·帝》一七一）可见祭祀先祖之系统，始于上甲之制，武丁时已行之。考𡆥卜𠦪上甲在甲子前一日之癸亥，宕卜在甲申前一日之癸未，此于祭之先一日贞卜，而祭日则依神主之名；故祭上甲在于甲日，虽间亦有变例然此种规定，武丁时已然，非自祖甲创始也。又辞屡言大示盖大宗庙主起自上甲，他辞云：“……贞：辛亥酌彡，自上甲，在大宗彝。”（《南北·明》五二三）“乙未贞：其𠦪自上甲十示，又三牛，小示羊。”（《后编》上二八、八）以小示与上甲十示对言，知上甲十示，即上甲以下之直系，是大宗也。若小宗庙主，似起于大乙，他辞云：“己丑卜在小示，又𢓊岁自大乙。”（《后编》下四二、一五，《佚存》一三一，《遗珠》六三一并同）又“乙丑……⽶自大乙，至于且丁九示。”（《拾掇》二、一六六）故知⽶自大乙或指小宗而言，与⽶自上甲之指大示者别。大宗为直系，小宗则兼有旁系，故异其宗庙耳。

□午卜，㱿贞：……坴禾。（《邺中》二下三八、七）

按他辞云：“卜穷贞：坴……于宫，至十二月。”（《前编》六、一三、二）坴字所从之⽶，乃祭名。如：“勿⽶。”（《屯乙》一九四六）他辞作“勿⽶”（《六录·中央》七七）；“乙酉⽶三牛”（《后编》上二六、一四），即“其⽶三牛”（《宁沪》二二七）。而“⽶禾”一词，于卜辞累百数十见，又言“⽶穡”，如：“……⽶寠畓。”（《南北·师》一三〇）即《月令》所谓祈谷实者也。此云“坴禾”，义殆与⽶禾相类。坴字益土旁，乃⽶之繁形，隶定可作坴，如郊之作𨛫矣。

或卜黍年：

癸卯卜，㱿贞：王于漆，侯受漆年。十三月。　癸卯卜，㱿贞：王勿于漆，侯〔受漆年〕。（《屯乙》四〇五五）

按此为巨龟，上辞对贞。甲心尚有“王固曰吉！……于□其雨吉。其隹乙雨吉”等占辞，此为闰月卜黍。于黍者，于，犹往也。诸黍字皆益水旁，侯字倒书。

庚戌〔卜〕，㱿贞：……其黍……（《南北·明》五三）

甲寅卜，㱿贞：帚姘受漆年。（《后编》上三一、一〇，《粹编》八七九重）

丙午卜，㱿贞：……众黍丁……（《遗珠》七八八，《通·别》二、六、一重）

壬戌卜，㱿贞：乎⊞𢼸（斝）𢆉漆。（《前编》五、五、三，《续存》下六〇重）

按上为胛骨，⊞即方国首长名。他辞云：“……我入六在……丙寅，⊞丁四乂。”（《屯甲》二二九三背甲）金文如《三代吉金文存》六、二一《父己彝》上识族号之⊞，同书一四、二八觚上识⊞号，并即此文。斝字从王国维释，（《观堂集林·释斝篇》）于此当亦人名。𢆉为动词，疑即蘖，读为乂。《说文》𠯑读如蘖，金文艾、乂、薛通用。《尔雅·释诂》：“艾，相也。”“乂，治也。”“𢆉漆”谓治黍。胡氏《续存》摹𢆉为辛字，恐误。

或卜受年：

325

辛卯卜，𠂤贞：我受年。　贞：我不其受年。（《屯乙》四六〇四整龟）

按此左右对贞，其上尚有“贞：王聑（听）隹𧴪（櫱）。　贞：王聑不隹𧴪”语。即卜年有櫱与否也。

甲子卜，𠂤贞：我受年，三月。（京都大学六一八）

戊午卜，𠂤贞：𡜊受年。（《屯乙》七二〇五）

或言“惟年”、“衔年”：

□寅卜，𠂤贞：𠦪隹年……（《簠室·杂事》一〇九）

按《月令》季春文云：“虹始见。”此书虹霓事。

癸酉卜，𠂤贞：勿衔年。（《佚存》八六七）

按衔即门内祭先祖彷徨之彷，与祊同用。衔年犹祈年也。

……贞：𠂤……年。（《屯乙》四六三五残）

五、【卜狩】

丙申卜，𠂤贞：乎见𢍰𢍰刍，弗其𩁹。　丙申卜，𠂤贞：乎见𢍰𢍰刍，𩁹。（《殷缀》二二〇——《屯乙》三〇九一＋四〇五七＋四二一八）

按𢍰字从从弗，疑拂之异构。《尔雅·释诂》：“弗，治也。”《诗》：“茀厥丰草。”《毛传》：“茀，治也。”又通“拂”。《释文》：“茀，韩诗作拂。”拂，弗也。故𢍰刍即拂刍也。此卜呼见与前治刍事。𩁹即禽字。他辞云：“贞：勿欧𩁹。”（《前编》六、四五、四）犹《易·比卦》之“三驱失前禽”。又言“㞢𩁹”，犹《易·师卦》之“田有禽”。𩁹与𢍰一字，如“弗其𩁹”亦作“弗其𢍰”（《续编》三、四一、三）是也。说详《巴黎甲骨录》。

甲午卜，𠂤贞：在沚或刍。乎……（《前编》二、六、五）

按或，为人名。他辞亦称曰“沚或”。如：“令𡧊沚或。”（《后编》下三八、六）“己丑卜，贞：𠬝𠂤沚或伐𢦏，受又。”（《粹编》一一六四）“甲子贞：王比沚或才（在）才月。　辛巳贞：王比沚或。　癸巳王贞：比。”（《缀合编》一五五——《戬寿》四五、一二＋四五、一三，又见《续编》六、二二、一〇）其但称“或”者，如：“甲戌子卜：隹不及㞢囚。”（《铁》八一、二）“庚午卜，令或𠂤，若。”（《南北·师》一、一七四，《外编》八五重）“乙丑卜，王叀或比。”（《邺中》三下三八、一）或从字体断代，谓上举多为武文卜辞（《综述》，897页）然各辞王字皆作太，《邺中》骨版上又有“癸亥卜，王叀尸正（征）。　王叀𡈼乘比”之语，知或乃与𡍬乘同时。再由《前编》“或刍”见于𡆥之卜辞《藏龟》或见于子之卜辞合证之，或当与卜人𡆥及子同属武丁时人。或字见《佩觿》，云：“地名”，音哥。彼殆与戜同为沚地之君长。

乙巳卜，𡆥贞：弓刍于𧭫。　贞：弓刍勿于𧭫。（《殷缀》一六六——《屯乙》二二六六及一九四五）　背云“王固曰：勿。”

按弓，人名。他辞云：“乙丑子卜贞：弓归。”（《林》二、二六、四）弓即子弓（《菁华》一一、二），参卜人子条。此固词仅云“勿”，即勿刍之略语。

六、【卜往来】

或言“来”与“往”者：

丙申卜，𡆥贞：㞢〔来自西〕。　贞：亡其来自西。（《拾掇》二、四七一）

……卜，𡆥贞：我田，㞢来……（《续编》五、二九、一）

丙子卜，𡆥贞：王往……（《前编》七、三七、二。同版见卜人㝦与亘）

己未卜，𡆥贞：王往〔萑〕。（《粹编》一〇四七）

戊辰卜，𡆥贞：王往于𩫖。（《续存》下三七一。同版见亘卜𠂤亡巛事）

壬寅卜，𡆥贞：往休。（《林》一、二三、一五）

或言“出”者：

甲戌卜𡆥贞：其㞢出。（《铁》六二、二，《六录·束》六四重）

乙巳卜，𡆥贞：丘出𠂤。（《铁》二〇二、四）

……卜，𡆥贞：……往出……（《库方》一五六四。同版见“我受糧年”语）

或言“省”者：

丁酉卜，𡆥贞：王往省从西，大……（《簠室·游田》七）

或言“步”者，“幸”者：

丁巳卜，𡆥贞：王勿步。（《屯甲》二九八二）

甲寅卜，𡆥贞：幸……（《续存》上七一五）

或言“在”者：

……卜，𡆥贞：𤰞……在唐土。（《屯乙》四九八）

按此字从甲从𦥑，殆甲之繁形。金文地名多有此例，古国有甲父，《左·昭十六年传》：“赂以甲父之鼎。”杜注：“高平昌邑县东南有甲父亭。”《庄子·庚桑楚》有“甲氏”。

七、【卜梦】

辛亥卜，吕贞：王梦㞢舌（祮），隹之。（《佚存》九八《宁沪》三、一一七重）

壬戌卜，吕贞王梦隹之。　贞：王梦不隹之。（《屯乙》三四七五整甲）

八、【卜疾病】

甲辰卜，吕贞：疒舌，隹㞢壱。（《戬寿》三四、六，《续编》五、一七、三及六、一五、二重）

□寅卜，吕贞：[illegible]其㞢疒。　……贞：[illegible]亡疒。（《殷缀》一一七——《屯乙》八七三十八九九十二一五二）

丙子卜，吕贞：钔役（疫）。（《前编》六、一二、四）

按役即殺，与疫同。钔役犹御疫。《周礼》占梦：“遂令始难殴疫。”又详方相氏及《礼记·月令》三月郑注。钔役与殴疫义同。

九、【卜祭祀】

(甲) 祭山川社

岳

丙戌卜，吕贞：来于岳。（《续编》五、三三、四。同版㱿卜狩盂事）

(乙) 祭先公先王先妣

(一) 夒

……吕贞：……夒……（《续编》一、一、二，《簠室·文字》八二重。同版尚有“己巳卜，㞢钔于且丁”之残辞，其卜人未详）

(二) 季

辛亥卜，吕贞：季弗希王。（《屯乙》二五九六）

(三) 唐

戊子卜，吕贞：唐……（《铁》二四一、三，《佚存》四二重。同版见卜人韦及子𠂤）

(四) 戎丁（大丁）

癸亥卜，吕贞：戉（戎）丁用。三月。　〔癸〕亥卜，吕贞：戎……庚……　丙午卜，吕贞：令……（《平津·元》一九，《续编》一、三、二，

及《续存》上七九重。第二行“戎”下拓本未明，胡氏摹作“于唐”未确。同版见卜人穷及争）

按旺为戎字（说详《卜辞义证》），戎训大（《尔雅·释诂》，《书·盘庚》，《诗》之《江》、《汉》、《烈文》等传），故戎丁应即大丁。他辞戎丁屡见，如：

甲子卜，贞：今夕酢戎丁，十一月。（《燕大》三七二）

壬戌卜，贞：彡戎丁，十一月。　贞：告卬戎丁。（《元嘉》七四）

贞戎丁，宁百羊百□百豕，十月。（《屯甲》三五一八）

戎丁……豕一……（《京津》二七一七）

《殷本纪》：“汤崩，太子大丁未立而卒。”卜辞所见上甲以下至祖丁十宗一版云：“□申雨。□未卜，※自上甲、大乙、大丁、大甲、大庚、大戊、中丁、且乙十示，率牡。”（《屯甲》二二八二＋《佚存》二五六——《殷缀》二九）上举武丁时骨版刻辞为㱿所卜，称戎丁，不曰大丁，戎丁乃其别名；罗、王以来所未言及，可补经史之缺。

……卜，㱿贞，……衣……〔戎〕丁，十五小宰。二月。（《续编》二、一九、二，《簠室·典礼》九三重）

（五）祖丁

甲□卜，㱿贞：㞢于且丁宰，二月。（《宁沪》三、三〇。原摹“甲”下无地支）

（六）南庚

丁卯卜，㱿贞：㞢丁南庚。（《平津·元》六二，《续存》上二七六重。同版见卜人亘）

庚申卜，㱿：勿蕭，皷于南庚，宰用。（《屯乙》七〇三〇）　背（《屯乙》七〇三一）云：“王固曰：吉。”

（七）父乙

乙未卜，㱿贞：父乙壱王。（《屯乙》一七一四。龟上部同版为㱿卜）

（八）多父

……卜㱿……多父……（《六录·束》二二）

附丁：

丙寅卜，㱿贞：羽丁卯，㞢于丁。　贞：羽丁卯，㞢于丁，宰㞢一牛。（《屯甲》二一二四）

按此大龟四版之一，同片亦见“丙寅卜，穷贞：羽丁卯，㞢于丁。

贞：勿㞢于丁，五月。”应为同日同事异人所卜，其他穷卜㞢于丁者，又有辞若干组，见上卜人穷条。

以上祭先公先王。

（一）高妣□

壬寅卜，㱿贞：钔于高妣□。　壬寅卜，㱿贞：勿誰，于宗钔。（《续编》六、九、一）

（二）妣己

壬子卜，㱿贞：妣己克往……（《续编》五、二八、一一，零拾一二，《续存》下二三重。同版见卜人争）

戊寅卜，㱿贞：我永　勿㞢于妣己。　贞：我永　㞢于妣己。（《屯乙》六七一九）

按上龟下半两甲尾俱全，此辞上三句锲于左侧，其右则记：“来羌卅。　来羌率用。”间以“㞢于妣己”句，句序分开排列，盖贞我与永二人侑于妣己用羌事。

（三）妣庚

乙未卜，㱿贞：妣庚□（宠）王疒。（《屯乙》三〇六六）　同版云：“乙未卜，㱿贞：妣庚□王疒。”是同事异人所卜。

乙□卜，㱿贞：钔于妣庚，㳄𠬝，㞢十牛。（《续存》下二七〇）

（四）妣癸

壬戌卜，㱿贞：　钔疒，□妣癸。　钔疒，□于妣癸。　贞：勿钔于妣癸。（《屯乙》四五四〇整龟）

按□以金文交字证之，乃从口从交。今本《说文》无咬字，沈涛《古本考》据《文选注》引补之。《齐物论》“咬者”，即号呼之意，此辞咬为祭名，殆《周礼》太祝郑注“祈嘄也”。谓有灾变号呼告神以求福之义，谓号于妣癸，以御疾也。

（五）母庚

庚辰卜，㱿贞：舌母庚。（《前编》一、二九、三）

㱿贞卜之辞，所见祭祀之对象，已详上列。其他剩文碎义，有祭名可征者，除见前例外，再胪举如下：

〔彭〕

戊午卜，㱿贞：彭，小子钔。　贞：勿彭。（《续存》下三六二）

按小子，官名，见《周礼·夏官》。郑注云：“主祭祀之小事。”

〔出〕

己亥卜，𡆥贞：出眔之，十二月。（《后编》下三三、八）

己丑卜，𡆥贞：……戋（𢦏）出……彭。（《屯乙》二七三六）

癸酉〔卜〕，𡆥贞：羽乙亥出伐……（《屯乙》三二六六）

己巳〔卜〕，𡆥贞：出于……（《七集·天津》一〇）

〔杏〕

……𡆥贞：杏于……（《前编》四、八、一。同版见㱿贞狩事）

□丑卜，𡆥贞：〔勿〕于凵，杏十□。（《天壤》四〇）

〔祀〕

壬戌卜，𡆥贞：𥁕……祀，出〔杏〕。五月。（《前编》四、一九、八）

〔𡗜〕（禳）

丁亥卜，𡆥贞：𡗜于滴。　𡗜不𡗜于滴。（《屯乙》七三三六）

按上为整龟。其背云："王固曰：勿𡗜。"（《屯乙》七三三七）滴读为漳，即漳水。（详葛毅卿《释滴》）𡗜者，《毛公鼎》："亦唯先正䍐薛厥辟。"刘幼丹以䍐即襄，知𡗜为𢅘之初文襄字从之。惟此读为禳，《说文》所谓"磔禳祀除厉殃也"。《周礼》注："却变异曰禳。禳，攘也。"

〔用牛〕

庚子卜，𡆥贞：勿牛，于羞。（《前编》四、三五、二，《续存》下二七一及《双剑》四三文同）

按勿牛即犁牛，《论语·雍也》："犁牛之子骍且角。"河井大龟言"亩羊"、"亩𦍋"，对文数见。

……卜𡆥贞：乎奴牛。　……卜，𡆥贞：（《遗珠》七二六）

〔𦈡〕

丁酉卜，𡆥贞：兄（祝）挚㳘𦈡（𦈡）。……（《前编》六、二九、五，《林》二、一、四重）

十、【卜征伐及方国】

（一）𢀛方

甲午卜，𡆥贞：王伐𢀛〔方〕，我受又。（《簠室·征伐》一，《续编》三、七、五重）

丙子卜，𡆥贞：乎𩲃𢀛〔方〕。　贞：勿乎𩲃𢀛方。（《平津·元》九八，《续存》上五七〇，《外编》四五五重）

按戚字从戌从夏，读为擭，《集韵》十六屑："擭，《博雅》：击也。"

辛亥卜，㱿贞：于　贞：乎伐𢀛尸在　贞：勿〔尸〕在（《粹编》一〇八九，据郭释）

按此片似未刻全。"于"、"在"字下当有地名，今俱缺。又𠂤字郭氏释尸，然循其上下文理，疑系"方"字刻失横笔。

（二）羌方

丙辰卜，㱿贞：其敳羌。　贞：敳羌。　贞：敳羌。（以上右）　贞：于庚申，伐羌。　贞：庚申，伐羌。　贞：庚申，伐羌。（以上左）（《屯乙》六七四二）

按上龟仅甲尾部分残余完整。庚申为丙辰之后四日，此贞敳羌及伐羌二事，左右分记。盖伐羌人有所俘获，以之作牺牲也。因贞问非一次，故辞多重复。

（三）方

辛亥卜，㱿贞：令菁氏角钔方于陟。……㕰。（《屯甲》三五三九）

按陟亦方国名。他辞云："……雀戋陟。"（《天壤》九八。详下《卜人事辑》陟条）

辛巳卜，㱿贞乎见方。六月。　辛巳卜，㱿贞：勿乎见。（《续存》下四五）

……㱿：……方……见……（《屯甲》三四六二）

（四）尸　周

□戌卜，㱿贞：令泳出（侑）尸方……（《京津》一二二四）

按泳旧列帝乙、帝辛时，而此版卜人为㱿；其字体工细整饬，又与所谓第五期相似，于此可见欲依字体断代之难。而泳当为武丁晚期之人，说见下永及泳条。

丁巳卜，㱿贞：戋尸。　丁巳卜，㱿贞：王伐不㫷。　贞：王伐不㫷。丁巳卜，㱿贞：周氏嫀。　贞：周弗氏嫀。　周氏嫀。（《屯乙》七三一二）背（七三一三）云："王固曰：隹鬼，隹尸。"

按上为整龟一贞伐尸方事，戋读为殲；一贞周氏嫀事，同为丁巳日卜。嫀即秦，与周地相迩。

（五）戌

辛丑卜，㱿贞：　丙申卜，㱿。　戌亡其死。（《佚存》一四二，《南北·师》二、九七重）

□申卜𠂤。　戉亡其豖。　戉弗其𢦏。（《续编》六、七、五）

按上二片俱系骨条，疑"申"上残文亦即丙申，可以缀合。

己亥卜，𠂤贞：戉……（《续存》上六二〇。同版见卜人㱿及亘）

（六）𨸏

□辰卜，𠂤贞：乎取马于𨸏，氐。三月。（《簠室·地望》四四，《续编》五、四、五重）

□辰卜，𠂤贞：𨸏𡧊〔化〕，弗其受又。（《屯乙》二〇三一）

……卜，𠂤贞：𨸏化正，受㞢又。三旬㞢□日戊子，幸，𢦏𢀛方。（《屯乙》二五〇三）

按《屯乙》四七〇一大龟云："王固曰：甶既，三日戊子，允既，𢦏𢀛方。"与此云"戊子幸"，同属戊子日，是版又有"乙丑卜，𠂤贞：……𢦏……　乙丑卜，𠂤贞：……弗其𢦏……"对贞残辞，当亦指𢦏𢀛方事。（𢀛方详上卜人穷条，本书卷五）

附多马：

庚子卜，𠂤贞：今多马衔，从羌。（《屯甲》三五二三。字小）

按衔字旧释衞，然其字有从方从行者，如"王衍"（李棪藏骨）。又为祭名（如"衔于㝵示"，见《续编》五、九、二），明为彷徨之彷。其云"多马衔"，或"多射𢓊"（《粹编》一五），多马多射并武职；衔者，后世演为联绵字之彷徨、仿偟，犹徘徊也。卜辞之"衔"，有巡行意。

壬申卜，𠂤贞：衔弗曰……（《屯乙》五二八九）

按此辞锲于龟背中间一行，其龟面（《屯乙》五二八八）辞云："贞：衔……宄。"（右）"贞：勿㞢匚。"（左）甲尾云："贞：陕其𠀠。　贞：陕𠀠。"应亦𠂤所贞卜，可与背辞参证。

十一、【𠂤卜辞所见人物】

（一）侯

𡆥侯　《遗珠》六。

（二）诸子

子豖　《续存》下二二九。

㐱（子㐱）　《殷缀》一一七——《屯乙》八七三＋八九九＋二一五四。

𠀀（子吕）　《殷缀》一六六——《屯乙》一九四五＋二二六六。

圚（子圚）　《续编》三、四五、四。

（三）诸妇

帚好　　京都大学五一〇。

帚姘　　《续编》四、二五、二（《佚存》五三一及《南北·师》二、二七重），《粹编》八七九，《后编》上三一、一〇。

帚婐　　《屯乙》一二二二（亦见《殷缀》一〇九），《屯乙》九六〇。（仅称“果”）

帚喜　　《粹编》一四八六。

[illegible]　　《粹编》一四八一。

（四）卜人

我　《屯乙》六七一九，《遗珠》一六三，《拾掇》二〇，《铁》一一七、三。

永　《屯乙》六七一九，又七〇四〇。

泳　《京津》一二二四。

兄　《林》二、一、四。（《前编》六、二九、五重）

豕　《续编》二、二七、五。（《戬寿》四五、三及《续编》六、八、一重）

𠂤　《屯甲》二一二一。

徔　《簠室·人名》六八。（《续编》五、七、九重）

内　《屯乙》四二五六。

沐　《屯乙》四二九三。

取　《簠室·人名》六八（《续编》五、七、九重），《续存》上六三一，又下二二九。

[illegible]　《林》二、六、一三。

㲋　《屯乙》六〇一一。

[illegible]　《遗珠》五一七，《南北·师》二、一五三。（作[illegible]）

邑　《宁沪》三、二五，《京津》一二二。

（五）其他

角　《屯甲》三五三九。

旓　《佚存》六〇八。

梳　《簠室·人名》六八。（《续编》五、七、九重）

为　《屯乙》九六〇。

　《续存》下二二九。

见　《殷缀》二二〇。

冓　《屯甲》三五三九，《京津》九二一。

浴　《缀合编》一五一。

前　《殷缀》二二〇。

爵　《林》二、六、一三。

竝　《后编》下三五、一，《南北·文管》七〇。

[illegible]　《前编》五、五、三。(《续存》下六〇重)

戓　《前编》二、六、五。

[illegible]　《续编》四、四六、五。

龙　《续存》上六三一。

般　《屯乙》六九〇六，《续存》上六三一，《续存》下四四二。

十二、【杂卜】

王：

……卜，吿……王固……(《簠室·文字》七)

……卜，吿　王矢……(《平津·元》一六八，《续存》上一四〇六重)

使人：

己未卜，吿贞：我〔三〕叓叓(使)人。　贞：我叓不其叓人。(《屯乙》七七九七整龟)

按上辞分锲于整龟甲桥，左右对贞。同版上另一组云：“贞：叓𠂇(使)人。”“贞：叓不其叓人。”叓与史吏不分，古用为事字，详下卜人事条。叓作动词，则读为使。以此例之，“我”、“史”当为二人名。他辞云：“我史𢦏缶。”(《屯乙》六七〇二)此我与史并称也。又云：“戊寅卜，吿贞：我永。　贞：我永勿㞢于妣己。”(《屯乙》六七一九)此我与永并称也。故知我下“三”字乃记数字混入正文者，不得与人名之史字连读。

庚申卜，吿贞：王叓人……(《屯乙》一二七七甲。数行在刻线之内)

□寅卜，吿……叓人　敏……(《续编》六、一〇、四)

乎：

庚申卜，吿贞：乎……(《粹编》一三一三。郭释漏“吿”字，反补“舞”字于句末，非。此片背刻“舞”字)

壬……㞢……乎……𡆥……（《遗珠》七六三）

辛卯卜，㞢贞：乎西……（《燕大》五六）

令：

乙卯卜，㞢贞：令〔见〕　戉罘十人于……　贞：勿令。八月。　癸丑卜贞：令见……戉罘十人于……　贞：勿令。八月。（《屯甲》二一二四，大龟四版之一）

癸巳卜，㞢〔贞〕：勿令……（《屯甲》一八三九）

……㞢……〔令〕甶𦥑。（《外编》一三五）

其他：

丙寅卜，㞢贞：凡多卣。（《南北·师》二、一五七）

按此片对贞残辞云：“凡……卣。”考卣字有作卣者（《前编》四、一二、六），则此乃从卣益口旁。他辞云：“……既，卣……尸王馈……其……”（《文录》五二九）又“……贞：其于十岁，卣㞢正。”（剑桥大学藏，即《金璋》五七一）释为卣字尚合；或释迺字，于上下文义未畅。

戊寅卜，㞢贞：窜正。（《铁》一二七、二）

己酉〔卜，〕㞢……[illegible]（宠）……（《续存》上四六〇）

……㞢贞：……取于……（东京博物馆藏片）

□子卜，㞢……㞢子……（《明义士》一〇〇二）

己丑卜，㞢贞：羽庚寅帝……（《天壤》二二）

十三、【成语】

〔亡囚〕

辛巳卜，㞢贞：其亡囚。（《南北·师》二、一三）

壬寅卜，㞢贞：亡囚。（《续编》四、四八、三）

〔妫　宁〕

丙午卜，㞢贞：七町（宁），囚。　贞：勿七。（《屯乙》七一九九）

按七殆妫之省，即嘉字。《屯乙》五四〇五与八八九八，卜诸妇之嘉否，习用“乂”为妫字。上举对贞辞分刻于左右甲桥，其言“妫？宁？囚？”者，即贞问嘉与勿嘉为安宁？抑为祸害？卜辞简质，文例每如此。

〔若〕

庚子卜，㞢贞：王若。（《屯乙》二一二四）

〔出希〕

……卜，㞢……出希……〔嬉〕……（《京津》一八九六）

〔出旻〕

丁未卜，㞢贞：出旻。（《戬寿》三六、九《续编》六、二三、七重）

㞢卜残辞，附列于末。

存“今日”者：《屯乙》六六二八。存“羽”字者：京大六三六，《续存》上八一七，《屯乙》六一八四。存“令”字者：《簠室·贞类》三四。存“不”或“不其”二字者：《屯甲》三二六一，《屯乙》三七七四。存“弗”与“王”二字者：《铁》一〇五、四。存“帝”字者：《簠室·贞类》三五。存“其出”字者：《屯乙》三六一四。存“”字者：《屯乙》八〇二二。

仅存干支者：（依干支次序排比）

乙丑　《屯乙》四七〇一。

丙寅　《屯乙》三四八一，《京津》二六八。

丁丑　《屯乙》二五三三。

己卯　《屯乙》一四一二。

癸未　《南北·文管》七八，《遗珠》七四二。

戊子　《遗珠》九八七。

癸巳　《屯乙》六二〇五。

乙未　《屯乙》七八七五。

丙申　《京津》二四六六。

丁酉　《屯乙》七五九五。

辛丑　《屯乙》六七一六。

壬寅　《库方》六五四。

丁未　《屯甲》三七七二。

庚戌　《屯乙》八〇一二。

壬子　《屯乙》一二六三。

甲寅　《屯乙》七七八二。

戊午　《屯乙》七三二〇。

癸亥　《林》一、四、八，《屯乙》六二〇五。（此甲叠记“癸亥卜㞢贞”似未刻全）

仅存天干者：

丁　《林》一、四、八。

仅存地支者：

丑　《屯乙》五五六〇。

未　《六录·中》一六二。

戌　《六录·中》一六一。

亥　《屯乙》五一六八。

仅存“卜𡆥”二字者：

《屯甲》三一七四，《屯乙》七五二七，《燕大》八〇〇，《明义士》二一八三，《遗珠》一三六〇。

仅存“𡆥贞”二字者：

《明义士》一四一七，《摭续》二八五（《南北·文》七八重），《南北·坊》三、一一，《屯甲》二六六八。

仅存“卜𡆥贞”三字者：

《七集·普》二〇，《遗珠》一五九背，《屯乙》二九四六。

仅存“𡆥”字者：

《屯甲》三八五一，《明义士》一八五五。

韦

卜人韦字，大抵作形，其异体又有（《前编》五、四七、一，《屯乙》六七七二，八一六七，八三二〇）、（《屯乙》三二〇六）、（《屯乙》二四八五）诸形，繁变又作者（《屯乙》二一一八），仅一见。按韦与只竖书横写之异，自是一文，或目为二人，非是。

韦亦称子韦，《后编》下一八、二：“癸丑卜，……　子韦……”是也。其他贞人言及韦事者，如：

癸巳卜，争贞：旬亡囚。　甲午㞢乙未，荀、韦、㞢在洈。十月。（《簠室·地望》四）

□子卜，㝊贞：乎前，韦。（《京津》五六六）

丁亥卜，㱿贞：乎𠬝比韦，　取汱目。　……〔勿乎〕𠬝比韦。（《屯乙》三一〇八甲尾）

壬子卜，争贞：叀戉乎罘　贞：叀韦令狩畀莐……（《屯甲》二二五八）

丁亥卜，在𩫖𩡧贞：韦自寏妹……　又㝨，王其令㝨，不敏，克叶王令……　韦𠂤寏，弜改。　亡㝨，王其乎㝨。丁亭𠂤，又用敏。（《续编》三、

二八、七十《林》二、一、一六，与《前编》四、三一、六重，字画不明。此为骨条，文由下向上读）

与韦同版之卜人，有宊（《续编》五、九、一）、争（《铁》二五五、二）、亘（《屯甲》三三三九）、㕚（《京津》四七六，《铁》二四一、三，《佚存》四二）、𠯑（京都大学一八九），其卜辞所称先王有父乙（《屯乙》六〇八〇），即武丁称其父小乙，故知韦为武丁时人。

韦于夏殷之际，乃国名。《诗·长发》："韦顾既伐，昆吾夏桀。"郑笺以为韦即豕韦，彭姓也。《续汉郡国志》："东郡白马有韦乡。"《史记·曹相国世家》谓之围泽，《吕氏春秋·具备篇》："汤尝约于郼薄矣。"盖即韦、亳，是汤伐韦，后尝居其地。卜辞之子韦，殆殷王族之封与韦地者。

韦之卜辞，兹辑录如下：

一、【卜雨】

乙未卜，韦贞：雨…… 丁酉，贞：其雨。 丁酉，贞：不其雨。（《屯乙》六七七二）

按此残甲，存右方及甲尾，左方对贞辞缺。丁酉为乙未后二日，背（《屯乙》六七七三）有"丙申卜韦……不……"诸字。合而观之，似为乙未、丙申、丁酉连续卜雨者，面背两韦字，皆横书。

庚子卜，韦贞雨。（《遗珠》一〇八）

庚辰卜，韦贞：其雨。（《屯乙》一一一七）

己酉卜韦其雨。（《屯乙》八八五）省"贞"字。

己丑卜，韦：……雨。（《屯乙》三二〇六，右甲桥残辞）

戊辰卜，韦贞：羽己巳，其雨。 ……羽己巳，不雨。（《续篇》四、一一、二，《簠室·天象》七一重）

……韦贞：…… 羽庚午，雨。（《佚存》五四二）

□巳卜，韦〔贞：〕自今至于□酉，其雨。（《遗珠》一六）

二、【卜晴】

丙午卜，韦贞：生十月，雨其隹霁。 丙午卜，韦贞：生十月，不其隹霁雨。（《京津》一，《拾掇》二、一重）

按"不其惟霁雨"，主词"雨"字倒装系于句末，此为整龟两辞左右对贞。

……韦贞：羽庚午，其圂，易日。（《金璋》四九六）

三、【卜年】

〔甲〕午卜，韦贞：西土受年。（《屯乙》八一六七右甲）　甲午卜，韦贞：〔西土不其受年〕。（《屯乙》八三二〇左甲）

按上两辞，韦字并横书作𠅘，可以缀合。此与征卜东土受年（《屯乙》三二八七），中卜北土受年（《屯乙》三九二五），盖同为甲午日事，分卜东西南北土受年，其东土为何人所卜，惜原片尚未觅到。又隼卜亚受年（《屯乙》八一七二）亦在甲午日；此四龟者，其贞卜之时间同，字体同，直行分刻于甲心之款式亦同，左右分记“𠙵”字亦同，此实为成套之龟版：其文字锲刻应出同一人之手，乃由不同之卜官，分贞其事。即此可证卜辞文字，非出于卜官所亲刻，在当时必有小史司书写锲刻之职。由是观之，欲依贞人字体，以为断代标准，其事固不可尽据也。又隼卜亚受年一版，背有“㱿”之署名，以此知征、中、韦、隼皆属武丁时人。

乙丑卜，韦贞：我受年。（《粹编》八七一）

丙子卜，韦贞：我受年。　丙子卜，韦贞：我不其受年。（《屯乙》八六七整龟）

按此左右对贞，两字为一行，横列。同版云“王𡳿曰：多父，若。”“勿曰：多父，若。”一在甲尾，一在甲桥，上下对贞。背为固辞，复见宂、争署名。

乙酉卜，𢀛〔贞〕：我受〔年〕。（《屯乙》二一一八）

……卜，韦贞：我受年。（《粹编》二、三〇、一，《簠室·岁时》二重）

丁卯卜，韦贞：来岁〔受年〕。（《屯乙》五八九八）

……韦贞：我漆受年。　……帚姘受漆〔年〕。（《缀合编》三〇五——《续编》四、二七、三十一、二二、八）

甲□〔卜〕，韦贞：帚姘受黍年。（《续编》四、二六、四，《南北·诚》一四）

□午卜，韦贞：帚囗〔受〕黍〔年〕。（《铁》二一九、一）

四、【卜狩】

乙卯卜，韦贞：乎田于䒫。（《簠室·游》一〇二）

壬申卜，韦贞允隻……（《京津》一五四七）

五、【卜往来】

……卜，韦贞：王往⿱（省）从西，告于大甲。（《后编》上一、一四）

……卜，韦贞王往从西。　贞：王勿往自口。（拓本模糊）（《屯乙》六六六六）

按此为完整巨龟右背甲。对贞辞刻于甲尾处。反面有云：“王入在𠙹。”（《屯乙》六六六七）

甲申卜，韦贞：往羌。（《粹编》一一三五）

按羌殆指羌方。葡之卜辞亦有“往羌”语。（《续编》一、二三、二）

壬戌卜，韦贞：羽乙丑，王勿出。王固曰：乙余……（《燕大》三）

按辞下云“乙”即乙丑之省，余即王自称。此固辞与贞辞并记之例。

□未卜，韦贞：乎……〔河〕氏戕。王固〔曰〕：……其来之……　王见于……亡来。（《簠室·地望》四〇，《续编》一、三八、一重，剪去前辞部分）

……韦：贞出来自北。（《前编》五、四七、一。此“韦”字作横书。“出来”似指入贡事）

己卯卜，韦贞：王入。（《续编》三、三八、二，《簠室·游田》五九重）

六、【卜祭祀】

岳：

戊午卜，韦贞：𠦪年于岳。（《南北·诚》一三，《续编》二、二八、一重）

甲午卜，韦贞：𣏟于岳。（《簠室·人名》二二，《续编》一、四八、八重）

河：

……韦贞：……河……（《明义士》一五一一）

先公先王：

王恒：

丁卯卜，韦贞：王……　贞：㞢于王亘……（《明义士》二三六九）

按殷先公之王亘，史籍不载。惟《天问》记“该秉季德”，“恒秉季德”。王静安以为恒即卜辞之王亘，乃该之弟。（《观堂集林》九）徐文靖《管城硕记》知该即《人表》冥子之垓，《山经》、《竹书》之亥，而于“恒”则解为常，不若王说之精。《周礼·司巫》云：“国有大烖，则帅巫而造巫恒。”郑玄训恒为久，《综述》读“巫恒”为人名，谓可能是王亘，如巫咸之比，足备一说。

大甲：

……卜，韦贞：王往省从西，告于大甲。（《后编》上一、一四。重见上卜往来条）

祖辛：

……韦贞：酢于且辛。（《库方》一六九六）

祖丁：

……韦……隹……且丁……〔毋〕壱。（《邺初》下二八、二，《京津》一一五三重）

父乙：

……卜韦……父乙……（《屯乙》六〇八〇残辞）

先妣：

戊午卜，韦贞：钔于高妣己。（《续编》一、三九、五）

有关祭祀残辞：

□辰卜，韦〔贞〕：朩三罕。（《燕大》一五）

……韦：一羌……卯罕。（《库方》六九三）

壬辰卜，韦贞：〔钔〕……（《屯乙》一九七〇）

辛酉〔卜〕，韦贞：出曰……（《续编》五、二〇、八，《戬寿》四〇、二重）

……韦贞：出……（东京博物馆藏片）

甲午卜，韦贞：……丙……出……（京都大学一八九）

七、【卜征伐】

丁巳卜，韦贞：𢀛方其𦎫戓，十一月。（《金璋》五三一）

……卜韦……乎𠂤……妻……（《六录·束》八〇）

庚寅卜，韦贞：登人三千……（《前编》七、二四、二）

丙子卜，韦贞：〔王〕奴人。（《遗珠》七八一）

八、【韦卜辞所见人物】

（一）诸子

子不　《续编》五、九、一。（《簠室·人名》一一重）

子𠂤　《铁》二四一、三。（《佚存》四二重，拓本“子𠂤”二字被削去）

（二）诸妇

帚好　《前编》七、二七、四。

帚姘　《屯乙》三三三〇（姘作井，在背甲下端），《南北·诚》一四。

东京博物馆藏片韦卜仅存“帚”字。

（三）卜人

取　《续编》六、一二、六，《京津》四七六。

行　《殷缀》二八〇——《屯乙》四七五三＋五九八一。

（四）其他

自般　《续编》六、一〇、三。

犬　《屯乙》五〇八六。

奠　《屯乙》三四四四。

　《京津》一九〇一，《前编》七、二六、二。

　《前编》五、三八、六。

九、【杂卜】

□丑卜，韦贞：王……（《续编》五、一五、五）

辛巳卜，韦……出来……（《屯乙》二四八五）

按上辞不全以他辞“出来自南氐龟”例之，此应为入贡之“来”，与甲桥习见之“某来若干”义同，非往来之来。

□酉卜，韦贞：氐……我……（《屯乙》五〇九〇。此片韦字结体散漫，与习见者不类）

乙亥卜，韦贞：羽戊寅……（《续存》下四八四）

……卜韦……寅……（《燕大》七二五）

辛酉卜，韦贞：今夕不其……（《屯甲》三三三九）

……韦贞及今……（《库方》一六八三）

壬戌卜，韦贞：今……（《屯乙》八〇五五）

……卜韦……蠹……（《京津》二四四四）

……卜，韦……贞三月，邑……（《铁》七七、四，《六录·清》六三及《外编》三三六重）

……卜韦…………（《续存》下五〇三）

……卜，韦贞：〔疒〕。（《双剑》八四，《续存》下五六七重。又《双剑》一〇三文同）

……卜韦……不若……（《屯甲》三九〇五）

丁丑卜，韦贞：史（使）人于我……（《续编》五、一六、七，《戬寿》二六、八重）

丙午卜，韦贞：县爵犬，古。（《屯乙》五〇八六，存甲之上半，字大）

按《福氏》二："贞圓𠂤般龟"文例同此。古疑读为辜磔之辜。

丁卯卜，韦贞：。（《佚存》一〇五，《南北·师》二、二一重。字似从鸟从斤，疑人名）

……卜，韦贞：……出勿……（《库方》四四五）

附残辞摭存：

……韦贞：沋……（《续编》五、二八、九）

……卜韦贞：……于……（《续存》上一二三〇）

丙……韦贞：…………（《屯乙》七六九六）

仅存"卜韦"二字者：

《拾掇》二、三一三背，《续存》上六三一（同版见卜人凷），《京津》八六。

仅存"韦贞"二字者：

《平津·元》三（《续存》上二四重），《遗珠》一四一二，《明义士》一四三四，又一八一八。

仅存"卜韦贞"三字者：

《南北·坊》三、三一。

仅存"韦"字者：

《明义士》一五六三，《南北·无》一〇，《屯甲》三五〇，《屯乙》六一七一。

仅存干支者（依干支先后为序）：

乙丑　《铁》二五五、二。

己巳　《金璋》五四五。

辛未　《文录》一五四。
己卯　《屯乙》一九九八。
壬午　《屯乙》七一三三。
丙戌　《京津》一七七。
癸巳　《殷缀》二八〇，《遗珠》八〇〇。
甲午　《屯乙》八三二〇。
乙巳　《屯乙》七七三五。
辛亥　《铁》二一三、四，《诚斋》四六〇，《屯乙》一〇三二。
丁巳　《诚斋》三九五。
丙　　《屯乙》七八五〇。
午　　《遗珠》五四五。
酉　　《遗珠》一四一〇。

⿱吅凵

卜人有名⿱吅凵者，向未详为何字。其异体有⿶凵吅（《后编》下二三、一二）、⿱吅日（《前编》六、三九、八）、⿱吅皿（《屯甲》三四九三）、及⿱玨日（《林》二、一〇、八）等形，象置二玉于器中，吅变而为Ⅱ，可知其即珏字，兹再举证以明之。

一、卜辞言“⿰氵凵（⿰氵甾即淄）其来水，……⿱屮⿱玨日，舌（祰）。五月。”（《前编》四、一三、五）⿱屮⿱吅凵者《续存》下七二言“⿱屮玨”，即侑珏也。此谓淄水为灾，以玉侑之，而行祰祭。可证⿱吅凵即珏字。

二、卜辞言⿱宀⿱玨日风（《林》二、二六、二），即谷风也。⿱宀⿱玨日从玨益宀旁，此例契文常见，如福之作富，说详卜人⿱宀万条。

三、契文珙作⿱吅⿰丿乀（《续编》五、五、三），足证□乃玉字，两□之吅，自即为玨，变而为Ⅱ矣，故⿱吅凵亦作⿱玨日。卜辞繁简无定，时益凵形，或省或否，如⿱冊曰亦作册（犹“爯⿱冊曰”《屯乙》四一二作“爯册”）。人名子⿱口弓，亦作子弓（《后编》下三〇、四），可知⿱吅凵、⿱玨日并即珏字之异体。

此字，陈梦家释品，丁山读为⿰工工，谓即展字，均未确。

⿱吅凵之卜辞，兹辑录如下：

一、【卜雨】

……卜，⿱吅凵贞：其雨。（《诚斋》九六）

庚辰卜，𠭰贞：今日其雨。（《前编》七、三三、三。同版有㱿卜𢀛方受佑之辞）

壬戌卜，𠭰：羽乙丑，不雨。（《库方》五二〇）

□亥卜，𠭰贞：羽丁丑，不雨。　贞：羽丁丑，〔其雨〕。（《文录》一二五）

丁未卜，𠭰贞：及今二月，雨。王固曰：吉！其雨。（《前编》七、一六、四）

……𠭰贞：今三月，帝令多雨。（《前编》三、一八、五）

……卜𠭰贞：其及……雨。（《天壤》二三）

按依卜辞文例，此缺文当为卜“及某月”或“及今某月”雨不雨者。其背残存“卜贞”二字。

二、【卜晴】

己卯卜，𠭰贞：羽庚辰，易日。（《续编》四、一一、三，同书六、一六、一重。同版见卜人永）

贞：羽乙〔未〕，不〔其易〕日。　贞：羽乙未易日。（《后编》上一七、四，背云：“□巳卜𠭰。”）

三、【卜夕】

己卯卜，𠭰贞：今夕亡𡆥，七月。（《屯甲》三四〇四）

辛卯卜，𠭰贞：今夕亡𡆥。（《粹编》一三四〇）

丙辰卜，𠭰贞：今夕亡𡆥。（《粹编》一三三九）

丙申卜，𠭰贞：今夕亡𡆥。（《燕大》五四〇）

壬辰卜，𠭰贞：今夕亡𡆥。（《簠室·贞类》三二，据王释）

四、【卜旬】

癸未卜，𠭰贞：旬亡𡆥。五月。（《续存》上八九二）

癸酉卜，𠭰贞：旬亡𡆥。七月。（《前编》六、三九、七）

癸亥卜，𠭰贞：旬〔亡〕𡆥。九月。（《续存》上九二六，《京津》一七八二重）

癸卯卜，𠭰贞：旬亡𡆥。十二月。（京都大学三六八）

癸卯卜，𠭰贞：旬亡𡆥。十二月。　癸亥卜，𠭰贞：旬亡𡆥。　癸酉

卜，𠷎贞：旬亡𡆥。（《通·别》一、四、一，即《屯甲》二一二二）

癸巳卜，𠷎贞：旬亡𡆥。（《林》二、一〇、五）

癸亥卜，𠷎贞：旬亡𡆥。（《诚斋》三〇，《京津》一八〇七重）

癸酉卜，𠷎贞：旬亡𡆥。（《屯甲》二一二二，即大龟四版之四）

癸□〔卜〕，𠷎〔贞〕：旬〔亡𡆥。〕（《前编》六、三九、五）

五、【卜年】

甲辰卜，𠷎贞：我受年。（《库方》一六八一）

乙巳卜，𠷎贞：羽受年。（《簠室·岁时》四）

甲子卜，𠷎贞：〔令〕㲋𡍬田于……叶王事。（《前编》七、三、二）

按同版见卜人争贞问，収众人比㲋叶王事之辞，知㲋为农官。

六、【卜狩】

辛卯卜，𠷎贞：乎多羌逐𠂤，隻（获）。（《续编》四、二九、二，《簠室·人名》五九重）

……卜，𠷎贞：王狩唐，若。（《续编》四、三五、四）

辛酉卜，𠷎贞：于夭，先罧，一月。　贞：于𢒈，先罧，一月。（《前编》一、四八、三）

按罧亦作𦋺，亘卜辞云："王往𦋺。"（《林》一、六、八，《遗珠》一一一四重）他又有"往𦋺　𦿨𦋺"残文（《前编》四、九、二），王静安引《尔雅·释器》："麋罟谓之罞。"郭注冒其头也。余谓罧于此为动词，当释𥿄。米麋同音，《说文》："𥿄，周行也。《诗》曰𥿄入其阻。"郑笺以为冞字，冒也。先为人名，详下《卜人事辑》。辞云"先罧"者，言先𥿄入其地也。夭与𢒈皆地名。

𢒈与𦒻（《屯乙》三三五五）殆为一字。（参本书卷六）𢒈字形与古文𩰬略同，乃肆字也。肆遂古通，《尧典》："肆类于上帝。"《五帝本纪》作"遂类"，故此字可读为"遂"。《春秋》庄十三年"齐人灭遂"，地在山东，则𢒈其古遂国乎。

七、【卜往来】

乙卯卜，𠷎贞：王往〔𧸘〕……（《续存》上六四八）

乙卯卜，𠷎贞：王弜往……（《七集·天》一）

戊辰卜，㱿贞：往……（《前编》七、一三、四）

……卜，㱿贞：乎往……（《拾掇》二、二六九）

□申卜，㱿贞：〔王〕勿出。 贞：王勿出。 贞：王甶丁亥出。（《续存》下三六八）

己丑卜，㱿贞：出来……（《续存》上四九五）

……卜，㱿贞：来……（《七集·上海》五二）

此二条文义未明，姑附于此。

八、【卜祭祀】

岳：

丙辰卜，㱿贞：帝于岳。（《通·别》二、五、二，《遗珠》八四六重）

甲午卜，㱿贞：出于岳。（《佚存》六六，《铁》二三四、一重）

季：

辛酉卜，㱿贞：季希王。（《前编》五、四〇、三，同书五、四〇、五重）

三父：

庚午卜，㱿贞：告于三父。（《林》一、五、五，《遗珠》一〇四八重）

按《屯乙》二一七二："出于三父，伐，卯宰。"又四六八七："贞：钔于三父，三伐。 于三父，三伐。"伐数与三父相配。三父，或指武丁父行四王中之三，即父甲（阳甲）、父庚（盘庚）、父辛（小辛）也。

先妣：

丙辰卜，㱿贞：于妣，钔正。（《铁》一九九、一，《京津》九二〇，《摭佚》八七及《拾掇》五一九重）

其他祭祀：

〔告〕

□酉卜，㱿贞：告……（《续存》下五三。同版见卜人葡）

〔出〕

丙午卜，㱿贞：羽丁未，出于口，六月。（《前编》六、三九、八）

丁巳卜，㱿贞：出于……（《平津·元》六七，《续存》上四二三重）

〔舞〕

癸卯卜，㱿贞：乎多老…… 贞：勿乎多老舞。（《前编》七、三五、二）

按审此辞，多老乃司乐舞者。三代养老于学宫，《礼记·王制》："殷人养国老于右学，养庶老于左学。"卜辞有"𦥑戊"，又言"学东"，殷学即养老之所在。所谓多老，其国老庶老乎？后世称为三老，《白虎通·乡射篇》："王者父事三老，兄事五更。"盖三代之所尊，说又见应劭《汉官仪》。三老之义，郑玄谓通知三德者。《左传》杜注以三老为八十以上，上中下三寿。《诗·閟宫》云："三寿作朋。"《文选》李善注："三寿，三老也。"郑笺谓三寿三卿也。卢植《礼记注》云："选三公者为三老。"又别一义。三者，数之多，故三老非三人（《黄氏日抄》），犹殷之多老也。后世三老亦称国老与国叟，《东都赋·辟雍诗》所谓"皤皤国老，乃父乃兄"，《东京赋》"奉觞豆于国叟"是矣。《礼记·文王世子》："礼在瞽宗，书在上庠，凡祭与养老乞言合语之礼，皆小乐正诏之于东序。"郑注谓："周立三代之学，学书于有虞氏之学，学舞于夏后氏，学礼乐于殷之学。瞽宗，殷学名。"此为周制，观于卜辞，则多老乃掌教舞乐兼为乐师者。

〔用牲与省牲〕

辛巳卜，㞢贞：𠤎三犬，尞五犬，五豕，卯四牛。一月。（《前编》七、三、三。同版见卜人争）

按𠤎与尞及卯并用牲名，于此辞所见各异其礼，𠤎为瘗瘗于地，尞则燔烧，卯盖杀而陈之。

……卜㞢……㞢〔勿〕牛。……（《前编》五、一、七。同版见卜人亘）

丁卯卜，㞢贞：王往省牛。（《前编》三、二三、二，亦见《缀合编》一〇九）

庚申卜，㞢贞：収（供）牛……（《铁》五六、一，亦见《缀合编》一〇九）

九、【卜征伐与方国】

（一）𢀛方

甲戌卜，㞢〔贞〕：𢀛方其〔辜〕旋𦾔。（《铁》五五、二）

按𦾔字，《遗珠》二五："……取……于𦾔。"背云："辛未卜宊。"亦武丁卜辞。《后编》下二二、一六："……伐𢀛往，于来取迺𦥑（边）𦾔衛又戋。"字又从人。上辞盖言𢀛方入侵旋、𦾔二邑。

……㞢贞：𢀛方出，帝…… ……〔㞢〕贞𢀛方出，帝不隹……（《续编》三、三、一，《簠室·征伐》二二重。同版见卜人亘及㱿）

甲午卜，𡆥贞：𢀛出……（《佚存》六六，《铁》二三四、一重）

于王曰：𢀛方𢏚（矢）。（《后编》上一七、四。背云："□巳卜𡆥。"见《缀合编》附图一六及该书一二一）

辛巳〔卜〕，𡆥贞：〔不〕丧众，受方又。（《前编》六、三九、六）

按同版云："癸……贞……矢。"疑与𢀛方有关，丧众谓亡失师旅徒众也。

（二）羌

乙酉卜，𡆥贞：射𠭰隻羌。（《续编》三、四三、三，《簠室·游田》一三四重）

（三）兒与画（及其他）

庚申卜，𡆥贞兒人……（《前编》七、一六、二）

癸巳卜，𡆥贞：叏弗其……（《续编》五、一三、一，《簠室·杂事》八三重）

庚寅卜，𡆥贞：首三千人伐……（《佚存》九八二，《簠室·征伐》四六重）

按他辞云："庚寅卜：㱿贞：勿首人三千乎𦍒𢀛。"（《南北·师》一、六三，《外编》一〇七重）与此为异人同日同事之卜。此辞称三千人，而彼辞言"人三千"，则以数词置于名词之后。

……卜，𡆥贞：……及𠀠（倒书）……㝃……（《前编》四、三一、二，字小）

十、【人物】

帚良　　《戬寿》四五、二。（《续编》五、二〇、五重）

帚庞　　《粹编》一四八八。

帚婡　　《铁》二四七、一。

京大五二八仅残存"帚"字。

㝃　　《前编》四、三一、二。

𨸏　　《续存》上一一六。

尹　　《福氏》三五。

𠑹　　《续存》上六八。

𦍒〔乘〕　　《宁沪》二、四八。

按同版见卜人亘及子渔，此𠑹字作"𦍒"，为繁形。

　　《林》二、三〇、八。(《遗珠》一〇四一重)

十一、【杂卜及残辞】

丙戌卜，冎贞：若。(《屯甲》二二四一)

□戌卜，冎贞：若。(《金璋》四六〇)

丁丑卜，冎贞：史人于……(《邺三》下三八、五)

壬子卜，冎□臣……(《六录·清》五八)

丙申卜，冎贞：龟氏。(《续存》下六四)

丁酉卜，冎贞：祟王。贞：不祟。(《前编》七、一〇、一)

癸未卜，冎贞：乎从……(《屯甲》三〇三八)

……冎贞：乎……允……(《库方》五九四)

……冎贞鬵……(《京津》一四五〇)

……卜，冎贞：于羽……(《前编》四、一三、一。同版见亘、争、泳三卜人)

丁巳卜，冎贞：羽戊午其……(《续编》五、一三、一。同版见“叓”)

丙子卜，冎：……取于……(《佚存》八二一)

仅存干支者：(依干支先后为序)

庚辰　　《六录·中》一五七。

丙戌　　《金璋》六六六。

癸巳　　《燕大》七九一。

甲午　　《福氏》三〇背，《屯乙》二一五〇。

辛丑　　《明义士》一七〇五。

戊甲　　《文录》一六四。

丙辰　　东京博物馆藏片。

丁巳　　《遗珠》一四二四。

己未　　《屯甲》三二五三。

庚申　　《明义士》一八四二。

丙　　《屯甲》三四九三。

巳　　《缀合编》一二一，又该书附图一六。

午　　《库方》七四七。

申　　《拾掇》四八〇。(《续存》上一二五六重)

戌　　《燕大》六五背。

仅存“卜𠬝贞”者：《明义士》一六四八。仅存“卜𠬝”者：《佚存》三三一，《鄴斋》六、三，《京津》一一六〇。仅存“𠬝贞”者：《燕大》二二二，《铁》一五四、二，《明义士》一五一四，《库方》三六〇，《京津》四八。仅存“𠬝”一字者：《京津》二八〇〇，《林》一、一六、四。

㐬

卜人㐬另一异体作𢆶（《燕大》三八〇），其字从玄从人，隶定殆即伭字。《说文》：“伭，很也。从人，弦省声，音悬。”（心部有𢖵字，急也，义略近。）陈梦家释㐬为充字，未确。

㐬为武丁时人，见于㱿、争之辞云：

……卜，㱿贞：……㐬……不……（《屯乙》一三四一）

庚戌卜，争贞：令𠦪帰，眔㞢工。㐬。（《摭佚》一八，《京津》二一七七重）

令㐬从余家……争。（《屯甲》二〇八）

大龟四版中㐬与𡆥、𠬝、宊诸人同见，《屯甲》三五一〇㐬与宊、永同版，俱为㐬属武丁时显证。

他辞有人名曰旒者：

癸酉卜，宊贞：令旒㚔……（《前编》七、三二、一，《京津》二一七六及《续存》上一一四五重）

旒疑㐬之别写繁体，如㫃之作旃矣。

卜辞所见有㐬署名者如：

甲寅，犬见，𦎫丁七𡚬。㐬。（《屯甲》二八一五）

□寅卜，𡆥贞：𠣞其㞢疒。贞：𠣞亡疒。

其背云：

贞：且乙𢀛王，弗𢀛王，王固曰：吉，勿□。㐬。（《殷缀》一一七——《屯乙》八七三十八九九十二一五四。背八七四十二一五五）

此似龟背王之固辞，即由㐬所记，因签其名于末。又《屯乙》六一二七版仅见“㐬”署名一字。

㐬所卜辞，兹录如下：

一、【卜雨】

丙寅卜，夰贞：羽丁卯，其爻，不菁雨。 贞：其菁雨，五月。（《燕大》五〇一）

按他辞亦作“其𦥑，不菁雨。”（《宁沪》三、九五）爻与𦥑同，乃敩字。（参本书卷六）

乙未卜，夰贞：今日雨。 贞：今日不其雨五月。（《燕大》五一二）

己丑〔卜〕，夰贞：羽庚寅不雨。（《燕大》五四四）

丁丑卜，夰贞：今日雨。（《簠室·天象》三〇，《续编》四、一九、八重）

甲寅〔卜〕，夰贞：今日雨。（《平津·元》三四）

二、【卜夕】

乙丑卜，夰贞：今夕〔亡囚〕。（《屯甲》一七八四）

庚辰卜，夰贞：今夕亡囚。（《续编》四、二一、二）

辛巳卜，夰贞：〔今〕夕亡囚。（《摭续》二三六）

癸未卜，夰贞：今夕〔亡囚〕。（《前编》六、六四、二）

辛卯卜，夰贞：今夕〔亡囚〕。（《续存》上八七六）

甲午卜，夰贞：今夕亡囚。（《平津·元》四一一）

辛亥卜，夰贞：今夕亡囚。（《粹编》一三四一）

按《宁沪》二、 〇五，残辞仅存“今夕”二字。

三、【卜旬】

癸未〔卜〕，夰〔贞〕：旬〔亡〕囚。（《林》二、一二、九）

癸巳卜，夰贞：旬〔亡囚〕。（《簠室·贞类》三，《续存》上九〇五文略同）

癸亥卜，夰贞：旬亡囚，五月。（《屯甲》二一二二，即大龟四版之一。亦见《通纂·别》一、四）

四、【卜疾】

戊寅卜，夰贞：王弗疒，出囚。（《屯甲》三五一〇，可与《京津》一六八一缀合。同版见卜人宕、子徕、永、克等）

……㐭贞：……㞢疒。（《宁沪》三、一二〇）

五、【卜祭祀】

示壬：

癸亥卜，㐭贞：㞢于示壬，㞺。（《续存》下一七七，同版见卜人叀。又《前编》一、一、一及《巴黎所见甲骨录》七文同）

按《前编》一、一、一㐭字旁有二点，罗氏、叶氏释"率"，吴其昌《书契解诂》作"卜㳄贞"。余在巴黎所见原片，及《续存》与此互勘，旁点乃剥蚀，仍以作"㐭"为是。

祖乙：

□申卜，㐭贞：告，王㱿于且乙多妣。（《燕大》三八〇）

按㐭与㐭应为一人，如㞺亦作㞺，𠂤亦作𠂤，上加一横笔，是其证。陈梦家《卜人篇》释"索"非是。《粹编》一二九七："贞：𢆶！氏羌，𠬞（升）于高妣己、妣庚，于毓妣己。"𢆶读为嗞。参本书争条。（卷六）祈祭时，𠯑嘑也。《左·襄三十年传》："或叫于宋大庙曰：譆譆！出出！"《粹编》云："吁！氏羌。"此疑吁为感叹词。如《大诰》之"已！予惟小子"。《盂鼎》之"𠭯：酒毋敢䤖！"是其比。

癸卯卜，㐭贞：今彡大……（《遗珠》二九）

六、【卜征伐】

己卯卜，㐭贞：令多子族，比犬侯𡾋周，叶王事。五月。（《簠室·人名》三一，续编五、二、二重）

按多子族者，殷之本姓。《史记·殷本纪》："契封于商，赐姓子氏。"《诗·长发》："有娀方将，帝立子生商。"生古通姓，故"子生商"犹言"子姓商"矣。《论衡》之《奇怪》、《诘术》、《讲瑞》诸篇，俱记离母吞燕子而生离，故殷姓曰子。子姓之族，见于《殷本纪》者，有目、萧、徐等，见于《潜夫论》、《志氏姓》者尤繁，故称为多子族也。他辞云："贞：令多子族眔犬侯𡾋周，叶王事。　贞：令多子族比犬眔亩𢀛叶王事。"（《前编》五、七、七十六、五一、七）"贞：甶多子族令比亩𢀛叶王事。"（《后编》下三八、一）俱言多子族事，可以参证。犬侯为殷侯甸，殆周之犬夷。《尚书大传》作畎夷，《孟子·梁惠王下》及《说文·马部》引作"昆夷"。周与殷之交涉，卜辞屡见，又言敦周（《拾遗》四、一二)、戋周(《铁》二六、一),亦云“令周侯”(《屯甲》四三六),则周亦入事于殷为侯爵。(详胡氏:《殷代封爵制度考》及《综述》,261 页)周上一奇子为动词,攻伐之意,未识何字。唐兰释璞,读为戭伐。

□未卜,充〔贞〕:令多射……衜一月。(《后编》下二六、一)

按卜辞恒见“多射衜”、“多马衜”一类之语。衜即彷,有巡视义。旧释卫,非。说已详前。

七、【人物】

帚妌　《林》二、一三、一二。

犬侯　《续编》五、二、二,《屯甲》二八一五。

羽　《前编》七、二三、一。

鸣　《前编》七、二三、一。

亩甹　同上。

宨　《续编》五、二五、七。(《平津·元》二〇及《续存》上八〇重)

余(宋)　《屯甲》二〇八。

龚　《前编》七、三一、四。

见　《屯甲》二八一五。

𠂤　《屯甲》二八一五。

其他残辞:

癸丑卜,充贞:羽乙卯,工……于……(《燕大》六三五)

丁酉卜,充贞:今日……(《京津》九四八)

□丑卜,充……(《京津》二二五)

仅存“充”字者:《京津》一三三。

迕

卜人迕仅一见,其字作 ,以“钔”字亦作例之,当是从午从辵,故隶定为迕字。或释征,非是。

甲午卜,迕贞东土受年。　甲午卜,迕贞:东土不其受年。(《屯乙》三三八七)

按此为整龟,与《屯乙》三九二五中贞北土,《乙》八一六七十八三二〇韦贞西土，同为甲午日所卜，对贞语同，刻于甲心，左右款式全同。此同日同事分人贞卜之例，当尚有甲午日南土之卜，为别一卜人所贞者，惜龟甲未见。此数龟可明殷时卜四方受年有分人贞卜之制。

隼罕

丙子卜，隼贞：羽丁丑雨。　贞：不其雨。（《天壤》二五）

甲午卜，隼贞：亚受年。　甲午卜，隼贞：〔亚不其受年〕。（《屯乙》八一七二。背即八一七三。左桥识一“㱿”字。）

按上龟下半残缺，对贞辞两句分刻于甲心，直行，左右俱有“𠙵”字，以他辞甲午韦卜西土受年（《屯乙》八一六七），迁卜东土受年（屯乙三二八七），中卜北土受年（《屯乙》三九二五）合证之，盖同为甲午日所卜，其行款字体悉同。

隼与罕，为一字。（详《巴黎甲骨录》）安阳所出古玺，有亚形内识隼字，作𢆉。（《邺中》上著录）铜器又有《亚隼父乙尊》（《续殷文存》上五三）、亚隼父丁毁（《续殷文存》上三七）及《𣪊铙》（《善斋吉金图》十九），《辛亚隼斝》（《商周金文录遗》二八六），当为隼之物。

其字繁形亦从𠬪，如：

辛亥，子卜贞：帚妥子曰𣪊若。（《粹编》一二四〇，《京津》三〇一三重）

《粹编》一一〇七有“𣪊”字，《文录》七八九见一𣪊字，《屯甲》二三六〇、三八三〇、《屯乙》七五九〇俱见隼字。

《屯乙》六四六九云：“贞叟隼。”知隼与叟同时。

他辞卜人又有曰罕者：

己未卜，罕：子㡿亡疒。（《后编》下二九、四）

辛卯卜，罕。（《遗珠》七五九）

罕与隼疑即同一人。

事

武丁时卜人事，其字大抵作叟，与“𠙵王事”之“叟”形同。《玉篇》

云："叓，古事字。"亦有作𡜟者，即《后编》上六、八，《金璋》七三三，《京津》三五八六，《屯甲》一三八五，一九四九，《屯乙》八三〇诸片，则字较细小。向之论贞人者，别"史"与"叓"为二人，董氏且以史列之文武丁，以叓属之武丁，分为二期，然《燕大》四三六"卜𡜟贞"与"卜叓贞"并卜旬亡𡆥，如是所谓第一期与第四期之卜人，何得见于同版，此理之难通者也。叓亦省作𠁩（《京津》一四六三，《簠室·贞类》三六），又作𠀘。（《京津》三二一五）史见于背甲内卜之辞云：

壬辰卜，内：五月，史㞢至。　今五月，史亡其至。（《屯乙》五三〇二）

其同版甲面云：

六月，㞢来曰：叓㞢疒。（《屯乙》五三〇一）

甲背作𡜟而面作叓，足见史与叓即一人。再征之冢之卜辞"叶王事"语，省作"叶王中"（《戬寿》四六、三，《续编》五、二二、八及六、二二、一三重），以中为事，是又叓、𡜟二文并即事字之旁证。

卜人事又与允（《续存》下一七七）、𠦪（《屯乙》六四六九）、𠱓、𠮣（《屯甲》三四〇四）同版，且与卜人我二名并列，屡见于㱿卜（《屯乙》六七〇二："癸亥卜，㱿贞：我史𢦏缶。"）、𠱓卜之辞（《屯乙》七七九七："己未卜，𠱓贞：我史叓人。"）。又骨臼言"叓示"者，如："己丑，叓示三𠂤。岳。"（《诚斋》四二六，《粹编》一五〇六重）凡此皆事之年代应属武丁时之证。

又卜人彶及我字体多作纤细如发，叓亦每见于此两人之卜辞。

癸酉卜，史：𠬝东若。　卜史：𠬝东。（《屯乙》八三〇，同版我卜）

己亥卜，彶贞：来隹史𠂤。（《殷缀》二八一）

卜辞又见妇史之名，字作"帚𠁩"（《前编》七、二一、三）及"帚𡜟"（《屯甲》二六九一），当即事之妇也。

事之卜辞，辑录如下：

一、【卜雨与阴晴】

贞：今夕其雨。十月。　贞：今夕不雨。十月。　辛丑卜，事贞：今夕亡𡆥。　贞：今夕其雨。　贞：今夕不其𩅦。九月。　□戌卜，□贞：〔今〕夕〔亡〕𡆥。　贞：今〔夕〕不雨。　……夕……雨。十月。　今夕

□雨。十月。　甲寅卜，事贞：今夕亡囚。（《殷缀》三八九——《屯乙》二九〇＋四六〇＋四六四）

庚辰卜，事贞：今夕雨，之夕〔允〕雨。（《粹编》七六九）

辛酉卜，事贞：今夕雨。（《屯甲》三四九九）

庚辰卜，事贞：今夕不其雨。（《诚斋》一二二）

辛……事……夕雨。（东京博物馆藏片）

甲申卜，[illegible]贞：叀[illegible]祋雨，九月。（《京津》三二一五）

按"祋雨"语亦见《粹编》八一四，或言"祋中母豕。　祋妣庚豕"。（《屯乙》八八一四）知祋即祐字，与"侑"同。故"祋雨"即"㞢雨"也。他辞言"戎我雨"（《簠・天》二六），亦祐助之义。

戊戌卜，事贞：王[illegible]（内，说见下）叀雨。十月。（《屯甲》三五一五）

……卜事……不冓〔雨〕。二月。（《燕大》六二三）

……卜事……羽……王……雨。（《京津》三二一〇）

癸亥卜，事贞：旬亡囚。一日㲋（䨻）。甲子，夕燮，大爯，至于相。（《簠室・杂事》一一六）

按《前编》五、三三、四文略同，而卜人为兄，乃同时同事异人之卜，可知事又与兄同时。"夕燮"语亦见《明》一五五二。燮者，燮之籀文。《说文》云："燮和也。"（《又部》）又"燮，大孰也。"（《炎部》）《玉篇》云："燮，火熟也。"故燮疑指祭时荐熟，为合烹䏻俎之事。大爯即爯册，宗祝册告也。

庚戌卜，事贞：今夕戠。〔六月〕。（《诚斋》二一，《京津》四八〇重）

二、【卜夕】

丙寅卜，事贞：今夕亡囚。（《续编》四、四八、五）

庚午卜，事贞：今夕亡囚。（《粹编》一三三六，《京津》一七三八重。《通・别》二、七、一四文同）

壬申卜，事贞：今夕亡囚。（《粹编》一三三五，《屯甲》三四四四文同）

己卯卜，事贞：今夕亡囚。（《京津》一七四二）

辛巳卜，事贞：今夕亡囚。（东京博物馆藏片，见《通・别》二、七、一二）

壬午卜，事贞：今夕亡囚。五月。（《粹编》一三三八）

丙戌卜，事贞：今夕〔亡〕囚。二月。（《京津》二四五）

己丑卜，事贞：今夕亡囚。（《屯乙》四六五，亦见《殷缀》三九八）

癸巳卜，事贞：今夕〔亡〕囚。（《屯甲》一三八五）

丁酉卜，事贞：今夕亡囚。（《通·别》二、七、一〇，东京博物馆藏片）

辛丑卜，事贞：今夕亡囚。（《屯乙》四六〇，同版贞今夕亡囚之辞尚有数组，无卜人）

乙巳卜，事贞：今〔夕〕亡〔囚〕。（《明义士》六〇七）

庚戌卜，事贞：今夕亡囚。（《燕大》五二七）

甲寅卜，事贞：今夕亡囚。　□戌卜，事贞：今〔夕〕不……（《屯乙》四六一，亦见《殷缀》三八九，同版贞夕亡囚之辞尚有数组，无卜人）

丁巳卜，事贞：今夕亡囚。（《粹编》一三三七）

壬戌卜，事贞：今夕〔亡〕囚。（《南北·师》二、一二五）

上各条皆依干支先后排列。

□丑卜，叀贞：今夕亡囚。（《屯甲》三四〇四。同版贞夕贞雨辞极夥，卜人有㞢、㕣、壴等）

□卯卜，事〔贞〕：今夕亡囚。（《双剑》一四二，《续存》下四〇六重）

甲寅卜，事贞：王宾夕亡囚。（《平津·元》二一一，《续存》上一五八九重）

按其他事卜夕之辞明记干支者：又有甲戌（《粹编》一三三四）□申、（《南北·师》一、七四）、癸巳、丁巳（东京博物馆藏）。干支缺者：有《屯甲》一二九三，屯甲四〇，《双剑》一四三即《续存》下四〇七，《续编》四、五、五即《南北·师》二、二八，《明义士》一九二一，《林》二、六、一六，《京津》三五二二等，不具录。

三、【卜旬】

癸酉卜，事贞：旬亡囚。（《燕大》四四二）

癸酉〔卜〕，事〔贞〕：旬〔亡〕囚。（《林》二、二六、二，《遗珠》二〇九重）

〔癸〕酉卜，事〔贞〕：旬〔亡〕囚。十三月。（《佚存》三三九）

癸未卜，事贞：旬亡囚。（《续存》上九五五）

癸未卜，事贞：旬亡囚。四月（《续存》上八九六）

癸巳卜，事〔贞：旬亡囚〕。　癸酉卜，贞：旬亡囚。一月。　癸巳卜，事贞：旬亡囚。五月。（《粹编》一四二二）

癸巳卜，㞢贞：旬亡囚。六月。　癸亥卜，㞢贞：旬亡囚。（《燕大》四三六）

癸巳〔卜，事〕贞：〔旬〕亡〔囚〕。五〔月〕。　〔癸〕丑卜，事〔贞〕：旬亡〔囚〕。七月。（《林》一、一四、一五）

癸卯〔卜〕，事〔贞〕：旬〔亡囚〕。　……卜事〔贞〕：旬亡〔囚〕。（《续存》上九二四）

癸卯卜，事贞：旬亡囚，一月。（《续编》二、一三、七）

癸卯卜，事贞：旬亡囚，六月。（《金璋》七三三）

〔癸〕卯卜，事〔贞〕：旬亡囚，一月。（《京津》三五八六）

癸丑卜，事贞：旬〔亡囚〕。（《京津》一八三一）

癸丑卜，事贞：旬亡囚，七月。（《金璋》五七〇）

癸未卜，事贞：旬亡囚，十二月。（《簠室·杂事》四〇，《续编》四、四八、七重）

癸……贞：〔旬〕亡囚。　癸……事贞：〔旬〕亡囚。　……卜事〔贞〕：旬亡〔囚〕。六月。　〔癸〕酉卜，事〔贞：旬〕亡囚。九月。（《双剑》一五一，《续存》下四一七重）

癸亥卜，事贞：旬亡囚。（《后编》下一二、一八）

癸亥卜，事贞：旬亡囚，四月。（《林》一、六、五）

癸亥卜，事贞：旬亡囚，九月。（《簠室·贞类》三六，《续编》四、三九、六重）

癸亥卜，事贞：旬亡囚，七月。　癸酉卜，贞：旬亡囚。　癸未卜，事贞：旬亡囚，七月。（《屯甲》二八四六）

癸……事〔贞〕：旬〔亡〕囚。（《京津》三五八五）

癸……事〔贞：旬〕亡〔囚〕。（《续存》下四三二）

……卜事〔贞〕：旬〔亡〕囚，二月。（《燕大》四三八）

四、【卜祭祀】

唐：

癸丑卜，事贞：其隮，壴，告于唐，□牛。（《簠室·帝系》二七，《续编》一、六、七，《佚存》八七〇重）

按他辞云："癸丑……贞羽……𨸏新……壴亍（瞽宗）……"（《前编》五、四、四）与此为同日之卜。又"丙戌卜：戊亚其𨸏其豊"（《南北·明》四四五）。𨸏字金文亦屡见之，读为奠。壴者，《说文》云："陈乐立而上见也"。壴鼓一字，故出之卜辞云："其鼓彡，告于唐，□牛。"（《馀》六、二）此合乐以祭成汤也。其言"壴示"即瞽宗，殷学也。见《礼记·明堂位》。（《周礼·乐师》"诏来瞽"，郑司农注："瞽当为鼓。"是鼓、瞽二字通。）

多宗：

甲寅〔卜〕，事贞：多𠀠亡尤。（《粹编》一二八四）

按多𠀠即多宗。他辞云："于多工"（《粹编》一二七一）与此同。如"𠀠典"亦作"工典"，是其比。卜辞所见如六示、九示、十示、二十示，统言之曰多𠀠。

河母：

癸卯卜，事贞：来辛，□丯（封）孖于河母。太（王）十月。（《续存》下一七七。同版见卜人𠂤）

按《玉篇》，孖字与滋通。此疑为子之繁形，如帚之作𠦃，卣之作𠧪矣。"封孖"即"封子"。剑桥大学藏甲有"丯子"二字合文可证。封即夏封父国，汉封丘地。（详卜人泳条）

又按河母盖河伯之配。他辞亦见河妾（《后编》上六、三："辛丑卜，于河妾。"），如王亥母（《屯乙》六四〇四）之称王亥妾矣。（《铁》二〇六、二）"王十月"为例极罕见，殆如《春秋》"王正月"之例。卜辞纪年称"王若干祀"者习见，其言王若干月者，仅此一条。

妣壬：

丁巳卜，事贞：乎妣壬，夕，虎宧。十月。（《后编》上六、八）

按妣壬或大庚、大戊之配。虎，人名；常见于𠂤之卜辞，详下。

五、【方国与人物】

𧴪：

□酉卜。事贞：……令𢦏𧴪人……（《摭续》一八三）

按《说文》𢦏，绝也。古文读若咸。《逸周书·世俘》："咸刘商王纣。"𢦏与歼义近。

冄：

癸酉卜，史：冄东若。　卜史：冄东。（《屯乙》八三〇，同版见卜人我。字细如发）

按冄亦卜人名，详下。

六、【杂卜】

辛未卜史：其征三𠙴……王受……（《屯甲》一九四九）

按颂斋藏片有云："其征三盂田，𢀛受年。"语例同此。（《综述》，569页引）𢀛即郇。《集韵》：郇，《说文》，周武王子所封国。亦作𨛜是也。

丙戌卜，𠂤贞：令大射……（《京津》一四六三）

七、【成语】

王㒰　叀吉：

甲寅卜，事贞：王㒰（内），叀吉。（《京津》三四五九）

乙酉卜，事贞：王内，叀吉。（《林》二、四、一五）

丙戌卜，事贞：王内〔叀〕吉。（《续存》下二五九）

□亥卜，事贞：王内，燕（燕）；之日叀吉。（《前编》六、四三、六）

壬子卜，事贞：王内，叀吉。八月。（《南北·师》二、七六）

庚午卜，事贞：隮内，叀〔吉〕。（《前编》四、二三、三）

……卜事……王内……（《屯甲》三五五九）

……卜事：……内……吉。（《前编》六、四四、四）

按内亦为人名，如："壬辰卜𧷚：㒰不潛，十一月。"（《屯甲》二七六）"贞：乎帚井氏㒰。"（《福氏》七）是其例。㒰字从内从大，《集韵》有"㒰"，云古内字。疑即此之变，此字隶定可作㒰形。（以后凡此字概径作内。）内，《说文》云：入也。王内，犹言王入或王纳；其言"王内叀吉"，谓"王入惟吉"也；"隮内，叀吉"，谓福纳，惟吉也；"王内燕"，谓"王入燕"，燕言燕息，《诗·北山》："或燕燕居息。"燕经典又作嬿或讌，安也。

残辞：

辛丑〔卜〕，事贞：羽壬寅……三月。（《燕大》五二三）

庚子卜，事贞：其祉于……（《后编》下一〇、一〇，《京津》四三二五重）

其他存“亡”字者，有《双剑》一五一。存“𡆥”字者，有《续存》下四三三。存“亡𡆥”二字者，有《京津》三六〇一及《邺初》下三八、八。（《拾掇》二、一三八重）存“亡”与“𡆥”字者，有《平津·元》一六九。存“曰”字者，有《屯乙》一八八〇。存“𡆥”字者，有《南北·明》一九九。

存干支者：

丁酉　　《明义士》一一五六。

乙巳　　《明义士》六〇七，《京津》二一〇。

丙午　　《遗珠》五九二。

庚戌　　《京津》三七七五。

丁巳　　《屯甲》三四一〇。

仅存“卜事贞”三字者：《屯乙》四六〇。

卷九　贞卜人物事辑七

永

卜人永，向列为武丁时人。亦见于宙之卜辞：

戊寅卜，宙贞：我永……（《屯乙》六七一九）

壬寅，宙贞：永幸嚚。　贞：永弗其幸。（《屯乙》七〇四〇。此卜人名上省“卜”字）

《菁华》七永与㱿、争、㝠同版，《后编》上三〇、一四，《南北·师友》二、一三八同版见永与㱿，俱为永属武丁时之证。

然永亦见于行所卜。

辛未卜，行贞：其乎永行，又蕳。　贞：亡蕳。　□戌卜，行〔贞〕：王宾禫，亡𡆥。（《粹编》五一一，《京津》三三二五重）

如是永之年代，可能至祖甲以降。《续殷文存》有“永作旅父丁尊及卣”，父丁即指武丁也。

他辞言及永者：

贞：蕳罘永隻鹿。（《殷缀》二八四——《屯乙》五四七〇＋五六〇七）

辛卯卜，贞：令周从永，之八月。（《林》一、二六、一八）

有称妇永者，如“庚申帚永”（《殷缀》二五六——《屯乙》三一四六＋三一五一），即其一例。

永又为地名，曰永𣃔。

癸卯王卜，在永𣪊贞：今日，步于……　壬寅王卜，在㚇𣪊贞：今日，步〔于〕永，亡巛。（剑桥大学藏，即《金璋》五四四＋《前编》二、一七、三，亦见《缀合编》二一八。余见原片作“永”，曾氏摹为“泳”，非也。又见《殷历谱》下九、五七）

他辞有“攸侯喜鄙永”一语：

癸卯卜，黄贞：王旬亡畎，在正月。王来征尸方，在攸侯喜啚（鄙）永。（《南北·明义士》七八六胡摹；拓本见《缀合编》图六八）

“攸侯喜啚永”句，永字可解为永之署名，亦可看作地名。（惟《综述》引《前编》四、一一、四有“永𣪊”一名则非。原文应为“……𣪊泳〔贞〕”，陈氏误读。）陈氏以永为殷王征尸方经行之地，谓永在今永城附近。（《西周铜器断代》三又以𧧽攸从《遹铭》“在永师田宫”，比附卜辞之永地，然据《散氏盘》所记攸从之地，应在陕西，与淮水上游之永城无关。）

永之卜辞，辑录如下：

一、【卜雨】

辛未卜，永：其雨。　不其雨。　丙申卜，永：其雨。　不其雨。　辛亥卜，永：其雨。　不其雨。　壬子卜，永：雨……（《屯乙》三三九八）

……卜，永贞：雨。（《屯乙》四九四二）

□未卜，永〔贞〕：其雨。（《簠室·天象》五八）

……永贞：今日其雨。（《遗珠》九二四）

丙子卜永贞：自今至丁庚辰，其雨。（《戬寿》一四、五，《续编》四、一一、三及六、一六、一重）

己亥卜，永贞：羽庚子酌。……王固曰：兹隹庚雨卜：之雨。庚子酌。三嗇（啬）云𩇯（罢）其既祳（祝），攺。（《燕大》二巨骨）　背云：“王固曰丝隹庚雨卜。”

按三啬云，于氏读为三色云。（《骈枝》三编）余谓𩇯乃罢之繁写，《毛公鼎》“皇天亡罢”，即《诗》之“无斁”。此罢字读为圛。《说文》圛下引《商书》云：“曰圛圛者，升云半有半无。”读若驿。罢指云色，可证《洪范》。

壬寅卜，永贞：羽癸雨。　……永贞：羽……（《屯乙》六九四七）

癸亥卜，永贞：丝雨隹若。　贞：兹雨不隹若。（《屯乙》二二八五。同版另一组“癸亥卜永”辞残）

庚申卜，永贞：河壱雨。　贞：河弗壱雨。（《屯乙》九二〇）

二、【卜晴】

壬辰卜，永贞：羽甲午，不其易日。（《戬寿》二二、一三，《续编》五、一六、五，同书六、一五、一及《佚存》三七重）

三、【卜风】

□戊卜，永贞：今日其夕风。　贞：今日不夕风。（《屯乙》七一二六）

四、【卜旬】

癸酉卜，永贞：旬亡𡆥。　癸卯卜，永贞：旬亡𡆥。　癸亥卜，永贞：旬亡𡆥。（《殷缀》三六——《屯甲》二三九九+二四一四）其背同书二四〇〇+二四一五云：“……卯，㞢……𧲜。庚申亦出㕭，㞢鸣睢。……𢊁圉羌戎。”（参本书卷一：《前论》）

癸未卜，永贞：旬亡𡆥。（《续存》下四一四。同版见子）

癸未卜，永贞：旬亡𡆥。（李棪藏骨。同版有“王衔”二字）

癸巳卜，永贞：旬亡𡆥。（《通·别》二、六、三，《遗珠》七三九重）

癸巳卜，永贞：旬亡𡆥。……隹丁五日丁酉，允出〔来嬉〕……于我东啚……（《遗珠》一八六）

……永贞：旬〔亡〕𡆥。〔王〕固曰：其㞢来嬉。……丙戌，允出来嬉。㑊……（《续编》四、三一、五）

按以《菁华》一：“允出来嬉自西，沚馘告曰：土方𢓊于我东啚。”与《遗珠》为同日所卜，可据补文。㑊下殆有“告曰”二字。㑊人名，详下《卜人事辑》。

癸丑卜，永贞：旬亡𡆥。　癸亥卜，永贞：旬亡𡆥。（《续存》上九一七）

癸亥卜，永：旬亡〔𡆥〕。（《续存》上八九〇）

五、【卜年】

……永……受年。一月。（《拾掇》四七六）

六、【卜往来与田狩】

……卜，永贞：……往乃〔兹〕……（《南北·明》二一二）

戊子卜，永贞：王往……（《铁》一九八、三）

……卜，永贞：我……氏，隻其八百。（《佚存》五一二，据商释）

丙午卜，永贞：射𠂤隻。（《菁华》七。同版见卜人㱿、宀、争以及侯虎、𡟰诸人）

按𠂤为射官，故称“射𠂤”，此冠官名于人名前之例。

丙辰卜，永贞：乎𡈼（省）田。（《前编》五、二六、一）

七、【卜祭祀】

河：

庚申卜，永贞：河壱雨。　贞：河弗壱雨。（《屯乙》九二〇）

岳：

……永……岳宦……王𣎳……（《前编》四、五〇、三，同版见人名𦎫）

附兕：

……永……贞：兕……（《拾遗》二、一一）

小甲　妣丁：

……永〔贞〕：勿羞，钟〔帚〕好〔于〕妣丁小甲。（《屯乙》八七〇）

按争卜辞亦见小甲。（《屯乙》四二六）《综述》谓小甲最早见于祖甲卜辞尹卜，未确。《殷本纪》：“太庚崩，子帝小甲立。”《世表》则云“小甲，太庚弟”，说异。

妣己：

庚子卜，永贞：妣己㠱。　贞：妣己弗㠱。（《殷缀》二一七——《屯乙》三二三五＋三二五〇＋四〇〇四）

母丙：

乙卯卜，永贞：隹母丙壱。　贞：不隹〔母丙壱〕。　贞：母丙允……（《屯乙》七一三〇）

〔𣎳〕

庚午卜，永贞：𣎳……（《簠室·贞类》一二）

〔𡆥〕

〔甲〕辰卜，永……羽乙巳𡆥……𡜊。（《续编》二、二四、六，《簠室·典礼》九五重）

……永贞：羽丁酉，……𡆥于尘……〔王〕𡆥曰：其𡉀……（《前编》七、一七、四）

贞：羽己巳，勿圉。　贞：羽巳，勿圉。（剑桥大学藏骨，即《金璋》四九○。背有“壬辰卜永”四字。《金璋》摹本缺之）

〔㞢〕

□卯卜，永贞：㞢于……（《遗珠》三四二）

〔用牲〕

……永……多臣……豚。（《拾遗》一五、三）

庚辰〔卜〕，永贞：𢆶……羊……（《遗珠》八九四）

八、【卜征伐与方国】

（一）𢀛方

癸未卜，永贞：旬亡𡆥。七日己丑，㞷𢀛化，乎告曰：𢀛方𡆥于我酉（甸）豊，七月。（汉城大学博物馆藏巨胛骨）

按汉城藏此辞言“㞷𢀛化，乎告曰”，旧将“㞷𢀛化”三字连读为一人名。然他辞有云“㞷𢀛角告曰”（《菁华》一），“自㞷𢀛唐”（《前编》七、八、二，《林》二、一九、一五重，又《前》四、二九、五残辞云：“四日丙午……𢀛唐告……入于𡆥”）。以此比勘，则“𢀛”字乃动词，宜读为右助之右。𡆥旧释长，按与𡆥实为一字，四方风名“南方曰𡆥”（《京津》四二八），字亦作𡆥（《拾掇》二、一五八），可证当释㞷及敳。间或益止旁作𡆥（《续编》五、一○、一，《簠・地》三一重，又《缀合编》一一七），《石鼓文》“微”作𡆥，其中所从与此同。考豈字从敳省声，故卜辞㞷风即“豈（愷）风”。此㞷又为地名，他辞如：“㞷其㞢𡆥”（《天壤》五九），“㞷不其受年”（《屯乙》四六五三）。又称“㞷人”，“贞：𡆥人于𡆥酉。”（《金璋》五○七）“贞：甫韦令狩畀㞷。”（《屯甲》二二五八）“㞷……从……令　贞：甫𡆥。”（《珠》二九三字小）又屡言“㞢𡆥”（《屯乙》六五五，六五八，七三○），俱㞷为地名之证。㞷即微，《微子之命》郑注云：“微，采地名。”在山东泰安，与此之微是否同地，尚难遽定。

又按豊即豐。金文《戏仲口父作豐鬲》字如此作；实用为醴字。卜辞云：“贞：日于祖乙，其作豐。”（《粹编》二三六）“乍豐”文同，而字中从玨作豐，故豐、豐无别。卜辞豐亦作动词用，如“戊亚其𡆥其豐”（《南北・明》四四五）。“丁亥鼎：（贞）豊示□𢀛不。　丁亥鼎：豋示□𢀛不。”（《屯乙》八六九六整甲左桥，又八八六一）此亦以豐为醴。豐又为地名，如“癸未卜，王在豐贞：旬亡𡆥，在六月甲申，𠀠典其酢”。（《后编》上一〇、九）可与汉城大学此骨互证，豐盖殷之侯甸。

□子卜，永贞：乎伐𠱼方。（《南北·明》一六四）

□亥卜，永贞：……𠱼〔方〕……（《铁》一六四、三）

□寅卜，永贞：……王固曰：〔𠱼〕……作大……（《京津》一六〇八）

（二）戉

乙亥卜，永贞：令戉来归。三月。（《屯甲》三三四二）

（三）㠯

庚辰卜，永……㠯其……（《殷缀》四一三——《屯乙》八六〇+一〇八四）

（四）㘝

□子卜，永贞：𠕋其征。（《屯甲》三四二五）

……永贞：𠕋出衛。　……永贞：𠕋亡其衛。（《殷缀》一二七——《屯乙》九七七+一四六七+一五八三+一六一六，甲左右对贞）

按衛为彷字。（详本书卷四）李棪藏骨“王衛”二字，上不从止，但从行从方，其为彷字甚明。㘝亦为方国人物名，如：“叀㠯令㘝。　叀𢀛令㘝。”（《摭续》一八四+一八六——《拾掇》八二）是其例。

（五）𢀛（方）

己巳卜，永贞：𢀛𢓊……（《后编》下一四、一四）

按他辞云：“贞：乎取𢀛方。”（《屯乙》二二三六）知𢀛为方名，此宾词先行，他如：“贞：不其𢀛𢓊”（《佚存》一三四，《京津》二三二〇，《南北·师》二、一五八重，同版有卜争）。即“不其㣫𢀛方”也。

（六）西土

甲辰卜，永贞：西土其出降䕼。二月。（《续存》下一五五）

（七）戠

丙子卜，永贞：王𡴀（登）人三千，乎〔伐〕戠……（《屯乙》六五八一）

按𡴀为𠬤之省形，即登字。

丁亥卜，永贞：王比戠。（《殷缀》七一——《屯甲》三三三三+三三六一）同版骨文云：“癸卯圉于𦎫，羌三人。卯十牛。　又。”骨臼（即《屯甲》三三三一）有“喜”及“岳”署名。　背云：“逐豕隻。王固曰：吉。”（参董氏：《汉城大学所藏大胛骨刻辞考释》）

按義京二字合文，或谓即宋地之義台，见《史记·魏世家》。《集解》引徐广曰一作義台，在今河南商丘县东北。（《综述》，266页）“圉于𢀛”为卜辞习见之记事刻辞，惯例于句末别分记右、中、左。中字每连书于“卯十牛”句下（如《粹编》四一一又四一五；《前编》六、二、三，《林》二、二、一二重），书𠂇又（左右）则另起行（书“又”字，如《续》一、五二、二，《簠·人名》三〇重；《燕大》一〇，《屯甲》三三六一。书“𠂇”字，如《前》六、二、二，《粹》四一四重，左字拓损），向认“中”字系卜人中署名，今悟其不然。揣其意，或卜用牲之方位，于左右中何者为宜。《殷缀》此辞与汉城大学所藏同为巨牛胛骨，并有“癸卯㞢于𢀛”一段文字。《屯甲》锲于骨左方下隅，末行有“又”字，骨面有“一”字似为第一卜，汉城则锲于右方下隅，位置相对，惟末行字缺，骨面有“三”字，似为第三卜，是则应有第二卜之同文胛骨，今不可见。㞢于𢀛除用羌人外，又有用尸方之夷者，《粹编》四一二：“㞢〔于〕𢀛，尸十人二，卯十牛。 中。（似‘中’字。）”是其例。（此或伪片可疑。郭氏释“尸”字为羌，应正。）

附言氏者：

壬寅卜，永贞：衠氏㲻𢀷用。 贞：衠氏㲻，勿𢀷用。（《屯乙》七四九）

按上条“永”字，《综述》误作“弜”（183页），并谓即《库方》一八〇九之𫝀，未确。此似卜用㲻人为牲，与卜用羌事相类。

九、【永卜辞所见人物】

㝪侯 《屯乙》二六四一。

子彝 《南北·明》二二〇。

帚自 《续编》六、九、四。

帚㿝 《南北·师》二、一五。

我 《南北·无想》三六〇。

取 《铁》二七一、一。

𠂤 《林》二、一二、一二。

㑥 《续编》四、三一、五。

𡗜 《京津》二一四五，《前编》五、七、五重。

𡈼乘 《库方》一五九三。

𨾴 《殷缀》七一。

萈 《殷缀》二八四。

十、【杂卜】

庚寅卜，永贞：王甶中立，若。十一月。　王固曰：吉。（《前编》七、二二、一，《南北・明》二二一文同）

辛卯卜，永贞：王甶中立若。（《南北・明》二二〇）

按辛卯为庚寅之翌日，此二条可能为同事之卜。他辞每言“立中无风”，中指旗斿，此言“惟中立”，如以宾词先行之例解之，则“中立”即“立中”。惟尚可作别解，读立为位，《周礼》：“闰月王居门中。”故《说文》释闰字为从王在门中。《礼记・玉藻》：“闰月则阖门左扉，立于其中。”如是“王甶中立”，乃卜闰月位于门中事，于义亦通。西周金文书册命之制，每言“立中廷”，如《卯毁》：“荣季入右，卯立中廷。”《论语・乡党》言：“立不中门。”以中指中门中廷，似无不可。

十一、【成语】

㞢乇：

〔亡〕乇（剑桥大学藏骨，即《金璋》四九〇）

按此片背有“壬辰卜永”四字，面为贞问勿圂之辞。乇疑𢎘之省形。

若：

辛未卜，永贞：若。（《铁》一八一、一）

己亥卜，永贞：若。（《前编》四、一一、三）

庚辰卜，永贞：若。（《铁》九〇、四，《京津》一七二二重）

残辞：

壬子卜，永贞：今日……（《铁》二二〇、二，《南北・坊》三、一一一重）

□卯卜，永贞：羽庚……（《屯乙》七四〇四）

……永……仓用……（《通・别》二、一三之八，东京大学藏片，《日本所见甲骨录》五）

按仓字惜上下文残泐，疑为人名。他辞云：“其仓彭，叀悚。”（《粹编》四六六）殷器有《仓鼎》。（《录遗》二五）

……永贞：……不……（《遗珠》一四〇六，原片现藏东洋文库）

……永：不其……（《屯乙》五〇八三）

辛亥卜，永贞：勿……（《库方》四〇五）

……永贞：王勿……（《屯乙》五九九〇，亦见《殷缀》三二二）

……永……明……（《后编》下一七、三）

戊寅卜，永贞：……乎……（《粹编》一五一四B，据郭释）

……卜，永贞：……隹……（《京津》一四三）

辛未卜，永……尸……（《京津》八三五）

……卜，永贞：令……（《簠室·贞类》一一，《续编》五、二、三重）

残存干支者：

甲子　《库方》一六〇二。

乙丑　《拾掇》四六九。

壬申　《屯乙》三四〇〇。

甲戌　《遗珠》一六〇背。

癸未　《南北·坊》三、一一〇。

丁亥　《续编》一、二二、三。（同版另一辞"贞出于且丁"，未知何人所卜）

己丑　《后编》上三〇、一四，《南北·无想》三二八。

丁酉　《南北·师》二、七。

戊戌　《遗宝》九、八。

乙巳　《屯乙》六五四〇。

己酉　《金璋》七一六。

庚戌　《南北·师》二、一三八。（同版见卜人㱿）

癸丑　《续存》上三九五。

庚申　《屯乙》八二三、三一七四。（亦见《殷缀》二二四）同版见争贞乎取及何。

巳　《七集·普》五三。

戊　《双剑》九五。（《续存》下五五三重）

仅存"卜永贞"三字者：

《屯乙》五四六三，《遗珠》一八九，《遗宝》九、八。

仅存"卜永"二字者：

《邺二》下三九、一三，《林》一、七、七。

仅存"永贞"二字者：

《京津》二三一五，《屯乙》一五八三，《续存》下二七。

仅存"永"字者：

《诚斋》三八六，《遗珠》六〇四。

泳

武丁晚期卜人又有泳者，董氏《断代标准》与永厘为二人，而以泳属之第五期帝乙、帝辛时（又详《安阳侯家庄出土甲骨文字》，122～124 页），惟《库方》一五一一骨版辞云：

辛卯卜，永贞：今十三月沚戓〔至〕。（同版又见卜人亘、宁及子㓝，字较大）

据此，泳当与宁、亘等同为武丁时人。董氏《殷历谱》下九《日谱》附图六二，摹写是版，不知何故，改“泳”作“永”。原骨非伪，现藏伦敦大英博物院，余旅英时曾取出细心核校，实作“卜泳贞”，足见方法敛所摹无误。（惟原文当作“今三月”，因“十”字旁加在“月”字之侧似是后来随手刻上者。）再考之他辞，武丁时，宁、古、争、亘诸人所贞之辞，每及泳事，列举如下：

戊辰卜，宁贞：令泳坠田于盖。（《前编》二、三七、六）《林》一、二八、五：“乙丑〔卜〕宁：令坠于〔盖〕。”董谱引之，于“坠”上補“泳”字。

……泳坠田于盖。（《前编》四、一〇、三）同版见卜人宁。

丁丑卜，争贞：来乙酉，𢆶用泳来羌自元。（《双剑》四五，《续存》下二六五重）

□子卜，亘贞：泳……（《前编》四、一三、一，同版见卜㕣及争，字颇大）

□戌卜，古〔贞：〕令泳出尸方于……（《京津》一二二四。字小）

丙申卜，□贞：令泳……（《京津》二三六，胡氏列于武丁时）

贞：令……泳……妥。（《前编》五、一九、一，《林》二、二、一〇重。妥殆即子妥）

董氏《日至谱》曾引泳坠田事，谓泳武丁时人，乃与贞人之泳分为二人。今由大英博物院藏骨“卜泳贞”证之，武丁时之泳，亦为贞人，当是一人也。又兄出宁等之卜辞，亦言及泳。

癸巳卜，兄贞：□辛吉，泳于竝。　癸巳卜，兄贞：竝来归，隹出于（《库方》误摹为〒。）……　丁亥卜，兄贞：羽辛卯，出于……　癸巳卜，

兄贞二于帝希王遣竝……（大英博物院藏骨，即《库方》一五四二）

贞　出贞　出贞　出贞　泳。（《屯甲》二九〇六巨胛骨。此版“贞出”语又有数行不具记）

甶　泳令　丁亥卜宁：。（《七集·孙氏》一。字体较大）

辛未卜，肙贞：今日，王泳……（《七集·普林斯》八一。《屯甲》三九三三有“我王泳……”语）

泳见于兄、出、宁、肙诸人之卜辞，可见泳之年代，可由武丁晚期，下及祖甲、廪辛之世，但决不能晚至帝辛。

殷器有“宔父戊告方鼎”（《录遗》五〇七、五〇八），疑为告与泳合造之器，以祭大戊者，告即侯告，见于殸之卜辞。

考卜人永亦见于行之卜辞年代可及祖甲以降，正与泳同。契文人名，习见益水旁，如䚗之作灅（《南北·文》四五），万之作澫（《屯乙》八〇七五）；他如用字之作是（《屯甲》五八九），泳大抵作（如《屯甲》二九〇六）、（《库方》一五一一）等形，即永之繁体。颇疑卜官之泳与永实为一人，因锲刻者笔迹殊异，故被分为二。今姑以泳附于永之后，其年代则自乙辛上移至武丁，以俟博识者之论定焉。

一、【卜旬】

癸未卜，泳贞：王旬亡畎。　癸□〔卜〕，泳〔贞〕：王〔旬〕亡〔畎〕。　……卜〔贞〕：王旬〔亡畎〕。（《缀合编》三〇一——《林》二、二三、五十二、二七、一〇）

癸巳〔卜〕，泳贞：旬亡畎。（东京博物馆藏片，见《通·别》二、四、一五）

〔癸〕丑卜，泳〔贞〕：王旬〔亡〕畎。　〔癸〕酉卜，泳〔贞：王旬亡畎〕。（《燕大》四三二）

癸卯卜，泳贞：王旬亡畎。　〔癸〕亥卜，泳〔贞〕：王旬〔亡〕畎。（《林》一、五、一六，《龟卜》六三重）

〔癸〕亥卜，泳〔贞〕：王旬〔亡〕畎。　……卜，泳〔贞〕：王旬〔亡〕畎。（《续编》六、三、六）

癸亥〔卜〕，泳〔贞〕：王旬〔亡〕畎。（《遗珠》二三八）

癸亥卜，泳贞：王旬亡畎。　癸□〔卜〕，泳〔贞：王〕旬〔亡畎〕。（《燕大》四二九）

癸□〔卜〕，泳〔贞〕：王〔旬〕亡〔猷〕。　……卜泳〔贞〕：王旬〔亡猷〕。（《林》二、二三、五）

……卜，泳……王旬亡〔猷〕。（《南北·坊》四、五三九）

癸未〔卜，在〕旧，泳〔贞〕：王旬〔亡猷〕。　癸亥卜，在攸，泳贞：王旬亡猷。隹来正〔尸方〕。（《遗珠》四六六，《通·别》二、四、八重）

癸卯卜，在𣪘，泳贞：王旬亡猷，在二月。（《续编》三、一九、七，《簠室·地望》一三重）

二、【卜狩】

叀𣪘……〔田〕，亡巛。　泳。（《诚斋》四五五）

按他辞云："卜：王叀辛莽（焚）駇录，亡巛。　徐。"（《屯甲》五九八）与此当为一事。又"贞：弜田駇，其雨。　贞：叀駇先田，亡巛。"（《屯甲》二〇三三）知駇乃地名。另一辞云："贞：不駇。"（《京津》三七二四）駇字从马从支，《说文》："駇，马强也。"即此字。

三、【卜祭祀】

上甲　大甲　戔甲　奓甲　且甲

癸巳卜，泳贞：王旬亡猷。在六月。甲午，工典其𠂤（幼）。　癸丑卜，泳贞：王旬亡猷，在六月。甲寅，酌羽上甲，隹王廿祀。　癸酉卜，泳贞：王旬亡猷。甲戌，羽大甲。　癸巳卜，泳贞：王旬亡猷，在八月。　癸丑卜，泳贞：王旬亡猷，在八月。甲寅，羽日戔甲。　癸酉卜，泳〔贞〕：王旬〔亡猷〕，在九〔月〕。（《殷历谱》下《帝乙祀谱》，14页，《缀合编》六五——《续编》六、五、二十六、一、八十《前编》三、二八、四。按《续》六、五、二又见《南北·师》二、二三四）

癸酉卜，泳贞：王旬亡猷，在正月。甲戌，𧯷奓甲，㕚戔甲。（《平津·元》二六二，《续存》上二四六三重）

癸未卜，泳贞：王旬亡猷，在正月。甲申，祭且甲，㕚奓甲。（《前编》一、一九、五）

……卜，泳〔贞：王〕旬〔亡猷〕，在六月，□□工典〔其……〕（《续存》下九七三）

按此类泳卜之辞，旧概列于帝乙帝辛时。然泳与武丁时之宊、争、㞢、亘及祖庚祖甲时之宁、兄、出诸卜人见于同版，知其时代决不能下及殷之末季，上已言之。此种以先王诸甲轮次在甲日举行之祭法，卜辞所见，如《遗珠》二四五、二四七，《金璋》三八二、三三四、五七九，《库方》一六一九等片，皆其著例。（参《殷历谱·帝乙帝辛祀谱》）而《珠》二四五𩰫卜一片，较为完整，乃七甲连祀，即自上甲而大甲而小甲而戋甲而羌甲而翁甲而且甲，证之《殷本纪》所列世系。戋甲即河亶甲，羌甲为沃甲，翁甲为阳甲，且甲应为武丁子祖庚弟之祖甲。殷王以甲名者，惟此七甲；上举泳卜此辞，仅有上甲、大甲、羌甲、翁甲、且甲五王，应尚有小甲、戋甲二人，文已残缺。考卜辞所见连祭七甲之辞，严格分之，盖有二类：一为专祭，如《遗珠》二四三：

……在五月，甲子，彡〔大甲〕。 ……在六月，甲戌，彡小甲。……在六月，甲午，彡戋甲。 ……在七月，甲辰，彡羌甲。（此版但至羌甲而止，董氏以《续编》一、五一、三断片补足之）

此为彡祭（即绎祭），而《缀合编》六五（即上举泳卜之辞），则为羽祭是也。又一为合祭，如《前编》一、一九、五祭且甲兼𠭯翁甲是也。此类祀典，近人或命曰"周祭"。按周祭乃《周礼》大祝九祭之一，《曲礼》所谓"殽之序遍祭之"者，与此殊不相侔。余谓此种祭法。大抵每月一祭或两祭（如《遗珠》二四三），颇近于古所谓"月祭"。《礼记·祭法》云："王立七庙，一坛一墠。曰考庙，曰王考庙，曰皇考庙，曰显考庙，曰祖考庙，皆月祭之。远祖为祧，有二祧，享尝乃止。"所云"月祭"者，《国语·周语》云："甸服者祭，侯服者祀，宾服者享，要服者贡，荒服者王，日祭、月祀、时享、岁贡、终王，先王之训也。"韦昭谓："日祭之于祖考，谓上食也，月祀于曾高，时享于二祧，岁贡于坛墠。"《汉书·韦玄成传》刘歆议引《春秋外传》："日祭月祀时享岁贡终王，祖祢则日祭，曾高则月祭。"许慎《五经异义》云："古《春秋》左氏说，古者先王日祭于祖考，月荐于曾高。"（《初学记》引）又云："谨案叔孙通宗庙有月祭之礼，知古而然也。"（《御览·礼仪部》引）由是言之，此种祭祀，略近于月祭。汉仪：宗庙一岁十三祠，如闰加一祠，盖每月一祠。《通典》卷四十七"天子宗庙"条，记汉时"京师自高祖下至宣帝与太上皇、悼皇考，各自居陵旁立庙，并为百七十六，有园中各有寝便殿，日祭于寝，月祭于庙。时祭于便殿。寝，日四上食；庙，岁二十五祠；便殿，岁四祠"。寝者，陵上正殿；便殿者，寝侧之别殿。汉时祭祀尚如此繁琐，以此比况，殷代祭法，不难想象而知矣。

又按卜辞所见七甲连续祭祀，及祖甲而止。因祖甲为先王最末之名甲者，由祭且甲必上咨耆甲（即阳甲），知此且甲非祖庚弟之祖甲莫属。其称祖甲者，当是武乙对其祖之称谓，如是凡此类月祭卜辞，有“祭且甲”之明文者，均可定为武乙时之卜辞。今上辞为泳所卜，则泳之生年可下及武乙之世矣。卜人非仅事一代之主，有时跨及数王，故断代仅能约略举其相对年世，不当硬性指定其绝对年代，强作区别，谓为某王之卜人也。（卜辞名且甲者，所指不一。武丁时争卜云：“告方出于且甲大乙。”〔《前编》一、三、四〕此且甲在大乙前，当指上甲。又一片云：“且辛一牛，且甲一牛，且丁一牛。”〔《后编》上二七、七〕以三祖并列，应即祖辛、沃甲、祖丁。又肙卜辞云：“翌日且甲，岁其牢。”〔《粹》三三三〕肙为廪康时人，自可活至武乙世，则此之且甲，殆与月祭“祭且甲”之指祖庚弟者相同。又泳自武丁晚期任卜官，至武乙时尚存，其人必享大年，苟依《竹书》年数论之，武丁享国五十九岁，祖庚至康丁之终约五十六岁，武乙三十五岁，假定泳自武丁晚岁供职，至武乙之初，不过耄耋而已耳。）

又按工典，于省吾读为贡典。然工乃示字，又或作𠮛，余别释宗。（参前论）或谓工典乃于举行羽、咨、彡诸祭祀之前，贡献于神前之大册，类似谱谍，并取《粹编》一一三“羽上甲……羽匚乙”一辞以为例证，然卜辞所见示典之下，每接动词之“其劦”、“其彰彡”、“其藿”等语。循其上下文义，工典应为一主词。故余意示典即宗典，乃官名，即所谓宗人也。《周礼·春官》曰宗伯，其属有都宗人、家宗人，分掌祭祀之礼。《家语》有“宗老”（《曲礼》：公西赤问宗老不具，则不绎），秦置宗正，掌亲属。殷时之宗典，其官职高下如何，不可确知，要掌祭祀之事。《左》庄二十四年：“原繁曰：先君桓公令我先人典司宗祏。”此即所谓“示典”者也。（如谓在彡咨五种祭祀举行前一旬有工典之礼，陈列典册以献，微论《粹》一一三及一一四两版之羽祭表，不过习契者记录备忘而已，未必为高文典册，而卜辞所见示典祭事颇繁，除“彰彡”、“彰羽”、“劦”外，又有“𢆶”、“幼”、“藿”等，则在董氏所举五种祭祀以外，则又何说。是示典非五种祭祀前之一种礼节，彰彰明甚。）

《缀合编》六五言：“六月甲午，示典其幼。”下二旬甲寅，即接言“彰羽上甲”，征诸他辞：

在八月。甲申，示典其幼。　（下旬）在八月。甲午，羽日上甲。

（《遗珠》二四四）

示册其幼，……七月。甲戌羽日上甲。（《续编》一、四、三）

可知“其幼”后，即继祀上甲，凡七甲连续祭祀，终于祖甲，又周而复始，以祀上甲。幼与窈同，“其幼”有追远意。《管子·幼官篇》旧注：“幼，始也。”谓自上甲更始致祭，义亦可通。（幼形作幼，明为从幺从力，兹从陈氏《综述》定为幼字。）而“示典其苜”，余释为次。兹列苜祭之辞如下：

癸卯卜贞：王旬亡畎。在正〔月〕。甲辰，酌苜（祭）上甲。（《续编》一、五、六）

癸亥，王卜贞：旬亡畎，在三月。甲子，苜祭上甲。（《前编》四、一九、三）

□巳卜贞，王旬〔亡〕畎。在十月。酌苜祭上甲（《后编》上二一、三）

……卜贞：王〔旬亡〕畎，在十月二。酌苜祭上甲。（《前编》六、五九、三）

甲子，卜贞：王宾苜，旬亡畎。（《前编》六、六一、一）

癸未，卜贞：王旬亡畎。在十月又二。甲申，苜酌祭上甲。（《后编》上二〇、一三）

癸巳，王卜贞：旬亡畎，在十月二。甲午，苜祭上甲。（《明义士》七八九）

癸未，王卜贞：旬亡畎，王固曰：吉！在月又二。甲申，苜酌祭上甲。……甲戌妹，工典其苜。隹王三祀。（《续编》一、五、一）

此变言“苜祭上甲”，可读为“次祭上甲”，谓依次而祭也。若“示典其藿”之藿，则宜读为灌，即谓祼也。《周礼》郑注：祭必先灌乃后荐腥荐熟。由是知示典致祭之辞，可分二类：一言祭事，酌彡羽藿是也；一言祭序，幼苜是也，后者惟于祭上甲时附记之。

关于各种祭祀之性质兹在略释如下：

祭——正祭

彡——绎祭

殷时祭祀有尸，与周制同。正祭以神事尸，绎祭则以宾客之礼事尸，祭尊于绎。（参凌廷堪《礼经释例》）彡与肜同。

𠷎——合祭

羽——合乐

彡——献醴

𥁕——设食

或谓以彡、羽、祭、𥁕、劦五种祀典为主，乃见于新派，即祖甲以后始有之，帝乙帝辛复遵行之。然卜人㱿、㝉、争之辞，每言彡、彡、翊、𣪘之祭，具见上引诸人《事辑》祭祀各条，兹不缕述。其重要者，如"彡，翊……唐"（《屯甲》三四八四），"𣪘，其彡于且辛，祷。"（《佚存》八八七）见于争卜；"羽丁未𣪘。"（《铁》一三七、一）"王宾，羽日。"（《屯乙》三二七四、七七六六）见于㱿卜；"合𦎫，大钟且乙。 力于且乙。"（《屯乙》五七八三）见于㝉卜。具见绎祭、協祭、合乐、献醴、馈食之醴，武丁时并有之。此数者其礼有隆杀之分。故或分祭或兼祭不一其礼。若七甲连续举行月祭。始上甲而终于祖甲，则当非武丁时所宜有，亦非创自祖甲；因祖甲已在被祭之列。亦不必下至季世之乙、辛，始行此种祀典，今由"祖甲"称谓考之，则最迟当肇于武乙矣。

四、【卜征伐】

癸巳卜，在𩁹𩃬𡉚（封）子商啚（鄙），泳贞：王旬亡𡆥，隹来正（征）尸方。

癸酉卜，在云酉𠂈邑，泳贞：王旬亡𡆥。隹来正尸方。

癸丑卜，在𣪊，泳贞：工旬亡𡆥。

癸巳卜，泳贞：王旬亡𡆥。

……卜，泳贞：〔王〕旬亡〔𡆥〕。（剑桥大学藏，即《金璋》七二八）

按此一残甲字细小工整，现藏剑桥大学图书馆，余摩挲久之，反复审视，上辞即据原物录出。此片旧仅有摹本，初载《金璋》七二八，《殷历谱》下九《帝辛日谱》附图甲七重摹之，第一行释作："癸巳卜，在𩁹呻孛，商鄙，泳贞。"考曾氏喆厂藏拓六六云："癸巳王卜贞：旬亡𡆥，在二月。王来正尸方，在𩁹𩃬商𡉚啚。"彼于《缀合编》一九〇，以此片与《前编》四、一一、四，及二（原书误作四）、九、七缀合，而所摹录舛谬不可卒读。《综述》则释作"意雷"，谓此二地在商孝之鄙。（308页）然原片实作"𩁹雷𡉚商啚"。喆厂则作"𩁹雷商𡉚啚"。细审之，"𡉚"乃封与子二字合文，绝非"孝"字，诸家未睹原物，疏失自无足怪。"𡉚子"

见于《续存》下一七七者，字作“孖”，乃繁形。（参卜人条）古地名有封父，《礼记·明堂位》：“封父龟。”《左传》定四年：“武王分鲁公以封父之繁弱。”封父国在今河南阳武县东，汉置封丘县，其地正在商之边鄙，故卜辞称为“封子商啚”也。“封父”、“封子”，并因封而名。《姓苑》谓：“封钜为黄帝师，胙土命氏，而为封钜。至夏时，封父列为诸侯，以地为氏。”在夏称为“封父”，在卜辞称为“封子”，实一地也。其言“在、雷、封子商啚”，为卜旬之辞，附记所在地之例，犹他辞之言“攸侯喜啚”也。即“帚”封地，雷则“帚”（《续存》下五八九）封地。他辞云：“癸巳卜。在贞：王伐，往来亡，于自北。　壬辰卜：在杞贞：今日王步于，亡。”（《前编》二八、七）其地略可考，当去杞不远。

又按“在云邑”，旧释“在云甸河邑”。实因《金璋》摹本致误，原片实作“”，绝非“河”字。余谓“”与《说文》从反爪之应为一字，乃古文“掌”也。《左传》庄三十二年：“筑台临党氏。”哀十一年：“俟于党氏之沟。”陆氏《释文》音党为掌。其字后讹变为仉。（孟子母仉氏，即之变。钱大昕云：“党氏盖出任姓，而仕于鲁者。孟母当亦党氏之族，与党文异而实同。”）殷之邑，殆古掌氏之地。云奠者，陈氏读云为妘，祝融后之妘姓。（《综述》，308页）窃谓云应为郧字，与郧通。（《左传》宣四年，若敖娶于郧。《释文》本亦作郧。）春秋卫地名有郧，《左·哀二十年传》：“卫侯会吴子于郧。”以之当“云”地较合。（此郧地，《名胜志》谓在通州，乃相传之误，沈钦韩《左氏地名补注》已辨正之。）

……卜，泳〔贞：王〕旬亡〔〕，……在……尸方。（《前编》二、九、七）

按《前编》四、一一、四：“癸亥……贞王［旬亡〕。　……卜，在〔攸侯喜〕啚……，泳〔贞：王〕旬亡〔。隹〕来正尸方。”陈梦家以此与《前》二、九、七缀合，并释作“来正人方，在攸侯喜啚永”，实误。

又按即，乃字。《尔雅·释鸟》：“，白。”《说文》：“白，王雎也。”他辞云：“癸卯卜，穷贞：将（墉）于京。”（《前编》五、八、四）又“王囗曰：其（占）。　隹辛令。”（《屯乙》四〇七一）地未详。《诗·十月之交》：“棸子内史，蹶维趣马。”郑笺：“棸蹶皆氏。”旧无释，𠩺地未审与蹶氏有关否。

残辞：

……卜，泳……二月。（《铁》九九、一，字大）

丁亥卜，泳……（《林》二、一、一。同版有卜设“司室”辞）

附㳅：

卜辞又有人名㳅字，与金文《𠱗尊》形同。

丁酉卜，出贞：令𢑱𡴀……鸣……（《前编》五、四六、四）

戍㳅，其遘戎。（《屯甲》五二二）

叀㳅㞢𢦏。〔叀〕雋㞢𢦏。（《佚存》五）

其人官小臣职，如：

叀小臣㳅克又𢦏。𣳾（原漏刻二横笔）王。翌日，迺小臣彡……（《屯甲》一二六七）

他辞云：

乙巳卜，叀小父㳅克又𢦏。〔㳅〕。（《南北·明》六三二）

……翊日……田虞……㳅王。（《巴黎》一七）

按上数辞可以互证。克亦人名。㳅与克并列，此又可以侯家庄骨证之，而㳅作泳。其辞如下：

其用𤰈，弗每（悔）。王泳克孚二人。（《侯》三五） ……𤰈若……泳余吼。（《侯》三六）

其用𤰈，弗每。王泳。（《侯》三三） 其瑅从，用……我王。泳。〔其〕瑅入，乎又娴克孚二人。（《侯》三四，即《屯甲》三九三三）

可见㳅即泳字，乃繁形益口旁，如狸之作䝖也。㳅见于卜人出之卜辞，与泳时代亦合。

他辞又有署名洐者：

□寅卜王：叀辛莽（焚）𪊨录（麓）亡𢦏。𣳾。（《屯甲》五九八）

今以《诚斋》四五五“……叀𪊨……亡𢦏𣳾”证之，洐殆亦泳之别构，如徇之作衜，征之作衟矣。

综上知泳、㳅、洐本一字之异形。

黄

黄所贞辞，记名者，只见卜旬及征尸方之类，字体细小整饬，旧列于帝乙帝辛时。黄之字形，有黄（《前编》二、六、六）、黄（《林》一、五、一三，又二、二五、一六）、黄（《燕大》四四五）之异；惟细按之，实为一字。知者，卜辞云“卯黄汼”（《屯乙》五二二五），同版亦作“卯黄”，又或作“卯黄牛”（《续编》一、五三、一），他辞云：“㞢黄牛，叀幽牛。”（《屯乙》七一二二）以幽与黄对言，则黄乃黄字也。（陈梦家举《燕大》及《林》泰辅所见者，释黄为寅，谓据字形系于祖甲时，与黄分为二人，见《考古学报》第六册，说不可从。）黄每见于武丁时㱿、争、古诸人之卜辞，如：

己巳卜，㱿贞：黄亡隹疒。（《续存》下三九一）

甲午卜，㱿贞：叀王令隹黄。（《簠室·人名》四七）

贞：叀太令隹黄，　……令𠂤隹黄。（《金璋》五三四，又六五六文略同，此皆大字）

壬午卜，争贞：黄入岁，羽癸□用。（《外编》一四七，《南北·师》一、五三重）

己未卜，古贞：黄来自……（《南北·师》二、一五三）

又见于中及賔之卜辞。

甲申〔卜〕，中贞：王其乎告，黄其酉（酒），黄易正。（《库方》一二〇九。与卜人大同版）

乙未卜，賔贞：在浮田，黄右赤马，其𤔲。（《菁华》九）

亦与武丁人物之𠫑、目等同列。

贞：羽辛卯黄、斫、𠫑令。（《前编》七、三四、二）

贞：令为、黄、目若。（《屯乙》六八一九）

目即子目。（见《屯乙》七八四五十七九〇九）卜辞惯例，有命三人至四人者，此即其例。

黄又见于大之卜辞。

丁亥卜，大……其𬺰黄吕……乍凡利吏……（《屯甲》一六四七）

亦与亚同版：

贞：亚氏。王族眔黄……乎王族出……𫸩亚庚……东……在……（《诚斋》三五六，《京津》一六一六重）

由上举人物相互关系论之，黄之年代，应属武丁或稍后。

黄之卜辞，辑录如下：

癸巳卜，叀贞：旬亡𡆥。（《林》一、五、一三）

〔癸〕巳卜，叀贞：旬亡𡆥。（《燕大》四四五）

按叀卜辞“旬亡𡆥”语，字多作“亡畎”，与泳相同。惟上举二辞例外作“亡𡆥”，且字体较大。上二条陈氏《卜人篇》释“寅”，且系于祖甲时，然字实与“黄”无异。

癸亥卜，叀贞：王旬亡畎。在九月，征尸方，在雇彝。（《前编》二、六、六）

癸卯卜，叀贞：王旬亡畎，王来征尸方。　〔癸〕丑卜，叀〔贞：王旬亡〕畎，〔王来征尸方〕。（《屯甲》三三五六）

癸酉〔卜，叀〕贞：王旬〔亡〕畎，王来征尸方。　癸未卜，叀贞：王旬亡畎，王来征尸方。　癸巳卜，叀贞：王旬亡畎，王来征尸方。　癸卯卜，叀贞：王旬亡畎，王来征尸方。（《屯甲》三三五五。上二辞，《殷历谱》缀为一版。见该书下编九，《日谱》附图骨一四）

癸巳卜，叀贞：王旬亡畎，在十月又二，隹征尸方，在[illegible]。　癸卯卜，叀贞：王旬亡畎，在正月。王来征尸方，在攸侯喜啚（鄙）永。　……在正月，王来。（董氏《断代例》引此文来下有“征”字，然审拓本无之。）尸方，在攸……（《缀合编》附图六八，《南北·明》七八六）

癸丑〔卜，叀〕贞：〔王旬亡畎〕。　癸亥卜，叀贞：王旬亡畎。　癸酉卜，在攸，叀贞：王旬亡畎。（《续编》六、一、五，《簠室·贞类》一六重。陈氏《卜人篇》又列《簠·地》一九壹条，查无此人）

按叀之卜辞，于卜旬之下兼纪伐尸方事，其时间有明文可征者，为自九月至于正月。尸方者，或以纣伐东夷之事比附之，遂以叀为纣时人物。此说倡自明义士（见《表较新旧版殷虚书契前编并记所得之新材料》，载《齐大季刊》，民国二二年第二期，127～129页）董氏于《断代例》推衍其说，故以叀与泳列入第五期帝乙帝辛之世。按此盖由《左传》有纣克东夷（昭十一年），纣为黎之蒐，东夷叛之（昭四年）之语，而加以揣度，别无他证。（《殷历谱》下二《祀谱》论乙辛两谱区分，举出祀典、史籍、称谓三标准，其史籍标准即引纣克东夷事为论据。）其时甲骨出土尚少，又考索未周，易以地下材料，迁就纸上记载。实则殷人之与尸方，自武丁以来，即屡有征伐及交涉之事，不得因见有“夷方”字样，便属之于帝辛。兹录武丁时与尸方关系之辞如下：

庚寅卜，穷贞：今𡆥，王其步伐尸。　庚寅卜，穷贞：今𡆥，王勿步伐尸。（《屯乙》七八一八）

壬申卜，穷贞：勿往从尸。（《金璋》三八〇）

癸亥卜，　王叀尸正（征）。　王甶望乘比。（《邺中》三下三八、一）

乙亥卜，争贞：王叀，㞢帚不……尸囚。（《前编》六、三七、二）

□午卜，卜穷贞：王甶帚好令征尸。（《佚存》五二七，《续编》四、三〇、一重）

□亥卜，㱿贞：王叀昜白（伯）𡚸比。　贞：王叀侯告从征尸。（《屯乙》二八七一）

丁巳卜，𡆥贞：王伐不𡆥。　丁巳卜，𡆥贞：𢦏（歼）尸。（《屯乙》七三一二）

□戌卜，𡆥贞：令泳㞢（侑）尸方。（《京津》一二二四）

己亥卜，穷贞：牧匄尸戎。（《京津》六四九）

戊戌卜，穷贞：牧匄尸。令𦾔氏臤。（《前编》五、二七、一，《续存》下五一重）

甲申卜，亘贞：臭氏尸。（《铁》一九六、三）

上辞卜人有穷、㱿、𡆥、亘，从征尸方之人物有望乘，帚好、昜伯𡚸、侯告，并武丁时人，此即武丁伐东夷之史实。卜辞对于夷人或称"尸方"，或称"尸戎"，或但称曰"尸"。《粹编》自一一八三至一一八八皆纪尸方事，不系卜人名。曰："……贞：尸方其出……"（《粹》一一八八）曰："〔贞〕：尸方不出。"（一一八三）曰："甶王自征尸方。"（一一八四，一一八五，一一八六）又曰："侯告伐尸方。"（《粹编》一一八七）可与《屯乙》二八七一互证。由上可见武丁时与尸方交涉之繁。是叀及泳所卜王伐尸方事，正可系于武丁，因此两卜人关系之人物，咸属于武丁之故。旧但知帝辛有克夷方事，乃系之纣时，实不然也。

今定叀与泳皆在武丁晚期，而泳可能下至武乙，则向据此两人所见卜辞之字体及史实，作为所谓第五期帝乙帝辛卜辞之标准已全失其根据。而诸家排比帝辛伐人方之年月行程，亦宜重新论定，此一更动，于甲骨断代关系甚巨，参看卜人泳条。

至《小屯甲编》末之鹿角刻辞上言"文武丁秝。……王来征……"既有文武丁之名，自可下及乙辛之世，惟"王来征"句下文全缺泐，是否为征尸方，则颇难以确定耳。（商承祚已有此说，见《佚存》序文。）

附缋：

卜辞又有人名繺：

乎繺同龙圭。（《屯乙》四五一六）

丙寅卜，𦃃：族（胡厚宣《殷代封建制度考》引作“侯”）……马史又……方其乎祉……丝。（《外编》八三。字细小）

丙辰卜，殸：立繺事。（《铁》八八、四，《佚存》七三一重）

按以旅亦作𣄰例之，知𦃃即叀之繁体，如叚子，《宗周钟》之作“𠬪”也。京都大学四六云：“卜，殸贞：𢆶囚㞢疒。”契文𢆶与寅为一字，此𢆶字又疑为𦃃之省变。繺盖缋字，契文假缋为叀。从上举各辞，知缋与龙同时，其贞人为殸，是亦缋及黄应属武丁时之证。

㣥

卜人㣥，旧列帝乙帝辛时。《殷历谱·祀谱》系其年代，首见于帝乙九年，终于帝辛五十二祀，如是㣥掌卜职，凡历七十八年，恐其人未必如是高寿。向来以之属晚期者，因其所卜有周祭之事，且字体工细整饬。

今考㣥字或从夫作𢓜。（《诚斋》四四，《拾掇》二、八六，《粹编》一四五五）亦有从大者，且字体较大，与武丁相近，如：

㞢余乎㚼。（《续存》下三三〇）

叀余乎㣥……（大英博物院藏骨，即《库方》一六五〇背，其面为伪刻）

核以卜辞惯例，“呼”字下为人名，则㚼殆即㣥也。

武丁卜辞又见㚼字，似为人名，句中省去动词。

癸酉卜，殸贞：雀亩今日，㚼。（右甲《屯乙》八一四四） 癸酉卜，殸贞：雀于羽甲戌，㚼。（左甲《屯乙》五七九八）两片同日同人所卜，可缀合，以“今日”与“翌日”对贞。

殷铜器常见此人名，如《㚼觚》（《续殷文存》下）、《㚼且丁爵》、《㚼父乙尊》（《续殷文存》上），是否即㣥，未敢遽定。《遗珠》二四五㣥卜有“祭祖甲叠耆甲”语，则其年当与泳相若，可及武乙之世。

㣥之卜辞，辑录如下：

一、【卜旬】

癸酉卜，〔𣎴〕贞：王旬亡𡆥。　癸未卜，𣎴贞：王旬亡𡆥。　〔癸□〕卜，𣎴〔贞〕：王旬亡𡆥。（《续编》六、一、一，《簠·贞》二七重，删去癸酉一段）

癸酉卜，𣎴贞：王旬亡𡆥。（《金璋》四九九）

癸未卜，在上〔𩰫〕𣎴贞：王旬〔亡𡆥〕。（《簠室·贞》二六）

癸未卜，𣎴贞：王旬亡〔𡆥〕。（《诚斋》五一）

癸卯卜，〔𣎴贞〕：王旬亡〔𡆥〕。　癸丑卜，𣎴贞：王亡𡆥。　癸亥卜，𣎴贞：王旬亡𡆥。　癸酉卜，𣎴贞：王旬亡𡆥。　癸未卜贞：王旬亡𡆥。　癸巳卜贞：王旬亡𡆥。　癸卯卜贞：王旬亡𡆥。　癸丑卜贞：王旬亡𡆥。　癸亥卜贞：王旬亡𡆥。（《外编》一四〇，《南北·师》二、二六八重）

癸卯卜，𣎴贞：王旬亡𡆥。（《粹编》一四五五。同版另有贞旬亡𡆥辞数组，无卜人）

癸丑卜，𣎴贞：王旬亡𡆥。（《林》一、二九、四，又一、二九、五文同）

癸丑卜，𣎴〔贞〕：王旬亡𡆥。（《诚斋》四四）

〔癸□〕卜，𣎴贞：〔王旬亡〕𡆥，在六〔月〕。（《簠室·贞》二八）

……𣎴贞：王旬亡𡆥。（《南北·明》八二一）

其他《林》一、二九、六，《明义士》五七三，《拾掇》二、八六俱有𣎴贞旬之残辞。

二、【卜祭祀】

癸巳卜，〔𣎴〕贞：王旬亡〔𡆥〕。在二月，甲〔午〕，祭戋甲，𠭯小甲。　癸卯卜，𣎴贞：王旬亡𡆥。在三月甲辰，祭𢀛〔甲，𩱧戋甲〕。　癸丑卜，𣎴贞：王旬亡𡆥。在三月甲寅，祭㫚甲，𩱧𢀛甲，𠭯戋甲。　癸亥卜贞：王旬亡𡆥。在三月甲子，𩱧㫚甲。　癸酉卜贞：王旬亡𡆥。在四月甲戌，祭吕甲，𠭯㫚〔甲〕。　〔癸未〕卜贞：〔王旬〕亡𡆥。在〔四月〕甲申，〔𩱧且甲〕……（《遗珠》二四五，《殷历谱》下二《帝乙祀谱》。金祖同云："辞五祭且甲之'且'字倒刻，而㫚甲之'甲'即借用且甲之甲而不另刻，此例罕见。"）

按上辞为卜旬次日之甲日，祭某先王之名甲者，并合祭诸甲。其言

"祭"者为正祭，言"砉"者为合祭，言"𩛥"者，则为馈食致享。(《说文》："𩚏，设饪也，读若载。"《玉篇》："𩚏，设食也。"《特牲馈食礼注》："祭祀自孰始曰馈食。")所以别于肆献也。此辞较为完整，可窥见殷人祭典，必𩛥砉及于其祖，由祢及远，所谓"典祀无豐于昵"是也。如祭戋甲必上及小甲，祭羌甲(沃甲)必上及戋甲，此追享之义也。辞四言"三月甲子𩛥昝甲"，下无砉祭，其辞三则言"三月甲寅祭昝甲"，同在三月，而一为"祭"，一为"𩛥"；盖二者有别，以"祭"有肆献，其礼隆，"𩛥"但荐黍稷而已，其礼杀也。

癸丑卜，𡆥贞：王旬亡𡆥。在四月甲寅，彡日戋甲。曰𠬪且乙，㯤。　癸亥卜，𡆥贞：王旬亡𡆥。在五月甲子，彡日羕甲。　〔癸酉卜〕，𡆥〔贞：王旬〕亡𡆥。〔在五月甲〕戌，〔彡日昝〕甲。(《前编》一、四二、一，《殷历谱》下二《帝乙祀谱》)

癸巳卜，𡆥〔贞〕：王旬亡𡆥。在十月甲〔午〕，羽日戋甲。　癸卯卜，𡆥贞：王旬亡𡆥。〔在〕十月甲辰，〔羽〕日羕甲。(《后编》下二、八，《殷历谱》下二《帝辛祀谱》)

癸亥卜，〔𡆥〕贞：王旬〔亡〕𡆥。甲子，〔𩛥小甲，砉大甲〕。　癸酉卜贞：王旬亡𡆥。在正月，甲戌，祭戋甲，砉〔小甲〕。(《遗珠》一二五五，《帝辛祀谱》)

按《前编》"四月甲寅彡日于戋甲"，下忽言"宜祖乙集"，是则卜绎祭时得兼为他祭之卜。戋甲即河亶甲，为祖乙父行。此祭亶甲遂及祖乙，如𠬪且乙亦在甲寅日，则祖之名乙者亦可于甲日祭之，此为变制。《前编》"曰𠬪且乙㯤"语，他辞语例相同者，如牛距骨刻辞"王曰：则大乙㯤。玗白蒙，㕁，宰丰。"(《屯乙》八六八八)另一镂花肋骨云："辛巳，王𠬪武丁㯤。〔麦〕录，隻白冢。丁酉□……"(《佚存》四二七，《邺初》二四、九重)又"乙酉卜：其𠬪父甲㯤，在兹先咸。　于㒸，𠬪父甲㯤。"(《佚存》八九一)以上诸片之𠬪字，惟距骨省形作則，皆读为"宜"字，㯤则为登进之"进"。(参本书卷三)此类宜祭，登进牲品，多行于田猎之际。高去寻谓："則或是祭祀之达名。"盖宜乃"有事祭也"(《尔雅》郭注)。《周礼·春官·太祝》："出师宜于社，造于祖。"《王制》："天子将出，宜乎社。"祭之以求其福宜，故谓之"宜"。孙炎曰："宜，求见使祐也。"《周官》言"宜乎社"，专指祭社，殷则兼宜于祖，盖田狩亦为起大事动大众之举，故宜于祖以求佑也。

立

立旧列乙辛时，然其人见于争之卜辞。

庚午卜，争贞：令立从𡆥、菁……（《前编》六、五一、二。字细小，与立之卜辞相类）

故知立应属武丁时。立之卜辞，仅二见：

壬午卜，〔在〕售，立贞：王今夕不㞢（震）。（《南北·明》八二八）

乙酉卜，在渮，立贞：王步于淮，亡巛。（剑桥藏，《金璋》五七四。又《缀合编》二一六）

按旧说以上辞系于帝辛时征人方之行程中。（《综述》，301～307 页）渮字见《集韵》，水流皃。其所在地，《综述》云："《说文》，岁从戌得声。渮当是濊水。《楚策》一：'睢濊之间'。《淮水注》作睢涣之间。即今浍水入淮处，在今五河县临淮关之东北。"

立又见于犾之卜辞：

丁酉卜，犾贞：王田于西，立𡉉，吉。（《屯甲》一六〇三）

犾为廪辛康丁时人，知立之年代，可下及廪康之世。

宁

卜人中与韦、亯同属武丁时。（参上韦条）又与壴同列，如：

贞：𡆥中、壴……其㞢于……（《屯甲》二九二〇残骨，字较大）

贞：勿乎中、壴眔。（《续编》五、二四、五，京都大学四九六重）

从上两辞互勘，知中与宁实一字，俱当释宁，旧分为二人，非也。

宁又见于卜人争及我之辞：

戊午卜，争贞：令中用于〔宅〕。九月。（《屯甲》三五二〇，字较大）

己巳卜，我贞：史豖宁。（《屯乙》四九四九右甲桥）　宁（《屯乙》四七五八左甲桥。同版见卜人我、衜等，字纤小。）

按《屯乙》一七九二："今六月，宁至。"与我卜辞，皆字画纤细。

又残甲桥见一宁字（《屯乙》三九四九），当即宁之署名。其书"宁入"者（《屯乙》七七六八），甲面为穷、争之卜辞。宁之作宁，中多一点，此如壴之作𢀛矣。（《屯乙》七三七八）殷器有《𠑹父乙觚》（《录遗》三四四）、《乡》（饗）、《亚父乙鼎》（《录遗》五四），即宁祭小乙所作之器，盖称小乙为父乙。

宁又与卜人泳及何同版。

甴：泳令。　丁亥卜，宁：𢆶……（《七集·孙氏》一）

贞：令宁氏何𠃬。　贞：勿令宁氏射。……（《屯甲》三六五六。又《屯甲》二八八〇宁与何同版）

亦见于出之卜辞。

甲申卜，出贞：令多宁眔方。（剑桥大学藏甲，即《金璋》四一三）

故知宁之年代，下及廪康之世。旧列宁为廪辛时卜人，今以其与韦等曾为同事同日之卜，故略移前。

他辞又有人名曰㐺者（《屯乙》五四〇五："㐺不訇。"），与妇石同版，这当释"伫"，不知与宁系一人否？

宁之卜辞，辑录如下：

一、【卜雨】

庚寅……卜，宁：庚寅雨。（《遗珠》九三一）

二、【卜年】

甲午卜，宁贞：北土受年。　甲午卜，宁贞：北土不其受〔年〕。（《屯乙》三九二五）

按对贞语在残甲中心，与《屯乙》三二八七整龟㞢卜东土受年，《屯乙》八一六七韦卜西土受年，《屯乙》八一七二𡩜卜亚受年，同为甲午日异人之卜，说见上韦条。由此条可定宁属武丁时。

三、【卜祭祀】

上甲：

甲子卜，宁贞：王宾上甲，𠬝，亡尤。　庚午卜，宁。　庚午卜，宁。庚申卜，宁贞：王宾𡆥䙳，亡尤。　辛酉卜，宁贞：王宾夕䙳，亡尤。辛酉卜，宁贞：王宾夕䙳，亡尤。　甲子卜，宁贞：王宾上甲，𠬝，亡尤。甲子卜，宁贞：王宾上甲，𠬝，亡尤。　甲子卜，宁贞：王宾上甲，𠬝，亡尤。（《殷缀》四九巨胛骨——《屯甲》二六九二＋二八八〇，亦见《缀合编》三七九。同版见壬戌卜何贞及丙辰卜王贞二组辞。此缀合骨背全为

贞人宁卜辞。此片王宾上甲，王字作𠫓，上无一横笔）

按凡卜辞所称“宾𡧊禫”者，𡧊即艺。《尧典》“归格于艺祖”，《大传》作“祢祖”，故宾𡧊即宾祭于亲近之庙。（《骈枝》）此宾远祖上甲，遂及祢庙也。

匚乙　匚丙　大戊：

甲子卜，宁贞：王宾上甲，𠭯，亡尤。　甲子卜，宁贞：王穷上甲，𠭯，亡尤。　上甲𦱡。　甲子〔卜，宁〕贞：王宾上甲，𠭯，〔亡尤〕。　丙子卜，宁贞：王宾匚丙，古（育）多𣪘。　己〔丑〕卜，宁贞：王宾𢦏，亡尤。　己亥卜，宁贞：王宾𢦏，亡尤。戊申卜，宁贞：王宾大戊，𢦏，亡尤。辛亥卜，宁贞：王宾𡧊禫，亡尤。　乙卯卜，宁贞：王宾匚〔乙〕，古多𣪘，亡尤。　丙辰卜，宁贞：王宾匚丙，古多𣪘，〔亡尤〕。　丙辰卜，宁贞：五十罕。亚……𦕸……（《殷缀》四九反——《屯甲》二六九三十二八八一，亦见《缀合编》三八〇）

按乙卯宾匚乙一条，原刻作“匚丙”，后剜其匚中丙字。董氏云：“此为习契者抄自他版之卜辞。”又言：此处“古多”二字，乃抄自“上甲至于多后”句中多后字，字未抄全。（《殷历谱·廪康祀谱》附图）是版正面为卜人何之辞。宁何同版，亦见《屯甲》三六五六，此当非武丁时物，故《殷历谱》系于廪辛康丁时。观所列祭名，有𠭯，为合祭，有𣪘为荐黍稷馈食之祭。（详上泳条）又言“宾𢦏”，即陈𢦔，乃肆牲之事。古字，他辞习见，或言“𣪘古多”（《明义士》三八四），知其字非为“毓”之写失。按古为倒子之𠫓，即育本字。育，《说文》：“育，养子使作善也。或体作毓。”《尔雅·释诂》：“育，养也。”《说文》：“养，供养也。”祭祀之事，所以追养。《礼记·祭统》云：“祭者，所以追养继孝也。”（李善引《礼纬》语同）《文选·东京赋》：“躬追养于庙祧。”薛综注：“言祭皆追感孝养之道。”卜辞言“育多𣪘”者，谓供养而荐粢盛也。《诗》“不遑将父”，“天不我将”，《传》、《笺》并云：“将，养也。”故古之为育，义与将养同。

示癸：

癸亥〔卜〕，宁贞：王宾示癸，羽日亡尤。（《佚存》三二五）

癸丑卜王：中曰：罕，示癸妾妣甲。（《拾遗》一、八）

按此为王自卜。王字作𠫓，上无横笔。妣甲为示癸之配，见《后编》

上一、八又一〇，并言："示癸奭妣甲。"此称为妾，义亦指配偶。《续编》一、六、一："㞢于示壬妾妣〔庚〕。"《屯乙》一九一六："㞢于示壬妻妣庚。"可知妾、妻，俱指配，此辞言"示癸妾"，例正相同。

外丙：

丙子卜，宁贞：王宓卜丙，𢾕古（育）多……〔亡尤〕。（《明义士》三八四）

宓㩁：

丁巳卜，宁贞：王宓㩁（祓），亡尤。　癸亥卜，宁贞：王宓㩁，亡尤。（《库方》一二〇七）

庚寅卜，宁贞：王宓㩁，亡尤。（《库方》一二四二）

□子卜，宁贞：王宓㩁，亡尤。（《七集·普林斯》八七）

……卜，宁〔贞〕：王宓㩁，亡尤。（《明义士》一八）

按㩁字或释𣎴之异形，象以手奉木于神前。董氏云："新派不见𣎴，而别有㩁字。"意盖以㩁即新派之𡨄字，今考何之卜辞有云："今来辛丑，亡𤆍，其酚。"（《屯甲》二四七六）大之卜辞云："𤆍卯……"（《库方》一二〇八）是明有"𡨄"字。又宓㩁或作宓𣚴，如"……卜，何……王其宓𣚴……"（《屯甲》二七七四）则又从𠬞作𣚴。（我之卜辞云："𣚴月又事。"见《前编》八、五、六。）于省吾区㩁与𣚴为二字，非也。他辞或省𠬞作𣏟，见于旅之卜辞，云："其𣏟西子。"（《库方》一一七九）"其𣏟四子。"（京都大学六三六）于氏以《古文四声韵》引古《老子》拔字作"𣚴"，谓𣚴是祓之初文，𣚴月即"祓月"。《说文》："祓，除恶祭也。"祓除不祥则福至，故《尔雅·释诂》云："祓，福也。"郭注引《诗》"祓禄尔康"，今《诗·卷阿》作"茀禄尔康"。笺云："茀，福也。"卜辞屡言"王宓禫"，"王宓夕禫"，即谓王宾而奠，所以致福也。至云"其祓四子"，"其祓西子"，俱可读为福，于义并通。（叶氏、于氏释㩁为𡪞，马氏《说文疏证》以㩁即"祡"，不如释祓更合。）

附祭祀有关残辞：

……卜，宁〔贞〕：王宓……奭……（《屯甲》二八九三）

……卜，宁〔贞：王〕宓……三䍧……𠚤……（《戬寿》二三、三，《续编》二、一七、六重）

……卜，宁〔贞：王〕宓……彡……亡尤。（《文录》三八一）

□酉卜，宁贞：王宓，夕禫，亡尤。（《屯甲》二二六八）

……卜宁〔贞〕：王〔室〕，夕〔禣，亡〕尤。（《文录》九一九）

甲戌卜宁。戊寅卜，宁贞：王室……（《殷缀》五一——《屯甲》二七九九＋《佚存》二五七＋二六六，亦见《缀合编》六二）

庚辰卜，宁贞：王室……（《明义士》四〇八）

丁巳卜，宁贞：王室……（《明义士》三二三）

……卜，宁〔贞：王〕室……亡尤。（《文录》四九五）

四、【人物】

辛酉卜宁……剌。（《屯甲》二八三〇）

按同版云："庚午卜，王贞：其乎小臣剌从，在㽙……"知剌即小臣剌也。㽙即曾字，他辞云："王𨑩于㽙。"（《簠室·游田》六八）《左·襄元年传》："次于鄫。"杜注："郑地。"在河南归德府南。（《汉书·地理志》东海郡缯，见《春秋》僖十四年、哀七年，与此异地。参本书卷二）

其他残辞：

丙申卜，宁贞：今……（《库方》一八四〇）　戊戌卜，宁贞：……（《明义士》二三三六）

己卯卜宁……（《屯甲》二七七七）　……宁……亩……（《文录》三八五）

专

专于殷为侯爵，屡见侯专之名：

丙寅卜，争：乎龙老医专，𢀛权（邳）。　（《屯乙》二三八八＋二〇〇〇——《殷缀》一七四，《屯丙》一）

庚辰卜，内贞：医专，㞢疒。（《京津》一六六七、《佚存》八重）

癸亥卜，王贞：余比侯专，八月。（《前编》五、九、二）

侯专其亦……（《粹编》一三〇四，《京津》三一一三重）

□巳卜，王……侯专……其……（《铁》一三三、四）

……子卜贞：……侯专……（《铁》二六八、四）

他辞所见专为地名。《屯乙》八一一："贞：乎乍圂于专。　勿乍圂于专。"《潜夫论》：宋公族有专氏，当即侯专之后。专即郙。《春秋》成六年"取郙"。（郑有郙门，见《左·襄九年传》）《说苑》："赵与卫灵公盟于抟泽。"即此地。

老殆即《左传》定十五年宋地之老丘。

卜人专，字亦作叀，或作𢆶。（《后编》下二八、一〇）专之卜辞，以卜夕卜旬为多，兹辑录于下：

一、【卜雨】

乙未卜，专贞：今日雨。（《簠室·天象》三一，《续编》五、二四、四重）

二、【卜夕】

辛未卜，专贞：今夕亡𡆥。（《后编》下二八、一〇）

壬子卜，专贞：今夕亡𡆥。（《林》一、二八、九）

庚辰卜，〔专〕贞：今夕亡𡆥。（《遗珠》一三〇五）

辛丑卜，专贞：今夕亡𡆥。六月。（《前编》五、一二、四）

……专〔贞：今〕夕亡〔𡆥〕。十二月。（《前编》五、一二、二）

……专贞：今夕亡𡆥。（《京津》三五一七）

……卜，专〔贞〕：今夕〔亡〕𡆥。（《林》一、二八、八）

三、【卜旬】

癸未卜，专贞：旬亡𡆥。（《燕大》四四一）

癸未〔卜，叀〕贞：旬〔亡𡆥〕。　癸卯卜，专〔贞:〕旬亡〔𡆥〕。（《屯甲》一六九五）

〔癸〕巳卜，专〔贞〕：旬亡𡆥。（《燕大》四四六）

癸卯卜，专贞：〔旬〕亡𡆥。　癸亥卜，专贞：旬亡𡆥。（《双剑》一四八，《续存》下四二〇重）

癸卯卜，专贞：旬亡𡆥。　……卜，专贞：……（《续存》上一六八七）

〔癸〕卯卜，专贞：旬亡𡆥。二月。（《前编》六、五、四，同版见卜人卯）

按前编此片专字作𢆶，《综述》另列为一人，隶定作“叙”字，以其与卯同版，系于廪辛时，今仍定作专。

……卜，专〔贞〕：旬亡𡆥。十月。（《明义士》一五九二）

四、【卜往来】

癸亥卜，专：往。（《屯甲》二三四一）

其他：

□辰卜，专……自三侯……父丁……令。（京都大学二七六）

旬

旬字即昫，与古陶文昫字形近。（从丁山说，旧释“珍”未确。）《玉篇》：“昫，稟给也。”卜辞旬为人名，其言“卜旬贞”者，仅一见，为卜雨之辞。

丙申卜，旬贞：羽戊戌，雨。　己亥〔卜〕，旬〔贞〕：羽庚子，雨。（《屯甲》三五八五）

旬盖武丁时人，见于宾所卜：

癸丑卜，宾贞：叀旬令目、毕𢦏（乂）。　癸丑……贞：乎……目、毕𢦏。（《后编》下三四、五）

骨臼言旬示者，署名有允（《簠室·典礼》三八）、𠮛（《粹编》一五〇三）、㕚（《屯甲》二八〇九，《遗珠》三二八）等。

他辞言旬事者尚夥，兹辑录如次：

……卜贞：今十三月，旬至。（《续编》五、一九、五）

□巳卜贞：王吏旬……𠂤……族在且乙宗〔卜。〕（《南北·明》五七五）

贞：乎旬罘内入，𢆶事。（《前编》四、二八、三）

贞：叀旬令。（《前编》六、三三、一）

……旬射麋。（《佚存》九三〇）

贞：旬广。（《南北·师友》二、一二二）

乎旬……集。（《南北·坊间》四、九四）

丙辰……贞：旬……〔氏〕龟。（《之馀》一七、二，《续编》五、二三、二重）　贞：旬不其〔氏〕龟。（《外编》一〇五，《续编》五、二九、一〇重）

……旬……其出……（《前编》六、三二、六）

癸亥，旬三自雩十𠂤。　𠮛。（《粹编》一五〇三臼）

丁亥三自雩十乂。　旬示。　泓。(《簠室·典礼》三八臼，《续编》五、二二、五重。又《珠》三二八臼文略同，署名者为叡）

……旬氏自……(《林》二、四、一〇）

……旬弗……(《鄴斋》六、一）

……旬其……(《前编》六、三二、七）

……旬其㞢……(《林》二、四、九）

其他言旬致贡者，如“旬入”、“旬来”一类记事刻辞，又与旬同致纳者，有叀、曰等，别详卜人𠙵条。

殷器有旬爵（《录遗》三九七)，当即旬之用器。

葡

葡为武丁时人。

丁亥卜，㱿贞：〔昔〕乙酉，葡旋。　𢓊……大甲且乙，百鬯百羌，卯二百……(《后编》上二八、三，《佚存》五四三缺前辞，而文略同）

乙巳卜，宕贞：王梦葡，其隹𡆥（孽)。(《铁》二、四）

癸巳卜，争贞：旬亡𡆥。甲午𡆥。乙未，囦、韦、𡳿在泷，十月。(《簠室·地》四）

辛巳卜出：入令竝、葡。　辛巳卜：𡆥葡。十月。(《燕大》一四一）

上诸卜人，皆属武丁时，故葡亦每与㱿、亘、𠂤见于同版。(如《续编》一、二三、三，又五、二五、一）

他辞云：

□未卜，何：……葡、兄，叀旧畣用，　亡壱。(《屯甲》二四三七）

此葡与卜人兄同见于何之卜辞，时代当较晚。

葡亦为动词，契文常有“葡牛”语（《林》二、三、一一，《前编》五、九、八，《粹编》五三三，《佚存》九六九，《屯甲》六七九)，字读为𤰈，用牲之事也。(《骈枝续编》)

葡本方国名。卜辞每见卜“葡受年”(如《屯乙》七〇〇九）及“多葡”之号（《屯乙》四二〇八，四二一二)，亦称葡牧。(《之馀》二、一，又《后编》下一二、一二，及《续编》五、四、四并重。）字或从火作㷟。如：

甲戌卜，𠂤：吕方其𦎫旋㷟。(《铁》五五、二）

……取‥于㚇。（《遗珠》二五）

知“葡牛”即䮾牛，则地名之葡疑读为偪。《郑语》“妘姓有偪阳”，与邬郐同列。《左传》襄十年：“晋士匄请伐偪阳。”此春秋时偪阳国，地在山东峄县，疑殷葡族之遗裔迁徙者。（余十年前曾释葡为《山海经》之困民国，非是。）

葡署名者，如：

戊戌帚宅丁二乂。　葡。（《南北·师》二、二二）　“戊申邑丁一丿。　葡。”（《库方》一六一〇）

商器有葡字者，有《圅鼎》（《邺三》上有二器）、《圅ㄖ鼎》（《白鹤撰集》一一）、《葡鼎》、《葡卣》、《葡盘》。（《录遗》三一、二三六、四八一）又有《葡父庚鼎》（《续殷文存》上）等。详《金文编》附录。葡字象矢箙形，字从一矢二矢三矢均可。

葡之卜辞，辑录如下：

一、【卜雨】

辛亥卜葡：羽壬雨，允〔雨〕。　壬子卜葡：羽癸丑雨，允〔雨〕。（《粹编》七三五，《前》七、四四、一重）

按此条省贞字。

庚午卜，葡贞：今夕雨。（《遗珠》四三二）

□申卜，葡贞：雨。　〔贞〕：不其雨。（《续存》上五四五）

二、【卜晴】

癸酉卜，葡贞：羽甲戌，用卌……氐羌，易日。甲……用自上甲，允易〔日〕……（《续存》下五三）

按此致羌以祭，卜求锡日。同版有卜人㕯。

三、【卜祭祀】

癸卯卜，葡贞：其㞢……王……祝。（《摭佚》二三，《京津》八六二重）

四、【卜方国】

……卜，葡贞：𢀛方其出。（《续存》上五四五）

辛酉卜，葡贞：在衜萑……　贞：在衜嘍……（《明义士》六八二）

乙未卜，葡贞：往羌。（《簠室·贞类》五，《续编》一、二三、二重，王襄释作“先羊”非。同版有㱿及亘）

残辞：

己酉卜，葡……（《续编》五、二五、一，《簠·贞》四重，同版有㱿）

庚寅卜，葡……参……（《续编》五、三〇、一三，《南北·坊》三、九六重，摹本脱“庚”字）

癸巳卜，葡贞：入。（《元嘉》五四，《续存》上一九八重）

丁丑卜，葡贞：……丁丑卜，葡贞：……（《京津》二二九八）

丙子卜，葡贞：曰……（《前编》七、一五、三）

癸丑卜，葡贞：……（《京津》二五〇〇）

……卜葡……　……卜葡……（《续编》六、一四、四）

……卜，葡贞：乎……（《文录》五六三）

……卜，葡贞：……（《续存》下五三五，又《前编》五、九、四）

单识一葡字者，如《戬寿》四四、一三，《明义士》二三四六，《屯甲》三七三四等。

先

先为殷时侯国，亦称“先侯”。

壬戌卜，争贞：三令掔田于先侯，十月。（《前编》二、二八、二）

《左·昭元年传》：“商有姺邳。”杜注：“二国，商诸侯。”今本《纪年》：“外壬元年，侁人叛。”“河亶甲五年，侁人来宾。”姺侁，皆即先也。《左》隐五年《正义》引《世本·氏姓》作“先”，与卜辞同。卜辞亦记禽先事如：

乙丑卜，㱿贞：子䟣弗其隻先。（《屯丙》一）

可与《纪年》互证。先地，殷王曾游畋其间。如：

丙辰卜，在奠贞：今日，王步先，亡𡿧。（《前编》二、一五、二）

先盖与郑相近。姺在河南陈留东南，地望正合。

先为武丁时卜人，屡见于㱿、宂、争、𠳋之卜辞。

□申卜，㱿贞：……隹乎氏……先韦。（《库方》六五〇）

戊午卜，宁贞：令先……𠬝王……十三月。（《续存》上一一四六）

卜，争贞：乎先……（《南北·师》二、七四）

戊午卜，争贞：先昃。（《屯乙》七〇九四）

辛酉卜，𡆥贞：于夭，先𦣞，一月。　贞：于𠭯，先𦣞，一月。（《前编》一、四八、三）

他辞又有巫先者，"𠀠先"（《南北·明》一〇三），未知是否一人。殷器有《先觯》（《善斋图》一四二），疑即先所用之器。

他辞言先事者，如：

乎先于𩰫。　贞：勿乎……（《续编》五、二六、一〇，《簠室·人名》八六重）

〔丝〕令先。（《南北·明》七六一）　令先。（《屯甲》四一二，即《新获》二四三）

先氏五十。（《殷缀》一三七背——《屯乙》一一七一＋二五二六＋二七一〇）

先氏。（《屯乙》二二四七。又《南北·坊》三、八，《屯乙》二九六五甲尾并有"先氏"语）

先之卜辞辑录如下：

一、【卜雨】

己亥卜，先贞：今日雨。（《续编》四、七、四，《戬寿》三四、一四重）

二、【卜夕】

□午卜，先〔贞〕：今夕〔亡〕尤。（《文录》二一）

己……〔卜〕，先贞：……亡……（《文录》八九八）

□卯卜，先〔贞〕：今夕〔亡〕𡆥。（《遗珠》五〇四）

……卜，先〔贞〕：今夕〔亡𡆥〕。（《林》一、二二、一五）

三、【卜祭祀】

乙亥卜，先：鼓，酒又且辛。　□亥卜，……鼓……（《戬寿》四四、一七，亦见《缀合编》五五）

按此祭名有"又"字，先为武丁时卜人，可见"㞢"、"又"二字，武丁时混用之。此云鼓者，祭用鼓乐也。

残辞：

癸丑卜先（《库方》一〇六三）　……卜先……（《库方》一八五一）

乙亥卜先（《佚存》八九六）　……先……（《续存》上三四）

先署名者，如："……我廿　先。"（《屯乙》三七九八甲背）

沐

沐字，契文作𣲧（《粹编》一一七四），及𣲧（《佚存》五二，《簠室·天》六六，及《续编》四、五、一重），从水从木，郭氏释沐。（陈梦家释桼，非。）又有从屮者，以賁賁为一字例之，从屮从木同意，仍是一字。或省水旁，但作木者，见于争、宀之卜辞。

卜争：……令木眔……（《屯甲》一一六七＋二〇二九）

丁酉卜，宀贞：甫伐，木令比麇。　贞：甫伐，征令比麇。王六月。（《屯甲》三五一〇＋《京津》一六八一）

"王六月"如《春秋》言"王正月"，《逸周书·大开解》"维王二月"，例亦同。

有妇名曰帚妹（《屯甲》五一六），当是木之妇也。殷器有"《木作父辛鼎》"（《录遗》六三）。沐之卜辞仅两见，兹录如下：

一、【卜雨】

戊子卜，沐：羽己丑，其雨。　己丑卜，沐：羽庚寅，其雨。　庚寅卜，沐：羽辛卯，不雨。（《佚存》五二，《续编》四、五、一，《簠室·天》六六重）

按己丑为戊子之翌日，庚寅为己丑之翌日，辛卯又为庚寅之翌日，此为连续数次贞卜，俱先一日预卜明日雨不雨。

二、【卜征伐】

丙午卜，沐贞：羽丁未，子𢦏𢦏粪方。（《粹编》一一七四）

至其字之从屮者如：

己卯卜，㞢贞：𣲧幸，往刍自宂。王固曰：其隹丙戌幸，㞢尾；其隹辛

寐。　己卯卜，𠳵贞：刍自宀。𣲖弗其幸。（《屯乙》四二九三甲尾对贞）

𣲖又与𦣞共事：

丙辰卜，□贞：叀〔令〕比𣲖𦣞。　贞：勿隹令比𣲖𦣞。　令𦣞比𣲖，𦣞。　勿令𦣞比𣲖，𦣞。（《殷缀》二二三——《屯乙》三一七一+三四一七。同版见卜人争）

戊申卜，㱿贞：王𠦪𣲖𦣞。　戊申卜，㱿贞：王勿𦞦𣲖𦣞。（《簠·杂》五六）

乙巳贞：令𣲖𦣞𠘧方。　乙巳卜，及𠘧方。（《续存》下八〇四）

他辞言“𣲖入册”（京都大学九四一背）。字不从木。

告

告为卜人，仅一见。

庚寅卜，𠳵贞：𠳵其……（《南北·明》三七七）

告，疑即告子。

贞：告子亡囚。　贞：告子其㞢囚。（《屯乙》三四二六）

他辞又见侯告。

卜，㱿贞：侯告爯册，王𦞦。（《库方》一六三七）

贞：王叀侯告从正尸。　贞：王勿叀侯告。（《丙编》五五）

王叀侯告从，六月。（《续编》五、三一、五）　侯告伐尸方。（《粹编》一一八七）

知为武丁时人。又《屯乙》九〇七三辞末锲一𠳵字。

殷器有《告刀》（《十二家契》三四），又有《告亚卣》（《海外吉金》四二），《亚告毁》（《颂斋图》七），皆安阳出土，当为告所制者。

从

卜人从仅一见。

□子卜，从贞：今夕亡囚。十月。（《安阳遗宝》四）

从为武丁时人。

卜，㱿贞：𠨘爯𠕋，乎从比𡆥。（《屯乙》七七三九，八一二〇文同）

乙酉卜，争贞：从之宓（宠）。（《文录》六二七）

□辰卜，争贞：勿乎从……（《六录·清晖》一一）

癸未卜，𠱐贞：乎从 ……贞：勿乎〔从〕……（《屯甲》三〇三八）

从供小臣职。

……十𢆶，小臣从示。（《南北·师友》二、二九）

见于从卜辞者，有取、兄、亩𢀛诸人。

辛丑卜，㱿：乎从来，取出兄氐。（《屯乙》五七八六）

癸巳卜，贞：乎从罘亩𢀛。（《簠室》人名六二，《续编》五、六、五重）

乎商（赏）从羌𡧊。（《前编》七、一九、四）

按商读为赏，此赏小臣从以羌地之𡧊。《䜌鼎》云："商（赏）㽙征人斤贝。"句法相同。贝字益一横笔者，如自之作𠂤，乃饰文。

又按胡厚宣文数录"从入""从来"，审其字作㣺，乃弜字，非从也。

𠃊

𠃊契文作𠃊，或倒作𠃊。其为卜人名者，如：

癸酉卜，𠃊：于……（《佚存》三九二，《邺初》下三、六四重）

□辰卜，𠃊：隻（獲）𤰈羌。 □辰卜，𠃊：……隻〔𤰈羌〕。（《殷缀》六五——《屯甲》三〇六七十三〇七一）

𠃊乃武丁时人，每见其讨羌来羌事：

□戌卜，㝊贞：𠃊隻羌。（《屯乙》八四二二）

丁丑卜，㝊贞：𠃊隻羌。九月。 贞：𠃊不其隻羌。（《殷缀》二〇五——《屯乙》四八五八十四五〇九）

贞：叀𠃊来羌，用。（《屯乙》六四一〇）

贞：𠃊……羌用，自〔大〕戊、大丁、〔大〕甲、大庚。（《粹编》一七三，《京津》六二八重）

他辞言及𠃊者：

庚辰卜，令𠃊于咸。（《前编》一、四四、三）

贞：𠃊允𢀛。（《屯乙》五七四）

残辞又有下列：

……𠃊……𢀛。（《遗珠》五四二）

……□……□。（《燕大》七五八）

《屯甲》二八七八甲子表上刻⿺𠃊止字，亦人名。

⿺𠃊止字，旧无释。按《说文》曲古文作𠃊，此字从止从𠃊，隶定应作𠂼。《庄子·人间世》“我行却曲”。却，《释文》引字书作迟。迟，《说文》云：“曲行也。”𠂼疑即却曲之曲本字。《康熙字典》有𨅊，谓俗拜字，𨅊当是⿺𠃊止之后起字。杨树达释⿺𠃊止为𡾊。（《甲文说》）以形揣之，殊无据。

饶宗颐

二十世纪学术文集

卷二　甲骨（中）

中国人民大学出版社
· 北京 ·

目录

卷十　贞卜人物事辑八

仆

仆字或释扶（陈梦家说），其字异体颇多，有作夫者，如：

……罘夫氏。（《屯乙》六三一三）

……卜夫……夕……言（即音，歆也。）（《拾掇》二、三三四）

乙……夫……亩……（《佚存》六五二）

其字或从夫，则释扶是也。又有作𫝀者，（《屯乙》八六八六）则为“卜仆”二字连书。

仆盖武丁时人，其显证为与卜人宕、内（见《屯甲》二三六一及二三四）及中（《库方》一二四八）、宁（《续编》五、一四、五）同版，又宕之卜辞，亦言及仆。如：

庚辰卜，宕贞：乎取、仆刍于……（《屯乙》五三四七）

取为子取，与仆同时。此宕贞问取及扶二人刍于某地也。又仆之卜辞有侯**敨**（《屯甲》三四八三），此人又见于武丁时卜人柞之辞。（《续编》五、五、二，《簠室》人名七二重。）

仆卜辞所见人物，如从（《后编》下二四、一〇：“壬辰卜仆：令从取寑鹵。”）、阦（《前编》八、八、一：“庚戌卜，仆贞：阦不死”）皆武丁时人。又仆之卜辞称父乙（《屯甲》二九〇七），即武丁称其父小乙，凡此皆扶应属武丁晚期之证。

有人曾统计夬之卜辞，就《屯甲》、《屯乙》、《前编》、《后编》、《佚存》五书，谓夬曾贞卜四十一次，然本书所辑出者，已得一百一十条以上，其缀合者，未计入焉。夬之卜辞以前辞省去“贞”字为其主要特征，其间言“占”者一（《之馀》二、二），言“贞”者仅七版而已。

夬卜辞之字，有纤细及粗大两体，《屯乙》九千号左右所见诸片尤为奇诡。《屯乙》四〇九片卜夬事甚多，惟行款紊乱，通读不易耳。

夬之卜辞辑录如下：

一 【卜雨】

丙午卜，……今日其雨。大采，雨自北，征……戌，少雨。夬。（《屯乙》一六）

按此残甲字画纤小。京都大学藏甲有云：“癸巳卜，王：旬二月四日，丙申，昃雨，自东，……小采，既。丁酉，雨至东……”（参本书，43 页）与此片字体句法相同。

庚午卜，夬曰：羽……雨　允多“雨。”（《屯乙》一七）

庚午卜，夬曰：雨。（《屯乙》三八六）

……卜，夬曰：乙丑其雨。　允其雨。（《屯乙》三九一）

按上数甲残片字体悉同，似可缀合。

丁酉卜，夬：焚羊豕，曶雨。（《屯乙》九一〇三残骨）

按同片云：“丙申，王㞢且丁。”丁酉即丙申之翌日，当亦夬所卜者。

壬卜夬：桒丘，曶南雨。（《屯乙》九〇六七胛骨）

上二版字体相同，皆笔画粗大。

按曶字从日从旬，疑旬之繁形，他辞云：“贞：曶，大不氐嬄。穷。”（《屯乙》二二八五）曶指旬日之间，为时间副词。桒丘即祈丘，桒为米字增益収旁，余释为衼。米丘乃祭山之礼，尔雅所谓“祭山曰庪县”是也。此骨同版辞云：“己丑卜，舞羊，今夕从雨。玐庚，雨。　己丑卜：舞，庚，从雨，允雨。”盖自己丑舞雩，卜庚寅降雨，壬又在庚之后两日，即壬辰也。

□戌卜，夬：雨，今日……（《屯甲》二三一四。字画特大。雨字作宂。）

二 【卜风晕】

辛未：夬令……㠯凡（风）……鬼。……（《前编》四、八、五）

按他辞言亘者："乙亥卜，今日其至，不兑雨。乙其雨。"（《摭续》二〇五）"……今其㞢囚，甲午，亘囚。（《七集》《柏根》三一）"……帝不（令）雨，壬亘。"（《殷缀》一一五）"王固（曰）：其亘……"（《后编》下二、一）本辞叶玉森释为"占辉风"，月晕为大风之兆，《开元占经》引《月占篇》云："月珥而冠者，天子大喜或大风。"《史记·天官书》："日月晕适云风，此天之客气，其发见亦有大运。"李斐曰："適，见灾于天。"按適亦作谪，左《昭》三十一年《传》："日始有谪，"杜注："谪，变气也。"此卜辉风，即变气之占。

三　【卜夕】

丁亥卜，犬：夕吉，二月。（《邺初》二下三六、七）

四　【卜旬】

癸酉卜，犬：……旬……（《屯乙》一六〇）

按犬卜辞以祭祀为多。卜旬者仅此一见，辞缺不全。

五　【卜年】

辛卯卜，犬：受年商。（《屯乙》九八残甲）

按此即卜商受年，主词置后，此例罕见。

六　【卜狩】

丁酉卜，犬：衛（卫）田。九月。（《簠室·人名》八二，《续编》五、一四、五重。同版见人名龙及宁。）

七　【卜往来】

庚子卜，犬：叀癸步。（《屯甲》二〇七）

壬申卜，犬贞，弜勿步戠。（《京津》三〇二七）

按弜亦方国名。骨臼刻辞每云："弜入"、"弜来"。

□午卜，犬：……𡚬……步。（《佚存》四三九，《邺初》下四三、一三重。）

按𡚬为武丁时人。他辞云："戊午卜贞：𡚬……"（《京津》二三一一，《邺》三下五〇、六重。）"戊午卜，𡚬澅弗其毕。"（《屯乙》七六八〇）

八　【卜疾病】

癸未卜，㱿贞：𡆥弗疾，出疾𡆥𡆥。（《前编》八、六、一）

九　【卜祭祀】

（甲）〔祭河〕

㴱

□酉卜，㱿：王㛹祀（祀）㴱。（《屯乙》九〇七二残骨）

按“㛹祀”即“宀祀，”足证𠀠为示字。㛹祀他辞亦作“宀巳”（见争卜：“我勿𢓊自𢆶邑，㱿宀巳乍若。”见《粹编》一一一七，又一一一六），或倒言曰：“巳宀”，此为连词，正言倒言均可。

又㴱字，原文从何益水旁，㴱当是河之别体，此盖言王傧祀河也。

（乙）祭先公先王先妣

（一）季

戊……卜，㱿：……出季牛。（《京津》三〇七一）

（二）匚乙

辛……㱿……勿……匚乙。（《京津》二九三四）

（三）大乙

〔乙〕巳〔卜〕，㱿：出……乎……　乙巳卜，㱿：出大乙妣丙，一牝不？　……卜㱿：……宰不……　……卜㱿：出大丁，羊用。（《殷缀》五——《屯甲》二四八十二五四）

（四）大丁

丙申卜，㱿：征𩦲马，大丁用。（《屯乙》九〇九二巨胛骨，又《殷缀》五。）

按他辞云：“甲子卜，㱿：𢓊马至且……”（《后编》下五、一四，字细小。）语可比证。𩦲字从𠀠（示），𩦲殆馭字，说文：御或从馭。故此文隶定可作禦，应即禦祭“禦”字之别构。辞言用马于大丁，他辞云：“甲辰贞：其大钔自上甲，𥂴（盟）用白马九。”（《摭续》六四）亦用马之记载。《左》襄九年《传》：“宋灾，祝宗用马于四墉，祀盘庚于西门之外。”用马之俗，春秋宋国犹行之，盖殷礼也。

（五）祖辛

癸卯卜，㱿：出且辛九……（京都大学一三四三）

（六）畓甲　兄丁

乙亥，夶：中（用）巫（巫），今……　丙戌卜，夶：令何、帚戎我，每（悔）。兴母庚，允事。　丙戌卜，夶：一牛兄丁。　丙戌卜，夶：罕兄丁。丙子卜，夶：兄丁，二牛。　壬午卜，夶：酌畓甲。　丙……（《屯甲》二三五六十二三四八——《殷缀》三三，《缀合编》三四五重。）

……卜夶：用……〔兄〕丁。（《屯甲》二三二四）

按《京津》三一一〇："……一牛，不中。"故知巫上为"用"字无疑。《屯甲》二〇五亦有"……饮中若……"语，字体与此相同。《易巽》云："用史巫，纷若。"《佚周书·和寤》："加用祷巫。"盖以巫降神，《九歌》所谓："灵偃蹇兮姣服，芳菲菲兮满堂"，即"纷若"之意也。殷人亦用巫，《后编》上五、二："……卜，在喜，其用巫，米且戊，若。"与此条并其佐证。

又按"兴母庚"之"兴"，为祭名。他辞云：

辛亥卜，兴且庚。　辛亥卜：兴父乙。　辛亥卜，兴王□　辛亥卜，兴子□　辛亥卜，兴……　辛亥卜，兴且庚。（《屯乙》五三二七）

乙未贞：大钔，弜苒，羽日其兴。　乙未贞：大钔，其苒，羽日。（《后编》上二六、六）

兴者，《礼记·乐记》："降兴上下之神。"又《文王世子》："既兴器用币。"郑注："兴当为衅字之误。"朱骏声云："衅兴声近，字可通。"《学记》："不兴其艺"，郑注："兴之言喜也，歆也。"则兴又可借为歆。《说文》："歆，神食气也。"则卜辞所谓兴某先王先妣，兴字正可解为"歆"也。

此版为巨牛胛骨，乙亥一行，笔画特粗大。夶与何同版，可证夶之年代可及廪康，但不能下至文武丁。帚人名，即子帚。（《屯乙》二五七五）他辞云："己巳卜，王：乎帚戎我。"（《南北·诚明》四九）与此云："令何帚戎我，"语例相类。《屯甲》二四四有畓甲牛残辞，字形与此版同。

（七）龏司（和甲）

□酉卜，夶：叀酌鼄司。（京都大学藏甲一三六一）

按龏司亦作龏穷，"……丑㞢于五后，至于龏穷。……丑朋，叀王自正。十月……三帚（归）宅新寝。衣，宅。十月……凡母辛，岁于穷宗。氏束。十月。"（《前编》一、三〇、五十二、二五、六——《缀合编》一五，参吴其昌《殷契解诂》。）他辞云："□戌卜，……㞢龏司钔子汏。"（《续编》五、六、六）"贞：隹龏司𡆥妇好。 㱿。"（《屯乙》七一四三）龏司即龏祠，亦称"龏示。"（《六录·東氏》七）龏与龙一字，龏司疑即龙甲之祠。京大所藏此甲，龏字极谲怪，中锲目形，与铜器上龙纹夔纹之益目形作饕餮状者相类。京大又藏一片上有"亍龏"字，应是龏宗合文，并记于此。

（八）般庚

庚戌卜，𠂤：夕㞢般庚，伐，卯牛。（《屯乙》八六六〇胛骨。字大。㞢字作㞢。）

（九）父辛

乙巳卜，𠂤：㞢子宷。 同版云："庚戌卜，王兄（祝）父辛，羊豕，盧酒父……（京都大学一〇）

辛……𠂤……勿……匚乙。 同版有"父辛"二字。（《京津》二九三四）

按日本岛邦男据此二条见"父辛"之名，谓𠂤为武乙时人，父辛即武乙称其父廪辛。（《贞人补正》）然𠂤卜他辞，又有祖辛父乙等名，彼不知𠂤与宁、内、中诸人同版，故有是误，此父辛仍以武丁称诸父小辛为是。

（十）父乙

甲申卜，𠂤贞：㞢父乙一牛，用。八月。（《佚存》五九九，字小。）

甲戌卜，𠂤：扫来丁酉，父乙𧶠。（《屯甲》二九〇七巨胛骨）

按上举两辞，字体截然迥异。《屯甲》一片字极粗大，同版见"又大乙"、"又大丁"、"㞢咸"等卜辞，祭名"㞢"与"又"二字互用不别，足见据字体断代之不易。此父乙当即武丁称其父小乙，非文武丁之称武乙也。《库方》一〇九三骨字体略同，殆𠂤所卜，其辞云："叀羽乙夕𧶠。"

（十一）父戊 兄戊

乙丑卜，𠂤：〔戠〕𠃊（升）吏（使）人。 乙丑卜，𠂤：旋来。 丁卯卜，𠂤：王聑父戊。 丁卯卜，王聑兄戊。 戊子卜，𠂤：令羍。 甲午，𠂤：令聑先。（《屯乙》四〇九）

按是片密字横行，不易通读。戠疑即子戠。（《通纂·何》七）他辞云："辛丑卜，𠂤：戠弜史人止……"（《库方》一〇九一）字体及语句与此略同。旋即旋侯（《屯甲》八五四）亦见于㱿卜辞。（如《遗珠》一〇一二，《屯乙》四二〇一）羍即卜人㵶，详下。此片中见父戊，兄戊，董氏

有五世四戊之说。(《小屯乙编序》)

壬

辛卯卜，𠨘：于壬，二牛。(《屯乙》九〇九二)

其他

丁亥卜，𠨘：畋彳父□。(《屯乙》四五四残左甲尾)

按畋人名，《屯乙》四二八：“乙未𡆥……嫩老……”嫩当与畋有关。

……卜，𠨘……父……豕。(《屯乙》三一八)

以上先公先王

(一)妣丙

〔乙〕巳〔卜〕，𠨘：出……乎……　乙巳卜，𠨘：出大乙妣丙，一牝不?　……卜𠨘：……羊不……　……卜𠨘：出大丁，𤘘用。(《殷缀》五——《屯甲》二四八+二五四重，见上“大乙”条。)

(二)妣乙

□戌卜，𠨘：……子咸……豖来……妣乙。(《屯甲》二八〇甲尾)

(三)妣己

乙……𠨘：出妣己，二羊二豕……(京都大学一六九九)

(四)妣癸

……𠨘：出妣癸，不于……(《佚存》九一九)

以上先妣

(丙)祭旧宗及杂祀

咸戊　舆戊

壬寅卜，𠨘：司(祠)，亩羊不。　丁未卜，𠨘：出咸戊。　丁〔未卜，𠨘：出咸戊〕不。　丁未卜，𠨘：出咸戊，牛不。　丁未卜，𠨘：出咸戊舆戊兮。(《殷缀》六——《粹编》四二五〔即《京津》二九三八〕+《屯甲》二六四)仅存左甲下半，右方对贞辞缺。)

按《屯甲》二三一：“……父乙羊不。”与上辞文法同，惟字体不类。郭氏谓此二辞一缀以“乎”，一缀以“不”，均表疑问之语词。今细审原拓作丫，乃“兮”字，非“乎”也。疑兮读为牺牛之“牺”。

旧宗

丙午卜，𠨘：令龙启舊丁(旧宗)矢(矢)巴，八月。　𠨘：令宁……(《续编》五、一四、五，《簠室·人名》三四重。参王襄释。字小。)

按龙人名，殷器有《子龙觚》。(《录遗》四三一)龙为武丁时人，如

《殷缀》一三五龙与般同列，卜人为㱿。又《屯乙》二〇〇〇：“……卜，争：乎龙”，《京津》一二九四：“卜，㱿〔贞〕：令般取龙。”矢下一奇字，象肉形。《说文》：“□，胾肉，象形。”此殆肉字今由龙宁之时代，可定□当亦属武丁时。此版字细小，与《屯甲》□卜辞及《屯乙》九千号以下之笔画粗大者，风格绝异。

丁示

癸巳卜，□：丁丅（示）□〔牛〕。（《屯乙》一九七）

按丁宗亦见《簠室·人名》一四。牛上疑“此”字，此疑读为柴寮之“柴”。

〔祭祀杂卜〕

壬未卜，□：一牛㞢。（《屯乙》九〇九三残骨）

按壬未六十甲子所无，当系误刻。

庚寅卜，□：二牛丅匚（疑肉字）。（《屯乙》九〇八七骨）

……□……一牛用。（《屯甲》一九六）

……卜，□：……Δ（土）且（俎）……一宰。（《屯甲》二四九）

戊申卜，□：卯㣇……（《前编》八、二、七）

按□及自、子诸人卜辞，于字多作㣇，亦有例外，如《京津》三八四。

乙未卜，□：米……（《平津·元》七一）

戊申卜，□：……舞……（《殷缀》三二——《屯甲》二三四五十二三四七）

□未卜，□：钔于……〔射〕収亯（将享）。（《屯甲》一四五，甲尾，字小。）

按《说文》：“亯，献也。《孝经》曰：‘祭则鬼亯之。’”篆文作□。故亯乃享字。曰“将享”者，《诗·楚茨》：“或剥或亨，或肆或将。”依《少牢馈食礼》：司马刲羊，司士击豕，所谓“剥”也；熟牲体于雍爨所谓“亨”也。升牲体于鼎，所谓“肆”也，载牲体于俎，所谓“将”也。（《礼经释例》）

……□贞：畐（福）于……（《库方》一二四八，同版见卜人中。）

……卜，□……戊……既（《南北·无》一五六）

庚申卜，□：令少臣取口（祊）羊鸟。（《屯甲》二九〇四，巨胛骨下兼杂刻干支字。）

按少臣即小臣，取为人名，与子取殆即一人。囗为祊祭之祊。羊鸟者，读为祥鸟，鸟称祥鸟，如《殷本纪》记太戊时桑之称祥桑。祥鸟犹《典引》之神禽，《瑞应图》言：“凤，王者之嘉祥”，是其类。此因有祥鸟出见，命小臣取致祭，如臧文仲祭爰居神鸟，即祀鸟遗俗也。详《巴黎甲骨录》。

……卜夬：……夕……言（歆）。（《拾掇》二、三三四）

十 【方国与人物】

（一）𢀛方

……令厷𠃌叐𠀃（方）。 壬辰卜，夬：𡙕（挚）今亩入，不涉。（《屯甲》二三八〇＋二三八五＋二三八七——《殷缀》三五巨胛骨。又见《缀合编》三七八，字粗大。）

按《殷缀》以《屯甲》二三八五：“甲午卜，夬：𠕁”与此缀，然“夬”下似“𡙕”字缺文，非“令”字上半。叐方即蔡方，他辞云：“㱿贞：于叐，黍受年。”（《巴黎》一四）殆子叐（《屯乙》二五七五）封地，即上蔡地。他辞云：“己亥卜，王：叐𠀃𢦏。”（《屯乙》九〇八〇骨）可与此互证。

癸未卜，夬：令𠬪匕石𢀛及㞢双。（《前编》八、六、一）

按他辞有帚石，见《屯乙》五四〇五，㞢双即“㞢又，”犹言“有佑”矣。

（二）方

……夬：缶……方九日……方不。（《屯甲》三七六三，字极细小。）

按方即方人方夷，参本书，208页。

戊戌卜，夬：步今日追方。（《屯甲》九五五）

按步人名，见卜人步条。

丁亥卜，夬：余令曰：方其至。 丁亥卜，夬：方至。（《南北·坊》五、二三）

壬寅卜，夬：缶比方允幸。四日丙午，冓方不隻。（《前编》八、一二、五，《缀合编》一四六，《前编》四、三、八，文同。）

戊寅卜，夬：……于方……己𡆥。（《邺二》下三六、二，《京津》二九八七重。）

丁亥卜，𠬝：𠂇（方）𣁋商……　兄降允㚔。（《屯甲》二三七八+二三八三——《殷缀》三四）

按𣁋字上体中有横点，乃饰文。𠂇应是方字省笔。（参本书，196页。）

（三）𠂤

□酉卜，𠬝：……叀申……𠂤。（《京津》三〇四四）

（四）沚

己卯卜，𠬝：叀沚氏。　己卯卜，𠬝：……沚氏。十月。（《拾缀》二五六）

按沚当即沚䤃之沚，他辞云："沚来。"（《屯甲》三一五五）可与此互证。

（五）南土

……卜，𠬝：……𠂤口㚔南土。（《屯甲》二三〇三）

按口为人名，疑即小臣口（或卜人口）；㚔为尹之繁体，此辞殆指口为主帅，殷人曾经略"南土"，《屯甲》二九〇二巨胛骨记雀弜等在南土，详下卜人𠙵条。

庚……𠬝：王……叀王……㚔……（《京津》三一〇三，《邺中》三下四七、五重。）

按此与上辞有关，故并列。

癸卯卜，𠬝：隻……其三万，不……（《粹编》一一七一）

按此为卜辞所见数字最多者。

〔侯〕

𠂤侯　《通别》二桃山兽骨

侯敖　《屯甲》三四八三

旐（侯）　《屯乙》四〇九

〔诸子〕

子取　《京津》三〇八八（《屯甲》二九〇四有"小臣取"）

子𣏾　京都大学一〇

子庚　《屯乙》一九二（字纤小）

子咸　《屯甲》二八〇（甲尾）

〔子〕汅　《京津》三〇三〇"令汅。"

〔子〕戠　（《库方》一〇九一）

〔卜人〕

何　《京津》三〇九九　《屯乙》二三五六（亦见《殷缀》三二）又九〇七二

𠈌　《后编》下二四、一〇　（字细小。同版见卜人勺。）

耳　涿　《殷缀》二　《屯甲》二一〇十二二八“丁卯卜𠂇……耳𩵋涿”（字大）

口　《屯甲》二三〇三

䍙　《屯乙》四〇九

〔其他〕

𩰫　《前编》八、六、一

䢅　同上

阩　《前编》八、八、一（字小）

𡛷　《佚存》四三九（《邺初》下四三、一三重）

𣅀　京大一二九三　（《拾遗》八、“𣅀入二”）

𠂤　《库方》一一〇八

安　《后编》下三五、二

弜　《京津》三〇二七

龙　《续编》五、一四、五

▽　《屯乙》四〇九

十一　【杂卜与残辞】

□戌卜，𠂇：𡆥……（京都大学一二九九）

……卜𠂇：……米……（《京津》三〇三八）

戊庚……𠂇：令……告……（《拾遗》一一、一三）

辛丑卜，𠂇：戠弜史人止。（《库方》一〇九一，另一面云“夙复止”。）

……𠂇贞……尸于……戠　（《拾缀》二五五）

……𠂇史𨛜……一百。十一月。（《后编》下三二、一〇）

癸巳，𠂇：又𡚸。（《屯乙》九六，存左甲上端。）

按𡚸疑人名。他辞云：“壬寅㞢子𡚸。”（《库方》一一七一）𡚸与𡚸当是一人，如目之即𥄎，弓之即𢎨也。又自及勺之卜辞均见妇𡚸。

此辞𠂇上无卜字，又省“贞”字，其例罕见。

甲午卜，𠂇：㚖……（《屯乙》九〇九六）

甲午卜，夶：〔辜〕（《屯甲》二三八五肩胛骨）

□卯卜，夶：鼎（贞）（《遗宝》一〇、四）

丁卯卜，夶：五月。（《屯乙》八六八六骨，同版又记五月丁酉及八月丁酉事。）

……卜夶：……一月。（《铁》五四、二，字细小。）

壬子卜，夶（《屯乙》四五八）

按此片“子”字作𢀈

辛亥卜，夶……（《京津》三一〇九）

……卜夶……若。（《京津》三〇四九）

壬午卜，夶：弜又，其𢆶𢀛（抑）。十月。　戊午卜，夶：㞢旬，甲子，五月。（《屯乙》四七四）

按抑字参本书，44页。

甲戌卜，夶：占妫（嘉）。（《之馀》二、二，《续编》五、七、四重。）

乙米（未），卜，夶：……一月。（《京津》三〇四七，《邺》二下三六、三重。）

按此条未字作米，体颇诡异。

丙申夶……（《屯乙》一二〇）

……卜夶……（《拾掇》二、二三二。同版云“亩�令取，”又见“光”字。）

卜夶……从（《屯甲》二三四七）

卜夶……卜穷（《屯甲》二三六一）

……卜内　……卜夶……乙……（《屯甲》二三四）

按上二条夶与卜人穷及内同版，足证夶应为武丁时人，不宜下及文武丁之世。据此，旧所谓文武丁时之卜人，与夶同组者，皆宜移列武丁晚期矣。

𠂤

𠂤与夶同版（《屯甲》三〇四五，《前编》八、一四、一，《佚存》九又五八六，《南北·无》二〇五重）。夶既与穷内同属武丁时，则𠂤之年代亦当从同。𠂤之卜辞所见人物，如阹（《续编》五、一、四）帚濯（《京津》三〇一六）俱见于殸所卜，并其佐证；故知《屯甲》三〇四六“卜𠂤”一辞，有父乙之名，当指武丁父之小乙，非文武丁之武乙也。

与自同版者，又有㣘、子（《缀合编》八六——《拾遗》一一、一一十《后编》下四二、五）匽（《前编》六、六六、四，《佚存》五〇二）等。

契文人名每作繁体，如卣作𠂤。他处有人名𦣻字，如“□丑卜，贞：……𦣻亡……”（《屯乙》一五二七）未知即自否。

自之卜辞辑录如下：

一 【卜雨】

辛丑卜，自：自今至于乙巳，日雨。乙𣇞，不雨。　自今至于乙巳，不雨。（《殷缀》三七七、《屯乙》九三十一八三）

辛亥卜，自：自今三日雨。　辛亥……三日雨。（《屯乙》一二八）

辛亥卜，自：自今五日雨。（《屯乙》八五一〇）

以上二版残甲同为辛亥日卜，可缀合。

辛亥卜，自：不雨。（《屯乙》一二二）

辛卯卜，自：自今辛卯，至于……（《屯乙》八五六五残甲，字小。）

按此以句法推之，当亦卜雨之辞。

庚午卜，日其征雨。（京都大学一〇七骨，同版为“庚午卜，自贞。”见《殷代青铜文化之研究》。）

己巳卜，自：夕……（《前编》四、二、二）

二 【卜往来】

□巳卜，自贞：王出。（《摭续》一七一）

辛亥卜，自贞：王曰：丁不如，十一月。　贞：命……豖……丙……十一月。（《佚存》一〇八）

按如，往也，见《尔雅·释诂》。

三 【卜狩】

辛巳卜，自贞：亩往𤞷（貍）犬……鹿……不其……（《铁》一九三、一，《京津》二九九八重。）

四 【卜祭祀】

父乙

乙卯卜，自：一羊父乙不？二羊父乙不？五月。（《屯甲》三〇四六右

甲）

按此父乙当指武丁父小乙，此种“不”字作用疑问语句之辞式，与《屯甲》二四八、二五四𡆥之卜辞相同。

又按《库方》四八八：“……卜自……𩏂。”未知指𩏂甲抑子𩏂，附记于此。

兄甲

癸亥卜，自：小宰兄甲。（《金璋》四一五）

按同版云：“戊午卜，王贞：勿钔子𠨘，余……”

兄丁

……卜自：兄〇（丁）（《后编》上七、六）

父

戊寅卜，自贞：阦弗其氏，出示彝……父二月。 戊寅卜，自贞：阦其氏，出示彝。（《续编》五、一、四）

按阦人名，见于殸卜辞云：“庚申卜，殸贞：阦弗其叶王事。”（《屯乙》三八二二）知自与阦年代相接。“示彝”者，示读为寘，与奠义同。彝《说文》重文作膻，礼经借彝为馨，《郊特牲》：“焫萧合膻芗。”《祭义》：“燔燎膻芗，”故示彝犹言寘馨，谓荐膻也。

祖

丙子卜，自贞：王勿鬳，出且□……（《拾遗》二、三）

母丙

戊午卜，自：出母丙。 戊午卜，自：出子族，勿出子族。 乙卯卜，自。 丙辰卜，自：叀羊，子族。（《屯甲》三〇四七）

〔其他祭祀〕

甲辰卜，自：帝于东，九月。（《遗珠》六一二，此于字不作玗。）

庚午卜，自贞：弜衣。𣢀河，亡若。十月。（京都大学一〇七胛骨）

按“河”上一字，他辞云：“勿令𡆥……𠙵𢍜𠙵取…… ……舟不若。”（《屯乙》五六八九，形略同。）

丙辰卜，自：绒（鐢）叀宰。（《佚存》九，同版有卜人𡆥。）

癸卯卜，自贞：克妾……宰……（《屯乙》四〇七）

按克即子克（《京津》二八二七，《粹编》一五八三重。）

……自贞：……允……嫛……（《京津》二五三〇）

……卜，自：……告 己未……自……（《宁沪》三、五八）

……卜，自：二羊……王𠆭……京……（《京津》二四五一）

五 【卜征伐】

方

壬午卜，自：乎𢀛方㱿商。 壬午卜，自贞：王令多𦣻（首）𢀛方㱿〔商〕。（《缀合编》一四七——《后编》下四一、一六＋四二、九，字细小。）

按多𦣻即多首，与多臣、多老同例。

丁卯卜，自贞：方其𡆥，今日……不……（《续存》五二四）

壬申卜，自贞：方其𡆥，今日。 癸酉卜，自贞：方其𡆥。今日……月。（《缀合编》一六四——《零拾》五六＋八二）

庚午卜，自贞：方其𡆥，今日执不……（《京津》二九八四，《续存》上五二五重。）

按丁卯为庚午前三日，壬申为庚午后二日，故上三辞当为同时所卜。他辞又有："□申……卜：今日方𡆥不。 乙巳卜：今日方𡆥不。"（《京津》二九八五，《邺中》二下三五、一二及三下三五、一四重。）"丁巳卜：方其亦𡆥。"（《京津》二九八六）等语，当亦同事之卜。

……卜，自……其𡆥…… ……月。 己巳……贞……𡆥……（《京津》二九八二）

六 【杂卜及人物】

御事

乙卯卜，自：……𢀛事。 乙卯卜，自：𢀛事。（《佚存》五〇三，《铁》一八三、四重。）

按《书·泰誓》："越我御事庶士。"御事，治事也。

有孕

乙亥卜，自贞：王曰：㞢孕，妨！𠂎曰：妨。（《佚存》五八六，《南北·无》二〇五重。）

按《大戴礼·保傅篇》："青史氏之记曰：古者胎教，王后腹之七月，而就晏室，太师持铜而御户左，太宰持升而御户右。"《新书》"腹"作"有身"，即㞢孕也。《易·渐》九三："妇孕不育，凶。"由此辞知武丁时王后有身，生育吉凶，曾由自卜之，而𠂎或居太师之职。卢辩注："太师，瞽者宗伯之属。”

戊子卜，自：又于母乎。（《屯甲》三〇四五残龟）

按同版有“辛卯卜，勹：王㞢母壬”语，母或母壬之省称。

……卜，自……中子……牛不　……子〔宋〕……（《屯甲》三二八一）

按“中子”名见《佚周书·王会》，王之支子也，详诸子章。

丙寅卜，自：㞢子宋。（《明义士》一〇一七）

按原摹作卜8，似为自字误。他辞云：“乙巳卜，兄：王㞢子宋。”两辞互证，知自亦与卜人兄同时。

乙巳卜，自贞：王弗其子䢅。（《屯甲》三〇一三，右甲桥。）

按此左对贞辞缺，故语意未足。

……卜，自：……帚濯㠯䢅钔……（《京津》三〇一六）

按帚濯　武丁时人，勹之卜辞亦见之。䢅即子䢅，自之卜辞凡三见。

……卜，自：巫妹𡚬学〔䢦〕。（《拾遗》一一、一一＋《后编》下四二、五——《缀合编》八六）

按此片经缀合后，自与㠯及子同版。曾氏摹本学下有“䢦”字，惟原拓则模糊难辨。𡚬字或释要，与篆文𡚬形近。《粹编》一三〇七有衙字，乃繁形。他辞云：“……〔丑〕贞：学又要……妣己。”（剑桥藏骨，《金璋》五五六。）《吕览·爱类》高注：“要，徼也。”要谓徼福，《左》文二年《传》：“寡人愿徼福于周公、鲁公。”卜辞言“有要”，殆指有所徼福于神也。

丁未卜，自：王令戋，乎良。甫曰来。二月。（《屯乙》四〇七）

丁酉卜，自：自丁酉至于辛丑不……　丁酉卜，自：自丁酉至于辛丑，虎不其𡖊，允不。　……乙未，虎不其𡖊，允不。　丁巳卜，自：自丁巳至于辛酉，虎不其𡖊，允不。　丁巳卜，自：自丁巳至辛酉，虎不𡖊。十一月。（《殷缀》七七——《屯乙》一十三〇＋一二六＋四二）

丙寅卜，自：虎不其𡖊。　丁卯卜，自：虎……𡖊今夕……　今一月……不。（《屯乙》四一）　丙午卜，自：虎〔不〕其𡖊，今夕不……（《屯乙》四六）　辛未卜，自：虎……𡖊今夕不……　（《屯乙》一一〇）

按𡖊字从夕从凡，疑即夙之别构，如𢦏亦作戋也。夙《说文》作㚢，“早敬也，从丮持事，虽夕不休。”古文夙从人作𠊊。契文原有𡖊，即夙字；别作𡖊者，乃同字异体。今书作夙，徐铉以为俗讹，疑即由契文𡖊字演变而来。

虎为武丁时人。《菁华》七骰之卜辞，侯虎凡三见。甲桥云："虎入百"，（《屯甲》三〇一七）可证。夙之义为晨起持事，《舜典》："夙夜惟寅。"《诗·有驳》："夙夜在公。"《左传》言"子我夕"（哀十四年）。"右尹子革夕"（昭十二年）。杜注："夕视事。""夕"作动词用，为入侍宿卫之意。故知"虎不其夙"，犹言"虎不其夕"，即卜某时虎入侍之宜否，则虎为近臣可知矣。

□亥卜，自：勿……𠂢凸其丧。（《前编》八、一四、一）

甲申卜，自：王令㐭人日明旋于京。（《后编》下二〇、一六）

按《周礼·地官》有廪人，掌九谷之数，……凡祭祀共簠簋，实之陈之。郑注藏米曰廪。

甲寅卜，自：亩医令……（《佚存》五〇二）

丁巳卜，自：……医……（《前编》六、六六、四）

丁亥卜，自贞：弜其……十月。（《京津》三〇二六）

按𠂢卜辞亦有弜，（《京津》三〇二七）详前。

癸巳卜，自：隹……令口……（《京津》三〇三一）

按𠂢卜辞亦见口（《屯甲》二三〇三），当即卜人口。

七　【残辞】

丁巳卜，自贞：戊午韍。（《燕大》六三〇）

癸卯卜，自：……子……（《京津》二〇九一）

癸亥卜，自贞：……（《京津》三〇五五）

勺

卜人勺与自（《屯甲》三〇四五）𠂢（《后编》下二四、一〇，又《南北·无》一五六）同版，或目为文武丁时人，然其卜辞有父辛，乃武丁称其父小辛。又言"小王"，即武丁子孝己，今系于武丁末期。他辞言勺事者：……卜……贞：丁勿……乎勺……允亦疾。（《佚存》七四三，字小。）

惜其贞人名残泐。

勺字，大抵作𠃌，董氏释勺，殷器有《𠃌鼎》（《邺中》三上、一三）。又《父己甗》有云："我𠃌黎二女。"（《小校经阁金文》三、九八下）字从示，盖即礿也。（《积微居金文说》释为神，丁山读𠃌为叉，谓象指甲状，《方国志》

132页，说均可商，卜辞自有叉字。〔《通纂》六一二〕）《左传》定四年，殷民六族有长勺氏、尾勺氏。《路史国名纪》："商氏后有长勺，"即宋之汋陵城，在宁陵东南。他辞言勺致贡者，如："庚戌…… ……勺入"（《后编》下二四、一〇）"勺入……"（《屯甲》四四九）是。

勺之卜辞，每省"贞"字，其言"卜勺贞"者，仅三见，又一以鼎为贞。兹辑录如下：

一　【卜雨】

庚辰卜，勺：今夕其雨，允雨少。　庚〔辰〕卜，勺：隹辛巳，其雨，雨少。（《前编》四、四二、五）

按《续编》四、六、一，《粹编》八一六，亦见"允雨少"语。契文"小"、"少"一字。辛巳为庚辰之翌日，此兼记雨之状态。

卜，勺：不其……雨，[illegible]兄（祝），征雨执。（《文录》一一二，残甲左方。）

二　【卜狩】

……卜，勺：隹……王其……射。（《前编》四、四二、四）

三　【卜祭祀】

（一）父庚　父辛

己酉卜，勺：出〔父〕庚。（《铁》二〇四、一）

庚戌卜，勺：出父辛。（《屯甲》四八八）

□寅卜，勺：出〔父〕辛。（《屯甲》二九四一，以上二片皆小字。）

庚申卜，勺：出父辛。小王。（《六录・曾》三）

按此言侑父辛，仍是武丁称诸父小辛，非如岛邦男说为武乙之称廪辛。

（二）母壬

辛卯卜，勺：王出母壬。（《屯甲》三〇四五，同版见卜人自。）

（三）妣己

己卯卜，勺：出妣己。（《簠室》帝二二六）

（四）母庚

癸亥卜，勺：出司，羊用。　己未卜，□鼎：（贞）帚濯……升岁母庚。

（《柏根》一〇）

按帚濯亦见于内之卜辞云：“己卯〔卜〕，内贞：……帚濯不来。帚濯隹庚辰……”（《库方》四六九）此辞有帚濯，足证勺与自等当为武丁时人。

四 【人物及方国】

（一）小王

戊午卜，勺：出小王。（《南北·师》二、一四六，《外编》二一七重。）

按此言“侑小王”，向来咸谓指武丁子孝己（于氏《骈枝三编》）。孝己盖先武丁而卒，今本《纪年》云：“武丁二十五年，王子孝己卒于野”是也。他辞言小王者，列如下：

癸卯卜……小王。（《铁》九〇、二）

己丑，子卜贞：小王𦥑田夫。（《库方》一二五九，此言小王与𦥑往田于郏地也。）

……令小王……臣。（《京津》二〇九九）

甲子卜王。　己未卜，□贞：小王〔岁〕羊。（《文录》二〇四）

戊辰……小王。（《粹编》一一六）　同版云：“辛酉……彡……二乙……丗……”

卜，王贞：𠁣小王。（《京津》二一〇〇）

癸未卜，出小王。（《京津》二一〇一）

戊午卜，子：出小王。（《南北·师》二、一四六，《外编》二一七重。）

小王父己　癸酉卜，于父甲𠂹……（《南北·明》六三一）

……大〔贞〕：……小王……之日……（《明义士》二二二〇）

钔子䢼中子不。　己未卜：钔子䢼小王不。（京都大学一二九四）

小王字皆作㐅，其言小王父己，则廪辛康丁时之卜辞，此条可能即指孝己。然他辞小王与中子对言，俱为通号，中子即王之支子。（详拙作《日本甲骨录》一）考小王一名，见《后汉书·马皇后纪》云：“常与帝旦夕言道政事，及教授诸小王《论语》经书。”是凡诸王子之髫龄者，得称为“小王”，于此可考殷有封王之制。其言出小王，出或指侑币致飨，所侑之小王，可为生人。《综述》以小王为孝己之专名（430页），实有未达。

（二）方

庚子卜，勺贞：辛丑，方不其𡆥……十二月。（《拾遗》五、八）

按𠂤卜辞屡见方不其𢀛语，与此当为同事异人所卜。

五 【残辞】

乙巳卜，勹贞：钔𠀠。（《前编》四、一、二）

按卜辞惯例言钔某某，如："钔子央"（《前编》六、一九、六）"钔子汏"（同书六、一九、五），知钔下一字可为人名。此言"钔𠀠，"或即钔子𠀠（《前编》七、二三、二），或帚𠀠（《屯乙》六六九一）也。

甲寅卜，勹贞：乙亥……（《屯甲》三〇一二，字小。）

……卜，勹……（《屯乙》一七九）

□亥卜，勹……乎……（《京津》三〇三四）

乙亥卜，勹贞：𠂤……（《拾掇》一、二八四）

按此条勹字作𠃌，岛邦男《贞人补正》误为丁，另列为一人，非是。

取

取与𠬝同时，每见于𠬝之卜辞。取盖官居小臣职。

庚申卜，𠬝：令小臣取口（祊）羊鸟。（《屯甲》二九〇四）

亦称子取

己卯卜，𠬝：……子取。（《京津》三〇八八）

武丁时卜人，每贞问取事，如：

宊卜 庚辰卜，宊贞：乎取𠬝刍于……（《屯乙》五三四七）

卜，宊贞：取亡囚。（《屯乙》四〇四七）

争卜 丁巳卜，争贞：乎取何刍。（《屯乙》三一七四——《殷缀》二二四，同版见卜人永。）

辛酉卜，争贞：取彡集……（《文录》五三六）

辛丑卜，争贞：乎取钔……（《林》一、七、一，《遗珠》一三六七同。）

㱿卜 ……卜，㱿贞：方𢀛马，取乎钔事。 勿乎取，方𢀛马。（《屯乙》七三六整龟）

足证取为武丁时人。取之卜辞，辑录如下：

乙巳卜，取贞：𠔿（终）夕戠。（《前编》八、五、七）

按此辞贞字作𡆥，字纤细不易句读。（李学勤读作"乙巳卜王贞，立取员宁廿戠，六月。”将下一组辞混读，又以贞为员字，惟审视之，其上乃残泐之形，仍以释“贞”为是。）“终夕戠”者，戠为动词，《易豫卦》“朋盍簪”，《释文》虞作“戠”，云：“戠，聚会也。”荀本作撍，京作宗，此辞“戠”字可以“聚”解之。

……取贞：勿乎逐……不……（《屯乙》七六〇〇）

按此为右甲辞，其左甲对贞语残缺。

庚申卜，取：彐剸每㠯。（《屯乙》三五七） 庚申卜，取：彐剸每〔㠯〕。（《屯乙》八五一二）

按上二辞字画俱纤细，又同时同文，应是一版之折。此辞省“贞”字。剸为人名，争卜辞云：“剸亡不若。”（《屯乙》二二六二）

……卜，取……（《屯乙》三五四三）

㣧

卜人㣧字，异形颇繁。有巛（《屯甲》三二九一）、彳巛（《屯乙》五一二三）、㣧（《屯乙》四九一一）、㣧（《库方》七〇三）、㣧（《屯乙》四八五六）、㣧（《屯乙》三六八九）等，大抵从彳从川，亦有从行从川作衠者。（《殷缀》六二，《佚存》九〇七，《簠室・贞》一五，《粹编》一五六六。）

㣧所贞辞，习见皆字体纤弱，惟上举卜人名作“衠”者三条，则为大字，是其例外。与㣧同版之贞人有自（《屯乙》四一七四）、我（《屯乙》四一七二）、子（《屯甲》三〇四九卜㣧同片，下刻“十三月，子入。”《屯乙》四八五六，㣧贞同版又三见“子卜贞”。《前编》八、五、五，子卜有“㣧刍”语），又与余及我同见。（《屯乙》四七五八、四八一四）

㣧之卜辞，其前辞之式，除习见之“卜㣧贞”外，亦省作“卜㣧，”或称“㣧卜”（《续编》三、三五、八，《屯乙》三六八九），为罕见之例。

有记名于末者，如：

己丑，丁来巧卫。 㣧。 癸巳。（《屯乙》四五七七整龟）

他辞言及㣧者，字亦作“㑆”。

□戌，子卜贞：东克，㣧刍。（《前编》八、五、五）

㣧至。（《屯甲》三二九一）

贞：勿乎商（赏）臣㑆兹。（《续存》下五）

此称“臣㣧”，与他辞卜人“大”之称“臣大”同例。（《屯乙》五四七三）

又见帚㣙之名

贞：帚㣙又子。（《前编》八、三、五，又《粹编》一二四二。）

戊子卜贞：帚㣙又子。（卢芹斋藏片）

丙寅卜，㣙……子。（《林》二、一〇、七）

字亦从女作㚯，见于骨臼刻辞。

戊寅，帚㚯示二𠂤。（《粹编》一四八三）

殷器有“𡛟作厥姑日辛尊彝”两行八字（《塍稿图》六），知𡛟乃妇人名，或卜人㣙之妇也。日本贝塚以㣙与𡚤为一人，殊无据。

㣙之卜辞，辑录如下：

一 【卜往来】

癸酉卜，㣙贞：至㽙，亡囚。（《屯乙》四八五六，同版见卜人“子”。《前编》八、一四、三，文略同，同版见帚妊。）

辛未，㣙卜：我出。（《续编》三、三五、八）

庚子卜，㣙贞：㑥来，隹𢓊𠃌（㠯）。 𢓊（左方）（《屯乙》四八一四）

己亥卜，㣙贞：来隹史㠯。 己亥卜，㣙贞：来隹若〔㠯〕。 己亥卜，㣙贞：来〔不〕隹若㠯。 戊戌卜，㣙贞：来隹若㠯。 若。（《殷缀》二八一）

按㠯即祒，祀也。㑥人名，亦两见于𡚤之卜辞。

丁卯卜，㣙贞：彶五月，乎帚来归。（《屯乙》五一二三）

辛未，㣙卜：我入商。参我钔事。（《遗珠》一一四）

丙午，㣙卜：……丁不入商 〔丙〕午㣙卜……自…… 丙午……丁正……（《屯乙》四一七一）

丙午，㣙卜：……丁亥…… ……午㣙…… 自。（《屯乙》四一七四，与上版为同日之卜。）

乙巳，㣙卜：丁来鼎。〔乙〕己……鼎 乙巳，㣙卜：不…… 乙巳，㣙卜：我……（《屯乙》四一七二）

按《屯乙》三七〇七有“乙巳不鼎”残文。

乙巳，㣙卜：丁来，㣙、子自正。 乙巳……丁来……㣙……（《考古学报》1958年一号引拓本）

按丁亦人名，详下卜人丁条。

二　【卜狩】

□午，卜㳄：令弜𤢸　弜兽。（《粹编》一五六六）

按弜为人名，𠂤（《库方》一〇九一，《京津》三〇二七）、自（《京津》三〇二六）卜辞均见之。其下一字从两虎从水，不可遽释；兹从郭释。《说文》：“虤，虎怒也。从二虎。”

三　【卜祭祀】

（一）龙甲

甲申，卜㳄：又龙甲。（《佚存》九〇七，《续编》一、三八、七，《簠室·人名》二重。）

按龙甲即和甲（参本书，109页）。同版云：“叀羊，妣己。”“叀牛，妣己。”

（二）小己　兄丁　妣己

己亥，卜㣈：钔小己若。　己亥，卜㣈：钔妣己。　丁酉，卜㣈：钔兄丁。（《殷缀》二八一）

按小己疑指武丁子小王己。同版小字有云：“叀大牢，丁巳。”

（三）虎母　司癸

戊辰卜，㣈贞：酌，𠕀豕，至（致）豕虎母。　戊辰卜，㣈贞：酌小𫹉，至豕司癸。（《殷缀》二八九——《屯乙》四九一一＋《屯乙》五九八五）

按子卜辞亦有贞用豕至小𫹉虎母事。（《遗珠》八九九，《屯乙》四五〇七）他辞云：“其𠦝年于虎母，叀今日酌，又雨。”（《粹编》八五〇）“乙丑……贞曰：……𪊲”（京都大学六五〇骨）俱有虎母名。又有益木旁者。“其𠦝年于𪊲，鼎（贞）。”（《南北·明》四六一）未知与𪊲是否一字。

𠕀即卢字，本人名。此在文意上乃动词，可读为胪。“𠕀豕”一词，《屯乙》习见，即胪豕也。字与旅通，《诗》“殽核维旅”。《传》及《尔雅·释诂》并云：“旅，陈也。”

戊申，㣈卜……司〔癸〕。（《屯乙》四一七七）

〔酌　登尝〕

辛丑，卜㳄：酌，黍𢍭（登）。辛亥，十二月。　辛丑卜，于一月。辛酉，酌，黍𢍭，十二月。（《殷缀》六二——《屯甲》三〇四九＋三〇八九）

按黍登即登尝之礼，周人谓之“𩰫祀”（《大盂鼎》）。《月令》，仲夏

"农乃登黍"，孟秋"农乃登谷"。上辞卜于十二月、一月登黍，而行彭祭；"登"字后借为"烝"。《尔雅·释天》："冬祭曰烝。"

〔用牲〕

丙子卜，彵贞：乙用一牛。（《后编》下四二、五，亦见《缀合编》八六，曾氏摹误作"泳贞"。同版见卜人"子"及"自"。）

甲寅卜，㣙贞：亩……㹰　（《簠室·贞》一五，此据释文。王氏释㣙为衍，谓即行字，非是。）

〔有事〕

乙巳卜，彵贞：辛，我又事。　乙巳卜，彵贞：今五月，我又事。　乙巳卜，彵贞：六月，我又事。　乙巳卜，彵……事。

乙巳卜，彵：又𡕒，亡之。　丁未卜，彵贞：令叀豖。　叀己令豖。戊申卜贞：叀庚令豖。　叀辛令豖。　戊申卜，彵贞：……（《屯乙》三三五〇整龟）　庚戌卜，叀癸令豖。　叀甲令豖。（《殷缀》四一〇）

按又事即有事，《春秋经》云："有事于太庙。"昭十五年："有事于武宫。"《御览》五百二十八《礼仪部》"禘祫"条引《礼记外传》，谓有事"即是禘也，此是国之大事，时云有事"，则以为禘祭。许慎《五经通义》云："禘者，谛也。取已迁庙主，合食太祖庙中。"

又按豖人名，详卜人豖条。此丁未日卜令豖事，分诹己、庚、辛以何日为吉。己为己酉，即丁未之后日，庚即庚戌，辛即辛亥，但略举天干，此卜辞之惯例。又《殷缀》四一〇："叀丙〔令〕豖。丁未卜令，今日。弜令。丁未卜，叀今日令。　叀……〔令〕豖。"当亦彵所卜命豖之事。

又按"又𡕒 亡之"者，𡕒即夊。《说文》："夊，行迟曳夊夊，象人两胫有所躧也。"夅下云："夊也。"夋字从夊，云："行迟也。"《易·蹇卦》："往蹇来连。"《释文》云："迟夊之意。"《诗·南山》："雄狐绥绥。"《玉篇》引作"夊夊。"故卜辞成语之"又𡕒"，即谓行有所蹇阻不前；所云"亡之"，谓毋往也。《屯乙》八六九六言"𡕒不"，义应同。间用作动词，如"父乙𡕒妇好"（《屯乙》三四〇一），亦有蹇阻意。或释𡕒为咎，非是。

四　【杂卜】

〔作口〕

辛巳卜，彵贞：亡乍口（《库方》七〇三）

乙酉卜，彶贞：我亡乍口……（《续编》六、一三、八）

按他辞云："多口亡囚。多舌亡囚。"（《屯乙》八八九二）又每以"亡口"、"亡疾"对言（《屯乙》八八五四），"癸巳卜贞：妇嬰亡至口。癸巳卜贞：妇嬰亡疾。"（《屯乙》八七〇四＋八八二〇＋八八二六＋八八五五＋八七一三一）知亡作口与亡至口俱指兴口舌之祸。《大禹谟》云："唯口出好兴戎。"《大戴礼·武王践阼》机之铭曰："口生听，口戕口。"《说苑·敬慎篇》言金人三缄其口，戒以口生祸。故《易·颐卦》以慎言语节饮食为训。卜辞"作口"，为殷时成语，意指口出横生听詈之事，故卜其吉否。

壬子，彶卜：隹𠂤受又。（《屯乙》三六八九）

按"𠂤"字亦见《屯乙》一七六三骉卜辞，皆残甲，二版似可缀，同属壬子日卜，而子字概作"𢀖"。

卜彶贞：亡囚今……（《库方》六四八）

丙寅卜，彶：……子。（《前编》八、一五、二）

乙巳，彶〔卜〕：丁𡗜〔我〕。　乙巳……丁𡗜我。（《屯乙》四一八〇又四一八一）

戊申，彶卜……自……（《屯乙》四一七七）

漾

漾于卜辞所见，异体颇繁，有作"羴"者，如：

戊子卜，𡗜：令羴。（《屯乙》四〇九）

殷器有《羴爵》（《录遗》三九九），即此人之器。其字又从三羊。

……卜，羴其……（《南北·明》一七三）

其变形或作𡿺（《遗宝》四、七），及𡿺（《库方》一三七二），以兕羊亦作兕漾证之，盖即洋字。《屯乙》八四七七仅见一𣲖字，从水从羊，即洋所署名。

漾即子漾。

……贞：子漾不𠯑。（《拾遗》九、一）

……子漾不……（《林》二、一四、一，同版云："贞：吕方其……"）

……穷贞：子漾……　贞：叀乙亥用射。（《京津》二〇八六，《续存》一〇七〇重。以上三条皆字大。）

由𣽥见于穷及𠦝之卜辞证之，知属武丁时。（他辞有“𣽥”字，见《屯乙》四六七七，云：“妣辛𣽥。”）

𣽥之卜辞，辑录如下：

一　【卜雨】

……卜，𣽥贞：今夕不雨。（《库方》一三七二）

二　【卜夕】

乙巳卜，𣽥贞：今夕亡𡆥。四月。（《明义士》一九九）

丙寅卜，𣽥贞：今夕亡𡆥。　……卜，𣽥〔贞：今夕〕亡𡆥。（《遗宝》四、七）

癸巳卜，𣽥贞：今夕亡𡆥。（《库方》一二一五，此字形略异。）

三　【卜祭祀】

癸酉卜，𣽥贞：羽甲戌，三（汔）彡，𣪊自上甲，衣，〔至〕于多后。……七月　（京都大学考古室藏，《遗宝》二、一五，《通纂·别》二、九、二重。）

按《综述》引此条列于有兄庚称谓之卜人，然原文无之。观下条《缀合》九六𣽥与旅为同辞同时异卜，知其年代当延至廪康以降。

辛亥卜，𣽥贞：龙不既𢎘，其亦𠦝，叀丁巳彡。　辛亥卜，𣽥贞：龙不既𢎘，其亦𠦝，其……穷……（《缀合编》九六——《文录》六二九＋五四四）

按《拾缀》二、四八七旅卜辞与此文同（详下）。惟作“其亦𤔔（爰）𠦝”，𢎘即乍繁形，益弓旁。如于之作玙也。《说文》：“作，起也。”“龙不既作”，犹言龙星不已出现乎，此𠦝龙之事。他辞云：“……𠦝龙……”（《粹编》四八三，《屯甲》七五四）“其兄（祝）龙，𢆶用。”（《后编》下六、一四）《左传》襄二十八年：“龙，宋郑之星也。”此盖有祭于龙星，故卜之。

乙卯卜，𣽥贞：毓……岁……伐……（《诚斋》二一二）

丁亥卜，𣽥贞：王穸且丁，岁亡尤。　丁亥卜，𣽥贞：王穸叡，亡尤。（《续编》一、二〇、一）

甲寅卜，𣽥贞：王穸叡，亡尤。七月。（《南北·师》二、一八〇）

□巳卜，滏〔贞〕：王穸禫〔亡〕囚。　丁卯卜，〔滏〕贞：王穸禫，亡囚。（《铁》一九二、一）

甲子卜，夆贞：王宎，亡尤。（原误摹）七月。（《七集·孙》二二）

……卜滏……王穸……（《后编》下三二、一三，字细小。）

……卜滏……〔王〕穸〔亡〕囚（《前编》六、二三、六）

我

卜人我旧列于文武丁时。贝塚茂树别树新解，谓我与余皆第一身代名词。今按我之卜辞，每言“卜我贞，”或“卜我”省“贞”字，与其他贞人同例。又武丁时记事刻辞，每言“我入”、“我来”、“我氐”如：我来十。（《屯乙》八四六七）

帚井示卅，　我氐千。　宎。（《屯乙》六九六七甲桥）

井示百，　我示千。　㱿。（《屯乙》六六八六甲桥）

我与妇井并列，或指方国首长，其署名者有宎与㱿，是我亦属武丁时。征之他辞：

丁丑卜，韦贞：吏人于我。（《续编》五、一六、七）

此我为地名。或读我为《论语·八佾》“仪封人”之仪（丁山说）。按墨家有我子，六国时人，见《姓纂》引《风俗通》。姓氏之我，当自殷之我地得名。他辞云：

……卜，宎贞：我叶王事。　……贞：我弗其叶王事。（《屯乙》四九五三整龟）

右甲同版又见“毕叶王事”，则我字乃人名。

戊寅卜，㞢贞：我、永。　贞：我永勿㞢于妣己。（《屯乙》六七一九）

则我与永并列。

癸亥卜，㱿贞：我史戋缶。（《屯乙》六七〇二）

〔己未卜，㞢〕贞：我史不其吏人。（《屯乙》七七九七）

则又我与史并列。他如：

丙寅卜，争贞：我亡囚。（《屯乙》八一一）

壬戌卜，㱿贞：我亡来。（《屯乙》二五九六）

卜，永贞：我氐。　（《佚存》五一二）

诸我字皆非代名词，而为人名。其贞人若争、㱿、㞢、永，皆武丁时人。

他版又见：

辛未徉卜：我出。（《续编》三三五八）

我来。……贮、㠯。（《屯乙》六六九三甲桥）

是卜人我与徉、贮、及㠯亦同时。又𠂤卜辞云：

壬辰卜，𠂤贞：我入𠦝。　弗入。（《屯乙》一六二一）

知我乃殷王之近臣，说兼详下卜人𠂤条。

前辞言“卜我贞”者，与“余卜”及“卜徉贞”同版，见于《殷缀》二八一者，字皆纤细；余如《屯乙》八三〇，五七二五亦有同然。而《屯乙》六二九八云：“卜我”，同版云：“甲戌卜余。”我与余同见，其字体较大，且奇侅恣肆，是卜人我之字体实有纤细与粗大二类。

我之卜辞，兹辑录如下：

一　【卜夕】

己巳卜，我贞：今夕亡囚。（《屯乙》四九四九，右甲桥见《殷缀》二八一。）

庚戌卜，我贞：今夕亡囚。（《屯乙》一八〇五残甲，字小。）

……卜，我……今夕……亡〔囚〕。　贞：（《南北·师》一、九九）

……卜，我……亡囚。　（《屯乙》一五四三残甲，字较大。）

二　【卜往来】

癸酉卜，我贞：至罗，亡囚。（《京津》三〇〇四）

癸酉，我卜贞：尸归。　癸酉，我卜贞：尸归。（《林》一、六、一四，《遗珠》一三二九重。）

按《遗珠》依原骨拓出，模糊不明；《林》则剪拓。“尸归语”亦见𠂤卜及子卜，详下。

乙卯卜，我贞：𡆥来；乙，又来，亡来。　乙卯贞：在帚)(自。……（《殷缀》四一四——《屯乙》九四一+九四三）

按帚)(又见于《续存》上六二：“庚申，帚)(丅八𡿨。　㞢。”由㞢之署名，知属武丁时。

丁丑卜，我贞：彶□〔月〕乎……（《菁华》一一、一九）

按以《屯乙》五一二三：“卜徉贞：彶五月，乎帚来归”语为例，此辞“乎”下当为“某来归”一类之语。

甲申卜，我：𩫏于西，七月。　甲申卜，我：𩫏于西，多氏尸……（《缀合编》一三六——《库方》一五〇七十一五六二）

按𩫏人名，即郭字。多疑人名，他辞有妇多。（《屯乙》八八九六）

〔戊〕午卜，我贞：今龟（秋），我入商。（《后编》下四二、三）

壬戌卜，我　……弗入商。　……我又〔事〕。（《京津》三〇〇二）

三　【卜年与藉田】

丁丑卜，贞：我役耤㝵尸。　我尸耤今……（《菁华》一一、一九）

按《广雅·释诂》："役，助也。"（《左》成二年传："以役王命"，注："事也"。）"役耤"指助税。《孟子》（《滕文公》）："夏后氏五十而贡，殷人七十而助。……助者，藉也。"《说文》："耡，商人七十而耡。耡，耤税也。"盖言殷之助法，借民力以耕公田，而不税其私田，即所谓役藉也。此卜于尸地耤田事。（参本书，84、240页。）

四　【卜祭祀】

〔有事〕

己卯卜，我贞：𣎆月，又事。（《前编》八、五、六）

按《前编》八、六、三："癸巳卜：㝵𣎆月，又昌。"亦有𣎆字。于氏释𣎆月为祓月。《周礼》：女巫掌岁时祓除衅浴。郑注："岁时祓除，如今三月上巳如水上之类。"详《续汉书·礼仪志》。𣎆月谓祓祭之月。或释"𣎆月"为"来七月"三字，非是。

辛巳卜，我贞：我又事，今十月。（《前编》八、三、三，字小。）

庚□卜，我贞：今日，我又事。（《库方》六九八）

庚申卜，我〔贞〕：今朿，又事。（《拾遗》七、六）

按《大戴礼·千乘篇》书春夏秋冬四时之享，皆言"于时有事于皇祖皇考"。于氏谓朿字为刺，假作腊。故藿朿（《后编》下六、六）即观腊。腊为蜡祭，今朿即"今腊"岁终大祭报功也。（详《殷契骈枝》）

……卜，我贞：又事。　（《屯乙》四八一四，右甲。）甲子卜，我贞：……午彡，我（亡）事。（《屯乙》四七五八，左甲。两片可缀合，见《殷缀》二八一。）

〔来宜〕

丁酉卜，我贞：夕来图。（《明义士》一九二四）

按图即宜，《尔雅》郭注：“宜，有事祭也。”见本书 77 页。夕，人名。疑“口”之横书，《屯乙》二一五：“壬寅卜夕”，是其证。参卜人口条。

〔䀚〕

甲子卜，我：叀䀚眬且若。　甲子卜，我：又且若。（《殷缀》一〇六——《屯乙》七八八十一三一九）

按眬字从目从攴，亦即契文习见人名之[illegible]。（《前编》五、二四、三）《说文》：“㝵，举目使人也。”隶书移目于左旁作眬，与契文此形正同。其后起字有㣈。《玉篇》云：“小行貌。”此片“眬”义未明，似是人名。

〔米与纳牲〕

乙亥卜，我：　于盖，丫入豕。[illegible]于龙于册。（《屯乙》六二九八左残甲桥）

按此与卜人余同版，字体不纤细而奇恣，册与龙俱地名。骨臼刻辞有云：“册入”（《屯甲》二三七甲尾）。[illegible]卜辞有人名∇（《屯乙》四〇九），与丫或是一人。入豕即纳牲，以备祈祭也。

五　【卜狩及征伐】

己巳卜，我贞：射取[illegible]。　己巳卜，我贞：史豕宁。（《屯乙》四九四九右甲桥）　宁。（《屯乙》四七五八左甲桥）

按上列两甲桥左右对贞。右桥贞问史、豕、宁三人。左桥则但举宁一人。他辞余卜云：“史豕宁”（《库方》一二骨），可与《屯乙》四九四九互证。[illegible]字亦见《殷缀》一〇四。（辞云：“王出[illegible]于庚，白[illegible]。”）

庚午卜，我贞：乎[illegible]隻（获）。[illegible]。　庚午卜，我贞：乎[illegible]隻。　甲子卜，我贞：乎[illegible]隻。（《屯乙》四九四九右甲桥）　庚午卜，我贞：[illegible]隻。（《屯乙》四八一四）　不隻[illegible]。[illegible]隻不隻。（《屯乙》四七五八左甲桥）

丙寅卜，我贞：乎[illegible]取，射㕯。……（《屯乙》四八一四）

按上数甲可以缀合，见《殷缀》二八一。

丙子卜，我贞：我𠂤不隻。（《前编》八、一四、四）

按𠂤亦卜人名（见《平津·元嘉》一四五，《屯乙》七五七四）详下卜人𠂤条。

六　【人物】

庚戌卜，我贞：丁丑……执。　庚戌卜：㠯令……若。　甲寅卜，贞：丁丑……若。今七月。（《屯乙》一七六七右甲尾）

庚戌卜，我贞：……㚸……　不隻。（《屯乙》七六七）

辛亥卜，我贞：丁，𢆶今来乙。　辛亥卜，贞：丁𣪘（悚），今七月。

辛亥卜，贞：丁今七月𢆶。　〔庚〕戌卜，我：……　𢆶𠂔（《屯乙》八三〇十一三一三）

按八三又云："癸酉卜，史：冄东若。　……卜，史：冄东……"知我与史、冄同时。是片字细如发，贞字并作鼎。庚戌为辛亥之前一日，上数片所卜皆七月事，似可缀合。其言"丁"者，殆丁丑之省略。㠯，人名，即太史㠯，亦见于卜人即之辞（《后编》下六、一）。㚸疑即㚸，𢆶与𣪘对言，并祭祀之事。他辞言"酌𢆶"（《前编》七、四、一），"酌𢆶品"（《叕存》五四），𢆶即系，与繫同。𣪘字见出之卜辞，亦作𣪘（《铁》一八二、三），即悚之别构。

庚戌卜，我贞：帚鼓孙（嘉）。（《屯乙》一四二四，字细小。）

按他辞云："戊子贞：帚壴又子。"与帚徣、帚𣎆同列（《屯乙》四五〇四）。《京津》一五三亦见帚壴之名。孙即嘉字，殆与"妫"同，从子从女无别。此片与《屯乙》七六七盖同为庚戌日所卜。

己卯卜，我贞：令豕，羽庚㐁隹。（《后编》下四一、九）

按隹为地名，骨臼刻辞数见隹入若干语。（如《屯乙》八一二、四九六〇、七一二三）

壬戌卜，我贞：乎〔𡧊〕。　□子卜，我〔贞〕：……受乎……（《屯乙》五五一四左甲桥残，对贞辞缺。）

按𡧊与受皆人名，余卜辞有"受归"语。（《菁华》一一、九）𡧊亦武丁时人，见《殷缀》二六二㱿之卜辞，详下。

七　【成语及残辞】

有孽

辛巳卜，我贞：㐁二月，又𦍒（孽）。　辛巳卜，我贞：今二月，□𦍒。（《屯乙》四五七七整龟，字小，同版有卜人徣。）

……卜，我……旬……（《屯甲》三二一五）

余

卜人余，旧列文武丁时，贝塚茂树以为余系自称代名词，说亦未确。因余卜之辞式，或言“余卜贞”（《前编》八、八、三，《后编》下四二、一一），或言“余卜”，而最习见者则为“卜余”，省略“贞”字，故知余当系人名。与余同版之卜人有巜（《屯乙》八六八六）、我（《屯乙》四七五八，六二九八）、彵（《屯乙》四七五八，《后编》下四二、一一），当属武丁晚期。

李学勤谓余、子、彵、䨻一类卜辞为“非王卜辞”，其理由为无王占卜语，辞中不提到王，又无商先王名号，故问疑者非商王（《考古学报》第19册《帝乙时代的非王卜辞》）。今按以余之卜辞论之，殊不尽然。盖①余卜辞所见先王先妣有蔑、祖丁、妣己。②余与争及竝宁见等人同时。其证如下：

贞：王其疒囧， 乎余䢅囧（《屯乙》六八七九） 背有“争”字（《屯乙》六八八〇）

戊戌卜，王贞：余竝立事。 贞：宁罘见酉㞢。（大英博物院藏，《库方》一八〇七。）

上举两辞皆为余卜，俱与王有关，可见余等之卜辞，不能视作“非王卜辞”。

余之卜辞，兹辑录如下：

一 【卜年】

乙未，余卜：受今䆊（秋）麦。（《屯乙》四八一四）

二 【卜往来】

辛未，余卜贞：我又事，入商。 玒……我又事。（《菁华》一一、一九）

辛巳，余卜：今䆊（秋），我步兹。（《续存》下五八九，《后编》下四二、七重。）

辛未，余卜贞：受归。（《菁华》一一一九）

按受为人名，《续殷文存》上有“《受铙》”。

丁丑，余卜贞：尸归。（《明义士》一七一，字体较大。）

庚寅，余卜贞：尸归。 不归。（剑桥藏骨，《金璋》四八六，字细。）

壬寅，余卜：史〔豕〕宁。　乙亥，余卜：今十〔月〕，尸归。（《库方》一二胛骨）

按此片字较大，以《屯乙》四九四九："卜，我贞：史豕宁"例之，此片史下一字乃豕字，亦贞问史、豕、宁三人事。"今十"下疑有月字摹失。

己巳，余卜：缶往……（《屯乙》三七三）

壬辰，余卜：戣至〔不〕。　乙未，余卜：幸〔戣〕。（《前编》八、一、一）

……卜，余……幸……　癸巳，余卜：㔾（印）幸〔戣〕。　弗隻。丙申，余卜：㔾幸戣。　丁酉，余卜：幸㔾。（《前编》八、一二、一）

癸巳，余卜：弗幸〔戣〕。　㔾弗幸。　……余卜：至戣。（剑桥藏骨，《金璋》四八六。）

辛丑，余卜：㔾幸戣。　（《续编》六、一四、五）

按以上各辞字体皆纤细，俱为余卜印幸戣事。㚔字即幸，非执字。戣亦见于彭及𡆥之卜辞（《屯甲》二七八七），戣于此为地名，游幸之所。

三　【卜狩】

辛未，余卜：乎㔾从射汝，若。（《菁华》一一一九）

丁丑，余卜：〔刍〕尸弓……（《前编》八、八、三）

乙未，卜余：匄汝矢。（《屯乙》一三一，字较大，笔画细小。）

四　【卜祭祀】

（一）蔑

戊寅〔卜〕，余：桒允正。　丁卯卜，余：桒于蔑。三牛允正。（《前编》六、七、七）

按"允正"，殷时成语。他辞云："𢼄小丁㞢正。"（《京津》四〇三八）"辛未卜，㱿贞：王㞢不正。　贞：王亡不正。"（《屯乙》七七七三）"丙辰卜：凡又正。"（《屯乙》七三五九）"㞢正"、"又正"为吉，"不正"为不吉。《诗·正月》："今兹之正，胡然厉矣。"又"雨无正"，"㞢正"即"无正"之反语。

（二）祖丁

□午卜，余：……且丁……（《明义士》一九六九）

（三）妣己

戊寅，余卜：钔妣己自……我……（《前编》八、一〇、二）

〔彡〕

丁巳卜，余：𢦏彡。　丁巳卜，余：勿彡。　十月。（《屯乙》二一三八，存甲上端。）

按上辞“𢦏彡”与“勿彡”对言，知𢦏乃𢦏字，读为载，乃语词，非人名。“𢦏彡”犹言“载彡”（参本书，293页）。此片字大，与其他之纤细者异。

〔祏〕

丁酉，余卜：𢓊（鼓）戊，舌（祏）。　隹辛，又舌。（《屯乙》四七五八）

丁酉，余卜：隹庚，舌。（《屯乙》五二三七）

按此丁酉日卜于戊〔戌〕、庚〔子〕、辛〔丑〕，鼓乐以行祏祭事。

〔有事〕

丁酉，余卜：今八月又事。（《屯乙》四七五八，同版见卜人我与彵，字纤细。）

丁酉，余卜：今䕭、又事，帚。（《屯乙》五二三六，同版见卜人彵。）

丁酉，余卜：壬，又事。　癸，又事。（《屯乙》五二三六）

乙未，余卜：今八又〔事〕。　乙未，余卜：玎九月又事。　玎九月，又事。　乙未，余卜贞：今䕭，麗归……若乙未，余〔卜〕贞：今䕭，我……（《屯乙》四九四九，字纤细，存右甲桥处。）

按“今八”应是今八月。以上三片似可缀合。

□卯，余〔卜〕：……尸鼓又事。（《前编》八、二、五）

按《周礼》：“王出入则令奏《王夏》，尸出入则令奏《肆夏》，牲出入则令奏《昭夏》。”知尸出入有鼓乐，此疑以鼓侑尸。

五　【人物杂卜】

甲申，余卜：子不、𡧊，又言，多亚。（《后编》下四、一九，同版见卜人我。）

按“又言”即“有言”，古成语也。《易·需卦》九二：“小有言，终吉。”《讼卦》初六：“不永所事。小有言，终吉。”《渐卦》初六：“小子厉，有言，无咎。”《震卦》上六：“婚媾有言。”并其例证。子不𡧊，疑即子不子𡿧二人之合称。多亚官名，他辞云："庚辰卜：令多亚𢿘犬。"（《宁沪》二、一六）"戊……贞：其……多亚若。"（《铁》五一、三，是其例。）

庚辰，令豕隹来，豕𠂤龟二，若令。（《前编》八、八、三，同版见卜人余。）

按此卜豕来贡龟事。

戊寅，余卜贞：取帚妥。（《前编》八、八、三）

癸酉，余卜贞：雷帚又子。　甲戌，余卜：取司。（《续存》下五八九骨，《后编》下四二、七文同。）

按雷帚为妇人名。他辞云："戊寅卜，𣪊贞：雷其来。　贞：雷不其来。"（《屯乙》六八七七，又《屯丙》）由雷妇名见于𣪊之卜辞，可证余亦武丁时人。

□卯卜，余贞：自亡……（《后编》下四二、一一，同版见卜人𢓊。）

自即卜人自，详上。

丙申卜，余：克𠣬不……　丙申，鼎：……汝……二月。（《屯乙》一三九）

按克即子克。

丁丑余〔卜〕：雀𦊓……　余卜：雀……（《前编》八、一〇、二）

丁酉卜，余：𠬝，八月。（《屯乙》八六八六胛骨）

按此与㚔同版，字较大。𠬝字从酉从又，即𡚬之省体，殆用作奠字。

庚辰卜，余：𢦏。（《京津》一〇五七）

丁亥卜，余：弗丧……　（《屯乙》三九三，字细小。）

残辞

……卜，余……𡆥……戊午……（《京津》三一五五）

□午卜，余：……用。　（《明义士》一五三，字体较大。）

甲戌卜，余　（《屯乙》六二九八，与卜人我同版，字大。）

辛酉卜，余……　（《屯甲》二二九八，字大。）

丁巳余卜……　（《库方》六二六）

补　遗

夨

〔卜雨与卜旬〕

□酉卜，夨……夕不雨。（《南北·师》一、二六）

□未卜，夨〔贞〕：旬……十二月。（《南北·坊》五、三七）

按《续存》下五九六有："癸酉卜夨贞旬"残辞。

〔卜人物〕

丙午卜夨：羽日，戊申，且……　……未，虒入……母。（《续存》上一四四〇）

按虒事详下卜人祝条。（参本书，463页。）

……夨贞：尸于戠。（《续存》上一四三八）

〔卜祭祀〕

示壬

庚寅卜，夨：示壬，岁一牛。　庚寅卜，夨：示壬，岁三牛。（《屯乙》九〇八八）

且乙

辛酉卜，夨：又且乙，十五军。（《南北·文》二八）

母庚

……卜夨　母庚用。（《续存》下五九三）

按𠬝卜母庚又见《屯甲》二三五六。

〔其他〕

壬辰卜，𠬝：叀弜它。（《七集·普》九六）

按“弜它”即“弗巷。”

癸丑卜，𠬝贞：伐，三月。（《续存》上一四三六）

己卯卜，𠬝……氐。己卯卜𠬝：……氐。十月。（《拾掇》一、三五六，《续存》上一四三七重。）

按《林》一、二〇、五，《屯甲》四五四，《屯乙》三一四，《京津》三一〇一，均有𠬝之残辞。

自

〔卜祭祀〕

父庚

壬午卜，自：王㞢父庚，……白豕帚……（《遗珠》五三〇）

按此父庚应是武丁称盘庚。

其他

丁卯卜，自：一月。（《燕大》七〇八）

庚戌卜，自贞：勹自……叀……方……曰……月。（《七集·普》七二）

其他自残辞又有《南北·无》二五四，《明义士》一五四四，《叙圃》二一。

按《佚存》一〇八条卜人名，据商氏释文即“自”字，岛邦男误自为“𠂤，”另列为一人，非是。

勺

〔卜祭祀〕

土

……卜勺：隹……△（土）受〔又〕。　允受。（《南北·坊》三、三五）

且庚

庚寅卜，勺：祭𢑚且庚。（《屯乙》五三二一）

按岛邦男引《铁》五四、二勺卜，有兄丁，然原辞卜人名似非勺字。

又按《文录》七六四，《七集·普》六九并有勻卜残辞。

彴

〔卜刍〕

庚辰，彴卜：刍，𠀀入。（《续存》下五八五，同版见卜人𡚬。）

〔卜祭祀〕

小丁

□巳卜，罘贞：王窋岁，罘小丁。岁亡尤。（《京津》三二八九）

按此辞两言“岁”字，“岁亡尤”盖与“旬亡尤”同例，即祷岁福也。

母庚

□辰卜，衎：……又母庚。（《京津》三一二三，此条彴字从行。）

其他

……卜彴，贞：……月，我又〔事〕。（《南北·文》四六）

辛卯卜，彴……尸又……（《南北·师》一、一〇〇）

漨

〔卜祭祀〕

庚戌卜，漨贞：羽辛亥，三（汔）彡……旬自上甲衣〔至〕于……（《续存》上一四八三）

□子卜，漨贞：王窋𠬝亡𡆥。（《续存》上一五五一）

按其他若《遗珠》二五二，《文录》五三三俱有漨卜夕残辞。

卷十一　贞卜人物事辑九

⿰帚又

⿰帚又之卜辞，所见仅数版，而字体有二类。一作大字者，如：

乙丑卜，⿰帚又贞：羽丙雨。（《屯乙》八三一九残甲）

戊辰卜，⿰帚又贞：今不雨。（《拾掇》二、一三四）

又一作纤细字体，与⿰帚帚、我、子所卜者形同。如：

甲午卜，⿰帚又贞（字作）：今六月，我又事。（《屯乙》八二〇六）

骨臼刻辞为⿰帚又或小⿰帚又署名者，计五十片以上。所见丁乂之人物有妇⿰女豊（⿰女豊）、妇汝、妇賓、妇妾、妇⿰女从、妇宝、妇妸、妇柩、妇娫，又有邑、⿱雨子、皁、壸、旬、羌戊、羌徏等（文详后引）。又一记“王丁般二乂，⿰帚又”（《簠典》三九臼）。骨臼署名之⿰帚又与卜人之⿰帚又，当是一人。

骨臼之⿰帚又，有称“古⿰帚又”者（《天壤》四二），盖即宗⿰帚又，知⿰帚又即典宗事之宗人，当与殷同姓。⿰帚又残辞有云：

……⿰帚又……且……其……自……庚……（《南北·师》一、六，《外编》一九一重。）

殷诸子有名子⿸厂⿰帚又者：

己未卜，𡆥：子⿸厂⿰帚又亡疾。（《后编》下二九、四）

⿸厂⿰帚又字疑是繁形，从⿰帚又增益厂旁。他辞又有子⿱宀帚（《屯乙》二三二“癸巳曰：子⿱宀帚亡……”）、子⿷匚帚（《屯乙》一一五字大），未知是否即子⿸厂⿰帚又之异文？又有人名𢓈，《殷缀》二二九整龟背左桥云："𢓈𠂹，争。"有争之署名。考契文通例，繁形每益又旁，如𦥑之作𣪊，角之作𧢲。他辞恒见人名曰"帚"者，兹举如次：

□亥卜，㞢贞：帚不𡆥。（《屯乙》八九九八）

丁卯卜，𢓊贞：役五月，乎帚来归。（《屯乙》五一二三）

勿乎帚𣏟于小乙宅。 勿乎帚𣏟于〔小乙〕宅。（《屯乙》五五二〇，字大。）

贞：乎帚往，亡𡆥。（《屯乙》五四七八）……帚其亡𡆥。（《屯乙》五五一五）

贞：隹之。 贞：不隹之。 贞：帚曰 帚勿曰。（《屯乙》七二三一）

故𢓈与帚可能是同一人。卜辞又有称"帚子"者，

癸巳卜，亩戊𢦏帚子。七月。（《续存》上四〇七）

帚之名"帚子"，殆犹𡆥之称"𡆥子"矣。

𠂤帚

𠂤帚之卜辞，大抵作"卜𠂤帚贞，"有省贞字者，仅二三见。（《屯乙》一五三七，《库方》六四五）亦一称"𠂤帚卜"（《屯乙》四八一〇）。

𠂤帚字繁形，有益水旁作𣿅者（《遗珠》五八一，《南北·文》四五），涉之卜辞有人名曰"𡕒"（《后编》下八、一三），殆即𠂤帚之繁写也。

𠂤帚所贞卜，以卜夕及卜"我又事"、"亡事"为多，大都字体纤细；其"贞"字习见作𣪊，惟《屯乙》八二〇六卜人𢓈亦贞我又事，其字体与𠂤帚无异，故疑𠂤帚、𡕒与𢓈本为一人，然不敢遽定。

𠂤帚辞所见先王有父丁（《前编》八六五），殆指武丁，则𠂤帚之年代，可下及祖庚之世。

𠂤帚之卜辞辑录如下：

一 【卜夕】

壬寅卜，𠂤帚贞：今夕亡𡆥。（《屯乙》八三一）

癸巳卜，𠂤帚贞：今夕亡𡆥。（《屯乙》八五六）

甲辰卜，𠂤帚贞：今夕亡𡆥。（《屯乙》九九九）

甲辰卜，𠂤帚贞：今夕亡𡆥。 □巳卜，𠂤帚贞：今日又来。 ……卜𠂤帚

贞：今夕……（《屯乙》一五五五）

丙申卜，𠭰贞：今夕亡囚。 癸卯卜，𠭰贞：乎豕㞢又商（赏）。 甲辰卜，𠭰贞：今夕亡囚。（《殷缀》一二九——《屯乙》一〇〇四十一七八六）

丁未卜，𠭰贞：今夕亡囚。 ……又事。六月。（《屯乙》一一〇五）

卜，𠭰〔贞〕：今夕亡〔囚〕。 𠭰〔贞：今夕〕亡〔囚〕。（《屯乙》一三一〇）

按《屯乙》一一七六、一八四三俱有𠭰卜夕残辞。以上卜夕诸残甲，字体纤细，风格悉同，似可缀合，惜残断过甚，难复旧观耳。

二 【卜往来】

癸巳卜，𠭰贞：今丙。 癸巳卜，𠭰贞：至罗，亡〔囚〕。（《屯乙》一六二四）

癸酉卜，𠭰贞：至罗，亡囚。（《屯乙》一八一一）

□卯卜，𠭰贞：至罗，我又事。（《前编》八、三、八，以上三片似可缀。）

按《屯乙》一〇一〇残甲，叠贞癸丑至罗亡囚事，与上数片似可缀合。丙人名，亦与卜人事同版。

丁未卜，𠭰贞：鱼（鱼）归，我又戠。（《屯乙》一五六〇）

按鱼人名，又见《前编》八、六、五及《殷缀》二八一卌之卜辞。“我又戠”与“我又事”义近，《说文》、《系传》戠古职字。

癸酉卜，𠭰贞：今十月，尸归。 甲戌卜，𠭰贞：我允出南。 弗〔其出〕南。（《前编》八、九、一）

按南当是南土、南邦。《屯甲》二九〇二屡见“在南土”及“南邦方”之名。周器《中鼎》云：“王命中先省南国。”得此知以南为地名，殷时已有之，不自周始。

乙酉卜，𠭰贞：今日又来自□……（《屯乙》一一七五）

辛卯卜，𠭰贞：……〔亡〕囚……刍。（《屯乙》一八四九，上二辞字俱细小。）

□卯卜，𠭰贞：……往隻。 不隻。（《屯乙》一六〇〇）

三 【卜祭祀】

（一）父丁

……卜，𠭰贞……父丁，鱼……𢦏𡆥（𠕋）又事。（《前编》八、六、

五）

按子卜辞有子𡪞，知此条人名之𡪞，亦即子𡪞矣。

（二）妣甲

己丑卜，𠭯：钔司（祠）妣甲。（《库方》六四五）

〔衁〕

癸卯卜，𠭯贞：乎豖罟酉（奠），又商（赏）。（《屯乙》一四三七，《屯乙》一七八六文同，又《殷缀》一五〇。）

甲辰卜，𠭯贞：我罟目（䄷）若。　……卜𠭯……罟〔目〕若。　……卜𠭯不目……〔多〕射。（《屯乙》一二〇八）

按上数残甲与《屯乙》一七八六字体悉同，似可缀合。

甲辰卜，𠭯贞：叀令豖。（《屯乙》一四五七）

按甲辰为癸卯之翌日，上辞皆同时卜命豖致奠。豖事详下卜人豖条。衁于契文有数形，一作𥁕（《屯乙》一〇〇一），隶定可作盟，乃皿之繁形；余多作𥁕，上从皿，下益凵旁，以工典与古典例之，即从示字，《屯乙》一七八六字形最为显豁可辨 。衁为动词，《说文》："皿，饭食之用器也，读若猛。"窃谓契文衁字假为孟。《书·康诰》"孟侯"，《大传》云："孟侯者，于四方诸侯来朝迎于郊者。"故郑注云："孟，迎也。"卜辞诸盟字均读孟，训为迎。如"罟酉又商"即"迎奠有赏"，"罟目"犹言"迎䄷"矣。他辞云："卜其皿风方叀……"（《粹编》一一八二）风方即东夷之风夷，此皿字亦为动词，与盟只是繁简之别，可认为孟，而解作"迎风方"，于义亦通。

〔鼓　舞恺〕

庚申卜，𠭯贞：乙丑囗（祊）𣪊（鼓）。　……卜，𠭯〔贞〕：……囗鼓。　不鼓。（《续编》五、一四、三）

按囗即四方字，此读为祊。《周礼》凡国祈年于田祖及祭蜡，并击土鼓；又祭祀飨食，以钟鼓奏燕乐。故祊字或从彭作㠣，即击鼓于门，此即囗鼓之义。

丁卯卜，𠭯贞：庚，我又事。　丁卯卜，𠭯贞：我𠬠（舞）𢆶，（岂），丁自庚。（《屯乙》一七八七残甲）

按此版拓本，字最清晰。"我舞岂"者，岂即岂。《说文》："岂，还师振旅乐也。从豆，散省声。"（岂风即恺风，参本书，310 页。）兵乐曰恺，《周礼》："王师大献，则令奏恺乐"，又大司马："恺乐献于社"，此必有大征伐，故云"舞宂"。凡言"有事"者，《左传》：国之大事，惟祀与戎也。丁自庚者，纪时耳，言自丁卯至于庚午。

〔有事〕

癸巳卜，䎽贞：今四月……　癸巳卜，䎽贞：五月，我又事。（《屯乙》一〇一四）

庚寅卜，䎽贞：辛，我又事。（《屯乙》一三一七）

□丑卜，㶌……庚，我又事。（《南北·文》四五）

己亥卜，䎽：我亡事，今来乙四月卜。　庚……贞……在……四月。（《屯乙》一五三七）

按上数残甲，与《屯乙》一七八七，皆纤细字体，疑可缀合。皆卜四月五月间事。

甲午卜，䎽贞：今六月，我又事。（《屯乙》八二〇六）

四　【杂卜】

己未卜，䎽贞：又要，我𠙵（省），今五月。（京都大学八二）

按我省者，谓我往省事也。"又要"犹言有约，即簿书治要之类，说见《周礼》。

壬辰卜，䎽贞：我入卽。　弗入。　……卜䎽……𠕋豕。（《屯乙》一六二一）

按此卜我入侍事，知卜人我乃王室昵近之臣。卽字从日从卩，字书所无，最足研究。窃疑此字当读如䵒，䵒从黍日声。《说文》引《春秋传》："不义不䵒。"今《左传》隐元年作"不暱"。《考工记·弓人》注作"昵"，《说文·日部》暱下云："日近也。"故知卽即古之暱字，其字为动词，盖读如《左》成十三年传"暱就寡人"，襄二年《传》"其谁暱我"之"暱"。所谓"入卽"者，谓入为王之内勤也。卽从卩会意，犹可证古训，《广雅·释言》："日，节也。"节谓节度；《开元占经》引《春秋元命包》云："日之为言节也，开度立节，使物咸别。"契文卽字从卩，云"入卽"，即谓入为近臣，助王节度居处之事也。

戊戌卜，鼎（贞）。　䎽卜：日丁酉。（《屯乙》四八一〇）

丁酉卜，䎽贞：皿多子……（《屯乙》一〇〇一）

按皿多子即"孟多子"。孟，迎也。《前编》八、六、五："𠂤𡿧，皿又事。”㑪疑即子鱼，𡧊即子商。

己丑卜，䰜贞：𠂤（完）不㞢。（《屯乙》七五七，亦见《殷缀》四〇一。）

甲午卜，䰜贞：丁未……多𡆥……（《屯乙》一五一五）

壬子卜，䰜……　羌女……（《屯乙》一七六三）　此似可与《屯乙》三六八九㣈卜辞缀合。

甲辰卜，䰜贞：丁又〔𢆶〕，今㞢月。　甲辰卜……贞：七月……丁𢆶。（《屯乙》一六五〇）

按《屯乙》八三〇十一三一三我卜辞亦有相同之语，详上卜人我条。《续存》五八五胛骨为䰜之重要记载，其辞云：

丙子，䰜卜：我𠭯。　若𢆶。　戊寅卜，䰜：我入隹㣈。　丙子，䰜卜：我又㣈，在来。　丙子，䰜卜：亡㣈，在来。　同版㣈卜云：“庚辰㣈卜：刍，𠂤入。”

可见㣈我䰜又与𠂤同时。

残辞

丁巳卜，㶇贞：……（《遗珠》五八一）

……䰜……我㞢。（《屯乙》六一六，字小。）

……卜䰜……女……（《屯乙》六一七，字小。）

又《屯乙》一五五一，七七一三俱残存“䰜”字。

子

卜人子之刻辞，其字体呈特殊风格，恒作细如毛发之笔画。旧列文武丁时，日本贝塚茂树改属于武丁，而目“子”为通名，指为多子族之卜辞。按“子卜贞”之“子”，仍应作人名解，与其他卜人㱿、争、亘等，同为人名，其证有四：

一　若干版中，子与卜人我、余并列，如《屯乙》四九四九“卜我贞”与“余卜贞”、“子卜贞”同见。故知“子卜贞”乃“卜子贞”之变文。（参《卜人辞式释例》）

二　此类辞式，虽以“子卜贞”为习见，间亦作“子卜”（《南北·文》四七）省“贞”字，及作“卜子贞”者（《后编》下四三、三：“戊子卜，子贞：今㫚𢓊因。”《南北·明》二二八：“辛巳卜，子贞：我自𢆶，隹若”），与𣪕、宾辞例悉同。

三　他辞以子为人名者，如：

□酉卜，争〔贞〕：今夕，子亡不若。（《前编》五、二〇、六）

癸亥卜，出贞：子弗疒。　丁卯，吕㞢疒。（《佚存》九二一，《续编》三、三四、五，《簠·天》九三，《游田》三〇及六九重。）

同版见大贞，此“子”与“吕”并列，并其明征。且由卜争贞知“子”当属武丁时；又由卜出贞，知子之年代，可下及祖庚祖甲之世。

四　武丁时记事刻辞，每见“子入”之记载，其子字作，与卜人之子形相同，如《库方》一九三一，《屯甲》三〇四九，《屯甲》四四九（《殷缀》三三四同）。胡厚宣《武丁时五种记事刻辞考》一文中引，尚有善斋藏一片，亦有“子入”语，以其他刻辞“某入”例之，当是方国人名，且属武丁时，可以无疑。

子所卜辞中，有关人物，多见于武丁时。如两见子（《后编》下四一、九，《缀合编》三三〇），一见弓（《林》二、二六、四），弓即武丁时之子弓，亦即吕也。又《金璋》六二二：“子卜：我田。”同版见武丁卜人，斯俱子为武丁时人，不能系于文武丁之明证。殷器有《卣》习见，李学勤曾列殷代彝铭有“子”之记录者九器（《考古学报》第19册），以其中《𦓐卣》有云：“惟子曰：令望人方䍙。”谓帝乙时曾两伐人方，可推定子应是帝乙朝生存之人。今按武丁时亦屡伐尸方，若徒据此一条，而系“子”为武乙时人，证据实嫌不足。

子之卜辞，辑录如下：

一　【卜雨与晴】

□寅卜，子……其于乙日衘……癸卯，羊其……今日雨……不雨。（《京津》三八四）

按此条“于”字不作于，衘即步之繁形。子字作。

戊子卜，子贞：今㫑㦸因。（《后编》下四三、三）

按今㫑谓今日及明日。因，仍也。此卜今明两日之晴否。

二　【卜往来】

丙午，子卜：……乎往来……（《前编》八、五、八）

癸未，子卜，自来。（《前编》八、二、四）

按自即卜人自（《屯乙》七七一八），他辞有妇自（《续存》下二八）。

乙丑，子卜贞：庚又来。　罚。　乙丑，子卜贞：自今四日，又来。（《殷缀》二八七——《屯乙》四八五六十六〇九二对贞）

癸未，子卜贞：我不吉，出。（《前编》八、二、六）

癸丑，子卜：豕归。（大英博物院藏巨骨，《库方》一九八八。）

丁卯，子卜：弔归。　丁卯，子卜。　丁卯子卜……（大英博物院藏骨，《库方》一五五七。）

按弔人名，殷器有《子弔壶》（《录遗》二二八）、《弔毁》、《弔卣》、《弔鼎》（《续殷文存》）。

乙丑，子卜贞：归。　弓归。（《林》二、二六、四）

按弓即子弓（《菁华》一一、二），𠂤卜辞有“弓刍于”。（参本书，327页。）此足证子为武丁时人。

己亥，子卜贞：在川，尸归。（《前编》八、一二、四，《林》二、二二、一重。）

□亥，子卜贞：在川，尸归。　□亥，子卜贞：尸归。　戊子卜……贞：余隻。（《后编》下四二、一六，字细如发。）

己亥，子卜贞：尸不归。（《前编》八、一、八）

丁亥，子卜贞：……尸归。　□亥，子卜贞：〔在〕川，尸归。（《京津》三〇〇五）

按尸即子尸（《拾掇》二三〇），他辞丙午勿卜：“尸不死”（《殷缀》五八），尸与竝、等同列，知属武丁时。

戊寅，子卜：丁归，在自，尸。　戊寅子卜：丁归，在川，尸。（《前编》八、六、三，《续存》下五八六文同。）

戊甲，子卜：尸归。（《前编》八、一、六）

癸未，子卜：尸归。　□未，子……我自……来若。（《林》二、二二、五）

丁丑，子卜：亡归，受……（《菁华》一一、一七）

丙（子），子卜贞：歺入……各（佫）又（祐）。（《前编》八、一、五）

三　**【卜游畋】**

□寅，子……萑刍。（《前编》八、三、二）

□戌，子卜贞：东克彴刍。（《前编》八、五、五）

丙子，子卜：朕口……（《菁华》一一、一七）

丙子，子卜：隹丁作兹口。〔丙〕子卜：朕在自𠬝（目）……束。（喆厂藏骨，《考古学报》第19册引。）

按“作口”指言语兴戎，说见前。自目地名。

丙戌，子卜贞：我亡乍口。丙戌，子卜贞：丁不刍我。（《殷缀》二八七——《屯乙》四八五六十六〇九二右甲桥）

丁亥，子卜：丁来……隹刍我。（《前编》八、四、五）

按丁亥即丙戌之翌日，上数片为同时所卜。

丁丑，子卜：隹田隹。（《菁华》一一、一七）

按隹地名，亦见于我之卜辞，详上。

癸卯，子卜：……㑃往逐……（《后编》下四三、五）

按他辞云：“㑃乎取羌氏。”（《屯乙》六〇四三）大英博物院藏骨谱有云：“卬子曰㑃，㑃子曰㑃。”当即此人，疑是子㝵之父也。

壬申，子卜：征𧰼隻。壬申卜，征……青。（《遗珠》四二一骨，字较大。）

按我卜辞亦有“乎𧰼获”之卜，详上。征亦称“犬征。”《续编》二、二四、四：“□卯卜，㱿贞：犬征其㞢死。……㱿贞：犬征亡死。”征盖官犬人之职。

己丑，子卜贞：小王𢆶田夫。（《库方》一二五九）

丁亥，子卜贞：我𢆶田𪊨。从。己丑，子卜贞：子㝵乎出墉。己丑，子卜贞：余又（右）乎出墉。子它乎出墉。子□乎出墉。（《前编》八、一〇、一十京都大学人文科学研究所藏，贝塚茂树缀，见《东方学报》京都第九册，又见《缀合编》三三〇。）

按《金璋》六二二：“□丑卜……我𢆶田𪊨。”与上辞可缀。同版另一组辞云：“己酉卜，𠈌：……曹允……”𠈌为武丁时卜人，此亦可证卜人子及我应在武丁晚期。夫与𪊨俱殷人田游之地。夫殆即邞。他辞云：“夫入二，在𠷎。”（《屯乙》二二六七）《说文》：“邞，琅邪县。”见《汉书·地理志》。

又丁亥在己丑前二日，此卜田猎于𪊨地。出墉者，《易·解》上六：“公用射隼于高墉之上，获之，无不利。”《同人》九四：“乘其墉，弗克攻，吉。”墉即城也。辞有子㝵，足证卜人子及余皆武丁时人。骨臼刻辞有“𠚤丁”语（《京津》二五一），知𠚤亦人名，𠚤即𠚤之倒书。

甲戌，子卜：或隹㞋。……𠙵（省）囚。（《外编》二四一，即《六录·清》二，《铁》八一、二重。）

按或人名，见于《邺中》三下三八、一者，与㙺乘同版，又见𡆥之卜辞（《前编》二、六、五），此亦可证卜人“子”应与𡆥同属武丁时。（详本书，327页。）

四 【卜祭祀】

（一）高

癸酉，子卜：高乍不若。（《前编》八、一三、一）

□戌，子卜：……乍不若。（《前编》八、一、四）

按高为殷先公名，他辞云：“𣎆于高，𡆥牛。”（《屯甲》五五一）“𣎆禾于高，𡆥九牛”（《屯甲》七八五）“贞：钔妇好于高”（《续编》四、三○、三）小甲名高，或谓高即小甲。

（二）龙甲　虎母　中母己

庚子，子卜：叀小䍧，钔虎母。　庚子，子卜：叀小䍧，𠂤司。　辛丑，子卜：其钔妹。　辛丑卜：中母己贞：　辛丑卜：其钔中母己。　辛丑，子卜：用小䍧，虎母。　辛丑，子卜贞：用小䍧，𠂤司。　壬寅，子卜：钔母，小䍧。　癸卯，子卜：钔龙甲。　癸卯卜：来癸，其酚于司……至。　卜：翌豕用，至𠂤司小䍧。（《屯乙》四五○七整甲）

壬寅，子〔卜〕：用豕至小䍧，虎母。　癸卯，子卜……至小䍧，用豕，𠂤。（《遗珠》八九九）

（三）妣己

甲寅，子卜：其至大䍧，令妣己，用豭。（《摭续》八三）

乙亥，子卜：来己，酚羊，妣己。（《前编》八、一三、四）

己卯卜子：㞢妣己。（《续编》一、三九、二）

（四）妣庚

庚申，子〔卜〕：钔妣庚……（《明义士》一○○九）

（五）伊尹

〔癸〕丑，子卜：来……伊尹。（《前编》八、一、二）

癸丑，子卜：来日，酚伊尹。（《菁华》一一、一八）

〔彭〕

□辰，子卜……彭小窜……豖司。（大英博物院藏，《库方》一九四九。）

庚午，子卜贞：弜彭，犭之若。（《续编》四、三四、九）

〔祀〕

庚申，子卜贞：隹巳（祀），豖若𡴀（省）。　弗巳。（《殷缀》二八七——《屯乙》四八五六十六〇九二）

按𠙵即巳之倒写，读为祀。豖若俱人名。我卜辞云：“令豖”（《后编》下四一、九），𠂉卜辞云：“来，隹若目。”同版言“隹史目”，“隹𠈇目”，若与史𠈇俱人名，此殆卜豖与若两人往省牲之事。

〔又柬　又事〕

乙丑，子〔卜〕贞：丁，犭……商𦍒。　戊寅，子卜：亡𡆥。　戊寅，子卜：又𡆥。　犭柬又柬。（《前编》八、一一、一）

戊辰，子卜贞：今岁，又事。（《前编》八、三、七）

庚申，子卜贞：今柬月，亡䆎，又事。于祓月。（《菁华》一一、二〇）

按他辞如：“丁未卜：今柬月，又事，于祓〔月〕。”（《前编》八、一〇、四，同书八、一三、二同。）文略同。又“庚申卜我：今柬，又事。”（《拾遗》七、六）“庚申……今柬月，〔又〕事。”（《戬寿》三六、一三，《续编》六、二六、七重。）则同属庚申日，疑与《菁华》此片可以缀合。

其他

乙未，子卜贞：吏（使）人，隹若。（《屯乙》四九四九）

〔乙〕未，子卜贞：叀日，吏戠。（《屯乙》四七五八）

五　【杂卜】

壬辰，子卜贞：帚𡛷子曰戠。　帚妥子曰𠷎。　帚妥子曰𠷎。　𡛥（姐）。（《殷缀》二八七——《屯乙》四八五六十六〇九二）

按《屯乙》八八九六：“……匄屰娀。　匄屰孅。　匄屰㚷。……”凡卜辞言妇某子曰某者，当是卜生子命名。《大戴礼·保傅》云：“后卜名，上无取于天，下无取于地，中无取于名山通谷。”此即古卜名之礼也。

乙巳，卜贞：帚妥子亡若。　辛亥，子卜贞：帚妥子曰𢽾，若。　乙卯，子卜贞：其𡚱若。（《京津》三〇一三，《粹编》一二四〇重。）

按𡚱亦作𢔁。《侯家庄》一三四：“王其田，𢔁往。”《屯乙》二三〇七："贞：子商矣𡆥古（故）。　贞：子商矣亡古。"俱即此人。

辛卯，子卜……帚𡆥子。（《京津》三〇一四，字小。）

甲戌，子卜：我隹囚。其……　乙亥，子卜贞：（溼）虎隹若。（《林》二、二九、九）

□申，子〔卜〕贞：……在我。（《京津》三〇三六，《粹编》一五五七重。）

辛酉，子卜贞：丁㗊我。（《前编》八、一五、二）

辛巳卜，子贞：我自丝隹若。（《南北·明》二二八）

己酉，子卜贞：自正……我。　己酉……隹……（《续编》六、二三、八）

庚午，子卜贞：烊征在我。（《铁》七六、二）

……卜，子〔贞〕：（要）。（《后编》下四二、五，又《缀合编》八六，同版有卜人彵。）

按即《说文》古文子之𡥈字，契文与分而为二。许慎云："古文子从巛，象发也。"许书首下云："巛象发谓之鬊，鬊即巛也。"则此字乃从子从鬊。卜辞𡥈为人名，所见与𡥈有关之残碎资料，其见于骨片者，字体较大，如《金璋》五五六；见于龟甲者，则纤细如发，即《后编》此片及《拾遗》一一、一一，与卜人自及彵同版；又有细画散漫似习刻者，大抵见于《小屯乙编》上册。如："今己贞，𡥈要。""……亥，𡥈要。"（《屯乙》一一〇七十八三二——《殷缀》一一三）"〔丁〕酉卜……又正　……卜贞：臣不……　𡥈用，弗空。"（《屯乙》八三四十一二五〇——《殷缀》一一四）"……禘自𡥈……　癸卯雨。"（《屯乙》一五八一）"壬戌贞：商……　癸亥贞：𡥈要……"（《屯乙》一六〇七）即有三种不同字体，𡥈之事迹，可考如此。

丁亥，子卜……　己酉……至羊……（《遗珠》一三二八骨）

丙辰，子卜贞：马……豕……（《拾缀》二、六一）

丁亥，子卜贞：马……（《后编》下四二、一〇）

□戌，子卜贞：雀至我……（《续存》上一四四四）

□酉子卜……至一牛……（《续存》上一四三九）

叶

叶字作𠙵，与“叶王事”之“叶”形同。陈梦家释由，未确。叶向被目为文武丁时人，然《前编》六、一九、五云：“卜叶：钔，子汏于父乙。”父乙即武丁称其父小乙。《殷缀》一四一云：“卜内贞：叶若。 贞：叶不若。”内为武丁卜人，则叶当与同时。又《燕大》一四一：“叶入，令竝葡。”同版亦见卜人㞢，俱为辛巳日所卜，㞢、葡、竝皆当武丁之世。叶又见于㱿之卜辞：“……卜㱿……叶弗其……”（《拾掇》一、五三一，《续存》上一二六九重。）则叶之年代，当移于武丁为是。

叶亦称“小臣叶”（《菁华》一：“小臣叶车马硪”），又有“伊侯叶”、“叶伯”之名，似叶曾封于伊，故称曰伊侯。

戊戌贞：又（右）𢦔于片，伊侯叶啚（鄙）。 中𢦔于义，伊侯叶啚。（《拾掇》二、一三二）

辞中所见义邑，即春秋仪封地。他辞云：“……丑，用㺸……义双……”（《拾掇》二、四九，人头骨。）义与片两邑并在伊侯叶之边鄙。叶又称叶伯。如：

贞：令叶白于𦎧。（《库方》一五五一，同版见贞人出。）

𦎧即顿丘地。叶亦见于大之卜辞：

丙寅卜，大贞：叀叶又保，自又（右）尹。十二月。（《后编》下一三、一二）

知叶之年代可至祖甲以降。

其甲桥言：“叶氏五……”（《屯乙》二〇一八）又《京津》八：“𠙵入一”，则叶之倒书。《屯乙》五二二一：“叶刍”，字极小。叶之事迹可考者略如此。

其卜辞辑录如下：

一 【卜雨水】

己巳卜叶：王其步……雨。（《文录》一二〇）

……叶贞：……水（《文录》六六五）

二　【卜旬】

……卜，叶贞：旬〔亡囚〕。　……叶……囚。（《戬寿》四六、七）

三　【卜往来】

己卯卜，叶贞：王步……（《南北·坊》四、一二三）

……卜叶：……　丙步。（《佚存》八三三）

四　【卜祭祀】

（一）夒

甲子卜，叶：桒于夒。（《簠室·帝系》二，《续编》一、一、一重。）

（二）父乙

癸卯卜，叶：钔，子汏于父〔乙〕。　癸卯卜叶：钔，子汏于〔父〕乙……月。（《前编》六、一九、五）

（三）舆戊

辛丑卜，叶：钔步（陟）于舆戊，其帚方。（《林》一、一三、一六，《前编》一、四四、五重。）

五　【卜征伐】

丙寅卜，叶：王告取儿……叶固曰：若，往。（《明义士》五七四）

……叶贞：丁……马方。（《摭续》一五二）

癸卯卜，王曰：嵩，其𢦏（㺯）。　㕢（贞）：余勿乎征嚣（衅）。　叶曰：吉！其乎嚣。（《前编》四、四二、二）

按嚣疑即衅之初形。《说文》："衅，血祭也。"《周礼》大祝："隋衅，逆牲。"郑注："隋衅谓荐血也。"《大戴礼》有衅庙之礼。《汉书·高纪》："衅鼓。"应劭注："衅，祭也。杀牲以血涂鼓，衅呼为衅。按呼同罅，凡以血血其坼罅得曰衅。"上辞言"乎衅"殆即衅罅之义，可证应劭"衅呼"之说。嵩为地名。他辞云：

"戎其大亳嵩。"（《前编》四、四二、一）㺯字见《说文》，"击踝也。"

壬午卜，叶曰：方甲午正，在……（《双剑》六二，《续存》下五八三重。）

己未卜，叶贞：匿隻羌。（《簠室·游田》一三一，《续编》三、四三、二重，大字。）

……卜叶：𠂇（乘）……（《南北·坊》三、九五）

六　【杂卜】

丙午卜𠙵。（《屯乙》一七六五）

……卜叶：𡆥……　叶固曰……（《前编》六、三九、一）

𠈉

𠈉为武丁时人，契文所见，多为卜雨旸之辞。

甲辰卜，𠈉贞：今日，其雨。　甲辰卜，𠈉贞：今日，不其雨。　甲辰卜，𠈉贞：羽乙巳，其雨。　贞：羽乙巳，不其雨。　贞：羽丁未，其雨。　贞：羽丁未，不其雨。（《屯乙》六九六二＋二〇四二＋二二二〇——《屯丙》六三，背识“𣪘”字。）

庚午卜，𠈉贞：……雨。（《粹编》七四三）

……𠈉贞：羽乙酉易日。（《南北·无》四七）

𠈉即子𠈉，字或益土旁，如𣥚之作𡋽，无之作𡎐，是其比。辞云：

己未卜：钔子𠈉于母庚。（《前编》六、四、四）

𠈉亦见于穷、永、亚之卜辞：

己酉卜，穷贞：勿衣乎从丘𠈉。（《屯乙》六六八四）

按丘、𠈉乃两名。

甲辰卜，穷贞：乎凡丘。　贞：叀𠈉乎凡丘。（《屯乙》七七九三，又《屯丙》六七。）

……永贞：旬〔亡〕𡆥。〔王〕固曰：其㞢来嬉，……丙戌，允㞢来嬉。……𠈉……（《续编》四、三一、五）

己酉卜亚。　……𠈉其隹臣。五月。（《屯乙》四六七七）

他言𠈉入十（《京津》六），𠈉氏（《京津》二一八，《宁沪》三、一〇重），尤不一而足。𠈉亦与鬲同列，鬲即子鬲也。

……𡆥。丙戌，鬲𠈉……（《前编》七、三七、一，《林》一、二〇、一，《遗珠》一一八二重。）

又𠈉与旃疑为一人，旃𡚁与𣪘共事（参本书，70页，𣪘条），如：

辛丑卜，穷贞：旃眔𣪘氏羌。　贞：旃眔𣪘弗其氏羌。（《屯乙》六三七

三）

又见于内之卜辞：

贞：令旃田于𡴀。　勿令旃田于𡴀。（《屯乙》七二八八，同版为内所卜。）

故知爯当属武丁时。爯或释偁字，谓从爯省爪。（《殷虚文字》）《说文》：“偁，扬也。”今通作称。

冎

卜人冎见于𠂤之卜辞。

癸巳卜，𠂤贞：令冎。（《屯乙》一六二四）

又我卜辞中有“癸酉卜，史：冎东若。丙辰卜，史冎东。”（《屯乙》八三〇，字细如发。）其人与史、𠂤、我同时。陈梦家读冎为界字，非也。按字亦作膚。如：

庚辰卜膚：羽日甲申……（《邺中》三下四一、九）

其字即膚之省形，盖即卢字。他辞亦称膚伯。

……卜翌日乙，王爰（爰）膚白……（《屯甲》三六五二）

膚白渫其㣈，乎乡（飨）。（《邺中》三下三六、九）

又言“伐膚”（《遗珠》二九八，《林》二、二六、五重），卢当即《牧誓》髳卢彭濮之卢人。（参《骈枝》）

冎又训陈牲，盖读为胪。故卜辞屡见“冎豕”（如《屯甲》二九〇二，《屯乙》三五二一，四六〇三，四九一一，四九二五，五三九四）及“冎羊豕”（“至豖，叀冎羊豕。”见《屯乙》五五九六）之语，亦言“冎用”（《屯乙》三八〇三），则借为胪陈字。又《佚存》三八三背（《邺初》下二六、四重）记冎豕事极多，又特识一冎字。

冎之卜辞辑录如下：

一　【卜雨】

……卜冎……其〔㣈雨〕　……冎……日……雨　贞：不其㣈〔雨〕。（《京津》四一五）

……冎贞：……日雨。（《明义士》一九四八）

二　【卜夕】

庚辰卜，寅贞：今夕亡囚。（《南北·师友》二、一七四，同版云：“庚辰卜：夕雨，”未详卜人。）

己丑卜，寅贞：今夕〔亡囚〕。（《林》二、二二、九）

三　【卜疾】

……寅贞：……戈妣壬……疒亡……（《前编》一、三七、六）

按妣壬亦见《前编》八、一四、三彳之卜辞。

四　【残辞】

丙戌卜：寅贞。（《明义士》一一一四）

《京津》四七六九见“……贞王……叏。卜寅……于……”语，《前编》四、二八、七：“乙未卜，□贞：寅叏……。”寅与叏二人并见，而《前编》此片同版见卜人争，亦寅属武丁时之证。

洼

卜人洼仅一见。

己未卜，洼：𡨦罘⇕。一月。（《后编》下八、一三）

𡨦当即帚，事已详上，洼亦称侯洼，为殷时诸侯。

庚子，卜贞：乎侯洼出自方。（《屯乙》九四八）

其他所见人名之洼，有下举各条：

贞：于庚午，令圭，又……（《后编》一六、二）

洼出任嶅。（《屯乙》四五二九，又见《殷缀》二四二，同版见卜人穷。）

洼……嶅……（《屯乙》四九二六）

……争贞：洼……（《屯乙》八一三八）

洼见于争之卜辞，知属武丁时。《说文》徒，古文或从止，故圭殆古之徒字。契文或言“……卯，令戎圭……”（《屯乙》七七九九）戎圭，或即戎徒也。

卯

卜人卯凡数见，皆卜雨之辞。

戊子卜，卯贞：今日雨。（《佚存》三四六）

戊辰〔卜〕，卯贞：今□其雨。（《续编》四、一四、二，《簠室·天》五三重。）

□寅卜，卯〔贞〕：今日雨止。（《诚斋》一四五）

丙辰卜，卯贞：今日雨。（《粹编》八一七，《京津》三七八重。）

他辞言及卯者：

丙辰卜，争贞：乎卯……（《屯甲》三四二九）

其令卯曰：皁……（《宁沪》一、五〇二）

甲申卜，王贞：令卯□周……若。（《文录》六三六）

丁未贞：王令卯企ㄙ方。（《粹编》一九六，《佚存》九一三重。）

由争与皁，可知卯为武丁时人。《续殷文存》上有亚形《卯鼎》。

卜辞又有𡖊字，"……𡖊卜：……其雨，三月。"（《文录》一〇〇）未谂𡖊即卯之繁形否？（同版有卜人亘）

杵

杵为卜人名，契文所见，其前辞一有"贞"字，一省"贞"字。

壬寅卜，杵贞：乎侯敖圻。十一月。（《续编》五、五、二，《簠室·人名》七二重。）

按侯敖亦见于㚇之卜辞云：

乙巳卜，㚇乃侯敖。（《屯甲》三四八三，字小。）

戊寅卜：乎侯敖田。（《前编》六、一一、一，字大，似武丁时书体。）

杵又与亞同版，如：

庚戌卜，亞：隻羅，隻八。 庚戌卜，由：隻羅，隻十五。 甲戌卜，杵：𦥑毕隻六十八。 甲戌卜，杵：𦥑不其毕。十一月。（《殷缀》三五四——《屯甲》三一一二十三一一三，存左右甲尾。）

又《佚存》有一片云：

壬寅卜，兄㭊㚒……（《佚存》九六九）　笔画纤细

此片商氏释作“卜兄𪘲”，以㭊为它字未确。上辞可读为卜人兄与㭊同卜，如是则㭊之年代可下至祖甲矣。

𣪘

𣪘为卜人，仅一见，与卜人㭊同版。辞云：

庚戌卜，𣪘：隻羅隻八。（《屯甲》三一一三，又《殷缀》三五四。）

全文见上

按𣪘见于㱿及㞢、我之卜辞，盖属武丁时，兹举如下：

□亥卜，㱿贞：卜𣪘。今六月。　𣪘。今六月。（《殷缀》二六二——《屯乙》四五六一＋四五五二）

癸亥卜，㞢贞：旬亡𡆥。之夕㞢。甲子，𣪘𣻉。王……（《南北·师》二、一三一）

壬戌卜，我贞：乎𣪘。（《屯乙》五五一四）

他辞云：

……乎𣪘。（《屯甲》三一八八）

𣪘其㞢疒。（《屯甲》八四一）

卜辞有地名东𣪘，（《屯乙》二九四八）字又作“𣪘”，

……酉卜，事贞：令𢦏𣪘八……（《摭续》一八三）

𣪘或从火，象在鬲下鼓铸形。《𡨦桐盂》作“𤇾”，与此形同。《殷文存》下有觶，其铭辞云：“王𩰫王十祀觶。”

知𣪘即铸字。其他残辞如下：

……贞：𣪘……王𣶃……十月。（《拾掇》二、二〇，《京津》一五一六重。）

贞：……𣪘……（《佚存》九四七）

乙……𢓊……𣪘……（《南北·坊》四、二三〇）

《吕览·慎大》：“（武王）封黄帝之后于铸。”《左传》襄廿三年：“臧宣叔取于铸，”今山东肥城南之铸乡。周铜器有《铸公簠》，卜辞所谓东𣪘，殆即东铸矣。

光

光为武丁时人，见于㱿宊之卜辞：

乙未卜，㱿贞：光㞢……（《京津》二三二一）

〔甲〕午卜，宊贞：光亡𡆥。　甲午卜，宊贞：光其㞢𡆥。二月。（《缀合编》一一九——《续编》五、四、二〔《簠室·贞类》七重〕＋《簠室·文字》二八＋《续编》五、七、七）

光亦方国名。

……卜，宊贞：光来。　贞：光不其来。（《林》二、二一、五）

又有侯光（《前编》四、四一、六）。《路史·国名纪》谓："黄帝后，姞姓封。"即后世之光州。殷器有《光觯》，安阳出土（《使华图》十四），及《光爵》（《录遗》三九四）疑即光所用者。光之卜辞，其前辞每省去"贞"字。如：

丙申，王𠈉固。光卜曰：不吉，㞢𣎆。　兹……（《遗珠》六二〇背）

丁亥卜，光：取贝二朋，在正月取。（《侯家庄》二七）

按《遗珠》光卜一辞，与宊亘同版，其为武丁卜辞无疑。侯家庄骨则但称"卜光"，省去贞字。或谓祖甲改历，始改称"一月"为"正月"，并于月名上加一"在"字，今证此条，知武丁时已有正月之名。又此辞"正月"上有"在"字，与《金璋》六九六亘卜称"在九月"相同，足见加"在"字于月名之前，武丁时亦有此例。

□

□之为卜人，其主要证据见《屯甲》三一七七残龟左甲部分。是版凡若干组辞，皆癸酉日卜□贞旬事。自余所见，则与其他贞人若㱿、宊、争、内等并卜，故当属武丁时人。□字有□（《续编》五、一六、一）、□（《前编》六、三三、四）诸异形，隶定可作□。□之卜辞，皆贞旬者，兹录如下：

癸酉卜，□贞：旬亡𡆥。（《屯甲》三一七七。同版皆癸酉日□贞旬亡𡆥之辞，共九组，贞字皆作□。）

癸酉卜，争□贞：旬亡𡆥。（瑞士巴塞尔人类博物馆藏，《七集·卫》五。）

癸未卜，𡆥贞：旬亡𡆧。（《佚存》五一一，同文者辞凡二组。）

癸未卜，争𡆥贞：旬亡𡆧。（《簠室·贞类》三一，《遗珠》一九六，《粹编》一四二四，《续存》上九一二，及《宁沪》二、二二并文同。）

……争𡆥贞：旬亡𡆧。壬辰雨。　……𡆥贞：旬亡𡆧。丁未雨。己酉……（《林》一、二七、一〇）

〔癸〕未卜，内𡆥贞：〔旬亡𡆧〕。（《林》一、二六、一〇。同版有"㞢大庚"之残文，未知是否属此组。）

癸巳卜，𡆥贞：旬亡𡆧。　……𡆥贞：旬亡〔𡆧〕。（《粹编》一四二五）

癸卯卜，𡆥贞：旬亡𡆧。（《续存》上九五七）

癸卯卜，丨H（㱿）𡆥贞：〔旬〕亡𡆧。（《簠室·贞类》三〇，《续编》五、三一、八重。）

按陈氏《卜人篇》别出"丨H"一人，谓此人见《屯乙》一四四八。审其原辞云："丙午㞢叀令。　丙午，㞢叀〔七月〕。"疑㞢即出字写失横笔，《续编》此片又似㱿字残形。董氏《甲骨五十年》新增第一期贞人有"君"，即此条也，"君"字乃𡆥之误。

癸丑卜，〔争〕𡆥贞：旬亡𡆧。（《京津》一八一〇）

癸亥卜，宾𡆥贞：旬〔亡𡆧〕。（《林》一、二六、一一）

……㱿𡆥贞：旬〔亡𡆧〕。（《京津》一八二一，同书二六四五自重。）

……𡆥贞：旬〔亡𡆧〕。（《续编》五、一六、一，《簠室·贞类》二九重。）

残辞

癸未卜，争𡆥……（《宁沪》二、二二）

乙……卜𡆥……岳……自……（《簠室·人名》二一）

癸……𡆥……十月。（《巴黎》二三）

……[illegible]贞……（《前编》六、三三、四）

按人名𡆥字，作[illegible]者仅此一条。又剑桥大学藏片有"王𡆥贞"语（《金璋》七），则此𡆥字乃读为语词之"载"，非人名。说详拙作《卜辞义证》。

卣 [illegible]

卜人卣，仅三见：

癸亥卜，𠧟贞：今夕亡㞢。八月。（《后编》下一六、一六）

庚辰卜，𠧟：比糸赍。　辛卯，啬其赍。（《屯乙》一二四）　庚辰鼎（贞）：𠧟比糸赍，亡㞢。　𠧟毋往，其又㞢。（《屯乙》一〇五）　辛〔卯〕，啬……赍。（《屯乙》二二五）

以上三片似可缀合。赍乃责字，《兮甲盘》：“命甲政𤔲四方责，”《诗·甫田》：“曾孙之稼，如茨如梁。”《毛传》：“茨，积也。”汉简屡见“常责”两字。卜辞所云：“比糸责，”当是责田税丝麻于方国，贡赋之事也。

卜𠧟……父……豕。（《屯乙》三一八）

𠧟或繁写从两𠧟，殆如帚之作㠯矣。

癸酉卜，𠧟𠧟。　癸酉卜，𠧟𠧟。（《后编》下一七、一六）

己亥卜，𠧟𠧟……（《屯乙》一一二一）

他辞言及𠧟事者，如：

甲午卜，争贞：王𠍣，𠧟不亡……三月。（《屯甲》三五三〇）

□戌卜，𣪊贞：……𠧟……（《诚斋》四六八）

以上两残辞证之，则𠧟亦武丁时人。

附　㑥

他辞又有人名曰㑥者：

□丑卜：㑥……其㞢𠀠㞢疒。　□丑卜：㑥㞢𠀠之日𦥑。（《殷缀》五七——《屯甲》三〇〇四＋《吉》二八二）

……卜犾：㑥马田〔亡〕巛，弗每。（《京津》四四七五）

……贞出……车㑥……（《屯甲》一〇〇三）

亦称侯㑥

戊申卜：侯㑥氏尸。（《屯甲》三三三二巨骨）

复有帚㑥

勿乎帚㑥。（《明义士》三六五）

不知㑥与𠧟有关否？姑识于此。

勿

丙〔午〕卜，勿贞：不𦥑（死）。　丙午卜，勿贞：㚇不死。　丙午卜，勿贞：竝不死。　丙午卜……　丙午卜，勿贞：尸不死。　丙午卜，勿贞：芈不死。　丙午卜，勿贞：釆不死。　丙午卜……（《殷缀》五

八——《屯甲》三〇二〇＋三〇一四＋《吉》二八三）

此片出于E16坑，是坑之物以自卜为多，故陈氏《卜人篇》谓勿为武丁晚期之人。今观所卜并尸夅诸人，均与武丁人物有关。

竝　如：“叶人，令竝葡。”（《燕大》一四一）“戊戌卜，王贞：余竝立事。　贞：宁眔见酉𠬝。”（《库方》一八〇七）知竝与叶、葡、余、宁等同时。

尸　武丁时卜辞每言“尸归”，如我（《林》一、六、一四）、余（《明义士》一七一）、子（《前编》八、一二、四，《后编》下四二、一六，《京津》三〇〇五）诸人卜辞均见之。

夅　如：“令夅取大。　乎：取大。”（《殷缀》二一一——《屯乙》二八四四＋三一三四＋三八八九＋四〇八〇，同版见卜人争。）

故知勿亦属武丁时。

㐱

武丁时贞人有㐱，㐱字亦作䚮。如：

……䚮贞：……（《京津》二七二五）

㐱事具见于㱿、㝊、争、亘、𡆥诸人之卜辞。偏旁多从𡰥。

壬□卜，㱿贞：㐱逐多臣，羌弗幸。（《殷缀》七三，《屯甲》三四二七＋三四七七。）

……㝊贞：㐱弗……多〔臣〕……（《佚存》五五三，字大，与《殷缀》七三为一事异卜。）

……卜，㱿贞：䚮从沚戠……亡囚。（《佚存》八五，《铁》七二、三，《续编》六、一一、一重。）

甲申卜，争贞：㐱弗其氏。　甲申卜，争贞：㐱弗其氏。（《续编》五、一、三，《簠室·杂》六三、六四重。）

㐱氏。　贞：㐱弗其氏。（《燕大》一九〇）

……亘贞：……䚮……（《明义士》六五四）

癸酉卜，𡆥贞：乎㐱取梀于敹亩。（《续篇》五、七、九，《簠室·人名》六八重。）

按梀见于他辞云：“……方……梀……在爿牧。”（《前编》四、四、五）《集韵》：“梀，乎刀切，音豪，木名。”《殷文存》下二三：“庚申，王在东间。王各（格），宰椃从。锡贝五朋，用乍父丁隮彝，在六月。隹王廿祀翌又五。”此宰椃当以椃地得名。周器《輮生毁》云：“作椃娟媞媵毁”，亦见此字。

羖亩（鄙）者，乃地名。《拾掇》二、一三二有云：“又（右）羖于片。　中羖于义。”以中羖右羖对言，疑应尚有左羖之称。他辞又云：“贞：于南羖”（《屯乙》三九三五）及“羖伯”（《屯乙》四〇九），“羖亩”即“伯羖”之边鄙也。

他辞所见如：

贞：侃罘 尟氏，出取。（《七集》上海一四，《拾掇》九七重。）　反面识散字。

贞：侃往来亡𡆥。（《巴黎》五，《佚存》五七一重。）

乙亥卜，贞：令多马亚侃 冓尟省 阫亩。至于𠚤侯，从嵩川，从无侯。九月。　贞：勿省，在南亩。（《平津·元》一六，《续存》上六六重。现藏香港大学。）

皆重要之纪载：

侃旧释迡，迟之异字，《说文》又作遟。《盘庚》：“迟任有言”，郑玄云：迟任古之贤史，日本唐写本作遟任，侃即迟姓之迟。然除《京津》、《明义士》作侃外，其余字并从尻。《说文·几部》：“尻，处也。从尸、几。”契文有彳旁，似释为尻之古文更合。

𠤳

𠤳之前辞，俱省“贞”字，其卜辞辑录如下：

一　【卜狩】

辛丑卜，𠤳：狩。　辛丑卜，狩取。（《屯乙》二一三）

壬子卜，𠤳：隻……鹿，隻三；麕一，雉五十。（《遗珠》四二二，《通别》二、四、七重。）

二　【卜行止】

庚子卜，𠤳步……不𡱒（赿）鬼。　步祉父丁。（《屯乙》四四）

□丑卜……𠤳乎出，于……三月。（《佚存》五九八）

三　【卜征伐】

壬寅卜，邷：于……𢀛方𢦏，二月。（《文录》五九二）

丁巳卜，邷：其见方，弗茸。……　辛酉卜，邷：其隹夕囚。　辛酉卜，邷：其𠷎（祷）……（《殷缀》三八五——《屯乙》一八七十二一二十三二一）　祷字模糊不明。

戊申……邷弗及方……（《屯乙》三四五）

四　【残辞】

己未卜，邷……（《屯乙》三一五）

他辞言及邷者：

丁卯卜，王：乎邷复……至。（《佚存》七九〇）

辛丑卜，王：邷其易（锡）……（《文录》五六二）

令邷追方。（京都大学八八四）

丁未卜，命邷……　风（风）……（《屯乙》四〇六）

丙午卜……贞：步……邷。（《文录》六六五）

邷见于卜人自及叶贞问之辞。

甲寅卜，自：甶邷令。（《佚存》五〇二）

丁巳卜，自：邷……（《前编》六、六六、四）

己未卜，叶贞：邷隻羌。（《续编》三、四三、二）

知邷应同属武丁时。其字繁形亦作𠬝。

乙未，𠬝入二。（《屯乙》四五二七甲桥）

邷，叶玉森谓即“古廪字”。（《拾遗》一二、九“辛酉卜贞：邷”下注）考人辞又有人名曰㐭者：

癸未卜，㐱贞：㐭弗疒，㞢疒，囚𠁥。（《前编》八、六、一）

则㐭与邷乃一人矣。他辞云：

甲申卜，自：王命㐭人日明旋于京。（《后编》下二〇、一六）

戊午卜：昍己未，命㐭即。（《屯乙》一〇〇）

《周礼》有廪人为司谷之官，㐭即廪人。他辞又云：

戊戌卜，令㐭焚。己……（《屯乙》三八九，同书四〇六及四四五皆有“令㐭”记载。）

此则卜令廪焚田事，足证此为“廪”字。

夶

卜人夶见于矣之卜辞。

丙寅卜，矣贞：卜夶曰：其㞢于丅，罕。王曰：弜𢏚（祷）。羽丁卯，率若，八月。（《文录》五一九）

余又有两见：

己酉卜，夶：又曹，允……　□丑卜：卣田𩵋。（《金璋》六二二）

丙辰〔卜〕，夶。　丙辰〔卜〕，夶。（《拾掇》二八二）

上俱称卜夶，无"贞"字。夶又与争大共贞：

丁丑卜，夶、争、大贞：令羽子兴臣于盖。（《前编》二、三七、七）

按"争""大"似合文，此条三卜人共贞，其例特见。

㱿宊争𡴆贞卜之辞，多言及夶，兹举如下：

㱿卜　辛卯卜，㱿贞：隹龜乎夶㴬，允……（《六录·中》一四六，《京津》一四三四文同。）

贞：不隹龜乎夶㴬，矢……（《平津·元嘉一〇六，《续存》上六一六重。）

宊卜　卜，宊贞：夶……（《后编》下九、四）

庚午卜，宊贞：令仆、夶、归于……（《诚斋》三六九，《京津》二一八一重。）

争卜　……争贞：……夶归。（《续编》六、八、一三，又《簠·人》九二重。）

𡴆卜　壬□卜，𡴆：令夶取宣𠂤。（《后编》下二四、一〇，字小，同版见卜人勹。）

他辞言"夶入十"（《屯乙》四五二五）。殷器有《𠂉夶爵》（《续殷文存》下），即夶所用之器。

其他残辞如：

贞：夶𠦪（妫），告不。（《屯乙》四五〇八）

王用，夶若。（《屯乙》六三五〇）

夶之妇曰妌，见《簠·人名》五，《前编》四、八、四，《文录》七九八，《南北·坊》四、一四〇，《屯乙》一〇五，又五四〇五等，详下诸妇章，又称帚妌及帚妌（《后编》下二七、一〇）。凡此皆夶事之可考者。

骨臼上帚𡚸𣎵𠬝之事凡数见（《粹》一四九一臼，《林》一、二〇、一七臼，《后》下二七、一〇臼，北大藏片即胡厚宣文三四九引），署名者有㱿、小㱿，其一小㱿与中合署（《后编》下二、七）。综上可知㚇为武丁至祖甲时人，《文录》之卜㚇，董氏读为卜竹（《甲骨五十年》，96页），按㚇应是𣏟字，《说文》："𣏟，毛冄冄也。"

屰 逆

屰事《屯乙》有一整龟所记甚详：

癸亥卜，㫃逆。 丁巳，夕往屰𠂤。 帝𠂇，吏人𣎵门。 帝𠂇，𣎵门。 先曰：屰。 先曰：何。 娥㫃，甶十三牢。 女娥㫃屰。 娀孅㫃屰。 周㫃屰。 妣庚𡛷。 娵㫃何，又壱。 娵㫃何，又壱。庚戌卜，贞：亡壱。（《屯乙》八八九六）

贞：甶娀。 甶嫄。 ……𡚿。（《屯甲》三四一八）

同版中"㫃屰"亦作"㫃逆"。（《屯乙》八七六二残片，亦有"㫃逆"语）屰又作"㣉"或"逆"，实为一字。《屯甲》屰又从女旁作𡚿。

屰为武丁时人，见于㱿、争之卜辞。

庚申卜，㱿贞：伐𧇧，𢀛（屰）𢦏。（《京津》七一）

……卜争……弗嬉……令屰。（《京津》一一九〇）

又见于䛐、旅之卜辞。

戊辰卜，䛐：乎屰𢼸𠧢我，七月𠦪。（《屯乙》八五〇五）

……卜旅……伊屰 𠮷其……（《续存》下七二八）

他辞云：

辛丑卜，㣉：𡨦方。 癸卯卜，丘：令田正㣉。（《佚存》二三四，《通别》一、九、一重。）

丙寅卜，贞：令𨑓比画于𡗕（无）。□月。（《遗珠》六一〇，《书道》二二重。）

贞：乎取屰。（《屯乙》六九四八） 背有"子商"名。

贞：乎𨑓。（《佚存》七六六）

贞：㣉其𦥑。（《后编》下一一、一六）

□寅卜，王‥𨑓入……事。五月。（《后编》下一二、二）

𨑓入十。（《屯乙》四八六五甲桥）

壬子，贞：屰𣌭龟。　弜屰𣌭龟。（《南北·明》四六七）

凡此皆有关屰之事。由《佚存》知屰曾为农官，故称田正。铜器有《亚屰卣》（《金文编》附录），殆屰所用之器。屰本地名。

乙卯卜，韦贞：乎田于屰。（《簠室·游田》一〇二）

是其例。

屰之卜辞，辑录如下：

一　【卜雨】

庚子卜，㣈贞：羽辛丑，雨。　贞：羽辛丑，不其雨。（《前编》五、二六、四）

丁巳卜，屰：夕雨。（《南北·辅仁》三七）

二　【卜夕】

壬午卜，屰贞：今〔夕〕亡〔𡆥〕。（《后编》下一一、一五）

壬寅卜，屰贞：今夕〔亡〕𡆥。（《双剑》一四一，《续存》下六八一重。）

□子卜，㣈〔贞〕：今夕亡𡆥。（《屯甲》一五八八）

三　【卜旬】

癸亥卜，㣈贞：旬亡𡆥。（《屯甲》二〇一一）

癸未卜，㣈贞：旬亡𡆥。　……㣈……𡆥。（《京津》三五九三）

岳

岳见于武丁时骨臼刻辞，署名者凡数十版。其为贞人者仅一见。

癸酉卜，岳贞：㞢来自西。八月　……亡其来自〔西〕。（《殷缀》一九三——《屯乙》二四八〇＋二七一八）

按岳字适在右甲上端折断处，赖缀合方得复原。

岳署名骨臼丁乂之人物，有妇井、妇宝、妇妾、妇丰、妇喜、妇𡠄、妇柀及后、雩、邑、阦、叟、龟、羌𢓊、羌立等。

丨丨

卜人丨丨凡二见。

癸亥卜，丨丨贞：旬亡囚。（《平津·元嘉》一四五，《续存》上九六〇重。）

丨丨鼎（贞）：……（《屯乙》七五七四）

他辞言丨丨者，或与中同列。

贞：令中丨丨夈沐。（《后编》下二六、一二）

贞：叀丨丨令。八月。（《京津》二二〇三）

丨丨入，𤰔宠。（《屯乙》七九一一）

又见于穷及我之卜辞。

……穷贞……丨丨方……火。（《前编》五、一四、七）

丙子卜，我贞：我丨丨不隻。（《前编》八、一四、四）

又有“丨丨子”一名（《屯乙》二五二三）。殷器有“《子丨丨父丁爵》”（《双剑图录》上三六）。

丨丨又为地名。

……出于丨丨（《前编》一、五三、二）

癸亥卜，行贞：今夕亡囚。在十一月。在丨丨。（《文录》三五）

丨丨疑即古浍字，与巜同。

邑

邑为武丁时人。

……卜邑……亡囚。（《明》六六四）

他辞所见邑事，其卜人有穷、争、韦、古。

乙亥卜，争贞：叀邑竝令𤰈我于出自。十一月。（《粹编》一二一三）

癸丑卜，穷贞：令邑竝执寇。七月。（《金璋》五二一）

上为邑与竝同被命，凡两见。他如：

……卜穷贞：帝钅卩，其既入。邑𢼄。（《屯乙》五二四一）

则为邑与𢼄同记名。

乙未卜，争贞：邑……（《林》二、二一、一〇）

卜，韦贞：三月，邑……（《铁》七七、四，《外编》三三六，及《六录·清晖》六三重。）上辞均残缺，疑邑乃人名。

癸亥卜，甾贞：羽甲子，邑至。（《宁沪》三、二五）

辛丑卜，甾贞：邑氏。（《京津》一二二）

上辞贞卜者俱武丁时人。骨臼书“邑示”事颇多，署名者有岳、取、葡、内、㱿、小㱿等。

殷铜器有小臣邑之名。

癸巳，王易小臣邑贝十朋，用作母癸尊彝，隹王六祀。彡日，在四月。”末署“亚吴”（《十二家·贮》一一，《续殷文存》下六六、五邑斝。）

是邑亦与吴同时，殷器又有臣邑乍母癸斝（《续殷文存》下），复称“臣邑”。

邑亦称邑子，

乙未〔卜〕，㱿……牛十。邑子眔左子。（《屯乙》八四二四）

甲寅卜贞：令今左子眔邑子眔自般受⿱十一月。（《巴黎》二三）

卜辞又有称小邑者：

戊寅小邑丁二㞢。　岳。（《南北·诚》七）

此署名为“岳”，邑称小邑，当与㱿之称小㱿，𠂤之称小𠂤同例。他辞云：

贞：行氏㞢（侑）自眔㞢邑。（《屯乙》七三八五，同版有卜人亘。）

……眔邑……（《屯乙》六〇八三）　贞：邑来告，五月。（《邺初》下三九、五，《拾掇》二、一四〇重。）

皆邑有关之辞。

卷十二　贞卜人物事辑十

中

中为武丁晚期卜人，与𠂇同版。（《库方》一二四八）又与𡴘同时：

辛……贞：王令𡴘中……（《京津》四七八一，《拾掇》二、一八九重。）

复与卜人𡧊、大及矣同版，则其年代可及祖甲以降（文见下）。

他辞每言小臣中。如：

……三自𠭯廿㕚，小臣中示。　兹。（《前编》七、七、二）

丙子，小臣中。（《前编》四、二七、六）

□丑，小臣中。（《六录·束》一三）

贞：𠧢在丝，小臣令中。（《前编》四、二七、五，《后编》下三六、六存"令中"二字。）

知中曾任小臣职。卜辞又有犬中之名。

戊辰卜，在淒。犬中告麑，王其射，亡𢦏，𢀛。（《粹编》九三五）

则中似曾为犬人之官也。

他辞言"中示"者，有《粹编》八七九（《京津》二九四重）。又中记名者有《续存》二五及六五，《上海》文一三右甲尾，《南北·明》一一并存"中"一字。

中之卜辞，辑录如下：

一 【卜雨】

乙巳卜，中贞：于方犭(非)尸(夷)，皿(猛)雨。 ……卜，中贞：……雨允……我又𠂤(事)。(《明义士》一六六)

按此卜于四方求止雨也。“非”字说见《骈枝》三编。“非尸”殆为殷时成语，疑读作“匪夷”，言有非常事故也。他辞言“非囚”(《燕大》七九四)，“丝雨𢦏囚”(《簠·天》三八)“非祸”与“非夷”，义正相反。“皿雨”或即猛雨，《说文》云：“皿读若猛”，可证。“我又事”之事字，益行旁，如步之作衠，乃繁形也。

甲申卜，中贞：叀戒(戒)，衩雨。九月。(《粹编》八一四)

按他辞云：“……叀𢦔(艺)，𢍜福于妣事。”(《通纂·别》二《中村》一一)戒即戒，疑读为裓。《说文》：“裓，宗庙奏裓乐。”《玉篇》云：“裓夏，乐章名。”按《裓夏》为《九夏》之一，见《周礼·钟师》。《周礼》分各代之乐以祭祀，此则奏裓乐以侑雨也。

二 【卜夕】

□辰卜，中贞：今夕亡囚。(《金璋》三六)

辛未卜，中贞：〔今〕夕〔亡囚〕。(《明义士》一四一六)

……卜中……夕……(《续存》下六八三)

三 【卜狩】

壬午卜，中贞曰：其狩。九月。(《金璋》一二二，此与卜人大同版。)

四 【卜祭祀】

……卜中……叀上甲……用。(《七集·普》八九，同版有卜人𡗜。)

乙亥卜，中贞曰：其㞢于丁，叀三宰，九月。(《佚存》八七四，《续编》一、四五、五，《戬寿》八、一六重。)

戊申卜，中贞：王宜，征，亡尤。(《存真》二、四，《文录》四三二重。)

甲申〔卜〕，中贞：王其乎告，𡆥其西，𡆥易正。(《库方》一二〇九)

此与卜人大同版。𡆥即卜人黄，事迹详本书卷九。

甲寅卜，中贞：羽……衣……(《库方》一三〇六)

癸酉卜，中贞：四牛。（《后编》上二六、二）

……卜中……日⊗……王囚……定又……十三月。（瑞士巴塞尔人类博物馆藏甲）

……中贞：三用允……叀羊。十三月。（《七集·普》一〇一）

五 【成语】

出尤 癸酉卜，中贞：叀𠤎，同出尤。（《库方》一二四八） 此与卜人犬同版。

来艰 壬子〔卜〕，中贞：亡来嬄。（《金璋》八五）

残辞

……卜中……隹丝…… 叀丝……矛。（《粹编》八一一）

……卜中……易 十月。（《七集·普》八三）

丙午卜，中贞：叀……丝见。 ……王卜：中征 ……卜：中征。（《京津》三四一六）

《六录·清》七九（《外编》四一五重）有“中”、“贞”二字，似习刻。《明》二〇七四存“卜中”二字。

卯

卯人名，契文作卯，亦作卯（《屯乙》六六九七）。《说文·卪部》：“卯，二卪也。巽从此，阙。”《广韵》“卯，具也，士恋切。”《丌部》：“弜，具也。从丌卯声。”卯盖巽字，又与巺同。《许书·丌部》：“巺，巽也。”从丌从頭，从卯与从頭同意。又《页部》：“頭，选具也。”《人部》：“僎，具也。”卯、弜、巺、僎四字俱一义，今字皆作巽。

卯旧列为廪辛、康丁时人。其证据为《屯甲》一九九八与卜人狄同版。然𣪘、宕、争所卜辞，及其同版每言卯事。兹举如下：

𣪘卜 丁亥卜，𣪘贞：卯氏（致），出正。（《屯乙》三七六七）

己亥卜𣪘：（《珠》二三） 同版云：“贞：勿乎取、卯。” 取应即卜人取，见上。

丙申卜，𣪘贞：我其逐麋，隻（获）。（《屯乙》六七二八） 同版云：“贞：卯其出囚。 贞：卯亡囚。”

戊午卜，𣪘贞：勿𠬝卯于妣庚。（《屯乙》八二九二）

丁亥卜，㱿贞：乎卯比韦。　……卯比韦。（《屯乙》三一〇八）

按韦即武丁时贞人韦，比训辅，此㱿卜呼命卯助韦也，知卯与㱿、韦同时。

争卜　丁未卜，争贞：……下云“贞：卯亡囚。”“卯其〔㞢囚〕”（《屯乙》七七六四）

穷卜　乙酉卜，穷贞：乎斫书若。　贞：乎斫书。（《屯乙》六六九七）

按斫人名，亦见争卜“乎雀、斫、戠”（《屯乙》五三〇三），及亘卜“斫受年”（《屯乙》六七五三），亦武丁时人，卯盖与之同时。

与卯同版者又有[illegible]（专）（《后编》下二八、一〇，《前编》六、五、四），[illegible]（《屯甲》一三三八）。[illegible]亦见于内卜（《屯乙》六七五〇）之辞（详下[illegible]条），故卯之时代，应上及武丁之世。

卯所卜事，所见仅为卜“旬亡囚”及“今夕亡囚”二类。

其他残辞见卯事者，有下列各片：

……贞：卯伐……（《屯乙》四九九八）

卯商……　商……（《京津》四八四三）

贞卯弗其〔叶〕王事（《屯乙》六五一八）

……卯……甾（叶）王〔事〕（《屯乙》六三四八）　贞：书……王事。（《屯乙》五五八九）

壬……贞：其至（致）十宰又二。卯妣庚，用牛一。（《续存》五八二）

胡氏释此卯字为人祭。按卯仍是人名，辞意谓卯致宰于母庚，辞微有倒置。

卯之事迹，可考者如是而已。

一　【卜夕】

己巳卜，卯贞：今夕亡〔囚〕。（《摭续》二四七）

丙子卜，卯贞：今夕亡〔囚〕。（《京津》四六四六）

丁丑卜，卯贞：今夕亡囚。（《佚存》三三二）

壬午卜，卯贞：今夕亡囚。（《京津》四六四一，《粹编》一三七七重。）

戊戌卜，卯贞：今夕亡囚。（《京津》四六四三，《摭续》一七四重。）

辛丑卜，卯贞：今夕亡囚。（《京津》四六四四，《粹编》一三七八重，《屯甲》一九九八文同。）

甲辰卜，卬贞：今夕亡𡆥。（《粹编》一三八二）

己酉卜，卬贞：今夕亡𡆥。（《京津》四六四二，《粹编》一三七九重。）

庚戌卜，卬贞：今夕〔亡〕𡆥。（《粹编》一三八一）

壬子卜，卬贞：今夕亡𡆥。（《粹编》一三八〇）

丙辰卜，卬贞：今夕亡𡆥。（《屯甲》二一六七）

戊午卜，卬贞：今夕亡𡆥。（《屯甲》一三三八）

壬戌〔卜〕，卬〔贞：今夕〕亡〔𡆥〕。（《南北·坊》四、四二三）

癸亥卜，卬贞：今夕亡𡆥。（《摭续》二五二）（上各条皆依干支次序排列）

……卬〔贞：今夕〕亡〔𡆥〕。七月。（《京津》四七三八）

乙酉卜，卬贞：今夕亡𡆥在八月。（《遗珠》五〇二）

……卜，卬〔贞：今〕夕亡𡆥八月。（《京津》四六四五）

按上三条书月名，一系“在”字，而他两辞无之，知书“在”与否，原无定例。

辛□卜，卬贞：今夕亡𡆥。（《林》二、二七、三）

癸……卬〔贞：今〕夕〔亡〕𡆥。（《京津》四六四八）

□子卜，卬贞：今夕〔亡𡆥〕。（《屯甲》一三六五）

□子卜，卬〔贞〕：今夕亡𡆥。（《宁沪》三、二三五）

□戌卜，卬贞：今夕〔亡〕𡆥。（《林》一、二四、一〇）

□戌卜，卬〔贞：今〕夕亡〔𡆥〕。（《京大》七五五）

□未卜，卬贞：今夕亡𡆥。（《屯甲》二〇三九）

按其他卬卜残辞贞夕亡𡆥者有：《南北·文管》一〇三，《屯甲》一九五九（《南北·坊》四、四二四文同），《屯甲》一〇三四，《南北·文管》一〇四（《京津》四六五〇文同），《明义士》一三〇五（《屯甲》一八七一，《京津》四六四七文同），《京津》四六五一，《京津》四六五三，《京津》四六四九，《京津》四六五二，《京津》四七三〇，《京津》四七三一，《京津》四七四四，《诚斋》一六，《续存》下八三八又八四一，不具录。

二　【卜旬】

癸未〔卜〕，卬〔贞〕：旬〔亡〕𡆥。（《前编》六、五、四，同版见专贞旬事。）

癸酉卜，卯贞：旬亡囚。　癸巳卜，卯贞：旬亡囚。（《燕大》四三九）

癸酉卜，卯贞：旬亡囚。（《续存》下八四三）

〔癸〕酉〔卜〕，卯〔贞〕：旬〔亡〕囚。（《屯甲》一八八九）

……卯〔贞：旬〕亡囚。　癸巳卜，卯贞：旬亡囚。　……卯〔贞：旬亡〕囚。（《燕大》四四〇）

癸卯卜，卯〔贞：旬亡囚〕。（《屯甲》一五一三）

癸丑卜，卯贞：旬亡囚。（《林》一、二四、九）

癸亥卜，卯贞：旬亡囚。（《诚斋》二九）

〔癸〕亥〔卜〕，卯〔贞〕旬〔亡〕囚。（《屯甲》一七四八）

按其他卯卜残辞贞旬者，又有《佚存》三一六（《林》一、二四、一一文同），《屯甲》二〇一〇，《京津》四七二二。

三　**【卜方国】**

己酉卜，〔卯〕贞：叀二方〔白〕用，又大……吉。（《屯甲》一一三〇）

按“二方白（伯）”一名，常见，如“壬戌卜，王其𢦏二方白，大吉。”（《宁沪》一、四四二）“王其𢦏二方白，于自䢅。”（《拾掇》一、三九七）“□亥卜……羌二方白，其用于祖丁父甲。”（《京津》四〇三四）即其例证。

残辞

卯卜辞存“亡囚”二字者：有《屯甲》一四五四又一七八一，存“囚”一字者：《屯甲》一八四七，存“壬戌卜卯贞”者：《京津》四八六二。

步

步为卜人名，仅三见。

……步贞：……求于……在……（《屯甲》一〇五三）

五月。　辛丑卜，步：豕伐𢀛。（《屯甲》二二七七胛骨，此省“贞”字。）

丁巳卜，步：今日从方……　三月（《屯乙》三七七，“方”下各字拓本模糊。）

步似武丁时人，亦见于内及亘之卜辞。

丁未卜，亘贞：今日乎步。（《续编》六、一六、四，《戬寿》三八、九重。）

庚午卜，内：𠬝乎步，八月。（《屯乙》六七五〇）

殷器有《步爵》，见《续殷文存》下。

陟

卜人陟，所见均为卜夕之辞。

丁未卜，陟贞：今夕亡𡆥。（《明义士》三四）

癸未卜，陟贞：今夕亡𡆥。（《明》四二六）

己卯卜，陟贞：今夕亡𡆥。（《明》九七六）

乙未卜，陟贞：今夕亡𡆥。（《佚存》四四八）

辛卯卜，陟贞：今夕亡雨。（《库方》一一八八）

丁丑卜，陟〔贞〕：今夕〔亡𡆥〕。（《后编》下一一、一三）

……卜陟……今夕〔亡〕𡆥。（《燕大》六九四）

丙午卜陟：……大……五月。（《林》二、二三、二）

陟亦方国名，如：

辛亥卜，𡆥贞：令菁氏角钔方于陟。……𢦏。（《屯甲》三五三九，字小。）

庚……雀弗其𢦏陟。　其𢦏陟。（《天壤》九八）

陟地未详。

《书君奭》："在大戊时则有若伊陟臣扈，格于上帝。"《尚书序》："伊陟相大戊。"此卜人陟与伊陟同名，而时代约后百余年。

坚

坚之卜辞，所见多为田猎之事。

乙亥卜，坚贞：王其田，亡𡿧。　辛未卜，坚贞：王其田于斿。（《库方》一〇三三）

乙酉卜，坚贞：王其田于宫，亡𡿧在五月。　……卯卜，坚〔贞〕：王其田，〔亡〕𡿧。（《库方》一〇三〇）

□酉卜坚〔贞〕：王其田斿，亡𡿧。（《后编》上一四、一）

其他残辞如下：

庚戌卜，坚贞：王……（《文录》一六一）

丙寅卜，坚贞：王宊……（《文录》一六二）

……卜坚……王其田斿，亡𢦔。（《京津》三四五五）

乙酉卜，散贞：坚……（《南北·坊》三、一〇一）

又《屯甲》二九三三存一“坚”字。《南北·坊》三散卜之“坚”字，如为人名，则可能为武丁时人。（他辞又有人名𥂴，“贞：𥂴于涉（𣶒），娍。𥂴勿于涉，娍。”（《屯乙》五三一七）字从坚从皿，未谂与坚有无关系，姑记于此。）

堃

卜人堃仅一见。

卜堃：告……（《粹编》一五七七，《京津》二七五三，及《前编》六、六七、五重。）

其字亦作壘：

……卜贞：衣，彡日。……犬壘兄（祝）。……冢，翌日……亥，王其佫。每（晦），毕。（《福氏》八）

乙丑卜，宊贞：壘氏斩。　贞：壘不其氏斩。　贞：壘氏斩。　壘不其氏斩。（《屯乙》二六〇三＋七〇一二，《殷缀》所无。）

壘见于宊卜辞，知为武丁时人。铜器有子癸壘《觶》（《贞松》九、二四），意即其所用之器。

又疑堃与蚰亦为一字，益土旁如禹亦作堣也。（《路史·后纪》十三注）他辞言“……蚰叶我事”（《屯乙》一七八一），是其一例。

定

卜人定仅三见，其二为卜夕之辞。

己未卜，定贞：今夕亡囚。五月。（《遗珠》五〇三）

丙辰卜，〔定〕贞：今夕亡囚。五月。（《遗珠》五〇五）

庚辰卜定……（《屯甲》三一三六）

定时代未明，姑系于此。

㐭

卜人𠂔仅一见，为卜夕之辞。

丙午卜，𠂔贞：今夕亡𡆥。（《屯甲》二〇二二）

按即子𠂔，如云："子𠂔𡆥𠬝"（《屯乙》七〇九六，又《乙》二五七五："子㐭弗其凡"）是也。𠂔殆古蔡字。

㐭与𢓊同时，见于𢓊之卜辞。

戊辰卜𢓊：乎𢓊、㐭𢦏我，七月𢦔。（《屯乙》八五〇五）

他辞言𠂔者，列如下：

贞：𠂔𠂔其来告。（《屯乙》七七四六）

己巳卜王：乎𠂔戎我。（《南北·诚明》四九）

乎㐭先𡕥。　贞：乎㐭先𡕥。（《屯乙》六九六二）

勿乎从㐭于不（邳）。（《屯乙》五八〇三）

㐭又为地名，

㱿贞：于𠂔，黍受年。（《巴黎》一四）

或称𠂔方：

己亥卜，王：𠂔尹𢦏。（《屯乙》九〇八〇）

令𠂔𠂔。（《殷缀》三五，亦见《缀合编》三七八。）　𠂔卜。

此即上蔡地，殷器有《㐭𣪘》。（《录遗》一一七）

禾

卜人禾凡二见。

癸酉卜，禾贞：文邑。（《屯甲》三六一四骨）

〔癸〕酉卜，禾〔贞〕：大邑受〔年〕。　……卜禾……邑受〔年〕。（《屯甲》三六一二骨）

上二片字体相同，似可缀合。文邑即大邑，他辞如大室，亦作文室（《屯甲》二六八四），是其比。

禾疑为妇多之子。他辞云：

帚多子禾疒不祉。　帚妏子疒不祉。（《屯乙》八八九六）

卜辞有禾侯，如

上丝眔禾侯。（《后编》下八、六，又八、七）

又有“巫禾”（《宁沪》一、二三三），或与卜人禾有关。上丝亦见𠓛之卜辞。（《通纂·别》二桃山兽骨）

耳

《综述》引郘章倬庵藏契两见卜人耳（184页），惜原拓本未刊，末由援证。他辞云：

癸卯卜，耳贞：其𣎆……东。（《综述》图二二引哲庵藏骨）

按𠓛卜辞有人名耳。

丁卯卜，𠓛：……耳𡗜涿。（《殷缀》二）

骨臼賓乂有耳署名者数见，如：

丁丑，邑示四乂。　耳。（《后编》下一五、一〇臼）

癸酉，𠂤示十乂。　耳。（《粹编》五〇八臼）

□丑，丅……　耳。（《续存》下四〇）

知耳与邑、𠂤同时，盖亦属武丁之世。

不

不为贞人名，仅一见。辞云：

……不贞：不隹虒。（《续编》五、三三、六）

按不即子不，详《外编》诸子章，殷器有《子不爵》。（《续殷文存》下）

卜辞又有妇不，

辛巳卜……帚不戎……于𡿧。（《续编》五、一九、一五）

不字亦作㕛，为地名。他辞有“㕛人，”如：“王其乎眔𠂤戍受人，叀𠷎土人眔㕛人又𢦏。”（《邺》三下四三、六十四六、七）地名之“不”，如“勿乎从帚于不。”（《屯乙》五八〇三）亦其例。不即邳，《左》昭元年《传》：“商有姺邳，”地在山东滕县。

自

……自贞……妥。（《屯乙》七七一八）

按自与帚妌有关。他辞言帚洎（《续存》下二八），骨臼刻辞有“自𠀀”（《林》一、二、七），自入（《佚存》三七〇），等辞。

𡿨（叀）

癸未卜，亘贞，𡿨贞：方……亡……（《屯乙》三六八一）

按此甲残存一部分，无由窥其对贞之辞。试从上向下顺读，则为亘贞𡿨贞，乃二人同贞之例。（参本书，58页。）𡿨即叀省形，因《屯乙》七七九七整龟有云：“贞：叀不其吏人。”“贞：𡿨吏人。”于对贞语中，而人名一作“叀”，一作“𡿨”，足见为同一字。他辞言叀来者极多，亦有言“𡿨来十”者，见于《屯乙》二〇三四及四七〇二甲桥，由是观之，𡿨为叀无疑，盖即子叀也。详《外编》子叀条。

㺬

卜人㺬，与卯同版，仅一见，为卜夕之辞。

……卜，㺬贞：今〔夕亡囚。〕（《屯甲》一三三八）

他辞言及㺬者，录如下：

庚午卜，内：㺬乎步。八月。（《屯乙》六七五〇，又《屯丙》九三。）

……卜㱿……㺬〔亡囚，在〕六月。（《粹编》一三八八）

贞：㺬丝𠬝（率设），王若。（《屯乙》七七九七）

㺬不若王。（《屯乙》六九五六，甲尾。）

丁

卜人丁，其字大抵作〇形。

戊子卜，丁贞：来𢓊。　戊子卜，丁贞：弗来𢓊。（《屯乙》四四三）

按来下一字从行从𡰥。疑即《说文》训行𡰥𡰥字，读若仆。

……丁贞：……　……启。（《拾掇》三一五）

有省“贞”字者，

壬寅卜，丁：伐㚝。（《邺》三下三四、七）

甲寅卜，丁：乎帚（杀）㚝五，往若。（《邺》三下三四、一〇，同书四

二、一〇，及《京津》三〇二三重。）

丙辰卜，丁……其雀及……允雀。（《邺》二下三六）

丁即子丁（《屯乙》八七四八），或合文作㚸，

丁未，其又（侑）子丁牛， 癸卯，𣪊牛，乃奭。（《屯乙》五二六八）

又丂子丁牛用。（《文录》三七七）

辛……子丁在亚……史（《屯甲》三〇五〇）

子之卜辞云：

戊寅子卜：丁归，在自尸。 戊寅子卜，丁归在㣈，尸。（《前编》八、六、三）

丙戌，子卜贞：丁不刍我。（《屯乙》六〇九二）

又㣈之卜辞有云：

乙巳……丁来……㣈。乙巳㣈卜：丁来，㣈子自正。（李学勤文引拓本）

己丑，丁来丂卫。 㣈。（《屯乙》四五七七）

丙午㣈卜：丁不来。（《屯乙》四一七四）

丁殆即卜人丁也。（《佚存》一一：“庚戌卜王……令丂〇𡆥。”末一字商氏释员。《拾掇》三一五之“丁贞”，或合看为员字，并举《佚存》此语为证，恐非。李学勤《论非王卜辞》一文中列举丁之资料颇多，今不备录。）

㚔

己酉卜，𠮷：今夕其雨。（《屯乙》三八＋《乙》一〇八——《殷缀》八一）

他辞云：

在亘，籹。𠮷。 妫。（《屯乙》七八一四）

𠮷当即幸。

……卜𡆥贞：𦥑化𡧊，受出又。三旬出□日戊子，幸𢦏𢀛方。（《屯乙》二五〇三）

幸之作𠮷，增益口旁，亦犹泳之作㳻，即为一人。他辞言㚔卜事者：

……其𢼂，三日庚寅，大𢼂。𠮷今夕卜曰：翌庚寅，其雨。余曰：己，其雨，不雨。庚，大𢼂。（李学勤引《怀》一〇一一，《考古学报》第17册。）

此为关于𠮷最重要之记载。殷器记名之例，有二人三人合制者，则并记

名。于氏《录遗》所收，有《◇葡𠦪爵》（四二四）《◇𠦪葡父乙毁》（一二四，又见《小校经》七、九、四。）盖即◇与葡及𠦪三人同造，以祭父乙（小乙）之器。◇、葡亦卜人名，可见三人皆同时。

仐

仐之年代，旧列帝乙、帝辛时。（《殷历谱·帝辛祀谱》）然无明证。今考契文人名仐，实见于争之卜辞。

……卜争：……仐令……（《屯乙》六四三四）

丙辰……贞：叀〔◇令〕，比沚戓。　贞：勿隹◇令，比沚戓。（《殷缀》二二三——《屯乙》三一七一＋三四一七。同版见争及沚戓。）

第二辞卜人缺，可以第一辞补之，知亦武丁时人。据《佚存》六五七有“阶对”一语，阶字即从此。殷器有“《◇𠦪葡父乙毁》”（《录遗》一二四），可证◇与葡等同时。

契文言仐贞者，为卜旬及羽祭之辞。

癸未卜，仐贞：王旬亡畎。在十月甲申，羽日小甲。　癸卯卜，贞：王旬亡畎。在十月，羽〔日戋甲〕。（剑桥大学藏甲，即《金璋》七四三。）

癸亥卜，仐贞：王旬亡畎。……（《簠室·贞》二五，据王襄释。）

仐之卜辞，仅此而已。今姑系于𠦪之后。

卷十三　贞卜人物事辑十一

大

大之年代，旧列祖甲时，因所祭先公称谓，有父丁、兄庚。

父丁　《佚存》八八一，《前编》五、四、五，《明义士》三二。

兄庚　《明义士》七四二，《粹编》三二五。

父丁即指武丁，兄庚乃祖甲时称祖庚也。

然穷与中之卜辞，每言大事，如：

己丑卜，穷〔贞〕：令〔大〕……[illegible]。（《摭续》二八六，《南北·文》六九重。）

……贞：㝵大不氐嬉。　穷。（《屯乙》二二八五）

丙戌卜，中贞：令大射……（《京津》一四六三）

而大卜之辞亦及穷与子。

……大贞令穷比自……（《簠·人名》四八）

癸丑卜，大贞：子出于弜，羌五。（《林》一、五、一四，《遗珠》一〇五五重。）

是知大亦上及武丁时。

大疑即子大。

乙卯卜，争贞：子大……（《屯乙》三八九五）

贞：翌甲申，子大[illegible]。（《铁》一四九、四）

……酉贞：子大逐鹿……（《屯乙》四九一〇）

……子大……令周……（《前编》六、六三、一）

……钔子大……（《屯甲》三七九二）

武丁时人物：有若般（《续编》六、二一、一〇）、掔（《明》二七一）、角（《前》四、五三、二）、龙（《京津》三二二一）、叀、吕（《屯甲》一六四七）、叶（《后编》下一三、一二），皆见于大之卜辞，其年代盖相接。

与大同版之卜人有：中（《金璋》一二二）、出（《天》一〇二，《续编》一、四四、五，《续编》三、三四、二，《佚存》三二二，又三九九，《珠》三九三）、兄（《珠》三九三，《前编》七、二八、一）、豖（《屯乙》三三）矣、（《库方》一一七七）、㫐（《七集·卫》二九）等。

武丁时刻辞记“臣大入一”（《屯乙》五四七三，又《屯丙》三三，此版正面有㱿、宑、争三卜人名。）臣大疑即卜人大及子大。又《遗珠》七六〇“己卯卜王：……大隻鱼。”未审与大为同一人否？

大又为地名曰大方，如：

辛酉卜：七月，大方不其来𢧢。（《屯乙》一二一十二二九）

……来告大方出，伐我自，叀马小臣……（《粹编》一一五二）

……大方伐……啚廿邑。庚雨自南二……（《粹编》八〇一）

疑与大有关。

《综述》谓大多数为卜夕卜旬，今所撮录者，实以卜祭祀为多。陈氏又分大为二期，一属祖甲，一属廪辛何组，然大不见与何同版，此说仍可商。

大之卜辞，辑录如下：

一　【卜雨】

甲戌卜，大贞：今日不雨。（《前编》三、一七、二）

□未卜大……衣……不雨。（《库方》一二九五）

□寅卜，大〔贞〕：羽丁……不雨。（《六录·清》一六〇）

乙亥卜，大贞：兹二月，㞢大雨。（《前编》三、一九、二）

二　【卜晴与风】

丁丑卜，大贞：羽庚辰，易日。（《林》二、八、一四）

乙酉卜，大贞：羽丁亥，易日。（《铁》二二、三）

丙戌卜，大贞：羽丁亥，易日。八月。（《簠室·典礼》六，《续编》

五、五、五重。）

□未卜，大……易〔日〕……（《拾掇》八二，《七集·上海》一七重。）

丁卯卜，大贞：今日戌。（《簠室·天象》九三，《续编》三、三四、五，及《佚存》九二一重。）

丁卯卜，大贞：今日风（风）。（《明义士》三一二）

三 【卜旬】

癸酉卜，大〔贞〕：旬亡𡆥。（《遗珠》一二二四，同版见卜人出。）

癸酉卜，大贞：旬亡𡆥。 癸未卜，贞：旬亡𡆥。（《屯甲》二五七一）

癸酉卜，大贞：旬亡𡆥。（《龟卜》七五）

癸酉卜，大贞：旬亡𡆥。一月。（《七集·卫》六九）

癸酉〔卜〕，大贞：〔旬〕亡𡆥。八月。（《续存》上一六八四）

癸酉卜，大贞：旬亡𡆥。 癸〔未〕卜，大贞：旬亡〔𡆥〕。 癸巳卜，大贞：旬亡𡆥。（《铁》二九、一）

癸酉卜，大贞：旬亡𡆥。 癸未卜，大贞：旬亡𡆥。 癸巳卜，大〔贞〕：旬亡𡆥。（《屯甲》二四八八骨）

癸未卜，大贞：旬亡𡆥。十三月。（《续存》上一六七二，《屯甲》二七五六文同，未系月。）

按卜人大之辞有“兄庚”称谓，旧列祖甲时。或谓祖甲卜辞绝无“十三月”，然此条与《前编》三、二二、六大卜皆明有“十三月”之名。

癸未卜，大贞：旬亡𡆥。 癸……大〔贞：旬〕亡〔𡆥〕。（《续编》四、四八、二）

癸未卜，〔大〕贞：旬亡𡆥。 癸巳卜，大贞：旬亡𡆥。（《佚存》三二二，同版见卜人出。）

〔癸〕未卜，大〔贞〕：旬亡〔𡆥〕。癸卯卜，大贞：〔旬〕亡〔𡆥〕。十月。癸□〔卜〕，大贞：〔旬〕亡〔𡆥〕。（《续存》上一七〇七）

癸未卜，大贞：旬亡𡆥。 癸□〔卜〕，大〔贞：旬〕亡〔𡆥〕。（《续存》上一六九七）

癸未卜，大贞：旬亡𡆥。五月。 癸□〔卜〕，大〔贞：旬〕亡〔𡆥〕。（《续存》上一七〇二）

癸未卜，大贞：旬亡𡆥。 癸巳卜，〔大〕贞：旬亡𡆥。 癸卯卜，大

贞：旬亡囚。（《屯甲》二四二九骨）

癸巳卜，大贞：旬亡囚。在一月。（《续存》上一六七四）

按或谓祖甲卜辞改“一月”为“正月”，然仍有时称“一月”，如此条及《七集·卫》六九是。

癸巳卜，大贞：旬亡囚。 癸卯卜，大贞：旬亡囚。（《粹编》一四三一，同版见卜人出。）

癸巳卜，大贞：旬亡囚。（《七集·卫》五一）

癸巳卜，大贞：旬亡囚。 癸亥卜，大贞：旬亡囚。（《铁》四〇、三，《续存》六九二重，亦见《缀合编》二九二。）

癸卯卜，大贞：旬亡囚。 癸丑卜，贞：旬亡囚。（《屯甲》二四六〇骨）

癸卯〔卜〕，大贞：旬〔亡囚〕。（《京津》三七七四）

癸卯卜，大贞：旬亡囚。在二月。（《零拾》一八，《续存》下六九八重。）

癸卯卜，大贞：旬亡囚。 癸酉卜，大贞：旬亡囚。 癸未卜，〔大〕贞：旬亡囚。 癸巳卜，〔大〕贞：旬亡囚。 癸卯卜，大贞：旬亡囚。 癸丑卜，大贞：旬亡囚。 癸亥卜，大贞：旬亡囚。（《缀合编》三五二——《屯甲》二六九九＋二七六八）

癸卯卜，大贞：旬亡囚。 癸丑卜，大贞：旬亡囚。 癸亥卜，〔大〕贞：旬亡囚。 癸酉卜，大贞：旬亡囚。 癸未卜，大贞：旬亡囚。 癸巳卜，大贞：旬亡囚。 癸卯卜，大贞：旬亡囚。（《殷缀》四二——《屯甲》二四八八＋二五〇三＋二六四四，亦见《缀合编》三五一，又《殷缀》四四——《屯甲》二五一七＋二五二五，亦见《缀合编》三五三，文并同。）

癸卯卜，大贞：〔旬〕亡囚。 癸亥〔卜〕，大贞：〔旬〕亡〔囚〕。（《七集·卫》四九）

癸卯卜，大贞：旬亡囚。 癸亥卜，大贞：旬亡囚。（《零拾》二四）

癸丑〔卜〕，大贞：旬亡囚。（《京津》三六〇六）

癸丑卜，大贞：旬亡〔囚〕。癸亥卜，大贞：旬亡囚。七〔月〕。（《续存》上一六九一）

癸丑卜，大贞：旬亡囚。六月。 癸亥卜，大贞：旬亡囚。六月。 癸酉卜，大贞：旬亡囚。（《佚存》三九九，《邺初》下二七、三重，同版见卜人兄及出。）

癸丑卜，大贞：旬亡𡆥。在十月。（《诚斋》四五）

〔癸〕亥卜，大〔贞〕：旬亡𡆥。（《屯甲》二四二八）

癸亥卜，大贞：旬亡𡆥。（《屯甲》二五七三）

癸亥卜，大贞：旬亡𡆥。（《屯甲》二六一一，同版卜旬尚有多组，不著大之名。）

癸亥〔卜〕，大〔贞〕：旬亡𡆥。　癸丑卜，大贞：旬亡𡆥。　癸亥卜，贞：旬亡𡆥。　癸酉卜，大贞：旬亡𡆥。（《续编》四、四九、五，同版见卜人兄。）

癸亥卜，大贞：旬亡𡆥。　癸酉卜，大贞：旬亡𡆥。　癸〔未〕卜，〔大贞〕旬亡𡆥。（《缀合编》三五四——《屯甲》二三九七＋二四二八，亦见《殷缀》三四三。）

癸亥卜，〔大〕贞：旬亡𡆥。九月。（《六录·中央》二五六，《续存》上一七〇一重。）

……卜大贞：旬〔亡𡆥〕。（《遗珠》三一五，同版见卜人出。）

……卜大〔贞：旬〕亡𡆥。（《南北·师》二、一八五，又一八六文同。）

四　【卜日卜夕】

□寅卜大……今日亡……（《南北·坊》二、一一三）

……卜大……今夕亡尤。（《库方》一二六五）

五　【卜往来】

庚寅卜，大贞：今日允征。（《京津》三四五二）

壬辰卜，大贞：羽癸巳，王往……（《平津·元》二二三，《续存》上一七一三重。）

癸亥卜，大贞：今夕……又出。（《遗宝》三、一三）

戊午卜，大贞：王出……（《库方》一八七七）

附田狩

癸亥卜大：既……王其田，其……（《屯甲》一二七四）

按大之卜辞卜田狩者，仅见此一条。

六　【卜年】

庚辰卜，大贞：雨不昰（时）辰不隹年。　贞：不其易日。　贞：雨

不昰，辰亡句。（《缀合编》二五二——《前编》七、三〇、一〔《林》一、一六、一七重〕十《遗珠》四五四）

按昰即是字，“雨不是”即“雨不时”，说详见本书320页。

癸卯卜，大贞：南土〔受〕年。　辛丑卜，大贞：今岁受年。二月。（《京津》五三〇）

……卜大贞：其㞢于丂……岁受年。（《续编》二、二九、二）

丙申卜，大〔贞〕：……我年。二月。（《诚斋》五）

……卜大：见新黍，羽……（《燕大》一二六）

按《大戴礼·千乘》：“方秋三月，收敛以时，于时有事，尝新于皇祖皇考。”秋享曰尝，此盖新谷登，故卜之。

七　【卜邑】

己巳卜，大贞：羽辛未，鱼益喦。　辛卯卜，大贞：洹弘，弗𦎫邑。七月。（《遗珠》三九三，亦见《缀合编》一七，同版见卜人兄、出及子㠯。）

按“洹弘”句，弘，大也，盖卜问洹水大，弗伤邑否？鱼即鱼字，说见下卜人出条。

八　【卜祭祀】

季

壬戌卜，大贞：……又〔于〕季羊。　卜大……丁卯……岁物。（《南北·坊》二、八二，《京津》三二一八重。）

上甲

辛巳卜，大贞：出自〔上甲〕元示三牛，二示……十三月。（《前编》三、二二、六）

按《综述》引哲庵八五：“贞：元示五牛，二示三牛。”（《屯甲》五二一残甲“……弜宗上甲至。”宗上有纪数“一”字，《综述》则称为“一宗上甲。”）他辞有称“示元”者，“丙寅……王贞……丁元……于……及”（《文录》二五六）当是元示之倒称。

丁亥卜，大贞：卜曰：其㞢贵，升岁自上甲，王三（汔）卯。（《金璋》一二二）

癸丑卜，大贞：羽甲寅，上甲升岁。（《缀合编》二〇——《文录》二五九十三四三）

丁卯卜，大贞：王宾，米自〔上甲〕，亡〔尤〕。一月。（《明义士》二一）

示癸

□卯卜，大……示癸，岁亩农，酢。（《明义士》三〇二）

按“岁亩农”为卜辞成语，亦时见于旅、即之卜辞（详下），其义向未明。考《管子·五行篇》：“岁农，丰年大茂。”从农之字皆有盛义，故岁惟农，即祝岁丰穰之意；《管子》盖沿殷人习语。

癸亥卜，大贞：王宾示癸。日亡尤。（《京津》三二三一，《粹编》一二五重。）

按“日亡尤”与他辞之“岁亡尤”同例。

唐

丁酉卜，大贞：三告其岂于唐，衣，亡〔囚〕。九月。（《后编》下三九、四，《京津》三二三二重。）

癸卯〔卜〕，大贞：〔羽〕乙巳，唐……（《戬寿》一四、三，《续编》六、二六、一三重。）

按大之卜辞，于成汤仍称唐，不称大乙。岂即奏恺乐也。丁酉条告唐不于乙日。

大丁

□辰卜，大……羽丁巳，出于大丁。（《明义士》三九四）

按此于丁日出大丁。大之卜辞侑于季、且辛、畬甲，均曰“又”（分详各条），是片于大丁则曰出，知祖甲时“出”、“又”两字混用。

且乙　且丁　羌甲　且辛

己丑卜，大贞：于五示告□（丁）、且乙、且丁，羌甲、且辛。（《佚存》五三六，《粹编》二五〇重。）

按五示一名见《综述》（四六一）所引，除先王五示外，又有伊尹五示。（《南北·明》四五九）

□午卜，大贞：羽乙未，其昇，其在且乙……（《库方》一二二四）

祖辛

辛卯卜，大贞：王宾且辛。岁亡尤。　戊辰卜，大贞：王宾……亡……（《金璋》七五）

庚寅卜，大贞：羽辛卯，其又且辛……（《续编》一、一八、七，《天壤》二七重。）

上二条俱于辛卯日侑且辛，且辛又见五示之一，再参上条。

祖丁

……卜，大〔贞〕：既桒且丁，朩十牛。（《京津》四〇二〇）

按朩即米，与祈同，祈牛即釁牛，说见卜人即条。

癸巳卜，大贞：其至且丁祝，王受又。（《屯甲》一六五五）

斋甲

□午卜，〔大〕贞：王宾斋甲。岁亡尤。（《天壤》二八）

按同版为癸巳大卜王宾尸岁之辞，当是卜斋甲之尸，盖先一日卜，知此为甲午日。

癸亥卜，大贞：羽甲子，其从，又于斋甲罕。（《明义士》七四二，同版见兄庚。）

□戌卜，大……亩斋甲。（《明义士》五〇〇）

父丁

甲子卜，大贞：告于父丁，亩今日𥁕彡。　〔甲子〕卜，大〔贞：羽〕乙丑，……彡于……告。（《佚存》八八一）

按𥁕即介之繁形，从介益皿旁，犹齐之作斋，卣之作鼎（《续编》二、二四、三）矣。介，训助《诗》：“以介眉寿。”《笺》云：“介，助也。”故盆彡谓助祭之事。其“羽乙丑彡”者，言翌日又绎也。

□子卜大……父丁岁……隮……（《前编》五、四、五）

按隮与奠古为一字，《士丧礼》注云：“古文奠为尊也。”故《佚周书·尝麦解》“宰坐尊中”尊为动词，与奠同。

……卜大……甲寅……于父丁……（《明义士》三二）

丁卯卜，大贞：其又于……父丁……（《文录》三二六）

……卜大……桒……父丁牛。……（《七集·卫》二〇）

按父丁即指武丁。

兄庚

戊戌卜，大贞：其又于兄庚。（《粹编》三二五）

壬戌卜，大贞：王宾兄庚，岁亡尤。（《明义士》七四二，同版见斋甲。）

按兄庚即指祖庚，知此为祖甲卜辞。

三艽（兄）

壬辰卜，大贞羽己亥，出于三艽。十二月。　贞：不隹出于。　丁酉……（《金璋》五〇〇）

壬辰卜，大贞：羽三（己）亥，㞢于艽。十二月。　贞：不隹㞢𠀀。丁……（《燕大》三一）

按上两骨版文全同，惟《燕大》“艽”上无“三”字。又己亥之“己”字，漏刻竖笔，故误作三。容庚引《吕览·慎行》子夏论三豕即己亥形讹，观于此条益信。《综述》谓三兄为祖甲称其诸兄己、庚、壬。三兄亦见《屯甲》一九四九，辞云：“辛未卜〔贞〕：史其祉三〔兄〕，王受乂。”他辞亦有“四兄”之称。（《六录·束》四四）

高且

癸卯卜大……又与高且……（《后编》下三九、一一，《京津》三二一七重。高祖下文缺，未详为夏抑亥，姑系于此。）

以上先公先王

母辛

辛……大〔贞〕……王……母辛……（《文录》三四五）

妣庚

庚子卜，大贞：其又于妣庚。（《七集·普林斯》九七）

以上先妣

黄尹

……卜大……丁巳……于黄尹（合文）。（《文录》三七三）

以上旧臣

三䛐　三司

癸丑卜，大贞：子㞢于三䛐，羌五……（《林》一、五、一四，《遗珠》一〇五五重。）

辛未卜，大〔贞〕：三司日。……（《六录·清》一七一，《外编》二〇一重。）

按他辞有称“二司”者，“乙丑卜其又岁于二司，一牝。”（《屯甲》八七五）二司疑指司中司命。《周礼》：“以槱燎祀司中司命。”郑注：“司中三能三阶也，司命文昌宫星。”祀司命用牝者，《汉律》：“祠祉司命。”《说文》：“祉，以豚祠司命。”汉人用豚，殷人则兼用羊。䛐盖𤔲字，《说文》：“辞，籀文从司作𤔲，”金文“司工”“司马”“参有司”诸司字皆同，或省口作𤔲。甲文又有𤔲字（京都大学一四六五），从司从㝵，䛐乃其省形。《周礼》太祝作六辞，一曰祠。郑司农云：“祠当为辞，”此即“辞”、“祠”字通之证。契文以辞（䛐）为祠，又省作司，故三䛐即三司无疑。

小𤔲

〔壬〕午卜，大贞：羽癸未，㞢于小𤔲，三宰，葡一牛。（《簠室·人名》三，《续编》二、一八、一重。）

丁酉卜，大贞：小𤔲老（考），隹丁叶。八月。（《林》一、二六、七）

丁酉卜，大贞：小𤔲老，隹丁叶。（《拾掇》二、一五一，《南北·坊》一、七三重。） 以上两辞，一正一反，可以缀合。

……大贞：乍朋（孽），小𤔲亡梌。 ……大贞：乍丧，小𤔲……（《前编》七、二八、一）

按《林》一、二六、七卜大贞，董氏《甲骨五十年》误“大”为“而”，因别列举一贞人名“而”者，非是。他辞云：“贞：其……媑。二日……小𤔲𦬇，八月。”（《拾掇》一、二一〇）“〔癸〕未……〔贞旬〕亡𡆥丁丑小𤔲，……八月。”（《明义士》一九八三）丁丑在癸未前六日。出之卜辞云：“丙申卜，出贞：乍小𤔲，日叀癸，八月。”丙申即丁酉之前一日，“日叀癸”乃卜祭日，应即《簠室》㞢小𤔲之癸未日。李学勤谓殷人日名乃死后选卜，援此为证，读为“作小𤔲日”，不知作小𤔲者，盖即“作小祀”。𤔲与祀为一字，知者：（一）三司亦作三𤔲，说已见前。（二）龏司亦作龏𤔲（《缀合》一五）是其证。契文“王廿祀”亦作王廿司（《前编》二、一四、三），“𤔲”、“司”互用，其字亦通作祀，故知小𤔲乃小祀矣。《周礼·肆师》：“立大祀、次祀、小祀，小祀用牲。”郑司农云：“小祀，司命以下”是也。上辞祭小𤔲，用二宰一牛，小𤔲为司命之类，司人生死，故卜问死事，及有作丧作孽等语。小𤔲亦省作“小㚸”（《佚存》七〇九），如“龏𤔲”之作“龏㚸”也。（《南北·明》三六二）丁酉卜“小𤔲老”，有释为宫庙初成之祭考（《春秋》隐五年），按读老为考，是。《说文》：“老，考也。”《诗·山有枢》：“弗鼓弗考”，考为击鼓。“小𤔲考”句，考为动词，言小祀时，拊鼓以祭，犹“彡鼓”（《前编》四、一、三）者矣。“隹丁叶”者，即谓于丁酉日叶王事，“亡梌”读作“亡渝”（于氏《骈枝》），渝，变也。

以上杂祀

大卜辞言及其他祭礼者，举如下：

〔彡〕

庚子卜，大贞：王其又𩰫且，亩今辛，彡又。（《屯甲》二〇三一）

按⿰黽戈字从⿻木口从[glyph]（黾）从戈，旧无释。⿰黽戈即绳，此又益戈形，如易之作虩也。卜辞成语，每言“叀⿰黽戈”（《粹》三四二），“其又⿰黽戈，”（《佚存》六二五，《京津》四一一五，《屯甲》一五六九），他辞云：“癸亥卜：其酌⿰黽戈于河。”（《后编》下三、三七）“于彡衣，乃又⿰黽戈，王受又（祐）。”（《南北·坊》五、五九）⿰黽戈当与绳同义。《诗·下武》：“绳其祖武，”传训“绳”为“戒”。三家诗作“慎其祖武”，绳读为慎。《尔雅·释训》：“兢兢绳绳，戒也。”释文“绳”本或作“憴”。《诗·抑》：“子孙绳绳”，笺：“戒也。”韩《诗》作“承承”。又《螽斯》：“绳绳兮”，传：“戒慎也。”契文绳字益戈旁，与戒之从廾持戈同义。其云“惟绳”、“又绳”即“惟慎”、“又慎”，皆指祭时，敬惧戒慎将事之义。此辞云“其又绳且”，与诗“绳其祖武”语例亦合。

辛丑卜，大贞：中子岁，其征酌。（《明义士》一一七）

按中子见《佚周书·王会》，“西方东面，正北方伯父中子次之。”孔晁注：“中子，于王子中行者也。”即王之支子。铜器有《中子日乙毁》（《三代》六、三六、一），他辞有以小王与中子对言（京都大学藏甲一二九四），说详《日本所见甲骨录》。

□酉卜，大贞：勿罘酌。十月。（《文录》五二八，亦见《缀合编》一八。）

……卜大……朿叀……日酌。（《屯甲》一三二四）

〔匚〕

……大贞：于来丁亥，出匚于丁。（《续编》一、四四、五，《簠室·帝系》二〇一重。同版见卜人出，字体酷似第一期。）

……卜大……甲子，三（汔）匚于甲，食。（《遗珠》二八）

按食犹祭也，见《中庸》“荐其时食”郑注。

〔告〕

乙……大贞：……夕告，侯𡳿（往）于□。（《库方》一一七七，与卜人吴同版。）

〔册册〕

……〔卜〕大贞：多君……册册。叀……月。（《燕大》二八骨）

按册册之礼，《佚周书·尝麦》云：“孟夏，王初祈祷于宗庙，……降阶，即假于大宗少宗少秘于社，……九州牧伯咸进在中，……大祝以王命作筴，告大宗，王命吕祕作筴，许诺，乃北向，繇书于两楹之间。”

筴即册也。多君一名，亦见《后编》下二七、一三："辛未，王卜曰：余告多君曰：般卜，又希。"是其例。

〔夤〕

□卯卜，大……〔夓〕奏，卯……其贠。……（《库方》一二〇八）

〔又〕

□卯卜，大……又于……一牛。（东京博物馆藏片）

丁未卜，大贞：其又……我……儿。（《明义士》七二七）

〔岁祝〕

辛丑卜，大贞：中子岁其征彭。（《明义士》一一七）

……卜大……其先……岁彭。（《诚斋》二二三）

庚申卜，大贞：岁祝。（《诚斋》二二四，《京津》三三七五重。）

按殷人言岁祭甚繁，盖占岁之丰歉。《世本·作篇》："后益作占岁。"《汉书·艺文志》有《泰一杂子候岁》等书。《史记·天官书》云："凡候岁美恶，谨候岁始。"卜辞所见如"岁亩农"、"岁今农"、"岁亡尤"、"㞢升岁"，皆祝岁之习语，喜之卜辞亦言："岁亩王祝"，可与此互证。

……卜大……丁卯……岁物……（《京津》三二一八）

庚午〔卜〕，大贞：……岁于……（《遗宝》八、九）

……大〔贞〕：……岁弜羊。……征。一月。（《文录》四四三，《存真》二集重。）

按《屯甲》九一八"多见，弜羊"。弜羊犹言弗祥也。（参《巴黎甲骨录释羞篇》）

……戌卜大……岁于……　于斉。（《后编》下一三一五）

……卜大……岁于……三罕。（《续存》上一六一七，同版有卜人出。）

他辞多言"王宾岁亡尤"者，并举如次：

戊辰卜，大贞：王宨，〔岁〕亡〔尤〕。　辛卯卜，大贞：王宨且丁，岁亡尤。（《金璋》七五）

按卜辞习语言亡尤者，有"日亡尤"（《京津》三二三一）、"旬亡尤"、"岁亡尤"，皆例行习语。

丁酉卜，大贞：王宨，〔岁〕亡〔尤〕。　庚子卜，大贞：王宨，岁亡尤。（《京津》三三七〇，《续存》上一五三一重。）

癸亥卜，大贞：王宨，岁亡〔尤〕。六月。（《明义士》四三〇）

……卜大〔贞：王〕宾，岁〔亡〕尤。（《明义士》一五）

□卯卜，大……岁其……三月。（《文录》四四四）

〔宾尸　设尸　𣿅尸〕

癸巳卜，大贞：王宾尸，岁亡尤。（《天壤》二八）

……卜大〔贞：王宾〕尸，岁……其𣪕。（《京津》三三七七）

壬午卜，大贞：𣪊（设）六尸。（《林》一、二六、六）

……卜大……𣿅尸……（《遗珠》八六七）

按《书·皋陶谟》："祖考来格，虞宾在位。"《洛诰》："王宾，杀，禋咸格。"宾即宾尸之礼，参本书200页卜人穷"立尸条"。殷人数用六（《曲礼》郑注），"设六尸"语，亦见《粹编》五〇三。

戊申卜，大贞：王宾，亡𡆥。十二月。（《续编》二、一二、七，《戬寿》二〇、一〇重。）

丙午卜，大贞：王宾，亡𡆥。（《摭佚》一三）

甲子卜，大贞：王宾，夕亡𡆥。（《文录》四二九）

其他王宾残辞之仅存干支者，有《金璋》九四（己亥），《库方》一八六九（乙巳），东京博物馆藏片（丑），《双剑》一三五（《续存》下六五九重，子及二月），《金璋》六七（东京博物馆藏片文同），《明义士》三一（《七集·卫》四八文同），《库方》一八六四等，不具录。

〔禴𣪕〕

壬申卜，大贞：王宾，龠𣪕。亡尤。（《存真》一集四，《文录》四七八重。）

按龠即禴，谓用籥也。《佚周书·世俘解》："祀于位，用籥于天位。"而记籥人一奏武，王入进万。《春秋》宣八年："辛巳，有事于太庙，仲遂卒于垂。壬午犹绎，万入，去籥。"知祭时万舞与奏籥每并行之。观《诗·简兮》之"执籥"，《宾之初筵》之"籥舞"可证。卜辞或言"龠"，或言"羽"，龠为用籥，羽即羽舞。

〔𠦪〕

□子卜大：其𠦪，亩羊。（《遗珠》三八三）

按"其𠦪亩羊"，犹言其祓惟羊。

丙子卜，大贞：其𠦪四子。（京都大学六三六）

按《屯乙》八八一五（整龟）："壬寅卜贞：四子𢦏（祭）𡆥。""乙巳卜：中女鼓，五子夊覓。　于巳鼓，五子。　于妣己祝。　于己妣祝。"

此辞中有四子五子之名，当是王子四人五人，共祭于覍。

他辞言王宨叙者，列如下：

乙丑卜，大贞：王宨，叙。亡尤。　乙丑〔卜〕，大贞：王宨，叙。亡〔尤〕。（《续编》二、八、一〇）

丁卯卜，大贞：王宨，叙。亡尤。囗月。（《库方》一二八三）

甲午卜，大贞：王宨，叙。亡尤。（《库方》一一七三）

□子卜，大贞：王宨，叙。〔亡尤。〕（《续存》上一五五二）

〔宨禫　夕禫〕

己酉卜，大贞王宨禫………（《库方》一二九三）

庚午卜，大贞：王宨禫，亡囚。十一月。（《续存》上一五六三）

庚申卜，大贞：王宨，夕禫，亡囚。九月。（《粹编》五一三）

……卜大〔贞：王〕宨，夕〔禫〕，亡囚。（《金璋》一〇〇）

……卜大……王其……夕禫……（《文录》四〇五）

戊午卜，大贞：羽丁卯，王禫……（《后编》下二七、六）

……卜大〔贞〕：王宨……𢦏禫，〔亡〕囚。（甲尾《京津》三三六九，《粹编》五一五重。）

按《明义士》一〇二一："丙申卜，大贞……𠃬……亡（囚）。"其残文当是𠃬禫，附记于此。

大室

庚辰卜，大贞：来丁亥，其桒口（祊）于大室，勿□西〔飨〕。（《前编》一、三六、二）

寇寝

庚辰卜，大贞：来丁亥，寇寚。𡆥𠃬，岁。羌卅，卯十牛。七月。（《前编》六、一六、一）

按寇即宄字。《说文》：宄，奸也。读若轨，宊并古文宄。契文作"寇"，兮甲盘作"宊"。宄与轨通。《左传》："纳民于轨物。"轨训法，故宄得反训为治，犹乱之为治也。此辞宄寚，犹言治寝。他辞云："丁亥，其寇寚，罕。十二月。"（《后编》下三、一三）文义略同。"𡆥𠃬"谓出于祢庙也。

大卜辞所见有关用牲之礼者：

𣻟

□巳卜大……其𣻟于小母。（《金璋》六〇）

……卜大……其㵒……（《文录》五五一）

……卜大……㵒……（《前编》六、一一、七）

〔血子〕

己卯卜，大贞：血子……十牡。（《后编》下三九、一七，《粹编》二五一及《京津》三二六四同。）

按血子亦见旅之卜辞云："血子□王其宜。"（《后》下一八、一一）又即之卜辞有云："其㵒羊盟子"（《续存》上一四九四）。他辞又言"血室。"（卜兄贞："᪆告血室，其皇。"〔《前编》四、三二、二〕古者立宗庙，"其祭尚气，先迎牲杀于庭，取血告于室以降神，然后奏乐，尸入，王乃祼以郁鬯。"（见《通典》卷四十七）盖祭时先取血，而后王宾尸。血子疑官名，即肆师之类也。

〔奠𠬝〕

……大贞：令𤰇子奠𠬝……（《簠室·人名》五三）

按"奠𠬝"即奠𠬝，与习见之示𠬝义同。示为寘，与奠通。《左》昭四年传："寘馈于个而退。"杜注："寘，置也。"释文"寘"本作"奠"。故知"奠𠬝"、"示𠬝"，义为寘豕奠豕，乃致牲之事也。他辞云："王在丝大宗，又。贞：王在丝大〔宗〕，弗又。多𠬝，王若。大兄𦘒事，其酉（奠）。己酉卜争"（《殷缀》一七七——《屯乙》二〇四〇＋二六〇〇）。此龟背上言"多𠬝"，下云"𦘒事其奠"，可据以说明"奠𠬝"之义。（参本书，203、294页。）

〔用牲　𪔂马〕

丙子卜大……其𪔂马三十。（《屯甲》一六三三）

按卜辞有𪔂字（《前编》一、二二、一），金文《史颂殷》作𪔂，字从匕从爿从鼎，王国维释为《诗》"我将我享"之将，此辞𪔂但从匕省爿，亦即𪔂字（《文编》七、一一）。将享而用马，《楚茨》所谓"或肆或将"是也。他辞云："甲子卜，𠬝且乙又𪔂，王受又。　弜又𪔂。"（《战后宁沪》一、一）又"……于且丁用𪔂。　其𪔂马且丁一，　其二马。　其𪔂马父丁一，　其二马。"（《宁沪》一九三）并其例。

辛酉卜，大贞：勿（犁）牛。（《遗珠》八九）

〔殷〕

戊寅〔卜〕，大贞：……殷。十一月。（《菁华》九、一五）

戊……大贞：……㝅。（《后编》下七、一二，同版见卜人出。）

……大……㝅……𢍜……其……（《后编》下七、一四）

按卜辞㝅有二义：一即祭器之㝅，《易·损卦》："曷之用二簋，可用享。"盖宗庙中设簋以祭者；另一义则指女之有才力者，乃借用为嫿字，举证如下：

己卯卜贞：王宾且乙奭妣己，𡛷（姬）𡠂（婢）二人，㝅二人，卯二牢，亡尤。　甲申卜贞：王宾且辛奭妣甲，𡛷𡠂二人，㝅二人，卯二牢，亡尤。（《京津》五〇八〇）

壬寅卜贞王宾武丁〔奭〕妣癸，𡛷（姬）、𡠂、㝅卯，亡尤。（《续编》一、二五、二）

庚午卜：妣庚……㝅二〔人，卯〕二牢。　……辰卜贞〔王宾〕妣庚𡛷（姬）〔二人〕，𡠂二人，㝅一人，〔卯〕牢，亡〔尤〕。（《前编》一、三五、六）

𡛷即姬字。（孙氏《诚》释一六一）𡠂从妾从卑，乃婢字。《说文》："婢，女之卑者。"从妾从女同义，此祭时乐舞用姬婢二人，又用㝅二人或一人。㝅与姬婢并列，当亦女官执事者。此义向所未喻，窃谓"㝅"乃借为"嫿"，《说文》："嫿，竦身也。"字与"婧"相承，故"婧"亦云："竦立也，一曰有才。"两字训近，故《广雅·释诂》云："嫿材也"。才材一字。王念孙《疏证》谓嫿与"赳赳武夫"之"赳"声并同。《说文》赳训"轻劲有才力"，而婧字，《集韵》亦训"健儿"，又云"婧有才品也"，知嫿婧同义，并指女之有才力者。后世女官有才人疑古之嫿，即其滥觞也。《续编》云："姬婢㝅卯"乃省略人数及牲数，卜辞行文简质，大率类此。上列三辞之"㝅"字，以残泐太甚不详何义。

〔执〕

……卜大……王其执。……（《京津》四一三八）

……卜大……执……室……（《前编》六、一七、三）

按《易·遯卦》"执之用黄牛之革，"执有执事义。《仪礼·士冠礼》："奠挚见于君。"疑执即挚也。惜上辞残缺未明。

〔飨〕

……卜大……不即……（《明义士》七四四）

按即乃飨字。《礼记·祭义》云："唯圣人为能飨帝，孝子为能飨亲。飨者，乡也，乡之然后能飨焉。"乡即心乡往之，此飨之义也。

〔鬯〕

……卜大……甲寅……鬯……爯……（《金璋》五九）

按爯从爪从青，当是青之繁形。即彀字，义为牲品，故与鬯并列。青见卜人争条。（参本书，255 页。）

〔䜌〕

丁亥卜大：……其䜌吏吕……乍凡利，亩……（《屯甲》一六四七腹甲上端右方。其左方识“𡭉釐”二字。）

按黄吕皆人名，黄详卜人黄条。（参本书，382 页。）䜌字未识，疑“醮”字，《仪礼·士冠礼》：“若不醴，则醮用酒。”郑注：“酌而无酬酢曰醮。”又云：“醮，夏殷之礼。”

九 【成语】

〔其蔑〕

乙亥卜，大贞：来丁亥，酚，其蔑。……十一月。 乙亥卜，大贞：来丁亥，易日。十一月。（《续存》上一四六七）

按蔑即熯，《诗·楚茨》：“我孔熯矣，式礼莫愆。”《尔雅·释诂》：“熯，敬也。”毛《传》同此辞云：“酚其熯”，可以敬义释之。

……大贞：来丁亥，蔑。（《燕大》二九，同版见卜人出。）

按上两片文略同，当是同事之卜。

〔其彝〕

庚午卜，大贞：王其彝，亡尤。在九月。 〔庚〕申卜，〔大〕贞：……酉曰：……罕……若。……人……九月。（《续编》二、一六、一，《簠室·典礼》二五重。）

按京都大学一八六三：“……卜，王其彝，”文与此同。他辞云：“王彝……”（《后编》下七、四）—“……王彝卜……”（《前编》五、一、三，“卜”字注在“彝”旁）。《尔雅·释诂》：“彝，常也。”彝通夷，《书·洪范》“是彝是训”，《宋世家》作“是夷是训”。王“彝卜”犹言“常卜”，有如《大诰》之“吉卜”，《金縢》之“穆卜”。

〔又（有）𢦔又尤〕

□丑卜，大卜：又𢦔，其又尤。（《明义士》九八）

按此辞“有杀”、“有尤”重言，卜辞此例习见。如《摭续》一云：“弗每， 亡戋， 弘吉。在盂。”叠用三吉利成语。

〔㞢灾〕

戊子卜，大贞：㞢灾……（《后编》下二九、二）

按灾字又作灾，字从宀从火。他辞云：“……𢦔目眔灾……用。……于河，于岳。”（《拾掇》一、四一〇，《宁沪》一、一三五重。）《说文·火部》：烖或从宀火作灾，即此字。“㞢灾”即有烖也。

〔又保〕

丙寅卜，大贞：甶叶又仔（保），自又（右）尹。十二月。（《后编》下一三、一二）

按甶即卜人叶。“又仔”犹言“有保”。《诗》：“天保定尔”，《墨子·非命》上引《泰誓》：“纣夷处，不肯事鬼神。……天亦纵弃之而弗葆。”“弗葆”即“又保”之反词。“又尹”疑即右尹，乃官名。

残辞

大卜残辞记月份者，四月、六月（《宁沪》三、二二六），七月（《屯乙》二二九），八月（《南北·明》四一四），九月（《明义士》二五七，《燕大》六二九），十月（东京博物馆藏片）。言“羽某日”者，有“丁丑卜，大贞：羽辛巳……”（《库方》一三五二）“乙巳卜，大贞：羽丁未……”（《续存》上一六〇三，同书一六〇四文同）言“羽日”者“己酉卜，大贞：羽日……”（《簠室·贞类》二）言“亡来”者，“戊寅〔卜〕，大贞：今〔日〕亡来……”（《京津》三四四四）当是“亡来艰”之残泐。存“亡囚”二字者，《库方》一八二四。存“勿牛”及“片”之残形者，《南北·明》四一〇。其他残辞又有《明义士》四五，《续存》上一六四七及一八五四等。

仅存干支字者：

乙丑　《文录》七一九，　辛未　《南北·坊》二、一六〇，乙亥　《文录》二八五，　丁丑　东京博物馆藏片，《明义士》八九一。　癸未　《诚斋》四一六，　丁亥　《明义士》四七〇，　庚寅　《诚斋》四一六，　辛卯　《诚斋》四一六，　癸巳　《宁沪》三、二二五，《续编》三、三四、二。　戊申　《天壤》一〇二，　丙午　《屯乙》三三，　癸丑　《库方》一五二二，　癸卯　《燕大》六八〇，庚申　《诚斋》四九五，癸亥　《京津》三七四五。（三七四九自重）

仅存“卜大”二字者：《文录》二七九。

㞢

㞢从己从止，或释跽（《文编》）。按《说文》起，古文作记，从辵；故㞢殆即起字。卜人㞢与大同时。

癸巳卜，㞢贞：旬亡囚。（瑞士巴塞尔人类学博物馆藏片，即《七集·卫》二九，同版有卜人大之名。）

癸巳卜，㞢贞：旬亡囚。六月。（《续存》上一六七三，《外编》一一一《南北·师》一、七五重。）

按上两残甲似可缀合。胡厚宣《南北甲骨录》摹本误作"𡰥"，陈氏《综述》据之（184 页），并于《卜人总表》别出"𡰥"一人，殊误，应删，《外编》拓本实作㞢也。㞢之卜辞，除上举卜旬外，仅一见如下：

……卜㞢：……夏……（《金璋》七〇）

己

卜人己凡二见，

丁亥卜己：𡦃（焚），不雨。 丁亥……戊……不雨。（《屯乙》一二三残甲）

丁亥卜，己贞：子𢀛妾盂（祟），冥不其妫。（《粹编》一二三九）此片郭氏释文为己，非"亘"字。

按卜人己为武丁时人。考《尚书·高宗肜日》："祖己曰：惟先格王正厥事，乃训于王。"《书序》云："祖己训诸王，作《高宗肜日》、《高宗之训》。"孔《传》于祖己云："贤臣也。"《尚书大传》记《高宗之训》，桑谷生朝，武丁召问其相，次问祖己；亦以祖己为臣名，与孔说同。《汉书古今人表》祖己列于智人，与孝己分为二人，毫不相涉。卜辞所祀先公别有祖己，王静安谓"祖己或即雍己孝己"。又云："此祖己非《书·高宗肜日》之祖己，……祖己与先王同而伊尹、巫咸皆无此称，固宜别是一人；且商时云祖某者，皆先王之名，非臣子可袭用，疑《尚书》误。"按王说非是，殷卜人以干支名者，有丁、卯、己等，当是子姓之族。盖大臣亦以生日为号，不特王者也。《白虎通·姓名篇》云："殷以生日名子，于臣民亦得以生日名子。以《尚书》道殷臣有巫咸有祖己也"

证之卜人名己其说可信。又古礼人臣亦得称祖，《吕氏春秋·慎大览》云：“祖伊尹世世享商”，《佚周书·祭公解》：“王若曰：祖祭公，”因大臣配食于庙，故得蒙“祖”之号。《高宗肜日》一篇当是晚殷人所追作，其称己曰“祖己”，亦与祖伊之名同例。颇疑武丁时之卜人己，可能即高宗时训王之祖己，其初名但曰己后以配食，故称“祖己”，此与武丁子早卒之孝己，自非一人。或疑《高祖肜日》之祖己即武丁子之孝己，然子安得训父，此理之不可通者。

他辞所见，己亦为地名，如：“丙寅，三自己入。”（《前编》八、四、六）《春秋》时有己氏邑，《左传》哀十一年：“卫侯入于戎州己氏。”汉置己氏县，故城在山东曹县东南，殷之己地，或即此。

出

出与兄向被目为祖庚时之卜人，今查与出同版之卜人有大（如《续》一、四四、五，又三、三四、二，《佚存》三二二，三九三，九二一，《粹编》一四三一，《邺初》二七、三）、兄（《后编》下九、一三，又下一〇、一，《佚存》三九九，《粹编》一四三五，《遗珠》三九三，《库方》一一一五，一六三四，《金璋》三三七）尹、（《珠》四九一）、矣、逐（《双剑》一五〇）等，又有泳记名者一版，兹举如下：

出贞　　出贞　　出贞　　泳。（《屯甲》二九〇六胛骨）

出卜亦言及宁、阜、邑、竝、诸人，

庚午卜，出贞：王阜曰：氏，宁齐氏。（《金璋》七八）

甲申卜，出贞：多古令宁眔方。（《金璋》四一三）

丁酉卜，出贞：阜方。（《文录》六三七）

庚申卜，出贞：令邑，竝酌河。（《文录》三六二）

且及子吕、子鬲，

癸亥卜，出贞：子吕弗疒，　㞢疒。（《佚存》九二一，《续编》三、三四、五，及《簠游》三〇重。同版出卜水寝事。）

甲申卜，出贞：羽辛□，子吕其㞢于妣辛，䀠岁其……（《遗珠》三九三）

……卜出……子鬲……（《铁》二三五、一）

此两人见于争（《殷缀》一一二“甲寅卜，争贞：𢀛叶王事”）及穷之卜辞（《后编》下八、一，参下卜人兄条）。由此若干人与出同时，可以证知出之时代应上及武丁晚期。故出所卜祭祀之辞，并称唐不称大乙，又无兄庚之称谓，足见宜在祖甲前。

出卜前辞，有省“贞”字者（如《续编》三、三五、一），所见王字，多数作太，间亦作王。

兹将出之卜辞，辑录如下：

一 【卜雨旸】

乙未卜，出贞：今夕不雨。（《明义士》三八〇）

丁丑〔卜〕出贞：〔今〕夕雨。（《京津》三二〇三）

己酉卜，出贞：今夕雨。（《库方》四三〇）

……卜出……今夕雨。（《文录》一一〇）

乙亥卜，出贞：今日不雨。（《诚斋》九九，《库方》二二三文同。）

□卯卜，出贞：今日不雨。（《铁》六九、二）

乙巳卜，出贞：今日雨。二月。（《前编》三、二一、二）

丁酉卜，出贞：五日雨。 辛丑卜，出贞：自五日雨。（《粹编》七〇八，《京津》三二〇七重。）

己丑卜，出：自今五日至〔于〕癸巳，其雨。……允雨。癸……（《屯乙》五九） 字体与自�卜辞相类。

癸未卜，出贞：彭。……甲，㞢雨旹（时）。（《文录》五二七骨）

按此卜彭于先王某甲，祷祝时雨也。“㞢雨旹”，即“侑时雨”，形容词“时”字置于名词“雨”字之后，例甚罕见。大卜辞亦言“雨不旹”，说见本书320页。

乙卯卜，出贞：王室，龠，不冓雨。（《拾掇》二、一二二）

癸亥卜，出贞：今日祉（延）雨。（《文录》六八七）

甲□卜，出贞：丝雨非囚。（《簠室·天象》三八）

以上卜雨

丙寅卜，出贞：羽丁卯，易日。十月。（《遗宝》六、二）

……卜出……丁酉……易日。……不雨，八月。（《铁》一九三、二，原书误倒。）

戊子卜，出贞：䜣𠆢（食）十人，八月。 贞：于来丁酉彭，大事，易日。八月。　贞：其㞢不若。（《库方》一六二〇，大英博物院藏骨。）

按此条卜大事锡日者，其义向来未明。《礼记·祭义》云："郊之祭，大报天，而主日配以月。夏后氏祭其暗，殷人祭其阳，周人祭日以朝及暗。"郑注："主日者，以其光明，天之神可见者莫著焉。暗，昏时也。阳读为'曰雨曰旸'之'旸'，谓日中时也。朝，日出时。夏后氏大事以昏，殷人大事以日中，周人大事以日出。"此三代郊祭时间之异，殷人之祭也以旸，故在日中时。卜辞"中日"一名屡见，可证郑说。大事以日中，故有锡日之卜也。

以上卜锡日

二　【卜夕】

□辰卜，出〔贞〕：今夕〔亡〕𡆥，十月。〔在〕胃。（《后编》上一一、一三）

按《后编》上一一、一二亦云："贞：在𦛗。"知此为地名。他辞云："在䎳。"（《续编》三、三一、三，《簠室·地》二一同。）䎳即摄。《居延简》二〇五、一"居摄"正作"居䎳。"《左》僖元年传："次于聂北。"杜注："聂北邢地。"昭二十年传："聊、摄以东"，地在山东博平县。《后编》䎳字下从肉，隶定可作䐑，盖聂亦通作牒，见《礼记·内则》《释文》。《少仪》："聂而切之为脍。"郑注："聂之言牒也。"卜辞有云："乙卯卜贞：㪿先妣牛。"（《屯乙》八七二八，又八八一四文同。）㪿当读为牒，盖切脍之意。

壬辰卜，出贞：今夕亡𡆥。十月，在魰。（《京津》三五一二甲）

按《说文·竹部》："篽，禁苑也。《春秋传》曰：'泽之目篽。'魰，篽或从又，鱼声。"许君以魰为篽之或体，然其字已见于殷时。魰于此辞或为地名，他辞云："贞：弗其𢀛，九月，在魰。"（《前编》五、四五、四，《林》二、一八、一重。）"贞：众㞢巛，九月，……魰。"（《前》五、四五、五）"贞：勿彭㦰，九月，在魰。"（《宁沪》二、四一）"贞：勿令，在魰。九月。"（《屯甲》一〇八五）亦称魰𩵋，辞云："王受又又，……卜又㦰，其𣎆，在魰𩵋，隹中田。"（《宁沪》一、三三、一）魰亦可作禁苑解。《西京赋》："洪池清籞。"《汉书·宣帝纪》："池籞，"亦称"园籞"（《宋书·礼志》），盖于池苑中以竹绵联之为禁籞也。《元帝纪》言："严籞池田。"晋灼注："射苑也。"此辞亦可解作王在射苑，当为渔猎时事。

甲申卜，出贞：今夕亡囚。（《库方》一五三八） 同版有云“壬申卜贞：翌癸酉，不雨。”疑亦出所卜。

辛未〔卜〕，出贞：今夕亡囚，四月。（《佚存》四七五，《铁》一〇一、二，《续存》上一六五八重。）

乙亥卜，出贞：今夕亡囚。（《京津》三五一四）

丙戌卜，出贞：今夕亡囚。十一月。（《文录》二五）

丙申卜，出贞：今夕亡囚。（《续存》上一六五六）

丁酉卜，出贞：今夕亡囚。（《拾掇》二、三八九背甲）

庚戌〔卜〕，出贞：今夕亡囚。（《南北·文》九〇）

乙卯〔卜〕，出贞：今夕亡〔囚〕。（《京津》三五一三，《文录》二四文同。）

辛酉卜，出贞：今夕亡囚。（《拾掇》三五三）

□丑卜，出贞：今夕亡囚。（《七集·卫》五八）

□酉卜，出〔贞〕：今夕〔亡〕囚。（《南北·无》四八四）

……卜，出贞：今夕亡囚。（《续编》三、三五、四，《续存》上一六七五文同。）

……卜，出〔贞：今〕夕亡〔囚〕，十月。（《京津》三五一六）

丁卯卜，出贞：今夕〔亡囚〕。（《明义士》九九九）

……卜，出〔贞〕：今夕〔亡〕囚。 ……出，〔贞：今夕〕亡囚。（《铁》一三八、一） 同版为贞雨之辞，卜人残。

按出卜夕之辞兼书地者，惟“在胥”“在釵”二条。

庚子〔卜〕，出贞：……夕禣……（《南北·无》四六五）

三 【卜旬】

癸酉卜，出贞：旬亡囚。 癸亥卜，出贞：旬亡囚。 旬㞢希，之日𩫖（过），夕㞢在析，八月。（《缀合编》一六九——《文录》六八＋七二四，又见《存真》。）

按出卜辞言“旬㞢希”者，惟此与《铁》一八二、三，凡两见。𩫖字从高从止，止旁有点，与“自亡扆”之“扆”字，所从之偏旁相同，𩫖当是𩫖字，《说文》：“𩫖从高牛声，读若过。”攵部牛下云：“𩫖从此，”牛为反攵，实亦“止”之变形，故知𩫖乃𩫖字无疑。𩫖读若过，此言“之日𣐰，”犹言“是日有过。”《左》昭元年传：“过则为菑。”

此辞盖记占候，言天现异征，所云“夕㞢豕”者，谓夕有豕也，字作大豕状，当即天豕。他辞云：“庚，允畾，杲叀于天豕钔。”（《拾遗》五、一四）《史记·天官书》：“奎为封豕，为沟渎。”《正义》：“奎一曰天豕，亦曰封豕，主沟渎，荧惑守之，则有水之忧。”《诗·渐渐之石》：“有豕白蹢，烝涉波矣，月离于毕，俾滂沱矣。”《易林·履之豫》云：“封豕沟渎，水潦空谷。”盖古星占家，以封豕见则有水潦之忧，辞言“有豕在析”，疑即指此，故云“之日过”与“旬有杀”也。析者，他辞云：“卯于东方析”（《金璋》四七二），“东方曰析”（《拾掇》二、一五八）。析为东方区域之总名，奎星之封豕，出见于析之地带，知析即指析津；后人谓之析木，《尔雅·释天》：“析木谓之津，在箕斗之间。”箕即Kaus Media，斗即Kaus Borealis。析木在寅宫成为十二次之一，即所谓Scorpio-Sagittarius，衡之西法十二宫，应在人马宫（♐）之间。析字从木，后人称为析木，箕宿亦曰天津，《离骚》所云：“朝发轫于天津兮”是也。《晋书·天文志》：“自尾十度至南斗十一度为析木于辰在寅，燕之分野，属幽州。”由上辞记有封豕星在析出现，知析木之名殷已有之，即十二次之说所由起也。析又为地名，如：“庚申卜，王在析卜。”（《文录》七二一）“庚申卜，王在析。庚申卜，王在正月。”（《文录》七二三）“于析，淑产。王其迗，翌日，壬。”（《续存》上二〇〇一）亦称“自析”如：“贞：弜往，在正月，在自析。”（《文录》七三五）皆其例。

癸酉卜，出贞：旬㞢亡囚。在六〔月〕。（《南北·诚》七八）

按卜辞惯例，皆言“旬亡囚”，此多一“㞢”字，颇奇诡。是片出胡氏摹本，谅无讹也。

癸酉卜，出贞：旬亡囚。（《文录》八六）

癸酉卜，出贞：旬亡囚。　〔癸〕丑卜，出贞：旬亡囚。（《遗珠》四八六，《铁》五五、一文同。）

癸酉卜，出贞：旬亡囚，四月。　癸……出……亡……（《续存》上一七〇五）

癸酉卜，出贞：旬亡囚。十一月。　癸□卜，出贞：旬亡囚。（《遗珠》一二二三）

癸酉卜，出贞：旬亡囚。　癸卯卜，出贞：旬亡囚。　癸丑卜，出贞：旬亡囚。（《库方》一六〇七。此为胛骨，尚有癸丑癸酉卜旬辞多组，《文录》七一文略同。）

癸酉卜，出贞：旬亡囚。　癸未卜，出贞：旬亡囚。一月。（《续存》下六八七，同版见卜人兄及逐。）

癸未卜，出贞：旬亡囚。三月。（《库方》一三五三，《七集·普》四五文同。）

癸未出（省卜字）贞：旬亡囚。　癸巳卜，出贞：旬亡囚。　癸卯卜，出贞：旬亡囚。在七月。　癸丑卜，出贞：旬亡囚。在七月。（《粹编》一四三〇）

癸未卜，〔出〕贞：旬〔亡囚〕。　癸巳卜，出贞：旬亡囚。　癸卯卜，出贞：旬亡囚。（《宁沪》二、一〇三，《续存》上一七〇六文同。）

癸未卜，出贞：旬亡囚。　癸巳卜，出贞：旬亡囚。　癸卯卜，出贞：旬亡囚。　癸丑卜，出贞：旬亡囚。十月。　癸巳卜，出贞：旬亡囚。十月。　癸丑卜，出贞：旬亡囚。（《邺初》下三一、五，《京津》三五七二重。《续存》上一七一〇文略同。）

癸未卜，出贞：旬亡囚。　癸巳卜，〔出〕贞：旬亡囚。　……卜，出〔贞：旬〕亡囚。（《遗珠》二〇三）

癸未卜，出贞：旬亡囚。四月。（《金璋》三三七，同版另三组为兄卜旬之辞。）

癸巳卜，出贞：旬亡囚。三月。（《邺初》下三九、二，《京津》三五七四重。）

癸巳卜，出贞：旬亡囚。（《遗珠》二〇二，《铁》七九、四，《六录·清》一六七，《续存》上一六八一，《燕大》一一八文同。）

癸巳卜，出贞：旬亡囚。（《邺初》下三五、一，《京津》三五九六重，同版尚有贞旬之辞若干组，无卜人。）

癸卯卜，出贞：旬亡囚。（《粹编》一四三五，同版见卜人兄，《邺初》下四五、一六文同。）

癸卯卜，出贞：旬亡囚。　〔癸〕酉卜，出贞：旬亡囚。（《文录》七〇）

癸卯卜，出贞：旬亡囚。八月。（《遗珠》四九一，同版见卜人。）

癸卯卜，出贞：旬亡囚。九月。（《前编》五、二八、三，同版见卜人逐。）

癸卯卜，出贞：旬亡囚。（《库方》一一一五，同版见卜人兄。）

癸丑卜，出贞：旬亡囚。四月。　癸亥卜，出贞：旬亡囚。五月。（《京津》三五七六，《文录》六九文同。）

癸丑卜，出贞：旬亡囚。七月。（《邺初》下二七、三，《佚存》三九九重。《遗宝》六、二，《续存》上一六七七文同。）

癸丑卜，出贞：旬亡囚。　癸酉卜，出贞：旬亡囚。（《文录》六七）

癸丑卜，出贞：旬㞢希，其自西㞢来艰。　……卜，出〔贞〕：羽辛卯，喜𩟄（餗）……用。允岁用。（《前编》五、一八、一，《铁》一八二、三重。）

按餗字据孙氏《文编》释，即《说文》“𩱧”字，亦作[illegible]，见于我之卜辞（《屯乙》八三〇十一三一三），《粹编》四六五、四六六、四六七、四六八、四六九，俱见此字。喜本人名，即卜人喜，此或用为饎，《诗·天保》：“吉蠲曰饎，是用孝享。”毛传：“饎，酒食也。”

癸丑〔卜〕，出贞：旬亡囚。　癸亥卜，出贞：旬亡囚。十一月。（《双剑》一四五，《京津》三五七三，及《续存》下六九一重。）

癸亥〔卜〕，出贞：旬亡囚。四月。（《佚存》三二二）

癸亥卜，出贞：旬亡囚。七月。（《续编》四、四一、二，《戬寿》二八、七重。）

癸亥卜，出贞：旬亡囚。十月。（《续编》三、三五、六）

癸亥卜，出贞：旬亡囚。（《粹编》一四三一，《明义士》二二一，同版见卜人大。）

癸亥卜，出贞：旬亡囚。　癸酉，出（省卜字）贞：旬亡囚。（《宁沪》二、一〇四）

癸亥卜，出贞：旬亡囚。　癸酉卜，出贞：旬亡囚。　癸未卜，出贞：旬亡囚。　癸丑卜，出贞：旬亡囚。（《续存》上一七〇九）

癸□卜，出贞：旬亡囚。三月。（《南北·师》二、一八七，《续存》上一六九六同文。）

……卜，出〔贞〕：旬〔亡〕囚。六月。（《屯甲》一〇二七）

癸□〔卜〕，出〔贞：旬〕亡〔囚〕。　〔癸〕亥……贞：〔旬亡〕囚。（《铁》一六七、四）

癸丑〔卜〕，出……旬㞢……不在……（《续存》上一六八六）

出卜旬残辞，尚有《遗珠》一二二四（与大同版），《拾掇》二、三三六，《续存》上一六九三，《续存》上一六九四，《续存》下六九〇，又六九五，又六九六，又七〇〇。

四　【卜年】

□丑卜，出贞：羽甲寅……　……出贞：今岁受年。（《燕大》一二六）

庚辰卜，出贞：商受年。（《续编》二、二八、二，《之馀》八、一重。）

□戌卜，出贞：自今十年出五，太（王）豐（丰）。（《续编》一、四四、五，《簠室·杂事》六一重。同版见卜人大。）

按王丰句乃祝嘏之词，《易·丰卦》："丰亨"，注："财多德大，故谓之为丰。"

五　【卜行止】

□未卜，出贞：王狩木，于之日，王……狩木……其鹿十一。（《明义士》二九）

按木地未详。河南光山县南有木陵山，六朝时置木陵戍，疑其地古有"木"名，殷王田狩可能至此。他辞云："戊辰，王卜贞：田木，往来亡巛。"（《簠室·游》九〇）又有木方，如："壬午贞：癸未，太令木方止……"（《屯甲》六〇〇）又称自木，"在自木卜。"（《南北·坊》二、一六一）及伯木，"辛……贞：又隻，在白木空。"（《佚存》一九五）知木盖伯木封地。卜人之木疑与木地有关。

壬辰卜，出贞：王其田剢，亡巛。（《后编》上一四、三）

……卜，出贞：王其田，亡巛。（《京津》三四六一）

庚午卜，出贞：王其田，亡〔巛〕。（《七集·普》九五）

庚午卜，出贞：羽辛未，王往田。……（《续编》三、三五、九，《簠室·游田》一一九重。）

戊午〔卜〕出贞：〔王〕往〔田，亡〕巛。（《诚斋》三七九）

乙巳卜，出：太行逐……　乙巳卜，出贞：逐六冢，毕。（《后编》上三〇、一〇）

辛酉卜，出贞：羽壬戌，太往……（《文录》七三一，《存真》一集六七重。）

辛酉卜，出贞：王其往于……亡……（《金璋》六一）

己卯卜，出贞：今日，王其往河。（《燕大》四〇八）

乙酉卜，出贞：太往于田。（《文录》七三二）

……卜出，……王步……㞢羽……（《京津》三四八一）

六　【卜鱼】

丁卯卜，出贞：今日𩵋……　丁酉卜，出贞：其……　丁酉卜，出贞：……（《续编》三、三四、二，《簠室·游田》七〇重，同版见卜人大。）

□卯卜，出贞：今日〔𩵋〕益，之日……（《铁》一一五、三）

按𩵋字为动词，《京津》三七三〇："贞不其𩵋。"《前编》四、二二、二旁卜"贞不其鱼"，文同而字异。鱼之作𩵋，其上益八形者，为饰文，如貍之作貍，从之作从矣。叶氏商氏皆谓𩵋鱼一字是也。

戊寅卜，出贞：今日𩵋，〔益〕啬。……（《续编》三、三五、一〇）

□寅卜，出贞：羽丁卯，𩵋益啬，之日……（《续编》五、一九、四）

按"𩵋益啬"语亦见于大之卜辞（《遗珠》三九三）。𩵋或指宗庙荐嘉鱼以享。他辞云："戊寅卜贞：𩵋彡，岁，自母辛衣。"（《前编》一、三〇、四）𩵋亦祭名。

壬辰卜，出贞：……未𩵋……（《库方》六八六）

癸亥卜，出贞：今日𩵋益其……（《遗珠》五八九）

……卜，出贞：𩵋𠦪……之日允𩵋。（《铁》二二三、二，《佚存》七六〇重，《续存》上一六一三同。）

按《遗珠》一五五云："己巳卜，□贞：羽庚寅，𩵋益𠦪，之日。己巳卜贞：今日益𠦪，不雨。"（《林》二、二六、一重）乃指𠦪雨事，贞人名缺，而辞与此略同，可以参证。𩵋下一奇字，殆即𠦪字之异形，𠦪字或作𠦪（《前编》六、四三、二）、𠦪（《拾掇》二、一四八）、𠦪（《后编》上二、一四），形与此近。

……卜，出〔贞〕：今日𩵋……之日……益……（《佚存》八二六）

□巳卜，出……今日𩵋……及……乐……（《续存》下七二五）

按《京津》三七二八云："……今日及……乐𩵋。〔之〕日，允𩵋。"文略同，乐疑地名。他辞云："在乐，步于噩。"（《续编》三、二八、五，《金璋》五八三）又云"在乐"，见《遗珠》二六三。

……卜出……𩵋……（《拾掇》二、二一）

戊……出……己……𩵋……（《遗珠》五八八）

七　【卜梦】

……卜出：……梦……寚……㱿。（《南北·坊》三、一三九）

八　【卜疾】

甲辰卜，出贞：王疒首，亡祉（延）。（《后编》下七、一二）

按《诗·小弁》："疢如疾首。"又《伯兮》："甘心首疾。"《孟子》赵注："疾首，头痛也。"卜辞言"疾首"，又如"王疾首，中日雪。"（《林》二、一六、四）皆其例。

癸亥卜，出贞：子㠯弗疒。丁卯，　㞢疒。（《佚存》九二一，又《缀合编》一七。）

九　【卜祭祀】

上帝

……出……上帝……兄（祝）（《后编》上二八、一四）

按卜辞所载"上帝"之名，见于争卜辞云："……上帝……降莫。"（《续存》上一六八，《南北·师》一、三一重）又一云："……叀五鼓，上帝若王，又又"（《屯甲》一一六四）及此条。《易·豫卦》云："殷荐之上帝"，知"上帝"之名，由来远矣。郑氏《孝经注》："上帝者，天之别名也。"（《封禅书》裴骃《集解》引）此汉人之说。

河

庚申卜，出贞：令邑竝酌河。（《文录》三六二甲）

按穷卜辞云："令邑竝执㳅，七月。"（《金璋》五二一）争卜辞云："亩邑竝令囧我于㞢自。"（《粹编》一二一三）邑、竝两人每联称。邑事详上卜人邑条。

上甲

□丑卜，出贞：钔王于上甲，十一月。（《铁》一九、三）

己巳卜，出贞：钔王于上甲，十二月。（《粹编》一〇〇，《京津》三二二二重。）

唐

癸酉卜，出贞：㞢于唐。（《铁》二二九、二）

……出贞：㞢于唐卅羌，卯卅牛。　……乎㝱㔾，二月。（《续存》上二四〇，《平津·元》六〇重，字体同武丁时。）

癸亥卜，出贞：㞢于唐，亩羽乙亥酌，六月。（《平津·元》二〇一，《续存》上一四九〇重，又《巴黎》一二文同。）

……卜出……奋益……唐〔出〕奋……（《屯甲》三二一九）

……卜出……今日奋。……武唐……允奋。……（《铁》六七、四，《京津》三七二九重。）

……卜出……羽乙亥唐……衣　　……卜出……庚午……益（《前编》五、一一、一）

□寅卜，出贞：……今日庚（唐）……衣，十二月。（《屯甲》一三一）

辛亥卜，出贞：其鼓彡，告于唐，牛……（《之馀》一〇、二，《续编》一、七、四重。）

按以《屯甲》一三一及《前》五、一一、一两条互证，庚亦唐字，凡出之卜辞，于成汤皆称“唐”，无称大乙者。“武唐”之名，或谓可读作武汤，《诗·玄鸟》：“古帝命武汤，”即指成汤，然他辞云：“辛未卜，贞：今日奋，唐，十月在凿。……”（《京津》三一七六）唐上无“武”字。

大戊

甲戌卜，出贞：其㞢于大戊，罕。（《后编》下四〇、一二）

甲戌卜，出贞：王𢦏㞢于大戊，二月。（《续编》一、一二、一）

按𢦏乃语词，即载字，见亘条。（参本书，293页。）

祖乙

辛酉卜，出贞：其㞢新㝐（宗），陟，告于且乙。（《铁》一三九、一，《佚存》八三二，《续存》上一四九八及《南北·无想》四六二重。）

按㞢字胡厚宣于《南北·无想》摹本误作“告”，商氏《释文》作“㞢”，细审《续存》拓本，似从止从巾。考《集韵》有“㞢”，云古“会”字。他辞所见，其繁形有益収旁作𢍜者，如：

……㞢匚于口（祊），于南室酌。……其𢍜𥁕于口，出百羌，卯十……（《佚存》四一三，《续编》二、一九、三重。）

……𢍜豈（鼓）于大乙……（京都大学四六六）

知𢍜㞢只是繁简之异，俱古会字，则凡言㞢者，乃会祭之义。

祖辛

□戌卜，出贞：𦍋㞢于且辛，二月。（《文录》二九四）

小丁（祖丁）

庚〔午卜〕，出贞：……小丁……（《库方》一三九四）

庚

……出贞：……酌匚于……庚，亡……月。（《六录》中二五〇）

丁

……出贞：羽〔丁〕亥，酌匚于丁。十月。（《库方》四七六）

丙午卜，出贞：羽丁未，其出于丁，勿出羌。（《遗珠》三四九）

乙丑卜，出贞：大史[illegible]酌，先酌，其出匚于丁，卅牛，七月。　……出贞：大……酌，先出匚……牛，七月。（《缀合编》三八——《前编》四、三四、一十《铁》二二六、二，〔京大五六六文同。〕）

按[illegible]亦见即卜辞云：“丙辰卜，即贞：亩[illegible]出，于夕钔马。”（《后编》下六、一）他辞云：“令宁氏何[illegible]。”（《屯甲》三六五六）“令[illegible]佳[illegible]。”（《林》一、二四、一三）[illegible]盖与宁、何、黄诸人同时。

……卜，出贞：……亥酌大史……（《拾遗》八、六）

……卜，出贞：大史其酌，告于血室，十月。（《六录》中央二四八）

□卯卜，出贞：今日夕，出于血室，牛不用，九月。（《库方》五〇五）

按上三辞疑皆太史[illegible]事，故并系于此。

父

丁未卜，出贞：禈，告卢于父……十二月。（《续存》下六三〇）

按《说文》：“卢，列骨之残也，读若孽岸之孽。”卜辞言“告卢”，义即“告孽”，借卢为灾害之孽。告孽与他辞之言“告囷”同例。此辞禈为动词，盖即奠也。

母辛

……出贞：羽……于母辛……牝。（《续编》一、四三、二）

……出贞：王……于母辛……百牢……血……（《粹编》三八四，《京津》八一二重。）

妣庚

……卜出……酌妣庚……（《拾遗》八、六）

妣辛

见下“小㓝”条。

小㓝

丙申卜，出贞：乍小㓝，日亩癸，八月。（《后编》下一〇、一，《簠室·人名》四同。）

丙申卜，出贞：乍小羽，〔日〕亩癸，八月。（《后编》下九、一三）上两辞同版见卜人兄。

……卜，出贞：王書。　庚……贞：肦……羽……乚……（《零拾》九〇，《续存》下七二四重。）

按書从聿从口，《集韵》十一没："啈，声也。"又六术："噒、嗽、呼，鸣也。"即此字，当是祭祀时祈叫呼告之意。（《尔雅·释言》："祈，叫也。"《汉书》服虔注："告音如嗥呼之嗥。"）

甲申卜，出贞：羽……子吕其又于妣辛，昺岁其……　小羽老（考），八月。（《缀合编》一七，《遗珠》三九三，同版见卜人兄及大。）

按他辞云："……大乙酰，王其昺酒。"（《拾掇》一、四〇〇，《宁沪》一、一六七，及六四八重。）与昺当为一字，而此字从丙从日甚明，盖当释"昞"。《广雅·释诂》："昞，明也。"字与曙昕并列，则昞乃指旦明时也。云"昞岁"、"昞酌"者，谓于旦明时荐岁事酒祭也。可见昺字乃记时，与他辞之"焞"同例。《拾掇》三九四："昃至䵻，不雨。"《粹编》七一五至七一七并云："䵻兮至昏，不雨。"《屯甲》五四七："中日至䵻兮啓。"䵻字《综述》释"郭"，谓与昃同属下午二时与四时，其说非是。按䵻当即"焞"，《说文》及《广雅·释诂》并云："明也。"《九歌》："暾将出兮东方。"王注："谓日始出其容暾暾而盛大也。"卜辞云："昃至焞"，犹言自暮至朝，殷人记时，于晨朝曰"旦"（《粹》七〇〇——七〇二），曰明（《库》二〇九），曰焞，曰昺，其义悉同。

〔品祠〕

贞：其品司于王。　出。　丁酉卜，兄贞：其品司，在兹，八月。　丙申卜，出贞……（《后编》下九、一三）

贞：其品司于王。　出。　丁酉卜，兄贞：其品司，在兹。　丙申卜，出贞……（《后编》下一〇、一）

按上二辞左右相对，王下有小字"出"，应即卜人名。此补记卜人名于辞之末，其例与史官签名者同。

司与祠字通。《诗·天保》："禴祠蒸尝。"《尔雅·释诂》："祠，祭也。"《周礼》春官大宗伯："以祠春享先王。"《公羊》桓八年何休《解诂》："春曰祠，荐尚韭卯，祠福食也，犹继嗣也。春物始生，孝子思亲继嗣而食之，故曰祠。"此以"嗣"训"祠"。《说文》"祠，春祭曰祠，品物少多文词也。"则引《礼记·月令》为说。卜辞"品司"，下云八月，则知殷礼之"祠"，非指春祭之祠，但取祭之义而已。此如禴于殷礼，不指夏祭，斯即殷周礼制之异也。《礼记·祭义》："春禘尝。"郑注："春禘者，夏殷礼也，周以禘为殷祭，更名春祭曰祠。"今观卜辞有"品司"语，则祠祭不自周始可知矣。

〔禖〕

丁亥卜，出贞：来古，王其𠦪（禖）囗（祊）……于新……（《之馀》一三、二，《续编》二、九、八重，又《续》三、三六、三亦重。）

……出贞：来古，王其𠦪……（《燕大》二九，上二条似是同版。）

……出贞……㯃，羽……用于……（《佚存》七三八，《六录·束》一三九，及《续存》上一六〇〇重。）

按㯃字参上出卜旬注。（《铁》一八二、三，本书322页。）

〔祷〕

己丑卜，出贞：[?]日，其……囗（祊）军……（《续编》六、二一、五）

按"[?]日"即祷日，与他辞之言："羽日"、"彡日"、"先日"（《续编》一、四四、二，《佚存》八七八）、"𢦏日"（《屯甲》八二九、一四一六，《林》二、三、七）同例。他辞云："于既酌父己，羽日，劦日，彡日，王乃穷。"（《南北·明》六二九）连用三祭日名，例极罕见。

〔衣〕

……出贞：……衣卅……（《续存》一五九八）

〔匚〕

……出贞：……丁亥匚……亩王……十月。（《南北·无想》四七六）

□卯卜出贞：匚，亡尤九月。（《库方》三三）

……卜，出贞：……辛亥……匚，亡……十月。（《南北·无》四七五）

〔[?]〕

癸卯卜，出贞：今夕[?]……（《京津》三四一九）

……卜，出贞：[?]……[?]月。（《明义士》一三四三）

〔保　[?]室〕

癸未卜，出贞：㞢于保，〔东室〕。　辛卯……酌。（《续存》上一〇九

一）

戊戌卜，出贞：其虫匚于保，于[illegible]〔室〕酌。（《文录》三七九）

按《诗·楚茨》："神保降福。"《九歌·东君》："思灵保兮贤姱。"洪兴祖云："灵保，神巫也。"《书·召诰》言："天迪从子保"，《君奭》言："陈保"，凡此类之保，均是神巫；古亦以保为尸，故为祭祀对象，辞言"虫于保"可证。[illegible]室殆即[illegible]室，字从重昜。《尸子》云"殷人曰阳馆"（《唐会要》明堂下颜师古议引），是也。

丙寅〔卜〕，出贞：夕虫保，用。九月。（《拾遗》五、一一）

〔东室　酌〕

丁卯卜，出贞：其虫东室，今夕酌。（《库方》二二一）

庚辰卜，出贞：卅牛，三（汔）酌……（《粹编》五〇三）

□亥卜，出贞：来丁亥酌……（《六录·中央》二五一）

癸巳卜，出贞：羽甲〔午〕太酌，羽……（《文录》五二六）

癸未卜，出贞：酌……甲，虫雨之日（《文录》五二七）

〔血室〕

见上"丁"条引。（本书，514页。）

〔血子〕

……卜出〔贞〕：羽辛……血子……册……〔延〕益。（《京津》三二一一）

己巳〔卜〕，出贞……　……卜出……血〔子〕……　（《续存》下六三四《零拾》一四重）

按血子说见卜人大条。（本书，498页。）

〔伐〕

乙丑卜，出贞：羽丁卯，十伐。……（《续存》下六六四）

〔用牲〕

丁酉卜，〔出〕贞：岁牛，京品，十月。（京都大学一八八）

□申卜，出……虫于……三宰。八月。（《续存》下六六五）

己丑卜，出贞：征……于……宰。（《库方》一八八五）

〔嚣〕

庚午卜，出贞：于羽乙未，大嚣。（《京津》三四二二）

按他辞云："其[illegible]嚣于□，虫百羌，卯十……"（《续编》二、一九、三）𣪊𦥑即会𦥑，与大𦥑义近。

〔𢀛〕

丁酉卜，出贞：令𣳡𢀛……鸣。（《前编》五、四六、四）

按𢀛即𢀛字，说见卜人㝈条。（参本书，183页。）

〔㝵〕

乙巳卜，出贞：其丝，王血……牛，㝵……羌五。（《库方》一五五一）

〔水寝〕

辛亥卜，出贞：今日𡗜（王）其水𡨦（寝），五月。（《佚存》九二一，《簠室·天》九三，又《游田》三〇、六九，《续编》三、三四、五俱重。同版有出卜子㠯辞又有卜人大。）

按他辞言“宅𡨦”、“作𡨦”、“宼𡨦”（《前编》六、一六、一，《后》下三、一三），而此辞言“水𡨦”以水字为动词。考《周礼》“匠人建国，水地以县”，即以水平之法，悬绳度地。《释名》：“水，准也。准，平物也。”所云“水寝”，疑指建造寝宫，以水平度地。又夏官：“隶仆，掌五寝扫除粪洒之事。祭祀，修寝；王行，洗乘石，掌跸宫中之事。”如以水寝解为洒涤寝庙，于义亦通。

〔𠓛〕

……卜出贞……王正𠓛……（《佚存》七二二）

〔㝃　禣〕

庚戌〔卜，出〕贞：王㝃夕……亡〔𡆥〕。（《库方》五〇〇）

壬戌卜，出贞：王㝃，夕禣。（《库方》一一八四）

壬子卜，出贞：王㝃禣　　贞：亡𡆥二月。（《续存》上一五六七）

庚寅卜，出贞：王㝃夕……（《库》三二六）

丙午卜，出贞：王㝃，夕禣，亡尤。（《六录·中》二五三）

丙辰卜，出贞：王㝃……（《拾掇》二、三八〇）

……卜出……㝃……亡𡆥。（《明义士》六四七）

出卜言王㝃禣、夕𨻰残辞，又有《明》一七二三，《京津》三六二九，《燕大》四〇七，《南北·无》四六三，《南北·坊》二、六五。

戊戌卜，出贞：王㝃𢍰……（《南北·坊》三、一三七）

辛丑〔卜〕，出贞：王㝃𢍰……（《库》二五五）

其言𢍰禣亡𡆥者，有《前编》四、二三、五。存𢍰字及他残文者，有《库方》三八四（甲寅卜）及《库方》七三一（己亥）不具录。

十 【卜方国人物】

𢀛方

丁酉卜，出贞：𠂤[illegible]𢀛方。（《文录》六三七）

按《文录》七四四：“戊辰卜，争贞：𠂤[illegible]，”亦有𠂤名，文与此略同。其他《粹编》一〇八二争卜，《佚存》一七宼卜并纪𠂤伐𢀛方事。以此互证，出之年代可上及武丁时。

綝伯

辛亥卜，出贞：令綝白……　癸卯卜，令綝……　甲申卜，出贞：多𠀠令宁眔方。（《金璋》四一三）

〔辛〕亥〔卜〕，出贞：……綝〔白〕……于……（《拾遗》六、七）

按剑桥大学藏有一片云：“令綝白于……”可以参证。

方

壬午卜，出贞：今日，亡来嬉自方。（《南北·诚》七七）

……卜出……令方……比王在……（《库方》五九九）

子畓

☐子卜贞：羽丁……不……　卜出贞：……子畓（《库方》三二八）

犬祉

☐卯卜，出贞：犬祉……（《文录》一五二，字大似武丁书体。）

按他辞云：“贞：犬祉亡𡆥。”（《粹编》九三四，《京津》四四〇九重。）“戊戌贞：令犬祉田，若。”（《通别》二、一二、二）祉盖官犬人职。

附致贡

甲子卜，出贞：[illegible]𡳿，氏[illegible]于𠂤归（《前编》五、一〇、七，《库方》一五六三同。）

按𠂤归殆地名，他辞云：“……伐归伯……受又。”（《粹编》一一八〇）其卜伐归者，又见于《粹》二二一，二二二等。秭归为故归乡，《地理志》云：“归子国也。”今作夔，春秋为夔子国。

庚午卜，出贞：王𣎵曰：氏[illegible]，宁齐氏。（《金璋》七八）

按他辞云：“乙未卜，出贞：𣎵叶王事，不𠀠，十二月。”（《文录》六二二骨）𣎵习见于㱿宾等卜辞，出与之同时，知亦上及武丁时。

十一　【成语及杂卜】

益龟

……卜，出贞：益龟，旬不𩰫（融）不工（眂）。……（《后编》下一九、一）

按《易·损益》二卦爻辞并云："或益之十朋之龟。"说见本书前论。（47页）

庚申卜，出贞：今戊，龟不至兹商，二月。　贞：〔龟〕其至。（《文录》六八七）

按他辞云："其又长子，叀龟至，王受又。"（《后编》上一九、六）古以龟至为天所赐，《书·西伯戡黎》："格人元龟，罔敢知吉。"《大诰》："宁王遗我大宝龟，绍天明。"故有龟至，即自天佑之，吉无不利也。"长子"者，《易·序卦》云："主器者莫若长子"，此长子非地名。

日延益

□午卜，出……日征益……（《铁》二二三、四，《六录·清》一六四同。）

按延益者，《诗·天保》："俾尔多益"，其义应同。

岁不兴

卜出……见岁不兴，用……（《后编》下一一、一）

按"岁不兴"语见《易·同人》九三爻辞，参卜人穷条。（参本书，192页。）

勿祥

□亥卜，出〔贞〕：勿羞，……大……（《六录·中》二五二）

亡尤

……卜出贞：其……亡尤。（《铁》八一、一）

亡巛

辛未卜，出贞：太亡巛。（《续存》上一六四九）

丁丑卜，出贞，今日，王其……亡巛。（《库方》一九五九）

来艰

庚寅卜，出贞：今〔日，亡来〕艰。（《库方》一二九二）

……卜出：……今日，亡〔来〕艰。（《文录》四二五）

残辞

己亥卜，出：自今五〔日〕□王其㞢……（《库方》三一四）

□酉卜，出……王其◊……不于……（《续存》上一七二一）

……卜出……自今……岁王……（㞢）……（《诚斋》四九九）

其他出卜残辞有：《诚斋》四八〇（存“羽己巳其”），《铁》二三五、一（存“丁……鼎”），《京津》三七七三（存“未其㞢”），《遗珠》八〇二（存“令……从”） 存干支名者，有：《续存》上一七二二（甲子），又一七二三（壬寅），《屯甲》一五六（壬午），《诚斋》四九一（辛未），《天壤》一〇二（庚子戊寅，《续编》三、三五、一同），《铁》九一、二（《六录·束》一二重，庚寅），《京津》三七三四（戊子），《平津·元》二三六（《续存》上一七二六同，己卯），《南北·无》四九四（丁酉），《京津》三七四一（甲午），又三七四六（丙寅），又三五一五（戊辰），《拾掇》一七四（《七集》上一六五同），《明义士》九五二（癸巳），又一一六三（己亥），又二二二二（乙未），《库方》四〇四（癸丑），《续存》上一六六九（癸亥），《拾掇》五四八。（《续存》上一七二四重，庚辰。）

其他干支缺者，有：《续存》上一七一七，东京博物馆藏片，《库方》一六三四，《续编》三、三六、二，《六录·中》二五九，《南北·无》四九二，《南北·师》一、一一二，《南北·坊》二、一七七，又《坊》三、一三五，又《坊》四、三八六，又《坊》四、四〇二，《六录·束》一四二，《遗宝》四、四，《屯甲》三二七二，《南北·明》四一二，《遗珠》一三七九。

仅存“卜出”二字者：《明义士》二〇〇七，《屯甲》三九二〇。

存“出贞”二字者：《明义士》八八二。

存出字者：《遗珠》八〇三，《摭续》一五七。

⿰彳告 ⿴行出

告即出字繁形，益彳旁，此如及之作彶（《屯乙》五一二三），备之作⿰彳各（《屯乙》九七七）也。金文如《小臣》、《谏毁》、《辰盉》等器，俱有“⿰彳告”字，与“出”同用。契文间又益“行”作⿴行出者，则如⿰彳川之作衔，步之作⿴行步，是并其例。他辞言及⿴行出者，如“钔⿴行出于司”（《明义士》一六九八）。以字形论，出⿰彳告为一字，疑与出系一人，今姑繫于出之后云。

告之卜辞。辑录如下：

一　【卜往来】

……卜徣：……涉自东，四月。　……卜徣：其从……𡰥，四月。（《殷缀》八三——《屯乙》七九十一五九）

丁丑卜，徣：……令……　丁丑卜徣：令……出至庚辰不，八月。（《殷缀》八八——《屯乙》一二九十二三四）

二　【卜田狩】

庚戌卜，徣：叀羽日步，射𢊁于㠯。（《屯甲》三〇〇三）

□酉卜，徣：……王其田，……斿，亡災。（《后编》上一四、一）

三　【卜祭祀】

庚寅卜徣：……王品司（祠），癸巳不，二月。（《屯甲》二四一，《新获》三五一。）

按《后编》下九、一三十一〇、一，兄及出之卜辞俱有“品祠”之卜，详上卜人出条。

己未〔卜〕，徣：〔弜〕𣳊（矢）。（《拾遗》一四、一五）

……卜徣……于……〔𦵔〕力……不。（《六录·中大》一一）

四　【人物及杂卜】

己卯卜，徣：又子族，豕用。（《铁》一四、二，《佚存》四五四重见，但有残缺。）

戊辰卜，徣：乎㚔𢀛 屮 我，七月𢦔。（《屯乙》八五〇五）

按㚔𢀛为卜人名，分详本书 467 页及 479 页。

□申卜，徣：令𡧊从〔𢽾〕侯……（《佚存》五八一）

……徣贞：……〔子〕效（《京津》二五二〇）

己未……徣从……𠂉（《佚存》八一六）

其他残辞如：《屯甲》四七六，《京津》三〇五二，俱有人名徣。

卷十四　贞卜人物事辑十二

兄

兄约为武丁至祖甲时人。其同版贞人有大、出（《佚存》三九九，《遗珠》三九三）、逐（《双剑》一五〇，《续存》下六七八重）、矣（《库方》一六三四）等。其“夕燮大禹”一片（《前编》五、三三、四），则与叓为同事同时异人之卜。他辞有人名曰“子兄”者（《屯乙》三七五），未知即兄其人否？

兄所贞卜，十分之八为卜旬之辞；所见先王先妣，惟大英博物院藏巨骨有二示、五后，及《遗珠》三九三有“高且”一名，与《续编》一、四二、五及六之祖辛、母辛而已。此数片皆作武丁书体，遍查兄之卜辞，未见父丁与兄庚之称谓。最足研究者，则为兄与穷有同事异卜之例，试举如下：

丙寅卜，兄贞：令子鬲菷……（《前编》五、四、二）

丙寅卜，穷贞：子鬲哷……（《后编》下八、一）

正为同日异人所卜，子鬲亦与徬同版（《前编》五、四、一），盖为武丁时人，由此两版可见卜人穷与兄实属同时，苟非兄之生年，上及武丁，则当是穷至祖甲时，其人尚存，故知穷之卜辞，亦有武丁以后者。（穷与彭共贞，又见于大之卜辞，亦其明征。）

尚有足讨论者，《库方》一五四二兄卜有“王遣竝”及“泳于竝”语，人名泳字亦作武丁书体，与同书一五一一及《前编》四、一三、一亘卜所见之“泳”，字形全同，足见卜人泳亦与兄同时，斯亦鄙说泳非帝乙、帝辛时人之佐证。

兄又见于何之卜辞，复与𢓊同版。

□未卜，何……葡、兄叀旧𤰈用，　亡𢀛。（《屯甲》二四三七）

壬寅卜，兄𢓊㚒……（《佚存》九六九）

是兄亦与葡𢓊同列，并为上及武丁时之证。

兄之卜辞辑录如下：

一　【卜雨旸】

□辰卜，兄〔贞〕：今日征（延），丝云（兹云），冓（遘）大雨。（京都大学六八）

癸酉卜，兄贞：今日不〔雨〕。（《库方》二五八）

癸□卜，兄贞：今〔日〕不雨。（《库方》三〇九）

壬戌卜，兄贞：今不雨。（《六录·清》一五九）

辛卯〔卜〕，兄贞：来丁巳，易日。（《六录·中央》二四七）

二　【卜旬】

癸亥卜，兄贞：旬亡〔𡆥〕，日𩵦。甲子夕𡘋。大禹……（《前编》五、三三、四）

按此与《簠室·杂事》一一六𤔲贞旬，并为癸亥日同事之卜，今据补文。参卜人𤔲条。（参本书，358页。）

癸未卜，兄贞：……亡𡆥。……日𩵦……𢦏……（《铁》四〇、四，《零拾》二九及《续存》下六七四重。）

癸酉卜，兄贞：旬亡𡆥。（《京津》三六〇二，《宁沪》三、二一四，《续存》上一六七〇及一六七一文同。）

癸酉卜，兄贞：旬亡𡆥。　癸未卜，兄贞：旬亡𡆥。（《续存》上一七〇八，《京津》三五七七文同。）

癸酉卜，兄贞：旬亡𡆥。七月。　癸□卜，兄贞：〔旬〕亡〔𡆥〕。（《燕大》一一二）

癸酉卜，兄贞：旬亡𡆥。七月。　〔癸〕巳卜，兄贞：〔旬〕亡𡆥。（《林》一、二三、九）

癸酉卜，兄贞：旬亡𡆥。十月。（《续编》四、四二、五）

癸酉〔卜〕，兄贞：〔旬亡𡆥〕。　癸丑卜，兄贞：旬亡〔𡆥〕。（《南

北·明》四〇〇）

癸未卜，兄贞：旬亡𡆥。（《燕大》一一三，《遗珠》一二二五，《摭续》二五五，《京津》三五七八及《续存》上一六七九文同。）

癸未卜，兄贞：旬亡𡆥。六月。　癸巳卜，兄贞：旬亡𡆥。　癸巳卜，兄贞：旬亡𡆥。（《佚存》三九九。同版见卜人大及出。《邺初》下二七、三重，《续存》上一六八九文近。）

癸未卜，兄贞：〔旬〕亡𡆥。　癸巳卜，兄贞：旬亡𡆥。　〔癸〕未卜，兄贞：〔旬〕亡𡆥。（《库方》一〇四二）

癸未卜，兄贞：旬〔亡〕𡆥。　癸巳卜，兄贞：旬亡𡆥。三月。　癸酉卜，兄贞：旬亡𡆥。　癸酉卜，兄贞：旬亡𡆥。（《金璋》三三七，同版有四月癸未出卜旬之辞。）

癸未卜，兄贞：旬亡〔𡆥〕。　癸亥卜，兄贞：旬亡𡆥。九月。（《粹编》一四三三）

癸未卜，兄贞：旬亡𡆥。　癸未卜，兄贞：旬亡𡆥。　癸亥卜，兄贞：旬亡𡆥。　癸丑卜，兄贞：旬亡𡆥。　癸酉卜，兄贞：旬亡𡆥。　癸巳卜，兄贞：旬亡𡆥。　癸未卜，兄贞：旬亡𡆥。　癸巳卜，兄贞：旬亡𡆥。　癸亥〔卜〕，兄〔贞〕：旬亡𡆥。（《缀合编》二九〇——《续》四、四二、二十四、四三、二）

癸未卜，兄〔贞〕：旬亡𡆥。五月。（《拾遗》一〇、一一）

癸巳卜，兄贞：旬亡𡆥。（《粹编》一四三五，《龟卜》七五，《续存》上一七〇四文同，同版见卜人出及大。）

癸巳卜，兄贞：旬亡𡆥。十一月。（《粹编》一四三六，《遗珠》一二二七及《林》一、二三、一二文同。）

癸巳卜，兄贞：旬亡𡆥。　癸卯卜，兄贞：旬亡𡆥。五月。　癸丑卜，兄贞：旬亡𡆥。　癸亥卜，兄贞：旬亡𡆥。六月。（《续编》二、一四、三，《戬寿》二九、一重。）

癸巳〔卜〕，兄贞：旬亡〔𡆥〕。　癸未卜，兄贞：旬亡𡆥。（《遗珠》二〇六）

癸卯卜，兄贞：旬亡𡆥。九月。　癸丑卜，逐贞：旬亡𡆥。九月。　癸亥卜，逐贞：旬亡𡆥。　癸酉卜，出贞：旬亡𡆥。十月。　癸卯卜，兄贞：旬亡𡆥。　癸未卜，出贞：旬亡𡆥。一月。（《双剑》一五〇，《续存》下六八七重。）

按自十月癸酉至一月癸未，中间尚有十二旬（即癸未、癸巳、癸卯、癸丑、癸亥、癸酉、癸未、癸巳、癸卯、癸丑、癸亥、癸酉），以每月三旬计之，共四个月，知其中必有一闰月。

癸卯卜，兄贞：旬〔亡〕囚。（《明义士》三六七）

癸卯卜，兄贞：旬亡囚。九月。　癸卯卜，兄贞：旬亡囚。（《双剑》一五〇，《续存》下六七八重，同版见卜人逐及出。）

癸卯卜，兄贞：旬亡囚。　癸丑卜，兄贞：旬亡囚。五月。〔癸〕亥卜，〔兄〕贞：〔旬〕亡囚。（《双剑》一四九，《续存》下六八八重。）

癸卯卜，兄贞：旬亡囚。（《续编》四、四九、五，同版见卜人大。）

癸丑卜，兄贞：旬亡囚。（《续编》六、一〇、二同书四、四二、四，《南北·师》二、一八八及《遗珠》一二二九文同）又《库方》一一一五，同版有出卜旬辞。

癸丑卜，兄〔贞〕：旬〔亡囚〕　癸亥卜，兄贞：旬亡囚。　癸丑卜，兄贞：旬亡囚。　上吉。（《粹编》一四三二）

癸丑卜，兄贞：旬亡囚。九月。　癸亥卜，兄贞：旬亡囚。　癸酉卜，兄贞：旬亡囚。（《遗珠》一二二六）

癸丑卜，兄贞：旬亡囚。　癸亥卜，兄贞：旬亡囚。二月。　癸酉卜，兄贞：旬〔亡囚〕。　〔癸〕未卜，兄贞：〔旬〕亡囚。（《摭续》二二四）

癸丑卜，兄贞：旬亡囚。六月。　癸丑卜，兄贞：旬亡囚。八月。（《明义士》三五九）

癸丑卜，兄贞：旬亡囚。　〔癸〕亥〔卜〕，兄〔贞〕：旬〔亡囚〕。（《续编》四、四二、三）

癸丑〔卜〕，兄贞：旬亡囚。七〔月〕。　癸亥卜，兄贞：旬亡囚。七月。　癸酉卜，兄贞：旬亡囚。八月。　癸未卜，兄贞：旬亡囚。八月。癸巳卜，兄贞：旬亡囚。八月。　癸卯卜，兄贞：旬亡囚。　癸丑卜，兄贞：旬亡囚。九月。　癸未卜，兄贞：旬亡囚。　〔癸〕卯〔卜，兄〕贞：旬〔亡〕囚。十月。（《簠室·杂事》三四）

癸丑〔卜〕，兄〔贞〕：旬亡〔囚〕。　癸巳〔卜〕，兄贞：旬亡囚。十一月。　癸巳卜，兄贞：旬亡囚。　癸卯卜，兄贞：旬亡囚。　癸丑卜，兄贞：旬亡囚。十二月。　癸亥卜，兄贞：旬亡囚。　癸卯卜，兄贞：旬亡囚。　癸巳卜，兄贞：旬亡囚。十三月。（《佚存》四七，《簠室·杂》三六重。）

按此片兄卜亦见十三月之名，是不得云祖甲时卜辞绝无“十三月”之称。

癸丑卜，兄贞：旬亡〔囚〕。　〔癸〕亥卜，兄〔贞〕：旬〔亡囚〕。（《天壤》七）

癸亥卜，兄贞：旬亡囚。　癸酉卜，兄贞：旬亡囚。　癸未卜，兄贞：旬亡囚。八月。　癸巳卜，兄贞：旬亡囚。　癸未卜，兄贞：旬亡囚。　癸丑卜，兄贞：旬亡囚。　癸酉卜：兄贞：旬亡囚。（《簠室·杂事》三三）

癸亥卜，兄贞：旬亡囚。四月。　癸未卜，兄贞：旬亡囚。四月。　癸巳卜，兄贞：旬亡囚。（《双剑》一四七，《续存》下六八六重。）

癸亥卜，兄贞：旬亡囚。七月。　癸酉卜，兄贞：旬亡囚。八月。（《簠室·杂事》三七）

癸亥〔卜〕，兄贞：〔旬〕亡〔囚〕。（《续存》上一六九二）

癸亥卜，兄贞：旬亡囚。　癸亥卜，兄贞：旬亡囚。七月。（《粹编》一四三四）

癸□〔卜〕，兄〔贞：旬〕亡〔囚〕。　癸酉卜，兄贞：旬亡囚。　癸巳卜，兄贞：旬亡囚。　癸卯卜，兄贞：旬亡囚。（《续编》四、四二、一）

癸□〔卜〕，兄〔贞：旬〕亡囚。　癸亥卜，兄贞：旬亡囚。七月。　癸酉卜，兄贞：旬亡囚。八月。　〔癸〕未卜，〔兄〕贞：旬〔亡〕囚。八月。（《续编》四、四三、一）

癸□〔卜〕，兄〔贞〕：旬〔亡囚〕。　癸亥卜，兄贞：旬亡囚。九月。

癸卯卜，兄贞：旬亡囚。（《续存》上一七〇三，《平津·元》二二八重。）

癸□〔卜〕，兄贞：旬亡囚。（《南北·明》四〇一）

按上列兄卜旬之辞，其记月名，但言某月，俱不见上系“在”字。

三　【卜往来】

壬寅卜，兄贞：王往休。十月亡　在六。（《续编》三、二七、二）

……卜兄贞：……沚伐今日至……（《库方》一六三四骨）　同版见卜人出及矣。背云：“……小臣……”

四　【卜祭祀】

二示五居（后）

癸巳卜，兄贞：二亍㣇，王遣竝。　丁亥卜，兄贞：羽辛卯，㞢于〔母辛〕。　癸巳卜，兄贞：竝来归。隹㞢亍，〔十月〕。　癸巳卜，兄贞：日辛，吉。泳于竝。　丁酉卜贞：子弗疾，㞢疾。十月。庚子卜贞：其㞢于五居，罕。（大英博物院藏骨，《库方》一五四二。）

……〔兄〕贞：二示㣇，太遣竝。十月。　……羽辛卯，㞢于母辛。　……隹㞢亍，十月。　……于竝。（《续编》一、四三、一）

按《续编》此片，"兄"字仅存下体，细审之，知与《库方》一五四二同文，皆为十月之事，其缺字可以互补。他辞同此而可参证者，又有下条：

……㞢母辛，岁，于㓝宗，氐束，十月。　……三帚宅新寝，衣，宅，十月。　……丑，㞢于五居，至于龏㓝。（《叕存》二四，《缀合》一五——《前编》一、三〇、五十《前》二、二五、六。）

所谓二示，《综述》据《后编》上二八、七缺文，谓可能即示壬示癸（参该书460页），然大卜辞言："㞢自上甲元示二牛，二示二牛。"（《前》三、二二、六）他辞又言"三匚二示"（日本硲伊氏藏骨，见《日本甲骨录》附图）。则二示亦可如三示五示之比，作为泛称。五居之居字，从尸从倒子，与毓字同构，《综述》释为"后"字是也。（该书495页）《书·吕刑》、《诗·下武》、《离骚》并称"三后"，陈氏谓此五后可能指大庚至中丁五王；然《叕存》辞明云至于"龏㓝"，龏㓝指"甲"，即和甲，疑五后乃指上甲、大甲、小甲、戋甲、龙甲（和甲）五甲，故与二亍（示壬示癸）异其宗庙也。

又《佚存》九四二辞云："□亥卜，兄贞：……龏……"（《续编》六、二五、四重）以《叕存》二四证之，疑是龏㓝，兹附记于此。

高祖

己酉卜，兄贞：𠦪年于高且，四月。（《遗珠》三九三，亦见《缀合编》一七，同版见卜人出、大及子㖟等。）

按《大戴礼·千乘篇》："日历巫祝执伎，以守官俟命，而作祈王年，祷民命。"𠦪年即祈年，说已详前。此骨片又记七月辛卯大卜，及八月丁酉大卜，知同版书事，不必同时，可以相差至数月之久。是辞但云："祈年高祖"，不明言为夒抑王亥；现存兄卜辞所见先公先王名，仅祖辛一人耳。

且辛　母辛

庚申卜，王贞：其又于母辛，十月。　庚申卜，王贞：毋又于且辛，

于母辛。　贞：其㞢壱。　辛酉卜，兄贞：㞢于母辛。（《续编》一、四二、五又六亦见《缀合编》三二）

按兄卜辞所见先妣，仅此一条。辛酉为庚申之翌日，盖由王自卜，继再由兄卜之。母辛为武丁之配，见出、大、行、即诸人之卜辞，此与祖辛同卜者，殆因在辛（酉）日祭祀之故，或此时尚无周祭之制。

南室

乙酉卜，兄贞：叀今夕，告于南室。（《前编》三、三三、七）

乙酉卜兄……丁亥，史其彡，告……南室。（《续编》二、六、三）

按"史"字为旁注小字，其例仅见。两片为同日同人同事之卜。南室盖即明堂，《佚周书》佚文记明堂五室，"东方曰青阳，南方曰明堂"，参《大戴礼·盛德篇》。

血室　追

己巳卜，兄贞：奠告血室，其垖（追）。（《前编》四、三三、二）

……卜兄贞：其彡……　贞：[illegible]𡐨血〔室〕……羽……（《前编》六、一三、三）

按垖即𠂤字，益土旁，如兒间亦作"𡐦"，是其比（《宁沪》二、四八）。𡐨盖追字，《佚周书·世俘》："王遂禦循，追祀文王。"禦即卜辞习见之钔，《礼大传》云："武王设奠于牧室。"盖祭宗庙先杀牲，取血告室，以降神也。

品祠

丁酉卜，兄贞：其品司，在𢆶。八月。　戊申卜贞：其品司于王。出。（《簠室·人名》八，《后编》下九、一三及一〇、一文同。）

按品司说详上卜人出条。

閟

甲子卜兄：在𠃬……（《摭续》一五八）

按𠃬即必字，于氏读为《鲁颂》閟宫之閟（《骈枝三编》），郑笺：閟，神也。《南北·辅仁》七一"在必用，王受又。"语与此同。

五　【杂卜】

崇日

……〔兄〕贞：𡿧日……囚，受……（《后编》下七、三）

按日上一字，罗氏释崇，卜辞所见崇有二义：一为方国人名，如

《前编》四、四二、二及《前》四、四二、一两辞；另一为“耑日”之名，字多作耑，兹举如下：

耑日，又正。（《京津》四三二九）

今日丁，其雨不雨，耑日，王其征，亡𢦏。（《宁沪》一、一〇七）

乙卯卜：今日耑（耑），王其征，亡𢦏。大吉。（《遗珠》六八〇）

辛巳卜：耑，力，王其征，于噩，亡𢦏。（《遗珠》六七九）

于劦日耑，乃又升，王受〔又〕。　其又长子，叀龟至，王受又。（《后编》上一九、六）

贞：于乙日耑，⊗……王受又。（《屯甲》一三四三）

“耑力”当即“劦日耑”，力乃劦之省形，知在耑日亦举行劦祭。耑日乃记时之语，或倒言曰“日耑”。《说文》：“耑，物初生之题也。”耑端古一字，耑日殆即元日。《左》文元年《传》：“先王之正时也，履端于始。”桂馥云：“《春秋》说：元者，端也，端即春也。”如是耑日可解作元日或春日。

残辞

《遗珠》一三三二云：“癸卯卜兄　癸丑卜兄　癸亥卜兄。”辞未刻全。

其他兄卜残辞存干支字者，有：《铁》八八、二，〔《京津》三七四〇重〕（庚午），《明义士》一六七八〔《京津》三七四四文同〕（癸未），《京津》三五二五（己巳），《金璋》六六九（戊辰、己巳、庚午），《南北·师》一六二（癸巳）。

无干支者，尚有：《拾遗》四、八，《前编》七、二八、一等。

壴

壴与彭每见于同版如：《屯甲》二六九八，凡三言：“庚寅卜彭”，其中一作“卜壴贞”。至同版云“卜彭贞”又见“卜壴贞”者，计有：《屯甲》二三七一、二七八四、二八三九、二六四〇、二六二一，及《缀合编》三五八等片。

壴亦见于武丁时之卜辞，如：

乙巳卜，内…… 壴亡𡆥。（《屯乙》二〇二七）

贞：壴其出𡆥。（《屯乙》七二〇五，同版见卜人𠀠。）

己亥卜，争贞：岀㞢于且……（《戬寿》二五、一二，《续编》四、二六、一重。）

贞：令壴〔归〕……（《续编》五、一二、三，同版见卜人争，《簠室·人》一〇八同。）

壴往沚，亡囚。（《屯乙》五三五〇，亦见《殷缀》三〇七，同版见卜人争。）

叀𠂤令省亩（禀），叀竝令省亩，〔叀〕岂令〔省〕亩。（《粹编》九一五）

贞：叀岂令见于𡆥。（《屯甲》二三九六）

壴、彭与穷同时，其证如下：

己丑卜，彭穷贞：其焉祖丁门，于𦭞衣，邛彡。（《屯甲》二七六九）

壴入十，宔。（《双剑》四）

癸亥卜，穷贞：令𢀛侯𢂋𡉘壴。贞：勿令𢀛侯，七月。（《屯甲》三五一〇＋《京津》一六八一）

癸丑卜，穷贞：……比岂……（《簠室·杂事》一二八）

贞𩠞亏岂。（《粹编》五三三，同版穷卜。）

上列辞中，可注意者，其一为彭与穷同贞，一为骨臼刻辞，由宔署名，宔即穷也。

与壴同版之卜人，有口（《屯甲》二六二一〔同版亦见彭〕，二八三九）、宁（《屯甲》二九二〇，《续编》五、二四、五）、何（《屯甲》二六九四，《京津》四八二八）等。

其妇曰帚岂，与帚𢓊并列，如：

戊子贞：帚岂又子。戊子贞：帚𢓊又子。戊子贞：帚桼又子。（《屯乙》四五〇四整龟）

壴亦为地名，称曰“自岂”，

在自岂卜，五月。（《文录》六八二）亦作“自𣲧”。（《文录》一八〇又五六一）

骨臼刻辞言“壴入若干”颇多（如《屯乙》一九三八〔亦见《殷缀》一六四〕，五五〇八〔亦见《殷缀》三一二〕，五五九九〔亦见《殷缀》三一四〕，四〇六八、四三八一、四五一四、七三七八，又如《屯乙》一六六一等），兹不具举。

壴之卜辞有一特征，为文字喜作倒书。如《屯甲》二四三六之“辛”字，

《屯甲》二七六四、《京津》三九九三之“王”字，《屯甲》二六七四及二八〇七之“自”字，又《屯甲》二四〇七除壴字外，余皆倒刻，《屯甲》二七七〇则行款错乱。

壴之卜辞，辑录如下：

一 【卜夕】

壬午卜，壴贞：今夕亡𡆥。（《续存》上一七五二，同版见贞雨之辞。）

壬申卜，壴贞：今夕亡𡆥。（《屯甲》二一一〇）

□寅卜，壴〔贞：今〕夕亡𡆥。（《南北·师》一、一七五）

□卯卜，壴贞：今夕亡𡆥。（《佚存》三〇四）

□酉卜，壴〔贞：今〕夕亡𡆥。（《京津》四六五五）

……卜，壴〔贞：今〕夕亡𡆥。（《诚斋》四四三，同版见卜人口。）

其他贞夕亡𡆥残辞，尚有《佚存》三一九，《屯甲》一一一一。

二 【卜旬】

〔癸〕酉卜，壴〔贞〕：旬亡𡆥。（《屯甲》二四七〇）

癸未卜，壴贞：旬亡𡆥。（《佚存》二九九）

癸未卜，〔壴〕贞：旬亡𡆥。 ……卜壴……亡𡆥。（《屯甲》二五一九）

癸旬亡卜，壴贞：未𡆥。（《屯甲》二七七〇，原文排列淆乱，应读作“癸未卜，壴贞：旬亡𡆥。”同版见卜人何。）

癸巳卜，壴贞：旬亡𡆥。（《屯甲》二四六九） 有数字倒书，同书二六九四（亦见《缀合编》三四三）及二七八四文同。

癸巳卜，壴贞：旬亡𡆥。 癸卯卜，壴贞：旬亡𡆥。 ……卜壴〔贞：旬〕亡𡆥。（《屯甲》二七五〇）

癸巳卜，壴贞：旬亡𡆥。（《屯甲》二七八四，同版见“彭。”）

癸卯卜，壴贞：旬亡𡆥。 癸巳卜，壴贞：旬亡𡆥。（《屯甲》二四〇七+《甲》二六九四，亦见《缀合编》三四三。）

按同版见卜人何，癸卯一辞分两行，除壴字外，余皆倒刻，为例罕见。

癸卯卜，壴贞：旬亡𡆥。 ……卜壴〔贞：旬〕亡𡆥。（《六录·中央》二六八）

癸丑卜，壴贞：旬亡𡆥。（《屯甲》二六二一，同版见卜人口及彭，同书二七七三（文极紊乱）、二八一一及二八八七文同。）

癸丑卜，壴贞：旬亡囚。（《屯甲》二八三九，同版见卜人彭及口。）

按上两骨条同为癸丑日卜，似为一版之折。

〔癸〕亥卜，壴〔贞〕：旬亡囚。（《屯甲》二三七一，同版见彭。）

三 【卜祭祀】

大庚

庚申卜，壴贞：王（倒书）宾大庚。（《京津》三九九三）

祖丁

戊辰卜，壴贞：又来𤣩。 自𢼄（单父合文）。 贞：于来日。 今日，其征于且丁。（《屯甲》二七七二）

按同版云："𢦏止，叀林田。"𢦏止即"𢦏祉"，为祝嘏成语，殆与𢦏鼇同义。单父二字合文，为地名。《元和郡县志》："今宋州单父县，古鲁邑也。"《汉书·地理志》属山阳郡。《路史·国名纪》："舜师单卷所居，故号单父；周成王封少子臻于此，为单子国。"今果见于卜辞。𤣩盖犬名，此卜贡奇兽事，《周》书《西旅獻獒》是其例。征即延，陈也，义见《尔雅·释诂》。

小乙 祖乙

……〔壴〕贞：其至（倒书）小乙征。（《屯甲》二七五七）

癸〔酉〕卜，壴贞：其㐅小乙，𠷎（祷）㐅，夕且乙。 贞：五罕 贞：三罕（《屯甲》二六一八，同版云"贞：𢦏敉（鼇）。"）

按壴卜辞祭事，每言"㐅"，亦其特征之一。㐅盖即左字。《尔雅·释诂》："左右、助，勴也。"《说文·力部》："助，左也"。助与右复同训。《说文》右字分隶二部：《口部》云："助也。"《又部》云："手口相助也。"并训助；右与祐同，《说文》："祐，助也。"右又通作"侑"，《系辞》："可与祐神"，《释文》荀本作"侑"。左与右俱有助义，乃知卜辞之言"㐅某先王"，与祐神之祐，义无二致。此云"𠷎㐅，"实即祷祐也。

示辛

辛（此字倒刻）酉卜，壴贞：王宾𡗜，𠬝隹吉， 不冓雨。 壬戌卜，壴贞：王（倒书）宾示辛（合文）日，𠬝隹吉。（《缀合编》三四八——《屯甲》二四三六＋二七六四，亦见《殷缀》三一。）

按示辛他辞未见，与示壬示癸称谓例同，疑小辛之别名。

又按宎说已见卜人事条（参本书，362 页），其异形又有作宎（《京津》四八一〇），宎（《续编》四、二八、八），宎（《京津》四八一一），则为从无从内。考“无”与“大”同义（《尔雅·方言》并云：“幠，大也。”《说文》：“无，丰也。”无与膴庑并训丰大），故从大亦作从无，此字余释宎，《林》二、一九、一二：“王宎亩吉”字，与《集韵》内古文之㐻（《十八队》）形尤近。“宎（纳）惟吉”成语，以事及何两卜人所见为最多，盖武丁晚期至廪康时常用之。壴卜残辞有宎字者，尚见于《屯甲》二九一九，不具录。

妣辛

庚辰卜，壴贞：其又妣辛，一牛。（《屯甲》二七九七）

其他

□酉卜，壴〔贞：王〕宔𠬝……（《屯甲》二二九五）

……壴庈于之……（《屯甲》二七四四）

按庈即唐字，见《大丰𣪘》。（参本书，513 页。）

残辞

壴卜残辞又有：《屯甲》二六七〇（存“卜壴”二字），二七六七（存“壴”一字）。

彭

卜人彭与壴（《屯甲》二三七一，二六四〇，二六九八，二七八四）、逆（《屯甲》二四九一）、口（《屯甲》二六二一，二八三九）、犾（《缀合编》三五六，《殷缀》五〇重）、何（《屯甲》二七七四）同版，旧列为廪辛时人。

彭卜辞所见人物，有小臣𠀠（《缀合编》三八四），异（《佚存》二七七，异亦见犾卜）。彭于先公如父甲、父庚、父辛，并有“父”称，知当属武丁对其诸父之称谓。故彭与㝑同卜（《屯甲》二七六九），可知其时代上及武丁之世。乌邦男列彭为武乙时人，并谓彭卜辞之父辛即武乙之称廪辛，然于祖庚祖甲，何以亦称曰父而可与廪辛同辈乎？是以彭属武乙一说，实不可通。

彭又为地名。卜辞有地名曰彭，如“彭龙，取卅邑”（《续编》五、二〇、二），“癸丑王卜，在彭贞：旬亡𡆥。”（《续编》六、一、六，《簠室·地望》六重。）《郑语》史伯论祝融八姓云：“大彭、豕韦，为商伯矣。”“彭姓彭祖、豕韦、诸稽，则商灭之矣。”《帝系》云：“彭祖者，彭氏也。”《世本》则云：

"彭祖，彭姓，封于大彭。"大彭向来谓在彭城。卜辞言彭龙当指大彭与龙两地，龙为鲁邑，与彭城正相迩。又《毛诗·郑风》"清人在彭"，此彭则为河上地名，《左》哀二十五年传"弥子瑕食釆于彭，为彭封人。"盖为卫邑，与郑连境。若以之当殷王在彭贞卜之所，地望或较合。

又考商代人名曰彭者，除彭祖外，《大戴礼·虞戴德》，孔子称商之老彭及仲傀。老彭，汉包咸《论语注》云："殷贤大夫。"《后汉书·张衡传》称曰"殷彭"；《汉书·人表》列老彭于成汤时，又《离骚》彭咸，王逸亦云殷贤大夫，凡此诸彭，与此武丁以来卜人名彭者，殆偶尔同名，无由证明其两者间之关系。

彭之卜辞，辑录如下：

一 【卜夕】

庚申卜，彭贞：今夕亡囚。(《宁沪》三、二三四)

……卜彭贞：今夕亡囚。(《屯甲》一一五八，同版见贞夕亡雨之辞。)

□午卜，彭〔贞〕：今夕亡〔囚〕。(《南北·师》二、二一五)

……卜，彭〔贞：今〕夕亡囚。(《诚斋》一八，《京津》四六五四重。)《前编》五、三四、五及《明义士》一八二〇文相近。

二 【卜旬】

癸酉卜，彭贞：旬亡囚。 ……卜彭……亡囚。 (《缀合编》二九七——《前编》五、三四、二十五、三四、三)

癸未卜，彭贞：旬亡囚。 癸巳〔卜〕，彭贞：旬亡囚。 癸卯卜，彭贞：旬亡囚。(《殷缀》三八——《屯甲》二四四二+《佚存》二七八)

癸未卜，彭贞：旬亡囚。(《殷缀》五〇——《屯甲》二七七五+二七七六，又见《缀合编》三五六，同版见卜人狄，《屯甲》二八五三文同。)

癸未卜，彭贞：旬亡囚。 癸巳卜，彭贞：旬亡囚。 ……卜彭〔贞：旬〕亡囚。(《屯甲》二六四三)

癸巳卜，彭贞：旬亡囚。 □午卜，彭……叏(事)，王亐 ……贞：羽日 ……癸亥卜，壴贞：旬亡囚。 癸酉卜，壴贞：旬亡囚。(《缀合编》三五八——《屯甲》三三六四+二四六九+二三七一)

癸巳卜，彭贞：旬亡囚。(《屯甲》二四九三，同书二六二〇文同。)

癸巳卜，彭贞：旬亡囚。 ……卜彭……亡囚。(《缀合编》二九六——

《前编》五、三四、四十五、三四、六）

癸巳卜，彭贞：旬亡囚。　癸卯卜，彭贞：旬亡囚。　癸丑卜，彭贞：旬亡囚。　癸亥卜，壴贞：旬亡囚。（《屯甲》二六四〇）

癸卯卜，彭贞：旬亡囚。　癸酉卜，彭贞：旬亡囚。（《屯甲》二六七七）

癸丑卜，彭贞：旬亡囚。（《缀合编》三五七——《屯甲》二五三七十二五六〇，《屯甲》二二一四文同。）

癸丑王卜，在彭贞：旬亡畎。（《簠室·地望》六，《续编》六、一、六重。）

按彭卜辞悉言亡囚，惟此条作亡畎，与黄所见者同例。

〔癸〕丑卜，彭〔贞〕：旬亡〔囚〕。（《屯甲》二五三八，同书二五六七文同。）

癸亥卜，彭贞：旬亡囚。　癸酉卜，彭贞：旬亡囚。（《屯甲》二七九二，同书二八四四及二七三七文同。）

癸亥卜，彭贞：旬亡囚。　弜巳（祀）。（《屯甲》二四六六）

癸亥卜，彭贞：旬亡囚。　癸丑卜，壴贞：旬亡囚。（《屯甲》二六二一，同版见卜人口。）

〔癸〕亥卜，彭〔贞〕：旬亡〔囚〕。（《屯甲》二八六七）

……卜彭，……旬亡囚。（《屯甲》二五九八，同书一九七四文同。）

仅存"亡囚"二字者：

《屯甲》一九八八　又二一七〇　《京津》四六五六

三　【卜田狩】

辛丑卜，彭贞：翊日壬，王𢆶异其田，湄（弥）日，亡巛。（《佚存》二七七）

按《佚存》三〇一残辞"辛丑……贞王……𢆶"，与此为同日之卜，疑系一事。𨞗从古文《老子》拔字之𥝖，益目旁，隶定可作眓。其繁形有从水者，如："亩潽，亡戋。从，亡戋，皀。"（《粹编》一五六一，《京津》四四二〇重）𨞗当是人名。异亦人名，如"癸亥卜，壴贞：异其左于宊"（《邺初》下四十、六）。异又见于狄之卜辞云："异其涉冢同"（《屯甲》三九一六）。此卜王与𨞗、异二人共往田，以他辞"小王𠕁田夫"（《库方》一二五九）例之，盖在文法上省去联续词之"与"、"眔"者。

庚戌卜，彭贞：亡巛。毕……毕三罴。（《屯甲》二六四二）

按此叠用两动词之毕（禽）字。

四 【卜祭祀】

河 上甲 父辛

□戌卜，彭贞：其又桒于父辛……。 洀眔上甲，在十月又二，小臣〔卣立〕。 癸亥卜，彭贞：其又于日妣己。在十月又二，小臣卣立。 贞：其𠦪𡨄大甲日。（《缀合编》三八四——《屯甲》二六二二＋二六四七）

己巳卜，彭贞：钔于河，毖十三人，在十月又二。 辛亥卜。 辛亥卜。 辛亥卜，彭。（《屯甲》二四九一，同版另有其他辞，不具录。）

按陈梦家定彭属廪辛晚期，以此辞称月数曰“在十月又二”，与前此之作十二月合文者不同。考出卜辞亦云：“自今十年㞢五。”（《续编》一、四四、五）出卜辞中无兄庚称谓，时代较早，故知此种“㞢五”、“又二”之记数法，祖庚初期已有之。

大乙 祖乙 祖丁

癸亥卜，彭贞：大乙、且乙、且丁眔乡。 癸亥，卜贞隹大乙眔且乙即（飨）。 〔癸〕亥卜，……且丁其……日乡。 ……贞大乙、且丁眔乡。（《缀合编》三四一——《屯甲》二五八一＋二六〇九，亦见《殷缀》四六。）

甲戌卜，彭贞：酌，彡大乙王弗穷。 癸亥卜，彭贞：其酌彡，王三（汔）亡左。（《屯甲》二六一六）

按“亡左”即“亡助”，左与祐神之祐同义。

……卜彭……酌且乙，其告…… □午卜，彭：酌巳（祀）自（倒书）……寅，于毓…… 贞：戠豚，告……戌，巳。 贞：于且……（《缀合编》三七五——《屯甲》二四七八＋二六七四）

按是版告字作𠰸，甚谲怪。“且”旁一字，曾氏于《缀合编》增摹作“己”，审原片乃剥蚀。《综述》误据之，谓彭卜辞有祖己……之称，实讹。又“戠豚”与他辞之“戠𤘍”义同，戠盖祀肉，《汉书·贾谊传》：“上方受釐，坐宣室。”应劭曰：“釐，祭余肉也。”酌巳即酌祀。

祖丁

丙辰卜，彭贞：其左且丁，叀羽日……（《屯甲》二六四一，同书二六四八文同。)

己丑卜,彭穷贞:其羼且丁门,于咎衣邛彡。(《屯甲》二七六九)

按此彭与穷同贞羼即师祭之祃,邛彡犹言“余酌”。说见本书 191 页。

父庚(盘庚)　父甲(阳甲)

……卜,彭贞:其征异禾。　……彡父庚父甲□(家)卜。(《屯甲》二七七九骨)

按父庚与父甲并列,当指盘庚与阳甲,因彭之其他卜辞,又有父辛之称。彼于甲、庚、辛并称为“父”,惟武丁时始得如是称谓。岛邦男定彭所见之父辛,为武乙之指廪辛,则武乙时应称祖庚祖甲,不应称“父庚”、“父甲”,而与廪辛同列父行,此理之不可通者。(再假定以父庚为廪辛时之称祖庚,则尤不宜有父辛之称)彭虽与犾、何诸人同版,然又与穷并卜,其时代盖自武丁下及祖庚祖甲,惟尚未见父丁之称耳。

此辞于庙内称曰“家”,《尔雅·释宫》:“牖户之间,谓之扆,其内谓之家。”《拾遗》一、七亦云:“其出匚于上甲家”,与此同。

妣己

癸亥卜,彭贞:其又于日妣己,在十月又二,小臣□立。(《屯甲》二六四七亦见《缀合编》三八四)　同版云:“……□大甲日……”(互见上河条)

按仲丁及祖乙配均有妣己,此不知何属。

妣辛

庚寅卜,彭贞:其左妣辛,一牛。　庚寅卜,彭贞:其大罕。　庚寅卜。壴贞:其罕。　甲子卜,彭贞:王𠃬禣,其寞力(劦)。(《屯甲》二六九八)

按此于庚寅卜,同版一作彭贞,又一作壴贞,卜用大罕之吉否。考大甲及武丁配俱有妣辛,此辞言“艺禣”,或指武丁配。至其庙称寞者,他辞云:“在八月,乙丑帚且乙……易(锡)……在寞彝。”(《续编》三、三一、一)寞可读为昃,古与侧通,《内则》:“居侧室”,注云:“谓夹之室,次燕寝也。”(《综述》四七二)《大戴礼·诸侯衅庙》有“郏室”,其义应同。

癸亥卜彭贞:自(倒书)高……(《屯甲》二八〇七)

窔　家

癸亥卜,彭贞:□其左于□。　贞:于□(家)。　……亥卜,……于㝐（家）。（《京津》四三〇七，《邺初》下四〇、六重。）

按“家”字，说已见前。至㝐字，疑从宀从交，盖即窔也。他辞习见“宊”字，有“小乙宊”（《宁沪》一、五一六十五一七）、“父甲宊”（《续编》三、三一、五），或言“于宊”（《南北·明》五七九），“网岁王宊”（《邺》三、四〇、四），字从宀从夭。《尔雅·释宫》：“东南隅谓之窔。”字或作“宊”，《汉书·叙传》：“守宊奥之烛，”应劭《注》引《尔雅》：“东南隅谓之宊。”《既夕礼》：“埽室聚诸窔，”郭璞注：“窔亦隐暗”，宊即宊也。《说文》作“窅”。

《屯甲》二五五七“……彭贞：异其左于……”，与上辞同，可据补文。

□申卜，彭贞：其又帚（倒书）……（《京津》四八二八，同版见卜人何。）

异禾

……卜彭贞：其祉叒汖……。　乡父庚父甲家卜。（《屯甲》二七七九，重见上。）

飨

甲寅卜，彭贞：多子其乡。（《屯甲》二七三四）

禫　文室

丁丑卜，彭贞：于禫……　贞：于文室。（《屯甲》二六八四）

用牲

癸未卜，彭贞：告䍩。　癸未卜贞：二羊。（《屯甲》二四二四）

五　【成语】

叔止（祉）

辛酉卜，彭贞：其令……　辛酉卜贞：叔止（祉）。（《屯甲》二七八七）

按壴卜辞同版有云：“叔止叀林田”（《屯甲》二七七二）。他辞恒见“叔䄍”（《屯甲》二六一八），则“叔止”即叔祉也。

残辞

庚戌卜　庚戌卜彭。　己酉卜　己酉卜彭。（《缀合编》三八五——《屯甲》二四六五十二六九〇，亦见《殷缀》三九。同版见卜人何。）

□午卜彭……王其㠯（巳）（《屯甲》二二六九）

卜彭……亡又。 贞：于来日……（《屯甲》二五二一）

存“亡囚”二字者：

《林》一、一六、三 《佚存》三三 《福氏》一三 《六录·清》一八六 《屯甲》一三一二、又一五一二、又二四一七（彭字倒书）、又二七〇五、 又二七三六。 《京津》四六五四 《燕大》四五三、又四五四、又四五五。《前编》五、三四、七。

仅存“囚”字者：《屯甲》一六一四、又一八四九。仅存“亡”字者：《明义士》四二七 存“其”字者：《屯甲》二五三九。

存干支者：

甲子 《屯甲》二六五七， 丁未 《屯甲》二八一三， 己丑 《屯甲》二九三七， 己亥 《屯甲》二五七八， 未 《屯甲》二七七四。（同版见卜人何）

仅存“卜彭”二字者：《屯甲》一六二五 又二六〇六 又二七一二。《屯甲》二七七四“□未卜彭”四字，同版见卜人何。 仅存“彭贞”二字者：《京津》四七二五。 仅存“彭”字者：《文录》七五九 《屯甲》二七〇六 《屯甲》二八一七。

冎

卜人冎异形颇多，有作冎（《屯乙》八八九九）、冎（《明义士》一二五八）、冎（《屯甲》八〇八）者，而以作冎为最多。由卜“疾冎”之辞，证知冎即骨字。（《屯乙》三八六四）

冎曾官小臣职。

癸亥卜，彭贞：其又于日匕（妣）己，在十月又二，小臣𠂤立（莅）。（《屯甲》二六四七）

丙……叀小臣𠂤立。（《屯甲》二七八一）

冎之卜辞，所见先王，有兄己（《京津》三二九三）、兄庚（《京津》三二九二）之称谓，则应及祖甲时，因兄己之名，为祖甲称祖己，而兄庚则祖甲称祖庚也。他辞云：

旃眔骰亡囚，冎告。（《屯乙》三二一二）

己酉卜，骰贞：勿乎米取……冎任伐，弗其氐。（《续编》四、二八、四，《簠室·典礼》一二一，《地望》四七重。）

□申卜，㱿贞：医弗氏𠂤。（《屯乙》四五八二）

己未卜，争贞：侯氏𠂤。允氏。（《屯乙》五一三）

丙子卜，𡧊贞：令𠦪𠭯我于㞢𠂤，𠂤告不𦎫，十二月。（《簠人》五五，《续编》五、四、三重。）

贞：𠦪不其𠂤告，其𦎫，十一月。（《宁沪》三、一二二）

庚辰彶卜，刍𠂤，入。（《续存》下五八五）

𠂤亦见于㱿、𡧊、争、彶之卜辞，则其人生年上及武丁之世。《屯甲》二九〇二记𠂤告事云：

戊〔午〕卜，鼎〔贞〕：弜隹丧，在南土，𠂤（此字多作𠂤）告事。

戊午卜：弜克自淮南邦方。

己未卜：隹弜，方其克弜南。

己未卜鼎：多〔𦣻〕亡𡆥，在南土。　己未卜鼎：多𦣻亡𡆥，在南土，［𠂤告］事。

庚申卜鼎：雀亡𡆥，南土，𠂤告事。（两辞）　辛酉卜鼎：雀亡𡆥南土，𠂤告事。（两辞）

……卜，贞：雀亡𡆥，𠂤告事。　庚申卜鼎：雀亡𡆥，𠂤告事，　……南土、𠂤告……（下文为壬戌卜㞢母壬母癸𠀠豕，与癸亥卜㞢母庚𠀠豕等辞，从略。）

上为一巨大牛胛骨，卜辞常例多由下而上，此则自上而下，盖自戊午日卜至于癸亥六日之事。是版“贞”字并作“鼎”，卜雀及多𦣻在南土，与弜（即骨臼习见“弜入”之弜）在南土（亦称南邦方），并书𠂤司告事，此为殷人经略南土之重要纪录。考雀为武丁时人，则𠂤之时代可以推知。庚申卜一条“亡𡆥”之“𠂤”字，与人名之“𠂤”同形，知𠂤即冎字。又己未条言“在南土”，而庚申辛酉条则但云“南土”，不言“在”，此行文探上省之例。

又武丁时我所致贡，其由𠂤与贮署名者，有云：

我来　贮，𠂤。（《屯乙》六六九三甲桥）

𠂤复每与𡧊匃见于同版，盖纪纳贡品物事。

……□三匃𠂤八。（《粹》一五二六，《京津》四八〇一重。）

……𡧊三、𠂤三、匃。（《宁沪》一、五二七）

……𠂤三匃。（《宁沪》一、五三三）

匃𠂤一。（《林》一、七、三，《龟》一一九重。）

……匃𠂤……（《明义士》四九二）

𠬝三旬𡆥三。（《戬寿》四六、五）

……𡆥三自𢀛。（《邺》三下四五、一〇）

乙亥𡆥三𡆥𡆥三……（《屯甲》八〇八）

己亥𡆥三……　己卯三𡆥于……（《屯甲》七五九）

庚戌𡆥三𡆥三。（《宁沪》一、一一八）

癸亥𠂇三𡆥三。（《宁沪》一一一、一一〇背）

𠂇即子左，其与𡆥一同致纳者，甲骨所见，尤不一而足。（《京津》四七九〇至四八〇一，《战后宁沪》五二三至五三五皆此类辞。）𡆥亦称子𡆥，见于穷卜；𡆥之妇曰帚𡆥，见㱿卜之辞。

……卜穷……子𡆥（《京津》二〇九六）

不𡆥，子𡆥曰：弜𡆥。（李棪藏甲，字细小。）

壬午卜，㱿贞：帚𡆥……（《屯乙》七三四五）

是𡆥之时代，应上及武丁之世

𡆥亦与子大同见于一版，

……贞：翌甲申，子大……𡆥……（《铁》一四九、四）

又与鼓同协王事。

己卯卜，𡆥贞：鼓其取宋白𡆥，鼓𡆥叶朕𡆥（事）。宋白𡆥比鼓，二月。（《佚存》一〇六）

𡆥卜之辞，亦言及“𡆥”，

……卜𡆥贞：𡆥其入，王曰：入，允入。（《文录》五一九）

𡆥与尹、旅、出同版（《遗珠》四九一），又与“𡆥卜”同版（《文录》一〇〇）。

其他残辞言及𡆥事者，又有：

令𡆥罘𡆥卜……（《佚存》五三五）

贝：𡆥𡆥……（《屯甲》二九五八）

《续存》六一一骨“□戌卜王，贞：王其𡆥中丁，彡𡆥，亡𡆥。”其背（同书六一二）但锲一“𡆥”字；疑此为王贞卜，而由𡆥记其事，故并署名。

𡆥之卜辞，辑录如下：

一　【卜雨旸】

癸卯卜，𡆥贞：今日来𡆥。　癸卯卜，𡆥贞：今日来雨。（《文录》九八）

戊申卜，𠙶贞：今夕不雨。（《诚斋》五九）

□辰卜，𠙶〔贞〕：今夕〔不〕雨。（《南北·坊》二、五一）

□午卜，𠙶贞：〔今〕夕，不征雨。（《明义士》一三一二）

……卜，𠙶〔贞〕：今夕〔不〕雨。（《南北·无》四六〇，同书《坊》二、五〇文同。）

按卜人𠙶，董氏列廪康时，即彼所谓新派者；而云新派卜事不卜雨，“有来艰”成语，只见于第一期；惟上列各辞均有之。

癸巳卜，𠙶贞：今日，亡来艰。 癸巳卜，𠙶贞：今日啓。（《金璋》一二五）

二 【卜夕】

乙丑卜，𠙶贞：今夕亡𡆥。 己巳卜，𠙶贞：今夕亡𡆥。（《库方》一〇七一）

戊辰〔卜〕，𠙶贞：〔今〕夕〔亡〕𡆥。 辛未卜，𠙶贞：今夕亡𡆥。（《佚存》四〇二，《邺初》下三四、一重。）

同版尚有卜雨之辞若干，未系卜人名。

丙申卜，𠙶贞：今夕亡𡆥，在七月。（《粹编》一三四八，同版见卜人旅。）

辛酉卜，𠙶贞：今夕亡𡆥。（《明义士》一二五三）（上各辞依干支次序排比）

……卜，𠙶〔贞〕：今夕〔亡〕𡆥。（《前编》四、九、三。《文录》一〇〇〔与㱿同版〕及东京博物馆藏片文同。）

壬寅卜，𠙶……今夕……（《明义士》一一七八）

……卜，𠙶……今夕……（《明义士》一五五九）

……卜，𠙶……夕亡〔𡆥〕十月。（《南北·坊》二、一二五）

三 【卜旬】

癸酉卜，𠙶贞：旬亡𡆥。 癸未卜，𠙶贞：旬亡𡆥。 癸巳卜，𠙶贞：旬亡𡆥。（《文录》七三）

癸酉卜，𠙶贞：旬亡𡆥。（《续存》下六九七）

癸未卜，𠙶贞：旬亡𡆥。（《屯甲》二六〇三骨）

癸巳卜，𠙶贞：旬亡𡆥。 癸卯卜，𠙶贞：旬亡𡆥。 癸丑卜，𠙶贞：

旬亡囚。 〔癸〕酉卜，𠂤〔贞〕：旬亡囚。（《邺初》下三七、一，《京津》三五八八重。）

癸卯〔卜〕，𠂤贞：〔旬〕亡〔囚〕。在…… ……卜，𠂤〔贞〕：〔旬〕亡〔囚，在〕十一月。（《续编》五、一八、一〇、同书六、一四、一〇重。）

〔癸〕卯卜，𠂤〔贞〕：旬亡囚。（《文录》七四）

……卜，𠂤〔贞〕：旬亡〔囚〕，在二月。（《诚斋》四六六）

四 【卜祭祀】

大乙

……𠂤贞：……大乙……彡。（《京津》三二三六）

大甲

甲申〔卜〕，𠂤贞：〔王〕宾大甲……亡…… 甲子卜，𠂤贞：王宾……（《续存》下六〇八）

大戊

戊午卜，𠂤贞：王宾大戊，戠，亡囚，在十三（四）月。 贞：亡尤。

戊午卜，𠂤贞：王宾大戊，𢎘岁，三宰，亡尤。（《续存》上一四九二）

戊午〔卜〕，𠂤贞：〔王〕宾……亡〔尤〕。 戊寅卜，𠂤贞：王宾大戊，戠，亡囚。 贞：亡尤。 ……卜，𠂤〔贞：王〕宾……亡囚。（《粹编》二一三）

按上两骨可能为一版之折。十四月之名，除见此条外，尚有《明义士》一五六八，及《前编》八、一一、三，殷器《文父丁毁》盖亦云"在十月三"（《续殷文存》上四九），是殷历明有"十四月"。其书十三月者，自武丁、祖庚、祖甲以至廪康卜辞均见之，盖于年终置闰，以十三月为一岁者，《周髀》谓之"大岁"（参赵君卿注）；至十四月当为重闰，殆因月建龋差，故为此变通之法。《周官》冯相氏、保章氏，《礼记·月令》大使，并司天，使日月星辰之行，宿离不贷，毋失经纪，然司历每有失闰之过，至春秋时犹然，（哀公十三年传："十二月，螽。仲尼曰：'火伏而蛰者毕，今火犹西流，司历过也。'"是其例。）足见殷时岁终置闰，仍不能尽合天，故有大小旬、大小岁，以至十四月以调整之。

且乙

□申卜，𠂤……其𢍚，……且乙。（《京津》三二五九）

癸亥卜，出贞：其羿卺。　贞：其羿卺。其在且乙下。　丙寅卜，出贞：其力（㔾）。（《续存》上一四九五）

且辛

……出……且辛……亡（《遗珠》三五八，现藏书道博物馆，列五〇。同版见“兄己”。）

兄庚

……出……兄庚……（《京津》三二九二）

兄己

……出……兄己……　乙未卜，出贞：王宾……（《京津》三二九三）

妣庚

……卜出……宾妣庚……尤。（《库方》一九二九）

妣辛

丙辰卜，出贞：其圂于妣辛。　丙辰卜，出贞：其圂于妣辛，一牛。（《后编》上一九、一五）

癸

壬午卜，出贞：其羿于□癸。（《七集·普》八八）

〔䂓与禫〕

丁未卜，出贞：王宾，夕〔福〕，亡〔尤〕。（《文录》四三〇）

甲午卜，出贞：王宾，……禫，〔亡尤。〕（《文录》四〇七）

其他出卜残辞言禫者，又有《续存》上一五八五、《佚存》七四九（《京津》三三五〇文同）、《七集·卫》四七、《佚存》三六二、《文录》四〇七。

……卜，出〔贞王〕宾，……䂓，〔亡〕尤。（《明义士》六〇九，《续存》下六四四文同。）

〔夕䆅〕

……卜出　夕⊗〔䆅〕王……（《前编》四、三六、五，同书四、三六、六重，《明义士》八二四文略同。）

〔叙〕

乙丑卜，出贞：王宾，叙，〔亡尤。〕（《遗宝》一一、四，同版残辞尚有一组。）

庚寅卜，出贞：王宾，叙，亡尤。（《明义士》一一二）

丁巳卜，〔[illegible]〕贞：王宾，叙，〔亡尤。〕　……[illegible]……叙……（《明义士》五〇八）

〔戠〕

己巳卜，[illegible]贞：王宾，戠，亡囚。（《文录》四三六）

壬申卜，[illegible]贞：王宾，戠，亡囚。（《遗珠》四九一，同版见卜人出及尹。）

……卜[illegible]〔贞：王〕宾，戠，亡囚。（《遗宝》八、一）

……卜[illegible]〔贞：王〕宾，戠，〔亡囚。〕（《遗珠》五六）

〔祢禫〕

丁卯卜，[illegible]贞：王宾，[illegible]禫，亡囚。（《库方》一二一七）

庚辰卜，[illegible]〔贞：王〕宾，[illegible]〔叙〕，亡囚。（《文录》五三〇。《南北·坊》二六〇文略同，疑是宾大庚。）

……卜，[illegible]贞：〔王宾〕，[illegible]禫，……（《宁沪》三、一九七）

王宾残辞，又有《文录》四八六（乙巳），《库方》一二三五、一三七三、又一四〇三、又一七八二。《燕大》三二五、又八一〇，《林》二、三〇、一（《遗珠》七九重），《明义士》八四九，《南北·坊》二、九二等。

五　【杂卜】

□未卜[illegible]……言，允……十三月。（《南北·无》四八九）

按祖甲以后仍有十三月之名，此亦一证。赵君卿《周髀》注云："大岁者，十三月为一岁也。"卜辞亦见"大岁"之名，如"己未贞：叀甲子，彡伐，自甲。　弜又于大岁，权……"（《库方》一〇二二）。胡厚宣释此为太岁，章鸿钊谓即十三月之大岁。《淮南子·天文训》："斗柄为小岁，正月建寅，月从左行。十二辰"咸池"为太岁（当作"大岁"，见钱大昕等说），二月建卯，月从右行，四仲终而复始。"盖古以有闰之年为大岁也。关于岁星所在对二十八宿之分配，据《天文训》云："太阴在四仲，则岁星行三宿；太阴在四钩，则岁星行二宿"。四仲即子、午、卯、酉，此四者所在，均行三宿，如卯为须女、虚、危，午为胃、昴、毕，子为氐、房、心。咸池指岁星行经四仲者，《华山碑》："岁在戊午，名曰咸池"，是时太阴在午，而岁星在酉，酉为四仲之一，当行于胃、昴、毕三宿，故云咸池为大岁。是知十三月为有闰之年，古亦谓之"大岁"也。

残辞

其他占卜残辞存“王”字者，有《京津》三七五三，《明义士》一〇四九。存“宓岁”二字者，有《诚斋》一八七（《南北·坊》二、八二重），《续存》一五三四。存“亡”或“亡囚”者，有《续编》六、一四、一〇，《库方》一八一五。存干支名者：有《京津》一二五八（己亥），《明义士》（壬戌）。仅存“占”一字者有《明义士》一九八七，《续存》下六一二。

旅

旅之年代，旧列祖甲时，因其先公称谓，有父丁、兄己、兄庚。举例如下。

父丁　《明》七四〇，又二三六〇，《通别》二、七、七，《京津》三二五八，《库》一一八〇，《续编》一、三、四，《遗珠》八四八，《金璋》七六。

兄己　《库方》一二〇四。

兄庚　《明》七四〇，《平津·元》二〇六，《遗珠》三五六（《通别》二、三、五重。）

与旅同版之卜人有尹。（《续编》四、四三、七，《佚存》三九七，《邺》一、二七、一，《戬》二八、八），占（《粹》一三四八，《遗宝》八、一。）

其见于旅卜辞者，又有下列诸人：

矣　□辰卜，旅贞：羽丁巳，矣至。……在自褮卜。（《后编》下二五、五）

屰　……卜旅……伊屰……古其……（《续存》下七二八）

行　卝　丙寅卜，旅贞：其乎行、𠂤，非不冓方。（《七集·皇家》三）

何　……卜旅……令何（何）……衙……（《文录》五九〇）

足见旅之年代，可由祖甲下至廪辛康丁时。

其他同辞异卜者，如《金璋》七二九，七三〇，及《拾掇》二、四八七旅卜“龙不既𢏚”，与《文录》六二九＋五四四洋所卜者文同；又《文录》三〇四旅卜“㫚于小乙”，与《诚斋》一五七（《粹编》二八八重）即所卜者，为同时同事异人之卜。

旅之卜辞，兹辑录如下：

一 【卜雨】

丁丑卜，旅贞：日不雨。（《粹编》七六六，《京津》三一七五重。）

庚寅卜，旅贞：今日不雨。（《明义士》四〇九）

……卜旅……今日……雨。（《文录》九六）

……旅……夕……雨。（《明义士》二三四）

庚申卜，旅贞：羽辛□，不雨。（《屯甲》二一二五）

……卜旅……日至……辛……雨。（《明义士》九三八）

……卜旅……羽乙巳……日不雨。（《库方》一九四一）

……旅……乙未，岁其雨。（《拾掇》三六三，《续存》上一四七八重。）

二 【卜日】

甲子卜，旅贞：今日亡〔来〕艰。　□寅卜，旅〔贞：今〕日……来艰。（《屯甲》二一二五，同版见旅卜雨之辞。）

□巳卜，旅〔贞〕：〔今〕日亡来〔艰〕，四月。（《南北·坊》四、三八五）

……旅……〔今日，亡〕来艰。（《前编》五、四一、一）

……卜旅……〔今〕日，亡来〔艰〕。（《明义士》一二九五）

三 【卜夕】

甲子卜，旅贞：今夕亡𡆥。　乙丑卜，旅：今夕亡𡆥。（《续存》下六七八）

乙丑卜，旅贞：今夕亡𡆥，四月。（《林》二、二七、九）

乙丑卜，旅贞：今夕亡𡆥。　丁卯卜，旅贞：今夕亡𡆥。　戊辰卜，旅贞：今夕亡𡆥。　□酉卜，旅〔贞：今〕夕亡〔𡆥，在〕十月。（《通别》二、八、一一）

丁卯卜，旅贞：今夕亡𡆥。（《明义士》四六九）

戊辰卜，旅贞：今夕亡𡆥。在十一月。　……卜旅贞：今夕亡𡆥，在十一月。（《文录》四七）

己巳卜，旅贞：今夕亡𡆥。（东京博物馆藏片）

庚午卜，旅贞：今夕〔亡〕𡆥，〔在〕十一月。　辛未卜，旅贞：今夕亡𡆥，在十〔一〕月。　癸酉卜，旅贞：今夕亡𡆥，在十二月。　丙子卜，

旅贞：今夕亡𡆥，在十二月。 戊寅〔卜，旅〕贞：今〔夕〕亡𡆥。（《缀合编》二八〇——《文录》四四十五五）

壬申卜，〔旅〕贞：今夕亡𡆥。 ……旅……夕……（《续存》上一六六五，同书一六九八重。）

乙亥〔卜〕，旅贞：〔今〕夕亡〔𡆥〕，三月。 ……旅……夕……（《明义士》九五六）

丁丑卜，旅贞：今夕亡𡆥，在三月。 戊寅卜，旅贞：今夕亡𡆥。 己卯卜，旅贞：今夕亡𡆥。（《缀合编》二七九——《续编》四、四三、三，〔《戬寿》二七、六重〕＋《续》四、四三、六，〔《戬寿》二七、九重〕。）

己卯卜，旅贞：今夕〔亡𡆥〕。（《库方》一三八五）

辛巳卜，旅贞：今夕亡𡆥，在十〔月〕。（《库方》一〇六八）

壬午卜，旅贞：今夕亡𡆥。 庚辰卜，旅贞：今夕亡𡆥，在五〔月〕。 己□卜，旅贞：今〔夕亡𡆥〕，在……（《文录》四五）

甲申卜，旅贞：今夕亡𡆥。（《库方》一二八二）

辛〔卯卜〕，旅〔贞：今〕夕〔亡𡆥〕，在〔三月〕。壬辰卜，旅贞：今夕亡𡆥，在三月。 癸巳卜，旅贞：今夕亡𡆥，在三月。 甲午卜，旅贞：今夕亡𡆥，在三月。 甲戌卜，旅贞：今夕亡𡆥，在五月。（《文录》四三）

按此于三月中辛卯、壬辰、癸巳、甲午四日，相继卜夕。

壬辰卜，旅贞：今夕亡𡆥。（《遗宝》一〇、一一）

癸巳卜，旅贞：今夕亡𡆥，在九月。 ……卜，旅〔贞〕：今夕〔亡〕𡆥，在……（《邺初》四二、二）

癸巳卜，旅贞：今夕亡𡆥，在十一月。 甲午〔卜〕，旅贞：〔今〕夕亡〔𡆥〕，在……（《明义士》一九五）

甲午卜，〔旅〕贞：今夕亡𡆥。 乙未卜，旅贞：今夕亡𡆥，在十二月。 丙申卜，旅贞：〔今夕亡𡆥〕，在十一月。 丁酉卜，旅贞：今夕亡𡆥，在十月。 ……卜，旅〔贞：今〕夕亡〔𡆥，在〕十月。（《续存》上一六六八）

按拓本未明，疑皆是十二月，因甲午、乙未、丙申、丁酉四日相继，不应分属两月。

甲午〔卜，旅〕贞：〔今夕〕亡〔𡆥〕。 乙未卜，旅贞：今夕亡𡆥，在九月。 ……卜，旅〔贞：今〕夕〔亡𡆥〕。（《戬寿》二七、七，《续编》四、四三、八重。）

丙申卜，〔旅〕贞：今夕亡囚，在十月。　丁酉卜，旅贞：今夕亡囚，在十月。　戊戌卜，旅贞：今夕亡囚，在十月。　己亥卜，旅贞：今夕亡囚，在十月。　庚子卜，旅贞：今夕亡囚，在十月。　辛丑卜，旅贞：今夕亡囚，在十月。　壬寅卜，旅贞：今夕亡囚，在十月。　癸卯卜，旅贞：今夕亡囚，在十月。（《文录》四二。《遗珠》七五〇又云："丙申卜，旅贞：今夕亡囚。"）

按此同为十月卜夕事，自丙申至癸卯八日连续贞卜。

戊戌卜，旅贞：今夕亡囚。　戊申卜，旅贞：王宠，戠，亡囚。　贞：亡尤。　□申卜，旅〔贞〕：今夕〔亡〕囚。（《金璋》一〇）

戊戌卜，旅贞：今夕亡囚，十二月。（《续存》上一六六四，《续编》四、四三、四文同。）

己亥卜，旅贞：今夕亡囚，二月。（《遗珠》五〇〇）

庚子卜，旅贞：今夕亡囚。（《屯甲》三五二二，同版数见卜今夕亡雨之辞，贞人未详。）

辛丑〔卜〕，旅贞：今〔夕〕亡囚。（《明义士》四一六）

壬寅卜，旅贞：〔今〕夕亡囚，二月。（《遗珠》五〇一）

壬寅卜，旅贞：今夕亡囚。　癸卯卜，旅贞：今夕亡囚。（《文录》四八）

癸卯卜，旅贞：今夕亡囚，在三月。　乙巳〔卜〕，旅〔贞：今〕夕〔亡〕囚。（《粹编》一三四七，《京津》三五〇七重。）

乙巳〔卜，旅〕贞：今夕〔亡〕囚，在……月。　丙午卜，旅贞：今夕亡囚。（《粹编》一三五一）

乙巳〔卜〕，旅贞：〔今〕夕〔亡〕囚。　癸卯卜，旅贞：今夕亡囚，在三月。（《粹编》一三四七，《京津〉三五〇七重。）

丙午卜，旅贞：今夕亡囚，在五月。（《库方》一一一六）

甲辰卜，旅贞：今夕亡囚，在十二月。　丙午卜，旅贞：今夕亡囚，在十二月。（《文录》五二）

丁未〔卜，旅〕贞：今〔夕亡〕囚。　戊申卜，旅贞：今夕亡囚，在十二月。　己酉卜，旅贞：今夕亡囚，在十二月。　庚戌卜，旅贞：今夕亡囚，〔在〕十二月。（《缀合编》二八一——《粹》一三四九＋《文录》四六）

甲寅卜，旅：今夕亡囚，在二月，在自褮卜。（《前编》六、三四、四）

戊午卜，旅贞：今夕亡囚。　戊辰卜，旅贞：今夕亡囚，在五月。　……卜，旅〔贞：今〕夕亡〔囚〕，在六月。（《邺初》下三七、五，《京津》三三六五重。）

癸亥卜，旅贞：今夕亡囚，四月。（《续编》四、四三、一〇，《文录》五〇文同。）上列各条皆依干支次序排比。

按旅卜之残辞，尚有丙午（《文录》五三）、庚辰（《库方》一三四八）、丁未（《库方》一三六二）、子（《遗宝》四、一三，“十月”）、寅（《宁沪》三、二二）、未（《明义士》一九，“五月”）、戌（《戬寿》二七、八，《续编》四、四三、四重，“十二月”）、亥（《明义士》五九七，存“五月”二字）等。其干支残缺者尚有《京津》三五一一，《续存》下六八五，《燕大》三三一，《明义士》一三五六，《库方》一八一八及一九八五，《金璋》四〇等条，不具录。

其卜今夕王言者：

乙亥卜，旅贞：今夕，王⊗言。（《后编》下一〇、四，《南北·坊》二、一四一重。）

丁卯卜，旅贞：今夕，⊗言王。（《明义士》一〇三五）

丙申卜，旅贞：今夕，王⊗言。（《库方》一三二九）

戊申卜，旅贞：今夕，王⊗言。（《文录》五一）

乙巳卜，旅贞：今夕，王⊗言。（《文录》八七九）

……卜旅……夕，⊗言王。（《库方》一二七八）

□未卜，旅贞：今夕，⊗言〔王〕。（《明义士》一一六）

……旅……今夕……⊗王。（《明义士》一三〇八）

……旅……夕⊗……（《京津》三五六五）

……卜旅……今夕，〔⊗〕言王。（《明义士》五一四，《文录》四九，《屯甲》九二九，《京津》三五六二文同。《七集·卫》五〇有“三月”数字。）

……卜旅……夕〔⊗〕言〔王〕。（《明义士》一三四一，《京津》三五六六，又《文录》一五七及一五八残文略同。）

按卜辞言“今夕⊗言王”、“今夕王⊗言”者习见，大抵为旅及出之卜辞。于氏释⊗为西，谓指西室。读“言”字为“音”，谓借为歆飨之歆。（《说文》“歆，神食气也。”）窃谓⊗应为语词，即“乃”之省，故“王⊗言”即“王乃言”，其云“⊗言王”，则主词“王”字后行卜辞文法每倒置，或宾词先行，或主词后行，此即其一例也。

四 【卜旬】

癸酉卜，旅贞：旬亡囚。 癸巳卜，旅贞：旬亡囚。（《粹编》一四三八）

癸酉卜，旅贞：旬〔亡囚。〕 癸巳卜，旅贞：……（《南北·诚》七九）

〔癸〕巳卜，旅贞：旬亡囚。（《库方》一三八三）

癸丑卜，旅贞：旬亡囚。 ……卜旅〔贞：旬〕亡囚。（《明义士》一二一）

癸丑卜，旅贞：旬亡囚。（《戬寿》二八、八，《续编》四、四三、七重。同版见卜人尹。同书四、四三、五文亦同。）

癸亥卜，旅贞：旬亡囚。（《京津》三五九二）

其他旅卜贞旬亡囚之辞，而未明其干支者，有《前编》一、二、六，《林》一、七、八，《文录》八一，《库方》一二六一及一二三六，《京津》三六〇三，《七集·卫》三四，不具录。

五 【卜行止】

壬子卜，旅贞：王其往……（《簠室·游田》一六，《续编》五、二六、四重。）

壬寅卜，旅贞：王其往雚于戋亡巛。（《存真》一集六五，《佚存》六八〇，《文录》七〇八重。）

按雚即观（觀）。他辞云："王其雚，弜雚秉。"（《后编》下六、六）是其例。古书言"观兵"（《左》襄十一年传）、"观鱼"（《公羊》隐五年传），此但言"观"，未悉所观为何事。此片为1929、1930年间河南省政府发掘小屯所得，乃重见于《佚存》，殆当时先有拓本流出，为商氏所得也。

□卯卜，旅……王出亡〔囚〕。（《京津》三四七一）

……旅……王出〔亡〕囚。（《明义士》六〇六）

□巳卜，旅贞：王其步…… ……卜旅……其步……〔自〕迨……（《粹编》一〇三七，《京津》三四七九重。）

……旅……申其征……步，亡巛。……（《京津》三四八二，《诚斋》

三三一重。）

□辰卜，旅贞：羽丁巳，矦至。……在自𤇾卜。（《后编》下二五、五）

六　【卜游畋】

辛酉卜，旅贞：王其田于麦，往来亡巛，在十月。（《通别》二、四、六，《遗珠》四〇四重。）

戊寅卜，旅贞：王其田于隁，亡巛，在七〔月〕。　……旅……田于……［亡］巛。（《明义士》三九六）

乙酉卜，旅贞：王其田于□，往来亡巛，在一月。　□未卜，旅贞：王其田于□，〔往〕来亡巛，在二月。（《金璋》一二三；同版另一残辞见且乙，卜人未详。）

戊申卜，旅贞：王其田，亡巛。　□午卜，旅〔贞：王〕其田，亡〔巛〕。（《续存》下六六八）

……旅贞：〔王〕其田，亡〔巛〕。（《明义士》一五五三）

……卜旅……其田……往〔来亡〕巛。（东京博物馆藏片）

……卜旅……田……（《燕大》三二四）

七　【卜祭祀】

夏

丙午卜，旅贞：羽丁未，**夏宷**，告。又杲……（《续存》下五九九）

按他辞每见杲字，为人名。兹举如下：

……庚，**允畾**，杲叀于天豕钔。（《拾遗》五、一四）

壬寅卜，钔杲于父戊。　壬寅卜，钔杲于……　壬寅卜：杲亡𡆥。（《屯乙》六六九〇，同片又云"壬寅卜，钔石于戊。"）

天……钔杲。十一月。（《屯乙》四五〇五残存龟之上半。）此为右方刻辞，其左锲一"石"字。今以《乙》六六九〇例之。杲、石俱为人名，以上三片，字体皆恣肆草率，乃同时之物。他辞人名有"妇石"。

戊申卜，午（钔字省）杲于父戊。　戊申卜，……杲……己。　戊申卜贞：杲〔钔〕于𦉪……（《屯乙》三四七八整龟）

乙卯卜，……贞：乎……斦尸杲。（《前编》六、三六、四，《林》一、二五、一四重。）

庚……卜，令雀……杲……唐。（《京大》一二九五）

又为地名

辛丑，王卜，在𡉚餗贞：今日，步于稟，亡𢦏。（《前编》二、一七、三）

稟字或从田，如《拾遗》五、一四及《屯乙》三八六九。《集韵》一东有“畽”字，地名，当即此。《大克鼎》：“易女井人奔于稟”，《扬簋》“官司稟田甸”，是西周亦有此地名。契文又有一字从稟从辵者，“……小臣……𨗋”（《佚存》三）。商氏引《玉篇》逋为古文动字以解释之，逯即稟之繁形，如“亡尤”之作“亡述”（《麦尊》）。此辞言“又稟”，下文残缺，其义未明。（《京津》二六九〇，《簠室·文》七〇，《屯乙》四七一九俱有“稟”字残辞。）

季

壬午卜，旅贞：季岁，王其宓。（《续存》下六〇〇）

壬辰卜，旅贞：季岁……（《明义士》二四六）

壬辰卜，旅贞：季岁𤔲，在……月。（《七集·卫》三一）

按上二片同为壬辰日卜，乃同时同事之卜。

□子卜，旅……其又……季。（《前编》五、四〇、四）

上甲

庚辰卜，旅贞：龙不既，其亦𫹍〔米〕其𢑚（原摹误）穷于上甲。（《金璋》七二九；又七三〇文同，贞人名缺。）

〔辛〕巳卜，旅贞：龙不既𢑚，其亦𫹍米，叀丁亥酌，十一月。　辛巳……贞：龙……（《拾掇》二、四八七，《南北·坊》五、五七重。）

按辛巳为庚辰之次日，当为同时之卜。殷人祀龙星，龙即苍龙，《淮南子·天文训》：“天神之贵者，莫贵于青龙。”《广雅》以青龙即太岁，是龙亦指岁星也。此与《缀合编》九六漾卜“龙不既𢑚”一条文同。《库方》一二四四残辞：“丁未卜……贞：龙不……𢑚其𠈌……𣏟叀……”字形与旅卜相同，亦此一类之语，惟卜日异耳。

癸亥卜，旅贞：羽甲子又升岁上甲，又羌九。（《明义士》八三）

……卜旅……先上甲……酌。（《存真》一集八，《文录》二五八重。）

……卜旅……王宓上甲，叙，亡尤。（《遗宝》三、二）

……旅……戌三酌……𣪘自上甲……告，十月。（《续存》上一四八二，《六录·束》一三八重。）

〔癸巳〕卜，旅〔贞〕旬亡𡆥，〔在〕十二月。遘示癸，祭；甲午𣪘上

甲。（《前编》一、二、六甲尾）

按此辞董谱系于祖甲十年十二月。又董氏《祖甲祀谱》24页引《粹》四三八“癸酉卜……劦上甲”一条，其卜人名残泐未明，董氏定为旅，附记于此。

匚乙

□卯卜，旅……王宾匚乙，……亡尤。（《库方》一一九三）

匚丙

丙申卜，旅贞：王宾匚丙，𣪘，亡囚。（《后》上八、一三）

……卜，旅〔贞〕：王宾匚丙，𡕒，亡尤。（《零拾》七一，《续存》下六〇二重。）

按上二辞比较“王宾”下之祭名有“𣪘”及“𡕒”。𣪘即《说文》设饪之䡄，而𡕒者乃在董氏所谓彡、翌、祭、𢆶、劦五祀之外，是知殷之祭礼，不能以此五祀概括诸祭，盖殷人祀统，自不如是整齐也。

示壬

……旅贞：……宾示壬……彡（《明义士》五一一）

示癸

〔癸巳〕卜，旅〔贞〕：旬亡囚。〔在〕十二月。遘示癸，祭；甲午，𣪘上甲。（《前编》一、二、六，文重见上。）

唐（大乙）

□寅卜，旅〔贞〕：羽乙卯，……岁，卯三𤛗……卅，八月。在唐〔示〕。（《明义士》八四）

按此为甲尾辞，同版又见“五十五𤛗”句。“在唐”下疑有“宗”字，唐称唐宗，见《后编》上一八、五。他辞言：“在且乙宗”（《粹》五七九），“在中丁宗”（《续编》一、一二、六），“于大乙宗”（《续存》上一、一七八七），以此例之，上辞末句应作“在唐宗”。

甲申卜，旅贞：其圂大乙。……（《京津》三四二八）

按旅之卜辞，唐与大乙并见之。

大丁

戊辰卜，旅贞：王宾大丁，彡龠，𡕒，亡尤，在十一月。（《续编》一、九、二，《七集·卫》一二文同。）　董《谱》系在祖甲十三年十一月。

戊午卜，旅〔贞〕：王宾大丁……（《粹编》一七〇）

外丙

壬申卜，旅贞：王宼卜丙，谷，亡尤，在八月。 ……卜……贞：王……谷……（《金璋》七九）

大庚

庚戌卜，旅贞：王宼大庚，〔夕〕禫，〔亡〕囚。（《明义士》三五七）

己丑卜，旅贞：羽庚……大庚升……（《京津》三二四七，《南北·坊》二、五六重。）

己亥卜，旅贞：羽庚子，谷于大庚，亡𡆥，〔在〕八月。 □亥卜，旅……（《粹编》二〇一，《京津》三二四六。）

此条董《谱》系于祖甲十三年八月。

大戊

戊寅卜，旅贞：王宼大戊，𢦏，亡囚。（《粹编》二一一）

戊申卜，旅贞：王宼大戊，〔𢦏〕，亡囚。（《遗珠》三五）

戊申〔卜〕，旅贞：〔王〕宼，叙，亡尤。 戊午卜，旅贞：王宼大戊，𢦏，亡尤。（《粹编》二一四）

……卜旅……宼大戊……亡尤。（《库方》一〇三五）

……旅……宼大戊……囚。（《南北·坊》二、五七。同版又有贞夕亡囚之辞，卜人未详。）

壬子卜，旅贞：〔王〕宼大戊，𢦏，〔亡囚〕。（《遗珠》五八）此条不于戊日卜。

且戊

戊戌卜，旅贞：且戊，岁，亩羊。（《前编》一、二三、二）

按此于戊日卜祭且戊，且戊或即太戊。

中丁

丙辰卜，旅贞：羽丁巳，谷于中丁，衣，亡𡆥，在八月。（《粹编》二二四） 此条董《谱》系于祖甲十三年九月，并云丙辰八月晦，董氏以丁巳为九月朔日。

丙寅卜，旅贞：羽丁卯，谷于中丁，亡……（《明义士》七四五） 同版有旅卜王宼叙辞。

……卜旅贞：王宼中丁，谷，不雨。（《前编》一、八、八）

……〔卜〕旅〔贞：王宼〕中丁……亡〔尤〕。（《遗珠》三八二）

外壬

壬申卜，旅贞：王宼卜壬，谷，亡尤，在八月。（《金璋》七九）

按《殷本纪》："中丁崩，弟外壬立"。契文卜壬即外壬，始见于此。《综述》(434页）谓仅见乙辛卜辞未确。

戋甲

乙巳卜，旅贞：王宾戋甲，彡龠，叙，〔亡尤〕。(《粹编》二二六，《京津》三二五五重。)

且乙

乙巳卜，旅贞：王宾且乙，彡䨻，亡囚。(《粹编》二四五)

乙酉〔卜〕，旅贞：且乙召，亩……(《南北·坊》三、一三三)

乙酉卜，旅贞：王其田于……往来亡巛，在一月。 之乙酉，彡于且乙，又〔升〕岁。(《金璋》一二三)

按"之乙酉"之"之"，于此用作冠词。("乙酉"日董氏列于祖甲三年正月，见《祖甲祀谱》一七。)

甲戌卜，旅贞：羽乙亥，毓且乙岁，牛，七月。(《续编》一、一三、四，《南北·师》二、一七五重。） 上三辞于乙日祀祖乙。

□未卜，旅贞且乙岁，其又羌，在六〔月〕。(《明义士》一〇三)

□申卜，旅……毓且乙岁，今□彭。(《邺》二下四〇、一)

……旅……丑其召于且乙。其氏……毓且乙……(《明义士》四五六)

……旅贞：……晵……且乙，亡壱，在九月。(《文录》三七六)

……卜，旅贞：……毓〔且〕乙……(《库方》一三八九)

……卜，旅……宾且乙……亡尤。(《库方》一二六九)

……卜旅……宾且乙…… 辛……旅 宾……叙……(《七集·普》一一三)

……卜旅……且乙……牛……(《拾掇》三五九)

□酉卜，旅……亦彊……毓且乙、父丁……𠫑（蒸）其升……(《库方》一一八〇)

且辛

庚午卜，旅贞：羽辛未，且辛岁，勿〔牛〕。(《粹编》二五三)

……旅贞：羽辛酉，翊于且辛，亡壱，在四月。(《邺初》下四五、一一，《京津》三二六一重。)

……卜旅……宾且辛……亡尤。(《文录》二九六)

……旅……且辛岁……亡尤。(《南北·坊》三、一三四)

□卯卜，旅贞：王〔宾〕且辛……(《遗珠》三八九)

羌甲（沃甲）

甲子〔卜〕，旅贞：于羌甲……（《文录》三六九）

且丁（小丁）

丁巳卜，〔旅〕贞：王〔宾〕且丁，亡〔尤〕，在正〔月〕。 ……卜旅……宾……彡……〔亡〕尤，……月。（《库方》一一八三）

丁卯卜，旅贞：王宾小丁岁，眔父丁，亡伐𢦔五。（《明义士》七四〇，参下父丁条。）

丁卯卜，旅贞：其𣪊于小丁，四月。（《前编》一、二二、六。上两辞皆于丁日卜祭小丁。）

㫃甲

……旅〔贞：王宾〕㫃甲，□亡尤。（《粹编》二七三）

按㫃甲盖即阳甲，可以《通纂·别》二、四证之，辞云："庚寅，其配，又羌甲、南庚、㫃甲、小辛。"辞中两甲并见，羌甲在南庚前，盖即沃甲；故㫃甲应即阳甲。《屯乙》七七六七："贞：㞢于㫃甲、父庚、父辛，一牛。"㫃甲在父庚前，自是盘庚兄之阳甲无疑。

小乙

甲申卜，旅贞：羽乙酉，翊于小乙，亡巷。（《文录》三〇四）

按即卜辞（《粹编》二八八，《诚斋》一五七重）与此文全同，为同辞异卜，见下卜人即条。

……卜旅贞：……小乙翊……（《明义士》八三五）

父丁（武丁）

丁丑卜，旅贞：王宾父丁，岁，三牢，亡尤。在……（《后编》上一九、八）

丙午〔卜〕，旅贞：羽丁未父丁岁勿。（《明义士》二三六〇，同版旅卜祭妣庚。）

乙丑卜，旅贞：羽丁未，父丁㮚岁，其勿牛。 ……卜旅〔贞：羽〕丁未，父丁㮚岁，其牡，在七月。（《金璋》七六）

……旅贞：……卯，其……㮚岁……于父丁……（《文录》三二七）

按㮚字从日从二禾，以《西岳华山庙碑》"香"字作"香"证之，知为香字。后世字书，如《字汇补》有秝字，云："音香，芳气也。"即由契文演变。香谓馨香，《诗·生民》："其香始升"，《凫鹥》："尔殽既馨"，牛脂亦曰"香"（《周礼》庖人郑司农注）；卜辞言"㮚"即荐馨也。

□巳卜，旅贞父丁，岁亩〔农〕，酌。（《遗珠》八四八）

按岁亩农为祝丰年语。已见卜人大条。《淮南子·天文训》云：“岁星之所居，五谷丰昌；其对为冲，岁乃有殃”，故殷人每为岁占。《诗·殷武》云：“岁事来辟，勿予祸适，稼穑匪懈”，岁事，即指农事也。

……旅……亥岁……父丁陟……（《库方》一三八八）

丁巳卜，旅贞：王宾父丁……牛，亡……（《文录》三七八）

丁卯卜，旅贞：王宾小丁岁，眔父丁，亡伐戠五。（《明义士》七四〇）

按卜辞祭先王先妣，每于生日相同者并祭之，其文例常用“某眔某”。如此辞云：“小丁岁眔父丁”，则先王之同于丁日生者之合祭也；同版又云：“宾妣庚岁眔兄庚”（《明》七四〇），则先王先妣之同于庚日生者之合祭也。

丁卯卜，旅〔贞：王〕宾父丁岁……（《七集·卫》五二）

癸亥卜，旅贞：其又父丁牛。（《后编》上五、八，《京津》三二八五重。《续编》一、三一、四文近。）

丙子卜，〔旅〕贞：羽丁丑，父丁召，其又伐，二月。（《明义士》九二）

庚□卜，旅贞：王宾父丁，□亡尤。（《通别》二、七、七）

……旅……尸羽……巳，其升于父丁。（《明义士》四四七）

……旅……父丁……祭……（《库方》一三四四）

父戊

戊戌卜，旅贞：父戊岁，亩小宰，在四月。（《文录》三三一）

戊申〔卜，旅〕贞：王〔宾〕父戊亡〔尤〕　戊申卜，旅贞：王宾，亡〔尤〕。（《粹编》三七七，《京津》三二九一重。上两辞皆于戊日卜祭父戊。）

□卯卜，旅……米其……父戊。（《文录》三三〇）

按父戊或与父己联称，如“父己父戊岁，王宾。”（《粹编》三一一）父己父戊应同辈行，父己当是廪康卜辞之称兄己；推之，庚甲卜辞于父戊宜称兄戊，今旅之卜辞有兄己，又有父戊，知称父戊者，为庚甲以降之卜辞矣。

兄己

己卯卜，旅贞：王宾兄己，彡，亡尤，在正〔月〕。（《库方》一二〇四。此于己日卜宾兄己。）

……旅贞：……己亥……兄己……五羌。（《明义士》二三二）

兄庚

庚午卜，旅贞：王宾妣庚岁，眔兄庚，亡尤。（《明义士》七四〇，同版旅卜宾小丁及父丁。）

庚寅卜，旅贞：兄庚岁，〔亡尤〕。（《珠》三五六，《通别》二、三、五重。）

庚辰卜，旅贞：王宾兄庚，彡，亡尤，在二月。 ……旅〔贞：王〕宾……叙亡尤。（《续存》上一五一〇）

己酉卜，旅贞：羽庚戌，兄庚岁……（《续存》上一五一一，《平津·元》二〇六重。）

上各辞于庚日卜祭兄庚。

兄壬

……旅……于兄壬。（《文录》三三四甲尾）

按兄壬亦见于即之卜辞（《后》上七、一一）。又《续存》上一九一四："壬……贞其……兄壬"，《京津》三二九四见"兄壬"二字，胡氏俱列于第三期。

以上祭先公先王

妣庚

庚午卜，旅贞：王宾妣庚岁，亡尤，在九月。（《明义士》一七）

庚午卜，旅贞：王宾妣庚岁，眔兄庚，亡尤。（《明义士》七四〇）

庚辰卜，旅贞：王宾妣庚……罕。 己卯卜，旅贞：王宾……亡尤。（《文录》三五〇）

庚戌卜，旅贞：妣庚岁，王其叙，在一月。（《库方》一二一六）

庚申卜，旅贞：……妣庚宾岁，……在十二月。（《文录》四四七）

己卯卜，旅贞：羽庚辰，妣庚岁，其勿牛。（《南北·师》一、一〇七，《外编》一九〇重。）

□卯卜，旅贞：羽庚……妣庚岁，其……（《南北·坊》二、六六）

……旅……羽庚子，其㞢于妣庚，一牛，八月。 ……卜旅贞：妣庚岁，其……牡。八月。（《金璋》一二一）

按上数条皆于庚日卜妣庚事。且用"㞢"字，不作"又"。

□酉卜，旅贞：妣庚岁，叀出澉。（《明义士》二三六〇，同版旅卜祭父丁。）

□子卜，旅贞：妣庚岁，王其叙，在……（《七集·卫》六三）

妣己

己酉卜，旅贞：伐，其征伐于妣己，六月。（《京津》三四一七）

己亥卜，旅贞：王宭……奭妣己……尤……月。（《库方》一二二一。同版见示壬奭妣庚，卜人未详。）

妣戊

戊戌卜，旅贞：王宭妣戊岁，罕亡尤。（《佚存》三二六）

多妣

……卜，旅……又多妣……（《京津》三三一〇）

母辛

□□卜，旅〔贞：王〕宭……祭，〔亡〕尤。　辛酉〔卜，旅〕贞：王〔宭〕母辛岁，〔亡〕尤。（《通别》东洋文库四，据郭释。）

母壬

……卜旅……其擨于……其罘母壬。（《明义士》一二三）

按《前编》八、一四、三："叀豖，钔帚妊妣壬。"（同版为彶卜）母壬殆即妣壬。

以上祭先妣

大示

□酉卜，旅……大示……勿牛。（《京津》三二九七）

〔宾岁〕

戊子卜，旅贞：王宭岁，三罕，亡尤。（《南北·师》二、一七九）

□子卜，旅〔贞〕：王宭岁，罕〔亡〕尤。　甲午……贞王……叙……（《七集·普》一〇三）

□戌卜，旅〔贞〕：王宭岁，亡〔尤〕，二月。（东京博物馆藏片）

□卯卜，旅〔贞〕：王宭岁，亡〔尤〕，五月。（《库方》一一七四）

丙申卜，旅贞：王宭……岁……（《七集·卫》三八）

□酉卜，旅〔贞：王〕宭岁……（《库方》一三九二）

……卜，旅贞：血子，岁王其宭。（《后编》下一八、一一）

其他残辞言"王宭岁"者，又有《明义士》七七九，《续存》下六四七，《六录·清》一七〇，《宁沪》三、二〇一，　《明义士》八三三，《库方》一二〇〇，《南北·坊》二、八一，《屯甲》三六八一，《七集·普》九三，《文录》四四九，又四五五等。

按卜辞言王宾岁或言宾某先王先妣岁，即《仪礼·少牢馈食礼》所谓："荐岁事于皇祖伯某"也。《墨子·明鬼下》："周代祝社方岁于社者考，以延年寿。"《汉书·郊祀志》："其令祠官，以礼为岁事。"颜注："言每岁常祠之。"今观卜辞所卜，岁祭实盛于殷，乃岁中多祭，用求丰稔，非如颜说汉制每岁为一祭也。殷礼尚有迎岁之事，即宾迎岁星，见于记载者甚多。《礼记·月令》："立春之日，迎春於东郊。"郑注云："《王居明堂礼》曰：'出十五里迎岁'，盖殷礼也。"《荀子·儒效篇》："武王之诛纣也，行之日以兵忌东面而迎岁。至汜而泛，至怀而坏，至共头而山隧。"杨倞注："迎谓逆太岁。《尸子》曰：武王伐纣，鱼辛谏曰岁在北方，不北征。"《淮南子·兵略训》亦有此说。由上殷人知有岁星，自为事实卜辞屡言"王宾岁"，如以《尧典》"寅宾出日"例之，宖下一字之"岁"，正可指岁星，宾与迎义正同。《史记·历书》甲子篇，太岁所在之名，盖出殷历（见《太衍历议》引，又王引之《太岁考》，载《经义述闻》），俱足明殷人与岁星之关系。因岁星居其位，则岁丰稔也。

〔宾尸〕

乙未卜，旅贞：又氏牛，其用于尸。亩今日。（《库方》一一七二）

甲戌卜，旅贞：尸告，亩今日盅彡酉。（《续存》上一五九一）

辛酉卜，旅贞：尸告，其用于……（《七集·卫》二七）

按《诗·凫鹥》云："公尸来燕来宗。"他辞云："丙午贞：酌尸，册祝。"（《粹编》五一九）《公羊》宣八年《解诂》："祭必有尸者，节神也；礼，天子以卿为尸。"

庚寅卜，旅贞：王宖尸，岁亡尤。七月。（《南北·坊》二、八四）

……卜旅……尸岁……㲋……一牛。（《南北·坊》二、八五）

……卜旅〔贞〕：……尸岁……今酌……（《续编》二、三、一〇）

按由上条，知殷人祭岁星有尸，《诗·丝衣》传："绎宾尸也。"引高子曰："灵星之尸也。"灵星即农星，卜辞谓之"农宗"。（参本书，111页。）《诗·凫鹥》笺云"祭社稷山川之尸"。古祭必有尸，既有灵星之尸，必有岁星之尸。

〔升岁〕

……卜旅……甲戌，升岁五……羌五……（《文录》四三九）

癸酉卜，旅贞：……升岁……（《燕大》三二九）

……旅……亥……升岁……三罕。（《明义士》二七〇）

其他旅卜辞残存"岁"字者，有《续存》上一五四二（乙亥），《粹编》四〇七（《京津》三三七四重，庚戌）。《明义士》一三一四，《燕大》三二八。

按升岁亦作陟岁，武丁时卜辞每见之。（参本书，189页、249页。）章鸿钊释升为斗，谓殷人祀北斗，非是。又《文录》五二二残辞：“……旅……其陟……”，未知即“陟岁”否？

〔彡　飨〕

壬申卜，旅贞：羽癸酉……彡在……　乙酉〔卜〕，旅……其乡……在……（《遗珠》一二）

〔戠〕

戊辰卜，旅贞：王宾，戠，亡囚。　戊寅卜，旅贞：王宾，戠，亡囚。（《京津》三三六五，《邺初》下三七、五重。）

癸卯卜，旅贞：王宾，戠，亡囚。（《南北·坊》二、八六）

己酉卜，旅贞：王宾，戠，亡囚。（《明义士》八六）

丁巳卜，旅贞：王宾，戠，亡囚。（《宁沪》三、一九五）

壬戌卜，旅贞：王宾，戠，亡囚。（《金璋》四九）

戊申卜，旅贞：王宾，戠，亡囚。（《戬寿》二〇、六，《续编》二、一二、四，及二、一三、四重。）

按戠即膱，《乡射礼记》：“荐脯用笾五膱祭，半膱横于上。”郑注：古文膱为胾。《说文》：“胾，大脔也。”員之卜辞亦作“王宾戠，亡尤”（《佚存》七三九）。“戠”与“戠”同，皆肉祭也。《曲礼》“左殽右胾”，殽为豆实，则戠与胾乃笾实也。

〔禴〕

□子卜，旅贞：王宾　㗊（禴），亡囚。（《前编》五、一九、二）

……旅……宾龠，亡尤。（《续存》下六四一，《零拾》二〇重。）

□卯卜，旅〔贞〕：王宾……龠叙……（《库方》一八四五）

按龠为禴祭，说已见上卜人大条。《易·萃》六二，《升》九二并云：“孚，乃利用禴。”又《既济》九五：“东邻杀牛，不如西邻之禴祭，实受其福。”东邻杀牛，为殷之禘，西邻禴祭，为周之禴。周人之禴，为四时之夏祭。《天保》为文王诗，所谓“禴祠蒸尝”者，孔冲远以为周改夏祭之禘为禴也。卜辞所见之龠，非夏祭之禴，似指祭时用籥舞。

〔䄟禫〕

戊寅卜，旅贞：王宾，禫，亡囚。　贞：亡尤。（《文录》四二二）

庚寅卜，旅贞：王宾，𠂤禫……（《续编》二、一一、九）

庚戌卜，旅贞：王宾，𥄉禫，亡𡆥。（《邺初》下二七、一，《佚存》三九七重，同版见卜人尹。）

□丑卜，旅贞〔王宾〕，𥄉〔禫亡〕𡆥。（《明义士》四五三）

□巳卜，旅〔贞〕：王宾，〔𥄉〕禫，〔亡𡆥〕。（《文录》三九四）

按𥄉于氏释艺，读为祢是也。《尚书·舜典》："归格于艺祖，"马融注："艺，祢也。"《白虎通·三军篇》："至祢不嫌不至祖也。"《周礼》："祢亦如之"，郑司农云："祢，父庙。"《高宗肜日》："典祀无丰于昵"，马融曰："昵，考也，谓祢庙也。"凡卜辞所云"王宾𥄉"，即谓王傧祢庙也。

〔夕禫〕

丙寅卜，旅贞：王宾，夕〔禫〕，亡𡆥。　丁卯卜，旅贞：王〔宾，夕〕禫，〔亡𡆥〕。（《缀合编》三六——《文录》四一〇＋四三一）

己巳卜，旅贞：王〔宾，夕〕禫，〔亡〕𡆥。（《明义士》五二八）

庚寅卜，旅贞：王宾，夕禫，五〔月〕。（《库方》一二三八）

丙申卜，旅贞：王宾，夕禫，亡𡆥。（《明义士》三八六）

戊申卜，旅贞：王宾，夕禫，亡𡆥。（《粹编》五一四，《京津》三三二四重，《京津》三三三一文同。）

其他言"王宾夕禫亡𡆥"之残辞：存地支"子"字者，有东京博物馆藏片。存"寅"字者，有《明义士》一二八。存"戌"字者，有《明义士》六三三。干支皆缺者，有《燕大》三一九（《南北·坊》二、六七文同），《燕大》三二一，《林》一、一九、五（《南北·师》二、一七八文同），《库方》一三二三，又一八五六，《明义士》六五八，及《诚斋》一九九，《文录》四二七等。仅存"宾"及"夕"字者，有《明义士》二四一，又一九二七，及《库方》一三〇七等。

〔濩〕

庚寅卜，旅贞：羽辛卯，其濩于丁。（《佚存》九一二）

按他辞云："乙亥卜贞：王宾大乙，濩，亡尤。"（《续编》一、八、三）"乙卯卜贞：王宾且乙，濩。"（《佚存》九一八）契文濩字但作"隻"。《墨子·三辩篇》："汤放桀，因先王之乐，又自作乐，命曰护（護）。"《吕氏春秋·古乐》、《白虎通·礼乐篇》、《风俗通·声音篇》濩俱作护（護），谓以护民为义。《春秋繁露》作頀，谓"頀者，救也"。

濩、护（頀）、頀实皆借字。周代《大濩》为六乐之一《周礼·大司乐》云："乃奏夷则，歌小吕，舞《大濩》，以享先妣。"然殷之濩舞，亦以祭大乙、祖乙诸先王，不限于先妣也。舞《大濩》时盖兼用干羽。观武官村殷大墓西侧所出女骸二十四具，伴葬品有三小铜戈（上有绢缯，其一有鸟羽残痕），郭宝钧谓"此即舞干羽之戈"，足为祭时羽舞及用鼉鼙鑪以舞乐之证。（参本书，499页。）

〔元卜〕

庚申卜，旅贞：叀元卜，在二月。（《续编》一、三九、九，同版见妣庚，卜人未详。）

按元卜即初卜，殷人一事多卜，有二卜三卜至于五卜，此特书始于卜耳。《易·比卦》："比，吉，原筮，元永贞，无咎。"原筮者，疏谓"原穷其情"，非是。按《尔雅·释言》："原，再也。"原筮应解为"再筮"，与"元卜"语例略同。

〔𢀛　用白牡〕

丙午〔卜〕，旅贞：𢀛于……（《库方》一八七一）

甲子卜，旅贞：羽乙丑，𢀛，叀白牡。（《后编》下五、七）

按《礼记·檀弓》云："殷人尚白，大事歛用日中。戎事乘翰，牲用白。"《明堂位》："殷人白马黑首。"又云："殷白牡"。《殷本纪》亦言尚白，故此云"叀白牡"。然《汤诰》云："敢用玄牡，"则以初即位时，仍遵夏制。卜辞所见有白牛（《屯乙》八六六）、白马（《乙》三四四九）、白豕（《乙》二一一四）等，皆牲用白之证，故《郑志》答赵商问巾车云："白者，殷之正色。"

〔鬯〕

……旅……鬯五卣。……（《戬寿》二五、九，《续编》二、二四、三重。）

按《书·洛诰》："予以秬鬯二卣，曰明禋。"此辞云"五卣"，即五卣也。疑是禋祭之事，惜辞残缺。凡郊祭称禋，以先王合祭于明堂也。

〔𠬪〕

辛未卜，旅贞：王宾，𠬪，亡尤。（《文录》四六〇）

甲戌卜，旅贞：王宾，𠬪，〔亡尤。〕（《明义士》二六一）

乙亥卜，旅贞：王宾，𠬪，〔亡尤。〕（《明义士》三七八）

戊寅卜，旅贞：王宾，𠬪，亡尤。（《邺初》下三七、五，《京津》三三六五重，同版见旅卜夕之辞。)

戊寅卜，旅贞：王宔，叙，亡尤。　□寅卜，旅贞：王宔〔叙〕，亡囚。(《金璋》二一)

庚辰卜，旅贞：王宔，叙，〔亡尤。〕(东京博物馆藏片)

乙未卜，旅贞：王宔，叙，亡尤。(《南北·坊》二、七四)

戊戌卜，旅贞：王宔，叙，亡尤。(《库方》一〇三五，同版见旅卜宔大戊之辞。)

癸卯卜，旅贞：王宔，叙，〔亡尤。〕(《拾掇》二、一六五，《续存》下六三七重。)

其他言"王宔叙亡尤"之残辞，存天干"乙"字者，有《库方》一三二四，及《诚斋》一九一。存地支"亥"字者，有《明义士》一三一三。其并干支皆缺者，有《明义士》二八又同书七四九，《通别》二、七、四，《遗宝》九、九，《文录》四六三又四六八等片。

丁酉卜，旅贞：其柰(祓)，西子，六月。(《库方》一一七九)

庚戌卜，旅贞：西子岁甶……王……(《粹编》四〇七，《京津》三三七四重。)

按西子当是人名。《库方》此辞以主词西子置于动词之后，即之卜辞云："其潎羊，盟子。"(《续存》上一四九)文例正相同。

〔宔祭〕

乙卯卜，旅贞：王宔，祭，亡囚。　……旅……宔……囚。(《七集·普》九四)

乙巳卜，旅贞：王宔，祭，叙，亡〔尤〕。(《明义士》七四五，同版见旅卜咎父丁。)

……卜，旅〔贞〕：王宔，祭，叙，〔亡〕尤，在九月。(《明义士》六三二)

其他言"王宔祭"残辞，又有《明义士》一三一五，又一三七六，《库方》一三四三，《续存》下六三六，《南北·坊》二、七五等。

按《佚周书·大匡篇》："祈而不宾祭"，"宾祭"名见此。

〔宔𣪊〕

辛酉卜，旅贞：王宔，𣪊，亡囚。(《明义士》一二二)

按《佚周书·克殷篇》云："乃命宗祀崇宾飨，祷之于军。"孔注云："宾，敬也；飨祭前所祷之神。"此言"宾𣪊"与"宾飨"语例相同。

〔异〕

□卯卜，旅贞：王宓……异（烝），亡尤。（《戬寿》二一、三，《续编》二、五、八重。）

己亥卜，旅贞：其异……（《续存》下六六七）

……旅……异……（《明义士》一四五六）

〔彡〕

甲辰卜，旅贞：羽乙巳，彡于……（《库方》一一九九）

……卜，旅：……王宓，……彡，夕亡□，在二月。（《京津》三三八〇）

〔又〕

……旅……其又……尞，在二月。（《续存》下六六二）

□子卜，旅……又于……（《京津》三四二四，《外编》一六五文近。）

壬子卜，旅〔贞〕：其又……叡工（《文录》六五一）

□卯卜，旅……又于……（《文录》八九一）

〔米〕

□寅卜，旅〔贞〕：王宓……米亡尤。（《明义士》八〇八）

……卜，旅……米于……（《文录》五三一）

王宓及其残辞

戊申卜，旅贞：王宓，亡〔尤〕。（《粹编》三七七，《京津》三二九一重。同版见父戊，卜人未详。）

……卜，旅〔贞〕：王宓……日亡尤。（《库方》一三二七）

……卜，旅〔贞〕：王宓……亡尤。三月。（《明义士》三三）

辛亥卜，旅贞：王宓……自毓……（《库方》一二〇三）

□辰卜，旅〔贞〕：王宓……二牛，亡尤。十月，戊辰。（《戬寿》二四、七，《续编》二、二一、四重。）

庚戌卜，旅〔贞:〕王宓……二罕。（《明义士》四一一）

其他存“王宓”、“亡尤”或“亡囚”残文者，又有《燕大》三二三（乙酉），《京津》三三九〇（庚戌），《邺初》下三七、五（《京津》三三六五重。戊午），《库方》一一一一（戊辰），《续存》上一五〇九（戊），《邺初》下四五、二（《京津》三四〇〇重。丑），《燕大》三二二（寅），《库方》一八五五（戌），《库方》一二二七（午），《明义士》四七四，又九二三，又一二七三，又一三八六，又八五（二月），又一一一（十一月），又二四三又六六一，《燕大》三二七，《库方》一九五一（京大九八六文同），《诚斋》二二一（《遗宝》一四、三，及《续存》六五四文同），东京博物馆藏片（《库方》一二六二文同），《库方》一三一三，《京津》三四〇二，《燕大》三三〇，《七集·卫》四〇，《七集·孙氏》三〇，《七集·皇》四，《文录》四一四，又四一五又四四〇等。

八　【杂卜】

丁酉〔卜，旅〕贞：中子……其……　卜旅……中子……王……宦……（《七集·卫》七〇）

己巳卜，旅〔贞〕：……中子……王其宦，入……　庚午卜王。（《文录》三三九）

……卜，旅贞：……多子…………于禾。（《佚存》五七六）

按隶定为卑，疑爯字之别构。

〔残辞〕

其他残辞如《续编》二、三、一（存“宦毓”二字），《京津》三四四一（存“隹”字）。存“日”、“今日”或“羽日”者，有《续存》上一六〇二，《库方》一三一八，又一一九二，又一一九六，《拾掇》二、二〇五，《金璋》九五，《七集·卫》四四。

存“囚”、“亡囚”或“亡”字者，《遗宝》一八、一，《明义士》六四一，又八〇三，《库方》一一九一。

其他如《京津》三四三二（存“毳”字），《摭续》三三三（存“即”字），皆残辞不具录。仅存“旅贞”二字者，《文录》一五九。仅存“旅”字者，《明义士》七五，又二六七。

仅存干支者：辛未　《京津》三七四三，　丙子　《京津》三七五四，　辛巳　《续存》上一七二五，　庚寅　《明义士》五二九，　丙申　《燕大》三二六，　戊戌　《库方》一一九二，　辛丑　《文录》一六〇，　己亥　《明义士》二六六，　辛亥　东京博物馆藏片，　《文录》八四八，　庚申　《诚斋》　二〇六，　癸亥　《库方》一三四九，　亥　《文录》一三三。

卷十五　贞卜人物事辑十三

吴

吴卜辞所见先王称谓有兄庚（《南北·明》三五六），知为祖甲时人。与吴同版之卜人，有大（《库方》一一七七）、中（《库》一七五九，《七集·普》八九）、喜（《续编》五、二七、八，《金璋》一五）、即（《续存》上一五三二）、旅（《库方》一三四二，《后编》下二五、五）、兄、出（《库方》一六三四）、从（《文录》五一九）等。

他辞言吴事者：

辛丑王卜：……吴征。（《续存》下六五七）

□辰〔卜〕，旅贞：羽丁巳，吴至，在自袋卜。……来自吴自。（《后编》下二五、五）

吴辞所见人物有亘、冎。

□未卜吴：……亘旬……（《库方》一三四二，同版见卜人旅。）

……卜吴贞：冎其入，王曰：入，允入。（《文录》五一九）

知其与亘、冎亦同时

吴之卜辞，辑录如下：

一　【卜雨】

壬子卜，吴贞：出来雨，八月。（《库方》一二二二）

按他辞云：“其自东来雨，其自南来雨，其自西来雨，其自北来雨。”（《林》一、二一、三十《前编》六、五七、七十《后》上三二、六，见《通纂》三七五）即所谓“来雨”也。

〔辛〕卯：贞：亡……于夏，壬……卣雨。（《续编》四、二三、一，《戬寿》四五、八重，同版辛卯日宂卜。）

按壬当是辛卯之翌日壬辰。卣雨亦见《文录》一三二云：“多雨，卣雨，自宾。”亦作“卣雨”（《天壤》一九，《铁》一九三、四：“今夕，其亦卣雨。”）卣，王静安释“逌”，以《石鼓文》“君子卣乐”用法例之，逌盖借为攸，如《汉书·叙传》“攸尔而笑”即“逌尔”；此辞攸读为“悠”，长也。故卣雨即悠雨，与多雨意近。《佚存》八五二：“步于卣雨”，则用作地名。

庚寅〔卜〕，吴贞：今日，亡来艰，一月。　……吴……雨其……我尸……又羌。（《邺初》下三九、三，《京津》三四四三重。）

按由此残辞，知祖甲时求雨，亦有用尸以降神，并杀羌人以侑之之礼。

二　【卜夕】

吴

乙丑卜，吴贞：今夕亡囚。（《南北·明》三九九）

己卯卜，吴贞：今夕亡囚。　庚辰卜，吴贞：今夕亡囚，八月。（《粹编》一三七六）

庚辰卜，吴：今夕亡囚，八月。（《京津》三五一九，《续编》四、四七、七〔《戬寿》二七、三重〕文同。）

癸未卜，吴贞：今夕亡囚。（《遗宝》九、一三）

癸〔未卜〕，贞：今〔夕亡囚〕。　〔甲〕申卜，吴贞：今夕亡囚。　乙酉卜，吴贞：今夕亡囚。（《七集·普》八九，同版见中卜祀上甲事。）

戊子卜，吴贞：今夕亡囚，三月。（《续编》四、四七、八，《戬寿》二七、五，又《续编》四、四七、五俱重。）

丙申卜，吴贞：今夕亡囚。（《续编》四、四七、四，《戬寿》二七、一重。《京津》三五二〇文同。）

庚子卜贞：今夕亡囚，八月。　辛丑卜，吴贞：今夕亡囚，八月。（《续编》四、四七、六，《戬寿》二七、二重。上各辞依干支先后排比。）

庚……𡧊〔贞〕：今〔夕亡𡆥〕。 □亥卜，𡧊贞：今夕亡𡆥，五月。（《平津·元》二二四）

……卜𡧊〔贞：今〕夕亡𡆥。（《金璋》一五，同版见卜人喜。）

……卜𡧊〔贞〕：今夕〔亡𡆥〕。 （《续编》五、二七、八，《戬寿》三三、五重。同版见卜人喜。）

三 【卜旬】

癸酉卜，𡧊贞：旬亡𡆥，在七月。 癸未卜，𡧊贞：旬亡𡆥，在八月。 癸巳卜，𡧊贞：旬亡𡆥，在八月。（《缀合编》二九五——《文录》七九十八〇）

癸酉卜，𡧊贞：旬亡𡆥。在三月。（《库方》一五七八）

癸酉卜，𡧊贞：旬亡𡆥。 癸卯卜，𡧊贞：旬亡𡆥，在四月。 癸丑卜，𡧊贞：旬亡𡆥。 ……卜𡧊……𡆥。（《缀合编》二九四——《后编》上二四、四十二五、二）

癸……𡧊〔贞：旬〕亡〔𡆥〕。 〔癸〕酉卜，𡧊贞：旬亡𡆥，十一月。〔癸〕巳卜，𡧊〔贞〕：旬亡𡆥，十二月。（《续编》四、四七、九，《戬寿》二九、六重。）

癸巳〔卜，𡧊〕贞：〔旬亡𡆥，〕七〔月〕。 癸卯卜，𡧊贞：旬亡𡆥，八月。 癸丑卜，𡧊贞：旬亡𡆥，八月。 癸亥卜，𡧊贞：旬亡𡆥，八月。 癸酉卜，𡧊贞：旬亡𡆥，八月。 〔癸〕未卜，𡧊贞：〔旬〕亡𡆥，九月。（《明义士》六八七）

按此版八月间，有癸酉、癸亥、癸丑、癸卯四旬相衔接，知殷人确有闰旬之事。考卜辞两言小旬，一见于㱿卜（《文录》三七四，《存真》一、一六重），一见于喜卜（《后编》下二一、四），小旬与一月四旬之闰旬，未知异同如何？（惟此片于癸亥、癸酉中间，有一界画，董《谱》列于祖庚元年、二年，分作二年；然观《京津》三五七二〔《邺初》三一、五重〕一片，有癸未、癸巳、癸卯、癸丑、癸巳、癸丑六旬，每旬之间，并有界画，自癸未至癸丑，旬次正衔接，当是同月。以此为例，可见上片确为一月四旬，不宜分为两年之事。）

癸卯〔卜〕，𡧊贞：〔旬〕亡𡆥。 癸亥卜，𡧊贞：旬亡𡆥，在九月。癸亥卜，𡧊贞：旬亡𡆥，在九月。（《邺初》下三九、一及三，《京津》三五八七重。）

癸卯卜，吴贞：旬亡囚，在四月。（《续存》上一六八〇）

癸丑卜，吴贞：旬亡囚，在八月。（《库方》一〇四五）

癸丑卜，〔吴〕贞：旬亡〔囚〕，　癸亥卜，吴贞：旬亡囚。（《七集·普》七九）

上各辞依干支先后排比，吴卜旬之辞，其书月名上多系“在”字，从略者亦复不少。

癸酉……贞：旬〔亡囚〕，十二月。　……卜吴贞：〔旬〕亡囚，十二月。（《遗宝》九、一一）

四　【卜行止】

丁亥卜，吴贞：今日，隹祉（徜），又不若。（《京津》三四五三）

……卜吴：……不同……王弗𡆥。（《金璋》五三）

〔乙〕巳卜吴……弜羊，戠𡆥又囚。（《续编》五、二八、四，《戬寿》三三、四重。）

按弜羊即不祥，亦见大之卜辞，或作“弜羞”（《屯乙》九〇七四）。𡆥与𡆥一字，当是𡆥𡆥之省形，此字亦作餗，乃餗字，即师次之餗。（参本书，214页。）上辞言“弗𡆥”、“𡆥又囚”，犹云“弗餗”“餗有囚”也。

辛丑卜，吴贞：𢀛之曰：𡗜……（《京津》三四六五）

〔己〕巳卜，吴贞：𠩺其入。王曰：入，允入。（《文录》五一九）

按同版为丙寅吴卜㞢于丁事，此当是己巳日，即丙寅之后三日。

癸未卜，吴贞：王正（征），不若，𢽈……（《库方》一一七七，同版见卜人大。）

按𢽈有二义，一为方国名，见于余及彭之卜辞。一为成语，他辞所见有𢽈嫠、𢽈事、𢽈豚，此处适为缺文，未审何义。

五　【卜祭祀】

夏

辛卯……贞：亡……于夏，壬……𡆥雨。　〔辛〕卯卜吴……　……王其𡆥，〔亡〕巷，十二月。（《续编》四、二三、一，《戬寿》四五、八重。）

丁

〔丙〕寅卜贞：于且……钔，其𡆥（要），若，八月。　丙寅卜，吴贞：

卜𣏟曰：其㞢于丁，𡨦。王曰：弜𡆥，羽丁卯，𦎫若，八月。（《文录》五一九）　同版𡆥卜〔己〕巳㞢入事。

按“其要”之要，读为徼福之“徼”（参本书，418页），“弜𡆥”即弗祷。𡆥卜辞所见，㞢与又兼用。𦎫即達字，《说文》云：“先道也。”他辞云：“庚……贞：岁……叙九月。　贞：弜㞢叙。”（《续存》上一五四四）又“今来羌，㞢用。　勿用。”（《屯丙》四一）则㞢乃语词。《诗·思文》：“帝命率育。”传：“率，用也。”𦎫疑率之繁体。

兄庚

癸亥卜，𡆥贞：羽甲子，其又于兄庚，叀壬㝉，禫，亡尤。（《南北·明》三五六）

按辞云叀壬㝉，则不于庚日祀兄庚。

母癸

□巳卜，𡆥贞：多尹于……母癸，𣎵。（《京津》三三〇九）

告大室

己丑卜，𡆥贞：其禫（奠），告于大室。（《金璋》四六）

按《通典》礼十五有“告礼”一项。周制，天子将出，类乎上帝，造乎祢，太祝告，王用牲币。《大戴礼·迁庙》：“凡以币告，皆执币而告，告毕，乃奠币于几东，小宰升，取币埋两阶间。”盖巡狩、迁庙、征伐诸大事，皆告于宗庙（及百神）也。《洛诰》：“王入太室裸。”马云：“太室，庙中之夹室，”王肃曰“太室，清庙中央之室”。

丁卯卜，𡆥……兹室，若。（《南北·明》三九一）

……卜𡆥……其入……室。（《库方》一九五四）

彡与彡

庚午卜，𡆥贞：羽辛未，其彡祭于……其氏又（佑）。（《南北·诚》七〇）

甲辰卜，〔𡆥〕贞：三酉彡，……㞢录，丹见。……（《粹编》五〇一）

按㞢录即㞢麓，乃地名。他辞有㞢□（《屯乙》六六九二），㞢邑（《林》二、八、一）。丹殆指丹伯，他辞云：“乎从丹白，　勿乎从丹白。”（《屯乙》三三八七）“丹见”者，谓丹伯来见王也。丹与殷人为姻媾。故其先妣有曰妣丹者，如“贞：妣丹弗壱王”（《屯乙》四九六八）。丹为地名，《郑语》：“鄢、蔽、补、丹”，地在虢郐之间。（殷时又有丹山，今本《纪年》：阳甲三年，西征丹山戎。）

祼（祝）

辛巳卜，吴贞：叀王祼，亡巷。　辛巳卜，吴贞：多君弗言。余其㞢于庚，亡祼，九月。　壬午卜，吴贞：于□禪，于之，若。（《续存》上一五〇七）

按此为胛骨，王祼与亡祼，上下两辞对贞。

宨岁

戊申卜，吴贞：王宨……丁岁……（《续存》上一五三二，同版见卜人即。）

六　【卜方国及致贡】

丁酉卜，吴贞：多君曰：来，弔氏䍽。王曰：余其啚……王十月。　丙戌卜吴……若兹……（《后编》下一三、二）

戊子卜，吴贞：王曰：余……曰：多尹其令二侯上丝眔𠀠侯，其……周。（《通别》二、五、三）

按多君一名，见于吴所卜者，又有《续存》一五〇七，大卜辞亦见之（《燕大》二八）。《小盂·鼎》："昧爽，三左三右，多君入服酒。"多君或省口作"多尹"，考"尹"、"君"二字古通，《左》隐三年《传》："君氏卒"，《公》《穀》并作"尹氏"，是其证。卜辞所见，多尹司祭祀（如《屯甲》七五二："元𣪘，叀多尹飨。弜不飨，叀多尹飨"）、作寝（《续编》六、一七、一）、垦田（《书道》一〇、三）等职，《酒诰》："越在内服，百僚庶尹。"多尹当即庶尹也。弔，人名，亦见于子卜。（参本书，448 页）上丝卜辞两见，除此片外，又见《后编》下八、六争卜（上丝眔禾侯）。𠀠侯或谓即𠀠侯，窃谓不类，𠀠字从自在合中，地近于周，疑即合地。《诗·大明》"在郃之阳"。《毛》本及石经作"洽"，《史记·魏世家》"合阳"，字则作"合"。

癸未卜，吴贞：在尸见。　癸未……贞……兄。（《明义士》六七四）

□子卜，𠬝贞：亡来羌。曰：用𦥑，又……不同。（《七集·卫》一〇，现藏瑞士巴塞尔人类学博物馆。）

按用𦥑谓用羌于学，《礼记·王制》："出征执有皋反，释奠于学，以讯馘告。"此谓献羌俘，用于之于辟雍，以求祐也。

七 **【成语】**

又故

己丑，吴贞（省卜字）：王乎（呼），隹又古（故）。 〔己〕丑卜，吴贞：隹其㞢𡆥。（《续编》五、二八、一二同书六、二〇、四，《戬寿》四五、四重。）

惟孽

辛巳卜，吴贞：叀𦜉（孽）。（《宁沪》三、二一七）

⊗言（歆）

□巳卜𡆥……今夕……言。 贞：今……王〔宁〕……（《宁沪》三、二一三）

卜𡆥……豖⊗……王。（《明》六五二）

甲午卜，吴贞：今夕⊗言王。（《七集·卫》二二）

……未卜吴……夕⊗……王。（《七集·卫》六八，上二片现藏瑞士巴塞尔人类学博物馆。）

残辞

《遗宝》九、一〇（存“曰亡来”及“月”），《遗宝》九、一一（存“亡𡆥”），《南北·明》三四〇（存“癸卯”），《金璋》九（己丑），《前编》六、二一、二（存“卜吴贞”三字）。

即

即为祖甲时人，其卜辞先公称谓亦有父丁兄庚兄己之名。

父丁 （《续编》一、三二、四，又《佚存》一七二重，《诚斋》一五七，又一五八，《佚存》八九三。）

兄庚 （《明义士》三五五）

兄己 （《续编》一、四三、一〇，《簠室·帝系》一九六重。）

同版卜人有吴。（《续存》上一五三二）

即前辞有重“卜”字者，如：

壬午卜，卜即贞：其𣸣。（《通别·上野》五，现藏东京博物馆。）

此与《佚存》五二七，㱿卜辞重“卜”字例同。

即又与大同贞，如：

癸亥卜，大即：王其田，𫹉。（《屯甲》一二七四）

即之卜辞，辑录如下：

一　【卜雨旸】

辛卯卜，即贞：王宔岁，不雨。　贞：二𫵖，二月。（《后编》上二七、一三）

按此条即字作。宔岁即迎岁星，说见卜人旅条。（参本书，562 页。）

□酉卜，即〔贞〕：今夕雨。　贞：不其雨。（《明义士》七五二）

甲寅卜，即贞：今日不雨，二月。（《南北·明》三三七）

辛丑卜，即贞：兹旬亩雨，十月。　□寅卜，即……出……（《平津·元》一九六，《续存》上一四七四重。）

壬寅卜即贞：羽癸卯，𢦏（启），四月。　贞：不其𢦏，四月。（《库方》一〇三四）

二　【卜日】

戊辰卜，即贞：今日，亡来〔艰〕。（《南北·明》三八七）

丁未卜，即贞：今日，亡来艰。（《戬寿》二六、一一，《续编》六、八、一〇重。）

按或举“来艰”为第一期武丁时用语，然即为祖甲时人，仍沿用之。

戊寅卜，即贞：今日，亡来艰。（《库方》一六七一）

□酉卜，即贞：今日，亡来艰。（《通别》二、五、一六）

……卜，即……日，亡〔来〕艰。（《京大》二五六）

……卜，即〔贞〕：……亡来艰。（《南北·明》三八六）

三　【卜夕】

甲子卜，即贞：今夕亡𡆥，四月。（《七集·卫》一四）

庚寅卜，即贞：今夕亡𡆥。　……卜，即〔贞：今〕夕〔亡〕𡆥。（《金璋》二三）

庚午卜，即贞：今夕亡𡆥，在三月。　辛未卜，即贞：今夕亡𡆥，〔在〕三月。　……卜，即〔贞：今〕夕〔亡𡆥〕。……（《天壤》十一）

丙子卜，即贞：今夕亡𡆥，　……即〔贞：今〕夕亡〔𡆥〕，三月。（《天壤》一二）

辛卯卜，……今〔夕〕亡〔囚〕。 壬辰卜，即贞：今夕亡囚。 癸巳卜，即贞：今夕亡囚，八月。（《粹编》一三四二）

甲午卜，即贞：今夕〔亡〕囚。（《宁沪》二、一五八）

己酉卜，即贞：今夕〔亡囚〕。（《遗宝》九、一二）

辛亥卜，即贞：今夕亡囚。 壬子卜，即贞：今夕亡囚。（《戬寿》二九、二，《续编》二、一四、五，及《南北·师》二、一八一重。）

辛亥卜，即贞：今夕〔亡〕囚。（《天壤》一三）

乙卯卜，即贞：今夕亡囚。 丙辰卜，即贞：今夕亡囚。 丁巳卜，贞：今夕亡囚。（《粹编》一三四三）

戊午卜，即贞：今夕亡囚。 己未卜，即贞：今夕亡囚。（《戬寿》二七、一三，《续编》二、一五、一重。）

四 【卜旬】

癸丑卜，即贞：旬亡囚，二月。 癸亥卜，即贞：旬亡囚，三月。（《戬寿》二九、一，《续编》二、一四、四重。）

癸卯卜，即贞：旬亡囚，十二月。 癸丑卜，即贞：旬亡囚，十二月。 癸亥卜，即贞：旬亡囚，□月。 癸酉卜，即贞：旬亡囚，在正月。 癸未卜，即贞：旬亡囚，在正月。（《缀合编》二九三——《戬寿》二九、三十二九、四，即《续编》二、一四、一十二、一四、二。）

癸亥卜，〔即〕贞：旬〔亡〕囚，一月。 癸酉卜，即贞：旬亡囚，一月。 癸未卜，即贞：旬亡囚，一月。（《戬寿》二九、五，《续编》二、一三、九重。）

按即之卜辞，“正月”与“一月”兼用，由上列两片知之。

癸亥卜，即贞：旬亡囚，六月。 癸酉卜，即贞：旬亡囚，七月。〔癸〕未卜，即〔贞〕：旬亡〔囚〕，七〔月〕。（《粹编》一四三七）

甲寅卜，即贞：王室，旬亡囚。（《戬寿》二一、五，《续编》二、一三、五，及同书四、四六、一重。）

……卜，即贞：王室，旬亡囚。 贞：亡尤。（《戬寿》一九、一〇，《续编》二、一一、六重。）

按此片称王室旬语极罕见。宜读“王室”句，“旬亡囚”句，即祝一旬间之吉否。旬当与亡囚联读者，其证如《粹编》一四二八：“癸丑贞：旬亡囚。 癸酉贞：旬亡火。 癸卯贞：旬亡囚。 癸酉贞：旬亡囚。”

同版中“旬亡囚”，亦作“旬亡火”：火亦指灾害，故“亡祸”可变文作“亡火”，知此处“旬”字，自指旬日言之。

……卜，即〔贞〕：旬亡囚。（《戬寿》三一、七）

五　【卜往来】

丙寅卜，即贞：王出，亡囚。　贞，亡尤。（《库方》一七三二）

壬寅卜，即贞：王出，亡囚。（《续编》一、四〇、二，《戬寿》八、四重。）

……卜，即……王出，〔亡〕囚。　贞：亡尤。（《遗珠》四〇六）

……卜，即〔贞：王〕出，〔亡〕囚。　贞：亡尤。（《零拾》七七，《续存》下六四九重，《库方》一八九二文略同。）

……卜，即……出……〔亡〕囚。　贞：亡尤，在五月。（《金璋》一八）

癸卯卜，即贞：其令……来。甶羽甲……　贞：羽乙巳令……（《摭佚》八二，《京津》三六三八重。）

六　【卜游田】

乙亥卜，即贞：王其田，亡巛，在……　卜即〔贞：王〕其田，〔亡〕巛……（《南北·坊》二、一〇四）

七　【卜疾】

己亥卜，即贞：马又疒，隹又𠙵（故）。（剑桥大学藏骨，原列八六八号，叶慈旧藏。）

按古读为“故”，《周礼》：“国有大故。”郑注：“兵寇也。”此因马有疾，不宜出师，故卜之。

八　【卜祭祀】

季

……即……季……（《京津》三二一九）

按此辞残缺，季当是他辞习见所祭先公之季。（如《后编》九、五：“贞：出于季”是。）

上甲

……卜即……丁巳……荐。　癸丑卜，〔即〕贞：羽甲□，上甲彡。

升，其告。　贞：弜告，十月。（《粹编》八四，董《谱》系在祖甲二十三年。）

按荐者，《诗·雝》："于荐广牡，相予肆祀。"《月令》："季春，荐鲔于寝庙。"《郊特牲》言"荐酒"，《礼疏》又言荐血等，此即荐之义。荐字，郭氏释文阙。董氏释"农"。细审之，乃𦱤字，于氏释𢉧，谓即𥂴之初文。他辞云："甲戌卜贞：王宊且甲，𢉧，亡尤。"（《后编》下三三、二）"庚申卜，王宊且庚。𢉧〔亡尤〕。"（《林》一、一六、六）"……𩠑𢉧，王弗宊。"（《佚存》九二五）皆即荐字，说见《骈枝三编》。

壬戌卜，即贞：上甲，𠦪二牛。（《续编》一、四、二，《戬寿》一、七重。）

按他辞云："又上甲，𠦪三牛。"（《南北·明》五一七）"𠦪一牛，受又又（祐）。"（《拾掇》二、一四七，《邺初》上三七、一重。）𠦪为用牲之名。金文𠦪有繁形从示者，如《令彝》云："明公易太师鬯金小牛，曰：用𥛩。易令鬯小牛，曰：用𥛩。"𠦪本祈字，《周礼·肆师》"祈珥"，《犬人》称"几珥沈辜。"郑注："故书祈为几，杜子春读几当为祈。"几实为𧰼，衅礼之事也。故𠦪牛即𧰼牛。用羊则曰祈羊，《管子·形势》："山高而不崩，则祈羊至矣。"《粹编》二二一："壬寅，卜𠦪，其伐归，叀北𡆧用，廿示一牛，十三羊，氐四戈，彘。"上言𠦪，而下言用牛羊彘用豕则曰𠦪豕（《宁沪》二二三），京都大学七〇："𠦪，用白豕"，并其例。卜辞言用牲之𠦪，牛、羊、豕均见之，是𠦪为衅礼之𧰼明甚。《说文》："𧰼，以血有所刏，涂祭也。"

庚戌卜，即贞：〔羽〕辛亥，三（汔）酌彡，旬自上甲衣，至于多毓，亡壱。十月。（《林》一、二一、七）

按"旬自"之旬，以他辞"劦自"、"叙自"例之，旬亦动词，《尔雅·释言》："宣，徇，遍也"，说文："旬，遍也，十日为旬。"《尧典》："遍于群神"，旬与遍义同，言自上甲而下多后皆遍祭之。旬作动词用，又见《粹编》一四二六："癸卯贞：旬亡𡆥，在𡉚旬。　癸丑贞：旬亡𡆥，在𩰫。　癸亥贞：旬亡𡆥，在𣡟旬。　〔癸〕酉〔贞〕：旬亡𡆥，〔在〕食旬。""在"字下当是地名。其云"在某地旬"，旬当读如《诗·江汉》"来旬来宣"之"旬"，《传》："旬，遍也。"通作徇，《广雅》："徇，巡也。"《白虎通》："巡者，徇也。"辞意即谓"在某地巡"，故知卜辞所见"旬"字，除旬日之义外，又有遍祭及巡视两义，均宜以假借说之。

又按此辞记庚戌卜翌日辛亥之彡（绎）祭，则大祭乃在十月之庚戌日，此当为冬祫，故遍祭上甲以次诸后，惟不于甲日行之，而独隆其礼，类《周礼》所谓“朝享”（“朝享，大祫也，合于大庙，若大朝然，故曰朝享”），《公羊传》所谓“大祫”矣。（“大祫，毁庙之主，陈于太祖，未毁庙之主，皆升合食于太祖”。）

匚乙

乙卯卜，即贞：王宾匚乙，祭，亡囚。（《明义士》一四五，《续存》上一四八六文同。）

按此卜于乙日宾匚乙。祭者，《荀子·礼论》云：“祭，齐大羹，而饱庶羞。”杨注：“祭，月祭也。齐读为哜，至齿也，谓尸举大羹，但至齿而已矣，至庶羞而致饱也。”此即祭之义。

示壬

□亥卜，即贞：羽壬子，酌示壬，岁亡巷。（《明义士》二三一八骨）

按“岁亡巷，”亦嘏词，与“岁亡尤”同例，指岁事丰穰也。

大乙（唐）

……卜即〔贞：〕羽辛亥……上甲岁，告……大乙，衣，亡巷，八月。（《后编》上二〇、四）

乙丑卜，即贞：王〔宾〕唐，叙，〔亡〕尤，十三月。 乙丑卜，即贞：王宾，唐，翊，亡尤，十三月。 贞：母。 乙丑卜，即〔贞〕：王宾唐，叙，亡尤。（《邺》二下三八、一）

按母即毋，与亡、弜同义，对贞时常用之于否定语句，而省去主句；因已见于肯定语句，故略之。

中丁

丙申卜，即贞：羽丁酉，亩中丁岁，先。 亩父丁 ……卜即贞：……出亡……（《粹编》二九九）

丙寅卜，即贞：其潵羊，盄（盟）子。 □寅卜，即〔贞〕：岁，亩今中丁酌。（《平津·元》二二〇，《续存》上一四九四重。）

按卜辞有盟子及血子，盟子疑指司盟，《周礼·秋官》司盟：“掌盟载之法，……凡盟诅各以其地域之众庶，共其牲而致焉。既盟则为司盟，供祈酒脯。”郑注：“载盟辞也。盟者，书其辞于策，杀牲取血，坎其牲，加书于上而埋之，谓之载书。”《左传》有关盟书之记载，不一而足。此辞言“潵羊”，即杀牲事知盄子即司盟之职，与血子之为肆师义别。

祖乙　后祖乙

癸卯卜，即贞：羽乙巳，其㞢于且乙。（《林》一、一二、一六）

按祖甲时，乃见祭名“㞢”。㞢为侑，亦通“右”，《周礼》：“以享右祭祀”，郑注：“右读为侑，侑劝尸食而拜。”《诗·彤弓》毛《传》：“右，劝也。”㞢乃劝尸之事。《楚茨》：“以享以祀，以妥以侑”，即妥尸侑尸也。

〔癸〕丑卜，即贞羽乙〔卯〕，𠭰于且乙，其冓又……羌十，卯五宰。（《粹编》二三九，董《谱》系于祖甲四年。）

戊辰卜，即贞：羽己巳，弜祉且乙，岁。（《续存》上一四九六）

……卜，即……羽乙亥，……𠂆（尸）于且乙，又（侑），卯牝。　贞：勿……卜……（《明义士》三二八）

按《五经异义》引《鲁郊礼》云：“祝延帝尸。”此言延且乙，即延祖乙之尸；岁谓荐岁事。又《郊特牲》：“诏祝于室，坐尸于堂，用牲于庭，升首于室。”此卜立祖乙尸与立侑也。“又”盖即“侑”，侑以佐尸，为之劝也，见《少牢馈食礼》及《燕礼》。绎祭时，宗人请侑，王乃命某为侑，其出入升降，各随其尸；立侑之礼，殷时已有之。

……即贞且乙……其㝏……（《南北·明》三四五）

按㝏即介，《尔雅·释诂》：“介，右也；右，助也。”《集韵》：“介，《说文》：画也。一曰助也。”《诗·七月》：“以介眉寿”，《笺》云：“介，助也，”又《雝》“介以繁祉”，介亦训助。助祭即所谓“相予肆祀”是也。

乙卯卜，即贞：王宔毓且乙，父丁，岁亡尤。（《戬寿》三、八，《续编》一、三一、三，《佚存》八九三重。）

按此于乙日宔毓且乙，兼祀父丁。毓祖乙以世次论，应即小乙；然即卜他辞，乃有小祖乙及小乙之祀，则此后祖乙，又似即祖辛父之祖乙，因后祖乙，所以别于小祖乙也。

丁酉卜，即贞：毓且乙，古十牛，四月。　贞：弜勿。　贞：毓且乙，古物，四月。（《续编》一、一六、二，《戬寿》三、七重。）

按古乃“古”字，读为辜，物即杂色牛。《诗》：“三十维物，尔牲则具。”《传》云：“异毛色者三十也。”《周礼》犬人“用牷物”。物即牛之毛色，此盖卜牲数及牲色。

祖辛

□子卜即……且辛岁……多㞢（生）。（《南北·明》三四七）

按多生即多姓，金文以生为姓。《白虎通·姓名篇》："姓，生也。"《尧典》："平章百姓。"《诗·天保》："群黎百姓，遍为尔德。"《传》："百姓，百官族姓也。"《左》昭三十年《传》："我盖姑亿吾鬼神，以宁吾族姓。"多姓即指百官族姓，非谓众庶也。

辛巳卜，即贞：王宾且辛，岁亡尤。　辛巳卜，即贞：王亡尤。（《遗珠》三六）

辛丑卜，即〔贞〕：王宾且辛，眔……亡尤，四月。（《续存》下六一七）　上两辞皆于辛日卜宾且辛。

甲申卜，即贞：羌甲，岁，一牛。（《遗珠》六二一）

……即贞王……升伐毖〔甲〕……罙亡……（《库方》一二二九）

祖丁　小丁

……即〔贞〕……毓且丁，十月。（《粹编》二九五）

丁亥卜，即贞：其升于小丁。（《续编》一、四八、五，《戬寿》八、一七重，此于丁日卜祭小丁。）

䍧甲

甲子卜，即贞：王宾䍧甲，祭，亡囚。　贞：弜宾，九月。（《续存》下六二〇）

甲子卜，即贞：王宾䍧甲，叙，亡尤。　贞：亡尤。（《戬寿》八、一〇，《续编》一、五一、一，及《佚存》八九〇重。）

盘庚

□午卜，即〔贞〕：王宾般庚……〔亡〕囚。（《南北·明》三四九）

小辛

辛未卜，即贞：王宾小辛，彡，亡尤，在正月。（《南北·文》八四）

小乙（小祖乙）

癸巳卜，即贞：羽乙未，其又于小且乙。（《续编》一、一五、八，《戬寿》五、一〇重。）

甲戌卜，即贞：羽乙亥，彡于小乙，亡壱，在十一月。（《后编》上一九、三）

甲申卜，即贞：羽乙酉，翊于小乙，亡壱，五月。　〔丙〕戌卜，即贞：羽〔丁〕亥，翊〔于〕父丁，亡〔壱〕。（《诚斋》一五七，《粹编》二八八重。）

按董《谱》系此于祖甲三年。辞中羽与翊两字并见。"羽乙酉"、"羽丁亥”，指甲申之明日乙酉，及丙戌之明日丁亥；甲申、乙酉、丙戌、丁亥四日相接。《诚斋》此条，与《文录》三〇四旅贞：“翊于小乙”，为同时异人之卜。至翊乃祭名，字亦仅作“羽”，盖即羽舞也。《周礼・乐师》“凡舞：有帗舞，有羽舞，有皇舞，有旄舞，有干舞，有人舞。”郑司农云：“帗舞者，全羽；羽舞者，析羽。……社稷以帗，宗庙以羽。”郑玄则谓：“帗析五采缯，今灵星舞子持之是也。……四方以羽，宗庙以人。”殷时羽舞，必不如《周礼》分别之细，惟宗庙祭祀，习用羽舞，则先郑说“宗庙以羽”，盖殷时制耳。

父丁

壬子卜，即贞：祭，其酌桒，其在父丁，七月。（《续编》一、三二、四，《佚存》一七二重。）

丁丑卜，即贞：王宾父丁，彡亡尤。 ……即……宾……岁……（《诚斋》一五八）

按父丁即武丁。

丙寅卜，即贞：羽丁卯，父丁岁，勿牛，十月。（《续编》一、三〇、五，《戬寿》六、三重。）

……卜，即贞：父丁，岁，其先祭。（《文录》三一九）

父戊

戊寅卜，即贞：叀父戊岁，先酌。（《后编》上五、一一）

此于戊日卜祭父戊，此父戊当为父丁（武丁）之兄弟。

兄已

戊子卜，即贞：兄己，𠀠（辜）一牛，在六月。（《续编》一、四三、一〇，《簠室・帝系》一九六重。）

兄庚

庚辰……贞：王宾兄庚，彡，亡尤，在二月。 ……即〔贞：〕王宾〔叙〕，亡尤，在二月。（《遗珠》三七二，董《谱》系在祖甲八年。）

□亥卜，即贞：兄庚岁，……犬。（《明义士》三五五）

己亥卜，即贞：羽庚子，其又升岁。 □□卜，〔即〕贞：兄庚岁，其射。（《粹编》三二九）

按《射义》云：“天子将祭，必先习射于泽，已射于泽而后射于射宫。射中者得与于祭，不中者不得与于祭。”又《国语》：“天子郊禘之事必自射其牲。”故《周礼・夏官》：“司弓矢供射牲之弓矢。”此辞“射”

字解为射牲，亦无不可。

庚辰卜，即贞：王宾兄庚，……亡尤。　庚辰卜，贞：王宾，叙，亡尤。　庚辰卜，贞：王宾妣庚日，叙，亡尤。(《后编》上七、八)

按妣庚为小乙之配。兄庚即祖庚，此并于庚日设祭。

庚午卜，即贞：王宾尸岁，眔兄庚，亡尤。　庚午卜，即贞：王宾，叙，亡尤。(《零拾》五，《续存》下六二七重。)

兄壬　母辛

甲申卜，即贞：其又于兄壬，于母辛宗。　贞：于宗，七月。　壬申卜，即贞：兄壬，岁亩农。　贞：其盄。　□月。(《后编》上七、一一)

按母辛为武丁配，兄壬或祖甲之兄。盄殆盁之繁写，盁为助祭。

丁

甲子卜，即贞：告于丁，酌，亡壱。(《续编》一、四五、六，《戬寿》八、一五重。)

丙寅卜，即贞：又一牛，其用，凷(叶)于丁。(《零拾》一九，《续存》下六二三重。)

戊申卜，即贞：其祉丁岁，六月。(《续存》上一五三八)

妣庚

……卜即〔贞〕：岁……于妣庚。(《续编》一、四〇、二，《戬寿》八、四重。)

妣丁

丁酉卜，即贞：其𢼸(役)，豕十，妣丁。(《菁华》九、二)

按役读为疫，殆有疫气，乃卜用豕十于妣丁以禳之。

母辛

丁卯卜，即贞：母辛……五……(《戬寿》七、九)

己酉卜，即贞：告于母辛，亩农，十月。(《前编》五、四八、一)

甲申卜，即贞：其又于兄壬于母辛宗。(《后编》上七、一一)

按母辛有庙，故曰“母辛宗”。“亩农”即“岁亩农”之省略。

母己

□辰卜即……母己岁……罕……(《前编》一、二八、八)

黄尹

丙寅〔卜〕，即贞：……升……㚔尹。(《续编》一、四六、八，《戬寿》九、九重。)

按《书·盘庚》云："兹予大享于先王，尔祖其从与享之"，此功臣配食。

其他即卜有关祭祀者：

御马

丙辰卜，即贞：叀出，于夕钔马。（《后编》下六、一）

按人名，即大史，参卜人出条。御马说详卜人彭条。

盟子

〔己〕巳卜，即贞：盌子，岁牡。（《后编》下三〇、一七）

按盟子说见上中丁条。

澉与用牲

癸未卜，即贞：其澉豕于尸。（东京博物馆藏片）

此用牲于尸，《通典》云："先迎牲杀于庭，取血告于室以降神，然后奏乐尸入。"此言澉豕于尸，谓杀牲以宾尸也。

壬午卜，卜即贞：其澉。（东京博物馆藏片，见《通别》二、七、一三。）

按此条重"卜"字，其例罕见。

丙午卜，即贞：其澉小宰。（《遗珠》八二）

……卜即……澉　贞：……馃……（《后编》下二六、一二）

按澉字于即之卜辞所见特多，此字亦作（《外编》四五一），象以朴击蛇形。契文有澉豕、澉牛、澉羊；而澉羌澉尸，则指人牲。

癸巳卜，即贞：尸岁，勿牛。（《南北·师》一、一〇八）

……卜，即贞：又于……一牛。（《南北·明》三七九）

丙午卜，即贞：又氏羌。羽丁未，其凡……十。（《京津》三四二九，《续存》上一六〇五重。）

宾禫

乙丑卜，即贞：王宾，禫，亡囚。（《遗珠》五三，《金璋》三〇文同。）

甲申卜，即贞：王宾，禫，亡囚。（《明义士》四）

□午卜，即……王宾……禫，亡〔囚〕，在八月。（《京津》三三三四）

……卜，即〔贞〕：王宾，禫……（《库方》一七二五）

夕禫

己巳卜，即贞：王宾，夕禫，亡囚。（《遗珠》八七二）

己丑卜，即贞：王宾，夕禫，亡囚。（《戬寿》一九、一，《续编》二、

一一、一〇重。）

甲午卜，即贞：王宾，夕禕，〔亡〕囚。　贞：亡尤。七月。（《明义士》六九〇）

癸卯卜，即贞：王宾，夕禕，亡囚。　贞：亡尤。（《南北·明》三六七）

甲寅卜，即贞：王宾，夕禕，〔亡〕囚。（《遗宝》九、四，《文录》四一九文同。）

癸亥卜，即贞：王宾，夕禕，亡囚。（《续存》上一五八〇）

□寅卜，即〔贞：王〕宾，夕〔禕〕，亡囚。（《库方》一七三二）

□酉卜，即〔贞〕：王宾，〔夕〕禕，亡〔囚〕，在八月。（《双剑》一二九，《京津》三三二七重。）

……即〔贞：王〕宾，夕〔禕〕，亡囚。（《遗珠》八七〇）

𡭴

□寅卜，即〔贞〕：王其𡭴。（《明义士》六）

𠬶

戊寅卜，即贞：王宾，𠬶，亡尤。　己卯卜，即贞：王宾𠬶，亡尤。　□辰卜，即〔贞〕：王宾，……亡尤。（《库方》一〇二一，同版为即卜宾兄庚之辞。）

丁未卜，即贞：王宾，𠬶，〔亡尤。〕（《燕大》三五）

庚戌卜，即贞：王宾，𠬶，亡尤。（《戬寿》一八、八，《续编》二、一〇、二重。）

甲寅卜，即贞：王宾，𠬶，亡尤。（《戬寿》一八、一〇，《续编》二、九、四重。）

丁巳卜，即贞：王宾，𠬶，亡尤。（《戬寿》一八、九，《续编》二、九、三重。同版见父丁，又同书一、三一、七文同。）

宾日

丙子卜，即贞：王宾日，𠬶，亡尤。（《南北·明》三三八，同版另一辞宾卜丙，卜人未详。）

宾岁

辛卯卜，即贞：王宾岁，不雨。　贞：二室，二月。（《后编》上二七、一三，重见上卜雨条。）

□戌卜，即〔贞〕：王宾……岁，亡〔尤〕。（《续存》上一五三三）

□戌卜，即贞：……岁，其宔，……二月。（《库方》一一一二）

丙午卜，即贞：羽丁未日，农岁，其又伐。（《续编》二、一、四，《佚存》九二四重。）

按农岁即“岁亩农”，“羽丁未日”应即“羽日丁未”，卜辞每作倒装语。

……卜，即……巳岁，……四月。（《续存》下六四八）

宾尸

丁巳卜，即贞：王宔尸，岁，亡尤。（《续编》一、三〇、三）

按同版见乙卯日祭且乙父丁，知所宾之尸即祖乙、武丁等。

庚申卜，即贞：王宔尸，岁，亡尤。（《平津·元》二一六，《续存》上一五九〇重。）

甲申卜，即贞：尸岁，王其叙，十一月。　甲申卜，即贞：尸岁，其盉。（《平津·元》二一七，《续存》上一五九二重。）

乙未卜，即贞：尸岁，王其……（《戬寿》二〇、三，《续编》二、一、八重。）

戠

戊辰卜，即贞：王宔，戠，亡囚。（《戬寿》二〇、九，《续编》二、一二、一重。）

丁丑卜，即贞：王宔，戠，亡囚。（《戬寿》二一、二，《续编》二、一三、一重。）

壬辰卜，即贞：王宔，戠，〔亡〕囚。（《续存》上一五五六）

癸亥卜，即贞：王宔，戠，亡囚。（《库方》一〇一八）

□丑卜，即贞：王宔，戠，亡囚。　贞：亡尤。（《续存》上一五五三）

……卜，即贞：王宔，戠，亡囚。　贞：亡尤。（《林》二、二九、六）

祢禫

甲辰卜，即贞：王宔，𡗜禫，亡囚。　贞：亡尤。（《南北·明》三六七）

戊寅卜，即贞：王宔，𡗜彈，亡囚，五月。　贞：亡尤。（《粹编》五一〇）

辛丑卜，即贞：王宔𡗜禫，亡囚。（《续存》上一五六六）

□酉卜，即〔贞〕：王宔……禫，亡〔囚〕，在八月。　贞：亡尤。（《续存》下六五二，《双剑》一二九重。）

龠

乙酉卜，即贞：王宓，龠，亡囚。（《遗宝》九、四）

鼓

……卜即……𣪘鼓……（《后编》下一四、一五）

王宓残辞存天干者，有《京津》三三三三（辛）。存地支者，有《明义士》一六五（丑，《诚斋》四九七文同），《京津》三三九八（卯），《戬寿》三四、二（戌，《续编》二、三、六重，《文录》四八九文同）。无干支者：有《明义士》二〇〇，《南北·明》三七六，《南北·坊》二、五五，《京津》三三九四（同书三三九五重），及《续存》上一五八四等。

九　【杂卜】

……卜即……于……　贞：□及。四月。（《戬寿》三七、六，《续编》五、二七、一二及六、二六、五重。）

其他残辞尚有：《明义士》一八一（又祭），《遗宝》九、一五（今夕），《宁沪》三、一九〇（用牡），《南北·坊》四、三七五（岁祭），《南北·明》四一五（仅存干支“戊戌”），《宁沪》三、二二四（存地支“午”），《拾掇》二、三八一（存“卜即”二字），《南北·无》一五五（存“即贞”二字）。

尹

卜人“□”字，以《屯乙》八六七“多□若”句证之，知□即尹字。

尹卜辞所见先王称谓，有：

父丁　（《遗珠》七二五〔《通·别》二、六、六重〕、《佚存》三九七〔《邺初》下二七、一重〕）

兄庚　（《粹编》一一一）

兄己　（《佚存》三九七〔《邺初》下二七、一重〕）

知为祖甲时人，然武丁时卜辞亦每见之：

壬午卜，□贞：尹其出囚。（《福氏》三五）

甲申卜，争贞：□（尹）氏□子。　贞：□弗其氏□子。（《前编》七、四三、一，拓不全，《续存》下七〇重。）胡氏摹脱“氏”字，□字胡释及。

尹又称子尹（《屯乙》一〇五）

妇曰帚□。如：

庚子卜，争贞：令員取帚于（龠）。（《续编》五、二二、二）

所见人物有犬（犬告曰，《林》二、二六、六），与尹同版之卜人有旅（《续编》四、四三、七，《佚存》三九七），、出（《遗珠》四九一），行（《粹编》五〇九）等。

尹之卜辞，辑录如下：

一 【卜雨】

丙辰卜，尹贞：今日至于羽丁巳，雨。（《明义士》七三五甲尾）

丁亥卜，尹贞：今夕雨。（《诚斋》一三五）

戊午卜，尹贞：雨。　贞：不〔雨〕。（《库方》一〇七二）

……卜，尹……祉雨。（《前编》六、六四、五）

二 【卜旬】

癸酉卜，尹贞：旬亡囚。（《文录》八三，《续存》上一六九〇文同。）

癸酉卜，尹贞：旬亡囚，在十〔月〕。（《林》一、二六、九）

癸酉〔卜〕，尹〔贞〕：旬〔亡〕囚　……卜……旬〔亡〕囚，四月。（《戬寿》三一、二）

癸未〔卜〕，尹〔贞〕：旬〔亡〕囚。（《库方》一九三七）

癸未卜，尹贞：旬亡囚。　癸卯卜，尹贞：旬亡囚，在十月。（《诚斋》五〇）

癸丑卜，尹贞：旬亡囚，在正月。　癸巳卜，尹贞：旬亡囚，在三月。（《金璋》一二六）

癸丑卜，尹贞：旬亡囚。（《戬寿》二八、八，《续编》四、四三、七重。同版见旅卜旬事。）

……卜尹……旬〔亡〕囚，九月。（《明义士》二二二）

……卜尹〔贞〕：旬亡囚，十月。（《文录》八四）

……卜尹贞：旬亡囚，在十一月。（《文录》八五，又同书九二八文略同。）

……卜尹〔贞〕：旬亡〔囚〕，在十三月。（《明义士》一五一三）

……卜尹……旬〔亡〕囚，……四月……衣。（《续存》下七〇一）

按尹之卜辞，记月名上每加一“在”字，上列各辞中，有四条不系“在”，可见原无定例。

……卜尹……旬亡囚。（《续存》上一六八三）

三 【卜日】

庚戌卜，尹贞：今日亡……（《京津》三四四七）

□卯卜，尹贞：今日亡来艰。（《粹编》一二九五）

四 【卜夕】

戊辰卜，尹贞：今夕亡囚。 □寅卜，尹〔贞：王〕宾……〔亡〕囚。（《京津》三五〇三，《粹编》一三七重。）

壬申卜，尹贞：今夕亡囚，在五月。 癸酉卜，尹贞：今夕亡囚，在五月。 〔甲〕戌卜，尹贞：今夕亡囚，在□月。（《京津》三五〇〇）

壬申卜，尹贞：今〔夕〕亡囚。（《明义士》一五二五）

丙子卜，尹贞：今夕亡囚。（《平津·元》二二五，《续存》上一六五五重。）

己卯卜，尹贞：今夕〔亡囚〕。（《续存》上一六五七）

丙戌卜，〔尹〕贞：今〔夕〕亡囚。 〔丁〕亥卜，尹〔贞〕：今夕〔亡囚〕。（《粹编》一三七四）

戊子卜，尹贞：今夕亡囚。 贞：亡尤。（《明义士》七六九）

戊子卜，尹贞：今夕亡囚。 己丑卜，尹贞：今夕亡囚。 〔庚寅〕卜，尹贞：今夕亡囚。 辛卯卜，尹贞：今夕亡囚，在〔四月〕。 ……癸巳卜，尹贞：今夕亡囚，在四月。（《缀合编》二五七——《文录》二六＋二七。同版尚有贞夕之辞，无卜人。）

按自戊子至癸巳六日，连续贞卜中间应尚有壬辰一日，残阙。

壬辰卜，尹贞：今〔夕〕亡〔囚〕。（《明义士》五六八）

丙〔申卜，尹〕贞：〔今夕〕亡囚。 丁酉卜，尹贞：今夕亡囚，在七月。 戊戌卜，尹贞：今夕亡囚。 己亥卜，尹贞：今夕亡囚，在七月。 庚子卜，尹贞：今夕亡囚。 辛丑卜，尹贞：今夕亡囚。 壬寅卜，尹贞：今夕亡囚，在七月。 癸卯卜，尹贞：今夕亡囚。（《缀合编》二七八——《金璋》一三十二四＋四五）

按上辞皆在七月卜，今存残骨自丙申至于癸卯连续八日。李棪云：“其戊戌日卜一片现在苏格兰”；余皆藏剑桥大学图书馆。

庚子卜，尹贞：今夕亡囚。 辛丑卜，尹贞：今夕亡囚。 壬寅卜，

尹贞：今夕亡囚，在四月。（《缀合编》二七七——《文录》二八十二九）

庚子卜，尹贞：今夕亡囚。（《南北·坊》二、一二〇，《粹编》一三七五文同。）

癸卯卜，尹贞：今夕亡囚，在四月。（《京津》三五〇二，《粹编》一三七一重。）

甲辰卜，〔尹〕贞：今夕亡囚，在……〔月〕。　乙巳卜，尹贞：今夕亡囚。　丙午卜，尹贞：今夕亡囚。　丁未卜，尹贞：今夕亡囚，在七月。（《缀合编》二七六——《戬寿》二八、一〔《续编》四、四一、一一重〕十二八、三〔《续编》四、四一、八重〕）

按此自甲辰至丁未，连续四日卜夕。

丁未卜，尹贞：今夕亡囚，在七月。　戊申卜，尹贞：今夕亡囚，在七月。　〔癸〕酉卜，尹〔贞〕：今夕〔亡〕囚。（《续编》四、四一、九，《戬寿》二八、二重。）

壬子〔卜〕，尹贞：〔今〕夕〔亡〕囚。（《摭佚》四六）

乙卯卜，尹贞：今夕亡囚。　……卜尹……（《摭佚》四九）

乙未卜，尹贞：今夕〔亡囚〕。　庚申〔卜，尹〕贞：今〔夕〕亡〔囚〕。（《粹编》一三七二）

辛酉卜，尹贞：今夕亡囚。　癸亥卜，尹贞：今夕亡囚。（《续存》下六七七）

壬戌卜，尹贞：今夕亡囚。　癸亥卜，尹贞：今夕亡囚，在十一月。（《遗珠》一三〇六。上各辞皆依干支先后排比。）

□丑卜，尹〔贞〕：今夕〔亡〕囚。（《宁沪》三、二一二）

□寅卜，尹贞：今夕亡囚，在十月。（《宁沪》三、二〇九）

□午卜，尹〔贞〕：今夕亡〔囚〕。（《明义士》九一二）

壬申卜，尹贞：今亡囚。（《明义士》一五二五）

五　【卜往来】

乙丑卜，尹贞：王出，亡囚。（《京津》三四六八）

戊辰卜，尹贞：王出，亡囚。　贞：亡尤，七月。（《摭佚》八三）

戊寅卜，尹贞：王出，亡囚。　……尹……亡囚。（《戬寿》三一、一一，《续编》三、三五、七，及四、四一、一〇重。）

庚辰卜，尹贞：王出，〔亡囚。〕（《京津》三四七四，《邺》二下三八、一一重，《遗宝》一二、一四文略同。）

戊戌卜，尹贞：今夕亡囚。　戊申卜，尹贞：王出，亡囚。（《续存》上一六二〇）

戊戌卜，尹贞：王出，亡囚。　贞：亡尤。（《文录》五五六）

戊午〔卜〕，尹贞：王出，亡〔囚〕。　贞：亡尤，在七月。（《遗珠》一〇七三）

……卜尹〔贞〕：王出，〔亡囚。〕（《铁》二〇四、四，《南北·无》四八一，又《坊》二、一一四，及《明义士》一六八八文略同。）

……卜尹〔贞〕：王其步……亡……（《金璋》二五，同版为尹卜王田事，文见下。）

六　【卜游田】

乙亥卜，尹贞：王其田，亡巛。　……自……商。（《续存》上一六一八）

庚寅卜，尹贞：其田于𣎵，亡巛，在□月。（《后编》上一五、一）

辛丑〔卜〕，尹贞：其田于隅……（京大二一一）

戊辰卜，尹贞：王其田，亡巛，在正月，在𠙵卜。（《金璋》二五）

丁丑卜，尹贞：亡其往于田，亡巛。（《文录》七二五，亦见《缀合编》一七二，同版见卜人口。）

辛酉卜，尹贞：王其往……亡巛，在八月，王田于目。（《七集·卫》四六）

庚辰卜，尹贞：王其田……〔往〕来亡〔巛〕。（《诚斋》三三六）

……卜尹〔贞：亡〕其田于□，往来〔亡巛〕。（《库方》一三六三）

……卜尹……田，亡巛。（《明义士》八三四）

七　【卜祭祀】

上甲

庚辰卜，尹贞：羽辛巳，三彭，叒自上甲衣，至于毓（后），亡壱。（《明义士》一九二。叒字原摹作𠬪，恐误。）

……尹贞：……甲子，三彭，叒自上甲衣，至于毓……（《明义士》三〇七）

按叒字，卜辞有二义：一为不之繁形，如人名“子叒”。其一用于合祭，所见习语有曰："𡧊自上甲衣，至于后"者，上引辞外，又如《林》一、二一、七，又一、二七、四，《邺初》四〇、一〇，《续存》一四八三，《金璋》一一九，又五五〇。大抵用于"三酌彡"，或"王宂"，或"王宂羽日"之后；又有倒装作"𡧊至于多后衣"者（如《遗宝》二、一五，《前》二、二五、五）。按此与上引《明》三〇七比较，"𡧊自上甲"与"𠤳自上甲"同用（《金璋》一二四亦云："三酌，𠤳自上甲衣"）。知"𡧊"、"𠤳"义近。𡧊字陈邦福释"抔"，今按实当读为"捊"或"裒"。《诗·常棣》："原隰裒矣"，《说文》引作"捊"。《玉篇》引《说文》："捊，引聚也。"《尔雅·释诂》："裒，聚也。"《释文》本或作"捊"。《集韵》捊或从"包"从"不"。又云："捊，掬也。"《礼运》："污尊而抔饮。"郑氏云："抔，手掬之。"故知"捊"、"抔"原自一字。捊训聚，与𠤳为合正同义。是"抔自上甲"，犹言"裒自上甲"，谓聚各先王而大合祭之也。（岛邦男读𡧊为祔非是）

癸酉卜，尹贞：旬亡𡆥，甲戌，酌，祭于上甲在……（《佚存》三一八）

按同版云"在𠂤鬲"，鬲即子鬲封地。《左》襄十四年《传》："有鬲氏"，在今山东。《汉志》鬲县属平原郡。

甲戌卜，尹贞：王宂上甲，亡𡆥。　甲戌卜，尹贞：王宂，夕禣，亡𡆥，在六月。　乙亥卜，尹贞：王宂大乙，祭，亡𡆥。（《缀合编》二二——《粹编》八三十一三七）　董《谱》系于祖甲十八年。

甲午卜，尹贞：王宂上甲，𢼄，亡𡆥。（京都大学一七九）

……卜，尹贞：王宂上甲……大乙㯻……（《佚存》五五七，《粹编》一一一重，同版尹卜，见兄庚。）

匚乙

乙丑卜，尹贞：王宂匚乙，羽日，亡尤。（《宁沪》三、一八九）

按羽日即翊祭，宗庙羽舞也，"羽"称羽日，如劦之作劦日，彡之作彡日耳。

匚丁

丁酉卜，尹贞：王宂父丁，岁，二宰；眔匚丁岁……（《库方》一二〇六）

示癸

癸酉卜，尹贞：王宂示癸，彡，亡尤，在十月。（《前编》一、二、二）

大乙（大甲 大庚）

乙巳卜，尹贞：王宾大乙，彡，亡尤，在十二月。　丁未卜，尹贞：王宾大丁，彡，亡尤。　甲寅卜，尹贞：王宾大甲，彡，亡尤，在正月。

庚申卜，尹贞：王宾大庚，彡，亡尤。　丁丑卜，尹贞：王宾中丁，彡，亡尤。　乙酉卜，尹贞：王宾且乙，彡，亡〔尤〕。　辛卯卜，尹贞：王宾且辛，彡，亡尤。　丁酉卜，尹贞：王宾且丁，彡，亡尤，在二月。　丁酉卜，尹贞：王宾，叙，亡尤。　……　乙卯卜，尹贞：王宾，叙，亡尤。　丁巳卜，尹贞：王宾父丁，彡，亡尤，在三月。　丁巳卜，尹贞：王宾，叙，亡尤。（《殷历谱》下二，《祖甲祀谱》36页，参《叕存》六，《缀合编》三七——《粹》一七六＋三〇七＋《文录》二六八＋四六七。）

按此辞卜自十二月，至翌年三月，祭大乙、大丁、大甲、大庚、中丁、祖乙、祖辛、祖丁至父丁（指武丁），颇符各王年次。董《谱》列于祖甲三十年十二月至三十一年。曾氏《缀合编》又以《粹编》二〇七与此相缀，其辞云："己亥……贞：王……雍己彡，〔亡〕尤。　己亥卜，贞：王……叙〔亡尤〕。"考雍己世次应在大庚下中丁前，此辞彡大庚于庚申日卜，彡中丁于丁丑日卜，如彡雍己亦为尹所卜，应在庚申至丁丑十八日之间；今查庚申至丁丑，此浃旬间只有己巳，而不应有己亥，知《粹编》"彡雍己"一辞，不宜与此缀合。此片纯为彡祭，董《谱》所拟补者，有彡小甲、戋甲、羌甲、虎甲等，然本辞实所未见，盖此辞所记祀序，与七甲连续祭祀之制不同。

乙亥卜，尹贞：王宾大乙，祭，亡囚。（《缀合编》二二——《粹编》八三＋一三七，同版有王宾上甲辞，见上上甲条。）

乙丑卜，〔尹〕贞：王宾大乙，……亡囚。（《金璋》七一，上数辞皆于乙日卜祭大乙。）

……尹……乙酉，劦于大乙，亡巷，在八月。（《通别》二、三、三，《遗珠》三六九重。）

按此为上甲尾残辞，以乙酉推之，其卜日当是甲申，董《谱》系于祖甲七年。

甲戌卜，尹贞：王宾，𡗜禘，亡囚。　贞：亡尤。　甲戌卜，尹贞：王宾大乙，彡，夕亡囚。　贞：亡尤，在十月。　甲戌卜，尹贞：王宾大乙，酉，亡囚。（《南北·明》三三九）

按此辞同为甲戌日之卜，董《谱》系在祖甲八年，此先一日卜而不书翌日乙亥，盖省略之。又当于“彡”字断句，“彡”与另组辞“酉”为祭名同例，“夕亡囚”则祝福成语，不宜读作“彡夕”也。

……卜尹……大乙……（《粹编》一五六，《京津》三二三四重，《库方》一二八一文同。）

……卜尹贞：〔王〕宾上甲……大乙，𣎳……（《粹编》一一一，《佚存》五五七重，同版见兄庚。）

大丁

……卜尹〔贞〕：王宾大丁奭〔妣戊〕，岁罕，亡尤，三月。（《戬寿》二、一一，《续编》一、九、四重。）

……卜尹贞：王宾父丁岁，眔大丁，升罕，亡尤。（《库方》一三一六）

按升罕者，《国语》云：“郊禘之事有全烝”，烝，升也。牲体全而升之。古之祭也，其牲有体解或全牲体之别，此言升罕，未知即全牲体而升荐之否。

卜丙

乙酉卜，尹贞：王宾卜丙，彡，夕〔亡〕囚。（《粹编》一八〇）

小甲

甲戌卜，尹贞：王宾小甲𥁕，亡尤。　〔甲〕子卜，尹贞：王宾，叙，亡尤。（《遗珠》三七八）

按《殷本纪》：“帝太庚崩子帝小甲立。”《三代世表》作“小甲，太庚弟。”《综述》406 页引此条，谓小甲最早见于祖甲卜辞，然争卜辞已见“卬小甲”（《屯乙》四二六），知陈说不确。

大戊

戊申卜，尹贞：王宾大戊，羽日，亡尤。（《京津》三二五〇，《粹编》二一五重。）

戊午卜，尹贞：王宾大戊，𥁕亡〔尤〕。（《前编》一、七、五，上二辞俱于戊日卜祭大戊。）

中丁

丁丑卜，尹贞：王宾中丁，祭，亡囚。（《明义士》三九〇）

丁酉卜，尹贞：王宾中丁，彡，亡尤。（《粹编》二一九）

他辞云：“……尹……宾……叙……”（《遗珠》三九，同版见中丁及妣癸。）

祖乙（后祖乙）

乙卯卜，尹贞：王穷且乙，升岁，亡尤。（《明义士》九）

……卜尹……毓且乙……牡……（《续编》一、一五、六）

祖辛

辛丑卜，尹贞：王穷且辛，岁，宰，亡尤。　壬子卜，尹贞：王穷，亡尤。（日本东京博物馆藏片）

……卜尹……穷且辛……（《拾掇》三五七，《续存》一四九三重。）同版见中丁，卜人缺。

羌甲

□丑卜，尹〔贞〕：旬亡〔囚〕，甲寅，……于懿甲妣甲。（《后编》上四、一，字细小。）

庚辰卜，〔尹〕贞：王穷羌甲奭妣庚，𧧒，亡尤。（《综述》380页引哲庵藏骨）

按《粹编》二五五亦云："于妣庚羌甲奭"，与《后编》同。懿甲即沃甲，其配为妣庚，亦见《佚存》八七八行卜。

祖丁

丁卯卜，尹贞：王穷且丁，祭，亡囚。（《南北·辅仁》四三）

丁酉卜，尹贞：王穷且丁，彡，亡尤，在二月。（《粹编》三〇七）

丙子卜，尹贞：羽丁丑，𧧒于且丁，亡壱，在十月。（《遗珠》三七〇，董氏定为右甲桥残辞，系于祖甲七年。）

己卯卜，尹贞：王穷且丁奭妣己，𧧒，〔亡〕尤。（《前编》一、三四、三）

己丑卜，尹贞：王穷且丁奭妣己，羽日，亡尤。（哲庵藏骨二七九，《续存》上一五一三。）

按且丁之配有四，曰妣甲（《续编》一、三五、一）、妣辛（《燕大》二七四）、妣癸（《后编》上三、一四及上三、一三）及妣己，他辞亦称"且丁母妣己"（《后》上二六、六）。

南庚

……卜尹……穷南庚，……龠，叙，〔亡〕尤。（《明义士》一九九五）

……卜尹……穷南庚，……亡尤。（《前编》一、一五、一）

小乙

……尹〔贞：王〕穷小乙，彡，畾，叙亡〔尤〕。（《后编》上四、三）

按此辞所记祭名，有“彡、䍐、𥼶”三者，盖卜彡（绎）祭时，兼行舞籥也。

癸亥卜，尹贞：旬亡𡆥，在十一月。乙丑，翊小乙，丁卯，翊父丁。（《殷历谱》下二祀谱一，22页引山东图书馆藏右甲尾。董《谱》系于祖甲九年。）

按此卜于乙丑翊小乙，丁卯翊父丁（武丁），同在十一月；乙丑后于卜旬之癸亥二日。

庚戌卜，尹贞：王宾小乙奭妣庚，羽日，亡〔尤〕。（《续存》上一五一三，同版见且丁奭妣己及中丁奭妣癸。）

〔庚〕申卜，〔尹〕贞：王宾小乙〔奭〕妣庚，岁……（《粹编》二九二）

父丁

丁卯卜，尹〔贞：王〕宾父丁，岁……（《宁沪》三、一九二）

丁酉卜，尹贞：王宾父丁，岁，二宰，匚丁岁。（《库方》一二〇六）

丁巳卜，尹贞：王宾父丁，彡，亡〔尤〕，在三月。（《粹编》三〇七，同版二月丁酉尹卜彡祖丁事。）

丁巳卜，尹贞：王宾父丁，羽日，亡□。（《佚存》五六七）

……贞：王〔宾〕父丁……三宰，亡尤，在八月。　丙寅卜，尹贞：王宾父丁，岁，三宰，𥼶，亡尤。（《库方》一一九〇）

戊戌卜，尹贞：〔王〕宾父丁，彡，龠，亡𡆥。　戊戌卜，尹贞：王宾兄己，彡，亡𡆥。（《邺初》下二七、一，《佚存》三九七重，同版见卜人旅。）

按此条既非于祭日卜又非先一日卜，而于同日卜祭父丁（武丁）及兄己，此为但书卜日，而不书祭日之例。不然，则为不依干支日名致祭。在祖甲以后卜辞，较为罕见。

丙辰卜，尹贞：其夕父丁，三宰。　……尹……宰。（《遗珠》七二五，《通别》二中岛六重。）

按其夕，郭氏释“其月”，实当读“夕”，“夕”即“夕禫”省略，此言夕祀父丁，即夕奠也。

……尹贞：父丁……眔……五宰。（《燕大》二七八）

……卜尹贞：王宾父丁，岁，三牛……（《库方》一二八一）

……人尹：父丁㯻……宰。（《七集·卫》一二二）

按㯻为香字，说已见上。《郊特牲》：“既奠，然后焫萧合膻芗。”郑

注："萧芗，蒿也。染以脂，含黍稷烧之。"诗云："取萧祭脂"，故牛脂曰香。

兄己

戊戌卜，尹贞：王宏兄己，彡，亡囚。（《佚存》三九七，《邺初》下二七、一重，同版见卜人旅。）

己未卜，尹贞：王宏……〔兄〕己，异……　……卜尹……宏……亡尤。（《零拾》七〇，《续存》六三三重。）

兄庚

壬申卜，尹贞：王宏……桼，眔兄庚桼，叙，亡尤。（《粹编》一一一，《佚存》五五七重，同版见上甲及大乙。）

妣己

……卜，尹〔贞：王〕宏妣己……罕，亡……　（《明义士》五一三）

按殷先王中丁、且乙、且丁配俱有妣己，以《前》一、三四、三及《续存》上一五一三证之，此或指且丁配。

妣庚

己巳卜，尹贞：羽庚午，其又于妣庚，罕。（《续存》上一五一七）

庚……尹贞：……妣庚……亡尤。　贞：……南庚……〔亡〕尤。（《京津》三二六八）

庚……尹〔贞〕：王……妣庚……　……卜尹……宏……亡尤。（《诚斋》二一三，《京津》三三〇二重。）

按此于庚日卜祭妣庚，殷先王示壬、且乙、小乙配，俱有妣庚，以《续存》一五一三证之，此妣庚或指小乙配。

……卜尹……羽……其……妣庚。（《明义士》九〇〇）

乙巳卜，尹贞：王宏妣庚，岁，叙，亡尤。　贞：亡尤。（《续编》一、四〇、三，《戬寿》八、三重。）

妣甲

……卜尹〔贞〕：王宏……奭妣甲，羽……亡尤。（《明义士》二八三）

按殷先王示癸、且辛之配俱有妣甲，此未知谁属。

妣癸

……尹……宏……叙……（《遗珠》三九，同版见中丁及妣癸，此妣癸即中丁配。）

母辛

……尹……尤……（《库方》一九五八，同版见母辛，即武丁配。）

母壬

壬子卜，尹贞：母壬，岁羊。（《后编》上一九、五）

按祖庚、祖甲时之母壬，亦见《明义士》一二三旅卜。

𡧊

戊子卜，尹贞：王其𡧊，亡巛。（《库方》一一五〇）

宾

丙辰卜，尹贞：大宾，亡囚。 贞：亡尤在……月。（《续存》上一五二一）

按由此辞，知“王宾”为句，其下或系祭名之㕡、彡、龠、祭、戠、𣪊等。

……卜尹宾……祭，㕡……（《诚斋》二一〇）

甲子卜，尹贞：王宾，𣪊，㕡，亡尤。（《库方》一一八七）

按以京大一七九：“王宾上甲，𣪊，亡囚”语证之，宾下有时系所祀先王名，有时省略。

丙午卜，尹贞：王宾，彡，亡尤。（《遗珠》三七七）

……卜尹〔贞〕：王宾，龠……（《京津》三三八四）

宾岁

甲午卜，尹贞：王宾岁，一牛，亡尤，在四月。 甲寅卜，尹贞：王宾，㕡，亡尤。 甲寅卜，尹贞：王宾，㕡，亡尤。（《粹编》五〇九，同版见卜人行。）

庚申卜，尹贞：王宾岁，㕡，亡尤。（《库方》一二一八，同版见尹卜大乙事。）

乙丑卜，尹贞：王宾岁，㕡，亡尤。 ……卜尹……宾……亡〔尤〕，在……（《续存》上一五四三）

己酉卜，尹贞：王宾岁，一牛，亡尤。（《京津》三三一四，同版数见王宾㕡亡尤之辞。）

乙卯卜，尹贞：王宾岁，亡尤。（《续编》二、二、八）

……卜尹……王宾岁，罕，〔亡〕尤。（《明义士》五一，同书一三六八，《文录》四五三甲尾文略同。）

辛未〔卜〕，尹贞：〔王〕宾……岁 ……尹……宾……〔亡〕尤。（《续存》六四五）

……卜，尹〔贞〕：王宾……岁，罕罘……升岁……（《遗珠》八五一）

辛未卜，尹贞：岁盁。（京大六二六）

按“岁”下一字，从力从皿，即盁字，殆与盈同。此为右甲尾残辞。

戊辰卜，尹贞：岁其宾，尤。　贞：弜。（《续编》二、二、五）

按此辞文例颇异，“尤”上刻失一“亡”字，弜即“弜宾”之略。

□子卜，尹……岁，王其……叙，在五月。（《文录》四七五）

……卜尹……岁亩……在……（《文录》九一一）

夕禫

癸卯卜，尹贞：王宾，夕禫，亡囚，在四月。（《京津》三三五二）

己巳卜，尹贞：王宾，夕禫，亡囚。（《文录》四一八）

甲戌卜，尹贞：王宾，夕禫，亡囚，在六月。（《京津》三二三三，同版见尹卜祭大乙之辞。）

癸未卜，尹贞：王宾夕禫，亡囚。（《遗珠》五七，《京津》三三三六，三三五二〔《邺》二下三七、八，及一五重〕并文同。）

丙戌卜，尹贞：王宾，夕禫，亡尤。（《文录》三九二，同版尚有宾夕禫残辞数组，卜人未详。）

庚子卜，尹贞：王宾，夕禫，亡囚。（《文录》三九五）

庚戌卜，尹贞：王宾，夕禫，〔亡囚。〕（《平津·元》二〇九，《续存》上一五七九重。）

□戌卜，尹贞：王宾，夕禫，〔亡囚。〕　贞：亡尤，九月。（《金璋》八六）

甲寅卜，尹贞：王宾禫，亡囚，在四月。　贞：亡尤，在自丙。　甲寅卜，尹贞：王宾，夕禫，亡囚。　贞：亡尤，在隻卜。　乙卯卜，尹贞：王宾禫，亡囚。（《缀合编》三四——《文录》三九八＋四八五＋七一八）

乙亥卜，尹贞：王宾禫，亡囚，在五月。　贞：亡尤。　……卜尹贞：王宾，夕禫，亡囚，在五月。　贞：亡尤，在自彭。　丙子卜，尹贞：王宾禫，亡囚。　贞：亡尤，在五月。　丁丑卜，尹贞：王宾禫，亡囚。　贞：亡尤。　□子卜，尹〔贞〕：王宾〔禫〕，亡囚，五月。（《缀合编》三五——《文录》四〇四＋四二〇＋四二一＋四九三＋五六一）

按自彭为地名。《诗·郑风》：“清人在彭。”彭为卫之河上邑，郑之郊也，疑殷之自彭即此。

癸未卜，尹贞：王宾禫，亡囚，……月。　癸未卜，尹〔贞〕：王宾，

〔夕〕禣，亡囚。（《明义士》一一三）

甲申卜，尹贞：王宊……禣，亡囚。（《明义士》三三七）

……卜尹贞：王宊……禣，〔亡〕囚。（《遗珠》四九一）

按此残甲同版见卜人[illegible]及出。

……卜尹，王宊……禣，〔亡〕囚。（《摭续》五一）

□戌卜，尹〔贞〕：王宊……禣，〔亡〕囚。（《明义士》一三七二）

……卜尹……王宊禣……（《明》九〇七）

……尹……宊……禣，〔亡〕囚。（《库方》一八五七）

䒤禣

甲辰卜，尹贞：王宊夕禣，亡囚。　贞：亡尤。　乙巳卜，尹贞：王宊，䒤禣，亡囚，在九月。　贞：亡尤。　……尹……出……（《续存》上一五七五）

丁卯卜，尹贞：王宊，䒤禣，亡囚。（《前编》六、一五、三）

乙亥卜，尹贞：王宊，〔䒤禣，亡囚。〕（《明义士》五〇四）

辛巳卜，尹贞：王宊，䒤禣，亡囚。（《遗珠》三六八，《续存》上一五六九文同。）

乙酉卜，尹贞：王宊，䒤禣，亡囚。　……又……四月。（《明义士》一七二）

丁酉卜，尹贞：王宊，䒤禣，亡囚。（《平津·元》二一二，《续存》上一五六八文同。）

……卜尹，〔贞〕：王宊䒤，亡囚。　贞：亡尤。（《京津》三三五五）

庚戌卜，尹贞：王宊，䒤禣，亡囚。（《明义士》一三一）

按王宊禣一类辞，多至不可胜数，大抵或但言“王宊禣”，或言“王宊，夕禣”，或言“王宊，䒤禣”，考禣字，旧释福，然契文每用作动词，如：“丙……[illegible]贞：禣于……”（《库方》一二四八）“□亥卜，喜贞：𢀛其禣。”（《库方》一二五三）“……員：其一牛，贞：叀禣用。”（《后编》下一四、一一）知禣即奠也。《郊特牲》郑注：“奠，谓荐为熟时也。”礼有朝夕奠，其言“夕禣”即夕奠，其言宊䒤禣者，谓宾于祢而致奠。间或省之，但言宊禣，如上所列诸辞是也。

叙

甲子卜，尹贞：王宊，叙，亡尤。（《文录》四六一）

丁卯卜，尹贞：王宊，叙，亡尤。（《文录》四六四）

庚辰卜，尹贞：王宾，叙，亡尤。（《文录》四七三，《存真》一、四七三重。）

甲午卜，尹贞：王宾，叙，亡尤。（《明义士》五一七）

辛亥卜，尹贞：王宾，叙，亡尤。　丁卯卜尹……（《明义士》九五）

乙卯卜，尹贞：王宾，叙，亡尤。　……尹……宾……亡尤。　丁酉卜，尹贞：王宾，叙，亡尤。　丁巳卜，尹贞：王宾，叙，亡尤。（《文录》四六七，《存真》一、三重。）

丁巳卜，尹贞：王宾，叙，亡尤，在四月。（《文录》三二九，同版见父丁，贞人未详。）

庚申卜，尹贞：王宾，叙，亡尤。（《南北·坊》二、七二）

辛酉卜，尹贞：王宾，叙，……在……　癸亥卜，尹贞：王宾，岁亡尤。　甲子卜，尹贞：王宾，叙，亡尤。　□子卜，尹〔贞〕：王宾，〔叙，〕亡尤，〔在〕三月。（《邺初》下三九、七，《京津》三三一五重。）

□卯卜，尹贞：王宾，〔叙，〕亡尤。（《京津》三三一九）

戠

壬寅卜，尹贞：王宾，戠，亡囚。　贞：亡尤。（《京津》三三五二，《邺》二下三七、八，及一五重。）

戊子卜，尹贞：王宾，戠，亡囚。　贞：〔亡〕尤。（《邺初》下三八、九，《京津》三三六三重。）

丁未卜，尹贞：王宾，戠，亡囚。　贞：亡尤。（《粹编》五一二残甲，同版数见王宾禣亡尤之辞。）

戊申卜，尹贞：王宾，戠，亡囚。（《续编》二、一二、二，同书二、一二、三，及《戬寿》二〇、一一重。）

壬子卜，尹贞：王宾，戠，亡囚。（《文录》四三五）

癸丑卜，尹贞：王宾，戠，亡囚。（《续编》二、一三、三，《戬寿》二、一〇、五重。）

戊午卜，尹贞：王宾，戠，亡囚。（《七集·普》九〇）

丙戌卜，尹贞：王宾，戠，亡囚，在三月。　贞：亡尤。（《七集·皇家》一）

戊戌……贞：王宾，戠，亡囚。　贞：亡尤。　己亥卜，尹贞：王宾，戠，亡囚。（《续存》上一五五五）

癸丑卜，尹贞：王宾，戠，亡囚。　贞：亡尤。（《戬寿》二〇、五，

《续编》二、一三、三重。）

戊寅卜，尹贞：王宨，翌，亡𡆥。　贞：亡尤。（《遗珠》一〇七八）

尹卜王宨残辞尚有：

《文录》四六九（甲子），又四九二（庚辰，《存真》一、一五重，《文录》四九四文同），《遗宝》一〇、一〇（戊子），《明义士》一一七四（辛丑），《宁沪》三、一九六（壬寅），《文录》四七九（丁未），《诚斋》二一九（庚申）。

仅存地支者：《文录》四九三（子），《文录》四八五（寅），《宁沪》二、一三四（午），《南北·坊》二、九〇（申），《续存》上一五二二（戌），《明义士》九三三（戌）。

无干支者：《续存》下六一九（同版见南庚），《七集·卫》三九，《文录》四八一（《明义士》一一三一，及《南北·明》三六一文同，只存"亡"字），《明义士》一二九七（存"亡𡆥"，同书六一七及《燕大》四五二文同），《遗宝》九、一（存"𡆥"字），《库方》一二九九（存"亡"及"六月"字），《文录》六四八（存"尤"字），《零拾》三〇（存"亡𡆥"二字）。

八　【杂卜及残辞】

□丑卜，尹贞：……犬告曰：……（《林》二、二六、六，《遗珠》三〇七重）

仅存"王"字者：《文录》八二七（辛丑），《京津》三七〇五（癸酉），《文录》一六五（癸亥）。

存"今日"或"日"字者：《明义士》四二五，《燕大》五九九，《库方》一三五一，《遗珠》三一〇，《京津》三七八〇。

存"今夕"或"夕"字者：《明义士》二四，《燕大》二三六，又四七六，《文录》八九三，又九一三。

其他残辞又有：《文录》一六六（存"今"字），《林》一、一四、一一（存"羽"字），《明义士》二〇五，又二〇四（皆存"奭"字），《明义士》四二九，及《拾掇》二、一〇二（存"卜尹"），《屯甲》一六三（存"尹贞"），《京津》三五〇六（存"辛未"），《明义士》一一一二（存"丙戌"），《遗珠》七五四（存"戊午"）等。

喜

喜亦称亚喜，

……庚，亚喜。(《屯乙》一六七一)

其妇曰妇喜，骨臼每见“帚喜”示之事。(《南北·坊》二、一，《粹编》一四八七，一四八六，《屯甲》三一四九十三三二〇，胡厚宣文三六四引善斋藏片。)其言喜示者，有《遗珠》一三五〇(《续存》上五二重)，《林》一、二、六等。

戊戌，帚喜示一 。　岳。(《殷缀》七一——《屯甲》三三三一骨臼)

此片骨面云：“卜永贞：王比戓。”其他帚喜骨臼署名者，有岳、㞢，又喜署名者，亦言及雀事。

丙子卜，贞：雀旬又五日，丝，　喜。(《库方》五四八)

知喜之时代，可上及武丁之世。与喜同版之卜人有狄，又有矣(《续编》五、二七、八，《金璋》一五)、大(《缀合编》一八)，则其年亦及祖甲时。

与狄同版有云：

乙酉小臣喜。(《侯家庄》一五甲桥，又《屯甲》三九一三。)

小臣下人名，似即“喜”字。

喜卜所祭先公有告唐、告丁(《续编》一、七、三)，而不称大乙。

他辞言及喜者，日本东洋文库藏甲，其一背有“喜其”二字(见《日本甲骨录》附图一之二)。其言“喜入”者，有《屯乙》四三〇七，四五九七等。

喜本为地名，称曰自澅，字旁有点，如：

戊子卜，王在自澅卜。(《粹编》一二一一，《京津》三六四〇重。)

在自滴卜，　在自澅卜。(《文录》六八二)　又《文录》六八一“在自喜卜。”

他辞又有侯喜之名：

癸卯卜，黄贞：王旬亡畎，在正月，王来征人方，在攸侯喜啚永。(《缀合编》附图六八，《南北·明》七八六。)

甲午王卜，贞：乍余彭，朕米，酉。余步从侯喜正人方，上下䊷示，受余又，不𢦏！告于大邑商，亡徙，在畎。王𠧞曰：吉，在九月，遘上甲𣪊，隹十祀。(《前编》三、二七、六十《前》四、一八、一)

侯喜向列于乙辛晚期，然黄之年代，依余考证，可上及武丁祖甲时；惟侯喜与卜人喜恐非一人，难以断定。

喜之卜辞，列举如下：

一　【卜雨】

丙子卜，喜贞：羽丁……雨，三月。（《续编》四、一二、二）

二　【卜夕】

癸卯卜，喜贞：今夕亡囚，在八月。　甲辰卜，喜贞：今夕亡囚，在八月。（《金璋》一五，同版见卜人矣。）

……喜贞：今夕亡囚，三〔月〕。（《邺初》下四一、一）

□申卜，喜……今夕亡囚。（《缀合编》一八）

喜卜夕残辞尚有《屯甲》二〇四六，《南北·坊》四、三九〇。

三　【卜旬】

癸卯〔卜〕，喜〔贞〕：旬亡〔囚〕。（《摭续》二四二）

〔壬子〕……喜……小旬……叔若……示……（《后编》下二一、四）

按小旬二字合文，《文录》三七四小旬，为壬子㱿卜，此条“壬子”二字模糊。鲁实先谓“大旬则癸日居末，小旬则壬日殿后，其纪旬有大小，是其纪月亦必有大小。殷代纪旬虽有大小，然必以甲日为旬首。”考古有“大时”、“小时”及“大岁”、“小岁”之别，《周髀算经》下云：“置小岁三百五十四日九百四十分日之三百四十八，……置大岁三百八十三日九百四十分日之八百四十七。”赵君卿注：“小岁者，十二月为一岁；大岁者，十三月为一岁也。”《淮南子·天文训》亦云：“斗柄为小岁，咸池为大岁。”“大时者，咸池也；小时者，月建也。”斗柄，指月建，月建一辰，十二月而终一辰；咸池则居四仲，当行三宿，岁星每三年行经一仲，故三年一闰，是为十三月之大岁。殷记时屡见十三月，是为有闰之大岁，亦即大时。足知殷历时有大小，故旬亦有大小也。

四　【卜祭祀】

夏

……喜……米弜……夏。　……卜喜……辛亥，……亡衣，〔冓〕雨。

（《缀合编》一八——《文录》三六四＋三四八＋五二八＋一一四＋一五六）

示壬　祖乙

辛亥卜，喜贞：羽壬子，示壬岁……十月。　……卜喜……在且乙〔宗〕……（《前编》一、一、三）

丁　唐

戊戌卜，喜贞：告自丁陟。　贞：告自唐降。（《续编》一、七、三，《天壤》四四重。）

按上辞知第二期喜卜仍称唐，此陟与降对言，他辞云：“癸丑卜，穷贞：亯鱼降，比陟”（《前编》五、三〇、六）亦同。《诗》：“文王陟降，在帝左右”（《文王》）。又“陟降庭止”（《闵予小子》），“陟降厥家”（《访落》），并陟降合言。《左》昭七年：“叔父陟恪，在先王之左右。”陟恪即陟降也。

大庚

……喜……〔王〕穸大庚，翊……（《库方》一一九七）

大戊

甲午卜，〔喜〕贞：羽乙□，酌，卯，王……㐭，六月。　丁丑卜，喜贞：羽戊寅，其又于大戊，五月。（《粹编》二一二，《京津》三二五二重。）

祖乙

……卜喜……在且乙〔宗〕……（《前编》一、一、三，同版有喜卜示壬之辞。）

祖辛

……喜贞：……其昇……且辛……卯一牛。（《铁》四八、四）

妣庚

己亥卜，喜贞：羽庚子，妣庚岁，其弘牢。（《缀合编》一八——《文录》三六四＋三四八＋五二八＋一一四＋一五六）

按牢上一字作𢎘，孙氏释弘，弘牢应即大牢。《大戴礼·曾子·天圆篇》云：“牛曰太牢”，《公羊》桓八年何休注：“牛、羊、豕凡三牲曰太牢，羊、豕凡二牲曰少牢。”祖乙、羌甲配俱称妣庚，此未知谁属。

母辛

辛亥卜：喜贞：母辛，岁，其叙。（《库方》一一八九）

〔岁鬯　岁祝〕

壬午卜，喜贞：岁鬯，亩㝵，鬯用。（《七集·卫》六〇，现藏瑞士巴塞尔人类学博物馆。）

乙亥卜，喜贞：鬯，其禶。（《库方》一二五三）

按此辞禶为动词，盖用为奠字。《礼·郊特牲》："周人尚臭，灌用鬯，臭郁合鬯，臭阴达于渊泉。……萧合黍稷，臭阳达于墙屋。故既奠，然后焫萧合膻芗。"郑注："灌谓以圭瓒酌鬯，始献神也。已乃迎牲于庭杀之，天子诸侯之礼也，奠谓荐熟时也。"上辞言"鬯其禶"，即灌鬯之后乃荐熟以奠。

庚子卜，喜贞：岁，叀王祝。（《簠室·贞类》六）

……卜喜〔贞〕：岁叀王祝。（《南北·诚》七二）

……卜喜〔贞〕：岁叀〔王〕祝。（《明义士》八四七）

……卜喜〔贞〕：岁其……（《库方》一三一八）

按上辞言"岁叀王祝"，或言"岁鬯"，此类"岁"字，一向目为祭名。陈梦家谓周祭即由岁祭所演变（《综述》450页），然何以谓之岁祭？其义未明。考周人之祭，有直祭、索祭之别。《郊特牲》云："直祭祝于主，索祭祝于祊。"郑注直祭云："谓荐熟时也，如《特牲·少牢馈食》之为也。直，正也。祭以熟为正，则血腥之属。"又云："索，求神也。庙门曰祊，谓之祊者，以于绎祭名也。"疏谓："祭以荐熟为正，言荐熟正祭之时，祝官以祝辞告于主，若《仪礼·少牢》'敢用柔毛刚鬣，用荐岁事于皇祖伯某'是也。"卜辞于王宾下，每系祭名，其云："王宾，祭"，"王宾，岁"者，即正祭；岁为荐岁事，皆直祭也。其云"王宾，彡"，"王宾，羽日"，则于明日绎祭，乃索祭也。《礼器》云："设祭于堂，为祊乎外。"正祭在堂内，求诸迩，其礼隆；而绎祭于门外，则求诸远，其礼简，此二者之大较也。是殷人之岁祭，即荐岁事之正祭矣。

庚寅〔卜〕，喜贞：王穵岁，亡〔尤〕。 壬辰卜，喜贞：王穵，叙，亡〔尤〕。（《七集·卫》五六，现藏瑞士巴塞尔人类学博物馆。）

〔衣 卯〕

……卜喜……丁酉三……卯自……衣不……（《明义士》五一〇）

〔彭〕

壬子卜，喜贞：三彭羽……（《文录》五二四）

〔穵祭〕

癸丑卜，喜贞：王穵，夕禶，亡𡆥。 〔癸〕丑卜，喜〔贞：王〕穵……〔亡〕𡆥。（《缀合编》一九——《库方》一三四五+一三六四）

庚寅卜，喜贞：王穵，𢦔禘，亡𡆥。（《库方》一二一九）

□卯卜，喜贞：王穵，禘，亡𡆥。（《遗宝》一〇、三）

丁卯卜，喜贞：王穵，𣪘，亡尤。（京大三八四）

癸巳卜，喜贞：王穵，𣪘，亡尤。（《屯甲》九三〇）

丁酉卜，喜贞：王穵，𢦏，亡𡆥。　……卜喜……出……（《库方》一八二五）

其他王穵残辞有：《明义士》八七四，《库方》一三六四，《拾掇》三六二，《库方》一三二二（同书一三四五及《明义士》八〇六文同）。

五　【杂卜】

□申卜喜：……。（《前编》四、四三、二）

己卯卜，喜贞：𢦔朕……（《京津》三六三九）

喜卜残辞之存干支者，有《屯甲》二〇四三（存“壬戌，”同版有夏及大乙两名），《续编》五、二七、八（存“丙申”），《屯甲》一〇七六（存“戌”字），《库方》一二五六（存“戌”字。《续编》五、二九、一四文同），《戬寿》四五、七（《续编》六、二四、一〇重，存“戌”及“丁亥”）。

仅存“喜贞”者，有《明义士》四六八。

仅存“喜”字者，有《前编》五、一八、一。

卷十六　贞卜人物事辑十四

行

行亦祖甲时人，其卜辞先王称谓，有父丁、兄庚、兄己之名。

父丁　《林》一、二一、五，《续编》一、三〇、一，又《戬》六、二重，《续》一、三〇、六，又《戬》六、七重，《续》一、三〇、八，又《戬》六、四重，《续》一、三一、二，又《戬》六、六重，《库》一〇五四，《粹编》三〇五，《京津》三二八六重，《珠》八五八，《南北·明》三五三，又三五二，三五四，《京津》三二八二，又《粹》三〇〇重，《后编》上一九、九，又上一九、一四，《明》九五四，《粹》三〇二〔《京津》三二八四重〕，《珠》三八〇，《珠》八七一，《屯甲》二八六九，《京津》三二八一，又三二八四。

兄庚　《续》一、四四、二，《戬》八、八重，《粹》三二四，《库》九八四。

兄己　《前编》一、四〇、五，《后编》上一九、一四。

然武丁时卜人，如穷、争、亘、韦之卜辞，及祖甲卜人如旅，亦言及"行"事。

穷卜　卜穷贞……　贞：行弗其叶王事。　丁未卜，　甲申卜，　贞：行叶王事。　……子，行叶。（《缀合编》一三七——《后编》下二五、一二十《林》二、一一、一七，又《叕存》三三。）

丁未卜， 戊申卜， 贞：行叶王事。 行叶。 贞：亩戉。 贞：叏及寅。 贞：雩，㞢雨。（《续编》五、三一、三，《佚存》一及《续存》下一三五重。）

戊〔申卜〕， 贞：行叶王事， 行叶。 贞：亩戉。 贞：叏及寅。（《库方》一六七九） 上两骨条与上辞字体及卜事相同，又为丁未日卜，当亦穷之卜辞。

卜穷贞：王曰：行㑹寅、帚。（《续》五、九、一，《簠·人》一一，《杂》五五重。）

……乎行取鼻，双于□刖叐，氐。（《前编》四、三〇、一） 他辞云："□丑卜，穷贞：……□刖叐……"（《前编》六、三、五，《摭佚》一一四重。）

争卜 卜争贞：……乎行比戠寿。（《前》四、一一、二）

亘卜 贞：行氐，出自，眔㞢邑。（《屯乙》七三八五，对贞辞为亘卜。）

韦卜 癸巳卜，韦贞：…… 贞：行……（《屯乙》四七五三+五九八一——《殷缀》二八〇）

旅卜 丙寅卜，旅贞：其乎行卪，非不冓方。（《七集·皇》三）

又甲桥辞云：

行取二十五。（《屯乙》七三一一）

同版见帚井，是行之年代可上及武丁时。

与行同版之卜人有尹。（《续编》四、四一、九，《戬》二八、二重，《粹编》五〇九。）

所见人物有永，

辛未卜，行贞：其乎㑹（永），行又冓。 贞：亡冓。 □戌卜，行〔贞〕：王宾禑，亡囚。（《京津》三三二五，《粹编》五一一重。）

他辞言及"行"者，又有下列等辞。

癸未卜，王曰贞：又㞷，在行，其𠂇（左），射及。（《前编》三、三一、一）

其……至…… 戉其㞢古。 其先，行至自戉。 戉其㞢古。 其先，戉至自行。（《佚存》七，此与上举《库方》及《续编》言"贞亩戉"事或有关系。）

则行又为地名。

契斋旧藏商铜器有"亚㠩征"款识者，计鼎二、毁一、甗一、尊一、卣一、斝一、觚一、爵二，凡十一器，俱同坑出土（《十二家吉金图录》），征字，或行之繁形，益止旁；未审其制器者，与卜人行有关否？姑识于此。

一 【卜雨】

丙子卜，行贞：羽丁丑，翊于大丁，不冓雨，在三月。 ……卜行……乙亥……大丁不……三月。（《金璋》七）

按凡祭祀每卜遇雨与否，翊为羽舞，不宜于雨天举行，故卜之。

辛未卜，行贞：今夕不雨，在十月二。 贞：二牛，在十二月。（《诚斋》九，《粹编》七二三，及《京津》三一七九重。）

按此纪月名，一称十月二分书；一作十二月合文。

辛未卜，行贞：今夕不雨。 ……卜行〔贞：今〕夕，〔不〕雨。贞：其雨，在五月。 ……雨……五月。 乙亥卜，行贞：今夕不雨。（《续存》上一四六九）

丙子卜，行贞：今夕不雨。（《续存》上一四七一）

戊辰卜，行贞：今夕不雨。 贞：其雨，在三月。（《库方》一〇三一）

癸巳卜，行贞：今夕雨，在…… ……其雨。（《诚斋》一三二）

二 【卜风】

癸卯卜，行贞：风，日亩壱，在正月。 贞：弜㣇（风），入。（《文录》九四）

按同版有"壬寅卜王"语，知癸卯之前一日，为王自卜。弜风与风对贞，"日亩壱"为成语，与"日叀癸"（出卜）语例相似。

三 【卜夕】

丁丑卜，行贞：今夕亡囚，在正月。 戊寅卜，行贞：今夕亡囚。□卯卜，行〔贞〕：今夕〔亡〕囚，在正月。（《库方》一〇三七）

丁未卜，行贞：今夕亡囚，在正月。 ……行〔贞：今〕夕〔亡囚〕，在正月。（《库方》一〇七六）

庚〔戌卜，行〕贞：今夕亡囚，在正〔月〕。辛亥卜，行贞：今夕亡囚，在正月。 〔癸〕丑卜，行贞：今夕亡囚，〔在正〕月。（《粹编》一三五〇，《续存》上一六六六重。）

戊申卜，行贞：今夕亡囚，在一月。 己酉卜，行贞：今夕〔亡〕囚。〔庚戌〕卜，行……（《京津》三四九一，《邺初》下四二、一重。）

按行之卜辞，正月与一月皆有之。

甲午卜，行贞：今夕亡囚，二月。（《续存》下六八〇）

乙卯卜，行贞：今夕亡囚，在二月。（《佚存》二七一，同版为行卜“步”及“畋游”事。）

〔甲〕申卜，行〔贞〕：今夕〔亡〕囚，三月。　乙酉卜，行贞：今夕〔亡〕囚，四月。（《戬寿》二七、一一，《续编》四、四〇、一一重。）

按行之卜辞，记时多言“在某月”，亦有不加“在”字者，如此条是。

癸亥卜，行贞：今夕亡囚，在四月。　……行……夕……（《南北·明》三九七）

丙午卜，〔行〕贞：今夕亡囚，在五〔月〕。　丁未卜，行贞：今夕亡囚，在五月。　……行贞：今夕亡囚，在五月。（《南北·师》二、一八二）

……卜行贞：今夕亡囚，在六月。　癸卯卜，行贞：今夕亡囚，……月。（《前编》四、三八、六）

丁卯〔卜，行〕贞：〔今夕〕亡〔囚〕。　戊辰卜，行贞：今夕亡囚，在六月。　〔己〕巳卜，行〔贞〕：今夕〔亡〕囚，在……（《明义士》一〇）

乙酉卜，行贞：今夕亡囚，在六月。　丙戌卜，行贞：今夕亡囚，在六月。　〔丁〕亥卜，行〔贞〕：今夕〔亡〕囚。（《缀合编》二七四——《遗珠》四九八＋四九九）

戊申卜，行贞：今夕亡囚，在七月。（《戬寿》二八、二，《续编》四、四一、九重，同版见卜人尹。）

辛巳卜，行贞：今夕亡囚。　〔壬〕午卜，行贞：今夕亡囚，在七月。（《明义士》三三六）

壬午卜，行贞：今夕亡囚，在七月。　辛巳卜，行贞：今夕亡囚，在十月。　庚辰卜，行贞：今夕亡囚。（《续存》下六七六）

乙酉卜，行贞：今夕亡囚，在八月。　丙戌卜，行贞：今夕亡囚，在……（《粹编》一三五六，《京津》三四九二重。）

□未卜，行〔贞〕：今夕〔亡〕囚，〔在〕八月。（《粹编》一三五七）

丁丑卜，行贞：今夕亡囚，在九月。（《南北·坊》二、一一九，《粹编》一三五八文同。）

庚子卜，行贞：今夕亡囚，在……　辛丑卜，行贞：今夕亡囚，在九

月。　壬寅卜，行贞：今夕亡囚，在九月。（《库方》一〇三六）

庚戌卜，行贞：今夕亡囚，在……　……卜行〔贞〕：今夕〔亡〕囚，〔在〕九月。（《库方》一一五五）

丁巳卜，行贞：今夕亡囚，在九月。　戊午卜，行贞：今夕亡囚，在九月。　〔己〕未卜，行〔贞〕：今夕〔亡囚〕。（《文录》三三）

戊子卜，行贞：今夕亡囚，在……　己丑〔卜，行〕贞：〔今夕亡〕囚。　庚寅卜，行贞：今夕亡囚，在九〔月〕。　辛卯卜，行贞：今夕亡囚，在九月。　壬辰卜，行贞：今夕亡囚，在九月。　癸巳卜，行贞：今夕亡囚，在九月。　〔甲〕午卜，行〔贞〕：今夕〔亡〕囚。（《粹编》一三六〇，《京津》三四九六重。）

按是片所记自九月戊子至于甲午俱行所卜；惟辛卯一条略去“行”字。

己丑卜，行贞：今夕亡囚，在十月。（《林》一、二九、三）

戊辰〔卜，行〕贞：今〔夕〕亡〔囚〕，在十〔月〕。　己巳卜，行贞：今夕亡囚，在〔十〕月。　癸未卜，行贞：今夕亡囚，在……　甲申卜，行贞：今夕亡囚。　乙酉卜，行贞：今夕亡囚，在十二月。（《缀合编》二七二——《文录》三〇十三一）

甲丑卜，行贞：今夕亡囚，在十一月。　乙卯卜，行贞：今夕亡囚，在十〔一〕月。　丙辰卜，行贞：今夕亡囚，在……　〔丁〕巳卜，行〔贞〕：今夕亡囚，在〔十一〕月。（《缀合编》二七三——《文录》四〇十四一）

按原片甲丑误刻，应作甲寅，又丙辰《缀合编》误摹作丙子。

戊午卜，〔行〕贞：今〔夕〕亡囚。　己未卜，行贞：今夕亡囚。　庚申卜，行贞：今夕亡囚，在十月。　癸……贞……　甲子卜，行贞：今夕亡囚。（《明义士》一二）

戊戌卜，行贞：今夕亡囚，在十月。　己亥卜，行贞：今夕亡囚，在十月。　庚子卜，行贞：今夕亡囚，在十月。　〔辛〕丑卜，行〔贞〕：今夕亡囚，在十月。（《粹编》一三六四）

丙戌卜，行贞：今夕亡囚，在十月。　……卜，行贞：今夕亡囚，在十二月。（《粹编》一三六六，《京津》三四八九重。）

乙酉卜，行贞：今夕亡囚，在十一月。　丙戌卜，行贞：今夕亡囚。……卜行〔贞：今〕夕〔亡〕囚，〔在〕十一月。（《拾掇》三八三，《宁沪》二、一〇二重。）

癸酉卜，行贞：今夕亡囚，在十二月。　甲戌卜，行贞：今夕亡囚，在十〔二〕月。　乙亥卜，行贞：今夕亡囚，在十二月。　丙子卜，行贞：今夕亡囚。　丁丑卜，行贞：今夕亡囚，在〔十二〕月。　戊寅卜，行贞：今夕亡囚。　己卯卜，行贞：今夕亡囚。　庚辰卜，行贞：今夕亡囚，在十二月。（《文录》三六长骨条，此为十二月自癸酉至庚辰连续八日卜夕之辞。）

己丑卜，行贞：今夕〔亡〕囚，〔在〕十二月。　庚〔寅卜〕，行贞：〔今〕夕〔亡〕囚，在……（《文录》三七）

其他行贞夕之辞，未记月名，或干支不全者，并揭如下：

《粹编》一三五（乙巳，丙午）　又一三五九（己卯、庚辰，及辛巳）　又一三六二（戊寅，己卯及庚辰）　又一三六三（癸丑，甲子）　又一三六五（乙巳）　又一三六七（己亥，庚子）　又一三六八（丙申）　又一三六九（《京津》三四九〇重，壬子）　又一三七〇（子）　《明义士》七（巳）　又二二五（无干支）　又四一四（辛巳，壬午）　又六七七（庚午）　《戬寿》二七、一〇（《续编》四、四〇、九重，丁丑、戊寅及己卯）　又二七、一二（《续编》四、四〇、一二重，己卯）　《双剑》一四四（《续存》下六八二重，庚午）　《邺初》下四二、一（戊申，己酉）　《邺》三下三五、八（《京津》三四九五重，丁巳）　《零拾》七三（《续存》下六七五重，丁巳，戊午）　《文录》三二（丙寅）　又三四（戊午，己未及庚申）　又三九（辰）　又三八（庚己丑）　《库方》一〇四三（丙午）　又一〇八四（戊申）　又一一六七（戊申）　又一〇〇四（辛巳）　《宁沪》三、二一〇（无干支）　《遗珠》九四七（戊申，酉）　《南北·坊》一一八（庚辰，辛巳）　又一二三（无干支）　又一二六（子）　《屯甲》二八二八（辛亥）　《京津》三四九〇（壬子）　又三四九五（丁巳）　又三四九六（戊子）　又三四九七（无干支）　又三四九八（辰）

其卜夕兼书在某地卜者，

壬寅卜，行贞：今夕亡囚，在二月，在自褮卜。　癸卯卜，行贞：今夕亡囚，在自褮卜。　甲辰卜，行贞：今夕亡囚，在二月，在自褮卜。　〔乙〕巳卜，行〔贞〕：今夕〔亡〕囚，在〔自〕褮卜。（《文录》六九〇）

按此与《缀合》二七同为二月在自褮卜，必系同时之事。

……卜行〔贞〕：今夕亡〔囚〕，在正月，在𠣜。（《京津》三四九三，

《粹编》一五七〇重。）

壬午卜，行贞：今夕亡囚，在〔正月〕，在丘（畴）卜。　癸未卜，行贞：今夕亡囚，在正月，在丘卜。　甲申卜，行贞：今夕亡囚，在剢卜。〔乙〕酉卜，行〔贞〕：今夕亡〔囚〕，在剢卜。（《南北·明》三九五）

按剢字亦见《前编》二、八、七，《后编》上四、三，从刀从索（据《文编》），殆即京索之索。

……卜行〔贞：王〕其步〔自〕（龚）于……在……　癸亥卜，行贞：王其步自（龚）于，亡巛，在正月。　乙丑卜，行贞：王其步于盬，亡巛，在正月。（《邺初》下三二、二及三九、一〇，《京津》三四七五重，亦见《缀合编》一七一。）

按此片《邺》初下三九、一〇与三二、二自重，与《粹编》一三五二亦同时之卜，故系于此。

癸亥卜，行〔贞〕：今夕〔亡〕囚，〔在〕正〔月〕。在。　甲子卜，行贞：今夕亡囚，在正月。　丙寅卜，行贞：今夕亡囚。　丁卯卜，行贞：今夕亡囚，在。　戊辰卜，行贞：今夕亡囚，在。　己巳卜，行贞：今夕亡囚，在旞。（《粹编》一三五二，亦见《缀合编》一七一。）

按此片自上向下读，自癸亥至己巳，连续若干卜夕。旞即偃师；地未详，他辞有"北"，见《粹编》二二一，"卜：其伐归，叀北，用，廿示一牛，……"是其例。

癸亥卜，行贞：今夕亡囚，在十一月，在川。　……卜，行〔贞〕：今夕〔亡〕囚，在……（《文录》三五）

按川详卜人川条。他辞云："王在川卜"（《诚斋》一五二），"王在川𫏋贞"（《后编》上一五、一〇）。川即巜，古浍字，《左传》成六年，"汾浍"。浍水出平阳绛县，则地太远；疑读为郐，即《郑语》之虢郐，在河南新郑。

壬戌卜，行贞：今夕亡囚，在（河）。　……卜行〔贞：今〕夕亡〔囚，在〕雇。（《前编》二、四、八）

四　【卜旬】

癸巳卜，行贞：旬亡囚，在正〔月〕。　〔癸〕未卜，行〔贞：旬〕亡囚，〔在〕□月。（《南北·坊》二、一二九）

癸酉卜，行贞：旬亡囚，在二月。　癸未卜，行贞：旬亡囚，在二月。

癸巳〔卜，行〕贞：旬亡囚，在二月。（《粹编》一四三九，《京津》三五八九重。）

癸巳卜，行贞：旬亡囚，在三月。　……卜，行〔贞〕：旬亡〔囚〕，在三月。（《续存》下六九三）

庚午卜，行贞：今夕亡囚，在三月。　……卜，行〔贞：今〕夕〔亡〕囚。（《粹编》一三五三）

庚辰卜，行贞：今夕亡囚，在六月。　……卜，行〔贞：今〕夕亡〔囚，在〕六月。（《粹编》一三五四）

癸丑卜，行贞：旬亡囚，在七月。　癸亥卜，行贞：旬亡囚，在七月。　……卜，行〔贞：旬〕亡〔囚，在〕七月。（《戬寿》二八、六，《续编》四、四〇、一三重。）

癸未〔卜〕，行贞：〔旬〕亡囚，在七月。　〔癸〕巳卜，行贞：旬亡囚，在八月。（《遗珠》一二二八）

……卜，行〔贞〕：旬亡〔囚〕，在八月。（《库方》一六二三，《南北·坊》二、一三〇文同。）

癸酉卜，行贞：旬亡囚，在正月。　癸酉卜，行贞：旬亡囚，在二月。　癸未卜，行贞：旬亡囚，在二月。　癸巳卜，行贞：旬亡囚，在二月。（《缀合编》二九一胛骨——《文录》七五十七六。第一辞卜人，曾氏摹误作“旅”。）

五　【卜行止】

戊辰卜，行贞：王出，亡囚。　□辰卜，行〔贞〕：王出，〔亡〕囚。（《文录》四七六）

壬申卜，行贞：王出，亡囚。　贞：亡尤，在七月。（《戬寿》三一、九，《续编》四、四一、一重，《邺初》二下四〇、二三，及《京津》三四六九文略同。）

丙子卜，行贞：王出，亡囚。　贞：亡尤。（《续存》上一六二一）

甲申卜，行贞：王出，亡囚。　……卜，行〔贞〕：……羌甲，……〔亡〕囚。（《戬寿》五、八，《续编》三、三三、一二及四、四〇、一〇重。）

丙戌卜，行贞：王出，亡〔囚〕。（《遗珠》九〇八）

丙申卜，行贞：王出，亡囚。（《六录·清》一六八，《外编》三九四重。）

辛丑卜，行贞：王出，亡囚。（《文录》四三四）

丁未卜，行贞：王出，亡囚。（《明义士》一一）

□卯卜，行贞：王出，亡囚。（《明义士》五三一）

□未卜，行贞：王出，亡囚，在六月。（《零拾》六，《续存》下六七一。）

□寅卜，行〔贞〕：王出，〔亡〕囚。　贞：亡尤，在□月。（《续存》上一六二二）

……卜行〔贞〕：王出，〔亡〕囚。（《库方》一九四六，《京津》三四七二文同。）

……卜行〔贞：王〕出，亡囚。（《南北·明》三九三）

……卜行……出……囚。（《七集·卫》七，上各辞悉依干支先后为序。）

六　【卜游畋】

戊寅卜，行贞：王其往于田，亡巛，在十二月。　……行……十二月。（《粹编》九三〇）

戊戌卜，行贞：王其田于[illegible]，亡巛。　□申卜，行贞：王其田于……（《后编》上一五、二）

丙辰卜：〔行〕贞：王其步于良，亡〔巛〕。　丁巳卜，行贞：王其田，亡巛，在良。　……卜，行〔贞：王〕其步……良于米。（《前编》二、二一、三）

庚申卜，行贞：王其往于田，亡巛。　贞：毋往，在正月，在自析。……行〔贞：王〕其往，亡巛，〔在自〕析。（《文录》七三五，亦见《缀合编》一七〇。）

乙未卜，行贞：王其田，亡巛，在二月，在驭卜。　丙申卜，行贞：王其田，亡巛，在驭。（《后编》上一一、二）

壬子卜，行贞：王其田，亡巛，在二月。（《屯甲》二八二八，同版见行卜夕之辞。）

戊寅〔卜，行〕贞：王其……嬠……亡巛。　己卯卜，行贞：王其田，亡巛，在杞卜。　庚辰卜，行贞：王其步自杞于……亡巛。　……卜行……（《后编》上一三、一）

癸丑卜，行贞：今夕亡囚，在丯（封）卜。　癸丑卜，行贞：王其步自臭于丯（封），亡巛。　甲寅卜，行贞：王其田，亡巛，在二月，在自封。　乙卯卜，行贞：今夕亡囚，在二月。　乙卯卜，行贞：王其田，亡巛。在……（《佚存》二七一）

按封亦称自封，他辞有封子，详本书380页。

乙亥卜，行贞：王其𠬪（爰）舟于河，亡巛。（《前编》二、二六、二）

辛丑卜，行贞：王步自𠛝于雇，亡巛。　癸卯卜，行贞：王步自雇于𠭥，亡巛，在八月，在自雇。　己酉卜，行贞：王其步自𠭥于麦，亡巛。（《缀合编》一六八——《后编》上一二、一二十上一三、二，辛丑一辞亦见《殷契类纂》。）

按雇即《诗》韦顾既伐之顾。

……子卜，〔行贞：〕王其步自𤉲，亡巛。（《后编》上一三、三）

按𤉲即𤏆，厥憖地，见本书241页。

□丑卜，行贞：王其𤔲舟于滴，亡巛，在八月。　……卜行……王其田隅，亡……（《后编》上、一五、八）

按《集韵》："滴，水名。"他辞云："于滴，南𠂢"（《屯甲》六二三胛骨）。"……叀滴𩜾"（《续编》六、一〇、九）。滴读为漳。古商与章通，如弦章（《吕览》、《说苑》）亦作弦商（《韩非》），是其证。漳即漳水，清漳出太原西南大黾谷，至河南彰德与浊漳合。𤔲舟即援舟，详下卜人狄条。

七　【卜祭祀】

上甲

甲戌卜，行贞：王宾上甲，升岁，亡〔尤〕。　……卜行……宾……亡。（《拾掇》一七二，《七集·上海》八重。）

□戌卜，行贞：王宾上甲，叀五牛，亡……　庚午〔卜〕行……宾……（《库方》一一一三）

匚乙　匚丙

甲……贞……𣪊……　乙酉卜，行贞：王宾匚乙，彡，亡尤，在十一月。　乙酉卜，行贞：王宾，𣪊，亡尤。　丙戌卜，行贞：王宾匚丙，彡，亡尤，在十一月。　〔丙〕戌卜，行〔贞：王〕宾，〔𣪊，〕亡尤。（《金璋》二六十三四——《殷历谱》下二、二八缀）

按上二骨片，现藏剑桥大学。《金璋》摹本乙酉一条，作"在十月"，董氏据之，乙酉丙戌两日先后相接，而乙酉在十月，丙戌在十一月，董氏因谓："此两残片之拼合，得知十一月之朔日为丙戌，乃《祖甲祀谱》中年历与祀统安排之重要基点。"因系于祖甲十八年。然原片乙酉条十一月下有一短画，与界线不连接，友人李棪君为余指出，此片董《谱》微误，应作"十一月"，今据改正；如是则乙酉丙戌乃同在十一月中，不宜分隶两月，亦无由证丙戌之为朔日也。

又曾氏《缀合编》二三据上缀两片，益以《金璋》四二（原书误作四三）丁亥行卜一条，并为补文，然是否可缀，尚属可疑，今从略。

丙午卜，行贞：王宾匚丙，彡，亡〔尤〕，在正月。　丙午卜，行贞：王宾，叙，亡尤。　〔丙〕午卜，行贞：王宾……彡，亡尤。（《明义士》一五八）　董《谱》系于祖甲三十二年正月。

匚丁

丁亥〔卜，行〕贞：王〔宾〕匚丁，〔彡，亡〕尤。　……卜行〔贞：王〕宾，〔叙，亡〕尤。（《金璋》四二）　曾氏以此与《金》二六、三四缀合，见《缀合编》二三。

示壬

甲□卜，行贞：王宾示壬，劦，亡尤。　□辰卜，行贞：王宾，叙，亡尤，在十月。（《七集·普》一〇四）

大乙

甲戌卜，行贞：王宾大乙，彡夕，亡……（《双剑》一二一，《续存》下六〇四重。）

按行之卜辞不见称唐者，言王宾大乙者，仅此条。董氏谓："祖甲时，彡祭前一日之祭曰彡夕"，今观此辞，甲戌卜彡大乙，当是明日乙亥绎祭大乙，而先一日卜之。彡夕之夕，必为乙亥之夕，因甲戌乃卜日，非祭日也。

大丁

丁巳卜，〔行〕贞：其又……大丁在……在自……（《文录》三三八，同版行卜又小丁。）

〔丁〕巳卜，行贞：王宾大丁……亡囚。　贞：物。（《粹编》一七五，《京津》三二三八重。）

丙子卜，行贞：羽丁丑，翊于大丁，不冓雨，在三月。　……卜行……乙亥……大丁不……三月。（《金璋》七）

丙子卜，行贞：羽丁丑，翊于大丁，亡巷，在三月。（《双剑》一二二，《续存》下六〇七重。）

按曾氏以与《双剑》一二三缀，见《缀合编》二五。同版为〔癸〕未卜翌甲申翊大甲事，此版全为卜翊祭，与《金璋》七为同日之卜。

外丙　配妣甲

癸酉卜，行贞：羽甲戌，卜丙母妣甲岁，亩牛。　贞：妣甲岁，亩豕。（《文录》二七一）

按卜丙即外丙。《殷本纪》："汤崩，太子大丁未立而卒，于是乃立大丁之弟外丙。"他辞有祖丙（《前编》一、二二、八），疑指外丙。此辞为卜牲之事，盖贞问牛与豕孰吉。另一行有"贞：涿"二字，涿乃卜人名，见下。

……卜行贞：王室，叙，亡尤。　丙申卜，行贞：王室卜丙，劦，亡尤。在八月。　辛丑卜，行贞：王室大甲奭妣辛，劦，亡尤。在八月。　辛丑卜，行贞：王室，叙，亡尤。　壬寅卜，行贞：王室大庚奭妣壬，劦，亡尤。　壬寅卜，行贞：王室，叙，亡尤，在八月。　壬子卜，行贞：王室大〔戊〕奭妣壬，劦，亡尤。　己巳卜，行贞：王室且乙奭妣己，劦，〔亡尤。〕　庚〔午卜，行〕贞：〔王室〕且辛〔奭妣庚〕。（《缀合编》二四——《后编》上二、三十二、七十三、四）

按《殷历谱》（下二、二五）系于祖甲十三年；丙申辛丑壬寅壬子在八月，己巳庚午则在九月，此片皆卜劦祭事，自大甲以下兼祀其配，惟外丙不书配。

大甲　配妣辛

丙子卜，贞：羽丁丑，翊于大丁，亡巷，在三月。　〔癸〕未卜，行〔贞〕：羽甲申，翊于大甲，亡巷，在……（《续存》下六〇七，《双剑》一二二重。）

按祀大甲正在丙子次旬之甲申日，此卜翊祭事。

辛丑卜，行贞：王室大甲奭妣辛，劦，亡尤，在八月。（《缀合编》二四，互见上外丙条。）

大庚　配妣壬

……卜行〔贞〕：王室大庚，𠄞，亡囚。（《粹编》一九九，《京津》三二三七重。）

庚申卜，行贞：王室大庚，岁，二牛，亡尤，在〔二〕月。　……卜

行……王室，……亡尤，〔在〕二月。（《文录》二七六）

壬寅卜，行贞：王室大庚奭妣壬，叠，亡尤。（《缀合编》二四，互见上外丙条。）

庚午卜，行贞：王室大庚。（《文录》四八四，《缀合编》二七。）

雍己

己巳卜，行贞：王室雍己尸，岁彡，亡尤。（《零拾》三七，《续存》下六〇九重。）

戊午卜，行贞：王室雍己，彡夕，亡囚。　贞：亡尤。（《佚存》八七一）

按此言卜宾雍己尸。《佚存》一条则云："宾彡"，彡为明日之绎祭，则所谓绎宾尸是也。上两辞"雍己"字并作邑。

大戊　配妣壬

丁酉卜，行贞：羽戊戌，翊于大戊，亡壱，在四月。（《双剑》一二三，《续存》六〇六重，又《缀合编》二五，同版行卜翊中丁。）

壬子卜，行贞：王室大戊奭妣壬，叠，亡尤。（《缀合编》二四，互见上外丙条。）

丁亥卜，〔行〕贞：羽〔戊子〕，彡于大戊，〔亡〕壱。（《续编》一、一二、三）

丁卯卜，行贞：王室且丁，岁，眔父丁岁，一宰，亡尤，在二月。　丁卯卜，行贞：王室，叙，亡尤。在自褩〔卜〕。　戊辰卜，行贞：王室大戊，岁二宰，亡尤，在二月。　〔戊辰卜，行贞：王室，叙，亡尤。在自〕褩〔卜〕。　己〔巳卜，行〕贞：〔王〕室□己，〔岁，二牛，〕亡〔尤，在二月〕。　己巳卜，行贞：王室，叙，亡尤，在自褩〔卜〕。　庚午卜，行贞：王室大庚……（《缀合编》二七——《文录》二七五十四八四）

按此据曾氏补文。丁卯、戊辰、己巳、庚午四日相接，皆在二月，在褩所卜。以祖丁与父丁同于丁日祭，知为祖甲卜辞，故兼祀武丁。褩当即荧。《左》宣十二年"及荧泽"，即河南荧阳县。《殷本纪》："仲丁迁于隞。"《正义》："荥阳故城，殷时敖地也。"褩为殷人故都，必有宗庙，故于褩卜祭，此四日分祭且丁诸先王，即所谓日祭是也。

戊辰卜，行……大戊……（《屯甲》二二六一）

中丁　配妣癸

癸酉卜，行贞：王室中丁奭妣癸，羽日，亡尤，在三月。　癸酉卜，行贞：王宓，㕚，亡尤，三月。（《金璋》六，董《谱》系于祖甲十四年。）

……卜，行〔贞〕：王宓中丁奭妣癸，……亡尤。（《续存》上一五一四）

按中丁为大戊长子。卜辞所见，其配妣癸，亦见《前编》一、八、一："癸丑卜贞：王宓中丁奭妣癸，彡日，亡尤。"（《后编》上二、一二重）及《金璋》六等辞；又有妣己。（《续编》一、一二、五："己卯卜贞：王宓中丁奭妣己，𩁹，亡尤。"是。）

丙午卜，行贞：羽丁未，翊于中丁，亡𡆥，在四月。（《续存》下六〇六，《双剑》一二三重，又《缀合编》二五。）

丙午卜，行贞：羽丁未，祭于中丁，亡𡆥。 ……行……宓……亡尤。（《后编》上二、一〇）

按此同版"亡𡆥"、"亡尤"并用。

丙申卜，行贞：羽丁酉，彡于中丁，亡𡆥，在……月。 丁亥卜，〔行〕贞：羽〔戊子〕，彡于大戊，〔亡〕𡆥。（《簠室·帝系》四八，《续编》一、一二、三重，互见上大戊条。）

戋甲

甲子卜，行贞：王宓戋甲，彡，亡□。 贞：亡……（《戬寿》八、一一，《续编》一、五一、三重。）

甲辰卜，行贞：王宓戋甲，𣪊，亡尤。 〔甲〕辰卜，行贞：王宓，㕚，亡尤，在十月。（《七集·普》一〇四，《董谱》系于祖甲十二年。）

按㕚为祓字，言祓除求福也。卜辞惯例，每系于祭名之下，或分言或合言。分言之例，即于某日劦，往往另辞言某日㕚，如《七集》此辞，是其例也。其他以"㕚"配"岁"者，如《缀合编》二七丁卯宾祖丁辞；以"㕚"配"戠"者，如《续存》上一四九七乙卯宾祖乙辞。至于合言之例，如《后编》上一九、九，《粹编》一二〇六皆其例。

祖乙 配妣己 妣庚

己巳卜，行贞：王宾且乙奭妣己，𣪊，〔亡尤。〕（《后编》上三、四）

……行贞：王宓且乙奭妣庚，岁；𠀠（何）于物一，罛兄庚岁，二宰，亡尤。 ……行〔贞〕：王宓……亡尤。（《后编》上三、五，同版又见兄庚。此片字极细小，似所谓第五期之物。）

按辞言卜人何用杂色牛（物）一罛兄庚以祭，知此版乃祖甲时物。祖乙配妣己妣庚二人俱见于行之卜辞。他辞称且乙奭妣己者，又有《前编》一、三四、三〔《后编》上三、三文同〕，及《后编》上二、一六，《南北·明》六六〇等。其称且乙奭妣庚者，又有《后编》上二、一七，《库方》一一三一，《拾掇》二、二一四等。

甲寅卜，行贞：王宾，岁，亡尤，在……月。　乙卯卜，行贞：王宾且乙，……羌十又五，卯一牢，亡尤，在……月。　……卜行……宾……亡……（《续存》上一四九九）

乙卯卜，行贞：王宾且乙，升，伐十又五，卯三牢，亡尤，在十二月。甲寅卜，行贞：王宾，岁，亡尤，在十二月。　……卜行……宾……毓……（《平津·元》二〇四）

按此辞言伐十又五，即伐羌人十又五人以祭，辞省去羌字。

乙卯卜，行贞：王宾毓且乙，岁，牢，亡尤，在九月。　乙卯卜，行贞：王宾，叙，亡尤。（《林》一、一二、一五）

乙卯卜，行贞：王宾且乙，戠，一牛。　乙卯卜，行贞：王宾，叙，亡尤。（《续存》上一四九七，同版见父丁。）

甲戌卜，行贞：羽乙亥，祭于且乙，亡巷，在八月。　丙戌卜，行贞：羽丁亥，祭于且丁，亡巷，在九月。（《库方》一〇三二，董《谱》系祖甲二九年。）

癸丑卜，行贞：羽甲寅，后且乙，岁；翰（朝）酉，丝用。　贞：䕾（暮）酉。　癸丑卜，行贞：羽甲寅，后且乙，岁，二牢。　贞：三牢，丝用。（《库方》一〇二五）

按上辞言朝酒暮酒兹用，"朝""暮"对言。《礼》所谓"朝夕奠"，亦即《周语》所谓日祭者。

甲申卜，行贞：羽乙酉，后且乙，岁，牢。贞：一牢。　贞：三牢。（《京津》三二七七）

按上两辞贞二牢三牢与一牢三牢，乃卜用牲之数。

……卜行〔贞：王〕宾且乙，〔亡〕尤。　庚申卜，行贞：王宾，岁，亡尤。（《前编》六、九、七）

……卜行……乙丑……且乙，在九月。（《双剑》一二四，《续存》下六一五重。）

……卜行〔贞：王〕宾且乙……眔小乙，……牢，亡尤。（《明义士》五一二）

祖辛　配妣庚

辛巳卜，行贞：王宾且辛，岁，牢。（《南北·明》三四八）

庚子卜，行曰贞：羽辛丑，其又升岁于且辛。　己巳卜，行贞：王宾，𢆶禣，亡囚。　庚午卜，行贞：王宾，𢆶禣，亡囚。（《佚存》四〇一，《邺初》下二七、五重。）

庚〔午卜，行〕贞：〔王宾〕且辛〔奭妣庚〕。（《缀合编》二四，互见上外丙条。）

壬子卜，行贞：王宾且辛奭妣壬，岁，亡尤，在九月。（《综述》图二四引商氏景本）

按祖辛之配有二，曰妣甲（《珠》六二，《续编》一、一七、七，《京津》五〇八〇）、妣庚（《后编》上三、八），此则称"祖辛奭妣壬"。惟行之卜辞无小辛，此且辛可能为祖乙子之祖辛，亦可为祖甲之称小辛，不能遽定。

庚辰卜，行贞：羽辛巳，彡于且辛，亡壱。　丙戌卜，行贞：羽丁亥，〔彡〕于且丁，亡〔壱〕，在十二月。（《戬寿》五、五，《续编》一、一八、三重。董《谱》系于祖甲二四年。）

庚寅卜，〔行〕贞：羽辛〔卯〕，嵒于且辛，亡壱，在九月。　丙申卜，行贞：羽丁酉，嵒于且丁，亡壱。（《戬寿》五、四，《续编》一、一八、五重。）

董《谱》系于祖甲三〇年九月，按此为卜嵒祭者，故且辛且丁并见。

辛酉卜，〔行〕贞：王〔宾〕且辛，岁，罕，亡尤。　辛酉卜，行贞：王宾，叔，亡尤。（《戬寿》四、一〇，《续编》一、一八、二重。）

沃甲　配妣庚

己巳卜，行贞：羽庚午，岁，其祉于羌甲奭妣庚……（《佚存》八七八）

甲寅卜，〔行〕贞：其又于羌甲，羖。　贞：叀牛，在十月。　〔甲〕寅卜，行……羌甲，岁，……在十一月。（《拾掇》二、二二，《京津》三二六九重。）

〔甲〕辰卜，行贞：王宾羌甲。　……卜行……王宾……亡……（《文录》三七〇）

按此于甲日卜祭羌甲。羌甲者，《殷本纪》作沃甲，于氏谓"沃"乃"羌"之形讹（《骈枝》三编）。《御览》八三引古本《纪年》、《索隐》引《系本》俱作开甲；沃甲盖祖辛之弟也。羌甲配妣庚亦见《综述》引哲庵藏骨。

且丁　小丁

丁卯卜，行贞：王宾且丁岁，罘父丁岁，一宰，亡尤，在二月。　丁卯卜，行贞：王宾，叔，亡尤，在自袋〔卜〕。（《缀合编》二七，互见上大戌条。）

丙戌卜，行贞：羽丁亥，〔祭〕于且丁，亡巷，在九月。（《库方》一〇三二）

丙申卜，行贞：羽丁酉，脅于且丁，亡巷。（《戬寿》五、四，《续编》一、一八、五重，互见上祖辛条。）

丙午卜，行……羽丁未……且丁，亡……（《通别》二、九、四，《遗宝》二、一一重。）

丁未卜，行贞：小丁，岁，宰。　贞：小丁，岁，牡。（《平津·元》二〇五，《续存》一五〇八重。）

丁巳卜，行贞：小丁，岁，罘□岁，彭。（《文录》三三六）

丁巳卜，行贞：其又小丁，牛。（《文录》三三八，同版见大丁。）

〔丁〕巳卜，行贞：王宾……岁，罘小丁岁，亡尤。（《粹编》二六六，《京津》三二八九重。）

按《殷本纪》无小丁，殆即祖丁，姑附于此。□字未识，以辞例审之，当是先公名。

龙甲

甲午卜，行贞：王宾□（龙甲），升，伐𢀛二人，卯宰，亡尤。　甲午卜，行贞：工宾，叔，亡尤。（《粹编》二七二）

按龙甲即阳甲。阳甲又称和甲，龙训和，故龙甲即和甲。（参本书，109页）此卜升阳甲于庙，伐羌二人。《书·高宗肜日》：越有响雉，祖己因有典祀无丰于昵之言。《通典》五十一引贺循议云："殷之盘庚，不序阳甲之庙，而上继先君，以弟不继兄故也。"是盘庚时阳甲无庙祀也。《诗·殷武》笺云："高宗之前王，有废政教，不修寝庙者，高宗复成汤之道，故新路寝焉。"信如是，则武丁始修其世父阳甲小辛等之庙，《殷武》诗所云："寝成孔安"是也。武丁时，阳甲庙在不毁之列，故祖己诫其常祀应修，不宜独丰于祢庙（即指武丁父小乙而言）。今观武丁卜辞为"父甲一羒，父庚一羒，父辛一羒"（《后编》上二五、九），父甲与父庚、父辛平列，皆用一羒。吕卜辞则称为"三父"也（《林》一、五、五）。又"癸卯卜，亘贞：出于父甲，犬。　贞：出于父庚，犬。"（《前编》

一、二六、六）祀父甲、父庚皆用犬，知武丁于诸父祀典，无甚轩轾。《屯乙》二五二三："不隹父甲？不隹父庚？不隹父辛？不隹父乙？"足证阳甲、盘庚、小辛、小乙之于武丁皆为诸父行，而武丁于诸父之祀典，每同时并祭，上列各条可以为证。

甲戌卜，行贞：岁，其征于且甲。　弜征。（《文录》三〇九）

按行为祖甲时人，此辞称祖甲，当指阳甲，故列于阳甲之末。

盘庚　小辛

□辰卜，行〔贞〕：王宾般庚。（《南北·明》三五〇）

□丑卜，行〔贞〕：王宾盘庚……（《戬寿》五、九，《续编》一、二三、六，及《通纂》一〇五重。）

甲午卜，行贞：王宾龙甲，升，伐毯二人；卯宰，亡尤。　甲午卜，行贞：王宾，叙，亡尤。　庚辰卜，〔行〕贞：王〔宾〕般庚，升，〔伐羌，〕卯二宰。　庚辰卜，行贞：王宾，叙，亡尤，在六月。　辛巳卜，行贞：王宾小辛，又伐羌二，卯二宰，亡尤。（《缀合编》二九——《粹》二七二十二七五）

按此两片是否可缀，仍有问题。因戊午与庚辰、辛巳相去多日，未必衔接。般庚、小辛俱旁系先王，其牲同用二宰。

小乙　配妣庚

〔甲〕辰卜，行贞：羽乙巳，祭于小乙，亡壱，在九月。（《粹编》二八〇）　董《谱》系于祖甲二九年。

乙未卜，行贞：王宾小乙，岁，宰，亡尤。（《七集·普》八〇）　同版行卜见母辛。

乙亥卜，行贞：王宾小乙，岁，宰，亡尤。　……卜行……宾……尤。（《戬寿》一九、一二，《续编》二、二、三重。）

乙未卜，行贞：王宾小乙，岁，宰，亡尤。　……卜，行贞：王宾，叙，亡尤。（《粹编》二八三，《京津》三二七一重。又《粹编》二九一，《佚存》五五四〔同书一三八自重〕文同。）

乙亥卜，行贞：王宾小乙，岁，宰，亡尤。　□□卜，行〔贞：王〕宾，……〔亡〕尤。（《戬寿》二〇、四，《续编》二、二、三重。）

乙亥卜，行贞：王宾小乙，吾，亡尤，在十一月。　乙亥卜，行贞：王宾，叙，亡尤。　丁丑卜，行贞：王宾父丁，吾，亡尤。　丁丑卜，行贞：王宾，叙，亡尤，在十一月。　己卯卜，行贞：王宾兄己，吾，亡尤。

己卯卜，行贞：王宾，叙，亡尤。　〔庚〕辰卜，行〔贞：王〕宾兄庚，〔砮，〕亡尤。（《缀合编》三〇——《粹编》三一〇十二七九，《殷历谱》上三、一三，又下二、二四。）

按董《谱》系于祖甲（十二年），此辞卜祭，由乙亥而丁丑而己卯，同在十一月，为间日一祭，己卯庚辰则两日衔接，此为按日砮祭小乙、武丁、兄己、兄庚，时王盖即祖甲也。

……卜行〔贞：王〕宾且乙……眔小乙……窜，亡尤。（《明义士》五一二）

武丁（父丁）

丁卯卜，行贞：王宾父丁，岁，眔且丁，亡尤。　丁卯卜，行贞：王宾，叙，亡尤。　□午卜，行〔贞〕：王宾……岁，叙，亡尤。（东京博物馆藏片）

按卜辞于祭祀言眔者，有自远及祢者，如云：祖丁眔父丁，父丁眔兄己，且乙眔兄庚是；其变例则自祢而远，如此条云“父丁眔祖丁”是。

丁卯卜，行贞：王宾父丁，岁，窜，眔且丁，岁，窜，亡尤。（《南北·明》三五二）

丁丑卜，行贞：王宾父丁，砮，亡尤。　丁丑卜，行贞：王宾，叙，亡尤，在十一月。（《粹编》二七九，又《缀合编》三〇。）

按同版见乙亥卜宾小乙砮之辞，乙亥至丁丑为间日之卜。

丁未卜，行贞：王宾父丁，岁，窜，亡尤。　……行……宾……亡……（《南北·明》三五四）

丁巳卜，行贞：王宾父丁，𢦏十牛，亡尤。（《粹编》三〇二，《京津》三二八四重。）

按𢦏十牛，即杀十牛。

丁巳卜，行贞：王宾父丁，升，岁，……在七〔月〕。　……贞：……叙……（《戬寿》六、二，《续编》一、三〇、一重。）

丁巳卜，行贞：王宾父丁，岁……亡尤，在四月。（《七集·卫》三）

丙寅卜，行贞：羽丁卯，父丁𣓀，岁，窜，在三月，在雇卜。（《粹编》三〇〇，《京津》三二八二重。）

丙午卜，行贞：羽丁未，𦬾于父丁，亡壱。（《林》一、二一、五）

丙午卜，行贞：羽丁未，彡于父丁，亡壱，在正月。（《戬寿》六、四，《续编》一、三〇、八，董《谱》系于祖甲十九年。）

丙戌卜，行贞：羽丁亥，父丁岁，其勿牛。　丙戌卜，〔行〕贞：羽丁〔亥〕，父丁岁三……　贞：弜勿。（《粹编》三〇一，上数辞皆于丁日之先一日卜。）

癸酉卜，行贞：王父丁（疑脱“宾”字），岁，二牛，眔兄己一牛，兄庚，亡尤。　癸酉卜，行贞：王宾，叙，亡尤，在十月。　乙亥卜，行贞：王宾妣庚，二宰，叙，〔亡〕尤。（《后编》上一九、一四）

庚辰卜，行贞：王宾父丁，岁，亡尤，在十月。（《京津》三二八一）

辛巳卜，行贞：王宾父丁，岁，宰，叙，亡尤，在自〔卜〕。（《遗珠》三八〇，《通别》二、四、一重。）

按自与当为一地，亦见𡆥卜辞。（参本书，325 页。）

甲申卜，行贞：其又父丁……其祉……　……卜行……岁……（《遗珠》八五八）

甲申卜，行贞：王宾父丁……（《遗珠》八七一）

乙酉卜，行贞：父丁，夕岁。（《南北》《明义士》三五三）

丙戌卜，行贞：王宾父丁，夕岁，叙，亡尤。　弜物。（《后编》上一九、九）

丙申卜，行贞：父丁岁物，在五月。　贞：弜勿。　……卜，行贞：庚（𡆥），岁，王其叙。（《续编》一、三〇、六，同书一、三一、二文同；《戬寿》六、六及七文并同。）

丙申卜，行贞：父丁岁，其又伐。（《库方》一〇五四）

上二辞同在五月丙申日卜，似同时所卜。

己亥卜，行贞：王宾父丁，岁，宰，亡尤，在彭卜。　己亥卜，行贞：王宾，叙，亡尤，在二月。（《屯甲》二八六九）

庚戌卜，行贞：王宾父丁，岁，宰，亡尤。　丁未卜，行贞：王宾，叙，亡尤，在二月。（《文录》三二〇，同书四四一重。）

丁巳……贞：王〔宾〕父丁，羽……亡尤，在……　丁巳卜，行贞：王宾，叙，亡尤。　己未卜，行贞：王〔宾〕兄己，翊，亡尤。　己未卜，行贞：王宾，叙，亡尤。　庚申卜，行贞：王宾兄庚，翊，亡尤。（《遗珠》三八一十《粹编》三〇九）

戊午卜，行贞：王宾父丁，岁，二牛，叙，亡〔尤〕。〔庚〕申卜，行〔贞〕：王宾……岁，二宰，〔亡〕尤。（《粹编》三〇六）

□戌卜，行贞：王宾父丁，岁，二宰，亡尤。（《通别》二、四、六）

□巳卜，行〔贞〕：王宾父丁，伐羌十又八。（《续存》上一四九七，同版见祖乙。）

□丑卜，行〔贞〕：父丁，岁，〔亡〕〔徭〕。 在莫（郑）。（《粹编》三〇五，京津三二八六重。）

按此徭字仅存彳旁，郭氏以文例补之，谓即徭。“在莫”另为一行，在“卜行”语之前，与他辞文例在辞末者异。

……卜行，宾父丁……罘……（《明义士》九五四）

父庚

戊申〔卜，行〕贞：王〔宾〕，叙，〔亡尤。〕 庚戌卜，行贞：王宾父庚，岁，二牢，叙，亡尤。（《通别·中村》六）

按郭氏云：“辞称父庚，盖行于廪辛时犹存，廪辛称其父祖庚自为父庚也。”然行卜辞多称兄庚，即明指祖庚；行亦当武丁时，此辞之父庚，似指武丁父行之盘庚，亦无不可。

兄己

……卜，行〔贞：王〕宾兄己，……亡尤。（《粹编》三〇九，同版见丁巳卜宾父丁。）

己卯卜，行贞：王宾兄己，脅，〔亡〕尤。 己卯卜，〔行〕贞：王宾，叙，亡尤。（《粹编》三一〇，同版见兄庚。）

己丑卜，行贞：王宾兄己，岁，叙，亡尤。（《前编》一、四〇、五，同版见妣庚。）

兄庚

己卯……贞：兄庚…… □午〔卜，行〕贞：王宾且乙奭妣庚，岁，升于物，罘兄庚，岁，二牢，亡〔尤〕。 ……行〔贞〕：王宾……亡尤。（《后编》上三、五）

庚寅卜，行贞：兄庚岁，先日。 贞：弜先。 ……宾……亡……在……（《戬寿》八、八，《续编》一、四四、二重。）

按先日之义，疑为先一日祭，与彡为明日祭适相反。

己亥卜，行贞：羽庚子，其𢍰于兄庚，亩羊。 贞：亩牛。（《粹编》三二四）

按此卜牲品用羊与牛孰吉。

……卜行〔贞：王〕宾兄庚，……〔亡〕尤。（《粹编》三一〇，同版见兄己。）

辛丑卜，行贞：王宾兄庚，叙，……（《续存》下六二六）

□戌卜，行〔贞：王〕宾兄庚，……三卯……（《库方》九八四）

以上祭先公先王。

妣庚

乙未卜，行贞：王宾妣庚，岁，宰，亡尤。　丁酉卜，行贞：王宾，叙，亡尤。　丁酉卜，行贞：王宾日，岁，三宰，〔亡〕尤。（《前编》一、四〇、五）

乙亥卜，行贞：王宾妣庚……三宰，叙，〔亡〕尤。（《后编》上一九、一四）

庚申卜，行贞：其又妣庚，在十一月。（《文录》三五二）

己未卜，行贞：羽庚午，其又升，伐于妣庚卅，其卯三宰。（《续存》上一五一六，同版另一辞为行卜王出事。）

己未卜，行〔贞〕：羽庚申，又于妣庚。（《戬寿》八、五，《续编》一、四〇、一重。）

庚子卜，行贞：其又于妣庚，牡。　贞：牝。（《双剑》一二七，《续存》下六三二重。同版“庚子卜王”数见。）

按上三辞皆于庚日卜祭妣庚。庚子一辞对贞用牡用牝之孰吉。卜辞所见示壬、祖乙、羌甲、祖辛、阳甲、小乙配俱有妣庚。行卜侑妣庚之辞特多，疑指小乙配，盖典祀特丰于祢也。

妣壬

壬子卜，行贞：王宾妣壬，彡，〔亡〕尤。　……行……宾……亡……（《库方》一〇四八）

按卜辞所见大庚、大戊配俱有妣壬（《缀合编》二四，文见上引），此不知谁属。

妣己

……行〔贞：王〕宾妣己，亡〔尤〕，在自㚇〔卜〕。（《京津》三三一六）

母己

己巳卜，行贞：王宾母己，岁，一牛叙。（《粹编》三九五，《京津》三三〇七重。）

按行卜辞所见母己，《综述》引柳五〇〇八六又有一条，其辞未详。

母庚

癸未卜，行……母庚……（《京津》三三〇四）

以上祭先妣。

〔米〕

□申卜，行〔贞〕：其米，叀……申…… 今日步。（《文录》五四五）

〔步〕

丙申卜，行贞：王宓，伐十人，在自徭步。 丁酉卜，行贞：王宓，禶，亡囚。〔在〕自徭〔步〕。（《邺初》下三三、八，《双剑》一二八，《京津》三三二六，及《续存》下六六三重。）

按此步乃祭名，《续存》摹失"步"字。《大戴礼·诰志》："主祭于天曰天子，天子崩，步于四川，伐于四山。"孔氏《补注》："步者，禜说之祭名。《周礼》、《春秋》祭酺，故书为步。汉祀有人鬼之步，蝝螟之步。"

〔用〕

丁卯卜，行贞：叀又用，在十一月。（《文录》五五七）

〔必（闷）〕

庚申卜，行贞：其又于庚必（必）， 一牛。（《续存》上一五二〇）

……卜行……庚午……庚必……（《明义士》一四〇六）

甲子卜，行贞：其图于庚必（闷）。（《前编》五、三七、二）

按晚期卜辞言"文武丁必"（《通纂》五七九）、"文武丁必□"（《前编》一、一八、一），亦作"文武丁宗"（《林》二、二五、四）、"文武丁宗□"（《战后》《南北》上一一九），足见"必"与"宗"同义。于省吾释必，谓即闷宫是也。此三辞并言"庚闷"，惟不知指盘庚抑祖庚。

夕禶

丙寅卜，行贞：王宓，夕禶，亡囚。 贞：亡尤。 ……行……𢍰……囚。（《续存》上一五七八，《平津·元》二〇八重）

己巳卜，行贞：王宓，夕禶，亡囚。（《戬寿》一九、三）

甲戌卜，行贞：王宓，夕禶，〔亡〕囚。（《南北·坊》二、七一）

丙子卜，行贞：王宓，夕禶，亡囚。 贞：亡尤。 丁丑卜，行贞：王宓，𢍰禶，亡囚。 贞：亡尤，在十二月。（《续存》上一五七六）

己卯卜，行贞：王宓，夕禶，亡囚。（《续存》上一五七七）

庚辰卜，行贞：王宓，夕禶，亡囚。 贞：亡尤。（《后编》下二五、四，《屯甲》三二三文同）

癸未卜，行贞：王宾，夕禣，亡囚。　丁亥卜，贞：王宾父丁，岁五宰，叙，亡尤。　壬午……贞：……奭……（《戬寿》一八、一三，《续编》一、三二、三及二、一一、三重。）

丙戌〔卜〕，行贞：〔夕〕禣，〔亡〕囚。　贞：亡尤，在二月。　□亥卜，行〔贞〕：王宾，〔夕禣〕，亡囚。（《遗珠》一〇七四）

戊子卜，行贞：王宾，夕禣，亡囚。　贞：亡尤，在六月。（《戬寿》一九、四，《续编》二、一一、四重。）

甲辰卜，行贞：王宾，夕禣，亡囚。（《戬寿》一九、五，《续编》一、一一、二重。）

己酉卜，行贞：王宾，夕禣，亡〔囚〕。　贞：亡〔尤〕。（《双剑》一三一，《续存》下六五一重。）

庚戌卜，行贞：王宾，夕禣，亡〔囚〕。（《京津》三三五三）

癸丑卜，〔行〕贞：王宾，夕禣，亡囚。　……行……宾……禣，在十月。（《金璋》一九）

丙辰卜，行贞：王宾，夕禣，亡囚。（《南北·诚》六七）

庚申卜，〔行〕贞：王宾，〔夕〕禣，亡囚。　贞：亡尤。　……卜，行〔贞：王〕宾，〔夕禣，〕亡囚。（《续存》上一五八一）

其他行卜夕禣残辞又有《金璋》五六，及《京津》三三九九。

宾岁

壬申卜，行贞：王宾，岁，二牛，叙，亡尤。（《戬寿》二〇、二，《续编》二、二、七重。《文录》四四二文同。）

乙亥卜，行贞：王宾，岁，亡尤。（《戬寿》二〇、一，《续编》二、三、六重，又《续编》二、九、七文同。）

丁酉卜，行贞：王宾，岁，〔亡尤。〕　丁酉卜，行贞：王宾，〔叙，〕亡尤。（《粹编》五〇九，同版尚有尹卜之辞数组。）

己亥卜，行贞：王宾，岁，宰亡尤。（《文录》四五四，同版两见行卜王叙之辞。）

丁未卜，行贞：王宾，岁，亡尤，在自奭〔卜〕。　丁未卜，行贞：王宾，叙，亡尤，在自奭卜。　丁未〔卜，行〕贞：王〔宾〕，伐十，〔亡〕尤。（《佚存》三九五，《粹编》一二一二，及《邺初》下三六、七重。同版见祭父丁之文，卜人未详。）

庚戌卜，行贞：王宾，岁，亡尤，在……（《京津》三三七一）

甲寅卜，行贞：王宾，岁，亡尤，在十二月。（《平津·元》二〇四，同版见且乙。）

戊午卜，行贞：王宾，岁，亡尤，在十三月。　己未卜，行贞：王宾，岁，二牛，亡尤，在十三月，在亦卜。（《文录》四五六）

己未卜，行贞：王宾，岁，亡卜。（《摭佚》一）

庚申卜，行贞：王宾，岁，亡尤。（《前编》六、九、七，《林》一、二二、五重，同版见且乙。）

□丑卜，行〔贞〕：王宾，岁，亡……（《南北·明》三六三）

……卜行〔贞〕：王宾〔岁〕，亡尤。（《续编》二、九、二）

叔

丁卯卜，行贞：王宾，叔，亡尤，在……月。（《戬寿》一八、一一，《续编》二、九、五重。）

甲戌卜，行贞：王宾，叔，亡尤。（《双剑》一三三，《续存》下六五八重。）

丁丑卜，行贞：王宾，叔，亡尤。　戊寅卜，行贞：王宾，岁，叔，亡尤。　……卜行〔贞〕：王宾，〔叔，〕亡尤，〔在〕七月。（《续存》上一五四五）

庚辰……贞：王……岁罕……罘……　庚辰卜，行贞：王宾，叔，亡尤。　……卜，行贞：王宾，〔叔，〕亡尤。（《续编》二、二、二）

己未卜，行贞：王宾，叔，亡尤，在亦卜。（《文录》四五六，同版亦见行卜宾岁之辞。）

癸巳卜，行贞：王宾，叔，亡尤，在自冥卜。（《文录》四七二）

丁亥卜，行贞：王宾，叔，亡尤。（《遗珠》一〇七一）

丁酉卜，行贞：王宾，叔，亡尤。　□寅卜，行〔贞〕：王宾，岁，亡尤。（《平津·元》二〇七，《续存》上一五一五重。）

　同版另一辞有妣庚，卜人缺。

壬寅卜，行贞：王宾，叔，亡尤。（《遗珠》一〇七〇）

丙午卜，行贞：王〔宾，叔，亡尤〕。在正月。　丙午卜，行贞：王宾，叔，亡尤。　……卜，行〔贞〕：王宾……（《续存》上一五四七）

丙午卜，行贞：王宾，叔，亡尤，在自㝱卜。　……卜，行〔贞：王〕宾妣己，亡〔尤〕，在自㝱〔卜〕。（《京津》三三一六）

丁未卜，行贞：王宾，叔，亡尤，在……月。（《续编》二、九、八）

辛亥卜，行贞：王穸，叙，亡尤。在九月。　……卜，行〔贞〕：王穸，〔叙〕，亡〔尤〕，在九月。（《续存》上一五四六）

壬子卜，行贞：王穸，叙，亡尤，在自襮卜。　甲寅卜，行贞：王穸，岁，三牛，亡尤，在自襮，丝隹允……　……卜行〔贞〕：王穸，叙，亡尤，在二月。（《京津》三三一七，《邺初》下三九、八重。）

己未卜，行贞：王穸，叙，亡尤。　庚申卜，行贞：王穸兄庚，翊，亡尤。（《遗珠》三八一）

庚申卜，行贞：王穸，叙，亡〔尤〕。（《戬寿》一八、三，《续编》二、九、六重。）

□未卜，行贞：王穸，叙，亡尤。（《遗珠》八六八，《库方》一〇四四文同。）

……卜，行〔贞：王〕穸，　〔叙，〕亡尤。　乙丑……贞：王……叙……（《明义士》三九）

穸𠂤禫

甲子卜，行贞：王穸，𠂤禫，亡囚。（《后编》下三〇、一一）

丁卯卜，行贞：王穸，𠂤禫，亡囚。（东京博物馆藏片）

甲戌卜，行贞：王穸，𠂤禫，亡囚。（《京津》三三六一）

辛巳卜，行贞：王穸，𠂤禫，〔亡囚。〕（《戬寿》二一、四）

甲申卜，行贞：王穸，𠂤禫，亡囚。（《续存》上一五七〇，同书一五七二重。）

乙酉卜，行贞：王穸，𠂤禫，亡囚。（《遗珠》七一四）

丁酉卜，行贞：王穸，𠂤禫，亡囚。（《戬寿》一九、九，《续编》二、一一、八重。）

甲辰卜，行贞：王穸，𠂤禫，亡囚。（《明义士》一〇九）

乙巳卜，行贞：王穸，𠂤禫，亡〔囚〕。（《诚斋》二〇八）

辛酉卜，行贞：王穸，𠂤禫，亡囚。（《明义士》二二三）

其他行卜王穸𠂤禫残辞，有《戬寿》一九、六（《续编》二、一一、七重），《前编》六、一五、四，《明义士》三四七，及《续存》上一五七一等。

𢦏

丁卯卜，行贞：王穸，𢦏，亡囚。（《明义士》五一五）

辛未……贞王……肯……　壬申卜，行贞：王宾，戠，亡囚。　贞：亡尤，在二月。（《戬寿》二〇、七，《续编》二、一二、五重。）

壬申卜，行贞：王宾，戠，亡囚。　贞：亡尤，在九月。（《佚存》五六二，《续存》上一五五八，及一五六〇重。）

己卯卜，行贞：王宾，戠，亡囚。　贞：亡尤。（《双剑》六三，《续存》下六四三重。）

戊子卜，行贞：王〔宾〕，戠，〔亡〕囚。　贞：亡尤。（《七集·普》一〇〇）

己丑卜，行贞：王戠，亡囚。（《零拾》三，《续存》下六四二重。）

癸卯卜，行贞：王宾，戠，亡囚。　贞：亡尤。　□卯卜，行〔贞〕：王宾，〔夕〕禫，亡囚。（《戬寿》二〇、八，《续编》二、一二、六重。）

壬寅卜，行贞：王宾，戠，亡囚。（《文录》四三四）

己酉卜，行贞：王宾，〔戠，〕祭，亡囚。（《续存》上一五六四）

癸丑卜，行贞：王宾，戠，亡囚。（《文录》四三三）

壬戌卜，行贞：王宾，戠，亡囚。（《库方》一二四五）

□卯卜，行贞：王宾，戠，亡囚，十二月。（《续存》上一五五七）

……卜，行贞：王宾，戠，祭，亡囚。（《续存》上一四八八）

禫

甲辰卜，行贞：王宾，禫，亡囚，在正月。　贞：亡尤，在湶。　乙巳〔卜，行〕贞：王宾，禫，亡囚。　贞：亡尤，在湶（𣶒）。　〔乙〕巳卜，行贞：王宾，禫，亡囚。（《缀合编》三三——《文录》四〇三十四二四）

己巳卜，行贞：王宾，禫，亡囚。（《文录》四七六，同版见行贞王出亡囚之辞。）

戊戌卜，行贞：王宾，禫，亡囚，在𠂤。　贞：亡尤。（《京津》三三二八）

庚寅卜，行贞：王宾，禫，亡囚。　庚寅卜，贞：王宾，岁，亡尤，在十二月。（《京津》三三二九）

壬午卜，行贞：王宾，禫，亡囚。（《文录》三九六）

乙丑卜，行贞：王宾，禫，亡囚。　贞：亡尤。（《文录》三九九）

己丑卜，行贞：王宾，禫，亡……（《文录》四〇二）

王宾残辞：

存干支者有：甲寅（《明义士》六七五）　辛巳（《诚斋》二〇二）

仅存地支者：子（《诚斋》二〇） 卯（《遗宝》九、九，又《库方》一〇七〇） 辰（《京津》三三九三） 巳（《续存》上一五二九） 午（《遗宝》九、二） 未（《诚斋》一九三，又《南北·坊》三、一四〇） 申（《库方》一一六六） 酉（《续存》上一五二八） 戌（《库方》一二四一） 亥（《京津》三三八六，又《续存》上一五二四）

无干支者：《零拾》一五（《续存》下六二五重，岁罕） 《邺》三下四〇、九 《续存》上一五五〇（叙） 《续存》下六二一 《邺初》下三二、五 《南北·明》三七四 又三六六（彡夕） 《续存》上一五六一 《续存》上一五八六（禫） 《遗宝》九、七 《京津》三二四四 《明义士》三〇（禫） 《库方》一六九（禫） 《宁沪》三、一九八 《南北·坊》四、三七九 《南北·诚》六九 又四七二 《六录·清》一七三（禫） 《金璋》四一 东京博物馆藏片（羽日）

按行卜辞所见祭祀甚繁，举其荦荦大端，约有数事：（一）凡祭多言“王宾”，知用宾尸之礼。（二）祭大乙仅一见，而卜祭父丁者最多，父丁即祖甲称其父武丁，可见典祀特丰于祢。（三）日祭有按先王生日为若干日之连续致祭，如《缀合编》二四是。（四）又有朝夕奠，如《库方》一〇二五“朝酒暮酒”是。（五）ㄓ、彡、翊等祭，每于同月间，分祀诸先王，而不见上甲至祖甲七甲连祀之制。

残辞

其他残辞有：《铁》二三一、三（王） 《摭佚》一一一（又祭） 《诚斋》一九三（彡祭） 《京津》三四一五（又祭） 《京津》三四九九（夕囚） 《文录》八二五（亡尤）《南北·明》三五九（岁祭）又三八〇（用牡）又三七八（𠮚） 《续存》上一五〇二（岁） 《燕大》五八（出） 东京博物馆藏片（夕囚） 《文录》六一七（亡尤） 《遗珠》四九七（今夕）

其他仅存干支者有：《南北·明》三七五（癸巳） 《遗宝》九、八（戊戌） 《邺》二下四〇、二三（《京津》三七六二重壬申） 存地支者：《京津》三七七七（戌）又三七五九（戌）又三七六〇则存“行贞”二字。

何

何之卜辞，其先王称谓有父庚（《屯甲》二七四八）、父甲（《屯甲》二七九九，《殷缀》五一），即廪辛康丁称其父祖甲及诸父祖庚。又有“后祖丁”、“妣辛”（《缀合编》三四二），即称其祖父武丁与配妣辛也。

其同版所见卜人，有𢆶（《屯甲》二四六五），宁（《屯甲》二六九二又《殷缀》六二），口、合（《屯甲》三三九九），㘝（《缀合编》二五四），壴（《屯甲》二六九四，二七七〇，二六五七），彭（《屯甲》二七七四，二八一三，四八二八，《殷缀》三八五），㚇（《林》一、三〇、一四，即《前编》四、五一、一）等。

何亦见于武丁卜人之辞，试举如下：

㱿卜　辛未卜，㱿贞：王梦兄戊，何从，不隹𡆥，四月。（《佚存》六二，《铁》一二一、三重。）

㝔卜　丁丑卜，㝔贞：匄任何㞢……（《屯甲》三四二一）

争卜　丁巳卜，争贞：乎取何刍。（《殷缀》二二四——《屯乙》三一七四，同版见卜人永。）

又武丁时甲尾有何署名，如：

来三百，　何。（《屯甲》二九八三甲尾，为二九八二之反面，有卜人㕧名。）

壬辰卜，方其𦎫见。　何。（《续编》六、九、六，同书五、二九、五文略同。）

有妇㛊者，其寘𠬝事，由㪅署名。

庚寅，帚𡚤丁三𠬝。　㪅。（《天壤》七二）

由此知何之年代，可上及武丁。

何又见于旅卜辞，亦与㠯、㞱同列。

……卜旅……令何……𧗿……（《文录》五九〇）

丁未卜，贞：何㠯告〔王〕。　丁未卜，贞：𠂤（𢈪）㠯告王。（《屯乙》九〇七三）

《屯乙》八八九六记何事极多，与帚多及㞱同版。何卜辞所见人物有𦬊、兄（《屯甲》二四三七），亚（《屯甲》二四六四），㫓（《屯甲》二五二六）辈，则其人盖为武丁老臣，历祖庚、祖甲以至廪辛，乃为耆年硕德之三朝元老。有人名曰子㞢者。

贞：令𡇒，　允子㞢。（《屯乙》六五四八）　勿令𡇒，之子㞢。（《屯乙》四九五一，两版可缀合。疑即何其人。）

何字，卜辞所见异体颇多，大抵作人荷戈形，如𠍙（《屯甲》二七〇一），或作𠀀（《屯甲》三四二一），又简化作𠀀（《屯甲》二八一八）。又一体从旡者，如：

丁巳卜，𠀀贞：禫，亩吉。（《后编》下二二、三）

从人与从旡固无异也。金文《何𣪘》何作𠀀，《同𣪘》河字作㴑，与此所从者同。又有从人者：

甲戌卜，𠀀…… 甲戌卜，𠀀不……妣辛。 卜𠀀……（《屯甲》三八三七）

是版字画纤细，与《佚存》四八所见字体之草率奇肆，均为特异者。

何字或益水旁，如《续存》上一七七三"……卜㴑贞"即其一例，此与河岳之河，间亦作"何"正相同。（如《屯甲》二七五一"于㴑于岳"，而《粹编》七九一"𠀀岳，从雨。"《续编》六、一〇、五则作"其𠀀年于𠀀，𠀀。"）殷卜辞中何、㴑盖为一字。

㴑又为地名，如：

壬戌卜，行贞：今夕亡𡆥，在㴑。（《前编》二、四、八）是其例。

何卜前辞有重"贞"字者，如：

己酉卜，何贞，贞：其䍙，又一牛，乡。（《屯甲》二四九〇）

此例极罕见，亦见𠀀卜。（参下卜人𠀀条）

一 【卜雨】

丁丑卜，何贞：今夕雨。（《屯甲》二五二六） ……何贞：今夕不〔雨〕。（《屯甲》二四三〇）

癸未卜，何贞：……䍙，不雨。（《后编》下二〇、二，此片字极纤细，似子、𠀀书体。）

遘雨之卜

癸卜，何贞：王𡨧𠀀，𠀀亩吉。〔甲子卜，何贞：王𡨧𠀀，𠀀亩吉。〕乙丑卜，何贞：王𡨧𠀀，𠀀亩吉，不冓雨。 乙丑卜，何贞：王𡨧𠀀，不冓雨，𠀀亩吉。 丙寅卜，何贞：王𡨧𠀀，不冓〔雨〕，𠀀亩〔吉〕。（《佚存》四八〔《簠·天》一一及八二重〕＋《燕大》七九五）

按此辞但称"王𡨧𠀀"，不作"𠀀禫"，省"禫"字。足证凡"王𡨧𠀀禫"一类之辞，当读"王𡨧𠀀"句，禫为祭名。

丁卯卜，何贞：王𠀀亩吉，不冓雨。 丁卯卜，𠀀贞：王往于𠀀，不冓雨。（《林》一、三〇、一四，《前编》四、五一、一重。）

按上两残甲笔画细弱，字体草率，行款紊乱，于何之卜辞中，别具一格。《燕大》七九五与《佚存》字体悉同，故取与缀合，其“癸”下漏刻一字，当是“癸亥”。甲子辞缺，继之为乙丑、丙寅及丁卯。此类辞盖卜王宓艺（祢）庙，不遘雨否？祭而不遇雨则吉也。“□叀吉”成语，即“内唯吉”，详本书362页，《续编》四、一四、七有“丙寅，㲋卜，王往……禫，不冓雨，□叀吉。”当与《佚存》四八丙寅何所卜者为同时异人之卜。

庚午卜，何贞：王往，于日，不冓雨，□叀吉。　……往，于日……（《佚存》八六四）

辛巳卜，何贞：王往，于日，〔不〕冓〔雨〕。（《燕大》三九七）

……何贞：……往于夕，……〔不〕冓雨。　……冓雨，〔王〕往，于夕禫，允不冓雨，四月。（《林》一、一九、一一）

……卜何贞：……自日冓雨……四月。（《林》一、二〇、一二）

上数片字体相近，一卜于日往，一卜于夕往，俱占遘雨与否。

癸巳卜，何贞：王田□，禫，不冓雨。（《佚存》三六九）

按王下应有宓字刻漏，或甲字乃宓之误刻。

乙卯卜，何贞：王宓，升岁，不冓雨。（《粹编》七二八）

……卜何……王宓……不冓〔雨〕。　叀吉。　……卜何贞：〔王〕宓，伐，〔不冓〕雨。（《燕大》五〇四）

……寅卜，何贞：王□叀吉。（《林》一、二〇、一六）

乙酉卜，何贞：王□叀吉。（《林》二、四、一五，《诚斋》四五八文略同。）

……何……宓……之祭……〔不〕冓雨。（《林》一、二〇、八）

按以上数片字体相同，俱笔画纤细，何卜雨残辞每言“王□叀吉”；此外尚有《明义士》九五一，二一七〇，《遗珠》三二二，《前编》六、四四、二，及六、四四、三，京都大学三三六。

壬子卜，何贞：王□叀雨。（《续编》四、二四、一二，《簠室·天象》二七重。）

壬辰卜，何贞：王□叀吉。　贞：王□叀吉，不冓雨。（《林》二、一六、二二）

按何卜此类辞，王字皆作□，惟此作□。其他何卜同此之残辞，尚有《宁沪》三、二二九，《京津》四八一四，《林》二、九、一〇，《燕大》五四三等。《后编》下一六、一八存“王室”、“不蕣”诸字，笔画纤细，王字亦作𠙻。

壬辰卜，何贞：王不蕣雨，七月。（《京津》三八五六，《粹编》七七〇重。） 癸巳卜，何贞：王不蕣雨，七月。（《燕大》五〇五，此两残甲为同月之卜，字体亦同。）

乙亥卜，何贞：王不蕣雨。（《宁沪》三、二二八）

按何卜残辞，有“不蕣”二字者，又有《平津·元》二三八，《南北·坊》四、四一〇〔六月〕存“往于……蕣雨”者，有《续编》三、三九、四。

二 【卜夕】

辛未卜，何贞：今〔夕〕亡𡆥。（《京津》四八一三）

丁丑卜，何贞：今夕亡𡆥。（《双剑》一七六，《续存》下八三一重。）

己卯卜，何贞：今夕亡𡆥。（《粹编》一三八三）

癸未卜，何贞：今夕亡𡆥，三月。 贞：今夕雨。（《续存》上一七五四）

甲申卜，何贞：今夕〔亡〕𡆥。（京大八六六）

癸卯卜，何贞：今夕亡𡆥。（《佚存》四〇六，《邺初》下三四、五重，又见《缀合编》二五四，同版见卜人㕣，又贞雨卜伐之辞甚多。）

丙午卜，何贞：今夕亡𡆥。（《林》一、二〇、一三）

己酉卜，何〔贞〕：今夕亡〔𡆥〕。（《京津》四六五七）

癸未卜，何贞：今夕亡𡆥，十三月。 贞：今夕雨。（《续存》上一七五四）

辛酉卜，何贞：今夕亡𡆥。（《林》一、二〇、九，上辞各依干支先后为序。）

己亥卜，何贞：今夕亡𡆥。（《屯甲》三三九九背甲，字细小，同版见卜人口与合。）

何卜夕残辞尚有《粹编》一三八五（卯），《燕大》四六一（丑），又七三九，又五四二，《京津》四六五八，《屯甲》二五二四。

三 【卜旬】

癸酉卜，何贞：旬亡𡆥。 癸酉卜，何贞：旬亡𡆥。（《粹编》一四四一，《京津》四七一八，《屯甲》二八八三文同。）

癸酉卜，何贞：旬亡𡆥。　癸未卜，何贞：旬亡𡆥。　癸巳卜，何贞：旬亡𡆥，八月。（《林》一、三〇、一二，《屯甲》二七九一文同。）

癸酉卜，何贞：旬亡𡆥。　癸未卜，何贞：旬亡𡆥。（《屯甲》二七八二，同书二八四三文同，《金璋》六二八略同。）

癸酉卜，何贞：旬亡𡆥。　癸卯卜，何贞：旬亡𡆥。　癸丑卜，何贞：旬亡𡆥。（《屯甲》二六一二）

癸未卜，何贞：旬亡𡆥。　癸巳卜，何贞：旬亡𡆥。（《屯甲》二七四二）

癸未卜，何贞：旬亡𡆥，九〔月〕。（《簠室·贞类》一四，《邺》三下四四、七，《屯甲》二五一二，二八二二，《南北·明》七五一，《诚斋》三一，及《京津》四七〇二文略同。）

癸巳卜，何贞：旬亡𡆥。　癸卯卜，何贞：旬亡𡆥。（《屯甲》二六五七，《殷缀》四三，《粹编》一四四二，又《屯甲》二七一〇文同。）

癸巳卜，何贞：旬亡𡆥。（《南北·明》七五〇，《续编》四、四八、一〇，《金璋》四九四文略同。）

癸巳卜，何贞：旬亡𡆥。　癸□卜，何〔贞：旬〕亡𡆥。（《佚存》二八四）

癸巳〔卜，何〕贞：旬亡〔𡆥〕。　癸卯卜，何贞：旬亡𡆥。　癸丑卜，何贞：旬亡𡆥。　癸亥卜，何贞：旬亡𡆥。（《遗珠》二〇七）

癸巳卜，何贞：旬亡𡆥。　癸酉卜，何贞：旬亡𡆥。　……卜何〔贞：旬〕亡𡆥。（《屯甲》二七五三，字体潦草似习刻。）

癸卯卜，何贞：旬亡𡆥。　……卜何〔贞〕：旬亡𡆥。（《屯甲》二七四六）

癸丑卜，何贞：旬亡𡆥，一月。　癸亥卜，何贞：旬亡𡆥，一月。（《宁沪》三、二三六）

癸丑卜，何贞：旬亡𡆥，二月。（《屯甲》二七四三）

癸丑卜，何贞：旬亡𡆥，在九月。　〔癸〕亥卜，何〔贞〕：旬亡𡆥，在十月。（《屯甲》二五八二）

癸丑卜，何贞：旬亡𡆥，十月。（《续编》四、四八、八）

癸丑卜，何贞：旬亡𡆥。　癸亥卜，何贞：旬亡𡆥。　癸酉卜，何贞：旬亡𡆥。（《屯甲》二六六一）

癸丑卜，何贞：旬亡囚。　癸亥卜，何贞：旬亡囚。　癸酉卜，何贞：旬亡囚。　癸未卜，何贞：旬亡囚。（《缀合编》三五五，亦见《殷缀》五三。）

癸丑卜，何贞：旬亡囚。　癸亥卜，何贞：旬亡囚。（《南北·明》七五二）

其他何于癸丑日卜旬者，尚有《林》二、二二、一六，《遗珠》一二三一，又一二三三，《文录》七八，《南北·坊》五、六二（《拾缀》二、四八八重）。

癸亥卜，何贞：旬亡囚。（《屯甲》二四八一，同书二八七一，及二九三六文同。）

癸亥卜，何贞：旬亡囚。　癸酉卜，何贞：旬亡囚。（《屯甲》二八〇一，《续存》下八三六文同。）

癸亥卜，何贞：〔旬亡囚。〕　癸巳卜，何贞：旬亡囚。　癸未卜，何贞：旬亡囚。　癸巳卜，何贞：旬亡囚。（《屯甲》二八一二）

癸亥〔卜〕，何贞：〔旬〕亡囚。　癸酉卜，何贞：旬亡囚，七月。　癸未卜，何贞：旬亡囚。　癸巳卜，何贞：旬亡囚，七月。　癸卯卜，何贞：旬亡囚，八月。　癸丑卜，何贞：旬亡囚，八月。（《粹编》一四四〇，同书一四四三，《续编》四、四八、九，《簠室·贞类》一三、一四重，又《佚存》二八二文同。）

癸亥〔卜〕，何贞：〔旬〕亡囚。　……卜何〔贞：旬〕亡囚。（《京津》四七一二）

癸亥〔卜〕，何〔贞：旬〕亡〔囚〕。　癸酉卜，何贞：旬亡囚。（《簠室·贞类》一三）

其他何卜旬残辞，尚有《屯甲》二六六二，又二七〇一，京大六〇二等。

四　【卜年】

□卯卜，何……鬳受年。（《屯甲》二八二四）

五　【卜游畋】

乙丑卜，何贞：王其田，亡〔巛〕。　……卜何〔贞：王〕其田，……（《京津》四五二〇）

辛未卜，何贞：王往田桑，〔亡〕巛。（《前编》四、四一、四）

辛巳〔卜〕，何贞：王〔往〕田，　……卜何……其田……巛。（《燕大》三九四）

乙酉卜，何贞：王其田，亡巛。　壬辰卜，何贞：王其田，亡巛。（《前编》三、二六、三）

戊子卜，何贞：王其田，往来亡巛，在……月。　……卜何〔贞：王其〕田，于……往来亡巛。（《前编》四、一四、三）

上各辞皆依干支先后为序。其他何卜王田亡巛残辞，尚有《平津·元》二四〇，《续存》上一九五六重。《前编》四、一二、二，《林》二、二三、一二文同，及《京津》四五一九等。

乙巳卜，何贞：王出……（《金璋》八三）

□巳卜，何……不　……何贞：夕……雨。　戊子卜，王其田窗。（《前编》六、三〇、七）

乙酉卜，何……王冓……在……（《遗珠》一三八七）

六　【卜祭祀】

河　岳　夏

癸丑卜，何贞：其又于夒。　癸丑卜，何贞：于㳄。　癸丑卜，何贞：其又于夒。　……〔卜，〕何……岳。　癸丑卜，何于……（《缀合编》三四〇——《屯甲》二五八五＋二六〇四，亦见《殷缀》四七。）

按此片于祀典甚重要，即高祖夒与㳄岳并祀，与㝉卜"酻，𠦪年于岳、河、夒。"（《前编》七、五、二）同例。上条祭名，用又不作㞢，而有河、岳之祭祀。何旧列第二三期，为祖甲廪辛时人，足见祖甲以来并未废山川之祀典。《礼记·曲礼》："天子祭天地，祭四方，祭山川，祭五祀，岁遍。"郑注："此盖殷时制也。"知祭四方祭山川乃殷之旧典。

匚乙

乙丑卜，何贞：王宾匚乙，祭，不〔壱〕。（《后编》上八、十一）

按㝉字作㝉，王字作王。

大乙　唐

甲子卜，何贞：羽乙丑，其又大乙，叀嗖（䕶），㪔（𠭯）𢓊。　丁酉卜，何……其又……（《屯甲》二六〇二）

按𢓊殆祷之异体，他辞云："彡日，𢓊又正。　叀父甲，彡日，𢓊又正。"（《屯甲》三六五二）《汉志》有"《请祷致福》十九卷。"《周礼》：

"凡都祭祀致福于国，国有大故，则令祷祠"是也。嗖当是頀字，汤乐也，从口与从音同义。他辞云："乙亥卜，贞：王宾大乙，蒦，亡尤。"（《续编》一、八、三背甲）于汤祭每用大蒦之乐，此亦一证。

乙卯卜，何贞：出升岁于唐，亡壱，十二月。（《前编》一、四七、三）

乙卯卜，何贞：出升岁于唐。……亡壱。　乙卯卜，何贞：王宾，升岁，不冓雨。（《南北·明》四三三）下组辞亦见《粹编》七二八，《综述》云：此两片与《前编》上片同辞，可能为一骨之折。

乙亥卜，何贞：宾唐，𢼄。不冓雨，七月。（《簠室·天象》八〇，《续编》一、七、五重。）

此两辞皆于乙日祭。大乙惟称唐，不称大乙，足见祖甲以来大乙与唐二名兼用。

且乙

癸卯卜，何贞：其罘且乙。　癸卯卜，何贞：……（《屯甲》二八八二巨骨）另一组辞拓本不明。

癸亥卜，何贞：其异𢀛于且乙。甶羽乙丑……　甲子卜何　……卜何……（《缀合编》三四三——《屯甲》二四〇七十二六九四，同版见人人壴。）

甲申卜，何贞：羽乙酉，其异且乙，乡。　甲申卜，何贞：羽乙酉，小乙异，其罘。（《京津》四〇〇二，《邺初》下四〇、一二重。）

按罘为类及之祭，于乙日祭且乙，遂及小乙也。

且辛

……卜何……𢀛且辛。（《屯甲》二七六六骨）

按同版另一组辞倒书，云："贞：其令㕚，乎射㝵。"考射㝵及㕚亦见我卜（《屯乙》四八一四）及余卜（参本书，432、435页），其字皆纤细，此字体则近壴所卜者，由是知射㝵盖与何壴同时，不能下至文武丁明矣。他辞又见㝵之记载（如《林》一、二〇、六，《前编》六、一〇、六重）则字大作武丁书体。

且丁

□亥卜，何……丁丑其又且丁。（《屯甲》二六〇〇）

乙酉卜，何贞：且丁祐，其𧾷于日。（《屯甲》二六五五骨）

按祐字作𥁕，从又从皿。其遘于日，与他辞言"王往于日"（《佚存》八六四）同例。于日者，于日中为祭。

父庚

……卜何贞：羽……〔巽，〕父庚，乡（飨）。（《屯甲》二七四八）父庚当指祖庚。

后祖丁　后妣辛　父甲

庚子卜，何贞：翌辛丑，其又妣辛，飨。　庚子卜，何贞：其一牛。　庚子卜，何贞：其牢。　癸卯卜，何贞：羽甲辰，其又口（祊）于父甲，牢，飨。　丙午卜，何贞：羽丁未，其又升岁，钔毓（后）且丁。　丙午卜，何贞：其牢。　丙午卜，何贞：其三牢。（《缀合编》三四二，以《屯甲》二四八四＋二五〇二＋二四八六＋二六三七，《殷缀》四一则仅以二四八四＋二五〇二。此骨于右侧分记三"飨"字。）

按辞称毓且丁，即廪辛康丁之世称其祖父武丁也。上骨毓字省作㐬，不从母，但以倒子之"育"借用之，此亦何卜辞字体诡怪之一例。妣辛者，于《珠》三六三，《佚存》二六六称为"后妣辛"，盖武丁之配。此辞庚子日卜，庚子之明日为辛丑，又二日为癸卯，又三日为丙午，知所卜乃一旬间之事。父甲当指祖甲，因此为廪康卜辞也。

庚寅卜，何贞：叀𡚸戒，禫于妣辛。（《通别》二、四、四，《遗珠》三六三重。）

按叀𡚸即惟祢，同版又云："庚寅卜，王贞：翌辛卯，其又毓妣辛。"为同日王自卜，王当即廪辛或康丁也。戒禫者，祭之前戒告其事。《周礼·天官》："前期十日，帅执事而卜日，遂戒。"《大司寇》云："若禋祀五帝，则戒之日莅誓，百官戒于百族。"此即祭奠时戒告之事也。

甲戌卜，何……不妣辛。　甲戌卜，何……妣辛。　卜何……（《屯甲》三八三七）

按此版笔画细小，何字作𠉢，从人，存残甲两辞对贞。

……卜何贞：……辛巳，其〔巽〕于妣辛。（《屯甲》二五四四，同版有"庚辰卜，贞：羽辛……其又……"语。）

庚戌卜，〔何贞：翌〕辛亥……　庚戌卜，何贞：妣辛，岁，其𢦏𢆶。　庚戌卜，何贞：其于来辛酉。　庚申卜，何〔贞〕：羽辛酉，𩎼〔其〕隹。　庚申卜，何。　庚申卜，何。　庚申卜，何。　庚申卜，何。（《殷缀》五二——《屯甲》二八〇三＋《佚存》二五五，又见《缀合编》六一。）

按此骨片左方杂记干支，似习刻者所为，版中文字或未刻全，如庚申条何下之"贞"字及"其"字仅存两纵笔，是辞盖于庚戌卜明日辛亥祭武丁配妣辛事，又卜下一旬辛酉日事，庚申即庚戌之次旬也。又叠记“庚申卜何”仅有前辞而已；卜人彭此例亦屡见之。此种不完全卜辞，以意测度，或莅卜之日，由小史先刻“前辞”，俟其后补书卜事，迨卜事变更或取销，不及书锲，遂仅存前辞而已。

癸酉卜，何贞：羽甲午，异于父甲，乡。　庚戌卜，何贞：羽辛亥，其又毓妣辛。　庚戌卜，何贞：羽辛亥，其又毓妣辛，乡。〔庚〕戌卜，何……其宰……乡。　丁未卜，何贞：𢆶十人，其之㕚（豕）。　丁未卜，何贞：𢀛（甫）其宰。（此八字外刻方阑，或表示删削之意。）　甲子卜，何贞：祝，之祝。　戊寅卜，贞：其祝。　戊寅……贞：其……八……（《佚存》二六六＋二五七，《缀合编》六二，《殷缀》五一复与《屯甲》二七九九缀。）

按同版见“甲戌卜宁”（戌误作戊），此巨骨背面又记“宁贞：羽乙……”等语，一如《殷缀》四九何宁同版，盖同属廪康时物，惟此版干支不依序次，刻辞亦颇凌乱耳。《殷历谱》不采此条，窃谓此片对廪康时祀典，极有裨于研究，兹分数事论之。（一）大凡记卜祭祀之辞式，或先一日卜，或当祭日卜。此片言“癸酉卜翌甲午”，按癸酉之翌日乃甲戌，若计至甲午去癸酉尚应差二旬，如非字误，则所谓“翌”者实有二义，即定指明日，及不定指明日以后之任何一日，观同版又云“甲辰卜，王贞：翌日丙𠂤（禮）。丙当是甲辰后二日之丙午，则此翌日亦非确指明日者也。（二）辞云：“其之㕚”，商氏释为“八豕”，实即𠬝字，足见其为牲畜名。同版又云：“贞：其𩵋日。”“贞：其示……𩵋日鱼。”“贞：其示𡧊，……”所谓“示”者，应即骨臼习见“示𠬝”之示，乃寘字。（三）其言“祝之祝”，盖贞问时，上一“祝”字，在文法为疑问语气，下云“之祝”则为肯定语气，如是作为对贞。至“其之八豕”之“之”，则用为指定代名词，含义已接近冠词矣。至𢀛字向未识，当是“惠”字，《说文》惠，古文作𢡟，从卉。此字形上亦从卉，殆“叀”、“甫”之别构，在此盖用为语助词之“惠”，而借作“惟”。何之卜辞所见字体颇多诡怪，兹亦其一例也。

□酉卜，何贞：叀勿，钔。　□酉卜，何〔贞〕：弜勿。（《屯甲》二七四五）

癸丑〔卜，何〕贞：……癸丑卜，何贞：其宰，又一牛。　癸丑卜，何……又一牛。　癸丑卜，何贞：弜勿（犂）。　癸丑卜，何〔贞〕：叀勿。

癸丑卜，何贞：叀勿。　癸丑卜，何贞：弜勿。　丙辰卜，〔何贞：〕羽丁巳……　丙辰卜，何贞：其一牛。　丙辰卜，何贞：其罕。　庚申卜，何贞：羽辛酉，其又妣辛。　庚申卜，何贞：其罕。　庚申卜，何贞：其罕，又一牛。（《殷历谱》下二，《祀谱》一三，即《屯甲》二八〇〇＋二八八〇＋二六九二，亦见《殷缀》四九。）

按此为巨胛骨，董氏所缀，同版反面见卜人宁之辞甚多。癸丑在丙辰之前三日，丙辰又在庚申之前四日，俱卜用牲。癸丑一组，贞用罕又一牛，此卜牲数也；又贞用犂与否，则卜牲品也。其辞并有对贞，以“弜勿”与“惟勿”对言，兼记卜次数字，惜所祭先王先妣残缺；董氏补入“癸丑卜，何贞：羽甲寅，其又父甲”，为第一辞，可备一说，见《廪辛康丁祀谱》。又《屯甲》二七四五残骨，可能即此骨版之辞。

小乙　妣庚　父甲　妣癸

癸巳卜，何贞：羽甲午，异于父甲，乡（飨）。　壬子卜，何贞：羽癸丑，其又妣癸，乡。　丁未卜，何贞：钔于小乙爽妣庚，其，乡（飨）。　丁未卜，何贞：其叔叓（事）。（《屯甲》二七九九，此长骨条，《缀合编》六二、《殷缀》五一，并取与《佚存》二六六缀。）

按壬子即癸丑之前一日，壬子前五日为丁未，丁未前一旬又四日为癸巳。丁未卜钔妣庚一条，不书日，于卜辞中乃为变例；如依庚日祭，则当为丁未后三日之庚戌，惟辞未明言。何卜辞言某某奭妣某者，仅见此条。“飨”上一奇字，乃“宦”之倒书。

〔飨　用牲〕

己酉卜，何贞：其罕。　己酉卜，何贞：贞：其罕，又一牛，乡。（《屯甲》二四九〇胛骨）

按上辞重“贞”字，与《后编》上八、五赑之卜辞相同。

庚辰卜，何贞：其一牛。（《摭佚》五八）

癸未卜：甲申其乡。　□未卜，何〔贞〕：其一牛。（《粹编》五四三）

按何卜辞多问飨事。《曲礼》云：“大飨不问卜”，殷人则不尔也。

〔钔〕

庚寅卜，何贞：其罕。　乙巳卜，何贞：亚旁㠯尨，其钔，用。（《屯甲》二四六四）

〔升〕

戊申卜，何贞：羽……其又升……　□申卜何……其罕……（《佚存》

二六一）

〔贵〕

癸卯卜，何贞：其㞢（馈）。　癸卯卜……贞：其……（《屯甲》二五一六）

按贵为馈，乃荐熟之礼。

〔血〕

癸丑卜，何贞：于血。　癸丑卜，何贞：𢦏𣏟（釐）。　……卜何……（《屯甲》二六一三）

按于血之“血”，当是血室之省称。

〔㝐〕

辛亥卜，何贞：其㝐。（《殷缀》三九——《屯甲》二四六五＋二六九○，亦见《缀合编》三八五，同版见卜人彭。）

〔用〕

丙子卜，何贞：叀𠯑用。　……来，叀𢼸用。（《屯甲》二五二六）

按𠯑，人名，详卜人泳条。（参本书，373～380页）

□未卜，何贞：……葡兄叀旧𡆥用。亡壱。　……卜……贞：王其……旧𡆥……（《屯甲》二四三七）

祖旧

癸酉卜，何贞：叀且雈（旧）……𡉚岁允……及止用。（《屯甲》二八四七）

按此何字从人，鲜见。“且旧”即“祖旧”，《管子·牧民》，“敬宗庙，恭祖旧”是也。《左》襄十四年传：“纂乃祖考，无忝乃旧。”“旧”作名词用，古籍所见，如称“故旧”（《论语》：“故旧不遗”），“先故”（《礼记·祭义》：“以祀天地社稷山川先古”），先古即“先故”。皆其例。《管子·四称篇》作“敬其山川宗庙社稷，乃至先故之大臣。”卜辞云：“昔我旧臣。”（《库方》一五一六）“祖旧”殆可统指先祖及旧臣，皆祭祀之对象也。

〔㸚　酢〕

甲申卜……||〔贞〕：……叀……　甲申卜，何贞：其……　丁酉卜，何贞：今来辛丑，亡㸚，其酢。　□酉卜，何贞：其𤔲于……大𠦪。（《屯甲》二四七六）

按此条可见廪康时亦用燎。武王献俘，燎于周庙，见《世俘解》，殷末周初尚然。“大宁”即大安也。《庄子》、《淮南》俱有此语。

〔将〕

庚午卜，何贞：其将，亡……（《屯甲》二五九三）

〔𠭯〕

……卜何……王其宜𠭯……（《屯甲》二七七四，同版见卜人彭。）

按𠭯即叙之异形。

〔祭〕

……何……宜……之祭……萧……（《林》一、二〇、八）

〔又〕

……何贞：……其又……（《屯甲》二五七四）

〔夕禫〕

丙午卜，何贞：夕禫，𡆥……（《前编》四、二三、六）

七　【成语】

𡆥亩吉

甲戌卜，何贞：……𡆥亩吉。　丁卯卜，何贞：岁亩吉。（《续存》上一九三九）

庚〔寅〕卜，何贞：𠀘（王）𡆥〔亩〕吉。（《屯甲》三三八八残甲，字细小。）

〔受祐〕

辛卯卜，何贞：不其受又。（《京津》四八二八，同版见卜人彭。）

残辞

□酉卜，何贞：王其……亡巛。（《林》二、二三、八）

……卜，何〔贞〕：王其……亡巛。（《京津》四七五〇）

□卯卜，何〔贞〕：王其……亡……（《燕大》六〇三）

存“今”字者：《明义士》一〇九五。存“亡囚”者：《屯甲》二八三五，及《南北·师》二、二二〇。存“日、其”二字者：《京津》四八六七。存“土、其”二字者：《京津》四八六七。存“王”字者：《南北·坊》四、四二五。存“吉”字者：《京津》四八〇二，及《明义士》一八四〇。存“且”字者：《屯甲》二三八九。存“甲子”者：《屯甲》二六六六，及三五五三。存“辛未”者：《屯甲》二八五六。存“寅”字者：《屯甲》二五六。存“巳”字者：《屯甲》二七七〇（同版卜人壴）。仅存“卜何”二字者：《屯甲》二八一八。

合

合字，契文作，《综述》解释为“名”字，非。其为卜人名，仅二见：

戊戌卜，合贞：今夕亡𡆥。（《屯甲》三三九九巨背甲）

癸未卜，合贞：旬亡𡆥，三月。（《明义士》一四三，同版见卜人㞢，“合”字疑误。）

《屯甲》合与卜人何、口同版，殆属祖甲、廪、康时人。明义士书“合”字作可疑，因同版卜人为㞢，似是摹失中间一直笔，故误㞢为，惜无原片覆勘，姑识所疑于此。

㕁

㕁为武丁至祖甲时人，与何同版。（《前编》四、五一、一，《林》一、三〇、一四重。）㞢之卜辞，亦言及㕁。

□卯卜，㞢贞：乎㕁……在东……（《屯乙》六〇一一）

㕁亦为地名，他辞云：“㕁入十。”（《屯乙》四四八四）周地有㕁，见《左》昭二十九年传。

㕁所贞卜事，兹列如下：

一　【卜雨】

丙寅卜，㕁贞：王往于……〔夕〕禣，不冓雨，叀吉。（《续编》四、一四、七，《簠室・天》八一重。）

按何卜辞云：“庚午卜，何贞：王往于日，不冓雨，叀吉。”（《佚存》八六四）可见有夕祭日祭之异。所谓“朝夕莫”是也。

丁卯卜，㕁贞：王往于，不冓雨。　丁卯卜㕁……（《前编》四、五一、一，《林》一、三〇、一四重。）

同版见卜人何，王字作。

二　【卜夕卜旬】

丁巳，㕁贞：今夕〔亡〕𡆥。（《燕大》六四八）

癸未卜，㱿贞：旬亡𡆥。（《文录》八二）　背云：“帚井示……”

三　【卜祭祀】

乙未卜㱿：妣乙。　㞢豕，　㞢羊。（《屯乙》七三七九）

……㱿贞：……禘不……（《前编》五、四三、一）

四　【其他】

癸亥〔卜〕，㱿贞：（《文录》九〇七）

𦊔　网

卜人𦊔，所见多为贞旬夕之辞。

辛丑卜，𦊔贞：今夕亡𡆥。　壬寅卜，𦊔贞：今夕亡𡆥。（《佚存》四〇六）

丙午卜，𦊔贞：今夕亡𡆥。（《邺初》下二九、一，《京津》三一八〇重。）

……卜𦊔……旬亡𡆥。（《南北》上海文管一〇五）

其字亦省作网。

……卜网贞：王㝉，叙，亡尤。（《南北·坊》二、七三）

𦊔与何同版（见《佚存》），知为廪康时人。

卷十七　贞卜人物事辑十五

徬

卜人徬仅二见。

丁卯卜，徬贞：今夕亡囚。（《佚存》二六七，与卜人口同版。）

癸巳卜，徬贞：旬亡囚。（《佚存》二七二。）

字又作徉。

癸巳卜，徉贞：旬亡囚。（《屯甲》一二七一，与口同版。）

癸未卜，徉贞：旬亡囚。　……徬……〔亡〕囚。（《京津》三五九三）

按董书第三期贞人有“逄”，未举例，当即此（参《佚存》董氏序）。《佚存》商氏释徬，谓“下从牛，疑即从丰之徬之刻误。”然《京津》从牛字极显，绝非从丰。

卜辞有地名曰逢，如“癸未卜，在逢贞：王旬亡猷。”（《后编》上一〇、四，又见同书一一、一一）其字下从丰，与徬从牛不同，故此徬决非逢字。

辛丑……徃……（《铁》二〇、二）

此残辞拓本未明，《甲骨文编》引商氏，谓迕亦古文牧字。

按徬即逄字。《广韵》逢、逄分为二。《颜氏家训》云：“逄逢之别，岂可雷同。”故韵书逢在三钟，而逄在四江。考《说文》、《玉篇》无“逄”字。《匡谬正俗》八谓逄姓出于逄蒙之后，读当如其本字，不宜与逢遇字别，则与之推说异。今观契文，徬与徬二形有别。逢字《说文》失载，非逄字即逢，则之推是而师古非也。《后汉书·逢萌传》，刘攽校语以逢当作逄。按商诸侯有逄伯陵，见《国语·鲁语》及《左》昭二十年《传》，今征卜辞之夆，当即逄伯陵之逄矣。（“晏子对齐侯曰：昔爽鸠氏始居此地，季萴因之，逄伯陵因之，蒲姑氏因之。”杜注：“逄伯陵，殷诸侯。”）

豖

豖亦当武丁时，见于㱿、宊、争、我等之卜辞。

壬戌卜，㱿贞：取𡧊，乎网鹿于䓼。（《屯乙》五三二九）

戊子卜，宊贞：令豖征族𢀛……（京都大学八七六甲）

戊戌卜，争贞：王归，𣡕玉，其伐。……其乎美豖从北。（《殷缀》二五五，参本书，263 页。）

己巳卜，我贞：史、豖、宁。（《屯乙》四九四九）　余卜：“史、𢀛、宁。”（《库方》一二）

亦称子豖（见《佚存》八二九），

丙寅卜，㞢贞：叀弘令，取子豖（字作𢀛）𠂇（宁），三月。（《续存》下二二九）

又有帚豖，

辛丑贞：帚豖妫（嘉）。（《屯乙》一二四九）

他辞言及豖者，列举如次：

丁未卜，彴贞：令豖。叀己，令豖。　戊申卜，贞：叀庚，令豖。叀辛，令豖。（《屯乙》三三五〇，《殷缀》一二九。）

甲辰卜，贞：叀令豖。（《屯乙》一四五七）　庚戌卜，叀癸，令豖。叀甲，令豖。（《屯乙》九四四）

己卯卜，我贞：令豖，羽庚㣇隹。（《后编》下四一、九）

庚辰，令豖，隹来，豖吕龟二，若令。（《前编》八、八、三，同版见卜人余。）

癸卯卜，𢀛贞：乎豖𠷎酉，又商（赏）。（《屯乙》一四三七，又《屯乙》一七八六文同。）

甲辰卜，𢀛贞：叀令豖。（《屯乙》一四五七）

癸丑，子卜：豖归。（《库方》一九八八）

庚申，子卜贞：隹巳（祀），豕若，省。　弗巳。（《殷缀》二八七）

以上诸豕字皆人名，疑与卜人豕有关。

豕之卜辞，辑录如下：

一　【卜夕】

丁卯卜，豕贞：今夕亡囚。　……卜豕〔贞〕：今夕亡囚。（《戬寿》二八、五，《续编》四、四九、四重。）

庚辰卜，豕贞：今夕亡〔囚〕。　辛巳卜贞：今夕亡囚。　……卜，豕〔贞〕：今夕〔亡〕囚。（《拾缀》二、二三，《京津》三五二三，及《续存》上一六六七重。）

丙寅〔卜，豕〕贞：今〔夕〕亡囚。　丁卯卜，豕贞：今夕亡囚。……卜，豕〔贞：今〕夕〔亡〕囚。（《续编》四、四九、四）

□丑卜，豕（豕）……今夕亡囚。（《京津》三五二七）

二　【卜旬】

癸未卜，豕贞：旬亡囚。（《文录》八二）

三　【卜狩】

丙寅卜，豕：麋𤉲。（《佚存》四一四）

四　【卜祭祀】

外壬

壬寅卜，豕贞：王宾卜壬，𣪘，〔亡〕囚。（《林》二、二九、五）

南庚

庚甲卜，豕贞：王宾南庚，彡，亡尤。（《粹编》二七一）

祖戊

乙巳卜，豕：且戊弘𠂇。乙巳，又且戊。（《屯乙》三三）

按“弘𠂇”可解为大米。且戊可指大戊，董氏说以为即武丁之兄戊，为廪康时之称谓。

父

乙丑卜，豕：……父……（《屯甲》三〇五二）

其他

己巳卜，豖贞：王宾，叙，亡尤。（《续存》上一五〇六，同版见涿卜宾父丁之辞，互见下涿条。）

庚辰卜，豖〔贞〕：王宾……亡尤。（《前编》一、四一、五）

按同版云："庚辰……贞：……兄庚……亡尤。"有兄庚之称谓，知为祖甲时卜辞。董氏《甲骨五十年》定此为犬字，今释豖。

……寅卜豖：……王宾，彡，亡尤，叙。（大英博物院藏，《库方》一七八三）

五 【杂卜】

□酉卜，豖〔贞〕：其叶王中（事省又旁），宀（宠）。（《戬寿》四六、三，《续编》五、二二、八，及六、二二、一三重。）

按"叶王事"一语，有称"叶朕事"（《佚存》一〇六）。事字异构颇多，繁形有从彳作彶（见卜人中条）。上辞省体则作中，如卜人事字亦作"卜中"（《京津》一四六三，《屯甲》三五一五），是其比。

丁酉卜，豖贞：　丁酉卜，豖贞：（《京津》三七一六）

□丑卜豖……　甲子，王出狩……　己亥卜，狩。王……（《屯甲》二二九九。字较大，"子"字作"巢"。）

涿

涿与豖见于同版同辞（《续存》上一五〇六），似涿即豖之繁形，益水旁，今姑列为二人。冘之卜辞有涿。

丁卯卜冘……耳嵬涿。（《殷缀》二——《屯甲》二一〇十二二八）

涿所贞卜事，兹举如下：

一 【卜夕】

甲寅卜，涿贞：今夕亡𡆥。（《续存》上六七九）

丁丑卜，涿贞：今夕亡𡆥。　□子卜，涿……（《戬寿》二八、四，《续编》六、一七、七重。）

甲戌卜，涿贞：今夕亡𡆥。　丙子卜，〔涿〕贞：今〔夕亡〕𡆥。（《后编》下二七、一六）

二 【卜旬】

癸酉卜，涿贞：旬亡𡆥。 ……彡于…… ……涿〔贞：旬〕亡𡆥。（《粹编》一四四七，《京津》三五九〇重。）

三 【卜祭祀】

上甲 祖辛

辛亥卜，涿贞：王宾，羽日。𠬪自上甲，衣，至于毓（后），亡尤。……卜涿……〔王〕宾，且辛……𦊾……亡尤。（李棪藏骨，即《金璋》一一九。）

按𠬪即拼，说已见上卜人尹条。𠬪字除习见于"𠬪自上甲"一类句外，又有云："庚子卜，王贞：辛丑，彡𠬪……"（《续编》二、六、八）"庚申卜伊，彡𠬪。"（《文录》三五九）是其例外。

匚乙

乙亥卜，涿贞：王宾匚乙，𩛥，亡尤。（《明义士》一三五）

大戊

壬子卜，涿贞：王宾大戊奭妣壬，𩛥，亡尤。（《粹编》二〇九，《京津》三三〇〇重。）

祖乙

乙亥卜，涿贞：王宾且乙，岁𦊾，亡〔尤〕。（《南北·明》三四四）

且丁

丁卯卜，涿贞：王宾，𣪊，亡尤。 丁卯……贞：王〔宾〕且丁……（《后编》下一九、九） 此条岛邦氏引作《戬寿》一九、二，误。

父丁

乙丑卜，〔涿〕贞：王宾，𣪊，亡尤。 丁卯卜，涿贞：王宾父丁，岁𦊾，亡尤。 丁卯卜，涿贞：王宾，𣪊，亡尤。 己巳卜，豖贞：王宾，𣪊，亡尤。…… 卜豖……宾岁……𦊾。（《续存》上一五〇六骨）

按此条涿与豖同版并见。

丁

〔戊〕戌卜，涿贞：〔王宾〕……丁奭……〔亡〕尤。 贞：亡尤。（《京津》三三一二）

其他

乙……贞：……翊亡……　乙卯卜，涿贞：王宾，叙，亡尤。　……涿……宾……亡尤。（《后》下二九、五）

逐

逐与出同版（《前编》五、二八、三）。殷卜辞有滏字，“庚申卜，殻贞：勿乎王族比滏。”（《屯乙》五三一一对贞）未知即逕之繁写否。逐所贞卜，列举如下：

一　【卜旬】

癸丑卜，逕贞：旬亡囚。　癸亥卜，逕贞：旬亡囚。（《前编》五、二八、三，与卜人出同版。）

按逐与出同版者，尚有《续存》上一七一七，仅存“逐贞”二字。

癸丑卜，逐贞：旬亡囚，九月。　癸亥卜，逐贞：旬亡囚。（《双剑》一五〇，《续存》下六八七重。）　同版见卜人兄、出等贞旬之辞。

按同版皆卜旬，有九月癸卯兄卜，十月癸酉出卜，一月癸未出卜。已见上卜人兄条。

二　【卜祭祀】

示壬

壬申卜，逕贞：示壬岁，其祉于□癸。（《库方》一二二〇）

按癸上一缺文，当是“示”字，即指示癸。卜辞言延之例，或云：“其延兄己兄庚岁”（《南北·明》），或云“延于羌甲奭妣庚”（《佚存》八七八），又或分言之，如此辞是。

宾岁

□酉卜，逕贞：王宾岁，不冓大雨。（《戬寿》一七、九，《续编》四、一二、四，同书四、一七、五自重。）

按此与即所卜文略同。（参本书，587 页。）

夕禕

庚辰卜，逕贞：王宾，夕禕，亡囚。（《戬寿》一九、二）

□卯卜，逕……宾……禕，亡……　贞：亡尤。（《续存》上一五八七）

三 【人物】

……埶贞：令……亐宂（疑宿字）萬……淮出……古侯于……允……（《林》二、一、八，《前编》六、二九、七重。）

四 【成语】

……埶贞：……其每（悔），弗吉。（《屯甲》一八六六）

残辞

辛酉卜，彖（埶）：……匕（妣）冓，六月。（《屯乙》八六八二巨胛骨）

其他残辞存“卜埶”二字者，有《诚斋》三四〇。存“埶贞”者，有《明义士》三二四及《京津》三七四二。

口

卜人口曾官小臣职，其证如下：

丁巳卜，叀小臣口，以匄于中室。（《屯甲》六二四） 与小臣剌并见。

甶小臣口。 甶小臣觑。（《南北·明》七六〇）

武丁时有曰侯口者，

乙亥卜，穷贞：侯口……（《屯乙》三四六二）

夶卜辞言口主南土

……卜夶……凷口绅南土。（《屯甲》二三〇三）

口字有斜书者：

丁酉卜，我贞：夕来图。（《明义士》一九二四）

壬寅卜夕（《屯乙》二一五）

与口同版之卜人，有彭（《屯甲》二六二一，二八三九）、壴（《屯甲》二八三九）、狄（《屯甲》二四三九，三九一七），则其时代下及祖甲世。又有徭（《佚存》二六七，《屯甲》一二七一）。所见人物有ネ尸（《屯乙》四四三），似即武丁时之祀也。

侯家庄骨两见“其乎口”语（一三、一四文悉同）。又言：“儃取贝百。口取贝六百。”（《侯》一七）口与儃并列。

口所贞卜事以卜旬为最多。《屯甲》一一九三至二〇六七时见之，其次为卜夕。

他辞地名有汩方（《综述》300页引善斋藏七六）。口地未详，《说文·邑部》有叩，“京兆蓝田乡”。不知与汩方有关否。

岛邦男书引《明》一二二口卜辞，有父丁称谓，然审原片，无卜人名，彼盖误“丁”字作“口”。

口之卜辞，列举如下：

一 【卜夕】

〔己〕巳卜，口贞：今夕亡𡆥。（《佚存》二六七）

己卯卜，口贞：今夕〔亡𡆥〕。（《明义士》四〇二）

壬申卜，口贞：今夕亡𡆥。（《屯甲》三九一七大龟；《侯家庄》一三二。全版为卜人狄贞夕之辞，惟此辞为口所贞。）

丁亥卜，口贞：今夕亡𡆥。（《明义士》一三九）

庚寅卜，口贞：今夕亡𡆥。（《屯甲》一六二四，《南北·师》二、二一六文同。）

辛卯卜，口贞：今夕〔亡〕𡆥。（《粹编》一三八六）

庚申卜，口贞：今夕亡𡆥。 辛酉卜，口贞：今夕亡𡆥。（《明义士》九六）

辛酉卜，口贞：今夕亡𡆥。（《林》一、一五、九）

甲午卜，〔口〕贞：今夕亡𡆥。 ……卜口……夕〔亡〕𡆥。（《屯甲》一五六三）

甲午卜，口贞：今日……（《明义士》九三七）

……卜口……今夕〔亡〕𡆥。（《屯甲》二〇六三，《明义士》一三四七文同。）

甲子……贞：今夕〔亡𡆥〕。 ……卜口……今夕亡𡆥。（《屯甲》二一五四）

□巳卜，口〔贞〕：今夕〔亡𡆥〕。（《明义士》二二四一）

□亥卜，口〔贞〕：今夕〔亡〕𡆥，在ff（羽）。（《续编》四、一七、七，《簠室·天象》三二，及《地望》三重。）

戊申〔卜，口〕贞：今夕亡𡆥。 ……卜口……〔今〕夕亡〔𡆥〕。（《屯甲》二〇六二）

……卜口……夕亡𡆥。（《屯甲》一二一五）

二　【卜旬】

癸酉卜，口贞：旬亡囚。（《屯甲》一二七一，与件同版。）

癸未卜，口贞：旬亡囚。　癸亥卜，口贞：旬亡囚。　癸卯卜，口贞：旬亡囚。　……卜，口〔贞：旬〕亡囚。　癸卯卜，口贞：旬亡囚。　癸未卜，口贞：旬亡囚。　癸亥卜，口贞：旬亡囚。（《缀合编》三六四——《佚存》二八六＋二八七＋二八三）

癸未卜，口贞：旬亡囚。（《屯甲》一三二九，同书一四二六，一五九一，一六三八，一九四七，一九七九，二六〇三，《京津》四七三二，《续存》下八三九文同。）

癸未卜，口贞：旬亡囚。　癸卯卜，口贞：旬亡囚。（《屯甲》一九七五）

癸巳卜，口贞：旬亡囚。（《屯甲》一二七七，同书一二〇八，及《粹编》一四四四〔《京津》四七〇〇重〕，文同。）

癸巳卜，口贞：旬亡囚。（《屯甲》二四三九骨）　同版癸未、癸卯为卜人狄贞旬之辞。

癸巳卜，口贞：旬亡囚。　〔癸〕酉卜，口〔贞〕：旬亡囚。（《屯甲》二〇六七）

〔癸〕巳卜，口〔贞〕：旬亡〔囚〕，在二月。（《南北·坊》二、一九九）

癸卯卜，口贞：旬亡囚。（《屯甲》二六二一。同版癸亥、癸丑为卜人彭及壴贞旬语。又癸卯口卜旬，同书一四八〇亦有之。）

〔癸〕卯卜，口〔贞〕：旬亡囚。　癸亥卜，口贞：旬亡囚。（《屯甲》一九三五）

癸卯卜，口贞：旬亡囚。（《屯甲》二八三九。同版癸丑为卜人壴、彭贞旬辞，此与《屯甲》二六二一疑是一骨之折。）

癸丑卜，口贞：旬亡囚。（《屯甲》二〇三六）

癸亥卜，口贞：旬亡〔囚〕。（《屯甲》一六一九，同书一六六三，二一〇六文同。）

其他口贞旬亡囚残辞，尚有《双剑》一七七（《续存》下八三九重，《燕大》六九八文同），《屯甲》一一八一及一七八三等。

三　【卜晴】

丁卯卜，口贞：羽庚辰，易〔日〕。　贞：羽庚辰，〔易日。〕（《明义士》六九二）

四　【卜田游】

……子卜，口贞：王其往于田，亡巛，在十二月。（《文录》七二六）

□酉卜，口……其田，往〔来〕亡巛。（《屯甲》一二八三）

……卜口……征……　……贞：今……田亡……（《屯甲》一七四四）

五　【卜祭祀】

河

……卜口……其沉于河，亩羊。（《屯甲》二〇九一）

中丁

戊戌卜，口贞：王宓中丁，彡龠，亡囚，十月。（《粹编》二二〇，《京津》三二五三重。）

戋甲

戊戌卜，口贞：王宓〔戋〕甲，彡龠，亡囚。（《粹编》二二〇，《京津》三二五三重。）

按彡为绎祭，寻绎昨日之祭，以傧尸也。宾戋甲本宜在甲日，此于戊戌卜者，先期卜之。

父己

癸亥卜，口贞：其兄（祝）于尸，叀禣。　贞：于来日ㄩㄩ（殆“贞”“其”二字漏刻横笔）兄用尸。　贞：叀今夕。　贞：其又父己。（《屯甲》二六九五巨骨，此辞“叀禣”句，知禣用作动词。）

其他

□申卜，口……䙴……王……囚。（《库方》一四〇五）

……卜口……王宓……亡……（《拾掇》三五六）

……卜口……王宓……禣，亡囚。（《文录》三九一）

六　【人物】

𠂤

戊子卜，口贞：弗来，祄徭。　□子卜贞：……来祄徭。（《屯乙》四四三）

𢦏

甲午卜，口贞：令𢦏（戎）执麑，十二月。（《屯甲》三三九八背甲，同版见卜人“何”及“合”卜夕及其他卜雨卜啓之辞。）

残辞

壬寅卜，口贞：今日不……（《明义士》一一八）

……卜口……卯，翊……菁……五月。（《遗珠》五七九）

其他残辞存“㞢又二月”者：有《邺初》下二九、五。存“亡𡆥”者：有《屯甲》一八五四，又一四七七，又一六〇八，又一七九四，又一四二二。《京津》四七二一，又四七三二，又四七三三。存地支“亥”字者：有《屯甲》一三〇五，又二五一一。存“申”字者：有《京津》四八六八。存“丝吉”二字者：有《明义士》一〇七。存“每”字者：有《侯家庄》一八。

教

卜人教仅见卜夕卜旬之辞。

一　【卜夕】

庚戌卜，教贞：今夕亡𡆥。（《屯甲》一二五一）

……卜教：〔今夕〕亡𡆥。　甲戌卜，教贞：今夕亡𡆥。　庚午卜，贞：今夕亡𡆥。（《佚存》二七四）

……卜教……亡𡆥。　甲申〔卜，教〕贞：今〔夕亡𡆥。〕（《屯甲》一五九七）

二　【卜旬】

癸亥卜，教贞：旬亡𡆥。　癸酉卜贞：旬亡𡆥。　癸未卜贞：旬亡𡆥。（《屯甲》二六四九）

……卜教……亡𡆥。（《屯甲》二六五一骨；《粹》一三一九残辞亦同。）

……教……又父……（《屯甲》一七〇二）

教亦为地名，如：“戊戌卜：雀刍于教。”（《屯甲》二〇六，即《新获》三二二。）“乎多𣴎尹𣅀于教。”（《前编》五、八、一）皆其例。

猒

卜人猒以卜夕卜旬之辞为多。

一 【卜夕】

庚□〔卜〕，猒贞：今〔夕亡𡆥〕。（《京津》四六六二）

……卜猒〔贞：今〕夕亡〔𡆥〕。（《京津》四六六三）

□午卜，猒〔贞：今〕夕亡〔𡆥〕。（《屯甲》一三八四）

……卜猒〔贞〕：今夕亡𡆥。（《屯甲》一八一八）

……卜猒……今……（《京津》四六六一）

二 【卜旬】

癸亥卜，猒贞：旬亡𡆥。 癸丑〔卜，猒〕贞：旬亡𡆥。 ……猒……（《屯甲》二六三三）

癸丑……贞：旬〔亡𡆥〕。 癸亥卜，猒贞：旬亡𡆥。 癸酉卜，猒贞：旬亡𡆥。 癸未卜，猒贞：旬亡𡆥。（《屯甲》二八〇〇，长骨条。）

癸酉〔卜，猒〕贞：旬亡𡆥。 癸丑卜，猒贞：旬亡𡆥。（《屯甲》二五一〇）

癸卯卜，猒贞：旬亡𡆥。 ……卜猒〔贞：旬〕亡𡆥。（《屯甲》二六五二）

……卜猒……亡𡆥。（《屯甲》二三八八）

三 【卜祭祀】

……猒贞……巳𠔉……（《京津》四八三六）

按巳𠔉即祀学，古学宫为祭祀之所，受成释奠，胥于学行之，说见《王制》。

㝱

丁巳卜，㝱贞：今夕亡𡆥。五〔月〕。（《前编》六、三一、一，与何同版。）

按他辞云“戊子卜，王其田……寏。”（《前编》六、三〇、七）亦见此字，或为地名。又“丁未卜穷……寏亡……”（《京津》一六四五）知此人可属武丁时。

卂

甲午卜卂：钔于妣，至妣辛。

甲午卜卂：钔于内乙，至父戊，牛一。

甲午卜：钔于内乙。

甲午卜：钔父己。

乙未卜：钔于妣乙。

乙未卜：钔于妣辛妣癸。（《屯丙》八五——《屯乙》五三二八＋五四五五，《殷缀》三〇五重。）

按卂象鸟飞形，张秉权释飞，余谓契文人名多作繁体，此从重乞。《说文》：“乞，鸟短羽飞乞乞也。”应即此字。

此龟腹甲所记，系癸巳、甲午、乙未三日卜祭祀事；惟甲午条记名，余则不记名，当并为卂所卜。其贞卜所祭先王有祖戊、父戊、父己、内乙，先妣有妣乙、妣辛、妣癸；父己即武丁时小王孝己，为廪辛、康丁对孝己之称。张氏谓此甲为廪康时物是也。

本辞又言癸巳日卜，㞢岁祖戊，贞问“牢三”、“牢五不用”，是卜牲数。乙未日卜“叀牡”、“叀豕匕”、“叀羊”，则卜用牲之品。

他辞“庚〔申〕……至……”（《屯乙》一六二五甲尾），与卂不知是否一字。

犾

犾字从犬从大，字书所无。第三次小屯发掘，于大连坑中所得犾之卜辞为多，又侯家庄所得大都为犾所贞卜者，董氏均有详细统计，见《田野考古报告》（第一期）。

与犾同版者，有口（《屯甲》三九一七，又二四三九）、卯（《屯甲》一九九八）、何（《殷缀》三八）、彭（《殷缀》五〇，即《缀合编》三五六，《屯甲》二八五三，《佚存》二七八）。

狄字从犬从大，董氏释狄，谓《说文》狄从犬省声，金文《曾伯霥簠》狄字正作狄，亦与大形近易讹。在小屯大连坑及侯家庄掘出狄之卜辞，董氏有详细统计，且辨认狄之签名共有三式。又计算其残辞贞旬次数，推知狄于廪辛康丁之世，服官时期至少当在六年以上（详董氏《安阳侯家庄出土之甲骨文字》）。

狄之卜辞，辑录如下：

一　【卜雨】

壬戌卜，狄贞：今日不雨。（《屯甲》二六七一）

己卯卜，狄贞：……雨。　不雨。（《诚斋》八二）

……卜狄……不雨。（《京津》三八三二）

或言祉雨

……卜狄……衔雨。（《屯甲》二二一一）

按衔雨殆即祉雨，谓延雨也。从彳从行，只是繁简之异耳。

或因田猎而卜雨

乙丑卜，狄贞：今日乙，王其田，溋（弥）日，亡巛，不遘大雨，大吉。（《屯甲》一六〇四）

丁丑卜，狄贞：王田，不藿雨。　丁丑卜，狄贞：其藿雨。　丁丑卜，狄贞：王其田，徙往。　丁丑卜，狄贞：王……往钋。　丁丑卜，狄贞：王其毕。（《屯甲》三九一九，《侯家庄》一三四。）

丁亥卜，狄贞：其田賫，叀辛，湄日，亡巛，不雨。（《屯甲》一六五〇）

或因祭祀而卜雨

丁丑卜，狄贞：王叀衾，古戠亡……　〔卜〕，狄〔贞：羽〕日大雨。（《佚存》二九七）

按衾乃衣之繁形，如令之作终，尹之作绅矣。戠，人名。

丁丑卜，狄贞：其藿雨。　丁丑卜，狄贞：王田，不藿雨。（《屯甲》三九一九）

按《屯甲》一五〇八，狄卜残存“田”及“雨”字。又《屯甲》二六〇一，狄卜残存“其遘”二字，又二九三九存“不遘”二字。

二　【卜风】

癸亥卜，狄贞：今日，亡大觀。　癸亥卜，　狄贞：又大觀。（《屯甲》

三九一八，《侯家庄》六重。）

按䛐字从风从兄，字书所无。《周礼》大宗伯䴬师，古文风字从雚，此从兄。《释名》：“兄，荒也。”东阳古通，故风，殷人读为兄也。

三　【卜夕】

壬申卜，狄贞：今夕亡囚。（《屯甲》一五七三）

癸未卜，狄贞：今夕亡囚。（《屯甲》一三四七）

壬辰卜，狄贞：今夕亡〔囚〕。　……狄〔贞〕：今夕亡囚。（《屯甲》一五二二）

己亥卜，狄贞：今夕亡囚。　庚子卜，狄贞：今夕亡囚。　辛丑卜，贞：今夕亡囚。　壬寅卜，贞：今夕亡囚。　癸卯卜，狄贞：今夕亡囚。　甲辰卜，狄贞：今夕亡囚。　乙巳卜，贞：今夕亡囚。　丙午卜，贞：今夕亡囚。丁未卜，狄贞：今夕亡囚。　戊申卜，口贞：今夕亡囚。　己酉卜，狄贞：今夕亡囚。　庚戌卜，贞：今夕亡囚。　辛亥卜，狄贞：今夕亡囚。　壬子卜，狄贞：今夕亡囚。　癸丑卜，狄贞：今夕亡囚。　甲寅卜，狄贞：今夕亡囚。　乙卯卜，狄贞：今夕亡囚。　丙辰卜，狄贞：今夕亡囚。　丁巳卜，狄贞：今夕亡囚。　戊午卜，口贞：今夕亡囚。　己未卜，狄贞：今夕亡囚。庚申卜，狄贞：今夕亡囚。　辛酉卜，狄贞：今夕亡囚。　壬戌卜，狄贞：今夕亡囚。　癸亥卜，狄贞：今夕亡囚。　甲子卜，狄贞：今夕亡囚。（《屯甲》三九一七）

本版参董氏《侯家庄》五释文。

辛丑卜，狄贞：今夕亡囚。　……狄　亡囚。（《屯甲》二六〇四，同版又杂刻辛亥、壬子、癸丑等干支。）

甲寅卜，狄贞：今夕亡囚。（《屯甲》一六〇六）

其他贞夕残辞有：《屯甲》一三二〇，又一三八二，又一四四四，又一四四九，又一四五五，又一四六六，又一五四六，又一八六三，又一八八七，又一九九八（同版见卜人卯），又二〇六九，《粹编》一三八七。

四　【卜旬】

癸酉卜，狄贞：旬亡囚。（《殷缀》三八——《屯甲》二四四二＋《佚存》二七八）　同版见卜人何。又《殷缀》五〇——《屯甲》二七七五＋二七七六（亦见《缀合编》三五六），文同。同版见卜人彭，又《续存》下八三四文同。

癸酉卜，狄贞：旬亡𡆥。（《屯甲》二八五三，同版见彭贞旬之辞。又同书二七三三、二七九六文同。）

癸酉卜，狄贞：旬亡〔𡆥〕。　癸□卜，狄贞：旬亡𡆥。　……卜，狄〔贞：旬〕亡𡆥。（《屯甲》二六四六）

癸未卜，狄贞：旬〔亡𡆥〕。（《屯甲》二七九三）

癸未卜，狄贞：旬亡𡆥。　……卜，狄〔贞：旬〕亡𡆥。（《殷缀》二六——《屯甲》二二五一＋二二五九）

癸未卜，狄贞：旬亡𡆥。　癸卯卜，狄贞：旬亡𡆥。（《屯甲》二四三九，同版见口贞旬之辞。）

癸巳卜，狄贞：旬亡𡆥。（《屯甲》二八三七，同书二五七〇，又二五六四，又二七一一文同，《粹编》一四四六文同。）

癸巳卜，狄贞：旬亡𡆥。　癸卯卜，狄贞：旬亡𡆥。　癸丑卜，狄贞：旬亡𡆥。　癸亥卜，狄贞：旬亡𡆥。（《屯甲》二七八五，又同书二六六〇文略同。）

癸巳卜，卜狄贞：旬亡𡆥。　癸卯卜，狄贞：旬亡𡆥。　癸亥卜，狄贞：旬亡𡆥。　癸酉卜，狄贞：旬亡𡆥。（《殷缀》四八——《屯甲》二六八〇＋二六八三）

按此条重“卜”字。

癸卯卜，狄贞：旬亡𡆥。（《屯甲》二八〇二，同书二五七七，二六七八及二八四一文同。）

癸卯卜，狄贞：旬亡𡆥。　癸丑卜，狄贞：旬亡𡆥。　癸亥卜，贞：旬亡𡆥。　癸酉卜，贞：旬亡𡆥。　……狄……𡆥。（《屯甲》二六一四，同书二六一五，又二八五〇文略同。）

癸丑卜，狄贞：旬亡𡆥。（《屯甲》二四八三）

癸丑卜，狄贞：旬亡𡆥。　癸亥卜，贞：旬亡𡆥。　……卜，狄〔贞：旬〕亡𡆥。（《屯甲》二四九九，同书二五九七文同。）

癸丑卜，狄贞：旬亡𡆥。　癸酉卜，狄贞：旬亡𡆥。　癸未卜，狄贞：旬亡𡆥。　……卜，狄〔贞：旬〕亡𡆥。（《屯甲》二七九四）

癸丑卜，狄贞：旬亡𡆥。　〔癸〕亥卜，狄〔贞〕：旬亡〔𡆥〕。（《屯甲》二七四九）

癸丑卜，狄贞：旬亡𡆥。　癸亥卜，狄贞：旬亡𡆥。　癸酉卜，狄贞：

旬亡𡆥。　癸未卜，狄贞：旬亡𡆥。　癸巳卜，狄贞：旬亡𡆥。（《粹编》一四四五）

癸亥卜，狄贞：旬亡𡆥。（《屯甲》二五一八，同书二五五三，又二五六一，又二六三四，又二七八九文同。）

癸亥卜，狄贞：旬亡𡆥。　癸酉卜，狄贞：旬亡𡆥。（《屯甲》二六五〇）

狄贞旬残辞又有：《屯甲》二七二一及二九一八，《京津》四七三四。

其他狄残辞仅存"亡𡆥"，而未明所卜为夕或旬者，计有：《屯甲》二二五一，又二二五九，又二四四一，又二四五三，又二五四〇，又二七〇九，又二七一七，又二七六〇，又二七七六，又二八九五，又二九二三（存"酉"字），又二七四〇（存"卯"字）。

五　【卜狩】

甲辰卜，狄贞：叀爨，𠂤从亡巛。（《京津》四四四九）

……卜狄……㣇……马田，〔亡〕巛，弗每（悔）。（《京津》四四七五）

……卜狄……其田，……亡〔巛〕。（《京津》四四四一）

戊午卜，〔狄〕贞：王其田，往来亡巛。　戊辰卜，狄贞：王其田，往来亡巛。　壬午卜，狄贞：王其田，往来亡𢦏。（《殷缀》二四——《屯甲》二〇六六＋二〇七二，又《缀合编》三四九。）

按上辞同版"亡巛"与"亡𢦏"并见，同辞异写，原无定例。

□申卜，狄贞：王其田，往来亡巛。　戊午卜，狄贞：王其田，〔往〕来亡巛。（《粹编》九三二）

庚申卜，狄贞：亩辛田。　庚申卜，贞：亩壬田。（《屯甲》三九一八对贞）

□午卜，狄贞：王其田……（《佚存》二九四）

……卜，狄……其田……亡巛，吉。（《存真》一、七三，《文录》七三三重。）

□卯卜，狄〔贞〕：王其田，往〔来无巛〕。（《诚斋》三二七）

其他狄卜"王其田，亡巛""王其田，往来亡巛"者，尚有：《屯甲》一〇三六，一一七三，一二七三，一三三五，一三四八，一五三〇，一五八四，一六五七，一七七六，一九〇一，一九三八，一九五三，二〇六六，二〇七二，二一六五，二一六九，二二二六，二七二九，二七五八，及三八六五等。

……犾……田……*(禽)……(《屯甲》一四二三)又《屯甲》一四五二，犾卜残存“*”字。

丁丑卜，贞：王其田于盂，衤，南沘，立。 贞：于北沘，立。 丁丑卜，贞：王其射，隻，钔。 贞：弗*。 丁丑卜，犾贞：王其田，𢓊往。 丁丑卜，犾贞：王往，球钔。 丁丑卜，王田*， 弗*。(《侯家庄》七)

按衤字从示在衣中，殆衣祭之“衣”字，益示旁，犾卜辞所见之字，多作繁形，此亦其一例。此衤字似可视作地名，《竹书》言盘庚：自奄迁北蒙曰殷，殷字契文不见，实即“衣”也。此辞云：“田于盂衤南沘立”，谓畋于盂地，至殷(衣)之南沘，立读为莅。《易·益》六四：“利用为依迁国”，或谓依即衣之异写，是盘庚所迁之殷，于卜辞作衤，于《易》作依，俱衣之异文，实即殷也。盂，地名。《左》僖二十一年《传》：“会宋于盂。”杜注：“盂，宋地。”在今河南睢县界。《屯甲》六二三骨片：“……于滴(漳)……南沘……”则沘地乃近于漳水矣。又𢓊字，从辵从羌倒书，董氏释“逹”是也。

丙寅卜，犾贞：盂田。其𢓊 椒……又雨。 辛巳卜，犾贞：王其田，往〔来亡巛〕。 辛亥卜，犾贞：王田盂，往来亡巛。 乙丑卜贞：王其田，往来亡巛。(《缀合编》一八一——《佚存》二八一十二八八十二九二)

……卜犾……盂田……(《屯甲》一三五四)

按他辞𢓊为地名，如：“贞：于𢓊。”(《前编》一、四八、一)“令……于𢓊。”(《前》一、四八、二)是其例；椒即散，亦地名。

丁酉卜，犾贞：王田于⊗(西)，立*，吉。 ……卜犾……*……(《屯甲》一六〇三)

按此“立”字可视为人名，参卷九卜人立条。

辛未卜，犾贞：叀田。 辛未卜，犾贞：叀壬田。 壬子卜，犾贞：王其之*。 壬子卜，王其田。 庚申卜，犾贞：叀辛田。 庚申卜，贞：叀壬田。 庚申卜，犾贞：王叀斿鹿。用，吉。 庚申卜，贞：王勿利南鹿。 庚申卜，王叀麦鹿逐。(《屯甲》三九一八，《侯家庄》六。)

按辞中言：斿鹿、麦鹿，疑并读为斿麓麦麓。又言“王勿利南鹿”言不利于南麓也。云其之*者，*疑*之残形，乃风字，言其兹有风。同版言“又大*”与此同字异形。王字下似漏一“田”字。

甲辰卜，犾贞：叀壬，亡巛。 甲辰卜，犾贞：*从，三卜，*。 甲辰卜，犾贞：王其田，叀羽日乙，亡巛。 甲辰卜，犾贞：叀羽日戊，亡巛。 甲子卜，犾贞：王其田，亡巛。吉。 丙辰卜，犾贞：受㞢。 丙辰卜，犾贞：勿受。 丙辰卜，犾贞。 丙辰卜，犾。 丙辰卜，犾贞：勿受。 甲子卜，犾贞：王异其田，亡巛。 甲子卜，犾贞：王勿巳田。 ……犾……（《屯甲》三九一五，《侯家庄》三。）

按三卜义见本书67页。

六 【卜往来】

……犾……〔王〕……往〔来〕亡巛。 戊子……贞：王……〔往〕来亡〔巛〕。（《屯甲》一九〇〇）

癸丑卜，犾贞：𠬝至，叀……祝。（《续存》上一八五三，《粹编》一五七二重，又见《缀合编》五二。）

癸亥卜，犾贞：叀𠬝至，王受又。（《佚存》三一四）

丙寅卜，犾贞：其高……至麦，王受又。（《屯甲》一六一一）

按麦亦称麦禁，又称"麦鹿"（《屯甲》三九一八）。《史记·赵世家》："赵奢攻齐麦邱，取之。"未审即其地否？高当为地名，疑即晚期之"蒿"。鹿头刻辞云："戊戌，王蒿田……。文武丁祄……，王来征……"（《屯甲》三九四〇）《穀梁》桓十五年："公会齐侯于蒿"，公羊作鄗，乃齐地，与麦丘相近。

有言涉者

丁丑卜，犾贞：其用，兹卜。异其涉，𥄕同，吉。 贞：不同涉，吉。 贞：叀马亚涉，𥄕吉。 贞：叀众涉，大吉。 贞：其涉，𥄕⊗（西）洮。 贞：不涉。（《屯甲》三九一六，《侯家庄》四。）

按他辞有南洮、北洮（《侯家庄》七），云："⊗洮"即西洮矣。洮当即是《诗》邶鄘卫之邶，《汉书·地理志》："河内本殷之旧都，周既灭殷，分其畿内为三国，《诗》风邶庸卫国是也。"然观卜辞洮上系有南北西诸名，则其所指之地极广。《说文》邶下云："故商邑自河内朝歌以北"，殷时之洮，当是水名。

有言𦝠舟者

甲子卜，犾贞：王其𦝠舟，叀丁。 ……舟，叀乙，吉。（《屯甲》三九一五，《侯家庄》三。）

丁卯卜，犾贞：王其𦝠舟，若。（《屯甲》一〇三二）

按《侯家庄》三云："叀乙"即乙丑，"叀丁"即丁卯，丁卯乃甲子之后三日也。𣝪舟他辞亦作爰舟（《前编》二、二六、二：“乙亥卜，行贞：王其爰舟于河，亡巛”），亦作𣪠舟（《后编》上一五、八：“□丑卜，行贞：王其𣪠舟于滴，亡巛”）。𣝪字从木从爰，可释为楥，与援通（如植援之援乃《集韵》训篱之楥）。《说文》：“援，引也。”故援舟即引舟（参《摭续》47页）。

丙辰卜，犾贞：蕩目执先用。　贞：其爰，叀翌日丁。　吉。（《屯甲》一二六八）

按犾贞下一奇字不识，应是人名。爰或指援舟，姑附于此。

七　【卜祭祀】

河

丁丑卜，犾贞：其米年于河。叀且丁，祝用。　贞：叀且丁，祝用。王受又（佑）。　叀父甲，祝用。　癸酉卜，贞：其剛于河，王宊，吉。　贞：弜宊。　贞：王其田于咎，剛于河，吉。　贞：其兄（祝），允𢆉。乙，王其咎乂，冡吉。　贞：弜祝。（《屯甲》三九一六，《侯家庄》四。）

按祈年于河，卜祝于祖丁或父甲，犾为廪康时卜人，则所称祖丁，当即武丁，而父甲乃武丁子之祖甲也。剛字从刚从矢，乃刚之繁形（如他辞言刚羊，见《后编》上二三、四）。刚，于㓵义同（参本书，202页），谓用牲于河也。咎即𣥠，乃“发”字。乂，地名。“王其咎乂”者，言王出发于乂地畋猎也。《佚存》二七三：“王叀乂往射，延虤”。

上甲

□辰卜犾……其𠯑于上甲。（《粹编》九四，《京津》三九六三重。）

大甲

庚辰卜，犾贞：于大甲。　大吉。（《屯甲》一五三一）

且乙

……犾……且乙其𠯑……毓（后）且丁，王……（《屯甲》一八三五）

……卜犾……其又中宗且乙，酌，弗每（悔）。（《屯甲》一二六四）

……卜犾……新且乙，……受又。（《屯甲》二一九八）

按新亦祭名，他辞云：“新大乙，又丩，王受又。”（《粹编》一四五）“新大乙，𠯑。”（又一四六）与此同例。鲁实先读“新”为“薪”，《诗·棫朴》：“薪之槱之。”《月令》：“季冬之月，乃命四监收秩薪柴，以供郊庙及百祀之薪燎”，是也。

且丁（武丁）

……犾……且乙其𠮷……　毓且丁王……（《屯甲》一八三五）

按毓祖丁疑指武丁。又《侯家庄》犾卜："⿰年于河，叀且丁祝用"，已见上"河"条。

父甲

丁丑卜，犾贞：丂于父甲。（《京津》四〇五五）

按丂疑穷之残形，犾卜辞之父甲乃指祖甲，此谓宾于祖甲也。

辛酉卜，贞：衣，豖亡　壬戌卜，犾贞：王父甲，𣅀其丰。　王受又，贞：〔勿〕丰。　壬戌卜贞：叀𥎦用。　贞：弜𥎦，吉。　贞：叀庴用。大吉。　贞：勿庴。　贞：叀隹。　贞：弜美。（《屯甲》三九一八，《侯家庄》六。）

按王父甲句，王下漏一"宖"字。𣅀字据董氏摹，殆即今昇字。《说文》新附："昇，日上也。"古与升同用，《仪礼·士冠礼》："若杀，则特豚载合升。"郑注："在鼎曰升，在俎曰载。"《觐礼》："祭山丘陵，升。"是𣅀为进品物之祭。丰与豊二字无别（参本书，368 页）；其丰，谓进醴也。

又辞言："叀𥎦用，叀庴用。"庴即唐字，𥎦与之并列，疑均殷先公之名。唐为汤，则𥎦可能即亥，乃卜辞之高祖亥及高祖王𩯭矣。王亥字异形最多，亦作"𩯭"（《佚存》八八八，《粹编》五一）、胲（《世本·作篇》）、该（《天问》）、垓（《汉书·人表》）、骸（《御览》）；此作𥎦，又一异构也。

𠮛丁

癸卯卜，犾贞：弜巳（祀）。叀ᒐ，𠮛丁用。　……癸卯卜，犾贞：其兄（祝）。　癸卯卜，犾贞：弜巳，祝。　癸卯卜，〔犾〕贞：叀禈。　癸卯卜，贞：叀岁。（《屯甲》三九一五，《侯家庄》三。）

按𠮛乃示字。契文所见先公，有𠮷乙（《屯乙》九〇三六，九〇三七）、𠮷壬。（京大一七："……又𠮷壬，𦰩牛。"又一七〇三："又𠮷壬，牢。"）𠮷壬即示壬，此𠮛丁不知指何人。此辞"祀"而复"兄"（祝），又"禈"与"岁"对言，四者皆祭名。

中己

……卜犾　禈𠬝中己。……小𫩀，王受又。（《殷缀》二二——《屯甲》一五一五十一五一〇）

按中己又见于冐卜（《后编》上八、五）。他辞言“又岁于中己”者，有《屯甲》三六三一，《南北·明》六〇四，《宁沪》一、二〇三，《摭续》七三等，皆廪康卜辞。襟与栅乃一字，他辞云：“贞弜且乙，栅，用，于之，若。”（《屯甲》一三四三）是其例。

妣己

戊午卜贞：其又妣己，牢。　吉。　贞：其三牢。　贞：其一牛。吉。　贞：其小牢。（《屯甲》二六七一）

按同版为狄卜雨之辞，疑亦狄所卜，盖贞问侑于妣己时用牲之数。

妣辛

乙卯卜，狄贞：鬳（献）䍃，其用妣辛，𤆍。　辛亥卜贞：其兄（祝），一䍃，王受又。　贞：叀䍃。（《屯甲》二〇八二）

按此献羌人为牲也。䍃即羌鬲合文。西周《令𣪘》言：“赏令鬲百人”，《大盂鼎》称：“人鬲”，《周书·世俘解》言“馘磿”，即指馘俘。孙诒让《古籀余论》谓“鬲”读为“历”，即《世俘》之磿；是此䍃鬲即谓羌之俘虏也。𤆍字疑从番古文𤰝，益廾旁，盖即“播”字。《九歌》“𤰝芳椒兮成堂”是也。此播字或指祭时散芳椒之意。《风俗通》有殷贤人播武，足见殷时确有“播”字。此辞之𤆍，似亦可读为燔薪之燔。

伊

□午卜，狄……伊，其宔……（《屯甲》一三六三）

彡

庚辰卜，狄贞：叀五𦃃，先彡。（《屯甲》一三七六）

按“五”下一奇字，似从糸从𦉪，殆是“缡”字。《玉篇》𦆏训束缚。《类篇》：缡，纯也。故五缡言五纯。《穆天子传》：“献锦组百纯。”郭注：“纯，疋端名也。”《秦策》：“锦绣千纯。”高注：“纯，束也。”“五缡”者，以帛五束致祭也。他辞有云：“贞：䜌　五䜌牢。　王受又。”（《屯甲》一九二七）“五䜌，卯，叀……王　……𢦏，王受又。”（《粹编》一五八九）“贞：𡗜䜌……。”（《粹》一五九〇）“五䜌”与“五𦃃”语例相同。䜌殆即𦇧，见《玉篇》。字同韀，《说文·新附》：“马鞁具也。”此疑“荐”字之繁写，谓荐牺牲之事也。

岁

□酉……兄……钔中……于之，若。　丁亥卜，狄贞：甶岁用，于之，若。（《京津》三九五七＋四二九九）

各（佫）

□未卜，犾〔贞〕：叀各……宊……王受〔又〕。（《屯甲》一六九〇）

按各即来格之格，与佫同。

用牲

癸亥卜，犾贞：小宰，王受又。（《屯甲》二〇〇九）

……卜犾……叀羊……（《屯甲》一二三一）

八 【卜方国 人物】

⊿方 美

……卜犾……⊿方美……晋于……（《屯甲》一二六九）

按《京津》四八五八残存“犾……𡧊……”二字，美见《拾掇》二、七八云：“自贮其乎取、美卻。 王于徲𤔲人于美。于之，及伐𡉚。王受又。 徲取美，邶史。于之，及伐𡉚。王受又，隹用。 王其比𡉚，爯册，光及伐𡉚，王弗每，又𢦏。”（《摭续》一六，《缀》一四一，《南北·文》一〇〇并重。）京都大学一〇二三骨文相仿佛，可以参证。此为与美有关最重要之记载，故备录之。辞中有自贮其人，亦见于員之卜辞。（《后编》下一八、八）

方

壬戌卜，贞：不𦨶方。 壬戌卜，犾贞：其𦨶方。 壬戌卜，犾贞：又出方，其乙（目）来酉（甸）。 壬戌卜，犾贞：㲋勹（鳌），目来。 壬戌卜，犾贞：叀马亚乎执。 壬戌卜，犾贞：叀伐乎执。 壬戌卜，犾贞：及方，大吉。 壬戌卜，犾贞：弗及，吉。 壬戌卜，犾贞：其又来方，亚旅其𩰫，王受又又（有祐）。 壬戌卜，犾贞：弗受又又。 壬戌卜，犾贞：亚旅于（倒书）𣬈。 壬戌卜，贞：亚旅从，受于𠂊（家）。 壬戌卜，犾贞：亚旅其陟，𨑒（𨔶）人。 壬戌卜，犾贞：其琢人。 乙酉，小臣𠶷堇（觐）。（《屯甲》三九一三，亦见《侯家庄》一。）

按方即方人方夷，《诗·出车》所谓“往城于方”者也。（参本书，208页。）此版记与方夷交涉事。旅字从董氏释。《书·牧誓》《书·立政》亚旅连文，为官名，次于司徒、司马、司空之后。《周颂·载芟》：“侯亚侯旅”，分而为二。《春秋·左传》恒见亚旅之名，文十五年：“请承命于亚旅。”成二年：“赐三帅先路三命之服。司马、司空、舆师、侯正、亚旅，皆受一命之服。”杜注以亚旅为上大夫，以论殷制，则有未当。

鱟从手𠬪持捕鱼，疑是𩵋字，读为御。古渔字本亦作魰。《说文·竹部》篽或体作𩵋，从又从鱼。段注：从又者，取扞卫之意。此云“其鱟”，犹言“其御”，谓其往御方夷也。“于䍃”句，“于”倒书，其下一字疑从𡿺从廾，即𤼷，乃登字。“受于㚢”句，“于”下乃亥字，疑读为陔。《说文》：“陔，阶次也。”卜辞亦作“㦿”（《综述》四七二），此但作“亥”，省“宀”。辞言亚旅从于陔阶受（赏）。此殆伐方人后，赏赐亚旅等也。至末言“𨓍入”、“球入”，他辞所见，如：“丁丑卜，狄贞：王其田，𨓍往。　丁丑卜，狄贞：王往，球𠨍。”（《侯家庄》七）知此二人乃王之近臣。

狄卜辞所见人物

淑　《屯甲》一八五九，“……淑启……𢦏。”

光　《屯甲》一七六八，“其比光……巛。”

异　《屯甲》一七三〇，《屯甲》三九一五，三九一六。

㪷　《屯甲》一二五二。

𠂤　《屯甲》一六九七。

𠬛　《屯甲》一六二九，同版狄卜，“𠬛”字亦见《粹编》一五九〇。

𨒅　《屯甲》三九一九。

𢦏　《佚存》二九七。

立　《屯甲》一六〇三。

侸　《京津》四四七五。

𡗜　《续存》上一八五三。

𡿺　《佚存》三一四。

𡉚　球，《屯甲》三九一三。

逐　《屯甲》一七〇七。

冢　《屯甲》三九一六，《侯家庄》四。

九　【残辞】

……狄……辛，王乃曰：……启。《屯甲》一四三七

□丑卜狄……𢓊，其𠳋，王……（《屯甲》一七〇七）

按𢓊即卜人逐。

残辞存“甲子”二字者：《屯甲》二一八八。存“族”字者：《京津》四四五七。存“𢼸”字者：《诚斋》二三五。存“亡𡆥”二字者：《诚斋》四八六。

存“申”字者：《屯甲》二八二〇。存“叀𠭯”“又”数字者：《屯甲》一八六九。

仅存“犾”一字者：

《佚存》三一三，《京津》四八〇五，又四八〇六，又四八〇七，《屯甲》一一九二，又一四二一，又一四五一，又一四九九，又一五一九，又一七三一，又一九五二，又二〇二三，又二〇六八，又二一八一。

仅存“卜犾”二字者：

《佚存》二六三，《屯甲》一五四四，又二一九〇，又二七〇八，又二八二一。

骨

骨为廪辛康丁时人，其卜辞所记先祖称谓，有：

且甲　《粹编》三三三（《京津》四〇四五重）

父甲　《京津》四〇四八

帝甲　祖丁　《后编》上四、一六（续编二、一八、九）

父甲当是祖甲（载），此骨之时代，应在廪辛以后之证。骨字异形有作“頁”者（《南北·坊》二、一九八），似有摹失。

有关人物有“自贮”（《后编》下一八、八）、史亚等。（《零拾》五七，《续编》六、二七、六，又六、一五、五，凡三见。）

骨卜辞有重“贞”字者：

己酉卜，骨贞：贞：其又中己，叡〔㪤〕。（《后编》上八、五）

例极少见。

骨之卜辞，辑录如下：

一　【卜夕】

辛亥卜，頁贞：今夕亡囚。（《南北·坊》二、一九八）

按胡氏摹本作“頁”，如非摹失“曰”旁，则系从省，惜乏拓本可以覆勘。

……卜，骨〔贞〕：今夕〔亡〕尤。（《明义士》二五五）

□丑卜，骨〔贞〕：今夕〔亡〕尤。（《燕大》四七九）

二　【卜旬】

□丑卜，昗〔贞〕：旬亡囚。　甲寅，……（《京津》四七一九）

三　【卜往来】

癸巳卜，昗〔贞〕：亚往来亡〔巛〕。（《续编》六、一五、五）

庚子卜，昗贞：亚其往宫，往来亡巛。（《戬》四六、一四）

四　【卜祭祀】

帝甲　且丁

己卯卜，昗贞：帝甲𡚸。……　其眔且丁……　己卯……贞：其……（《后编》上四、一六）　又《金璋》一四，亦有卜且丁之辞，见下妣辛条。

□酉卜，昗……帝甲卄……其牢。（《续编》二、一八、九，字粗大。）

且甲

癸巳卜，昗贞：翊日且甲，岁，其牢。（《京津》四〇四五，《粹编》三三三重。）

父甲

己酉卜，昗贞：翊日父甲，口（祊）日，其牛。（《京津》四〇四八）

按他辞言帝甲者："丁丑卜，其兄（祝），王入……于帝甲。"（《摭续》一六七，同版又称王入于多亚。）"贞：其𢆶帝甲，告。其弘……二牛。"（《库方》一七七二）"贞：其自帝甲，又徬……"（《粹编》二五九）帝者，《曲礼》云："措之庙立之主曰'帝'。"《大戴礼·诰志》："卒葬曰帝。"殷时有卜示帝之辞，如《库方》"乙巳卜：其示帝。　乙巳卜：帝日，叀丁，叀乙，又日；叀辛，又日。"（九八五十一一〇六，李学勤缀。）其骨面辞云："乙巳卜：帝日叀丁。　弜乙巳卜，其示。弜乙巳卜，其示。"帝日之卜，可能即卜立庙主。立主而曰'帝'者，汉人之说云："同天之神。"（郑《注》）《疏》云："天神曰帝，今号此主同于天神，故题曰帝云。"

帝甲者：《周语》卫彪傒云："玄王勤商，十有四世而兴，帝甲乱之，七世而陨。"《殷本纪》："祖庚崩，弟祖甲立，是为帝甲。帝甲淫乱，殷复衰。"此帝甲即祖庚弟之祖甲。然昗之卜辞帝甲、祖甲、父甲三甲并见，曰父甲者，廪辛对祖甲载之称；如是则祖甲可能指武丁祖之阳甲矣。

若賁此辞之帝甲，王静安初以为《周语》之帝甲，即祖庚之弟，后改指沃甲，是也。观此辞云："其眔祖丁"，次在祖丁之前，世次正合（《粹编》亦从是说）。

甡字从束从往，益又旁，殆即速字。此为祭名，读作䰞，与餗字同。（详本书，258页。）

下乙

乙未卜，賁贞：旧下乙。𠂇（左）駛，其𥝢（利）不𣎆。　乙未卜，賁贞：又（右）㕜入駛，丄，其𥝢〔不〕𣎆。　乙未卜，賁贞：□子入駛，丄，下乙𥝢。　乙未卜，賁贞：自贮入赤𩡧，其𥝢不𣎆，吉。　乙未卜，賁贞：左□其𥝢不𣎆。　乙未卜，賁贞：在滭田，㚖右赤马，其𥝢。乙未卜，賁贞：辰入駛，其𥝢不𣎆。　……賁……（《缀合编》二三七——《林》二、二六、七〔即《遗珠》三一八〕＋《后编》下一八、八＋《菁》九、五＋《菁》一〇、一六）

癸丑卜，賁贞：左赤马，其𥝢不𣎆。（《铁》一〇、二）

……卜賁……又（右）㕜……其𥝢〔不〕𣎆。（《明义士》四五〇）

按上辞卜纳马致祭下乙事，其马以方位言：曰右驶左驶。以色言：曰赤马赤𩡧。纳马者，有右㕜（史），□子、自贮、㚖诸人。㕜与𢆉、㛸乃一字，如帚𢆉（《前》七、二一、三），亦作帚㕜（《屯甲》二六九一），故右㕜即右史。

駛字从马从史，即驶字。亦作駃。《说文·新附》："駃，疾也；一曰马行疾。"此辞驶殆指良马。他辞云："叀𠂇马眔马，亡𡿧。"（《前编》四、四七、五）

𥝢即利之繁形。《易·坤卦》："利牝马之贞。"此辞言："赤马其𥝢"，其语可与《易》互证。

又按不𣎆即不束，殷时习语。《菁华》七云："……王曰：侯虎往，余不𣎆，其合氏乃事，归。"束读为棘，《诗·采薇》："玁狁孔棘。"不束即不棘；棘，急也。（参《骈枝》）

中己

己酉卜，賁贞：贞：其又中己，𠬝〔𠭯〕。　贞：其𠬝𠭯。（《后编》上八、五）

按何之卜辞有云："己酉卜，何贞：贞：其䇂，又一牛，乡。"（《屯甲》二四九〇）亦重"贞"字，与此例同。中己亦见于狄之辞云："栅凡中己”（《屯甲》一五一〇十一五一五）仲己或谓即雍己，仍待证。

妣辛

……卜，㱿……且丁……浻……　庚子卜，㱿贞：其𠬝妣辛。（《金璋》一四）

祀　酌

甲午卜，㱿贞：巳（祀），中酌，正，在十月二。（《金璋》三）

𧉮

……卜，㱿……𧉮叀……方皿……（《前编》五、三、七）

㚇

癸卯……㱿……叀……　……㱿……㚇……其……不……（《明义士》二七五）

宔　䶠

甲辰卜，㱿贞：王宔，䶠，亡尤。（《佚存》七三九）

按䶠即《说文》训大脔之胾，肉祭也。胾与殽别，《曲礼》：“左殽右胾。”郑注：“殽，骨体也，胾，切肉也。”孔《疏》：“熟肉带骨而脔曰殽，纯肉切之曰胾。”《诗・閟宫》：“毛炰胾羹。”《荀子・非相篇》：“啜其羹，食其胾。”亦以胾与羹对言。胾为切脔之干肉，羹则和菜之湆，是其别耳。《佚周书・尝麦》：“乃命少宗祠风雨百享，士师用受其胾。”则以祀肉分馈也。

……㱿〔贞：王〕宔，羽日，〔亡〕尤。（《遗珠》六五二）

㱿卜残辞言王宔者：又有《京津》四七五四，《库方》一八三七。

图

□酉卜，㱿……其又图……（《摭续》三九）

𡇒

□亥卜，㱿〔贞〕：今日亚其……𡇒。（《续编》六、二七、六）

用牲

乙卯卜，㱿贞：其一牛。（《续编》一、四〇、四，同版见妣辛。）

……㱿，其一牛。　贞：叀禫用。（《后编》下一四、一一）

癸亥卜，㱿贞：羽史亚又……叀用。（《零拾》五七）

大室

□巳卜，㱿贞：在大室……㱿〔贞：王〕宔……丁，岁〔亡尤〕。（《金璋》八七）

祀四方

甲午卜，㱿贞：其于东。（《库方》一七七一）

五 【方国】

方

丁未卜，㱿贞：方晋隺新家。今𧆨，王其比。 贞：其敉（盩）。

壬寅卜，㱿贞：羽日癸卯，王其（逐）。（《后编》下三三、一）

按“方”上一字，当是之倒写。晋隺犹言告获。

盂

……卜，㱿：得石……大吉，用。 ……盂，又雨。（京都大学一一六二骨）

残辞

……卜，㱿贞：……又娴（姒）。（《佚存》四六六）

□酉卜，㱿……盩。（《明义士》一三七四）

丁酉卜，㱿贞：翊戊戌……（《续编》五、二五、二）

……卜，㱿……亚新……（《日本甲骨录》东京三四）

存“叀”字者：《遗珠》三二〇。又《后编》上二二、二有：“三……亡……”数字。又《库方》一三七一存“乙……今……亡”数字。又同书一二四九存“庚辰”及“己”数字。

亚

亚本祀室之名。卜辞有云：“乍亚宗”（《后编》下二七、一），“告亚”（《佚存》三四〇），“出于亚”（《京津》一六一五）是也。

亚为卜人名者，有下列各条：

壬子卜，亚贞：……（《佚存》八二五）

庚子卜，亚贞：新……（《拾掇》二二，《七集·上海》二七重。）

壬……卜，亚〔贞〕：……（《京津》二九七九）

其前辞言“卜亚”省“贞”字例者：

甲辰卜，亚：䧹兄丁，用。（《六录·中央》三）

己酉卜，亚：嫙其隹臣。 〔己〕酉卜，亚：𠈌其隹臣。（《屯乙》四六七七）

甲子卜，亚：𢦏𠂤龙。毋戕，其戕。弗每（悔），又雨。　于翊日归，又大雨。（《后编》上三〇、五）

……卜，亚：……不雨。（《屯甲》二九六三）

……卜，亚：又兄己，自犬。（《屯甲》二九六四）

丙辰卜，卜亚：　𠬝。（《屯乙》三一九）

丙午卜，亚：……（《京津》一六一八）

上举数则，有㑒𠬝之名，则亚之年代可能上至武丁。惟又称兄丁，则下及廪康之世矣。

他辞言亚事者极夥。（《京津》一六一五至一六二七各条具有“亚”字）大抵指官名，即《书·立政》、《书·牧誓》，《左传》成二年、文一五年所谓“亚旅”是也。或言多亚、马亚、多马亚、“……多田（甸）亚任(男)。……”（《粹编》一五四五）又系于人名之前，如亚雀、亚𠂤是。(例详岛邦男《亚之官职》一文）。亚又为地名，如“甲午卜，𡧊贞：亚受年。”（《屯乙》八一七二）亦称《亚侯》。如“乙酉贞：王令𢀛（徇）𡗜，亚侯又。”（《邺》三下四三、九）故卜辞所见之亚，为人名，抑官名，颇难分别。䀠之卜辞，言及亚者，不一而足。

癸巳卜，䀠〔贞〕：亚往来亡〔巛〕。（《续编》六、一五、五，《戬寿》三九、一重。）

癸亥卜，䀠贞：羽史亚又……叀用。（《零拾》五七）

庚子卜，䀠贞：亚其往宫，往来亡巛。　□亥卜，䀠〔贞〕：今日亚其……𡆥。（《戬寿》四六、一四，《续编》六、二七、六重。）

……卜䀠……亚新……（《日本甲骨录》东京三四）

其一称为“史亚”，则此数亚字乃人名。又有称“兄亚”者：

丁酉卜，来庚，用十㞢，𡆥。　先亚宋豕。　贞：今酉。　兄亚宋〔豕〕。　兄亚宋……（《屯乙》八七一〇＋思泊藏契——曾毅公缀，见《考古学报》，1958年一号。）

兄亚宋豕。（《屯乙》八七二三）

戊午卜，兄亚用十，宋𩵦。（《屯乙》八八五二）

兄亚可读为祝亚，则亚亦是人名。

妇名有曰娅者，辞云：“妣戊娅”（《屯乙》四六七七），仅一见。

午

卜人午，凡数见。

辛酉卜，午贞：今日不风。（《屯甲》三四四二残甲）

此条午字，拓本略有剥蚀，岛邦男以为孝（即弔）字，并举《屯甲》一八七〇参照（《卜研》20页），然二字不相类，此非睹原版，莫能决也。其前辞省“贞”字者：

癸未卜，午：余于且庚，羊豕艮。 于且戊𢀛， 余羊豕艮。 于子庚𢀛，余毋䍙，又艮。 叀䍙，又艮。（《屯乙》四五二一整龟，甲尾对贞。）按艮，用也。

癸酉卜，午：入乙䍙。（《屯乙》七五一二）

己卯卜，午：亚……工多……（《屯甲》三三七〇）

由上知午与亚同版，则为同时之人。又有署名于末者：

壬申卜：斫于……无。 午。（《屯乙》八四〇六）

又有妇忤（《屯乙》二五八六）殆午之妇。

卜辞又有曰舌者：

……未卜：王……令舌……又，十月。（《库方》五三二）

舌或午之繁形，犹兕之作𠭰矣。舌亦称舌子。见《屯甲》三〇〇〇整龟，为“壬午卜：舌子妫”之对贞辞。他辞小字似晚期书体者，有“侯舌”（《屯乙》二八七七），“小臣舌”（《前编》四、二七、三），铜器有《舌鼎》（《三代》三、三五、二），未知与午有无关系，故识于此。

弔

丁丑卜，弔贞：今夕亡囚。（《屯甲》一五七六）

……卜弔……夕亡……（《屯甲》一八七〇）

按弔又见于子之卜辞：“丁卯，子卜：弔归。”《京津》四八〇八残甲识一“弔”字。

叏

……叏贞：勿……（《京津》二四〇三，同书二七九九重。）

壬子卜，叏……龙（龙）不……九月。（《屯乙》三三一）

癸卯卜，叏𢌳（《屯乙》五三八四）

他辞云“叏弗其𡆥……”（《铁》二一五、四）叏、叏一字，俱人名。殷器有《叏戟》（《双剑诊图录》下二七），即其所用之物。

乐

癸未卜，乐（乐）贞：羽甲申，雨。　贞：羽丙□，雨。（《粹编》七四八）

茀

……茀贞：……〔亡〕𡆥。（《粹编》一五八一）

按郭氏释为弗，谓字又作第，《广雅·释器》：“第，箭也。”本片“弗”字乃卜人名。《综述》释茀。

奻

戊午卜，奻贞：不……（《屯乙》四八六〇，又《殷缀》四七〇。）

夼

己酉卜，夼贞：今夕亡𡆥。（《库方》一〇六二）

疑有摹误，原片藏美国 Carnegie 博物馆，有待复勘。

凧

癸巳卜，凧贞：入。　癸巳卜，凧……（《续存》上一九八）

𠂤

□丑卜，𠂤曰：凬𢓊。（《屯甲》二三六九）

按他辞云："……若𠂤𠂤……乎𢓊（参）。"（《佚存》七四五）𢓊乃叶字之繁形，字益"彳"旁。

卬

丁亥卜，卬贞：……它毓……甲亩……（《燕大》六三一，容释御，又见岛邦男《贞人补正》。）

狱

癸卯卜，在𣲗东，狱贞：王旬亡𡆥。（《通纂别》二，京大五。）

㹃

㹃多为卜旬之辞，其特征为但称"㹃贞"，上省"卜"字。

㹃之卜辞，辑录如下：

一　【卜旬】

癸酉，㹃贞：旬三卜，亡𡆥。（《屯甲》五四四）

癸未，㹃贞：旬亡𡆥。（《后编》下一一、五，《京津》五七一〇重。）《库方》一六七八文同。

按《礼记·曲礼》："卜筮不过三。"郑注："求吉不过三，鲁四卜郊，《春秋》讥之。"《左传》所记卜郊之事，或三或四或五，与殷人不限三卜相似，说见《前论》。

癸巳，㹃贞：旬……　又𡆥。　癸未，㹃贞：旬亡𡆥。（《宁沪》四四六）

癸未㹃：旬亡𡆥。　又𡆥。　癸巳贞：㹃。　又𡆥。　癸卯贞：㹃，旬亡𡆥。（《金璋》三九六）

癸亥贞：𣪊，旬亡囚。（《京津》四七〇九）

〔癸〕未𣪊……亡囚。（《南北·坊》间二、二〇〇，《后编》下一一、六重。）

按以上各片似可缀合。

二 **【卜祭祀】**

癸未贞：𣪊，酌岁。（《续编》二、七、七） ……𣪊酌。（《后编》下一一、三） 似可缀。

三 **【卜征伐】**

己亥，𣪊贞：三族，王其令追召方，及于[illegible]。（《京津》四三八七）

他辞言𣪊事者：

戊……𣪊狩……三日庚辰……[illegible]罘寉……隻𡘋一豕百。（京都大学六三三）

乇卩

辛卯卜乇卩：彡酌，其又于四方。（《南北·明》六八一）

按乇卩卜仅此一见，铜器有《乇卩卣》三事，为马叔平摹本，载《殷历谱·后记》，字作[illegible]（丁山释邲，《文物周刊》第三十七、三十八期）。其铭文有云：

丙辰，王令乇卩其兄（祝）鳌。……在正月。遘于妣丙，彡日，大爽，隹王二祀。既娥（戒）于上下帝。（器一）

乙巳，王曰：障文武、帝乙宜，…… 己酉，王在梌，乇卩其易贝。在四月，隹王四祀，羽日。（器二）

由铭词有"文武、帝乙宜"语，文武应即文武丁。乇卩名见于卜辞，则卜人乇卩之年代当属殷晚期。是器丁山读作"邲其"，谓乇卩是邲之初文。《诗·淇奥》："有斐，"《韩诗》作："有邲"，云：美貌。又引束天民藏卜辞拓本云："……乇卩至，……兄先，大雨。"（胡氏《甲骨六录》所无）按以卜辞证之，但称曰乇卩，"其"字当是语词，非人名。乇卩器言及帝乙，则其人乃当帝辛之世矣。又有器名曰《𦨶乇卩乍母戊彝》，见《续殷文存》。

中录

丁酉，中录卜，在兮贞：在犾田……其㠯又尸，䚕亡〔巛〕。（《屯甲》二五六二）

按原拓本模糊不明，董氏《甲骨学五十年》引此，谓“中录”为卜人名，属帝辛时。卜辞所见卜人名无两字者，此属仅见，姑附于末。

卷十八　备　考

若干前辞省“贞”字，仅言卜某者，是否为卜人，颇难遽定。兹并汇录于下，以备考证。

买

壬辰卜，买：[illegible]不湄，十二月。（《屯甲》二七六）

按内之卜辞云：“戊寅〔卜〕，内：乎雀买。　勿乎雀买。”（《屯乙》五三二九）雀与买为两名并列，其贞人为内，盖属武丁时。又殷器有《车买爵》（《录遗》四二一、四二二）。

车

人名车上有“卜”字者，仅一见。

戊辰卜，车：允畋贝，今业。（《屯乙》三二四）

贝为地名，疑即贝丘，此卜畋猎事。车本亦方国名。如：

于⊕⊕舞。（《屯乙》八〇八一）

他辞言及车者：

车不其氏十朋。（《京津》一〇〇二，《铁》一四〇、一重。）

车……不……囨……（《明义士》一三三四）

殷器有《车觚》(《邺》三上、三八)、《车买爵》，当与车有关。

攰

辛巳卜，攰：又升，妣庚豕。(《屯乙》八九七〇)

按攰疑即子攰，大英博物院藏骨谱："雀子曰壹，叔曰攰。"他辞卜子攰亡疒者，有《南北·无》二四〇；其余《屯乙》八七二〇，八八二二。又《屯乙》八八一五，八九一六，八八六〇等片，皆言及"攰"。不具录。

祉

丁卯卜，祉：晋，禂大戊。　丙午卜　酌大〔戊〕，卯三牛……正。(《屯甲》三三七四)

他辞言及祉者，列如下：

丁酉卜，穷　贞：亩伐，木令比嬖王。　贞：亩伐，祉令比廋王。六月。(《屯甲》三五一〇+《京津》一六八一)

壬申子卜：祉㝅，隻。　壬申卜，祉……青(《遗珠》四二一)

祉见于穷及子之卜辞，与木并列，木亦卜人名，知祉乃武丁时人。

卜辞又每称犬祉者：

□卯卜，㱿贞：犬祉，其㞢𣦼。　……㱿贞：犬祉，亡𣦼。(《续编》二、二四、四)

□卯卜，出贞：犬祉……(《文录》一五二)

……穷贞：周𢀛。犬祉𡗜。(《屯乙》七四六一，残存右甲桥，对贞辞缺。)

戊子卜，穷贞：令犬祉族粤〔王〕于虎……(京都大学八七六)

祉盖曾官犬人职，故曰犬祉也。(参本书，519页)《文录》出卜一条与《续编》㱿卜字体相同，且于卯日同卜祉事，足见出与㱿亦同时矣。

虎

癸亥卜，虎。　九月。(《屯乙》四四四)

……辰羽……卯卜虎……(《明》二〇二八)

庚戌卜，虎：勿帝于𪓊。 ……雨…… ……酉……其……（《珠》六四七）

乙丑卜，虎：伐……（《粹》一二八六）

他辞时见虎与自同版。如：

丁巳卜，自：自丁至于辛酉，虎名不，十一月。

丁巳卜，自：自丁至于辛酉，虎其名，允。

丁酉卜，自：自丁酉至于辛丑，虎不其名，允不。（《屯乙》一十三〇十一二六十四二——《殷缀》七七；尚有有关虎之残辞数组，不具录。）

虎亦见于㱿之卜辞，又称“侯虎”。

卜㱿贞：……虎……（《京津》一四五九） 医虎四见（《菁》七），为㱿卜。

至言入言示者，有下列：

虎入百。（《屯甲》三〇一七甲桥）

虎丁。（胡文二一四，善斋藏。）

囟

癸未卜，囟：在我用，每。且乙盟（盟），叶。（《屯乙》八五二六）

按《屯乙》九〇三一，甲桥右下端仅锲一“囟”字，其左辞云：“甲子，朿，𢀛羊。”《汗简》，囟即柙字。《说文》囟读若䕺。

𡈼

……卜𡈼：钔于父丁……⊗牛，受我又。（《南北·明》六二四）

按他辞云“𡈼贞……”（《库方》三八九）似是𡈼字。𡈼为武丁时人，又称子𡈼，“戊辰卜，韦贞：爵子𡈼”（《铁》二四一、三，《佚存》四二字缺）。又称小臣𡈼。（《拾掇》三四三反）卜辞言𡈼事甚悉，详《巴黎甲骨录》及白川静《甲金文学论丛》六集（《殷代雄族考》之三）。

丘

癸卯卜，丘：令㽙田徲……（《佚存》二三四）

丘见于宊𡆥之卜辞：

己酉卜，宊贞：乎丘㑒。　己酉卜，宊贞：勿衣，乎从丘㑒。（《屯乙》六六八四）

甲辰卜，宊贞：乎凡丘。　贞：亩㑒乎凡丘。（《屯乙》七七九三，同版争卜。）

乙巳卜，𡆥贞：丘出……（《铁》二〇二、四）

他辞云：

……丘亡冓……（《佚存》八三四）

殆即丘字。

万

丙午卜，万：　（《屯乙》三六七）　小字。

万即子万，见《佚存》七九九、《摭续》三二三，两字合文。万与子𠭯同时，字亦作沥。

乎子𠭯从沥出鹿。（《屯乙》八〇七五）　字大。

万本地名：

卜，宊贞：𣎆其往万。（《前编》五、三一、三）

……𡆥于万。（《林》二、二、一三）

子𠭯弗其隻，在万。（《屯乙》五九五六）

□寅卜：万受年。（《前》三、三〇、五）

叀沥田，亡戋。　弜田沥。（京都大学一一七八）

俱其明证。

厺

卜辞言卜厺者：

辛卯卜，厺：不其氐尸。（《屯甲》三〇一八）

他辞云：

甲午卜，𡧊：令厺𡿨𢀛尹。（《殷缀》三五）

由𡧊知厺乃属武丁时。甲尾刻辞每见“厺入”语，如：

厺入。（《屯甲》三〇七四）

㞢

……㞢贞……（《戬寿》三一、一三）

𡦹

戊午卜，𡦹：𤉲弗其𠬝鹿。 壬午卜，王弗其隻，在万。（《屯乙》七六八〇）

丁酉〔卜〕，㐲：来豕，弗其𢘓，在……（《铁》一三八、三）

𡦹见于㚘之卜辞云：

□午卜，㚘：𡦹步。（《佚存》四三九）

他辞云："壬午卜，贞：𡦹……"（《京津》二三一一，《邺》三下五〇、六重。）

𢍏

乙酉卜，𢍏：……〔执〕……女……（《屯乙》三八〇三） 乙酉〔卜〕，𢍏：今夕，执于〔𠂢〕。（《屯乙》七三一八） 两片似可缀。

卜㕟：𥝌之（《京津》三一四九）

他辞云：

丙戌卜，贞：𢍏至，自亡若。 丙戌，𢦏。（《屯乙》四五四九）

又为地名。

□申卜，贞：𢍏……于𣏟。（《屯乙》三四七八）

要

辛丑卜，要：钔且乙。 辛丑卜，隹宗丙。 隹且戊𠫤。（《宁沪》一、一八六）

丁酉卜，𡠧：帝青。 丁酉卜，𡆥帝…… 癸卯卜，其疒。（《粹》一二六八）

𡠧乃妇人名，他辞云："帚𡠧……弗……"（《佚存》七三二）《屯乙》

八〇七："亩𡝤乎……"郭氏云：𡝤即要字。按小篆作𡝤。

咰

咰为人名，仅二见。

□丑卜，咰：……隻……不。（《屯乙》二二八）

丙子卜，咰罜隽……（《屯乙》三一六）

按咰从旬从口，乃"咰"字，《玉篇》："咰，饮也。"《楚世家》有熊咰，《史记》作眴，《集韵·十八谆》：询、䜭、咰一字。他辞云："□子卜……贞：咰……二月。"（《屯甲》二〇四）咰殆人名。

⿰口凡

壬午卜，⿰口凡：隹……　壬午卜，⿰口凡：不隹……自……（《南北·坊》四、一五五）

他辞言⿰口凡入者，有《前编》六、二九、三，《续编》四、一二、五，《拾掇》三二八。

⿱内正

……卜⿱内正……[illegible]亡……六月。（《粹编》一三八八）

按⿱内正字，郭氏释窋，误。上体明为内而非穴。《簠室·文字》七四残辞存"戊……⿱内正……"二字。⿱内正与⿱止正疋，不知是否一人？他辞有子⿱止正，如"癸巳卜，子⿱止正亡囚。"（《屯乙》八七一三）又有人名疋。

丁亥卜疋……（《前编》六、二四、二，《林》一、二九、一八重。）

……穷贞：……疋叶王事。（《屯乙》三九九三）

姑列于此以俟考。

[illegible]

《后编》下二〇、一〇存"[illegible]卜"二字，铜器《父辛盘》有[illegible]字，形同。从言，从人系尾执箕。此可能是卜人名字，旧释为仆，殊无据。

丁巳卜，：方三子。　丁亥卜，：㞢父戊亩……（《库方》一八九）

按陈氏《卜人篇》于乙辛贞人，增列一人。并云：此字补刻在己亥卜贞左旁，仅一见。考原文云：“己亥卜贞：王穷岁，亡尤。”（《屯甲》二七）在“卜”字左侧，有“”字，是否卜人，兹存疑。

司

乎司卜（《屯乙》六二七三）

按此辞可作二解，司或为人名，或司卜二字合读为官名，即指卜人，因乏他证，姑附于此。

卷十九 结 语

一、论称谓与断代

殷虚卜辞所见贞卜者，除王自卜外，其他贞卜者或记名或否，本书即就记名之贞卜者，分人加以研究。由贞卜者对于先王之称谓，可推知其年代。

（甲）武丁时

（一）卜辞中有“父乙”称谓者，即武丁时称其父小乙。

（二）卜辞中有“父甲、父庚、父辛”并见者，即武丁时称其诸父阳甲、盘庚、小辛。

（乙）祖庚祖甲时

（一）卜辞中有“父丁”称谓者，即祖庚、祖甲时称其父武丁。

卜人如大、旅、行、即、尹、涿、口是。

（二）卜辞中有“兄庚”称谓者，即祖甲时称其兄祖庚。

卜人如大、尹、行、旅、即、豕、𠙵、吴等是。

（三）卜辞中有“兄己”称谓者，即祖庚、祖甲时称其兄祖己。

卜人如旅、行、即、尹、𠙵、何等是。

（丙）廪辛康丁时

（一）有“父己”称谓者，即廪辛康丁时对“祖己”之称。

卜人如口等是。

（二）有“父庚”、“父甲”称谓者，即廪辛康丁时对其父行祖庚、祖甲之称。

卜人如彭、何等是。

（丁）武乙时

有“祖甲”称谓者，即武乙称其祖父之祖甲。

如泳卜辞有“祭祖甲，𠭰耆甲”语。（《前编》一、一九、五）

二、论同时期贞卜者在甲骨上所见之关系

凡贞卜者对于先王称谓相同，可推知其时代必相同。如贞卜者甲乙二人，记名见于同版，或同辞中甲卜而称及乙或丙者，与虽异人所卜而时同事同者，有此三事，均得证明彼辈属于同时，今称之为“同版关系”、“同辞关系”及“异版同时同事关系。”

（甲）同版关系

同版关系有二种：

一为同一龟甲或骨片，有若干组辞，由甲乙丙不同人贞卜者。

一为同一龟甲或骨版上，由甲贞卜，而其背面有乙或丙之署名者。（如《屯乙》三二八七迮卜辞，背有争之署名，《屯乙》八一七二㲋卜辞，背有殸之记名，是其例。）

由以上两项，可推知甲乙丙为同时之人。另详附录一《贞卜人物同版关系表》。

（乙）同辞关系

谓甲之卜辞中，言及乙或丙者，可知甲乙丙必同时。本书推知卜人时代，对此特加注意。详附录二《贞卜人物同辞关系表》。

（丙）异版同时同事关系

此类所见较少，举例言之，如韦、迮、中、㲋诸人，俱于甲午日分卜四方及亚地受年之事。

又如事与兄二人，同于癸亥日卜甲子夕燮事（《簠室·杂事》一一六与《前编》五、三三、四），旅与瀁同卜“龙不既骍”事（《拾掇》二、四八七及《缀合编》九六）。

凡此同日同事之卜，足证其人必属同时。

三、论贞卜者契刻者与字形

旧说恒以字形书体为断代标准，又认为该辞记名之贞卜者，即该片之契刻者，今细究之，此说大有可商。

（甲）同事异版异人所卜，而字形相同。

其最明显之证据，即为韦（《屯乙》八一六七＋八三二〇）、𦎫（《屯乙》八一七二）、中（《屯乙》三九二五）、丮（《屯乙》三二八七）诸人，于甲午日所卜受年各片，其字体风格悉同，盖出一人之手；可见当日锲刻者乃别由史官任之，与贞卜者异其职掌。（《周礼》“内史掌书王命，遂贰之。”郑注谓：“副写藏之。”又“外史掌书外令，……掌达书名于四方，若以书使于四方，则书其令。”周制，书写由内史、外史司之，想殷时亦然。）莅卜者非即史官，亦犹王自卜之辞，必非由王自行书写锲刻也。

（乙）同一贞卜者之卜辞，每异其字形。

卜辞既非由贞卜者自行书写锲刻，故同一卜人，而书体每异其风格。举例言之：

卜人穷，习见多作雄伟书体；亦有纤细似子徂卜辞者，如《屯甲》三四三〇；亦有小字严整，近于所谓第五期者，如《前编》八、一三、三，《续编》四、四六、二是。

卜人争书体有笔画微细而颓靡恣肆者，如《林》二、三〇、一〇；有纤小者，如《前编》四、四六、四；有整饬似所谓“第五期”者，如《续存》上二二八（《京津》六三四重），《拾掇》二、六三（《京津》二三五四重），《前编》六、五一、二是（同版有卜人立，字体与立之卜辞亦相类），又《林》二、七、六（《前》七、一、四重），亦另一风格，上举各片，与争习见之字体均不类。

卜人吕书体亦有细小者，如《前编》四、三一、二。而卜人大之书有类似穷争者，如《前编》七、三〇、一（《林》一、一六、一七重）。叡则大字细书均见之（大字如《拾掇》二、一三四；细字如《屯乙》八二〇六）。至于夨之怪谲，我与余之奇肆（如《屯乙》六二九八），在在可见一人之辞，而字形多体。所谓雄伟、谨饬、颓靡、严整之风格，各期均有之，故欲纯据字体，作为断代根据，窃期期以为不可也。（岛邦男《殷虚卜辞研究》一书，概以字形书体分期；姑拈一例论之，如岛氏书50页引《佚存》一七〇出卜，列于第二期，然细审原书，商氏释文谓为殻卜，何能遽入第二期耶?）

四、论卜人名称之字例

卜人名称，同是一人，而异形颇多，此与一般甲骨文字例相同。大别言之，约有四项：

（甲）繁体　增益偏旁，习见以益水、止、辵、又等为多。

益水旁　如羍之作㴓　帚之作㴆　何之作㳊

益止旁　如宊之作𡧏　韦之作𩏑（《屯乙》二一一八，从三“止”）

益辵旁亍旁　如屰之作逆　彴之作𢔶

益又旁　如㚔之作𡠠又作𢽊　帚之作𡠦

（乙）省体

如殻之作青。（《缀合编》附图二四）

𢆶之作𢆰。（《簠室·贞类》三六　《屯甲》三五一五　《京津》一四六三）

㚔之作𡴘。（参《巴黎》一释文）

（丙）并体

如卣之作𠧩。

按契文并体常见者，如不之作𠀚（《拾遗》一四、一六），旻之作𣌭（《珠》二九四），易之作𠤤（《文录》三七九），是其例。

（丁）异体

如韦之作𩏑（《屯乙》六七七二，八一六七，八三二〇），𩏑（《屯乙》三二〇六）。

𦣞之作𦣞（《前编》六、三九、八），𦣞（《续存》上八九二），𦣞（《后》下二三、一二）。

五、论贞卜者与甲骨上署名者

甲骨上每见人物署名，以签署之部位论，有背甲（及其顶端）、甲桥、骨臼、骨面、甲尾（正面反面）各处；以签署之款式论，有下列各种：

（甲）单署一名者。

（乙）同署两名者。如《福氏》五识内、亘二名。

（丙）记示乂及入贡，于辞之末署名者。

（丁）记入贡事，兼记时或记地，再署名于末者。如“乙亥，帚井丅九乂。㝉。”（《屯甲》二九三五臼）

“癸亥，𠣞三自雩、十乂。　吅。”（《粹编》一五〇三臼）

此类记事刻辞，胡厚宣氏曾有统计，谓武丁时签名者共二十三人，廪康时签名者，有狄一人（见所作《卜辞记事文字史官签名例》，《史语所集刊》第12本），今再考之，实不止此数。此类签署者，胡氏概目为史官，然十分之九与卜人同名。

其单署一名而同于卜人者，有：㱿、㝉、争、𡆥、𠀠、㠯、永、亘、岳、先、𡆥、我、𠣞、耳、葡、中、𠬪、出、旅、壴、彭、豕、狄、河、𢦏等。其不见为卜人者，又有雀、𢆶、贮、㮊、𠀠、妻、缶等。

其署名于入贡刻辞之末者，有：㱿、㝉、亘、争、𡆥、吅、㠯、永、𡆥、韦、内、岳、我、中、取、𠣞、史、耳、葡、先、𠬪、𠀠、喜、河、何、壴、行、豕、𠂤、雀、犬、巛、宜、𢆶、小臣中、小𠬪等，小臣中当与卜人中有关。自雀以下，未见为卜人，余则概与卜人同名。河何殆是一名，巛与卜人||，疑亦是一人。𠀠见《屯甲》三〇〇六，辞云：“𠀠入，”与卜人𠀠疑似是一文也。

关于此类刻辞及致贡方国人物，另详本书《外编》。

六、论贞卜者与记事刻辞

记事刻辞，为非贞卜性质，包括甲桥、甲尾、背甲、骨臼各部分刻辞，所记大抵有“入”者、“氏”者、“示”（寘）者、“取”者、“来”者诸项，向均目为贡龟之事，实则方国人物记入贡之数。

其入者、氏者之人物名称，亦多与卜人相同，兹举如次：

卜人名　入贡者名

彳往　彳往入十（《屯乙》四八六五甲桥）

㕡　乙未，㕡入二。（《屯乙》四五二七）

𡧊　己丑，𡧊丅三乂。　岳。（《诚斋》四二六骨臼，《粹编》一五〇六重。）

宁　宁六（《屯乙》七七六八甲桥）

宁……（胡厚宣文引善斋片）

子　子入（《屯甲》三〇四九，亦见《殷缀》六二，同版见卜人衠。）

子入（《屯甲》四四九，亦见《殷缀》三三四。）

子入（《库方》一九三一甲尾）又胡文二八四引善斋片。

氺　氺入四十（京都大学九四一）

㐺　㐺入十（《屯乙》四五二五）

侑　侑入十（《京津》六）

侑氏（《京津》二一八、《宁沪》三、一〇重。）

叶　册入一（《京津》八）

由氏五（《屯乙》二〇一八甲桥，又《殷缀》一七六。）

先　先氏五十（《殷缀》一三七——《屯乙》一一七一十二五二六十二七一〇）

……先氏……（《屯乙》二九六五，二二四七甲桥〔又《殷缀》一七〇〕《南北·坊》三、八。）

喜　喜入五（《屯乙》四三〇七甲桥，四五九七同，又见《殷缀》二二二。）

喜丁卅（《屯甲》三一四九残片）

喜丁（《林》一、二、六，《遗珠》一三五〇，《续存》上五二重。）

壴　壴入十　㝑（《双剑》四）

壴入七（《屯乙》一二一二）

壴入五（《屯乙》七三七八甲桥，字大）

壴入二（《屯乙》一八九五，一九三八甲桥〔又见《殷缀》一六四〕，《屯乙》四〇六八重。）

壴入二十（《屯乙》二八五九）

壴入四十（《屯乙》三二六五）

壴入……（《屯乙》一六六一，又四二二一，四三八一，五五九九甲桥，即《殷缀》三一四。）

壴入十（《屯乙》三五〇八，又四〇八三，四五一四，五五〇八甲桥，又《殷缀》三一二。）

行　行取二十五（《屯乙》七三一一甲桥，同版有帚井。）

行取……（《后编》下二、一二，胡文六六引善斋片，《后编》下一三、四甲桥存“行”字。）

何　　来三百　何（《屯甲》二九八三反）胡文一一五引作“𨸏”，非。
口　　口取贝六百（《侯家庄》十七）
㲋　　㲋入十（《屯乙》四四八四）

七、论贞卜者与诸子及诸妇

卜辞所见人物，有子某及妇某之号，多与贞卜者同名。

（甲）称子某者：		卜人名
子亘	见殷玺	亘
子韦	《后》下一八、二。	韦
子希	《屯乙》七〇九六，又二五七五。	希
子漨	《续存》上一〇七〇（《京津》二〇八六重），《拾遗》九、一，《林》二、一四、一。	漨
子取	《京津》三〇八八。	取
子不	《续》五、九、一，又五、一三、五，《屯乙》五四〇三。	不
子大	《屯乙》三八九五，四九一〇，《铁》一四九、四，《前编》六、六三、一。	大
子尹	《屯乙》一〇五。	尹
子𠙵	《京津》二〇九六，李棪藏甲。	𠙵
子兄	《屯乙》三七五。	兄
子何	《屯乙》六五四八＋四九五一。	何
（乙）称妇某者：		卜人名
妇永	《殷缀》三五六。	永
妇先	《后》上二九、二。	先
妇㐺	㛄《粹编》一四九一，《林》一、二〇、一七，亦名帚𡚸。（《后》下二七、一〇）	㐺
妇中	《前》七、二一、三，《屯甲》二六九一，字作叓。	中、叓
妇尹	《续》五、二二、二，见争卜。	尹
妇𠙵	《屯乙》七三四五，㱿卜。	𠙵
妇㣈	《屯乙》四五〇四，《粹》一二四二，亦作妇㚬。（《粹编》一四八三）	㣈
妇叀	《库方》一五八三。	専

妇喜　《粹》一四八六，又一四八七（《京津》二九三重），有𠙵及岳署名。　喜

妇壴　《屯乙》四五〇四，《京津》一五三。　壴

妇亚　《拾缀》三四二。　亚

妇不　《续》五、一九、一五。　不

妇卣　《明义士》三六五。　卣

（丙）又有益女旁于妇者　卜人名

㵶　《屯乙》四六七七。　㴆

妕　《屯乙》八九三九。　中

奸　《屯乙》七〇四一。　午

妹　《屯乙》一五四〇，一七五〇。　木

娣　《屯甲》三四一八。　屰

妥　《屯乙》五四〇五。　𠓞

（帚）妸　《天壤》七二臼　《簠室·典礼》四九臼　何

此似亦可视为女某合文，如女嫈、女英、女匽、女𧻚之例。

（丁）子某有时倒称曰某子者

告子　《屯乙》三四二六。　告

𠙵子　《京津》二〇九七。　𠙵

亚子　《屯甲》三〇一一。　亚

𠂹子　《屯甲》三〇〇〇，《库方》五三二。　午

帚子　《续存》上四〇七。　𠭰、帚

所谓子某妇某，向以为武丁之子及妃嫔，然无确证。按子某即多子，卜辞多子屡见，《尚书·洛诰》云："予旦以多子越御事，笃前人成烈。"孔氏《正义》："子者，有德之称，大夫皆称子，故以多子为众卿大夫。"是卜辞之子某乃是臣僚也。

子字可作（一）子爵，或（二）殷姓子氏，（三）男子美称，（四）王子，数种解释；至"子"下一字，可作封邑地名或人名解。

上举子某诸名，如亘、韦、𢂘、不……，皆可目为地名；至称某子者，其属地名，更为显著。

八、论贞卜者与地名

贞卜者之名，卜辞所见有时亦为地名，本书于卜人每条之下，多有考证，兹举例如下：

（甲）称方者，如：

亘　有亘方（《粹编》一九三）

大　有大方（《粹编》八〇一又一一五二，《屯乙》一二一十二二九。）

（乙）称𠂤者，如：

壴　有𠂤壴𠂤澍（《文录》一八〇，又五六一。）

喜　有𠂤喜𠂤譆（《文录》六八一，又六八二。）

张秉权氏已注意及此，彼于《小屯丙编》考释曾指出若干事实：

一、卜辞中的人名与地名，大都有着密切的关系。

二、卜辞中的名词，有时无法确定它究竟是一个人名、地名或族名，因此利用这些名词来断代的时候，不能不有所限制。

三、卜辞中一般所见那些名词的实质，究竟是官名还是私名，尚待仔细考查。（《丙编考释》12 页）

日本岛邦男以为卜辞所见之“子某”，子下一字为地名，于是“子䇂”、“子汏”、“子不”等，遂被分割为若干时期。（彼据字形为断代标准，其说仍有待于研究。）

今考贞卜者之名，有同于小臣者，如小臣中、小臣𠀠、小臣口与卜人中、卜人𠀠、卜人口同名。亦有与侯伯相同。与“侯”名相同者，如：

禾　禾侯（《后编》下八、六又八、七）

先　先侯（《前编》二、二八、二）

亚　亚侯（《邺中》三下四三、九）

光　侯光（《前编》四、四一、六）

专　侯专（《京津》一六六七，《佚存》八重。）

告　侯告（《库方》一六三七，《续编》五、三一、五。）

𠊧　侯𠊧（《屯甲》三三三二）

洼　侯洼（《屯乙》九四八）

与伯名相同者

叶　叶白（《库方》一五五一）

虘　虘白（《屯甲》三六五二，《鄴中》三下三六、九。）

木　伯木（《佚存》一九五）

殆因其为方国首长，故取以为号。故贞卜人物之名号，其中不少原为地名，此等称谓，有时不是某一个人之私名，可以指若干人。例如春秋之齐侯晋侯，可指若干世之齐君晋君，不能专属小白与重耳。贞卜人物中，私名与地名之性质，不易辨明，此亦断代困难之所在者也。

至卜人以地名名者，古籍亦见之，春秋有“卜楚丘”（见《左》闵二年，杜注：“楚丘，卜人姓名”），与卜辞例正相同。

九、论贞人断代与分人研究法

甲骨刻辞前辞中，所见“卜”下“贞”上一字，其义向不能识。自董作宾氏确定为人名后，卜辞断代研究之基础，因得建立。其后董氏又以子𠂤诸人改属文武丁时，别倡为分派之说；陈梦家及日本贝塚茂树、岛邦男诸氏赓续研究，颇多苴正。作者于此问题留心有年，本书初稿写成后，于1956年夏杪付排，其时陈氏、岛邦氏之书尚未刊布；而本书因刻字之困难，校印历时三载，故于校稿时，随文增益，于各家之说，多所扬搉。兹将自董氏以来有关贞卜人物之著作列下：

董作宾　《甲骨文断代研究例》

　　　　《小屯乙编序》

　　　　《甲骨学五十年》

张秉权　《贞人补遗》（中央研究院《史语所集刊》第二十五本《殷虚文字劄记》）

　　　　《小屯丙编考释》

陈梦家　《甲骨断代学·卜人篇》（《考古学报》第六期）

　　　　《殷虚卜辞综述》

贝塚茂树、伊藤道治　《甲骨文断代研究之再检讨》（《东方学报》京都23册《殷代青铜文化の研究》）

岛邦男　《贞人补正》（《甲骨学》第四、五合并号）

　　　　《殷墟卜辞研究》

董氏于《甲骨学五十年》一书中，揭橥第一期武丁时代之贞人，原列十一人，后增至二十五人。第二期祖庚祖甲时代，原列六人，继增至十六人。

第三期廪辛康丁时代，原列八人，继增至十二人。第四期武乙文武丁时代，列十七人。第五期帝乙帝辛时代，原列黄一人，继增至四人。张秉权氏《贞人补遗》又增第一期之匃沐，第二三期之罟卯，第五期之亚共五人。陈梦家于《甲骨断代学》及《殷虚卜辞综述》中举出卜人共一二〇人。日本岛邦男及李学勤氏于陈著《综述》书评（《考古学报》，第三期（1957 年））中略有匡正。本书综合各家，删并之后，益以钩索所得，计得卜人共一百一十七人及备考二十人，此为现存数万片甲骨刻辞中所见贞卜人物人数之初步统计。（其中如永与泳，豖与涿等，可能系一人，姑分为二，以待续证。）

至于各卜人之时代，有父乙称谓者，自属于武丁；有父丁称谓者，自属于祖庚祖甲。此两时期之人物，最易确定，诸家所见均同。其最为纷纭难决者，惟所谓文武丁时期之卜人。自董氏于《小屯乙编序》将扶、𠂤、子、𢓊……诸人改隶文武丁时代后，日本贝塚茂树于《甲骨文断代研究之再检讨》中首呈异议，认为应属武丁时。陈氏《综述》亦主武丁时说。日本岛邦男氏又主武乙文丁时。近李学勤作《帝乙时代的非王卜辞》（《考古学报》1958，第一期）又主子[illegible]辈宜属帝乙。可谓混乱之至。寻各家立说，多未遍稽全部卜辞，以明其同版与同辞关系，故多柄凿难信。余考扶与穷内同版，又见于穷之卜辞，自不能下至文武丁之世，故本书仍主武丁说（参看 403、534、538 页，对岛邦氏说之批评）。又向来不认为有问题者，即所谓第五期帝乙帝辛之卜人如泳、黄等，本书则提出修正之新说，改属武丁晚期以降，其主要论据如下：

（一）泳与亘、穷、子𢆶、沚戓等同版，见大英博物院藏巨骨。

（二）泳又见于争、亘、兄、出、宁、行、員诸人之卜辞。

（三）泳卜辞所见七甲连祀之祭，终于祖甲。

由是观之，泳应为武丁至武乙时人，所谓第五期之说，实宜重加考虑。可见卜人每跨越数代，旧说喜肯定某卜人为某王时人，此只可作为假定之相对年代，不能目为绝对年代。

以前对于贞人研究，已有相当成就，惟因资料搜集不完全，故结论未见坚实。甚或依据贞人之年代，就若干少数卜辞所见到之字形、书体、文例立为断代标准，借以解释整部卜辞，此种以偏概全之假定标准，实未经详细分析及归纳所得，遽尔加以运用，殊属危险（如“分派研究”即其一例）。本书所以主张“分人研究法”者，即在避免此种以未成熟之假定法则，作片面论断，而将卜人之有关资料，加以搜集，分类归纳，使殷代贞卜人物及其相互关系，获得具体之认识，倘必斤斤于时代之划分，则难免诒刻舟求剑之诮也。

十、论贞卜事类

董氏断代标准有“事类”一项，其意以为就某类卜事之多寡而统计之，可以窥见每一王朝时王之好尚；及由某类卜事之有无，以推知各朝礼制之因革情形，其“分派说”即自此推论而出。窃谓现存甲骨，仅能代表局部少数史料，如因其未见或少见，遂断言当日无此项卜事，不免有默证之嫌。（如大之卜辞，卜旬仅一见，而兄之卜辞，则卜旬之事触目皆是，大与兄同属祖庚祖甲时，而卜旬所见之数字，悬殊如此。）至用统计方法，则仅能适用于现有某项资料，若资料有增加更动，则此统计数字即须修正矣。

关于天象方面，雨、旸、风、云之卜，武丁、庚、甲卜辞均有之；武丁时则又有卜水卜雷及月食鸣鸟之占，庚甲之辞未见。人事方面，武丁卜年甚多，庚甲廩康则只见于大及出、何之卜辞。卜疾病者，武丁常见，庚甲卜辞惟出有之。其他卜田狩、卜往来，两期皆习见。至于祭祀之卜，如钔、㞢、彭、朿、告、米、宜、彡、曹、衣、图、咎、祀、升、匚、卯、伐、奠、飨、岁、祭、澉、用等祭礼，两期并见。

兹于各期贞卜事类，列为简表于后，可略见现存甲骨所记武丁以来卜事之异同，借资比照云（见附录三）。

十一、论分派说

董氏于《殷历谱》，首创卜辞分派研究法，嗣于《甲骨学五十年》（142～163页）及《殷代的革命政治家》（载《中国政治思想与制度史论集》）续有申述。其意以为殷代礼制，至祖甲有重大变革，若祀典之订定、历法之改革、文字之更易、卜事之整顿等，皆荦荦大端。董氏之说，乃从极少数祖甲廩辛康丁时卜辞（即彼所谓第二三期之卜辞）观察得来。彼又将所谓第二期之祖庚祖甲卜辞，区分为二类，而以同于武丁制度者，列入前期之祖庚，以别于祖甲，其实祖庚与祖甲之卜辞，绝无严格标准可以划分。董氏又将𠂤、自、彴诸人卜辞，列入彼所谓第四期之文武丁时，且目为旧派，谓至文武丁又恢复古制；虽胡厚宣犹被讥为不懂分派新法。然“分派法”是否正确？有重新研讨之必要。今就本书胪列有父丁称谓之卜人，若大、出、兄、旅、矣、即、喜、口、行、何诸人所卜事类观之，与董君之说，颇多出入，兹不避覼缕，扬搉而论之。

（甲）祀典

董氏谓旧派受祭祖先，有上甲以前之远祖，兼祀先臣及山川社稷；新派则将远祖先臣山川社稷之祭，一概废除。又谓祖甲为祀典中名实之统一，废除“唐”之称谓，改用“大乙”，今观下列各条，似不尽符董说。

夏　　𡈼卜（《金璋》七〇）　矣卜（《续编》四、二三、一）　旅卜（《续存》下五九九）

喜卜（《缀合》一八）

河　　口卜（《屯甲》二〇九一）　行卜（《前编》二、二六、二）

夏　河　岳　　何卜（《缀合》三四〇）

季　　旅卜（《续存》下六〇〇，《明》二四六，《前编》五、四〇、四。）

唐　　何卜（《前编》一、四七、三，《续编》一、七、五，《南北·明》四三三。）

即卜（《邺》二下三八、一）　旅卜（《明义士》八四）

丁　唐　　喜卜（《天》四四　《续编》一、七、三）

董氏又谓钔、匚、册、帝、烄、告、求（𠦪）、祝八种祭祀，只有旧派举行，新派无之。又谓旧派之𡆥祭，新派所不见；及新派改“㞢”为“又”。今考：

烄　见于大卜（《库方》一二〇八）　旅卜（《续存》下五九九）　何卜（《屯甲》二四七六）

𠦪　见于旅卜（《文录》三三〇）　喜卜（《缀合》一八“𠦪夏”）　狄卜（《屯甲》三九一六）

祝　见于喜卜（《簠·贞》六，《南北·诚》七二）　何卜（《佚存》二六六十二五七）　矣卜（《续存》上一五〇七字作“䄍”）

告　见于大卜（《佚存》八八一，《库方》一一七七）　旅卜（《续存》上一五九一，又下五九九：“告夏”）　矣卜（《金璋》四六）

㫝　见于大卜（《燕大》二八）　㬹卜（《后编》下三三、一）

匚　见于大及出卜（《续编》一、四四、五，《遗珠》二八）

㞢　见于矣卜（《文录》五一九）　大卜（《续编》二、一八、一）

由上可见祖甲以来，大乙与唐两名仍兼用，亦未废远祖与山川之祀典，及祭事之重大改革也。

（乙）历法

董氏谓祖甲卜辞中绝无“十三月”，又将“一月”改为“正月”。又云“祖甲”改历之举，主要是置闰于当闰之月，不必更于年终方置“十三月”。其改月名，也是如此，系干支于太阴月，不复独立计算，故加一个“在”字。今按祖甲卜人即、出、矣、兄、大、尹、行、及廪康卜人何等，均有“十三月”之名，列举如次：

大卜　十三月（《前编》三、二二、六）

出卜　十三月（《京津》三五九六，《邺》初三五、一重；凡两见。）

中卜　十三月（《七集·普》）

即卜　十三月（《邺》二下三八、一）

兄卜　十三月（《佚存》四七）

矣卜　十三月（《戬》四五、八，《续编》四、二三、一重。）

𠙵卜　十三月（《南北·无》四八九）

尹卜　在十三月（《明义士》一五一三）

行卜　在十三月（《文录》四五六）

何卜　十三月（《续存》一七五四）

又𠙵卜辞且有“十四月”之名（《续存》上一四九二）。足见祖甲时仍于年终置闰，与武丁时无异大。至云祖甲不称“一月”而称“正月”，特于月名上系“在”字以示别；验之各辞亦不尽然。兹列举其例于下：

即卜　一月（《戬》二九、五，　《续编》二、一三、九重。）　无“在”字。

　　　在正月（《缀合编》二九三，《南北·文》八四。）

矣卜　一月（《邺初》下三九、三，《京津》三四四三重。）无“在”字。

旅卜　在一月（《金璋》一二三，《库方》一二一六。）

　　　在正月（《库方》一二〇四）

何卜　一月（《宁沪》三、二三六）无“在”字不改称“正月”。

由上知祖甲时“一月”、“正月”两名，实兼用之，而“在”字亦或系或否，原无定例。（《侯家庄》二七光卜辞云：“在正月取”，光属武丁，知其时已有正月之称。）

从上列事实观之，谓祖甲改历，尚乏的证。惟祖甲历法可灼知者：

旬有一月四旬（见矣卜）及小旬（见喜卜，与㱿卜辞同）。月有十三月、十四月（见𠙵卜），闰法仍行岁终置闰（即大岁之十三月），间亦岁中置闰

（如出卜之十月有五旬是），似甚紊乱，如是未必能全合天，故孔子虽殷人，乃主行夏之时，或以此欤？

其他记月名之特例，尚有加“之”字曰“之十二月”（《后编》三三、八），及加“王”字称“王（玄）十月”（《续存》下一七七）者。

（丙）文字

董氏所举例字，如谓祖甲时王字上必加一横画作“玊”，今观矣、何、兄、出等人卜辞俱有“玄”字，参本书卷二论卜王条。（62～65页）

董氏又举新派改“㞢”为“又”及旧派以田字为农田专字，新派则用田为畋猎专字，按大、矣、出各人卜辞，均“㞢”与“又”兼用。

至田字，穷之卜辞亦用作畋猎字。参本书181页。

（丁）卜事

董氏谓祖甲革新占卜之制，废除若干卜事。如卜雨、卜晴、卜年、卜梦、卜疾病等，皆不复贞卜。今案本书已将祖甲卜辞列出，如大、出、兄、㞢、即，并有雨旸之卜；旅、矣、尹、行、何、㲋、逐，皆卜雨；大、出、何，俱卜年；出复卜梦；即与出皆卜疾，证据昭彰，是谓祖甲废除迷信过甚之卜事，似非事实。（请参看附录三《各期贞卜事类表》）

综上四项，足见祖甲改制之说，及所谓“分派”方法，以区别新旧派礼制之异，仅是一种假设而已。窃谓董氏于甲骨学贡献最巨者，为贞人之确定。此一发见，可与法人 Champollion 对于埃及象形文上黑线环（Cartouche）之解释，同为考古学上开荒之盛举，足以东西辉映。本书之作，董氏实导吾先路；至于分派一说，彼此间见解违异，于董氏无伤日月之明，学术贵在实事求是，无取乎逞才扬己。昔康成注《周礼》，于二郑（兴、众）之参错者，赞而辨之（见贾公彦《序周礼废兴》），陈兰甫以为美谈（见《东塾读书记》“郑学”条），治学态度，固应如是，谅必不以予言为迕，而有以督教之也。

十二、贞人刊误

董氏《甲骨五十年》列举各期贞人，其中不无微误。如误“大”为“而”（原书引《林》一、二六、七，此片《拾掇》二、一五一文同，卜人明为“大”，董氏误“大”为“而”，并入第一期，非是），误𢆶为君（原书引《续编》五、三一、八，实应为“𢦏”，而非“君”字），至其分史与吏，别韦与𢍰（原书引《屯乙》八三二〇）为二人，本书则合为一，说见《卜人事辑》。

陈氏《综述》列举卜人一百二十人，间亦有可商者，其说分见各《卜人事辑》下。日本岛邦男氏作《贞人补正》初载于《甲骨学》（1956年版）继复加增订，系于《殷墟卜辞研究》（1958年版）序论之前，于董陈二家贞人，略有校正，重列为表；其添入之贞人，亦多舛误，兹举如次（余详本书卜人各条）。

 《屯乙》七四九，乃“永”字，岛邦氏误依《综述》，说见本书370页。

目 见《铁》六二、二。按此条《六录・束氏》六四重出，据拓本及胡氏摹本，应是“㠯”字。

 岛邦氏注《京津》一七六，查原书无此条。

 见《屯甲》三五一五左甲尾，细审之乃字，即卜人事，《京津》一四六三，《簠室・贞类》三六，并有此人，说详本书357页。

 见《屯甲》一五七六，似为（午）字剥蚀，非弔字。

 见《拾掇》一、二四。按原拓作甚明，乃“勺”字，参本书422页。

 见《佚存》一〇八，据拓本及商氏释文，即“自”字，不宜别出。

 见《屯甲》三〇一四，此片亦见《殷缀》五八，可与《屯甲》三〇二〇吉卜生二八三缀合，原文应为上下二组辞，“丙午卜，勿贞：不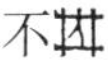。丙午卜，勿贞：不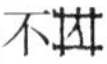。”即“不”字，非人名，参本书卜人勿条。

卷二十　附录一　贞卜人物同版关系表

㱿

穷　《菁华》七　《续编》一、五三、一　《遗珠》六二〇　《天壤》二四　《金璋》七一六

争　《前编》七、一一、一　《菁华》七　《屯乙》四〇五七　又五三二九　《续编》一、五三、一

亘　《续编》一、二三、三　《前编》七、一一、一　《遗珠》六二〇　《金璋》六九九

永　《金璋》七一六　《菁华》七　《南北·师》二、一三八

内　《屯乙》八一一　又五三二九

𠯁　《续编》三、三、一（《簠室·征伐》二三重）又五、一一、一　《佚存》九八二　《前编》七、三三、三

葡　《续编》一、二三、三（《簠室·贞类》五重）

𡗜　《七集·卫》五

𡆥　《续编》五、三三、四　《屯乙》一七一四　又三〇六六　《前编》四、八、一（同书五、一四、五自重）

韦　《粹编》一一五三　《屯乙》八一六七

𦘔　《屯乙》八一七二

佣　《屯丙》六三——《屯乙》六九六二十二〇四二十二二二〇

穷

𣪊　见上𣪊条

争　《前编》二、九、三　《续编》二、一六、四

韦　《续编》五、九、一　《屯乙》五八九八

亘　《遗珠》四四三　《前编》六、二、一　又七、三七、二　《库方》一五一一

内　《金璋》七一〇

𠙵　《前编》五、四〇、五（同书五、四〇、三自重）　《福氏》三五

允　《屯甲》三五一〇　又二一二二　《粹编》一四一九

永　《菁华》七　《金璋》七一六

泳　《库方》一五一一

𡆥　《前编》七、三七、二　《续编》一、三、二（《平津·元》一及《续存》上七九重）又一、四五、一

夨　《屯甲》二三六一

争

𣪊　《菁华》七　《前编》七、一一、一　《续编》一、五三、一　《屯乙》四〇五七　又五三二九

穷　《前编》二、九、三　《续编》二、一六、四

亘　《前编》七、一一、一　《金璋》六九九　《续编》一、三四、二（《南北·诚》八重）

韦　《铁》二五五、二　《南北·诚》一七二

连　《屯乙》三二八七

永　《后编》下一四、一四　《库方》一六〇二

喜　《书道》一、四三

允　《屯甲》二一二二

𠙵　《前编》四、一三、一　又七、三、二　又七、三、三　《屯甲》二一二二

内　《屯乙》四七七〇　又六七五〇　《殷缀》一七八——《屯乙》二〇六五十二一〇八

𡧊　《簠室·贞类》三一　《林》一、二七、一〇　《京津》一八一〇

𡆥　《燕大》四三四　《续编》一、三、二（《平津·元》一九及《续存》上七九重）　《屯乙》四〇五七

余　《屯乙》六七七九（背六八八〇）

亘

㱿　《前编》七、九、二　又七、一一、一　《金璋》六九九

穷　《铁》二四九、一　《前编》六、二、一　《遗珠》六二〇　《库方》一五一一

争　《铁》五七、四　《前编》四、一三、一　《金璋》六九九　《续编》一、三四、二

𡆥　《燕大》四　《平津·元》六二　《天壤》二二　《前编》七、三七、二

𠂤　《铁》二四七、一　《前编》四、一三、一　又五、一、七　《宁沪》二、四八

韦　《屯甲》三三三九　《京津》一一六四

荀　《簠室·贞类》五（《续编》一、二三、二重）

泳　《库方》一五二

㕛　《综述》引北大藏片

内

㱿　《屯乙》八一一　又五三二九　又五三四九　又五三五五

穷　《金璋》七一〇

争　《屯乙》八一一　又四七七〇　又五三二九　又六七五〇

𡆥　《屯乙》四五四〇

𠂆　《屯甲》二三四

𠀠

㱿　《屯乙》一七一四　又四〇五七　《前编》四、八、一（同书五、一四、五自重）　《后编》上一、三　《续编》五、三三、四

宁　《平津·元》一九（《续编》一、三、二及《续存》上七九重）《屯甲》二一二二　《屯乙》五三一一　《前编》七、三七、二　《续编》一、四五、一

争　《燕大》四三四　《零拾》一二　《屯甲》二〇二九　《屯乙》四〇五七　《续编》一、三、二（《平津·元》一九及《续存》上七九重）

亘　《前编》七、三七、二　《燕大》四　《平津·元》六二（《续存》上二七六重）　《天壤》二二　《续存》下三七一

内　《屯乙》四五四〇

韦　《铁》二四一、三（《佚存》四二重）《续存》上六三一

𠕋　《屯甲》三四〇四　又二一二二

允　《屯甲》二一二二

叙　《综述》引北大藏片

𡆥　《后编》下三三、九

事　《屯甲》三四〇四

韦

㱿　《粹编》一一三五　《屯乙》八一六七

宁　《续编》五、九、一　《屯乙》五八九八

争　《铁》二五五、二　《南北·诚》一七二

亘　《屯甲》三三三九　《京津》一一六四

𠀠　《铁》二四一、三（《佚存》四二重）　《京津》四七六　《续存》上六三一

𠕋　京大一八九

葡　《综述》引北大藏片

𡆥

殸　《续编》五、一一、一（《佚存》九八二重）　《前编》七、一〇、一　又七、三三、三　《林》一、一六、四

宊　《前编》五、四〇、五（同书五、四〇、三自重）《福氏》三五　《屯甲》二一二二　《佚存》九八二（《续编》五、一一、一重）

争　《前编》四、一三、一　又七、三、二　又七、三、三　《屯甲》二一二二

亘　《续编》三、三、一（《簠室·征伐》二三重）　《前编》五、一、七　《铁》二四七、一　《宁沪》二、四八

永　《续编》四、一一、三（同书六、一六、一重）　《戬寿》一四、五

萳　《续存》下五三

𡆥　《屯甲》三四〇四　又二一二二

允　《屯甲》二一二二

韦　京大一八九

事　《屯甲》三四〇四

允

宊　《粹编》一四一九　《屯甲》二一二二　又三五一〇

争　《屯甲》二一二二

𡆥　《屯甲》二一二二　《殷缀》一一七

𡆥　《屯甲》二一二二

事　《续存》下一七七　《前编》一、一、一　《巴黎》七

迒

争　《屯乙》三二八七

隼

㱿　《屯乙》八一七二

事

我　《屯乙》八三〇　又四七五八
㕯　《屯甲》三四〇四
㞢　《屯甲》三四〇四
允　《续存》下一七七　《前编》一、一、一　《巴黎》七
徣　《屯乙》四七五八
余　《屯乙》四七五八

永

㱿　《菁华》七　《金璋》七一六　《后编》上三〇、一四　《南北·师》二、一三八
穷　《菁华》七　《金璋》七一六
争　《菁华》七　《后编》下一四、一四　《库方》一六〇二　《殷缀》二二四
㕯　《续编》四、一一、三（同书六、一六、一重）

泳

穷　《库方》一五一一
亘　《库方》一五一一

宁

何　《屯甲》二八八〇　《殷缀》四六　又六二　《缀合编》三七九　《屯甲》二六九二

壴　《续编》五、二四、五　《屯甲》二九二〇

专

乂　《前编》六、五、四
卯　《前编》六、五、四　《后编》下二八、一〇

葡

殸　《续编》一、二三、三（《簠室·贞类》五重）　又五、二五、一
亘　《续编》一、二三、三（《簠室·贞类》五重）
韦　《综述》引北大藏片
凹　《续存》下五三

夨

𡧊　《屯甲》二三六一
内　《屯甲》二三四
中　《库方》一二四八　《七集·普》八九
自　《佚存》九　又五八六　《南北·无》二〇五
勺　《后编》下二四、一〇　《南北·无》一五六
余　《屯乙》八六八六

𠂤

夨　《佚存》九　又五八六　《南北·无》二〇五
们　《缀合编》八六（《拾遗》一一、一一＋《后编》下四二、五）《屯乙》四一七四
子　《缀合编》八六（《拾遗》一一、一一＋《合编》下四二、五）
勺　《屯甲》三〇四五
鉯　《佚存》五〇二

勻

自　《屯甲》三〇四五

夶　《后编》下二四、一〇　《南北·无》一五六

彳川

自　《屯乙》四一七四　《缀合编》八六（《拾遗》一一、一一十《后编》下四二、五）

我　《屯乙》四七五八　又四八一四　《殷缀》二八一

子　《后编》下四二、五　《屯乙》四八五六

余　《屯乙》四七五八　《后编》下四二、一一

㱿　《续存》下五八五

事　《屯乙》四七五八

我

余　《屯乙》四九四九　《殷缀》二八一　《屯乙》六二九八

彳川　《屯乙》四七五八　又四八一四　又四五七七　《殷缀》二八一

子　《屯乙》四九四九　《屯甲》三〇四九　《后编》下四一、九

事　《屯乙》八三〇　又四七五八

余

争　《屯乙》六八七九（背六八八〇）

夶　《屯乙》八六八六

我　《屯乙》四七五八　又四八一四　《殷缀》二八一

彳川　《后编》下四二、一一　《屯乙》四七五八　又四八一四　又五二三六

子　《屯乙》四九四九

事　《屯乙》四七五八

叡

亘　《综述》引北大藏片
𡆧　《综述》引北大藏片

𩛆

㣤　《续存》下五八五

子

我　《屯乙》四九四九　《后编》下四一、九　《菁华》一一、一九
㣤　《后编》下四二、五　《缀合编》八六　《屯乙》四八五六
自　《缀合编》八六（《拾遗》一一、一一十《后编》下四二、五）
余　《屯乙》四九四九

㑋

𣪊　《屯丙》六三——《屯乙》六九六二十二〇四二十二二二〇

柞

𢼄　《殷缀》三五四——《屯甲》三一一二十三一一三

𢼄

柞　同上

𠓛

𣪊　《七集·卫》五

争　《林》一、二七、一〇　《簠室·贞类》三一　《京津》一八一〇
㞢　《后编》下三三、九

⿷匚氏

自　《佚存》五〇二

逆

彭　《屯甲》二八五三　又二四九一
亦　《七集·普》八九　《库方》一二四八
大　《金璋》一二二　《库方》一二四八
吴　《七集·普》八九

卯

犭　《屯甲》一三三八
专　《后编》下二八、一〇　《前编》六、五、四
狄　《屯甲》一九九八

犭

专　《前编》六、五、四
卯　《屯甲》一三三八

大

中　《金璋》一二二　《库方》一二四八
出　《续编》一、四四、五　《佚存》三二二　《遗珠》三九三　又一二二四　《粹编》一四三一
兄　《前编》七、二八、一　《佚存》三九九（《邺》下二七、三重）《遗珠》三九三　《龟卜》七五

豖　《屯乙》三三

逐　《续存》下六八七

㞷　《七集·卫》二九

矦　《库方》一一七七

尹　《缀合编》一八

㞷

大　《七集·卫》二九

出

逐　《前编》五、二八、三　《双剑》一五〇　《续存》上一七一七又下六八七

大　《后编》下七、一二　《续编》一、四四、五　《天壤》一〇二《粹编》一四三一

兄　《后编》下九、一三十一〇、一　库方一一一五　《金璋》三三七《佚存》三九九　《续存》下六八七

尹　《遗珠》四九一

𠮷　《遗珠》四九一

矦　《库方》一六三四

兄

大　《前编》七、二八、一　《佚存》三九九（《邺初》下二七、三重）《遗珠》三九三　《金璋》三三七

出　《后编》下九、一三十一〇、一　《库方》一一一五　又一六三四《金璋》三三七　《粹编》一四三五

逐　《双剑》一五〇（《续存》下六七八重）

矦　《库方》一六三四

壴

口　《屯甲》二六二一　又二八三九　《诚斋》四四三

宁　《续编》五、二四、五　《屯甲》二九二〇

何　《京津》四八二八　《屯甲》二六五七　又二六九四

彭　《缀合编》三五八　《屯甲》二六二一　又二六四〇　又二六九八　又二八三九

矣　《续编》五、二七、八

彭

何　《屯甲》二七七四　《京津》四八二八　《缀合编》三八五（即《殷缀》三九）

壴　《缀合编》三五八　《屯甲》二六二一　又二六四〇　又二六九八　又二八三九

口　《屯甲》二六二一　又二八三九

逆　《屯甲》二四九一　又二八五三

狄　《缀合编》三五六（《殷缀》五〇重）　《屯甲》二八五三

[illegible]

旅　《粹编》一三四八　《遗宝》八、一

尹　《遗珠》四九一

出　《遗珠》四九一

矣　《文录》五一九

旅

尹　《戬寿》二八、八　《佚存》三九七（《邺初》下二七、一重）《续编》四、四三、七

[illegible]　《粹编》一三四八　《遗宝》八、一

矣　《库方》一三四二

矣

大　《库方》一一七七
壴　《续编》五、二七、八
中　《库方》一二四八　《七集·普》八九
喜　《金璋》一五
𠙵　《文录》五一九
即　《续存》上一五三二
旅　《库方》一三四二
出　《库方》一六三四
兄　《库方》一六三四

即

矣　《续存》上一五三二

尹

旅　《续编》四、四三、七（《戬寿》二八、八重）《佚存》三九七（《邺初》下二七、一重）
行　《粹编》五〇九
𠙵　《遗珠》四九一
出　《遗珠》四九一
口　《文录》七二五（亦见《缀合编》一七二）
喜　《金璋》一五
大　《缀合编》一八

喜

争　《书道》一、四三

尹　《金璋》一五

矣　《金璋》一五　《续编》五、二七、八

大　《缀合编》一八

行

尹　《续编》四、四一、九（《戬寿》二八、二重）　《粹编》五〇九

涿　《文录》二七一

何

彭　《京津》四八二八　《殷缀》三九　又三八五　《屯甲》二七七四　又四八二八

壴　《缀合编》三四三　《屯甲》二六九四　又二六五七　又二七七〇

宁　《佚存》二六六　《殷缀》四六　又六二　《屯甲》二六九二　又二八八〇

啚　《佚存》四〇六（《邺初》下三四、五重）　《缀合编》二五四

事　《屯甲》二四六五（作“𠁩”）

㲋　《前编》四、五一、一（《林》一、三〇、一四重）

㝼　《前编》六、三一、一

口　《屯甲》三三九九

狄　《殷缀》三八

合　《屯甲》三三九九

合

何　《屯甲》三三九九

口　《屯甲》三三九九

㲋

何　《前编》四、五一、一（《林》一、三〇、一四重）

𦉢

何　《佚存》四〇六

㚕

口　《佚存》二六七　《屯甲》一二七一

豖

大　《屯乙》三三
涿　《续存》上一五〇六

涿

豖　《续存》上一五〇六
行　《文录》二七一

逐

兄　《双剑》一五〇（《续存》下六八七重）
出　《双剑》一五〇（《续存》下六八七重）　《前编》五、二八、三
大　《续存》下六八七

口

壴　《屯甲》二六二一　又二八三九　《诚斋》四四三
彭　《屯甲》二六二一　又二八三九
㚕　《佚存》二六七　《屯甲》一二七一（作"件"）
尹　《文录》七二五　（亦见《缀合编》一七二）
犾　《屯甲》二四三九　又三九一七

何　《屯甲》三三九八

合　《屯甲》三三九八

㝅

何　《前编》六、三一、一

狄

何　《殷缀》三八

彭　《缀合编》三五六（即《殷缀》五〇）　《屯甲》二八五三　《佚存》二七八

卯　《屯甲》一九九八

口　《屯甲》三九一七　又二四三九

【说明】上表所收，为“卜某贞”及“卜某”两辞式之卜人见于同版者，与甲贞卜而乙署名于甲骨之背者。至武丁时卜人如㱿、宁、争等，同版极多，兹仅择要举例，不复备列，以省繁冗。

附录二 贞卜人物同辞关系表

㱿

𠙵 《屯乙》三二一二+八一六九

屰 《京津》七一

其余参本书 152～153 页，㱿卜辞所见人物“卜人”部分，兹不具录。

宕

大 《簠室·人名》四八

彭 《屯甲》二七六九（并卜）

㱿 《林》一、二六、一一（并卜）

泳 《前编》二、三七、六（同书四、一〇、三残辞略同）

取 《屯乙》五三四七

侜 《屯乙》六六八四

邑 《金璋》五二一

其余参本书 216～217 页，宕卜辞所见人物“卜人”部分，兹不具录。

争

㱿　《粹编》一一一六　又一一一七

𣪊　《簠室·贞类》三一　《林》一、二七、一〇　《京津》一八一〇（皆并卜）

从　《前编》二、三七、七（并卜）　《簠室·人名》九二（《续编》六、八、一三重）

葡　《簠室·地望》四

壴　《续编》五、一二、三

韦　《簠室·地望》四

取　《殷缀》二二四——《屯乙》三一七四＋三一七五＋三九一〇

何　《殷缀》二二四——《屯乙》三一七四＋三一七五＋三九一〇

泳　《双剑》四五（《续存》下二六五重）

邑　《粹编》一二一三

大　《前编》二、三七、七（并卜）

内　《拾缀》一、二六一（《续存》上一二四六重）

洼　《屯乙》八一三八

其余参本书270～272页。争卜辞所见人物“卜人”部分，兹不具录。

亘

先　《续存》下四八四

泳　《前编》四、一三、一

步　《续编》六、一六、四

邑　《屯乙》七三八五

行　《屯乙》七三八五

自　《屯乙》七三八五

壴　《铁》二五八、三（《戬寿》四〇、六及《续编》五、一七、五重）

　《屯乙》三六八一

取　《金璋》五六七

　《簠室·岁时》二四（《续编》一、四七、二重）

𠬝　《簠室·岁时》二四（《续编》一、四七、二重）

其余参本书302～303页。亘卜辞所见人物“卜人”部分，兹不具录。

内

争　《拾缀》一、二六一（《续存》上一二四六重）

𠳋　《屯乙》四二五六

事　《屯乙》五三〇二

专　《佚存》八（《京津》一六六七重）

叶　《殷缀》一四一——《屯乙》一二五五十一九一〇

壴　《屯乙》二〇二七

𠬝　《屯乙》六七五〇

步　《屯乙》六七五〇

𠳋

内　《屯乙》四二五六

永　《屯乙》六七一九　　又七〇四〇

泳　《京津》一二二四

兄　《林》二、一、四（《前编》六、二九、五重）

豖　《续编》二、二七、五（《戬寿》四五、三及《续编》六、八、一重）

侃　《簠室·人名》六八（《续编》五、七、九重）

沐　《屯乙》四二九三

取　《簠室·人名》六八　《续存》上六三一　又下二二九

𠙵　《林》二、六、一三

𣦼　《屯乙》六〇一一

黄　《遗珠》五一七　《南北·师》二、一五三

邑　《宁沪》三、二五　《京津》一二二

葡　《燕大》一四一

𢻻　《南北·师》二、一三一

我　《屯乙》六七一九　《铁》一一七、三

𡴘　《屯乙》二五〇三（作“幸”）

韦

争　《簠室·地望》四　《屯甲》二二五八
殸　《屯乙》三一〇八　《库方》六五〇
穷　《京津》五六六
先　《库方》六五〇
取　《续编》六、一二、六　《京津》四七六
行　《殷缀》二八〇
葡　《簠室·地望》四
卯　《屯乙》三一〇八
邑　《铁》七七、四（《六录·清》六三及《外编》三三六重）

呂

尹　《福氏》三五
葡　《铁》五五、二
先　《前编》一、四八、三
从　《屯甲》三〇三八

允

殸　《屯乙》一三四一
争　《摭佚》一八（《京津》二一七七重）
旬　《簠室·典礼》三八

𦥑

事　《屯乙》六四六九

事

殸　《屯乙》六七〇二
内　《屯乙》五三〇二
彵　《殷缀》二八一
隼　《屯乙》六四六九
我　《屯乙》六七〇二　七七九七　又四九四九
因　《屯乙》八三〇
大　《京津》一四六三
宁　《屯乙》四九四九
豖　《屯乙》四九四九　《库方》一二
余　《屯乙》四九四九　《库方》一二

永

𠳋　《屯乙》六七一九　又七〇四〇
行　《粹编》五一一（《京津》三三二五重）
黄　《南北·明》七八六
侢　《续编》四、三一、五
我　《南北·无》三六〇　《屯乙》六七一九　《佚存》五一二
取　《铁》二七一、一

泳

穸　《前编》二、三七、六
争　《双剑》四五（《续存》下二六五重）
亘　《前编》四、一三、一
𠳋　《京津》一二二四
兄　《库方》一五四二
出　《屯甲》二九〇六
𣅀　《七集·普》八一

宁　《七集·孙氏》一

附沓

出　《前编》五、四六、四

黄

㱿　《续存》下三九一　《簠·人》四七
争　《南北·师》一、五三（《外编》一四七重）
𠳋　《南北·师》二、一五三　《遗珠》五一七
中　《库方》一二〇九
員　《缀合编》二三七
大　《屯甲》一六四七
永　《南北·明》七八六
亚　《诚斋》三五六（《京津》一六一六重）

𢓊

余　《续存》下三三〇　《库方》一六五〇

立

争　《前编》六、五一、二
犾　《屯甲》一六〇三

宁

争　《屯甲》三五二〇
𡗜　《续编》五、一四、五（《簠室·人名》三四重）
余　《库方》一八〇七　又一二
我　《屯乙》四九四九

壴　《屯甲》二九二〇　《续编》五、二四、五　京大四九六
事　《屯乙》四九四九　《库方》一二
豕　《屯乙》四九四九
泳　《七集·孙》一
何　《屯甲》三六五六
出　《金璋》四一三

专

争　《殷缀》一七四　《屯丙》一
内　《佚存》八（《京津》一六六七重）

旬

穷　《后编》下三四、五
㞢　《粹编》一五二六　《宁沪》五二七　又五三三
允　《簠·典》三八
𠬝　《粹编》一五〇三（𠬝署名）
㱿　《遗珠》三二八
内　《前编》四、二八、三

葡

㱿　《后编》上二八、三
穷　《铁》二、四
争　《簠室·地望》四
叶　《燕大》一四一
何　《屯甲》二四三七
兄　《屯甲》二四三七
𠬝　《铁》五五、二
韦　《簠室·地望》四
㞢　《燕大》一四一

邑　《库方》一六一〇

先

㱿　《库方》六五〇　《屯丙》一
争　《南北·师》二、七四　《屯乙》七〇九四
穷　《续存》上一一四六
亘　《续存》下四八四
𠷎　《前编》一、四八、三
韦　《库方》六五〇
我　《屯乙》三七九八
𢀛　《屯乙》八八九六
何　《屯乙》八八九六

沐

㱿　《簠室·杂事》五六
穷　《屯甲》三五一〇（作“木”）
𡆥　《屯乙》四二九三
中　《后编》下二六、一二
||　《后编》下二六、一二

从

㱿　《屯乙》五七八六　又七七三九
争　《文录》六二七　《六录·清》一一
𠷎　《屯甲》三〇三八
取　《屯乙》五七八六（并列）
兄　《屯乙》五七八六（并列）

乍

穷 《殷缀》二〇五 《屯乙》八四二二

仌

穷 《屯乙》五三四七
丛 《后编》下二四、一〇
何 《京津》三〇九九 《屯乙》九〇七二 《殷缀》三三
耳 《殷缀》二
涿 《殷缀》二
口 《屯甲》二三〇三
取 《屯乙》五三四七 《后编》下二四、一〇 《屯甲》二九〇四
希 《殷缀》三三 《前编》八、六、一
漨 《屯乙》四〇九（作“夆”）
宁 《续编》五、一四、五（《簠室·人名》三四重）
步 《屯甲》九五五
自 《佚存》五八六 《前编》八、一四、一

𠂤

医 《前编》六、六六、四 《佚存》五〇二
口 《京津》三〇三一
仌 《佚存》五八六 《前编》八、一四、一
余 《后编》下四二、一一
亘 《屯乙》七三八五
邑 《屯乙》七三八五
行 《屯乙》七三八五
彴 《屯乙》四一七一 又四一七四 又四一七七

取

穷　《屯乙》五三四七

争　《林》一、七、一　《文录》五三六　《屯乙》三一七四（又见《殷缀》二二四）　《遗珠》一三六七

殸　《屯乙》七三六〇　又五七八六

韦　《续编》六、一二、六　《京津》四七六

𠙵　《簠室·人名》六八（《续编》五、七、九重）

㣫　同上

[illegible]　《后编》下二四、一〇

[illegible]　《后编》下二四、一〇

何　《屯乙》三一七四（又见《殷缀》二二四）

从　《屯乙》五七八六

大　《前编》四、五三、二　《殷缀》二一一

永　《铁》二七一、一

兄　《屯乙》五七八六

豕　《屯乙》五三二九

[illegible]　《屯乙》五三四七　《屯甲》二九〇四　《京津》三〇八八

[illegible]　《续编》四、二八、四

彴

我　《遗珠》一一四　《续编》三、三五、八

自　《屯乙》四一七一　又四一七四　又四一七七

子　《前编》八、五、五　《考古学报》1958年一号引拓本

丁　《屯乙》四一七一　又四一七二　又四五七七

豕　《屯乙》三三五〇（又见《殷缀》一二九）　《殷缀》四一〇

[illegible]　《续存》下五八五

事　《殷缀》二八一

䮶　《续存》下五八五

羍

𠦝　《屯乙》四〇九（作“羍”）
穷　《京津》二〇八六（《续存》上一〇七〇重）

我

殻　《屯乙》二五九六　又六七〇二　又六六八六
穷　《屯乙》四九五三
争　《屯乙》八一一　《粹编》一二一三
𠱠　《屯乙》六七一九　又七七九七
先　《屯乙》三七九九
永　《佚存》五一二　《屯乙》六七一九
㣙　《续编》三、三五、八　《遗珠》一一四
䢅　《屯乙》一六二一　又一〇一四　《续存》下五八五
事　《屯乙》四九四九　又六七〇二
𠙵　《屯乙》六六九三
宁　《屯乙》四九四九
口　《明义士》一九二四
丨丨　《前编》八、一四、四
冢　《后编》下四一、九　《屯乙》四九四九
㣥　《屯乙》八五〇五
𢓊　《屯乙》八五〇五
邑　《粹编》一二一三

余

口　《后编》下一三、二
子　《前编》八、一〇、一（又见《缀合编》三三〇）
䢃　《续存》下三三〇
矣　《后编》下一三、二

午　《屯乙》四五二一

事　《库方》一二　又《屯乙》四九四九

宁　《库方》一二　又一八〇七

自　《后编》下四二、一一

㪔

殸　《簠·典》三九

旬　《遗珠》三二八

旅　《文录》六五一

歸

冎　《屯乙》一六二四

洼　《后编》下八、一三（作“𧖧”）

冢　《殷缀》一二九（《屯乙》一〇〇四＋一七八六）　《屯乙》一四三七　又一四五七

我　《屯乙》一〇一四　《南北·文》四五　京都大学八二　《续存》下五八五

彴　《续存》下五八五

子

争　《前编》五、二〇、六

彴　《前编》八、五、五　《考古学报》1958年一号引拓本

我　《前编》八、二、六　《林》二、二二、五

冢　《殷缀》二八七　《库方》一九八八

自　《前编》八、二、四

丁　《前编》八、六、三（《续存》下五八六文同）　《屯乙》六〇九二

余　《前编》八、一〇、一（又见《缀合编》三三〇）

弔　《库方》一五五七

大　《林》一、五、四（《遗珠》一〇五五重）

叶

散　《拾掇》一、五三一（《续存》上一二六九重）
内　《殷缀》一四一
葡　《燕大》一四一
大　《后编》下一三、一二
㐁　《簠室·游田》一三一（《续编》三、四三、二重）

侑

穷　《屯乙》六六八四　又七七九三　《屯丙》六七
永　《续编》四、三一、五
亚　《屯乙》四六七七

㕚

𧶠　《屯乙》一六二四
史　《屯乙》八三〇

洼

𩫖　《后编》下八、一三
争　《屯乙》八一三八

𣏟

兄　《佚存》九六九

敹

㱿　《殷缀》二六二——《屯乙》四五六一＋四五五二

𠱗　《南北·师》二、一三一

光

㱿　《京津》二三二一

宁　《缀合编》一二九——《续编》五、四、二（《簠室·贞类》七重）＋《簠室·文字》二八＋《续编》五、七、七）　《林》二、二一、五

㪔

㱿　《簠室·贞类》三〇（《续编》五、三一、八重）　《京津》一八二一（同书二六四五自重）（二条皆并卜）

宁　《林》一、二六、一一（并卜）

争　《宁沪》二、二二　《京津》一八一〇（皆并卜）

卣

㱿　《诚斋》四六八

狄　《京津》四四七五（作"佔"）

车　《屯甲》一〇〇三

侃

㱿　《殷缀》七三　《铁》七二、三（《续编》六、一一、一及《佚存》八五重）

宁　《佚存》五五三

争　《簠室·杂事》六三　又六四（《续编》五、一、三重）

亘　《明义士》六五四

凷　　《簠室·人名》六八（《续编》五、七、九重）

取　　《簠室·人名》六八（《续编》五、七、九重）

匜

自　　《前编》六、六六、四　《佚存》五〇二

叶　　《续编》三、四三、二（《簠室·游田》一三一重）

𠓛

矣　　《文录》五一九

𠙵　　《文录》五一九

争　　《前编》二、三七、七（并贞）　《簠室·人名》九二（《续编》六、八、一三重）

大　　《前编》二、三七、七（并贞）

殸　　《六录·中央》一四六（《京津》一四三四重）

穷　　《后编》下九、四　《诚斋》三六九（《京津》二一八一重）

𡗜　　《后编》下二四、一〇

取　　《后编》下二四、一〇

弟

先　　《屯乙》八八九六

殸　　《京津》七一

争　　《京津》一一九〇

徣　　《屯乙》八五〇五

旅　　《续存》下七二八

帚　　《屯乙》八五〇五

我　　《屯乙》八五〇五

||

中　《后编》下二六、一二
沐　《后编》下二六、一二
穷　《前编》五、一四、七
我　《前编》八、一四、四

邑

穷　《金璋》五二一　《屯乙》五二四一
争　《粹编》一二一三　《林》二、二一、一〇
亘　《屯乙》七三八五
自　《屯乙》七三八五
我　《粹编》一二一三
韦　《铁》七七、四（《外编》三三六及《六录·清晖》六三重）
古　《宁沪》三、二五　《京津》一二二
行　《屯乙》七三八五
葡　《库方》一六一〇
耳　《后编》下一五、一〇

中

黄　《库方》一二〇九
||　《后编》下二六、一二
沐　《后编》下二六、一二

卯

殸　《屯乙》三七六七　又八二九二
韦　《屯乙》三一〇八
穷　《屯乙》六六九七

步

内　《屯乙》六七五〇
亘　《戬寿》三八、九　《续编》六、一六、四
[illegible]　《屯乙》六七五〇
[illegible]　《屯甲》九五五

坓

殸　《南北·坊》三、一〇一

蜌

穷　《屯乙》二六〇三十七〇一二（作“蠱”）

希

[illegible]　《前编》八、六、一　《殷缀》三三
亘　《簠室·岁时》二四（《续编》一、四七、二重）
凵　同上
何　《殷缀》三三
徣　《屯乙》八五〇五
屰　《屯乙》八五〇五
我　《屯乙》八五〇五

耳

[illegible]　《殷缀》二
邑　《后编》下一五、一〇（“耳”署名）
涿　《殷缀》二

自

子　《前编》八、二、四

亘　《屯乙》三六八一（并贞）

内　《屯乙》六七五〇　《屯丙》九三
步　《屯乙》六七五〇　《屯丙》九三

丁

子　《前编》八、六、三（《续存》下五八六文同）　《屯乙》六〇九二
彳川　《屯乙》四五七七　又四一七二　又四一七一

㞢　《屯乙》二五〇三（作“幸”）
余　《怀》一〇一一（《考古学报》第17册李氏文引）

争　《屯乙》六四三四

大

争　《前编》二、三七、七（并贞）　《簠室·人名》九二（《续编》

六、八、一三重）

𣏟　《前编》二、三七、七（并贞）

穷　《摭续》二八六（《南北·文》六九重）《簠室·人名》四八

事　《京津》一四六三

子　《林》一、五、一四（《遗珠》一〇五五重）

取　《前编》四、五三、二　《殷缀》二一一

叶　《后编》下一三、一二

黄　《屯甲》一六四七

即　《屯甲》一二七四

出

泳　《屯甲》二九〇六

杏　《前编》五、四六、四

宁　《金璋》四一三　又七八

兄　《后编》下九、一三　又同书下一〇、一　《簠室·人名》八

徣

屰　《屯乙》八五〇五

帚　《屯乙》八五〇五

我　《屯乙》八五〇五

冗

泳　《库方》一五四二

𣏟　《佚存》六九六

甾　《林》二、一、四（《前编》六、二九、五重）

何　《屯甲》二四三七

萄　《屯甲》二四三七

出　《簠室·人名》八　《后编》下九、一三　又一〇、一

从　《屯乙》五七八六

取　《屯乙》五七八六

壴

争　《戬寿》二五、一二　《续编》五、一二、三
穷　《簠·杂》一二八　《粹编》五三三　《双剑》四（署名作“宊”）
内　《屯乙》二〇二七
宁　《屯甲》二九二〇
亘　《铁》二五八、三

彭

壴　《屯甲》二三七一　又二六八九　又二七八四
穷　《屯甲》二七六九
𠙴　《屯甲》二六四七（亦见《缀合编》三八四）

𠙴

𣪊　《簠·典》一二一　《续》四、二八、四　《屯乙》四五八二
穷　《簠·人》五五（《续编》五、四、三重）
亘　《簠室·岁时》二四（《续编》一、四七、二重）
彴　《续存》下五八五
取　《续编》四、二八、四
矦　《文录》五一九
何　《屯乙》九〇七三
旬　《粹编》一五二六　《宁沪》五二七　又五三三
黄　《戬寿》四六、五　《屯甲》八〇八
彭　《屯甲》二六四七
我　《屯乙》六六九三
𠈌　《文录》五一九
帚　《簠室·岁时》二四（《续编》一、四七、二重）

旅

矦　《后编》下二五、五
屰　《续存》下七二八
行　《七集·皇家》三
卯　《七集·皇家》三
何　《文录》五九〇
叡　《文录》六五一

矦

旅　《后编》下二五、五
凸　《文录》五一九
从　《文录》五一九
口　《后编》下一三、二
余　《后编》下一三、二

即

大　《屯甲》一二七四

尹

㽙　《福氏》三五
争　《前编》七、四三、一
犬　《林》二、二六、六（《遗珠》三〇七重）

行

㝑　《簠室·杂事》五五　《续编》五、九、一　《缀合编》一三七
争　《前编》四、一一、二

亘　《屯乙》七三八五
邑　《屯乙》七三八五
自　《屯乙》七三八五
韦　《殷缀》二八〇
永　《粹编》五一一（《京津》三三二五重）
旅　《七集·皇家》三
𠂤　《七集·皇家》三

何

㱿　《铁》一二一、三（《佚存》六二重）
穷　《屯甲》三四二一
争　《殷缀》二二四（即《屯乙》三一七四）
取　《殷缀》二二四（即《屯乙》三一七四）
旅　《文录》五九〇
𠙵　《屯乙》九〇七三
宁　《屯甲》三六五六
葡　《屯甲》二四三七
兄　《屯甲》二四三七
先　《屯乙》八八九六
𡗜　《京津》三〇九九　《屯乙》九〇七二　《殷缀》三三
𢆶　《殷缀》三三

𠂢

𠱠　《屯乙》六〇一一
争　《屯甲》一一六七

徉

争　《屯甲》一一六七

豕

殸　《屯乙》五三二九
争　《殷缀》二五五
𠙵　《续编》二、二七、五（《戬寿》四五、三及《续编》六、八、一重）
亘　《金璋》六七六
我　《后编》下四一、九　《屯乙》四九四九
𦣞　《屯乙》一四三七　又一四五七　又一七八六
子　《库方》一九八八　《殷缀》二八七
事　《屯乙》四九四九
宁　《屯乙》四九四九
彳川　《屯乙》三三五〇
取　《屯乙》五三二九

涿

犬　《殷缀》二（《屯甲》二一〇＋二二八）
耳　《殷缀》二（《屯甲》二一〇＋二二八）

口

犬　《屯甲》二三〇三
矣　《后编》下一三、二
我　《明义士》一九二四
余　《后编》下一三、二
自　《京津》三〇三一

狄

立　《屯甲》一六〇三
侑　《京津》四四七五

㝵

亚　《戬寿》四六、一四　《续编》六、一五、五

黄　《缀合编》二三七

泳　《七集·普》八一

亚

午　《屯甲》三三七〇

㑭　《屯乙》四六七七

黄　《诚斋》三五六（《京津》一六一六重）

㝵　《戬寿》三九、一（《续编》六、一五、五重）　《日本》东京三四

午

余　《屯乙》四五二一

亚　《屯甲》三三七〇

弔

子　《库方》一五五七

【说明】观上表列出之同辞卜人（《备考》部分卜人不录），向来所定武丁时人与祖甲廪康时人，每每互见，此种现象，可作如下各种假定解释：（一）偶尔同名；（二）同一龟甲骨版前后异时使用；（三）所谓卜人某者，多系指其封邑氏族之名，而非私名；（四）如同系一人，必其人曾享大年，武丁与廪康相去虽远，时代犹可相及。窃谓此一问题，牵涉到断代，目前材料尚嫌不足，只可作一初步约略排比，若乎精密之论究，仍有待于来彦也。

附录三　各期贞卜事类表

卜事	武丁	祖庚　祖甲（前后）	廪辛　康丁（以降）
（一）卜雨	㱿、宕、争、亘、内、古、韦、𠭯、允、𦥑、事、永、宁、专、旬、𦯧、先、沐、𡗜、自、勹、㳄、子、𣪊、叶、㑴、冎、卯、𠔾、徙、中、𠫑。	大、己、出、兄、𠮛、旅、𡚸、即、尹、喜、行、何、㕧。	犾、㬎、亚。
（二）卜水	争、叶。 【涸】　争		
（三）卜云	争、亘、古、永。 【出 㕧】㱿、宕、争、古。 【大采】𡗜	兄	
（四）卜阴晴	【啓】㱿、宕、争、内、事、永、子。	大、𠮛、即。	亚
	【锡 日】㱿、宕、争、亘、内、古、韦、𠭯、永、𦯧、㑴。 【霁】宕、争、亘、韦。 【翟】㱿、宕、争、内、自。 【靇】宕、争、事。	大、出、兄、口。 兄	
（五）卜风	㱿、宕、争、亘、内、永、𡗜。	大、行。	犾、午、𠇗。（字亦作“𩕳”）
（六）卜雷	宕、古。		
其他天象	【月食】㱿、宕、争、古 【夕㞢】㱿、争、古。 【鸣鸟】㱿		

续前表

卜事	武丁	祖庚　祖甲（前后）	廪辛　康丁（以降）
（七）卜夕	殻、𡧊、韦、𠷎、充、事、专、先、从、𣎆、自、取、逢、我、余、𣎆、䢅、冉、卣、屰、中、𠂤、陟、定、仌、犭、旱。	大、出、壴、彭、𠙵、旅、矣、即、尹、喜、行、何、合、㝵、图、徉、豖、涿、口、教、䀠、寅。 【卜日】大、𠙵、旅、即、尹。	犾、𦣻、弔、夼。
（八）卜旬	殻、𡧊、争、亘、内、古、𠷎、充、事、永、泳、黄、𥃲、专、𣎆、叶、夲、屰、丨丨、𠂤、个。 【小旬】殻	大、𧾷、出、兄、壴、彭、𠙵、旅、矣、即、尹、喜、行、何、合、㝵、图、徉、豖、涿、逐、教、䀠。 喜	犾、𦣻、狱、𣏟。
（九）卜年	殻、𡧊、争、亘、内、古、韦、𠷎、迮、𦍒、永、宁、𣎆、禾。 【祈年】殻、𡧊、争、亘、内、古。 【黍年】殻、𡧊、争、亘、内、古、韦。 殻、争卜有“糟年”。殻卜有“𥥍年”。 【莅黍】殻 【坐禾】古、亘。（卜锡禾） 【莅秝】殻、𡧊。 【告麦】𡧊、余。 【耤田】殻、𡧊、争、我。（字亦作“耒”）殻卜有“协田”，𡧊卜有“坚田”。𡧊、𠷎卜有“星田”。	大、出、何。 大	
（十）卜梦	殻、𡧊、争、亘、古。	出	
（十一）卜疾	殻、𡧊、争、亘、古、充、早、𣎆、冉。 【疾身】殻 【疾首】殻 【疾骨】𡧊、争、亘。 【疾口】争 【疾舌】古 【疟疾】𡧊 【疾腹】争 【疾齿】殻、争、亘。	出、即。	

续前表

卜事	武丁	祖庚　祖甲（前后）	廪辛　康丁（以降）
（十二）卜佃渔	【狩】㱿、宊、争、亘、𡆥、韦、𠮙、永、自、取、𢓊、我、𠭰、子、𠭯、𢓉、中。 【罝】𠮙	出、彭、豖。	犾、𢀡、咰。
	【射】㱿、宊、争、永、勺、我、余。	徣	
	【刍】㱿、宊、争、亘、𡆥、余、𠭰、子。		
	【渔】㱿、宊。 【田】宊、争、内、韦、泳、𠂹、子、𠙶、坚。	大、出。 大、出、徣、彭、旅、即、尹、行、何、口。	犾
	【焚】宊		
（十三）卜往来	【往】㱿、宊、争、亘、内、𡆥、韦、𠮙、永、泳、专、自、𦭞、余、子、叶、丁。	大、出、兄、旅、尹、行、何、口。	犾、㬰。
	【出】㱿、宊、争、亘、𡆥、韦、𠮙、自、𢓊、𠭰、子、𢓉。	大、徣、旅、即、尹、行、何。	犾
	【去】㱿、宊、争。	大	
	【至】㱿、宊、争、亘、内、𠂹、𢓊、我、余、𠭰、子。	旅、兄。	犾
	【幸】㱿、宊、争、𡆥、𠂹、余。		
	【省】㱿、宊、𡆥、韦、永、𠭰、子。	𡗕	
	【来】㱿、宊、争、亘、内、𡆥、韦、𠮙、泳、黄、𢓊、我、𠭰、子、岳、丁。	旅、何、口。	犾、㬰。
	【入】㱿、宊、争、内、韦、𦭞、𠂹、𢓊、我、余、𠭰。 【归】㱿、争、𢓊、我、余、𠭰、子。	𡗕	犾、𠕋。
	【涉】㱿、争、亘。	徣	犾
	【步】㱿、宊、争、亘、内、𡆥、立、𠂹、余、叶、𢓉、定。 【㿝】㱿 【遣】内	出、徣、旅、尹、行。	

续前表

卜事	武丁	祖庚　祖甲（前后）	廪辛　康丁（以降）
	【涉】争	行	犾
（十四）卜兴作	【作邑】殸、宊、争、亘、内、韦、禾。 【乍圂】内 【乍寝】宊	大	
（十五）卜祭祀	【卯】殸、宊、争、亘、内、古、韦、𠱴、永、𡆥、勹、彳川、我、余、𠭯、子、叶。	大、出、彭、旲、即、何。	卂、犾、午。
	【㞢】殸、宊、争、亘、内、古、韦、𠱴、㐬、永、葡、𡆥、自、勹、子、从、中。	大、出、兄、旅、即、何、㣈。	
	【匚】殸、宊、争、亘。 【帝】争、亘、𠱴、自、虎、要。	大、出。	
	【又】先、彳术、𡆥、丁。	大、出、兄、壴、彭、旅、旲、即、喜、行、何、豖、口、教。	犾、𦰩、亚、㓞。
	【彡】殸、宊、争、亘、内、古、韦、㐬、永、泳、𡆥、彳川、澫、子。	大、出、兄、彭、旅、即、尹、喜、行、何。	犾、𦰩、𤦡、㓞。
	【奉】殸、宊、争、亘、内、古、韦、𠱴、㐬、永、余、子、步、㭗、耳。	大、旅、兄、旲、何。	𦰩
	【告】殸、宊、争、亘、韦、𠱴、㐬、事、中。	大、出、兄、彭、旅、旲、即。	
	【㶣】殸、宊、争、亘、内、古、韦、𡆥、澫、余、叶。	大、出、兄、彭、旅、即、尹、喜、行。	犾
	【宜】殸、争、亘、永、宁、𡆥、澫、彳川、中。（亦作“㝐”）	大、出、壴、彭、𠮛、旅、旲、即、尹、喜、行、何、𡆧、豖、涿、逐、口。	犾𦰩。
	【圂】殸、宊、争、亘、内、韦、永、我、㣈。（字作“㓗”）	𠮛、旅、行。	𦰩
	【彡】宊、争、亘、㣈、宁、余。	大、出、壴、彭、𠮛、旅、旲、即、尹、行、豖、涿、口。	㓞
	【䇂】殸、宊、争、亘、古、从。（殸卜亦作“䌫”）	大、出、买。	犾（亦作“栅”）

续前表

卜事	武丁	祖庚　祖甲（前后）	廪辛　康丁（以降）
	【衣】㱿、宕、争、古、自、㵒、中。	大、出、彭、旅、即、尹、喜、涿。	狄
	【𣪘】㱿、宕、争、泳、𢓊、宁、㵒。	彭、𠙵、旅、即、尹、行、涿。	狄
	【祭】泳、𢓊、勹。	旅、即、尹、行、何。	
	【祀】㱿、争、亘、内、古、夶、子。	彭、猒。	狄、𠭯。
	【叙】宁、㵒。	大、出、旅、即、尹、𠙵、喜、行、何、㽙、涿。（亦作“𥜰”）	
	【贵】宕	大、何。	
	【升】㱿、宕、争、亘、夶、勹。（宕卜亦作“𣅀”）	大、𠙵、旅、即、行、何、㲋、出。	狄（作“𣅀”）
	【既】永、夶。	大	
	【禣】㱿、宕、宁、夶、㵒。	大、出、彭、𠙵、旅、吴、即、尹、喜、行、何、㲋、逐、口。（亦作“𨻰”）	狄、𠭯。
	【奠】𦣞	大、兄、吴、口。	
	【𡗗】宕、宁。	大、出、壴、彭、𠙵、旅、即、尹、喜、行、何。	
	【设】宕、争	大	
	【舌】（𦧇）㱿、宕、争、亘、古、余、夶。	𠙵、旅、吴。	
	【陟】叶	出、𢓍、旅、喜。（言“陟”、“降”）	
	【𢦏】古、宁、夶、取、余、𦣞、子。	大、𠙵、旅、即、尹、喜、行。	𠭯（作“𢦔”）
	【𠠷】争	大、出。	
	【𢼄】宁、余、𦣞。	旅、尹、何、豕。	
	【𦏲】泳、𢓊。	旅、即、尹、喜、永、行、涿。	
	【羽】争、泳、𢓊、宁、㐃。		
	【岁】㱿、宕、争、勹、㵒、夶、𠕋。	大、出、𠙵、旅、即、喜、行、何、涿、逐。	狄、𠭯、𤦲。
	【伐】㱿、宕、争、亘、内、古、夶、㵒。	旅、行。	

续前表

卜事	武丁	祖庚　祖甲（前后）	廪辛　康丁（以降）
	【𨠭】争	大、出。	㫚（作“■”）
	【舞】㱿、宾、■、夶、歸。		
	【𢍏】㱿	大、旅、■、尹、行、何。	
	【𦀚】㱿、争。	大、彭、旅、何。	
	【祷】宾、争、■。	出、壴、彭、吴、何。 【龠】大、出、旅、即、尹、口。	
	【鼓】先、余、歸。	出	
	【祝】㱿、宾、𠂤、永、葡、勺、[illegible]。	大、出、喜、口。	狄
	【𠨍】宾	大、喜、何。	㫚
	【卯】㱿、宾、亘、永、■、夶。	大、出、旅、即、喜、行。	
	【𣶃】宾、争、𠂤。	大、旅、即。	
	【𠂤】㱿、宾、争、𣪘。		
	【用】㱿、宾、𠂤、葡、夶、𢓍、子、中、丁。	𢓊、何、口。	狄、㫚、亚。

【说明】　本表各卜人分期，姑以辞中对先王之称谓，暂行划分。其武丁时期卜人年代，多下至庚、甲，此仅就大体言之。各期卜事多雷同，具见因袭之迹，其不见者，殆以资料缺乏；是否视前有所损益，则不易遽作定论也。表中于卜祭祀之事胪列较详，惟尚多略去，请参看“祭名索引”。至征伐一项，过于琐碎，兹亦从阙。

补　记

关于本书征引甲骨书籍，除卷端之简称表外，尚有《殷历谱》下二引山东图书馆藏片，旅顺博物馆藏龟版文拓本（京都大学人文科学研究所藏，共五十片），及胡厚宣《战后殷墟出土的新大龟七版》（载《上海文物周刊》二二一三〇期），董作宾《台湾大学所藏甲骨文字》（《考古人类学刊》第一期），本书偶有采用。关于甲骨书籍有关资料，请参考胡厚宣《五十年甲骨文发现的总结》，及董作宾《甲骨学五十年》、陈梦家《殷墟卜辞综述》等书，兹不备述。

日本京都大学人文科学研究所藏甲骨，该所于1953年，出版《殷代青铜文化の研究》，发表拓本22片，图版12片。又平凡社新印《书道全集》第一册，影出8片。其余三千余版，闻编拓竣事，已在排印中。近见其样张，始悉略依事类，重行编号。余于本书所采京大甲骨号数，乃依该所旧日之编号（如本书188页穷卜“汖于鼓”一条，原列三五四，现新编则为第一号）。他日该书刊布，当将本书所引各条，再为注出新号，以便核勘。

瑞士巴塞尔人种学博物馆藏片，本书如473、502页以下，“人种学”三字多误作“人类学”，应正。

甲骨发现地址分布表，近年新出土者，又有下列若干处。

郑州	旭旮王村	1956	出土卜用甲骨20片，有钻凿。（见《考古学报》1958（3））
徐州	高皇庙村	1957	出土有牛胛骨及龟腹甲共8片。（图见《考古学报》1958（4））

续前表

太原	光社村	1957	出土有卜骨 11 片，有兆，无文字。（见《文物资料》1957（1））
邢台	曹演庄	1958	出土卜骨甚多，牛头盖骨、牛胛骨、猪骨均有之，龟腹甲背甲残片少数。（图见《考古学报》1958（4））
吉林	百草沟	1957	在图门江流域新石器时代遗址，出卜骨一件，无文字。（见《文物资料》1957（7））

29 页　洪赵县北宫氏骨版刻辞　参董作宾《春秋晋卜骨文字考》。（《大陆杂志》十三卷九期）

29 页　张家坡　参唐兰文，《考古学报》，1957（2）。

30 页　北阴阳营卜甲　有图见《考古学报》，1958（1）。

31 页　黿　《集韵》云：“黄黿，龟名。”陈保之藏甲，有文云：

甲戌，王卜贞：A（今）黿方𡉀（至）盂方、西戊典西田，勹妥，余一人从多田（甸）𠭯正……（胡厚宣《释余一人》文引，《历史研究》，1957（1），75 页；又《殷代地理简论》，92 页引。）

31 页　《屯乙》八三五二：“贞：今夕，𤰔，其黿。”可与《屯乙》八四一四：“乙巳卜，㝊贞：今夕，𤰔，不黿”缀合。

35 页　宗人　《礼记·杂记》：“大夫之丧，大宗人相，小宗人命龟，卜人作龟。”

36 页　𠂤𤴓化　应是三个人名，𤴓事可参本书，692 页。

37 页　王𣪊　此二字又见《库方》五九六。

37 页　自卜　以《粹编》一二五三辞例之，卜字似可释为地名。

38 页　王固　或言“王固卜曰。”如：

壬戌卜，㝊贞：王固，卜曰：子𦣻其隹丁冥，其隹，不其妨。（大英博物院藏胛骨，《库方》一五三五。）左方镌一“妨”字。背亦作“王曰：不其妨。王曰：其妨　其妨”语。另镌一“目”字，即子𦣻之省。

或言“王𠀠”，见《粹编》一四二七，凡两见。

40 页　左古右古　卜辞有左古之名，亦见侯家庄骨。亦有“又古”一名，如《库方》一〇九〇。他如：

戊午，又古卜余……　（《京津》三一五五）

知左宗右宗，皆官名。或指宗庙，亦作㞢示，如：

丁未，其𣏟家，㚔子若于㞢宗。（《零拾》八九）

40 页　宗人及大卜　《曲礼》云："天子建天官，先六大，曰大宰、大宗、大史、大祝、大士、大卜，典司六典。"郑注："谓此殷时制也。"周则大宰属天官；大宗曰宗伯，属春官。如《曲礼》言，知殷时"大卜"地位甚高，与大宗及大史并列，周时太卜地位则低矣。

41 页　史与卜人　按《法言五百篇》："或问圣人占天乎？曰占天地；若此则史也何异？曰：史以天占人，圣人以人占天。"汪氏《义疏》："史者掌天文之官之总称，《周礼》太史及其所属冯相氏保章氏皆是。"

47 页　龟宗　《左传》哀二十三年："将战，长武子请卜。知伯曰：君告于天子而卜之，以守龟于宗祧，吉矣；吾又何卜焉。"此即龟宗之义。

47 页　命龟　《周礼》太祝六辞，二曰命。《诗·定之方中传》："建邦能命龟。"可参前俞正燮：《金縢·公命义》。

53 页　第一行"发"下注"说见卷三"，应作"卷四"（123 页）。

55 页　𤔲卜日丁酉　按此为卜日之例，参《曲礼》论刚柔日一段。金文以丁亥为吉日。

55 页　重言"贞"字例　又有員之卜辞。

己酉卜，員贞：贞：其又中己，㕚〔𢼸〕。（《后编》上八、五）

62 页　有全版不记贞人，且无前辞者，如《屯乙》七五一。

62 页　"卜王"非仅见于祖甲时。如《屯乙》五三〇四整甲，面为㱿、争所卜（即五三〇三）。而背中心有"己未卜𡗜"四字，"王"上无横笔，此当是武丁卜辞。

65 页　论卜之宜忌，事见《曲礼》，如云"大飨不问卜"，此乃周制；殷人于飨礼仍卜之，如《佚存》二二〇是。

67 页　有但记数字之龟甲，如《屯乙》三三〇一，仅左桥见一"不"字；背钻凿极多，惟"不其降"三字可辨，又不著贞人名。

有一版中，记若干不同数字，为不规则之系列者，疑从数字之奇偶辨其吉凶，乃别有涵义，非徒记卜之次数而已，说俟另详之。

68 页　贞字释义　按《左传》哀十七年："卫侯梦于北宫，见人登昆吾之观，被发北面而噪。……公亲筮之，胥弥赦占之。……卫侯贞卜，其繇曰：'如鱼竀尾，衡流而方羊裔焉，'"云云。"贞""卜"二字连言见此。杜注："正卜梦之吉凶。"《吴语》"（董）褐复命曰：襄君之言，周室既卑，诸侯失礼于天子，请贞于阳卜，收文武之诸侯。"韦注："贞，正也。龟曰卜，以火发兆，故曰阳。言吴欲正阳卜。"杜韦俱训"贞"为"正"。是贞训问，又训正，二义实相通。胡玉缙云："郑君注《周礼》曰：问事之正曰贞。又注《太卜》曰：贞之为问，问于正者，必先正之，乃从问焉。其前注谓卜问正事为贞，其后注谓贞龟必以正龟，从其所问，然后人得从之。是贞之为正、为问。正如《尔雅》互训之例；言'正'可以晐'问'，言'问'亦可晐'正'也。"（说见《许庼学林》）说甚通达。

74 页　蔑雨亦即梦雨。李义山、韦庄诗、贺方回词俱见"梦雨"一名。胡玉缙云："梦之言蒙也。《尔雅·释地》，云梦，《释文》本作蒙。《说文·夕部》：'梦，不明也。'梦雨者，犹言阴雨也。"（《许庼学林》九）今按"梦雨"为"蒙雨"，《诗》"零雨其濛"是也。卜辞之蔑雨，实即后代之"梦雨"。王若虚言："萧间云：'风头梦，吹无迹。'盖雨之至细若无者谓之'梦'，田夫野妇皆道之。"（《滹南遗老集》卷四十《诗话》）是细雨曰"梦"，乃古语之孑遗也。

78 页　李棪藏骨："之日夕，㞢鸣鸟"一片，《库方》一二二八"卜骰……鸣……东"一版，可以缀合。

86 页　䍃即䡝字，《楚辞·九歌》："䡝两轮兮絷四马。""䡝轮"与"䍃车"，语正相同。

90 页　冥，《史记·夏本纪赞》有冥氏。

94 页　龙字用作宠，《急就篇》云："谒裼塞祷鬼神宠，"是其例。

111 页　农宗亦即农星。《逸周书·作雒解》："农星先王皆与食"是也。

186 页　似　唐写本《甘誓》："孥戮，"字作"伎"，与《说文》古文同。

237 页　左子　按《殷文存》有《子左爵》。

259 页　[illegible]方同[illegible]于土　按《屯甲》二六一一骨"贞：方𩫖[illegible]。"

265 页　[illegible]　此字陈梦家释"缌"。又云：可能是《说文》之"辔"字。（《综述》二九九）按《广韵·六至》下引《说文》作"䜌"。《石鼓》"六[illegible]骜骜"，《诗·皇皇者华》云："六辔如丝。"《贸鼎》"辔"作[illegible]，与契文形同，当释"辔"为是。《续编》三、一三、一："余其𨻰启，告侯田（甸），册𠭯方、羌方、𢀛方、[illegible]方。余其比侯田伐四邦方。"《前编》二、八五："己亥卜，在宂贞：王令〔多〕亚，其比𡚸伯伐[illegible]方，不曹𢦏！在十月又□。"此即伐辔方之重要纪载。

265 页　[illegible]　《屯乙》七六三有"[illegible]"，笔画细小，上从宀，可证为"宙"字。

295 页　𡿧　《殷文存》有“《𡿧尊》”，《摭续》一四二：“乙亥卜：幸（执）𡿧。　乙亥卜：弗幸𡿧。”《屯甲》二九〇七：“丁巳卜：戋𡿧宁……”《前编》二、三、一：“其伐光，利？不利？”《屯甲》二三三五：“庚戌卜：令从𣎵伐𡿧。”由上知𡿧为远夷之名。辞云“白𡿧勿用”，“用𡿧”，正与“用羌”同例。“白𡿧”，即“百𡿧”也。

300 页　臬　穷卜辞云：“勿取臬罘及。”（《明义士》二三五四）按及即汲也，与溴地正相近。

344 页　《续存》下五〇三，亦见《旅顺》四八。

361 页　“王十月”条，月名上冠以“王”字，亦见《佚周书·大开解》。可参俞正燮《癸巳类稿·王正月义》。

364 页　倒数第三行，应作《殷缀》三五六。

366 页　第十行，应作“亦㞢㕹”。

380 页　泳　《续存》上二四六三残甲云：

癸酉卜，泳贞：王旬，亡猷。在正月。　甲戌，耑人……巛……丁𢍏甲……

又二五三三，二五三四，二五五四，皆有泳卜旬残辞。

《续存》下九七三：“……卜泳……旬……在六月……工典……”又九九二，九九三均有泳卜旬残辞。

381 页　𣅋　京都大学人文科学研究所藏骨八〇八＋八二〇号云：

叀𥂕田，弗每，亡戋；𣅋，“王𢆉。　叀盉田，往亡戋；𣅋，王𢆉。　叀𥂕田，亡戋；𣅋𢆉。”

又《屯甲》二六八云：

王其田，𣅋既⺢。

可与《巴黎》一七，《侯家庄》三三、三四诸片互证。

386 页　𢓜事，《续存》又见两片。

癸卯卜𢓜：王旬亡猷，在……（《续存》上二四六一）此条省“贞”字。

□未卜𢓜……王旬亡猷。（《续存》上二四一六）

399 页　引《屯甲》三五一〇原文应作“丁酉卜，穷贞：亩伐木，令比蔑王。　贞：叀伐𢓊，令比蔑王。六月。”注语“王六月”一行，当删。

417 页　第八行，应作《续存》五二四。

421 页　小王　他辞又见“小王臣”一名，如《京津》二〇九九：“令小王臣。”按“王臣”见《铁》一、一；此上加小字，如“耤臣”又有称“小耤臣”之例，见《前编》六、一七、六，足证“小王”宜指生存之髫龄王子。

427页　妇娶一辞，注云见《屯乙》八七〇四＋八八二〇＋八八二六＋八八五五＋八七一三，其中八七〇四及八八二六误，应删。

428页　第十行，应作“《库方》一二一五。”

451页　第五行应作《殷缀》二八七。

453页　义　按《商书序》有中伯、义伯，《汉书·人表》师古曰：“义、仲，汤之二臣。”

458页　卯亦为地名。《前编》二、一〇、四：“……在卯贞：……王步于䧘（裴），亡巛。”（《林》二、一、九重）

463页　倒数第二行，爿牧下应作《前编》四、四五、三。

476页　卯　亦为地名。《摭续》一四九：“……自可至于罗，偪卲卯方。……”

488页　大卜往来一项，应补《京津》三四八八：“戊午卜，大贞：卜又希，在丝；入，有不若。”

489页　大卜洹弘，弗𩫖邑。按《殷代地理简论》67页引拓本云：

庚辰卜，大贞：亡来，大水。　贞：〔其〕虫大水。

是大亦曾卜水。参以《前编》四、一二、七争卜“其水”，及《前》六、三二、五：“丙寅卜，洹其𣶃（涸）”诸条，知殷人每卜洹水泛滥及涸旱事。据上引拓本，大之卜事应增“卜水”一项。

498页　《簠室·人名》五三：“……大贞令㺇子亘𠬝……”按《殷代地理简论》66页引拓本云：

“……穷贞：令㦰子奠子宁，八月。”

上两条为同事异人所卜，知穷与大同时。（参本书，484页）惟亘下一字，王襄释“矛”，按当即“𠬝”，惜无原拓，可资勘定。至㺇字，李氏据残《盂鼎》定为“𢦏”字。

503页　出卜辞有但言“出贞”，省“卜”字者，按《殷地简论》66页引《怀》六有云：

丙寅卜，卜出贞。

则重“卜”字按本书55页“重言卜”一项，应补入此例。

539页　文室　按“文”与“大”两字每混用。如“大丁”，《纪年》作“文丁”，故知“文室”即“大室”。

552页　旅卜行止，宜补《文录》四二八：

戊午卜，旅贞：王其步自入，王〔巛〕，十二月。

567页 《文录》六五一“𣪘工”，应即“古𣪘”之倒称。

617页 行卜游畋，应补下列二条：

戊午〔卜，行〕贞：王其〔步〕自入，于□，亡巛。 ……卜行〔贞〕：王其步〔自〕𦥑于𣏟。〔亡〕巛，在正〔月〕。（《邺初》下三八、一一；又四三、四，《京津》三四七七，及《佚存》四三〇重。）

辛巳卜，□贞：王步自丹〔于〕□，〔亡〕巛，在十二月。 乙酉卜，行贞：王步自□于𢓊，亡巛，在十二月。 庚寅卜，行贞：王步自𢓊于𦍌，亡巛。（《京津》三四七八）

按𦥑与胥疑是一文，详本书505页。𦍌地，亦见《后编》上一五、五，及《佚存》二七三。以牛字亦作𢆉例之，疑与𦍌亦同一字。

643页 引《缀合编》三四〇“于洀”下，衍“癸丑卜，何贞：其又于夏”一句，应删。

653页 卜人豖第三行，引京都大学八七六：“戊子卜，旁贞：令豖征族𦦝……”原文乃是“犬征”，此误作“豖”，应删。（参本书，688页。犬征资料，可参《综述》514页。）

669页 《佚存》二九二：“丙寅卜，犾贞：盂田，其𨺅㭾。朝又雨。”本书引漏“朝”字。按《摭续》一三七“盂田，禾稷其𢆶吉𥝢。 弜𢆶，吉𥝢。”则盂田之“田”，亦指田地言。

671页 𠨍 其地在河域，由《侯家庄》四一片知之。林一、二三、一六云：“在𠨍。”《殷文存》有《𠨍爵》、《𠨍且己爵》；续殷文存上卣类云：“王叶攸田𣚺，乍父丁障。 𠨍。”末一字从川，当是𠨍之繁形。《𣪘从盨》末识“𠨍”字（《三代》一〇、四五、一），至《佚存》二七三：“王叀𠨍往射。”𠨍字本书刻失一笔作𠨍，宜正。

犾卜狩一项，应补《京津》四四四一“……卜犾……其田，〔衣〕豖，亡巛。”按“王田，衣豖。”为此一期卜狩辞中常用成语（如《屯甲》一五四九，《京津》四四四二，四四四三，四四四四等片）。“豖”字大抵作𢑚或𢑚形，豖盖读为“祢”。大徐本《说文》：“獮，秋田也。”“祢，獮或从豖，宗朝之田也；故从豖示。”小徐本《示部》云：“祢，秋畋也。”《玉篇》又作“𤢖”，重文作“狝”。《尔雅·释天》：“秋猎为狝。”而《释诂》训为杀，郭注：秋猎所以应杀气也。《齐语》：“秋以狝治兵。”韦注：“秋田曰狝。”廪康卜辞言田猎之“豖”，应即秋畋之“祢”，是此类乃秋时所卜者矣。《侯家庄》七：“王其田于盂，桒，南沘立。”立即莅卜，《周礼·肆师》：“狝之日，莅卜来岁之戒”是也。至豖上用“衣”字，上举片又益“示”旁作“衣”，余前释为地名；今以“衣”与“豖”连言观之，“衣豖”即“殷祢”，犹经典之言“殷荐”（《易·豫》：“殷荐之上帝”）、“殷见”（《周礼·大宗伯》：“时见曰会，殷见曰同”）、“殷奠”（《丧大记》）皆其比。《说文》训“殷”为“作乐之盛称。”《广雅·释诂》：“殷，大也，”又‘殷，众也。”《释名》：“朔望祭曰殷奠，所以殷众也。”是“衣豖”者，即合众以行秋畋也。至其单言“衣”，殆指宗庙之田时，作为盛乐，以助威武，此说似较胜。故循上下文义，“豖”应读为“祢”，良不可易。

麦麓，亦见于宰丰肋骨文云：“壬午，王田于麦录，隻商（赏）戠兕，王锡宰丰寝，小𦣻祝。在五月，隹王六祀，彡日。”（《佚存》四二六又五一八）

675页　叙字应作㲼。

677页　㬝卜往来一项，应补《续编》六、二七、六：“庚戌卜，㬝贞：亚其往宫（疑“宫”字），往来亡巛。　〔辛〕亥卜，㬝〔贞〕：今日，亚其〔往〕函。”（首辞漏刻横笔）

685页　𢦏　《𢦏卣》三器拓影，见于氏《录遗》二七三、二七四、二七五；全文详丁山所作《考释》。卜辞所见𢦏事，又有下列一条：

翌日，庚，其乘，乃霽，𢦏至。　来庚，㞢大雨。（《粹》八四五）

此言“𢦏至”，与束氏藏片相同，并是人名。

本书𢦏字及𨚓，并误刻作“𨚔”“𨚓”，宜正。

686页　中录　见《屯甲》二五六二。董氏谓中录为帝辛时卜人名。今考他辞云：

壬，其雨不……中录允……辰，亦风。（《续编》四、七、一，《簠室·天象》五及六二重。）

此片作武丁字体。中录，亦有作中𦛗者，繁形益肉旁。如：

……隹……中𦛗……𡧊……妫，二日。（《铁》五、二）

金文《都公簠》、《都公盂》“易（锡）”字并作“腸”，是其比。从上辞观之，中录未必人名，亦可为地名，尚难遽定，此人应入备考。

人名官名索引

* 包括先公先王神祇诸名及氏族名与亲属称谓等 *

续前表

三司	492
三兄	491，492
三族	261
三豸	492
上甲	56，73，75，98，99，102，103，113，171，189，247，248，249，261，262，293，299，314，324，325，329，375，378，389，390，396，406，428，440，472，489，490，512，537，554，555，578，579，592，593，618，656，671
上甲穌	189
上帝	512
上丝	45，274，480，574
下乙	75，107，241，250，294，678
千	79，156
工典	40，137，375，378
大卜	758
大宗	194
大甲	104，105，140，189，190，250，293，314，329，341，342，375，376，387，395，401，537，538，544，594，620，671
大乙	32，103，104，111，249，324，325，329，387，406，409，513，537，544，555，580，593，595，619，643，644
大丁	104，105，140，249，329，401，406，409，490，555，594，595，611，619，620
大戊	52，105，190，293，329，390，401，513，554，556，595，606，621，656，688
大庚	314，329，401，533，556，594，606，620，621
大彭豕韦	534
小丁	99，435，440，514，559，582，625
小乙	191，200，252，442，533，547，558，582，583，596，597，626，627，644，647
小甲	250，367，376，386，387，483，595
小己	425
小辛	558，582，626
小子	330
小父	381
小母	497
小王	420，421
小王臣	760
小豸	493，515
小邑	470

续前表

续前表

子安	302
子氽	352，355，408，412，418
子妥	102，150，269，373
子豕	333，653
子戎	150，215，253，269
子帘	216
子斋	407，411，479
子斐	150，215，269，302，481
子庚	412，682
子戕	255，688
子玗	206
子酉	269
子皂	328，343，689
子去	216
子咎	519
子咸	409
子韦	338
子美	215，672
子徕	215，353
子鬲	150，215，269，503，523
子演	150
子倪	455
子宙	302，304
子岂	692
子效	269，522
子匿	441
子需	216，441
子殿	356，441
子速	266
子𩑋（商）	130，132，133，141，144，156，215，268，294，307，315，316，397，399，436，443，446，449，452，466，502，690
子要	215
子寅	150
子昆	150，268
子族	269，416，522
子售	190，215，323，335
子邑	215，334
子彝	370
子晋	268

子异	125，150
子㝘	150
子暋	150
子万	690
子衒	140
子戠	269，408，412，413，451
子畓	215
子渔	98，110，150，215，268，302
子漥	215，428
子麋	215
子[illegible]	302，311，328，333，352，450
子[illegible]	637
子[illegible]	150
子[illegible]	542
子[illegible]	79，86，150
子[illegible]	86，150，269，302，366
子[illegible]	422
子[illegible]	269
子[illegible]	418，421
子[illegible]	269
附“某子”一类	
川子	469
左子	151，237，470
及子	269，588
四子	496
血子	498，517
长子	520
西子	391，566
缶子	682
𠙹子	319
告子	400
邑子	151，470
帚子	442
单子	195，216
[illegible]子	361，379，380
[illegible]（[illegible]）子	498，761
[illegible]子	580，585
勺	419—422
子	446—452
大	484—501
己	502—503

续前表

口	658—662
凡	221，244，455，668，690
尸	430，431，434，435，438，443，448，463，553
弓	327，435，448
四画	
日	313
王夭（阏伯）	89，99，100，111，144
王亘	341
王亥	61，101，188，361
王髪	101
王亥母	361
王亥妾	361
王族	157，264
父	295，416，514
父甲	252，286，294，387，421，476，538，539，645，646，647，671，672，677
父乙	52，109，110，191，192，250，251，252，256，286，291，295，314，329，339，342，407，408，409，415，453，454
父丁	252，443，484，491，498，557，558，559，582，583，594，597，609，621，627，628，629，656，689
父戊	408，553，559，583，664，693
父己	421，559，661，664
父庚	109，251，286，294，420，439，538，539，558，629，645
父辛	109，251，256，286，295，408，420，537，558
文武	685
文武丁	384
方母	255
方帝	296
爻戊	196
内乙	664
内	307—318
太史	514
太史[illegible]	42，155，389，433，514，585
[illegible]	273
太史[illegible]	42
犬	39，343，589，603
犬中	87，471
犬[illegible]	39，198
犬征	92，519，688

续前表

续前表

母己	195，584，630
母庚	113，195，330，407，420，438，439，440，455，630，631
母辛	492，514，528，529，561，584，598，599，606
母壬	418，420，561，599
母癸	113，573
兄	112，194
兄甲	416
兄丁	48，52，93，110，111，295，407，416，425，680
兄戊	93，408
兄己	540，545，559，583，598，609，629，657，681
兄庚	484，491，540，545，560，573，583，584，598，609，629，630，657
兄壬	560，584
示乙	672
示丙	691
示丁	672
示辛	533
示壬	103，189，354，438，555，580，606，619，657，672
示癸	111，390，391，490，554，555，593
白（伯）木	510
白㒸	79，268
丹白	573
叶白	453
宂白	149，215，268，302，338
而白龟	149，215，268
𤔲（爰）白	122
宋白徉	149，542
儿白	148，288
投白	182，215，267
易白䖴	140，149，205，215，384
羖白	464
肟白	37，263
逄白陵	653
虘白淉	456
鼄白	519
别白	268
史亚	679
史喜	42
史䞣	42

续前表

续前表

司古	40
左古　右古	757
司癸	425
戎丁	328，329
先农	111
州臣	183
舌	98
北宫[illegible]	29
夅	462，463
兇	98，99，178，187，248，293，367
兇父	99
自木	510
自鄂	476
自贮	676，678
自爽	338
自般	155，203，218，223，303，343，344，470
自峀	218
阦	156，274
伊尹	114，450
伊陟	105
伊（伊宗）	47，195，201，673
西	116，196—197，255
西史（东史）	103，291
穷	169—228
亘	286—307
先	397—399
沐	399—400
告	400
自	414—419
彴	423—427
光	460
㐁	464—465
斿	467—468
耳	480
自	480，481
行	609，636
合	650
犾	664—676
夰	483

续前表

𠂤	683
𠙗	219
舟	219
疋	220，692
𡳿	237，273，338，395
弜	274，413，419，425
𣥜	103
后	468
臣大	485
吕	500
任	540，637
祃	658，662
矢	675
钔	449
多卜	431
多工	361
多子	87，151，191，251，268，445，539，568
多子族	354
多古	390
多𠮷	40，361，503
多示	361
多犬	87
多亚	436
多父	295，329
多兄	495
多介父	295
多介子	251
多宁	221，389
多尹	208，574
多生	581
多老	348
多臣	158，260，463
多冒	268，417
多妣	114，296，561
多㚔	446
多君	494，495，574
多马	333
多马亚	464
多射	242

续前表

多𠁁	336
多鬼	258
多绅	208，316
多辟臣	186
七画	
妣	348
妣甲	194，253，390，444，596，598，620
妣乙	296，409，651，664
妣丙	406，409，685
妣丁	104，367，584
妣戊	561，681
妣己	102，113，194，195，253，296，330，335，367，409，420，425，429，436，450，496，499，537，538，561，596，598，622，630，673
妣庚	95，102，112，113，195，200，253，330，354，358，450，467，473，492，499，514，545，560，584，596，597，598，606，622，623，624，630，657，688
妣辛	428，503，514，515，534，538，545，620，638，645，664，673，679
妣壬	194，314，361，457，620，621，624，630，656
妣癸	113，203，253，296，330，409，499，598，621，622，647，664
妣母己	195
妣丹	573
孝己	421
沚馘	123，129，130，132，135，136，154，205，212，217，248，261，262，264，267，272，303，366，369，370，400，463
沚或	326，327，335，418，450
吿	319—338
㞢	401—402
我	429—433
佘	434—437
侜	455—456
卣	461—462
㚇	466—467
邑	469—470
步	476—477
坙	477—478
希	479
足	502
矣	569—575

续前表

续前表

羌甲	107，250，251，252，375，376，386，387，490，558，582，596，624，657
羌立	468
羌彶	468
武丁	387
武唐	513
亚犬	207
亚任	681
亚旁	647
亚旅	674，675，681
亚喜	604
宗人	35，39，40，757
虎	361，418，419，688—689
虎母	53，425，450
皃乘	135—136，154，207，208，218，243，262，272，299，300，303，350，370，384，455
皃羊	142，427
争	229—285
迮	355—356
事	356—363
泳	373—381，760
取	422—423
冎	456—457
卒	460—461
徝	463—464
岳（人名）	468
定	478
即	575—588
亚	680—681
狱	684
戉	86，688
卓	689
要	405，413，691
舁	691
斩	219，478
秎	201
隹	672
羖	413
戋	218

续前表

兊	52，91，156，273
釆	462
酉	411，434
受	433，434
兲	462
牧	219
刚	273
侚	273
戋	274
阦	333，403，413，414，416，468
啇玪	354，355，400，401
帚	424，436，442
帚爪	182，430
帚不	480
帚尹	270，589
帚石	389，553
帚自	370
帚洎	481
帚娋	481
帚永	216，364
帚妏	151，152
帚好	110，112，113，151，169，216，264，269，292，295，302，319，334，343，367，384，408，450
帚多	431，479
帚姣	479
帚㣧	424，433，531
帚宅	396
帚奸	682
帚妹	399
帚豖	653
帚妊	561
帚姦	270
帚姘	82，85，151，195，216，262，269，302，325，334，340，343，355，429，468
帚妥	93，356，437，451
帚良	151，270，350
帚杞	203
帚事	357
帚酉	216
帚妾	468
帚姘	317

续前表

帚婴	427
帚壴	433，531
帚佪	462
帚柩	468
帚貣	468
帚娕	152，157，350
帚苜	270
帚要	152
帚姛	637
帚婐	151，216，249，270，302，334
帚妥	302
帚媪	451
帚嫂	151
帚喜	334，468，604
帚娘	270，279
帚鼓	433
帚雷	84，152，437
帚豊	468
帚貍	317，418，420，421
帚宝	468
帚庞	350
帚冎	151，542
帚丙	152，298
帚亞	152
帚井	152，422
帚女	302
帚姃	370
帚来	433，531
帚嬰	691，692
帚如	466
帚婦	466
附女名	
娥	82，152，172，186，254，467
娋	152
妹	152，450
姼	152
女	152，334
妥	152
婞	216，270
妵	216

续前表

姡	216
婡	216
斊	216
妨	216
婌	216，270，367
媢	270
姾	270
㚸	270
嫧	270
要	270
婝	350
㚻	413
[illegible]	428
妛	433
汝	435
姐	451
㚶	467
娍	467
嬂	467
㚬	240，466
娀	467
媗	467
娣	467
𡪙	680
娅	681
娵	467
九画	
眛	100
南庚	108，191，294，329，558，596，598，654
韦	338—345
首（**田**）父	303
马亚	674
吅	345—352
䀏	394—395
壴	530—534
罔	651
徬	652—653
臥	663
要	691—692

续前表

响	692
疾	451，452
肢	432
旻	413
若	424
疲	44，134，155，219，274，366
衔	287
敏	93，335
畋	409
陕	46，155，218，273
保	516—517
弇	155
咸	114，169—170，190，191，195，196，254，401
咸戊	196，409
[illegible]	186
[illegible]	206，219
泅	204，211，274，355
倏	249，274
吾	219，274
前	335，338
尚	63，454，760
十画	
侯口	214，658
侯告	193，149，268，374，384，400
侯舌	682
侯沚	457
侯偵	462
侯虎	149，214，689
侯专	267，268，316，392
侯敖	403，412，458，522
[illegible]侯	412
伊侯叶	453
杞侯炽	95，149
亘侯	137，149，211，214，302，333，367，464，531，574，678
先侯	141，268，397
壄侯	149，464
旋侯	149，412
古侯	658
[illegible]侯	214，268

续前表

殷彭	535
旃	45、70、206、218、240、272、311、317、455、540
竝	199、213、218、266、267、335、373、374、395、434、453、462、463、469、503、512、528、531
冓	209、218、273、332、335、364、370、384、388、477
倗	219
绶	219
晪	273
杲	273
賔	274
涉	274
丝	42、219、274、317、433、471
奚	299、300、303
戚	317
般	317、335
珙	146
十一画	
伷	385—388
专	392—394
葡	395—397
囡	395
畢	297、483
逐	657、658
教	662
般	219
翊	273
曹	273、451
得	273
壴	274
偪	761
徲	320、442
雩	468
覍	496
谿 沓	648、760
异	536、675
柬	553—554、691
寅	610
庚	637
虒	513、672

续前表

续前表

豊	274
伷	424，443，445
𦋐	432
戠	451，610
雍己	594，621
㝬	156
豙	156，157，658
𢓊	424，451
員	676—680
𠆭	684
万	690
	十四画
尽戊	196，254
𤼷	242，274
毓妣己	354
鸣	143，155，208，218，355，518
貍	156，237，274
纆	542，574
潶	452
𦒢	303
齐	503，519
𨾴	356
稽	684—685
	十五画
蓐示	111
𤕤	219
夒	399，688
𨖟	674—675
鼓	665，675
蕩	670—671
䍜	155，219，244，466
蔑	100，101，114，188，248，435
澀	156
𩠹	536
𡽄	427—429
𡎸	478
乐	683
	十六画
𣡕	219

续前表

夒	39，264
虩	645
龙	45，95，133，140，155，267，273，335，385，392，409，410，413，681
龙甲	94，108，425，450，625，626
[illegible]	156
龟	468
[illegible]	60
寴宗	108
[illegible]	442—446
叡	459
[illegible]（廪人）	465
十七画	
[illegible]	425
僔	46，48，155，272，301，303，350
霝妃	157，220，222
十九画	
龏司	60，407，408，528
龏[illegible]	528
二十画	
旧宗	409
二十一画	
鸞	155
圞	303
二十二画	
龚	355
[illegible]	54
二十四画	
[illegible]	274
其　他	
[illegible]	681
[illegible]（什）	466
[illegible]	303
[illegible]	432
[illegible]宗	194
[illegible]	382
[illegible]司	450
[illegible]	156
[illegible]	335
▽	413，432

续前表

	423
	66，669
	413
	219
	274
	432
	610
	274
	156
	198
	245，394
	303
	273
	457
	421，449
	684
	625
	47
	45，133，137，155，213，218，220，266，273，343，351，370，416，503，519，540，541
	272，303，416，450
	517
	156
	675
	662
	402
	220，266，273，303
	325，335
	304
	685
	448
	103
	219，273，431
	219，224
	219
	205，219
	273，343
	325
	610

续前表

【说明】卜辞人名地名，颇难厘别，兹所列举，略依上下文义推定，间有与地名互见者，请参看地名索引。

地名索引

二画	
卜	210
乂	241
九[illegible]	132
丨丨	469，615
三画	
[illegible]	522
三叟	100
[illegible]	92
大方	485，702
土方	123，129—130，205，249，261，366
下[illegible]（[illegible]方）	134—136，188，189，207，208，249，262，299，430，458，592，674，680
上[illegible]	386
尸方	32，55，140，169，183，209—210，289，293，300，332，365，373，375，379，380，383—384，400，440，448，462，690
人方	604
尸戎	2 09，210
己氏	503
川	448
[illegible]（巴）方	140，212，264，299，300
勹方	400

续前表

兄[illegible]	635，671，762
千亩	133
入邑	379—380
四画	
癸	124
甘	314
化	368
六	48，267，527
夫	421，449
元	261，373
戈	49，56，141，211，223，266
木	510
艮	55，109，118
穴	88
夭	347，398
少	206
丹	109，573，762
不	479，480
兮	686
出□	57，130
出自	266，469，512，541
出邑	131
出录	
叉邑	205，208
方	44，45，60，66，67，208，264，265，268，332，411，412，417，421，457，465，467，477，519，547，610，674
井方	189
云亶	379
五画	
目	99，206，264，394，592
册	432
予（方）	412
叫	610
汉	131
片（爿牧）	453，463
戉	124，127，128，129，137，143，178，213，264，300，332，333，338，369
丘商	89，121
丘纫	87
丘畴	60，615

续前表

续前表

艾	241
光	460
𠂤	448
𠂤木	510
𠂤目	449
𠂤哭	633
𠂤丙	600
𠂤彭	600
𠂤鬲	593
𠂤鄂	476
𠂤喜　𠂤禧	64，604，702
𠂤爽	59，338，632，633
𠂤豈　𠂤澧	211，531，702
𠂤歸	519，615
𠂤洽	552，631
𠂤邑	132，628
𠂤析	507，617
𠂤雇	618
𠂤燮	46，59，550，553，569，614，621，634
𠂤𢆶	60，618
卯	761
七画	
凷𠂤	91
兕	136—137，276，476
犷	247
斦	289
杞	617
𣏟	264
希方	82，411，454，479
杜	129
吝	495
谷	64
攸	59，365，375
卣	685
犾	686
贝	687
车	687
我	429
良	617

续前表

呞	134
㐀	92
甾	84，87，179，205，240，266，513
穷	399
角	124，145，477
𦉪	62，139，147，239，424，430，443
沚	52，91，180，205，412，527
𢀛（方）	369
𢦏（方）	207，333
八画	
邳	479
畀	259，338
亚	356
京	84，291，380
隹	449
来	446
𣪊	435
兒	148，350
周	45，332
𤞞	326
犽	347
武	181
邶	670
𨙵	380
𥁕	85
沬	298
长勺	420
东𠕒	459
陕畐	464
受	480
林	539
函	763
盂	669，680
侁	141，397
郁	139
芈	99
余	187
妻	148，263，288，326，350
囧	179
田	143

续前表

殹	301
沘（北方）	125，210，240，245，252，299，618
𦍌	179，331，333，373，432，466
兕羊	142，144，299
𢆉方	207
𠂤方	56，78—79，80，96，123—129，203—204，211，248，259，260，299，331，332，342，349—350，368—369，396，503，519
羌方	132—134，145，146，205—206，261，262，301，315，332，341，373，396，397，401，446，454，463，465
羌戎	44
河	93，510，618，671
𠧪	182，411，434，629
九画	
𡗜	610
𡆧	90
𡨄	265，316
圂	369
相	358
泧	59，388
𡛦	84—85，232，240
斿	61，477，522，669
南土	356
南沘	618，669
南单	277
南畐	464
郎	84
韦	339
封	361，379
贞	387
洹	246，489
娈	275
泉戎	137
保	128
姺	397
食	579
孕	301，368
溺	289
疫	36，44，134

续前表

岦	124，338，368
豈	211，299，311
𠂤	96，125，145—146，212—213，265，267，312，333，342，369，400，412，480
易牧	205
十画	
鬲	243
涂	267
陟	332，477
陮	553，592，618
宫	477，681
逎	91
奚	148，299
斗	181，247
桑	141，642
亳	78
亳土	99
旁方	207
时来	124
陶	139
晄	211
耆国	123
𦔻	307
逢	652
𡨦	663，664
浮	382，678
唐土	327
唐氏	103
唐邑	97
彖土	56，125
隻	600
冥	90，117，242
冓	332，384，388，477
臭	289，293，300，384，760
竝	373，374
畀	212，213
寅	213，260，301，331，370，469
鬼方	204，315，332
马方	206，262，454

续前表

陨京	66，183
𢦏亩	463
十一画	
雩	394，395
匬	209
閞	588
教	662
㙨	674
浿	635
虘	142，456
盐	615
隹	178，240
专	313，392
巢	263
柬	266，279
旋	202，266，279，349，395，615
啬	92，266，289，291
敿	618
雀	39，45，52，63，100，138，141，144—145，180，212，259，264—265，287，300，313，315，316，332，477
商	83，88—89，92，100，117，180，221，239，242，244，311，405，412，417，424，431，434，451，474，510，520
㝮	118，142
麦	553，618，670
麦录	387
淮　淮南邦方	59，388，541，658
凄	87，471
寂	315
祭方	82，138，144
基方	45，57，130—132，144，261，315，399
御方	206，207
灵餗	365
十二画	
厥慭	241
彭	534
单	195
单父	533
宧阜	37，105
越	143

续前表

䖵	552
㬥	554
𦝺酉	368
㯋麓	86
无	60，464
㒓	650
掔	209
㝬	183
䂁	618
脽	213，214
㓹	60，615
雇	100，239，383，615，618
䖵	183
湔方	137，143，209
十三画	
义	453
义台	369
雷	379
鄕	207
𨼆	105
微	369
鮁	505
万（沥）	87，690，691
畐	614
嵩川	464
嫀	332
𨸏	183
衒	104，140，315
虒	381
鼓	92，141
雉亘	92
十四画	
蒿	670
宁	86
荧	621
贤	665
尘	367
售	388

续前表

[illegible]	380
滴（漳）	116，331，618
辜	91，122，176，178，179，182，237，243，244，255，291，295，298，327，453
[illegible]	82，239，618
十五画	
鄫	392
乐	511
黎	123
蕽	87，653
[illegible]	349，395
[illegible]	301
[illegible]	181，244
[illegible]	267，379
十六画	
[illegible]	62，140，239，267，315，327，347，398，579
卫	423
霍	62
[illegible]	505
[illegible]	762
[illegible]	375
龙	432
龙方	262
十七画	
薛	263
蟫（宿）	243
驲	617
鬲方	128
[illegible]录	375，381
戠	207，208
[illegible]	642
十八画	
[illegible]	397
[illegible]	143
旧	375
丰	368
十九画	
[illegible]	554

续前表

续前表

盜	237
[illegible]	327
[illegible]	338
[illegible]	266
[illegible]	480
[illegible]	553，691
[illegible]	579
校	762
[illegible]	762
[illegible]	760

成语索引

续前表

三画	
亡匄	192，489
亡乍口　亡至口	426，427，449
亡衣	605
亡㭒	160
亡至	92
亡征	245，512
亡来	341，429
亡贝	172，173
亡祝	574
亡其虎	160
亡其厷	92
亡其兕	63，92，332，333
亡昜	442
亡若	416，451，691
亡猷	374，375，378，379，380，383，386，387，483，536
亡爽	451
亡棕	493
亡䢅（震）	96
亡䵻	224
三卜	66，684
三归宅新寴	528
三䵻云（雲）	365
三（汔）亡左	537
三㞢米	63
三匚	494
三正	247
三用	473
三至	92
三乎（呼）	98
三钔	56，489
三告	490
三西彡	573
三彭	428，592，539，607
三靁	47
小旬	80，81，605
小采	43
大钔	407

续前表

大罕	648
大采	43，91，404
大事	504
大[阝戈]	482
大冉	358，524
大[吅酉]	517，518
夕出[illegible]	506，507，610
夕⊗ 𠮷	545，551，575
夕㞢	37，48，78，234，236，324，459
夕燮	358，524
之宠	280，401
下上若	118，125，127
四画	
火	110，111，231
火𢦏	130
云（雲）	234
云（雲）见兕	234
水溷（涸）	235
水𡩋	518
𠬝人	126，147，267，342
比束	214
比伐	130
比系赍	462
亐黍	325
㞢一人[illegible]	98
㞢子	452
㞢及　亡其及	287
㞢火	110，111
㞢升岁	248，249
㞢乍囚	71，145，159
㞢[illegible]	371
㞢毋往	244
㞢匚	117
㞢正	336，435，473
㞢古（故）	452
㞢出	327
㞢古　㞢工　㞢亍	61，267，277，278
㞢示𢍉	416
㞢仔（保）　亡其仔	315

续前表

出孕	417
出伐	114
出舌（祏）	120，328
出至	312
出钔	120
出吺	44，75，79，174
出贝	275，276
出来艰	78，79，80，123，124，129，160，237，288，324，366，455，543，548
出灸	501
出秂	497
出珏	203
出若	222
出旻	337
出四	345
出尭	95，160，223
出希	37，38，44，48，55，62，75，78，79，93，123，124，129，161，176，184，223，235，236，237，275，288，324，337，384，460，506
出希若鄙	86，87
出菁　亡菁	312
出疲	223
出肻（闻）	38，161，223，245，252，277
出伤（荡）	173
出菽	296
出岁禫	105
出衜	369
出梦	37，93，237
出蒺	369
出蟲	138
出齿	161
出斁	326
不工	47，520
不左	170，203，223
不氐	63
不氐嬉	60，484
不役	95
不兆	47，48
不吉在丝	63
不丼	157，213，428，442，462，541

续前表

不同涉	670
不如	415
不𣞤	542
不隹虒	480
不其来𡆥	485
不其𡆧	418
不延	95，479
不若	279，447，450，453
不隻（获）	432，469
不昌	59，160
不莫	280，304
不𧺆鬼	464
不𡰪	388
不潛	98
不丧众（次）	223
不丧𠙵	350
不黍隹青	107
不融	47，520
不𠧪（𦉭）	204，223，332，384
毋往	462
毋𣪊（弼）	266，279
勿𠣜	279
勿卯	110
勿衣	198，455
勿利（南鹿）	669
勿𢑚出𠣜	245
勿𡿺	331
勿𠔜	110
勿𢦏	71，97，246
勿延	87，88
勿食	223
勿𦙶（孽）	171
勿圂	368
勿复	267
勿𤉲	257
勿𦤎	279
勿𨚔𠨘	113
勿𡨦	106
勿饪	279

续前表

勿圞	223
勿朥	146
勿黹	98，116，134，159，193，206，223，249，279，291，329，367，416，520
勿臯	290
勿柞䍇	222
今业	687
今业月	446
今東月	431，451
今杏	91，92，110，129，135，136，146，147，180，262，263，268，276，299，384
今来岁	81，239
今楷	59，160
今昞戌因	447
今糤	199，264，267
今岁	81，239，451
今藿	54，182，204，221，431，434，436
允正	435
允事	407
屮（在）兹帝若	312
中立（位）	371
【日】	
之日	506，511
之日溛	506
日亡尤	490，567
日大星	76
日中	505
日征益	520
日亩羊	313
日若兹敏	240
出日　入日	313
易日	75，76，77，104，105，173，232，233，236，308，321，339，340，346，366，396，455，485，486，504，505，524，661
耑日	529，530
覍日	44
湄（弥）日	536，665
黹日	43
月出食	172，233，235，236，324
天豕	507，553

续前表

元卜	66，565
五卜	67
五[illegible]	673
六卜	67
㞢　不其㞢	94，95，109，185，245，330，336，344，655
王二曰匄	78，93
王呼曰	275
王如曰	37，57
王吉	63
王亦叀吉	362，584，638，639，649，650
王𠈇（宿）固	460
王固卜曰	757
王圂隹之	242
王書	515
王𡨦羽日	119
王昭隹囚	159
王𣪊	37
王膀	400
五画	
四方	685
四卜	66，67
生月	170，171，231
出蜺	44
出墉	449
立中	233，234
立史（事）	304，434
立黍	40
卬彡	58，537
乍戎	207
乍大卬	189
乍火𢦏	130
乍辥（孽）	280
乍𦙶	493
乍若	71
乍圂	313
乍寝	185
乍丧	493
乍𩫏（墉）	131

续前表

冬（终）夕戠	422
冬𢆶邑	96，97
占㚸（嘉）	414
囚爿 㞢疒	95，465
囚爿之日𢀛	462
左（佐）王	114，115，199
夅不	368
氐乃邑	214
氐王𠂹（尧）	36，212
氐王伐	316
氐石𠂹	212
氐齿	141
氐𠬪	519
弗𠂇	106，305
弗巳（祀）	451
弗及	674
弗𠫤	577
弗每	381，462，671
弗其氐	463
弗其𢦔	130
弗其𢊁	691
弗幸	463
弗若	275
弗桑（丧）	224
弗𦮃	465
弗冥	367
弗嬉	467
弗𩫏邑	489
叶王事	70，146，220，280，347，354，356，357，429，474，478，655，692
叶朕事	542
六画	
叀又用	631
叀勿　弜勿	646
叀亏	606
叀用	679
叀羊	496
叀吉	638
叀𠂇（左）	672
叀𢀖	472
叀𢍁戒	645

续前表

叀羊	661
叀既	122
叀𡕒	336
叀岁用	673
叀嘍	643
叀农	584
旬亡火	577
旬亡𠂤	80
年㞢 𡉈	81
各云（洛雲）	43，44
𢆶云遘雨	524
𢆶卜	63
𢆶用	623
𠨘役	328
𠨘事	121，307，417，422，424
𠨘 𦣻（孽）	108
𠨘 圂	434
穷巳	71
吉正	68
先𣅀	479
蚑叙	160
役耤	431
同受㞢又	199
弜巳（祀）	672
弜兄（祝）	671
弜羊	495，572
弜 𢓊	581，626
弜告	578
弜 𢀛	466，572，573
七画	
告占	514
告 事	541
告圂	105
告麦	179
告蘁	187
良贞	68
巨又	473
我又𢓜（事）	472
我乍穷	119，159

续前表

我其巳穷	119
我为穷	119
我畜若兹	446
㳄 吺（设）	481
𠛱云（雲）	43
邑䧑	246
㡀 刍	326
坚田	179
帚王	114，196，328，348，351，352
㝍 夕	533
八画	
其入	542
其力（㕚）	544，671，672
其又戠	493，494
其从	491
其㞢曰	103，146
其水	235
其左	610
其示帝	677
其氏	134，148
其用𩰫	381
其 𨸏	671
其邶　弜 邶	762
其钔	113，647
其䒑	145，210，278，304，541
其先	610
其 戓（戎）	132
其 每	658
其囟弗旬	131，261
其 𢆶	649
其 叅	496
其西（酒）易正	382，472
其易	465
其要	572，573
其洛	478
其珏　勿珏	248
其㿻	581，584，587
其降	223
其雹　不雹	185
其莫	500

续前表

兹雨隹若	320
兹雨戈田	472，504
兹云征雨	288
兹旬亩雨	576
征雨	172，320，415，420，456，504，543，589，665
衩雨	358，472
米雨	172，186
见雨	171
希雨	171
雨不征	72，172，287，288
雨不昰	488
雨隹雺	339
酌雨	172
昌雨	404
温雨	77，287
亶雨	570，572
燮雨	74，172，232
戉	44，75，173，232，308，357，358，486，576
亘	73，404，405
昃至焞	515
吺隹田	321
旮其丰	672
往皂	182
受又又（佑）	674
受出又	103，127，129，130，135，136
受余又	604
受我又	128，689
受妣	63
曹册	494
凷（首）人	126
肸（乂）王	296
隹又古（故）	575，578
隹之	328
隹之出又	100
隹止	222，244
隹兹出乍田	71
隹易　亡易	94
隹若	304，451，452
隹仙	295，572
隹畣	184，575

续前表

续前表

续前表

续前表

黿	44，177，234，358，366
犂兹邑	246
翽西　蠚西	623
鼭（败）王	192
穚我旅	139
龙不既驿	428
龙星	554
霁	235
䨼	172，233

【说明】习见成语如“亡囚”“亡尤”等，多至不可胜数，故兹从略。若干有关祭名用牲之成语，别详“祭名索引”。

祭名索引

＊包括祭仪、用牲、用人及宗庙名称等＊

续前表

口（祊）尸	200
祝尸	661
宜尸	496，562，584，587
设尸　濈尸	496
尸告	562
四画	
屮	98，100—103，105—108，109—114，117，188—189，190，192—196，197，198，203，247—250，251—252，253—254，256—257，293，293—294，295—296，314—315，329—331，341，348，354，368，388，406—410，416，417，420—421，439，450，466，472，484，489—490，491—494，504，512—514，517，527—529，530，538，560，574，581，643—644，651，693
升	103，118，187，197，198，247—249，250，293，324，354，408—409，420，489，556，557，559，578，582，583，584，595，623，625—626，629—630，639，647，688
水寝	518
【牛】	
引牛	202
奴牛	331，349
卯牛	349，369，408，497
古（辜）牛	581，583
用牛	201，426
朩牛	491，579
氐牛	562
刖牛	298
帚牛	627
酉千牛	257
𣪊牛乃𡧊	482
省牛	122，202，349
葡牛	395，493
戓牛	297—298
𦏴牛	193
五画	
乎（呼）	104—105，109，361
叶	314，493
古（辜）	122，191，299
乍　乍钔　乍屮	192，249，257，515
必（闷）	529，631
弘罕	606

续前表

左	533，537，538—539
匄	232，244，257，658
示𠬝	203
示◇◇◇	199
卯	102，107，109，110，112，114—115，116，118，171，172，186，188，190，196，249，255，293，296，313，314，342，349，408，410，495，497，499，513，555，581，606，607，688
用	120，134，189，193，194，201，233，249，251，261，280，370，426
六画	
朿	97—99，101，111—112，114，115，116—117，171，186，187—189，196—197，239，246—248，255—256，257，287，292—293，294，297，299，313，324，328，331，341—342，349，354，367，450，451，476，482，494—495，524，553，573
䒤	104，107—108，110，112—113，120，189，190—191，192，194，199，249—250，251，253，258，294—295，297，314，328—329，330，342，348，367，379，395，407，410，421，422，425，432，436，442，444，450，454，455，489，507，512，514，537，553，555，572，585，646—647，664，669，673，682，689，691
衣	102，118，120，191，198，247，257，286，329，416，428，440，455，473，478，490，511，513，516，531，538，556，579，580，592，607，656，665，669，672，690
因（蘁）	349
㕛（抔）	592—593，656
㞢（屾）	121，202，293，295，297，451
𡴘	496—497，516，566
伐	102，118，191，197—198，232，249—250，252，259，293，314，408，428，517，546，558，559，561，582，623，625—626，628，630，653
合𠭯	198
羽	375，377—378，516
羽日	387，483
七画	
𣏟	103，104，106，115，117—118，122，171，172，178，186—188，189，192—193，198，232，239，246，248—249，250，252，254，257，259，289，292—293，297，309，324—325，329，341，407，410，421，425，428，432，435，442，450，454，482，490，491，511，516，528，537，554，559，567，578—579，583，593，595，598，605，631，653，671

续前表

米丝	196
征	472，495，517，533，538，561，581，584，624，626，628，657
告	101—102，105—106，108，109，113，120，179，187，189，196，199，248—249，252，257—258，261，293，295—296，297，299，329，342，348，360—361，377，416，472，490，491，494，513，514，529，537，539，553，554，562，573，578，580，584，606，677
希彘	481
【豕】	
至豕	425
冎豕	425，456
祀	97，119，246—247，257，289，315，331，406，451，537，654，663，672，679
汫	186，247，661
帇	513
言	403，411，546
步	631

八画

奔	172，193，389，497，518，533—534，631，638，645，676
取	103，186，202，246，376
𡉚	183，518，586，599
㫚	672
享	100，410
昔	107
兕	314
𦣞	194
𥘭	200，574
刚	202，671
𣍘	100，109—110，112，113—114，118，187，191，239，247，256，257—258，295，297，314，330，466，494，518，674，688

九画

盟	103，119—120，191，251，375，379，386—387，389，428，531，538，545，554，555—557，559，565，581，592，594—596，619—620，622，624—625，626—627，629，656，671
祝	113，200，331，365，408，478，491，495，512，574，606—607，646，661，670，671，672—673，677

鬯	391，513，565，606—607，644，679
壴	360—361，490，513
壴亍（磬宗）	196，361
佑（）	645
祏	247
祊羊鸟	410—411
既	410，428
嬖	416
咬	330
嫆	105，170，187，199，254，257，297，406
品	203
品司	515—516，522，529
盃彭	491，562
圂	196，255
罟奠	444，653
【室】	
大室	497，573，679
文室	479，539
血室	498，514，517，529
东室	186，516—517
南室	529
鬺室	516—517
宎	539
十画	
酌	74，77，98，101，103，104—105，107，108，110，112，113，114，116—117，118—119，172—173，182，186，187，189，190，195，197—198，202—203，232，247，249—251，256，262，293，295，313—314，315，329，330—331，342，354，365，375，377—379，407—408，425—426，428，440，450，490，491，495，503，504，512，514，516—517，529，537，546，554，557，559，562，563，573，579—580，583—584，592—593，606，607，621，625，671，673，679，685，688
【𡧊】	97，107，119，169，251，257，367，392，440，472，490—491，491，495—496，499，504，518，533—534，537，544—546，554—560，562—563，567—568，573，574，579，580，581—582，583—584，585，586，587，593，595—598，602，620—622，624，630—631，632—633，635，638，643—644，648，651，654—655，656—657，661，671，672，673—674

续前表

宐夕禫	391—392，497，518，545，556，564，585—586，593，600，607，631—632，650，657
宐日	586
宐祀	406
宐𢍰禫	389，546，563—564，594，601，608，623，631，634
宐𩕳	679
宐叙	169，391，428，440，497，565—566，586，594，601—602，608，618—620，622，625—630，633—634
宐閒	496，563，588
宐祭	566，594，596
宐戠	390，563，587，602—603，608，634—635
宐祟	649
宐岁	170，561—562，576，586—587，594，599—600，607，623，632—633，657
宐禫	364，429，497，518，564
宐𢿌	566
图	77，103，178—179，187，206，232，247，258，297，314，339，367—368，369—370，387，431—432，545，555，631，658，679
秦(𦅫）宗	200
弄	490，538，545，557，567，598，606，629，644—645，647
弄禾　黍弄	425—426，539
弄鬯	545，644
𢀜	367
祏（𠃧）	120，199，253，254，297—298，328，330，436
家	538—539
寘	536，538
冓（遘）	390，407，554，581，644，649，685
𣻕	75，134，201，253，258，267，276，329，332，466，496，497—498，560—561，575，580，585
追（𡌦）	529
𦬀	250—252
𩕳	679
奚	74，679
窑	102
陟	513，559，563
陟降	606
昱	249，557，580，582，597，611，619—621，622，627—628
【马】	
𢪔马	301

续前表

夕岁	628
升岁	489，544，554，562，583，596，600，618，624，627，639，644，648
稾岁	558，597，627
岁禫	105
鼓	398，436，444，513
新寝	528
春	225
十四画	
禫	109，113，191，200，389，390，391，392，410，429，497，506，514，518，539，545，563—564，573，574，585，587，600—601，607，620，635，638，639，645，649，651，657，661，672，679
舞	118，120，172，187，348，410，444
䣌	258
隶事其奠	498
十五画	
餗	257，324，509，516
繫	103，121，201，258，387，422
十六画	
兴	407
雙	677
鬳	673
寴	671
飤（[illegible]）	375，386，387
学	196
十七画	
异（翼）	192，232
爵	298
濩	564
[illegible]	199
荐	578
十八画	
祷	191，251，466，516，533，537，538
蕹	121，201，246

续前表

十九画	
䕶	643
二十画	
鬻	679
二十一画	
䊋	182，259，275，456，497，499，537，539，563，574，644—645，646—647
禳（[illegible]）	331
其　他	
匚	98，100，104，112，117，186，197，198，251，257，295，297，494，514，516，538
[illegible]	409
[illegible]	354
[illegible]（殪）	109—110，192，253，314
[illegible]	518
[illegible]	362，495，534
[illegible]宄（恺）	444
[illegible]	103
[illegible]言	551，575
[illegible]（赠）	259
[illegible]	408

饶宗颐

二十世纪学术文集

卷二　甲骨（下）

中国人民大学出版社
·北京·

目录

甲骨集林

卷二

饶宗颐二十世纪学术文集·甲骨

目 录

略谈甲骨文与龟卜

甲骨文是刻在乌龟甲壳和牛肩胛骨上的古文字，因此称为“甲骨文”，自清末发现甲骨文到现在，恰好是九十年了。起初刻有文字的龟甲和牛骨被农民从土里翻出时，并没有人认识它的价值，因此胡乱称为“龙骨”，当作药材出卖，每斤只值制钱六文。后来古董商发现这些“龙骨”上面锲刻有文字，拿到北京出售，这才引起金石家的注意。

当时王懿荣对此大感兴趣，出高价收购，顿时使之身价百倍。由1899年至1900年仅一年之间他就收集了一千五百多片甲骨。不久八国联军进入北京，当时被委为“团练大臣”的王懿荣投井自尽。这批甲骨由他的后人转让给另一位学者和小说家刘鹗（《老残游记》的作者）。1903年，刘鹗把藏品中精选出来的一千多片甲骨整理拓印而成《铁云藏龟》。在这书中他第一次指出，甲骨文是商代，即三千多年之前，用“刀笔”所刻出来的文字。

事实上，龟甲文无疑可算是我国最古老的文字。最近河南舞阳县贾湖新石器时代遗址出土了完整的一块龟甲和二件残片，上面各刻有三个符号，一个已辨认出来是“目”字（图一）。据碳十四方法测定，这些龟甲距今已有七八千年之久了。

在早期，已知的甲骨出土地点只有河南安阳县的洹水地区。1928年中国第一个国立学术研究机构“中央研究院”成立之后，它辖下的“历史语言研究所”就派出了一个由李济、董作宾等学者率领的考古队到小屯村，去进行大规模的发掘工作。从1928年到1937年的十年之间，他们一共发掘了15次

图一　武丁时期的甲骨文

（取自郭沫若主编《甲骨文合集》）

（3次没有甲骨），前后一共获得24 918片有文字的甲骨，收获是非常之丰富的。这批甲骨目前都仍保存在台湾南港“中研院”的历史语言研究所里。1949年后，政府对考古学是非常重视和支持的。在1973年，中国科学院考古研究所的安阳工作队又在小屯村南地发现了第二批有字的甲骨，共4 589片。在1977年至1982年间，陕西岐山凤雏村发现了第三批甲骨，有字的，只有303片。这一批数量虽然较少，但有两个特点与以前发掘者不同。第一，它大体是属于西周的，和以前完全属于殷商的时代不同。第二，它的刻字笔画极其纤细，大小只有0.1公厘～0.5公厘，和头发的粗细（一般是0.09公厘直径）相差不远，因此大部分不能用肉眼辨察，也不能传拓，只能在放大镜下临摹出来。

我们自此才知道，甲骨文并不是殷人的专利，在殷墟以外，还有其他地方有人利用甲骨书写记录，而且另有独特办法在坚硬的甲骨上刻凿出细如毛发的文字来。

西方学者第一个注意到甲骨文字的是美国长老会派驻山东潍县的一个牧师，加拿大人明义士（James Mellon Menzies）。他 1914 年骑着老白马往来于洹水南岸，搜求甲骨，1917 年首先用摹写方法出版《殷虚卜辞》，这是第一部外国人的甲骨文专著。他搜集的甲骨材料，大部分保存在多伦多皇家安大略博物馆（Royal Ontario Museum），现在经学者整理拓印，已完全公布了。

近百年来，经过好几辈学者的辛勤搜集、整理，对绝大部分出土的甲骨文有系统地加以结集。其中最具代表性的便是中国社会科学院历史研究所所编的十三巨册《甲骨文合集》①，所收的甲骨文达 41 956 片之多。关于现存甲骨文的总数，有人曾说有十万片之多，是不是夸大之辞？我们把现有散存各处的材料点算一下，合起来不过五万片左右，例如姚孝遂和肖丁两位先生最近所出版的《殷墟甲骨刻辞摹释总集》②，序文里提到所收的甲骨文数字，除去重复者外，就只有 52 486 片。这是最近总结的数目。有的著作说据统计已发现的甲骨有二十万片。倘若这是指刻有文字的甲骨而言，那实在是毫无实据，不可相信的。

根据史书记载，商朝早期因为河患，经常迁都，但后期的商王盘庚在公元前 14 世纪左右迁“殷”之后，直至纣王亡国为止，前后 270 多年间，就没有再迁都了。其实，甲骨出土最多的安阳小屯村，正就是殷王都的遗址，《史记》上称之为“殷虚”。由于许多学者的小心考证、研究，我们现在知道小屯甲骨文是商代专门官吏为王室占卜或举行祭典或记载入贡后所留下的记录，而文中所刻商王和他们的先祖（所谓先公、先王）的名号和《史记·殷本纪》的记载逐一比较，绝大部分都是吻合的。由于甲骨文就是商朝的原始档案，所以它不但为商朝的历史提供了最可靠的第一手资料，展开了上古史的一个新领域，而且同时是中国早期语言、文字最确切的记录。中国历来自认为有五千年文化，但周朝以前的历史、文物，孔子在他的时代已经觉得太久远，有文献不足征之叹。自从有甲骨文的发现和研究，证实了传世殷史是相当可靠的，同时也为我们提供了大量殷社会、殷文化的素材。“甲骨学”这一门已经确立的专门学问，正式把中国文化向前古拓展了整整五六个世纪。

前些时期，甲骨学者研究的结论，认为“在龙山文化的时代里，人们只用骨卜，不用龟卜。到了殷商时代，除了用大量兽骨来占卜以外，还用大量

① 中华书局，1978 年至 1983 年间出版。

② 中华书局，1988 年。

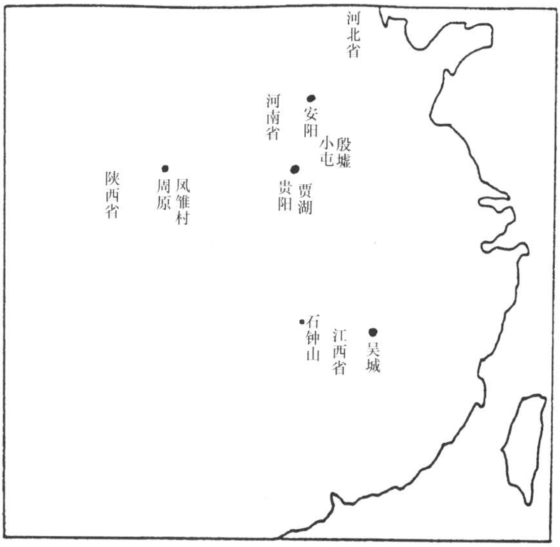

图二　甲骨出土地点简图

的龟甲”[①]。现在这一说法是应该加以修正了。目前考古的新材料告诉我们，辽宁红山文化出土人骨双手各握一玉龟，龟的使用与龟的信仰，应再推前。在七八千年前裴李岗文化的贾湖遗物已有契刻符号的整龟出土，另外，五千年前新石器时代文化的安徽含山县凌家滩遗址又发见有玉龟，背甲与腹甲两部分俱全，通体琢磨很细致，有一件长方形的玉片夹在龟的腹、背甲之中间。玉片上面刻划小点，四周有小圆圈穿孔看来像河图、洛书数字排列的形状，这种用玉琢制的龟甲来放置“河图玉版”，说明五千年前的哲人们对于“数术”掌握的深度[②]，而玉龟且剖分成腹甲与背甲，证明殷人攻治龟甲的技术是远有所受，和含山文化是相衔接的。

过去讨论殷商文化的来源，一向注意到大汶口墓葬和江苏邳县的刘林、大墩子各地出土的龟甲，上面有涂朱、穿孔以及腹、背甲共出的现象。[③] 今观贾湖的完整龟甲放在墓主的头部，含山的玉龟置于死者的胸部，可能暗示着某种宗教意义。含山与大汶口文化一脉相承，令人吃惊的是“龟卜文化”[④] 在

---

① 张秉权：《甲骨文的发现与骨卜习惯的考证》，见《中国上古史》第二本，43～98 页，台北，“中央研究院”历史语言研究所。

② 安徽省文物考古研究所：《安徽含山凌家滩新石器时代墓地发掘简报》，载《文物》，1989(4)，1～9、30 页；又参看卷一拙作《未有文字以前表示“方位”与“数理关系”的玉版——含山出土玉版小论》。

③ 张光直：《中国青铜时代》，42 页，香港，香港中文大学出版社，1982。

④ 凌纯声：《中国古代龟祭文化》，载《“中央研究院”民族学研究所集刊》，第 31 期，1971。

吾国的精神史上是多么源远而流长呢！

古代大龟是南方的贡品。《尚书·禹贡》说："九江入锡大龟。"殷代贡龟最多的数目可至五百，《乙编》四五一九："雀入五百。"从甲骨文资料可以看到殷人对于龟的知识，非常丰富。试举出一些例子：

献龟　字写作"鬲龟"。《逸周书》："神龟为献。"（图三）

习龟卜　习卜即是袭卜。指用不同方法去重复进行占卜。向来说"卜不习，吉"。

又有不少龟的不同名目，像：

鼍（鼉）

䨟、龗　龗即是灵龟。司马光《类篇》："黄龗，龟名。"古时区别龟为十类（《尔雅》），其中一种叫做灵龟。龗即灵龟的合文，䨟字从雨，或即是龗的简体。

龜（鼊）　或即鼊字（陈梦家说），卜辞有一条很有趣的记载：

……允至。以龟：䨟八，鼊五百十。四月。

来指入贡，此片记入贡的龟，灵龟（图四）只有八只，鼊竟有五百一十只，可见䨟是很受人珍视的。

卜辞又有地名曰黾，人名伯爵的而（陑）伯鼋（图五）。鼋字有时作为祭祀对象与伊尹在一起称为鼋示（宗），有人读作舅宗。这些从龟的僻字，许多根本是不见于后来的字书的！龟甲用于占卜，要用火来烧灼，使其现出裂纹的兆，然后去辨别吉凶。龟卜和骨卜是二件事。有关骨卜的问题以后再谈。龟甲主要使用背甲和腹甲，为便于烧灼呈兆，必须先进行钻、凿。自从"中央研究院"于小屯村进行多次发掘，出土大量的完整背、腹甲，对于钻凿的穴数、形状、长宽的式样，与甲桥的状况以至铲削、锯痕等都可作详细的观察和比较，刘渊临曾把保存在台湾"中央研究院"历史语言研究所的腹、背甲上攻治技术的痕迹有关资料制成图表，真是极可靠的材料，他的结论是这样的[1]：

殷　早期　材料：腹、背甲。

---

① 刘渊临：《卜用甲骨上攻治技术的痕迹之研究》，台北，国立编译馆中华丛书编审委员会，1984。

钻、凿并用。凿深浅合用，作短小形。甲桥自然折断，用刀削（图六）。

晚期　材料同前。

有凿无钻。凿深浅亦合用，但作长大形；有单凿，作长肥形。甲桥削制，锯制。

西周　材料同，攻治用铲削。

龟作方形凿（圆孔极少）。

无钻（图七）。

周原龟甲最突出的是作方凿，和殷后期的长凿完全两样。从《周髀算经》我们可了解周人对方、圆观念如何配合地与天，这样的思想非常显著。以圜示天，而方来表地。坤卦以“直方大”取义，他们是否以方凿取象于地？可惜资料过少，尚待研究。

曾经有人利用钻凿形状作为断代的依据，举出五大类。其第一期是圆凿大并包摄长凿，如之状，第三期是长凿旁有半圆圆凿，如，第五期只有长凿。晚期有凿无钻，与刘说颇合。[①] 钻凿的重要性成为研究甲骨一个项目。

周开国之初，“爰始爰谋，爰契我龟”。对龟卜仍极重视。故《大诰》说：“宁王（文王）遗我大宝龟，绍天明。”结句亦说：“天命不僭，卜陈惟若兹。”这一篇当是说龟卜，周初期制度，仍是因于殷礼的。

附记

新石器时代卜龟文化，始于裴李岗墓葬。最早卜骨见于富河沟门遗址和甘肃武山傅家门的马家窑文化，使用鹿或羊的肩胛骨。有关问题可看张忠培《窥探凌家滩墓墓地》一文，见《凌家滩玉器》编末，2000 年，北京。

四川亦有占卜龟甲出土，十二桥文化青羊宫均有之。成都金沙遗址出土十余片。一件巨龟甲，长达 59 公分，钻灼兼呈兆，为目前所知最大卜甲。附记于此。

---

① 许进雄：《甲骨上钻凿形态的研究》。

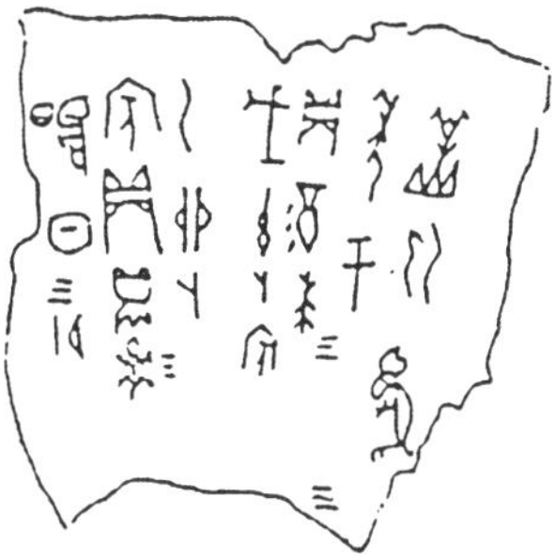

图三　《合》一〇〇六七
《前》七·五·二

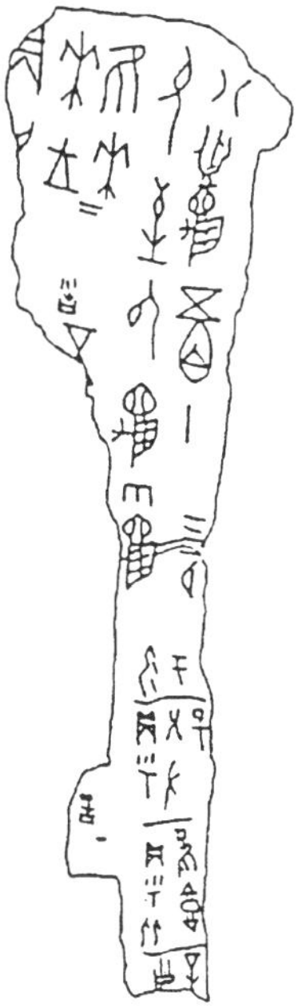

图四　《合》八九九六

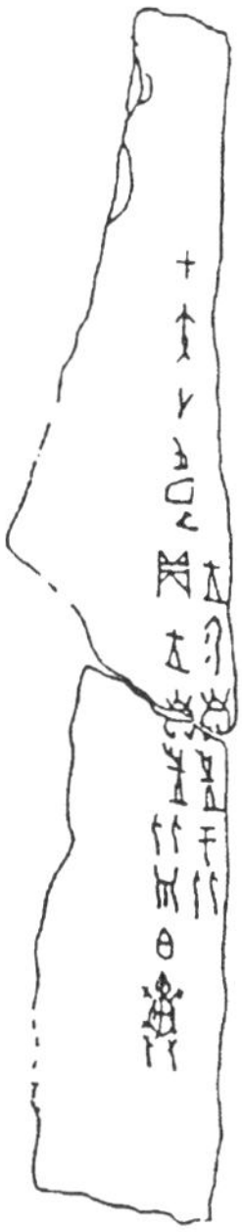

图五　书道博物馆藏甲骨
字（四）《合》三九九六五

图三至图五　据《甲骨文合集》

图六　南关外上层卜甲

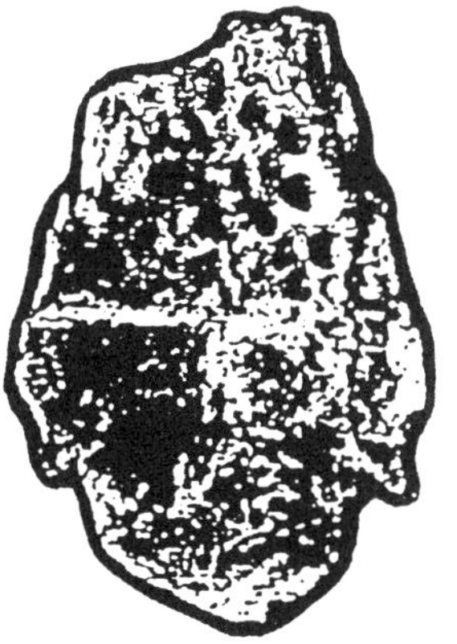

图七　扶风县齐家村出土西周甲骨

图六、图七　据刘渊临：《卜用甲骨上攻治技术的痕迹之研究》，306、320页

说　筮

——甲骨文中数字卦象问题

前文谈龟卜，现在要谈筮卦了。卜与筮是两件使用不同工具和占卜手续的事情。《尚书·洪范》说："龟从筮从。"龟是通过辨体（观察龟甲所表现的色泽）和审兆（经钻凿后显示的裂纹）来断定吉凶，筮则揲蓍布爻而成卦，由卦象来作判断。

根据现时考古资料所获得的知识看来，殷代是卜与筮二者兼用的，证明《洪范》所说不是无稽之谈。

甲骨、金文中有一些记号，专用数字组成，常见的是六个数字，或三个，和易卦三爻再重卦而成六爻的情形很是符合。好些年前唐兰把它看作字母，说是古代遗失了的一种文字。自从周原凤雏村出土有下列几个骨、甲上锲刻的数字符号，才确认这些是卦象。经过许多人的研究，一般都同意：这是易卦的一种用数字表示的记号。

向来经典的记载，都说夏、殷、周三代有不同的筮卦体系。《周礼》言"太卜掌三易，有连山、归藏、周易"三者之异。殷墟甲骨出土以后，人们见到很多殷代的实物，纸上记录的可信度被打了折扣，引起不少不必要的推论，甚至有人还说易卦是模仿龟甲形象而造出来的。我则认为殷代的占卜方法是卜与筮并行。十年来新发现和新理解告诉我们许多事实，证明古书所说，还是可靠的！关于重卦的问题，自来有不同的说法，周原这类记号的出现，可以订正旧说文王在"羑里益易之八卦为六十四卦"（《史记·周本纪》）的不足据。

春秋时，梓慎说：伏羲都于陈。《元和郡县志》陈州：“宛丘县有八卦台及坛，县北一里，古伏羲氏始画八卦于此。”这自然是民间传说流传下产生出来的古迹。近年安徽含山县长岗乡凌家滩出土五千年前的玉片，其上具有八方图形，有人推测它可能是远古的洛书和八卦，我的看法有点不同，已见另文申论。但无论如何，八卦有很遥远的来源，自是事实。

那些用数字表示的易卦，出现在可确认为殷代资料的文物计有陶器四件、石磨一件、卜骨四件、龟甲一件（见附表）。卜骨四件中有二件是倒写：只有四个数目字的记号。下面将举出有代表性的几个易卦数字，加以讨论：

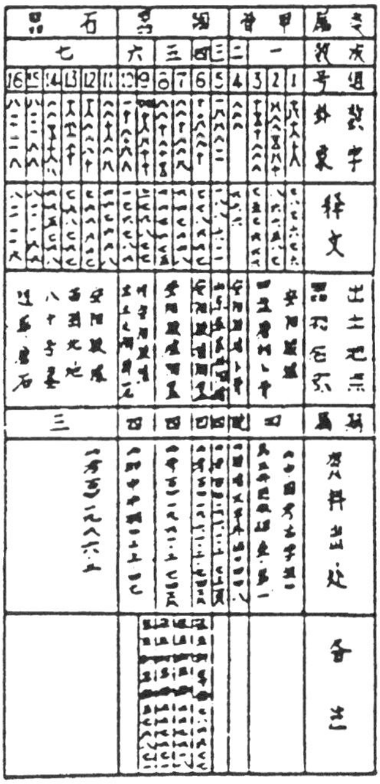

本表所列数字卦象，除苗圃北地磨石外，皆据张政烺先生：《试释周初青铜器铭文中的易卦》，载《考古学报》，1980（4），403～415页。转录自郑若葵：《安阳苗圃北地新发现的殷代刻数石器及相关问题》，载《文物》，1986（2），47页。

（一）四盘磨文字：

八六六五八七　七八七六七六　曰隗
七五七六六六　曰魁

有人解释“曰隗”之义是指其氏族之若干代，其名曰隗若魁，有如铜器《召卣》上的𢍜召，即谓召氏之若干代（李孝定说）。有人读隗与魁（魁）是卦名或是连山易上已失传的名号（张政烺说），事实都没有明确证据。

（二）殷墟苗圃北地所出磨石：

有趣的是苗圃北地80号墓所出随葬磨石上的表卦数字，分刻在石的正面、背面和侧面。

正面三卦　七六六六六七、七六八七六七、六六五七六八

背面二卦　八一一一六六、八一一一一六

侧面一卦　六六七六六八

在同一件磨石上，刻着三组数字，共六个卦象，用意何在？很耐人寻味。这块磨石，据称属于廪辛康丁时期，亦可能上至祖甲，目前所知是最早的殷代筮卦的遗物。

（三）特别出人意料的是 1980 年复查 1973 年小屯南地所出的遗物，发现刻有卦象的龟甲。这一龟甲上面的文句和数字，依照原物的排列记录如下：

贞吉　七七六七六六
腹甲左边

（习）九六
正中接近千里路

六七八九六八
腹甲右边

左甲桥下边

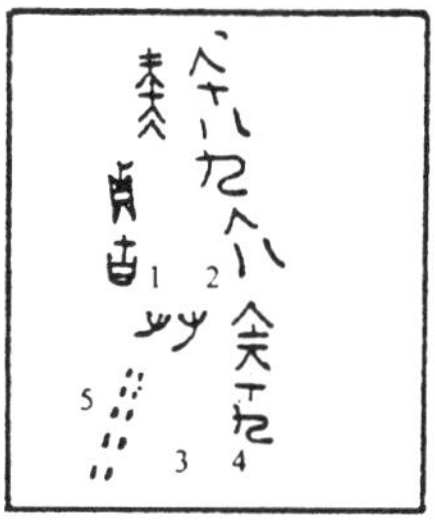

凤雏村和张家坡出土的卜骨、卜甲
1 至 4. 岐山凤雏村甲组周初宫殿房基西厢房 H11 卜甲摹本（七、八五、一七七、八一）
5. 张家坡西周居住址卜骨（T313：2：3）

六七一六七九
右甲桥相接处

这件龟甲用长方形的“凿”和近于方形的“钻”，风格很近西周。最堪注意是中间刻“习九六”一句，这说明周易“用九”、“用六”，把九来代表阳，六来代表阴，有它的来源。可能殷人用筮到了晚期特别将九、六两个数字，加以突出。在这一龟甲上的卦象所用的数字，九和六两个数字用得最多。

殷墟苗圃北地 80 号墓随葬磨石侧面表卦数字；转录自《文物》，1986（2），49 页，图二。

字是指什么？没有人加以说明。我认为这是“爻”字。唐写本《玉篇残卷》内：

爻部第二百八十，凡三字。

爻即是爻（见中华印本，324 页）。

敦煌钞本《易三备》爻字作“爻”。证明契文的𢆶必是爻字，可惜下文残泐。汉碑又借肴为爻，孔彪碑云：“易建八卦，揆肴系辞。”（《隶释》卷八）

《系辞》云：“发挥于刚柔而生爻。”数字的奇、偶即表示刚、柔的作用。皇甫谧《帝王世纪》说：“文王广六十四卦，著九六之爻。”其说虽后出，却近事实。在羑里时期的西伯，尚是殷属国的周侯，他强调数字上九六之爻，这一龟甲上的刻辞，正可作极有力的佐证。在殷代所有表示易卦的数字中，只有一件用三个数，即《外编》（四四八）的⩙（六六六），其他都是六爻成章。可见西伯不是开始重卦的人，而是应该和《周礼》所说：“其经卦皆八，其别皆六十有四。”殷代的易卦，已是整套六十四卦，这是没有疑问的。

张政烺先生曾经指出甲骨文中有两片是四个数目字：

（一）六七七六（倒写在吉字之下，《合》二九〇七四片）廪、康时物。

（二）八七六五（亦是倒写，《屯南》上册四三五二片）。

他引用上海博物馆藏的铜器上有八八六八一个记号。张氏说以上是四爻的卦象，他用互体理论加以解释（见《文史》二四）。可惜材料太少，不易取得具体的证据。

其他陶器上和周原所掘出的卦象数字，已有许多文章详细讨论，姑且从略。

从殷代所见表示卦象的数字的记录看来，迄今为止，还没有发现一件记着《周易》的卦名，纯粹是用数目字来表示卦象的。关于数字的运用与揲爻的方法还有待于我人的扪索，诚如政烺先生所说：“筮法不容易解决。”关于易学的原理一向只有象、数两方面，这批资料对于“数”这一方面提供了许多宝贵的为人们想像不到的原始记录，还有待我们去继续探究，希望不断有更新的东西出土，可以拨开许多因未成熟而作出种种推测的云雾。我现在所欲谈的，暂止于此。

贞、侦与官占

关于“贞”的问题，有一些新材料，可以补充。

（一）江陵天星观楚简，屡见“为君卣”一句，贞字写作卣，字形略有省变。

（二）古书贞字亦写作“侦”，经典所见只有《礼记·缁衣》篇，引《易·恒卦》六五爻辞云：“恒其德，侦，妇人吉，夫子凶。”马王堆本与今本同作贞，不作侦。惟郑玄于此注云：

> 侦，问也，问正为贞。

孔颖达疏："此《恒》六五爻辞。侦，正也。言恒常其德，问正于人，妇人吉也；以妇人不自专常，须问正于人，故得吉。"

吉德玮教授从《大汉和辞典》里只见宋《集韵》有"贞亦作侦"一例，乃云：I can find no instance in which cheng（侦）was used as a divination term. 不知贞之作"侦"，乃见于西汉的《礼记》，《集韵》即采自《缁衣》也。

此处郑玄注云："侦，问也。"其说则与先郑正同。

《周礼·太卜》"凡国大贞"句，郑玄注：

> 郑司农云：贞，问也，国有大疑，问于蓍龟。……玄谓贞之为问，问于正者，必先正之，乃从问焉。易曰：师贞，丈人吉。

郑玄引用大司农郑众说"贞，问也"一义，更进而解曰"问于正者"。贾公彦《周礼疏》乃云："先郑云贞问也者，谓正意问龟，非谓训贞为问也。"吉德玮教授强调训贞为卜问一说是错误的，很可能受到贾《疏》这一说的暗示，所谓"正意问龟"者，正意乃出自占卜者，郑玄所指是否如此尚很难说，他所谓"必先正之，乃从问焉"这一句似包含两层意思：一是先正之，似指正龟，正龟即贞龟。《周礼》："国大迁，大师则贞龟。"郑玄注云：

> 正龟于卜位也。《士丧礼》曰：卜人抱龟燋，先奠龟西面，是也。

奠训定，《礼记·玉藻》云："卜人定龟。"贞亦训定，是必先正之，即谓把龟放正于卜位。"先正之"的指示词"之"即指龟而言。这是正龟一层；另一层意思还是"乃从问焉"一语，这样，还是要问的，知郑玄之说，仍有包括郑众"贞，问也"一义，并没有排除它而单独训贞为正。又贞之为正，实含有三事：

（一）先把龟放正于卜位，此是所谓"贞龟"。

（二）卜问者，"正意"之正。

（三）卜问结果之正，这即所谓“问事之正为贞”。

观上所陈，足见郑玄本人并未确认“贞，问也”一说是错误的。

训贞为问，原出于先郑，先郑即郑司农，许慎与郑玄均采用其说。《经典释文·叙录》引《后汉书》云：“中兴，郑众传《周官经》，后马融作《周官传》，授郑玄，玄作《周官注》。”陆氏自注言：“郑注引杜子春、郑大夫、郑司农之义。”是说实根据《后汉书》卷六九《儒林下·董钧传》。孙诒让《周礼正义》卷一云：“郑所述旧说，惟杜子春、郑少赣与郑仲师（众）三家最多。”陆氏所称的郑司农即指郑众。考郑玄亦官大司农（《后汉记》二十九：“建安三年，征郑玄为大司农，不至。”时玄已七十二岁）。先后二郑均官大司农，每被人误混为一（如韦昭《国语·叙》云：“至章帝郑大司农为之训注。”此大司农指郑众。有人误以先郑为后郑，详王利器撰《郑康成年谱》，261页）。《周礼》郑玄注屡引许慎（如《考工记·冶氏》）。许慎卒于建和三年（公元149），是时郑玄年仅二十三岁。许慎于郑玄为先学，于郑众为后辈，故玄采用许说，兼取先郑，于时代全无扞格，故不得谓训贞为问，事属后起，理由即在此。

我要提出的又有另一个新问题：裘锡圭文引夏含夷说：“占卜到了晚期，主题的范围缩小了，占卜次数也大大减少。”“占卜已经不再仅仅是知道未来的一种手段，而是控制未来的一种尝试。”裘君认为这些意见不容易被接受。[①] 关于占卜的性质，向来人们局限于甲骨资料本身，去作种种推测，忽略了古代占卜事务上所谓“官占”，占卜者要先作“志”的决定，然后去进行龟和筮，看看是否“协从”，即是要达到“询谋佥同”的地步。在古文《尚书》上有“惟先蔽志，昆命于元龟”的说法。由于古文《尚书》一向被认为伪撰，人们都不加以理会。但我们看江陵望山一号墓楚简，上面有文把志和事二者明显分开，文云：

> 志、事吕亓（其）古（故），敚之。
>
> 己酉之日，苛（可）憲（禍），以牆（将）未又（侑）籊（爵），籊（爵）立（莅）尚遳、㝵事、占之吉。盲（亡）怎（怍）又憙（喜）于志，憙于事。
>
> 以亓（其）未又籊（爵）立，尚迫导事，占之吉。牆导事，占之吉，

① 裘锡圭：《关于殷墟卜辞命辞是否问句的考察》，载《中国语文》，1988（1）。

牺导事，少又偲（有忧）于窮竆（躬）与宫室，又敲以行，古（故）祝之。

《大禹谟》说：

帝曰：禹！官占，惟先蔽（断）志，昆（后）命于元龟，朕志先定，询谋佥同，鬼神其依，龟、筮协从，卜不习吉。

蔽志是断志，占卜者先作决定，然后命于元龟。进行占卜时，“志”是很重要的先决意见。先有定见，再协以龟、筮。这可见古时王者占卜并不是全部听龟来取决，而是“朕志先定”再行命龟的，换一句话说，人谋是在先的。“志”的重要性于此可见。望山简的占辞亦说“憙（喜）于志，憙于事。”憙字可读为憪，《类篇》：“憪，卒喜也，又乐也。”这一句是说“志”与“事”两者都可喜的。所以上文云：“占之吉，亡怍！”

倪德卫教授说：“《金縢》所记的占卜，是为了祈求鬼神同意占卜者的请求，不是为了决疑而进行的。”我想古代重要的事情一定是“先蔽志”然后再去命龟，所以人事的决断是很重要的。但不能完全说不是为了决疑。——《左传》已说过：“卜以决疑，不疑何卜？”可以见之。

殷卜辞所见的资料多数是公式化的例行公事，至于十分重要性的决定，可看出当日如何由先蔽志而后命龟的情形，其占卜手续如何？还有待于以后的发现。

附记

沣西发掘报告陶器土有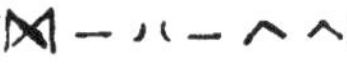符号当是易卦五一八一六六（《考古学报》，2002（2））。

如何进一步精读甲骨刻辞和认识“卜辞文学”

——附说“殹”

甲骨学已有九十年的历史，初期由于资料的分散各地，学者致力的重点往往用于尽量提供见到的新材料，所得只是一堆零星的断烂朝报。又因注意断代问题，花去许多时间去争论，我尝引用西洋史家的话说：“研究的对象是问题，不是断代。”希望人们加以反思。近若干年以来，地不爱宝，南地、周原陆续有新的契龟出土，据说花园庄最近又续有新获，且有较长篇字句的刻辞，尚未公布，希望以后有令人耳目一新可以帮助解决疑难的文字，谨拭目以待之。

近年重要的发现有三件主要的事情：一是数字卦的陆续揭示，证明殷人已是卜与筮二者兼施，《洪范》所说不是向壁虚造。二是龟卜文化可推前至新石器时代的贾湖遗物，证明七八千年来在龟甲上刻符号、文字的习惯久已存在，三是在湖南、四川、江西各地，离奇精美青铜器在殷代已各自独立发展，说明殷人的势力不限于黄河流域。这样一来，过去许多狭隘的看法认为殷人活动只限于大河南北的成见，便太过不符事实了。

目前甲骨资料已完全集中起来，《合集》、《摹释》、《类纂》等工具书比《综类》又迈进一步，查检比勘已没有过去那样花时间与不便；可是文字的释读，仍然停滞不前，有待甲骨学家的共同努力。有人很快就写出殷史来，他们先把殷代的时间表安排好，选取极少的材料放进去，还是初步的尝试，用起来不无方便之处。可是，许多不能释读的文字至今还是一堆疑团，有一两个关键性的字不能正确释出，整个句子便无法怡然理顺，对于刻辞的涵义，无从了解。我们非设法去寻求解决不可，问题在我们不肯耐心去精读，我认为应该从两方面着手：

（一）从点到面——由一个字扩展到有关这个字所有的句子，加以比勘推敲。

（二）从线到点——在同一系列之同位词、同义词的比较研究，反复查勘来确定这一字在上下文的真正义诂。

一向大家都以先入为主，不肯虚心认真把句子读通，囫囵吞枣地将差就错，又复滥用假借，大前提未解决，便继续推论下去，这个不好的习惯，大家应该反省加以改正。

一

我现在试举出一两个大家耳熟能详的例子来加以讨论：武丁时成套卜辞卜天象几片同文异版的记录如下：

(1) 丙申卜，㱿贞：来乙巳，酌下乙。王𡆥曰：酌！隹㞢希，其㞢吺。乙巳，酌。明，雨。伐既，雨。咸伐，亦雨。蚑卯鸟星。

乙巳夕，㞢吺于西。九日甲寅，不酌，雨。（背面）（《丙》二〇八）

(2) 丙申卜，㱿贞：来乙巳，酌下乙。王𡆥曰：酌！隹㞢希，其㞢吺。乙巳明，雨。伐既，雨。咸伐，亦雨。蚑鸟星。

乙巳夕，㞢吺于西。（背）（《丙）二〇九）

(3) 癸卯卜，争贞：下乙其㞢鼎。王𡆥曰：㞢鼎。隹大示王亥，亦卷。

（乙巳）酌。明，雨。伐，雨。咸伐，亦〔雨〕，蚑卯鸟。大攺（啓）。易（旸）。（《丙》五六二）

以上各版，同属一事，已有许多人讨论过，图版摹本及说明详见《殷商天文志》。卜辞的记录虽是同文，亦有省略和文字更动。我现在欲讨论的是（1）、（2）两版中同义词“㞢吺”一语。有人把它隶定作“有酘”，亦或隶定作“有酘”下再注（毁）字。我们看同一版中酌字所从的酉，和吺旁的𠙵分明不同，不宜说是从酉。至于释吺为毁乃采自董彦老“有毁新星”一说，至今沿袭不变，此点以下再作检讨。

关于“㞢吺”一语，多数用于固辞，即在“王固曰”的下面。除占阴晴雨旸之外，亦见于出征前之占卜。兹摘录部分卜辞如下：

戊午卜，㱿贞：今𡳿王正土方。王固曰：“甲申，其㞢吺，吉！其隹甲戌，㞢吺于东；其隹甲戌，㞢吺（不吉）。”（《合》六四一一）

癸巳卜，㱿贞：今𡳿，王循土方，受㞢（又）。王固曰：其㞢吺，其隹丙不（吉），其隹壬亦不（吉）。（《合》六三五四）

壬子卜，㱿贞：舌方出，不隹我㞢作𡆥，五月。（王固曰：庚）其㞢吺，吉；受又。其隹壬，不吉。（《英》五四五）

王固曰：其于黄尹告。

（王）固曰：其㞢吺，其隹庚吉，其隹……（《合》三四七三）

（癸丑）卜，固贞：王（勿往正）舌方，下上若，……

（王固曰）㞢吺，其隹丁（吉）。（《武丁日谱》四三三，即《合》六二二二）

上举诸辞，于出征土方与邛方，某日天象出现某种征应，是否吉兆，王亲占之，以决行止。其言㞢吺及㞢吺于东，和《丙编》卜雨旸之“㞢吺于西”词例相同。

㞢吺往往与虹霓相关连，最显著而为人所习知的有下面两条：

（丁）未允……允㞢吺。明，㞢（各）云（雲）……昃，亦㞢吺，㞢出蜺自北，〔饮〕于河，在十一月（《合》一三四四二正，即《叕存》三五；《前》七，四三，二；《林》一，二一，二；《严氏新缀》四三一；《武丁日谱》二五）

……庚，吉、其……㞢吺蜺于西（《合》一三四四四，即《前》七，七，一）

是条以《菁华》一背证之。

八日庚戌，㞢各云自东，母，昃，亦㞢出蜺自北，饮于河。

（即《合》一〇四〇五，又《合》一〇四〇六）

两条所记实同一事，惟《菁》一不记㞢吺一语。最当注意的是称为“吺蜺”，吺字安置在蜺之前面。可见所有“㞢吺于西”即指“有吺蜺于西”。“㞢吺于西”即“㞢吺蜺于西”的省略。有时言告吺于河，如：“庚辰卜，宾贞：告吺于河。”（《合》一四五三三）

吺字是什么字？向来有许多不同的说法。于省吾释为设，有专文讨论，此说已为多数人所接受。近时他的学生姚孝遂却改释为“凿”字。但“有凿于西”与“有凿蜺于西”很难讲得通。无论设蜺与凿蜺在典籍都没有根据。应该另找解释。首先从字形来说：吺字与古文尚书驩兜之作鴅吺很相似。《汗简》口部收有吺字，注云兜。我认为有吺，当读为“有投”。一说蜺于西。吺蜺即投蜺。古书屡见投蜺、投虹之文。其词汇与吺蜺完全符合。《太平御览》卷一四引纬书《春秋演孔图》：

> 霓者，斗之乱精也。斗失度则投霓见。

宋均注云：

> 投，应也。

又《蔡邕集》引《演孔图》云：

> 天子外苦兵，威内夺，臣无忠，则天投蜺者，斗之精也。失度投蜺见态，主惑于毁誉。
>
> （《续汉书·五行志》李贤注引）

东汉灵帝光和元年即公元 178 年，杨赐封事引《春秋谶》云：天投蜺，天下怨，海内乱。

张璠《汉纪》引蔡邕奏云：

> ……占者以虹蜺对。虹著于天而降于庭。以臣之闻，则天之所投虹者也。
>
> （亦见《太平御览》一四引）

投蜺、投虹是天之所投。语例如《书·大诰》“大投艰于朕身”，《诗》“投畀豺虎”，蜺为天投，故投有征应之义，宋均训投为应，是也。天水放马滩秦简有云：

旦至日中，投中大簇。

旦至日中，投中蕤宾。

意谓此一时刻在十二律上应太簇或蕤宾。这可为宋均训投为“应”添一佐证。

于老定㱿为设字，其实卜辞自有“设”字，《怀》四六八：“贞令𧥛。”𧥛是人名，其字加𠂉旁作此为设的繁形。卜辞所有的㱿字，无一作从言之𧥛者，故知设与㱿应是两个不同的字。

《遗珠》一一八二（即《合》六〇六三反面）云：

□未，㞢㱿新晶。

董彦老以“㞢新大晶并火”比证，定为新星，而释㞢㱿为“有毁”，谓指新星的毁灭。但字形未洽。故陈梦家改读为新齐（霁）。鸟星之星字作星，从生为声符，此则颇近齐字，读作齐亦通。齐即隮，《周礼·眂祲》：“掌十辉以观妖祥辨吉凶。”其九曰隮，郑众注：“隮，升气也。”《曹风·候人》“南山朝隮”，毛传：“隮，升云也。”《卫风·蝃蝀》“朝隮于西”，郑笺谓：“朝有升气于西”。郑玄又训隮为“虹也”，则㞢㱿新隮犹言“有新投虹”。卜辞㱿字又有一繁形从日作𣪘，《南地》三六四一云：

丁卯卜，又𣪘（姚氏《类纂》视此一独立文字，今从之）。

㱿指隮，为十辉之象，故又增日旁作𣪘。《甲》二四一五（《合》五二二反面）云：

乙卯㞢……豸。庚申亦㞢㱿，㞢鸣鸟……𢀛圉羌戋。

㞢㱿与㞢希及㞢鸣鸟每联系为言。鸣鸟亦征应之一，《书·君奭》“我则鸣鸟罔闻”是。此辞“豫”字可读为象，眡祲十辉之二即是“象”，指云气所成之形象。兵家占云霓以定吉凶。黄帝占言：“攻城有虹，欲败之应。”“㞢殳”之为有“应”，在出兵时占卜看其征应之吉凶，上辞则为伐羌时之咎征，既有云气之象，又有虹蜺及鸣鸟之应，故记之。①

殳字读作投，在其他出现与殳有关的文句亦讲得通。《说文》投字在殳部，云：“㪉，繇击也，从殳，豆声。古文投如此。”㪉乃投的古文，有击杀义。《甲》三五三九云：

辛亥卜，㱿贞：令莽氐角御方于陟，殳。

此处可解为御方于陟，而击杀之。殳亦为用牲、用人之名，如：

壬午卜，大贞：殳六人。（《合》二二五九九，又《合》二二六〇二残辞）

庚辰卜，出贞：卅牛，乞（汔）酌。卜□贞：殳六人。（《合》二二六〇〇）

己亥卜，贞：今日夕奏母庚，六月。己亥卜贞：叀羌用，宊。（《合》四六〇）

丁酉卜贞：夕㞢于丁，牛，六月。……叀……犬用……宊。（《合》一九二六）

庚申卜，隹、父殳用。（《怀》一五六一）

其中宊字是由殳加宀作为繁形。于老说是用羌作为祭牲。㪉、投一字，投人（夷），投羌，俱指击杀异族作为用人之牲，投犬则用牲，第四条父字下有省略，勘以他辞之证：

父乙殳用。（《南北·明》六一三）

殳又为祭名：

---

① 《合集》一七二六九～一七二九四皆㞢殳之残辞，可参考。

贞：王𠬝父乙。　（《乙》四三二一，《合》二〇一正）

……𠬝门……七月。（《合》一三六〇五）

贞：𠬝司室。（《合》一三五六一）

壬辰卜贞：𠬝司室。（《合》一三五五九，又一三五六〇）

于老读为设祀室，其实读为殹于祀室，殹于门，亦通。𠬝可借为祋，亦作祋，《类篇》训祭福也。

综上而论，诸𠬝、𠬝及𠬝字全部读为投，而投蜺，有投（应）、殹羌、殹人、殹犬、殹（祋）祀室、殹门，无不文从字顺，惬心餍理，尤其㞢𠬝与㞢投（应）同类词，由具体的天象到抽象的事类，无不畅通，这样自比过去训设，更为妥当了。

二

见于卜辞中固辞的记录，往往是很美丽的文字，需要特别加以探讨。因为谈到卜辞文学，固辞正是核心的有文艺性和很注意修辞、练字的文学作品。固即是占，后来亦发展为文学一种类型。《文心雕龙·书记》篇云：

占者，觇也。星辰飞伏，伺候乃见。登观书云，故曰占也。

观是观台，《左传·僖公五年》传云：

公既视朔，遂登观台，以望。而书，礼也。凡分、至、启、闭，必书云物，为备故也。

这即所谓“登观书云”。诸侯曰观台，天子称灵台。宋地有仪台，亦作义台。《庄子·马蹄》“义台路寝”，郭象注：“义台，灵台。”义台即武丁“宜于义京”之处，则义京亦观象之所。观云物必有专职者，卜辞云：“癸丑卜，𡧊贞：旬亡𡆥。庚午㞢𠬝，千启……三月。”（《合》一六五七一）千殆人名，必是负责报告之人。

云谓五云，物谓风、气、日、月、星、辰六物。此类固辞多占各云、出蜺、骤风、易日、雨、雾（雈）以及阱气星象㞢𠬝之属，即殷人所书云物为备之记录也。后来的占书，演衍流传，甚为丰富，《太平御览》引用，即有《黄帝占》、《师旷占》、《杂占书》等等，而集大成于《开元占经》，为此类文学作品的渊薮，迹其远源，应追溯至殷契中的占辞。有人讨论殷代有无文学，唐兰所举似内容未够充实。而一般说者，但举四方、四土来雨、受年之文，取与汉乐府鱼戏莲叶之咏相比方，而忘却占辞即占书之所自出，单从此一项而论，殷代文学已具体而微，耐人玩味。

卜辞除特具对贞形式为俪句的滥觞表示"赋形必双"的道理之外，遣辞方面，琢句练字，尤见修辞上造诣之高，姑揭一例，以见其概。《屯南》二二三二：

> 弜祀。
> 王其雚（观）日出，其截于日。㓞，弜㓞。
> 其𤣩湡，王其焚，其沈。（字从玉在水中）
> 㓞：其五牢，其十牢，吉。

造语奇崛，以一字、二字、三字为句，错落有致，而叠用"其"字前后共七次，不病重复，弥见文的气势，"磊落如珠"（《文心雕龙·练字》篇）。

"其𢧵于日"的𢧵字，尤觉其炉锤之工。按𢧵即截字。《说文·戈部》："𢧵，断也；从戈，雀声。"今作截。又《斤部》云："断者，𢧵也。"《诗·大雅·常武》："𢧵彼淮浦。"毛传云："𢧵，治也。"《商颂·长发》"海外有截"，"九有有𢧵"，郑笺："截，整齐也。"字又作䕚，《广雅·释诂三下》："䕚，治也。"卜辞𢧵字从戈雀声，不作截，足见𢧵字源自殷契，《诗·商颂》（凡三用）𢧵字亦远有所承。"𢧵于日"谓治祭日之事。其祭仪有用牲及焚与沈。《尚书》"寅宾出日，寅饯内日"，而卜辞屡见祭出入日之卜（《屯南》一一一六及《怀》一五六九皆新例）及"各（狢）日酌"（《屯南》二四二三）之事。观日之地点有湡，其上一字未明。而湡见于他辞云：

> 雚（观）湡，亡〔灾〕。（《屯南》二二一二）
> ……子卜在……于湡往来……王来正三邦。（《合》三六五三一，第五期物）

湡从水禺声，其地不详。其一条云观湡，则与观日必有联系。《尧典》"宅嵎夷曰旸谷"，《禹贡》青州"嵎夷既略"，则地在山东。如果观湡之地是指嵎夷滨海之地，秦汉礼日之处即在成山（盛山）。泰山为祀日所在，其地古有汶上明堂。殷人未知观日于此否？仍待详证。[①]

由上辞可知殷人的文学修养，有如刘勰所云："缀字属篇，必经练择。"虽寥寥数字，亦费斟酌选择之功，更喜欢用奇字，务使参伍为胜，不同凡近。此种修辞技巧，沾溉及于《诗》、《雅》，如用"戠"字，即其明证。孰谓殷代无文学，病在认识不深耳，故为轸发于此。

周原齐家村出土三号卜骨文云：

> 又言飤曰：既丧，疑乃蟰（融），毋又言曰：弗食乎䙴，征（诞）隹乎衎。

共二十字，小字一长行书写，字极佳，文亦畅顺可诵。

附录　说豉

卜辞另有𪉉字，常见于大、旅之卜辞，即《说文》之"豉"。《综类》[②]与"殷"字误混为一。新《甲骨文编》析豉、殷为二，是也。

豉字，《说文》列入殳部，训"繇击也。从殳，豆声。古文投如此"。大徐本作"古文祋如此"。《玉篇》云："豉，古文投。"段氏据之改作"古文投"。按《说文·手部》："投，擿也。"又："擿，搔也。从手，适声。一曰投也。""投"与"擿"二字互训。故"投"可读为"适"。《史记·天官书》：

> 夫常星之变希见，而三光之占亟用，日月晕适云风，此天之客气。

《集解》引徐广曰：

> 适者，灾变咎征也。

---

① 《大汶口明神记号与后代礼制》，载《中国文化》，第三期。

② 399 页。

又李斐曰：

> 适，见灾于天，刘向以为日月蚀及星逆行，非太平之常。……驷案孟康曰：晕，日旁气也。适，日之将食，先有黑气之变。

适亦借作谪。《左传·昭公三十一年》："日始有谪。"杜注："变气也。"故知㞢豉即"有适"，指变气咎征。

豉字见于卜辞有下列数义：

豉羊

丁卯卜：其叀羊用。……叀豉（豉）羊于宗。（《合》三〇一五）

豉羌

叀敡，叀阦母，叀豉𦍩。……于宗。（《屯南》二二五九）

叀𡚸，王受又。又豉𦍩，王受又。（《合》二六九五六）

豉……人

己卯卜贞：王宾……祖乙奭妣己，姬𡚸二人，豉二人，卯二牢，亡尤。（《合》三五三六一）

豉二（人）……豉一人。（《合》三五三六四）

豉卯

壬寅卜贞：王宾武丁……妣癸，姬𡚸……豉卯……（亡）尤。（《合》三六二七六）

㞢豉

午吴，日丙。豖。㞢豉（豉）。丁，妣豖。又妣戊豖，又父乙豚。（《屯南》附二）

此条㞢豉乃指击牲之事。

上各辞所有文例，与吺字诸辞之㞢吺，吺……人，吺羌、吺犬，无不一一对应，足证吺之必释为投，而㞢吺即有适，亦即《左传》之"有谪"。投、擿互训，《说文》诂"豉，古文投如此"。以卜辞豉字证之，其说良信。卜辞吺与豉分为二文，似前期作吺，后期亦作豉，虽非一字，而义无二致。

甲骨文之天文气象

古人观察天象，阴阳晦明之变，一以气统摄之。杨泉《物理论》云：“所以立天地者，水也，成天地者，气也。水土之气升而为天。……夫天，元气也，皓然而已，无他物焉。”（《御览》卷二《天部》引）气之为说，渊源甚早。整个太空由积气所形成，气又名曰羲。《说文·兮部》：“羲，气也。”卜辞以兮为羲。清代学人多认为《说文》此字，气之下有脱文，然原本《玉篇》及《类篇》引《说文》均作：“羲，气也。”并无缺字。羲，所以训气者，《庄子·大宗师》云：“伏羲得之，以袭气母。”宋本陆德明《庄子音义》：“伏戏音羲，崔（撰）本作伏戏氏。”（天理大学藏本）《礼记·月令释文》云：“羲又作龤，字从虘，兮声。”《尚书释文》引张揖《字诂》：“羲古字，戏今字。”

占辞祈禾之对象有兮，如云：

(1) ……𠦪禾于兮。（《拾》二，九）

(2) 乙亥贞：来甲申，酢禾，𢆶于兮，𡆥。（《合》三二二一二）

(3) 于兮，烄。（《存》一，一八三一，《合》三四四八二）

屈万里说兮是地名，其实亦是人名。其祭祀对象又有名曰𩰫者，辞云：

(4) 乙亥卜，其宁秋于𩰫。（《合》三二〇二八）

(5) 壬午卜，岳来，于𩰫㞢。（《合》三二八三三）

(6) 庚辰……寮㫃。甲午贞：今岁受禾。(《屯南》七五〇)

(7) ……彭，𣪊禾于㫃，又雨。(《英》二四二八)

(8) ……𣪊禾于㫃。(《库》一六四四)

(9) 卜㫃受禾。(广州市博物馆藏片，见《综述》348 页引)

此字于省吾以为即《说文》训惊词之㫃，为殷先公之旁系者，但于史无证。㫃又省作兮：

庚……贞：其𣪊禾于兮，寮十小宰，宜十大宰。

癸卯贞：叀乙酉𣪊禾于兮。(《英》二四五〇)

燎祭于兮，而用十大牢，十小宰，其礼之隆重可见。

窃疑㫃可能为旬气之合文：旬气者，一旬之气，如后来之称节气。殷人卜旬，故重视一旬之占候；一旬之气，周而复始，故谓之旬始。《楚辞·远游》有旬始之号，其文云：

……问太微之所居。集重阳入帝宫兮，造旬始而观清都。朝发轫于太仪兮，夕始临乎于微闾。

王逸注："旬始，皇天名也。一云：旬始，星名。"按以旬始为妖星，乃后起之别义。但"旬始"原为皇天代称，王注保存古谊，至为可贵。卜辞之㫃，可读为旬始。兮、始同部字，兮即羲，音义俱通。故以㫃指皇天之旬始，未曾不可，然则祈禾于㫃，犹言祈禾于皇天也。

旬由十日所构成，古代传说，十日即由羲和所生，《山海经·大荒南经》云：

有羲和之国。有女子名曰羲和。……羲和者，帝俊之妻，生十日。

《楚帛书》云：

曰故〔大〕㦰（熊）䨓虘（雹戏）……千又百岁，日月夋（俊）生。……帝夋乃为日月之行。……共工夸步，十日四时。

十日由兮（羲）所生，古有此说。原本《玉篇·兮部》云：

(顾)野王案曰：十日，谓从甲至癸也。唐、虞以为掌天地之官。……《说文》云：气也。

今本《说文·兮部》云：

羲，气也，从兮，义声。

此条向未见人征引，可订清人以羲字气下有夺文之误。卜辞羲字但作兮，其字又借作戏，《楚帛书》借雹戏为包羲，后代有天神降雹生圣人之传说，如鲜卑始祖檀石槐，说者称其："由天神女降雹所生。"包羲之作雹虘，其字作雹，虽未闻有同样缘由，然雹之与包，固一音之借。孔安国《尚书序》疏引："隋顾彪读包为庖，又作炮。"庖、炮、雹皆包之增形字。

羲和又为上神帝俊之妻，其名别作常羲；又为日御之羲和，其后衍变为羲氏与和氏二人，逐渐人格化。其在商代，则以兮为气神，故被作为祈年之对象。

伏戏袭气母，与卜辞之四方风亦有密切关系。羲本训气，伏羲实为古之气神。《庄子·大宗师》列举远古之神鬼、神帝，首为豨韦氏，以挈天地，次为伏戏，以袭气母。《庄子音义》引司马彪注云："袭，入也；气母，元气之母也。"伏戏在神帝行列，居第二位，在维斗、日、月、山神（堪坏）、水神之前。故为开辟天地人物。

《齐物论》云："大块噫气，其名为风。"风亦即是气。此伏羲所以被称为风姓。《广雅·释言》云："风，气也。"王念孙《疏证》无解说，本文所论，可补其缺。《说文》训羲字为气，因伏戏是气神而主持元气者，元气出于其操纵之手，先天地生，在未有日月山川之前，即已存在，负责大气之运行，故由羲之神话所孕生之女神羲和，能生出十日，安排十日一旬之纪时法，成为殷人纪日十干之骨干。《尧典》上所说之羲和，"敬顺昊天，而授民时"，即由气神之兮（羲）所演化而来。风即是气，卜辞之四方风与之有密切关系，人所共知，表之如次：

四方	**东**	**南**	**西**	**北**
日象	出日	日永	纳（入）日	日短

星座	鸟	火	虚	昴
民人生活	折	因	夷	隩
卜辞风名	㓤	㞁	彝	𠬝
《山海经》方名	折	因	夷	䰩
《山海经》风名	俊	夸	韦	狨

《山海经》于东方云：“（某神）处东极以出入风。”（《大荒东经》）于南方云：“处南极以出入风。”（《大荒南经》）“出入风即出入气”，与“出入日”同例。以袭气母之袭训“入”，故知袭气母者事实是掌出入风之责。伏戏便是这样一个神人，他揭开创世纪之序幕，所以后来便成为汉族传说中人类之始祖。

卜辞云：“……贞：我家旧[illegible]（梦）兮臣，亡壱我。”（《前》四，十五，四）殷人祭羲以祈禾，兮为气神，亦是古帝之一，“兮臣”文例如他辞之言“帝臣”。兮曾入梦，故贞问其勿为祟，此如《晋语二》记蓐收入虢公之梦，蓐收乃司日入之神，殷人占梦，涉及羲皇，其例正相同。

卜辞之兮既为伏羲之羲，原为气之主宰，伏羲袭气母，为司气之大神，四方风之出入，亦由其所负责。殷人祈禾于兮，正以其为气神故也。

一

《世本》云：“羲和占日，后益占岁。”占岁之事，卜辞恒见之，所以祈年丰。卜辞年与禾字通，其言“今岁受年”，亦作“今岁受禾”（《屯南》七五〇），为岁熟之义。礼经每言“荐岁事”，《仪礼》屡引之，《述命》即言：

嘉荐普淖（黍稷），用荐岁事。

已成为套语，多处使用。《少牢馈食礼》郑注云：

荐，进也，进岁时之祭事也……

今观契文有上下岁之卜：

癸丑贞：上岁，其有囚。(《合》二〇七九五)

……子卜：三公父，下岁叀羊（祥）。(《合》二七四九四)

岁有上、下，即指收成之丰歉。《史记·天官书》记魏鲜侯岁美恶，有“上岁”之占。颜师古引韦昭说“上岁，大穰”是也。卜辞云：“庚戌卜贞：翌辛亥用……登岁。”(《合》一五八五五)即登岁之义。《尚书·洛诰》：“烝祭岁。”蔡沈《集传》岁训“岁举之祭”。烝岁即登岁也。

求岁事而荐祭，殷代记载，一日之中，自晨至昏均可举行，计有明岁、莫岁、餐岁、秉岁、𢦏岁、夕岁等等，举例如下：

明岁

(1) ……贞，暒丁彭，只□。明岁。一月。(《合》一〇二)

莫岁、𦳝岁、秉岁

(2) ……卯卜，祖丁𦳝岁二宰。(《合》二七二七五)

(3) 贞：妣庚岁，叀秉彭，先日。(《合》二三三二六，二三三六〇)

(4) 丙辰卜尹贞：翌丁巳，父丁秉岁宰。(《合》二三二〇六)

莫岁亦作𦳝岁，亦作秉岁，字从二禾，与从草、从木同义，姚孝遂主编《类纂》定秉为莫之异体是也。又有作餐、㸯者：

(5) （餐）往，夕入，不冓雨。(《屯南》二三八三)

(6) 丙辰卜卯示壴，（㸯）于丁。(《合》三二〇一四)

按云梦秦简：“食时，辰；莫食，巳；日中，午。”此“莫”为莫食之巳时，在日中午之前，食时辰之后，指上午时刻。《仪礼》餐字训余食，与饯为同一字；《尔雅》“熟食谓之馂饔”，或作餐，餐殆即莫食之专字。

𢦏岁

(7) 庚辰卜……来丁亥……宰，㞢（侑）；𢦏岁。羌卅、卯十……十二月。(《合》三一九)

夕岁

(8) 乙酉卜，行贞：父丁夕岁㪇。(《合》二三二三三)

又有称季岁者，见于贞人旅之卜辞：

(9) 壬辰卜，旅贞：季岁。(《合》二四九七〇)

(10) 壬午卜，旅贞：季岁，王其宾。(《合》二四九七二)

或指季节时之荐岁事。其祝词有“岁其弘”、“岁㞢正”(《合》二七一六二)、“岁受年”(《合》二四四三四)之语。《周礼·大祝》所谓六祝有顺祝、年祝，注引郑司农曰：

顺祝，顺丰年也；年祝，求永贞也。

殷卜辞未见四季之名，但每以春、秋二季作对贞之语，如：

(1) 叀春，令皋田，叀秋，令皋田。(《屯南》一〇八七)

(2) 叀春，令〔皋〕田，叀秋令皋。(《续存》上一九九九)

(3) 叀今秋，于春。(《粹》一一五一、《京津》四八二四)

二季之名，起于农事，春东作而下种，秋则揫聚收成，为重要之二季。所以但举春与秋者，《风俗通义》云：

《易》称：天先春而后秋，地先生而后凋，日月先光而后幽，是以王者则之，亦先教而后刑。……

此为《易传》之佚文，殊可宝贵。

《洪范》五纪为岁、月、日、星辰、历数，岁居其首，泠州鸠论五位亦同。后代区别中数为岁，朔数为年，十二月中气一周，等于三百六十五又四分一，中、朔、大小月不齐，正之以闰，此为中数。十二月朔气一周，等于三百五十四，分廿四节气，一气十五日。殷人历法简陋，是否如后代之区分中、朔，仍未易论定。故其“岁”字取义，只能以《仪礼》荐岁事解释之，或较近理。

《尔雅·释天》曰：“夏曰岁，商曰祀，周曰年，唐、虞曰载。”殷卜辞金文祀字之前多系年数，正作年祀解，诚为确诂。其言夏曰岁，则岁乃夏人之语言，证之吐蕃保存之羌俗，以夏为岁首，藏语称秋曰 Ston，是为庄稼收获之义，故吐蕃秋季不会盟，以秋收为忙季故也。

殷人以卜旬为主，屡言“在某地旬”[①]，其义向未能明。今按《仪礼·聘礼》：“以十日为正，聘既毕，十日而反。”以一旬十日为聘期之限，凡居外过十日曰稍。在某地而卜旬者，殆卜过旬之吉否。《周礼·太宰》郑玄注云：“从甲至甲之挟日。”是旬又有“挟日”之称。殷盛行日祭，一日时刻之划分，与秦、汉无大区别。对于日之祷告及称谓则甚繁赜。秦代简牍，始见“日书”之名，殷人虽无日书之称，而于日辰之吉凶、休咎，记载稠叠，其事凌杂米盐，实开后代日书之先路，另有专文详之。

二

殷人对气象之观察分析，甚为细微，同是一义而表示之名称，变化不一而足，具见其时词汇之丰富，举例言之，《周礼·眂祲》：“掌十辉之法，以观妖祥辨吉凶，其六曰瞢。”郑玄注：“瞢，日月瞢瞢无光也。”《释名·释天》曰：“蒙，日光不明蒙蒙然也。”《隋书·天文志·杂气》云：

> 凡连阴十日，昼不见日，夜不见月，乱风四起，欲雨而雨名曰蒙。

卜辞有霍与冥二字，于省吾释雾与蒙[②]，习见之夕𡆥一词，至今尚未得确解。余曩曾释为壹，读作噎。近时裘锡圭改读为皿，谓假作享，然见于《合集》一三七五三片云：“……日有七旬皿。”下云：“有疾……夕𡆥。”同辞之中，皿与𡆥并见，显为二字。其有关词句，屡见先言“𡆥牛”，继言“嘼”牲之例及“盟用”之语；故知𡆥若干牲，实同于盟若干牲。盖借𡆥为盟，二字互通。其所以先言盟牲，再言嘼者，盟必载之于册。《周礼·司盟》：“掌盟载之法……凡盟，各以其地域之众庶，共其牲而致焉。”郑玄注：“盟者，言书其辞于策，杀牲取血，坎其牲，加书于上而埋之，谓之载书。”其云嘼牛、嘼牢者，谓杀牲载之于册，故卜辞中盟用云：“自上甲盟用白豭九……在大甲宗卜。”（《屯南》二七〇七）盟用，亦称禌用，盟牛亦称禌牛，“禌用”之异文写作“䙛用”，知其指典册甚明。[③] 嘼牲为盟，登之载书，故盟牲与册牲者并著

---

① 如《粹》一四二六。

② 《甲骨文字释林》，107、113 页。

③ 于老读嘼为删，不确。

之。《合集》九五〇五云："雷藉于名，啚，不湇。"自有啚字，故不得以□为享。卜辞云：

(1) 大骤风，之夕□。(《合》一三七正)

(2) 雨之夕□，丁酉允雨。(《合》一二九〇八)

(3) 夕□，有新大星并火。(《合》一一五〇三反)

(4) 㞢希，三日乙酉，夕□，丙戌允㞢来入齿。十三月。(《合》一七二九九)

(5) 乙酉……回（晕）云癸巳□甲午雨。(《合》六九二八正)

(6) 大骤风……□乙巳疾𡴘一人。(《合》一三三六二)

(7) 夕□，乙丑雨。(《合》一三四七一)

(8) ……雨之……□辛……允雨。(《合》一二九一五)

今考□，□屡借用为盟，盟、□互通：故夕盟犹言夕蒙，朱骏声引《易》注："齐人读萌如蒙也。"[①] 有大风雨，日月无光，是□可视作十辉之瞢。《后汉书·天文志》中：

赵有尹史，见月生齿，龁毕大星，占有兵变。

此处见"大星"二字，与卜辞合。是辞先言夕蒙，继则有新大星与火（星）并出，则为兵变之占也。

之夕与之日对贞，二词常夹在前后两个日名之间，与天象名词有联系，衡以他辞文例，如：

(1) 甲午卜争贞：翌乙未用羌，用，之日雺（雾）。(《合》四五六)

(2) 辛酉卜㱿：翌壬戌不雨，之日夕雨，不祉。(《合》一二九七三)

(3) 之日风。(《合》一三三五〇)

(4) 之日宜雨。(《合》一三三五八)

---

① 见《说文通训定声》。

由之日风、雨、雾等语，足证之夕□应为记天象之语，大率先瞢，后雨，其指阴霾蒙昧，显然可见。

卜辞气象名目，有见于后出之典籍者，如从雨即出于《礼记》的《明堂》、《月令》。《说文·雨部》霥字下云：

> 霥，小雨也，从雨，众声。《明堂》、《月令》曰霥雨。

今《礼记·月令》无此字，而文作“季春行秋令，淫雨”。郑玄注：“今《月令》曰众雨。”卜辞又云：“烄□雨。”字又作□，从厂（见《合》三二二九四，《屯南》一四八）。

又言剕云，云：

> 大风自西剕云，率雨，䍧日……（《合》二一〇二一）

按《楚辞·天问》云：“白蜺婴茀。”王逸注：“茀，白云逶移若蛇者也。”洪兴祖《补注》：“茀音拂。”按《说文》：“霈，云貌。”剕读为拂。拂云后人称为捎云，《汉书·天文志》：“见捎云精白者，其将悍，其士怯。”《瑞应图》有捎云。郭璞《江赋》：“捎云冠其嵥。”五臣注：“捎云，瑞云也。”《羽猎赋》：“曳捎云之旗。”李善注：“捎，拂也。”故知剕云即捎云。

䍧日可读为睈日。《类篇》：“晹，亦作睈，余羊切，明也。”

卜辞所见雨、云之名目，尚有须讨论者：

㱄雨

> 贞：其亦㱄雨……
>
> 贞：不亦㱄雨？（《京津》四一九）

于省吾读歺为洌（即洌之古文）。故谓㱄雨即烈雨。按经典见“迅雷风烈”之文，未闻烈雨。余谓《说文》明言：“歺读若櫱岸之櫱。”则㱄雨应指孽雨，指久雨为害。

㽕云

彭三㽕云。(《燕》二)

于省吾读啬为色。今按《方言》十二啬训积。《广雅·释诂》:“𦅸,合也。”故㽕云可读为积云。

缉雨

不缉雨。(《粹》七二〇)

按缉可读为弭。《周礼》:“男巫春招弭以除疾病。”杜子春注:“弭读如弥兵之弥。”弥,止也,则缉雨即止雨。

略为考证,以供谈助。至于星象方面,考索所及,略记新知,以供同好之研讨,详《殷卜辞所见星象与二十八宿诸问题》一文。

本文原为《甲骨文通检》第三册前言

殷卜辞所见星象与二十八宿诸问题

自濮阳仰韶墓葬蚌砌龙虎星座，与随县曾侯乙墓漆器斗柄龙虎二十八宿图像出土以后，吾国天文知识更加推前，知自皇古以来，先民观察星象，东苍龙、西白虎之观念，久已确立，龙虎列于东西，即代表火与参两宿，古人称之为“天之大纪”。卜辞所见星宿，一向读者只讨论“鸟星”与“大星并火”二事，“星”之一字，可读为姓，有人持否定之说，欲将所有字概定为阴晴之义；虽未为一般人所接受，而殷代星象，黮闇莫明，亟有待于探索。

卜辞火字作“”，又作形，与山之作“”形，互易混淆，时贤著述若《殷墟甲骨刻辞类纂》465页至466页上以火释作山，仍须重行厘定。近日冯时著《殷历岁首研究》认为契文确有火字，其说颇有可取。我在曩岁著论，认为卜辞常见之龙、祀龙，即《左传·襄公二十八年》梓慎说“龙，宋郑之星也”之龙。证知殷有龙星之祭，又解“㞢火”为大火之祀，龙亦可指灵星。[①] 是说已逐渐为人所证实。

一、参与辰——天之大纪

关于远古星辰之神话，其说特别流行于晋、郑之间。《左传》、《国语》保存有若干记录，非常重要。

---

① 《殷代贞卜人物通考》，141、934页，1959。

齐姜劝晋公子重耳必须速行，与之言曰："……晋之始封也，岁在大火，阏伯之星也，实纪商人。商之飨国三十一王。"此说见《国语·晋语四》，事在鲁僖公十八年。

董因迎晋文公于河，亦说："君之行也，岁在大火。大火，阏伯之星也，是谓大辰，辰以成善，后稷是相，唐叔以封。"语载《国语·晋语四》，事在鲁僖公二十四年。

晋士弱对悼公云："陶唐氏之火正阏伯居商丘，祀大火，而火纪时焉，相土因之，故商主大火。"事在《左传·襄公九年》。

郑子产对晋侯说："高辛氏二子，伯阏伯，季实沈……日寻干戈……迁阏伯于商丘，主辰。商人是因，故辰为商星。迁实沈为大夏，主参，唐人是因，以服事夏、商。……故参为晋星。"事见《左传·昭公元年》。

上举诸事，大家都耳熟能详，子产是博物君子，历史知识十分丰富；而齐姜以一妇人，亦复深明天道，举出此事以儆戒重耳，可见此一传说流行之普遍，妇孺共知。董因为周太史辛有之后，亦引用此说，周太史氏相承已久。瞽史知天道者，其为占星家所共知之事实，甚为明显。辰出而参入，辰是大火，春秋时用十二次纪年，大火在十二辰属卯，于二十八宿为箕、尾、心、房四宿，重耳出奔在大火之岁（即鲁僖公五年丙寅，丁卯），而返国在大梁（在辰属酉，宿为毕、昴），正符合辰（大火）出而参入之说。

今证之殷墟卜辞，屡见到"侑火""入火"的记载，商主大火之事，是可信的。

	虎	龙
星　　座	参为夏人所主	辰（曟）商人所主
代表人物	实沈	阏伯
地　　区	大夏	商丘
后人因之	唐人	殷人

二、苍龙诸宿

（一）侑火，又五火

（1）丙寅卜殸贞：其㞢（侑）火。（《合》二八七四，《拾掇》三七六）

（2）癸酉卜扶：㞢（侑）火。（《合》二〇一一二）

(3) 丁丑卜：又于五火。在隹，二月卜。(《合》三四一六八)

(4) ……又于五火。在(隹)，二月卜。(《合》三四一六七)

(5) 贞火入邘……十一月。(《合》五五六二)

(6) 贞勿火入邘事。(《合》五五六一)

灾(兦)夫、小火。

(7) 其皋年二火，焚于小火，肖豚。(《粹》一五四〇)

兦罕焚，叀小宰，有大雨。(《合》三〇三九三)

(8) 其虐取二火，有大雨。(《合》三〇四五三)

(9) 其叔兦，有大雨。(《合》三〇四五四)

(10) ……㞢新大星，并火。(《合》一一五〇三反)

祀大火这一典礼，直至宋代，还在举行。《宋史·礼志六》云：

大火之祀。康定初，南京鸿庆宫灾，集贤校理胡宿请修其祀，而以阏伯配焉。礼官议："阏伯为高辛火正，实居商丘，主祀大火。后世因之，祀为贵神，配火侑食。如周弃配稷、后土配社之比，……国家有天下之号，实本于宋，五运之次，又感火德，宜因与王之地，商丘之旧，为坛兆祀大火，以阏伯配。"

赵宋立国，五德终始之运属火，故祀大火。卜辞"㞢火"之㞢，当为"侑食"之侑。所祀之火，又称二火，五火者。"兦"字可能是丄(上)火的合文，上火即大火，比之小火层次为高，殷人纪时，岁有大岁、小岁，旬有大旬、小旬，彼以火纪时，故火亦有大火、五火与小火。阏伯所居的商丘，后来到春秋成为宋国，地名之宋，见于卜辞有子宋、宋伯歪(《佚存》一〇六)、宋家等名。《左传·昭公十七年》："宋，大辰之虚也，大火谓之大辰。"商丘所在有二说：一说在河南的睢阳，一说在漳水流域[①]，今看祀五火在隹，隹可能即睢阳。

殷代极重五数，如云："祈雨于帝五丰臣。"五火，疑指五木之火。火入指出、入火，《夏小正》："主夫出火，主以时纵火。"焚字从火从𣥠，字书所无，殆指出火，纵火之事。

① 见丁山：《商周史料考证》，19页。

（二）火日与木月

（1）壬午卜扶：奏，火日，南雨。（《合》二〇九九五）

（2）……虫……火日。（《合》二一五八一）

（3）丙申卜：王令火戈子。（《合》二〇二四五）

（4）贞勿令火。十月。（《怀》四四九）

（5）贞：隹阜陟火令。（《合》七八五九、七八六〇）

（6）庚子，王其令，方（房）丰火。（《屯南》二九一五）

（7）癸巳贞：其尞丰，火，雨。（《合》三三二三三）

《左传·昭公十七年》："禆灶言于子产曰：'宋、卫、陈、郑将同日火，若我用瓘斝圭瓒，郑必不火。'"证以卜辞云"燎丰（五）火"，则殷人祀火，亦用圭瓒玉器以祭。"火日"一名亦见云梦秦简《日书》一〇七八文云："……在南方其人赤色，死，火日。"按《日书》"火日"指其日属五行之火，他辞又有"土日"可证，卜辞云"火日，南雨"，亦以火日属之南方，其为五行之火可知，由是推证五火应指五木之火。《御览》卷八六九引《尸子》："燧人上观辰星，下察五木，应指五木之火也。"古人根据不同的木以取火，《逸周书·月令》所记"春取榆柳之木，……秋取柞楢之木"之类，一年之中，钻火，各异其木。卜辞所记大都集于春、秋二季，未必如此，但五火生于五木，而他辞又屡有"木月"的记录，辞凡五见，可知古时钻木取火有一定规则，不同时间用不同之木，木月即指该用木取火的月份。

（1）丁巳卜：叀宜酌，

丁巳卜：叀今月酌宜。

丁巳卜：叀木月酌宜。

……癸亥卜遘 酌宜伐于大乙。（《合》三二二一六）

（2）癸未贞：叀乙酉征方。

癸未贞：于木月征方。（《合》三二二四三）

（3）辛亥贞：乇自上甲，三报二示牛。

辛亥卜：于木月又。（《合》三二三四九）

己亥卜：十侯，于木月至。（《合》三二八〇六）

（4）己酉卜：召方来，告于父丁。

……于枂……告。木月二字合文。（《合》三三〇一五）

按秦简有木忌（九六二简）："木忌：甲乙榆，丙丁朿，戊己柔，庚辛季，壬辰〔癸〕棘（𣗳）。"这指甲乙之日是春季用木钻火所忌之日，他可类推。卜辞又有白木一见：

（5）辛……贞又……白木㝐。（《合》三三三八〇）

长沙帛书言"青木赤木黄木白木墨木之精"。白木一名，见于殷契，可推测五火出于五木，故有白木的名称，㝐即纳火之纳。《周礼·司爟》"季春出火"，"季秋内火"，白木是秋天的木，说者谓"季秋内火，非令民内火也，火星昏伏，司爟乃以礼而内（纳）之"（见《礼经会元》火祭条）。《夏小正》："九月内火，内火也者，大火。大火也者，心也，九月日缠心、尾，故大火入而不见。"既有秋天纳火和"白木"的记载，必有其他诸木，五火和五木的关联，得此可证明了。

（三）心与火正

火正之官，由来已久，据说高辛氏已有火正之设。重黎掌之。《左传·襄公九年》晋士弱说："古之火正，或食于心，或食于咮。"咮即柳，卜辞作酉，心与柳（酉）二星宿均见于卜辞，被作为星辰祭祀的对象。

（1）丙戌卜争：王㞢（侑）心，正。（《合》六九二八）

（2）贞王㞢（侑）心。（《合》一一四二四）

（3）㞢（侑）心……不午黾。（《合》一一四二七）

（4）癸亥卜㱿贞于心，上甲二牛，㞢。帝（禘）伐十……十豭……月。（《合》九〇五）

侑心即是侑食于心。《淮南子·主术训》："大火中则种黍菽。"正者言心宿正中。《夏小正》："五月初昏大火中。大火者，心也。心中，种黍菽糜时也。"前二条所记由殷王亲临主祭，心是苍龙的中心，从天文学看，大火即心宿。末一条以上甲配祭，又兼禘西方的伐（星），与他词言帝虎、帝方（房）、帝异（翼）（见下），意义相同。

柳，卜辞作酉，曾侯乙墓漆箱二十八宿柳作酉，即借酉为柳，详见下面“柳”条。

（四）方（房）与辰

卜辞方字，有时亦指星名，应读为房，云梦秦简《日书》房宿亦作“方”（九九四）随县漆箱二十八宿亦作方，与卜辞合。卜辞云：

(1) 贞……方（房）出，勿自见下上。（《合》六八〇四）

(2) 甲午卜：方（房）重龙东……我。（《合》二二二〇二）

(3) ……卜争贞：翌辛巳，乎皋𡆥于方（房）。（《合》四〇五八）

(4) 方（房）𡆥，叀庚彭，有大雨。大吉。（《合》二八六二八）

(5) 𢀛（秋）𡆥方（房），有大雨。（《合》三〇一七一）

(6) 甲寅卜：其帝方（房）一羌一牛九犬。

乙卯卜：不降……变。（《合》三二一一二）

这些句子中的方字都应读为房星的房。

随县漆箱二十文句云：“民祀隹坊，日辰于维，兴岁之四（驷），所尚若敕，琴瑟尝（常）和。”则以坊为房。《周语下》：“农祥晨正。”韦昭注云：“农祥，房星也；晨正，谓立春之日，晨中于午也。”《说文》释“辰”云：“房星，天时也。”又《晶（星）部》曟字：“曟，房星，为民田时者。”卜辞辰字作星名者，略举如下：

(1) 其五牢，又（侑）辰。（《屯南》四一七八）

(2) 宜卯三牢，又（侑）辰。（《屯南》四一七八）

(3) 丙午卜，即贞：翌丁未，丁蔑岁，其有（侑）伐。（《合》二二六一〇）

(4) 贞中丁，岁叀蔑。（《合》二二八九五）

(5) ……旅……翌丁卯……蔑岁。在七月。（《英》二一一〇）

人类在由渔猎踏进耕稼农业阶段，播莳百谷，最紧要的是掌握农时，因而有历术的产生，即所谓“观象授时”，观察恒星的出没来判定农作时间，务使“耕不失时”，犹今人所谓“恒星历”者。因此，“失时”是一件很大的罪过和耻辱，我们看“辱”字的原义是这样的：

《说文》云：“辱，耻也，从寸在辰下。失耕时，于封畺上戮之也。辰者，农之时也，故房星为辰。田候也。”

可见古代重视农时，失耕时是要受到严重惩罚的。辱的由来是和天时有这样的关系。古时有负责农时的专职官吏便是“羲和”，王莽时代仍采用这一官名。如果羲和对天象报告失实，是要受到惩罚的，《左传·昭公十七年》：“夏六月甲戌朔，日有食之。”大史引《夏书》云：“‘辰不集于房，瞽奏鼓，啬夫驰，庶民走’，此月朔之谓也。当夏四月，是谓孟夏。”杜预注：“日月不安其舍则食。”可见房星为大辰，是观测农候的标准星座。

以上辰字即指房星之辰，随县漆书“兴岁之四”之四为驷，即天驷，亦指房宿。

（五）乍龙与隻霝（灵）

龙为星座指东方七宿。龙星的整体，包括角（龙角）、亢（龙咽喉）、氐（龙的前足）、房（龙胸）、心（龙心）、尾（龙尾）。

（1）龙亩今旦出。（《合》二八〇二三）

（2）桒龙。（《粹》四八三）

（3）其兄（祝）龙。丝用。（《后下》六·一四）

（4）龙其兄（祝），王受又（祐）。（《巴黎》一五）

（5）龙示。（《续存》上二二四一）

殷人祀龙星，《淮南子·天文训》：“天神之贵者，莫贵于青龙。”

（6）叀荐龙乍，尘大雨。（《合》二八四二二）

（7）龙田尘雨。（《合》二七〇二一）

（8）其乍龙于凡田，尘雨。吉。（《合》二九九九〇）

（9）辛亥卜，滰贞：龙不既䨓，其亦桒，亩丁巳彭。

辛亥卜……其亦桒，其……宾。（《合》二五八九二，《缀合编》九六——《文录》六二九十五四四）

(10) 庚辰卜旅贞：龙不既，其亦𢼸〔米〕，其𢓊宾于上甲。（《金璋》七二九，又七三〇同）

(11)〔辛〕巳卜旅贞：龙不既复，其亦𢼸𠦪，叀丁亥彡。十一月。

辛巳……贞：龙……（《拾掇》二，四八七；《南北·坊》五，五七重）

旅卜在辛巳是庚辰的次日，当为同时之卜，以上各辞互勘，盖同是一事，“龙乍”亦称“乍龙”。第二期字又写作𢓊，𢓊乃作的异形，增益彳旁，如“于”之作“𢌳”。《说文》：“作，起也。”《左传·昭公六年》：“士文伯曰：‘郑其火乎！火未出，而作火以铸刑器，藏争辟焉。火如象之，不火何为?’”凡“龙作”正如“火作”之例。“不既作”者，犹言龙星不已出现乎。此作字可读如梓慎言“七日其火作乎”（《左传·昭公十七年》）。此当为大雩向龙星求雨之事，《左传·桓公五年》：“凡祀，启蛰而郊，龙见而雩。”龙星出则雩祭以求雨。这是我在三十年前之说，现在看来，还是可取的。

现在可补充的为“乍𩃟”的卜辞，𩃟字从雨，𤆍下为火字异写，或作𡈼，此字当释灵，灵即灵星，乍灵与乍龙，𢓊龙意义正是一样，兹录其辞如下：

(1) 于𩃟𠦪年，㞢雨。（《合》二八二九四）

(2) 弜乍𩃟于𠱛。王其悔。（《合》三〇〇七四）

(3) 其乍彡于……（《合》三〇〇七三）

(4) 其畐（福）年。……雨，在盂，𩃟。亡大雨。（《合集》三〇〇六五）

(5) 叀兕𩃟，彡雨。丁酉，龙……（《合》三〇四四四）

灵星者，蔡邕《独断》曰：“旧说曰：灵星，火星也，一曰龙星，火为天田。”灵星汉人以为指龙的左角，《史记·孝武本纪索隐》云：“灵星，龙左角，其色赤，又曰赤星。”《逸周书·作雒解》：“设丘兆于南郊以祀上帝，配以后稷、农星，先王皆与食。”周人以农星配后稷，农星亦即灵星，又名天田。《封禅书》灵星祠，《集解》引张晏云：“龙星左角曰天田，则农祥也，晨见而祭。”《汉旧仪》：“龙星左角为天田。”龙星在东方，当木位，五行木生火，后来有所谓“龙忌”的名目。《淮南子·要略训》：“操舍开塞，各有龙忌。”高诱注：中国鬼神日忌，北胡、南越皆谓之“请龙”。龙星在古占星学有极重要的意义，秦简《日书》即用“龙”字来代表禁忌。[1]《后汉书·周举传》记并州刺史，太原一郡，旧俗因介子推焚于绵上而“有龙忌之禁”。章怀注云：“龙星，木之位也，春见东方。心为大火，惧火之盛，故为之禁火。”寒食节即造端于此。至此，龙已成为“火”的代表记号矣。

（六）天田其名卜辞出现多次

（1）虘霾二（天）田，噩盂，又大雨。（《合》三〇〇四四）

（2）卜……烼爇天田……亡灾，弗悔。（《合》三一二七三）

（3）癸酉卜其桒（天）田、父甲一牛。（《合》二八二七六）

其中称天田者一，又作二田，或作大田，大与天无别，是殷代已有天田之名，且以上甲配祭，照一般天文知识，天田在角宿北二度，古代注重农时，观测是星在东方出现，便开始播种，故又称灵星，《后汉书·祭祀志下》述灵星引：“旧说，星谓天田星也。一曰，龙左角为天田官，主谷。祀用壬辰位祠之。壬为水，辰为龙，就其类也。”天田主谷，殷人久已列入祀典，周、汉实因其制。

（七）尾、角、箕

卜辞有㞢尾之文：

己卯卜吉贞：幸往刍自宾。王固曰：其隹丙戌幸，㞢（侑）尾，其隹辛家。（《合》一三六正）

尾字作[illegible]，我曾定为尾星。[2]《左传·僖公五年》“龙尾伏辰”，《楚语》“日月合于龙豵”。又见张衡《东京赋》“豵，即尾星”。《夏小正》记：“六月，斗柄不正，当于心宿，而当依；依，尾也。”是尾又有“依”之称。

卜辞有“角”名：

庚寅卜彀：[illegible]以角，母（女）。（《合》六七一）

---

① 见精装本甲种十八正三简释文。

② 《贞人通考》，149页。

……贞：角母（女）。（《合》六七二）

上辞角、女似是二宿之名，角为苍龙之首，古用以定时辰，《国语》云：“辰角见而雨毕。”《天问》云：“角宿未旦，曜灵安藏？”《尔雅·释天》：“寿星，角、亢也。”邢昺注：“数起于角、亢，列宿之长。”牵牛同女（婺女）为北宫之首，故以骈列。

卜辞有箕名：

于新（薪）（箕）北彘南，弗悔。（《怀》一四六〇）

按新读为薪，祭名，为所祭对象，殆指箕星，箕是东宫苍龙最后一宿，箕四星其形如箕。

（八）南门与门为星名

《夏小正》：“四月，昴则见。初昏，南门正。南门者，星也。岁再见，壹正，盖大正所取法也。”南门是亢宿上下二星名，《史记·天官书》：“亢为疏庙，主病。其南北两大星，曰南门。”是也。亢宿于四月正于中，九月旦见东方，六月昏见西方，南门与亢卜辞均见之。

（1）于南门旦。（《合》三四〇七一）

（2）南门雨。（《屯南》三一八七）

这里可能指星名的南门，而不是庙门的南门，他辞云：

（3）贞：日……（投）其……亢。（《屯南》三一二）

（4）壬申卜：王陟火，亢。癸酉易日。（《合》二〇二七一）

（5）贞令象，亢，目若。（《合》四六一一）

上辞投是天象。诸亢字或指亢宿，殷之天官把所见南门星象作报告；陟火亢者谓升火时，值南门星之亢出见。至于目若，则是占卜用龟之名。《墨子·耕柱》篇："卜于目若之龟是也。"《墨子》本一作自若，由今观之，以目若为是。[1]

卜辞星名每有门之称，如斗称斗门，房称方门，大火称火门。

斗：其用在父甲斗门又正。(《屯南》二三三四)
火：其皋火门，又大雨。(《合》三〇三一九)
方（房）：方（房）其征（正）于门。(《屯南》五九一)

以灵星之称灵星门，八风之称门（《五行大义》引《淮南子》例如"东北方曰苍门，生条风"，与今本《淮南子》异）例之，众星之称门，由来已久。

三、虎与参、伐

上面已经把东方苍龙，系统诸星宿详细说过了，后面再讨论西宫的星宿。

（一）虎

先说虎，卜辞所见有关虎的记录，有的把虎作为祭祀的对象，最明显的是"帝虎""㞢虎"之辞：

（1）贞㞢（侑）虎。(《合》六七一正)
（2）戊申卜㱿贞：其㞢（侑）虎。(《合》一四一四九正)
（3）戊午御虎妣乙，亩卢豕。(《合》二二〇六五)
（4）丙午卜……白虎……隹丁取二月。(《合》一〇〇六七)

又习见"虎不其肎"一语。肎字从月在月之上，月是般，卜辞般庚合文作㬳或朒，知肎从月般声读为般，《集韵》："般，所以旋也，一曰移也。"虎不其般，示星之移位，与"正"义相反。卜辞云：

（1）丁巳卜㠯：自丁至于辛酉，虎不其肎。允……

---

① 《通考》前编，1页。

辛卯卜𠂤：自今辛卯至于乙未，虎𦙃不。十月。

丁酉卜𠂤：自丁酉至于辛丑，虎不其𦙃。允不。

丁丑卜王叀豕羊用帝虎。

丁丑卜王勿帝虎。十月。（《合》二一三八七）

（2）丙寅……今夕虎不其𦙃……𦙃执……（《英》一七七九）

在“虎不其𦙃”一句下面多带有“今夕”字样，可知虎乃夜间出现的，故可看作星象的虎宿，“帝虎”正如帝伐之例。卜辞云：

……于心，上甲二牛㞢，帝伐十……（《合》九〇五）

帝训禘祭之禘，禘者祭之审谛也。自来说禘，有时禘、殷禘、大禘诸义。今观卜辞祭大辰参伐的虎宿亦用禘祭，此殷礼也。

（二）参（品）

参为夏人族星，卜辞品字旧释品，李旦丘释为参星，人无信者。然卜辞星名有：

酉仓

于西仓

叀壬酌品（品）

叀癸酌品（品）（《屯南》三七三一）

沈建华说：“西仓即西宫天仓也，为胃宿别名，汝阴侯墓占盘参作参，上体与叀品形近，品与西仓同见一版，释参可据。”今按包山楚简十三“品鉩”即参玺，品乃参字，参玺即三合玺，可证成此说，卜辞参即三的旁证如：

三帚（《合》二四九五一，九二七四）

亦作品帚（《合》二八一一）

二亚（《合》二三三九八）

亦作品亚（《屯南》二三四六）

故卜辞“酌品”一语，品当是酌祭的对象，解为参星，颇合，兹录其辞如下：

(1) 叀有妹（昧）厽（参）。(《合》三〇四九七)

(2) 庚寅卜㣔：王厽（参）司（祠）癸巳，不二月。(《合》二〇二七六)

(3) 丁酉卜兄贞：厽（参）司（祠），在兹八月。(《合》二三七一二)

(4) 乙卯卜：来丁卯，酌厽（参）不雨。(《合》三四五二六)

(5) ……贞……厽（参）夕丁……〔亡〕尤。(《合》三八七一七)

(6) 于既厽（参）。(《屯南》九一七)

(7) 甲申卜：叀辛卯酌厽（参）。(《合》三四五二四)

以上皆祭参卜辞，王品司，旧读品词，应改读为厽祠，宾词先行，即酌厽（参）之义，“于既厽”与“龙不既”之例亦相同。其云“贞……厽夕，丁……尤”，参于夕时出见，其属星宿甚明。《戬寿》习见一条：

乙未酌兹厽（参）上甲十匚三匚三匚三示壬三示癸三……(《合》三二三八四)

旧释“酌兹品”为酒系品作品物解，今按当改读为酌兹参，此乃于祭参星时兼举行大合祭，兹字从丝，可看作萦祭，如日食以朱丝萦之，《公羊传》云：“朱丝萦之助阳抑阴。”参为夏人之主星，《夏小正》：“正月初昏，参中，为岁首”，于五月“参则见，参也者，伐星也”。《诗・召南》：“维参与昴。”毛传：“参，伐也。”《公羊传》云：“伐为大辰。”《史记・天官书》：“参为白虎，三星直者，是为衡石。下有三星，兑曰罚（伐）。”《广雅・释天》：“参伐谓之大辰。”契文字作品，正作三星之象。

(三) 伐

伐字卜辞出现极多，向均释为杀人致祭之事，然㞢伐、酌伐、伐既之文累见不少，多与占雨旸有关，其云：

(1) 丙午卜即贞：翌丁未，丁蔑岁其㞢（侑）伐。（《合》二二六一〇）

(2) 丙申卜翌丁酉酚伐，启。丁明雾，大〔食〕日启。一月。（《英》一一〇一）

(3) 既伐，大启。（《合》五八四三）

(4) 乙巳卜争贞：今日酚伐，启。（《合》一九二五正）

《夏小正》云："启蛰，言始发蛰也。"大启似亦可解作启蛰，启闭之启，此类祭伐为白虎之祀。西宫星宿尚有可考者。

（四）豢

(1) 乙卯卜内，豢出，鱼不沁，只，九月。（《合》二〇七三八）

(2) 乙丑卜，翌丙，豢㞢（侑）至。

庚午豢㞢（侑）至。二月。（《合》七二）

奎别名为天豕。《天官书》"奎曰封豕，为沟渎。"《正义》："奎，天之府库，一曰天豕，亦曰封豕，主沟渎。"卜辞又有天豕及豕之记载：

(1) 庚，允𠕋，⿰叀于天豕御。（《合》二二〇九七）

此条卜辞向有不同读法。卜辞又见"豕于天"之记载，可供参照比较：

(2) 叀 𠀠豕于天。（《合》二二四五四）

(3) 癸酉卜出贞：旬亡𡆥。

癸亥卜出贞：旬亡𡆥。

旬㞢祟，之日𢀛（过）夕出⿰在析。八月。（《合》二四三五八）

《汉书・天文志》："奎曰封豕。"《晋书・天文志》："一曰天豕，亦曰封豕。"古代有封狐、封豨的神话，必与此奎宿星座有关，尚待研究。

（五）此（觜）

(1) ……其烄此（觜）㞢（侑）雨。（《合》三〇七八九）

(2) 其烄此（觜）㞢（侑）雨。(《合》三二三〇〇)

(3) 丁亥卜其桒年于大示既日。

此（觜）㞢（侑）大雨。(《屯南》二三五九)

(4) 叀豕此（觜）雨。(《合》三一一九〇)

(5) 叀大牢此（觜）㞢（侑）雨。(《合》二八二四四)

上辞“此”字，余向读为柴，即柴燎告天，即以觜宿当之亦通，秦简《日书》写作“𧥨”，或“𪗋”，正以“此”为觜。《史记·天官书》：“参为白虎。……小三星隅是曰觜觿，为虎首。”《吕览》、《淮南子》均作巂。《说文》：“觜……一曰觜，觿也。”此喻虎首之嘴部，如鸟咮之为鸟喙，古人对星宿命名，大都取象于动物，此其类也。

（六）卯（昴）

(1) 癸未贞，叀翌日甲申酌卯（昴）。

癸未贞：叀甲申酌卯（昴）。

叀甲申酌卯（昴）。(《合》三四五四八)

(2) ……桒其卯（昴），王受祐。(《合》三〇五九八)

(3) 三匚二示卯（昴），王祭于之若有正。(《合》二七〇八三)

(4) 庚午又（侑）卯（昴），于𠂤伐一。(《屯南》七五九)

(5) 癸未贞：其（昴），出入日岁三牛。兹用。(《屯南》八九〇)

(6) 桒年来其卯（昴）上甲……受年。(《合》二八二七二)

(7) 乙巳酌，明雨，伐既，雨，咸伐，亦雨，㱿卯（昴）鸟星。(《合》一一四九七)

(8) 乙巳，明雨，伐既，雨，咸伐，亦雨，㱿鸟星。(《合》一一四九八)

(9) ……酌明雨，伐〔既〕，雨，咸伐，亦〔雨〕，㱿卯鸟屋，大启昜。(《合》一一四九九)

第（7）、（8）条长文比勘之下一作㱿卯鸟星，一作㱿鸟星，其一多出之卯，按其文义应与鸟星同为被祭的对象，一向习以卯为祭名，此处卯审读为昴。云梦秦简《日书》昴宿三见均作“卯”，又一作茅，无作昴者。昴为西方白虎星宿，与毕同属 Tauni 星座，古人每合称曰毕昴（如《长门赋》：“毕卯出于东方”)。《诗·小雅·渐渐之石》:“月离于毕，俾滂沱矣。”毕为好雨之星，《淮南子》高诱注:“雨师，毕星也，风伯，箕星也。”

四、南方与北方诸星

南方诸宿常见者有:

(一) 鸟星

(1) ……戠卯，鸟星。(《合》一一四九七)

(2) ……戠……鸟星。(《合》一一四九八)

(3) 雽(雩)庚子蓺鸟星。七月。(《合》一一五〇〇)

(二) 柳(酉)

(1) 㞢酉(柳)于辛。(《合》一七七七)

(2) 戊戌贞:彡其酉(柳)。(《合》三四四一七)

(3) 癸未卜贞:酥豊，叀㞢酉(柳)，用。十二月。(《合》一五八一八)

(4) 乙亥卜:彡酉(柳)有事。(《合》二一七九六)

(5) 甲子贞:弜异(翼)酉(柳)。十月。(《合》三三九一八)

曾侯乙墓二十八宿柳作酓，故此酉字可视作柳，上辞皆为祭祀对象。

(三) 翼

(1) 贞:异(翼)隹其雨。(《合》一〇九六)

(2) 庚戌卜争贞:不其雨，帝(禘)异(翼)。(《合》一一九二一)

(3) 贞:异(翼)弗其……凡㞢……(《英》三一四)

《尔雅》:“咮谓之柳，柳，鹑火也。”《天官书》:“柳为鸟注，翼为羽翮。”孙炎云:“喙，朱鸟之口，柳，其星聚也。”释柳为聚义。卜辞中异、酉同见一版(《合》三三九一八)，因同为鸟星故，异读为翼，又言帝异，即禘祭于翼，如他辞帝方(房)、帝虎之比。

北方诸宿

古天文家把黄道二十八宿分为四个区域，北方为玄武，玄武七宿是斗、牛、女、虚、危、室、壁，西方分属人马、室瓶、英仙三座。

（一）斗

按□字旧释必，以汝阴侯墓占盘斗作□形证之，可看作斗字，斗是北宫最先的一宿。

（1）癸亥贞弜奉斗。（《屯南》二八六〇）

（2）其㲋祖丁，斗，又正，王受祐。（《屯南》三五九六）

（3）己亥卜行贞：父丁斗，岁宰牡。（《合》二三二一四）

（4）□□卜行贞：庚斗岁王其叙。（《合》二三二一七）

（5）……㞢斗岁彭。（《合》三一一一九）

（6）其用在父甲，斗门又正。（《屯南》二三三四）

北斗七星，即大熊座。自玉衡至摇光称为杓，即所谓斗柄，《天官书》：北斗七星所谓“璇玑玉衡”，“斗为帝车，运于中央”。随县二十八宿图，正中写一斗字特大。《诗·大东》：“惟北有斗，不可以挹酒浆。”《楚辞·九歌》：“援北斗兮酌桂浆。”春秋时人屡以斗、杓，用作譬喻，斗柄亦称为杓柄，《夏小正》：“六月初昏，斗柄正在上。五月，大火中，六月斗柄正在上，用此见斗柄之不当心也，盖当依。依，尾也。”工聘珍谓：“尾谓尾星”，“六月初昏，尾中于南”。此言夏之六月斗柄不正当于心宿，而正中于尾；心、尾都是东方苍龙之宿。由上列卜辞，知殷人亦祭斗星。

《吕氏春秋·孟秋》：“昏，斗中。”《礼记·月令》作“建星中”，《天官书》：“建星者，旗也。”斗又称为建星。秦简《日书》论二十八宿之吉凶，以招摇、玄戈所毄为占，因招摇是斗柄的第七星。

（二）女

（1）贞：戊申，女其星。（《合》一一四九六）

（2）己巳卜争：方（房）女于䜌。（《合》一一〇一八正）

（3）辛丑见女。（《合》一九九七三）

（三）牛

（1）戊子（参）其九（牵牛）。（《合》三四六七四）

（2）……丑卜（参）其五（牵牛）。（《合》三四六七五）

（3）……（参）其五（牵牛）。（《合》三四六七七）

字从牛以绳曳之，宋镇豪释牵，于形甚合，似亦可看作牵牛合文，曾侯乙墓宿名牵牛字作，上形为之变，上辞参其九或其五牵牛，其义未明，参为西方伐宿，九或五或指星宿排列之数，殷人必有星图，惜不可考。按牵牛，星占家以主军鼓，《天官书》称为河鼓。《诗·大东》："睆彼牵牛，不以服箱。"

女或称婺女、婺女。《左传·昭公十年》记郑的星占家裨灶言于子产：妖星出见于晋妣邑姜之地，七月戊子，晋君将死，他说："天以七纪，戊子逢公以登，星斯于是乎出，吾是以讥之。"杜预注："逢公，殷诸侯居齐地者。逢公将死，妖星出婺女，时非岁星所在，故齐自当祸，而以戊子日卒。"按逢，殷契作徸。[1] 殷诸侯逢伯陵居齐，见《左传·昭公二十年》，确有其人其事。当日妖星出婺女之宿，由裨灶之言，殷人确能认识星座的女宿，与卜辞言"女其星"正可互证。

五、祭星与风雨

卜辞多见星辰之祭，《尔雅·释天》"祭星曰布"，《礼记》："幽，禜，祭星也。"殷人祭星辰，大抵以侑祭为主，往往与先公及山川之神配祀。

《尚书·洪范》云："庶民惟星，星有好风，星有好雨。……月之从星，则以风雨。"孔传："星，民众，故众民惟星，箕星好风，毕星好雨。"又云："月，经于箕则多风，离于毕则多雨。"

《易·乾文言》："云从龙，风从虎。"云腾可以致雨，故云好雨。龙、虎应指苍龙与白虎，星有好风亦有好雨，意者古人以东方苍龙是好雨的星，西方白虎是好风的星座。《御览》七引《龙鱼河图》云："太白之精，下为风伯之神，主司非星辰之气，下为灵星之神，主得土。"又引《荆州星占》："箕舌

---

① 《通考》，1104页。

一星动则大风至，不出三日。”又曰：“箕宿四星，第二星一名风后。”考古资料告诉我们，在葬场及器物图案上面龙虎对峙，饶有丰富的天文意义，参与火两星座代表着夏、商两个先后的朝代。

从上述甲骨刻辞所见星象看来，殷代的天文知识已经相当丰富，二十八宿和它的一些异称，一向误认都是非常晚出的记录，其实在殷代均已透露端倪，辰的观念以及（苍）龙、白虎、灵星、天田诸名目，南门之确为星名。在卜辞出现，二十八宿有的作为祭祀的对象。与祖妣配侑及风雨祈禜诸事，足证实《洪范》“星有好风，好雨”之差别之说。

夏季昏见心宿三星，冬季昏见参宿三星，古人很早已有此种认识，以此来定农时季候，殷卜辞中二至的至日非常清楚。古书所说大火纪时，火正以及《左传》、《国语》所载参、商，为夏殷两代代表主要星座，都得到合理的解释，《夏小正》：“五月：参则见。参也者，伐星也”。又记：“初昏大火中。大火者，心也。”参（伐）和火（心）并举，均为示时的星象。我们不能单独偏于大火，而说它是一种已遗失的“火历”，相反地如果偏于伐星，则当另说是一种“参历”，这样的说法均有不甚妥当之处。

龙虎二者的对峙，久已成为古代天文区域的标记，龙和虎二字在卜辞所见的涵义，和我们现在的理解事实上没有太大的差别，龙除作理想动物之外，亦表示东方的星座，成为祭祀的对象。龙是什么东西？目前尚难说清楚，所可知者东方苍龙的星，在殷代确已存在，后来列于四灵，演变为天文区域分野之说。最有趣味的是龙虎的性别问题，卜辞中称“龙母”者：

(1) 亚𢦏取龙母，启，其启，弗悔。㞢雨。（《合》二八〇二一）

(2) 叀小宰，卬龙母。（《合》二一八〇五）

(3) 卜𢓊贞：卢豕至豕龙母。（《合》二一八〇四）

分明是以龙属之阴性，龙为大火是商人的主星，虎为参宿是夏人的主星，殷既代夏，乃改易参星而别主大火，龙母本为阴性，易卦一向说法“夏人主艮，殷人主坤”，主艮以山为主象，无所谓阴阳，孔子称所见殷易为《坤乾》，是殷人先阴而后阳，故龙为龙母，仍是阴性，周人改为先乾后坤，因之龙亦改易性别，成为阳性，代表阳刚之物了。我们看彝族的历法有所谓虎历[①]，据称

① 即所谓“拉”，拉是彝文的虎。

哀牢山彝族供祖先神位的葫芦，在龛壁上面左写一彝文虎字，表示男性祖先伏羲，右写一彝文龙字表示女先祖女娲，彝人以虎为崇祀之主神，当是承袭“参”为族星的旧习，故彝族专家一致公认彝为夏后，以夏历建寅，寅即虎也。[1] 其以伏羲为虎属男，女娲为龙属女，仍是保存古时龙母痕迹，龙称龙母原为阴性，有殷俗可征。

卜辞凡诸祭星辰之祭有賁、有㞢，㞢即侑，古祭必设尸，祭星亦然。《周颂·丝衣序》云：“丝衣，绎宾尸也，高子曰：灵星之尸也。”其《诗》云：“丝衣其紑，载弁俅俅，自堂徂基。”即指尸所穿的祭服，尸出入门庭升降活动的情状。尸必有侑为之引道，《仪礼·少牢馈食礼》云：“尸告饱，祝西面于主人之南，独侑不拜。侑曰：‘皇尸未实，侑!’尸又食。”郑注：“侑，劝也。”宾尸之礼必有侑，卜辞“㞢”其义即侑，祭星亦用侑，其义如此，周制，祭社稷及郊天都有尸，韩宣子告祀夏郊董伯为之尸（见《晋语八》），所以祭星辰亦复如是，何谓灵星之尸，即后稷之尸[2]是也。

二十八宿定名及其排列，战国时星占家甘公、石公两说大同小异，《史记·律书》宗甘公。自秦简《日书》、汝阴占盘、随县漆盖出土，异文尤多，以勘卜辞，知殷人已知婺女之星，其说非妄。

本篇钩索殷代天象，因连类及诸星宿，惜卜辞文字简质，又异解繁赜，说各不同，今循其上下文义，举其可通解者，列举如上，聊备一说。近时陈邦怀曾从铜器上族徽推寻二十八宿名称，其说无人附和，本文之作，惜陈君已作古，不能相与商榷，以求其是，为之怃然!

① 参《彝族天文学史》等书。

② 卢文弨：《龙城札记》。

江西新淦商代遗物有关地理考证

一、陶文之弋即指弋水

1989 年 9 月江西淦县大洋洲发掘商墓，面积 30×20 平方公尺，总共出土青铜器、玉器、陶器和骨器 1900 余件，除大小玉珠、玉管等 988 件之外，铜器 484 件，陶器 356 件。此墓规模宏大，出土物种类丰富，为历来所仅见，这说明当时殷人势力已远及长江流域的赣江地带。惟一可惜的是铜器上没有铭文，不能证知当日方国的名称。该墓发掘简报及出土文物的年代等各种有关问题的记录，已有该地博物馆彭适凡先生等与李学勤先生的报告，刊于 1991 年《文物》第十期，确证遗物是属于“商代后期早段”的吴城二期。

铜器确无文字，而陶罐则肩部横刻横书“□”、“□”、“□”或刻“□”、“□”，器底则刻有“□”、“□”、“□”①等符号。而以横书的□字为最多。

吴城陶文，据说计有 140 余名，大抵多以工具和兵器作为标识。如□之即网，□之即戚，□之为刀，一望而知，至于□之为矛，□、□之为弋或戈，亦显而易见。吴城第二期灰陶刀有一符号□（七〇三号），与新淦上列肩部陶符相同，上海马桥陶竹节形阔把杯底部，刻着两个记号如下：□。持与新淦陶文参证，可能是表示两件器物并列形状之例。

---

① 见《文物》，1991（10），21 页，图廿五陶器文字。

吴城及新淦的□、□等字，视作戈与弋不成问题。《说文》：“戈，橜也，或作杙。”《广雅·释器》：“汖、耴、戙、栅、杙也。”弋字原形，见于长江以南的古文字，可溯源于此。

□、□、□，当是带柄之工具。甲骨文有一字，偏旁与此完全相同。《屯南》二五八四云：

……岳雨。

壬申贞：其桒雨于示壬，一牛。

癸酉卜：□雨。

甲戌卜：于丁丑……其浲，彭。

此为巨骨，自壬至甲连续三日卜雨之事。□字从□，与新淦陶文之□相同，说明其字形与殷卜辞有相当关系，尚待细考。

戈与弋本是一字。赣江流域古有弋水。宋王象之《舆地纪胜》信州下引《元和郡县志》云：

信州本汉余汗县地，陈改为弋阳。

今本《元和志》信州弋阳县下云：

以地有弋水故也。（见该书卷二十八校勘记六七）

相传越工匠欧冶子即居于弋阳，以信江之水淬剑（详《弋阳县志》）。吴城遗址发现大量冶铸遗物，证知江西古代铸铜工业已十分发达。陶罐□字可定为弋，即因弋水而得名（宣城亦有青弋水）。

二、地名余干谓干国之余疆

此地汉为余汗县。《元和志》云：“汉余汗县，淮南王云田于余汗是也。县因余汗水为名。隋开皇九年，去水存干，名曰余干。”按《淮南子·人间训》：“秦使尉屠睢发卒五十万为五军，一军守南野之界，一军结余干之水。”则秦时已称“干”，非至隋方去水存干，是说未的。高诱注称：“南野、余干皆在豫章。”南野者，《元和志》于南康县下云：“本汉灌婴所置南壄县也。”此即“守南野之界”之所在，汉因秦名而置县。

何以有“余干”之名？非谓去水存干，故名余干，应是指干地之余疆。古有干国，其事迹黯晦已久。《管子·小问》篇云：

> 昔者吴、干战，未龀不得入军门，国子擿其齿，遂入，为干国多。

是吴与干原为二国，后干为吴所灭，遂复通称吴为干（孙诒让说），蒙文通引《韩非子·难二》云：

> 蹇叔处干而干亡，处秦而秦霸。

因断干国之亡，在秦穆公初年。又据李斯《谏逐客书》，“迎蹇叔于宋”及《秦本纪》百里奚言“乞食铚人，蹇叔收臣”，集解引徐广云：“铚，一作铚。”《汉志》沛郡有铚县，在安徽宿县南。故知干国必在淮水流域。与邗沟在临淮，地望正合（《越史丛考》，44～48页）。俞静安作《干越考》引《汉书》孟康注：“干越，南方越别名也。”谓古余汗县即干越活动之地，举后代地名之干越渡、干越亭以证实之。

《越绝书·记吴地传》云：“马安溪上干城者，越干王之城也。”则干国地名之移植甚广，南及于浙江之越，不限于淮水流域。

三、殷代之干

殷代地名有干，字作，晚期卜辞云：

> ……弜令戍，卫其……（《合》二八〇五九）

又可作、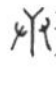形，均为族、地名。如卜辞云：

> ……亇于。（《合》六五五）
> 辛亥卜，㱿贞：叀乎……（《合》四五五三）

干为屯兵之戍地，共三见，此或临淮之干。又有一字从[illegible]干作[illegible]，其辞云：

> 丁卯卜，𣌭贞：其史（使）[illegible]
> ……𣌭……其……宫（《苏联爱米塔什博物馆所藏甲骨文字》七一）

[illegible]字胡厚宣据《一切经音义》卷九古文䩞、戦、捍、仟四形，考定即从亻从干之仟是也。又谓仟即《诗·邶风》"出宿于干，饮饯于言"之干，卫地，濮阳东北有古干城。[1] 余按卜辞地名又有陫，"在陫"（《合》二八〇〇九）前举戍干，同辞有卫一名，可推知必是诗"出宿"之干，而从阜之陫，殆即"出饯"之言，此二地俱可于卜辞征之。

金文频见一繁形族徽[illegible]，与卜辞"戊……[illegible]……隹曰"（《合》一七八一七）完全相吻合。胡厚宣氏认为即扞字，考证甚详。1950年发掘安阳武官村殷大墓出一组四件铜器，簋、觚、鼎、卣，俱著此一字，形微异而实是一文，证知当属殷时扞国之器。以为殷扞国遗物之可见者。新淦大墓比妇好墓还大，出土品物极精致，有镂孔带三角形齿的大钺，其扁圆状夔足鼎似妇好墓所出，大方鼎与二里冈相似，方卣有像小屯YM331之一件，说明殷拓殖南服，可能至于此境，故冶铸技术，取自于殷，而保存地方特色，或曾为扞国封地所及，《管子》所言与吴交战之干必与此有关。

干后为吴所并，而吴地尚存"干"地名之遗迹，《左传·哀公九年》"吴城邗，沟通江淮"之邗，字从邑干声，说文："邗，国也，今属临淮。一曰邗，本属吴。"今吴犹有地名曰干谿。墨子说禹治水，使江、汉、淮、汝东流之。淮、汝水名，殷卜辞均见之，则殷人足迹及于江淮之邗，观其征人方之行程，可以验之。今新淦出土殷器，更足证扞国封地可至赣水流域，故其地后代犹有"干"名之遗留。附表如下：

殷	周春秋	秦	汉
干、扞	干	余干	余汗

---

① 见《出土文献研究续集》，页41～42页。

四、宜与朱方

吴之建国，肇于太伯，《史记·吴太伯世家》称："中国之虞，与荆蛮句吴，兄弟也。"《穆天子传》记："太王亶父之始作西土，封其元子吴太伯于东吴……"1954年有虞侯矢簋出土，其铭文126字，可辨认者118字。内云：

> 一、锡在宜王人□七生（姓）
>
> 二、锡宜庶人六百又六十夫

"宜"一地名，大家都说是今之丹徒，但何以称"宜"？有不同的说法，有的说：

> 春秋吴曰朱方，名朱方前史无记载。西周国都邑当在"宜"。据《夨簋》铭，西周时代这里地名应为"宜"，朱方原应为夨方，因夨、朱音似形近而讹。

有的说：

> "宜"在此铭中用于地，宜应是丹徒县最早的地名……宜、虞、吴是一样的。

窃以为"宜"字应读为且，宜是且的繁形，如卜辞"搜"字作""亦作""，实为一文。甲骨文中俎与宜原是一字，二者没有分别，如卜辞：

> 壬子祖乙（《合》三二五四七）
>
> 贞百羌（《合》三〇七三〇八）

卜辞"俎"又可作地名：

> ……宾贞乎黍于𦎫俎受……（《合》九五三七）
>
> 贞勿于俎莫（《合》二一三七）

殷晚期田猎地名有朱：

> 乙卯王卜贞田□，往来亡灾。王固曰：吉。
>
> 戊午卜贞王田朱，往来无灾。王固曰：吉。
>
> 兹御，获累十、虎一、狐一。（《合》三七三六三）

戊午为乙卯之后四日，殷王行程经淮水流域，可能及于江域，谓此朱地即丹徒之朱方，恨无他证，惟宜即且，读为“朱”却十分直接可信，那就不必说“朱”即是“夨”之讹，和把“宜”与“虞”混在一起。鄙说自较诸家更推进一步。中原地区曾发现与江南文化特点相同的吴国兵器，有名的河南濬县辛村西周早期墓出土同于江南 B1·11 式的铜戈，即由吴国所铸而北传者，具见殷、周之际，南北屡有交往。

五、吴干、禺邗与吴戈

干和吴每每合称。《战国策·赵策三》：赵奢称“吴干之剑”。《吕览·疑似》：“娄剑之似吴干者。”均其著例，观吴人自铸之器，屡自称为邗王，寿梦之戈曰：“邗王是壄乍为元用。”（今存北京故宫）夫差会诸侯于黄池，其器曰：“禺邗王于黄沱为赵孟介邗王之惕金以为祠器。”邗王即干王。吴人何以自称为干，其故安在？值得细考。

今按由虞侯夨簋知周初早期之吴，本自称虞。《史记·吴太伯世家》：“武王克殷，求太伯仲雍之后，得周章。周章已君吴，因而封之。乃封周章弟虞仲于周之北故夏虚，是为虞仲。”周初江南之虞与新封于夏墟之虞，均并称为虞。故夨簋仍自称曰“虞侯”。虞与吴本为兄弟之国，其铭文不称曰吴而仍作虞，这是西周势力向江南迈进的一重要步骤。这时原有在河域而更伸展原属殷朝封邦的扞国，可能逐渐东南向赣江地域发展，故后来其他保存有干的名称。

《世本·居篇》说：“孰哉居藩離，孰姑徙句吴。”宋衷注：“孰哉，仲雍字。”又注：“孰姑，寿梦也。”《史记索隐》引《吴地记》：“仲雍冢在吴郡常熟县西海虞山上。”今常熟的虞山，仍得保存“虞”的名号。如《世本》说“孰姑徙句吴”，孰姑即是寿梦，是寿梦开始徙吴，而其兵器自称为邗王，可能吴之吞并邗国，必在此时。南迁第二代的孰姑（寿梦）即取干而有之。干本为大国，吴既取之，故复号曰邗王。此后自诸樊以降，兵器均称曰攻敔王，攻敔即是句吴。夫差亦称邗王及禺邗王，“禺邗”亦如“吴干”“虞干”为吴干二名之联称。“吴干”以兵器冶铸著闻于时，亦称为“吴戈”（《楚辞·九歌·国殇》：“操吴戈兮被犀甲”）。近人对吴戈作过精密的研究，其青铜器分期发展情况已十分明了，作为吴文化代表的干戈型兵器已得到很具体的认识。① 彭适凡对干越与冶金术问题亦有深入之探讨。我怀疑殷代干国在寿梦时代即为吴所吞并，后来留在临淮地区的干乃其余裔之孑遗，非原来强大的扞国可比，应该加以分开来看问题。兹附表如下：

太伯——仲雍（孰哉）——孰姑（寿梦）——诸樊				夫差
句吴：虞侯		邗王	攻敔王	邗王
（毁铭）				禺邗王
				（壶铭）

结论——赣地为殷人势力范围

江西出土大批商代铜器的新淦，本为汉代豫章郡辖下之一县，王莽改名曰偶亭。《汉书·地理志》颜师古注引应劭曰：“淦水所出，西入湖汉也。”其地汉初复为南海王织徙居之处。《通鉴》云：

> 前时南海王反……使将军间忌将兵击之，以其军降，处于上淦。会天暑多雨，楼船卒水军击棹，未战而疾死者过半。（标点本，570页）

胡三省注解释上淦云：

> 班志豫章郡有新淦县，应劭注：淦水出上淦，盖淦水上流也。

此事乃根据《汉书·严助传》及《史记·淮南衡山列传》所记载采录的。南海织造反之后，即被移处于此地，汉初的上淦还是罪人放逐之地，其地所以

① 参《考古学报》，1991（2）。

名曰新淦和上淦，都因淦水而得名。这和弋阳之因弋水而得名情形相同。

这一地区，自来即有不少文物出土，1955 年，余干的黄金埠出《应监甗》一器，李学勤考证，以扶风沟所出“艾监铜饰”比方之，艾地见《逸周书·世俘解》，有艾侯，艾为商侯爵，以此证商时中央王室曾设监于要服鄱阳湖之滨，亦其势力所及之地。1956 年江西省于废铜中检出专车季鼎一器，专即《左传》成公六年“取郙”、昭公二十年“盟于郙陵”，地在山东。殷时有贞人专，亦称侯专，实为侯爵。《潜夫论》宋公族有专氏，即其后也。[①] 此专鼎似是西周器而流播及于江西，其来历可以追溯到殷代。从上举二事可见江西地域，曾属殷人势力范围之内，扞国可能伸展及此，其后为吴所并，地名余干，即表示它是扞国的余疆。

由于出土铜器没有方国之名，至今仍诸多猜测。吴城新淦文化，大抵有耑国说与吴贵族南迁说二者，前者因陶文释读的困难，未易确认即是“耑”字，耑国于文献无征，还不能轻易说新淦的青铜钺，即为耑国之物。惟陶罐肩部屡见之“弋”字，其为地名，毫无疑问。陈改余干名为弋阳，即因弋水而名，以陶文证之，殷时有弋与弋易的记号，可以推知。此地原有方名曰弋，故其水曰弋水。改名弋阳，实本于前代。故殷时此地名当为弋，关于这一点则似可以论定。

① 《殷代贞卜人物通考》，638 页。

甲骨文地名与方国

《史记》有《河渠书》而不志地理。《世本·居篇》但记都邑之名，至为简略。晋裴秀客京相璠撰《春秋土地名》(《水经·河水注》引之)，唐刘伯庄撰《史记地名》，书皆失传。古史疆域自来茫昧难测。甲骨出土以后，殷代地名，始为人所注意。

罗振玉撰《殷虚书契考释》，其第四为“地名”，举类凡十七（如王于某、伐于某、至于某、往于某、出于某、步于某、入于某、田于某等），共列二百三十二名。王襄《簠室征文考释》亦有“地望篇”，收六十二片，陈邦怀《殷虚书契考释小笺》首为地名，凡九事。厥后专为地名考证者计有多家，自林泰辅、丁山、李学勤以至近年钟柏生皆有专书问世。[①] 若其综论殷契，而涉及地名加以全面整理者，董、郭、陈、张、岛诸氏之书，人所共知。至于从事地名通检之作，则有曾毅公、岛邦男、松丸道雄，皆著伟绩。其为姓氏考证者以鲁实先最为翔实[②]，惟只刊数篇。以上诸家，成书多在《甲骨文合集》总结以前，犹未及见周原出土之物，故所著录，尚非全面。

---

① 钟柏生：《殷代卜辞地理论丛》，艺文印书馆，1989。

丁山：《甲骨文所见氏族及其制度》，科学出版社，1956 年 9 月（该书目次第三部是《殷商氏族方国志》）。

李学勤：《殷代地理简论》，科学出版社，1959。

② 鲁实先：《卜辞姓氏通释之一》，《东海学报》，第一卷第一期，1959 年 6 月。

鲁实先：《卜辞姓氏通释之二》，《幼狮学报》，第二卷一期，1959 年 10 月。

鲁实先：《卜辞姓氏通释之三》，《东海学报》，第二卷第一期，1960 年 6 月。

本编所采，周原以外，又复增入近刊英国、法国、苏德美日所见甲骨集等编资料，计收录地名（包括四方及河流山麓之属）约计 1027 名，视岛氏之书仅有五百名，增益倍蓰，或于契学不无少裨焉。

窃尝以为考辨地名，须认识三难，而祛除三蔽，何谓三难？一曰识字之难；如字旧以为长，或以曾侯乙钟铭“徵”字所从偏旁例之，读为徵，以左冯翊徵县当之，及多方寻证，仍以释“微”为是。二曰断句之难；汉城大骨宜读为“我奠丰”（《合》六〇六八正），意指我甸之丰邑，奠为通名之甸，则丰乃丰镐之丰。三曰一地同名多歧之难；如邾初封邹，后徙绎，楚灭后再徙之。卜辞之，或释为朱，又转读为邹，不知卜辞自有田猎地名朱（《合》三七三六三）也。

何谓三蔽？一曰囿于殷疆土局于河域之蔽；王静安考地限于大河南北。自近年蜀、赣各地殷器陆续出土，然后知贞人㣙所占“至蜀”，当指四川之蜀。[1] 二曰泥于主观拟构时月及同版连系与行程推测之蔽；以极少资料推论所得之结果作为准则，更以之推论其余，今之考地者多用此术，不悟其所定日表，本出于虚拟，安得尽据为典要耶？三曰限于方隅与地名关涉之蔽；必谓某地应在某方隅，乃觅一后代偏僻相同之地名以坐实之，如谓马方必为《水经注·河水》土军县之牧马川，不知土军为山西石楼地区，近时出土殷器别具异族风格，说者谓土方地当在于此[2]，则与马方无涉矣。

三难既已了然，三蔽必须去囿，然后庶几可谈殷代之地理。

地名之产生，大抵先定方向，所谓“辨方正位，以立民极”，用圭测景，以定地中，故有“中商”之号。[3]《逸周书·作雒解》：“将建诸侯，凿取一方之土，焘以黄土，直以白茅。”方谓四方之任何一方，而兼以黄土覆之。卜辞曰：“癸卯卜，宾贞：令〔〕（郭）⿰在京奠。”（《甲》二五一〇、《合》六）此为古建侯之礼，故殷人于地之命名，每冠以一方之号，复益以阴、阳之称谓。如云：“于南阳西⿱，于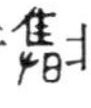北对。”（《屯南》四五二九）是也。

方位地名大抵如下列：

---

① 彭邦炯：《商史探微》第六章，《商王国的疆域四至》及该书附录二商遗址和遗物发现地，此为 1985 年之统计。

② 陶正刚：《山西商代方国文化》，香港中文大学中国文化研究所 1991 年 11 月演讲稿。

③ 饶宗颐：《卜辞中商义》，见《固庵文录》，86 页。

东　河东、秎东、东巫、东卫。

南　南阳、南罟。

西　西叕、西对、汜西。

北　北对、北羌、北巫、北𠮷。

中　中商、中录。

上　上丝、上丫。

下　下𠂊（危）、下亼（《人》一九三二）、下夷刖（《粹》一二二三）。

高　高虘（《合》三六七五四、三六七五五）。

地之有名，所以著王者隶属疆土之号。卜辞云："癸未卜，在𩁹贞：今𡆥巫九备，王于𢀛侯，缶自。王其在𢀛𢗛正。"（《合》三六五二五）云"在𢀛"与"𢀛侯"，可知𢀛侯采邑即在𢀛地。王所直辖之地古称曰畿，《诗·商颂》云："邦畿千里，惟民所止。"《酒诰》谓之"外服内服"。外服者：侯、甸、男、卫、邦伯，征之卜辞："甲戌，卜扶𢦏其卜（外）𠬝（服）。"（《合》一〇一九六）是也。

卜辞所见有曰邦方、曰侯、曰奠，奠即甸，如下例：

己巳贞：商于㫃（旋）奠（甸）。（《屯南》四〇四九）

乙亥贞：王其夕令旋侯商于且乙门。（《屯南》一〇五九）

观《大盂鼎》云："惟殷边侯甸，雩殷正百辟……"侯之居王城边境者，故可称侯甸。

卜辞所见：

……余其从多田（甸）于多白（伯）正（征）盂方伯炎。（《合》三六五一一）

多方伯者，见于卜辞，或称邦方。卜辞所见有：

二邦方（《合》三六五三一）；三邦方（《合》三六五二九）；

册四邦方（《合》三六五二八）；东邦（《合》三三〇六八）；

南邦方（《合》二〇五七六）。

或称“我奠”（甸）、我“奠（甸）某”如：

𡉚、戈□告曰：𢀛方征于我奠。（《合》五八四正）

𡉚友化呼告曰：𢀛方〔征于〕我奠丰。七月。（《合》六〇六八正，即汉城大骨）

卜辞复言“某友某”，如“㞢友角告曰”（《合》六〇五七）、“自宑友唐”（《合》六〇六三反），友字乃动词，介于两个名词之间，友读为姷，《说文》：“姷，耦也。或从人，作侑。”《广雅·释诂下》：“侑，俪，谐，耦也。”某友某者，谓其偕某，边境来艰，俱呼告也。

《周礼·太宰》：“以八则治都鄙。”郑玄注：“都之所居曰鄙。都鄙，公卿大夫之采邑，王子弟所食邑，周、召、毛、聃、毕原之属在畿内者。”又：“施则于都鄙而建其长。”郑玄注：“长谓公卿大夫王子弟食采邑者。”《逸周书·尝麦解》：“采君乃命天御丰穑享祠。”《尚书大传》：“大夫诸侯始受封则有采地。”卜辞地名，不少盖为采邑所在。间见某鄙之称，如：

商啚（《金》七二八）

[illegible]啚（《前》七，二一，四）

东啚、西啚（《菁》二云：“沚戛告曰：土方征于我东啚，𢦏二邑；𢀛方亦侵我西啚田。”）

𢼸啚（《合》一一〇〇三）

𢼸本称𢼸伯（《合》二〇〇一七云：“卜扶令𦘒……𠦪𢼸伯……”）

所谓都之所居曰鄙，鄙中有邑。又或称某侯某鄙，如：攸侯喜啚（《掇》二·一三二），[illegible]攸侯凵啚（《合》三二九八二）。有时以五方加于地名、水名之前，如上举之𢼸，又称：

南𢼸（《合》一一三九五，同《乙》三九三五）

中𢼸（《合》三二九八二：“中𢼸于义攸侯凵啚。”）

𢼸或释为牧字，殷有牧方（《合》一四八：乎牧），又有：

南牧（《合》二八三五一）

北牧（《合》二八三五一）

之号。其称邑者如：

邑（《合》七〇七八）

唐邑（《合》一四二〇八）

邑（《合》一八九一五）

柳邑（《合》三六五二六）

契文单字或作，为“单”“子”合文（《合》三二七一：“御单子于母庚”），疑即《春秋·庄公元年》单伯邑，在河南近畿。他辞又有四单之名，盖指单邑之四隅。

东单　《合》二八一一五：“叀东单用。”《合》三六四七五：“其逆旅执于东单。”

南单　《合》六四七三正：“卜争贞：爰南单。”《屯南》四三六二：“于南单立岳，雨。”《合》三四二二〇：“岳南单。”《合》二八一一六：“人从南单。”《英》七五四：“南单不吉。”

西单　《合》九五七二：“……㞢西单田，受㞢年。”《合》一一五〇一：“姳云自北，西单雷。”

北单　《综述》269页引摹本“□竹□北单”（于省吾：《甲骨文字释林》，129页），于按云：“不足据。”今按齐器有北单卣，安阳官村出土又有北单戈簋（《铜器大全》一〇九、六六），可证其时确有“北单”。

《水经注·淇水》引《竹书纪年》：“帝辛五年，筑南单之台。”旧谓南单是鹿台之异名，古时有此一说；观上引诸例，则单当是地名。

又水名之洮，亦见东洮、南洮、北洮。洮水即鄁水。《路史·国名纪》：“鄁，武庚之封国，今滑之白马有鄁水，即妹之邦。纣所城。一作䣙，晋有䣙督。”按《诗·邶风》“沬之乡矣”即此。

《尚书·立政》云“亚旅”，《诗·载芟》云“侯亚侯旅”，甲、金文屡见亚某，皆畿内侯服，卜辞有亚雀、亚先，近年晋南灵石出土殷器有亚羌爵字作，其一从彳，隶定应作𢔇。[1] 是时羌已入事于殷，故有亚之官职。晚期卜辞云：“余其隮㣈告侯田（甸）册䖒又方、羌方、羞方、缌方。余其比侯田（甸）册四邦方。”（《合》三六五二八反同《续》三，十三，一，此片漏刻横画）是时在山西之部分羌族，已有臣服者矣。见于卜辞有：多马羌臣（《合》五七一八），小多马羌臣（《合》五七一七），马小臣（《合》二七八八一），是其证。

一般地名之称𠂤、㠯、𠂤柬者最为习见，如龚𠂤、雉𠂤（《丙》三）、㞢𠂤（《丙》五〇〇），不必多举，其字之从阜与𠂤为偏旁者：如陨、阩、隮、陮、陨、阥、陴等。又或从艸从𦓐作繁形者，艹𦓐、𦓐，具见于字书，亦有特殊合体字，如：《金》五八九之𨻰，疑即其地受年之合书，殆指𠂤冉受年。

地名以由专名再加通名者，最为常见之例：

有称土者：

唐土（《英》一一〇五正）

有称囿者：

在龙囿（）（《合》九五五二，同《通》四四一）

有称牧者：

昜牧（《遗》七五八）

有称田者，如春秋之许田：

凡田（《合》二九九九〇：“作龙于凡田。”）

---

① 山西省考古研究所灵石县文化局：《山西灵石旌介村商墓》，该文《亚羌爵》铭见《文物》，1986（11）。

有称龙者，疑读为陇，如《春秋》垂陇之比。

舟龙（《合》一六九四〇），字亦作舟㠯（《合》九七七二）。他辞云：“往于舟。”（《英》七四九）知舟是地名。

而高陵田猎之地，称为丘与录（麓）者，更数数见如下：

丘：

丘雷（《合》二四三六七） 丘商（《合》七八三九、九五二九、九五三〇）

丘奠（《合》三九六八三） 丘汰（《合》五五一〇）

宅丘（《合》八三八七） 丘㑀（《合》八五九一）

丘剢（《合》四二四八） 凡丘（《合》一〇一七一）

丝丘（《合》三〇二七二）

按《金》七二八：“癸巳卜在𠂤雷𠂤商啚”，只称为雷不称丘雷；《南明》三九五：“行贞：在剢卜。”不称丘剢。若丝丘或即《吕览》太公之滋泉乎？（《吕览·谨听》：“得太公于兹泉，水经滋水在磻溪之上，今宝鸡东。”）

录（麓）：

《周礼·地官》：“山虞有大山、中山、小山之别，林衡亦分大、中、小林麓。”郑玄注：“竹木生平地曰林，山足曰麓”。卜辞有太录（《合》三七五八二）；《尚书·尧典》曰：“纳于大麓。”又有中录之名：

壬，其雨，不……中录允……辰亦风。（《续》四，七，一同合一三三七五）

乙亥卜：今日，至于中录，吉。（《屯南》二五二九反）

《怀》一三八四：“叀中录先㱿，叀东录先㱿”。以中录与东录对言，又见北录，字又作“北𣝗”（《合》二九四〇九），则取名于方隅。（《甲》二五六二：“丁酉中录卜，在兮贞……，在犾田。”董彦堂以为贞人名。）按录、麓通作，其字或益草、𣝗作彔、𦼮，或加林与吅或㗊者，又有音借鹿为麓：

乙亥卜内贞：王㞢石（祏），在𪉖北东，乍邑于之。（《合》一三五〇五正）

陀……子贞：令……师在𪉖。（《合》三三一〇三）

其陀麓字则增林㗊与攴旁：

叀陀𪉖，只大鹿，亡灾。（《合》二八三四五）

弜𪉖陀。（《合》二九〇九八）

戊寅卜，王其𪉖陀。（《英》二二八九）

足见其字形变之夥。诸田猎地每镌刻于不同兽类之巨骨，以示弋获之异，其明显之例，有：

麦录　宰封牛肋骨刻辞："田孖麦录。"（《佚》四二六、五一八）

白录　牛距骨刻辞："孖白录𢊁宰封。"（《乙》八六八八，同《合》三五五〇一）

鸡录　虎骨刻辞："田于鸡录，只大䨺虎。"（《怀》一九一五，同《合》三七八四八）他辞频见田鸡（《续》三，一八，三）；《通纂》考即《国语》之鸡丘，西周甲骨有"鸡子"[①]（H31：2）。

凡称录者多见于田猎地名，如：

斿录（《合》二九四一二）　即与盂、梌同版之斿。（《粹》九七九）

𣪊录（《合》二八八九九）　即田盂所至之𣪊。（《金》三六六，《佚》四四二）

戍录（《屯南》七六二）　殆即洑。

𣶒录（《合》三七六五六）　《新缀》三一〇："乙酉卜，在洑，立贞：王步于淮。"戍与淮相近。𣶒字殆是淮之繁形。

例多不具举。

① 陈全方：《周原与周文化》，63页。

以河川而言，《甲骨文编》水部所收从水之字近七十余，其字多为《说文》所未见，其确为水名者，河、洛、汝、淮、洧、洹、滴、潢、渼、涵、沚、渔、渟、泷而不见汉。工方或即江方。而人名若子、妇之名亦为方名，字又从水作者，众所习知，略举一二，若贞人之名其为例非少，如下：

贞人：

余、乐、亘、逢、兄、中、黄、大、木、壴、亚

地名：

涂、泺、洹、漨、况、冲、潢、汏、沐、澍、洆

子名：

叏、目、太、安、䜭、雝、戠、彝、宋

地名：

叏麓（《合》二七九六八）、目田（《合》二九二八六）、取丘汏（《合》五五一〇）、田安（《合》三三五五〇）、田䜭（《合》三七六四八）、田雝（《合》三七四〇六）、入戠（《合》五一六五）、往于羴（《英》一五三）、于宋（《合》七八九八）

妇名：

汝、娘、𢎨、娟、妊、婚、𡚸、毓、娃、娟、𡜎、𡠦

地名：

汝莫（《屯南》一〇五九）、在娘（《合》三六九六一）、在𢎨（《合》三九九六八）、于娟（四一八）、在妊（《合》二〇七〇六）、在婚（《合》三六七五一）、在𡚸（《合》三六八三一）、在毓（《合》二七三六九）、娃突（《合》一一二五）、䇂娟（《合》三三〇九二）、在𡜎（《合》二二三四〇）、在𡠦（《合》三一六八四）

其田猎地名又从水作者如：

田函（《合》三七五四五）、田涵（《合》二九三四四、二九三四五）、甹田（《合》三三五七五）、于甹𠂤《合》三二二七七）

京者《说文》云："人所为绝高丘也。"故京即高丘。卜辞有大京（《屯南》四三四三）、京北（《合》三三六九四）、京奠（《甲》三五一〇）。可知京的范围，当时已初具规模，卜辞所见之京有下列：

𢀛京（《屯南》一〇八） 敐京（《合》一〇九二一、一〇九二〇、八〇七二）

𣪊京（《合》八〇三四、八〇三五、八〇三六） 𨸏心京（《合》八〇三九、八〇四〇）

𢆶京（《合》八〇三九、二二七五八） 义京（《合》三八六、三八七）[1]

𣎳（朱）京（《合》八〇四九、八〇五〇） 㚘京（《合》六四七七、八〇四二）[2]

殷人在京从事文化、宗教、田猎活动，形成特有的区域，有祭社、祭郊，即祭国社山川，京之卜辞中，有一种特记"宜"祭，往往用羌致祭，由此推测义京与羌人有相当联系。"中研院"史语所藏人头骨有：

……丑用㚔……义友……

字样，西戎有义渠之国，义地名或出羌之部族，后成为京邑地名。

纪事刻辞所见之地名，钟柏生讨论至详，犹有若干特例。有称某王入者：

次王入（《合》九三七五，《存》下四三）

王古（《甲》二一二一）古示十屯又一丿。古（《南坊》一，六）

王离（《宁》一·四九四）离入五（《乙》三九六〇）

王贮（《铁》二七二·一）贮入二十（《乙》七三三六）

---

① 即《魏世家》之仪。

② 严一萍：《朱京考》（新），载《中国文字》，1988（12）。

有称臣某入者：

臣大入一（《合》九一四反）即大方。

臣希乎犇㞢（《乙》七七五）

有二地共入者：

宙、见入三（《合》九二六七）

先、见……乞自𣎆（《甲》三五二一）

宁、𡚬入（《合》九三八〇）

𠂤、𢆶入（《合》九三八一）

有称某入在某地者：

夫入二在𢊁（《合》九四〇）

𢆶𠂤入二在𣲡（《合》六四八二）

此皆罕见之例。

地名之字有同于《汗简》古文者，李学勤曾举《汗简》𢍋古文戚，证知𢍋即《荀子·儒效》武王伐纣所经卫地之戚。以是类推，《汗简》“会”古文作𣎵，知契文之𣎵如“贞𢼸牛于𣎵”（《前》一，五二，四），𣎵应即郐与浍。如“𣎵十月”（《京津》二七四六、《存》一四四六）可读为会十月。地名之例，“在𣲡东”（《前》二，一二，五），“涉𣲡”（《林》二，一五，一六），《诗谱》郐在豫州，密县东北有故郐城，《逸周书·史记解》：“昔有郐君啬俭。”《潜夫论·志氏姓》：“姜姓会人。”《庄子·人间世》“宗脍胥敖”又作脍，𣎵当即会人，古国名也。

殷代之多方，诸家讨论甚繁，曾氏收录共八十四名。今举其有新资料略可考者约述之，以见殷代四国多方之梗概：

土方

见《菁华》二，六巨片：“癸巳卜㱿贞：旬无祸。王固曰：㞢希，其有来嬉，乞至五日，丁酉允有来嬉自西。沚戛告曰：土方征于我东啚（鄙）𢦏二邑，邛方亦侵我西啚（鄙）田。”（《合》六〇五七）土方为殷西北劲敌，卜辞有收人五千征土方记录，旧读土为杜。谓即唐杜氏。然近年山西石楼出土大量商器，富有异族风格，如双环首刀、冒首刀，与内蒙古（鄂尔多斯）及苏联卡拉苏克文化接近，数量甚丰。石楼古称土军，《汉志》：“土军县在西河郡。”汉高祖功臣表及建元表均有土军侯，其名由来已久。《元和郡县志》：“河东道汾州，魏置吐京镇”，土军当因土方而得名。原载《菁华》是片土方称东鄙，舌方称西鄙，异其方位可见。

鬼方

鬼方之名仅三见（《合》八五九一、八五九二、八五九三），又“步鬼”（《合》二〇七五七）。鬼又可从畏形，卜辞有：“畏（鬼）获羌。”（《合》二〇三）或以内之贞辞记“鬼方昜”乃谓昜是鬼方之一支，以比附昜白𧻚，按昜即阳，古地以阳名者，晋有阳城（《左传·昭公四年》），楚有阳邱（《左传·文公十六年》），齐有阳（《左传·闵公二年》），他辞又有在“昜牧”（《遗》七五八），殊难确指其地。近年山西保德出土铜器，说者谓鬼方地即在此。[①] 鬼方氏与楚先陆终为婚媾，远古其族强盛，《逸周书·王会》：“正西鬼亲。”纣之三公有鬼侯，见《礼记·明堂位》。在邺西有鬼侯国，卜辞有：“王令鬼，𠕈刚于亯。”（《怀》一六五〇）殷高宗伐鬼方耗时三载，鬼侯为其后入事殷者。卜辞：“……逐自……小臣鬼。”（《合》五五七七），又有小臣之称，而周王季伐西落鬼戎，此别为一支。后为隗姓。春秋时为赤狄之别种（《潜夫论·志氏姓》、《晋世家索隐》），其活动范围，西周早期在陕北一带，后侵入晋南，卜辞有云：“允隹鬼罘周敂。”（《乙》三四〇八）铜器以媿氏命名者近二十之数，盖所谓“分唐叔以怀姓九宗”之族（《左传·定公四年》）。怀古亦作褱，周原甲骨有“虫伯”应为虺，虺通隗，褱姓即媿氏，褱方之余种也。[②]

羌方

羌方之名多见（《合》六六二三、八五九八、二六八九五、二七九七二、二七九七三）。又称“北羌”（《合》六六二五、六六二六、六六二七、六六二八）。

---

① 吴振录：《德县新发现的殷代青铜器》，载《文物》，1972（4）。

② 陈公柔：《说媿氏即怀姓九宗》。

各期卜辞均见之，与殷之交涉最为频繁，羌戎与夏似有不可分之关系，近年考古所知，商之西北，分布满辛店文化，与晁峪、石咀头类型，可能即属于羌人部族。殷与羌之争斗，旷日持久，终至于殷之亡。而羌继续滋长，如汉代西羌，成为后日藏族语系人民。[①] 武丁时，妇好登旅一万乎伐羌（《库》三一〇），足见其战役之大，被俘虏之羌人，每用作人牲，多至百数（《金》三九三、《粹》一九〇）。向来以为羌人活动仅在山西南部，以考古资料证之，殊为不确，大抵羌人之地区与后代西羌相仿佛，自青海汧渭关陇以东及于晋豫，羌人足迹散布各地。卜辞所见，羌之族属有北羌、白羌（《存》下一九五）、多马羌（《粹》一五五四）、小多马羌（《陈》一一六）、羌龙（《卜》六四六）等等。山西灵石晚期商墓有亚羌铭爵，此则四邦方中之羌方入事殷者。

戈方

卜辞称戈方仅一见："叀黄令戈方二月。"（《合》八三九七，同《存》上五三三）言"戈受年"者一（《乙》四七一八）。伐邛方之役，戈为主力（《金》五二二）。其言：

> 戈伐二千六百五十人，在沚。（《合》七七七一）
> 戈入二百。（《法》CFS14 集，美博物院藏）[②]

其国力之强可见。《史记·夏本纪》谓：禹后分封有戈氏，似地在河域。然近年陕北泾阳县高家堡出土戈父己、戈父癸铭文礼器，属戈氏族者有十二件之多，说者因谓此泾阳为殷代戈氏之封地。[③] 至若在岷江上游之羌人传说，其石棺葬之民族，自称曰戈人，住于日补坝（今四川茂县）羌族至今尚流行《羌与戈人》——史诗[④]，是为戈族之在陕、蜀者。殷之戈方，国力庞大，非夏之戈氏所可同日语矣。

吕（邛）方　工方

自彭县竹瓦街出土殷觯，广汉三星堆出土大量文物，其祭用燎，玉刀玉

---

① 李峰：《先周文化的内涵》，第四节，《刘家墓地、晁峪、石咀头类型的文化性质及其渊源》。

② 雷焕章：《法国所藏甲骨录》，52 页上；拙作载《文史》第二十四期。

③ 田长山等：《商周考古陶新发现》，载《瞭望》，37 期，1992 年 9 月海外版。

④ 《木姐珠与斗安珠》附"姜戈大战"，成都，四川民族出版社，1983。

钺形制与妇好墓相类，证明蜀之制铜技术承接自殷。周原卜辞有“伐蜀”（H11：68）、“蜀克”（H11：97）之文，说者谓先蜀文化应在岷江上游山地区域[1]，殷时蜀已有独立文化，邛方于殷为西境劲敌，殆为古时江源之强国。𢀛字从工（工）加口旁：如目之作冒，鱼之作魯。卜辞云：“丁巳，工方水（水）。”（《合》二〇六一五）工典字作工，亦倒写作𢀛（《合》二四三八七），或作𢀛形（《屯南》四三二五），工即𢀛之复笔，此片字特大，所以彰示其事，殆记工方大水泛滥。《说文》：“江水出蜀湔氐徼外嶓（汶）山入海。”卜辞有河、洛、淮工，工即江之省。春秋江黄之“江”字作江（浙江下寺楚墓出土浥叔□鬲）则为繁形，江水古亦称泜水。《史记·五帝纪》“青阳降居江水”，《帝系》作泜水，泜水必因氐人所居而得名，江（泜）水出蜀郡氐道县，蛮夷所居曰道，是汶山江源，古为氐人区域，殷代称之为𢀛方。卜辞有“入𢀛”（《怀》七七九）、“自𢀛”（《合》一九四三二）、“取𢀛”（《英》七五七）、“在北𢀛”（《合》七二九四、七二九五）诸记载。又有“𢀛侯”（《合》二三五五八），似后来臣服隶于侯甸。氐羌居于石室，号曰邛笼（《后汉书·西南夷传》记冉駹条），此即四川土著普遍所谓蛮洞者。邛方以江源得名，在氐道县，汉之江原县，王莽改名曰邛原，自有其缘由。其地邛县，唐时称为邛部，《新唐书·南蛮传》有“勿邓邛部六姓”，《蛮书》详记邛部诸蛮。勿邓即今凉山彝族居地，溯其远源，出于邛方，邛一地名，自蜀南下及于昆明，谈彝族史事者，咸认为由于羌人之南徙，实则为𢀛方势力之伸展也。

殷代对王朝威胁最大之方国，首推𢀛方，战役频数，记录最繁，人所共悉。而说者泥于其交涉之国所在，以小地名释之，终扞格而难通。胡厚宣认为𢀛为共，以共地在河南；陈梦家定𢀛为邛矣，而取《考古图》邛仲之孙伯夷盘得于河内，因定邛地在太行山，以《说文》济阴之邛说之。岛邦男定𢀛在殷西北乃河套一带，羌无实据。今知𢀛之为工，应在江源，当为蜀地之邛，临邛多盐井，富铁矿，故卓王孙赀累巨万，富甲天下。殷武丁用兵及于编发之邦。《诗·殷武》：“奋伐荆楚，罙入其阻，裒荆之旅。”今本《竹书纪年》：“（武丁）三十二年伐鬼方，次于荆。”《尚书大传》：“（武丁）三年，编发重译来朝者六国。”《说苑》作：“三年之后，蛮夷重译而朝者七国。”所记编发，惟羌及西南夷可以当之，故其《诗·殷武》云：“自彼氐羌，莫敢不来享。”邛于

① 林向：《三星堆遗址与殷商的西土——兼释殷虚卜辞中的“蜀”的地理位置》，载《四川文物》，三星堆文化专辑，1989。

古代交通史有极重要地位，汉代以邛地作为远距离之标准地区，故《西南夷传》云：“自滇以北，君长以什数，邛都最大。”张骞在大夏时见蜀布与邛竹杖。汉世出滇有四道：为出駹、出徙、出邛、出僰，邛又与楚合称，《史记·大宛传》云：“出邛、楚。”今知□即蜀之邛，则邛之称来源已久，远肇于殷。余另有文详论之。

马方（多马羌）

称“马方”者（《合》八六〇九、二〇四〇七、二〇六一三、二〇六一四）似是羌之别种，故又称曰“马羌”（《合》六六二四），省称曰“马”（如云“往马”——《合》八二〇八，“取马”——《合》八七九七、八七九八）。又称“多马羌”（《粹》一五五四），省称“多马”（《丙》七六）。《风俗通》云：“氐在西南夷别种号白马。”《汉书·西南夷传》：“自冉駹以东，白马最大。”《后汉书·西羌传》记诸羌四散：“或为牦牛种，越嶲羌是也（蜀西昌），或为白马种，广汉羌是也，或为参狼种，武都羌是也。”武都羌亦即白马。羌人流徙入川，应始于殷、周。[1] 殷卜辞屡言“白马”如：“贞□乎取白马𠭯”（《合》九四五正）、“贞戛不我其来白马”（《合》九一七六正）。按马羌以白马羌当之，似无不可，则其地应在广汉。蜀地名又有“䣝，犍为县”（《说文·邑部》），为其族播迁之地名遗迹。卜辞云：“争卜，告曰……马方……河东来。”则马方曾入侵至于山西。

□（微）方

□方（《合》四五六七）又称□伯（《合》六九八七、二〇〇八四）。于□（《合》三六七七八、三九八三五、四〇〇一二）又云“在□”（《合》三六三四六、三六七七五、三六七七六），旧释党是也。《合》一六四八六：“告微𡳿奴。”字细小，攴与敚均从彳作繁形。此□字作□，足证当释微。西周微氏铜器群地在右扶风，殷时微国亦应在此。卜辞所见之□友角告，□友化呼告（《合》六〇六八），字又益止作“□”（□）。余前从新说释微[2]，以指澄城，嗣遍考有关资料由丰、戈等地证之，仍以释微为妥。

---

① 尤中：《西南民族史论集》，昆明，云南民族出版社，1982。

② 依裘锡圭说。

戉方

戉方见于（《合》二九六四八），又有“入戉”（《屯南》附一二）、“取戉”（《合》一四七九、二七二八），后亦称西戉（《甲》二二三九、《合》七一〇〇）。辞云：“[illegible]屯盂方，率伐西戉，[illegible]（典）西田，𢦏盂方，妥余一人。”（《陈》九二＋ROM 3161[①]）此为晚期之戉，他辞有“𢦏亚盂方伯炎”，恐是同一人而屯兵于盂方者。戉围土方，又伐邛、伐湔、获羌，其地必在西土。卜辞有：“癸亥卜争贞戉友，只在西乎不……”（《合》一〇九一四）可证。又见卜辞：“己丑卜，㱿贞：令戉来，曰：戉[illegible]（叟）伐邛方，在十月。”（《英》一一七九）叟，为西南四川境内，与西越相距不远，卜辞有“象方”（《合》六六六七），疑即“[illegible]方”，多见与戉地相涉，如：“贞曰：戉㞢[illegible]方……弗其𢦏。”（《合》六六六二、四五九五）《逸周书·克殷篇》：“吕他命伐越、戏方。”越与戏并称，戏水出骊山冯公谷北，历戏亭入渭。[②] 西越一名，古书未见，而东越又卜辞所无，西南夷则有越巂羌，殷时之越，乃为西越，其所𢦏之湔方，如为蜀之湔水，则西戉乃为徼外部落矣。汉邛都县，隋曰“越西郡”，《唐书·地理志》：“越巂属越西郡有越水西水。”按越西即古之西越，后析为二水名。今凉山彝族自治州称越西县，其地为唐之邛部勿邓，彝族呼越西曰乌托，即勿邓之音变。其地今尚存越西之名，殷之西戉，流裔之远，可以见之。

盂方

盂方，卜辞云“令盂方归”（《合》八六九〇），晚期卜辞有称“盂方白炎”者数见（《合》三六五〇九、三六五一一、三六五二一）。盂方疑即《史记·周本纪》“文王伐邗地”，《括地志》：“在怀州河内西北古邗国也。”此与田猎地之盂不同。《左传·僖公二十一年》：“诸侯会宋公于盂。”河南葵丘有盂亭，鄚西别有汙水，项羽击秦兵于此（《史记·项羽本纪》）。

湔方

卜辞屡言“戉𢦏湔方”（《怀》三六四、《合》六五六八），“戉受湔方又”（《合》八六一六、八六一七）：与戉交涉之湔，殆蜀地湔水，又有称“侯湔”

① 参见钟柏生：《殷商地理论丛》，182 页。

② 《史记索隐》引《述征记》。

（《乙》九八六），“乎湔、光刍”（《粹》四二七），此则另一湔，乃春秋之泉戎，见《左传·僖公十一年》。又《左传·昭公二十二年》：“司徒丑以王师败绩于前城。”服虔曰：“前读为泉也。”

子方

子方见《屯南》三七二三，《合》五六二二、三二一〇七、三二八三二、三二八三三，《史记·殷本纪》：“契封于商，赐姓子氏。”《括地志》：“故子城在滑州华城东北。”子方当为子氏之别邑。

来方

来方名见《合》二八〇一一，又称“来奠（甸）”（《合》二八〇一一），“在来”（《合》二〇九〇七、二一七三九），“往于来”（《合》二八〇五八）。《史记·殷本纪》谓殷后分封有来氏，《逸周书·世俘解》：“侯来命伐靡。”

目方

目方只一见（《合》二八〇一〇），他辞云“在自目”（《合》二一七四〇），“王其田敹至于目北”（《合》二九二八五，同《京》四四一八），“乎目于河”（《合》八三二六），“勿惟西取啬，乎西出目”（《英》一七八一），“目入”（《怀》八八九）。《史记·殷本纪》：“契后分封有目夷氏。”目，为契后，故又屡见“子目”之名。《路史·国名纪》：“今徐之滕东有目夷亭。”目地有羌族，卜辞有：“戊寅羌目示三屯，㱿。”（《合》五一七七正）又见：“辛巳……宾贞……甲申用。目来羌自……”（《京都》九八四）羌目之称，如“羌龙”之比。

亘方

称亘方者二见（《粹》一九三、《合》三三一八〇），贞人亘之封邑，时时叛殷；为戈、雀所败，《史记·秦本纪》“白起攻魏取垣”，《魏世家》称“王垣”。《水经·河水注》：“（清水）西南径垣县故城北。”亘，地望在山西。“垣”与“亘”古为一字，殷时亘人常侵扰，卜辞如“亘叀其𢦏我”（《合》六九四三）是。

井方

名凡数见，为妇妌封邑（《合》一三三九、六六六五、六七九六）。

又见“井北”（《屯南》二四〇八）。《史记·殷本纪》“祖乙迁于邢”，《书序》作耿，《索隐》："今河东皮氏县有耿乡。"[①]

𢦏方

卜辞云"𢦏𢦏方"（《合》六六四八、六六四九、六六五〇），上一𢦏字为动词。《说文》："𢧵，故国在陈留，从邑，𢦏声。"《春秋》字作"戴"。《三传》作"载"，《汉书·地理志》曰："梁国甾县，故戴国。"周器有𢦏叔鬲（《窸斋》一七·一五），殷器有[†]父戊爵，[†]为国族名，当即𢦏之省形。

鄈方

仅一见（《屯南》二六五一），又云"田[癸殳]"（《合》二七九〇五、二九二九三），《说文》："鄈，河东临汾地，即汉之所祭后土处，从邑癸声。"又鄈，葵丘地，在河南考城附近。

兴方

辞云"王比兴方伐下[危]（危）"（《丙》三一九），字见《说文》："[興邑]，地名。"未详。此兴方即唐之兴方。

宣方

只一见："弜宣方賁。"（《合》二八〇〇三，同后上二四·七）《逸周书·世俘解》："百韦命伐宣方……百韦至，告以禽宣方，禽，御三十两，告以馘俘。"百韦即伯韦，殷贞人有韦，又云"令韦[†]"（《合》三四六）；"在韦[韦束]"（《合》二八〇六四）。以《逸周书》证宣方，见陈梦家说。[②]

[反]方（反方）

只有一见（《合》二〇六〇八），银雀山竹简孙子佚文："黄帝伐赤帝，战于反山。"《逸周书·史记解》："六韬有阪泉氏。"[③]《史记·五帝本纪》："战于阪泉之野"。《集解》："皇甫谧曰在上谷。"《晋太原地志》："涿鹿城东一里有阪泉。"未知即此否？

---

① 刘节：《古邢国考》，载《禹贡》，第四卷第九期。

② 陈梦家：《殷虚卜辞综述·方国地理》，276页。

③ 《北堂书钞》，113页引。

新方

新方名见《合》三三二〇五，又云“于新”（《合》五五二八）、“新北”（三一二七五）、“自新”（《合》九四四五）。《逸周书·世俘解》：“庚子，新荒命伐蜀、艾侯。”（唐大沛本）新荒殆新方首领。

林方

林方见《合》三六九六八、四一七五七，又云：“林𩒨”（《合》三六五四七）、“于林”（《合》三四五四四）。《逸周书·史记解》：“昔有林氏召离戎之君而朝之，林氏以亡。”《六韬》有林氏国。《路史·国名纪》：“有林，中牟林亭。”林氏或与林方有关，晚期征林方。卜辞云：“卜在𣶒𩒨贞：王甶林方。”（《合》三六九六八）或释潜则在庐江，帝辛卜辞以八桑、霍、林并列，霍为六安霍山，与潜地正合。

龙方

卜辞云“王叀龙方伐”（《合》六四七六、六五八三、六五八五），陈梦家以龙城说之，内蒙朱家沟遗址出土有北方青铜器。[①] 他辞多有“姜龙”（《合》六六三〇、六六三一、六六三二、六六三三），或谓即《左传·成公二年》：“齐侯伐我北鄙，围龙。”杜注：“龙，鲁邑。”龙方或即其地，后说较近。

卢方

见《合》三三一八五，又“卢方𣌭入戈五”（妇好墓玉戈铭），“卢伯漅其征，乎飨”（《合》二八〇九五），又云：“……卅卢方伯漅……王徝大吉。”（《屯南》六六七）“甲午卜，日叀翊乙，王其𢦏卢伯。”（《合》二七〇四一）“卢方曰……”（《存》上，一九四七）佐武王伐纣，牧誓八国有卢，孔传称：“纑、彭在西北。”《水经注》：“弹筝峡下，泾水经都卢山。”“甘肃灵台白草坡出潶伯器，泾水东流入黑河。黑，齐人名‘黸’，卢方地在此，为獯鬻之一支。”[②] 陈梦家读𠕁为界字，非也，应即卢字，𠕁又为贞人名。

---

① 乌恩：《殷至周初的北方青铜器》，载《考古学报》，1985（2），142页。

② 曹定云：《殷代的卢方》，载《社会科学战线》，1982（7）。

周方

称周方仅一见（《丙》四四四，同《合》六六五七正），“卜宾贞：王叀周方正（征）”，周字作“用”。或称周侯（《甲》四三六）。与周来往之邦方，如云：“允隹鬼眔周。”（《乙》三四〇八）《竹书纪年》记王季伐西洛鬼戎，此周与鬼方之交往，卜辞有长篇一文可证：

> 丁巳卜𡧊贞：𢦔尸（夷）
> 丁巳卜𡧊贞：王伐，不[illegible]。贞：王伐，不[illegible]
> 丁巳卜𡧊贞：周氐嫀
> 贞：周弗氐嫀，周氐嫀（正）
> 王固曰：隹鬼隹尸（夷）（《乙》七三一二，同《合》一〇八六）

嫀殆指秦之先在天水者。西周甲骨亦见“于周”，此云“鬼眔周”，知鬼去周方不远，殆即鬼侯乎？

凤方

仅一见（《粹》一一八二），“其宁凤方”，又“凤入百”（《合》九二四五）。《竹书纪年》：“风夷来宾。”《左传·文公三年》“夫人风氏”，杜注：“僖公母风姓也。”古有风后，《路史·国名纪》：“古风国南临汉水。”殆其南徙者。

尸方

尸方名见《合》六四五六、二〇六一二、《屯南》三三四〇、四五三〇，他辞有“东尸”（《合》八四一〇），尸即夷，其地望不止一处，《尚书·泰誓》：“纣有亿兆夷人。”如畎夷、风夷等随处有之。又见卜辞曰“尸戎”（《京津》六四九），“王族其敦尸方邑旧，又左”（《屯南》二〇六四）。《汉书·地理志》曰：“偃师有尸乡，成汤所都。”其地当以尸戎得名。春秋时曰尸氏，《左传·昭公廿六年》：“刘人败王城之师于尸氏。”上述卜辞尸地望，殆在河南一带。

晚期征夷方之行程已有多人研究，其说仍待于谕定。[①]

---

① 严一萍：《殷商史记》，38页，《帝辛日谱》，1380页以下。
陈秉新：《征人方卜辞地名汇释》，载《文物研究》，第五期。

虎方

卜辞云“虎入百”（《合》九二七三反），又云“于虎”（《合》八二〇三、八二〇四），与北宋安陆所出中鼎，“王命南宫伐反虎方之年，王令中先相南国”，当同为一地。周原辞“賁于虒”，同篮：“自虒东至于河，氒逆，至于玄水。”虎与南均在凤翔西部汧西地。[1]

方

仅二见（《合》三三〇六四、《屯南》二九一五），又云“在界”（《合》八一八六、八一八七），以曾侯乙墓漆器即陈字证之，可能是陈，《逸周书·世俘解》：“侯来命伐靡，集于陈，辛巳至，告以馘俘。”殆东之异构，此陈是否即梓慎云：“陈，太皞之虚。”（《左传·昭公十七年》）尚难定。

方

见《合》八四一六至八四一九，此字于省吾释髳[2]，余谓即，可读为蔓。《诗·角弓》“如蛮如髦”，郑笺：“髦，西夷别名，武王伐纣八国之一。”《说文·邑部》：“鄤，蜀广汉郡。”芫方可以鄤当之，其地在广汉。今广汉三星堆出土大量殷器，汉人所记之鄤正在其地。

相方

见《合》八六二八，只存方二字，《史记·殷本纪》：“河亶甲居相。”《书序》说者谓即《水经·睢水注》之沛郡相县，《元和郡县志》九：“苻离县，故相城在县西北九十里，盖相土旧都也。”

宁方

见《合》三二〇二二、《屯南》二三八〇，又称北宁、南宁、宁田，《元和郡县志》：“宁邑武王伐纣至此，改名修武，黄帝陶正封于宁。”《左传·定公元年》“还卒于宁”，杜注：“今修武县。”

---

① 王辉：《两周畿内地名小记》，载《考古与文物》，1985（3）。

② 于省吾：《甲骨文字释林·释兊》，15页。

口方

见《合》四〇八三九，他辞有“往口”（《合》四〇二六四），《说文·邑部》有地名叩。

卜辞记某地受年者，备见于《合》第四册，无劳详举。说者每谓此类即农业地理之资料。余谓《周礼》言：“凡国，祈年于田祖。”（《周礼·籥章》）盖所以祈求丰岁，所有方国均有祈年之事，言某方受年者，但记其名耳；焉得专目此某方即为农业区域。陈梦家举其大略，钟氏乃分四方，分期加以罗列，求其农业区分布情况，而讶其前后期之不均匀，质疑于其农业地域有所改变，以此知在材料不充分之下，勉强断代，正如刻舟求剑，于理难以自圆，于事殊觉无补，故从几个地名而欲以之推寻殷代整个农业区域，不足以得其真相，自不待论。

异地同名之层化现象，治古代地理者每据以寻求民族迁徙之痕迹，但不能用之太滥，将古代地名随意搬家，强作安排，以迁就一己之假定。古史地域逐渐扩张之说，已深入一般史家之下意识。姑举一例，如以古三苗必在今河域，不惜以苗为髳，同音横加比附，所幸地不爱宝，地下资料逐渐呈现，证明古史地域实与文献记载正可互相对应比证，以殷代而论，《淮南子·泰族训》：“纣之域：左东海，右流沙，前交趾，后幽都。”董彦老尝引《后汉书·南蛮传》“交趾南越裳国献白雉”一事，以解说殷墟出土之马来种是武丁大龟。近时所知，更多新证，英国藏龟，实为缅甸产，东亚陆龟科之一种；而殷之铜器材料源出云南，与玉出于于阗，正遥遥相对，越南红河区域出玉牙璋，与三星堆及香港大亚湾，形制与年代相若，足见殷人对海外交往接触，由来已久，惟越裳国事，原见《尚书大传》及《韩诗外传》[①]，汉初人已有此说，非始于范晔耳。

余另考卜辞中之𣏟为郁林，叟为鄋，若为若水，与本文以西戉拟越嶲，以芫方为鄐（即广汉郡），可以互参，另有专文论之，兹不复及。

其历史地名以关陇地区为例，取《元和郡县志》所记殷地名为纲，合以卜辞，稍举数事，列如下表：

毕原　　《书序》云：“成王葬于毕。”按《左传》云：“毕、原、酆、

① 蒙文通：《越史丛考》，北京，人民出版社，1983。

郇，文之昭也。”周原甲骨有：“毕公”H11：45；H35：77。[①]

鄠县甘亭 本夏之扈国，《汉书·地理志》：“古扈国有户谷、户亭，有甘亭。”夏启伐有扈，誓师于甘之野即此处。卜辞有“甘京”（《合》三六四八一正）。

夏阳县 古有莘国，文王姬太姒，即此国之女也。卜辞作先或即侁，如“往先”（《合》四〇六六）、“至其先”（《天理》一四九）。

韦城县 殷伯豕韦之国也。《左传·襄公二十四年》范宣子曰：“昔匄之祖……在夏为御龙氏，在商为豕韦氏。”卜辞：“在韦餗。”（《合》二八〇六四）又有贞人韦。

考城县 古戴国也，《左传·隐公十年》：“伐戴。”卜辞：“𢦏𢀛方。”（《合》六六四八）

范县 故顾城（《合》二四三四七），夏之顾国也。卜辞有：“于雇。”

彭城县 古大彭氏国也。卜辞彭字𡔷作形殆彭字省体：“在壴”（《合》二四三四三）、“征壴”（《合》六）。

互勘之下，大抵唐人所传之说，绰有依据。如以之作殷代地理蓝图或可钩稽得一轮廓也。

关于殷之整个疆域，当其末季，文王三分天下有其二，以服事殷，故《逸周书·程要解》云：“文王会九州之侯，奉勤于商，牧野之役，周人翦商”。《逸周书·世俘解》云：“凡憝国九十有九国，……凡服国六百五十有二。”[②] 憝国与服国合共七五一国，此为纣亡时邦国多方之数字。战国时颜斶云“汤时诸侯三千”，《尚书·洛诰》伪孔安国传亦云“武王伐殷，同国三千”，但举其成数大略而已，《续汉·郡国志》云“汤受命，其能存者三千余国，周克商……凡千七百七十二国”，其说不知何所本。所谓八百诸侯会于盟津，与七五一之数，比较接近。卜辞云“于盟”（《合》二八一七三、二八一七四）即盟津地。

张秉权举人地同名者有773例。但有一些非人名误入人地同名者如：“南兮”，卜辞有“在兮”。南兮意指处在南地的兮。又如：土（社）河，张氏亦列入人名（《丙编》二〇一），然河、土（社）在殷代宗教观念中是对自然神

① 陈全方：《周原与周文化》。

② 顾颉刚：《史林杂志》初编，中华书局，1963。

祭祀，并非指具体人名，以“土方”与“土”视为人地同名，殊乏直接联系。今观卜辞所见方国地名，岛氏举出65名，钟柏生增至84（前期武丁）＋85（后期廪辛以下）共169国；田猎地名，岛氏举出105，钟氏增至374；记事刻辞所见地名，钟氏举出1128。岛邦男于所著《殷虚卜辞研究》（349～359页）列出地名共524，其中有误入者如①：“元”（《铁》二五，二），原文“勿𥝩……元于及”，实当补为“〔示〕元于及”，他辞有“丙寅……王贞……示元于及”（《文》二五六）可证。又如②：旦（《京》四四五〇），“……旦至于昏不雨”（《甲》八四〇、《京》四三〇九）。旦为殷人时序名词，岛氏误入为地名，以致连“昏”字也列入地名③，暂举一二为例。本书所收共1027名则包括：四方、四土、四邦方、山麓、丘、京、奠、邑、鄙、河、泉在内。

今之著录地名，大抵循其上下文义，推勘而知。卜辞简质，而人地同名诸多纠葛，非由动词以定之，不易比拟得其条贯，故本编所列举，宁缺毋滥。至其与地名相同之人名，在行文上可作人名看待者，兹暂摈而不录，别置于人名之列，检者他日可以参证。至于田猎另有专篇，其田猎地名本篇未能尽举，另详该卷。

本《通检》由沈之瑜先生初步主稿，原附有地图，沈先生谢世以后，建华女士赓续工作，与余商榷体例，大有更张，复通体核对，不止一次，勒成此卷，亲自打字付之影印，手续繁重，虑仍不免有缺失，用者如能随时指出，以便改订，企予望之。最后谨向曾襄助此项工作之上海博物馆濮茅左、复旦大学中文系叶宝民二位先生表示感谢。

1992月9月初稿

本文原为《甲骨文通检》第二册前言

---

① 岛邦男：《甲骨卜辞地名通检》（一）（二），载《甲骨学》第六、七期元条目下。
② 同上书，旦条目下。
③ 同上书，昏条目下。

论殷代之职官、爵、姓

设官置职，肇自虞夏，《礼记·明堂位》："有虞氏官五十，夏后氏官百，殷二百，周三百。"历古相承，传其约数而已。郑玄注云："夏后氏宜百二十，殷宜二百四十，不得如此记也。"（参贾公彦：《周礼疏序》）亦属推测之辞。《礼记·曲礼下》云："天子建天官，先六大。"考之周官，首立天官冢宰，《国语·楚语》云："南正重司天以属神，北正黎司地以属民。"以神与民分掌，各有所属，如天地之划分。下土之设官，上天亦如之，犹后代天文上之天官，分为五区，天、人合应，然迹其所自始，殷代已然。

卜辞有"帝五臣"及"帝五臣正"、"帝五玉臣"之文，录之于下：

(1) ……桒侑于帝五臣，有大雨。

王有岁于帝五臣正，叀无雨。（《合》三〇三九一）

(2) 庚午贞：秋，大雋……于帝五丯（玉）臣，血，……在祖乙宗卜，兹用。（《合》三四一四八）

(3) 贞：其宁秋于帝五丯（玉）臣，于日，告。……入商。左卜固曰：弜入商。（《屯南》九三〇）

此条记大雋之事，证以他辞如："〔壬〕戌贞：告秋雋于高祖夒六……"（《合》三三二二六、三三二二七）雋字亦作雟，卜辞屡言"雋众"、"弜雋"（《合》三一九九四、三一九九五）、"雟众人"（《南地》一一三二），知雋与雟为同文，其作隽者乃雋之略形。雋众义指聚集众人。大隽者，应读为大雔，殆如《尚书·尧典》“旁逑孱功”之“旁逑”。《说文》“逑，敛聚也”，许氏引《虞书》此句。《诗·关雎》“君子好逑”字亦借雔、仇为之。卜辞于秋收卜“大雋”（大聚敛），而祭于先公夒，又祭于天帝之五玉臣，天人协应之义也。

（4）癸酉贞：帝五丰（玉）臣，其三百四十宰。

癸酉贞：于上甲。（《合》三四一四九）

帝五臣及帝五玉臣者，盖天帝之臣属。《虞书》：“修五礼五玉。”郑玄注：“执之曰瑞，陈列曰玉，谓三圭二璧也。”玉臣者，美词。《诗·文王》曰：“王之荩臣。”《逸周书·皇门》曰：“朕荩臣。”“玉臣”如荩臣之比。天帝之僚属有五。殷人已重视五数，频见“五族”、“五鹿”一类之词汇。此帝五臣与帝五臣正，帝五玉臣乃正式之天官，卜辞或省称曰“帝臣”，如：“于帝臣，有雨。”（《合》三〇三〇九一）“惟帝臣命。”（《怀》八九一）其祭也与上甲并祀，至用三百四十宰，祀典之隆已极，宁秋、侑岁、祈年之礼亦祀之，且必先于祖乙宗庙中占卜者。《礼记》云：“建天官在先。”此殷时“帝五臣”、“帝五臣正”、“帝五玉臣”一事，正足为其佐证。①

《曲礼》天官有六大，“大宰、大宗、大史、大祝、大士、大卜，典司六典。”郑玄注：“典，法也。此盖殷时制也。”陈澔谓：“六者所掌重于他职，故曰先。”盖皆事鬼神司祭祀，因“殷人尊神，率民以事神”（《礼记·表记》）故也。今征之卜辞，六大诸官名大致可考。惟冠以“大”字，则不常见。

① 五官之说，自来纷纭难定，清金鹗《求古录·礼说》有《五官考》一文，谓五者设官所以代天工，故其制必法乎天。又谓六官始于周，自周以上皆五官。其《礼说》卷十三言：“月令，春帝太皞至冬帝颛顼，此天帝之名也，伏羲、神农、轩辕、金天、高阳五人，帝以五德迭兴，故亦以五天帝为号，若《月令》所言天帝也。”金氏强作区分，以二者一为天帝，一为人帝。高阆仙《文选义疏·西都赋》“事勤乎三五”句下引其说，谓金氏之说为是。

章太炎有《驳金氏五官考》，则引《逸周书·大明武解》顺天行五官，及《国语·楚语》：“古者有天、地、神、民、类物之官，谓之五官。”以为五官者非《曲礼》所举之五官甚明，若《大戴礼·千乘》篇云：“设其四佐列其五官。”则四佐者，卿也，五官者小卿也。遂谓：“《曲礼》所书本诸口说，由诸侯五小卿事展转致误。晋国军中五官为司马、司空、舆师、侯正、亚旅，与五小卿又殊。”（详见《章太炎文录续编》）盖五官得名本有多端。今由卜辞之有帝五臣正各条观之，殷之有五官，正是不易之事实。

（一）宰

（1）壬辰卜，宾贞：立三事，六月。（《合》五五〇六）

（2）乙未卜𡆥贞：我三史（事）使人。

贞：我三史（事）不其使人。（《合》八二二正）

（3）辛亥卜争贞：登众人，立大事于西奠，设……月。（《合》二四）

（4）乙未卜立事……右从𠂤，入左从𠂤。

……隹宰……从𠂤，不入右从舆。十二月。

贞：勿立事于南。

贞：不其西。

丙戌卜𠣜（勿）隹我，三㞢（右）不若。（《合》五五一二）

（5）丙戌其若

贞隹我三㞢（右）不若。十一月。

贞隹我三于来乙巳酚。

贞……隹……易（赐）十二月。（《合》二六〇九一）

（6）乙未……贞：立事……南，又（右）……中从……舆左……从甾（曾）。（《合》五五〇四）

按第（4）（6）二辞皆乙未同日所卜，查核原片契书字体风格不一，但互勘可知实系同类记事卜辞。[1]《逸周书·尝麦解》记："史导王于北阶，王陟阶在东序，乃命太史尚，大正（即司寇）即居于户西。南向，九州牧伯咸进，在中，西向。宰乃承王中升自客阶，作筴执筴从中。宰坐，奠中于大正之前。"不称大宰，观其坐而置中于司寇之前，恐非大宰莫属焉。其所奠之中为盛算器，卜辞言"中从"，大正近厅，在中，中庭也（朱右曾《校释》说）。

二十五祀小盂鼎："三左三右，多君入服酉。各周庙，……乙酉，□三吏□□酒……宾征邦宾隮，其旅服，东乡。"

作册令彝："周公子明僳，尹三吏四方，受卿事寮。……令舍三吏命眔卿

① 第（4）辞为牛胛骨，上端漶漫不明，说者多歧（见《类纂》，346页"左"条下，《综类》32页"立事"条下）。此片为明义士收藏（见《明》二三二四片）。"立事"与"宰"并举对贞，从《合》二六〇九一片"贞隹我三㞢（右）不若。十一月"。辞例与《合》五五一二正"丙戌勿隹我三㞢（右）不若"，同出一辞，两片文例、书法相吻合，疑属同版相衔接，正好缀合。因牵涉本文考证，极为重要，为便于辨认，特将缀合摹本和原片摹本附文末，以供参考。

事寮，眔者（诸）尹，眔里君，眔百工，眔者侯、甸、男，舍四方令。”

按小盂鼎、令彝之三吏即三事。《尚书·立政》曰：“王左右常伯，常任，准人。”又云：“立政任人，准夫牧作三事。”《诗·雨无正》：“三事大夫，莫肯夙夜。”① “三事”一词可追溯至殷契，亦称三大事。《立政》称：“王左右常伯。”卜辞在宰莅事之后，分记右从、（中从）与左〔从〕，惜另同一辞字残缺，然可见朝列之分左、中、右。小盂鼎言三左三右，郭沫若《周官质疑》谓即《曲礼》之六大，未确。唐兰谓是《甘誓》之六卿，亦称“六事之人”；又云：“左不攻于左，右不攻于右”，正是三左三右。殷代师旅分为右、中、左，“王乍三𠂤，右、中、左”（《合》三三〇〇六）。此武官之制，卜辞有：“辛酉卜左从，弜将，在右立。”（《合》二七八八四）知文官亦分左右列，周制承袭之。是辞记宰之莅事而领导左右，一辞称我，乃宰之自称，此宰前虽无大字，可能是大宰。安阳后冈出土有宰鼎。殷器又有宰椃角、宰甫卣。

他辞又有宰丰刻辞记：“王田于麦菉，锡宰丰宴小𩨋祝，在五月，隹王六祀，肜日。”（《佚》五一八）王曰：“則大乙，𣪕于白蕤，𠩺（侑）宰封。”（《合》三五五〇一）是宰亦参与肜日及則大乙之祭仪，而但称曰宰。

（二）宗

古代祝、宗联称。《墨子·明鬼下》记立下坛、蕳社之后，必择国之父兄慈孝贞良者，以为祝宗。《乐记》：“宗祝辨乎宗庙之礼。”盖为掌礼之官，天子谓之宗伯，诸侯以下，亦曰宗老。（《国语》：“鲁公父文伯之母飨其宗老。”）或通称宗人（《仪礼·士冠礼》）。周礼有都宗人、家宗人。卜辞示（宗）字多见，其涉及官名者，有如下列：

（1）……卜宾贞：𢓊克般工示（宗）。𥝌取，侑……（《合》一四九一一）

工宗或单称亍，似即官名之宗。

---

① 《诗·雨无正》“三事大夫”，《正义》引《春秋传》曰：“王命委于三吏，谓三公也。”三吏应读为三事。两汉皆以三事直指三公，韦玄成诗“于赫三事”，颜注：“三事，三公也。”《后汉书·徐稚传》“若使擢登三事”，注“三事，三公也”。其例甚夥。今观卜辞“立三事”、“我三事”诸文，正以三事指三公，远源可追溯至殷。

卫宗：

(2) 令郭以多射卫示，呼𢀛，六月。(《合》五七四六)

巫宗：

(3) 辛……巫示……庚允。(《合》二〇三六五)

天宗：

(4) 贞天示牧鬲，不用。(《屯南》六四三)

仅称"宗"者：

(5) 辛酉卜……贞：叀示其㓹(册)御，十二月。(《合》二五〇三二)

(6) 己巳贞：示先入于商。(《合》二八〇九九正)

(7) 癸亥，示先羌入。(《合》三二〇三九、三二〇三六，《怀》一六四四)

(8) 贞夕，至示。(《合》一一八五八)

(9) ……叀……祝用成。……岁祖乙牢　牛白豕。……示贞：三小牢，卯子祝岁。(《合》一九八四九)

各辞所见，是否官名，因仅一见，不易遽定。"示"原义为宗庙，如"其乍亚宗"(《合》三〇二九五)，与"亚"对举，卜辞有：

(1) ……卜……𢆶辛在示。(《佚》四二五)

(2) ……不𢆶辛在亚。(《甲》三〇五〇)

示字读为"宗"，则有长之义，如祝宗之比，则卫示，巫示，或指卫及巫之长。惟大宗之为官名，确见于卜辞，文云：

(1) 王在兹，大示左。(《合》八一六反)

谓大宗在王之左。《逸周书·尝麦解》记："亚祝迎王降阶，即假于大宗少宗少秘于社。……大祝以王命作筴告大宗。"大宗即大宗伯。周之大宗，有时得称为上宗，其例见《尚书·顾命》，记康王践祚仪式云："太保、太史、大宗皆麻冕彤裳，太保承介圭，上宗奉同瑁由阼阶跻，太史秉书由宾阶跻，御王册命。"郑玄注云："上宗犹大宗，变其文者，宗伯之长，大宗伯一人与小宗伯二人，凡三人。使其上二人也。一人奉同，一人奉瑁。"（孔氏《正义》引）"同，酒杯。"此上宗如郑玄说，即周之大宗伯矣。惟卜辞屡见上示，与下示对言，盖指宗庙之上下，而非官名。[①]

（三）史

卜辞史为官名者，有下列诸号：王史、亚王史、㝵史、御史等。

言及大史有三条：

（1）壬辰卜宾贞：立三大史，六月。（《合》五五〇六）

（2）贞：叀大史夹令，七月。（《合》五六三四）

（3）己卯卜贞：叀大史。

己卯卜贞：叀小史。（《屯南》二二六〇）

《屯南》一条大史与小史并见。他辞亦云"叀小史"（《合》三二八三五）。《周书·酒诰》："矧大史友、内史友。"复有大史寮一名，卜辞言："其叀大史寮令。"（《合》三六四二三）又一条："大史其遻。"（《邺》三，三九，二）

（四）祝

大祝，主祭祀读赞辞者（《说文》），卜辞祝字甚多，用为动词，大祝一名则未见。周成王时有大祝禽方鼎。又长由盉铭云："井（邢）白大祝射。"邢伯乃周穆王时大祝。殷卜辞祝每省作"兄"。其为官名之祝，大略如下：

（1）……丁（宗）兄。（《合》一五二八一）

《周语》单子引述《秩官》官名有"宗祝"，亦称祝宗；《左传·成公十七年》："使其祝宗祈死。"又《左传·襄公九年》："祝宗用马四墉，祀盘庚于西

---

① 曹定云：《论殷墟卜辞中的上示与下示——兼论相关的集合庙主》，见《中国考古学论丛》。

门之外。”祝宗与宗祝义同。

兄史：

(1) 丙申卜，母……犬，兄史……（《合》二一〇三七）

(2) 上甲，史其祝父丁必（闷）。（《合》三二三九〇）

(3) ……卜，大乙史……祝。（《合》二七一二七）

祝与史古每连用，《左传·桓公六年》：“祝史正辞。”

册祝：

(1) 丙午贞：酌，尸，册祝。（《合》三二二八五）

(2) ……卜桒（拜）祝册……毓祖乙，叀牡。（《合》二四五九）

(3) 册祝。（《合》三〇六四八）

上述三辞祝字均从示作祝。《尚书·洛诰》：“王命作册逸祝册。”语同。卜辞亦作册祝、曹祝（《合》三〇六四九）。按《周礼》：“大祝，掌六祝之辞以事鬼神示。六曰筴祝。”郑注：“筴祝，远罪疾。”孙诒让谓正字当作册，与卜辞合。书于简册以告祖先，故曰册祝。

又有“兄（祝）亚”之名，云：

(1) 祝亚束彘。（《合》二二一三〇、二二一三七、二二一三九）

此惯语数见，祝之次位者曰祝亚。《逸周书·尝麦解》：“王命大正（即司寇）正刑书；爽明，仆告既驾，少祝导王，亚祝迎王。”亚祝即卜辞之祝亚。其他言祝者，有如下列：

祝二人：

(2) 辛亥卜：祝于二父一人，王受祐。

祝二人，王受祐，三人，王受祐。（《合》二七〇三七）

祝在：

(3) ……子卜，兄（祝）在必（闷）。（《合》三〇三六四）

(4) 癸亥贞：乞酌……兄（祝）在……不用。

翌乙丑，其酌，兄（祝）……兹用。

……兄小乙、父丁。（《屯南》六〇三）

祝至：

（5）于父己，兄（祝）至。（《屯南》六一〇）

（6）壬辰卜，兄（祝）至……（《屯南》七〇）

（7）……兄（祝）至。（《屯南》二〇六九）

（8）卜狄……兄（祝）至中宗……（《怀》一三〇二）

祝降：

（9）允绅兄（祝）降。（《合》二〇四四〇）

祝往：

（10）……己卜……于……兄（祝）往。（《合》一九二九一）

祝于：

（11）己巳卜其启宬西户，祝于……（《合》三〇二九四）

乎祝：

（12）弜乎祝。（《合》二七七九六）

（13）乙巳王贞：启乎祝曰：盂方登人……（《合》三六五一八）

或言“祀祝”：

（14）于之若，弜巳（祀）祝。（《合》二七五五三）

（15）弜祝。（《合》三〇六七三）

以上为官名之祝见于殷契者，惟“大祝”则无之。

（五）士

卜辞士与事通，“士”一官名则未见。《尚书·立政》官名有庶常吉士，金文𠑹尊曰：“丁巳，王在新邑，初𩞄工，王易𠑹士卿贝朋，用乍父戊尊彝……子黑。”唐兰引《广雅》：“鸣，名也。《月令》：‘聘名士。’子黑当是氏族名，此鸣士卿为子族，称父为父而不称考，疑是殷王士之一。”按此为成王时器。记之以备考。

(六) 卜

殷契所见卜为官名，官有左卜、右卜、元卜，分别列举如下：

左卜：

(1) 贞：其宁秋于帝五丰(玉)臣，于日，告。……入商。左卜固曰：弜入商。(《南地》九三〇)

右卜：

(2) 辛：王其省袁。(《合》二八九七四正)

又(右)卜。(《合》二八九七四反)

(3) 己酉卜，大贞：叀又(右)卜用。(《合》二五〇一九)

元卜：

(4) 庚申卜，旅贞：叀元卜用，在二月。(《合》二三三九〇，即《续》一，三九，九)

以上各辞，或以"习卜"说之，然不同时期，何能共卜，已引起人之非议。[①] 春秋郑大宰石㚟语楚子囊云："先王卜征五年，而岁习其祥，祥习则行。不习，则增修德而改卜。"习字亦作袭，如不吉，则修德而重新起卜(《左传·襄公十三年》)，此即习卜之事。此处当是卜官官名，分为左右，与习卜无涉。元卜之职可能相当于大卜。王贵民谓总称为多卜(《合》二四一四四)。核原片似是多㞢，即多生，非多卜也。上举(1)辞例入商之事，左卜固曰：弜入，与他辞频见之"王固曰"相敌，且载之简书，当曰卜官亦分为左右，地位之高，可以见之。

由上举诸辞，宰、宗、史、祝、卜诸官均见于殷契，惟称大者，仅有大宗、大史二例，因知六大之说如此齐整，殆出后人之拟议。

《礼记·曲礼》又言及五官，其说如下："五官曰司徒、司马、司空、司士、司寇，典司五众。"郑玄注："典，法也，此盖殷时制也。……众谓群臣也，此亦殷时制也。"

考《史记·周本纪》载古公亶父作"五官有司"，古代年代正当殷世，古

① 郭振录：《试论甲骨刻辞中的卜及相关问题》，见《中国考古学论丛》。

公避狄去邠、踰梁山，止于岐下，其国规模当不大，所立五官，必如后来春秋小卿之制。《左传·隐公六年》："翼九宗五正顷父之子嘉父。"翼为晋地，乃有"五正"之官。《大戴礼·千乘》云："千乘之国设其四佐，列其五官。"五官下于四佐，当为小卿甚明。《曾子问》："诸侯将出，命国家五官而后行。"郑注："五官，五大夫典事者。"古公亶父之五官，殆即此类。《左传·定公四年》："卫祝佗（子鱼）言：武王克商，成王定之。……分唐叔以大路、密须之鼓、沽洗，怀姓九宗，职官五正，命以唐诰而封于夏墟。"其时封康叔于殷墟，分以殷民七族，而封唐叔于夏虚，分以隗姓九宗及五正之官，故知此五正乃为侯国小型官制之五正。

殷代天上既有"帝五臣正"、"帝五玉臣"，使人推想此五臣正自是殷时职官上五正之反映。惜五正之内涵，卜辞记载不详。而五正是否如《楚语》所谓"天、地、神、民、类物之官谓之五官"，抑如《左传》蔡墨所说五行之官，即指"木正苟芒，火正祝融，金正蓐收，水正言冥，土正后土"，则无从征实。按句芒之为神名，见于《墨子》，其字亦作"句巟"，出马王堆《五星占》；祝融则常见于楚帛书与包山简；蓐收见《楚辞·远游》，其名出现均较晚。后土见于包山简亦作厌土。四神之名卜土则殷人崇祀至隆，名称亦不一致，见于卜辞有云：

（1）土巳（祀）。（《合》一四四〇三）

即土祀，亦称有土：

（2）甲寅卜𣪊贞：尞于㞢土。（《合》一〇三四四正）

亦曰土方帝：

（3）贞：尞土方帝。（《合》一四三〇五）
（4）尞于土方帝。（《合》一四三〇六）
（5）贞：尞于土宰，方帝，二告。（《合》一一〇一八正）

虽未见后土之名，而祀土则必为事实。其加一㞢（有）字作为指定词冠于"土"之上，可知殷人尚地道而未尊天道，此必与其《易》卦首坤之义有关。

其祀典重四方之祭必兼祀土，故合称曰土方帝，此一名称不止一见。可推知其所谓帝五臣正之五正，可能指四方与（中）土，合此而为五官之神。殷之五正质朴如此，后代礼家及星占家乃为排比五帝及佐诸名，恐事出后起。《礼记·曲礼下》云："天子祭天地，祭四方……诸侯方祀。"郑玄注："祭四方谓祭五官之神于四郊也，句芒在东，祝融后土在南，蓐收在西，玄冥在北。"《诗》云："来方禋祀。"方祀者各祭其方之官而已，五祀："户、灶、中霤、门、行也。此殷时制也"。郑氏以为殷时有五官之神及五祀之祭，今征之卜辞五官之神，除土称有土之外，句芒等名均未之见。郑玄注《礼记》屡屡言为"殷时制"，其说多出于悬揣。殷人既隆土之祀，五方观念极强，对中央尤为重视，其实卜辞已有"中土"之称，向来未引起学界注意讨论，例如：

（1）……于𠁩（中）土𡏳。（《合》二一〇九〇）

（2）癸酉贞：方大出，立𠁩（中）于北土。（《合》三三〇四九）

上举（2）辞"立中"与"北土"对言，知"立中"即指"中土"，"于中土𡏳"，后代"中央土"之为天地核心一说，自是已植基于殷代，从可知矣。天上设官，必与地下相应，可于官制见之。

本书前论殷之隆祀，侑岁、宁秋于帝五臣正，用牲至三百四十宰，此为天官，乃天帝之五臣正也。地下设官亦曰五正，天上与下民，建官分职，取得一致，正为天人合一思想之来源。礼家言"天子建天官先六大"，于此可明天官列在首先之义。本书引证《尚书》、《礼经》，若三事左右之见于《立政》。"上宗"之名同于《顾命》，"祝册"之见于《洛诰》，笑（册）祝之同于《周礼》。卜之官职亦分左右，卜辞称"左卜固曰"与"王固曰"相比拟，具见卜官地位之高。又解释殷时五正之内涵，仅指四方与土，称曰土方帝，为五帝说之萌芽，至于加入诸帝及佐诸名，则恐事出后起。殷人重视土祀，必与其《易》卦首坤有关，观孔子言"得之坤乾"，凡此皆前人之所未言者。

一

一般谈殷商官制，必列举内、外服，其说出于《尚书·酒诰》，文云：

越在外服：侯、甸、男、卫、邦伯。

越在内服：百僚庶尹，惟亚惟服，宗工越百姓里居。

《逸周书·商誓》："及百官里居献民。"下文云："百姓献民。"（李学勤谓上文："百官当作百姓。"[1] 按以《康诰》证之，百官即百工。）

《召诰》云：

命庶殷侯、甸、男、邦伯。

《康诰》云：

侯、甸、男、邦、采、卫，百工播民。

《康诰》多一"采"服。《周礼·职方》：九服乃有候、甸、男、采、卫、五服之语。较后之史料，若：

《顾命》云：

王若曰："庶邦：侯、甸、男、卫。"

《康王之诰》云：

王若曰："庶邦：侯、甸、男、卫。"

只举其四而不及采。卜辞有大采、小采乃为天象；未见采字为服名；而其外服四者：侯、甸、男、卫诸名，卜辞均见之。侯有：多侯、亚侯、侯甸、侯奠；甸有：多田、多田（甸）、多奠、亚甸诸异名；任有：多任、侯任、亚任。（《白虎通》男作任，与卜辞同，《书·立政》：有常任、任人。）卫有史卫、卫射亚等。

内服之庶尹、亚、宗工、百生，亦具载在卜辞：

三尹：（1）癸亥贞：三尹即（飨）于西。（《合》三二八九五）

① 李学勤：《商誓研究》，见《选堂文史论苑》，303页，上海，上海古籍出版社，1995。

多尹：（2）癸亥贞：王令多尹垦田于西，受禾。（《合》三三二〇九）
（3）贞：王其㞢（侑）曰：多尹若。（《合》五六一一）
（4）弜不飨。多尹飨。（《合》二七八九四）

白（百）引事：（5）庚申卜；王叀余令百绅事旅。（《合》二〇〇八八）

绅祝：（6）允绅，祝降。（《合》二〇四四〇）

尹工：（7）丁卯卜贞：令追啇，有尹工。（《合》五六二五）

小尹：（8）令小尹步。（《屯南》六〇一）

绅为尹字繁体。《尚书·酒诰》："越尹人祇辟。"见于《梓材》官名有："尹旅、趣马、小尹。"《逸周书·商誓》有"尹师"。上举卜辞所称"多尹"诸官名，正与文献相吻合，可知西周官制，可追溯于殷代。（卜辞有"三白羌"（《合》二九三），此"白"为"百"假借，非"伯"。）"百绅事"即畿百官之长也。《书·顾命》曰："百尹御事。"卜辞云："王勿御百绅事……"（《合》二〇〇九一）可为佐证。"百绅"，《类纂》1233页绅条下多释为"伯绅"，恐有未妥。

亚有：（1）多亚：戊……贞：其多亚若。（《合》五六七八）
（2）多田亚任：……以多田（甸）亚任。（《合》三二九九二）
（3）㗊亚：其参（三）亚，叀王豊用，吉。（《屯南》二三四六）
（4）马亚：贞：其令马亚射麋。（《合》二六八九九）
（5）亚㑴：乙未贞：其令亚㑴帚叀小……

宗工有：（1）多工：甲寅……史贞：多工无尤。（《合》一九四三三）
（2）尹工：丁亥卜，宾贞：令䶂啇侑尹工于舞。（《合》五六二三）
（3）宗工：……戌卜……登众……宗工。（《合》一九、二十）
（4）北工：贞：令在北工登人。（《合》七二九四、七二九五）
（5）百工：癸未卜：有祸百工。（《屯南》二五二五）
（6）司工：壬辰卜贞：叀㠯令司工。（《合》五六二八）

《尚书·虞书》："允厘百工。"又《酒诰》："越在内服，百僚庶尹，惟亚惟服宗工。"又："越献臣百宗工。"《逸周书·商誓》："及百官、里居献民。"百工、宗工诸名，俱于文献有征。

百姓：（1）叀多生飨。（《合》二七六五〇）

（2）辛卯卜即贞：叀多生射。（《合》二四一四〇）

多生即百姓，有时与里君联言。史颂簋云：“里君百姓。”卜辞所见有“多君”（《合》二四一三四、二四一三五），疑亦属同类职官。《国语·周语》引《夏令》有“司里”，又引《周之秩令》有云：“司里授馆。”司里一职，殆闾师之类。《尚书·毕命》：“康王命作册毕分居里成周郊。”孔传云：“分别民之居里，居里所司之官员即为里君。”

《礼记·曲礼》云：“五官之长曰伯。”《礼记·王制》曰：“千里之外设方伯。”卜辞言“伯”有下列诸名：

三封伯：（1）甲申贞其执三（封）伯于父丁。（《合》三二二八七）

多伯：（2）……丑，王卜贞：今祸……伯征盂方。……（《合》三六五一〇）

（3）癸亥，卜永，贞：𡆥克氐多伯，二月。（《合》英一九九）

方伯：（4）壬戌卜：王其二方伯。（《合》二八〇八六）

（5）甲……隹王来征方伯炎。……（《合》三六五〇九）

五官之长者，郑玄注云：“谓为三公者，《周礼·九命》作伯。”是方伯非三公不足以当之。卜辞有“三公父”，辞曰：“……己卜三公父，下岁，叀羊。”（《合》二七四七四）又多公（《合》二七四九五）之名，及大公（《合》二〇二四三）、公宫（《合》三六四五一）之号。殷时确有三公之职。《尚书·康王之诰》：“太保率西方诸侯……毕公率东方诸侯……”郑玄注：“《顾命》曰毕公入为司马。”周原卜辞有公，说者谓即毕公。西周甲骨有大保之官（H11：50）；他辞有保老（《屯南》一〇六六、一〇八二）、右保（《合》二三六八三），周康王时作册大鼎云：“大扬皇天尹大保休。”大保之前加上皇天尹尊称。周初召公为大保，周公任大傅，姜太公为大师。大保一职，明见于卜辞。

望与祈亦为官名。卜辞有望人（《屯南》七五一），有斱工（《合》九五七五）均可作官名解。《左传·昭公二十年》，梁丘据云：“海之盐蜃，祈、望守之。”杜预注：“祈、望皆官名。”又《左传·昭公二十六年》：“诸侯莫不并走其望，以祈王身。”望人盖守山川之祀者也。卜辞所见，望乘、望𣴎、望□皆主望祭之官，乃以职为号。卜辞有斦字，文云：

癸酉卜，争贞：令多射卫。

庚寅卜，争贞：令登罘㠯。斦工卫、㞢禽。（《合》九五七五）

以斦工卫与多射卫对举，足证斦工应是官名。斦既为官名，故称曰斦工，斦可读为祈。《礼记·祭法》：“相近于坎坛，祭寒暑也。”则字作“近”。王念孙《广雅疏证》释云：“相近当为禳祈，声之误也。禳犹却也，祈，求也，寒暑不时，则或禳之或祈之。”按近从斤声，斦字亦然，卜辞所见斦字诸辞如下：

翌乙卯彭，子□（束）。

斦宾。（《故宫新》七四一七七四）①

贞：斦祀，今秋。

叀印，斦牛于天。（《屯南》二二四一）

按子束人名下面斦字乃动词，自可释祈，又斦宾、斦祀，读为祈宾、祈祀亦合（不宜如胡厚宣说以为人名）。又祭天祈牛，与他辞“叀□犬于天”（《合》二二四五四），文例正同。

卜辞有寅（黄）尹，黄可读为衡，《书·君奭》：“在太甲时则有若保衡。”《诗·商颂·长发》：“实惟阿衡，实左右商王。”阿衡，毛传解为伊尹。卜辞云：“癸未卜㱿贞：黄尹保我吏。”（《合》三四八一）“丁亥𠦪黄尹，𡧊二豕、二羊、卯六牛，五月。”（《怀》八九九）黄尹自即衡尹，书言保衡，保当是太保，其名已见上。

官名以臣之号别多。小臣最常见，白川静已有文详之。有一例称为鬲小臣，其文如下：

癸酉卜贞：多妣，鬲小臣卅，小母卅，十妇。（《合》六三〇）

……贞：今庚辰，角用鬲小臣卅，小妾卅于帚。九月。（《合》六二九）

① 胡厚宣：《记故宫博物院新收的两片甲骨卜辞》，见《选堂文史论苑》，282页。

以献（鬲）小臣与小妾对言，则似用为人牲。其例罕见。按令簋："王姜赏令贝十朋，臣十家，鬲百人。"大盂鼎："锡夷司王臣十又三伯。人鬲千又五百夫。"一以臣与鬲分言，一以王臣与人鬲分言。若卜辞之鬲小臣，则为二者合称，献（鬲）小臣可用作人牲，其地位甚低。

《逸周书·商誓》："里居献民。"《周书·酒诰》："殷献臣侯甸男卫。"献臣、献民，与鬲小臣均指地位低贱之臣民。其他言及臣之官名，大抵如下：

元臣：吕㞢元臣。（《合》五八五六）

朕臣：丙子卜贞：朕臣商（赏）。（《屯南》二六七二）

多辟臣：……亥卜多辟臣其。（《合》二七八九六）

辟臣：叀辟臣务。（《合》二七六〇四）

王臣：吴弗其吕王臣。（《合》五五六七）

众人臣：贞：叀吴乎众人臣。（《合》五五九七）

奠（甸）臣：叀登奠臣。（《合》六三五反，《英》一八〇六）

亦臣：……丁亥卜殸贞：乎即比韦，取亦臣。（《合》六三四正）

（按亦即夜，可读为掖，即掖臣。）

州臣：宾贞：州臣有往，自寛得。（《合》八四九正，又八五〇，多见。）

臣子：甲寅卜：臣子来罗。（《合》二二三七四）

幸臣：……幸臣。（《合》一四〇〇二反）

小丘臣：……小丘臣。（《合》五六〇二）

小藉臣：己亥卜贞：令吴小藉臣。（《合》五六〇三）

小䐗：贞：小䐗得。（《合》五六〇〇）

《书·立政》所记又有表臣一名，卜辞未见。

按䐗即臧，臧，获也，指奴隶。《方言》三："臧、甬、侮、获、奴婢，贱称也。荆淮海岱杂齐之间，骂奴曰臧。"

二

再谈爵与姓。

爵字契文作爵，其辞云：

乎子商、爵，侑祖。（《合》九一四反）

贞爵示。贞勿爵示（丁丑卜宾）。（《合》六五八九正、反）

《王制》：“爵人于朝，与士共之。”贾疏：“爵人于朝，殷法也。”爵示可释为爵于宗人，是殷法有爵人之说可信。

卜辞屡见立人、立官之事，立读为莅事之莅，此即卜任用官员之事。[①] 其辞略举如次：

立人：

（辛巳卜宾贞）：叀翌甲申立人。

辛巳卜宾贞：勿叀翌甲申立人。

宾贞：立人。

宾贞：勿立人。（《乙》六六九六）

立官：

壬辰卜宾贞：立三大史，六月。（《合》五五〇六）

乙亥卜贞：立三史出……𡿨舟……（《合》五五〇七）

令立于某地：

（辛）未卜：王令……子尹立帛。

壬申卜：王令𠔁以疾立于狌。

壬申卜：王令𤉲以子尹立于帛。

壬申卜：王令壴以㞢尹立于䈞。（《屯南》三四一）

殷有公之爵号，公之见于卜辞计有三公父、多公、大公诸称，已见上述。大公即太公望一名所自出。《小雅·天保》：“禴祠烝尝，于公先王。”《中庸》：“上祀先公以天子之礼。”诸公字均可视为爵称。

至于侯、伯、子诸爵，张秉权曾作统计：

侯　41

伯　40

① 钟柏生：《论任官卜辞》，见《“中研院”第二届汉学会议论文集》，下册，895页。

子　122

今按除去异体之外，实则

侯　45

伯　45

子　138

至于妇名，张氏统计得74，第一期52，四期22，本书所得共100名。卜辞所记，多帚或与多臣对贞，如：

丙午贞：多帚亡疾；丙午贞：多臣亡疾。（《合》二二二五八）

多帚似可指世妇，与多臣共为通名。帚下一字必为专名，其字有时加女旁，如帚嫊、帚姘、帚娘、帚姘之类；有时不加，如帚周、帚壴、帚宝；或与子某相符者，如帚儿之与子儿，㞢子之与帚㞢。或与贞人名相应者，如帚喜、帚壴、帚㞢、帚宊、帚吏等。过去学人考释，多视帚下一字为私名，今观其多同于地名，则此说似未甚妥。今且以帚好为列，好字为子增益女旁，子于卜辞亦为地名，如云"在子"（《乙》八六〇二），"子方"（《屯南》三七二三，《合》五六二二）又称子白（伯）（《续》五，二〇，五），则子又为伯爵。山西出土有子甗，安阳、舞阳出土均有子爵。[1] 殷陶文有"子"字，刘一曼文中列七十四号[2]，具见子乃是方名、地名，似可解作以国为氏，或以邑为氏，较为合理。[3] 唐《括地志》称："故子城在渭州华城东北。"贺次君《辑校》云："渭州无华城县，应是兰州金城县。汉金城西魏改名子城县。"即子方的地望。兹再举一例，如帚女亦作帚汝，以证《书序》之女鸠、女方，是女必为汝。与帚好之为帚子，女与子俱是方国之称，直可视为氏姓矣。周时妇得称为妇氏。召伯虎簋云："余惠于君氏大章，报妇氏帛、束、璜。"则以妇氏与君氏对举。

卜辞有三族（《合》六四三八、三二八一五），多子族（《合》五四五〇、六八一二）称谓。殷代一族必为一氏。《左传·定公四年》谓分鲁公以殷氏六族："条氏、徐氏、萧氏、索氏、长勺氏、尾勺氏，使帅其宗氏，辑其分族。"

---

① 见《考古学报》，1979（1）；《考古》，1984（5）。

② 刘一曼：《殷墟陶文研究》，见《庆祝苏秉琦考古五十五年论文集》。

③ 曹定云：《帚好乃子方之女》，见《庆祝苏秉琦考古五十五年论文集》。

征之卜辞，攸或即条氏。[1] 梌或即徐氏之一支，又𠬝即索（《合》四〇〇六五有“自索”），勺即勺氏，尚待证。《左传·定公十一年》谓宋公母弟辰等“入于萧以叛”，萧为宋邑，今安徽萧县西北，或殷萧氏之所在。《左传·定公四年》又谓分康叔殷氏七族：“陶氏、施氏、繁氏、锜氏、樊氏、饥氏、终葵氏，封畛土略。自武父以南及圃田之北竟，取于有阎之土以共王职，取于相土之东都以会王之东蒐。”以上七族，或以陶工、旌旗之工、马缨之工、釜工、篱笆工、锥工说之（杨伯峻注）。樊氏、饥氏或为地名，尚不易定，然据此可见其遗民氏族之梗概。《周礼·小史》主次序先王之世，昭穆之繁，系世必先辨姓，太史亦掌氏姓，卜辞中史有王史、大史、小史诸官名，知当日已有史官专掌奠系世、辨氏姓之务，异时倘能就卜辞所见地名之兼为氏姓者勿稽辑录，以存《殷世本》之旧观，庶几当日胙土、命氏之情况，可得其厓略，聊补古史之阙遗。

三

《国语·晋语》司空季子曰：“黄帝之子廿五人，其同姓者二人而已，唯青阳与夷鼓皆为己姓。凡黄帝之子二十五宗，其得姓者十四人为十二姓。姬、酉、祁、己、滕、箴、任、荀、僖、姞、儇，依是也。唯青阳与苍林氏同于黄帝，故皆为姬姓。”除姬姓之外，其余十一姓与黄帝不同，是时子与父可以不同姓，知姓之由来，非缘于血统而别有所受，殆与胙土封地有关，试以黄帝之十二姓为例，征之出土资料，记之如下。卜辞云：

姬　……王其……姬菉……其𠂤。（《合》二七五四七）

辛酉卜：隹姬壱雨。（《合》三三二九一、三四二一七）

其又𣪊于妣辛。（《合》二七五四七）

殷地名有姬麓，《国语》云：“黄帝以姬水成。”又云：“我氏出自天鼋。”韦注谓天鼋即分野之玄枵。姬原为水名。周祖姜嫄以姬为姓，其后姬姓有鲁、卫、晋诸大国，不具记。

酉　卜辞无征，铜器有酉族徽者二十余器，酉爵出陕西耀县，亚酉尊出安阳。罗泌《路史·国名纪》云：“酉，即酉水，为黔之

① 见《甲骨文通检》，地名分册，167页。

彭水。”

祁　罗泌云：“蘄也。”卜辞有靳靳侯（《戬》四四，一一；《簠室》六三）又“贞：𤇾于靳。”（《合》四八八反）祁，太原县，薮有昭余祁，周昭王娶于房，房为祁姓。晋有祁侯，辛贯为祁大夫。

己　殷陶文有“己”字（刘文列二九）。山东益都铜刀上铸“己”字。卜辞有“杞”（《合》三六七五一），常见为杞侯炋。《国语·郑语》：“己姓有昆吾、苏、顾、温、董。”又《晋语》曰：“青阳与夷鼓为己姓，青阳、方雷氏之甥，夷鼓、彤鱼氏之甥。”《说文》：“邔，南阳县。”又纪侯国在山东。

滕　春秋滕为小国，金文有滕侯盨、簋、戟、剑等。卫邑亦有滕。《左传·闵公二年》云：“益以共、滕之民为五千人。”

箴　卫有鍼（见《左传·成公六年》：“师于鍼，卫人不保”），地在濮阳。鲁大夫鍼巫氏（《左传·庄公三十二年》），陈有鍼子（《左传·隐公八年》），按楚官名鍼尹字亦作箴、或葴尹，故知箴即是鍼。

任　卜辞任字作“𬨎”，如：

……丑……多任……（《合》一九〇三四）

甲辰……壬雀弗其只侯任，在方。（《怀》四三四）

乙卯卜祀矢……子任。（《合》二〇〇二〇）

贞：令苒以文取大任亚。（《合》四八八九）

《路史·国名纪》：“仓颉为任大夫。”《诗经》：“仲氏任只。”金文有任氏从鼎（《三代》六，三一，二），《世本》任姓为谢、章、薛、吕、祝、终、泉、毕、任诸国。

荀　《诗·曹风·下泉》：“郇伯劳之。”《逸周书·王会》作荀伯。《易林》亦作荀伯。《左传》荀息，《潜夫论·志氏姓》作“郇息”。《左传·僖公二十四年》富辰曰：“郇，文之昭也。”《说文·邑部》：“郇，周文王子所封国，在晋地。”《水经注·汾水》：“汾水又西径荀地，古荀国也。”陕西张家坡出荀侯盘（1961年），山西闻喜县上郭村出荀侯匜。

僖　卜辞有“侯喜”。如：“余步从侯喜”（《合》三六四八二），“戊戌，帚喜示一屯，岳”（《合》三九〇臼），“喜入五”（《合》九〇〇反）。《路史·国名纪》：“齐之釐城，周简王十二年有釐虺。”其地待考。

儇　卜辞有𠬝字，“辛丑卜争贞曰：𢀛方凡𠂤于土……其敦𠬝，允其敦，四月”（《合》六三五四）。其𠬝字形构从爪从○，疑为环字，于此为方国名，或读为人儇。

依　卜辞有“衣入五十”（《合》五八八四反）。郑史伯十邑有依、畴、历、华（见《国语·郑语》）。

卜辞从女诸字，皆女子专名，或即其姓，金文有叠加女或母旁作繁形者，如1963年洛阳庆家沟出土鼓母方罍款识字作𡠜，从壴，增二女二母，应是鼓字，殆即“韦、鼓（顾）既伐”之鼓，卜辞只作壴。

《郑语》之祝融八姓，在《帝系》则为陆终六子，略记如下：

樊——昆吾（己姓所出）　卫　《墨子·耕柱》：“夏后开（启）铸金于昆吾。”《符子》作昆虞。己姓，有苏、顾、温、董。金文作穌（穌甫人作媵匜），信阳平桥春秋墓出樊君樊大人器。

惠连——参胡　韩　秃姓，有舟人，《国语·郑语》十邑有蔽、补、舟、依，卜辞云：“舟入。”又有敝菉，或与敝地有关。

篯——彭祖　彭姓，有彭祖，豕韦，诸稽。卜辞言“彭入”，彭为大国。

求（莱言）——郐人　郑　妘姓（金文字作嫖），有邬、郐、路、偪阳。晋襄公母偪姬，周之偪阳。即卜辞之“葡”；郐又作桧，《诗谱》云：“居溱、洧之间。”

安——曹姓　邾　曹姓有邾（金文邾公钐钟）。

季连——芈姓　楚　所谓“夔越、蛮芈”。金文芈作嬭，卜辞有芈。

李学勤有《谈祝融八姓》一文，证八姓传说，反映一定历史事实，非出于捏造。[1] 殷代人物，见于史书记载者，若《左传·襄公九年》虞阏父为周陶正，《史记·陈杞世家索隐》作“遏父”，《左传·昭公元年》阏伯居商丘，阏、遏音近。《列仙传》黄帝陶正有宁封子，卜辞方国有宁方。《左传·昭公二十年》有逢伯陵君齐，《国语·周语》称“皇妣太姜之侄伯陵之

① 《李学勤集》，74～81页，黑龙江教育出版社。

后”有逢公，殷之诸侯，契文作徫。殷之人名，大略见《汉书·古今人表》，本书《通检》所录，依其氏姓，著其梗概，以备寻检，或可苴补班氏之缺略。

《殷本纪集解》引张晏说：“禹、汤皆字也。”《谥法》：“除虐去残曰汤。”按此读汤为荡涤之荡，殷卜辞则字作唐。张世南《游宦纪闻》论：“殷人以讳事神，而后有字。……既讳其名，又讳其字，以其采地称之。”按谥可以表德，而私名则有所讳忌，故殷人习惯每以地称人，大抵举地名以名其人，如贞人之名，实其采地之名，故与地名多数类同，余另有文论之。

人名与官名联系之例，大抵有下列诸通例：人名之上＋（加）爵名，如：

子某：子央（《合》三〇〇六、三〇〇七）

子渔（《合》二九九一、二九九二）

子商（《合》三七一、五三六）

子安（《合》四五四、九〇五）

人名之上＋官名，如：

小臣某：小臣鬼（《合》五五七七）

小臣妥（《合》五五七八）

小臣墙（《合》五六〇〇）

小臣中（《合》五五七五、一六五五九反）

亚某：亚旋（《甲》三九一三、合二八〇一一）

亚旁（《甲》二四六四）

亚䍙（《前》八，一三，二；《合》三一九八四）

（寝）某：寝敌（《录遗》一五一）

寝小䭫（《佚存》四二六、五一八）

巫某：巫孚（《合》二一一一五、三三〇七七）

巫妦（《合》二一八八〇）

巫先（《合》二一八八〇）

巫妥（《合》五六五〇）

戊：咸戊（《合》一〇九〇二、一三九〇七），殆即巫咸。

徐国器镈钟有曰寻楚㝬（胡）者，其名乃用二至三个国名与氏联结而成。夏后分封，以国为姓，试举有斟氏、寻氏为例，其后嗣分化为若干，氏名与地名之组合如下：

斟氏＋灌——→斟灌　斟氏之在灌地者。

（姒姓）＋寻——→斟寻　斟氏之在寻（山东）地者，河南亦有鄩，《昭公二十二年》云“郊鄩”，在河南巩县。

＋六——→斟䢐　斟氏之在䢐者，名见徐器。

＋戈——→斟戈　斟氏之在戈地者。

＋淇——→斟淇　斟氏之在淇地者。（见《十钟山房印举》）

此盖自夏商以来演化之概况，其通例亦约略可睹矣。[1]

结语

古书有篇名曰《秩官》者，见《国语·周语》单襄子引述云：“周之《秩官》有之。”其列举官名有：“宗祝、候人、虞人、甸人、廪人、工人。”韦昭注：“《秩官》周常官篇名，惜其文久已亡佚。”殷代官制，前人讨论者，有白川静《小臣考》、胡厚宣《论余一人》、沈之瑜《说史》、王贵民《说御史》诸篇，近时王君著《商周制度考信》，于商、周官制作一初步综考，然尚非全面。

张亚初、刘雨合著《西周金文官制研究》归纳出西周职官二百一十三事，而殷代职官研究至今尚付阙如。本书于官名人名，略著其名目，俾便寻检，或不无涓埃之助。

本书条目大纲，初由沈之瑜先生厘定，及今刊成，去沈先生谢世，已四年矣。

本文原为《甲骨文通检》第四册前言

① 《古史地名学发》，见《中国地名考证文集》，105～111页。

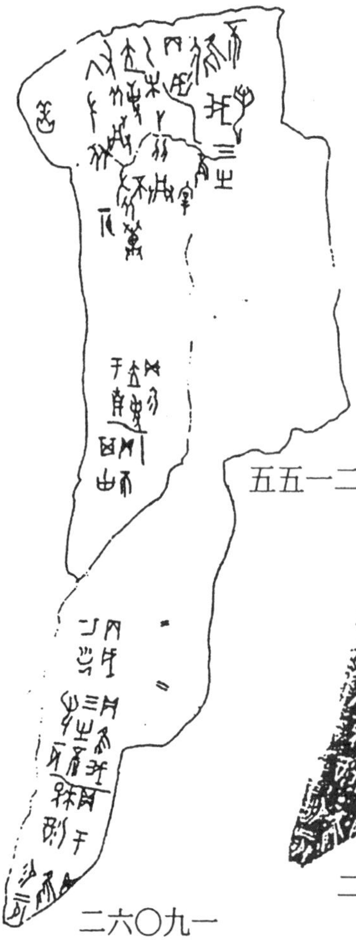

五五一二

二六〇九一

五五一二正

二六〇九一

855 页注释所述摹本

论殷代田猎及夷方地理

卜辞称畋猎曰田。[1] 常用惯语，如云：“王田”、“王往田”、“王往于田”。田为动词，亦作名词用。《公羊传》何休注：“田者，蒐狩之总名也。古者肉食、衣皮服、捕禽兽，故谓之田；取兽于田，故曰狩。”《文选》赋畋猎类题下李善注引《王制》马融注云：“取兽曰畋。”司马相如《子虚赋》“出畋”李注云：“猎也。”楚简以鼠为猎（《江陵九店楚简》：“以鼠田邑”），秦简作邋（云梦《日书》“利弋邋”）。卜辞无猎字，皆以田名之。

古代于不同季节举行畋猎，有三时及四时之异。《韩诗内传》云：“春曰畋，夏曰獀，秋曰狝，冬曰狩。天子抗大绥，诸侯小绥。”（《御览》八三一《资产部·猎上》引）以畋属春。《穀梁传·桓四年传》则言：“四时之田皆宗庙之事也。春曰田，夏曰苗，秋曰蒐，冬曰狩。”《公羊·桓四年传》：“公狩于郎，狩者何？田狩也。春曰苗，秋曰蒐，冬曰狩。”何休注云：“狩犹兽也，冬时禽兽长大，遭兽可取。不以夏田者，春秋制也。”《春秋运斗枢》曰：“夏不田。”是为三时之说。[2] 殷代以春秋两季为主。自与《周礼》、《左氏》不同。卜辞狩作獸，即今之“兽”字，亦省作[illegible]，实为一字。屡言“其兽”、“勿兽”。或田与兽联言并用，如云：“王其田兽，亡𢦏。”（《合》二八七七一、二八七

① 《说文》：“畋，平田也。”引《周书·多方》：“畋尔田。”此畋字本谓耕治。

② 陈槃：《古社会田狩与祭祀之关系》，载《台湾“中央研究院”史语所集刊》第二十一本第一。参松丸道雄：《殷墟卜辞中の田猎地にいて六田猎与田猎区のもつ意义》（《东洋文化研究所纪要三十一册》，昭和三十八年）。

七二）与《公羊传》之言田狩正同。则田、兽（狩）均为狩猎通称，未曾仔细区别，如《穀梁传》以田专属之春，或如各家均以狩专属之冬也。

《韩诗内传》谓："夏曰獀。"《穀梁传·昭八年》："狄蒐于红（《御览》引作鸿）正也，因蒐狩以习用武事，礼之大者也。"（宋本《御览》引蒐字作獀，与蒐同）[①] 考卜辞作叜。辞云：

乙未卜，争贞：𤎯，王呼曰叜。（《合》五六二四）

……曰叜。（《合》一八一七四）

……自叜……辰来五……立中。（《合》七三七二反）

《说文》："叜，老也，从又从灾。𡱑籀文从寸。"契文下从㕚，非寸字。朱骏声云："𢰏之古文从又持火，屋下索物也。"甲骨文别有𠬛、𤆍、𤎯字形，不从宀，或益草与林，以烈山泽焚搜会意，《类纂》分为𤆍、𤐰二文。其实皆宜释叜。𤎯字所见，均是田猎刻辞。举其要者如下：

王其𤎯，兑迺𧇹（麓）。王于东立，虎出，擒，大吉。（《合》二八七九九）

寅卜，王叀辛𤎯𪇺𧇹（麓），亡𢦏，永王。（《合》二八八〇〇）

叀又西𤎯，亡灾，擒。（《合》二九二四二）

今日壬，王其田渊西，其𤎯，亡𢦏，吉。（《屯南》七二二）

叀徣𧇹（麓）𤎯，擒，又小兽。（《屯南》二三二六）

其他多言："叀某麓亡灾擒。"某麓即狩地之麓名，如徣麓、𪇺麓等。上辞言"自叜"而下继称"立中"者，中为旗旐，《周礼·大司马》云："遂以蒐田，有司表貉誓民。鼓，遂围禁。火弊，献禽以祭社。"郑注：

立表而貉祭（即祃祭）也。立旌，遂围禁。令鼓而围之，遂蒐田。火弊，火止也。春田主用火，因焚莱，除陈草，皆杀而火止。田止，虞人植旌，众皆献其所获禽焉。《诗》云："言私其豵，献肩于公。"

---

① 黄然伟：《殷王田猎考》，3页。分田猎为九类，又姚孝遂：《甲骨刻辞狩猎考》（《古文字研究》六）；孟世凯：《商代田猎性质初探》（《甲骨文与殷商史》，1983（3））。可参看陈炜湛：《甲骨文田猎刻辞研究》，文字考订有若干新说，又有刻辞选粹摹释，为新刊最详尽之殷代田狩专著。

郑注描写蒐田焚莱之事，历历如绘。故此□字正状持火烧草木之事，自非獀田莫属。獀、蒐正是一字。“立中”即指植旌也。另一辞云：“叀又西獀。”有如《左传·定公四年》：“取于相土之东都，以会王之东蒐。”此云：“西蒐”，词例亦合。

契文另有“□”字，从□、从火、从又，辞云：“丁卯卜，其叜，叀丁亥于父甲，兹用。”（《合》二七三六八）又残辞“大……□”（《乙》二一〇），疑此亦是叜之异构。大叜即大蒐。大蒐为蒐狩习武之礼，《左传·僖公二十七年》：“于是乎大蒐，以示之礼。”《穀梁传》有详细之说明云：

> 艾兰以为防，置旃以为辕门，以葛覆质以为槷。流旁握，御轚者不得入。车轨尘，马候蹄，揜禽旅，御者不失其驰，然后射者能中，过防弗逐，不从奔之道也。面伤不献，不成禽不献。禽虽多，天子取三十焉，其余与士众。以习射于射宫。射而中，田不得禽则得禽，田得禽而射不中，则不得禽。

“过防不逐”是古代射猎之规矩。《广雅·释天》云：“王者以四时畋，以奉宗庙，因简戎事。刈草以为防，殴而射之，不题禽，不垝遇，不捷草，越防不逐。”捷者，《说文》云：“捷，猎也。”班固《东都赋》：“由基发射，范氏施御，弦不睼禽，辔不诡过。”可与《穀梁传》互证。面伤指正面射之，垝即诡，指从旁射之，防谓田之左右隈。兽已越过田隈之防，则不可追。正面射与侧射，均非正道，故不宜献。题禽亦作睼，与抵字通用。卜辞简质，未能细记狩猎情状，然观《宁》二，一四五有□字，像射麋于高，高殆所谓辕门也。狝字卜辞作𤝞，省体作𤟠，更有省作杙（《合》三二九五八）。《说文》作𤣍，或体作𤡔，疑即杙字之讹。从卜辞看，狩、狝、獀均为田猎方法，似于不同季节采用之不同手段。后世分为“春畋、夏獀、秋狝、冬狩”，则是制度化而已。

田猎卜辞或称“省田”、“田省”：

> 王叀梌田省。叀宫田省。（《合》二八九三五）
> 甲午卜，翌日乙王其省田，湄日〔亡𢦔〕，吉。（《合》一八六二三）

《礼记·玉藻》郑玄注：“省当为狝。狝，秋田名也。”《明堂位》注：“省读为祢。祢，秋田名也”。祢即狝，是郑氏以“省”为“狝”之假。从卜辞看，“省”与“狝”显然不同，但其与田猎活动有关，则无疑义。《集韵·上声》二十八獮下有獮、璽、祢、𥛺。径目“獮”与“祢”为一字。而狝之孳生字，从王从玉亦无分别。

《周礼·夏官》曰：“田仆，掌驭田路，以田，以鄙，掌佐车之政，设驱逆之车，令旌，及献，比禽。”卜辞屡见“兑比”及“匕（比）禽”之辞：

戊申卜，马其先。王兑比……大吉。（《合》二七九四五）

不兑。（《合》二七九六五）

马叀翌日丁先。戊，王兑比。不雨。（《屯南》八）

弗其兑比，其遘雨，吉。（《屯南》五二八）

马其先，王兑比，不遘大雨。（《屯南》一一二七）

王其田于……叀虎师匕禽，亡𢦏，兹用。（《合》二七九一五）

于辛田禽，王匕禽。（《合》二九三五四）

戊午卜，在函，剌𢦏告麋，其匕禽。（《屯南》二二九八）

比即比禽之事，郑玄注：“获者各献其禽，比种物相从次数之。”诸兑字应读为“阅”。《周礼》屡言大阅，为阅兵之事，与振旅并提。盖田虽为蒐猎，实亦讲习戎事，犹今之言军事训练。故田之另一义为陈师之事。[①]《广雅·释诂》：“田，陈也。”《周礼·春官·甸祝》：“掌四时之田，表貉之祝号，……致禽于虞中。”郑注引杜子春云：“貉，兵祭也。甸以讲武治兵，故有兵祭。《诗》曰：‘是类是祃。’《尔雅》曰：‘是类是祃，师祭也。’玄谓：田者习兵之礼，故亦祃祭。”是知田亦即习兵之礼，近时研究殷代田猎者皆忽视之。一向误谓田猎乃不过游乐之事，无关乎生产。陈槃方指出田猎与祭祀之关系，实则出于古之军礼。

今本《竹书记年》“帝辛”四十三年春大阅。兑即为阅兵之举，与振旅之卜均忌于雨天行之。试观下列卜辞云：

……亥贞：翌日戊王兑田，大启。（《合》二八六六三）

丙子卜贞：翌日丁丑，王其遘振旅，征（延）迖，不遘大雨。兹御。

---

① 杨升南：《殷契卜辞田字说》，见《徐中舒九十岁颂寿集》。

甲辰卜贞：〈翌〉日壬，王田宰，弗御，亡灾。（《合》三八一七七）

丁丑王卜贞：其振旅，征戋于盂，往来亡灾。王固曰吉。在七月。（《合》三六四二六）

庚辰王卜贞：在犅贞，今日其逆旅，以……于东单，亡灾。（《合》三六四七五）

《左传·隐公五年》臧僖伯曰：“故春蒐、夏苗、秋狝、冬狩，皆于农隙以讲事也，三年而治兵，入而振旅。”《国语·齐语》：“春以搜振旅，秋以狝治兵。”振旅之事《周礼·夏官·大司马》言之特详，述之如次：

中春　教振旅，司马以旗致民，平列陈，如戟之陈。遂以蒐田。火弊，献禽以祭社。

中夏　教茇舍，如振旅之陈。遂以苗田，如蒐之法。车弊，献禽以享礿。

中秋　教治兵，如振旅之陈，辨旗物之用。遂以狝田，如蒐田之法，罗致禽以祀祊。

中冬　教大阅，徒乃弊，致禽馌兽于郊，入献禽以享烝。

郑玄注：“兵者凶事，不可空设，因蒐狩而习之。凡师：出曰治兵，入曰振旅，皆习战也。”又云：“春辨鼓铎，夏辨号名，秋辨旗物，至冬大阅，简军实。”卜辞振旅之振字作□，而“自不震”成语惯作“不𡬶”。

殷代既有兽、狝、叜田之记录，而祭社、祀祊、享烝之礼均有之。祊，郑玄注：“秋田主祭四方，报成万物，诗云：以社以方。”卜辞四方祭亦常见，虽乏四时整齐排比，而有“王兑田”之语，兑读为阅，兑田即大阅，故有比禽之役。振旅必立旗，故又称立中也。卜辞所见旅之上字有畨旅、逆旅、登旅、遘旅、左右旅诸语，知殷人对于军旅十分注重。

一

卜辞恒云“往于田”、“于田”。他辞复云“在田”。说者或谓此“田”字是地名。按《诗经·郑风》云：“叔于田。”又云：“大叔于田。”二篇皆有“于田”之语，毛传云：“田，取禽是也。”“大叔于田”一篇，各章下文，见

"乘乘马"、"乘乘黄"、"乘乘鸨"之词，其为畋猎之事甚明，故田字不必改读为地名。

田猎卜辞习见之𢦏字，诸说纷繁，徐中舒取裘锡圭说定为𢦏，借作逊，而读为毖，戒敕之意，但于义难通。观上引有"振旅征𢦏于某地"及"征𢦏不遘大雨"诸文，𢦏字，实即弋字之繁构，"王𢦏于某"，王弋猎于某地也。云梦秦简《日书》"利弋猎"，弋字指田猎而言，与卜辞用法相同。卜辞"王𢦏于某""王田于某"，田𢦏均为田猎义，对文有别，散文则通。又步字见于田猎卜辞云"步于某地"，步即足部训蹈之跡，《说文》徐灏笺云："步、跡古今字。"是也。《广雅·释诂》："蹈，履也。"《穀梁传·隐公元年》："若隐者，可谓轻千乘之国，蹈道则未也。"《释文》："蹈，履行之名也。"步、蹈、履、行，于义则一。卜辞随文赋义，或变文避复，愚意不必强作区别，以免穿凿。𢦏或读跐，或释顿，言"屯盫"，"屯盫"复词，于田猎取义颇乖违。或别出伐字，训为讨伐，亦嫌牵强，今所不取。至于"征𢦏"惯语，𢦏之前加语词之"征"，读为助字诞，诞可用于动词之前，或在句中，《书·大诰》："肆朕诞以尔东征。"《诗·生民》篇"诞寘之隘巷"、"诞寘之平林"、"诞寘之寒冰"，皆其例。他辞云"征射"，如"王其田[?]，征射麸（大录"大麓"合文）兕，亡𢦏。永王，吉。"《屯南》一〇九八"征射"，亦可读诞射。

晚期卜辞有塱字多见：

戊午卜，在汏贞：王其塱大兕。叀駱罕騽，亡灾，擒，叀騂罕駄子，亡灾。

叀左马罕[?]，亡灾。

叀騄罕小騽，亡灾。

叀鷵罕騽，亡灾。

叀并騂，亡灾。（《合》三七五一四）

叀騂用，亡灾，擒。（《合》三七五一五）

丁酉……贞：翌日壬寅，王其塱兕，其唯阱马夹[?]马……王弗每（悔）。（《合》三七三八七）

丁卯卜在去贞：[?]告曰：兕来羞王，叀今日塱，亡灾，擒。（《前》二，十一，一）

戈人堇异。（《合》八四〇〇、八四〇一）

塱字与𡎸（《合》九四八五）殆是一文，当释塱，即埇。《类篇·土部》："埇，一曰道上加土。"与壅音义近。《类篇》："壅，一曰加土封也。"盖指以土设防，"王塱兕"者，谓王令加土设防以待也。此条备记诸马名，甚悉，又有左马之目。他辞云：

> 庚戌卜，王曰贞：其剢左马。
> 庚戌卜，王曰贞：其剢右马。（《合》二四五〇六）
> 叀右获鄙，
> 叀左获吉。（《合》三七五二〇）

以左马、右马对贞，及右鄙、左吉对贞。鄙当读为否，马王堆本"键"（乾）宫第二卦为乾上坤下之否，借"妇"字为否，此则借鄙为否，皆旁纽叠韵。《周礼·校人》："掌王马之政，辨六马之属。……三乘为皁，皁一趣马，三皁为繁，繁一驭夫，六系为厩，厩一仆夫，六厩成校，校分左右。"卜辞云："王畜马在兹寓。"《合》二九四一五、二九四一六寓即厩也。卜辞言"左马"、"右马"，可与《周礼·校人》参证。《广雅·释兽》有駣騨，即契文之"駣"。《玉篇》作"桃騨"。《集韵》："駣騵，兽名，似马。"卜辞又有𩡧及驳字，《合》一三七〇五："……王弜𩡧，亡疾。"《合》三六八三六："庚戌卜贞：王……于𤕌驳駭。"《广雅》："白马朱鬣驳。"契文之"𤕌"从文声与駮同。《逸周书·王会》："犬戎文马，赤鬣缟身。"𤕌驳即朱驳。所谓𩡧疑即是驳字省形，《尔雅》："駵白，驳。"《广雅·释兽》云："朱駮，驳与駮同。"騂字以音求之，或即駵，孙炎注云："駵，赤色也。""并駮"或谓骈駵也。他辞云："叀并驳。"《合》三六九八七并驳、并騂均指骈驾。卜辞屡见"御马"（《合》三三六〇二、二二二一一）、"㴑马"（《合》一九八一三正），即指祃祭之事，盖于先祖妣有所祷祠也。

殷代对马之智识已相当丰富，而马名亦多见于《尔雅》、《广雅》，可以征信。当时已有"马小臣"。《合》二七八八一："丙寅卜：叀马小臣。"专司其职，有如《周礼》之校人矣。卜辞云："戍及䘵于有𢆶，戍在伐，𢦏叡方䘵。"（《合》二七九九五）䘵似可读为校人之校。

马王堆本《易传·缪和》第十九节记商汤田猎德及禽兽之事。《易·比卦》九五爻辞："王用三驱，失前禽，邑人不诫，吉。"卜辞有云：

丁丑其区，禽？弜区，禽？（《屯南》三〇〇）

庚寅卜，其区，集。弜区，集。[1]

王往田，从南，禽。（《屯南》六二九）

足见三驱之礼，于殷尚有可征。《中庸》：“驱而纳诸罟擭陷阱之中。”《尚书·费誓》：“杜乃擭，敜乃穽。”《周礼·雍氏》：“春令为阱擭，则设柞鄂于其中。”柞鄂亦名柞格。《说文》：“阱，陷也。”契文阱字，或从鹿在凵井中，井即柞格之状。

关于田猎方法有一[illegible]字，至今未能论定。余谓此字异体亦从彳，其例如下：

戊午卜[illegible][illegible]（陷），擒。二月。

戊午卜[illegible][illegible]（陷），弗其擒。（《合》一〇九五一）

壬……卜王[illegible]……兕。（《合》一〇九五二）

他辞均作𡕒，从止与从彳无别。卜辞字例，丙与内不分。此字上半应是从丙，非从内。其繁形则或增宀作[illegible]，或益攴作[illegible]，实系一文。审其文义，有作祭名者如：

于祖丁母妣甲㱿，㞢[illegible]。（《合》二三九二）

勿[illegible]。（《合》一五六八四正）

[illegible]兕亦作[illegible]兕：

贞：王其逐兕，只（获），弗[illegible]兕，只豕二。

贞：王其逐兕，只（获），弗[illegible]兕。（《合》一九〇正）

王其比言[illegible]兕。（《合》二八四二八）

由[illegible]、[illegible]实为一字论之，盖当释㨼。《集韵·上声》三十八梗：“㨼，搅

① 詹鄞鑫：《上古资源保护思想初探》，载《传统文化与现代化》，1995（6）。詹氏读集为只，恐非。

也，或作梗。”又埂字下云：“《说文》：秦谓阬为埂，一曰堤封谓之埂。”又梗字（在《去声》四十二宕）云：“梗，御灾害也。《周礼》招、梗、桧、禳，郑兴读。”故知作祭名用者当读为梗，谓御灾害。𡿺𣪊、勿𣪊即有梗、勿梗，𡖖兕、㝱兕与𡪉兕则可训埂兕。《说文·土部》埂字云：“读若井汲绠。”按以更为声亦可从亢。《集韵》梗韵中绠、𨁈为一字异写，云：“《说文·女部》：汲井绠也，或从亢。”则埂、坑乃一字。张秉权：“疑𡖖为迒之或体字𨁈，通作阬，阬有陷杀义。”其说可从。《说文·辵部》：“迒，兽迹也。𨁈，迒或从足从更。”𨁈字他书未见，以契文𡖖及𣪊当之，甚当。卜辞又云：“大𣪊，𦎫𠂤。”（《合》五六五八正：“大𨁈于𦎫次。”）大𨁈如大蒐，大令、大封、大贞之例，金文更字则从重丙作[illegible]。

二、附晚殷伐夷方路程宜属西夷地名论

纣之疆域，《淮南子·泰族训》：“左东海，右流沙，前交阯，后幽都，师起容（庸）关，至浦（甫）水，士亿有余万。”可能有夸大之辞。文献所记，晚殷田猎所至地方，《史记·殷本纪》云：“武乙猎于河渭之间，暴雷，武乙震死。”《竹书纪年》：“武乙三十五年，周季历伐西落鬼戎，俘二十翟王。王畋于河、渭，暴雷震死。”又记：“纣四年，大蒐于黎。十年六月，畋于西郊。二十二年冬，大蒐于渭。”河、渭地区实为晚殷诸王弋猎畋游之所。《御览》八十三引《帝王世纪》：“纣七年宫中九市，行炙以百二十日当一夜，六月发民猎于西山。”一作西土。终纣之世，未闻狩于东方之记录，卜辞恒记“某时在某地贞卜”、“步于某地”，同版或异版同事所记，其时地有一定联系，可以推求当日活动之史实。董作宾为《帝辛日谱》，考订征人方之行程，即用此一方法，从零星不完整之残片加以扪索联缀，列出线索，虽未必准确，其方法仍大有可取。

晚期细字游畋卜辞，见于《英》二五六二正者，即《合》四一七六八，《金璋》五四四，原物存于大英博物院，乃由二片缀合。是版细字，观其背面有辞云：“兹御，获兕一、犷二。”显然为田猎之记录。其字右方与左方相隔空隙甚巨，行款疏密亦复不相符，疑非出一时之所契刻。其右方记丁丑、庚辰、辛巳，中间缺戊寅一日，嗣见《东京大学东洋文化研究所藏甲骨文字》九四〇片，文字词例相同，恰为“戊寅王卜在𢦏贞”。其缺缝亦正相吻合。近年余考证𠙵方有关地名，如𣲡为徙，𢦏之为㦽，[illegible]之为（下）危，其地均在陇

蜀之间。而叉字则为溲（溹、氿）之省体。即指氐傁之傁。[1] 故此段刻辞与人方无关。董作宾《殷历谱》日谱三骨十六，经将此二片缀合，知《东大所藏甲骨文字》原即《前》二，十，一，本属罗氏之物，流落于江户，故为东大所得。董氏未见英京实物，乃据《金璋》五四四与《前》二，十，一缀合。以之谱入帝辛十祀征夷方二月中旬之行程。[2] 具见煞费苦心。

依余近时考证，“沚”为四川之“徙”，危为危方，亦近岷山，截即湠，丁丑隔后二日为庚辰，翌日即辛巳，可证沚、叉（傁）、危诸地之密迩，而戊寅在湠，则是丁丑之次日，其行役路程，均在陇、蜀之间，足以证《殷本纪》猎于河渭之说，与征东夷实不相涉。与骨背之获兕、犾之记录，相吻合。骨片丛甎，复乏年月，可以连系，贸然加以苴缀，虽言之成理，仍有待于重勘、复核。今观《英》二五六二（即《金璋》五四四）同版另在左方一组卜辞云：

> 壬寅王卜，在□（呈）餗贞：今日步于永，亡灾。
>
> 癸卯王卜，在永餗贞：今日步于〔温，亡灾〕。
>
> 乙巳王卜，在温贞：今日步于攸，亡灾。
>
> 己未王卜，在□贞：田元，往来亡灾。
>
> 乙丑王卜，在攸贞，今日迖，从攸东，亡灾。

此辞董作宾列入《帝辛日谱》，作为伐人方之记录。董氏之说曰：“诸地名多不可考。”今按是版背有“获兕一犾二”之记录，皆狩猎之事。□字异形甚多，依于省吾释为“呈”是也。呈即毕郢，《孟子·离娄》：“文王生于岐周，卒于毕郢。”周原甲骨十一：四十五“毕公”，此呈必在毕地之郢。孙星衍《毕原毕陌考》据《诗》毛传云：“毕为终南之道名，毕郢当在附近。”此呈地在渭之证。呈亦即程。《逸周书·史记解》：“昔有毕程氏，比而戾民，毕程氏以亡。”今本《纪年》武乙二十四年。周师伐程，战于毕，克之。此殷晚期之呈也。此辞又云：“己未贞田元。”“元”地以《合》三六七七三“在元……王步……闌”及他辞之“禽囚元沚”证之，“元沚”余释为“元”地之“徙”。余又考定“元”乃秦地之“阮”或“刓”，地在岐渭之间，自即武乙畋

[1] 《殷代西南部族地理——三星堆文化新证》。

[2] 钟柏生：《殷商卜辞地理论丛》，85～89页。

猎之河渭地区。又攸地与危相近。[1]

己巳王卜在□（危）贞：今日步于攸，亡灾，在十月又二。（《合》三六八二五）

危又与霍（靃）地相去不远：

辛酉王卜在嬠贞：今日步于〔靃〕，亡灾。

〔癸〕亥王卜，在靃贞：〔今日〕步于危，亡灾。（《合》三六九六一）

攸与温、霍诸地均有可考，兹先言温。

温字从皿从洎，疑为地名㿝之异构。卜辞云：“癸丑贞：庚入㿝，亡母（悔）。”（《合》二一八八二）出土于宝鸡有㺅伯铜器群，温字又有㺅、𢐗诸异写，余认为㺅即卜辞㿝字增益弓旁，如于之作𢎘，䜌之作弯。而㿝与𩵋复为同文异写，㿝则省鱼而增皿形，地名此类例证甚多：若□（《合》三三五三二）之作□（《合》三九三三四），□（《合》三六七三四）作□（《合》三七四九五），□之作□，故此温可暂视为㿝或㺅之别体。㺅伯地望在宝鸡。自温步于攸、畋于元，诸地皆密迩，余考证元即阮或刓，地在岐渭，与㺅正相近。

攸地以㺅、㿝比证之，疑是春秋庸国所属裨、鯈、鱼三国之鯈。裨于卜辞为鞞；鯈则向所未闻，不详所在，似可以攸当之，其地必在秦蜀之间，李学勤则以西周铜器之攸从鼎、攸𣪘盨之攸氏说之。[2]《𣪘从盨》铭内有“在永师田宫”（《三代》十，四五，一）句，李氏谓即卜辞之“攸侯喜鄙永”。此原为陈梦家《西周断代》三之说，永师应即卜辞此一永地。永与周地近邻。“辛卯卜，贞：令周比永，之八月。”（《合》五六一八，即《林》二六、一八）可知此永不能在河南永城，而邻于周。由另一辞知永近于呈。

癸卯王卜，在永𩨡贞：今日步于〔温亡灾〕。

壬寅王卜：在□（呈）𩨡贞，今日步于永，亡灾。（《英》二五六二，即《金》五四四）

① 《殷代西南部族地理——三星堆文化新证》。

② 李学勤：《殷代地理简论》，北京，科学出版社，1959。

永亦称永餗，与呈之称呈餗相同。卜辞所记有关攸之卜辞（见《类纂》，72 页）见于尹卜者曰“𠂤攸”（《合》二四二六〇），见于宾卜者曰“攸侯”（《合》五七六〇正）。晚期有云：

贞：自大示用攸子。（李书引拓本）

己巳，王卜在丂（危）贞：今日步于攸，亡灾，在十月又二。（《合》三六八二五）

丙午，在攸贞：王其乎……延，执胄夷方𢍰焚……弗悔，在正月，隹来征……（《合》三六四九二）

戊戌贞：又（右）𢦏于爿，攸侯山啚。

中𢦏于义，攸侯𢦏啚。（《合》三二九八二）

其人物地名有延、爿、义，而攸子则曾被俘以享神，疑攸子即儵族，与鱼人同为小种属鱼羌之类，故用作人牲。爿即盐，乃岷山庄王之庄。[1] 义，李氏谓指义京，余则疑是后代义渠之前身。人方𢍰当是夷方首长之名[2]，如他辞及铜器网篮，𨟭卣之有人方𦊓也。[3]

人方一名，以前大抵依《左传》“纣克东夷而陨其身”一语定为征东方之夷。其实所谓人方者，正名应称为夷方（下文改称夷方）。实兼指西南夷而言，常璩《华阳国志·南中志》谓：“南中自昔夷、越之地。”直指南中地区为夷，如西汉人之称西南夷。《孟子·离娄》：“舜，东夷之人也；文王，西夷之人也。”正是东夷、西夷对举，可见夷不限于东夷。近燕之亳，《左传》以为北土，与肃慎同称。《帝王世纪》谓是西夷国名（见《左传正义》）。雷学淇谓：“北土之西，即秦所灭之荡社亳，史赞所谓北殷也。”[4]

征夷方之卜辞，殷王行役，以下列诸地为先：

呈　洒　衰　乐　冒　商　亳

迹其所至先后，乐在冒之前，乐字亦从木作栎，故余考即秦地栎阳。冒乃

---

① 《殷代西南部族地理——三星堆文化新证》。

② 同上。

③ 沈之瑜：《介绍一片代人方的上辞》，载《考古》，1974（4）。

④ 雷学淇：《商都殷亳考》，见《介庵经说》。

𠧧，为氐之古文，氐人所居，分布于陇蜀之间，所谓“刚氐道”者是也。商应是上洛。宋衷《世本》注谓契封商丘（《殷本纪索隐》），居蕃。《水经·渭水注》引阚骃《十三州志》，以蕃在郑西峦城。继之为亳。《尚书·立政》：“夷微卢丞，三亳阪尹。”孔传云：“蛮夷微、卢之众，及亳民之归文王者三所。”阪尹之阪，义犹岩，犹岩邑，指有险可守者，可见殷时三亳之阪尹有与微、卢之君杂处者，此亳乃在西北，居泾水之域，东周时内侵至杜水，秦景公灭之，杜地有亳亭者也。鸿即散氏盘所记之鸿。以上数地皆在秦、陇，即《殷本纪》所云：“猎于河渭之间。”以此为定点，其他地名可考者，略记如下：

帛 癸酉卜，在帛贞：王步……鼓……灾。（《合》三六八四二）

仅有此一条。周原卜辞：“王只田，至于帛，衣，王田。”徐锡台引《尔雅·释草》：“帛似帛，布似布，华山有之。”帛地或在华山附近。

洛 癸丑〔在〕洛贞：王……亡……（《合》三六九五九）

癸丑在洛……陕贞〔亡〕畎。王……吉。（《合》三六九六〇）

洛地只见二条。按周原甲骨十一：二十七“𢦏洛”。《竹书纪年》：“楚人伐我南鄙，至于上洛，楚水注之。”洛水有二：一出陕西白于山，合渭河入河，一出陕西商县北冢岭山，洛当在此。

鸿 甲午王卜在亳贞：今日……鸿，无灾。（《合》三六五五五）

……乙卯王卜在鸿贞：今日往于敽亡灾。

午卜在商贞：今日于亳亡灾。

甲寅王卜，在亳贞：今日〔于〕鸿，亡灾。（《合》三六五六七）

散氏盘：“以商封于㓞逨道，以西至于鸿。”（李学勤说）以散氏盘地名当之，甚合。

牧 癸酉卜，戍伐，又牧，𠦪僭方戍，有戍。（《屯南》四三二〇）

子贞：牧告椒（散）。（《屯南》一四九）

牧示霝。（《合》四三五七）

牧入十，在𡨦。（《合》四四一九反）

按四川彭县出土殷器有牧正父己觯，而陇县韦家庄出晚商铜尊，铭曰牧正，另二件则曰父己，虽所出殊地，应是牧氏一家之物。即卜辞之牧。其地近散关，故云“牧告散”，即散宜生邑。

乐 丙午卜，在商贞：今日步于乐，亡灾。（《合》三三一五三）

己酉卜在乐，贞：今日王步于丧，亡灾。（《合》三六五〇一）

乙卯卜在栎，贞：王步亡灾。（《合》三六七四六）

此字颇多异形，有增口作礜（《合》三六五五三），有从水者（《合》五九〇二），复有加木旁作栎者。其为秦之栎阳，甚为明显。

癸亥，王卜贞：在十月又一。征人方，在霍。（《英》二五二四）

按卜辞残文云："霍……徆芇方。"（《合》六五四五）芇方即蒙方，地在蜀，故霍不得为东夷地名。《诗·十月》："聚子内史，蹶维趣马。"郑笺："聚、蹶，皆氏。"此霍从乑声，或即蹶氏。

䡈、古 王固曰：㞢希，五日丁未，在䡈，〔执〕羌。（《合》一三九反）
壬申在攸贞：……又牧，阜告，启王。其呼戍比宜，伐利，弗每（悔）。（《合》三五三四五）
其令伐缶、羌方于䡈、于利。围又贾，𢦏羌方。（KOM2127）
贞令古伯于䡈。（《库方》一五五一）
辛亥卜贞：呼戈人彖䡈。（《合》八四〇四）

䡈字卜辞凡百数十见，其字释为敦，众无异议。其地与羌为邻，钟柏生考其地望，分出䡈有西䡈，而未能确指所在。卜辞言："令古伯于䡈。"古亦作𠷎，为武丁时贞人之一，或称𠷎子："癸丑卜贞：执𠷎子。"（《合》五九〇六）又有妇古，或言"古来马"、"来犬"（《合》九四五正）。汉武都郡有故道县，疑故道之故即古。《水经注·渭水》："（两当）水出陈仓县之大散岭，西南流入故道川谓之故道水。"古地可于此求之。古公亶父度漆沮，逾梁山，止于岐下，古公与殷之古伯、古子之关系如何？有待寻究。命古伯于敦者，考《禹贡》："终南敦物。"《汉书·地理志》于右扶风下云："垂山古文以为敦物。"敦物或与殷之敦地有关涉。又云"戈人彖敦"，戈国在泾水，有出土诸戈作证[①]，二地亦密迩也。

利 庚午卜，犾贞：王其田于利，亡灾。（《合》二七一四六）

---

① 戴应新：《高家堡戈国墓》。

利示六屯。（《合》一〇〇四五白）

伐利。（《合》七〇四二、七〇四三、七〇四四、七〇四五）

在利东。（《怀》一三五〇）

香　乙酉卜，在香贞：王今夕〔亡〕畎。（《合》三六五五三）

庚戌王卜，在喪贞：今日步于香，亡灾。

辛亥王卜，在香贞：今日步于香。（《英》二五六五正）

武　贞在攸，田武，其来告。（《合》一〇九八九）

上引卜辞云伐畲羌方于敦、于利，知利与敦相近，明其地属羌。《怀》一三五〇言“在利东”者三，骨臼刻辞言“利示屯”者又有六条，知屡致贡物于殷。周原甲骨十一：四十二：“于秎邑。”西周利为邑。《后汉书·郡国志》引《秦州记》上邽县北有利山，川中平地有土堆。《水经注·渭水》记：“故道水又西南历广香川水，水出南由县利乔山，南流至广香川。……川水出陇西香谷西。”《通鉴》：“义熙十三年，秦将姚难自香城引兵南。”胡注：“香城在渭水之北，蒲津之口。”卜辞田猎所至之香，殆即香谷。又攸地有武。《水经注·漾水》云：“汉水东南径修城道，南与修水合。……北出丁令谷，南径武街城西。”《水经注·羌水》：“羌水……又东南径武阶城西南。”武街、武阶皆以武为名，而与修水、修城相毗邻。卜辞武地在攸，则攸者可以脩水当之，综上敦、古、利、香、武诸地，均在渭水、羌水地区，想见春秋偪氏必居于修水，而利地在上邽之利山，香为香谷、香城，其地望正吻合。

奚　……奚田、湄日……（《合》二八七二三）

周原 H31：2“隹衣，奚子来降，其执众”。甘肃灵台草坡出土傒伯彝，奚即傒，地在灵台。

亘、刚　癸未卜，在亘贞：王旬亡畎。……卜在刚〔贞：王〕旬亡畎。（《英》二五三六）

按亘疑茝字。《史记·秦始皇本纪》：“昭襄王葬茝阳。”《索隐》：“葬芷陵也。芷与茝同。”《汉书·夏侯婴传》：“兽于蓝田芷阳。”《史记》作茝阳。周原甲骨云：“在芷。”刚即刚氏道之刚。

豭、夷　丙午卜，在品贞：王其射夷，衣逐，亡灾。禽。

壬寅卜在品贞：王其射夷，雨。

其于七月射夷罘，亡灾。禽。（《英》二五六六）

己巳王卜……左其䧹……𦎫邑……（《合》三六五二六）

《尚书·尧典》曰："宅西曰昧谷。"《史记》徐广曰一作柳谷，此乃泛称。《渭水注》有柳泉，"渭水又东北耿谷水注之，水发南山耿谷，北流与柳泉合"。㲉、柳一字。他辞云：

辛酉卜尹贞……在四月在𠂤非卜。

辛酉卜尹贞……在𠂤㲉卜。（《合》二四二六六）

以𠂤非与𠂤㲉两地对贞，㲉与柳一名异写，非即𩰫之省。

高 丁巳卜贞：王田高，往来亡灾，王固曰吉。（《合》三七四九四）

……未卜，在高贞：王步于□亡灾。（《合》三六七五三）

《汉书·地理志》左冯翊有高陵县，高陵故城在今高陵县西南，《史记》秦昭王同母弟封为高陵君。

殷代之高，殆是高陵。

粟 王卜在叉贞：……步于粟，亡灾，在二月。（《前》二，一九，三）

《水经注·渭水》："粟水于豲道城南入渭。"《（巩昌）府志》："粟水出县南宋坂坡。"《清一统志》："粟水在陇西县东南。"一作栗。《汉书·地理志》"左冯翊有栗邑"，唐为同州白水县。

庚戌王卜，在丧贞：今日步于淶，亡灾。（《合》三六五〇一）

辛亥王卜，在𠱠贞：步于䝞，亡灾。（《英》二五六五正）

按淶乃来字繁形，殷后分封有来氏，见《殷本纪》。《逸周书》有侯来，疑淶即是斄，斄故城在武功西南。《水经·渭水》："渭水又东径斄县故城。"

丧 癸巳卜在八桑贞：王旬亡𡆥。（《合》三六九一六）

己酉卜在乐贞：今日王步于丧。（《合》三六五〇一）

上条云"在丧贞……步于淶，上香地下云"在丧贞步于香"，诸地皆在渭水区域，丧与襄互通。《集韵》缞、纕一字，"缞浅黄色，一作纕"，可证，故丧即襄，古有襄戎。《渭水注》云："温谷水导源平襄县南山温溪，东北流径平襄县，故襄戎邑也。"《汉书·地理志》平襄下颜注引阚骃说同。

丧即因襄戎而名，犹冀之出于冀戎也。

杧 ……在……贞……王步……杧……灾。（《前》二，十九，五）

《渭水注》："芒水出南山芒谷。芒水又北径盩厔县之竹国中。"杧与芒通，芒谷殆即其地。

宕　田于宕，其用，兹卜。（《合》二九二五六）

叀宕田，亡灾。（《合》二九二五五）

《水经注·渭水》有宕川水，又云：“借水又东得阳谷水。又东得宕谷水，并自南山北入于藉水。”

宕即宕谷。

林　甲寅在▨餗贞：王⿱山由林方，亡灾。（《合》三六九六八）

……甲寅林餗……商公宫衣。（《合》三六五四七）

《逸周书·史记解》云：“有林氏召离戎之君而朝之，林氏以亡。”《六韬》有林氏国，按离戎即骊戎，则林氏之国当近骊山。周原甲骨十一：十四：“林白其今秋来。”可证。潚字不明，如是潜字，则潚当是《尔雅》之“汉出为潜”，《禹贡》之沱潜，不得为安徽之潜。余前误信郭说，应正。

⿺羌山　戊戌卜贞：王田⿺羌山，往来亡灾。（《合》三七七四一）

戊午王卜，在⿺羌山贞：田旧，往来亡灾。兹御，只鹿犾。（《合》三七四三四）

……巳卜……王其田⿺羌山，亡𢦏。禽鹿十又五。（《英》二二八九）

羌作为田猎地名，其字从山、从水、从糸，作⿺羌山、⿰氵⿺羌山、⿰纟⿺羌山诸繁形。又作⿰氵羌、田⿰氵羌（《合》三七五三三）。《水经注·羌水》：“羌水出羌中参狼谷，彼俗谓之天池白水矣。”《汉书·地理志》：“羌水出陇西羌道，东南流径宕昌城东。”亦称曰羌中、羌道，殷人田猎自可能至此。

从上列考证看来，各地名都集中于河、渭流域，正与猎于河渭之说吻合，如是所谓夷方者，乃指西夷，非东夷矣。

严一萍《帝辛日谱》列出地名共59个，而举出确可知者甚少，如雇、商、亳、淮、齐等，今再加以检讨。

雇　征人方在雇，亦称“在雇彝”（《合》三六四八七）。按卜辞亦称雇伯（《合》一三九二五正）。雇字从隹从户，实即扈字，夏之有扈也。《汉书·地理志》：“右扶风户县有扈谷亭。”《水经注·渭水》：“甘水又北径甘亭西水东鄠县，昔夏启伐有扈作誓于是亭。”马融曰：“甘，有扈南部也。”《说文》、《元和郡县志》皆从是说。雇是扈，与顾异地。董氏等以哀公二十年盟于顾，杜预云齐地说之。近人又有读契文之壴为顾者[①]，卜辞自有地名鼓（《合》二四三四三），不可混为一。

商 按伐夷方卜辞所见之商，应是上洛之商。非河南商丘县。

亳 征夷方在亳，辞云："甲午王卜在亳贞：今……，鸿亡灾"。（《合》三六五五六）亳地与鸿相近，此亳应是西亳，《秦本纪》："宁公伐荡社，与亳战，亳王奔戎。"是此亳自非谷熟之南亳。

淮 伐夷方路线上之淮，其字又作𣶃："己未王卜，在𣶃餗贞……翌其……其𢿱（敏）来伐，受又。其𢿱（敏）来伐，受又。"（《合》三六七六五）此淮字下从山，乃地名。敏地于他辞从水作𣿦："癸未王卜，在𣿦餗贞……"（《合》三六七五六）知𣶃与敏地相近。《汉书·地理志》："右扶风下武功有垂山、斜水、淮水祠之所。"清人或谓是褒水（参李学勤：《殷代地理简论》），散氏盘"淮司工"，王国维引武功淮水祠说之，谓武功正是夨地。志无淮水，疑即《水经注·渭水》之绥阳汉水。垂山者，《汉书·地理志》云"古文以为敦物"，在（武功）县东。褒水出衙岭，至南郑入沔，故淮非淮泗之淮。乃西戎之淮戎。在扶风庄白西周墓出土𢦚方鼎多件，有名辞云：

……王乃𢆶吏乃子𢦚率虎臣御淮戎（《扶风文物志》，100页），字亦作滩戎（《金文编》，730页）。又𢦚簋云：

𢦚……追御戎于𩫁林，博戎𢿌（胡）。

𩫁林即秦雍地之棫阳，说另详。故知淮餗应是淮戎所在，其地以武功为是。

《逸周书·王会》："祝有淮氏、荣氏。"按《陕西出土青铜器》（一）（164页）有荣有司再鼎，背有荣监二字，岐山董氏村亦出荣有司再鬲，荣旧地望在扶风，岐山交界处（王辉：《西周畿内地名小记》）。荣淮即淮戎所在。

卜辞所见淮字，或与雍混误，如《合》三六五九一（图一）：

（1）乙丑〔卜〕，〔贞〕王迖〔于〕□，往〔来〕亡〔灾〕。

（2）戊辰〔卜〕，〔贞〕王迖〔于〕□，往来〔亡灾〕。

（3）壬申卜，贞〔王〕迖于□，往〔来〕亡〔灾〕。

（4）丁丑卜，贞王迖于雝，往来亡灾。

---

① 蔡运章：《夏商顾国试探》，见《华夏文明》，第一集。

(5) 乙卯卜，贞王过于雝，往来亡灾。

(6) 辛巳卜，贞王过于雝，往来亡灾。

(7) 乙酉卜，贞王过于雝，往来亡灾。

(8) 戊子卜，贞王过于雝，往来亡灾。

(9) 辛卯卜，贞王过𣶃，往来亡灾。

是版淮字作㵐，杂于雍与召二地之间，其一形作㵐，与戜方鼎同，可作淮地看，则此淮必非江淮之淮，而为武功之淮。

齐 癸巳卜贞：王旬亡畎，在十二月，在齐餗。隹王来征夷方。（《合》三六四九三）

董氏定于帝辛十一祀二月癸巳。续出骨片，见于《缀》附图六十六者，为董氏所未见。严一萍《殷商史记》卷三十八《帝辛日谱》，本全录董文，但发觉董氏有漏列者。其书引《合》三六八三号卜辞内又有"在齐餗"之文，此片"在齐餗"之前一句是在某餗，与十祀征夷方之在齐其前为"在𣃔"不合，严氏因下断语云："二月癸巳之在齐，一定不是十祀征人方之路线，可能是十五祀的征人方之役。"按铜器小臣俞犀尊载确有"隹王十祀又五，来征夷方"之语，严说出于弥缝，自不足信。今按此三六八三号，实应作三六八二一，严书误排，将二与一拼合为"三"字。在齐餗之齐，李学勤谓："决不是营丘的齐城，可能指济水。"尚不能定。与齐餗相关地名有𤔲餗、炎餗，仍待细考。《类纂》773页齐条，"癸巳卜在齐餗"者计五条，《合》三六四九三、三六八〇三、三六八〇五、三六八〇六、《英》二五三七，其一记在二月，在癸丑者二条；《合》三六八二一、《怀》一八八六，其一记在十一月又一，又庚寅一条《合》三六八〇四无年月，应属于十祀或十五祀，残泐过多，辅证不足，尚无法论定。

癸巳卜黄贞……王旬亡畎。在十月又二，隹征夷方在潧。（《合》三六四八四）

此字郭沫若释潜，谓春秋时楚潜邑，今安徽霍山县。按此字是否释潜，存疑。即令为潜字，以地望论，宜为"沱潜"之潜。《禹贡》："浮于潜，逾于沔。"《史记·夏本纪》沱潜作沱涔，参上林方条。

晚期卜辞有云：

寅卜，在商〔贞〕：王今夕亡𡆥。（《合》三六五四九）

丙申卜〔在〕冒贞：〔王今〕夕亡〔𡆥〕。

癸卯卜，在商贞：王今夕亡𡆥。

贞：至于商。（《合》三六五五〇、三六五五一）

乙巳卜，在商贞：至于商，其沟大雨。（《合》三六五五二）

乙酉卜，在香（𠰲）贞：王今夕亡𡆥。

丁亥卜，在丧贞：王今夕亡𡆥。

己丑卜，在轡贞：王今夕亡𡆥。

辛卯卜，在冒贞：王今夕亡𡆥。

癸巳卜，在冒贞：王今夕亡𡆥。

乙未卜，在冒贞：王今夕亡𡆥。（《合》三六五五三）

己酉卜，在□贞：王今夕亡𡆥。

……卜在商〔贞王〕今夕亡〔𡆥〕。（《合》三六五五三）

甲午卜在冒贞：从东，叀今日，弗每。在十月，兹御。王正（征）。隹十祀。（《合》三七八五六）

丙申〔卜，在〕冒贞：〔王今〕夕亡〔𡆥〕。

〔壬〕寅卜，在商〔贞〕：王今夕亡〔𡆥〕。

以上各辞，商与冒、□、丧、轡、𠰲诸地名，并见于同时同版。此处商邑自以指上洛之商为当。故知冒与□之地望必不在东方。

余定冒即氏字，□为褒，比之旧说列为东夷较近是。而轡一作乐（《合》三六五五六），𠰲一作来，足证同文，乐即栎阳，𠰲即斄，丧读为襄，即襄戎，皆在渭水流域。

关于晚期地名之冒，出现于“在冒贞”句型者，大抵见于下列各版：

《遗》二六三，即《合》三六五五三

《续》三，二九，六，即《合》三七八五六

以及《合》三六五四九、三六五五〇、三六五五一诸片。

董作宾拟定之《帝辛王十祀征夷方日谱》转载于钟柏生《殷商卜辞地理论丛》八十六，即根据以上各片以制谱，细勘之后，觉有不少难通之处：

（一）己酉在□，按此字应从《总集》释缶。

（二）壬辰在冒，按壬辰此条原片未见。

（三）续三，二九，六（《合》三七八五六）原片云“在十月，兹御，王正，隹十祀”，“王正”之下无人方二字，与他处征人方各辞明著“征人方”字样不符。董氏假定征人方在十月，即从《续》三，二九，六此条推论出来的。

（四）由《续》三，二九，六与《遗》二六三两辞比对结果，辛卯至丙申在冒贞以后，辛丑至癸卯在商（《合》三六五四九、三六五五〇），可证商是在冒的下一站，表之如下：

缶→冒→商→亳……

其行役路程是由缶而冒、商而亳，则缶为褒，商为上洛之商，正顺理成章，向以之视作征东方夷方之行程，于理未惬。

综上论之，过去所谓伐人方，乃指西夷。《类纂》人方条录人方共38条，皆不曾缀合。诸家重新排比，意见多歧，至今未能取得一致之结论。而卜辞所见资料，《合集》之外，所知拓本尚有公、私未发表者，刊布有待，目前比勘所得，知伐夷方之役，地名多在河、渭之间，仍有期于他日之资料集中后，再行厘定。

尚有不能已于言者：殷纣之亡，春秋中国诸家为说不一，《左传·昭公四年》：“楚椒举曰：夏桀为仍之会，有缗叛之；纣为黎之蒐，东夷叛之。”又《左传·昭公十一年》叔向语韩宣子云：“桀克有缗以丧其国，纣克东夷而陨其身。”《韩非子·十过》篇：“纣为黎之蒐，而戎、狄叛之。”椒举、韩非俱言纣为黎之蒐，征之铜器及卜辞，伐夷方有十祀、十一祀、十五祀诸记录，董氏从明义士说，列于帝辛，李学勤则属之帝乙，因乏明确实证，均出于拟议。惟地理方面，有可讨论者。《尚书·立政》以夷与微、卢并举，称为“夷微卢烝”。烝，君也（见《尔雅》）。卢即卢方，卜辞有卢方伯漅（《屯南》六六七），其地在西土[1]，微地亦在周疆，是此夷烝自宜同属西土之夷。再考卜辞人（夷）方之戍所可考者。

旧 王族其敦人方邑旧。其𨙸旧于之，若。（《屯南》二〇六四）

……未王卜贞：旬〔亡〕𡆥，在十又二〔月〕……征人方，在

① 曹定云：《殷代的卢方》，载《社会科学战线》，1982（7）。

旧。（《合》三六四八六）

箕　伐人方于箕。（《英》二五二六）

牧　癸酉卜，戍伐有牧，𢀛𢓊人方戍，有灾，引吉。（《屯南》二三二〇）

旧之地望近羌。他辞云："戊午王卜，在羌贞：田旧，往来亡灾。兹御，只鹿犷。"（《合》三七四三四）同版有淮，可见淮乃小地名，不得指淮水，旧地既近羌，为人方之邑，是人方居西羌之境，不得在东方。此条正是重要内证。

牧地近散关，已详前考。陇县及彭县出土牧氏铜器，故和夷方必在西土，非东方之夷。

卜辞利、𥝢一字，而伐𥝢之卜，有二伐、三伐（《合》七〇四三——七〇四五、二六九九八）。又云"其伐，𤁷𥝢"，"其伐𢓊𥝢"（《合》三六五三六）；又云"利禽"（《合》二八八六三），"利其禽"（《合》三一七九八）。此利或𥝢，自可视为黎。骨臼有"𥝢示屯"之记载，贞人署名者，㱿、宾、亘均见之，知武丁时𥝢屡致贡。古代黎实为巨族，向有九黎之目，分布甚广。《禹贡》有合黎，在酒泉。《地记》："合黎山在酒泉会水县东。"《西伯戡黎》之黎，在上党壶关。《左传·宣公十五年》："伯宗数狄五罪，夺黎氏之地，为罪之三。""辛亥，灭潞。""壬午，晋侯治兵于稷（在汾水），以略狄土，立黎侯而还。"此春秋黎与狄人交涉之重大史事见于经典者。清焦循说魏郡黎县因黎山得名，东郡之黎，以黎侯寓居而名。殷卜辞之𥝢，究在何许？不能贸然以壶关之黎当之。余考《秦州记》上邽县有利山，周原刻辞云𥝢邑，殆即其地。此𥝢乃在陇，与《禹贡》酒泉之合黎，可能九黎种姓足迹所至，故被其名。殷代大蒐于黎，与卜辞之王田于利（《合》二七一四六）正可互证。此𥝢地当在西夷，审矣。韩非谓："纣为黎之蒐而戎、狄叛之。"椒举作东夷叛之。戎狄与东夷皆泛指东西异族。必欲以夷方专指东方之夷，不免于泥。今考上列诸地名均在陇、蜀之间，则《殷本纪》言武乙猎于河、渭间，《竹书纪年》称纣（二十二年）大蒐于渭，说诚可据。河、渭为殷人田猎要区，以其地与羌接壤，羌为殷人大敌，蒐田乃军事行动，其意义即在此。余所以强调河渭说，冀能转移向来研究者视线，俾明其真相，非好辩也。

本文原为《甲骨文通检》第五册前言

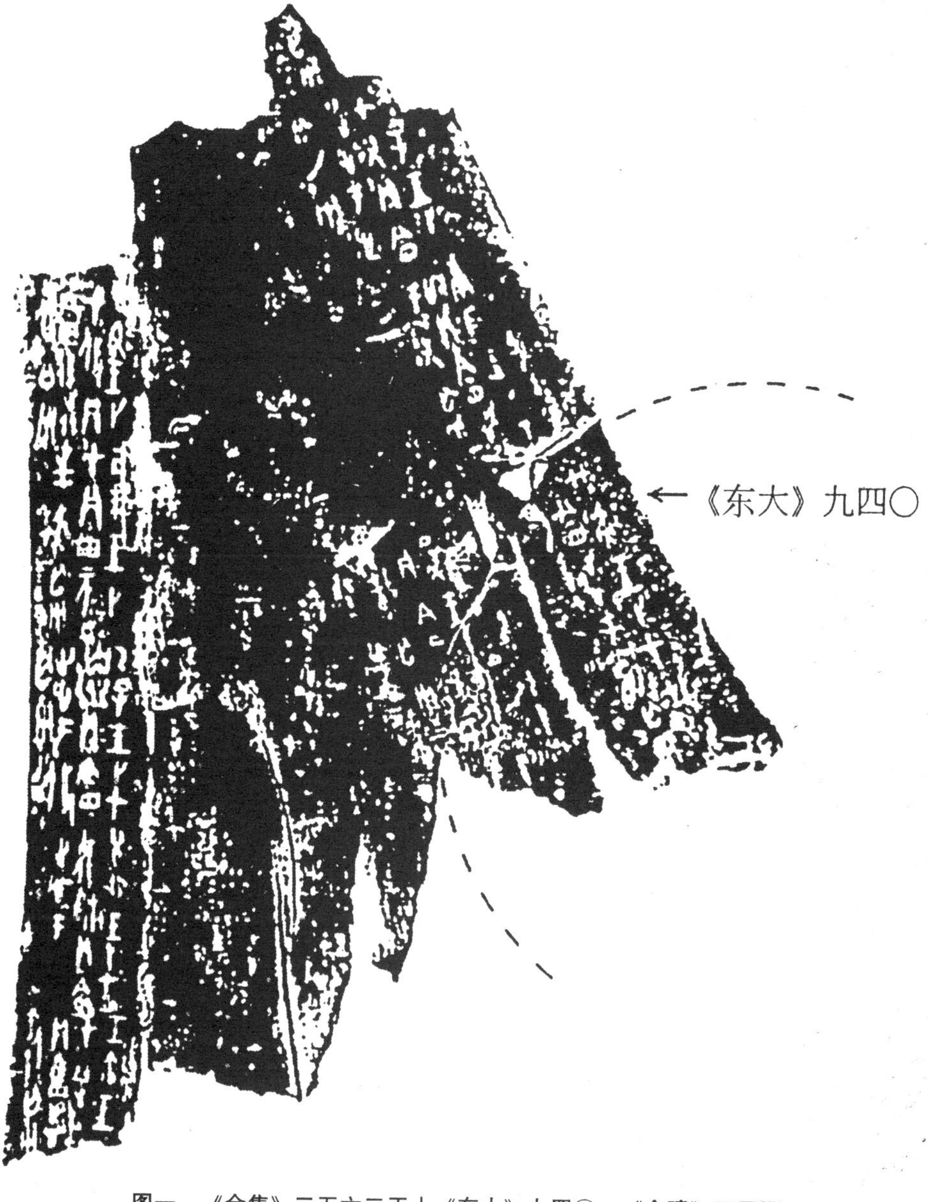

图一　《合集》二五六二正十《东大》九四〇＝《金璋》五四四

贞人问题与坑位

《甲骨文合集》之辑刊，为殷契资料作一总结。然亦有漏收及缀合可商榷者。[1]怀特、英、法、日本天理所藏甲骨，拓印成书，均在其后，故未及著录。地不爱宝，小屯南地、周原新获弥富。甲骨出土，其地不限于殷墟。[2]大江以南且及彭蠡，近世江西吴城所出，最令人瞩目；余去岁游石钟山，见其博物馆展品有字骨版多片[3]，据云周初之物。又西安龙山文化中期遗址，1985年5月所出兽骨、兽牙及骨笄十五枚，上有刀刻符号，考古家言是甲骨前身。[4]由是观之，甲骨资料有待于补列者多矣。

1982年秋，余适合肥，与赵诚、沈建华、许礼平三君同游黄山，因有编辑《甲骨文合集》索引之议，归港而后，商其事于利荣森先生，蒙其慨诺以北山堂基金资助，而中文大学中国文化研究所前所长郑德坤教授亦力促其成，乃延建华至港工作。计划伊始，复邀姚孝遂、赵诚两先生南来一月，共商体例。溯自1983年4月至1984年4月，一年之间，建华写成卡片计十六万张。其贞人部分，中间得赵诚先生再度莅港初步勘对。既而建华以事返沪，余请其赓续工作勿使中辍，其尊人沈之瑜先生复相助为理。1986年10月，余自江西至沪渎，力主分册整理，因定首册区分为先公先王及贞人各一类，复增延朱顺龙、濮茅左二君襄助剪贴校阅，竭数月之力，整比成编，此《甲骨文通检》一书编订动议及进行之经过也。余自1959年以后，研究兴趣旁及域外交通与敦煌经卷，已无余力专治殷契，此书虽自余倡始，而工作则建华独任其劳，孜孜矻矻，耗时三载，方克奏功，可谓勤矣，余仅受成而已。今者首册已杀青完稿，不可无一言。

三十年前，余撰《殷代贞卜人物通考》，主张分人研究，考证结果，知贞人往往跨越数代，且有晚期之名如泳与黄，实已见于武丁、祖甲之卜辞。[5]其说已逐渐为人所证实，如泳（㳅）之确为贞人署名而见于第二期出贞之版（《甲》二九〇六），屈万里亦言之（《甲编考释》，376页）。黄卜旬之辞见于《合》二六六六二、二六六六三者（即《燕大》四四五，《林》一，五，一三）近贤均认黄是第二期贞人。[6]在拙书结论八“论贞卜者与地名”一项，指出“贞卜人物之名号，其中不少原为地名，此等称谓，有时不是某一个人之私名，可以指若干人。例如春秋之齐侯晋侯，可指若干世之齐君晋君，不能专属小白与重耳。”（《通考》，1200页）张秉权先生继之撰《甲骨文中所见人、地同名考》，罗列约九百条，力称“甲骨文中的人名似乎不是他的私名而是他的采邑或方国之名，所以隔代之人可以同名”[7]。以今观之，贞人名号，亦多非私名而为邦方之名，可无疑义，新出资料个别可证明，《屯南》八六九有㱿方，知卜㱿贞雨之㱿，原亦为方名（《合》一二三四三，即《甲》三五八五，参《通考》，641页）。卜辞所见贞人名之称某方者，㱿方之外，又有亘方、大方、木方、𢀛方、||方、卢方、邑方等等。方即其采地所在。宋罗泌云：诸侯有国以处其子孙，大夫有采以处其子孙。采者，服事之称也。一作寀。《尔雅》郭璞云：“官地为寀。”又作䌽，《集韵》音菜，云“臣食邑”。引《尚书大传》（般庚）云：“古者诸侯始受封则有采地……其后子孙虽有罪黜，其采地不黜，使其子孙贤者守之，世世以祠其始受封之人。此之谓兴灭国，继绝世。”（《路史·国名纪丁》）废祀则失其国，是贞人之名，多非私名，盖以邦方之名呼之。

古礼于（私）名盖有所讳。《左传·桓公六年》申繻论名有五，谓“周人以讳事神。名，终将讳之。”《曲礼》：“卒哭乃讳。”郑注：“敬鬼神之名也。”《玉藻》：“于大夫所有公讳，无私讳，凡祭不讳，庙中不讳。”《淮南子·氾论训》：“溺则捽父，祝则名君，势不得不然也。”由于卒哭之后，迁庙乃神事之，敬鬼神之名，故讳之也。惟祭祀时于祝嘏之辞不讳，则平时必讳。周制太祝在事神之际可直呼君之名。卒哭则讳之。是在平时每讳其私名。殷时想亦同然。[8]

贞问为国之大典礼，“问事之正曰贞”。贞人为主祭而问事者[9]，其人可能不少为殷之同姓封君。其贞卜记录，存为档案，著之龟策，辄书其邦方之名，以昭隆重。其为王亲贞者，但记某日卜王或某日卜，王贞，从无书庙号或其私名之例。《周礼》“凡国大贞”，郑玄注云：“大事，宗伯莅卜。”贾疏以为：“大贞事大……故大宗伯临卜，其余陈龟、贞龟则小宗伯为之。”周时贞问者必大、小宗伯，为周之宗室；以是例之，殷之贞人，当亦殷之宗室封君入勤其事者。贞人既多以邦方为名，故异代不妨同称，事实必非一人。近时石璋如先生著《扶片的考古学分析》，举出与扶同坑所见之贞人，几乎第一、二、三期至第四期皆有之，各期之扶，如果同是一人，其人安得如是高寿？余考扶亦为地名。（贝塚茂树书序言摹出京都一片：“□戌卜宾贞……在𠀎，𠃨……”112 页。）扶可为邦方之号，则原非一人，异世同称，较为近理。余所以主张分人研究者，如甲骨上所记王贞之王，当为何王，称卜某贞之某，当属何世之邦君，正为今后研究之课题，分人研究即在同名之下探讨其称呼之种种关系，寻求其活动之概况与年代之隶属，如宾、㱿、韦、亘等常见之名，均可作个案研究。近时学者能就某一贞人名号，综合甲、金文资料从事探索者，仅见韦与𣪘、扶三人而已[10]，而所论犹非全面，尚有待于后来之努力。

《丙》六一二：“子卜贞：帚𡧊子曰戠：帚妥子曰䆓。”此卜为子命名之俗。张秉权谓“䆓在卜辞所见也是地名”，“似乎该是一种官名而非私名”（96 页）。古者吹律定姓。《国语·周语》云：“司商协民姓。”韦注：“掌赐族姓之官，谓人始生，吹律合之定其姓也。”《大戴礼·保傅》引青史氏云：“太子生而泣，太师吹铜曰：声中某律。”铜谓律管。《周礼·大师》：“掌六律六同，以合阴阳之声。”郑注《典同》云：“故书同作铜。”《屯南》卜辞：“……其奏商。”（四三三八）殷时必有五声（宫、商、角、羽等字均见[11]），以律定姓，即依五音视其所属之声而以为姓，故䆓当为姓，自非私名，亦非官名，因之同时得为地名。殷代可能有“司商”之官，掌赐族姓之事。其妇某之子始生时，为之定姓则为事实。贞人之名既多为地名，其中必有举其氏姓者，可以推知。

贞人之名，其字亦有从女旁[12]，或于其上加妇称者，如永之有妇永，内之有妇内。向来未明其故，由今思之，盖小邦封君与殷王室为婚媾关系，如春秋齐姜、秦嬴之比。《国语·周语》富辰论周室婚姻利内则福，历举挚、畴、齐、许、申、吕为说，此殆其类也，故外邦诸妇有时亦纳贡物。《丙》九五：“帚内亍四。”此谓自内（可能即芮）之妇致贡也。《国语·周语》云：“侯卫宾服。”韦注：“谓之宾服，常以服贡，宾见于王。”必以所贡，助祭于庙，《孝经》所谓“四海之内各以其职来祭”者也。刻辞凡言亍、言人，皆指以所贡助祭。贞人记名而兼为〒者、入者，凡数十见，妇某〒贡亦同于贞人，此贞人之名所以必为邦方之名，以其为王室之侯卫，以时贡纳助祭，故贞人若禾亦称禾侯，先亦称先侯，亚亦称亚侯，专亦称侯专（参《通考》结论），其明证也。国之大事为祀，凡祀，侯卫各以其职来祭。卜辞言某贞、㞢于某，即谓邦方之入助祭者占问其吉否，助祭必有致贡之物，所谓〒若干、入若干者，即识其贡纳之数。向来目为记事刻辞，殊嫌笼统，今知为助祭贡纳之物数，其上一字当为邦方之名，故与贞人之为地名正若合符节，而㞢之义当指助祭于庙（非指侑乐），昭然若揭矣。

又地名之字或多从水。《说文》"方"又作汸，下云"方或从水"，可以为例。《甲》三六一三有汸字，即方之繁体。贞人名号之为邦方者，其字或增益水旁如彭之作澎，壴之作澍[13]，此又贞人之名与邦方地名关涉之佐证。主持贞问之人物既多为邦国小君，可能即夏、殷以来之巨室。史书可参证者，如韦亦称子韦、侯韦，《诗》"韦、顾既伐"，《世本》"豕韦，防姓"，陈郡白马东南有韦城。彭即大彭，彭固为祝融八姓之一，春秋彭为宋邑。河即河宗氏，见《穆天子传》。先即侁侯，逄即逄伯陵之国，夏有逄蒙，《穆传》有逄公。乐者，宋有乐氏，乐喜，见《左襄传》（二九，七）。宾即宾氏，周有宾孟，齐有宾媚人。聊举大略，其详当另论之。

近年学者，喜从坑位侈谈断代，惜乎从不完整之坑位资料，予以辨析，欲求准确，事有至难。小屯南地虽有遗物出土，但坑位详细记录，仍未问世，故疑难滋多，一时不易解决。过去中研院共十五次之发掘，关于坑位迟未发表，有人推定各组卜辞，别作安排，立论仍颇含混。其他如谓"自组只用龟甲，而宾组则龟与骨兼用"[14]。实则甲、骨并用，各坑所出皆然。在材料未能集中以前，此类笼统拟测之分系观点，不免陷于言之过早之流弊。最近石璋如先生刊其《小屯丁编——遗址的发掘》，自第一次至第九次甲骨出土之详细记录，现已完全公布。我人正可依据坑位记录，以观察贞人活动之概况。石氏近日著文，以贞人扶为例，取《小屯甲乙编》及《屯南》之有坑位记录之资料作详细研究，具体而微，别开生面[15]，又提出甲六基址（第七次发掘之E区）其穴窖中所出甲骨二处（第七次：H10与第五次：H20）。从有字甲骨，说明其与贞人及祭祀之关系，皆发人所未发，足供研讨。今由《丁编》记录，知同坑甲骨既包有各期之物，同坑所见贞人，又往往赅有各期之人，则同坑之关系，只可用以考察其包含之内容，而难以作为论断其先后之依据。如是，仅有极少数同版之贞人方能参互推定，确证其年代。试以贞人扶而论，在横十三丙北支一坑之中，有扶记名者十五片，可谓为扶之标准坑。石氏云："最可注意者为'宾'、'扶'同在一版上（即《甲》二三六一）[16]，严一萍谓宾系子宾。"（《集刊》，435 页）石氏于此仍保留屈说。今按屈氏《考释》分明释为卜宾，且有考证著语，彼亲自摩挲原骨，必不妄言，故此宾、扶同版贞人一片，仍是断代关键性之资料，不宜抹杀。[17]石氏所论甲、乙、丙及村南四组，由于基组之叠压现象，其时代先后尚有层次可言：甲组基址被压于乙组早期基址之下，故甲组地区较乙组为早，乙组晚期基址与丙组同压在水沟之上，故乙组早期基址较丙组为早。村南部分基址据石氏观察，又较丙组为早。如是各组之地层关系应如下表：

	丙组
村南	
乙组	
甲组	

甲乙组在于下层，时代为早。此四组之中，甲组以五：H20（甲六基址）为重要，贞人记名者一至四期皆有之，共 63 片，15 人。石氏以扶列于第四期，只得一人。乙组之大连坑（乙一基址）贞人记名者 225 片，共 33 人，亦奄有一至四期。村南只有秀、徙、扶三人；丙组仅有扶、史二人，石氏认为全属第四期。然据其文中表第二十五，甲组五：H20 坑是最下之坑位，时代最早，同坑贞人以武丁期人物为主，所出扶记名之一片即《甲》三四八三："乙巳卜扶：ㄓ侯敖。"此人实见于武丁时贞人㭓之辞（《续》五，五，二"乎侯敖"）。故屈万里据此断言扶必属于武丁，自有其坚强证据。此片不出于上层之丙组而出于下层最早之甲组，此处坑位与人物正可结合，证其必为武丁时期，极有助于断代，安可漠然置之？扶、宾同版之外，宾之卜辞亦言及扶。《乙》五三四七："卜宾贞：乎取扶刍于□"，原物为巨龟[18]，同版中又有贞人㱿，此武丁时期扶已存在之确证也（参《通考》，757 页）。

至于依据称谓以论年代，困难更为倍蓰，因异代而称谓相同者比比皆是，从事断代者，势必借助于书体、文例，然往时所定之标准，仔细比勘，亦复乖迕百出，须重新厘定。[19]盖断代者大抵以字形为主，非有绝对之依据，如宾之卜辞亦有作极细小字者，若《甲》三四三〇，在第五次 E59，1，8 至 2，0

深度出土者，有类蚊脚，倘无宾贞之语，以被误为子、彺之书体。[20]徒依字形论其时代，意见多歧，难为定论。《小屯丁编》附表中，三家之说兼收，以示待定。然如《甲》九八一，辞中有贞人彺（屈氏有详说），而董、严以为第一期，《甲》九五五有贞人扶，而屈氏以为第三期，此则自身矛盾而不自觉者，姑举一二例，以见误失之难免。

缀合固极重要，即掌有原版者，亦难以绝对准确。张秉权先生《丙编》，苴缀丛甎，煞费苦心，考释持论大致安妥，力主审慎从事，余夙佩服其态度之公允。严一萍先生于缀合功力至深，著论间或纠正时贤之违失，近年致力于相同称谓之不同时代之讨论等等，均足令治契学者作深长思。[21]学术在求真，不在争胜，本《通检》仓卒问世，对于甲骨资料所见王室称谓及贞人，全面钩稽，提供第一步之线索，或不无涓埃之助，但恐仍多遗漏舛误，甚望用者有以纠擿而苴正之。

1987年春

附　贞人与地名对应略表

宾　在宾（《合》二一〇二九）至于宾（《丙》四〇三）宾入㲋（《合》九三一九）

亘　亘方（《粹》一九三、《京》二九八一）于亘（《后》上三一，一；九，二）亘入（《乙》二二〇四）㗊亘（《合》二〇三九四、二〇三九六）在亘（《合》六九四三）

㱿　㱿亍（《屯南》九一〇）

争　往争（《合》二一四三三）

韦　在韦䩘贞（《人》一一四一）乎翦韦（《京津》五六六）

㞢　㞢来马（《丙》三四二、《金》六九九）㞢来犬（《丙》三四二）㞢子（《京津》二〇九七）

永　步于永（《英》二五六二，即《金》五四四）步永（《合》四一七六八）永䩘（《合》四一七六八；《前》四，一一，四）永入十（《丙》三七八）

旬　旬方（《屯南》八六九）

大　大方（《粹》八〇一、一一五二，乙一二一、二二九，《合》八七、

二〇四七五）在大（《合》一〇四一〇正）田大（《前》二，二七，七；二，二八，一）

行 有兕在行（《前》三，三一，一；《合》八一三九）

先 先侯（《前》二，二八，二）在先贞（《前》二，二六，一）先来（《丙》三二九）

壴 在壴卜（《甲》二八六九）在𠂤壴卜（《文录》六八二）壴入（《丙》二〇〇、三二九、四五三、五一六，《乙》一二一二、四〇六八、四二二一、七三七八）步自壴（《屯南》二一〇〇）𣥺壴（《合》六）

彭 在彭贞（《续》六，一，六）于彭（《合》八二八三）

旅 乎取旅（《佚》七三五）

岳 使人于岳（《前》一，五〇，六）

专 于专（《乙》八一一）省专牛（《丙》一二六）侯专（《前》五，九，二）

木 在木（《前》二，一一，二；二，一五，一）木方（《甲》六〇〇）狩木（《虚》二九）在𠂤木（《南北・坊》二，一六一）𠂤木（《存》二，六三八）于木（《粹》一二七三；《人》二五二〇）

亚 亚受年（《丙》一〇）亚侯（《邺》〔三〕四三，九，二五；《屯南》五〇二）亚田（《屯南》八八八）在亚（《甲》三〇五〇、《合》二一九一二）

葡 葡受年（《丙》三三二）

喜 在𠂤喜卜（《粹》一二一一，《文录》六八一、六八二）喜入（《丙》三八二、《乙》四五九七）侯喜（《前》三，二七，六）

犾 （扶）在扶（《京人》，112页）

尹 尹方（《前》四，四一，一；《金》二〇九）

𢀛 𢀛方（《乙》九〇八〇，《甲》二三八〇+二三八五+二三八一，《合》六七六七、七〇〇一、二〇四六〇、二〇四六四）于𢀛（《巴黎》一四）

邑 邑方（《京人》五图三七）邑示（《甲》三〇三七）

宁 犾令宁（《续》五，一四，五）

子 子方（《前》七，一，四；《后》下三四，三；三六，三；《京津》三〇八九、四三九〇）涉子（《合》二二〇八六）至子（《合》二一〇六五）

𠂤 在𠂤（《佚》四〇二，《合》二一七四〇、二一七四一、二二〇八八）

田𠂤（《前》四，三六，三）涉𠂤（《佚》八九）步𠂤（《屯南》四五一六，《合》五八一二）往𠂤（《合》四〇一四）至于兹𠂤（《合》四〇二五、四〇二六）

余 于余（《前》二，一三，四）在余贞（《前》二，一三，五）自余入（《丙》一〇四）

我 在我（《合》八三〇八、二一七四三、二二一七三）我来（《丙》四二、一二五、三三三、三八〇）我受年（《丙》五五）我受稻年（《京津》五六六）

陟 于陟（《甲》三五三九）

徲 在徲贞（《后》上一〇，四；《菁》九，四；《续》三，三一，九）

|| ||方（《前》五，一四，七；《合》一九六二一）在||行贞（《文录》三五）在||卜（《诚》一五二）

叶 叶亍（《乙》二〇一八）

卪卪 取卪卪（《珠》二三）

史 史亍（《诚》四二六）

口 小臣口（《甲》六二四）在口内贞（《丙》九三）至口（《乙》八八二〇、八八五四）

彘 田彘冕（《乙》五三四七）

逆 往屰𠂤（《乙》八八九六）田于屰（《簠游》一〇二）田𢓜（《佚》二三四）逆入（《丙》四三）

教 于教（《甲》二〇六；《前》五，八，一）

车 于车（《乙》八〇八一）

卯 在卯贞（《前》二，一〇，四）

寠 田寠（《前》六，三〇，七）

射 迖于射（《前》二，八，三）步射（《甲》三〇〇八）入射（《金》六〇九）

卢 卢方（《续存》一九四七，《屯南》六六七）田卢（《佚》七二）

乐 在乐贞（《续》三，二二，五；三，六，五；《遗》二六三；《菁》一〇，三；《后》下一〇，四；《后》上一〇，五；《掇》二，四八九）

徟 𦎫徟（《粹》一，一九三）

偒 麓偒（《粹》六六四）

口（丁） 在丁（《屯南》六〇三）往于丁（《屯南》二三七八）步于丁

（《合》一九五五五、一九五六三、二〇二六九）入丁（《合》二一〇三九）至丁（《合》一九四六二）

黄 在黄餗（《屯南》六〇三）

取 在取（《合》六五八五反）

𡆥 在𡆥（《合》六〇八八、六〇八九、六五三〇正）至𡆥（《屯南》七四二、八七一、一〇九九、三七四四）

竝 竝方（《屯南》二九〇七）竝受又（《屯南》一二六一）

御 御方（《合》六八六、四八八八、六七五九、六七六〇、六七六一、六七九九、六八〇〇、六八〇一）

㐭 至㐭（《合》二二〇四五）

甲骨学断代之争近数十年，尤以文武丁一说，犹如洙泗龂龂不已。以发掘机构而论，至今意见仍难一致。刘渊临先生手拓小屯全数甲骨，接触原物最多，近时持论力主贞人扶当属武丁期，同于屈说。[22]尝见一青年人学位论文，以翼鹏先生主张武丁期，备受讥骂，甚为可笑。今知侯敔一片出于最早之坑，自不得隶于第四期，屈说何可轻议乎？国人治史，过于重视时间观念，孔子生年所差只有一岁，而聚讼不决，难免韩非"郑人争年"之诮（《外储·说左上》）！十九世纪史家 Lord Acton 云："研究的对象是问题而不是断代。"（Study problems not periods.）深愿古史家，三复斯言。

本文原为《甲骨文通检》第一册前言

注释：

［1］ 拙作《叶字说》引陈邦怀《甲骨文零拾》一六〇背，原版藏天津博物馆，《合集》竟失收。参严一萍：《合集书评》，新《中国文字》第一期。又其《殷周甲骨文总集》十六册已出版。蔡哲茂有《甲骨文合集缀合补遗》（《大陆杂志》六十八卷六期、六十九卷二期、七十二卷一期、七十三卷四期、七十六卷三期），又《读英国所藏甲骨集上册》亦与《合集》多所缀合（《大陆杂志》七十四卷五期）。《合集》所收，亦多重出之片，见蔡哲茂：《甲骨文合集的重片》（《大陆杂志》七十六卷二期）。

[2] 殷墟以外之有字甲骨详细调查，参萧良琼：《周原卜辞和殷虚卜辞之异同初探》附表“安阳以外及两周甲骨简表”（见《甲骨文与殷商史》，第一册）。

[3] 1982 年石钟山泛舟厓西周遗址出土骨器，上刻有下列诸字：令攴×下个卜。又残片刻划积画数目字，似是筮卦，摹写如下：

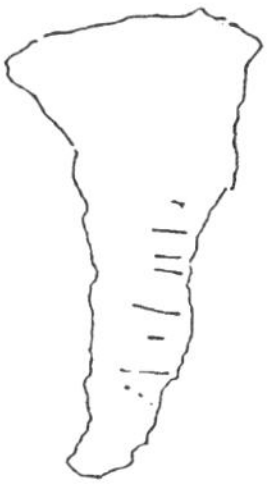

五八号　　五三号　　五六号

[4] 香港《文汇报》1987 年 3 月 2 日报道。石兴邦先生莅港，承以幻灯片见示，得知字形大略，厚谊可感。穆海亭有《谈花园村遗址出土断骨上的刻划符号》一文（黄崇岳《虞代与龙山文化》引用，载《中原文物》，1987（2））；又宗毅《陶文与甲骨文》中亦述及（安阳甲骨学会：《甲骨学研究》，46 页）。

[5] 人名永之作泳，且作大字，见《英国所藏甲骨集》一二六号（摹本见《库方》一五一一，即《合》第十三册三九六八〇）。

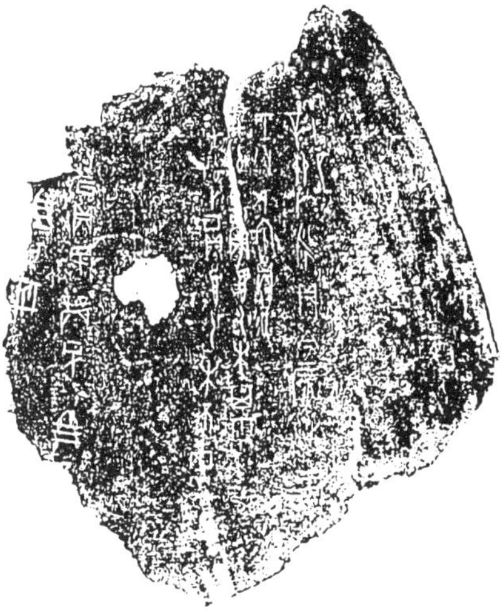

《英国》一二六

此外又有下列两版，其为同名可见。

《合集》五六三

上版泳与黄同见于武丁期。

又蔡哲茂缀补一巨骨，贞人为𡧊与争，卜问王令，人物有黄，可与《合》五六三互证，足见黄是武丁时之人物。附图见《大陆杂志》六十九卷二期，第九十三片。

齐文心读《箙人》此条为王黄，又引《怀特》十二片残辞有黄王，见所著《关于商代称王的封国君长的探讨》（《历史研究》，1985（2）），惟据蔡缀同类辞有“令工隹黄”之语，尚待研究。

《合》四三〇四

《东文研》B0421a

《合》五〇四四
《箙人》四七

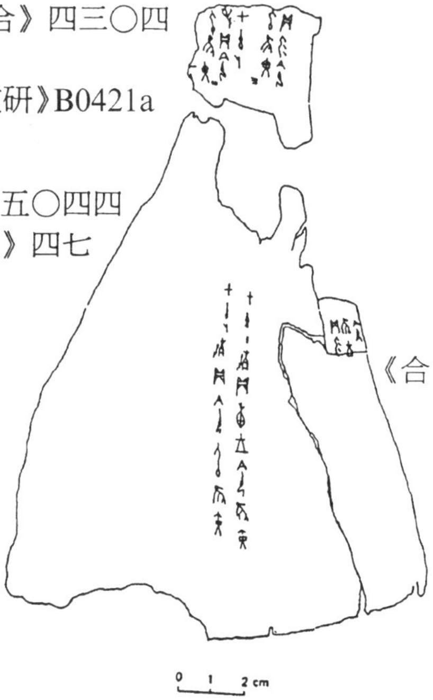

《合》五〇四五

《合》三七五三反　　　　《合》三七五三正

上版见《合》三七五三反、正，《前》四，一三，一，未收反面，严一萍曾摹录之，且云："第五期有贞人泳，据此版可知泳的渊源远在武丁时已经存在。"（《甲骨学》，1230页）其实《通考》卷九早已举出，或将晚期永字释辰，与永分为二字，实非。新《甲骨文编》谓"永、辰同字"是也。

与泳有关人物，可补充者，如"叀泳令，丁亥卜宁……"（《七集》孙一），此见于贞人宁之辞。铜器有人名𢓊，与化同记名者，出中爯簋（芝加哥美术博物馆藏，图见香港出版之 *Orientations*，57页，1987年9月）。屰为武丁时人，详拙著《殷代贞卜人物通考》，775页。单、逆是一名，《后编》下一一，一五有"卜单贞"之记录。故此非西周器，可能属晚殷器。

下版泳记名于贞人出之骨上。屈万里认为出与泳同是贞人名。

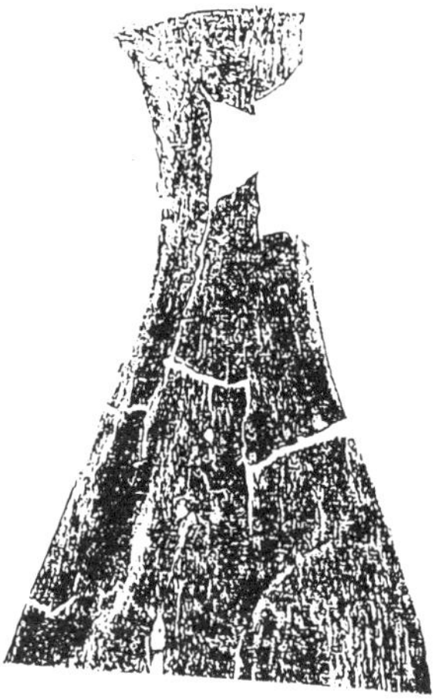

《甲》二九〇六

［6］ 从下二版，知黄在第二期为贞人。贝塚茂树列黄为第一期（见《京大人文》序论，37 页）。

《合》二六六六二

《合》二六六六三

［7］ 张秉权：《甲骨文中所见人地同名考》（《〈清华学报〉庆祝李济七十论文集下》，773 页。又《〈丙编〉考释》，第六一二版）。

［8］ 卜辞中偶记私名者，如而伯龟、易伯㚿，甚为少见。

［9］ 卜与贞实异其事。贞人非全为卜官，此点张秉权有详论。见《〈丙编〉考释中辑（二）》，447 页。又锲刻字者与钻凿者当异其职掌。贞人不得为专门技术之事务官。在不同日所锲刻，而书体刀法全出一人之手，子、𢓊一整甲可以为证，故知锲刻当别由写官书手负责，与贞人无涉。说亦见张氏《〈丙编〉考释下辑（二）》，94 页长文。

[10] 专谈韦者，有周永珍：《殷代韦字铭文铜器》（《出土文献研究》）；专谈㱿者，有陈炜湛：《历组卜辞的讨论与甲骨文断代研究》（同上）；专谈扶者，有石璋如文。

[11] 殷代遗物有陶埙及编钟、编磬，经过实测，证明殷人已具有五度谐和的观念，知殷人已具有发明十二律之前提条件。详李纯一：《中国古代音乐史稿》第一分册。

[12] 贞人与诸妇同名之例，详《通考》，1195、1196页。可增益之例，如娅（《乙》八八九〇）、㚤、嫞、妸、嬉等。

[13] 涉及贞人之地名，从水之例，补列若干如下：河〔何〕 涂〔余〕（《续》二，一，五；五，四，三） 漾〔羊〕 洚〔夅〕（《佚》六七八） 況〔兄〕（《佚》九五六） 泳〔永〕 浮〔子〕（《甲》一五九） 汏〔大〕（《乙》二〇三五） 沐〔木〕（《粹》一一七四） 澍〔壴〕 澎〔彭〕 譆〔喜〕 洍〔亚〕（《乙》六二〇七） 泺〔乐〕（《前》四，一三，七） 潢〔黄〕（《前》二，六，一“在潢贞”） 冲〔中〕（《后》下三六，六“令冲”）

[14] 近年讨论坑位之论文，自刘一曼《考古发掘与卜辞断代》（《考古》，1986（6））以下多篇，今不备举，参严一萍：《甲骨断代问题》前言。石璋如订正分两系之说，见《扶片》一文。同《集刊》，462页。

[15] 参看石文附表十三、十五、十八及二十二，甲、乙组及村南与丙组所列各坑贞人出勤次数比较表。在表十三，扶一见，而第一期之贞人九人，第二期二人，第三期四人（据石氏所分期）。故石氏云：“在这里表上，没有绝对理由，非把扶放在第四期不可；它可以放在任何一期，甚至可以放在第一期，因为第一期差不多半数的贞人都是只有一片，扶的条件还要优越而有二片。……”在表十五中，第一期贞人十人，同版者二人，第二期贞人四人，第三期贞人十四人，同版者其中有七人，第四期二人，又有第五期之小臣宰丰。石氏说：“此区系第三期贞人发展到最高潮。扶是承着发展下去，故宜列于第四期。”表十八村南只有第一期贞人一人（㱿）及第四期的扶与徙二人。石氏说：“第一期一片为早期遗留。”但何以二、三期全无，却说不出理由。表二十二只有第四期的扶与史二人。照上述情形，石氏认为扶当列于第四期。如扶是一位跨有四个时期的人物，从武丁到文武丁时代，他始有

"独占之优势"。如果各期之扶是同一人，试问如何一人而能跨有四个时期之久？石先生在结论说："扶片分布虽广，扶的年龄纵然很大，其任职的时代以第四期的可能性为最大，其事迹发展亦以由甲组而乙组而村南，最后为丙组的程序为最合适。"扶如何能勤王事自武丁下降以至文武丁之世？此理之难通者，故知各期之扶，只是举其邦方名号，绝不可能同是一人，只可视作同地首长之异世同名。石先生此文见史语所《集刊》第五十六本第三分册，承其先时寄赠，谨此致谢。石氏另文《甲六基址与三报二示》，据穴窦中所出卜辞启示，此处即殷人祭三报二示及示壬配偶妣庚之处。由墓中陈设，知殷时有左食右乐之俗。

[16] 此二三六一骨，宾、扶同版，与二三六六号贞人彭及二三六九卜人犇出于同坑（深度 3.15 米至 3.4 米）之中。又扶与中同版，见《库方》一二四八，《考古》1976 年四期，240 页，肖楠说。余书早已举出，见《通考》657 页。扶之年代以二、三期为最合理。

[17] 严一萍在《甲骨断代问题》图一三二（128 页）将"穷"摹作"子穷"，与屈书大异。细察拓片，似未必符。曾请张秉权、刘渊临两先生再为核对原物，近承刘氏告知，经将该片取出目验，由于残缺过半，宾上一字，无法确定。惟刘氏表示，从其反面而钻凿较浅看来，此片应属早期之物。蒙蔡哲茂先生惠函见告，附此致谢。又有人认为《甲》二三六一（《合》二一〇二九）扶和卜人宾同版。或云"均为残辞"，见林沄《小屯南地发掘与殷虚甲骨断代》（《古文字研究》九，31 页）引谢济说。今将《合》二一〇二九原片列下，实当释作"在宾"，此处宾乃是地名。至甲骨上但记卜扶二字，不著贞辞，下留空白，如《合》二〇一一三，其例相同，不得以残辞抹杀之。

《合》二一〇二九

[18]　此片为贞人宾言及扶之证据。

《乙》五三四七

[19]　同日、同事由不同贞人所卜，试举一例，如：

丙寅卜宾贞……子啇亏𣅀（畯）……四方，十月。（《后》下八，一）

丙寅卜兄贞令子▱啇亏……（《前》五，四，二）

如是，宾与兄应属同期之人。

《合》二九七三〇号何之卜辞有十三月，可见第二、三期仍行十三月之制，《通考》结论举例已甚多，可参看。

《合》二九七三〇

[20]　此为宾之细字者。

《甲》三四三〇

[21]　缀合之事甚难。以扶为例，《甲》二三四片，屈万里在《考释》中，只取一九六＋二三五＋二四八＋二五四，而不与二三四缀。

石氏《丁编》附表注此片云“严与一九六合”。核对此数片实同出于一坑，宜为一版之折。严缀甚是，见《缀合新编》○一六，《合》一九八一七采之是也。故此片自是卜丙。余前引用是片时，《甲》未经人缀合，故误。

[22] 刘说详见所著《卜用甲骨上攻治技术的痕迹之研究》（中华丛书本，民国七十三年（1984）），第四节“扶是小屯早期的贞人”，144页。他说：“扶与宾同版，见《甲》二三六一。宾，张秉权认为是盘庚时代，见《丙》五七。又扶与中同版，见《库》一二四八。在卜甲里，无论是背甲或腹甲，有贞人扶的，政治技术所留的痕迹，都是早期的现象。所以我认为扶是小屯早期贞人。”

卜辞“漾”即漾水、汉水说

殷卜辞所见水名，有河、洛而不见江、汉；向未明其故，近时由于汉中的城固、洋水一带出土铜器多为蜀式，考古家、民族学家几乎一致认为先蜀部族原发迹于陕南地区。蜀人疆土事实应伸展至西北氐羌地带，蜀的先世与氐羌有其不可分割的关系。尤以洋水一地最值得研究，自 1935 年该地出土商代铜器近五百件，集中在汉水支流湑水两岸。

考洋水一地名，见于《穆天子传》：

> 至于洋水，曹奴之人戏，觞天子于洋水之上。

殷卜辞贞人有曰漾者，其字异形或作羊（《乙》四〇九），又一作（《乙》八七四四），从水从羊，与洋相同。其人亦曰子漾（《合》五七五五，即《拾遗》九，一）。漾亦为地名。武丁卜辞有残文三条，漾与舌方同见于一片。录其文如下：

> 〔卜事〕贞：于漾不……舌方其……（《东京》三六七六，荃庐旧藏）
>
> 贞：舌方其……贞……于漾不……（《合》八五四八）
>
> 贞：……漾不……舌方。（《合》四六二二）

“于漾不”者，惜其上下文残缺，但漾之为地名或水名则昭然若揭，舌地所在，旧说谓在济阴，余力证其必在四川之邛都，详拙文《甲骨文地名与方国》。漨即陕西洋水，《元和郡县志》二二：洋州，本汉中郡成固县地，……因洋水为名。殷器有漨爵（见《录遗》三九九），洋水所以出土殷器之多，或即贞人漨之采地。洋水为嘉陵江上游，今观上举三辞，漨与𠮷方并列，以漨证𠮷方，必为蜀地之邛，正为我说之坚证。

卜辞又云“既□其在盂。𡧊漨，口”（《屯南》一一四一）。此处“𡧊漨”为一成语，以他辞习见之“𡧊𠦪”证之，乃为吉语，𡧊漨可读为𡧊祥，字借为吉祥之祥。又卜辞：

> 丁丑卜：王其彳漨牛于……五牢。贞：祝叀羍示，王言，王受又（祐）。（《合》三〇六一九）

此条漨牛谓漨（洋）地所进之牛，漨亦地名。

今按：漨水应即漾水。《禹贡》：嶓冢导漾，东流为汉。洋，漾古今字，漾即汉水之源。《山海经·西山首经》：“汉水出焉，南流注于沔。”《淮南子·地形训》：“洋水，昆仑西北陬。”高诱注：“洋水从陇西氐道县，东至武都为汉，或作瀁也。”《水经》：“漾水出陇西氐道县嶓冢山，东至武都沮县为汉水。”郦注引阚骃云：“汉或为漾。”又云：“漾水出豲道，东至武都入汉。”《说文·水部》既记漾水出氐道，又别出“汉”字云：“漾也，东为沧浪水。”卜辞无汉、𣸣字而有漨，盖漨即漾也。《孔子家语》：“江出岷山，原可滥觞。”（亦见《荀子》及《说文系传》引）邓少琴谓：“此以岷江为江水之正源，长江上游金沙江，即古之黑水也。而古之洋水，即今之嘉陵江，亦即西汉水矣。”上举卜辞记𠮷方于漨，是殷时𠮷方兵力北至西汉水，具见𠮷地必在蜀境。汉水流域出土蜀戈，若戣、瞿之属，正说明漨与蜀关系之深。该地自来即为氐羌活动之所。《水经注·沔水》：“汉水……南入蜀水，北注汉泽。”又云：“汉水又东得育溪。”孙潜校云：“育溪今俗称蜀河。”殆因蜀人曾居于此，故汉水支流亦有蜀河之称。

出商器之汉水支流为湑水，湑于殷契作疋。其卜辞云：

> 丁丑卜宾贞：疋只（获）羌，九月，贞疋不其只羌。（《合》一九〇正）

卜疋是否获羌，辞共若干见，知疋地亦与羌为邻，疋殆即湑。卜辞又云：

癸丑卜：王乎疋叟执，五月。（《合》五七六）

癸酉卜：疋于果（次）……入。比。疋弜……（《合》一九九五六）

庚辰卜：今疋于成。（《合》四五二四）

疋字殷契作，其称“疋叟”者，指泥水之氐傁。《华阳国志·汉中志》武都郡下云：“土地阴阻，有麻田。氐傁，多羌戎之民。”又阳平郡下云：“多氐傁，有黑白水羌、紫羌。”“疋叟”一名如氐叟之比。

果即果次，其所在殆是唐之果州，《元和郡县图志》逸文一山南道，“果州，春秋战国时为巴子国”是也，成地卜辞亦常见，有成麓，为田猎之地。辞云：

王叀成麓焚亡𢦏。（《屯南》七六二）

贞：㞢羌自成。（《英》一一七〇正）

知其地近羌。唐代山南道有成州。《元和志》云：“成州，古西戎地，后为白马氐国。西南自冉駹以什数，白马最大，有山曰仇池，白马氐据焉。”殷代已有地曰成，后人沿用其名。今川西之白马藏人即古白马氐之后裔。居平武县藏族区之白马藏人，自称为叠部，或写作夺，王家祐谓叠与夺皆氐之同音异写（《道教论集》，131 页）。殷之叟曰疋叟，以居湑水而得名。叟被用为人牲，与用羌情形相同，卜辞所记，至用五百溲之多（见《合》五五八—五六〇各片）。

洋水，湑（疋）与果、成诸州地皆密迩，为氐傁羌戎群集之地，近接岷山，自来为西域入贡孔道，史称曰“岷山道”。《南史》二三《裴子野传》云：

时西北远边白题，滑国遣使由岷山道入贡，此二国历代弗宾，莫知所出。

子野举汉颖阴侯灌婴之斩白题，八滑从定远侯班勇击北虏二事以说之，一时播为美谈。此二国梁时入贡，详《南史》七九《夷貊传下》。岷山道在古代中西交通史上之重要性，于此可见，故附及之。《韩诗》云“江之漾矣”，以漾为羕之假借。明岁为周绍良先生八十大寿，谨献此文，作眉寿永年之祝。作者谨记。

甲骨文中的冉駹

甲骨文“”字，余在三十年前曾定为“冉”字。① 冉为武丁以来之重要贞人，盖以冉为氏，证之卜辞有与争、矣共同贞卜者，下列二辞可以见之：

丁丑卜冉、争贞：令羽子商臣于岳。（《前》二，三七，七）

丙寅卜矣贞：卜冉曰：其侑于丁宰。（《文录》五一九）

冉在武丁世与争同列，叠司卜事，其仕殷至封为侯爵，有“冉侯”之称（《合》三三二四）。又妇好石磬刻记“妊冉入石”，则冉与妊为婚媾。

冉之地望，下列三辞可供推证，与召方相近：

（1）己亥卜贞：冉来，以召方于大乙束。（《屯南》一一一六）

（2）庚午卜宾贞：令𠂤冉归于……（《诚》三六九）

（3）冉邑羌罒白人归于罴……（《合》四五二）

按召方地在岐山县召亭，详另考。召公玉刀出土于岐山刘家原西南，其地近

① 《殷代贞卜人物通考》，774 页，香港，香港大学出版社，1959。

召亭村。[1] □与冉骈列，□即什邡之什，四川出土有十方雄王印章，汉碑作汁邡。[2] 白人即僰夷，合上观之，冉地近羌必在陕、蜀之交。

冉字近人皆释为竹，实有未安。有二点理由可证其非。

第一，金文竹字作“□”，盗壶两个“个”字分开，绝不相连。又从竹诸字，其偏旁皆作□或□，上部截然分歧，无一例外，与□形构判然有别，甲骨文有从“竹”之字，见《合》六〇四六作□（箠），《合》二九六九三作□（箘），与金文形构正同。

第二，金文冉字大抵作□形，与篆之作□相同，甲骨文则冉字其有二例，一作□，又一作□：

（1）贞：其用□黾羌，叀彡用。（《合》四五一）

（2）……□黾羌、罘白人归于□。（《合》四五二）

文云：“□黾羌。”他辞亦作□黾羌，足见□与□形乃是一字异写，以《合》二二〇六片冉字作“□”形尤为明显，由上可证“□”字绝不能释为“竹”字。周金文竹字之外，别有冉字作□或□，《金文编》附录五六一收□字如□鼎，故□字应释为冉，《说文》：“冄，毛冄冄也，象形。”又□，“西夷国”即此字。

由此二条，证知冉与羌及白人有关。白人所见共四例，二条为賁、罘白人之外（《合》一〇三九，四五二），另有辞云：

戊申卜，白降囚。（《合》一六四七五）

白人余读为僰人，是冉与羌、僰具见于殷契，“白降囚”足见白人的地理势力范围。今就冉字卜辞有关人、地名，列出如下：

（1）取……冉刍于丘。（《合》一〇八）

（2）至自冉。（《合》四七五二）

（3）己酉：冉又曹，允。（《英》一八二二）

① 李学勤：《青铜器与周原遗址》，见《新出青铜器研究》，232页，北京，文物出版社，1990。

② 李江、杨剑：《由什邡战国船棺葬谈相关一些问题》论文。

(4) 贞：冉乇，告不。(《合》二二〇六七，见图一)

(5) 壬申卜扶：令冉，……宫，十月。(《合》二〇二三〇)

(6) ……冉……羌……（《合》二六八四〇)。

(7) 己亥卜，不至雍。

己亥卜至雍，士女。

……卜至雍，今己。

子冉犬。(《合》二二〇四五)

(8) 冉入十。(《合》九〇二反)

冉与羌屡有交涉，卜辞所见，冉时有被用作人牲，故云：“王用冉，若。”(《合》一五四一一)“叀冉先用。”(《合》三二九三三)释[illegible]为冉者，指川北之冉駹，地望正合。卜辞中有四条为有关冉龙之文，极为重要，举出如下：

(1) [illegible]于冓龙苒。(《合》三三〇四一)

(2) 丁丑卜王贞：令冉龙兀于𡆥，𠙵朕事。(《合》二〇三三三)

(3) 壬巳步于[illegible]（合)

……贞：王步冓（《合》二七四三五，见图一)

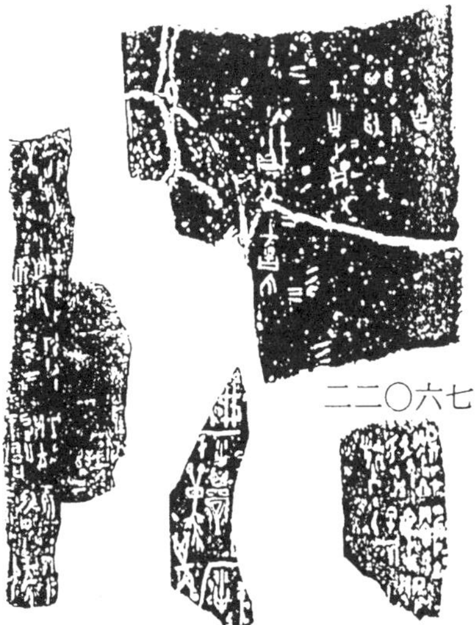

二二〇六七

二七四三五

三三〇四一

二〇三三三

图一

按字乃䨓龙之合文。其作者即䶬。甲骨文“单”字或省作“”，䶬字可能即冉上加注声符单，示其音读，如风之于凤旁加凡声，䨿加弗声之比。亦可能是以单为形符，尚待详究。由䶬之复合字形，更足证明之宜为冉，而非竹字。

若（《合》二〇三三三）则是冉龙之分书。[1]

冉龙者，司马相如《难蜀父老》云：

> 因朝冉，从駹，定筰，存邛。……夫邛、莋，西夷之与中国并也，历年兹多，不可记已。（《文选》卷四四）

李善注引服虔曰：“冉、駹、筰、邛，皆蜀郡西部也。”应劭曰：“蜀郡岷江本冉駹也。”按《说文·马部》：“駹，面颡皆白也。”《尔雅·释兽》：“面颡皆白惟駹。”称其族曰：“駹者，以其为白马氏种也。”

《合》二七四三五片“步于（合）”地名，同版字复作合，省去日旁，知（合）字从合从日，乃合之繁形。合盖郃也。《诗》：“在郃之阳。”《说文》：“郃，左冯翊郃阳县。”《集韵》二十七合：“𨛜，会也，通作郃。”又“洽，水名”。即合地所在，去冉駹不远。故“步于合”与“步于龙”见于同一片，二地必相近可知。

其言“冉羌”者，乃黾字。《集韵》二十八狝：渑、黾下云：“渑池，或作黾，通作沔。”《说文》：“沔水出武都沮县东狼谷；东南入江。”《集韵》明言黾通作沔，则“冉黾羌”实指冉氏羌人之居于沔（黾）水源者。

司马相如以冉、駹分为二族，鱼豢《魏略》称为“冉氏”，以冉属于氐族，《史记》、《汉书·西南夷传》中，冉駹联称，作为一名。汉武时以冉駹为汶山郡。《汉书·地理志》称：“杂谷脑河为駹水。”可推知理县一带古曾有駹族之国。《集韵》：“五㟾，山名，在蜀。”駹字古与龙通，卜辞云：“癸丑卜贞：𠂤往追龙，从枼西及。”（《合》六五九三）又云：“己卯贞：令𠂤以众伐龙。”（《合》三一九七二）《易·说卦》“震为龙”，释文：“虞（翻）、干（宝）作駹。”𠂤所追的龙，是羌龙，或亦即冉駹之。蜀铜斤有记号。两王字之中

[1] 契文自有龙字作（《合》四六五二）。此文之系犬字异构。㚇字作（一）（《合》二九三三三），（二）（《合》二九三三五），可证是犬而非豸。作者应是龙之省写。《说文》：“龙，犬之多毛者。《诗》：无使龙也吠。”

夹有彳之标记，即龙的象形字，可证其即为冉駹。马长寿论冉駹即近代之嘉戎，嘉谷自名 nia nun，nun 义即训溪谷。[①]

茂县与汶川盆地原有住民，应是游牧民族，先为羌族之一支，近年茂县牟托村出土青铜器及玉石器数量丰富[②]，证明岷江上游远古曾建立国家，即汉世冉氏、冉駹之族。殷代的、、，以冉族说之，最为恰当。

① 马长寿：《氐与羌》，上海人民出版社，1984。

② 夏麦陵：《茂县牟托村石棺与冉氏之国》，“先秦史暨巴蜀文化研讨会”论文；《文物》1994 年第三期详细报道，茂县牟托村出土青铜器及玉石器十分丰富，证明岷江上游远古曾建立国家。

卜辞中之危方与兴方

武丁卜辞频见下危，见于《合集》六四七六至六五三〇。严一萍因董作宾《武丁日谱》释为下旨，按应改释为下危。危字之考释，详见于省吾《释林》。就其安排年月，始于武丁二十九年二月“登人伐下危”，其辞如下：

三月丙戌，命望乘伐下危。

六月王比望乘伐下危，癸酉王比望乘伐下危，癸酉王比兴方伐下危。

八月王比奚伐下危。

十一月辛巳、丙申再命伐下危，命多缃比望乘伐下危。

十二月己未、庚申，再命望乘伐下危。

事实上尚有极多有关伐下危之资料未曾列入。其系伐下危事于武丁二十九年，尚欠充分内证。

下危地望向来未明，伐下危之人物，望乘之外又有奚。周原 H31：2“隹衣，奚子来降”。甘肃灵台白草坡出土㶏伯彝。此陇西之奚。至于下危地望，实可以兴方所在证之。

贞：王比兴方伐下危。

王比兴方伐下危。二告。

壬寅卜殻贞：兴方以羌用，自上甲至下乙。

甲申贞：兴方来，隹𡆥，余在𡆧。

……兴方来，不隹𡆥。

或但称曰兴而为戍所：

曰戍兴，伐邲方，于方既食，戍迺伐，𢦏。（《合》二八〇〇〇）

壬申卜贞：王其田兴，亡𢦏。（《合》三三五六四）

《说文·邑部》有郻字，许君云未详。殆即殷之兴方地，曰戍兴，是为设戍之所。唐代有兴州，战国时为白马氐，《元和郡县志》卷二十二云：

兴州，禹贡梁州之域，战国时为白马氐之东境。秦并天下属蜀郡。汉武帝元鼎六年，以白马氐置武都郡，今州即汉武都郡之沮县也。晋永嘉末，氐人杨茂搜自号氐王。

兴州以“兴”为名，《通典·州郡》武都郡诸州大都为白马氐故地，其言曰：

武州　古白马氐之国，西戎之别种也。

成州　古白马氐之国，汉属武都郡。

兴州　战国时为白马氐之东境。

殷之兴方，必于此求之。白马氐为氐族最特出之族群，即卜辞之多马羌及马羌。

今多马羌。（《粹》一五五九）

乙卯卜争贞：王……伐马羌。（《林》二，一五，一九）

《汉中府志》卷十四《纪事》引宋白说：“西县本名白马城，魏置嶓冢。”于殷称为白马羌。

兴州所管县有曰鸣水。《元和志》云：“鸣水县本汉沮县也。”后魏又置鸣水县。殷代人物有鸣，与戉及冒（氐）多有往还。

丙子卜㱿贞：勿呼鸣比戊使冒，三月。（《合》一一一〇正）

贞：呼鸣比戊使冒。（《合》四七二二、四七二三）

癸未卜宾贞：令鸣暨方，八月。（《合》六〇六八正）

鸣或指兴州之鸣水，其名已肇于殷。

卜辞所见下危不下数十条，又称"危下上若"（《合》八四九八），"危弗其受㞢祐"（《合》八四九五）。另有称曰上危者：

贞：今日王出。

王固曰：出，上危……隹有它。（《拾掇》二一一反）

仅有此一条而已。又有称曰危及危方者：

……其田亡灾，在危。（《合》二四九三五）

己酉卜㱿贞：危方亡其㞢，五月。（《合》八四九二）

于𩰫，其祝于危方奠（甸），兹用。弜祝。（《合》二七九九九）

用危方囟于妣庚，王宾。（《合》二八〇九二）

癸未贞：甲申，危方用自上甲。（《合》三二〇二六）

丁未卜眙贞：危方𦎫雀新家。今秋王其比。（《合》二八〇〇一）

癸亥贞：危方以牛，其烝于来甲申。（《合》三二八九六）

危方伯有名曰美，又称危方美：

危白美于之及……望……（《合》二八〇九一）

卜狄（贞）危方美……𦎫于……若。（《合》二八〇八八）

美亦为地名：

王于𢓊（徲），使人于美，于㞢及伐望，王受又祐。

（徲）取美，御事，于㞢及伐望，王受又祐，只，用。大吉。

王其比，望爯册，光及伐望，王弗悔，有𢦏，大吉。（《合》二八〇八九正）

此云：于美、取美，又有言“用美”者，为小臣墙之长辞，以美为人牲，其辞如下：

> 小臣墙比伐，禽危、美人二十四，车二两，……千五七十，奚百……用美于祖丁，僼甘京，易（赐）……

此为最长记事刻辞，原物藏于北京中国历史博物馆，收入《书法大观》首册二〇八号，有放大图片；亦见《续存》下九一五、九一六，《合》三六四八一。

美者，美阳。《括地志》曰：“故周城一名美阳城，其地有美陂。”散氏盘：“弄（封）割柝、𨸏陵。”字作𨸏。

望亦为地名，卜辞云“使人于望”（《合》五五三五），说详见“望”条。甘字，《总集》误释作“曰”。甘者，即蜀地要隘之甘亭。《元和郡县图志》“鄠县”下云：“甘亭在县西五里。”又“褒城县”下云：“甘亭关在县北九里，今为戍。”甘即《尚书·甘誓》“大战于甘”之甘，其地即后来之石牛道，此为一重要战役。辞云“僼甘京”者，收其众于甘，以为京观。历史上甘为蜀道要隘，兵家必争之地。五代后唐同光时，郭崇韬伐蜀王衍，由宝鸡南下，取凤州，下兴州，必经甘亭关，取褒斜道。殷人伐下危，戍于兴方，伐美既克，列京观于甘，此一军事行动所经之地与此正相类。敦煌石窟残存表本，见于伯希和三九三一号所称“铁骑千营，甘亭之风烟自息”。其事历历如绘，以之证古，可想见其仿佛。

《银雀山简》：“舜击三苗，方（放）之危。”但称曰危，而不称三危。疑古时危方版图甚大，危方之外，又有上危、下危，合称三危；见于卜辞之下危、上危，即其二也。

三危地望，古说有陇西与敦煌两者。《史记·夏本纪》引《禹贡》文云：“三危既度，三苗大序。”郑玄引《河图》及《地说》云：“三危山在鸟鼠西南，与岐山相连。”宋本《太平御览·地部》引《河图括地象》：“三危山在鸟鼠之南，与汶山相接。”其主敦煌说者。《括地志》云：“山有三峰，故曰三危，俗亦名卑羽山。”《元和郡县志·敦煌县》：“三危山在县南三十里。”此唐人之说，勘以卜辞所记下危及危方诸记载，似以古地说及纬书以近于汶山为是。《水经·江水》：“（江水）又东径江阳县南，洛水从三危山，东过广魏洛县南，东南注之。”郦注云：《山海经》曰：“三危在敦煌南，与岷山相接。”

又《山海经》不言洛水所导，经曰“出三危山”，所未详。杨守敬《疏》谓郦氏岷山相接，乃取郑玄引《地说》，熊会贞谓此处山经洛水出三危山，“三危”二字，乃“女几”之形误（详《注疏》卷三十三，2779页）。《汉书·地理志》有垝山，在好畤东，今乾州西北。亦被以危名，想是危方族姓曾居此之故。

晚期卜骨藏于英伦有巨骨一片（《英》二五六二正，即《金》五四四，《合》四一七六八重出），A组文云：

> 丁丑王卜（在□）贞：今日步（于）𢦏，亡災。
> 庚辰王卜在危贞：今日步于叉，亡災。
> 辛巳王卜在叉贞：今日步于沚，亡災。

是版与别一片另有B组完全隔开，但可缀合，而其地名有“在永”、“在攸”等句。细审两组书风疏密不同，恐非出同一人所刻，但又不易断为一时之物。董作宾《帝辛日谱》有摹本，合此二组，皆视为征人方之事。故上列A组危、沚诸地名，都成为夷方地名。

今观A组所记时间，丁丑隔后二日即为庚辰，翌日即为辛巳。由此一记录，可证沚、叉、危诸地之间相距一定不会很远。余定沚为四川之徙，危为危方，亦近岷山。① 至于𢦏，似可读为渽。《说文》：“水出蜀汶江徼外，东南入江。”《汉书·地理志》“蜀都青衣下”云：“大渡水东南至南安入渽。”故知此A组地名，与伐人方行程毫不干涉，乃属于四川之地望，宜加以区别。

地名之𢦏，卜辞中共两见，又一为东京大学藏片九四〇，文云：

> 戊寅王卜在𢦏贞：今日步于危，亡災。（即《前》二，一〇，一）

此条与《英》二五六二正所记同时，戊寅应是丁丑之次日，两片可以缀合如下页图。

兹将缀合后全文录出如下：

---

① 近时郑杰祥于《商代地理概论》重定[illegible]字为“古”，谓其地即河南苦县，但于兴方地望则云未详。又谓鸣即山西安邑之鸣条，谓戉通雩，定其地为山西小地名翼城之于家谷，各地无从取得联系。彼依金文敢（[illegible]）字为从受古声，然[illegible]字下无一作口形者，不得为古，毋庸深辩。郑君又读为瓜，又误沚作泛，应正。

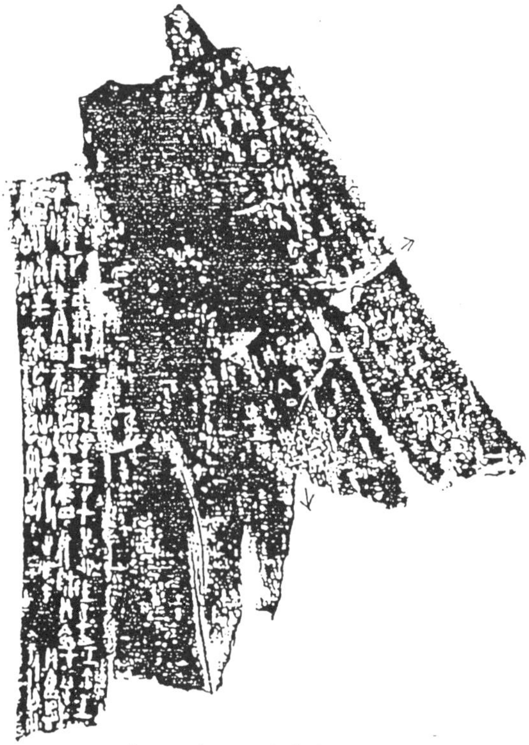

英二五六二正十东大九四〇

查董作宾《殷历谱》一编九日谱三骨一六已将此二片缀合，因知《东大》九四〇实即《前编》二，一〇，一，但“乙丑王卜在攸贞”一条乃属该骨左方，与之显为二组。

丁丑王卜在（叉）贞：今日步于截，亡灾。十二月。
戊寅王卜在截贞：今日步于危，亡灾。
庚辰王卜在危贞：今日步于叉，亡灾。
辛巳王卜在叉贞：今日步于沚，亡灾。

是时殷王从截，步于危、于叉、于沚，其行猎路程在陇、蜀之间。《殷本纪》称武乙猎于河、渭之间，暴雷震死，晚殷畋猎所至，河、渭亦其足迹所及，向以晚期记载，一概目为征东夷之事，可见其说不然矣。

释与瞽宗

《广雅·释官》训学、校、庠、序、辟雍、頖官、瞽宗、东胶，皆云："官也。"

按官指官舍。《礼记·明堂位》云：

> 米廪，有虞氏之庠也，序，夏后氏之序也，瞽宗，殷学也，頖官，周学也。

又《内则》云：

> 夏后氏养国老于东序，养庶老于西序，殷人养国老于右学，养庶老于左学，周人养国老于东胶，养庶老于虞庠，虞庠在国之西郊。

《周礼·大司乐》云：

> 凡有道者，有德者，使教焉，死则以为乐祖，祭于瞽宗。

卜辞中学字多见，殷代学制，王贵民言之已详，但未论及瞽宗，余谓契文即瞽字。向有若干不同之说，于各辞均难讲通，惟《说文》兜字，许君云："儿古文人，像左右皆相蔽形，读若瞽。"于形最近。卜辞此字其繁形有

偶作𥄂者如《合》三〇四四六、《屯南》二三八八增益比旁会意；比者，《诗·小戎》："交韔二弓，竹闭混縢"。闭，一作鞑。比读犹闭，示瞽者之眼矇闭而不见也。增比（闭）声以足义，其例不多，兆字资料，具见《类纂》中册，714页，今不备录。卜辞中有一条将"𣬈兆"一字分书者：

于比兆，又（侑）雨。（《合》三四二六五）

是其特例。又有一条称曰"兆父"者：

于兆父，𡆥雨。

□戊卜，𡆥于兆，雨。（《合》三四二七五）

是条一称兆，又一作"兆父"，殆即舜父之鼓叟。

《大戴礼·帝系》："勾芒产蟜牛，蟜牛产瞽叟，瞽叟产重华，是为帝舜。"

汉刘耽《吕梁碑》："颛顼生幕，幕生穷蝉，穷蝉生敬康，敬康生乔牛，乔牛生瞽瞍，瞽瞍生舜。"（罗泌《路史》引之）

《左传·昭公八年》：史赵称："自幕至于瞽叟无违命，舜重之以明德，置德于遂。"

兆（瞽）父即瞽叟，卜辞帝夋之为帝俊或帝舜，人所共悉，而兆父为瞽叟，自是顺理成章。舜父因官乐正，故有瞽之号。卜辞云：

㣇鬼于兆，告，其奏商。（《屯南》四三三八）

奏商音之乐，祀于乐祖，则兆之为瞽宗，审矣。鼓宗为殷学所在，故他辞云：

步于兆（《英》七三六）

即步于瞽宗之所，又云：

兆西（《合》一四六八〇）

瞽西者，犹言殷学之西，如他辞之言“学东”（《前》五，二〇，一）。又云：

……𡆥曰……儿兆来。（《合》一四六八一）

从儿地来之乐正，故谓之兆瞽，又云：

𡏳于兆，宜。
贞于𠳿东，𡏳。（《英》一一八〇）

𠳿东犹言陔东，为瞽宗所在地。《说文》：“陔，阶次也”。《汉书·郊祀志》：“泰一坛三陔。”《史记·武帝纪》作三垓。他辞云：

丁酉卜争贞：兆象？
贞：兆不其象？（《合》一〇五二，即《丙》四二五）

按下管为象。《左传·襄公廿九年》：“见舞象箾南籥者。”“见舞韶箾者。”韶箾为舜舞乐，象箾则为文王乐。箾即箫，如象为象箾，则殷已有用下管之象，举行乐舞，故有“𩂣于𠫑”之辞（《合》二九九八四）。兆作为被祭祀之对象，以指乐祖之瞽宗，如河之为河宗，甚为适合，故有时与土（社）、河、岳骈列，如：

己亥卜田率𡏳土豖，兆豖、河豖、岳豖。（《合》三四一八五）

或以兆、岳、河三者与其秋并举，见《合》三四六二七、三四二六八、二二四一九。此瞽宗列于河、岳之前，土即社，他辞云：

（1）于小，御。
于兆，御。
于亳土，御。（《合》三二六七五，即《粹》二〇）
（2）丁未卜：王帝（禘）于兆。
戊申卜，𡔲贞：方帝（禘）于土，兆𠕋（雨）。

卯（昴），上甲。（《丙》四三一，《乙》五二七二，《合》一一四〇）

第（2）条□殆雨之异写，卯应读为昴，指昴星，方帝者，禘祭于四方，《周礼·小宗伯》有四郊、四望、四类。郑司农云：“四望道气出入”。郑玄谓四望：五岳、四镇、四窦（渎）；四类：日、月、星、辰。由此条所载，方帝之祭，乃燎于土（社）、瞽宗雨师、星辰之昴，及先公上甲，殷制四方祭之典礼，约略可见盖统四望、四类之一部分为祭祀对象。

“燎于土”，或称为“亳土”（社），其辞云：

辛巳卜贞：雨不既，其燎于亳土，弜燎啓。

辛巳贞：雨不既，其燎于兆，不用，弜燎啓。（《屯南》一一〇五）

可见土即亳土，即亳社甚明。兆与河，岳及亳社同祀，其为乐祖，更为明显。又有云：

甲申卜，□、兆、目、□羊。

丁巳卜，□（妾）兆、目、□。（《合》三三七四七）

己丑卜贞、□（妾）兆、目、□羊。（《合》三四二七二正）

两辞互勘，丁巳卜省一羊字。另一残辞云：

……兆、河、□□□（《合》二二四一九）

此辞疑重写一岳字，而□或为□之偶添□形。再勘以上辞，三三七四七与三四二七二之□，殆是□（岳）的省形，足见同辞中字形增省之偶然现象，尚待细究。

有关兆之祭名，有又、卯、伐、酻等，今不具论，其较特殊者为帝（禘）：

丁未卜：王帝（禘）于兆，戊申卜，㱿贞：方帝（禘）燎于土，兆、雨卯（昴），上甲。（《合》一一四〇）

是方禘之祭亦举行于瞽宗，最习见者则为祈禾求年之事，以《国语·周语上》证之：“先耕时五日，瞽告有协风至，……农正陈藉札，太史赞王。”

"是日也，瞽帅音官以风土。廪于籍东南，钟而藏之，而时布之于农。"韦昭注："瞽，乐太师，知风声者也。瞽为乐官，以音律省土风。"于立春行籍田之礼时必于乐祖、瞽宗祈求丰岁，知周制实因于殷。殷时祭瞽宗与祭亳社、河宗一同举行，乐祖之地位至高，观周景王时伶州鸠云："古之神瞽考中声而量之以制，度律均钟，百官轨仪，纪之以三，平之以六，成于十二，天之道也。"韦昭注："神瞽，古乐正，知天道者也，死以为乐祖，祭于瞽宗，谓之神瞽。"其视乐官如神，祀为乐祖。卜辞之兆父，以瞽叟当之，最当。祀兆用𡲞，见于《屯南》有一版，文字特多：

> ……酚于夋，
> 丙寅贞：又于兆，𡲞小宰，卯牛一，兹用，不雨。
> 丙寅贞：𡲞三小宰，卯牛三。
> 丙寅贞：又□岁于伊尹，二牢。
> 丙寅贞：于庚（午）酚，𡲞于兆。
> 丙寅贞：隹丁卯，酚于兆，丁卯贞：于庚午酚，𡲞于兆。
> 戊辰卜，及今夕雨，弗及今夕雨。
> 己巳贞：庚午酚，𡲞于兆。（《屯南》一〇六二）

此片所记，其求雨之卜，连续由丙寅至庚午，前后六日，祷祀于瞽，而其先则酚于夋，夋如果为舜，则此乃殷人祭舜及其父瞽叟之重要记录。殷人尊重乐祖，其学校所以称瞽宗，正因特隆瞽叟之祀。瞽能知天时，自虞幕至于瞽叟，能听协风以成乐物生，以定农时，在历史上被尊为极有贡献之大圣，周宣王时史伯对郑始封桓公之谈话（见《国语·郑语》）与春秋时晋臣史赵之语（《左传·昭公八年》），均其明证，钟律之兴，实肇于此。[①]

古代瞽为王者身边主要人物，观周时记载，《礼运》云："王前巫而后史，卜、筮、瞽、侑皆在左右"。郑玄注谓为四辅，瞽为其中之一。楚史倚相记九十五岁之卫武公犹箴儆于国，谓："……临事有瞽、史之导，宴居有师、工之诵，史不失书，矇不失诵，以训御之。于是乎作懿戒，以自儆也。"（《国语·楚语上》）韦昭注："瞽，乐太师，掌昭吉凶；史，太史也，掌诏礼事。"瞽能知天道，周时属四辅，殷代想必职位更加重要。遇天有变象，"瞽奏鼓"（《左

① 《古代听声之学与协风成乐说溯源》。

传·昭公十七年》）以儆众。《公羊传》："天文上有职司，日月食由其奏鼓。"《国语·晋语四》记齐姜儆告公子重耳曰："实纪商人，商之飨国三十一王。瞽史之纪曰：唐叔之世，将如商数，今未半也。"卜辞有云：叀灵彭雨（《合》三〇〇七四），似指瞽与灵星合祭，齐姜妇人之言，而出于瞽、史之记录，殆信而有征，瞽与史虽异其职掌而同在王者之侧，所记非杜撰，今由卜辞证知之即兆，其字直读为瞽，验之各辞，均可通读。有一字形作（《合》三四二七一），则与兆更接近矣。

兆（）一字，向来异说滋多，近时吴匡、蔡哲茂别释稷，引拙说"稷辰即丛辰"为证，然字增益比形，所见字一律向右方，或写作形，其为比字而非从，灼然甚明。如：《合》三三三〇二、三〇四四六、三〇四四五、二九九八四，又一分书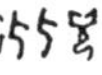（《合》三四二六五）。或称曰父，故不得释为稷，闻陈汉平君亦释兆读为瞽，与拙说暗合，不知其论证如何，惜未之见。

曩年余据陈梦家说释凶，误以为《左传》之董父，其地为嵏。[①] 于各辞多碍，应正。

① 《殷代贞卜人物通考》，122页。

说河宗

古称江、河、淮、济为四渎，列于祀典，见于《尔雅》、《风俗通》引《尚书大传》及《礼·三正记》，四渎指“发源注海”的巨流，四渎以河为首，纬书《春秋考异郵》云：“河者水之气，四渎之精也。”桑钦《水经》列河水为冠冕。卜辞已见河、淮之名[1]，而河字累百数十见。

殷人祀河之礼至为隆重，有𡆥、酌、匚（祊）、米、见（献）、㞢（侑）、帝（禘）告及祈年诸祭，屡与[illegible]、岳及先公夒、上甲并祀，复于河烄雨（《粹》六五五），沈牛有五十之记录（《乙》三〇九四：“酌，河五十牛。”又《乙》三三五七：“乎雀酌于河五十牛。”）同时亦用嬖与珏（《铁》一二七，二：“嬖、珏酌河。”《后》上二三，四：“丁巳卜，其𡆥于河，牢：沈妾（嬖）”）。及用羌以祭河（《甲》二四九一：“己巳卜，彭贞：御于河，羌三十人，在十月，侑，二卜”）。

殷卜辞复出现“河宗”之名，共三见，文云：

贞：于南方将河宗，十月。（《合》一三五三二）

河……即（飨）宗。（《合》二八二〇七＝《粹》四）

……河宗……（《屯南》一二七六）

① “淮”字见《合》三六六四二、三六九六八，《天理》八七六。

郦道元《水经注·河水》“河水……入渤海”句下引《山海经·海内西经》、《括地图》有关河伯冯夷的传说，援《穆天子传》“天子西征，至阳纡之山，河伯冯夷之所都居，是惟河宗氏。天子乃沈珪璧礼焉”以证其事。

殷代沈璧珏于河，和用人于河，后世都承袭其礼，如褚少孙补《史记·滑稽列传》记河伯娶妇故事是也。陆机《要览》载楚怀王岁沈白马以祀楚邦河神，故《楚辞·九歌》有《河伯》。楚境虽不及于河，而望祭的时候，沈白马于河水。似如后来秦二世因占梦泾水为祟，故祠泾而沈四白马，其事正同。

河宗氏是以河伯无夷为主神，无夷即冯夷，亦作冰夷，名见于《庄子·大宗师》、《山海经·海内北经》。文献上关于河伯的记载，似夏代已存在。《天问》：“帝降夷羿，革孽夏民，胡射夫河伯?”《竹书纪年》帝泄十六年，“殷侯微以河伯之师伐有易”。又帝芒十六年，“雒伯用与河伯冯夷斗”。微即上甲微，雒即洛水，卜辞云：

癸丑卜，〔在〕洛贞：王……亡〔畎〕。(《合》三六九五九)

癸丑〔卜〕，在洛……竦贞：……亡畎。王〔固曰〕吉。(《合》三六九六〇)

据《纪年》，夏时河有河伯，洛有雒伯，证之卜辞人物称伯者多见，早在夏代，已被封为伯爵矣。

卜辞又见河史之名：

……卯卜河史，王受祐。(《英》二三四八)

河史或指河宗之官属。

殷代祭河有河宗，祭岳有岳宗，有时祷雨于岳宗：

于帝臣又雨。

于岳宗，酌，又雨。

于戣宗，酌，又雨。(《合》三〇二九八)

〔癸〕亥贞：……岳宗……(《合》三四一一五)

是河、岳皆有庙专祀，《周礼》大宗伯之职，“以血祭祭社稷、五祀、五岳，以貍沈祭山林川泽”。郑玄注：“不见四窦者，四窦，五岳之匹，或省文。祭山林曰埋，川泽曰沈。”又四望，又“国有大故，则旅上帝及四望”。郑玄谓四望：五岳，四镇，四渎。四窦即四渎。殷时之岳，何所指，不可确知。因河、岳并祀则屡见，河亦与先公先王之王亥、上甲地位等列，试举一二例：

贞，酢于河匚（祊）。
贞，酢王亥。
贞呼雀酢于河五十牛。
勿五十牛于河。
酢河五十牛。
酢河卅牛，㠯我女。
翌辛亥，㞢（侑）于王亥四十牛。
五十牛于王亥。
㞢于王亥，母。（《合》六七二正）
丁丑，贞：叀上甲日，斦。
燎于河、王亥、上甲，十牛，卯十宰，五月。
丁丑卜，宾贞：叀河日，斦。（《合》一一八二）

具见河神地位之崇高，与王亥及上甲微一样。斦字或读为祈，《尔雅·释天》：“祭山曰庪县，祭川曰浮沈。”卜辞记殷时祷雨于帝臣及岳宗、夒宗，想必有旱灾。帝臣亦作帝五臣、帝五玉臣，为上帝之左右，此殆即“旅上帝及四望”之事，郑注：“旅，陈也，陈其祭事以祈焉。”所称“惟上甲日斦（祈）”与“惟河日斦（祈）”二语对贞。卯牛羊，即用血祭。酢河用牲之数，多至五十牛，与王亥相同，兼言“㠯我女”者，以我地之女，为嬖以祭也。

卜辞所记，河宗亦有配偶，曰河女、河母或河妾，其辞如下：

丁酉卜，贞于河女（母），二告。（《合》六八三）
癸卯卜史贞：来辛……于河母，王十月。（《合》一二五一）
……㞢母于河。（《合》一九九七七）
辛丑卜，于河妾。（《合》六五八）

古代自然物以母为名者甚繁[①]，有气母（《庄子·大宗师》）、月母（《山海经·大荒东经》：“有女和（娲）月母之国”）、水母（王褒《九怀·思忠》：“玄武步于水母”）、河母之称谓则文献未之见。《魏书·高句丽传》记：“其先祖朱蒙，朱蒙母为河伯女，为夫余。”《好太王碑》称：“始祖邹牟，出自北夫余天帝之子，母河伯女郎，刮卵降出。”[②] 高句丽祖先神话，与殷先代有娀玄鸟陨卵同符。《合》六八三卜辞字作河女，是殷人祷于河宗之外，又有贞于河女之说。高句丽自是因袭殷人传说。《史记·六国年表》秦灵公八年，“城堑河濒，初以君主妻河”。司马贞《索隐》云：“妻河谓嫁之河伯。”今由卜辞河女、河妾、河母观之，河之有配，由来久矣。

藏在甘肃庆阳博物馆的穆公簋盖，已有彭曦、许俊成和李学勤诸先生的考释[③]，李先生从器的纹饰作相对的大鸟纹，和铭中“王呼宰利”即周穆王时的井利，证明这个穆公簋盖属于周穆王晚期。盖的铭文全录如次：

隹王初如[illegible]，迺自商𠂤复还，至于周。王夕乡醴于太室，穆公咎，[illegible]（卩），王乎宰利锡穆公贝廿朋，穆公对王休，用作宝皇簋。

铭文上有二个地名，一是商𠂤，例如洛师，李说引徐广说为弘农商县；另一字不识，李云似从衃声。今细审这字形构，像是从邑，𥂗声，可读为鄘，声符一字上端从山，下面是把朋写成盟，增皿旁作繁形；盟字异形甚多，《集韵》十二庚有盟、盟、盟、盟；此则作𥂗。崩、盟为同部字。（《集韵》十七登：崩、鄘与萠、𢣲属同部可证。）《广韵·上声》四十三等收𨜏字，《集韵》亦同，惟增一𨜏字为其异文，云：

鄘、𨜏：国名。《穆天子传》：“西征至于鄘人。”或作𨜏。一曰县名，在扶风乡名在鄠。

《穆天子传》卷一中，鄘又是河宗子孙的姓，有一段话说及河宗氏，其文如下：

辛丑，天子西征，至于鄘人。河宗之子孙鄘柏絮且逆天子于智之□，

① 《谈古代神明的性别——东母西母说》，载《书目季刊》第二十七卷第四期。

② 周勋初：《九歌新考》，85页。

③ 彭文见《考古与文物》，1981（4）；李文见《文博》，1984（2），收入《新出青铜器研究》，68～72页。

先豹皮十、良马二六。天子使井利受之。……丙午，天子饮于河水之阿，天子属六师之人于鄘邦之南，渗泽之上。

戊寅，天子西征，鹜行至于阳纡之山，河伯无夷之所都居，是惟河宗氏。河宗柏夭逆天子于燕然之山。……天子授河宗璧，河宗柏夭受璧，西向沈璧于河，再拜稽首。祝沈牛马豕羊。河宗□命于皇天子。河伯号之帝曰：穆满，女当永致用时事！南向再拜，河宗又号之帝曰：穆满！示女春山之宝。……

我们看《穆传》所记，河宗与河伯是不同的官职，但都可向上帝呼号，直称穆王的名字，他们都代表天神说话，其地位之隆可知。河宗氏必是河神宗庙的代言人，子孙或者世袭。鄘即是他们的姓氏。《穆传》一向被视为稗官小说，但这一段话是很有根据的。

鄘字在上引《穆传》中，有鄘人、鄘柏（伯）、鄘邦诸称谓，显然为地名。故郭璞《注》云："鄘，国名。"《说文·邑部》，此字次于郿之下，云："鄘，右扶风鄠乡，从邑，崩声。……读若陪。"《集韵》一曰之说即采自《说文》。《汉书》鄘成侯周绁，《史记》作蒯。张守节《正义》引《舆地志》云："鄘城县故陈仓县之故乡聚名。"《晋书·地理志》："晋武咸宁四年，分陈仓立蒯城县，属始平郡。"故邓名世《古今姓氏书辨证》谓鄘国在虞、芮之间。《穆传》所述的河宗子孙鄘柏夭，他的得姓即来自鄘地，今证之穆公簋盖，云"王初如鄘"，此字如果指王往鄘邦之鄘，则簋盖中人物宰利可能是《穆传》的井利，河宗后人鄘柏絜献给天子各物，天子使井利受之，正同是一人，以金文印证《穆传》，若合符节，李学勤说这器是周穆王时物，应该是可信的！

近得胡振宇兄十一月五日惠书，为其尊人厚宣教授纪念集征文，且言："父亲生前曾邀任甲骨中心之名誉研究员，幸蒙俯允，只是未及奉达证书及举行仪式。"情谊恳挚。念多年与胡老交厚，深佩其契学之精专，当代无第二人。昊天不吊，夺我良朋。昔人有私谥习惯，我建议，以"洹宗"二字为胡老谥，这是我个人的意见。我所以写这篇《说河宗》论文，是有一点用意的。

1995年11月饶宗颐谨识

殷上甲微作禓（傩）考

傩的起源，一般只追溯到《周礼·夏官》的方相氏，近年国内外兴起“傩文化”的探索热潮，诸家论著，风起云涌。调查研究各地傩戏、傩仪遗留残迹的论文垂二百篇，已成为一时之显学。惟殷代先公“微作禓”一说尚未有人谈及。我曾经写过《世本微作禓解》一文，载于拙作《固庵文录》（89～91页），似无人注意及之。兹重撰此篇，聊供商讨。

《世本》有《作篇》记载重要事物的原始系由何人首创。《世本》现无完本，仅存清代各家辑本。在宋本《太平御览》卷五二九《礼仪部八》“五祀”一项有云：“《世本》曰：‘微作禓、五祀。’”注云：“微者，殷王八世孙也。禓者，强死男也，谓时难索宣驱疫，逐强死鬼也。五者，谓门、户及井、灶、中霤也。”此条抄于魏高堂隆议之下，初疑即出自高氏文中所引。高堂隆，《三国志》卷二五《魏志》有传，无此议五祀之文。此条雷学淇校辑本作：“微作禓、五祀。”其他秦嘉谟、张澍辑本作“汤作五祀”，未辑录上条，此以五祀之制作，属之成汤。最堪注意者为“微作禓”三字。宋本作“徵”，显为写误，当从雷氏本作“微”为是，微即上甲微也。禓即是傩。

《礼记·郊特牲》：“乡人禓，孔子朝服立于阼，存室神也。”（宋刊本）《论语·乡党》作“乡人傩，朝服而立于阼阶”。郑玄注：“禓，强鬼也，谓时傩索室驱疫，逐强鬼也。‘禓’或为‘献’，或为‘傩’。”是“禓”与“傩”为一字。

《论语释文》：“傩，鲁《论》读为献。”而傩字在《周礼·占梦》字但作

“难”。杜子春读为“问难”之“难”。《月令》“傩”亦作“难”。郑玄注：“此难难阴气也。”按：前一难字是动词，谓除却。故谯周《论语注》云：“傩，却之也。”

禓字在古书上通假借用，有如下列所示的音义关系：

禓——傩——献
　　　｜
　　　难

《世本》注引郑说“时难索宣（室）驱疫”，以释“微作禓”，则“禓”当即“禓”。《急就篇》：“谒、禓、塞、祷鬼神宠。”颜注：“禓，道上祭。”与《说文·示部》训“禓”相同。此为另一义。

微，即上甲微。《国语·鲁语》：“上甲微能帅契者也，殷人报焉。”报为匚祭，卜辞云：“贞：其㞢匚于田家，其……□”（《拾遗》一，七）即报于上甲之祭。微为王亥之子，卜辞所见田不可胜数，人所共悉，今不具论。

《周礼·夏官·方相氏》：“执戈扬盾，帅百隶而时难，以索室驱疫。”郑玄注云：

> 以惊驱疫疠之鬼，如今魌头也，时难，四时作方相氏以难却凶恶也。《月令》：季冬命国难。索，廋（搜）也。

按：《礼记》原文作：“季冬之月……命有司大难，旁磔，出土牛以送寒气。”郑玄之注可与此参证，其说云：

> 此难难阴气也。难阴始于此者，阴气右行，此月之中，日历虚、危，虚危有坟基四司之气为疠鬼，将随强阴出害人也。旁磔于四方之门，磔，攘也……

“四司之气”即“四隅之气”。扬雄《甘泉赋》：“配藜四施。”如淳曰：“黎为火正，能使火气施四裔也。”张衡《东京赋》：“逐赤疫于四裔。”《尚书大传》：“十二月并有索祀西正、四隅之礼。”（《六艺流别》引）四司、四施义与四裔、四隅同。季冬举行大傩的道理，主要在排除难阴（强阴）之气。古代的天文知识说明这个月份太阳所经，正值二十八宿北宫玄武的虚、危星座，即所谓

"北陆"。《尔雅》:"北陆,虚也。"《史记·天官书》:"虚为哭泣之事。"故有死丧哭泣之应。厉鬼在这时候随着强阴之气出而害人,故必须行大傩以攘逐之。

卜辞有□字,见《合》六〇六三即《珠》一一八二①,其文云:

……贞:旬亡囚……允㞢来娃(艰)自西。甾告曰:……⊥(戋)□夹方罙四邑。② 十三月。

这是一个小地名。诸家均释为颠。今按:此字从偏旁结构观之,仍不易定。惟以字之形态论,状像颠头则无问题。由这一个字,可以证明殷代使用面具已是相当普遍,故用作地名。广汉三星堆遗物,说明巴蜀地区在殷代已大量出现铜制面具,有如后代所谓大首的"期𩲡"之类。

□字下从大,头上戴假面。随县曾侯乙墓棺椁漆画图案有执戈戴面具(如下图)作可怖形状,正极相似。说者谓这是颠头,为圹中驱除恶鬼,保护死者。

① 与魌头及方相有关之甲骨文,严格而论,只见于《合》六〇六三一片。此片原为《殷契遗珠》一一八二号巨胛骨,上半残缺。□字之上仅存⊥形,可能是戈字,亦可能是"戋",而邑字上存二笔,故姚孝遂《总集》及岛邦男均作"二邑"。然向来读此句为"戋魌夹方罙四邑",因他辞有"戋二邑"、"戋四邑"之语,以是类推,细审二上犹有残画,自以亖字为是。其背面之"甾丁易"句,当与正面之"甾告曰"系同一人物。严氏《武丁日谱》谓"吕方侵甾,戋其郊甸之魌、夹、方、罙四邑"。又云"吕方又𡆥,戋甾、示、易及于牛家",把所有各字均视为地名,并认为此乃伐吕方之开始。严氏于丙子、辛亥、癸巳、丙申各条均任意补入"戋魌、夹、方、罙四邑"字句,实以意为之,绝无根据,事实上甲骨文中魌字只有一见。

② 与方相氏似有关涉另有一片,即《合》二七六三正+三五二四+四二四九,即《缀合》五四,与之相近又有一残片《合》三七二三+《库》一五一六,其中有"罙方"二字。此片原见《甲》二九一三,屈万里释云:"罙、方二邑名,由他辞证之可知。"然他辞之《合》六〇六三本明作"方罙",此则作"罙方",大有不同。按:以《合》三七二三+《库》一五一六证之,宜改释如下:

……昔我旧臣……

……司之齿。今之有古(故)。……

齿。三旬㞢六日,𩰫。辛……

……罙方允(戋?)……

罙字残损。罙方似当释为方名。罙即相字,见杨树达所释(《积微居甲文说》,24页),已为众所公认。则相方应释作方名为是。《合》八六二八亦残存"罙方"二大字。

古文字惯例，从大与从人无别，一作面具形状，汉人称为“頯头”。頯、魌为一字。见于文献记录，此字又有倛、娸等不同写法。兹录有关頯头的资料如下：

《说文·页部》：“頯，丑也，今逐疫有頯头。”《女部》有娸字，杜林说：“丑也。”

《荀子·非相》：“仲尼之状，面如蒙倛。”杨倞注：“倛，方相也。其首蒙茸，故曰‘蒙倛’。《子虚赋》曰：‘蒙公先驱’。韩侍郎曰：‘四目为方相，两目为倛。’”

《淮南子·精神训》：“犹頯丑也。”高诱注：“頯，頯头也。”[1]

《鲁灵光殿赋》：“仡頯𩂺以雕䀡。”李善注：“頯𩂺，大首也。”

《风俗通》：“俗说亡人魂气浮扬，故作頯头以存之，言头体魌魌然盛大也。”或曰：“魌头为触圹，殊方语也。”（宋本《太平御览》卷五五二“方相”引，2501页）

总结起来，魌是极丑的意思，饰为面具来惊吓恶鬼。“頯头”一名，在东汉很盛行。王子寿赋称为“頯𩂺”，示其面目狰狞，头部特大。应劭说：“魌魌然盛大也。”唐杨倞引韩愈说“两目为倛”，今观契文之，正作两眼状。魌头亦作垂发蒙茸之态，故司马相如文称之为“蒙公”。头戴恐怖面具以驱吓鬼的习惯，从甲骨文记载看来，应上溯到殷代。

张衡《东京赋》云：“卒岁大傩，殴除群厉，方相秉钺。”方相的意义，在《周礼·夏官》序称：“方相氏，狂夫四人。”郑玄注：“方相犹言放想。可畏怖之貌。”扬雄《甘泉赋》：“夺以方攘。”官本《汉书》宋祁引韦昭曰：“方攘，《周礼》方相氏。”则方相亦可作“方攘”，正取攘除（凶害）为义。

方相氏除大傩驱鬼外，入圹去凶和赠送恶梦亦是他们的任务。《周礼》分

① “頯”亦作“倛”，《集韵》及《类篇》均云：“倛，淮南祈雨土偶人曰倛。”影钞宋本《集韵》夺“偶”字，《类篇》“土”误作“上”，宜订正。此出《文选》应璩书，李善注引高诱说。

别记着：

方相氏：大丧先匶，及墓，入圹，以戈击四隅，驱方良。郑注：“葬使之道。”

占梦：乃舍萌于四方，以赠恶梦，遂令始难驱疫。郑玄注：“杜子春读‘萌’为‘明’，明谓驱疫也，谓岁竟逐疫置四方。玄谓‘舍’读为‘释’，‘舍萌’犹‘释采’也。萌，采始生也。赠，送也，欲以新善去故恶。”

由上记载，天子大葬时的行列，方相氏率先前导，故后代有方相车（《御览》卷五五二《礼仪部》“方相”引蔡质《汉官仪》），“以戈击四隅”，所以驱除草泽鬼神之方良（《东京赋》薛综注：“方良，草泽之神”），击圹的四隅是大葬时为冢内驱除邪魁。考殷代有四戈用𦎫之礼：

丙寅卜，木于四戈。（《合》八三四六，即《前》六，三八，三）

……乙巳自上甲廾示一牛，下示羊，土尞牢，四戈𦎫，四戈。（巫）豕。（《合》三四一二〇，即《续》一，二，四）

壬寅卜，㭬，其伐归，叀北㐅用，卅示一牛，二示羊，以四戈𦎫。（《合》三四一二一，即《粹》二二一；《合》三四一二二，即《粹》二二二）

又《合》三三二〇八有甲、乙、丙、丁不同之日，王从东戈、南戈、西戈、北戈以㞢侯扔之文。㞢字可释敉。《说文》：“敉，抚也。”字或从亻作“侎”，此处四戈意义尚未十分明了。四戈或指四方之戈，谓戡乱时，发动四方之兵戈共征讨之。侯扔殆当日诸侯之叛者，故举四方之戈以敉平之，有如方相执戈以驱疫鬼。卜辞“四戈”一词屡见，方相氏执戈秉钺以逐鬼魅，“四戈”以东戈、南戈、西戈、北戈证之，即指四方、四隅之戈。故后世以傩列于军队。

至于“舍萌赠梦”，亦复令方相逐除疫鬼。卜辞占梦的记录甚多，《合集》自一七三七三至一七四八四片都是占梦的事情。其中如“多鬼梦惟见”、“多鬼梦无疾”（一七四五〇、一七四五一）诸辞或与方相氏有关。

郑注说“岁竟逐疫置四方”，是用新生的菜放于四方，送旧迎新。有如释奠的释菜，用芹藻之属。

殷、周逐疫，方相氏戴魌头。到北周时候，腊日逐鬼却改作“戴胡头及作金刚力士以逐疫”，这时佛教已深入中国了。此事详见宗懔的《荆楚岁时记》十二月八日条，该书说：

金刚力士，世谓佛家之神。按：《河图玉版》云：“天立四极，有金刚力士兵长三十丈。”此则其义。

按：《初学记》引《河图龙文》云：

天之东、南、西、北极，各有铜头铁额兵，长三千万丈。又有金刚力士，长三千万丈。（俞樾：《茶香室三钞》卷七“金刚力士见纬书”条，参陈槃：《古谶纬研讨及其书录解题》，408页）

这由方相魌头，摇身一变而以三十丈的金刚力士顶替之。这样，赶鬼的成效自然更有力量了。纬书中杂有佛教成分，由来已久。吐蕃苯教跳神的羌姆，溯其远源和古代的傩实际分不了关系。殷时已盛行魌头与傩祭，嗣后方相氏变而为金刚力士，在北周之时已有之，其事远在吐蕃立国以前。殷之大敌为羌，羌人的傩俗可能自殷吸收，足见其渊源之远。

武丁卜辞又有云：

己酉卜宾，贞：鬼方⿱日丂（昜），亡囚。五月。（《乙》六六八四，《合》八五九一）

己酉卜内，贞：鬼方昜，亡囚。五月。（《甲》三三四三，《合》八五九二）

此为同事异人之卜。“鬼方昜”者，或读“昜”为“扬”。按：“昜”即“禓”，与傩同字，《淮南子·时则训》高诱注：“傩犹除也。”《吕氏春秋·季冬纪》：“腊前一日，击鼓驱疫谓之逐除。”傩与除同义，故《吕览》称“傩”为“除”。“鬼方禓”可解作已驱除，故亡祸。此处⿱日丂字即“昜”，应读为“禓”（卜辞有昜伯，故有人读“鬼方昜”为地名，但用于此处恐未确）。

傩本为索室驱除疫鬼之事。宋本《御览》卷五三〇别有“傩”一项。引《郊特牲》郑注作“谓时傩索室驱疫，逐强鬼也”，“五祀”条下引作“索宣驱疫”。作“宣”亦有说，即谓宣室。卜辞有云：“丁巳卜于南宣，召。”（《京津》四二六九，《合》三〇三七四。姚氏误作“宫”字，应正。）《淮南子·本经训》：“破纣牧野，杀之宣室。”高诱注：“宣室，殷宫名。”“索宣”即索于宣室。

索室驱鬼之傩，其礼创自上甲微，殷人行之，后世实沿其制。《御览》五三〇引《礼记外传》云：

> 方相氏之官，岁有三时，率领群隶，驱索疠疫之气于宫室之中，亦攘送之义也……大傩者，贵贱至于邑里皆得驱疫；命国傩者，但于国城之中行之耳。

国傩盖一年三时，季春以毕春气，仲秋以达秋气，季冬以送寒气，乃为大傩，其事具见《礼记·月令》。古礼一年有三次举行，其中大傩，则于十二月蜡时行之。廉品《大傩赋》云：

> 于吉日之上戊，将大蜡于腊烝。……乃班有司，聚众大傩。（《御览》卷五三〇引）

其事《续汉书》记之最详，人所共知，不必多赘。

总结而言，傩肇于殷，本为殷礼，于宫室驱除疫气，其作始者实为上甲微，卜辞先公之亩，即是其人。唐代始以傩纳于军礼。一般昧于“裼”即傩之异文，故对微之事，茫无所知，幸《御览》尚存《世本·作篇》佚文，得以重新发掘而获真解，知傩的起源可追溯到殷代。此治傩文化者所宜同声称快者也。

释纪时之奇字：⿶凵占、㬥与⿰虫丮（埶）

卜辞记天象，有一占辞云：

甲寅卜，𣪊贞：翌乙卯易日。

贞：翌乙卯不其易曰。（《乙》六三八五正）

王占曰：之⿱眉米，勿雨。乙卯，允〔雨〕。明雺，乞⿶凵占，食日，大晶（姓）。

王占曰：……

王臣占曰：止途首，若。（《乙》六三八六反）

是辞有两个不易明白之字，须加以考证。姚孝遂主编《类纂》（1036页）上摹作⿺辶卜，盖误；又释作“明雾二⿺辶卜”，不甚了了。严一萍撰《食日解》（《中国文字》新六期）一文，摹作“三⿶凵占”，甚是清晰，而纠正以前陈遵妫把“三⿶凵占”作为“三舀”的谬误。惟⿶凵占应是何字？仍是未明。宋镇豪《殷代的记时制度》一文，颇多创见，但对这二字未有申说。现在先谈⿱眉米字：⿱眉米字上半为⿱巛目，即眉字，下半如⿱屮木带尾形；此应为麋的异构。⿱屮木是湄日之“湄”的异形，他辞如“……日戊，旦⿰氵眉至昏不雨”（《京》三八三八）。“旦”、“⿰氵眉”连言“旦⿰氵眉”，犹言昧旦，《诗·鸡鸣》：“士曰昧旦。”“⿰氵眉日”亦作“溓日”（《掇》四四七），“之麋”即“之昧”，指是日上午时间的昧爽。此借麋为湄、溓，说详于省吾先

1013

生《释𣶒日》一文。[①]

至于㞢字，《类纂》1112页见六条，如："雀克入㞢邑，雀𢦔㞢。"（《合》七〇七六正）知㞢本是地名。若《乙》六三八六云："三（迄）㞢，食日。"则㞢在此当是纪时之语。考食日之义即是"日食时"。食日见于卜辞如云：

叀食日彭，王受又。（《屯南》二六六六）

此可能是上午朝食之时，尚有下午之下餔时。

汉人称食日为"日食时"，《汉书·刘安传》："使为《离骚》传，且受命，日食时上。"《武帝纪》："作《离骚赋》，旦受诏，食时毕。"这亦称"日早食"（见高诱《淮南鸿烈集解》序，参《汉书窥管》，268页），《白虎通》二言：

王居中央，制御四方
平旦食　　始少阳
昼　食　　始太阳
晡　食　　始少阴
暮　食　　始太阴

把不同时刻进食与四象相配，由上知"日食时"、"食时"与"早食"，实同一义。

至于夕餔，亦称曰下餔时：

《汉书·王莽传下》："下餔时"。
《居延汉简》一，三四："即日下餔时"。

马王堆帛书隶书甲本《阴阳五行》纪时刻云：

平旦、日出、食时、莫（昼）食、东中、西中、日失（昳）、下失、下餔、舂日、日入、定昏。（据于豪亮文）

① 于省吾：《甲骨文字释林·释𣶒日》，121页。

食时与下铺分为二事，下铺亦称为晡食。

“迄𡆥食日”一句意思是“迄昳食日”。犹言夕食之铺，亦即下铺时。此如飧之为夕食，与餐（亦作餳）之昼食正相对。故知“迄𡆥食日”即谓迄于下铺时甚明，与食日之为朝铺不同。[①]

𡆥字不见于许书，何以得解为昳？由于㐫字可读为埶（槷），中间文字通假，十分复杂，试为疏说如次：

卜辞常以埶与夕对举，例如：

(1) 翌日辛，王其省田，𡆥入，不雨，吉，兹用。

夕入不雨……日入，省田，湄日不雨。(《合》二八六二八)

(2) 其省田，𡆥……(《合》二八六二九)

(3) ……莫省田，𡆥入，亡𢦏。(《合》二八六三〇)

(4) 王其省盂田暮往，𡆥入，不雨。

暮往夕入，不冓雨。(《屯南》二三八三)

卜辞有一条云：“莫于日中廼往，不雨。”此莫在日中之前，证之帛书“莫食”在食时与东中、西中之间，莫食即昼食，则卜辞之莫或暮，可指昼食之“莫食”。

金文埶字或从丮持中，或从丮持木于土上，或再益女旁，实为一文。卜辞从丮持中或木，不益十旁，其为埶字甚明。埶与夕均为纪时之语，卜辞工宾夕福，又与埶福，每每对举，如即，行之卜辞云：

(1) 癸卯卜，即贞：王宾夕福，亡𡆥。

甲辰卜，即贞：王宾埶福，亡𡆥。(《合》二五三七七)

(2) 丙子卜，行贞：王宾夕福，亡𡆥。

丁丑卜，行贞：王宾埶福，亡𡆥。(《合》二五三九四)

癸卯即甲辰之前一日，丁丑是丙子之后一日，夕福与埶福之卜，即占某时刻之祀事受祉与否，故知埶与夕同为时刻名词。今按埶福应是槷福，与𡆥均为槷

---

① 岩城秀夫：《食时てはりてが》，见《神田喜一郎追悼中国学论集》，486页。

之借字。云梦秦简云：

日出卯　食时辰　莫食巳　日中午

㬚未　下市申　舂日酉　牛羊入戌　黄昏亥（《乙》一〇五一）

㬚字，它简或作日则（侧）（《乙》一一二八），于豪亮谓“㬚”是“日失”二字之讹写。然秦简中，明有㬚字，其文云：

盖屋：▨▨春庚辛，夏壬癸，季秋甲乙，季冬丙丁，勿以作事。复（覆）内㬚屋，以此日㬚屋，屋以此日为盖屋，屋不坯，主人必大伤。（《乙》一一一、一二二盖屋简）

此四季之忌日，即所谓四法（废）日，盖屋为大忌。余疑㬚乃臬字异构，臬亦作槷，㬚屋即槷屋。《周礼·考工记》：“匠人置槷，以县以臬求正中射墉的也。”郑玄谓：“槷，古文臬，假借字。”《小尔雅·广器》：“正中者谓之槷。”故㬚屋者，言持臬测地以建屋也。𤕌字借为槷，在金文又借为暬，近也，“颂远能埶”之为“柔远能迩”是。《尧典》曰“归格于艺祖”，马融注：“祢也。”祢通迩，蓺与埶自是一字。

𣦵字《说文》训骨残，读若櫱岸之櫱，櫱与槷、臬同音假借，故知埶福即𣦵福，殷人亦将“埶福”省作“埶”，或只言“福”，例如：

（1）贞于入……贞福。（《合》二三七〇三正）

（2）……自埶……彳？迺雨……多雨。（《合》二四八六九）

𣦵与𢆶、𡍬同义而异其文，均指未时之㬚，㬚即臬之异形。他辞有：

贞福告王𦏲（䖵）于丁，三月。（《合》一九五八）

𦏲即埶字的繁文，由𢆶增益自旁，故槷之通臬，除同音之外，于字形亦有根据。

卜辞有昃日一语，见《合》一一七二八反。关于日失、日昃，在古书及简牍上有若干不同称谓：

日昃　《易·离卦》："日昃之离。"

日仄　《经典释文》引王嗣宗本作仄。

日厢　《说文》引《易》。

日稅（稷）　马王堆帛书《周易》。

日则（侧）　云梦秦简一一二八。

日失　放马滩秦简乙七九，马王堆《阴阳五行》。

昳时　睡虎地简八六四。

日虒　云梦秦简《吏篇》。

日施　贾谊《鹏赋》："庚子日施。"

日昳　《说文·日部》："日厢也，从日失声。"

日下昃　《公羊传·定公十五年经》"日下昃"注："下昃谓晡时。"

日下稷　《穀梁传·定公十五年经》范宁注："稷，昃也；下昃谓晡时。"

（日）下失　马王堆帛书《阴阳五行》。

（未）　秦简乙一〇五一。

而卜辞所见，则有𡧊与埶（𡧊与𡧊）诸名。由是言之，"迄𡧊食日"四字即谓迄于未时之昃下铺之时刻。尚有进者，天水放马滩秦简《日书》有云：

子，旦吉，安（晏）食吉，日中凶，日失吉，夕日凶。

分一日为五段。秦简《吏篇》亦分五段为朝见、晏见、昼见、日虒见、夕见。取与卜辞比较，夕日即夕福之夕，日失及日虒，即埶福之埶。殷代虽无日书之明文，而有占时刻休咎之事实，祈求埶福与夕福与日书用意相同。一日不同之时刻，即有不同之祸福。云梦、天水秦简《日书》于一日中之时刻而论其吉凶休咎，迹其渊源，应肇于殷人。

汉初魏鲜候岁，以五谷分配时刻，表之如下图：

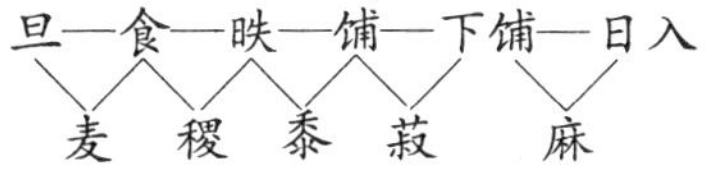

以麦配旦及食时，以稷配昳。考卜辞有云：

月一正曰食麦。甲子、乙丑、丙寅、丁卯。(《合》二四四四〇)

《史记·天官书》曰:“魏鲜候岁,四始为候岁之日,正月旦为岁之始时之始,日之始月之始。”此卜辞云“月一正曰食麦”恰为正月旦,四始之日,兼言食麦,必为候岁之事。《穀梁传》称昃为稷,虽昃、稷音同,而以稷名“昃”,必与五谷之稷有密切关系,殷卜辞占岁之事至繁,则时刻分段,出于候岁之占,从可知矣。

于老认为𣦵字为烈[①],因释𣦼雨为烈雨,按古籍只见烈风、风烈,而未闻有烈雨者。于氏推而谓𣦵、𣦵、𣦵诸字为烈,其说非是。于氏盖混𣦵与𣦵为一字,甲骨文𣦵字,以死字之作𣦵证之,许君“骨残”之说实可信,从𣦵之字绝无一作𣦵形者,故不宜释为列。又从𣦵诸字,皆与蘖义有关,可读为孽。卜辞习语如“不𣦵”即不孽,为不害之意,亦作“不𣦵”字又益𣦵旁,知从疾病取义。《吕氏春秋·遇合》“反以孽民”高注:“病也。”卜辞屡言“马其利,不𣦵”(《合》二九四一八),𣦵读如𩥇。《史记·晋世家》“惠公马𩥇不行。”《索隐》谓:“马重而陷于泥。”马不𣦵,意谓不重也。《说文》:“𩥇,马重貌。”又云:“𣦵我”,即孽我。至于“点雨”、“大𣦼”诸语:

(1)贞:其亦点雨。

贞:不亦点雨。(《合》六五八九正)

(2)贞:𣪊,其大𣦼。(《合》一八七七二)

大𣦼谓大孽,𣦼雨谓雨为孽。《汉书·息夫躬传》“孽杳冥兮未闻”,如淳注:“虹蜺覆日月光明谓之孽。”师古曰:“邪气也。”均可通,不必读为烈雨。洌训水清,无暴雨义。

又𣦵、𣦵、𣦵诸字,于说均以列训之,亦有未安。按《中山王𧧀壶》“诸侯𣦵贺”及秦残陶量,均以𣦵为皆字,卜辞云:“豚眔羊𣦵用。”(《甲》六七五)即“皆用”;“𩂣眔门𣦵酢,又雨。”(《金》一八九)意即“皆酢”;“其𣦵用,雀眔贝。”(《甲》七七七)亦即皆用。又如:

(1)……𣦵令二人。(《合》二七七四八)

---

① 于省吾:《甲骨文字释林·释𣦵、𣦼、𣦵、𣦵、𣦵》,370页。

（2）辛巳卜王其奠元罙永，𡚁在盂奠。（《屯南》一〇九二）

释为皆令、皆在，均通，较释“列”为胜，而𡚁之为皆，战国与秦文字即取自殷契，正一脉相承也。因论𠧪字，附论于说于此。

从宋国铜器铭辞谈殷“天乙唐”之名号

1978年，河南固始侯古堆春秋晚期一号墓出土铜簠二件，其铭文云：

“有殷天乙唐孙，宋公䜌乍其妹勾敔夫人季子”媵匿。[①]

“天乙”一名见《史记·殷本纪》：

主癸卒，子天乙立，是为成汤。（南宋绍兴杭州本《史记集解》；《太平御览》八三引《史记》文同。）

《世本》（商世系）：

汤名天乙。

此据王谟辑本。其注称：《尚书释文》引《王侯世本》。孔疏云：“汤名天乙者，依殷法，以乙日生名天乙。……安国不信《世本》。无天乙名。”即指孔安国注《尚书》不采《世本》之说，然《荀子·成相》篇明云：“十有四世，乃有天乙，是成汤。天乙汤，论举当。”今此宋公䜌簠有“殷天乙唐”之名，

---

① 《文物》，1981（1），8页。《分域简目》，41、42页。《殷周金文集成》九册，205页。

天乙唐即"天乙汤"。则《世本》之说确然有据。《御览》八三于"帝祖乙"条下引（皇甫谧）《帝王世纪》云：

帝祖乙以乙日生，故谓之帝乙，孔子所谓五世之外，天之锡命，疏可同名者也，是以祖乙不为讳，盖殷礼也。

又同卷引《帝王世纪》：

成汤一名帝乙。

是成汤亦称帝乙，其后世孙曾祖乙亦可称帝乙。盖同以乙日生，殷礼五世以外，疏远不妨同名，所引孔子语如是。卜辞有大乙，而未见"天乙唐"之称。纬书如《尚书中候》云："天乙在亳。天乙受神福，伐桀，克。"（《御览》八三引）春秋以来，有"汤名天乙"之说，铜器及诸子（如荀子）、《世本》皆同。《白虎通·姓名篇》谓："汤为王后改名天乙。"其说后出，则恐不足信。[①]

一

宋公䜌即宋景公头曼，北京中国历史博物馆藏有"宋公䜌之造戈"。宋公䜌之器物，宋时金石家董逌、黄伯思都在秘阁见过宋公䜌鼎。董逌《广川书跋》卷五"餗鼎铭"条云：

《竹书》有宋景公䜌，而《史》为头曼。孙炎以为䜌为头曼合声。今考班固《汉书》犹有兜䜌，盖亦著其声如此。

又于"宋君夫人餗釪鼎"条云：

余既为编修官毕完其宋公䜌之鼎矣。……翌日，校书（即黄伯思）持宋君夫人餗釪鼎以问。

① 梁玉绳《人表考》说。

黄伯思在其《东观余论》上亦作《周宋公鼎说》一文，以记其事，吕氏《考古图》及赵明诚《金石录》（卷十一、十二）复言之。宋人早已见过宋公䜌之器，而且讨论得非常热闹。黄伯思引用汲冢所出《师春书》言：

> 宋之世次曰景公䜌者，昭公子。

又卷下《校定师春书序》言：

> 䜌乃宋景公名，与鼎铭合，而太史公记及他书皆弗同。

今考《史》、《汉》所记宋景公之名：

> 《史记·宋微子世家》："元公……入鲁行道卒。子景公头曼立。"
> 《汉书·古今人表》："宋景公兜栾，元公子。"

有头曼、兜栾之异文，其名相同，师春但称景公䜌只有一字，与铜器相符。盖呼名有单复之差耳。师春谓䜌为昭公之子，则误。据《宋微子世家》其世系如下：

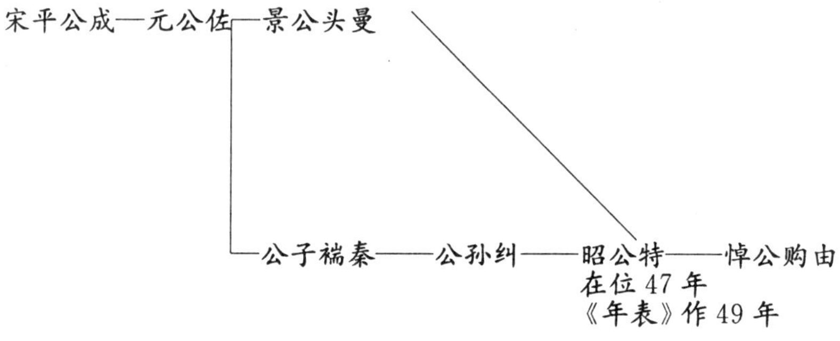

昭公之子应是悼公购由，䜌当从《史》、《汉》作元公之子为是。宋景公之名，始见《左传·定公六年》，又见《左传·昭公二十五年》。《宋微子世家》称其在位64年，《六国年表》作66年，然依《左传》实立48年[①]，宋司星子韦说荧惑守心（心为宋之分野），景公忧之，荧惑为徙三度，即此宋公䜌，时称为

---

① 梁玉绳说。

贤君者也。

二

宋公䜌自称为“有殷天乙唐孙”，唐即汤，卜辞皆作“唐”，成汤，铜器叔尸镈亦作成唐。“唐孙”即是“汤孙”。《诗·商颂·那》：“汤孙之将”，“汤孙奏假”，“于赫汤孙”。毛传谓：“汤孙呼大甲也。”清儒颇多异说，以为汤孙乃主祭君之号，当属于宋襄公，但毫无明证。今从宋景公䜌此器，景公亦称为“唐孙”，可见汤孙一名不必死看作汤之孙子而指为太甲，不宜认定是某一人。宋出微子之后，“（成王）命微子开代殷后，奉其先祀，作《微子之命》以申之，国于宋”（《宋微子世家》语），宋之后代都可称为汤孙，此一解可帮助解决历来《商颂》注家之纠纷。

三

《帝王世纪》言成汤一名帝乙，在经书上，《左传·文公二年》言及“宋祖帝乙”，《易经》爻辞言“帝乙归妹”，《尚书·酒诰》言“自成汤咸至于帝乙”。以上诸帝乙，是否可指成汤，宜附带加以研究。

卜辞未见“帝乙”之名，但有“文武帝乙”之称，出于周原之刻辞：

癸巳，彝文武帝
乙宗，贞：王其𠭯（御）祭
成唐，鼎，𩰫示。
（下略）（H11：1）

文武帝乙之名亦见于《录遗》二七五切其卣。丁山已指出此文武帝乙即帝辛之父帝乙。其辞云：

乙巳，王曰：障文武帝乙宜。在召大廊，遘乙羽日……在四月，隹王四祀羽日。

说者谓此即为帝辛四年，周原此辞之“王”，当如是卣之指帝辛，但非指周文王，这批甲骨出于岐山，文王死前一年，由岐而徙都丰，当属周文王迁丰以前之物，其时仍为帝辛之天下。此一称谓在帝乙之上，加以“文武”之美号，亦犹文丁庙之称“文武丁宗”，“文武”合谥，盛于殷之末期，文丁与帝乙皆有此号，殆是殷俗如此。卜辞又有武乙、武祖乙之称，当指射天于河渭间为暴雷震死之武乙。《殷本纪》云：“（武乙）子帝太丁立，帝太丁崩，子帝乙立。帝乙立，殷益衰。”周原之文武帝乙，自指此君，乃微子与帝辛之父。但所有卜辞尚未见不带“文武”号之帝乙一名。

《酒诰》出于周人之手，其所称之“帝乙”，向有二说：

（一）为王先谦引东汉贾逵、马融说，谓指纣父之帝乙。

（二）《白虎通》及《易乾凿度》说以为汤六世孙之祖乙。

王先谦以为纣父之帝乙非为令主，又以《白虎通·姓名篇》、《易纬》称帝乙汤之六代孙及帝乙汤之元孙之孙，其世次符，故断言贾、马之说为非。郑玄注《礼记·檀弓》亦用《易纬》说谓为成汤六世之帝祖乙。卜辞中太乙与中宗且乙同见一版如：“大乙于中宗且乙又……”（《屯南》七四六）今按周原卜辞既称帝乙为文武帝乙，《酒诰》统括成汤以下之殷王，称其“自成汤咸至于帝乙，成王畏相，惟御事厥棐有恭”[1]。谓此帝乙指文武帝乙似无不可。然据上引《帝王世纪》“帝祖乙以乙日生故谓之帝乙”，则祖乙亦称曰帝乙，其说乃出《易纬》。

《周易》泰与归妹二卦之六五爻辞皆有“帝乙归妹”一句。马王堆汉初写本云：

> 《泰》六五：“帝乙归妹，以齿（祉），元吉。”

《归妹》六五，帝乙归妹，其君之袂，不若其苐（娣）之快（袂）良。日月既望，吉。[2] 与今本无大差异。京房《易》载其嫁妹之辞称“汤曾嫁妹”，故曰帝乙归妹。郑玄亦谓“帝乙即汤”。《乾凿度》以《易》之帝乙为汤，郑乃用《易纬》说。皇甫谧言成汤一名帝乙，想即出自《易纬》。

至《左传·文公二年》记：“大事于大庙，跻僖公（于闵公之上）。”犯逆祀之错误，孔子责为三不知之一。其传云：

---

① 《今文尚书》成汤下无咸字。

② 见《文物》，1984（2）。

宋祖帝乙，郑祖厉王，犹上祖也。

杜预注："帝乙，微子父。厉王，郑桓公父。二国不以帝乙厉王不肖而犹尊尚之。"按《左传·昭公十八年》："郑人救火，使祝史徙主祏于周庙。"杜注："周庙，厉王庙。"是郑立有周厉王庙。以是例之，宋人必立有殷帝乙庙，所谓"宋祖帝乙"是也。故《荀子·成相》篇微子启云："武王善之，封之于宋，立其祖。"今从宋公䜌器景公自称为"天乙唐孙"，则远溯至殷之远祖，所谓"宋祖帝乙"，此帝乙以指天乙，亦有道理，不必如杜预之拘泥，必指微子父之帝乙。

《易纬》之说，成汤、中宗祖乙、帝乙三人皆有"帝乙"之称，因其皆以乙日生，五世之外，疏远故不妨同名。所引孔子说，甚可注意。因孔子言及殷礼之资料，殊不多见。

四

宋国器物在宋代颇多出土。宋公䜌鼎之外，又有宋穆公孙盘铭[1]及䛠钟，其款识云："宋公成之䛠钟。"徽宗崇宁三年得之南都崇福禅窟，后归大晟府。成即宋平公之名。平公始见于《左传·昭公十年》。䛠之名乃用颛顼之乐"六茎"[2]。平公成即景公䜌之祖父。固始所出宋公䜌器自称为"有殷天乙唐孙"溯其远祖，合以《左传》云宋祖帝乙为上祖，亦可以上指成汤，不必泥为微子父之帝乙。新资料可补苴旧注之不及，此亦其一例，故备论之，尚望高明加以指正。

① 出临淄，《金石录》十二。

② 见黄伯思：《东观余论》上《宋䛠钟说》。罗泌《路史·余论四·䛠钟说》即钞录之作。

由《尚书》“余弗子”论殷代为妇子卜命名之礼俗

《尚书·益稷》：“启呱呱而泣。予弗子，惟荒度土功。”伪孔传以“不暇子名之”解说“予弗子”一句。《史记·夏本纪》“正义”云：“禹辛日娶，至甲四日，往理[①]水。及生启，不入门，我不得名子，以故能成水土之功”。盖参用孔传说，视子字为动词，训作“名子”。意思是为儿子命名。

考殷墟卜辞有类似的句式：

己亥卜王：余弗其子帚姪子。（《前》四，二十六，七；《前》一，二十五，三）

贞：委隹事，弗其子。（《京津》二〇一六）

“余弗其子某子”句法与尚书“余弗子”颇相类似。若依孔传说，此当即殷王自卜，为诸妇产子命名之例。

古代有吹律卜名的习惯，《大戴礼·保傅》篇引青史氏记古代之胎教云：

太子生而泣。太师吹铜曰：声中某律。太宰曰：滋味上某。然后卜

① 此避唐讳“治”。

名。上无取于天，下无取于地。……

如果用这一段记载来解释《益稷》，即谓启生呱呱而泣，禹不为命名而仍致力于治水的工作。孩子出生何以哭泣？《白虎通·姓名篇》尝给以解释云：

人生所以泣何？本一干而分，得气异息故泣，重离母之义也。《尚书》曰：启呱呱泣也。

言离开母体是以哭泣，这是汉人的理论。孩儿出生后，为之卜名，事关胎教，在出生以前，有种种准备工作，青史氏已具言之。

《礼记·内则》：世子生，则君沐浴朝服，夫人亦如之。……世妇抱子升自西阶，君名之乃降。

上引卜辞中所见之帚娷、帚媿，都是武丁时的世妇，勿𡐓可读为勿致，《说文》："致，送诣也。"致亦训至（《广韵》六至），故𡐓殆即至的繁形。青史氏言太师吹铜，然后卜名，命名必行卜，殷时已是如此。卜辞云：

辛亥子卜贞：帚妥子曰𤰈，若。（《京津》三〇一三）

壬辰子卜贞：帚㓵子曰戠，帚妥子曰𠳋，帚妥子曰𠳋，𢼄（俎）。（《殷缀》二八七）（《乙》四八五六十六〇九二）

上二条是世妇妇妥与妇㓵为子命名之卜。而妇妥一子有二名，曰𤰈，曰𠳋，在𤰈之下，有占辞曰若，若，顺也。则用"𤰈"命名，是为吉卜。这正是殷人为子命名得到吉占的记录。

古代五行家用五音来定名。《论衡·诘术篇》云："五音之家，用口调姓名及字，用姓定其名，用名正其字。口有张歙，声有内外，以定五音宫商之实。"《汉书·艺文志》五行家所收《五音定名》有十五卷之多，材料必甚丰富，可惜其书已失传。殷人似乎已懂得五音，在温县出土的殷钟，据称其全部右鼓音、隧音，加在一起，正构成宫、商、角、徵、羽五音，可以互相应和，李纯一实测大司空村殷墓编钟，知殷时已有半音观念，且有五度协和观念。《礼记·郊特牲》说："殷人尚声，周人尚臭。"殷时对辨声很重视。殷乐为濩，如《韩诗外传》八所说：“汤作濩，实具五声。”如是殷人必能辨别五声。《五行大义》引《乐纬》云：孔子曰：“丘吹律定姓，一言得土曰宫，三言得火曰徵，五言得水为羽，七言得金曰商，九言得木曰角。”孔子为殷人之后，此以一三五七九诸数以配土宫、火徵、水羽、金商、木角，以五行合五音，这样的纳音法，我在秦简《日书》中已觅得证据，先秦战国末期已使用来占卜，从前认为自汉以来始有之，是不对的。但殷人是否以五音命名？用口调？抑兼用吹铜？尚无确证，目前只好存而不论。《尧典》云平章百姓，汉人如《白虎通》即用“圣人吹律定姓以记其族”来作解释。纬书如《易是类谋》谓：“黄帝吹律定姓。”[①] 可见来源甚远。古时同姓不昏，嵇康说云：“人姓有五音，五行有相生，故同姓不昏。”[②] 他是根据汉代的《图宅术》[③] 来立论，自然说较晚出。殷代以律定名的实际情形如何，限于资料，不欲妄作推测，但确有生子卜名的习惯，与《尚书》说夏启生而泣，禹治水勤劳，过家不入，无暇为子命名的记载，完合相合。

吹律卜名，为古胎教，其说必远有所承。生子命名之卜，在战国时人记载亦有之。《离骚》云：“摄提贞于孟陬兮，惟庚寅吾以降。皇览揆余初度兮，肇锡余以嘉名。名余曰正则兮，字余曰灵均。”洪兴祖补注引《礼记》：“三月之末，父执子之右手，咳而名之。”刘向《九叹·灵怀》云：“兆出名曰正则兮，卦发字曰灵均”。陈第云：“伯庸名我为正则以法天，筮而卜之，卦得坤，字我曰灵均以法地。”陈直读肇为兆，证屈子之名因卜兆而得，因在伯庸祖庙卜名，得名曰正则得字曰灵均也（《楚辞拾遗》）。观于上举卜辞所记，知卜名习惯，殷已盛行之。则训肇为兆是也。由屈原之事，知卜名实兼字，二者得同时行之。则所云“子帚某子”，第一个动词之“子”，亦可读为“字”，言“字”，则名在其中矣。

---

① 《御览》三百六十二引。

② 《嵇中散集·答难宅无吉凶摄生论》。

③ 详《论衡·诘术篇》。

妇好墓铜器玉器所见氏姓方国小考

一、㝃母

妇好墓出土的“司㝃母”铜器二八件，有三件反书，可读为“后㝃母”，另一行为癸字。郑振香先生认为此铭宜解释为“⿱⺈亏母”，日名是癸，或母癸之名为⿱⺈亏，应是武丁另一位王后，即庚甲卜辞中被祭祀的母癸。她和妇好不可能是同一个人。我个人基本上很赞同这一看法，但认为㝃字不必是私名，试补充如下：

（一）卜辞所见㝃字，有时用作动词，如：“小臣叶车马硪，㝃王车，子央亦堕。”（《菁》一）“（水）其㝃兹邑。”（《合》一三二）“……我㝃戋。”（《乙》二三三一）这字有人释驭，余向曾释貍，均有未妥，其字当从兔声，写作㝃。

（二）㝃母之㝃，有一器形正作兔状，释“兔”是对的。下面偏旁有人说是丂，而读此字为从龟从丂，以丂为声，借为巧字，把它认为是妇好的字；有人则认为下面是丅（示），字为从兔从示。姑无论形旁是丂或是丅，“兔”应当是声符，换句话说，主要字根是兔，而不是丂。兔母者，以卜辞的奔母（《库》一七一六）例之，母上字应是氏名，氏名往往和地名有关，兔即春秋的菟氏。

《左传·昭公五年》：“（郑伯）劳屈生于菟氏。”杜注：“郑地。”《寰宇记》：“菟氏在河南尉氏县西北四十里。”《广韵》十一模：“菟，菟丘，地名。”

𡩧母出自菟氏，可以论定。[①]

《广韵》与徒同音之字共三十，其中以兔为声者，有梌（即棙）、䖘（乌䖘即於菟），并与屠瘏同音。卜辞"𡩧兹邑"、"𡩧王车"都有损害的意思，故可读为瘏，如《诗》"我马瘏矣"之比，𡩧王车即瘏（害）王车。

这样讲来，𡩧字当是菟氏之菟，于动作及氏姓二义均能文从字顺。

后𡩧母癸，是武丁配妣癸，她是氏出于菟，其一名为癸，故称曰后𡩧母癸。妇好只是诸世妇之一，地位去妣后甚远。世妇之职，"诏王后之礼事，帅六宫之人共齍盛，相内、外宗之礼事"（《周礼·春官·宗伯》）。妇好是后菟母癸的左右侍从。武丁妣癸的礼器，在她必得到许多赏赐，故其墓中保存有二十多件妣癸的尊彝，这是说得通的。

妇好墓中尚有其他的器物，如亚弜、亚其、亚攸署名的，已有人研究过。其他若干氏姓可考者，补述如次。

二、妊冉

妊（冉）入石

此为石磬上刻铭，示此石为妊冉所贡者。妊即任姓。《世本·姓氏篇》：任姓之国有十。如薛、泉、毕、过等。《左传·隐公十一年》："寡人若朝于薛，不敢与诸任齿。"薛之封始于夏代，故任姓在先殷必已有之。冉婚于妊，故曰妊冉，此如邛嬭（曾侯簠）之即江芈（《左传·文公元年》），楚女嫁于江，故称"江嬭"。女嫁从夫，故夫姓在前。

三、白

（宫）

铜爵上氏名。旧释官。按字不从𠂤（《说文》官字在𠂤部，从𠂤，𠂤犹众也），知非"官"字。以卜辞白字作证之，当是从宀从白，《广韵·入声》二

---

① 以菟为地名者，尚有《左传·隐公十一年》的菟裘，《公羊传》作涂裘。《史记·秦本纪》嬴姓有菟裘氏，地后并于鲁。《左传·哀公四年》："楚人临上洛，左师军于菟和。"菟裘、菟和，都宜与菟之氏族有关，因迁徙异地而加上裘及和，成为复名。

十陌：“白，亦姓，秦师有白乙丙。”

四、臧

此为夔足鼎款识。字似从戈从𠂤，卜辞有𢦏字即臧。从𠂤与从臣同意。《路史·国名纪己》：商世侯伯之国有臧。文王观于臧，遇臧文人钓者，近渭。臧亦殷、周之间地名。

五、卢方

妇好墓出土玉戈四十件，其一后端刻辞云：

卢方入戈五。[①]

卜辞亦见卢伯及卢方伯，其辞如下：

卢白（伯），其征（延），乎乡（飨）。（《邺》三下，三六、九）

甲戌卜，翌日乙，王其卢白，不雨叀父甲彡日，（祷），又正，大吉。（《甲》三六五二）

卢方白……王。（《屯南》六六七）

以上三条，卢伯私名，与、当是一字繁简之异写，从《邺》则其字可定为从水从栗之溧，从《甲》则其字乃为从水从未之沫（益又旁为繁形）。总之，此正是卢伯之私名。父甲谓祖甲，《甲》一条，盖第三期之卜辞，余二条应相同。妇好为武丁之世妇，则卢方应为武丁时人，在溧之前。

《路史·国名纪己》：夏世侯伯有卢氏，云：“今之卢氏县，有卢氏山。”今知殷确有方伯曰卢，则卢之为国尚矣，武丁时以玉戈入贡，后被封为

---

① 《考古学报》，1977（2），附图19，135页。

伯爵。

《书·牧誓》从武王伐殷八国，卢与微、彭、濮并列。四川彭县近年有殷代二觯出土，说者谓为蜀人参与伐殷战役之物证。又《书·立政》云："夷微卢丞，三亳阪尹。"卢即卢方矣。《路史·国名纪》商世侯伯有泸，盖即《牧誓》八国之一，罗泌为之说云："卢戎也，古文作纑。齐之长清南五十里有卢城，齐郑寻卢之盟者，然非此。"《逸周书·王会》"卜、卢以羊"，孔晁注："西北戎也，今卢水是。"按卜即濮，则此卢仍是伐殷八国之卢。春秋有卢戎，《水经注·沔水》作庐，殷之卢方，地望或在此。《周语中》："卢由荆、妫。"韦昭注："卢，妫姓之国。"以卢为舜后，卢之与荆，必有密切关系。

甲骨文□字，省虍，于省吾以为即卢之古文。卢方之卢，字形作□及□（《屯南》），下半之□，与殷周铜器铭文习见之□字，应是同一文之变形。

卜辞有□字如□羊岁（《乙》一〇六二），□豕用（《乙》九七五），㞢岁于示（天）庚，用，□豕卅（《乙》五三八四）。

各□、□字，有繁有简，与金文□字全同，正宜释卢，谓胪（列）羊胪豕。可证□字当释卢，可无疑义。①

□器出于安阳侯家庄一五五〇大墓山东胶县出土有□父癸爵，辽宁北洞出有□父辛鼎。近年荆湘地区亦屡有出土。

（一）湖北江陵万城，位于沮漳河北岸，1962 年出下列各器：

□（北）子冈鼎

盂北子□甗

□乍北子□簋，用□□月□（力）匕（妣）乙，其万年子子孙孙永宝。②

《三代》一二，一四有□父辛卣，其盖铭作□，由此一组器可见冈、□（卢）氏在商末周初有加封北子者。北当即邶鄘之邶，《说文》："邶，故商邑，自河内朝歌以北是也。"1976 年小屯之北殷墓出土朱书玉戈，文云"在□（沘）执亘□在入"七字。③ 沘从北益水旁，卜辞屡见"在沘"（《铁》二二七，

① □字异形异说，详《金文诂林附录》，711～724 页，并参《考古》，1963（4）。
② 以上见拓本，《文物》，1963（2）。
③ 参见《考古学报》，1981（4）。

二；《续》六，二四，四)，“勿呼令沘”（《乙》三七六八)，北子封地当在沘。

（二）湖南宁乡

己冉鼎、及爵（收集品）三见，癸冉提梁卣、盖及底皆有冉字，又一面有秋（秋）字。按从禾之秋，字书所无，当读为木盛之杕，杕即江夏之轪。

邓显鹤《楚宝考异》内《弦、江、黄通考》称：“《汉志》江夏郡轪（按原讹为轶）注，故弦子国。师古曰：‘又音徒系反。’”（《南村草堂诗文钞》）

《广韵》轪、杕皆音特计切，春秋轪为弦子国，殷器则称为秋，字从禾不从车。

扶风白家窖出商陶罐，铭曰：“冉黾父丁。”[1] 黾即鄳，《说文》：“鄳，江夏县。”《战国策》谓之黾塞，《淮南子》曰：“黾阨，今河南信阳地。”《吕览》“九塞之冥阨”也。湖北京山苏家垅曾国铜器群中有黾乎簋。[2]

冉器又有曰“彭女冉簋”者，盖冉（卢）与彭为婚媾所制器。

《楚世家》陆终生六子，其三曰彭祖。《索隐》引《世本》篯铿为彭祖：“彭祖者，彭城是。”《郑语》：“大彭，豕韦为商伯矣。”又：“彭祖、豕韦、诸稽，则商灭之矣。”韦注：“豕韦、诸稽，（彭）后别封也。”卜辞有彭，如：“辛丑卜亘，贞：乎取彭。”（《前》五，三四，一）又有贞人彭，盖以彭地为氏。铜山丘湾曾发现商代祭祀遗址[3]，湖南省博物馆采集铜器有彭子中盆盖。铭云：

> 隹八月初吉丁亥，彭子中择其吉金，自乍𩜁盆（下略）。[4]

《离骚》“吾将从彭咸之所居”，王逸注：“殷贤大夫。”殷人势力远达湖南，彭咸当亦彭祖之胤。湖南出有彭子之器，非偶然也。

---

① 《文物》，1977（12），84页。

② 参见孙启康：《黾乎簋浅议》，载《江汉考古》，1982（1）。

③ 参见《文物》，1973（12）。

④ 《考古》，1963（12）。

附　关于世妇问题

卜辞诸妇名出见有八十余，又见多妇之称，与多臣、多尹、多子、多工相类，当是女官之职。我在《殷代贞卜人物通考自序》(1959)，已言：

> 卜辞为王室档案，所见人物，大都王之亲近，不出宗老、小臣、多子、世妇之流。

尝有笔记一则，论诸妇与寺人，及妇与高媒，兹录于下：

诸妇与寺人

殷墟建筑遗存曾发见寺人之遗物，石璋如云："乙七基址，可以算得上宫或庙的资格。在它的门部，确是四人以门为标准，在它的左右中各一墓，每墓一人，相距各四公尺左右，均面向南，作跪姿，各手持一戈。"他引《周礼·天官》："阍人，王宫每门四人。"以证每门四人的制度。

阍人下的寺人，《天官》云："寺人，王之正内五人。"石氏又描写乙七基址，紧接左右中三墓之北，又有二墓，东西向，内有人骨三具，狗骨二具，谓是寺人的遗迹。可见阍人、寺人的制度、人数，殷时已存在。

寺人是掌女宫的事；寺人是阉者，职掌是帮助世妇。卜辞中所见诸妇名极多，向来误认为都是武丁的妻子。其实妇是官名，即所谓世妇，《周礼·天官·世妇》条云：

> 世妇掌祭祀宾客丧纪之事，帅女宫而濯摡为齍盛。及祭之日，涖陈女宫之具，凡内羞之物，掌吊临于卿大夫之丧。

又《寺人》云："佐世妇治礼事，掌内人之禁令。"又《女御》云：

> 掌御叙于王之燕寝，以岁时献功事。凡祭祀，赞世妇；大丧掌沐浴，后之丧，持翣，从世妇而吊于卿大夫之丧。

《诗》云："寺人孟子，作为此诗。"春秋有寺人披，这是古代寺人姓氏之可考者。《诗·大雅·瞻卬》是讽妇人过失很有名的诗篇。《诗》云："哲妇倾城，懿厥哲妇，为枭为鸱。妇有长舌，维厉之阶乱。匪降自天，生自妇人。匪教匪晦，时维妇寺。"郑笺训寺为近，《正义》读寺为侍，实指寺人。

妇与高媒

金文所见妇字，详《金文编》（620页）。殷器有玄妇壶，绘有鸟形。周器如县改簋云："乃𫝀（任，卜辞有𫝀字）县白（伯）室，易女𬪩爵，𡖊之戈，周玉、黄口。"雕生簋云："余献𡜷氏以壶。"均言及妇人赐物。陕西新发见的陆妇簋[1]，文云："陆妇乍高祝障彝。"陆国即六，后为楚灭，高祝疑是高媒之简称。《礼记》以太牢祀于高媒，为古求子之礼。

殷卜辞关于妇人生育的占卜甚多，通常套语是贞问"帚某又（有）子"，或者是"帚某冥（娩）幼（嘉）"。漫举二例如下：

(1) 乙亥卜𠂤，贞，王曰：㞢孕幼？𡆥曰幼。

(2) 口辰王卜，在兮贞：娀育幼？王𠩺曰：吉，在三月。

这两条都是王亲自卜问的。一条问怀孕事，一条问生育事。娀应该和《诗经》上的"有娀方将"的有娀氏是同族姓的。

顷读张政烺先生论文，力证多妇即世妇，甚表赞同，惟对世妇一职原委，张先生文未尝详述，今再补充如下：

《周礼》世妇见于《天官》及《春官》。清代经学家咸说世妇有内命妇与外命妇之别。《天官》世妇次于嫔、御之间，是内命妇，《春官》世妇则为外命妇。郑玄于《春官·世妇》注云："世妇，后宫官也，王后六宫。汉始大长秋、詹事，中少符太仆，亦用士人。"孙诒让颇不以为然，称郑注春官世妇为男子，则甚误，说见《周礼正义》。

春官世妇掌祭祀，《礼记·玉藻》："惟世妇命于奠茧。"盖后妃献茧于庙，世妇亦从焉。

《礼记·曲礼下》："天子有后，有夫人，有世妇，有嫔，有妻，有妾。"又："公侯有夫人，有世妇，有妻，有妾。"则世妇的官职，天子与公侯都有之。《内则》记妇的行为规范云："适子、庶子只事宗子宗妇。……世子生，

---

① 见《陕西》，图95。

则君沐浴朝服，夫人亦如之，皆立于阼阶，西乡。……世妇抱子升自西阶，君名之，乃降。”《丧大记》小臣复及妇人复：“凡复，男子称名，妇人称字。”

殷代诸妇，以后世之世妇说之，颇为近理。据《唐会要》卷二十六，记命妇朝皇后条云：

（唐）国朝命妇之制，皇帝妃、嫔及皇太子良娣以下，为内命妇，公主及王妃以下为外命妇。

永徽五年十一月，武后初立，群臣命妇朝皇后。工部侍郎于休烈奏曰：“据周礼有命夫朝人主，命妇朝女君。”

按：唐时命妇有宗族命妇、诸亲命妇。命妇且授有邑号。景云四年六月敕，文武官五品以上，母、妻未受邑号告身者，不在朝会之限。

殷代诸妇名称，多是地名，与诸子名每每相配合。[①] 今以唐代制度解释之，应是邑号及族姓。

妇好之好字亦作㚤，从双女，实即子氏。辽宁喀左县北洞出父丁㚤冉先亚罍，字又作㚤，可见好为氏名。妇好为殷之同姓宗室，当是内命妇。妇好之好字，不宜读如美好之好，当读为“妇子”方合。世妇之制，北朝最为盛行，盖采取《周礼》及《曲礼》之说。

《北史》十三《后妃传序》云：

魏孝文改定内宫。三夫人视三公，三嫔视三卿，六嫔视六卿，世妇视中大夫，御女视元士。（《魏书·皇后传序》同）

（北齐）河清新令，内命妇，依古制有三夫人、九嫔、二十七世妇、八十一御女。二十七世妇各有名目，如正华、令则、修训、曜仪至敬信，为二十七世妇，比从三品。隋制依周礼。开皇二年，嫔三员，掌故四德，视正三品，世妇九员，掌宾客祭祀，视正五品，后增嫔至九员，世妇二十七员。

北朝复古，故实行周礼。

---

① 参看《贞卜人物通考·结论章》。

妇女主征伐，后代亦有之。《魏书·皇后传·杜太后》：世祖征凉州，蠕蠕吴提入寇，太后命诸将击走之。《北史》十四《彭城太妃尔朱氏》神武曰："我此二妇，并堪击贼。"按：指尔朱氏与蠕蠕公主皆能弋射。北朝妇人可掌兵权，与殷人妇好略相似。

世妇之"世"训大不训世袭。《周礼·春官·世妇》，孙诒让云：

> 世妇者，世与大义同，谓内、外命妇之大者。《曲礼》孔疏云：妇，服也。言其进以服事君子也，以其犹贵，故加以"世"言之，亦广世胤也。

> 按：世妇称世，与世子、世文、世母义同。《礼记》有《文王世子篇》。《丧服小记》："世子不降妻之父母，其为妻也，与大夫之适子同。"郑注："世子，天子诸妇之适（嫡）子也。"

《尔雅·释亲》：

> 父之晜弟，先生为世父，后生为叔父。郭注："世有为嫡者，嗣世统故也。"
>
> 父之兄妻为世母，父之弟妻为叔母。

《释名》："父之兄曰世父，言为嫡统继世也。"世妇之"世"，照传统解释，其意义如嫡，如冢，故训为大，所以广世胤；而不是世袭之义。

《尔雅·释亲》："嫔，妇也。"《周礼》九嫔职在世妇之上，卜辞所见有妇而无嫔，其所谓妇即统嫔而言，以嫔亦训妇也。

世妇之世，应从旧说，训大。不必泥于"世"字，解为世袭。妇好（子）根本不是一人之私名，凡子姓之妇，皆得通称之曰妇子（好、㛥），犹言"命妇子氏"，异代均可有之。

邢台西周甲骨与《尔雅》合证

石家庄邢台南小洼出土骨片属西周之物①，文字风格与周原相合。该片上锲有十文，另边缘有一残辞存“其”字，此一刻辞为自右向左行，诸家释文如下：

其事騜陟四白驼。卲曰：巳。

王宇信有文专说“其事”一词。② 裘锡圭近有文释“卲”字，征引周原各辞，论证尤为详尽。③

邢台所在，于西周为邢侯封邑，《穆天子传》六“曹侯、邢侯来吊”是也。

騜陟者，《夏小正》四月“执陟攻驹”。陟读为騭，指牡马。《说文·马部》：“騭，牡马也。”《尔雅·释兽》：“牡曰騭，牝曰骀。”騜，《尔雅·释畜》云：“駵，白驳；黄白，騜。”郭璞注引《诗》“騜驳其马”。按此句见《东山》篇，“皇驳其马”，字作皇不从马。毛传云：“黄白曰皇。”《集韵》十一唐：“騜、骻一字。”引《尔雅》：“马黄白，騜或从黄。”此其为异文。郭璞云：“今江东呼驳马为騭。”犹保存古义。“騜陟”盖指黄白色之牡马，故与白色之

① 河北省文物研究所：《文物春秋》，1992年增刊，247页。

② 《中原文物》，1994（4）。

③ 香港中文大学：《第三届国际中国古文字学研讨会论文集》，27～37页。

牝马相配。黄白混色为驳，《说文》："驳，马色不纯。"卜辞屡见驳字：

　　亩并驳（《甲》二九八）

　　亩并犅（《前》四，四七，五）

　　庚戌卜贞……王于夒㚤犅（（《叕》七一）

并、夒皆地名，夒如为庆字，或指庆阳。其并州所产，故曰并驳、并犅。殷时马名甚众，仍待细考。

此句中"其事"即泛指戎事。《尔雅·释献》云：

　　戎事齐力，尚强；田猎齐足，尚疾。

戎为国之大事。马之选用，亦戎事之大者。此文断句应作：

　　其事：騜陟（骘）、四白牝。卲曰：巳。

"其事"之下，可施以冒号。关于"事"字，亦宜以《尔雅》说之，以指戎事，更为恰当。

"卲曰巳"之"巳"，有用之义。《檀弓》郑注云："以与巳字本同。"巳之训用、训因，古书虚字习见，不必多赘。

此片言卜问马色，选杂色之黄白色，所谓"騜"的牡马和四匹白色的牝马，"卲曰：用"，即可行之义。此辞以《尔雅》证之，于辞义尤惬。

华南史前遗存与殷虚文化

意大利麦兆良（Raphaelo Maglioni）神父，十余年来在广东之梅江、东江、韩江诸流域从事考古工作，采集石器、陶器甚富；尤以在五华附近发现白陶残片，于考古学关系最巨。不幸于今夏无疾而逝，明星递殒，长夜失照，考古同人，共深哀悼。今兹此文，以纪念麦君，盖不胜怆痛之感云。作者并识。

一

中原与南海之交通，可追溯至殷商时代。在安阳小屯发现占卜所用之龟甲，据专家鉴定，多属南方种，产于今之广东、福建、台湾、海南等处。[①] 而特大之武丁时大龟，则产自马来。[②] 龟在当时为南方贡品，《禹贡》云："九江纳锡大龟"。卜辞每云："㞢来自南氏龟。""贞，龟不其南氏。"[③] 董作宾先生云："安阳龟板为诸侯方国所进贡。《后汉书·南蛮传》称：'交阯之南有越裳国，周公居摄，越裳以三象重译而献白雉。'越裳为远方之

① 见胡厚宣：《甲骨学提纲》。

② 安阳出土有名之武丁大龟，全长 440 公厘，宽 350 公厘。据伍献文参考 Gray 之大英博物馆龟类志，谓为马来亚种。

③ 参胡厚宣：《殷代卜龟之来源》。

国，则此唯一产于马来之大龟，遂可得解释矣。”[1] 由上可以推想殷代与南方交通之早。

就广东境内考古发见之地下遗物而论，更有可为此说佐证者，兹举二事略论之：（一）为揭阳发见之石刀，与小屯石刀为近似类型。（二）为五华附近发见之白陶残片，与殷虚出土者纹样相同。按石刀及白陶二物，十足代表殷商小屯文化，今乃俱见于华南史前遗存，诚值得注意也。

二

兹先论石刀。小屯出土之石器，以石刀占最大数目。石璋如氏记第七次殷虚发掘所得石刀之数有444（《安阳发掘报告》第四期）。李济博士近著《殷虚有刃石器图说》言：历次蒐集石刀标本，总计得3 640件，单就运台湾整理者，约在四百以上，大部为板岩制成，呈多边长条片状。李氏定名为“小屯石刀”，而区为宽短型、中间型、长条型三类。此种石刀，盖为当时之日用品。[2] 查东南一带安徽、浙江、江西、广东史前遗址，亦曾发现小屯式石刀。

（一）安徽寿县 民国二十三年，王湘在寿县瓦埠湖附近杨林集遗址发现“小屯石刀”残片，经复原后[3]，做法形制，与小屯无异；李济云：“此是殷商文化推到淮河流域最直接的实物证据。”

（二）浙江良渚 民国二十五年何天行发见，亦有类似小屯石刀之物，属于宽短及中间型。[4] 李济云：“此亦可为殷商文化在良渚黑陶时代已播及东南的证据。”

（三）江西清江 民国三十六年四月饶惠元在江西清江大姑山土堡发现，得石刀26件；内有平薄石刀，或带孔或否，及长方形扁平刀与厨刀，间具小屯类型。[5]

（四）广东揭阳得石刀一件，发见于崇光岩，长8.5公分，阔3.6公分；为美国人W. E. Braisted所采集。[6] 系板岩制成，属于“小屯石刀”中间型

---

① 《小屯乙编序》。

② 见安志敏：《殷虚之石刀》，载《燕京学报》三十三期。

③ 原图载王湘：《寿县史前文化》，41页，1947。

④ 见何天行：《杭县良渚黑陶》，图板5.C.F.，1937。

⑤ 见图一，原载饶惠元：《清江发见之石器》，1950年。

⑥ 见图二，原见《韩江流域史前遗址及其文化石器》，图板1.B，1950。

者；显为殷商文化向南传播之物证。

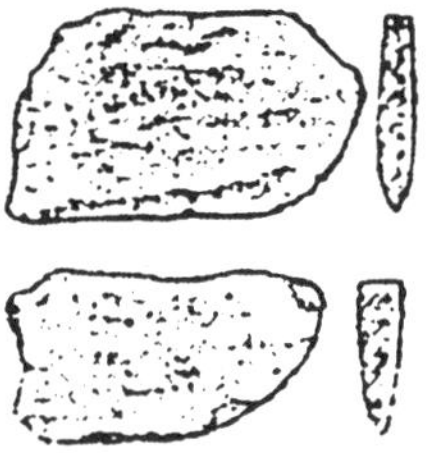

图一　江西清江大姑山发见之石刀

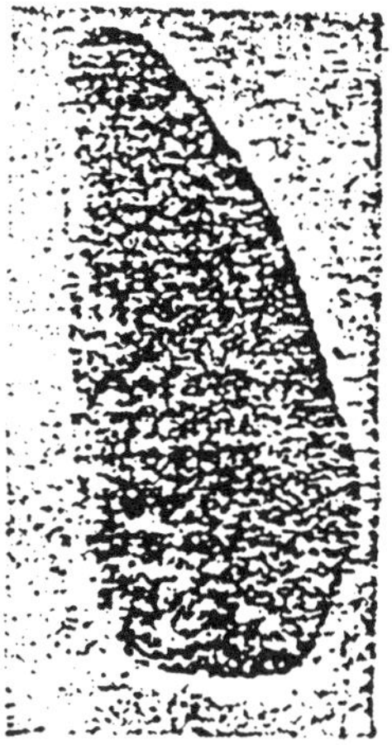

图二　广东揭阳崇光岩发现之石刀

由上可见“小屯石刀”传播之地带，自皖、浙南至赣、粤均有之。

三

再言白陶：殷虚之白陶，质极坚硬，雕刻各种花纹，至为美观，论者谓为殷王室贵族所用奢侈式之用具“殷人色尚白，牲为白牝，旂为大白”（见《明堂位》）。《史记·殷本纪论赞》有云：“殷路车为善，而色尚白。”白陶即此种习尚表现于陶器制作者。乃由沉淀性之佳良黏土，火度极高之酸化焰烧成。现存白陶，多为碎片，日本人梅原末治取以复原，得豆及壶等器。[①] 郭宝钧发掘洹北武官村，大墓椁室，出土白陶残片数十，经复原后有卣、皿、盘、罍、尊各种。[②]

① 梅原末治：《殷虚出土白色土器之研究》，见《东方文化学院京都研究所研究报告》，第一册；又《殷虚出土之白色土器》，见《支那考古学论考》。

② 载《中国考古学报》，第五册，第一、二分合刊。

图三　广东五华附近发现之白陶

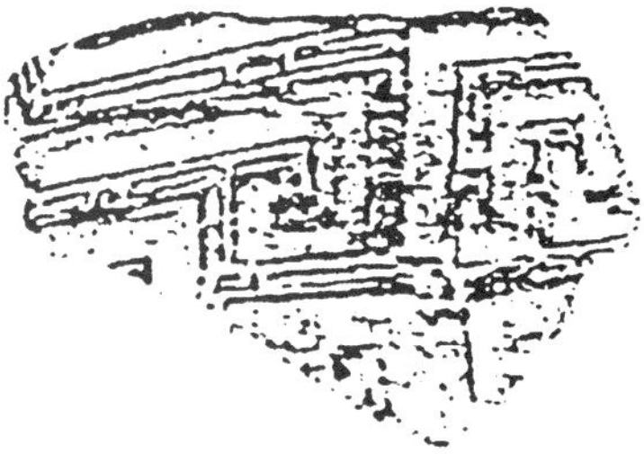

图四　殷虚白陶

广东五华附近及龙川鹤市出土史前遗物，有陶片上敷白衣，为麦兆良神父所采集，为数不多，遗址情形麦君另有报告。余细审此种陶片，雕刻、纹样，与殷虚白陶酷似。殷虚白陶花纹式样，习见者为菱形雷纹，有若浮雕，极为精细。广东之白陶，已略呈退化，但显然仍保存殷商文化之遗型。此为极重要之发现，惜麦氏突于今夏去世，遗物未能充分整理；予向仅于麦氏处索得一片作为标本，兹特影出与殷虚白陶比较，借尝一脔。予往年于揭阳虎头岭曾得不少陶片，上敷银白色或灰青色薄釉，疑其具有小屯陶片之特征，今得此种真正小屯白陶型式之陶片，更足为证。南越古文化中含有殷虚文化成份，此以与上举之石刀同为有力之证明。

四

图五　广东五华发现之双 F 纹

瓷器质陶罐（公元前三世纪）

图六　海丰双 F 陶片

再次论华南特有之“双 F”纹样及其他花纹与殷虚陶器花纹之关系。

自芬神父（Daniel J. Finn）在香港发表双 F 纹陶器后，此种花纹，驰誉一时。香港双 F 陶见于舶寮洲（Lamma Island）者，每与石器并存。其后麦兆良神父又于海丰发现此类陶片，却无石器伴出，仅杂有少数半磨光玉器而已。同时，在双F陶遗址曾发现少数矛头铸范，由此证明双F陶器应属于铜器时代。嗣麦氏复于龙川之鹤市续发现双F陶遗址，均不见石器。又于五华大量发现瓷质之双F陶片，同时得一完整瓷质双F纹之罐形器，底为网纹，带深褐色釉，麦氏认为此即标准之双F陶器①；因其带釉，更确认双F陶绝对属于铜器时代。②

双F纹为最精美之陶器图案，仅于华南发见；论者谓其仿自铜器花纹，惟究竟脱胎于何物，殊不易论定。按殷虚白陶最普遍之花纹如下图所举二种③，与海丰双F花纹蜷曲之状多相似；惟双F纹稍减去回复之形而更呈规律化④，有时则极纵横恣肆⑤；故双F纹可能是模仿殷虚白陶纹样参以铜器而变化者。五华为双F纹陶发展最高峰之地，该地兼有类似殷虚之白陶发现，足见其曾受白陶文化之影响。

图七

图八

又南方拍印纹陶多见雷纹，有圆形、方形二种：

（一）圆形雷纹：亦见于殷虚青陶残片⑥与江西清江、广东揭阳虎头岭及普宁苦肠腹相同。⑦

---

① 见麦氏著 *Archaeology in South China*，1952。

② 裴义礼 N. D. Frase 亦于揭阳发现双F纹陶罐，伴出器物未详。

③ 图七采自《殷虚出土白色土器之研究》，图八采自《邺中片羽》二集下，2页。

④ 见图五五华所发现者。

⑤ 见图六海丰所发现者。

⑥ 图九之C，原见《邺中片羽》二集下，4页。

⑦ 普宁雷纹陶见图九之A。

（二）方形雷纹：小屯白陶此类最常见；又铜觚亦屡见之[①]，与广东拍印纹多同。

再揭阳黄岐山陶片，尚有刻纹一种作三角形者[②]，而殷虚陶器有简单刻纹如刻文罍[③]及青陶上刻纹陶片[④]，并与揭阳刻纹陶器相似。

芬神父在香港发见之陶器碎片，经合并后成为一个圆底之罐状物，与麦神父在海丰菝仔围[⑤]地方所发现完整之圆底罐形器相同。[⑥] 此种陶器更与殷虚出土之“弃”[⑦] 为同种形状之器物，当名为“陶弃”[⑧]。

其他如香港舶寮洲铜矛上刻带角人头花纹[⑨]，其面孔广侈，带两耳，与殷饕餮文盉盖人形最肖。[⑩] 殷虚铜器上每铸此种有角饕餮标识，而铜柄玉矛，柄首亦每镌角状人首之物[⑪]，可见香港铜矛花纹，隐隐犹存殷人遗风，惟较粗拙耳。

五

综上而论，广东古文化中，除本身原始百越文化外，实含有若干殷商文化成分；意者殷时东南沿海各地已与中原交通；大龟既可自马来入贡，则中原文化之南下交流，自属必然之现象。证之广东有“小屯石刀”及白陶之发现，拍纹陶器形制沿袭殷人之“弃”，拍印纹样之脱胎于殷商铜器及白陶，双F花纹更为吸收小屯艺术后之主要表现，在在足征殷文化与华南史前文化之密切关系。其情形与台湾史前文化之受北方文化之影响，颇相类似[⑫]，兹特为指出，以供他日发掘者之注意，借资分析华南古文化者之参考云。

---

① 如安阳发掘报告李济俯身葬图板15。

② 见图九之D。

③ 见李济：《殷商陶器初论》，第六图。

④ 见图九之B，原见《邺中片羽》二集下，4页。

⑤ 麦氏简称曰Pot。

⑥ 麦氏 *Archaeological Finds in Hoifon* 文中附图，1938。

⑦ 据李济命名，见《殷虚陶器初论》，第一图。

⑧ 《方言》五作“瓺”，云：“罂也。”《广雅》：“瓺，瓶也。”此类器底圆，难平置，故字从𦥑像以手奉之。

⑨ 见图九之E。

⑩ 《邺中片羽》三集上，30页。

⑪ 见图九之F，原见《邺中片羽》三集下，15页。

⑫ 如台湾之彩陶，近于安阳后冈之彩陶，详友人金关丈夫著《台湾先史时代之北方文化及影响》一文。

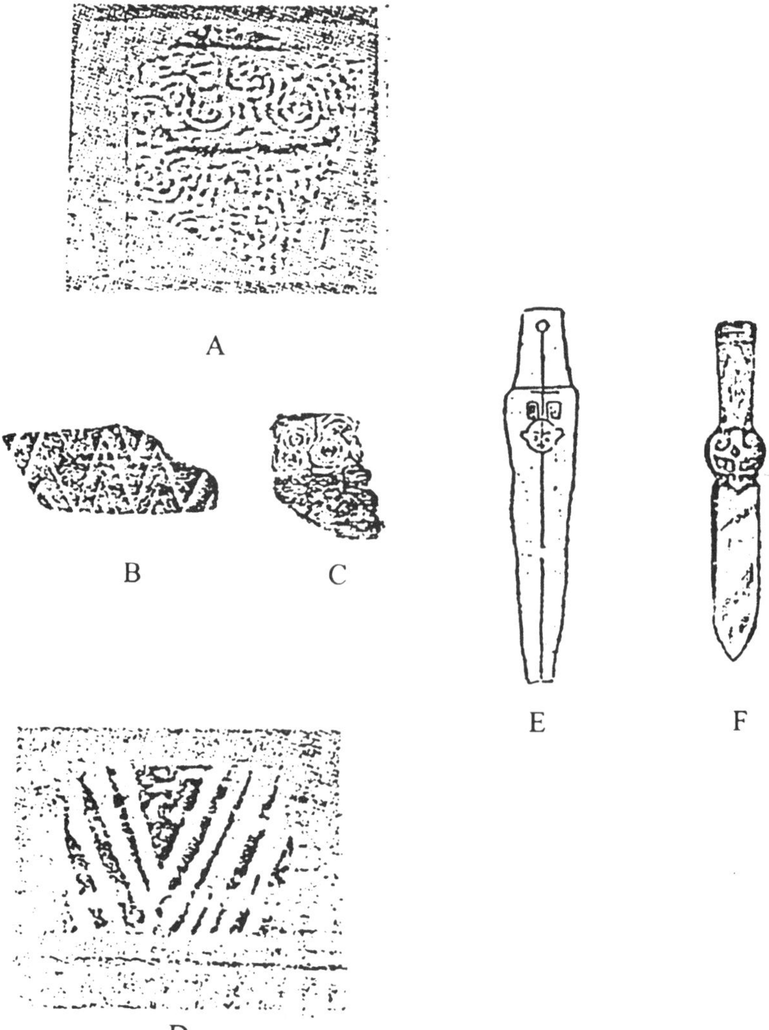

图九　A—F

关于殷代至日之讨论

自殷虚甲骨文字出土，至今已有五十余年的历史，有人统计出土约有十万余片。根据甲骨文字的记录来研究古历的亦不下十余家，互有发明，可说是“家家自谓抱荆山之玉”①。董彦堂先生专心地下二十余年的功夫来研究这个问题。写成了洋洋四巨册的《殷历谱》，贡献于史学界至巨。但有若干治古历者对董先生所论，未敢十分置信，认为董先生的著作，最引起人怀疑的是没有在卜辞中找到“气”、“朔”的直接记录。他虽写有《日至谱》及《朔谱》二篇，但细看他的材料却是间接推证的。

关于“日至”问题，董书《日卒谱》仅征引三片。其定为武丁时期者二片，一为《续》一，四四，六；一为《龟》一，二二，二〇。见于《龟》的，文云：“贞今之夕至，吴御于丁。”明言夕至，殊难断为日至；见于《续》的，文云“戊午卜贞，今日至，吴御于丁。”辞中所记的至，究竟是指某人之至，抑系日至？亦不易确定。唐立庵曾劝他取消《日至谱》，而董君亦自言：“武丁日至，无关轻重，不过引以作陪。”② 是这二个例董君自己犹未能坚信，可不必深论。另一事是所定为文武丁时期的记录，文云：

① 见胡厚宣《五十年甲骨文发现的总结》一书中统计。研究殷历论文，详胡氏《甲骨学商史论丛》第二集《甲骨学类目》“二二历象项”所列。

② 见所作《殷历谱后记》。

……行坚，五百四的七日至，丁亥从。在六月。（第十三次发掘，现收《乙》十五。）

辞虽残缺，而董君认为这正是文武丁时夏至的记载。他最近在讨论世界改历问题中，更强调地说道：

在文武丁年代中找到了这一次，乃是从文武丁十二年（公元前1211）殷正一月十一日庚辰冬至起，到十三年殷正六月二十六日丁亥夏至止，正好一年半的时期。这一年半恰巧合于四分术的岁实，一年是365.25日，半年是182.625日，两数相加，是547.875日。以整日计是547日，正是从庚辰冬至到丁亥夏至的日数，这些数字是不容易偶合的。①

这是董君对殷代日至及其时行使四分术提供最有力的证据。除此之外，他并没有举出卜辞中"日至"的明文。

董君此书，民国三十四年出版于四川李庄，当日只印二百部，流传甚少。予自来香港，亟思读是书，百方搜求，后承董先生厚谊，托陈恺先生邮下惠借，其书留余处经年，久久愧无以报。惟思"日至"为节气基点，如董君推算为真，不应卜辞中对于日至全无明文记载。

一、卜辞中"至日"记载

予考卜辞中确有"至日"的记录。《甲》一五二〇云：

其至日戊，彭。

同书二〇〇八残存"至日"二字。皆第三期卜辞。又同书三五五〇，为第一期卜辞，云：

今日至日。

① 《大陆杂志》，第二卷第十期。

又《乙》五三九九为一大龟腹甲，为第四期卜辞，兹依文字锲刻次序，释译如下：

一、戊子卜用，六卜。

二、用。

三、戊子卜㞢𠂤岁于父戊艮一。

四、戊子卜甶今戊用。

五、戊子奠至来戊迺用。

六、用今戊。

七、戊子卜至巳御父丁百豖。

八、戊子卜至巳御子庚羌牢。

九、至御父丁。

十、戊子卜至御子庚。

十一、壬辰卜至日。

十二、壬辰卜弜至日。

文云“壬辰卜至日”，又“壬辰卜弜至日”，左右对贞。可见壬辰是至日。惟是甲所记，乃戊子日卜，由戊子、己丑、庚寅、辛卯而壬辰，恰五日，是曾先壬辰四日而卜。文中有云今戊用，今戊当是戊子本日，又云来戊迺用，或指第二甲子之戊戌。又言“戊子卜至巳御于某”者，意殆指戊子卜至于癸巳，癸巳即壬辰之翌日，“至巳”之语，至乃动词，如他辞“至米戊”之至，“巳”则干支省词，犹他辞之“戊子”略为“戊”也。审其文字，惟“壬辰卜至日”对贞二语，字体较他辞为大，显然与戊子所卜为不同时，乃于壬辰日锲刻者。这便是卜辞所见有关“日至”最明确的记录。

《易·复》象辞：“雷在地中复，先王以至日闭关，商旅不行，后不省方。”以易证之，卜辞之至日，谅指冬至。古六历相传，殷代以前，历法以立春为首。《大戴礼·诰志》：“虞夏之历，建正于孟春。”而殷历则以冬至为起点。《汉书·律历志》载《世经》引《殷历》云：“当成汤方即世，用事。十三年十一月甲子朔旦冬至。”[①] 今证以卜辞屡见“至日”之文，殷人以冬至起

---

① 蔡邕《明堂月令论》：“甲寅元，冬至起于牛初，谓是殷法。”又《晋书·律历志》引董巴说，具详俞正燮《癸巳类稿》六《宪论》。

算，谅为事实。

至字形作，像矢抵地。《说文》十二：“至，鸟飞从高下至地也。从一，一犹地也，像形。”今验甲骨文，“至”乃从矢下射，并不像鸟形。由矢之射到引申为抵达的至。古人每取飞鸟及射矢譬喻日景，如《庄子·天下》篇引惠施历物之语，有云：“飞鸟之景，未曾动也。镞矢之疾，而有不行不止之时。”《墨子·经说》：“景，光之人照，若射。”《易·晋》言日出地上为晋，与像日入的明夷正相对。而晋字卜辞作（《拾遗》十三，一），上从两矢，下从日。[1] 即以矢镞譬拟日景光速的证据。日至之至字，本取日景长短极至为名，所以有长至短至之称。又据日行南陆北陆之极至，故又呼短至曰南至，其曰日至者，则二义兼之。盖名曰至，一取极至之至，一取来至之至，义实相成。[2] 造字之时，借矢镞抵地以示之。

他辞有云：

贞册至，冬大……（《甲》一四八三）

册至，又雨。（同上，一五六〇）

册是册告，疑指至日书于典册。而省称曰至，犹《礼记·郊特牲》：“周之始郊日以至。”据上引卜辞知殷人有卜至日之举，可为董君《日至谱》提供有力证据。

二、圭的起源

分至的划分是历法的基础。这种工作是需要测量的工具来完成的。董君在《日至谱》论日至之名由于土圭测景，且言卜辞中未发见测景之记录。土圭之制，详见《周礼·大司徒》之文。旧说以圭为周公所制，但我们一看卜辞中有“日至”之记载，自然不相信圭是到了周公才发明的。尤其是卜辞中有许多关于“中日”的记录，更值得注意。

中日其雨。（《粹》七一九）

---

① 杨树达：《小学金石论丛·释晋篇》谓，晋者箭之古文，其下体非日字，乃盛器形。聊备一说。

② 见万斯大：《学礼质疑》。

旬㞢希，王疾首，中日雪。(《前》六，一七，七)

中日大攺。(《甲》一五六一)

中日至亯兮(曦)日攺，吉，兹用。(同上，五四七)

中日往不雨，吉。(同上，二〇五二)

癸亥卜贞旬，甲寅大食，雨自北。乙卯小食，大攺。

丙辰，中日，亦雨自南。(《殷历谱日谱》二)

又有称为日中者：

……彡大乙，日中……(《甲》二六二六，反面朱书)

中日即经典习见的日中。《易·丰》卦辞："勿忧，宜日中。"《书·无逸》："自朝至于日中昃，不遑暇食。"日中是正午时候太阳的光线和地面垂直，为一日间日光的饱和点。古人对这个时刻，非常重视。《系辞》："日中为市。"《礼记·檀弓》："殷人尚白，大事敛，用日中。"《仪礼·士虞礼》："日中而行事。"对于交易安葬等都是取"日中"时刻的。怎样便知道日中呢？这需要立表去测定。古代圭的应用，大致是取冬至、夏至正午的日景来求地面的中点。叫做"地中"①。或者用上下午的等长日景来测定南北线和东西线，亦可用正午日晷最短最长的日子来定冬至和夏至，这是历法的基础。《周髀算经》和《考工记·匠人》对用圭来确定建筑物的方向，说得非常清楚。我们从卜辞中关于四向记载的明确，及"至日"、"中日"等名词的习见，知道殷人天文学的成就。对于坐标轮廓，由于观察得来，当然晓得使用圭表，可以没有疑问。

日人新城新藏认为吾国用土圭测日至之法，应在春秋中叶文公、宣公时代。是时方才晓得立表测景，借此以决定时节及一年之日数。② 然研究殷历结果，殷人已精知一年之长，如十二月十三月；况卜辞已有"至日"记载，则使用圭表，恐不始自殷人，谓发生于春秋，其说可不攻自破。但我国至今还有些学者，信从其说，如竺可桢氏在其最近所作关于"历学"一短文，仍依新城之论，谓中国用土圭始于春秋中叶。问题是因为未有新证据的发现，人

① 以土圭求地中，法详《周礼·大司徒》及《土方氏》、《考工记·匠人》、《戴东原集·原象》及《周公测量台调查报告》中《高平子圭表测景论》。

② 见所著《东洋天文学史研究》及《中国上古天文》二书。

们不免复受新城氏之考证所囿。今由卜辞有“至日”之明文，足以修正其说。此事对于中国天文学起源年代关系甚巨，故特别提出讨论。

观察日景长短的方法起源甚早。巴比伦当新石器时代因农业的需要，已使用石表测日，据说在露天祭场上立石柱，一方面象征太阳神的伟大，一方面用来测日景的长短，于以测知每年最长和最短的日子。① 历法的发生和农业最有关系，观象“以授民时”，殷代农业相当发达，当然需要历法。证以巴比伦古史，测日景的方法可溯源至新石器时代，我国情形可能相似。孔子言“行夏之时”，后儒传有《夏小正》之书，虽未必尽可信，然夏代晓得观测日景，并非没有可能的事。测日景的工具，周初使用土圭，较为进步，圭亦为玉器，它的前身在石器时代是石斧，石斧之正刃者演为圭，偏刃者演为璋，有孔石斧演为镇圭。郭宝钧在《古玉新诠》一文中说道：

> 圭之远祖为石斧，近祖为石柶，为玉尺。石斧本有穴土之功，石柶用以分划，玉尺用以度量，故圭有划意。圭之锐上，所以测日晷所至而划之也；圭之窄长，所以量日晷之长而度之也。圭从土土，上土为动词，训度，义谓度土为圭。

《周礼·考工记》：“土圭尺有五寸以致日，以土地。”此处土地之“土”字义正为度。新石器时代的石斧，也许有时用以划地或测景。我在广东普宁县洪山见到巨大的扁长式磨光石斧，长达 25.5 公分，其长度几乎可和尺五寸的“土圭”相比。② 玉器上六瑞之制，源于土圭，土圭投景的长短，和所立的表成为正比，表长则景长，表短则景短，制圭时如以景晷为准，树表为名，则等差自见。故理想制度的镇圭、桓圭、信圭、躬圭，以至谷璧、蒲璧，级数不同，原因昉此。还有较原始的测日景方法，可用植物为表，山西万泉乡民现在观测日景，是用麦穗插于贮水的盌内，由麦穗以测日景长短来定时刻。③ 这也许是古代以蒲谷的长度比拟日晷的遗制。由上种种推测，观测日景可能起于新石器时代，至殷人更据以求地中，故有中日与至日的辨认。到了周初，更具体化，后人因为周公作洛邑，及《周礼》中对土圭有详细记载，故归功

---

① 见 H. Schneider：《世界文化史》及日本人中原与茂九郎：《西南亚细亚文化史》。

② 假定以一周尺合 19.91 公分计算，土圭之长为周尺一尺五寸，恰合 29.865 公分，《周礼》镇圭尺有二寸（周尺），则镇圭之长合 23.892 公分。

③ 卫聚贤君口述。

于周公。可是圭的发明，不自周始，似不成问题的。

西洋方面，据 Herodutes 说，希腊人用“圭”（gnomon）系自巴比伦传来（参看 Paul Jannery，*Recherches sur L'Histoire du L'Astronomic Ancienne*）。其晓得用圭来定冬、夏至，据谓始于公元前六七世纪的亚纳雪曼达，比较吾国，总算迟得多了。

三、“春”、“秋”的观念

造历必求端于分至，分至是四时的中点，历法所取为准则。但文献上周秦以前“至”不系冬夏，分不系春秋，经传所见皆无系时者。[①] 今观卜辞记“至”，但称“至日”，亦不系冬夏。考四时之名，卜辞所见，尚难确定。[②] 惟现可灼知者为卜辞对于“旾”、“⿱艹龜”二字（即春秋）的用法，乃年岁的称谓，其成语如云今春来春，今秋来秋，犹言今年来年。[③] 故殷人所谓春、秋非指四时之春季及秋季而言，有人且谓“旾”即“载”字。[④] 由是知古人常举春秋二字以概指一岁，如纪年之史书，称曰《春秋》。《汲冢琐语》记太丁时事名为夏殷春秋。[⑤] 可见名史为春秋由来也久，不独晋鲁之史始有春秋之目。

卜辞有“分”字（《甲》一四一三），但未见二分之名，古代自然哲学把一年区分为阴阳两部分，以春为阳中，秋为阴中。《汉书·律历志》引刘歆《三统历》云：

> 夫历春秋者，天时也……故春为阳中，万物以生，秋为阴中，万物以成。是以事举其中，历数以闰正天地之中。
>
> 经元一以统始，《易》太极之首也。春秋二以目岁，《易》两仪之中也……时月以建分至启闭之分，《易》八卦之位也。

刘氏取《易经》原理来解释历法上的元、分、至、四时、八节诸基本概念，

---

① 万斯大：《学礼质疑》“古历分至不系时”条。

② 商承祚有《殷商无四时说》，载《清华周刊》三十七卷九、十期；刘朝阳：《再论殷历》，载《燕京学报》十三期；孙海波有《卜辞历法小记》，载《燕京学报》十七期，俱主卜辞无春夏秋冬。

③ 见胡厚宣：《卜辞中所见之殷代农业》。

④ 杨树达说，载《岭南学报》十一卷一期。

⑤ 《史通》六《家篇》引。

未必出于附会，也许是古来相承的说法。今观卜辞正举春秋二字来表示年岁，和“春秋二以目岁”符合，可见春秋表年岁的概念，殷代已如此了。

四、余论

《尧典》云：“以闰月定四时成岁。”《易·革》：“君子以治历明时。”在初期农业社会里，以治历为施政一大端，时时有正历之举。因为所制历法每和所值之时月舛错，分至所以不易系时，此或其中原因之一。如是虽有历法，而闰余极难理董，四时屡次失正。《大戴礼·用兵》篇：“孟陬殄灭，摄提乖方。”孔子答季孙言：“火伏而蛰者毕，今火犹西流，司历之过。”[①] 可见孔子的时代，历法尚不能完全合天。故清儒江永说：“春秋历术甚疏，梓慎、裨灶、史墨之徒，但言灾祥，而不长于推步，日南至常先天二日。”[②] 我们再看西方古代历法史，希腊历法在罗马以前，极为纷乱，据皮叔甫（Bischoff）所考，多逾百种。当北洛保内战争（Peloponnesian War）时代，雅典历的岁首，比较自然年的节气，进退于五十日之间，月首和朔日每有离合，故耶纪前 423 年，阿里士笃方（Aristophanes）所著《云篇》，屡讥历日与月象不相应。[③] 颇疑吾国春秋时，历法的紊乱，各国用“正”不同，且时时不能合天，情形或与希腊相似。历法愈古愈疏，愈后愈密，这是一定的道理。董先生《殷历谱》所描写的殷历，甚为精密，因此不免有人要责问为甚么殷代历谱既如此缜密，何以春秋历术反为疏舛？董先生据天行现象以求历，不得不借助于二十四节气的分段来推算。二十四节气起源甚晚，清代经学家万斯大江永辈皆主张古时只有八节而无二十四气，二十四气之名秦汉以来始有之。[④] 关于二十四气发生年代，仍有待我人的努力研究。但观于殷人确有至日之记录，其时历法的骨干已立，那是不容置疑的！

补记

本文作于 1953 年，原题为《殷代日至考》，刊于台湾《大陆杂志》第五

---

① 《左传》哀公十二年冬事。

② 见江氏《群经补义》及秦蕙田《观象授时》。

③ 参看卢景贵：《高等天文学》上册。

④ 见《学礼质疑》及《观象授时》。

卷第三期。有人曾提出反对的看法[①]，后来我又写《殷历之新资料》一文载于《大陆杂志》第九卷第七期。日本学人如薮内清[②]及池田末利[③]均不同意鄙说，认为卜辞所见“日至”之至字只是训作来到。

近时国内治甲骨学者，大都认为殷时确有日至的记录，列举如次：

(1)《甲骨文合集》第十册第三期卜辞，列于“天文历法”类计有二片，二九七〇一称“至日”，二九七〇二称“弜至日”（此即《京津》四八九〇）。

这二片上下无文字皆留空白，至日与弜至日恰是相反对贞，不能把至字说为“到”义。“至日”、“弜至日”与《乙》五三九九之文例正相同，如是卜辞中确有两处关于日至对贞之记录，可以论定。

(2) 张政烺在《考古学报》1973年第一期《卜辞裒田及其相关诸问题》从裒田制度说到殷代人们已知道二至。

(3) 萧良琼撰《卜辞中的立中与商代的圭表测景》[④] 引证卜辞《续》六，十，六；《京》四八九〇；《甲》九〇〇八；《乙》五三九九。证明确是至日的记载（各条皆经拙文引用过）。又举出“南日告”（《乙》一九二）、“日南雨”（《乙》九〇六七）二条。

(4) 温少峰、袁庭栋刊《殷墟卜辞研究——科学技术篇》22页“释至日”条亦引证《甲》三五五〇、一五〇〇及《乙》五三九九三条。

均早见于拙文征引。

萧、温、袁诸氏都认为殷人已能使用圭表来测日影。

(5)《屯南》二二七一云：至日甲

弜至日

又四五八二云：辛卯……　吉兹用

① 《续殷历谱》。

② 《东洋史研究》九，七，71页。

③ 《甲骨学》一一，10页。

④ 见《科技史文集》，第十辑，39页，1983。

其至日

夒𡩜　至日酌吉、兹用

其至日

夒𡩜卯大乙　大吉　兹用

姚孝遂、肖丁《小屯南地甲骨考释》（150页）亦认为上刊诸辞之“至日”可能即“日至”，殷代重视至日，于至日酌祭高祖夒及大乙。

明嘉靖汪谅本《史记·殷本纪》跋

——兼论商殷之总年

商殷之积年，向无定说。魏太史丞许芝条魏代汉，称周家八百六十七年，夏家四百数十年，独不及殷。①《汲冢竹书》，今无真本可见，惟《晋书·束皙传》云：

> 其纪年十三篇……大略与春秋皆多相应。其中经传大异，则云夏年多殷。②

广微亲见《竹书》原简，谓夏年多于殷，所言自属可信。夏之年数，据绍兴本《史记集解》，“桀放而死”句下，徐广曰：“从禹至桀十七君十四世。”骃案《汲冢纪年》曰：“有王与无王，用岁四百七十一年矣。”③ 裴氏目击《汲冢纪年》，书夏之年数如此。宋本《御览》引《纪年》云：“自禹至桀十七世，用岁四百七十一年。”④ 与裴氏所见本符合。

明嘉靖四年汪谅刊本《史记》（即柯维熊本），《殷本纪正义》于“沙丘苑台”句下引《竹书纪年》云：

---

① 陈寿：《三国志》卷二《文帝纪》裴松之注，64页，北京，中华书局，1962。

② 房玄龄等：《晋书》卷五一，1432页，北京，中华书局，1974。

③ 司马迁：《史记》卷二《夏本纪》，北京，文学古籍刊行社影印南宋绍兴杭州刻本，1955。

④ 李昉：《太平御览》卷八二《皇王部七》“帝桀条”，385页，北京，中华书局，1963。

自盘庚徙殷至纣之灭七百七十三年更不徙都。[1]

所谓“七百七十三年”，南宋黄善夫本《史记》、明震泽王延喆刊本（王本亦在十一叶，刻工名“立”）、清武英殿刻本及王国维《古本竹书纪年辑校》、范祥雍《订补》皆同，柯本似取自黄善夫本也。又于“以续殷祀”句下，《集解》：“谯周曰：殷凡三十一世，六百余年。《汲冢纪年》曰：‘汤灭夏以至于受，二十九王，用岁四百九十六年也。’”[2] 南宋绍兴杭州刻本《史记集解》正同。故《史记》殿本考证讥其前后谬戾。[3] 揆以束皙“夏年多殷”之语，七百七十三年之数，自不可信；而四百九十六年，比夏之用岁“四百七十一年”多二十五年，恐亦有舛错。《新唐书·历志》引开元九年僧一行定新历，录其《历议》十二篇，其七为《日度议》，称夏后氏四百三十二年、商六百二十八年，则年数又不同。[4]

董作宾《殷历谱》据武昌书局翻明震泽王氏本，七百七十三年作二百七十五，乃依《书目答问》注语，“间有依明柯校汪刻本者”一说[5]，遂谓所据为真柯本。且谓武昌局本《史记·殷本纪》所刊《正义》原文，乃依明柯校汪刻本而校改王氏原书者[6]，柯氏校改之二七五年，则又不知何据。今覆柯本，实作七百七十三年，柯本与震泽王本皆同作七百七十三年，何得谓依柯以改王，董君殊臆测，且叠次皆误汪谅为汪谆（《书目答问》原不误），以未睹柯书，故有此失。[7]

《正义》引《纪年》之“七百七十三年”句，清世校刊及《纪年》辑校者，滋多异议。金陵书局校刻本作二百五十三年，范祥雍云：“系据吴春照依今本《纪年》所校改，不足凭。”[8]

武昌书局覆王（延喆）本及泷川资言《会注考证》本作“二百七十五

① 柯维熊校正：《史记》卷三《殷本纪》，11页上，嘉靖四年汪谅刊本。

② 同上书，13页。

③ 《史记》卷三《史记考证》，68页，台北，艺文印书馆影印清乾隆武英殿刊本，1958。

④ 欧阳修：《新唐书》卷二七上，601、603页，北京，中华书局，1975。

⑤ 范希曾：《书目答问补正》卷二，64页，北京，中华书局，1963。

⑥ 董作宾：《殷历谱》，载《国立“中央研究院”历史语言研究所专刊》（四川南溪，1945年），8页下；又见董作宾：《殷商疑年》，载《国立“中央研究院”历史语言研究所集刊》第七本第一分册（1936年），45～66页。

⑦ 鲁实先：《殷历谱纠谲》论殷总年之难信，惟未见及此，台北自刊影印手稿本。

⑧ 范祥雍：《古本竹书纪年辑校订补》，21页，上海，上海人民出版社，1962。

年"[①]，水泽利忠《史记会注考证校补》卷三云："各本二百七十五作七百七十三。按泷本二百五十三误作二百七十五。"[②] 则以泷本为误，金陵本为正，实皆无别本可据，但凭臆改，而宋、明诸本所引《正义》之纪年分明均作"七百七十三"，则断断然。水泽称各本二百七十五作七百七十三，是也。

新印中华书局标点本作"二百五十三年，更不徙都"[③]。则从吴校及金陵书局改本，惟不著其根据。

清世治《纪年》之学者，校改各异：

(1) 雷学淇亦嚣嚣斋考订《纪年》，改作二百五十二年。校云："《殷本纪正义》引作七百七十二年（按'二'字为'三'之误），盖字误，今据纪文十二王在位之数推演改正。"[④]

(2) 陈逢衡《集证》五十引《正义》作"二百七十三年"。范祥雍云："改七为二，非有别本作据。"[⑤]

(3) 朱右曾《汲冢纪年存真》据《正义》引则作"二百七十三年"，只改七百为二百；本书自序亦云："《正义》引《纪年》云：'自盘庚徙殷至纣之灭，二百七十三年，更不徙都。'"与陈逢衡同。[⑥]

盘庚徙殷至纣之年，各书所校不同，列之如下：

(一) 七百七十三年

宋、明本《史记正义》引《纪年》各本皆同。

(二) 二百五十二年

雷学淇校改云："据十二王在位年数推算。"

(三) 二百七十三

陈逢衡、朱右曾改。

(四) 二百五十三

① 范祥雍：《古本竹书纪年辑校订补》，21页，上海，上海人民出版社，1962。

② 水泽利忠：《史记会注考证校补》卷三，30页，东京，史记会注考证校补刊行会，1957。

③ 《史记》卷三，106页，北京，中华书局，1962。

④ 《竹书纪年》六卷，附辨误一卷、考证一卷、年表二卷、历法天象图一卷、地形都邑一卷，雷学淇校并撰附录，通州雷氏亦嚣嚣斋刊本。

⑤ 范祥雍：《古本竹书纪年辑校订补》，21页。

⑥ 朱右曾：《汲冢纪年存真》，23页上，台北，新兴书局，1959；自序，1页下。

金陵书局据吴春照校改，中华本因之。

（五）二百七十五

武昌书局本，泷川《会注》本。

所计年数各异，由诸书所记各代年数，亦有出入，故计得之总年遂复不同。七百七十三年一说，诸家校本皆决为讹文，是矣。然雷、陈辈所订，亦乏据依，盖其确数，靡得而详。殷之总年，《易纬稽览图》云“殷四百九十六年”[1]，同于《集解》所引之《纪年》。而裴骃引谯周云“殷凡三十一世，六百余年”[2]，与《左传·宣公三年》“鼎迁于商，载祀六百”[3]，及一行《历志》称“商六百二十八年”最为接近，殆出于《古史考》，但与束皙“夏年多殷”不合。《南史·陶弘景传》称其著《帝王年历》[4]，陶翊《本起录》谓：“《帝王年历》三卷，起三皇至《汲冢竹书》为止，检五十家书历异同共撰之也。”陶书久已亡佚，唐法琳《破邪论》屡引之[5]，惜不及殷之总年数。殷之总年不止二百，各书必非全出子虚，惟诸说多歧，难以遽定，阙疑可也。

明代《史记》之刻，先有陕西翻宋本，及江南白鹿书院本。白鹿本无《正义》；莆田柯维熊撰《宋史新编》之余，重为校正，金台汪谅刊之，盖据黄善夫本也。柯跋撰于嘉靖六年丁亥上元，书前又有嘉靖四年九月费懋中序，此即所谓汪谅本也。[6] 同时震泽王氏延喆亦于嘉靖乙酉（四年）腊月，开雕《史记》，迄丁亥三月刊成。柯本成于丁亥正月，相去仅二月耳。柯、王成书相距只两月。二书记殷年均同，原无轩轾于其间。鲁实先号称史记专家，于柯、王各本茫昧若此！板本之学，似太疏略。京都大学文学部藏王氏原本于目录后有“震泽王氏初梓”长方印，又集解后有“震泽王氏刻于恩褒四世之

① 郑康成注：《易纬稽览图》，见《纬书集成》卷下，105页，东京，汉魏文化研究会油印本，1960。

② 《史记》卷三，注六，109页，北京，中华书局，1962。

③ 杜预注：《春秋左传集解》第十，546页，上海，上海人民出版社，1977。

④ 李延寿：《南史》卷七八《陶弘景传》，13页下，台北，艺文印书馆，1958。

⑤ 《云笈七签》卷一〇七《华阳隐居先生本起录》，9页，《正统道藏》本，册六九九《太玄部》。陶弘景《帝王年历》引竹书异说，详黄彰健：《陶弘景著帝王年历以竹书为正》，载《大陆杂志》，五十五卷六期（1977年12月），24～26页。

⑥ 明金台汪谅刻书目，见缪荃孙：《云自在龛随笔》卷四。

堂”木记。即所谓震泽王氏本。[①] 京大藏本每册上有“叶氏菉竹堂藏书”朱文圆章，间钤“微波榭”印，则该书叠经明叶盛、清曲阜孔氏继涵藏，殊可宝者。嘉靖十三年《史记》又有秦藩定王惟焯鉴抑轩刻本，允中道人修板序谓叔考定王得苏本刻之，是又从王氏延喆本出也。[②] 书以千文分卷，亦一特色(原书未睹，有书影，见顾廷龙《明版本图录》卷四)。三本行款均与南宋黄善夫本相同。《书目答问》于重刻明震泽本《史记》下注云：“武昌局本，间有依明柯校汪刻本者。”按重刻震泽王氏本《史记》，不始自武昌局。嘉靖之秦藩本，已是震泽本之重刻也。

余藏之柯本《史记》，有黄绍昌印，绍昌字芑香，香山人，光绪戊子举人，广雅书院分教。[③] 汪兆镛《棕窗杂记》谓其“幼子某辛亥后将君遗稿及所藏书画古器，悉付一炬”[④]。此书为绍昌旧物，幸免回禄，其可宝为何如耶!

① 京大藏王刻《史记》卷末题记全文如下：“延喆不敏，尝闻于先文恪公曰：《国语》、《左传》，经之翼也，迁《史》班《书》，史之良也。今吴中刻《左传》，郢中刻《国语》，闽中刻《汉书》，而《史记》尚未板行，延喆因取旧藏宋刊《史记》重加校雠，刻于家塾，与三书并行于世。工始嘉靖乙酉腊月，迄丁亥之三月。林屋山人王延喆识于七十二峰深处。”

② 参张元济：《校史随笔》，2页下，上海，商务印书馆，1938。

③ 徐信符：《广东藏书纪事诗》，87页，香港，商务印书馆，1963。

④ 汪兆镛：《棕窗杂记》卷三，14页上，刘承干校刊本，1943。

《商殷帝王本纪》序

自洹水甲骨出土，世以为尚论商史，已获卝藏；于是乃有古史断自殷商之论，一若纸上记载，毫无足凭者。然契文简质，虽出土无虑数万片，而丛碎繁赜，苴缀比次，释疑昭滞，犹赖博通淹贯好学深思之士；遽欲以重建商史，其事盖有待也。周君鸿翔，从余治契学有年，锲而不舍，余告其先宜广读经传，庶几于卜辞有所藉手；良以舍经传无以旁通卜辞，其谓有卜辞而传记可废者，无是理也；亦有疑骨契之赝造，未敢稍道一二①，则尤太过矣。君踵武观堂之后，恢旷之为《商殷帝王本纪》，其书以经传为主，而甄采甲骨资料及诸家新说，则取其戛然可信，犁然有当于人心者，以补旧乘所不及，态度严谨，与乎近世轻据卜辞而侈谈殷史者，大异其趣，余深韪之。

今冬君书刊成，乃为叙其端曰：

治殷史者，莫先于缀缉资料，其途有三：

一曰：经传子史之疏通

《商书》、《商颂》，言商史者所宜首及，然古今经说纷纽难以殚究。若高宗谅闇，孔安国传训为"信默"②，《大传》则以梁闇为"倚庐"，郑玄以为凶庐，今观《国语·楚语》、《吕览·重言篇》，知默以思道乃先秦人旧说，此孔

① 如吕氏《先秦史》即其一例。

② 《论语集解·宪问》引孔注，又《晋书·礼志》泰始十年杜预议引《尚书传》，此为魏晋时之《尚书孔传》。

氏以阍为默之所本也。《通典》引贺循议，以盘庚不序阳甲之庙。《诗·殷武》云："寝成孔安。"郑笺云："高宗之前王，有废政教不修寝庙者，高宗复成汤之道，故新路寝焉。"《正义》谓："盘庚始迁于殷，明即为寝庙；其不脩者，盖小辛小乙耳。"孙季逑因谓："盘庚既不为阳甲立庙，小辛继世，又值殷衰，未能修复庙祀。高宗继父小乙，居丧尽礼，其于父庙祀亦必丰，而世父之庙不序，犹承盘庚之失，故于祭成汤庙之明日，有雉雊之祥，既感祖己之言，乃修建寝庙。"① 此自出于推想。今观武丁卜辞"作寝"、"宅寝"之辞数见，足与殷武互证。其祭父乙之辞最繁，丰呢之事则诚有之，而于父甲父庚父辛②，祀典无阙③，可证其于世父之祭，未曾不序，于兹可获实据，较之向日冥猜暗索为差胜矣。

二曰：甲骨资料之搜采参证

兹以商先公先王论之，窃有数事，欲论列者：

王亥 卜辞于王亥，有连书作𠅘者（《乙》八三三四）。或称"高祖王亥"，如"癸卯……贞弜……高且王亥……"（《后》上二一，一三），或省称"高且亥"（《戬寿》一，四），其配曰"王亥母"，如"贞燎于王亥母豚"（《乙》六四〇四），曰"王亥妾"（《铁》二〇六，二；《南北·坊》三，六六重）。亥字繁形，亦有从短尾禽之隹，或从手持鸟者，如："辛巳贞：玉𩨣上甲，𩠨于河。"（《佚》八八八；《粹》五一仅见一"𩨣"字）"其告于高且王𩨣，三牛。其五牛。"（《拾掇》四五五；《宁沪》一，一四一；《京津》三九二六重）王亥与上甲并祀，又称高祖王宗，自是殷人之先。王亥一名，古籍惟《山海经·大荒东经》云："有困民国，勾姓而食，有人曰王亥，两手操鸟，方食其头。王亥托于有易河伯仆牛，有易杀王亥，取仆牛。"郭璞注引《古竹书》"殷王子亥，宾于有易"以释之（《今本纪年》在帝泄十二年）。王亥操鸟之意，殊不可解，今观契文王亥字，作一手持鸟，附于亥形之上，可明操鸟一事，殷时确有此传说。《山海经》多采自古代图画，兹证以殷时文字，弥见其说之可信，不能以子虚乌有目之。故王观堂以王亥即《世本》之胲（《作篇》）核（《帝系》），《天问》之该，《人表》之垓；又证《殷本纪》冥子之"振"为讹文：因《索隐》振下引系本作核，则振为核无疑。《汉书·人表》

① 《尚书今古文注疏》。

② 即武丁诸父阳甲盘庚小辛。

③ 《殷代贞卜人物通考》"卜祭祀"各项。

"冥子垓"，师古曰"垓音该"。清徐文靖因以证即《天问》"该秉季德"（《管城硕记》及《竹书统笺》），刘梦鹏亦谓该即殷侯子亥（《屈子章句》），是说至今已成定谳。[1]今周君书中独呈异议，不知此说清人已发其端。[2] 非倡自观堂，卜辞称王亥曰高祖，自非殷之核莫属，或称曰"高且亥"，则无"王"字，以《纪年》之殷侯子亥当之，亦无不合。[3]

示壬 报丁子之主壬，卜辞作示壬，有合书作□（《前》一，一，八），又作□（《甲》三五八七），示壬与示癸合称二示，契文所见二示，字或作□（日本弃伊氏藏骨即《遗珠》六二八）、□（《哲庵藏》二〇三），余于京都大学人文科学研究所，见两残甲，其上并有□工合文，为殷先王名，□与工为一字（如卜辞习见□典亦作工典），知亦即示壬也。此二甲一列第一七号，文云："……又□壬， 牛。"一列一七〇三号，辞云："又□壬，牢。"左云："丙辰卜方帝。"此未经著录，故揭出之。契文又见□乙（《乙》九〇三六，九〇三七），□丁（《甲》三九一五），是商之先公，在《殷本纪》二示之外，尚有示乙示丁之名，可征于卜辞者。

戎（庫）丁 契文□余向以为戎字（或释为鼺），卜辞屡见□丁之名，如："甲子卜贞：今夕，酢戎丁，十一月。"（《燕大》三七二）"癸亥卜，＊贞：戎丁用，二月。"（《元嘉》一九）"贞：戎丁宁，百羊百……百豕十月。"（《甲》三五一八）观戎丁祀典至隆，有百羊百豕；戎训大[4]，则戎丁当是大丁也。《殷本纪》："汤崩，太子大丁未立而卒。"今武丁刻辞所记上甲以下至祖丁十宗一版，大丁正列于大乙之下大甲之上（《殷缀》二九），大丁称为戎丁，乃其别名，经史所无，此可裨其阙。

龙甲 武丁卜辞先王有名□甲（《乙》四五〇七），每作□甲（《乙》三二五二、七〇四〇；《京津》六四五；《续》五，二五，五；《戬》八，一二重）、□甲（如《前》六，一九，六；《乙》一四六三、三四四三），陈梦家读巴甲，殊不妥。按当释龙甲，余于京都大学人文研究所见一片云："……贞……内

---

① 日本内藤湖南曾撰《王亥》及《续王亥》二文，收入《读史丛录》。顾颉刚继王说，谓《易·旅》上九爻辞"鸟焚其巢"、"丧羊于易"即王亥事，游泽丞亦有申论，见《天问古史证》。余以王鬓证《山经》操鸟之说，曾于1954年8月在东京大学中国古代史学研究会席上演讲，对内藤博士说有所补充。

② 见梁玉绳：《史记志疑》二《人表考四》。

③ 至谓王亥不应独以地支为名，然卜辞所见人物有子、卯、午等，殊不足怪；余曾劝周君删去此说，君坚持之，故覙缕备论如此。

④ 见《尔雅·释诂》、《方言》及《书·盘庚》、《诗·江汉》、《烈文》等传。

日……裁甲。”（二二九号）卜辞每见龚示（《六录束氏》七）、龚司（《续》五，六，六），即龚祠也。以契文之庞及龚诸异形证之，知裁为龙之繁形，上列诸字并即龙甲，可以无疑。武丁以前先王称甲者，有上甲微太甲小甲河亶甲开甲阳甲六人，亶甲纪年称河亶甲整，《吕览》作整甲，卜辞作羌甲，颇多异称；阳甲者，《今本纪年》云“名和”。《大荒北经》郭注引《古纪年》云：“和甲西征，得丹山。”是殷先王有和甲也。龙字古有“和”义，《诗·酌》“我龙受之”及《长发》“何天之龙”，传皆训龙为和。《广雅·释诂》“龙，和也”，亦见《玉篇》[1]，是卜辞之龙甲，应即和甲，亦即阳甲矣。

凡上所举，俱见卜辞之有益于考史，其义向多未喻，兹得疏通证明，亦一快事。

三曰：考证杂记之钩索

自宋以来，考证之业朋兴，至清而弥盛，短篇札记，往往胜义纷披，启发隐滞，咸足饷遗来学，是宜广收兼蓄，编为殷史论文笔记索引[2]，以为渔猎之资，斯尤治史之津涉，不容忽视者也。

上三大端，胥治殷史之先务，循兹钤键，达其潭奥，然后可勒为长编，沙汰料简，与夫器物上之资料，会通贯串，庶几有真正完善之殷史。惟体大事艰，非一手一足之烈所能为，拥彗清道，企望尘躅，惟俟方闻君子。今观君此作，椎轮粗具，大辂所始，世之为书，苦病繁芜，君则力求简当，视王氏《先公先王考》，丁氏《新殷本纪》，已迈进一步，足为史公书之羽翼，而上与皇甫士安争席焉；故于杀青之日，乐为扬搉而陈之。

戊戌十一月

① 参《诂林》引潘鸿《训龙为和解》。
② 如《求古录礼说》之《祖甲考》即其一例。

评《小屯乙编》下辑*

"中央研究院"在安阳小屯村殷墟遗址从事发掘工作，自1928年迄1937前后共十五次。第一次至第九次所得龟甲兽骨之有文字者，悉刊于《小屯甲编》(Archaeologia Sinica. Number Two. *Hsiao-T'un* Volume II. 1948)，拓片共3938号；另牛头刻辞一，鹿头刻辞二，鹿角器刻辞一。第十次、第十一次、第十二次发掘，无甲骨。第十三次、第十四次、第十五次发掘，所得数目殊为惊人，仅第十三次于YH127坑，掘出之龟甲便有17087版。① 兹将此三次所得甲骨数字，表列于下：

发掘次数	有字龟版	有字骨版
一三	17756	48
一四	2	0
一五	550	50

---

* 《中国考古学报告集》之二，总编辑：李济，主编者：董作宾，国立"中央研究院"历史语言研究所出版，台湾，台北艺文印书馆印行，1953。

Hsiao-T'un (The Yin-Shang Site at Anyang, Honan), Vol. II (inscriptions), Part II, Section 3. Edited by Li Chi and Tung Tso-Pin (Taipei: Series Archaeologia Sinica, Academia Sinica, 1953).

① 参见《小屯乙编》上辑董作宾序。原文第2页言127坑甲骨登记号一三，〇，六二七——一三，〇，一七七一四，与所附《坑位对照表》不符，因《对照表》一三，〇，六二七一号乃出于YH126坑者，不应混入127坑；董文自误，故该文17088一数字，应减去一片，作17087为是。

以上三次所得甲骨，经选拓并略加缀合，先后编印为《小屯乙编》，与《甲编》并行。《乙编》共分三辑：上辑于民国三七年（1948）十月由上海安定珂罗版社出版，拓片号数自一至三四七二，共四百页；中辑于民国三八年（1949）三月亦由安定珂罗版社印行，拓片号数自三四七三至六二七二，页数续前，由四〇一至八〇〇，亦四百页。此二辑所收六千余号，仅为第十三次所得龟甲之一部分。其第十三次龟版及骨片，尚有大半以及第十四、第十五两次所得者，则收在下辑中。自中辑问世以来，海内外渴望下辑之刊布，已近四年，至去岁十二月始在台北出版。

《乙编》下辑，所收拓本号数自六二七三——九一〇五，共二八三三号，页数自八〇一至一二二〇，全书共四二〇页；只是影印拓本图片，未附释文，与《甲编》及《乙编》上、中辑体例相同；又无序跋及目录。此辑包含之内容，各部分如下：

（一）六二七三（一三，〇，一三三五一）——八五三一（一三，〇，一七七五六） 为第十三次发掘所得龟甲。

（二）八五三二——八六三七 为同次所得龟甲碎片，不列发掘号码。

（三）八六三八（一三，二，一）——八六八七（一三，二，四八） 为十三次发掘所得骨片。

另八六八八（一三，二，四九） 一片为牛距骨刻辞。

（四）八六八九（一四，〇，一）——八六九〇（一四，〇，二） 为第十四次发掘所得者，仅龟甲二片。

（五）八六九一（一五，〇，一）——九〇五二（一五，〇，五五〇） 此第十五次发掘所得龟甲板数。

（六）九〇五三（一五，二，二）——九一〇四（一五，二，五〇） 此第十五次所得骨版数。另最末一骨片，列九一〇五号，为后冈出土者。

此据书中所编拓本号数排列，附注原书发掘号数于括弧内，以供参照；惟以勘校《乙编》上册董作宾序，所列统计数字，小有出入。如董序云："十五次发掘所得有字龟版五四九号。"而本书实作五五〇号，董氏少列一片（即九〇五二号），微误。

是辑资料来源，包括第十三次之一部分，及第十四次、第十五次出土之物，故发掘坑位特别复杂。"中央研究院"考古组所制殷墟坑位全图，至今尚未公布；幸董氏于《乙编》上辑序文之末，附有《本编登记号与坑位对照表》，尚有头绪可寻。陈梦家曾据以制成《第十三次发掘所获各坑甲骨表》，系于所作《甲骨断代与坑位》一文之后（为附录之三），仅列至 YH127 坑所出六二七七号而止，盖其时《乙编》下辑犹未出版，无从着手也。[①] 此外尚有第十四、第十五两次出土者，坑位较繁碎，兹另制一表附录于末，以补陈文所未及，借为研究坑位与甲骨关系之一助。

是辑龟甲，已不少经过缀合，又有不少删去者，殆因残碎太甚，不能入选；故较原来号数略为减少。赖书中在拓本号数之下，附列发掘号数，可以比勘而得。至于缀合之劳，尤须表彰[②]，细针密缕，其功诚不可没。

是辑极多新鲜材料，值得举出者：

（一）最大牛胛骨

第八六八三及八六八四号正反，为一巨型牛胛骨，稍有断缺，字体欹斜，似习刻者。查他书著录之骨片，以罗振玉《殷墟古器物图录》页一二、一三之完整牛胛甲一块[③]，及《殷契拾掇》二编一五九号所收刘体智藏卜雨记录之大牛胛骨为最巨，与此堪称鼎足而三。

（二）大龟钻数

六六六七号大龟背甲，为六六六六之反面，胡厚宣曾摹出，刊于《卜辞记事文字史官签名例》附图一。[④] 此甲钻凿之多，向所未睹。足证《庄子·外物》篇“刳龟七十二钻”之说，可补董作宾《商代龟卜之推测》[⑤]“钻凿之数”一节所未及。

（三）粗大笔划

第七七九五号武丁时长文，卜人为争，间刻较小文字，其卜人为㱿，乃贞子网获𢦏事；此不全龟板，笔画肥大，实为仅见。

（四）特别行款

（1）横书对贞例。六三八五号龟板：“贞，有疾自（即鼻），隹有壱。”“贞，有疾自（即鼻），不隹有壱。”两文对贞，横行逐字排列。

（2）两行中一正一倒例。八六七二号牛胛骨，首行“贞，㞢五牛，丁

① Y 指殷墟，H 代表灰土坑，127 坑在旧第四区，参看《大陆杂志》四卷九期，董作宾《甲骨断代研究的十个标准》中第四“坑位”一章。查 YH127 坑所出龟甲，为数最多，《乙编》上中辑所收至一二七三三号，下辑实录二二二八（即下辑拓片号自六二七三——八五〇〇），约占 YH127 全坑 45.7%。

② 如六四六九、八九三五号等即由多片缀成。

③ 原书因篇幅关系，分为二截。

④ 《历史语言研究所集刊》第十二本，1947。

⑤ 见《安阳发掘报告》第一期。

雨"，正刻，第二行"甲，丙辰用"倒刻。

（五）刻错改正

七一二四号龟版，"己酉卜亘贞，帝不我……"句，"不"字仿佛先刻成"帝"字之首半，后发觉误刻，遂加修正，故仍留有修改痕迹。

又九〇八五号骨片，字形潦乱，似为起草者，故间有勾改模样。

（六）甲骨草体

七七一二号龟版，画细而长，时有连笔，似带草隶作风。

至于有关商史之重要刻辞，如八八一六号（龟）全贞疾病，八八九六号（龟）多记妇人之名，六六九二（龟）记武丁时"子𠬝"事迹颇详；均足注意。其他可供研究者尚多，不能一一列举。

甲骨不少用笔书写，或朱书，或墨书[①]，或朱书杂契刻，诚研究殷人书法及用笔之直接资料。是辑无墨书，但有朱书，兹为检出汇列如下：

> 六四二三朱书杂契刻。六六六七朱书杂契刻（为六六六六之反面）。六七二二朱书。六七九五甲桥有朱书。六八二四朱书（为六八二三之反面）。
>
> 六八四九朱书杂契刻。七〇六四朱书（为七〇六三之反面）。七二七七朱书（为七二七六之反面）。七二八五朱书（为七二八四之反面）。七三六一朱书（为七三六〇之反面）。七六五二朱书（为七六五一之反面）。
>
> 七七三六朱书杂契刻（为七七三五之反面）。七七六三朱书（为七七六二之反面）。七七七五朱书（为七七七四之反面）。八二〇二朱书杂契刻（为八二〇一之反面）。

朱书多数书于反面。是辑有未标出"反"字者：如七七三六，当是上片七七三五之反，书中未标"反"字。又七〇六四号中漏写"朱书"二字，皆疏忽之处。

是辑中有复出之片，如六七〇二，该片已缀合成七七九五，理应删去，今仍复存者，谅因编号已定稿，更改有所不便。又《乙编》上三二三三，并缀合于本辑七七九五中，亦属重见者。

是辑材料，有曾经发表及甲骨学者著有专文研究者如：

---

① 墨书如《殷契拾掇》二编七八C反，四〇〇，四〇一，皆极重要。

(1) 列八六八八号之牛距骨：第十三次出土；高去寻写有《殷虚出土的牛距骨刻辞》，载《中国考古学报》第四册。

(2) 最末列九一〇五号之骨版，为后冈出土之唯一有文字骨片，董作宾写有《后冈出土之一片卜辞》一文，载《安阳发掘报告》第四期，1933。

(3) 列六六六四号"㴬卯鸟星"一龟版，为最重要之星象记录，董氏《殷历谱》下编卷三《交食谱》曾摹出，以证《尧典》"日中星鸟"一语。①

其他胡厚宣在《甲骨学商史论丛》中屡引及第十三次发掘材料。又《卜辞同文例》为其所作《第十三次发掘殷墟所得龟甲文字》之一部分（全文未发表），亦多引用，可以参看。②

是辑与《甲编》及《乙编》上、中辑四巨册，共著录甲骨13047片③，为"中央研究院"用科学方法发掘所得甲骨之总结集，诚殷代史料之宝藏；对于考古学、古史学贡献至巨，自为划时代之伟著。闻尚有《殷虚文字外编》收434片，早由董作宾编成，想不久当可刊布，以嘉惠学林也。

附录 《小屯》乙编下辑所见各坑甲骨表

坑 位	本书片号（附发掘号数）	片 数	片 类	备 考
YH127	六二七三（一三二五一）—八五〇〇（一七七一四）	2228	龟	原得4363号，书中除去缀、删、正反外，实录2228号。
B125	八五〇一（一七七一五）—八五〇一（一七七一七）	1	龟	书中八五〇一号，系由一七七一五、一七七一六、一七七一七等三片缀成。
YH006	八五〇二（一七七一八）—八五三一（一七七五六）	30	龟	原得38号，书中除去缀、删及正反外，实录30号。

以上十三次发掘所得有字龟版4406号，书中除去缀合及删去，实录2259号。④

---

① 又六六七二号及六六七三号为一片之正反，文字与此多同。

② 《历史语言研究所集刊》第九本，1947。

③ 《甲编》3942片，《乙编》上、中、下三辑共9105片。

④ 自八五三二至八六三七为龟甲碎片不列发掘号码。

B119	八六三八（一）—八六三九（二）	2	骨	
B133	八六四〇（四）—八六四五（一三）	6	骨	书中删去六、七、八、九等四片。
B125	八六四六（一五）	1	骨	
B128	八六四七（一六）	1	骨	
C75	八六四八（一七）	1	骨	
YH005	八六四九（一八）—八六五〇（一九）	1	骨	书中将一八、二〇两片缀合为八六四九。
YH006	八六五一（二一）—八六五六（二三）	6	骨	书中八六五一、八六五二为二一片之正反。八六五三、八六五四为二二之骨与臼。八六五五、八六五六为二三之正反。
YH036	八六五七（二四）—八六六〇（二六）	4	骨	书中八六五八、八六五九两片为二五之正反。
B119	八六六一（二七）—八六六二（二七）	2	骨	书中八六六一、八六六二为二七之正反。
YH127	八六六三（二八）—八六七三（三五）	11	骨	书中八六六四、八六六五为二九之正反。八六七〇、八六七一为三四之正反。八六七二、八六七三为三五之正反。
B119	八六七四（三六）—八六七五（三六）	2	骨	书中八六七四、八六七五为三六之正反。
B123	八六七六（三七）—八六八〇（四二）	5	骨	书中删去四〇。
B122	八六八一（四三）	1	骨	
C75	八六八二（四四）	1	骨	
YH036	八六八三（四五）—八六八七（四八）	5	骨	书中八六八三、八六八四为一巨骨之正反。八六八五则为骨之反面。正面缺。

以上为十三次发掘，共得有字骨版48号，本书除删、缀及正反骨臼共得50号。

又八六八八（四九）为十三次发掘之一牛距骨，出土地点为YH006南井，详见高去寻《殷虚出土的距骨刻辞》一文。

YH228	八六八九（一）	1	龟	
YH228	八六九〇（二）	1	龟	

以上为第十四次发掘所得有字龟版2号，本书所载亦止2号。

YH251	八六九一（一）—八八九七（三二七）	207	龟	原出土共327号，本书除删、缀及反正骨臼，共得207号。
YH253	八八九八（三二八）—八九三四（三七二）	37	龟	原出土共45号，本书除删、缀及正反外，共得37号。
YH265	八九三五（三七五）—八九三六（三八二）	2	龟	书中三七五、三七六、三七七、三七八、三七九、三八〇、三八一，合缀为八九三五。
YH288	八九三七（三八三）	1	龟	
YH309	八九三八（三四八—三八八）	1	龟	书中将三八四、三八五、三八六、三八七、三八八等五片缀合为八九三八。
YH330	八九三九（三八九）—八九九四（四六五）	56	龟	原出土76号，本书除缀、删外，共得56号。
YH338	八九九五（四六六）—八九九六（四六七）	2	龟	
TH344	八九九七（四六九）—九〇二二（五〇三）	26	龟	原出土共34号，除四七一、四七九、四八七缺，并将四七三、四七五、四九七合为九〇〇〇，将四七四、四九九、五〇〇缀为九〇〇一，将四七七、四七八合缀为九〇〇三，将四八四、四八五缀为九〇〇八外，九〇一〇、九〇一一为四八九之正反，实存26号。
YH362	九〇二三（五〇四）—九〇二四（五〇四）	2	龟	书中九〇二三、九〇二四为五〇四之正反。
YH370	九〇二五（五〇五）	1	龟	

续前表

YH371	九〇二六（五〇六）—九〇三二（五一五）	7	龟	书中删去五一〇。
YH393	九三三（五一六）—九〇三四（五一七）	2	龟	
YH409	九〇三五（五一八）	1	龟	
YH448	九〇三六（五一九）—九〇三七（五二三）	2	龟	将五一九、五二〇缀为九〇三六，将五二一、五二二、五二三缀为九〇三七。
C170	九〇三八（五二四）—九〇三九（五二五）	2	龟	
C171	九〇四〇（五二七）—九〇五〇（五四七）	11	龟	书中删去五二六、五二九、五四〇三片，将五二七、五三〇缀为九〇四〇，将五三四、五三六、五四三缀为九〇四五，将五四四、五四五、五四六、五四七四片缀为九〇五〇。
C172	九〇五一（五四八—五四九）	1	龟	书中将五四八、五四九两片缀为九〇五一。

以上为第十五次发掘所得有字龟版549号，本书除去删及缀合外，实录361号。

C173	九〇五三（一）	1	骨	
C329	九〇五四（二）	1	骨	
C333	九〇五五（三）	1	骨	
C334	九〇五六（四）	1	骨	
YH244	九〇五七（五）	1	骨	
YH253	九〇五八（六）—九〇六三（二）	6	骨	
YH258	九〇六四（一二）	1	骨	
YH279	九〇六五（一三）	1	骨	
YH344	九〇六六（一四）—九〇七九（二八）	14	骨	书中将一九删去。

续前表

YH347	九〇八〇（二九）—九〇八八（三五）	9	骨	书中九〇八四、九〇八五为三三一片之正反，九〇八七、九〇八八为三五之正反。
YH354	九〇八九（三六）	1	骨	
YH359	九〇八九（三七）	1	骨	
YH364	九〇九一（三八）	1	骨	
YH359	九〇九二（三九）	1	骨	
YH364	九〇九三（四〇）	1	骨	
YH367	九〇九四（四一）	1	骨	
YH423	九〇九五（四二）	1	骨	
YH427	九〇九六（四三）—九〇九八（四五）	3	骨	
YM331	九〇九九（四六）	1	骨	
YM362	九一〇〇（四七）九一〇一（四八）	2	骨	
YM253	九一〇二（四九）	1		
YM344	九一〇三（五〇）—九一〇四（五〇）	2	骨	书中九一〇三、九一〇四为五〇之正反。
	九一〇五	1	骨	此片为后冈出土。

以上第十五次发掘所得有字骨版50号，书中除去删、缀及正反后，共得53。

附注：上列表中发掘片号（括弧内者）一项，因篇幅关系，删去发掘次数。①

① 如原一三，〇，一三三五一，本表则简作一三三五一。

《日本所见甲骨录》自序

日本学者研究甲骨文字，以林泰辅为最先。清宣统元年，林氏著文，刊于《史学杂志》[①]；由是彼邦人士，开始注意殷墟遗物，从事蒐购收藏。东京文求堂文人中村不折初以甲骨百版贩卖，林氏既购得六百片，而三井源右卫门氏亦续得三千版。[②]

迨宣统三年，罗振玉旅日，所藏甲骨，载入行笈，与之俱东，其《殷虚书契》（即《前编》）八卷，即成于东京，且在日精印，其中取材，不少为日本藏家之物[③]；金祖同于《龟卜》一书中，曾为揭出矣。[④] 又罗氏最早著述之《殷商贞卜文字考》，即为补苴林氏而作。[⑤] 以甲骨字书而论，林氏曾著有《龟甲兽骨文字表》，于契文之下，书其异形，兼注原文，体例与王襄之《殷契类纂》相仿佛，惜未及刊行[⑥]，盖早期契学，中、日学者之共同努力，其关系之

---

① 林泰辅所作《清国河南省汤阴县发见の龟甲牛骨に就こ》一文，初刊于明治四十二年《史学杂志》第二十编第八、九、十号，分三期发表。后收入林氏著《支那上代之研究》，125～169页。关于出土地点，林氏初听估人之说，误谓在汤阴县。其后于大正六年序《龟甲兽骨文字》，改称："安阳县洹水之南，始出龟甲兽骨。"已自行更正。

② 据徐嘉瑞：《日本甲骨之收藏与研究》。

③ 林氏《龟甲兽骨文字》序有注云："编中所载与《殷虚书契》同者，系听冰阁所载实物拓本，非袭《殷虚书契》所录也。"

④ 见金氏著《龟卜》跋文。

⑤ 罗书自序云："东方林学士泰辅始为详考，远道邮示，援据赅博，足补正予曩序之疏略。"

⑥ 林氏《支那上代之研究》书末，附著作目录，内有《龟甲兽骨文字表》六卷，未定稿，最近平凡社增订之《书道全集》（第一册），曾影出一面，见该书第15页。

深，有如此也。

历年以来，甲骨传入东瀛，为数綦富。而彼邦甲骨学，蒸蒸日上，名家辈出。① 所藏甲骨，亦陆续刊印，计有：

（一）林泰辅著《龟甲兽骨文字》——二卷二册，大正十年（1921），商周遗文会印行。凡收榷古斋（即林氏斋名）213片，继述堂（即河井荃庐斋名）31片，听冰阁（即三井源右卫门氏斋名）779片，共1023片。原物今多保存于东洋文库。惟林书于巨骨仅剪拓有文字部分；与罗氏《前编》重者甚夥。间有赝品，如卷二29页第12片及第16片；金祖同于《龟卜》跋曾指出河井拓本中伪片之一，即上举之第16片，是版予于东京曾目睹之。此书富晋书社有翻印本，墨色劣而多失真。

（二）原田淑人著《周汉遗宝》——内收影片二。昭和七年（1937）日本帝室博物馆出版。

（三）梅原末治著《河南安阳遗宝》——内收岩间德也氏藏大龟一版（重见《殷契佚存》九八七；《卜辞通纂》别二，一）及京都帝大文学部陈列馆旧藏甲骨十五片，黑川幸七氏蒐集，藏于旧东方文化学院京都研究所龟甲四十片，兽骨九十三片（内与《通纂》别二XI重者七片）。影印本，昭和十五年（1940）出版。

（四）中村不折编《书道全集》（第一卷）——收大龟一版，河井荃庐氏藏，重见《通纂》别二、二；又巨兽骨二片，重见《通纂》别二、三；及《殷契遗珠》四五三，六二〇；其余皆复影《铁云藏龟》及《殷虚书契菁华》之物。

（五）平凡社《书道全集》第一册——收京都大学人文科学研究所藏未发表之甲骨，共大小五十四片，附有摹本，及贝塚茂树与白川静释文。1954年9月印行。

（六）《殷代青铜文化之研究》——收京都大学人文科学研究所藏甲骨拓本二十二片，影本六片，共二十八片。附载于贝塚茂树、伊藤道治《甲骨文断代之再检讨》一文之前。其中与平凡社《书道全集》重者二片。（即此书二，二与《书道》三，七及此书二，五与《书道》五，七重。）文见《东方学报》京都第二十三册。1953年印行。

扶桑学人攻治契学至勤，惟于甲骨材料之影拓，除林泰辅《龟甲兽骨文

① 日本学者有“甲骨学会”之组织，出版物有《甲骨学》一专门杂志，现出至第五期。

字》外，讫无专书；其零星刊布，仅上刊数种而已。

中国人士至日本访查甲骨，纂录成书者，有郭沫若、金祖同二氏。郭氏之所掇拾，刊于《卜辞通纂》别录之二，题曰《日本所藏甲骨择尤》。民国二十二年日本文求堂印本。计岩间氏藏大龟一版；河井氏藏大龟一版；中村氏藏巨骨一片，又甲骨零品十七片；桃山中学藏兽骨一片；田中氏藏甲骨零品十九片；中岛氏藏甲骨八片；东洋文库藏甲骨七片；东京帝国大学藏甲骨十四片；京都帝国大学藏甲骨七片；内藤湖南藏甲骨四片；上野博物馆藏甲骨零版七片，共八十七片。其中岩间大龟一版、京都帝国大学七片，均收入梅原氏《安阳遗宝》。中村巨骨则有拓本复见于《殷契遗珠》。

金氏所集录者，先后刊于《殷契遗珠》及《龟卜》二书，《遗珠》于民国二十八年五月出版，列为孔德图书馆丛书第一种，计河井荃庐 337 片（一——三三七），中村不折 286 片（三三八—六二三），堂野前种松 83 片（六二四—七〇六），中岛蠔叟 127 片（七〇七—八三三），田中救堂 202 片（八三四—一〇三五），三井源右卫门 423 片（一〇三六——四五八）共 1458 片。

《龟卜》仅百二十五片，民国三十七年出版，末有金氏跋，并附《龟卜》与《遗珠》及林泰辅书重出表，计四十版。金氏景录三井源右卫门所藏甲骨于《遗珠》时，乃据河井荃庐所赠墨本选辑。此《龟卜》百余片，亦有河井旧藏拓本印出者，今细审之，书中巨骨如一（文云“辛亥卜争贞：廾人……”）、二一（文云：“贞：亩王往”）、一一二（文云：“㽙（更）六旬”）、一二三（文云：“辛亥卜王”）、一二四（文云“……贞：勿曰戈氏齿王……”）、一二五（文云：“辛……䍐二月”），原物皆藏东洋文库，骨上墨拓之迹尤存，余曾亲手摩挲者久之，知三井物多归文库保存。此数版者，并著录于林书。而金氏跋乃谓：“三井藏甲，庋置河井家，意战时已成灰烬，此戋戋者应为天壤间惟一孤本。”语出臆测，原物具在，可覆按也。

日本公私所藏甲骨，向无正式统计，时人论及日本藏龟之数字，多出传闻之误，而胡厚宣氏尤甚。[1] 余于前岁（1954 年）夏间，于役扶桑，在东京、京都两地，观摩所得，知见较确，兹分记于下，借供治契学者之参考。至于神户、大阪各处，度尚有庋藏者，深愧謭陋，一无所知，只得从略。

① 见胡厚宣：《五十年甲骨文发现的总结》，64 页，及近刊《殷墟发掘》二书。

（一）东京大学考古学研究室

予所见一匣共一百一十八片。上识云：大正五年六月渡濑二郎氏在彰德府购得。（其中真赝相厕，因保存方便，故未剔除。）《卜辞通纂》别二曾收录十四片。予选其尤者五十三版，承驹井和爱博士及关野雄教授盛意，摄影惠赠。其中一牛骨“多介父”辞，背尚有文，《通纂》忽略之，今并补摹于后。（胡厚宣谓东大藏有千片，不确。）

（二）东京国立博物馆

旧藏原二十一片，《通纂》别二所录上野博物馆七版，即此批之物，现均保存完整。

新购入者有二〇二片。据增田精一君云：此批为后藤朝太郎旧藏，后归茧山龙泉堂，二年前，始售与博物院。（胡氏云上野博物院藏五一〇片，不确。）

予以杉村勇造先生之协助，得将全部甲骨摹录，又荷增田君拓赠一部分，嘉谊厚贶，均足铭感。

（三）东洋文库

库藏甲骨共十一匣，有巨骨数版，共六〇二片。《通纂》别二仅收七片，云：“文库原藏五百余片，多见林氏（泰辅）藏。”按实不止此数。予因文库库长岩井大慧博士之嘉诺，以一周之力全部摹录一遍。时予将返港，值放假日，岩井君破例允予在馆工作，其热情至足感佩，因得与林泰辅书及《遗珠》互勘，知其中不少即林书中榷古斋及《遗珠》中三井源右卫门旧藏之物；又知金氏当日传拓，于甲骨背面，时多忽视。如见于《遗珠》一三七〇一版者，其背尚有“伐于……𢀛”三字，见于《遗珠》一三七五一版，其背尚有“喜其”二字，喜盖贞人名。金氏皆失拓。

（四）书道博物馆

馆在东京台东区上根岸町莺谷车站之侧。为中村不折氏旧藏。有三百余版，即《殷契遗珠》著录二八六—六二三诸片。其最精品即收于《周汉遗宝》、《通纂》别二（亦即《遗珠》六二〇）之兽骨，可与《菁华》所录媲美。至馆内陈列之特大骨版，则为伪刻。

（五）硲伊之助氏

硲伊之助氏为日本名油画家，博雅嗜古，所藏甲骨多堂野前种松氏之物，已著录于《遗珠》，不少为北平孙壮旧藏，复见《殷契佚存》者。余择其尤者五十一片，假至东京博物馆摹录，就中如三⺆二𠮚（《遗珠》六二八）、小臣（《遗珠》七〇六）诸版，皆极重要。亦有一二为《遗珠》所未收者。

以上东京

东京藏甲骨者，尚有早稻田大学安藤教授。七月十二日驹井博士拟介余前往，会翌日将有京都之行，仓卒未果。及还江户，而博士已赴剑桥，安藤君又乡居逭暑，终不获一观，至今不无怅怅也。

（六）京都大学人文科学研究所

京大人文研究所藏甲骨逾三千片，皆绝精之品，可谓扶桑之冠。闻多出朝日新闻社上野精一氏所蒐集。至今仅有少数刊布，余均禹域未睹之品。余因前所长贝塚茂树及水野清一两教授之厚意，留京都四十余日，得略窥全豹。其拓本自一号起至二千皆曾寓目，并择要摹录，有部分赖伊藤道治君协助，得取原片勘校，就中有若干版即刘铁云旧物已见于《铁》者，如《铁》一一〇，四“……日丁卯……曰𡗜若……亡𡆥”。即京大藏第554号，其背有“□寅帚……”二字，足补刘书之缺漏，又如燕京大学《殷契卜辞》五九〇甲尾刻辞“癸丑卜贞：甶往追龙，从朿西及”。京大藏第603号文字及行款位置形状全同，似系一版。其他佳品新字，络绎时见，更非蠡管所能罄。余敦促贝塚君将全部拓影，公之于世，倘能早日实现，则嘉惠于契学者殊钜。

（七）藤井有邻馆

馆在平安神宫侧，收藏极丰，有甲骨十一片，而珷玞相杂，余录其尤者四版。

（八）京都大学考古学室

此与人文科学研究所不同，所庋甲骨小片四五十版。半为罗振玉寄赠，半为滨田耕作博士在殷墟拾得者（见《通纂》郭序）。重要者已影刊于《河南安阳遗宝》，梅原末治博士导余参观，当日不甚留意，故未录存。

以上京都

（九）天理参考馆

馆在奈良丹波市町守目堂，属天理大学，藏品门类极富。伊藤道治君语余，谓参考馆有甲骨三千五百片，系清野谦次氏所蒐集，惜余参观时，其负责人在欧洲，甲骨扃鐍于宝库，不获一睹，深以为憾。嗣于贝塚茂树教授处，得见部分拓本数百纸，如其中一版云："丁巳卜，王贞：四卜。弗其只𢀛方。𢀛（巫）𢀛方。己卯卜，王勿……"与台北"中央研究院"历史语言研究所藏片："丁巳卜，王贞：四卜。乎比𢀛方，允只。己卯卜，王令𢀛方。"（拓本见《殷虚文字外编》三〇，摹本见《战后南北甲骨录·师友》一，六〇）乃同日同事之卜，似可缀合。其中亦有经《铁》著录者，知刘氏旧物，流入于扶桑者为数固不少也。

以上奈良

凡上所记，日本收藏甲骨，可得其梗概。《通纂》郭氏序举出在江户所见各家，大抵已网罗于林泰辅（即东洋文库藏）及金祖同二书中；至京都所见尚有内藤湖南二十余片，富冈居㧑氏七八百片，内藤藏者，《通纂》别录收四片，富冈氏之物则不知归于何所。

要之，日本所藏甲骨，以人文科学研究所数量最富，且最为重要。合以他处，当有七八千片，此仅为初步统计，惜天理参考馆所藏确数未明，不无遗憾耳。

东京大学考古学研究室所藏甲骨文字考释

（1）癸酉卜亘贞：方……

庚午卜亘贞：不隹（惟）多介父𡆥？

背云：王固曰：隹多父。

是版著录于《通纂》别二，13页之一〇。背面数字，郭氏缺之，今补。正面右辞涂朱，左辞则否。

亘，武丁时卜人名。事迹详拙作《殷代贞卜人物通考》。他辞与此多介父辞相似者，如：

贞：不隹多介父？（《前》一，四六，二；《林》一，一四，一重）

贞：㞢（侑）犬于多介父。　贞：勿㞢犬于多介父。（《前》一，四六，三；又《前》一，四六，一文同）

戊寅卜争贞：于羌甲。　勿㞢于多介父，豖。（《粹》二五七）

或称多介，无“父”字。如：

贞：㞢于多介。（《前》一，四五，六）

不隹多介壱王？隹我㞢乍囚，受㞢又（祐）。（《前》一，二七，四）

贞：不隹多介壱？（《甲》一一一）

贞：不隹多介壱？（《续》五，二四，七）

“多介”除称父外，又有以称“兄”及“子”者。

贞：㞢于多介兄。（《拾遗》二，一五）

㞢犬于父辛多介子，于父乙多介子。（《乙》二〇四〇＋二六〇〇——《殷缀》一七七）

（按父辛即小辛，父乙即小乙，此武丁卜辞。）

吴其昌以多介为人名，近杨遇夫竟定多介父即盘庚（《耐林庼甲文说》），不知多介尚可以之称诸兄与诸子，不仅称诸父而已；故其说皆误。此骨背文云“隹多父”，“多父”即“多介父”之省称，知“多介父”即“多父”，故他辞云：“贞：隹多父壱。”（《明义士》四八八）由是推之，“多介兄”即“多兄”，“多介子”即“多子”（多兄多子之名卜辞常见），并不得目为人名也。《尔雅·释诂》：“介，大也。”“介”又训“众”，故众妇亦曰介妇（见《礼记·内则》注）。庶子亦曰介子（见《礼记·曾子问》）。并加“介”字于亲属称谓之前。又称人之弟曰介弟（见《左传·襄公二十六年》），为敬辞。故知殷契之“多介父”、“多介兄”、“多介子”，加“介”字殆取众之义，或为敬辞耳。省称则曰“多介”。观此背文“多父”即骨面之“多介父”，足为我说佐证。《宁沪》一，二〇六：“于二父己父庚，𠭰。于多父𠭰。”以上下文互证，知多父即指父己父庚二人。故多父者，凡祭者之诸父行，均得泛称之。《铁》八〇，二云：“于多介且戊”；《前》一，二三，一同文。即指祖戊，此盖廪辛、康丁时辞。武丁有兄曰戊。《佚存》六二：“辛未卜𡧊贞：王梦兄戊。何从，不隹𡆥？四月。”（《铁》一二一，三重）此武丁卜辞也。又称父戊，《后》上五，一一：“戊寅卜即贞：叀父戊岁，先彡。”此祖甲卜辞也。故在廪、康时则称为祖戊。戊殆武丁之庶兄，故加“多介”之名，称为“多介祖戊”。杨遇夫以多介与且戊分属二人，不悟多介乃通名，凡诸父诸兄诸子均得蒙多介之称。《殷缀》一七七：“于父辛多介子，于父乙多介子。”则武丁称小辛及小乙之诸子也。

卜辞亦有称七介者：

贞：于七介，（御）帚（妇）好。（《林》一，二一，三；《前》一，四三，四重）

按“七介”一名见于《礼器》：“是故七介以相见也，不然则已悫。”孙希旦《集解》：“七介以相见，诸侯相朝摈介以交辞也。七介者侯伯之礼，举中以言之也。”今卜辞言“于七介御妇好”，如解为摈介，则殷时七介用于宾礼，王者亦行之。此七介与上“多介”义别。

“𧺆”即“它”字繁文，加止旁，“不隹多介父𧺆”亦作“不隹多介它王”。句法相同，而“𧺆”“它”异写。

（2）㑥若。

㑥，武丁时人。他辞云：“乙丑卜𡧊贞：㑥其禽，比禽。”（《铁》六〇，四）“贞：㑥氏。”（《遗珠》四五三，同版见卜宾贞）“□丑，卜争贞：㑥……”（《前》七，一一，一）“贞：勿隹㑥令。”（《七集》孙氏二）由贞人𡧊、争等，可知其年代。㑥即称字。

（3）王𧧻曰。

卜辞常见此语。辑录如下：

……㱿贞：王𧧻曰：戉（越）其㞢……　午卜㱿贞：戉亡其𢦏。（《前》七，二九，三；《铁》二五五，一重）

……〔王〕𧧻固曰：……（《京津》一六〇〇）

……贞：王𧧻〔曰〕……（《后》下二八，五）

𧧻䍧，龙东，王从　王从䍧。（《乙》四五二四）按䍧，人名。

……宅王……𧧻……（《佚存》八四二）

按"𧧻"读为"抯"字。《士丧礼》郑注："古文抯皆作振。"《尔雅·释言》："振，讯也。"是抯有讯义。（《释诂》"抯"字下郭璞注："振，讯。"《说文》："抯，给也；一曰约也。""一曰约"之义，向未详。按约亦训谋。《秦策》"以币帛约乎诸侯"，注："谋约也。"与讯义近。）《尔雅·释诂》："讯，言也。"卜辞言"王𧧻曰"，或言"〔王〕𧧻固曰"，殆谓王有所谋讯。《洪范》所谓："汝则有大疑，谋及卿士，谋及卜筮。"亦即人谋鬼谋之谋也。又曰："𧧻䍧，龙东。"谓讯䍧其人于龙地之东也。此可申许说。契文之𧧻即振，与《释言》合。（郝氏《疏》读讯为迅，今以卜辞证之，宜从本字，契文之有裨于古训如此。）

𧧻字从臣从♀，♀盖珙字，像手持玉。（卜辞有人名帚♀〔《续》五，五，三又《京津》二〇二三〕，字亦作♀〔《后》下一六，一二："亩♀令。"〕，♀即♀省，如♀亦作♀〔《乙》二三二七〕。）珙又作玑。《集韵》："珙，璧也，或作玑。"故𧧻字隶定应写作𦣞，从玑臣声，知𦣞即抯古文，与振同。《孟子》所谓"玉振"（击磬曰振）之振，本字应即此。（《玉篇》又有玑字，音信，即以玑为𦣞，故有"信"音，信犹讯也。）

（4）辛未卜，宾贞：乎伐𢀛方，受㞢又。

癸丑卜，宾贞：今至于丁巳，追。

贞：不亦雨？　贞：亦〔雨〕。　上吉　不𢆶黾。

是版著录于《通纂》别二，一三之一三。

宾，武丁时卜人名，事详《贞卜人物通考》。（以下所见卜人，均详拙作此书。)

“乎”读为评,《说文·言部》:“评,召也。”《口部》云:“召,评也。”经典借为呼字,《广雅》:“召,呼也。”

“受㞢又”谓“受有祐”,㞢,语词。又通作祐。受兼有授受二义,或言“帝受我又”即“帝授我祐。”

追,《说文》云:“逐也。”他辞云:“癸未卜宾贞:亩禽往追羌。”(《前》五,二七,一)“癸丑卜贞:甶往追龙,从枼西及。”(《燕大》五九〇)此片上辞言伐𢀛,下辞言追,谓追𢀛方也。

不亦雨,亦,语词。“不亦”犹《论语》“不亦乐乎”之语气。或读亦为夜,恐非。

(5)……永……仓用。

上版著录于《通纂》别二,一三之八。

永,武丁时卜人名。

仓字仅见。惜辞残泐,文义未明。

(6)……卜争……从东……雨。

争,武丁时卜人名。

(7)己巳卜:𩫖受年。

卜辞凡言“某受年”多指地名。如云:“贞西土受年,𠬝(即葡)受年,𢀛受年。”(《乙》七〇〇九)故𩫖为地名,𩫖他辞习见。如:“乙卯卜㱿贞:今日,王勿往于𩫖。”(《后》上一二,九)“乙卯卜㱿贞:今日,往于𩫖。……之日大采,雨,王不步。”(《粹》一〇四三)“……在𩫖乙巳……”(《甲》三三二八甲背)“丁卯卜争贞:王往于𩫖,不左。”(《铁》二五五,二)皆其例。

(8)壬戌卜□贞:王……沚戛……

沚戛,武丁时人。事迹吴其昌《殷契解诂》考之最详。

（9）……卜贞：…… 小宰。 ……贞：……高……

按高为殷先公名，他辞云：

□申，其桒于高，𤉲牛。（《甲》五五一）

乙卯卜贞：桒禾于高，𤉲九牛。（《甲》七八五）

贞：告𡚽，𡨦于高。（《燕大》三八三）

贞：御帚（妇）好于高。（《簠室征文典礼》一一三；《续》四，三〇，三重）

《御览》引《纪年》："小甲高即位。"今本《纪年》："小甲名高"杨遇夫谓卜辞之高即小甲。（《积微居甲文说》）。

（10）贞弗其及……

（11）贞弗其……

（12）贞今……雨。

（13）庚戌……贞今夕……雨。

（14）……今夕𡨦（宁）。

𡨦即甹，乃宁字。《尔雅·释诂》："宁，安也。"

（15）丁卯卜□贞：今〔夕〕亡〔来〕娃（艰）。

（16）□寅卜□贞：今□（疑日字）……

（17）……卜……贞：旬……十二月。

（18）不𢆶黾。

此记卜兆之术语，每与上吉、小吉相连。

（19）癸丑…… 癸……

此为贞旬亡 囚 残辞。

(20) □申……𣎴(朿)……　　……朿。

(21) ……贞……　　……贞……

以上皆第一期武丁时卜辞。自此以下为第二期至第三期卜辞。

(22) 丙申卜行贞:今夕亡囚。在九〔月〕。

(23) □未卜行〔贞〕:王宾福。〔亡尤〕。

按董氏说,行为祖甲时贞人。然行之年代,则上及于武丁之世。故亦见于宾等之卜辞。如:

……卜宾贞:　　……贞:行弗其𠙵(叶)王事。

丁未卜。　戊辰贞:行叶王事。行叶。(《后》下二五,一二+林二,一一,一七——《缀合编》一三七)

此即其一证。

(24) □巳卜□贞:中子……

是版著录于《通纂》别二,一三之七。

"中子"一名,又见于下列各版:二字多横写合文。

①戊申卜子:㞢中子。(《明义士》一二〇一)

②……卜自:……中子……牛不……(《甲》三二八一)

③辛丑卜,大贞:中子岁其祉彭。(《明义士》一一七)

④己巳〔卜〕旅:……中子……王其宾。……(《文录》三三九)

⑤丁酉……贞:中子……其……　　……旅……中子……王〔其〕宾。(《七集》卫七〇)

⑥□酉卜□贞:中子……〔王〕其宾。(《后》上八,九)

⑦……宜于中子,亩羊。(《粹》四〇九)

⑧癸亥卜:中子又(祐),往来隹若。(《邺三》下三四,一〇;同书四二,一〇及《京津》三〇二三重)

⑨……中子𠬝，受又＝。（《粹》四〇八，《京津》四七六六重）

⑩己酉……贞：王〔宾〕中子，岁〔亡〕尤，在……（《宁沪》三，一九四）

⑪……旬……　……贞：中子乎田𢎠……　……〔囚〕凡〔㞢〕疒……（《南北·明》一九二）

⑫贞：中子卒，甶今日。（《七集》孙氏一九）

⑬己未卜：御子㾓，小王不？御子㾓，中子不？（京都大学人文科学研究所藏甲一二九四）

⑭于中子，祐子㾓。（《续》五，五，六）

⑮乙丑……贞：岁……中子……（《文录》三四〇）

⑯贞：……中子……血。（《续》一，四六，五）

按京大片以“中子”与“小王”对言，卜御子㾓于小王及中子。关于子㾓之卜辞，如：“于司，御子㾓。”（《库方》四二九）其贞人有自。如：“乙巳卜自贞：王弗其子御……”（《屯》三〇一三）“癸亥卜自：小宰，兄甲。　戊午卜王贞：勿御子㾓，余……”（《金璋》四一五）又一版称父庚者：“……㾓㞢𢓜。　贞：𣥠（升）于父庚，宰。”（《乙》六七六八右甲尾）又有称母庚者：“庚午卜王：于母庚祐子㾓。”（《续》一，四一，五）㾓当即子㾓（或读为㞷字），由上数版，知自之年代，不能下及文武丁之世。而兄甲，是否祖甲，颇难遽定。惟小王即孝己（廪、庚卜辞称小王父己，见《南北·明》六三一），与小王并称之中子，可能即武丁之支子。他辞又见“大子”一名：

贞：御子弓（即㢭），大子小宰。十月。（《前》四，一六，六）

甶萑……大子，册二宰用，王受又。（《后》下三四，八）胡氏以此条列康丁时。

癸丑卜争：𡆥缶于大子，癸丑卜争：勿𡆥缶于大子。（《乙》七七五一）

上辞大子疑指孝己，以其为武丁嫡长子也，亦即小王；中子为何人，不易考定。中读仲，如《诗·郑风·将仲子篇》称祭仲为“仲子”之例。孙氏《甲骨文编》释中早为中巳，非是。上辞所见中子，如：“中子卒，甶今日。”卒字可读为祭名之“䘹”（《广雅·释天》）；如以为生卒之卒，则此辞兼记其死事矣。此类所见卜人有子，有自，为武丁晚期人，又有大、旅，其一同版见行贞，旧以属祖甲时，今姑系于第二期云。

(25) 乙丑卜，旅贞：今夕亡𡆥。〔在十月〕。　丁卯卜，旅贞：今夕亡𡆥。　戊辰卜，旅贞：今夕亡𡆥。　□酉卜，旅〔贞：今〕夕亡〔𡆥〕。十月。

是版著录于《通纂》别二，一三之一一。

(26) ……旅……乙未，桒于……三牛。

(27) 癸酉卜，旅〔贞〕：羽（翌）甲戌……

(28) □□卜，旅〔贞：王〕宾大庚……　庚……卜□贞：王宾岁，亡〔尤〕。

(29) ……卜，旅〔贞〕：王宾〔夕〕福，亡□。

上辞皆旅所卜。旅，祖甲、廪、康时贞人。

宾即傧。《礼运》："礼者，所以傧鬼神。"《尧典》："寅宾出日"，徐邈读为傧，《史记》"寅宾"作"敬道"。《周礼·大宗伯》"傧"作下注："傧，进之也。"是宾福，犹言进福。

福，像手执尊于示前，有从酉（如《后》下二二，三），从酋（如上举二十九片，像尊有流）之异。罗王以来均定为福字。

羽，即翌，又通翼。《尔雅·释言》："翌，明也。"《书》："越翼日癸巳。"《汉书·律历志》作"若翌日癸巳"。上辞"羽甲戌"即翌日甲戌也。

桒，旧释奏，未确。应即𠦪之繁形，如母亦作每（《前》一，二八，二每甲），角亦作每，益攴旁，此例极夥，说详拙作《卜辞义证》。𠦪于卜辞用作祈字，《释诂》："祈，告也。"《释言》："祈，叫也。"郭注："祈祭者，叫呼而请事。"

大庚，《殷本纪》："沃丁崩，弟太庚立，是为帝太庚。"为十宗之一，卜辞次于大甲之下（详《断代研究例》）。

(30) ……卜大……　岁亩……　祝。

按大为祖甲时卜人，惟由此辞，知其时礼制，尚有举行祝祭者。

(31) □戌卜，⿰阝丂（尹）贞：王其田，亡灾。

⿰阝丂为祖甲时卜人。⿰阝丂即尹字。以《乙》八六七“多尹”多作“多⿰阝丂”证之无疑。尹亦称子尹（《乙》一〇五）。

(32) ……⿰阝丂……父丁，香岁宰。

“香岁”连词亦见别版，惟字作“㮚”，此则从禾从日。

丙寅卜，行贞：羽丁卯，父丁，㮚岁，宰。在三月，在雇（顾）卜。（《京津》三二八二，《粹》三〇〇重）

□申卜，□贞：羽□□父丁㮚〔岁〕……（《京津》三二八三）

乙丑卜，旅贞：羽丁未，父丁㮚〔岁〕，其分牛。〔乙丑〕卜，旅〔贞：羽〕丁未，父丁，㮚岁，其牡，在七月。（《金璋》七六）

按“㮚”字，从日从二禾，汉《西岳华山庙碑》香字作“䅨”，则此乃“香”字。后世字书如《字汇补》有“䅨”字，云：“音香，芳气也，亦作香。”是“䅨”、“䅨”俱“香”之繁形。契文则作㮚。《说文》香字篆从黍从甘，云：“香，芳也。”《类篇》谓香，隶省作香，然汉碑亦从日，与契文合，是本不从甘也。凡谷与酒之臭曰香。《诗·生民》：“其香始升。”而牛脂亦曰香（《周礼·庖人》郑司农注），祭祀荐牲及粢盛酒醴，取其芳馨以悦神。《诗》所谓“尔殽既馨”（《凫鹥》）、“苾芬孝祀”（《楚茨》）者也。卜辞言“香岁”，指行岁祭时荐馨香，为义至明。

岁，《洛诰》：“王在新邑，蒸，祭岁，文王骍牛一，武王骍牛一。”《墨子·明鬼下》：“岁于祖若考，以延年寿。”《仪礼·少牢馈食礼》：“用荐岁事于皇祖伯某。”明义士藏片：“戊辰卜，其祉（延）兄己兄庚岁。”（《战后南北·明》六三九）可证《墨子》之说，知卜辞之岁祭，即于先祖祷祀，祝延年寿，有时亦以求岁之丰稔。

(33) 癸酉卜，夨贞：今夕亡𡆥。

夨为祖甲时卜人。

（34）……卜𠭴：……亚新……

𠭴，廩辛、康丁时卜人。亚，人名，亦称“史亚”：“癸亥卜，𠭴贞：羽，史亚又（侑），亩用。”（《零拾》五七）或称“兄亚”：“兄亚朩（矢）豖。”（《乙》八七二三）兄亚即祝亚。又称“戊亚”：“丙戌卜，戊亚其隮其豊（醴）。”（《南北·明》四四五）戊亚即巫亚，知亚乃司巫祝者也。亚亦为卜人。如：

庚子卜，亚贞：新……（《拾掇》二二，《七集》上海二七重）
壬子卜，亚贞……（《佚存》八二五）

亚见卜人𠭴之辞，则当在廩、康时。张秉权《贞人补遗》以属第五期，未确。

（35）乙巳〔卜〕王。　　乙巳〔卜〕王。
（36）甲申卜王。　　□□〔卜〕王。　　□□〔卜〕王。
（37）丙寅卜王。　　□□卜王。

“卜王”之辞习见，即王亲行占卜。其他贞人亦每言某日卜某，例如“甲寅卜𡆥”（《乙》七七八二），“辛巳卜㱿”（《粹》一一〇〇），“癸巳卜何”（《甲》二八一三），词式正相同。

（38）辛巳……贞：今夕，〔⊗〕言王。

卜辞屡见“今夕⊗言王”及“今夕王⊗言”语，其贞卜人多为旅及㞢。古文言与音无别，音读为“歆”。《说文》：“歆，神食气也。”歆，飨也。“言王”即“音王”，犹谓歆飨于王，于省吾说（详《骈枝续》，31页）。惟于氏读⊗为西，说为西室。窃不谓然。⊗应为语词，即“迺”之省，“西言王”，犹云“迺歆王”也。

（39）癸丑……贞：王宾夕福，亡𡆥。
（40）甲寅卜，□贞：王〔宾〕戈（𢦏），亡尤。

宾读为傧。《诗·常棣》：“傧尔边豆。”《传》：“陈也。”𢦏即𢧁。谓陈牲之事。

(41) 贞叀……在……

叀即惠，借为惟字，唐兰说。

(42) 己……叀庚𠬞……羽庚……

按𠬞殆升字，为祭名。曶簋“𢍈于厥文祖考”，升即抍，为献品物之祭。契文亦从示作𥛚（见于氏《殷契骈枝三编》，14 页）。

(43) □亥祖辛，　岁，其勿牛。

是版著录于《通纂》别二，一三之一二。

勿牛即犁牛，《论语・雍也》：“犁牛之子骍且角。”河井大龟数见“叀（维）羊”与“叀犁”对文。

(44) 壬午卜……乙㞢……

㞢释“有”，向无异辞。亦作“又”，为祭名。盖读为祐与侑。《易・系辞》“可与祐神”，是其义。《尔雅・释诂》：“侑，报也。”《孔丛子》引《书》曰：“惟高宗报上甲微。”今本《纪年》作“报祀”。以《尔雅》说之，“报”即“侑”，知卜辞之“㞢”，乃报祀也。此义可补旧说之不及。

(45)〔癸〕丑卜贞：〔王〕旬亡𡆥。　　癸……贞……

(46) 壬子卜……　贞弜又，□月。

弜读为弗，弜又即弗祐也。

(47) 庚辰……贞：勿〔牛〕。

(48) ……㞢……　贞：叀小宰。

(49) ……王宾亡尤。

(50) ……𡆥……

……贞：不……逐𠦪（禽）。

按固上下缺文，当为王固曰。他辞云：“乙巳卜，出贞：逐六马，𢍰。”（《后》上三〇，一〇）此片当记狩猎，逐兽；𢍰即禽也。惜辞残。

(51) 甲申卜贞：王宾㦰甲，亡尤。

卜辞以祖辛、羌甲、祖丁相次。故以世次论，羌甲应即沃甲（旧以为阳甲，非）。郭氏读为“芍（狗）甲”，于省吾谓“沃”乃“羌”之形讹（见《殷契骈枝》）。《世本》、《纪年》，羌甲则作开甲。原版“甲”字不明，姑释如上。

(52) 丙寅……贞：羽丁……岁二…… ……㝅……

㝅字亦作𢍰。“己卯卜，我贞：𢍰，又事。”（《前》八，五，六）祭名。为㝅之繁形。

(53) 贞：每……十月

“每”疑读“悔”。辞残。

附 《通纂》别二著录为上举所无者：

(1) 辛卯〔卜〕，宾贞：佳妣庚壱。 吉。
贞：今日其雨。

按《乙》四二五六“佳妣庚壱”，辞同。此武丁时卜辞。武丁称祖乙配曰高妣庚，小乙配曰母庚，此妣庚或即母庚。

(2) 丁亥〔卜，王〕贞：翌□□，王〔其宾□□〕𢿊，〔亡壱〕。
甲辰卜，王贞：羽乙巳，王其宾祖乙，𢿊，亡壱。
〔庚戌卜〕，王〔贞：羽〕辛亥，王其宾祖辛，𢿊，亡壱。

卜辞𢿊字亦作𢀛，金文作𩛥，于省吾定𩛥𢀛与𢿊为一，即𩚤字。《说文》：“𩚤，设饪也。读若载”。《玉篇》：“𩚤，设食也。”谓设食以祭。

（3）不雨。

大水。乙，攸。今日，罙（宁）。

冬（终）日雨。

其雨。

……伐人人丘，罙（宁）。

在北□。

上辞今日二字，郭误释为言，兹据影本改正。罙字或释兮，恐误。

（4）庚寅卜，其；𢀛，又羌甲、南庚、𦎫甲、小辛。

𢀛字，祭名。他辞云：“甲申卜宾贞：王叫大示（宗）。”（《前》三，二二，三）

“贞：御王自甲，𠬝大示。十二月。”（《前》三，二二，四）于省吾释𢀛，读为金文之饔。（臣𠂤：“王初饔旁。”吕鼎：“王饔于大室。”）杨遇夫引《前编》语谓即湄字，读为上甲微，殊误。羌甲、𦎫甲，向来说者纷繁（参《卜辞通纂》、《殷契摭佚》、《殷契骈枝》及陈梦家《甲骨断代学》等）。惟由此版定其世次，则羌甲应即沃甲，𦎫甲殆即阳甲；𦎫字向有“𣪘”、“虎”、“鲁”诸说。陈梦家释毚，谓讹毚为昜。殊难确定。然以之当阳甲，则为定论。附表如下（参看董作宾氏《五十年来考订殷代世系的检讨》）：

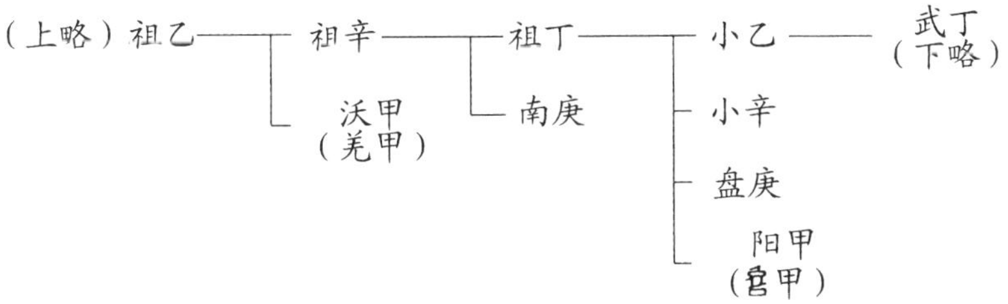

（5）丙午卜，宾贞：羽乙巳，其征，受萑又（祐）。

……𠂤……来，允。

按萑，地名。𠂤，武丁时人名。屡见于贞人㱿、宾、争所卜之辞，文繁不具举（《巴黎所见甲骨录》）。亦称“小臣𠂤”（《拾掇》三四三），又名子𠂤。“戊辰卜，韦贞：爵子𠂤。”（《佚存》四二）当即此人也。

（6）……祖乙岁，其兄（祝）于祖丁、父甲，在𢀛（闷）。

……于宗……福……酚。

按郭云："此辞乃廪辛若康丁时所卜。"𢀛字，于省吾释必，读为《鲁颂·閟宫》之閟是也（《殷契骈枝》三编）。郑《笺》："閟，神也。"閟宫，神宫。他辞云："在必（閟）用，王受又。"（《南北·辅》七一）语与此略同。

（7）……卜王曰贞：于戊子田且。

田且殆即田祖。《诗·甫田》："以御田祖，以祈甘雨。"又《大田》："田祖有神。"《周礼·籥章》："凡国祈年于田祖。"此辞谓有事于田祖，文省去祭名，郭氏谓祖为祖道，恐未然。

（8）……旬㞢五……𧰼。戊……小子……用，一月。

唐兰《天壤阁考释》第八片引此类辞甚多，大抵皆于贞旬之后，记某日𧰼者。𧰼字唐氏释彖，读为《周礼·太卜》八命第二之象。按字实从貍，契文借貍为霾字，此加八于貍之上，犹鱼之作𩵋也。此类辞乃纪天象，当即《诗》"终风且霾"之霾，说详拙作《卜辞义证》。

小子，官名，见《周礼·夏官》，注云："主祭祀之小事。"

上八版，予所未见。知东大考古学室所藏甲骨，战后已有遗失。故并为补释于此。

补记　论中子大子

"中子"一名，见《逸周书·王会》，文云："西方东面正北方，伯父中子次之。"其上文言"伯舅中舅"，语正相对。孔晁注："中子，于王子中行者也。"《集训校释》引王注："中子，王之支子。"中子次于伯父下，则中读为仲无疑。

大子即太子。《左传·僖公四年》称申生皆曰大子，凡数见，可证。知"中子"、"大子"之名，并王族亲属称谓，可征于经典者，足与卜辞参证。

《巴黎所见甲骨录》自序

本年九月，于役法京，出席第九届国际汉学会议，因得交其硕彦长德。纵观博物院图书馆庋藏。故国宝器，往往乎在。敦煌残卷，触手如新。载玩斯文，有忻永日，流连阶陛者久之。洹水甲骨，夙所究心。前岁旅居扶桑，弋钓所及，薄有纂记，将次弟载于港大《东方文化》半年刊。若巴黎藏契，向所未闻，各家之书，从无记述，洎来此间，得王君联曾之助，先后于巴黎大学中国学院（Institut des Hautes Études Chinoises）、策努斯奇博物院（Musée Cernuschi）、归默博物院（Musée Guimet），获观所藏龟甲兽骨。爰剔去伪品，模录以归，甄集为编。键户竭旬日之力，为作考释。戋戋蕞品，敝帚自珍，用付杀青，就正鸿博，亦知河海不择于细流，庶几方家无劳乎旁采。他日彼邦人士，倘能景拓问世，以存其真，则此区区摹本，为覆瓿焉可耳。欧陆藏龟，以大英博物院、苏格兰皇家博物院为巨观，具见方法敛（Frank H. Chalfant）摹写之《库方二氏藏甲骨卜辞》（*The Couling-Chalfant Collection of Inscribed Oracle Bone*）。若金璋（L. C. Hopkins）所藏，泰半已归剑桥大学。友人李棪君方从事于景录疏说焉。法京甲骨，兹所著录，仅二十六版。就中见于《殷契佚存》者四，与他书同文者亦四，参互证绎，甄文謄义，可诊发者尚夥。故不惮觑缕，试为考核，并附有关释字四篇，为掔契之一助。编中每考一字，必遍征全部卜辞。殊形异训，广为归纳，觊发隐滞，惟仓卒属稿，虑多踳误，用俟方闻，理而董之。

丙申十月上浣饶宗颐识于香港大学中文系

《欧美亚所见甲骨录存》序

本书收集的甲骨资料，可说是流落在海外的断玑零璧，同时，亦是我历年来旅读四方的雪泥鸿爪。我自 1954 年起，每到一地方，辄留意当地博物馆所庋藏的甲骨情况。

1955 年，在日本，撰有《日本所见甲骨录》，那时候日本的甲骨学方在萌芽，现已日进千里。京都大学人文科学研究所的藏品，及其他散见的甲骨，都已陆续刊布了。

1956 年在巴黎，撰有《巴黎所见甲骨录》。（法京国家图书馆又有二十八片，当时未著录。）

1957 年在伦敦，于大英博物院及剑桥大学图书馆勘读藏龟，撰有校记。

1964 年在加拿大，于多伦多安达黎奥博物馆，遍读明义士及怀履光的藏品。（加拿大藏龟计有明义士未发表甲骨 1750 片，未编号之碎片不计；怀履光蒐集者，除去伪品后，得 2990 片；另明义士拓本 2850 片。）又适美洲，卡内基博物馆及哈佛大学佩波第考古人种学博物馆所藏甲骨，皆曾校读。

1966 年，第二度赴英伦，得观牛津大学亚士摩兰博物馆的藏片。

1967 年，由美访汉城大学博物馆，馆藏巨骨及零片，亦获寓目。

欧美亚各地所藏的甲骨，可算很幸运地大半经眼。后来周鸿翔博士得澳洲国立大学资助，亦曾漫游世界各处，所见更广，间施椎墨。本书所收大英博物院的家谱，及卡内基博物馆诸片，都是他所手拓。其余多荷各地博物馆影赠，多伦多巨片，则为友人李棪教授手摄，良朋佳贶，永志不忘。

今秋，将重游美洲之行，发箧得甲骨影本拓片若干，暇日稍为排比，辑成一册，题曰《欧美亚所见甲骨录存》。友人陈之初先生见之，助资促其印行。并以1966年旧作《李棪斋所藏甲骨简介》附焉。

本书采用影片，或较原物大小稍有出入，如剑桥大学图书馆诸版，曾著录于金璋（*The Hopkins Collection of Inscribed Oracle Bones*，1939，New York），卡内基博物馆各片，收入库方 *The Couling-Chalfant Collection of Inscribed Orcale Bones* 书中，不及一一釐正，附表于末，注出重见片数，读者可以参校。其他明义士拓本数片，见于《战后南北所见甲骨录》中册，港大冯平山博物馆各片，著录于元嘉造像室（《战后平津新获甲骨集》）及《甲骨续存》，均为注出，以备参稽。仓卒付梓，但备遗忘。至于详细考释，请俟他日。

1970年7月，饶宗颐识，时客星洲

海外甲骨录遗

Some Oracle Bones in Overseas Collections

欧陆藏龟，以英国大英博物院苏格兰皇家博物院所藏，最为巨观，具见方法敛（Frank H. Chalfant）摹写之《库方二氏甲骨卜辞》（*The Couling-Chalfant Collection of Inscribed Oracle Bones*）。

法国则巴黎大学中国学院（Institut des Hautes Études chinoises）、策努斯奇博物院（Musée Cernuschi）、归默博物院（Musée Guimet）所藏，断玑碎璧；余经摹录，撰次为《巴黎所见甲骨录》（1956年印行）。至若私家所藏，则有金璋（L. C. Hopkins）、叶慈（W. P. Yetts）二氏，泰半已归剑桥大学图书馆。友人李棪斋先生，于英京搜罗所获得数十片，其中不无精品。又德国卫礼贤（W. Wilhelm）旧藏者，曾由方法敛摹出，刊于《甲骨七集》（Seven Collections of Inscribed Oracle Bones），原物则归瑞士巴塞尔人种志博物馆（Museum of Ethnography，Basel，Switzerland），此欧陆甲骨收藏之现况也。

自比岁来，余三度赴欧，英法两地，公私藏契，除苏格兰之物，未及经眼外，其余若大英博物院及剑桥大学藏品，皆曾勘读，别有校记。李君所藏者，既付影录，并加椎墨。而瑞士巴塞尔藏物，则得 E. Burckhardt 君之助，由该馆 P. Hinderling 博士以影片见贻，并惠允刊布；良朋佳贶，感篆莫忘。两家之物，余既甄采，著录于拙作《殷代贞卜人物通考》中，寒假余闲，复为排比诠释，辑成二卷，题曰“海外甲骨录遗”，碎文賸义，聊资研契者之一助。

凡所收录，共壹佰零壹片，举其要者，棪斋之“日夕鸣鸟”、“取玉”，可明古代鸟占与采玉之遗俗。“以”与“子䪞”、“子𢀛”俱是人名。“不左”、“不𡭴”、“弜死”，存其习语。“夏”、“上甲”之并祀及“上子授佑”，可考见殷代礼制。“贞疾貝休”语，颇类《龟策传》。若此数片，咸足矜贵。若巴塞尔藏物，卜人“㫷”一片，可正《综述》之误。“宾卜子畨”及“旅卜𣐺龙”两版，并可资以考证他片，尤有价值；其余则无关宏恉。兹载其影本，聊以存真，较之摹录，自胜一筹耳。

巴塞尔第六十五片，刻“不𢆶𢆶”三字，此卜辞习语，义为不再命，亦省作“不𢆶”，犹言“不再”。兹附拙作《卜辞义证》之“不𢆶𢆶”解一篇，以供参考。

一、棪斋所藏甲骨考释

(1) 庚申卜，㱿贞　王勿……（骨）
……之日夕，㞢鸣鸟。（背）

是片未见著录。《库方》一二二八残骨云：

□酉卜㱿……鸣……东

与此为同人所卜，字体亦相类；“酉”上缺文，疑是“辛酉”，即庚申之翌日也。他辞所卜，言“非鸣”者，有《缀合编》一〇二：

……其用，四卜。非鸣。己亥卜，非鸣。……吉，用。（《粹》一二五六〔《京津》四五八七重〕＋《戬寿》一二五，五〔《续》六，二〇，八重〕）

“非鸣”者，当指鸟不鸣，与鸣鸟义相反。古占候之术，有《鸟情占》，《隋书·经籍志》和菟有《鸟鸣书》，王乔有《鸟情占》，即此类之著作也。《易·小过》爻辞：“飞鸟遗之音，不宜上，宜下。大吉。”又《中孚》云：“翰音登于天，贞凶。”疑即古鸟占之习语。《尚书》记：“高宗肜日，越有雊雉。"《天问》记武王伐纣，将帅勇猛，乃曰："苍鸟群飞，孰使萃之?"① 皆与鸟占有关。𡗗之卜辞云："令小臣取□（祊）羊（祥）鸟。"（《甲》二九〇四）此殷时祀鸟之俗，如《鲁语》之记祭海鸟爰居也。又鸣鸟古以为祥禽，《山海经·大荒西经》："弇州之山，五彩之鸟，仰天，名曰鸣鸟。"《书·君奭》郑注以鸣鸟为凤。卜辞之祥鸟可能指凤。②

惟古之鸟情占、鸟鸣每与兵事有关。卜辞有云：

……卯，㞢……貍（霾）。庚申，亦㞢㱿，㞢鸣鸟……。𠬝圉羌戎……（《殷缀》三六，即《甲》二四一五，骨面为永卜旬之辞）

鸟字似从目在隹上，余曾释瞿，谓即鴡字。《集韵》："鵩鴡，鸟名，人面鸟喙。"鴡音兜，即鸡兜鸟，此仍当释鸟也。鸟鸣为兵起之兆，《开元占经》引《地镜》云："鸡夜鸣，天子适有急令，戎马兴。"又："众鸟集木上，鸣而泣，兵且起，邑将虚。"是其证也。《左传·襄公三十年》："或叫于宋大庙，曰：譆譆！出出！鸟鸣于亳社，如曰譆譆。甲午，宋大灾。"亦以鸣鸟为不祥之占。𡧊此卜辞上下文残缺，未审为吉占抑凶占。惟与《甲》二四一五背，同为庚申日卜，则其缺文当指兵事。凡此均为殷代鸟情占之重要资料，言术数史者所不可忽视也。

(2) ……𡧊贞：……〔东〕母，二月。（骨）

(3) 贞：𡧊于东母，三牛。贞：勿御。（骨）

辞（2）"东"字，仅残存下半三笔。殷人祭于四方，东西有东母、西母之称，如："壬申卜贞：𡧊于东母、西母，若。"（《续》上二，八，五）𡧊卜辞记祭东母用燎者，尚有下列二条："己酉卜，𡧊贞：𡧊于东母，九牛。"（《续》一，五三，二；《簠室·典礼》二〇重）"……𡧊贞：𡧊于东母，五豕、五羊、五……"（《续》一，五二，六；《簠室·典礼》一七重）

(4) ……隻（获）𫊸五，𠮷于东，十二月。（甲桥）背有钻孔二，

---

① 此据王逸注，《史记·齐太公世家》作苍兕，《索隐》作苍雉。

② 《六帖》九十四引《瑞应图》云："凤者，王者之嘉祥。"

未灼。

甲子卜〔㱿〕……

此残甲“㱿”字仅残存小部分，隐约可辨。吅为人名。他辞云：

……㱿贞：曰䀠，帚吅来。（《南北·师友》二，八二）

……亩吅令。（《后编》下一六，一二）

吅字亦作㗊。

……贞：帚㗊……（《京津》二〇三二）

贞：帚㗊……〔王〕固曰：㞢希！……其隹庚……（《续》五，五，三；《簠室·杂》一〇三重）

㗊乃珙字，像手持玉。《集韵》：“珙，璧也。或作玐。”

（5）丁酉卜，㱿贞：幸𢆶。（胛骨）

辛酉卜，宾贞：乎𠂤般取玨，不𢀛。

是片原著录于《金璋》第一版。㱿卜辞言“幸”者，又有《乙》二七四四、《邺初》下四二、一五。幸即游幸也。𢆶为地名，即𦱫之省。

𠂤般，人名。卜辞常见，说详董氏《断代研究例》。

古陈玉以卜，《周礼·春官·天府》：“季冬，陈玉以贞来岁之媺恶。”故㱿卜辞有“……正玉”之贞（《京津》一三四三）。取玉者，《山海经·西山经》：“峚山，……其中多白玉，是有玉膏。……黄帝乃取峚山之玉荣，而投之钟山之阳，瑾瑜之玉为良。坚栗精密，浊泽而有光。五色发作，以和柔刚。天地鬼神，是食是飨，君子服之，以御不祥。”是“取玉”二字可解为采矿石以取玉，观殷代玉器传世之多，及其精巧，证以此条，知师般曾督玉人往取玉也。他辞所见祭祀用玉者，不一而足。如：㱿有祓祭用玉之卜[①]，宾有祭河

① 《乙》七七九九：“卜㱿贞：王𣏟兹玉，咸又（佑）。”𣏟即《尔雅》“祭山之庪悬”，郭注：“《山海经》悬以吉玉是也。”

沈玉及奴之卜①，又有岁奠侑玉之卜②，皆其显例。“不𠂇”为殷时成语，𠂇即左读为“差”，不左犹言不差，与不忒义同。他辞亦言“亡𠂇”者，有《前》四，三七，四。

(6) 丁巳卜，宾贞：勿𦍌，㞢……兹……（甲）

“宾”字甚明显，勿下一残形当是𦍌字，即殷成语习见之“勿𦍌”也。余释“勿羊”，义即不祥。③

(7) …我勿巳（祀）宾，不若。（骨）

此类语习见。《佚存》一一九；《续》四，三四，五；《簠室·典礼》三五俱文同，多前辞之“辛卯卜㱿贞”数字。“巳宾”者，即祀宾，俱祭名。《粹》一一一三：“……㱿贞：我勿巳宾，乍帝降不若。……卜㱿贞：我其巳宾，乍帝降若。”殷人重祭祀，意谓如我不宾祀，则上帝不降若（顺）于我矣。④“巳宾”亦作“宾巳”，争卜辞云：“我勿𠬸，自兹邑，㱿宾巳乍若。”（《粹》一一一七）又作“嫔𢀛”，如：“□酉卜大：王嫔𢀛河。”（《乙》九〇七二）“嫔𢀛”即嫔祀也，嫔与傧同。

(8) 癸未卜，永贞：旬亡囚。（骨）

……王衍……月。

五日丁未，允……乎告曰……（背）有钻孔三，已灼。

此为武丁时卜人永卜旬之辞。衍字从行从方，当释彷，字亦作衡。永之卜辞云：

……永贞：⊠衡。……永贞：⊠亡其衡。（《殷缀》一二七一、《乙》九九七十一四六七十一五八三十一六一六）

---

① 《铁》一二七，二：“丙子卜，宾贞：仅（古奴字）玨，酌河。”

② 《续存》下七二：“己巳卜，宾贞：羽丁未，酌，𠦪岁于丁，奠，㞢玨。”

③ 说详《巴黎所见甲骨录·释𦍌篇》。

④ 参《殷契骈枝》三编。

以衔字为动词，应即彷徨之彷。

（9）……子龏……㞢……〔月〕。（甲尾）

此为左甲尾辞，惜右尾对贞辞不见。契文言及子龏者，试举如下：

癸丑卜，㱿贞：旬亡𡆥。王𡆥曰：㞢希，五日丁巳，〔子〕龏𡆥（死）。（《铁》二四七，二）

癸丑卜，永贞：旬……五日丁巳，子龏𡆥。（《南北·明》二二〇）

癸丑卜，争贞：旬……五日丁巳，子龏……（《续编》五，二，四）

上三辞为同日同事，而由㱿、永、争三人共贞之。

乙卯卜，争贞：子龏不井。（《续》三，二六，一）

乙卯为癸丑之后三日，复由争卜之。

丁巳卜，宾贞：子龏其㞢灾。（《续》三，四五，五；《戬寿》四四，二重）

至丁巳日，复由宾再卜之，计算癸丑至于丁巳恰为五日。
他辞又云：

……子龏𡆥㞢〔疾〕。（《林》二，一四，一六）

……御子龏……（《拾掇》二三一）

□亥卜，㱿〔贞：御〕子龏……母。（《六录》清晖五二）

贞：子龏……（《京津》二〇八一，《续存》上一〇五九重）

则字或省井作子龏。

癸巳卜贞：其令小臣𦥑。（《屯甲》一〇三三）

是子𦖞乃官小臣职。𦖞兒一字，皆宜释麋。

殷器有子兒鼎（《使华图》五），安阳出土者，有子兒爵、子兒斝与觚各一件，具见子𦖞在武丁时地位之隆。[①]

(10) 贞：勿㞢。贞：㞢于季。……㞢……㱿。（骨）

季为殷先公，如"……卜亘……㞢伐于季……三，卯六㱿𤘤。"（《乙》三六八四）"贞：㞢于季　貞：㞢于賓。"（《后》上九，六）"辛酉卜，㕚贞：季𢀛王。"（《前》五，四〇，三）"戊……卜𡗕……㞢季牛。"（《京津》三〇七一）"壬戌卜，大贞：……又〔于〕季羊。"（《京津》三二一八）季名见《楚辞·天问》，"该秉季德，厥父是臧"，又言"恒秉季德"，王观堂即取以说卜辞之季。

㱿为卜人名，见《乙》八三一九，《拾掇》二，一三四。他辞有古㱿（《天壤》，页四二）。称曰古者，古乃宗字，即官典宗事之宗人也。[②]

(11) 贞：上子不我其受〔又〕。贞：〔子〕不〔我〕其……（骨）

《后》上八叶六至八，骨片俱有"上子"之名，兹录如下：

贞：上子不我其受又。贞：翌丁未，不其易日。…〔上〕子……受……又。（《后》上八，六）

贞：〔羽〕丁未，〔不〕其易〔日〕。贞：上子受我又。贞：上子受我又。（《后》上八，七）

贞：上子不我其受〔又〕。贞：上子不我其受〔又〕。羽丁未，不其易日。贞：上子受我又。（《后》上八，八）

按上子契文作𠄞𢀓，旧说以为天神[③]，以卜辞习见"帝受我又"一类语例之，其说可信。陈梦家谓上子如洹子孟姜壶"于上天子用璧，玉备一司"之"上天子"。《御览》引《钩命决》云："接上称天子，明以爵事天，接下称帝

---

① 《贞松》中二三；《尊古斋》二，四八；《颂斋续图》九二。

② 说详《贞卜人物通考》，727 页。

③ 胡氏《殷代之天神崇拜》。

王，明以号令臣下也。”《白虎通·爵篇》说同。

上子殆与上帝同例，乃指天神言；至若卜辞习见之中子，亚子（《甲》三〇一一）则为王之亲属，不能以相比况也。

(12) 贞：亩……射（甲）背有钻灼。

(13) 贞：告既，㞢于□、于甲。（甲）背有“廿”一字。

“告既”或作“既告”，如：“丁亥贞，既告王亥。”（《南北·明》四一八）又或分言之，如：“既㞢王亥，告。”（《甲》一七四）既即槩省，为饩之或体。《聘礼》：“杀曰饔，生曰饩。”记曰：“食如其饔既之数。”注云：“古文既为饩。”

(14) 贞：囗休。 贞：不𢆶。（骨）

贞：今夕其雨疾。 雨

此片贞囗休贞不死一组辞，涂朱。

囗字亦见《福氏》二，即昷之倒书。卜辞习见成语有不昷、弗昷、亡昷、又昷等；于省吾释败（《骈枝续编》），败与休对言；休，美也。此贞问病者休乎？败乎？抑不死乎？《龟策列传》：“命曰：横吉安，以占病；病甚者，一日不死，不甚者，卜日瘳，不死。”此骨贞辞，颇似《龟策列传》中语。

(15) 戊申卜……贞：王宾大戊，桒五牛，〔廾〕盅，亡尤。在十月。（骨）

桒牛之桒，乃用牲之名。令彝云：“易令鬯小牛，曰用𥛚。”字从示，乃繁形。桒本祈字，《周礼·肆师》“祈珥”，《犬人》作“几珥沈辜”。郑注“故书祈为几”，盖与𧗄同。故桒实为衅礼之祈（𧗄），《说文》：“𧗄，以血有所刏，涂祭也。”

(16) □丑卜，〔大〕贞：羽甲寅，其〔又〕于□（丁），一牛。

……王……上甲…〔亡〕尤。二〔月〕。（甲）

(17) 癸卯卜，喜贞：今夕亡𡆥，在八月。甲辰卜，喜贞：今夕亡囚，在八月。

……卜矣〔贞：今〕夕亡囚。（骨）

此片即《金璋》十五，卜人喜与矣同版。

（18）乙丑卜，旅贞：王宾匚乙，彡，亡尤。在十月。

丁卯卜，旅贞：王宾匚丁，彡，亡尤。在十月。（甲）

（19）丁卯卜，尹贞：王宾大丁，劦，亡尤。在九月。……九月。

庚辰卜，尹贞：王宾大庚，劦，亡尤。（甲）

（20）癸丑卜，尹贞：旬亡囚，在正月。……卜尹……（甲）

（21）不奺。子㞢曰：弜奺。（甲）

子㞢，人名。亦见宾卜辞“……卜宾……子㞢……”（《京津》二〇九六）㞢亦称小臣㞢（《甲》二六四七，二七八一），㱿卜辞又见帚㞢（《乙》七三四五），详拙作《殷代贞卜人物通考》910～920页）。

弜奺，即弗死。

（22）……寅卜，余……岁……丁。（甲）

余疑卜人名，《明义士》一五三：“……午卜余……用。”文例略同，详拙作《殷代贞卜人物通考》714～720页。

（23）辛亥卜，涿贞：王宾，羽日，㕚自上甲衣，至于毓，亡尤。

……卜涿……〔王〕宾且辛，……宰，亡尤（尚有残文两“贞”字及“牛”字）。（骨）

此片即《金璋》一一九，㕚即捊字。《玉篇》引《说文》：“捊，引聚也。”读为裒。《尔雅·释诂》：“裒，聚也。”㕚自上甲一类语常见①，即谓“裒自上甲”，与他辞言“劦自上甲”同义，言聚上甲以下各先王而大合祭

① 如《明义士》一九二；《林》一，二一，七；《林》一，二七，四；《续存》一四八三；《金璋》五五〇等。

之也。

涿为卜人名，《续存》上一五〇六同骨上言："卜涿贞。王宾叙，亡尤。"下云"卜豖贞"。知涿为豖之繁形，益水旁，如永之作泳矣，详《殷代贞卜人物通考》。

(24) □巳卜，何〔贞〕：旬亡𡆥。癸未……贞旬……（骨）

此卜人何贞旬之辞。何为廪辛康丁时人。

(25) 戊辰卜贞：王宾，岁，亡尤。贞：王宾，叙，亡尤。（甲）
(26) …亥卜，帝，伐自甲，用。（骨）
在且乙宗　二　（凡四见）

此片上涂黄，极绚美可观。帝为祭名，他辞云："卜，暊贞：帝于□，其宰。"（《续》二，一八，九）周制宗庙之禘，有吉禘与时禘二者，此殆时禘于太祖上甲之庙，而及中宗祖乙之庙。《商颂·长发传》所谓大禘也。

(27) 不其隻羌　……月。（甲）
(28) ……升岁……毓祖乙……又羌……（甲）
(29) ……旬，衣，冓，……小甲羽日。（甲）

《纪年》："小甲高即位，居亳。"《殷本纪》"帝太庚崩，子帝小甲立。"《三代世表》以小甲为太庚弟，非也。

(30) 干支表
甲子乙丑丙寅丁卯戊〔辰〕己巳
甲戊乙亥丙午丁未戊……
甲申乙酉戊丁亥戊……
甲午乙未丙申丁酉戊戌……
甲辰乙巳丙午丁未

此表第三行丙戌漏一"丙"字，第二行甲戌误作"戊"，又丙子丁丑误作丙午丁未。

壬寅卜贞：王徭召，往来亡灾。（骨）

（31）癸卯　癸亥　癸酉　癸未　癸巳　……方……（骨）

……　……（背）

（32）……贞：亦……三日壬……　不……（骨）

（33）……勿狩　狩　勿狩　狩　勿狩……（骨）

以上三片，由字体观之，乃武丁时所刻。

Part One

（一）棪斋所藏甲骨 Oracle Bones in the *Yen Chai* Collection

PLATES Ⅰ TO Ⅻ

NUMBERS 1 TO 33

Plate I　棪斋所藏甲骨

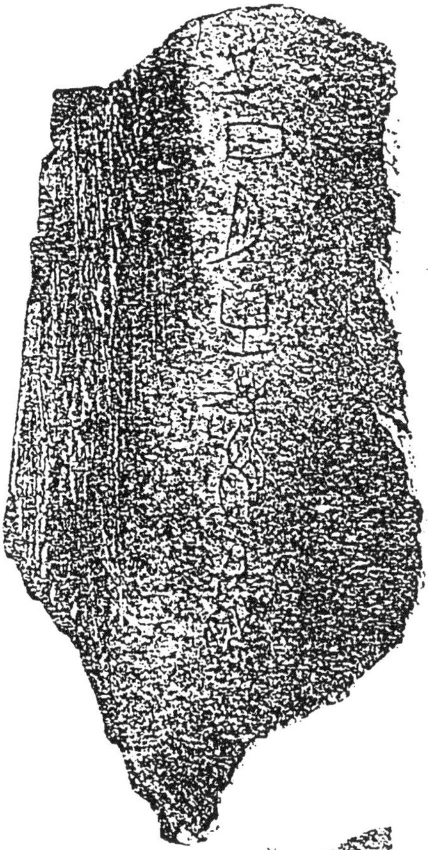

一

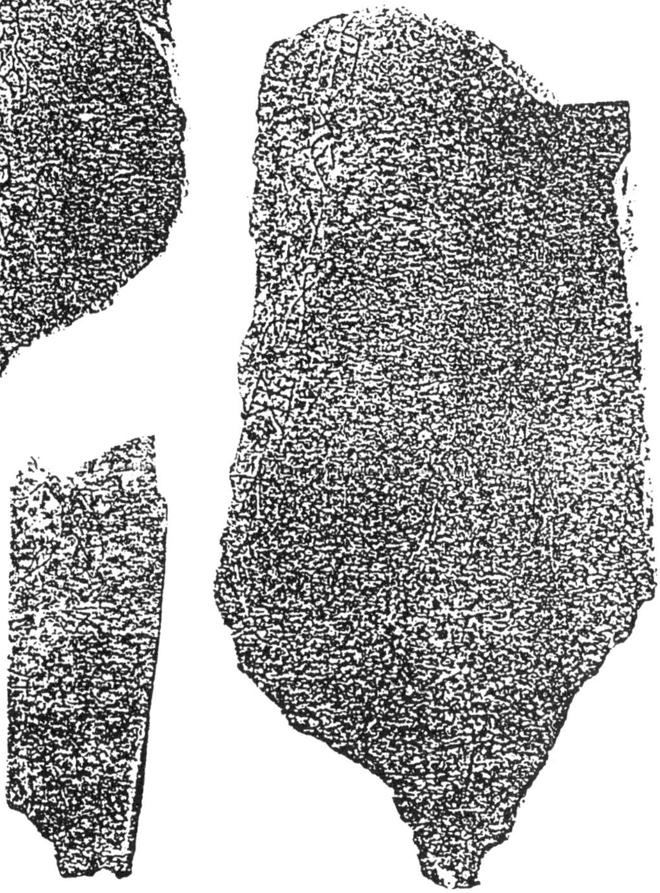

二

Oracle Bones in the *Yen Chai* Collection

Plate Ⅱ　棪斋所藏甲骨

一

二

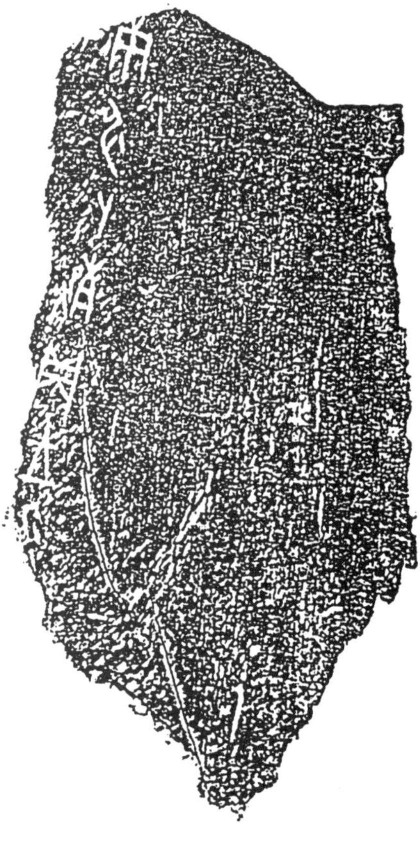

Rubbings of Oracle Bones shown on Plate Ⅰ

PlateⅢ　棪斋所藏甲骨

五

三

四

七

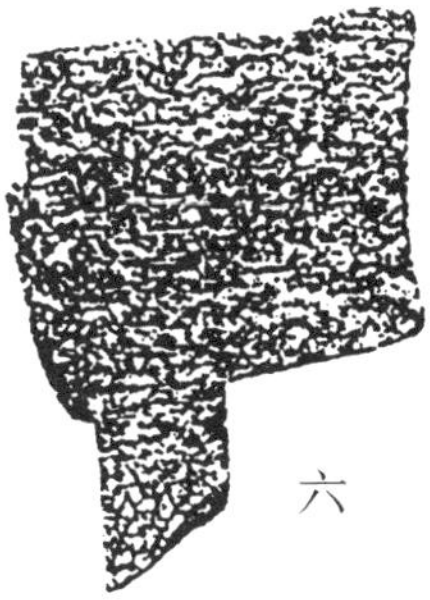

六

Oracle Bones in the *Yen Chai* Collection

Plate Ⅳ 棪斋所藏甲骨

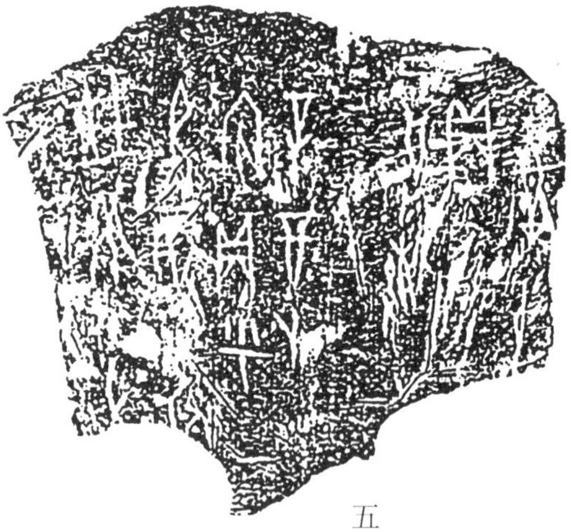

五

三

四

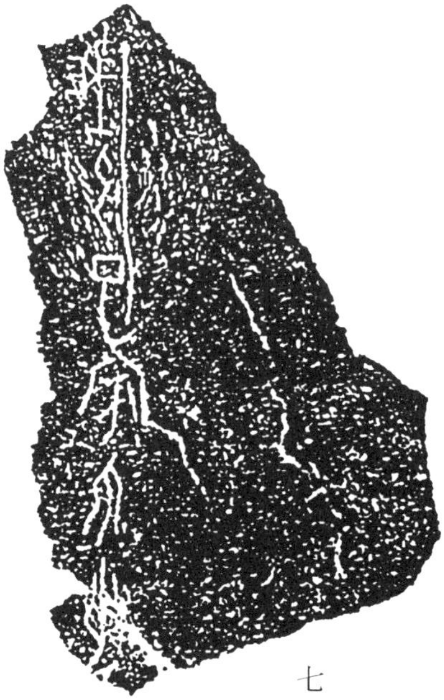

七

六

Rubbings of Oracle Bones shown on Plate Ⅲ

Plate V 棪斋所藏甲骨

一三

一〇

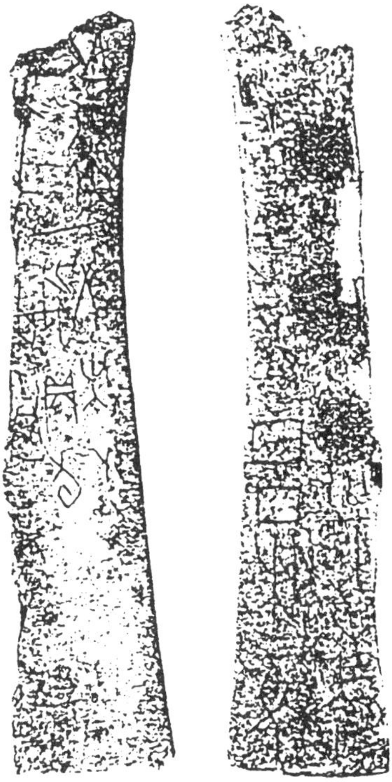
八

一四

一一

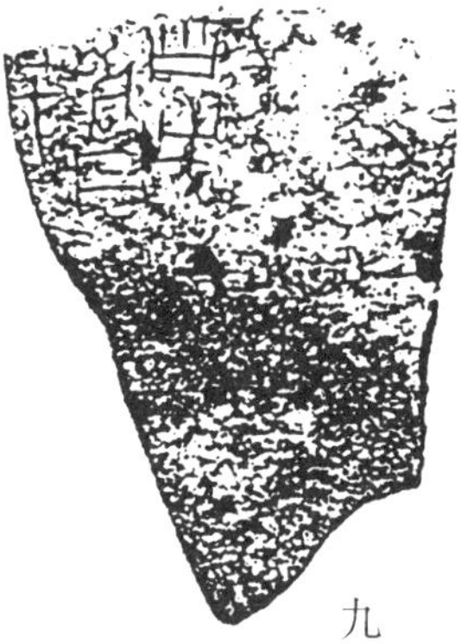
九

一二

Oracle Bones in the *Yen Chai* Collection

Plate Ⅵ 棪斋所藏甲骨

一三

一〇

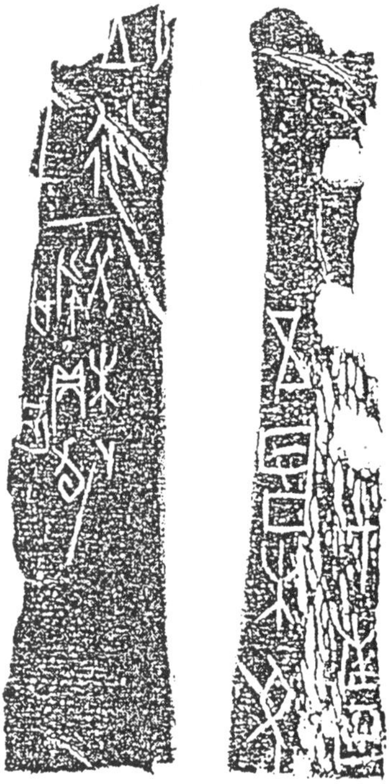
八

一四

一一

一二

九

Rubbings of Oracle Bones shown on Plate Ⅴ

Plate Ⅶ 棪斋所藏甲骨

二〇

一八

一五

二一

一六

一九

二二

一七

Oracle Bones in the *Yen Chai* Collection

Plate Ⅷ 校斋所藏甲骨

二〇

一八

一五

二一

一六

一九

二二

一七

Rubbings of Oracle Bones shown on Plate Ⅶ

Plate Ⅸ　棪斋所藏甲骨

二七

二三

二六

二八

二四

二九

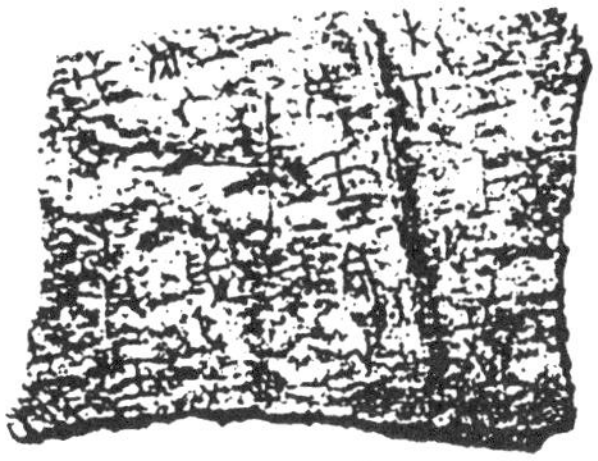

二五

Oracle Bones in the *Yen Chai* Collection

Plate Ⅹ 椟斋所藏甲骨

二七

二三

二六

二八

二四

二九

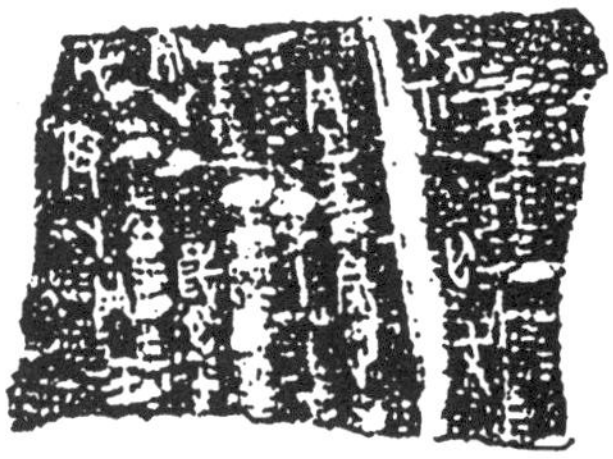

二五

Rubbings of Oracle Bones shown on Plate Ⅸ

Plate XI　棪斋所藏甲骨

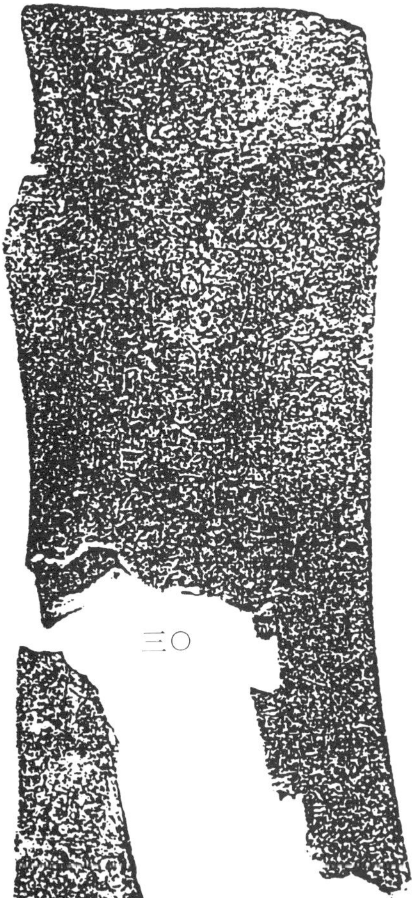

三〇

三一

三二

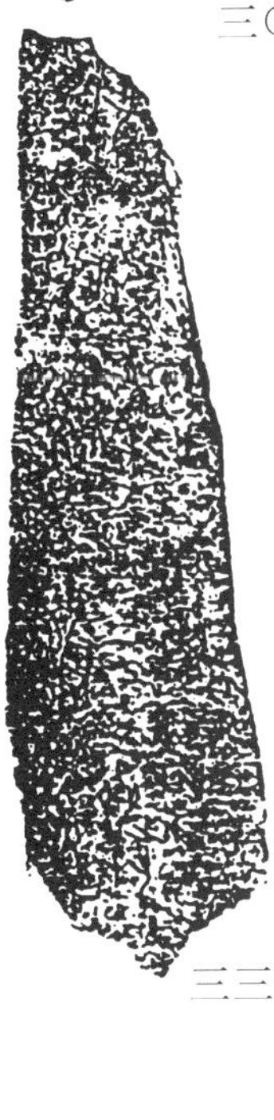

三三

Oracle Bones in the *Yen Chai* Collection

Plate Ⅻ 椓斋所藏甲骨

三〇

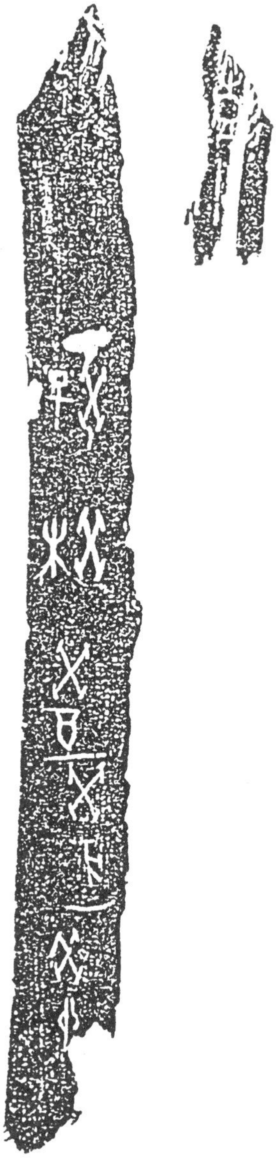

三一

Rubbings of Oracle Bones shown on Plate Ⅺ

Part Two

（二）瑞士巴塞尔人种志博物馆所藏甲骨

Oracle Bones in the Museum of Ethnography at Basel in Switzerland

PLATES XIII TO XXI

NUMBERS 1 TO 68

Plate XIII 瑞士巴塞尔人种志博物馆所藏甲骨

二

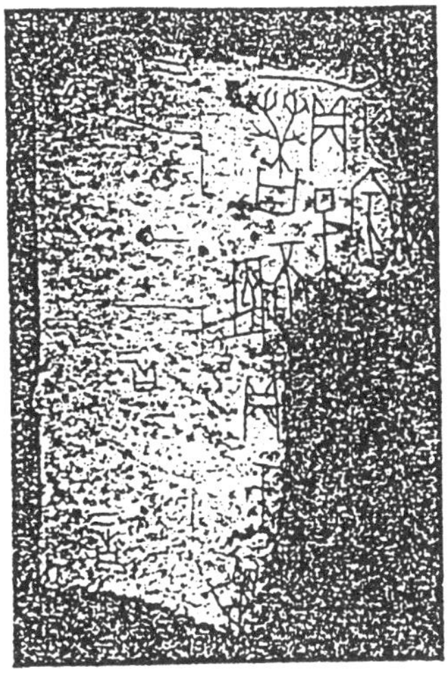

一

五

四

三

Oracle Bones in the Basel Museum of Ethnography

Plate XIV 瑞士巴塞尔人种志博物馆所藏甲骨

六

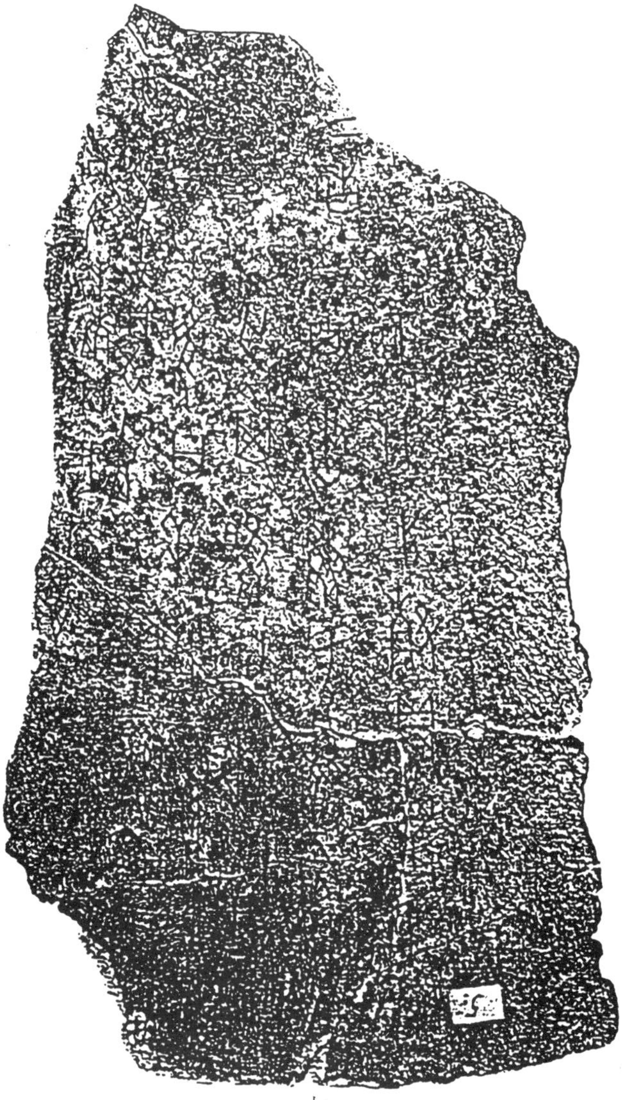

此片左侧两行为真，余皆伪刻。

七

Oracle Bones in the Basel Museum of Ethnography

Plate XV 瑞士巴塞尔人种志博物馆所藏甲骨

一三

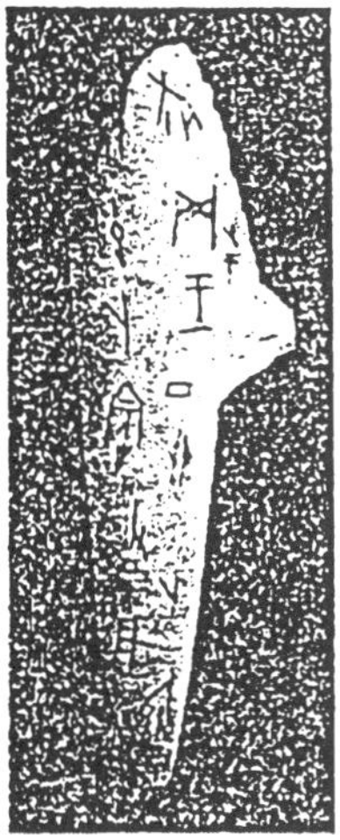

一一

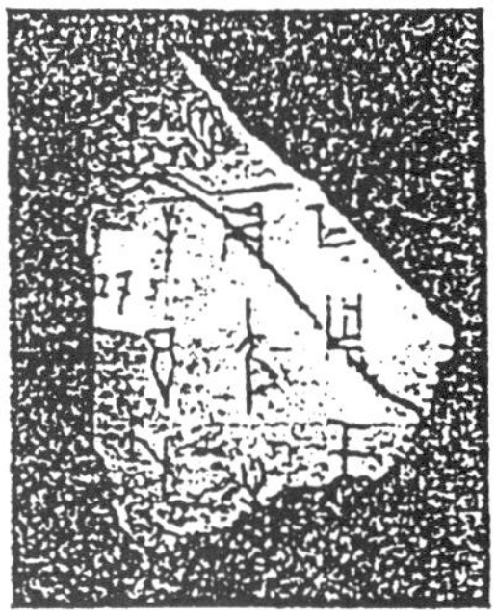

八

一四

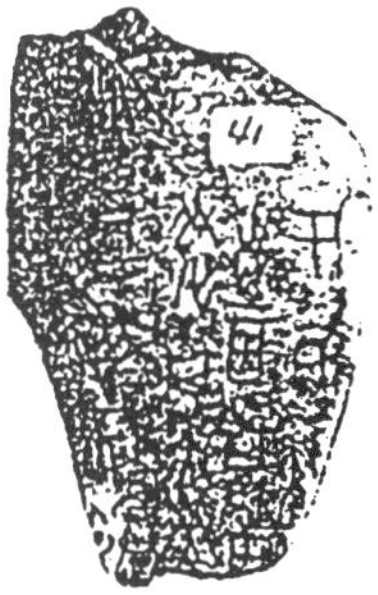

九

一二

一五

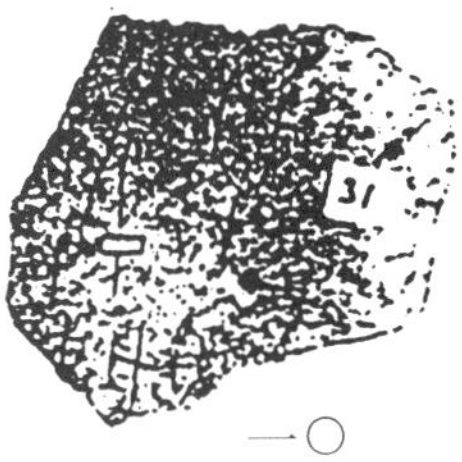

一〇

Oracle Bones in the Basel Museum of Ethnography

Plate XVI 瑞士巴塞尔人种志博物馆所藏甲骨

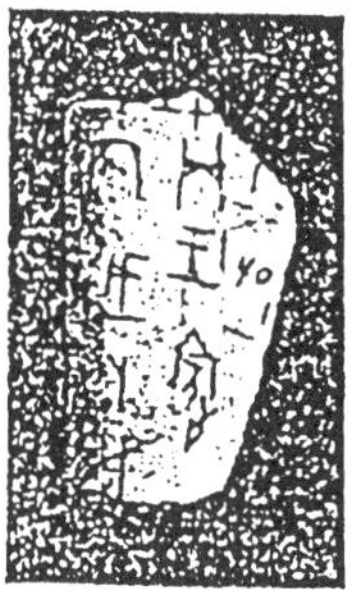

二二

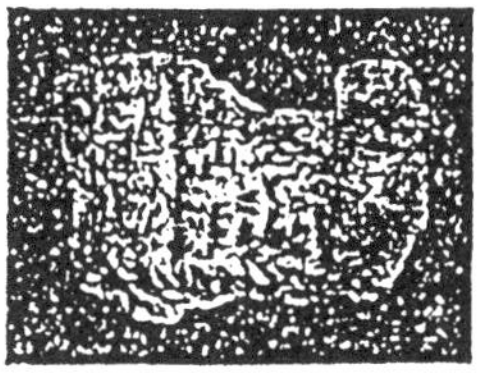

一九

一六

二三

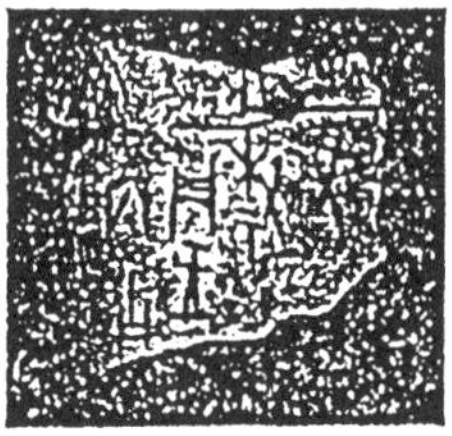

二〇

一七

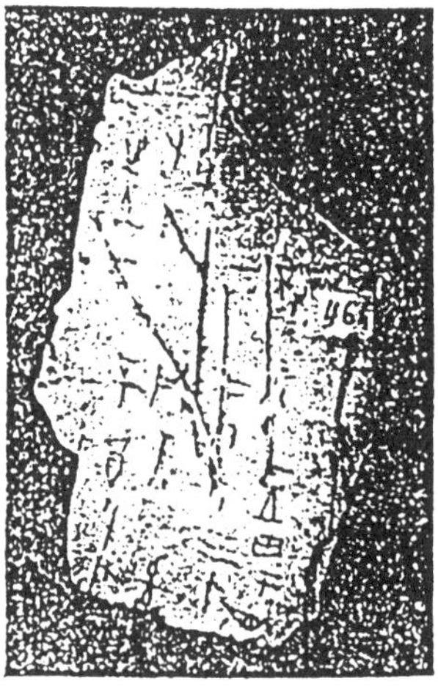

二四

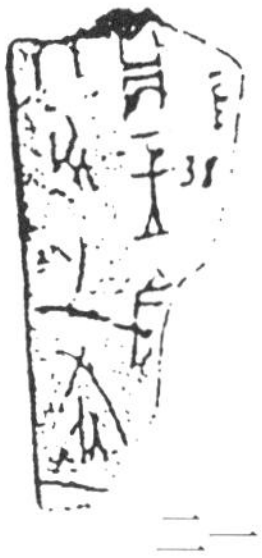

二一

一八

Oracle Bones in the Basel Museum of Ethnography

Plate XVII 瑞士巴塞尔人种志博物馆所藏甲骨

三一

二八

二五

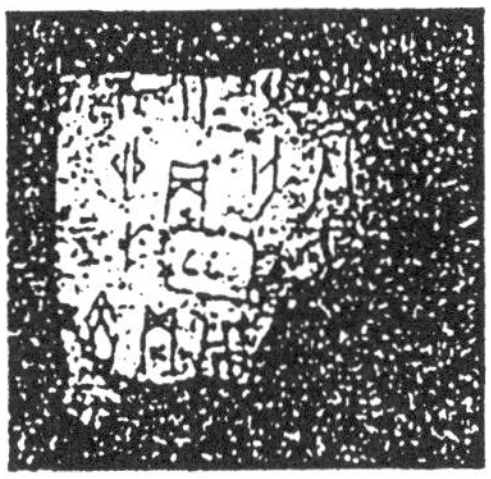

三二

二九

二六

三三

三四

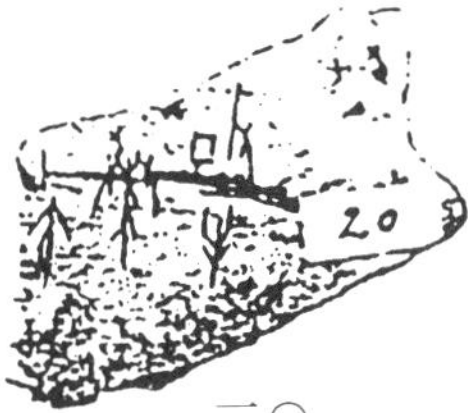

三〇

二七

Oracle Bones in the Basel Museum of Ethnography

Plate XVIII 瑞士巴塞尔人种志博物馆所藏甲骨

四〇

三五

三八

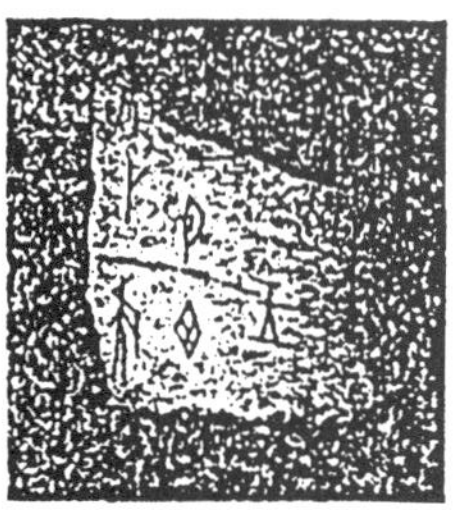
四一

三六

三九

四二

三七

Oracle Bones in the Basel Museum of Ethnography

Plate XIX 瑞士巴塞尔人种志博物馆所藏甲骨

四九

四六

四三

五〇

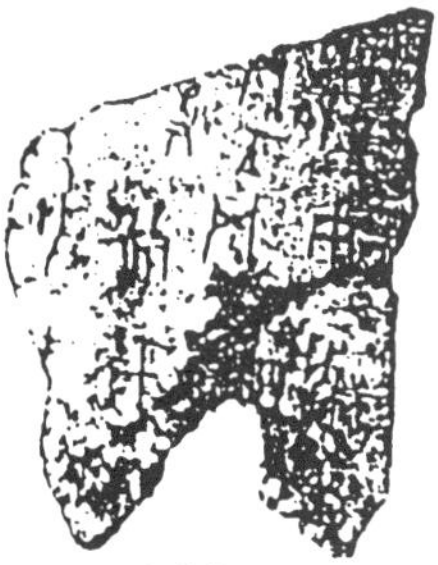
四七

四四

五一

四八

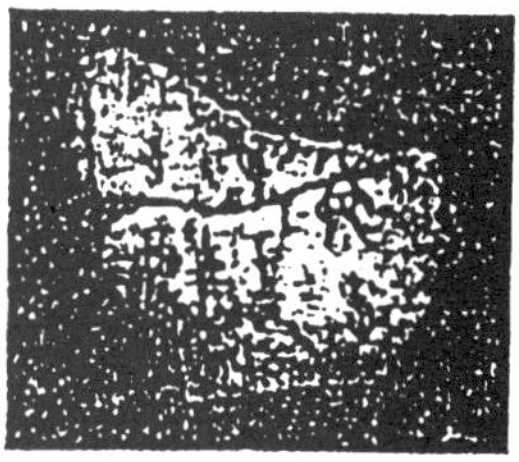
四五

Oracle Bones in the Basel Museum of Ethnography

Plate XX 瑞士巴塞尔人种志博物馆所藏甲骨

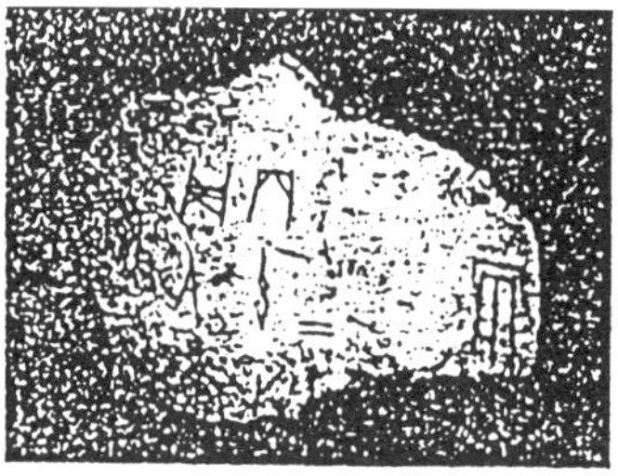

五七

五四

五二

五八

五五

五九

五六

五三

Oracle Bones in the Basel Museum of Ethnography

Plate XXI　瑞士巴塞尔人种志博物馆所藏甲骨

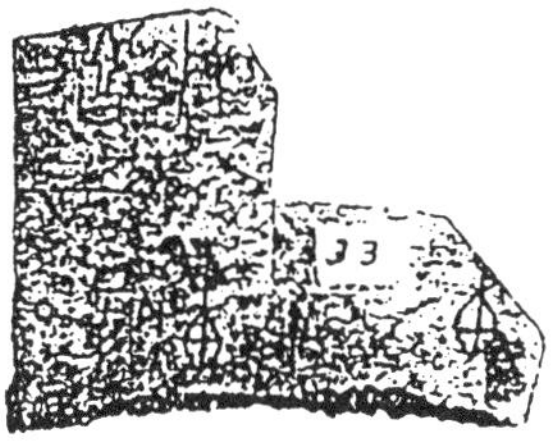

六六

六三

六〇

六七

六四

六一

六八

六五

六二

Oracle Bones in the Basel Museum of Ethnography

二、瑞士巴塞尔人种志博物馆所藏甲骨考释

(1) □酉卜，宾贞：子畲不𠦪（死）。

贞：于𦊨。(甲)

子畲，武丁时人名。畲字上像枝叶扶疏形，旧释春。

他辞云“贞：子畲不死”者，又有《后》下二九，七；及《前》六，一四三，四两片，字形与此同。又《南北》明义士藏一一五一云：“……贞：御子于𦊨。”亦可与此参证。

卜辞又云：

贞：来乙丑，勿乎子畲，㞢于父乙。(《续》一，三〇，四)

贞：今乙丑，乎子畲，㞢于父乙。(《遗珠》一〇四二；《林》一，八，一七重)

亦为同一事之卜。此外有关子畲之卜辞：

贞：乎子“畲”升于……(《林》一，一四，六)

贞：御子畲于母……(《拾掇》二二八)

贞：子畲……(《库方》一八二三)

此片见《七集》W·45，凡各片上所黏号数即卫礼贤原有编号之数。

(2) 庚子卜　乙巳　己亥卜又辛且（且辛倒称）大乙　用。(骨)

此片见《七集》W·4。

(3) 癸丑王……㞢令。(骨)

此片见《七集》W·72。㞢为武丁时卜人。[1]

(4) 癸巳卜，㞢贞：旬亡囚。(甲)

癸酉〔卜〕，大〔贞〕……　癸……贞

此片见《七集》W·29，与此片同文者有下辞：

癸巳卜，㞢贞：旬亡囚，六月。(《外编》一一一，《续存》上一六七三重)

此两残甲同日同人所卜，似可缀合。胡厚宣《南北甲骨录》(师一、七五)此片摹误作㞢，陈氏《卜辞综述》据之，并于卜人总表误出"㞢"一人，应删。

㞢之卜辞，又见《金璋》七〇云："……卜㞢……夏。"除卜旬外，仅此一条。㞢字，《甲骨文编》释跽，按《说文》起古文作记，从辵与从止同意，故㞢殆即"起"字。

此辞同版有卜人大，知㞢之年代略当祖甲祖庚时。

(5) 己巳卜，贞：王　宾　𢦏亡〔尤〕。贞永……(甲)

此片见《七集》W·36。永乃武丁时卜人名，此辞残缺过多，是否人名，尚难确定。

(6) ……卜中……日⊗……王囚……㞢允……　十三月。(甲)

中为卜人名。《商书序》有中伯、义伯，亦见《汉书·古今人表》。师古曰：义、仲，汤之二臣。甲骨刻辞亦见义名，见《拾掇》二，四九人头骨。(其残辞云："……丑，用㺨……义友……")中与中伯疑有关系。

此片见《七集》W·57，颇有摹误，如"中"字误作"亡"是。⊗依摹本，审影片，似是"夕"字。

---

① 见《殷代贞卜人物通考》，505页。

昰字亦见何之卜辞，如："□未卜，何贞：……䇅、兄亩旧昰用，亡壱。"是其例。

（7）癸酉卜，争贞：旬亡囚。

丁丑卜，㱿贞：我伐犨。　二。（骨）

是版尚有多字，皆伪刻，惟此三行为真。见《七集》W·5。

（8）辛酉卜，〔旅〕贞：尸〔告〕，其用于……（甲）

此片见《七集》W·27。尸告者，殷祭用尸，如："丙午贞：彭尸，册祝。"（《粹》五一九）《诗·凫鹥》："公尸未燕来宗。"《公羊传·宣公八年》何休《解诂》："祭必有尸者，节神也。《礼》，天子以卿为尸。"

（9）己巳〔卜，旅〕贞：龙不既脅，其亦自上甲，其告于丁。十一月。

……旅……〔既〕脅……（骨）

见《七集》W·41。与此辞相同者，尚有下列各条，兹举如次：

庚辰卜，旅贞：龙不既，其亦〔𡴘〕其脅于上甲。（《金璋》七二九，又七三〇文略同）

〔辛〕巳卜，旅贞：龙不既脅，其亦𡴘，亩丁亥彭，十一月。（《拾掇》二，四八七；《南北·坊》五，五七重）

又洋之卜辞云：

辛亥卜，洋贞：龙不既脅，其亦𡴘，亩丁巳彭。辛亥卜，洋贞：龙不既脅，其亦𡴘，其〔脅〕宾。（《缀合编》九六——《文录》六二九十五四四）

乃同事异人之卜，《库方》一二四四残辞亦同。龙或指苍龙，即指岁星。

他辞云“桒龙”（《粹》四八三），“其兄（祝）龙，兹用”（《后》下六，十四）。此因有祭于龙星，故卜之。

（10）〔壬〕辰卜，旅贞：季岁……羊，在□月。

按此片见《七集》W·31。《明义士》二四六：“壬辰卜，旅贞：季岁……”与此同为壬辰日，乃同时同事之卜。

（11）丁卯卜，旅〔贞：王〕宾父丁岁　庚午卜，旅贞：王〔宾〕叙。（甲）

此片见《七集》W·52，父丁即祖庚祖甲称其父武丁也。

（12）癸亥卜，〔旅〕贞：父丁岁……牛　……旅……（甲）

此片见《七集》W·65。

（13）戊……贞……叙　戊辰卜，旅贞：王宾大丁，彡龠，亡囚。亡……在……（骨）

此片见《七集》W·12。祭之明日又祭曰彡，龠即禴也。

（14）丁酉……贞：中子……其……　……卜旅……中子……王……宾……（甲）

中子即仲子。《逸周书·王会》：“正北方伯父中子次之。”中子即王之支子。《曲礼》：“支子不祭。”“祭必告于宗子。”中子有关卜辞，详拙作《日本所见甲骨录》（一）。

此片见《七集》W·70。

（15）……子卜，旅贞：妣庚岁王其叙在……　……七月。（甲）

见《七集》W·63。

(16) 癸酉卜，旅贞：羽甲戌其冓……又。(甲)

见《七集》W·44。

(17) 庚子〔卜〕，旅贞：……辛丑……又于。(甲)
……卜，旅……氏㝬。

见《七集》W·43。

(18) 癸丑……贞：旬〔亡〕囚 ……旅……旬……囚。(甲)

见《七集》W·34。

(19) ……卜，旅……今夕……言王。 四月。(甲)

见《七集》W·50。

(20) 丙子……贞：王〔宾〕叔〔亡〕尤 ……旅 伐……(甲)

见《七集》W·62。

(21) 丙申卜，旅贞：王宾〔岁〕……

见《七集》W·38。

(22) 丙戌卜，旅贞：王宾……(骨)

见《七集》W·40。

(23) ……卜旅……宾……囚 贞：今……亡……(骨)

见《七集》W·2。

(24) 辛酉卜，尹贞：王其往于彐，亡灾，在八月，王田于目。(甲)

目为地名，如："贞：乎雀显目。"(《殷缀》三〇二)他辞有子目。[1]

……卜尹……其往……

见《七集》W·46。

(25) ……卜尹……父丁㯥……牢。(甲尾)

见《七集》W·32，㯥即香字，说见《日本所见甲骨录》(一)。

(26) ……卜尹……王宾……亡尤。(甲尾)

见《七集》W·39。

(27) 癸卯卜，大〔贞：旬〕亡囚。癸亥〔卜〕，大贞：〔旬〕亡〔囚〕。(甲)

见《七集》W·49。

(28) 癸未卜，〔大〕贞：旬〔亡囚〕。癸酉卜，大贞：旬亡囚。一月。(甲)

见《七集》W·69。

(29) 癸巳卜，大贞：旬亡囚。癸……贞……(甲)

① 见《乙》七八四五+七九〇九。

见《七集》W·51。

(30)……卜大〔贞〕：桒父丁牛。(甲)

见《七集》W·20。父丁即祖庚祖甲称其父武丁。

(31)丙子……贞：王〔宾〕戠，〔亡〕囚。……卜大〔贞，王〕……宾……亡囚。(甲)

见《七集》W·48。

(32)癸……贞……囚。癸卯卜，大贞：旬亡囚，八月。(甲)

见《七集》W·66。

(33)己……大……(甲)

见《七集》W·54。

(34)己丑卜，出贞：今夕亡囚。(甲)

见《七集》W·58。

(35)……出……日……嬉。(甲)

见《七集》W·24。

(36)甲子卜，即贞：今夕亡囚。四月。(甲)

见《七集》W·14。

(37)庚寅卜，喜贞：王宾岁，亡尤。　壬辰卜，喜贞：王宾叔，亡

〔尤〕。

见《七集》W·56。

(38) 壬午卜，喜贞：岁卺；亩兦，卺用。(甲)

见《七集》W·60，兦读为㕡，即孽也。

(39) 戊子卜，矣贞：亡来羌？曰：用学。又…… 不同，在二月。(骨)

见《七集》W·10，此谓用羌于学，《礼记·王制》："出征，执有罪，反，释奠于学，以讯馘告。"摹本同作冋，有缺笔。

(40) 甲午卜，矣贞：今夕㕣言王。(甲)

见《七集》W·22。

(41) □未卜，矣贞……夕㕣……王。(甲)

见《七集》W·68。

(42) 丁巳卜，行贞：王宾父丁岁……亡尤。在四〔月〕。(甲尾)

见《七集》W·3。

(43) ……卜行……王出……〔亡〕旧。(骨)
贞亡…… 壬子卜贞：王〔宾〕戠……

见《七集》W·70。

(44) 卜㕣……宾……福。(甲)

见《七集》W·47。

(45) 丁未卜贞：乍彫羽辛……𩵋賁……月。(甲)

见《七集》W·55。𩵋为鱼之繁形，如貍之作貚矣。叶玉森、商锡永俱谓“𩵋”、“鱼”一字，是也。卜辞常见有“𩵋益啚”、“𩵋益𡰪”等语，又言：“𩵋彡，岁，自母辛衣。”(《前》一，三〇，四) 此言“𩵋燎”与“𩵋彡”文例相同。𩵋乃祭名，疑指宗庙荐嘉鱼以享也。[①]

(46) □寅卜，□贞：妣庚岁，牡，在三月。(甲)

见《七集》W·18。

(47) 庚申卜贞：……妣庚岁，叔，亡尤。……子卜贞：王〔宾〕……叔……(甲)

见《七集》W·15。

(48) 壬子卜贞：羽甲……彫上甲……升岁……(甲)

见《七集》W·23。

(49) □卯卜贞：岁……叔。(甲)

见《七集》W·21。

(50) ……[illegible]只……五十 [illegible]……三。(甲)

见《七集》W·26。[illegible]疑人名。

---

① 《殷代贞卜人物通考》，857、858页。

（51）……午，彡上甲……在十二月。（甲）

见《七集》W·35。

（52）贞：其㞢来。其㞢来。（骨）

见《七集》W·1。

（53）壬〔戌卜〕贞：〔今夕〕亡〔㕚〕。　癸亥卜贞：今夕亡㕚。（骨）

见《七集》W·16。

（54）……其又于……奭妣……　弜又。……奭妣己　……且乙奭妣己……（骨）

见《七集》W·8。

（55）……卜贞：……夕福，〔亡〕尤。……㕚……（甲）

见《七集》W·19。

（56）癸丑……贞今……　……贞……吉……（甲）

见《七集》W·67。

（57）丙午卜……贞：今……亡……　……雨……（甲）

见《七集》W·53。

（58）丙寅卜……勿亩今日其祉尞。（甲）

见《七集》W·37。

(59) 贞：今夕不雨。(甲)

见《七集》W·30。

(60) 甲申……贞：王〔宾〕𢦔，亡囚。三月。(甲)

见《七集》W·28。

(61) 乙酉卜贞：王宾，𢼸禩，亡囚。(甲)

见《七集》W·42。

(62) ……贞：午……来甲戌，酌，六月。(甲)

见《七集》W·64。按此条午疑是人名。[①]

(63) ……申……王……𢑚（闵）……（甲）

见《七集》W·25。

(64) 辛……贞……亡…… ……囚，九月。(骨)

见《七集》W·13。

(65) 不𠂤𦎫。(骨)

见《七集》W·61。“不𠂤𦎫”为卜辞记兆常用术语。亦作“不𠂤”，余释为“不紂”、“不紂黾”，读为“不再”及“不再命”，说见附录“不𠂤𦎫”解。

① 《贞卜人物通考》，1160页。

(66) 甶……正月 ……甶…… ……贞……吉。(甲)

见《七集》W·33。

(67) 癸……王贞：〔旬〕亡〔𡆥〕，五月。〔癸〕丑卜……旬亡〔𡆥〕。(骨)

见《七集》W·17。

(68) 丁巳卜王 ……卜王。(骨)

见《七集》W·59。

1958年12月

附录 “不𢆶鼄”解——《卜辞义证》之一

(一) 释紂

卜辞中记兆术语，有“不𢆶鼄”一词，或仅称“不𢆶”、“弜𢆶”，横书。向来众说纷纭。闻一多《释不𢆶鼄》言之已详。近李亚农于《摭佚续编》，又依陈邦福、张凤说，以为从午从口，而读为“许”，谓“不𢆶鼄”犹言“不许诸”。杨向奎又读作“不玄冥”谓为“不眩瞑”。说皆牵强。兹不殚繁觎，重为探索如下。以字形论，就《甲骨文编》附录所记，举其异体之尤箸者，大致可分下列二类：

(1) 

(2) 

此字明为从幺、从丫。幺看似午字，然以《说文》古文糸作幺例之，应为糸字，余审其字形，与甲文午字厘然有别者三事：(1) 甲文午字每作幺，于8加丨形，象杵，而此则否。(2) 午字多数填实作𠂔，而𢆶字则未之见。(3) 午字未见省体作𠂔者，而𢆶则作𢆶者，比比皆是。以观甲文从糸之字，如糹字之偏旁，间有作𠂔，正与相似，是𠂔乃糸而非午，可以无疑。至下体之丫，或▽，唐兰曾定为才字，李氏非之，谓为《说文》口字古文之▽，然𢆶字下体多作▽，与口迥不类。今以才字，《铁》一二〇，四作，《前》七，三三，一作证之，释才字为是。繁体作字，或省作，又或作（见下），《战后南北》明义士藏片有“不”二字，正从才（见下文），尤为下体才字之明证。由上知字应隶定为从才从糸，即紂字也。

字于卜辞上，常见之用法有三：（1）即习语之“不”“不”。（2）用于贞卜祭祀一类动词之前，在文法上为助词，惟其字多加形成及，为繁缠之体。（3）为卜人名。

按《礼记·檀弓》：“爵弁绖紂衣。”《释文》：“紂本又作缁。”古甾与载通，《诗·大田》：“俶载南亩。”《笺》读俶载为炽甾。即紂，亦即缁，可借为载，施于动词之前者，盖读如《诗》“载驰载驱”、“载寝载弄”之例。《诗·载驰》传：“载，辞也。”《笺》：“载之言则也。”卜辞云：

> 丁巳〔卜王〕：余。丁巳卜〔王〕：余勿彡，十月。丁巳卜王：余〔彡〕。丁巳卜王：余勿彡。丁巳卜王：余彡。丁巳卜王：余勿〔彡〕。（《丙》九〇——《乙》八二六十二〇〇五十二一三七十二一三八十二一六八十二四五一十五四三一十七一三二十七一六〇十七三七七）

此犹言余载彤也。

> 癸□〔卜〕争贞：㞢四于……（《燕大》六五三）
>
> □戌卜贞：羽乙亥，㞢于祖，宰㞢一……（《前》七，三十二，四）
>
> 甲申卜，亘贞：于大甲。（《佚存》二二）
>
> 甲戌卜，出贞：王㞢于大戊，二月。（《续》一，十二，一）
>
> 辛亥卜贞：侯来甲，羽甲寅，用于夫（大）甲，十三月。（《前》四，七，六）

上举诸辞，犹言载㞢（侑）、载（祈）、载用。即之繁形，按载可通“再”，《诗·小戎》“载寝载兴”，《文选》注引“载”作“再”。《春秋·隐公十年》“伐戴”，《三传》“戴”皆作“载”，《左传释文》“载音再”。上辞如读为载，义亦通。他辞云：

> ……贞……（《前》六，三十三，四）

癸巳卜，□贞：旬亡囚。　……〔卜〕□贞，旬亡〔囚〕。（《粹》一四二五）

……□贞：旬……（《续》五，十六，一）

由上举知□、□乃一字，隶定应为□字。“□贞”者，如不作人名解，释为再贞亦可，如以卜某贞为贞人之例衡之，则此□乃贞人之名曰紂者也。《甲》一六五残辞“□……旬……囚……”补足之，应为“〔卜〕□〔贞〕旬〔亡囚〕”，可知其为人名，且字确系从才。[①] 贞人□常见与宾、争等人共贞。[②] 郭鼎堂引《洛诰》“我二人共贞”，解为两贞人同贞之例，然如读□为“再”，谓卜人某再度贞问，于义亦通也。

不□黽之略语，多作“不□”。《乙》三七九九三见“不□”，皆无□字，而异形颇繁，略举如下：

不□（《乙》四三三〇、四五〇六二、二二一九、七一四四、一二四三，《京津》八九九，又《拾掇》二，七重）

不□（《乙》三五六六，七一六一）

不□（《乙》四六三五，七六七〇，七六七一）

不□（《南北·明》三二五）

此径写作“才”字，或作“不□”，如“壬申贞不□”（《拾掇》二二八，《京津》三〇四六），又有称“弜□”者。

弜□（《战后宁沪》三四九，《拾掇》四四八重）

弜读为弗，“弜□”与不□同义。上释□即紂，可读为再，则此语当读“不再”“弗再”矣。唐兰于《天壤阁考释》曾论及之，惜举证未足，按《古文尚书·大禹谟》“朕言不再”，知“不再”古已有是语。卜辞中“不□”“不□黽”恒与上吉大吉联在一处，列于卜兆之下，云：“上吉，不紂黽。”[③] 黽字

---

① 或省体作□，见《乙》八〇七之“甶□乎……□”，据此字形，益信□乃从糸不从午。

② 其详参见拙著《殷代贞卜人物通考》卜人“□”条。

③ 详张秉权《殷虚卜龟与卜兆及其有关问题》一文，载“中研院”《院刊》，第一辑，229页。

余释为命，即《周礼》“命龟”之意。“不𢀛黽”者，当指“不再命（龟）”，谓卜之已吉，无用再行命龟。古人目龟曰“灵龟”（《易·颐》），曰“大宝龟”（《尚书·大诰》），不宜多渎以犯神明，故《易》云：“再三渎，渎则不告。”《诗》云：“我龟既厌，不我告犹。”即此意也。他辞云：“癸酉历贞：旬三卜，亡囚。”（《甲》五四四）此一旬三卜，特著其事，示不敢多渎也。由是知不再之“再”，正宜读为再三渎之“再”，今观卜辞惯例，“不再黽”每与上吉相连，足为我说之佐证。

不𢀛黽有繁形作“不𢀛𢀛黽”者（《前》八，四，三），字从二𢦏会意，即有重义，或作“不𢀛黽，上吉”（《南北·明》三二七），又残辞“癸亥…𢀛”（《甲》二五九），𢀛即𢀛之省，既可证𢀛、𢀛与𢀛、𢀛及𢀛只是一文繁简之异，又可明𢀛之字根当为才，是此字释𢦏，正自允当。而读为载为再，于形音义固无不合矣。

又按𢀛或倒书作𢀛，《佚存》九三一“叀典𢀛……”，此字从𢀛从𢀛，𢀛即𢀛之倒写。《经传释词》云：“载字亦作𢦏，《广雅》：𢦏，词也。”《石鼓文》：“𢦏西𢦏北。”卜辞之𢀛，当是𢦏之别作。

殷器有𢦏父戊爵，𢦏乃族名，卜辞有地名曰𢦏者，如：

> ……卜㱿贞：㞢化正受，三旬㞢……日，戊子幸，𢦏𢦏方。（《乙》二五〇三）
>
> 王固曰：吉𢦏。之日，允𢦏𢦏方。十三月。（《乙》四〇六九）

𢦏、𢦏二字同见一版，而异形异义，𢦏之为𢦏，绝无疑问，而𢦏字所从之𢦏，卜辞每用为在，亦是才字[①]，故𢦏、𢦏仍系一文，契文同字同版而异写者，如《粹》一一五一䵼亦作䵼，即其一例。《说文·邑部》：“𢦏，故国在陈留，从邑，𢦏声。”《春秋》字作“戴”。三传皆作“载”。《汉书·地理志》：“梁国，甾县，故戴国。”𢦏即𢦏方，应是𢦏地。他辞又作𢦏。[②] 王国维谓即载国，汉封泥“载国大行”。汉初尚名“载”（《观堂别集》）。则地名之𢦏、𢦏、𢦏，并一字之异写耳。按𢦏与𢦏本一字，因义不同，故同版而异形，《左传·昭公元

---

① 如《乙》九九〇“𢦏𢀛”，同书一九〇六“𢦏高”、𢀛、高皆地名。

② 《前》二，十，一：“戊寅，王卜，在𢦏贞：今日步于𢀛，亡灾。”亦见《林》二，五，七，《前》有剪割。

年》、《左传·定公四年》两言："周公杀管叔而蔡蔡叔。"卜辞"□□方"与"蔡蔡叔"句法正同。

闻一多《释不□□》篇，谓《铁云藏龟》一三四，三变形作"不□□"，因释为卒字，然检阅原书及鲍鼎摹本，字原作□，闻氏偶误。

综上言之，□字可得结论如下：

（一）字隶定可作□，或仅作才，□即紂字。

（二）紂读为载，词也，如"□彡"即"载肜"。

（三）紂读为再，"不□"、"弜□"，即"不再"、"弗再"。"不□"又作"不□"。

（四）"不□□"即"不再黾（命）"。

（五）字或作□，乃贞人名，亦读为载。

（六）又为地名、族名，金文有"□父戊爵"；卜辞作□方，即载国是也。

文成后，复有所得，兹补记之。卜辞中"在"字亦作□：

> 己巳卜王：弜步，□宜，五〔月〕。叀丁卯，步。（《拾掇》四四八）

亡灾亦作亡□：

> ……王贞：□（戎）…亡□。（《六录》清晖三，《外编》二四六重）

俱□□宜释才之佐证。又"不紂黾"间作"不□□"（《乙》七五五二），则紂字省"才"但作□之例。

又言："……兹□□三日…令戛往。"（《外编》一五一，《续存》一三三重，日字断缺）"□□"正为不□之反。他辞复有"不再"二字：

> 不□。（《甲》二二四三）

可见"不再"一语在殷代之通行，"不□"、"不□"之为"不再"，殆无疑义。

（二）释黾

卜辞"不□□"之□字，向有蛛、龟、黾、冥诸说，今欲定其为何字，当取甲骨所见有关𪚴字诸辞，排比而加以研究。

戊子，令史𠬝。不𢇁𪚴。（《前编》八，四，三）

癸亥卜，殻贞：旬亡𡆥。王固曰：……其亦㞢来媄（艰）。五日丁卯，子𠧟（函）𪚴不𠀠。（《菁华》四，一）

上二条字从女作𪚴。他辞有记占㸒丧命之事云：

贞：㸒其㞢疾。王固曰：㸒其㞢疾。叀（惟）丙，不庚。二旬㞢七日，庚申，𡧍𪚴。（《乙》四一三〇）

王固曰：兹鬼𩲡。戊贞：五旬㞢一日庚申，𡧍𪚴。乙巳卜，殻贞：㸒亡……（《乙》五三九七）

㸒，人名。上二条所记㸒死之时间，同为庚申日，一作五旬，一作二旬，而异文颇多，丧字一从廾，一从夕，黾字则一从凵（坎），一从囟。他辞云：

旬㞢六日壬……夕死𪚴。（《甲》一一六五）

死即丧，死黾与丧𪚴，义正相同，则“𪚴”、“𪚴”皆黾之繁文，旧读黾为命，今以“𪚴不𠀠（死）”、“丧黾”、“死黾”证之，即“命不死”、“丧命”、“死命”，殆可无疑。黾字又有从𠬞作𪚴者，如：

……𠦪（祈）禾于三𪚴。（《后》下三三，五）

按《说文》：“黾，鼃黾也，从它，象形。𪚴籀文黾。”此字上端从𠬞，正与籀文同。综上知“黾”字，殷时有𪚴、𪚴、𪚴、𪚴诸异写，实为一字，除字同于籀文者外，其他亦可于字书征之。

𪚴　《太玄·沈卦》☵次五：“雕鹰高翔，沈其腹，好𪚴恶粥。”注：“𪚴，懷也”。按𪚴读为湎（如僶勉借为蠠没），谓沉湎于腐粮也。卜辞“不𢆶𪚴”则为“不幺黾”繁体，而读为再命，与此义无关（详下）。

𪚴　《古文四声韵》，灵字作𪚴，上体之凨，当是卜辞“𪚴”所益之蜩倒写而少讹。[1] 可知卜辞之𪓐字，后世传写作𩆜，卜辞之“丧𪓐𪓐”即丧命，“命”与“灵”古每通用。[2] 故“𩆜”后人以为灵字，从可证卜辞之“𪓐”应读为“命”，《龙龛手鉴》有奄字，同黾，疑亦𪓐之变误。

由上举“娠不𣦵（死）”、“丧娠”、“死黾”诸辞，知殷人盖借黾为生命之命。而“三黾”者，殆即古司命之神，《周礼》：“大宗伯以槱燎祀司中司命。”《楚辞·九歌》有《大司命》、《少司命》，《文选》五臣注谓：“司命星名，主知生死。”《庄子·至乐》：“吾使司命，复生子形，为子骨肉肌肤。”《汉书·郊祀志》：“荆巫有司命。”说者以为文昌第四星，《礼记·祭法》：“王为群姓立七祀，诸侯为国立五祀。”七祀与五祀中其一曰“司命”。《易林》（睽之萃）及纬书如《诗氾历枢》（“司命执刑行罚”）、《春秋元命苞》（“司命主灾咎”），《白虎通·寿命篇》（“司命举过”），皆言及司命。司命主知生死，郑注《祭法》云：“司命主督察三命。”疏引《孝经援神契》：“命有三科，有受命，以保庆，有遭命，以谪暴，有随命，以督行，受命谓年寿，遭命谓行善而遇凶，随命谓随其善恶而报之。”卜辞三𪓷即三命，是三命之名，殷时有之，而云“祈于三𪓷”，则祀司命之礼，由来已久。[3]

黾于卜辞亦屡用作动词，“我𪚴五十”（《乙》四九四八），即“我命五十”也，或言“隹黾”，卜辞命字亦作绘，“叀（惟）𢆶令（命）”（《甲》九一四），“隹黾”与“叀命”语例正同。又见“不瞰”之语，“……六不𪚴”（《燕大》二一七），“不瞰”犹言“不命”也，知黾、瞰即命字，则卜兆术语之“不𡗜黾”、“不𢆶瞰”，均可得解。

𡗜读为冉，黾读为命，则“不𡗜黾”即不再命。古者以龟决疑，谓之“命龟”。《周礼·太卜》：“以邦事作龟之八命，一曰征，二曰象，三曰与，四曰谋，五曰果，六曰至，七曰雨，八曰瘳。”又云：“大祭祀则眡高命龟。”“凡丧事命龟。”又云：“凡小筮既事，则系币以比其命。”《士丧礼》：“宗人即席西面坐命龟。”郑注：“命龟，告龟以所卜之事。”盖以龟占问，有“作龟”、“命龟”、“贞龟”之别，事详《礼经》，命龟即告龟以卜事，有八命之目。“不

① 倒书例习见，如𢀛亦得倒作𢀜，见前面“释紂”篇。

② 如《吕刑》：“苗民弗用灵。”《礼记·缁衣》作“匪用命”。《法言·渊骞》：“窃国灵也。”李注：“灵，命也。”即灵、命二字通借之证。

③ 司命即后世之冥司，古黾与冥为一音。《说文》：“鼆，冥也，从冥黾声，读若黾蛙之黾。”则黾可借作冥矣，民间以竈神为司命，《说文》竈作𥨍，云：“从穴鼀省声，竈或不省。”颇疑竈字即由契文𪓐、𪓐演变而来，因从凵与从穴义同，故竈可谓即黾之孳乳字。

再黾”既读为“不再命”，殆谓不再命龟，以卜之已吉，无用再告龟以事而多渎也。今审卜辞文字，“不夆黾”一辞，每与上吉、大吉相联，可知卜吉则不须再行命龟，因锲此“不夆黾”三字以识之，有时略词，仅锲“不再”二字，亦示不再命龟之义。

又再命一辞，亦于经典有征。《左传·正考父鼎铭》：“一命而偻，再命而伛，三命而俯。”《书·皋陶谟》“天其申命用休”，《史记·夏本纪》作“天其重命用休”。“申命”、“重命”与“再命”意同，惟卜辞“不再命”乃专施于命龟之事，则为占卜之特殊用语耳。

其他辞之有黾字者，残缺过多，不敢妄说，如：

王固曰……□勿余……（《乙》七〇一七）

以黾代表生命者，殆古代生物崇拜之遗俗。黾，《说文》训为鼃黾，《尔雅·释鱼》：“在水者黾，一名科斗。”鼃，卵生，其子即黾也。卵生之物，繁殖力至速，昔人即取之以象征生命。故假黾为“命”字。如古埃及人观察甲虫之蜣螂，在污秽中孳长，故视为生命之源，奉为神明[①]，是其比也。是则以黾为生命之象征，其所从来也远矣。综上可得结论如下：

（一）殷人以黾为生命之“命”字。

（二）黾于卜辞有黾、□、□、□、□诸异形。

（三）记死亡惯语，为“丧黾（命）”、“死黾”、“□不□（死）”。

（四）三□即三命，知殷时已祀司命。司命者，主知生死之神。

（五）黾亦用作动词，如云“黾（命）若干”，或言“隹黾”，即“惟命”。“不□”即“不命”。

（六）卜兆术语之“不夆黾”、“不夆□”，应读“不再命”。卜之已吉，不再命龟也。

香港大学

① 即所谓 Scarab-Beetle 或 Dung-Beetle，象形文写作□，音 Khepri，金字塔碑志中义为变化。

棪斋甲骨展览序

1956年，予出席法京巴黎国际汉学会议，顺道至英伦，晤友人李棪斋先生，获读其私人所藏甲骨，返港以后，尝以棪斋寄存之实物33片，先后发表于拙著《巴黎所见甲骨录》、《殷代贞卜人物通考》及《海外甲骨录遗》诸书。1964年，予与棪斋漫游北美，行前又从所藏选出二百片，属为考定。今秋棪斋来港就中文大学之聘，复携有167片，合之历次寄至香港之品，共得四百片，即此次展出者也。

棪斋渊源家学，向致力于南明清初史事，席其先世泰华楼蒐藏禁书之富，海内学者，广与纳交。七七以后，转治古文字，每周从唐立庵丁思泊容希白辈，盘桓于琉璃厂肆，见闻既广，采集遂多。益以近十年来，海外新获，多属罕见而未经著录之品，盖为研究而作有系统之搜求，自与骨董家异其趣也。

棪斋欲求各期材料之完备，故于有贞人记名之片，特为注重，此则与予所编《殷代贞卜人物通考》之宗旨相契，可谓空谷足音也已。此次展览之四百片中，有贞人记名者，数已逾百，尤为难能可贵，兹择其尤新颖而足资考证者，举而出之。

有贞人记名者39人，计115片。记其特异者如次：

(一) 㱿　辞云“㞢鸣鸟”，此书异征，如《左传》“鸟鸣于亳社”。

(二) 宾　辞云“贞令宁氏射何[illegible]”，“令何夏乎[illegible]小臣[illegible]”，同一版中人名何字异写。棪斋另有一片为同文异版，可与《甲》三六五六缀合，已赠与“中央研究院”历史语言研究所。

（三）争　辞云“䍃众人涉河”，《书·盘庚》“涉河以民迁”语同。

（四）𢀛　贞人𢀛作此字形者，仅《前》二见。此片记征伐事，辞云“𢦏及𤰔㴞”，与《前》四，三一，二似可缀合。

（五）事　辞云“王𡆥隹吉𢆶”，同版有贞人何。

（六）㱿　殷契言“卜㱿贞”，仅《甲》三五八五号一见。此巨胛骨之上半同版并记贞人名㠯，向所未覩。㱿字丁山释㱿，其说可从。同片之㠯，似为句字。此或即㱿字，见于同版同名异写之例，否则乃新贞人矣。此片与《甲》试为拼合，字体骨色虽相同，但未能密接。

（七）𠂤　辞言御方，又言鼎。此期特例，或用鼎字代贞。另一片字作𠂤，不作双臂形，最为特色。

（八）自　辞云“王勿……𠤳夫”，《后》下二〇“甲申卜自王命𠤳人日明旋于京”，疑是一版。另辞云：“方二𡗕。”

（九）𠬝　辞云：“壬𢀖其至𢆶日御。”此期字多诡异，或加饰文。𢆶日疑是五日。子字作𢀖，亦见《乙》四五八。

（十）𦥑　辞云“大𢼸”，罕见。

1150

（十一）子　辞云“子贞”，横行，并记“兹夕五卜”。另一辞云“辛卯子卜”，省贞字，可与《菁华》一一，二〇参证。子贞一辞属仅见之例。从知子必为人名，可为日本贝塚茂树教授释疑。

（十二）㞢　辞云：“方其缶久乂。”

（十三）口　可与美国哥伦比亚大学图书馆藏二片缀合。

（十四）㲋　辞云：“今夕亡𡆥四月。”㲋之卜辞，向著录者仅六片。余所见海外甲骨。哈佛大学亦有一片，合此得八片。

（十五）𢓊　此名全部卜辞仅数见。史蔑夫教授旧藏拓本，其字从牛从辵，可以参证。原物现藏哥大图书馆，即佚存之二六七、二七二片。

（十六）𠬝　辞云：“卜𠬝贞王𡆥隹吉。”各辞只见卜夕卜旬耳。

（十七）狄　有三片可与哥大图书馆藏片缀合。

（十八）㠯　辞云：“卜㠯，今夕亡𡆥。”以辞例观之，㠯应是贞人名，各家未见，存以俟考。

无贞人记名者共 285 片，兹略依事类，分别记其重要者如次，至于非卜辞之属，亦附记之。

（1）天象类　“又大雨亡小雨”、“𢆶雨丏”、“中日不雨昌其雨”、“雪”、“王不遘大风”。

（2）祭祀类　“夏”、“季”、“王亥”、“上甲”、“匚乙匚丁”、“示壬示癸”、“唐”、“大丁”、“大甲”、“大庚”、“小甲”、“中己”、“大戊”、“父戊”、“戋甲”、“羌甲”、“且乙”、“下乙”、“且辛”、“且丁”、“뿔甲”、“武丁”、“父丁”、“二父己庚”、“且甲”、“康且丁”、“武乙”、“武且乙”、“文武丁宗”、“文武丁祊”、“四且丁”、“元示”、“它示”、“中宗”、“黄尹”、“上子”、“大子”、“衣”、“品”、“服”、“卯鼎”、“宾岁”、“升岁”、“工典”、“弜巳”、“[illegible]”、“[illegible]”、“[illegible]用”、“[illegible]”、“雔”、“[illegible]”、“出日入日”。

（3）人物方域类　“周侯”、“𢦏周”、“鬼”、“大邑商”、“盂方”、“召”、“子麋”、“子咸”、“子妻”、“子𡚤”、“㠯”、“帚[illegible]”、“帚[illegible]”、“帚宗”、“帚鼠”、“叡”、“𠂤般”、“甾”、“犬祉”、“望乘”、“亚[illegible]”、“亚好”、“亩[illegible]”、“雀”、“八”、“[illegible]”、“五泉”、“在祭卜”、“涉龙[illegible]北”、“东母”、“中录”——明义士藏片有中录、东录二名，可证董先生彦堂谓中录为贞人名之说难以成立。

（4）习语类　“王族”、“多子族”、“多射”、“二卜……令夫”、“兹夕五卜”、“其丧众”、“作孽”、“我又事”、“王曰[illegible]”、“王贞曰雨”、“曰勿齿”、“𦎫佣”、“若兹卜雨”、“王[illegible]于丙”、“又𡆥”、“允𡆥”、“亡[illegible]”、“王亡𡆥”、“亡棓”、“来嬉”。

（5）军旅类　“中行”、“大行”、“上行”、“东行”、“左旅右旅”、“大左族”、“立中”、“在齐次”——可与他片缀合。

（6）雉猎类　“田安亡灾”、“多鸟”、“获小鸟”。

（7）记兆术语　“吉”、“上吉”、“弘吉”、“小吉”、“大吉”、“王[illegible]曰吉”、“不[illegible]黾”。

（8）甲桥刻辞　“匄氏”、“𢼄氏”、“井示十”、“羌入”、“得马”。

（9）甲尾刻辞　“何氏[illegible]”。

（10）甲尾署名　“狄”。

（11）骨面刻辞　“癸巳[illegible]三旬”、“酉[illegible]三旬”、“亥[illegible]三旬[illegible]三”。

（12）人头骨刻辞　此为男性人头枕骨。近上半中央部分，镌有先公“大甲”之名，可能即俘虏头骨。传世头骨上刻邦方君长之名，致祭于先公先王，若此类可考知者，寥寥无几，此即其中之一（有关人祭骨片资料十余片，附展于此，见下页）。

（13）其他特例

①漏刻横笔　干支甲子旬全文（字小）　卜王出（背有贞人争署名）𡴘于唐（唐字缺刻）　昌不雨。

②涂朱　共十二片，有衜字者二（字巨大）。

③涂黄　一片。

凡上所举，皆为研究商代历史之重要资料。虽仅四百片，而甲骨学上主要智识，大致可从实物获得充分了解矣。

《甲骨续存补编》序

胡厚宣先生毕生致力于甲骨资料之搜集、整理、刊布，最后尽瘁于《甲骨文合集》十三册，为殷墟卜辞作第一步之全面总结，有功于契学者伟矣。

《合集》之外，胡先生复得上海博物馆沈之瑜先生“文革”期间抄家流散拓本若干、王襄存骨拓本及国内公私百余藏家拓本，加之历年摹写所得凡六十余册，洋洋大观，特荟聚为《甲骨续存补编》，拟分拓、摹二集出版，未毕其事而先生遽归道山，全书繁重，刊行有待。天津古籍出版社欣然有意梓行，估计印刷费需人民币叁拾万圆，社方仅能以一半补助，事遂搁置。王宏兄来书为将伯之呼，因商之北山堂利荣森先生，蒙其慨诺，允助剞劂之费，俾竟厥功。

承王宏兄两次函寄《续补》图例，间附胡先生识语数则，其重要者，如于《续补》摹本纠正了《天》之摹失，《天》八三六，唐误摹“”为“”，又遗一“王”字；指出《前》四，二九，一只拓反面，未拓正面，为之补齐；《后》上十二，九与《后》下三七，三原为一版之割裂等，俱见其功力之深，足资校勘、考订之用。而拓本则以收藏单位为序，明其源流，间有《合集》未备者，不清者，俱一一胪列，有助于学者研究之引用。兹揭举其二三，尝鼎一脔，其余固可知矣！

余于契学，向有夙嗜，自五十年代，即撮录贞人，久已锲而不舍。承胡先生引为同调，切磋之乐，受益无穷。十载以还，与沈之瑜有《甲骨文通检》之计划。沈先生下世，建华孜孜矻矻，为之近十稔。全书六册，次第将底于成，而余今岁且八十矣，利先生所以助刊胡先生此书，将以为余祝嘏，其意恳挚，余何敢不拜嘉。独念胡先生缀录是编，中道而废，利先生助行其书，不啻永其年，以垂久远。而惠及于我，使同享延年之美，古人所言“美意延年”者，其是之谓也欤！爰书其事颠末，以为来者告，且为契学史添一佳话焉。

1996年4月饶宗颐序于香港

《甲骨文献集成》序

我在安阳甲骨学一百年纪念会上发言，曾经说过：甲骨学就好像近东的亚述学，契文相当于楔形文。楔形文研究发轫于德人 G. F. Grotefend 从古波斯文勘讨大流士（Darius）一世及其子薛西斯（Xerxes）一世的名字成功以后，英人 H. Rawlinson 于 1853 年对 Behistun 碑中人物事件的破译，为兹学创下开拓的首功。这正有如王国维对殷墟刻辞中王亥及武丁诸王的系谱的确认。波斯方面有《火教经》（*Avesta*）和《圣经》的记录，与吾华之有《世本》和《史记》的记载正可互相辉映。楔形文遗物出现，分布至广，溯源于苏美尔时代，起于公元前 3300 年 UrukⅢ—Ⅵ期，讫于公元 75 年亚历山大时期。Sumer 和 Akkad 地区遍及两河流域，为今之伊拉克、黎巴嫩、叙利亚，遗址超过 46 处。甲骨文则殷墟及其附近，且有周原的发现。

楔形文字属于闪族语系。它的字序是先主词，次受词，又次动词（S—O—V）。能说阿卡典语（Accadian）的族群久已存在于苏美尔地区，在萨宫（Sargon）时期已形成了双语系（Bilingual）。至于乌尔（Ur）的第三期，便逐渐不使用苏美尔语了。近年研究的进展，已知苏美尔文的语法字尾变化一共有十个格（Cases），比梵语的八格更为复杂。[①]

甲骨文研究划时代的推进，是《甲骨文合集》作总结性的整理，特别是同文例的扩大与系列，给从事比勘校雠者予以极大的方便。同类型与文字近

---

① 参看 C. M. L. Phomen：*The Sumerian Language*，第一五六节、第一五七节。

似的词句能够集中在一起，作断代分期的排比，贡献至巨。嗣后又有《类纂》、《诂林》及拙编分类《通检》等编集工作，对研究者提供材料的使用，有不少助益。可是大部分的专名，包括人名、地名等等，考释者仍是束手无策，编者只简单说是地名便了事。使甲骨学阻滞不前，未能得到充分的利用。[①] 楔形文的 Logograms 的分析有复合人名（compound personal names）和地名（geographical names），有时附加限定词 Ki（城）之例，研究已有若干成就。[②] 卜辞则仅能从上下文义及其相关辞句去寻找内证，还有大量工作需要去进行，仍在探索的阶段。

去岁刊布的《合集补编》，增加的新材料是怀特、东京、天理及周原诸部分，与历史所胡老未收录者，事实只是选录（例如怀特从 1 915 片选出 1 044 片，东京从 1 315 片选出 784 片，天理从 692 片选出 470 片，三家共收 3 922 片，《补编》仅采 2 258 片）。至于释文，仓卒从事，诸多讹失，远不及《总集》之完整。

近时甲骨文的整理，又进入新的阶段。在香港地区，用我的名义申请资助进行输入电脑工作，由沈建华女士负责勘校多种甲骨著录资料，将告一段落。我们最新的统计，给予每一甲骨文字的编号实得近六千个（目前是 5 958 号），单字 4 031 个，同字异形的将有二千之数。一字异形的最多可得十二个，比之六十年代，日本岛邦男所统计的三千九百个，多了将近一倍。

19 世纪以来，东西不谋而合，对于古文字互有创获，异轨同奔，各自发展，没有什么联系。但从古物的传播仔细看来，汉初临菑西南地区的齐王大墓随葬品物，多达一万二千件。其中惟一有纪年的是一比六十五的银盘，口沿背刻有“三十三年”字样，即秦始皇三十三年。又出有银盒，为捶扑出外凸的花瓣纹，与广州南越王墓所出的银盒完全相同，已证明都是波斯原制的银器经过改装之物。大家均已承认由这二件银器确证战国至秦汉，西亚波斯与中国已有海上的密切交往。[③] 许多事情值得我们再去仔细寻味。

百年以来，甲骨文字的辨认，可说是蚕丛初辟，还需要逐渐修订的工作。本《大系》书中，像《甲骨文献集成》所网罗的学术论著，许多考释意见还在探索之中，不能说都是确切不移之论，仍有待人们的校证勘正。巴蜀书社

---

① 《甲骨文字诂林》即其一例。

② 参看 L. J. Gelb：*Old Akkadian Writing And Grammar*，第二节，芝加哥大学，1961。

③ 《西汉齐王墓随葬器物坑》，载《考古学报》，1985（2）。齐东方：《唐代以前的外来金银器》，见《望远集》，740 页。

的段志洪先生肯花偌大的财力与日力从事这规模宏大的集成工作，魄力雄伟，值得高度赞扬。本书的编印，可与《甲骨文字诂林》相辅而行，使学人减去检索之劳，对21世纪甲骨学的推进有极大的意义和贡献，是不容置疑的。故乐为推介如上。

千禧年12月1日于香港，写于赴法京之前夕

甲骨文断想

今年正值于省吾先生诞辰一百周年，中国古文字研究会和吉林大学将在长春举办纪念于省吾教授百年诞辰暨中国古文字学研讨会。海内外学者荟萃春城，缅怀于省吾先生的学术成就，各抒高见，畅谈学问，这是件值得高兴的事情。

为纪念于省吾先生在甲骨学研究上的突出贡献，在此想就甲骨文研究零散地谈点想法，以此表达对于省吾先生的怀念之情。

再过三年，到 1999 年，我们将要迎接来临的甲骨文发现一百周年，这更是一个值得纪念的日子。一个世纪以来，海内外学者在甲骨学研究的各个领域内刻苦钻研，探赜索隐，积累了丰富的成功经验，取得了丰硕的研究成果，使得甲骨学研究成为当今国际汉学研究中的一门显学，日益引起更多研究者的兴趣和关注。这个局面的取得，其中自然包含有于省吾先生的功绩。

于省吾先生在甲骨学研究上的贡献众所周知，从他的《殷契骈枝》到《甲骨文字释林》以及一些单篇的论文，无不反映了他在甲骨学研究上的突出成就。他严谨的学风，认真的治学态度，为古文字学界树立了典范。他的无证不信，严格从字形出发，注意甲骨文与典籍训释的密切结合，注重考古资料和民族学资料的研究方法，使得甲骨学研究走上更为科学规范的轨道，也为后来的进一步深入研究打下了坚实的基础。

于省吾先生在甲骨文字考释上的成就很大，《甲骨文字释林》就是其一生心血的结晶。他对许多字的考释都非常精彩，早已广被学术界所承认和接受。

然而以往似乎偏于强调他在甲骨文字考释上的成就，而有些忽视他对甲骨文字义的训释。其实以我看来，于先生在利用典籍训释甲骨文字字义上的贡献一点也不比他在字形考释上的贡献小。而这一点也正是我们今天需要大力加以发扬的。于省吾先生之所以能在利用典籍训释甲骨文字字义上取得如此成就，原因在于他对古代典籍的谙熟和对清人考据成果的掌握。他对先秦典籍所作的诸多新证，正是这种能力的充分体现。这个事例充分说明研究甲骨文时对典籍熟悉掌握的重要性。只有充分利用先秦典籍与甲骨文进行比较，不光是从历史制度方面，同时要先从词义训释上进行对比分析，才能对卜辞进行深入的理解。语言文字的发展是一脉相承的，既然甲骨文发展到后来的汉字从字形上是一贯而下的系统，那么字义的延续也就应该是连续不断的，甲骨文中的字义也就应该可以在后世的典籍中找到相近或对应的用例。所以用先秦典籍对照甲骨文来考索甲骨文字字义，是正确顺畅通读卜辞的必由之径。

甲骨文字考释是甲骨文研究中的一个最重要的部分，是一项基础工作，不应轻视。因为对甲骨文的一切认识都要从字形开始。而这也正是于省吾先生生前一贯提倡的。甲骨文中有许多字至今还不认识，还需要我们进行更为深入的研究，找寻更多的字形演变的中间环节，总结甲骨文字的构形原则和演变规律。在甲骨文字考释中，实践证明必须密切注意三点：一是要多注意甲骨文这一文字系统本身的特点，即甲骨文字本身的一些特殊的书写形式问题。有时断代中的分组字形考察也会为我们提供字形演变的线索。一是要注意后世字形材料在甲骨文考释上所起的作用。近些年不断出土的大量的秦汉篆隶资料中，保存了一些文字的早期形构，经常有一些可以上溯至甲骨文，让我们可以用逆推的办法找寻到甲骨文中的形态。一是要进行更为细致精密的文例比较。事实证明甲骨中一字异体的现象十分严重，有时一个字异体间的差异很大，这就非常需要从文例的比较和同文的比勘上发现问题。

目前学术界在考释甲骨文时存在着两种倾向，一种是缺乏古文字考释的基本功，对古文字没有总体上的字形演变的认识，在分析字形时缺乏对字形演变过程的交代，常常从象形会意角度去曲解字形，并在此错误考释的基础上引发侈谈甲骨文所记载的历史制度等问题。一种是脱离文义的纯字形考释，烦琐的字形排队和分类，无视字形的语义环境和卜辞上下文义，简单地推定一个甲骨文字相当于后世的一个什么字，而字形考定后放到文例中却扞格不通。这样的考释对理解文义、通读卜辞于事无补，毫无用处。以上所提两种倾向是应该引起注意并需要加以纠正的。

在考释字形的同时，必须强调的是要把甲骨文字字义的训释放在重要的位置。在有的情况下字义比字形显得更为重要，因为字义的训释有时会影响对字形的考释。字形考释只是第一步手段，最终解决字义才是目的。时常会因过于强调字形的分析而忽视了字义的理解和卜辞的通读。一定要在字形确定后，结合先秦典籍中的训诂材料和典籍经义对字形所记录的字义进行深入细致的考求，这一点在甲骨文研究中极为重要。在确定字义时，还必须妥善地运用通假的手段，在先秦典籍中找到与卜辞文义相密合的训诂例证，这样才能得出对卜辞文义的合理解释。

对卜辞的断代分组研究是目前学术界的一个热点，不能否认这项工作的重要性，因为一切细密的分类都要从断代分组开始。目前我们已经从断代分组中更深入地了解到了卜辞中以往不知道的一些内容，尤其是历史演变中不同阶段的变化，也包括字形在不同时期和组别中的差异和特点，这对于其他方面的研究都大有裨益。但是同时我们也要切忌不要陷于无休止的烦琐的分组讨论中，一味地进行类似笔迹比较的琐碎考证。因为这样既耗费了时日，同时也冲淡了最主要的工作，即对于卜辞文义的理解和分析。当前在分组讨论中还存在一个问题，即对于一些基本原则的认识问题。没有统一的原则，也就没有讨论的前提和基础。当双方对一些基本原则和概念都意见分歧时，只能各执一辞，互不相让，使得问题变得更加混乱。

在利用后世典籍对照甲骨文进行研究时，还要提防另一种倾向，即利用后世较晚的典籍中的制度和甲骨文进行简单的对号比附。这种做法是很危险的。我们必须先从甲骨文本身去归纳分析材料，然后从先秦典籍中找出与甲骨文所记载的内容有承接关系的例证去比照论证，这样才能从中窥见殷商时期的历史真相。这需要我们对甲骨文本身多下功夫，而不是单纯地乞灵于典籍。

对甲骨文本身的研究，诸如占卜形式、同文对勘、残辞互补、对贞格式、钻丛形态等的研究还需要进一步的深入。

古代文明的高度常常超出我们的想象，许多后世的思想和制度在甲骨文中都已显露端倪。甲骨文本身是占卜记录，属于古代的一种术数，许多记载都可在后世的方术中找到相同或类似的例证，而关于这方面的研究做得还很不够。

“礼”是贯彻中国历史的大动脉，研究各个时期的历史文化都应该把对“礼”和“礼制”的研究作为一个重点。甲骨文既记载了殷礼，又揭示出后世礼制的一些源头，应该引起更多的关注。

决定一切学问的关键有两点：一是材料，一是方法。目前甲骨文材料的问题早已解决，著录已相当完备，学者可省去翻检之劳，新材料虽有零星出土，但对整体学术走向已不会有太大影响。但是在方法上却面临着一个更新的问题。我们常常会受一种习惯性思维的影响而互相效仿，习焉不察，跳不出旧日的圈子，这样长此以往是没有前途的。必须打破一些旧框框，从新的角度去观察思考问题。这其中新出土的考古资料有时会给我们以启迪。例如三星堆文化的面世，就使得我们对于巴蜀文化不得不加以重新认识。将这一新的认识结合到甲骨文研究中，就会发现卜辞中旧时被误认为在北方的一些部族如今看来应该是在巴蜀秦陇地区，而旧以为位于商朝中心的田猎区有一些很可能是在河渭流域。在对甲骨文的其他方面进行研究时，也要时时注意方法的更新和角度的变换，只有这样才能在前人研究的基础上不断进步。

甲骨文研究从孙诒让、罗振玉开始，到王国维得到一大发展，后出的学者各有千秋，如唐兰对文字形体的分析，于省吾对字义的训释，郭沫若利用甲骨文的历史研究，董作宾的分期断代，陈梦家的综合论述，胡厚宣的资料整理等，共同促进了甲骨学研究的发展。当然，甲骨学研究中的许多旧课题还需进一步深入，许多新课题还等待着我们去拓展，而新资料的出土和考古资料的参照也会不断加深我们的认识，因此，甲骨学研究者的任务还很艰巨。在此希望每个研究者都能再接再厉，不断进取，共同把甲骨学研究推向新的高度。

饶宗颐口述，刘钊整理

《新编甲骨文字形总表》序

校勘学是一项细致而艰辛的工作，从事者得心细如发，不惮烦琐，在文本上吹毛求疵，小心翼翼地寻找遗漏和差异，然后加以归纳，求出共通规则。

古文字，特别是甲骨文的校雠，则更是一个特殊的领域。清代学人校订古书，指出所谓“别风淮雨”的错失，纠正了许多前人没有注意的漏洞，贡献极大。他们的方法，自可为我们借镜，运用到近来发现的出土文献。当然，甲骨出土，至今已逾百祀，但近年的研究之所以能突飞猛进，超迈前人者，则是拜《甲骨文合集》的编纂和出版所赐。学者自此得以撷取集中同文，胪列排比，借以相互校勘，别其同异，以定取舍。余一向认为由同文可以确认同字的异写，即所谓“因义求形”，如果善为运用，许多窒碍难通之处都可奏肤功。沈女士深韪余言，在这方面用功之勤，劳绩之著，有目共睹。她在本字表中所发现的异形之繁，竟可以有一字而异构至十个以上之多者，实在令人咋舌。

继《甲骨文合集》之后，《殷墟甲骨刻辞摹释总集》、《殷墟甲骨刻辞类纂》先后面世，且撰写释文、重定部首、分类，并附检字，极便于学者，惜乎成于众手，照顾不周之处，诸如误摹，漏收情况，在所难免。本书一一加以详细校勘，误摹者改正之，漏收者苴补之，同字异体者并入之，隶定之字，又复增删修订之，重见而未标出之字，本同系一义而误分入两部首者，则分别归类处理，务使犁然有当。

由于在电脑屏幕上显示甲骨文之需要，沈女士复需与有关技术人员合作，先制定一套标准甲骨文，并加编号，分类，用便寻检。此《新编甲骨文字形总表》经多番编排修订，现已完成。卜辞中所见甲骨字数经统计总数为6 051，同字异体者4 071，比《类纂》所增补部首有：、、、、等九个；异体字超过十个以上者有：賁、衛、宾、合、[illegible]；增补新字之重要者如：T2080；H36418顺；H36984鎷；H16486微；H28537䤈（阴），皆发前人所未发，非辨析偏旁，收视返听，心中有眼，何克臻此。

殷代铜器、玉器，出土山积，于阗之玉，早入妇好宫室之玩。子方为子氏旧邦，《括地志》云：“子城在渭州华城东北。”贺次君辑本云：“唐渭州无华城县，应是兰州金城县，汉金城县，西魏改子城县。”秦地好畤遗址，在陕西干县之东，容庚《汉金文录》有：“好畤共（供）厨金鼎。”好畤，当缘妇好而得名，妇好兵力及于西陲，殷人非早与西域交通，无由得玄璧璇玉，如是之富！

四川三星堆，成都金沙遗址，所得大量金器，成为前所未见希世之珍。今卜辞未见“金”字，沈女士旁搜远绍，发现从金从马声之“鎷”字，其义虽未明，而一字之弋获，如在九重之渊，得骊龙之珠于其颔下，亦云奇矣。

沈女士以五载之力，输入海内外甲骨汇编七种，共计甲骨五万三千余片，释文一百万字，复得曹锦炎教授襄助，商讨覆勘经年，终底于成。余谬主其事，愧无芹献，惟乐观其成而已。此《新编甲骨文字形总表》当大有助于学人检索之助，由于资料浩繁，为功日短，自不敢谓尽善尽美，但迄今为止，于收录殷墟文字诸典籍中，此表当为较齐全之工具书，此则非溢美之言也。是为序。

2001年11月16日于香港

韩文译本《殷代贞卜人物通考》序*

韩国孙叡彻先生自1987年起，受大宇财团之托，着手翻译拙著《殷代贞卜人物通考》。此书共一千三百页，编录洹水甲骨刻辞原文，多古文奇字，故先生用力将近十稔。至于排印，因刻字困难，前后铸版亦历三年之久，全书三巨册，近时已杀青，行将问世，诚盛事也。来书索序其端。先生出身台湾大学，尝及友人金祥恒教授之门，专攻殷契之学，潜研日久，其骑译功深，自不待论。

拙书刊行于1959年，当日剞劂几费两载之力，艰苦与君相同。耗资之巨，赖哈佛燕京社相助，卒底于成。在三十年前契学资料未如今日之初步结集，欲缀缉以成书，其难倍蓰。况《小屯》甲乙刊行伊始，释文未具，创通考释，譬凿混沌，复乏实物，可资勘校，褴褛之劳，勉力以赴，宜其勿精。以贞人胪列，事属草创，全面著录，引端竟委。虽搜罗力求其备，而周浃自所未遑。而论者比之马骕，视为殷代《绎史》，则非所敢当也。

先生以拙作会通经义，考索礼制，情有独钟，扬抡著论。而类族辨物，穷流极远。从容讲肆，多士响臻。既勉十舍之劳，不薄刍荛之陋，成此伟构，以贻后贤，斯诚起我颛蒙，旷代相感者矣。

余自退休而后，稍涉猎近东语文历史，乃知楔形文天地之广大，寻绎之深，进展之速，契学非其比伦。自一二大师凋谢，继起者多趋骛乎简帛玺币

* 韩文《殷代贞卜人物通考》，孙叡彻译，1996年出版。

新史料，视龟、骨如鸡肋，问津日寡。今先生崛起邻邦，肯抛十年心力，为此“不讨好”之业。想箕子之艰贞，发潜幽于白日。王符有言，浮侈之极，“一棺之重，非大车不能挽，东至乐浪，西至敦煌，万里之中，相竞用之”。曩日厚葬之物，即今时出土之资。地不爱宝，知也无涯。携手洹滨，还俟君子。

丙子春日饶宗颐序

饶宗颐

二十世纪学术文集

卷三 简帛学

中国人民大学出版社
· 北京 ·

卷 三

简帛学

目录

简帛文薮

卷三

饶宗颐二十世纪学术文集·简帛学

目　录

从郭店简追踪古哲之“重言”

——儒、道学脉试论

中国文化自19世纪受到西方文化的冲击，卷起洋务运动的热潮，对自己旧文化的真义，完全失去了信心。20世纪的新文化运动，提倡民主、科学两个要素，于是有所谓本位文化与全盘西化不同主张的争论，影响至于今时尚未完全结束。近半世纪以来，由于考古学的发展，地下的宝物，不断出土，简帛上先秦经典的早期写本大量面世，使人们对古文献记录的可信性大大增加。许多逸籍的出现，开拓古代学术史的新视野，使人们对古书形成的书写及编纂的过程有新颖的认识。

20世纪末期以来，出土文献已知道的有湖北地区的楚简、西北敦煌附近悬泉驿的汉简和长沙的吴简，这些宝贵的遗产，目前正在整理进行之中，预计要到21世纪初期，方能够完全公布。所以我说21世纪应该是一个极重要的古籍经典整理的新世纪。历史上只有西晋太康时期的汲冢遗书可相比拟，大量逸书的出现成为史无前例的巨大收获。这些出土文献需要我们花长时间好好去整理、研究。我们很需要一支工作队伍，才能像西汉刘向、刘歆父子参与中秘认真地去完成古书整理（校雠）的任务。

近期公布的湖北荆门郭店的楚简，引起世界学人的瞩目。在北京甚至有人说道：“对国际汉学界而言，九八之夏，‘热’的不是世界杯，而是郭店楚简。”（《书品》，1998（4））北京中华书局出版的《郭店楚简》所披露出土的经典新资料，有三项重要的内容：第一是最早属于战国时期的《老子》写本；

第二是《礼记》里面的《缁衣》全文，以前被认为是汉代作品，现在应该提前了；第三是一些后来全未见过的儒家逸书和零星片断格言型的句子的记录，整理者给以标题曰《语丛》。证明墓主人是一位儒、道兼通的人物。

这些所谓《语丛》，还没有受到应有的重视。我个人认为这是极有研究价值的崭新经典文献，这即《庄子·寓言》篇所称“寓言十九，重言十七”的“重言”。庄子说明他立言的体例，有寓言、重言、卮言三类，十分之九是譬喻式的寓言，又有他自己发挥、漫衍其词的卮言，尚有十分之七则是重言。什么是重言呢？庄生说：

> 重言十七，所以已言也，是为耆艾。年先矣，而无经纬本末以期年耆（来者）者，是非先也。

重言是为人所（尊）重之言，是先前老辈（耆艾）所说的话，为一般人所尊重而具有“经纬本末”作用的格言。虽然它的年代在前，但如果没有经纬本末的意义，可以期待来者去发扬的，便不足以为“先”。这样看来，重言是足为后世师法、永远为人所尊重的名言（杨守敬据日本高山寺的《庄子》写本“年耆”二字旁各有二点，认为“年耆”二字是“来者”的误抄）。因此，楚简《语丛》所抄写的东西，很可能就是墓主人随手摘记的先代耆艾的重言。

马王堆《易传·缪和》亦出现“重言”一词，云：“缪和问于先生曰：‘凡生于天下者，无愚知贤不宵（肖），莫不颐利达显荣。今《周易》曰：困，亨贞，大人吉，无咎。又言〔不〕信。敢问大人，何言于此乎？’〔子曰〕此聖（圣）人之所重言也。”（《续修四库全书》本）可见“重言”一词，在秦汉之际，使用之广泛。

先代的重言，大部分是庄子依据之来著论的。《庄子》外篇有《胠箧》（第十）。司马迁说他“作《渔父》、《盗跖》、《胠箧》，以诋訿孔子之徒，以明老子之术”。江陵张家山136号墓（汉文帝时）中有《盗跖》竹简，“跖”字写作“蹠”。《盗跖》一向被认为是赝品，但汉初已为人所诵习。马其昶《庄子故》引王安石说“此篇之赝，不攻自破”，可知其不然。司马迁亦亲见其书，言自可信。今郭店简《语丛》中出现下列文字：

> 敓（窃）钩者戝（诛），敓（窃）邦者为者（诸）侯，者（诸）侯之

门，义士之所廌（存）。（《语丛》四·九）

简上文字，清晰可辨。《史记·游侠列传》引此称“窃钩者诛，窃国者侯，侯之门，仁义存”。《庄子·胠箧》篇云“圣人不死，大盗不止”，有一段论盗跖“彼窃钩者诛，窃国者为诸侯，诸侯之门，而仁义存焉，是非窃仁义圣知邪?”由《语丛》所记，知此数句乃战国以来楚人流行之重言，庄子作《胠箧》时借用之，并不是他自己所写的东西。

《语丛》中有分明见于《论语》的，如：

志于衍（道），໌（据）于悳（德），
烎（依）于息（仁），游于埶（艺）。（《语丛》三·五〇、五一）

以上诸句，见《论语·述而》上孔子曰。分明出于孔子。可是《语丛》没有指出它出自孔子之语。可能是战国时视为重言而引述之。另一条记着：

亡（毋）啻（意），亡（毋）古（固）。（《语丛》三·六四上）
亡（毋）義（我），亡/亡勿（物）不勿（物）。（《语丛》三·六四下）
皆（皆）至安（焉）。（《语丛》三·六五下）

《论语·子罕》：“子绝四：毋意，毋必，毋固，毋我。”与此数句相同，而序次则作意、固、我、必。借“義”字为“我”。《说文》：“義，己之威仪也。”字从我从羊。又读“古”为“固”。增益两句，“亡物不物”及“皆至焉”加以引申，亡物不物者，似是杂用《庄子》“物物而不物于物”之义，既采《论语》作为重言，复取《庄子》解释之，分明是儒、道兼用。

韩愈《论语笔解》说：“此非仲尼自言，乃弟子记师行事。”“子绝四”一句，自来注家有许多争论，有说孔子自无此四者，一说只有绝二而已。今看楚简，并不言出自孔子，亦无“绝四”二字，只是视为前人的重言。这亦可能原本是古先的重言，而儒家采用它。

《语丛》中又有略同于老子的，例如：

凡勿（物）繇（由）室（亡＝无）生。（《语丛》一·一）

这即老子所谓“天下之物生于有，有生于无”（马王堆乙本《德经》第四一章）。

多好（好）者，亡好（好）者也。（《语丛》一·八九）

老子所云“善者不多，多者不善”（马王堆乙本《德经》第六八章），“甚爱必大费”（马王堆乙本《德经》第四四章），意思正相似，即“去甚去泰去奢”之旨。

限于篇幅，只举出一些例子，说明先秦流行的先辈的重言为儒、道诸子所承袭采用。

冯友兰在《新理学》开头就说：“本书是‘接着’宋明以来理学讲底，而不是‘照着’讲底。”其实先秦各家，“接着讲”和“照着讲”二者都有之，很不容易分别清楚。庄子自称“重言十七”，他坦白承认许多是“照着讲”的。《淮南子》说：“世俗之人多尊古。”（《修务训》）故记古以自重。至于“接着讲”，承“先代之流”，后浪推前浪，自然如此，是不用多说的。

重言的重要，吕不韦因之设《重言》一章来讨论。葛洪《抱朴子》外篇亦著《重言》篇，指出“希声而会大音，约说以俟识者”。重言每每用极简括的语句，去表达深远的含义，省其辞而约其旨，不管细事，以免多费唇舌。所谓“敬其辞令”，是古人立言的要诀。

从《语丛》发现的一大堆材料，对于分辨儒、道思想脉络、源流有极大的帮助，这些古代重言，零玑碎璧，正待去好好利用，对古代思想脉络寻求“一点”新的认识。

郭店楚简中有一篇《性自命出》，精义纷披，很需要做深入研究。令人想起当年傅孟真著《性命古训辨证》，欲用语言学方法，否定阮元之说，可惜此文尚未出土。傅说当否，已有杨向奎等的评论。这一新资料对我们的启发是十分重要的。

我曾谈到古典文献的整理与研究，旧义的重新认识与估定，很可能引发一次文艺复兴运动。以欧洲为例，当日通过东方拜占庭带动研究希腊、罗马的古典风气，引起人文主义的一股热潮。从阿拉伯文巨册著作中拾取勾稽，加以重构，非常艰辛；何况摆在我们眼前就有大量的出土文献，以简牍而论，从先秦到两汉吴晋，数字之巨，令人吃惊。可以依据它去仔细研究，这不是得“天”独厚，而是得“地”独厚，安可辜负它，不加以充分利用！汤因比曾说吾国唐代有儒家带动的文艺复兴，他似乎即指韩愈的古文运动，那只是文章体貌的改革，不能代表文化的意义。这批简牍的整理刊布，还需一段长时间，要到21世纪方能完成面世，所以我说21世纪将是古文献整理的全盛时代，亦即古典文化重新评估、振兴的时代；可能带来的自家文艺复兴运动，代替上一世纪的受西方冲击下的新文化运动，这应算是一种进步的文献学工程，更富有学术意义。

许多人喜欢别出心裁，重视创见，不肯去“接着讲”。其实文化是一长流，没有间断。洋务运动以后，提倡西化，无异要把它切断。然而“抽刀断水水更流”，时到今日，仍旧要接着去讲，回归到炎黄的文化。西来的东西，只是旁流的汇集，并没有把主流放弃掉。我的讲法是下面的方式：

照着讲
接着讲
参着讲

这样发展下去，文化前途长远而壮大的局面，相信是无可限量的。这一大堆新材料，如果我们不去努力，西方学人就会越俎代庖，代替我们工作的。

大家都知道，人文与科技，二者应该并重，不能偏废。香港在倡导科技之余，如能够同时亦参与这一项人文工作，以港地的人才之众，经济力量之雄厚，给予支持，成就必大有可观。如能实现，那时的香港亦不难成为文艺复兴时期的佛罗伦萨了。

郭店楚简本《老子》新义举例

中日合办的东方学术研讨会将在北京举行，本人被邀参加，深愧老迈，未能远役。上月在沪，与汪道涵先生相值，汪先生面谕之曰："人可不来，文章不能不来。"余谨受命，因整理此一短文，聊当芹献。

湖北郭店楚简《老子》写本之出土，为近年学术界一大事。东西学人多年渴望此一简册能早日流通，以供研究，今终于在本年五月北京大学成立一百周年纪念会之国际汉学会议上印出，颁发面世。余荷国际儒学会惠赐一册，月来潜心研读，深觉新义纷披，劄记多至数万言。兹摘其中二三事，缀次为文，举其一章，详加讨论，以求教于海内外的老学专家。

此本不是《老子》全书的完本，而是摘抄。序次亦大异于今本，可能是抄者本其个人看法而缀录之，书中安排先后，细心寻绎，似不无深意存焉，其间自有其伦脊条理。由此一本可认识到战国初期《老子》一书的庐山真面目，既不分《道》、《德》二经，亦无分章次第，更谈不到像河上本的每章给予标题。与此本时代稍近的马王堆甲、乙本，悬异亦多，显然不是出于一源。

兹取其第十六章为例，加以分析。本书第十六章文云：

至虚恒也，兽（守）中篙（笃）也。
万物方（旁）作，居以须（俟）复也。
天道员=，各复其堇。

马王堆甲本：

至（致）虚极也，守情（静）表（笃）也，
万物旁（并）作，吾以观其复也。

乙本：

至（致）虚极也，守静督也。
万物旁作，吾以观其复也。

王弼注本：

致虚极，守静笃。万物并作，吾以观复。

与他本相较此章异文特别多，此章抄于“天地之间其犹囝（橐）籥（籥）与，虚而弗屈，动而愈出”三句之下，分明是承接着“虚而弗屈”句而来，具见二章先后衔接，有其关联性。

马王堆帛书本均作“至虚极也”。甲本“守情（静）表（笃）也”，乙本“守静督也”。以“督”字证之，知“表”字乃“裻”之形讹。楚简本之筥，应读作督。督亦训中。《庄子·养生主》：“缘督以为经。”郭象注：“顺中以为常也。”李颐注：“缘，顺也；督，中也。”是其证。“兽中筥”即守中督，“中督”是“中”之重言重意，犹言守中。《老子》“虚而弗屈，动而愈出”下面原有“多言（马王堆本作‘闻’）数穷，不如守中”二句，而此简本无之。知中即是督，守中与《庄子》之缘督义同。他本守中之中，有作“冲”、“忠”者（如法京敦煌本及遂州碑本），忠必是误字（楚简常见中字亦作冲，乃中的繁形）。又中字有以《周礼》训簿书之中释之，义不相应，殊不妥当，幸帛书乙本之作“守静督也”，证知宜以《庄子》说之为胜。“多言”《文子·道原》篇引作“多闻”，与帛书本合。《韩非子·喻老》取王寿焚书故事来说《老子》第六十四章“学不学”之义，但《淮南子·道应训》则引此故事来说“多言数穷”而作“多言”。多言与多闻义有不同，多闻谓博学，与学不学之学相应。高明谓《道应训》引《老子》有误，宜从马王堆本作“多闻”，其说是。《文子》非伪书，亦作多闻，知其有据。

楚简本虚恒，帛书本作虚极。恒训常。《鹖冠子·泰鸿》云：“日月信死、信生，进退有常，数之稽也。”《礼记·曲礼》言龟、筮占卜习语曰：“假尔泰龟有常，假尔泰筮有常。”有常即有恒。《老子》本章下文云“知常曰明，不知常妄作凶”。知常即知恒矣。

此章虚极之作虚恒，乃同义互用，楚人有此惯例，马王堆《周易·系辞》太极写作大恒，有人必谓恒是极之误字，今观此本，虚极之作虚恒，亦可以释然矣。朱谦之谓：“老子言虚共五见，似有虚无之义。《广雅·释诂》云虚，空也。然而，虚无之说，自是后人沿庄、列而误，老子无此也。”必欲将虚无之义，归之于庄、列，不知庄子多发挥老氏，有时正须以庄解老。上述守中之为缘督，即其例证。“致虚极”亦然。《管子·心术》云：“虚其欲，神将入舍。”是为心术之要，《庄子·人间世》曰：“虚也者，虚而待物者也；惟道集虚。虚者，心斋也。”虚即是心斋，至虚恒，即言“致虚之恒道”，至读为致。“惟道集虚”一句，正是“至虚恒”的确诂。

依是言之，此章以庄解老，方能畅顺。

于此令人联想到《庄子》另一向来诸多异论的句子，即“虚室生白，吉祥止止”。有人说“下止字或‘之’之误”（王先谦说）。俞樾说：“止止连文，于义无取。《淮南子·俶真》作虚室生白，吉祥止也。疑此文下止字亦‘也’字之误。唐卢重元注《列子·天瑞》篇曰虚室生白，吉祥止耳，亦可证‘止止’连文之误。”王叔岷引《云笈七签》六一，则吉祥止矣，谓“下止字本作矣，涉上止字而误，《刘子·清神》篇吉祥至矣，止亦作矣。”究竟重止字之作止止，是否是《庄子》原文之误？第二个止字，是否应作语助词才对？这是非常有趣的问题。今按在郭店楚简里面，不少“止”字写成㞢，字作重止。试举一例：

夫亦牆（将）智（知）＝㞢＝所以不㠯（殆）。

智、㞢两字有重文号“＝”，此处止字作重止，我因之恍然大悟，《庄子》的“虚室生白，吉祥止止”，可能原作吉祥㞢，是止字作重形，㞢本来是“止”的繁体。故被写成止止，绝非连文之误。楚简写本增加了我们一点古代语文的新认识！

再谈下文“天道员＝，各复其堇”二句。

甲、乙本及王本均作“夫物雲雲（秐秐，芸芸）”，此本独作“天道”。河上、王弼本作芸芸，异写最多；又有作云云、赈＝等。《庄子·在宥》篇，鸿蒙与云将二人的对话说道：

大同乎涬溟，解心释神，莫然无魂。万物云云，各复其根。

成玄英疏："云云，众多也。"大家都认为云即《说文》训"物数纷赈乱也"之赈。今此简本字作炅，从火，员声，借炅为赈。《集韵》二十文有熉字，训黄貌，引诗"芸其黄矣"。熉与芸通，简本书作炅，实宜读为赈。

堇与根同韵，《集韵》二十一欣，从堇之字与从艮之垠圻塈同一部。《庄子》作"各复其根"，不同他本之作"各归其根"，或"各复归其根"。不作"归"字，与楚简本全同。最堪重视。简本上文"居以须复也"，谓居以俟其复，不作观复。下文接言"各复其堇（根）"，十分强调"复"字，复者，即六十四章"复众之所逃，是以能辅万物之自然而不敢为"之"复"。复的观念来源甚早，楚简《殷易·归藏》中有复卦。甲骨文中复字出现极多。马王堆本《周易·复卦》在川（坤）宫之首，卦的构成震下坤上，自然现象有往必有复，故曰"复其见天地之心乎"。故《老子》书对复之概念亦反复推阐其义。

此六十四章，楚简本两次出现"复"字：

首次

为之者败，执之者远之，是以圣〔人〕亡为故亡败，亡执故亡失。临事之纪誓（慎）冬（终）如始，此亡败事矣。

圣〔人〕谷不谷（欲），不贵难得之货，学不学，复众之所作，是故圣人能尃（辅）（在十五章之后），万物之自然而弗能为。

第二次

誓（慎）冬若始，则无败事。喜！人之败也，恒于其且成也败之。是以〔圣〕人欲不欲，不贵难得之货，学不学，复众之所逃，是以能補万物之自然而弗敢为。（最末一条）

六十四章末句，马王堆甲本作"是以圣人欲不欲而不贵难得之朋（货）；

学不学，复众人之所过，能辅万物之自然而弗敢为”。

郭店楚简本重出再三提示，似有意强调复之概念。而“辅”字，二处异写，一处作叓，一处作梢从木。更以《太一生水》篇证之，此篇多次出现“相辅”一词，其字概从木作梢，梢盖辅字之异写。《韩非子·喻老》云：“随自然则臧获有余，故曰恃万物之自然而不敢为也。”不作辅而作恃。《喻老》篇极重视此章，凡三处引事以证之，先援用子罕以不受玉为宝，来证欲不欲而不贵难得之货；次援用王寿接受徐冯之教而焚其书，谓知书不以言谈（说）教，言不以藏书逞智，以证“学不学”之义。《韩非子》下云“复归众人之所过也”，今验以郭店本，归字实作辅不作恃，刘师培据此云，古本“复”下此归字实作辅而不作恃，“归”字亦无之。朱谦之、高明均以刘说为非。以郭店本验之，刘说诚不可取也。再看《太一生水》篇云：

反辅

水反辅大一以成天
天反辅大一以成地

相辅

天也相辅以成神明
神明复相辅以成阴阳
阴阳复相辅以成四时
四时复相辅以成湿燥
湿燥复相辅以成岁

可见相梢一词之取义。此可称为自然相辅说，所谓“辅万物之自然”，盖谓天地万物互相依存，相辅与反辅皆自然之道。必以是解之，方为恰当。

郭店本所以重复抄录此第六十四章，又附以《太一生水》一篇，是在解释“辅万物之自然”一义。

《韩非·解老》、《喻老》两篇，绝不依《老子》原书先后。《解老》篇开首讲第三十九章（《德经》之首章），凡引该章七八处；《喻老》则开头先讲第四十六章，凡引五句。比对之如下。

下面引证第四十六章：

天下有道却走马以粪
天下无道戎马生于郊
祸莫大于可欲
祸莫大于不知足
咎莫憯于欲利

戎马生于郊
罪莫大于可欲
祸莫大于不知足
咎莫憯于欲得
知足之为足矣

试以郭店本比较之：

皋莫𠪚（厚）虐（乎）甚欲
咎莫僉虐谷（欲）得
化（祸）莫大虐不知足
知足之为足，此丞（恒）足矣（甲简第三条）

郭店本不抄“天下有道”两句。甚欲，《韩非》两引均作“可欲”，《韩诗外传》九作“多欲”，河上本、敦煌本、碑本均作“罪莫大于可欲”，与马王堆本同做“可”，而此作“甚”，较胜。王弼本漏去此句，非是。

郭店虽非足本，可以研究之地方甚多，作为出土本之第一本《老子》，比马王堆之汉文帝时还早。确属战国时期之物，去老子年代最近，迥非河上公、王弼诸本可比拟。价值之高，毋庸多赘。兹揭橥数端，论其要旨，尚望方闻之士加以指正。

1998 年 8 月

郭店楚简与《天问》

——“墬何故以东南倾”说

《天问》一篇，特创为百余问题，“入神出天”（陈深语）。其中保存许多古史原始资料，近年出土简帛文字，不少可以参证。阜阳汉初零简，有《离骚·涉江》二断句残文，至今尚未公布。

《天问》云：“八柱何当？东南何亏？”“康回冯怒，墬（地）何故以东南倾？”

王逸曰：“康回，共工名也。《淮南子》言共工与颛顼争为帝，不得，怒而触不周之山，天维绝，地柱折，故东南倾也。”

这一有名的神话故事，为一般人所习知，游国恩《纂义》已有详细考证。若从楚境内陆续发现的地下记录，可以另作补充说明。这一桩事，除了神话背景之外，道家还采用之，加以发挥，作为宇宙生成论的主要环节，非常有趣！在最近文物出版社刚刚印出的《郭店楚墓竹简》一书中，《老子》丙简后面，是一篇逸文。起句为“大（太）一生水”。该简形制和书体与《老子》丙简相同，原合为一册，可说是《老子》书的附件。这篇逸文是阐明《老子》以有余补不足的道理，末段略引之如下：

下，土也，而谓之地。

上，气也，而谓之天。道亦其字也。……

天、地名字并立，故过其方，不思相□□。

[天] [倾]于西北，其下高以强；

地不足于东南，其上〔低以弱〕。(三字拟补)

于上

□□□□者，有余于下；

不足于下者，有余于上。(文止于此)

中国的地势，西北高而东南低，东南向海，趋于低下，即所谓“地东南倾”者。《淮南子·天文训》云：“昔者共工与颛顼争为帝，怒而触不周之山。天柱折，地维绝。天倾西北，故日月星晨移焉，地不满东南，故水潦尘埃归焉。”不周山是神话地名，亦出现于楚简。江陵九店五十六号墓简四三云：

□敢告□绘之子武遶，尔居復山之阯。

不周之埜（野）。帝胃尔无事，命尔司兵死者。

不周的方向在西北，《淮南子》言八风，谓：“西北方曰幽都门，生不周风。”不周代表西北的方位。共工触居于西北的不周山，遂引致天倾于西北。“共工”之名亦见于子弹库楚帛书云：

㚟工夸步，十日四时□。神则闰，四□毋思，百神风雨，晨祎乱作，乃逆日月，以传相□思。有宵有朝，有昼有夕。

“步”之前一字有人摹作兮，改释为从大从豖而读作“重步”，犹言踵武。谓共工踵帝夋之业为日月之行。如是，共工其人乃工于推步之术者。《礼记·祭法》称：“共工氏之霸九州也，子曰后土，能平水土，故祀以为社。”《海内经》记：“共工生后土，后土生噎鸣，噎鸣生岁十有二。”此后土在《左·昭二十九年》传名曰勾龙（后土，名见包山简，又作矦土）。《国语·周语》谓：“共工欲壅防百川，堕高堙卑，以害天下。”韦昭注引贾逵说：“共工诸侯，炎帝之后，姜姓也。颛顼氏衰，共工侵陵诸侯，与高辛氏争而王也。”此即共工与颛顼争为帝传说之历史背景。颛顼见于马王堆《刑德》乙本之九宫图，在北方之水位，其神“湍王”，即颛顼之异写（王乃顼之省）。由上引述观之，具见不周地名与颛顼、蕽工均于楚简有征。屈子发为此问，证之《淮南子》，当战国时候，确有此一争帝之历史传说，非无稽之谈也。至王逸谓康回为共工名，则尚无他证。

至于新出土楚简之《老子》附篇，所谓“太一生水”之宇宙生成说，为古代道家宇宙论十分珍贵之新资料，已有多人作详细论证。唯其言天倾西北，地不足于东南之说，旨在申明强不能胜弱，以及万物相辅互补，为自然之至理。老子在《道经》最末一章云：

> 不欲以静，天地将自正。（马王堆乙本。欲字原作“辱”，据景龙各本均作“不欲以静”，乃以辱假借作“欲”者。）

此为《道经》之结尾。王弼本“天地将自正”作“天下将自定”。定、正通用。唯“天下”应是“天地”之误。盖能绝贪欲致清静，天地则将会运作正常，而不失其序。此与第三十二章“天地相合，以降甘露，民莫之令而自均”义正相应。于天地则“自正”，于百姓则“自均”，天地相合，无有偏差，即使天倾西北，地不足于东南，仍可以有余补不足而使之“正”，此老子哲学之辅万物而致自然之精义也。

“太一”古义及相关问题

非常惭愧我没有准备好，李（伯谦）先生要我在这个非常忙的时间来做讲座，我暂时没有时间把我的想法写出来，故也没法把我的写稿发给各位先生，心里头很不安。但是我准备了一大堆的材料。在这里我就把我的一些不成熟的意见提出来请教在座的各位，尤其是在座的李零先生，他有多年深厚的研究，我的一些研究其实是在跟着你走的（面向李零，笑）。

我自己平时念书，了解某些问题。每每感到大家对同一个材料，理解可能会不大一样，经常会有这样的情况，我们研究问题其实也还是在念书中，书是念不完的，所以问题也就继续地层出不穷。过去说，想到的东西，碰到一个新的材料就会发生一个新的疑问，或新的解释。我今天提的是老问题，因为这个“太一”实在是已经讲烂了。几十篇文章，我没有办法都念，但也是大多数念过，李（零）先生的书我都念了好几遍的。今天我就提出几点，按照我列出的纲要来讲。

一、太一谓“元气”，礼与礼纬之说

我就是要讲“太一”的古义，什么叫“古义”呢？就是说过去的人给他一个什么定义，什么看法，是有一个公认的意见的。我们今天要讲的是古代的事物，不能随便用现代的东西，也得按照过去的，了解他们过去是怎样讲的，然后我们今天再行修正，或者补充。我提出的“太一”的第一个古义就是“元气”，古人把这个“太一”用“元气”两个字来解释，这对不对呢？大家都可以商量的。这一说一直到唐代总结五经的时期，都是这么一个讲法。我们现在打开一部《太平御览》，当然第一是“天”部，但在没有“天”之前，他们还给了一个名堂，第一个就是“元气”。这个“元气”是在天地之前就存在的，这个讲法是不是合理，我们慢慢再研究。当然《太平御览》是一部类书，不是可以完全根据的，但是这也是他们从古人那里得到的一个结论。第一个是“元气”，接下来呢？就是所谓“太易、太初、太始、太素、太极”这一类的东西，这些东西我们在《列子·天瑞》里面也都是念过的。[1] 大家注意，这个“元气”是列在第一位的。《太平御览》“元气”这部分，他开头就引用《家语》，当然是《孔子家语》了，以前大家认为《孔子家语》是伪书，现在看也不一定。《孔子家语》里说：“夫礼必本之太一，太一分为天地，转为阴阳，变为四时，列为鬼神。”下面还有一个解释，说“太一谓元气也”。《孔子家语》这句话实际是抄自《礼记·礼运》的，《礼记·礼运》说：“是故夫礼，必本于太一，分而为天地，转而为阴阳，变而为四时，列而为鬼神，其降曰命，其官于天也。”这段话其实庞朴先生很早就提出来过，用这段话来解当时刚出土的竹简材料。《孔子家语》引用《礼记·礼运》的讲法，孔颖达在这个注解的“疏”里也曾讲过：“必本于太一解谓天地未分，混沌之气也，极大谓天，未分谓一。”他把这个“太一”两个字拆开来讲，“天”是极大，“一”是未分，气极大而未分，故曰太一也。这是当时按照字面来讲的，这个“一”就是指还没有分开，“太一”就是指自然界天地未分之前的一个景象。其实类似的情况还可见《吕氏春秋》的《古乐》篇，这个相关的解释也是用“元气”来解的。我看自东汉以来，大家都用“元气”来讲“太一”。浑然没有分开，就叫“元气”了。古人讲“礼”、“乐”两个来源都是本乎“太一”，就是指本乎“气”。这些讲法我们若仔细分析，当是同纬书有关，纬书是不一定可靠，但我们不管可靠不可靠，我们看这个意见，肯定不是一下子就这样讲的，必要经过一段发展，类书是绝对可以代表汉人的意见。在礼的纬书《含文嘉》中讲到，说“礼有三起”[2]。

这里是说三个缘起，第一个就是“礼”的“理”，第二个是“礼”的“事”，第三个是“礼”的“名”，它分为了三层，这个蛮有意思的。“礼”的“理”，这是抽象的；“礼”的“事”，这是具体的；再一个就是“礼”的

① 《列子·天瑞》原文曰：“夫有形生于无形，则天地安从生？故曰，有太易（一），有太初，有太始，有太素。太易者，未见气也。太初者，气之始也。太始者，形之始也。太素者，质之始也。”

② 《礼纬·含文嘉》原文曰：“礼有三起：礼理起于太一，礼事起于遂皇，礼名起于黄帝。”

"名"。第一个就讲"礼"的"理"，它首先就讲抽象的，把抽象的东西排在前面，它讲"礼"的"理"是"起于太一"的，《礼记·礼运》讲礼"必本于太一"应该就是指礼的道理"必本于太一"。今天楚简《老子》的出土对我们研究道教是很有帮助的，因为我是搞道教的，研究道家起源的问题，写了不少的东西，所以我也一直很关心这方面的问题，我关心一个概念，怎样发展。我们现在都喜欢很具体地马上来解释一个事情，但是"太一"好像应该基本上属于一个抽象观念的。它的发展和后来道教形成有很重要的关系。今天楚简发现了，我们可以看到，《老子》里面那最普通的一句"有物混成，先天地生"，但在郭店楚简里不是写"有物"，而是写"有道"。"混"写成"虫"，当然"虫"是"昆"之误，昆即蚰，见于《说文》。再把"昆"读成"混"是应该没有问题，大家都不会有意见的。"有物混成"句，郭店本作"有脜虫（蚰）成"。原书注云："脜从爿，百声，疑读作道。"裘先生改读爿为声，而读作状，说是有混成的形状。一以百为声，一以爿为声，我经仔细考虑，二说以何者为当?《庄子·天下》篇："齐万物以为首。"首即是道。《太一生水》云："上，（气）而胃之天，'道'亦其字也。"《老子想尔注》解是章"吾不知其名，字之曰道"云："吾，道也。"把道作第一身看待。如是读为有道混成，比较"有状混成"，仅指表面意义似与道家思想更为接近，这是我的想法。《礼记》孔颖达的疏可以说是总结了南北朝以来的不同的意见。南北朝研究礼的人非常多，礼家很是芜杂，孔颖达在《礼记正义》开头有一篇很长的文章，开头就讲："夫礼者，经天地，理人伦，本其所起，在天地未分之前，故《礼运》云夫礼者必本于太一，是天地未分之前，已有礼也。"他的讲法我们今天当然可以不一定同意，天地没有分，哪里会有礼。但它实是从"理"来讲的，这样的"理"应该是存在的。这个"理"是一个"order"，一个秩序，不但人类有"理"，动物也有"理"，一切都有他一定的组织，都有他一定的"理"，假如没有"理"，今天科学就没有办法了解一切的东西。这种"理"可能是与生俱来的，否则今天我们对基因也无从讲起了。这个道理应该是先有"理"，后来发生这个事情，然后才给一个"名"。所以礼的纬书讲这三个层次，我觉得是很科学的。"理"在前，然后是"事"，最后是"名"。"名"是我们给的一个名字，这个"名"的产生，从中国人的知识史来讲，名是排在后面的，儒家讲正名，据说"名"始自黄帝，这些当然我们也不管，但这样三个层次确实很有意思。所以孔颖达在这篇序里讲了这个，说在天地没有分之前，"礼"的道理就存在，汉代的人悟到事物在未有分之前先有一个"理"存在，就是这个"元气”。《易经》的纬书《乾凿度》里面谈道：“有形生于无形……故曰，有太易（一），有太初，有太始，有太素。太易者，未见气也。太初者，气之始也。太始者，形之始也。太素者，质之始也。”其实基本上是和《列子·天瑞》里讲得一样，都是在最前面讲一个“气”。我们想到庄子在《大宗师》讲到一个“气母”，同时我们也知道打开《说文解字》，第一个字就是“一”，说“惟初太始，道立于一，造分天地，化成万物”，许慎这句话也是讲这个道理的，他完全是站在道家的立场来看这个天地的，应该是先有“道”。所以这个郭店本的《老子》讲“有道混成”，而不讲“有物混成”，这一点是可以帮助我们了解“道”这个字的重要性。道在天地之前，也等于礼家讲的“太一”，“理”是在礼的事情之前一样，这一点儒与道是完全一致的，就是抽象的观念在前。我过去一段时间老是不理解，张天师《老子》的注本，他老是把“道”人格化，现在我明白了。东汉以来，大家都这么说。郭店本“有物”写成“有道”，有它的道理，我的这些讲法是哲学的讲法，不是考古学，但是考古学也应该参以哲学的理解，我个人很强调这一点，全因为都是在说一个“道理”。

现在，我可能不能完全按我的纲要讲完，因为资料很多，但是我的一些意见可能会有一点启发性，我还是要讲。我们今天研究古东西，可以说有三派：一派是以文字学家为首的，一派是哲学家，一派就是历史学家了，可以说主要就是这三大分支。但我觉得这三者实际上都应该合一，分是可以的，因为每个人长处不一样，说长处就是指对某一方面修养深，工力深。文字学家长处就在于在某一个字上争来争去，从“偏旁”，从“异形”，各种各样的争得很厉害。第二派就是哲学家，就是讲“理”，讲这个“理”的发展，这一点很可以帮助考古家，也很可以帮助文字学家。但是有些时候大家会觉得，你这个字还没搞清楚，怎么能讲下去。另外就是说历史学家了，今天我们无论如何都要结合地上、地下。如何能讲得清楚，讲得通，大家合起来看问题。一个道理要能讲得通，讲得没有太多的矛盾。总之说来说去，这个理还是第一的。前面讲到这个“理”、“事”、“名”的问题，这基本上是一个哲学的问题，一个思想的东西。先是“理”，其次是发生的事情“事”，然后才是“名”。文字学家看“名”的问题，有“字形”，有“声音”，有“训诂”，这三者实际上是要统一。好，我们再回过头来，为什么后来老子给他一个名字，叫做“混元帝君”，宋人写过一部整个的历史，当然这是他们抄前人的，抄的里面意思对不对，我们不能说，但他这种抄，确实是有很多我们看不到的东西，中间有很多很好的材料。叫“混元帝君”，为什么呢，因为说“有物混成，先天地生”，这里“混”字很重要，“混”就是天地未分之前，是一个混沌，分不清楚。而后来又发展到可以把“道”人格化。这种种的情况，他们就是把“太一”用“元气”来解释，这个意见可以代表东汉人的意见，直到唐人还接受这样的意见。所以我说的“古义”，所谓“古”就是指这个。我这个讲法，同过去无论是讲“礼”，讲“乐”，讲“道教”的，还是《庄子》讲的“太一”的思想都是没有矛盾的，所以我说是“古义”，其实就是这样的意思。

二、水地与《归藏》

回到《太一生水》这篇文章，我们发现它完全是讲“水”，没有“火”。古人肯定知道“火”，没有“火”就无法生存，也知道“水”是克“火”的，“火”碰到“水”就完了，所以“水”和“火”之间到底是谁先谁后，从自然发展来看，可能“水”会早一点，“火”要慢慢认识到。其他国家的哲学也都讲水，希腊也是讲水的，印度也是，印度《吠陀》里面，水是在宇宙前面的。但是《太一生水》这篇文章我个人想它是完全不讲“火”，而且我看它里面有一句话：“太一藏于水，行于时，周而或曰万物母；一缺一盈，以忌（纪）为万物经。”他说“太一”藏在水里头，我觉得“藏”这个字很值得注意。这里我附带要批评一位朋友陈松长先生，陈先生他学问也做得很深，他个人意见是利用马王堆出土的《刑德》来作例证，说这个“生水”当念为“生于水”，加上一个“于”字。① 我个人觉得这就有一点“添文足义”，我觉得是不必要的，因为如果说“生于水”，那下面的文章就很难念了，但是这句“藏于水”中的“于”又是肯定要有的。我们可以看到，《管子》的《水地》篇，有云：“龟生于水，发之于火。”他这里是水、火对应的，他把水、火对言！我们再看《太一生水》下面还说：“下，土也，而谓之地。上，气也，而谓之天。道亦其字也，青浑其名。”下面是土，叫地；上面是气，叫天；道，就是它的名字，所以这里这个“道”和我前面讲的郭店本《老子》的“道”一样。我们一般都是先讲下，再讲上，就像我们总是讲阴、阳，不讲阳、阴。关于这个习惯，我觉得可能与殷代有关；殷人是主“坤”的，《归藏》今天都已经出土了，所以我想这个以水为主，地为主的思想可能与殷代的《归藏》有某种关

① 陈松长是从先秦文法出发来讲，《刑德》乙篇有云：“德始生甲，太阴始生子，刑性生水。水，子。故曰刑德始于甲子。”具体可参见陈松长：《太一生水考论》，见《郭店楚简国际学术研讨会论文汇编》（二），313～317页，武汉，武汉大学出版社，1999年10月。

系，老子这个主阴、主下、主水的思想，可能是殷代思想的一种推进，“太一生水”本身就可看出一点道理。这一说我当然也不敢太肯定。

三、相辅不得训相薄

这里就刚好关系到第三个要讲的问题，就是这个“相辅”的道理，有人把“相辅”两个字念为“相薄”，像《说卦》的“雷风相薄”。

但这里面有两点不通，水和火对立，才会用“薄”这个字，我刚才引用《管子》里的那句话，就是水、火对立的意思。我们看原文里面是讲“相辅”，这里却完全是讲水，根本是不讲火的，老子的思想在郭店本最后一段是完全讲万物要相辅而成，所以在《太一生水》里面说：“水反辅太一，是以成天；天反辅太一，是以成地。”再同时他又讲“相辅”，这里读“辅”是没有问题的，所以下面才能天地相辅以成神明；神明相辅以成阴阳；阴阳相辅以成四时；四时相辅以成沧热；沧热相辅以成湿燥；湿燥相辅以成岁；于是就成一年了。这里“相辅”如果念成“相薄”就念不通了。大家要注意这个《老子》的写本，是一个简本的《老子》，写的人就是喜欢《老子》这几句话，于是就自己摘录，摘录的安排先后，就会有他个人思想的存在，他把《老子》的“有余补不足”那一段搁在后面，于是这后面就连带着把《太一生水》抄在里面，这一篇《太一生水》就是那“有余补不足”的补充品。所以这里，也就不能不从哲学来看问题；要不然，这个《太一生水》突然而来是什么意思呢，可能是再做一点补充。所以这里是不能念成“相薄”的。

好，我们再回到第二个问题上面。我有一问题是要请教两位李先生的，老子也姓李啊，我们讲来讲去都是你们李家的东西（笑），老子是很有意思的。问题就是刚才我提到的水、火的问题，天文学上有一个大火，也有个大水，古人用这个水、火来分辨宇宙。大水、大火本来是二十八宿里面的，大火本来是指龙是在东面。为了配合水火南北，又把大火摆在了南面，但根据二十八宿是应该在东面的。而北面就是大水了，所以有“南陆”、“北陆”，“大水”是代表“北陆”的。这种思想起源于什么时候，不太清楚，但依我个人研究起码是殷的时代就有了，因为那时对“北维”就很确定了。现在有一大本书来讨论武王伐纣的年代，到底是哪一年，还不能肯定。反正我们知道关于“北陆”、“北维”这样的概念应该是在殷代就存在了，南陆、北陆的问题在《左传》里也讨论很多。水、火的问题同时还涉及“五行”的安排的问题，很多文章全没有火，也就没有讲到五行，但却把水排在第一，《河图》上面有“天以一生水”，郦道元的《水经注》则说“天一生水”，都把“水”排成“一”，为万物先。这些观点我觉得是不是齐国的思想？因为《管子》里特别有《水地》篇。这以地为先应该是殷人的思想，所以他不讲“上下”，甲骨文里面都是讲“下上”的。什么叫《归藏》，就是说“万物无不归藏于其中也”，这些都是专言水地而没有火的。

四、《太一出行图》与“侍星”问题

下面我就两个小问题，都是要和李（零）先生讨论的。第一个就是关于《太一出行图》的问题，我觉得湖南出土的那张图，很多人都来讲，李（零）先生更是配合上“戈”来讲。[①] 我到现在还是保留用《避兵图》这样的名字，我个人觉得，这个《避兵图》在画史上面，我不知道能不能找到旁证。画史上关于“太一”的图，我找到两幅，一幅在《历代名画记》里面，有一幅叫做《太一三宫用兵成图》；另一幅是宋人梁楷的《太一三宫兵阵图》。这里都是讲“用兵”，没有讲到“避”兵，所以说是“避兵”是没有根据的。那什么叫“三宫”呢，就是指“玉堂宫”、“明堂宫”、“绛宫”，这三宫都是和干支有关系的，因为“一”要走九宫，要走遍天下，是按甲、乙、丙、丁、戊、己、庚、辛、壬、癸这样来分的，分了三部分，所以三宫就是这个九宫的安排，“玉堂宫”代表甲、戊、庚、壬。从这两幅用兵图来看，还找不到可以旁证证明是《避兵图》的。《汉书·艺文志》中“避兵”指的是“符”。还有一点可以注意的是，湖南那张图上面有个很大的“社”字，很清楚的，为什么要摆这个“社”字，这还要研究。王莽时代曾出现“太社”一名，而这里面没有“太”，却把“社”写这么大，所以“社”字和这张图的关系还有待研究。而是否可以称为《避兵图》，也是要考虑的。

“侍星”的问题，李（零）先生有多年很深的工力，从新天文学的角度来讲“太一”的问题，比钱宝琮先生当然进步了很多，但我也觉得他太重视“太一”在天文学上的意义了，不管是“太一星”还是“天一星”其实都是“紫微宫”里面的一个“侍星”，他们不是“主星”，侍星的名字不是我杜撰出

① 这里所言之“戈”指1960年5月湖北荆门漳河桥出土的一件巴蜀式铜戈，李零先生曾将其与马王堆《神祇图》比较。具体可参见李零：《马王堆汉墓的〈神祇图〉应属〈避兵图〉》，载《考古》，1991（10），940～942页。

来的。萧吉的《五行大义》有一篇《论诸神》，他引用甘公的《星经》讲：“天皇太帝，本秉万神图，一星在勾陈中，名曜魄宝，五帝之尊祖也。天一、太一主承神。有两星在紫微宫门外，俱侍星。”他在这里对“承”字有个解释说：“承，犹侍也。”所谓“侍星”，萧吉书中又说：

天皇太帝，天一主战斗，知吉凶。甲、戊、庚、壬，治玉堂宫；乙、己、辛，治明堂宫；丙、丁、癸，治绛宫；是为三宫。大神太一，主风雨、水旱、兵事、饥疫、灾害，复使十六神，游于九宫。

可见天一和太一这两种侍星，各有不同的任务。天一主战斗，分治三宫。按照十干来履行，有玉堂宫、明堂宫、绛宫的名目。张彦远《历代名画记》著录的古图，有《太一三宫用兵成图》，三宫当即指此，“太一三宫”似应作“天一三宫”。

至于“曜魄宝”一名，出自《春秋文耀钩》，乃纬书之说，《周礼·天官·掌次》贾疏引东汉经师二郑都有这样之说。萧吉则谓见于甘公《星经》。考《七略》甘氏，楚人战国时作《天文星占》八卷。《隋志》梁有《甘氏天文星占》八卷。《说文》婂字下引《甘氏星经》言太白明星。《汉书·地理志》：“陈仓有上公明星祠，即汉祀太白星之庙。”如萧吉所说甘公心目中的天一、太一不过是侍星，实为天帝之臣属。萧吉指出：“此兹紫微宫门外天一、太一，非紫微之内北辰之名太帝也；郑玄谬矣！”他指郑玄以北辰太帝或曰太一或曰天一之妄。可见太一与天一的区别和它在星座中的地位，只是“侍星”身份，不等于天皇太帝呢。

我就讲到这个地方为止，因为再往下讲就又复杂了。我最后还是从“虚”讲到了“虚”，我们搞史学一切都要真实，要实物，要实证。但有些时候太“实”了，反而不能令人相信，所以前面讲到的“理”、“事”、“名”这三层关系很有意思，也是很重要的。

我今天其实没有什么好讲的，我也太老了，八十五岁的老人了，不过脑子还不至于乱。在这里来分析这样的问题，也是一种做学问的态度。今天我们现代人如何来处理过去的那些老东西，我提供一些我自己念书的体会。两位李先生，各位专家，各位先生，我的话就到此，刚好一个小时，谢谢！

整理者：戴维，北京大学考古文博学院本科生

2001年10月　北京大学演讲

说九店楚简之武遟（君）与复山

江陵九店五十六号墓楚简资料现已公布[1]，简中涉及古史人物有禹、益与绘之子武遟。兹录其文如下：

凡五卯，不可吕（以）隻（作）大事，帝吕（以）命嗌凄垂之火，午不可吕（以）樴（树）木。（简三八下，三九下）

□敢告□绘之子武遟。尔居逡山之阯，不周之埜（野）。帝胃（谓）尔无事，命尔司兵死者。含（今）日某牺（将）欲饲（食），某敢吕（以）丌（其）妻□女（汝）。（简四三）

〔聖〕㡀芳粮吕（以）粮犊某于武遟之所。

君昔受某之〔聖〕㡀芳粮，思某逨（来）逯（归）饲（食）故。（简四四）

以上依李家浩新释。

按简中禹、益与武遟诸人名，其字皆从土作繁形。益即伯益，益烈山泽而焚之。此处凄字动词，读为斋，借作赍，《说文》：“赍，持遗也。”谓伯益赍（持）禹之火。《墨子·尚贤下》：“禹举益于阴方之中。”（《水经·洛水注》引《百虫将军显灵碑》谓“姓伊氏，帝高阳之第二子伯益也”。乃俚俗妄说。）

① 《江陵九店东周墓》，北京，科学出版社，1995。

由简四四“武𢎿之所”下称“君”，知即武夷君。“𢎿”即“夷”字繁形，增弓旁者，如“于”卜辞或作“玗”，“䜌夷”亦写作“彎夷”（张家山汉简），即其例证。据九店简所述，武夷君乃天帝命之司兵死者。《九歌·国殇》：“身既死兮神以灵，子魂魄兮为鬼雄。”乃主死而为国殇之神，武即取威武、武事之义。《周易·履卦》六三爻辞云：

履虎尾，咥人凶。武人为于大君。

马王堆本履作礼，本爻辞云：

礼虎尾，真人凶。武人迵于大君。

我疑心《易》爻辞此句可读作武夷为于大君，以夷羿亦作仁羿例之，可信。武人即武夷，与虎有关，武夷居复山之巸，巸字可看作址，从臣与从止不分，芷阳（《汉书·夏侯婴传》）亦作茝阳（《史记》）。则此巸犹沚或阯也。复山合文见于殷卜辞，云：“于复山，𢦏。”（《甲编》二九四七，见附图）武丁卜辞又云：“癸巳卜，争贞：旬甲午，有闻曰：戍史舂复，七月，在壴，因。”（《合集》一七〇七八）

考巴“地东至鱼复，西至僰道，北接汉中，西极黔、涪”。又云：汉兴，夷人“专以射白虎为事，户岁出賨钱口四十，故世号白虎复夷，一曰板楯蛮，今所谓弜头虎子也”（《华阳国志·巴志》）。所以名曰复夷者，是指其免除租赋徭役，故曰复。《水经·江水注》：“江水又东迳鱼复县故城南，故鱼国也。”《春秋左传·文公十六年》，“庸人帅群蛮以叛楚”，庄王伐之，“七遇皆北，唯裨、儵、鱼人实逐之”是也。郦道元以春秋时庸国所属之鱼人为鱼复，地在夔州。是为巴国东境。鱼人地称曰鱼复。何所自来，考《逸周书·王会》篇：

其西：鱼复鼓钟、钟牛，扬蛮之翟，仓吾翡翠。

列鱼复在成周之西。“鱼复”一名，渊源甚远。西周已有之，殷有地名复。卜辞“戍史舂复”，舂余另考为宗为賨。“舂复”是复合地名，指賨地之复。由是观之，“复”字不能以汉初賨民免役之事说之。鱼复之名复，殆出武夷君之复山。鱼为族名即鱼人，复则为地名，与舂复之为賨加复同例。九店简称“居复山之巸，不周之野”，风始于不周，居西北之位。《山海经·西次三经》："长沙之山又西北三百七十里曰不周之山……东望泑泽，河水所潜也。"又《大荒西经》："西北海之外，大荒之隅，有山而不合，名曰不周，有两黄兽守之。"此神话之不周山，天帝命武夷君居之。卜辞云："壬寅卜，令巳（祀）复，出。"（《合集》二二〇四八）复为祭祀之对象，或指复山。

如上所考，巴国东境之鱼复，即是复山所在，武夷益弓旁作彍，演化为后来板楯蛮之与白虎复夷。所谓弜头虎子，任乃强称："《说文》训弓有力之弜，字也作犟、㔗。巴地有以强为姓者。"（《华阳国志校补图注》，16页）余则以为因其头帕装束如二弓相叠之状，故曰弜头虎子。蜀铜斤有""符号，即所称两弓相向之形，中记"王"字。西南地区出土文物每带有虎形图案者甚多，如邛都（西昌）大石墓的铜带钩，郫县铜戈作精巧虎形等是。洪迈《隶释续》卷十六汉繁令张禅等题名有下列诸名：白虎夷王谢节、资伟及夷侯夷民等，此即汉时白虎夷之记录。古有武夷君司兵死者，居不周山之神话，白虎复夷分布于川东南各地，及于荆楚地区，赖九店楚简保存罕见资料。诚可宝矣。

长沙马王堆三号墓所出的《太一出行图》，其中神像有太一、黄龙、青龙及武弟子，武弟子首戴山形冠，手执武器，李家浩读武弟子作武夷。武夷君一名已见《史记·封禅书》：

后人复有上书，言："古者天子常春解祠，祠黄帝用一枭破镜，冥羊用羊祠；马行用一青牡马；太一、泽山君地长用牛；武夷君用干鱼；阴阳使者以一牛。"

以武夷君、泽山君配祀太一，此事亦见《汉书·郊祀志》，泽山也作皋山君。司马贞《索隐》引顾氏按："《地理志》云建安有武夷山溪，有仙人葬处，即《汉书》所谓武夷君。"南朝地券多以武夷王为地主神，如刘宋元嘉十九年（公元442年）地券面与底云：

丞墓伯，地下二千石，安都丞、武夷王。

一作"安都丞、武羲（夷）王"[①]。晚至宋嘉祐二年陈氏地券称"于地主武夷王"[②]。至是武夷王演变而为地主神。

① 《广东出土晋至唐文物》，图58，177页；参见杨豪录文，同书第26页，广东省博物馆、香港中文大学文物馆出版。

② 刘昭瑞：《嫁女地券与早期道教的南传》。

福建武夷山即奉祀武夷君为山神，一向相传以为武夷君之所宅居，《史》言祀以干鱼，不知为何神。今得九店楚简，知其神本司兵死者。

九店简三九："午不可㠯(以）梪(树）木。"言午日不宜树木。此事盖指社木。《周礼·大司徒》："设其社稷之壝而树之田主，各以其野之所宜木，遂以名其社与其野。"郑注："所宜木谓若松、柏、栗也。"《说文》："社，地主也。"《左传》曰："共工之子句龙为社神。"《周礼》二十五家为社，各树其土所宜木。所以武夷君被称土地神。《封禅书》武夷君与泽山君并列，自来作为地主，简言午日不宜树木，自昔已有社神树木之事。马王堆《太一图》绘武弟子，又该图书一"社"字，又其必为社神之证。

北魏以来，碑碣恒记社老、社掾、社史、社民诸称，与邑子、邑邦、邑社、邑落同泐于石。

社之起源，殷代已有此习俗，俞伟超曾认定徐州铜山丘湾为社祀遗址①。武夷君后代被称为社神，由九店简文，可略窥其演变痕踪。而复山地名，一向未闻，竟于卜辞见之，可远推至殷代，更为匪夷所思者矣！

福建武夷山，因武夷君而得名。传说武夷君是仙人。《太平御览》四十七地部十二引萧子开《建安记》多处，谓"岩石间悉生古柏，悬棺仙葬"。又引顾野王谓之地仙之宅。半岩有悬棺数千。《陈书》三十《顾野王传》称其"年十二，随父烜之建安，撰《建安地记》二篇"。《史记索隐》引顾氏，即野王也。萧子开《建安记》，时人谈悬棺葬者多引用之。其书名具见《御览》卷前图书目录，向不知其人为谁，张其淦《古方志考》亦未能考出。近读《广弘明集》卷二十为湘东王绎《法宝联璧序》，文后有人名单，内列"南徐州治中，南兰陵萧子开，年四十四，字景发"，当即此人。

近有吴之邨《武夷名实考》（载《东南文化》，1996（3）），论武夷本名虎夷，唐人讳虎，改字作武。武夷一名乃经唐人避讳所改。证之本文所考，恐不尽然。去年圣诞节日我在厦门大学受聘为名誉教授，因历史系主任陈支平教授为武夷人。因谈及武夷君之来历，本文大意与该校同人讨论，因附记其因缘于篇末。

原载《文物》，1997（6）

① 参见俞伟超：《铜山丘湾商代社祀遗迹的推定》，载《考古》，1973（5）。

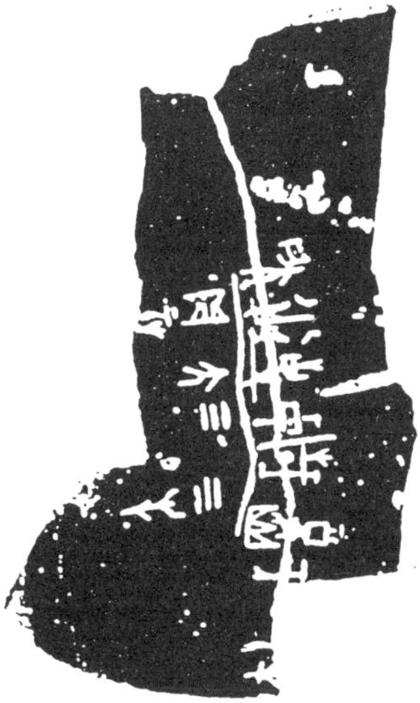

附图 《甲编》二九四七拓片

《缁衣》零简

楚地出土战国简册，不少流落海外。余所见楚简有一条，文云：

> 民悳一，告（诗）员（云）：丌（其）谷（容）不戝（改），出言……

按是简所书，盖即《礼记》第三十三篇《缁衣》残文。《缁衣》原文云：

> 子曰：长民者，衣服不贰，从容有一常，以齐其民，则民德壹。《诗》云：彼都人士，狐裘黄黄。其容不改，出言有章。行归于周，万民所望……尹吉曰：惟尹躬及汤，咸有壹德。

楚简告字即从之从口之“诗”，员借为“云”。“一悳”即《咸有壹德》之“壹德”。此简引《诗·彼都人士》，省去前二句，仅存“其容不改，出言”六字。“丌谷”者，丌即“其”，容写作“谷”。按“壹德”之作“一悳”，已见西周彝铭，扶风强家村出土恭王时之师訊鼎云：“孙子一嬲，皇辟懿德，用保王身。”是其例证。嬲读为“谌”。《说文》：“谌，诚谛也。”引《诗》“天难谌斯”，今《诗》作“忱”。《尔雅·释诂》：“谌，信也。”

《缁衣》或以为出自《公孙尼子》，陆德明《释文》引刘瓛云：公孙尼子所作也。按瓛，沛国相人，齐永明七年竟陵王子良为之馆，未及徙居卒。著有《周易系辞义疏》二卷、《周易乾坤义》一卷、《毛诗序义疏》一卷。刘说未必可信。《公孙尼子》一书，《汉志》著录列于儒家，云二十八篇，排次在魏文侯、李克之后，孟、荀之前。钱穆《诸子捃述》谓："公孙尼子言德壹，同于荀子，则其年代应在荀之后。"今是简亦言悳一，原出《缁衣》，显在荀子之前。则公孙尼子时代，仍应如《汉志·七略》之说先于荀子。由于向来有《乐记》出于公孙尼子之说，近人对公孙尼子研究已有多家，如郭沫若（《公孙尼子及其音乐理论》）、吴静安（《公孙尼子考证》，载《南京教育学院学报》（社会科学版），1985（1））皆有创获。《春秋繁露·循天之道》引公孙尼子言养气，孙诒让据此条定为《公孙尼子》之逸文。杨树达《汉书窥管》引其说，谓"《韩非·显学》篇：儒分为八，有公孙氏之儒。盖即尼子"。诸说均有可取，唯《缁衣》是否公孙尼子作，则尚难获确证。

又或谓：《缁衣》本在《子思子》，考《汉志》，《子思子》二十三篇，清季黄以周有辑本。胡玉缙《辑子思子佚文考证》（《许庼学林》）引《旧唐书·音乐志》载沈约云：《礼记·中庸》、《表记》、《坊记》、《缁衣》皆取《子思子》。胡氏云："证以马总、李善所引，时时见于《表记》、《缁衣》，疑所称子云、子曰、子言者，皆子思之言。"略举其例：

《诗》云：昔我有先正，其言明且清。国家以定，都邑以成。（《文选》二十三《张华答何劭诗》李善注引）

胡氏考证云："《缁衣》引同，（沈）休文谓《缁衣》取《子思子》，于此益信。"

民以君为心，君以民为体，心正则体修，心肃则身敬也。（《文选》五十一李善注引《子思子》）

《御览》三七六人事部"心"下引《礼记·缁衣》，文同。

小人溺于水，君子溺于口。

《缁衣》有此文，《御览》三六一人事部"口"下引《缁衣》及郑注，则不涉《子思子》。由是观之，《缁衣》文字有不少同于《子思子》，则系事实。

《缁衣》一篇之价值，特别在引用逸书极多，如《君雅（牙）》、《君奭》、

《君陈》是。篇末引《易》曰：不恒其德，或承之羞，恒其德，侦，妇人吉，夫子凶。恒，卦爻辞作“结”。以恒德之义与“一德”理相贯通，且可与《论语》互证，知恒德一说，在《周易》之“德义”上之重要性。（马王堆《易传》孔子说：“我观其德义耳。”）楚人对《周易》之反复诵习，早在马王堆本出现以前，久已盛行。恒德与一德自是一事。马王堆《系辞》本不作“大极”，而作“大恒”，有其旨要，拙作《大恒说》已畅论之矣。

本年五月杪，余在长沙博物馆，闻湖北亦有《缁衣》残简出土，他日公布，与他处所得相同之简，荟萃连缀，俾明其全貌。此际讨论作者问题，为时尚早，谨揭其端倪，用俟方家之扬榷云。

附图　楚简放大照片

从云梦《腾文书》谈秦代文学

关于最近在湖北云梦出土的一些简书，1976年夏天我在法国巴黎已看过这些材料，在《大公报》的《图书》第28期亦曾有刊载，我感到非常有趣。我愿意对这些材料提出我的看法。

秦代的文献资料向来非常缺乏，在文学史上几乎是一片空白。我们今天可以看到的秦代文学材料，有清朝严可均编的《全秦文》。他用个“全”字，是指所有的秦代材料，可是他所收集的只有十六人，仅有一卷，而且多数材料都来自《史记·秦始皇本纪》和《李斯列传》；这十六个人的文章里头还有些是不可靠的，好像李斯名下有一篇《用笔法》。大家知道李斯是一个写篆书的名家，篆书是经他整理的。他帮秦始皇作过“书同文”的工作，可是这篇《用笔法》采自一本宋人所著叫做《墨池篇》的书，此为晚出的资料，我想是不可靠的。

秦代的文学材料极少，今天我们有新材料出现于云梦。这一大批出土竹简，是1975年在湖北云梦睡虎地十二个坟墓中的第十一号墓的木棺里发现，竹简的数量竟有一千多条；在《文物》1976年第5期载有简单的报告。在这些新材料中，有一种是秦始皇二十年南郡太守名字叫“腾”的文书，另一种是《大事记》，又有法律文书，还有一些是治狱案件的，而我今天特别要讲的是关于前面所举的第一、二两种资料。1976年《大公报》的《图书》的第28期已经把这两种的原文加以发表，很值得提出来再作研究。

《腾文书》是一篇很好的散文，笔调很像韩非子的句法，行文很精彩，念起来有铿锵的节奏，是一篇水准非常高的散文。这居然出于一个南郡太守的手笔。那个太守腾，并没有注明他的姓，他究竟是谁呢？在《史记》里有两篇关于秦代的材料，一篇是《秦本纪》，一篇是《秦始皇本纪》，而后一篇出现“腾”的名字：

（1）十六年九月，发卒受地韩南阳假守腾。

（2）十七年内史腾攻韩，得韩王安，尽纳其地，以其地为郡，命曰颍川。

这两条中，“腾”字都没有写姓，和云梦秦简相同。第一条的“假”，意思是代理，指太守的名字叫“腾”的。另一条说内史腾攻韩；内史是个官名，知道翌年腾已被调作内史，他被派去攻韩，把那个韩王名字叫安的俘虏了，后来把韩那个地方平定，以其地为颍川郡。我们知道秦有三十六郡，这三十六郡的设置是慢慢地一年一年地设立，得了某些地方，就逐渐设置的，而南郡和颍川郡都属于三十六郡之列。腾这个人对秦的统一事业有很大的贡献，最要紧是攻打韩国，俘虏韩王。这篇文书是写于始皇二十年，那时他做南郡太守，他和十六年的南阳假守腾，我认为是同一人，要不然没有那么巧合的。这名字叫腾的，在始皇十六年做代理南阳太守，后来被调到内史去，直至二十年的时候，再外放出来作南郡的太守，于是年发表这篇文告。我们知道南郡这个地方，很早就置郡的。《秦始皇本纪》开头就有一段记着始皇父亲庄襄王死后：“当此之时，秦地已并巴蜀汉中，越宛有郢，置南郡矣。”这时秦始皇刚刚登位不久，已经有南郡了。《秦本纪》：“昭襄王二十九年，白起攻楚，取郢为南郡，楚王走。”据此，南郡该在昭襄王二十九年白起拔郢那时候就设置了。南郡地方在战国的末年是一个非常重要的地区。秦人先打败楚国，掘他的老巢，以建立南郡。始皇把其他各国慢慢打败，最后只剩下楚国，所以这个南郡到后来还很重要。一直到始皇二十年，南郡还是有问题，《腾文书》正可证明这一桩事实。腾有很大的功勋，平定韩国，后来又做南郡太守，从这篇文告，可以见他在贯彻执行法家的路线，而对秦在未统一六国的前夕，强调明法、急法的逼切措施。

《腾文书》是警告当时南郡那个地区的官吏应该守法，特别强调法律的重要性，又特别提到令、丞都不应该违背法、律、令。令是县的首长，丞是他的助手，一个太守之下还有县、道（《汉书·百官公卿表》：县有蛮夷曰道。

《地理志》：南郡所辖有“夷道”)，那时候一定有些不守法律的，所以太守腾才公布这个文告。这篇文告完全站在法家立场说话，和韩非子的文章十分接近。秦是以法律为第一位的；我记得章太炎有一篇文章叫做《秦政记》，他里头特别讲到秦法律严厉的情形。他举出秦昭王有病，百姓置牛为王祈祷，昭王认为这是非令而擅祷，虽爱寡人，仍是违背于法的。太炎说：“使君主和人民没有感情，彼此不相爱，块然循于法律之中。”块然好像一块石头一样，大家都生活于法律里，老百姓跟国君一样地共同遵守法律，没有情感可言。我们今天念这篇腾的文书，也有这种感觉，完全是以法律为第一位。文章写得非常好，这是很重要的发现。

至于《大事记》记载从秦昭王元年到秦始皇三十年为止，亦是云梦出土之文献简书。这个材料是按照年份记录下去，是一个不很完备的记录，因为它里头有些只有年，没有事情记载，好像秦昭王元年就是空白，有好几年上面亦没有记事情，但仍然是按照年次安排，到秦始皇三十年为止。这材料是今天我们可以看到地下出土的先秦有纪年的史料，可以说是第二次的发现。第一次的发现，是在晋朝武帝时河南汲县魏王的坟墓里的一些竹简文书，后来的《竹书纪年》便从这个地方而来。晋初几个大学者像荀勖、和峤等人都参与整理；《穆天子传》这本小说，也就是在同时出土的。我们现在看到的《竹书纪年》不是原本，是经过明朝人整理的。我们学历史的都知道，有所谓今本的《竹书纪年》和古本的《竹书纪年》。原来的《竹书纪年》已经失掉，清代许多学人花了很大精力，在各方面的类书、历史书找到一点一滴的资料，然后凑合起来，像王国维的《古本竹书纪年》是比较有分量的著作。这个云梦竹简所记从秦昭襄王元年到秦始皇三十年的大事，写在竹简上面，一条只能写几个字，这篇《大事记》只有五十三根，虽是不多，但材料很宝贵，这是到现在历史上第二次发现有年份的先秦纪年史料。这一材料在《文物》1976 年的第 5 期已正式发表了。我认为这桩材料有三个值得注意的地方：

（一）这材料是简单的，只是记某某年攻打什么地方，多数是这样非常简单的一个记录，大多数不写月日；我没有太仔细地统计，大概只有十几条有写，其他则没有写明月日。关于不写月日的问题，我们知道太史公的《史记》，有部分利用古籍的《秦纪》，那是他写《秦本纪》的主要根据。《秦纪》这本书是很重要的，可惜已失传了。他在《史记·六国表序》就提到这句话：“独有《秦纪》，又不载月日，其文略不具。”云梦《大事记》的竹简，我不敢说就是《秦纪》，但是起码它的写法就同《秦纪》有类似的地方，多数不载月日，可见当时写历史的人并不是有意写历史的，却喜欢用日记方式去将事情记载，这正是所谓“断烂朝报”，当时《竹书纪年》也有这个情况。我们开始念《竹书纪年》时，会觉得记载那么简单，真是惜墨如金，不敢多写几个字。今天我们看到这批云梦竹简材料，便可参合《秦纪》，得到合理的解答。

（二）其次在云梦这篇秦简里头，屡次见一个“今”字，好像他将秦始皇叫做“今”。里面出现“今”字有两次：一次是今多少年，好像是“今元年”；有一条是“今二十八年，今过安陆”。安陆是湖北一个县名。这两个今字，就是指秦始皇，他没有称“今上”，就只一个“今”字。这可以帮助我们解决一些问题，当晋初《竹书纪年》出土的时候，荀勖作过整理的工作，荀勖有一篇《穆天子传序》，经过多年的传写，里面有二处提到“今王”，都被误作“令王”。另外，他说当时在魏墓出土的竹书，引和峤云：“‘纪年’起自黄帝，终于魏之今王。”（《史记集解·魏世家》引）亦有一个“今”字，这是对的。荀勖的《穆天子传序》，后来因不同的本子，既错“今王”作“令王”，宋人又把“令王”读成“灵王”，于是有些研究《穆天子传》的，像近人写《穆天子传西征讲疏》的，就说这个应该是“令”字，但这是不对的。我们今天从云梦竹简上的“今”字，可以看到这“令”字分明是错误的，这是可以确定的。

（三）第三要讲的是牵连到腾的问题：秦简《大事记》有一条说到昌平君，在“秦始皇二十一年韩王死，昌平君居其处”。同书又说：“新郑反，昌平君徙于郢。”我们知道内史腾在秦始皇十七年已把韩王俘虏了，据秦简韩王就在二十一年死去，昌平君即被外调居于韩地。昌平君本是楚国的公子，他很早就在秦的宫廷任职。《秦始皇本纪》云：“（九年）令相国昌平君、昌文君发卒攻（嫪）毐，战咸阳。”《索隐》云：“昌平君，楚之公子，立以为相，后徙于郢，项燕立为荆王，史失其名。”我们知道秦有乱，昌平君以相国身份参加平定嫪毐。他是楚国的公子，却去帮助秦。在历史上没有谈到昌平君住在韩的地方，亦没有记载他徙居郢的时间，这二条可补《史记》之不足。到秦始皇二十三年，楚国又有暴动，这时项燕便立昌平君为荆王，反秦于淮南。昌平君原是楚国公子，这时徙居在郢，所以楚国人仍然希望他能再起来与秦斗争，在这时他就被拥戴起而抗秦。至二十四年，王翦、蒙武破荆军，昌平君死，项燕也自杀了。在二十五年以后，秦人才正式平定六国，这是《史记·秦始皇本纪》的讲法，清朝学人像梁玉绳的《志疑》，却有许多修正的意见。秦简有这二条：说昌平君在韩王死后到韩的地方去住，后又徙郢，就可知道时六国虽然逐个被秦人击破，但是他们的势力还潜伏着的，所以必须屡次派朝廷的大员去镇压。南郡虽是很早经秦廷置郡，但周遭楚人的势力仍然很活跃。我们看秦简《大事记》上分明写着："始皇十九年，南郡备警。"试想在秦始皇二十年的时候，楚的地区还有很多问题，腾被派往南郡做太守，便发表这个文告，表面叫人家奉公守法，要遵守法律令，但骨子里一定有一个历史背景，目的在对付楚的反对力量。到了秦始皇二十三年的时候，楚有一次暴动，他们却利用昌平君来图谋复国，南郡原是楚的旧地。在秦始皇二十年到二十三年这个期间，一定是有很多问题的。在始皇二十六年，初并天下，其赦令中说道："荆王献青阳以西，已而畔约，击我南部，故发兵诛，得其王，遂定其荆地。"苏林注："青阳是长沙县。"这说明荆楚的复国分子，中间曾袭击南郡，所以秦简说"南郡备警"，事正吻合。我们可想而知，楚国最后被秦始皇平定，但楚人始终不甘心，后来项羽继续出来反抗到底。而六国的潜势力，在秦大统一后仍是很强大。《腾文书》提及"乡俗、淫佚之民不止，即是废主之明法"。所谓乡俗，即指六国的人民仍保留他们的旧习惯，很是明显的。

我今天就从这两件材料加以解释，这是一种比较个人的看法，所以提出来商榷。

我们从这件地下文献看来，南郡太守腾责所属令、丞，遵守法律。其实"令"的职位，在秦的时代地位并不太低，他常常可以向中央提出不同的意见，试举一个比较偏僻而在文献上不太被人注意的材料来谈谈。在《汉书·艺文志》子部的纵横家部分，著录有"《秦零陵令信》一篇。难丞相斯"。这篇文章在汉成帝时尚保留在中秘（国家图书馆），这是与始皇时代的丞相李斯辩论的，零陵令的名字叫信，没有记姓，这是秦的习惯；秦简上的南郡守腾也没有著姓。这篇文章全文已逸，今天只有一条材料保存在《文选·吴都赋》的刘逵注中。文云："秦零陵令上书曰：'荆轲挟匕首卒刺陛下，陛下以神武扶揄长剑自拔。'"这句话就是讲荆轲刺秦王的时候，这位陛下当然是指秦始皇。"扶揄"是什么东西呢？当是一把剑的名字。荆轲刺秦王，秦王把这把剑拔起来，这剑有个名字叫"扶揄"。左思的《吴都赋》上说："扶揄属镂。"西晋时刘逵见到秦零陵令上书，故引证它来解释扶揄这两个字。扶揄据所知有许多不同的写法，它是一把剑名并没有问题的。"属镂"乃是吴王夫差送给伍子胥自杀的剑，这是谁都知道的。扶揄的不同写法在宋本《太平御览》卷三百四十四兵部七五剑下引《广雅》作"蔡偷属镂"（中华本，1580页），可是清朝王念孙作《广雅疏证》，他在这一条居然作蔡伦，不作蔡偷。很奇怪，王念孙没有下注语，他避开不谈，但是我们知道蔡伦是造纸的人，哪里有一把剑名叫蔡伦呢？但据此王念孙用的《广雅》本子有作蔡伦的。我们可以推定，本应是“蔡偷”，“蔡伦”是写错的。剑名应该叫“扶揄”，是秦始皇拿来对付荆轲的剑，而我无意中发现这一条，可以补订《广雅疏证》。荆轲刺秦王事在始皇二十年，《腾文书》发表在始皇二十年四月，正是同一年的事。

零陵在秦时尚是一个县。其时零陵可能属于长沙郡，到汉武帝元鼎六年才置零陵郡。秦零陵令写文章上书与李斯辩论，想必在始皇二十年荆轲事件之后。他们辩论的内容是什么？因为文章失掉，无法知道。现在残文中只剩下一把剑名，《汉书·艺文志》说此文目的是难李斯，可惜不知所难为何事。我们回头看在《腾文告》的竹简里头有一段说道：

> 凡良吏明法律令……又能自正也，而恶与人辨治，是以不争书。
>
> 恶吏不明法律令，不智（知）吏（事）……緰随（偷惰）疾事，易口舌……毋公端（正，按此避秦政讳。）之心，而有冒柢（抵）之治，是以善庈（斥）事，喜争书。
>
> 争书：因恙（佯）嗔目扼捾（腕）以视（示）力，訏询疾言以视（示）治，誈讠丑（醜）言麃斫以视（示）险，阬阆强肮（亢）以视（示）强，而上犹知之殹（也），故如此者，不可不为罚。

上面这一段文章是非常好的。以零陵令的地位而可以上书与丞相李斯辩论，可见秦时低下的官吏尚容许和上级辩难。我们知道韩非子的书中有讲“难”的四篇，中有有关辩论技术的掌故。在春秋时代，辩士一方面是纵横家，一方面亦是法家；法家参用纵横家之术，纵横家一定要辩论的。韩非子的《难》篇，文章非常好，所以念《韩非子》的人不念《难》篇是不会写辩论文的。可是韩非子本人是反对政治上的辩难。他在《问辩》篇说：

> 问者曰：上之不明，因生辩也，何哉？对曰：明主之国，令者最贵者也；法者，事最适者也。言无二贵，法不两适，故言行而不轨于法令者必禁。
>
> 乱世则不然：主有令而民以文学非之，官府有法，民以私行矫之。人主顾渐其法令，而尊学者之智行，此世之所以多文学也。……是以乱

世之听言也，以难知为察，以博文为辩；其观行也，以离群为贤，以犯上为抗。人主者说辩察之言，尊贤抗之行，故夫作为法术之人，立取舍之行，别辞争之论，而莫为之正。……故曰上不明则辩生焉。

韩非极力反对“辩”，因为“辩”有妨碍于法令的推行。《腾文书》指出良吏和恶吏的区别，在于良吏不与人辩，而恶吏则触冒犯上，善斥事而善争书。他所谓“争书”，即韩非所谓辞争之论。他所谓“阬阆强肮以视强”，即韩非所指犯上的抗行。腾的主法律令而非辩，与韩非的意见一致，同是反对文学的。虽然腾在文告中尽力强调应该守法、去辩，而零陵令仍是胆敢上书和丞相非难，他的文章尚为后代人所珍视。在法家盛行的时代，那么威严的丞相，也有人可以上书和他辩难，这是很有趣的事情。此外另有一篇亦是非常偏僻的文章，它的篇名保留在《史记》的注解里。这是一个辩士遗秦将章邯书，而这封信现在也看不到了。只是在《史记集解·李斯列传》提到这篇文章的名字，复有一句亦有“今王”二字，文云：

李斯为秦王死，废十七兄而立今王也。

这个今王当然是指胡亥。这篇文原载杜预的《善文》中，《善文》是杜预编的一本总集，《隋书·经籍志》里有著录，共有五十卷。《善文》一定是非常好的文章，而杜预编的《善文》在《昭明文选》之前，可算是最早的总集。严可均辑此文，题曰《辩士隐姓名遗秦将章邯书》，题目则是他安上的。韩非与南阳守腾都是反对争，反对辩；可是秦世仍承纵横的余波，辩士之端，是难以消除的。法令虽然滋彰，而辩仍不止，故文学虽为法家的眼中钉，仍照旧为人所喜欢，所以刘勰云：“秦世不文，乃有杂赋。”（《文心雕龙·诠赋》篇）正是一个很好的例子。秦的文学材料虽然非常少，但是还有很多可以讲，可惜只是太零碎罢了。平时我们念秦代的文章，只有李斯那一篇《谏逐客书》，家弦户诵，那是因为《文选》收入的缘故。这篇文章在一般古文家心目中的评价是很高的；现在我们再看南郡守腾这篇文章，我觉得也可以选来念，亦是代表法家的大手笔，足以和韩非媲美的。

谈到古文，从前唐宋八大家就有好几个人是学韩非子的，算起来起码会有一半，例如唐的韩、柳，宋的苏老泉、苏东坡与王安石都是。所以，韩非子的文章，后来桐城派最后的一位大师、专讲义法的吴汝纶的儿子吴闿生

(北江)，我们可以看到他的《桐城古文义法》的选本，只选两个人的文章：第一个是韩非子，第二个就是太史公，如果念熟了这两个人的文章，肯定会写古文。该书开头就选韩非子的《难》篇给人诵读。所以从文学上观察，韩非子文章对后来的散文影响非常大，八家的文章以至桐城派，假定要写议论文，一定是不能离开韩非的。今天看了腾这篇文章，便想到这个问题，而腾这篇文章亦相当优美，很值得指出作范文。关于他的历史背景，我亦顺便讲这么一点，以供进一步的研究。

附记一　《南郡守腾文书》影本及摹本

据1976年《考古》第5期图版叁一至八，又该期307页摹本，该文书已正式发表。原貌历历可睹，凡十四简，分为二部分：第一部分从“廿年四月丙朔丁亥南郡守腾”起，讫“以次传别书江陵，布以邮行”，共八简，三百二十七字。“邮行”以下留有许多空隙。第二部分于“凡良吏明法律令”起，讫“志千里使有籍书之以为恶吏”，共六简，应是第一部分的附件，故放置在一起；或拟定第二篇名曰《课吏》，似未甚妥，因为没有根据。第一部分文书末言“别书江陵，布以邮行”，《汉书·地理志》南郡首县为江陵，原是楚的郢都；秦的南郡，江陵当亦属首邑，故文告在此处分发。

附记二　《腾文书》所见之秦代联绵语

诬讻

或改读为啴谐，于字形难通。按《字汇补》：诬，诬字。讻或讼之省体。此二字或许可读作“诬讼”。

麃斫

秦简隶体如此。或以《方言》郭璞注扬越古语训无知之“却斫”释之，然“却”字与麃字形相去极远。按《说文》斤部：“斫，击也。”麃当读爊。《广雅·释诂四》：“鏖，煴也。”《说文》金部作鑣，读若奥（小徐本），字亦作鏖。《汉书·霍去病传》“鏖皋兰下”，注谓“苦击而多杀也”。故麃斫犹言鏖斫；二字重言俱训“击”。所云“诬（诬）讻（讼）丑言麃（鏖）斫以视（示）险”，麃斫有如今人谓双方互相攻击。险字简文甚显晰，或读为俭，非也。《荀子·不苟》篇："是奸人将以盗名于晻世者也，险莫大焉。"此即险之义，不必改读为俭。

阬阆强肮

《说文》阜部："阬，阆也。"二字分言，秦简阬与阆合为联绵字。《字林》："阆，高貌。"扬雄《甘泉赋》："闶阆阆其寥廓兮。"李善注引《说文》作门高大之貌。肮字，《说文》所无，而亢或体作颃。扬雄《解嘲》："邹衍以颉亢而取世资。"《汉书》作亢，《文选》作颃。段注云："颉亢谓邹衍之强项傲物。"肮与亢、颃当是一字，故强肮即强亢，犹言强项也。《后汉书·杨震传》，灵帝称震玄孙杨奇云："卿强项。"又《酷吏列传》汉光武谓董宣为强项令。章怀注："强项言不低屈也。"朱骏声云："项，读如亢也，是犹直项。"（《通训定声》项字注）项可读亢，故知秦简之强肮，即汉人语之"强项"；此四字为新出资料，可补《说文》注之不及。

1976年10月19日在香港大学演讲稿

秦简中"稗官"及如淳称魏时谓"偶语为稗"说

——论小说与稗官

小说一名，始见于《庄子·外物》篇，述任公钓东海一事，加以按语云：

已而后世辁才讽说之徒，皆惊而相告也。

又云：

饰小说以干县令，其于大达亦远矣，是以未尝任氏之风俗，其不可与经于世亦远矣。

达者，《中庸》云："天下达道五。"《广雅·释诂》云："达，通也。"所谓"其于大达亦远"，即班固《汉书·艺文志》引《论语》"虽小道致远恐泥"之意。小说有悖于大道，《荀子·正名》篇云："故知者论道而已矣，小家珍说之所愿皆衰矣。"小家珍说可与小说同义。《外物》篇云"辁才讽说"，陆氏《释文》云："本或作軨；軨，小也。"如是则"辁才讽说"，亦与"小家珍说"无殊。《韩非·外储左上》云："先王之言，有其所为小而世意之大者；有其所为大而世意之小者，未可知也。说在宋人之解书与梁人之读记也，故先王有郢书而后世多燕说。"论说有小大之分，在运用上，见仁见智，可以不同，其所举之郢书即小说之著例。《内储说》、《外储说》之作，即储“小家珍说”以备说客之用，凡文中云“说在某”等例，可为小说事例提供不少趣闻。《韩非》又有《说林》（上、下），《淮南子》有《说山》、《说林》，《列子》有《说符》，所用之“说”字，与《庄子》所言之小说，意义应同。

《汉书·艺文志》取自《七略》之《辑略》云：“小说家者流，盖出于稗官，街谈巷语，道听涂说之所造也。”颜师古训稗官为小官，引《汉名臣奏》唐林文内有都官、稗官之名以解说之。近时余嘉锡著论，以为稗官即古时传言之士，如《隋书》称引《周官》之训方氏，顾无的证。余考新出云梦秦律中即见稗官一名，秦简四、四六云：

令与其稗官分如其事。

可见《汉志》远有所本，稗官，秦时已有之。

稗字，《孟子》云：“不如荑稗。”《左传·定公十年》：“用秕稗也。”杜注：“草之似谷者。”《说文》云：“稗，禾别也，从禾卑声。”引申之，凡别种非正可谓稗。如淳引《九章》“细米为稗”，则以稗为粺。

考《九章算术》卷二《粟米》：

粟率五十　粝米三十　粺米二十七　糳米二十四　小䵂十三半　大䵂五十四　粝饭七十五　粺饭五十四　糳饭四十八

又卷六《均输》：

今有粟七斗，三人分舂之，一人为粝米，一人为粺米，一人为糳米，今米数等，问取粟为米几何？

答：粝米　一百二十一分斗之一十

粺米　一百二十一分斗之三十八

糳米　一百二十一分斗之七十三

李淳风云：“米有精粗之异，粟有多少之差，据率，粺、糳少而粝多，用粟则粺、糳多而粝少。”可知粺米之性质，介于粝与糳之间。《广韵》训粺为精米。故如淳之训粺为细米，盖读稗为粺。稗之意义可以推知，唯稗官之正式职务未详。如淳谓："王者欲知闾巷风俗，故立稗官使称说之。"惜无其他资料可以说明。

余嘉锡驳如淳说，谓其误解稗官为细碎之官，唯余氏引如说，略去其最首及最末二句。今录原文如下：

> 稗音锻家排。《九章》"细米为粺"。街谈巷说，其细碎之言也。王者欲知闾巷风俗，故立稗官使称说之。今世亦谓偶语为"稗"。

余氏非小学家，故不注意字音及俗语，今试详为申说：

（一）"音锻家排"者，必谓此"稗"字音如"排"。《说文》："稗，从禾，卑声，旁卦切，又旁卖切。"《广韵》：粺与稗同音傍卦切，在去声十六怪。

（二）如淳云："今世亦谓偶语为'稗'。"如淳为冯翊人，魏陈郡丞（见颜师古《汉书叙例》）。如说原保存于西晋晋灼所著之《汉书集注》，其云：稗音"排"。"排"与"俳"，并以"非"为声符。《广韵》：排、俳同步皆切，在十四皆。俳字，《说文》云："戏也。从人非声（步皆切）。"（《仓颉》篇同）《三仓》云："俳，偶也。"（钱坫《说文斠诠》引）俳可训偶，知俳必是二人对语，时杂嘲戏，故俳亦曰俳谐。刘宋时，太尉袁淑尝取古之文章令人笑者，次而题之名曰《俳谐集》。当如"齐谐"之谐，及后世《笑林》之类。如淳时称"偶语"为"稗"，稗既音"排"，而俳又训偶，故知稗之音为"排"，乃读为"俳"。俳与排古常假借混用，如《文心雕龙·论说》篇："张衡《讥世》，韵似俳说。"明以来各本都作"排说"，《世说新语》第二十五为排调，"排"即"俳"也。

"偶语"一词，见于《史记·秦始皇本纪》，始皇三十四年，因淳于越言"事不师古不能长久"，李斯因奏："今诸生不师今而学古，似非当也，惑乱黔首……古者天下散乱，莫之能一，是以诸侯并作，'语'皆道古以害今……人善其所私学，以非上之所建立。……闻令下，则各以其学议之，入则心非，出则'巷议'，夸主以为名，异取以为高，率群下以造谤。……臣请史官非《秦纪》皆烧之……天下敢有藏《诗》、《书》、百家语者，悉诣守、尉杂烧之。有敢偶语《诗》、《书》者弃市。以古非今者族。"时所烧者为《诗》、《书》及"百家语"，下句云"偶语《诗》、《书》者弃市"，可见百家语与偶语极有关联。《汉书·高祖纪》："诽谤者族，偶语者弃市。"又《汉书·张良传》："望见诸将往往数人偶语。上曰：'此何语？'良曰：'陛下不知乎？此谋反耳。'"

此处“偶语”二字，《史记》作“往往相与坐沙中语”。此类记载，言及“道古”、“巷议”、“偶语”诸字眼。“出则巷议”即《汉书》引《七略》所谓“街谈巷说”。巷说语必鄙浅，故钟嵘讥魏文诗“率皆鄙质如偶语”（《诗品》中）。巷议巷说，必有两人对语，自然是“偶语”。《史记正义》训“偶语”云：“偶，对也。”故知以偶语为稗者，亦即是“俳”。

《文心·谐讔》篇：“侏儒之歌，并嗤戏形貌，内怨为俳也。”“东方、枚皋”，“其自称为赋，乃亦俳也”。又：“文辞之有谐讔，譬九流之有小说，盖稗官所采，以广视听。”又：“魏文因俳说以著笑书。”由俳说而有笑书；小说类所以多收笑谈之作，其故在此。

小说家言出于道听途说，是为巷语，亦即偶语，盖古所谓“庶人谤”者也。古代有采谤之制度，秦人禁绝，汉文又恢复之。大抵由稗官采自民间，使缀而不忘，以备在上者之参考。如淳称魏时（今世）亦谓偶语为稗，保存古训，至为可珍。

今将小说与偶语及稗之语义关系表之如下：

“稗”——（魏时语）

↓

排——排说。

俳——俳谐，笑林。

诽——谤，诽谤之木。

‖

偶语——出于庶民，可见非出于士之传言。

小说——乃民间谈论政治之零星记录。

李斯称“出则巷议”、“率群下以造谤”，考古代有所谓“庶人谤”者：

(1)《国语·周语上》（厉王时）邵公曰：“防民之口，甚于防川，川壅而溃，伤人必多，民亦如之。……天子听政，使公卿至于列士献诗……百工谏，庶人传语……而后王斟酌焉……民之有口，犹土之有山川也，夫民虑之于心而宣之于口，成而行之……”

(2)《左传·襄公十四年》师旷对晋侯曰：“夫君，神之主也，民之望也。若困民之主，匮神乏祀，百姓绝望……自王以下，各有父兄子弟以补察其政，史为书，瞽为诗，工诵箴谏，大夫规诲，士传言，庶人谤……故《夏书》曰：‘遒人以木铎徇于路。’官师相规，工执艺事以谏，正月孟春，于是乎有之，谏失常也。天之爱民甚矣，岂其使一人肆于民上，以从其淫，而弃天地之性，必不然矣。”

以《国语》、《左传》二条对比，师旷所述，士传言之下又有庶人谤一事，以谤属之庶人，与士无关。疏云：“《周语》云‘庶人传语’，是庶人亦得传言以谏上也。”传既有“士传言”，下别云“庶人谤”，可见其间之等差，亦可见稗官之不得为士。

余氏认为稗官，即传言之“士”，然依邵公之言，传语者实为庶人。《国语》之“传语”，《左传》作“谤”。谤即巷议也。古制不特不避谤，且鼓励人民进谤。《晋语》六范文子曰：“古之王者，政德既成，又听于民。……问谤、誉于路，有邪而正之，尽戒之术也。”秦乃以谤为厉禁，二世尤甚。《大戴礼·保傅》篇责秦二世云：

今日即位，明日射人，忠谏者谓之诽谤，深为计者谓之妖诬。

至汉文帝二年后，恢复古制，其诏曰：

古之治天下，朝有进善之旌（应劭曰：“旌，幡也。尧设之王达之道，令民进善也。”如淳曰：“欲进善者，立于旌下言之。”），诽谤之木，所以通治道而来谏者也。今法有诽谤訞言之罪（师古曰：“高后元年诏除妖言之令，今此又有訞言之罪，是则中间曾重复设此条也。”），是使众臣不敢尽情，而上无由闻过失也。将何以来远方之贤良？其除之……

故一时称为美政。汉世有举极谏之传统，非偶然也。“庶人语”既不可废，而政府对付之方，则因执政者宽猛而异，不能纳谏者多为无道之君，历史上最著名者有周厉王之杀谤。《周语》称“厉王虐，国人谤，使卫巫监谤，以告，则杀之”是也。谤语之内容如何？可于子产时国人之谤见之。

《左传·昭公四年》传：“子产作丘赋，国人谤之曰：‘其父死于路（子国），已为虿尾，以令于国，国将若之何？’子宽（浑罕）以告，不听。宽曰：‘国民其先亡乎！……政不率法而制于心，民各有心，何上之有？’”谓民之离心也。

其奖励谤者，有《齐策》邹忌因徐公之美一事说齐王，王乃下令刺过者上赏，上书谏者中赏，能谤议于市朝者受下赏，此为著例。

又古立诽谤之木，其制度具见于《史》、《汉》之《孝文本纪》注家，其说如下：

《索隐》："《尸子》云'尧立诽谤之本'，诽音非，亦音沸。"

服虔云："尧作之桥梁交午柱头。"

应劭曰："桥梁边板，所以书政治之愆失也。至秦去之，今乃复施也。"

韦昭曰："虑政有缺失，使书于木，此尧时然也。后代因以为饰，今宫外桥梁头四植木是也。"

郑玄注《礼》云："一纵一横为午，但以木贯表柱四出，即今之华表。"

崔浩以为木贯表柱四出名"桓"，陈、楚俗桓声近和。又云：和表，则"华"与"和"又相讹也。

诽谤之木作十字形，置于街头，明时谓之"揭帖"，今之大字报，其遗意也。

稗亦训小，《广雅·释诂》："稗，小也。"小说之"小"，亦与稗有关，与小说同称"小"，见于汉人书所记，如：

小数：《汉志》阴阳家序："牵于禁忌，泥于小数。"时日小数，凌杂米盐之喻。

小语：即琐语短书。桓谭《新论》："若其小说家合丛残小语，近取譬论，以作短书，治身治家，有可观之辞。"（《文选》江淹《杂体诗》李注引）

小书：《周训》十四篇在道家。刘向《别录》云："人间小书，其言俗薄。"则《周训》亦可入小说家。

观此可明小说之"小"字之取义矣。

此文大意于1978年，尝在法京演讲。近见袁行霈作《〈汉书·艺文志〉小说家考辨》（载《文史》，第7辑）论及此问题，不甚接受余氏之说。可见稗官不等于士，唯未指出稗官一名见于秦简，本文可补其缺。至如淳注"魏时称偶语为稗"，此为以俗语证史之一例，世多忽略，故略发其意，值香港中国语文学会征文，谨以此小说短说，用祝王了一先生八十大寿。

帛书《系辞传》“大恒”说*

马王堆本《系辞传》至今还未正式公布，但由于近日《易经》热流行，写文章谈到帛书《系辞》本子的特色已不乏其人，像韩仲民的介绍文章说，“《易》有太极”一句在帛书原作“《易》有大恒”。大恒意即大常或恒常，指某种恒久不变的东西，可能即是《系辞传》所谓形而上的道，和老子所说“独立而不改，周行而不殆”的道体是一致的。

这一异本的“大恒”非常新颖，令人瞩目。王葆玹因此推论：帛书出自轪侯利仓子墓葬，利仓之名见于《史记·惠景间侯者年表》。楚汉之际，项羽手下部将有利几者，尝被封为陈公。王氏考虑到利几可能是陈地的人，和老子恰是同乡。《路史》说老子之后有利氏，故怀疑利仓家族原籍或者在陈，而且奉老子为祖先。谨按：利几与利仓是否同出一族，尚无确证。《汉书·高惠高后文功臣表》记载“苍玄孙之子竟陵簪袅汉诏复家”，则竟陵当是利仓的原籍，与《史记索隐》称轪“县名，在江夏”说正相符。《汉书·地理志上》“江夏郡”下云：“轪，故弦子国。”据此利仓自应是江夏郡竟陵县人，和老子之陈全不相干。①

帛书《系辞上传》有“是故《易》有大恒，是生两仪”一语，是汉以前《系辞上传》的原本面目，千古之所未闻。由大恒转写为太极，有什么道理？

---

* 本文曾在1992年8月25日长沙马王堆国际学术会议上提出，9月10日重作修订。

① 参见开明书店编：《〈史记〉地名考》，736页，香港，太平书局，1962年。又参见王利器：《试论轪侯利苍的籍贯》，载《中国文化》，1991年6月第4期，87页。

这是中国古代哲学史一个非常重要而有趣味的问题，须加以仔细剖析。本文初步提出一看法。向来谈哲学史问题者习惯作主观性的演绎，说来头头是道，但回到原文加以对勘，每每不相符合，不是曲解便是误解，许多矛盾即因未能精读原文取得正确理解而生。历史家有时断章取义，以偏概全，轻于下笔立论，而懒于反复循览去认识本文的真正意义和有关资料的融会贯通。读之不精，徒捋扯以成文，是一般学者的通病。本篇尽量避免这种过失，作一试探性的阐释。

一

现在先从恒字的形义讲起。恒字渊源甚古，殷墟文字里有先公名曰王恒，其字作王亙，或作王[illegible]，增益弓旁，则是繁形，王国维解说已为一般学者所接受。《诗·小雅·天保》："如月之恒，如日之升。"毛《传》："恒，弦。"郑《笺》："月上弦而就盈。"[illegible]之从弓，义出于弦。日升月恒是天地间常见的自然现象，故恒可引申为常。亙的字形，从月在上天下地之二的中间，所以当是月恒的本字。《说文》亟与恒同属二部，亟为极字，契文作[illegible]，从人在天地之中，和亙的形构基本一致。《说文》二部云：

> 亟，敏疾也。从人从口从又从二；二，天地也。
>
> 恒，常也。从心从舟，在二之间。上下心以舟施，恒也。𠄨，古文恒从月。《诗》曰："如月之恒。"

比对之下，可见二在这两个字的形构上，指的是上天下地，十分清楚。恒之训常是从月而来，古文恒字从月，与契文正可互证，故恒有永恒、常恒之义。

恒字篆文从心从舟，而另一㮓字的古文则作亘，字在木部。《说文》云：

> 㮓，竟也。从木恒声。亘，古文㮓。

亘字可能即亙之变，改从月为从舟。恒字所以从舟从心，取义于上下一心。《说文》异本甚多，徐锴《系传》正作"舟在二之间，上下一心，以舟施恒也"。

古有此说。至于亘训为竟者，有人认为舟在二之中，二即表示上下前后的厓岸。二之表示两端、两间，有“格于上下”的意味。故亘得训为竟，引申之有究竟义。

古代亘及恒、絙、栬诸字都可通用。《考工记·弓人》谈到“角之中，恒当弓之畏”；又说：“恒角而短，是谓逆桡。……恒角而达，譬如终绁。”屡屡用恒字。恒角的恒是动词，郑众读为絙，郑玄读作栬，谓“栬，竟也”。《说文》木部训栬为竟，即同后郑说。又一本作搄，《说文》手部：“搄，引急也。”恒作动词用，即借为絙、栬。絙本训大索，《九歌·东君》：“絙瑟兮交鼓。”王逸注：“絙，急张弦也。”拉紧的动作称为栬、搄或絙。恒角即是絙角，如絙瑟之比，引申之则恒有坚定义。从木之栬意义为竟，扬雄《方言》：“絙，竟也。”是恒与絙可以互通。《文选》班固《答宾戏》：“潜神默记，絙以年岁。”《汉书叙传》作“恒以年岁”。颜注引如淳曰：“恒音亘竟之亘。”师古曰：“恒音工赠反。”则读恒字为训竟之栬，音古邓切。《诗·大雅·生民》：“恒之秬秠。”毛《传》：“恒，遍也。”遍与竟义相足，则恒又有周遍、普遍之义。

二

《易》有恒卦。殷代卜与筮二者兼施，新发现龟甲石板及铜器上所记以数字表示阴阳爻的卦名，已见震兑之归妹（六六七六七一）、震坎之解（六六七六一八）、巽兑之渐（一七六七八六）、巽兑之中孚（五七六八七一）。周原扶风齐家村出土的六号卜骨，背面左边有六八一一一八，正是恒卦之卦象（见本文后附图一）。[①] 恒卦（䷟）由震巽构成，其《象传》说：“雷风恒，君子以立不易方。”恒字以引急之絙为义，故训牢固，表示坚定不易。《系辞下传》有“九德”，其一为恒：“恒，德之固也。”马王堆帛书《周易》恒列于辰（震）宫之末卦，其卦、爻辞云：

恒：亨，无咎，利贞，利有攸往。

初六：夐恒，贞，凶，无攸利。

九二：悔亡。

① 参见徐锡台：《周原甲骨文综述》，144页，西安，三秦出版社，缺出版日期。

九三：不恒其德，或承之羞，贞，閵。

九四：田无禽。

六五：恒其德，贞，妇人〔下缺“吉”字〕，夫子凶。

尚六：夐恒，凶。

今本《周易》恒卦作“初六，浚恒”；“上六，振恒”。陆氏《释文》云：“深也，郑作濬。”初六与上六二爻所以不吉者，持之以恒，求之过深，反为不利。夐引申义为远，有过度义。恒而过度，即生毛病。《墨子·非乐》引汤之《官刑》正以“恒舞”为“巫风”，恒于游畋为淫风。《古文尚书·伊训》论“三风十愆”的三风即巫风、淫风加上乱风，这是过度之恒造成的过失。

九三、六五的爻辞，分别为《论语·子路》篇和《礼记·缁衣》所征引，指出无恒之人，连卜筮、巫医都不可做。可见孔子以前，恒卦爻辞久已为人所诵习。按恒卦六五《象传》云：“妇人贞吉，从一而终也；夫子制义，从妇凶也。”《缁衣》引《易》云：“恒其德，侦，妇人吉，夫子凶。”贞字作侦，郑玄《注》云：“问正为侦。妇人，从人者也，以问正为常德则吉。男子当专行干事，而以问正为常德，是亦无恒之人也。”这里侦字宜解作“问事之正为贞”。占卜之事，问于鬼神而必本之于正，方为合理。郑君的意思是说：在男子方面，宜贞固以干事，纯阳为正；如果从妇人之见依占卜以问正为常德则不吉。这样可说是一个没有主见、无能力自作决定的人，临事必败，所以不吉。《大禹谟》说：“官占，惟先蔽志，昆命于元龟；朕志先定，询谋佥同，鬼神其依。”能够有初步决定然后进行占卜，有长远决心即能恒其德，如是方算是有恒的人。

三

什么是恒德？这需要再加以讨论。《易·恒·彖传》说：

恒，久也。刚上而柔下，雷风相与，巽而动，刚柔皆应，恒。恒，亨，无咎利贞。久于其道也。天地之道恒久而不已也。利有攸往，终则有始也。日月得天而能久照，四时变化而能久成，圣人久于其道而天下化成。观其所恒，而天地万物之情可见矣。

这与咸卦之为感骈列，恒是持久，咸是相感，各有其应具的作用。“久于其道”就是恒道、常道，故《尔雅·释诂上》说：“恒，常也。”《老子》亦言常，马王堆甲本云：

复命，常也；知常，明也。不知常，巿（此字今本作“妄”）作凶，知常容，容乃公，公乃王，王乃天，天乃道（以下缺“道乃久”三字）。

常即可大可久的天道，恒亦如是。

何以说“不恒其德，或承之羞”？不恒其德之人，即指二三其德之人，不能践行一德之人。恒德亦称“经德”。《春秋》屡言及恒星，《穀梁传·庄公七年》云：“恒星者，经星也。”范宁《注》：“经，常也。谓常列宿。”由恒星之为经星，则恒德即是经德。《尚书·酒诰》云：

王曰：“封！我闻惟曰：在昔殷先哲王，迪畏天，显小民，经德秉哲。自成汤咸至于帝乙……”

是为周初文诰，所言必可信据。殷代的哲王都能够“经德秉哲”，这即是说他们都守其恒德。观《古文尚书》有《咸有一德》之文，云：“非天私我有商，惟天祐于一德；非商求于下民，惟民归于一德。德惟一，动罔不吉；德二三，动罔不凶。”《古文尚书》有极精粹的哲学性文字，这即是其中一篇。文中所言二三其德，即指不恒其德之辈（有人说德的观念到周代方才有之，观《酒诰》之文，可以知其不然）。恒德的重要性殷人谆谆告诫，恒字且被取为王者之名。所以“不恒其德，或承之羞”，二三其德的人必为人所鄙弃！巫医、卜筮且不可为，何况其他！《周礼》：“司巫掌群巫之政令……国有大灾则帅巫而造巫恒。”郑玄谓：“恒，久也。巫久者，先巫之故事。造之，当按视所施为。”他以久训恒，是取自《易》恒卦。颇疑巫咸、巫恒二名都取自《易》卦。巫咸初是私名，后来作为最高的神职成为通名。巫恒亦然，它是高级职位的巫而能保有恒德，故群巫造之，按视其所为之当否，所以称之为巫恒。

篆文恒字作从心从舟，徐锴《说文系传》云：“二，上下也。心当有常。”引《易》恒卦“可久之道”为说。按从心正以示恒心，孟子言“无恒产而有恒心者，惟士为能”，恒心即能保持恒德的一心。恒的精义开展到道德境界，从殷代以来由《易》卦到《孟子》，恒字成为经学上一个非常重要的概念。

其实恒的意义，正与“经”字相等。《文心雕龙·宗经》篇云：“经也者，恒久之至道。”恒已成为经的同义字，其重要如此。

“周易”一名的含义，一说是“易道周普”，而“恒”有普遍之义，与之相符。易有三义：变易、不易和简易，而恒为不易方，义同于“不易”。《系辞下传》云：

> 夫乾，天下之至健也。德行恒易以知险。夫坤，天下之至顺也。德行恒简以知阻。

乾坤刚柔二种职能具备有德行恒易和恒简的性格，具见恒字含义的渊深，亦包有易、简。如是易之三义，恒已奄有其二。恒即方经，复可配《易》，无怪得有“大恒”的称号。

四

有一事足以令人注意的是“恒”的道理，在楚人的著作和记录中，特别流行，兹举数事论之：

（一）《道经》马王堆甲、乙本都把通行本的常道写作恒道，兹录甲本文字如下：

> 道，可道也，非恒道也；名，可名也，非恒名也。……故〔“故”字原缺，据乙本补〕恒无欲也，以观其眇；恒有欲也，以观其所噭。

《老子》原本作恒道、恒名，后来因避文帝讳才改为常。其他马王堆甲、乙本相同的特点如“道恒无名”句。

（二）《论语·子路》：“南人有言曰：‘人而无恒，不可以作巫医。’”这一句话亦出现于《礼记·缁衣》的末段：“南人有言曰：‘人而无恒，不可以为卜筮。’古之遗言与？龟筮犹不能知也，而况于人乎？”虽有巫医与卜筮的不同，并称是出于南人之言。南人者，《楚辞·九章·思美人》：“观南人之变态。”王逸注云：“览察楚俗，化改易也。”是南人即楚人，证明这句话出自孔子以前古人楚人的格言。

（三）《楚辞·天问》："恒秉季德。"恒是殷先公的王恒，见于卜辞，屈子在文章中加以质疑，足见殷代史事在楚地流行之久远。

（四）长沙子弹库出土楚帛书屡屡提到恒字：

> 寺雨进退，亡又尚恒。……毋童群民，以□三恒。……群神五正，四□尧羊。建恒襄民，五正乃明。

既有"三恒"之名，又复尚（通"常"）、恒联言，且有"建恒"等语，楚俗对于"恒"这一观念的重视，殊非偶然。

（五）包山楚简卜筮类屡屡言"占之，恒贞吉"，字作"死貞"，即"恒贞"。占而得恒贞，故吉，如第二一七简即其一例。兼祷祠于楚之先世：老僮、祝融、嬭熊诸神明（见本文后附图二）。

（六）《方言》卷二："恒慨……言既广又大也。荆扬之间凡言广大者谓之恒慨。"恒读为亘。亘，竟也。故有广大义。恒慨是双声联绵字。

由上列各点，得知"恒"的概念在楚学中如何受到重视和普遍使用。

五

帛书"《易》有大恒"，通行本作"《易》有太极"。"太极"一名见于《墨子·非攻下》：

> 禹既已克有三苗，焉磨（按当作"磿"）为山川，别物上下，卿制大极，而神民不违，天下乃静。

孙诒让《间诂》云："疑当为'乡制四极'。"谓大字乃四之形讹。然四古文作三，不一定作[illegible]，与大字形殊不相近。《说文》卯部云："卿，章也。""卿制大极"可说是有条理地去建立大极。这个大极应该是人文现象，有点像《洪范》的"皇建其有极"，而不是宇宙现象之产生两仪的太极。道家方谈及宇宙原始的太极，《庄子·大宗师》：

> 神鬼神帝，生天生地；在太极之先而不为高，在六极之下而不为深，先天地生而不为久，长于上古而不为老。

把太极和六极对立起来，似以太极指上天，六极指下地。同篇下文又云："禺强得之，立乎北极。"这几个极字都有极限的意义，和太极生两仪的太极，亦不一样。钱穆谓《庄子》"此称必出《易》有太极之后"[①]，是主张先有《系辞上传》的太极，后来才有《庄子》的太极，谓《庄》出于《易》，亦很难说。

到了《淮南子》又提到"太极"二字，《览冥训》："引类于太极之上。"高诱注云："太极，天地始形之时也。"这个太极分明是取自《系辞上传》的"《易》有太极"。班固《汉书·律历志上》云："经元一以统治，《易》太极之首也。"又云："太极中央元气，故为黄钟。"以乐律的黄钟来配太极。刘安、班固所用的自然出于《系辞上传》，是作"《易》有太极"的。太极是形质始形之象。《易纬·钩命诀》论一气五运乃始太易而终太极。《太平御览》天部太极之前，还有太易、太初、太始、太素四个阶段，即采纬书之说。《列子》书立四太而无太极。其实，太极的重要性要到宋初周敦颐传《太极图》以及朱子加以发扬解说，才引起重大的作用。然周子的太极新图与原图，实取自《参同契》及《道藏·真元妙品太极先天合一之图》，而同于朱震所进之图。太极之义分明经过道教徒的渲染，事属后起。此点人所共知，不必深论。

汉代绝无《太极图》，而有《天一图》。汉初夏侯灶墓所出的木式，中央圆圈内放一圆点，可能即表示"中央元气"，应是汉人经常所崇拜的太一。马王堆出土的《阴阳五行》书乙本有《天一图》，在方框之内，含一小圆圈，圆内中央，记"天一"之名。在天枢方部位的下方，记若干神名如下："刑、德……大一、大阴、大阳。"这些神祇中又有太一，和中央的天一分而为二。《晋书·天文志上》说："太一星在天一南，相近，亦天帝神也。主使十六神，知风雨、水旱。"又另附绘于《刑德》乙本左面的上方，有《九宫图》，这二图都是近年新发现的汉初有关太一九宫的可靠材料，均大异于周敦颐的黑白《太极图》。张彦远《历代名画记》内《述古之秘画珍图》一项有《太一三宫用兵成图》，《刑德》的图是兵书，可能是同类型之物。至于《天一图》则尤为可贵。

太一在楚国是主神，《九歌》首列《东皇太一》。宋玉《高唐赋》："醮诸神，礼太一。"《淮南子·诠言训》描写太一的情状云：

> 洞同天地，浑沌为朴，未造而成物，谓之太一。

高诱注云："太一，元神总万物者。"又《主术训》云：

---

① 钱穆：《庄子纂笺》，52页，1951。

天气为魂，地气为魄，反之玄房，各处其宅。守而勿失，上通太一。太一之精，通于天道。

《文子·自然》篇文字全同，唯两“太一”写作“太乙”（《文子》亦有别本作“太一”者），“玄房”则作“玄妙”，足证两本字异而义实同。

太一原作大一，战国以来，诸子每言之。《庄子·天下》篇：“建之以常无有，主之以太一。”又：“至大无外，谓之大一。”或谓《老子》二十五章“吾不知其名，字之曰道。强为之名曰大”，“大”下有“一”字。按马王堆乙本作“强为之名曰大”，甲本亦作“名曰大”，绝无“一”字，不必强补。又《荀子·礼论》：“以归大一。”此外，和《系辞上传》“太极生两仪”一段相类似的文字有下列二例：

（一）《吕氏春秋·仲夏纪·大乐》：“音乐之所由来者远矣。生于度量，本于太一。太一出两仪，两仪出阴阳。阴阳变化，一上一下，合而成章。浑浑沌沌，离则复合，合则复离，是谓天常。……万物所出，造于太一，化于阴阳。……道也者，至精也，不可为形，不可为名，彊为之名，谓之太一。”[①]

（二）《礼记·礼运》：“是故夫礼，必本于大一，分而为天地，转而为阴阳，变而为四时，列而为鬼神。”

如是礼、乐皆本于太一。吕氏在古乐中连续用若干次“太一”，并明显地指出它是“天常”，亦即是“道”。《礼运》为儒家说，继承荀卿“以归大一”之论。太一为礼与乐之所自出，儒家、道家均有此说。盖秦及汉初，“太一”之名已十分盛行，成为天常及道的代语。帛书“《易》有大恒”一语，无异说《易》有大常、《易》有大道了。

由上所论，归结起来，太恒与太极、太一自是一事的异称。自《老子》以来强调主张“得一”，而《系辞下传》言“恒以一德”，理正相通，故太一与太恒在义训上原无二致。

六

值得再研究者为太极的“极”字，此字究竟如何取义？汉初阴阳五行星位图分明把太一、太乙列于中央，这是配合星占家列星位之中宫，《史记·天

---

① “彊为之”下原脱“名”字，据毕沅说补。参见《吕氏春秋新校正》卷五，5页下，清光绪元年（1875年）刊《二十二子》本。

官书》说："中宫天极星，其一明者，太一常居也。"《吕氏春秋·有始览》："极星与天俱游，而天极不移。冬至日行远道，周行四极，命曰玄明。……盖天地之中也。"高诱注云："玄明，大明也。"太一居于中央而下行九宫。极有"中"的意义，天极星即以其位于中央，故有此称。极之训中，《周礼》及《洪范》皆然。《周礼·天官》："设官分职，以为民极。"郑玄注云："极，中也。令天下之人各得其中，不失其所。"《洪范》敷陈天地的大法，是《尚书》中宗教哲学思想最有体系的一篇。"极"是贯串全篇的字眼，如："九畴……次五，曰建用皇极。"孔《传》云："皇，大；极，中也。凡立事当用大中之道。"又如："五，皇极，皇建其有极。"孔《传》："大中之道，大立其有中，谓行九畴之义。"大中之道在无所偏倚，故其最精粹之语曰："无偏无陂，遵王之义。……无偏无党，王道荡荡。"这二句《吕氏春秋·贵公》征引，直称为《鸿范》。《墨子·兼爱下》亦引之。《洪范》又说："无反无侧，王道正直。会其有极，归其有极。"孔《传》均释极为中，强调大中之理，叮咛周至。最后谈到龟与筮的从违所引起的征兆问题。有休征和咎征，即吉和凶的两面，自然气象与人事行动的互相影响，休征以"时"为宜，咎征则以"恒"为过。《洪范》说道："一极备凶，一极无凶。"孔《传》云："一者备极过甚则凶，一者极无不至亦凶，谓不时失序。"过和不及都是不好的现象。兹将《洪范》所载咎征在天人相应的表现略表如下：

狂：恒雨

僭：恒旸

豫：恒燠

急：恒寒

蒙：恒风

人主的动作失常，天象给以不同的反应。在古代天人交感理论支持之下，这种说法足以令在位者警惕与反省，是一种神力的教训。上面讨论过恒卦有"敻恒"，亦作"浚恒"或"振恒"，恒雨、恒风等在咎征上的恒，即是过度的恒在天象的情况。极有"中"和"过"二义，与恒正是一样。《洪范》所谓蒙则恒风是说人主如果蒙昧无知，就会引起恒风的灾害。所以《洪范》谆谆以无偏无陂、正直立中告诫人主，发挥大中公正的义训。汉人解极为中是有道理的，我们联想到殷卜辞每言"立中亡风"，这一句话有许多不同的解释。无论中是否指旗帜，"立中亡风"都可解作能立中则无恒风之患害。"中"这一抽象观念，卜辞所见记时间的有“中日”，记空间的“中商”，表位置的左中右三师等等，具体说明殷人对“中”概念的重视。极字卜辞作亟，表示人立于天地之中。卜辞亟字凡四见，多为残辞。其一云：“曰㞢希，其㞢……”（《合集》一六九三六反）亟可读为极端之极，似作副词用，言有煞之极。极可以引申为中，此说有坚强的证据。《洪范》述“建用皇极”之旨，陈“大中之道”，极即是中，太极即大中。天文星象极星正位于中央。班固《汉书·律历志上》说：“太极中央元气。”亦以中训极。《洪范》发挥的大中道理，无疑即周初人从殷代的“恒”发展出来对于“极”的微言大义。可惜此篇久被人贬抑，视为晚出之物，不复为哲学史家所重视。刘节《洪范疏证》一文的错误，虽经近时刘起釪加以重新检讨，指出《洪范》的原本最初当是商代的，其中心思想亦出于商代，可惜他还有许多偏见，如说商代只有龟卜而无筮，商代根本没有德的概念之类。似他对新出土事物尚多忽视，最严重的是他说《洪范》是一篇鼓吹神权政治宣扬神意的文章，加以指责。不知世界上古代表示正直、秩序、永恒等法理的抽象名词，背后都有神明为主宰。印度《吠陀》的 ṛtá 义为“规律”，在《梨俱吠陀》篇章中代表 ṛtá 之神即有 Agni（火神阿祇尼）和 Varuṇa 之辈（见《梨俱》I，一，八）。[①] 在我国古代，太一亦是同样的情形。太一既是道和万物的最高原则和主宰，亦被视为“元神总万物者”（见高诱《淮南子注》）；而太一在西汉被称为“天神贵者”（《史记·封禅书》谬忌奏祠太一方语）。所以太一可以下行九宫，与天帝资格可以相比。可见抽象观念之神化，是神道设教时代借神立训的普遍情形。

七

总结而论，恒是天地的恒律、不易的道理，一个抽象观念，在道家老、庄思想影响之下，战国的儒家、法家，以及阴阳家、星占家对于“一”的共同追求，塑造出“太一”这个抽象而又具体的总揽宇宙万物的元神（借用高诱语），来代表不易、不偏的最高原则性的道，和周初《洪范》讲大中的皇极，殷以来讲常道的恒德、经德，都有共通之处。故《易·系辞上传》提出

① A. A. Macdonell in his *A Vedic Reader for Students* says, “ṛtá means the regular order of nature, such as the unvarying course of the sun and moon, and of the seasons... Agni is specially the guardian of ṛtá in the ritual sense ... Varuṇa is specially the guardian of ṛtá in the moral sense.” (1917; reprint, Madras: Oxford University Press, 1960, p. 9.)

"大恒"一名，说明为两仪阴阳之所自出。后出的同义字遂写作"太极"。在秦汉之际表现在史书和星图上以居天地之中央的极星作为宇宙的核心，亦用以代表太一之神，它的作用和意义跟太恒、太极基本上是一致的。

现代哲学家阐释古代哲学的抽象观念，喜欢借用外来的框子来比附，为之披上条理缤纷、十分美观的外衣；但核实起来，往往不是那么一回事。本文则注重观念的内涵和它的同义字，寻求彼此间的相互关系，确切了解它们的历史背景和本文在行文命意的条理，加以融会贯通，可说是一种多角形的交错推理方法。大恒、太一、太极都是一事的异名，在群经诸子都有出典来历。如何取得合理的解释，本文希望作一新的尝试，提供一比勘的义理校证法。不徒文字上勘正差异，而是推求义理上的会同与贯通，仍望读者有以纠正之。

补记

本文成后，获见傅举有、陈松长编著，湖南出版社 1992 年出版的《马王堆汉墓文物》一书，《周易》六十四卦与《系辞传》悉在其中。该书第 123 页第 23 行下和第 122 页第 24 行上（见本文后附图三）有文云：

> 是故易有大恒，是生两＝杈＝生四＝马＝生八＝卦＝生吉＝凶＝生大业。

文字基本与通行本的《系辞上传》一致，只是不作太极，而作大恒。恒字从月在二之中，十分清晰。另一半作弋，似是心（忄）的省笔。帛书分明是作大恒，绝无问题。

另在帛书《阴阳五行》乙本上的《天一图》，神名地能（龙）的外圈，有下列诸名：

> 上地白青日恒司
> 立宫虎龙月陈陈

和"司"、"陈"骈列的有"恒"、"陈"，恒字从二，内夹心和月，十分清楚，与大恒的恒字字形可相印证。

顷见马王堆会议论文，廖名春提出《帛书系辞释文校补》，他强调大恒的恒字，乃是"极"字的误写，他认为《庄子》已经出现"太极"一词，《系辞上传》必依据之，故大恒乃是大亟形近之讹。他说帛书写得很随便，不免有误笔。亦有人以从“亘”与极为同纽字，恒乃极之音变。按亟字从人在二中，与恒之作亙（子弹库帛书此字三见）、𠄨（金文）全不一样。《系辞上传》大恒的恒字，和《阴阳五行》的《天一图》均作亟，是汉初的字体，与篆文的恒非常接近，绝非随意写错。况且在先秦楚国文献里面，“恒”的观念，非常突出丰富，我在本文已详细举出。“大恒”这一概念的形成是有它悠远的历史，不是突如其来的事，尤其先秦楚国学人对“恒”观念非常重视。大恒即是大经，是常道，和《老子》一系的思想正是一脉相承的。帛书《黄帝书》第一篇《经法》中《道法》说：“天地有恒常，万民有恒事，贵贱有恒位，畜民有恒道，使民有恒度。”这篇更充分发挥恒的大道理，足见“恒”是包有宇宙人事各方面的综合概念。《经法》出自何人手笔，不可得知；但出于楚家，传自黄老之学则灼然甚明。把大恒当作宇宙生成的源头，与太一尤相吻合。提出本文是希望关心秦汉思想史的学者，再作进一步的探讨。

近读陈燮君《战国楚竹书序文》谓楚竹书有十三简为《恒先》一篇道家文献，共497字，论宇宙生成之事，其篇题曰“恒先”。与周易简是出于同一人之书。是“恒”分明为道家重要观念，望能早日刊布，以公同好。

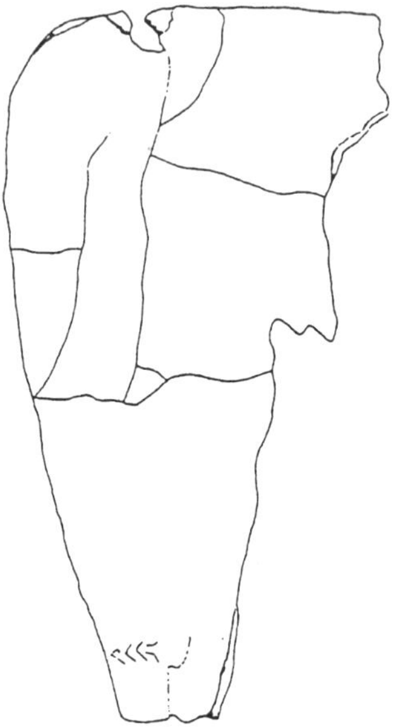

正面

背面：
六九八一八六九
一一一六五（背面右侧）
六八一一一八八
八六六六六一八
六八五五六八一
一一一（背面左侧）

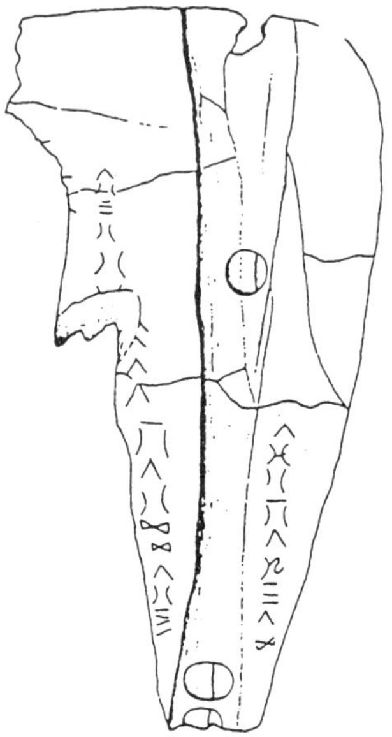

背面

图一　扶风县齐家村出土的六号卜骨刻文

（采自徐锡台：《周原甲骨文综述》，124页）

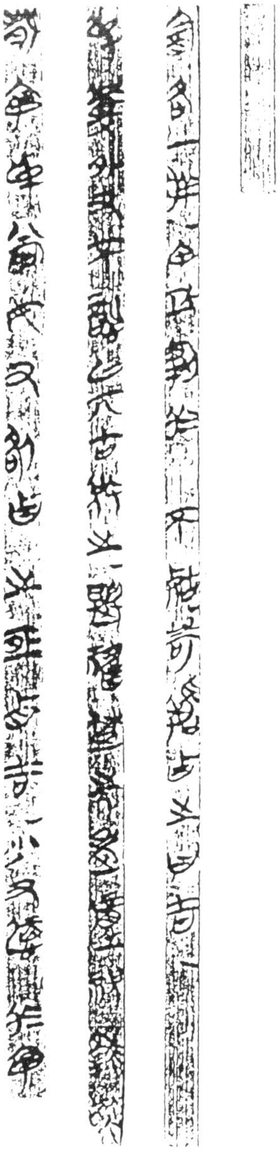

图二　包山出土第二一七号竹简

(采自湖北省荆沙铁路考古队：《包山楚简》，图版 96，北京，文物出版社，1991)

图三　马王堆汉墓出土帛书

《易·系辞上传》

(局部，采自傅举有、陈松长：《马王堆汉墓文物》，123、122 页)

论帛书《要》篇损益的天文意义

——产道与产气

长沙马王堆帛书出土，为中华文化遗产揭示极宝贵的久已失落的经典，就中楚人承传的《易传》，馯臂子弓以来易学的崭新面目，使学人耳目一新，二千年来对于《易传》种种不同的解说，车载斗量，经部易类几乎达到一千多种的可怕数字，《要》篇这一新发现，更是冠冕性的收获，《易》为群经之首，如果在西方，对于*Bible*有悠长重视的历史传统来说，马王堆的《易》书出土，不知要如何隆重去表彰它，起码应该举行一个首次发行的典礼，不至于无声无息地把它摆在道家研究的刊物中而予以公布，这似乎表现我们对于先人经典的无视！

《要》篇在马王堆《易传》中，要算是最重要的一篇，可谓名副其实，篇中以论损益一段，特别有意思，全文录之如下：

> 孔子繇《易》，至于损益一卦未尚（尝）不废书而羹（叹）。戒门弟子曰：厽（参）乎！夫损益之道，不可不审察也，吉凶之〔门〕也。
>
> 益之为卦也，春以授夏之时也，万勿（物）之所出也，长日之所至也，产之室也，故曰益。
>
> 授（损）者，秋以授冬之时也，万物之所老衰也。长□〔夕〕之所至也，故曰产道窮（穷）焉〔而产道□焉〕。益之始也吉，亓冬（其终）也凶；损之始凶，亓冬（其终）也吉，损益之道，足以观天地之变，而

君老（者）之事已。是以察于损益之变老（者），不可动以忧喜。故明君不时不宿，不日不月，不卜不筮，而知吉与凶，顺于天地之心，此胃（谓）《易》道。（《续修四库全书》帛书释文本）

今按廖名春原本作："授者，秋以授冬之时也。"从上下文义推勘，"授者"的"授"字，当是"损"之误写。又"亓冬"当读作"其终"，方与上文之"始"互相呼应。此段文字，别有日本池田知久的校释，邢文在他的《帛书周易研究》第164—173页对损益有关诸文句有详细讨论，可以参考，今不缕述。

本篇经过多人加以整理，一般多采取汉人的卦象说来作诠释。文中有一关键词的"产"字，又称曰"产道"，有需要特别提出来研究。

《要》谓："益之为卦也，春以授夏之时也，万勿（物）之所出也，长日之所至也，产之室也，故曰益。损者，秋以授冬之时也，万勿之所老衰也，长□〔夕〕之所至也，故曰产道窮（穷）焉。"

本篇用时节的观念来解释益、损二卦，涉及长日所至的夏至和长夕所至的冬至，冬至是一年之中夜最长的日子，夏至恰相反是一年之中日最长的日子。冬至一阳生，夏至一阴生。古人有养日养夜之说，《夏小正》云："五月时养日；十月时养夜。"养或读为羕，即永日、永夜。

《淮南子·诠言训》云：

> 阳气起于东北，尽于西南。
>
> 阴气起于西南，尽于东北。
>
> 阴阳之始，皆调适相似，日长其类以侵（寖）相远，或热焦沙，或寒凝冰，故圣人谨慎其所积。

积者，指由阴气初积，由秋徂冬，至于冬至而极；与阳气所积，由春徂夏，至于夏至而极。受阳气则万物茁长，长日于是乎生，故曰"产"，"产"者，生也。在《易》的益卦，正为此象。

"积"字亦作为天文名词，舆鬼五星四积：积兵、积布帛、积金玉、积尸（此居于中央）。

相反的，受阴气，则万物逐渐衰老，长夕于是乎生，故其产（生）道穷焉，在《易》的损卦，则为此象。一起于积热，一则由于积寒，阴气积寒而阳气积热，故圣人对于“所积”的事端，十分谨慎，所谓“履霜坚冰至”，此懔戒乎阴气者也。阴与阳之始，有需要作调适的工夫，《庄子·天下》篇云：“调适上遂。”是矣。

《要》篇七行八行，大半残缺。

> 子曰：吾好学而毚（才）闻“要”，安得“益”吾年乎？

文中再三强调“益”字，要如何去加以认识，这才是至德要道。

考之汉人候岁，必观察产气。《汉书·天文志》云：

> 凡候岁美恶，谨候岁始，岁始或冬至日，产气始萌。腊明日，人众卒岁，堂会饮食。发阳气，故曰初岁。正月旦，王者岁首，立春，四时之始也。（四始者候之日……）

冬至之日，产气开始萌生，故《要》篇谓“长日之所至也；产之室也，故曰益”。长日之所至即冬至之日，是时产气始生。产与生二字同义，汉简《引书》彭祖云：“春生夏长……”产即是生，可与此互证。故产道谓产气，指阳气之生，《要》篇称：

> 益……春以授夏之时
> 损……秋以授冬之时

《损·彖传》云：

> 损，损下益上，其道大行，损而有孚。
> 损刚益柔有时，损益盈虚，与时偕行。

《益·彖传》云：

> 益，损上益下，民说无疆。自上下下，其道大光。……
> 天施地生，其益无方。凡益之道，与时偕行。

杂卦云：

损、益，盛衰之始也。

韩康伯注："极损则益，极益则损。"这与《要》言损者，产道之穷，义正符合。

在马王堆《刑德》篇之中的诸神，代表南北二至的有下列二者：

上位、上天——夏至

昌、汾昌——冬至

"上"谓充满，示阳气之积。"昌"指物，百昌，司马彪训为百物，《书纬》"昌者地之则也"。表示一阳生，百物复萌。

《礼记·乡饮酒义》云：

乡饮酒之义：

立宾以象天，立主以象地，设介僎以象日月。立三宾以象三光。

亨狗于东方，祖阳气之发于东方也，洗之在阼，其水在洗东，祖天地之左海也。……

宾必南乡。东方者春，春之为言蠢也，产万物者，圣也；南方者夏，夏之为言假也，养之，长之，假之，仁也；西方者秋，秋之为言愁也，愁之以时察，守义者也；北方者冬，冬之为言中也，中者，藏也。

介必东乡，介宾主也。

主人必居东方，东方者春，春之为言蠢也，产万物者也。主人者造之，产万物者也。今以图表之如下（见下页）。

春主生，为产万物的季候。古人重视"辨方正位"（《周礼》语）和"正位居体"（《易·坤文言》语）。举行乡饮酒礼的时候，宾必南向，主人则居于东方，因东方属春，为产万物的方位。所谓产道、产气，与"候岁"之事，是分不开的。由于方位观念，且形成为一种礼仪，周人在冬至日祀天于南郊，来迎接长日之至。分别日之长、短，和礼制上的郊祭，更拉上了关系。《礼记·郊特牲》说：

郊之祭也，迎长日之至也，大报天而主日也。礼于南郊，就阳位

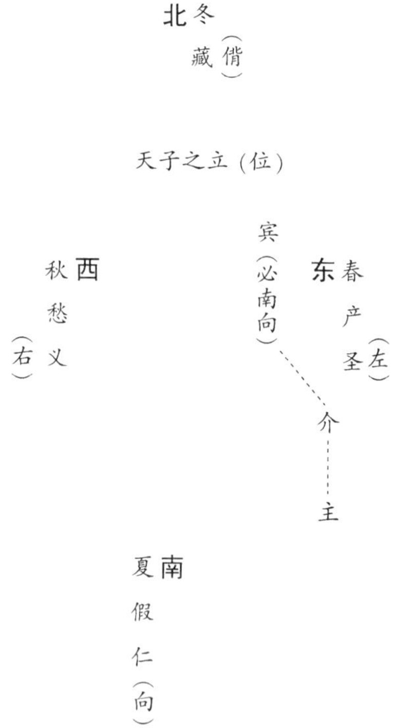

也。……郊之用辛也，周之始郊，日以至。……郊之祭也，大报本，反始也。

郊祭所以迎接“长日之至”，是语亦见于司马迁亲见的《周官》。《史记·封禅书》：

《周官》曰：冬日至，祀天于南郊，迎长日之至；夏日至，祭地祇。皆用乐舞，而神乃可得而礼也。

这一条材料，相当重要。从上引《郊特牲》与《周官》，证知“长日之至”一词的来历是很久远的，《礼记·月令》亦说：

仲夏之月……是月也，日长至，阴阳争，死生分。……

仲冬之月……是月也，日短至，阴阳争，诸生荡。……日短至则伐木取竹箭。

日长至与短至的区别，在古代农业社会，是生活上必需的普遍知识。

殷卜辞的记载，以“至日”与“弜至日”对举为文，见于《甲骨合集》二二〇四六、二九七〇一、二九七〇二及《小屯南地》二二七一、四五八二诸片，分明有“至日”之占卜。所谓“弜至日”，意思是指非（不是）至日，并不是说不要至日（常玉芝在《殷商历法研究》书中对弜至日的解说，似稍拘泥）。殷人是否能用土圭来测日影以定日至，如董作宾之说，尚无法证明，但当时的农人从耕稼经验去体验一年之间日之长短，不是没有可能的。《尚书·尧典》记“日中星鸟，日永星火，宵中星虚，日短星昴”，似已有四时四中星的测定。《尧典》时代，已能确定二分、二至的时间点，照竺可桢天文学上的考察结果，与近人多次反复讨论，其说大致可从（参见邢文：《尧典星象历法与帛书四时》，载《华学》，第3期）。

古人重视二至，以长日、长夕作为定点，以建历术。《易》道主消息，益是息，损是消；益主生长，损主衰老。天文上以二至表示一年间消与息两个阶段。

夏至点为长日。

冬至点为长夕。

益卦　表示从冬至→夏至，长日之至，故为产之室；产即生也。

损卦　表示从夏至→冬至，产道之穷。

产即是生，故《系辞》云：“天地之大德曰生。”

马王堆《易》卦的排列，所以始于乾（键）而终于益卦者，以益者产气始萌，一阳复生。宇宙周期，仍未有尽，故以益卦终焉。

古代在二至之日，要停止工作活动。易卦卦象云：“先王以至日闭关，商旅不行，后不省方。”焦氏《易林》复之履云：“先王日至，不利出域。”又晋之解云：“二至之戒，家无凶祸。”《汉书·薛宣传》：“日至休吏，所由来久。”《后汉书·鲁恭传》：“《易》五月姤用事，先王施命令止四方行。”以姤卦即夏至之卦也。

《易》六十四卦之中，特别凸出损、益二卦，从《要》篇所启示，系孔子之说，但老子亦重损益之理。《德经》云：“为学者日益，闻道者日损，损之又损，以至于无为。”（帛书甲本四十八章）显然亦从《易》义得来。《后汉书·逸民传》记向长读《易》至损、益二卦，悟到贫贱富贵之理，与《要》篇同符，可见这一见解，在汉代还是很流行的。

《要》篇指出能明乎损益之道，可以观天地之变。结句云：“损益之道，足以观天地之变。”是为人君之务，能够懂得损益，就不必用卜筮，不必为时日、星宿之占，知损、益是代表二至，能先明白天道，施之人事，自可迎刃而解了。

秦简中的五行说与纳音说

五行说的起源，至今学者尚未有定论。[1] 战国楚帛书四隅绘有四时之木，在《帛书》上写着"青木赤木黄木白木墨木之精"，而黄木没有绘上，有人据此认为只有五色与五木之名，但没有明文把它与水火木金土联系起来，故谓这时五行说尚未成立，《管子》的《幼官》篇与《五行》篇，其写作年代尚难确定。有的学者干脆把五行说看作汉人的学说（赵光贤：《新五行说商榷》，载《文史》，第14辑）。要到董仲舒的《春秋繁露》中讲五行，第五十八为《五行相生》，五十九为《五行相胜》，此时，才有具体可靠的资料。

一、五行与三合局

按云梦秦简《日书》甲、乙篇已有五行相胜、相生的记载，是研究五行说极重要的材料，兹摘录于下：

甲			乙	
亥	子	金胜木	〔甲乙木	木胜土〕（补）
十月	十一月	火胜金	丙丁火	火胜金

① 顾颉刚认为刘歆改五行相胜为相生，他的学生杨向奎提出反对，主张五行相生说应先于相胜说而存在（《绎史斋学术文集》，146页）。庞朴撰《五行思想和先秦诸子》利用一些新材料提供不同看法（《沉思集》，219～225页）。

续前表

甲		乙	
戌卯寅丑	水胜火	戊己土	土胜水
九月二月正月十二月	土胜水	庚辛金	金胜木
辰巳午	木胜土	壬癸水	水胜火
三月四月五月	东方木	丑巳金	金胜木
酉申　　未	南方火	未亥□□	□胜土
八月七月　　六月	西方金	辰申子水	水胜火
	北方水		
	中央土		
（原简八一三反—八〇四反）		（原简九七四—九八二）	

《墨经》五行章云：

经　五行毋常胜，说在宜。

说　五：合水、土、火。火离然，火铄金，火多也。金靡炭，金多也。合之府水，木离木。

是经向来解释意见殊不一致。“毋常胜”一句，梁任公以为“生克说出于邹衍以后，墨子时无有”。《孙子·虚实》篇“故五行无常胜”即引此经之文。栾调甫另引《墨子·贵义》篇五色龙一段以证墨子时当有五行生克说（详栾氏著《墨子研究论文集》）。

考临沂出土的《孙膑兵法·地葆》篇已亥“五地之胜，五草之胜，五壤之胜”。其五壤之胜云：

青（木）胜黄（土），黄（土）胜黑（水），黑（水）胜赤（火），赤（火）胜白（金），白（金）胜青（木）。

以颜色代表五行，这和秦简所云“木胜土，土胜水，水胜火，火胜金，金胜木”相胜完全一样，《墨子·贵义》篇：

帝以甲乙杀青龙于东方
　　丙丁杀赤龙于南方
　　庚辛杀白龙于西方

壬癸杀黑龙于北方

合以秦简甲乙木、丙丁火、庚辛金、壬癸水，义亦无异。《淮南枕中书》有《墨子五行变化记》五卷，葛洪《抱朴子·遐览》篇所列书名有《墨子枕中五行记》，可见此书汉、晋时尚流传于世。墨子谈五行相胜，应该是没有问题的。①

秦简《日书》乙本《占梦》下云：

甲乙，梦被黑裘衣冠，喜，入水中及谷，得也。

丙丁，梦被□，喜也。木，金得也。

戊己，梦黑，吉；得，喜也。

庚辛，梦青、黑，喜也；木，水得也。

壬癸，梦日（按日字当作“白”），喜也，金得也。（简一〇八四—一〇八八）

按黑为水，甲乙木，梦见黑，黑亦为水，水生木，故为得。庚辛为金，梦青黑为喜者，木水相得，因火生木故也。壬癸为水，梦白有喜者，白即金，金生水，故有得。

《墨经》已有“五行毋常胜”之言，当为五行说之滥觞。在上举《日书》两则，一为五行相胜，见于《日书》甲本，文字本身非常清楚。见于《日书》乙本《占梦》，以颜色代表五行，是则为五行相生说。

《日书》甲本的乙条，上有许多缺文，在“丙丁火”之前，应补“甲乙木，木胜土”一简，然后十干才齐备。下面三条，从“辰申子水水胜火”句，知是五行三合，可推知前后有缺字漏句，其“未亥”一条缺字，亦可补齐，应如下文：

丑巳〔酉〕金，金胜木。

未亥〔卯木，木〕胜土。

辰申子水，水胜火。

〔戌寅午火，火胜金〕。

① 庞朴还说《墨经》不说五行毋相胜，而说五行毋常胜值得注意。他认为常胜和相胜含义有出入，似乎对生克说仍不相信，但从上列《地葆》篇和《日书》记录，分明指相胜，毫无疑问。

这即后来五行家所谓三合局，其说以生、旺、墓三者合局。申子辰合水局，亥卯未合木局，寅午戌合火局，巳酉丑合金局。以为水生于申，旺于子，墓于辰，故申、子、辰合成水局；木生于亥，旺于卯，墓于未，故合成木局；火生于寅，旺于午，墓于戌，故合成火局；金生于巳，旺于酉，墓于丑，故合成金局。这是后人的理论，秦简的三合，却没有生、旺、墓三阶段的明文。而以金、木、水、火代表墓的丑、未、辰、戌居前，代表生的五行居中，代表旺的列后。虽然有点不同，但五行三合局的配合，在先秦时代已正式形成，这是非常值得注意的。

二、纳音与《禹须臾》

《日书》有《禹须臾》，其法即纳音所自出，原文请参阅附图（原简影印本）。

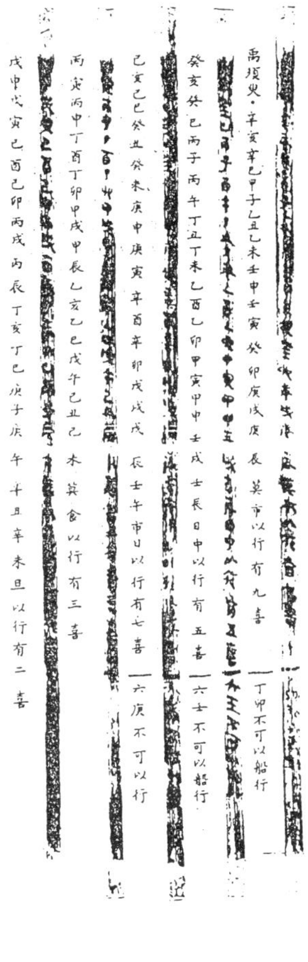

附图 《禹须臾》

七九五（反面） 七九六（反面） 七九七（反面） 七九八（反面） 七九九（反面）

另一《禹须臾》在“到家”项目之下只有一行，文云：

《禹须臾》：戊、己、丙、丁、庚、辛，旦行有二喜
甲、乙、壬、癸、丙、丁，日中行有五喜
庚、辛、戊、己、壬、癸，餔时行有七喜
壬、癸、庚、辛、甲、乙，夕行有九喜（原简八六四）

与前条比较，减少“三喜”属火一行，且只记干名而略去地支，乃为简省例，仅以六天干计之。

须臾是“立成”的意思，名曰《禹须臾》，当是日者借禹之名以增重其说。这是一份编定的日辰干支表，可以一检即得。这些日辰不是随便写上去，而是经过有系统整理后的结果，把得到的干支日子列举出来的。

这是纳音的结果，纳音的手续，是把六十甲子，按照六甲的次序，配合十二律、五行之五音而成。先区别阳律、阴吕二组，分为二图，一阳生于子，起于甲子之仲；一阴生于午，起于甲午之仲；由子、午以推阳与阴之律，阳律起于甲子而终癸亥，阴律起甲午而终癸巳。以五音十二律，纳于六十甲子，起于甲子、乙丑，则子为黄钟，丑为大吕，自此隔八相生而为壬申癸酉，由下再隔八而为庚辰辛巳，终于丁亥。再下为戊子己丑乃入于火行的范围。

甲子与乙丑相配而下生壬申，昔人作出譬喻说好像是律娶妻而生子，即以乙丑为妻而所生之子为壬申，壬申又娶癸酉以生庚辰，其实这即取自“隔八相生”中“生”字之义：凡甲子至壬申相隔八日（即甲、乙、丙、丁、戊、己、庚、辛），所生之子既为壬申，壬申在五行属金，故纳音之五行，亦当从“金”开始。金配五音为商音，故甲子乙丑为黄钟商、大吕商，下生之壬申及癸酉为夷则商、南吕商。再下八位下生午庚辰及辛巳，则为姑洗商、仲吕商。再下八位为戊子己丑，已入五行之火，复由黄钟、大吕起算，火于五音为徵，故戊子为异钟徵，己丑为大吕徵，以下照此类推。

表一

（黄钟商）（大吕商）
‖ ‖
甲子金 乙丑金 丙寅 丁卯 戊辰 己巳 庚午

（夷则商）　（南吕商）

‖　‖

辛未　壬申金　癸酉金

甲戌　乙亥　丙子　丁丑　戊寅　己卯

（姑洗商）　（仲吕商）

‖　‖

庚辰金　辛巳金　壬午　癸未

甲申　乙酉　丙戌　丁亥

（黄钟徵）　（大吕徵）

‖　‖

戊子火　己丑火　庚寅　辛卯　壬辰　癸巳

（夷则徵）　（南吕徵）

‖　‖

甲午　乙未　丙申火　丁酉火　戊戌　己亥　庚子　辛丑　壬寅　癸卯

（姑洗徵）　（仲吕徵）　（黄钟角）（大吕角）

‖　‖　‖　‖

甲辰火　乙巳火　丙午　丁未　戊申　己酉　庚戌　辛亥　壬子木　癸丑木

（夷则角）（南吕角）

‖　‖

甲寅　乙卯　丙辰　丁巳　戊午　己未　庚申木　辛酉木　壬戌　癸亥

表二

（姑洗角）（仲吕角）

‖　‖

甲子　乙丑　丙寅　丁卯　戊辰木　己巳木　庚午　辛未　壬申　癸酉

（黄钟羽）　（大吕羽）

‖　‖

甲戌　乙亥　丙子水　丁丑水　戊寅　己卯　庚辰　辛巳　壬午　癸未

（夷则羽）　（南吕羽）　（姑洗羽）（仲吕羽）

‖　‖　‖　‖

甲申水　乙酉水　丙戌　丁亥　戊子　乙丑　庚寅　辛卯　壬辰水　癸巳水

（黄钟宫）（大吕宫）

‖　‖

甲午　乙未　丙申　丁酉　戊戌　己亥　庚子土　辛丑土　壬寅　癸卯

（夷则宫）（南吕宫）

‖　‖

甲辰　乙巳　丙午　丁未　戊申土　己酉土　庚戌　辛亥　壬子　癸丑

（姑洗宫）（仲吕宫）

‖　‖

甲寅　乙卯　丙辰土　丁巳土　戊午　己未　庚申　辛酉　壬戌　癸亥

以上隔八生阳之律。

又隔八生阴之律，起甲午金而终于癸巳水。列之如下：

表三

（蕤宾商）	（林钟商）							（太蔟商）	（夹钟商）
‖	‖							‖	‖
甲午金	乙未金	丙申	丁酉	戊戌	己亥	庚子	辛丑	壬寅金	癸卯金
						（无射商）	（应钟商）		
						‖	‖		
甲辰	乙巳	丙午	丁未	戊申	己酉	庚戌金	辛亥金	壬子	癸丑
				（蕤宾徵）	（林钟徵）				
				‖	‖				
甲寅	乙卯	丙辰	丁巳	戊午火	己未火	庚申	辛酉	壬戌	癸亥
		（太蔟徵）	（夹钟徵）						
		‖	‖						
甲子	乙丑	丙寅火	丁卯火	戊辰	己巳	庚午	辛未	壬申	癸酉
（无射徵）	（应钟徵）							（蕤宾角）	（林钟角）
‖	‖							‖	‖
甲戌火	乙亥火	丙子	丁丑	戊寅	己卯	庚辰	辛巳	壬午木	癸未木
						（太蔟角）	（夹钟角）		
						‖	‖		
甲申	乙酉	丙戌	丁亥	戊子	己丑	庚寅木	辛卯木	壬辰	癸巳

表四

				（无射角）	（应钟角）				
				‖	‖				
甲午	乙未	丙申	丁酉	戊戌木	己亥木	庚子	辛丑	壬寅	癸卯
		（蕤宾羽）	（林钟羽）						
		‖	‖						
甲辰	乙巳	丙午水	丁未水	戊申	己酉	庚戌	辛亥	壬子	癸丑
（太蔟羽）	（夹钟羽）							（无射羽）	（应钟羽）
‖	‖							‖	‖
甲寅水	乙卯水	丙辰	丁巳	戊午	己未	庚申	辛酉	壬戌水	癸亥水
						（蕤宾宫）	（林钟宫）		
						‖	‖		
甲子	乙丑	丙寅	丁卯	戊辰	己巳	庚午土	辛未土	壬申	癸酉
				（太蔟宫）	（夹钟宫）				
				‖	‖				
甲戌	乙亥	丙子	丁丑	戊寅土	己卯土	庚辰	辛巳	壬午	癸未
		（无射宫）	（应钟宫）						
		‖	‖						
甲申	乙酉	丙戌土	丁亥土	戊子	己丑	庚寅	辛卯	壬辰	癸巳

以上隔八生阴之律。

以上依朱元昇《三易备遗》卷七，六甲隔八生律吕八卦之序，除去相应卦名部分，就六十甲子依次隔八，得到之律及吕，区分甲子、甲午二部分以便观览（朱书间有误，已为校正）。兹再分别其五行及所配合之五音，将其隔八之律名与日辰依次刊之如下：

金　商音

甲子黄钟商　乙丑大吕商　壬申夷则商

癸酉南吕商　庚辰姑洗商　辛巳仲吕商

以上隔八生阳之律

甲午蕤宾商　乙未林钟商　壬寅太蔟商

癸卯夹钟商　庚戌无射商　辛亥应钟商

以上隔八生阴之律

水　羽音

丙子黄钟羽　丁丑大吕羽　甲申夷则羽

乙酉南吕羽　壬辰姑洗羽　癸巳仲吕羽

以上隔八生阳之律

丙午蕤宾羽　丁未林钟羽　甲寅太蔟羽

乙卯夹钟羽　壬戌无射羽　癸亥应钟羽

以上隔八生阴之律

木　角音

壬子黄钟角　癸丑大吕角　庚申夷则角

辛酉南吕角　戊辰姑洗角　己巳仲吕角

以上隔八生阳之律

壬午蕤宾角　癸未林钟角　庚寅太蔟角

辛卯夹钟角　戊戌无射角　己亥应钟角

以上隔八生阴之律

火　徵音

戊子黄钟徵　己丑大吕徵　丙申夷则徵

丁酉南吕徵　甲辰姑洗徵　乙巳仲吕徵

以上隔八生阳之律

戊午蕤宾徵　己未林钟徵　丙寅太蔟徵

丁卯夹钟徵　甲戌无射徵　乙亥应钟徵

以上隔八生阴之律

土　宫音

庚子黄钟宫　辛丑大吕宫　戊申夷则宫

己酉南吕宫　丙辰姑洗宫　丁巳仲吕宫

以上隔八生阳之律

庚午蕤宾宫　辛未林钟宫　戊寅太蔟宫

己卯夹钟宫　丙戌无射宫　丁亥应钟宫

以上隔八生阴之律

再将《禹须臾》表中所列日辰依上两个纳音表所得配合五行后所得某音之日辰与律吕名称，重新整理，区别阴阳，列表如下。从阴开始，起于辛亥之应钟，而终于庚辰之姑洗，凡加〔〕号者为原表所缺而增入之律名及日辰。

金　商音

阳	辛巳 仲吕商	甲子 黄钟商	乙丑 大吕商

阴	辛亥 应钟商		〔甲午〕 蕤宾商	乙未 林钟商	
阳	壬申 夷则商	〔癸酉〕 南吕商		庚辰 姑洗商	
阴	壬寅 太蔟商		癸卯 夹钟商		庚戌 无射商

水　羽音

阳	癸巳 仲吕羽	丙子 黄钟羽	丁丑 大吕羽
阴	癸亥 应钟羽	丙午 蕤宾羽	丁未 林钟羽
阳	乙酉 南吕羽	甲申 夷则羽	壬辰 姑洗羽
阴	乙卯 夹钟羽	甲寅 太蔟羽	壬戌 无射羽

木　角音

阳	己巳 仲吕角	〔壬子〕 〔黄钟角〕	癸丑 大吕角 〔原列最末〕	
阴	己亥 应钟角		壬午 蕤宾角	〔癸未〕 林钟角
阳	庚申 夷则角	辛酉 南吕角		戊辰 姑洗角
阴	庚寅 太蔟角	辛卯 夹钟角	戊戌 无射角	

火　徵音

阳	丙申 夷则徵	丁酉 南吕徵	甲辰 姑洗徵
阴	丙寅 太蔟徵	丁卯 夹钟徵	甲戌 无射徵
阳	乙巳 仲吕徵	〔戊子〕 黄钟徵	己丑 大吕徵

阴	乙亥 应钟徵	戊午 蕤宾徵	己未 林钟徵

土　宫音

阳	戊申 夷则宫	己酉 南吕宫	丙辰 姑洗宫
阴	戊寅 太蔟宫	己卯 夹钟宫	丙戌 无射宫
阳	丁巳 仲吕宫	庚子 黄钟宫	辛丑 大吕宫
阴	丁亥 应钟宫	庚午 蕤宾宫	辛未 林钟宫

今以秦简《禹须臾》与上表比勘只发现有些地方略有夺漏，即上表加〔〕号补足之日辰，计有：

九喜之金行甲子下应添甲午，癸卯上应增癸酉。

五喜之水行，癸、丙、丁、乙、甲、壬齐全。

七喜之木行，壬午上应增壬子。

三喜之火行，戊午上应添戊子。

二喜之土行，戊、己、丙、丁、庚、辛均全。

全篇只漏去甲午、癸酉、壬子、戊子四日，其余皆完全符合，此纳音之干支，皆由隔八相生而得，绝无有误，如下表所示：

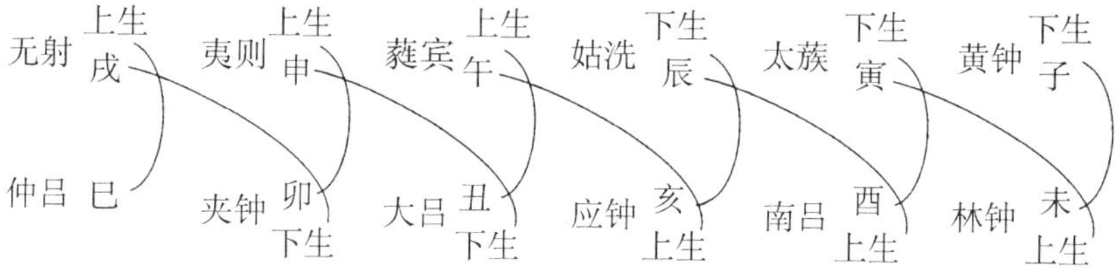

这一篇《禹须臾》出现在秦简之上虽无写明五音十二律之名，但所记干支日辰都符合五行分配下隔八相生的律吕现象，所以非常重要，特别在乐律史上有重大意义，计有下列各点：

（一）说明秦人已用十二律吕配五音、五行以占出行之休咎。

（二）编排中绝对以隔八相生为次序。

（三）五行的排列是用相生之法。

（四）金、水、木都以建亥为首，即辛亥、癸亥、己亥。

秦以建亥为岁首，故起于辛亥之应钟，正符合秦历的实际状况。由上可知，早期的纳音法，纯以五音合之五行，以与十二律相配，其中仍须分阴分阳，而五行相生之序，即以金、水、木、火、土为次，以金、水为首。

《禹须臾》以纳音所属之日辰五行，配合每日的早、晚时刻，来占出行之休咎，并注明所喜的数，这些数目字应该与五行有关，兹表列如次：

五行	晨	时刻	喜数	五音	忌
金	辛亥——庚辰	莫（夕）	九	〔商〕	丁卯不可以船行
水	癸亥——壬辰	日中	五	〔羽〕	六壬不可以船行
木	己亥——戊辰	䀝𫗦	七	〔角〕	六庚不可以行
火	丙寅——己未	莫食	三	〔徵〕	
土	戊申——辛未	早（旦）	二	〔宫〕	

辛亥至庚辰属金。商音金，亥卯木，金胜木，故丁卯不宜船行，九与四为五行之金数，九是成数。

癸亥至壬辰属水，六壬者，壬申、壬午、壬辰、壬寅、壬子、壬戌，壬为水，此际水太旺故亦不宜船行，以涉大川。五为土数，水必假土为用。

属木之日辰，木为金所克，故六庚不可行，六庚即庚午、庚辰、庚寅、庚子、庚戌、庚申。庚辛为金，金胜木，故六庚皆不宜出行。

属火之日辰，喜数三者，三与八本皆为木之数，木生火，借木数以为火，故用三之数为喜。

日辰属土而喜数为二者，二、七本皆为火数，土必假于火，故用火之数为宜。

凡五音配五行相生之次序，《禹须臾》所见为：

$$金^{1}——水^{2}——木^{3}——火^{4}——土^{5}$$

分明是用五行相生法："金生水，水生木，木生火，火生土，土生金。"《日书》明文有"五行相胜"，而无五行相生，但在《占梦》及《禹须臾》中所暗示之五行序次正是相生之序。《黄帝内经》所见纳音，始于金，而传火，传木，传水，传土，阳律阴吕，隔八相生。其次序是：

金——火——木——水——土

与《日书》微有不同，而始于金，则是一样的。

《淮南子》六十律之数，十一月黄钟宫自戊子起，十二月大吕宫为癸丑，十月应钟宫癸亥，九月无射宫戊戌，至于三月姑洗宫为戊辰。而秦《禹须臾》则黄钟宫为庚子，大吕宫为辛丑，应钟宫为丁亥，无射宫为丙戌，姑洗宫为丙辰，比《淮南》差二辰，而纳音的原理相同，《淮南》盖以十一月为黄钟，与《禹须臾》之以建亥为首不同。

《抱朴子·仙药》篇云："按《玉策记》及《开明经》，皆以五音、六属，知人年命之所在。……一言得之者，宫与土也；三言得之者，徵与火也；五言得之者，羽与水也；七言得之者，商与金也；九言得之者，角与木也。"葛洪所见异书甚多，其《遐览》篇引书有《玉策记》，当即此书。萧吉《五行大义》卷一引《乐纬》："孔子曰：吹律定姓，一言得土曰宫，三言得火曰徵，五言得水曰羽，七言得金曰商，九言得木曰角。"与葛洪五行之数相同。李淳风《乙巳占》卷十《论五言六属》（第七十三）："五音者一言宫，三言徵，五言羽，七言商，九言角。"又《五音所主占》（第七十一）亦云："宫数一，徵数三，羽数五，商数七，角数九。"《禹须臾》之喜数以较各书所记五音之数，唯羽有五喜，徵有三喜，其数相同，余则颇有出入。清钱大昕作《纳音说》，最先利用葛洪此语以论纳音（《潜揅堂文集》卷三），甚有见地。《乐纬》复云："纳音者，取其音之调，知姓之所属也。"此为古代纳音之一种用途，所谓"吹律定姓"，以非本文范围，不欲涉及，关于五行之次序用于纳音，其说多歧，扬雄《太玄》则以火、土、木、金、水为序，其以甲子乙丑为金者，谓甲、己、子、午其数九，乙、庚、丑、未其数八，甲、乙、子、丑积数得三十四（9＋8＋9＋8＝34），以五除之余四，故为金。其他所有之数，都用此种数法推定之。推之，甲、申、乙、酉得三十（9＋7＋8＋6＝30），以五除之得六，六与一为水数，故为水，余皆仿此。[①] 这种用积数之术来解释纳音，可以代表汉人之一种说法，李淳风论五行之数，"《洪范》水、火、金、木、土，盖自顺理"。然《禹须臾》所见五行之次序实是"金、水、木、土、火"相生之序。此一资料可以揭开秦以前纳音的真面目，也许当日还有许多纳音的理论与方法，这不过是其中之一种。至于汉以后各家推衍之说，兹不多及。

---

① 一、六为水，二、七为火，三、八为木，四、九为金，五、十为土。

宋元人也喜欢谈纳音，沈括、洪迈、高似孙、罗泌、陶宗仪等等，人所共知，兹举张行成《翼玄》一篇及清代成瓘结合卦爻以说纳音为例，作为附录，以资参考。

干支所属之数如下表：

甲己子午	9
乙庚丑未	8
丙辛寅申	7
丁壬卯酉	6
戊癸辰戌	5
巳亥	4

附录一　宋张行成《翼玄》卷五

《太玄》纳音数五运六气，天之五行也。五音六律，地之五行也。纳音，人之五行也。

甲己为土、乙庚为金、丙辛为水、丁壬为木、戊癸为火者，天之五行也。十干者，天之阴阳也。阴阳配合，冲气始生。甲首偶己，土乃居一，自此相生，以至戊癸为火，而复生土焉。周流转运，如环无端，故其序如此也。亥子为水、寅卯为木、巳午为火、申酉为金、辰戌丑未为土者，地之五行也。十二支者，地之柔刚也。五气既合，大物已生，四方奠位，五气行焉。北方寒，寒生水，亥子在北故为水；东方风，风生木，寅卯在东故为木；南方热，热生火，巳午在南故为火；西方燥，燥生金，申酉在西故为金；中方湿生土，中无定位，寄在四维，故辰戌丑未为土。夫十干圆布者，天之二五之用也；十二支方列者，地之二六之用也。以其方列，故四行各占一方，惟土制中，分寓四旁。以其圆布，故甲对己、乙对庚、丙对辛、丁对壬、戊对癸，通贯上下，主五运于两间也。若乃天无体，托地以为体；地无用，承天以为用。六气从五运，则亦圆布；十干从十二支，则亦方列。是故壬癸与亥子同在北为水，甲乙与寅卯同在东而为木，丙丁与巳午同在南而为火，庚辛与申酉同在西而为金，戊己在中与辰戌丑未同为土。天地合而生万物，此造化之用也。故干始于甲，支始于子，而甲乙寄干位起寅卯，不在子丑者，主地上之用而言，随地之方也。支干相配为六十，则人之五行也。推本天地配合之原，而纳音生焉。与天地大数不同者，人物之细数也。《太玄》曰：一、六为水，以其在北也。二、七为火，以其在南也。三、八为木，以其在东也。四、九为金，以其在西也。五、五为土，以其在中也。此五行本数也，判于四方者也。又曰：子午之数九，丑未八，寅申七，卯酉六，辰戌五，巳亥四。甲己之数九，乙庚八，丙辛七，丁壬六，戊癸五。此纳音之数也，因所得于天地合数，而判于四方者也。混元肇分，天甲地子始相遇于北方，支干上下相附而行，五六相乘，乃周六十，在天则六十日，在地则六十律也。同位为娶妻，隔八而生子。自甲子相生至丁巳，凡三十为阳；自甲午相生至丁亥，凡三十为阴。阴阳之分不相袭，而得数则同。始自甲子娶乙丑，隔八生壬申。壬申娶癸酉，隔八生庚辰。以至于戊申娶己酉，隔八生丙辰。丙辰娶丁巳，则复生甲子矣。自甲午以至丁亥，凡三十，亦然。故阴阳相生，子午不相沿袭也。每三十位之中，子午各三变，而复均为五数，各得六位，一生一娶，两两相从，三位而已。类娶三位之数，五以去之，五行之生，本于天五冲气。视其不尽之阳，村之以法，则知纳音之原矣。阳娶妻，阴生子，子得父。类阴则从天，故九位之中，以一、三、五、七、九为不尽之余数，即见五行所得之数也。初三位得八十二，去七十五，所余者七。次三位得八十三位，去八五，所余者三。又次三位得七十九位，去七五，所余者九。又次三位得八十，去七十五，所余者五。末三位得八十一，倍去八五，所余者一。夫九九老阳之气，中者物生之本。八十一之数，得一极九，而又当五数之中，故为土数居中，得一以为四行之主。其气数自东而出，随天左行，至九而极。三在南为火数，五在北为水数，七在西为金数，九在东为木数。其法先以土之甲子十二分布，以四方居一而为主也。四物待土而行，群数皆附土类聚，其纳音之数，从干顺数，遇支与土同则止，即是其数也。五物既成气以顺布，土始与四行，均为五用，两两相合，所得之数，仍以五去之。火得一，起于甲乙；土得二，起于丙丁；木得三，起于戊己；金得四，起于庚辛；水得五，起于壬癸。四时行焉，百物生焉。声音律吕之数，是为万物之数，圣人用之，定律吕以作东，故能调和元气，燮理阴阳，而遂万物之宜也。各具图于后：

十二律娶妻生子图律生吕为娶妻，吕生律为生子。

黄钟子·乾初九·水·　林钟未·坤初六·土·　太蔟寅·九二·木·　南吕酉·六二·金·　姑洗辰·九三·土·

应钟亥·六三·水·

蕤宾午·九四·火·　大吕丑·六四·土·　夷则申·九五·金·　夹钟卯·六五·水·　无射戌·上九·土·

中吕巳·上六·火·

在十二律，五音则自子至巳，巳复还子。在六十律，纳音则子午各生，两不相袭。此《玄》所谓同本离末。天地之经，故天一地二也。

六十律纳音同位娶妻隔八生子图

甲子乙丑金壬申癸酉　庚辰辛巳八十二　戊子己丑火丙申丁酉　甲辰乙巳八十三

壬子癸丑木庚申辛酉　戊辰己巳七十九　丙子丁丑水甲申乙酉　壬辰癸巳八十

庚子辛丑土戊申己酉　丙辰丁巳八十一，此大数也。甲午之数同，大数用一、三、五、七、九之奇数，小数用一、二、三、四、五之生数也。

已上系甲子所生，至丁巳则反生甲子。申酉在子丑辰巳之中，与寅卯相易，所谓虎舍水居离。

甲午乙未金三十四　壬寅癸卯二十四　庚戌辛亥起庚辛二十四

戊午己未火三十一　丙寅丁卯二十六　甲戌乙亥起甲乙二十六

壬午癸未木二十八　庚寅辛卯二十八　戊戌己亥起戊己二十三

丙午丁未水三十一　甲寅乙卯三十　壬戌癸亥起壬癸三十

庚午辛未土三十二　戊寅己卯七十二　丙戌丁亥起丙丁，皆逆生而顺布，此水数也。甲子之数同。

已上系甲午所生，至丁亥则复生甲午。寅卯在午未戌亥之中，与申酉相易，所谓龙舍火居坎。此龙虎交法也。

十干者，天气也；十二支者，地气也。天地奠位，分阴分阳。天则或以自甲至戊为阳、自己至癸为阴，或以甲丙戊庚壬为阳、乙丁己辛癸为阴者，皆二五也。地则或以自子至巳为阳、自午至亥为阴，或以子寅辰午申戌为阳、丑卯巳未酉亥为阴者，皆二六也。阴阳通气，迭用柔刚。天则或以甲与己、乙与庚、丙与辛、丁与壬、戊与癸，或以甲与乙、丙与丁、戊与己、庚与辛、壬与癸相从者，皆五一也。地则或以子与丑、寅与亥、卯与戌、辰与酉、巳与申、午与未，或以子与丑、寅与卯、辰与巳、午与未、申与酉、戌与亥相从者，皆六二也。若夫支干五六二中又相配偶，天中有地，地中有天。阴阳各三十者，十五而三十也，七八九六之合也。通之为六十者，三十而六十也，七八九六合而又偶之者也。故自甲子至丁巳为三十阳，自甲午至丁亥为三十阴。自十与十二者言之，则一阴一阳，因袭不离。自三十与六十者言之，则二阳二阴，相间而行，子午各生，不相沿袭。干以十而复初，支以十二而复初，甲子以六十而复初，阴阳五行变化逆顺之情，可得而考矣。《易》有六爻，则用十二支而析阴阳为二者也。《玄》有九赞，用则十干而并戊己为一者也。天之用在地，地之承在天。故《易》为天数，《玄》为地数。至于甲子为万物之数，先天之运世声音，《太玄》之律历皆用之，天地之用，本以生物故也。

附录二　清成瓘《篛园日札》卷一

乾坤十二爻辰生纳音

由黄钟子位隔八旋之，而乾坤十二爻得矣。律取妻，吕生子也。取妻、生子有二说：如淳谓黄钟生林钟为律取妻，林钟生太蔟为吕生子。此乾南坤北方位所由定，郑康成四十八爻辰之所旋也。孟康谓异类为子母：如黄钟生林钟为子；同类为夫妇，如黄钟以大吕为妻。按孟说异类为子母，虽与如说名号不同，黄钟阳律非吕非母。而阴阳之旋法不异。至同类为夫妇，则纳音之法，由此生矣。甲子乾初爻，合乙丑坤四爻，是律取妻也。乙丑隔八生壬申，是吕生子也。壬申属金，是纳音属金，始于金也。阳起甲子如之，阴起甲午亦如之。谱之于后：

律	取妻	生子	律	取妻	生子	五行所属
甲子	乙丑	壬申	甲午	乙未	壬寅	金
壬申	癸酉	庚辰	壬寅	癸卯	庚戌	金
庚辰	辛巳	戊子	庚戌	辛亥	戊午	金 戊子火 戊午火
戊子	己丑	丙申	戊午	己未	丙寅	火
丙申	丁酉	甲辰	丙寅	丁卯	甲戌	火
甲辰	乙巳	壬子	甲戌	乙亥	壬午	火 壬子木 壬午木
壬子	癸丑	庚申	壬午	癸未	庚寅	木

续前表

律	取妻	生子	律	取妻	生子	五行所属
庚申	辛酉	戊辰	庚寅	辛卯	戊戌	木
戊辰	己巳	丙子	戊戌	己亥	丙午	木 戊辰水 戊戌水
丙子	丁丑	甲申	丙午	丁未	甲寅	水
甲申	乙酉	壬辰	甲寅	乙卯	壬戌	水
壬辰	癸巳	庚子	壬戌	癸亥	庚午	水 壬辰土 壬戌土
庚子	辛丑	戊申	庚午	辛未	戊寅	土
戊申	己酉	丙辰	戊寅	己卯	丙戌	土
丙辰	丁巳	甲子	丙戌	丁亥	甲午	土 甲子金 甲午金

马王堆《刑德》乙本九宫图诸神释

——兼论出土文献中的颛顼与摄提

《马王堆汉墓文物》最近由湖南出版社印行，最引人入胜的是《刑德》乙本所附的一幅九宫图。《刑德》属兵阴阳家。孟子说“天时不如地利”，赵岐注云：“天时谓时、月、支干、五行王（旺）相、孤虚之属也。”这是对的，《孙子兵法》亦有类似的说法，银雀山竹简《孙膑·月战》说：“天时地利人和三者不得，虽胜有央（殃）。”可见这是兵家的恒言。这本《刑德》是很重要的文献，出土有甲、乙本，只此乙本先行发表。

九宫图用五色写绘，中央似用黄色书写，文字漫漶难辨，仿佛有“黄啻”二字，其余四方依不同颜色题志。南方火用朱，北方水用黑，东方木用蓝，西方则以双钩留空代替白色。南北子午线绘于中央圆圈之外，不相贯通，唯东西则连贯之。可能因卯酉是二根，《刑德》云：“卯酉，二根也。”又云“二根司杀”，因为卯酉是对冲的。

四方各图，格式均作方形加以划分，如下图：

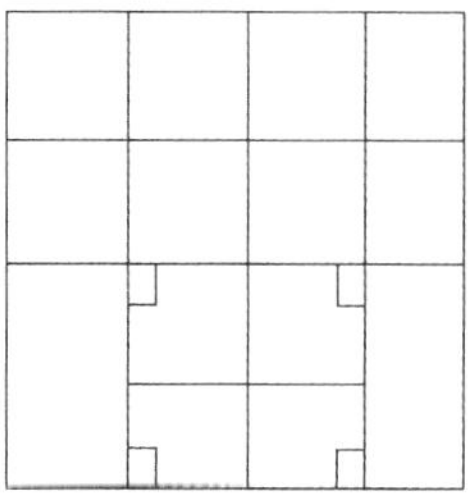

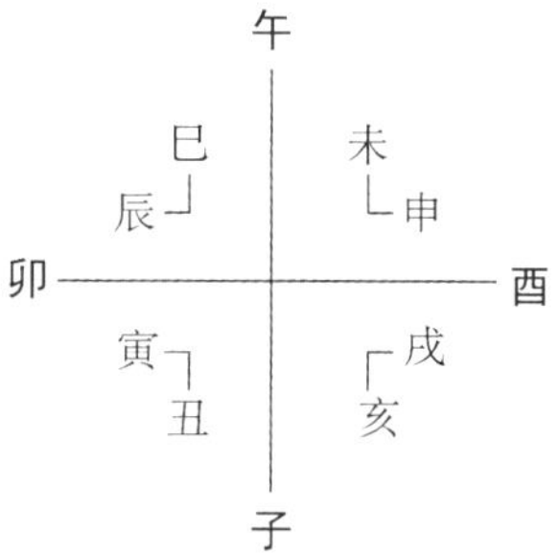

图中之非即表示十二辰的安排。

《淮南子·天文训》：四仲指二绳所指四方之正，即十二辰之子午卯酉。四钩即丑寅、辰巳、未申、戌亥。该图在各个方格之内，填写干支及神明名字，表之如下：

四仲

北 水

大（音）	乙〔酉〕	刑（德）			〔壬午〕	（丰隆）	（癸未）
雷公	丙戌	冬至	卝昌	夏至	丄天	风伯	甲申
	雨师	丁亥		渊王	壬子		

南

〔大音〕	〔己酉〕	刑徳（德）			丙午	丰隆	丁未
〔雷公〕	〔庚戌〕	冬至	〔卝昌〕	夏至	大天	风伯	戊申
	〔雨师〕	〔辛亥〕			炎帝	丙午	

东

大晋（音）	丁酉	刑德			甲午	丰隆	乙未
雷〔公〕	戊〔戌〕	冬至	卝〔昌〕	夏至	大天	风伯	丙申
雨师	己亥					大昃	〔乙〕卯

西

大音	癸酉	刑德			庚午	丰隆	辛未
雷公	甲戌	冬至	竹昌	夏至	大天	风伯	壬申
雨师	乙亥				（少）	大皋	辛酉

按四仲之神，值壬子、丙午、乙卯、辛酉之正位，其对冲自刑。而刑德并居之位：壬午刑德并居北宫，丙午并居南宫，甲午并居东宫，庚午并居西宫，如上图所示。《刑德》甲本云："丙午刑德并居南宫"，正与图合。《刑德》乙本云，"德始于甲"，"大阴始生子，刑始生水，水子，故曰刑德始于甲子"。刑生于水，故上图从北方水之壬子开始。

四隅

所谓"四隅甲子之舍"即甲子、丙子、庚子、壬子，四隅有刑而无"德"。

东南						
大音	丁卯	刑		甲子	丰隆	乙丑
雷公	戊辰		雨师	己巳	风伯	丙寅
			鶇	丁巳		
西南						
大音	己卯	刑		丙子	〔丰隆〕	〔丁丑〕
雷公	庚辰		雨师	辛巳	风伯	〔戊寅〕
			聂氏	丁未		
			司闕	丙子		
东北						
大畜（音）	乙卯	刑		壬子	丰隆	癸丑
雷公	丙〔辰〕?		雨师	〔丁巳〕	〔风伯〕	〔甲寅〕
	矛强（甲本作鬼。）				癸（丑）	
西北						
大音	〔癸卯〕	（刑）		庚子	〔丰隆〕	〔辛丑〕
雷公	〔甲辰〕		雨师	乙巳	风伯	壬寅
			吉彐		〔癸亥〕?	
				气云		

《刑德》乙本云："刑德之行也，岁徙所不胜，而刑不入宫中，居四隅甲子之舍，始东南□□行廿岁而一周。"又甲本云："壬子刑居东北宫，德复西宫。"与此图合。此四隅之舍皆注"刑"字而不及德。

以上各图，四仲表刑与德并居四方壬午、丙午、庚午、甲午之宫，四隅只表刑居于壬子、丙子、庚子、甲子之舍。

图中主要六神所属十干如下：

刑德	丰隆	风伯	大音	雷公	雨师
子午	丑未	寅申	卯酉	辰戌	巳亥

其配合依其序次应如下列：

巳亥	辰戌	卯酉	寅申	丑未	子午
雨师	雷公	大音	风伯	丰隆	刑　刑德
			己癸丁乙		庚丙甲壬
			卯卯卯卯		子子子子
			己癸丁乙		庚丙甲壬
			酉酉酉酉		午午午午
		甲庚戊丙			辛丁乙癸
		辰辰辰辰			丑丑丑丑
		甲庚戊丙			辛丁乙癸
		戌戌戌戌			未未未未
乙辛己丁				壬戊丙甲	
巳巳巳巳				寅寅寅寅	
乙辛己丁				壬戊丙甲	
亥亥亥亥				申申申申	

乙本干支字多残泐，今依据上表，一一为之补足，以〔〕及（）号表示之。

六神以刑德为首，刑德居子午对冲之位；次为大音，居卯酉相对之位。《刑德》乙本先言“大阴始生子”，同书下文风占及雷公发气二段均改称大音，据此知大音即大阴。《说文》：“阴，暗也。”大音读如大暗，亦即泰阴。《史记·天官书》：“涒滩岁：岁阴在申，（岁）星居未。以七月与东井、舆鬼晨出，曰大音。昭昭白。”扬雄《甘泉赋》：“诏招摇与泰阴兮，伏钩陈使当兵。”张晏曰：“太阴，岁后三辰也。”王先谦引《宋史·天文志》，说：“诏招摇与泰阴，犹云诏天矛与天驷。”非是。泰阴或名岁阴，《广雅·释天》：“太阴，太岁也。”岁阴左行，岁星右行，太阴即左行之岁阴，本图亦作大音，大音主卯酉，与刑德之主子午正相对。

其余之神为云雷风雨。《论衡·祀义》篇，“风伯、雨师、雷公，是群神也”，而不及丰隆。《楚辞·远游》，“召丰隆使先导兮”，“风伯为余先驱兮”，“左雨师使径侍兮，右雷公以为卫”。都提到这诸神，《淮南子》：“令雨师洒道，使风伯扫尘。”高诱注：“雨师，毕星也；风伯，箕星也。”《广雅·释天》：“风师谓之飞廉，雨师谓之荓翳，云师谓之丰隆。”郭璞及李善引旧注称丰隆为雷神，云、雷二神有时牵混为一。此图丰隆与雷公则截然为二。《开元占经》引石氏（申）："五车东南星名司空，其神名曰雷公；西南星名曰卿，其神名曰丰隆。"分为二名是也。

在四仲图中，壬午、丙午、庚午、甲午、刑德之神在夏至为丄（上）天，亦作大天，冬至为卝昌。汝阴太乙九宫占盘"夏至上天，冬至叶蛰"，夏至之名与此相同而冬至则异。《五经异义》所引欧阳说与《尔雅・释天》称冬为上天，又复不同。至于冬至卝昌一名他书未见，太乙占盘与《灵枢经》均作叶蛰（之宫），窃疑卝昌或即后来祥气之"昌光"。昌光名出纬书《河图》，班固《西都赋》："仰寤东井之精，俯协《河图》之灵。"《后汉书》章怀注引《河图》曰："昌光出轸，五星聚井。"《尚书纬・帝命验》："昌光出轸已图之。"郑注谓火星当起翼轸之野（《古微书》本）。《广雅・释天》："祥气第一即昌光。"《符瑞图》："昌光者，瑞光也，见于天汉，高受命，昌光出轸。"（《御览》八七二休征部一引）卝字读为[纟卝]，[纟卝]从卝得声，与光同纽字，卝昌为"昌光"之倒言，帛书《刑德》为汉初写本，时称卝昌，不作昌光，拙见可备一说。

四仲之图，以五行分记于四方，东方木，其神大昦；西方金，其神大皋；西方的"大"字，必是"少"之写误，即大昊与少昊；南方火，其神炎帝，十分清楚。唯北方水，其神作湍王，以《礼记・月令》及《吕氏春秋・孟冬纪》"孟冬其帝颛顼"证之，此一与炎帝相对之神，非颛顼莫属。甲骨文耑字作[illegible]（《甲》一一・三），此字当是从水从耑，为颛之异文，王则为顼的省书，或略称之曰湍（颛）王。《墨子・非攻下》"高阳乃命（禹）于玄宫"，高阳即颛顼有天下之号。《庄子・大宗师》："颛顼得之，以处玄宫。"李颐云："玄宫，北方宫也。"楚及秦皆奉颛顼为远祖，《秦本纪》云："秦之先，帝颛顼之苗裔。"故秦景公大墓石磬有云："高阳有灵，亖方以鼏平。"而颛顼之名，未见于出土文物，是图作湍王，乃为首次，故极可贵。

四隅部分诸神明，最值得研究者是西南的聂氏一名究何所指？今按氏与是古通，《易》坎卦九五爻辞"祇既平"，《释文》：京房作禔，《说文》示部禔字引《易》"禔即平"，此禔祇为异文之证。《公羊传・僖公十六年》"是月者何"，《初学记》引别本作"提月者何也"。《左传》有提弥明（宣公五年），《释文》作"祇弥明"，注云"祇本又作提"。以上列诸例证之，氏与提古每借用，则聂氏当即摄提，绝无疑问。

摄提星名，本随斗杓所指，《史记索隐》引纬书《元命苞》云："摄提之为言提携也，言能提斗携角。"《御览》星下引《天官星占》："岁星一曰摄提。”石氏有《摄提六星占》。聂氏之为摄提，既是星名，亦为神名，《淮南子·地形训》云“诸稽、摄提，条风之所生也”，为八风神之一。摄提出现于考古资料，此为初次，原亦作“聂氏”，以往有人认摄提格为外来语，此可证其不确。

聂氏下方，有司闞二字、闞字从门斱声，疑读为闿，闿即开也。《开元占经·石氏中官占》引《河图》云：“北斗第一星开枢受……第六星开阳纪。”《广雅·释天》：“北斗七星，一为枢……六为开阳，七为摇光。”司闿犹言司开，如开枢、开阳之义，因聂氏（摄提）诸星随斗杓所指，北斗众星，均受其左右，故曰司开。

东北隅之神，乙本残缺仅存□形，甲本作矛强，疑即禺强。《庄子·大宗师》：“禺强得之，立乎北极。”禺强的异名甚多，亦作禺彊（《吕氏春秋·求人》）高诱注：“禺彊，天神名。”一名禺京（《庄子释文》引简文说），又作伯强（《楚辞·天问》）、隅强（《淮南子·地形训》）。是图甲本作矛强，古书所未见。

东南隅之神青皋，残泐不明，青下一字如是从白从芉芊，不是皐便是皋，或者借作青旸，即青阳。《帝王世纪》：少昊帝名挚字青阳，《大戴礼》以玄嚣为青阳（参《许庼学林》，80页），字形未明，尚难确定。

此四隅之神，亦有可能是风名，八风之名，见于古籍极为分歧。《天问》“伯强何处，惠气安在”二句，周拱辰说：“伯强、惠气，风属。上指日月星，此专言风也。”引《淮南》云：“强隅，不周风之所生也。穷奇、诸稽、摄提，广漠风、条风之所生也。”其说甚是。此图最明显的二神：聂氏、矛强都是风名，聂氏为摄提，矛强为伯强，《淮南·地形训》以摄提属之东北的条风，是图则隶于西南；《淮南》以隅强属之西北的不周风，是图则隶于东北，微有小异。以八风名配合刑德，于理亦合。蒋骥说“惠气，瑞气也”，引《荆州占》卿云归邪、昌光为证，“昌光，亦如龙状，皆堂中所绘而附于天者，故言天而类及之”。《天问》为呵壁发问之作，对着壁画而提出种种问题，代表瑞气的昌光及隅强、摄提诸风神可能亦在其中。是图于四隅神名诸题榜出自长沙楚墓，以证《天问》，其相涉之处，足以补充前人所未及，故附带加以讨论。

《刑德》乙本文云：

凡风占军吏：子午刑德，将军；丑未丰隆，司空；寅申风伯，侯；卯酉大音，尉；辰戌雷公，司马；巳亥雨师，冢子。各当其日。

自刑德以下，军吏编配，各当其日辰，如下图所记，一一符合，而目之曰风占，从知四隅诸神与风角有密切关系，亦吾说之佐证也。

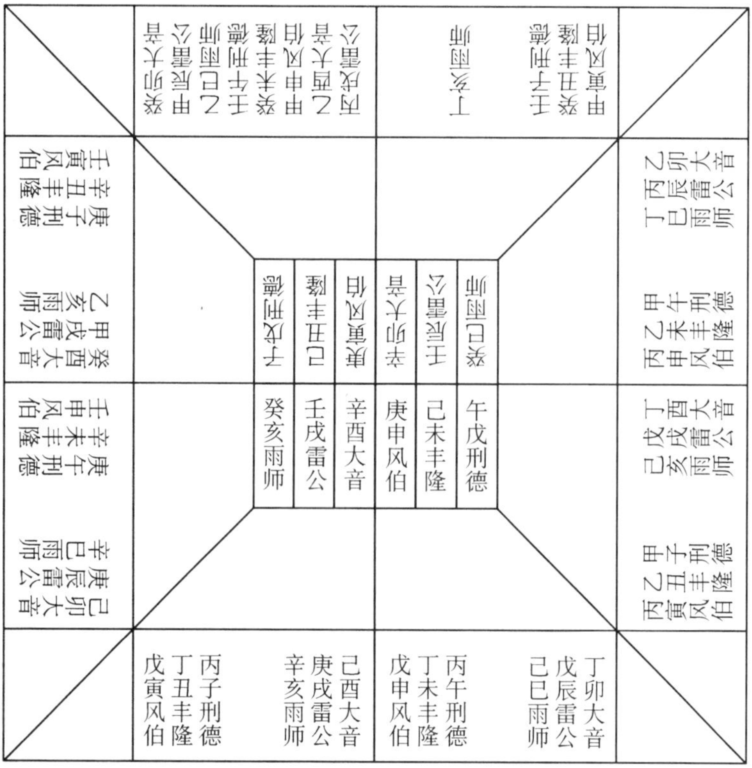

九宫图

1992年10月上旬于香港

马王堆《阴阳五行》之《天一图》

——汉初天一家遗说考

马王堆出土之《阴阳五行》，为术数书罕见之賸篇，尤以乙本之《天一图》，最为瑰异可贵。此图以天一居中，列其四维，备记四方神煞之名，为汉文帝时之写本。图之左侧文字四行，备记每月之干支辰名。

一、前言

是图久已公布，至今似未有人加以探讨，由于同一写本中犹有待于缀合还原之残片，故不易着手。据陈松长兄告知：残缣中有它图与之相连之右方，乃为六神（即刑德、大音、丰隆、雷公、风伯、雨师六神）游行之《九宫图》；及其下方之《五门图》现正在整理中，尚待公布。及类似此《天一图》者，又有一残图，见于《刑德》丙篇，因残泐过甚，无法辨认。

余对湖南出版社印行之《马王堆汉墓文物》一书向感兴趣，细读多次，略得头绪，未敢以为是。兹就寻绎所得，推论其梗概，粗陈一二，以求教于博闻君子。

近时湖北郭店出土楚简内有《太一生水》一逸篇，按郦道元《水经注》序云：“《易》称天以一生水，故气微于北方，而为物之先也。”在九宫图中，“一”为北方之水，故为万物先。谓太一藏于水，行于四时，历沧热（即寒暑）二气而成岁，为一极新鲜之宇宙论，此逸篇已引起不少学人注意。若此马王堆之《天一图》，则以天一为中心之术数性质之九宫图，二者完全不同，兵阴阳亦有天一，与此似皆原于星象。郭店本《太一生水》篇，已有多人讨论，本篇只以马王堆此图为研究重点。

二、天文学及兵阴阳之天一

《史记·天官书》云："中宫天极星，其一明者，太一常居也；旁三星三公，或曰子属。"太一所居之天极星与天一星，其星象已见于东汉墓壁画，说者谓天一即西洋星座之天龙座龙尾 α、χ 两星间，近 χ 稍前，正对北斗口之七、八、九三颗小星，构成一个尖端对着天极星（小熊座的 β 星）的近似于等边之三角形。[①] 敦煌 P·二五一二"《石氏中官》：北极五星、钩陈六星皆在紫微中。天一一星，紫微宫门外。太一一星，天一南相近。"此一天一星在纬书中称之曰阴德。

《史记索隐》引《春秋文耀钩》："阴德为天下纲。"

张守节《正义》："天一一星，疆阊阖外，天帝之神，主战斗，知人吉凶。"

天一与太一为不同二星座。同为天帝之神，天一主战斗，太一星次天一之南，知风雨水旱饥馑疾疫，主使十六神。《汉书·艺文志·兵书略》有《天一兵法》三十五卷，以天一星主战斗故列于兵家。马王堆是图与《刑德》之兵书相联系，可能即在兵书之《天一》中，是图中央天一之左畔记天濶、地濶二名，即天罡、地罡（说见后）。《春秋纬》称天一"阴德为天下纲"，是也。

汉武帝伐南越，祷告于太一，其灵旗绘天一三星为"太一锋"，以为兵祷。徐广引《天官书》：斗口三星曰天一。西汉有代表太一之天极星与天一星合在一起之星图，到东汉时，即有以天一、太一组成之符箓，标志以"大天一"之名号，如鄠县曹氏解除瓶符箓。文云：

> 大天一，主逐敦恶鬼，以节。

"大天一"于天一之前再冠一"大"字，尤为特例。

兵书常以太一与天一联合。《太平御览》七三六引《黄帝出军诀》云："昔者蚩尤总政无道。黄帝讨之于逐（涿）鹿之野。梦西王母遣人披狐裘以符受之曰：'太一在前，天一备后，得兵契信，战则克矣。'"

---

① 参见孙常叙：《洛阳西汉壁画星象图考证》，载《吉林大学学报》，1965（1）。

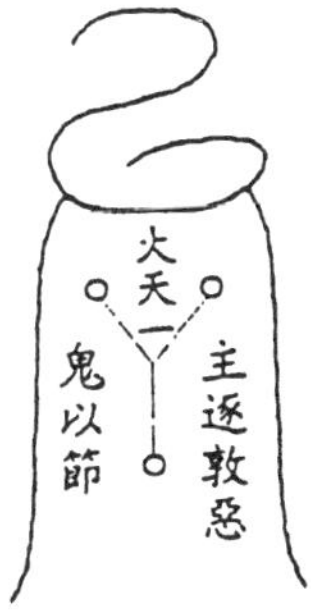

合太一、天一于前后，自是汉人之说。①

三、汉《九宫经》中之天一与太一

《五行大义》第二十《论诸神》引《九宫经》云：

> 天一之行，始于离宫。
> 太一之行，始于坎宫。
> 天一主丰穰，太一主水旱兵饥。
> 合十二神游行九宫十二位，从少之多。

后汉张衡上疏云：“圣人明审律历，以定吉凶，重之以卜筮，杂之以九宫，经天验道，本尽于此。”

郑玄著述有《九宫经注》（《隋书·经籍志》著录三卷）及《九宫行棋经注》（《隋志》、《唐志》及《通志》皆称三卷）。此殆所谓《九宫经》者，其术为古时所有。

天一与太一区别甚显，汉世流传之《九宫经》已详言之。《史记·日者列传》褚先生曰：“天人（一）② 家曰小吉，太一家曰大吉。”汉代天一与太一明为二家。《汉书·艺文志》著录：

> 《天一》六卷
> 《泰一》二十九卷

---

① 参见王育成：《东汉道符释例》，载《考古学报》，1991（1）。

② 天人乃天一之讹，见钱大昕：《养新录》。

其道不同。天一家思想，向来不甚为人注意。马王堆《阴阳五行》书中附有图，以“天一”二字为中心，而太一则列于右方，与“刑德”骈举，具见天一地位之隆，此当是天一家之说。

寻九宫图中与此马王堆《天一图》类似的，有唐代苏嘉庆所上之《九宫贵神坛图》，比较示之如下：

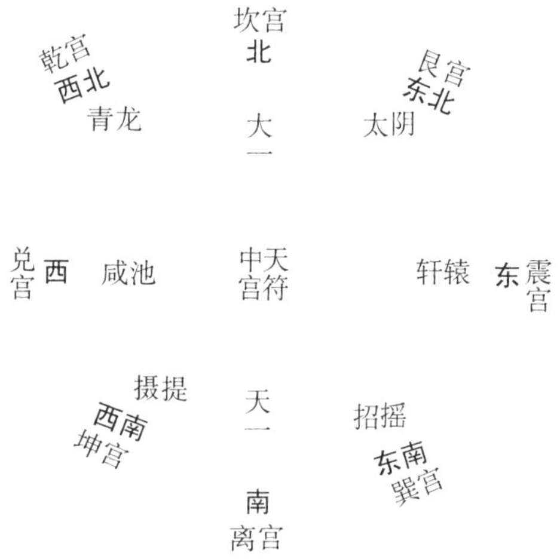

苏氏此图，其出稍晚，而以“天符”为中心，正南曰天一，正北曰大一。汉代《九宫经》之说，天一始于离卦，太一始于坎卦，各有所主，正与此图合。

若马王堆图则太一与刑德等骈列，地位不如“天一”之位于中央。萧吉《五行大义·论诸神》篇引《九宫经》云：

> 行于九宫，一岁一移，九年复位。
> 天一主丰穰，太一主水旱，天符主饥馑。
> 摄提主疾苦，轩辕主雷雨，招摇主风云。
> 青龙主霜雹，咸池主兵贼，太阴主阴谋。
> 又别有青龙行十二辰，即太岁之名也。古者名岁曰青龙，此神主福庆。太阴三岁一徙，右行十二辰即太岁之阴神也。后妃之象，主水雨阴私害气，右行四孟，一岁一移，以其所至为害，故言害气，合为十二神，九宫之所用也。

以上《九宫经》为汉人之说，九宫之神各有所主，以之候岁四时之变化。

太一游宫，亦见《易纬·乾凿度》：“太一取其数以行九宫。”郑玄注云：“太一者，北辰之神名也。居其所曰太一，常行于八卦日辰之间，曰天一，或曰大一。故《星经》曰天一、太一主气之神。”

《灵枢·九宫八风》亦记太一游宫。

四、马王堆《刑德》中之九宫图

此一九宫图以刑德、大音、丰隆、雷公、风伯、雨师六神以配湍王（颛顼）、炎帝、大皋（昊）、少皋（昊）、聂氏（提）、禺强诸方帝位，中间有代表冬至之北昌，及夏至之上天两定点。殆《韩非·饰邪》篇谓“摄提六神”者。其六神游行图中，大抵以甲子起刑德，次乙丑丰隆、丙寅风伯、丁卯大音、戊辰雷公、己巳雨师，继则庚午续为刑德，辛未为丰隆、壬申为风伯、癸酉为大音、甲戌为雷公、乙亥为雨师。如是六神循环流转各司一辰，分中央及四方排列，每一方分三组。中央之刑德位在戊午、戊子，两“戊”字均倒置，作午戊刑德、子戊刑德，为其特例。如是六神游行于九宫十二宫，每宫轮流所值之日辰有所定。其旁注语云：“凡徙……风雨所居，不可取妇为吏。”盖指风伯、雨师所值之日辰，忌娶妇及服官职。

大音者当即太阴。《淮南子·天文训》云：“天神贵者，莫贵于青龙，或曰天一，或曰太阴。”扬雄《甘泉赋》：“诏招摇与泰阴兮，伏钩陈使当兵。”《广雅·释天》：“青龙、天一、太阴，大岁也。”按“音”与“阴”通用。九店楚简阴字或作含，从日今声。又作曋，其字从昍今声。昍字从日从昙，昙即员，昍乃云字之别构。卜辞阴字，异体作，从今酉，从云，《合集》二八五三七：翌日戊（阴），以云为雲。余前考证大音即太阴[①]，音借为阴，可从九店简取得佐证。

大音既是太阴，依《淮南子》说为天神之贵者，同于天一。但马王堆此图则以太一与太阳、太阴同列，厕于西方之神煞。又不如汉代《九宫经》以太阴为太岁之阴神，居后妃之位，主阴私之害气，为右行四孟之神，显然是出于不同之理论系统。《刑德》乙云：“太阴……阴四合，胜刑德。”太阴与刑

① 参见《马王堆〈刑德〉乙本九宫图诸神释》，载《简帛研究》第一辑。

德不是一物，与此图合。王引之《太岁考》力证古者天一、太岁、太阴名异而实同，按之实际，合诸新出土资料，实仍有区别。“太岁或言日，或言星。日为太岁，星为太阴，一左一右一阴一阳，右与左应，阴为阳妃，以成岁功，日星同宿，谓之合辰。”（参钱大昭《广雅疏义》）《广雅》取自《淮南》，日与星互为太岁、太阴，汉人之说，大致如此。

五、宅中主位之神煞

苏氏九宫图中央为天符，汉代称为直符。《潜夫论·卜列》篇：“宅有直符之岁”。《论衡·调时》篇：“太岁在子，子宅直符，午宅为破。”又《潜夫论·巫列》篇云“土公、飞尸、咎魅、北君、冲聚、当路、直符七神”。马王堆此图有地（坨）宫，相当于土公，北海相当于北君，咎魅相当于舆鬼，除冲相当于冲聚。《论衡·解除》篇云：“宅中主神有十二焉，青龙、白虎列十二位，龙虎猛神，天之正鬼也。”此图青龙、白虎二神列于勾陈、日、月之下。《韩非子·饰邪》篇：“魏数年东乡攻陶卫，数年西乡以失其国，此非丰隆、五行、大一、王相、摄提、六神、五括、天河、殷枪、岁星〔非〕数年在西也，又非天缺、孤逆、刑星、荧惑、奎台非数年在东也。”王符《卜列》篇云：“及诸神祇太岁、丰隆、钩陈、太阴、将军之属，此乃天吏，非细民所当事也。”上举太一、钩陈、太阴、丰隆诸神均见于马王堆《天一》是图。自战国以来天文学之进展，对天体星座知识之拓展，兵家取与阴阳家结合，以论兵法人事，故天帝左右之神煞名目繁多，整理尚需时日。

本图四方位神煞，大略可考知者，列举如次：

东方

天李　　云梦秦简《日书》：“天李正月居子，三月居午，四月居酉，五月居子，六月居卯，十一月居午，十二月居辰。凡此日不可入官及入室。入必戚，入官必有罪。”（一四五——一四六背）敦煌P·二七六五大和八年甲寅岁具注历日“一月廿八日己卯，土，建”。下云：“天李、地李。合对。二月十日辛卯，木，建。”“雷乃发声。岁位、复，天李、地李。合谢，九丑。”（谢应作对）天李星名，即天理。《玄像诗》：“天理魁中匿。”（P·二五一二）又一作“天理魁中匿”

（P·三五八九）。《通占大象历星经》中钩陈六星、天一星、太一星、天理四星等均有图，可参看。

□灵

耕能

舆鬼　《史记·天官书》："舆鬼，鬼祠事，中白者为质。"按此指舆鬼五星，其中一星为积尸，一名质，主丧死祠祀。后元五十六年壬午火、金、舍于舆鬼之东北。占曰：为铄有丧。舆鬼，秦地。《巫列》篇作咎魅。

大山　即泰山。《庄子·大宗师》："肩吾得之，以处泰山。"

天维　《大宗师》："维斗得之。"李颐云："北斗为天下纲维，乘东维，骑箕尾。"天维即东维。

西方

刑

德

小岁

斗毂（击）

太一

太阴

太阳　（据陈松长《〈刑德〉丙篇试探》缀合补）

南方

勾陈　扬雄《甘泉赋》："伏钩陈使当兵。"《玄像诗》："钩陈与北极，俱在紫微宫，辰居四辅内，帝坐钩陈中。"

恒陈　亦星名，后避文帝讳作常陈。敦煌星图作"常陈"。《石氏中官》，常陈七星如毕状，帝座北。S·三三二六星图"鹑尾"之分。

日月　《大宗师》云："日月得之，终古不忒。"

青龙、白虎　宅中主神，《论衡》云："天之正鬼也。"《九宫经》以青龙代表太岁，主福庆，行十二辰。青龙与黄龙亦见《太一出行图》。

坨（地）宫　《巫列》篇有土公。土公二星名，东壁南（P·二五一三星图）。

上立（位）

北方

天狱　《元和四年具注历》：“闰四月九日乙酉，水，定。天火日，天狱日。”（P・三九〇〇背）《大和八年具注历日》：“三月廿二日癸酉，金，定。岁后，治灶，解除，天火，天李、地李，天狱日，葬。”（P・二七六五）《协纪辨方书》：“四月：天火、天狱在卯日。”[①] 同书亦略称曰“狱”。

天臽　秦简《日书》有天阎一目，在诸臽日之前。另一条云：“十一月乙卯天臽。”尹湾汉简：“臽日乙。”《淮南子・天文训》：“未为执，主陷。”《孙子・行军》篇：“天井、天牢、天罗、天隙、天陷。”《孙膑兵法・地葆》：“五地之杀曰：天井、天宛、天离、天隙、天柖。五墓，杀地也，勿居也。”银雀山简作天翘。“柖、翘”之“召”疑皆臽形近而异写。天臽为五地之杀。故臽日又称窞罗之日。

除冲　《巫列篇》称为冲聚。参《道藏・黄帝龙首经・占星宿吉凶法第五》，谈岁位、岁前、岁对、岁后。有负冲、掩冲、折冲等。即“冲”之理论，尚待细究。

三奇　《道藏》洞神部方法类《太上六壬明鉴阴符经》卷四引奇门遁甲有“三奇吉门禹步”。出六丙门，出六丁门，皆禹步，各有咒。此图出现“三奇”之名，可见其渊源之早。

北海　疑即北海若。《巫列》篇称曰北君。

四其

沕昌

此图于北方诸神有曰沕昌，南方之神有曰上立者，南北相对，以《刑德》之北昌、大天比况之，应指同一事物，盖谓夏至及冬至。立者，位也。[②]《刑德》以北昌指冬天者，昌训物，《庄子・在宥》：“百昌皆生于土。”司马彪云：“百昌，百物也。”《尚书・考灵曜》：“审地理者昌，昌者，地之则也。”《刑德》九宫图六格之外于第二排正中两格分别记有“大天，夏至；北昌，冬至”字样。以此对比，上立与大天对应，沕昌与北昌对应，有如下图：

---

① 邓文宽：《敦煌天文历法文献辑校》，158页。

② 陈松长云：《刑德》乙篇北字或作〕〔，如虚，齐北地，“以北移”，故此〕〔字应是北，今从之作北昌。见《简帛研究》第一辑，99页。

夏至　　大天——上立（位）

冬至　　北昌——汾昌

又天一，中央主神之四周，神名如下：

天枢　　北斗七宿为天枢、天璇至开阳、摇光。天枢为斗第一星，说见纬书《春秋运斗枢》。《北斗治法武威经》天枢名魁，字贪狼，主天元。

〔�则〕　属秦地。疑为岁则二字合文，茂，从廾戌声，疑是岁字，待考。

上奇　　殆三奇之一。

十二支　　与上奇共列。

天濁　　濁字不识，从水罥声，形似殷卜辞捄猎工具。罥字从网从目，

地濁　　即后来网字。网与纲，义音相近可通，故借为纲。罥，疑即后来罡字。宋元嘉十年墓券记天罰，大一，登明，诸随斗十二神。称曰天罰。今俗写作天罡。此图天濁、地濁可读作天纲、地纲。《春秋文耀钩》“天一阴德为天下纲”是也。P·三二八四背。《咸通五年甲申具注历》：“天道〔南行〕宜修南方。”

能坨　　能疑即龙，坨字从它即地，列于南方神杀有青龙及坨宫。

是图内方围绕于中央天一，四周有斗第一星之天枢及则，与能（龙）坨（坨宫），天濁（罡），地濁，与三奇，十二支，可证此图实以“天一”为天上之最上神。

《论衡·难岁》篇引《移徙法》云：

徙，抵太岁，凶，负太岁亦凶。抵太岁名曰岁下，负太岁名曰岁破，故皆凶也。

马王堆此图左旁四行记十二月所值日辰。下面有残文云：

凡徙……九日……风雨所居，不可取妇为吏。

从此一“徙”字，可推知此乃汉初移徙法所用之图，其以天一为中央主

神者，以其为太一家之术也。

六、武威医简之天一大兄

天一之神武威医简称之曰“天一大兄”，地位高于太岁。武威医简第十残文云：

> ……大兄为天一。中者为大岁，小者为大将军。
>
> 大岁常三月壹上天，常□□巳上……己酉未下，当此将□。

又第十五残文云：

> □大岁、大将军、百官尽……不嫁女，皆……入。

秦骃玉简：“故大壹、大将军，人壹。”

按唐《大和八年甲寅岁具注历》（P·二七六五）云：“今年干木支火纳音水，太岁在寅，大将军在子，太阴在子，岁刑在巳，岁破申。”此记不嫁女，与马王堆此《太一图》之不可“取（娶）”妇相同。此称天一为大兄，地位在太岁之上。可见西汉人不以太岁与天一为一物。王符《潜夫论》称太岁、将军为天吏。符，安定临泾人（今甘肃镇原），武威简即其生活地区，盖敦煌一带汉代阴阳家思想流行已甚普遍。唯此图出自长沙，时代更早，楚有黄缭、唐昧、南公，兵阴阳家言，战国以来久已盛行矣。

七、天一家与道书《龙首经》、《金匮玉衡经》

后出《黄帝龙首经》、《金匮玉衡经》均主天一说。《龙首经》序引《黄帝所受诀》云：

> 天一常居太渊之宫。……左玄冥，右明光，背太阴，向正阳。翳华盖而乘玉衡，回璇玑而临八方。

其中《占天一日游所在妇女产避法第七》云：

天一日游：以戊日上天六日：

以甲辰日下地中宫，居东室五日，

以己酉日徙居东北维中六日，

以乙卯日徙居东方五日。（下略）

又以戊戌日上天游，不在中宫。乳妇要须出，当避之，所在之方，莫向之也。

《黄帝金匮玉衡经》序云：

天一贵神，位在中宫……四七布列，首罗八方……青龙主左……左虎辅右。……钩陈将军，螣蛇诛斩……

天一统理，中外清明，金木水火，各有列行。不治魁罡，初建戊己，天之本乡。……

天一最尊为之主王，将中威神，巍巍堂堂。

全用韵语。

此类后出依托黄帝之道书，咸以天一居中宫，而游行四维，皆与马王堆此图相符。分为《金匮》、《玉衡》二章，每章均以"天一六壬发用"为题。天一与六壬有密切关系，尚需细考。唐末之《秤星灵台秘要经》中引述之《金匮经》即是此书。又《黄帝授三子玄女经》记天一所在甲戌庚，旦大吉，夕小吉，内言何者为克日，何者为克辰，上举诸书，咸以天一为贵神，殆出天一家之说。其间演变，有待知者仔细阐述。六壬术之十二神，相当于自子至亥之十二辰。其间太一与天罡同列，似六壬兴起之后，太一之地位已下降，六壬亦与天一结合矣。①

八、结论

太一原为南方楚人之至上神，《九歌》有东皇太一，宋玉赋云"礼太一"及湖南马王堆出土之《太一出行图》②，可以为证。自天一家兴起，太一地位

① 参见《道藏》一三五册洞真部众术类。

② 参见《图诗与辞赋——马王堆〈太一出行图〉私见》。

逐渐贬低。此天一九宫图中竟以太一与刑德、太阳、太阴同列，而天一地位上升，跻于中央之位。殆由星象之学，战国以来，石氏、甘氏之说林立，而极星天枢与勾陈、恒陈、天李、天狱、天臽等星名之被使用于兵阴阳之说，见于此图，正可考天上神煞之由来。

《汉志》分《天一》六卷、《泰一》二十九卷，及兵阴阳家之《天一兵法》三十三卷。汉初以来，天一家与太一家分途，而天一家言见于兵阴阳者卷帙繁富凡二十九卷，今皆亡逸。马王堆此图存其端倪，十分可贵。从零星文献资料，整理出一点头绪，证之韩非、王符之语，战国时丰隆、摄提诸神之流行，极为普遍。本文结论认为是图可能出于汉初之天一家学说。

1999年1月写讫

陈松长《〈刑德〉丙篇试探》补缀乙本西方七神，以丙篇校之，应补上“小岁”、“斗击”二神名。据《淮南子·天文训》：“斗勺为小岁，正月建寅，月从左行十二辰。咸池为大岁，二月建卯，月从右行四仲，终而复始。”小岁即斗勺，建寅而左行。是图有小岁而无大岁的咸池。置太一与太阴、太阳同列位于西方而“天一”居于中央，其轻视“太一”可见之。已发表的帛书《式法》第一部分为“天一”，有三处言及天一：

……所以胜天一，

天一之徙，以十一月、十二月戊辰；

天一曰：困，逞之者死……

“天一曰”三字，明系引用天一家著作的说。困谓困日，虎溪山简《阎氏五胜》所云“困日者，春戊己，夏庚辛壬癸，秋甲乙，冬丙丁”。《淮南子》云“子胜母日困”也。上是天一家言，亦有困日非吉日之说。

此天一图西方取小岁而不用“咸池”，上引《式法·祭》中咸池屡见，字作“淦池”、“淦池”。

2002年又记

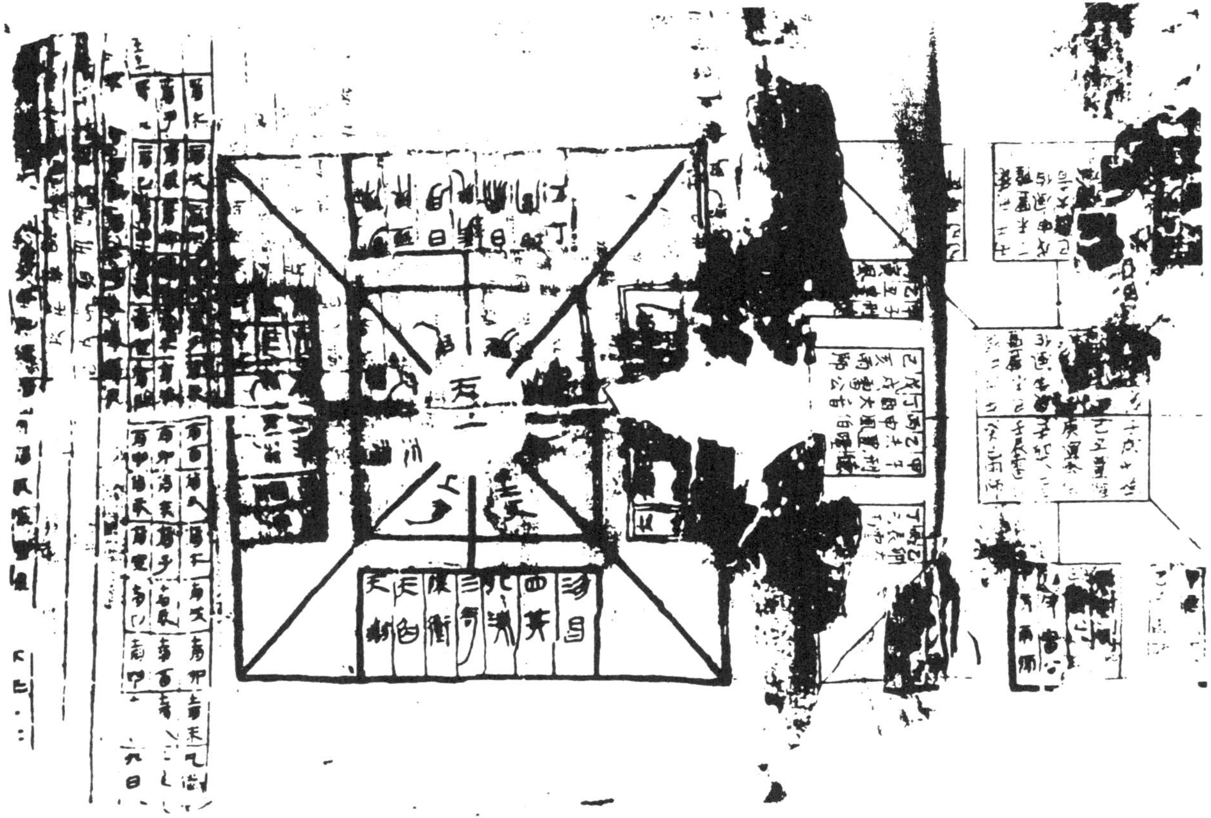

马王堆汉墓出土帛书《天一图》

（采自《马王堆汉墓文物》，145页）

论天水秦简中之“中鸣”、“后鸣”与古代以音律配合时刻制度

殷人记每日之时刻，见于甲骨文者，昏、旦、食日、中日、昃等俱备。云梦秦简《日书》则十二时均见之。天水秦简《日书》在“生子”与“入月吉凶”则记载自平旦至鸡鸣之十六时刻。俱见十六时制不始于汉，而形成更在其前。

一、秦简《日书》之时刻表

放马滩《日书》之中《律书》部分有云：

宫一、徵三、栩五、商七、角九。（乙七二）

甲九木　子九水　日出□□水。早食□□□，林钟生大簇，大吕七十六　□山（乙七六）

乙九（八）木　丑八金　早食七栩（羽）火　入暮中鸣、六。　大簇生南吕，大簇七十二　参阿（乙七七）

丙七火　寅七火　暮食六角火　夜半后鸣、五　南吕生姑洗　夹钟六十八　参阿（乙七八）

丁六火　卯六水　东中五□土　日出日失（昳）八　姑洗生应钟，姑洗六十四　阳谷（乙七九）

姑洗十三万九千九百六十八下应（钟），中吕十三万一千七十二下主黄（钟）（乙一八三）

是简《文物》刊出何双全所摘录者，只有甲乙丙丁四条，虽资料不完全，但可看出秦时《日书》中纳音的办法，事实比我们向来所认识与想象加倍复杂。它把甲乙日辰配上：（一）五行，（二）一日中十六时刻，（三）五音，（四）十二律相生及其律数，（五）区域、方隅等等。就中最有趣是出现中鸣和后鸣两个名目：

中鸣的时段是入暮，数是六。

后鸣的时段是夜半，数是五。

既有中鸣与后鸣，可见应该有元鸣，元鸣即指鸡初鸣时候。下面试把十六时列出（此为天水秦简所见之次序，据何双全文记述）：

一平旦	九日入	
二〔晨〕	十昏	
三日出	十一暮食	中鸣
四夙食	十二夜暮	
五日中	十三夜未中	
六日西中	十四夜中	后鸣
七日西下	十五夜过中	
八日未入	十六鸡鸣	（元鸣）

马王堆隶书《阴阳五行》莫食下为：

东中

西中

日失（昳）下铺

二、中鸣、中翰与元鸣

丹徒新出徐国钟有云：

中鸣媞（是）好。我台（以）乐我心。

此句，诸家无说，王孙遗者钟云：

中𩏂且䠣，元鸣孔皇。

沇兒钟云：

中𩏂𠭯（且）䠣，元鸣孔皇。

许子钟亦见此一习语，𩏂当读为翰，即谓翰音，故其字从音，《易·中孚卦》上九爻辞："翰音登于天，贞凶。"马王堆本字作"䳊音"，中𩏂即中翰。《曲礼下》：凡祭宗庙之礼，"鸡曰翰音"，翰音原指鸡鸣之声。《左·襄公二年》传荀偃令曰："鸡鸣而驾。"《风俗通义·祀典》篇云："鲁郊以丹鸡，祝曰：以斯䴅音赤羽；去鲁侯之咎。"郑玄注《周礼·鸡人》云："夜漏未尽鸡鸣时也。呼旦以警起百官，使夙兴。"鸡人的责任是"报晓筹"，在大祭祀时候夜间呼旦，以叫醒百官。贾疏谓："漏未尽者，谓漏未尽三刻已前仍为夜，则呼旦也。"鸡能司晨为"知时之畜"（《说文》云："鸡，知时畜也。"），郑注《鸡人》云："象鸡知时也。"鸡人即是在鸡鸣时候为百官报告时刻，有如知时之鸡，故称为鸡人。

周官有挈壶氏，刻数以分昼夜，即后代铜壶滴漏的开端。孔氏《尚书正义》引马融说："古制，漏刻昼夜百刻，昼长六十刻，夜短四十刻；昼短四十刻，夜长六十刻；昼中五十刻，夜亦五十刻。"此类古漏刻，昉自何时，尚待物证。唯考卜辞壶字凡五见，有二条云：

……贞、旬……王……㠯壶（《南地》一一七六）
贞、勿于壶，力（协）（《英》七五一）

此处壶字如解为漏壶，亦有可能。每日之时刻，《淮南子》自旸谷至虞渊凡十六所。《论衡·说日》篇称十六道，说者谓此即是漏刻（见钱塘《淮南子·天文训》注）。

三、鸡三鸣与刻漏制度

鸡三鸣又称为“三号”，见于《大戴礼记》：

> 《四代》篇云：“《诗》云：东有开（启）明，于时鸡三号，以兴庶虞。”
>
> 《诰志》篇：“物乃岁俱生于东，以顺四时，卒于冬分，于时鸡三号，卒明。”

《史记索隐》：“三号，三鸣也。言夜至鸡三鸣则天晓，乃始为正月一日，言异岁也。”按三鸣自即指元鸣、中鸣、后鸣。

《尚书·牧誓》责商王纣“惟妇言是用”，复引古语云：“牝鸡无晨，牝鸡司晨，惟家之索。”则正常时刻，当以雄鸡司晨，卜辞所记殷时每日时刻，分旦、食日、中日、暮、昏等，必以鸡鸣来定时刻。

《文选·陆倕刻漏铭》云：“夫自古观象，昏旦之刻未分。”又云：“属传漏之音，听鸡鸣之响。”李善注引《五经要义》云：“昏，暗也；旦，明也。日入后，漏三刻为昏；日以前，漏三刻为明。”

殷卜辞既有[illegible]壶之文，似是观察漏刻之记载，后人取时刻以入乐，借鸡鸣以配音律，因有元鸣、中鸣之语，中鸣复称“中翰”，则以翰音为鸡鸣故也。元鸣之词，沇兒钟、王孙遗者钟均见之。中鸣则见于徐国钟铭，幸中鸣、后鸣二名同于天水秦简出见，得以推知其初义。以时刻配乐，盖亦先秦纳音术之一例。

放马滩《日书》云：“天降令（命）乃出大正，间吕六律，皋陶所出，以五音十二声为某贞卜（某自首）。”（乙一五一）天水放马滩是简墓主年代为秦始皇八年（公元前239年）左右，简中兼记十二律相生之数与顺序及各律吕之“大数”，知当时已用三分损益法，仍以五声音阶为主。可参看近刊戴念祖《秦简律书的乐律与占卜》一文（载《文物》，2002（1）），托始于皋陶，秦人已有此说。

银雀山简《天地八风五行客主五音之居》初探

银雀山简为汉武以前遗物，其中一种属于阴阳术数的律书列于简号〇八六〇的，题曰“天地八风五行客主五音之居”，此十二字标题，写在该简的正面。文物出版社印行的《银雀山汉墓竹简》壹，未及收入此册占书，只在卷前论竹简情况时略作介绍。

吴九龙的《银雀山汉简释文》书中列此于阴阳时令类之第十一，故吴书凡在释文后括注“阴十一”者即指此篇，全文无法复原，兹掇录其文而条理之如下：

宫〇　宫风：庚子、辛丑、庚午、辛未、戊申、乙酉……（一一九八）

商〇　商风：庚辰、辛巳、庚……（九八四）

角〇　角风：戊戌、乙亥、戊亥〔辰〕、己巳、庚〔寅〕（九三一）

角风当生长三日宿戒，五日兵……（一六四七）

徵〇　徵风：丙寅、丁卯、甲戌、乙亥、丙申（一四七五）

禹（羽）〇　禹（羽）风：壬辰、庚巳、壬戌、癸亥……（九六〇）

三月 风：周风……（八七三）

……风凶……（九三二）

利客〇　大刚风、晢风、刚风，可以为客，不可以为〔主〕（七九五）

十一月，凡晢、周、刚、大刚、凶风，皆利为客　生涹弱风（九〇四）

……盛气也，以战客败不可攻。回，可（为）百丈千丈冠带剑……（九二七）

利主人○甲辰、乙巳、丙午、丁未、戊申、己酉日……（九四一）

利客○壬子、癸丑。主人卅二不当客……（九五八）

……不尽三日奏黄钟，天立方，雜鸣毕。（七七三）

可祷祠。入之日，奏应钟。（三○五）

……祠入，之三日，奏蕤宾，天不阴雨，不吉利，有入边麦秋苗生（二一八）

……祷祠入，六畜入之，三日奏林钟，天必……（三○六）

以上断巩碎璧，无由窥其全体，然必为风占之书则无疑义。有数事可得而言者：

（一）配五音之风，所值日辰，如宫风之庚子、辛丑、庚午、辛未、戊申、乙酉，并非杂乱不加伦次，实为依据五行区别阳律、阴吕（如子为黄钟，丑则为大吕），再以隔八相生为壬申、癸酉，由下复隔八相生而为庚辰、辛巳而终于亥，自一阳之甲子，遍历五行，而六十甲子与十二律配搭成一体系，此即所谓“纳音”。余曾指出云梦秦简中之《禹须臾》，所列之甲子表即纳音之结果（《古文字研究》十四辑），刘乐贤君谓为一大发现，复举出银雀山以数简五音所属五风作为佐证，其说甚是，今不复赘。

（二）银雀山简所记八风之名，残简仅见大刚风、刚风、晳风、周风、凶风、大弱风、溸弱风诸名号。今以《素问》王冰注、隋萧吉《五行大义》引《太公兵书》，及唐李淳风《乙巳占》推证之，可得其概：

（1）《素问・八正神明论》：“八正者，所以候八风之虚，邪以时至者也。”王冰注：“八风者：东方婴儿风，南方大弱风，西方刚风，北方大刚风，东北方凶风，南方弱风，西南方谋风，西北方折风。”

（2）《五行大义》引《太公兵书》：“坎名大刚风，乾名折风，兑名小刚风，艮名凶风，坤名谋风，巽名小弱风，震名婴儿风，离名大弱风。”

（3）李淳风云：乾高折风（原注一名冲），坎为大刚风，艮为凶风，震为婴儿风，巽为大弱（原注一云小弱），离为大弱风，坤为谋风（原注一名阴谋风），兑为小弱。

三家所记，风名微有出入，风所起之处，以配八卦，或始于坎，或起于乾，《素问》则举八正以统四方、四隅，今持数家之文，以校银雀山简，其差异有如下表：

银雀简	其他	
西风	无	
暂风	折风	高折风
大刚风	大罡风	
渘弱风	小弱风	
凶风	凶风	

八风全名，今为复原如下图：

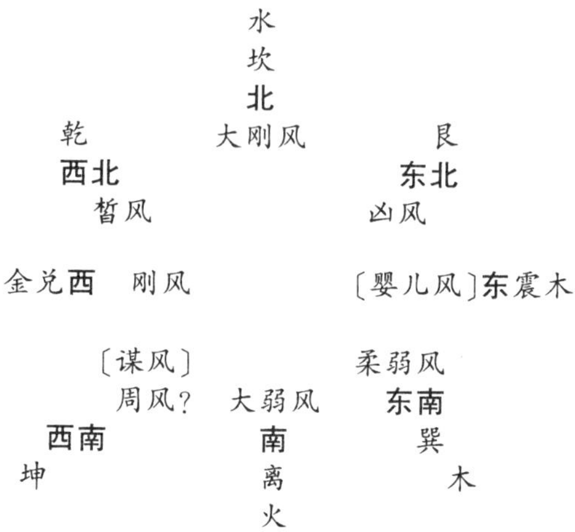

银雀简别有“周风”一名，未能与各书对应，暂厝于谋风，以待续考。

（三）八风命名之义，兹再引《五行大义》以释之：

《淮南子》曰：“东北方曰苍门，生条风。东方曰开明门，生明庶风。东南方曰阳门，生清明风。南方曰暑门，生景风。西南方曰白门，生凉风。西方曰阊阖门，生阊阖风。西北方曰幽都门，生不周风。北方曰寒门，生广莫风。苍门者，东北木将用事，春之始，故曰苍门。开明门者，明，阳也，日之所出，故曰开明门。阳门者，月建在巳，纯阳用事，故曰阳门。暑门者，盛衰之时，故曰暑门。白门者，月建在申，金气之始，故曰白门。阊阖门者，八月建在酉，万物将收，阊，大；阖，闭。收闭之时，故曰阊阖门。幽都门者，幽，暗也，玄冥将始用事，阴聚故幽也，故曰幽都门。寒门者，积寒所在，故曰寒门。此八极之方，是八风之所起也。”《吕氏春秋》云：“东方滔风，东南动风，南方巨风，西南凄风，西方飘风，西北厉风，北方寒风，东北炎风。”此意亦同于前。《太公兵书》云：“坎名大刚风，乾名折风，兑名小刚风，艮名凶风，坤名谋风，巽名小弱风，震名婴儿风，离名大弱风。”大刚风者，太阴之气，好杀故刚。折风者，金强，能摧折物也。小刚风者，亦金杀故也。凶风者，艮在鬼门，凶害之所也。谋风者，坤为地，太阴之本，多阴谋也。小弱风者，巽为长女，故称弱也。婴儿风者，震为长男，爱之，故曰儿。大弱风者，离为中女，又弱于长女也。大刚、小刚，客胜。大弱、小弱，主人胜。凶，有凶害之事。谋，有谋逆之人。折为将死。婴儿风，主人强。此并兵家观客主盛衰，候风所从来也。杨泉云：“春气臑，其风温以和，喜风也。夏气盛，其风阳以贞，乐风也。秋气劲，其风熛以清，怒风也。冬气冷，其风凝以厉，哀风也。”又四维之风，随生成之气，方土异宜，各随所感而风者，天之号令，治政之象。若君有德令，则风不摇条，清和调畅。若政令失，则气怒凶暴，飞沙折木。此天地报应之理也，皆五行之气感召所致。

《太公兵书》论兵家观客主盛衰，即以候风为断，大抵大刚、小刚，客胜；大弱、小弱，主人胜；婴儿风则主人强。与是简“可以为客，不可以为主”之说正可互证。

又《灵枢经》记太一行九宫两朝八风，而占吉凶，其解释此八风之名所由取义，则从病理学之虚实相反观念出发，更具新义，录其说如下：

立秋二玄委西南方	秋分七仓果西方	立冬六新洛西北方
夏至九上天南方	招摇中央	冬至一叶蛰北方
立夏四阴洛东南方	春分三仓门东方	立春八天留东北方

太一常以冬至之日，居叶蛰之宫四十六日，明日居天留四十六日，明日居仓门四十六日，明日居阴洛四十五日，明日居天宫四十六日，明日居玄委四十六日，明日居仓果四十六日，明日居新洛四十五日，明日复居叶蛰之宫，曰冬至矣。太一日游，以冬至之日居叶蛰之宫，数所在日从一处，至九日，复反于一。常如是无已，终而复始。太一移日，天必应之以风雨，以其日风雨则吉，岁美民安少病矣。先之则多雨，后之则多汗。太一在冬至之日有变，占在君。太一在春分之日有变，占在相。太一在中宫之日有变，占在吏。太一在秋分之日有变，占在将。太一在夏至之日有变，占在百姓。所谓有变者，太一居五宫之日。病风折树木，

扬沙石，各以其所主占贵贱，因视风所来而占之。风从其所居之乡来为实风，主生，长养万物。从其冲后来为虚风，伤人者也，主杀、主害者，谨候虚风而避之。故圣人日避虚邪之道，如避矢石。然邪弗能害，此之谓也。是故太一入徙立于中宫，乃朝八风以占吉凶也。风从南方来，名曰大弱风，其伤人也，内舍于心，外在于脉，气主热。风从西南方来，名曰谋风，其伤人也，内舍于脾，外在于肌，其气主为弱。风从西方来，名曰刚风，其伤人也，内舍于肺，外在于皮肤，其气主为燥。风从西北方来，名曰折风，其伤人也，内舍于小肠，外在于手太阳脉，脉绝则溢，脉闭则结不通，善暴死。风从北方来，名曰大刚风，其伤人也，内舍于肾，外在于骨与肩背之膂筋，其气主为寒也。风从东北方来，名曰凶风，其伤人也，内舍于大肠，外在于两胁腋骨下及肢节。风从东方来，名曰婴儿风，其伤人也，内舍于肝，外在于筋纽，其气主为身湿。风从东南方来，名曰弱风，其伤人也，内舍于胃，外在肌肉，其气主体重。此八风皆从其虚之乡来，乃能病人。

太一出游，其“移日天必应之以风雨”，故太一徙位，八风有生、杀之变，风从其所居方向而来者为实风，主生，长养万物；从其对冲后来者为虚风，则为伤人者，主害，故候虚风而避之。此八风命名，皆从消极立义，故《灵枢》谓此八风皆从虚之乡来，乃能病人。持此以证“汉魏鲜某腊明正月旦以决八风”之事，《天官书》云：

风从南方来，大旱；
西南，小旱；
西方，有兵；
西北，戎菽，为小雨，趣兵；
北方，为中岁；
东北，为上岁；
东方，大水；
东南，民有疾疫，岁恶。

故八风各与其冲对，课多者为胜。（参《开元占经》引《正月朔旦八风占》）

所谓八风各与其冲对，即咸为从虚之方向而来者，故多主不吉，戎菽二字，以《天官书》“旦至食为麦，食至日昳为稷，昳至餔为黍，餔至下餔为菽，下餔至日入为麻”数句证之，麦、稷、黍、菽、麻为区食，日仄至日入之时间代号。“戎菽”当指餔至下餔一段，下文以“为上岁”、“为中岁”例之，宜读“为小雨”句。“小雨”一名，卜辞屡见，言此时刻有小雨，宜促用兵。《论衡·变动》篇云：

> 天官之书，以正月朝，占四方之风，风从南方来者旱，从北方来者湛，东方来者为疫，西方来者为兵。太史公实道言以风占水、旱、兵、疫者，人物吉凶，统于天也。

四方之风，以占水、旱、兵、疫四者，皆从风之对冲立说，于此可悟卜辞之四方风名，必与候风之事有关，而候风之事又系于农事，以占岁之孅恶，故岁有中岁、上岁之分。殷代占四风，自不若魏鲜之配五音、五谷等之详备，但风占之意义出于候岁，其理则一。卜辞之“东方曰析风日砮”，砮指砮田受年，与《周语》记载籍田之“前五日，瞽告有协风至”若合符节，甲骨学者论之已详。银雀山简西北乾位之晢风，亦作析风，其名当出殷之东方析，但方位分配不同。魏鲜以一日之时刻配合五谷，以五音定岁事美恶，如下图所示：

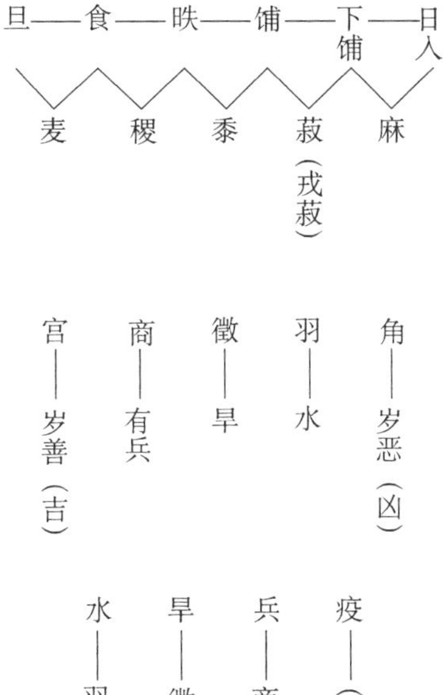

岁事，《汉书·武帝纪》建元元年五月诏："河海润千里，其令祠官修山川之祠为岁事，曲加礼。"孟康曰："为农祈也。于此造之，岁以为常，故曰为岁事也。"乃祈年之举。

凡此种种，于卜辞多无可征考，唯"北方之风曰RUN"，在银雀山简正北为大刚风，亦作大罡风，可能"RUN"即为疫；北方积阴，故季冬之月，大傩殴疫（《周礼·占梦》郑注）。一般读RUN为役，引《说文》"戍边"为说，谓取义于边区寒地，则颇费解。《天官书》以风从东方来者为疫，殷人则以属之北方，此其异耳。

（四）正南之风曰大弱风。《左传·襄公十八年》："楚师多冻，徒役岁尽，晋人闻有楚师，师旷曰不害，吾骤歌北风，又歌南风。南风不竞，多死声，楚必无功。"杜注："歌者吹律以咏八风，南方音微。"《周礼·保章氏》："以十有二风，察天地之和，命乖别之妖祥。"郑玄注云："十有二辰皆有风吹其律以知和不（否），其道亡矣。"引《左传》文为说。按南音所以音微而不竞者，以南方之风为大弱风之故，得此简可明其理。银雀简屡言奏黄钟、奏应钟、奏蕤宾、奏林钟，殆祷祠之际以十二律所应之月而奏之，惜辞简意晦，难究其恉。郑玄谓十二辰皆有风，其道久亡，仍有待于探索。

是篇但揭橥大略，未能深入，"风占"之称，王充《变动》篇云："以风占贵贱者，风从王相乡来则贵，从囚死地来则贱。"《开元占经》风占亦分言祥风及凶灾之风，谓"当详五音定八方，观其起止占之"。是简虽残，而汉初风占之术，前乎魏鲜、翼奉者，其说粗存端倪，可觇术数之一端。"风角"之称见《郎𫖮传》，李贤注谓"风角，候四方四隅之风以占吉凶也"。《隋书·经籍志》五行类，此类共二十二部，附亡书十二部，皆托名于京房、翼奉。（京都大学《天地瑞祥志》引翼奉《风角要决》）如唐太史令李淳风云："自翼奉已后，风角之书近将百卷，或详或略，真伪参差。"此残简年代较早，价值殊昂。李氏《乙巳占》论八方暴风占一节另附有图，以十二支、十干、四维相配，与宋人所谓后天八卦图相同，其中西方兑风名作"冲风"，东方震称"宂风"（即婴儿风）名复不同，可以参考。匆遽著文，讹谬自多，仍冀方闻，有以正之。

1992年11月12日于香港

本篇原为关西大学汉简会议论文

中文大学文物馆藏建初四年“序宁病简”与“包山简”

——论战国、秦、汉解疾祷祠之诸神与古史人物

香港中文大学文物馆收藏有建初四年（公元79年）序宁简若干枚，出土地点未明。其文字重复稠叠，大抵多为套语，可以互相勘校。所记为祷祭于神明，解除疾病；与包山祭祀简，虽行文之形式不同，而祷祠目的则无二致。对于古代社会、宗教民俗之研究为极重要新资料，爰为介绍，述其梗概，以供同好之研讨。

先选录该简主要文字数则如下：

(1) 七月廿日癸酉，令巫夏（下）脯酒，为母序宁，下祷。皇男皇妇共为祷獦君，皇母序宁。今以头堅目宵，兩（两）手以卷脯酒下。生人不负责，死人毋适，券刺明白。

(2) 建初四年七月甲寅，为田氏皇男皇妇皇弟君昊？共为田氏皇母序宁祷夗（外）冡（家）西甪（南）。请子孙……皇母序宁，以七月十二日乙丑。头堅目宵，兩（两）手以卷。下入黄泉（泉），上入仓天。今以盐汤下，所言祷。死者不厚适，生者毋责，券刺明白。所祷序宁，皆自持去对天公。

(3) 建初四年七月甲朔，皇母痔（序）宁病。皇男皇妇皇子共为皇母痔（序）宁祷炊（炊），休。七月十二日乙丑序（宁）……

背面：入黄泉上入仓天，皇男皇妇为序宁所祷黄君皆序宁，持去天公所对，生人不负责，死人毋适，卷书（明白）。

（4）七月廿日癸酉，令巫夏脯酒，为皇母序宁，下祷。皇男皇妇共为祷水上，皇母序宁。今以头墼目宵，疜手以卷脯酒下。生者毋责，死者毋适，券刺明白。

（5）七月廿日癸酉，令巫下脯酒，为皇母序宁，下祷。皇男皇妇为祷大父母丈人田社、男殇女殇司命，皇母序宁。今以头墼目宵，㒳（两）手以卷脯酒下。生人不负责，死人无适，券刺明白。另一条云：大父母丈人男殇女殇祷祠命君皇男皇妇为序宁。（下略）

（6）七月廿四日，令巫夏脯酒，为母序宁，下祷。皇男皇妇共为祷东北官保社，皇母序宁。（下略）

（7）八月十八日庚子，令赵明下脯酒，为皇母序宁。（下略）

（8）田社皇男皇妇为序宁所祷田社，七月十二日乙丑序宁。头墼目颠，㒳（两）手以抱下黄泉。

背面：所对，生人不负责，死人毋适，卷书明白。

（9）……为序宁所祷水上皆序宁，持去天公所对，生人不负责，死人毋适，卷书明白。

（10）𦱊君皇男皇妇为序宁所祷𦱊君，七月十二日。

背面：天公所对，生人不负责，死人不负适，卷书明（白）。

（11）皇男皇妇为序宁所祷官社皆序宁。持……

（12）皇男皇妇为序宁所祷郭贵人，七月十二日乙丑序宁。头墼目颠，㒳（两）手以抱。下入黄泉，上入仓天。皇男皇妇所祷郭贵人皆序宁。

以上各枚，书体有二种，似出二人所书写。建初为东汉章帝年号，四年即公元79年，祷祠时间分别为七月十二日乙丑，七月廿日癸酉、七月甲寅、八月十八日庚子等日。所祷神明有下列诸名号：

炊、黄君、獦君、水上、司命、命君、官社、田社、东北官保社、䢃冢（外家）西南、郭贵人、𦱊（殇）君。

兹分别试为解说如下：

炊：《封禅书》：晋巫有司命、巫社、巫族人、先炊之属。《正义》云：

"先炊，古炊母之神也。"是炊即先炊、炊母之类。

黄君：当即黄神。马王堆《五十二病方》祝辞云"黄神在灶中"。班固《幽通赋》："黄神邈而靡质兮。"道教徒佩黄神越章，宝鸡出土有朱书黄神北斗陶瓿。

水上：包山简："祷祠大水。"《封禅书》："梁巫祠天地、天社、天水。"江苏邗江胡场五号汉宣帝时墓葬木牍封检上神名有"水上"（《散见简牍》，101 页）。与是简相同。

叙字形作敘与敍，从攴，余声，经传亦以"序"为之。《释名・释典艺》："叙，杼也，杼泄其实宣见之也。"《西都赋》序："或以杼下情。"杼，《说文》从手作抒。《方言》十二："抒、瘛、豸，解也。"又云："纾、退，缓也。"《广雅・释诂》："纾，解也。"《左・文公六年》传："难必抒矣。"杜预注："抒，除也。"《正义》云："服虔作舒。"抒、纾、舒俱通用。序宁即叙宁。包山简"叙于宫室"二句，向未得其说，今以建初此简证之，"攻叙"与他简之"攻解"义正相同，其言"甶攻解于槼禳"与"甶攻叙于宫室"，文例与意义无异，"叙"、"序"可训"解"。

《周礼・视祲》："掌安宅叙降。"郑注云："人见妖祥则不安，主安其居处也，次序其凶祸所下，谓禳移之。"此处安与叙各为一事。而郑注用今字作"序"，与序宁简之作序一样。宁者，安也。大祝五曰瑞祝，郑注："瑞祝，逆时两，宁风旱也。"宁风旱可远追至殷代。卜辞"宁风"、"宁疾"一类词句，频频出现。如：

> 宁疾于四方（《小屯南地》四九三、一〇五九）
> 贞：今日其宁疾……三羌九犬（《屯南》一三一〇）

《诗・葛覃》毛本"归宁父母"，《说文》晏字为安的古文，引《诗》曰"以晏父母"。晏即是安，与宁为同义复词，故毛本不用晏而作宁，其义一也。《视祲》的"安"、"叙"，应即"叙宁"的倒言，与是简的"序宁"，正为同义异文，郑说训叙为次第，恐非本义。至其所谓"禳移"，即包山简频见的"遚祱"之举，如云，"遚石被裳之说"（简二一四），"遚鄜会之祱"（简二一〇、二一四），遚是禳移之移，把凶害转移与他处。遚为移过之事，为古代秘祝之所司。汉代始除去之。《汉书・文帝纪》："十三年夏，除秘祝。"应劭曰："秘祝之官，移过于下，国家讳之，故曰秘也。"《郊祀志》："文帝即位十三年，下诏曰：‘秘祝之官，移过于下，朕甚弗取，其除之。’”此即所谓移过也。

值得注意的是“今以盐汤下”一句，在祷祠时使用盐水。道教法师在出煞时，逼退邪煞，用所谓“盐米符”，自言盐是飞天走石大雷公，盐有它的极大威力，盐和水是后来道坛上安镇驱邪出煞必须敕点的符令。

秦简《日书》第八为《病》篇，敦煌遗书P·二八五六有发病书，可与是简参证。《日书》言疾病源于亲属及外鬼及伤（殇）死者为祟。故必进以酉（酒）脯、脩、节肉。建初是简屡言命巫下脯酒，其事正同。又言以某时日行酢（祭）。《书·愿命》：“秉璋以酢。”“报祭曰酢。”此如包山简之言赛祷，《说文新附》：“赛，报也。”《汉书·郊祀志》“塞南越祷祠泰一后土”，则字作塞，与酢同为报祭之事。

司命：《九歌》有大、少司命，包山祷祠有司命，《封禅书》：晋巫、荆巫皆祠司命。至命君当指司命。

獦君：《仪礼》“猎”字，武威汉简写作獦。獦君可能是司田猎之神明。《周礼·夏官·司马》：春搜，“有司表貉，献禽以祭社”。郑司农貉读为祃，夏苗“献禽以享礿”，秋祢“致禽以祀祊”。蔡邕《独断》释腊云：“腊者，猎也。言田猎取兽以祭其先祖也。”《风俗通义》云：“夏曰清祀，殷曰嘉平，周曰大蜡，汉曰腊，腊者，猎也。”（《御览》三三时序部引）高堂隆议：“月令孟冬十月，腊先祖五祀。谓荐田猎所得禽兽谓之腊。”则腊不拘擒于十二月之大蜡。獦君必与此有关。《广雅·释天》：“腊，索也。”

官社、田社：《史记·封禅书》高祖二年，置太祝、太宰如其故仪礼，因令县为公社。（《汉书·郊祀志》同）李奇曰：“犹官社。”“官社”二字见此。《礼记·月令》：“祠于公社。”杜预云：“在野为社。”《淮南子·时则训》：“大祷祭于公社。”官社之义应同。《礼记·祭法》有大社、王社、国社、侯社之别，大夫以下成群立社曰置社。又《郊祀志下》云：“圣汉兴，礼仪稍定，已有官社，未定官稷。（王莽）遂于官社后立官稷，以夏禹配食官社，后稷配食官稷。”此简称“所祷官社”，又言“祷东北官保社”，仍是前汉之制。汉代社祀，研究之文字甚繁（参劳榦《居延汉简考释》，470～474页）。应璩《与阴夏书》：“乃知郎君顷有微疴，告祠社神，将以祈福。”曹植《赞社文》云：“封此桑以为田社，乃作颂。”（《御览》五三二社稷引）有田社一名。以疾祷于社，其事常见。

是简所见诸神，若黄君、獦君、命君、殇君，皆称曰君。以其为神君之故。《汉书·郊祀志》：“（武帝）求神君，舍之上林中磃氏馆。”《集解》引韦昭说："神君即病巫之神。"汉武置神君于寿宫。神君最尊贵者曰太一，其佐曰太禁，司命之属皆从之。是为西汉武帝宫中之制。序宁简称司命曰命君，仍有取于神君之号。

一

"序宁"二字极不易懂。幸而诸简之中，上列简三"疗宁病"三字，得知序宁是解除疾病的巫术，故诸简均在开头写明"令巫夏脯酒"，亦作"下脯酒"，"夏"和"下"音同通用，借"夏"为"下"，"下"是动词。"序"字他简亦作"疗"，从疒，分明与疾病有关。疗字，不见于字书。建初各简多作"序宁"。序与叙为一字。包山简祭祷两次言及"叙"，其文云：甶攻解于䋣（盟）禓（诅），叡（且）叙于宫室。五（伍）生占之曰吉（简二一一）。甶攻叙于宫室，五生占之曰吉（简二二九）。

建初简屡言及病人"头𨟻目窅"，亦作"头𨟻目颠"，𨟻字殆即《说文》玉部之璺，从臤为声。字又为掔，朱骏声云"借为趣"，引《吕览》"述荡之掔"。趣与蹶同，训颠顿。或指头抬不起。窅字《集韵》三十四啸："窅，窵窅，深也。"又窵下云："《说文》：窵窅，深也。"至于目颠者，《说文》目部："瞋，张目也。"颠或借为瞋。

简中言及鴙君，又言男殇、女殇、鴙。鴙即殇之别体，谓不成年而死，古有上中下殇之分，见《说文》。秦简《病》篇谓殇死者为祟故得疾也。序宁诸简一言巫下酒脯，其一独称"令赵明"，则赵明必为当日巫者之姓名。

二

包山简的祭祷简，墓主人左尹邵㔥所祭祷的对象，其人物除其直系近亲先王，包括楚昭王民墓主近亲的高、曾、祖、父之外，还有远祖的先代老僮、祝融等。最难明的是侸山，亦作𡉚山和五山，以及人禹等。侸山向来缺释，兹录其文如次：

> 𥛚祷大水一肤，二天子各一牂，侸山一羖。
>
> 𥛚祷楚先老僮、祝融、媸畬（熊）各两羖，亯祭。（简二三七）
>
> 𥛚祷五山（𡇒）各一牂，𥛚祷邵（昭）王戠牛。（简二四〇）

罷祷大水一肤，二天子各一牂，夂山一羖，罷祷卲王戠中，馈之。（简二四三）

夂字和㑤同字异写。余谓其所从的夕不是夕字，应为㲻的下半。《说文》川部“㲻”，水流㲻㲻也，从巜，列省声。又“𠜵”，𠜵也，从刀㲻声。《诅楚文》光烈之烈作“𠜵”，小篆同之，不必如大徐说，以为从歺省。《广韵》、《集韵》俱收“埖”字，训“塍也。”“夂”殆埖之省形，㑤增益人旁，则为例字，埖、例均是“列”的假借，故夂山、㑤山都可释为列山，或释为坐，无义可说。炎帝古又称列山氏，或作厉山氏。《礼记·祭法》：“是故厉山氏之有天下也，其子曰农，能殖百谷。”郑玄注：“厉山氏，炎帝也，起于厉山，或曰有烈山氏。”其传说地望，在湖北随县厉乡村，重山一穴，传云是神农所生穴。（见《后汉书·郡国志》刘昭注引《荆州记》。参《括地志辑校》卷四）子弹库帛书有炎帝及祝融二名。《山海经·海内经》：“炎帝之妻，赤水之子听訞，生炎居，炎居生节并，节并生戏器，戏器生祝融，祝融降处江水。”包山简中㑤山与祝融同见。㑤山应为列山，依郑玄说，即是炎帝。列山氏亦可称曰连山氏，包山简又作五𡴀，与昭王并祭，彭浩等释𡴀字为山，五山或即连山氏。

包山简云“⿱占攻解于人愚”。愚字为禹的繁形，子弹库帛书云“为禹为万以司堵壤（壤）”。禹为西戎宗神，亦称曰戎禹（见《潜夫论·五德志》及《尚书纬·帝命验》），顾颉刚已详论之。西戎又得称西夷，故孟子云“文王，西夷之人也”。包山简称禹曰人愚，人即夷字，如夏后羿亦称仁羿（《海内西经》：非仁羿莫能上冈之岩）。仁即夷。《说文》人部仁下𡰥，古文仁，或从尸。古文夷亦然。郑玄云：“夷之言尸也。”人禹与仁羿同例，应读为“夷禹”，有如“戎禹”之比。楚人亦祀禹，故作为祷祀之对象。

楚先祖老僮亦为被祷祭之一。《大戴礼·帝系》：“颛顼娶于滕氏，滕氏奔之子谓之女禄氏，产老童。”《山海经》郭璞注引《世本》：作滕坟氏，产老童。其名相同，唯作老童，童、僮一字。《西山经》则作耆童，《史记·楚世家》作卷章，疑皆形讹。老僮之母滕坟氏，朱学浩说引《说文》：“涌，滕也。一曰涌水在楚国。”谓滕坟犹言涌坟，因涌水得名。余考殷卜辞有里伯（《合集》二三九六），降及战国，包山简有重夜君，均即涌（滕）坟氏之后代。

包山简神名，与㑥土（后土），及社骈列者有袂，亦作夬，或称为“䰟夬”，增一字于其前。夬者，以《说文》泰古文作𡗗，陶文作夳例之，可释为“泰”字，泰乃泰帝。《郊祀志》：“汉武得汾阴鼎，有司曰：闻昔泰帝兴，神鼎一。”

亦称为泰皇，《秦始皇本纪》："丞相绾等言古有天皇、有地皇、有泰皇，泰皇最贵。"《索隐》引《封禅书》："昔者太帝使素女鼓瑟而悲。一云泰皇、泰昊也。"然以得鼎及鼓瑟二事证之，泰帝应即黄帝（王先谦《汉书补注》说），颜师古以为泰昊，盖误。元始时孔光与刘歆议云："称天神曰皇天上帝泰一，兆曰泰畤，而称地祇曰后土，与中央黄灵同。宜令地祇称皇坠后祇，兆曰广畤。"此以天神泰一与地祇之后土相对，以是例之，包山简中与厌土相对之泰，当为天神之泰一明矣。

其或增飤字名曰飤大者，飤字从蚀，飤声，同简屡见"酉飤"语，即酒食也。包山简二一〇云："璺祷飤祑一全豢，璺祷社一全豬；璺祷宫、𧗿一白犬酉飤。"飤祑与社先后致祭，飤音食（飤），与折之音逝相似，《礼记·祭法》："埋于泰折，祭地也。"《广雅·释天》："方泽大折，祭地也。"《释文》："折，之设反，旧音逝，又音制。"飤与旧音折之音逝相同，疑飤泰乃泰折之倒言。折为祭处，指方丘之在泽中者，故亦名曰方泽。《周礼·大司乐》"泽中之方丘"，当即立泰折之处。后代以指北郊，故翟方进议云，瘗埋于大折，祭地也，祭地于大折，在北郊，就阴位也（见《郊祀志下》），故知璺祷于祑仅一泰之名者盖指天，其增飤于其前曰"食泰"者则指地，两者有别，是"飤泰"宜为泰折甚明。若祀厌土（后土）则宜于泽中之圜丘，与泰折之宜于泽中方丘，其祀处正异。

包山简又云"祑见琥"，琥为瑞玉之呈虎文者（见《说文》），见读如现，言祭泰（帝）则现琥，《左传·昭公三十二年》："赐子家子双琥、一环、一璧、轻服。"琥为玉六器之一。上论"飤大"指折之大者，《礼记·祭法》："大折，祭地也，用骍犊。"郑注云："折，炤晳也，必为炤明之名，尊神也。地，阴祀，用黝牲，与天俱用犊，连言尔。"祭于飤大用一全豢，即豢。折训照晳。《说文》："晳，昭明也，从日折声。"字亦作晣，又作晢。晳大犹言昭大，中山王方壶"邵友皇工"，邵友即昭大，友字与包山简同（刘信芳说）。

至若璺祷宫与𧗿，只各用一白犬，宫为室内，𧗿指门外。𧗿亦作行，谓道路之神。实为"五祀"之一。包山简出自左尹邵旅之墓葬，其墓内西室出土列四十五号之竹笥中，放有五块木牌，分别书写：户、灶、室、门、行五个字。是即所谓五祀者也。其中行在包山简字复作𧗿，正如祑之繁形成祑之例。《礼记·月令》："孟冬其礼行。"郑注引《中霤礼》云："行在庙门外之西，为祓禳，厚二寸，广五尺，轮四尺，北面设主于軷上。"軷者，指以车轹之以禳。《仪礼·聘礼》郑注："禳，祭名也，为行道累不祥禳之也。"《礼记正义·曾子问》引崔灵恩曰："宫内之軷，祭古之行神；域外之軷，祭山川道路之神。"軷祭盖区分为宫内与域外二者，包山简之分宫与𫞧为二，其理正同。

不殆与殇、兵死包山简记"甶攻解于日月与不殆"（简二四八）。又屡言及殇，如二二二号简有"见新王父殇"，"甶攻解于禮与兵死"（二四一）。

不殆与日月骈举，楚简编者引秦简《日书》"人生子未能行而死恒然是不辜鬼处之"（乙五九简背），以不殆为不辜，疑是鬼名，《汉书·地理志》："左冯翊云阳有越巫䣓鄜祠三所。"《广韵》十一模云："䣓，亦小儿病鬼。"与秦简说合，唯不知何所本。孙诒让《讽籀余录》谓"䣓从卯无义"，按以卜辞䣓为用牲祭名，则殆之作䣓，亦非无义可说。

"兵死"相当于国殇，《楚辞·九歌》有国殇，称魂魄为鬼雄，《补注》谓"死于国事者"，即同于"兵死"也。禮指诅盟。

序宁简为东汉时物，在王莽败亡之后。莽时淫祀最盛，"其末年自天地六宗以下，至诸小鬼神，凡千七百所"（《郊祀志下》）。建初之际，已恢复汉家威仪，是简有官社而无官稷，乃为高祖以来之旧制。其有炊母，同于晋巫，水上同于梁巫（天水），司命、殇君、黄君（黄宗）同于荆巫。而包山简所记，祭祀尤繁，可以对应参证者至多，自战国秦汉以来祀典之大体系统，可得而言，兹表之如次：

包山简	《礼记·祭法》	《楚辞》	《封禅书》	东汉序宁简
二天子 大（泰）	泰坛	太一	天神（粤巫） 天主（八神）	天公
后土 䲨大 地主	泰折	后土 （《九辨》）	官社 地主（八神）	官社、田社 黄君
司命 司禍		大、少司命	司命（荆巫）	司命、命君
大水		河伯	天水（梁巫）	水上（邗江胡场汉木牍亦有"水上"神）
𡕒（侸山）	（泰厉）	山鬼		
殇（新王父殇） 兵死		国殇		[illegible]（殇）君
宫、𫞧 五祀	五祀		当（堂）上（梁巫） 炊母（晋巫）	炊
				獦君

总结而论：是简以"序宁"疾病为主题，兼及祭祀各种神明，由巫下脯

酒进行祷词，以禳除作祟之事端，为巫史研究提供一翔实史料，诸神明之名目，以包山简及汉宣时木牍、《封禅书》、《郊祀志》所记秦汉各地区诸巫所祀神明作一比较，有不少可以互勘，对古史人物，更可取得印证，此戋戋者，有裨于古史研究者至巨，爰发其覆，以资同好之探讨。

至“序宁”一词，为同义复合词，序即是叙，已见于包山简。宁训为安，殷代已广泛使用之，常见除“宁疾”之外，又有宁风、宁雨、宁鼓、宁秋等语。《周礼·视祲》云：“安宅叙降。”安与叙分开，可以分言，亦可合言，联称曰序宁。在东汉时，此一神巫习惯使用之术语，已由单言而演进为一复词。如是分析，亦颇惬心餍理，对于训诂学想不无涓埃之助。

居延简术数耳鸣目瞤解

劳贞一氏《居延汉简考释》卷四之二术数类记有两事，其文如左：

永通入□之。耳鸣，得事。耳鸣，望行事。耳濡，有来事。（（三一）二六九、九）

目重。左目润。右目润。（（五六）四三三、六（面））

《汉书·艺文志》杂占家有《嚏耳鸣杂占》十六卷。证以汉简，此术汉代颇为流行。《西京杂记》第三云：

樊将军哙问陆贾曰："自古人君，皆云受命于天，云有瑞应，岂有是乎?"贾应之曰："有之。夫目瞤得酒食，灯火华得钱财，乾鹊噪而行人至，蜘蛛集而百事喜，小既有征，大亦宜然。故目瞤则呪之，火华则拜之，乾鹊噪则喂之，蜘蛛集则放之。况天下大宝，人君重位，非天命何以得之哉?"（据《四部丛刊》景明刻本。《新语》无此文。）

《楚辞》刘向《九叹·远逝》："耳聊啾而惝慌。"王逸注："聊啾，耳鸣也。"《说文》："聊，耳鸣也，从耳，丣声。"段谓此为聊之本义。《易林·乾》之《需》云：

目瞤足动。

蔡邕《广连珠》云：

臣闻目瞤耳鸣，近乎小戒也；狐鸣犬嗥，家人小妖也。犹忌慎动作，封镇书符，以防其祸。

是故天地示异，灾变横起，则人主恒恐惧而修政。（《御览》四百五十九引。锡山华氏活字本《蔡中郎文集》所无。）

汉人重视灾变，故于耳鸣目瞤之占，再三致意，西汉时有书至十六卷，亦云繁矣（以上除《九叹》外，有三事，陈槃先生已举出）。

考耳鸣之占，渊源颇远，殷时已有之。《小屯乙编》五四〇五板文云：

庚戌卜，㞢
𠨘于妣辛眔（及也）
父丁。隹之㞢
庚戌卜，
余自𠨘。（上两辞在右甲）
𠬝𩆂。
庚戌卜，朕
耳鸣。㞢御
于且庚，羊百㞢（又）
五十八。㞢母，用，
𠣎，今日。
庚戌卜，
叀旧
𠨘，往。（上两辞在左甲）

此锲于整龟上（唯甲尾部分缺）。同为庚戌日卜，不记贞人名。尚有戊午、丁巳、辛酉等日卜辞不录。观另一组辞，言御于妣辛及父丁，父丁者，当为武丁子祖庚或祖甲称其考武丁之名。则卜耳鸣之殷王自称之“朕”与“余”，非祖庚或祖甲莫属。辞中𠨘于祖庚，当谓行御祭于盘庚，因盘庚为武丁之父行，故在庚甲卜辞，可称之为祖庚也。殷王耳鸣，区区小故耳，乃至宰羊一百五十余头，行御祭以弭灾匄福，足见殷人迷信之深，亦卜辞中极有趣之记录。

《隋书·经籍志》五行类，梁有《嚏书》、《耳鸣书》、《目瞤书》各一卷，亡。并不著撰人。此类占书，隋已失传。1956年9月，余出席世界汉学会议，在巴黎国家图书馆，籀读伯希和取去之敦煌卷子。其列二六二一号长卷记王祥《诸孝子传》，背录杂文为进士何蠲撰《渔父歌》、《沧浪赋》，有长兴五年（后唐明宗年号，公元934年）燉煌郡净王寺学郭晨题识。《沧浪赋》后即为杂占书，备记"占耳鸣、耳热、心动、卜惊、面热、目润"等法。其术依十二时辰，就耳目之左右分占之。兹录数则以示例。耳鸣如云：

> 子时耳鸣。左有口舌，右有财来。
>
> 丑时耳鸣。左右并喜。
>
> 寅时耳鸣。左有喜事，右有妇人来。

目瞤如云：

> 戌时，目闰。左有口舌，上众伏事；右有喜乐，下有欲事。
>
> 亦分子丑各时为占。

此当是唐时之占法。晚近流俗所行，有所谓许真君《玉匣记》，亦载鼻嚏耳鸣目跳诸占，并绘以图，未审是否汉以来之遗术。唯敦煌卷目闰分左右为占，与汉简正合。

《云笈七签》卷四十七第五有"审耳鸣吉凶法"，略云："凡耳中忽闻滩水雷电鼓鸣声者，是身中劳损，心藏极不能味真注生，而淫放丧乱，使六府失摄。……所以耳鸣者，神亡之故也。"又云："耳中闻箫角之音，吉贵象至也；闻号呼之声者，凶败之象也。"又同卷第四有"耳鸣祝"，注云："出《大有妙法经》中卷，凡闻耳鸣者，错手掩耳而祝。"此为古耳鸣占法，保存于道书之一例。

又伯目三七三五号为《尔雅》之《释天》、《释丘》、《释山》、《释水》，大历九年二月尹朝宗记。其背为占书有云："占人手痒目瞤耳鸣等法在后也。"为尹安仁书者，文不具录。

瞤字，敦煌卷多写作“润”，同于居延简。间亦省作“闰”。明本《西京杂记》“瞤”作“瞤”，当是字误。瞤，《说文》云：“目动也。”《一切经音义》引作“瞤，目摇动也。今谓眼睑掣动为瞤也”。瞤与眴、瞬同。桂馥《义证》云：“北俗谓之眼跳，占小吉凶。”

居延简耳鸣之外，又言耳濡，敦煌卷又有耳热，当并为古代耳占之术。居延简之“目疐”，疑“目”应为“自”，自古鼻字。疐，《隋志》作嚏，实即嚏。

鼻嚏耳鸣诸占术，《汉志》、《隋志》仅著其书名，向来未悉其详。兹从卜辞汉简及敦煌卷各新资料，参互推证，论其厓略，戋戋所得，于研究古代遗俗，谅不无涓埃之助。

又鼻嚏目瞤之占术，古代西方亦有之。荷马时代之希腊及古罗马均有以打喷嚏为预占之事。在《奥特赛》（*Odyssey*）第十七卷，Penelope 见 Telemachus 高声喷嚏，即以为吉兆。在西亚克里托斯（Theocritus）《牧歌》中，失恋之牧羊人，谴责亚玛丽里（Amaryllis），其右眼跳动，以为是佳兆降临，均其著例。此世界言民俗学（folklore）者，类能道之，附著以供参考。

附　居延零简

金匮室藏汉木简四片。匣里有吴兴张珩葱玉题记云：“民国二十五年，见此诸简于裘善元许，时同在白下。三十五年四月六日，过渝州始得之。因记岁月，以见遇合之有数也。”是此数片及裘氏旧藏。当三十三年秋，教育部曾以所购裘氏汉简三十片，归诸国立西北图书馆，刘国钧遂据编为《馆藏汉简简目》，刊于兰州《西北日报》副刊，又有《跋裘善元藏汉简》文，载《书学》一卷四期（原文俱未见）。西北图书馆所藏诸简，胜利后由教育部拨存中央图书馆，原物现在台湾。数年前苏莹辉君曾就刘氏简目择要诠释，写成一文。引刘氏说谓：裘氏自云“得诸回疆”，当为居延附近所出。此四片者，亦裘氏故物，中有“甲渠”之名，甲渠候官城属于张掖居延都尉，因题为《居延零简》，略附考释，用补劳氏《居延汉简》苏氏之阙云。

（一）城北候长克聀（职）事数𥃩（数）毋状誳（诎）官自毄（系）八月甲申平旦入

（简长 22.8 厘米，宽 1.1 厘米，厚 3 毫米）

汉边郡武职凡四级，组织如下表：

都尉——候官——候长——隧长
士史鄣 候
尉丞 史

候官秩略当校尉下之军候，比六百石。候长属候官所辖，乃百石以下之官（罗振玉、王国维编著《流沙坠简》卷二，14页）；候长地位较隧长为高，亦在隧守候，住于围墙大之烽台。①

城北候长隶属居延都尉下肩水候官。居延都尉辖下候官，可考者有居延候官、殄北候官、甲渠候官、卅井候官、橐佗候官、广地候官、及肩水候官等。②《居延汉简》四六、二二有"城北候长徐弘"。是简之"克"字亦候长之名。或另作诚北者（《简》一三六、一八"诚北建昭五年二月过书刺一"），他简又见"授为甲渠诚北隧长"语（三一、四，即《居延汉简》，下不复注），则"诚北"乃属于甲渠候官者，与此"城北"属于肩水者异。

"克"字简文作克，与汉碑孔霆碑及北海相景君铭"剋"字作"尅"之偏旁同。

"𪉦"字颇难识。敦煌简五〇八云"宜但𪉦教勒勿☐"，沙畹释"数"是也。按"数"字本从攴，孔羡碑、冯绲碑皆变从殳，此则析娄为畕及女，而移"女"于殳字下，其为"数"字无疑。"毋状"之"爿"旁作丬，与复民租碑"算状"字同。"数"读频数之数，谓城北候长名克者职事屡无状，故诣官自系。"毄"读繫，省系。孔霆碑"拨肴（爻）毄辞"，即繫辞；《汉书·景帝纪》"毄畜"，师古曰"毄"古"繫"字。

凡诣官者常于某时平旦入，《居延汉简》中烽燧类此例习见。亦有言"日出入"者。《居》五九、三六"当曲隧长武持府所辟火报诣官，九月丁未日出入"，是其例（又称"蚤食入"者如五二五、五）。

（二）土𪓊千八𠍽（百）𠦃三（一十三）三坼（坼）𢀿辰郑子真百

（简长23.3厘米，宽2.4厘米，厚4毫米）

---

① 参看劳榦：《释汉代的亭鄣与烽燧》，载《史语所集刊》十九本；又《汉代的亭制》，载《史语所集刊》廿二本。日本松本善海：《秦汉时代における亭の变迁》，载《东洋文化研究所纪要》第三册；米田贤次郎：《汉代の边境组织》，载《东洋史研究》十二卷第三号。

② 参看伊藤道治：《汉代居延战线の展开》附《居延烽隧表》；城北候长克一名，藤枝晃《汉简职官表》（京都大学《创立二十五周年纪念论文集》上册）不载，此可补其缺。

（一）　（二）　（三）　（四）

（正）　（反）

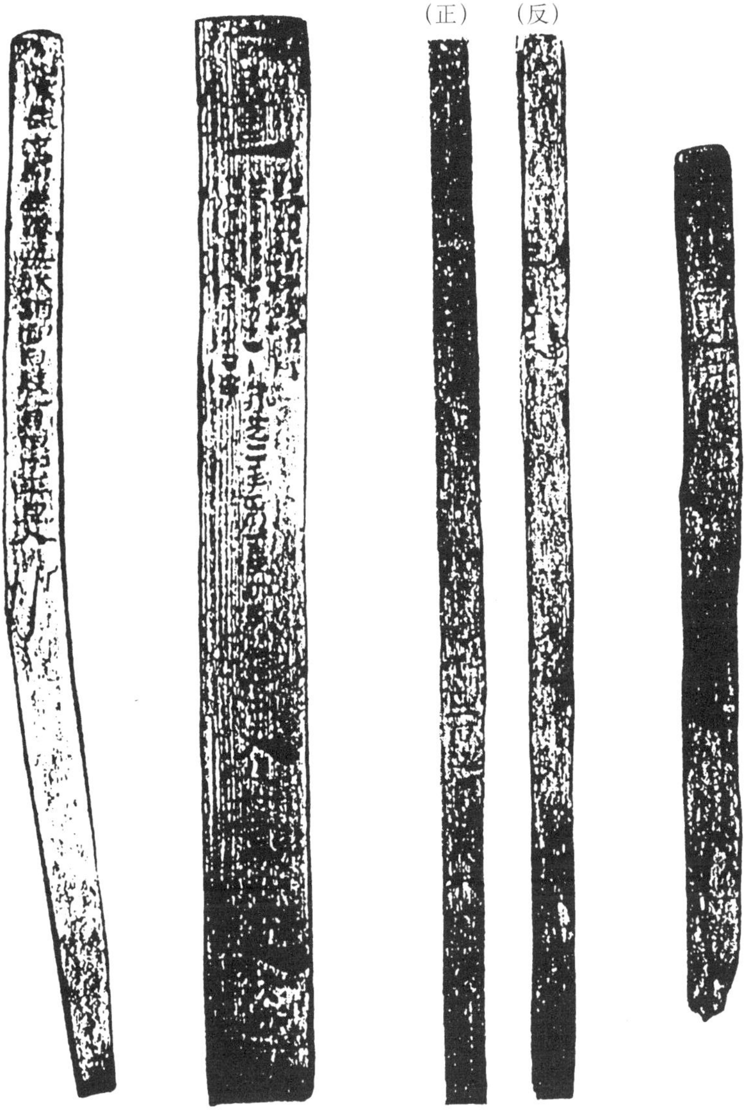

茗廾名之上□石百の（四）十毕

廿之李君仲四百の（四）十一◆

俱起□子文五百の（四）十二毕

执羽高平□□□□◆

永光二年正月癸亥朔辛卯甲渠士吏乃付李秤（释）君尉丈所赴

此简颇完整，首行记数字百作云，一十合书作丰，其最值得研究者，为土䇮之䇮字。

简之左缘有齿五，则此乃契券。䇮字从丰从㱐，应即㓞字。《说文》："㓞，巧刻也。"隶书㓞字有讹从刃从夕或从力者，而刀字隶或变为方或㱐者（《隶辨》卷六偏旁刀及㓞两字下注）。此字即从丰从刀，为㓞字无疑。张凤《汉晋西陲木简汇编》收刻券二：其一列五十、二二号"守卒刻券"；其一列五七、四号"会界上刻券"。此两简左缘俱有刻齿，与金匮室藏是简并可考古代刻券之遗制，是殆所谓"左券"者也。"界上简"末有"刻契"二字，形作"刻㓞"，张凤隶定为"劵"，谓即券。今按此字仍是从丰下从力，力为刀之变，杨统碑"㓞铭鸿烈"，即㓞字，亦讹从力，于此可证䇮与劵同是㓞字，而读为契券之"契"，不宜释"券"。㓞者，以刀刻画竹木以记事，戴侗以为丯象所刻之齿，简文不从丯而作丰，多一笔。此㓞字别作"契"、"栔"，后又作锲、㓢，俱后来所加，所谓孳乳寖多者。契《说文》训"大约"。郑注《周礼·地官·质人》云："契，取予市物之券也，其券之象，书两札，刻其侧。"今证简文，正曰"刻㓞（契）"。是简称"土䇮"，当是甲渠候官屯田之土地契券，下列数字千八百一十三，则为契之号数也。

永光为汉元帝年号，《居延汉简》四八四、一七"永光二年正月癸亥"与是简年月日并同。考《汉书·冯奉世传》，永光二年秋，陇西羌、彡姐旁种反，诏"奉世将万二千人骑，以将屯为名，到陇西"。此简系时正月，则在奉世西征之前。

甲渠候官属居延都尉。《居延汉简》出土最多之城障有二：一为红城子，一为破城子。破城子出土之物，据劳榦说即多属甲渠候官。[①]

士吏，官名。《居延汉简》习见"士吏"之名，如《简》二〇三、三三"居延甲渠士吏觻得广宛里公乘窦敞能不宜其官"，此士吏属于候官者。又如简五一六、二六"侯农令督蓬候隧士吏远▨"，此士吏属于隧者。"士吏"名习见于汉简，王国维举《王莽传》为证，以为主兵之官，《居延汉简》中《名籍类》、《簿检类》所见，不一而足，今不缕举。又有"士伍"者，《简》一五七、九"居延甲渠候官第廿七隧长士伍李宫"，其职更低于隧长。此简"甲渠士吏"，吏似非"夫"字，疑为"史"之变，即候官属员。（亦有候史，见《简》一三三、二三；又"候长候史齐"见三四九、八背，则候长之属员矣。）

---

① 参见劳氏：《居延汉简考释·自序》。

上半五行诸小字多模糊不易辨，粗可识者若坼疑“坼”字，简文“斥候”字作庐，此借“坼”为“斥”。人名之郑子真，他简亦见“子真之”（三〇〇、一二）三字，未知是否一人。其数字下多著“毕”字，征之居延他简，若：“各牛毕　乙巳日入六百□”（六、一五），知“毕”亦完了之义。余或人名，不敢妄说。

唯有一事须论列者，即于数字下，识一◆形，乃断句之记号。考《说文》、部云：“有所绝止而识之也。”杨树达云：“即今所用之读点，古音读如豆，后人假为句读之读。”（《古书句读释例》）按汉简中已见“乚”形，即《史记·滑稽列传》所云“读之止，辄乙其处”，亦即《说文》之乚，盖钩识也（参吕思勉《章句论》）。乚之用法，《流沙坠简考释》二之四十五、陈槃《汉晋遗简偶述》叁拾已举出，但未及“◆”；今又于此片二见◆形，知乚为句而◆为读，均见于汉简中，是足为考古章句者增一新资料矣。

（三）当责□□□釒□百□□　車□　□

（简长23.1厘米，宽9毫米，厚2.5毫米）

当责许子方钇百　　　　□延年十二月立月食未耴（取）

□　　　彰

背：咋（乍）吇云（雲）孓（事）

“许子方”，人名。“子方”，汉人命名常用之。敦煌汉简《急就章》反面有“郑子方”，是其证。“子云”即“子雲”，亦人名。

“钇”字他简亦见之。《屯戍丛残》（十一·一）“唯治所以兟䑋收郭钇奥平如律令”，“钇”字王氏未释，按《篇海类编》“釚”亦作“钇”，是“钇”乃“釚”字，《玉篇》金部，“釚，弩牙”，《广韵》十八尤同。《龙龛手鉴》：“釚，音求，弩牙也。”《集韵》十八尤：“釚、𨥈、銶，弩机谓之釚，或从丩从仇。”是“钇”盖“釚”字，此责许子方以弩机百也。《居延汉简》中关于弩之文书颇夥，详劳氏书《簿录器物类》。弩机形式，如乐浪王光墓出土遗物可证，《颂斋吉金图录》中吴大澂藏蜀汉建兴弩机并其显例。兹不复及。[①]

汉简习见“责”字，每用于人名之前。如“中央”图书馆藏简二、三第

① 参见吉田光邦：《弓と弩》，载《东洋史研究》十二卷二号。

二行“隧卒子章自言责第卅八隧长□护官袍一领”，语例相同。又见“当责”二字者，如《居简》一五八、三“□秋里孟延寿自言当责累虏候官尉史王□”。《战国策·西周策》“归其剑而责之金”，“责”义如此。

“延年”一行其左侧尚有文字，疑“延”字上缺文当有“元”字，汉成帝永始四年次年即改号元延。“中央”图书馆藏简有“永始五年二月戊戌”（刘国钧云当作三月）简，即元延元年二月尚未改元。此简但云“□延年十二月”当是元年。㐲字疑“疋”字，用作“足”，未敢遽定。（汉武梁祠画像“楚”作埜，下体与㐲形同，疋读为“足”，此言“足月食，未取”。）

（四）事敢言之府讠□　是主官□旨府仓夫府詁亡▨

（简长18.8厘米，宽1厘米，厚度最薄不及1毫米，中较厚约3毫米）

“敢言之”为汉时公文程式，简牍常见。《论衡·谢短》篇：“郡言事二府曰敢言之。”语又见《王莽传》，《屯戍丛残》考释已详。

“旨府”缺旁当为“言”，“诣府”一词通用，如《居延汉简》一八八、一八。

“仓夫”者，边郡屯戍，设有仓储，置官司其事，《居延汉简》中有“居延仓宰”（名张立侯，见五〇五、四），有“居延城仓佐”（六二、五五），有“城仓令史”（八四、二七），又有“仓史”（三八、二〇“令史宣仓史并佐常”），“仓夫”殆即仓役也。

以上释文讫。

敦煌所出汉简木质，据斯坦因云以白杨木（Populus alba）为多，白杨属于杨柳科。尚有用松柏科植物者，则其木料纹理清晰可辨。[①] 此四简中二、三号其木皆系松柏科植物；一、四号木质，则系杨柳科。至详细须俟专家之鉴定，兹不多赘。

① 参见夏鼐：《新获之敦煌汉简》附录二，载《史语所集刊》十九本。

记建兴廿八年“松人”解除简

——汉“五龙相拘绞”说

该简为长方形木板，长 36.5 厘米，广 9 厘米，香港中文大学文物馆收藏。简的中间，墨绘一偶人著袍褂，作揖，上记“松人”二字：

四周文字如下：建兴廿八年十一月丙申朔，天帝使者合同，复重，拘校，八魁九坎，年望朔晦，东井七星。死者王群洛子所犯，柏人当之；西方有呼者，松人应之；地下有呼者，松人应之。生人有所□，当问柏人。洛子死注咎，松人当之，不得拘校，复重，父母兄弟妻子。欲复重酒，松、柏能言语。急急如律令。

上方记：无拘校，复重；松柏人当之。

两旁记：日月时，拘校，复重，柏人当之。（右方）

岁墓年命，复重，松人当之。（左方）

背记：建兴廿八年十一月丙申朔二日丁酉，（武威）北所住者谨为王氏之家解复。

死者洛子，四时不食复重，拘校，与生人相妨，故作松、柏人以解咎殃，谨解。

东方甲乙之复，鬼令复五木，谨解。

西方庚辛之复，鬼令复五金，谨解。

南方丙丁之复，鬼令复五火，谨解。

北方壬癸之复，鬼令复五水，谨解。

中央戊己之复，鬼令复五土。无复兄弟妻子妇女孙息宗亲，无罚无负，齐一人止。急急如律令。

主人拘校复重，松人应之。死人罚谪作役，松人应之。六畜作役，松人应之。无复兄弟，无复妻子，若松人前却，不时应对，鞭苔（笞）三百，如律令。

右侧记：二日丁酉直开。

是简据传闻与本所另藏王仗简同出于武威磨咀子。

吐鲁番出土有若干件犯土禁而祭于五方土神的唐代写本文书[1]，内中有云"□觞，五土解"及酌酒行觞"愿为厶甲驱□百病，驱使消除，日夜觉差，身轻目明"（《五土解》）；又"行虎步，平复汝故主□"，"谨启：厶戒范（犯）……土"，末云"诸土悉解"（《唐犯土禁忌文》）。此处"复"为平复的意思。今通观本简文字主题是在解复，含义不同。简之背面显然写着："谨为王氏之家解复。"以下续记五方五行与鬼所使行之"复"，然后再言"谨解"。即简文前、后叠次载明"拘校，复重"和"复重，拘校"，意指必须藉神力加以解除，以松人与柏人，担当其所犯之咎。一切"拘校，复重"引起之祸害及罚谪作役等等，概由松人当之。如松人不服命，可加以鞭笞，这当然是一种去邪巫术，但蕴藏一深层意义，值得加以研究。

本简所言之"复重"，可能指某一日辰之重见、重犯，有所禁忌。故云"日月时，拘校，复重"，"岁墓年命，复重"。此类日时、岁、年重犯，概由柏人、松人当之。是简题榜曰松人，以此推知，应另有一板，题榜曰柏人，惜已失去。

后代魁、罡占星所流行禁忌之日辰有曰"复日"与"重日"者，具见《协纪辨方书》。该书卷五引《历例》云："复日者，正、七月甲、庚，二、八月乙、辛，四、十月丙、壬，五、十一月丁、癸，三、九、六、十二月戊、己日也。"曹震圭曰："复者，重见也，为本建之辰与所遇之干同也。"

又同书卷五，解释"重日"，引曹震圭云："亥为阴极之位，坤辟在焉；巳为阳极之位，乾辟在焉。是阳中阳而阴中阴也。故曰重其日，忌为凶事者，恐重犯也；利为吉事者，宜再见也。"是重日谓重阳与重阴，盖指巳（阳极）、

① 参见刘昭瑞：《吐鲁番阿斯塔那三三二号墓方术文书解说》，载《文物》，1994（9）。

亥（阴极）二日。

复日与重日之说，如何形成必有它的远源。汉代简牍已见重日及复日，如《居延新简》EPT 八·十二：“……廿四日己巳建重。”重日正值巳日。复日见《居延新简》EPT 六五·四二五 A：“四月……二日壬寅除复……”又《敦煌汉简》一九六八 A：“十八日庚午定反支复……廿九日甲申建复。”一九六八 B：“十日癸巳执全复。”（据图版）

卜辞复字作[illegible]，又一形作[illegible]（[illegible]），疑为复之异构，仅见“[illegible]日”一条残文……丑卜，其[illegible]（复）日……（《合集》三四一一九）。未知是否可释“复日”？若然，则可远溯至殷矣。

简文对于五方五行所值鬼令重犯之复（日），都注“谨解”二字。解即解除之术。《论衡·解除》篇云：“解逐之法，缘古逐疫之礼也……世间缮治宅舍，凿地掘土，功成作毕，解谢土神，名曰解土，为土偶人，以像鬼形，令巫祝延以解土神。”《齐民要术》载祝曲文：“东方青帝土公，南方赤帝土公，西方白帝土公，北方黑帝土公，中央黄帝土公，主人公某甲谨相祈请。”凡解，必遍请五方之神，其俗由来已久。

此简记明松人、柏人，考曾侯乙墓简云：

> 佣所□□六夫……柏溪二夫，桐溪一夫。（简二一二）

柏溪字亦作傒，即是柏人，知以柏人作为偶人，战国已然。《三国志·吴志·孙和何姬传》裴松之注引《江表传》：“吴孙皓左夫人死，皓使工匠刻柏木作木人，内冢中以兵卫。”此为吴时有关柏人的记载。

简背记云：“建兴廿八年十一月丙申朔二日丁酉，（武威）北所住者。”试以朔日推算，十一月丙申朔应为晋成帝咸康六年，即公元 340 年 12 月 6 日。晋怀永嘉七年（公元 313 年）四月壬申，愍帝改元建兴。是简之建兴，即晋愍帝年号，其书“建兴廿八年”者，武威在西北僻远，故仍书西晋末年号，延长至廿八年。唯其时用建兴作年号者又有张寔、慕容垂诸政权，均与此无涉，故是简当为晋简（用邓文宽说）。

是简所谓“天帝使者合同，复重，拘校”，似乎与汉代一种迷信所谓“五龙相拘绞”之义有关联。照简中所述五木五金五火五水五土，都由鬼作祟，令其时日复重，以构成五方：东甲乙、西庚辛、南丙丁、北壬癸、中戊己之“复”日。这种现象称之“复重，拘校”。按“拘校”一词，居延简云“不事拘校”，字亦作枸校，从木。[①]《太平经》卷四有云“故天教吾拘校之也”，语见《拘校上古中古下古文书人辞诀》。拘校是汉人习语，拘或作钩，《汉书·陈万年传》：“咸皆钩校。”史晨碑：“钩河擿雒。”亦单言曰钩。“相拘绞”与“复重，拘校”可能是一事。“拘绞”自宜读作“拘校”。“五龙相拘绞”语见《说文解字》十四下戊字，文云：

> 戊，中宫也，象六甲五龙相拘绞也。

向来其义难明。五龙必指五行，段注引《遁甲开山图》荣氏注云，“五龙治在五方为五行神”，及《鬼谷子·盛神法五龙》陶注云：“五龙，五行之龙也。”今证以是简，五龙之即五行不成问题，故六甲五龙相拘绞，可解作六甲五行相拘校。过去谈“六甲五龙说”者多人，若江藩、张文虎、俞樾、黄以周、李锦、高涵和诸家[②]，出于晚清经家大师，陈义各异今不具举。彼辈以限于资料，无法取得确解。兹从建兴是简证知汉以来，有以五行（五龙）配五方甲乙至戊己（十干）之时日“复重，拘校”；从此道教徒以为此出于天帝使者合同之谴责行动，当时流行有“日月时之拘校，复重；岁墓年命，之复重；五方鬼（魅）行使五行时日之复重”一类语言。如是时日拘绞为祟，由于死者厶甲之对八魁九坎，东井七星岁时等有所冲犯，可以连类及其亲属，故为施行解除之术，以去其害。[③]

东井七星殆指所属的地域。《汉书·张耳传》甘公曰：“汉王入关，五星聚东井之时。东井，秦分也。”东井盖指秦之分野。八魁者，《星经》下：“八魁九星在北落东南，主兽之宫。”《后汉书·苏竟传》与刘龚书云：“八魁，上帝开塞之将也，主退恶攘逆。”依宋均注：“八魁为虎、豹、熊、罴、犀、象、马、貘。”九坎犹言九地，《礼记·祭法》：“坎坛，祭寒暑也。”《广雅》：“方泽、大折，祭地也。”卢文弨注：“大折作大坎。”故九坎相当于九地。八魁九坎，年望朔晦，死者犯之，正如触犯太岁必遭其殃，造成五龙六甲“拘校，复重”、“互相拘绞”的连带关系。“拘校，复重”的后果，必及于死者亲属。此处“复重”二字，意义正训为“複重”，乃同义复词。《广雅·释诂四》：“复，重也。”《集韵》引《广雅》作“復，重也。”[④]会观是简，字形实多作“**復**”。《说文》戊字下“六甲五龙相拘绞”一句，含义不易明，今证知“拘绞”义同“拘校”，本简文字可为证明。上说不妨聊备一解。

---

① 参见陈槃：《汉晋遗简识小》，5页。

② 参见《说文诂林》，6571～6573页。

③ 参见陈槃：《识小》，31页。

④ 《广雅诂林》，293页，改复字作復。

《神乌傅（赋）》与东海文风

江苏连云港东海县尹湾村出土《神乌傅（赋）》，其释文先刊于《文物》1996年第2期，嗣后著文研治者多家，有扬之水《〈神乌赋〉谫论》（载《中国文化》，1996（14）），继有虞万里《尹湾汉简神乌傅笺释》（见台湾《第一届国际暨第三届全国训诂学学术研讨会论文集》，833～852页）。

近年，书法界亦重视此简册，对其书法大加赞扬，于《书法丛刊》1997年第4期全文录出，加以介绍，唯漏去一行。2000年8月，文物出版社印行《尹湾汉简：〈神乌傅〉》一书，局部放大，附有释文，为最佳之本。虞万里订正字句，究其用韵，定为四言赋体，自此全文大致可以雒诵。中国文物研究所编《尹湾汉墓简牍综论》又收王志平《〈神乌傅〉与汉代诗经学》及骆名楠《文坛古珍·〈神乌傅〉》二文，亦多所抉发。诸家引前人赋以作比较者，或举赵壹《穷鸟赋》，曹植《雏雀赋》，扬之水复引敦煌之《鷰子赋》说之。余谓前代以乌为赋之题目者，有晋成公绥之《乌赋》，《太平御览》卷九二〇羽族部七，存序一段，文云：

有孝乌集余之庐，乃喟尔叹曰：无仁惠之德，祥禽曷为而至哉？夫乌为瑞久矣，以其反哺识养，故为吉乌，是以《周书》神其流变，诗人瞻其所集，国有道则见，国无道则隐。斯凤鸟之德，何以加焉，服恶鸟而贾生惧之，乌善禽而吾嘉焉？惧恶而作歌，嘉善而赋之，不亦可乎。

观其措辞，公绥作《乌赋》，乃步武贾生，贾生恶鹏之入其室不祥，故为文以讯之，成氏则表扬乌之孝。彼自以为首作咏乌之赋，今有《神乌赋》出土，尚在其前。成文全篇，实载于明人刘节所编之《广文选》卷三，录之如下：

惟玄乌之令乌兮，性自然之有识。应炎阳之纯精兮，体乾刚之至色。望仁里之回翔兮，翩群鸣以拊翼。差自托于君子兮，心虽迩而不逼。起彼高林，集此丛灌。栖息重阴，列巢布干。缤纷雾云，回星尘乱。来若雨集，去如云散。哀鸣曰夕，鼓翼昧旦。噫哑相和，音声可玩。嗟斯乌之克孝兮，心识养而知慕。同蓼莪之报德兮，怀凯风之至素。雏既壮而能飞兮，乃衔食而反哺。游朝霞之凌原兮，飘轻翥于玄冥。有崑山之奇类兮，身殊形于玉趾。凌两极以翱翔兮，为王母之所使。时应德来仪兮，介帝王之繁祉。入中州而武兴兮，集林木而军起。能休祥于有周兮，矧贞明于吉士。嘉兹乌之淑良兮，永日☐乐而靡已。（明嘉靖十六年陈蕙刻本，《四库全书存目丛书》，集二九七—五六九）

孔鲋《小尔雅·广鸟》云："去阴就阳谓之阳乌，鸠雁是也。纯黑而反哺者谓之乌，不反哺者谓之鸦，乌白项而群飞者谓之慈乌。白脰，乌也；鸦，乌鸒也"。注："鸒斯也，亦曰鹎鹍。"郦道元（善长）引《小尔雅》作"纯黑反哺谓之慈乌，小而腹下白不返哺者谓之雅乌"。此乌与鸦之区别也。《说文》："雅，楚乌也，一名鸒，一名卑居，秦谓之雅。"

《异苑》记阳颜以纯孝著闻，有群乌衔鼓集其所居，乌口皆伤，故人于鼓处立县名曰乌伤。王莽改为"乌孝"以彰其行迹。

《神乌赋》文中引《传》曰："众乌丽于罗罔，凤皇孤而高羊（翔），鱼鳖得于茈（笓）笱，交（蛟）龙执（蛰）而深臧。"按《楚辞·惜誓》末云："已矣哉，独不见夫鸾凤之高翔兮。……远浊世而自藏。"似即《神乌赋》所脱胎，故引称《传》曰。

赋引《诗》："二青绳（蝇）止于杆，几自君子，毋信儳言。"出《小雅·甫田之什》。楚简屡引此"恺悌君子"一句不止一见。上海博物馆楚简《孔子闲居》"（几）……（弟，君子）"，按以"岂"通"几"之例，若《左传·昭公十六年》"几为之笑而不陵我"，朱骏声云："几，辞也，与岂字同。"

"几自"乃恺悌之音借，虞文连上句之杆与几连读，非是。杆乃樊之音假，止于杆即止于樊。樊在二十二元韵，《集韵》“棥”，《说文》“藩也”，引《诗》营营青蝇，止于棥，通作樊。杆在二十五寒，《集韵》：“杆，僵木也。”此引《诗》“棥”作“杆”仅见。汉昭帝薨后，立昌邑王，王淫戏无度。曾梦青蝇之矢积西阶之东，以问龚遂。遂曰：“陛下之《诗》不云乎？营营青蝇，止于藩，恺悌君子，毋信谗言。”亦引此《诗》，而字作“藩”，足见杆、樊、藩三字之通用。昌邑王从习《齐诗》，作“杆”，正出《齐诗》。《神乌傅》虽经多家疏理，尚有剩义，须重行检讨者，略举于下：

天地刚纪，各有分理，今子自己，尚可为士。

《诗·棫朴》“纲纪四方”，刚借作纲。分理，汉人惯语。许慎《说文》序云：“知分理之可相别异也。”士者，推十合一为士。

扶翼　申头

申即伸，虞文误申为中。

鹊曰命也矣。吉凶浮泭，愿与女俱。

按浮泭犹言倚伏，《楚辞·九章·惜往日》：“乘记附以下流兮。”王注：“编竹木曰泭，楚人曰柎。”《尔雅·释言》：“舫，泭也。”浮上而泭下，与倚伏义近。

吾闻君子不意不□

虞作不忘，非。原简文缺不完，不意即《论语》之毋意。

穷通其菑　□诚写悬

按“诚”之上应有缺字。不知何字，不必是菑。

曾子曰乌之将死，其唯哀，此之谓也。

按唯字当读为鸣，从隹即从鸟，同义。

尹湾汉简有元延（历谱）、永始（兵车马集簿）年号，大致为汉昭至成帝时物，其中一简牍题曰“君兄缯方缇中物疏”，胪列付葬书物名，内有《楚相内史对》、《乌傅》、《弟子职》、《六甲阴阳书》与《列女传》，唯《乌傅》幸存，余皆澌灭。《乌傅（赋）》简末有小字二行：“兰陵游徼宏贞？故襄贲、沂县功曹□□。”可能是书写者职衔。

《汉书·地理志》东海郡领县三十八：郯、兰陵、襄贲、朐、费、兰祺、缯、祝其、临沂等，诸县名，均见尹湾简册。知所谓“缯方”之缯及襄贲乃是县名。《货殖传》所谓“朐、缯以北，其俗齐”是也。《春秋·僖公十四年》“鄫子来朝”，字作鄫。《说文》邑部字同。缯为莒所灭。襄贲者，《水经注》引《鲁连子》言：“鲁、费之众臣，甲舍于襄贲。”汉初周勃为襄贲令（应劭曰“贲音肥”）。《王子侯表》有艫侯，注云“襄贲”。艫或为襄贲县之乡名。《尹湾报告》第50页于“襄贲”下加？号，可以不必。

简又有县名复，似当读为溭，《汉书·宣帝纪》：“受《诗》于东海溭中翁。”师古曰：“东海人姓溭，字中翁。”又兰祺侯国，《王子侯表》作兰旗。

兰陵为荀卿为令之地。荀子曾说齐相言“楚人则有襄贲、开阳”，二地后均属东海郡为县名。西汉名臣萧望之、毋将隆、疏广皆兰陵人，文风颇盛。《汉书·诗赋略》有萧望之赋四篇，今逸。此赋出土，重表西汉东海之文风，不特可补添《全汉赋》一新篇而已也。

《郭店楚简老子柬释》序

荆门市郭店墓简出土，为近年学术界一大事。今岁六月其报告终于在北京大学百年庆典汉学会议中发行面世。诸残简内容，除《老子》三组三十一章之外，复有儒书多篇，以《礼记·缁衣》最为完整，及近似格言文句，颇类《淮南子·说林》，整理者命曰《语丛》，共若干则。惜墓主名氏莫明，仅知其人为东宫之师。伴出又有七弦琴一具，可推知其能操缦，必娴习古乐者。

遗简以《语丛》为罕见，余疑殆庄生所谓"重言十七"之类。《天下》篇云"以重言为真"；《寓言》篇解"重言者所以已言也，是为耆艾"。成玄英疏："重，尊老也。"《淮南·修务训》谓"世俗之人多尊古"，前贤之格言，垂训方来，老、庄之所重。今观其语"凡勿（物）鼜（由）望（亡）生"，前后两见，即老氏所云"万物生于有，有生于无"，又"多好者，亡好者也"，即老氏之"多藏必厚亡"之旨。他如"窃钩者或（诛），窃邦者为者侯。者侯之门，义士之所廌（荐）"，即《庄子·胠箧》之"诸侯之门，而仁义存"，语亦见《史记·游侠列传》，盖古语有之。又"志于术"至"游于艺"、"亡意亡古（固）亡我亡必"之同于《论语》，具见其原出前古耆艾之重言，孔子、老、庄均有所沿袭也。此一新义为曩日之所未知。

郭店简既流行，学人无不重视，先后在美国及中国北京叠有讨论会举行，就中以儒家文献反成为扬搉之焦点，而《老子》则仅注重校勘方法，未受到深入措意，至于全面整理，更谈不到。

本年十月，余来成都，十四日访问四川大学，与魏启鹏教授相值。魏君袖出《郭店本老子柬释》一书手稿，属为弁言。记前此马王堆汉墓帛书出土，其中逸书涉及思、孟思想者，君首先奋笔撰成《德行校释》，久已风行海内外。今复先人著鞭，为此新著。君精力过绝人，记诵浩博，所造深醇，非浅学可望其项背。此书余细读之，语多审谛，凡所理董，时见胜义，试举一例论之：

郭店本首章“三言以为㝵不足”句，整理者读㝵为弁（辨），君改读为使，引《逸周书·谥法》“治民克尽曰使”。余按此说是。简文㝵字频见，他处均释使。《语丛》二、二一云：“善㝵（使）民者，若四时一遣一逨而民弗害也。”即《论语·学而》“节用而爱人，使民以时”之义。古之重言有此，而孔子因之。此章文字与各本大异，尤以“绝怣（伪）弃慮（作＝诈），民复孝子（慈）”句与马王堆甲、乙本今本之作“绝仁弃义”悬殊最甚。今从此简，老子乃反对诈伪，非弃绝仁义也。各本之作绝仁弃义，或后来取庄子之说而改易之。本章河上本列第十九，主旨在抱朴少私，岂抄写者以老氏郑重其义，故列于其首欤？下为第六十六章，及第四十六章：“辠莫厚虐（乎）甚欲，咎莫佥（憯）虐谷（欲）得，化（即化＝祡）莫大虐不知足。”此三句平列，均用莫字而欲字异形，欲用作名词，或写作忩（《语丛》“忩生于眚（性）”），此章前三句《韩非子》之《喻老》、《解老》两篇皆引用其言，并举出事例以说明之，足见战国时人读老氏书之体会，所重不在玄言，而在实用。与郭店本抄写者用意相若。《韩诗外传》九亦引作“祸莫大于多欲”。诸碑及敦煌本均作“可欲”（王弼本缺此句，殊非），与马王堆本同，《韩非》两文亦作“可欲”。去私寡欲为儒、道、法三家所共遵行。所有“甚欲”、“可欲”、“多欲”，欲上一字为形容词或副词，文例正一致。魏君援《左传·文公十八年》“侵欲崇侈”读甚为侵，视为平列动词，似可不必。训诂不能纯取声音假借，于语法文例更不当忽视也。

郭店本《老子》虽非足本，但至今确为出土之第一本，比马王堆本之为汉文帝时物更前，去老子年代最近。虽不能视作柱下原本之旧观，其价值之高，迥非他本可比。今得魏君《柬释》，诚荜路蓝缕之作，为郭店此本开出坦途，大有裨于老学。爰不辞谫陋，试为喤引，黄钟之响，无待寸莛；俾承学之士，有所津逮，则区区之微意云尔。

1998年11月

郭店简中虞舜先人“宀寞”考

郭店简《唐虞之道》中有一奇字，是人名，共两见，文云：

古者吴（虞）舜篙事𠆢寞，乃弋其孝，忠事帝尧，乃弋其臣，炁罕（亲）尊臤，吴（虞）舜其人也。（简九）

古者尧之与舜也；昏（闻）舜孝，知其能养天下之老也；昏（闻）舜弟，知其能幻（嗣）天下之长也；昏（闻）舜兹（慈）乎弟□□□□□□为民宔也。故其为宀寞子也甚孝；秉（并）其为尧臣也，甚忠。尧僮（禅）天下而受（授）之，南面而王而（天）下而甚君。古尧之僮（禅）乎舜也，女（如）此也。（简二四）

此处称赞虞舜之孝，一言“舜篙事𠆢寞”，一言“其为宀寞子也甚孝”，字体微异，一字从𠆢，又一作从宀，二字分明均是从“宀”（参看附图）。下从ʃ与尸实同一字。证之主字亦写作宔（炷上加宀），从宀是增饰形旁。故宀寞可读为夷寞。ʃ殆是人字，而读作夷或仁，如羿在典籍中被称为夷羿，亦作仁羿，其证如下：

《左传》　　在帝夷羿

《楚辞·天问》　　帝降夷羿，革孽夏民

《墨子》、《吕览》　　夷羿

《山海经》　　　　　　非仁羿莫能上冈之岩

《说文》人部𡰥，古文仁，或从尸，段注古文夷如此，故夷、仁通用。

包山简称禹曰“人禹”，应读为仁禹，如仁羿之比，故知𡰥寞应读为仁幕。

其言舜“为𡰥寞子也”一句。子可指子姓，指后代子孙。

《史记·律书》：“子者滋也。”不必视为儿子之子。罗泌《路史·余论》记其亲见汉刘耽所书吕梁碑云：

> 舜祖幕，幕生穷蝉，是幕为舜之祖。《鲁语》云：幕，能帅颛顼者也，有虞氏报焉。

《左传·昭公八年》史赵称：“自幕至于瞽瞍无违命，舜重之以明德，寘德于遂。”有虞指舜，即楚简之吴（虞）舜。故知舜之孝事幕，即能帅其事，故称大孝，此寞当指幕无疑。

关于𡰥寞一名，诸家有不同看法：《郭店简注释》谓当指舜父瞽叟。李零读作“瞽盲”。谓上字是从宀瓜声，可释窊，音借为瞽，寞读为盲。但细审原简字形实不从瓜，金文令狐作令瓜，字写作𠆢（令狐君壶），与此迥异。余序刘起釪兄书，读寞为幕，应甚合理。包山简之人禹，与𡰥寞于莫上增人同例，故宜读为夷或仁。

夷字有时用为语助词，无义，《左传·昭公二十四年》纣有亿兆夷人，王引之言有亿兆人也（参看章太炎：《王伯申新定助词辨》）。经典常见之“夷届”、“夷考”，夷皆用为语助。

上博《紂衣》“民有𡰥心”，说者释为免心，余疑可读为“夷心”，如“夷居不事上帝神祇”之例。此字下半从尸，尸与夷通，说已见上文。

九

二四

李均明《初学录》序

敦煌、居延各地简牍之发现，为汉代史研究开辟一新局面，零玑碎璧，可补苴正史之不逮。近年悬泉置出土累两万点，顷正在整理中，他时公布，其有助于西域史之探讨，更不待言也。

以地理而论，人但知元帝时戊己校尉治高昌壁，实尚有“交河壁”之名。[①] 元始中，车师后王国有新道。徐普欲开以省道里半，避白龙堆之厄。验以马圈湾简所记，即郭钦所由至车师之新道也。[②] 河西四郡，本匈奴旧疆，汉简所见资料綦富，尤以诸县乡里人物之详悉[③]，庸或班氏所捐弃者。降及清代，攻治《汉书》地理大家吴（卓信）、钱（坫）辈于此则概夫未闻。考其县名犹保存异族旧称，若姑臧之为盖臧[④]，休屠之为休屠王旧治，觻得由于小月氏之觻得[⑤]，骊靬之出骊靬戎[⑥]，皆因杂胡而得名。唯张掖郡，与觻得骈列之昭武一县，向未详其原委。今观居延简，昭武有里十三，居民若苏、薛诸姓，

① 参见罗布淖尔简六八四。

② 参见吴礽骧等：《敦煌汉简释文》，343 页；余太山：《两汉魏晋南北朝与西域关系史研究》，224 页。

③ 参见何双全：《汉简乡里志》及其注释。

④ 参见《西河故事》，姑臧一名出自粟特语 Kcń—kueān。

⑤ 《汉书·霍去病传》载武帝诏：“票骑将军涉钧耆，济居延，遂臻小月氏，攻祁连山，扬武乎觻得。”

⑥ 旧说骊靬即黎轩，指大秦国。晋时尚有骊靬戎，见《晋书·张祚传》。

似与后代昭武九姓不无关系。[①]《北史·康国传》称："其王本姓温，月氏人也。旧居祁连山北昭武城，因被匈奴所破，西踰葱岭。故康国左右诸国并以昭武为姓，示不忘本也。"证之武帝诏"攻祁连山，扬武乎觻得"之文，张掖郡之昭武，与祁连山北之昭武城自是一而非二。论昭武、粟特人史事者正宜溯源于此。居延所出昭武有永光四年简（居二九、一），其民多黑色，与他简记月支国胡黑色同符信，为杂居异族也明矣。[②]

今疏勒河中游，《汉书》称为籍端水，此水之下游即冥水，又有冥泽。[③]《汉书·地理志》敦煌郡下有冥安县。今查简牍有效谷、广至、龙勒，而不见冥安，乃别于吐鲁番所出神玺三年题记得之。[④] 悬泉采集简亦见"冥安长印"。[⑤] 上举诸事具见简牍之有裨于考史，其价值为何如也！

李均明先生专志简牍之业，从不旁骛，用心之细，牢笼之广，辨析之精，早已度越前修，蜚声海宇。其所汇校居延、疏勒散见诸简，荟萃各本，别风淮雨，正其讹夺，洵为致精极核，可传信而行远。比者裒其专著散见各刊物者，都为一帙，使人省寻检之劳。问序于刍荛，余学植荒陋，久处南服，乏西州漆简之奇，愧任城墨守之固。欣蒙不弃，幸结绸缪。搜新都之遗策，有以起予；述汉氏之编年，造端立意。修书分属，比刘敓之辛勤，广征异辞；免臣瓒以差爽，行世日远。非夸博闻，合以此编，庶无恇惑。钩沉发覆，足为汉史之辅车，辉光日新，愿拭目而叹观止。是为序。

1996年3月

① 粟特城邦 Sūt—rushana，唐之东曹国，译作苏都沙那、苏都识匿，即苏姓。《新五代史》徐无党注六州三部落，三部落即沙陀、薛葛、安庆，薛葛亦作萨葛，即薛姓。

② 林梅村《楼兰尼雅出土文书》第673页："月支国胡支柱年卅九中人黑色。"参看杨希枚：《论汉简及其他汉文献所载的黑色人问题》，载《中研院史语所集刊》三九本上，1969。关于"昭武"，拟于另文详之。

③ 参见《疏勒河流域出土汉简》，28页。

④ 参见日本朝日新闻社编印：《吐鲁番古写本展》，1991；《法华经·光世音普门品》识语。

⑤ 《敦煌汉简释文》一二九一："一封冥安长印。"

《胡平生简牍文物论集》序

简帛之学，近时有重要推进，不局限于西北一隅，东极尹湾，南至长沙，都有崭新弋获，震撼考古界，而阜阳夏侯氏墓所出经、子残简，尤为魁异。

胡平生君曾亲与其役，董理《诗》简及《仓颉》篇，有声于时。年前以其研究心得，用英文发表，腾芳域外。阜阳断简所出，古籍种类夥颐，如《吕览》、《庄子》丛残，皆经君细心籀读缀集，复其旧观，用力至深。君尝告余曰，于该墓中获《楚辞》剩文两片，《涉江》“奄回水而〔凝滞〕”及《离骚》“唯庚寅吾以降”，吉光片羽，殊可宝也。

君曩从裘锡圭学，刻苦奋励，日省误书，于古人属辞比事，深有体会，审订文字，以严谨称，每树一义必穷原竟委，如确定青川郝家坪秦牍之“为田律”（即为田开阡陌之义），读龙岗简之“耎”为壖，订悬泉简之日逐王，论马圈湾简之王莽西域战役诸文，无不脍炙人口。君早岁蛰居川北万源之玭山，逾十年之久，备历艰辛。因其地利，考察大观紫云坪之摩崖，为茶史提供珍贵史料，着眼所及，无非瑰异，亦云奇矣。

君近捋集历年所作论文二十八篇，都为一集，嘱为弁言。余夙佩君之沉毅坚苦，既精勤而多获，不殚劳而致远。葛稚川云：“舒竹帛而考古今，则天地无所藏其情。”（《抱朴子・勖学》）今于君见之矣。地不爱宝，新出简牍日众，西陲悬泉驿，楚地走马桥，君无不参加工作，他时资料刊布，沾溉学林，谨拭目以俟之。

1997年中秋

《香港中文大学文物馆藏简牍》序

香港中文大学文物馆历年在港肆搜购得秦汉简牍数十事，既经鉴定，其中不无荆楚遗物。余曾举其《缁衣》零简，为公孙尼子书，其时郭店楚简尚未公布。又《易·睽卦》之九三爻辞残本，为马王堆本以外之楚简。其余建兴廿八年之松人木牍及东汉之序宁简，皆不经见之物，余均曾著论，首刊于京、沪、台湾学术刊物，学术界久已有所闻，引起热烈讨论。最可喜者曾宪通君从上海觅得断简，与《睽卦》简可以拼合，故知为一简之折。

余简有待董理，未暇从事。会湖南陈松长兄有意莅港研究，因介之馆方，延其至馆参与考释工作，不数月而功成。得知此批零简，其有关《日书》者，多可与云梦、九店、放马滩众简参证，就中出现惠帝三年纪年，足征其年代可及汉初，尤为难得。根山图残文，即秦简之艮山图（马王堆本《艮卦》名作根）相得益彰。凡陈君所释，援引翔实，明白晓畅。望能先行刊布，为简牍学增一重要新资料。

若其他丛残十数简，零玑碎璧，属何种古逸书，有待仔细寻绎。即就余已发表之《易·睽卦》而论，仍须略作补充。近见阜阳双古堆汉简《易经》残片，其第一八〇号简即《睽》之六三辞云"见车渫，其牛絜"，又与众本大异，今表列此爻辞之异文如下：

今通行本《周易·睽卦》六三爻　见舆曳，其牛掣，其人天且劓，无初，有终。

中大文物馆简	牛攸，丌人天觑〔鼻〕亡初，又冬。
阜阳《易》简	见车渫，其牛絜
马王堆帛书	见车恝，丌牛谍，丌〔人天且劓〕，无初，有终。
《子夏传》	契
《说文解字》	觢
郑玄（《经典释文》引）	挈
荀爽	觭
《集韵》	㸷

异文滋夥，然古本实有讹误。阜阳简之渫，乃渫之写讹，马王堆本应作见车渫，其牛恝，谍即渫之借，恝同絜、契，二字前后误置。古本未必完全可靠，兹其一例也。又《缁衣》与《周易》现知上海博物馆均有藏简，但多断烂。文物馆此两简，可能即其缺文，足为延津之合，亦云奇矣！楚简文字诸多歧出，故知古书斠读，实需要大量工作。余喜此书之完稿，谨缀数言，记其事之颠末，世有明哲，必能赓续未了之业，企予望之。

庚辰夏饶宗颐

附 《周易·睽》卦辞及六三爻辞新诠

曾宪通

《周易》在古代被称为六经之首，是我国现存最古老和最完整的卜筮之书。由于它的内容非常丰富和艰深，而又带着玄虚、神秘的色彩，所以一直成为经学家和古文献研究者着力解读的一部著作。经过历代学者的努力，这部古籍的内涵和哲理已经得到很好的阐发，然而仍有一些释读上的问题未能得到合理的解释，这也反过来影响人们对这部经典的正确认识。

建国以来，我国考古发现了大量有关古代卜筮的资料，对于了解古代卜筮这一社会文化现象很有帮助，特别是70年代以来陆续出土了大批的简帛文献，其中有的就是古代《周易》的写本，举其要者，如1973年湖南长沙马王堆三号汉墓出土的帛书《周易》，1977年安徽阜阳双古堆汉墓出土的《周易》残简，都是十分重要的资料。今年4月，笔者到台湾高雄出席“训诂学”学术研讨会，香港中文大学饶宗颐教授在会上作了题为《在开拓中的训诂学》[1]的专题报告，副题是："从楚简《易经》谈到新编《经典释文》的建议"，其中提及近年流失海外的战国荆门楚简《周易》，并发表了有关《睽卦》六二爻辞的一枚残简，计十二文，在《周易》训诂上很有价值。因受饶先生大文的启示，本文拟以传世《周易》通行本为主，结合新出简帛资料，对《周易·睽卦》及六三爻辞略加诠释，以就正于诸方家。

（一）

《睽卦》卦象为下兑上离。离为火，兑为泽。《彖传》云："火动而上，泽动而下。"卦象所示为上火下泽，两相乖离。

卦名曰"睽"，《说文》目部："睽，目不相视也。"（大徐本视作听，此据陆德明《释文》引改。）谓二目不能集中同视一物，引申之而有乖离之义。《玉篇》目部："睽，乖也。"《序卦》云："家道穷必乖，故受之以睽，睽者乖也。"马王堆帛书本正作"乖"。《广雅·释诂》："乖，离也。"卦象与卦义两相呼应。

通行本《睽卦》在下经第三十八，居于《家人》之后，《程传》："家道穷则睽乖离散，理必然也，故《家人》之后，受之以《睽》。"帛书本《乖卦》在罗（离）宫第五卦，夺（兑）下罗（离）上，居第五十三位，两者卦序有所不同。

卦辞云："小事吉。"按簋书每以小事与大事为对，如秦简《日书》有"大事有庆，小事果成"（简七六三），"终日大事也，不终日小事也"（简八三五）。上文云睽之卦义为乖离，本为不吉，但睽之卦象、爻象存在吉之意义，故小事尚可为之。[2]《正义》云："睽者乖异之名，物情乖异，不可大事。"《程传》："睽者，睽乖离散之时，非吉道也。以卦才之象，虽处睽时，而小事吉也。"这里所谓"大事"、"小事"，《集解》引荀爽曰："大事谓五同任天下之政。""小事者，臣事也。"《彖》解卦辞云："说而丽乎明，柔进而上行，得中而应乎刚，是以'小事吉'。"按照荀爽的说法，卦辞所谓"小事"乃指臣仆之事。

---

① 饶宗颐：《在开拓中的训诂学——从楚简〈易经〉谈到新编〈经典释文〉的建议》，见《训诂学学术研讨会论文集》，台湾高雄中山大学，1997年4月。

② 参见高亨：《周易大传今注》，335～336页，济南，齐鲁书社，1979年6月。

（二）

通行本六三爻辞作："见舆曳，其牛掣，其人天且劓，无初，有终。"

此爻辞异文最多，异说亦多。通行本"牛掣"句，陆德明《释文》引郑玄注本作"㸷"，云"牛角皆踊曰㸷"。《说文》作"觢"，云"角一俯一仰"。《子夏》作"契"，传云："一角仰也。"荀爽作"䚌"。按大徐本《说文》谓䚌为"角一俛一仰"，实与觢字义同。

帛书六三爻辞作："见车恝，其牛谍，其□□□□，无初，有终。"

帛书本"车"通行本作"舆"，车舆同义。恝字《说文》所无，徐铉疑字从心契省声。[①] 于豪亮以为恝假作折，"车恝"训作车折。[②] 饶宗颐先生疑此二句本应作"见车谍，其牛恝"，写本"谍"与"恝"二字误倒置。其说至确！"见车谍"之谍，即抴字，与通行本之"曳"通。"其牛恝"之"恝"，与上举郑注之"㸷"，许书之"觢"，及《子夏传》之"契"皆从"韧"声，例可通假。然以字义而言，当以"觢"字为正。《说文》角部："觢，一角仰也，从角契声。《易》曰'其牛觢'。"许书引《易》盖言牛之角上下摆动，故以"觢"为正字，"㸷"字易角为牛，乃觢之异体，荀爽之"䚌"，则易声符之韧为奇，亦觢字之异构，至于恝、契二字与义无涉，纯为借音而已。

然则"觢"字通行本何以作"掣"？按掣字古本作㨴。《尔雅·释训》陆德明《释文》云："掣，本又作㨴。"《玉篇》手部："㨴，牵也，挚、掣并同。"《一切经音义》十二："掣，又作㨴，挽也。"可见掣是㨴的后起俗字，掣与挈古体形似音同，故颇疑心掣字当初只是挈之讹体，其后分化出㨴而有区别，《说文》手部："㨴，引纵曰瘈。"段玉裁注云："引纵者，谓宜远而引之使近，宜近而纵之使远，皆为牵掣也。"又注"瘈"字云："瘈之言掣也。"可见瘈、㨴与掣皆音近而义属，则古本之"其牛觢"，今本作"其牛掣"也可迎刃而解了。

近时有学者撰文对《睽卦》六三爻辞的句读提出新的断法，以"曳"与"掣"从下读，断作"曳其牛"，"掣其人"，解作："抢走了那头牛，制服了那个人。"[③] 这样断句似乎"文从字顺，符合《易经》的句法"。但将"曳"字解作"抢走"，"掣"字解作"制服"，似乎还缺乏训诂上的依据。今知"掣"字古作"㨴"，在爻辞中当作"觢"的借字，应解作"牛角一上一下"的意思，

① 参见大徐本《说文解字》卷七下"瘛"字注。

② 参见于豪亮：《帛书周易》，载《文物》，1984（5）。

③ 参见胡文辉：《易经睽六三爻辞的断句》，载《文献》，1993（2）。

各个写本作“觢”或“挈”或“觭”均是此义的专用字。用这个专用字于人显然是不适当的，所以这个“挈”字当与上“牛”字连读而不得与下“人”字连读，这是不能不辨明的。

香港中文大学文物馆收藏之荆门楚简中，有一片与此爻辞有关，简文作：“……〔丌〕牛攽，丌人天虘夅 ，亡初，又终。九”（见本文后附图一、二，楚简释文及图版）计十二文，适可补马王堆帛书本之缺逸，弥足珍贵。简文“丌”乃古基字，此借为其；“虘”字系楚文字习见，即且的繁构；“亡”读为无，“又”与有古通用。此简最值得注意者有“攽”及“夅”二字。

“攽”字从支介声，饶宗颐先生以为是上述挈、觢、契等的借字。挈、觢、契皆从韧声，《说文》韧部：“韧，巧韧也，从刀丰声。”又丰部云：“丰，草蔡也，读若介。”饶先生指出：“攽字以介为声，与韧之丰声读若介正同音，可借用。”

“夅”字饶宗颐先生疑是“夬”字，读为决鼻之决，与今本之劓同义。细察字形，上部似从夂，与楚简及字作夂甚近，下部疑是寸字的借笔，可释为夅即扱字。扱古属群纽缉部，与疑纽质部之劓字音近可通，如执为缉部字，而贽、挚、婺为质部字，声符则同。又拜手之礼古称为揖，又作撎，亦缉、质二部相通之证。扱读为“劓”，与黥其额为“天”（见《经典释文》）同为古代刑罚之名。古代刑罚往往黥劓并施，睡虎地秦简《法律问答》：“当黥城旦而以完城旦诬人，可（何）论？当黥剁（劓）。”黥为刺额，劓即割鼻。楚简“天虘扱”同于今本之“天且劓”（《说文》引《易》作“天且剁”则与秦简同），是指受过黥额和割鼻的刑徒。

简文“无初，有终”，各本皆同。意谓没有好的开头，却有好的结果。

综上所述，《睽卦》六三爻辞的意思是：看见一辆车被拖着；拉车的牛一角高、一角低，拉得很费劲；赶车的是个刺了头、割了鼻的奴隶。开头拉不动，后来终于拉走了。隐喻开头不顺利而结果尚好。

图一 释文

图二 楚简图版

长沙楚帛书研究

卷三

饶宗颐二十世纪学术文集·简帛学

目　录

楚帛书新证

湖南长沙子弹库出土之帛书，自1944年蔡季襄印行《晚周缯书考证》，遂有“楚缯书”之称。余于1958年，撰《战国缯书新释》，即沿用是名。蔡书初附摹本，讹脱殊多，蒋玄佁重摹蔡本，登载于《长沙》第2册，是为行世之始。嗣余在日本获见照片，试为摹本，附于《新释》之后，当时所据实为美国 Freer Gallery 之影片，仍多模糊不明之处。帛书原物，于1966年归美国沙可乐先生（A. M. Sackler）所有。寄藏于纽约大都会博物馆，开始使用红外线拍摄，文字残泐部分，自此大体始可籀读。

1967年8月21日至25日，哥伦比亚大学美术史及考古学系主办“楚帛书及古代中国美术与太平洋地区关系可能性”（Early Chinese Art and its Possible Influence in the Pacific Basin）的学术研讨会，即由 Sackler 基金会赞助，在纽约举行，余被邀参加，宣读论文，并为证明该帛书之真确性。

其后该会秘书 Philip Mazzola 先生以帛书放大12倍照片共110张航邮寄惠，意殊可感。帛书原文大都四字为句，与《楚辞》之《橘颂》、《天问》可相媲美，当时余特撰《楚缯书疏证》长文，承中研院史语所陈槃庵先生不弃，为作跋尾，披露于该所《集刊》第四十册上[①]，列为首篇，备受重视。

翌年，余又另制新摹本。近时李零君重加核对，谓拙摹新本乃为诸摹本中之最佳者。1973年，巴诺（N. Barnard）刊其《楚帛书译注》（*The Chu*

① 1～35页。

Silk Manuscript：*Translation and Commentary*）于澳洲。其对照表，专取余之初次旧摹，似失公允。至绢本之残泐处，巴君坚执必有一行断缺，余据放大本细审之，其实仍相衔接。故乙篇“天棓将作滂降于其方”句，“方”字上不宜有缺文；“喜＝”字虽因帛地断烂而分开，实际原为一字。凡此种种，近年经曾君宪通悉心再三雠校，完全无误。只有数处小失，今谨作修正，故余之第二次摹本仍有价值，足供参考。

十余年来，楚地出土文物，倍蓰于前，余亦屡次漫游荆楚，作实地考察，所见益广。爰就多年积累、研讨所得，取旧作《疏证》，删除繁芜，益以新知，并参时贤近著，泐成此篇。自念矻矻穷年，锲而不舍，复不惜多次订补；帛书文字，希望自此可以通读，非敢谓为定本，后来居上，览者或有取焉。

钻研所至，偶有一得之愚，略胜于前者。如据《易纬》，知雹戏亦号大熊氏。据《地母经》，证女娲亦称女皇。据《墨子》，知楚人所居之䨻即睢（山）之繁文。据《中山王兆域图》知𧇾逃即法兆。据秦简《日书》，证土事必为土功，论证皆比前较绵密。近时郭店各地楚简出土，益多新知，可订旧读之误，聊复举似，再俟博雅之匡正云。

甲篇

〔第一行〕　曰故巛（天）（大）䰠（熊）雹虘（雹戏），

以“曰”字作句首助词，如商玉戈云：“曰𨟻王大乙，在林田，艅𢦏。”①曰与粤同。“曰故”，彝铭亦作“曰古”。西周微氏史墙盘铭云：“曰古文王，初𢼸龢于政。”又㾓钟：“曰古文王。”语例正同。曰故之下人名，应指其始祖。

䰠字从能，上益大旁，盖能字之繁形。史墙盘“广𦞦楚荆”作𦞦。《广韵》二十五德有䏻字，奴勒切。《篇海》入声作𦞦，奴勒切，与䏻同，疑即由此讹，其字形远有所本。《左传·昭公七年》黄能，《释文》作黄熊，能与熊通。王引之论旧本并作熊，后人迳改为能，辨详《经义述闻》十九。《说文》熊从能，炎省声。《玉篇》作𪊨，合黄能为一文，则六朝以来之俗字。《集韵》熊或作𤞷。熊字异体甚多，䰠释为熊，可以论定。楚姓为熊，此篇楚人所作，溯其先祖，故自称大熊。

䰠上一字有残形巛，巴诺假定为天，近是；天熊即大熊。《易纬·乾凿度》

① 哈佛大学 Fogg 艺术馆藏。

黄帝曰："太古百皇辟基，文籀据理微明，始有熊氏。"[1] 郑玄注："有能氏庖牺氏，亦名苍牙，与天同生。"又云："苍牙有熊氏庖牺得《易》源。"《易纬》以有能为庖牺，亦称曰庖氏，证之帛书此语"大能雹虘"与"有熊庖牺"完全吻合。虘即戏。汉韩勑碑："皇戏统胥。"张揖《字诂》："羲古，戏今字。"《风俗通·皇霸》篇引《尚书大传》："伏羲为戏皇。""伏羲以人事纪，故托戏皇于人。"金祥恒读雹虘为雹戏，即是包戏。按《汉书·律历志下》作炮牺。《长短经·君德》篇载《汉书·郊祀志赞》作庖牺。雹与炮、庖皆增形之同音通借字。唯金氏误为黄熊。今依《易纬》，应读大熊为是。

《易纬》言作《易》以见天心。《乾凿度》云："始有熊氏，知生化，祇晤兹天心。"郑注："祇，大也，又本也。"《复卦·彖辞》："反复其道，七日来复，天行也。利有攸往，刚长也；复其见天地之心乎。"王弼注云："复者反本之谓，天地以本为心者也，而以至无是其本。"孔颖达疏依是说加以发挥，畅论以无为心与以有为心区别之义，则杂以玄学家言，不若《易纬》之直截了当也。此处有熊氏，本指伏羲。《易纬》之说，向来不为人注意，以楚帛书证之，其说来源已昉自战国，非出于汉人可见。大熊氏既可为庖牺，楚姓之熊，即自此出。由于楚先世季连之子封于熊，其孙遂名穴熊，一作内熊。许多地区，中原如新郑，向称为"有熊氏之墟"。其地名、山名带有"熊"字甚多，见于《五帝纪》有"熊湘"，当与有熊氏有关。大熊指楚姓，谓其为伏羲所出。伏羲者，生民之始祖，楚之先世亦然，战国时已有此说。今苗、瑶洪水神话以伏羲为祖先，可证也。

出自而霆，伉于鬷丁

《楚世家》云："楚先祖出自颛顼。"《风俗通·六国》篇："楚之先，出自帝颛顼。"若以"出"字属下读则同此。近姜亮夫读此句为"出自耑霁"，谓即颛顼。[2] 按字从雨走声，自可读为霁，唯上一字不明。考《御览》皇王部引《帝王世纪》："炎帝神农母曰任似，有**蟜**氏女。"少典娶于有**蟜**氏，生黄帝、炎帝。**霆**如即霁，殆即有**蟜**氏。《大戴礼·帝系》："老童娶于竭水氏，竭水氏之子谓之高緺氏，产重黎及吴回。"郭注《山海经》引《世本》作："老童娶于根水氏，谓之骄福，产重及黎，是为楚先。"参雷学淇《介庵经说》二《帝

① 此据《永乐大典》一四七〇八，一作有能氏。

② 参见姜著：《离骚首八句解》，载《社会科学战线》，1979（3）。

系说》。然此句主词承上文而来，“𩂣”读为雺，与蟜、骄通。《集韵》上声三十小与蟜同音者有骄、郩，“郩，国名”，楚帛书下文言炎帝，其母为有蟜氏女，故云出自☒𩂣。当指大熊而非指雹戏。言楚姓熊氏，自□𩂣入处于脽。若读为“出自颛顼”，庖牺在颛顼之前，世次倒置，于理难通。

伇即处字，曾宪通比勘《老子》各本“凥”、“居”与“处”互作情况，重定伇字应读为“处”，甚是。

𦡕字从脽，益叏旁为繁形。脽字金文異形颇多，诸减钟“自作𪀚钟”，字从木鵻声，鸟与隹无别。

帛书此字，从月从隹，正宜释脽，后起字有作䳡[①]。《说文》：“脽，屍也，从肉隹声。视隹切。”《广韵》字在六脂，视隹切，此处𦡕为地名。下一字残泐。余谓𦡕者，《墨子·非攻下》：“昔者楚熊丽始封此睢山之间。”即其地也。

《左传·哀公六年》：“江、汉、睢、漳，楚之望也。”《孔子家语》“睢、漳”作“沮、漳”，《淮南子·地形训》：“睢出荆山。”《山海经·中次八经》：“荆山之首曰景山……睢水出焉。”睢山在沮、漳河岸。睢山亦作沮山，为沮水所出。清连鹤寿言：“睢山即沮山，在今襄阳南漳县，其地当荆山东麓。”《左传·昭公十二年》楚右尹子革谓熊绎辟在荆山，以处草莽。熊绎所居之荆山即睢山（参《蛾术篇》卷四五）。先楚遗物，近岁以来，沮、漳流域，多有发现，所谓季家湖文化，在季家湖以北之赵家湖，楚墓群有数千座之多。楚人起于荆山，然后沿沮、漳河两岸向东发展。[②] 熊绎僻处荆山，熊丽封于睢山，即在此地区。墨子之睢山，可证帛书“处于𦡕”之地望。故𦡕应是脽之繁形，脽即是睢，睢音千余切。帛书地名之脽增加叏旁为繁形，亦如共工之作共攻，谷之作䜭。[③]

乆（厥）□□俋＝，𠈌𡨧☒女（如）。

俋＝重言。以虘之即吴例之，疑读为俣俣。《诗》“硕人俣俣”，《传》：“容貌大也。”《集韵》俣或作㒇。《孟子·万章》“圉圉焉”，注：“圉圉，鱼在水羸劣貌。”俋殆㒇之本字。女或音如，与俋协韵。

---

① 秦始皇陵所出刑徒简瓦人名“居赀，不更䳡”之“䳡”字。

② 参见高应勤文，载《文物》，1982（4）。

③ 《文物》，1980（10）。何琳仪读为从隹臂声，以臂音近“雷”，因谓其地即雷泽。不知此首句主词宜属之大熊，以指楚姓，文理始惬。

梦＝（梦）墨＝（墨），亡章弼＝（弼）。

《尔雅·释训》：“梦梦讻讻，乱也。”孙炎云：“梦梦，昏昏之乱也。”马王堆本《道原》：“恒无之初，迵（洞）同大虚，虚同为一，恒一而止。湿湿梦梦，未有明晦。”梦梦、墨墨，指天地混沌之时。《天问》：“冥昭瞢暗。”《淮南子·精神训》：“未有天地，窈窈冥冥。”语意略同。[1]

《尔雅·释诂》：“弼，重也。”《方言》十二：“弼，高也。”与此义无涉。何琳仪读弼弼为“睹睹”，说颇迂曲。余按弼弼犹言朩朩。《说文》：“朩，草木盛，朩＝然，象形。读若辈。”一作八声。孛星字从此。字通作茀。《天官书》“星茀于河”，古读从弗声之佛、拂如弼，作重唇音。弼弼谓草昧之际，草莽遍地朩朩然。“亡章”者，章训形，《吕览·古乐》云：“阴阳变化，一上一下，合而成章，浑浑沌沌。”高诱注：“章犹形也。”“亡章”义正相反，盖言宇宙初辟，尚未成形。

乎☐每（每＝晦）氵（水）☐，

每即晦。《庄子·胠箧》：“每每大乱。”李颐曰：“每每犹昏昏也。”

风雨是□（於）。

风雨之风字作□形，下文“风雨晨祎”亦同。与《说文》风字古文旁有一笔相同。於字与楚简形近。《大荒北经》言烛龙“风雨是谒”，郭注：“言能请致风雨。”句法相同，於读为谒。谒，於谒切，《广韵》在入声十月。《尔雅·释诂》：“谒，告也。”墨墨、弼弼、於（谒），正协韵。以上叙楚开国之跋涉艰难。

乃取（娶）〔第二行〕 虘（且） 遈之子曰女□（皇），是生子四。

女□即女皇氏。□字从皇，上增“出”形为繁体。《侯马盟书》，皇字一作𦤎[2]可证。虘为语词之且。《诗·载芟》毛传：“且，此也。”作指示词用。

---

① 《诗·大雅·抑》：“视尔梦梦。”《小雅·正月》：“视天梦梦。”梦梦，昏乱貌。

② 318页。

女皇氏名见于《地母经》。《易纬·坤凿度》引黄帝曰："天地宜尽阖，地通距水澈。女娲断空足，其陨一址，坤母运轴。"郑玄注："女娲氏，《地母经》云：'女娲姓风，名娲。'又曰：'女娲有神……补天门缺，号曰女皇氏，有灵通万物，决积水巨海也。'"此与《淮南子》所记可相印证，知汉人已流行此说。《地母经》郑玄注《易纬》引用之。故晋时皇甫谧著《帝王世纪》云："女娲氏承庖牺制度，亦蛇身人首，一号女希，是为女皇，未有诸侯，有共工氏。"帛书有女皇，当指女娲，下文又记共工，事正符合。《世本》称尧娶散宜氏之女谓之女皇[①]，则后代亦以"女皇"作为通名。𡍮字上显为从出。何琳仪隶定此字为皇，下从玉。以声类求之，即《集韵》之堀，而屈、骨、呙可通用，因迳认此字为琩。然细审之，此字下体不能定为从玉，虽女娲在《世本·姓氏》字亦作"埚"，埚乃"娲"之借，但不能谓其本字即琩。女娲之号女皇，见于《世本》、《易纬》及汉人引《地母经》，与帛书吻合。

《国语·郑语》"史伯对郑桓公曰，'荆子熊严生子四人'"云云，故知"生子四"一语，楚俗习用之，通常以指伯、仲、叔、季。

〔第二行〕　　旦☐（是）𡐨（壤）而戋（践）是各（洛）。

壤从土，于此为动词，读作襄或攘。《尔雅·释言》："襄，除也。"除训治。《谥法解》："辟地有德曰襄。"

而字原作𠄞，非天字，此改从李家浩释，作虚字之"而"，句读亦订正，下文"咎（晷）而步达"句同。

戋者，即乙篇云："卉木民人，以☐四浅之尚（常）。"《大戴礼》："履时以象天。"是"戋"犹践土之义。

曑祡（化）𢓊（法）逃（兆），

曑即参，曾侯乙墓漆器二十八宿，参正作曑，此处参作动词用。祡从化从示甚明。逃字以《汗简》虚字证之，正是从兆。此处逃读为兆。中山王兆域图"逃乏"读为"兆法"，借逃为兆[②]。帛书言"法兆"与"逃（兆）乏（法）"语有正言倒言之異。《春秋元命苞》："颛顼并幹（按指十榦、十干也），

---

① 参见《御览》引，见王谟辑本。

② 参见《文物》，1979（1），44页。

上法月参。集威成纪，以理阴阳。”语意略近。《易·乾凿度》：“大化，行天地也。”郑注以“玄化”说之。《列子·天地》篇：“人自生至终，大化有四。”祡指大化、玄化。化从示者，如鬼字亦作褢[1]之例。

为禹为万，

万不详何人，有读为禼，于形不近。佐禹平水土者，《吕览·求人》篇所记有五人，又有大费，见《秦本纪》。帛书万字，明显可辨，万当即冥。冥为玄冥。《山海经·海外北经》：“北有禺彊，人面鸟身。”郭璞注：“字玄冥，水神也。”江陵凤凰山八号墓出土龟质漆画，其神正是人首鸟足，说者以玄冥当之。[2] 大费之子曰大廉，实为鸟俗氏。玄冥及大费均是人面鸟身，盖鸟夷也。万与冥皆明母，字可通。

《国语·鲁语》及《礼记·祭法》皆言：“商人郊冥而宗汤。”冥为殷先神，故与禹骈列。古代传说，以冥代表北方之神，为颛顼佐。如《尚书大传》：“北方之极，帝颛顼神玄冥司之。”《淮南子·时则》：“北方之神……颛顼、玄冥之所司者，万二千里。”帛书以万配禹，禹属夏而万（冥）指商，以冥当之，尚无不合。

以司堦（堵）羕（壤），咎（晷）天步逾（达）。

《广韵》十姥“堵”训“垣堵”，司堵壤与平水土有关。由此句以司堵壤，则上句为禹为万，当指人物，不得解作虺蛇。咎可读为晷。《释名·释天》：“晷，规也，如规画也。”《尚书大传·洪范五行传》：“帝令大禹步于上帝。”郑注：“步，推也。”此指推步，《五帝纪》所谓“数法日月星辰”也。冯时释为步数，谓以晷影考里数。李家浩引《老子》甲本“玄达”及《古文四声韵》引古《老子》达字作徻，与此形近。释为步达。《尔雅·释天》：“一达谓之道路，九达谓之逵。”步达言步天之九达（道），于义甚合。

〔第三行〕　乃卡（上下）（朕）遠（转），山陵不𢧢（疏）。

陈邦怀读“朕逭”为腾传。《洪范五行传》：“天者转于下，而运于上。”

---

① 参见《说文》古文。

② 参见《文物》，1974（6）。

此意指上下运转。《释名·释天》：“冬曰上天，其气上腾。故《月令》曰：天气上腾。”朕读为腾，是。

《鄂君舟车节》“襄陵”，陵一作陸。望山简：“迺祷戠陸”。俱当释陵。故此处读为山陵，甚当。

戠，余旧说释“疏”。《说文》：“疏，通也。”山陵不通，故有导山浚川之举。

乃命（名）山川四𣅋（海）。

命读为名。《书·吕刑》：“禹平水土，主名山川。”《尔雅》：“从《释地》已下至九河，皆禹所名也。”《史记·大宛传》同。《周官·校人》：“凡将事于四海山川。”山川与四海联言，同此。𣅋即晦，下从日甚明，四晦即四海，古训海为晦，《释名·释水》：“海，晦也，其色黑而晦也。”

□寅（熏）燹（气）□（百）燹，吕为亓（其）疏，以涉山陵。

燹即气字，见《汗简》。《古文四声韵》引《碧落文》燹形同。熏字下不少学人读为炅，炅即热。马王堆《老子》本《德经》“靓胜炅”即“静胜热”，又《道经》“或炅或吹”，乙本作热，故炅乃热字。但小篆熏字分明从屮从黑，此字形作□，故不能目为炅字。熏气者，《白虎通·礼乐》释“壎”云：“壎之为言熏也，阳气于黄泉之下，熏然而萌。”是熏气指阳气。或读为“仓”，然帛书仓月自有“仓”字。曾宪通谓：“中山王譽器百字或作□，此或百字異构。”今按百正借为魄。《说文》：“魄，阴神也。”《淮南子》：“地气为魄。”谓阴气也。《颜氏家训·勉学》篇记游柏人城，见徐整碑“洦流东指”。“吾案《说文》，此（洦）字古魄字也。”今本《说文》有脱误。洦为古魄字。帛书之百气即魄气，可证颜说。汉高祖言：“柏人者，迫于人也。”《白虎通》云：“魄者，迫也，犹迫迫然著于人也。”知汉时有此语。柏人、洦水，皆从魄字生义。《淮南子·原道训》：“泰古二皇。”即指阴阳二气。帛书熏气指阳，百（洦）气指阴：二气为万物之原。熏气为阳气，指魂；百气为阴气，指魄。合言即《老子》所谓营袙。此与沧热之为寒暑性质不同，不宜混为一事。《西南彝志》宇宙论中之哎与哺正代表阴阳二气[1]，为万物本。以帛书证之，西南彝此说有其远源，可追溯至战

① 即影与形，清与浊二气。见《西南彝志选》。

国楚人之学。

《周语》："疏者川谷，以导其气。"魄为地气，熏为阳气。山泽之气既通，则水流汩混，各就其所。

泷汩凼（滔）沥（漫）。

《说文》："泷，雨泷泷也。"《方言》："泷涿谓之沾渍。"《广雅·释诂》："泷，渍也。（卢东切）。"汩从众水曰声，训急流。[1]《九章·怀沙》："分流汩兮。"凼从水从凵。凵者，《说文》："凵，张口也。口犯切。"滔殆其后起字。《广韵·五十八陷》："滔，水没。"是其训。沥即澫之省。《石鼓文》："沥沥又（有）**鲝**。"郑樵注："沥即漫。"漫为水广大貌。[2] 此二句谓未有日月以前，雨水泛滥漫没之象。

未又（有）日月＝。四神 〔第四行〕 相戈（代），乃步以为岁，是隹四寺（时）□

戈、弋二字每通，殷契习见。弋即代之省。"相戈"犹言相代。代、岁叶韵。[3] 按《集韵·二十四职》："伐，行也。"相戈（弋）亦即相伐。《列子·周穆王》："播交四时。"殷敬顺《释文》："顾野王读作翻交四时。"《小尔雅·广诂》："交，易也、更也。"翻交犹言翻更、翻易，与相代义同。相弋亦可读为相易。吴天玺碑："下步于日月。""步以为岁"者，《汉书·天文志》："天文者，序二十八宿，步五星日月，以纪吉凶之象。"

此处隹字作[illegible]，信阳编钟作[illegible]，可审其形变之迹。□为分段记号，下同。此段叙天地开辟，至四时之形成。上文言女皇生子四，疑即指四时。下文则称为四神。

伥（长）曰青□榑（榦），二曰朱四[illegible]（单）。三曰翏黄（皇）难，四曰[illegible]（溾）墨榑（榦）。

四神之名，皆作三字，"青"下有断裂，而且协韵。以颜色青、朱、翏（白）、墨分别以配四时。考四时用颜色区分，文献所载：

---

① 参见《方言》郭注。

② 参见《集韵》。

③ 参见朱德熙说。

《尔雅·释天》及《尸子》	《汉郊祀歌·邹子》
春　青阳	春　青阳
夏　朱明	夏　朱明
秋　白藏	秋　白颢
冬　玄英	冬　玄冥

可与帛书比照。帛书四隅绘有四时之木，施以颜色。下文复云："青木、赤木、黄木、白木、墨木之精。"唯黄木不见于图绘。上辞青榦与墨榦俱有榦之号，则四者应即为四木。《说文》："榦，一曰本也。"《诗》多以翰为榦。《毛传》及《尔雅·释诂》俱云："翰，榦也。"榦、翰训木之本，俱从倝声。子禾子釜"筑杆"，吴大澂谓是榦字，古鉨"千榦"作㝗，从倝省。青檐及墨檐二字皆从倝声。故释榦为是。难字见于者减钟，乃是"然"字，疑读为橪。《说文》橪，训酸小枣。《淮南子》："代橪枣以为矜。"《上林赋》："琵琶橪柿。"《广韵》二十八狝："橪，枣木名。"是难为枣木也。

單即单，可读为檀。[1]《管子·地员》篇两言楢檀。此数者皆宜作木名解之，正以表示图中四时异色之木。郑司农引《鄹子》云："春取榆柳之火……秋取柞楢之火，冬取槐檀之火。"邹衍言四时取火各异其木，其中有枣，有檀。

翟字从羽，下形缺。疑是从隹。[2]翟殆是白部皠字之别体。"皠，鸟之白也。"何晏赋："皠皠白鸟"，贾谊书作皓皓，即《说文》鸟白之翯。黄读为皇，大也。《尔雅》草木名，每附加大小及颜色，皇亦作王。翟皇难（然）可解为白大橪，即《广志》所谓"大白枣"。《尔雅·释木》枣类云梼白枣者。

朱四单者，即朱榽橀。《尔雅·释木》："魄，榽橀。"郭注："魄，大木细叶似檀，齐人谚曰：上山斫檀，榽橀先殚。"《广韵》十二齐："榽，苏木名，似檀。""橀，木名。"音呼鸡切。又十五海："橀，榽橀，木名，似檀。"呼改切。陆玑《诗疏》作"系迷"，《齐民要术》引《广志》作"系弥"，称其树子赤。《唐本草》注："荚迷子，色赤味甘。"榽橀、系迷、系弥、荚迷皆一音之转，说详郝疏。帛书之朱四单（檀），四字殆榽橀之合音急读，是朱四单乃即榽橀檀。其子赤色，故云朱，可以《尔雅·释木》证之。油字从水由，殆即溾字，《广雅·释诂三》："溾，浊也。"

---

① 如郑栎邑大夫单伯，通作檀。
② 《说文》读若和，蒦字从此。

千又百岁，

《淮南子·天文训》："一千五百二十岁大终始，日月星辰复始。"是一千五百岁为大终始之数，千又百岁但举其成数耳。汉人多治"终始"之学，阴阳家书有《黄帝终始传》。《法言》李轨注云："当孝文之时，三千五百岁，天地一周也。"其说多歧。参陈槃跋拙作《楚缯书疏证跋》。

日月＝　　〔第五行〕　　夋生。

日月二字合文，夋字作[illegible]，应读夋，即帝俊。

〔第五行〕　　九州不坪（平），山陵备[illegible]（矢）。

郭店楚简《老子》丙"安坪大"，"坪"字作"[illegible]"乃从[illegible]从土，字与此句"不[illegible]"形同。仍用余旧释"埅"，而读作坪，以坪为平，从严、裘诸家说。备字从朱德熙释。[illegible]字下文重出。云"非九天则大[illegible]"，意谓若违反"九天"运行之规律，即倾侧而失位。诸家读[illegible]为矢，训为倾斜，可从。

四神▨▨，至于遉（复）天旁遧（动），扞斁之。

按卜辞有"往夏"[1]语，其字为复无疑。此遉字从辵，复声。亦见望山简云："遉集岁之罶尸。"遉读为复。此则宜读为覆。天覆而地载。上辞云"遉天"，犹云"天之所覆"。四神指上文四木之精，亦即四时，其树为天所覆荫。遧字见望山简："不可以遧思。"即动字异构。旁，溥也。《尧典》："旁逑僝功。"旁动与旁逑文例正同。

扞斁为复词。毛公鼎："已乃族干吾王身。"犹《诗》言"公侯干城"，干吾与扞斁语例音义不殊。扞即扞。《说文》亦作"斁，止也。"止有禁御之意。《周书》："斁我于难。"《文侯之命》作"扞"。吾即敔，与御同。《一切经音义》："御，古文敔同。"《尔雅·释言》："御、圉，禁也。"斁字所从之畀声，即金文畀字。鬲从盘："畀𪚺从复孚小宫。"杨树达读畀为畀[2]，中鼎铭"兄畀"即"贶畀"。《说文》丌部："畀，相付与之，约在阁上也。"《礼记·祭统》："夫祭有畀……畀之为言与也。能以其余畀其下者也。"斁即畀之繁形。扞斁

---

① 《前》五·一五·五。

② 参见《积微》，272 页。

应读为扞蔽。《尔雅·释言》："干，扞也。"郭注："相扞卫。"孙炎注："干楯，所以自蔽扞也。"《说文》云："盾，瞂也；所以扞身蔽目。"扞蔽，即扞卫、干吾（御），与攼敤俱为古之连语。

青木、赤木、黄木、白木、墨木之精（精）。

信阳竹简青字作[illegible]，形同。精字从木，乃精之异构。武梁祠石刻云"伏羲苍精"。五木之名见于《尸子》。《艺文类聚》引《尸子》："燧人上观星辰，下观五木以为火。"《抱朴子》亦言五木。《隋书·王劭传》："先圣于五时取五木以变火。"此邹衍之遗说也。

〔第六行〕　　炎帝乃命祝融

融字实作[illegible]，《潜夫论·五德志》："炎帝神农氏，代伏羲氏。"上文先言雹戏（即庖牺），故接言炎帝。楚人芈姓，出于祝融。《国语·郑语》、《史记·楚世家》备言之。战国以来，言月令者并以祝融配炎帝以为其佐。《吕览·仲夏纪》、《礼记·月令》、《淮南子·天文训》皆同。

以四神陉（降），奠三天，𢑥思敄（保），奠四亟（极）。

三天者，《海内经》："有山名三天子之都（一作鄣）。"《汉武内传》："乃三天大上所出。"[①]《宋书·律志》序："三天之说，纷然莫辨。"指后来道教之说，原与楚人有关，另见细考。《禹贡》："奠高山大川。"奠，定也。"奠三天"与下文"奠四极"为对文。四神，即上四木四时之神。

陉字下从土，以《不墬矛》之墬例之，殆即降之异体。[②]《古文四声韵》引《义云章》降作[illegible]，省土。

何琳仪读敄为"保"是也。《说文》："保，古文作㑺。"保即神保。《诗·楚茨》："神保降临。"《书·召诰》言"格保"，《君奭》言"陈保"。思保者，《楚辞·九歌》："思灵保兮贤姱。"（《东君》）是也。洪兴祖云："古人云：诏灵保，召方相。说者曰灵保，神巫也。"

四下一字残泐，各家多从李棪补文释亟，读为四极。四极名见《尔雅·释地》及《淮南子·览冥训》"苍天补，四极正"。

---

① 参见林巳奈夫说。

② 参见《金文诂林》，3908 页。

曰非（棐）九天☑则大岕，则毋敢蔑（蔑）天霝（灵）。帝夋乃　　〔第七行〕　　为日月=之行。▭

九字仅存九形，商氏读为九天是也。九天一名见于《楚辞》，《离骚》云："指九天以为正兮。"《九歌·少司命》："登九天兮抚彗星。"王逸注："九天，八方中央也。"《大戴礼·五帝德》："平九州，戴九天。"贾谊《新书·耳痹》篇："大夫种……割白马而为牺，指九天而为证。"九天实楚人之惯语。银雀山汉简《孙子兵法》："动乎九天之上。"《史记·封禅书》："九天巫祠九天。"《索隐》："汉武帝立九天庙于甘泉。"《三辅故事》："胡巫事九天于神明台。"是匈奴亦有祀九天之俗。

则字与《汗简》三体石经古文形同。

霝即灵。马王堆本《老子·德经》："地毋已霝〔将〕恐歇。"楚人以霝为灵。此处灵应训令，即命也。马王堆《十大经》："吾畏天，爱〔地〕，亲民，立有命。"《广雅·释言》："霝，令也。"彝铭"霝冬"即令终。霝与行协韵。

非读如字。

𢿢字商氏释睿，于形不近，于义亦未安。细察字形，乃从苜加𦥑及攴旁，仍是苜之繁形。《说文》："苜，目不正也。从丫目，读若末。"其孳乳字有莧、蔑。《广韵》在入声十三末。后起字有"懱，轻懱也。"又䁾，训目赤，俗作瞣；又"搣揳，不正也"。𢿢于形当释蔑，其意即懱。此句读蔑天之霝（令）。言"毋敢蔑天命"，帝夋乃为日月之行，得其正常之道矣。帝夋《山海经》作帝俊，指造物主。《大荒南经》："羲和者，帝俊之妻，生十日。"又《大荒西经》"帝俊妻常羲生月十有二"是也。

《书·洪范》："日月之行，有冬有夏。"马王堆《经法》："数日磿（历）月、计岁，以当日月之行。"语并同。

共攻（工）夸（夸）步，十日四寺（时）

共工作攻攻，为繁形。《山海经·海内经》、《礼记·祭法》皆作共工。马王堆《经法·正乱》云："其上帝未先而擅兴兵，视之（蚩）尤、共工屈其脊，使甘其箭。"[①]《孙膑兵法》竹简："昔者神戎（农）战斧（补）遂，黄帝伐蜀禄（涿鹿），尧伐共工。"此为关于共工之新资料。古史共工，异说颇多。

① 61页。

《山海经·海内经》："祝融降处江水，生共工，共工生术器……共工生后土，后土生噎鸣，噎鸣生岁十有二。"是以共工为祝融之子，亦炎帝支裔。故帛书亦见共工之名。《礼记·祭法》称："共工氏之霸九州也，其子曰后土，能平九州，故祀以为社。"而《大荒北经》记："夸父珥两黄蛇，以追日景，至于禺谷。""后土生信，信生夸父。"则夸父又共工之裔，今以《山经》，表其世次如下：

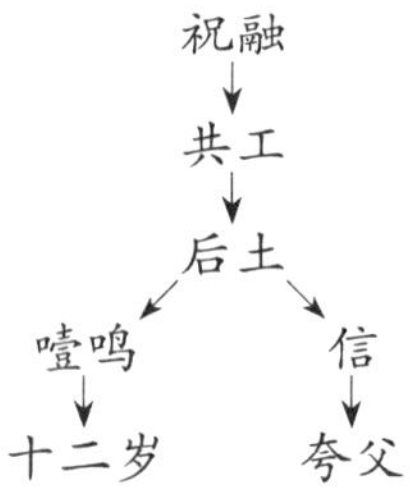

帛书共工字作攻，共字与《说文》古文及《古玺》形同，攻与工通假。共工生后土，后土之子生岁十二，故帛以十日、四时为共工所出。其言共工夸步，字似从大从丂，可能为夸字。《说文》："夸，奢也，从大亏声。"《广雅·释诂》："夸，大也。"夸步释为大步，义亦通。

十日，《招魂》云："十日并出。"[①] 庄子亦言十日。此处十日以指自甲至癸十干，较合。见《周礼》。

□□神则闰，四□毋（思）。百神风雨，晨祎乱作。

时思叶韵，宜于思字断句。

"晷"字从晨加日旁，晷（辰）之繁文。晨祎犹言辰纬。何琳仪引《宋书》拓跋氏"精气震辰纬"，即指星纬，说亦通。

乃逆（逆）日月＝，以遖（传）相□思。

此句第二字残形似逆字，可定为逆，即迎也。《五帝纪》："历日月而迎送之，明鬼神而敬事之。"又云："迎日推策。"遖字见《龙节铭》"王命遖赁一楷饲之"为传之别构。此言因日月之运转而逆（迎）送之。思上有一残形似

① 《淮南·本经训》同。

"土"，但不能连上读为"相土"。

思为句尾语助。

〔第八行〕　　**又宵又朝，又昼又夕。**▭

荀悦《申鉴》言天子有四时，朝以听政，昼以访问，夕以修令，夜以安身。此本公孙侨告叔向之说，以朝、夕、昼、夜分言之。帛书分宵、朝、昼、夕仍是此义。《淮南子·天文训》："禹以为朝、昼、昏、夜。……昼者阳之分，夜者阴之分。"以昼夜之分起于禹。扶风新出周厉王器𡚁簋云："余亡康（荒）昼夜，坙雍先王。"昼夜二字连词已见此。旧作夙夜。《左传·成公九年》，钟仪对："……朝于婴齐（子重）而夕于侧（子反）。"朝与夕对言之例，春秋时常见之。秦简《日书》（一〇五二——一〇七四）详记朝、昼、夕之卜，试举子、卯、辰三例：子云："朝启、夕闭。朝、兆不得；昼、夕得。"卯云："朝闭、夕启。朝、兆得；昼、夕不得。"辰云："朝启、夕闭。朝、兆不得；夕、昼得。"所卜之兆，朝、昼、夕得，因时辰而异，可为此两句帮助解说。

乙篇

〔第一行〕　　**隹（惟）⧄⧄[illegible]，月则绖（缊）绌。**

李零采巴纳说，假定"月"上一字为"四"，疑原句或作"隹十又四月"，谓置闰后又多出一月。说可存参。

帛书绖字下从土。呈即呈也。绖绌即盈缩。《说文》："缊，缓也"。缊或体从呈。呈与盈通，如春秋沈子逞，《穀梁》作盈。《释文》："本亦作逞。"《春秋·襄公二十一年》，栾盈，《史记·齐世家》作逞，是其证。盈与嬴通。敦煌本《尚书释文》（伯三三一五号）嬴音盈。《荀子·非相》："缓急嬴绌。"绌读为缩。故绖绌犹言嬴缩。《史记·蔡泽传》："进退盈缩。"班固《幽通赋》："故遭罹而嬴缩。"嬴缩为天文习惯用词。《史记·天官书》云：

> 察日月之行，以揆岁星顺逆。……岁星嬴缩，以其舍命所在，国不可伐，可以罚人。其趋舍而前曰嬴，退舍曰缩。嬴，其国有兵不复；缩，其国有忧将亡，国倾败，其所在五星，皆从而聚于一舍，其下之国，可以义致天下。

《汉书·天文志》云：

凡五星早出为赢，赢为客；晚出为缩，缩为主人。五星赢缩，必有天应见杓。

《易通卦验》：

晷进为赢，晷退为缩。

《越语》范蠡云：

赢缩以为常，四时以为亲。
天予不取，反为之灾；赢缩转化，后将悔之。（谏勾践兴师伐吴语）

范蠡，楚人也，其言“赢缩以为常”。帛书则云“绌不得其当”。语意无别。帛书所见十二月名，除《尔雅》外，其称九月曰玄月，亦见于《越语》，故知越之学术与楚固息息相通。“月则赢缩”者，《开元占经》卷十一有《月行盈缩》章。引石氏（申）云：“明王在上，月行依道；若主不明，臣执势，则月行失道。”月为阴，所以郑重言之，示主之失德使然。

不㝵（得）亓（其）□（当）。

常从廾尚声，可读为当。《礼记·乐记》及《史记·乐书》子夏曰：“古者天地顺而四时当，民有德而五谷昌。疾疢不作而祆祥，此之谓大当。”郑玄云：“当，谓不失其所也。”

旾、㬃（夏）、昧、咎，又（有）□尚＝（堂＝）

春夏秋冬他书有作春秋冬夏者，如《墨子》、《管子》是。此处四时诸字皆从日。帛书荎司□，即司冬。敦煌本《尚书释文》“中冬”下注云：“古作㚇，古文作□也。”冬字从日，与帛书合。《汗简》日部，春作旾，冬作□，并出石经。“又□尚＝”句，又（有）为助字置于名词之前。《诗》“有夷（之行）”、“有休（其士）”、“有秩（斯祜）”句例习见。尚＝者，《诗·小雅》：“裳＝者华。”传：“裳＝，犹堂＝也。”《广雅·释训》作“常＝，盛也”。

裳＝、常＝皆即堂堂，《释名》：“堂犹堂堂，高显貌也。”《春秋繁露·郊语》：“堂＝如天。”堂＝本亦作閶＝，借音字亦作棠＝、常＝、裳＝。义犹荡＝。四时运行止常，则堂＝荡＝也。

日月＝星䢅（辰），䜌（乱）遊（失）兀（其）行。绖绌遊𠭁（襄），卉木亡〔第二行〕　尚（常）。

日月为合文，下著＝号。䢅字作繁形，下从日。

日月星辰四字成句，为古阴阳家之惯语。举例明之：《墨子·天志中》：“以磨为日月星辰，以昭道之。制为四时，春秋夏冬，以纪纲之。”《大戴礼·五帝德》：“历离日月星辰。”《山海经·大荒西经》：“帝令重献上天，令黎邛下地，下地是生噎，处于西极，以行日月星辰之行次。”《吕览·孟春纪》：“太史守典，奉法司天日月星辰之行。”[①] 陆贾《新语·明诚》篇：“圣人察物，无所遗失，上及日月星辰。”《淮南子·天文训》：“四时者，天之吏也；日月者，天之使也；星辰者，天之期也。”上举皆日月星辰四字合为一语。《洪范》言五纪：“一曰岁，二曰月，三曰日，四曰星辰，五曰历数。”则次序略异。《周礼·保章氏》掌天：“以志星辰日月之变动。”郑注：“星谓五星；辰，日月之会。”

遊字帛书四见，旧释逆或达皆误。郭店楚简《老子》“执者失之”共见两次，失字皆作遊，又一作“遊之若纍”，遊与得为对文，皆当释“失”。“绖绌遊襄”句可读盈绌失让，《郙阁颂》云“汉水逆让”是也。

卉木，《吴都赋》：“卉木跃蔓。”刘逵注：“卉，百草总名，楚人语也。”周原小字卜辞：“自三月至于三月，唯五月，由（思）亡尚。”[②] 亡尚即无常。尚为常之省，卜辞已见之。[illegible]（当）、尚（堂）、尚（常）三字异义而韵协。

□□□宎（妖）

古代德与祆常对言，《史记·殷本纪》引伊陟云：“祆不胜德。”夭字上缺，即下文之宎，疑是�芺，即祦也。《说文》：“地反物为祦。”下文屡见宎，即此字。[③]《尚书大传·洪范五行》，妖有服妖、诗妖、草妖、脂夜之妖等。《释名·释天》：“妖，殀也。妖害物也。”此处之妖似专指妖星，即下文之天棓。

① 又见蔡邕：《明堂月令论》及《月令问答》。

② 《古文字研究》第一辑，207 页（二）一六·一。

③ 参见吴九龙说，载《出土文献研究》第一辑。

《开元占经·彗星占》篇引《荆州占》云：“岁星逆行过度宿者则生彗星。一曰天棓，二曰天枪，三曰天欃，四曰茀星。”是也。

天陸（地）乍恙（祥）

帛书陸字从土从陀，望山简“宫地䵹”，地字作埅①，亦从土，《侯马盟书》地字作埅，籀文地从𨻶作，形近。云梦秦简地作坨。金文每借地为施字。㝬毁：“墬于四方。”（字作墬）中山王壶：“以陀及子孙。”秦峄山刻石“陀及五帝”，则借陀为施。“墬于”、“陀于”读如《书·洛诰》“勤施于四方”之施。此处天与陀土联言，即天、地也。

恙，读为祥，中山王壶：“不恙莫大焉。”不恙即不祥。《马王堆·天文气象杂占》：“天星出，赤傅月为大兵、黄为大恙、白为大丧、青有年、黑大水。”② 大恙即大祥，故知“作恙”应即“作祥”，恙、祥皆从羊为声符，例正同。《周语中》：“富辰曰：祥，所以事神也。”“是何祥焉。”

天梪（棓）𣶃（将）乍（作）澨，

棓字实从豆，增口旁，𧯠即豆也（古匋豆作𧯠），此字隶定作梪，乃梪之繁形，与梪之从𠱾异字。豆之作𧯠，如巫之作𡚸，纪之作绐，丙之作㔷，楚简、帛书其例常见。故知天梪即天棓。音字《说文》或体作𣢾，从豆从欠，音旧读有二音③。帛书天棓之作天梪，声旁从豆口，正如音之或体亦作哣也。以此可定梪即为棓字，与梪字不宜混淆。《吕氏春秋·明理》篇：“其星有彗星、有天棓、有天欃。”天棓首见于此。《尔雅·释天》只言“彗星为欃枪。”《史记·天官书》：“三月生天棓，长四尺……其出则天下兵争也。”《汉书·天文志》苏林曰：“棓音𣙙打之𣙙。”《开元占经》列天棓为一百零五妖星之一。马王堆帛书《天文气象杂占》记彗星甚繁，大抵作𡗗𡗗等形④，如云：“毚出、邦亡。”毚即欃枪。天棓即天欃、天枪，皆为彗星。《九歌》：“登九天兮抚彗星。”彗星，春秋以来屡见记载。《史记·天官书》太史公曰：“春秋二百四十二年之间，彗星三见。”又《齐世家》：“齐景公语晏子：茀星将出，彗星何惧乎？”楚帛书年代属战国中期，有彗星记录，自无疑问。《汉书·天文志》：

① 307 页。

② 《中国文物》一。

③ 《玉篇》有妨走、他豆二切，《广韵》在五十候，音下收𣢾，俗叫哣，又出㰯字，注匹候切。

④ 《文物》，1978（2）。

“石氏：枪、欃、棓，彗星状，其殃一也，必有破国乱君。”《晋书·天文志》引《河图》云：“岁星之精为天棓，至苍彗凡七星。”英伦斯坦因敦煌卷，所见星图（S·三三二六），最末为天棓，图之如下：

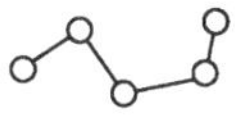

《石氏经》云：“天棓去北辰二十八度。”

“乍湯”即作湯。《汉书·天文志》：“四星若合，是谓大汤。其国兵丧并起，君子忧，小人流。”晋灼曰：“汤，犹荡涤也。”“作湯”即大汤之义。

降于其方。

“其”字之下，必无缺文，细审绢本，便可知之。星家恒言，如甘氏《岁星法》：“日有乱民，将有兵作于其旁。”“其方”犹言“其旁”。

山陵兀（其）𤼶（发），又渊☐洍（汩）。是胃（谓）孛＝。

𤼶字从四止攴，如金文𣥠亦作𣦼，为繁形，字应释𤼵。可读为发。《礼记·月令》：“时雨不降，山陵不收。”贾疏：“山陵不收，地灾也。”发即不收之义。

洍字，以水从㔰，日下从㠯。巜即水流浍之巜。《说文》训昧前之顥，“从页㬎声”，㬎乃从曰，非从日。《说文》巜字在川部，云：“㬎，水流也。从巡，曰声，于笔切。”何琳仪谓：“从日与从曰每混。洍即㴔，从巜从川无别，汩与上下文发、岁、月均为月部字协韵。”

孛字有重文号“＝”。

汉人观察天象，分别彗星、孛星、长星为三类。见刘熙《释名》，其言曰：“彗星，星光梢似彗也；孛星，星旁气孛孛然也。”文颖注《汉书·文帝纪》“长星”亦分孛、彗、长为三星。谓：“其占略同，然其形象小异。孛星光芒短，其光四出，蓬蓬孛孛也；彗星光芒长，参参如埽彗。”此孛星与彗星之别也。楚帛书言孛星，不言彗星；言天棓，不言天㲻。马王堆彗星图自赤、白灌讫于翟星共十八名。有重出者，其称某彗星共十种；称天某者，仅有天箭——•一名，而天欃则作㲻出——◁，不见天棓。其中有八名见于《晋书·天文志》。向来解孛星者，皆重言曰孛孛。《御览》七袄星引《天文录》：“孛星者，彗星之属也。偏指曰彗，芒气四出曰孛，孛谓孛孛然也。”与《开元占经》八十八引董仲舒说同。《汉书·五行志》：“孛者，恶气之所生也。谓之孛者，言其孛孛有所防蔽，暗乱不明也。”是孛星乃指芒四出而光暗昧不明者，与彗星、长星有所分别。

（孛）岁⧄月，内（入）月　〔第三行〕　七日＝八⧄，又（有）电雺。雨土，不㝵亓（其）参职天雨。

孛字下有重文号。第二孛字可连下句读。孛字或释“李”，但将何以解“孛孛”之文，李李于义难通！

内字作与实之作不同。

又第三行日字下有＝号表示乃“七日”之合文。“内月七日八⧄……”句，内读为入，秦简《日书》如“入月一日二日，吉”（七五七），一类句式常见。雺字从雨从亡，字书未见。雺可读为“芒”，甘氏《岁星法》：“其状作作有芒。”指闪电光芒。《释名·释天》：“电，殄也，言乍见即殄灭也。”或云“雺”读为霜，引《白虎通·灾变》：“霜之言亡也。”[①] 此指震电与雨土诸咎征。《御览》八七六引《古今五行记》及《京氏易·五星占》，俱载雷震杀人事。《汉书·五行志》云：“隐公九年三月癸酉，大雨震电。”震、电连言，此作电雺。又《御览》八七七引京房《易传》云：“内淫乱，百姓劳苦，则天雨土。”雨土指天降土如雨，示灾异也。《易飞候》亦书天雨土事。曾侯乙墓出漆盖二十八宿之参字形同。参谓验也。聀字从耳从戠甚明。《诗·唐风》：“职思其居。”毛传：“职，主也。”此句谓不见其验，主天降雨。雨与上句之土协韵。亡，与下句行韵。

〔第三行〕　喜（嘻）＝！是⧄遊月，闰之勿行。

喜字，一般摹本或析为二字，非是。喜喜有重文号，可读作嘻嘻。原绢裂开，喜字析为两处。《左传·襄公三十年》：“或叫于宋大庙，如曰嘻嘻、出出；鸟鸣于亳社，如曰嘻嘻。甲午，宋大灾。”“嘻嘻”为灾异出现惊叹之词。遊月即谓月失其序，是宜置闰。《史记·历书》云：“其后三苗服九黎之德，故二官咸废所职，而闰余乖次，孟陬殄灭，摄提无纪，历数失序。”如周襄王二十六年闰三月，《春秋》非之。敦煌卷伯三三〇六为《月令节义》一卷，论正月之节日在虚之义云：“闰者是蓁残余分之日……大数三年一闰；细而言

---

① 李学勤说。

之，八年三闰，十九年九（应是七）闰，是足得蘽残余分之日，故为闰月。”①《荆楚岁时记》云：“闰月不举百事。”观帛书云：“闰之勿行。”知闰月不宜举事之习俗，自战国至于六朝，行之弗替。

一月、二月、三月，是（胃）遊（失）冬（终）。亡　　〔第四行〕奉。□□丌（其）邦。

亡奉，《国语·晋语》韦注：“奉，行也。”

〔第四行〕　四月、五月，是胃（谓）乱绢（纪）。亡厎（砅）。

上列两组词，句法相同。终、奉协韵，与下文纪、厎协韵相类。句式皆作“是谓……亡……”。自一月至三月为失之终，四、五月则乱之纪，失与乱对文。“乱纪”一词，《汉书·天文志》：“太白经天，天下革，民更王，是为乱纪，人民流亡。”乱纪乃星占家惯语。《大戴礼·用兵》：“邹大无纪。”郑注：“经纪谓天文进退度数。”“厎”即砅，为濿别体，见《说文》。此读为疠或痢，亦即沴。《尚书大传》：“凡六气相伤谓之沴。”纪、濿协韵。

□　二岁，西䁱（国）又吝。女（如）日月＝既乱，乃又（有）（兄）（祆）；东䁱又　〔第五行〕　吝，□□乃兵，𧊒（害）于丌（其）王。▭

𧊒字前读为侮，或释虐，于形不近。李家浩隶定此字为𧊒，即云梦《日书》之蚃，其义为“害”。“害于其王”语与甘氏正同。甘氏《岁星法》：“不利治兵，其国有诛，必害其王。”既字作，与《侯马盟书》之㱃②近。

西国、东国之名，星占家每用之。《天官书》云：“出西逆行，至东正西国，吉；出东至西正东国，吉。”是其例。《左·昭公四年》传：“东国水。”《左传·成公十六年》：“南国蹴。”亦周人之恒言。

字下半与金文兄之作全同。为古文齿，上半从口，与从齿同义。父巳鬲之，𨖷鼎之，上从齿，郭沫若俱释兄③。若然，则兄字亦有从齿而不从口者，与此字形之从齿正合。金文兄又有作（齐镈），帛书祝融之兄字亦然，

① 参见《潜揅堂文集》十四《答问》“论五岁再闰，与十九年七闰之率孰密”条。可见敦煌卷“九”字乃当作“七”字。

② 319页。

③ 参见《安阳出土牛胛骨及刻辞》，载《考古》，1972。

则字从古文廿（疾字，见《说文》窃字下注），皆兄之异构。又或益声旁之㞷作𡉚。《释名》：“兄，荒也。荒，大也。故青徐人谓兄为荒也。”帛书巟字凡三见，皆释兄而读为荒。此言“乃有兄（荒）夭”。《书·微子》：“天毒降灾荒殷邦。”下文言“是则兄（荒）至”。皆指灾荒。帛书《十六经·立命》：“吾爱民而民不亡（逃亡），吾爱地而地不兄。”兄读为荒，足证帛书巟字释兄之确。

以上大抵用阳部韵。间用韵有发、孛（物部），土、雨（鱼部），纪、尿（之部）。

〔第五行〕　　**凡戢 悳匿，女（如）曰歹（亥）隹邦所，五实之行。**

凡字作𠘧，从凡多一撇，与风之古文相同。

女曰读为如曰。《左传·襄公三十年》：“或叫于宋大庙，如曰嘻嘻、出出；鸟鸣于亳社，如曰嘻嘻。”“如曰”一词同此。

歹字，以下列诸字形证之：

丂（𢾊簋）　历（卯殷）　亐（虢季子白盘）

当释亥。“亥隹邦所”者，谓岁星所在居于娵訾之次，其所居之辰即为亥也。

此“所”字读如《国语·周语》“岁之所在，则我有周之分野也”之“所”。韦昭注：“岁星所在，利以伐人。”所谓“如曰亥惟邦所”者，犹言如果岁星所在，于我邦属于星次之亥。甘氏《岁星法》：“摄提在亥，岁星在辰。……其失次见于娄，其名曰屏营，天下尽惊。”（《开元占经》二十三引）“亥惟邦所”即星次在亥之意。[①]

悳匿古书亦作侧匿。《尚书大传》云：“朔而月见东方谓之侧匿，侧匿则侯王其肃。”亦见《汉书·五行志》，刘歆以为：“肃者，王侯缩朒不任事，臣下弛纵，故月行迟也。”又《汉书·孔光传》：“时则有日月乱行，谓朓、侧慝。”参《周礼·保章氏》注。《广雅》：“侧匿，缩也。”

悳匿亦称曰慝。《左传·昭公十七年》传：“唯正月朔，慝未作，日有食之，于是乎有伐鼓用币，礼也。”杜注：“慝，阴气也。四月纯阳用事，阴气

① 说详《帛书内涵及性质试说》。

未动而侵阳，灾重，故有伐鼓用币之礼也。”

五宊，刘信芳谓泛指妖星，引《河图》说岁星之精，流为天棓；荧惑之精，流为祈旦；填星之精，流为五残；太白之精，流为天柎；辰星之精，流为枉矢。

卉木民人，㠯四浅（残）之 〔第六行〕 尚（常）□

卉木即草木。《周书·时训解》：“草木萌动。”王孙遗者钟：“和溺民人。”浅读为残。《逸周书·程典》：“固有四援，明其五候。”《左·昭公二十三年》传：“观其民人，明其五候。”贾侍中注：“五候，五方之候也。敬授民时，四方中央之候。”此文言民（人）必明五方之候。刘读四浅为四残，谓四时之贼气。

〔第六行〕 □□上（尚）宊，三寺（时）是行。隹悳匿之岁，三寺（时）□□，緐（系）之以（素）陊（降）。是月㠯娄，㬝为之正。

𦒎似是二字。下一字从彡从日，或即彭之异构，未敢定。《广韵》五十九鉴：“彭，相指物也。又利也，出《字谱》。”音所鉴切。

三时一词，见《左传·桓公六年》，季梁止随侯追楚师，谏曰：“絜粱丰盛，谓其三时不害，而民和年丰也。……故务其三时，修其五教，亲其九族，以致其禋祀。”杜注：“三时，春、夏、秋。”是三时不计冬季。帛书所言三时，可能指当摄提乖方，孟陬殄灭，正历之举，不得已或减去一季，只得三时而已。当此之际，复值月朔行迟，则必系素以压胜之。《山海经》言用五彩，而《荆楚岁时记》载五月以五彩丝系臂，名曰解兵，令人不病瘟。《玉烛宝典》五：“此彩丝系臂，谓之长命缕。”亦有名五色丝，赤青白黑以为四方，黄居中央，名曰襞方。① 帛书言三时系素，殆如此例。

字与石经古文素作上半相同，而下体从巾②，从巾与从糸同义，故可定为素字。《左传·昭公十七年》传：“日有食之，祝史请所用币。”“唯正月朔，慝未作，日有食之，于是乎有伐鼓用币。”系之以素，即用币之事。

娄字余前疑读为迁，以《周礼·保章氏》观天下之迁说之。李零辨认是“娄”字，而读为数，于义扞格，唯形则甚是，以三体石经娄之古文及信阳简

① 参见守屋美都雄：《中国古岁时记之研究》，354页。

② 《说文》：市，韠也。从巾，象连带之形。市为韨之古文。

作𡭊证之，可信。此处“以娄”，指娄宿，乃合。[1]

𢀖字《说文》：“𢀖，盛貌，从孨从日，读若薿薿，一曰若存。籀文作𢀖，从二子。一曰𢀖即奇字𣈆（晋）。”帛书此字从臼不从日。金文𣪘妊𣪘[2]，《古玺》有𢀖字，同此。

𢀖字帛书两见，一云“𢀖为之正”，一云“𢀖以为则”。𢀖既读若薿，则此可读为拟。《说文》：“拟，度也。”与揆同训度。《天官书》：“以揆岁星顺逆。”故“𢀖为之正”犹言揆度以为正。

隹（维）十又（有）　〔第七行〕　二☐（?）。隹孛〔恵〕匿，出自黄𣴎（㳙），土身亡𢀵（异）；出内（入）☐〔不〕同。乍亓（其）下凶。

刘信芳读异为翼，据郭店《老子》甲三、乙十三之身字与此形同，读为土“身”，指填星色黄，按乙八“又身”、“亡身”，字同作身，释“身”是也。

亡𢀵即“无异”，谓土星出自黄泉，无咎征之象。“隹十又二”句下一文残，一说疑残失“月”字。

日月＝𣅜（皆）乱，星辰不同（同）。日月＝既乱，岁季　〔第八行〕　乃☐。

中山方壶第三十行：“诸侯𣅜贺。”秦诏版残辞“皆明壹之”。皆字作𪓐（《金文续编》四·二），𪓐与皆通用[3]。不同笔有残泐，此字中一笔相连，知非“公”字，可释为“不同”。《吕览·大乐》：“日月星辰，或疾或徐，日月不同，以尽其行。”高注：“不同，度有长短也。”同与上文凶协韵。

〔第八行〕　寺（时）雨进退，亡又尚（常）亙（恒）。

甘氏《岁星法》：“视其进退左右，以占其妖祥。”“进退”亦星象家之恒言。恒之义，当如《洪范》咎征：恒雨、恒旸、恒寒。下文云“三恒”是也。《周礼·瑞祝》，郑司农曰：“逆时雨，宁风旱也。”

恭民未（未）智（知），𢀖以为则。毋童（动）群民，以☐三恒。

李、何皆读恭为恐，解为恭敬，亦通。《鱼匕》：“下民无智，参蚩（蚩）

① 刘信芳读娄为膢。《说文》：“膢，楚俗以二月祭饮食也。”二月应作十一月，指傩逐鬼之俗。

② 《积古斋》六。

③ 参见《文物》，1979（1），45页。

虻（尤）命。”与“恭民未智”语同。智读为知。未字与甲篇“未有日月”之“未”字形相同。厬即𦣻，读若薿。此读为拟。“厬以为则”，犹言“揆度以为则”。说见上。

三恒即三常，《晋语》：“爱粪土以毁三常。”韦注：“三常，政之干，礼之宗，国之常也。”（何琳仪说）但此处不甚妥。

婺（发）[四古文]（四）[字形]（㕣）[兄古文]，㠯☐天尚（常）。

发为动词，读如《诗》“长发其祥”之发及发敛之发。[字形]此字有缺形，旧释兴，非也。细审其字根，乃是㕣字，上半无横笔，绝不是臼，当为㕣之繁形。㕣见《说文》㕣部云：“㕣，山间陷泥地……读若沇州之沇，九州之渥地也。”又水部：“沇，从水，允声。㕣，古文沇如此。”此㕣字增舁旁。或即从堪舆之“舆”省形会意。以口亦为地也。㕣复借为埏，《广韵》二仙：“埏，际也，地有八极、八埏。”《尔雅》：“南至于濮铅。”铅即沿[①]，义指濮地。故四㕣即四沿或四埏，犹言四际。占书之恒言。甘氏《岁星法》有“四乡”[②]，秦简《日书》有“四旁”[③]、“四邻”[④]，四㕣犹四际，亦其比。

[兄古文]为兄字，读作荒，说见上。此言发四际之荒，班固《答宾戏》“夷险发荒”，晋灼注：“发，开也。”荒指穊歉。《周礼·稻人》：“旱暵共其雩敛。”郑司农云：“雩事所发敛。”所发敛者，谓雩祭之币。发四际之荒，可能即荒歉时，雩祭发币事。此处“兄”句起韵，与尚、羊诸字协，又足证其字必为兄而读作荒。

天尚即天常。《吕览·古乐》：“葛天氏歌，其五曰‘敬天常’。”又《大乐》：“是谓天常。”高诱注：“天之常道。”郭店简：“以顺天常。”（《成之闻之》）

〔第九行〕　群神五正，四[字形]（尧＝饶）羊（祥）。

群神者，《左传·襄公十一年》：“群神群祀，先公先王。”《楚语下》：“天子遍祀群神品物。”秦简《日书》：“上下群神，乡（飨）之乃盈志。”五正者，

---

① 《礼记·三年问》“反巡”，《荀子》作“铅”，假铅为“巡”。

② 文云：“祸及四乡。”

③ 即四方。九一五，云：“利以祭之四旁。”

④ 九一五，云：“不可以行之四邻，必见兵。”

《管子·禁藏》："发五正。"《左传·隐公六年》："翼九宗五正。"杜注："五正，五官之长。"刘信芳从商承祚说读为四疊，指四时之辰，即尧典之星鸟、星火、星虚、星昴。

李学勤注为"尧"字，而无说明。今按此字上从土，与"土事"之土字形相同，故知必是从土。《说文》："尧，高也。，古文尧。"即从两先。《古文四声韵》引《汗简》亦作，与古文同，殷契，从二土，儿。帛书只从一土。此处尧羊读为饶祥，言四处祥异滋多。高诱《吕览》注："祥，征应也。"

建亙（恒）襡民，五正乃明，丌（其）神是亯。

建读如《洪范》"皇建其有极"之建。马王堆帛书《易传》太极作大恒，建恒犹言建其有极。郭店、九店简建字形同此。

襡字从衣从，即蜀，《古玺》多见。信阳简即烛，即襡。《说文》："襡，短衣也，或作襩。"《释名》："襡，属也。"襡民读为"属民"。《周礼·地官·党正》："属民而读邦法以纠戒之。"《楚语》："火正黎司地以属民。"韦注："属，会也。"襡民义即会民[①]。

《淮南子·时则训》："其政不失，天墬（地）乃明。" "乃明"习语，同此。

《史记·历书》："民以物享，灾祸不生。"亯即享。

上辞兄（荒）、常、羊、明、亯等句协韵。

是谓惪匿，群神乃惪。

言能享祀群神，则当侧匿之时，群神犹皆德之。匿、德为韵。

帝曰：䌛（繇），☐之哉！

此䌛字形略同录伯𣪘。䌛为叹辞。《大诰》："王若曰：猷。"马融本作繇，《多士》、《多方》皆言"王曰猷"。《尔雅·释诂》："繇，于也。"

☐残存形，似是敬字。"敬之哉"一词，为周人套语。《书·吕刑》："王曰：呜呼！敬之哉！"《逸周书·小开》凡两见，《文儆》凡四见。侍兒钟：

① 用何琳仪说。

"曰：于呼！敬哉！"文并同。

〔第十行〕　毋弗或敬。隹天乍富（福），神则各（格）之。隹天乍宎（祅），神则𡊄（惠）之。□敬隹𠑵（备），天像是恻。戚（虔）隹天□，下民
〔第十一行〕　之祇（衼）。敬之毋戈（弋、忒）。□

《礼记·曲礼》："毋不敬。"《汉书·五行志》："勤礼莫如致敬。""敬在养神。"《书·盘庚》云："作福作灾，余亦不敢动用非德。"作福、作灾语同此。

甘氏《岁星法》："其国无德，甲兵恻恻。"又云："国斯反覆，甲兵恻恻，其岁大水。"此则所谓"天象是恻"。恻字亦见望山简及《汗简》。

"□敬隹𠑵（备）"，𠑵字，李学勤、朱德熙均释备，可从。中山王鼎备作𠑵。朱云："敬当读为儆戒之儆，与备文义相协。"《后汉书·东平王苍传》李注："儆，备也。"备与下句恻同为之部字，两句叶韵。"戚字与丙篇"不夹导不戚"之戚字形全同，从戊干声，当释戰。干与乾同音。《广韵·二十五寒》引《字样》云："乾本音虔。"疑此"戚惟天□"宜读为"虔惟天□"。

下民一词，见《吕刑》"皇帝清问下民"，《吕览·应同》篇："天必先见祥乎下民。"

祇（衼）字从示戈，字书未见。戈即弋，亦借作翼。《书·多士》："敢弋殷命。"《释文》马本作"翼"。郑玄训翼为敬，与弋同音字有廙，敬也①，以弋、廙、翼互通例之；衼殆即禩字，《说文》则以禩为祀之或体。此处弋、恻等协韵，宜读为翼。

毋弋即毋忒，省心旁。蔡侯镈："不愆不忒。"忒又作贰。《侯马盟书》忒字从戈。越王钟："夙莫不贰。"亦从贝作。《管子·内业》："敬慎无忒。"徐幹《中论·历法》："寒暑顺序，四时不忒。"毋弋（忒）言毋差忒也。

以上阳部、东部、之职部韵。

〔第十一行〕　民勿用迦□百神。山川沥浴（谷），不钦〔之〕行。民祀不揗（庄），帝牺（將）繇（繇）以乱□之行。

马王堆《老子·德经》"浴得一以盈"、"上德如浴"均借浴为谷，阜阳《诗》简"出自幽谷"作"幼浴"，可证。"山川万浴"即以浴为谷。

牺读为将，《说文》为牺之古文，此借用为将。繇为动词，繇读为猷。猷，

① 《广韵》二十四职。

图也。《说文》：“繇，随从也。”亦借作由。许由，银雀山简亦作许囯。

曾侯乙墓漆器铭：“民祀隹坊（房）。”祀字作衼，“民祀”为恒言。

神、行、腼（庄）、行协韵，皆阳部字。

〔第十二行〕　　民则又瞉，亡又相蠹（扰）。不见陵[illegible]（西即夷），是则[illegible]（兄）至。

侯马陶范见“有瞉”语。《诗·有驰》：“君子有穀。”《甫田》：“以穀我士女。”《传》：“穀，养也。”《传》训穀为善。《说文》：“瞉，乳也。”《左·宣公四年》传楚人谓乳穀，唐石经作乳为穀。

蠹字下从虫，为繁形。当读为扰。《史记·历书》：“九黎乱德，神民杂扰。”自九黎乱德以来，祭享失序，神民相扰杂。重黎乃序天地，使神居上而民在下，神民异业，敬而不渎，故有“下民”之称，所谓绝地天通。帛书于敬义再三致意，与《楚语》观射父之语正可参证。陵下一字，曾君据放大照片作[illegible]即西字，西《说文》或体从木从妻作棲，陵西即陵棲，犹言陵迟、陵繟、陵夷。“不”于此为发声词，如不迪、不显之例。言一见陵夷，则灾荒至矣。[①]

民人弗智（知）岁，则无絠祭，祀则述（遂），民少又（有）⧄。

民人者，齐镈：“与[illegible]（爰）之民人都啚。”王孙钟：“龢滲民人。”为春秋以来习语。亦作人民。齐侯壶：“其人民都邑。”

[illegible]字从糸从[illegible]（有），似以有为声符。絠，《广韵·十五海》训为“解绳”，与“改”同音。此言民若无知于岁，则于祀事须勿改勿懈。絠可读为改或懈。李零读絠为攸。[illegible]曾宪通以为述字，借为遂，此句读作“祀则遂”。按岁谓太岁，吉凶之事，以避太岁为主。古代岁星有专书，《七录》称：“甘公，楚人，战国时作《天文星占》八卷。”[②] 甘氏有《岁星经》，全文见《开元占经》二十三引，《汉志》历谱家有《太岁课》二十九卷。

上辞西、至、岁、祭、遂协韵。此文强调岁祭，可与甘德《岁星法》参看，后代之《荆州占》，亦其遗说。

---

① 《汉书》颜注：“陵夷，颓替也。”《御览》卷八八〇咎征部七，有地坼、地陷、地凶。陵夷即此类也。

② 《史记正义·天官书》引。

土事　〔第十三行〕　勿从，凶。▭

《吕览·音律》：“黄钟之月，土事无作，慎无发益。”秦简《日书》屡见土事。（八一八）土良日云：“土良日，癸巳、乙巳、甲戌。凡有土事，必果。”（七六七反）“土忌日，戊、己及癸酉、癸未、庚申、丁未。凡有土事，弗果居。”（七六六反）又土忌云：“十二月乙，不可为土攻（功）。”（八三三）“春三月寅、夏巳、秋三月申，冬三月亥，不可兴土攻（功），必死。五月、六月，不可兴土攻，十一月、十二月不可兴土攻，必或死。申，不可兴土攻。”（八三五）《淮南子·时则》：“仲冬之月，有司曰：土事无作。”此土事即所谓兴土动工则凶。安徽阜阳简《日书》：“日、辰、星皆大凶，不可祭祀，作土事，起众，益地。”① 睡虎地秦简云：“岁或弗食。凡有入殹（也），必以岁后，有出殹（也），必以岁前。”（九四四—九四六）《论衡·讽时》篇：“世俗起土兴功，岁月有所食，所食之地必有死者。假令太岁在子，岁食于酉，正月建寅，月食于巳。子寅地兴功，则酉巳之家见食矣。”又云：“且夫太岁在子，子宅直符，午宅为破，不须兴功起事，空居无为，犹被其害。”《潜夫论·卜列》篇云：“宅有直符之岁。”太岁在子，则子宅为直符，其对冲为午，午宅为破。古之日者重土事如此。以恐犯岁月之所食也。遇岁破、直符，辄举家移以避凶。《史记·吕不韦传》：“太后诈卜，当避时，徙宫居雍。”即其例。

《尔雅·释言》：“凶，咎也。”从、凶协韵。

丙篇

取于丅（下）

曰取：乙（鳦）则至。不可以▨[illegible]（杀）。王（壬）子，㔷（丙）子，凶。止▨北征，[illegible]（率）又咎。[illegible]▨▨亓（其）[illegible]。▭

取即孟陬之月。乙字与祀之从巳②不同，知乙即鳦字。《说文》：“乙，玄鸟也，齐、鲁谓之乙，取其鸣自呼。象形。鳦或从鸟。”汉象牙七星盘十二神有大乙③，他书作太一，乃借乙（鳦）为乙。此云“乙则至”者，《说文》孔字下

① 《文物》，1983（2）。

② 见“民祀不㫁”。

③ 《双剑誃古器物图录》二，39 页。

云：“乙，请子之候鸟也，乙至而得子，嘉美之也；故古人名嘉字子孔。”又乳字下云：“乙者，乙鸟。《明堂月令》：乙鸟至之日，祠于高禖以请子，故乳从乙。请子必以乙至之日者，乙，春分来，秋分去，开生之候鸟，帝少昊司分之官也。”《礼记·月令》：“仲春之月，玄鸟至。”今帛书言陬（正月）而鳦至，相差一月，殆由古时所传月令有异本。

[illegible]，李零释杀。右旁与《说文》杀古文之[illegible]略近。何琳仪据三体石经僖公祟觳作[illegible]，谓是一字。《颜氏家训·风操》篇：“偏旁之书，死有归杀。”杀俗作煞。唐吕才《百忌历》有《丧煞损害法》。清人言北人逃煞，南人接煞。此处煞字上必为动词，惜残泐不明。

“壬子，丙子，凶”一句，王字可释壬，丙即丙繁形，从丙益口旁。鳦为开生之候鸟，仲春至则宜于得子。《商颂·玄鸟》，说者俱引证汤先世高辛玄鸟遗卵之故事以释之。今浙东之俗，海燕所遗卵壳，可治难产。[1] 仍保存燕子与催生关系之传说。《管子·幼官》篇：“十二始卯，合男女。”卯者《说文》云：“二月，万物冒地而出，象开门之形，故二月为天门。”仲春为卯月，正值开生之时，玄鸟至则吉。《荆楚岁时记》：“荆楚之俗，燕始来，睇有入屋者，以双箸掷之，令有子。”可见楚人以燕请子之习惯，至后来仍相沿不替。

“作☐北征。率有咎”者，率读为帅。《说文》：“衛，将衛也。”《孙子兵法》简，帅字作衛。正月出师不宜北方，此古兵阴阳家言。《荀子·儒效》篇杨倞注引《尸子》云：“武王伐纣，鱼辛谏曰：‘岁在北方，不宜北征。’武王不从。”以太岁在北方，故不宜北征也。

《论衡·难岁》篇引《移徙法》云：“徙，徙抵太岁凶，负太岁亦凶。抵太岁名曰岁下；负太岁名曰岁破，故皆凶也。假令太岁在甲子，天下之人皆不得南北徙，起宅嫁娶，亦皆避之。”帛书于正月云：“取于下。”证以抵太岁谓之岁下，则“取于下”殆指陬月与太岁相抵。取即《离骚》“摄提贞于孟陬”之陬。“古之行师，不犯岁镇。”[2] 逆（迎）岁行军，为兵家深忌，故是月北征，不利主帅，以太岁当冲故也。

“武☐☐元（其）[illegible]”者，朱德熙云：此字亦见马王堆篆书阴阳五行“[illegible]茅屋而[illegible]之，大凶”，《古玺》“[illegible]王”，罗振玉释其字从曷。帛书“曷茅屋”曷读为葢。此处有缺字，意义未详。

① 参见沈瓞民：《读吕纪随笔》“鸟至”条。

② 《晋书·载记》沮渠蒙逊。

女（如）[illegible]武

[illegible]字从匕声。《广韵》四纸："庀，具也。""讹，具也。"[illegible]似从戈匕声，疑读为"庀"。谓如月可具武事。

曰女：可㠯出帀（师），簌（筑）邑。

不可㠯豪（嫁）女，取臣[illegible]（妾）。

不[illegible]（火），㝵不成。▭

《左传》梓慎言"郑必不火"。《史记·天官书》云："有主命不成。""不火"、"不成"，语皆同此。

秉司沓

秉即《尔雅》三月之寎，《释文》或作窉。《广韵·上声》三十八梗，窉字次于秉之下，盖同音。从丙声之字，古每通秉。《史记·天官书》："斗秉兼之。"《正义》："北斗所建，秉十二辰。"钱大昕云："秉即柄字。"三月名秉，或取义于斗秉。帛书于四隅书四时所主之月名，例曰某司某，与《汉书·魏相传》相同，"东方之神太皞，秉震执规以司春"。而此云"秉司春"，句例正同。

〔曰秉〕……[illegible]（妻）畜（畜）生，分女☐

秦简《日书》稷辰："正月、二月子秀。""秀是胃重光。利野战……利见人及畜畜生。可取妇家（嫁）女。"（七六一）文句与此略同。

余取女

〔曰〕余：不〔可〕以乍大事。少杲亓（其）☐……[illegible]龙，亓（其）[illegible]取（娶）女，为邦[illegible]（笑）。▭

杲字从日从木甚明，诸家均释杲，是。少杲疑读为少昊。《汉书·律历志》载刘歆《世经》引《考德》（《五帝德》）曰："少昊曰清。"黄帝之子青阳也。《逸周书·尝麦解》："乃命少昊清司鸟师，以正五常之官，故名曰质。天用大成，至于今不乱。"帛书记四时，长曰青榑，又载群神五正，知少昊传说亦流行于楚。《释名·释天》："夏曰昊天，其气布散皓皓也。"皓皓即杲杲。《楚辞·远游》："阳杲杲其未光兮。"少昊意义当如此。余月为四月，其气如初阳之杲杲未光，故于是月言及少昊之名，惜龙上一字残缺莫明，或释句龙，于字不近。龙，古指苍龙，兼以代表太岁。《墨子·贵义》篇：“杀五色龙。”说者谓即移徙家之禁龙术。字朱、何皆释芺，为莽之省体，望山简白犬字作（一一九号简）形同。曾宪通引郭店楚简“下士，昏（闻）道大笑之”，二“笑”字皆从草从犬。“为邦笑”乃战国恒言，见于诸子书不一而足，可证帛书。此处可读作“娶女为邦笑”。四月余月，不宜于娶女。臧月则反是。

欱出睹（暏）

曰欱：（䲨）衒（帅）□𢒼。己匿，不见。月在𣆞……不可以言祀。凶。取（娶）□□为臣妾。▭

欱字从欠㕣声，或释敁，细察之，字非从女，乃从，即欠字，故应释欱。为五月月名，《尔雅》作皋，《释文》作高，而帛书作欱。欱从欠㕣声，实即㕣字。《说文》口部：“㕣，高气也，从口九声，巨鸠切。”帛书增益欠旁，欠亦气也。㕣与高、皋并音同通假。依《月令》，仲夏之月，其神祝融，则欱月所代表之神，应是祝融。《山海经·中山经》，苦山、少室、太室一系列之山，其神状皆人面而三首。《大荒西经》：“有人焉，三面，是颛顼之子。”《周语》言：“夏之兴也，融降于崇山。”融即祝融，其神话流传区域，本在河南一带；故降于崇山，与太室、少室正相迩。是知三首之神，即为祝融。《郑语》：“夫黎为高辛氏火正，以淳耀惇火，天明地德，光昭四海，故命之曰祝融。”韦注：“祝，始也；融，明也。”今帛书言“欱出睹”，睹字从日从者，即暏字。《说文》：“暏，且明也。”[①] 暏即曙字，暏亦取昭明之义。《广韵》十姥：“暏，诘朝欲明。”此段言以匿不见月，当指侧匿，故不可以享祭祀。《释名·释天》：“慝，态也，有奸态也。”慝与眚、妖并列，正指天象之灾异。臣妾连言，犹《书·费誓》：“臣妾逋逃。”䲨帅，䲨字从鸟旁，采曾宪通说，可读如“祸帅”。

䖒司顕（夏）

曰：䖒，不可以出帅。水，师不遉。其敃（昏）其遉。至于其下□，不可以言。▭

上辞宜于水字断句，谓逢水于师不利。水谓“行水”，秦简有之。“不遉”

① 从段注，各本作旦明。

语，帛书两见。《天官书》云“有军不复”是也。

=字下注重文号，以上下之作卡=例之，知为“至于”二字之合书。

仓莫辱

曰仓：不可㠯巛，☐。大不訢（训）于邦。又（枭），（内）于卡=（上下）。▭

金为仓字，七月月名，《尔雅》作相。《说文》谓仓字从食省，口象仓，奇字仓作仝，与此形最相近。

巛即川，《说文》云：“贯穿通流水也。《虞书》曰：‘浚く巜距川。’言深く巜之水，会为川也。”孳乳为㵐，见谷部。云：“深通川也。”古文作浚。“不可以川”，殆指不宜沟洫之事。訢字，林氏释䜣，䜣古欣字，《说文》：“䜣，喜也。”其字亦见《古玺》及楚简。训读为顺，《广雅·释诂》：“训，顺也。”“不顺于邦”者，下言有枭，可证。

字从木上从𪉖（鸟）甚显，见于蔡侯钟铭之鸟旁，下半从木，省去右侧一笔。至五月𢧵下一字则稍变其形。木下减笔而增戈旁，取枭斩之义。《说文》枭训倒首，引贾侍中说。此断首倒悬字，顾野王谓悬首于木上及竿头。[1]

字从鸟戈会意，此为枭首字无疑。《说文》另有枭字在木部，训不孝鸟，故日至捕枭磔之。𥄕、枭俱古尧切，二字互通。《广韵》三萧下引《汉书》具五刑有𥄕首。

帛书此二字当定为枭。或释须，非是。七月下云：“有枭内于上下。”谓枭妖也。内作，内，入也。言有恶鸟之枭，入于上下，故于邦国大不顺和。楚人忌枭，以为不祥鸟。宋《岁时广记》卷二三《羹枭鸟》条云：“汉史曰：五月五日作枭羹……”《荆楚岁时记》云：“鹗大如鸠，恶声，飞入人家，不祥，其肉堪为炙。”罗愿《尔雅翼》六《释鸟枭》云：“土枭穴土以居，故曰土枭。而《荆楚岁时记》称鸲鹆为土枭。”《西京杂记》：“长沙俗以鵩鸟至人家，主人死，（贾）谊作《鵩鸟赋》，齐死生，等荣辱，以遣忧累焉。”具见楚人以枭为不祥鸟，由来已久。《品物图考》谓：“鹗，一名枭，又名鵩。”三者为一鸟之异名，向来说者纷纭，今姑不论[2]，然皆恶鸟也。

---

① 参见慧琳引。

② 俱见王先谦：《汉书补注》。

臧 ☐

曰〔臧〕：不可以簸（筑）室，不可〔以出〕帀（师）。脨不遉（遉）。其邦又大亂（乱）。取（娶）女，凶。▭

臧从口戕声，即“臧”字，见《古玺文字征》（三、五），此为八月月名，《尔雅》作壮。

簸室者，簸即筥益攴旁。《说文》：“筥，厚也；从亯，竹声，读若笃。”筥通竺。

《尔雅·释诂》：“竺，厚也。”《释文》竺作笃。《释名》：“笃，筑也。”

故簸可通筑。簸室犹言筑室。《淮南子·时则训》：“仲秋之月，可以筑城郭、建都邑。”语同此。

遉字从夏辵。以卜辞复作夏[1]例之，当释复，遉即复字。

脨字从月朿声。三体石经《君奭》朿作朿，脨为膌之异体。《公羊传·庄公二十年》：“大灾者何？大瘠也。”何休注：“瘠，病也，齐人语也。”《说文》肉部：“膌，瘦也。古文膌从病从朿，朿亦声。”即帛书脨字。[2]

林氏读末句为：“其邦有大乱，取女凶。”

8（玄）司昧（秋）

曰〔8〕：不可以笞……

可𠮷（同或合）☐遅……

8即玄，《越语》：“至于玄月，王召范蠡而问焉。”韦注：“《尔雅》曰：九月为玄月。”玄月一名，仅见于此。遅字从辵尸尾甚明，或释遂，待定。惜上下文残泐，其义未详。

昜（昜）☐義（义）

〔曰〕昜（昜）：不☐燬（燬）事，可（已）折（折），敎敓不義（义）于四☐。

《说文》：“毁，缺也；从土，毇省声。𡏃，古文毁，从壬。”帛书此字正从壬，同于古文。而益火旁，为燬字无疑。燬事即毁事，《周礼·牧人》云：“凡外祭毁事，用尨可也。”郑注引杜子春：“毁谓副辜侯禳，毁除殃咎之属。”

① 参见《铁》一四五，一。

② 朱德熙说。

秦简《日书》有毁事与作事为对，可为证。

𣂔即折，《说文》："折，籀文作𣂔。"形同此。齐侯壶云："折于大嗣（司）命。"字作𣂔，而读为誓。此处读为誓，义训告。《逸周书·世俘解》："用小牲羊犬豕于百神水土于誓社。"誓，告也。"敍⿰去戈不义于四▨"句，敍即叙繁形。卜辞有叙字[①]，敍⿰去戈为连词，犹言除去。去与殴通。《左传·僖公十五年》："千乘三去。"《文选·东京赋》："成礼三殴。"即《易·比卦》之三驱。故"敍⿰去戈"犹云"除殴"，即殴除、驱除之倒言。[②]

羛，《说文》引墨翟书，义从弗。帛书所从之我，与姑□勾鑃我字作𢦏相近。"不义"一词见《论语》。《离骚》："孰非义而可服。"《吕览·音律》："夷则之月（七月）诛不义。"《尚书大传》四："君子圣人谋义，不谋不义，故谋必成；卜义不卜不义，故卜必吉；以义击不义，故战必胜。"[③]

姑月亦云"㲻不义"，在帛书中，十、十一月皆为宜于击不义之月份。

姑分长

曰姑：𥝢（利）⿰帚戈（侵）伐，可以攻⿱成土，可以聚众，会者（诸）侯，型（刑）首事，殄不义。▭

姑为十一月名，《尔雅》作辜。

⿰帚戈字从戈从帚，乃侵字。《说文》："侵，渐进也，从人又持帚，若埽之进；又，手也。"此字作从戈，侵伐之意益明。《易·谦卦》："利用侵伐，征不服也。"《左·庄公二十九年》传："凡师无钟鼓曰侵。"

聚字，帛书作𦗦，上从取，下为从，宜释"聚"。从与众同义。《淮南子·时则训》："季夏之月，不可以合诸侯、起土功；动罪兴兵，必有天殃。"语略同。型首事，旧释百事，商承祚释为首字是也。型与刑通。《诗》："仪刑文王。""刑于寡妻。"《毛传》并云："刑，法也。"

𣧑即殄，从歹，翏声。殄为戮俗字，战国已见之。《说文》："戮，杀也。"《晋语》："戮其死者。"韦注："陈尸为戮。"《淮南·时则训》"以征不义"，语同。

---

① 参见《前》六、十、三。

② 《史记·秦始皇纪》："佐攻驱除。"《文选·西京赋》："殴除群厉。"

③ 《御览》四五〇引。

荼司[illegible]（冬）

〔曰〕𣪊：不可以攻……（[illegible]）[illegible]（城）……

荼为十二月月名，《尔雅》作涂。古本《尔雅》作荼（《周礼·硩蔟氏》注云："从娵至荼。"）。阮氏《校勘记》引，一作除。帛书作荼，从土荼；𣪊乃荼之异写，增攴旁。

帛书之哲学思想

西方学者以楚帛书之发现，与死海经卷（Scrolls of Dead Sea）具有同等价值。[①] 缯书于 1942 年 9 月在长沙子弹库木椁墓出土，死海经卷于 1947 年春在 Jericho 发现（距死海南约七英里），后于帛书 5 年，死海经卷之年代，约当公元前 2 世纪至公元 68 年，而帛书年代，依长沙发掘经验，凡有陶敦（簋）伴出之楚墓，年代较早，可能为战国中期，帛书墓葬出品，即属此类，故比死海经卷为早。死海经卷中言及光明黑暗之战争，其神秘之传说，所以申明神之真实，神之光荣及正直。帛书除述楚祖先与洪水开辟神话之外，对于日月星辰运行之变动及神民关系问题，言之再三，叮咛周至。故帛书内容，对于古代宗教哲学思想，极为重要，兹檃栝数点，申论如下：

（一）四时不忒

《易·观卦·象辞》云："观天之神道而四时不忒，圣人以神道设教而天下服矣。"在神道设教之时代，人之行动要顺天而行，天行有常，则下民安泰。如日月星辰乱纪，则灾妖呈现。故帛书对于四时观念，极为重视。既于四隅明记秉司萅，虞司頣，玄司眛，荼司[illegible]，指出四时之所司，又于甲篇大书四时神名。《淮南子·览冥训》记洪水既平之后，"背方州（地），抱圆天，和春、阳夏、杀秋、约冬。上际九天，下契黄垆。"又《本经训》言："四时不失其叙，风雨不降其虐，日月淑清而扬光，五星循轨而不失其行。当此之时，玄元至砀而运照。"此即古人所谓盛德之世，四时风雨无不调顺，由四时而产生时雨之观念。帛书云："日月既乱，岁季乃□。寺（时）雨进退，亡有常恒。"《淮南子·时则训》："季春之月行夏令，则民多疾疫，时雨不降，山陵

① 参见 *New York Times*，1967 年 8 月 25 日。

不登。行秋令则天多沉阴，淫雨早降，兵革并起。”此即时雨失其常恒之状也。《齐语》云：“今夫农群萃而州处，察其四时。……及耕，深耕而疾耰之，以待时雨。时雨既至，挟其枪刈耨镈，以旦暮从事。”四时之被重视，实由古代农业社会依之进行生产，故谓之“时则”。是知“四时不忒”之思想，盖有其实际生活之意义。

（二）神民异业

《潜夫论·卜列》篇：“天地开辟有神民，民神异业，精气通行。”此说来源甚远，实出于楚之先代。帛书中屡屡言及神民关系，如云：

> 民勿用□，□彳□百神。山川沥（万）浴（谷），不钦之行。民祀不牂（庄），帝牺（将）繇以乱□之行。民则又穀，亡有相扰。不见陵西，是则荒至。

楚祖先重和黎，世叙天地，分别负责上天之神及下地之民。使民神异业。《周书·吕刑》云：“乃命重黎，绝地天通。”《楚语》记观射父答昭王问，有极明白解释，试图如下：

神	上　天 南正重
民	火（北）正黎 下　　地

可见神民分开，神属天而民属地，各司其职，使“司民与司神之官各异”。此种观念原是楚国传统思想，在帛书中，神和民一尊一卑，畛域分明。最堪注意者为群神之外，加上一个“帝”，帝之地位在百神之上。帛书中所见之帝有“帝夋”、“炎帝”。如云：“炎帝乃命祝融，以四神降，奠三天，绍思敄，奠四（亟）。”又云：“帝夋乃为日月之行。”凡此所指，必为最高主宰，其非人帝可知。帝是上天之主，可以驱使日月，可以乱天之行，此与殷代之帝及上帝无甚差异。汉代刚卯云：“灵殳四方，赤青白黄，四色是当。帝令祝融，以教（敺）夔龙。”“帝令祝融”一句，与帛书相同。帛书四方，亦有不同颜色之树木，可见刚卯文字及其思想与楚人不无关系。

春秋以来，神与民之观念，屡有变迁：

(1）随国季梁——“夫民，神之主也。”[①] 主张先成民而后致力于神，将民置于神之上，神放在第二位。此种进步主张，发生相当影响，其后宋公要用人祭祀，司马子鱼说：“民，神之主也，用人其谁飨之!”[②] 即采取季梁之言论。

（2）虢国史嚚——“国将兴，听于民；将亡，听于神。”[③]

（3）鲁孔子——“务民之义，敬鬼神而远之，可谓知矣。”[④] 郑注云：“远鬼神近人，谓外宗庙内朝廷。”

以上主张，都是远鬼神而近人，此为周道，与夏道、殷道不同，试就《礼记·表记》所述孔子之说，举其差异如下：

夏道	尊命	事鬼敬神而远之。
殷道	尊神	率民而事神，先鬼而后礼。
周道	尊礼	尚施；事鬼敬神而远之。

孔子从周，故尊礼而远鬼神。若楚国则承殷制，还是率民事神也。

（三）“敬”之观念

由于神民地位上下之悬殊，民之对神必持敬之态度，帛书云：

> 毋弗或敬。隹天作福，神则各之。惟天作夭（祅），神则惠之。□敬隹备，天像是恻。成（虔）隹天□，下民之祅。敬之毋祅（忒）。

《楚语》：“敬恭明神，以为之祝。……天地……各司其序，不相乱也。民是以能有忠信，神是以能有明德。民神异业，敬而不渎。”民之主敬，所以与神保持距离。至“远乎鬼神”，而仍须持敬。若《论语》云：“务民之义，敬鬼神而远之。”即其明证。帛书云：“毋弗或敬。”其告诫尤为殷切。是知“敬”之观念，与事神有莫大关系。敬从苟，金文作。西周大盂鼎：“若乃止，勿灋（废）朕命。”即“若正乃敬”。、苟、敬实一字之孳乳。[⑤] 古书言敬之资料，《大戴礼·武王践祚》谓黄帝、颛顼之道，在于丹书，引《道

---

① 《左传·桓公六年》，公元前707年。

② 《左传·僖公十九年》。

③ 《左传·庄公三十二年》，公元前663年。

④ 《论语·雍也》。

⑤ 苟、敬之本义及引申义，参日人笠原仲二文，载《桥本纪念东洋学论丛》。

书》之言云：“敬胜怠者吉，怠胜敬者灭；义胜欲者从，欲胜义者凶。”《尚书纬·帝命验》云：“季秋之甲子，赤爵衔丹书入于丰，止于（姬）昌户。其书云‘敬胜怠者吉’云云。”又见《六韬·明传》篇。可见“敬”一词来源之远。“敬”义至宋人发挥最备，皆自《易·文言》“敬以直内”加以引申。今观楚帛书及武王戒书（《武王践祚》末云：“惕若恐惧，退而为戒书。”）之述敬，远本丹书，由来已久矣。①

语法与文体

从语法论，帛书有若干处可注意者：

书写例，以▭为分章节之号。

信阳竹简与武威汉简于每段之末，用扁长方框之▭作句号，代表段落之终止。帛书相同。

重文、合文例，大抵书“＝”号以为识。

重文如僉＝、梦＝、墨＝、弻＝（弼）、尚＝（堂＝）、孛＝、喜＝；合文如肙（日月）、卡（上下）、𦤶（至于）、十日（七日）。“至于”二字合文，同于令狐君壶“至于亿万年”。

同文异写例

如四亦作㓩。

句法则有四字平列句

如“日月星辰”，“芑、𩑋、昧、夻”。

语词

如发语词之曰、隹（如“隹……月则絽绌”），语终词如“思”（“以遡相▢思”）。

加系词之“胃”，则以胃为谓

如“是胃孛＝”、“是胃乱绐”、“是胃德匿”。陈直云：“少虡剑铭及楚帛

① 《大戴礼·哀公问》孔子之论大敬，《保傅》篇之论“慎始敬终”，皆后起之义。

书皆用胃为谓，武威《仪礼》汉简与之相同（《武威》三十五、四十二两简皆用胃为谓）。”①

连用语词二字者

有“为之”，如“㞕为之正”；有“如曰”，如“如曰亥惟邦所”。

以文体论，帛书此篇大都以四字为句，间有叠句者，如：“有宵有朝，有昼有夕。”多数用韵，衡以《楚辞·九章·橘颂》为四字句，唯每句必用兮字，帛书则无之。《天问》亦多四字句，但皆为发问句式，与帛书不同。方孝岳谓《天问》体裁或近于《荀卿·成相》篇，与《逸周书》之《周祝解》相似。今取帛书比较，不尽相类。按战国文体，每杂韵语，如《管子·四时》篇末段：

> 刑德不失（韵），四时如一（韵）。刑德离乡（韵），时乃逆行（韵）。作事不成（韵），必有大殃（韵）。月有三政，王事必理（韵）；以为必长，不中者死（韵），失理者亡（与上“长”字韵）。国有四时，固执王事（与“时”韵）。四守有所，三政执辅（“辅”与“所”韵）。

此段文字，句法及用韵例与帛书最接近，风格亦复相似，故知帛书为战国文字，绝无可疑。

此文初刊于1968年《史语所集刊》第四十本。陈槃先生跋，誉为“胜义络绎，深造有得，精思卓识，可谓难能”。然凿险缒幽，间亦有未安者。兹全部改写。三熏三沐，稍免愆尤。积三十年，方克折中群言，成此短篇。弥感考释之业，非殚毕生之力，未易奏厥肤功；愧曩日之浅尝，叹精力之虚掷。方巴纳君《楚帛书译注》之刊行，美国亚洲学会主编贻书嘱写书评，久久无以应命，兹编或可塞责。他山之石，仍冀读者再行攻错，而有以匡予也。

作者又记，1984年2月

近二年来，楚帛书在国内已掀起研究热潮。陈梦家旧作在《考古学报》

① 《考古》，1965（11）。

刊出之后，继之有李零之专书，何琳仪之《通释》，曹锦炎之考《月令篇》①，朱德熙有《考释》五事，吴九龙论夭字，胜义纷披，皆有可取之处。今酌采其说，以修订前作。他若高明之文，主张宜将八行之文定为上篇，作为全文开端。然后层次方合逻辑。又援引《天文志》，以明缯书之性质，与拙论“以帛书为楚国天官书之逸篇”，完全吻合。可以纠正诸家以十三行为首之误解，兹特著其说于此。

1988年春，又记，1990年1月再订

2002年8月又订

近时楚地简帛出土日众，若包山简、郭店楚简，文字可据以订正者不少。帛书研究，久演进成为一时之显学，论著刊布者，几近百篇，今采其可存之说，再作修订。其重要问题，另篇细论，以供研讨。

2002年6月又记

① 俱载《江汉考古》。

楚帛书十二月名与《尔雅》

余于楚人文化若有夙嗜。长沙出土帛书，论之再四。1961年，友人金关丈夫教授函告，曾于日本民族学会宣读有关楚缯书上神像之论文。余因邮示拙作《缯书新释》，教授大喜过望，更以书抵余。谓："楚帛上十二神像，其即《楚辞·天问》萍号王汪之十二神乎？"楚帛书上有戴麢角吐长舌之神像，与《天问》之"撰体协胁，鹿何膺之"，有何关系乎？余素佩教授之卓识神解，既辱明问，牵以人事，荏苒经年，愧未有以报。

1964年秋经京都，将访教授于奈良，复以行程匆促未果。嗣余自加赴美，获睹帛书原物于纽约戴润斋先生处，积疑冰释，至快平生。寻王逸《天问》注云："言天撰十二神鹿，一身八足、两头，独何膺受此形体乎？"此十二神鹿与帛书十二神像关系如何？尚待研索。（按神鹿为南方旧说，出云南郡，见魏宏《南中志》、《华阳国志·南中篇》，楚庙之神鹿，必有关联。详朱季海《楚辞解故》。）

而十二神像，其旁文字，皆缀以月名，如云曰取、曰如、曰玄之类，知此类神像，当指十二月之神。帛书本文云："千又百岁。""日月夋生。"又云："帝夋乃为日月之行。"《山海经·大荒南经》谓："羲和者，帝夋之妻，生十日。"《大荒西经》："帝夋妻常羲生月十有二。"是其事也。帛书十二月神像之傀异，视王逸注十二神鹿之怪状，抑又过之。凡此皆楚人神话之孑遗，其渊源所自，与夫流衍之迹，非一时所能索解。唯其中所记十二月名，与《尔雅·释天》可互相印证，李学勤初发其端，其说不久又被否定。余曾取《尔雅》、《左传》、《国语》、《史记》等书，与帛书图文细勘，益信其为十二月名，确不可易。因草此篇，感于金关教授之启发，故复志其事之因缘于此。

一、缯书原物小记

帛书原物曾有一长时期由 J. H. Cox 寄存于纽约大都会博物院（Metropolitan Museum），一度归国人戴润斋（J. T. Tai）先生收藏。余于 1964 年 9 月中旬访戴君于纽约，承出示该图，经反复勘读，凡三小时之久。

原书大小量以英尺，横 18.5 英寸，纵 15 英寸，每字约英寸 3 分左右。

帛书面上有若干文字残迹，在“玄司秋”句之侧，似是从其他带有文字之丝织物黐上。经摄影后，附著之残文，如“君”字犹略可睹。①

文中言青木、赤木、黄木、白木、墨木之精，其四隅绘有树木，原有颜色，已难审辨。帛之中间，并无黄木痕迹。

帛书文字书写之例，有三事值得注意：

（一）重文例

每每益“＝”号于行间，如“未有日月”句，日月之下即注“＝”号。

（二）加方框例

帛书于十二月词句，每段绝处悉记▭号，以武威汉简证之，当是分段记号。按仰天湖简，有署勾字于下端者，即“句”字，义为钩，后来略号作 V。《说文》：“钩，识也。”若此▭形，应如后世之○，《匡谬正俗》言：“记平、上、去、入方位，或用点或用圈，本古法也。”帛书所用▭号，是即圈法之权舆乎？

（三）施朱例

帛书分段，凡▭号填朱。按《周礼·天官·宫正》“跸”句下郑玄注云：“郑司农读火绝之。”按读即豆，“火绝之”者谓断句。“火”疑指施朱。帛书文字亦有偶加朱点者，如“壬子、丙子”句，下一“子”字，即其例，只一见。

---

① 在哈佛时，杨莲生教授曾根据影片，共同辨认。

二、四时与月名

帛书云："萅、𩠐、𥤚、𠫓，有□尚＝（堂＝）。"春夏秋冬四字皆从日旁。四周神像附记之文字，计分内外二层。

甲内层　每三字一句，如云某司某。在四隅，则书四时所主之月名。

乙外层　首必言"曰某"，即书十二月名，下兼记是月宜忌之事，文多残泐。

兹就甲项有关四时者，论之如次：

（一）秉司萅

原物影片放大所见第一字，中从㇋，其上为禾，甚为显著，此三字当释"秉司春"。秉者，即《尔雅·释天》月名三月之寎，《经典释文》或作窉，《广韵·上声》三十八梗："窉，《尔雅》曰：'三月为窉，本亦作寎。'"字次于秉字之下，同音故也。帛书作"秉"，从丙声之字，古每通秉。《史记·天官书》："斗秉兼之。"《正义》云："北斗所建，秉十二辰，兼十二州，二十八宿。"钱大昕云："秉即柄字。"是其例证。三月月名之秉，应是正字，《尔雅》同音假作窉或寎耳。三月名曰秉，或取义于斗秉，言斗柄尽于春，是为三月。

萅字从日屯声，屯字多加一丿，此如古文风从凡作凨，例同。

（二）虘司𩠐（夏）

原绢此句虘字有折痕，唯外围文字"曰虘不可……"句之虘字明显可辨。仰天湖简组字旁亦从虘作。《汗简》"且"字从虘，帛书之虘月，即《尔雅》六月之且。

𩠐字即夏，三体石经夏作昰，古钵作𩠐，《汗简》引《义云章》同。皆夏之古文。鄂君启节言"𩠐㚇之月"，其夏字从日从页，又益女旁，亦战国之异形。

（三）玄司秋

金文玄作𢆯（师奎父鼎、师晨鼎），与此同。《国语·越语》："至于玄月，王召范蠡而问焉。"玄月一名见此。郭景纯引之以注《尔雅》。

信阳楚简秋字作𥤚。此𥤚从禾省火；正始石经庄公三十一年秋作烋，省日。此则省火，从禾从日。秋从禾者，示秋收之日。汉人释秋为揫，《礼记·乡饮酒义》：“西方春秋，秋之为言愁也。”郑注：“愁读为揫；揫，敛也。”

（四）荼司⿱夂日（冬）

荼字下一字从𠔼（冬）从日，隶定作⿱夂日。敦煌本《尚书释文》（伯三三一五）冬字古文作⿱冂昊，字亦从日。

荼字原作⿱荼土，从荼下益土。《尔雅·释天》：十二月之名为“涂”。《周礼·秋官》“硩蔟氏掌覆夭鸟之巢，以方书……十有二月之号。”郑注：“月谓从娵至荼。”缯书同此。但增土旁。阮元《尔雅校勘记》：“十二月为‘除’。闽、监、毛本除作涂。”

《尸子·仁意》篇，有论四时一段，文云：

> ……畅于永风。春为青阳，夏为朱明，秋为白藏，冬为玄英。……其风=春为发生，夏为长嬴，秋为方盛，冬为安静。四时和为通正，此之谓永风。

文见《尔雅·释天》邢疏引。《尔雅》亦有此文，似即取自《尸子》。

《管子·幼官》篇：“夏有小郢、中郢，冬有小榆、中榆。”郢与盈同义古通，夏为长嬴，义即长盈，小郢犹小盈也。尸子，楚人[①]，其说可与帛书参证。

三、十二月名与《尔雅》

《尔雅·释天》，备记十二月月名。郝懿行《义疏》论之已详。兹合新出资料，加以疏说，以补清人之不逮。下列月名，以帛书所记为纲。

正月　取

《尔雅》云：“正月为陬”。此为周之月名。《离骚》云：“摄提贞于孟陬兮。”《汉书·刘向传》载向疏云：“孔子对鲁哀公言夏桀、殷纣暴虐天下，故历失制，摄提失方，孟陬无纪。”楚与鲁同用陬作为正月月名，是沿周称也。

---

① 参见刘向：《别录》。

孔子语出《大戴礼·三朝记·用兵》篇。《大戴》异文作“摄提乖方，邹大无纪。”《玉烛宝典》云：“正月陬，音驺。”故字亦借作邹。称曰邹大者，大与孟义近。《汉书》孟康注云：“首时为孟。”故“邹大”犹言“陬之孟”。《周礼·晢蔟氏》贾疏：“正月作泰。”泰当出自邹大之“大”，借泰为大。又略去“邹”字，正月为岁首开泰之月，故称曰泰。

陬又作娵与聚。《史记·历书》：毕聚之月。《索隐》：“聚，音娵。”《尚书·考灵曜》：“（历）元起日旃蒙摄提格之岁，毕娵之月。”《周礼》郑注陬作娵，说正本纬书。《尔雅》月阳云：“月在甲曰毕。”则月名毕聚，毕谓当甲之辰也。邢昺主是说。

正月曰陬者，其取义有二说，《尔雅》李巡注：“正月万物萌芽，陬隅欲出，曰陬，陬出之也。”此出《玉烛宝典》所征引，训陬为陬隅。《说文》：“陬，阪隅也。”段注：“正月为陬，亦谓寅方在东北隅也。”又一说以为陬得名于十二次之陬訾。郝疏：“陬者，虞喜以为陬訾是也。陬訾，星名，即营室东壁。正月，日在营室，日月会于陬訾，故以孟陬为名。”此谓陬之取义由于十二次当亥辰之陬訾，今字作娵訾。楚帛书但作取，字不从阜。在文献资料，其假借字有陬、娵、聚之异。又作邹曰邹大，略称作泰，皆其异文。

二月　女

石经古文“如齐”，如字不从口但作[illegible]，与帛书同。

《尔雅》云：“二月为如”。《周礼·晢蔟氏》贾氏疏作“知”，乃如之讹字。

如之取义，李巡云：“二月万物戴甲负莩，其性自如也，故曰如。”

孙炎曰：“万物皆生，如其性也。”[①] 郝疏：“如者，随从之义，万物相随而出，如如然也。”

三月　秉

《尔雅》：“三月为寎。”[②]《释文》本或作窉，《广韵》引《尔雅》：“三月为窉。”云“本亦作寎”。李巡本作病。《玉烛》引《说文》寱部：“寎，卧惊病也。”故借寎为病。《玉烛宝典》引《尔雅》曰：“三月为柄。”孙炎曰：“物已

① 《玉烛》引。

② 宋本，台北故宫印。

绝，地有茎柄也。”[1] 是古本《尔雅》亦有作柄者，与楚帛书之作“秉”正同。

寎之取义，李巡云：“三月阴气在上，阳气未壮，万物微弱，故曰病。”此从寎字立训。郝疏：“窉者，丙也。三月，阳柔盛，物皆炳然也。”则读为丙，而训作炳。

四月　余

《尔雅》：“四月为余。”敦煌本《唐月令》（P·四〇二四＋P·四〇四二）亦作余。与帛书同。孙炎本作舒。《诗·小雅·小明》：“昔我往矣，日月方除。”郑笺：“四月为除。”《正义》云：“《释天》文，今《尔雅》‘除’作‘余’。”李巡曰：“四月万物皆生枝布叶，故曰余。余，舒也。”孙炎曰：“物之枝叶敷舒。”然则郑引《尔雅》，当同李巡等，除、余字虽异，音实同也。《释文》：“除，直虑反，如字。若依《尔雅》，则宜余、舒二音。”

五月　欱

《尔雅·释天》：“五月为皋。”敦煌唐写本《月令》亦作皋。《周礼》贾疏同作皋。《释文》或作高。东汉注家所见本，字又写作睪。《玉烛宝典》卷五云：

> 《尔雅》五月为睪。李巡曰：“五月万物盛壮，故曰睪，大也。”

又引魏孙炎曰：

> 睪，物长之貌。[2]

两家遗说，为向来所未征引，断玑碎璧，十分可贵。李巡，汝南人。事迹见《后汉书·宦者传》。熹平石经之刻，彼实发其端。《经典释文》称：“刘歆注《尔雅》三卷，与李巡注正同。”则刘歆注本亦必相同。孙炎则受学郑玄之门[3]，郑说谅其所本。

---

① 日本尊经阁藏贞和四年抄本。

② 尊经阁文库藏抄本。

③ 参见《魏志·王肃传》。

皋字作睾。史斿《急就》篇“皋陶”，皋作[illegible]，又《急就》“呼猈”之偏旁亦作[illegible]，上半作血。《诗》：“鹤鸣于九皋。”晋《爨宝子碑》作九睾，《千字文》“林皋幸即”，贞观时蒋善进临智永书《千字文》写作睾。旧抄本《玉烛宝典》皋月正作睾，是也。日本新美宽编《辑佚资料集成》于李巡、孙炎二字注辑本引《玉烛》均作“睪”，上无一撇，误。[1]《说文》分睪与皋为二字，睪训目视，羊益切。与皋实非一字。按皋字《说文》大徐本作臯。《大唐刊谬补阙切韵》卅五豪，臯声旁字形殊不一致，如“嵲”偏旁是。《广韵》六豪“本”字一作夲。皋字不见于金文他器，而俗写颇繁。东汉马援上书论：“成臯令印，臯字为白下羊，丞印四下羊，尉印白下人、人下羊。”[2] 汉《韩勅礼器碑阴》“成皋”作成睾[3]；范镇碑作睪，下正从羊。《古玺》有睪字，而无皋，人名“睪之”即“释之”，与皋字异。而不见马援所举之白下羊。唯孔霓碑皋作臯。《古文四声韵》七豪引《古尚书》臯字作[illegible]。抄本《玉烛宝典》卷四诸泽皆作澤。以上诸例均从白，可证马说。惠栋《后汉书补注》：“熊朋来《钟鼎大韵序》云：‘臯以谐声，丰字非羊也。’”郭忠恕《佩觿》引注云：“丰，工九反。”宋本《后汉书》亦省作丰者。可见此字自来异写之多。今按熊序写于元延祐元年，实为序杨銁之《增广钟鼎篆韵》，今有《宛委别藏》本。其言曰：“皋，非从羊，是乃谐声之字。”惠氏所引乃檃栝其语，非原文，熊序实谓皋字非从羊也。

臯、高同训。《广韵》六豪：“臯，高也。”《集韵》高之同音字有三十四文，臯列于其次。高与臯分明同音、同训，故《释文》、《尔雅》注臯月又作高月。

帛书云“攷出睹”，则字作攷，睹即曙，宋、杜从古《集篆古文渊海·九御》睹字下注云“曙”。攷字不见于字书，从欠否声。《说文》：“欠，象气从儿上出形。”而训否为“高气也。从口，九声”。《广韵》在十八尤，否下引《说文》：“气高也。”《集韵》引《说文》“高气也”，或书作叴。攷当即否或叴之繁形，增益欠旁以足义，否训高气，与臯之训高正同，声与训兼同，故得通用。

郝疏云：“皋者，皋韬在下也[4]。高者，上也。五月阴生，欲自下而上。

---

① 参见京大印本，59、66页。

② 《后汉书·马援传》注引《东观记》。

③ 《隶释》二。

④ 本《释名·亲属》。

又物皆结实橐韬下垂也。”以皋字下从夲，读夲为韬，取作声训。

四川涪陵小田溪，1972 年出土一柄铜戈，文云：“武二十六年皋月武造，东工师宦，丞业，工篪。”此为《文物考古工作三十年》第 352 页所记录。但据《文物》1974 年第 5 期第 68 页简报，该铜戈释文作：“武，廿六年蜀月武造。”原辞是否可定为皋月，以未睹原器，附存其说。

六月 䖊

《尔雅》云：“六月为且。”《唐月令》、《玉烛宝典》及《周礼》贾疏皆同作“且”。帛书作“䖊”者，乃繁形益虍旁。帛书祖字作䖊。楚简组字习作䋑，例同。

且之取义，李巡曰：“六月阴气将盛，万物将衰，故曰且，将也。”训且为将。孙炎云：“且之言麄，物麄大。”则读且为粗。[1] 郝疏云：“且，次且，行不进也。六月阴渐起，欲遂上，畏阳，犹次且也。”读且为趑趄，皆取声训为说，均甚牵强。

七月 仓

帛书作𠓝，近于《说文》奇字仓之作仝。石经苍字古文作𦬁，从屮从仝，与奇字同。《汗简》引孙强说“创”字作𠛱，从刀从仝，偏旁同于《说文》，帛书增益⺕形，释仓甚是。

《尔雅》：“七月为相。”敦煌《唐月令》、《玉烛宝典》、《周礼》贾疏皆作相。汉韩勅碑霜月，即相月也。

相之取义，李巡云：“七月万物勤，将大小善恶皆可视而相，故曰相也。”训相为视。孙炎云：“相，糠也；物实生皮之也。”则训相为成相之相，以相为糠。郝疏训相为导也，三阴势已成，遂导引而上也。说皆牵强。

八月 臧

帛书作𢦔，《古玺》形同，字从爿声。《尔雅》：“八月为壮。”《玉烛宝典》、《周礼》贾疏皆同作壮。李巡曰：“八月万物成熟，形体剠，故曰壮也。”孙炎云：“物实□壮而劲成也。”郝疏：“壮者，大也，八月阴大盛。《易》之《大壮》，言阳大盛也。”皆训壮为盛大。唐写《月令》误作牡丹，与万历本李

---

[1] 俱见《玉烛》引也，下同。

清照《金石录后序》讹壮月为牡丹同一可笑。①

九月　玄

帛书玄字作𢆯。《尔雅》"九月为玄。"《周礼》贾疏同。玄月见《国语·越语》,《玉烛宝典》抄本九月残缺。郝疏引《释名》:"玄者,悬也。"《正义》引李巡云:"九月万物毕尽,阴气侵(寖)寒,其色皆黑。"孙炎曰:"物衰而色玄也。"引《诗》"何草不玄"。俱训玄为黑色。

十月　阳

帛书作昜。《尔雅》:"十月为阳。"《唐月令》、《玉烛宝典》同。《诗·采薇》:"岁亦阳止。"郑笺:"十月为阳,时坤用事,嫌于无阳,故以名此月为阳。"《释文》:"阳,本或作霷"。严元照《尔雅匡名》云:"霷,俗字。"《左传·庄公十六年》:"使以十月入,曰良月也,就盈数焉。"洪迈论《尔雅》,举此良月为十月月名(《容斋四笔》)。顾炎武则据下文盈数,说双月为良,只月为忌,训良为佳,此良月犹言令月,非月名。李巡云:"十月万物深藏,伏而待阳也。"孙炎曰:"纯阴用事,嫌于无阳,故曰阳。"援《易·乾卦》为说。

十一月　辜

帛书作姑。《尔雅》:"十一月为辜。"姑与辜为同部字。《月令》:"仲冬之月,命之曰畅月。"据《淮南子·时则训》,仲冬之月……命有司曰:"土事无作,无发民居,及起大众。……命曰畼月。"高注:"阴气在上,民人空闲,故曰畼月。"按《说文》:"畼,不生也。"以作畼为是。

《玉烛宝典》抄本辜字形颇近"事",李巡曰:"十一月万物虚无,须阳任养,故曰事,任也。"孙炎曰:"物宓闭蛰伏,如有众事。"皆从事字立训。此则训辜为事。郝疏读辜为故,谓十一月阳生,欲革故取新也。

十二月　涂

帛书作荃,《尔雅》及贾疏皆作涂,古本作荼。《玉烛》作塗,引李巡云:"阴气尚微,故曰塗。"塗,微也。郝疏训荼为舒,谓阳虽微,气渐舒也。

---

① 参见《日知录》"别字"条。

兹将十二月名异文，表列如下：

月份	《尔雅》	帛书	备考
正月	陬	取	娵（《周礼》郑注）
			孟陬（《大戴礼》、《离骚》）
			聚（《史记·历书》）
			泰（《周礼·哲蔟氏》贾疏引《尔雅》）
二月	如	女	
三月	寎	秉	窉《广韵》
四月	余	余	舒（孙炎本） 除（《小雅》郑笺）
五月	皋	欱	皋、高（《尔雅》、《释文》）
			睾（日抄《玉烛宝典》）
六月	且	虘	且
七月	相	相	仓
八月	壮	臧	牡（形误）
九月	玄		玄（月）（《国语·越语》）
十月	阳	昜	畅（《释文》）
十一月	辜	姑	
十二月	涂	荃	荼（《尔雅》古本）
			塗（《玉烛宝典》）
			除（阮氏《校勘记》引）

观上表，知《尔雅》月名与帛书多相符合。以同音通假，如秉之与寎、皋之与欱、辜之与姑。余则偏旁尚有踪迹可寻，若女之与如、虘之与且、臧之与壮、荃之与涂，或繁或简，其声符仍一致也。

四、附论

《容斋四笔》卷十五“岁阳岁名”条称：“《尔雅》又有月阳月名，考之典籍，唯历书谓太初十月为毕聚。”《离骚》云：“摄提贞于孟陬兮。”《左氏传》十月曰良月，《国语》至于玄月，它未尝称引。郭景纯注释云：“自岁阳至月名，皆所未详通者，故阙而不论，盖不可强为之说。”洪氏尚盖缺之旨，固未可非。邢昺《尔雅注疏》，合月阳与月名为一，意谓以日配月，如正月得甲则曰毕陬，二月得乙则为橘如，推之，至十一月得甲则曰毕辜，十二月得乙则曰橘涂。其说盖依《史记·历书》月名“毕聚”而谬加推衍。勘以缯书月名，知邢说了不足信。今得帛书参互证译，乃知《尔雅》月名，的有所本，则吾文之作，为不虚矣。余在美时，初得见缯书原物，因题二绝句云：“十载爬梳意自遐，惊看宝绘在天涯。祝融犹喜行间见，待起龙门问世家。”（其一）“一卷居然敌《楚辞》，渚宫旧物自无疑。蓦从玄月萌秋兴，遥想洞庭叶脱时。”其时此图归国人所有，故喜极而书此。今原物复易手，握管重理旧稿，前尘俯仰，为之怃然。

1964年11月1日文
1983年冬月重订

楚帛书之内涵试说

关于帛书之内涵及其性质，向来有月令说、明堂说及历忌说各种不同论法。近时李零君复有文讨论，见于所作《长沙楚帛书研究》。李君认为帛书不仅不按照五行相配，且亦不谈物候；而于各月禁忌，书之特详。并作出下列结论：

（一）帛书不同于《管子》之玄宫图，其方向恰相反。

（二）帛书亦非明堂图，因不立四宫，且无太室与中廷。

（三）帛书性质，最近于月令，只论每月禁忌，似是月令之雏形。

因此他认为帛书应是历忌一类之书，并引《隋书·经籍志》子部五行类中之《杂忌历》、《百忌历术》、《太史百忌历图》等书，以作比证。按李君所举有关历忌诸书，皆极晚出。《论衡》之《讥日》、《诘术》等属，屡屡言及时俗禁忌之虚妄。《风俗通》逸文有《释忌》、秦简《日书》中有行忌、日忌，不一而足，秦汉历忌之说，可窥一斑，与帛书不尽相符。

《杂忌历》二卷，乃魏高堂隆所著。《太史百忌历》，据《续汉志》，乃是太史令掌奏良日及时节禁忌。姚振宗《考证》谓有如今之时宪书所载凶星诸忌之类。此与帛书之为整篇文章体裁不类。且帛书兼言宜与忌，杂忌书只言忌而已。帛书言十二月之宜忌，以兵事及嫁娶为主，举例如下：

取月　乍北征，帅有咎。

如月　可以出师。

虘月　不可出师。

姑月　利侵伐，可以攻城，可以聚众。

荼月　不可以……

帛书所见，有“可以”、“不可以”两种句式。言兵事者居多，故知帛书实杂有兵阴阳家言。

帛书分三部分，其排列次序先后，诸家意见亦不一致。近时李学勤先生订定其旧说，谓彼整理长沙新出土马王堆帛书之胎产图、禹藏图等，均以南方为上，故此帛书亦当同样以南方居于上面，改从蔡季襄《晚周缯书》所部署之次第，主张记楚先世部分者为甲篇，记天象者为乙篇，四周每月宜忌为丙篇。余曩年即从蔡氏安排之次序。其实下列三项理由足以支持蔡氏旧说：

（一）甲篇起句以“曰故”二字发端，有如《尚书》之《尧典》、《皋陶谟》言“曰若稽古”，自当列首。

（二）乙篇倒写。由于所论为王者失德，则月有赢绌，故作倒书，表示失正，无理由列于首位。

（三）帛书代表夏正五月之神像为三首神祝融。应当正南之位，是为楚先祖，故必以南方居上。

故知帛书放置之方向，正宜上夏、下冬。其十二月方位，有如下图。

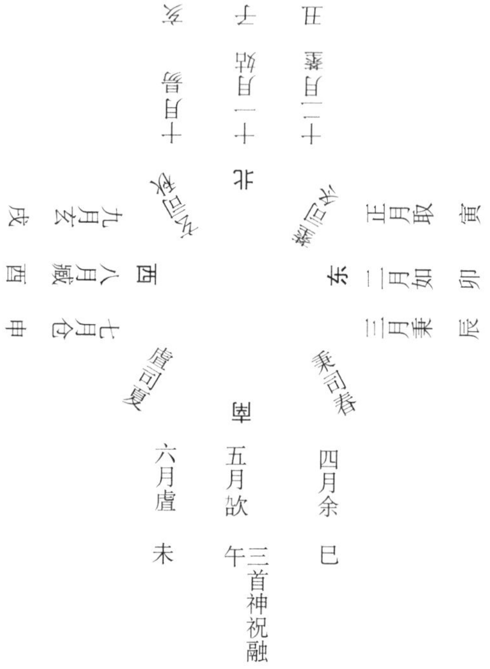

如上图三月斗柄（秉）所指为三月之“辰”。楚人用夏正，故以正月之陬为寅。《楚辞集注》：“正月为陬，盖是月孟春昏时斗柄指寅，在东北隅，故以为名。”是图正月为取，恰位于东北隅，正月居于寅位。这可说明楚历建寅，是图与《离骚》正合。

帛书甲、乙篇书写所以一正一倒者，从内容论：甲篇述开辟以来，日月四时形成之传说。洪水而后，主四时之四神步以为岁。天帝、帝夋乃为日月之行。于是有宵有朝，有昼有夕，民时于以确立。乙篇本古代敬顺民时之教，申言“毋弗或敬”之义。倘违误民时，必遭天殃。在上失德，则有日月星辰乱失其行之天象发生，灾祥荒祆迭至，是为德匿之观念，文中叮咛再四。

甲篇辨四时之叙，乙篇志天象之变，丙篇从而辨其每月吉凶。甲篇道其常，而乙篇言其变。故甲篇居前，乙篇列后；甲篇顺写，乙篇倒书，所以昭其顺逆。两篇结构用意可以推知。

《周礼·春官》：

> 冯相氏掌十有二岁，十有二月，十有二辰，十日，二十有八星之位，辨其叙事，以会天位，冬夏致日，春秋致月，以辨四时之叙。
>
> 保章氏掌天星，以志星辰日月之变动，以观天下之迁，辨其吉凶。

贾公彦疏谓：“冯相氏掌日月星辰不变依常度者，保章氏掌日月星辰变动，与常不同，以见吉凶之事。”一主常，一主变，两职所司各异。古来天官，有此区别。帛书篇分甲、乙，顺书、倒写，常、变异旨，示意亦有同然。

帛书乙篇开首即言“月则赢绌，不得其当”。又言：“日月星唇，乱失其行。赢绌失乱，卉木亡常。”保章氏之职，即在志日月星辰之变。郑玄注云：“星谓五星；辰，日月所会。五星有赢缩、圜角；日有薄食、晕珥；月有盈亏、朓、侧匿之变。七者右行列舍，天下祸福变移，所以皆见焉。”帛书对赢绌、侧匿，言之再三，保章遗说，可窥一斑。唯有天象数事，宜详加讨论者，首为唇与岁之问题。

帛书屡言“日月星唇”。唇者，日月所会，冯相氏贾疏云：“十有二岁者，岁谓太岁，左行于地，行有十二辰，一岁移一辰者也。……云二十八星者，东方角、亢、氐、房、心、尾、箕，北方斗、牛……为二十八星也。若指星体而言谓之星，日月会于其星，即名宿，亦名辰，亦名次，亦名房。”此为

"星辰"二字之确诂。辰不能离开二十八宿。二十八宿之名，已见于随县曾侯乙墓所出之漆器。春秋以来对二十八宿已有充分认识。楚帛书言"日月星㫳"，㫳当兼指二十八宿而言。帛书云："不得其曑职天雨。"曑字形与曾侯乙墓漆器形相同。甘氏《岁星法》："其失次见于参。"参本列宿之参星，肉眼易见，故引申为参验之参。"不得其曑"者，不见曑星，言非其验。楚帛书作者必晓得二十八宿，可以断言。

㫳与二十八宿，随天左行，与天体之岁星为右行义异。古人习惯以岁指太岁，亦称岁阴。郑玄云："岁谓太岁。岁星与日同次之月，斗所建之辰也。岁星为阳，右行于天，太岁为阴，左行于地，十二岁而小周。其妖祥之占，甘氏《岁星经》其遗像也"。贾疏："此太岁在地，与天上岁星相应而行。岁星在阳，右行于天，一岁移一辰。……岁星为阳，人之所见；太岁为阴，人所不睹。既岁星与太岁虽右行、左行不同，要行度不异（冯相氏下注）。"殷代晚期已见太岁之名。第四期卜辞云：

> 辛亥贞：壬子，又多公岁，弜又于大岁。衩。（《合集》三三六九二、三三六九三）

辞凡两见。[①]《荀子·儒效》篇说："武王诛纣，行之日以兵忌，东面而迎太岁。"1976年临潼县出土利簋，铭云："珷（武王）征商，隹甲子朝，岁鼎（贞），克闻。"岁即岁星。晚殷之天文知识，对岁星（木星）已有认识，不成问题。惟所谓"大岁"，据章鸿钊说，"大岁"必指岁星，非如后来所指在地之岁阴。[②]

西汉初马王堆《五星占》帛书，记木星出，"三百六十五日而夕入西方，伏三十日复晨出东方，凡三百九十五日百五分"。实得 $395\frac{105}{240}$＝395.44 日[③]，与今实测 395.88，相差 0.44 日，可见先汉时楚人对于岁星之高度知识。太阴纪年，可能始于春秋晚期。甘氏《岁星经》部分保存于《开元占经》（卷二十

① 《库方》一〇二二与三三六九二同文，应是一片，故《合集》不复收。陈梦家《综述》224 页，反对"大岁"之说，谓"大"下有缺文。陈说实误。今《合集》所收同文计二片，确系"大岁"。

② 参见《中国古历析疑》，45～48 页。

③ 帛书记明一度等于二四〇分。

三），其末句云：

岁星凡十二岁而周，皆三百七十日，而夕入于西方。三十日复晨出于东方，视其进退左右，以占其妖祥。

以甘氏“三百七十日”与马王堆《五星占》之“三百六十五日”相比，前者远不如后者之准确。甘氏德为战国时楚人[①]，《史记·天官书》：“近世十二诸侯，七国相王，而尹（皋）、唐（昧）、甘（德）、石（申），因时务，论其书传，故其占验，凌杂米盐。”唐昧，楚人，死于垂沙之难，在秦昭王初年。[②]《汉书·艺文志》：“六国时，楚有甘公。”《开元占经》卷八十五《天棓章》屡引甘氏之说。帛书乙篇言天棓事，可与甘说参证。楚帛书确切年代，据1973年湖南省博物馆发掘该帛书出土之墓地（七三长子川）伴出之陶器，证明宜属战国中晚期。[③] 正当唐昧、甘德之世。甘氏《岁星法》所占妖祥，备志二十八宿每岁所值之次，其文字可与楚帛书对读。今附录于后，以供参考。其言：

岁星处一国，是司岁十二名。

始于“摄提格之岁。摄提在寅，岁星在丑”。其十二岁之名，即为摄提格等等，而以建寅起算，以楚用夏正故也。摄提见于《离骚》，足见甘公之天文实为楚学。与楚帛书之侈言妖祥亦复类。其言“摄提在寅，岁星在丑”。可证岁星确是右行，而岁阴则为左行。楚帛书既与甘公同时，则战国此际，楚国已有太岁（岁阴）左行之说可知。帛书乙篇第二段云：

凡岁德匿，如曰丙（亥）隹（惟）邦所，五实之行。……隹悳匿之岁，三寺（时）……系之以𢆶降。是月以迁，曆为之正。

帛书以陬为正月，据虞喜说由于星次在娵訾。《吕览》及《淮南》俱言孟

① 《七录》云：“甘公楚人，战国时作《天文星占》八卷。”年代正在其前。

② 参见刘坦：《中国古代之星岁纪年》第一章。

③ 参见《长沙子弹库战国木椁墓》，载《文物》，1974（7）。

春之月，日在营室。自战国中期以来，用十二星次结合干支纪元，已成习惯。岁星所在，于十二次为娵訾（豕韦），于二十八宿为营室东壁，于十二辰为亥。帛书云“亥惟邦所”，即指其国所值之十二辰为亥，是其月建当为建于营室之正月。[①] 岁星之与太岁，犹日躔之与月建。太岁与岁星左右分行，十二年一小周；日躔与月建，亦左右分行，十二月一小周，日躔右行在娵訾之亥，则月建左行，于夏正月为寅。[②] 帛书用夏正，以取为正月，其正月之宿次在营室，星次在娵訾，是其星所居之辰次正为亥也。所云“玄惟邦所”，即谓其国所在之星次为亥。

帛书十二月之排列，以月建属寅之孟陬为正月。由于岁星宜有超辰，后来逐渐才有此认识。战国时，纯以十二月推算，故始终不能合天。因之有“孟陬殄灭，摄提乖方”，及“孟陬无纪”之语。帛书用夏正建寅，故陬为岁首之正月。此与汉人以十一月为陬用周正建子不同。其时不晓超辰法，故德匿之天象屡见。帛书约为战国中期物，所记正符合当时天文知识之实际情况。

保章氏：“以十二岁相观天下之妖祥。”据郑玄注，甘氏《岁星经》即其遗象。此为岁星十二年一周天每年之占。至于每一岁之中，逐月妖祥之占，即冯相氏之十二月。保章氏文简不记，今观楚帛书丙篇所志十二月每月之宜忌，实即所以辨十二月之吉凶。其中有涉及大岁者，如云：

乍□北征，帅有咎。（取月）

龙其……（余月）。

龙或指苍龙。

有言月之侧匿者，如：

以匿，不见。月在日〼。（𢼸月）

有记妖鸟者，如：

① 参见陈久金：《从马王堆帛书五星占的出土试探我国古代的岁星纪年问题》，表二《战国岁星纪年法》。

② 参见成瓘：《蒻园日札》卷四，《左传岁在指掌图》，223页。

又（枭），内（入）于上下。（仓月）

以上即郑玄所谓“天下祸福变移，所在皆见”之例，为十二月每月之妖祥，提供占验。枭为恶鸟。《周礼·秋官》之硩蔟氏，是对付妖鸟之专职。其法：

以方（版）书十日之号（由甲至癸），十二辰之号（由子至亥），十有二月之号（由陬月至荼月），十有二岁（郑注摄提至赤奋若），二十有八星（角至轸）。县其巢上，则妖鸟自去。（《司寇下》）

《晏子春秋·杂下》记齐景公使柏常骞禳鸮，筑新室，为置白茅，夜用事而鸮死。筑室必须禳除妖鸟，古有此俗。故楚帛书屡言及篙（筑）新室事。

至若十一月之辜月，则最为良月，故云利用兵及“会诸侯，型首事”。古时以十月为良月，取其为盈数也。《左传·庄公十六年》：“公父定叔出奔卫，三年而复之，使以十月入。曰：‘良月也，就盈数焉。’”十为满数，故以十月为良月，楚帛书以十一月为良月，谅必持之有故。

保章氏亦以星土辨封域，以观妖祥。郑注谓：“主用客星，彗、孛之气为象。”贾疏云：“按《公羊传》昭十七年冬，有星孛于大辰，孛者何？彗星也。”何休注：“孛，彗者，邪乱之气。”今观楚帛书云：

□□▨岁，西国又吝。如日月既乱……东国又吝。

亦以封国为说。岁上缺文，意者必如《左传》“越得岁而伐之必受其凶”之类。帛书又言“孛孛”。孛即“以彗孛之气论妖祥”之事。亦保章氏之遗义乎？马王堆帛书汉初《天文云气象杂占》有彗星图二十九幅，其名计十八种之多，就中八名见于《晋书·天文志》，即天蒿、墙星、蚩尤旗、天翟、日白灌、天欃、帚星等。[1] 文颖注《汉书·文帝纪》，区别孛、彗、长三种星之差异。云：“其占略同，而其形小异。孛星光芒短，其光四出，蓬蓬孛孛也。彗星光芒长，参参如扫彗。”此其大较。刘熙《释名》：“孛星，星旁气孛孛然也。”观妖祥主要用彗、孛之气为象，楚帛书亦然，当是保章氏之旧规。

① 参见《马王堆汉墓研究》，198页。

楚帛书乙篇屡言德匿。匿犹言慝。《大戴礼·五帝德》："契作司徒，其言不惑，其德不慝。"王氏《解诂》："慝，邪也。"

帛书所记有但称匿者：

以匿，不见。月在日☐……

保章氏郑注："月有盈亏、朓、侧匿之变。"贾公彦疏引《尚书五行传》："晦而月见西方谓之朓，朔而月见东方谓之侧匿；侧匿则侯王其肃，朓则侯王其舒。"此出自伏生《尚书大传》。匿亦作慝。《左传·昭公十七年》云：

夏六月甲戌朔，日有食之。祝、史请用币。昭子曰："日有食之。天子不举，伐鼓于社。诸侯用币于社，伐鼓于朝，礼也。"平子御之，曰："止也，唯正月朔，慝未作，日有食之，于是乎有伐鼓，用币，礼也。其余则否。"

杜预注："慝，阴气也。四月纯阳用事，阴气未动而阳，灾重，故有伐鼓用币之礼。"此出于叔孙昭子之语，昭子曾向郯子问鸟官之事，其人必通晓天文。由此段文字，知春秋时人已言及天象之"匿"。[①]

下面为楚帛书言"德匿"之语：

凡岁悳匿，如曰㸚（亥）隹（惟）邦所，（五）实之行。
隹悳匿之岁。
隹孛悳匿，出自黄渊，土身亡𩨗，出入☐同，乍其下凶。
五正乃明，其神是享。是谓悳匿，群神乃悳。

悳匿应训德之匿，由上记载，凡匿必在"朔日"，日有日食，月有侧匿，现于东方，或月不见及孛星出现诸象。

月象之侧匿，字又作缩朒。《说文》月部："朔而月见东方谓之缩朒。"朓与朒皆言月之变。《尚书·五行传》作侧匿。郑注："侧匿，犹缩缩行迟貌。"

或谓悳匿之悳如刑德之"德"，但此时刑德分开之观念尚未明显。此指在

① 《汉书·五行志》引平子此语，指为正阳纯乾之月，慝谓阴爻也。以卦爻之阴阳解说。

下人主，其德有匿，则天必现德匿之象以谴责之。[①]

楚帛书乙篇与《大戴礼·孔子三朝记》所收之《用兵》篇，命意最为接近。试举其类似之文句如下：

《用兵》篇

故兵之作，与民皆生。

殀替天道，逆乱四时。

历失制，邹大无纪。

于是降之灾……民多夭疫。

夫天下之报殃于无德者，必与其民。

楚帛

乃兵，害于其王。

乱失其行。

日月既乱，岁季乃▨。

是胃乱纪。

天地乍羕。

降于其方。

乍隹天实……下民之祙。

《用兵》篇主旨在论天报殃于无德者，灾必及其民。楚帛书乙篇极言德匿之岁，则天地作殃，厥义无殊。知此必为战国中晚期兵阴阳家之言。

《三朝记》出于孔子答鲁哀公之问，其他齐、鲁之遗籍，亦有近似之语，略举数事：

《史记·乐书》："子夏答……曰：'夫古者天地顺而四时当，民有德而疾疫不作，而无妖祥，此之谓大当。'"

《大戴礼·天圆》篇："圣人慎守日月之数，以察星辰之行，以序四时之顺逆，谓之历。"

① 长沙马王堆出土有《刑德》帛书，与此含义不同。

《管子·轻重己》："正生历，历生四时，四时生万物，圣人因而理之。"此类言治世则日月星辰无逆乱之象，谓之大当。相反则"嬴绌不得其党（当）"矣。帛书乙篇从反面立论，侈言其变，以申无德则殃必及之，故以持敬立训，承皇古"敬顺民时"之义，杂以兵阴阳之论。帛书立言宗旨，不难了解，非仅沾沾于历忌而已。

《汉书·天文志》云："凡天文在图籍昭昭可知者……彗孛飞流，日月薄食……此皆阴阳之精，其本在地而上发于天者也。政失于此，而变见于彼……是以明君睹之而寤，饬身正事，思其咎谢，则祸除而福至。"帛书乙篇畅论天象与人事相应之理，亦不离"政失于此，而变见于彼"之义。甘德《岁星经》"视岁星进退，占其妖祥"；帛书言"时雨进退"，"民人不知岁"，即保章氏所掌之务。帛书与甘德同时，所言主体仍是楚人之天文、杂占，故其书视为楚国天官书之逸篇自无不可也。

附一　《开元占经》（卷二十三）中之甘氏《岁星法》

岁星处一国，是司岁十二名：

摄提格之岁，摄提在寅，岁星在丑，以正月与建、斗、牵牛、婺女晨出于东方，为日十二月，夕入于西方，其名曰监德，其状苍苍，若有光。其国有德，乃熟黍稷；其国无德，甲兵恻恻。其失次将有天应见于舆鬼，其岁早水而晚旱。

单阏之岁，摄提在卯，岁星在子，以二月与婺女、虚、危晨出夕入，其状甚大，有光，若有小赤星附于其侧，是谓同盟。两国或昌或亡，死者不在其乡。其失次见于张，其名曰降入，周王受其殃，国斯反覆，甲兵恻恻，其岁大水。

执徐之岁，摄提在辰，岁星在亥，与营室、东壁晨出夕入，其名曰搏谷。其国有德，必数其状。其失次见于轸，其名曰青章，其国不利治兵，将有大丧，其岁早旱而晚水。

大荒落之岁，摄提在巳，岁星在戌，与奎、娄、胃晨出夕入伏，其名曰路嶂，其状熊熊，赤色有光。其国有兵，其君增地。其失次见于亢，其名曰清明，其下出败死主，是岁不可西北征，利东南，无军，有乱民，将有兵作于其旁，执杀其主。

敦牂之岁，摄提在午，岁星在酉，与毕、昴晨出夕入，其名曰启明，其状熊熊，若有光。天下偃兵，唯利立王，不利治兵。其失次见于房，其名曰丕祥，孽及殷王，祸及四邻，其岁早旱晚水。

协洽之岁，摄提在未，岁星在申，与觜觿、参、伐晨出夕入，其名曰张列，其状昭昭，若有光，其色若赤。无有他祥，惟利行兵，征于四方，仇人不敢治民。其失次见于箕，其名曰不疑，小民有子，持头相期。

涒滩之岁，摄提在申，岁星在未，与东井、舆鬼晨出夕入，其名曰大音，其状昭昭，白色有光。有国其亡，亦不在其乡。其失次见其牵牛，其名曰小章，不利治兵，其国有诛，必害其王，岁小水雨。

作愕之岁，摄提在酉，岁星在午，与柳、七星、张晨出夕入，其名为长王，其状作作有芒。有国其昌，书有四方，享献之祥，其失次见于虚，其名曰大章，有旱而昌，或为之殃，必在其乡，其岁有火，有女丧民疾。

阉茂之岁，摄提在戌，岁星在巳，与翼、轸晨出夕入，其名曰天睢，其状白色大明，其色若青。国有大疾。其失次见于东壁，其国士卿相谪，民人各直刺，无有仇谪，鬼神书壁，其名曰天侈，其岁有小水，有女丧。

大渊献之岁，摄提在亥，岁星在辰，与轸、角、亢晨出夕入，其名为大星，其状色玄青。天下不宁，有妇为政。晨若跃而阴出，是谓正本，利起军旅，其师必武，有德将四国，海内尽服。其失次见于娄，其名屏营，天下尽惊。

困敦之岁，摄提在子，岁星在卯，与氐、房晨出夕入，其名曰天泉，其状玄色甚明。江池其昌，不利起兵。其失次见于昴，其名曰赤章，其国有丧，不在其王，有水而昌。

赤奋若之岁，摄提在丑，岁星在寅，与心、尾、箕晨出夕入，其名为天昊，其状黯然黑色甚明。侯王有庆。其失次见于参，其名曰洋，有国其虚，其岁早水。

岁星凡十二岁而周，皆三百七十日，而夕入于西方，三十日复晨出于东方，视其进退左右，以占其妖祥。

岁阴所在十二辰次，及岁星所居十二辰次与其星名，简序为图式（见下页）：

附二　楚缯书歌

楚缯书歌次东坡石鼓歌韵

缯书原物既归 Sackler 博士，哥伦比亚大学特为召开讨论会，由 Goodrich 教授主其事，诗以纪之。

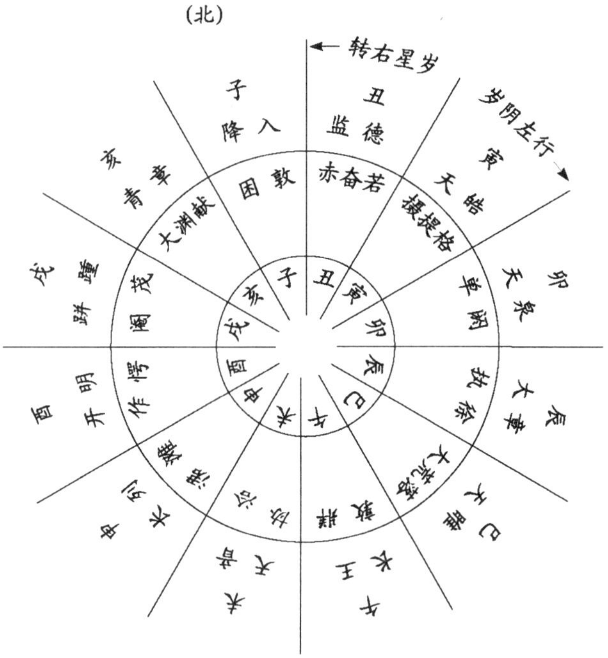

图一 刘坦《中国古代之星岁纪年》，4页

涂月招摇位当丑，是孰维纲讯蒙叟。久讶俶诡劫灰余，旋出穷泉不胫走。因思黄缭南方强，问天惠施肆开口。缅缅铺陈数百言，悠悠况二千年后。营丘重黎旧有图，平子描绘头唯九。于斯独举五木精，待起邹生问榆柳。若从时月揣宜忌，艰于南北辨箕斗。初读只惊口衔钳，细推倍觉襟见肘。妙悟偶然矜创获，缺暗通篇多藜莠。最眷三闾悲长勤，敢云千载许尚友。窈窕方哀世多艰，神祀但嗟民有谷。当春行事勤卉木，论书波磔异蝌蚪。曷以利众会诸侯，欲斋油素叩黄耇。谁取幼官校时则，漫稽尔雅劳指嗾。辞清直可追雅颂，篇长何止俪钟卣。四神格奠尊祝融，九州汜滥思鲧叟。留与叔师补楚骚，还笑退之悲岣嵝。拨柭应手未灰灭，地不爱宝天所厚。独看神像绕周围，不知指意属谁某。我行万里获开眼，宝绘喜归贤者有。考文几辈费猜疑，历劫终欣脱钳杻。感极咨嗟且涕洟，自古文章抵刍狗。钻研我意亦蹉跎，摩挲仿佛丧神偶。方今举国尽奔波，剜苔掘臼走黔首。欲杜德机示地文，更穷盈缩识天棓。博古龙威远流传，讲经虎观知去取。且从书证试阐幽，何当爬罗与刮垢。无复鸾飘叹凤泊，定知神物长呵守。西顾因兹屡吟哦，扛鼎力犹未衰朽。莫言尺缣罔重轻，惟有十鼓堪比寿。

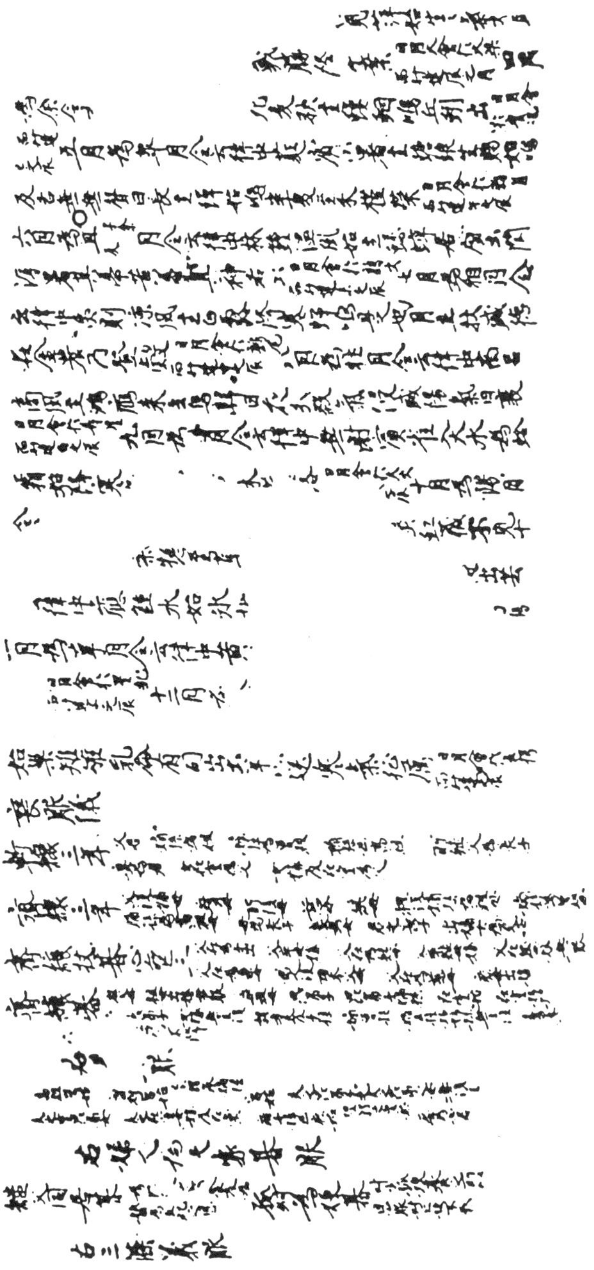

图二　敦煌石室出《唐月令》伯希和编号四〇二四＋四〇四二，现藏法京

楚帛书象纬及德匿解

余向疑子弹库帛书所记述者为楚天官书之逸篇，时贤或目之为月禁。近年再取《史记·天官书》与之对读，寻绎再四，弥觉鄙说之非妄。用不惮覼缕，续陈如次：

一、晨祎即辰纬

杜甫《龙门奉先寺》“天阙象纬逼”，古人以管窥天，所见即满天星斗，称之为象纬。帛书称为曟祎[①]。余前读祎为违，与下文“乱作”意复，实当改读为“纬”，祎与纬通。《史记·天官书》于紫宫、房心等，目为天之五官坐位，是经，不移徙。若水火金木土（填星）五星，“天之五佐，是纬，见伏有时，所过行，赢缩有度”。《御览》引《汉书·天文志》作“五星，天之五佐，为经纬，伏见有时”。曟即晨字，通作辰。《周语》农田辰正。帛书增日旁作曟，是“晨祎”可包括星辰之经纬。经为天之五官；纬为五星，乃天之五佐。

帛书甲篇末言：“晨祎乱作。乃逆（逆）日月，以遡相☐思。”此句结束上文而引出乙篇，因乙篇即记五纬之见、伏及所过行之赢缩情形，尤以“乱作”二字作为乙篇“乱失其行”、“乱纪”、“日月既乱”诸句之张本。于兹见甲、乙篇文字前后序次条理具在，可以覆按。

---

① 《宋书》“精气贯辰纬”，即沿其语。

二、乱失其行

帛书遳字多见，余旧释为达，今以郭店简订之，宜释为“失”。失指失次。帛书云：

> 日月星辰，乱失其行。绖绌遳（襄），卉木亡尚。
> 嘻＝！是▨失月，闰之勿行。一月、二月、三月，是胃失终。

《史记·天官书》云：

> 夫自汉之为天数者，星则唐都，气则王朔，占岁则魏鲜。故甘、石历五星注，唯独荧惑有反逆行；逆行所守，及他星逆行，日月薄蚀，皆以为占。余观史记，考行事，百年之中，五星无出而不反逆行。反逆行，当盛大而变色；日月薄蚀，行南北有时，此其大度也。

顺逆之事，若察日月之行，以揆岁星顺逆，故岁星亦有赢缩。《天官书》云：

> 岁星赢缩，以其舍命国，所在国不可伐，可以罚人。其趋舍而前曰赢，退舍曰缩。赢，其国有兵不复；缩，其国有忧，将亡。

又记岁星失次，其应在见某星宿，其说似出石氏《星经》所云“星在斗牵牛，失次见杓”之类，今举一例：

> 赤奋若（岁在丑）岁阴在丑，星居寅。以十二月与尾、箕晨出，曰天皓，黫然黑色甚明。其失次，有应见参。
> 大渊献（在亥）岁阴在亥。以十月与角、亢晨出，曰大章。……其失次，有应见娄。

帛书言“德匿之岁……是月以娄”，依上引文推之，此一德匿之岁，当在大渊献之亥，则其岁为亥可知。其上文云：“凡岁悳匿，如曰亥隹邦所。”而其应为娄宿，斯其验矣。

星辰逆行是大事，占星家以此为占。帛书所记，可略见楚唐昧时人之遗说。由绌绌（盈缩）而知失次，又有置闰之举。

三、绌绌与土（星）

五星及它星所过，行有嬴缩，绌绌即嬴缩。又有“失行”、“失舍”现象。帛书云：

> 其▨▨日，月则绌绌。不得其当。
>
> 日月星辰，乱失其行。

所谓“不得其常（当）”者，《天官书》记填星云：

> 当出不出，未当入而入，天下偃兵，兵在外，入。
>
> 未当出而出，当入而不入，〔天〕下起兵，有破国。
>
> 其当期出也，其国昌。

又记太白失行云：

> 其出行十八舍，二百四十日而入。入东方，伏行十一舍百三十日；其入西方，伏行三舍十六日而出。当出不出，当入不入，是谓失舍……

又云：

> 当居不居，居之又左右摇，未当去去之，与它星会，其国凶。

“不得其当”，即谓“不当期”、“不当居”之类，故凶。星辰之出入，帛书称为“出内”。如云：

> 隹孛恴匿，出自黄渊，土身亡鼎；出内（入）▨（不）同，乍其下凶。

星之与土，上下之精气相属。“土身无𩿨”者，土指填星，填星其色黄，九芒，故云：“出自黄渊。”唐《开元占经》引《荆州占》：“填星其行岁填一宿，故名填星。”“无𩿨”谓无变异，𩿨字增鸟旁，如商之作鴘，异指异物、异祥。《汉书·五行志》：“异物生谓之眚。”故无𩿨犹言无眚。“出内☐同”句缺一字，以他辞“星唇不同”句例之，知夺一“不”字，宜读为“出入不同”。此段意指若在孛（彗）星出于德匿之时，有土星出现，无灾异；如果出与入不能同，则其下国必凶，“乍”字此处读为“则”。《天官书》：“其所居，五星皆从而聚于一舍，其下之国，可以重致天下。”“其下”二字正指“其下之国”甚明。

土星亦作镇星。《广雅·释天》：“镇星谓之地侯。”《史记·天官书》：“历斗之会，以定镇星之位曰中央土。主季夏，（日戊己）黄帝主德，岁填一宿，其所居国吉。……其一名曰地侯，主岁。”“土身无异”之土，唯填星足以当之。

“出内”当读为出入，即《天官书》所云“当出不出，当入不入”之“出入”，是亦天官常用之术语。

赢缩在星辰上所表现，再举《天官书》为证：

> 赢——为王不宁。　其失次上二三宿曰赢，有主命不成，不乃大水。
>
> 缩——有军不复。　失次下二三宿曰缩，其后戚；其岁不复，不乃天裂若地动。

帛书丙篇记十二月宜忌，实际亦与天象相应，如：

> 𠭯（皋）月下云：不可以出师。水，师不逷。
>
> 臧月下云：师脨不逷。其邦有大乱。

师不逷即《天官书》所称“有军不复”，此必是星辰下失次之“缩”所影响。

> 如月下云：不火，得不成。

不成即犹《天官书》所云“有主命不成”，此则是上失次之“赢”所致。

上引“出内☐（不）同，乍其下凶”。乍字当读为则。《吕览·孟冬纪》：“行秋冬作霜雪不时。”《礼记·月令》“作”字作“则”，此处字例正相同。

四、孛岁及星宿见伏

帛书乙：

天棓将乍荡，降于其方。山陵其发，又渊厥▨，是胃孛＝。（孛）岁▨八月，内（入）月七月八日，▨又电雹。

雨土，不得其曑〔则〕职天雨。

隹孛德匿，出自黄㴱，土身亡鼎。

孛字或释“李”，此处有重文号。“李李”于义不通。《御览》引《天文录》解孛星云：“芒气四出曰孛，孛谓孛孛然也。”“孛孛”重言，唯孛星可以当之。孛岁指有彗星出现之年。字亦作茀，《天官书》：“朝鲜之拔，星茀于河戍；兵征大宛，星茀招摇。”《索隐》：“音佩，即孛星也。”《御览》八七五咎征部二有“孛”一项，又八七七有“雨土”一项。土身无异指土星，说已见前。

《左传·昭公十七年》：“有星孛于大辰，西及汉。”杜注：“夏之八月，辰星见在天汉西。”

《公羊传·昭公十七年》冬：“有星孛于大辰。孛者何？彗星也。其言于大辰者何？在大辰也。大辰者何？大火也。大火为大辰，伐为大辰，北辰亦为大辰。”何休注：“大火谓心，伐谓参伐也。大火与伐，天所以示民时早晚天下所取正，故谓之大辰。辰，时也。北辰，北极，天之中也。常居其所。”

《广雅·释天》：“参伐谓之大辰。”

《诗·召南》：“维参与昴。”毛传：“参，伐也。”郑玄云：“伐属白虎宿，与参连体而言参星。”按大火心宿为龙星，参伐则为白虎。

《夏小正》“正月初昏参中”以为岁首，于他月言“参则伏”、“参则见”。

辰又专指大火。《左传》子产对叔向言：“高辛氏有二子，阏伯于商丘主辰（火），商人是因；实沈于大夏主参，唐人是因。”

东龙西虎之分判，商与夏所主星辰之不同寓焉，故参亦为大辰。故《晋语》云：“辰、参，天之大纪也。”夏历以初昏参出见为岁首。上引帛书言孛岁于八月之七、八日，参伏不得见，其应在主天雨。参为天下授时取正之大辰，故特书之，此所谓“见伏有时”者也。[1]

五、匿——与德匿

帛书屡言德匿，亦但言“匿”者，丙篇𢼸月下云：

曰𢼸，戕銜☐得。以匿，不见。月在□□不可以亯祀。凶。

此处“匿”字，当如《左传·昭公十七年》季平曰“唯正月朔，慝未作，日有食之”之慝读。《尚书大传》云：“朔而月见东方谓之侧匿。”侧匿在朔本应见月，今乃不见，故为咎征，不宜于祭祀。

“德匿”一词，诸家均从音训读为“侧匿”。然帛书乙云：

五正乃明，其神是亯。是谓德匿，群神乃悳。

此句颇为费解。或以刑德为说，以德指天赏，匿指天罚，然帛书始终未见“刑”与“德”对言。与刑德之理论无关。

余谓匿可专指侧匿、仄匿。增一德字，义当不同。《天官书》结语叙五色帝行德甚备。复云：

天行德，天子更立年；不德，风雨破石。

《索隐》训“北辰有光耀，是行德也”。帛书言“隹孛德匿”即有茀之岁，天已不能行德，是为德之匿、之侧，即为不德，必有灾变如“风雨破石”之象。“风雨”一词，帛书屡见，如甲篇“风雨是於”、“百神风雨，晨祎乱作”等句。故知“五正乃明”四句意当解为五官、五佐诸星光明，由于群神得到合理之祭亯，（纵在）德匿（不德）之际，而群神仍能代天行德。如是可以讲通。

《史记·历书》太史公曰：“黄帝考定星历，建立五行，起消息，正闰余，于是有天地神祇物类之官，是谓五官。各司其序，不相乱也。……民是以能

① 或读“参”“职”连文，解为燮理阴阳，此三公之事，不能加之于楚国，于文理亦不顺也。

有信，神是以能有明德。……少皞氏之衰也，九黎乱德，民神杂扰，不可放（依）物，祸菑荐至，莫尽其气。颛顼受之，乃命南正重司天以属神，命火正黎司地以属民，使复旧常，无相侵渎。”此段文字取自楚语，人所共悉。火正之黎即是祝融，祝融为楚人祖先，故帛书言：

炎帝乃命祝融，以四神降，奠三天，□思敄（敷），奠四极。（甲篇）

群神五正，四旨尧羊（祥）。建恒襡民，五正乃明，其神是亯。（乙篇）

襡民即属民，正是火正祝融之职务。帛书乙篇对于群神及民，叮咛再三，说明神民之关系，十分恳切。祝融（黎）分别神民，使其异业，敬而不渎之事实，帛书祖述先德，可视作充分之佐证。而“是谓德匿，群神乃德”一语，得《历书》可获确诂。五正乃明，即指神乃有明德，而德匿之岁亦即“乱德”之季。

襡（属）民之义既明，而建恒之“恒”尤须加以发挥。帛书既云：“寺雨进退，亡有常恒。”《洪范》“恒风、恒雨”又云：“毋动群民，以〼三恒。”

马王堆帛书《道法》云：“天地有恒常，万民有恒事，贵贱有恒立（位），畜臣有恒道，使民有恒度。天地之恒常，四时、晦明、生杀、鞣（柔）刚……”此云“恒常”，即帛书之“常恒”。“恒”之观念，从天道论之尤为重要。《易·系辞传》：“易有太极，是生两仪。”马王堆帛书本作“易有大恒”。上海楚简有《恒先》篇，共十三简，四百九十七字。“恒”之观念，其重要性可以见之。大恒等于太极，故“建恒”可解为“建其有极”。若乎五正，《鹖冠子·度》篇：“天地阴阳，取稽于身，故布五正，以施五明。”马王堆帛书《五政》黄帝问阉冉曰：“五正既布，以司五明，左右执规，以寺（待）逆兵。”知“五正乃明”一类语句，乃兵阴阳家之恒言。鹖冠子亦楚人，正可互证。帛书云：

民祀不㽵（庄），帝将繇以乱〼（失）之行。

乱下缺一字，以“日月星辰，乱失其行”之失字补之，自是恰当。民祀不庄，则不能敬而渎。如是，天将降灾祸，示之以天象，为种种灾异。此又帛书之史料价值，与楚之古史息息相关，须为指出者也。

又记

近日承刘信芳兄以所作《德匿以及相关文字的释读》一文见示。刘君谓余以匿专指侧匿，宜扩大之以指岁德，刘君未细读余此文，拙文中引甘氏《岁星法》，所谓视岁星进退，占其妖祥。鄙见已先言之。由是可知“亥惟邦所”仍当读亥，不宜释“垓”。娄字亦以指娄宿为宜，因甘氏《岁星法》明言“摄提在亥，岁星在辰……其失次见于娄……天下尽惊”。是其的证。刘文引《吕览》、《刘子》子韦答宋景公问荧惑守心，而公语之以德，荧惑遂三舍一事以申德匿之义，与鄙说引《天官书》结语叙“不德，风雨破石”正可相证发。

附 楚史札记二则

（一）祝融、共工与噎——楚先世之神话

《山海经·海内经》：“祝融降处江水，生共工，共工生术器。……共工生后土，后土生噎鸣，噎鸣生岁十二。”

《大荒西经》：“颛顼生老童，老童生重及黎。帝令重献上天，令黎邛下地，下地生噎，处于西极，以行日月星辰之次。”

以上两条互相比对，可知后土即“邛下地”之黎，噎鸣即噎，表之如下：

祝融（居江水）——共工——{术器；后土——噎鸣——岁十二}

颛顼（天帝）——老童——{重（上天）；黎（下地）——噎（行日月星辰之次）}

如依《史记索隐》说，黎即是祝融，从《海内经》所列世次，中间尚有共工、后土两世，而噎与噎鸣原亦是一而非二，噎鸣生岁十二，噎与“壹”、“一”通用。《汉志》有《太一兵法》，阴阳家作《太壹兵法》，故“噎”宜读为“一”。生岁十二之噎，能行日月星辰之次，非泰壹莫属，当亦即太一。《说文》甲字下引《太一经》语，故知噎为司太岁之神。

汉七星盘十二神有太乙，乃借乙为乙。《说文》：“乙，齐鲁谓之乙，取其鸣自呼，象形也。”其字增益鸟旁则成鳦。楚帛书“曰取：乙则至”，乙实为玄鸟。故《左传》记“玄鸟氏，司分者也”。古者天子以春秋礼太一，以其司

春、秋分之故。鳦为玄鸟，复称曰噎鸣。敦煌本《瑞应图》所绘凤鸟，其一名曰发鸣，发鸣与噎鸣，殆是一名之分化。

噎主行日月星辰之次，故生岁十二，又为黎（祝融）之后。帛书述“日月之行”以帝夋为主，兼言炎帝命四神降奠，且及共工。在陬月复提及乙（鳦）。以共工传说为祝融之子，故云“共工夸步，十日四时”。日月星辰时令亦其所司，观于《海内经》可明其说之由来。秦、楚同祖帝高阳颛顼，故皆有玄鸟传说。《秦本纪》云：“秦之先，帝颛顼之苗裔曰女脩。女脩织，玄鸟陨卵，女脩吞之，生子大业。”近时秦景公墓出土大磬上有“高阳有灵，四方以鼏平”之句，可证《史记》之有据。然古史记载，人神杂糅，世系骈枝，只能略寻其系统而已。

（二）沮尾、雎泽与楚人之开国

甲篇有两地名，与楚史有密切关系，宜再加考证，即虘尾与䨻尺（泽）两地：

虘遅

以丙篇玄月“可　▨遅乃咎”句证之，甲篇“乃取虘遅”句，其末字当是从尾从辵。李（零）、何（琳仪）诸家所见悉同。李读为徙，何因释此句为“方娶且徙”，读取为“娶”、虘为“且”。按“娶妻又转徙”，说颇勉强。余谓“虘遅”盖地名，虘即沮水之沮。地名、水名每系“尾”字，如《禹贡》“陪尾”，宋人称楚尾皆其例，《史记·天官书》言“山川首在陇蜀，尾没于勃碣”是也。故虘遅可解为沮水之尾。尾间字或作浘，从水[1]，此则为繁形从辵作遅。

雎尺（泽）

上文言凥于雎尺，下一字残泐，何氏校补释为尺，读为斥与泽，可从。余前定此为雎之繁形，雎水之名见《左传·哀公六年》、《中山经》、《淮南子·地形训》，是为楚之望也。雎斥即雎泽，以指雎水，甚合。

雎泽与虘（沮）尾，在荆山，为楚人发祥之地，帛书重复述之。《墨子·非攻下》言熊丽事有异本，原作“昔者熊丽始讨此雎山之间”。毕沅校“讨”为“封”字，吴承志《横阳杂记》卷十校云：“当作始讨附雎，邦于荆山之间”。改字增文，未必可靠。

---

① 参见《集韵》。

《楚世家》称其先世有“附沮”。《路史·后纪》作附叙，始封于熊[①]。吴氏以附沮为附雎，此人名附沮，自是因居于沮水而得名。《中次八经》雎水出于景山，又称漳水，东南流注于雎。《左传·定公四年》：“昭王出奔，涉雎。”字均作雎，古时沮、漳二水合流[②]。《水经·沮水注》：“沮水出汶阳郡沮阳县西北景山，即荆山首也。”沮水甚长，流经当阳，当阳即王粲《登楼赋》“倚曲沮之长洲”者，其水所经即今之蛮河流域[③]。

甲篇从开辟草昧之庖牺叙起，以其为人类祖先，今苗、瑶之俗尚然。继言其民居于□尺（泽）。又云：“风雨是於（谒），乃取虘逞（沮尾）。”则叙楚开国跋涉于雎山沮水，疾风雷雨，以启山林之事，故云：“厥初𠙵＝（僴＝），□□□女（如）。梦＝墨＝，无章弼＝。”古代描写星象，每用“章”字，《天官书》：“晨出曰青章，青青甚章。”“晨出曰大章，苍苍然。”章即彰，“无章”即谓暗晦不明。“弼＝”有如茀茀。帛书《兵容》：“茀＝阳＝。”茀＝指阴，与阳相反。《广韵》入声八物：“茀，草多。”弼＝犹茀＝，草昧未辟之象。

甲篇首段，文多四字为句，示天造草昧，艰屯万状，所谓僻在荆山，以处草莽，此正其写照也。

① 姜亮夫：《辩楚之始封》引此。
② 杨守敬有《沮漳水考》，见《晦明轩稿》。
③ 参见详石泉：《古代荆楚地理新探》，211～257页。

帛书丙篇与《日书》合证

帛书乙篇云：

……是月以娄，曆为之正。隹十又二☐（辰）。

此句中间“隹”字不是发语词，当读为“惟”；惟，为也。《书·皋陶谟》：“万邦黎献，共惟帝臣。”《经传释词》引此以训“为”。是言以为十有二〔辰〕，即十二次。十二次原依十二辰而定①，即将天上星座划为十二区域，就二十八宿之系列，为之正度以明时。

娄宿属西宫白虎，在降娄之次，居于戌位，为白羊座 α。楚帛书所见二十八宿，从其同音假借加以推断，除上述娄宿外，又有参、长（张）、遅（尾）、女、火等。自随县出土二十八宿记名之漆器以后，知楚人对星宿已有充分认识，加以秦简《日书》甲、乙种二十八宿之详细记录，二十八宿占在楚国帛书时代想必亦相当流行。②

云梦《日书》乙本《官》篇，从正月起列出宿名，录之于下，以甲本校之：

① 参见傅运森：《十二辰考》。

② 参见工藤元男：《二十八宿占（一）秦简〈日书〉篇记》，载《史滴》八。

正月	营室：利祠，不可为室及入之。以取妻不宁，生子为吏。 东臂（壁）：不可行。百事凶。以生子不完，不可为它事。
〔二月〕	奎：祠及行吉，以取妻，女子爱〔而口臭〕生子为吏。 娄：利祠及行。百事吉。以取妻，男子爱〔之〕。生子亡者，人意（忆）之。
三月	胃：利入禾粟，及为囷仓，吉。以取妻，妻爱。生子使人。 卯（昴）：邋贾市吉。不可食六畜。以生子喜斵（斗）。
四月	毕：以邋，置罔（网）及为门，吉。〔以死必二人〕取妻必二妻。不可食六畜，生子痤，亡者得。 觜（巂）：百事凶。可以敫人攻雠，生子为正。 参：百事吉，取妻吉，唯生子不吉。
五月	东井：百事凶。以死必五人。以杀生（牲）必五生（牲）死。取妻多子，生子旬而死。可以为土事。 舆鬼：祠及行吉，以生子瘩，可以送鬼。
六月	酉（柳）：百事吉，以〔生〕子肥。可以始寇（冠）。可请谒，可田邋，取妻吉。 七星：百事凶。利以垣，生子乐，不可出女。
七月	张：百事吉。取妻吉，以生子为邑（杰）。 翼：利行。不可臧（藏）。以祠必有火起。取妻必弃。生子男为见（觋），女为巫。 轸：乘车马。〔制〕衣常（裳）。取妻吉，以生子必贺（驾）。可入货。
八月	角：利祠及行，吉。不可盖屋。取妻，妻妒；生子，子为吏。 亢：祠、为门、行，吉。可入货，生子必有爵。
九月	氐：祠及行、出入货吉。取妻贫，生子巧。 方（房）：取妇家（嫁）女出入货及祠吉。可〔以〕为室屋，生子寡（一作富）。
十月	心：不可祠及行，凶。可以〔行〕水。取妻悍，生子人爱之。 尾：百事凶。以祠必有敫，不可取妻，生子贫。

〔十一月〕 箕：不可祠。百事凶，取妻，妻多舌，生子贫富半。

斗：利祠及行贾、贾市吉。取妻，妻为巫。生子不到三年死，不可攻。

牵牛：〔可祠及行〕吉。不可杀牛，以桔（结）者不徲。以入牛老一。生子为大夫。

十二月 婺女：祠、贾市、取妻吉。生子三月死，〔不死〕毋晨。

虚：百事凶。以结者易择，亡者不得。取妻，不到，以生子，毋它同生。

〔危〕：百事凶。生子老为人治也。有数诣风雨。

每月所值星宿，各有宜忌，与帛书十二月所记宜忌吉凶，事类大致相同；帛书不书二十八宿，以理推之，当与星宿有关。

古印度亦以二十八宿为占候。《阿闼婆吠陀》第十九卷七与八两诗篇皆举“二十八舍”之名，且向麦粒星座（Abhijit，即天琴座 α）、人足星座（Sranastha，即天鹰座 α）祈福（W. D. Whitney 英译云：“Let Abhijit give me what is auspicious; Let C，ravana and the C，ravishthās make good prosperity.”十九、七、四）。于星宿祈禠禳灾，中外固一揆也。帛书所以特记参、娄、张诸宿者，以值此三宿都“百事吉”，尾则不然，值尾则“百事凶”，故云“遲乃咎”。

十二月繇辞涉及天文者，略为疏说如次：

（正月）取月

辞云：

……乍☐北征，銜（帅）有咎。武司（司）☐其敡。

此类文字，在《史记·天官书》中见到不少，如云：“起师旅，其率必武。”帛书銜字，与禹鼎同，通作帅。以帛书证《天官书》“其率必武”，当读“其帅必武”乃合。其敡，从朱德熙定为敭，读为“遏”。

（二月）如月

辞云：

女此武

曰女：可以出师，蕺邑。

不可以豪女，取臣妾。

不火，得不成。

女下一字，李零认是“此”字，可从。《元命苞》释紫宫云：“紫之言此也，宫之言中也。言天神运动……皆在此中也。”“女此武”者谓月值女宿在此必武。《天官书》“其率（帅）必武”，故其辞云：“可以出师。”

豪字朱德熙据望山简“以保豪为邵固贞”，豪字下半声符，或作至不作豕，因谓豪女应读如“致女”。秦简云：“婺女，祠、贾市、取妻吉。生子三月死，不死毋晨。”故不可以致女。《春秋·成公九年》：“季孙行父如宋致女。”

“不火”者，指不可出火。《周礼·夏官·司爟》：“……季春出火，民咸从之。”

如月为夏二月，是时大火犹未见，一切农事不举，故云“不成”。《左传》梓慎言：“火出于夏为三月，于商为四月，于周为五月，夏数得天。……裨灶言于子产曰……若我用瓘斝玉瓒，郑必不火。”帛书“不火”，语正同此。古代以大火之心宿为农祥季候，放火烧畬（参庞朴《稂莠集·火历初探》）。如月不火，殆指是时大火犹未出，故不可以出火也。

《史记·天官书》：“有主命不成。”“不成”二字，亦与此同。

（三月）秉司春

妻畜生，分女☐

秦简《日书》稷辰，正月，二月为秀。“秀是胃（谓）重光。利野战……利见人及畜，畜生，可取妇家（嫁）女。”（七六一文）语句与此略同。

（四月）余取女

四月之余月，余训舒，万物发舒之月，特别标出“取女”者，谓是月娶女大吉。臧月则反是，娶女凶。

曰余：不可以作大事。

“作大事”语屡见于秦简。例如：

秦简：“窓结之日，利以结言，不可以作大事，利以学书。”（简九〇九）结言即《离骚》“解佩纕以结言”。

> 嬴阳之日，利以见人、祭、作大事、取妻吉。（简九一〇）
> 嫁娶之吉凶，以岁星配时月为占。（简一〇九二）

秦简《日书》大抵以最初之四月、八月、十二月之岁星位于东方起算，视其移动，观其向背（反乡），以占吉凶。帛书以四月余为取女之吉月，想必以岁为占，有同然也（工藤元男文，载《木简研究》十号，1988年2月）。

辞又云：

> 取女，为邦芺。

此字从草从犬甚明，说者多歧，芺乃笑字，说见《新证》。

（五月）欱出睹

> 曰欱，戟衛（帅）▨㝵

戟字从鸟旁，采曾宪通说，戟从鸟戈，疑即《广韵》八戈之戟字。字与从咼之过、祸、瘑诸字皆音古禾切，故借为祸。戟帅谓于主帅不利，读如祸帅。

（六月）虘月辞

> 曰：虘，不可出师。水，帅不递。其敃其递。至于其下▨，不可以亯。▭

虘即夏六月之且月，于辰为未，二十八舍未在井、鬼之间。《史记·天官书》：“东井为水事。”又云：“祸成井，诛成质。”《正义》云：“东井八星，钺一星，舆鬼四星，一星为质，为鹑首，于辰在未。”（皆秦之分野）《集解》引晋灼云：“东井主水事，火入一星（按指质为鹑首）居其旁，天子且以火败，故曰祸也。”虘月于辰为未，与井舍在未同，井为水事，故辞云“水”。舆鬼五星，其中白者为质。《正义》引占：“鬼星明大，谷成；不明，百姓散。质欲其没不明；明则兵起，大臣诛，下人死之。”此辞云“其敔其逿。至于其下”者，敔字残泐过甚，宪通摹出作敔，偏旁为昏益攴，昏或为昏，即谓不明。因质星以没不明为吉。虘月在辰位，其宿为井，井八星，其一为质，质昏而不明则其师可复，且及其下人，否则被诛且败。

古辞宜于水字断句，谓逢水不利于师，水谓行水，秦简“十月心可以〔行〕水”，义同。“不逿”语帛书两见。《天官书》“有军不复”是也。

（八月）臧□□

曰臧：不可以篫室，不可以□师。脨（瘠）不逿。其邦有大乱。取女，凶。

脨从朱德熙说读为瘠，《公羊传·庄公二十年》：“大火者何？大瘠也。”瘠谓病。

（九月）玄月

辞云：

曰玄：不可以篫（筑）〔室〕……可以□遅乃咎。

遅即尾，为苍龙大火之一，居寅卯间。秦简：“十月尾，百事凶，以祠必有敫，不可取妻。”在《玄戈》篇则云：“十月……心尾致死。”以岁星反其向而行，故极凶。敫读为毄，后代月煞神有四击指春三月之戌，夏三月之丑，秋三月之辰，冬三月之未（见李光地《星历考原》），以尾为咎，或以其有击日乎！

（十一月）姑分长

曰姑：利侵伐，可以攻城，可以聚众，会诸侯，型百事，殄不义。

十一月姑为子，子与午冲，北方玄枵与南方午之鹑火正相对，分天下之一半。长读为张。《开元占经·分野略例》云："南方朱鸟七宿，其形象鸟，以井为冠，以柳为口。"《广雅·释天》：

东井谓之鹑首，张谓之鹑尾，轸谓之鸟孥。

张揖计鸟孥而不计鹑火，故以张宿为鹑尾。其实南方七宿自井至轸在十二次分为鹑首、鹑火、鹑尾，张宿亦当午位。张为鹑鸟之嗉。《尔雅》云："亢，鸟咙，其粻嗉。"粻通作张。郭璞注："嗉，鸟受食之处也。"《史记·天官书》："柳为鸟注，七星，颈……张，素为厨。"《正义》："柳八星，星七星，张六星为鹑火，于辰在午，皆周之分野。""张六星，六为嗉，主天厨食饮。占以明为吉，暗为凶。金、火守之，国兵大起。"按姑在于辰为子，与张为午，对冲，张宿守火，故利以侵伐。

"型百事"句或读为首事，勘以秦简乙种《官》篇"百事吉"、"百事凶"成语习见，释为百事，谓仪型百事，于字形亦合。

帛书十二月记名有二例，一言其所司，四时之秉司春、虘司夏、玄司秋、荃司冬，此一例也；另一例则亦以三字为句，由于字多残泐，向来不易解读。其春季三个月名一组，皆与星宿有关则显而易见。

正月取　取即陬，虞喜以为陬訾，陬訾为十二次在亥之名，于二十八宿位于营室东壁，正月日在营室，日月会于陬訾，始以孟陬为名（郝懿行亦取此说）。

二月女　《尔雅》作"如"。三体石经古文"如齐"字不从口，但作"女"。二月之名女，当取之女宿。女亦称须女（《淮南子·天文训》）、媭女（《广雅》）、天女（《开元占经》引巫咸）、婺女（《吕览·有始览》：北方玄天，其星婺女、虚、危、营室）。

三月秉　《玉烛宝典》引《尔雅》"三月为柄"。秉即斗柄。《史记·天官书》："二十八舍主十二州，斗秉兼之。"斗秉即斗柄，故知三月名曰秉者，当取义于斗秉。

以上春季自取（陬）、女至秉三名，以合天象之二十八舍，即自壁至斗，于四象中正当北方玄武之位。

《天官书》云："礼、德、义、杀、刑尽失，而填星为之动摇。"天与人相应有如此者，上述五者，以德、义、杀三事在楚帛书中每见载述；德除屡见

“德匿”一词之外，若云群神乃德，神亦有明德，太上修德，可以去灾；义在丙篇中所见如云“敍敁不义于四▨”（昜月）、“殍不义”（姑月），对不义之深恶痛绝，亦复叮嘱再四；杀则见于陬月云：“曰取：乙则至。不可以▨杀。”如是而已。

总而论之，丙篇依《月令》而志每月之宜忌，星宿与下土，精气相属，垂象以示吉凶。楚之占星家，自唐昧、甘德以来，所记亦复凌杂米盐，惜其书久已沦丧，赖帛书尚存其端倪。云梦秦简，事虽入秦，仍承楚俗，故其言多若合符节。文字微异者，如楚曰“祭”曰“享祀”，而秦曰“祠”；楚曰豪（致）女，秦曰家（嫁）女。至于“作大事”、“作土事”著语多同，而“水”及“百事”二端，有赖秦简以昭其微旨。本篇取两者合证，略发其凡。尚望方闻，理而董之。

长沙子弹库残帛文字小记

1964年9月，余在纽约，于戴润斋（J. T. Tai）先生许，初次获见子弹库楚墓所出缯书原物，仔细观察历三小时之久。其上带有若干文字残迹，在“玄司秋”句之侧，似是从他处有文字丝织物所黐上，经摄影后，附着残文，有“君”字尚约略可睹，嗣在哈佛时，与杨联陞教授共据照片辨认，所见相同。因揣知当时出土必有其他残缣，惜已散失。

顷商志谭教授出示其尊人锡永先生遗物，有当日在该地所出残帛，用玻璃夹住，保存完好。观其字体，笔画挺媚，与缯书风格一致，缣上间以朱丝栏，犹残存十个字，可以辨认，商先生尝有摹本，唯略有摹失。

第一字，其上体从屮甚显，下似是口，微损。即左右之左。班簋“左比毛父”之“左”字从口作。又鄃左戽戈左作，均与此相同。第二字，上体从辰。金文辰父己壶辰作，臣辰父乙鼎作，形颇相近。陈章壶“戊辰”作，从口，从口与从工可通作，如左之作岩是。金文“辰在”之辰，从口之外，又或从止（旂鼎）、从（仲中父簋）。楚帛从辰从工，字书不见，当释“唇”与“踬”。《说文》、《类篇》口部：“唇（之人切），惊也。或书作哌。”又为踬，《说文》：“踬，动也。”辰、唇、踬、坓、㞐均可读为震。《说文》：“辰，震也。”卜辞“师不震”作“𠂤不㞐”，字正从止作㞐。此处坓可读为震动之震。

以下“辆”字从车，丙声。江陵楚简，丙丁、丙辰作、，楚缯书丙子作，均在丙下增以口旁，楚国文字之例习见。想当是相，《玺文》相作，亦作，增以装饰符号一或二，此则益二，其例常有。星字十分明了。火作夾，帛书炎帝字作，及丙二“不火得”之“火”形正相同。下有，当是光字，即“光”也。辆，字书所无，疑读为軿。《周礼·车仆》“苹车之萃”，郑玄曰：“苹犹屏也。”杜子春云：“苹车当为軿车。”《后汉书·梁冀传》李贤注引《仓颉》篇：“軿，衣车也。”《说文》车部：“軿，辎軿也。”《集韵》、《类篇》：“軿，轻车。”《左传》栾武子言楚军制，分为二广，右广初驾以及日中，左广受之以及日入。楚为乘广三十乘，分为左右，谓之偏两。[①] 曾侯乙墓竹简有左骖、右骖，左𩣡（服）、右𩣡，左飞（骓）、右飞。

此断句应读为：

岩（左）㕰（昏）辆（軿），想（相）星光。

辆指轻车之乘。《楚辞·九辩》：“前轾辌之锵锵兮，后辎乘之从从。”王逸注：“轩车先导……辎軿侍从。”《招魂》：“轩辌既低，步骑罗些。”王注：“轩、辌皆轻车名。”辆（軿）为轻车，与辎軿、轩辌皆楚言，通指车乘者。“左㕰辆”谓轻车之左𩣡震动。相星光者，相当为动词，有观看意，谓夜行观星宿也。

另一行只存“不雨二☐”数字可辨；惜“二”字之下一字残损太多，无法辨认。

其他商老摹本，尚有十二片，不能句读，又乏原物比勘，殊为可惜。其中：“文㝵”、“文㝵估”凡四见。

㝵之为得，有帛书可证，不待烦言。殷卜辞有“祟文得”一成语，《合集》十，三二五〇九板，“祟文得”共四处，或释为“交得”，与此文例相同。《汗简》古文：㸚为交，攵为文，则此仍是“文”字，下增装饰一笔。“文得”可读为“莫得”。知者：《论语·述而》：“文莫吾犹人也。”字借为忞慔。《说文》：“忞，强也。”“慔，勉也。”又《广雅》：“文，勉也。”文、莫乃同义连词，俱训为勉。《淮南子·缪称训》：“犹未之莫也。”高诱注：“莫，勉之也。”是“莫”之训“勉”，犹“文”之训“勉”，故知“文”可通作“莫”，因同为明纽字。是楚帛残文之“文得”，正犹“莫得”。

至于估字，可读为固或怙。《尚书·多士》：“惟天不畀允罔固。”[②] 薛氏《书古文训》改固为怘，即怙。江声引《左传·僖公十五年》“无怙乱，无重怒”说之。罔固、无怙与文（莫）得估，文例一致，皆否定语气。惜上下文义末由录证，聊存一说。

自余𠂢是兵字，见楚帛乙第五行“乃兵”。后是后字，《汗简》石作后，后

---

① 详见《七国考》卷十一，《楚兵制》。

② 从孙诒让《尚书骈枝》断句。

作后，二字有别，可证。“雨生”、“東伐是”、“同吉”等残辞，不审何义，不敢妄说。[1]

谨以此文纪念锡永先生。

1992年1月于香港

3月22日改定

① 是与氏通。《禹贡》“西倾因桓是来”，郑注桓是陇阪名，即陇坻，是借为坻。

楚帛书影本六幅叠印之一

楚帛书影本六幅叠印之二

楚帛书影本六幅叠印之三

楚帛书影本六幅叠印之四

楚帛书影本六幅叠印之五

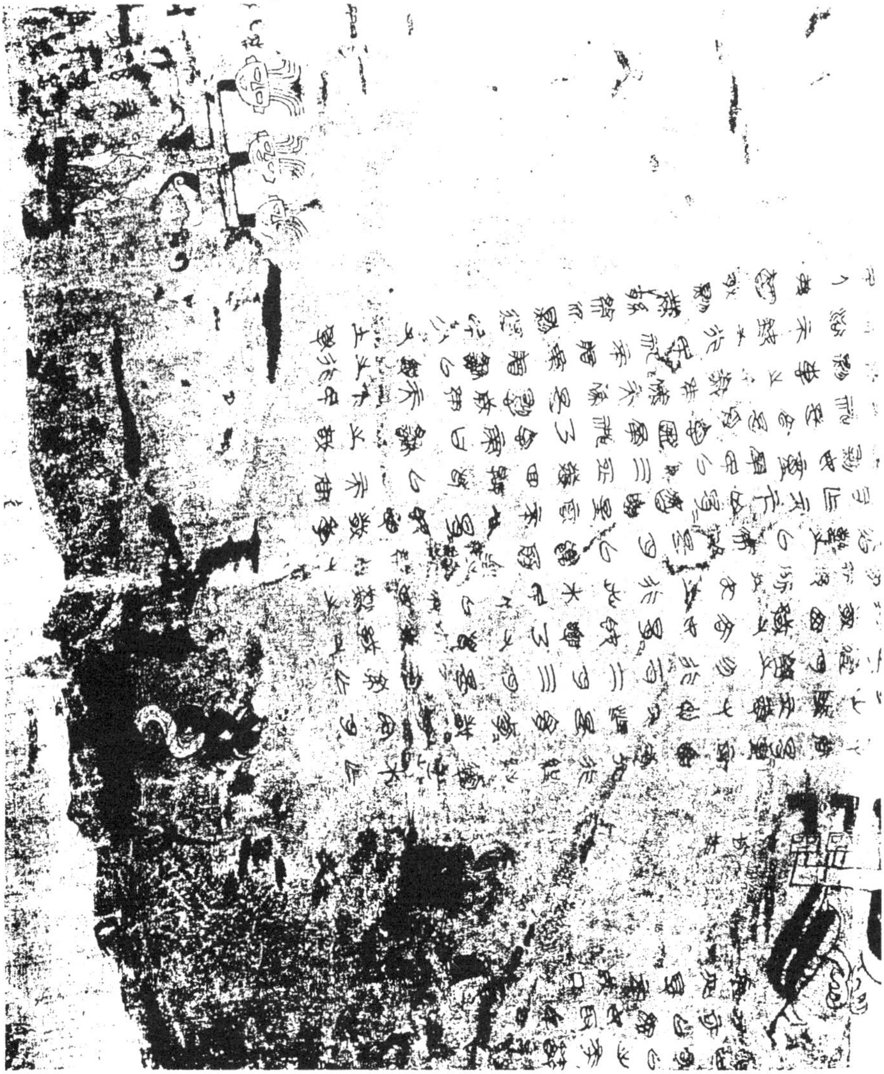

楚帛书影本六幅叠印之六

睡虎地秦简《日书》研究

卷三

饶宗颐二十世纪学术文集·简帛学

目　录

引　言

云梦睡虎地所出秦简，其编年纪及法律文书，久已流布于世。另有《日书》，以通读不易，近始在该墓报告中印行。据云：

《日书》甲种共一百六十六枚简，置于墓主的头部右侧。《日书》乙种经拼合，现存二百五十七枚简，发现于墓主的足部，在最后一枚简的背面，有《日书》的标题。

“日书”二字，写于秦简列一一五四号之反面。原来即称为“日书”。《日书》者，当是日者所用以占候时日宜忌之书。又编年纪竹简五十三枚，亦置于墓主头下，而《日书》甲种则放于头部右侧。编年简内有“喜”之名字，其人尝官安陆及鄢之令史。如墓主即喜，岂其人亦兼通日者之术欤？又据M七椁室门楣上阴刻“五十一年，曲阳士五邦”九字。《汉书·地理志》：常山郡有上曲阳，恒山北谷在西北。《隋书·地理志》：恒阳今曲阳县治（属定州）。北岳恒山即在曲阳县西北百四十里。其人原官曲阳县士五（伍）。五十一年乃秦昭襄王之纪年，M一一即喜之墓，据墓中所出《编年纪》止于秦始王三十年，则墓中《日书》之年代，当在秦政之时，盖战国晚期至秦之物。

春秋以来，阴阳家占候之术已极流行，《史记·日者列传》云：“昔先王之定国家，必先龟策日月，而后敢代（伐），正时日而后入，家产子，必先占吉凶，后乃有之（《类聚》七十五引作“育之”，是）。”今观秦墓《日书》，于作事、归行、见人、家（嫁）子、除室、穿户（忌）、生子等等，皆诹日之吉凶，诚如司马谈云阴阳之术：“大祥（详）而众忌讳，使人拘而多畏。”考日者之名见于《墨子》。墨子北之齐，遇日者。其时各国诹日又复不同。太史公自序云："齐、楚、秦、赵，为日者各有俗所用，欲循观其大旨，作《日者列传》。"今《史记》此传，仅述楚人司马季主之议论，不及其他，知非史公旧文，此秦简《日书》，可补其不逮，故极可贵。

《日者传》末褚先生云："孝武时，聚会占家问之，某日可取妇乎？五行家曰可，堪舆家曰不可，建除家曰不吉，丛辰家曰大凶，历家曰小凶，天人（一）家曰小吉，太一家曰大吉。辩讼不决。"此一趣事，屡见称述。而说者咸谓建除家言不见于《汉书·艺文志》（姚振宗、泷川资言皆有此说）。自敦煌汉简出土，西汉宣帝本始四年历简，已书"建"字。即建除之建。今秦简《日书》，言建、除者尤多，其稷辰殆即丛辰，名目复有不同，知秦时日者之俗，各地已有不同，足证史公"齐、楚异法"（《史记·述赞》）之语。唯其叹"书亡罕睹"，今秦简《日书》之出现，其价值可想而知。[①]

上月游北京，文物出版社王仿子先生以《云梦睡虎地秦墓》一书见贻，喜《日书》全文，得快先睹。爰以旬日之力，加以考证，缀为是篇，敢殚扪索之劳，稍作蚕丛之辟。其中勘《淮南》之异文（王氏引之《经义述闻》三十《太岁考第十二》，论《淮南子》建除所主，文有讹脱。余则疑杓乃剽之借音，皆由秦简而得到之新知），证反枳（即反支）之殊写，揆之音义，若合符节，一得之见，聊质高明，共是正之。

1981年10月中旬于香港

① 《酉阳杂俎》记百体书诸异名，其中有秦王破冢书，知古时秦冢曾被发掘，又有日书、月书，未知与此种《日书》有关否？定县四十号汉墓竹简八为日书占卜残简（《文物》，1981（8）），仍待公布。

睡虎地秦简《日书》研究

建除家言

《日书》首即题《秦除》，除即建除。

其表正月建日为寅，除日为卯，推至开日为子，闭日为丑。二月则建日为卯，除日为辰，以下类推。考《淮南子·天文训》云：寅为建，卯为除，以迄子为开，丑为闭，与《秦除》之正月建寅、除卯正同，是《淮南》所言之建除，乃取秦法正月也。兹比较《秦除》与《淮南》之建除法如下：

《秦除》正月：

建寅　除卯　盈辰　平巳　定午　挚未　柀申

危酉　成戌　收亥　开子　闭丑（简七四三）

《淮南子·天文训》：

寅为建　卯为除　辰为满　巳为平（主生）　午为定

未为执（主陷）　申为破（主衡）　酉为危（主杓）　戌为成

（主少德）　亥为收（主大德）　子为开（主太岁）　丑为闭（主

太阴)[1]

《淮南》与秦简文字微异，如秦《日书》之“盈”，《淮南》作“满”。荀悦曰：“讳盈之字为满。”则作满者，乃避惠帝讳也。其他执，秦简作挚；破，秦简作柀；余悉同。

诸日之吉凶，据《日书》云：

(1) 建日，良日也，可以为啬夫，可以祠。利枣（早）不利莫（暮），可以入人，始冠（冠），乘车，有为也，吉。

(2) 除日，臣妾亡不得，有瘙病不死，利市责徼□□□除地，饮乐，攻盗不可以执。

(3) 盈日，可以筑（築）闲牢，可以产，可以筑宫室，为啬夫，有疾难走。

(4) 平日，可以取（娶）妻，入人，起事。

(5) 定日，可以臧（藏），为宫府室祠。

(6) 挚日，不可以行，以亡必挚而入公，而止。

(7) 柀日，无可以有为也。

(8) 危日，可以责挚，攻毄。

(9) 成日，可以谋事，起□，兴大事。

(10) 收日，可以入人民、马牛、禾粟，入室取（娶）妻及它物。

(11) 开日，亡者不得，请谒得，言盗得。

(12) 闭日，可以劈决池，入臣徒、牛马、它生（牲）。

《日书》乙种别有“徐”（简九二一至九四一）及“秦”（简九四二至九四八）标题者，徐又作余，必是“除”之异写，而名目略异，举其正月：

建寅	余卯	吉辰	实巳	窞午	徼未
衝（冲）申	剽酉	虚戌	吉亥	实子	閈門丑

徼亦作敫，而吉及实凡两见，閈又作闭（十二月，简九三二），据《日

[1] 《淮南子》以丑为闭，主太阴。此“太阴”意义，详王引之：《太岁考》。

书》，诸日之吉凶为：

(1) 建日，利……利冠（冠）带剑乘车可……
(2) 徐日，可以请谒……
(3) 吉、实日，皆利日也，无不可为也。
(4) 窞日，可以入牛马、臣……
(5) 敫日，可以入臣妾、驾驹……
(6) 衝日，可以攻军入城及行，不可祠。
(7) 剽日，不可以使人及畜六畜，它毋有为也。
(8) 虚日，不可以臧盖。臧盖，它人必发之，毋可有为也。用得，必复也。
(9) 闭日，可以盖臧及谋，毋可有为也。（简九三三至九四一）

余及徐日即除日。
两吉日即盈（满）日及收日。
实日即平日及开日。
窞日即定日。
徼、敫日即执（挚）日。
冲日即破（柀）日。
剽日即危日。
虚日即成日。
閈日即闭日。

以《天文训》校之，其谓“巳为平，主生”，与（结）实之义相应；唯谓“未为执，主陷”，与秦简以“定”为窞异。刘谓“申为破，主衡”，然简作“衝日”。又云“酉为危，主杓”，简则作剽日，剽与杓音同，秦简作剽多见，《说文》：“剽，一曰剽劫人也。”故其日“不可以使人及畜六畜”，与危义合。杓只是同音假借。《淮南》云：“申为破，主衡；酉为危，主杓。”衡与杓皆斗星。

“到室”一项之下，特记臽与敫二日之宜忌：

凡臽日可以取（娶）妇、家（嫁）女，不可以行百事，凶。

凡敫日利以渔邋、请谒、责人、挚（执）盗贼，不可祠祀杀生。（简八六五至八六八）

臽即窞，敫亦作徼，即《淮南子》之定与执也。徼训游徼，《汉书·百官表》："中尉掌徼循京师。"如淳曰："所谓游徼循禁备盗贼也。"故徼之日宜于执盗贼，及渔邋，是徼与执义正相同。徼日，《淮南》称为执，秦简作挚，实为一义。《抱朴子·微旨》篇："常以执日取六癸上土，以和百叶薰草，以泥门户，方一尺则盗贼不来。"此为压盗之法，专用执日，以徼正为备盗也。秦简亦见六庚（简七九七反）、六壬（简七九八反）之名，与六癸相类。后世六壬之术，以月将加时，法虽不同，而名已见于此。《七略》易家有《古五子》书，《别录》云："六十四卦著之日辰，自甲子至于壬子，凡五子。"侈论日辰，应用于各方面，已是秦汉间方士之家常便饭。

按汉人以定日为吉，不作窞。王莽作新铜权云："岁在大梁，龙集戊辰，直定，天命有人。"（《隋书·律历志》：魏景明中，并州出土。）《汉书·王莽传上》，莽即真时下书有云："子甚祗畏，敢不钦受，以戊辰直定，御王冠，即真天子位，定有天下之号曰新。"师古曰："于建除之次，其日当定。其后魏文帝受禅，以十月二十九日辛未直成日。"钱大昭曰："成、定，皆取吉祥。"此以定日为吉日。又《王莽传上》：十一月壬子直建冬至，则以壬子之日正当建日，建亦吉日也。

敦煌出汉简于宣帝本始四年、和帝永元六年、桓帝永康三年历谱中皆有建除。永元谱正面记七月、十二月建除神杀，背面记闰月建除神杀。又元康三年历谱，正月至十二月之建，分别为寅、卯、辰、〔巳、午〕、未、申、酉、戌、亥、子、丑，已详罗、陈诸家考释。

《日书》中另有一套建除家言，日名复异，图版一、二与二九、三〇比证，可得异名同实如下：

濡	子至亥	（惌）惌结之日	子至亥	结日
嬴	丑至子	嬴阳之日	丑至子	阳日
建	寅至丑	（建）交之日	寅至丑	交日
陷	卯至寅	窞罗之日	卯至寅	害日
彼	辰至卯	作阴之日	辰至卯	阴日
平	巳至辰	平达之日	巳至辰	达日

宁	午至巳	成外（阳）之日	午至巳	外阳日
空	未至午	空外（遠）之日	未至午	外害日
坐	申至未	（跬外阴）之日	申至未	外阴日
盖	酉至申	（盍）盖绝（纪）之日	酉至申	□□□
成	戌至酉	成决（光）之日	戌至酉	夬光日
甬	亥至戌	复秀之日	亥至戌	秀日
（见简七三一至七四二）		（据简八九七至九〇八）（九〇九至九二〇补足）		（简七三一至七四二下段）

足见建除在当日亦非一家，名称间有出入，而以配十二辰则无二致。关于建除在历书中意义之演变甚繁，后代各家异说，及其同位异名与所合丛辰等等，俱详清人纂《协纪辨方书》义例，今不具论。

稷辰

《日书》有稷辰一目，按《太玄》常卦（☳）初一："以一耦万终不稷。"范望训稷为合。朱骏声谓稷为亼。故稷辰是集辰即丛辰也。《史记·陈涉世家》丛祠，《集解》引张晏曰："丛，鬼所凭焉。"《索隐》引《墨子》："木之修茂者为丛位。"高诱注《国策》："丛祠，神祠丛树也。"按丛辰正如丛祠、丛鬼、丛位、丛树之比。《易》离卦，日中则昃，马王堆本作稯，稯与丛皆东韵字，稯与稷同，又足为稷辰即丛辰之证。其列举之日名又稍有不同，以两月为一组，日法只有八，如下列：

秀	正阳	危阳	敫
䍃（又作𩅿及踽）	阴	彻（亦作彻）	结

（一）秀　是胃（谓）重光　按即秀日
（二）正阳　是胃（谓）滋昌　按即赢阳日
（三）危阳　是胃（谓）不成行　按即外阳日
（四）敫　是胃（谓）又（有）小逆
（五）䍃　是胃（谓）其群不捧（拜）
（六）阴　是胃（谓）乍阴乍阳　当即作阴日
（七）彻　是胃（谓）六甲相逆

（八）结　　是胃（谓）利以出货，不可以入。

秀字亦作采，《说文》："采，禾成秀，人所收者也，从爪禾。"采与秀二文古时互训，故秦简通用之。

在此一体系中有二阳二阴及二害，皆有正及外：

正阳（即赢阳）　　作阴
外阳（即危阳）　　外阴（鬈外阴）＝坐
害日（窗罗之日）＝陷
外害日（空外遣日）＝空

其次序微有不同，赢当即盈，《淮南》之满也。结当即闭。

玄戈　招摇

《日书》内有玄戈一题，记秦历十月（亥）至九月一周年间，二十八宿所值之吉凶，兼记招摇所击之十二支，与玄戈所毄之宿，试表之如下：

十月	招摇毄未	玄戈毄尾（宿）
十一月	招摇毄午	玄戈毄心
十二月	招摇毄巳	玄戈毄房
正月	招摇毄辰	玄戈毄翼
二月	招摇毄卯	玄戈毄张
三月	招摇毄寅	玄戈毄七星
四月	招摇毄丑	玄戈毄此𪅴（觜觿）
五月	招摇毄子	玄戈毄毕
六月	招摇毄亥	玄戈毄茅（昴）
七月	招摇毄戌	玄戈毄营室
八月	招摇毄酉	玄戈毄危
九月	招摇毄申	玄戈毄虚

（简七七六至七八七）

简中诸招摇字皆从木作柖榣。招摇为斗星。招摇星数一，国际星名 27γBoo，GC 星表编号为一九六〇七。《开元占经》引石氏："招摇一星梗河北。"又石氏赞"招摇、玄戈主胡兵"。二名已见石氏及甘氏《星经》。扬雄《甘泉赋》："诏招摇与泰阴。"又《反离骚》："招摇纪于周正"。汉人以为斗枢。北斗七星，其杓端有二星，即招摇与玄戈。《史记·天官书》云："杓端有两星，一内为矛，招摇；一外为盾，天锋。"《汉书·天文志》作天蜂。颜注引晋灼云："外，远北斗也，古招摇南，一名玄戈。"招摇与玄戈，一在内而一在外，如矛之与盾，玄戈即天蜂（锋）也。后代亦称为天蓬。玄戈星数一，国际星名 19λBoo，博斯 GC 星表编号为一九二七三。玄戈一名见于秦简，可见石氏及甘氏《星经》出现此二星名正为实录。

毄字当读为击，《汉书·艺文志》于兵阴阳云："顺时而发，推刑德，随斗击，因五胜假鬼神而为助者也。"《淮南子·天文训》："太阴所居，不可背而可乡（向），北斗所击，不可与敌。"又云："凡用太阴，左前刑，右背德，击钩陈之冲辰，以战必胜，以攻必克。"所谓斗击，指北斗对冲之辰。《越绝书》云："举兵无击太岁。"唐赵希明《太乙金镜式经》云："所为击者，臣凌君，卑凌尊，下凌上，僭也。""击太岁"后人称为岁破，指太岁所冲之辰，如子年在午，丑年在未，为最凶之神，谓子午冲，丑未冲也。招摇、玄戈为北斗杓端内外之两星，其所击之（十二）辰及星宿，即所谓"斗击"是也。

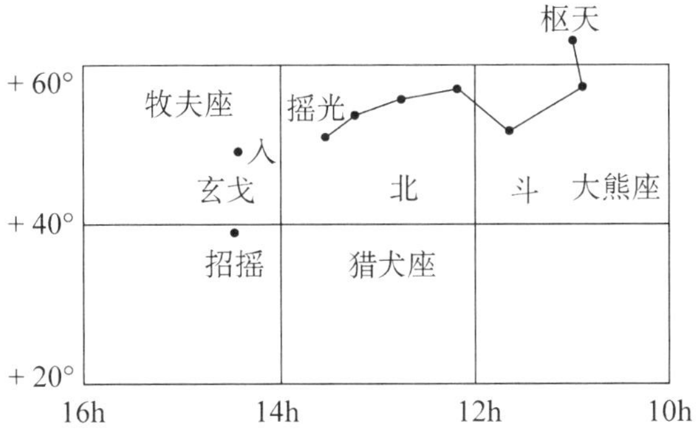

玄戈、招摇在天文图上之位置

反枳（反支）

《日书》有"反枳"一项，云："一月当有三反枳。"按反枳即反支也。枳与枝同。《尔雅·释地》："中有枳首蛇焉。"《释文》："孙炎音支，云蛇有枝首。"《广雅·释木》："枳、义、股，枝也。"王念孙《广雅疏证》："岐生茎旁故谓之枝，又谓之枳矣。"《说文》云："枝，木别生条也。"是其义也。可见枳与枝之通用，枝即是支，故反枳即反支。王符《潜夫论·爱日》篇，明帝敕公车受章，无避反支。《后汉书·王符传》："公车以反支日不受章奏。"李贤注云：

凡反支日用月朔为正。戌、亥朔一日反支，申、酉朔二日反支，午、未朔三日反支，辰、巳朔四日反支，寅、卯朔五日反支，子、丑朔六日反支，见《阴阳书》也。

今观秦简云：

反枳：子、丑朔六日反枳，寅、卯朔五日反枳，辰、巳朔四日反枳，午、未朔三日反枳，申、酉朔二日反枳，戌、亥朔一日反枳。（简七四三、七四二反面）

与李贤所引阴阳书完全符合。反枳之即反支。可以论定。汉简宣帝本始四年历谱："六月癸酉朔，二日甲戌，反支。八月壬申朔，二日癸酉建，反支。"和帝永元六年历："七月丙辰朔，二十八日闭，反支。十二月癸丑朔，十八日庚午定，□，反支。"西汉以来，忌反支日，日历记明建、除日之名，兼志反支日。今由秦简，知此俗不始于汉，秦已有之，则向来所未知。

反支日之说，《汉书·游侠传》颜注引李奇叙张竦会反支日不去，因为贼所杀。《颜氏家训·杂艺》称："反支不行，竟以遇害。"此事人所习知，不具论。

《日书》反枳亦但称曰反，银雀山武帝元光元年历谱于日辰之下间书"反"字，即反枳、反支日也。

归行

《日书》有"归行"一项云：

凡春三月己丑，不可东。夏三月戊辰，不可南。秋三月己未，不可西。冬三月戊戌，不可北。百（里）中大凶，二百里外必死。

岁忌：毋以辛壬东南行，日之门也；毋以癸甲西南行，月之门也；毋以乙丙西北行，星之门也；毋以丁庚东北行，辰之门也。凡四门之日，行之敫也。以行，不吉。（简八六〇、八六一）

又记入正月至十二月之某日，凡此日以归死行亡（简八六二）。按此所谓“归忌”也。《后汉书·郭躬传》记桓帝时，汝南陈伯敬还触归忌，则寄宿乡亭。颜之推称其“归忌寄宿，不免凶终”。李贤注：“阴阳书历法曰：归忌日，四孟在丑，四仲在寅，四季在子，其日不可远行、归家及徙也。”《论衡·辨祟》篇：“涂上之暴尸，未必出于往亡。室中之殡柩，未必还以归忌。”往亡与归忌乃“行”之日法，《礼记正义·王制》引《后汉书》云：“有陈伯子者，出辟（避）往亡，入辟（避）归忌。”今观秦简有列举十二月之某日为出行之某忌，如云：

正月乙丑、二月丙寅、三月甲子、四月乙丑、五月丙寅、六月甲子、七月乙丑、八月丙寅、九月甲子、十月乙丑、十一月丙寅、十二月甲子以行，从远行归，是谓出亡归死之日也。（简七八七、七八六反面）

正月七日、二月十四日、三月廿一日、四月八日、五月十六日、六月廿四日、七月九日、八月十八日、九月廿七日、十月十日、十一月廿日、十二月卅日。是日在行不可以归，在室不可以行，是＝大凶。（简七八九、七八八反面）

“出亡”即往亡，往亡之日，兵家所忌，后代尚然也（如宋武帝攻慕容起事）。

禹符　禹步　《禹须臾》

《日书》：

行到邦门困，禹步三，勉，壹步呼：皋，敢告曰某行无咎。先为禹除道，即五画地，掓其画中央土而怀之。（简七八五、七八四反面）

禹符左行，置右环曰☒　☐☐右环曰：行邦

今行投符地：禹步三，曰皋：敢告□□□□□□□符上车，毋顾。（简九九九、一〇〇〇、一〇〇一、一〇〇二）

禹步之术，详《抱朴子·仙药》篇，云：

禹步法：
前举左　右过左　左就右
次举右　左过右　右过左
次举右　右就左　左就右

如此三步当满二丈一，后有九迹小。道书禹步习见，举例言之，如题李靖修之《天老神光经》内有禹步法（《道藏》薄字号上），《太上六壬明鉴符阴经》卷四有“三奇苦门禹步”、“真人禹步斗罡”，称：“用白垩画作九星，斗间相去三尺，从天罡起，禹步随作一次第之，居魁前逆步之。”（《道藏》履字号下）《日书》叙禹步，即五画地，想亦用白垩画于地上作北斗状，掓（《集韵》屋韵：掓，拾也）其中央之土而怀之，此种禹步动作，一向以为道教兴起以后才有之，今观《日书》所记，渊源已肇于秦代，故《尚书大传》言：“禹其跳者，踦也。”注：“踦，步足不能相过也。”（陈寿祺辑本）《尸子·君治》篇：“（禹）步不相过，人曰禹步。”《法言·重黎》篇：“姒氏治水土，而巫步多禹。”李轨注：“俗巫多效禹步。”可见巫俗效法禹步，由来已久。出行到邦门，可施禹步，秦俗已然。

其言“呼：皋，敢告曰”，《礼运》记招死者之俗称：“升屋而号，告曰：皋！某复！”皋音羔。《正义》云：“谓北面告天曰皋。皋，引声之言，某谓死者名。”招魂呼皋，禹步亦呼皋。《说文》皋：“《礼》：祝曰皋。”《士丧礼》郑注：“皋，长声也。”《日书》且言“禹符左行”，则施用符亦出于秦以前之巫术，不始于道教徒矣。汉代符书如1960年江苏高邮出土劾鬼文木简，上有符箓。《抱朴子·遐览》篇言“书北斗字及日、月字”，见于《登涉》篇之符书，皆取象于日月星辰。《日书》言及禹符，对于符之产生年代，又须提前。

又《日书》：

《禹须臾》：戊己、丙丁、庚辛，旦行有二喜。
甲乙、壬癸、丙丁，日中行有五喜。

庚辛、戊己、壬癸，餔时行有七喜。

壬癸、庚辛、甲乙，夕行有九喜。（简八六四）

辛亥、辛巳、甲子、乙丑、乙未、壬申、壬寅、癸卯、庚戌、庚辰，莫（暮）市以行，有九喜。（简七九九反面）

按须臾义如立成。《后汉书·方术传》序："其流有挺专（即筳篿）、须臾、孤虚之术。"李贤注："须臾，阴阳吉凶立成之法也。"《七志》有《武王须臾》一卷，《隋书·经籍志》收《武王须臾》二卷。此云《禹须臾》，当如《武王须臾》一类之书。

《日书》又云："此所胃（谓）艮山，《禹》之离日也。"（简七七六）《禹》必是禹之书。《汉志·杂家》有《大禽》三十七篇，注传言禹作，《日书》之《禹》，疑即出此。

啻 赤啻（帝）

《日书》题"啻"字，言四时"啻为室"者四，举一例论之。如："春三月，啻为室申，剽卯、杀辰，四灋（法）庚辛。"（简八二五）其余夏秋冬例相同。剽即剽日，谓危日也。杀为杀日，四法指四灋日。《日书》云"杀日勿以杀六畜，不可以取（娶）妇、家（嫁）女、祷祠、出货。四灋日不可以为室覆屋"是也（简八二九、八三〇）。

"啻为室"之啻，当读为适，如《诗》："王事适我。"《说文》啻下云"一曰提也"；与谛下云"审也"义同。啻为室，犹言适宜为室耳。啻之相反义为谪，《左·昭公七年》传："以自取谪于日月之灾。"杜注"谴也"。字亦作谪。汉镇墓文习言"解适"，谓为死者解除罪过，与此不同。

《日书》有赤啻一名，于"行"下云："凡是日赤啻恒以开临下民，而降其英（殃）。不可为百事，皆无所利，节有为也。"（简八五七）又云："毋直（值）赤啻临日，它日虽有不吉之名，毋所大害。"（简八五八）赤啻当读为赤帝，买簋"皇祖啻考"，借啻为帝，陈侯因脊錞"高祖黄啻"，即黄帝，与此赤帝之作赤啻正同。以五色配五帝，习见于兵家言，银雀山竹简《孙子兵法》有《黄帝伐赤帝》篇题，残文见北伐黑帝、西伐白帝，及"已胜四帝，大有天下"语。《孙子·行军》篇云："黄帝之所以胜四帝也。"又《大戴礼·五帝》德："（黄帝）与赤帝战于阪泉之野。"可见赤帝一名出现之早。

《史记正义·高祖本纪》引《合诚图》：“赤帝体为朱鸟，多黑子。七十二黑子者，赤帝七十二日之数也。木火土金水各居一方，一年三百六十日，四方分之，各得九十，土居中央，并索四季各十八日，俱成七十二日，故高祖七十二黑子者，应火德七十二日之征也。”赤帝属南方火。秦简年代在刘邦之前，时阴阳家已习用赤啻之名施于时日宜忌矣。

衣　裚

《日书》有衣及裚二项，如云：

> 裚：凡五丑利以裚衣。丁丑在亢，裚衣常（裳），丁巳衣之必敝……（简一〇二五）
>
> 丁酉，裚衣常，以西有以东行以坐而饮酉（酒）。矢兵不入于身，身不伤。（简七七八反面）

按秦简《为吏之道》有“擅裚割”语。裚即制字。古制与折通，《庄子·外物》篇“自制河以东”，《释文》：制，诸切反，依字应作浙，《汉书音义》音逝。《说文》衣部：制本作製，“裁衣也，从衣从制”。又刀部：“制，裁也。”今作制。秦简以裚为制，从折为声。秦简每言材衣（简七八三反面至七七六反面），材即裁，《说文》衣部：“裁，制衣也。”此借材为裁。

武威所出汉简有“春三月申不裁衣”；“秋裁衣大忌秋日”等项（见陈氏《缀述》，286页）。

《论衡·讥日》篇：“裁衣有书，书有吉凶，凶日制衣则有祸，吉日则有福。”《汉志·杂占家》有《武禁相衣器》十四卷，《隋志》：“梁有《裁衣书》一卷，亡。”秦简亦类此也。

诘

《日书》于“诘”下云：“诘咎。鬼害，民罔行，为民不羊（祥），告如诘之。召……”（简八七二反面上段）

《汉书·艺文志》有《变怪诰咎》十三卷。曹植有《诰咎文》云：“于时大风发屋拔木，聊假六帝之命，诰咎祈福。”此云“告如诘之”，告即诰也。

《周礼》太祝六辞，三曰诰。诰，告于神也。告之即所以诘之，故题曰诘。《说文》：“诘，问也”。观《日书》列鬼之种类甚繁，如厉鬼、哀鬼、凶鬼、遽鬼等，有待于仔细研究。而压胜之具，以桃枱、桃更（梗）、桃秉、牡棘、棘椎诸物为要。《左传·昭公四年》“桃弧棘矢，以除其灾”是也。鬼甚畏桃，桃为五木之精，厌伏邪气，制鬼魅，详俞正燮撰《桃茢桃符义》（《癸巳类稿》十），《汉志》有《执不祥劾鬼物》八卷，其书不传。《日书》诘咎正以除鬼害，所言可为《汉志》此书补亡也。

其中一条云：“凡鬼恒执匴以入人室曰：气（饩）我食，云是饿鬼，以屦投之则止矣。”（简八三四反面、八三三反面中段）饿鬼一名见此。《翻译名义集》：“薜荔多，（玄）应法师云：正言闭丽多。此云祖父鬼，或言饿鬼，饿鬼劣者，《孔雀经》作俾礼多。”按薜荔多梵文为 Preta（《名义大集》四七五三）今秦简已见此名，则非取自释氏，乃借旧名以翻梵语者。匴者，《说文》云“淥米籔也”，此字已见《仪礼·士冠礼》。《方言》五：“炊篅谓之缩，或谓之篓，或谓之匠。”郭璞注：“匠，音旋。”《集韵》上声二十八獮，匴、匠一字，云：“笥也，一曰竹盘，或作匠。”而匴字收在二十四缓。

梦 豽䠷 宛奇

《日书》“梦”条云：“人有恶瞢，礐（觉）乃绎发西北面坐鑐（祷）之曰：皋（嗥）敢告璽（尔）豽䠷，某有恶瞢，走归豽䠷之所。豽䠷强饮强食，赐某大幅，非钱乃布，非茧乃絮，则止矣。”（简八八三反面、八八二反面）禳除恶梦乃祷于豽䠷之所。字书未见“豽”字，豽䠷当是伯奇。《续汉·礼仪志》：“大傩逐疫十二神，中黄门倡，侲子和曰：甲作食𫝀……腾简食不祥，揽诸食咎，伯奇食梦……穷奇、腾根共食蛊。”是食梦者为伯奇，食蛊者为穷奇。穷奇见《山海经·西次四经》，为食人之兽，又《海内北经》称：穷奇状如虎有翼，食人从首始。《左传·文公十八年》少皞氏不才子曰穷奇。又疑豽䠷即穷奇，逐疫除蛊，与伯奇食梦，皆神话人物，古或混合为一，秦简以逐梦之神为豽䠷，言其强饮强食，则与穷奇之食人食禽兽（见《神异经》）最为相近。豽䠷又称“宛奇”，见简一〇八九、一〇九〇，宛与穷形近。《潜夫论·梦列》篇、王延寿《梦赋》皆不言豽䠷。故此一有关占梦之材料，弥觉可贵。近时 J. P. Drège 有专文论中国占梦（*Notes d'onirologie Chinoise*），载法国《远东学志》LXX 号，可参考。

日辰十二时异名

〔鸡鸣丑，平旦〕寅，日出卯，食时辰，莫食巳，日中午，㮂未，下市申，舂日酉，牛羊入戌，黄昏亥，人〔定子〕。（简一〇五一）

秦简编年纪“甲午鸡鸣时，喜产”。第一句缺文当是“鸡鸣丑”，《论衡·調时》篇：“一日之中分十二时：平旦寅，日出卯也。”可补上文之缺。

每日时分之记载，向知《左传·宣公十二年》记鸡鸣、日中、日入，《昭公五年》卜楚丘说十时，杜预注可代表晋初人说。《淮南子·天文训》分为十五名，秦简此条更在其前，十分可贵。

《史记·孝景本纪》“其蚤食时复动”见“食时”之名，秦简已有之。

莫食为巳，《史记·天官书》称：“暮食出，小弱。”与此同。

㮂为未，他书未见。《日书》别云：“以此日㮂屋，屋以此日为盖。”（简一〇〇六）㮂作动词用，㮂从木具，当即枳椇之椇，此读为“具”。椇字在上声九麌。以韵类求之，殆即禺中之“禺”，禺读隅。《吴越春秋》：“时加禺中。”《晋书·戴洋传》亦作“禺中”。《淮南子》称“隅中”，但隅中应为巳时。居延汉简两见“日东中”，又有“日西中时”，将日中加分东中及西中，《淮南》之所无。㮂为未时，以配“西中”较合。

下市为申，舂日为酉。《淮南子》：“至虞渊为高舂，至连石为下舂。”此作舂日。

《日知录》二十、《陔余丛考》三十四，论十二时甚详。汉简资料，具见陈氏《缀述》，分为十八项，今不复举。秦简此条可补其缺，并明秦时每日时辰区分之名，与后来颇有出入，不似《淮南》之复杂，有若干名为后来所沿袭。未时之㮂则向所未见，牛羊入为戌，当是取自《诗》“牛羊下来”之语。

陈梦家谓：“自王充东汉末，已有十二辰记时之法，但不见有十二时与十二辰相结合的记录。迟至唐代，在小曲中有夜半子、鸡鸣丑等。”（《缀述》，252页）按此指敦煌曲中之十二时，天宝五载之雷询碑盖四周画十二辰，题曰夜半子至人定亥，盖为唐人所习用。今观秦《日书》此简，知战国末期已有十二时与十二辰结合之习惯，不待唐时始有之。

秦简	《论衡・调时》	杜预《左传》注	敦煌曲《白侍郎作十二时行孝文》（伯希和三八二一）（举一为例）
子　人〔定子〕		子夜半	夜半子
丑　〔鸡鸣丑〕		丑鸡鸣	鸡鸣丑
寅〔平旦〕寅	平旦寅	寅平旦	平星（旦）寅（起句）
卯　日出卯	日出卯	卯日出	日出卯
辰　食时辰		辰食时	食时辰
巳　莫食巳		巳禺中	隅中巳
午　日中午		午正中	正南午
未　橥未		未日昳	日昃未
申　下市申		申餔时	晡时申
酉　舂日酉		酉日入	日入酉
戌　牛羊入戌		戌昏时	黄昏戌
亥　黄昏亥		亥人定	人定亥

日虒

《日》简记时，屡有“日虒”之名。日虒当即日施。虒从虎厂声，息移切。《尔雅・释兽》威夷即《集韵》兽名似虎之委虒。贾谊《鹏鸟赋》：“庚子日施。”（《汉书》）《说文》有暆字云：“日行暆暆。”暆读如酏，弋支切，应劭音移。《文选》贾赋作日斜。虒之通夷，与暆之音移正同。故知秦简之“日虒”，即贾赋之“日施”。

《穀梁传・定公十五年》：“日下稷乃克葬。”范宁注：“稷，昃也；下昃谓晡时。”字又作昳，《说文》：“昳，日昃也。”日虒、日施、日下稷皆日斜之异名，日虒仅见于秦简。

杜预注：十二时以巳，禺中；午，正中；未，日昳。然秦简则云“橥未”，则橥亦即日虒也。橥读为禺，禺即隅，《淮南子》作隅中，可证。隅《说文》云“陬也”。陬训角（《广雅》）。汉简于日正中外又分日东中及日西中，东中即禺中，是为东隅；西中即日昳，应为西隅；未时为西中，亦可称隅，故知橥或可音借为隅，谓日在西隅，以别于东隅也。

十二生肖

十二生肖起于何时？朱子尝以问蔡季通，亦无以对。赵翼谓肇于后汉，本起于北俗（《陔余丛考》三十四）。法儒沙畹尝举《黠戛斯传》“以岁首为茂师哀（茂师即突厥语 Maus ［Muz］，义为冰，哀即 ay，义为月，即冰月也），以三哀为一时，以十二物纪月，如岁在寅则曰虎年”为证，谓此俗以突厥族为先。按《晏子春秋》：“景公令兵抟治，当臈、冰月之间而定。”又云“冰月服之。”凡两言冰月。陈逆殷亦云“冰月丁亥”，吴式芬谓冰月即十一月。突厥之“茂师哀”与汉名“冰月”义正相当。春秋已有冰月之称，安知非取自汉人乎？

今考十二肖之名，分明见于秦简《日书》。《日书》简八二七反面至八一六反面《盗者下》云：

子鼠也，	丑牛也，
寅虎也，	卯兔也，
辰（缺兽名），	巳虫也，
午鹿也，	未马也，
申环也，	酉水也，
戌老羊也，	亥豕也，

秦简十二属已知禽名与后不同者如下列，其余悉同：

(1) 午　鹿
(2) 未　马
(3) 申　环（猨）
(4) 酉　水
(5) 戌　老羊

下面略加考述：

(1) 以午为鹿者，隋萧吉论三十六禽云：“午，朝为鹿，昼为马，暮为獐。”《本生经》言“旦为马，昼为鹿，暮为獐”（《五行大义》卷五）。是以鹿为午非无来历。《韩非子》：“夫马似鹿者而题千金。”（《御览》九〇六）赵高欺胡亥指鹿而曰马者，是无异以午为未也。

(2) 以未为马者，萧吉论禽答午何以为马之问云：“坤为牝马之贞。坤既在未，未与午合，故马居午。”又答另问云：“未若为马，诚如来难，马既在午，正取其合。”如是未与午合，故未亦可为马。或先秦已有此说。

（3）申之为环，环读如猨，于音自近。萧吉云：“申，朝为猫，昼为猨，暮为猴。”则猨后来以属于三时之昼，与猴之为暮则有别。

（4）《日书》“酉，水也”，最为难明。于豪亮读水为雉。然雉有十四种，名目繁多，《易·说卦》巽为鸡而离为雉，分别属于二卦。故水未必为雉。余按《说文》：“水，准也。”《释名》同。水于声训为准，以是例之，“酉，水也”之水，可能即隼。《五行大义》论三十六禽云：“酉，朝为雉，昼为鸡，暮为马。一云朝为鸡，暮为死石。《禽变》云暮为死土，《木生经》言暮为鸢。”是酉于三时之暮为鸢。《说文》：“隼，雊或从佳一，一曰鹑字。”段玉裁训此鷻字即鷻，引《诗·四月》“匪鷻匪鸢”，《传》：“鷻，雕（鵰）也。”谓隼与鷻同音同字，隼亦即鷻。《日书》以酉为隼，音借作水，厥后禽变之书遂有酉之暮为鸢之说。

（5）戌为老羊者，《古今注》“狗一名黄羊”，是狗得称为羊之例。

西南诸民族，十二兽各有不同。桂西彝人以子为龙，丑为凤，寅为马，卯为蚁，辰为人，巳为鸡，午为狗，未为猪，申为雀，酉为牛，戌为虎，亥为蛇。傣族以子为象，卯为鼠，未为蚁，其余同汉俗（《中国天文学史文集》二）。

《吕氏春秋·恃君览·达郁》篇：“周鼎著鼠，令马履之，为其不阳也。”许维遹引《论衡·物势》云：“子亦水也，其禽鼠也；午亦火也，其禽马也。火为水所害，故马食鼠屎而腹胀。据此，鼠属阴，马属阳，马履鼠，即以阳制阴。”然周鼎何以著鼠，其事未详。王士禛《池北偶谈》四云：“祁县戴枫仲……有天马鼎，中凹处马鼠形，或云《吕氏春秋》周鼎作鼠，令马履之，据此当是周物。”（容庚《商周彝器通考》，99页）鼎有鼠形，于实物仍未有之见也。

考《论衡·物势》篇及蔡邕《月令问答》所举十二兽之名，大半同于秦简而稍异。郑玄注《礼记·月令》“土牛”亦云“丑为牛”，可见汉代以来，十二属兽名已有固定。

据《日书》，十二兽之形成，已在先秦时。疑各地习俗略异，一如今日西南民族之情况。《日书》以午为鹿，以申为环（猨），以酉为水（隼），后世禽变之书犹保持其剩义于三时之中，若未之为马，亦非不可理解，萧吉已尝论之。意者，汉时十二属名已经人整理一致，故王充、蔡邕、郑玄皆同。其后行于边裔各邦，若突厥、回鹘、西藏，皆采用之，十二属自子为鼠，至亥为猪，无不同然，盖用汉人固定之名称也。

萧吉论演禽三十六种引用书中有《本生经》及《禽变》二书，前者疑出于《释典》，《法苑珠林》四十《住持》篇引《大集经》十二兽为蛇、马、羊、猴、鸡、犬、猪、鼠、牛、狮（汉名虎）、兔、龙。唐释道世谓："汉地十二辰兽依此而行，十二属之名悉同于中国。"此疑出僧徒所增益。而《本生经》当亦有同然，更在《珠林》之前。《禽变》即后代术数家翻禽演宿，如《演禽通纂》一类书之所本。此二书间有用五行作十二属之名者，如：

寅　旦为生木
巳　旦为赤土
未　暮为老木
申　暮为死石（《禽变》云死土）
戌　暮为死金
亥　旦为生木（一云暮为朽木）

是其例，《日书》称人日为木日，已开其端矣。

人日

《日书》自简八〇九至八二三有△△良日之号，计有：

人良日　马良日　牛良日　羊良日　猪良日　市良日　犬良日　鸡良日　金钱良日　蚕良日……

其自简九一六至九七一标题乃有：

木日　马日　牛日　羊日　猪日　犬日　鸡日　人良日……

是人日之名，已起于先秦时。

人日之义，《北齐书》廿九《魏收传》云："魏常宴百僚，问何故名人日？皆莫能知。收对曰：'晋议郎董勋《答问礼俗》云：正月一日为鸡，二日为狗，三日为猪，四日为羊，五日为牛，六日为马，七日为人。'时邢邵亦在侧，甚恧焉。”按此事见宗懔《荆楚岁时记》：

正月七日为人日，以七种菜为羹，剪彩为人。……

按董勋《答问礼俗》云：“正旦画鸡于门，七日结人于帐。”

……旧以正月七日为人，故名人日。（据日人守屋美都雄：《中国古岁时记の研究》，330～331页）

洪亮吉《释岁》引有下列数句：

又一说云天地初辟，以一日作鸡，七日作人也。（《卷葹阁文甲集》二，按宝颜堂秘笈本无此文）

此则类似以色列上帝七日造人之说。

董勋据魏收说知为晋人，唯事迹不见于《晋书》，《初学记》卷四引董勋说有四条，其所著书或作《问礼俗》，或称《答问》，盖古代民俗学之名著也。《艺文类聚》人日下引贾充《典戒》：“人日造华胜相遗。”李充《登安仁峰铭》：“正月七日，厥日维人。”（此文《荆楚岁时记》引作魏东平王翕（一作仓）刻铭）

由贾充之诗，知温飞卿《菩萨蛮》所称“人胜参差剪”之俗，晋开国初已盛行矣。由李充之铭，则正月七日称为人日亦见于西晋。唯秦简以人及畜记日恰与董勋相反。

秦简：人（木日）、马、牛、羊、猪、犬、鸡。

董氏《问礼俗》：鸡、狗、猪、羊、牛、马、人。

其间演变未详。唯人日亦称木日，木主生，谓其日于五行属木也。

木日与木忌

《日书》简九六一至九六二于《木日》标题下云：

木良日，庚寅、辛卯、壬辰利木事。其忌甲戌、乙巳、癸酉、丁未、癸丑……寅、己卯可以伐木。木忌：甲乙榆、丙丁枣、戊己桑、庚辛李、壬辰𣗳。

此处木日当谓于五行属木之日，榆、枣、桑、李、𣗳，即所谓五木。《论语·阳货》“钻燧取火”，马融引《周书·月令》有：“春取榆柳之火，夏取枣杏之火，季夏取桑柘之火，秋取柞楢之火，冬取槐檀之火。一年之内，钻火各异木，故曰改火也。”（《逸周书·月令》在第五十三，已亡）《周礼·夏官·司爟》“四时变国火”，郑司农说以邹子云云，其文以土配季夏与此正同。皇侃《论语疏》谓：“改火之木，随五行之色而变。榆柳色青，枣杏色赤，桑柘色黄（季夏是土，土色黄），柞楢色白，槐檀色黑。”此即楚帛书言青木赤木黄木白木墨木之精。《日书》甲乙榆属木，丙丁枣属火，戊己柘桑属土，庚辛李属金，𣗳属水。榆、枣、桑三者与《周书》、邹子相同，唯李及𣗳异。𣗳即是㯿。《说文系传》谓“即栵栗之属”。栗正是黑色，故属水（𣗳当即亦取漆黑义）。《淮南子·时则训》记燧火春爨萁，夏、秋爨柘，冬爨松，五时三木，则亦与此异。又据《管子·幼官》篇：“春取榆柳，取之南方也；夏取枣杏，取之西方也；秋取柞楢，取之北方也；冬取槐檀，取之东方也。”木名相同，而方位复殊。《日书》木忌，乃以五色木配天干，盖忌当位之木。

木事者犹《周礼》柞氏“掌攻草木及林麓。夏日至令刊阳木而火之，冬日至令剥阴木而水之”之类。《艺文类聚》火部引《尸子》：“燧人上观辰星，下察五木以为火。”《隋书·王劭传》：“劭上表请变火，言：‘以五时取五木以变火，用功甚少，救益方大。’且言：‘温酒炙肉，用石炭、柴火、竹火、草火、麻荄火，气味各不同，以此推之，新火、旧火，理应有异。’”五行改火之说，后人犹笃信之，王劭其一例也。

马禖祝辞

《日书》（简七四〇反）题“马”字，下云“禖祝曰”，似其下即马祭之祝辞。《说文》：“禖，祭也。”马有禖祝，知禖不限于祈子之祭。《礼记·月令》仲春之月，祠于高禖。郑注：“变媒言禖，神之也。”文字学家一向以媒释禖，而桂馥《说文义证》则谓：“（禖）祭也者，义未详。”今从此简“马禖合神”句，可明“禖”与“禂”同为马祭。《日》简所记祝辞为有韵之文，为出土古代祝辞极重要之资料，录之如下：

> 马：禖祝曰：先牧日丙，马禖合神。东乡南乡。各一马□□□□中土，以为马禖，穿壁直中，中三腏，四厩行。大夫先敊兕席，今日良。白肥豚，清酒美白梁。到主君所，主君笱屏，诇马敺其央（殃），去其不羊（祥）。令其口耆□□耆饮律＝，弗□自行。弗敺自出。令其鼻能糗（臭）乡（香）。令耳悤（聪）目明。令头为身衡，勑（脊）为身刚，脚为身□，尾善敺□，腹为百草囊。四足善行，主君勉饮勉食，吾岁不敢忘。（简七四〇反面至七三六反面）

按腏者，《说文》云：腏，挑取骨间肉也。《广韵》腏字有三，一在入声十三末，义同《说文》。一训：腏，骨间髓也，在入声十七薛。《集韵》见入声十三末。《日书》云“中三腏”，腏用作动词，似当读为餟。《广韵》在去声十三祭云：餟，《说文》曰祭酹也。司马贞曰《汉志》作腏，字通。餟亦训连祭，故三腏谓酹祭凡三次。

《日书》有马日项云：“马良日，甲申、乙丑、亥……其忌日：甲寅、午……”（简九六四）即所谓“马良日”也。

笱屏，可读为皱屏。

诇者，《说文》：诇，知处告言之。《史记·淮南王传》“诇长安”，孟康曰：诇音侦。按侦通贞。《礼记·缁衣》引《易》：“恒其德侦。”郑注：“侦，问也；问正为侦。”是“诇马敺其央。去其不羊”句犹言侦马祛除其殃而去其不祥也。

马曰马禖者，禖犹膴，犹朊。《诗·绵》：“周原朊＝。”《韩诗》作“膴膴”，《广雅·释训》：“膴＝，肥也。”《诗》：“民虽靡朊”，《韩诗》作“靡膴”。马祭正所以求马之肥美也。

“各一马”句语例，以望山简“各一牂”推之，各读为貉，祃之异文。《诗·皇矣》“是类是祃”，《周礼·大司马》“表貉”，郑司农云：“貉读为祃。”祃，师祭或马祭也。故各（貉）一马即祃一马，谓杀一马以祭。

敊字见《广韵》、《集韵》，在去声三十二霰：“敊，散也。”（音先见切）云“先敊兕席”犹言“先布兕席”。云“令其鼻能臭乡”，乡即膷。《广雅·释器》：“膷、臐，香也。”膷字见《仪礼·公食大夫礼》郑注云：“古文膷作香。”

清酒犹如酖。《淮南子·说林训》：“清酖之美。”高诱注：“清酖，酒也”。

末句“吾岁不敢忘”意谓终吾生而不敢忘也。

勶为身刚句，马王堆《相马经》“急其维冈”，第一幅作“维刚”，俱借刚为纲。令鼻、耳、头、脊、尾、腹、足等句，分言马体各部分，文字甚佳。古之相马者，或相口齿，或相胸胁，或相脣吻，或相股脚，见《吕览·观表》篇。

《相马经》（《隋志》）久亡，此文为马祭祝辞，极可玩咏。其中丙、神、屏、衡，与阳部字协韵，可考秦时用韵情况，尤有价值。

临官　冠带

《日书》屡言“利入官”（简一一一九至一一二三）。又有项目曰“官”（简九七六）。又言“临官”，如“以临官立（莅）政，是谓贵胜贱”（简一一三三）。又有“初冦”一目云：（简一〇二五）

凡初冦，必以五月庚午吉，凡制车及冠□□□□□申吉

冦即冠之误。此即后来所谓临官冠带。

《隋志》有逸名《拜官书》三卷及《临官冠带》书一卷，由《日书》知其渊源之远。

后代命理学言胎、养、生、沐、浴、冠带、临官、旺、衰、病、死、葬（亦作墓）、绝十二阶段，盖选取《休王论》之王、相、囚、死、胎、没、休、废八者，举冠带、临官等加以组合而成之理论。

楚月名称夕

《日书》有秦楚月名对照一表，秦十月，楚称冬夕，又作中夕；十一月称屈夕，十二月称援夕。其义不易明，考《尚书大传》中《洪范五行传》有岁之朝、岁之中及岁之夕。郑注：“自正月至四月为岁之朝，自五月至八月为岁之中，自九月至十二月为岁之夕。”一年分为朝、中、夕三段，最后一段为夕。楚呼十月为冬夕，十一月为屈夕，十二月为援夕，皆在一年之终，即岁之夕。古人有此习惯，夕可指岁言，非指日言。

古者分一日为三时，即旦及昼与暮也。楚帛书言：“有宵有朝，有昼有

夕。”昼与夕之重要可知。十二属亦以配十二支。隋以来有三十六禽之数，见于《五行大义》，每为式经所用，支有三禽，故十二属得三十六禽。一日分三时，十二乘三，故有三十六禽，一支之禽有三，以居昼或旦、暮之位。如子于朝为燕，于昼为鼠，于暮为伏翼是也。一日分三段，一年亦分三段，故一年之终段，得谓之夕。余详另文《秦简〈日书〉中夕（𥎦）字含义初探》。

附论　苌弘执数之学

《史记·天官书》云："昔之传天数者，殷商巫咸、周史佚、苌弘，于宋子韦。"苌弘见于《淮南子·氾论训》云：

> 昔为苌弘，周室之执数者也（高诱注：苌弘，周宣王之大夫。数，历术也），天地之气，日月之行，风雨之变，律历之数，无所不通，然而不能自知，车裂而死。（《庄子·胠箧》云：苌弘胣。《释文》："崔（譔）云：'胣，裂也。'《淮南子》曰苌弘铍裂而死。"王念孙谓："据《淮南》古本本作铍裂。"按《说文》金部："铍，大针也，一曰剑如刀装者。《左传·襄公十七年》，以铍杀诸卢门。"《急就》篇颜注："铍，大刀也。"则弘非车裂而死。）

《封禅书》记"苌弘以方事周灵王，设射貍首，依物怪欲以致诸侯，诸侯不从，而晋人执杀苌弘"。其人盖喜用术数压胜之方。弘事见《周语下》，被杀在周敬王二十八年，即鲁哀公三年。《左传·昭公十一年》记苌弘欲尊周室，孔子尊周，实本苌弘之教也。弘信天道，孔子则性与天道不敢多言，与弘特异。弘言蔡之凶，岁在豕韦，岁及大梁则蔡复，楚凶。用十二分野为说（见《左传·昭公十一年》）。《淮南》谓苌"执数"指其长于历术。《庄子·外物》称"苌弘死于蜀，埋其血三年化为碧"，故蜀人承其学。《汉书·公孙弘传》赞云："汉之得人，历数则唐都、落下闳，后世莫及。"《儒林传》："蜀人赵宾，好小数书。”即所谓时日小数，其后有严君平辈，汉世蜀学有术数一系，其渊源必与苌弘有关。

秦简《日书》，殆即“执数”、“小数书”之类。

补记

建除十二位，姚振宗谓即《汉志》转位十二神，《开元占经》（卷六十七）于《石氏中宫》三引《黄帝占》，以建除十二名配北斗七星，其法与《淮南子·天文训》颇异，而建除名目则相同，今表之如下：

北斗星名	所配七政	代表意义	六甲所管	建除名目
（1）魁	岁星	天道	甲子、丙子、戊子、庚子、壬子	建
（2）璇	太白	地道	乙丑、丁丑、己丑、辛丑、乙亥、丁亥、己亥、辛亥	除、闭
（3）玑	荧惑	人道	丙寅、戊寅、壬寅、甲寅、甲戌、丙戌、庚戌、壬戌	满、开
（4）权	辰星	四时	丁卯、己卯、癸卯、乙卯、癸酉、乙酉、己酉、辛酉	平
（5）玉衡	填星	青德	戊辰、庚辰、壬辰、甲辰、丙辰、壬申、甲申、丙申、戊申、庚申	定、成
（6）开阳	月	法星	己巳、辛巳、癸巳、乙巳、辛未、癸未、乙未、己未	执、危
（7）摇光	日	部星	庚午、壬午、丙午、戊午、甲午	破、收

以十二配七不能均匀，故岁星与辰星只配一名为建与平，其他则各得其二。按严可均有《黄帝占》辑本，其序略云：《黄帝占》书在孔子后，“盖六国时依托也。《汉志》有《黄帝杂子气》十三篇，隋、唐《志》有《黄帝五星占》一卷”。如《黄帝占》为六国时书，则其所用建除之法，又与秦简不同矣。秦简按每月份日辰以定其建除（简九二一至九三二），又有以月份配二十八宿，十一月为斗至十月为心（简七三〇），皇甫谧《年历》以北斗七星配五星及分野，则另有一套：“第一枢为太白；第二璇为填星；第三玑为荧惑；第四权为辰星；第五玉衡为岁星；第六闿阳为日；第七摇光为月。”与《黄帝占》以第一魁为岁星又大异。

敦煌卷中不少有关建除资料，试举一二例：法京藏《推择日法》第八小册，为建、除、满、平、定、执、破、危、成、收、开、闭十二日嫁娶吉凶法（伯二九〇五背）。又《新集周公解梦书》第廿一章（伯三九〇八）：

建日得梦，主大吉利；
除日得梦，忧发起病；
满日得梦，逢酒肉；
平日得梦，舌事起；
定日得梦，主私从事；
执日得梦，主失财；
破日得梦者有大吉事；
危日得〔梦〕，主官事起；
成日得梦者主吉事；
收日得梦大凶恶事；
开日得梦，主生贵子；
闭日得梦者主惊恐。

后世诹日、占梦，亦用建除十二日，踵事增华，附记于此，以觇其演变之迹。

《续集古今佛论衡》云："求五芝草服之，若得仙道，会假禹步之力，得匿形影。"此为后世道教徒利用禹步法以藏形之术。

《开元占经》（一百十一）引《京房占》曰："正月初一日为鸡，二日为狗，三日为羊，四日为猪，五日为牛，六日为马，七日为人，八日为谷。"多一谷日。《隋书·经籍志》有《京氏日占图》三卷，未知《京房占》之说即出此否？又明王三聘《古今事物考》卷一引《东方朔占书》"一日鸡，二日犬，三日猪，四日羊，五日牛，六日马，七日人，八日谷。其日晴则主物育，阴则灾。……是人日起于汉也"云云，则八日为谷，其说出于俗所传之《东方朔占书》。考《古今图书集成》卷二十五引《缃素杂记》云："《北史·魏收传》……七日为人，然《东方朔占书》有八日为谷，而魏收所引董勋之语，止及于七日，何耶？盖宗懔又未见《东方朔占书》而妄为之说也。"则是东方朔而非宗懔。今秦简所见无八日谷，知古说自来即颇不一致也。

《日书》研究的意义

《日书》是湖北云梦出土秦简中的一部分，这一非常有趣的新资料，最近才正式公布，尚未有人做有系统的研究[1]；本书只是一种尝试，提出某些看法，以供参考。

研究《日书》有两点意义。《日书》中如秦楚月名对照表可看出秦楚历法的同异，日数和夕数的七式，对于时间的划分，是出于合理的观测，有充分天文学的根据，又如招摇、玄戈宿名，和甘、石《星经》可相印证，这些都可为考古天文学（archaeo-astronomy）补充了一些资料。其次如禹符、禹步等记载的提前，可以追溯古巫术与道教的关系，帮助宗教史解决一些难题。

《日书》因为带上日者神秘的色彩，向来被目为天书，如果掀开它的外衣，结合天文学史的知识，加以探索，便可发现它在远东古代占星术的研究上应该占有极重要的地位，这意味着了解术数某些渊源，或许可为人类文明揭示一点奥秘。

关于日书某月份内日数和夕数的记录，代表昼夜的长短，我尝初步指出二月和八月，其数皆八，即《淮南子》所谓"日夜分平"。这和《刑德》七舍有着密切的关系。曾君宪通进一步证明所谓"分平"所或十六道，和秦简以日夕为十六个单位完全一致。又论《日书》中的楚历月名，并据秦楚月名对

① 所知只有于豪亮：《秦简〈日书〉记时记月诸问题》，载《云梦秦简研究》，北京，中华书局，1981。

照表以追溯未经秦人改造过的楚历原貌，研究更为深入，特别写成《岁篇疏证》专文，今即是春、秋分，这些代表一年中各月份昼夜的长短共有七式，正是七舍、七衡；汉人所说的日行十六与拙作一起出版，希望方家指正。

1982年1月中旬　饶宗颐

又记

本文作于1982年春初，为日书研究筚路蓝缕之作。二十年来，各地出土文献，涉及日书将近十种以上。同一主题而异时异地有小出入，可以比证者甚多，正宜分地区作综合式之比较研究。秦楚习俗原有差别，已有多人作过深入探讨。又从日辰和丛辰之计算方式，星宿所在方位，与月份之配合，来决定日辰在行动上之吉凶。其形成原理和习俗之宜忌趋避如何演变之轨迹，经诸家深入钻研，逐渐明了。如出行之事以属金、水之日为宜，土日则不吉，以金能生水，土克水故也。大抵不离干支之运用与方隅之对冲、五行之生克及岁星之方向诸原则，因日书之出土为秦汉礼俗之研究，增入无上新资料。本文只开其端，须重新讨论者问题尚多，兹不作修订，存其原貌。读者不妨视为术教史研究之一陈迹，于愿足矣。

2002年1月　宗颐记

附一　云梦秦简《日书》賸义

1981年冬，撰《秦简〈日书〉研究》，书已刊布，仍觉剩义尚多。值J. Riegel教授征稿，因举数事论之，稿期匆迫，未能畅言也。

古者天子有日官，诸侯有日御。《左传·桓公十七年》云："不书日，官失之也。天子有日官，诸侯有日御。日官居卿以底日，礼也；日御不失日，以授百官于朝。"服虔云："日官、日御，典历数者也。"

云梦秦简《日书》有一则云：

> 癸丑、戊午、乙未，禹以取梌山之女日也。不弃，必以子死。（《日书》八九四反）

禹取梌山，《经典》作涂山。取当读为娶，所记时日与《尚书》又不同。《尚书·皋陶谟》："禹曰：予创若时，娶于涂山，辛壬、癸甲，启呱呱而泣，予弗子，惟荒度土功。"（《古文尚书·益稷》篇）这里提到辛至甲四个天干。司马迁在《夏本纪》译改这数句作"辛壬娶涂山，癸甲生启。"殊不了了。司马贞驳之，谓："岂有辛壬娶妻，经二日生子，不经之甚。"

按东汉延光二年（公元123年）立开母庙石阙铭云：

> 柏鲧称遂，□□□原。洪泉浩浩，下民震惊。……爰纳涂山（《御览》皇亲部引《帝王世纪》曰"禹纳涂山氏女"，可证。纳即娶也）。辛、

癸之间，三□□入（按《史记正义·夏本纪》云“过门不入”。此句缺文当是“三过不入”），实勤斯民。

是碑“涂山”二字，自《金石萃编》以至近时日本二玄社重印本释文，均误作“江山”，细审原拓，实是“涂”字，涂、塗、梌三字通用，文中仅举辛、癸二日，乃为檃栝之辞。先秦及汉代，此一传说甚为流行，亦见于《楚辞》、《吕览》等书。

《楚辞·天问》云：

禹之力献功，降省下土四方，焉得彼嵞山女，而适之于台桑。

王逸注：

辛酉日娶，甲子日去而有启。

《吕览·音初》篇：

禹行功，见涂山之女，禹未之遇，而巡省南土，涂山氏之女，乃命其妾候禹于涂山之阳，女乃作歌。歌曰：“候人兮猗。”实始作为南音。周公及召公取风焉，以为《周南》、《召南》。

高诱注：

取涂山氏女，南音以为乐歌也。

《水经·淮水注》当涂县城下引《吕氏春秋》曰：

禹娶涂山氏女，不以私害公，自辛至甲四日后，往治水。故江淮之俗，以辛、壬、癸、甲为嫁娶日也。禹墟在山西南，县即其地。

《淮水注》所引与今本《吕览》文字又复不同，乃有“自辛至甲四日”句，其指辛与甲为日名，至为明显。

《说文》屾部："嵞，会稽山也；一曰九江当涂也。民以辛、壬、癸、甲之日娶嫁。《虞书》曰：予娶嵞山。"字又作嵞，《尚书》这一故事传播甚广。经学家及文字学家的见解殊为分歧，今举郑玄、徐锴二家说如下：

郑玄云："（禹）登用之年，始娶于涂山氏。三宿而为帝所命治水。"意谓辛日娶妻，甲日即出而治水也。

徐锴《说文系传》："《尚书传》禹方治水，以辛日娶，甲日复往治水，在家三日耳。嵞山氏其俗以辛日嫁娶……因禹以成俗也；若巫之禹步然。"

自汉以来，说经者皆以辛日为娶女之日。今观秦简则不然；秦简亦见禹步之名，可见禹之故事，为巫者所普遍采取，而有种种说法，在先秦已不一致。《路史·后纪》十二对娶涂山女事有折中妥当之论，可以参考。

《汉书·武帝纪》，行幸缑氏，有诏言："至于中岳，见夏后启母石。"应劭注："启生而母化为石。"颜师古注："禹治鸿水，通轘辕山，化为熊。……涂山氏往见，禹方作熊，惭而去，而嵩高下化为石，方生启……事见《淮南子》。"按《淮南子·修务训》只有"禹生于石"之说，即汉人所传石纽之说，此则应为《淮南子》之逸文，后人演化而为启母事。涂山氏化为石，汉代民间必极盛行，汉武亲见其石，故东汉时有启（开）母庙之兴建。后世传说更为蔓衍，若顾野王《舆地记》、卢元明《嵩高记》，以至唐崔融作《嵩山启母庙碑》，益支离不可究诘。

唯由《尚书》此一记载，说明古代传说夏初可能已有使用十干諏日的习惯。辛、壬、癸、甲四个天干是相衔接的，癸终即是甲，周而复始。观下列三事可以推想日干之使用远在殷以前。其时可能已有"日官"的设立，专司其事。

（一）吴城马鞍形陶刀，背面刻𠥱字残形。当是甲骨文之𠥱，即是报丁。故吴城陶文年代上限，可确定在报丁以后。殷先公上甲微，其子名报丁（𠥱），报丁子名报乙（匚），报乙子名报丙（㔓），报丙子名主壬（T工），主（示）壬子名主癸（TX），主（示）癸子名天乙（大乙），是为成汤。从汤以前之世代，应属夏朝，盖十干命名之习惯，夏已有之。

（二）夏代帝名，纪年所见，用十干者有帝孔甲、帝履癸（桀）。目前在探索中的夏代遗址，虽未见有文字，然以大乙先代已用十干命名，以此推证，孔甲、履癸之名号，绝非无稽。殷先公无用十二地支者；有之，仅见王亥一名。似乎殷人先代命名制度，曾经过一度整理，起先可能是杂用地支的，故王亥以亥命名。后来才纯用天干，就现时资料论，好像在上甲时开始确立使用天干这个制度。

（三）古帝有高辛氏，《离骚》云：“凤皇既受诒兮，恐高辛之先我。”似古帝号可在天干上加以形容词，高辛之高，孔甲之孔，履癸之履（履，礼也）皆是。从高辛氏一名，结合“禹娶涂山之辛、壬、癸、甲”一语，可以想象夏启以前，已使用甲至癸来纪日。

后代江淮习俗，以辛为嫁娶日，固然是附会《尚书》，但辛、壬、癸、甲分明应指日而不指人。证以秦简别有癸丑、戊午、乙未之说。亦可证明这四个天干连用，除了时间意义以外，不必去寻找其他解释。由于时贤论十干有许多新见，在文献上很难说得通。秦简的新资料恰好提供最佳的论据。且知关于禹的传说在先秦时候已甚庞杂而分歧，唯其必指日而不指人，则可以论定的。

《尚书》言“辛壬、癸甲”，把十干最末的癸和列首的甲，连称曰癸甲，非常奇特，其实有它的道理。我想这和古代“四门”的说法有密切的关系。秦简《日书》有一条可解答这个问题。文云：

> 毋以辛壬东南行，日之门也；毋以癸甲西南行，月之门也；毋以乙丙西北行，星之门也；毋以丁庚东北行，辰之门也。凡四门之日，行之敫也。以行，不吉。（八六〇、八六一）

这里以辛壬、癸甲和乙丙、丁庚相配，来代表四门之日，《尚书·尧典》有“宾于四门”语（《古文尚书》在《舜典》）。秦简《日书》在“门”项目之下亦见东门、南门、北门，及许多门的名目（或一字如起门、刑门；或二字如不周门、则光门等等），《日书》的四门用“日、月、星、辰”来区分，表之如下：

星门（乙 丙）

月门｛甲 癸｝　乙 丙　丁 庚｝辰门
　　　　　　　壬 辛

日门（壬 辛）

秦以前已有这样的安排，略去中央的戊己，直接把丁和庚连在一起来代表辰门。由此可知辛壬是日门，癸甲是月门。辛壬、癸甲另有这样的含义。

如果用后天八卦合十干论之，辛壬在西北方位，属乾；癸甲在东北方位，属艮；乙丙在东南方位，属巽；丁庚在西南方位，属坤。为图如下：

辛壬、癸甲、乙丙、丁庚之为乾、艮、巽、坤，是居四维之门，秦简称之为日门、月门、星门、辰门。

东南为辛壬（西北）之冲，西南为癸甲（东北）之冲，西北为乙丙之冲，东北为丁庚之冲，故“以行，不吉”。《尚书》的辛壬、癸甲，自然未必是秦简所指之意义，但已出现在十干上辛壬、癸甲的名号。像这样天干的配合，可见很早已存在的。秦简《日书》中“门”的含义仍未十分明了，但每每言及其主，而且有邦君（东门）和将军（南门）之分，如刑门云“其主必富，十二岁更”，获门亦云“其主必富，八岁更”，不周门“其主富，八岁更”。《史记·律书》：“不周风居西北，主杀生。”《淮南子·天文训》之八风，后来遁甲称为八门。不周风相当于开门，兹列八风、八门之名与秦简《日书》比对如下：

	《淮南子·天文训》	奇门遁甲	秦简《日书》
东北方	条风	生门	徙门（起门）
东方	明庶风（滔风）	伤门	刑门
东南方	清明风（薰风）	杜门	寡门
南方	景风（凯风）	景门	辟门
西南方	凉风（凄风）	死门	屈门
西方	阊阖风（飔风）	惊门	失行门
西北方	不周风（厉风）	开门	景门
北方	广莫风（寒风）	休门	曲门

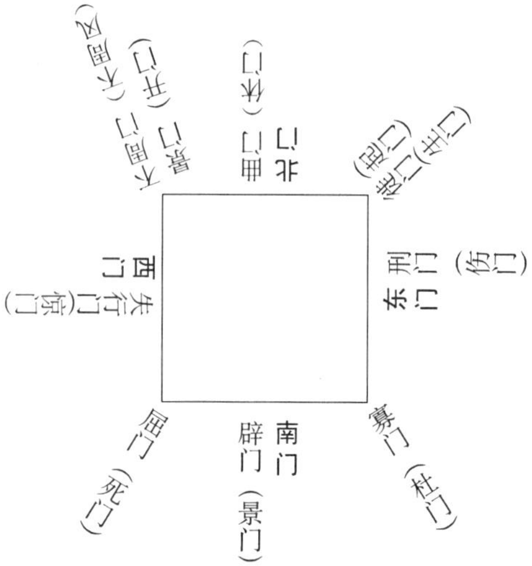

把后代遁甲的八门与秦简对比，只有不周门居西北隅完全符合。这一名称与《淮南子》的不周风相同，其余都有异名。与不周门对破的东南隅为寡门，可相当于杜门；东北隅的徙门，或起门，可相当于生门；西南隅的屈门可相当于死门（“屈”有尽之意）；南方的辟门，可相当于景门；北方的曲门，可相当于休门；东方的刑门，可相当于伤门；西方的失行门，可相当于惊门。这样可以了然遁甲的八门，和秦简的门占实有蛛丝马迹的关系。门占在先秦已萌芽，可以说开后来奇门遁甲的先河。

萧子显在《南齐书·高帝纪》（萧道成）推论太乙九宫，言及主客利、或不利（《左传·昭公三十一年》郑氏说“庚午日始有谪”云：干上为客，辰下为主，故午为主人）与大将、杜门诸说，是为古代的太乙术，所谓顺三门（开、休、生）发五将。在秦简中屡屡言及主和将军，如以南门为将军门。可见“大乙术”亦可在秦简《日书》中寻觅出它的一点渊源，据说马王堆三号墓篆书《阴阳五行帛书》已有大乙（下记戊己）在中央，及屈门、寡门等名目，其资料尚待公布。

简云：“凡四门之日，行之敫也。以行，不吉。”敫在建除家言中有敫日，敫日亦称挚日或执日。简云：“挚日，不可以行。”可证。《日书》有“四敫”之称，文云：

门：入月七日及冬未、春戌、夏丑、秋辰，是谓四敫，不可初穿门为户牖……（七五二反）

冬季的未日，春季的戌日，夏季的丑日，秋季的辰日，称为四敫，上列的日辰，是指四季的执日不可以出行的。

秦简言及禹取梌山之女日。关于娶妇之宜忌，《日书》有一些有趣的例子，试举如次：

> 天李，正月居子，二月居子……十二月居辰。凡此日不可入官及入室，入室必烕（灭），入官必有辠（罪）。（七五一、七五〇反）
>
> 壬申会于癸酉，天以坏高山，不可取妇。（七四九反）

以上二条，可能没有联系。天李，星名，即天理，在斗魁中。《史记·天官书》称曰“左角李”。《索隐》：“李即理。”《隋书·天文志》北斗星，“魁第一星曰天枢，二曰璇，三曰玑，四曰权，五曰玉衡，六曰开阳，七曰摇光。一至四为魁，五至七为杓。枢为天，璇为地，玑为人，权为时，玉衡为音，开阳为律，摇光为星”。又云：“魁中四星，为贵人之牢曰天理也。辅星传乎开阳，所以佐斗成功也。”辅指北斗七星中之辅一星。魁中第一至四星合称为魁，与五至七为杓不同。天李即指魁中的天枢、璇、玑、权四星。在天官中相当于辅相的地位，石氏《星经》则云：“四曰伐星，主天理，伐无道。”则专指魁中第四星中的权，名曰天理，以其主天理也。

壬申在癸酉先一日。“会”的意义未明，《唐六典·太卜令》：“凡历注之用六：有大会、小会、杂会、岁会。除建人神。”会居其四。《周礼·占梦》郑注言及八会，又郑志答赵商问，按堪舆黄帝问天老事，四月有癸亥为阴阳之会，十月有丁巳为阴阳交会。言未破癸者“即是未与丑对，而近癸也”。丑与未冲而近癸，大抵指阴建（即厌）所对之日，合于阳建所对之辰。如十一月阳建子，阴建亦在子，子对午，午近丙，故丙午为一合，丙午之合由于丙与午相邻。凡相邻近故可以会。壬申与癸酉正相近，故言会。关于壬申会于癸酉的正确含义，仍待研究，但“会”字的出现，是值得注意的。秦简另一条云：

> 壬申、癸酉，天以震高山，以取妻不居不吉。（八八九反）

则根本没有“会”字，但云“壬申癸酉”，因为壬申和癸酉两日是相衔接的。

秦简有二条云：

> 甲子、午、庚辰、丁巳，不可取妻家（嫁）子。
>
> 甲寅之旬，不可取妻。毋子。虽有，毋男。
>
> 月生五日曰杵。九日曰举，十二日曰见莫取。十四日𣄴询。十五日曰臣代主。代主及𣄴询，不可取妻。（八八八反、八八七反）

以上两则是相连的。杵、举、取、询、主，韵部相同，可见这数句是押韵的。曾宪通谓集询当读为谿诟，《说文》谿或体作諿、诟或体作询可证。《汉书·贾谊传》："顽钝亡耻，奊诟亡节。"师古注："奊诟谓无志分也。"其他意义未明，娶妻的避忌甚多，见于秦简的这些例子，在古文献上尚难取得印证。

还有，在《日书》中不止一次提到在子日不宜卜筮，如云：

> 毋以子卜筮，视……命曰：毋上刚。（一〇二一）
>
> 毋以子卜筮，害于上皇。（八三〇）
>
> 毋以丑徐（除）门户，害于骄母。（八三一）

以上诸条，颇为费解。毋上刚的刚，或指刚日柔日之刚。上皇一名，见《楚辞·九歌·东皇太一》"穆将愉兮上皇"。说者谓上皇即指东皇太一，已不容置疑。骄母者，秦简既多言禹之事，且及棘山之女。我想可能即是后趫。《路史·后纪》十二夏后氏云：

> 后趫生启及均，涂山于是独明教训而致其化。……后趫死，葬阳城。

其自注云："趫，《世本》、《世纪》、《列女传》皆作娇，《帝系》作文㤭。"秦简作"骄"与趫、娇、㤭都是一音之异，正和涂山女之作棘及嵞、涂诸异文一样。上皇、禹、骄母可能后来都成为日者崇拜的对象，所以认为在某一违忌的日子，进行卜筮或除门户，是有妨害的。

尚有二事值得讨论与补订的：

人字——《日书》八七九—八八三题曰"人字"，作二个人形上下相次，一注春夏，一注秋冬。人身部分分注十二支。

一图子从足起，另一图子从手起。

一图首部的日辰为巳，一图首部的日辰为卯。

其文云："人字：其日在首者富难胜殹（也）。夹颈者贵，在奎者富，在掖者爱，在手者巧盗，在足下者贱，在外者奔忙。"马王堆帛书在胎产书有此图。

考题《扁鹊子午经》（有《说郛》本）有"人神日辰忌"，把一月间某日记于人身的部位，如五日在口舌，六日在足小趾，八日在胸乳，十八日在腹，二十四日在手阳明、两胁等等。后起的书，像明臞仙（朱权）《肘后神枢经》亦有相似的图样。用人字作为日占，秦人已启其端。

往亡——文献上"往亡"见于《论衡·辨祟》篇，我已加以讨论。在《日书》中标明"亡日"及"亡者"，有二条极重要的材料，抄录于下：

> **亡日**　正月，七日；二月，旬；三月，旬一日；四月，八日；五月，旬六日；六月，二旬；七月，九日；八月，旬八日；九月，二旬七日；十月，旬；十一月，旬；十二月，二旬。凡以此往亡，必得，不能必死。（一〇四四，一〇四五）
>
> **亡者**　正月，七日；二月，旬四日；三月，二旬一日；四月，八日；五月，旬六日；六月，二旬四日；七月，九日；八月，旬八日；九月，二旬七日（下缺）……二旬。凡是往亡□□不得必死。（一〇四六，一〇四七）

在简七八九及七八八反所记"在行不可以归，在室不可以行"的日子，与上微有小异，兹列表如下（以A表七八九、七八八反，B表亡日，C表亡者）：

	正月	二月	三月	四月	五月	六月	七月	八月	九月	十月	十一月	十二月
A	7（日）	14	21	8	16	24	9	18	27	10	20	30
B	7	10	11	8	16	20	9	18	27	10	10	20
C	7	14	21	8	16	24	9	18	27			20

其中除二、三、六、十一、十二五个月有小出入外，其他完全相同。

考熊宗立《鳌头通书》卷七载有《往亡歌》云：立春后七日，惊蛰十四真。清明一十二，白露十八明。寒露二十七，立冬十朝灵。大雪二十位，大寒二十沈。在历史上著名的史事有一些涉及往亡的，如：

> 刘裕攻（南燕主超）城，或曰："今日往亡，不利行师。"裕曰："我往彼亡，何为不利?"（晋义熙六年，公元410年，二月丁亥）
>
> 李愬将攻吴房，诸将曰："今日往亡。"愬曰："彼以往亡，不吾虞，正可击也。"（唐元和十二年，公元817年，九月甲寅）

上列两事见于《通鉴》。胡三省注云："历书以惊蛰后十四为往亡日。"（中华本《通鉴》，3626页）又云："阴阳家之说，八月以白露后十八日为往亡。"（标点本《通鉴》，7739页）和《往亡歌》相符。《往亡歌》只有八个月有忌日，少了四个月，而且是以某个节气之后若干日来计算。秦简是以每月的第几日来定，而不管节气。有些数字完全相同：如正月之七日，同于立春后之七日；二月之十四日，同于惊蛰之十四；八月的旬又八日（即十八日），同于白露之十八；九月的二旬七日（即二十七日），同于寒露的二十七；十月的旬，同于立冬的十朝；十一月的二十日（七八九反），同于大雪的二十位；十二月的二旬（一〇四五），同于大寒的二十沈。可见后代《通书·往亡歌》的数字，是远有所承的。如果不是出土的资料，决无人肯相信往亡的忌日，早在秦代以前已经由日者加以推定的。

《论衡》所记"往亡"和"归忌"，原是两件事，归忌的忌日是：四孟在丑，四仲在寅，四季在子。见于简七八七、七八六反面，每四季孟避乙丑，仲避丙寅，季避甲子，四季皆然。它和往亡之每月各避一日是不同的。

前著所论，未能透彻，故补述于此。

附二　秦简《日书》中夕（栾）字含义初探

朱德熙先生在《𦋹篙屈栾解》（载《方言》，1979（4），303页）中首先提出信阳长台关编钟的“屈栾”即是江陵天星观一号楚墓竹简的“屈栾之月”。主要佐证有云梦秦简《日书》的秦楚月名对照表“屈栾”亦作“屈夕”，楚的屈夕是秦的十一月。亦字和夕古音相近可以假借。最近梅祖麟先生又在《方言》（1981（3），215页）上加以补充，大意说：夕（栾）的词义是岁月的月，夕所以有月义，他认为是由共同汉藏语传下来的（藏语月音 Zla，汉语夜音 Ia（g）＞Jia）。可惜他没有看到《日书》的全部资料，因为《日书》在同简之上，月字和夕字区别得很清楚，分明不可把夕当月看待。关于《日书》这一段文字极不好懂。似乎应该全面加以探讨，不揣固陋，特草此文，向二先生请教。

先将《日书》有关四简全文照录如下：

A岁　刑夷八月献马岁在东方以北大羊东旦亡南遇英西数反其卿　十月楚冬夕日六夕十　二月楚夏杘日八夕八　六月楚九月日十夕六

B夏夷九月中夕岁在南方以东大羊南旦亡西禺英北数反其卿　十一月楚屈夕日五夕十一　三月楚纺月日九夕七　七月楚十月日九夕七

C纺月十月屈夕岁在西方以南大羊西旦亡北禺英东数反其卿　十二月楚援夕日六夕十四　月楚七月日十夕六　八月楚爨月日八夕八

D七月爨月援夕岁在北方以西大羊北旦亡东禺英南数返其卿　正月

楚刑夷日七夕九　五月楚八月日十一夕五　九月楚㕙马日七夕九（以上见本文后附图，第七九三至七九六，四简）

在A简上方标一“岁”字，似乎说明岁星在各个月份的乡（向）背情形及其吉凶。《日书》另有一处在标明“毁弃”之下亦有二条简提及这些月名，再录如下：

E毁弃　八月九月十月毁弃南方爨月㕙马中夕毁弃西方。屈夕援〔夕〕刑㞙毁弃北〔方〕，夏尸纺月毁弃东方皆吉……

F援夕刑尸作事南方。纺月夏夕（尸）八月作事西方。九月十月爨月作事北方。㕙马中夕屈夕作事东方皆吉……（见本文后附图，第八四〇、八四一简，二简字有讹夺，又均脱“七月”，不明何故。）

湖北江陵望山昭固墓竹简屡见“𦊅㞙之月”及“蓌月”与“㕙马之月”，天星观竹简有“屈栾之月”，鄂君启节有“颋（夏）㞙之月”。现在把上面两组简（A、B、C、D为甲组，E、F为乙组）作一比较便可看到一些月名的异写。

刑夷（甲）亦作刑㞙（乙）刑尸（乙）　又作𦊅㞙（望山竹简）

夏夷（甲）亦作夏㞙（乙）夏尸（乙）夏夕（乙，这里夕字似尸字之误）　又作颋（夏）㞙（鄂君启节）

冬夕（甲）亦作中夕（甲、乙）

屈夕（甲、乙）又作屈栾之月（天星观竹简）

其他月名皆相同，不必详论。

细看楚的代月名大概可分为四类：

（一）但记月数的，即七月、八月、九月、十月。

（二）称尸（即夷）的有二，正月的刑尸（夷）、二月的夏尸（夷）。

（三）称夕的有三，中夕、屈夕、援夕。

（四）以事为名的，纺月、爨月、㕙马。

先谈“夕”的三个月份。

秦的十月在楚名为冬夕，又作中夕。

秦的十一月在楚名为屈夕。

秦的十二月在楚名为援夕。

所谓“夕”，在秦汉之际的五行家言有一套说法保存于《尚书大传》（卷三）《洪范五行传》中：

凡六沴之作，岁之朝，月之朝，日之朝，则后土受之；岁之中，月之中，日之中，则公卿受之；岁之夕，月之夕，日之夕，则庶民受之。其二辰以次相将其次受之，星辰莫（暮）同。

郑玄注云：

自正月尽四月为岁之朝，自五月尽八月为岁之中，自九月尽十二月为岁之夕。上旬为月之朝，中旬为月之中，下旬为月之夕。平旦至食时为日之朝，禺中至日昳为日之中，下侧（昃）至黄昏为日之夕。

又曰：

二辰谓日月也。假令岁之中也，日月中则上公受之……莫，夜也，星辰之变，夜见亦与昼同，初昏为朝，夜半为中，将晨为夕。或曰将晨为朝，初昏为夕也。

由伏生之说，一年之间，得作为“朝、中、夕”三段划分，日月星辰亦然。郑玄注说得更清楚，一日、一月、一夜都可作朝、中、夕三段来加以划分。楚代月名中的中夕、屈夕、援夕，正在年终的十月、十一月、十二月。所谓夕，当即郑玄所谓“自九月尽十二月为岁之夕”，只是差一个九月。

冬夕（中夕）	冬，四时尽也（见《说文》）。
屈夕	屈，诎也。
援夕	援有“接援”之意。

三个月份相连在一年之终，故得称为夕，它的命名含义，大可推敲，意思是在岁之夕，这是很可理解的。其他诸月名曾宪通君《楚月名初探》（载

《古文字研究》第五辑）论之已详。

楚历刑尸是正月，夏尸是二月。这二个月中的“尸”，秦简作“夷”或作“尸”，又益木旁作“杘”。

《公羊传·僖公十六年》云：“王正月……是月六鹢退飞，过宋都，是月者何？仅逮是月也。”何休注云：“是月也者，鲁人语也，在正月之几尽。”疏谓：“春秋之内，于此乎悉解为齐人语。而此一文独解为鲁人语。注在正月之几尽者谓晦日，乃在正月之欲尽矣。”可见是月指这个月将尽的晦日，但《春秋》不书晦日，所以称为是月。

清洪亮吉有《释岁》一文，在“月晦”之下云：“《初学记》引《公羊传》：‘提月者何？仅建夏晦日也。’提月六鹢退飞，过宋都。……《楚辞》摄提贞于孟陬正月建寅之月，称正月为提月，或古有是语。”（《卷施阁文甲集》二）是据《初学记》引别本《公羊》，是月作提月，是提一字孳乳易明，但“建夏晦日”一句不甚可解，洪北江怀疑正月古或称为提月，今观楚历正月名曰刑尸，二月名曰夏尸，皆系以尸字，衡诸古代异文假借的例证，提和示每每通用，刑尸省称作尸月或示月，又借作提月，亦有可能。如赵盾的车右，《左传》曰提弥明（宣公六年），《公羊》作祁弥明，《史记·晋世家》作示眯明（《说文》目部“眯”即弥），《释文》“祇弥明”注：祇本又作提，上支反。以是为例，故知《公羊》之提月，即楚简的尸月。

另一方面，秦简于月名之下记日若干、夕若干者甚多，通检《日书》计有三处（“岁”标题下七九三至七九六，四简；“诘”标题下八三六（反）至八二八（反），九简；又九一三至九二四，十二简，首简五月当是正月之误），均作同样记录。秦历建亥，以十月为岁首。兹揭示如次：

十月	楚冬夕	日六夕十
十一月	楚屈夕	日五夕十一
十二月	楚援夕	日六夕十
正月	楚刑夷	日七夕九
二月	楚夏杘	日八夕八
三月	楚纺月	日九夕七
四月	楚七月	日十夕六
五月	楚八月	日十一夕五
六月	楚九月	日十夕六

七月	楚十月	日九夕七
八月	楚爨月	日八夕八
九月	楚献马	日七夕九

日与夕之数分别为五至十一，在不同的月份上，日与夕之和不变，但有此消彼长之现象，其中日与夕之数同为八的是二月和八月。按日夕消长之关系，可大别分为二组：

第一组 十一月——五月　　日数　五↑十一
夕数　十一↓五

由十一月至五月，日数由五递增至十一，由少至多，这是阳逐渐长；夕数则相反的由十一递减至五，这说明阳生而阴逐渐消。

第二组 六月——十月　　日数　十↓六
夕数　六↑十

由六月至十月，日数从十递减至六，由多变少夕数则相反的由六逐渐增至十，这说明阳消而阴逐渐长。一消一长，好像阴阳二气相交。

何以日夕之数都用八？答案是八乃维刚（纲）之数。《大戴礼·本命》云：

八者维刚也，天地以发明，故圣人以会阴阳之数也。

袁氏嘉趣堂本注云：

八为方维，八卦之数也，天地以之明，圣人以之合阴阳。九、六大衍之数也。

刚读为纲，马王堆《相马经》“急其维冈”，另一幅写作“帷刚”（《文物》，1977（8）），可见纲可作冈及刚。

二月和八月日与夕之数相同者，即所谓“日夜平分”也。《淮南子·天文训》云：

阴阳刑德有七舍……阴阳相得，则刑德合门。……八月、二月阴阳气均，日夜分平，故曰刑德合门。德南则生，刑南则杀。二月会而万物生，八月会而草木死。

清钱塘云："《淮南》说刑德有二，一是一岁之刑德，所谓阴阳七舍；一是二十岁之刑德。"秦简此表应是论一岁之刑德。钱氏《天文训补注》解刑德七舍云：

室为子，堂为丑、亥，庭为寅、戌，门为卯、酉，巷为辰、申，术为巳、未，野为午。此七舍以门为中，在门内者，庭、堂、室也；在门外者，巷、术、野也。

由此推之，三月德在巷则刑在庭，四月德在术则刑在堂，五月德在野则刑在室，而六月如四月，七月如三月，八月如二月，九月如正月，十月如十二月，刑德周矣。

我们看秦简月表各月上所记的日数和夕数，其含义可以说是代表着德与刑。

六月	日数十夕数六	四月亦是日十夕六
七月	日数九夕数七	三月亦是日九夕七
八月	日数八夕数八	二月亦然
九月	日数七夕数九	正月亦是日七夕九
十月	日数六夕数十	十二月亦是日六夕十

这样日数夕数循环成为周期，即所谓"刑德周矣!"《淮南子》的意见，似乎较为复杂，他把北斗别为雌雄二神，以日为日踵，月为厌（压）对。

舍是指刑和德之所居，自子至午有七辰，故称七舍。七舍问题比较复杂，此不细论。从《日书》看，基本上是以日数表阳，夕数表阴，阳为德而阴为刑。星家以日月代表德与刑，《汉书·天文志》引《星备》云："日者，德也；月者，刑也。"《管子·四时》篇说："日掌阳，月掌阴；阳为德，阴为刑。"

这即所谓阴阳刑德，是以日为德，月为刑。而秦简则是以日与夕为德和刑。考《鲁语》穆伯妻敬姜论朝日与夕月，有极重要的理论，她认为：

朝日——习知地德

夕月——共敬天刑

以朝日属地，夕月属天，分主德与刑，这与刑德说的成立有密切的关系。秦简正以日数为阳指德，夕数为阴指刑，可以在《鲁语》找寻它的渊源。

战国以来刑德说盛行，《尉缭子·天官》云“黄帝刑德”，追溯远至黄帝。《韩非子》亦讨论刑德，兵阴阳更称阴阳刑德，《越绝书·计倪内经》云：“圣人能明其刑而处其乡，从其德而避其冲。”《淮南子·兵略训》云：“明于星辰日月之运，刑德奇賌（胲）之数，背乡左右之便，此战之助也。”《汉书·艺文志》阴阳家收有《刑德》七卷，又有《五音奇胲刑德》一书，近年马王堆出土《刑德》帛书有三种，其中有《刑德合》及《刑德徙当》，想与《淮南子》“刑德合门”应有相当关系，其书尚未公布。关于刑德问题，不拟多所讨论，这里只指出朝日、夕月和刑德的关系，目的在于说明“夕”字在战国阴阳家言中有它的特殊含义。秦简《日书》的日和夕，不能光从语言学方面去解释，还应从另一个角度加以考察，或者比较接近于原来的意思。我的肤浅看法是否有当，还望方家加以指正。

睡虎地秦简《日书》选

敦煌汉简编年考证

卷三

饶宗颐二十世纪学术文集·简帛学

目　录

凡 例

一、本书以甘肃省文物考古研究所编《敦煌汉简》(中华书局 1991 年 6 月版，以下简称《敦》)为底本，释文之末保留该书所用简号，释文之前加新编顺序号（能确定原属一册的若干简则用一个顺序号），以便引述查阅。

二、本书为编年体，按年代顺序排列。主要收录有年号及能确定具体年代之简例，不少能断定大致年代范围的简文亦颇具参考价值，则以附录形式归入相应年号简之后。

三、本书简牍释文均经校定，凡与《敦》释文异者则在按语中说明，按语还包括对简文内容的考证。

四、简牍释文中笔者所加符号有：

□ 字迹模糊未能释定者，每字一“□”。

…… 字迹模糊，字数亦未能确定。

◪ 原简断折处。

回 封泥印匣槽。

⊠ 原简断折在封泥印匣槽。

五、按语中引用之主要简牍资料及其简称：

甘肃省文物考古研究所、甘肃省博物馆、文化部古文献研究室、中国社会科学院历史研究所编《居延新简》(文物出版社 1990 年 7 月版)，简称《新简》。

谢桂华、李均明、朱国炤编《居延汉简释文合校》(上、下)(文物出版社 1987 年 1 月版)，简称《合校》。

李均明、何双全编《散见简牍合辑》(文物出版社 1990 年 7 月版)，简称《散》。

甘肃省文物考古研究所编《居延新简释粹》(兰州大学出版社 1988 年 1 月版)，简称《释粹》。

睡虎地秦墓竹简整理小组编《睡虎地秦墓竹简》(文物出版社 1978 年 11 月版)，简称《秦简》。

前　言

治汉简当先通文例，明假借，审制度，稽名物，娴熟《史》、《汉》常用字汇、惯语，以定其句读，其效果自然与寻常不同，试揭数例论之：

汉人《书仪》，至今尚无人加以整理，其习用语句如“甚苦……”之类，见于汉文帝与赵佗书：“皇帝谨问南越王，甚苦心劳意。”汉简频见“甚苦官事”、“甚苦事”或“甚苦……事”，如《敦》九三三“良善苦官事”，即沿用文帝句式。其误“甚”字为“善”，盖出于不谙文例之故。又如“出……给……”为汉代文书支出账之常用语，若《敦》九四一“出谷九十七石二斗给廪莫府马食”，《合校》四三三·三，四三三·三二“出六卷以给肩水卒”，《合校》一六一五“出赋钱八万一百 给佐史八十九人十月奉”。以此例之，出穬麦一类记录：若《敦》三一二“出穬麦九斗　以牧卒□□二月食”，《敦》三一三“出穬麦一斛八斗 以牧卒麦永三月食”及“出穬麦一斛八斗 以牧卒耿咸三月食”，诸言“以牧卒某三月食”句，“牧”必为“给”之误。汉时常见统计习语“与此”一词，如《合校》一三三·二一“与此五千五百廿束”，《合校》一四三·三及二一七·二四“与此三千二百丈”。据此考察《敦》一七三二“壬戌四人作墼二百六十，率人六十五，一人病。其此四千四百六十五”，《敦》一八五八，“□□□ □□□□其卌万二千三百卅束”，显然“其此”二字应作“与此”，“其卌”亦同应作“与此”，“卌”乃“此”之形讹。故非深通文例不能领会及此。又若汉时下行文书惯用“承书从事下当用者，如诏书”一语，如《敦》一五八〇：“……三月癸酉，大煎都候婴 下厌胡守士吏方，承书从事下当用者，如诏书。”《合校》一〇·三一：“闰月庚申，肩水士吏横以私印行候事下尉、候长，承书从事下当用者，如诏书。”以此知《敦》一二七七“□奉书从事下当用各外……”，其误“承”为“奉”，误“者如”为“各外”，即可据以断定。

次谈明假借。简文“桼”字，有时为“稟”字之误。若《敦》四五：“▨□在中，未与相见，其桼≡人在泉都，期晦来。”《敦》六一“▨之兹平大原郡皆以故官行，名曰行部。胡泽长、诸桼报”，《敦》一二八“言大兵方路驿出，令发桼过”，“桼”实宜释“稟”，“稟”即“导”，又“泽”当为“译”，谓向导与翻译为通行西域人员。汉人亦习惯借“稟”作“导”，《汉书·百官表》有导官，《后汉书·邓皇后纪》导官李贤注：“主导择米以供祭祀。”《史记·司马相如传》之《封禅文》“稟一茎六穗于庖”，《索隐》引郑德曰：“稟，择也。”《汉书·相如传》作“导”。《说文》禾部稟字即引相如此句作证。吕忱辈误解稟为禾一茎六穗，清人已辨正之。汉简以稟为导，盖二字互借，与汉人借稟作导同理。《敦》一七一八：“敦煌彊利里张广成车一两，粟十二□□二石，稌一斗，稷卌四石二斗三升少　以廪卒凡卌一石六斗六升大·卪。”所缺二字当释“帣奇”。帣，盛粮口袋，通常盛三石，故简文见“奇二石”为未足盛一袋之余数。“帣”汉简或写作“卷”、“券”，亦为假借字。

至审辨制度、名物则与史事有关。《敦》四九七：“六月戊午，府下制书曰：安众侯刘崇与相张绍等谋反，已伏辜。崇季父蒲及令罿解印授肉袒自护。书丁卯日入到。”“蒲及”地名，应作“蒲反”，即蒲坂也。鲁峻碑阴：“何东蒲反”，即河东蒲坂。《水经·河水注》：“蒲阪县，《地理志》志县故蒲也。”《敦》八四二：“大晨至雏鸣六……”“雏”乃“鸡”之误，鸡鸣，时辰名。《敦》一六九一：“正月大时在东方，害卯。小时丑在东方，害寅。”“害”字应作“舍”，“舍”为天文上用词，《淮南子·天文训》有所谓“阴阳刑德七舍”是其比。至于干支名，习见误释之例，若《敦》一二九六 A“神爵五年正月王成过东”，“王成”当是“壬戌”；《敦》一四〇一“王宾茭千廿束”，“王宾”当是原简“壬寅”之形讹，此皆显而易见。

敦煌汉简释读非易，自沙畹、王国维以来，致力者多家，由于书写之随意，字体之奇邪难辨，书迹历久之黯黮不明，在在增加困惑。甘肃吴（礽骧）、李（永良）、马（建华）三君之《敦煌汉简释文》，整比校雠，工力已迈越前人，可以信据，然千虑仍不免一失。李均明兄治简牍多年，直凑渊微，深造有得，于文字是正可数百事。以余主张出土史料必须系年，定其年代先后，庶有裨于史学，因穷数月之力，为之排比条例，摘录成编。余亦间附识语，冀有弋获，用力不多，而所得实寡。均明邀共具名，深感佳意，因述其缘起，非敢掠美也。唯汉世简牍出土数逾十万，兹仅以刊布者为限，居延、悬泉，犹不在其列，补苴损益，仍待来者。至于新莽诸简，则别为专著云。

饶宗颐　1995 年 5 月

汉武帝第一

元鼎三年（丁卯，公元前114年）

（1）▨鼎三年敢言之……▨

▨毋忽如律令，敢言之（《敦》一二七八A）

▨□□卒□□□年庚申，毋忽如律▨（《敦》一二七八B）

按：汉晋年号与“鼎”相关者，唯西汉武帝“元鼎”，故此简“鼎”前所缺当为“元”字。《汉书·武帝纪》载：大司马骠骑将军霍去病薨于元狩六年秋九月，在此以前，《史记》本传记其“凡六出击匈奴，其四出以将军，斩捕首虏十一万余级。及浑邪王以众降数万，遂开河西酒泉之地，西方益少胡寇”。《汉书·西域传》：“其后骠骑将军击破匈奴右地，降浑邪、休屠王，遂空其地，始筑令居以西，初置酒泉郡，后稍发徙民充实之，分置武威、张掖、敦煌，列四郡据两关焉。”所言年代较《史记》为长，但河西之开发始于霍去病则同。《汉书·礼乐志》、《资治通鉴·汉纪》皆载元狩三年“得神马于渥洼水中”，李斐曰：“南阳新野有暴利长，当武帝时遭刑，屯田敦煌界，数于此水旁见群马，中有奇马与凡马异，来饮此水。利长先作土人持勒绊于水傍，后马玩习。久之，代土人持勒绊，收得其马，献之，欲神异此马，云从水中出。”此简存“鼎”字即汉武帝时期敦煌早期开发之见证，时当敦煌设郡之前，神马出渥洼之后。

元鼎六年（庚午，公元前111年）

（2）马以节，属吏用传，及将兵吏边言缘人惊……☑

□武皇帝元鼎六年九月辛巳下，凡六百☑所令（《敦》一二九八）

按：此为汉武帝元鼎六年九月辛巳所下诏书残文，所缺甚多。“马”前当有字与之连读，如“司马”、“大司马”之类。节者，《周礼·地官·掌节》：“道路用旌节。”注：“旌节，今使者所拥节是也。”《汉书·高帝纪》：“封皇帝玺符节。”颜师古曰：“节以毛为之，上下相重，取象竹节，因以为名，将命者持之以为信。”《武帝纪》：“征和二年，更节加黄旄。”注引应劭曰：“时太子亦发节以战，故加其上黄以别之。”钱大昕曰：“《刘屈氂传》，初汉节纯赤，以太子持赤节，故更为黄旄加上以别之。”《后汉书·光武纪》：“更始元年，持节北度河。”李贤注：“节所以为信也。以竹为之，柄长八尺，以旄牛尾为其眊三重。冯衍与田邑书曰：‘今以一节〔之〕任，（运）〔建〕三军之威，岂恃宠其八尺之竹，牦牛之尾哉！’”《汉书·王莽传》：“使节之旄幡皆纯黄，其署曰‘新使五威节’，以承皇天上帝威命也。”《苏武传》：苏武“杖汉节牧羊，卧起操持，节旄尽落”。持节者通常身份较高。传如今通行证，《释名·释书契》：“过所至关津以示之也。传，转也，移传所在，识以为信也。”崔豹《古今注》：“凡传皆以木为之，长五寸（当为‘尺五寸’之误），书符信于上，又以一板封之，皆封以御史印章，所以为信也，如今之过所也。”《汉书·文帝纪》十二年师古曰：“传，若今过所也。”《周礼·地官·司关》贾疏云：“过所文书，当载人年几及物多少，至关至门，皆别写一通，入关门家门，及案勘而过，其自内出者，义亦然。”传之使用范围广泛，吏民皆用之。简云“属吏用传”即未有资格持节者，以传通行。简牍所见诏书本文通常署颁发日期，如此简所见，又《新简》EPT五三·七〇A：“制诏御史：秋收敛之时也，其令郡、诸侯☑地节三年八月辛卯下。”《新简》EPT五九·六一：“制诏纳言：其令百辽（僚）屡省所典，脩厥职务顺时气。　□始建国天凤三年十一月戊寅下。”颁发日期亦即诏书生效之时。除颁发日期外，许多诏书尚署字数，如此简又《合校》一二六·二九：“前三年十二月辛巳下。凡九十一字。”《合校》三二九·九，一七九·五："☐符令。制曰'可'。孝文皇帝三年七月庚辰下。凡六十六字。"

天汉三年（癸未，公元前98年）

（3）天汉三年十月　　隧长赵賖居平望

□己酉，其十石五斗在任君所。天汉三年☐

☐□□遂为君已入大石四石一斗，少大（《敦》一九四八）

按：平望，候官或烽隧名，《敦》一三八一见"平望候官马驰人走行"封检。平望候官属敦煌中部都尉管辖，《敦》一三六六："四月戊午敦煌中部都尉过伦谓平望、破胡、吞胡、万岁候官：写重，案候官亭燧。"《敦》一三六七："七月丁未敦煌中部士吏福以私印行都尉事谓平望、破胡、吞胡、万岁候官：写移檄到。"任，姓。君，尊称。

太始元年（乙酉，公元前96年）

（4）☐大始元年十二月辛丑朔戊午，煎都亭☐（《敦》一九四八）

按："大"通"太"，简牍所见"太"字均写作"大"。煎都亭，敦煌玉门都尉大煎都候官属亭。敦煌市西吐火洛泉之D五[1]烽燧遗址曾出土写有"大煎都燧长"字样的简牍。

太始三年（丁亥，公元前94年）

（5）大始三年闰月辛酉朔己卯，玉门都尉护众谓千人尚、尉丞无署就……（《敦》一九二二A）

□充□（《敦》一九二二B）

按：《汉书·百官表》："郡尉，秦官，掌佐守典武职甲卒，秩比二千石。

---

① 甘肃省文物考古研究所编号，斯坦因编号为T五。

有丞，秩皆六百石。景帝中二年改名都尉。”《汉旧仪》：“边郡……置部都尉、千人、司马、候、农都尉，皆不治民。”《续汉书·郡国志》：“张掖属国，武帝置属国都尉以主蛮夷降者，安帝时别领五城。……候官，左骑千人〔官〕；司马官，千人官。”《汉书·灌夫传》：“请孟为校尉，夫以千人与父俱。”注引孟康曰：“官主千人如候、司马也。”千人一职为都尉下之领兵官，屡见于简牍及汉印，如《合校》二八·二一：“居延千人长则校系甲渠第廿三名籍。”《合校》五六四·六：“觻得骑士成功彭祖，属左部司马宣、后曲千人尊。”《封泥考略》一·四五：“中骑千人。”《十钟山房印举》举二·五〇：“折冲千人印。”《汉印文字征》三·二：“骑千人印。”

附一

(6) 出粟五石二斗二升，以食使车师成君卒八十七人丙申一日积八十七人＝六升（《敦》一九二六、一九三五）

(7) 出粟，一斗二升，以食使莎车续相如上书良家子二人十月癸卯□〼（《敦》一九二七）

按：王国维云：“右二简均记廪给使外国者之事。《汉书·功臣表》云：承父侯续相如以使西域，发外王子弟诛斩扶乐王首，虏二千五百人。侯千百五十户，太始三年五月封。此事不见《西域传》，使莎车与斩扶乐殆一时事，则此简乃太始三年以前物也。良家子二人乃相如所遣上书者，时过塞下，故出粟食之。汉时禀食率日六升，《匈奴传》严尤谏王莽曰：计一人三百日食用糒十八斛。则百日得六斛，一日得六升，故右一斗二升者二人一日食，五石二斗二千者八十七人六日食也。此二简出玉门而往反南北道之使皆过此者，案《西域传》，言自玉门关出西域有二道：从鄯善傍南山北波河西行至莎车为南道，自车师前王庭随北山波河西行至疏勒为北道。《后书》语亦略同。《魏略·西戎传》言从玉门关出西域，前有二道，今有三道：从玉门关西出婼羌，转西越葱岭经县度入大月氏为南道；从玉门关西出，发都护井，回三陇沙北头经居卢仓，从沙西井转西北过龙堆至故楼兰，转西诣龟兹至葱岭为中道；从玉门关西北经横坑辟、三陇沙及龙堆出五船北到车师界戊己校尉所治高昌，转西与中道合龟兹为新道。《北史·西域传》所记二道，其一当《魏略》之新道，其一当其中道，而皆云出玉门。《隋书·裴矩传》所言三道亦皆与《魏略》同而不言所从出。《元和郡县志》则谓阳关谓之南道，西趣鄯善、莎车；

玉门谓之北道，西趣车师前庭及疏勒。综上诸说观之，《汉书》记西域二道之所从出但浑言玉门、阳关。《魏略》、《北史》专言玉门。《元和志》言南道出阳关，北道出玉门。今案汉时南北二道分歧不在玉门、阳关而当自楼兰故城始。自此以南则从鄯善傍南山北波河西行至莎车；北则或东趣东师前王庭，或西趣都护治所，皆随北山波河西行至疏勒。故二道皆出玉门。若阳关道路止于婼羌，往鄯善者绝不取此，故《西域传》言婼羌僻在东南，不当孔道。《汉书》记北道自车师前王庭始，记南道自鄯善始，当得其实。然则楼兰以东初未分南北二道也。右简出玉门塞上而自南道莎车还者乃经其地，盖知南北二道之分歧不在玉门、阳关而当自故楼兰城始矣。”①

太始四年（戊子，公元前93年）

(8) 太始四年十一月□□朔壬戌▨

牒署从事□□官书遣送，敢言之。▨（《敦》一二八四）

按：“壬戌”以下当有缺文，下简已折断，《敦》未设“▨”号，今增。“牒”《敦》作“□”。“牒署从事”常见于汉简有关官吏任免的文书，如《新简》EPF 二二·二四七 A：“建武五年五月乙亥朔壬午，甲渠守候博第二隧长临。书到，听书牒署从事，如律令。”B：“掾谭。”其下尚有二简与之相联，《新简》EPF 二二·二四八：“第二隧长史临 今调守候长，真官到若有代罢。”《新简》EPF 二二·二四九：“万岁候长何建 守卅井尉。”所谓“牒署”即指后二简所云，犹今言“附件所写”。例（8）之“牒署从事”当抄自上级下达的文书，其下“□□官书遣送”意谓遵照上级文书的要求派遣。

附二

(9) 酒泉玉门都尉护众、候畸兼行丞事

▨长　谓天□以次马驾，当舍传舍诣行在所

夜以传行从事，如律令。（《敦》二四三八）

按：“玉门都尉护众”见前例（5），时为太始三年，此简年代当相去不

① 《流沙坠简·屯戍丛残·禀给一、二》。

远，故附于此。简云“酒泉玉门都尉”，知此时敦煌尚属酒泉郡管辖，尚未分立敦煌郡。据简文，此例为传一类通行证。传有因公、因私两种，简云“当舍传舍”，通常公差方有此待遇，且此传由都尉府颁发，知持用者身份地位当较高。公差所持传如《合校》一七〇·三A：“元延二年七月乙酉，居延令尚、丞忠移过所县道河津关：遣亭长王丰以诏书买骑马酒泉、敦煌、张掖郡中，当舍传舍，从者如律令。　/守令史诩、佐褒。”B：“居延令印　七月丁亥出。”

汉昭帝第二

始元七年（辛丑，公元前80年）

（10）青堆隧长效穀宜禾里李广利　始元七年五月戊戌……（《敦》一四〇三）

按："穀"《敦》作"谷"。《汉书·昭帝纪》载：元凤元年"八月，改始元为元凤"。此简尚见始元七年，史籍纪年则仅至始元六年。

元凤元年（辛丑，公元前80年）

（11）十二月戊戌朔博望隧卒旦徼迹，西与青堆隧卒会界上刻券～≠
十二月戊戌朔青迹堆隧卒旦徼，东与博望隧卒会界上刻券～显明（《敦》一三九二）

按：此为日迹券。据陈垣《二十史朔闰表》，西汉中晚期至东汉初，唯汉昭帝元凤元年十二月为戊戌朔，故可确定此券为元凤元年物。类似之日迹券又见《敦》二二九六："四月威胡隧卒旦迹西与玄武遂迹卒会界上刻券。"该券为可反复使用之月日迹券，故券之左侧有二十个刻齿，表明已使用二十日以上。迹，日迹，每日巡视天田上有否足迹的活动。[1] 戍卒日迹通常在早晨进行，故称“旦迹”或“旦徼迹”。界，两座烽隧之间的分界，通常设于中点。两隧迹卒于分界处会面刻券，便能保证双方日迹皆尽界而无遗漏。

元凤三年（癸卯，公元前78年）

(12) ⧄　　　　五月庚申朔酉　……

□月壬辰朔　六月庚寅朔　……

□月□□朔　七月己未朔酉　……

　　　　　　候长钱廿二、卒亥钱百五十凡得钱六百卌四

　　　　　　□□马中公钱卅三（《敦》一四一三）

⧄辛酉朔　　□月己未朔酉

⧄辛卯朔　　八月己丑朔午　十二　⧄（《敦》一四一四）

四月辛卯朔小　十□（《敦》一四一五）

按：以上三简字迹相同。据《二十史朔闰表》，简文所见四、五、六、七、八月朔日与汉昭帝元凤三年相应月份皆同，知其为该年历谱。“壬辰”《敦》作“辛亥”。《敦》一四一三左缺，《敦》一四一四右缺，但两简字迹吻合，最明显处如《敦》一四一三“七月己未朔酉”仅剩右半字迹，而《敦》一四一四“□月己未朔酉”仅剩左半字迹，两半对比，笔画可相连，知其原为一片，而后裂断，合之可复旧观如下：

正月壬戌朔　五月庚申朔酉　〔九月戊午朔〕

二月壬辰朔　六月庚寅朔　〔十月戊子朔〕

三月辛酉朔　七月己未朔酉　〔十一月丁巳朔〕

四月辛卯朔　八月己丑朔午　〔十二月丙辰朔〕

原简当为三栏，据今所见，上两栏为每栏四行字，第三栏后已被刮削，未知原状。

---

① 关于天田，详见本篇例（65）解。

元平元年（丁未，公元前74年）

(13) 元平元年七月庚子，禽寇卒冯时卖　络六枚杨卿所，约至八月十日与时小麦七石六斗，过月十五日以日斗计，盖卿任。(《敦》一四四九 A)

曲小麦（《敦》一四四九 B)

按：此例为买卖契券，汉简称之为“责券”。类似之债券又见《新简》EPT五七·七二：“元康二年十一月丙申朔壬寅，居延临仁里耐长卿贳买上党潞县直里常寿，字长孙青复绔一两，直五十，约至春钱毕已。姚子方▢。”(简左侧上部有刻齿) 债券为一式多份，债权人与债务人分别持之，一旦有民事纠纷，便借以为证。《周礼·秋官·朝士》：“凡有责者有判书以治则听。”注：“郑司农云，谓若今时辞讼有券书者为治之。”《士师》：“凡以财狱讼者，正之以傅别约剂。”注：“傅别，中别手书也。约剂，各所持券也。故书别为辨。郑司农云，傅或为付，辨读为风别之别，若今时市买为券书以别之，各得其一，讼则案券以正之。”立债券通常须有担保人或见证人，简文所见“盖卿”即担保人。任，担保。关于担保人，它简所见如《合校》二八二·五：“终古燧卒东郡临邑高平里召胜，字游公　贳卖九稯曲布三匹，匹三百卅三，凡直千鯀得富里张公子所，舍在里中二门东入，任者同里徐广君。”又《合校》二八七·一三：“惊虏隧卒东郡临邑□□里王广　卷上，字次君　贳卖八稯布一匹，直二百九十鯀得安定里随方子惠所，舍在上中门第二里三门东入，任者阎少季、薛少卿。”见证人称“旁人”或“知券”，如《合校》三一一·二〇：“戍卒魏郡贝丘珂里杨通　贳卖八稯布八匹，匹直二百卅，并直千八百卌，卖郑富安里二匹，不实贾，知券常利里淳于中君。”买卖契约中有时设附加条件，如简文“过月十五日以日斗计”，属惩罚性从契约。债券见从契约又《合校》二七三·一二：“▢石十石，约至九月糴必（毕）以（已），即有物故，知责家中见在者。”《敦》一四五三“……即不在，知责家▢”，知，接着，继续。于豪亮云：“知是继续的意思。《墨子·经上》：‘知，接也。’《庄子·庚桑楚》：‘知者，接也。’《仪礼·聘礼》‘接闻命’注：‘接犹继也。’《战国策·秦策》：‘故使工人为木材以接乎?’《楚辞·哀郢》：‘忧与愁其相接。’接亦训为续。《广雅·释诂二》云：‘接，续也。’知训为接，接训为续，则知亦训为续。”① 综上，债券之内容通常包括：立券时间、地点、债权人与债务人、买卖或借贷物品及价格、还债预定日期、担保人或见证人及从契约。

① 《于豪亮学术文存》，188页，北京，中华书局，1985年1月。

汉宣帝（上）第三

本始元年（戊申，公元前73年）

（14）本始元年六月辛卯朔戊辰，当武长山敢言（《敦》一二四一）

本始三年（庚戌，公元前71年）

（15）云中郡云中城下里王纯

坐为骑士有诏发诣五原郡稒阳，当从□▱

本始三年正月乙丑，云中尉史充国等移苐□□□▱（《敦》七〇〇）

按：此简形制特殊，“云中郡云中城下里王纯”十字书于一平面，字体较大。其下两行文字分别书于棱形体之两面，字形较小。简文为坐罪名籍，此类名籍又如《合校》一三·六：“戍卒东郡畔戍里靳龟　坐乃四月中不审日行道到屋兰界中，与戍卒函何阳争言，斗，以剑击伤右手指二所□地节三年八月己酉械毄。”《合校》一一八·一八：“戍卒东郡□里函何阳　坐斗以剑击伤戍卒同郡县戍里靳龟右脾一所，地节三年八月辛卯械毄。”《新简》EPT五九·五九："第十候长傅育　坐发省卒部五人会月十三，失期毋状，适载三泉茭二十石致城北燧给驿马，会月二十五日毕。"骑士有诏不诣屯所，汉律属"乏军兴"，《汉书·赵广汉传》："初广汉客私酤酒长安市，丞相史逐去客。客疑男子苏贤言之，以语广汉。广汉使长安丞按贤，尉史禹故劾贤为骑士屯霸上，不诣屯所，乏军兴。"汉时五原郡为边塞苦寒之地，常为谪戍及流放罪犯之所，《汉书·武帝纪》载：元狩五年，"徙天下奸滑吏民为边。天汉元年，发谪戍屯五原"。《后汉书·明帝纪》："永平八年，诏三公募郡国中都官死罪系囚，减罪一等，勿笞，诣度辽将军营，屯朔方、五原之边县；妻子自随，便占著边县。"骑士王纯或因畏苦寒而不从行，故坐罪，其案例通报竟远达敦煌。

本始六年（癸丑，公元前68年）

（16）本始六年三月　癸亥朔　乙酉

丁丑尽辛卯十五日

到官。（《敦》一八〇八）

按：本始六年即地节二年，史籍见本始年号止四年。

地节五年（丙辰，公元前65年）

（17）地节五年三月行塞举（《敦》一六〇八）

按：史籍见地节年号止四年。行塞，巡视检查边塞事务。举，纠举。行塞举内容广泛，通常由各级官吏主持进行，如《新简》EPT四八·一五八A："假千人陈级等行塞举吏卒名。"《合校》五二二·二四："☑七月司马行塞☑。"《新简》EPT五〇·四四："□万岁部四月都吏□卿行塞举。"《新简》EPT五九·四一〇："……〔都〕吏戴卿行塞举。"《合校》二八五·四："☑月尉史殷行塞举。"纠举的项目主要是与屯戍直接相关的人员在岗、兵品守御器完损、传递烽火与邮书是否及时等情况，如《合校》一四五·五"☒吏去署举"是官吏擅离岗位的纠举；《合校》一二六·二六A、B"☒地节四年三月卒兵举"是关于戍卒兵器的纠举；《新简》EPT五二·八三："建昭四年四月辛巳朔庚戌，不侵候长齐敢言之。官移府所移邮书课举曰：各推辟部中，牒别言，会月廿七日。……”文中所言“邮书课举”即关于留迟邮书的纠举；《合校》七三·二九：“▨未朔丁丑，第十候长忠敢言之。官移府举书▨通。辛未夜食□二分通府，府去鉼庭百五十二▨。”所举或为烽火事。由于纠举多在行塞时进行，故对发现的问题往往不能当时下结论，而待下级进一步核查，然后上报，如《新简》EPT五二·二八四B见“〔行〕塞举及部报”，举与报相对应。具体行文如《新简》EPT五九·六九：“吞远隧卒贾良不在署　谨验问吞远候长谭、兼候史吞北隧长褒，辞曰：十二月五日良……”《合校》一九四·一七：“第二燧长景褒不在署　谨验问：褒辞：却适燧卒周贤伐大司农茭郭东，病不任作，官记遣褒迎取，十月廿六日褒之居延郭东取卒周贤，廿九日还到燧，后都吏郑卿。”简文透露，由于景褒后都吏郑卿还到燧，故被举“不在署”，说明行塞举者为郑卿。景褒即已讲清不在署的正当理由，此“举”亦当勾销。

元康元年（丙辰，公元前65年）

(18) 元康元年七月壬寅朔甲辰，关啬夫广德、佐熹敢言之。敦煌寿陵里赵负　趣自言夫䜣为千秋隧长，以令出关，敢言之。(《敦》七九六)

按：关啬夫，玉门关啬夫，具体负责玉门关之开闭出入，属玉门都尉玉门候官管辖。至千秋隧需出玉门关，知其在关外。

元康三年（戊午，公元前63年）

(19) 元康三年正月乙丑朔庚戌，效谷丞　敢言之。谒□精糒簿一编，敢言之。(《敦》一二九二)

按：效谷，敦煌郡属县，《汉书·地理志》师古曰：“木渔泽障也。桑钦说孝武元封六年济南崔不意为鱼泽尉，教力田，以勤效得谷，因立为县名。”糒，干粮，《汉书·王莽传》“太官赍糒干肉”，师古曰：“糒，干饭也。”“效谷丞”后空二字位置，乃当时有意安排。汉代各级文书通常由掾、佐史之类起草，然后通过主管官员审定签发。凡职官后未署人名者，当为未经审定签发或留作存档的文书底稿。

（20）元康三年九月辛卯朔癸巳，县泉置啬夫弘敢言之。谨移铁器簿一编，敢言之。（《敦》一二九五A）

□□长富（《敦》一二九五B）

按：县（悬）泉置，敦煌郡所属驿置，详见例（40）。铁器乃汉代重要物资，管制甚严，故设铁器簿。《汉书·汲黯传》："愚民安知市买长安中而文吏绳以为阑出财物如边关乎？"注引如淳曰："阑，妄也。律，胡市，吏民不得持兵器及铁出关。虽于京师市买，其法一也。"

（21）一日　乙未　甲子　甲午　癸亥　癸巳　壬戌　壬辰　辛酉建　辛卯　庚申　庚寅　□□（《敦》一七三四）

五日　己亥　戊辰　戊戌　丁卯　丁酉　丙寅　丙申建　乙丑　乙未　□□（《敦》一七四八）

六日　庚子　己巳　己亥　戊辰　戊戌　丁卯　丁酉　丙寅　丙申　乙丑　乙未　乙丑建（《敦》一六六六）

☐　庚子　己巳　己亥　戊辰　戊戌　戊辰（《敦》一六七二）

十日　甲辰　癸酉　癸卯　壬申　壬寅　辛未建　辛丑　庚午　庚子　己巳　己亥　己巳（《敦》一六〇九）

十一日　乙巳　甲戌　甲辰建　癸酉　癸卯　壬申　壬寅　辛未　辛丑　庚午　庚子建　庚午（《敦》一六四七）

十三日　丁未　丙子　丙午　乙亥　乙巳　甲戌　甲辰　癸酉　秋分建　癸卯　壬申　壬寅　壬申（《敦》一六四四）

☐　己酉　戊寅　戊申　丁丑　丁未　丙子　丙午　乙亥　乙巳　申戌　甲□（《敦》一七二三）

十六日　庚戌　己卯建　己酉　戊寅　戊申　丁丑　丁未　丙子　丙午　乙亥建　乙巳　乙亥　丑未（《敦》一五六三）

廿日　甲寅建　□□　□□　□□　□□　□□　□□　庚辰　庚戌建　己卯　己酉　己卯（《敦》一七〇五）

甲申　甲寅　癸未建　癸丑　壬午　壬子　辛巳　辛

亥　辛巳（《敦》一七五〇）

廿三日　丁巳　丙戌　丙辰立夏建　乙酉　乙卯　甲申　甲寅　癸未　癸丑　壬午　壬子建　壬午（《敦》一七六八）

廿五日　己未　戊子　戊午　丁亥　丁巳　丙戌　丙辰（《敦》一六〇六）

廿八日　壬戌　辛卯建　辛酉　庚寅　庚申　己丑　己未　戊子　戊午立冬　丁亥建　丁巳　丁亥（《敦》一六一六）

卅日　　癸巳　壬辰　辛卯　庚寅　己丑　己未（《敦》一七二〇）

按：罗振玉云："右历谱残简十五，由一日至卅日，中缺第二、三、四、七、八、十二、十四、十七、十八（沙氏言十八日一简但存丑字及未子，余均漫灭，故未影印）、十九、廿一、廿四、廿六、廿七、廿九凡十五简，具载十二月中由朔至晦每日干支为谱，横读之，沙氏考为元康三年历。按汉自武帝太初元年讫章帝元和二年皆用太初术推之，是年每月朔望大小尽均与简合，沙氏所考是也。"①

神爵元年（庚申，公元前61年）

（22）神爵元年十月十九日□□□□□▨（《敦》二〇六五）

（23）神爵元年罢卒假留署所寅矢承弦□　凌胡隧（《敦》一七二四）

按：罢卒，退役戍卒，《新简》EPT五二·二一九："令史厶写罢卒籍。"《新简》EPT五二·二七七："出钱二百，买木一，长八尺五寸，大四韦，以治罢卒籍。令史护买。"《新简》EPT五六·一一五："晦日平旦，须集移府。迫卒罢日促，毋失期，如律〔令〕。"署所，罢卒原驻处所，简下端所见"凌胡隧"当是。承弦，备用弓弦。

（24）制诏酒泉大守：敦煌郡到戍卒二千人茭酒泉郡，其徼候如品，司马以下与将卒长吏将屯要害处。属大守察地刑依阻险坚辟垒远候望，

① 《流沙坠简·术数类》，5页。

毋（《敦》一七八〇A）

（未释文）（《敦》一七八〇B）

☐　　□□陈却适者，赐黄金十金。

☐元年五月辛未下　罢军（《敦》一六六五 A）

☐罢军伏地再拜请　□□□□（《敦》一六六五 B）

按："茇"《敦》作"发"。此例所见为汉宣帝神爵元年诏书，王国维云："右二简书法相似，又自其木理观之，乃一简裂为二者，第二简斤字之半尚在第一简末可证也。此宣帝神爵元年所赐酒泉太守制书。《独断》云：制书其文曰制诏三公、刺史、太守相；又云，凡制书有印使符下远近，皆玺封，尚书令重封，故汉人亦谓之玺书。《汉书·武五子传》元康二年遣使者赐山阳太守玺书曰'制诏山阳太守'，《陈遵传》宣帝赐陈遂（遵之误）玺书曰'制诏太原太守'，《赵充国传》上赐书曰'制诏后将军'，下文目为进兵玺书，则玺书之首例云'制诏某官'，此简云'制诏酒泉太守'则赐酒泉太守玺书也。案《赵充国传》，神爵元年先零羌反，遣后将军赵充国击之（《宣帝纪》在四月）。酒泉太守辛武贤奏言屯兵在武威、酒泉、张掖万骑以上皆羸瘦，可益马食，以七月上旬赍三十日粮并出张掖、酒泉合击罕幵在鲜水上者。于是即拜武贤为破羌将军（《宣帝纪》在六月）而以书敕让充国云：今诏破羌将军武贤将兵六千一百人，敦煌太守快将二千人，长水校尉富昌、酒泉候奉世将婼羌、月氏兵四千人、亡虑万二千人，赍三十日食，以七月二十二日击罕羌入鲜水北句廉上云云。后从充国计，兵不果出。均与此诏情事合。但此诏下于五月辛未（即五月廿一日），尚在武贤拜破羌将军之前，此时酒泉太守即系武贤。又其时敦煌戍卒已至酒泉，武贤奏言屯兵在武威、张掖、酒泉万骑以上可证也。后从武贤大举之议，故敦煌戍卒二千人别以敦煌太守快领之。此时太守未行，故令司马以下与将卒长吏将屯要害处，受酒泉太守节度也。司马与将卒长吏皆统兵之官，将卒长吏即将兵长史，古史、吏二字通用，《汉书·百官公卿表》郡守有丞，边郡又有长史，掌兵马，秩皆六百石。《续汉书·百官志》郡当边戍者，丞为长史。是边郡有长史，又称将兵长史。《后汉书·和帝纪》永元十四年五月丁未初置象郡将兵长史。《班超传》建初八年拜超为将兵长史（《章帝纪》称为西域长史）。《班勇传》元初六年敦煌太守曹宗遣长史索班将千余人屯伊吾，盖皆敦煌郡之将兵长史也。后延光二年以班勇为西域长史，自是讫于汉末常置此官以领西域各国如都护故事，实则本敦煌郡吏后乃独立不属敦煌，然长史之名犹郡吏之故号也。此诏乃神爵元年物，已有将卒长史，后汉谓卒为兵，故改称将兵长史，其实则一也。云神爵元年五月辛未下者亦制诏旧式，阶《隶释·中常侍樊敏碑》所载诏书末署延熹元年八月廿四日丁酉下魏下豫州刺史；修老子庙诏末署黄初三年十月十五日□子下；木简有新莽诏末署始建国三年五月己丑下；皆是也。此诏本下酒泉太守，其出于敦煌塞上者，盖由酒泉传写至此也。”①

神爵二年（辛酉，公元前60年）

（25）神爵二年二月丁丑朔庚寅，士吏义敢言之。官移檄曰：王夫人自言当责威严隧（《敦》一一六一）

按：“责”通“债”，汉简与史籍所见均写作“责”。敦煌及居延出土的简牍中有关自言债的资料异常丰富，例如《新简》EPT五一·八：“鄣卒尹赏□自言责第廿一隧徐胜之长之襦钱少二千。”《新简》EPT五一·七〇：“司马令史腾谭　自言责甲渠燧长鲍小叔负谭食粟三石，今见为甲渠燧长。”《合校》三·四：“三墲燧长徐宗自言〔责〕故霸胡亭长宁就舍钱二千三百卌，数责不可得。”《合校》三·六：“隧长徐宗　自言责故三泉亭长石延寿茭钱少二百八十，数责不可得。”《合校》二一七·一五，二一七·一九：“吞远隧卒夏收自言责代（伐）胡隧长张赦之，赦之买收缣一丈直钱三百六十。”上述债务文书异常多的原因，是由于有关当局直接参与民事债务的兑现偿还过程，汉简所见如《新简》EPT五二·二一：“……自言责士吏孙猛脂钱百廿□谨验问士吏孙猛，辞服负。已收得猛钱百廿。”《新简》EPS四T一·二一：“……自言贳卖皂绔一两直九百临桐燧长解贺所。已收得臧治所毕。”负责验问收债者无疑是官方，《新简》EPT五三·一八六：“甘露三年十一月辛巳朔己酉，临木候长福敢言之。谨移戍卒□□异众等行道贳卖衣财物直钱如牒，唯官移书，令觻得、泺涫收责，敢言之。”《合校》五〇六·九A：“元延元年十月甲午朔戊午，橐佗守候护移肩水城官：吏自言责啬夫荦晏如牒。书到，验问收责报，如律令。”即可证之。

① 《流沙坠简·屯戍丛残·簿书一、二》。

(26) ▨□□□□钱。神爵二年五月庚戌，司空言夫亩反库玧充（《敦》一三四八）

(27) 神爵二年十月廿六日，陵胡燧长张仲〔孙〕买卒宽悳布袍一领，贾钱▨（《敦》一六〇一A）

(28) 神爵二年十月廿六日，广汉县廾郑里男子节宽悳卖布袍一陵胡隧长张仲孙所，贾钱千三百，约至正月□□，任者□□□□□□□□（《敦》一七〇八A）

正月责付□□十，时在旁候史长子仲、戍卒杜忠知券，□沽旁二斗。（《敦》一七〇八B）

按：以上例（27）、（28）属同一份契约，前者债务人陵胡燧长张仲孙所持，后者债权人郑里男子节宽悳所持。关于在旁知券及沽酒旁人，王国维考证，云："《汉书·游侠传》宣帝赐陈遂玺书曰制诏太原太守：官尊禄厚足以偿博进矣，妻君宁时在旁知状。此简云时在旁某某知卷，语正相同，知宣帝诏书实用当时契券中语也，在旁某某知卷即今卖券中之中人。《吴黄武四年浩宗买地券》云知卷者雒阳金□子。罗君以卷为券之别构字，引《庄子·庚乘楚》释文为证，其说甚是。汉时又谓之旁人，黄县丁氏藏《汉孙成买地券》末云时旁人樊永、张义、孙龙、异姓樊元祖皆知卷，约沽酒各半。又洹阳端氏藏汉建初玉买地券云时知券约赵满、何非，沽酒各二斗。此简末亦云沽□二斗，是一袍之买卖亦有中费矣。"①

附三

(29) 凌胡卒宽惪以己卯日出塞（《敦》一七九七A）

凌胡隧（《敦》一七九七B）

按："惪"为"悳"之异体。凌胡卒宽悳见上例（27）、（28），故此简附于此。此简属出塞名籍，类似之名籍如《合校》一七〇·七："士吏觟得高平里公乘范吉，年卅七。迎司御钱居延　八月戊戌入，□□甲辰出。"《合校》三三四·三三："骊靬万岁里公乘儿仓，年卅，长七尺二寸，黑色　剑一，已

① 《流沙坠简·屯戍丛残·杂事六》。

入，牛车一两。”《合校》五〇二·二：“长安假阳里阎丹，年十一　阎放复致北出，孙昌复致北出　三月己巳南，啬夫入；守亭长出，五月壬申北，守亭长当出。”

（30）神爵二年十一月癸卯朔乙丑，县泉啬夫□□敢言之。爰书：厩御千乘里畸利课告曰：所葆养传马一匹，骓、牡□□□□□□□二□为六尺一寸□□□□送□匹五乘至莫，安病死，即与御张乃始，始治定药，期马死□定毋病死

审，证之。它如爰书，敢言之。（《敦》一三〇一）

按：县（悬）泉，置名，例（20）见县泉置。置，亦称传置或厩置，《史记·文帝纪》：“二年，上曰：朕既不能远德，故憪然念外人之有（罪）〔非〕，是以设备未息。今纵不能罢边屯戍，而又饬兵厚卫，其罢卫将军军。太仆见马遗财足，余皆给传置。”《索隐》：“按《广雅》云，置，驿也。《续汉书》云，驿马三十里一置。故乐产亦云传置一也。言乘传者以传次受名，乘置者以马取匹。传音丁恋反。如淳云，律，四马高足为传置，四马中足为驰置，下足为乘置，一马二马为轺置。如置急者乘一马曰乘也。”《史记·田横传》：“田横乃与其客二人乘传诣雒阳，未至三十里，至尸乡厩置。”《集解》：“瓒曰：厩置，置马以传驿也。”传置设厩养马，故亦称厩置。两汉之传置稍有区别，《晋书·刑法志》：“秦世旧有厩置、乘传、副车、食厨，汉初承秦不改，后以费广稍省，故后汉但设骑置而无车马，律犹著其文，则为虚设，故除《厩律》，取其可用合科者，以为《邮驿令》。”1990 年至 1993 年间，甘肃省文物考古研究所对县（悬）泉置遗址进行了发掘，揭露了遗址的大部，获两万枚简牍及其他实物，报告云：“悬泉置遗址位于敦煌市与安西县之间的安敦公路南侧 1.5 公里的山前沙砾冲积扇上，总面积约 22 500 平方公尺。遗址东南谷中有一苦水泉，汉、唐名为‘悬泉’，今名‘吊吊水’，为附近数十公里内可饮用的水源。故自西汉以来，此地为酒泉通往敦煌的必经之地，汉、晋、唐、清各代均在此及附近建有邮驿。汉代悬泉置遗址，由坞和厩两部分组成。墙体以土坯叠砌，外涂草泥。40×20×11 公分的坞近正方形，边长 50 公尺，坞内沿西壁、北壁建有不同时期的土坯平房，坞外西南角建一土坯叠砌的平台，西南部有一组长约 50 公尺呈南北向的马厩。目前已揭露面积 2 400 平方公尺，清理出遗址坞墙外的废弃物堆积区、坞墙西半部、坞内依西壁和北壁

所建的房舍三组十二间（内含十三号房舍套间），以及坞内西南角的马厩二间、北部马厩一间、坞外西南部马厩三间，基本搞清了坞的形制、结构和坞内外的建筑整体布局。遗址的文化堆积可分为六层。第一层为表土。第二层为魏晋时期堆积，出土器物和第二层叠压的块石叠砌的烽燧建筑形制，具有明显的河西地区魏晋时期特征。第三层为王莽至东汉中期堆积，出土有新始建国、东汉光武帝建武、明帝永平、和帝永元纪年简牍。第五层为西汉中期堆积，出土有武帝太始、昭帝、宣帝时期的纪年简牍，是坞的最早使用期。第六层为西汉中期坞墙建筑时的堆积，它直接叠压于第五层之下，时间应早于第五层。这证实了悬泉置从西汉中期始建，历经修补和扩建，一直延用到东汉中期。其上限应始于西汉武帝后期，下限止于魏晋时期，先后经过多次整修、改建，延续近400年。”又云：“悬泉置遗址简牍的出土，使我们对两汉邮驿设施的职能、机构设置、人员构成、管制制度等，有了初步明确的认识。邮驿的设置很早，云梦睡虎地秦简中的《行书》、《传食律》等都有关于邮传的记载，延至汉代，邮驿制度已臻完善，西汉称‘置’，东汉称‘邮’。根据此次出土简牍，悬泉置隶属敦煌郡效谷县，置设丞一人，下辖置啬夫、厨啬夫、厩啬夫、仓啬夫、少内啬夫、都田啬夫等吏员，领有御、邮人等民夫和若干罪徒、弛刑、官奴婢等役使劳作。置有接待过往官员，提供食宿、车辆、马匹、草料及传递官府文书等两项职能，同时耕种少量田地，解决部分口粮、饲料供给。由于悬泉置地处中西交通的要冲，规模较大，额定传马、驿马三十六匹。接待的过往人员除朝廷使者，行边御史，太守、都尉、司马等高级官员外，尚有西域各国如大月氏、乌孙、车师、莎车、且末等国的贵人、使者，规模有时多达100余人，并有朝廷官员护送。数量巨大的各种簿籍，翔实生动地记录了接待官员、使者的过程，支付的食品、粮谷、车马、草料的数额和价值……驿置道里簿，详细记载酒泉至敦煌的路线、驿置、里程；邮书课，记录了悬泉置附近的驿置名称，如西汉的鱼离置、渊泉置，东汉的石靡邮等，提供了敦煌至冥安的具体交通路线。”[①] 内蒙额济纳旗破城子及敦煌悬泉置遗址分别出土的驿置里程牍中，部分驿置重合，可系联长安至酒泉的大致驿置路线，破城子出土者为《新简》EPT五九·五八二：“长安至茂陵七十里，茂陵至茯置卅五里，茯置至好止七十五里，好止至义置七十五

---

① 甘肃省文物考古研究所、悬泉置遗址发掘队：《汉悬泉置遗址发掘获重大收获》，载《中国文物报》，1992-01-05。

里 月氏至乌氏五十里，乌氏至泾阳五十里，泾阳至平林置六十里，平林置至高平八十里……媪围至居延置九十里，居延置到觻里九十里，觻里至偦次九十里，偦次至小张掖六十里 删丹至日勒八十七里，日勒至钧著置五十里，钧著置至屋兰五十里，屋兰至氐池五十里。”敦煌悬泉置遗址出土者为“仓松去鸰乌六十五里，鸰乌去小张掖六十里，小张掖去姑臧六十七里，姑臧去显美七十五里 氐池去觻得五十四里，觻得去昭武六十二里，府下：昭武去祁连置六十一里，祁连置去表是七十里，玉门去沙头九十九里，沙头去乾齐八十五里，乾齐去渊泉五十八里。□右酒泉郡县置十一，六百九十四里”[①]。据上所载，驿置之间的距离自卅五里至九十九里不等，当受自然地理条件制约所致，一般不超出车马一日之行程。御，车夫，《论语·子罕》：“执御乎，执射乎。”《礼记·曲礼》：“长曰能御矣！幼曰未学御也。”孙希旦《集解》：“御，御车也。”“葆”通“保”，担保、负责，《汉书·王莽传》：“令公卿以下至郡县黄绶皆保养军马，多少各以秩为差。”师古曰：“保者，言不许其有死失。”简文所言“葆养”亦此义。

神爵三年（壬戌，公元前59年）

（31）凌胡隧神爵三年九月米出入簿（《敦》一七四六）

按：米，已脱壳的粮食，《说文》：“粟，嘉谷实也。”段注：“古者民食莫重于禾黍，故谓之嘉谷。谷者百谷之总名。嘉者美也。嘉谷之实曰粟，粟之皮曰糠，中曰米。”

（32）☐□神爵三年缮

☐□卌二完，兰一□☐（《敦》一七六五）

按：兰，盛箭器，王国维云：“服者，矢箙，《诗·小雅》、《大雅》之鱼服皆借服字为之。兰为盛弩矢者，服则盛矢器之通称，然据上简凡言兰者矢皆五十，言服者矢至六百，则兰与服或又有大小之别欤。”[②]

---

① 中国书法杂志社编：《中国书法》，1992（2）。

② 《流沙坠简·屯戍丛残·器物二十七》。

(33) 七日　戊申　丁丑　丁未　丙子　丙午　乙亥　乙巳　甲戌　甲辰　甲戌　癸卯　癸酉（《敦》一六〇〇A）

戊午（《敦》一六〇〇B）

八日　己酉　戊寅　戊申　丁丑立夏　丁未　丙子　丙午　乙亥　乙巳　乙亥　甲辰　甲戌（《敦》一七一七A）

丁巳（《敦》一七一七B）

▨　　戊寅　戊申　丁丑　丁未　丙子　乙巳冬至　乙亥（《敦》一六五二A）

丙辰（《敦》一六五二B）

十七日　戊午　丁亥　丁巳　丙戌　丙辰　乙酉　乙卯　甲申　甲寅　甲申　癸丑　癸未（《敦》一五九六A）

戊申（《敦》一五九六B）

十八日　己未　戊子　戊午　丁亥　丁巳　丙戌　丙辰　乙酉　乙卯　乙酉　甲寅　甲申（《敦》一五八五）

十九日　庚申　己丑　己未　戊子　戊午　丁亥　丁巳　丙戌　丙辰　丙戌　乙卯　乙酉（《敦》一六一九A）

丙午（《敦》一六一九B）

廿四日　乙丑　甲午　甲子　癸巳　癸亥　壬辰　壬戌　辛卯　辛酉　辛卯　庚申　庚寅（《敦》一六七〇A）

辛丑（《敦》一六七〇B）

廿五日　丙寅　乙未　乙丑　甲午　甲子　癸巳　癸亥　壬辰　壬戌　□□　□□　□□（《敦》一七四四A）

庚子（《敦》一七四四B）

廿六日　丁卯　丙申　丙寅　乙未　乙丑　甲午　甲子　癸巳　癸亥　癸巳　壬戌　壬寅（《敦》一六二五A）

己亥（《敦》一六二五B）

廿八日　己　戊戌　戊辰　丁酉　丁卯　丙申　丙寅　乙未　乙丑　乙未　甲子　甲午（《敦》一六三七A）

丁酉（《敦》一六三七B）

卅日　　庚子　己亥　戊戌　丁酉　丁卯　丙寅（《敦》一六三五A）

闰月丙申朔大（《敦》一六三五B）

按：以上为神爵三年历谱。罗振玉云："右历谱存者七日至卅日十一简，佚者十九简，沙氏考为神爵三年历。今依太初术考之，是年每月朔及大小尽与简正合，沙氏所考是也。是年闰十二月，故各简背分记闰月每日干支，沙氏未影照，兹据沙氏释文录之。又此历虽存十一简，其中廿四及卅日二简亦未影照，均据沙氏释文入录。"[①] 说是。

神爵四年（癸亥，公元前58年）

（34）牒书吏□□□□使御者六人二一牒☑

神爵四年六月癸巳朔辛酉，尉史广惪敢

言之。☑（《敦》九五八）

按：牒书，书于简牒，《说文》："牒，札也，从片枼声。"《汉书·薛宣传》："宣察湛有致节敬宣之效，乃手自牒书，條其奸臧。"注引师古曰："牒书，谓书于简牒也。"简文云"人一牒"，即每人之情况书于一简上。牒书通常作为附件存在，详见例（8）解。御者，车夫，见前例（30）解。

（35）神爵四年十一月□□朔戊子，大煎都士吏张威、王贺□己□，士吏张贺使一□□□十二石□□□□五十二□□□□□□□出钱毕加五十钱入马过子长（《敦》九五九A）

□□□□□（《敦》九五九B）

按：士吏，候官属吏，武职，史籍或作士史，《汉书·匈奴传》师古注引《汉律》："近塞郡皆置尉，百里一人，士史、尉史各二人，巡行徼塞地。"士吏、秩百石有秩，《合校》五七·六"张掖居延甲渠塞有秩士吏"，《合校》二三九·八二"肩水候官有秩士吏"，《合校》二一〇·二七"右庶士士吏、候长十三"，《汉书·王莽传》始建国元年"更名秩百石曰庶士"。

（36）杜充

□刀一完，鼻缘刃丽厉不硜硜，神爵四年缮☑盾一完，元康三

① 《流沙坠简·术数类》。

年南阳工官造〼（《敦》一五六六）

按：杜充，戍卒名，见以下三例。据《汉书·地理志》，南阳有工官。

附四

（37）七月乙丑日出二干时，表一通；至莫夜食时，苣火一通从东方来　杜充见。（《敦》一五六九）

按：此为望烽火记录，类似的记录见《合校》一七〇·四“九月乙酉日出五分，北一表一通；又蚤食尽，北连表一通　受卒同〼”，《敦》一三八五：“己未卒齐候□□□□　平旦时表一通，日食时表一通；日餔时表一通。”《释粹》EJT二三·三五四：“□凡四通：日食时表一通，日东中时表一通……日西中时表一通。”又EJT二三·九七二：“十一月丁巳　平旦表四，日出时四，日早食时表七，日食时表三，日食坐时表四……日东中时表三，日中时表四，日餔时表三，日下餔时……”（《汉简研究文集》，340页引）此类记录有一定格式，如《释粹》EJT九·一〇〇所云：“凡记何时一通，何时一通。”表，白昼使用的信号物，《墨子·备城门》：“城上千步一表，长丈。”汉简所见有大表、地表等。苣火，用于夜晚之火光信号，详见例（130）解。

（38）□□戍卒杜充病头痛，四节不与，不能（《敦》一五七七）

按：四节，四肢。“与”通“举”，《合校》五·一八，二五五·二二见“疾心腹，四节不举”。此类疾病记录汉简屡见，《新简》EPT五一·一〇二：“却适燧卒魏郡阴安脩里王富　六月壬午病头瘲”又EPT五九·一〇：“止北隧戍卒魏郡阴安左池里贾广　十二月丙寅病寒热脒瘲。”由于疾病导致缺勤，故当时掌握甚严，凡病均需呈写病书，如《新简》EPT二二·八〇、八一、八二：“建武三年三月丁亥朔己丑，城北隧长党敢言之。乃二月壬午病加两脾雍种，匈胁丈满，不耐食饮，未能视事，敢言之。　三月丁亥朔辛卯，城北守候长匡敢言之。谨写移隧长党病书如牒，敢言之。”病愈亦需上报声明，如《合校》五八·二六：“病年月日署所、病偷（愈）不偷（愈），报名籍候官，如律令。”又如《合校》一八五·二二：“甲渠言士吏孙猛病有廖（瘳），视事，言府。□一事集封。”病愈甚至须报都尉府。

（39）戍卒河东郡汾阴宜都里杜充　所假姑臧赤盾一桂，两端小伤各一所（《敦》一七三〇）

按：此例为折伤兵名籍，类似名籍如《新简》EPT五一·八九："三堠燧六石具弩一，燧长常贤试射伤二模。"又EPT五三·七八："第卅一隧长王猛，三石承弩一，伤一渊；循一，币。二年兵。"据《汉书·地理志》，姑臧为武威郡治所在。姑臧地处交通要道，扼河西走廊东口，据汉简所载，亦是河西最重要的武库之一，无论是敦煌或居延所用兵器，多来自此库，如《新简》EPT五二·三九九："□第十七部黄龙元年六月卒假兵姑臧名籍。"《新简》EPT五三·六三："元康二年五月己巳朔辛卯，武威库令安世别缮治卒兵姑臧，敢言之。"《新简》EPT五八·五五："□武威郡姑臧别库假戍田卒兵……"《合校》五六二·一二："……胡烧塞所失吏卒兵器□移姑臧库。"故各地之兵器情况，姑臧库设有底账，其证如《合校》七·七A："地节二年六月辛卯朔丁巳，肩水候房谓候长光：官以姑臧所移卒被兵本籍为行边兵丞相史王卿治卒被兵以校阅亭隧卒被兵皆多冒乱不相应，或易处不如本籍。今写所治亭别被兵籍并并编。移书到，光以籍阅具卒兵，兵即不应籍，更实定。此籍随即下，所在亭各实弩力石射步数，令可知，赍事诣官，会月廿八日夕，须以集为丞相史王卿治事，课后不如会日者。必报，毋忽如律令。"实定亭隧被兵（武器配备）的依据便是姑臧库之被兵本籍，本籍即底账。一桂，一挂。例（37）至（40）虽未见年号，但见戍卒杜充，与例（36）神爵四年所见杜充当为同一人，故附于此。

（40）□□

□刀一完，鼻缘刃丽厉不硂硂，神爵四年缮。盾一完，神爵元年寺工造。（《敦》一五七三）

按：寺工，工官名，《汉金文录》卷三第22页见镫铭："竟宁元年，寺工工护为内者铜雁足镫，重三斤十二两。护武，啬夫霸、掾广汉主。右丞赏、守令尊、护工卒史□□省。中宫内者第廿五，受内者。"《十钟山房印举》举二第55页见"寺工"半通印。

(41) 田可

六石具弩一，服一完，乃神爵三年善辟，四年缮弦缘，毋余初置。

稿矢五十，其四干库呼，卌六完；兰一

完，□□众小□，毋余初置。(《敦》一八三〇)

按：服，即箙，盛箭袋，《周礼·夏官·司弓矢》郑注："盛矢器也，以兽皮为之。""辟"通"臂"，此处指弩臂，《释名》："弩，怒也，有势怒也。其柄曰臂，似人臂也。钩弦者曰牙，似齿牙也……"王国维考证云："辟字乃臂字之假借，《说文》弩弓有臂者，弓与臂为二物，故分言之也。干者幹之假借字，《诗·周南》公侯干城。《释文》，干沈音幹，则古干字读与幹同。《广雅》甲乙为幹，寅卯为支。然幹支之幹自《史记·历书》以下皆作干，与郡县吏之幹同。汉郑季宣碑、司马整碑阴、北海相景君碑阴皆作干，则诸简干字皆谓箭幹也。库呼者，坼罅之假借字，《说文》坼罅也，坼裂也。然汉人多用坼呼字。李善《蜀都赋》注引郑注《周易·解卦》百果草木皆甲宅云：皆读如人倦解之解，解谓坼呼，皮曰甲，根曰宅，宅居也，呼读如罅。是李善所见郑注《周易》必作坼呼，故复释之曰呼读如罅。《周礼音义》罍罅，刘火嫁反，又音呼坼之呼。《汉书·高帝纪》注应劭曰：以血涂报衅呼为衅。师古曰：呼音火亚反。是汉时多以呼为罅，右无麻韵之音，读罅如呼。又《蜀都赋》榹栗罅发。刘逵注：罅发，栗皮坼罅而发也。是魏晋以后尚有坼罅一语。塞上高燥，故矢幹或坼罅也。矢之为物，惟镞最不易坏，干、羽则不然，故干或坼罅，羽或敝也。"①

(42) 神爵四年四月甲午朔辛丑，凌隧长充世(《敦》一七九一)

按："凌"下当为"胡"字，原简漏写。凌胡隧见《敦》一七九二。

(43) 以八月十日辛丑莫夜□□时，苣火从东方来。(《敦》一七三七)

① 《流沙坠简·屯戍丛残·器物二十一》。

按：《敦》一五六六至一八〇四号绝多为汉宣帝时期物，详附九解。此简见十日辛丑，则朔日为壬辰，据《二十史朔闰表》，汉宣帝在位期间唯神爵四年八月壬辰朔。苣火，见例（130）解。

（44）……八月六日丁酉不迹▨（《敦》一五七二）

按：六日丁酉，则朔日为壬辰，据《二十史朔闰表》，与上例同为神爵四年八月事。

（45）……九月十二日□酉日不迹□□□▨（《敦》一五七五）

按：此例格式与上例同。简文见九月十二日之地支为"酉"，朔日之地支当为"戌"，恰与汉宣帝神爵四年九月壬戌朔合，故此简无疑为当时物。

（46）聊禹以十一月壬申日不迹，入。十一月十二日壬申日，田何候。（《敦》一七四二）

按：十二日壬申，朔日为辛酉，据《二十史朔闰表》，汉宣帝年号中唯神爵四年十一月辛酉朔，故此简置此。迹，日迹，每日巡视天田有否足迹的活动。

（47）□□卒厨解　□□□卒王钧　□猛卒赵逸仓
贾应　郭得　霍贤
□□钟程益　郭广亲　贾广
李所欲　李□进
（此牍分多栏书写，以上为一至三栏释文）
□宜秋卒弓阳　□察适卒□□胡
李谨　郝皋□
斡鯱　段先
郭发亲　贰禄
（以上为四、五栏释文）（《敦》二〇九三A）
富贵卒定国　□受降卒□不亲

张奉世　　　　　　　张叙民

关盖宗　　　　　　　张无伤

李□之　　　　　　　郭健

（以上为一、二栏释文）

□□虏卒□□□

勒乐异

张庄耐

梁共掾　　　　神爵四年戍卒

（以上为三、四栏释文）（《敦》二〇九三 B）

按：此例所见为敦煌玉门都尉玉门候官虎猛部所属八座烽隧的戍卒名籍。平均每隧驻戍卒四人，最少三人。字迹可辨认之烽隧名有〔虎〕猛、宜秋、察适、富贵、受降五隧。其中宜秋隧又见于《敦》一九七七、一九八一、二〇四一、二〇四四简，察适隧又见于《敦》五七一、八三八、二〇四八简，富贵隧又见于《敦》八二九、二〇八八、二〇八九简，受降隧又见于《敦》二〇四八简。《敦》一九七四："玉门官隧次行　永和二年五月戊申朔廿九日丙子，虎猛候长异叩头死罪敢言之。官录曰：今朝宜秋卒胡孙诣官□□，虎猛卒冯国之东部责……"可证宜秋、虎猛等隧隶属虎猛候长管辖，而虎猛候长受命于玉门候官。据《敦》二〇二〇："始建国天凤元年十二月甲午参餔时，宜秋燧长尹钦受勇敢燧长许□☐"知宜秋燧与勇敢燧相邻，故不排除勇敢燧亦隶属虎猛部的可能性。

神爵五年（甲子，公元前 57 年）

（48）河南郡新成当利里乾充，字子游　神爵五年正月壬戌过东。

卩（《敦》一二九六 A）

章曰新成之印（《敦》一二九六 B）

按："壬戌"《敦》作"王成"。此例为出入名籍，"壬戌"乃过关时间，"东"为走向，类似之记载如《合校》一五·二〇："昭武万岁里男子吕未央年卅四—五月丙申入　用牛二。"《合校》一五·二五："肩水左后候长樊褒诣府对功曹　二月戊午平旦入。"简背"章曰新成之印"，当录自过关人乾充所持之符、传一类封泥上。

（49）□癸丑□凌胡　□□神爵五年三月三日□□□□（《敦》一六〇七A）

□□□　千六百卅二石五斗

□□□百　石七斗八升。（《敦》一六〇七B）

（50）神爵五年十二月壬申，大煎都（《敦》一五九八）

按：史籍所见神爵年号止于四年，而以上三例尚见五年，且例（50）至该年十二月壬申，而下例又见五凤元年四月，纪年有重合。

五凤元年（甲子，公元前57年）

（51）五凤元年四月癸卯□□□，郡司马专行都尉丞事掾敢言之。今甲午□武通望候长生郑□□诣府言（《敦》一六〇四）

按：郡司马，敦煌郡司马，佐太守理军事。陈梦家云："丞、长史之下似有'郡司马'，表、志所未述。《汉书·冯奉世传》曰：'奉世长子谭，太常举孝廉，为郎，功次补天水司马。'《汉书·西南夷传》曰：'大将军凤于是荐金城司马陈立为牂柯太守。'《封泥考略》四·三八—四〇有'豫章司马'、'琅邪司马'、'□西司马'等，吴式芬曰'印谱有胶西司马、建安司马。……汉书亦屡见'，即指上所引两传。郡司马与都尉下之司马，应有分别，但它亦可能属于郡都尉。"

（52）□□□□书到，所移神爵四年十月尽五凤元年五月吏罪其获死者一家五（《敦》一七〇二）

（53）凌胡燧五凤元年六月卒日作簿（《敦》一五六八）

按：卒日作簿，戍卒勤务日统计账。其名目又见《新简》EPT五一·一一五："〔吞〕远部建始二年闰月省卒日作簿。"《合校》一三六·一七："□甲渠候官永光四年六月鄣卒曰作〔簿〕。"具体登录方式有多种，较常见者如《新简》EPT四〇·三："己卯卒十一人　其一人作卒养，一人徐严门梢，三人堙，五人涂，一人治传中。”《新简》EPT 六五 · 二六八：“正月十一日辛巳卒十三人　其一人养，四人诣官廪，四人运水，四人治堠涂，定作十三人。”涉及事项较多。《新简》EPT 四〇 · 一五四：“……其四人养，一人作长，右解除八人，定作廿七人，伐茭千二百一十五束，率人伐卌□。”以伐茭为主项；《新简》EPT 五一 · 一一七：“三月甲辰卒十四人　其一人养，定作十三人，除沙三千七百七十石，率人除二百九十石。与此七万六千五百六十石。”以除沙为主项；皆为集体劳作之登录。尚有戍卒个人劳作登录，如《合校》五〇五 · 二四：“安世燧卒尹咸：二十八日作亖十五束，二十九日作亖十七束，八月晦日作亖十五束……”本例所见则为以燧为单位的戍卒日作登录账呈文。

(54) 五凤元年七月丁巳朔戊午，厌胡燧长管敢言之。步昌士吏(《敦》一六四二)

按：厌胡燧，敦煌玉门都尉大煎都候官属燧，其遗址位于今敦煌榆树泉盆地 D 二（甘肃省文物考古研究所标号，斯坦因标号 T 六 C）处。《敦》二五〇见“厌胡卒龙勒万年里孙良，年廿七”。(《敦》二五一见“右二人厌胡”)。

(55) 五凤元年七月□□，凌胡燧长□敢言之。(《敦》一六七七)

(56) 五凤元年七月……(《敦》一七二六 A)

按：简背尚有字迹，未能辨认。

(57) 八人迹八月丁亥尽乙卯廿九日，积六百
卅三里百七十步。(《敦》一六四六)

(58) 六人迹八月丁亥尽　廿九日四百五十五里八十步。其五人二行八十里，一人五十五里六十步，迹还一反负马矢六石。(《敦》一七〇六)

按：以上二例为戍卒日迹月统计。日迹通常每日都必须进行，故“丁亥”当为朔日，据《二十史朔闰表》，汉宣帝期间五凤元年八月丁亥朔[1]，故以上

① 《敦》一五六六至一八〇四号为汉宣帝时期物，见附九解。

二例置于此。例（58）“尽”字后空二字位置，所缺亦当为“乙卯”。

（59）八月丁亥小　丁亥　己丑　庚寅

辛卯　壬辰　癸巳　甲午　乙未　丙申

丁酉　戊戌　己亥　庚子　辛丑　壬寅

癸卯（《敦》一七〇九A）

八月甲辰　乙巳　丙午　丁未　戊申　己酉　庚戌　辛亥　壬子　癸丑　甲寅　乙卯（《敦》一七〇九B）

按：此历谱与例（57）、（58）同月，朔、晦亦同，无疑为同年物，罗振玉考证云：“古简面背分写八月朔至廿九日每日所值干支，沙氏考为五凤元年，依长术推之，沙氏所考是也。前记元康、神爵二历谱通一年为一谱，横读之；此则每月为一谱，纵读之；知汉代通行历谱之式颇不一也。此简沙书未影照，今依沙氏释文录之。”[1] 此历与日迹簿同出，无疑曾为日迹统计提供了便利。

（60）五凤元年十二月乙卯朔〼（《敦》一七一五）

（61）五凤元年□□□□□□□凌胡燧长敢言之。□□□□□□□□□□□卒（《敦》一六三〇）

（62）五凤元年□月戊寅，大煎都候婴□谓部士吏□□□□亭隧□□遣令□□行塞……（《敦》一七二九A）

按：简背尚有文字，字迹未能辨认。此为大煎都候官候之下行文书，候官吏员中无单称令者而有令史，故此文所言与遣令史行塞相关。行塞，详见例（17）解。

附五

（63）三月癸酉，大煎都候婴　下厌胡守士吏方，承书从事下当用者，如诏书。　　令史偃（《敦》一五八〇）

按：“婴”下空缺一字位置，此所见大煎都候婴某与上例同，一候官仅一

---

① 《流沙坠简·术数类》。

候，此简又当为汉宣帝时物，故其为同一人的可能性极大。

（64）五凤元年　☐（《敦》一七七八）

五凤二年（乙丑，公元前56年）

（65）☐虏候史敦煌大富里吕遂成，年卅五，五凤二年三月戊戌除。

☐虏燧长敦煌利成里孙世，年卅六，元康三年七月戊申除（《敦》一〇三五A）

☐燧傅天田道里簿一

☐明燧天田五里，其二里　煎都塞三里，亭以东皆沙石，井深十丈五尺。（《敦》一〇三五B）

按：王国维云："天田未详，唐崔敦礼神道碑'左校叛换，亟扰天田'，天田二字唯见此，盖用古语，殆谓天然之田未经垦治者也。"[①] 此说非也。天田乃人工沿边塞铺设之联线沙土带，极疏松，人马兰越，能于其上留下足迹，即《汉书·晁错传》注引苏林所云："以沙布其表，旦视其迹，知匈奴来入。"此简所云"传天田"即铺设、保养天田。保养天田亦称"耕画"、"锄治"等，如《敦》一五五二："天田不耕画、不锄治。"二〇一七："……亭卒一人候望徼迹，画治天田人力不足。"天田及按燧分段保养，故简云"某燧天田五里……"。"傅天田道里簿"即其保养统计。保养之记录亦见于他简，如《新简》EPT五一·五三二："☐十五步，凡葆天田四里八十七步半步☐"笔者曾考察内蒙阴山以北之汉塞，所见天田遗址沙面平整，未见粗砾石之类，与其两旁砾石遍地之景象恰成鲜明对比，证其均经人工检拾而致。据汉简所见，天田侧尚设有阻拦人马之绳索，称"天田索"，如《新简》EPT五九·六六："天田索北行去隧一里所，入塞折……"或称"县索"，即"悬索"，如《合校》五二·二〇："县索四里二百一十步，县索二里五十步币绝反，□币☐。"天田索之作用犹今边界之铁丝网。日迹为视天田有否足迹，《新简》EPT五一·四一一"日迹行廿三里，久视天田中，目玄，有亡人越塞出入……它部界中。候长、候史、直日迹卒坐匿不言迹☐"即证，故凡日迹记录，文末多

① 《流沙坠简·屯戍丛残·戍役八、九》。

见"毋人马兰越塞天田出入迹"语，如《新简》EPT 四・八三："凡迹积卅日，毋人马兰越塞天田出入迹。"《新简》EPT 四三・三二："……卒陈卢癸未日尽壬辰积十日，毋人马兰越塞天田出入迹。……"

(66) 五凤二年七月壬子朔壬申，玉门候长尤延寿□□□□▨（《敦》一八七〇）

(67) ……

后并入，欲得□其惊蓬火，谨候望，清塞下，虏▨

五凤二年九月戊申下。(《敦》一一六二 B)

般通光印

十月丙辰千秋隧长汉昌以来▨（《敦》一一六二 A）

按：《敦》一一六二 B 为正文，应居简面位置。《敦》一一六二 A 为收文记录，乃后书，应居简背位置，简文所见为清塞诏，如《汉书・匈奴传》所云"天子诏边警备"。清塞诏之名目见《合校》四二・九 B："▨都尉赋书及清塞下诏书。"类似之诏文汉简中常见，如《合校》一二・一 A、B、C、D："得、仓丞吉兼行丞事敢告部都尉卒人。诏书清塞下，谨候望，备烽火，虏即入，料度可备中，毋远追为虏所诈。书已前下，檄到卒人遣尉丞、司马数循行，严兵……禁止行者，便战斗具，驱逐田牧畜产毋令居部界中，警备毋为虏所诳利，且课毋状不忧者，劾尉丞以下，毋忽如法律令，敢告卒人。/掾延年、书佐光、给事□ ……都尉事、司马丞登行丞事谓肩水候官：写移檄到，如大守府檄书律令。/卒史安世、属乐世、书佐延年。……□行曹谓□□□长充宗：官写移檄到，警备□□□□，毋为虏所乘□，毋忽如律令。"引用了诏书文"清塞下……毋远追为虏所诈"。其下为诏书之逐级行下文。

附六

(68) 惊备檄已移，今宜禾都尉复檄言虏守酒泉破胡隧。檄到，各惊备循行，明教告吏卒谨迹望，惊试▨（《敦》一二四八）

按：此简字迹与上例同，出自同一人手笔，内容亦相关，当为同时物，故附于此。惊备檄，关于敌情及动员的檄文，多引述清塞诏，《合校》二〇六・二六："……明烽火。尉、士吏、候长、候史惊戒便兵，如诏书法律。"

汉简所见较完整的警备檄如《合校》二七八·七 A、B："十二月辛未，甲渠候长安、候史□人敢言之。蚤食时临木隧卒□□□□□□□□□□□□□□举蓬，燔一积薪，虏即西北去，毋所失亡，敢言之。/十二月辛未，将兵护民田官居延都尉谓城仓长禹兼行〔丞事〕（以上写于木柧之第一面）　　广田以次传行至望远止回（以上写于木柧之第二面上端）写移，疑虏有大众不去，欲并入为寇。檄到，循行部界中，严教吏卒惊烽火，明天田，谨迹候望，禁止往来行者，定蓬火辈，送便兵战斗具，毋为虏所萃椠。已先闻知，失亡重事，毋忽知律令。/十二月壬申，殄北、甲〔渠〕（以上写于木柧之第二面下半部）候长缓未央、候史包、燧长畸等疑虏有大众欲并入为寇。檄到，缓等各循行部界中，严教吏卒定蓬火辈，送便兵战斗具，毋为虏所萃椠。已先闻知，失亡重事，毋忽如律令（以上写于木柧之第三面）。"警备檄之残文则多见，如《合校》四〇七·三，五六四·一三："……惊檄曰：甲申，候卒望见塞外东北。"《合校》二七三·一九 A："……火，明天〔田〕，禁止往来行者，定烽火辈，送便兵斗具，毋为虏。"《合校》五三九·二："……畜产诣近所亭隧鄣辟收葆止行……"知清塞包括坚壁清野、积聚作战物资等。

（69）五凤二年九月庚辰朔……

力六石，使埻道广高□丈（《敦》一一七六）

按：力六石，指弩之弹射力，《合校》三六·一〇："官第一六石具弩一，今力四石卌三斤，射百八十五步，完。"埻，箭靶，《合校》四五·二三："功令第卌五：候长、士吏皆试射，射去埻帠、弩力如发弩，发十二矢，中帠矢六为程，过六，矢赐劳十五日。"当时秋射之箭靶大小距离有一定标准，如《合校》申附十六所云："……埻道帠皆应令，即射。"此简所云当为秋射报告，此类报告如《合校》六·五："五凤二年九月庚辰朔己酉，甲渠候汉彊敢言之。府书曰：候长、士吏、蓬隧长以令秋射，署功劳，长吏杂试，枭□封，移都尉府。谨移第四燧长奴□□□□□□□敢言之。"

（70）☐　□□八十人　令史王昭

☐　□

五凤二年九月庚辰朔壬辰，敦

煌太守常乐、丞贤谓敦煌效

□□当□□□□□□（《敦》一三〇四）

按："常"《敦》释"长"，"贤"《敦》未释。敦煌大守常乐、丞贤均见于以下二例。"效"下一行字迹未能辨认，据《地理志》，其下当为"谷"字，效谷为敦煌郡属县。

附七

（71）〼煌大守常乐、丞贤□（《敦》一七二八）

（72）三月辛未，敦煌大守常乐、长史布驰、丞贤下守候城部都尉临部官承书从事下当用者，如诏书，书到言。 /□属□如由，府佐□□（《敦》一七五五 A）

厌胡隧长□写移至步昌隧（《敦》一七五五 B）

按：以上二例未见年号，但文中所述敦煌太守常乐、丞贤见于例（70）之五凤二年简，故附于此。

（73）〼□□利里□广德，年廿八，神爵四年〼

〼安处里孙佻，年廿五，五凤二年（《敦》一〇一五 A）

按：此简背面尚有文字，字迹模糊未能辨认。

五凤三年（丙寅，公元前 55 年）

（74）五凤三年三月丁丑朔癸卯，士吏带敢言之。候官隧和吏妻子私从者三月廪名籍一编，敢言之。（《敦》九九八）

按：候官隧，敦煌玉门都尉玉门候官所属烽隧，当与玉门候官同在一处或位其旁侧。屯戍官吏常常随带妻子儿女及私从者，官方亦需为其廪食，如《敦》五四五："高望部元始元年十月吏妻子从者奴私马廪致。"粮食之具体发放如《敦》一〇五一："却适亭长张奇子小男带廪一石六斗六升少。"

附八

（75）告士吏带、装诣官，会丁卯旦迎转，毋以它为解☐（《敦》一二三七）

按：转，转输，《敦》二八四："入　郡仓居聑三年正月癸卯转一两，麦小石卌七石五斗　S　居聑三年三月戊辰，大煎都士吏牛党、候史尹钦受就人效谷益寿里邓尊。"时代虽不同，但此时亦见由士吏迎转事。

（76）士吏　带　带　回（《敦》八八四）

按：以上二例之士吏带，见于例（74）五凤三年简，故附于此。

（77）□县泉置五凤三年九月谷出入簿（《敦》一三一二）

按：县（悬）泉置，详前例（30）解。谷，粮食之总称，《说文》段注云："谷者百谷之总名。""谷出入簿"为汉简最习见之出入账之一，其名目如《新简》EPT 五二·二〇三："□甲渠候官神爵三年九月谷出入簿。"《合校》一〇一·一："□第廿六〻廿五仓五凤五年正月谷出入簿。"其账文如《新简》EPT 五一·三五九："初元三年入穬稑十二石　粟百六十九石七斗四升，百七十石六斗六升穬稑，八石九斗麦。卩　吏卅九人用谷百廿七石四斗四升，其百廿一石四斗四升粟……卒六十九人用谷二百廿一石八斗六升，其卌八石三斗粟，百……□凡吏卒百八人，用谷三百卌九石三斗，其百六十九……尉史郭常不廪，令史魏延年廪正月食粟三石三☐。"

（78）五凤三年十二月庚戌，病匈满头痛□□☐（《敦》一〇二六）

按：此为病书，类似记载如《新简》EPT 五一·五三五："……癸亥，病头痛寒炅，未能☐"，《新简》EPT 五九·一〇："止北隧戍卒魏郡阴安左池里贾广　十二月丙寅病寒热膑痛"。匈，胸也。匈满，胸腹胀闷。

五凤四年（丁卯，公元前54年）

(79) 五凤四年二月壬寅朔□□，□□隧长敢言之。……☐

二百五十束　敢言之。(《敦》一二三八)

(80) ☐五凤四年 □除 卒卅五人

其一人物故☐

…… (《敦》一〇一七)

□七丈

☐□百□□□沙□　□井深七丈□茭积三□其一秽　☐

□□积三□□ (《敦》一〇一七 B)

按：物故，汉晋间习用语，谓死亡，《新简》EPT 五九・一二："□甲渠候官五凤二年五月戍卒物故衣名籍。"《敦》一九三四："良家子卅二人，出其四人物故。"《楼兰尼雅出土文书》三〇三："兵曹泰始四年六月发讫部兵名至高昌留屯逃亡物故等事。"《释名・释丧制》："汉以来谓死为物故，言其诸物皆朽故也。"《汉书・夏侯胜传》："百姓流离，物故者过半。"《后汉书・儒林传・牟长传》："肃宗闻而征之，欲以为博士，道物故。"

(81) 上党郡五凤四年戍卒壶关回脩成里阎备　庸同县同里韩眉中县官衣橐（《敦》一〇六八）

按：壶关，上党郡属县，因县有壶口关得名，《汉书・地理志》载上党郡有"上党关、壶口关、石研关、天井关"。庸，雇庸，此处指雇庸代戍。汉简所见雇庸代戍颇具特色，试述如下：《新简》EPT 五二・二四〇："南阳郡杜衍安里公乘张斋，年廿六　庸同县安居里公乘张胜，年廿八。"《合校》一三・九 A："济阴郡定陶徐白大夫蔡守，年卅七　庸同县延陵大夫陈遂成，年廿九。第廿三。"《合校》三〇三・一三："田卒大河郡平富西里公士昭遂，年卅九，庸举里严德，年卅九。"《敦》一四〇五："戍卒济阴郡定陶堂里张昌　庸定陶东阿里靳奉□☐。"《敦》二〇七七："戍卒上党郡屯留畅石里公乘赵柱，年廿四，庸同县闾里公乘路通，年卅二。有劾。"上述诸例表明，雇庸与被雇庸者必须属于同一郡县，里则可不一，或当时朝廷以县为单位分配屯戍征兵名额，故本县内可雇庸代换。较多的简文表明，庸与被庸者爵位必须相当，如以公乘替公乘，以大夫换大夫之类，或因不同爵级待遇不同而致。雇庸代戍均付庸钱，如《合校》一五九·二三："……中为同县不审里庆□来庸，贾钱四千六百，戍诣居延。六月旦署乘甲渠第。"县官，谓天子，泛指国家，《史记·绛侯周勃世家》："庸失其盗买县官器，怒而上变告子，事连污条侯。"《索隐》："县官谓天子也。所以谓国家为县官者，《夏官》王畿内县即国都也。王者官天下，故曰县官也。"戍卒屯边所携衣用多县官物，如《合校》四九八·一四A、B："田卒淮阳郡嚣堂邑上造赵德　皂布复袍一领练复□□一　画方矢一　画□□各一　盖二　□袜二两　枲履二两牛革□二两　□右县官所给。"又《合校》五〇九·二六："戍卒济阴郡定陶池上里史国　县官帛□袍一□□三斤　县官帛裘袭一领，四斤四两　县官帛布二两一领　县官帛（以上'帛'字或为'皂'之误）布绔　一两，七斤　县官裘一领，不阁　县官枲履二两　县官袜二两　县官□□二两　县官革履二两不阁。"此例所见为衣橐检，设有封泥槽。类似衣囊检汉简中常见，如《新简》EPT五一·一四九"回戍卒南阳郡宛邑临洞里魏合众衣橐"（原简文字分两行书写），《新简》EPT五一·四四三"回鄣卒孟广衣橐"，有些衣橐检上还署写具体物品名称数量，如《新简》EPT五八·一一五："戍卒陈留郡平丘□□里赵野裘袜橐封以陈留大守章回羊皮裘一领受□□，犬袜二两，枲橐一两，革缇二两，枲□二两。"

（82）□右如茭四百八十束 五凤五年三月十
七日所出（《敦》一〇三四）

汉宣帝（下）第四

甘露元年（戊辰，公元前 53 年）

（83）甘露元年其☐（《敦》二四四九）

甘露二年（己巳，公元前 52 年）

（84）☐甘露二年三月戊戌，显明候长□□敢言之。□□☐（《敦》一一八七 A）

☐□回自言毋责，谒报，敢言之。（《敦》一一八七 B）

按：此例为自言毋债书，设有封泥槽。汉时负债不偿受法律惩处，《汉书·功臣表》："河阳侯嗣信，坐不偿人责过六月，免。"王先谦《补注》："沈钦韩曰，《潜夫论·断讼》篇：永平时，诸侯负责，辄有绌削之罚，其后皆不敢负民。盖沿旧制。"故凡不服负债，均需以自言或爰书形式自证，此例即是。他简所见如《合校》一七八·三〇："尉史李凤　自言故为居延高亭亭长，三年十二月中送诏狱证觻得，便从居延迎钱，守丞景临，取四年正月奉钱六百。至二月中，从库令史郑忠取二月奉，不重得正月奉。今库掾严复留凤九月奉钱，不当留库，证所言。"《合校》二五九·一："□徒王禁责诚北候长东门辅钱，不服，移自证爰书，会月十日。□一事一封　四月癸亥尉史同奏封。”均需充分申述不负债之理由，并由官方规定自证期限。

（85）□卒西郡武阳西里□□　甘露二年七月□□□□□〼（《敦》一二九九）

（86）车二两　甘露二年十一月乙巳过〼（《敦》二一一〇）

按：此为出入关塞名籍，驾车出入如《合校》五三·一五：“奉明善居里公乘丘谊，年六十九，居延丞印　方相车一乘，用马一匹，骍，牡，齿十岁，高六尺　闰月庚戌北〼。”又《合校》四三·一三：“□部吏阳里大夫封□，年廿八，长七尺二寸，黑色　牛一、车一两，五月戊戌出……”均详录在案。

（87）□露二年十一月丙戌朔庚寅食时〼（《敦》二一一三）

甘露三年（庚午，公元前51年）

（88）玉门千秋隧长敦煌武安里公乘吕安汉，年卅七岁，长七尺六寸，神爵四年六月辛酉除。功一、劳三岁九月二日，其卅日（《敦》一一八六A）

父不幸死，宪定功一，劳三岁八月二日，讫九月晦庚戌。故不史，今史。（《敦》一一八六B）

按：此为官吏功劳档案。玉门千秋隧长吕安汉除于神爵四年六月，简云此档案记载之功劳讫九月晦庚戌，则此后之十月当为辛亥朔，查《二十史朔闰表》，神爵四年后之二十余年间，唯汉宣帝甘露三年十月辛亥朔，故简文所云九月晦当为甘露三年九月。功劳乃官吏升迁之重要条件，故功劳案屡见于汉简，如《新简》EPT五〇·一〇：“居延甲渠候官第十燧长公乘徐谭功将。

中功一、劳二岁，其六月十五日河平二年、三年、四年秋试射以令赐劳

□令　能书会计治官民，颇知律令，文，居延鸣沙里，家去大守府千六十三里，产居延县。为吏五岁三月十五日，其十五日河平元年、阳朔元年病不为劳。居延县人。”简文自称“功将”，乃“功劳墨将”之简称，《新简》EPT

五·一："始建国五年九月丙午朔乙亥，第二十三燧长宏敢言之。谨移所自占书功劳墨将名籍一编，敢言之。"《合校》二八二·七："初元三年十月壬子朔辛巳，甲渠士吏彊敢言之。谨移所自占书功劳墨将名籍一编，敢言之。"亦简称"功墨"，《新简》EPT六五·三〇二："□右初元五年功墨。"知凡此类功劳档案称"功劳墨将名籍"。"史"、"不史"乃对官吏文书工作能力的评定，亦屡见于汉简如《新简》EPT五一·四："居延甲渠第二队长居延广都里公乘陈安国，年六十三，建始四年八月辛亥除，不史。"《新简》EPT五一·一一："居延甲渠塞有秩候长昭武长寿里公乘张忠，年卅三，河平三年十月庚戌除，史。"《合校》一二九·二二，一九〇·三〇："校甲渠候移正月尽三月四时吏名籍，第十二燧长张宣史，案府籍宣不史，不相应，解何?"史籍所见，如《汉书·兒宽传》："时张汤为廷尉，廷尉府尽用文史法律之吏。"注引师古曰："史谓善史书者。"《汉书·王尊传》："少孤，归诸父，使牧羊泽中，尊窃学问，能史书。"《酷吏传·严延年传》："尤巧为狱文，善史书，所欲诛杀，奏成于手中，主簿亲近吏不得闻知。"又，从本例功劳之计算中透露，汉代的"功"与"劳"可以换算，乃积劳为功。吕安汉从神爵四年六月初除至甘露三年九月，历七年零三个月，其中尚有五凤二年与甘露元年有闰月，而计其劳仅为三岁九月二日（未扣除其父死奔丧不计劳之卅日），还有三年多的时间当已换算为"功一"。

附九

按：《敦》一五六六至一八〇四号简牍，皆出自斯坦因编号T六·b·i、甘肃省文物考古研究所编号D三之凌胡隧遗址。此批简年代相近，所见年号计有本始三枚、地节一枚、元康三枚、神爵二二枚、五凤二一枚、甘露五枚，可断定年代的有元康十五枚、神爵十三枚、五凤三枚，均为汉宣帝时期物，绝非偶然，据此推断，D三所出其他未见年号亦未能断定具体年代的简牍，绝大部分应属于宣帝时期，故附录于下，供参考。

(89) ☑□戌　□酉　丙申　乙未　甲午　癸巳

壬辰　辛卯　庚寅　己丑　戊子　丁亥

丙戌　乙酉　甲申　癸未　壬午　辛巳　庚辰　己卯　☑

（《敦》一五六七）

按：此为历谱，具体年代未详。

(90) □□□□□□持第□符东迹（《敦》一五七〇）
(91) 八月庚申候史持第卌符东迹（《敦》一六〇二）
(92) 正月乙卯候长持第十五符东迹☑（《敦》一七六三）
(93) 九月辛亥步昌候长持第七符过田（《敦》一五七九）

按：以上四例皆为持用日迹符徼迹的记录。日迹持符，亦见《新简》EPT二六·六："□甲渠八月廿六日庚午遣燧长幹沿、徒☑覆众迹虏到故候官知虏所出符，符左留官。"迹符之实物如《新简》EPT四九·六九"回第六平旦迹符"，又《新简》EPT四九·七〇A"第□□□回旦符"；B"弛刑朝文山迹持出入"。"第六"即符之号码。汉符通常都序码，如《合校》六五七·七："始元七年闰月甲辰，居延与金关为出入六寸符券，齿百，从第一至千，左居官，右移金关，符合以从事。□第八。"同样的出入符，其序码又见《合校》六五·九之"第十八"，二七四·一〇之"第七"，二七四·一一之"第十九"，《释粹》七四EJT二六·一六之"九百五十九"。史籍亦载符设序号，《汉书·文帝纪》："二年九月，初与郡（国）〔守〕为铜虎符、竹使符。"注引应劭曰："铜虎符第一至第五，国家当发兵遣使者，至郡合符，符合乃听受之。竹使符皆以竹箭五枚，长五寸，镌刻篆书，第一至第五。"王国维亦注意及符及序码，云："……第十五符者盖塞上巡行所用之符。沙氏书第八十三简云步昌候长持第十符过田，又第八十一简云候史持卌符东迹，案汉时征调行书皆持符以行，《独断》云制书有印使符下远近，皆玺封。《续汉书·礼仪志》皇帝崩，是夜下竹使符告郡国二千石诸侯王。此塞上之符当亦如天子竹使符之用，但竹使符之数止于第十，此则多至四十耳。"[1] 但王国维始终未明了"过田"之含义。"过田"与"迹"、"日迹"义同，即巡视天田。东迹，自西向东日迹。候长、候史之日迹与戍卒之日迹有区别：戍卒通常只在所在隧周围日迹，如例（11）所见；而候长、候史是在一个部的范围日迹，跨越多座烽遂，路程达数十里，汉简所见如《新简》EPT五二·八二："候长武光、候史拓　闰月辛亥尽己卯积廿九日，日迹从第卅隧北尽鉼庭燧北界毋兰越塞天

[1] 《流沙坠简·屯戍丛残·烽燧类四十至四十五》。

田出入迹。”第卅隧至钘庭燧，共设烽隧九座。[1]

(94) 迹尽辛未日凡七日（《敦》一六三一）

(95) 七月己卯日罢军病已　不迹八日丙戌。（《敦》一六四五）

按：以上二例为日迹簿残文。

(96) 若干人画天田，率人画若干里若干步。（《敦》一五八四）

(97) 卅二人画天田卅二里，率人日画三步。凡四编（《敦》一六七四）

(98) 六人画沙中天田六里，率人画三百步。（《敦》一七一四）

(99) ……里九十步，率人卅步。（《敦》一六九六）

按：天田，详例（65）解。画天田，锄治天田使之松软更易留下足迹，此为经常性活动，遇有情况，更强调之，如《新简》EPT 五・五九：“候长各循行部，严告吏卒明画天田，谨迹候，常▨。”《敦》一八一七：“……谨候望，明画天田，察塞外动静，有闻见辄往言府。”以上四例为画天田之记录，其中例（96）不为范文。

(100) 二人削除亭东面，广丈四尺，高五丈二尺（《敦》一五八九）

(101) 一人马矢涂关内地，广一丈▨（《敦》一五九四）

(102) 一人草涂关内屋，上广丈三尺五寸，长三丈，积四百五尺。（《敦》一六〇五）

(103) 其二人负□□□（《敦》一六四八）

(104) 其一人取苇（《敦》一六四八）

(105) 三人负麻，人反十八束，反复卅里，人再反六十里。（《敦》一六五〇）

(106) ▨□　□马夫　涂亭（《敦》一六五三）

(107) 一人马矢涂亭户前地二百七十尺。（《敦》一七四七）

(108) 三人马矢涂坞上内地，广七尺，长十丈，积七百廿八尺，率

① 参见《汉代甲渠候官规模考》，载《文史》，第34、35辑。

人二百卅尺□□（《敦》一七六〇）

（109）四人马矢涂□□，长四丈九尺，广六尺，积二百九十四尺。（《敦》一七六七）

（110）……三尺，积二百一十二尺。（《敦》一七七〇）

（111）□□□涂亭东□，高四丈二尺，积六百七十二尺，率人二百廿三尺。（《敦》一七七七）

（112）二人燧亭中兵守御器。（《敦》一六一一）

（113）▨尺，长三丈，积二百卅尺。（《敦》一六〇三）

（114）二人苇，人一反还迎草涂内屋，广丈三尺五寸，积四百五尺，率人二百二尺五寸。（《敦》一六六九）

（115）三人负廪步昌，人二反，致六橐，反复百八十八里百廿步，率人行六十二里二百卌步。（《敦》一六九三）

（116）廿九人候（《敦》一七一六）

（117）卅人候（《敦》一七三九）

按：以上例（100）至（117）皆为勤务记录。主要事项是对亭隧诸建筑物进行维修保养，简文屡见之“马矢涂”、“草涂”乃其保养之重要措施，甘肃省文物考古研究所报告云：“烽燧墙壁均涂以草泥，表面刷粉。由于多次涂草泥和粉刷，位于烽燧台阶东侧的墙壁草泥皮，竟达二十八层之多。这种草泥使用的草屑，是从马粪中的未消化物经晾干后取得的，细碎短小，拌和的草泥粘结性强，泥皮平整美观。在汉简资料中，有所谓‘马矢涂’，即指此。这种方法，不仅使用于墙壁，亦使用于室内地面。粉刷墙壁的颜色，由于材料的不同，有土红色、浅蓝色和白色数种，这种情况在堡内房屋中亦存在，亦即汉简资料中的所谓‘涂垩’。定期在建筑物上涂草泥、刷粉，是汉代边塞屯戍活动中的一种固定制度。”① 说是。《敦》一五九四见“一人马矢涂关内地”，即证马屎草泥亦用以涂抹地面。候，候望、侦察，是戍卒主要勤务。

（118）丙辰四人作墼二百八十　率人七十□□□　积□□□六百二十。（《敦》一六二二）

（119）二人积墼五千五百六十，率人积二千七百八（《敦》一六二

① 《敦煌汉简·敦煌马圈湾汉代烽燧遗址发掘报告》，52页。

七）

（120）丁未六人作墼四百廿　率人七十　初作（《敦》一七三一）

（121）壬戌四人作墼二百六十　率人六十五　一人病　与此四千四百六十五。（《敦》一七三二）

（122）□□□　到休　□　□　□　□　□　日　积墼（《敦》一五九一 A）

□钱（《敦》一五九一 B）

按：似上例（118）至（122）为作墼与积墼记录，亦为日作簿之一种。墼，土坯，王国维云："墼者，《说文》瓴适也，一曰未烧砖也。案《释宫》瓴适谓之甓，《毛传》从之，殆谓已烧之砖。唯颜师古注《急就》篇云，墼者抑泥土为之，令其坚激，则谓未烧者也。塞上所作者当为未烧之墼，汉时筑城多用之。《隶续》录汉永初官墼文曰，永初七年作官墼。洪氏云，数十年来眉州人掘武阳故城时或得之。范至能在蜀得其二，分其一相赠，墼唯七字及官字，文有反背不同，重十有八斤云云。以其轻重推其面体当不甚小，故一人每日作少则六七十，多则百五十而已。"[①] 汉简所见墼之配方，如《合校》一八七・六，一八七・二五："墼广八寸，厚六寸，长尺八寸，一枚用土八斗，水二斗二升。"敦煌马圈湾烽燧遗址所出土墼，尺寸不一，主要有 0.40×0.19×0.14（米）、0.38×0.17×0.12（米）、0.34×0.20×0.11（米）、0.41×0.17×0.13（米）等。可见当时对土墼之尺寸未作严格规定。土墼可用于修筑鄣燧房舍甚至塞墙，需要量极大，因此汉简中多见作墼的记录，敦煌如此，居延亦然。敦煌所见除上引数例，又《敦》二一五七："丁未　骑士十人　其一人候，其一人为养，其八人作墼，人作百五十，凡墼千二百。"《敦》二一五九："己酉　骑士十人　其一人候，其一人为养，八人作墼，人作百五十墼，凡墼千二百。"《敦》二一六〇："丁巳 骑士十人　一人养，九人作墼，人作百五墼，凡墼千三百五十。"居延则出土单人之作墼记录，如《合校》二七・八："第二燧卒司马忠　治墼八十　治墼八十　治墼八十　除土　除……"《合校》八九・二二："第卅四燧卒高承　治墼八十　治墼八十　治墼八十　除土　除土　除土　除土　除土　除土。"治墼与除土轮番进行，所除之土当用以制墼。例（120）之"与此"二字《敦》作"其此"，非也。"与

① 《流沙坠简・屯戍丛残・戍役十四至二十一》。

此”乃汉时统计常用语，谓前数与此数之累计，除此例所见，又如《新简》EPT五一·一一七：“三月甲辰卒十四人　其一人养，定作十三人，除沙三千七百七十石，率人除二百九十石，与此七万六千五百六十石。”《新简》EPT五六·一二四：“壬辰卒十八人 其二人养，一人病。定作十五人，九人绳得□百廿丈，率奇八十丈；六人□□得五十八束，率人九束有奇，与〔此〕□卅束，率人五束。”凡此类统计，“率”指平均数，“与此”指累积数，但简文往往仅见“此数”（本次总数）而未见“前数”（以往总数），那是由于“前数”在他简的缘故，未能连贯考察。

（123）糸承弦四（《敦》一六一〇）

（124）服三　卪（《敦》一六二一）

（125）大黄臬弦一（《敦》一六二三）

（126）五石具弩一　卪（《敦》一六三四）

（127）戍卒河东郡汾阴高氾里张贤　三石具弩（《敦》一六三六）

（128）靳干五（《敦》一六四一）

（129）三石具弩一（《敦》一六四三）

（130）大苣廿　卪（《敦》一六五一）

（131）戍卒河东郡皮氏长子里赵乐世　四石具弩（《敦》一六六三）

（132）有方一（《敦》一六六四）

（133）立徼臬玘弦一（《敦》一六七三）

（134）缇绀胡一　☑（《敦》一六七八）

（135）臬长弦三（《敦》一六七九）

（136）承弩軴　一　☑（《敦》一六八二）

（137）有方一　卪（《敦》一七一〇）

（138）稿矢铜鍭三百　卪（《敦》一六八七）

（139）稿矢铜鍭百　☑（《敦》一八〇三）

按：以上例（123）至（139）为兵器、守御器簿残文。简文所见弩机有三石（例（127）、（129））、四石（例（131））、五石（例（126）），均为小弩，此类小弩亦见居延所用，如《新简》EPT五二·五见戍卒使用三石弩，《合校》三三·三〇见四石弩。而当时使用最普遍的是六石弩，屡见于汉简，如《新简》EPT五·六三，EPT六·八，EPT四八·一七，EPT五一·一一二，EPT 五一·二〇九，EPT 五二·一〇等。候官鄣还常常使用八石以上强弩，如《合校》五二·一七，八二·一五载甲渠候鄣所使用有六石、八石及大黄力十石弩。例（125）“大黄枲弦”即大黄弩所用之麻制弓弦。《释粹》七四 EJT·一一九见“大黄弩服”。《汉书·李广传》“而广身自以大黄射其裨将”，注引服虔曰：“黄肩弩也。”孟康曰：“太公陷坚却敌，以大黄参连弩也。”靳干、缇绀胡均为旗帜之类之构件，《散》四二七：“□士曲旃干长五尺，胡缘广各。”四二三：“广长与幡广等，兑本。”四一三：“左部司马旃胡青，前部司马旃胡赤，中部司马旃胡黄，右部司马旃胡白，后部司马旃〔胡〕黑。”王国维云：“蕲干即旂干也。蕲字即蕲字之变，从旂从单，后变为蕲。古文㫃字多从车，如旅作旟是也。后变车为单，变单为革，然则蕲、旂实一字。杨南仲晋姜鼎释文云：古之旌旂悉载于车，故疑𨌧即旂字，而从车借读为祈。其说极精，若旂若靳，则又蕲之变。后汉弘农墓砖，江夏蕲春之蕲正作鄿，此其证也。以其声言之，则旂、靳二字皆以斤为声，《诗·小雅》旂与晨辉为韵，《鲁颂》旂与芹为韵，《左传》旂与晨、辰、振、贲、焞、军、奔为韵，旂读若靳，故得假为旂也。胡者旂幅之下垂者也，《说文》幡幅胡也（叶石君影宋本作幡，幡胡也），《吴语》建肥胡文犀之渠，韦昭注：肥胡，幡也。谓之胡者，《说文》胡牛颔垂也，古人于下垂之物皆以胡譬之，旂幅之下垂者形似牛胡，故文有肥胡、幡胡、幅胡之名。或单言幡，或单言胡，语之略也。缇者，帛赤黄色；绀，帛深青而扬赤色也，二色不能相兼，则缇绀殆一色之名也。”[①] 于豪亮于王氏说有所补正，云：“居延汉简常常靳干、幡、胡放在一起叙述，表明这三者是一件器物的三个组成部分，其形制在西周的金文中还可以看到。《金文编》中西周金文的旅字和斿字，象人举大旗之形，竖立的是靳干，靳干上端飘起的部分是幡，幡的下面窄而长的部分便是胡，胡的形状同牛颈下的垂肉和弋、戟的胡颇为相似，这就是它所以被称为胡的缘故。看来，汉代的靳干、幡、胡之制至少起源于西周。王国维在《流沙坠简·考释二》四十七云：‘旂幅之下垂者形似牛胡，故有肥胡、幡胡、幅胡之名。或单言幡，或单言胡，则语之略也。’以为幡、胡为一物，或简称为幡，或简称为胡。这种说法显然不正确。前引《甲编》一七六八 A 云：‘曲旃一，缇绀胡一，靳干、幡各三……凡大小卌一物皆燔。’胡与幡分别计算，恰恰说明幡

① 《流沙坠简·屯戍丛残·器物类四十三至四十七》。

和胡是不同的两件东西。”[①] 有方，类似矛的长兵器，汉简屡见，如《新简》EPT 五一·一一一：“戍卒东郡清世里鞠财有方一完。”EPT 五一·一一三：“戍卒魏郡邺安众里大夫吕贤　有方一完　椟一完。”《合校》三一一·二：“第廿燧卒□丘定　有方一，刃生　右卒兵受居延。”《合校》五一二·二四：“戍卒昌邑国西邡西土里朱广德　假有方一完。”《敦》八二四：“有方一，刃小缺、生”。据上，有方时有刃生，刃生谓生锈，当以铁制成；有方有椟，椟谓刀室，当用以保护有方尖刃。史籍所见有方之应用，如《墨子·备水》篇：“二十船为一队，选材士有力者三人共船，其二十人擅有方，十人擅苗。”大苣，此指用以燃苣火之大草把，《新简》EPT 四九·一三 B：“大苣卅，小苣、四尺苣各百。”则大苣之长度超度汉尺四尺，《墨子·备城门》：“城上二步积苣，大一围，长丈，廿枚。”长度达一丈之草苣，无疑是大苣，且其每积之数为廿枚，与简文所载合。敦煌马圈湾烽燧遗址所出Ⅰ型苣，以芦苇数十根捆扎成束，直径 0.09 米，长 2.33 米，亦当为大苣。[②]

(140) □□隧

六石弩□三□□

寅矢百五十，其十五□□□，百卅五完。

□三完□□□□□□□二完。

□□□完。

□二完。（《敦》一七七六）

(141) 凌胡燧　承弦十，小不可用。（《敦》一七八一）

(142) ▨□一▨一破　□□□□□

▨……（《敦》一七八二）

(143) □右厌胡隧卒四人　寅矢六百

其九十五羽完，干庠呼

卌七羽敝，干庠呼　三百九十七完

六十一羽敝，干完　服一完（《敦》一七八四）

(144) □□一完（《敦》一七九三）

(145) □元年十二月戍卒留署所兵折伤敝绝簿（《敦》一六五八）

---

① 《于豪亮学术文存》，175 页，北京，中华书局，1985 年 1 月。

② 《敦煌汉简·敦煌马圈湾汉代烽燧遗址发掘报告》，60 页。

（146）凌胡隧　五石弩伤右右一所（《敦》一七二一）

（147）戍卒河东郡汾阴南池里耿禹假赤循鸠尾折（《敦》一六四九）

（148）右留署所兵　寅矢百五十一（《敦》一五九三）

按：以上例（140）至（148）多为折伤兵簿及留兵簿残文。汉简所见此类文书之名目，如《敦》一九二五 A："始建国天凤元年玉门大煎都兵完坚折伤簿。"《合校》一七四·三四："五凤四年八月尽五年四月吏假兵名及兵□伤别簿。"又上例（145）："兵折伤敝绝簿。""干"通"幹"，指箭幹，详见例（41）解。王国维云："塞上高燥，故矢幹或坼罅也。矢之为物，惟镞最不易坏，干、羽则不然，故干或坼罅，羽或敝也。"[①] 说是，干斥呼、羽敝汉简中确常见，除上例（143）之外，又如《敦》二一七一："其廿二干庳呼。"《合校》三·二六："稿矢十二干庳呼……寅矢十三干庳呼。"《新简》EPT 五〇·二："寅矢铜镞二差补不事用，二庳呼，二羽敝，负十六算。"寅矢，短矢，王国维考证云："寅矢者，短矢也，《墨子·备穴》篇为短矛、短戟、短弩、寅矢。《方言》箭三镰长尺六者谓之飞寅。古者箭干长三尺，飞寅长尺六，则短于他矢矣。亦谓之飞矛。《周礼·夏官·司弓矢》枉矢、絜矢利火射。郑注：枉矢者，取名变星飞行有光，今之飞矛是也。寅、矛双声，故亦谓之飞矛也。"[②]

（149）芮薪十束　卩（《敦》一六九二）

（150）短椎二　卩（《敦》一六九七）

（151）户关二　卩（《敦》一六六〇A）

十一　十（《敦》一六六〇A）

（152）柀二（《敦》一六九四）

按：以上四例为守御器簿残文。芮薪，草薪之类。椎，锤之类，《墨子·备城门》篇："长椎柄长六尺，头长尺。"《备娥傅》篇："椎柄长六尺，首长尺五寸。"短椎当为短柄之锤。敦煌马圈湾烽燧遗址出土之木锤，以红柳木制成，中部方形，首部圆锥形，柄为圆柱形。[③] 户关，门杠，《说文》："关，以

① 《流沙坠简·屯戍丛残·器物类二十一》。

② 《流少坠简·屯戍丛残·器物类十七至二十》。

③ 参见《敦煌汉简·敦煌马圈湾汉代烽燧遗址发掘报告》，58 页。

木横持门户。”《墨子·备城门》篇：“门植关必环锢，以锢金若铁鍱之，门关再重，鍱之以铁必坚。梳关，关二尺……时令人行貌封，及视关入桓浅深。”

(153) 今余粟米四石九斗　今八石八斗☐（《敦》一五七六）

(154) □□盐二百☐（《敦》一五八七）

(155) 五月毋余米（《敦》一五八八）

(156) 八月余米四石九斗　今八石八斗三升少（《敦》一六三三）

(157) ☐□一人积卅人＝六升大（《敦》一六五五）

(158) □十三□□一石五斗六升大□一升又一石，凡卌一石三斗□升☐（《敦》一六五六、一六六八）

(159) □□五月米出入簿（《敦》一七〇七）

(160) 入米廿四石五斗　受候官（《敦》一七六二）

(161) □□入粟廿石付□□☐

……☐（《敦》一七六六）

(162) ☐三升少（《敦》一七七一）

(163) 敦煌彊利里张广成车二两　粟十二□□二石，稌一斗，稷卌四石二斗三升少，以廪卒凡卌一石六斗六升大。　卩（《敦》一七一八）

(164) 候张充车一两　糜（《敦》一七四九）

按：以上例（153）至（164）多为米谷出入簿或入簿残文，汉简所见较完整的谷出入簿如《新简》EPT四四·四三：“入余谷四千九百卅七石二斗八升今卌石七斗四升　其二百廿五石米糒，□六石八升大，四千□百二石七斗二升大粟。”出簿如《新简》EPT五六·一〇九：“□凡出谷五百五十三石二斗，十一月簿。其三百五十石三斗三升少粟，今三百六十石三斗三升少；百七石九斗三升少糜，今九十七石九斗三升少……”入簿如《敦》二八二：“入　郡仓居聑三年正月癸卯转〔一〕两，粟小石卌一石六斗六升大……”当时使用中式之三柱结算法，但许多简例（如例（156）及上引《新简》EPT四四·四三）表明，前期之结余数已备受重视，故已产生四柱结算之萌芽。

(165) 钱百二十二□□□☐（《敦》一五七四）

(166) 李龙文袍一领，直二百八十七；袭一领，直四百五十（《敦》一六一四）

(167) 田少负四　子实□四束十七□□□□□

□　□□□□□□□□□□□□（《敦》一六一七 A）

出钱百五十尚肥子斋（《敦》一六一七 B）

(168) 出钱千卅六　……☐（《敦》一六五九 A）

出钱五百六十□□四石　成少平七十□

□□☐（《敦》一六五九 B）

(169) 广武隧□□买肉廿三斤，直钱二百七□☐（《敦》一七○一）

(170) 五百四钱　□□（《敦》一七五三 A）

按：以上四例为出钱簿残文，完整之出钱簿如《新简》EPT 五一・二二三："受甲渠君钱千　出二百五十买羊一，出百八十买鸡五只，出七十二买骆四于，出百六十八糴米七斗，出百卅沽酒一石三斗。□凡出八百六钱，今余钱二百。"例（170）简背尚有字迹，模糊未能辨认。

(171) □□□□□□□出谒□□□□

□☐（《敦》一五八一）

(172) 其一骑弓，弓乡亭隧。张弩乡虏=即去……

其令车骑审试，谨候望，惊烽火，清塞下，毋……（《敦》一五八二）

按：此例为惊备檄残文。关于警备檄，详例（68）解。"乡"通"向"。"其一骑弓，弓乡亭隧"述敌方骑兵持弓向亭隧挑衅。"张弩乡虏"述己方以弩相向作出反应。"令车骑审试"之措施未见于其他警备檄。一般之亭隧仅有戍卒二至四人，候官鄣则十余人，未设车骑。车骑乃设于都尉属下司马、千人之作战部队，可见此次动员规模甚大。

(173) ……

□□多多多……（《敦》一五八三 A）

□□□□□　多请□□□□平常

□□□□□□记□以亭行□□□□□□今还□（《敦》一五八三 B）

(174) 知子卿毋恙，伏地再拜子卿足下。皆尽卒毋以治，贯子卿

（《敦》一五八六）

（175）大煎都候官以次行☐（《敦》一五九〇）

（176）制曰：可（《敦》一五九二）

（177）……七月十日（《敦》一五九七）

（178）……□□薪（《敦》一五九九）

（179）□伏地再拜

长卿请足下因□□候官教卒史妻子集名籍，会月十五日。

今月已尽，次公至今□□（《敦》一六一二 A）

今安请欲为次公为之元毋从知其名年人数，愿次公急封三通，会今，须移官。问事不可忽，愿留意。幸甚。（《敦》一六一二 B）

按：此例为书信。汉简所见称书信为“书”或“记”，如《敦》六六二 A“冯党书幸致”，《敦》一六五九“辱幸赐书”，《敦》一八七二“愿幼卿赐记”，《敦》五〇〇A“元月十一日具记细君”。简文“伏地再拜”前尚剩“元”字右半残笔，元当为致书人。次公本应于当月十五日将有关家属名籍报候官，而时已尽月未送，故元催促之，令其立刻写三份送来。

（180）□□足下苦疾，宜伏前问。属到谒候丞

未给幸宽死罪，因伏（《敦》一六二四 A）

言□□所幸狗子者，谨请使伏前受教教，幸以斋（《敦》一六二四 B）

（181）□右郡兵（《敦》一六一三）

（182）叩头死＝罪＝，曰庚辰□不病□壬申病发（《敦》一六一五）

（183）□右百卌五人亭卒（《敦》一六二〇）

（184）六人送囚诣官（《敦》一六二六）

（185）唯治所以前数收就钱与平，如律令。（《敦》一六二八）

（186）到所辨，毋忽，如律令。（《敦》一六二九）

（187）☐□　应积八十六□□□□付□□□☐（《敦》一六三八）

（188）☐两六斤＝四　心十三斤☐（《敦》一六五四 A）

☐十二斤□百□□☐（《敦》一六五四 B）

（189）☐十一月　十二月　正月　二月　三月（《敦》一六五七）

按：此例当为编册历谱之类首简，他简则写与相应月份有关之朔日或其他事项即可。

(190) □□马受伤不□□□□□□（《敦》一六六一）

(191) ……富

昌士吏，毋留，如律令。（《敦》一六六二）

(192) ▱□燧长当时坐男郄海以公事怨望，欲害（《敦》一六六七）

(193) ▱□尊，令史禹光　▱（《敦》一六七一）

(194) 戍卒河郡（《敦》一六八〇）

(195) □宜禾部□第：广汉第一、美稷第二、

昆仑第三、鱼泽第四、宜禾第五（《敦》一六八三）

按：宜禾部，敦煌郡宜禾部都尉。广汉、美稷、昆仑、鱼泽、宜禾均为宜禾都尉下属候官名，依次由东往西排列。宜禾都尉辖区东与酒泉郡西部都尉相接，西止宜禾候官临介（界）隧。斯坦因在这一区域发现并编号的烽隧凡三十八座，分布于以下三处：（一）西沙窝东北至瓜州故城以西 T 三一—三五；T 三七 a—一，这十七座烽隧组成一条东西走向的烽隧线。据汉简所述邮程和此例所见，这条烽隧线的东段属宜禾候官，西段属鱼泽候官。（二）安西县西至双塔堡 T 三八 c、b、a；T 三九 r、b、a；T 四〇a—c。这九座烽隧大致位于宜禾都尉辖区中部，按烽第排列，应属昆仑候官。《后汉书·明帝纪》：汉明帝十七年，“遣奉车都尉窦固、驸马都尉耿秉、骑都尉留张出敦煌昆仑塞，击破白山虏于蒲类海上，遂入车师”。《后汉书·西域传》：“北虏呼衍王常展转蒲类、秦海之间，专制西域，共为寇钞。今以酒泉属国吏士二千余人集昆仑塞，先手呼衍王，绝其根本，因发鄯善兵五千人胁车师后部，此上计也。”文中所云昆仑塞，即昆仑候官所属。（三）布隆吉北至疏勒河转弯处 T 四一 a—m。这条由十三座烽隧组成的东西走向的烽隧线，位于宜禾都尉东端，大致为美稷、广汉两候官所辖。《汉志》宜禾都尉治昆仑障，王莽改名为广至。

(196) ▱□候长。写移书到，趣实籍部中，移▱（《敦》一六七五）

(197) ▱当时贼燔稀随城，臧满二百廿，以不知何人发觉，种八▱□（《敦》一六七六）

按：此例所见为司法文书，或属通缉令一类。“臧满二百廿”为经济罪等次，用以量刑，但汉简所见多以“二百五十”、“五百”、“一千”为次，如《新简》EPT四三·五五：“坐簿书贵直，为擅赋臧二百五十以上。”《新简》EPT五一·二九○：“故不以实，臧二百五十以上。”《新简》EPF二二·二：“证财物故不实，臧五百以上。”《新简》EPT六八·七二：“共盗官兵臧千钱以上。”史籍所见如《汉书·萧望之传》：“受所监臧二百五十以上，请逮捕系治。”注引师古曰：“二百五十以上者，当时律令坐罪之次，若今律条言一尺以上、一匹以上矣。”《汉书·功臣表》：“梁期嗣侯当千，太始四年坐卖马一匹贾钱十五万，过平臧五百以上，免。”

(198) 凌胡隧、厌胡隧、广昌隧各请输札、两行隧五十、绳廿丈，须写下诏书。(《敦》一六八四A)

凌胡以次写，传至广昌，县便处，令都尉到□可得(《敦》一六八四B)

按：此例为关于输送简材、传写诏书的下行文书。简文所见凌胡隧、厌胡隧、广昌隧均为敦煌玉门都尉大煎都候官属隧，其属址位于今敦煌吐火洛泉西南之D四(凌胡隧，斯坦因编号T六a)、D三(厌胡隧，斯坦因编号T六b)、D二(广昌隧，斯坦因编号T六c)。札、两行，书写材料。汉简屡见简材之记录，如《合校》七·八：“欢喜燧　两行卌，札百，绳十丈，檄三，八月己酉输。”(封检)《合校》一三八·七，一八三·二：“安汉隧札二百，两行五十，绳十丈，五月输。”(封检，设二封泥槽)《敦》一四○二：“青堆札百五十，绳廿丈，两行廿。”可见当时简材的使用量很大。札，较窄之简材，《说文》：“札，牒也。”段注：“片部曰，牒，札也，二字互训。长大者曰椠，薄小者曰札，曰牒。”《汉书·司马相如传》：“请为天子游猎之赋，上令尚书给笔札。”注引师古曰：“札，木简之薄小者也。时未多用纸，故给札以书。”简札多用以编册，《新简》EPT四·五八“札长尺二寸当三编”即证。两行，较宽之简材，通常可书写两行文字，故名，汉简所见如《新简》EPF二二·二一——三一即是。史籍所见如《后汉书·光武帝纪》注：“帝之下书有四：一曰策书，二曰制书，三曰诏书，四曰诫敕。……策书者，编简也，其制长二尺，短者半之，篆书，起年月日，称皇帝，以命诸侯王。三公以罪免亦赐策，而以隶书，用尺木两行，唯此为异也。”可知木两行亦编册，故可作为策书之一种。“县”通“悬”，悬挂。县便处，指将抄录的诏书等悬挂在便以阅诵之处。他简或云悬挂于“显见处”、“显处”，如《合校》一三九·一三：“……书到，令长丞候尉明白大扁书乡市里门亭显见〔处〕。”《敦》一五五七：“扁书亭燧显处，令尽讽诵知之……”

（199）戍卒河东北属东邑里张奉上

皂布袍一领　出　　缇行破一　出

白练裘袭一领　出　　尚韦二两一出　□一

皂布单衣一领　出　　狗皮絉二两一出

皂布绔一两　出（《敦》一六八六）

按：王国维云：“袍者衣之有著者。《玉藻》‘纩为茧，缊为袍’是也。衣之有著者必具表里，其无著者则有复有单，复者谓之袭谓之褶，单者谓之　，亦谓之禅衣。单衣即禅衣也。絉与韈同，《淮南子·说林训》均之缟也，一端以为冠，一端以为絉。冠则戴致之，絉则蹍履之。《续汉书·礼仪志》绛绔絉，韈皆作絉。《释名》:襪，末也，在脚末也。二者二双，古人履与韈皆以两计也。”[1] 于豪亮云：“居延汉简中的袭并非‘复衣’。理由如下：《流沙坠简·器物类》：‘练复袭一领’。《甲编》四八四：‘缣复袭、布复襦、布单襜褕各一领。’如果如王国维所说，袭是复衣的话，何必又要在袭字前面加一个字说明它是‘复袭’呢？简文称之为‘复袭’，恰恰表明袭无单复之分，它不过是军衣的外衣而已。军衣的外衣既可以是单衣，也可以是复衣，又可以加上丝绵成为绵衣，当然也可以是皮衣。现在的军衣何尝不是如此？《甲编》二〇四九：‘戍卒济阴郡定陶池上里史国……县官帛裘袭一领，四斤四两……’裘袭就是有毛皮的军衣。”[2]“尚”通“常”。尚韦即常韦，于豪亮先生又云：“常韦在汉简中常见。《急就章》：‘常韦不借为牧人。’《补注》：‘韦，一作帏，裳正幅曰帏。’常韦就是裳韦。需要在这里附带指出的是，《说文》巾部以常、裳为一字，在常字下出裳字，云：‘裳或从衣。’其说甚是。朱骏声《说文通训定声》壮部常字下云：‘按常、裳二字，经传截然分用，并不通借，疑常训

① 《流沙坠简·屯戍丛残·器物类三十六至三十九》。

② 《于豪亮学术文存》，178页。

旗，裳训下裙，宜各出为正篆也。’按朱说非是，《诗·裳裳者华》毛传：‘裳裳犹堂堂也。’《广雅·释言》：‘常常，盛也。’裳裳即常常，岂得谓常、裳二字不相通借?《说文》衣部：‘袆，蔽膝也。’《国语·郑语》：‘王使妇人不帏而噪之。’韦注：‘裳正幅曰帏。’《方言》四：‘蔽膝，江淮之间谓之袆，或谓之袚，魏宋南楚之间谓之大巾，自关东西谓之蔽膝，齐鲁之间谓之袖。’《释名·释衣服》：‘韠，蔽也。所以蔽膝前也。妇人蔽膝亦如之。齐人谓之巨巾，田家妇女出至田野以覆其头，故因以为名也。又曰跪襜，跪时襜襜然张也。’常韦古代称为袚，又称袆，现在则称之为围裙。”[1]

按：《说文》：禅，衣不重也。《释名·释衣服》：“禅衣，言无里也。”文云：“有里曰复，无里曰单。”《后汉书·马援传》“更为援制都布单衣”，与简文“皂布单衣”正相同。

(200) ……□臣等望之，吏二千石足下能宜明畺，虽在建正吉。(《敦》一六九〇)

(201) 正月大时在东方，害卯；小时丑在东方，害寅；又朔巳反支，辰解律。(《敦》一六九一)

按：此例为日书之类。大时、小时亦见于《新简》EPS 四 T 二·一〇五：“大时、小时并在东方。北方、东方、西方、南方……”《释粹》注引《淮南子·天文训》：“大时者，咸池也。小时者，月建也。”《神枢经》：“大时者，将军之象也。小时者，郎将之象也。”李鼎祚曰：“大时者正月起卯，逆行四仲。”

(202) 卒王丁　□□□　东□(《敦》一六九七)

(203) 二人　□(《敦》一六九九)

(204) 辄以闻。非所谓留难变事，当以留奉□□□□□律令吏用□疑或不以闻，为留变事满半月(《敦》一七〇〇)

按：变事，非常之事，通常较紧急，内乱外犯均可称“变”，如《汉书·赵充国传》：“又亡惊动河南大开、小开使生它变之忧。”《汉书·尹翁归传》：

① 《于豪亮学术文存》，192 页。

“是时大将军霍光秉政，诸霍在平阳奴客持刀兵入市斗变，吏不能禁。”注引师古曰：“变，乱也。”凡此类即所谓变事。变事紧急，故可假轺传急行，如《汉书·梅福传》：“数因县道上言变事，求假轺传，诣行在所条对急政。”至朝廷则击鼓求见，如《周礼·太仆》注：“若今时上变事击鼓矣……又若今驿马军书急闻者，亦击此鼓。”史籍所见上言变事亦称“变告”，如《汉书·韩信传》：“有变告信欲反，书闻，上患之。”注引师古曰：“凡言变告者，谓告非常之事。”上变事多直奏朝廷，郡县不可苛留，故奏文常称“粪土臣某昧死再拜”，今见奏文残册如《新简》EPT 五二·四六 A 至四八：“粪土臣德昧死再拜，上言变事书。印曰臣德……昌言变事，自书所言一卷。已覆而休，言未满半日……令相长丞尉听受言变事者毋……”《合校》三八七·一二，五六二·一七：“肩水候官令史觻得敬老里公乘粪土臣憙昧死再拜，上言变事书。”汉时当有许多与上言变事相关的律令，如甘肃武威旱滩坡出土汉简见“变事吏，殴击之。召爰书。变事痛所殴以不能言变事，皆大逆不道……”，妨碍言变事，判至重罪。[①] 居延汉简见具体案例，如《新简》EPT 五一·二：“□□□□□复使根、彊来，曰：欲言变事。候故使我来召，奈何不往？敞复曰：病未欲言。根、彊去。”EPT 五一·七：“听受若又顷，根、彊还言：敞言胁恿，不耐言变事。”EPT 五一·一八：“谊不留难敞，既入南满半日，时令史根，尉史彊，守塞尉万，候长吕宪、王充、徐弘，候史成遂。”未见最后判决。本例所见与此类似，涉及界定当事人是否留难变事。简文“留变事满半月”之“半月”当与量刑轻重相关，犹赃罪之“二百五十以上”、“五百以上”。至晋时，变事令归入警事律，《晋书·刑法志》：“上言变事，以为变事令，以惊事告急，与兴律烽燧及科令者，以为惊事律。”

《武帝纪》元朔元年立皇后卫氏诏引《易》曰“通其变”，及逸《诗》“九变复贯”，乃陈变通择善之义，与“变事”完全不同。

(205) 凌胡隧长□□□□（《敦》一七〇三 A）

(206) 宗叩头言☑　……☑（《敦》一七〇四 A）

按：以上二例简背均有字迹，但模糊未能辨认。

① 参见李均明、刘军：《武威旱滩坡出土汉简考述》，载《文物》，1993（10）。

(207) …… 建酉 八月廿三日（《敦》一七四一）

(208) □□□九 材□五十（《敦》一七一二A）

□□不□□（《敦》一七一二B）

(209) 如律令。（《敦》一七一三）

(210) ☐□□□□□□□□ 解中邑邦长卿。（《敦》一七一九A）

(211) 隧长常贤∧充世∧绾∧福等杂廋索部界中。问戍卒王韦等十八人皆相证（《敦》一七二二）

按：∧，句读符号，王国维云："隧长四人，前三人名下皆书∧以乙之，如后世之施句读，盖以四人名相属，虑人误读故也。"① "廋"通"搜"。廋索部界，谓于己方辖区搜索，汉简常见，如《新简》EPT五一·九五："檄到，候、尉分部廋索，毋令名捕过留部界中，不得毕已言。□谨。"《合校》一七九·九："匿界中。书到，遣都吏与县令以下逐捕搜索部界中，听亡人所隐匿处，以必得为故。诏所名捕重事，事当奏闻，毋留，如诏书律令。"凡此类搜索之结果，均需多人作证，除此例所见，又如《合校》二五五·二七："……验亡人所依倚匿处，必得，得诣如书。毋有，令吏民相牵证任，爰书，以书言。谨杂与候史廉，骍北亭长欧等八人，戍卒孟阳等十人搜索部界中，□亡人所依匿处，爰书相牵。"证任，作证担保，《汉书·哀帝纪》："除任子令及诽谤诋欺法。"注引师古曰："任者，保也。"

(212) □甲、鞮瞀、兰、服绽者辄逢绝，为襟带负索，毋令有举。（《敦》一七二五）

按王国维云："鞮瞀实谓兜鍪也，瞀或作鍪，《韩策》甲盾鞮鍪，《汉书·扬雄传》鞮鍪生虮虱，师古曰：鞮鍪即兜鍪也。亦作鞮鞪，《汉书·韩延寿传》被甲鞮鞪，《广雅》兜鞪谓之胄是也。唯《墨子·备水》篇剑甲鞮瞀正作瞀字与此简同。……为古谊之仅存者矣。《说文》瞀，氐目谨视也。《玉篇》瞀，目不明貌。古者戴胄则掩其面，故须氐目而视，目亦为之不明。然则《说文》、《玉篇》所举正瞀字引申之谊，而鞮瞀之瞀乃其本义也。古者以革为鞮瞀，故其字或变而从革，后易以金，故又变而从金而瞀字遂废不用。《淮南

---

① 《流沙坠简·屯戍丛残·烽燧四十六》。

子·道应训》于是乃去其瞀而戴之木，解其剑而带其笏。高诱注：瞀被发也，木鹜鸟冠也，知天文者冠鹜。按瞀即兜鍪，故与剑并言，高注失之，据此则后汉之末已不识瞀字矣。绽，解也，《内则》衣裳绽裂，郑注：绽犹解也。逢者，缝之假借。袍与襟俱从糸作，则汉时别字也。”[①] 按《急就》篇作兜鉾，鍪、鞪、瞀、鉾并通。

（213）阳翟邑东平里史明　有方□缇绀胡省府（《敦》一七三五）

（214）凌胡隧坞乙亥已成，谨罢卒　候长、候史传送卫（《敦》一七三六）

按：此处之罢卒与他简所见复员退役义之罢卒不同，它仅指一项工程结束而言。

（215）□□□□成人（《敦》一七三八）

（216）卒王成　主坞户，（《敦》一七四〇）

（217）☐下部□官承书从事下当用者。（《敦》一七四三）

（218）弃市。乐见决事，兴、霸、德、安汉不所坐不同，即上书对具☐（《敦》一七五一）

按：弃市，汉时死刑之一种，《汉书·景帝纪》：“中二年，改磔曰弃市，勿复磔。”注引师古曰：“磔谓张其尸也。弃市，杀之于市也。谓之弃市者，取刑人于市，与众弃之也。”《周礼·秋官·掌戮》注：“斩以铁钺，若今要斩也。杀以刀刃，若今弃市也。”

（219）三月庚寅，庆胡守士吏☐

事下当用者，如诏书。（《敦》一七四五）

（220）六月丙午，大煎都☐（《敦》一七五四）

（221）二月庚午，敦煌玉门都尉子光，丞万年谓大煎都候：定部书，言到日，如律令。　/卒史山、书佐遂昌（《敦》一七四一）

按：简文“部”字后当有具体内容，今缺。

① 《流沙坠简·屯戍丛残·器物类三十四》。

(222) ▨□□叩头死罪，□少公▨（《敦》一七五六 A）

▨□物有盛悳，诚为　▨（《敦》一七五六 B）

按：悳，恩之异体字。

(223) 广昌候史敦煌富贵里孙毋忧，未得二月尽五月积四月奉钱二千四百。（《敦》一七五七）

按：未得俸名籍，亦见于居延汉简，如《新简》EPT 五一·二三八："居延甲渠第卅八燧长王承明　未得五凤元年十月尽二年正月辛酉积三月八日奉用钱千九百六十，已得赋钱千九百六十。□凡未得积十二月十九日奉用钱七千五百八十，已得赋钱七千五百八十。"《合校》五七·八："居延甲渠次吞燧长徐当时，神爵二年正月庚午除　未得七月尽九月积三月奉用钱千八百，已得赋钱千八百。"凡此类名籍亦以汉宣帝时期物占多数。

(224) 诛马始长　诛马其始　□□▨（《敦》一七五八 A）

始□□□▨（《敦》一七五八 B）

(225) 出入关人畜车马器物如关书移官，会正月三日，毋忽如律令。（《敦》一七五九）

(226) □□丙寅，大煎都守候丞□□□□□□□士吏□承书从事下当用〔者〕，如诏书。

/令史尊（《敦》一七六一、一七八五）

(227) ……八月十四日（《敦》一七六四）

(228) □□□□□□□□□□□凡廿九日，积百卌五人□（《敦》一七六九）

(229) 卌人□□□（《敦》一七七二）

(230) □□之何□□　□□天奈之何（《敦》一七七四）

(231) ……六百五十五里八十步，率人行八十里□十五里八十步。（《敦》一七七五）

按：此例所见当为日迹之月统计，《敦》一七〇六："六人迹八月丁亥尽

〔乙卯〕廿九日四百五十五日八十步。其五人人行八十里，一人五十五里六十步……”平均每人月行八十里，与此例同。月行八十里，则日行近三里，此亦当为烽燧之间的距离，证当时戍卒于己隧周围日迹。

(232) □天阴□不能候望，敢言之。(《敦》一七七九)

按：边塞之候望，每昼皆须进行，此所见因天阴无法观察，即需以文书上报。

(233) 与俱之。子惠迺安定郡界中，共贼杀畏子及三人，以□君为匽事发。(《敦》一七八三)

按：此例所见为司法文书爰书或名捕书之类，他简所见如《新简》EPF二二·三二六：“乃□□□申，第三燧卒新平郡苦县奇里上造朱疑见第五燧戍卒同郡县始都里皇……□所持铍，即以疑所持胡桐木丈从后墨击意项三下，以辜一旬内立死。案疑贼杀人，甲辰病心腹……”《敦》一五四七：“……太守言，诏所名捕不知何人贼杀……”贼杀，罪名，指故意杀人罪，《汉书·王子侯表》：“张侯嵩，坐贼杀人，下书要下，下狱，瘐死。”沈家本云：“凡言贼者，有心之谓，此疑即后来律文之故杀也。”[1]

(234) 六月丁巳丁亥，第二百一十苣火一通从东方来。(《敦》一七八六)

按：此为望烽火记录，类似之简文如《敦》一五六九：“七月乙丑日出二干时，表一通；至莫夜食时，苣火一通从东方来，杜充见。”《敦》一七三七：“以八月十日辛丑莫夜□□时，苣火从东方来。”第二百一十，当为传来烽火之序码。为烽火编号，此例属首见。

(235) 张　闻盗事　有凶事　有客从远所来　有所得(《敦》一七八七)

① 《历代刑法考》，1463页。

按：此为日书，与简文相对应的干支之类当存于它简上。

(236) ▨久不相见，萃然相党以欢道，故以请语。当此之时，臣窃乐之酜至四五斗，若耐男（《敦》一七八八）

(237) 凌胡卒杨亥韏二□一（《敦》一七八九）

(238) □廿二□（《敦》一七九〇）

(239) 凌胡燧 ▨（《敦》一七九二）

(240) ▨□地再地再拜伏地地再 敦煌大富里亭长乐（《敦》一七九四A）

□□伏地再拜伏地再拜一再伏伏地伏地

再地伏地地伏伏再伏再（《敦》一七九四B）

(241) 十一月十五日尽时（《敦》一七九六）

(242) 三月己卯，尢从所□□汤承

制 诏光禄勋曰：今年火尚前谨偹火。臣□再拜承诏。（《敦》一七九八）

按：此例为接收诏书之回报，故云："臣□再拜承诏。""制 诏……谨偹火"乃述诏书文。"制"字在简中位置高于其他文字，乃诏书常式，武威磨咀子汉墓出土之王杖诏令册中，凡"制诏"、"制曰"、"皇帝"等字均高于其他简文，即例。[①] 偹火，指四时之改火事，《合校》五·一〇："官先夏至一日，以除隧取火授中二千石、二千石官在长安、云阳者，其民皆受。日至易故火，庚戌寝兵不听事尽甲寅五日。臣请布，臣昧死以闻。"此为改火之请诏，又《合校》一〇·二七："御史大夫吉昧死言。丞相相上大常昌书言：大史丞定言元康五年五月二日壬子日夏至，宜寝兵，大官抒井更水火，进鸣鸡，谒以闻，布当用者。□臣谨案：比原泉御者，水衡抒大官御井，中二千石、二千石令官各抒别火。"史籍之记载，如《周礼·司爟》："司爟掌行火之政令，四时变国火，以救时疾。"注："郑司农说以《鄹子》曰：'春取榆柳之火，夏取枣杏之火，季夏取桑柘之火，秋取柞楢之火，冬取槐檀之火。'"《论语·阳货》："旧谷既没，新谷既升，钻燧改火，期可已矣。"《集解》引马融曰：

① 参见《汉简研究文集》图版。

“《周书·月令》有更火之文：‘春取榆柳之火，夏取枣杏之火，季夏取桑柘之火，秋取柞楢之火，冬取槐檀之火。一年之中，钻火各异木，故曰改火也。’”春三月改火，见《管子·禁藏》：“当春三月，萩室熯造，钻燧易火，抒井易水，所以去兹毒也。”简文所云“火尚”，即指春夏之交火气上升，至夏则极盛而言。

(243) 凌胡卒尚常安责钱二百卅（《敦》一七九九）

(244) ▨刺西土宣广三□▨（《敦》一八〇〇）

(245) ▨□水候来子□□（《敦》一八〇二）

(246) ▨月戊寅朔▨（《敦》一八〇四）

(247) 四月庚子，丞吉下中＝二＝千、郡大守、诸侯相承书从事下当用者。（《敦》一五九五）

按：王国维云：“右简亦诏书后行下之辞而脱其前诏，且语多讹阙，盖传写者之失也。以文例言之，当云丞吉下中二千石，中二千石下郡太守、诸侯相。《史记·三王世家》太仆臣贺请三王所立国名。制曰：立皇子闳为齐王旦，燕胥为广陵王。四月丁酉奏未央宫，六年四月戊寅朔癸卯御史大夫汤下丞相、丞相下中二千石、二千石，下郡太守，诸侯相丞（此字误，当作承）书从事下当用者，如律令。以此例之则，中字下之小＝字明当在千字之下而又脱石＝二字也。且丞吉二字间疑脱一相字。考汉时行下诏书之例，如高帝十一年二月诏书则由御史大夫昌下相国，相国酂侯下诸侯王，御史中执法下郡守。上所引元狩六年诏书则由御史大夫下丞相，丞相下中二千石、二千石，下郡太守、诸侯相。孔庙置百石卒史碑载元嘉三年三月壬寅诏书，则由司徒、司空下鲁相。无极山碑载光和四年八月丁丑诏书，则由尚书令下太常，太常耽、丞敏下常山相。此简但云丞吉，不著何官之丞，汉代文书初无是例，则丞字下脱相字无疑也。汉时丞相名吉者唯有丙吉，丙吉为相在神爵三年四月戊戌而卒于五凤三年正月癸卯，中间凡四年。此四年中，神爵四年，五凤元、二年四月均有庚子，此简即此三年中物也。承书从事下当用者乃汉时公文常用语，《三王世家》、孔庙置百石卒史碑、无极山碑均有此语，犹后世所谓主者施行也。”①

① 《流沙坠简·屯戍丛残·簿书类三》。

(248) 出茭一钧七斤半斤 以食长罗侯垒尉史官橐他一匹三月丁未发至煎都行道食，率三食=十二斤半斤。(《敦》二〇六六)

按：王国维云："干茭者，《说文》茭，乾刍也。干即乾之俗字。钧三十斤，橐他每食十二斤有半，则三食三十七斤有半，即一钧七斤半斤矣。长罗者，常惠所封侯国。垒尉史者，垒尉之史，《后汉书·光武纪》王莽时有长人（巨毋）霸长一丈，大十围，以为垒尉。今长罗侯所属有垒尉史，则垒尉本汉官也。案常惠自本始四年封长罗侯后凡四出西域。初封侯后，汉遣惠持金币赐乌孙贵人有功者，还，因发兵击龟兹，诛其贵人姑翼，此一出也。神爵二年（据《萧望之传》、《西域传》作元康二年，误），惠自敦煌驰至乌孙，责让不立元贵靡为昆弥，此二出也。五凤、甘露间，汉使冯夫人锦车持节诏乌就屠诣长罗侯赤谷城，立元贵为大昆弥，乌就屠为小昆弥，此三出也。后乌就屠不尽归诸翖侯民众。汉复遣长罗侯惠将三校屯赤谷，因为分别其人民地界，此四出也。右第二十五简所记者不外此四次事。至地节中，匈奴围郑吉于车师，惠将张掖、酒泉骑出车师北千余里，扬威武车师傍，胡骑引去。此役当出张掖、由匈奴境入车师，不经敦煌塞上也。"①

① 《流沙坠简·屯戍丛残·廪给类二十五》。

汉元帝第五

初元元年（癸酉，公元前48年）

（249）☐初元年六月丙寅朔☐

☐□□□□□□□　☐（《敦》一九一〇）

按：初元年，初元元年，此写法亦屡见于居延汉简，如《新简》EPT五一·一九三："初元年三月乙卯，令史延年付第三部吏六人二月奉钱三千六百。"EPT五六·三六〇"初元年三〔月〕"，《合校》二一四·六六"初元年五月"。本例见"六月丙寅朔"，据《二十史朔闰表》，汉元帝初元元年六月恰为丙寅期，证"初元年"即为"初元元年"之简称。

初元四年（丙子，公元前45年）

（250）☐初元四☐（《敦》一九一一）

永光元年（戊寅，公元前43年）

（251）永光元年二月戊戌朔辛酉，敦煌玉门都尉平、丞得□敢言之。

谨移部铁器簿一编，敢言之。(《敦》一〇六四 A)

掾子长、属通（《敦》一〇六四 B)

按：铁器簿，有关铁制器物的登录统计等，屡见于汉简，如《新简》EPT 五二·四八八“□甲渠候官建始四年十月旦见铁器簿”，《合校》三一〇·一九“第五丞别田令史信元凤五年四月铁器出入集簿”、五二〇·一：“始元六年二月己卯朔……移铁器簿一编”。当时之铁器多来自内郡，正如《新简》EPT 五二·一五所见“狠田以铁器为本，北边郡毋铁官，邛器内郡，令郡以时博卖予细民，毋令豪富吏民得多取贩卖细民。”铁器亦是严禁输出塞外之管制物品，《新简》EPT 五·一四九“□甲渠言毋羌人入塞买兵铁器者”，《汉书·汲黯传》：“愚民安知市买长安中而文吏绳以为阑出财物如边关乎?”注引如淳曰：“阑，妄也。律，胡市，吏民不得持兵器及铁出关，虽于京师市买，其法一也。”

(252) 谓部都尉、官、县、主马司马冤等承书从事下当用者。书到，

永光元年五月（《敦》七六九）

按：司马，本领兵武官，《汉书·灌夫传》注引孟康曰：“官主千人如候、司马也。”但此例之“司马”前冠以“主马”二字，或为郡司马中分管养马者，《敦》二〇八二“……付主养守司马丞平、冥安厩佐光”即其佐证。冥安，《汉书·地理志》，敦煌郡所属之一县，应劭曰：“冥水出其北，入其泽。”

永光三年（庚辰，公元前 41 年）

(253) 令 □永光

令 □永光三年六□□☐（《敦》二三五五）

永光五年（壬午，公元前 39 年）

(254) 永光五年四月甲戌朔己卯 己☐

□□，敢言之 己☐（《敦》二三二八 A)

按：此简背面尚有字迹，模糊未能辨认。

(255) 永光五年

正月乙巳朔大。

二月乙亥朔小，二日丙子春分。

三月甲辰朔大，十九日壬辰立夏。

四月申戌朔大。

(以上为简面第一栏)

五月甲辰朔小，四日丁未夏至。

六月癸酉朔大，八日庚辰初伏，十八日庚寅中伏，廿一癸巳立秋。

七月癸卯朔小，八日庚戌后伏。

八月壬申朔大，八日己卯秋分。

(以上为简面第二栏)(《敦》一五六〇A)

九月壬寅朔小，廿三日甲子立冬。　□高五尺

十月辛未朔大。

十一月辛未朔小，十日庚戌冬至。

十二月庚午朔大，十七日丙戌腊，廿七日丙申立春，己亥晦。(《敦》一五六〇B)

按：罗振玉云："右谱载永光五年一岁中十二月之朔于简两面，分书之，并记四时节日。于六月，记八日庚辰初伏，十八日庚寅中伏；于七月，记八日庚戌后伏。考《史记·秦本纪》德公二年初伏，《集解》孟康曰：六月伏日初之，周时无至，此乃有之。《正义》：六月三伏之节起秦德公为之，故云初伏，伏者隐伏避盛暑也。《历忌释》云，伏者何？以金气伏藏之日也，四时代谢皆以相生，立春木代火，水生木；立夏火代木，木生火；立冬水代金，金生水；立秋以金代火，故至庚日必伏，故曰伏也。《汉书·郊祀志》注，伏者谓阴气将起，迫于残阳而未得升，故为藏伏，因名伏日。《阴阳书》曰，从夏至后第二庚为初伏，第四庚为中伏，立秋后初庚为后伏，谓之三伏(《六帖》引)。至今历家尚系三伏日于历日，观此简则汉代已然矣。又汉人最重伏日。《汉书·东方朔传》伏日诏赐从官肉。《杨恽传》岁时伏腊烹羊炮羔。《后汉书·和帝纪》永元六年己酉，初令伏闭尽日。注：伏日万鬼行，故尽日闭不

干他事。《荆楚岁时记》六月伏日并作汤饼，名为辟恶。汉代朝野重伏如此，今时则不然矣。简上月十九日壬辰立夏，考是月甲辰朔十九日得壬戌，简作壬辰，殆缮写之误。简背第三行十七日丙戌下所阙当是腊字，《说文》冬至后三戌腊祭百神。”①

(256) 永光五年六月辛卯，敦煌大守丞禹谓玉

门都尉▨

毋所事，取粟五十石，尉丞身临，予以奴婢□▨（《敦》一五五八 A）

□□□□方便□□□□□□□▨（《敦》一五五八 B）

① 《流沙坠简·术数类》。

汉成帝第六

建始元年（己丑，公元前32年）

（257）☐年卅二　建始元年七月辛巳除☐（《敦》六二七）

按：此例为吏名籍一类。“年卅二”《敦》作“□□二”。

河平元年（癸巳，公元前28年）

（258）崇家在安定，崇父以河平元年中为侍郎，以诏除为将田姑（《敦》一九五）

按：此例为追述，因涉及河平元年事，故置于此。“姑”后文缺，或指武威郡姑臧县或西域姑墨国，《汉书·西域传》：“姑墨国，王治南城，去长安八千一百五十里。”位于今新疆阿克苏一带。简文云“将田姑〔墨〕”，则汉曾于姑墨设官屯田。《西域传》又载：“星靡死，子雌栗靡代。小昆弥乌就屠死，子拊离代立，为弟日贰所杀。汉遣使者立拊离子安日为小昆弥。日贰亡，阻康居。汉徙己校屯姑墨，欲候便讨焉。安日使贵人姑莫匿等三人诈亡从日贰，刺杀之。都护廉褒赐姑莫匿等金人二十斤，缯三百匹。”简文所云或与汉徙己校屯姑墨有关。

河平四年（丙申，公元前25年）

（259）河平四年十一月□☐

各郡遣卒敦煌☐（《敦》一三一四）

阳朔元年（丁酉，公元前24年）

（260）出□□外塞吏子葆使女廿五人　正月己卯尽三月丙子百一十八日，积二千九百五十人。（《敦》二九四）

外塞吏子私从者奴大男十五人

（以上为第一栏文字）

其一人二月戊寅尽六月乙巳百卌八日，积百卌八人。

六人三月戊申尽六月乙巳百一十八日，积七百八人。

四人四月丁丑尽六月乙巳八十九日，积三百五十六人☐

四人五月丁未尽六月乙巳五十九日，积二百卅六人。

凡积千四百卌八人。

（以上为第二栏文字）（《敦》二九五）

出塞吏子葆婢使女□人

（以上为第一栏文字）

其一人三月戊申尽六月乙巳百一十八日，积百一十八人。

一人四月丁丑尽六月乙巳八十九日，积八十九人。

（以上为第二栏文字）（《敦》二九六）

一人四月壬辰尽六月乙巳十七四日，积七十四人。

一人四月甲午尽六月乙巳七十二日，积七十二人。（《敦》二九七）

出塞外吏子私从者大男廿四人

（以上为第一栏文字）

其一人二月戊寅尽六月乙巳卌八日，积百卌八人。

十五人三月戊申尽六月乙巳百一十八日，积千七百七十人。

一人四月丙戌尽六月乙巳八十日，积八十人。

（以上为第二栏文字）（《敦》二九八）

☐□□奴大女□□廿一人☐（《敦》二九九）

其四人五月庚午尽九月癸酉

☐十二人六月丙子尽九月癸酉☐

五人七月丙午尽九月癸酉（《敦》三〇〇）

出塞吏子□□奴小男六人

（以上为第一栏文字）

其三人六月丙子尽九月癸酉百一十八日，积三百五十四人。

三人七月丙午尽九月癸酉八十八日，积二百六十四人。

凡积六百一十八人。（《敦》三〇一、三〇二）

凡外塞吏子使女卅三人积，三千六百一十二人。（《敦》三〇三）

出外塞吏子奴婢小男女二人　凡积二百六人。（《敦》三〇四）

□凡外塞吏子奴婢小男女廿二人积千六百六十六人。（《敦》三〇五）

按：此例凡十一简，字迹相同，属同一人份吏子私从者奴婢出塞统计。大多数简文所记某月干支尽某月干支中，前者是月朔日干支，后者是月晦日干支，如《敦》二九五中“二月戊寅”、“三月戊申”、“四月丁丑”、“五月丁未”，据《二十史朔闰表》为汉成帝阳朔元年二、三、四、五月朔干支，以此类推，知本例所见为阳朔元年物，其中《敦》二九三至二九八为该年上半年统计，《敦》三〇〇至三〇二为该年五至九月间统计。唯《敦》二九四“正月己卯”与《二十史朔闰表》所载阳朔元年正月朔日不合，关于此，甘肃省文物考古研究所报告云此简似有误记，“按十二月至三共四个月的天数总合应为一百一十八日，而‘己卯’恰为和平四年十二月的朔日，‘丙子’为阳朔元年三月的晦日，故‘正月己卯’应为‘十二月己卯’。此简当为成帝和平四年十二月至阳朔元年三月的出关计最簿。”[①] 说是。简文见“大男”、“小男”、“使女”等对不同年龄段男女的称谓。从其他汉简中可以找出不同年龄段的分界：《合校》五五·二五见“子未使女解事，年六”，而《合校》一六一·一见

① 《敦煌马圈湾汉代烽燧遗址发掘报告》，68页。

“子使女始，年七”，《合校》二七·四见“子使男并，年七”，则未使男、未使女至六岁止。《合校》五五·二〇见“妻大女女足，年十五”，而《合校》二五四·一一见“子使女肩，年十三”，则十四岁为其分界，据史籍所载十四岁尚属未使段。何谓小男、小女？《新简》EPT六五·一一九见“小男益有，年一岁”，《新简》EPT四〇·一三六见“子小男闲，年十三”，“子小女请，年九”，则未使及使男、女段皆称小。上述年龄段之划分与征收赋税及刑事责任有关，《汉书·昭帝纪》，元凤四年正月，“毋收四、五年口赋”。注引如淳曰：“《汉仪注》民年七岁至十四出口赋钱，人二十三。二十钱以食天子，其三钱者，武帝加口钱以补车骑马。”《汉书·贡禹传》：“禹上言：‘古民无赋算口钱，起武帝征伐四夷，重赋于民，民产子三岁则出口钱，故民重困，至于生子辄杀，甚可悲痛。宜令儿七岁去齿乃出口钱，年二十乃算。’天子下其议，令民产子七岁出口钱，自此始。”《汉书·平帝纪》元始四年诏：“……其明敕百僚：妇女非身犯法及男子八十以上、七岁以下家非坐不道、诏所名捕，他皆无得系；其当验者即验问不稽时也。”正因为七岁以上至十四岁须交赋并承担一定的刑事责任，故将小男女段又分为未使男女与使男女两种。

阳朔二年（戊戌，公元前23年）

(261) □□□阳朔二年闰月都□币车□车□
器车用釭锏费直簿（《敦》一八四〇）
☐钔器□□□车用□□直簿（《敦》一八三九）

按：以上二简字迹与内容皆同，当属同一册。王国维云：“釭锏者，《说文》釭，车毂中铁也；锏，车轴铁也。轴贯毂中，行则相摩，故皆以铁裹之。《释名》釭，空也，其中空也；锏，间也，间釭轴之间使不相摩也。二者日久则敝，须更易新者，此所以有釭锏簿欤。”[①] 敦煌马圈湾遗址曾出土车釭五件，分二型：Ⅰ型四件，均残，宽度各不相同，应为四个个体，铸造，外呈六角形，内为圆形，据其弧度复原，内直径约10厘米。标本T一八：〇八，宽5.2、厚0.7—1.5（厘米）。Ⅱ型一件。标本T六：〇一，铸造，圆形。在外侧边上有一横凸起的鼻，据弧度复原，其内直径约11.3厘米，残长6.2、宽

① 《流沙坠简·屯戍丛残·器物类五十五》。

5.0、厚0.8（厘米）。凸鼻，长1.2、宽0.6、高0.8（厘米）。[1]《新序·杂事》淳于髡曰“方内西员釭”是也。车釭空中，故又谓之穿，郑众注《考工记》云：“贤，大穿；轵，小穿。”详《广雅疏证·释器》。釭锏二字连词见《急就》篇三。《方言》九。车釭，自关而西谓之釭。《西都赋》：“金釭衔璧，是为列钱。”今本《说文》训釭为车毂中铁也，据玄应《一切经音义》卷七、十一、十九引皆作“口”，《御览》七七七车部引同。“中”乃“巳”形近而误。

阳朔四年（庚子，公元前21年）

（262）入四年食□□□阳朔四年十月十二日□□□（《敦》二三七五）

永始四年（戊申，公元前13年）

（263）永始四年五月癸卯朔癸丑☐

佐昌谨与御王宠杂诩□☐（《敦》一二九四）

按：“与”《敦》作“其”。“御”《敦》作“御”。“杂”《敦》作“雧”。

（264）九月辛丑朔大　辛亥　甲子夏至五月廿二日

壬子　乙丑

七月壬寅朔大　癸丑　丙寅

甲寅　丁卯冬至十一月廿八日

五月癸卯朔小　乙卯　戊辰

丙辰　己巳

三月甲辰朔小　丁巳　□□□□□□□

（以上为第一、二、三栏文字）

乙亥　己丑

丙子　庚寅初伏六月十九日

① 参见《敦煌汉简·敦煌马圈湾汉代烽燧遗址发掘报告》，61页。

丁丑	辛卯
戊寅立夏四月六日	壬辰
己卯	癸巳春分二月廿日
庚辰	甲午
辛巳立冬十月十一日	乙未

（以上为第四、五栏文字）（《敦》二二六三）

按：此例所见三、五、七、九月朔日尽与《二十史朔闰表》所载汉成帝永始四年合，故置于此。

元延四年（壬子，公元前9年）

（265）会月晦。元延四年▨（《敦》一九七）

汉哀帝第七

建平三年（丁巳，公元前3年）

（266）出诏书一封　丞相府印，车师后城司马诣西域都护庭，置课验行　建平三年二月己卯，玉门燧长具兵□□□□燧长尹恭杂与鄯善民□□□□□□（《敦》五一三）

按：此例为传递邮书之记录，汉简中称之为邮书刺或过书刺，其名目如《新简》EPT五一·三九一“临木燧建始二年二月邮书刺”，《新简》EPT五二·七二“□吞远部建昭五年三月过书刺”。其本文屡见不鲜，形式繁简不一，除本例所见，又如《合校》四九·二二，一八五·三：“南书二封，皆都尉章□诣张掖大守府□甲校　六月戊申夜大半三分，执胡卒常受不侵卒乐；己酉平旦一分，付诚北卒良。”《合校》五〇二·九A，五〇五·二二A：“十二月三日　北书七封　其四封皆张掖大守章：诏书一封、书一封皆十一月丙午起，诏书一封十一月甲辰起，一封十一月戊戌起，皆诣居延都尉府。二封河东大守章，皆诣居延都尉：一封十月甲子起，一十月丁卯起。一封府君章，诣肩水。十二月乙卯日入时，卒宪受不今卒恭；夜昏时，沙头卒忠付骍北卒护。”《合校》一二八·二：“入南书二封　居延都尉九年十二月廿七日、廿八日起诣府，封完。永元十年正月五日蚤食时，□狐受孙昌。”正如简文所云“置课验行”，设置邮书记录是为便利考核，《新简》EPT 五三·五三见“甲渠候官行者走，各署过时令可课”亦证。邮书之考核依据《行书律》进行，《新简》EPS 四 T 二·八 A：“官去府七十里，书一日一夜当行百六十里，书积二日少半日乃到，解何？书到，各推辟界中，必得，事案到，如律令，言会月廿六日、会月廿四日。”B：“不中程百里罚金半两，过百里至二百里一两，过二百里二两。不中程车一里夺吏主者劳各一日，二里夺令□各一日。”简背所见即《行书律》片断。秦简《行书律》云：“行命书及书署急者，辄行之；不急者，日觱（毕），勿敢留。留者以律论之。”“行传书、受书，必书其起到日月夙莫（暮），以辄相报殹（也）。书有亡者，亟告官。隶臣妾老弱及不可诚仁者勿令。书廷辟有曰报宜到不来者，追之。”史籍所见如《周礼·地官·掌节》：“皆有期以反节。”注：“将送者，执此节以送行者，皆以道里日时课，如今邮行有程矣，以防容奸，擅有所通也。”《汉旧仪》：“奉玺书使者乘驰传。其驿骑也，三骑行，昼夜行千里为程。”据以上所引《新简》EPS 四 T 二·八 A，汉时传递邮书昼夜当行一百六十里，当时实行一日十六时制，则每时当行十里。违者受罚，如《合校》五五·一一，一三七·六，二二四·三，五五·一三，二二四·一四，二二四·一五：“十一月邮书留迟不中程各如牒。晏等知邮书数留迟，为府职不身拘校而委任小吏，亡为中程，甚毋状，方议罚。檄到，各相与邸校，定吏当坐者，言，须行法。”简文“杂与鄯善民……”当指偕鄯善平民传递邮书。以民行书亦见于楼兰出土晋简，如《楼兰尼雅出土文书》五七一：“大麦五斗给行书民桃将官驼他一医，日五升，起十二月十二日，尽廿二日。”[①] 置，驿置，详见例（40）解。

（267）兴客不审郡县姓，名习，字子严，年卅所，为人短壮，黄色，毋须，短面（《敦》六八三）

滑不道赋辛兴及从者就党梁乐、次伯等所杀职物色及赃品皆以庄，可告（《敦》七〇二）

所犯尤桀黠，当以时诛，恐党与寖多为吏民害。愿比建平三年诏书（《敦》七八二）

杀人长安，臧关东，变名，易为羊翁，数敖五陵希蓬工

---

① 林梅村：《楼兰尼雅出土文书》，北京，文物出版社，1985 年 2 月。

（《敦》七八四）

□右能捕兴党与粟次伯等一人购钱十万，知区处语吏，吏以其言捕得之，购钱人五万；起，从人三万。（《敦》七九二）

按：本例凡五简，字迹相同，当属同一份文书，简文见“比建平三年诏书”，故置于此，文书之实际年代当晚于建平三年。简文内容为通缉令，主犯为《敦》七〇二所见辛兴，党与多人，包括梁乐、次伯及兴客名习字子严者。据《敦》七九二，次伯姓粟，全称粟次伯。《敦》六八三详述子严之人像特征“短壮，黄色，毋须，短面”，此为通缉令均需具备之内容，他简所见如《合校》一八三·一三：“诏所名捕平陵长藿里男子杜光，字长孙，故南阳杜衍……黑色，肥大，头少发，年可卌七八……”寖多，渐多，《汉书·王莽传》：“力子都等党众寖多。”注引师古曰：“寖，渐也。”《敦》七九二所见为通缉令所附之赏品，云亲手抓获辛兴党与一人赏钱十万；知其藏匿处而告吏，吏因其言捕获之，赏钱人五万等等。类似之科别及赏额亦见于居延汉简，如《新简》EPF二二·二三四：“……言吏，吏以其言捕得之，购钱五万。……”EPF二二·二二七：“……有能谒言吏，吏以其言捕得之，半与购赏。”

建平五年（己未，公元前2年）

（268）▨建平五年三月甲寅除▨（《敦》一〇八三）

附十

（269）赋臧不入，身所从来□长吏迁徙物故卖，后吏所……甲子赦令前。自今以来吏迁□□故毋得复卖及适，士吏、候长明告部吏，有者必坐，如律令。（《敦》六九六）

按：此例所云“甲子赦令”或指汉哀帝建平二年之甲子制书，《汉书·哀帝纪》，建平二年六月，“待诏夏贺良等赤精子之谶，汉家历运中衰，当再受命，宜改元易号。诏曰：‘汉兴二百载，历数开元。皇天降非材之佑，汉国再获受命之符，朕之不德，曷敢不通！夫基事之元命，必与天下自新，其大赦天下。以建平二年为太初元将元年。号曰陈圣刘太平皇帝。漏刻以百二十为度。'" 此甲子赦令亦曾传达至居延边塞，如《新简》EPT 二七·三见"便舍待报在大初元将元年六月甲子赦令前。诏书谨到，敢言之"。《哀帝纪》又云："八月，诏曰'（时）〔待〕诏夏贺良等建言改元易号，增益漏刻，可以永安国家。朕过听贺良等言，冀为海内获福，卒亡嘉应。皆违经背古，不合时宜。六月甲子制书，非赦令也，皆蠲除之。贺良等反道惑众，下有司。'皆伏辜。"注引臣瓒曰："改元易号，大赦天下，以求延祚，而不蒙福，哀帝悔之，故吏下制书，诸非赦罪事皆除之。谓改制易号，令皆复故也。"简文所言尚涉及甲子赦令，知其距建平二年不久，但未知具体年代，姑附于此。

元寿元年（己未，公元前 2 年）

（270）□寿元年一月庚申，却适亭长□敢言之。（《敦》一〇八三）

按：两汉间年号与"寿"字相关者有西汉哀帝"元寿"及东汉桓帝"永寿"。本简所见字体尚属早期隶书，故当为西汉哀帝元寿时物。《敦》一一五四A、B 见"玉门却适亭有方一完"木楬，知却适属敦煌玉门都尉玉门候官管辖。

（271）元寿元年八月廿五日，使枸□□县□□里李子功枸一令，贾钱千，约馈至廿日钱毕以，即不毕以，约□

□□王巨叔千钱，王巨叔予子功，往至郭府田舍，钱不具，罚酒四五斗，肉五斤（《敦》八四六 A）

责卌，故入七十钱，辄食旁□人□长孙、张买驼子食□酒旁二斗。（《敦》八四六 B）

按：此例为买卖契约。"予"《敦》作"邑"，"肉五斤"《敦》作"肉五千"，"辄"《敦》作"轪"。二见"旁"字，《敦》作"庤"。简文多残缺模糊，无法通读。但从简面第二行"王巨叔予子功"语，知李子功为债权人，王巨叔有可能为转手者，充当中间人。"以"通"已"。"毕以"即"毕已"。他简或写作"必以"，如《合校》二七三·一二："……石十石，约至九月糴必以。即有物故，知责家中见在者。"旁，旁人，即在场之知情人。千钱之小买卖，如不按时偿还，罚酒至四五斗，肉五斤，可谓严厉。

元寿二年（庚申，公元前1年）

（272）元寿二年☐

□□寿□☐（《敦》九六七）

汉平帝第八

元始元年（辛酉，公元1年）

（273）元始元年七月壬辰朔辛丑，王子钱少千八百一十☐（《敦》一八五九）

（274）☐高望部元始元年十月吏妻子从者奴私马廪致。（《敦》五四五）

按：廪致，发给粮食的凭证书。《说文》："致，送诣也。"《合校》五·一二："入狗一枚　元康四年二月己未朔己巳，佐建受右前部，禁奸卒充输，子元受，致书在子元所。"在子元处之致书即送诣凭证。致作为凭证之名称来源甚早，《礼记·曲礼》："献田宅者操书致。"朱骏声《说文通训定声》："按犹券也。"秦简《田律》："廪大田而毋（无）恒籍者，以其致到日廪之，勿深致。"

元始二年（壬戌，公元2年）

（275）入敦煌二年三月玉门转一两，已入卅七石。穬麦小石卌八石七斗五，少十一石七斗五升。元始二年正月丁巳，令史丰受就人敦煌安

里范仲。(《敦》五三二)

按：此例为收入粮食之登录账。入，汉代常用会计符号，指收入，与出相对。转，转输。穬麦，青稞，甘肃省文物考古研究所报告云："青稞，标本T二：〇一七，出土于堡东墙下的鼠洞内，同出有大麦、糜子、普通小麦和豌豆等。标本T九：〇二九，出土于T九灰层的下层，同出有糜子。《广韵》：'青稞，麦名。'《齐民要术·大小麦》：'美田唯穬麦。'注：'大麦类。'《文选》卷五七潘安仁《马汧督诔》注引崔寔《四人(民)月令》注云：'大麦之无皮毛者曰穬。'可知稞大麦称'穬麦'，在青藏高原称'青稞'。汉简中所称之'穬麦'，当亦指青稞。穬麦为汉代西北边郡屯戍士卒的主要口粮之一。"[①]"就"通"僦"。就人，受雇于人的车夫，《合校》五〇五·一五："出钱四千七百一十四，赋就人表是万岁里吴成三两半　已入八十五石，少二石八斗三升。"《合校》五〇六·二七："出钱千三百卌七　赋就人会水宜禄里兰子房一两。"《合校》五〇六·二六："☐元延四年八月以来将转守尉黄良所赋就人钱名。"《史记·平准书》："弘羊以诸官各自市，相与争，物故腾跃，而天下赋输或不偿其僦费。"《索隐》引服虔曰："雇载云僦，言所输物不足偿其雇载之费也。"《淮南子·氾论训》："今夫僦载者，救一车之任，极一牛之力，为轴之折也。"《汉书·王莽传》："空货皆重，则僦载烦费。"汉简所见敦煌居延边塞之转输即多以就人为之。入粮之登录常见已入若干，少若干，如本例所见"已入卅七石……少十一石七斗五升"，知雇人僦载之粮食，出库与入库时均经度量。汉时之敦煌，以僦为业者当甚众。

(276)☑元始二年四月壬午，仓曹史宗付御吏赵宏足三月传马、候马食毕。(《敦》五五一)

按：此例为付给马食文书。仓曹，当指敦煌太守府属下之仓曹。汉诸府均设仓曹，主仓谷事，如《隶释》五所载巴郡太守张纳碑阴即见仓曹，设左右史各一人。居延汉简中亦见仓曹，如《合校》二七九·一七："出吞远士吏平四月奉，四月庚戌令史博付仓曹孙卿，偿具丽卒陈……"《合校》一五五·一四："兼仓曹、塞曹史并再再拜言肩水都尉府。"御吏，主管车马之官吏。

---

① 《敦煌汉简·敦煌马圈湾汉代烽燧遗址发掘报告》，62页。

传马，驿传用马，亦称传驿马，《合校》三·三三：“……主传马三匹，厩佐一人，徒四人。”《合校》三二·一五：“出茭卌束食传马八匹。”《合校》二〇三·三九“传马名籍”，《合校》二八四·二A：“河平四年十月庚辰朔丁酉，肩水候丹敢言之。谨移传驿马名籍〔一编〕，敢言之。”或单称驿马，《合校》一四二·二六：“驿马一匹，骍驳，牡，齿四岁，高五尺八寸上　调习。”《汉书·昭帝纪》元凤二年，“颇省乘舆马及苑马，以补边郡、三辅传马”。注引张晏曰：“传马，驿马也。”候马，斥候用马，《合校》四九一·一：“以食候马积千二百三匹，匹一斗二升。”《合校》三〇三·二三：“出谷卌七石七斗，其卅七石七斗麦，十石粟，以食肩水斥候骑士十九人、马十六匹、牛二九月十五日食。”斥候骑士是游弋于边塞进行巡逻侦察之骑兵，其所骑即称“候马”。

元始三年（癸亥，公元3年）

(277) □□临泉燧元始三年二月吏卒□□□□□▨（《敦》八一九）

(278) 元始三年四月丙午朔庚午，止寇亭长昌敢▨（《敦》七七二）

按：《敦》六〇五所见“□寇隧”或为“止寇隧”残文。

(279) 元始三年四月丙午，阑胡燧长凤敢言之。谨移兵守御器戍卒名籍一编，敢言之。（《敦》七九三）

(280) ▨谨移兵守御器吏卒名籍一编，敢▨（《敦》七九四）

按：以上二例内容相同，或为同时物。简文所见兵守御器，乃兵器、守御器之连称，实际运用时两者有区别。兵器指剑矛弩矢等配备给个人的杀伤性武器；守御器则指守备使用的各种器材用具，范围甚广，多置于防御工事中集体使用。《汉书·李广传》“今无复战”，注引师古曰：“兵即谓矢及矛戟之属也。”汉简屡见呈吏卒配备兵器的报告，其名目如《新简》EPT五二·八六：“□甲渠第廿三部黄龙元年六月卒被兵名籍。”《新简》EPT四八·三三：“□甲渠候长赏部元康二年四月戍卒被兵名籍。”其本文如《新简》EPT五二·五：“戍卒东郡临邑马□里樊非人三石具弩一，完，螬一完。稿矢铜镞五十，其十斥呼，卌完。兰、兰冠各一，完。”《新简》EPT四八·一七：“甲渠候长觻得延寿里赵猛六石具弩一，完。弩幡一，完。系承弦一，完。枲长弦一，稿矢铜鍭五十，其十二斥呼，卅八完。兰、兰冠各一，完。”汉简所见之守御器名目，如《新简》EPT 五五·五“□甲渠候官建平二年闰月守御器簿”，《合校》一二六·一一：“□肩水候官元康四年十月守御器簿。”从账簿本文可知守御器所含，如《释粹》EJT 三七·一五三七—一五五八：“□橐他莫当隧始建国二年五月守御器簿。惊米一石，深目六，大积薪三，芮纬三，糒九升，转射十一，小积薪三，惊糒三石，草烽一，汲器二，马矢橐一，布表二，储水罂二，芳橐一，布烽三，坞户上、下级各一，弩长臂二，羊头石五百，坞户关二，狗二，长枓二，枪卅，狗笼二，连梃四，芮薪二石……长棓四，木薪二石，小苣一百，长椎四，马矢二百，程苣火……长斧四，沙二石，瓦帚二，茹十斤，鼓一，木椎二，烽火窅板一，烟造一，壶一，木面衣二，破釜一，铁戊二，皮窅、草萆各一，瓦枓二，承累四，瓦箕二，烽干二，接楪四。□橐他莫当隧始建国二年五月守御器。始建国二年五月丙寅朔丙寅，橐他守候义敢言之。谨移莫当隧守御器簿一编，敢言之。令史恭。”所用守御器多见于《墨子·备城门》等篇。敦煌、居延之守御器具是按规定配置的，各级屯戍组织配置守御器的数量、品种不尽相同，《敦》一三九〇见“郡、都尉、候鄣、亭隧守御器品”即证。

(281) □元始三年七月，玉门大煎都万世候长马阳所齐操妻子从者奴婢出关致籍☑（《敦》七九五）

按：汉简屡见出关致籍之名目，如《新简》EPT 五一·一三六“竟宁元年正月吏妻子出入关致籍”，《合校》五〇·二六“凡出入关传致籍”，《敦》六八二“……转谷输塞外输食者出关致籍”。致，一种凭证，详见例（274）解。出关致籍，作为出关凭证的名单，通常是出关致的附件。《释粹》四七 EJF 三·一五五：“始建国三年五月庚寅朔壬辰，肩水守城尉萌移肩水金关。吏所葆名如牒。书到，出入，〔如〕律令。”这是肩水守城尉给金关的通知，通知金关放行一批经过官吏担保的人出关，此通知便是出关凭证，或即“致”，“名如牒”指附件所署之出入关名单，当即“出入关致籍”。

(282) ☑元始三年十二月己未，大煎都丞封。(《敦》一五五六)

按：王国维云："右简至大，殆书牍之检。汉时书检往往题受书之人，不题致书之人，以致书者官位姓名已见于封泥上之文故也。此简并题致书之人，殆一书用两检夹之，题受书之人于前检，而题致书之人于后检，《说文》所谓夹检柙者，或谓是欤。"①

元始四年（甲子，公元4年）

（283）出　元始四年二月戊辰，士吏宣以给仓龙燧长成并三年十月麦。（《敦》五二二）

按：出，支出，付出，为汉代常用会计符号，与"入"相对。汉简所见出账如《新简》EPT五一·一九三："出钱三千六百　万岁燧刑齐自取，第一燧长王万年自取，却适燧长寿自取，第三燧长愿之自取，临之燧长王纹自取，候史李奉自取。初元年三月乙卯，令史延年付第三部吏六人二月奉钱三千六百。"凡支出账通常写款项或物品支出数量、方向、支付人与接收人。

（284）元始四年▨（《敦》一九五〇）

附十一

（285）之故，建明堂，立辟雍，设学校详序之官，兴礼乐以风天下，诸生庶民翕然向应，食肸㠯时，走步自然，（《敦》四一八A）

四（《敦》四一八B）

按：建明堂、立辟雍、设学校庠序事见《汉书·王莽传》，元始四年，"莽奏起明堂、辟雍、灵台，为学者筑舍万区，作市、常满仓，制度甚盛"。《平帝纪》元始四年，"安汉公奏立明堂、辟廱"。注引应劭曰："明堂所以正四时，出教化。明堂上圜下方，八窗四达，布政之宫，在国之阳。上八窗法八风，四达法四时，九室法九州，十二重法十二月，三十六户法三十六（雨）〔旬〕，七十二牖法七十二（风）〔候〕。《孝经》曰：'宗祀文王于明堂，以配

① 《流沙坠简·屯戍丛残·簿书类二十四》。

上帝。’上帝谓五时帝太昊之属。黄帝曰合宫，有虞曰总章，殷曰阳馆，周曰明堂；辟廱者，象璧圜，雍之以水，象教化流行。”《平帝纪》：“郡国曰学，县、道、邑、侯国曰校。校、学置经师一人。乡曰庠，聚曰序。序、庠置《孝经》师一人。”莽之奏文作于元始四年，祫祭明堂之活动实施于元始五年正月，《汉书·王莽传》，元始“五年正月，祫祭明堂，诸侯王二十八人，列侯百二十人，宗室子九百余人，征助祭”。规模空前，“刘歆、陈崇等十二人皆以治明堂，宣教化，封为列侯”。《汉书·百官公卿表》又云：“防乡侯平晏以长（安）〔乐〕少府与刘歆、孔永、孙迁四人使治明堂、辟雍得万国欢心，功侯各千户。”简文所涉及或不出元始四、五年事。然王莽规矩四神镜铭：“新兴辟雍治校官。”又始建国二年兽带镜铭：“唯始建国三年新家尊……更作辟痛治校官，五谷成熟天下安。”[①] 则明言入新之时，则上简成文年代未能充分肯定，故附于此。

元始五年（乙丑，公元5年）

（286）元始五年十二月辛酉朔戊寅，大司徒晏、大司空少簿丰下府、大师、大保、票骑将军、少傅、轻车将军、步兵

□□宗伯、监御史使，主兵主草主客护酒都尉、中二千石、九卿□□□州牧、关二郡大守、诸侯相、关都尉（《敦》一一〇八A）

第六（《敦》一一〇八B）

按：此例所见为皇朝行政核心大司徒、大司空之行下文。其实，此核心之执掌者为大司马王莽，《汉书·平帝纪》元始二年注引张晏曰：“王莽为太傅，孔光为太师，王舜为太保，甄丰为少傅，是为四辅。莽复兼大司马，马宫为马徒，王崇为司空，是为三公。”由于当时安汉公王莽已处在挟天子的位置，不齿与三公四辅同列，故简文未见大司马与太傅称谓。况且，简文所见之元始五年十二月正是汉平帝去世，符命纷起，令安汉公居摄践祚之时，《汉书·王莽传》，元始五年，“平帝疾，莽作策，请命于泰畤，戴璧秉圭，愿以身代。藏策金縢，置于前殿，敕诸公勿敢言。十二月平帝崩，大赦天下。……时元帝世绝，而宣帝曾孙有见王五人，列侯广戚侯显等四十八人，莽恶其长大，曰：‘中弟不得相

① 梅原末治：《纪年镜图说》，9页。

为后。’乃选亦孙中最幼广戚侯子婴，年二岁，托以为卜相最吉”。此为人事安排。接着舆论大起，王莽急速践祚，“是月，前辉光谢嚣奏武功长孟通浚井得白石，上圆下方，有丹书著石，文曰‘告安汉公莽为皇帝’。符命之起，自此始矣。莽使群公以白太后，太后曰：‘自此诬罔天下，不可施行！’太保舜谓太后：‘事已如此，无可奈何，沮之力不能止……’舜等即共令太后下诏曰：‘……其令安汉公居摄践祚，如周公故事，以武功县为安汉公采地，名曰汉光邑。具礼仪奏。’”简文未见行下文之具体内容，但其时代背景即如上所引。大司徒晏，大司徒平晏，《汉书·百官公卿表》：“相国、丞相，皆秦官，金印紫绶，掌丞天子助理万机。秦有左右，高皇帝即位，置一丞相，十一年更名相国，绿绶。……哀帝元寿二年更名大司徒。”又：“元始五年十二月丙午，长乐少府平晏为大司徒。”《汉书·王莽传》始建国元年见“大司徒就德侯平晏”。大司空少簿丰，大司空少傅甄丰，少簿即少傅也。《汉书·百官公卿表》：“御史大夫，位上卿，银印青绶，掌副丞相。……成帝绥和元年更名大司空，金印紫绶，禄比丞相，置长史如中丞，官职如故。哀帝建平二年复为御史大夫，元寿二年复为大司空。”又：“元始元年四月丁酉，少（府）〔傅〕左将军甄丰为大司空。”《汉书·王莽传》始建国元年尚见“太阿、右拂、大司空、卫将军广阳侯甄丰”。《汉书·百官公卿表》：“太师、太保，皆古官，平帝元始元年皆初置，金印紫绶。太师位在太傅上，太保次太傅。”简文所见太师位居太保前，与史籍同。《百官公卿表》：“元始元年二月丙辰，太傅孔光为太师。”《汉书·王莽传》元始五年见“太师光、太保舜等辅政佐治”，居摄元年尚见“太保舜”。舜，王莽。简文之“大保票骑将军”史籍作“太保车骑将军”，《汉书·百官公卿表》：“元始元年，大司马车骑将军王舜为太保车骑将军。”或元始元年后太保之将军名号已更改。轻车将军，见《汉书·王莽传》“轻车将军成武侯孙建”，但时为始建国元年。《汉书·百官公卿表》：“元始五年，执金吾王骏为步兵将军。”宗伯，原宗正，《汉书·平帝纪》：“考察不从教令有冤失职者，宗师得因邮亭书言宗伯，请以问。”注引晋灼曰：“宗伯，宗正也。”《百官公卿表》：“宗正，秦官，掌亲属，有丞。平帝元始四年更名宗伯。”又：“元始五年，太常刘岑为宗伯。”简文之“监御史”或指监军御史，《汉书·百官公卿表》：“监御史，秦官，掌监郡。汉省，丞相遣史分刺州，不常置。武帝元封五年初置部刺史，掌奉诏条察州，秩六百石，员十三人。成帝绥和元年更名牧，秩二千石。哀帝建平二年复为刺史，元寿二年复为牧。”简文并见“州牧”、“监御史”，故“监御史”绝非《百官公卿表》所云，《汉书·胡建传》所载“监军御史”，亦简称“监御史”，简文所见或即此。关都尉，掌关都尉，《汉书·魏相传》：“幼主新立，以为函谷京师之固，武库精兵所聚，故以丞相弟为关都尉，子为武库令。”《百官公卿表》：“关都尉，秦官；农都尉、属国都尉皆武帝初置。”《续汉书·百官志》：“中兴建武六年省诸郡都尉，并职太守，无都试之役，省关都尉，唯边郡往往置都尉及属国都尉，稍有分县，治民比郡。”

（287）□□□□□□□

元始五年七月甲午起大前都□□□□（《敦》一五）

（288）☑□□□诣公车司马，元始五年☑

☑即时□☑（《敦》一八七六）

按：此为上书公车司马之邮递记录，类似记录亦见于居延汉简，如《合校》五〇六·五：“□□平明里大女子妾上书一封，居延丞印，上公车司马。建平五年二月辛未夜漏上水十刻起。居延廷左长昌行，直廿。二月甲戌夜食，骍马卒良受沙头卒同；夜过半时，良付不今卒丰。”据《汉书·百官公卿表》：卫尉属官有“公车司马、卫士、旅贲三令丞”。注引师古曰：“《汉官仪》云公车司马掌殿司马门，夜徼宫中，天下上事及阙下凡所征召皆总领之，令秩六百石。”则凡上书朝廷，皆经公车司马收发。

（289）☑郡玉门府□元始五☑（《敦》六五四）

按：玉门府，玉门都尉府。

孺子婴第九

居摄元年（丙寅，公元6年）

（290）□耴元年三月癸丑（《敦》四一〇）

按："耴"为"摄"字异体。两汉间年号与"摄"相关者唯"居摄"。元始五年十二月平帝死，王莽唆使群臣奏言太后，《汉书·王莽传》载："于是群臣奏言：'……请安汉公居摄践祚，服天子韨冕，背斧于户牖之间，南面朝群臣，听政事。车服出入警跸，民臣称臣妾，皆如天子之制。郊祀天地，宗祀明堂，共祀宗庙，享祭群神，赞曰假皇帝，民臣谓之摄皇帝，自称曰予。平决朝事，常以皇帝之诏称制，以奉顺皇天之心……臣昧死请。'太后诏曰：'可。'明年，改元曰居摄。""居摄元年正月，莽祀上帝于南郊，迎春于东郊，行大射礼于明堂，养三老五更，成礼而去。置柱下五史。秩如御史，听政事，侍旁记疏言行。"故"居摄"实质为王莽开始行使皇帝权力之年号。

（291）入　郡仓元年六月转二两，麦小石七十五石　居摄元年八月己未，步昌候长党、隧长尚受就人龙勒万年里□□□（《敦》一二三四）

按：此为入粮登录账。入，收入。郡仓，敦煌郡属仓，此为入粮来源。

转，转输。小石，相对于大石而言，《合校》一四八·一五："凡出谷小石十五石为大石九石。"则小石十石相当大石六石。步昌，敦煌玉门都尉大煎都候官属部。隧长尚，当为与部同名之步昌隧隧长。步昌隧遗址，甘肃省文物考古研究所编号 D 四，斯坦因编号 T 六 a，位于今敦煌吐火洛泉西南。据《汉书·地理志》，龙勒为敦煌郡属县，位于今敦煌西南南湖一带。

(292) 出南校檄一，玉门关候诣龙勒，居摄元年九月庚戌日▨（《敦》六二四 A）

时使官卒杜彭行，付止奸卒王□翕　▨（《敦》六二四 B）

按：关于玉门关候，陈梦家云："'玉门关候'诸简出土于玉门都尉治所，应隶属于玉门都尉，是守关口的一候官，下属有候丞及关尹。"又云："难以判定玉门候、玉门关候与玉门官三者的关系。"[①] 关于玉门候、玉门关候、玉门候官三者的关系，甘肃省文物考古研究所在报告中曾详加考证，其结论云："玉门关候为玉门候之别称，其属吏仍称'玉门候丞'、'玉门丞'。而'玉门候史'、'玉门候造史'、'玉门候长'，应为玉门关候之下属。据马圈湾出土简，玉门关候并非守关口的候官，其建制，除领属玉门关外，与一般主候望之候官并无区别……玉门关置关啬夫与佐。由于玉门关为玉门关候官的下属机构，玉门关候并不直接主持出入关事宜，故出土简中无'关尹'的职名。"[②] 当以报告说是。简文所见"官卒"应即"玉门候官卒"之简称。止奸，玉门都尉玉门候官属隧，其遗址甘肃省文物考古研究所编号 D 二三，斯坦因编号 T 一二。

(293) ▨□□尉□□写移关司马诣大煎都，居摄元▨（《敦》六二五 A）

▨一十六名□□□□　▨（《敦》六二五 B）

按：司马，都尉下之领兵官，《合校》五七·二九："司马宜昌将骑百八十二人从都尉追。"《汉书·赵充国传》："武帝时以假司马从贰师将军击匈

① 《汉简缀述·玉门关与玉门县》，198 页。

② 《敦煌汉简·敦煌马圈湾汉代烽燧遗址发掘报告》，75、76 页。

奴。”《后汉书·段颎传》：“乃分遣骑司马田晏将五千人，假司马夏育将二千人〔击羌〕。”此简所见之关司马未见于他处。此关司马无疑受玉门都尉节度，但不应隶属于玉门候官，或由于他所率领之军队屯驻玉门关一带而得名。《合校》一〇·一四“取司马监关调书”，亦见司马参与监关事。

居摄二年（丁卯，公元7年）

（294）居聑二年八月辛亥朔乙亥，广武候长尚敢言之，初除，即日到官视事，敢言之。（《敦》七七〇）

按：“聑”为“摄”字异体。广武，玉门都尉大煎都候官属部。此例所见为初除视事书，视事，到任行使职权，《汉书·王尊传》：“今太守视事已一月矣。”汉简所见官吏之任免派遣有严格的制度，通常是任命后即派遣，如《合校》一四二·三四：“候史徐辅迁补城仓令史。即日遣之官，移城仓。□一事一封　十二月庚子，令史弘封。”此制与秦律同，秦简《置吏律》：“除吏、尉，已除之，乃令视事及遣之，所不当除而敢先见事，及相听以遣之，以律论之。”为证明被派遣者已到任，便须移送如本例所见之视事书作为回报。当然，择吉日入官视事亦为风气，如《新简》EPT五一·九二A：“……言之。谨以吉日吉时视事，敢言之。”《敦》二三六九：“……壬癸亥子入官视事及举百事凶……”本例所见乙亥视事则适逢凶日，或年代不同不能一概而论矣。又视事书不仅适用于初除，病愈复职亦须报视事书，如《新简》EPT五三·二六：“五凤三年四月丁未朔甲戌，候史通敢言之官。病有瘳，即日视事，敢言之。”《合校》六·八：“五凤二年八月辛巳朔乙酉，甲渠万岁隧长成敢言之。乃七月戊寅夜随坞，陡，伤要，有瘳，即日视事，敢言之。”

居摄三年（戊辰，公元8年）

（295）……□居聑三□三□……（《敦》四四一）

（296）入　郡仓居聑三年正月癸卯转两，粟小石卌一石六斗六升大

S　居聑三年四月壬辰，大煎都步昌候史尹钦、队长张博受就人敦煌高日里滑护，字君房。（《敦》二八二）

按：原简“两”前有脱字，据简文运载数为小石卌一石六斗六升大，则以一辆车足矣，故所脱当为“一”字。

（297）入郡仓居聑三年正月癸卯转一两半两，麦小石五十六石二斗五升 S 居聑三年四月壬辰，大煎都步昌候史尹钦、隧长张博受就人敦煌利成里张贺，字少平。（《敦》二八三）

（298）入 郡仓居聑三年正月癸卯转一两，麦小石卅七石五斗 S 居聑三年三月戊辰，大煎都士吏牛党、候史尹钦受就人效谷益寿里邓尊。（《敦》二八四）

（299）入麦小石十三石五斗 S 居聑三年三月戊辰，大煎都士吏牛党、候史尹钦受就人效谷益寿里邓尊，少不满车，两未参。（《敦》二八五）

（300）入 □□居聑三□□□□□□ □□三年三月戊辰，大煎都士吏牛党□□□□□□□□□□□寿里□□□□（《敦》二八六）

按：此例所见时为居摄三年三月戊辰，接收人为大煎都士吏牛党与上例同。关于僦人仅剩“寿里”二字能辨认，或当与上例同为“就人效谷益寿里邓尊”。从以上五例推测，当时每辆车运载谷物约小石卌石左右，否则就如例（299）所云“少不满车”，得不到一辆车的运费。

（301）□居摄三年十一月☐（《敦》一八二九）

（302）居摄三年吏私牛出入关致籍。（《敦》五三四）

按：出入关致籍，作为凭证的出入关名单，详见例（281）解。

附十二

（303）□乐、士吏牛党 石门里 见☐（《敦》二八七）

按：“士吏牛党”见前例（298）至（300），故此简附于此。

（304）六月戊午，府下制书曰：安众侯刘崇与相张绍等谋反，已伏辜。

崇季父蒲及令翚解印授肉袒自护。　书丁卯日入到（《敦》四九七）

按：安众侯刘崇与相张绍反莽事亦见于居延汉简，《释粹》七六 ESC·一A：“南阳大守掾史、宛邑令闻安众侯刘崇谋反，欲入宛邑城，先发吏民杜关城门距射，崇等。”《汉书·王子侯表》，武帝“元封元年，节侯山柎嗣，三十八年薨，侯崇嗣，居摄元年举兵，为王莽所灭”。《元后传》居摄年间，“宗室安众侯刘崇及东郡太守翟义等恶之，更举兵欲诛莽”。《王莽传》：“居摄元年四月，安众侯刘崇与相张绍谋曰：‘安汉公专制朝政，必危刘氏。天下非之者，乃莫敢先举，此宗室耻也。吾帅宗族为先，海内必和。’绍等从者百余人，遂进攻宛，不得入而败。绍者，张竦之从兄也。竦与崇族父刘嘉诣阙自归，莽赦弗罪。”简文所见“崇季父蒲及令翚解印授肉袒自护”可补史籍所缺。居摄元年至三年间，其中三年六月丙子朔，无戊午日，故简文所载当为居摄元年或二年事。汉时谋反，通常判“大逆无道”罪，如《汉书·景帝纪》：“襄平侯嘉子恢说不孝，谋反，欲以杀嘉，大逆无道。”注引如淳曰：“律，大逆不道，父母妻子同产皆弃市。”沈家本云：“谋反为贼事之最重大者，《唐律》谋反大逆居《贼盗律》之首，《汉律》当亦不殊。”

新莽（上）第十

始建国元年（己巳，公元 9 年）

（305）入西蒲书二封　其一封文德大尹章，诣大使五威将莫府；一封文德长史印，诣大使五威莫府。始建国元年十月辛未日食时，关啬夫受□□卒赵彭。（《敦》一八九三）

按：始建国，新莽代汉第一个年号，《汉书·王莽传》："始建国元年正月朔，莽帅公侯卿士奉皇太后玺韨，上太皇太后，顺符命，去汉号焉。"文德，新莽所改敦煌郡名，王国维云："文德，地名，不见《汉志》，据上简文德有大尹，有长史，则为边郡矣（《续汉志》郡当边戍者，丞为长史）。他简举西北边郡有文德、酒泉、张掖、武威、天水、陇西、西海、北地八郡，举文德而无敦煌，故沙氏释彼简文德为王莽所改敦煌郡之初名，以此简证之，沙说是也。此简称文德为始建国元年事，至地皇元年一简又称敦德，与《汉志》合，然则《汉志》所载乃再改之名也。据《莽传》始建国元年秋遣五威将王奇等十二人班《符命》四十二篇于天下，外及匈奴西域。三年又遣大使五威将王骏出西域。此乃始建国元年事，则大使五威将者乃王奇等十二人之一。其出匈奴者为王骏，出西域者其人无可考。据上简十月辛未文德大尹、长史之书自塞上送五威将幕府，其时当已出塞矣。诸简所云某官诣某官，皆据封泥及检署之文录之。中部司马、文德大尹章、文德长史印、鱼泽尉印诸字皆封泥上文，而平望候官、阳关都尉府、大使五威将莫府诸字则检上所署之字也。余曩作《简牍检署考》，据《王莽传》哀章所作铜匮之检及刘熙《释名》谓古人封书既用玺印，故但须署受书之人，不须自署官位姓名，此数简所记足以证之。又第三简云十三日起诣府，则兼署发书之日矣。此种邮书皆由东向西之书，故曰入西蒲书。蒲者，簿之别字也。又诸简皆记受书日时，曰日下餔时，曰日食时，曰日中时，又皆燧卒致之，燧长或燧卒受之，以次传送至他燧，可见汉时邮递之制即寓于亭燧之中而书到日时与吏卒姓名均有记录，可见当时邮书制度之精密矣。"① 汉印见"文德左千人"印，铜质，龟钮，边长 2.22×2.3（厘米）②。

（306）始建国元年三月壬申朔癸酉，大煎都丞审移郡仓：遣啬夫（《敦》一八四）

按：郡仓，敦煌郡属仓，屡见于以上数例，秦汉时之仓与库有分工，仓储粮，库存物。《史记·货殖列传》："宣曲任氏之先，为督道仓吏。秦之败也，豪杰皆争金玉，而任氏独窖仓粟。"秦简《仓律》："入禾仓，万石一积，而比黎之为户，县啬夫若丞及仓、乡相杂以印之，而遗仓啬夫及离邑仓佐主廪者各一户以气，自封印。"秦简《秦律杂抄》："廪卒兵，不完善（缮），丞、库啬夫、吏赀二甲，法（废）。"即证。

（307）始建国元年四月壬寅朔乙巳，大煎都丞审敢言之。谨案：丞治步昌燧（《敦》一八五）

按：大煎都丞，即大煎都候官丞。候官设丞亦见于居延汉简，如《合校》三〇六·二〇"肩水候丞更得"，《合校》五一六·三七"肩水庾候守丞"，丞乃候官候之副手。候官治所设于候官鄣，此例见候官丞别治步昌燧，与候官治所当非一处。

---

① 《流沙坠简·屯戍丛残·簿书类六十至六十二》。

② 参见王人聪、叶其峰：《秦汉魏晋南北朝官印研究》，115 页。

（308）私属大男吉　、　元年　八月食粟二斛少七斗　卩　十二月己亥自取。（《敦》三二二）

按：私属，新莽将奴婢改称私属，《汉书·王莽传》始建国元年，“今更名天下田曰‘王田’，奴婢曰‘私属’，皆不得买卖”。

（309）从者大男经——　元年　八月食麦三斛多三斗　十二月己亥自取。十一月乙丑食□谷五斗。己酉除——（《敦》三二三）

（310）从者大男经——　元年　五月食麦二石七斗　故有余麦一石三斗六升，今复内一石三斗四升。五月戊寅，士吏党白内付经——（《敦》三二四）

（311）从者经——　元年　十一月食麦二斛六斗一升　写籍者——（《敦》三二六）

（312）从者大男经□　元年　七月食麦二石七斗。（《敦》三二六）

（313）中舍子堇——　元年　五月八日戊寅出关尽晦积廿三日，食麦二石七升（《敦》三二七）

（314）中舍经——　十月食粟三石　十一月乙亥造伋付经□（《敦》三二八）

按：“造”后原简或脱“史”字。造史，新莽职官名，相当于两汉之令史，详见后例（332）解。

（315）私属吉　元年　十一月食麦二斛七斗　十一月丁酉付吉——（《敦》三二九）

按：此简《敦》释文号为三二九，但图版号为三二〇。

（316）八月旦入关食麦一斛五斗当还入。（《敦》三三〇）

按：此简《敦》释文号三三〇，但图版号为三二九。以上例（308）至（316）凡九例字迹相同，原或属一册账。简文所见之容量单位“石”、“斛”并用乃新莽初特有。又士吏党见于前例（298）至（300）之居摄三年简，表明账册时代距居摄不甚远。最具断代价值者乃例（313）见五月八日戊寅，据此推算，该月辛未朔，新莽年号中凡元年五月适逢辛未朔者唯始建国元年一例，故上述简册之时代便可确定。

始建国二年（庚午，公元10年）

（317）中舍舍从者吉即莘　正月食矿麦二斛九斗，二年九月丁丑、乙巳原、党付莘〇麦一石已出，李平、党付。二石为矿麦一石三斗〇□凡三石三斗九升，毕。（《敦》五四八）

（318）中舍莘〇　十二月食粟三石□今……取五斗一升，九月□□□（《敦》五五〇）

按：以上二例之形式、内容与例（308）至（316）所见相类，容量单位尚写作“石”，简文见“二年九月丁丑、乙巳”，则其为始建国二年物的可能性最大。

始建国三年（辛未，公元11年）

（319）中舍从者吉□□□　正月食　十二……　十（《敦》三九一）

（320）□□□□　十月食（《敦》三九二）

（321）中舍从者吉□　三年　△　二月食……庚付　卩（《敦》三九三）

按：以上三例字迹同，属同一账册，与前例（308）至（318）形式、内容相类，且“中舍从者吉”见前例（317），简文载“三年”二字，当为始建国三年物。

（322）始建国二年桼月尽三年二月候舍私从者私属廪致。（《敦》三五八）

按：廪致，廪食凭证，见前例（274）解。

始建国四年（壬申，公元12年）

（323）始建国亖年三月乙酉朔戊申，士吏崇敢言之。谨以所杂受门下县吏玉门造穬麦出廪各如（《敦》一九一）

牒，敢言之。（《敦》一九二B）

□始建国亖年二月迎卒所受门下县吏穬麦廪卒刺。（《敦》一九二A）

按：新莽复古，将“四”书作“亖”，此种写法常见于甲骨文、金文中，他简所见如《合校》九六·一“始建国亖年正月驿马病死爰书”，《新简》EPT五九·三四八“始建国亖年九月壬午朔辛亥”，《新简》EPT六八·一九四“始建国天凤亖年六月”。但“亖”的写法至少是始建国二年以后才普遍被使用，《新简》EPT七·九“始建国二年四月丙申朔丁巳”，《新简》EPT五二·二一七“始建国二年四月丙申朔”，《合校》八一·三“卅井降虏隧始建〔国〕二年四月什器簿”。表明在始建国二年及此前尚采用“四”的传统写法。穬麦，青稞，见前例（275）解。此例《敦》一九二简背文字“牒，敢言之”恰与《敦》一九一相连续，证二简属同一份文书，《敦》一九一为廪卒刺之呈文。廪卒刺之名目亦见于居延汉简，如《新简》EPT六五·四一九A：“始建国五年八月□□□廪卒刺。”廪卒刺，给戍卒发放粮食的汇报材料。《文心雕龙·书记》：“百官询事，则有关刺解牒。”“关者，闭也。出入由门，关闭当审；庶务在政，通塞应详。《韩非》云：‘孙亶回圣相也，而关于州部。’盖谓此也。”“刺也，达也。《诗》人讽刺，《周礼》三刺，事叙相达，若针之通结矣。”

（324）☑以　时过可不冒哉，牧、监之部，其勉于考绩□☑（《敦》二一四二）

☑获断金之利焉。　始建国亖年五月己丑下☑（《敦》二一四三）

按：王国维云：“右二简简式书法一一相同，当为一书。案上第一简宣帝赐酒泉太守制书后署□□元年五月辛未下，《隶释·中常侍樊敏碑》所载诏书后署延熹元年八月廿四日丁酉下，又《魏下豫州刺史脩老子庙诏》后署黄初三年十月十五日□子下，与此简文例相同，实王莽时诏书也。冒者，勖之省字，《说文》勖勉也，从力冒声，是勖本从冒得声；《尚书·盘庚》懋建大命予其懋简相尔，今文懋皆作勖（见《隶释》所载汉石经）；《君奭》迪见冒，马本冒作勖；《顾命》尔无以钊冒贡于非几，马、郑、王、本冒作勖。勖、冒、懋、勉皆双声字，故勖得借冒字为之，后人读勖为许玉反，失之。牧、监皆莽官，《莽传》天凤元年七月置州牧、部监二十五人，今始建国四年诏书已有牧、监，《莽传》系之天凤殆失之矣。”①

(325) 造赵钦　会今　石八里　今请　亖年十一月庚子育愈，今☐（《敦》三六〇A）

马　病今愈食（《敦》三六〇B）

始建国五年（癸酉，公元13年）

(326) ☐年三十　见　始建国五年三月丙子除。（《敦》二三三二）

附十三

按：新莽改制初期，新旧事物并存，如前例多见“石”、“斛”并用，始建国年间许多地名及职官名已更改（如敦煌改文德、令史改造史等），而数词四、廿、卅的写法未更改（后分别作亖、二十、三十）等，根据这些新旧并存的现象，可以找出一些未见年号但显然属于新莽早期的简文，其年代大多属于始建国时期的，至晚不超过天凤二年。

(327) 戍卒故道平乡里蔡育，年二十九　广昌在文德（《敦》二六四）

按：据《汉书·地理志》，故道为武都郡（莽曰善治）属道（少数民族聚居之县称道），位于今陕西省宝鸡市以南。文德，新莽所改敦煌郡名，见前例(305)。《敦》一九三A见“始建国天凤三年十二月壬辰，敦德玉门行大尉事

---

① 《流沙坠简·屯戍丛残·簿书类四、五》。

试守千人辅”，知天凤三年时，敦煌已称做敦德，故凡称敦煌为文德者，本书均归之入新莽前期简之范围。

(328) 大煎都候长文德安世里庶更李凤，年三十五，马一

大煎都候长效谷常利里上造张阳，年三十六。

(以上为第一栏)

剑一　　马一医

弓二，犊丸各一，箭十二　鞍勒各一。

(以上为第二栏)(《敦》二七八)

书吏胡丰私从者零县宜都里胡骏，年三十，长桼尺二寸(《敦》二八〇)

按：以上三简为出入关名籍，字迹、形式与内容相同。文德，新莽所改敦煌县名（与郡同名）。效谷，新莽时未改名。[①] 零县，未详[②]，简文或有脱字。庶更，新莽爵名，与《汉书·百官公卿表》所见爵名异。书吏，新莽职官名，屡见于新莽简，如《新简》EPT五九·一六〇："三月己丑，张掖库宰崇以近秩次行大尹文书事、长史丞下部大尉官县承书从事下当用者，有犯者辄言，如诏书，〔书〕到言。兼掾义、兼史曲、书吏迁金。"《新简》EPT六五·二三A："新始建国地皇上戊三年五月丙辰朔乙巳，裨将军辅平居成尉伋、丞　谓城仓、闲田、延水、甲沟、三十井……"B："甲沟　掾闳、兼史宪、书吏获。"《新简》EPF二二·六五A："十月辛酉，将屯偏将军张掖大尹遵、尹骑司马武行副咸事、试守徒丞司徒……循下部大尉官县承书从事下当用者如诏书，书到言。兼掾义、史冯、书吏☑。"知书吏为太守府或都尉府属吏，参与文书起草，据以下简文相当两汉之书佐，如《新简》EPT二〇·四A："建武八年三月己丑朔，张掖居延都尉谌、行丞事城骑千人躬告劝农掾禹谓官县……"B："掾盛、守属业、书佐宫"，《新简》EPT四三·一二："……居延都尉博、城骑千人行丞事谓官：写移书到，务如大守府牒律令。掾博、兼守属弘、书佐政。"《释粹》七四EJT三一·六四："闰月乙亥，张掖肩水都尉政、丞……承书从事下当用者。书到，明白扁书显处，令吏民尽知之，

① 效谷，敦煌郡属县。《汉书·地理志》注引师古曰："本渔泽障也。桑钦说孝武元封六年济南崔不意为鱼泽尉，教力田，以勤效得谷，因立为县名。"汉简所见鱼泽鄣与效谷县并存。

② 《汉书·地理志》见零陵县属零陵郡，今广西兴安北；又零阳县属武陵郡，今湖南慈利县。

严教，如诏事律令。/掾半、属政、书佐凤。”将两汉简文与新莽简作一比较，便可发现凡两汉简文书签署人书佐的位置上，新莽简皆称做书吏，证书吏为新莽所改书佐称谓。《汉志》武威郡，莽曰张掖，则新简之张掖或指武威郡。

(329) □□□□□□斗二升　肉　十斤直二石亖

斗八升　五斗亖升　□凡三石二斗亖升。(《敦》三〇九)

□□□□三斗一升　□直一斗亖升，肉二十斤直一石二斗亖升

□直六升　□二斗　五斗亖升　□凡二石亖斗九升。(《敦》三一〇)

按：以上二简字迹、形式、内容同。容量单位尚作“石”，而“四”已写作“亖”，当为始建国末至天凤初年物。

(330) 二月晦受米石、麦八石。

(以上为第一栏)

二日出米二斗、麦五斗。

三日出米二斗、麦六斗。

(以上为第二栏)

亖日出米二斗、麦六斗。

五日出米二斗、麦六斗又二斗。

六日出米二斗、麦六斗。

(以上为第三栏)

八日出米二斗、麦六斗。

九日出米三斗、麦六斗，五斗食马。

(以上为第四栏)(《敦》三一八 A)

十一日出米二斗、麦六斗。

十二日出米二斗、麦五斗。

(以上为第一栏)

十亖日出米□斗。……

十五日出米二斗。十八日出米三斗。

……十九日出米三斗半。

(以上为第二、三栏)(《敦》三一八 B)

五日　出米三斗　出麦桼斗食马

出粟一石

（以上为第一、二、三栏）

出麦二石予李士、冯迁。

出麦三石予召功、君兰。

（以上为第四栏）（《敦》三一九）

今余糜百七十二石□斗七升（《敦》三二〇）

按：以上三简字迹相同，当属同一出粮流水账，年代与上例同。

（331）亭长王寿卿　入粟三石三斗，直泉二百六十四，偿奉长。（《敦》三六一）

候史宋君长　入麦二石九斗，直泉二百卅，偿奉长。（《敦》三六二）

按：以上二简字迹、内容、形式相同，所述均为入粮偿奉长事。货币名称及货币单位“钱”写作“泉”也是新莽时期简牍文字的主要特征之一，《新简》EPT五·三八“出书绳百斤，泉九百三十，始建国天凤一年十一月庚……”即证。从居摄二年至天凤元年王莽进行过四次币制改革：一、居摄二年，“更造货，错刀，一直五千；契刀，一直五百；大钱，一直五十，与五铢钱并行”（《汉书·王莽传》）。二、始建国元年，由于刘姓的刘字含卯、金、刀，王莽于是废止以上所造错刀、契刀及五铢钱，“乃更作小钱，径六分，重一铢，文曰‘小钱直一’，与前‘大钱五十’者为二品，并行”（《王莽传》）。三、始建国二年，发行货币二十八种，据《汉书·食货志》载：“凡宝货五物，六名，二十八品。”其中货泉六品，“小钱径六分，重一铢，文曰‘小钱直一’。次七分，三铢，曰‘幺钱一十’。次八分，五铢，曰‘幼钱二十’。次九分，七铢，曰‘中钱三十’。次一寸，九铢，曰‘壮钱四十’。因前‘大钱五十’，为钱货六品，直各如其文”。四、天凤元年，罢大、小钱，行“货泉、货布”二种。但“钱”改作“泉”并非开始于天凤元年，1957年至1958年间洛阳西郊汉墓出土的新莽货币见“大泉五十”、“小泉直一”、“货泉”、“布泉”等，证古籍述新莽币制所用“钱”字本应皆作“泉”。《合校》五〇八·一七“……始元年三月斋泉”，“始”前一字字迹模糊未能辨认，实当为“初”

字，“初始”是新莽初代汉年号（后即改称始建国），足见“泉”的用法贯穿了整个新莽时期。

（332）当欲隧卒宾德成卖布一匹，直钱三百五十，临要隧长当责尽四月奉。

察适隧卒王未央卖绯一匹，三百七十，当责察适隧长尽四月奉。

悥敢卒狐卖练一匹，贾钱四百九十，又布钱百卌四，凡直六百廿四，当责造史诛子病□尽四月（《敦》八三八A）

十月茭八石备虏（《敦》八三八B）

按：造史，新莽职官名，汉简屡见，如《新简》EPF二二·三五九A：“新始建国地皇上戊三年五月庚辰朔　，甲沟候长隆以私印行候文书事，敢〔言之〕。”B：“掾谭、造史业、尉史宁。”《合校》四七九·五：“……力勤事，毋官，可补造史，唯……”《敦》二一九〇：“……闲田武阳里，年三十五岁，姓李氏，除为　万岁候造史，以掌领吏卒为职。”据上引《新简》EPF二二·三五九B，造史居掾之后、尉史之前，应相当两汉之令史，为候官属吏。又“尉史”之称谓新莽简中多见，如《新简》EPF二二·三八〇B“守尉史宫”，《新简》EPF二二·四三九“第十三燧长居延万岁里上造冯彊，年二十五，始建国天凤五年正月辛亥　除补甲沟候官尉史，代夏侯常”，“掾”之称谓则更是屡见不鲜，如此可佐证新莽改称之为“造史”者非两汉之“令史”莫属。但下文《敦》三九七一简中“令史”、“造史”并见，或释文可疑，惜字迹模糊未能确认，陈梦家及甘肃省文物考古研究所认为“造史”为新莽所改之“尉史”称谓，可备一说。本例所述为以俸抵债事，此制亦屡见于居延汉简，如《新简》EPT五一·二二五A：“……徐充国，十二月〔尽二月〕积三月奉钱千八百。出钱三百一十偿第卅燧卒王弘，出钱千一十偿第卅三燧卒陈第宗钱……□凡出钱千三百廿八，今余钱四百七十二。”《合校》六·一七：“临桐燧长□仁　九月奉钱六百以偿朱子文，文自取。”以俸抵债通常须写保证书，如《新简》EPT五一·二二五A：“十二月辛巳，第十候长辅敢言之。负令史范卿钱千二百，愿以十二月奉偿，以印为信，敢言之。”《新简》EPT五二·八八A：“阳朔元年七月戊午，当曲隧长谭敢言之。负故止害隧长宁常交钱六百，愿以七月奉钱六百偿常，以印为信，敢言之。”B：“甲渠官。”书写偿债保证之简侧皆有刻齿，知其为一式多份。据上，本例简文所云“当责尽四月奉”即当以尽四月之俸禄偿债款。

（333）大大大大守吏使始　史之史方始建为易易阳以以　　大始建国天天伏何以以（《敦》一八九四）

按：此例所见为习字简，见“始建国”字样，故置此。

（334）☑丁丑，尚书大夫武威男并下张掖、酒泉、文德□□，张掖属国大尉下当用者（《敦》二〇五三）

按：男，爵秩名，《汉书・王莽传》：“封王氏齐缞之属为侯，大功为伯，小功为子，缌麻为男，其女皆为任。”又：“天下牧守皆以前有翟义、赵明等领州郡，怀忠孝，封牧为男，守为附城。”简文所见“尚书大夫武威男并”有权下文张掖、酒泉诸郡及张掖属国，则其职相当两汉之凉州刺州（牧），也因此得封为男爵。大尉，新莽所改“都尉”名，《汉书・王莽传》：“改郡太守曰大尹，都尉曰太尉。”此例所见“敦煌”已改名“文德”，但“张掖”、“酒泉”均未改，当属新莽始建国早期物。

（335）德侯，西域、东域、北域将帅，雍州、冀州物，西部、北部监，文德、酒泉、张掖、武威、天水、陇西、西海、北地（《敦》二〇六二）

按：“帅”《敦》作“尉”。将帅，指五威将与五威帅，《汉书・王莽传》始建国元年，“遣五威将王奇等十二人班《符命》四十二篇于天下”。“五威将乘《乾》文车，驾《坤》六马，背负鷩鸟之毛，服饰甚伟。每一将各置左右前后中帅，凡五帅。衣冠车服驾马，各如其方面色数。将持节，称太一之使；帅持幢，称五帝之使。”“五威将帅七十二人还奏事，汉诸侯王为公者……封将为子，帅为男。”则五威将凡十二人，五威帅六十人，最凡七十二人。西域、东域、北域，方域名，《汉书・王莽传》，五威将帅，“其东出者，至玄菟、乐浪、高句骊、夫馀；南出者，隃徼外，历益州，贬句町王为侯；西出者，至西域，尽改其王为侯；北出者，至匈奴庭，授单于印，改汉印文，去

‘玺’曰‘章’”。因五威将帅按方域出使，故名。东域之称又见《王莽传》：“今年刑在东方，诛貉之部先纵焉。捕斩虏骀，平定东域，虏知殄灭，在于漏刻。”西域将亦见《王莽传》，始建国二年十一月，“西域将钦上言，九月辛巳，戊己校尉史陈良、终带共贼杀校尉刁护，劫略吏士，自称废汉大将军，亡入匈奴”。“物”通“牧”。州牧、部监见《王莽传》：“莽以《周官》、《王制》之文，置卒正、连率、大尹，职如太守；属令、属长，职如都尉。置州牧、部监二十五人，见礼如三公。监位上大夫，各主五郡。”州牧，西汉原名刺史，《汉书·百官公卿表》：“武帝元封五年初置部刺史，掌奉诏条察州，秩六百石，员十三人。成帝绥和元年更名牧，秩二千石。哀帝建平二年复为刺史，元寿二年复为牧。”《王莽传》云州牧见礼如三公，《合校》二八〇·二见“州牧八命黄金印”，则州牧之地位高于西汉时。西汉之州牧佩银印，佩金印者已相当三公与诸侯王。西海郡乃设于西汉末，《汉书·王莽传》元始五年“莽既致太平，北化匈奴，东致海外，南怀黄支，唯西方未有加。乃遣中郎将平宪等多持金币诱塞外羌，使献地，愿内属。宪等奏言：‘羌豪良愿等种，人口可万二千人，愿为内臣，献鲜水海、允谷盐池……’事下莽，莽复奏曰：‘……今谨案已有东海、南海、北海郡，未有西海郡，请受良愿等所献地为西海郡。’奏可。于是徙罪人西海郡以千万数。”知西海郡得名于王莽代汉之前，但其名为王莽所取，故后未改。今青海湖附近所出瓦当尚见“西海安定”字样[①]印章见“西海羌骑司马”，铜质，龟纽，边长 2.3×2.3（厘米）；“西海沙塞右尉”，铜质，龟纽，边长 2.2×2.3（厘米）。[②]

① 参见安志敏：《青海的古代文化》，载《考古》，1959（7）。

② 参见王人聪、叶其峰：《秦汉魏晋南北朝官印研究》，115页。

新莽（下）第十一

天凤元年（甲戌，公元 14 年）

（336）☒始建国天凤元年十二月甲午参餔时，宜秋燧长尹钦受勇敢燧长许□☒（《敦》二〇二〇）

按：宜秋燧、勇敢燧皆为敦煌玉门都尉玉门候官属燧。宜秋燧又见于《敦》一九七七、一九八一等简，勇敢燧又见于《敦》八三八 A。

（337）始建国天凤元年
☒玉门大煎都兵完
坚折伤簿（《敦》一九二五 A）
☒兵完折伤簿（《敦》一九二五 B）

按：玉门大煎都，指玉门都尉大煎都候官。兵，兵器。

天凤三年（丙子，公元 16 年）

（338）始建国天凤三年十二月壬辰，敦德玉门行大尉事试守千人辅、

试守丞况谓大前都：尹西曹聊掾行塞，蓬（《敦》一九三 A）

未　未　未（《敦》一九三 B）

按：敦德，新莽所改敦煌郡名，《汉书·地理志》：“敦煌郡，武帝后元年分酒泉置。正西关外有白龙堆沙，有蒲昌海。莽曰敦德。”据前例（334）、（335）等，始建国年间新莽称敦煌为文德，知敦德为再改之名。印章见“敦德尹曲候”章，铜质，龟钮，边长 2.3×2.3（厘米）。[①] 尹西曹，即指敦德尹府之西曹。据《百官志》，三公府设西曹，“主府史署用”，郡国府无。《百官志》，郡国“皆置诸曹掾史”，本注曰：“诸曹略如公府曹。无东西曹。”简文见尹设西曹，或为新莽所设。

（339）皇帝陛下。　始建国天凤三年十二月壬戌。书敦德玉门千秋隧。（《敦》一八〇）

按：此例所见为上书皇帝之奏文。书敦德玉门千秋隧，指奏文写于敦德玉门千秋隧。

（340）车冀天下之狱无冤人焉。　始建国天凤三年八月己酉下。（《敦》一七九）

按：此例为新莽诏书。文颁于天凤三年八月己酉，故置此。

（341）☑□□天凤三年□□☑（《敦》四七四）

天凤四年（丁丑，公元 17 年）

（342）前去时期遣使来，会十一月十日。今豫为责备不到十一二日即（《敦》四〇）

① 参见王人聪、叶其峰：《秦汉魏晋南北朝官印研究》，114 页。

按："前"《敦》作"十月"。前，指从前、当初。"会"《敦》作"食"。会，相会、期会，据前文指当初离开时已约定十一月十日遣使来相会。"豫"《敦》作"隊"。豫，预先准备。

(343) 羸瘦困亟，闲以当与第一辈兵俱去，以私泉独为粂谷（《敦》四一）

(344) 即闻第一辈起居虽从后遣橐佗驰告之。窃慕德义。（《敦》四二）

按："慕"《敦》作"欲"。

(345) 少罢，马但食枯葭饮水，恐尽死。欲还，又迫策上责（《敦》四三）

(346) 愦=甚=（《敦》四四）

按："愦"《敦》作"愤"，《王莽传》："愦眊不明。"《庄子·大宗师》："愦愦然。"《广雅·释训》："愦愦，乱也。"字亦作溃，《诗·大雅·召旻》："溃溃回遹。"

(347) ▨□在中，未与相见，其橐三人在泉都，期晦来（《敦》四五）

按："橐"，《敦》作"桼"字。

(348) 多问陈司马、航司马，愿数=相闻，为檄欲移鄯善，毋使行也。（《敦》四六）

(349) 泉，此欲大出兵之意也。中军募择士桼百二十人，锡泉人□▨（《敦》四七）

(350) 到责未报，闻可写下其奏以从事。不愿知指/传马皆大齿（《敦》四八）

(351) 逆虏，期于不失利（《敦》四九）

(352) 臣厶前捕斩焉耆虏，地热多阻险，舍宿营止宜于（《敦》五〇）

（353）二十六日上急责发河西三郡精兵　□度以十一月（《敦》五一）

（354）诚恐误天时，失战利，不敢入塞，从报□□□□　▨（《敦》五二）

（355）▨　钦将吏士（《敦》五三）

（356）▨故兵未在城（《敦》五四）

（357）当西从发军，未出所过郡，安得未发兵（《敦》五五）

（358）故校骑称月八日发将八十六人　令期胡十二日发。（《敦》五六）

（359）西域都护领居卢訾仓守司马　□□□言□▨（《敦》五七）

（360）使者愚顿过备非任获弥命，奏使尊宠以误（《敦》五九）

（361）十月晦关书大泉都，厶再拜言。（《敦》六〇）

（362）▨之兹平大原郡皆以故官行，名曰行部。胡译长诸导报（《敦》六一）

按："译"《敦》作"泽"。"导"《敦》作"桼"。

（363）军王游君，大司空大夫宋仲子，射声校尉任巨通（《敦》六二）

（364）桼月晦日食常安中，阴雨独不见故下（《敦》六三）

（365）得毋病也。朱司马及焦并还，未闻西方，问不云何行（《敦》六四）

按："毋"《敦》作"母"。"有"《敦》作"病"。

（366）东叶捷翕侯故焉耆侯虏迺妻即鄯善女（《敦》六五）

（367）今共奴已与鄯善不和，则中国之大利也。臣愚以为钦将兵北▨（《敦》六六）

（368）疌子、诅呼、郁立师、卑陆侯皆举国徙人民（《敦》六七）

（369）共奴遮逆虏　▨（《敦》六八）

（370）寇车师，杀略人民，未知审，警当备者，如律令。（《敦》六九）

（371）始建国天凤三年正月丁巳朔庚辰，使西域大使五威左率（《敦》

七〇）

（372）逆教遝所况让前□书到，趣治决，已言，如律令。（《敦》七一）

（373）车师，略诸侯，欲以威西域，贪狠桀黠尤为诸国城乳戊部众（《敦》七二）

按："尤"《敦》作"左"。"乳"《敦》作"乱"。

（374）暴深人民，素惠共奴，尚隐匿深山危谷（《敦》七三）

（375）孤弱殆不战，自东西即虏取，等党成结固，车师必惧（《敦》七四）

（376）里广远。臣谨便下诏书敦德郡以从事。臣厶叩＝头＝死＝罪＝，臣厶给（《敦》七五）

按："给"《敦》作"骑"。

（377）使西域大使五威左率都尉□□□（《敦》七六）

（378）檄书检下责记不审，辄御见不　　三辈兵起居未（《敦》七七）

（379）闻兵且来出，未常安也。何故郊部旋征遣且发部郡兵出耶？（《敦》七八）

按："故"《敦》作"坟"。

（380）乏，故将吏士诣敦德。今车师诸国空，黠虏久获狱，三辈兵宜（《敦》七九）

（381）假敦德库兵弩矢五万枚，杂驱三千匹，令敦德廪食吏士，当休马审处（《敦》八〇）

（382）且一月斩下三千九百一十五级，功效已著，颁赏不足，宜勉李□身，谨请（《敦》八一）

按："□"《敦》作"一"。

（383）不以时殄灭。臣厶奉使无状，罪当万死。臣厶叩头叩头死罪死罪。臣厶比遣（《敦》八二A）

当屯（《敦》八二B）

（384）臣谨写钦檄记传责之。　共奴桀黠侵（《敦》八三）

（385）空诸国　不止　车师前附城诩行侯事，诩兄子外亡，朔当代（《敦》八四）

（386）故车师后亡侯虏支　将诸亡国千余人（《敦》八五）

（387）故车师后亡侯弟虏布将兵二千余人（《敦》八六）

（388）国中二言不专　□□□□□□□（《敦》八七）

（389）车师侯伯与妻子人民桼十桼人愿降归德，钦将伯等及乌孙归义（《敦》八八）

（390）尉与车师前侯诩、车师侯伯、卑爰疐诸子俱求度，以己巳到，如律令。（《敦》八九A）

正月戊辰移书敦德　　草（《敦》八九B）

按："车师侯伯"之"伯"字《敦》漏释。"戊"《敦》作"丙"。"爰疐诸"《敦》作"长疐清"。

（391）五校吏士妻子议遣乌孙归义侯疐诸子女到大煎都候（《敦》九〇）

（392）候鄣，愿降归德。臣厶窃见大都护崇檄与敦德尹，亡已得乘姑墨城，孤处西（《敦》九一）

（393）其营就大张格射击，劫虏皆散亡，又前连战焉耆　中兵矢（《敦》九二）

（394）出发去诸部☐（《敦》九三）

（395）☐乙巳，六月甲寅发尉梨将（《敦》九四）

（396）西域都护领居卢訾仓守司马鸿叩头死罪死罪。（《敦》九五）

（397）逆虏无党　　必易殄灭，恐误天时战利，诣塞（《敦》九六）

（398）八月廿日省大军功费（《敦》九七）

（399）炬恭奴遮焉耆　　殄灭逆虏（《敦》九八）

（400）始建国天凤三年正月丁巳朔丁丑，戊部将军纯据里附城（《敦》九九）

(401) ▨西方起居也。李司马月支从即日（《敦》一〇〇）

(402) 郡前以过大军空室殊不能卒以一月内发也〇（《敦》一〇一）

(403) 送食连常逋，不以时到，吏士困饿，毋所假贷（《敦》一〇二）

(404) 困甚，愿加食，毋乃饱者忽于饥乎。留意闲兵起居，愿亟（《敦》一〇三）

(405) 臣厶窃不自粮，愚奴诚忿=，逆虏狡黠悔状，辄不立殄灭（《敦》一〇四）

(406) 圣朝之意也，知邻国也。思念其便利，甚愤懑。厶愚以为（《敦》一〇五）

(407) 击虏兵，立☰国解。诸国传闻南逆将军已伏诛，立速持（《敦》一〇六）

(408) 故不立涤清，可亟以为郭传部□▨（《敦》一〇七）

(409) 南将军徼其势勇以坏龟兹、车师诸国□□□大煎都候　近于西域（《敦》一〇八）

(410) ▨非赏不劝，严兵推之重赏（《敦》一〇九）

(411) 臣厶稽首再拜。谨□□前奉书。臣厶稽首再拜。（《敦》一一〇）

(412) 湖门尉得虏橐它，上装中尉梨侯虏平□与逆虏受军得脱（《敦》一一一）

(413) 都护虏译持檄告戊部尉钦，车师前附城诩（《敦》一一二）

(414) 车师侯，其莫乃去，所部遣吏士三百余人夜往胥射之（《敦》一一三）

按："莫"《敦》作"萸"。

(415) ▨□南将军焦捇乘其力，子男皆死。今恭奴言鄯善反我，鄯善（《敦》一一四）

(416) 共奴虏可千骑来过敦〔德〕，诸尉吏在者至郭，落门深城（《敦》一一五）

按：原简脱"德"字。"落门"《敦》作"作部"。

(417) 没校妻子皆为敦德还出，妻计八九十口，宜遣吏将护续食(《敦》一一六)

(418) 使西域大使五威左率都尉粪土臣厶稽首再拜上书(《敦》一一七)

(419) 使西域大使五威左率都尉粪土臣厶稽首再拜上书(《敦》一一八)

(420) 共奴与焉耆通谋，欲攻车师，戊部孤军，大都护□(《敦》一一九)

(421) 去戊部，失将兵之义，罪当死，臣厶叩头死罪(《敦》一二〇)

(422) 不以时伏诛。臣愚窃不胜忿＝，与戊部尉钦计议(《敦》一二一)

(423) 戊部孔，军程食货财尽，兵器败伤，箭且众(《敦》一二二)

按："孔"《敦》作"乱"。"孔"为"乱"字异体。"军程食货财尽"《敦》作"孚程食请尉遣"。"箭"《敦》作"荐"。

(424) 兵皇张，兵以马为本，马以食为命，马不得食，前郡(《敦》一二三)

(425) 橐佗持食救吏士命。以一郡力足以澹养数十人。(《敦》一二四)

(426) 伏法为众先/将军复不忍，令得念诲至今，崇叩头死＝罪＝。(《敦》一二五)

(427) 前大司马以兵出未知审所之有之不，盛寒唯为乞衣(《敦》一二六)

(428) 必蒙天有期殄灭臣等为故，崇叩头死＝罪＝，唯(《敦》一二七)

(429) 言大兵方骆驿出，今发橥过(《敦》一二八)

按："橥"《敦》作"桼"。

(430) 臣厶前在尉梨与将率比上书(《敦》一二九)

（431）远，十一月晦所且得报忧，欲相助，不忽=新道适千里也，前斋又（《敦》一三〇）

（433）厶移偏将军文德尹。乃戊部☐（《敦》一三一）

（433）守先到，臣再拜。钦到，知审，以状闻。臣厶稽首再拜。（《敦》一三二）

（434）□□□□□归败。夫崇无以复战，供财谷食孚尽，车师因为共奴所（《敦》一三三）

按："供财"《敦》作"从尉"。

（435）□□□□□□□□戊部尉猑獡里附城钦将吏士，故戊（《敦》一三四）

（436）粮食孚尽，吏士饥馁，马畜物故什五，人以食为命，兵（《敦》一三五）

（437）☐□□相助为省艰顾致不可不食耳，何敢望肉，愿敕（《敦》一三六）

（438）□吏士，胡兵则乘利奔突追逐，以鳌劄达传尺浮部六桼十里，唯（《敦》一三七）

按："奔"《敦》作"我"。"传"《敦》作"僵"。

（439）臣厶稽首再拜，谨因驿骑奉（《敦》一三八）

（440）斋五十日粮还诣部，尽力炬虏不敢遗微力。臣厶前比=上书请河西精兵（《敦》一三九）

按："敢"《敦》作"昭"。

（441）不多动众兴师，因诸国安而殄之，愚戆兵报师炬连（《敦》一四〇）

（442）二千人，兵欲乘新出兵威及诸国未坏败，迫发先（《敦》一四一）

按："坏"《敦》作"装"。

(443) 始建国天凤三年正月戊辰，使西域大使五威左率都尉(《敦》一四二)

(444) 传行积九日乃到三，节二十三日至泉都，立檄府大尹(《敦》一四三)

按："传"《敦》作"得"。

(445) 第一辈起居未　都护诸部吏在□▨(《敦》一四四)

(446) 望阙廷遇获诛，则余魂毋所恨。臣厶叩＝头＝(《敦》一四五)

(447) 使西域大使五威左率都尉粪土臣厶稽首再拜上书(《敦》一四六)

(448) 臣厶罪在西域，期于殄逆虏，平定诸国，然后归(《敦》一四七)

按："归"《敦》作"谓"。

(449) 促信第一辈兵天灭，往令戊部吏士饥馁，复处千里，艰水草，食死畜，因(《敦》一四八)

(450) 焉耆虏逻且将黍八千人皆发　　与南将军期会车师(《敦》一四九)

(451) 常惧于毋益之罪。臣厶□□(《敦》一五〇)

(452) 厶诚不胜忿＝望兵从即日不闻起居，今等□来，但□时以驿(《敦》一五一)

(453) 以戢起　　擢备非任(《敦》一五二)

(454) ▨□□之鱼，命在瓫盆，必欲察(《敦》一五三)

按："欲察"《敦》作"瓯案"。

(455) ▨□□郡素少谷，今校部众续到，前遣人(《敦》一五四)

按：“续”《敦》作“使”。

（456）亟□□第三辈，第一辈兵出千八十人，第二（《敦》一五五）

（457）令国有所遣难（《敦》一五六）

（458）☑□□诸国　狡与　者　万☑（《敦》一五七）

（459）厶叩头言。（《敦》一五八）

（460）共奴虏来为寇，于使君先知，其必怨，故求请兵□☑（《敦》一五九）

（461）万户来取道，郡空极，亢毋以自遣，叩=头=。有不辨，忽数下教，叩=头=，因召功桓、功奉（《敦》一六〇）

（462）长中足下，起居诸子途中皆安隐善不？乃深表忧忿，一日（《敦》一六一）

（463）难念杞男室家未定，博卿以为忧，□当即尽到，愿也（《敦》一六二）

按：“到”《敦》作“上”。

（464）迫不得奉饧，踰想而已。新岁更庆，愿为厶羽觞永享礼（《敦》一六三）

（465）为买茭=长二尺，束大一韦，马毋谷气以故多物故（《敦》一六四）

（466）□□自遂也，毋急食，愿事已，并持所养马（《敦》一六五）

（467）校几何急，以持遣季卿来，出谷从食马施功所与票功记（《敦》一六六）

（468）买传马，以其卖马买田马，留养厶马一月，闲器☑（《敦》一六七）

（469）足以相当，所谓惠而不费，故敢白，即于法令不可亦不足以干治（《敦》一六八）

（470）谷气，以故多病物故。今茭又尽，校☑（《敦》一六九）

（471）掌者食，辄以时，财验羚旋鼓采而已，留意卒周为（《敦》一七〇）

按："财"《敦》作"尉"。

(472) 苟当事宜，此所谓权也，然则不澹，饥饿并至，必且为忧累（《敦》一七一）

(473) 橐絜著自足止，即马未决，且从季卿贷，转已得长羁止毋为弛槊（《敦》一七二）

(474) 四卿妻子家室，它为如何？马谁使随养视之，闻取从者邪（《敦》一七三）

(475) 叩=头=。嘱使君为寒近衣裘、强饭食、幸自爱，以卒巍=之功，侯茅土（《敦》一七四）

按："爱"《敦》作"憙"。"茅土"《敦》作"第玉"。

(476) 卷馁死将茔及前没校来先至☐（《敦》一七五）

按：以上例（342）至（476），原简号次第相连（含《敦》四〇至《敦》一七五，其中唯《敦》五八例外）、字体相类，皆草书，形式内容亦相同。

(477) 夜奔射状（《敦》二〇五）

(478) 校食枯草（《敦》二〇六）

(479) 皇帝陛下。臣厶叩=头=。逆□□□□□魂□□（《敦》九六九）

(480) 臣厶伏自念天姓愚顿，未有以结诚达信（《敦》九七〇）

(481) 闲以戊部饿乏，求至省减吏士，廪分振罢羸。闲县（《敦》九七一）

(482) 臣厶幸得还且从第一辈兵出　　卒功从即日未（《敦》九七二）

(483) 著　　见兵必惶恐，悔非……（《敦》九七三）

(484) 正月十六日因檄检下者，号天使长仲赍已部椽（《敦》九七四A）

为记诧檄检下（《敦》九七四B）

(485) 厶叩头言□愿封刺写符命紫阁署五威将事，为闻十一月有诏

书，录趣军功事（《敦》九七五）

（486）事下车骑将军，求处复请去，何猥以□（《敦》九七六）

按：以上例（477）至（486），原简号虽与例（342）至（476）不相连，但字体相类，内容亦相关。

（487）之张掖。宁发卢水五百人，功卿与同心士六十人，俱未有发日。此近谓第一部千八十人者也，议遣君威来出（《敦》五八）

（488）诣关门留迟，毋状，当坐罪，当万死，叩头死罪死罪。唯（《敦》一七六）

（489）将军令召当应时驰诣莫府。获马病伤水不饮食，借尹史侯昌马，杨鸿装未办，惶恐（《敦》一七七）

（490）将=军=遣送之，当令毋所恨。获致求索其意不敢失也，务欲箧使之，讫去，幸毋所恨（《敦》一七八）

（491）将军哀怜，诚寒，愿得襦及　以自给（《敦》一八三）

按：以上例（487）至（491）以隶体书写，与例（342）至（486）有别，但内容相关。

例（342）至（491）反映了新莽中期在西域进行的一场战争，可印证史籍所载及补其所缺，试析如下：

新莽代汉，倒行逆施，激起西域各国反叛，《汉书·王莽传》："西域诸国以莽积失恩信，焉耆先叛，杀都护但钦。"当时新莽正以十余万大军进军句町，无暇西顾。至天凤三年，乃遣大使五威将王骏、西域都护李崇、五威佐帅何封、戊己校尉郭钦率军攻打西域，《汉书·王莽传》天凤三年，"遣大使五威将王骏、西域都护李崇将戊己校尉出西域，诸国皆郊迎贡献焉。诸国前杀都护但钦，骏欲袭之，命佐帅何封、戊己校尉郭钦别将。焉耆诈降，伏兵袭骏等，皆死。钦、封后到，袭击老弱，从车帅还入塞。莽拜钦为填外将军，封剿胡子，何封为集胡男。西域自此绝。"《西域传》所载更详，云："天凤三年乃遣五威将王骏、西域都护李崇将戊己校尉出西域，诸国皆郊迎，送兵谷，焉耆诈降而聚兵自备。骏等将莎车、龟兹兵七千余人，分为数部入焉耆，焉耆伏兵要遮骏。及姑墨、尉犁、危须国兵为反间，还共袭骏等，皆杀之，唯戊己校尉郭钦别将兵，后至焉耆。焉耆兵未还，钦击其老弱，引兵还。莽封钦为剿胡子。李崇收余士，还保龟兹。数年莽死，崇遂没，西域因绝。"《资治通鉴·汉纪》则综合了《王莽传》与《西域传》所载，云："是岁，遣大使五威将王骏、西域都护李崇、戊己校尉郭钦出西域，诸国皆郊迎，送兵谷。骏欲袭击之，焉耆诈降而聚兵自备。骏等将莎车、龟兹兵七千余人，分为数部，命郭钦及佐帅何封别将居后。骏等入焉耆，焉耆伏兵要遮骏，及姑墨、封犁、危须国兵反间，还共袭骏，皆杀之。钦后至焉耆，焉耆兵未还，钦袭击，杀其老弱，从车师还入塞。莽拜钦为填外将军，封剿胡子；何封为集胡男。李崇收余士，还保龟兹。及莽败，崇没，西域遂绝。"叙述西域之战的一般情形。汉简所见则填补有关这场战争许多细节：

关于西域大都护李崇。《敦》九一："候鄣，愿降归德。臣厶窃见大都护崇檄与敦德尹，亡已得乘姑墨城，孤处西。"《敦》一二五："伏法为众先/将军复不忍，令得念诲至今，崇叩头死罪死罪。"《敦》一二七："必蒙天有期殄灭臣等为故，崇叩头死罪死罪，唯。"《敦》一三三："□□□□□归败。夫崇无以复战，供财谷食孚尽，车师因为共奴所。"简文语气甚悲哀，为战败时所书。西征时以大使五威将王骏、西域都护李崇为主力，后焉耆伏兵遮杀王骏，李崇乃收余士苦战。史籍载王骏败后，李崇还保龟兹，简文见李崇曾"亡已得乘姑墨城，孤处西"则可补史缺。

关于戊己校尉郭钦。《敦》六六"今共奴已与鄯善不和，则中国之大利也。臣愚以为钦将兵北〼"，《敦》八三："臣谨写钦檄记传责之。 共奴桀黠侵"，《敦》八八："车师侯伯与妻子人民桼十桼人愿降归德，钦将伯等及乌孙归义。"《敦》一一二"都护虏译持檄告戊部尉钦，车师前附城诩"，《敦》一二一"不以时伏诛。臣愚窃不胜忿忿，与戊部尉钦计议"，《敦》一三二："守先到，臣再拜。钦到，知审，以状闻。臣厶稽首再拜。"《敦》一三四："……戊部尉猥獡里附城钦将吏士，故戊"，从简文中可知"戊己校尉"亦简称"戊部尉"，《汉书·百官公卿表》："戊己校尉，元帝初元元年置，有丞、司马各一人，候五人，秩比六百石。"注引师古曰："甲乙丙丁庚辛壬癸皆有正位，唯戊己寄治耳。今所置校尉亦无常居，故取戊己为名也。有戊校尉，有己校尉。一说戊己居中，镇覆四方，今所置校尉亦处西域之中抚诸国也。"附城，新莽公、侯、伯、子、男以外新设爵名，《汉书·王莽传》："州从《禹贡》为九，爵从周氏有五。诸侯之员千有八百，附城之数亦如之，以俟有功。诸公一同，有众万户，土方百里。侯、伯一国，众户五千，土方七十里。子、男一则，众户二千有五百，土方五十里。附城大者食邑九成，众户九百，土方三十里。自九以下，降杀以两，至于一成。五差备具，合当一则。今已受茅土者，公十四人，侯九十三人，伯二十一人，子百七十一人，男四百九十七人，凡七百九十六人。附城千五百一十一人。九族之女为任者，八十三人。"又："天下牧守皆以前有翟义、赵明等领州郡，怀忠孝，封牧为男，守为附城。"始建国二年二月，"五威将帅七十二人还奏事，汉诸侯王为公者，悉上玺绶为民，无违命者。封将为子，帅为男"。则知新莽时牧守军将皆封爵，据此亦知出征西域之将领中，以郭钦之"里附城"爵最低。何封为集胡男，郭钦为剿胡子，与上文所云"封将为子，帅为男"合，但其爵为战后所封。

关于使西域大使五威佐帅何封。《敦》七〇"始建国天凤亖年正月丁巳朔庚辰，使西域大使五威左率"，《敦》七六"使西域大使五威左率都尉□□□"，《敦》一一七"使西域大使五威左率都尉粪土臣厶稽首再拜上书"，《敦》一一八、一四六简文与《敦》一一七同，《敦》一四二"始建国天凤亖年正月戊辰，使西域大使五威左率都尉"，"率"通"帅"。"五威左率"，即"五威佐帅"。居延汉简亦见此用法，如《新简》EPF二二·三〇四："……东部五威率言厨传食者众，费用多，诸以法食者皆自赍，费不可许。"五威帅为五威将之助手，《汉书·王莽传》："五威将乘《乾》文车，驾《坤》六马，背负鹫鸟之毛，服饰甚伟。每一将各置左右前后中帅，凡五帅。衣冠车服驾马，各如其方面色数。将持节，称太一之使；帅持幢，称五帝之使。"随五威将王骏出征西域之帅，《汉书》所载唯"佐帅何封"，简文虽未见何封姓名，所指当无他人。何封以五威帅身份领兵，故带"都尉"职名，简文所见全称为"使西域大使威左率都尉"。西域之战中，王骏、李崇率主力挺进，何封、郭钦则别将戊部诸军殿后。

简文所见参与作战的中级军官尚有诸司马，如《敦》四六："多问陈司马、鱿司马，愿数数相闻，为檄欲移鄯善，毋使行也。"《敦》六四"……朱司马及焦并还，未闻西方，问不云何行"，《敦》五七"西域都护领居卢訾仓守司马……"，《敦》九五："西域都护领居卢訾仓守司马鸿叩头死罪罪。"当为戊己校尉及西域都护所属。《疏勒河流域出土汉简·附录·罗布淖尔汉简释文》七"……部军守司马"，八"君使宣告左右部司马衍□□□"[1]。《汉书·匈奴传》见"戊己校尉史陈良、终带，司马丞韩玄、右曲候任商等"，知西域屯军有许多领兵司马，新莽时亦然。

---

① 《疏勒河流域出土汉简》，98页，北京，文物出版社，1984年3月。

关于交战各方。交战主要是在新莽军与焉耆、匈奴联军之间进行。新莽军的主力是五威将王骏等所率西域都护戊己校尉诸部，又联合莎车、龟兹诸国兵参战，见《汉书》之《王莽传》、《西域传》；后期又以河西四郡精兵支援。此役焉耆倾国出兵，匈奴则以犛勇之南将军为西域军主帅。《敦》五〇“臣厶前捕斩焉耆虏，地热多阻险，舍宿营止宜于”，《敦》九二：“其营就大张格射击，劫虏皆散亡，又前连战焉耆，中兵矢”，反映了焉耆是新莽军讨伐的主要对象。《汉书·王莽传》始建国五年，“西域诸国以莽积失恩信，焉耆先叛，杀都护但钦”。因而替但钦报仇成为发动这次战役的借口，故《王莽传》云：“诸国前杀都护但钦，骏欲袭之。”但其实质是新莽与匈奴之间争夺对西域的控制权。新莽失去对西域的统治，主要是匈奴造成的，《汉书·西域传》始建国年间，“莽复欺诈单于，和亲遂绝。匈奴大击北边，而西域亦瓦解。焉耆近匈奴，先叛，杀都护但钦，莽不能讨”。焉耆杀但钦，也是亲近匈奴的缘故。因而，匈奴的实力与决心，与新莽发动西域之战的成败直接相关。简文所见，新莽军与匈奴之交锋远多于焉耆，如《敦》八三“臣谨写钦檄记传责之。　　共奴桀黠侵”，《敦》一〇八“南将军徼其犛勇以坏龟兹、车师诸国□□□大煎都候鄣　　近于西域”，《敦》一一四“南将军焦捬乘其力，子男皆死。今恭奴言鄯善反我，鄯善”，《敦》一一五“共奴虏可千骑来过敦〔德〕，诸尉吏在者至鄣，落门深城”，《敦》一五九：“共奴虏来为寇，于使君先知，其必怨，故求请兵〼。”从简文中可知，匈奴的军事行动极为主动，它不仅大力扫荡龟兹、车师诸国，还派骑兵袭扰敦煌，牵制新莽军在西域的作战。简文所见南将军为匈奴将军，其军为匈奴右部主力，《汉书·匈奴传》始建国二年，“时戊己校尉史陈良、终带，司马丞韩玄，古曲候任商等见西域颇背叛，闻匈奴欲大侵，恐并死，即谋劫略吏卒数百人，共杀戊己校尉刁护，遣人与匈奴南犁汗王、南将军相闻。匈奴南将军二千骑入西域迎良等，良等尽胁略戊己校尉吏士男女二千余人入匈奴。玄、商留南将军所，良、带径至单于庭，人众别置零吾水上田居”。王先谦《补注》引周寿昌云：“匈奴只有左王将、右王将、左右大将等官，无称将军者。此南犁汗王所属称南将军，殆仿汉官制也。”《匈奴传》又见“西域都护但钦上书，言：匈奴南将军右伊訾将人众寇击诸国……”西域之战中对新莽军威胁最大的即匈奴南将军军。简文亦反映，西域之战中焉耆与匈奴合谋联盟，共同对付新莽军，如《敦》九八“炬恭奴遮焉耆　殄灭逆虏”，《敦》一一九：“共奴与焉耆通谋，欲攻车师，戊部孤军，大都护〼。”《敦》一四九：“焉耆虏遝且将桼八千人皆发　与南将军期会车师。”新莽军处于两面受敌之境地。

卷入这场战争的还有许多城郭小国，其中以车师等北道诸国受害最深。《敦》六九：“寇车师，杀略人民，未知审，警当备者，如律令。”《敦》七二“〔寇〕车师，略诸侯，欲以威西域，贪狠桀黠尤为诸国城乳戊部众”，《敦》七四：“孤弱殆不战，自东西即虏取等党成结固，车师必惧。”《敦》七九“乏，故将吏士诣敦德。今车师诸国空，黠虏久获狱，三辈兵宜”，《敦》八四：“空诸国　不止　车师前附城诩行侯事，诩兄子外亡，朔当代。”《敦》八五：“故车师后亡侯虏支　将诸亡国千余人。”《敦》八六：“故车师后亡侯弟虏布将兵二千余人。”《敦》八八：“车师侯伯与妻子人民桼十桼人愿降归德，钦将伯等及乌孙归义。”《敦》八九A：“尉与车师前侯诩、车师侯伯、卑爰疐诸子俱求度，以己巳到，如律令。”《敦》一一二：“都护虏译持檄告戊部尉钦，车师前附城诩。”《敦》一一三：“车师侯，其莫乃去，所部遣吏士三百余人夜往胥射之。”车师乃控制西域之战略要地，汉匈常争之，新莽当亦然。汉戊己校尉常居车师屯田，匈奴则常力争夺此地，《汉书·西域传》汉得降者言，单于大臣皆曰：“车师地肥美，近匈奴，使汉得之，多田积谷，必害人国，不可不争也。”简文则反映新莽匈奴亦以争夺车师为重点，车师诸国往往无所适从，随各方势力之强弱而摇摆。此役中，“车师诸国空”，当为匈奴南将军侵寇杀略所致，车师侯伯多率人民随戊己校尉郭钦逃归敦煌。同时瓦解者还有郁立师、卑陆等小国，《敦》六七“疌子、诅呼、郁立师、卑陆侯者举国徙人民。”姑墨、尉梨等国在战争中曾作为新莽军之立足点，如《敦》九一“臣厶窃见大都护崇檄与敦德尹，亡已得乘姑墨城，孤处西”，《敦》九四“……乙巳，六月甲寅发尉梨将”，《敦》一二九“臣厶前在尉梨与将率比上书”，后姑墨、尉梨、危须国兵为反间，还共袭骏等，腹背受敌，加速了王骏军的覆没。简文所见卷入战争的还有龟兹、鄯善、乌孙等，《敦》一〇八“南将军徼其赘勇以坏龟兹、车师诸国……”，《敦》六六：“今共奴已与鄯善不和，则中国之大利也。臣愚以为钦将兵北☐。”《敦》一一四：“……南将军焦捇乘其力，子男皆死。今恭奴言鄯善反我，鄯善。”《敦》九〇：“五校吏士妻子议遣乌孙归义侯疐诸子女到大煎都候鄣。”据前引《汉书·西域传》，莎车、龟兹兵曾与新莽军并肩作战，王骏败没，李崇收余士，退保龟兹。简文反映鄯善之态度有反复。乌孙由于地理遥远的缘故，介入程度当不深。

关于战争的一般进程。西征当始于天凤三年之上半年，《敦》九四“☐乙巳，六月甲寅发尉梨将”，则六月时尉梨未叛变，王骏、李崇军长驱直入，何封、郭钦军稍后出发。前期作战，功绩辉煌，《敦》八一："且一月斩下三千九百一十五级，功效已著，颁赏不足，宜勉李□身，谨请。"或何封、郭钦所为，指《西域传》所云："唯戊己校尉郭钦别将兵，后至焉耆。焉耆兵未还，钦击其老弱，引兵还。"《敦》五〇："臣厶前捕斩焉耆虏，地热多阻险，舍宿营止宜于"，则知其时值盛夏酷暑季节。《敦》四〇："前去时期遣使来，会十一月十日。今豫为责备不到十一、二日即。"《敦》五一："二十六日上急责发河西三郡精兵　　□度以十一月。"《敦》一三〇："远，十一月晦所且得报忧，欲相助，不忽忽新道适千里也，前赍又。"《敦》四三："少罢，马但食枯葭饮水，恐尽死。欲还，又迫策上责。"简文云"马但食枯葭"则时已深秋，知十一月时新莽西征军已陷入困境，比比上书求援亦当在此时，《敦》一三九："赍五十日粮还诣部，尽力炬虏不敢遗微力。臣厶前比比上书请河西精兵。"为其一例证。《敦》五八："之张掖。宁发卢水五百人，功卿与同心士六十人，俱未有发日。此近谓第一部千八十人者也，议遣君威来出。"《敦》八〇："假敦德库兵弩矢五万枚，杂驱三千匹，令敦德廪食吏士，当休马审处。"《敦》一二八："言大兵方骆驿出，令发橥过。"简文所见当为派遣援兵的情形。据《敦》八九 A："尉与车师前侯诩、车师侯伯、卑爰疐诸子俱求度，以己巳到，如律令。"B："正月戊辰移书敦德。"尉，当指戊部尉郭钦。则知新莽军最终未能挽回败局，并于天凤四年正月退回敦煌。

关于文书的撰写人和性质。如前所述，例（342）至（491）是上报朝廷的有关西域之战的文书，其中例（342）至（486）字体相同，出于一人手笔，但究其内容则出自多人之手，主要如：

《敦》七〇"始建国天凤三年正月丁巳朔庚辰，使西域大使五威左率"，《敦》一一七、一一八"使西域大使五威佐率都尉粪土臣厶稽首再拜上书"，《敦》一四二"始建国天凤三年正月戊辰，使西域大使五威左率都尉"，《敦》七六："使西域大使五威左率都尉□□□。"前文已考，使西域大使五威左率都尉为何封，则简文所见文书中有相当多的部分是何封的上书。

《敦》九五"西域都护领居卢訾仓守司马鸿叩头死罪死罪。"居卢訾仓守司马鸿为撰稿人之一。

《敦》九九"始建国天凤三年正月丁巳朔丁丑，戊部将军纯据里附城"，此简未露姓名，简文中有部分内容必属纯据里附城文。

《敦》一二五："伏法为众先/将军复不忍，令得念诲至今，崇叩头死罪死罪。"《敦》一二七："必蒙天有期殄灭臣等为故，崇叩头死罪死罪，唯。"崇，李崇。《敦》一二九："臣厶前在尉梨与将率比上书。"或亦出自李崇之手。

例（461）至（475）以书信形式书写，当出自另一人之手。

又，例（342）至（486）字体虽同，用词却时有变化，最明显者如"匈奴"时作"共奴"（见《敦》六六、六八、七三、一五九），时作"恭奴"（见《敦》九八、一一四），显然引自不同文书。

《敦》八三"臣谨写钦檄记传责之。　共奴桀黠侵"则最终揭示例（342）至（486）所见大多为抄录件，最大的可能是使西域大使五威佐率都尉何封报给朝廷的综合性报告，文中抄录了许多其他的将帅的报告原文。例（485）至（491）则为独立的另一份文书，内容与西征相关，故置此。

（492）皇帝陛下。　始建国天凤三年正月甲戌，上敦德大煎都候。（《敦》一八一）

按：此简字体与例（342）至（486）相同，或属同一文卷。上，上自，指上书文发自敦德大煎都候鄣。

（493）☐天凤三年八月乙亥□☐（《敦》一五四八）

（494）☐始建国天凤三年☐（《敦》一八八三）

（495）☐始建国天凤三年☐

☐库守宰尹千人忠☐（《敦》一八八四）

按：库宰，新莽所改库令长名，亦见于居延汉简，如《新简》EPT五九·一六〇："三月己丑，张掖库宰崇以近秩次行大尹文书事、长史丞下部大尉官县承书从事下当用者，有犯者辄言，如诏书，〔书〕到言。兼掾义、兼史曲、书吏迁金。"《汉书·王莽传》始建国元年，"改郡太守曰大尹，都尉曰太尉，县令长曰宰"。据简文所见，凡西汉之"令长"，新莽皆称"宰"，非必专指县令长。

（496）三　　乙未　戊子　戊午（《敦》三七三）

八　　甲子　癸巳　癸亥（《敦》三七四）

九　　乙丑　甲午　甲子（《敦》三七五）

十一　丁卯　丙申　丙寅（《敦》三七六）

十五	辛未	庚子	庚午（《敦》三七七）
十桼	癸酉	壬寅	壬申（《敦》三七八）
二十	丙子	乙巳	乙亥（《敦》三七九）
二十一	丁丑	丙午	丙子（《敦》三八〇）
二十二	戊寅	丁未	丁丑（《敦》三八一）
二十	己卯	戊申	戊寅（《敦》三八三）
二十亖	庚辰	己酉	己卯（《敦》三八二）
二十八	甲申	癸丑	癸未（《敦》三八四）
三十		乙卯⍁（《敦》三七二）	

按：据《二十史朔闰表》，此例所见为新莽天凤四年一至三月历谱。《敦》三七二简仅见该年二月三十日干支。

天凤六年（己卯，公元19年）

（497）⍁十二月庚子朔丙寅，偏将军⍁
⍁一牒（《敦》三）

（498）⍁始建国天凤⍁　　⍁（《敦》一九〇四）

地皇元年（庚辰，公元20年）

（499）敦德步广尉曲平望塞有秩候长敦德亭闲田东武里五士王参，秩庶士，新始建国地皇上戊元年十月乙未迹尽二年九月晦积三百六十日，除月小五日，定三百五十五，以令二日当三日，增劳百桼十桼日半日，为五月二十桼日半日。（《敦》一八五四）

按：此例为日迹赐劳名籍。王国维云："右简乃计资劳之书。敦德者王莽所改敦煌郡名。步广尉即《汉志》之敦煌中部都尉，《志》云中部都尉治步广候官是也。曲者部曲，《续汉志》领军皆有部曲，大将军营五部，部校尉一人，比二千石。部下有曲，曲有军候一人，比六百石。曲下有屯。汉制都尉秩视校尉，其下有二候官，盖视军候，则候官即校尉下之曲矣。平望者，步广尉所辖塞名。有秩候长者，候长之秩百石者也，《礼记》注有秩啬夫，《汉书·百官公卿表》乡有三老、有秩啬夫，《续汉志》乡有有秩秩百石，李翕《西狭颂》有衡官有秩，此简有有秩候长。汉制计秩自百石始，百石以下谓之斗食，至百石则称有秩矣。以上十三字皆官名，而敦德亭闲田东武里则其县里之名。敦德亭即汉敦煌县，莽时县以亭名者三百六十，凡县与郡同名者亦皆加亭字以别之。《汉志》于敦煌郡下注莽曰敦德，敦德县下亦注莽曰敦德，不云敦德亭，则夺亭字也。闲田者，《莽传》称诸侯国闲田为黜涉增减，乃用《王制》语，凡郡县未封之地皆闲田也。五士疑即汉之士伍，士伍者无爵者之称，汉人有爵者称爵，如云公乘某、五大夫某，是无爵者称士伍，如《淮南厉王传》之士伍开章，《丙吉传》之士伍尊，是汉时五、伍通用，莽改汉制每喜颠倒反易其名，则士伍或称五士矣。王参，人姓名。秩庶士者，百石之秩，《莽传》云更名秩百石为庶士是也。年号地皇之下复云上戊者，莽自谓以土德王，故即位用戊辰日，又以戊子代甲子为首，故曰上戊，《莽传》称地皇三十年为王光上戊之六年（莽作新历六岁一改元，王光者其所预定之年号也），宋韩缜家藏莽铜科铭云始建国天凤上戊六年（见《避暑录话》），侯钲铭（见《隶续》）及潍县陈氏藏常乐卫士上元士铜饭帻皆云始建国地皇上戊二年是也。此简乃计边吏资劳之书，云令二日当三日者即边郡增劳之制，疑汉制已如斯矣。”① 日迹赐劳名籍亦屡见于居延汉简，如《合校》一四五·三七：“☐建昭元年十月旦日迹尽二年九月晦日，积三百八十三日，以令赐劳六月十一日半日……”《合校》一五九·一四：“五凤三年十月甲辰朔甲辰，居延都尉德、丞延寿敢言之。甲渠候汉彊书言候长贤日迹积三百廿一日，以令赐贤劳百六十日半日。谨移赐劳名籍一编，敢言之。”后者是上报赐劳名籍的呈文。日迹赐劳是依据朝廷颁布的法律实行的，西汉时已然，此令即《北边挈令第四》，《合校》五六二·一九：“《北边挈令第四》：北边候长候史迹二日当三日。”新莽时士吏、候长皆秩庶士，见《合校》二一〇·二七：“□右庶士士吏候长十三人　禄用帛十八匹二尺少半寸，直万三千三百三十三。”

地皇三年（壬午，公元22年）

（500）新始建国地皇上戊三年正月戊子朔癸丑，诛虏候长晏敢言之。

① 《流沙坠简·屯戍丛残·簿书类四十二》。

谨以廷（《敦》六一四）

按：诛虏，玉门候官属部名，又见于《敦》一九四、四九○简。

附十四

（501）▨岁，长泰尺五寸，应令敦德亭闲田平定里，去官二百二十五里□属敦德郡（《敦》五）

按：敦德亭，敦德县，前例（499）引王国维云：“敦德亭即汉敦煌县，莽时县以亭名者三百六十，凡县与郡同名者亦皆加亭字以别之。”此简文中同时见“敦德郡”与“敦德亭”即王氏说之有力佐证。闲田，见例（499）解。汉官印常见闲田宰印章，如“夙夜闲田宰”（《征存》六一八号）、“成纪闲田宰”（《征存》六一九号）。

（502）今见泉千八百卅五（《敦》四）

按：“泉”为新莽所改“钱”字，详见例（331）解。此简“卅”未改为“三十”，或当属新莽初年物。

（503）▨　直百亖十亖　直百五十六□（《敦》一三）

（504）燧长效谷闲田常利里上牛康，年三十五▨（《敦》二五）

（505）都尉君移戊部尉，械逮故若绝城钱况等有书，今（《敦》二○三）

若绝城同心士京县寿里钱况，年三十五，乃乙亥□▨（《敦》二八一 A）

曰　▨（《敦》二八一 B）

按：戊部尉，戊己校尉，《敦》一二一：“不以时伏诛。臣愚窃不胜忿忿，与戊部尉钦计议。”《敦》一三四：“戊部尉猑獡里附城钦将吏士。”戊部尉钦，《汉书》之《王莽传》、《西域传》均作“戊己校尉郭钦”，证“戊部尉”乃“戊己校尉”之简称。械逮，逮捕并加刑具。《汉书·惠帝纪》：“爵五大夫、吏六百石以上及宦皇帝而知名者，有罪当盗械者，皆颂系。”注引如淳曰：“盗者逃也，恐其逃亡，故著械也。”师古曰：“盗械者，凡以罪著械皆得称焉，不必逃亡也。”若绝城，西域中地名，未见于《地理志》。同心士，新莽时一种军人之称谓，又见《敦》五八：“之张掖。宁发卢水五百人，功卿与同心士六十人，俱未有发日。此近谓第一部千八十人者也，议遣君威来出。”同心，或取同心悦德之义，《汉书·王莽传》：“与宰衡同心说德，合意并力，功德茂著。”师古曰：“说意悦。”京县，新莽保忠信乡属县（西汉之河南郡），见《汉书·地理志》。钱况，犯人姓名。

（506）敦德尹书草（《敦》二〇八A）

□□□□卒□叩头再拜白。（《敦》二〇八B）

按：草，草稿。书草，撰写文书草稿。通常情况文书草稿由掾史撰写，今特由敦德尹亲自执笔，故署明。

（507）常安，今月十二日到，拘校敦德泉谷，日闻如公之蜀中军试士（《敦》二二六）

书母自已去之，为欲使子知寻起居耳（《敦》二二七）

郎及松子尚在，卖大骊以千泉送乘豪长侨，千泉送（《敦》二二八）

大子駹大赤骊騊句赤句（《敦》二二九）

按：以上四简为一封书信之残文。常安，新莽所改“长安”名，《汉书·王莽传》始建国元年，改“长安曰常安”。《新简》EPT五九·一一七A：“□诏书长安更为常安。”《新简》EPT二〇·二七：“财发京兆史及常安。”拘校，核账盘点。拘校乃秦汉经济活动之重要内容，设有《效律》，作了许多具体规定。汉简所见之拘校如《新简》EPT五二·五七六：“☑拘校令与计簿相应，放式移遣服治。”《新简》EPT五三·三三A：“……长丞拘校必得事实，牒别言，与计偕，如律令，敢告卒人。”B：“……以来　掾定，属云、延寿，书佐德。”《合校》二〇六·七：“令史弘校第廿三仓谷　十月簿余谷稖稈大石六十一石八斗三升大。”《合校》三一七·六：“书到，拘校处实，牒别言，遣尉史弘赍……”《合校》四三〇·一，四三〇·四：“□卌井言谨拘校二年十月以来计最，未能会会日，谒言解。”于豪亮云：“拘读为钩。《周礼·巾车》‘金路，钩樊缨’，注：‘故书钩为拘，杜子春读为钩。’此拘与钩相同之证。故‘拘校’，即‘钩校’。‘钩校’古籍习见，《汉书·陈万年传》：‘子咸……后竟征入为少府，少府多宝府，属官咸皆钩校，发其奸臧，没人辜较财物。’《汉书·律历志上》：‘元凤三年……鲜于妄人请与治历大司农中丞麻光等二十余人杂候日月晦朔弦望八节二十四气，钩校诸历用状，奏可。’钩校不词，乃钩校之误。《后汉书·陈宠传》：‘永元六年，宠代郭躬为廷尉……宠又钩校律令条法，溢于甫刑者，除之。’”[①] 简文所见，当为朝廷遣人至敦德核校钱谷。

(508) 药窃闻循母、循弟家尽病在田=在敦德鱼离邑东，循不及候，母病笃（《敦》二三〇A）

六月十三日关书玉门，袌叩头言腋君里田主人谷书至郡（《敦》二三〇B）

按：“田”下疑脱“舍”字。鱼离邑，未见于史籍，近年敦煌县（悬）泉置遗址出土汉简中见鱼离置，与县（悬）泉置相邻。关书，以文书报告。关，关白，关说，《合校》一三三·一五：“第十候史殷省伐慈其；第十三燧卒高凤未作，亡归中部田舍，斗伤徐武，毋状，诣官自关，十一月辛巳食坐入。”《史记·梁孝王世家》：“有所关说于景帝。”《佞幸传》：“公卿皆因关说。”《索隐》：“关，通也。”《文心雕龙·书记》：“关者，闭也。出入由门，关闭当审；庶务在政，通塞应详。《韩非》云：‘孙亶回圣相也，而关于州部。’盖谓此也。”关书亦见于他简，如《敦》一〇〇二A：“十月廿日关书宣□叩〔头〕……”《合校》一八·二二：“吏落，唯官关书府，令居延调给，敢言之。”

(509) □□□□□益□欲急去，恐牛不可用，今致卖目宿养之，目宿大贵束三泉，留久恐舍食尽，今且寄广麦一石

王子春家车欲益之，主不肯。到，完取之，兼度二十余日可至亭耳。市谷大贵□□□□□□□□□□□□□

麦百三十余，西未甫时贱□□□

---

① 《于豪亮学术文存》，201页。

□□□□□（《敦》二三九A）

□□□□□□□☑

归乃善耳，孙子少欲得虏官谷兼□□□□☑

子少不当责卿也。子少言当复入二石及酒计及张一石，言当在外不赏官谷牛也。兼谓子少即不当如是

□□□□□□□□□子少意欲为如何也？乃欲持是争来自若耳。故丈人与兼车会，决绝之乃可耳。（《敦》二三九B）

（510）儿尚叩头白记□闲来上日久食尽乏，愿贷谷一斛，谷到，奉诣前。又前计未上，甚自知

杨掾坐前数=哀怜，恩德甚=厚=。又前欲遣持斛诣尹府，欲且郤阳成士（《敦》二四四A）

吏令后归，尚意中甚不安也。事不足乱平，尹府哀小姓贫人子久居塞外，

当为发代，唯掾以时移视事盈岁名尹府，须以调代=到得归，叩=头=。（《敦》二四四B）

（511）酒亖斛　　□□□

黍米二斛　　酱二斗

白粺米二斛　醯三斗

牛肉百斤　　敦德尹遣史汜迁奉到。（《敦》二四六）

（512）云阳公乘以秉妻急恶故怨怼。至邑，杀□伤□□□□□□□□□□□☑（《敦》二一九）

尉大君以秉伤辜半日死，元夫□等皆亡，大司空隆心公急发觉。臣谨案：五品不孙，典乐掌教大夫之□□（《敦》二二〇）

不往。大君使从者茂等往綷秉来，秉不肯□□□□□□□□□□使绳扼秉=以刃伤茂三所。大君从欲前（《敦》二二一）

助茂，秉刃伤大君头一所。男庶人吉助茂缚秉。元夫与吉共摎杀秉，并使从兄梁杀秉子小男毋舌，斫杀秉妻。（《敦》二二二）

按：以上四简字迹相同，皆属同一册书。云阳，县名，《汉书·地理志》"左冯翊"所属有"云阳"，新莽时未改名，位于今陕西省淳化县西北。怼，怨恨，《说文》："怼，怨也。"孙，恭逊，《释名·释亲属》："孙，逊也，逊遁在后生也。"不孙，不恭逊。摎杀，捆而杀之，《说文》："摎，缚杀也。"斫

杀，砍杀。大司空隆心公当指王邑，《汉书·王莽传》始建国元年，“步兵将军成都侯王邑为大司空，隆新公”。又《王莽传》始建国四年，“改十一公号，以‘新’为‘心’，后又改‘心’为‘信’”。则简文所述当为以“新”为“心”之后，改“心”为“信”之前的新莽中期事。辜，故也，原因，《史记·屈原贾生传》：“亦夫子之辜也。”此例所见为一份司法文书涉及斗杀人事。以尉大君、大君从者茂、庶人吉、元夫、元夫从兄梁为一方，秉、秉妻、秉子小男毋缶为另一方。起因为“秉妻急恶故怨怼”，由此尉大君派遣从者茂等企图把秉捆来，茂反而被秉击伤，大君欲相助，头被砍伤，半天后死去。庶人吉、大君从者茂共同捆缚秉，元夫和吉一起把秉杀死。元夫又指使从兄梁杀死秉妻及秉子男毋缶。案中尉大君当有一定身份。尉，或为大尉，即两汉之都尉。故此案惊动大司空隆心公。但事发后，元夫等已逃亡。下文未详。

(513) 戍卒效谷常利里张诩，年亖十，(《敦》二五二)

戍卒下辨竹里成众，年二十六，省府。

凌胡　府　成众代杨源——(《敦》二五四)

戍卒循成富里左丰，年三十五，省府，木工，美水　府(《敦》二五三)

戍卒脩成当利里杨冯，年亖十，省府　取代　省府——(《敦》一〇一〇)

戍卒循成泉里索歆，年亖十　能为臬履　步昌　□□▨(《敦》二七〇)

戍卒何池大昌里上官诩，年二十□▨(《敦》二五五)

戍卒何池下贳里李东，年二十三　卩　上□府　李东代李亥丁(《敦》二五六)

戍卒何=池=里王晏，年三十，上▨(《敦》二五七)

戍卒何池耶里绿诩，年二十桼，　上　益昌　府　绿诩代阴蓬　下(《敦》二五八)

戍卒河=池=里王育，年二十桼，　卩　上　美水　王育代董获　丁(《敦》一〇〇八)

戍卒故道官里董获，年三十八，富昌　府　董获代射大腾丁(《敦》一〇〇九)

▨卒故道市阳里杨崔，年三十三，　上　□富昌，今凌

胡——杨崔代刑枚　丁（《敦》二六八）

戍卒故=道=里上官宏，年二十五，上、步昌　步昌　□尚官代樊歆　丁（《敦》二六九）

按：以上十三简字迹相同，属同一份名籍册。大多数名籍经两次书写，以《敦》二五三为例，“戍卒循成富里左丰，年三十五，木工”为第一次书写，所书为戍卒最基本的情况，“木工”为其特长。“省府　美水　府”为第二次书写，字体较第一次大，淡墨，书写亦较随意。“省府”指该戍卒去向，“美水”为戍卒原驻烽隧名，“府”为戍卒当时所在。戍卒之特长多在第一次书写之基本情况中表明，除上文所见，又《敦》二七〇之“能为枲履”即是。上述名籍所见戍卒去向多署“省府”，卒“省府”乃指都尉府从诸隧抽调戍卒前来劳作，《敦》二五四“成众代杨源”，《敦》二五六“李东代李亥”，《敦》二五八“绿诩代阴蓬”，《敦》一〇〇八“王育代董获”等，当指省府戍卒轮换替代的情况。“省”屡见于汉简，如《新简》EPT 四·四八 A：“始建国二年十月癸巳朔乙卯，城仓丞□移甲沟候官令史：郭卒周仁等卌一人省作府，以府记廪城仓，用粟百卅六石，令史□曰卒冯喜等十四人廪五月尽八月皆遣，不当〼。”《合校》五九·三二，五九·二三：“三月壬申，官告第四候长成等：府记省卒卌二人，遣士吏就将领之适□。”关于省卒，于豪亮先生曾详作考证，其结论云：“我们可以概括地说省卒是从各候、燧抽调出来从事劳动的士卒。”[①] 说是。

（514）□右二人厌胡（《敦》二五一）

□右二人破胡（《敦》二五九）

□右二人广昌（《敦》二六五）

□右二人步昌（《敦》二七一）

□右二人广武（《敦》二七三）

□右二人莫当（《敦》二七四）

按：以上六简字迹与例（513）诸简之第二次书写同，当为名籍之小结，烽隧名相同者有《敦》二六九、二七〇与《敦》二七一所见之步昌。

---

① 于豪亮：《居延汉简中的省卒》，见《于豪亮学术文存》，213～217 页。

（515）☑敦德诣关，二十六日夜到郊部监从事。（《敦》二八八）

（516）出秅麦九斗　——以给卒□□二月食。（《敦》三一二）

出秅麦一斛八斗　以给卒麦永三月食。（《敦》三一三）

出秅麦一斛八斗　以给卒耿咸三月食。（《敦》三一四）

出糜九斛　正月出□（《敦》三一五）

出秅麦一斛九斗——以食卒贡秋正月食。（《敦》三一六）

出糜五斛一斗　正月十一日中舍子通取。（《敦》三一七）

按：以上六简字迹同，属一出粮账册。简文“以给”《敦》皆作“以牧”，“以食”《敦》作“以迫”。三一六简之“秅麦”《敦》作“稷麦”。秅麦，青稞，详见例（275）解。

（517）候吏所贷黍、稷米计。

（以上为第一栏，字体较大）

王子严取粟五升，直一斗。又贷稷米□斛。候虏张卿稷米亖升，黍米二升为社。

张俤君稷米亖升，黍米二升为社。

（以上为第二栏）

□□□□☑

为稷米亖升为社

（以上为第三栏）（《敦》三六四）

按：“王子严”《敦》作“王子杰”。此例所见为贷黍、稷米计，涉及献米给社事。社乃汉代普遍进行之祭祀活动，《史记·封禅书》：“高祖初起祷丰枌榆社。”注：“高祖十年春，有司请令春二月祀社稷以羊豕民里社，各自财以祠。”《汉书·食货志》：“社闾尝新春秋之祠，用钱三百。”《续汉书·祭祀志》：“建武二年，立大社稷于雒阳，在宗庙之右，方坛，无屋，有墙门而已。二月、八月及腊，一岁三祠，皆太牢具，使有司祠。”汉简所见社皆由官方主持，《新简》EPT二〇·四A：“建武八年三月己丑朔□□，张掖居延都尉谌、行丞事城骑千人躬告劝农掾禹谓官县：令以春祠社稷，今择吉日如牒，书到，令丞循行，谨修社稷，令鲜明，令丞以下当。”《新简》C·三五：“☑〔劝〕农掾戎谓官县：以令祠社稷，今择吉日如牒，书到，皆修治社☑。”社祀用品见《合校》一〇·三九："对祠具，鸡一，酒二斗，黍米一斗，稷米一斗，盐少半升。"即为烽隧小社所用。祠具多外购，如《新简》EPT五九·一七三："第候长樊隆为社市，诣官，九月乙酉蚤食入。"《合校》三二·一六："买葱廿束，束四钱给社。"所需经费或物品由官吏分摊承担，即《合校》二四五·一："入钱六千一百五十。其二千四百受候长，二千八百五十受吏三月小畜计，九百部社钱。"及本例所见。僤君，或因主持某僤事务而见称。僤，聚会议事组织，社祀即为其主要活动，与地方行政之里及边塞基层之烽隧相辅相成。1973年河南偃师县南村出土之约束石券见"侍廷里父老僤祭尊"。券文云："建初二年正月十五日，侍廷里父老僤祭尊〼于季主疏，左巨等廿五人，共为约束石。里治中〼僤以永平十五年六月中造起僤，歛钱共有六万〼一千五百，买田八十二亩。僤中其有訾次〼当给为里父老者，共以客田借与，得收田〼上毛物谷实自给。即訾下不中，还田〼转与当为父老者，传后子孙以为常〼其有物故，得传后代户者一人。即僤〼中皆訾下不中父老，季、巨等共假赁〼田，它如约束。单侯、单子阳、尹伯通、锜中都、周平、周兰〼□□周伟、于中山、于中程、于季、于孝卿、于程、于伯先、于孝〼左巨、单力、于稚、锜初卿、左中、□□、王思、锜季卿、尹太孙、于伯和、尹明功。"① 表明僤之主持人必须有一定的资财和名望。《十钟山房印举·举二》见"万岁单三老"、"千秋乐平单祭尊"印，《汉印文字征》八·三见"东僤祭尊"。

(518) 敦德糒粺十二月八日食百八十六人　□□□月十六日食。(《敦》三九五)

(519) 〼……令史伋、候长翊敢言之。谨拘校造史左裒二年九月尽三年□□□及禄□□□诩及裒出□以廪，余当收入□（《敦》三九七）

按：造史，据他简所见当为新莽所改令史之称谓，详见例(332)解。此处"令史"与"造史"并存，疑"令史"二字释文有误，惜字迹模糊未能确认为何字，此事尚待进一步探讨。

(520) 八月二十八日乙酉〼（《敦》四〇九A）

① 黄士斌：《河南偃师县发现汉代买田约束石券》，载《文物》，1982(12)。

案（《敦》四〇九 B）

（521）关西曹王谏米三斗　士王沌　麦一斛　☐（《敦》四一七）

按：《续汉书·百官志》见三公府设西曹，“主府史署用”，郡国府诸曹略如公府曹，但无西曹。简文所见或新莽时制。

（522）名状。其秩命士以上先以闻，以明好恶，臣稽首以闻（《敦》四九二）

按：此为上书文。命士，新莽所改五百石秩名，《汉书·王莽传》始建国元年，“更名秩百石曰庶士，三百石曰下士，四百石曰中士，五百石曰命士，六百石曰元士，千石曰下大夫，比二千石曰中大夫，二千石曰上大夫，中二千石曰卿”。先以闻，犹两汉律令常见之先请，即有一定地位之人士犯罪须先报朝廷，如《汉书·宣帝纪》黄龙元年，诏曰：“吏六〔百〕石位大夫，有罪先请。”《汉书·刘屈氂传》：“司直田仁部闭城门，坐令太子得出，丞相欲斩仁。御史大夫暴胜之谓丞相曰：‘司直，吏二千石，当先请，奈何擅斩之？’”新莽时秩命士以上先以闻则较汉律宽。

（523）今有余泉九千二百八十八在司马君舍，其五千当有所　卩（《敦》五〇一）

按：司马，职名，领兵官，《合校》五六四·六：“觻得骑士成功彭祖，属左部司马宣、后曲千人尊。”《汉旧仪》：“边郡……置部都尉、千人、司马、候、农都尉，皆不治民。”《续汉书·郡国志》：“张掖属国，武帝置属国都尉以主蛮夷降者，安帝时别领五城。……候官，左骑千人〔官〕。司马官，千人官。”君，尊称。

（524）回盐临泉二千五百　积稚卿（《敦》一一二五）

（525）　守御器簿　长斧三
长椎三
蓬呈三
棓三（《敦》一八〇六）

按：守御器，守备时使用的各种器材用具，多置于防御工事中集体使用，与配给个人的武器有别，详见例（279）、（230）解。

（526）官告广新隧长☐
教　　　　　☐（《敦》一八五五）

按：广新，当为新莽所改广汉隧名，玉门都尉玉门候官属隧。

（527）玉门广新燧☐（《敦》一八五六A）
大黄承弦一☐（《敦》一八五六B）

按：大黄承弦，大黄弩备用之弓弦。大黄弩属强力弩，力十石以上，《合校》五二·一七，八二·一五见“大黄力十石弩”，《汉书·李广传》“而广身自以大黄射其裨将”，注引服虔曰：“黄肩弩也。”孟康曰：“太公陷坚却敌，以大黄参连弩也。”晋灼曰：“黄肩即黄间也，大黄其大者也。”

（528）☒玉门广新燧☐（《敦》一八五七A）
☒三石具弩☐（《敦》一八五七B）
（529）广新燧长赵丰　☐（《敦》一八六四）
（530）☐广新燧长张渊奉缣三丈三尺☐（《敦》二〇二四）

按：新莽时期简文屡见以缣帛支付俸禄事，如《新简》EPT六·五：“……泰月禄帛三丈三尺　六尺计，泰尺谦，九尺适，丈一尺自取。卪”《新简》EPT六·七六：“次吞燧长时尚　泰月禄帛三丈三尺　八月戊申母□取。卪”《新简》EPT二七·一〇：“夏侯谭　二月禄布三丈六尺、帛二丈六尺　三月壬午自取。”本例所见燧长奉三丈三尺与《新简》EPT六·七六所见同。

（531）☐库事尹骑千人秉☐（《敦》一八八七）
（532）玉门候造史龙勒周生萌　伉健，可为官士吏。（《敦》一八九八）

按：造史，新莽所改令史称谓，详例（332）解。此简云“玉门候造史”

则佐证造史必为候官属吏。伉健，个人品质特征，犹今言勇猛刚强之类，《新简》EPT二七·三二："甲沟第十三燧长闲田万岁里上造冯匡，年二十三，伉健。"《新简》EPT六五·四三○："……阳里公乘訾千秋，年卅五，伉健可换为临之隧□。"

(533) 周生萌白□（《敦》一九○一）

(534) 却适士吏张博　闰月丁未持致籍诣尹府。（《敦》一九○○）

按：王国维云："右简乃记塞吏动静之书，适士吏殆被谪为士吏者。然古人多假适为敌，□敌或如却敌之类，疑亦燧候之名也。致籍未详。尹府者大尹之府，则此简亦王莽时物也。"[①] 察图版，"适"前确为"却"字。却适，亭隧名，属玉门候官，《敦》四○四："却适卒杜受德　府治病□"，《敦》七六五："却适亭卒李宗□　庚辰官□一五石承弩一，伤一渊。"《敦》一一五四A、B："玉门却适亭有方一完。"却适士吏乃指候官士吏派驻却适亭者。致籍，通知名单，详例（281）解。

(535) 与讯守丞况、玉门关候蒲、候丞兴：尹君所遣史宜致关籍诣官（《敦》一九三○）

按：关籍，当指出入关名单，犹两汉之门籍，《后汉书·窦武传》李贤注："《汉官仪》曰：凡居宫中，皆施籍于掖门，案姓名当入者，本官为封棨信，审印信，然后受之。"刘昭《补志》载："凡居宫中者，皆有口籍于门之所属，宫名两字为铁印文符，案省符乃内之，若外人以事当入，本宫长史为封棨传，其有官位出入，令御者言其官。"

(536) 都尉姓吕□君家在常安。
司马丞王游房家在□□。
（以上为第一栏）
府司马文尹家在缪□。　十人日少□　□
司马□□□家在常安。　关候名　□

① 《流沙坠简·屯戍丛残·簿书类四十八》。

（以上为第二、三栏）（《敦》二〇四二 A）

长……（《敦》二〇四二 B）

（537）□闲田武阳里　年三十五岁，姓李氏，除为　万岁候造史，以掌领吏卒为职（《敦》二一九〇）

按："三"《敦》作"卅"。

汉光武帝第十二

建武初

（538）〼尉融使告部从事移

〼更主踵故以（《敦》一九四九 A）

〼从事主事□令史（《敦》一九四九 B）

按：尉融，领河西五郡大将军张掖属国都尉窦融，《新简》EPF 二二·七〇：“建武三年四月丁巳朔辛巳，领河西五郡大将军张掖属国都尉融移张掖居延都尉。今为都尉以下奉各如差：司马、千人、候、仓长、丞、塞尉职间，都尉以便宜财矛，从史田吏如律令。”《新简》EPF 二二·八二五 A：“〼月甲午朔己未，行河西大将军事凉州牧守张掖属国都尉融使告部从事〼城武威、张掖、酒泉、敦煌大守张掖、酒泉农都尉：武威大守言官大奴许岑。”B：“〼祭酒　、从事主事术、令史霸。”王国维云：“右简盖窦融所下书也。按《后汉书·窦融传》，融出为张掖属国都尉，酒泉太守梁统等推融行河西五郡大将军事，融居属国行都尉职如故，置从事监察五郡。此简上半折去，其下尚存尉融使告部从事移八字，按汉制都尉下无部从事，此简必出窦融，其全文必云某月日行河西五郡大将军事张掖属国都尉融使告部从事云云，而所告之部从事即融所置监察五郡之从事也。《续汉书·百官志》司隶校尉、刺史下有部郡国从事，主督促文书、察举非法，皆州自辟除，故通为百石，每郡国各一人。窦融领河西五郡与刺史体制略同，故亦置从事，此所告之部从事盖即部敦煌郡从事也。凡汉时文书云告者皆上告下之辞，若他都尉对刺史属官非其所属不得云告，此为窦融书无疑。”[①] 上引《新简》EPF 二二·八二五 B 文书签署人见“从事主事术”，证窦融属下有从事一职。

建武十一年（乙未，公元 35 年）

（539）安田燧长效谷唐山里公士郑月，年卅五，建武十一年十一月丁丑除。（《敦》二一七八）

建武十九年（癸未，公元 43 年）

（540）建武十九年四月一日甲寅，玉门鄣尉戎告候长晏到任。（《敦》一九九八）

按：王国维云：“右简乃玉门鄣尉令候长到官之檄。案前汉时有玉门关都尉，《续汉志》建武六年省诸郡都尉及关都尉，唯边郡往往置都尉，此建武十九年事，故玉门关但有鄣尉无都尉。《续汉志》云边县有障塞尉，又云诸边障塞尉、诸陵校尉长皆二百石，盖微官也。《后汉书·西域传》及刘宽碑阴皆有玉门关候（此军候之候非候长、候史之候也），或永平复通西域后，以敦煌都尉下之一候官移驻于此，此时则唯有鄣尉，盖光武闭玉门以谢西域之质，其设官亦俭于前后矣。”[②]

建武廿二年（丙午，公元 46 年）

（541）入正月奉秎麦一斛　建武廿二年闰月廿六日癸巳，平望朱爵燧长宋力布受尉史仁。（《敦》一九八七）

---

① 《流沙坠简·屯戍丛残·簿书类二十四》。

② 《流沙坠简·屯戍丛残·簿书类四十三》。

按：穬麦，青稞，见例（275）解。又王国维云："穬麦者，慧琳《一切经音义》引《仓颉》篇穬谷之有芒者，《说文》穬芒粟也，《齐民要术》春种者穬麦也，则字本作穬。简中或云穬麦或云秔麦，穬、秔同音相假借也。此上月奉有仅得数斗者，与汉制及他简皆不合，殆一月之奉不以一时廪给欤。"①

建武廿三年（丁未，公元47年）

（542）▨建武廿三年十一月丁卯，破胡宗民隧长张国受官隧长□（《敦》二二四七）

按：官隧，候官隧之简称。候官隧见《敦》九九八："五凤三年三月丁丑朔癸卯，士吏带敢言之。候官隧和吏妻子私从者三月廪名籍一编，敢言之。"候官隧与玉门候官鄣同在一处，故称候官隧或官隧。

建武廿六年（庚戌，公元50年）

（543）入五月奉秔麦三斗　建武廿六年五月戊寅，安汉隧长代孔充受卒移（《敦》二一七四）

按："秔"通"穬"。

（544）入正月食穬麦三石　建武廿六年正月甲午，安汉隧长孙忠代王育受音。（《敦》二一七五A）

入正月奉穬麦三石，入三石隧建武廿六年正月□□，安汉隧长代王育受音。（《敦》二一七五B）

建武廿九年（癸丑，公元53年）

（545）入七月奉穬麦八斛　建武廿九年丁酉，高望隧长代张薄受万岁候长赦。（《敦》二一八二）

---

① 《流沙坠简·屯戍丛残·廪给九至十二》。

建武卅一年（乙卯，公元55年）

（546）入十一月食秫麦六斗　建武卅一年十一月乙巳，受降卒仲民受尉史敬。（《敦》二〇一五）

（547）入十二月食秫麦一斛　建武卅一年十二月癸巳，宜秋卒代仲民受尉史敬。（《敦》二〇一〇）

附十五

（548）　降归义乌孙女子
回　复裙献驴一匹，骍，牡，
两抾，齿二岁，封颈以
敦煌王都尉章。（《敦》一九〇六）

按：王国维云："右简乃著于驴颈上之木楬，上有绳道三，乃用以封缄之证，即简中所谓封颈以敦煌王都尉章者也。唐时苑马皆加印于肩膊，汉时无之，故以印章封颈为识也。前汉敦煌一郡置四都尉，曰宜禾，曰中部，曰玉门，曰阳关，无敦煌都尉之名，此云敦煌王都尉，则唯有一尉，故冠以郡名，是在光武省官之后矣。"①

① 《流沙坠简·屯戍丛残·杂事类四十五》。

汉明帝第十三

永平四年（辛酉，公元61年）

（549）入七月奉麦四斛　永平四年七月乙亥□☐（《敦》二一七六）

永平五年（壬戌，公元62年）

（550）两　两　永平五☐（《敦》二四〇六A）

□□　桢中燧长☐（《敦》二四〇六B）

年五月☐（《敦》二四〇六C）

永平六年（癸亥，公元63年）

（551）永平六年□□步广□☐（《敦》一二八一A）

□□□吏□□

田□□　☐（《敦》一二八一B）

永平七年（甲子，公元64年）

（552）入正月食大麦一斛五斗　永平七年正月十二日未▨（《敦》二二五○）

（553）永平七年正月甲申朔十八日辛丑▨

▨春秋治渠各一通，出块粪三百枩▨

麦十石。文华出块粪少一□以上▨

亩以上，折胡麦十石。文华田六亩▨

（此简号含两简片，以上为第一片）

▨平人功为石。若文华□□□□▨

沽酒旁二斗

（以上为第二片）（《敦》二四一八）

永平十年（丁卯，公元67年）

（554）永平十年十一月廿八日=定食时，宜秋卒杨生诣昌安（《敦》一九七七）

（555）入九月食麦一斛五斗　永平十年九月十二日，□卒□史受□□长□。（《敦》二二五一）

永平十一年（戊辰，公元68年）

（556）入六月食二斛三斗　永平十一年五月九日，富贵徒尹当受尉史义。（《敦》二○八九）

按：徒，刑徒。汉屯戍多刑徒，除此例所见又如《敦》一九八五："西部候长治所谨移九月卒徒及守狗当稟者人名各如〔牒〕。"徒之勤务与戍卒全同，《敦》二一八九："▨月十二日庚辰夜大晨一分尽时，万岁扬威燧长许玄受宜禾临介徒张均。"记刑徒传递文书；《新简》EPT二六·六："甲渠八月廿六日庚午遣燧长榦况、徒覆众迹虏到故候官，知虏所出符，符左留官。"记刑徒担任侦察。任屯戍之徒多为轻罪之弛刑徒，《敦》三三八："施刑成有　斗　十

月食　凡出穬麦二斛。"《敦》二四三四："▨□玉门屯田吏高年䝘田七顷给〔徒〕弛刑十七人。"《汉书·宣帝纪》注引李奇曰："复作者，女徒也。谓轻罪，男子守边一岁，女子软弱不任守，复令作于官，亦一岁。"《赵充国传》："遂上屯田奏：愿罢骑兵，留弛刑应募，及淮阳、汝南步兵与吏士私从者，分屯要害处。"

永平十二年（己巳，公元 69 年）

（557）五十六斛　永平十二年十二月十四日（《敦》二四二九）

永平十八年（乙亥，公元 75 年）

（558）▨□□永平十八年六月六日，高望隧长（《敦》二二〇一）

（559）入西蒲书一，吏马行　鱼泽尉印，十三日起诣府。永平十八年正月十四日＝中时，杨威卒□□受临介卒赵仲。（《敦》二二二八）

按："蒲"为"簿"之别字。"介"通"界"。

汉章帝、和帝第十四

建初二年（丁丑，公元77年）

（560）入粟二斛　起五月十一日尽月　建初二年五月七日，富贵卒王利受□☐（《敦》二〇八八）

元和四年（丁亥，公元87年）

（561）出糜二斛　元和四年八月五日，僦人张季元付平望西部候长宪。（《敦》一九六〇）

附十六

（562）任城国亢父缣一匹，幅广二尺二寸，长四丈，重廿五两，直钱六百一十八。（《敦》一九七〇）

□□元（《敦》一九七〇B）

按：王国维云："右三十一字书于缣上。案任城国章帝元和元年建，亢父其属县也。缣者，《说文》云并丝缯也。幅广二尺二寸、长四丈者，此古代布帛之通制，《汉书·食货志》太公为周九府圜法，布帛广二尺二寸为幅，长四丈为匹，郑注《乡射》云，今官布幅二尺二寸，《说文》匹四丈也，《淮南·天文训》四丈为匹，则汉时布帛脩广亦用此制也。直钱六百一十八者亦汉时缣价，《风俗通》所谓缣直数百钱何足纷纷者也。又考《后汉书·光武十王传》，顺帝时羌虏数反，任城王崇辄上钱帛佐边费，故任城国之缣得远至塞上欤。”①

永元六年（甲午，公元94年）

（563）十二月大

□日癸丑，建，大寒。

□日甲寅，除，八魁。

▨□

（以上为第一栏）

十六日戊辰，平，全。

十七日己巳，平，全，八魁。

十八日庚午，定，反支□

十九日辛未，执。

（以上为第二栏）

七月廿七日壬午，开，天李。

廿八日癸未，闭，反支。

廿九日甲申，建□。

卅日乙酉，除。

（以上为第三栏）（《敦》一九六八A）

十日癸巳，执，□□。　　廿二日乙巳。

十一日甲午，破，血忌，天李。　廿三日丙

□二日乙未，危，白□□□（《敦》一九六八B）

按：罗振玉云：“右谱于简面背分书之。面分三列，第一列十二月一日至十五日，第二列十六日至三十日，第三列七月廿七日至三十日，而一列三日

① 《流沙坠简·屯戍丛残·器物类四十二》。

以后、二列二十日以后皆缺损。背分二列，第一列闰月一日至十二日，第二列起十三日至二十三日，而一列九日以上，二列廿一日以上均残缺，尚有第三列当是廿四日至三十日亦在缺处不可见矣。沙畹博士定此为永元六年历，谓简背所记是闰月，考东汉自章帝元和二年至献帝元康元年均用四分术，依术推之是年七月为丙辰朔闰十一月癸未朔，《通鉴》作闰十二月癸丑朔误，十二月癸丑朔与此简正合，沙氏所考是也。汉人历谱有纪一岁十二月中每日干支而横读之者，有每简记一月中每日干支而竖读之者，有记十二月之朔于一简而但记月朔节候不详记每日干支者，惟此历则杂书十二月、七月、闰月于一简之面背，又书七月于十二月之下，凌乱无叙不可解也。每日之下纪建除并及所值神杀，与今历同。惟今历则建除接书于日下而神杀则别书于每日行末最低处，此为异耳。建除之说始见《史记》及《淮南子》，《史记·日者传》孝武时聚会占者七家，内有建除家。《淮南子·天文训》言太岁在寅，寅为建，卯为除，辰为满，巳为平，主生；午为定，未为执，主陷；申为破，主衡；酉为危，主杓；戌为成，主少德；亥为收，主大德；子为开，主太岁；丑为闭，主太阴。证以《阴阳书》卷三十二（此书久佚，兹据吾友富冈君扚藏古写本）内有一岁十二月历式，载正月建寅，一日甲子金开，二日乙丑金闭，三日丙寅火建，四日丁卯火除，五日戊辰木满，六日己巳木平，七日庚午土定，八日辛未土执，九日壬申金破，十日癸酉金危，十一日甲戌火成，十二日乙亥火收，与《淮南》所言正合。《历书》曰（《协纪辨方》引）历家以建除满平定执破危成收开闭凡十二日周而复始，观所值以定吉凶，每月交节则叠两值日，其法从月建上起，建与斗杓所指相应，如正月建寅则寅日起建顺行十二辰是也，与《淮南》、唐历合。宋宝祐四年会天历亦分注建除十二字于每日之下，直至今历尚尔。据此简知汉历已然矣，惟依《淮南》及《历书》之说则简上十六日戊辰平之平当作满，缮写之讹字也。《论衡·难岁》篇正月建于寅，破于申；又《偶会》篇正月建寅，斗杓破申。《汉书·王莽传》以戊辰直定，御王冠即真天子位。浭阳端氏所藏王莽铜量铭亦有戊辰直定语。汉孟璇碑□□丙申月建临卯。汉龟兹左将军刘平国作关城颂，永寿四年八月甲戌朔十二日乙酉直建。此建除之载在古籍及金石者。此简每日下记所值神杀，有血忌、反支、八魁等。血忌见《论衡·四讳》篇祭祀言触血忌；又《讥日》篇如以杀牲见血避血忌，月杀则生人食六畜亦宜避之。又《阴阳书·日凶占法》血忌忌针灸穿牛杀马血口割六畜。宋会天历及今历记每日所值神杀尚有血忌，知由汉迄今不改也。反支，见《汉书·游侠传》张竦为贼兵所杀，注引李奇曰：竦知有贼当去，会反支日不去，因为贼所杀，桓谭以为通人之蔽也。又《后汉书·王符传》公车以反支日不受章奏，注曰：反支日用月朔为正。戌、亥朔一日反支，申、酉朔二日反支，午、未朔三日反支，辰、巳朔四日反支，寅、卯朔五日反支，子、丑朔六日反支，见《阴阳书》也。八魁无考。"[①] 天李，罗振玉未释。天李之"李"读"理"，《史记·天官书》"左角，李"，《索隐》："李即理。"天理，即《天官书》所云"在斗魁中，贵人之牢"，孟康曰："《传》曰：'天理四星在斗魁中，贵人牢名曰天理。'"秦简《日书》云："天李正月居子，二月居子，三月居午，四月居酉，五月居子，六月居卯，七月居午，八月居酉，九月居子，十月居卯，十一月居午，十二月居辰。凡此日不可以入官及入室。入室必灭，入官必有罪。"写作"天李"与汉简同。而且天李"七月居午"与汉简"七月廿七日壬午，开，天李"亦合。

① 《流沙坠简·术数类》。

汉安帝、顺帝、桓帝第十五

永初六年（壬子，公元112年）

（564）▨永初六年三月▨（《敦》二四〇八）

永和三年（丁丑，公元137年）

（565）玉门官隧次行

（以上为第一栏）

永和二年五月戊申朔廿九日丙子，虎猛候长异叩头死罪，敢言之。

官禄曰：今朝宜秋卒胡孙诣官□□虎猛卒冯国之东部责

边塞卒戍不得去离亭尺寸□□□

代适卒有不然，负罚当所□

（以上为第二栏）（《敦》一九七四）

按：王国维云："右简为虎猛候言边事之文。上署玉门官隧次行，盖露布不封之书也。汉时文书有封缄、露布二种，《独断》云凡制书有印使符下远近，皆玺封，尚书令重封，唯赦令、赎令露布下州郡。诏书既然，他文书亦当有之。此简不著受书之官而但云敢言之，官录盖以一书露布通告玉门所属诸燧，古文上题玉门官燧次行。次行者以次行也，是足见汉代文书之简易矣。”① 王国维所言“此简不著受书之官”云云，非也。此简之第一栏“玉门官隧次行”字体较大，其中之“玉门官”为玉门候官之简称，即受书之官；“隧次行”乃指传递方式，谓逐隧传递。故“玉门官隧次行”纯粹起着函封指示传递方向的作用，与习见之函封无异，他处所见函封如《新简》EPT二〇·一“甲渠候官故行”，《新简》EPT二六·七“甲渠官亭次行”，《新简》EPT四三·一一四“吞远候长□隧次行”，所谓“故行”、“亭次行”、“隧次行”即传递方式。简文“官禄曰”云云为虎猛候长所录玉门候官之行下文，此形式之文书亦见于居延汉简，如《新简》四九·八五A：“〔敢言〕之。官录曰：移新到□□▨铁𨱏大刀，言。叩头死罪▨箭五十，铁铠▨”官录，通常是上级对下级的指示性文书，下级收到后须按指示要求回报。故此例所见官录之内容是对虎猛部发生的问题提出责问，据简文“边塞卒戍不得去离亭尺寸”，则虎猛卒冯国之东部责乃属违纪行为，故候官责问之。官录之下才为虎猛候长之回报文，惜文已残缺。此例所见乃集函封与文书本文于一身，即罗氏所云露布也。

元嘉二年（壬辰，公元152年）

（566）府君教　敦煌长史印　元嘉二年九月廿日丁酉起。（《敦》一四四七）

按：敦煌长史助敦煌太守理军事，《汉书·百官公卿表》，郡守“有丞，边郡又有长史，掌兵马，秩皆六百石”。《续汉书·百官志》：“郡当边戍者，丞为长史。”

永兴元年（癸巳，公元153年）

（567）三日　戊寅　戊申　戊寅　丁未　丁丑　丙午　丙子　乙巳　乙亥　甲辰　甲戌　癸卯（《敦》一八三五）

---

①《流沙坠简·屯戍丛残·簿书类二十三》。

按：罗振玉云："右谱沙氏考为永兴元年历。今依四分术推之，是年正月丙子朔，二月丙午朔，正月三日正得戊寅，二月三日正得戊申，沙氏所考是也。此亦以十二简横书一岁中每日干支，与元康神爵诸谱同。"

后　记

本书之撰写，经饶宗颐师具体指导并补充史料，敬致谢意。

本书撰成后，敦煌悬泉置遗址又出土简牍两万余枚，整理工作已由甘肃省文物考古研究所着手进行，今后无疑将极大地丰富敦煌史料。

李均明　1995年4月于香港中文大学

新莽简辑证

目　录

凡　例

本书由《释文》与《考证》两部分组成。《释文》辑自下列诸书并经著者校定：

甘肃省文物考古研究所、甘肃省博物馆、文化部古文献研究室、中国社会科学院历史研究所编《居延新简》（文物出版社 1990 年 7 月版），简称《新简》。

谢桂华、李均明、朱国炤编《居延汉简释文合校》（上、下）（文物出版社 1987 年 1 月版），简称《合校》。

甘肃省文物考古研究所编《居延新简释粹》（兰州大学出版社 1988 年 1 月版），简称《释粹》。

甘肃省文物考古研究所编《敦煌汉简》（中华书局 1991 年 6 月版），简称《敦》。

释文之末保留上述诸书所用简号，释文之前加本书新编顺序号，能确定原属同一册的若干简用一个顺序号。

释文中著者所加符号如下：

□　字迹模糊未能释定者，每字一“□”。

……　字迹模糊，字数亦未能确定。《考证》中省略之释文亦用此符号。

◪　原简断折处。

回　封泥印匣槽。

⊠　原简断折在封泥印匣槽。

《释文一》辑录有年号及能确定具体年代之简文，按年代顺序排列。

《释文二》辑录《新简》所见其他新莽简。

《释文三》辑录《合校》所见其他新莽简。

《释文四》辑录《敦》及《释粹》所见其他新莽简。

《释文附》辑录诸书所见年代上限不早于新莽时期，但下限未能确定的简文（有些可能是东汉初年的），供读者参考。

《考证》分五个大类，它们亦是本书确认新莽简牍的依据。

前　言

——《王莽传》与王莽简

一

1940年余撰《新书序目》，刊于齐鲁大学《责善》半月刊第1卷第3期，作为该刊首篇，至今已逾半个世纪。由于我的史学观点的改变，故压下迟迟未敢写成书，另一方面，亦在等待汉简新材料的逐渐充实。

过去学人从事王莽简的搜集，以日本森鹿三最著成绩，胪列得七十二事。[①] 劳榦《居延汉简考证》揭出“王路堂”及“莽诏书用月令”二条。[②] 薛（英群）、何（双全）、李（永良）《居延新释粹》涉及莽事者有刘崇、翟义、窦融诸条，皆极重要。近年得李均明兄合作，辑得有关莽事之敦煌、居延两处简牍共八百则。仅限于1994年以前公布之记录，其他未及网罗与悬泉等遗址正在整理中之材料者尚夥，仍有待他时之苴益增订。

---

① 参见马先醒：《新莽年号与新莽年号简》，载《简牍学报》，1974；森氏文载《东方学报》，1963（33），京都。马先醒在上举文只列出三十一条，陈槃录居延所出新莽纪年简得十事（《七种》，6页）。又费海玑：《居延新简述略》（载《大陆杂志》，1964（28—4））；陈直《居延汉简研究》论莽简，得三十三事（天津，1987）；高大伦《居延王莽简补正》列出105条（《徐中舒九十寿辰文集》，成都，1990）。

② 《史语所集刊三十周年纪念专号》，1959。

王莽事迹，《汉书》记录主要集中在《元后传》、《王莽传》，翟义抗莽及莽所颁行大诰全文，则备录于《翟方进附传》。清代古文家方苞说："此传（《王莽传》）尤班史所用心，其钩抉隐微，雕绘众形，信可肩随子长。"[①] 以为此传可与太史公媲美，评价甚高。我一向怀疑这几篇传是出自班彪之手。《史通·正史》篇言及"《史记》所书止于汉武。……其后向、歆及诸好事者……相次撰续，犹名《史记》。至建武中，司徒掾班彪以为其言鄙俗……又雄、歆褒美伪新……于是采其旧事，旁贯异闻，作《后传》六十五篇"[②]。《汉书》诸赞，皆班固自撰，唯《翟方进》、《元后》及《韦贤（玄成）》三传引用其父司徒掾班彪曰，明此三传应为《后传》中之三篇。于《韦贤传》赞称誉刘歆议礼之"博而笃"，《翟氏传》赞则云："当莽之起，盖乘天威，虽有贲育，奚益于敌。（翟）义不量力，怀忠愤发，以陨其宗，悲夫。"只是深致悼惜之意而已。其收入《大诰》一篇，与《元后传》载王莽的《自本》，保存文献之功至伟，如果由班固属稿，很可能加以刊削的！把元后突出于外戚之外，独立成为一传，列于《王莽传》之前，以明王莽之势成于元后，正寓史家之微意（南朝时刘之遴奉命参校鄱阳王范所谓《汉书》古本，其《外戚》次于帝纪之下，论者即断其为作伪[③]）。《王莽传》（上中下）的写成，当然出自班固之手，但资料来源不少得自其父，可想而知。

汉简可以证史的地方甚多，略记数事如次：

初始

《王莽传上》云："十一月甲子莽奏太后……以居摄三年为初始元年。"《通鉴》从宋庠《纪年通谱》作初始。然居延简："王路堂免书，初始元年十一月壬子。"（《合校》三一二·六）明记初始元年；又一条云："▨始元年三月斎泉。"（《合校》五〇八·一七）始字前有缺文，可能是初字。合此二条，足证《汉书》作初始为确。

免书

陈槃谓即哀章所作金匮策书。[④] 然何以用"免"字，却有深意。谨按汉简

① 《方望溪全集》卷二，《书王莽传后》。

② 郑鹤声《班固年谱》建武二十八年条：王莽与班氏交谊至笃，班穉，班斿，情同兄弟，班氏家有赐书。

③ 见《四库总目提要》汉书条。

④ 陈槃：《秦汉间之所谓符应论略——古谶纬研讨及其书录解题》，49页。

作免书，免读为勉，即本传所称“天复决其以勉书”，谓勉其即真也。《尚书·雒诰》：“汝乃是不蘉，乃时惟不永哉。”马、郑读蘉为勉。孔传释云：“汝乃是不勉为政。”莽颁行《符命》，其总说有云：

> ……明汉刘火德尽而传于新室也。皇帝谦谦，既备固让，十二符应迫著，命不可辞，惧然祗畏，苇然闵汉氏之终不可济，亹亹在左右之不得从意。……延问公卿大夫。佥曰：宜奉如上天威命，于是乃改元定号。

师古注：“亹亹，自勉之意。左右，助也，言欲助汉室而迫天命，不得从其本意也。”蘉、亹都是勉的同音同义字，“勉书”即示上天决定勉他改元定位之文件，免、勉一字，孟康说：“言数有瑞应，莽自谦居摄，天复决其疑，劝勉令为真也。”其说良是。以简文作“免”证之，晋灼谓勉字当为龟，大误。

王路堂

《王莽传中》：“始建国元年，改公车司马曰王路四门……前殿曰王路堂。”本传言及王路堂多处，摘录如下：

> 王盱见人……冠小冠，立于王路殿前。令王路设进善之旌。谏大夫四人常坐王路门受言事者。三年，令公卿大夫诸侯二千石举吏民有德行通政事能言语能文字学者各一人，诣王路四门。地皇元年七月，大风毁王路堂。（莽）

《王莽传下》，下书曰：“乃壬午餔时有列风雷雨发屋折木之变……见王路西厢及后阁更衣中室，昭宁堂池东南榆树大十围东僵击东阁，阁即东永巷之西垣也。皆破折瓦坏，发屋拔木，予甚惊焉。”及汉兵入常安，莽之将败，乃会公卿于王路堂，开平帝请命金縢之策，以视群臣，命明学男张邯称说其德及符命事。围绕在王路堂的一举一动，关系重大，正宜合而观之，不可不记。

封少昊之祀　　以土德代火

刘歆《世经》全文，载于《汉书·律历志》，所列古代帝王系统，土德黄帝之下，水德颛顼之上，有少昊一代，是根据《左传·昭公十七年》郯子的说话。顾颉刚先生一向认为"少昊"一代乃由刘歆勉强加入，以便将汉安置于火德之下，他引证《后汉书·贾逵传》，逵对章帝说道："五经家皆言颛顼代黄帝，而尧不得为火德，左氏以为少昊代黄帝，即图谶所谓帝宣也。如令尧不得为火，则汉不得为赤。其所发明，补益实多。"逵的父亲贾徽，从刘歆传左氏之学，顾氏屡次引证这一条来说明当时经学家不肯承认黄帝、颛顼之间曾有少昊一代，故必借重图谶来证明，他肯定《左传》这一段话是王莽、刘歆所捏造，是受西汉人思想所影响而加入的。[1]

其实他所说的帝宣，出自《河图》"少昊母……生白帝朱宣"（《初学记》十引），是很晚出的图谶。在春秋战国的记载，秦襄公自以为主少昊之神，作西畤，祠白帝（《史记·封禅书》）。更早的史实是周之初封，命伯禽而封于少皞之虚（《左传·定公四年》），这些都是有关少昊的确实故事，不是汉以后才出现的。王莽即真之初，模仿周室分封古圣王之后，以为公侯，大致如下：

黄帝	少昊	颛顼	帝喾	尧	舜
姚恂	梁护	刘歆	王千（皇孙）	刘叠（歆子）	妫昌
初睦侯	脩远伯	初烈伯	功隆公	伊休侯	始睦侯

封少昊之后，亦在其列。《后汉书·逸民·梁鸿传》："其父梁让，王莽时为城门校尉，封脩远伯，使奉少昊后，寓北地而卒。"敦煌太守赵咨主张薄葬，其遗命谈及梁鸾的父亲，李贤注谓即梁护，其名与《莽传》相同[2]，则让字或为护讹。《汉书·地理志》："金城郡允街，莽曰修远。"《水经·河水注》："（河水）又东过金城允吾县北，金城郡治也。莽又更允吾为修远县。"又云："湟水又东迳允街县故城南，汉宣帝神爵二年置，王莽之修远亭也。"谭其骧《新莽职方考》据此认为，金城郡出二修远，一修远，汉允吾；一修远亭，汉允街。莽时梁鸿父护奉少昊后之修远，即在金城郡之允吾。足见古帝系统的少昊，非如顾说为刘歆临时所插入。莽以歆为颛顼后与梁护为少昊后，出于同样的安排，少昊之为古帝，是远有根据的。

居延简："□室以土德代火家。"（《合校》二二五·三二）室前一字应是

① 参见《五德终始说下的政治和历史》，20页，少昊金天氏。刘起釪：《春秋三传及国语之综合研究》，73页。

② 《后汉书·赵咨传》遗文证薄葬事。举梁鸿之父薄葬，章怀注云："即鸿父梁护。"

"新"字，言新室以土德代汉家之火，此简所言，和《莽传》完全符合。

折威侯匡

《新简》："牺和折威侯匡等所为平贾。夫贵者微贱，物皆集聚于常安城中，亦自为极贱矣。"（EPT 五九·一六三）

按匡即鲁匡，公孙禄责牺和鲁匡设六筦以穷工商。此简匡封折威侯，《汉书》所无。

刘崇父蒲

《敦》四九七："六月戊午，府下制书曰：安众侯刘崇与相张绍等谋反，已伏辜。崇季父蒲及令翚解印授肉袒自护。　书丁卯日入到。"

此事见《汉书·王子侯表》。《莽传》事在居摄元年四月。崇季父蒲、〔宛〕邑令翚，史无其名，此可补其缺。

保忠信卿

《新简》EPT 五九·一五五 A："☐都水大司空右大夫使护宛。保忠信卿、六卿、中室御仆、黄室御、保成师傅、☐长六隧大夫，州部、牧监，郡卒正、连率、庶尹，关农沟曼大尉承书从事下当用者。"此条对新莽地理官制极为重要。《莽传中》云："以《周官》、《王制》之文，更（河南）郡名曰保忠信卿，益河南属县满三十，置六郡州长。""卿"字，全祖望云："美其名曰保忠信，是官名，非地名，今流俗本以卿为乡，大谬。"周寿昌云："《莽传》分长安城旁六乡置帅各一人。保忠信卿即此乡之卿。"谭其骧驳之曰："《莽传》下分郡置六州，此六州正与西都之六乡相当，不能以郡为乡可知矣。"今此条其字正作"卿"，下续云"六卿"，可申谭说，此东都之六卿，与西都之六乡正相敌。《水经·谷水注》："三川郡，项羽封申阳为河南王，汉以为河南郡，王莽又名之曰保忠信乡。"杨守敬《注疏》称："王怀祖、钱献之诸家皆改乡为卿，而《汉志》及《莽传》皆作乡，别无作卿之本。"（新注疏本，1378 页）此说非是，宜正。按莽牧、监之设，盖依《周礼·天官·冢宰》"乃施典于邦国，而建其牧，立其监"之文。

黄室御，黄室殆指黄皇室主。保成师傅即保成师友祭酒官属。始建国三年置师友及侍中、谏议、六经祭酒各一人，其六经祭酒，列之如下：

长安国由　讲《易》
平阳唐昌　讲《书》
颍川满昌　讲《诗》
沛郡陈咸　讲《礼》
琅琊左咸　讲《春秋》
崔发　讲《乐》（祭酒）

部监先后问题，已有王国维之讨论。按《王莽传》："天凤元年置州牧、部监二十五人。"隗嚣割据初时，援用莽制亦称"告州牧、部监"。与此简作州部、牧监相同，另一简云：

□敦德诣关，二十六日夜到邠部监从事。　　《敦》二八八

则但举"部监"，知部确置监，证之封泥有"东部监之印"，正合，此条则指邠地之部监。邠即豳也。

月令残文

建明堂，立辟雍，设学校详（庠）序之官。　《敦》四一八

《莽传上》："（元始四年）莽奏起明堂、辟雍、灵台，为学者筑舍万区，制度甚盛。立《乐经》，益博士员，经各五人。征天下通一艺教授十人以上，及有逸《礼》古《书》……天文、图谶、钟律、月令、兵法、《史篇》文字，通知其意者皆诣公车。"前后至者千数。按"月令"亦是当日征求之一项。居延简引用月令之文，殆此时征集之遗策。

二

经学史上历来争论最热烈而又未解决的事情，无如《春秋左氏传》的真伪问题，牵涉到刘歆与王莽。说《左传》是由刘歆一手伪造之说，现已无人相信，不必再费唇舌。但《汉书·儒林传》所说《左传》授受源流一段记录，顾老却始终怀疑。他说："《史记·儒林传》于《左氏春秋》一语未及，至班

固时系统乃详确如此，显为史迁后人所拟定，不可信也。”其实陆德明《经典释文·序录》除引用《汉书·儒林传》之外，还有其他可靠的记载，详细今不具述。最关键的地方大家似乎未注意到《春秋左氏传》一书名，在西汉经师的奏章里面何时开始出现。《韦玄成传》中太仆王舜和中垒校尉刘歆议礼的文件已说道：

> 故德厚者流光，德薄者流卑。《春秋左氏传》曰：“名位不同，礼亦异数。”

此语出自《庄公十八年》传，原书下面尚有“不以礼假人”一句，是针对周王对于虢公、晋侯赏赐过分的批评。不称《左氏春秋》而称曰《春秋左氏传》，正可破刘逢禄所谓“冒曰《春秋左氏传》为东汉以后传讹”之误说。王舜此文，《通鉴》系于成帝绥和二年（公元前 7 年），考是年之内，有若干很重要有关学术的事情，列出如下：

> 春二月壬子，丞相翟方进自杀。
> 三月丙戌，成帝崩于未央宫。
> 四月丙午，哀帝即位。
> 是时，王莽荐刘歆典领五经，卒父向业，歆总群书而奏《七略》。
> 秋，大司马王莽乞骸骨就第。
> 九月以后，丞相孔光等奏迭毁诸庙事。光禄勋薛宣、詹事满昌五十三人议。王舜、刘歆又议。

翟方进因他的亲暱门下李寻论灾变，请其尽节转凶而自杀。刘歆先前是从尹更始之子咸和翟方进受《左氏》。《汉书·方进传》云：“方进虽受《穀梁》，然好《左氏传》、天文星历。其《左氏》则国师刘歆，星历则长安令田终术师也。”《莽传》：“王莽居摄之萌，出于泉陵侯刘庆、前辉光谢嚣、长安令田终术。”刘和田二氏原都是以方进为师，后来均成为王莽的羽翼。王舜议礼之文，当然出自刘歆手笔，这时已明白引用《左氏传》。由于丞相翟方进对《左传》大加提倡，怎能说是出于刘歆所伪造？前此方进与何武上书言“《春秋》之义，用贵治贱”，胡三省注以《春秋》“首止之会”说之。谨按首止地名，《公》、《穀》均作首戴，是方进乃用《左传》义，盖出僖公五年《左氏传》。又绥和元年，方进奏劾红阳侯王立，其奏中有句云“昔季孙行父有言”云云，师古曰事见《左氏传》。按出于《文公十八年》传，季文子使太史克对曰：“先大夫臧文仲教行父事君之礼，行父奉以周旋，弗敢失坠。曰见有礼于其君者，事之如孝子之养父母也，见无礼于其君者诛之，如鹰鹯之逐鸟雀也。”方进所引，有礼无礼作有善不善，文字稍异，具见其对《左氏传》娴熟之工夫。而《左传》一书在方进以前，已极流行。

《经典释文·序录》在《穀梁》源流下说：

> 初，尹更始事蔡千秋又受《左氏传》，取其变理合者以为章句，传子咸及翟方进、房凤。始，江博士授胡常，常授萧秉，王莽时为讲学大夫。

其时《左传》尚未立于学官，故经师兼治《公》、《穀》。如蔡千秋即以善《穀梁》，宣帝召其与公羊家并说，千秋病死，即征（瑕丘）江公之孙为博士，所谓江博士者也。胡常从之受业。胡常曾官青州刺史，见《方进传》。尹更始官谏大夫，屡参加议礼之事，一次与丞相韦玄成、太子太傅严彭祖等七十人言事，一次由尹更始带领十八人论毁庙事，俱见于《汉书·韦玄成传》。尹更始又是翟方进之师。其学脉渊源，均可稽考。故知《儒林传》所述，绝非谰言。《序录》之说，正足与相为表里。

上述满昌在成帝时为詹事，《释文·序录》记《齐诗》源流云：“后苍授翼奉及萧望之、匡衡，衡授师丹、伏理、满昌。”注云：“满昌字君都，颍川人，詹事。”及莽置六经祭酒，满昌为讲《诗》。始建国五年，莽遣使者引小昆弥，使者置大昆弥使上，保成师友祭酒满昌劾奏使者不敬，莽怒，免昌官。即此满昌也。昌治《齐诗》，《齐诗》久亡。武威汉简《仪礼·燕礼》：“歌芗乐《周南·关雎》、《葛胜》、《绾耳》，《召南·鹊蘸》、《采蘩》、《采雗》。”《毛诗》作《葛覃》、《卷耳》、《鹊巢》、《采蘩》、《采蘋》。陈梦家谓此异文出自《齐诗》。谨按《尔雅》有菤，王先谦定《鲁诗》作菤，则作绾者乃为《齐诗》，亦有可能。《说文》无绾字而有“絙，缓也”，朱骏声疑《尔雅·释言》宣，缓也，谓此以宣为缓。《集韵》十三元：“卷，曲也。”在捲字下，同为渠言切。与从宣诸字皆属同音。武威简为平帝元始间写本，借绾作卷，为《齐诗》异文，因述满昌，故并记之。

西汉经学有其实用价值，董仲舒以《春秋》折狱，他致仕以后，张汤亲至陋巷向他问得失，遂成《春秋决疑》二百三十二事（范书《应劭传》）。《汉书·艺文志》有《公羊董仲舒治狱》十六篇。许商事光禄勋周堪治《尚书》，他长于计算，故使他行视屯氏河的工程（《沟洫志》）。传《费氏易》的琅邪王璜（字平仲）又治《古文尚书》，他和平陵涂恽从右扶风徐敖传《尚书》。《沟洫志》载大司空掾王横论治河，引《周谱》云："定王五年河徙。"《周谱》或指《艺文志》著录之《帝王诸侯世谱》、《古来帝王年谱》。王横一名，《水经·河水注》作王璜，事迹见《儒林传》。他学《古文尚书》，兼能治河。涂恽授河南桑钦（陆氏《释文》作乘钦），桑钦乃《水经》一书的作者，其人既为《尚书》家，同时亦是地理学家。

向、歆整理群经，成绩卓著，惜其著述多不存，有待于钩沉蒐逸，略举一端，如《易经》方面，陆德明《释文》在《易》"大人造也"下云：

> 刘歆父子作聚

又"箕子之明夷"句下：

> 刘向云今《易》箕子作荄滋

《艺文志》云：

> 刘向以中古文《易》，于施、孟、梁丘经，或脱去无咎悔亡，唯费氏经与古文同。

此但就易一经之特征言之，零玑碎璧，已是十分珍贵。

班彪于韦玄成赞末，极称道刘歆议礼之说云："考观诸儒之议，刘歆博而笃矣。"班固之赞刘向则云："刘向司籍，九流以别。爰著目录，昭序洪烈。"今观《汉书》之作，不少沿袭刘歆之旧。于《歆传》但记歆为羲和京兆尹，使治明堂、辟雍，封红休侯，典儒林史卜之官，考定律历著《三统历》。其文全载入《律历志》。又取其《七略》之《辑略》次为《艺文志》，全篇照录，不易一字。代表刘歆古史系统之《世经》，班氏亦完全接受其观点，照样采录。

故知班氏父子实承袭刘歆之学，故后人合称之为刘、班，言目录校雠者无不奉之为鼻祖，清代章学诚至谓"朱彝尊之《经义考》乃史学支流，刘、班《七略》、《艺文志》之义例也”（与朱珪书）。以其虽名为经学而实则史学也。其与钱坫书，亦侈谈班、刘术业。又于《校雠通义》标揭《宗刘》之旨。其意似欲以辨别学术源流一义，与戴东原之训诂明则经明之说对抗。近年出土汉代简帛写本，证知班《志》所述概为实录，而其辨别六艺百家之流别，特别是数术一类，如钟律、刑德、房中之属，旧时黯晦不彰者，今得新资料，可获真正之理解。至于伪经一说，实为今文家的厚诬，无须深辨！①

王莽和他的国师刘歆，在政治上是失败者，但在中国学术史上平情而论，应该给以应得的重要地位。西汉成帝以后，学术上突出的贡献，他们自是关键人物。

近人一般批评王莽，每每喜欢用“变法”二字加诸他的身上，其实他却一味师古，失在对于古代制度的过度迷信，造成许多灾害。又好大喜功，发迹于符命，亦以符命亡国。汉兵临城下，崔发还说：“《周礼》及《春秋左氏》国有大灾则哭以厌之，宜呼嗟告天以求救。”这简直是呓语。对匈奴因被改名而抗命，劳师远征，对外政策的横蛮无理，更是铸成大错。有人说他有乌托邦精神，全不对头。他喜欢改易名目，是出于对“改制”的误解。董仲舒提出三代改制质文（《春秋繁露》第二十三），莽意以为制定则天下自平，能够改制则可坐致太平，这是他的狂妄想法。他的滥改名号是一致命伤，往往一改再改，令人无所适从。他的师古、托古变成了泥古和惑古，像自制威斗随行以象斗柄，自言“天生德于予，汉兵其如予何”一类，完全是儿戏。扬雄《法言》云：“周公以来，未有（安）汉公之懿也，勤劳则过于阿衡。”（《孝至》篇）。《汉书·王莽传下》云：“莽常御灯火，至明犹不能胜。”沈约《宋书·礼志上》说：“礼仪之用，每有不同……取其应时之变，秦任己而不师古以致亡，王莽师古而不适用，所以身灭。”彼又好祷祠。《太平御览》卷五二九有“祷祈”一目，引《唐书》中李藩说虢公求神以致危，王莽妄祈以速汉兵，是针对唐宪宗谓群臣禳灾祝福的劝诫（《新唐书》一六九《李藩传》）。陆景的《典语》评王莽“岂文武之不能治世哉，而用之者拙也”。王莽之拙于用，正坐于好时日小数，及事迫但求厌胜的过度迷信，这亦是西汉经术迂谬的另一面反映。同样的，翟方进的自杀，是由于他太深于天文数术，对灾异回答所做出的愚蠢反应。②

① 刘歆伪经说之不足信，参见钱穆：《刘向歆父子年谱》自序列举不可通者十八事。

② 本题目曾于1993年12月在“中研院史语所”演讲，与此文内容不同。

释文之部

释文一

居摄元年（丙寅，公元 6 年）

（1）▨摄元年三月癸丑（《敦》四一〇）

（2）▨居摄元年六月▨（《新简》EPT 二七·六五）

（3）□居摄元年七月　□凡奉三千九百八十

□三千九百八十（《合校》一三一·四、三三六·三〇）

（4）万岁部居摄元年九月戍卒受庸钱名籍（《新简》EPT 五九·五七三）

（5）出南校檄一，玉门关候诣龙勒，居摄元年九月庚戌日▨（《敦》

六二四A）

时使官卒杜彭，付止奸卒王翕 ▨（《敦》六二四B）

（6）▨□□尉□□写移关司马诣大煎都，居摄元▨（《敦》六二五A）

▨一十六名□□□□ ▨（《敦》六二五B）

（7）▨居摄元年▨（《新简》EPT五〇·二三八）

居摄二年（丁卯，公元7年）

（8）第四部居摄元年十二月尽二年正月 吏受奉名籍。（《合校》一五四·三四）

（9）▨居摄二年正月甲午，仓啬夫戎付訾家平□里□▨（《新简》EPT四三·六五）

（10）居摄二年二月甲寅朔辛酉，甲渠鄣候放敢言之。谨移正月尽三月吏奉赋名籍一编，敢言之。（《新简》EPT八·一A）

令史义（《新简》EPT八·一B）

（11）居聑二年八月辛亥朔乙亥，广武候长尚敢言之。初除，即日到官视事，敢言之。（《敦》七七〇）

（12）▨居聑二年十月戊辰下。（《新简》EPT五九·一三八）

（13）居摄二年十二月己酉朔乙亥□□（《合校》六〇·一）

居摄三年（戊辰，公元8年）

（14）……□居聑三□三□……（《敦》四四一）

（15）入□郡仓居聑三年正月癸卯转一两，麦小石卅七石五斗□聑□居聑三年三月戊辰，大煎都士吏牛党、候史尹钦受就人效谷益寿里邓尊。（《敦》二八四）

（16）入麦小石十三石五斗□S□居聑三年三月戊辰，大煎都士吏牛党、候史尹钦受就人效谷益寿里邓尊，少不满车，两未豢。（《敦》二八五）

（17）入 □□居聑三□□□□□□ □□三年三月戊辰，大煎都士

吏牛党□□□□□□□□□□寿里□□□□（《敦》二八六）

（18）入粟大石廿五石□车一两□居摄三年三月戊申☑（《新简》EPT七·一〇）

（19）入 郡仓居聑三年正月癸卯转两，粟小石卌一石六斗六升大 S 居聑三年四月壬辰，大煎都步昌候史尹钦、队长张博受就人敦煌高昌里滑护，字君房。（《敦》二八二）

（20）入 郡仓居聑三年正月癸卯转一两半两，麦小石五十六石二斗五升 S 居聑三年四月壬辰，大煎都步昌候史尹钦、燧长张博受就人敦煌利成里张贺，字少平。（《敦》二八三）

（21）教居摄三年九月丙辰起居。（《新简》EPT五九·一〇一）

（22）居摄三年十月甲戌朔庚子，累虏燧长彭敢言之。谨移劾状一编，敢言之。（《合校》二五·四）

（23）□居摄三年十一月☑（《敦》一八二九）

（24）居摄三年吏私牛出入关致籍。（《敦》五三四）

（25）居摄三年☑（《新简》EPT五九·二八三）

（26）▨居摄三年

计簿算（《合校》七〇·一三A）

▨居摄三年

计□□（《合校》七〇·一三B）

初始元年（戊辰，公元8年）

（27）王路堂免书 初始元年十一月壬子（《合校》三一二·六）

始建国元年（己巳，公元9年）

（28）始建国元年三月壬申朔癸酉，大煎都丞审移郡仓：遣啬夫（《敦》一八四）

（29）始建国元年四月壬寅朔乙巳，大煎都丞审敢言之。谨案：丞治步昌燧（《敦》一八五）

（30）第卅三燧长始建国元年五月伐阅訾直累重官簿。（《新简》EPT

一七・三）

（31）☐始建国元年十月辛亥除　史（《新简》EPT 五二・二六三）

（32）入西蒲书二封　其一封文德大尹章，诣大使五威将莫府；一封文德长史印，诣大使五威将莫府。始建国元年十月辛未日食时，关啬夫受□□卒赵彭。（《敦》一八九三）

（33）私属大男吉　、　元年　八月食粟二斛少七斗　卩　十二月己亥自取。——（《敦》三二二）

从者大男经——　元年　八月食麦三斛多三斗　十二月己亥自取。十一月乙丑食□谷五斗。

己酉除——（《敦》三二三）

从者大男经——　元年　五月食麦二石七斗　故有余麦一石三斗六升，今复内一石三斗四升。

五月戊寅，士吏党白内付经——（《敦》三二四）

从者经——　元年　十一月食麦二斛六斗一升　写籍者——（《敦》三二六）

从者大男经□　元年　七月食麦二石七斗。（《敦》三二六）

中舍子堇——　元年　五月八日戊寅出关尽晦积廿三日，食麦二石七升——（《敦》三二七）

中舍经——　十月食粟三石　十一月乙亥造伋付经□（《敦》三二八）

私属吉　元年　十一月食麦二斛七斗　十一月丁酉付吉——（《敦》三二九）

八月旦入关食麦一斛五斗当还入。（《敦》三三〇）

按：此例凡九简，字迹同，属同一账册。士史党见前例（15）至（17）。《敦》三二七见元年五月八日戊寅，据此推算，该年五月为辛未朔，新莽居摄至地皇间凡元年五月适逢辛未朔者唯始建国元年，故此例所见当属之。

始建国二年（庚午，公元 10 年）

（34）出粟大石廿五石　车一两　始建国二年正月壬辰訾家昌里齐憙、就人同里陈丰付吞远置令史长。（《新简》EPT 五九・一七五）

（35）始建国二年四月丙申朔丁巳▨

訾直伐阅簿一编，敢言之。（《新简》EPT 七・九）

（36）始建国二年四月丙申朔▨（《新简》EPT 五二・二一七）

（37）始建国二年五月丙寅朔□▨（《新简》EPT 五九・四四八）

（38）始建国二年六月以▨（《新简》EPT 四九・八一）

（39）始建国二年八月甲午□▨（《新简》EPT 五九・二四七）

（40）以始建国二年六月乙巳除为吏，尽其九月，当三月（《合校》二六・一三）

（41）始建国二年十月癸巳朔乙卯，城仓丞□移甲沟候官令吏：郭卒周仁等卌一人省作府，以府记廪城仓，用粟百卅六石。令史□曰卒冯喜等十四人廪五月尽八月皆遣，不当▨（《新简》EPT 四・四八 A）

居延仓丞

尉史崇发行事□□

十月戊午卒同以来（《新简》EPT 四・四八 B）

（42）中舍舍从者吉即莑　正月食穬麦二斛九斗，二年九月丁丑、乙巳原、党付莑〇麦一石已出，李平、党付。二石为穬麦一石三斗〇　□凡三石三斗九升，毕。（《敦》五四八）

中舍莑〇　十二月食粟三石□今……取五斗一升，九月□□□（《敦》五五〇）

按：例（42）二简与例（33）字迹同，文见“二年九月”，故当为始建国二年物。

始建国三年（辛未，公元 11 年）

（43）始建国二年桼月尽三年二月候舍私从者私属廪致。（《敦》三五八）

（44）始建国三年二月辛酉朔▨

▨□名如牒一编，敢言▨（《新简》EPT 七・二六）

（45）吞远燧仓新始建国▨戊三年三月▨（《新简》EPT 二六・八）

（46）始建国三年五月城北燧长徐（《新简》EPT 四三・一一五）

（47）□甲沟候官始国三年六月▨（《新简》EPT 六五·三三六）

（48）始建国三年桼月壬辰下。（《新简》EPT 五九·四三）

（49）始建国三年十月丁巳▨

移卒廪名籍一▨（《新简》EPT 五·二七）

（50）始建国三年余计缇绀胡二十亖　建国亖年毋出入▨（《新简》EPT 四·八）

（51）▨□第二十一燧长居延沙阴里上造周扬，年二十八，始建国三年……□（《新简》EPT 七·五）

（52）始建国三年　▨（《新简》EPT 五九·五八一）

（53）中舍从者吉□□□　正月食　十二……　十（《敦》三九一）

□□□□　十月食（《敦》三九二）

中舍从者吉□　三年　△　二月食……　庚付　卩（《敦》三九三）

按：例（53）三简字迹同，形式、内容与例（33）、（42）同，“中舍从者吉”亦见于前例，简文见“三年”字样，当为始建国三年物。

始建国四年（壬申，公元 12 年）

（54）始建国亖年正月丙戌朔甲▨（《新简》EPT 五九·四五）

（55）□始建国亖年正月驿马病死爰书。（《合校》九六·一）

（56）始建国亖年三月乙酉朔戊申，士吏崇敢言之。谨以所杂受门下县吏玉门造秎麦出廪各如（《敦》一九一）

牒，敢言之。（《敦》一九二 B）

□始建国亖年二月迎卒所受门下县吏秎麦廪卒剌。（《敦》一九二 A）

（57）▨以　时过可不冒哉，牧、监之部，其勉于考绩□▨（《敦》二一四二）

▨获断金之利焉。始建国亖年五月己丑下　▨（《敦》二一四三）

按：以上二简字迹同，当属一册。

（58）☒ □□队长上造李钦

始建国三年十月旦乘塞外尽三年九月晦积三百☒

张掖延城大尉元、丞音以诏书增钦劳□☒（《新简》EPT 五九·三三九）

（59）始建国三年九月壬午朔辛亥，甲沟鄣候□敢言之。谨移驷望燧长张曼乘塞外簿，谒以诏书增曼劳，敢言之。（《新简》EPT 五九·三四八）

（60）造赵钦　会今　石八里　今请　三年十一月庚子育愈，今☒（《敦》三六〇A）

马　病今愈食（《敦》三六〇B）

（61）新始建国三年□□月□□朔☒

治所□□□□□□不服□□☒（《新简》EPT 五九·八八三）

（62）始建国三年（《合校》二一〇·一〇）

始建国五年（癸酉，公元 13 年）

（63）始建国五年二（《新简》EPT 五九·五八五）

（64）☒ 年三十　见　始建国五年三月丙子除。（《敦》二三三二）

（65）☒ 建国五年三月己酉朔乙卯，第三燧长☒（《新简》EPT 四·一〇）

（66）☒始建国三年尽五年

六月谷出入簿（《新简》EPT 五九·三一九）

（67）入粟大石二十五石　车一两，输甲沟候官　始建国五年六月令史　受訾家当遂里王护。（《合校》一六·二）

（68）☒始建国五年八月□□□

廪卒刺（《新简》EPT 六五·四一九 A）

（69）始建国五年九月丙午朔乙亥，第二十三燧长宏敢言之。谨移所自占书功劳墨将名籍一编，敢言之。（《新简》EPT 五·一）

（70）始建国五年☒（《新简》EPT 四·一二）

（71）⧄国五年⧄（《新简》EPT 七・四八）

始建国六年（甲戌，公元 14 年）

（72）入粟大石二十五石　车一两，输候官　始建国六年二月己丑，将转守尉⧄（《合校》二六六・三二）

始建国年间

（73）故甲渠候官第十八燧长公乘张护始建国☐年功劳案（《新简》EPT 四・五〇）

（74）新始建国⧄（《新简》EPT 四〇・一九六）

（75）新始建国⧄（《新简》EPT 四八・一一〇）

（76）万岁部新始建⧄（《新简》EPT 五〇・二四四）

（77）第十六燧新始建⧄（《新简》EPT 六五・八五）

天凤元年（甲戌，公元 14 年）

（78）入粟大石五十石　车二两，输吞远队仓始建国天凤一年三月乙丑，将输守尉尊☐☐⧄（《新简》EPT 六五・四一二）

（79）☐甲沟候官始建国天凤一年五月☐⧄（《新简》EPT 五九・二八二）

（80）令……莱椟一具，直　始建国天凤一年六月乙亥，掾常付不侵候长萧⧄（《新简》EPT 五・五〇）

（81）　始建国天凤一年六月以来
▩〇所受臬蒲及适椠
　诸物出入簿（《新简》EPT 五九・二二九）

（82）　始建国天凤一年
▩☰月尽六月
　☰时算（《新简》EPT 五九・三三一 A）
　始建国天凤一年

▨亖月尽六年

亖时算（《新简》EPT 五九·三三一 B）

(83) 始建国天凤一年十月庚午朔己亥□▨（《新简》EPT 五九·八五）

(84) ▨国天凤一年十一月庚子朔丙辰，尉史尚敢言之。乃月十三日到居延，将候长䒢良及□业等□□苍□即日候长䒢良、傅育，并妻业责已决遣□隧长（《新简》EPT 四·一）

(85) 出书绳百斤　泉九百亖十　始建国天凤一年十一月庚▨（《新简》EPT 五·三八）

(86) □甲沟候官始建国天凤一年十二月戍卒病死爰书旁行。（《新简》EPT 五七·八）

(87) 国天凤一年十二月己巳朔丁丑，甲沟第亖候史并劾移居延狱以律令从事▨（《新简》EPT 二二·六八五）

(88) ▨始建国天凤元年十二月甲午参餔时，宜秋隧长尹钦受勇敢隧长许□▨（《敦》二〇二〇）

(89) 始建国天凤元年

▨玉门大煎都兵完

坚折伤簿（《敦》一九二五 A）

▨兵完折伤簿（《敦》一九二五 B）

天凤二年（乙亥，公元 15 年）

(90) 制诏纳言：其□官伐材木取竹箭。始建国天凤〔二〕年二月戊寅下。（《合校》九五·五）

(91) ▨始建国天凤二年三月候长（《新简》EPT 五·五二）

(92) ▨凤二年六月丙寅，甲沟鄣□（《新简》EPT 四·九）

(93) 始建国天凤二年五月尽六月廪卒名籍（《新简》EPT 五九·三五八）

(94) 始建国天凤二年桼月丙申朔戊戌，第十候长育敢言之。　爰书第十二隧戍卒宣调当曲隧▨爰书，敢言之。（《新简》EPT 五九·五七）

(95) 甲沟候官新始建国天凤上戊二年　桼月吏□□至下士秩别名。

(《合校》二一〇·三四)

(96) 第十部始建国天凤二年九月☐(《新简》EPT五九·一三六)

(97) 辨衣裳,审棺椁之厚,营丘龙之小大高卑薄厚,度贵贱之等级。　□始建国二年十一月丙子下。(《合校》二一〇·三五)

(98) ☒始建国天凤二年正月

尽十二月邮书驿马课(《新简》EPT二五·一二A)

□邮书驿马课(《新简》EPT二五·一二B)

(99) ☐年二十八　始建国天凤二年☐(《新简》EPC·七)

天凤三年(丙子,公元16年)

(100) ☐始建国天凤三年正月十二日☐(《新简》EPT五九·三一六)

(101) 居成甲沟第三燧长闲田万岁里上造冯匡,年二十一　始建国天凤三年闰月乙亥除补　止北燧长□(《合校》二二五·一一)

(102) 始建国天凤三年八月己丑朔☐(《新简》EPT五九·六三七)

(103) 车冀天下之狱无冤人焉。　始建国天凤三年八月己酉下。(《敦》一七九)

(104) 制诏纳言:其令百辽屡省所典,脩厥职务顺时气。　□始建国天凤三年十一月戊寅下。(《新简》EPT五九·六一)

(105) 制诏纳言:农事有不收藏积聚,牛马畜兽有之者,取之不诛。□始建国天凤三年十一月戊寅下。(《新简》EPT五九·六二、六三)

(106) 始建国天凤三年十二月丁亥朔庚寅,甲沟鄣守候□(《新简》EPT六·五三A)

尉史宪(《新简》EPT六·五三B)

敢言之。府记曰米精少簿二百二十六斛六斗六升□□□(《新简》EPT六·五四)

始建国天凤三年十二月戊子,甲沟守候迁告第三□(《新简》EPT六·五五)

趣作治功再通持诣官,会月桼日,如律令□□(《新简》EPT六·五六)

至今不移，令官失会，数言解，甚毋状。檄到，宜遣□（《新简》EPT六·五七）

史、候长傅育等当负，趣收责，会十二月五日……（《新简》EPT六·五八）

趣作治，会月十三日，课有意毋状者，如律令。（《新简》EPT六·五九）

意毋状者，如律令。（《新简》EPT六·六〇）

官诣府对，使收责育等皆毕……诣（《新简》EPT六·六一）

府，叩头死罪，敢言之。（《新简》EPT六·六二）

□兵物当言府，发不以为意甚毋状□□□□（《新简》EPT六·六三）

长宜等，前府遣□……（《新简》EPT六·六四）

□甲沟言米糒少簿，尉史、候长傅育等当负，收责皆毕，遣尉史持□诣府。（《新简》EPT六·六五）

长宜等與功常，会九月十日。宜等☑（《新简》EPT六·六六）

糸弦诸兵物少不足各有数□如举，作治□□□□（《新简》EPT六·六七）

始建国天凤三年……（《新简》EPT六·六八）

始建国天凤〔三〕年十二月戊……候长（《新简》EPT六·六九）

敢言之。府记曰言☑（《新简》EPT六·七〇）

☑知功常移官□（《新简》EPT六·七一）

（107）始建国天凤三年十二月壬辰，敦德玉门行大尉事试守千人辅、试守丞况谓大前都：尹西曹聊掾行塞，蓬（《敦》一九三A）

未　未　未（《敦》一九三B）

（108）皇帝陛下。　始建国天凤三年十二月壬戌，书敦德玉门千秋隧。（《敦》一八〇）

（109）☑□□天凤□□☑（《敦》四七四）

天凤四年（丁丑，公元17年）

（110）皇帝陛下。 始建国天凤三年正月甲戌，上敦德大煎都候。（《敦》一八一）

（111）前去时期遣使来，会十一月十日。今豫为责备，不到十一二日即（《敦》四〇）

羸瘦困亟，闲以当与第一辈兵俱去，以私泉独为籴谷（《敦》四一）

即闲第一辈起居虽从后遣橐佗驰告之。窃慕德义（《敦》四二）

少罢，马但食枯葭饮水，恐尽死。欲还，又迫策上责（《敦》四三）

愤＝甚＝（《敦》四四）

▨□在中，未与相见，其瀵三人在泉都，期晦来（《敦》四五）

多问陈司马、觥司马，愿数＝相闻，为檄欲移鄯善，毋使行也。（《敦》四六）

泉，此欲大出兵之意也。中军募择士泰百二十人，锡泉人□▨（《敦》四七）

到责未报，闻可写下其奏以从事，不愿知指/传马皆大齿（《敦》四八）

逆虏，期于不失利（《敦》四九）

臣厶前捕斩焉耆虏，地热多阻险，舍宿营止宜于（《敦》五〇）

二十六日上急责发河西三郡精兵 □度以十一月（《敦》五一）

诚恐误天时，失战利，不敢入塞，从报□□□□郭▨（《敦》五二）

▨ 钦将吏士（《敦》五三）

▨故兵未在城（《敦》五四）

当西从发军，未出所过郡，安得未发兵（《敦》五五）

故校骑称月八日发将八十六人 令期胡十二日发。（《敦》五六）

西域都护领居卢訾仓守司马　□□□言□▨（《敦》五七）

使者愚顿过备非任获弥命，奏使尊宠以误（《敦》五九）

十月晦关书大泉都，厶再拜言。（《敦》六〇）

▨之兹平大原郡皆以故官行，名曰行部。胡译长诸导报（《敦》六一）

军王游君，大司空大夫宋仲子，射声校尉任巨通（《敦》六二）

桼月晦日食常安中，阴雨独不见故下（《敦》六三）

得毋病也。朱司马及焦并还，未闻西方，问不云何行（《敦》六四）

东叶捷翕侯故焉耆侯虏逌妻即鄯善女（《敦》六五）

今共奴已与鄯善不和，则中国之大利也。臣愚以为钦将兵北▨（《敦》六六）

疌子、诅呼、郁立师、卑陆侯皆举国徙人民（《敦》六七）

共奴遮逆虏　▨（《敦》六八）

寇车师，杀略人民，未知审，警当备者，如律令。（《敦》六九）

始建国天凤三年正月丁巳朔庚辰，使西域大使五威左率（《敦》七〇）

逆教還所况让前□书到，趣治决，已言，如律令。（《敦》七一）

车师，略诸侯，欲以威西域，贪狠桀黠狂狡尤为诸国城乳戊部众（《敦》七二）

暴深人民，素惠共奴，尚隐匿深山危谷（《敦》七三）

孤弱殆不战，自东西即虏取，等党成结固，车师必惧（《敦》七四）

里广远。臣谨使下诏书敦德郡以从事。臣厶叩＝头＝死＝罪＝，臣厶给（《敦》七五）

檄书检下责记不审，辄御见不　三辈兵起居未（《敦》七七）

闻兵且来出，未常安也。何故邠部旋征遣且发部郡兵出耶？（《敦》七八）

乏，故将吏士诣敦德。今车师诸国空，黠虏久获狱，三辈兵宜（《敦》七九）

假敦德库兵弩矢五万枚，杂驱三千匹，令敦德廪食吏士，当休马审处（《敦》八〇）

且一月斩下三千九百一十五级，功效已著，颁赏不足，宜勉李□身，谨请（《敦》八一）

不以时殄灭。臣厶奉使无状，罪当万死。臣厶叩头叩头死罪死罪。臣厶比遣（《敦》八二A）

当屯（《敦》八二B）

臣谨写钦檄记传责之。共奴桀黠侵（《敦》八三）

空诸国　不止　车师前附城诩行侯事，诩兄子外亡，朔当代（《敦》八四）

故车师后亡侯虏支　将诸亡国千余人（《敦》八五）

故车师后亡侯弟虏布将兵二千余人（《敦》八六）

国中二言不专　□□□□□□□（《敦》八七）

车师侯伯与妻子人民桼十桼人愿降归德，钦将伯等及乌孙归义（《敦》八八）

尉与车师前侯诩、车师侯伯、卑爰疐诸子俱来度，以己巳到，如律令。（《敦》八九A）

正月戊辰移书敦德　草（《敦》八九B）

五校吏士妻子议遣乌孙归义侯疐诸子女到大煎都侯（《敦》九〇）

候鄣，愿降归德。臣厶窃见大都护崇檄与敦德尹，亡已得乘姑墨城，孤处西（《敦》九一）

其营就大张格射击，劫虏皆散亡，又前连战焉耆，中兵矢（《敦》九二）

出发去诸部▨（《敦》九三）

▨乙巳，六月甲寅发尉梨将（《敦》九四）

西域都护领居卢訾仓守司马鸿叩头死罪死罪。（《敦》九五）

逆虏无党　必易殄灭，恐误天时战利，诣塞（《敦》九六）

〔八月廿日〕省大军功费（《敦》九七）

炬恭奴遮焉耆　殄灭逆虏（《敦》九八）

始建国天凤三年正月丁巳朔丁丑，戊部将军纯据里附城（《敦》九九）

☐西方起居也。李司马月支从即日（《敦》一○○）

郡前以过大军空室殊不能卒以一月内发也○（《敦》一○一）

送食连常逋，不以时到，吏士困饿，毋所假贷（《敦》一○二）

困甚，愿加食，毋乃饱者忽饥乎。留意闻兵起居，愿亟（《敦》一○三）

臣厶窃不自粮，愚奴诚忿＝，逆虏狡黠悔状，辄不立殄灭（《敦》一○四）

圣朝之意也，知邻国也。思念其便利，甚愤懑。厶愚以为（《敦》一○五）

击虏兵，立三国解。诸国传闻南逆将军已伏诛，立逮持（《敦》一○六）

故不立涤清，可亟以为　传部□☐（《敦》一○七）

南将军徼其势勇以坏龟兹、车师诸国□□□大煎都候鄣　近于西域（《敦》一○八）

☐非赏不劝，严兵推之重赏（《敦》一○九）

臣厶稽首再拜。谨□□前奉书。臣厶稽首再拜。（《敦》一一○）

湖门尉得虏橐它，上装中尉梨侯虏平□与逆虏受罕得脱（《敦》一一一）

都护虏译持檄告戊部尉钦，车师前附城诩（《敦》一一二）

车师侯，其莫乃去，所部遣吏士三百余人夜往胥射之（《敦》一一三）

☐□南将军焦捇乘其力，子男皆死。今恭奴言鄯善反我，鄯善（《敦》一一四）

共奴虏可千骑来过敦〔德〕，诸尉吏在者至鄣，落门深城（《敦》一一五）

没校妻子皆为敦德还出，妻计八九十口，宜遣吏将护续食（《敦》一一六）

使西域大使五威左率都尉粪土臣厶稽首再拜上书（《敦》一一七）

使西域大使五威左率都尉粪土臣厶稽首再拜上书（《敦》一一八）

共奴与焉耆通谋，欲攻车师，戊部孤军，大都护▨（《敦》一一九）

去戊部，失将兵之义，罪当死，臣厶叩头死罪（《敦》一二〇）

不以时伏诛。臣愚窃不胜忿＝，与戊部尉钦计议（《敦》一二一）

戊部孔（乱），军程食货财尽，兵器败伤，箭且众（《敦》一二二）

兵皇张，兵以马为本，马以食为命，马不得食，前郡（《敦》一二三）

橐佗持食救吏士命。以一郡力足以澹养数十人。（《敦》一二四）

伏法为众先/将军复不忍，令得念诲至今，崇叩头死＝罪。（《敦》一二五）

前大司马以兵出未知审所之有之不从，盛寒唯为乞衣（《敦》一二六）

必蒙天有期殄灭臣等为故，崇叩头死＝罪＝，唯（《敦》一二七）

言大兵方骆驿出，令发粟过（《敦》一二八）

臣厶前在尉梨与将率比士书（《敦》一二九）

远，十一月晦所且得报忧，欲相助，不忽＝新道适千里也，前斋又（《敦》一三〇）

厶移偏将军文德尹。乃戊部▨（《敦》一三一）

守先到，臣再拜。钦到，知审，以状闻。臣厶稽首再拜。（《敦》一三二）

□□□□□归败。夫崇无以复战，供财谷食乎尽，车师因为共奴所（《敦》一三三）

□□□□□□□□戊部尉猑獡里附城钦将吏士，故戊（《敦》

一三四）

粮食孚尽，吏士饥馁，马畜物故什五，人以食为命，兵（《敦》一三五）

☒□□相助为省艰顾致不可不食耳，何敢望肉，愿敕（《敦》一三六）

□吏士，胡兵则乘利奔突追逐，以鳌㓾达传尺浮部六桼十里，唯（《敦》一三七）

臣厶稽首再拜，谨因驿骑奉（《敦》一三八）

斋五十日粮还诣部，尽力炬虏不敢遗微力。臣厶前比＝上书请河西精兵（《敦》一三九）

不多动众兴师，因诸国安而殄之，愚戆兵报师炬连（《敦》一四〇）

二千人，兵欲乘新出兵威及诸国未坏败，迫发先（《敦》一四一）

始建国天凤三年正月戊辰，使西域大使五威左率都尉（《敦》一四二）

传行积九日乃到三，节二十三日至泉都，立檄府大尹（《敦》一四三）

第一辈起居未　都护诸部吏在□☒（《敦》一四四）

望阙廷遇获诛，则余魂毋所恨。臣厶叩＝头＝（《敦》一四五）

使西域大使五威左率都尉粪土臣厶稽首再拜上书（《敦》一四六）

臣厶罪在西域，期于殄逆虏，平定诸国，然后归（《敦》一四七）

促信第一辈兵天灭，往令戊部吏士饥馁，复处千里，艰水草，食死畜，因（《敦》一四八）

焉耆虏遝且将桼八千人皆发　与南将军期会车师（《敦》一四九）

常惧于毋益之罪。臣厶□□（《敦》一五〇）

厶诚不胜忿＝望兵从即日不闻起居，今等□来，但□时以驿（《敦》一五一）

以□□　擢备非任（《敦》一五二）

⧄□□之鱼，命在瓮盆，必欲察（《敦》一五三）

⧄□□郡素少谷，今校部众续到，前遣人（《敦》一五四）

亟□□第三辈，第一辈兵出千八十人，第二（《敦》一五五）

令国有所遣难（《敦》一五六）

⧄□□诸国　狡与　耆　万⧄（《敦》一五七）

厶叩头言。（《敦》一五八）

共奴虏来为寇，于使君先知，其必怨，故求请兵□⧄（《敦》一五九）

万户来取道，郡空极，亢毋以自遣，叩＝头＝。有不辨，忽数不教，叩＝头＝，因召功桓、功奉（《敦》一六〇）

长中足下，起居诸子途中皆安隐善不？乃深表忧念，一日（《敦》一六一）

难念杞男室家未定，博卿以为忧，□当即尽到。愿也（《敦》一六二）

迫不得奉饧，踰想而已。新岁更庆，愿为厶羽觞永享礼（《敦》一六三）

为买茭＝长二尺，束大一韦，马毋谷气以故多物故（《敦》一六四）

□□自遂也，毋急食，愿事已，并持所养马（《敦》一六五）

校几何急，以时遣季卿来，出谷从食马施功所与票功记（《敦》一六六）

买传马，以其卖马买田马，留养厶马一月，闲器⧄（《敦》一六七）

足以相当，所谓惠而不费，故敢白，即于法令不可亦不足以干治（《敦》一六八）

谷气，以故多病物故。今茭又尽，校⧄（《敦》一六九）

掌者食，辄以时，财验羚旄鼓采而已，留意卒愿为（《敦》一七〇）

苟当事宜，此所谓权也。然则不澹，饥饿并至，必且为忧累（《敦》一七一）

橐絮著自足止，即马未决，且从季卿贷，转已得长羁止毋为弛槊（《敦》一七二）

四卿妻子家室，它为如何？马谁使随养视之，闻取从者邪（《敦》一七三）

叩＝头＝。嘱使君为寒近衣裘、强饭食、幸自爱，以卒巍＝之功，侯茅土（《敦》一七四）

卷馁死将茔及前没校来先至☐（《敦》一七五）

按：以上录简凡一百三十四枚，字迹相同，出自同一人手笔，但所含非同一份文书，当为多份文书的抄件。因缺简甚多，次第未能排定，今仅按原简顺序号抄录。关于简文的内容，详见考证。

（112）夜奔射状（《敦》二〇五）

校食枯草（《敦》二〇六）

皇帝陛下。臣厶叩＝头＝。逆□□□□□魂□□（《敦》九六九）

臣厶伏自念天姓愚顿，未有以结诚达信（《敦》九七〇）

闲以戊部饿乏，求至省减吏士，廪分振罢羸。闲县（《敦》九七一）

臣厶幸得还且从第一辈兵出　卒功从即日未（《敦》九七二）

著　见兵必惶恐，悔非……（《敦》九七三）

正月十六日因檄检下者，号天使长仲赉己部椽（《敦》九七四A）

为记诧檄检下（《敦》九七四B）

厶叩头言□愿封刺写符命紫阁署五威将事，为闻十一月有诏书，录趣军功事（《敦》九七五）

事下车骑将军，求处复请去，何猥以□（《敦》九七六）

按：以上九简字体与例（111）同，内容亦相关。

（113）之张掖。宁发卢水五百人，功卿与同心士六十人，俱未有发日。此近谓第一部千八十人者也，议遣君威来出（《敦》五八）

诣关门留迟，毋状，当坐罪，当万死，叩头死罪死罪。唯（《敦》一七六）

将军令召当应时驰诣莫府。获马病伤水不饮食，借尹史侯昌马，杨鸿装未办，惶恐（《敦》一七七）

将＝军＝遣送之，当令毋所恨。获致求索其意不敢失也，务欲箧使之，讫去，幸毋所恨（《敦》一七八）

将军哀怜，诚寒，愿得襦及缯以自给（《敦》一八三）

按：以上五简以隶体书写，与前二例有别，但内容相关，故置此。

(114)

三	乙未	戊子	戊午	（《敦》三七三）
八	甲子	癸巳	癸亥	（《敦》三七四）
九	乙丑	甲午	甲子	（《敦》三七五）
十一	丁卯	丙申	丙寅	（《敦》三七六）
十五	辛未	庚子	庚午	（《敦》三七七）
十桼	癸酉	壬寅	壬申	（《敦》三七八）
二十	丙子	乙巳	乙亥	（《敦》三七九）
二十一	丁丑	丙午	丙子	（《敦》三八〇）
二十二	戊寅	丁未	丁丑	（《敦》三八一）
二十三	己卯	戊申	戊寅	（《敦》三八三）
二十亖	庚辰	己酉	己卯	（《敦》三八二）
二十八	甲申	癸丑	癸未	（《敦》三八四）
三十		乙卯☐		（《敦》三七二）

(115) 始建国天凤亖年六月甲申朔丁酉，三十井鄣候习敢言之。谨移亖月尽六月当食　者案，敢言之。（《新简》EPT 六八・一九四）

☐三十井候官始建国天凤亖年亖月尽六月当食者案。（《新简》EPT 六八・一九五）

三月余戍卒二十一人　亖月尽六月积六十三月。（《新简》EPT 六八・一九六）

出戍卒二十一人　亖月二十日尽六月晦减积亖十九月。（《新简》EPT 六八・一九七）

入戍卒十九人　亖月尽六月积五十桼月。（《新简》EPT 六

八·一九八）

出戍卒十九人　三月尽五月三日减积二十月二十桼日。（《新简》EPT 六八·一九九）

入戍卒亖十一人　亖月尽六月积百二十三月。（《新简》EPT 六八·二〇〇）

出戍卒亖十一人　亖月尽五月三日减积亖十一月。（《新简》EPT 六八·二〇一）

入戍卒桼人　亖月尽五月亖日积二十一月。（《新简》EPT 六八·二〇二）

出戍卒桼人　亖月尽五月亖日减积桼月□日。（《新简》EPT 六八·二〇三）

入戍卒二十八人　亖月尽六月积八十亖月。（《新简》EPT 六八·二〇四）

出戍卒二十八人　亖月尽五月晦减积五十六月。（《新简》EPT 六八·二〇五）

□凡戍卒百一十六人　亖月尽六月定积百桼十三月五日。（《新简》EPT 六八·二〇六）

□三十井候官始建国天凤亖年亖月尽六月当食者案。（《新简》EPT 六八·二〇七）

（116）☑天凤亖年八月乙亥□☑（《敦》一五四八）

（117）☑始建国天凤亖年☑（《敦》一八八三）

（118）☑始建国天凤亖年☑

☑库守宰尹千人忠☑（《敦》一八八四）

天凤五年（戊寅，公元18年）

（119）☑正月丙午朔甲戌，甲沟掾谭敢言之。谨（《新简》EPT 五九·七九）

按：据《二十史朔闰表》，新莽天凤五年正月为丙午朔。

（120）第十三㸷长居延万岁里上造冯彊，年二十五，始建国天凤五年正月辛亥　除补甲沟候官尉史，代夏侯常。（《新简》EPT 二二・四三九）

（121）□□甲渠塞候长居延肩水里公乘窦何，年卅五　始建国天凤上戊五年正月丁丑除（《新简》EPT 二二・四四〇）

（122）始建国天凤五年桼月甲寅，甲沟守候恭告尉谓不侵（《新简》EPT 二二・六七四）

（123）始建国天凤五年桼月乙丑，甲沟守候恭谓第三（《新简》EPT 二二・六七五）

（124）▨闰月乙亥朔戊寅，甲沟（《新简》EPT 五九・二四五）

按：据《二十史朔闰表》，新莽天凤五年闰月为乙亥朔。

（125）▨建国天凤五▨（《新简》EPT 四三・三〇一）

（126）▨建国天凤五▨（《新简》EPT 四三・三九五）

（127）▨□□　始建国天凤五年定入五百斛（《新简》EPT 五九・五四二）

天凤六年（己卯，公元 19 年）

（128）始建国天凤六年三月丁酉，第十候长敢言之之之之之之之旦今旦（《新简》EPT 五九・三三三）

（129）始建国天凤六年三月甲戌朔▨

□□朿缸利掾扬戍兆扬▨

青五□六月斛□用▨（《合校》三四六・四四）

（130）新始建国天凤上戊六年五月癸酉朔丁酉，甲沟　守（《新简》EPT 二・三）

（131）▨十二月庚子朔丙寅，偏将军▨

▨一牒（《敦》三）

（132）新始建国天凤上戊六年计余寅矢服▨（《新简》EPT 六五・四三八）

（133）始建国天凤上戊六年▨（《合校》四七九・八）

天凤年间

(134) ☒五月不肥命　天候在中　五月移徙吉凶　西北般光

☒□功□□□……　吏卒失亡　正北吉昌（《新简》EPT 五·五七 A）

(135) ☒新始建国天凤上戊

□年□月戊卒完（《新简》EPT 五·五三）

(136) 始建国天凤☒（《新简》EPT 五·二三四）

(137) ☒建国天凤☒（《新简》EPT 七·二四）

(138) 始建国天☒（《新简》EPT 五九·三〇二）

(139) ☒建国天凤☒（《新简》EPT 五九·四五一）

(140) 新始建国天凤上□☒（《新简》EPW·一〇八）

(141) 始建国天凤☒（《合校》三九·二九）

(142) 始建国天凤☒（《合校》一五四·三一）

(143) 始建国天☒

马丞前百☒（《合校》一五六·二六）

(144) ☒始建国天凤☒　　☒（《敦》一九〇四）

地皇元年（庚辰，公元 20 年）

(145) 新始建国地皇上戊元年二月己亥朔癸亥（《新简》EPT 二二·四一三 A）

左隆　掾谭（《新简》EPT 二二·四一三 B）

(146) 三十井常□燧长闲田市阳里上造齐当，年二十一，新始建国地皇上戊元年三月戊辰除补甲沟第三☒（《新简》EPT 四八·二一）

(147) 敦德步广尉曲平望塞有秩候长敦德亭闲田东武里五士王参，秩庶士，新始建国地皇上戊元年十月乙未迹尽二年九月晦积三百六十日，除月小五日，定三百五十五，以令二日当三日，增劳百桼十桼日半日，为五月二十桼日半日。（《敦》一八五四）

(148) 新始建国地皇上戊元年

▨八月以来吞远仓廪

吏卒剌（《新简》EPT 四三·三〇A）

吞远仓吏卒剌（《新简》EPT 四三·三〇B）

地皇二年（辛巳，公元 21 年）

(149) 始建国地皇上戊三年三月敕吏卒名（《合校》四七九·一）

(150) ▨建国地皇上戊二年桼月丁□▨（《新简》EPT 六·一一九）

(151) ▨新始建国地皇上戊二年

桼月尽九月☰时簿（《新简》EPT 二二·四六八 A）

▨新始建国地皇上戊二年

桼月尽九月☰时簿（《新简》EPT 二二·四六八 B）

(152) □居成部甲沟候官新始建国地皇上戊二年桼月尽九月吏名籍及□▨（《新简》EPW·九一）

(153) 新始建国地皇上戊二年十一月己丑朔丁未，甲沟守　候长敢言之。府下诏书▨（《新简》EPT 一〇·五）

(154)　新始建国地皇上戊二年十二月壬戌，甲沟

过所▣守候长魏移过所……秦□□

部卒……　□□□（《新简》EPT 五九·六七七）

(155) 新始建国地皇上戊二年▨（《新简》EPT 四〇·一七六）

(156) ▨皇上戊二年▨（《新简》EPT 五九·六一六）

(157) 新始建国地皇上戊二……（《新简》EPT 六五·七六 A）

掾寻（《新简》EPT 六五·七六 B）

(158) 吞远燧仓新始建国地皇上戊二年▨（《新简》EPT 六五·一三五）

(159) 新始建国地皇上戊二年▨（《合校》七一·二五）

(160) ▨地皇上戊二年（《合校》七一·三四）

地皇三年（壬午，公元 22 年）

(161) 新始建国地皇上戊三年正月戊子朔癸丑，诛虏候长晏敢言之。

谨以廷（《敦》六一四）

（162）新始建国地皇上戊三年正月戊子朔戊申，甲沟鄣守候▨（《新简》EPT 四·一一）

（163）□□部新始建国地皇上戊三年二月 邮书课。（《合校》一一〇·一九）

（164）新始建国地皇上戊三年五月丙辰朔乙巳，裨将军辅平居成尉伋、丞 谓城仓、闲田、延水、甲沟、三十井、殄北：卒未得

▨……付受相与校计，同月出入毋令缪，如律令。（《新简》EPT 六五·二三 A）

甲沟 掾闳、兼史宪、书吏获（《新简》EPT 六五·二三 B）

（165）□国地皇上戊三年五月乙巳除（《合校》二七·一六）

（166）▨地皇上戊三年以前以令▨（《新简》EPT 五·四二）

（167）新始建国地皇上戊三年……▨（《新简》EPT 四三·三一〇）

（168）▨国地皇上戊三年▨（《新简》EPT 四八·九九）

（169）孟宪等辞皆曰：始建国地皇上戊三年中以来先（《新简》EPT 四八·一三三）

地皇四年（癸未，公元 23 年）

（170）▨皇上戊亖年亖月戊寅甲▨（《新简》EPT 四三·二〇）

（171）新始建国地皇上戊亖年亖月辛▨（《新简》EPT 六五·二六〇）

（172）新始建国地皇上戊亖年亖月 朔甲申，候虏燧长郭崇谨坐簿如牒，敢言之。（《合校》三九四·三，四六九·一）

（173）新始建国地皇上戊亖年五月庚辰朔 ，甲沟候长隆以私印行候文书事，敢（《新简》EPF 二二·三五九 A）

掾谭、造史业、尉史宁

言之。府移使者治所录曰：诏书（《新简》EPF 二二·三五九 B）

（174）新始建国地皇上戊亖年六月甲戌掾泽▨（《合校》一五四·三五）

（175）□新始建国地皇上戊亖年七月行塞省兵物录。（《新简》EPF 二

二·二三六）

省候长鞍马追逐具、吏卒皆知烽火品约不（《新简》EPF 二二·二三七）

省烽干鹿卢索完坚调利、候卒有席荐不。（《新简》EPF 二二·二三八）

省守衙具坞户调利有狗不。（《新简》EPF 二二·二三九）

▨不。（《新简》EPF 二二·二四〇）

□右省兵物录（《新简》EPF 二二·二四一）

（176）新始建国地皇上戊三年十月三日行塞劳敕吏卒记。（《新简》EPF 二二·二四二）

□天子劳吏士拜∠它何疾苦禄食尽得∠吏得毋侵冤假贷不赏。有（《新简》EPF 二二·二四三）

者言。（《新简》EPF 二二·二四四）

□吏士明听教（《新简》EPF 二二·二四五）

告吏谨以文理遇士卒∠病致医药加恩仁恕，务以爱利省约为首∠毋行暴殴击。（《新简》EPF 二二·二四六）

（177）新始建国地皇上戊三年桼月己卯朔乙巳，甲沟守候阳敢言▨（《新简》EPF 二二·三三四）

（178）□甲沟候官新始建国地〔皇〕上戊三年桼月尽九月肸出入簿。（《新简》EPF 二五·一）

（179）□甲沟候官新始建国地皇上戊三年桼月尽九月折伤兵出入簿。（《新简》EPF 二五·二）

（180）▨始建国地皇上戊四年七月乙巳除。（《新简》EPF 二二·四四一）

（181）新始建国地皇上戊三年八月候行塞起居（《新简》EPF 二二·三三六）

（182）▨　/新始建国地皇上戊三年八月庚戌日中起官。（《新简》EPF 二二·三七七）

（183）新始建国地皇上戊三年八月己酉朔戊辰，甲沟守候阳谓（《新简》EPF 二二·三八〇A）

守尉史宫（《新简》EPF 二二·三八〇B）

（184）☒建国地皇上戊三年八月庚午，甲沟守候☒（《新简》EPF二二·四八四）

（185）新始建国地皇上戊三年十一月丁丑朔甲申，甲沟鄣候获叩头（《新简》EPF二二·二七三A）

掾常（《新简》EPF二二·二三七B）

（186）新始建国地皇上戊三年十一月丁丑朔甲午☒（《新简》EPF二二·四八三）

（187）☒皇上戊三年☒（《新简》EPF二七·五九）

（188）新始建国地皇上戊三年（《新简》EPF二二·三七八）

（189）新始建国地皇上戊三☒梗可缮治不？候长持□☒（《新简》EPW·一〇）

地皇年间

（190）□甲沟候官新始建国地皇上戊☒（《新简》EPT四三·一）

（191）新始建国地皇上戊☒（《新简》EPT四三·八二）

（192）甲渠鄣☒（《新简》EPT三一·一A）

三□里☒

☒新始建国地皇上☒（《新简》EPT三一·一B）

（193）新始建国地皇□（《新简》EN·三）

（194）□始建国地皇☒

卒阁名□☒（《合校》六一·一二）

（195）新始建国地皇上☒（《合校》一五六·二四）

（196）☒第十六隧长居延利上里上造郑阳，年卅七　始建国地（《合校》二三一·一〇六）

释文二

(197) 循到官，冯今月三日到官。问循到未？张掾言：燧长董放言循在部，记召循。∠候长政言：循（《新简》EPT 二・一 A）

□以便宜□□□（《新简》EPT 二・一 B）

(198) 三月十五日治罢卒簿府　三月十五百罢。（《新简》EPT 二・二）

(199) 出粟三十二石二斗□□　给食□□六人六月乙酉尽九月积二十一月六日，月二石（《新简》EPT 二・六）

(200) ☐庚辰朔戊申，第十桼候长良敢言之。谨移卒输官财用券墨如牒，敢言之。　连局令校（《新简》EPT 二・九 A）

即日尉史万发门下（《新简》EPT 二・九 B）

(201) 脩行……□□□，年十八　今除补甲沟终古燧长代张薄。（《新简》EPT 二・一一）

(202) ☐入僨泉五万九千九□☐（《新简》EPT 二・一九）

(203) ☐十九岁，长桼尺☐（《新简》EPT 二・三四）

(204) 第三十二队卒荣尊　辞（《新简》EPT 四・二）

(205) □凡出粟桼百一十一石三斗□升（《新简》EPT 四・四）

(206) ☐戍卒居延昌里石恭三年署居延代田亭，三年署武成燧，五年因署受絮八斤。　二月丁丑自取。（《新简》EPT 四・五）

(207) 第桼隧卒梁多（《新简》EPT 四・一四）

(208) ▨去，戎等曰：　可月十桼（《新简》EPT 四・二〇）

(209) ▨□承弦亖百亖　▨（《新简》EPT 四・二三）

(210) ▨□班行塞徼亖时（《新简》EPT 四・二五）

(211) ▨君都肉二十斤　▨

▨□子张肉十斤　▨（《新简》EPT 四・二八 A）

▨候长□肺三百　▨

▨□□牛头五百　▨（《新简》EPT 四・二八 B）

(212) 望桐燧长傅育诣官廪三月食（《新简》EPT 四・二九）

(213) ▨第□燧长刑□……▨

▨空其□□□□□……□泉□二十□▨（《新简》EPT 四・三四）

(214) ▨贤，年三十一（《新简》EPT 四・三五）

(215) 出赋泉千八百▨（《新简》EPT 四・三六）

(216) ▨升少　亖月壬申▨（《新简》EPT 四・四二）

(217) 吕尚桼月重，一八月壬申自取，一桼月癸卯卒张并取。史监入脂谷桼斗五升，廪望桐队长傅育十二食（《新简》EPT 四・四四）

(218) 吏未到名　王士吏未到，未知来时。

燧长王良未到，今日当到。

燧长常业未到，未知来时。

(以上为第一、二栏)

燧长傅育未到，今白召之。

通辨之请辨白。

(以上为第三栏)（《新简》EPT 四・四六）

(219)　取□米

卒陈万　又取粟桼斗　九月□□日又取青桼五斗（《新简》EPT 四・四九 A）

卒……卩

□□□取粟四斗六□□三□卩（《新简》EPT 四・四九 B）

(220) 推木部吏九人　……▨（《新简》EPT 四・八四）

（221）八月戊戌，甲沟鄣候　敢言之。谨写移，敢言之。（《新简》EPT五·四）

（222）充辞曰：上造，河东安邑庞氏里，年二十桼岁，姓梁氏（《新简》EPT五·五）

▨烽为解，毋状，当教，以新除故，请财适三百里以戒后。（《新简》EPT五·六）

（223）　　　笥一合

小樽一合　小椠十三枚

▨枚　案亖枚　　▨

小杯三枚　馎比一枚

中椠三枚（《新简》EPT五·一五）

（224）□右五命上大夫增劳名籍（《新简》EPT五·三二）

（225）▨用谷三十三石三斗三升少　▨（《新简》EPT五·三六）

（226）▨□罚金亖两（《新简》EPT五·六○）

（227）▨□六遂大夫，州郡芟尽，部卒已遣，卒□□□（《新简》EPT五·六二）

（228）▨□百三十三石八斗五升少（《新简》EPT五·八一）

（229）▨□泉五十　十一月己未▨（《新简》EPT五·一一○）

（230）▨朔己巳，甲沟鄣候放敢言▨（《新简》EPT五·一四○）

（231）　　　其一封诏▨

书三封　一封□□▨（《新简》EPT五·一四五）

（232）亖月禄粟▨（《新简》EPT五·一六一）

（233）▨　自言责三十井▨（《新简》EPT五·一八九）

（234）▨丞□移甲沟候□▨（《新简》EPT五·二○七A）

▨掾宣、史常　▨（《新简》EPT五·二○七B）

（235）▨□□亖时▨（《新简》EPT五·二六四）

（236）当曲隧长刑晏　桼月禄帛三丈▨（《新简》EPT六·二）

（237）弩帾亖　其二穿（《新简》EPT六·三）

（238）▨□　桼月禄帛三丈三尺　六尺计　九尺适　桼尺谦　丈一尺自取　卩（《新简》EPT六·五）

（239）☑ □月禄帛三丈三尺　八月癸卯妻取　卪（《新简》EPT 六·六）

（240）六石具弩三　其一受士吏王翕，伤两模、右渊各一所☑ □一解交折，右彊。（《新简》EPT 六·八）

（241）居成甲沟候官尉冯彊　……☑

……☑（《新简》EPT 六·二〇）

（242）诸水　三　☑（《新简》EPT 六·二七）

（243）☑两半两　九月庚辰付候长丰。卪（《新简》EPT 六·三三）

（244）宝矢铜镞　三百五十（《新简》EPT 六·七二）

兰、冠各三、　冠皆币（《新简》EPT 六·七三）

（245）告第三候长；移三月以往卒食少不足名至今不移，趣之，毋到（《新简》EPT 六·七五）

（246）次吞隧长时尚　桼月禄帛三丈三尺　八月戊申母□取　卪（《新简》EPT 六·七六）

（247）城北候长周育、隧长浅二十六日　元帛一丈　十月禄苛□□两半两，十一月己卯自取。卪（《新简》EPT 六·七八）

（248）第十八卪长田恽　九月禄县如糸二斤十二两☑（《新简》EPT 六·八一）

（249）床二　其一六尺　一八尺，板三枚。见（《新简》EPT 六·八二）

（250）其市买五均之物及盐而无二品☑（《新简》EPT 六·八八）

（251）□竟并居第三十一隧。竟曰：数欲戎等（《新简》EPT 六·八九）

（252）育、候史恭等：前府君行塞，增坞廪徙□☑（《新简》EPT 六·九二）

（253）☑十二月辛丑尽二年三月，积三月二十桼日禄粟☑（《新简》EPT 六·一〇二）

（254）第桼隧卒杜常　八月食三石三斗三升少，八月己未自取。　卪（《新简》EPT 七·二）

（255）☑三石三斗三升少　三月丁丑隧卒宋野取（《新简》EPT 七·

三）

（256）▨言之。〔谨〕移三月尽六月盐出入簿▨（《新简》EPT七·一三）

（257）▨□吏庶士以下及出塞候者□▨（《新简》EPT七·一四）

（258）▨　十一月壬子燧长董放取▨（《新简》EPT七·一五）

（259）▨积五十三日（《新简》EPT七·二一）

（260）▨□卒载禄粟斛斗（《新简》EPT七·二七）

（261）▨三升大三▨（《新简》EPT七·二八）

（262）▨……日中时，第七燧长▨

▨……入夜食五分，第三燧长严受第□燧长▨▨……岁燧留□□□□□□□，界中二十五里，烽□▨（《新简》EPT七·三四）

（263）出粟三十斛……▨（《新简》EPT七·三九）

（264）▨邑千户，赐泉二百万（《合校》EPT九·一）

（265）▨非下士以上它皆如员▨（《新简》EPT九·二）

（266）吞北燧卒田恽——正月食三斛S　正月庚戌自取。　卩（《新简》EPT一〇·一）

（267）大师特进褒心侯臣匡、大傅就心公臣晏、国师歆▨

大司马利苗男臣䜣、司徒章心公臣寻、大司空□□□▨（《新简》EPT一三·四）

（268）入粟三十斛　车一两　二月▨（《新简》EPT一四·五）

（269）吏庶士以下百六人　三月▨（《新简》EPT一四·六）

（270）铁铠、鍉瞀各三▨

□石具弩二▨

稿矢三▨（《新简》EPT一四·一二）

（271）第二十三燧长董放诣官输茹▨（《新简》EPT一六·二）

（272）鄣卒苏寄　九月三日封符，休居家十日，往来二日，会月十五日。（《新简》EPT一七·六）

（273）□右鉼庭部吏卒十三人。（《新简》EPT一七·七）

（274）▨扬崇三人，人百。

⧄□凡亖百二十八。(《新简》EPT 一七・二四 A)

⧄□至小石□崇，凡亖人。

⧄赵□人　□崇亖十二。(《新简》EPT 一七・二四 B)

(275) ⧄铁铠、鍉瞀各亖　⧄

⧄六石具弩一　　⧄

⧄稿矢亖百，其百在官⧄(《新简》EPT 一七・二六)

(276) ⧄张掖郡居延通泽里大夫忠彊，年三十⧄(《新简》EPT 一七・二七)

(277) 第十桼候长赵彭召□⧄(《新简》EPT 一七・二九)

(278) 马泉三百五十枚，愿⧄(《新简》EPT 一七・三六 A)

郅严叩头白渾士⧄(《新简》EPT 一七・三六 B)

(279) 财发京兆史及常安(《新简》EPT 二〇・二七)

(280) 回　□□□□甲沟官⧄(《新简》EPT 二五・一)

(281) 第二十三候长儿政　十月食一斛六斗　十一月丙申士吏翕取。(《新简》EPT 二六・三)

(282) ⧄三候长政敢言之。官檄曰⧄(《新简》EPT 二六・一七)

(283) ⧄大凡劳　　⧄

⧄辅平居成甲沟候官⧄(《新简》EPT 二六・二五)

(284) 故吏闲田金城里五士周育，年亖十二，可补高沙燧长代张意。(《新简》EPT 二七・八)

(285) □□□　万岁五人　定作十五人

第亖十人　　马(《新简》EPT 二七・一四)

(286) ⧄□　第二十桼隧卒王放　……(《新简》EPT 二七・一五)

(287) ⧄□毋　第桼燧卒庞耐(《新简》EPT 二七・一七)

(288) ⧄　第二十九燧长郑庆(《新简》EPT 二七・一八)

(289) 甲沟第十三燧长闲田万岁里上造冯匡，年二十三，伉健(《新简》EPT 二七・三二)

(290) 第二十二燧卒王张⧄(《新简》EPT 二七・三四)

(291) □右卒三十桼人(《新简》EPT 二七・三六)

(292) ▨成尉甲沟塞庶士士吏代和恢。(《新简》EPT 二七・四三)

(293) 第二十亖队施刑董玄 ▨(《新简》EPT 二七・四四)

(294) 第十桼队▨(《新简》EPT 二七・四九)

(295) ▨□上戊元年十月▨(《新简》EPT 二七・五八)

(296) 书佐杜出泉三千二百五十

其千王元□□昌里汜彭□□入。

三百五十□赏。

六百五十徐苕。

三百五十单充。

九百王宗。 二月己卯尉史就付书佐杜宏。(《新简》EPT 四〇・五)

(297) 马泉五千九百 出泉千付令史良

出泉千付殄北队长郓诩

(以上为第一、二栏)

出泉千付故武贤队长杜买。

出泉千付□史徐严奉。

(以上为第三栏)(《新简》EPT 四〇・一一 A)

出泉二百捉万岁士吏冯晏奉 出泉千士吏陈褒赋故高沙队长□宣。(《新简》EPT 四〇・一一 B)

(298) 大竹一 车荐竹长者六枚,反苛亖枚,车荐短竹亖十枚。(《新简》EPT 四〇・一六)

(299) 第廿三部责泉千三百廿,少六百八十▨(《新简》EPT 四〇・二〇)

(300) 尉史郑丰入马泉四千,少千五百。

出三千五▨

虏卒张□▨(《新简》EPT 四〇・三七 A)

今见五百七十一(《新简》EPT 四〇・三七 B)

(301) 闲田守马丞冯商 诣门下(《新简》EPT 四〇・三九)

(302) ▨二人卒……亖□□□▨

▨ 定作六人……▨(《新简》EPT 四〇・五八)

(303) 八尺□纴席一

⧄席　六尺席□九

□尺席十亖（《新简》EPT 四〇・七〇）

（304）甲沟官（《新简》EPT 四〇・七一）

（305）⧄月丁酉，令史芗良付收

⧄五百偿万岁部吏（《新简》EPT 四〇・七二）

（306）

宜农辟取肉名　尚子春十斤，直二斛。

萧子少十斤，直二斛。

郑子任十斤，直二斛。

孟子房十斤，直二斛。

陈伯十斤，直二斛。

许子取十斤，直二斛。

（以上为第一、二栏）

郑昭十斤，直二斛。□凡肉百二十斤，直二十亖斛。

胡羿十斤，直二斛，清黍。□凡付夫人粟二十黍斛。

田子柳十斤，直二斛，清黍。十二斛黍斗，其三

翟大伯十斤，直二斛，清⧄

杨子任二十斤，直亖⧄

（以上为第三栏）（《新简》EPT 四〇・七六 A）

□□任头，直五斛。

杨子仲取脾，直亖斛。

李子产取肠，直三斛五斗，黍。

陈伟君取脯，直三斛。

（以上为第一栏）

榦幼光取宽，直二斛，黍。　凡肠⧄

陈子房取边将迹，直二斛，清黍⧄

唐子春取项，直一斛，清黍。

孙任君取应胁于朐，直二斛，清黍。

陈伯取肝，直二斛……□大凡直粟亖十九斛。

（以上为第二栏）（《新简》EPT 四〇・七六 B）

（307）□右亖⧄（《新简》EPT 四〇・九八）

（308）⧄第二十三燧⧄（《新简》EPT 四〇・一〇一）

(309) 第二十三燧▨（《新简》EPT 四〇·一二九）

(310) 掾寻前付建二笥，笥付尉史宫卖□□卖箧二，直三斛二升，凡少六升粟。

部置移薄教

教　卩（《新简》EPT 四〇·一五二）

(311) 第十候长郑丰见▨（《新简》EPT 四〇·一八二）

(312) 南一封　居成尉诣使者掾高晏治所。（《新简》EPT 四〇·一七七）

(313) 北书一封，辅平连率章▨（《新简》EPT 四〇·一九二）

(314) ▨　负燧卒贾光泉三百▨（《新简》EPT 四〇·一九三）

(315) ▨封符，二十六日为吏取食▨（《新简》EPT 四〇·一九四）

(316) 第二十三▨（《新简》EPT 四〇·一九七）

(317) ▨二月三十井隧二人库　▨

▨病不□卒廿三人□□□▨▨人不□卒　▨（《新简》EPT 四〇·一九八）

(318) ▨候会月二十八日（《新简》EPT 四三·一〇）

(319) 穷燧所食。令丹代昌，卒王放代党。□谨案闲田三月丙子移▨（《新简》EPT 四三·一七）

(320) 第二十六燧长杜由召诣官▨（《新简》EPT 四三·二二）

(321) 第三十三燧长徐贤▨（《新简》EPT 四三·二三）

(322) 八月二十一日卒始茭名籍。

卒庞□　　卒王□□□□□▨

卒王□□　卒王□　　▨

卒张□□　卒王□□　▨（《新简》EPT 四三·二五）

(323)　　周君之十斤，直▨

▨三斛　儿君健十，直　▨

杜巨君三十，直▨（《新简》EPT 四三·三三 A）

田子伯十斤，直二斛。　▨

翟大伯十斤，直十斛。　▨

⧄　凡□百斤，直二十斛。　⧄

杨子任取豆脯，直五斛。⧄

杨子仲取胃，直三斛。　⧄（《新简》EPT 四三・三三 B）

（324）　般合□二十斤，直亖　⧄

⧄　苏君房十斤，直二斛。⧄

上官子任牛□□十三　　⧄

□君阳十斤，直二斛。⧄（《新简》EPT 四三・七三 A）

……四斛⧄

⧄　……　　　⧄

……　　　⧄

……　⧄（《新简》EPT 四三・七三 B）

（325）⧄……凡亖人。

⧄……凡亖人。

⧄张成、郭政、王褒。□凡三人。

⧄王习、张并。□凡亖人。

（以上为第一栏）

第十桼卒爰彭、杜诩、王萌、王隆。□凡亖人。

第二十三卒苏晏、苏循、鲍永、张宗。□凡亖人。

铁庭卒董恽、单昌、沐恽。□凡三人

（以上为第二栏）

田恽、成泽从

卒赵千、杨元仲省。（《新简》EPT 四三・三九 A）

⧄□猛、徐廉□□□凡五人。

⧄□□□□□□□□□凡五人。

⧄□□□□□张义。□凡五人。

⧄□□□晏　□凡亖人。

（以上为第一栏）

第亖长史□关淳□□□钦、杜□□迁、郭□□□辛崇。□凡九人。

第十燧长□□□□□□□□宋□李有、李忠、杨党。□凡八人。

第十桼燧长田□董宗□□薄进□□薛隆、榦嘉、周育、高隆。□凡九人。

第二十三燧长杜凷、王□□□陈□□□□□张钦、周□王诩、董谊。□凡十人。

(以上为第二栏)(《新简》EPT四三·三九B)

(326)城北候长周育　桼月禄

(以上为第一栏)

帛一匹留官

余帛一丈五尺五寸　□□一丈　尺。

(以上为第二、三栏)(《新简》EPT四三·四一)

(327)王丰　桼月禄帛三丈三尺　八月癸卯自取。卩(《新简》EPT四三·四六)

(328)☐刑晏共留六分半分名☐(《新简》EPT四三·五三)

(329)责甲沟令史上官□☐(《新简》EPT四三·五四)

(330)☐三年十二月乙亥,甲沟尉史常付小府史□☐(《新简》EPT四三·六四)

(331)☐月甲申,领甲沟督☐(《新简》EPT四三·七五)

(332)☐三月丙子到当曲隧,河不通,隧长刑晏☐(《新简》EPT四三·八九)

(333)□告二十三☐(《新简》EPT四三·九〇A)

复延胃各一,几☐(《新简》EPT四三·九〇B)

(334)☐各三十斛,候官辞到□□□☐(《新简》EPT四三·一〇八)

(335)第二十八燧☐(《新简》EPT四三·一一六)

(336)☐推木部卒载□(《新简》EPT四三·一二六)

(337)☐数三斛二斗自取☐(《新简》EPT四三·二八)

(338)甲沟候☐(《新简》EPT四三·一五〇)

(339) 出泉六百☐ (《新简》EPT四三·一六四)

(340) ☐□一升 直二十五。(《新简》EPT四三·一六七)

(341) 入粟大石百石车□两☰☐ (《新简》EPT四三·一七八)

(342) □□□□□见已 不侵候长、第☰候长□□候长载吏卒(《新简》EPT四三·一八三)

(343) 二十一日 戊 ☐

寅 ☐ (《新简》EPT四三·二五八)

(344) ☐沟守候得□□□□ 长□并赐(《新简》EPT四三·二九八)

(345) ☰……言□告行者□□ □未□不□□□□□(《新简》EPT四三·三一五)

(346) 甲沟城北候长□□☐ (《新简》EPT四三·三二〇)

(347) ☐□□☰☐ (《新简》EPT四三·三六〇)

(348) ☐□□☰☐ (《新简》EPT四三·三六八)

(349) ☐闲田□□□□☐ (《新简》EPT四三·三八四)

(350) 甲沟官燧行(《新简》EPT四四·五二)

(351) 为吏☰岁六月二十八日,五月戊午受遣,六月壬午积二十三日到府,故官(《新简》EPT四八·四)

(352) 推辟验问。第二十三燧长放、候长政辞:辛卯夜☐ (《新简》EPT四八·二三)

(353) 二月庚辰,甲沟候长戎以私印行候文书事敢言之。谨写移,敢言之。□候君诣府 尉史阳(《新简》EPT四八·二五)

(354) ☐二十九燧长□(《新简》EPT四八·二八)

(355) 甲沟 ☐ (《新简》EPT四八·三九)

(356) 蚤食时到第五燧北里所,见马迹入河,马可二十余骑……(《新简》EPT四八·五五A)

燔一积薪如品,唯□燔燔燔燔一积……(《新简》EPT四八·五五B)

罪罹日火……(《新简》EPT四八·五五C)

……(《新简》EPT四八·五五D)

王□出鼻殊氾……后以闻（《新简》EPT 四八·五五 E）

按：《新简》EPT 四八·五五为觚，五面，两次书写。

（357）　士吏冯匡　　候长赵猛

▨　士吏孙习　　候长□宪　卩

候长王宏　卩　候长□直　卩　▨

候长□□　▨（《新简》EPT 四八·五八 A）

▨□计（《新简》EPT 四八·五八 B）

（358）▨稿矢二百六十▨

▨寅矢≡百五□▨（《新简》EPT 四八·六九）

（359）▨沟郭　守候□敢言▨（《新简》EPT 四八·七九）

（360）▨三百三□（《新简》EPT 四八·一〇八）

（361）回 第三十二燧卒
偹武里李□（《新简》EPT 四八·一二〇）

（362）十≡　□□□□□▨（《新简》EPT 四八·一二一 A）

……▨（《新简》EPT 四八·一二一 B）

（363）□甲沟言≡时簿本有折伤兵簿各与完兵簿异　候所移≡时簿。（《新简》EPT 四八·一四一）

（364）临桐燧长傅育诣官▨（《新简》EPT 四八·一四二）

（365）第三十燧燧眘（《新简》EPT 四八·一五七）

（366）第三十八燧长赵章　卒王党见〇见……

（以上为第一、二栏）

其二

五□≡输库五百　五百□

二见

（以上为第三、四栏）

粟□□

≡≡一三三　三斛□□

少二斛升三

（以上为第五、六栏）（《新简》EPT 四九·五）

（367）☑ 九十二枚，枚五泉，直三百☑ （《新简》EPT 五〇·二二二）

（368）居成大夫史王况　诣门下（《新简》EPT 五二·一二一）

（369）九月己卯，行延亭连率事偏将军□□☑

劝农掾戎官县承书从事下□☑ （《新简》EPT 五二·四九〇）

（370）脩行利上里公乘马盖宗，年二十八□（《新简》EPT 五三·一五）

（371）☑ 第二十三队卒苏纯（《新简》EPT 五四·三三）

（372）　　　□音印

甲沟官（《新简》EPT 五五·七）

（373）甲沟官（《新简》EPT 五五·一九）

（374）☑ □寅矢序呼三十三（《新简》EPT 五六·一九八）

（375）毋伤燧长徐霸。界中二十五里，人当行二时五分□☑ （《新简》EPT 五七·三〇）

（376）……升三☑

□三升，泰月三日贷粟三□日朝三升，二十八日三升，泰月二朝三斗三□□□□□□□□□□出粟十□（《新简》EPT 五七·四三）

（377）第泰燧长庄建诣廪　贱子周恭，字少仲再拜　二月癸未日中入。（《新简》EPT 五九·二九 A）

□（《新简》EPT 五九·二九 B）

（378）九月奉泉七百，少千四百六十九。宣又当得元年十二月辛丑尽二年。（《新简》EPT 五九·三〇）

（379）翟义、刘宇、刘璜及亲属当坐者盗臧证臧，它皆赦除之。书谨到，敢言之。　ア（《新简》EPT 五九·四二）

（380）敢言之。谨移吏缺如牒，唯府令闲田除补，敢言之。（《新简》EPT 五九·三九）

（381）☑ 丰责居延男子张君孙襄絮一枚，直百三十五，入三十五（《新简》EPT 五九·三八）

（382）☑ 庚午朔辛巳，吞远士吏戎敢言☑

伤汗寒热头恿，即日加烦懑四支（《新简》EPT 五九·四九 A）

☐即日士吏褒发

☐门下（《新简》EPT 五九·四九 B）

（383）第十候长傅育

坐发省卒部五人会月十三，失期毋状，适载三泉茭二十石致城北燧给驿马，会月二十五日毕。（《新简》EPT 五九·五九）

（384）二月二十二日莫俱食　上官卿米一石，郑卿米一石。（《新简》EPT 五九·六五）

（385）收虏燧长政　将卒一人诣官廪，☰月辛酉日中入。（《新简》EPT 五九·七一）

（386）　出臧中六尺十枚。

三月二十六日出席簿　□凡六尺二十枚。

出臧中延十五枚。

又新□下六尺三。（《新简》EPT 五九·七四）

（387）□□士吏辛戎　十月禄大黄布十三枚（《新简》EPT 五九·八四）

（388）☐□□候长张恽　伐薄三十束（《新简》EPT 五九·九五）

（389）☐十三枚　☰年正月己丑，候长诩自取。（《新简》EPT 五九·九八）

（390）延城甲沟候官第三十队长上造范尊，中劳十月十桼日，能书会计治官民，颇知律令，文，年三十二岁，长桼尺五寸，应令居延阳里，家去官八十里。　属延城部（《新简》EPT 五九·一〇四）

（391）□南都尉府书曰：反虏翟逆义党与□作阳第□所犯（《新简》EPT 五九·一〇七）

（392）第三十八燧长赵章诣官　十月戊申□☐（《新简》EPT 五九·一一一）

（393）　卒毋同、第卒杜同，五月二十六日第十五萩卿、第桼燧长孙卿俱开小仓（《新简》EPT 五九·一一二）

（394）☐收虏燧卒丁守责故燧长石钦粟桼斗、布☰尺（《新简》EPT 五九·一一四）

（395）□诏书长安县更为常安（《新简》EPT 五九·一一七 A）

诏书长□更为常安府□□☐（《新简》EPT五九·一一七B）

（396）☐□　秩上大夫，某年某月日除。（《新简》EPT五九·一一八）

（397）□第三十八卒□完，三年八月☐（《新简》EPT五九·一三五）

（398）九月庚寅，甲□候长游□移闲田：移写书到，如律令。（《新简》EPT五九·一四三A）

□第六队第桼燧长□对、第八燧长卫（《新简》EPT五九·一四三B）

（399）诏书曰　　除匈奴之号（《新简》EPT五九·一四四）

（400）☐都水大司空右大夫使护宛。保忠信卿、六卿、中室御仆、黄室御、保成师傅

☐长六隧大夫，州部、牧监，郡卒正、连率、庶尹，关农沟曼大尉承书从事下当用者。（《新简》EPT五九·一五五A）

三十二（《新简》EPT五九·一五五B）

（401）北书二封　其一封诣居延骑千人。一封章破，诣□□赵卿治所。

（以上为第一、二栏）

五月戊寅下餔，推木队卒胜有受三十井诚势队卒樊隆；己卯蚤食五分，当曲队卒蔡崇付居延收降亭卒尹□□

（以上为第三栏）（《新简》EPT五九·一五六）

（402）三月己丑，张掖库宰崇以近秩次行大尹文书事、长史丞下部大尉官县承书从事下当用者，有犯者辄言，如诏书，〔书〕到言。兼掾义、兼史曲、书吏迁金（《新简》EPT五九·一六〇）

（403）枚。缣素上贾一匹直小泉七百枚。其马牛各且倍平，及诸万物可皆倍牺和折威侯匡等所为平贾。夫贵者征贱，物皆集聚于常安城中，亦自为极贱矣。县官市买于民，民（《新简》EPT五九·一六三）

（404）出赋泉八百　付郡库奉质直（《新简》EPT五九·一六六）

（405）孤山里景□　三月庚申车一两（《新简》EPT五九·一六七）

（406）☐□□□队卒□□诩三年三月食三石三斗三升少，史宣付诩毕，吞远候长□临，解何。（《新简》EPT五九·一七二）

（407）第三候长樊隆为社市诣官　九月乙酉蚤食入。（《新简》EPT五九·一七三）

（408）万岁候史宋良　十月禄大黄布十三枚（《新简》EPT 五九·一九一）

推木候史冯长　十月禄大黄布十三枚

三年正月己丑候长□□取。卩（《新简》EPT 五九·一九二）

钘庭士吏马良　十月禄大黄布十三枚（《新简》EPT 五九·一九三）

尉史李崇　十月禄大黄布十三枚　十二月辛未自取。卩（《新简》EPT 五九·一九四）

尉史吕普　十月禄大黄布十三枚　十二月辛未自取。卩（《新简》EPT 五九·一九五）

士吏张桐　十月禄大黄布十三枚　十二月辛未自取。卩（《新简》EPT 五九·一九六）

不侵候史赵竟　十月禄大黄布十三枚　三年正月己丑候长茂取。卩（《新简》EPT 五九·一九七）

□□□长赐林　十月禄大黄布十三枚　十二月丁丑候长良取。卩（《新简》EPT 五九·一九八）

□□□□刘武　十月禄大黄布十三枚　十二月丁丑候长况取。卩（《新简》EPT 五九·一九九）

……　十　枚　三年正月己丑候长阳自取。卩（《新简》EPT 五九·二〇〇）

吞北隧长朱普　十月禄▨（《新简》EPT 五九·二〇一）

俱起隧长邹相　十月禄大黄布十三枚　三年正月己丑候长阳取。卩（《新简》EPT 五九·二〇二）

平虏隧长郑钦　十月禄大黄布十三枚　三年正月己丑候长诩取。卩（《新简》EPT 五九·二〇三）

木中隧长王当　十月禄大黄布十三枚　三年正月己丑候长武取。卩（《新简》EPT 五九·二〇四）

万年隧长范护　十月禄大黄布十三枚　三年正月己丑候长诩取。卩（《新简》EPT 五九·二〇五）

却□隧长朱□　十月禄大黄布十三枚　▨（《新简》EPT 五

九·二〇六）

第一隧长周年　十月禄大黄布十三枚　▨（《新简》EPT五九·二〇七）

第二隧长张业　十月禄大黄布十三枚　▨（《新简》EPT五九·二〇八）

三樵隧长石隆　十月禄大黄布十三枚　十二月丁丑燧长况取。卩（《新简》EPT五九·二〇九）

第三候史郅严　十月禄大黄布十三▨（《新简》EPT五九·二一〇）

第五隧长必良　十月▨（《新简》EPT五九·二一一）

第十一隧长斡永　十月禄大黄布十三枚　十二月丁丑隧长况▨（《新简》EPT五九·二一二）

第十六隧长韦朋　十月禄大黄布十三枚（《新简》EPT五九·二一三）

第十桼隧长杨霸　十月禄大黄布十三枚（《新简》EPT五九·二一四）

第十八隧长张护　十月禄大黄布十三枚　十二月丁丑候长良取。卩（《新简》EPT五九·二一五）

第二十九隧长董霸　十月禄大黄布十三枚（《新简》EPT五九·二一六）

▨□□隧长周恽　十月禄大黄布十三枚　十二月辛未自取。卩（《新简》EPT五九·二一七）

▨十月禄大黄布十三枚　十二月丁丑候长良取。卩（《新简》EPT五九·二一八）

▨月禄大黄布十三枚　十二月丁丑候长良取。卩（《新简》EPT五九·二一九）

□右第十部士吏以下吏十一人，用大黄布百三十三枚。（《新简》EPT五九·二二〇）

第十部吏□□▨（《新简》EPT五九·二二一）

第十桼候长芗良　十月禄大黄布十三枚▨（《新简》EPT五九·二二二）

□右第十桼部候长以下吏九人　▨（《新简》EPT 五九·二二三）

▨十二月丁丑自取。ꝑ（《新简》EPT 五九·二二四）

▨三枚（《新简》EPT 五九·二二五）

□最候以下吏百桼人　用大黄布千三百▨（《新简》EPT 五九·二二六 A）

十二月二十二日赋吏二十六人。

十二月十桼日赋吏十三人。（《新简》EPT 五九·二二六 B）

▨十月禄大黄布十三枚（《新简》EPT 五九·二二七）

□右吞远部士吏以下吏九人，用大黄布百一十桼枚　今▨（《新简》EPT 五九·二二八）

（409）□右鉼庭部卒二十二人　用食　▨（《新简》EPT 五九·二三一）

（410）▨隧长房党上功（《新简》EPT 五九·二三五）

（411）中营右骑士三十井里阎赏　▨（《新简》EPT 五九·二三七）

（412）万岁部泉桼十▨（《新简》EPT 五九·二四三 A）

□□十一▨（《新简》EPT 五九·二四三 B）

（413）第三十燧卒高则　▨（《新简》EPT 五九·二五〇）

（414）▨□巳甲沟鄣守候（《新简》EPT 五九·二五二 A）

▨掾常（《新简》EPT 五九·二五二 B）

（415）▨出粟二十一石一斗二升给食驿令史亖人一月□□▨（《新简》EPT 五九·二五三）

（416）▨　不输死牛泉千八百▨（《新简》EPT 五九·二五四）

（417）适行十八日□今□食莫当，因宿；十九日发，宿□□□□至二十一日莫至守望燧，东向出，至二十二日莫因宿守望燧，燧长□□□卒徐同（《新简》EPT 五九·二六二）

（418）▨午，甲沟候长▨（《新简》EPT 五九·二六四）

（419）居成闲田都田啬夫孙匡当捕故掾孙▨（《新简》EPT 五九·二六五）

（420）常安城中庶士以下谷，它予直泉谷，度足皆予者而先奏焉。

（《新简》EPT 五九・二六六）

（421）第十亖隧卒浊□☐（《新简》EPT 五九・二七三）

（422）第二十三部吏十人巳☐（《新简》EPT 五九・二八〇）

（423）上卿七命（《新简》EPT 五九・二八七）

（424）　二十桼日☐（《新简》EPT 五九・二八八）

（425）第二十一燧卒张诩☐（《新简》EPT 五九・二九二）

（426）☐二十六石桼斗，少十亖☐（《新简》EPT 五九・二九四）

（427）十桼日凡载转二十亖两，不□□□☐（《新简》EPT 五九・二九五）

（428）□□□其直□诸食王田□其□□令有品条之□十分之二（《新简》EPT 五九・三一一）

（429）　　徐尊印

甲沟官（《新简》EPT 五九・三一七）

（430）第三十队长□阳召诣官，五月丙午食□☐（《新简》EPT 五九・三二四）

（431）　　……

甲沟官　八月□□

……（《新简》EPT 五九・三二九）

（432）卒釜五　其在官　亖在部（《新简》EPT 五九・三三四）

（433）十月丁卯，张掖大尹融、尹部骑司马武行长史事、丞博□□□□行库事□□□如律令书。

掾戎、兼属护、书佐定（《新简》EPT 五九・三三八）

（434）　　白素三匹，未入。　绳少九十五斤。

甲沟　缘二丈，未入。

桼少桼枚。

绪絮一斤亖两，未入（《新简》EPT 五九・三四二）

（435）☐□掌酒者，秫稻必斋，曲蘖必时，湛饎必絜，水泉香，陶器必良，火斋必得，兼六物，大酋（《新简》EPT 五九・三四三）

（436）☐　□常　闰月庚子死尽三月减亖积月二十二日。（《新简》EPT 五九・三四七）

（437）买斧各一，到。　毋到转卅一两。

▨□千一十五当偿。　　毋两

▨□长田林诣官。　　廿三今两。

（以上为第一、二栏）

□高沙茭五千九百、河南茭二万一千八百一十五束。

□凡廿三两。

候长到，皆告令为卒卧席荐四重，令可行。

（以上为第三栏）（《新简》EPT 五九·三四九 A）

▨一日受石，今史泉三万九千二百八十。

▨七百廿五石三千一百吞远。

二千七十五石廿三。

（以上为第一栏）

茭泉千三百六十五，其七百八十五见，五百八十

□不侵候长朱茂偿赵于。

（以上为第二栏）（《新简》EPT 五九·三四九 B）

（438）　　徐闳印

甲沟以邮行　　回（《新简》EPT 五九·三六二）

（439）　　张掖候塞尉

甲沟以邮行已奏

□□□卒同以来（《新简》EPT 五九·三六七）

（440）甲沟官

三月甲子卒同以来（《新简》EPT 五九·三九九）

（441）▨甲午辅平　□□□□▨（《新简》EPT 五九·四○三）

（442）三斗榼一（《新简》EPT 五九·四二七）

（443）三斗▨（《新简》EPT 五九·四三一）

（444）入第三部蒲五▨（《新简》EPT 五九·四七二）

（445）▨第三部燧柰所当得（《新简》EPT 五九·四七八）

（446）▨百三十九石一斗二▨（《新简》EPT 五九·四八○）

（447）甲沟故▨（《新简》EPT 五九·四八五）

（448）▨五百三十五（《新简》EPT 五九·四八六）

(449) ☒长徐严粟六斛五斗（《新简》EPT 五九・四八九）

(450) 第三十三燧卒刑多　□☒（《新简》EPT 五九・四九六）

(451) ☒印章曰犆和农杨丞（《新简》EPT 五九・四九七）

(452) 甲沟以邮行□☒（《新简》EPT 五九・五〇三）

(453) ☒年三十五（《新简》EPT 五九・五〇七）

(454) ☒二年亖月丁卯□（《新简》EPT 五九・五二〇）

(455) ☒□各二十亖（《新简》EPT 五九・五二三）

(456) ☒□第十桼候长良诣曹自言，兄宣今月　　　☒（《新简》EPT 五九・五三四）

(457) 第三十三燧卒孙仁　廪三月食　三月壬寅自取。（《新简》EPT 五九・五三七）

(458) 第三十五燧长孟政编二枚。（《新简》EPT 五九・五三八）

(459) 一张掖居延都尉丰言愿入一月奉泉万二千。（《新简》EPT 五九・五三九）

(460) ☒□舍捕得賨尽三月亖日甲午积二月六日□☒（《新简》EPT 五九・五四五）

(461) ☒□国农都尉

☒麦禾苗颇□死，甚可忧惧，咎在州牧承宣（《新简》EPT 五九・五五六）

(462) ☒三月庚子，甲沟鄣守候　　敢☒

☒□□言之。　　尉☒（《新简》EPT 五九・五五七）

(463) ☒　亖月己未蚤食入。（《新简》EPT 五九・五五八）

(464) 第二十一卒王宣☒（《新简》EPT 五九・五六一）

(465) □□□□　　　年三十三岁，长桼尺五寸（《新简》EPT 五九・五六三）

(466) ☒甲沟守尉良受城仓佐阳□（《新简》EPT 五九・五六五）

(467) 二十九燧长儿□　正月☒（《新简》EPT 五九・五六九）

(468) ☒　　　　今犆和农杨☒（《新简》EPT 五九・五八〇）

(469) 月乙亥，第二十三候长☒（《新简》EPT 五九・五八九）

（470）第二十三候长儿政见（《新简》EPT 五九・六〇五）

（471）☐量食往来三日☐（《新简》EPT 五九・六二一）

（472）第三十隧☐（《新简》EPT 五九・六二四）

（473）封不可知

甲沟官燧次行（《新简》EPT 五九・六三九）

（474）伐胡卒□憙

伐胡卒□□

（以上为第一栏）

责□□布□一领，直千八十……已得钱二百，少八百八十。

责广地次□燧长陶子赐练襦一领，直八百三十，今为居延市吏。

责……

（以上为第二栏）（《新简》EPT 五九・六四五）

（475）☐万岁部候长候史隧长七人　候史隧长八人，泉五☐（《新简》EPT 五九・六四七）

（476）俱南隧卒永自言去年五月署代蔡左子遣□□☐（《新简》EPT 五九・六四九 A）

卒相食及腊肉泉（《新简》EPT 五九・六四九 B）

（477）延亭连率府行事

☐廉夫子门下奏发□☐（《新简》EPT 五九・六五五 A）

延亭城司马官（《新简》EPT 五九・六五五 B）

（478）二月二十日藏中见☐（《新简》EPT 五九・六六七）

（479）☐燧长董放☐（《新简》EPT 五九・六七一）

（480）☐　来第三候☐（《新简》EPT 五九・七〇七）

（481）☐第二十三部候☐（《新简》EPT 五九・七五八）

（482）　收□

☐三月十日□之□□簿　出□　☐

出□□（《新简》EPT 五九・七九七）

（483）☐……□□人犯此省为甲卒前遣子孙小□□□

☐□□人犯□□□□平者遣□□（《新简》EPT 五九・七九

八A）

□ 二十三（《新简》EPT五九·七九八B）

（484）□一百三十三斛□

□□□粗季一斛□

□二□三斛　□（《新简》EPT五九·八○八）

（485）□□日令蒙忧大尉忧恙（《新简》EPT五九·八一一A）

□□□大夫尉元元□（《新简》EPT五九·八一一B）

（486）□六十二斛

□升付陈自取。（《新简》EPT五九·八三四A）

□……斛

□……斛

□……斛

□……斛　二十六日李□取（《新简》EPT五九·八三四B）

（487）□三月二十一日牟崇受鲜于曲（《新简》EPT五九·八三九）

（488）□辰朔癸巳，甲沟□（《新简》EPT五九·八四一）

（489）□□三候长燧□（《新简》EPT五九·八七三）

（490）□第二十三卒□（《新简》EPT五九·九○七）

（491）第二十三卒□□　□□□（《新简》EPT五九·九一○）

（492）□三斛□

□□范立二十五斛□

□直大麦三十五　□（《新简》EPT五九·九一四A）

□□二十斤□

□……　□

□……　□（《新简》EPT五九·九一四B）

（493）□守候□□三十井□（《新简》EPT六一·三）

（494）甲沟□□自言责卅井谷口候长王禁三年三月中买（《新简》EPT六一·四）

（495）城北候长窦何　十一月食一斛五斗　同　十月丙寅掾谭取。卩（《新简》EPT六五·八A）

城北候长实何　十一月食一斛五斗　同　十月丙寅掾谭取。卩（《新简》EPT 六五 · 八 B）

第二十三隧长董放　十一月食一斛五斗　舒　十月乙亥守尉史王阳取。卩（《新简》EPT 六五 · 九）

推木候长王宏　十一月食一斛五斗　同　十月丙寅掾谭取。卩（《新简》EPT 六五 · 一〇）

第十桼候长赵彭　十一月食一斛五斗　十月丙寅妻取。卩（《新简》EPT 六五 · 一一）

甲沟第三十二隧长张护　十一月□斛□斗　十月甲子嫂难取。卩（《新简》EPT 六五 · 一二）

第二十燧长陈尚　十一月食一斛五斗　三十　十月乙丑母取。卩（《新简》EPT 六五 · 一三）

甲沟当曲队赵翕　十一月食一斛五斗今□▨（《新简》EPT 六五 · 一四）

士吏冯匡　十一月食一斛五斗　十月▨（《新简》EPT 六五 · 一五）

甲沟第二十八燧卒王歆　食一斛五斗　桼十　十月□□嫂之取。卩（《新简》EPT 六五 · 一六）

鄣卒梁多　十一月食一［斛］五斗　十一月乙丑自取。卩（《新简》EPT 一七）

（496）甲沟庶士候长苏长　马一匹，駹，牝，齿七岁，高五尺八寸。（《新简》EPT 六五 · 四五）

（497）第二十一燧卒杜诩　休二十日（《新简》EPT 六五 · 五一）

（498）第十燧　寅矢百五　正月十三日吏卒五人格射胡虏尽十六日积三日□（《新简》EPT 六五 · 五二）

（499）第二十一燧长薛隆父母不幸，诣官取急□正月▨（《新简》EPT 六五 · 五四）

（500）城仓以见　□□□　谷二百五十二斛

（以上为第一、二、三栏）

给□北吏五十九人

五月食桼十五斛，用城仓谷　长吏迎受。（《新简》EPT 六

五·五五A）

甲沟（《新简》EPT六五·五五B）

（501）省城仓卒名　三堠卒王尊

第三十卒魏崇　舍甲春卿舍

（以上为第一、二、三栏）

薛崇舍中春卿舍

胡毐舍□掾舍（《新简》EPT六五·六六）

（502）三月桼日旦食当曲□米三斗见，又粟二斛得米一斛一斗半。（《新简》EPT六五·七〇A）

鱼三十二头（《新简》EPT六五·七〇B）

（503）□右不侵部燧长刑昌、刑晏共留对坐□□□□□□□行□晏□□宪官事不办，法（《新简》EPT六五·七一）

（504）☑六月二十二休□桼月十二日休十日□八月八日休尽……（《新简》EPT六五·七二）

（505）第二十一隧长薛隆　七月……（《新简》EPT六五·八四）

（506）铁铠、鍉瞀各亖十三　——　其二十一在官

皆完　☑（《新简》EPT六五·八六）

（507）第二十五燧晏戎　十一月食一斛五斗亖升十月乙丑妻□取。卩（《新简》EPT六五·九七）

（508）☑□□□一亖不负三十亖（《新简》EPT六五·一一五）

（509）　□□□□□□□

兵弩簿　□弓直五百五十　□□□□

□□□□百三十

（以上为第一、二、三栏）

□□□□□□□

□□□□萧卿□□

□□弓衣候长□□□□

（以上为第四栏）（《新简》EPT六五·一二六）

（510）推木燧长房党☑（《新简》EPT六五·一三三）

（511）第二十八燧长张骏　休二十日（《新简》EPT六五·一三六）

（512）☑吏卒亖人格射胡虏☑（《新简》EPT六五·一六一）

(513) ▨樊隆徙署万岁部，诣官▨（《新简》EPT 六五·一六二）

(514) ▨成、延水、甲沟、三十井、殄北言吏未得正▨（《新简》EPT 六五·一六八 A）

▨□□敢敢 ▨（《新简》EPT 六五·一六八 B）

(515) ▨丙辰，纳言元士（《新简》EPT 六五·一七五）

(516) 第亖燧长郭并▨（《新简》EPT 六五·一八四）

(517) 第三十一燧长□▨（《新简》EPT 六五·一八七）

(518) 甲沟庶士候长郑丰 ▨（《新简》EPT 六五·二〇五）

(519) ▨月亖日乙卯日食时（《新简》EPT 六五·二一五）

(520) ▨子大男□，年二十，用 ▨

▨母大女婢，年五十，用谷▨（《新简》EPT 六五·二二二）

(521) 甲沟第二▨（《新简》EPT 六五·二四七）

(522) ▨月府更遣甲沟候□卿□曰不□吏□▨（《新简》EPT 六五·二五四）

(523) 甲沟庶士候长王恭 马一匹□□□齿亖岁，高五尺桼寸（《新简》EPT 六五·二六七）

(524) 甲沟鄣守候弘敢言之。府录曰：第▨（《新简》EPT 六五·二七〇）

(525) 第三十桼燧长召戎诣官封符载吏卒食 十月戊申下餔入。（《新简》EPT 六五·二九三）

(526) 士吏孙习 十一月食一斛五升 十月丁卯妻□▨（《新简》EPT 六五·二九四）

(527) ▨ 十一月食一斛五斗 十▨（《新简》EPT 六五·二九八）

(528) 鄣卒高□ 八月二十桼日假五石弩一 赤 弦糸纬 Ⅱ矢箭五十 □□□（《新简》EPT 六五·三〇四）

(529) 第二十五队卒饱永 S 休三十日。（《新简》EPT 六五·三二三）

(530) 萧宣印

甲沟官

正月丙午卒同以来（《新简》EPT 六五·三二五）

（531）甲沟执胡舆燧长居延三泉里☐（《新简》EPT六五·三三九）

（532）居成闲田守马丞赵况叩头白记（《新简》EPT六五·三八一）

（533）不侵候长孟宪将□☐（《新简》EPT六五·四四〇）

（534）□右第二十三部具弩十一☐（《新简》EPT六五·四四八）

（535）临桐燧长傅育（《新简》EPT六五·四六四）

（536）郅严顿首叩头言/诚迫当收□子☐（《新简》EPT六五·四六八A）

白诚失子严至今未得渡，唯掾□☐（《新简》EPT六五·四六八B）

（537）☐甲沟累重訾直伐阅簿（《新简》EPT六五·四八二）

（538）大棠社，社便为祷之，毋□☐（《新简》EPT六五·五四二B）

闰月二十六日为□□☐

子宋所毋它□□　☐（《新简》EPT六五·五四二B）

（539）燧即广北当山燧长李同八月十九日去署亡至二十亖日☐（《新简》EPF八·一）

（540）　　　铁铠、鍉鍪各亖，见。

第十八燧　六石具弩二，见。

　　　稿矢铜鍭百，见。

　　　寅矢铜鍭二百，在部。

（以上为第一、二栏）

六石具弩二，见。

（以上为第三栏）

系承弦六，见。□米糒三斛。

枭长弦三，见。□兰□□

弩幡三，见。

幡三，见。□靳干在部。

有方一，见。盾在部☐

（以上为第四栏）（《新简》EPF八·二—三）

（541）除天下必贡所当出半岁之直以为牛酒之资。民不赘聚，吏不得容奸。便臣秩郎从官及中人各一等，其奉共养宿卫常乐宫者又加一等。郎从官秩下大夫以上得食卿录员（《新简》EPF 二二・六三 A）

八（《新简》EPF 二二・六三 B）

（542）爵疑者瀸作士，督臧者考察，无令有奸圣恩，宜以时布，县厩置驿骑行诏书，臣稽首以闻。（《新简》EPF 二二・六四 A）

十桼（《新简》EPF 二二・六四 B）

（543）十月辛酉，将屯偏将军张掖大尹遵、尹骑司马武行副咸事、试守徒丞司徒☐

循下部大尉官县承书从事下当用者如诏书，书到言。兼掾义、史冯、书吏☐（《新简》EPF 二二・六五 A）

三十五（《新简》EPF 二二・六五 B）

（544）大司空罪别之，州牧各下所部如诏书，书到言。（《新简》EPF 五五・六七）

（545）万岁部　弦三十枚　稿矢二千桼百，见千九百。

寅矢千二百。卪（《新简》EPF 二二・一七五）

第亖部　弦亖十亖　稿矢三千五十，见二千二百五十五，候长言簿出桼百九十五。

□矢二千五百五十，见千九百六十六，少，今簿出寅矢二百八十亖。（《新简》EPF 二二・一七六）

第十部　弦二十桼　稿矢三千五百，见千亖百五十，簿出见千亖百二，少六百亖十八。甲　出九百　稿寅矢二千亖百，见千二十八，少亖百桼十二。甲（《新简》EPF 二二・一七七）

第十桼部　弦亖十桼　稿矢三千一百　见二千一百五十，少九百五十。

寅矢二千三百　见二千一百，少二百。（《新简》EPF 二二・一七八）

第二十三部　弦三十桼　稿矢三千亖百，见二千六百，少八百。

寅矢二千五百五十，见千亖百，少千一百五十。（《新简》EPF 二二・一七九）

锑庭部　弦□□□　稿矢三千三百五十……寅矢□千三……

(《新简》EPF 二二·一八〇)

推木部　系弦卅六　稿矢三千，见二千五百六十一，少三十九，今少六百三十九。

寅矢二千一百，见千八百，今少三百。(《新简》EPF 二二·一八一)

诚北部　系弦五十三　稿矢三千五百，见三千一百，少四百。

寅矢二千三百　五百五十　见二千三百，少百。(《新简》EPF 二二·一八二)

吞远部　系弦卅三　稿矢二千二百，见二千一百六十九，少三十一，故二千桼百，今二千一百六十九，少五百三十一。

今寅矢千八百五十，故二千一百，今千八百五十，少三百，少五百三十一。(《新简》EPF 二二·一八三)

不侵部　弦卅八　稿矢三千一百五十，今见二千五百，少六百五十。

寅矢二千百，见千八百，少三百。(《新简》EPF 二二·一八四)

稿矢

□最凡　寅矢万桼千五百桼十八，又官四千四百，凡二万一千九百桼十八。(《新简》EPF 二二·一八五)

(546) 俱起燧卒田恽　　五匹(《新简》EPF 二二·二六〇)

吞北燧卒朱习　　五匹(《新简》EPF 二二·二六一)

当曲燧卒朱武　　桼匹(《新简》EPF 二二·二六二)

□最凡卒阁三十一人　帛百卌六匹(《新简》EPF 二二·二六三)

(547) 收虏隧长荣政　□月禄大〔黄布〕□三枚(《新简》EPF 二二·二六七)

(548) 第三十燧坞南面坏　候长何自不言(《新简》EPF 二二·二六九)

(549) ▨□东部五威率言厨传食者众，费用多，诸以法食者皆自斋，费不可许。(《新简》EPF 二二·三〇四)

(550) 掾谭言新除第二十九燧长郑庆月五日壬子昏时受遣，癸丑当到。(《新简》EPF 二二·三五七)

（551）俱起燧长樊隆　S（《新简》EPF 二二·三六五）

（552）□□□樊隆　□田贫困毋谷　吞▨（《新简》EPF 二二·三六六）

（553）到，遣，问隆少及毋食状▨（《新简》EPF 二二·三六七）

（554）隆使吏牧马　毋状，宜可适隆，遣大男□□▨（《新简》EPF 二二·三六八）

（555）▨辛月亥，甲沟候长隆行候文书事封符。（《新简》EPF 二二·三七四）

（556）谓第二十三、饼庭候长：往事载大农茭部千束（《新简》EPF 二二·三八一）

（557）燧长侯仓、候长樊隆皆私去署，诚教敕吏毋状，罪当死，叩头死罪死罪，敢言之。（《新简》EPF 二二·四二四）

（558）官府调正月尽二月吏卒食三百六十六斛

（以上为第一栏）

官吏亖人。

士吏二人。

载谷吏、守郭凡五人。

郭卒六人。

（以上为第二栏）

助吏三人。　　□有余亖十二斛。

万岁尽第十吏卒三十亖人。

凡五十亖人，人六斛，用谷三百二十亖斛。

（以上为第三栏）（《新简》EPF 二二·四五一）

（559）▨往来十日，当会二十八日。良、并二十九日到，谨省数材得二千八百二十，数屯少百八十，除丑恶五十，凡少二百三十。当致百檄，今致二十六，少桼十亖，致检材五，当檄十，凡少六十亖。请令良以渐备，教并贯，并复令□备之。（《新简》EPF 二二·四五六）

（560）　肉五十斤，直七石五斗。

▨酒二石三斗，直四石六斗。

凡直十二石一斗。（《新简》EPF 二二·四五七 A）

▨候长寔□卩

▨候长王恭卩

▨候长孟宪（《新简》EPF 二二·四五七 B）

（561）甲沟官（《新简》EPF 二二·四七一）

（562）□各用□☰十五石，二四用九十石，率（《新简》EPF 二二·四九三）

（563）第三十□□……（《新简》EPF 二二·四九六）

（564）萌使恭等六人各备一弦，校省弦杂枭置在故候长王恭所，奏（《新简》EPF 二二·五二一）

（565）▨时，候长孟宪见驹乳驹□□□▨（《新简》EPF 二二·五三九）

（566）▨见吏桼人，燧长薛隆▨（《新简》EPF 二二·五六二）

（567）甲沟候官以□行回

卒同（《新简》EPF 二二·五七八）

（568）九月记付闲田□□□□有书，守候▨（《新简》EPF 二二·六二九）

（569）第二十五燧卒东郭章见〇　其二　☰三输库　☰百

三百　六　三　▨（《新简》EPF 二二·六六七）

（570）……诣官受吏桼月禄一人，会月二十日。（《新简》EPF 二二·六七六）

（571）……送诣守候在所，第二十三燧毋以它为解▨（《新简》EPF 二二·六八〇）

（572）宣等皆以书□□□庶士，典主迹候捕盗为职□▨（《新简》EPF 二二·六八四）

（573）帛书到，具言状，毋出月二十五日，如律令。（《新简》EPF 二二·六八七）

（574）第三十五燧长王诩　十二月食一斛□▨（《新简》EPF 二二·七〇七）

（575）　……印

甲沟官吏马驰行　▨

……以来（《新简》EPF 二二·七四六）

（576）第二十三部　发一人（《新简》EPF 二二·七五七）

（577）入八石弩糸承弦二　受全兵簿　S（《新简》EPF 二五·五）

今余宝矢服百二十三〇　S（《新简》EPF 二五·六）

入兰百　　　受全兵簿　S（《新简》EPF 二五·七）

入兰六　　　受宝矢服（《新简》EPF 二五·八）

今余兰百六（《新简》EPF 二五·九）

（578）甲沟庶士候长儿政　⧄（《新简》EPF 二五·二七）

（579）⧄戊辰，甲沟守候□告⧄（《新简》EPW·四八）

（580）甲沟⧄（《新简》EPW·四九）

（581）⧄入功二百亖⧄（《新简》EPW·八一）

（582）戊寅，甲沟鄣守候□□⧄（《新简》EPW·八九）

（583）部□闾师郡大尹□□承书⧄（《新简》EPW·九三）

（584）⧄□侯氏，年三十九岁，六年闰月中除为甲沟⧄（《新简》EPW·九八）

（585）⧄　六……凡三十斛（《新简》EPW·一〇四）

（586）⧄……出□□□亖十⧄（《新简》EPW·一〇七）

（587）□甲沟言谨⧄……（《新简》EPW·一一〇）

（588）甲沟候官尉史居延安乐⧄（《新简》EPW·一二〇）

（589）第二十三燧长□⧄（《新简》EPW·一二二）

（590）第二十燧卒鲁章（《新简》EPC·六）

（591）⧄月亖日旦，崇使福⧄（《新简》EPC·二一）

（592）⧄孙党、施刑王诩等乃正月十亖日壬午（《新简》EPC·三三）

（593）第三十燧长范尊　S　己　⧄（《新简》EPC·三八）

（594）⧄丙建　□　□　□□□乙　甲　⧄

⧄午　　子　巳　　　亥　　辰　⧄（《新简》EPS 四 T 二·七三）

⧄庚建　⧄

⧄午　　⧄（《新简》EPS 四 T 二·七四 A）

⧄己　戊　　　　⧄

⧄亥　辰　　亖□□　⧄（《新简》EPS 四 T 二·七四 B）

(595) ▨□司马晏五月食三石三斗三升少，三月自取。(《新简》EPS四T二・一四九)

(596) 凡□　十月尽十二月□□□▨

▨　□食粟十三斛三斗三升大。

右余粟十三斛六斗六升大。(《新简》EN・一)

(597) ▨□二十六隧长由(《新简》EN・四)

(598) ▨居延累山里吴诩，年三十▨(《新简》EN・八)

释文三

(599) ▨氏北昌里房安，年三十五　第六车（《合校》二五·一）

(600) ▨辛巳，第二十三候长万　敢言之。谨移故卒

▨之。（《合校》二六·六）

(601) 第十三隧长党召诣官，桼月癸丑蚤食入。（《合校》二六·一二）

(602) □□□□□□除□□官行□□临木□□属□□马□□□ ▨

其十二匹□除□▨ 卒部入▨

故居成闲田▨ 以□□▨（《合校》二七·一九）

(603) ▨牧监来出□收责，未能会会日，入请日夜▨（《合校》二七·二三）

(604) □右第二十六燧卒三人（《合校》二七·二五）

(605) 甲沟官　□□印（《新简》三九·三）

(606) 甲沟官（《合校》三九·四）

(607)　　李赞印

甲沟官

　　四月庚戌卒同以来（《合校》三九·五 A）

曰咨二十有二人者敬女官职知▨ □者三考绌幽□□明明之光也□□大地▨ □官幸得制度于▨ 为▨ 不等（《合校》三九·五 B）

(608) 弩幡三百二十九（《合校》四四·一三）

(609) 甲沟推木候长□☐（《合校》四八·二）

(610) 居摄二年十二月己酉朔乙亥□□（《合校》六〇·一）

(611) ☐居摄三年

计簿算（《合校》七〇·一三A）

☐居摄三年

计□□（《合校》七〇·一三B）

(612) 第十候长赵彭（《合校》七一·九）

(613) ☐第十候长赵彭（《合校》七一·六二）

(614) ☐崇，年三十，死不出　右第三车（《合校》七四·二二）

(615) 正月丁未，甲沟鄣守候君写移闲田狱如律令（《合校》九五·四）

(616) 第二十六燧长杜由（《合校》九五·六）

(617) 入复当收泉，入八十，行用所市物当泉记□☐（《合校》九五·八）

(618) 月□　一戊□泉　私去署买□□（《合校》九五·九）

(619) 第十部吏一人　载谷三十斛致官　　□☐（《合校》九五·一二）

(620) □谷三十一斛二斗（《合校》一〇〇·三四）

(621) 出□□□三十□（《合校》一〇三·七）

(622) ☐二十五日□前言□（《合校》一一〇·六）

(623) ☐甲沟候官塞庶士候长　戊子□（《合校》一一〇·一八）

(624) 出泉百廿　糴米粟三☐（《合校》一一〇·三五）

(625) ☐庶士候长王护　庶士☐（《合校》一一〇·三九）

(626) 第三十燧卒高☐（《合校》一五四·二九）

(627) 辅平居成甲沟候官塞庶士候☐

为辅平属居成三十井候官塞庶士☐

为辅平居成殄北候官塞庶士候☐（《合校》一五六·四）

(628) 第六燧长常业诣官☐（《合校》一五六·四八）

(629) ☐七十尺，率人功□二十尺（《合校》一九二·六）

(630) 第十桼候长赵彭诣官对功▨（《合校》二一〇·三）

(631) ▨九月食一斛五斗▨（《合校》二一〇·八）

(632) 城仓以见　已入正月三□　谷三百二十斛付甲沟给吏卒十人二月▨

长吏迎□（《合校》二一〇·一三）

(633) □右庶士士吏候长十三人 禄用帛十八匹二尺少半寸，直万三千三百三十三。（《合校》二一〇·二七）

(634)　　庶士　　能书会计治官民，颇

毋禄者庶人

▨令塞外以　　应令（《合校》二二五·三〇）

(635) ▨室　以土德代火家▨（《合校》二二五·三二）

(636) ▨何毋穷大黄金为物遗平即价流通不▨

▨□铢二十五物，铢卅十桼，直泉万，重二十斤。（《合校》二二五·四二）

(637) ▨受官泉六千

▨当□泉，积六匹一丈，匹千二百，积□泉三百，凡当匹七千八百▨

▨前圆泉二千三百，出泉六百五顾治圆财用直，余泉千六百八十五 当得出付泉千二百五十泉。（《合校》二二五·四五）

(638) 教遣卒来言办渡道，谨即时往办之，教欲为酒劳夫子，愿▨

立上算叩头幸甚□即欲取釜，釜在第九燧长徐卿所，欲▨（《合校》二三一·一三 A）

郅严叩头白/卒俱往取之，叩头

夏候掾坐前善毋恙，独劳疾起居毋它其善▨（《合校》二三一·一三 B）

(639) ▨二十日为良（《合校》二三一·一〇〇）

(640) ▨齿八岁；其一黄，齿▨

▨泉五百，大泉五枚▨（《合校》二四〇·二六）

(641) 南书五封

（以上为第一栏）

二合檄，张掖城司马，毋起日，诣设屏右大尉府。

一封诣右城官。

一封诣京尉候利。

一封诣谷成东阿。

（以上为第二栏）

右三封居延丞印，八月辛卯起。

（以上为第三栏）

八月辛丑日馎时，骍北受橐佗莫尚卒单崇，付沙头卒周良。

（以上为第四栏）（《合校》二八八·三〇）

（642）啬夫岑葆　前隧前亭舆赵昌——

昌从者前亭伏里孙真□□□☑

（以上为第一、二栏）

□□□□

□□□□□□□二（《合校》二八八·三一）

（643）二月乙亥，甲沟鄣候放　敢言之。谨写移，敢言之。

尉史晋（《合校》三一二·二三）

（644）☑一百三十☑（《合校》三三九·二）

（645）酒泉大尹□书一封　酒泉大尹章（《合校》三五〇·四〇）

（646）

桼人归责

三人使出□

五月一日卒百五十三人　十三□□☑

其十□☑（《合校》三九五·九）

（647）□凡出粟三十三石　给卒、驿小史十人三月食。（《合校》四一三·三）

（648）出羊一头，大母，子程从君巨买，贾泉九百。

出羊一头，大母，子程从君巨买，贾泉九百桼十五。

出羊一头，大母，勒君兄买，贾泉千。

出羊一头，大母，君巨去时与巨相用，□伯通，今子程买，贾泉千。（《合校》四一三·六 A）

其三石在田舍。（《合校》四一三·六 B）

（649）二十日晦日，举墵上一苣火一通，乃中三十井燧□☑（《合

校》四二八·六）

（650）三斛二斗二升　食十六斛城仓，有十六斛券。

二十九斛二斗二升　士吏徐忠出，问忠此假取☐（《合校》四四八·三）

（651）扁常。谨案：部见吏二人，一人王美休。

谨输正月书绳二十丈封传诏。（《合校》四五六·五A）

长玄敢言之。（《合校》四五六·五B）

（652）☐属夜半者，男子取之。其人兑喙，爪须□目善□乳人事数人也，姓孤氏，字子☐孙□臧之内中，婴间立中☐（《合校》四五八·一A）

三十井候官燧次行　丁巳戊午（《合校》四五八·一B）

（653）☐□力勤事，毋官，可补造史，唯☐（《合校》四七九·五）

（654）出泉三百　糴梁粟五石☐（《合校》四七九·一五）

（655）居成闲田造昌里上造王☐（《合校》四八二·一一）

（656）☐士，年□岁，姓□，为造史，以☐（《合校》四八二·三四）

（657）曹宣伏地叩头白记。

董房、冯孝卿坐前万年毋恙。顷者不相见，于宣身上部属亭

迹候为事也，毋可忧者，迫驹执所辱，故不得诣二卿坐前，遣（《合校》五〇二·一四A，五〇五·三八A，五〇五·四三A）

毋状。愿高赏卿到，自爱怒力，加意慎官事，叩头幸甚。

宣在欢喜燧，去都仓亖十余里，独第六燧卒杜程、李侯

常得奏都仓。二卿时时数寄记书，相问音声，意中快也，实中兄（《合校》五〇二·一四B，五〇五·三八B，五〇五·四三B）

（658）安世燧卒　二十八日作　二十九日作

尹咸　亖十五束　亖十七束

（以上为第一、二、三栏）

八月晦日作　九月旦伐茭　月二日□茭

亖十五束　亖十五束　亖十□束

（以上为第四、五、六、栏）（《合校》五〇五·二四）

（659）　长斧亖，皆缺敝。

长椎亖——
长棓亖——
长杆二——
木面衣三——
守御器簿　弩长臂三——
程苣九——
〔转〕射□——
深目亖
布蓬三——
不具——
布表一——
鼓一——

(以上为第一、二栏)

芀马矢槖各一，毋。芮薪、木薪各二石。
茹十斤——　　瓦箕、枓各二，斗少一。
出火遂二具。　　沙、马矢各二石——
皮冒、革萆各一，　　羊头石五百——
毋冒。　　枪亖十——
承垒三——　　小苣三百——
破釜一——　　□户　三百。
狗笼二——　　户上下合各一。
狗二　　储水罂二。
户关二——　　汲落二。
接楪亖——　　大积薪三。
木椎二——　　药盛槖亖。
户戊二——
篇一——

(以上为第三、四栏)(《合校》五〇六・一)

(660)□□城见行宰事遮虏□□□立妻　病困□钱□□病(《合校》乙付一一)

释文四

（661）□乐、士吏牛党　石门里　见▨（《合校》二八七）

（662）六月戊午，府下制书曰：安众侯刘崇与相张绍等谋反，已伏辜。崇季父蒲及令羣解印授肉袒自护。　书丁卯日入到。（《敦》四九七）

（663）戍卒故道平乡里蔡育，年二十九　广昌在文德（《敦》二六四）

（664）大煎都候长文德安世里庶更李凤，年亖十五，马一（《敦》二七八）

大煎都候长效谷常利里上造张阳，年三十六。

（以上为第一栏）

剑一　　　　　　　　　　马一匹。

弓二，椟丸各一，箭十二。　鞌勒各一。

（以上为第二栏）（《合校》二七八）

书吏胡丰私从者零县宜都里胡骏，年三十，长桼尺二寸（《敦》二八〇）

（665）□□□□□□斗二升　肉　十斤直二石亖斗八升　五斗亖升□凡三石二斗亖升。（《敦》三〇九）

□□□□三斗一升　□直一斗亖升，肉二十斤直一石二斗亖升

□直六升　□二斗　五斗亖升　□凡二石亖斗九升。（《敦》三一〇）

（666）二月晦受米桼石、麦八石。

（以上为第一栏）

二日出米二斗、麦五斗。

三日出米二斗、麦六斗。

（以上为第二栏）

亖日出米二斗、麦六斗。

五日出米二斗、麦六斗又二斗。

六日出米二斗、麦六斗。

（以上为第三栏）

八日出米二斗、麦六斗。

九日出米三斗、麦六斗，五斗食马。

（以上为第四栏）（《敦》三一八 A）

十一日出米二斗、麦六斗。

十二日出米二斗、麦五斗。

（以上为第一栏）

十亖日出米□斗。　　……

十五日出米二斗。十八日出米三斗。

……　　十九日出米三斗半。

（以上为第二、三栏）（《敦》三一八 B）

五日　出米三斗　出麦桼斗食马。

　　　出粟一石

（以上为第一、二、三栏）

出麦二石予李士、冯迁。

出麦亖石予召功、君兰。

（以上为第四栏）（《敦》三一九）

今余麋百七十二石□斗七升（《敦》三二〇）

（667）亭长王寿卿　入粟三石三斗，直泉二百六十四，偿奉长。（《敦》三六一）

候史宋君长　入麦二石九斗，直泉二百卌，偿奉长。（《敦》三六二）

（668）当欲隧卒宾德成卖布一匹，直钱三百五十，临要隧长当责尽四月奉。

察适隧卒王未央卖绊一匹，三百七十，当责察适隧长尽四月奉。

悹敢卒狐卖练一匹，贯钱四百九十，又布钱百卅四，凡直六百廿四，当责造史诛子病□尽四月（《敦》八三八 A）

十月茭八石备虏（《敦》八三八 B）

（669）大大大大守吏使始　史之史方始建为易易阳以以　　大始建国天天伏何以以（《敦》一八九四）

（670）⍁丁丑，尚书大夫武威男并下张掖、酒泉、文德□□，张掖属国大尉下当用者（《敦》二〇五三）

（671）德侯，西域、东域、北域将帅，雍州、冀州物，西部、北部监，文德、酒泉、张掖、武威、天水、陇西、西海、北地（《敦》二〇六二）

（672）⍁岁，长柰尺五寸，应令敦德亭闲田平定里，去官二百二十五里□属敦德郡（《敦》五）

（673）⍁　直百三十三　直百五十六□（《敦》一三）

（674）燧长效谷闲田常利里上牛康，年三十五⍁（《敦》二五）

（675）都尉君移戍部尉，械逮故若绝城钱况等有书，今（《敦》二〇三）

若绝城同心士京县寿里钱况，年三十五，乃乙亥□⍁（《敦》二八一 A）

曰　⍁（《敦》二八一 B）

（676）敦德尹书草（《敦》二〇八 A）

□□□□卒□叩头再拜白。（《敦》二〇八 B）

（677）常安，今月十二日到，拘校敦德泉谷，日闻如公之蜀中军试士（《敦》二二六）

书母自已去之，为欲使子知寻起居耳（《敦》二二七）

郎及松子尚在，卖大骊以千泉送乘豪长侨，千泉送（《敦》二二八）

大子駹大赤骊骀句赤句（《敦》二二九）

（678）药窃闻循母、循弟家尽病在田＝在敦德鱼离邑东，循不及候，母病笃（《敦》二三〇A）

六月十三日关书玉门，裒叩头言腹君里田主人谷书至郡（《敦》二三〇B）

（679）□□□□□益□欲急去，恐牛不可用，今致卖目宿养之，目宿大贵束三泉，留久恐舍食尽，今且寄广麦一石王子春家车欲益之，主不肯。到，完取之，兼度二十余日可至亭耳。市谷大贵□□□□□□□□□□□□□□麦百三十余，西未甫时贱□□□□□□□□（《敦》二三九A）

□□□□□□□☐

归乃善耳，孙子少欲得虏官谷兼□□□□☐

子少不当责卿也。子少言当复入二石及酒计及张一石，言当在外不赏官谷牛也。兼谓子少即不当如是

□□□□□□□□□□子少意欲为如何也？乃欲持是争来自若耳。故丈人与兼车会，决绝之乃可耳。（《敦》二三九B）

（680）儿尚叩头白记□闲来上曰久食尽乏，愿贷谷一斛，谷到，奉诣前。又前计未上，甚自知

杨掾坐前数＝哀怜，恩德甚＝厚＝。又前欲遣持斛诣尹府，欲且郤阳成士（《敦》二四四A）

吏令后归，尚意中甚不安也。事不足乱平，尹府哀小姓贫人子久居塞外，当为发代，唯掾以时移视事盈岁名尹府，须以调代＝到得归，叩＝头＝。（《敦》二四四B）

（681）酒三斛　　　　□□□

黍米二斛　　　酱二斗

白粺米二斛　　醯三斗

牛肉百斤　　　敦德尹遣史氾迁奉到。（《敦》二四六）

（682）云阳公乘以秉妻急恶故怨怼。至邑，杀□伤□□□□□□□□□□□□☐（《敦》二一九）

尉大君以秉伤辜半日死，元夫□等皆亡，大司空隆心公急发觉。臣谨案：五品不孙，典乐掌教大夫之□□（《敦》二二〇）

不往。大君使从者茂等往捽秉来，秉不肯□□□□□□□□□□使绳扼秉＝以刃伤茂三所。大君从欲前（《敦》二二一）

助茂，秉刃伤大君头一所。男庶人吉助茂缚秉。元夫与吉共摎杀秉，并使从兄梁杀秉子小男毋歯，斫杀秉妻。（《敦》二二二）

(683) 戍卒效谷常利里张诩，年亖十，(《敦》二五二)

戍卒下辨竹里成众，年二十六，省府。凌胡　府　成众代杨鸿——(《敦》二五四)

戍卒循成富里左丰，年三十五，省府，木工，美水　府(《敦》二五三)

戍卒脩成当利里杨冯，年亖十，省府　取代　省府——(《敦》一〇一〇)

戍卒循成泉里索歆，年亖十　能为枭履　步昌　□□▨(《敦》二七〇)

戍卒何池大昌里上官诩，年二十□▨(《敦》二五五)

戍卒何池下贵里李东，年二十三　卩　上□府　李东代李亥丁(《敦》二五六)

戍卒何＝池＝里王晏，年三十，上▨(《敦》二五七)

戍卒何池耶里绿诩，年二十桼，上　益昌　府　绿诩代阴蓬下(《敦》二五八)

戍卒河＝池＝里王育，年二十桼，　卩　上　美水　王育代董获　丁(《敦》一〇〇八)

戍卒故道官里董获，年三十八，富昌　府　董获代射大腾丁(《敦》一〇〇九)

▨卒故道市阳里杨崔，年二十三，上　□富昌，今凌胡——杨崔代刑枚　丁(《敦》二六八)

戍卒故＝道＝里上官宏，年二十五，上、步昌　步昌　□尚官代樊歆　丁(《敦》二六九)

(684) □右二人厌胡(《敦》二五一)

□右二人破胡(《敦》二五九)

□右二人广昌(《敦》二六五)

□右二人步昌(《敦》二七一)

□右二人广武(《敦》二七三)

□右二人莫当(《敦》二七一)

(685) ▨敦德诣关，二十六日夜到郊部监从事。(《敦》二八八)

(686) 出秎麦九斗　——以给卒□□二月食。(《敦》三一二)

出秎麦一斛八斗　以给卒麦永三月食。(《敦》三一三)

出秎麦一斛八斗　以给卒耿咸三月食。(《敦》三一四)

出麋九斛　正月出□(《敦》三一五)

出秎麦一斛九斗　——以食卒贡秋正月食。(《敦》三一六)

出麋五斛一斗　正月十一日中舍子通取。(《敦》三一七)

(687) 候吏所贷黍、稷米计。

(以上为第一栏，字体较大)

王子严取粟五升，直一斗。又贷稷米□斛。

候虏张卿稷米☰升，黍米二升为社。

张倬君稷米☰升，黍米二升为社。

(以上为第二栏)

□□□□☑

为稷米☰升为社。

(以上为第三栏)(《敦》三六四)

(688) 敦德糒秎十二月八日食百八十六人　□□□月十六日食。(《敦》三九五)

(689) ☑……令史伋、候长诩敢言之。谨拘校造史左衰二年九月尽三年□□□及禄□□□诩及衰出□以廪，余当收入□(《敦》三九七)

(690) 八月二十八日乙酉☑(《敦》四〇九A)

案(《敦》四〇九B)

(691) 关西曹王谏米☰斗　士王沌　麦一斛　☑(《敦》四一七)

(692) 名状。其秩命士以上先以闻，以明好恶，臣稽首以闻(《敦》四九二)

(693) 今有余泉九千二百八十八在司马君舍，其五千当有所　卩(《敦》五〇一)

(694) ⧈盐临泉二千五百　积稚卿(《敦》一一二五)

(695)　　　　长斧☰

守御器簿　长椎☰

　　　　　蓬呈☰

　　　　　棓☰(《敦》一八〇六)

(696) 官告广新隧长☑

教　　　　　　☑（《敦》一八五五）

(697) 玉门广新燧☑（《敦》一八五六A）

大黄承弦一☑（《敦》一八五六B）

(698) ▨玉门广新燧☑（《敦》一八五七A）

▨三石具弩☑（《敦》一八五七B）

(699) 广新燧长赵丰　☑（《敦》一八六四）

(700) ☑广新燧长张渊奉缣三丈三尺☑（《敦》二〇二四）

(701) ☑库事尹骑千人秉☑（《敦》一八八七）

(702) 玉门候造史龙勒周生萌　亢健，可为官士吏。（《敦》一八九八）

(703) 周生萌白☑（《敦》一九〇一）

(704) 却适士吏张博　闰月丁未持致籍诣尹府。（《敦》一九〇〇）

(705) 与讯守丞况、玉门关候蒲、候丞兴：尹君所遣史宜致关籍诣官（《敦》一九三〇）

(706) 都尉姓吕□君家在常安。

司马丞王游房家在□□。

(以上为第一栏)

府司马文尹家在缪□。十人日少□　☑

司马□□□家在常安。关候名　　☑

(以上为第二、三栏)（《敦》二〇四二A）

长……（《敦》二〇四二B）

(707) ☑闲田武阳里　年三十五岁，姓李氏，除为　万岁候造史，以掌领吏卒为职（《敦》二一九〇）

(708) 南阳大守掾史、宛邑令闻安众侯刘崇谋反，欲入宛邑城，先发吏民杜关城门距射，崇等（《释粹》七六ESC·一A）

十六（《释粹》七六ESC·一B）

以故不得入遂其逆乱者（《释粹》七六ESC·二A）

十七（《释粹》七六ESC·二B）

释文附

(709) 遮虏队长左众　今兼定新队长（《敦》二六二）

(710) □右凡出秎麦十一斛二斗　士吏姜曾夕从玉门所廪（《敦》二九一）

(711) 入粟糜黍十八斛　其二十黍斛粟，五十一斛糜　正月癸亥，掾田褒受龙勒三官掾周生期。（《敦》三一一）

(712) 八月旦入关食麦一斛五斗当还入（《敦》三三〇）

(713) 夜□□□□□□□□□□□□□□□□□□□诣敦□鄯善
侯谷□□焉耆讨□车师（《敦》四六〇A）
□□□□（《敦》四六〇B）

(714) ▨……将得所部城□（《敦》四六二A）
▨敢告……（《敦》四六二B）

(715) ▨　记钦白报　　　▨
▨　当持可恨怒何等□　▨（《敦》七一二）

(716) 车师，绝水草，使可以处▨塞，恐民与马畜不能遣□□□□以使利□▨（《敦》八六二）

(717) 羊二千余头、马数十匹，虏所略车师大女亟干亡求言虏死者（《敦》九六二）

(718) 臣厶伏自念天姓愚顿，未有以结诚达信（《敦》九七〇）

(719) □　出□□　出□□

□　出□□　出十□

□　出□□　出三十三⧄

出□□（《敦》二三二〇）

(720) ⧄十九岁，长桼尺⧄（《新简》EPT 二·三四）

(721) ⧄□□□私留桼⧄（《新简》EPT 五·一五七）

(722) ⧄　六　桼（《新简》EPT 五·二二六）

(723) ⧄桼月二□⧄（《新简》EPT 五·二二七）

(724) ⧄十月食禄二丈二尺（《新简》EPT 七·五一）

(725) ⧄……三月禄粟十⧄（《新简》EPT 一〇·四七）

(726) 夏侯谭——二月禄布三丈六尺、帛二丈六尺　三月壬午自取。卩（《新简》EPT 二七·一〇）

(727) 入谷五千五百二斛　受城仓　吏⧄（《新简》EPT 二七·一一）

(728) ⧄卯人定桼分半分，付第□燧⧄（《新简》EPT 二七·五一）

(729) ⧄六月禄帛三丈三尺⧄（《新简》EPT 二七·一九九）

(730) ⧄□车十桼□⧄（《新简》EPT 四三·二二五）

(731) ⧄闰月食三斛⧄（《新简》EPT 四三·二二七）

(732) ⧄积十日□桼⧄（《新简》EPT 四三·二四八）

(733) 二百桼十后备吏骑士胜敞⧄（《新简》EPT 四三·二九三）

(734) ⧄月得若干斛从□⧄（《新简》EPT 四三·三一八）

(735) ⧄……　斛五斗（《新简》EPT 四三·三四〇）

(736) ⧄一斛三斗　七月乙丑自取。（《新简》EPT 四八·六二）

(737)　　十三日壬□

⧄□　　十四日□

□桼月　十五日　⧄

十六日（《新简》EPT 四八·九四）

(738) ⧄时粟五十斛三斗二升五合（《新简》EPT 四九·三一）

(739) ⧄□禄月七斛（《新简》EPT 五二·三九一）

(740) ⧄□□隧长桼斛（《新简》EPT 五二·七九九）

(741) ⧄十一月食一斛五斗（《新简》EPT 五四·一一）

(742) ⧄正月尽三月禄用（《新简》EPT 五七·二三 A）

⧄属普、书佐恭（《新简》EPT 五七·二三 B）

（743）出糜一斛二斗，正月丁亥以食止北燧辅烽摩下延年里万道一人尽癸卯十七日☐（《新简》EPT五八·一一）

（744）□凡谷三百九十九斛六斗六升大（《新简》EPT五八·一五）

（745）　　　　　　　　　　卒沐恽作席。

二月十二日见卒桼人　卒邴利作席。

卒郭并取蒲。（《新简》PET五九·四六）

（746）取□猪一，青黍十斛　如其□□□□（《新简》EPT五九·一〇八）

（747）枭长二百桼十六（《新简》EPT五九·一七四）

（748）□最候以下吏百八人　未得积三百　五斛六斗六龠（《新简》EPT五九·一七七A）

芗（《新简》EPT五九·一七七B）

（749）□伤燧卒射勇　五月食二斛二斗二升少　五月甲子自取。（《新简》EPT五九·一七九）

（750）☐卒朱并　五月食二斛二斗二升少　五月癸未□（《新简》EPT五八·一九二）

（751）☐　二月禄布二匹　☐（《新简》EPT五九·二九七）

（752）☐食三斛☐（《新简》EPT五九·四六五）

（753）□得粟桼斗

□□粟二石

□□粟二斗

□□粟一斗（《新简》EPT五九·五二七）

（754）第桼隧长孙级☐（《新简》EPT五九·五三一）

（755）☐□掾谭知并不日迹（《新简》EPT五九·五三三）

（756）城北施行皇丰　三月食三斛（《新简》EPT五九·五四四）

（757）出粟一斛　□以食子□（《新简》EPT五九·五八七）

（758）☐辟到第桼☐（《新简》EPT五九·五八八）

（759）☐马一匹食斛☐（《新简》EPT五九·五九九）

（760）☐史　史　启　卩　负百桼十一（《新简》EPT五九·六五九）

（761）☐桼月禄帛三丈三尺　☐（《新简》EPT六五·七九）

（762）燧长六十桼人，凡桼十桼人，其十▨（《新简》EPT六五·一六九）

（763）十桼日　壬　辛　辛　庚　庚　己
戌　卯　酉　寅　申　丑（《新简》EPT六五·一九五）

天李子　壬　卯　午　酉　子　卯　午　酉　子　卯　午　酉（《新简》EPT六五·一九六）

（764）▨政　闰月食三斛　▨（《新简》EPT六五·二一〇）

（765）锑庭候长王护　坐队长薛隆误和受一苣火，适载转一两到□▨（《新简》EPT六五·二二八）

（766）吞远燧卒宗叔　闰月食三斛　▨（《新简》EPT六五·二五二）

（767）箕山燧卒张诩，今召往　十一月食一斛　▨（《新简》EPT六五·二五五）

（768）万年燧卒窦广　十月食三斛（《新简》EPT六五·二六一）

（769）第十桼燧卒郑诩　闰月　▨（《新简》EPT二二·五八八）

（770）▨十月食三斛□□▨（《新简》EPW·一五）

（771）▨第桼燧长东郭章　▨（《新简》EPW·二〇）

（772）▨第桼燧　▨（《新简》EPW·四四）

（773）□右城北部卒桼人　□□□桼人九斗（《新简》EPW·八七）

（774）第十桼候长冯章▨（《新简》EPW·一三七）

（775）▨□□□粟二斛。谨验问□服负▨（《新简》EPW·一四五、一四六）

（776）▨三月禄用盐十九斛五斗（《合校》一五四·一〇）

（777）▨少二百桼十（《合校》一五四·三三）

（778）▨未得十二月食用谷二百五十二斛▨（《合校》二二五·四，二二五·二〇）

（779）▨长燧长　马一匹，駹，牡，齿桼岁，高五尺桼寸。（《合校》二二五·四四）

（780）▨卩　三月食三斛（《合校》二三一·五三）

(781) 三年桼□□□□（《新简》二三一·七七）

(782) ☑九月禄用帛一匹四寸（《合校》二六六·一五）

(783) ☑桼日　/佐东□（《合校》四三五·二四）

(784) 黍米一斛☑（《合校》四八〇·六）

(785) ☑禄用帛十八匹一☑（《合校》四八〇·一一）

(786) ☑三斛　六月乙亥自取。（《合校》四八二·五）

(787) 田卒大河郡东平陆常昌里公士吴虏，年三十四（《合校》五〇九·一）

(788) 戍卒河东皮氏成都里上造傅咸，年二十（《合校》五三三·二）

考证之部

考证一　数量词与货币

新莽时期使用的一些数量词和货币名称，有明显的时代特征，是进行简牍断代的重要依据，但它们大多是始建国二年后才形成，如：

≣

第四部居摄元年……（《合校》一五四·三四）

居聑三年四月……（《敦》二八二，二八三）

始建国元年四月……（《敦》一八五）

始建国二年四月……（《新简》EPT 七·九，五二·二一七）

始建国二年……冯喜等十四人廪……（《新简》EPT 四·四八 A）

〔始〕建国≡年毋出入☐（《新简》EPT 四·八）

始建国≡年……（《新简》EPT 五九·四五、三四八；《合校》九六·

一，二一〇·一〇）

始建国≡年二月……（《敦》一九二 A）

始建国≡年三月……（《敦》一九一）

始建国三年十月旦乘塞外尽≡年九月……（《新简》EPT 五九·三三九）

始建国≡年……（《新简》EPT 五九·八八三）

〔始〕建国≡年……（《新简》EPT 四·一〇）

始建国≡年尽五年……（《新简》EPT 五九·三一九）

始建国天凤一年≡月尽六月≡时算（《新简》EPT 五九·三三一 A）

〔始建〕国天凤一年十二月己巳朔丁丑，甲沟第≡候史并……（《新简》EPT 二二·六八五）

始建国天凤三年……甲沟守候迁告第≡□（《新简》EPT 六·五五）

始建国天凤≡年正月……（《敦》一八一，七〇，九九，一四二）

（始建国天凤≡年）河西≡郡精兵……（《敦》五一）

（始建国天凤≡年）立≡国解……（《敦》一〇六）

二十≡（《敦》三八二）

始建国天凤≡年六月……谨移≡月尽六月当食者案……（《新简》EPT 六八·一九四）

……始建国天凤≡年≡月……（《新简》EPT 六八·一九五）

（始建国天凤≡年）≡月尽六月……（《新简》EPT 六八·一九六）

（始建国天凤≡年）≡月二十日……（《新简》EPT 六八·一九七）

（始建国天凤≡年）≡月尽六月积……（《新简》EPT 六八·一九八）

（始建国天凤≡年）≡月尽五月三日减积二十……（《新简》EPT 六八·一九九）

（始建国天凤≡年）≡月尽六月积二十三月。（《新简》EPT 六八·二〇〇）

（始建国天凤≡年）≡月尽五月三日减积≡十一月。（《新简》EPT 六八·二〇一）

（始建国天凤≡年）≡月尽五月≡日积二十一月。（《新简》EPT 六八·二〇二）

（始建国天凤≡年）≡月尽五月≡日……（《新简》EPT 六八·二〇三）

（始建国天凤≡年）≡月尽六月积八十≡月，（《新简》EPT 六八·二〇

四）

（始建国天凤亖年）亖月尽五月晦减积……（《新简》EPT 六八・二〇五）

（始建国天凤亖年）亖月尽六月……（《新简》EPT 六八・二〇六）

……始建国天凤亖年亖月尽六月……（《新简》EPT 六八・二〇七）

☐天凤亖年八月……（《敦》一五四八）

☐始建国天凤亖年☐（《敦》一八八三）

☐始建国天凤亖年☐（《敦》一八八四）

第十亖队长……始建国天凤五年正月……（《新简》EPF 二二・四三九）

始建国天凤五年桼月……甲沟守候恭谓第亖（《新简》EPF 二二・六七五）

……新始建国地皇上戊元年亖月……（《新简》EPF 四八・二一）

新始建国地皇上戊二年……亖时薄（《新简》EPT 二二・四六八 A、B）

☐皇上戊亖年亖月戊寅……（《新简》EPT 四三・二〇）

新始建国地皇上戊亖年亖月辛☐……（《新简》EPT 六五・二六〇）

新始建国地皇上戊亖年亖月……（《合校》三九四・三，四六九・一）

新始建国地皇上戊亖年五月……（《新简》EPF 二二・三五九 A）

新始建国地皇上戊亖年六月……（《合校》一五四・三五）

新始建国地皇上戊亖年七月……（《新简》EPF 二二・二三六）

新始建国地皇上戊亖年桼月……（《新简》EPF 二二・三三四）

新始建国地〔皇〕上戊亖年桼月尽九月……（《新简》EPF 二五・一）

新始建国地皇上戊亖年桼月尽九月……（《新简》EPF 二五・二）

新始建国地皇上戊亖年八月……（《新简》EPF 二二・三三六）

……新始建国地皇上戊亖年八月……（《新简》EPF 二二・三七七）

新始建国地皇上戊亖年八月……（《新简》EPF 二二・三八〇A）

☐始建国地皇上戊亖年八月庚午……（《新简》EPF 二二・四八四）

新始建国地皇上戊亖年十月……（《新简》EPF 二二・二四二）

新始建国地皇上戊亖年十一月……（《新简》EPF 二二・二七三 A）

新始建国地皇上戊亖年十一月……（《新简》EPF 二二・四八三）

☐皇上戊亖年☐……（《新简》EPT 二七・五九）

新始建国地皇上戊亖年（《新简》EPT 二二·三七八）

新始建国地皇上戊亖☐（《新简》EPW·一〇）

上述所见，居摄元年至始建国二年间，“四”的写法尚与两汉同，至迟始建国四年时，“四”字已写作“亖”。这种情形也见于新莽器铭，如新量斗铭：“律量斗风方六寸，深四寸五分，积百六十二寸，容十升。始建国元年正月癸酉朔日制。”[①] 新莽漆盘文：“常乐大官，始建国元年正月受，千四百五十至四千。”[②] “四”字仍是传统写法。至始建国四年，器铭所见“四”字则写作“亖”，如《汉金文录》卷二，二一六号新莽钟铭：“中尚方铜五斗钟一，重三十六斤，始建国亖年桼月工□□□东啬夫□掌护常省。”

桼

居摄元年七月（《合校》一三一·四，三三六·三〇）

……七石五斗……居聑三年三月……（《敦》二八四）

始建国二年桼月尽三年二月……（《敦》三五八）

始建国天凤二年桼月丙申朔戊戌……（《新简》EPT 五九·五七）

甲沟候官新始建国天凤上戊二年　桼月……（《合校》二一〇·三四）

（始建国天凤三年）会月桼日……（《新简》EPT 六·五六）

（始建国天凤亖年）其桼亖人……（《敦》四五）

（始建国天凤亖年）中军募择士桼百……（《敦》四七）

（始建国天凤亖年）桼月晦日……（《敦》六三）

（始建国天凤亖年）车师侯伯与妻子人民桼十桼人……（《敦》八八）

（始建国天凤亖年）桼十里，唯（《敦》一三七）

（始建国天凤亖年）将桼、八千人皆发……（《敦》一四九）

（始建国天凤亖年）十桼（《敦》三七八）

（始建国天凤亖年）积五十桼月。（《新简》EPT 六八·一九八）

（始建国天凤亖年）减积二十月二十桼日。（《新简》EPT 六八·一九

① 《汉金全集》，33～35页，日本二玄社，1960年11月。

② 王仲殊：《汉代考古学概论》，46页。

九）

（始建国天凤亖年）入戍卒桼人……（《新简》EPT 六八·二〇二）

（始建国天凤亖年）出戍卒桼人……减积桼月□日。（《新简》EPT 六八·二〇三）

始建国天凤五年桼月甲寅……（《新简》EPF 二二·六七四）

始建国天凤五年桼月乙丑……（《新简》EPF 二二·六七五）

新始建国地皇上戊元年七月乙未迹尽二年九月晦……增劳百桼十桼日半日，为五月二十桼日半日。（《敦》一八五四）

▨建国地皇上戊二年桼月丁……（《新简》EPT 六·一一九）

新始建国地皇上戊二年桼月尽九月……（《新简》EPF 二二·四六八 A、B）

居成部甲沟候官新始建国地皇上戊二年桼月尽九月……（《新简》EPW·九一）

新始建国地皇上戊亖年桼月己卯朔……（《新简》EPF 二二·三三四）

新始建国地〔皇〕上戊亖年桼月尽九月……（《新简》EPF 二五·一）

新始建国地皇上戊亖年桼月尽九月……（《新简》EPF 二五·二）

新莽器铭所见如前文所引新莽中尚方钟铭："……始建亖国年桼月……"又洪适《隶续》卷二、一："候钲，重五十桼斤。新始建国地皇上戊二年……"简文所见"七"写作"桼"的最早年代是始建国二年。

二十

入粟大石廿五石……居摄三年三月戊申▨（《新简》EPT 七·一〇）

出粟大石廿五石……始建国二年正月……（《新简》EPT 五九·一七五）

始建国三年余计缇绀胡二十亖……（《新简》EPT 四·八）

……第二十一燧长居延沙阴里上造周扬，年二十八，始建国三年……（《新简》EPT 七·五）

入粟大石二十五石……始建国五年六月……（《合校》一六·二）

始建国五年九月丙午朔乙亥，第二十三燧长……（《新简》EPT 五·一）

入粟大石廿五石……始建国六年二月……（《合校》二六六·三二）

☐年二十八　始建国天凤二年☐（《新简》EPC·七）

……冯匡，年二十一　始建国天凤三年闰月……（《合校》二二五·一一）

（始建国天凤亖年）米糒少簿二百二十六斛……（《新简》EPT六·五四）

（始建国天凤亖年）中军募择士桼百二十人……（《敦》四七）

（始建国天凤亖年）二十六日上急责……（《敦》五一）

……节二十三日至泉都……（《敦》一四三）

（始建国天凤亖年）二十（《敦》三七九）

（始建国天凤亖年）二十一（《敦》三八〇）

（始建国天凤亖年）二十二（《敦》三八一）

（始建国天凤亖年）二十三（《敦》三八三）

（始建国天凤亖年）二十亖（《敦》三八二）

（始建国天凤亖年）二十八（《敦》三八四）

（始建国天凤亖年）三月余戍卒二十一人……（《新简》EPT六八·一九六）

（始建国天凤亖年）出戍卒二十一人……（《新简》EPT六八·一九七）

（始建国天凤亖年）……减积二十月二十桼日。（《新简》EPT六八·一九九）

（始建国天凤亖年）积百二十三月。（《新简》EPT六八·二〇〇）

（始建国天凤亖年）积二十一月。（《新简》EPT六八·二〇二）

（始建国天凤亖年）入戍卒二十八人……（《新简》EPT六八·二〇四）

（始建国天凤亖年）出戍卒二十八人……（《新简》EPT六八·二〇五）

……齐当，年二十一，新始建国地皇上戊元年亖月（《新简》EPT四八·二一）

新始建国地皇上戊元年七月……为五月二十桼日半日。（《敦》一八五四）

两汉简牍“二十”皆作“廿”，如《敦》一七〇八A：“神爵二年十月廿六日……”《敦》一五六〇A：“永光五年……廿一日癸巳立秋。”《新简》EPF二二·二九：“建武三年十二月癸丑朔辛未……用牛一头、谷廿七石……”《敦》一九八七：“建武廿二年闰月廿六日……”《敦》一四四七：“……元嘉二年九月廿日丁酉起。”等等。新莽简牍所见，至迟是始建国三年已见“二十”的写法。

三十

……麦小石卅七石五斗□聑□　居聑三年三月戊辰……（《敦》二八四）

第卅三燧长始建国元年五月伐阅……（《新简》EPT一七·三）

始建国二年十月癸巳朔乙卯……用粟百卅六石……（《新简》EPT四·四八A）

（始建国天凤≡年）三十（《敦》三七二）

始建国天凤≡年六月甲申朔丁酉，三十井鄣候……（《新简》EPT六八·一九四）

三十井候官始建国天凤≡年≡月（《新简》EPT六八·一九五）

三十井候官始建国天凤≡年≡月尽六月……（《新简》EPT六八·二〇七）

三十井常……新始建国地皇上戊元年≡月（《新简》EPT四八·二一）

新始建国地皇上戊三年五月……甲沟、三十井、殄北……（《新简》EPT六五·二三A）

新莽器铭所见如《汉金文集》三七新莽钧权文：“律权钧重卅斤。始建国元年正月癸酉朔日制。”“三十”仍作“卅”，至始建国四年之中尚方钟则已写作“三十”[①]，与简文所见相符。两汉简牍所见皆作“卅”，如《敦》一六三五A神爵三年历谱见“卅日”。《敦》六二七：“▨年卅二　建始元年七月辛巳除▨”《新简》EPF二二·二九：“建武三年十二月癸丑朔辛未……以得卅二万……”《敦》一九六八A永元六年历谱见“卅日乙酉”。

① 《汉金全录》卷二，二一六中尚方钟。

≡十

入　郡仓居聑三年三月癸卯转两。粟小石卌一石六斗六升大……（《敦》二八二A）

始建国二年十月癸巳朔乙卯……郭卒周仁等卌一人省作府……（《新简》EPT四·四八A）

……泉九百≡十，始建国天凤一年十一月……（《新简》EPT五·三八）

始建国初年之新莽器铭“卌”的写法亦未改，如新莽量柄上铭文“始建国元年正月癸酉朔日制”，壁上铭文则为“律撮方五分而圜其外，庣旁四豪，冥卌分五氂，深四分，积百六十二分，容四圭”。“≡十”的写法当在“四”写作“≡”时才出现。

天凤一年

始建国天凤一年三月……（《新简》EPT六五·四一二）

始建国天凤一年五月……（《新简》EPT五九·二八二）

始建国天凤一年六月……（《新简》EPT五九·二二九）

始建国天凤一年≡月尽六月……（《新简》EPT五九·三三一A、B）

始建国天凤一年十月……（《新简》EPT五九·八五）

▨国天凤一年十一月……（《新简》EPT四·一）

始建国天凤一年十一月……（《新简》EPT五·三八）

始建国天凤一年十二月……（《新简》EPT五七·八）

〔始建〕国天凤一年十二月……（《新简》EPT二二·六八五）

▨始建国天凤元年十二月……（《敦》二〇二〇）

始建国天凤元年……（《敦》一九二五A）

历代纪年之首年皆称作“元年”，简牍所见凡额济纳旗破城子遗址出土之新莽天凤首年写作“天凤一年”，敦煌出土则作“天凤元年”，两地不同，或为地方自行改制，未遍及全国。

石 斛

麦小石卅七石五斗　居聑三年三月……（《敦》二八四）

入麦小石十三石五斗　居聑三年三月……（《敦》二八五）

入粟大石廿五石……居摄三年三月……（《新简》EPT 七・一〇）

粟小石卌一石六斗六升大　居聑三年四月……（《敦》二八二）

麦小石五十六石二斗五升　居聑三年四月……（《敦》二八三）

（始建国元年）八月食粟二斛少七斗……（《敦》三二二）

（始建国元年）八月食麦三斛多三斗……（《敦》三二三）

（始建国元年）五月食麦二石七斗……（《敦》三二四）

（始建国元年）十一月食麦二斛六斗……（《敦》三二六）

（始建国元年）食麦二石七升（《敦》三二七）

（始建国元年）十月食粟三石……（《敦》三二八）

（始建国元年）十一食麦二斛七斗……（《敦》三二九）

（始建国元年）八月旦入关食麦一斛五斗当还入。（《敦》三三〇）

出粟大石廿五石……始建国二年正月……（《新简》EPT 五九・一七五）

始建国二年……用粟百卅六石……（《新简》EPT 四・四八 A）

（始建国二年）中舍舍从者吉即莘　正月食穬麦二斛九斗，二年九月丁丑、乙已原、党付。……二石为穬麦一石三斗。　凡三石三斗九升，毕。（《敦》五四八）

（始建国二年）十二月食粟三石……（《敦》五五〇）

入粟大石二十五石……始建国六年（《合校》二六六・三二）

入粟大石五十石……始建国天凤一年三月……（《新简》EPT 六五・四一二）

（始建国天凤三年）米精少簿二百二十六斛……（《新简》EPT 六・五四）

……始建国天凤五年定入五百斛（《新简》EPT 五九・五四二）

始建国天凤六年三月……六月斛斗……（《合校》三四六・四四）

上引简文所见“石”与“斗”、“升”连用，显然是容量单位。西汉简牍所见皆以“石”为容量词，如《敦》一四四九 A：“元平元年七月庚子，禽寇卒冯时卖橐络六枚杨卿所，约至八月十日与时小麦七石六斗，过……”《敦》一六〇七 A、B：“……神爵五年三月三日……千六百卅二石五斗……”居摄年间亦然。始建国至天凤年间则“石”、“斛”并用，最突出的例子是上引之《敦》五四八简中，一简同时用“石”、“斛”称谓。新莽后期或仅用“斛”。东汉初亦为“石”、“斛”并用，如《新简》EPT 二二·二九：“建武三年十二月……谷廿七石……”《敦》一九八七：“入正月奉穬麦一斛　建武廿二年闰月廿六日癸巳，平望朱爵燧长宋力布受尉史仁。”《敦》二一七五 A：“入正月食穬麦三石　建武廿六年正月甲午，安汉燧长孙忠代王育受音。”故以“斛”为断代依据时，只能确定其上限不早于新莽始建国年间。

泉

货币名称与货币单位“钱”写作“泉”是新莽简牍的又一显著特征，例如：

出书绳百斤　泉九百≡十一　始建国天凤一年十一月庚☑（《新简》EPT 五·三八）

☑入儥泉五万九千九□☑（《新简》EPT 二·一九）

出赋泉千八百☑（《新简》EPT 四·三六）

☑□泉五十　十一月己未☑（《新简》EPT 五·一一〇）

☑邑千户，赐泉二百万（《新简》EPT 九·一）

马泉三百五十枚，愿☑（《新简》EPT 一七·三六 A）

马泉五千九百　出泉千付令史良、出泉千付殄北燧长郓诩、出泉千付故武贤燧长杜买。出泉千付□史徐严奉，(《新简》EPT 四〇·一一 A)

出泉二百捉万岁士吏冯晏奉　出泉千士吏陈褒赋故高沙燧长□宣。(《新简》EPT 四〇·一一 B)

书佐杜出泉三千三百五十。其千王元□□昌里汜彭□□入。三百五十□赏。六百五十徐芎。三百五十单充。九百王宗。　二月己卯尉史就付书佐杜宏。(《新简》EPT 四〇·五)

第廿三部责泉千三百廿，少六百八十☑（《新简》EPT 四〇·二〇）

尉史郑丰入马泉四千，少千五百。

出三千五☑

虏卒张□▨（《新简》EPT 四○・三七 A）

今见五百七十一（《新简》EPT 四○・三七 B）

▨　负燧卒贾光泉三百▨（《新简》EPT 四○・一九三）

出泉六百▨（《新简》EPT 四三・一六四）

▨九十二枚，枚五泉，直≡百▨（《新简》EPT 五○・二二二）

九月奉泉七百，少千四百六十九。宣又当得元年十二月辛丑尽二年。（《新简》EPT 五九・三○）

出赋泉八百　付郡库奉质直（《新简》EPT 五九・一六六）

万岁部泉桼十▨（《新简》EPT 五九・二四三 A）

▨　不输死牛泉千八百▨（《新简》EPT 五九・二五四）

常安城中庶士以下谷，它以直泉谷，度足皆予者而先奏焉。（《新简》EPT 五九・二六六）

一张掖居延都尉丰言愿入一月奉泉万二千。（《新简》EPT 五九・五三九）

入复当收泉，入八十，行用所市物当泉记□▨（《合校》九五・八）

月□　一戍□泉橐私去署买□□（《合校》九五・九）

出泉百廿　糴米粟三▨（《合校》一一○・三五）

▨何毋穷大黄金为物遗平即价流通不▨

▨□铢二十五物，铢卅十桼，直泉万，重二十斤。（《合校》二二五・四二）

▨受官泉六千

▨当□泉，积六匹一丈，匹千二百，积□泉三百，凡当匹七千八百▨

▨前圜泉二千三百，出泉六百五顾治圜财用直，余泉千六百八十五当得出付泉千二百五十泉。（《合校》二二五・四五）

出泉三百　糴梁粟五石▨（《合校》四七九・一五）

亭长王寿卿　入粟三石三斗，直泉二百六十四，偿奉长。（《敦》三六一）

候史宋君长　入麦二石九斗，直泉二百卅，偿奉长。（《敦》三六二）

常安，今月十二日到，拘校敦德泉谷，日闻如公之蜀中军试士（《敦》二二六）

郎及松子尚在，卖大骊以千泉送乘豪长侨，千泉送（《敦》二二八）

□□□□□益□欲急去，恐牛不可用，今致卖目宿养之，目宿大贵

朿三泉……（《敦》二三九A）

今有余泉九千二百八十八在司马君舍，其五千当有所（《敦》五〇一）

☐盐临泉二千五百 积稚卿（《敦》一一二五）

新莽居摄至天凤年间，曾进行四次货币改革：

首次于西汉末之居摄二年（公元7年），“更造货：错刀，一直五千；契刀，一直五百；大钱，一直五十，与五铢钱并行”（《汉书·王莽传》）。

第二次于始建国元年（公元9年），由于刘姓的刘字含卯、金、刀，引起王莽忌讳，于是废止以上所造错刀、契刀及西汉时通行的五铢钱，“乃更作小钱，径六分，重一铢，文曰‘小钱直一’，与前‘大钱五十’者为二品，并行”（《汉书·王莽传》）。

第三次于始建国二年（公元10年），当时发行了名目繁多的货币二十八种，即所谓“凡宝货五物，六名，二十八品”（《汉书·食货志》）。其中有货泉六品，“小钱径六分，重一铢，文曰‘小钱直一’。次七分，三铢，曰‘幺钱一十’。次八分，五铢，曰‘幼钱二十’。次九分，七铢，曰‘中钱三十’。次一寸，九铢，曰‘壮钱四十’。因前‘大钱五十’，为钱货六品，直各如其文”（《汉书·食货志》）。

第四次于天凤元年（公元14年）。罢大、小钱，行“货泉”、“货布”二种（《汉书·食货志》）。

《汉书》所述新莽货币中的“钱”字，出土实物皆作“泉”，如1957年至1958年间洛阳西郊汉墓出土的新莽钱，见“大泉五十”、“小泉直一”、“货泉”、“布泉”等[①]，又见下文所述，与简牍所见“钱”写作“泉”用法合。

在有“泉”字出现的简文中，《新简》EPT四〇·三七，《新简》EPT五九·三〇同时尚见“四”，《新简》EPT四〇·三七，EPT五九·三〇同时尚见“七”，《新简》EPT四〇·二〇，《合校》一一〇·三五同时尚见“廿”，《敦》三六二同时尚见“卅”，则知“钱”写作“泉”的年代早于“四”写作“亖”、“七”写作“桼”、“廿”写作“二十”、“卅”写作“三十”等。《合校》五〇八·一七：“⧄始元年三月斎泉。”“始”字前所缺或为“初”字。“初始”是新莽开始代汉的年号，或为后来追记。但毫无疑问，“泉”字的上述用法早于

① 中国科学院考古研究所洛阳发掘队：《洛阳西郊汉墓发掘报告》，载《考古学报》，1963（2）。

“亖”、“桼”、“二十”、“三十”等。初始年号，《通鉴》依《汉纪》、宋庠《通谱》作始初。然嘉靖荀纪改从《汉书》作初始，与汉简合，知作“始初”非是。

大黄布

□□士吏辛戎　十月禄大黄布十三枚（《新简》EPT五九·八四）

万岁候史宋良　十月禄大黄布十三枚（《新简》EPT五九·一九一）

推木候史冯长　十月禄大黄布十三枚　亖年正月己丑候长□□取。卩（《新简》EPT五九·一九二）

鉼庭士吏马良　十月禄大黄布十三枚（《新简》EPT五九·一九三）

尉史李崇　十月禄大黄布十三枚　十二月辛未自取。（《新简》EPT五九·一九四）

尉史吕普　十月禄大黄布十三枚　十二月辛未自取。（《新简》EPT五九·一九五）

士吏张桐　十月禄大黄布十三枚　十二月辛未自取。（《新简》EPT五九·一九六）

不侵候史赵竟　十月禄大黄布十三枚　亖年正月己丑候长茂取。（《新简》EPT五九·一九七）

□□□长赐林　十月禄大黄布十三枚　十二月丁丑候长良取。（《新简》EPT五九·一九八）

□□□□刘武　十月禄大黄布十三枚　十二月丁丑候长况取。（《新简》EPT五九·一九九）

俱起隧长邹相　十月禄大黄布十三枚　亖年正月己丑候长阳取。（《新简》EPT五九·二〇二）

平虏隧长郑钦　十月禄大黄布十三枚　亖年正月己丑候长诩取。（《新简》EPT五九·二〇三）

木中隧长王当　十月禄大黄布十三枚　亖年正月己丑候长武取。（《新简》EPT五九·二〇四）

万年隧长范护　十月禄大黄布十三枚　亖年正月己丑候长诩取。（《新简》EPT五九·二〇五）

却□隧长朱□　十月禄大黄布十三枚　☐（《新简》EPT五九·二〇六）

第一隧长周年　十月禄大黄布十三枚　☐（《新简》EPT五九·二〇

七）

第二隧长张业　十月禄大黄布十三枚　▨（《新简》EPT 五九·二〇八）

三墱隧长石隆　十月禄大黄布十三枚　十二月丁丑燧长况取。（《新简》EPT 五九·二〇九）

第≡候史郅严　十月禄大黄布十三枚（《新简》EPT 五九·二一〇）

第十一隧长榦永　十月禄大黄布十三枚　十二月丁丑隧长况▨（《新简》EPT 五九·二一二）

第十六隧长韦朋　十月禄大黄布十三枚（《新简》EPT 五九·二一三）

第十桼隧长杨霸　十月禄大黄布十三枚（《新简》EPT 五九·二一四）

第十八隧长张护　十月禄大黄布十三枚　十二月丁丑候长良取。卩（《新简》EPT 五九·二一五）

第二十九隧长董霸　十月禄大黄布十三枚（《新简》EPT 五九·二一六）

▨□□隧长周恽　十月禄大黄布十三枚　十二月辛未自取。卩（《新简》EPT 五九·二一七）

▨十月禄大黄布十三枚　十二月丁丑候长良取。卩（《新简》EPT 五九·二一八）

▨月禄大黄布十三枚　十二月丁丑候长良取。卩（《新简》EPT 五九·二一九）

□右第十部士吏以下吏十一人，用大黄百十≡三枚。（《新简》EPT 五九·二二〇）

第十桼候长芗良　十月禄大黄布十三枚▨（《新简》EPT 五九·二二二）

□最候以下吏百桼人　用大黄布千三百▨（《新简》EPT 五九·二二六 A）

▨十月禄大黄布十三枚（《新简》EPT 五九·二二七）

□右吞远部士吏以下吏九人，用大黄布百一十桼枚　今▨（《新简》EPT 五九·二二八）

大黄布，新莽货币之一，史籍称做“大布”，《汉书·食货志》：“大布、次布、弟布、壮布、中布、差布、厚布、幼布、幺布、小布。小布长寸五分，重十五铢，文曰‘小布一百’，自小布以上，各相长一分，相重一铢，文各为其布名，直各加一百。上至大布，长二寸四分，重一两，而直千钱矣。是为布货十品。”张燕昌《金石契》（文史哲出版社，1971）录有“大布”钱范，曰：“右莽布母，重今广平十两又二钱，嘉兴金砚云所藏。列布一面一漫，篆文曰‘大布黄千’，乾隆甲午二月同秀水蒋春雨观。砚云癖嗜古泉，贮藏甚富，与吾乡马元石、海宁陈谁园相伯仲……”“洪遵《泉志旧谱》曰：“重七铢，长二寸三分，文曰‘大黄布刀’。张台曰：此亦王莽所铸，文曰‘大黄布刀’，莽自言黄虞之后，又改平帝安太后为黄室主，即大黄莽之自称也，意者岂非莽之初谓刀布一物，后分为二耶。李孝美曰：按此制作切类货布，但足外差广，铜色稍赤耳。《食货志》与《莽传》皆所不载。余按此布今世所存尚多。”“赵彦卫《云麓漫钞》，新莽大黄布刀文，谱家皆云布刀，细观篆文一点重即千字也。此币有布形无刀形，谓之刀误也，况布与刀二物不可得兼。曰千者，当千用之。”“张氏《泉录》，余得此布有二品，形制稍异，乃是大布黄千，则《汉书》所云莽布十品，大布价值千钱意谓是欤。而《泉志》所云大黄布刀了无意义。且篆文刀字岂有中多一点者乎，盖千字也。”“钱坫《古器款识》……大布横千，长二寸四分……”上文所引，前人读布文为“大黄布刀”、“大布黄千”、“大布横千”皆非也，据简文当读“大黄布千”为是。

大泉

▨齿八岁；其一黄，齿▨

▨泉五百，大泉五枚▨（《合校》二四〇·二六）

大泉，新莽货币之一，张燕昌《金石契》录大泉母范凡四种：

一云：“右新莽泉母，列泉四枚，二面二漫，篆文曰‘大泉五十’，海宁周明府松霭春所藏，云即竹垞太史见于衎斋者，惟底有篆似‘□金’字，何以竹垞跋语不及也。又王述庵先生藏一范与此正同，详江同年声跋尾。”

二云：“右大泉五十母，列泉六，三面三漫，篆文曰‘大泉五十’，藏家叔未清仪阁，较周公霭所藏泉多二枚，字画尤精劲，底有隶书‘日万泉’三言。泉范自竹垞太史拈出，世乃知珍重。近且出土日多，鉴藏家各有几枚，余所见不下数十，限于力，未及编摹。”“张廷济跋：范重今等十两，泉面背各三，肉好周正大，泉字皆作方折，张台《泉志》所载大泉五十，泉有字画俱方者此也。背有‘日万泉’三字，篆法遒劲，于所见泉范背文‘宜泉’、‘吉利’、‘富人大万’、‘日利’、‘大吉’，皆取吉祥，存之亦可备钟官一话矣。”

三云：“右泉母向藏余家，文曰‘大泉五十’，阴有分书‘大吉’，字甚佳。”“钱坫《古器款识》：右泉范厚五分，面宽二寸，容大泉五十，面背各二，背宽一寸七分，有‘大吉’二字，隶书。新莽泉范大概并取吉祥语。”

四云：“右泉母文曰‘大泉五十’，阴有篆文‘富人大万’字。乾隆甲寅醉司命日，余寄居外家，卒岁无聊，赵晋斋以金石拓本见赠，此其一也，时与梅花、水仙同助清兴，亦足以慰我寥寂矣。”“钱氏《古器款识》：右范厚六分，面长五寸，宽三寸七分，四边宽三分，内容‘大泉五十’，面背各三，位置不正，稍蚀不清；背长四寸五分，宽三寸五分，中四字，文曰‘富人大万’，篆书遒劲。余所得泉范甚多，独此大而奇。”

小泉

枚。缣素上贾一匹直小泉七百枚。其马牛各且倍平，及诸万物可皆倍牺和折威侯匡等所为平贾。夫贵者征贱，物皆集聚于常安城中，亦自为极贱矣。县官市买于民，民（《新简》EPT 五九·一六三）

小泉，新莽货币之一，《金石录》小泉范母二：一范三泉，三正三背；一范二泉，二正二背，文曰“小泉直一”。《古钱图说》：小泉二枚，皆一正一背。钱货六品，莽钱，文皆作泉，莽讳卯、金、刀，故用泉字，以为货宝于金，利于刀，流于泉，布于布，束于帛。郑樵云：谓之泉者言其形，谓之金者言其质，谓之刀者言其器，谓之货、谓之布者言其用。

此条言“牺和折威侯匡”，当指鲁匡，《莽传下》左将军公孙录议，“牺和鲁匡，设六筦以穷工商”，“左迁鲁匡为五原率正”。事在地皇二年。

追述简之数词

□□甲渠塞候长居延肩水里公乘窦何，年卅五　始建国天凤上戊五年正月丁丑除（《新简》EPT 二二·四四〇）

〼始建国地皇上戊四年七月乙巳除。(《新简》EPF 二二·四四一)

〼第十六燧长居延利上里上造郑阳，年卅七　始建国地(《合校》二三一·一〇六)

以上三例虽见新莽年号，但简文称“居延”而不称“居成”，称“甲渠”而不称“甲沟”(“居成”、“甲沟”皆为新莽称谓)，知其为东汉初所录，追述官吏于新莽时任命的时间。故凡追述及新莽事物之东汉简，其数词(“桼”除外)即不具新莽时特征。

考证二　职官与秩爵

大师　大傅　国师　大司马　大司徒　大司空

大师特进褒心侯臣匡、大傅就心公臣晏、国师歆▨

大司马利苗男臣䜣、司徒章心公臣寻、大司空□□□▨（《新简》EPT 一三·四）

大司空罪别之，州牧各下所部如诏书，书到言。（《新简》EPF 二二·六七）

尉大君以秉伤辜半日死，元夫□等皆亡，大司空隆心公急发觉。臣谨案：五品不孙，典乐掌教大夫之□□（《敦》二二〇）

大师，新莽四辅之一，史籍作“太师”，《汉书·百官公卿表》：“太师、太保，皆古官，平帝元始元年初置，金印紫绶。太师位在太傅上，太保次太傅。”“大师特进褒心侯臣匡”指王匡，《汉书·王莽传》始建国三年，“太师王舜自莽篡位后病悸，寖剧，死。莽曰：昔齐太公以淑德累世，为周氏太师，盖予之所监也，其以舜子延袭父爵，为安新公，延弟褒新侯匡为太师将军，永为新室辅”。简文见以褒新侯匡袭太师位。褒新侯前冠“特进”亦见《王莽传》。汉末平帝元始年间设太师亦与王莽直接相关，《汉书·孔光传》：“（平）帝年幼，太后称制，委政于莽。初，哀帝罢黜王氏，故太后与莽怨丁、傅、董贤之党。莽以光为旧相名儒，天下所信，太后敬之，备礼事光。所欲搏击，辄为草，以太后指风光令上之，睚眦莫不诛伤。莽权日盛，光忧惧不知所出，上书乞骸骨。莽白太后：'帝幼小，宜置师傅。'徙光为帝太傅，位四辅，给事中，领宿卫供养，行内署门户，省服御食物。明年，徙为太师，而莽为太傅。光常称疾不敢与莽并……"《汉书·平帝纪》元始二年注引张晏曰："王莽为太傅，孔光为太师，王舜为太保，甄丰为少傅，是为四辅。"居摄元年改少傅入四少秩。至始建国年间，新设国师、国将，与太师、太傅合称四辅。四辅之名由来甚早，马王堆《周易》后逸书有《黄帝四辅语》，见《经法·果童》。

大傅，亦新莽四辅之一，史籍作"太傅"。《汉书·百官公卿表》："太傅，古官，高后元年初置，金印紫绶。后省，八年复置。后省，哀帝元寿二年复置。位在三公上。""大傅就心公臣晏"指平晏，《汉书·王莽传》始建国元年，"又按金匮，辅臣皆封拜。……大司徒就德侯平晏为太傅，就新公"。天凤元年，"乃遣太傅平晏、大司空王邑之雒阳，营相宅兆，图起宗庙、社稷、郊兆云"。

国师，亦新莽四辅之一，始建国元年初设，《汉书·王莽传》始建国元年，"少阿、羲和、京兆尹红休侯刘歆为国师，嘉新公；广汉梓潼哀章为国将，美新公：是为四辅，位上公"。简文所见"国师歆"即刘歆。新莽即真后之四辅已由原来之太傅、太师、太保、少傅，变为太师、太傅、国师、国将。

大司马，新莽三公之一，《汉书·百官公卿表》："太尉，秦官，金印紫绶，掌武事。武帝建元二年省。元狩四年初置大司马，以冠将军之号。宣帝地节三年置大司马，不冠将军，亦无印绶官属。成帝绥和元年初赐大司马金印紫绶，置官属，禄比丞相，去将军。哀帝建平二年复去大司马印绶、官属，冠将军如故。元寿二年复赐大司马印绶，置官属，去将军，位在司徒上。有长史，秩千石。"汉末哀帝死后，王莽迁升大司马，大司马排次遂位于大司徒、大司空之前。"大司马利苗男臣䜣"指苗䜣，《汉书·王莽传》天凤元年三月，"策大司马逯并曰：'日食无光，干戈不戢，其上大司马印韨，就侯氏朝位。太傅平晏勿领尚书事，省侍中诸曹兼官者。以利苗男䜣为大司马。'"天凤二年，"大司马苗䜣左迁司命，以延德侯陈茂为大司马"。苗䜣任大司马职仅一年，则可断定《新简》EPT一三·四为天凤元年至二年物。又《王莽传》载，始建国四年，"是岁，改十一公号，以'新'为'心'，后又改'心'为'信'"。《新简》EPT一三·四尚见"褒心侯"、"就心公"、"章心公"称谓，则“心”改为“信”当为天凤二年之后事。

大司徒，新莽三公之一，《汉书·百官公卿表》：“相国，丞相，皆秦官，金印紫绶，掌丞天子助理万机。秦有左右，高帝即位，置一丞相，十一年更名相国，绿绶。孝惠、高后置左右丞相，文帝二年复置一丞相。有两长史，秩千石。哀帝元寿二年更名大司徒。武帝元狩五年初置司直，秩比二千石，掌佐丞相举不法。”《续汉书·百官志》刘昭补注引《汉官仪》：“王莽时议以汉无司徒官，故定三公之号曰大司马、大司徒、大司空。世祖即位，因而不改。”简文“司徒章心公臣寻”指王寻，《汉书·王莽传》：始建国元年，以“丕进侯王寻为大司徒，章新公”。

大司马，新莽三公之一，《汉书·百官公卿表》：“御史大夫，秦官，位上卿，银印青绶，掌副丞相。有两丞，秩千石。一曰中丞，在殿中兰台，掌图籍秘书，外督部刺史，内领侍御史员十五人，受公卿奏事，举劾按章。成帝绥和元年更名大司空，金印紫绶，禄比丞相，置长史如中丞，官职如故。哀帝建平二年复为御史大夫，元寿二年复为大司空，御史中丞更名御史长史。侍御史有绣衣直指，出讨奸猾，治大狱，武帝所制，不常置。”《通典》卷一九叙丞相云：“汉置丞相，尝置相国，或左右丞相，寻复旧。成帝改御史大夫为大司空，与大司马、丞相是为三公，皆宰相也。”《新简》EPT 一三·四“大司空□□□”，《敦》二二〇“大司空隆心公”当指王邑，《汉书·王莽传》始建国元年，以“步兵将军成都侯王邑为大司空，隆新公”。天凤元年，“乃遣太傅平晏、大司空王邑之雒阳，营相宅兆”。

中室御仆　黄室御

☐都水大司空右大夫使护宛。保忠信卿、六卿、中室御仆、黄室御、保成师傅

☐长六隧大夫……（《新简》EPT 五九·一五五 A）

中室，新莽皇后宫。新莽将“宫”称“室”，见《汉书·王莽传》，始建国元年，改“长乐宫曰常乐室，未央宫曰寿成室”。两汉皇后宫称“中宫”，如《汉旧仪》曰：“皇后称中宫。”《汉书·外戚传》师古注：“中宫皇后所居。”《周礼·内宰》郑玄注：“若今称皇后为中宫矣。”故“中室”当为新莽所改“中宫”名。御仆当为中室官名，未见史载。

黄室，黄皇室之简称，新莽所设皇太后宫，《汉书·外戚传》："莽立孝宣帝玄孙婴为孺子，莽摄帝位，尊皇后为皇太后。三年，莽即真，以婴为定安公，改皇太后号为定安公太后。太后时年十八矣，为人婉瘱有节操。自刘氏废，常称疾不朝会。莽敬惮伤哀，欲嫁之，乃更号为黄皇室主，令立国将军成新公孙建世子襐饰将医往问疾。后大怒，笞鞭其旁侍御。因发病，不肯起，莽遂不复彊也。及汉兵诛莽，燔烧未央宫，后曰：'何面目以见汉家!'自投火中而死。"师古曰："莽自谓土德，故云黄皇。室主者，若汉之称公主。"罗福颐《秦汉南北朝官印征存》五四六号见"黄室私官右丞印"，铜质，鼻钮，方2.3×2.3（厘米）。简文"御"当为黄室官名，未见史载。

大司空大夫　射声校尉

军王游君，大司空大夫宋仲子，射声校尉任巨通（《敦》六二）

大司空大夫，新莽大司空属官，《汉书·王莽传》："置大司马司允、大司徒司直、大司空司若，位皆孤卿。更名大司农曰羲和……与三公司卿凡九卿，分属三公。每一卿置大夫三人，一大夫置元士三人，凡二十七大夫，八十一元士，分主中都官诸职。"则大司空大夫为大司空司若手下的三大夫。

射声校尉，新莽军官，《汉书·百官公卿表》："城门校尉掌京师城门屯兵，有司马、十二城门候。……射声校尉掌待诏射声士。虎贲校尉掌轻车。凡八校尉，皆武帝初置，有丞、司马。自司隶至虎贲校尉，秩皆二千石。"注引服虔曰："工射者也。冥冥中闻声则中之，因以名也。"应劭曰："须诏所命而射，故曰待诏射也。"西汉之射声校尉军为天子禁军，《汉书·刑法志》云"（武帝）内增七校"，晋灼曰："《百官表》中垒、屯骑、步兵、越骑、长水、胡骑、射声、虎贲凡八校尉，胡骑不常置，故此言七也。"新莽之射声校尉当亦然，盖沿汉制。简文所见为派赴西域作战之射声校尉，排次在大司空大夫之后。

牺和　纳言　纳言元士　牺和农丞　大农

枚。缣素上贾一匹直小泉七百枚。其马牛各且倍平，及诸万物可皆倍牺和折威侯匡等所为平贾。夫贵者征贱，物皆集聚于常安城中，亦自

为极贱矣。县官市买于民，民（《新简》EPT 五九・一六三）

制诏纳言：其□官伐材木取竹箭。始建国天凤〔二〕年二月戊寅下。（《合校》九五・五）

制诏纳言：其令百辽屡省所典，脩厥职务顺时气。 □始建国天凤三年十一月戊寅下。（《新简》EPT 五九・六一）

制诏纳言：农事有不收藏积聚，牛马畜兽有之者，取之不诛。 □始建国天凤三年十一月戊寅下。（《新简》EPT 五九・六二、六三）

☐丙辰，纳言元士（《新简》EPT 六五・一七五）

☐印章曰牺和农杨丞（《新简》EPT 五九・四九七）

☐ 今牺和农杨☐（《新简》EPT 五九・五八〇）

谓第二十三、锐庭候长：往事载大农茭部千束（《新简》EPF 二二・三八一）

牺和（后改名"纳言"），新莽九卿之一，《汉书・百官公卿表》："治粟内史，秦官，掌谷货，有两丞。景帝后元年更名大农令，武帝太初元年更名大司农。属官有太仓、均输、平准、都内、籍田五令丞，斡官、铁市两长丞。又郡国诸仓农监、都水六十五官长丞皆属焉。骚粟都尉，武帝军官，不常置。王莽改大司农曰羲和，后更为纳言。"《汉书・王莽传》载，始建国元年"更名大司农曰羲和，后更为纳言"。但《王莽传》居摄三年九月，已见"少阿、羲和刘歆"的记载，则"羲和"之称谓始建国前已有矣。始建国二年尚见"牺和置酒士，郡一人，乘传督酒利"。则"纳言"之称不早于始建国二年。

纳言元士，新莽纳言属官，《汉书・王莽传》载，始建国元年，新莽九卿每一卿"置大夫三人，一大夫置元士三人"。

牺和农丞，新莽牺和属官，分部主郡国，《汉书・平帝纪》元始元年，置"大司农部丞十三人，人部一州，劝课农桑"。牺和农丞当为大司农部丞之继续。简文"牺和农杨丞"之"杨"字，当为部丞之姓。

大农，大司农之简称，《汉书・食货志》："初置张掖、酒泉郡，而上郡、朔方、西河、河西开田官，斥塞卒六十万人戍田之。中国缮道馈粮，远者三千里，近者千余里，皆仰给大农。"新莽虽已改"大司农"为"羲和（纳言）"，大农之称谓犹存。

作士

爵疑者灋作士，督臧者考察，无令有奸圣恩，宜以时布，县厩置驿骑行诏书，臣稽首以闻。（《新简》EPF 二二·六四 A）

作士，新莽九卿之一，《汉书·百官公卿表》："廷尉，秦官，掌刑辟，有正、左右监，秩皆千石。景帝中六年更名大理，武帝建元四年复为廷尉。宣帝地节三年初置左右平，秩皆六百石。哀帝元寿二年复为大理。王莽改曰作士。"

尚书大夫

☐丁丑，尚书大夫武威男并下张掖、酒泉、文德□□，张掖属国大尉下当用者（《敦》二〇五三）

尚书大夫，新莽近侍官。《汉书·王莽传》："是时争为符命封侯，其不为者相戏曰：'独无天帝除书乎？'司命陈崇白莽曰：'此开奸臣作福之路而乱天命，宜绝其原。'莽亦厌之，遂使尚书大夫赵并验治，非五威将卒所班，皆下狱。"此赵并或即简文所云"并"。《王莽传》始建国元年正月朔，"是日，封拜卿大夫、侍中、尚书官凡数百人"。《秦汉南北朝官印征存》五四五所见"尚书大夫章"。似比二千石以上署曰"章"，如《封泥考略》著录之新莽官印封泥有"国师之印章"、"师尉大夫章"、"定胡都尉章"、"河南大尹章"、"吾符大尹章"、"雁郡大尉章"等，所署官名均为秩比二千石以上之官。此印文署"章"，故知尚书大夫官秩应在比二千石以上[①]。

车骑将军

事下车骑将军，求处复请去，何猥以□（《敦》九七六）

车骑将军，新莽武将称号，或如两汉间以三公四辅充任，《汉书·百官公

① 王人聪说。

卿表》："元始元年，大司马车骑将军王舜为太保车骑将军。"又："元狩四年，初置大司马，以冠将军之号。"注引师古曰："冠者，加于其上，共为一官也。"《续汉书·百官志》刘昭补注引蔡质《汉仪》："汉兴，置大将军、骠骑，位次丞相，车骑、卫将军、左右前后，皆金印紫绶，位次上卿，典京师兵卫，四夷屯警。"《百官志》又云："将军不常置。"本注曰："掌征伐背叛。比公者四：第一大将军，次骠骑将军，次车骑将军，次卫将军。"车骑将军之职掌通常为领禁兵，掌宫卫，参与中朝事，如《汉书·张安世传》："（张安世）为大司马车骑将军领尚书事。数月，罢车骑将军屯兵，更为卫将军，两宫卫尉、城门北军兵属焉。"

大使五威将帅（率）

入西蒲书二封 其一封文德大尹章，诣大使五威将莫府；一封文德长史印，诣大使五威将莫府。始建国元年十月辛未日食时，关啬夫受□□卒赵彭。（《敦》一八九三）

始建国天凤三年正月丁巳朔庚辰，使西域大使五威左率（《敦》七〇）

使西域大使五威左率都尉□□□（《敦》七六）

使西域大使五威左率都尉粪土臣厶稽首再拜上书（《敦》一一八）

始建国天凤三年正月戊辰，使西域大使五威左率都尉（《敦》一四二）

使西域大使五威左率都尉粪土臣厶稽首再拜上书（《敦》一四六）

厶叩头言□愿封刺写符命紫阁署五威将事，为闻十一月有诏书，录趣军功事（《敦》九七五）

☐□东部五威率言厨传食者众，费用多，诸以法食者皆自斋，费不可许。（《新简》EPF 二二·三〇四）

德侯，西域、东域、北域将帅……（《敦》二〇六二）

大使五威将帅，新莽所设特使，分部巡行全国，《汉书·王莽传》：始建国元年秋，"遣五威将王奇等十二人班《符命》四十二篇于天下。……五威将奉《符命》，赍印绶，王侯以下及吏官名更者，外及匈奴、西域，徼外蛮夷，皆即授新室印绶，因收故汉印绶。赐吏爵人二级，民爵人一级，女子百户羊酒，蛮夷币帛各有差。大赦天下。"将帅为将与帅之合称，《王莽传》云："五威将乘《乾》文车，驾《坤》六马，背负鷩鸟之毛，服饰甚伟。每一将各置左右前后中帅，凡五帅。衣冠车服驾马，各如其方面色数。将持节，称太一之使；帅持幢，称五帝之使。莽策命曰：‘普天之下，迄于四表，靡所不至。’其东出者，至玄菟、乐浪、高句骊、夫馀；南出者，隃徼外，历益州，贬句町王为侯；西出者，至西域，尽改其王为侯；北出者，至匈奴庭，授单于印，改汉印文，去‘玺’曰‘章’，单于欲求故印，陈饶椎破之，语在《匈奴传》。单于大怒，而句町、西域后卒以此皆畔。饶还，拜为大将军，封威德子。”简文所见“西域、东域、北域”之划分当与上文所云东出、西出、北出合。《王莽传》又载，始建国二年，“五威将帅七十二人还奏事，汉诸侯王为公者，悉上玺绶为民，无违命者。封将为子，帅为男”。

“率”通“帅”，《敦》七六等见“五威左率”，《新简》EPF 二二·三〇四见“五威率”，皆为“五威帅”之假借。《敦》七〇、七六、一一七、一一八、一四二、一四六之“使西域大使五威左率都尉”当指何封，《汉书·王莽传》：天凤三年，“遣大使五威将王骏、西域都护李崇将戊己校尉出西域，诸国皆郊迎贡献焉。诸国前杀都护但钦，骏欲袭之，命佐帅何封、戊己校尉郭钦别将。焉耆诈降，伏兵袭骏等，皆死。钦、封后到，袭击老弱，从车师还入塞。莽拜钦为填外将军，封剿胡子，何封为集胡男”。何封以五威帅身份领兵，故挂以“都尉”职名，简文所见其全称为“使西域大使五威左率都尉”。

西域都护　大都护　都护

西域都护领居卢訾仓守司马　□□□言□☐（《敦》五七）

候鄣，愿降归德。臣厶窃见大都护崇檄与敦德尹，亡已得乘姑墨城，孤处西（《敦》九一）

都护虏译持檄告戊部尉钦，车师前附城诩（《敦》一一二）

西域都护，新莽军官，统辖西域，承自西汉，《汉书·百官公卿表》：“西域都护加官，宣帝地节二年初置，以骑都尉、谏大夫使护西域三十六国，有副校尉，秩比二千石，丞一人，司马、候、千人各二人。”

大都护、都护，皆为西域都护之别称。大都护崇，即西域都护李崇，《汉书·西域传》：“天凤三年乃遣五威将王骏、西域都护李崇将戊己校尉出西域，诸国皆郊迎，送兵谷，焉耆诈降而聚兵自备。……李崇收余士，还保龟兹。数年莽死，崇遂没，西域因绝。”王人聪《新出历代玺印集释》二一八号录

"李崇之印信"，铜质，1.3×1.3（厘米），方形，其考释云："此印为新疆沙雅县裕勒都司巴克汉代遗址之采集品。"[①] 黄文弼《塔里木盆地考古记》释印文为"李崇之印"，末一字未能释出。《文物》1975年第7期《从新疆历史文物看汉代在西域的政治措施和经济》一文云："自汉宣帝至新莽时期，先后任西域都护的凡十八人，其姓名见于史册的有郑吉、韩宣、甘延寿、段会宗、廉褒、韩立、郭舜、杜建、但钦、李崇等十人。李崇于天凤三年（公元16年）至西域，后没于龟兹，在沙雅县裕勒都司巴克发现一颗铜印，篆刻阴文，共五字，为'李崇之印信'，这是李崇的私印。"

戊部尉

都护虏译持檄告戊部尉钦，车师前附城诩（《敦》一一二）

共奴与焉耆通谋，欲攻车师，戊部孤军，大都护〼（《敦》一一九）

去戊部，失将兵之义，罪当死，臣厶叩头死罪（《敦》一二〇）

不以时伏诛。臣愚窃不胜忿忿，与戊部尉钦计议（《敦》一二一）

戊部孔（乱），军程食货财尽，兵器败伤，箭且众（《敦》一二二）

厶移偏将军文德尹。乃戊部〼（《敦》一三一）

□□□□□□□□戊部尉猑獧里附城钦将吏士，故戊（《敦》一三四）

促信第一輩兵天灭，往令戊部吏士饥馁，复处千里，艰水草，食死畜，因（《敦》一四八）

闲以戊部饿乏，求至省减吏士，廪分振罢羸。闲县（《敦》九七一）

都尉君移戊部尉，械逮故若绝城钱况等有书，今（《敦》二〇三）

戊部尉，新莽戊己校尉之简称，屯驻西域，《汉书·百官公卿表》："戊己校尉，元帝初元元年置，有丞、司马各一人，候五人，秩比六百石。"注引师古曰："甲乙丙丁庚辛壬癸皆有正位，唯戊己寄治耳。今所置校尉亦无常居，故取戊己为名也。有戊校尉，有己校尉。一说戊己居中，镇覆四方，今所置校尉亦处西域之中抚诸国也。"《汉书·西域传》"汉徙己校屯姑墨"，注引师古曰："有戊、己二校兵，此直徙己校也。"《汉书·西域传》："元帝又置戊、

① 《新出历代玺印集释》，52页，香港，香港中文大学文物馆，1987。

己二校尉屯田车师前王庭。”西汉有戊、己二校似无疑问，但简文所见戊部尉钦，史籍作“戊己校尉郭钦”，如《汉书·王莽传》天凤三年，“诸国前杀都护但钦，骏欲袭之，命佐帅何封、戊己校尉郭钦别将”。则“戊部尉”当为“戊己校尉”之简称。

南将军

击虏兵，立≡国解。诸国传闻南逆将军已伏诛，立逮持（《敦》一〇六）

☐□南将军焦掳乘其力，子男皆死。今恭奴言鄯善反我，鄯善（《敦》一一四）

焉耆虏遝且将桼八千人皆发　与南将军期会车师（《敦》一四九）

南将军，匈奴将军，其军为匈奴右部主力。《汉书·匈奴传》始建国二年，“时戊己校尉史陈良、终带，司马丞韩玄，右曲候任商等见西域颇背叛，闻匈奴欲大侵，恐并死，即谋劫略吏卒数百人，共杀戊己校尉刁护，遣人与匈奴南犁汗王、南将军相闻。匈奴南将军二千骑入西域迎良等，良等尽胁略戊己校尉吏士男女二千余人入匈奴。玄、商留南将军所，良、带径至单于庭，人众别置零吾水上田居”。王先谦《补注》引周寿昌云：“匈奴只有左王将、右王将、左右大将等官，无称将军者。此南犁汗王所属称南将军，殆仿汉官制也。”《匈奴传》又载：“西域都护但钦上书，言：匈奴南将军右伊訾将人众寇击诸国……”

州牧　部监

☐以　时过可不冒哉，牧、监之部，其勉于考绩□☐（《敦》二一四二）

☐获断金之利焉。　始建国≡年五月己丑下☐（《敦》二一四三）

☐长六隧大夫，州部、牧监，郡卒正、连率、庶尹，关农沟曼大尉承书从事下当用者。（《新简》EPT 五九·一五五 A）

德侯，西域、东域、北域将帅，雍州、冀州物，西部、北部监，文德、酒泉、张掖、武威、天水、陇西、西海、北地（《敦》二〇六二）

上引《敦》二一四二、二一四三属同册书，王国维云："右二简简式书法一一相同，当为一书。……牧、监皆莽官，《莽传》天凤元年七月置州牧、部监二十五人，今始建国四年诏书已有牧、监，《莽传》系之天凤殆失之矣。"① 说是。

《汉书·百官公卿表》："监御史，秦官，掌监部。汉省，丞相遣史分刺州，不常置。武帝元封五年初置部刺史，掌奉诏条察州，秩六百石，员十三人。成帝绥和元年更名牧，秩二千石。哀帝建平二年复为刺史，元寿二年复为牧。"新莽州牧，沿用西汉旧称，但地位与职权皆大大提高，《汉书·王莽传》天凤元年，"置州牧、部监二十五人，见礼如三公。监位上大夫，各主五郡"。牧、监之设本于《周礼》，《周礼·太宰》："乃施典于邦国而建其牧，立其监。"《大司马》："置牧立监，以维邦国。"西汉之刺史仅掌诏条察州，而新莽之州牧则执掌军政大权，《汉书·王莽传》天凤三年，"乃遣并州牧宋弘、游击都尉任萌等将兵击匈奴，至边止屯"。"更遣宁始将军廉丹与庸部牧史熊击句町，颇斩首，有胜。"天凤六年，"更遣复位后大司马护军郭兴、庸部牧李晔击蛮夷若豆等，太傅牺叔士孙喜清洁江湖之盗贼"。地皇四年，"州郡各选精兵，牧守自将，定会者四十二万人，余在道不绝，车甲士马之盛，自古出师未尝有也"。故地皇元年，"赐诸州牧号为大将军"。地皇二年正月，"以州牧位三公，刺举怠解，更置牧监副，秩元士，冠法冠，行事如汉刺史"。由于州牧职权提高，他原来的职能交由牧监副承担。《合校》二八〇二见"州牧八命黄金印"，西汉之州牧佩银印，则佩黄金印者即相当三公与诸侯王，此无疑指新莽州牧印。《秦汉南北朝官印征存》五八九号见"魏部牧贰印"，王人聪云："'魏部'为新莽州部之名。王莽托古改制，更改地方行政区划，于州下置部。"② 说是。州牧位三公，而监位上大夫，监当在牧下无疑。《王莽传》天凤元年，"九州之内，县二千二百有三"。则州牧数为九。当年置州牧、部监二十五人，除州牧九之外，余下即为部监数。

大尹　尹　庶尹　卒正　连率

入西蒲书二封　其一封文德大尹章，诣大使五威将莫府；一封文德

① 《流沙坠简·屯戍丛残·簿书类四、五》

② 王人聪、叶其峰：《秦汉魏晋南北朝官印研究》，113 页。

长史印，诣大使五威将莫府。始建国元年十月辛未日食时，关啬夫受□□卒赵彭。（《敦》一八九三）

≡月己丑，张掖库宰崇以近秩次行大尹文书事、长史丞下部大尉官县承书从事下当用者，有犯者辄言，如诏书，〔书〕到言。

兼掾义、兼史曲、书吏迁金（《新简》EPT 五九·一六○）

十月丁卯，张掖大尹融、尹部骑司马武行长史事、丞博□□□□行库事□□□如律令书。掾戎、兼属护、书佐定（《新简》EPT 五九·三三八）

部□闾师郡大尹□□承书▨（《新简》EPW·九三）

酒泉大尹□书一封　酒泉大尹章（《合校》EPT 三五○·四○）

候郭，愿降归德。臣厶窃见大都护崇檄与敦德尹，亡已得乘姑墨城，孤处西（《敦》九一）

敦德尹书草（《敦》二○八 A）

酒≡斛　　　　□□□

黍米二斛　　　酱二斗

白粺米二斛　　醯三斗

牛肉百斤　　　敦德尹遣吏氾迁奉到。（《敦》二四六）

却适士吏张博　闰月丁未持致籍诣尹府。（《敦》一九○○）

……卒正、连率、庶尹，关农沟曼大尉承书从事下当用者。（《新简》EPT 五九·一五五 A）

北书一封，辅平连率章▨（《新简》EPT 四○·一九二）

九月己卯，行延亭连率事偏将军□□▨

劝农掾戎官县承书从事下□▨（《新简》EPT 五二·四九○）

延亭连率府行事▨

▨廉夫子门下奏发□▨（《新简》EPT 五九·六五五 A）

大尹、卒正、连率，皆为新莽所改郡太守称谓，《汉书·王莽传》始建国元年，“改郡太守曰大尹”。天凤元年，“莽以《周官》、《王制》之文，置卒正、连率、大尹，职如太守”。《王制》文云：“千里之外设方伯，五国以为属，属有长；十国以为连，连有帅（通‘率’）；三十国以为卒，卒有正。”《王莽传》所见卒正如“左迁鲁匡为五原卒正，以百姓怨非故”。连率如“唯翼平连率田况素果敢，发民年十八以上四万余人，授以库兵，与刻石为约”。

大尹如“牂柯大尹周歆”、“大尹程隆”。

尹、庶尹，皆为大尹之简称，《汉书·王莽传》：“天下吏以不得奉禄，并为奸利，郡尹县宰家累千金。”“群公、群牧、群司、诸侯、庶尹愿尽力相帅养牧兆民。”

六遂大夫

〼□六遂大夫，州郃茭尽，部卒已遣，卒□□□（《新简》EPT 五·六二）

〼长六遂大夫……（《新简》EPT 五九·一五五 A）

“遂”、“隧”、“队”通。“六遂”、“六隧”，《汉书·王莽传》作“六队”。天凤元年，莽“分三辅为六尉郡，河东、河内、弘农、河南、颍川、南阳为六队郡，置大夫，职如太守”。

保忠信卿

〼都水大司空右大夫使护宛。保忠信卿、六卿……（《新简》EPT 五九·一五五 A）

保忠信卿，新莽河南大尹称谓，《汉书·王莽传》天凤元年，“更名河南大尹曰保忠信卿。益河南属县满三十”。《水经·谷水注》三川郡，汉以为河南郡，王莽又名之曰保忠信卿，光武都洛阳以为尹。据简文作“卿”者是。杨守敬疏谓别无作卿之本，非也。

尹副咸　长史　偏将军

十月辛酉，将屯偏将军张掖大尹遵、尹骑司马武行副咸事、试守徒丞司徒〼

循下部大尉官县承书从事下当用者如诏书，书到言。兼掾义、史冯、书吏〼（《新简》EPF 二二·六五 A）

入西蒲书二封　其一封文德大尹章，诣大使五威将莫府；一封文德

长史印，诣大使五威将莫府。始建国元年十月辛未日食时，关啬夫受□□卒赵彭。(《敦》一八九三)

十月丁卯，张掖大尹融、尹部骑司马武行长史事、丞博□□□□行库事□□□如律令书。

掾戎、兼属护、书佐定(《新简》EPT 五九·三三八)

☐十二月庚子朔丙寅、偏将军

☐一牒(《敦》三)

九月己卯，行延亭连率事偏将军□□☐(《新简》EPT 五二·四九〇)

尹副咸，当为尹副貳之误。咸、貳形近。尹副貳，新莽郡大尹之副手。《说文》:“貳，副益也。”段注:“《周礼》注，副，貳也。”《秦汉南北朝官印征存》六〇一号见“水顺副貳印”。水顺，新莽郡名，《汉书·地理志》:“泗水国，故东海郡，武帝元鼎四年别为泗水国。莽曰水顺。”尹副貳相当于西汉之太守丞，于边郡又相当于长史，故《新简》EPF 二二·六五 A“尹骑司马武行副咸事”，而《新简》EPT 五九·三三八见“尹部骑司马武行长史事”，后者年代较早。

长史，新莽郡大尹副手，承自西汉制，《汉书·百官公卿表》，郡守，“有丞，边郡又有长史，掌兵马，秩皆六百石”。

偏将军，新莽将军称号，《汉书·王莽传》地皇元年，“外置大司马五人，大将军二十五人，偏将军百二十五人……赐诸州牧号为大将军，郡卒正、连帅、大尹为偏将军，属令长裨将军，县宰为校尉”。《敦》一三一见“厶移偏将军文德尹。乃戊部☐”，此为新莽天凤四年册书中的一简，所述为天凤三年事，则新莽设偏将军当早于天凤四年。

都尉　大尉　尉　裨将军　大尉丞

使西域大使五威左率都尉□□□(《敦》七六)

使西域大使五威左率都尉粪土臣厶稽首再拜上书(《敦》一一七)

使西域大使五威左率都尉粪土臣厶稽首再拜上书(《敦》一一八)

始建国天凤亖年正月戊辰，使西域大使五威左率都尉(《敦》一四二)

使西域大使五威左率都尉粪土臣厶稽首再拜上书(《敦》一四六)

一张掖居延都尉丰言愿入一月奉泉万二千。(《新简》EPT 五九·五三九)

都尉君移戍部尉，械逮故若绝城钱况等有书，今(《敦》二〇三)

若绝城同心士京县寿里钱况，年三十五，乃乙亥□☐(《敦》二八一A)

都尉姓吕□君家在常安。……(《敦》二〇四二 A)

☐□□队长上造李钦

始建国三年十月旦乘塞外尽≡年九月晦积三百☐

张掖延城大尉元、丞音以诏书增钦劳□☐(《新简》EPT 五九·三三九)

……关农沟曼大尉承书从事下当用者。(《新简》EPT 五九·一五五A)

≡月己丑，张掖库宰崇以近秩次行大尹文书事、长史丞下部大尉官县承书从事下当用者，有犯者辄言，如诏书，〔书〕到言。

兼掾义、兼史曲、书吏迁金(《新简》EPT 五九·一六〇)

☐□日令蒙忧大尉忧恙(《新简》EPT 五九·八一一 A)

……循下部大尉官县承书从事下当用者如诏书，书到言。兼掾义、史冯、书史☐(《新简》EPT 二二·六五 A)

南书五封　二合檄，张掖城司马，毋起日，诣设屏右大尉府……(《合校》二八八·三〇)

新始建国地皇上戊三年五月丙辰朔乙巳，裨将军辅平居成尉伋、丞谓 城仓、闲田、延水、甲沟、三十井、殄北：卒未得☐……付受相与校计，同月出入毋令缪，如律令。(《新简》EPT 六五·二三 A)

☐〔居〕成尉甲沟塞庶士士吏代和恢。(《新简》EPT 二七·四三)

南一封　居成尉诣使者掾高晏治所。(《新简》EPT 四〇·一七七)

始建国天凤三年十二月壬辰，敦德玉门行大尉事试守千人辅、试守丞况谓大前都：尹西曹聊掾行塞，蓬(《敦》一九三 A)

都尉，新莽武官职，承自西汉，《汉书·百官公卿表》:“郡尉，秦官，掌佐守典武职甲卒，秩比二千石。有丞，秩皆六百石。景帝中二年更名都尉。”又：“关都尉，秦官。农都尉、属国都尉，皆武帝初置。”《新简》EPT 五九·一五五 A 见“关农沟曼大尉”，则新莽都尉（大尉）的种类多于西汉，沟曼大尉从事水利设施建设管理。

大尉，新莽所改都尉称谓，古籍多作“太尉”，《汉书·王莽传》天凤元年，莽置“属令、属长，职如都尉。……缘边又置竟尉，以男为之……大尹、太尉，皆诣行在所”。据上引《敦》一四二所见，天凤四年尚有“都尉”称谓，则新莽执政期间当有部分都尉未更名，《王莽传》所见新莽末年亦有“耀金都尉”之称。

尉，大尉之简称。《王莽传》地皇元年，赐“属令长裨将军，县宰为校尉”。《河南文博通讯》1977 年第 2 期载有河南安阳县丰乐镇村北漳河南岸出土之裨将军印章。

大尉丞，大尉之副手，见上引《汉书·百官公卿表》。《秦汉南北朝官印征存》五九二见“武威后尉丞”即大尉丞之印章。

司马　骑司马　城司马　司马丞

多问陈司马、航司马，愿数数相闻，为檄欲移鄯善，毋使行也。（《敦》四六）

西域都护领居卢訾仓守司马　□□□言□☒（《敦》五七）

得毋病也。朱司马及焦并还，未闻西方，问不云何行（《敦》六四）

西域都护领居卢訾仓守司马鸿叩头死罪死罪。（《敦》九五）

☒西方起居也。李司马月支从即日（《敦》一〇〇）

司马丞王游房家在□□。府司马文尹家在缪□。十人日少□☒

司马□□□家在常安。关候名　　☒（《敦》二〇四二 A）

十月丁卯，张掖大尹融、尹部骑司马武行长史事、丞博□□□□行库事□□□如律令书。掾戎、兼属护、书佐定（《新简》EPT 五九·三三八）

十月辛酉，将屯偏将军张掖大尹遵、尹骑司马武行副咸事、试守徒丞司徒☒

循下部大尉官县承书从事下当用者如诏书，书到言。兼掾义、史冯、书吏☒（《新简》EPT 二二·六五 A）

延亭城司马官（《新简》EPT 五九·六五五 B）

南书五封　二合檄，张掖城司马，毋起日，诣设屏右大尉府……（《合校》二八八·三〇）

司马，新莽武官职，承自西汉，《汉书·百官公卿表》，卫尉下属“又诸屯卫候、司马二十二官皆属焉”。“中尉，秦官，掌徼循京师，有两丞、候、司马、千人。”“城门校尉掌京师城门屯兵，有司马、十二城门候。”“凡八校尉，皆武帝初置，有丞、司马。”又：“西域都护加官……有副校尉，秩比二千石，丞一人，司马、候、千人各二人。戊己校尉，元帝初元元年置，有丞、司马各一人，候五人，秩比六百石。”边郡部都尉亦置司马、千人，如《汉书·冯奉世传》如淳注引《汉仪》曰：“边郡置都尉及千人、司马，皆不治民也。”《汉书·王莽传》地皇元年，莽设“校尉万二千五百人，司马三万七千五百人，候十一万二千五百人”。《秦汉南北朝官印征存》五二〇至五二四号五见“军司马之印”，此即司马之印章。又五一三号见“校尉司马丞”印，证新莽之司马亦为校尉下属。司马丞，司马之副手，除上引印章，又五二五至五二八号凡四见“军司马丞印”。

骑司马，司马之别称，或与司马有分工，陈梦家云：“称骑千人则当为骑兵。”又云：“司马与骑司马，犹千人与骑千人。”[①] 可备一说。《合校》五七·二九见“司马宜昌将骑百八十二人从都尉追”，则司马亦率骑兵。

城司马，司马之驻守城官者，或负责城防事，如《百官表》“城门校尉”下之司马所职。

千人 骑千人

始建国天凤三年十二月壬辰，敦德玉门行大尉事试守千人辅、试守丞况谓大前都：尹西曹聊掾行塞，蓬（《敦》一九三 A）

☐始建国天凤☰年☐

☐库守宰尹千人忠☐（《敦》一八八四）

北书二封　其一封诣居延骑千人。

一封章破，诣□□赵卿治所。

五月戊寅下铺，推木队卒胜有受三十井诚埶卒樊隆；己卯蚤食五分，当曲队卒蔡宗付居延收降亭卒尹□□（《新简》EPT 五九·一五六）

☐库事尹骑千人秉☐（《敦》一八八七）

① 《汉简缀述》，43、44 页。

千人、骑千人，新莽武官职，见前“司马、骑司马、城司马、司马丞”解所引。

宰 库宰

□□城见行宰事遮虏□□□立妻　病困□钱□□病（《合校》乙附一一）

☐始建国天凤三年☐

☐库守宰尹千人忠☐（《敦》一八八四）

三月乙丑，张掖库宰崇以近秩次行大尹文书事、长史丞下部大尉官县承书从事下当用者，有犯者辄言，如诏书，〔书〕到言。

兼掾义、兼史曲、书吏迁金（《新简》EPT 五九·一六〇）

宰，新莽时期相当于两汉县令长级官员，《汉书·王莽传》始建国元年，莽改“县令长曰宰”。《秦汉南北朝官印征存》六〇八号见“棘阳县宰印”、六一六号见“脩合县宰印”、六一二号见“义沟道宰印”。

库宰，新莽县级库之主管。《秦汉南北朝官印征存》六〇五号见“属国仓宰印”。库与仓有区别，库存物，仓存粮，而管理方式则同。

城仓丞

始建国二年十月癸巳朔乙卯，城仓丞□移甲沟候官令史：鄣卒周仁等卌一人省作府，以府记廪城仓，用粟百卅六石。令史□曰卒冯喜等十四人廪五月尽八月皆遣，不当☐（《新简》EPT 四·四八 A）

居延仓丞

尉史崇发行事□□

十月戊午卒同以来（《新简》EPT 四·四八 B）

城仓丞，新莽城仓宰之副手。

丞　马丞　徒丞

南书五封　二合檄，张掖城司马，毋起日，诣设屏右大尉府。……右三封居延丞印，八月辛卯起。八月辛丑日餔时，骍北受橐佗莫尚卒单崇，付沙头率周良。（《合校》二八八·三〇）

闲田守马丞冯商　诣门下（《新简》EPT 四〇·三九）

居成闲田守马丞赵况叩头

白记（《新简》EPT 六五·三八一）

十月辛酉，将屯偏将军张掖大尹遵、尹骑司马武行副咸事、试守徒丞司徒▨

循下部大尉官县承书从事下当用者如诏书，书到言。……（《新简》EPF 二二·六五 A）

丞，新莽早期县宰副贰之称谓，承自西汉。

马丞、徒丞，新莽将县丞一分为三，分别称“马丞”、“徒丞”、“空丞”，《秦汉南北官印征存》六二〇号见“虢县马丞印”、六二一号见“陕县马丞印”、六二四号见“傿陵马丞印”、六三六号见“陕县徒丞印”、六三七号见“封丘徒丞印”、六四三号见“榦昌县徒丞”、六四四号见“阿陵空丞印”、六四六号见“乌伤空丞印”。王献唐云：“汉制各县令长以下，原有丞、尉之设，丞司文书主民事，尉司卒役主盗贼，又有司空主官狱。莽盖以此三吏，就其原有职掌，改易名称，非新设之丞也。徒丞为汉制县丞，本主民事，县丞亦然，故以徒丞名之。马丞为汉制县尉，司马掌武备，与尉职相合，因以丞名之。空丞为汉制司空，周之司空，犹云司工，掌水土工事，汉制县道工役，狱中罪人为之，故由狱吏典司，而名曰司空，与周官司空职掌略同，因以空丞名之。权位大小虽异，事则相若，欲别于中朝三公，故去司言徒言马言空，莽以中朝三公应天地人，义见《汉书·莽传》策文，推而及于县道，使上下通贯，乃悉更改汉官，又欲三吏平列见义，且均为县宰佐贰，因俱名曰丞。新莽设官分职，类依纬书诸说行之。其时县道吏名既屡改，无丞、尉、司空，故今传莽印封泥，不见县丞、县尉、县司空诸文，而别传徒、马、空三丞各印，徒丞即莽丞，马丞即尉，空丞即司空。”① 此说是。但马丞、徒丞、空丞之制并非新莽执政即有之，或新莽中期所改，而早期仍见县丞之称，如上引《合校》二八八·三〇所见。

候 鄣候 关候 候丞

居摄二年二月甲寅朔辛酉，甲渠鄣候放敢言之……（《新简》EPT八·一A）

始建国三年九月壬午朔辛亥，甲沟鄣候□敢言之……（《新简》EPT五九·三四八）

始建国天凤三年六月甲申朔丁酉，三十井鄣候习敢言之……（《新简》EPT六八·一九四）

新始建国地皇上戊三年十一月丁丑朔甲申，甲沟鄣候获叩头（《新简》EPT二二·二七三A）

八月戊戌，甲沟鄣候　敢言之……（《新简》EPT五·四）

☑朔己巳，甲沟鄣候放敢言☑（《新简》EPT五·一四〇）

☑沟鄣守候□敢言☑（《新简》EPT四八·七九）

甲沟鄣守候弘敢言之。府录曰：第☑（《新简》EPT六五·二七〇）

正月丁未，甲沟鄣守候君写移闲田狱如律令（《合校》九五·四）

二月乙亥，甲沟鄣候放　敢言之……（《合校》三一二·二三）

始建国天凤五年桼月甲寅，甲沟守候恭告尉谓不侵（《新简》EPT二二·六七四）

始建国天凤五年桼月乙丑，甲沟守候恭谓第三（《新简》EPT二二·六七五）

新始建国地皇上戊三年桼月己卯朔乙巳，甲沟守候阳敢言☑（《新简》EPF二二·三三四）

新始建国地皇上戊三年八月己酉朔戊辰，甲沟守候阳谓（《新简》EPF二二·三八〇A）

☑丞□移甲沟候□☑（《新简》EPT五·二〇七A）

甲沟候☑（《新简》EPT四三·一五〇）

① 《五镫精舍印话》，282页，济南，齐鲁书社，1985年4月。

☒沟守候得……（《新简》EPT 四三・二九八）

□最候以下吏百桼人　用大黄布千三百☒（《新简》EPT 五九・二二六 A）

☒月府吏遣甲沟候□卿……（《新简》EPT 六五・二五四）

与讯守丞况、玉门关候蒲、候丞兴：尹君所遣史宜致关籍诣官（《敦》一九三〇）

候，新莽武官，承汉制，《汉书・百官公卿表》所见卫尉、中尉、城门校尉、西域都护、戊己校尉下皆设候，《汉官仪》及《汉旧仪》亦载边郡“置部都尉、千人、司马、候”，《汉书・王莽传》地皇元年，莽设“司马三万七千五百人，候十一万二千五百人”。《秦汉南北朝官印征存》五九五号见“敦德尹曲后候”、五九六号见“敦德步广曲候”、五九九号见“得降却胡候”印，边塞之候，责在候望警戒，是候望系统候官的主持人。候丞，候之副手。

关候，候之别称，关所在之候官亦称关候，甘肃省文物考古研究所《敦煌马圈湾汉代烽燧遗址发掘报告》一文云：“自武帝至西汉末，均有‘玉门候’。今据马圈湾出土简，又称‘玉门关候’。劳榦认为，‘肩水本候官，因有关在，故亦曰关候矣’。故玉门关候为玉门候之别称，其属吏仍称‘玉门候丞’、‘玉门丞’。而‘玉门候史’、‘玉门候造史’、‘玉门候长’，应为玉门关候之下属。据马圈湾出土简，玉门候并非守关口的候官，其建制，除领属玉门关外，与一般主候望之候官并无区别。……由于玉门关为玉门候官的下属机构，玉门关候并不直接主持出入关事宜。”[①] 说是，新莽时仍称玉门候为玉门关候。《新简》EPT 五九・一五五 A 见“关农沟曼大尉”，则“玉门大尉”亦可称“玉门关大尉”矣。

鄣候，亦为候之别称。因候治所设鄣，故候官候亦称鄣候。讯守丞者，是包山简有新借迅尹。

塞尉

入粟大石二十五石　车一两，输候官　始建国六年二月己丑，将□

① 《敦煌汉简》，北京，中华书局，1991 年 6 月。

守尉☒（《合校》二六六·三二）

入粟大石五十石　车二两，输吞远队仓始建国天凤一年三月乙丑，将输守尉尊□□☒（《新简》EPT 六五·四一二）

居成甲沟候官尉冯彊……☒（《新简》EPT 六·二〇）

☒甲沟守尉良受城仓佐阳□（《新简》EPT 五九·五六五）

尉，塞尉，与新莽大尉之简称“尉”有区别。新莽设塞尉与汉制同，《百官志》“边县有障塞尉”，本注曰：“掌禁备羌夷犯塞。”又：“诸边障塞尉……皆二百石。”《合校》二八二·一五亦见“右塞尉一人秩二百石”。尉为候官候之副手，位于士吏、候长之上。

啬夫　都田啬夫　关啬夫

始建国元年三月壬申朔癸酉，大煎都丞审移郡仓：遣啬夫（《敦》一八四）

啬夫岑葆　前隧前亭舆赵昌——

昌从者前亭伏里孙真□□□☒（《合校》二八八·三一）

居成闲田都田啬夫孙匡当捕故掾孙☒（《新简》EPT 五九·二六五）

入西蒲书二封　其一封文德大尹章，诣大使五威将莫府；一封文德长史印，诣大使五威将莫府。始建国元年十月辛未日食时，关啬夫受□□卒赵彭。（《敦》一八九三）

啬夫，新莽乡级官员，承汉制，《汉书·百官公卿表》：“十亭一乡，乡有三老、有秩、啬夫、游徼。三老掌教化。啬夫职听讼，收赋税。游徼徼循禁贼盗。”《汉书·鲍宣传》：“为县乡啬夫，守束州丞。”《朱邑传》：“少时为舒桐乡啬夫。”啬夫之称谓不局限于乡，其他部门的主持官员亦可称啬夫，如上例所见“都田啬夫”及“关啬夫”，又《汉书·田广传》见“厩啬夫江德”，《何武传》见“市啬夫”，级别当与乡啬夫同。

都田啬夫，都尉（大尉）所在处之田官主管。

关啬夫，关口主管，上属候官，其下设佐，如西汉简《敦》七九六：“元康元年七月壬寅朔甲辰，关啬夫广德、佐熹敢言之。敦煌寿陵里赵负　趣自言夫訢为千隧长，往遗衣用，以令出关，敢言之。”

士吏

……居聑三年三月戊辰，大煎都士吏牛党、候史尹钦受就人效谷益寿里邓尊。（《敦》二八四）

……居聑三年三月戊辰，大煎都士吏牛党、候史尹钦受就人效谷益寿里邓尊，少不满车，两未荼。（《敦》二八五）

……居聑三〔年〕……三年三月戊辰，大煎都士吏牛党……（《敦》二八六）

始建国亖年三月乙酉朔戊申，士吏崇敢言之。谨以所杂受门下县吏玉门造秅麦……（《敦》一九一）

▨成尉甲沟塞庶士士吏代和恢。（《新简》EPT 二七・四三）

……士吏冯匡……　士吏孙习……（《新简》EPT 四八・五八 A）

□□士吏辛戎　十月禄大黄布十三枚（《新简》EPT 五九・八四）

饼庭士吏马良　十月禄大黄布十三枚（《新简》EPT 五九・一九三）

士吏张桐　十月禄大黄布十三枚……（《新简》EPT 五九・一九六）

□右第十部士吏以下吏十一人，用大黄布百亖十三枚。（《新简》EPT 五九・二二〇）

□右吞远部士吏以下吏九人，用大黄布百一十黍枚　今▨（《新简》EPT 五九・二二八）

士吏冯匡　十一月食一斛五斗　十月▨（《新简》EPT 六五・一五）

士吏孙习　十一月食一斛五升　十月丁卯妻□▨（《新简》EPT 六五・二九四）

□右庶士士吏候长十三人　禄用帛十八匹二尺少半寸，直万亖千亖百亖十三。（《合校》二一〇・二七）

……二十九斛二斗二升　士吏徐忠出……（《合校》四四八・三）

□乐、士吏牛党　石门里　见▨（《敦》二八七）

士吏，新莽武官，承汉制。上引《新简》EPT 二七・四三、《合校》二一〇・二七见“庶士士吏”，《汉书・王莽传》始建国元年，“更名秩百石曰庶士”，则知新莽士吏秩百石。《王莽传》地皇元年，设“士吏四十五万人，士千三百五十万人”。数目虽有夸张，但士吏之设则无疑矣。

候长　候史

居聑二年八月辛亥朔乙亥，广武候长尚敢言之……（《敦》七七〇）

〔始建〕国天凤一年十一月庚子朔丙辰……候长𦬒良、傅育……（《新简》EPT 四・一）

吏、候长傅育等……（《新简》EPT 六・五八）

□甲沟言米糒少簿，尉史、候长傅育等当负……（《新简》EPT 六・六五）

始建国天凤六年三月丁酉，第十候长敢言之……（《新简》EPT 五九・三三三）

敦德步广尉曲平望塞有秩候长敦德亭闲田东武里五士王参，秩庶士，新始建国地皇上戊元年十月……（《敦》一八五四）

新始建国地皇上戊二年十一月己丑朔丁未，甲沟守鄣候长敢言之……（《新简》EPT 一〇・五）

新始建国地皇上戊三年正月戊子朔癸丑，诛虏候长晏敢言之……（《敦》六一四）

新始建国地皇上戊☰年五月庚辰朔　，甲沟候长隆以私印行候文书事……（《新简》EPT 二二・三五九 A）

……第十桼候长良敢言之……（《新简》EPT 二・九 A）

……九月庚辰付候长丰。卩（《新简》EPT 六・三三）

告第☰候长……（《新简》EPT 六・七五）

城北候长周育、隧长浅二十六日……（《新简》EPT 六・七八）

第十桼候长赵彭……（《新简》EPT 一七・二九）

第二十三候长儿政……（《新简》EPT 二六・三）

▨三候长政敢言之……（《新简》EPT 二六・一七）

第十候长郑丰见▨（《新简》EPT 四〇・一八二）

城北候长周育　桼月禄……一丈　尺。（《新简》EPT 四三・四一）

……不侵候长、第☰候长……（《新简》EPT 四三・一八三）

甲沟城北候长□□▨（《新简》EPT 四三・三二〇）

……第二十三燧长放、候长政辞……（《新简》EPT 四八・二三）

二月庚辰，甲沟候长戎以私印行候文书事敢言之……（《新简》EPT

四八·二五）

第十候长傅育……会月二十五日毕。（《新简》EPT 五八·五九）

……候长张恽　伐蒲三十束（《新简》EPT 五九·九五）

……≡年正月己丑，候长诩自取。（《新简》EPT 五九·九八）

……三年≡月……吞远候长□临，解何。（《新简》EPT 五九·一七二）

第≡候长樊隆为社市诣官……（《新简》EPT 五九·一七三）

≡年正月己丑候长□□取。卩（《新简》EPT 五九·一九二）

≡年正月己丑候长茂取。卩（《新简》EPT 五九·一九七）

……十月禄大黄布十三枚　十二月丁丑候长良取。卩（《新简》EPT 五九·一九八）

……十月禄大黄布十三枚　十二月丁丑候长况取。卩（《新简》EPT 五九·一九九）

……≡年正月己丑候长阳自取。卩（《新简》EPT 五九·二〇〇）

……≡年正月己丑候长阳取。卩（《新简》EPT 五九·二〇二）

……≡年正月己丑候长诩取。（《新简》EPT 五九·二〇三）

……≡年正月己丑候长武取。（《新简》EPT 五九·二〇四）

……≡年正月己丑候长诩取。（《新简》EPT 五九·二〇五）

……十月禄大黄布十三枚　十二月丁丑候长良取。卩（《新简》EPT 五九·二一五）

☑十月禄大黄布十三枚　十二月丁丑候长良取。卩（《新简》EPT 五九·二一八）

☑月禄大黄布十三枚　十二月丁丑候长良取。卩（《新简》EPT 五九·二一九）

第十桼候长芗良　十月禄大黄布十三枚☑（《新简》EPT 五九·二二二）

□右第十桼部候长以下吏九人　☑（《新简》EPT 五九·二二三）

……茭泉千三百六十五……不侵候长朱茂偿赵于。（《新简》EPT 五九·三四九 B）

☑□第十桼候长良……（《新简》EPT 五九·五三四）

月乙亥，第二十三候长☑（《新简》EPT 五九·五八九）

第二十三候长儿政见（《新简》EPT 五九·六〇五）

……卅井谷口候长王禁☰年☰月中买（《新简》EPT 六一·四）

城北候长窦何　十一月食一斛五斗……（《新简》EPT 六五·八 A、B）

推木候长王宏……（《新简》EPT 六五·一〇）

第十桼候长赵彭……（《新简》EPT 六五·一一）

甲沟庶士候长苏长……（《新简》EPT 六五·四五）

甲沟庶士候郑丰　▨（《新简》EPT 六五·二〇五）

甲沟庶士候长王恭……（《新简》EPT 六五·二六七）

不侵候长孟宪将□▨（《新简》EPT 六五·四四〇）

……候长言……今簿出寅矢二百八十☰。（《新简》EPF 二二·一七六）

……甲沟候长隆行文书事封符。（《新简》EPF 二二·三七四）

谓第二十三、锛庭候长……（《新简》EPF 二二·三八一）

……候长樊隆……（《新简》EPF 二二·四二四）

▨　候长窦□卩

▨　候长王恭卩

▨　候长孟宪（《新简》EPF 二二·四五七 B）

▨时，候长孟宪……（《新简》EPF 二二·五三九）

甲沟庶士候长儿政　▨（《新简》EPF 二五·二七）

▨辛巳，第二十三候长万……（《合校》二六·六）

甲沟推木候长□▨（《合校》四八·二）

第十候长赵彭（《合校》七一·九）

▨第十候长赵彭（《合校》七一·六二）

▨甲沟候官塞庶士候长　戊子□（《合校》一一〇·一八）

▨庶士候长王护　庶士▨（《合校》一一〇·三九）

第十桼候长赵彭诣官对功▨（《合校》二一〇·三）

□右庶士士吏候长十三人　禄用帛十八匹二尺少半寸，直万☰千☰百☰十三。（《合校》二一〇·二七）

大煎都候长文德安世里庶更李凤，年☰十五，马一（《合校》二七八）

居聑三年三月……候史尹钦受就人效谷益寿里邓尊。（《敦》二八四）

居聑三年三月……候史尹钦受就人效谷益寿里邓尊，少不满车，两未豢。（《敦》二八五）

〔始建〕国天凤一年十二月己巳朔丁丑，甲沟第≡候史并……（《新简》EPT 二二·六八五）

万岁候史宋良　十月禄大黄布十三枚（《新简》EPT 五九·一九一）

推木候史冯长……（《新简》EPT 五九·一九二）

候长，候官下属诸部首长，承汉制。据上引《敦》一八五四，《新简》EPT 六五·四五、二〇五、二六七，《新简》EPF 二五·二七，《合校》一一〇·一八、一一〇·三九、二一〇·二七，候长秩“庶士”，与士吏同级，相当于汉秩百石（详“士吏”解）。士吏与候长之区别在于：士吏直属候官，由候官派驻诸部督察戍务；而候长是诸部之负责长官，直接领导诸部事务。

候史，候长助手，主文书事。

队长

新莽简牍所见队长数量甚多，今仅录其姓名或所在隧名称如下（按本书释文中出现先后排列）：

队长张博（《敦》二八二、二八三），累虏燧长彭（《合校》二五·四），第二十一燧长周扬（《新简》EPT 七·五），队长李钦（《新简》EPT 五九·三三九），驷望燧长张曼（《新简》EPT 五九·三四八），第三燧长（《新简》EPT 四·一〇），第二十三燧长宏（《新简》EPT 五·一），第十八燧长张护（《新简》EPT 四·五〇），燧长（《新简》EPT 四·一），宜秋燧长尹钦、勇敢燧长许□（《敦》二〇二〇），第三燧长冯匡（《合校》二二五·一一），第十≡燧长冯彊（《新简》EPT 二二·四三九），三十井常□燧长齐当（《新简》EPT 四八·二一），候虏燧长郭崇（《新简》EPT 三九四·三，四六九·一），燧长董放（《新简》EPT 二·一 A），甲沟终古燧长张薄（《新简》EPT 二·一一），望桐燧长傅育（《新简》EPT 四·二九），第□燧长刑□（《新简》EPT 四·三四），望桐队长傅育（《新简》EPT 四·四四），燧长王良、燧长常业、燧长傅育（《新简》EPT 四·四六），当曲隧长刑晏（《新简》EPT 六·二），次吞燧长时尚（《新简》EPT 六·七六），第十八燧长田恽（《新简》EPT 六·八一），燧长董放（《新简》七·一五），第七燧长、第三燧长严（《新简》EPT 七·三四），高沙燧长张意（《新简》EPT 二七·八），第二十九燧长郑庆（《新简》EPT 二七·一八），甲沟第十三燧长冯匡（《新简》EPT 二七·三二），殄北燧长郓诩、武贤燧长杜买、高沙燧长□宣（《新简》EPT

四〇·一一A、B)，第二十六燧长杜由（《新简》EPT四三·二二），第三十三燧长徐贤（《新简》EPT四三·二三），第≡燧长史□、第十燧长□□、第十桼燧长田□、第二十三燧长杜𡈼（《新简》EPT四三·三九B)，隧长刑晏（《新简》EPT四三·八九），第二十三燧长放（《新简》EPT四八·二三），临桐燧长傅育（《新简》EPT四八·一四二），第三十八燧长赵章（《新简》EPT四九·五），毋伤燧长徐霸（《新简》EPT五七·三〇），第桼燧长庄建（《新简》EPT五九·二九A)，收虏燧长政（《新简》EPT五九·七一），第三十八燧长赵章（《新简》EPT五九·一一一），第桼燧长孙卿（《新简》EPT五九·一一二），第桼燧长□对、第八燧长卫（《新简》EPT五九·一四三B)，吞北隧长朱普（《新简》EPT五九·二〇一），俱起隧长邹相（《新简》EPT五九·二〇二），平虏隧长郑钦（《新简》EPT五九·二〇三），木中隧长王当（《新简》EPT五九·二〇四），万年隧长范护（《新简》EPT五九·二〇五），却□隧长朱□（《新简》EPT五九·二〇六），第一隧长周年（《新简》EPT五九·二〇七），第二隧长张业（《新简》EPT五九·二〇八），三𢇛隧长石隆、燧长况（《新简》EPT五九·二〇九），第五隧长必良（《新简》EPT五九·二一一），第十一隧长榦永、隧长况（《新简》EPT五九·二一二），第十六隧长韦朋（《新简》EPT五九·二一三），第十桼隧长杨霸（《新简》EPT五九·二一四），第十八隧长张护（《新简》EPT五九·二一五），第二十九隧长董霸（《新简》EPT五九·二一六），□□隧长周恽（《新简》EPT五九·二一七），守望燧长（《新简》EPT五九·二六二），第三十队长□阳（《新简》EPT五九·三二四），第三十五燧长孟政（《新简》EPT五九·五三八），二十九燧长儿□（《新简》EPT五九·五六九），广地次□燧长陶子赐（《新简》EPT五九·六四五），隧长（《新简》EPT五九·六四七），燧长董放（《新简》EPT五九·六七一），第二十三隧长董放（《新简》EPT六五·九），甲沟第三十二隧长张护（《新简》EPT六五·一二），第二十燧长陈尚（《新简》EPT六五·一三），甲沟当曲队长赵翕（EPT六五·一四），第二十一燧长薛隆（《新简》EPT六五·五四），不侵部燧长刑昌、刑晏（《新简》EPT六五·七一），第二十一隧长薛隆（《新简》EPT六五·八四），推木燧长房党（《新简》EPT六五·一三三），第二十八燧长张骏（《新简》EPT六五·一三六）、第≡燧长郭并（《新简》EPT六五·一八四），第三十一燧长（《新简》EPT六五·一八七），第三十桼燧长召戎（《新简》EPT六五·二九三），中沟执胡與燧长（《新简》EPT六五·三三九），临桐燧长傅育（《新简》

EPT 六五·四六四)，广北当山燧长李同（《新简》EPF 八·一)，收虏隧长荣政（《新简》EPF 二二·二六七)、第二十九燧长郑庆（《新简》EPF 二二·三五七)，俱起燧长樊隆（《新简》EPF 二二·三六五)，燧长候仓（《新简》EPF 二二·四二四)，燧长薛隆（《新简》EPF 二二·五六二)，第三十五燧长王诩（《新简》EPF 二二·七〇七)，第二十三燧长（《新简》EPW·一二二)，第三十燧长范尊（《新简》EPC·三八)，□二十六隧长由（《新简》EN·四)，第十三隧长党（《合校》二六·一二)，第二十六燧长杜由（《合校》九五·六)，第六燧长常业（《合校》一五六·四八)

"队"、"燧"、"隧"三字皆通。队长，烽隧主持人。陈梦家云："在防御组织的候望系统中，隧是最基层的哨所，即烽火台和它的屋舍。从残存的简文看来，每隧的人数不多，少者一二人，多者五六人。"①

掾（含使者掾、大尹掾、大尉掾、候官掾）

居成闲田都啬夫孙匡当捕故掾孙☐（《新简》EPT 五九·二六五)

南一封　居成尉诣使者掾高晏治所。(《新简》EPT 四〇·一七七)

☰月己丑，张掖库宰崇以近秩次行大尹文书事……兼掾义、兼史曲、书吏迁金（《新简》EPT 五九·一六〇)

十月丁卯，张掖大尹融……掾戎、兼属护、书佐定（《新简》EPT 五九·三三八)

十月辛酉，将屯偏将军张掖大尹遵……兼掾义、史冯、书吏☐（《新简》EPT 二二·六五 A)

新始建国地皇上戊三年五月丙辰朔乙巳，裨将军辅平居成尉伋……掾闳、兼史宪、书吏获（《新简》EPT 六五·二三 A、B)

始建国天凤一年六月乙亥，掾常付不侵候长萧☐（《新简》EPT 五·五〇)

新始建国地皇上戊二〔年〕……掾寻（《新简》EPT 六五·七六 A、B)

新始建国地皇上戊☰年五月庚辰朔　甲沟候长隆以私印行候文书事敢……掾谭、造史业、尉史宁（《新简》EPF 二三·三五九 A、B)

① 《汉简缀述》，55 页。

……张掾言：燧张董放言循在部……（《新简》EPT 二·一 A）

……掾宣、史常 ▨（《新简》EPT 五·二〇七 B）

掾寻前付建二笥，笥付尉史宫……（《新简》EPT 四〇·一五二）

▨□巳甲沟 守候……掾常（《新简》EPT 五九·二五二 A、B）

城北候长窦何……掾谭取。卩（《新简》EPT 六五·八 A、B）

推木候长王宏……掾谭取。卩（《新简》EPT 六五·一〇）

掾谭言新除第二十九燧长……（《新简》EPF 二二·三五七）

……夏侯掾坐前善毋恙……（《合校》二三一·一三 B）

……杨掾坐前数数哀怜……（《敦》二四四 A）

汉制，中央至地方县级以上官（含候官等）皆设诸曹，分置掾、史，莽承汉制，《汉旧仪》："丞相……听事阁曰黄阁，无钟铃，掾有事当见者，主簿至曹请。"又据《续汉书·百官志》，太尉府有"掾、史、属二十四人"。郡设曹掾，如《汉书·薛宣传》："贼曹掾张扶独不肯休，坐曹治事。"《百官志》亦云，郡国开府，"皆置诸曹掾、史"。本注曰："诸曹略如公府曹，无东西曹。有功曹史，主选署功劳。有五官掾，署功曹及诸曹事。其监属县，有五部督邮掾一人……"《隶释》五所载中平五年巴郡太守张纳碑阴见主记掾、录事掾、上计掾、文学主事掾、文学掾、尉曹掾、金曹掾、漕曹掾、法曹掾、集曹掾、兵曹掾、比曹掾、待事掾、监市掾等。从上引《新简》EPT 六五·二三 A、B 中可知新莽之大尉府亦设掾。又上引《新简》EPT 五·五〇以下诸简（EPT 五·二〇七 B 除外）所见掾皆为候官掾。汉简所见候官掾只设一人，似不分曹，犹阁下掾。《后汉书·铫期传》注引《汉官仪》："东西曹掾比四百石，余掾比三百石。"掾之秩次当依所在官府级别而定，候官掾之秩当不同于三公掾、郡国掾。

属 史

十月丁卯，张掖大尹融……掾戎、兼属护、书佐定（《新简》EPT 五九·三三八）

▨掾宣、史常 ▨（《新简》EPT 五·二〇七 B）

新始建国地皇上戊三年五月丙辰朔乙巳，禆将军辅平居成尉伋……掾闳、兼史宪、书吏护（《新简》EPT 六五·二三 A、B）

居成大夫史王况　诣门下（《新简》EPT 五二·一二一）

☰月己丑，张掖库宰崇以近秩次行大尹文书事……兼掾义、兼史曲、书吏迁金（《新简》EPT 五九·一六〇）

十月辛酉，将屯偏将军张掖大尹遵、尹骑司马……兼掾义、史冯、书吏☐（《新简》EPT 二二·六五 A）

……敦德尹遣史汜迁奉到。（《敦》二四六）

……尹君所遣史宜致关籍诣官（《敦》一九三〇）

以上所见属与史皆为新莽大尹府、大尉府之属、史。属，诸曹掾之副手，承汉制，《续汉书·百官志》注引《汉书音义》曰："正曰掾，副曰属。"三公至郡国皆有属，《汉书·萧望之传》："免归为郡吏。及御史大夫魏相除望之为属。"《汉书·谷永传》"除补御史大夫属"，《汉书·儒林传》"择掌故以补中二千石属，文学掌故补郡属"，注引苏林曰："属亦曹史，今县令文书解言属某甲也。"《汉旧仪》丞相下有"属百人，秩二百石"。陈梦家云："属之秩自斗食以至二百石不等。汉简文书签署，属为第二级，在掾史之下，书佐之上。《隶释》二弘农太守樊毅复华下民租田口算碑，所载上书尚书，末署掾、属、书佐三人名；《隶释》四司隶校尉杨君石门颂，载汉中太守颂辞，末行低二格署'五官掾南郑赵邵字季南，属褒中量汉强子产伯，书佐西成王戒字文宝主'。"[①]

据上引简例所见文书签署排次，属与史均居掾之后，见属则不见史，反之亦然。"属"之称谓承自汉制，简牍所见汉属如《合校》一〇·四〇"掾熹、属寿、给事佐明"，《合校》一六·四 B"掾习、属沈、书佐横实均"，《新简》EPT 四·八五 B"掾延寿、属定、佐安道"，《新简》EPT 六一·二 B"掾盛、兼属盛、书佐永"。故笔者认为，新莽简中凡称属者，或为新莽早期物，《新简》EPT 五九·三三八见署"兼属护"亦见"大尹"称谓，太守之改名大尹为始建国元年时，此时属之称谓未改。新莽中期定将"属"改称"史"，《新简》EPT 六五·二三 B 署"兼史"，年号为地皇三年，即证。

书佐　书吏

书佐杜出泉三千二百五十……二月己卯尉史就付书佐杜宏。（《新简》

① 《汉简缀述》，111 页。

EPT 四〇·五）

十月丁卯，张掖大尹融……掾戎、兼属护、书佐定（《新简》EPT 五九·三三八）

新始建国地皇上戊三年五月丙辰朔乙巳，裨将军辅平居成尉伋……掾闳、兼史宪、书吏获（《新简》EPT 六五·二三 A、B）

≡月己丑，张掖库宰崇以近秩次行大尹文书事……兼掾义、兼史曲、书吏迁金（《新简》EPT 五九·一六〇）

十月辛酉，将屯偏将军张掖大尹遵……兼掾义、史冯、书吏☐（《新简》EPF 二二·六五 A）

书吏胡丰私从者零县宜都里胡骏，年三十，长桼尺二寸（《敦》二八〇）

上引简例所见书佐、书吏皆为尹府、大尉府属官。书佐承汉制，《合校》三〇三·二一："书佐樊奉始元三年六月丁丑除　未得始元六年八月奉用钱三百六十。"《合校》三〇三·五："书佐孙临国始元四年六月丙寅除　未得始元六年五月奉用钱三百六十。"《新简》EPT 四·八五 B "掾延寿、属定、佐安道"。陈梦家云："据如淳所引《汉津》，郡太守及都尉'卒史、书佐各十人'。《百官志》郡下本注曰'阁下及诸曹各有书佐、干，主文书'。假佐、书佐、干等职皆主文书，而书佐较为重要，故文书签署之末往往有书佐之名。"又云："《百官志》注引《汉官》河南尹、雒阳令分别有书佐五十人、九十人，位次均在循行之上。据《汉书·王尊传》书佐低于守属治狱，《汉书·薛宣传》廷尉书佐低于大司农斗食属，《汉旧仪》丞相少史下书佐高第得补斗食书令史，又御史下书佐得补斗食令史，是书佐乃斗食吏以下的小吏。汉简文书签署，书佐属于第三级，与给事佐、府佐同位而次于属、卒史、令史，后者最低为斗食吏。西汉简书佐月奉钱三百六十，低于五百钱的属令史和四百八十钱的司马令史、令史和关佐。因此在《汉简所见奉例》篇，我们以为书佐是佐史以下的小吏，不入秩品。"[1] 其实汉简所见隧长、候史、尉史皆属佐史之列，书佐当亦然。

书吏，或为新莽所改"书佐"称谓。上引简例，对应关系非常明确，复引述如下：

① 《汉简缀述》，114、115 页。

掾戎、兼属护、书佐定
掾闳、兼史宪、书吏获
兼掾义、兼史曲、书吏迁金
兼掾义、史冯、书吏……

即见“属、书佐”则不称“史、书吏”，故后者为前者的新称谓之可能性较大。

令史　造史

居摄二年二月甲寅朔辛酉，甲渠鄣候放敢言之。……令史姜（《新简》EPT 八·一八 B）

始建国二年十月癸巳朔乙卯，城仓丞□移甲沟候官令史……（《新简》EPT 四·四八 A）

……输甲沟候官　始建国五年六月令史　受訾家当遂里王护。（《合校》一六·二）

马泉五千九百　出泉千付令史良……（《新简》EPT 四〇·一一 A）

☐月丁酉，令史蒡良付收……（《新简》EPT 四〇·七二）

责甲沟令史上官□☐（《新简》EPT 四三·五四）

☐……令史伋、候长诩敢言之。谨拘校造史左裒二年九月尽三年□□□及禄□□□诩及裒出□以廪，余当收入□（《敦》三九七）

……始建国二年正月壬辰訾家昌里齐憙、就人同里陈丰付吞远置令史长。（《新简》EPT 五九·一七五）

☐出粟二十一石一斗二升给食驿令史≡人一月□□☐（《新简》EPT 五九·二五三）

新始建国地皇上戊≡年五月庚辰朔　甲沟候长隆以私印行候文书事敢……掾谭、造史业、尉史宁……（《新简》EPF 二二·三五九 A、B）

☐□力勤事，毋官，可补造史，唯☐（《合校》四七九·五）

☐士，年□岁，姓□，为造士，以☐（《合校》四八二·三四）

……恿敢卒狐卖练一匹，贯钱四百九十，又布钱百卅四，凡直六百廿四，当责造史诛子病□尽四月（《敦》八三八 A）

玉门候造史龙勒周生萌　伉健，可为官士吏。（《敦》一八九八）

▨闲田武阳里　年三十五岁，姓李氏，除为　万岁候造史，以掌领吏卒为职（《敦》二一九〇）

令史，令长之秘书官，同汉制。《史记集解·项羽本纪》引晋灼曰："《汉仪注》：'更令吏曰令史，丞吏曰丞史。'"《汉旧仪》丞相少史下有"书令史，斗食，缺，试中二十书佐高第补"，又御史四科下有"选中二十书佐试补令史，令史皆斗食，迁补御史令史"。《续汉书·百官志》太尉下本注曰："阁下令史主威仪事。记室令史主上章表报书记。门令史主府门。其余令史各兼曹文书。"汉简所见令史名目甚多，如《合校》五〇三·一三"千人令史"，九〇·二、九〇·一二、九〇·六〇"司马令史"，一四二·三四"城仓令史"，《新简》EPT 一六·六"助府令史"等，所见最多的必然是候官令史。上引简例则尚有"置令史"、"驿令史"。

造史，未见于史籍。饶宗颐师云："或为新莽所改包山楚简官名有新佶迅尹，应读为新造讯尹。佶、造相通。""令史"之称谓。上引《新简》EPF 二二·三五九 A、B 见"掾谭、造史业、尉史宁"，造史位于掾之后、尉史之前，恰在它简所见令史的排次位置上。又《敦》一八九八、二一九〇见"候造史"，表明"造史"的限定语为"候"，知其直接为候服务，与他处所见"候令史"职能同，故"造史"为新莽所改"令史"称谓的可能性最大。但《敦》三九七"令史"与"造史"并见，与上述假说颇矛盾，或候官候下同时设令史、造史二职名。陈梦家与甘肃省文物考古研究所皆认为"造史"为新莽所改"尉史"之称谓[①]，但此说亦与上引《新简》EPT 二二·三五九 A、B 所见抵触。

尉史

始建国二年十月癸巳朔乙卯……尉史崇发行事……（《新简》EPT 四·四八 A、B）

▨国天凤一年十一月庚子朔丙辰，尉史尚敢言之……（《新简》EPT 四·一）

始建国天凤三年十二月丁亥朔庚寅，甲沟鄣守候……尉史宪（《新简》EPT 六·五三 A、B）

---

① 参见《汉简缀述》，50 页；《敦煌汉简·敦煌马圈湾汉代烽燧遗址发掘报告》，75 页。

□甲沟言米糒少簿、尉史、候长傅育等当负，收责皆毕，遣尉史持□诣府。（《新简》EPT 六・六五）

第十≡长居延万岁里上造冯彊，年二十五，始建国天凤五年正月辛亥除补甲沟候官尉史，代夏侯常。（《新简》EPF 二二・四三九）

新始建国地皇上戊≡年五月庚辰朔　，甲沟候长隆以私印行候文书事……掾谭、造史业、尉史宁（《新简》EPF 二二・三五九 A、B）

……即日尉史万发门下（《新简》EPT 二・九 B）

……二月己卯尉史就付书佐杜宏。（《新简》EPT 四〇・五）

尉史郑丰入马泉四千，少千五百。（《新简》EPT……四〇・三七 A）

掾寻前付建二笥，笥付尉史宫卖……（《新简》EPT 四〇・一五二）

☐三年十二月乙亥，甲沟尉史常付小府史□☐（《新简》EPT 四三・六四）

二月庚辰，甲沟候长戎以私印行候文书事敢言之……尉史阳（《新简》EPT 四八・二五）

尉史李崇　十月禄大黄布十三枚　十二月辛未自取。卩（《新简》EPT 五九・一九四）

尉史吕普　十月禄大黄布十三枚　十二月辛未自取。卩（《新简》EPT 五九・一九五）

甲沟候官尉史居延安乐☐（《新简》EPW・一二〇）

二月乙亥，甲沟鄣候放　敢言之。谨写移，敢言之。/尉史晋（《合校》三一二・二三）

尉史，塞尉属吏，主文书事，同汉制。《汉书・匈奴传》师古注引《汉律》："近塞郡皆置尉，百里一人，士史、尉史各二人，巡行徼塞也。"《汉旧仪》："更令吏曰令史，丞吏曰丞史，尉吏为尉史。"《史记・匈奴列传》："是时雁门尉史行徼。"《汉书・韩长孺传》："单于入汉长城武州塞……得武州尉史。"上引《新简》EPF 二二・三五九 A、B 所见尉史排次在掾、造史之后，秩级当低于前者，属佐史之列。

驿小史

□凡出粟三十三石　给卒、驿小史十人三月食。（《合校》四一三・

三）

驿小史，驿站小吏，主文书及杂务，承汉制。简牍所见如《合校》五六二·一B：“四月六日驿小史从尉史仲山取麦一石，前后二石又石，凡三石。”《合校》五〇五·六：“……府记一，致广地塞广地　二月甲子日入时，卒宪受不今小史晏；昏时，沙头卒忠付骍北卒护。”小史为史官中级别最低者，《续汉书·百官志》注引《汉官》河南尹属官列最后者有“干、小史二百三十人”。《隶释》九繁阳令杨君碑阴、十九尉氏令郑季宣碑阴、十六北海相景君碑阴所见小史均殿居诸吏之末。

小府史

▱三年十二月乙亥，甲沟尉史常付小府史□▱（《新简》EPT 四三·六四）

简文所云“小府”或指都尉之小府，《合校》一〇·三二：“三月丙午，张掖长史延行大守事、肩水仓长汤兼行丞事下属国、农、部都尉小府、县官承书从事下当用者，如诏书。/守属宗、助府佐定。”《汉书·文翁传》“减省少府用度”，注引师古曰：“少府，郡掌财物之府以供太守者也。”少、小通。小府史当即小府之低级官吏，主文书。

公　侯　伯　男　附城

大师特进褒心侯臣匡、大傅就心公臣晏、国师歆▱

大司马利苗男臣䜣、司徒章心公臣寻、大司空□□□▱（《新简》EPT 一三·四）

……大司空隆心公急发觉。臣谨案：五品不孙，典乐掌教大夫之□□（《敦》二二〇）

……郁立师、卑陆侯皆举国徙人民（《敦》六七）

故车师后亡侯虏支……（《敦》八五）

故车师后亡侯弟虏布……（《敦》八六）

五校吏士妻子议遣乌孙归义侯……（《敦》九〇）

……尉梨侯虏平□逆虏受罕得脱（《敦》一一一）

车师侯……（《敦》一一三）

六月戊午，府下制书曰：安众侯刘崇与相张绍等谋反……（《敦》四九七）

德侯，西域、东域、北域将帅……（《敦》二〇六二）

南阳大守掾史、宛邑令闻安众侯刘崇谋反……（《释粹》七六 ESC・一 A）

车师侯伯与妻子人民桼十桼人愿降归德……（《敦》八八）

尉与车师前侯诩、车师侯伯、卑爰……（《敦》八九 A）

☑丁丑，尚书大夫武威男并下张掖、酒泉、文德……（《敦》二〇五三）

……车师前附城诩行侯事，诩兄子外亡，朔当代（《敦》八四）

都护虏译持檄告戊部尉钦，车师前附城诩（《敦》一一二）

始建国天凤亖年正月丁巳朔丁丑，戊部将军纯据里附城（《敦》九九）

……戊部尉猑獡里附城钦将吏士，故戊（《敦》一三四）

王莽法周制，设爵五等，《汉书・王莽传》居摄三年，“莽乃上奏曰：‘……今制礼作乐，实考周爵五等，地四等，有明文；殷爵三等，有其说，无其文。孔子曰：“周监于二代，郁郁乎文哉！吾从周。”臣请诸将帅当受爵邑者爵五等，地四等。’奏可。于是封者高为侯、伯，次为子、男，当赐爵关内侯者更名曰附城，凡数百人”。始建国元年，“天下牧守皆以前有翟义、赵明等领州郡，怀忠孝，封牧为男，守为附城”。始建国二年，“五威将帅七十二人还奏事，汉诸侯王为公者，悉上玺绶为民，无违命者。封将为子，帅为男”。始建国四年，“莽下书：‘……州从《禹贡》为九，爵从周氏有五。诸侯之员千有八百，附城之数亦如之，以俟有功。诸公一同，有众万户，土方百里。侯、伯一国，众户五千，土方七十里。子、男一则，众户二千有五百，土方五十里。附城大者食邑九成，众户九百，土方三十里。自九以下，降杀以两，至于一成。五差备具，合当一则。今已受茅土者，公十四人，侯九十三人，伯二十一人，子百七十一人，男四百九十七人，凡七百九十六人。附城千五百一十一人……’以图簿未定，未授国邑，且令受奉都内，月钱数千。诸侯皆困乏，至有庸作者。”制虽已定，实未能行，天凤四年，“（莽又）曰：‘予制作地理，建封五等……纳言掌货大夫且调都内故钱，予其禄，公岁八十万，侯、伯四十万，子、男二十万。’然复不能尽得。莽好空言，慕古法，多封爵人，性实遴啬，托以地理未定，故且先赋茅土，用慰喜封者。”《礼记·王制》：“王者之制禄爵，公、侯、伯、子、男凡五等；诸侯之上大夫、卿下大夫、上士、中士、下士凡五等。”即王莽之所本。

就心公晏、章心公寻、褒心侯匡、利苗男䜣见前“大师、大傅、大司马、大司徒”解。

《秦汉南北朝官印征存》所见五等爵印如五五一“明义侯家丞”、五五〇“安昌侯家丞”、五五六“上符子家丞”、五六一“褒衡子家丞”、五六〇“举武子家丞”、五六六“宁陈男家丞”、五六八“昌威德男家丞”、五七二“殄虏男家丞”、五五四“便安里附城”、五五五“杨衡里附城家监之信”。

卿　上大夫　下大夫　元士　命士　下士　庶士

上卿七命（《新简》EPT 五九·二八七）

……便臣秩郎从官及中人各一等，其奉共养宿卫常乐宫者又加一等。郎从官秩下大夫以上得食卿录员（《新简》EPF 二二·六三 A）

□右五命上大夫增劳名籍（《新简》EPT 五·三二）

▨□　秩上大夫，某年某月某日除。（《新简》EPT 五九·一一八）

▨丙辰，纳言元士（《新简》EPT 六五·一七五）

名状。其秩命士以上先以闻，以明好恶，臣稽首以闻（《敦》四九二）

甲沟候官新始建国天凤上戊二年 桼月吏□□至下士秩别名。（《合校》二一〇·三四）

▨非下士以上宅皆如员▨（《新简》EPT 九·二）

敦德步广尉曲平望塞有秩候长敦德亭闲田东武里五士王参，秩庶士，新始建国地皇上戊元年……（《敦》一八五四）

▨□吏庶士以下及出塞候者□▨（《新简》EPT 七·一四）

吏庶士以下百六人　三月▨（《新简》EPT 一四·六）

▨戍尉甲沟塞庶士士吏代和恢。（《新简》EPT 二七·四三）

常安城中庶士以下谷，它予直泉谷，度足皆予者而先奏焉。（《新简》EPT 五九·二六六）

甲沟庶士候长苏长……（《新简》EPT 六五·四五）

甲沟庶士候长郑丰☒（《新简》EPT六五·二〇五）

甲沟庶士候长王恭……（《新简》EPT六五·二六七）

……庶士，典主迹候捕盗为职□☒（《新简》EPT二二·六八四）

甲沟庶士候长儿政☒（《新简》EPT二五·二七）

☒甲沟候官塞庶士候长……（《合校》一一〇·一八）

☒庶士候长王护　庶士☒（《合校》一一〇·三九）

辅平居成甲沟候官塞庶士候〔长〕☒

为辅平属居成三十井候官塞庶士☒

为辅平居成殄北候官塞庶士候☒（《合校》一五六·四）

□右庶士士吏候长十三人　禄用帛十八匹二尺少半寸，直万≡千≡百≡十三。（《合校》二一〇·二七）

庶士　能书会计治官民，颇……（《合校》二二五·三〇）

上引简例所见"卿、上大夫、下大夫、元士、命士、下士、庶士"皆新莽官秩名，《汉书·王莽传》始建国元年，"更名秩百石曰庶士，三百石曰下士，四百石曰中士，五百石曰命士，六百石曰元士，千石曰下大夫，比二千石曰中大夫，二千石曰上大夫，中二千石曰卿。车服黻冕，各有差品"。天凤三年五月，莽下吏禄制度，"《周礼》膳羞百有二十品，今诸侯各食其同、国、则；辟、任、附城食其邑；公、卿、大夫、元士食其采。多少之差，咸有条品"。

《新简》EPT五九·二八七"上卿七命"，EPT五·三二"五命上大夫"之"命"乃指爵命，《论语·先进》"赐不受命"，王弼注："命，爵命也。"《周礼·大宗伯》："以九仪之命正邦国之位。壹命受职，再命受服，三命受位，四命受器，五命赐则，六命赐官，七命赐国，八命作牧，九命作伯。"《礼记·王制》："制三公一命卷，若有加则赐也，不过九命；次国之君不过七命；小国之君不过五命。"又："大国之卿不过三命，小卿两命；小国之卿与下大夫一命。"

七命，见《周礼·大宗伯》"七命赐国"，注："王之卿六命，出封一等者。郑司农云，出就侯伯之国。"贾疏："此后郑、先郑所云皆据典命而言，以其王之卿六命，出封君一等即七命，是侯、伯之国者也。"简文云"上卿七命"即卿之加赐一等者也。

五命，亦见《周礼·大宗伯》"五命赐则"，注："郑司农云则者法也。出为子、男，玄谓地未成国之名。王之下大夫，四命出封，加一等五命，赐之以方百里、二百里之地者。方三百里以上为成国。王莽时以二十五成为则，方十里，合今俗说子、男之地。”

五士　上造　公乘　庶更

敦德步广尉曲平望塞有秩候长敦德亭闲田东武里五士王参，秩庶士，新始建国地皇上戊元年十月……（《敦》一八五四）

故吏闲田金城里五士周育，年≡十二，可补高沙燧长代张意。（《新简》EPT二七·八）

居成甲沟第三燧长闲田万岁里上造冯匡，年二十一　始建国天凤三年闰月乙亥除补　止北燧长　□（《合校》二二五·一一）

第十≡长居延万岁里上造冯彊，年二十五，始建国天凤五年正月辛亥除补甲沟候官尉史，代夏侯常。（《新简》EPT二二·四三九）

甲沟第十三燧长闲田万岁里上造冯匡，年二十三，伉健（《新简》EPF二七·三二）

延城甲沟候官第三十队长上造范尊，中劳十月十桼日……（《新简》EPT五九·一〇四）

居成闲田造昌里上造王▨（《合校》四八二·一一）

大煎都候长效谷常利里上造张阳，年三十六……（《敦》二七八）

▨□□队长上造李钦，始建国三年十月旦……（《新简》EPT五九·三三九）

故甲渠候官第十八燧长公乘张护始建国□年功劳案（《新简》EPT四·五〇）

脩行利上里公乘马盖宗，年二十八□（《新简》EPT五三·一五）

云阳公乘以秉妻急恶故怨怼……（《敦》二一九）

大煎都候长文德安世里庶更李凤，年≡十五，马一（《敦》二七八）

五士，新莽时或称无爵者为“五士”，王国维云：“五士疑即汉之士伍，士伍者无爵者之称，汉人有爵者称爵如云公乘某、五大夫某，是无爵者称士伍，如《淮南厉王传》之士伍开章，《丙吉传》之士伍尊，是汉时五伍通用，莽改汉制每喜颠倒反易其名，则士伍或称五士矣。”[1]

---

① 《流沙坠简·屯戍丛残·簿书类四十二》。

上造，公乘，新莽爵名，承汉制，《汉书·百官公卿表》所见二十等爵，第二等曰“上造”，第八等曰“公乘”即是。

庶更，新莽爵名，未知由汉二十等爵何等改名，汉爵称“更”者有第十二“左更”、十三“中更”、十四“右更”，按新莽通例，凡称“庶”者往往居同级之低层，如庶士、下士、中士、命士、元士中，庶士为最低，则“庶更”或相当汉爵“左更”。

考证三　郡县与屯戍组织

新莽改制，郡县易名及隶属关系变更者甚多，《汉书·王莽传》天凤元年，“分长安城旁六乡，置帅各一人。分三辅为六尉郡，河东、河内、弘农、河南、颍川、南阳为六队郡，置大夫，职如太守；属正，职如都尉。更名河南大尹曰保忠信卿。益河南属县满三十。置六郊州长各一人，人主五县。及它官名悉改。大郡至分为五。郡县以亭为名者三百六十，以应《符命》文也。缘边又置竟尉，以男为之。诸侯国闲田，为黜陟增减云。莽下书曰：‘常安西都曰六乡，众县曰六尉。义阳东都曰六州，众县曰六队。粟米之内曰内郡，其外曰近郡。有鄣徼者曰边郡。合百二十有五郡。九州之内，县二千二百有三。公作甸服，是为惟城；诸在侯服，是为惟宁；在采、任诸侯，是为惟翰；在宾服，是为惟屏；在揆文教，奋武卫，是为惟垣；在九州之外，是为惟藩；各以其方为称，总为万国焉。’其后，岁复变更，一郡至五易名，而还复其故。吏民不能纪，每下诏书，辄系其故名，曰：‘制诏陈留大尹、太尉，其以益岁以南付新平。新平，故淮阳。以雍丘以东付陈定。陈定，故梁郡。以封丘以东付治亭。治亭，故东郡。以陈留以西付祈隧。祈隧，故荥阳。陈留已无复有郡矣。大尹、太尉，皆诣行在所。’其号令变易，皆此类也。”汉简所见如下。

常安

泰月晦日食常安中，阴雨独不见故下（《敦》六三）

财发京兆史及常安（《新简》EPT 二〇·二七）

□诏书长安县更为常安（《新简》EPT 五九·一一七 A）

诏书长□更为常安府□□☐（《新简》EPT 五九·一一七 B）

常安，新莽所改汉长安，见《汉书·王莽传》及《地理志》。陈直云："汉瓦中有'常安鹿氏爵'瓦。"①

六遂　前隧前亭　保忠信乡

☐□六遂大夫，州郡茭尽，部卒已遣，卒□□□（《新简》EPT 五·六二）

☐都水大司空右大夫使护宛。保忠信卿、六卿、中室御仆、黄室御、保成师傅（《新简》EPT 五九·一五五 A）

啬夫岑葆　前隧前亭舆赵昌——　昌从者前亭伏里孙真……（《合校》二八八·三一）

"遂"通"队"，《汉书·王莽传》天凤元年，莽改汉"河东、河内、弘农、河南、颍川、南阳为六队郡"，注引师古曰："队音遂。"

前隧，即前队，新莽六队郡之一，《汉书·地理志》："南阳郡，秦置。莽曰前队。"南阳郡所属涅阳县，"莽曰前亭"。

保忠信卿，保忠信乡之太守，《汉书·王莽传》云"更名河南大尹曰保忠信卿"，而《地理志》"河南郡"下，"莽曰保忠信乡，属司隶也"。则证新莽改"河南太守"曰"保忠信卿"，而其郡曰"保忠信乡"。陶瓦有"始建国天凤四年保城都司空"②。

张掖　设屏　京尉　谷成　东阿

南书五封　二合檄，张掖城司马，毋起日，诣设屏右大尉府。一封诣右城官。一封诣京尉候利。一封诣谷成东阿。右三封居延丞印，八月

① 《汉书新证》，475 页，天津，天津人民出版社，1979 年 3 月。

② 《摹庐丛著》，430 页。

辛卯起。八月辛丑日餔时，骍北受橐佗莫尚卒单崇，付沙头卒周良。（《合校》二八八·三〇）

张掖，新莽郡名，西汉时称武威，《汉书·地理志》："武威郡，故匈奴休屠王地。武帝太初四年开。莽曰张掖。"

设屏，新莽郡名，西汉时称张掖，《地理志》："张掖郡，故匈奴昆邪王地，武帝太初元年开。莽曰设屏。"《秦汉南北朝官印征存》五九三见"设屏农尉章"。又，简文所云"张掖"或承汉制之张掖，非由武威改称之张掖，而设屏为从原张掖割裂出之新郡。

京尉，新莽郡名，原西汉京兆尹之一部分，《地理志》未载。《汉书·王莽传》"分三辅为六尉郡"，注引师古曰："《三辅黄图》云：'渭城、安陵以西，北至栒邑、义渠十县，属京尉大夫府，居故长安寺。'"吴卓信《汉书地理志补注》云：《王莽传》初改京兆尹曰西都京兆大尹，后又分其旁县为郡二：曰京尉、师尉。据本志凡莽所改之郡县并备书而三辅独缺何也。

谷成，新莽郡名，承西汉临邑、东阿等县拼合而设。《地理志》东郡下有"临邑，有〔泲〕庙。莽曰谷城亭"。仅将谷城作为新莽县名记载，而据简文，又《汉书·王莽传》："……以诸伯之礼葬于故同谷城郡。"知新莽时实为郡名。

东阿，新莽县名，承汉制，但划归谷成郡管辖。按简牍文例，郡下所署常为县名，如《合校》三九·三五"张掖居延"，四三·一六、四三·一八"河南邵荧阳"，四三·二四"东郡东阿"。《地理志》载东阿属东郡，据简文则新莽时归属从原东郡割出之谷成郡。

辅平

新始建国地皇上戊三年五月丙辰朔乙巳，禆将军辅平居成尉伋……（《新简》EPT 六五·二三 A）

……辅平居成甲沟候官▨（《新简》EPT 二六·二五）

▨甲午辅平……（《新简》EPT 五九·四〇三）

北书一封，辅平连率章▨（《新简》EPT 四〇·一九二）

辅平居成甲沟候官塞庶士候▨

为辅平属居成三十井候官塞庶士▨

为辅平居成殄北候官塞庶士候☐（《合校》一五六·四）

辅平，新莽郡名，原西汉酒泉郡，《汉书·地理志》："酒泉郡，武帝太初元年开。莽曰辅平。"

文德、敦德、敦德亭

入西蒲书二封　其一封文德大尹章，诣大使五威将莫府；一封文德长史印，诣大使五威将莫府。始建国元年十月辛未日食时，关啬夫受□□卒赵彭。（《敦》一八九三）

大煎都候长文德安世里庶更李凤，年亖十五，马一（《敦》二七八）

☐丁丑，尚书大夫武威男并下张掖、酒泉、文德□□，张掖属国大尉下当用者（《敦》二〇五三）

……文德、酒泉、张掖、武威、天水、陇西、西海、北地（《敦》二〇六二）

……始建国天凤亖年正月甲戌，上敦德大煎都候。（《敦》一八一）

……始建国天凤三年十二月壬戌，书敦德玉门千秋隧。（《敦》一八〇）

里广远。臣谨使下诏书敦德郡以从事……（《敦》七五）

乏，故将吏士诣敦德……（《敦》七九）

假敦德库兵弩矢五万枚，杂驱三千匹，令敦德廪食吏士……（《敦》八〇）

正月戊辰移书敦德　　草（《敦》八九 B）

……臣厶窃见大都护崇檄与敦德尹（《敦》九一）

共奴虏可千骑来过敦〔德〕（《敦》一一五）

没校妻子皆为敦德还出……（《敦》一一六）

敦德步广尉曲平望塞有秩候长敦德亭闲田东武里五士王参……（《敦》一八五四）

☐岁，长桼尺五寸，应令敦德亭闲田平定里，去官二百二十五里□属敦德郡（《敦》五）

敦德尹书草（《敦》二〇八 A）

……拘校敦德泉谷，日闻如公之蜀中军试士（《敦》二二六）

……在敦德鱼离邑东……（《敦》二三○A）

▨敦德诣关，二十六日夜到郊部监从事。（《敦》二八八）

敦德糒秎十二月八日食百八十六人……（《敦》三九五）

文德，新莽郡名，亦作县名。作郡名如上引《敦》一八九三"文德大尹"（"大尹"乃新莽郡太守称谓），作县名如《敦》二七八"文德安世里"。王国维云："文德，地名，不见《汉志》，据上简文德有大尹、有长史，则为边郡矣（《续汉志》郡当边戍者丞为长史）。他简举西北边郡有文德、酒泉、张掖、武威、天水、陇西、西海、北地八郡，举文德而无敦煌，故沙氏释彼简文德为王莽所改敦煌郡之初名，以此简证之，沙说是也。此简称文德为始建国元年事，至地皇元年一简又称敦德，与《汉志》合，然则《汉志》所载乃再改之名也。"[①] 王说是。《秦汉南北朝官印征存》五九四见"文德左千人"印。

敦德，新莽郡名，亦作县名，即西汉之敦煌，新莽改制先称"文德"，后再改为"敦德"，但作县名时往往加"亭"字，以便与郡相区别，如上引《敦》五，同时见"敦德郡"与"敦德亭"即证。《汉书·地理志》："敦煌郡，武帝后元年分酒泉置。正西关外有白龙堆沙，有蒲昌海。莽曰敦德。"据上引《敦》一八九三简，至迟在始建国元年敦煌郡已改名文德，改名早于西北他郡，如《敦》二○五三、二○二五见文德，而酒泉（后称辅平）、张掖（后称设屏）、武威（后称张掖）、天水（后称填戎）、陇西（后称厌戎）、北地（后称威成）仍未改名。又据《敦》一八○，至迟天凤三年，文德已改名敦德。故符牌有敦德郡虎符。背文云："新与敦德广桓连率为虎符。"广桓为汉广至县，莽改此名，属敦煌郡。此盖莽时物。《秦汉南北朝官印征存》五九五见"敦德尹曲后候"印，五九六见"敦德步广曲候"印。

延亭　居成

九月己卯，行延亭连率事偏将军□□▨

劝农掾戎官县承书从事下□▨（《新简》EPT 五二·四九○）

延亭连率府行事　▨

▨廉夫子门下奏发□▨（《新简》EPT 五九·六五五 A）

---

① 《流沙坠简·屯戍丛残·簿书类六十至六十二》。

延亭城司马官（《新简》EPT 五九·六五五 B）

延城甲沟候官第三十队长上造范尊，中劳十月十桼日，能书会计治官民，颇知律令，文，年三十二岁，长桼尺五寸，应令居延阳里，家去官八十里。属延城部（《新简》EPT 五九·一〇四）

居成大夫史王况　诣门下（《新简》EPT 五二·一二一）

居成闲田守马丞赵况叩头

白记（《新简》EPT 六五·三八一）

……故居成闲田……（《合校》二七·一九）

居成闲田造昌里上造王☐（《合校》四八二·一一）

延亭，新莽郡名，史书及谭其骧《新莽职方考》均未载。上引《新简》EPT 五二·四九〇见“行延亭连率事偏将军”，EPT 五九·六五五 A 见“延亭连率府”。“连率”为新莽所改“郡太守”称谓，《汉书·王莽传》天凤元年，“莽以《周官》、《王制》之文，置卒正、连率、大尹，职如太守”。又新莽曾赐连率偏将军称号，《王莽传》地皇元年，莽“赐诸州牧号为大将军，郡卒正、连帅、大尹为偏将军，属令长裨将军，县宰为校尉”。主延亭者即称“连率”，又号“偏将军”，则“延亭”必为郡名矣。上引两简皆出土于汉居延甲渠候官鄣遗址，延亭当为新莽时在原汉居延县基础上新设之郡，与原张掖郡（后称设屏）分离。《汉书·地理志》“千乘郡”下有“湿沃莽曰延亭”。此延亭为县名，且远离出土简牍所在，当非简文所指。《新简》EPT 五九·一〇四“延城部”当为“延亭城部”之简称，指延亭城部都尉（大尉），EPT 五九·六五五 B 所见“延亭城司马官”与“延亭连率府”合书于一简之两面，可说明彼此之隶属关系。“延亭城司马官”即“延城部”之下属机构之一。

居成，新莽郡、县名。《汉书·地理志》“张掖郡”下，“居延，居延泽在东北，古文以为流沙。都尉治。莽曰居成”。此指新莽改汉“居延”县名“居成”，上引《新简》EPT 六五·三八一，《合校》二七·一九、四八二·一一即是。但《新简》EPT 五二·一二一见“居成大夫史王况”，则表明“居成”曾为郡名（史书未载），理由有二：

一、新莽日曾称郡太守为“大夫”，如《汉书·王莽传》天凤元年，莽“分三辅为六尉郡，河东、河内、弘农、河南、颍川、南阳为六队郡，置大夫，职如太守；属正，职如都尉”。《新简》EPT 五·六二见“六遂大夫”。

二、“史”原称“属”，设于郡府、都尉府以上机构，县官未设（详考证二“属、史”条)。

据上，则“居成”为郡名为疑，与县同名。

又，居成县曾一度划归辅平郡管辖，《新简》EPT 六五·二三 A 见“辅平居成尉”，EPT 二六·二五见“辅平居成甲沟候官”，《合校》一五六·四见“辅平居成甲沟候官”，“辅平属居成三十井候官”，“辅平居成殄北候官”等即证。

西域　东域　北域　西海

> 德候，西域、东域、北域将帅，雍州、冀州物，西部、北部监，文德、酒泉、张掖、武威、天水、陇西、西海、北地(《敦》二〇六二)

西域、东域、北域，新莽所设方域名，为派遣五威将帅出巡而划，《汉书·王莽传》，五威将帅策命：“其东出者，至玄菟、乐浪、高句骊、夫馀；南出者，隃徼外，历益州，贬句町王为侯；西出者，至西域，尽改其王为侯；北出者，至匈奴庭，授单于印，改汉印文，去‘玺’曰‘章’。”东域之称，又见《王莽传》严尤诱高勾骊侯驺至而斩焉。莽下书曰：“今年刑在东方，诛貉之部先纵焉。捕斩虏驺，平定东域，虏知殄灭，在于漏刻。”虏知指匈奴单于囊知牙斯，莽为改名曰“降奴服于知”者。五威将之“衣冠车服驾马，各如其方面色数”。此“方”即谓方位、方域。

西海，新莽郡名，承自西汉，因其名取自王莽之建议，故后未改，《汉书·王莽传》元始五年，“莽既致太平，北化匈奴，东致海外，南怀黄支，唯西方未有加。乃遣中郎将平宪等多持金币诱塞外羌，使献地，愿内属。宪等奏言：‘羌豪良愿等种，人口可万二千人，愿为内臣，献鲜水海、允谷盐池……’事下莽，莽复奏曰：‘……今谨案已有东海、南海、北海郡，未有西海郡，请受良愿等所献地为西海郡。’奏可。于是徙罪人西海郡以千万数。”今青海湖附近所出瓦当尚见“西海安定”字样①，《秦汉南北朝官印征存》五九〇见“西海羌骑司马”、五九一见“西海沙塞右尉”印。

鲜水海亦作仙海，今之青海也。《河水注》龙夷城故西塞之地，阚骃《十三州志》云：城在临羌新县西三百一十里，王莽纳西塞之献，以为西海郡治

---

① 参见安志敏：《青海的古代文化》，载《考古》，1959 (7)。

此城。《元和志》："龙夷城即今河源军西一百八十里威武城。"莽时西海太守有程永（《莽传上》），又有库钧（新末属窦融）。

闲田

三十井常□燧长闲田市阳里上造齐当，年二十一，新始建国地皇上戊元年……（《新简》EPT 四八·二一）

敦德步广尉曲平望塞有秩候长敦德亭闲田东武里五士王参，秩庶士，新始建国地皇上戊元年……（《敦》一八五四）

新始建国地皇上戊三年五月丙辰朔乙巳，裨将军辅平居成尉伋、丞谓城仓、闲田、延水、甲沟、三十井、殄北……（《新简》EPT 六五·二三 A）

故吏闲田金城里五士周育，年≡十二（《新简》EPT 二七·八）

甲沟第十三燧长闲田万岁里上造冯匡……（《新简》EPT 二七·三二）

闲田守马丞（《新简》EPT 四〇·三九）

……谨案闲田三月丙子移☑（《新简》EPT 四三·一七）

☑闲田……（《新简》EPT 四三·三八四）

……谨移吏缺如牒，唯府令闲田除补，敢言之。（《新简》EPT 五九·三九）

九月庚寅，甲〔沟〕候长游□移闲田……（《新简》EPT 五九·一四三 A）

居成闲田守马丞赵况……（《新简》EPT 六五·三八一）

九月记付闲田……（《新简》EPT 二二·六二九）

……故居成闲田……（《合校》二七·一九）

正月丁未，甲沟鄣守候君写移闲田狱如律令（《合校》九五·四）

居成闲田造昌里上造王☑（《合校》四八二·一一）

……应令敦德亭闲田平定里，去官二百二十五里□属敦德郡（《敦》五）

燧长效谷闲田常利里上牛康，年三十五☑（《敦》二五）

新莽时期凡未分封之地皆称"闲田"，《汉书·王莽传》："诸侯国闲田，为黜陟增减云。”注引师古曰：“以拟有功封赐，有罪黜陟也。”王国维云：“闲田者，《莽传》称诸侯国闲田为黜陟增减，乃用《王制》语，凡郡县未封之地皆闲田也。”[①] 汉简所见闲田或冠以县名，如上引《敦》一八五四“敦德亭闲田”，《新简》EPT 六五・三八一“居成闲田”，《敦》二五“效谷闲田”；或径直称“闲田”代表所在县，如《新简》EPT 六五・二三 A“……居成尉伋、丞 谓城仓、闲田、延水、甲沟、三十井……”此闲田实指居成县。《秦汉南北朝官印征存》六一七见“卢江闲田宰”，六一八见“夙夜闲田宰”，六一九见“成纪闲田宰”印。

甲沟

“甲沟”为新莽改汉“甲渠”候官名，由于此候官遗址所出简牍达一万余枚，故“甲渠”、“甲沟”之称谓屡见不鲜，以下仅列见“甲沟”称谓之简号，不录简文，供查阅。

《新简》EPT 四・四八 A、EPT 六五・三三六、EPT 五九・三四八、EPT 四九・二八二、EPT 二二・六八五、EPT 六・五三 A、EPT 六・五五、EPT 六・六五、EPT 五九・七九、EPT 二二・四三九、EPT 二二・六七四、EPT 二二・六七五、EPT 五九・二四五、EPT 二・三、EPT 四八・二一、EPW・九一、EPT 一〇・五、EPT 五九・六七七、EPT 四・一一、EPF 二二・三三四、EPF 二五・一、EPF 二五・二、EPF 二二・三八〇A、EPF 二二・四八四、EPF 二二・二七三 A、EPT 四三・一（以上按年号早晚顺序排列，见本书释文一）。

《新简》EPT 二・一一、EPT 五・四、EPT 五・一四〇、EPT 五・二〇七 A、EPT 六・二〇、EPT 二六・二五、EPT 二七・三二、EPT 二七・四三、EPT 四〇・七一、EPT 四三・五四、EPT 四三・六四、EPT 四三・七五、EPT 四三・一五〇、EPT 四三・二九八、EPT 四三・三二〇、EPT 四四・五二、EPT 四八・二五、EPT 四八・三九、EPT 四八・七九、EPT 四八・一四一、EPT 五五・七、EPT 五五・一九、EPT 五九・一〇四、EPT 五九・二五二 A、EPT 五九・二六四、EPT 五九・三四二、EPT 五九・三六二、EPT 五九・三六七、EPT 五九・三九九、EPT 五九・四八五、EPT 五九・五〇三、EPT 五九・五五七、EPT 五九・五六五、EPT 五九・六三九、

① 《流沙坠简・屯戍丛残・簿书类四十二》。

EPT 五九・八四一、EPT 六一・四、EPT 六五・五五 B、EPT 六五・一六八 A、EPT 六五・二四七、EPT 六五・二五四、EPT 六五・二六七、EPT 六五・二七〇、EPT 六五・三二五、EPT 六五・三三九、EPT 六五・四八二、EPF 二二・三七四、EPF 二二・四七一、EPF 二二・五七八、EPF 二二・七四六、EPF 二五・二七、EPW・四八、EPW・四九、EPW・八九、EPW・九八、EPW・一一〇、EPW・一二〇（以上简文无年号，按释文二出现先后顺序排列）。

《合校》一六・二、二一〇・三四、二二五・一一（以上按年号早晚顺序排列，见本书释文一）。

《合校》三九・三、三九・四、三九・五 A、四八・二、九五・四、一一〇・一八、一五六・四、二一〇・一三、三一二・二三（以上简文无年号，按释文三出现先后顺序排列）。

新莽更改地名，喜将“渠”字改作“沟”，如《汉书・地理志》“北地郡”下，“义渠道，莽曰义沟”。“朔方郡”下，“渠搜，中部都尉治。莽曰沟搜”。“甲渠”之改作“甲沟”亦然。

推木

推木部吏九人 ……□（《新简》EPT 四・八四）

☑推木部卒载☑（《新简》EPT 四三・一二六）

北书二封 其一封诣居延骑千人。一封章破，诣□□赵卿治所。五月戊寅下餔，推木队卒胜有受三十井诚势队卒樊隆；己卯蚤食五分，当曲队卒蔡崇付居延收降亭卒尹□□（《新简》EPT 五九・一五六）

推木候史冯长 十月禄大黄布十三枚 ≡年正月己丑候长□□取。卩（《新简》EPT 五九・一九二）

推木候长王宏 十一月食一斛五斗 同 十月丙寅掾谭取。卩（《新简》EPT 六五・一〇）

推木部 系弦≡十六……（《新简》EPF 二二・一八一）

甲沟推木候长□☑（《合校》六〇・一）

推木，候官下之部名，原名“临木”，属甲沟候官。“推木”亦作推木部，所属燧名，为部治所所在地，故与部同名，且为一重要驿站。推木队传递邮书的路线见上引《新简》EPT 五九·一五六，此路线亦屡见于汉简，如《新简》EPW·一：“……三月癸卯鸡鸣时，当曲卒便受收降卒文；甲辰下铺时，临木卒得付卅井城㔾北卒参。界中九十八里，定行十时，中程。”《新简》EPT 五一·三五七：“正月戊申食时，当曲卒王受收降卒敞；日入，临木卒仆付卅井卒得。界中八十里，定行五时，不及行三时。”《合校》二〇三·二：“……十一月己未夜半，当曲卒同受收降卒严；下铺，临木卒禄付诚㔾北队卒则。”为便利比较，图示如下：

收降←当曲←推木←三十井诚㔾（《新简》EPT 五九·一五六）
收降→当曲→临木→卅井诚㔾北（《新简》EPW·一）
收降→当曲→临木→卅井（《新简》EPT 五一·三五七）
收降→当曲→临木（卅井）→诚㔾北（《合校》二〇三·二）

据上图，新莽改“临木”为“推木”便一目了然。

广新

官告广新隧长▢
教 ▢（《敦》一八五五）
玉门广新燧▢（《敦》一八五六 A）
▨玉门广新燧▢（《敦》一八五七 A）
广新隧长赵丰 ▢（《敦》一八六四）
▢广新燧长张渊奉绁三丈三尺▢（《敦》二〇二四）

新莽代汉，通常将地名或机构名所见“汉”字改作“新”或“信”字，《汉书·地理志》所见如“安汉”改作“安新”，“汉阳”改作“新道”，“汉中”改作“新成”，“广汉”改作“广信”等。据此规则，简文所见“广新燧”当为新莽所改汉“广汉燧”名。广汉隧，见《敦》八〇四“西书一封，都尉府诣大煎都。正月己酉食时受广汉卒更”，《敦》一〇一一“广汉隧卒李舜”。

考证四　诏书、律令与司法

诏书　引诏书文

制诏纳言：其□官伐材木取竹箭。始建国天凤〔二〕年二月戊寅下。（《合校》九五·五）

纳言，新莽九卿之一，《汉书·王莽传》始建国元年，“更名大司农曰羲和，后更为纳言”。诏文“伐材木取竹箭”，见《月令》：“季冬之月……日短至则伐木取竹箭。是月也，可以罢官之无事，去器之无用者。”

辨衣裳，审棺椁之厚，营丘龙之小大高卑薄厚，度贵贱之等级。□始建国二年十一月丙子下。（《合校》二一〇·三五）

诏文引自《月令》：“饰丧纪，辨衣裳，审棺椁之薄厚，茔丘垄之大小高卑厚薄，度贵贱之等级。”注：“此亦闭藏之具，顺时饬正之也。辨衣裳，谓袭敛尊卑所用也，所用又有多少。茔音营。垄，力勇反。”疏：“《正义》曰其衣裳袭敛多少及棺椁厚薄具在《丧大纪》。丘垄小大，按郑注《冢人》云汉律列侯坟高四丈，关内侯以下各有等差。又注《檀弓》云，坟高四尺盖周之士制，外无文。”

制诏纳言：农事有不收藏积聚，牛马畜兽有之者，取之不诛。 □始建国天凤三年十一月戊寅下。（《新简》EPT 五九・六二、六三）

诏文引自《月令》："仲冬之月……是月也，农有不收藏积聚者，马牛畜兽有放佚者，取之不诘。"注："此收敛尤急之时，人有取者不罪，所以警惧其主也。《王居明堂礼》曰，孟冬之月，命农毕积聚系收牛马。"

▨□掌酒者，秫稻必斋，曲蘖必时，湛饎必絜，水泉香，陶器必良，火斋必得，兼六物，大酋（《新简》EPT 五九・三四三）

文见《月令》："仲冬之月……乃命大酋：秫稻必齐，曲蘖必时，湛炽必絜，水泉必香，陶器必良，火齐必得，兼用六物，大酋监之，毋有差贷。"注："酒熟曰酋。大酋者，酒官之长也，于周则为酒人。秫稻必齐，谓孰成也。湛，渍也。炽，炊也。火齐，腥熟之调也。物犹事也。差贷，谓失误，有善有恶也。"疏："释义曰：大酋者，酒官之长。于此之时始为春酒，先须治择秫稻，故云秫稻必齐。齐得成孰，又须以时料理曲蘖，故云必时。湛炽必絜者，湛渍也，炽炊也，谓炊渍米曲之时必须清絜。水泉必香，陶器必良者，谓所用水泉必须香美，所盛陶器必须良善。火齐必得者，谓炊米和酒之时用火齐生孰必得中也。兼用六物者，秫稻一，曲蘖二，湛炽三，水泉四，陶器五，火齐六也。物，事也，谓作酒之人用此事作，酒大酋监督之，无使有参差贷变使酒误其善恶。"

制诏纳言：其令百辽屡省所典，修厥职务顺时气。 □始建国天凤三年十一月戊寅下。（《新简》EPT 五九・六一）

百辽，百官。务顺时气，犹《月令》所见四季之孟仲季月可以做何事之类。

车冀天下之狱无冤人焉。 始建国天凤三年八月己酉下。（《敦》一七九）

此新莽为显示仁政所下诏文，未见史载。其实施如《汉书・王莽传》：

"州牧数存问，勿令有侵冤。"《新简》EPF 二二·二四二—二四六："新始建国地皇上戊≡年十月三日行塞劳敕吏卒记。 □天子劳吏士拜∧它何疾苦禄食尽得∧吏得毋侵冤假贷不赏。有者言。□吏士明听教：告吏谨以文理遇士卒∧病致医药加恩仁恕，务以爱利省约为首∧毋行暴殴击。"

□室 以土德代火家▨（《合校》二二五·三二）

王路堂免书 初始元年十一月壬子（《合校》三一二·六）

王莽化汉立新，曾用符命大造舆论。"土德"代表着新莽的统治，而"火家"（古书中或作"火德"、"赤德"）代表着刘氏王朝。"以土德化火家"即预示新莽代汉。《汉书·王莽传》载，王莽云："……深惟汉氏三七之阸，赤德气尽，思索广求，所以辅刘氏延期之术，靡所不用。"然而"赤世计尽，终不可强济。皇天明威，黄德当兴，隆显大命，属予以天下"。标榜自己是顺应天命的，接着又设计了接二连三以至十二的符命游戏，即"十二应"，最后导出王路堂勉书，《王莽传》云："帝王受命，必有德祥之符瑞，协成五命，申以福应，然后能立巍巍之功，传于子孙，永享无穷之祚。故新室之兴也，德祥发于汉三七九世之后。肇命于新都，受瑞于黄支，开王于武功，定命于子同，成命于巴宕，申福于十二应，天所以保祐新室者深矣，固矣！武功丹石出于汉氏平帝末年，火德销尽，土德当代，皇天眷然，去汉与新，以丹石始命于皇帝。皇帝谦让，以摄居之，未当天意，故其秋七月，天重以三能文马。皇帝复谦让，未即位，故三以铁契，四以石龟，五以虞符，六以文圭，七以玄印，八以茂陵石书，九以玄龙石，十以神井，十一以大神石，十二以铜符帛图。申命之瑞，寖以显著，至于十二，以昭告新皇帝。皇帝深惟上天之威不可不畏，故去摄号，犹尚称假，改元为初始，欲以承塞天命，克厌上帝之心。然非皇天郑重降符命之意，故是日天复决（其）以勉书。又侍郎王盱见人衣白布单衣，赤缋方领，冠小冠，立于王路殿前，谓盱曰：'今日天同色，以天下人民属皇帝。'盱怪之，行十余步，人忽不见。至丙寅暮，汉氏高庙有金匮图策：'高帝承天命，以国传新皇帝。'明旦，宗伯忠孝侯刘宏以闻，乃召公卿议，未决，而大神石人谈曰：'趣帝之高庙受命，毋留！'于是新皇帝立登车，之汉氏高庙受命。受命之日，丁卯也。丁，火，汉氏之德也。卯，刘姓所以为字也。明汉刘火德尽，而传于新室也。"简文作"王路堂免书"，"免"通"勉"，"王路堂"冠于"免书"之上，则与上文所见王路殿仙人事相关，其宗旨当即“以天下人民属皇帝”。是为天帝召示之书，王莽据此登上皇帝宝座。

▱以□时过可不冒哉，牧、监之部，其勉于考绩 ▱（《敦》二一四二）

▱获断金之利焉。 始建国≡年五月己丑下 ▱（《敦》二一四三）

王国维云：“右二简简式书法一一相同，当为一书。案上第一简宣帝赐酒泉太守制书后署□□元年五月辛未下，《隶释·中常侍樊敏碑》所载诏书后署延熹元年八月廿四日丁酉下，又《魏下豫州刺史脩老子庙诏》后署黄初三年十月十五日□子下，与此简文例相同，实王莽时诏书也。冒者，勖之省字，《说文》勖勉也，从力冒声，是勖本从冒得声；《尚书·盘庚》懋建大命予其懋简相尔，今文懋皆作勖（见《隶释》所载汉石经）；《君奭》迪见冒……马、郑、王本冒作勖。勖、冒、懋、勉皆双声字，故勖得借冒字为之，后人读勖为许玉反，失之。牧、监皆莽官，《莽传》天凤元年七月置州牧、部监二十五人，今始建国四年诏书已有牧、监，《莽传》系之天凤殆失之矣。”[1]

其市买五均之物及盐而无二品▱（《新简》六·八八）

枚。缣素上贾一匹直小泉七百枚。其马牛各且倍平，及诸万物可皆倍牺和折威侯匡等。

所为平贾。夫贵者征贱，物皆集聚于常安中，亦自为极贱矣。县官市买于民，民（《新简》五九·一六三）

五均六筦乃新莽重要经济政策，《汉书·食货志》载：“莽乃下诏曰：‘夫《周礼》有赊贷，《乐语》有五均，传记各有斡焉。今开赊贷，张五均，设诸斡者，所以齐众庶，抑并兼也。’遂于长安及五都立五均官，更名长安东西市令及洛阳、邯郸、临甾、宛、成都市长皆为五均司市师。东市称京，西市称畿，洛阳称中，余四都各用东西南北为称，皆置交易丞五人，钱府丞一人。”“诸司市常以四时中月实定所掌，为物上中下之贾，各自用为其市平，毋拘它所。众民卖买五谷布帛丝棉之物，周于民用而不雠者，均官有以考检厥实，

---

① 《流沙坠简·屯戍丛残·簿书类四、五》。

用其本贾取之，毋令折钱。万物卬贵，过平一钱，则以平贾卖与民。其贾氐贱减平者，听民自相与市，以防贵庾者……”据《汉书·王莽传》，六筦之令始设于始建国二年，文云：“初设六筦之令。命县官酤酒，卖盐铁器，铸钱，诸采取名山大泽众物者税之。”其实行之结局，如《王莽传》天凤四年，“是岁，复明六筦之令。每一筦下，为设科条防禁，犯者罪至死，吏民抵罪者浸众。又一切调上公以下诸有奴婢者，率一口出钱三千六百，天下愈愁，盗贼起”。五均及盐，见《汉书·食货志》，莽下诏：“夫盐，食肴之将；酒，百药之长，嘉会之好；铁，（曰）〔田〕农之本；名山大泽，饶衍之臧；五均赊贷，百姓所取平，卬以给澹；铁布铜冶，通行有无，备民用也。此六者，非编户齐民所能家作，必卬于市，虽贵数倍，不得不买。豪民富贾，即要贫弱，先圣知其然也，故斡之。每一斡为设科条防禁，犯者罪至死。”此亦即六筦内容之具体说明。牺和折威侯匡，鲁匡，《汉书·食货志》：“羲和鲁匡言……”《汉书·王莽传》：“牺和鲁匡设六筦，以穷工商。”

□□□其直□诸食王田□其□□令有品条之□十分之二（《新简》EPT 五九·三一一）

简文字迹多未辨识，具体内容不详。文中提及之“王田”乃新莽复古井田之体现，但终未能实行。《汉书·食货志》，王莽居摄，下令曰：“汉氏减轻田租，三十而税一，常有更赋，罢癃咸出，而豪民侵陵，分田劫假，厥名三十，实什税五也。富者骄而为邪，贫者穷而为奸，俱陷于辜，刑用不错。今更名天下田曰王田，奴婢曰私属，皆不得卖买。其男口不满八，而田过一井者，分余田与九族乡党。”“后三年，莽知民愁，下诏诸食王田及私属皆得卖买，勿拘以法。”《汉书·王莽传》作“诸名食王田，皆得卖之，勿拘以法。犯私买卖庶人者，且一切勿治”。简文所见或为王田制尚试行时之事。

□诏书长安县更为常安（《新简》EPT 五九·一一七 A）

诏书长□更为常安府□□☑（《新简》EPT 五九·一一七 B）

《汉书·王莽传》：始建国元年，改“长安曰常安”。

诏书曰　　除匈奴之号（《新简》EPT 五九·一四四）

新莽执政，屡次更改匈奴名号。据《汉书·匈奴传》，始建国元年，更改“匈奴单于玺”之印文为“新匈奴单于章”。又《汉书·王莽传》，始建国二年，更名匈奴单于曰降奴服于。简文所见，则又称匈奴为“共奴”、“恭奴”等，如《敦》六六“今共奴已与鄯善不和，则中国之大利也”。《敦》一一四“今恭奴言鄯善反我……”简文所云当为次更改之一。

除天下必贡所当出半岁之直以为牛酒之资。民之不赘聚，吏不得容奸。便臣秩郎从官及中人各一等，其奉共养宿卫常乐宫者又加一等。郎从官秩下大夫以上得食卿录员（《新简》EPF 二二·六三 A）

八（《新简》EPF 二二·六三 B）

此新莽赐爵秩牛酒诏文，未见史载，《汉书·王莽传》见始建国元年，赐吏爵人二级，民爵人一级，女子百户羊酒，蛮夷币帛各有差。大赦天下。与之相类，但所述非是次事。简文所见增秩对象主要为宫庭中之郎从官，范围较小。八，文书编号。

☐□东部五威率言厨传食者众，费用多，诸以法食者皆自斋，费不可许。（《新简》EPF 二二·三〇四）

新莽政务繁琐，《汉书·王莽传》所见如始建国元年遣五威将王奇等十二人班《符命》四十二篇于天下。而每一将各置左右前后中帅，凡五帅，故二年“五威将帅七十二人还奉事”。又天凤二年，“十一公士分布劝农桑，班时令，案诸章，冠盖相望，交错道路，召会吏民，逮捕证左……”随从人员甚多，如此则必然厨传食者众，国家财政不堪承担。故简文云“诸以法食者皆自斋，费不可许”矣。

六月戊午，府下制书曰：安众侯刘崇与相张绍等谋反，已伏辜。崇季父蒲及令辈解印授肉袒自护。　书丁卯日入到。（《敦》四九七）

南阳大守掾史、宛邑令闻安众侯刘崇谋反，欲入宛邑城，先发吏民杜关城门距射，崇等（《释粹》七六 ESC·一 A）

十六（《释粹》七六 ESC·一 B）

以故不得入遂其逆乱者（《释粹》七六 ESC·二 A）

安众侯刘崇与相张绍反莽事，见《汉书·王子侯表》："（武帝）元封元年，节侯山柎嗣，三十八年薨，侯崇嗣，居摄元年举兵，为王莽所灭。"《汉书·元后传》居摄年间，"宗室安众侯刘崇及东郡太守翟义等恶之，更举兵欲诛莽"。《汉书·王莽传》："居摄元年四月，安众侯刘崇与相张诏谋曰：'安汉公专制朝政，必危刘氏。天下非之者，乃莫敢先举，此宗室耻也。吾帅宗族为先，海内必和。'绍等从者百余人，遂进攻宛，不得入而败。绍者，张竦之从兄也。竦与崇族父刘嘉指阙自归，莽赦弗罪。"简文所云"崇季父蒲及令翚解印授肉袒自护"未见史载。

翟义、刘宇、刘璜及亲属当坐者盗臧证臧，它皆赦除之。书谨到，敢言之。卪（《新简》EPT 五九·四二）

翟义反莽事又见《新简》EPT 五九·一〇七"□南都尉府书曰：反虏翟逆义党与□作阳第□所犯"。《汉书·王莽传》居摄二年"九月，东郡太守翟义都试，勒车骑，因发奔命，立严乡侯刘信为天子，移檄郡国，言莽'毒杀平帝，摄天子位，欲绝汉室，今共行天罚诛莽'。……槐里男子赵明、霍鸿等起兵，以和翟义，相与谋也……十二月，王邑等破翟义于圉"。司马光《资治通鉴·汉纪二十八》综合诸书所载，言之最详，文云："东郡太守翟义，方进之子也，与姊子上蔡陈丰谋曰：'新都侯摄天子位，号令天下，故择宗室幼稚者以为孺子，依托周公辅成王之义，且以观望，必代汉家，其渐可见。方今宗室衰弱，外无强藩，天下倾首服从，莫能亢扞国难。吾幸得备宰相子，身守大郡，父子受汉厚恩，义当为国讨贼，以安社稷；欲举兵西，诛不当摄者，选宗室子孙辅而立之。设令时命不成，死国埋名，犹可以不惭于先帝。今欲发之，汝肯从我乎?'丰年十八，勇壮，许诺。义遂与东郡都尉刘宇、严乡侯刘信、信弟武平侯刘璜结谋，以九月都试日斩观令，因勒其车骑、材官士，募郡中勇敢，部署帅。信子匡时为东平王，乃并东平兵，立信为天子；义自号大司马、柱天大将军；移檄郡国，言'莽鸩杀孝平皇帝，摄天子位，绝汉室。今天子已立，共行天罚！'郡国皆震。比至山阳，众十余万……诸将东至陈留、菑，与翟义会战，破之，斩刘璜首。莽大喜，复下诏先封车骑都尉孙贤等五十五人皆为列侯，即军中拜授。因大赦天下。于是吏士精锐遂攻围义于圉城，十二月，大破之。义与刘信弃军亡，至固始界中，捕得义，尸磔陈都市；卒不得信。"简文所见为赦令诏书，即将翟义、刘宇、刘璜及亲属当坐者列入不赦之列。

请诏

爵疑者瀫作士，督臧者考察，无令有奸圣恩，宜以时布，县厩置驿骑行诏书，臣稽首以闻。（《新简》EPF 二二·六四 A）

十桼（《新简》EPF 二二·六四 B）

作士，新莽九卿之一，主司法，西汉名廷尉或大理。请示疑难案件的处置称谳。“瀫”通“谳”，谳之制承自汉，《汉书·刑法志》：“高皇帝七年，制诏御史：‘狱之疑者，吏或不敢决，有罪者久而不论，无罪者久系不决。自今以来，县道官狱疑者，各谳所属二千石官，二千石官以罪名当报之。廷尉所不能决，谨具为奏，傅所当比律令闻。’上恩如此，犹不能奉宣。故孝景中五年复下诏曰：‘诸狱疑，虽文致于法而于人心不厌者，辄谳之。’其后狱吏复避微文，遂其愚心。至后元年，又下诏曰：‘狱，重事也。人有愚智，官有上下。狱疑者谳，有令谳者已报谳而后不当，谳者不为失。’自此之后。狱刑益详，近于五听三宥之意。”

名状。其秩命士以上先以闻，以明好恶，臣稽首以闻。（《敦》四九二）

命士，新莽所改五百石秩名，《汉书·王莽传》始建国元年，“更名秩百石曰庶士，三百石曰下士，四百石曰中士，五百石曰命士，六百石曰元士……”先以闻，犹两汉律令常见之先请，即有一定地位之人士犯罪须请示朝廷方能处置，如《汉书·宣帝纪》黄龙元年，诏曰：“吏六〔百〕石位大夫，有罪先请。”《汉书·刘屈氂传》：“司直田仁部闭城门，坐令太子得出，丞相欲斩仁。御史大夫暴胜之谓丞相曰：‘司直，吏二千石，当先请，奈何擅斩之？’”西汉时六百石秩为先请界限，新莽时命士（相当西汉五百石秩）即先请，宽于汉矣。

诏书行下文

亖月己丑，张掖库宰崇以近秩次行大尹文书事、长史丞下部大尉官县承书从事下当用者，有犯者辄言，如诏书，〔书〕到言。

兼掾义、兼史曲、书吏迁金（《新简》EPT 五九·一六〇）

十月辛酉，将屯偏将军张掖大尹遵、尹骑司马武行副咸事、试守徒丞司徒□

循下部大尉官县承书从事下当用者如诏书，书到言。兼掾义、史冯、书吏□（《新简》EPF 二二·六五 A）

三十五（《新简》EPF 二二·六五 B）

大司空罪别之，州牧各下所部如诏书，书到言。（《新简》EPF 二二·六七）

新莽诏书通常逐级下达，下级收到诏书文，即须报告，故简云“书到言”。两汉诏书亦然，如《新简》EPT 五三·六六：“正月辛丑，御史大夫定国行丞相事下小府、中二……承书从事下当用者，如诏书，书到言。 /属实、令史元□”《新简》EPF 二二·四五二：“九月甲戌，甲渠候 下尉谓第四候长宪等承书从事下当用者，如诏书，书到言。 掾 兼尉史严。”

劾状

居摄三年十月甲戌朔庚子，累虏燧长彭敢言之。谨移劾状一编，敢言之。（《合校》二五·四）

正月丁未，甲沟鄣守候君写移闲田狱如律令（《合校》九五·四）

劾，告劾，犹今起诉，《汉书·张汤传》：“劾鼠掠治。”《王嘉传》：“上乃发怒，召嘉指尚书责问。事下将军中朝者，劾嘉。”《师丹传》：“事下廷尉，廷尉劾丹大不敬事。”《何武传》：“莽风有司劾奏武、公孙禄互相称举，皆免。”《翟方进传》：“迁为丞相司直。从上甘泉，行驰道中，司隶校尉陈庆劾奏方进没入车马。”劾状乃新莽诉讼过程中形成的重要文件之一，据汉简所见，劾状通常由呈文、劾文、状辞三部分组成，完整的一份劾状如：

建武六年三月庚子朔甲辰，不侵守候长业敢（《新简》EPT 六八·五四）

言之。谨移劾状一编，敢言之。（《新简》EPT 六八·五五）

乃今月三日壬寅，居延常安亭长王闳、子男同、攻虏亭长赵（《新简》EPT 六八·五九）

常及客民赵闳、范翕一等五人俱亡，皆共盗官兵（《新简》EPT 六八·六〇）

臧千钱以上，带（《新简》EPT 六八·六一）

刀剑及铍各一，又各持锥，小尺白刀、箴各一，兰越甲渠当（《新简》EPT 六八·六二）

曲燧塞，从河水中天田出。〇案常等持禁物（《新简》EPT 六八·六三）

兰越塞于边关儌逐捕未得，它案验未竟（《新简》EPT 六八·六四）

兰越塞天田出入▨（《新简》EPT 六八·六五）

▨典主不发觉□▨（《新简》EPT 六八·六六）

▨其月二日猛还诣候▨（《新简》EPT 六八·六七）

□状辞曰：公乘居延中宿里，五十一岁，姓陈氏，（《新简》EPT 六八·六八）

今年正月中府补业守候长，置不侵部主领吏（《新简》EPT 六八六·六九）

迹候备寇虏盗为贼职。乃今月三日壬寅，居延常安亭长（《新简》EPT 六八·七〇）

王闳、闳子男同、攻击亭长赵常及客民赵闳、范翕等（《新简》EPT 六八·七一）

五人俱亡，皆共盗官兵臧千钱以上，带大刀及铍各一，（《新简》EPT 六八·七二）

又各持锥，小尺白刀、箴各一，兰越甲渠当曲燧塞，从河（《新简》EPT 六八·七三）

水中天田出。案常等持禁物兰越塞（《新简》EPT 六八·七四）

于边关儌逐未得，它未案验未竟，以此（《新简》EPT 六八·七五）

知而劾无长吏使。劾者状具此。（《新简》EPT 六八·七六）

建武六年三月庚子朔甲辰，不侵守候长业劾移（《新简》EPT 六八·五七）

居延狱以律令从事。（《新简》EPT 六八·五八）

三月己酉，甲渠守候　移移居延，写移如律令、　/掾谭、令史嘉

（《新简》EPT 六八・五六）

其中《新简》EPT 六八・五四、五五、五六、五七、五八为呈文，五九至六七为劾文，六八至七六为状辞，状辞中须写明原告身份，包括爵位、姓氏、籍贯、年龄、职业等。上引新莽简例为劾状呈文。

爰书

□始建国三年正月驿马病死爰书。（《合校》九六・一）

□甲沟候官始建国天凤一年十二月戍卒病死爰书旁行。（《新简》EPT 五七・八）

始建国天凤二年桼月丙申朔戊戌，第十候长育敢言之。 爰书第十二隧戍卒宣调当曲隧▨爰书，敢言之。（《新简》EPT 五九・五七）

爰书，新莽司法文书之一，承汉制。汉简所见完整之爰书如：

建武三年十二月癸丑朔戊辰，都乡啬夫宫以廷所移甲渠候书召恩诣乡，先以“证财物故不以实，臧五百以上，辞以定，满三日

而不更言请者，以辞所出入罪反罪之”律辨告，乃爰书验问。恩辞曰：颍川昆阳市南里，年六十六岁，姓寇氏、去年十二月（《新简》EPF 二二・二一）

中，甲渠令史华商、尉史周育当为候粟君载鱼之觻得卖。商、育不能行，商即出牛一头，黄，特，齿八岁，平 贾直六十石，与交谷十五石，为谷七十五石。育出一头，黑，特，齿五岁，平贾直六十石，与交谷卌石。凡为谷百石，皆予粟君（《新简》EPF 二二・二二）

以当载鱼就直。时粟君借恩为就，载鱼五千头到觻得，贾直牛一头、壳廿七石，约为粟君卖鱼沽

出时行钱卌万、时粟君以所得商牛，黄，特，齿八岁，谷廿七石，予恩顾就直。后二∧三日当发，粟君谓恩曰：黄牛（《新简》EPF 二二・二三）

微瘦，所将育牛，黑，特，虽小，肥，贾直俱等耳，择可用者持行。恩即取黑牛去，留黄牛，非从粟君借牛。恩到

鲧得卖鱼尽，钱少，因卖黑牛，并以钱卅二万付粟君妻业，少八万，恩以大车半槽轴一，直钱万钱，羊韦一枚为橐（《新简》EPF 二二·二四）

直三千，大笥一合直千，一石去卢一直六百，𦃓索二枚直千，皆在业车上，与业俱来。还到北部为业买肉十斤

直谷一石，到第三置为业糴大麦二石，凡为谷三石，钱万五千六百，皆在业所。恩与业俱来到居延，后恩（《新简》EPF 二二·二五）

欲取轴器物去，粟君谓恩"汝负我钱八万，欲持器物"，怒，恩不敢取器物，去。又，恩子男钦以去年十二月廿日为粟君捕鱼尽今年正月、闰月、二月积作三月十日，不得贾直，时市庸平贾大男日二斗为谷廿石。恩居（《新简》EPF 二二·二六）

鲧得付业钱时，市谷决石四千，并以钦作贾谷当所负粟君钱毕。恩又从鲧得自食为业将车莝斩来到居延，积行道廿余日不计贾直。时商、育皆平牛直六十石与粟君，因以其贾与恩牛，已（《新简》EPF 二二·二七）

决，不当予粟君牛，不相当谷廿石，皆证，它如爰书。（《新简》EPF 二二·二八）

以上所引为验问爰书，古书中关于爰书的解释颇多，《史记·张汤传》："其父为长安丞，出，汤为儿守舍。还而鼠盗肉，其父怒，笞汤。汤掘窟得盗鼠及余肉，劾掠治，传爰书，讯鞫论报，并取鼠与肉，具狱磔堂下。"苏林曰："谓传囚也。爰，易也。以此书易其辞处。"张晏曰："爰书，自证不如此，言反受其罪，讯考三日复问之。知与前辞同不也。"韦昭曰："爰，换也。古者重刑，嫌有爱恶，故移换狱书，使他官考实之，故曰传爰书也。"《汉书·张汤传》师古注："爰，换也，以文书代换其口辞也。"古人仅说出爰书之部分内涵。除上引新莽简见"驿马病死爰书"、"戍卒病死爰书"之外，汉简所见爰书名目甚多，如《新简》EPT 五二·五四、一四八，EPC·三九，《合校》二〇六·三一见"自证爰书"；《新简》EPT 五三·一七三"吏卒相牵证任爰书"；《新简》EPT 五三·一八二"证任名籍爰书"；《新简》EPT 五六·二七六"秋以令射爰书名籍"；《新简》EPT 一〇·七"增劳名籍射爰书"；《新简》EPT 五六·八二"卒不贯卖爰书"；《合校》一〇·三四 A"贯卖衣财物爰书名籍"；《新简》EPT 五一·二七五"殴杀爰书"；《新简》EPT 五九·八〇"病诊爰书"；《新简》EPT 五九·六三八"病死爰书"；《合校》

一四五・三五“病死物爰书”等等。凡官方以书面形式制定的口供、证词乃至现场记录均属爰书内涵，涉及范围甚广。

功劳墨将名籍　增劳

始建国五年九月丙午朔乙亥，第二十三隧长宏敢言之。谨移所自占书功劳墨将名籍一编，敢言之。（《新简》EPT 五・一）

☐□□队长上造李钦

始建国三年十月旦乘塞外尽≡年九月晦积三百☐

张掖延城大尉元、丞音以诏书增钦劳□☐（《新简》EPT 五九・三三九）

始建国≡年九月壬午朔辛亥，甲沟鄣候□敢言之。谨移驷望隧长

张曼乘塞外簿，谒以诏书增曼劳，敢言之。（《新简》EPT 五九・三四八）

敦德步广尉曲平望塞有秩候长敦德亭闲田东武里五士王参，秩庶士，新始建国地皇上戊元年十月乙未迹尽二年九月晦积三百六十日，除月小五日，定三百五十五，以令二日当三日，增劳百桼十桼日半日，为五月二十桼日半日。（《敦》一八五四）

□右五命上大夫增劳名籍（《新简》EPT 五・三二）

功劳墨将，官吏功劳的书面记载，承汉制，《合校》二八二・七：“初元三年十月壬子朔辛巳，甲渠士吏彊敢言之。谨移所自占书功劳墨将名籍一编，敢言之。”“功劳墨将”亦简称“功将”或“功墨”，如《新简》EPT 五〇・一〇：“居延甲渠候官第十隧长公乘徐谭功将。　中功一、劳二岁，其六月十五日河平二年、三年、四年秋试射以令赐劳　□令　能书会计治官民，颇知律令，文，居延鸣沙里，家去大守府千六十三里，产居延县。为吏五岁三月十五日，其十五日河平元年、阳朔元年病不为劳。居延县人。”《新简》EPT 六五・三〇二：“□右初元五年功墨。”

增劳，依据法令增加劳绩日数，亦承自汉制，《合校》一四五・三七：“☐建昭元年十月旦日迹尽二年九月晦日，积三百八十三日，以令赐劳六月十一日半日……”《合校》一五九・一四：“五凤≡年十月甲辰朔甲辰，居延都尉德、丞延寿敢言之。甲渠候汉彊书言候长贤日迹积三百廿一日，以令赐贤劳

百六十日半日。谨移赐劳名籍一编，敢言之。”新莽时期日迹“以令二日当三日”承自西汉“《北边挈令第四》：北边候长候史迹二日当三日”。上引简例所云乘塞外增劳、五命上大夫增劳当别有所据。

邮书课

⊠始建国天凤二年正月

尽十二月邮书驿马课（《新简》EPF 二五・一二 A）

□邮书驿马课（《新简》EPF 二五・一二 B）

▨……日中时，第七燧长▨

▨……入夜食五分，第三燧长严受第□燧长▨

▨……岁燧留□□□□□□□，界中二十五里，烽□▨（《新简》EPT 七・三四）

邮书课，关于传递邮书的考核，依令实行，承自汉制，名目如《新简》EPT 四〇・一四七 A：“元延四年九月戊寅朔戊寅，不侵候……谨移八月邮书课一编，敢言之。”邮书课本文如《新简》EPT 五一・三五七：“……诣橐它候官　正月戊申食时，当曲卒王受收降卒敞；日入，临木卒仆付卅井卒得。界中八十里，定行五时，不及行三时。”邮书之考核依据有关律令进行，《新简》S 四 T 二・八 A：“官去府七十里，书一日一夜当行百六十里，书积二日少半日乃到，解何？书到，各推辟界中，必得，事案到，如律令。言会月廿六日、会月廿四日。”B：“不中程百里罚金半两，过百里至二百里一两，过二百里二两。不中程车一里夺吏主者劳各一日，二里夺令□各一日。”简背所见为《行书律》片断，即邮书课之所据。又，《周礼・掌节》：“皆有期以反节。”注：“将送者，执此节以送行者，皆以道里日时课，如今邮行有程矣，以防容奸，擅有所通也。”《汉书仪》：“奉玺书使者乘驰传。其驿骑也，三骑行，昼夜行千里为程。”秦简亦见《行书律》，如秦简《行书律》：“行命书及书署急者，辄行之；不急者，日觱（毕），勿敢留。留者以律论之。”“行传书、受书，必书其起到日月夙莫（暮），以辄相报殹（也）。书有亡者，亟告官。隶臣妾老弱及不可诚仁者勿令。书廷辟有曰报宜到不来者，追之。”传递邮书不及时称做“不中程”，当受罚，如《合校》五五・一一，一三七・六，二二四・三，五五・一三，二二四・一四，二二四・一五：“十一月邮书留迟不中程各如牒。晏等知邮书数留迟，为府职不身拘校而委任小吏，亡为中程，甚毋状，方议罚。檄到，各相与邸校，定吏当坐者，言，须行法。”新莽制或亦然。

刃伤　摎杀　斫杀

云阳公乘以秉妻急恶故怨怼。至邑，杀□伤□□□□□□□□□□

〼（《敦》二一九）

尉大君以秉伤辜半日死，元夫□等皆亡，大司空隆心公急发觉。臣谨案：五品不孙，典乐掌教大夫之□□（《敦》二二〇）

不往。大君使从者茂等往綷秉来，秉不肯□□□□□□□□使绳扼秉＝以刃伤茂三所。大君从欲前（《敦》二二一）

助茂，秉刃伤大君头一所。男庶人吉助茂缚秉。元夫与吉共摎杀秉，并使从兄梁杀秉子小男毋畱，斫杀秉妻。（《敦》二二二）

以上四简字迹相同，属同一册书。此册所见为一份司法文书，涉及斗杀人事。以尉大君、大君从者茂、庶人吉、元夫、元夫从兄梁为一方，秉、秉妻、秉子小男毋畱为另一方。尉，大尉，即西汉之都尉。怼，怨恨，《说文》：“怼，怨也。”事件的起因即“秉妻急恶故怨怼”。由此尉大君派遣从者茂等企图把秉捆系，茂被秉击伤，大君欲相助，头被秉砍了一刀，半天后死。庶人吉、大君从者茂共同捆缚秉，然后由元夫和吉一起把秉杀死。元夫又指使从兄梁杀死秉妻及秉子男毋畱。案发后，元夫等人逃亡。

刃伤，罪行，《汉书・薛宣传》引汉律：“斗以刃伤人，完为城旦，其贼加罪一等，与谋者同罪。”

摎杀，捆而杀之，《说文》：“摎，缚杀也。”斫杀，砍杀。

简文所见案情涉及使人杀人及杀一家三人，皆重罪。《汉书・王子侯表》：“乐侯义，坐使人杀人，髡为城旦。武安侯慢，坐使奴杀人，免。富侯龙，坐使奴杀人，下狱，瘐死。阳兴侯昌，坐朝私留他县使庶子杀人，弃市。”《汉书・翟方进传》注引如淳曰：“律，杀不辜一家三人为不道。”

官事不办

□右不侵部燧长刑昌、刑晏共留对坐□□□□□□□□行□晏□□宪

官事不办，法（《新简》EPT 六五・七一）

官事不办，犹今言不履行职责。汉简所见如《新简》EPT 五七・一：“☑期会　皆坐办其官事不办，论罚金各四两，直二千五百。”《新简》EPT 五九・八七：“使者到不办，如律令。”《汉书・百官公卿表》：“武强侯严青翟为御史大夫，坐窦太后丧不办，免。”

私去署

月□　一戍□泉橐私去署买□□（《合校》九五・九）

燧长侯仓、候长樊隆皆私去署，诚教敕吏毋状，罪当死，叩头死罪死罪，敢言之。（《新简》EPT 二二・四二四）

私去署，又称擅去署，擅自离开岗位。汉简所见如《新简》EPT 五九・二四〇：“……武叩头死罪，对曰：‘诚食乏，私归取食。’案武知从事行塞，私去署，毋状☑。”《新简》EPT 五九・四四九：“☑长徐殷私去署。”《合校》八二・二：“第十二隧长张宣乃十月庚戌擅去署私〔之〕中部辟买榆木壹宿。”屯戍乃以警戒为主要勤务，故坚守岗位甚重要，《合校》三・二八：“吏毋得离署。”私去署则为违法行为。

未能会会日

☑牧监来出□收责，未能会会日，入请日夜☑（《合校》二七・二三）

未能会会日，未能按规定时间期会。汉简所见文书中常有期会的规定，如《新简》EPT 五一・一八九 A：“河平元年八月戊朔辰戊子，居延都尉谊、丞宜谓居延甲渠鄣候：箕山燧长冯利不在署、第十一燧卒高青不候，移书验问，案致言，会月十八日。书以月十九日食坐到。案甲渠候。”《合校》三〇・一五：“输钱府，会月廿五日。”《合校》四二・二〇A：“谓甲渠候官：写移书到，会五月旦，毋失期，如律令。/掾云、守属延、书佐定世。”《敦》九七九 A：“……省卒亭一人，会月十五日，毋失会日。”超过期会日限，即谓未能会会日，是一种失职行为，除上引简例，汉简所见又《合校》一八八・

四，一八八·三〇，一八八·三一："府会，会月十八日，未能会会日。"《合校》四三〇·一，四三〇·四："□卅井言谨拘校二年十月以来计最，未能会会日，谒言解。"

坐簿

新始建国地皇上戊三年三月　朔甲申，候虏燧长郭崇谨坐簿如牒，敢言之。（《合校》三九四·三，四六九·一）

坐簿，因簿书事坐罪。此类事见于汉简，如《新简》EPT 四三·五五："坐簿书贵直，为擅赋臧二百五十以上……"《合校》二八五·二〇："□等吏秩皆百石。移簿书事以误乱为常官。"

罚金

☑□罚金三两（《新简》EPT 五·六〇）

罚金之处罚见于汉律，新莽承之。《合校》二二七·一三："☑罚金二两，直千☑"《汉书·哀帝纪》注引如淳曰："《令甲》，诸侯在国，名田他县，罚金二两。"《汉书·张释之传》注引如淳曰："《宫卫令》，诸（侯）出入殿门公车司马门〔者〕皆〔下〕，不如令，罚金四两。《乙令》，跸先至而犯者，罚金四两。"罚金之制来源甚早，《周礼·职金》："掌受士之金罚、货罚，入于司兵。"

适

充辞曰：上造，河东安邑庞氏里，年二十桼岁，姓梁氏（《新简》EPT 五·五）

☑烽为解，毋状，当教，以新除故，请财适三百里以戒后。（《新简》EPT 五·六）

第十候长傅育

坐发省卒部五人会月十三，失期毋状，适载三泉茭二十石致城北

燧给驿马，会月二十五日毕。（《新简》EPT 五九·五九）

适，一种行政处罚，通常责令犯者在规定期限内运输一定数量的物品至规定地点，除上引简例所见，又《新简》EPT 五九·七二：“俱南燧长范谭留出入檄，适为驿马运钘庭茭廿石致止害燧。”《新简》EPT 五九·五六：“☑坐闰月乙卯官移府行事檄留迟三时九分，不以马行，适为戍卒城仓转一两致官，会月十五日毕。”《新简》EPT 六五·二二八：“钘庭候长王护　坐队长薛隆误和受一苣火，适载转一两到……”《合校》二六二·三一：“第十候长秦忠　坐部十月月甲午留烽，适载纯赤堇三百丈致☑。”《合校》二八五·一〇：“第十候史杨平罢卒在，正月四日到部，私留一日，适运茭五百束致候官，会八月旦。”适罚有路程里数的规定，除上引《新简》EPT 五·六之外，又《合校》一八五·三二：“☑坐移正月尽三月四时吏名籍误十事，适□里。”以适罚作亦屡见于古籍，《汉书·薛宣传》：“告栎阳令，吏民言令治行烦苛，适罚作使千人以上。”《汉书·文帝纪》：“二年春正月，诏民谪作县官及贷种食未入未备者，皆赦之。”适之为罚尚有轻重之差别，故汉有七科谪之称，《史记·秦始皇本纪》：“徙谪，实之初县。”《索隐》：“徙有罪而谪之，以实初县，即上‘自榆中属阴山，以为三十四县’是也。故汉七科谪亦因于。”汉简所见乃适之最轻者。

械逮

都尉君移戍部尉，械逮故若绝城钱况等有书，今（《敦》二〇三）

若绝城同心士京县寿里钱况，年三十五，乃乙亥□☑（《敦》二八一A）

械逮，逮捕并加刑具。《汉书·惠帝纪》：“爵五大夫、吏六百石以上及宦皇帝而知名者，有罪当盗械者，皆颂系。”注引如淳曰：“盗者逃也，恐其逃亡，故著械也。”师古曰：“盗械者，凡以罪著械皆得称焉，不必逃亡也。”《汉书·王莽传》“莽遣三公大夫逮治党与”，师古曰：“逮，逮捕之也。”“械逮”汉简或作“械毄”，如《合校》一一八·一八：“戍卒东郡□里函何阳坐斗以剑击伤戍卒同郡县戍里靳龟右脾一所，地节三年八月辛卯械毄。”

责

第廿三部责泉千三百廿，少六百八十▨（《新简》EPT 四〇·二〇）

责甲沟令史上官□▨（《新简》EPT 四三·五四）

▨丰责居延男子张君孙襄絮一枚，直百三十五，入三十五（《新简》EPT 五九·三八）

伐胡卒□憙，伐胡卒□□　责□□布□一领，直千八十……已得钱二百，少八百八十。责广地次□燧长陶子赐练襦一领，直八百三十，令为居延市吏。责……（《新简》EPT 五九·六四五）

当欲隧卒宾德成卖布一匹，直钱三百五十，临要隧长当责尽四月奉。

察适隧卒王未央卖绯一匹，三百七十，当责察适隧长尽四月奉。

悥敢卒狐卖练一匹，贾钱四百九十，又布钱百卌四，凡直六百廿四，当责造史诛子病□尽四月（《敦》八三八 A）

▨　自言责三十▨（《新简》EPT 五·一八九）

甲沟▨□自言责卅井谷口候长王禁≡年≡月中买（《新简》EPT 六一·四）

官诣府对，使收责育等皆毕……诣（《新简》EPT 六·六一）

□甲沟言米糒少簿，尉史、候长傅育等当负，收责皆毕，遣尉史持□诣府。（《新简》EPT 六·六五）

亭长王寿卿　入粟三石三斗，直泉二百六十四，偿奉长。（《敦》三六一）

候史宋君长　入麦二百九斗，直泉二百卅，偿奉长。（《敦》三六二）

“责”通“债”。上引新莽简所见之债务关系与汉简所见同，当承自汉制。戍卒多来自内郡，他们前来戍边时通常携带布帛衣物卖予边地吏民，以贳卖方式成交，立有契约，官方干预，故形成较多债务文书。最常见的是债权人向官方申报款项及债务人姓名，由官方催债。申报多以“自言责”的形式进行，汉简所见如《合校》三五·六：“灭虏燧戍卒梁国蒙东阳里公乘左咸，年卅六，自言责乐哉燧长张中实皂练一匹，直千二百。今中实见为甲渠令史。”《合校》二一七·一五，二一七·一九：“吞远隧卒夏收　自言责代胡隧长张赦之，赦之买收缣一丈，直钱三百六十。”上引《新简》EPT 五·一八九，

《新简》EPT 六一・四即此类。而上引《新简》EPT 五九・六四五，《敦》八三八 A 是依据“自言责”制定的债务名单。《敦》八三八 A 所云“临要隧长当责尽四月奉”，“当责察适隧长尽四月奉”谓以薪俸还债，汉简所见如《新简》EPT 五二・八八 A：“阳朔元年七月戊午，当曲隧长谭敢言之。负故止害隧长宁常交钱六百，愿以七月奉钱六百偿常，以印为信，敢言之。”上引《新简》EPT 四〇・二〇述官方代理收债，已收得第廿三部所在债务人偿还的债务千三百廿，尚少六百八十。这种由官方出面干预收债的记录亦见居延汉简，如《新简》EPT 五三・一八六：“甘露三年十一月辛巳朔己酉，临木候长福敢言之。谨移戍卒□□异众等行道贳卖衣财物直钱如牒，唯官移书令觻得、泺涫收责，敢言之。”汉律中当有关于债务的条文，其司法实践如《汉书・功臣表》：“河阳侯嗣信，坐不偿人责过六月，免。”王先谦《补注》：“沈钦韩曰：《潜夫论・断讼》篇：永平时，诸侯负责，辄有绌削之罚，其后皆不敢负民。盖沿旧制。”

考证五　天凤三年西域战役

例（110）到（113）反映了新莽中期在西域进行一场战争，印证了史籍所载并补充许多具体细节，弥足珍贵，述如下。

关于是次战役的记载：

《汉书·王莽传》天凤三年，“遣大使五威将王骏、西域都护李崇将戊己校尉出西域，诸国皆郊迎贡献焉。诸国前杀都护但钦，骏欲袭之，命佐帅何封、戊己校尉郭钦别将。焉耆诈降，伏兵击骏等，皆死。钦、封后到，袭击老弱，从车师还入塞。莽拜钦为填外将军，封剿胡子，何封为集胡男。西域自此绝”。

《汉书·西域传》：“天凤三年乃遣五威将王骏、西域都护李崇将戊己校尉出西域，诸国皆郊迎，送兵谷，焉耆诈降而聚兵自备。骏等将莎车、龟兹兵七千余人，分为数部入焉耆，焉耆伏兵要遮骏。及姑墨、尉梨、危须国兵为反间，还共袭骏等，皆杀之，唯戊己校尉郭钦别将兵，后至焉耆。焉耆兵未还，钦击其老弱，引兵还。莽封钦为剿胡子。李崇收余士，还保龟兹。数年莽死，崇遂没，西域因绝。”

《资治通鉴·汉纪》天凤三年，“是岁，遣大使五威将王骏、西域都护李崇、戊己校尉郭钦出西域，诸国皆郊迎，送兵谷。骏欲袭击之，焉耆诈降而聚兵自备。骏等将莎车、龟兹兵七千余人，分为数部，命郭钦及佐帅何封别将居后。骏等入焉耆，焉耆伏兵要遮骏，及姑墨、封犁、危须国兵反间，还共袭骏，皆杀之。钦后至焉耆，焉耆兵未还，钦袭击，杀其老弱，从车师还入塞。莽拜钦为填外将军，封剿胡子；何封为集胡男。李崇收余士，还保龟兹。及莽败，崇没，西域道绝”。

上述记载，以《通鉴》所见最详。

关于交战各方：

交战主要在莽军与焉耆、匈奴联军之间进行。新莽军的主力是大使五威将王骏、西域大都护李崇、大使五威佐帅何封、戊己校尉郭钦所率诸军。

由于战争前期焉耆伏兵击袭，王骏战死，故简文中未见王骏事迹。

西域大都护李崇之事迹，见《敦》九一：“候鄣，愿降归德。臣厶窃见大都护崇檄与敦德尹，亡已得乘姑墨城，孤处西。”《敦》一二五：“伏法为众先/将军复不忍，令得念诲至今，崇叩头死罪死罪。”《敦》一二七：“必蒙天有期殄灭臣等为故，崇叩头死罪死罪，唯。”《敦》一三三：“□□□□归败。夫崇无以复战，供财谷食孚尽，车师因为共奴所。”简文所述为战败时事，语气甚悲。上引史籍载王骏战败后，李崇还保龟兹，简文见李崇曾“亡已得乘姑墨城”则可补史缺。

简文未见大使五威佐帅何封姓名，但屡见之“使西域大使五威左率都尉”当即何封，《敦》七〇：“始建国天凤≡年正月丁巳朔庚辰，使西域大使五威左率。”《敦》七六：“使西域大使五威左率都尉□□□。”《敦》一一七、一一八、一四六：“使西域大使五威左率都尉粪土臣厶稽首再拜上书。”《敦》一四二：“始建国天凤≡年正月戊辰，使西域大使五威左率都尉。”“率”通“帅”。随五威将王出征西域之五威帅，《汉书》所载唯何封。何封以五威帅身份领兵，故挂以“都尉”职。

戊己校尉郭钦事迹，见《敦》六六：“今共奴已与鄯善不和，则中国之大利也。臣愚以为钦将兵北▨”《敦》八三：“臣谨写钦檄记传责之。共奴桀黠侵。”《敦》八八：“车师侯伯与妻子人民桼十桼人愿降归德，钦将伯等及乌孙归义。”《敦》一一二：“都护虏译持檄告戊部尉钦，车师前附城诩。”《敦》一二一：“不以时伏诛。臣愚窃不胜忿忿，与戊部尉钦计议。”《敦》一三二：“守先到，臣再拜。钦到，知审，以状闻。臣厶稽首再拜。”《敦》一三四：“□□□□□□□□戊部尉猑獂里附城钦将吏士，故戊。”西域之战中，何封、郭钦后王骏、李崇发军，郭钦曾袭击焉耆老弱，后撤退敦煌。

简文所见新莽军官尚有诸司马，如《敦》四六：“多问陈司马、航司马，愿数数相闻，为檄欲移鄯善，毋使行也。”《敦》六四：“得毋病也。朱司马及焦并还，未闻西方，问不云何行。”《敦》五七：“西域都护领居卢訾仓守司马

□□□言□☐”《敦》九五：“西域都护领居卢訾仓守司马鸿叩头死罪死罪。”上述司马隶属西域都护及戊己校尉。

倾向新莽的西域诸国有莎车、龟兹、乌孙、车师、车师前、车师后等。《汉书·西域传》：“骏等将莎车、龟兹兵七千余人，分为数部……入焉耆，焉耆伏兵要遮骏。”莎车、龟兹加盟新莽军参战。其他诸国则多因倾向新莽而卷入战事，故《敦》六九：“寇车师，杀略人民，未知审，警当备者，如律令。”《敦》七二：“〔寇〕车师，略诸侯，欲以威西域，贪狠桀黠尤为诸国城乳戊部众。”《敦》七四：“孤弱殆不战，自东西即虏取，等党成结固，车师必惧。”《敦》八八：“车师侯伯与妻子人民桼十桼人愿降归德，钦将伯等及乌孙归义。”《敦》八四：“空诸国　不止　车师前附城诩行侯事，诩兄子外亡，朔当代。”《敦》八九 A：“尉与车师前侯诩、车师侯伯、卑爰疐诸子俱求度。”《敦》八五：“故车师后亡侯虏支　将诸亡国千余人。”《敦》八六：“故车师后亡侯弟虏布将兵二千余人。”《敦》一一二：“都护虏译持檄告戊部尉钦，车师前附诚诩。”《敦》一〇八：“南将军徼其势勇以坏龟兹、车师诸国……”《敦》九〇：“五校吏士妻子议遣乌孙归义侯疐诸子女到大煎都候。”上述简文表明，车师诸国因倾向新莽并位于重要地理位置而遭致匈奴之扫荡。乌孙远处西方当可幸免战祸，但简文表明其部分人员如归义侯疐等亦站在新莽一边参与战事。

对抗新莽军的主力是焉耆与匈奴南将军军。《敦》五〇：“臣厶前捕斩焉耆虏，地热多阻险，舍宿营止宜于。”《敦》九八：“炬恭奴遮焉耆　殄灭逆虏。”《敦》一一九：“共奴与焉耆通谋，欲攻车师，戊部孤军，大都护☐”《敦》一四九：“焉耆虏遝且将桼八千人皆发　与南将军期会车师。”《敦》一〇六：“……诸国传闻南逆将军已伏诛，立速持。”《敦》一一四：“☐□南将军焦掭乘其力，子男皆死。今恭奴言鄯善反我，鄯善。”此役焉耆倾国出兵，而对新莽军及西域诸国威胁最大的却是匈奴南将军军，其军为匈奴主力，《汉书·匈奴传》始建国二年，“时戊己校尉史陈良，终带，司马丞韩玄，右曲候任商等见西域颇背叛，闻匈奴欲大侵，恐并死，即谋劫略吏卒数百人，共杀戊己校尉刁护，遣人与匈奴南犁汗王、南将军相闻。匈奴南将军二千骑入西域迎良等，良等尽胁略戊己校尉吏士男女二千余人入匈奴。玄、商留南将军所，良、带径至单于庭，人众别置零吾水上田居。”王先谦《补注》引周寿昌云：“匈奴只有左王将、右王将、左右大将等官，无称将军者。此南犁汗王所属称南将军，殆仿汉官制也。”《匈奴传》又见“西域都护但钦上书，言：匈奴南将军右伊訾将人众寇击诸国……”

尉梨等国曾接纳新莽军，后反叛，《敦》九四：“☐乙巳，六月甲寅发尉梨将。”《敦》一二九：“臣厶前在尉梨与将率比上书。”简文所反映当是新莽军驻于尉梨时情景，《敦》一一一：“湖门尉得虏橐它，上装中尉梨侯虏平☐与逆虏受罕得脱。”则此时尉梨已反叛，与《西域传》所载“及姑墨、尉梨、危须国兵为反间，还共袭骏等”合。

卷入这场战争的尚有鄯善、捷枝、狐胡、郁立师、卑陆后诸国。《敦》六六：“今共奴已与鄯善不和，则中国之大利也。臣愚以为钦将兵北☐。”《敦》一一四：“……今恭奴言鄯善反我，鄯善。”鄯善地当中原通西域孔道，其在战争中的政治倾向，对各方之胜败不无影响。《敦》六七：“疌子、诎呼、郁立师、卑陆侯皆举国徙人民。”胡平生云：“疌子，即《西域传》之‘捷枝’：‘故轮台（以）东捷枝、渠犁皆故国，地广，饶水草，有溉田五千顷以上，处温和，田美，可益通沟渠，种五谷，与中国同时孰。其旁国少锥刀，贵黄金采缯，可以易谷食。宜给足不（可）乏。（桑弘羊奏言）’”“诎呼，当即‘狐胡’。诎，应从言曰声。按：从水旁之‘汩’，《广韵》古忽切，读如骨。中古是一见母没韵的字，拟音作 kut。狐，从瓜声，《广韵》古胡切，是一个见母模韵字，拟者作 ku。二字音近。呼，《广韵》荒乌切，中古是晓母模韵字，拟音作 xu；胡，《广韵》户吴切，是匣母模韵字，拟音作 yu。二字声近。《西域传》云：‘孤胡国，王治车师柳谷，去长安八千二百里。户五十五，口二百六十四，胜兵四十五人。辅国侯、左右都尉各一人。西至都护治所千一百四十七里，至焉耆七百七十里。’‘卑陆候’，即‘卑陆后’，《西域传》云：‘卑陆后国，王治番渠类谷，去长安八千七百一十里。户四百六十二，口千一百三十七，胜兵三百五人。辅国侯、都尉、译长各一人，将二人。东与郁立师，北与匈奴，西与劫国，与车师接。’”①

关于战争的起因与一般进程：

西域之战的根本原因是新莽对周边民族采取歧视压迫的政策，引起他们的反抗。如简文所见，新莽称“匈奴”为“共奴”或“恭奴”，《汉书·王莽传》始建国二年，“更名匈奴单于曰降奴服于”。始建国五年，“西域诸国以莽积失恩信，焉耆先叛，杀都护但钦”。而为都护但钦报仇正是新莽发动西域之战的直接原因和借口。焉耆叛新，完全是依仗匈奴的势力，《西域传》云：“莽易单于玺，单于恨怒……其后莽复欺诈单于，和亲遂绝。匈奴大击北边，

① 《敦煌马圈湾简中于西域史料的辨证》，见大庭脩编：《汉简研究的现状与展望》，256 页。

而西域亦瓦解。焉耆国近匈奴，先叛，杀都护但钦，莽不能讨。”故西域之战实质上是新莽与匈奴为争夺势力范围而进行的战争。战争进行于始建国天凤三年，大致可分为三个阶段。

第一阶段是新莽军长驱直入，兵临焉耆城下，《西域传》：“天凤三年乃遣五威将王骏、西域都护李崇将戊己校尉出西域，诸国皆郊迎，送兵谷，焉耆诈降而聚兵自备。骏等将莎车、龟兹兵七千余人，分为数部入焉耆，焉耆伏兵要遮骏。”

第二阶段是相持阶段，时间颇长，互有胜败。五威将王骏被杀后，随其作战的西域都护李崇遂率军退保尉犁、姑墨、龟兹，《敦》九四：“☐□□，六月甲寅发尉梨将。”《敦》一二九：“臣厶前在尉梨与将率比上书。”其上书文如《敦》一二五：“伏法为众先/将军复不忍，令得念诲至今，崇叩头死罪死罪。”《敦》一二七：“必蒙天有期殄灭臣等为故，崇叩头死罪死罪，唯。”《敦》九一：“……臣厶窃见大都护崇檄与敦德尹，亡已得乘姑墨城，孤处西。”李崇退出时，焉耆当步步进逼，姑墨、尉犁、危须也随之反间，故李崇最后退至龟兹。也正当此时，戊己校尉郭钦乘虚攻入焉耆大本营，杀其老弱，即《通鉴·汉纪》等所云“钦后至焉耆，焉耆兵未还，钦袭击，杀其老弱，从车师还入塞”。简例所反映的，大部分即郭钦及何封击焉耆后，从车师还入塞的情景。《敦》四九：“逆虏，期于不失利。”《敦》五〇：“臣厶前捕斩焉耆虏，地热多阻险，舍宿营止宜于。”《敦》八一：“且一月斩下三千九百一十五级，攻效已著，颁赏不足，宜勉李□身，谨请。”所反映当为郭钦攻入焉耆事，时值盛夏。其后续有战斗，如《敦》九二：“其营就大张格射击，劫虏皆散亡，又前连战焉耆，中兵矢。”此战当发生于离开焉耆之后。

郭钦等前往车师时，焉耆、匈奴已开始扫荡车师诸国，企图切断郭钦退路，《敦》一四九：“焉耆虏遝且将桼八千人皆发　与南将军期会车师。”仅焉耆一方已发兵桼八千人，焉匈联军之兵力当超过万人。其实施之行动，如《敦》一〇八：“南将军徼其埶勇以坏龟兹、车师诸国……”《敦》六九：“寇车师，杀略人民……”《敦》七二：“车师，略诸侯，欲以威西域，贪狠桀黠……”匈奴南将军的攻击颇成功，致使车师诸国崩溃，郭钦军处于极端困境中，简文所见如《敦》四三：“少罢，马但食枯葮饮水，恐尽死。欲还，又迫策上责。”《敦》一三五：“粮食孚尽，吏士饥馁，马畜物故什五，人以食为命，兵。”《敦》一三七：“□吏士，胡兵则乘利奔突追逐，以鍪劉达传尺浮部六桼十里，唯。”《敦》一五三：“☐□□之鱼，命在瓮盆，必欲察。”《敦》二〇六："校食枯草。"《敦》九七一："闲以戊部饿乏，求至省减吏士，廪分振罢羸。闲县。"时见枯草、枯葭，当已入秋，郭钦军之后勤供给断绝。

困境中，郭钦、何封曾发文求援，王莽亦曾亲自下令以河西四郡精兵增援西域。《敦》一三九："赍五十日粮还诣部，尽力炬虏不敢遗微力。臣厶前比比上书请河西精兵。"《敦》一二四："橐佗持食救吏士命。以一郡力足以澹养数十人。"《敦》一四一："二千人，兵欲乘新出兵威及诸国未坏败，迫发先。"当为求援书片断。《敦》五一："二十六日上急责发河西≡郡精兵　□度以十一月。"二十六日当指十一月之前，或九、十月之二十六日。上，皇上，即王莽。援军之行动见《敦》四一："羸瘦困亟，闲以当与第一辈兵俱去，以私泉独为籴谷。"《敦》四二："即闲第一辈起居虽从后遣橐佗驰告之。窃慕德义。"《敦》五六："故校骑称月八日发将八十六人　令期胡十二日发。"《敦》七八："闻兵且来出，未常安也。何故郊部旋征遣且发部郡兵出耶?"《敦》一五五："亟□□第三辈，第一辈兵出千八十人，第二。"《敦》九七二："臣厶幸得还且从第一辈兵出　卒功从即日未。"《敦》五八："之张掖。宁发卢水五百人，功卿与同心士六十人，俱未有发日。此近谓第一部千八十人者也，议遣君威来出。"此简所云"第一部千八十人"与上引《敦》一五五"第一辈兵出千八十人"合，证简文所见第一辈、第二辈、第三辈兵乃指援军。《敦》八〇："假敦德库兵弩矢五万枚，杂驱三千匹，令敦德廪食吏士，当休马审处。"或为援军途经敦煌时所借兵物牲畜。但援军之行动未奏效，续而失利，《敦》一四八："促信第一辈兵天灭，往令戊部吏士饥馁，复处千里，艰水草，食死畜，因。"

第三阶段是新莽军及车师等国部分贵族撤退敦煌。《敦》七九："乏，故将吏士诣敦德。今车师诸国空，黠虏久获狱，三辈兵宜。"《敦》八八："车师侯伯与妻子人民桼十桼人愿降归德，钦将伯等及乌孙归义。"《敦》八九 A："尉与车师前侯诩、车师侯伯、卑爰疐诸子俱求度，以己巳到，如律令。"八九 B："正月戊辰移书敦德　　草。"《敦》九〇："五校吏士妻子议遣乌孙归义侯疐诸子女到大煎都候。"《敦》一一六："没校妻子皆为敦德还出，妻计八九十口，宜遣吏将护续食。"《敦》一七五："卷馁死将茔及前没校来先至☐。"至迟天凤四年正月，郭钦、何封所率新莽残兵撤退至敦煌，随军带了车师等国贵族及子女。此时，匈奴尚曾追逐至敦煌附近，《敦》一一五："共奴虏可千骑来过敦〔德〕，诸尉吏在者至郭，落门深城。"李崇所率新莽军则从此失去联络，当如《西域传》所云："李崇收余士，还保龟兹。数年莽死，崇遂没，西域因绝。"

饶宗颐

二十世纪学术文集

卷四　经术、礼乐

中国人民大学出版社
·北京·

卷四

经术、礼乐

目录

经学昌言

卷四

饶宗颐二十世纪学术文集·经术、礼乐

目　录

新经学的提出

——预期的文艺复兴工作

许校长，各位学术界前辈、专家，首先本人得衷心感谢北大教授委员会诸位先生的推荐，给我一个难得的机会，在北大百年纪念论坛发言。记得我在年前香港举行的炎黄学术会议上谈到郭店楚简中最后部分的《语丛》，可相当于庄子屡次郑重提及的“重言”（“重言”应当解释为 keynotes，“重”不是重复）。古代政治领袖，像禹之“拜昌言”，这说明先哲是如何尊重传统。若干年来，出土简册的丰富，我亦曾多次提到未来的 21 世纪应该是重新整理古籍的时代，现在已正式进入 2001 年，我充满信心地预期 21 世纪将是我们国家踏上一个“文艺复兴”的时代。

长期以来，人文科学与其他先进的科学接轨，近年三代断代工程的成就，正是重要的说明。我们的历史是世界上文化持续没有间断和转换的，在外人代我们操笔政所写的历史，认为我们的信史，只能从商代讲起，似乎很有问题。郭店楚简中显示的虞夏相继蝉联的史实，我们何能加以抹杀？所以，我们的古代史有由我们自己重写的必要。汉字的远源，从出土文物和各地陶器上刻画、书写的符号看来，正是文字的前身。北大现在正进行全国各地全面的普查，是很重要的工作。

在整理简帛经典的过程中，最令人困扰的是“异文”的复杂性。陆德明当杨隋统一南北，总结六朝人的训诂工作，编著《经典释文》一书。我曾建议我们应该利用简帛的新材料，参考清代学者对异文的研究成果，去重编一部新的《经典释文》。这不仅是语文方面的贡献，实际上也是某一语汇的探讨，是文化史重点问题来龙去脉的综合性研究的基础。这是一项很庞大的工程，以后可能引导出许多新的发现，对于了解某一观念的产生与形成，可取得更进一步的认识。这里有一个基本问题——是“新经学”的提出。

我们现在生活在充满进步、生机蓬勃的盛世，可以考虑重新塑造我们的新的经学。世界上没有一个国家没有他们的 bible（日本至今尚保存天皇的经筵讲座，像讲《尚书》之例）。我们的哲学史，由子学时代进入经学时代，经学几乎贯彻了汉以后的整部历史。五四以来，把经学纳入史学，只作史料来看待，不免可惜！现在许多出土的简帛记录，把经典原型在秦汉以前的本来面目，活现在我们眼前，上海博物馆购藏的楚简，《诗》、《礼》部分亦已正式公布了。过去自宋迄清的学人千方百计去求索梦想不到的东西，现在正如苏轼诗句“大千在掌握”之中，我们应该如何珍惜，再作一番整理工夫，重新制订我们新时代的 bible。什么是“经”？是否应考虑不限于《十三经》？问题相当复杂，我所预期的文艺复兴，不是一二人的事，而是整个民族的事，新材料引发古旧的问题，这是时代的赐予。我们不要辜负地下的宝物和考古家的恩惠。我的呼吁，可能不是我个人的想象，而是世界汉学家共同的期望。

经书是我们的文化精华的宝库，是国民思维模式、知识涵蕴的基础；亦是先哲道德关怀与睿智的核心精义，不废江河的论著。重新认识经书的价值，在当前是有重要意义的。

“经学”的重建，是一件繁重而具创辟性的文化事业，不仅局限文字上的校勘解释工作，更重要的是把过去经学的材料、经书构成的古代著作成员，重新作一次总检讨。何者才值得称为经，有资格厕于经书之林？我的不成熟看法有下面几点：

（1）训诂书像《尔雅》，不得列作经书。（龚定庵已讥讽“以经之舆台为经，《尔雅》是也”。）

（2）与《尚书》具有同等时代与历史价值、一些较长篇而重要的铜器铭辞，可选取二三十篇，作为弥补《尚书》的文献。《逸周书》可选部分入于此类，二者作为《尚书》的羽翼。

（3）古代史家记言与记事分开。记言的重要，保存许多古贤的微言大义，像《国语》一类著述可以入经。

（4）思想性重要的出土文献，可选一些，像马王堆的《经法》、《五行》等。

（5）儒、道二家是中国本有文化的二大宗教思想基础，儒、道不相抵触，可以互补，各有它的优越性，应予兼容并包。《老子》、《庄子》等书原已被前人确认为经，自当列入新的经书体系之内，作为一重要成员。（道藏的编纂已兼收《易》家及一些别类的子书，但嫌太广泛，不够严格。）

如果以后我的新经学观点，有人重视，认为有可取处的话，我这一点小意见不妨作为一点星星之火，引起大家的考虑。

希伯来《圣经》的文字，一向说是出于神的默感和启示（revelation），被认为是天主的圣言。吾国早期经书，像《诗》、《书》、《易》，亦离开不了神。《大雅·大明》记牧野之役，有“上帝临女，无贰尔心”的充满警惕的话言。《尚书·立政》述建官之制，亦兢兢地以“灼见三有焯（明）心，以敬事上帝”。在神道设教的时代，不能不倚靠神，做任何事情，要燃烧起宗教情绪，洁净心灵，加强意志，方能有高度辉煌的成就。汤恩比写了比较二十一个文明的《历史研究》的大书，最后归结到至高精神的实体（supreme spiritual reality），他相信这个实体便是神。评论家认为他了不起的贡献即在他提出这个精神实体给予人们最终形上疑惑的保证。“经”的重要性，由于讲的是常道，树立起真理标准，去衡量行事的正确与否，取古典的精华，用笃实的科学理解，使人的文化生活与自然相协调，人与人间的联系取得和谐的境界。经的内容，不讲空头支票式的人类学，而是实际受用有长远教育意义的人智学（anthroposophy）。

经书对现代推进精神文明的建设，有积极性的重大作用。汉人比《五经》为五常，《汉书·艺文志》说：“六艺之文：《乐》以和神，仁之表也；《诗》以正言，义之用也；《礼》以明体，明者著见，故无训也；《书》以广听，知之术也；《春秋》以断事，信之符也。五者，盖五常之道，相须而备，而《易》为之原。”把《乐》列在前茅，《乐》以致和，所谓“保合太和”、“致中和，天地位，万物育”，“和”表现了中国文化的最高理想。五常是很平常的道理，是讲人与人之间，互相亲爱，互相敬重，团结群众，促进文明的总原则。在科技领先的时代下，更当发扬光大，以免把人沦为物质的俘虏。道家以老子为首，《道德经》所讲的道德是高一层次，使人不滞着于人与人之间的争执。“夫唯不争，故天下莫能与之争”。故儒家者流亦奉其书为圭臬，郭店楚简出土的儒家遗著，大家认为可能出于《子思子》、公孙尼子。同墓所出简册，亦有《道德经》的精选写本。刘向父亲刘德常持《老子》知足之计，向亦著讲《老子》四篇，惜已失传，可见前贤兼治孔、老，这是老氏书必列入经的主要理由。

希腊辩师（sophists）对古典的解释，认为历史是“修辞学”的一分支学科，似有他的道理。吾国人以“文”为“史”，历史作为文学中的一门类，《文心雕龙》所以特辟《史传》篇，所谓“言之无文，行之不远”。必懂得行文的义法，然后可了然前贤立言的要指。换句话说，必懂得修辞的法则，然后可以言文。经学的重建，是我们推进精神文明建设的基础工作之一。

古经典旧本子的出现与整理，是弘扬我们的民族精神和先进文化的光辉，培养我们对过去知识的新的理解。我们对古先文献不是不加一字的不给以批判，而是要推陈出新，与现代接轨，把保留在历史记忆中前人生命点滴宝贵经历的膏腴，给以新的诠释。

西方的文艺复兴运动是对古典的新发掘与认识，从古代文明的研究，为人类知识引起极大的启迪，像对近东的楔形文和埃及象形文、俗体字的辨认，考古工作对人文主义发挥出决定性的作用，古文明研究的扩大，使人们对整个世界的看法有崭新的认知，添加了进一步对历史文化的洞察力。反观吾国近半世纪以来地下出土文物丰富的总和，比较西方文艺复兴以来考古所得的成绩，可相匹敌。令人感觉到有另外一个地下的中国——一个历史古文化充满新鲜感、富有刺激性的古国。事实上，中国已成为世界国家的一个环节，在全球性的总的考察之下，中国的考古、古文明研究的事业，亦和世界分不开，如果自己不做，亦有人家为之越俎代庖，所以我们不能不急起直追。近时北京大学出版社有《十三经注疏》新校点本的印行，集合多位专家，历时五载，进行了精密的校勘工作，撰写新的校勘记二十余万条，超过阮元的旧刻本。这正说明北大同人对经学的重视和关心，同时也对经学研究作出新的贡献。

欧洲文艺复兴是人文主义的产儿，过去学人，无不重视。蒋方震写有专著，请梁启超作序，梁氏奋笔为之，取清代经学，与之互相比较，一写就十几万字，成为另一部新书——《清代学术概论》。清代经学的成就，在方法与考证当然有它独到的成绩，但他们研究的对象，仍然是旧的材料，周仍旧邦，难以维新，和今天出土林林总总的文物，万万不能相比。

60年代，我的好友法国戴密微（Paul Demiéville）先生多次告诉我，他很后悔花去太多精力于佛学，他发觉中国文学资产的丰富，世界上罕有可与伦比，但中国人不一定知悉。当前是科技带头的时代，人文科学更增加它的重任，到底操纵物质的还是人，“人”的学问和“物”的学问是同样重要的。我们应该好好去认识自己，自大与自贬都是不必要的，我们的价值判断似乎应该建立于“自觉”、“自尊”、“自信”三者结成的互联网之上，而以“求是”、“求真”、“求正”三大广阔目标的追求，去完成我们的任务。

在座的季羡林先生，多年以来倡导他的天人合一观。以我的浅陋，很想为季老的学说增加一小小注脚。我认为，“天人合一”不妨说成“天人互益”，一切的事业，要从益人而不损人的原则出发并以此为归宿，《阴符经》说：“天人合发，万变定机。”这是从消极的、不好的方面来讲。（“合发”是指“天发杀机，龙蛇起陆；人发杀机，天地反覆”。二者同时发生，天发是“公道”，人发是“私情”。）我讲互益，是从积极和好的方面来讲。马王堆《易》卦的排列，最后的巽宫，以益卦为结束全局，作为最后一卦。这与今本周《易》以既济、未济二卦作结不同，而异曲同工。以未济收场，表示保留“有余”，这是中国文化一大特色。“益”，是积极而富建设性的观念。益卦初九爻辞说：“利用为大作，元吉，无咎。”上九的爻辞说：“立心勿恒，凶。”我们如果要大展鸿猷，不是光说说而已，而是要展开“大作为”，这样或许可以达到像苏诗说的“天人争挽留”的境界，是天与人所要共同争取的。经书里面，许多精义对现代人还是有极大的启迪的！谢谢各位。

2001年11月2日

般代《易》卦及有关占卜诸问题

一、考古新资料证明殷代确有契数的卦象

自周原发见契数卜甲，引起许多讨论。[①] 张政烺先生最先指出，这些数字应与《易》卦有关，已为一般所承认。由于所见遗物，其构成的数字，不是六个数字，便是三个数字，没有例外，这和三爻成卦与重卦为六爻的情况完全符合，故可信这些数字必是《易》卦卦名。周原甲骨出于岐山凤雏村西周初的宗庙房基，现所知有契数的龟甲共九片，这些可能是商之季世至西周初

---

① 关于契数讨论文章，揭之如下：

（一）张政烺：《试释周初青铜器文中的易卦》，载《考古学报》，1980（4）。英译本见 *Early China* 六，80～96 页。

（二）徐锡台：《西周卦画探原》，见《中国考古学会第一届年会论文集》，1979。

（三）张亚初、刘雨：《从商周八卦数字符号谈筮法的几个问题》，载《考古》，1981（2），155～163 页。

（四）李学勤：《西周甲骨的几点研究》，载《文物》，1981（9），7～12 页。

（五）丁骕：《说周原契数》，见《中国文字》，第 5 册，台北。

（六）管燮初：《商周甲骨和青铜器上的卦爻辨识》，古文字第三届年会论文。

（七）徐中舒：《数占法与周易的八卦》，古文字第三届年会论文。

（八）陈全方：《周原新出卜甲研究》，古文字第三届年会论文。

（九）饶宗颐：《上代之数字图案及卦象以数字奇偶表示阴阳之习惯》，见《选堂集林·史林》，78～82 页，香港，1982 年 1 月。我于 1980 年 5 月在京都东方学会演讲"殷代《易》卦问题"，同年 7 月在北海道大学中国哲学会亦被邀讲述同样题目，只有讲稿，未尝印行。丁骕文引及拙稿，顺便在此说明。

期的遗物。

至于四盘磨的卜骨，殷墟遗址所出的陶器，及山东宋家桥陶罐上面的契数，都宜属于殷代末期。这类契数符号，张政烺起先搜集得三十二事，张亚初、刘雨继之，增至三十六事，灿然大备。张、刘新制之八卦符号登记表，修正此类契数限于西周的说法，重新区别资料，分属商、周两个时代，大抵可信。由于这些新材料，我们可以得到下列几点重要的结论：

（一）筮法为商人所固有，《世本》“巫咸作筮”之说并非无稽。

（二）有的契数下面带有“曰”字，见于四盘磨及周原卜甲共三处，可确定“曰”字上面的契数应是卦名。

（三）可以证实重卦非始于文王，殷时六十四卦卦名已经存在。

兹将该表中见到之陶器、卜甲、彝器上可确定为属于商季之契数资料，列出于下，分为二类：

（1）三爻

 上甲六六六坤　　《殷墟文字外编》四四八甲

 父戊六六六坤　　《录遗》二五二

（2）六爻

 一八八六二损　　山东平阴县朱家桥陶罐

 一七六七八六渐　　《邺中片羽》二上四七

 五七六八七一中孚　　陶范（同上）

 七八六六七七损　　殷墟陶毁，载《考古》，1961（2），63页

 六六七六七一归妹　　同上

 六六七六一八解　　同上

 曰隗　七八七六七六未济　安阳四盘磨，载《中国考古学报》第五册

八六六五八七明夷　　同上

曰艮　七五七六六六否　　同上

上表无“九”的数字，以一、五、六、七、八最为常见，而“六”数则几乎每一卦卦爻皆用之，≷≷为三个阴爻之数，即是坤卦。旧说殷《易》首坤，未为无因。在龟甲及彝器上先公名号兼记着坤卦卦名，用意尚未明。

筮必用蓍。唐李江《元包》注谓“殷用二十蓍”，其说不知何据。三代卜与筮并用，《礼记·曲礼》：“龟筴敝则埋之。”《史记·龟策传》：“夏、殷欲卜者，乃取蓍龟，已则弃去之。”龟与策同埋，古有此制。而蓍草易朽，早与粪土同尽，故无遗物可征。考卜辞有[屮斤]字，当释菥。《易·乾凿度》云：“析菥以策，运蓍以数，王天下者也。”“圣人设卦以用蓍。”郑玄注：“蓍者，菥，灵草，萧蒿之类也。”《易·乾凿度》又引《万形经》云：“蓍生地于殷。”又引《轩辕本经》云：“紫蓍之下，五龙十朋伏隐，天生灵菥，圣人采之，而用四十九，运天地之数，万源之由也。”菥字不见于《说文》而见于《易纬》，菥为蓍之异形。卜辞[屮斤]字唐兰释折，字凡四见，二为地名；辞云“在[屮斤]”（《京都》三一三一，《京津》一五六五）。在[屮斤]即在菥，菥即蓍。《尚书大传》：“文王出则克耆。”《周本纪》“明年败耆国”，《正义》谓即“黎国”，当即其地。[屮斤]如即耆国，则菥正为蓍字。巫咸作筮，故甲文之菥字，非蓍莫属。晋以来传本，《归藏》中有《本蓍》篇，其残文云：“蓍二千岁而三百茎，其本以老故知吉凶。”卜辞中有[倒屮斤]字（加拿大多伦多安大略博物馆藏），从倒ψ从斤，金文祈字从斤，字亦作斳声，可为[屮斤]字释菥即蓍之佐证。以上只是联系甲骨文对《易纬》菥字作些训释，限于材料，聊备一说而已。

二、殷《归藏》六十四卦与马王堆本《易经》卦名比较

《仪礼》及《春秋》记载周人筮卦时，夏、商、周三《易》往往同时兼用。《周礼》称太卜掌“三《易》之法，一曰《连山》，二曰《归藏》，三曰《周易》，其经卦皆八，其别皆六十有四。”殷《易》之有六十四卦，从上节所引用陶器甲骨上的资料已出现未济、明夷、否……卦名，可以充分证明。

汉时《连山》、《归藏》之书尚存，桓谭《新论》云：“《连山》八万言，

《归藏》四千三百言。”又云：“《连山》藏于兰台，《归藏》藏于太卜。”[①]《礼记·礼运》孔子曰：“吾得坤乾焉。”郑玄注：“得殷阴阳之书也，其书存者有《归藏》。”梁元帝《金楼子·立言》篇引杜子春说：“今《归藏》先坤后乾，则知是殷明矣。”据《隋书》，晋《中经》亦有《归藏》。汉、晋时人所见的《归藏》，欧阳修以为不是古经，今不欲深论。但晋干宝，宋罗泌、罗苹（罗泌子）、李过，清黄宗炎辈，都记述《归藏》的卦名，朱彝尊《经义考》、马国翰等辑佚书复转载之。《归藏》六十四卦名，大部分和周《易》很有出入，向来没有人敢相信。可是从马王堆三号墓出土的汉初周《易》写本，卦名与今本亦大不相同，比勘之下，有的反和《归藏》卦名接近，令人觉得后人传述的《归藏》各卦，必有它的来历，并非完全没有根据。尚秉和在他的《周易尚氏学》中，对于《归藏》卦名有一些解释，甚有见地，可惜他无机会看到马王堆本。马王堆本《易经》现尚未正式公布。兹据罗福颐《偻翁一得录》所记卦名和《归藏》及周《易》比较其异名如下（见第12～13页）：

《路史·发挥》“论三《易》”云：“初舆、初乾、初离、初荦（坎）、初兑、初艮、初釐（震）、初奭（巽），此《归藏》之《易》也。”《经义考》三引此出干宝说。（《四部备要》本间有误，如奭作奭是。）

坤作舆，按字见启簠，《汗简》及《碧落碑》坤并作帇，同此。

坎作荦，李过云：“荦，劳也。以万物劳于坎也。”《路史》作荦，字从北牢声。

震作釐，按马王堆本震作辰，说详下。

宋李过《西溪易说》引《归藏》（马国翰辑本）有诸卦名，与周《易》名称多异，今以马王堆本周《易》校之，有少数相符，列举如下：

临　马王堆本作林，《归藏》作林祸。

咸　《归藏》同马王堆本俱作钦。尚秉和云：“咸，感也，《归藏》曰钦。《秦风》忧心钦钦，《传》心中钦钦然。钦有感义。”

震　马王堆本作辰，《归藏》作釐，李过训釐为理。余谓辰宜读为脤，受釐即受脤。贾谊“受釐于宣室”，如淳云：“釐，福也。”卜辞成语有“叙嫠”。

故知宋人所传《归藏》卦名实有根据。罗苹《路史》注：“《归藏·初经》

① 《隋志》著录有《归藏》十三卷，晋太尉参军薛贞注。《日本见在书目》有此书四卷。宋时此书犹存，见《崇文总目》，书凡三卷，存《初经》、《齐母》、《本蓍》三篇，文多缺乱。薛贞注《归藏·启筮》，《玉烛宝典》引用之，见新美宽所辑佚书。刘歆与扬雄从取《方言》书云：“三代之书，蕴藏于家。今有一周《易》而无《连山》、《归藏》。”是刘向家无此二书。

《周易》	乾	坤	屯	蒙	需	讼	师	比	小畜	履	泰	否	同人	大有	谦	豫	随	蛊	临	观
马王堆本	键	巛	屯	〔蒙〕	襦	讼	〔师〕	比	少蓺	礼	□	妇	同人	大有	兼	馀	隋	箇	林	观
古《归藏》	乾	奭	屯	蒙	溽	讼	师	比	小毒畜	履					兼	分	马徒	蜀	林祸	观
附说	马王堆本借键为健。																	《左传·宣公八年》蛊疾，俞樾云蛊读为痼。《月令》十二月行春令则多固疾。字亦作锢。《说文》：痼，久病也。皆箇、固可借为蛊之证。		

《周易》	噬嗑	贲（傅氏作斑）	剥	复	无妄	大妄	颐	大过	坎	离	咸	恒	遯	大壮	晋
马王堆本	筮□	蘩	剥	复	无孟	泰蓄	颐	泰过	习赣	罗	钦	恒	掾	泰壮	溍
古《归藏》		荧惑	仆	复	毋亡	大毒蓄	颐	大过	荦	离	钦	恒	遂	耆老	晋
附说		马王堆本借蘩为贲，如此“蘩”又可作“緐”与“变”。宋本《御览》引《归藏》“桀筮荧惑”，说者谓即贲。								干宝引《归藏》有初荦。顾炎武答李子德书言古读离为罗，引《小过》上六离与过为韵证之。				武王代商，枚占耆老，见罗苹《路史》注。按泰壮者，《老子》云“物壮则老”，故知耆老即大壮。	

《周易》	明夷	家人	睽	蹇	解	损	益	夬	姤	萃	升	困
马王堆本	明夷	家人	乖	蹇	解	损	益	夬	〔狗〕	卒	登	困
古《归藏》	明尸	散家人	瞿	蹇	荔	员	诚	规	夜		称	困
附说					《干禄字书》离支俗作荔支，离即分离，与解义同。(《周易尚氏学》)		黄宗炎云："诚，和也。"		尚氏云："古娶必以夜，故曰昏。姤阴遇阳，即女遇男，亦婚姤也，是夜与姤义同。"狗则姤之借音字。			

《周易》	井	革	鼎	震	艮	渐	归妹	丰	旅	巽	兑	涣	节	中孚	小过	既济	未济
马王堆本	井	〔勒〕	〔鼎〕	辰	根	渐	归妹	丰	旅	〔奭〕	夺	涣	节	中复	少过	眕济	未济
古《归藏》	井	革	鼎	釐	狠	渐	归妹	丰	旅	巽	兑	奂	节	大明	小过	岑霨	未济
附说					郑云："艮之言狠也。"狠即很，《说文》："很，不敢从也。"马王堆本作根，皆从艮声。			夏竦《古文四声韵》引古《周易》作丰。		《路史·发挥》"论三易"引初奭，注云奭即巽字，按当是算之形讹。	马王堆本借敚为兑。故作夺。			传说鲧治水，枚占大明。			

卦皆六位，其卦有明夷、荧惑、耆老、大明之类。昔启筮明夷；鲧治水，枚占大明；桀筮荧惑，武王伐商，枚占耆老是也。”荧惑即贲卦，马王堆本作蘩；耆老应是大壮；大明，尚氏谓是中孚。《归藏》卦名大体与周《易》同，只有少数差别，足见殷人“阴阳之书”之坤乾，基本上已用六十四卦，周人损益之，改首坤为首乾。《路史·发挥》云：“按《归藏》之文有乾为天为君为父为大赤为辟为卿为马为禾为血卦之类，则知与今《易》通矣。”似罗泌曾见之，附记于此。

三、辛店期陶器之契数迹象

数字符号亦见辛店期陶器，如：甘肃永靖莲花台瓦渣咀（载《考古》，1980（4），101页，图14）。

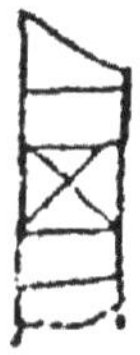

又如：甘肃东乡崖头陶器耳部（载《文物》，1981（4），17页，图5）。

据报告称为⧖形纹。按辛店期年代虽稍晚，其符号必有含义，如凶很似文字，与金文“文”之作文（楚王酓章戈）相近。

洮河石器时代陶器上记数之例甚繁，有的很像宋人所谓的商卦象：☷盖，☷器（《啸堂集古录》）。张、刘文中举出山西翼城城关公社和陕西泾阳县博物馆采集的属于商末周初的铜甗二器上面俱有下列图形：||||||（载《文物》，1963（3），45页；又1963（4），51页）。东周玺印又有☰☰形。这一类似乎和三

《易》的卦象不很符合，应该另行处理，因为基本结构只可以看出是数字的排列。它的来历，还可追溯至新石器时代的彩陶。

有人把它看成《太玄》的卦画，似乎言之过早。后世拟《易》有《太玄》、《潜虚》等等。其在秦以前，还有燕国五位的《易》，《七国考》十四《燕琐征》引应劭云："燕昭王作五位之卦，是曰燕《易》。"又引王应麟曰："燕三九之数书。"可见夏、殷、周三《易》以外，还有一套五位成卦的燕国的《易》。因此，推想昔人根据《易》数的原理，各自立卦，有许多花样。殷以前的情况，如果有人能够搜集彩陶上记数之资料，也许可以整理出一点头绪来。

四、论用九及古《易》异本之多

1979年9月，岐山南麓扶风县齐家村出有牛肩胛巨骨，上有五组刻数符号，图片刊于《文物》1981年第9期5页，据称是采集所得，为周原地区九片有契数甲骨中最值得研究之一块，重摹如下：

牛肩胛骨背面两侧有数卦四组：六九八、一八六、☵坎＋☶艮＝蹇；九一一、一六五、☰乾＋☲离＝同人；一八六、一五五、☶艮＋☱兑＝损；六八一、一一一、☳震＋☰乾＝大壮。正面自外向内刻数卦一组：一六一、六六八、☲离＋☷坤＝晋。这一片的卦象，可以看出是从蹇、损变为同人、大壮，正是由凶而吉的卦象。这片所见数字只用一、五、六、八、九，卦象上九字凡两见，阳数为一、五、九，阴数为六、八，全不用七。周人用九，这一片正是西周卦象的极重要资料。

古《易》不只一种，汲冢所出写本已是如此。

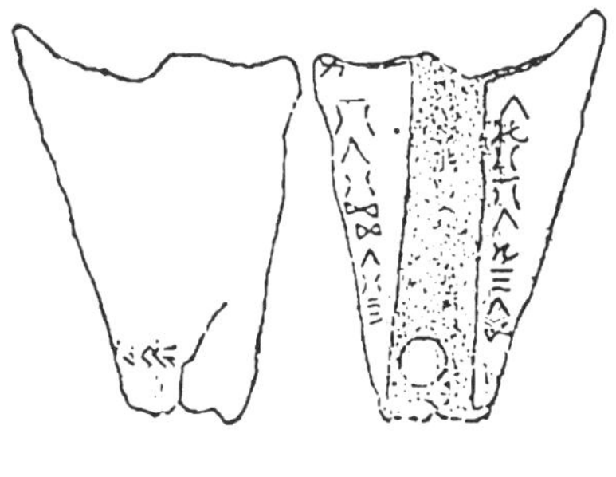

（一）《易繇阴阳卦》二篇

《晋书·束皙传》："汲郡人不准盗发魏襄王墓，或言安釐王冢，得竹书数十车……其《易经》二篇，与周《易》上下经同。《易繇阴阳卦》二篇，与周《易》略同，繇辞则异。”

（二）《师春》书《易》象变卦

汲冢所出竹书有曰《师春》者，杜预曾见之。《春秋经传集解后序》云：“别有一卷纯集疏《左氏传》卜筮事，上下次第及其文义皆与《左传》同，名曰《师春》。《师春》似是钞集者人名也。”然据黄伯思《东观余论》上云：“今观中秘所藏《师春》，乃与杜说全异。预云纯集卜筮事，而此乃记诸国世次，及十二公岁星所在，并律吕、谥法等，末乃书《易》象变卦，又非专载卜筮事。”是其书又兼载《易》之变卦。据唐刘贶云：“别有《春秋》一卷，全录《左氏传》卜筮，无一字之异。”（陆淳《春秋啖赵集传纂例》引）足见《春秋》占筮事项，昔人曾辑录成为专篇，唯宋人所传之本后面又列变卦，惜其书不存。

从上举两种本子，可以得到一些认识：

（一）古《易》繇辞每有不同，今观《左传》征引之繇辞，及《归藏·启筮》篇中之繇辞作四言者，皆不见于他书。雷学淇云：“三兆之颂，汉时亦存，故有‘大横庚庚’之兆。”（《介庵经说补》）

（二）马王堆本《系辞》无“大衍之数五十”一段，又《系辞》下篇包括今本《说卦》之前三章，另有其他。（据周世荣《马王堆出土帛书竹简》）与汲冢本《下经》一篇似《说卦》而异，情形甚相近。

（三）《易》象变卦虽不可睹，但今所见若长安张家坡西周遗址所见契数卦象（载《文物》，1956（3））：

即六八一　一六一＝䷶丰卦

即五一一　六八一＝䷘无妄卦

此骨正面卜兆圆钻作○○○形，最可注意是卦象凷有□号，必是表示两卦相关之处，正好说明所谓变卦之一例。

五、天星观楚简以一、八表阳爻与阴爻

卦爻一般有--（阴）、—（阳）两画，宋人金石书著录之卦象卣，以--、

—表阴阳，马王堆三号墓出土帛书《易经》中各卦亦同。唯江陵天星观出土楚简则以∧表阴爻，兹举二例如下：

（一）盘啇习之𠂤长苇，，盘啇占之。镸吉宜室，无咎无挩（挩＝夺）。

（二）鄦違𠂤䈩䓲为君貞（贞）：既㻢（平）雁（膺）疾，𠂤心㥿（悖），尚毋𠂤兀（亓？＝其）古（故），又（有）大咎。占之吉，寍中，又瘥（瘥），寍迮，分，又（有）列（閒＝间），壬午，瘥、。

此二简文字，皆为卜疾病之事，尝见晒蓝影本，不揣固陋，试为通读。其言某某为君贞，如鄦違者即其时楚之贞人。文云“以长苇”，“以䈩䓲”，苇即茅苇。《离骚》：“索藑茅以筳篿兮，命灵氛为余占之。”胡文瑛《屈骚指掌》：“楚中或折草、折竹、折木枝、折炷香，信手布卦以占吉凶。檀默斋云：藑茅折草以卜，俗云掐茅卦是也。”䈩字未详。䓲，《广韵》引《正名》云“小豆”（二十七合）。此盖用苇草或小豆来占卦。习之者，重卜曰习，已屡见于殷文字。《书·金縢》：“乃卜三龟，一习吉。”无祱即无挩。马王堆《易经》写本兑卦字作夺，与今本作兑者异。

第一简所得之卦：十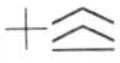＝噬嗑，十＝夬。

由噬嗑之夬，其一爻与四爻不变，其余皆变，此类卦在《左传》上称之为遇，此即遇噬嗑之夬，其占卜结果即取所得之卦象。夬之彖辞曰：“夬，决也，刚决柔也。健而说，决而和。”贞人盘啇所占为吉，故云：“长吉宜室。”

另一简之卦：十＝姤，十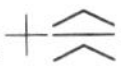＝解。

此为遇姤之解。解之彖辞曰：“雷雨作而百果草木皆甲坼，解之时大矣哉。”亦是吉卦，故其心悖之疾，至壬午而瘥。瘥读为差。《广韵》十五卦：“差，病除也。楚懈切。”又作瘥，注云“同上”。（《尔雅》：“瘥，病也。”《广韵》在九麻，此则一字具有相反之义。）

有间者，《方言》三：“差、间，愈也。南楚病愈者谓之间。”是差与间都为南楚语，均见于楚简。胥中者，胥为月名。天星观简有云“屈栾之月”，秦简《日书》作“屈夕”，栾为楚之二月。胥即禁月，言二月中，病有差。

上二简皆书所占得之卦名，其阴爻均作∧，乃因袭殷人习惯。

六、夏、殷占象及“八”之取义

《易纬·坤凿度》在谈“以往六来八、往九来七为世轨”之后，说：“七变而为九，九者，气变之究也，乃复变而为一。”复云：“阳动而进，阴动而退，故阳以七，阴以八为彖。《易》一阴一阳合而为十五之谓道。阳变七之九，阴变八之六，亦合于十五，则彖变之数若之一也。”郑玄注云：“阳动而进，变七之九，象其气息也；阴动而退，变八之六，象其气之消也。彖者，爻之不变动者。五象天数，奇也；十象地之数，偶也；合天地之数乃谓之道。阳动而进，变七之九，象其气应也；阴动而退，变八之六，象其气消也。九、六，爻之变动者。《系》曰：‘爻，效天下之动也。’然则《连山》、《归藏》占彖，本其质性也；周《易》占变者，效其流动也。彖者，断也。”此据《永乐大典》度字号（卷一四七〇八）。郑说十分清楚，他指出夏、殷之《易》占彖，周《易》占变，彖是爻之不变动者。阳数进而阴数退，故七进而为九，八退而为六，这是表示气的长和消，占彖、占变之分，正是夏、殷《易》与周《易》占法上的区别。萧吉《五行大义》云：“七、八者静爻，夏、殷尚质，以静爻占之。九、六者动爻，周备质、文，故兼用动爻。”贾公彦《周礼疏》：“夏、殷以不变为占，周《易》以变为占。”皆继承此说（孔颖达《周易正义》亦同）。卦用九、六者占爻，故周《易》以阳爻为九，阴爻为六。殷以来之记卦名，乃以数字之奇偶表示阴阳，而甚少用“九”这一数字，仅于扶风齐家村一见之，这当然是周人对殷俗的损益，改首坤为首乾，九为阳数之极，故强调用九来表阳。自是以后，在周《易》中还有所谓用九、用六，后人引申之有老阳、老阴之说。

《坤凿度》言：“阳以七、阴以八为彖。”故七、八占彖。经传不见言“七”之例，唯《左传》、《国语》言占卦之八，只得三事：

（一）穆姜薨于东宫，始往而筮之，遇艮䷳之八。史曰：“是谓艮之随䷐。随，其出也，君必速出。”姜曰：“亡！是于周《易》曰：‘随，元亨利贞，无咎。’……今我妇人而与于乱。……有四德者随而无咎，我皆无之，岂随也

哉？……必死于此，弗得出矣。”（《左传·襄公九年》）

此指筮艮卦，只第二爻不变，余五爻皆变，故成为随卦。《左传》言“八”者仅此一见。杜注谓此是“用《连山》、《易》或《归藏》、《易》”，毛奇龄《春秋占筮书》谓此“乃商《易》揲策，以八为少阴不变，故指此不变之爻为八，是艮之八，实艮之第二爻耳”。卦爻从下起算，之卦合 A、B 二卦对应[1]，B 卦之初爻为七，第二爻则为八也。

（二）（晋）公子（重耳）亲筮之曰“尚有晋国”。得贞屯，悔豫，皆八也。筮史占之，皆曰不吉。闭而不通，爻无为也。司空季子曰：“吉。是在周《易》，皆利建侯。……得国之务也，吉孰大焉。……故曰屯，其繇曰：元亨利贞，勿用有攸往，利建侯。……故曰豫。其繇曰：利建侯行师。”（《国语·晋语四》）

韦昭注：“内（卦）曰贞，外曰悔。震下坎上屯，坤下震上豫，得此两卦，震在屯为贞，在豫为悔。八，谓震两阴爻，在贞在悔皆不动，故曰皆八，谓爻无为也。”按屯卦象䷂，坎上震下，内卦贞为震，豫卦象䷏，震上坤下，其外卦之悔亦为震。在周《易》的卦辞上，屯与豫皆有“利建侯”之语，故吉。所谓“八”，指震两阴爻在贞、在悔皆不动者，谓第二爻无论在屯与在豫两卦中都是 - -（阴爻），没有改变为阳爻，故用卦辞为断。

（三）董因迎公于河，公问焉。曰：“吾其济乎？”对曰：“……臣筮之，得泰（䷊）之八。曰是谓：‘天地配亨，小往大来。’今及之矣，何不济之有。”（同上）

韦昭注：“乾下坤上，泰。遇泰无动爻无为侯，泰三至五震为侯。”韦氏云“泰三至五震”，此以“互卦”说之，未必符合原来恉意。今持与穆姜所占比较，彼曰“遇艮之八”，故以“之卦”说之变为随卦，只是第二爻不动，所谓“遇”也。此则云“得泰之八”，但以泰卦辞说之，所谓“得”也。故知“遇”与“得”取义不同。得者，取本卦，遇则可变而之他卦。

上三例用“八”占，但其解释卦义，仍以周《易》说之。可见殷《易》不若周《易》之有卦爻辞，易于理解与运用。卜楚丘亦以周《易》解释，是春秋人虽卜用三《易》，但解释卦义则多用周《易》。

从上举三例可得到一通则：凡占卦之“八”都以卦辞解释，而不用爻辞。

---

① “之卦”所以名“之”者，《系辞》云：爻也者，各指其所之。之，往也，由此往彼也。虞翻专论“之正”，谓“之而得其正”。唯占家言卦变亦曰“之”，则不以一爻为限。时人有说“之”为虚字者，殊非古义。关于“之卦”，参故友王震著《易象数杭说订》。

可见夏、殷《易》只论卦不论爻，但筮者解释卦义必借重周《易》，用其卦辞来找寻解释。司空季子举屯及豫之繇辞，董因举“天地配亨”，“小往大来”，即出泰卦辞“小往大来，吉亨”。及彖辞“泰，小往大来，吉亨”，则是“天地交而万物通也”。可见有时檃栝彖辞说之。由上可见，占卦之八者，虽用夏、殷不变以断卦，但仍用周《易》之繇辞以解释之。

其所以用“八”而不用“七”者，清惠栋《易例》下云：“蓍圆而神，七也（七七四十九）；卦方以知，八也（八八六十四），六爻易以贡，九六也。……至其用以筮而遇卦之不变者，则不曰七而曰八。盖蓍圆而神，神以知来；卦方以知，知以藏往。知来为卦之未成者，藏往为卦之已成者，故不曰七而曰八。《左传·襄公九年》穆姜始往东宫而筮之，遇艮之八。《晋语》重耳归国，董因筮之，得泰之八。八者卦之数，故《春秋》内外两传从无遇某卦之七者。以七者筮之数卦之未成者也（原注：揲蓍之时，七八九六皆卦之未成者，既成之后，则七八为彖，九六为变，及举卦名，则止称八不称七，此古法也）。”惠氏之说很有参考价值。彼认为“七”是蓍数，故其用四十有九，法长阳七七之数；“八”是卦数，因六十四卦，法长阴八八之数。考崔憬等早有此说，详李鼎祚《周易集解》卷十四。如上说“八”字简直是“卦”的代词。清《周易折中》、马其昶《周易费氏学》皆以“八”指卦体，即采是说。

贞、悔二名见于《尚书·洪范》，称为衍、忒，郑玄注：“衍、忒记贞、悔也。”《左传·僖公九年》记卜徒父筮之，其卦遇蛊䷑。曰：蛊之贞，风也；其悔，山也。一卦之构成，上下有别，内为贞，而外为悔。贞与悔二字均见于殷代契文。《唐六典》云：“凡内卦为贞，朝占用之；外卦为悔，暮占用之。”则似读悔为晦。

唐刘禹锡著《辩易九六论》一篇，采僧一行门徒毕中和之说，以揲蓍之法解之云：“九与六为老，老为变爻；七与八为少，少为定位。”又指出：“卦由老数而举曰六：筮由蓍数，故斥曰八。”（《刘梦得文集》十三）

清成瓘著《古筮法占七八考》，谓：“遇卦之八，古无的解，惟《左传疏》于‘艮之八’言艮卦第二爻不变是八，此语得之。”（《篛园日札》卷一）其他如雷学淇《介庵经说补》“夏、商二《易》卦爻占法说”则谓三《易》皆占变占不变，似不可据。黄式三《易释》有《释八》篇，谓“二阴爻不变”为八，与成氏说同。

七、龟象、筮数与鬼神

龟甲上记若干卜，自第一卜至第五卜而止，通例大抵如此。何以龟卜以“五”为极限，这是有它的道理的。

现在知道殷人确已使用筮，而且用数字记六十四卦卦名，这说明殷代的贞卜正是卜与筮二者兼行，可证《洪范》之说。《左传·僖公五年》记晋献公筮嫁伯姬于秦，遇归妹之睽，史苏占之。及惠公在秦，曰：“先君若从史苏之占，吾不及此夫。”韩简侍，曰：“龟，象也；筮，数也。物生而后有象，象而后有滋，滋而后有数。先君之败德，及可数乎？史苏是占，勿从何益！”

刘文淇《左传疏证》：“《周礼·天府》‘以贞来岁之媺恶’下贾公彦疏云：‘《易·系辞》云精气为物，游魂为变，注云：精气谓七、八，游魂谓九、六。则筮之神，自有七、八、九、六成数之鬼神。《春秋左氏传》云：龟象、筮数，则龟自有一、二、三、四、五生数之鬼神。’《礼》疏所引《易》注，不言出自何家。如彼疏说，则韩简谓龟、筮皆有数，象即生数，筮即成数也。”（327 页）刘氏非湛于易学，故未知贾氏所引之注何所自来。

孙诒让于《周礼正义》卷三十八引贾疏及此注而加以驳斥云：“案《易·系辞》蓍龟神物。《士冠礼》注云：‘筮不以庙堂者，嫌蓍之灵由庙神。’若然，蓍龟亦自有神，而云‘出卦兆者’，但所礼者，礼生成之鬼神；神之尊者，无妨蓍龟亦自有神也。（以上疏）案贾疏非也，《士冠礼》注意亦谓卜筮所问，别自有神，非由庙神，与此注义不异也。七、八、九、六等乃筮之数，不得为神。此注云问于鬼神，亦非指七、八、九、六等而言，贾未达其恉。”孙氏提及此注，而批评贾疏，实在未够深入。余案此《易》注乃郑玄之说也。李鼎祚《周易集解》卷十三：“是故知鬼神之情状，与天地相似，故不违。”句下引郑玄云：“精气，谓七、八也。七、八，木、火之数也；九、六，金、水之数也。木、火用事而物生，故曰‘精气为物’；金、水用事而物变，故曰‘游魂为变’。精气为之神，游魂为之鬼，木、火生物，金、水终物，二物变化其情，与天地相似，故无所差违之也。”（《礼记·乐记》正义引之）《月令》正义引云：“精气谓七、八，游魂谓九、六，则是七、八生物，九、六终物也。”（参王应麟辑《周易郑注》卷七。余前尝误认出于《易纬·是类谋》，附正。）

依据此注，郑玄乃参用五行来解释七、八、九、六，把它分成二组，表之如下：

七、八——精气，为物，是神，所以生物，于五行属木、火。

九、六——游魂，为变，是鬼，所以终物，于五行属金、水。

他并没有涉及生数，只概括地说成（筮）数而已，而分别精气是神，游魂是鬼，神以生物而鬼以终物，即《系辞》所谓“原始、要终”。二者的运行、作用各异，一是物之生而一是物之变。物生是神，物变是鬼，和《系辞》所谓“变化而行鬼神”义正相应。贾疏用郑氏注此说，进一步引《左传》韩简语来分说生数和成数，且指出生数和成数一样都有它的鬼和神的不同作用，龟数是代表生数的鬼（终）和神（生），筮数则是代表成数的鬼（终）和神（生）。换句话说，鬼、神即是终与始，是归宿和生长。龟数象精气，如物所由构成；筮数象游魂，如物所以变异。生数有它的终、始（鬼、神），成数亦然。孙诒让不知来历，郑氏明言“精气谓七、八也，游魂谓九、六也”，精气便是神，游魂即是鬼，何得云“七、八、九、六等乃筮之数，不得为神”耶？

至以老、少、阴、阳分属六（老阴）、九（老阳）、八（少阴）、七（少阳），备见于崔憬的《周易新义》、孔颖达的《易·乾卦》正义、贾公彦的《周礼·太卜》疏。孔说多采自陈张机（即孔书所称张氏），张说则源于郑玄，不可不知。

卜与筮本来分为二事，古代中国的数学理论，把龟属于生数，筮属之成数，春秋时人的说法非常清楚。生和成是代表事物发展的二个阶段，生数到五为止，一切数从之而生，故称生数，七、八、九、六从生数发展而来，故称为成数。从甲骨了解到，龟卜一般止于五卜，可看出殷人已有“龟属生数”的观念。殷代分明有卜，又有筮，则成数的意思未必无之，观契数为卦通常以“六”数表阴爻，可以见之。由此看来，韩简之说，正有他的根据。

《系辞传》“精气为物”二句，极不可解。王弼《易注》以聚、散之理说之，当然讲得通。孔颖达疏因袭王说，未采郑说。本来《易》学有郑、王二系，六朝以后，郑学寖微，只流行于北方。唐人正义用王注，郑义遂无人过问。现在以七、八来解说精气，九、六来解说游魂，粗看之必大加诧怪，其实有很深邃的含义，我们不能用现代人之思想去理解古人，旧疏时时尚保存古义。谈古代礼制，孙诒让《周礼正义》自是一大宝藏，但对旧说不能理解者往往加以摒弃，上面所举即其一例。所以我们不能不兼读旧疏，其理由正在于此。

后记

本篇为1982年9月在夏威夷举行之国际殷文化讨论会提出之论文，张政烺先生加以补充，又举出上海马家浜等处陶文亦见数字卦号。截至目前，所知已近百。郑振香女士报告：在安阳苗圃附近出土康、武、文期石板，其上与侧面刻着六个相同之符号：∧∧十∧∧八。按此为六六七、六六八，当即雷地之豫䷏卦。又杨锡璋先生见示在安阳采集得一龟甲，四足部各锲数字卦号，计共四卦。而所用数字只为六、七、八、九，不用一至五之数，其一卦下面并记“贞吉”一语。这些资料尚待正式公布。如是殷人分明用筮，且偶以《易》卦记于龟板之上，确是事实。由上述二事，略可推想殷人已能分别生数与成数，六、七、八、九均用之以写卦。以前罕见之九数，非始于周人，殷已有之。

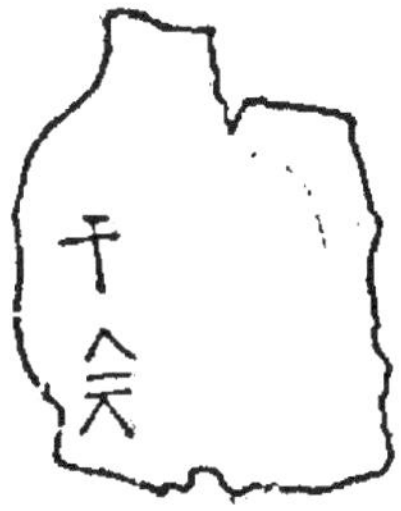

近承雷焕章神父函示：巴黎Guimet博物馆藏甲，有一片背面摹本（如右图）。此即拙著《巴黎所见甲骨录》之第二四片，往年漏收，谨为补记，以志吾过。此板在弋字下锲刻卦数六二六，当是坤卦。卜辞中此类资料，向皆忽视，故特著之。

辛店期彩陶鬲有∧∧∧的符号（见《中国陶瓷史》，89页），分明是坤卦。又乐都柳湾出土马厂期陶罐，上有二处∧∧∧∧∧∧的符号（见《青海彩陶》，115页）。从此类叠用∧（六）数之例，和后来天星观楚简以∧为阴爻，正可推求其蛛丝马迹之关系。

本篇初稿，引用马王堆本《易》卦卦名，承裘锡圭先生细阅一过，有所校正，谨此志谢。

原载《文史》第二十辑，北京，中华书局，1983年

谈《归藏》斗图

早期卜辞“从斗”释义，与北斗信仰溯源

《归藏》之为占书，已在湖北王家台秦墓简册出现，讨论者大有其人。[①]余向尝依宋人《西溪易说》引用《归藏》卦名，与马王堆帛书周《易》卦名比较，取得充分确证。其中有夜卦，以近日刊布之郭店楚简老子“豫兮若冬涉川”句豫兮字作夜，颇疑可能即是豫卦。然秦简夜卦实与蛊卦对应，而上海博物馆展出之楚简恰为战国简本之豫卦，字实作“叙”（余），尚待研究。秦简《归藏》之发现，证实周人所传古有三《易》之说全可信据。[②]

殷代《归藏》筮法用贞、悔，以七、八二静爻占之。《左传》穆姜筮过艮之八，即艮之随。而秦伯伐晋，卜徒父筮之，其卦遇蛊。蛊之贞，风也；其悔，山也，正指其不变之卦。贞、悔谓内、外卦。《书·洪范》云：“占用二：衍、忒。”依《史记·宋微子世家》，忒字作“贷”。衍贷，即指贞、悔，见裴骃《集解》引郑注，其说可从。近时甲骨铜器锲刻之数字卦，殷人占筮方法大致明了，有待仔细与《归藏》互证。《归藏》既确实存在，则文献上言及与《归藏》有关之问题，须作进一步之考察。

---

① 参见李家浩：《王家台秦墓简之〈归藏〉》，载《传统文化与现代文化》，1977（1）。

② 参见邢文：《帛书周易研究》，9页。

唐段成式《酉阳杂俎》续集卷四有一条云：

> 焦赣《易林·乾》卦云：“道陟多阪，胡言连蹇，译瘖且聋，莫使道通。”据梁元帝《易·连山》，每卦引《归藏斗图》，立成委化。（下略）

梁时古书存者尚多，梁元帝采用了《连山易》，且引用到《归藏斗图》，梁时确有其书，唐人加以引述。从书名推测，当是取《归藏》之六十四卦，与斗相配以为图，如随县漆器之绘斗在二十八宿之中央，以斗配二十八宿，情形相同。可惜其书沦逸，不可踪迹。

《连山易》以艮卦为首，夏代何以首艮？以理推之，其时洪水未能控制，其民降丘宅土。观古陶文记“宅土”事，卜辞云“王乎宅丘”（《合集》一四〇反），丘为小山高陵，民居高地为便，故以艮（山）为首务，八卦中以“山”为生活依据。艮，止也，民止于山，乃得安处。首艮或取义于此。朱震《汉上易》、《太玄准易图说》云，律历之元，始于冬至，旧说八风始于不周，居西北之位，故以艮为首。

《隋书·经籍志》五行类著录有梁元帝《连山易》三十卷。干宝《周礼注》引《连山》有“帝出乎震，齐乎巽，至成言乎艮”，与说卦文相同。（尚秉和已指出。）又朱氏《汉上易传》引《归藏》、《易》有“乾大赤、乾为天……为马，为禾”之语。梁时流行之《连山》、《归藏》，与楚简本之同异及何者为后来增益部分，仍有待于仔细考察。

萧吉《五行大义》引有《黄帝斗图》，《隋志》作《斗历》。以斗为图，由来已久。殷代天文学知识，对于北斗已有明确记载。殷早期𠂤组卜辞屡见斗字。

殷早期𠂤组卜辞（即所谓文武丁卜辞）屡见斗字，见于《合集》二一三四〇～二一三五七，兹举数例如下：

> 己巳巛午（斗）。（《合集》二一三四〇）
> ……未〔卜〕夕。
> 庚午卜夕，辛未巛斗。昍……羽斗。（《合集》二一三四一）
> 丙辰卜夕，丁，羽斗。己未〔卜〕徃……羽斗。（《合集》二一三五七）
> 庚〔午〕，羽斗。（《合集》二一三四二）
> 翌丁〔未〕，巛斗。（《合集》二一三四三）

丁酉夕　戊戌夕，庚𠬝斗，延雨。辛丑卜夕，辛𠬝斗，壬寅卜夕，癸卯卜夕。（《合集》二一三五〇）

姚孝遂释作“斗比”，特撰《释月比斗》一文，刊于《亚洲文明》第三期。细审诸辞，字均作𠬝，应是从而非比，“比斗”一词于文献无征。

从字用于星占，有汉初五星聚于东井一事可作为例证。《史记·天官书》云：

汉元年十月，五星聚于东井，以历推之，从岁星也。……故客谓张耳曰：“东井秦地，汉王入秦，五星从岁星聚，当以义取天下。”

故孺子婴降于枳道。何以谓之“以义取天下”，因五星所从各有其说，有以义、以礼、以重、以兵、以法之别。以义盖专属于木星者，观《天官书》云：

凡五星所聚宿，其国王天下。

从岁（木星）。以义。

从荧惑（火星）。以礼。

从填（土星）。以重。（拔重即威也）

从太白（金星）。以兵。

从辰（水星）。以法。

占星家以义、礼、威、兵、法五事配五星，以定“所从”之义。以从岁、从填、从辰等为例，合以字形之作𠬝，明非“比”而应为“从”字，释为从斗更妥。斗指北斗，斗为帝车，众星皆系于斗，无不率从。

殷人能辨斗星，故有从斗之占。斗称斗柄，柄字亦作秉，《楚帛书》云“秉司萅”。《史记·天官书》太史公曰：“二十八舍主十二州，斗秉兼之，所从来久矣。”亦作“斗秉”。《鹖冠子·环流》：

斗柄指东，天下皆春；斗柄指南，天下皆夏；斗柄指西，天下皆秋；斗柄指北，天下皆冬。斗柄运于上，事立于下；斗柄指一方，四塞俱成。

《易·丰》卦六二：“丰，其蔀，日中见斗，往，得疑疾，有孚发若，吉。”（马王堆本作“其剖”，“有复，洫若”。）又九四：“丰，其蔀，日中见斗，遇其夷主，吉。”

殷《归藏》用六十四卦中有丰卦。[①] 今知卜辞有“从斗”之记载，殷人以日中见斗，乃为咎征。

春秋时人称北斗为恒星，《左传·庄公七年》传：“夜，恒星不见。”《玉烛宝典》四引贾逵注：“恒星，北斗也。”

天文现象有斗为他星所掩，世俗乃有救斗之举。《淮南子·说林训》云：“佐祭者得尝，救斗者得伤，荫不祥之木，为雷电所扑。”是也。

马王堆《刑德》乙本云：

> ……次其日数，以知单（战）缓急，以五（午）夜之昏至于静，以见玄鸟于斗旁。（六二行）

斗亦称维斗。

> 《庄子·大宗师》：“维斗得之，终古不忒。”
>
> 《韩非子·解老》：“道者，万物之所然也……天得之以高，地得之以藏。维斗得之以成其威。”

《封禅书》：“雍有日月、参辰、南北斗、荧惑、太白、岁星、填星二十八宿……百有余庙。”是是秦人有庙专祀南北斗。

汉武帝伐南越，祷于太一，以牡荆画幡，日月北斗登龙，以象天一之星，称为太一锋，故《抱朴子·杂应》云：“书北斗字、日月字以避兵事。”

殷人既有从斗之卜，能认识北斗，有人又以《归藏》之卦配斗为图。降及后代，“斗历”一类之书，亦为道、释二氏所吸收。佛书有《北斗轨》、《北斗七星真言》等著述（《日本续藏》图像八，133 页），而道教之科仪，以南北斗为书名者至多，遽数不能终其物。溯其远源，此种北斗信仰，实导源于殷代，且与殷《易》结下不解缘，而有《归藏斗图》之著述。

汉以来，六壬十二神作为随斗十二神，用于道教巫术，出土文物极为丰

---

① 参见邢文：《帛书周易研究》，8 页，表一。裘锡圭校正拙作《〈归藏〉卦名比较表》。

富，如1972年甘肃武威磨嘴子出土新莽时期漆天盘，北斗七星图像位于中央，其外周围分证十二神之名（《文物》1972（12））。

曾侯墓漆器书二十。宿名，其中特书一大字之“斗”。春秋时人观测天象，辨冬、夏二至，以日月在斗定之。《左传》梓慎谈二至之别。孔颖达疏云：

> 冬至之时，朔则日在斗，望则月在井。夏至之时，朔则日在井，望则月在斗。

在斗与在井，可定昼夜之至长至短，以别冬、夏。此从斗在天文学上之另一用途。

1977年长沙麻林墓台出土宋元嘉十年墓券亦记载天罡、太一、登明、功曹、传送随斗十二神。此类随斗十二神多处有之，四川王建墓所出尤为特色。[①] 特别写明“随斗”二字，可视为远古“从斗”一词之注脚。

原载《追寻中华古代文明的踪迹》，上海，复旦大学出版社，2002年

① 参见张勋燎：《试谈前蜀王建永陵发掘材料中的道教遗迹》，见《四川考古论文集》。

由卜兆记数推究殷人对于数的观念

——龟卜象数论

一、引言

甲骨上锲刻的文字，除了卜辞以外，尚有若干成组数字，作有系统之排列，大半随辞左右对称，或纵行或横行。就殷墟第十三次发掘于YH一二七坑所出一七〇八七板观之，其中完整大龟，往往只在甲首或甲桥、甲尾左右两边刻几行卜辞，而腹甲的上下，却胪列着若干组的数字，如《小屯乙编》三三九九、四五三八，即是显著的例子。这类数字，向来都目为贞卜的次数，那是从一至十，每每按照“数缅”[①] 顺次记下来，故张秉权称它作“序数”[②]。但它究竟是代表着什么意义呢？张氏说：

序数是一种甲骨上的数目字，即一、二、三、四、五、六、七、八、九、十等数字在甲骨上，它们是用来标记卜兆的占卜次序的，是用来标明某一卜兆属于某一事件的贞卜之中的第若干次占卜的。它们并不是卜辞，但与卜辞有着十分密切的关系。

张秉权以为“序数的锲刻，在灼兆以后，刻卜辞以前；大概每灼一兆，便刻一序数字，以标明这是第几次占卜的卜兆。”照他的意见，这些数字是跟

① 数缅即 series of numbers，亦译作“数串”。

② 参见张秉权：《卜龟腹甲的序数》，载《史语所集刊》，第二十八本。

着卜兆而刻上的。没有兆便不需要数，离开了卜兆，这些成组数字便失却它的意义了。

在整龟腹甲中，十分之八，是数和兆相随的，但有许多例外。而数缅的排列，甚多变化，其间关系，极有研究的价值。本篇拟从这方面作尝试的探究，希望对殷人在龟甲序数上表现着的数的观念，得到一个初步的认识。

二、钻凿、兆、数、辞的连带关系

龟甲上有四件东西，保持着连带的关系，即是龟背的钻凿孔，和经烧灼之后腹面所呈的兆象，及刻在兆位的数字，与锲刻在腹或背面的卜事记录的卜辞或记事刻辞。

我们知道必先钻凿然后灼龟，才可得兆，有了兆乃在兆位记数。故可以说是由钻灼以得兆，再由兆而得数。可是小屯所出龟甲，有时是经过钻凿而不燋灼的，故背虽钻孔，而面却无兆；有时则虽灼而未必呈兆，或虽有兆而暗晦不明。举例言之：

《屯丙》图版第55页，即No.58，大腹甲，背有三十个钻凿，双联凹穴，其中有八穴未灼，灼过的有二十二穴，而腹甲记序数只有二十个，有二个卜兆没有记数。

又《屯丙》图版第62页，即No.66，大背甲的右半，钻孔累累，其上有四十三个双联凹穴未曾灼用，所以许多地方没有呈兆，亦没有记数。

同书中图版第49页No.52，第51页No.54，第64页No.68，第75页No.82，第77页No.84，第84页No.91都有同样的钻而不灼的情形。

相反的有时记数和兆、辞，及龟背的钻凿完全相同。例如《屯乙》四五三四整龟，有辞六组，每组都刻上一个“四”字，因为是卜用第四只龟的缘故；同时背面有钻孔六个，腹面现兆亦是六个。这是钻凿、兆、数、辞四者完全一致的例子。

关于钻凿的手续，据董彦堂先生的研究，是（一）预先钻凿，然后施灼；（二）钻孔的多寡，视龟的大小而定。[1] 至钻灼的情形，始终保持着左右对称的形式。钻凿的对称，可以不论，而灼兆有时还看已灼的和未灼的互相对称，以为定夺。像《丙编》五五（五八）有二个无序数的卜兆灼穴，它的对称部分，正是两个不对称的未灼之穴。张秉权说：“也许那两个已灼之穴，在灼卜

① 参见《安阳发掘报告》中《商代卜龟之推测》及《大龟四版考释》之三。

的时候，发现有什么不合规矩的地方，所以作废了。因此，它们底对称部分的那两穴，也就不用了，这现象，似乎表现出殷人的灼龟，是有相当的规律和严格的限制。”① 这说法是对的。

我们上面说过，数每每跟着兆，有些时候，因为要依随钻孔和兆位，不得不破坏了对称的行列。这种情形，最习见的是表现在整龟上只有左右两直行的序数，时常发见其中有一个不照顺序而跳行地移刻在中间内腹甲的部位。试举些例子，像《屯乙》六三七〇、六七四八、六八八一、七一二八的“二”字，七七八一的“一”字，六七二三的“三”字，六六九六的“六”字，都是单独跳行，脱离行列，另刻在内腹甲部位的。下面举《屯乙》六三七〇为例：

一		一
	二	
二		三
三		四
四		五
五		六
六 七		七

此片正面有对贞辞一组云：“乙巳卜，㱿贞：我其㞢令戠，䍃用王。乙巳卜，㱿贞：我勿㞢令戠，弗其䍃用王。”板上兆极明显，数皆随兆。

关于钻灼、现兆、记数三者的一致性，较为常见。刻辞则每因龟甲刻识兆数以后，所余空隙无多，不能多作锲刻，只得从略，有时只记着所卜的事，作左右对贞而已，不复重遝地记载，故虽钻孔、兆、数完全相符，而卜辞仅存两句，试举两个整甲记卜受年的来作例子：

一				一
二		一		二
三	一		二	三
四	二		三	四
五	三		四	五
六	四		五	六
七	五		六	七
八	六		七	八
	七		八	

（《屯乙》六六四二）

① 《殷虚文字丙编考释》，93～94页。

〔一〕二三四五六七八

〔一〕二三四五六七

一二三四五六七

〔一〕二三四五六七八

（《乙》四六五八）

上举二片六六四二的数、兆，与钻孔皆符，正面只锲对贞辞一组云：“辛巳卜，争贞：𣪊不其受年？贞：𦊐不其受年？”背只有“受年”二字。四六五八上端及下方残缺。唯兆、数、孔皆符，正面有对贞辞一组云：“以完不其受年？𠂤不其受年？”背有“受年　受年”两语，这些是辞不随着兆数的显例。

本来卜龟主要只是看兆，据《周礼·占人》及《洪范》与后来注家所解释，兆有兆象、兆气、兆广、兆璺之别。

兆象——体

兆气——色：雨、霁（济）、圛（驿）、雺、克

兆广——墨

兆璺——坼

《周礼·太卜》：“其经兆之体，皆百有二十，其颂皆千有二百。”郑注：颂谓繇（辞）……“每体十繇，体有五色，又重之以墨、坼也。”贾疏：经兆者，谓龟之正。“经云体者，谓龟之金、木、水、火、土五兆之体。”卜兆分五行，《左传·哀公九年》传：晋赵鞅卜救郑，遇水适火，则《春秋》已有之。孔疏引服虔说：“兆南行适火，卜法：横者为土，直者为木，邪向经者为

金，背经为火，因兆而细曲者为水。”《唐六典》十四太卜令职云：“凡兆以千里径为母，两翼为外，正立为木，正横为土，内高为金，外高为火，细长芒动为水。兆有仰伏倚著落起发催折断动之状，而知吉凶。又视五行十二气，凡五兆之策三十有六。”是所谓兆体即指兆纹横直斜曲之象。[①] 殷人是否配以五行，尚不得而知。《诗·卫风·氓》“尔卜尔筮，体无咎言。”《书·金滕》：“乃卜三龟，一习吉，启籥见书，乃并是吉。公曰：体，王其罔害。”体即通指兆象。这即是“君占体”的例子。从兆的横直诸象来定吉凶，周初犹是如此。

其次关于兆气五项，《孔传》都有解说，亦即《太卜》郑注所谓“体有五色”。其说如下：

雨——“兆之体气和雨气然”。

霁——“如雨止云在上也”。

圛——“言色泽光明也”。

雺——“气不泽，郁之冥冥也”。

克——《孔传》云：“兆相交错。”“如祲气之色相犯入也。”[②]

宋赵彦卫《云麓漫钞》二：“尝询诸灼龟者，云：龟版以中心脉为主，旁分部有上乡、水、火、木、金、土等兆；即《龟策传》所谓乡也。顺乡作卦即呈兆，拗乡作卦即横兆。”又云：“色是兆气也。就兆中视其气色，似‘雨’及‘止’等是也。”“雨”及“止”即本郑注。故知“色”即指兆所现明暗的程度，绝无疑义。例如“圛”是兆的色泽光明，所以最吉。像《屯乙》七三三六整甲，背施钻凿，每边有孔五个，腹甲呈兆每边亦有五个，兆纹异常明显；右方刻一至五数字，皆依兆位，这样的兆色，说它是圛，大概不成问题的。[③]

明显的兆，亦叫做“昭兆”。《左传·定公六年》：“文之舒鼎，成之昭

---

① 胡煦《卜法详考》别谓体即俯仰倪弁之类，参见《周礼·龟人》疏。《隋书·经籍志》五行类有《龟图五行九亲》各四卷，又《龟卜五兆动摇决》；《宋史·艺文志》有史苏《五兆龟经》，今不传，胡氏书时引《龟经》，解释兆象。

② 《史记集解·宋微子世家》及《周官太卜疏》引。《左传·襄公二十八年》：“示子之兆，□或卜攻仇，敢献其兆。子之曰：‘克，见血。’”此克字可能指兆气之克。

③ 王引之《经义述闻》卷三取《周礼·太卜》作龟八命的雨、霁、克释之。然八命指卜事，与此之言龟兆气色，毫不相涉，说不可从。

兆。”《正义》曰：“成公新得此龟，盖以灼之出兆，兆文分明，故名曰昭兆。”龟有不现兆的，古时谓之焦，《说文》：“焦，灼龟不兆也。《春秋》传曰：龟焦不兆。读若焦。”《左传·哀公二年》：“卜战，龟焦。”《定公九年》：“卫侯将如五氏，卜过之，龟焦。”龟焦不呈兆，是不吉的。《屯乙》四八二二十四七四一，左甲桥有“贞焦”二字，右甲桥有“卜焦”二字，细审甲面，皆无坼兆，这是灼龟不兆的证明。

兆广为墨，《洛诰》：“我乃卜涧水东，瀍水西，惟洛食。”《孔传》言：“卜必先墨，画龟，然后灼之，兆顺食墨。”[①] 今观龟甲填墨填褐的极多，它和卜兆的关系，详细如何，须有人专作研究。

兆璺即旁枝的兆象。《龟策传》说：“卜法：大者，身也；小者，枝也。”像《屯乙》三二八七有𠂆兆形，《宁沪》一、一九四（《拾掇》一、四五七，《京津》四五四二重）亦有同样兆象二个，一注大吉，一注吉。可见枝出的兆，未必是凶[②]，像《国语》中史苏所说“逢齿牙以猾其中”，“诸夏从戎，非败而何”，以龟所呈兆为离散，故不吉，这只能代表对兆象的一种解释。（韦注：“齿牙谓兆端左右衅坼。”）这些仍是值得研究的。[③]

唐李华《卜论》谓：卜龟“脱其肉，钻其骸，精气复于无物，而贞、悔发于焦朽。”贞、悔本指筮得《易》卦的内卦与外卦而言[④]，非龟卜所宜有，这不过是借用它来说说罢了。

《周礼》言经兆之礼百有二十，其颂皆千有二百，其义向不能明。清连鹤寿注《蛾术编》为之解云：

> 刘彝谓将卜，则开龟之下体，去其外甲而存其下甲有横直之文者以卜也。其下甲有直文者，所以分左右阴阳也；横有五文，分十二位，象五行与辰次也；其上下不可以为兆，可开而燋者，左右各二，故曰四兆也。兆有体、有色、有墨、有坼。……龟之中直文谓之千里路。灼契之坼，以近千里路者为首，稍远为中，近边为尾。凡坼之见，皆有首、中、

① 《礼记·玉藻》言“史定墨”，陈祥道《礼书》以为：“卜师作龟，致其墨，则后墨也。孔以为先墨画龟，乃灼之误。”江永、孙诒让皆从其说。今验之龟甲，多是后来填墨。

② 《晋语一》史苏占，“其云：‘挟以衔骨，齿牙为猾’，我卜伐骊，龟往离散以应我。”韦注：“其兆离散不吉也。”

③ 罗振玉《殷虚书契考释》曾将兆形列举，但未详加分析。

④ 贞、悔不止一说。朱子《语录》又谓揲蓍成卦，则本卦为贞，之卦为悔。亦有谓为再筮所得之两卦者，见《蛾术编》卷七十四，《说制十二》。

尾焉。合三节言之，则有雨雨雨、雨雨霁、雨雨蒙、雨雨驿、雨雨克；有雨霁雨、雨霁霁、雨霁蒙、雨霁驿、雨霁克；又雨蒙有五，雨驿有五，雨克有五，而二十五具矣。除纯体无生克者不占，则二十四，五兆各二十四，则百有二十之经兆具矣。颂千有二百者，更以十干之日加之也。卜龟之法，大略如此。①

他所说的，虽对《周礼》而言，但殷代龟卜，必有许多地方可以适用，尚需和实物作比较研究，方能证实。

张秉权从卜兆的角度，去观察殷人怎样去判断吉凶。他认为殷时人对占卜吉凶的断定，除了卜兆角度以外，还有其他的因素。② 像兆的体、色、墨等等，都是应该作进一步的研究的。但这非根据实物精细观察分析，无以为功，希望有人再加探讨，获得较满意的答案。

三、龟腹甲上数字性质的分析

龟腹甲上的数字，试归纳之，共有四大类：

（一）同数　同一龟板上，只记着相同的某一数字，这类数字，只是由一到五而止。

（二）等数　在同一龟板上，随着对贞刻辞，左右两组的数字，完全相等。

（三）差数　和等数相类，左右对贞，两组数字排列，但不相等。

（四）变数　所记左右数字，不尽对称，而无规则。

兹先论同数：

若干龟板记着相同的数字，向来认为是一事多卜。（胡厚宣在《卜辞同文例》已举出许多例子。）

（一）通记“一”字的

例一：《屯乙》七七四六，整龟。有辞四组，其一贞而伯伐霍事。背钻孔，每边各五个，腹面左右共有四个兆，必有些没有灼过。兆位各记着“一”

---

① 《蛾术编》卷七十四，《龟法久亡惟当阙疑》。

② 参见张秉权：《殷墟卜龟之兆卜及其有关问题》，载《史语所集刊》，第二十八本。

字。这片凡四兆、四辞，故记四个“一”字，可以说兆、辞、数皆一致。（背左锲“丁未卜争”，右锲“癸亥卜穷”，知是武丁卜辞。）

例二：《屯乙》七七七三，整龟。左右有辞两组。（穷贞：王㞢不正，王亡不正。）只见二兆，兆位各记“一”字，此亦兆、数、辞一致。（背面无拓本，不知钻孔有多少。）

例三：《屯乙》七七四八，整龟，左右有辞两组。（卜翌庚寅雨不雨，无卜人名。）各记“一”字于兆位。背钻孔十三，左右两边各六，中间钻孔一，略现兆，但不记数，这片只是数随辞，有些兆并没有记数。

例四：《屯丙》八八，整龟。有辞，左右各两组。（皆丙寅日争卜，一贞王梦事，一贞王步逐鹿事。）有兆位六，共记六个“一”字，但背（《屯丙》八九）则有钻孔十个，每边五个，不知是否未灼过。甲尾只有兆及数，而辞则刻在背面。合而观之，辞、兆、数皆六。

例五：《屯乙》三三二三，整龟。左右有辞各三组对贞。（㱿贞王入及莈黍等事。）共六辞，有六兆，兆位各记“一”字。（背无拓本，故钻孔之数未明。）这是第一卜，兆、辞和数皆一致。按《屯乙》三一五二＋三七三三（残存下半）与此同辞随兆与辞各记“二”字，是为第二卜；《屯乙》二八三二＋三三四一，及三二七四辞并同，前者记着六个“三”字，是为第三卜；后者记着六个“四”字，是为第四卜；数皆随兆随辞，与三三二三悉同。又第五卜记着六个“五”字，由若干残片缀合，详《屯丙》三八。（参见《同文例》附图二一〇，二一一，二一二；及《屯丙》图版三一，三二，三三，三四，三五。）

（二）通记“二”字的

例一：《屯乙》三三五〇，整龟。拓本上半不明。记着数字“二”，多随兆，但无辞；下半数字随辞，但不见兆。是片所记乃卜人㠯所贞问者。（《屯乙》四五〇七整龟子所贞卜的与此同时，亦记着“二”字，或随兆或否。）

例二：《屯乙》四五〇四，整龟。有辞三组。（为戊子日卜“帚㠯等又子”事。）随辞记着三个“二”字，但不见兆。这是数字随辞不随兆之例。惜背无拓本，钻凿未明。以上两例，“贞”字并作𠀠，乃属同时，当并是第二卜。

例三：《屯乙》七一七一，整龟。辞左右各三组对贞。（㱿卜帝冬（终）兹邑，及舞雨事。）背钻孔左右各三，故腹面呈兆凡六，兆位皆记“二”字，共六个“二”字，这是第二卜。尚有第四卜，见《屯乙》四五三四及四五三五

（《屯丙》图版六七），钻灼、兆、辞、数，四者皆一致。

例四：《屯乙》七七六四，甲尾残，存辞左右对贞，各四组。（为争卜𠂤征化及卬事。）背可见钻孔共十个，呈兆亦十，兆位皆记“二”字，这亦钻灼、兆、数、辞一致之例，当是第二卜。（《屯丙》图版六九有新缀。）

例五：《屯丙》三九（图版三六），由八片残甲缀成，全板皆记“二”字，只有上端右方刻一个无所统属的“三”字。张秉权谓系出于笔误。细审此甲背钻孔（《屯丙》四〇）甲尾部分记数字之兆位与钻灼、数符合；甲心及上端则不符，甲心有现兆而不记数者，上端则钻孔颇多，或现兆或否。但不记数，其中是否钻而未灼，惜张书未有详细记录，未由寻究。这一板则是兆、数、辞非一致之例，但为卜用多龟的第二卜，则无疑义。

（三）通记“三”字的

例一：《屯乙》三四一一，整龟，只有辞三组。（㱿卜㞢伐于甲事。）各记“三”字，随辞及兆，这亦兆、数、辞一致。

例二：《屯乙》四六四一，整龟，有辞三组。（㱿卜𡿺于岳事。）各记“三”字，随兆与辞，与上例同。

例三：《屯丙》七八（图版七一），由六碎片缀成，全甲有辞十四组。（㱿卜𠂤征化事等。）背钻孔应有十六（有二个在腹心，今残缺）。皆记数字“三”，当是第三卜。唯只有十二个“三”字，因右桥“贞：方其𢦏我史”句，兆位失刻“三”字。又近右桥下方，原有二兆，只记其一，其一不刻数，其他数皆随辞随兆。

例四：《屯乙》六六九二，整龟。左右及甲尾共有辞十三组。（辛丑、壬寅、甲辰㱿贞：子𡧊𡨦基方事。）背（《屯乙》六六九三）钻孔共十三，数字记于兆位，亦共十三个。凡十二个“三”字，知此为第三次卜，其中在右甲桥下方，另记一“六”字，然对贞辞则记“三”字，想“六”字系误刻。是板钻灼、兆、数、辞皆一致，最特异的，是左右甲尾钻灼不呈对称，左五而右二，例殊罕见。

（四）通记“四”字的

例一：《屯乙》七二七，整龟。左右对贞辞各二组。（戊寅㱿贞沚戠及当𢀛来不来事。）背（《屯乙》七二八）刻王固曰两辞，分占两人事。有钻孔六，而腹面只现兆四个，于兆位记“四”字，随辞，有六钻，而兆、数、辞各得四。

下两孔是否未经灼过，须审视原物，方能清楚，此为第四卜。尚有第二卜，记“二”字的，见《续存》三八八、三八九（背），及第三卜记“三”字的，见《屯乙》六八七七、六八七八（背），腹面兆、数、辞皆同，背王固辞略同，均有钻孔六，情形一样。

例二：《屯丙》四七（图版四四）由残片四板缀成。（主要为《屯乙》五三八六。）共有辞二十八组。卜人为宕，所卜事甚繁。全板皆记“四”字，有一先误刻为“五”，后自行改刻。背（《屯丙》四八）钻孔凡三十二，两边对称，数字皆随兆随辞。腹心有两个卜兆，记着数字“四”，但没有记录卜辞；又有两个卜兆，但不记数。

例三：《屯乙》二九四八，甲尾，残存辞左右共七组。（争贞帚好比沚戓伐巴方及而伯龟比伐事。）随辞记着“四”字，共八个，其一辞缺，数皆随兆位。（背无拓本。）此当是卜用多龟的第四卜。

例四：《屯丙》二二（图版二一），整龟。共辞十四组，左右对贞。（乙卯㱿贞：望乘伐下㱿，及丁巳㱿贞王学（教）众等事。）通板记“四”字，共十四个，俱随兆及辞。背钻孔亦十四，此钻灼、兆、数、辞皆一致。

例五：《屯乙》四〇六七，整龟。有兆无辞，兆皆不明，有雺克之气色，且兆多细曲。但记“四”字，左二右一，用意未明。

(五) 通记“五”字的

例一：《屯丙》二〇（图版一九），甲尾缺。为辛酉㱿贞望乘伐下㱿事，与此同文的龟板，可见者凡五片。（释文及摹本详见张氏龟腹甲的序数九～十三。）以《屯丙》一六所缀第三卜一片最为完整。此第五卜之龟，背钻孔较多，腹心多记两“五”字，随兆而无辞。又“㞢犬于父庚”两组辞，则不记数字“五”。再以第三卜之龟记“三”字比较之，此片在甲心有十二个“三”字，左右两组分列，但兆位无卜辞。又在右边残缺地方，尚应有两个“三”字。这里有十四个数字“三”，如果连背面九条卜辞配合起来，还有六个卜兆和数字，没有卜辞。（张秉权的意见是：“大概它们所卜的主题，没有被记录下来。”但除这第三卜龟板之外，其他第一、二、四、五的卜辞完全相同，可见没有别的主题。）

例二：《屯乙》三七九七，整龟。唯甲桥残损，有辞左右对贞，共十二组。每一辞皆锲一“五”字，又中间及下方各加锲“五”字，但其旁都没有辞。是板共有十四个“五”字，其中十二个数字随着辞，只有两个数字独立锲刻。全片所刻的“五”字，和卜辞杂在一起，如果不明了记数之例，很容易混读入卜辞中。片中有许多兆，兆位没有记数，我们从这里，可以见出“同数”的数字记法，有时是随辞而不随兆的。

总括来说，同数是一事卜用多龟，在每龟记着第几次卜，亦即用第几只龟数字，因为殷人普通卜用五龟，故到五数而止，自“一”至“五”即是所谓龟数。这类记数法的常例，是钻灼、兆、数、辞完全一致；有时数可随辞，而不依兆位的。至于变例，有时若干同数的加外锲刻，和卜辞不相统属，或单独地加刻于腹心，（像《屯乙》七七六四的数字“二”，《屯乙》五三八六的数字“四”，都与辞不相统属。）或作成组对称的排列，（像《屯乙》六七〇〇的巨龟的“三”字，参上五项例一。）这种不随辞的“同数”，疑为着对称排列的美观，故多记数字来填补空隙。或者记着现兆情形，从现兆的有无多寡明晦等等来定吉凶，亦未可知。

次论等数：

同一龟板上，因左右对贞关系，两边钻灼之数相同，故现兆亦一致；因之兆位记数左右相等，是谓等数。

自一至三

例一：《屯乙》三三九八，整龟。为贞人永卜雨之辞，甲尾部分刻数字若干组，皆自一至三之数，多作横列。最奇者，自甲桥以上现兆齐整明显，而无一数字，此为兆不记数之例。

例二：《屯乙》八八一七，整龟。仅甲尾中间，有庚申卜见皃二组辞对举，左右方各记一、二、三，横列对称。左方上端亦锲一、二、三，右方无之，全甲兆象不甚明。

例三：《屯乙》八八九五，整甲，略缺左䑽，近甲尾有一、二、三两组数，横列对举，与例二形式相同。

自一至四

例一：《屯乙》八八一五，整龟。记数自一至四而止。数的排列很不齐整。

自一至五

例一：《屯乙》三三九四，整龟。为丁丑㱿卜左多子事。两辞左右对贞，呈兆甚明，数字左右两行，自一至五，皆循兆位直行锲刻，颇有对称之美。

自一至六

例一：《屯乙》七一九九，整龟。甲尾略损。为“丙午㞢贞”事。甲背钻孔累累，上半不大现兆，中间则循兆刻数，自一至六，如下排列：

二	一	一	二
四	三	三	四
六	五	五	六

例二：《屯乙》三三七九，整龟。辛巳争卜㞢来齿事。左右对贞，背为朱书杂契刻，云：“王固曰：吉！亡来齿。”甲背钻凿共三十七个，呈兆明晦不一；甲桥以下，记数有自一至六，共两组，上半则为差数。排列如下：

一			
二		五	⋮
三	五	六	⋮
四	六	七	四
一	一	一	一
二	二	二	二
三	三	三	三
四	五	五	〔四〕
	六	六	

右方第一行“三”下，原缺“四”字，必是漏列。

上半左方，自一至六，右方则至七，是谓差数。

自一至七

例一：《屯乙》三四二八，整龟。有辞七句，分三组排列如下：

（一）贞：王〔省南〕　（二）〔𢦏〕其商（赏）。　（三）贞：我……冃牛✢羊，♯✢犬。

勿省南，不若。　𢦏弗〔其〕商。　勿……

每一组辞间，均有一界线，故序数随辞划分。全板共有数字七组如下：

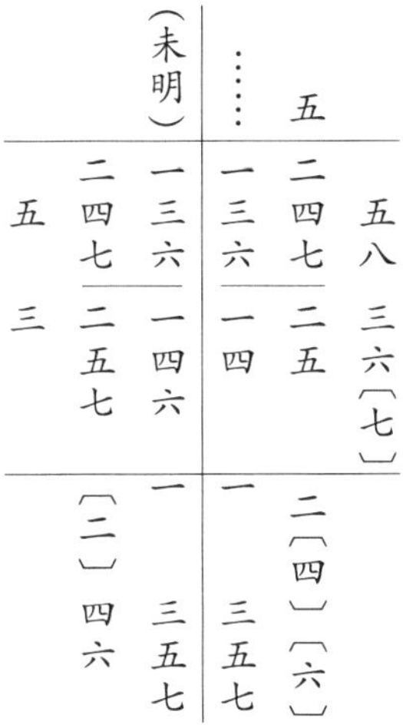

序数自一至七，左右两行，相对列举。

自一至八

例一：《屯乙》四六二八+四八二六，卜辞为彀卜妥氏巫，及争卜雨两事。全板记数多组，多作横列，如下式：

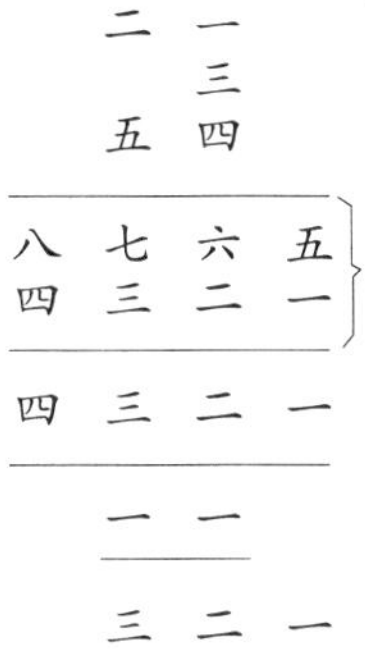

此仅为左方，右方残缺。相信尚有同样序数。

自一至八两行，乃自下向上逆读，例属少见。

例二：《屯乙》四六九九，上半序数左右各两组，亦自一至八。为穷卜受东室事。

自一至九

例一：《屯乙》三四二六，整龟。为穷卜辞，左右两组，背有囧辞。其序数排列如下：

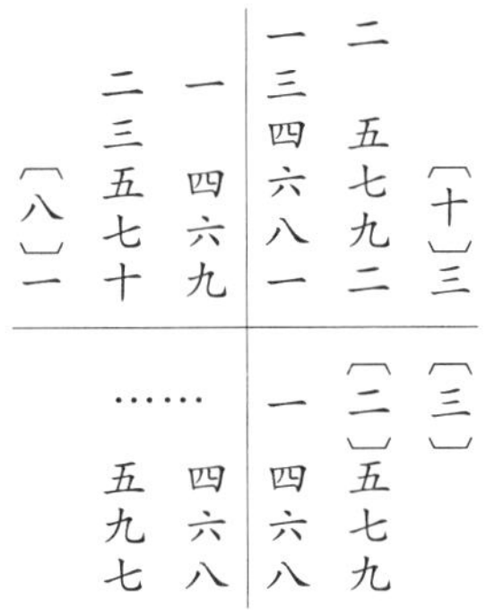

下半自一至九，序数左右相对。

例二：《屯乙》三二八五，整龟。为宫卜辞，左右分四组，序数排列如下：

序数皆依兆位，共分两截。上半由一至六，下半由一至九，均左右对称。

例三：《屯乙》五三〇七，下腹甲。下半近甲尾序数亦由一至九，左右对称，不复列出。

自一至十

《屯乙》三三九九，整甲尾，即为一至十序数，两组左右对列。

又次论差数：

由于甲背钻孔，左右多寡，小有出入。故呈兆及记数，只有小差。通常以相差一数，最为习见。

例一：《屯乙》六六八五，整龟。序数如下式：

	一	
一		二
二		三
三		四
四		五
五		六
六		七

是片正面无卜辞，只记“小吉”、“不啚黽”一类习语。背钻孔共四行，中间两行，钻孔左六右七，与序数相符。卜辞盖刻于背面，即“茓于大甲”一事。近边缘两行，钻孔各九个，间或呈兆，似未经全灼，故不记卜辞。

例二：《屯乙》四五一三，甲尾缺。序数如下：

	二	一	一	二	
	三		三	四	
	四			五	
七	六	五	六	七	八

是片正面无刻辞，仅记两“上吉”，贞辞刻在甲背。钻孔达四十三个之多，而兆仅十五，集中左甲之上端。甲心背有钻，而面全无兆，或未经灼过。

例三：《屯乙》六七四八，整龟。序数如下：

一		一
	二	
二		三
三		四
四		五
五		六
六		七
七		八

背钻孔左八右七，与兆数相合。甲面有对贞辞一组，为“丙辰㱿卜今𠷎我其自来”事。（《屯乙》六七九四残片略同此。）

例四：屯乙六八八一，序数如下：

一		一
	二	
二		三
三		四
四		五
五		六
六		七

背钻孔左七右六，与现兆及序数相符。对贞辞一组云：“辛巳卜，亘贞：祀岳，米来岁受年。”“贞：来岁不其受年。”又记“二告”及“不𠮷黽”共三处。

例五：《屯乙》七四五六，序数排列如下：

	二	一	一		
				二	
	三		三		
				四	
六	五	四	五	六	七
九	八	七	八	九	十
	〔二〕	一	一	二	三
	四	三	四	五	
	六	五	六	七	
	〔八〕	〔七〕	八	九	
		九	十		

是板有对贞辞一组，曰：“贞：隹帝壱我年。贞：不隹帝壱我年。”背有一辞云：“王固曰：〔不隹〕帝〔壱〕，隹吉。”背钻孔与兆数大致略合。序数左九而右十，是其差数。

例六：《屯乙》七七七一：

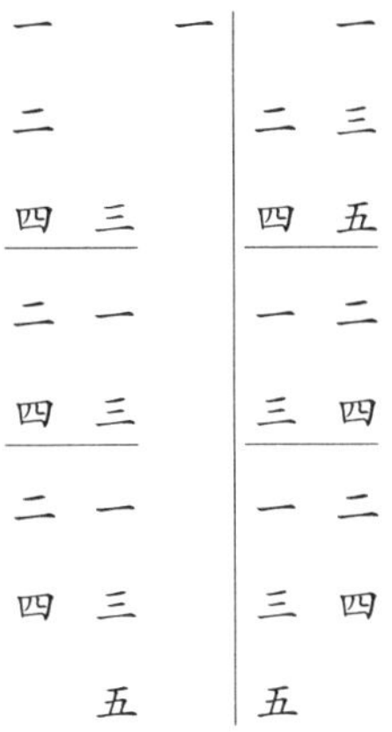

全甲有钻孔三十三，左右各十六，对称，又甲心一。除上端五处，有孔无兆无数，其余钻、兆、数皆吻合。数分左右三组对称，唯上方左四右五为其差数。最特异的，是甲心随兆位另加刻孤立的“一”字。

再论变数：

变数为不规律的刻记序数。大抵因同一龟中卜事多起；刻辞不同时，又不同事，故数多随辞，分为多组，故变例较繁。

例一：《屯乙》六八一九，整龟。

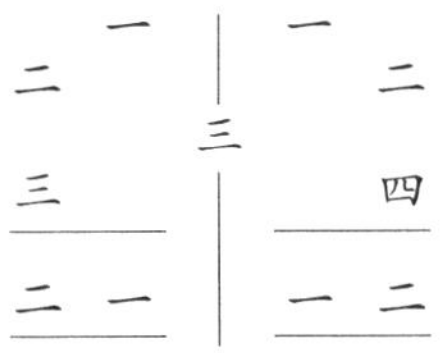

上板背有钻孔四十七，左二十三，右二十三及甲心一。自甲桥至下端只有对贞辞左各三组；上方有兆数而无辞。左甲方有三兆，无数字；右甲方，有一兆，未刻数字。是板特色的是加刻“一、二”数字左右对举，但看不出与辞有何关联。

三	二	一	│	一	二	三
六	五	四	│	四	五	六
二	一	一	│	一	一	二
	二	三	│	〔三〕	二	
	五	四	│	四	五	
	二	一	│	一	二	
	?	一	│		二	
			│	一		

例二：《屯乙》六七二三：

	一		│	一		
二			│		二	
			三			
	三		│		四	
五		四	│			
八	七	六	│			
三	二	一	│	一	二	三
	二	一	│	一	二	
			│	一	二	

全板有钻孔三十七，左右各十八，对称；又甲心一。下半之十有八处，有孔无兆无数；又右方上端，有三处，有孔有兆无数。正面有辞四组，其中三辞为卜雨，另一为卜祭唐。背有固辞数组。是板特征是上端左右兆数，不相对称。

例三：《屯乙》六六九六：

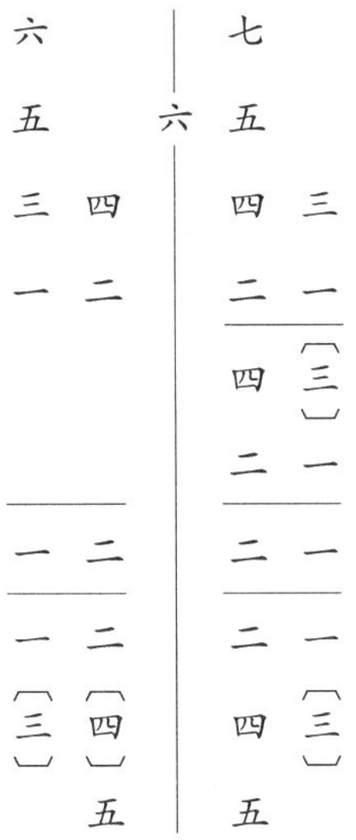

是板特征是上端序数自下而上；又横行，自外趋内，颇异常例。背面无拓本，兆不明显，无从研究它的钻孔和兆数的关系。

例四：《屯乙》七一二八：

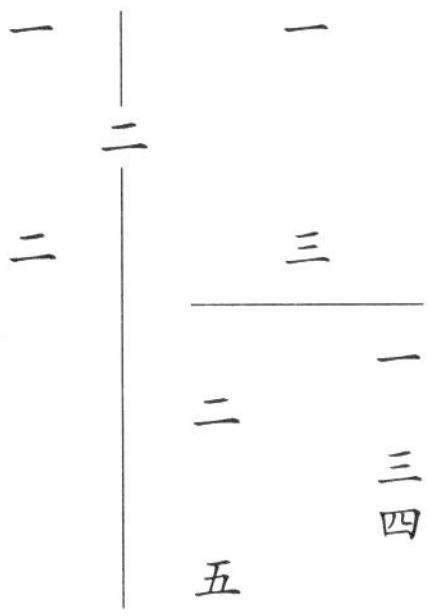

上板序数分三组，刻辞亦仅三行，似辞随数。背钻孔凡十五对称，与甲面之数不符，左方下半有五钻，有兆而无数。背面辞云“癸巳卜争，允用”，知是武丁时卜辞。

《屯乙》七七八一：

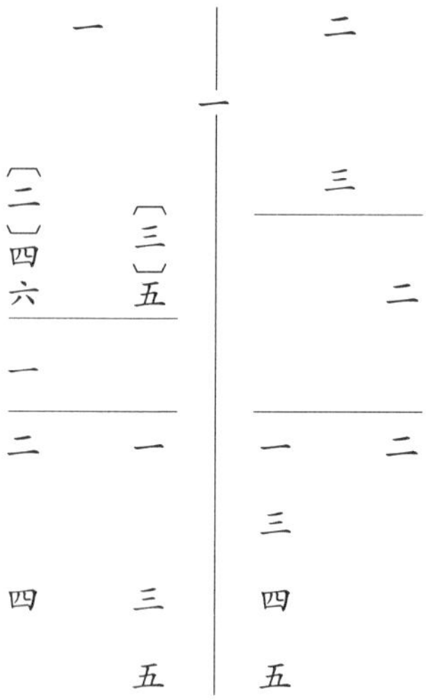

此亦武丁时所卜，面有卜人彀，背有卜人争记名。全龟有钻孔二十二，左十二，右九，甲心一，极不对称。孔与兆、数除两处外，余悉相符。此二处一在左甲下方边缘，有孔无兆无数；另一位于左甲上边，有孔有兆而无数。

四、数字排列的通例

数字系列，根据龟的上下左右的地位和钻孔的排比，大抵可分为对称和不对称二类。对称的是二组数字左右骈列，以数配着辞；不对称的只是有数字一行或二行，偏列于龟的左方或右方。

骈列的由序数组合，在左右两方作对称的排列，此类在龟甲上占绝大多数，可以不必于此多举例来讨论。

偏列的仅有一二组序数，刻于一边，为例较少。

例一：屯乙三一〇六：甲上半残，下半只右方刻着一、二、三、四、五的序数，略依兆位；左方无记数，兆位亦不明显。

例二：《屯乙》六六八八：整龟上端左云“戊寅卜王贞”，右方云“贞允……”右边刻数作如下排列：

二　一
三　四
五　六

左方无数字。背钻凿极多，有“王固曰：俞！允吉，在兹”语。腹甲上数字，皆不随兆，又不随辞，很不规列。

例三：《屯乙》七一二八：整甲，刻序数如下：

一	一
二	二
	一
	二
	三
	四
	五

右边数依兆位锲刻，左边下方虽呈兆，但不刻数。

此甲背有钻孔十五个，排列很对称，而腹面辞只有三组。辞及数均不对称，兆及数不相应。

例四：《屯乙》七三三六：整龟。背钻孔，每边各有五个，而甲腹呈兆，每边亦五个，兆纹非常明显；右方刻序数一至五，皆依兆位，左方有兆，而不刻数。

至于骈列的序数，有纵行横行之别。大抵左右对贞辞，各有一组而仅卜一事，其序数多随兆作纵行；若辞有多组，所卜不止一事，序数多作横行，是其通例。

五、论数止于十和龟数为五

龟甲记数惯例，是记着序数由一至十而止，又再重复地由一起计算下去，很少见过作十一、十二、十三合文的数字。（《乙编》五三九九腹甲有十一合文，是偶然之例。）可见龟甲序数是从一到十。说者以为这指殷人卜事有十次之多，但卜用多龟之例，目下所知，仅到“五”数而止。

自一至五，向来目为龟数，又认为是“本数”。《周礼·占人》贾公彦疏云：

> 《左氏·僖公四年》传：初，晋献公欲以骊姬为夫人，卜之不吉，筮之吉，公从筮。卜人曰：“筮短龟长，不如从长。”是龟长筮短之事。龟

长者，以其龟知一、二、三、四、五，天地之生数，知本；《易》知七、八、九、六之成数，知末。

然《左传·僖公四年》正义则云：

龟以本象金、木、水、火、土之兆以示人，故为长；筮以末数七、八、九、六之策以示人，故为短。

这里称龟为本象，筮为末数，系用春秋时韩简“龟，象也；筮，数也”之说。分别龟属象，而筮属数。龟固然以兆象为主，其实龟亦有数，这是殷墟大龟出土以后告诉我们的事实，这是向来一般经学家所不知道的。

《周礼·天府》贾疏又云：

（《易·系辞》）注云：精气谓七、八，游魂谓九、六。则筮之神，自有七、八、九、六成数之鬼神。《春秋》传云：龟象，筮数，则龟自有一、二、三、四、五生数之鬼神。则知吉凶者，自是生成鬼神，龟、筮直能出外兆之占耳。

他从数的生成，说到鬼神的生成。他所引的《易》注是出于《易纬·是类谋》。照这种说法，无异谓韩简所言的龟和筮二者，皆有数，而龟是生数，筮即成数。自一至五是生数，故谓为本；自六至九是成数，故谓为末。数有生、成、本、末之分，龟数是本数、生数，筮数是末数、成数，龟重于筮，因此春秋时人有龟长筮短之论。我们看《庄子·天下》篇言及“本数”、“末度”，足证这种说法是有很长远的根据的。

五是龟数，有殷人卜用五龟，可以证明。又卜辞所见殷人记牲数，含有“等比”概念，而以五为倍数①，五数的重要性，于此可以概见。龟既以一至

① 《殷虚书契前编》三，二三，六。

五十犬　五十羊　五十豚　$50-30=4\times5=2^2\times5$

三十犬　三十羊　三十豚　$30-20=2\times5=2^1\times5$

二十犬　二十羊　二十豚　$20-15=1\times5=2^0\times5$

十五犬　十五羊　十五豚

说见李俨：《中国古代数学史料》，5页。

五为它的本数，五的倍数便是十了，所以龟兆的序数，到十而止。古代数以十进，《汉书·律历志》：“一曰备数。数者，一十百千万也，所以算数事物，顺性命之理也。”中国数字十进法比巴比伦尤早。[①] 十是五的倍数，这种认识，是近取诸身，本乎自然的。其理由是人有两手，手各五指，分则为五，合而为十[②]，故“五”为生数，倍之便成十。宋程大昌论易数，区别数有本数、用数、衍数三类，自一至十谓之本数。（参见《易原》卷三）从前所谓本数，是指一至五，他更扩大起来说是由一至十。

龟甲上记数，由一至十，复返于一，这是古代记数用十进法，故用来记兆数。希腊哲人毕达哥拉斯（Pythagoras）认为数是第一原理，全宇宙都是数目，他有一结论说：“无论何种人，皆数至十而即复返于一（count up to ten and then over again）。这是依照自然的。”[③] 这说明数止于十的道理，中外是一致的。

六、论数的顺逆

龟甲卜兆记数，都是依照数缅由一、二、三、四以至九、十而止，张秉权称它作序数。我们已经指出龟数是本数，筮数是末数，龟数是一、二、三、四、五，而筮数是七、八、九、六。七、八、九、六是不按着数序的（依数序应是六、七、八、九），七、八、九、六是筮法所用的数理关系，用来占卦，和序数用来记兆，是两个不同的系统。七、八、九、六在《易传》上叫做“逆数”。《说卦》云：

> 数往者顺，知来者逆；是故《易》，逆数也。

关于“《易》，逆数”的解说，古今解《易》各家，极其纷纭。现在姑且举马其昶在《周易费氏学》上的说法来示例，他说：

---

① 巴比伦人数学书用同样的两个︿︿符号来表示 20，20/60，他们最初用的是一种六十进法，到公元前 2000 年左右，巴比伦才用十进法，使他们得以有效的去研究分数，其十进法的产生应较中国为迟。参看 V. G. Childe 的 *Man Makes Himself*，第八章。

② 人类无古今，对于记数法是基于 5、10、20 的级数（scale），20 则是由十指再加上十趾。参看 F. Cajori，*A History of Elementary Mathematics*.

③ J. Burnet，*Early Greek Philosophy*，*Science & Religion*，p. 103.

天下之数，始于一，一而二，二而三，自是以往，至于十百千万之无穷；由少而多，其势顺，是之谓数往者顺。若《易》之数，用七、八、九、六，当其始于万有一千五百二十策内①，不知其为七为八为九为六也；则先用大衍五十之数，以得二十八、三十二、三十六、二十四之策数；再由策数以得七、八、九、六之数，而阴阳老少以分。自多而少，其势逆，《易》以逆知来事，故其数亦用逆数也。②

这指揲蓍求卦的方法，是用逆数的，而特别指周《易》的筮法。周《易》筮法的产生，当然较迟，我认为筮法出于龟数。七、八、九、六是《易》所以成爻的，而一、二、三、四则七、八、九、六所从出，又是《易》所以生爻的。③ 所以一种是本数、生数，另一种是末数、成数。七、八、九、六在古筮法上的分别，是卦遇七、八者占象，卦遇九、六者占爻，占象的用其不变，取全卦的彖辞；占爻的用其变，取某爻的爻辞。④ 七、八、九、六是由过揲时，二十八、三十二、三十六、二十四诸数以四除之而得到的数。所以向来说蓍之法是“四”。

$$\frac{28}{4}=7 \qquad \frac{32}{4}=8 \qquad \frac{36}{4}=9 \qquad \frac{24}{4}=6$$

据《系辞传》说“揲之以四，以象四时”，卜辞未见四时之名，这种说法，显然是后起的。

筮法是从多来求少，其势逆，故称“逆数”。我们看龟甲上的记数，自一以下至十，都依照着数序，绝无例外；可知龟所用的，是“顺数”，和《易》所用的“逆数”，恰恰相反。筮数从象数加以推衍，故后人称龟数为生数，筮数为成数，两者间的相互关系，得以阐明。向来只知有“逆数”，现在由地下

---

① 万有一千五百二十策者，《系辞》云：“乾之策二百一十有六，坤之策百四十有四，凡三百有六十，当期之日；二篇之策，万有一千五百二十，当万物之数也。”以算式表之：

《易》二篇之爻，阴阳之爻各半＝192，阳爻 36×192＝6 912，阴爻 24×192＝4 608，阴阳总合即 6 912＋4 608＝11 520，此即全《易》老阳老阴少阳少阴之总策数。

② 策数之二十八、三十二、三十六、二十四之不齐，是“错”；皆以四约之，而成七、八、九、六，是“综”，这即《系辞传》所谓“错综其数”。

③ 参见成瓘：《篛园日札》卷一，《十数之图考》、《古筮法占七八考》、《乾凿度所载古易义》。

④ 参见《看易图明辨》卷一，《大衍之数》。

资料的发现，知道龟甲上用的数是“顺数”。兹将二者作一比较表之如下：

龟　数	顺　数	生　数	本　数	一	二	三	四	五	长
筮　数	逆　数	成　数	末　数	七	八	九	六		短

七、论以“一”为共数

整龟所见的数字，有左右两组，中间以第一字的“一”为两行所共用。例如《屯乙》三二八七、三四七五两片最为特异。两甲所刻序数，左右皆自一至七，而“一”字为左右两组所共用；数字锲刻，略依兆位，前者为甲午日，㱿卜东土受年事，后者为壬戌日，𡧊卜王梦事，两片记数，形式全同。

这种“一”字共用的现象，不知是否另一组数字的省略，抑别有含义。后来筮法大衍之数，虚一不用，因“一”是数之母，《老子》说：“一生二，二生三，三生万物。”《汉书·律历志》：“《传》曰：龟，象也；筮，数也。物生而后有象，象而后有滋，滋而后有数。是故元始有象，一也；春秋，二也；三统，三也；四时，四也；合而为十，成五体，以五乘十，大衍之数也。而道据其一，其余四十九所当用也，故蓍以为数。”道据其一，故一虚而不用。东汉人如马融以天文解释大衍的意义，视一为北辰。[①]《律历志》又言：“经元一以统始，《易》太极之首也。”龟数以“一”为左右对贞序数之共数，当亦有取于“一以统始”之意。

附记

亚历山大在他的《哲学家的师承》（*Successions of Philosophers*）中，说及关于毕达哥拉斯的《回忆录》有下列的思想云：“万物始于一元（monad or unit），从一元生出二元（dyad）。‘二元’是从属于‘一元’的不定的质料，一元则是原因。从完满的‘一元’与不定的‘二元’中，产生各种的‘数’。”[②] 这和“一生二，二生三”及“太极生两仪”，意思完全一样。又毕达

① 马融说大衍之数，有如下的公式：

1 ＋ 2 ＋ 2 ＋ 4 ＋ 5 ＋ 12 ＋ 24 ＝50
（北辰）（两仪）（日月）（四时）（五行）（十二月）（节气）

② 参见 Diogenes Laertius，*Lives of Eminent Philosophers* Ⅷ. pp. 341，343.

哥拉斯学派所传的“神圣三角数”(holy tetractys)

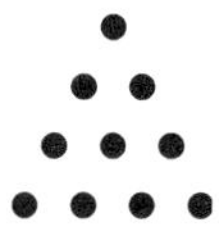

代表十数的三角数(the tetraktys of the dekad),象四的三角形,表示

1+2+3+4=10[①]

这与《汉书·律历志》由一元加春秋之二、三统之三、四时之四合而为十完全暗合。冯友兰《哲学史》曾指出,中国象数之学与希腊哲学毕达哥拉斯派之学说颇多相同。兹揭出十数的三角数,与《汉书·律历志》雷同之处。

八、三三方阵式与《洛书》九宫

关于殷代龟数中三三方阵式的排列,在《小屯乙编》有两个整龟,可以见到,这是很有趣的材料。

一个是《屯乙》四七〇一号,甲尾残缺,余皆完整,腹甲有辞六组[②],这甲的背面,钻孔累累,中间刻“王固曰……”两句。它所锲的序数,有左右共四组,两两相对,这两组序数:一是从一到十,又续记一、二两数,分四行排列。另一是从一至九,作三三方阵式的排列,有如下图:

三	二	一	一	二	三
六	五	四	四	五	六
九	八	七	七	八	九

另一块整甲,是《屯乙》六六六八号,腹甲部位有辞七组[③],这龟只甲尾有

① 参见 Burnet, *Early Greek Philosophy*, pp. 102, 103 及《大英百科全书》Pythagoras 条。

② 是片近甲桥处,是庚寅日𠂤贞㱿化正𢦏𩰲事。近甲尾处,是乙丑日宙贞𢦏某方事。顶端右方刻着王固之辞,左方小字刻“贞王亡壱”。戊子前三日,是乙酉,乙酉后于乙丑二十日,这是乙丑日宙卜伐𢦏方,以后隔了二十天,王再行占问,又过了二日的庚寅,㱿再贞问𢦏𩰲事。

③ 此卜辞系十三月丙戌日,㱿贞问戠来不来事。甲背顶端左方,有“王固曰:甲申,戠亡田来”一句。甲申在丙戌之前两日,是王先固之,㱿再卜问。

钻凿，故见兆较少；腹甲上半，有辞六组，左右对贞，锲刻序数，只是把一、二、三左右随辞分记。甲尾部分，不作对贞语句，只有右方一辞，故仅刻自一至九的序数，亦作三三方阵式，和上举《屯乙》四七〇一相同。所异的，是缺少左边一组，因为没有卜辞记录，故不刻序数，从这里可以看出记数和刻辞的相互关系。大概殷人很注重对称美，以数随辞，使排列得更为好看。

上揭两片龟甲上三三方阵式的数字，也许出于一时的齐整排列，但这种方阵和中国古算学的纵横图，应有密切的关联，纵横图亦称幻方，或奇平方（magic squares），古时谓之九宫图。《大戴礼·明堂》篇云："二九四七五三六一八。"北齐卢辩注："记用九室，谓法龟文；故取此数，以明其制。"[1]《乾凿度》谓"太乙取其数，以行九宫，四正四维，皆合于十五"，即指此图。试将龟数此三三方阵式纵横斜三数相加，恰为十五，和九宫图正可印证。而以"五"数居于中央，深符后来"中五立极"之义。明堂九室之制，兹不具论，但以殷墟第十次发掘侯家庄西北冈亚形墓室殉葬人畜的位置观之，其中央埋一人一犬，四方四隅各埋一人一犬，八方及中央共殉九人九犬[2]，这恰是正四维及中央合成的"九"数。据此可见殷代九宫的观念，已甚完备。这两个三三方阵的记数款式，想非出于偶然，可以视作九宫数的雏形，并反映卢辩九宫出于龟文一说，有他的坚强根据。

北周甄鸾注《数术记遗》云："二四为肩，六八为足，左三右七，戴九履一，五居中央。"亦与龟文说同。宋人刘牧所传图书，以戴九履一为《河图》，朱子改易它称为《洛书》，乃用蔡元定说。[3] 宋杨辉在《续古摘奇算法》（卷上）纵横图，有《洛书》一项，排列如下式[4]：

殷龟甲上的九宫数，与上举的第二式最接近，但九子均正排，不作斜排，

① 朱子引卢注，误作郑玄撰，辨见《四库提要》子部术数《洪范皇极》内篇。

② 参见董作宾：《殷代的宫室及陵墓》。

③ 参见钱大昕：《十驾斋养新录》一，《河图洛书》。

④ 参见李俨：《中算史论丛》（三），《中算家之纵横图研究》。

而且顺数排列。至戴九履一的款式，上下左右，颇有对易，和它比较，可以看出两者间演变的迹象。这两片上的纵横图之发现，对中算史上方阵的产生，提前到了殷代，增加我们对于九宫数的一些新的认识。

九、对称与对应在龟甲上表现之数的意义

龟甲上所锲刻的卜辞，大抵作左右对贞，数既随兆，亦复随辞，故数的刻记，亦是左右两两相对。这种对称关系（symmetrical relations）蕴藏着数理的意味①，同时表现着审美的观念。我们看原始艺术的主要形式，每取象于对称，这是起于对自然物的模拟。② 龟甲本身具有两䑽，循着它的形体，来刻记文字，行款排列，自然随之作对称的状态。

另从数的观念的产生来说，初民计数分别多寡，主要的是采用“一一对应”方法（one-to-one correspondence），即是凭借物品的刻画或堆聚，接着它的多少来区分，使排列成序，而构成一组的数③，因而生出基数（cardinal number）的概念。由这样的排列，即成为序数（ordinal number）。龟甲上的序数，左右方面两两相对，正充分表现着“对应”的意义。（希腊毕达哥拉斯派学者以小石（pebble）排为各种形式，来表示数理关系，其实仍未脱却对应的原始方法。）

序数多半随兆随辞刻记，卜辞语法习惯为左右对贞，一正一反，例如：

丙辰卜，㱿贞：今吉，我其自来？
丙辰卜，㱿贞：今吉，我弗其自来？

一句用肯定语气（affirmative mood），一句则用否定语气（negative mood）。老子说：“正言若反。”正言和反言的同时使用，殷代对贞卜辞，完全是这样。真所谓“体植必两，辞动有配，左提右挈”，“自然成对”④。有时“隔行悬合”，而偶意则同，这可说是吾国最古的俪语骈体。

---

① 毕达哥拉斯认为人们喜欢对称，是由于潜意识中见出它的数理关系。参见朱光潜：《近代实验美学》“论形体美”。

② Ernst Grosse，*The Beginning of Art*.

③ L. E. Boyer，*Mathematics A Historical Development*，pp. 4-6.

④ 《文心雕龙·丽辞》篇。

对贞辞既有正反，随辞的数，可能也含有正负的意思。我们看随辞左右的数缅，有等数及差数之别，我疑心可能从两边的数的交差，求其阴阳奇偶，来定吉凶。此中也许含有“正负术”[①] 的意味。古龟数必有一套算法，可惜无从详悉。徐岳《数术记遗》述天目先生言云：“隶首注术，乃有多种……六曰《八卦算》，七曰《九宫算》，九曰《了知算》，十曰《成数算》，十一曰《把头算》，十二曰《龟算》……而《九宫算》尤为简捷。九宫者，即汉儒所创之三行纵横图也。”九宫算出于九宫，龟算则出于龟数，都是由占卜的算法发展为一种数术的[②]，像筮数发展为大衍数术一样。（参见秦九韶的《数书九章》卷一《大衍类蓍卦发微》。）

十、揲策定数与灼龟见兆

龟甲因兆陈数，复随对贞卜辞分为两边，很像揲蓍分两之意，又以灼龟现兆，就所得兆数，视其等差，来决吉凶，这种不妨叫它做“兆算”，这和筮法意思很是接近。我们想起《庄子·外物》篇记宋元君有一句话说：

> 杀龟以卜吉，乃刳龟七十二钻，而无遗筴。

成玄英疏云：

> 算计前后钻之，凡经七十二，算计吉凶曾不失中。

他解“筴”字为“算计”，因为钻灼呈兆，依兆位记数，来作计算。“策”字本训“数”，《史记·五帝纪》：“迎日推筴。”《集解》引晋灼曰：“策，数也；迎数之也。”“迎数”犹言推算，那么“无遗筴”，应该解作“没有算错”。“遗”是遗失的意思。《史记·龟策传》云：

---

① “正负术”见《九章算术》方程章。古算筹正算赤，负算黑，赤黑相取，左右相推求。参见钱宝琮：《古算考源》。

② 《隋书·经籍志》有《五兆算经》一卷。《唐书·艺文志》有孙思邈《龟经》一卷又《五兆算经》一卷、《龟上五兆动摇经诀》一卷。古龟兆数术，必保存一些材料于此。《唐六典》卷十四：“凡五兆之策三十有六。用三十六筴，六变而成卦……用五行相生相克，相扶相抑，大抵与《易》同占。”法京敦煌卷伯二九〇五为《五兆经法要诀第卅七》一册，略云：“凡学兆之法，用算子三十六，先以两手停擘，然后五五除之，各觅本位。”唐人求五兆之法，合以五行，此可见其大略。

夫摓策定数，灼龟观兆，变化无穷，是以择贤两用占焉。

下文历举许多占例，都是龟卜的事。摓策的“摓”字，《索隐》云：“摓，谓两手执耆，分而之，故云摓策。”然《广韵》去声《三用》云：

摓，灼龟视兆也。《说文》父容切，奉也。

《说文》手部作捀。《说文校录》引《玉篇》云：

捀，扶容切，灼龟观兆也。[1]

钱坫《说文斠诠》说：“《补史记》‘摓策定数’，《左传》：‘奉龟而泣’，应为此字。”可摓字亦作捀，与捧相同。《玉篇》即是用《龟策传》语，是“摓策定数”非指布蓍，乃指察龟之数。前人但知蓍有数，而不知龟兆亦有数呢！

《韩非子·饰邪》篇：

凿龟数策，兆曰大吉，而以攻燕者，赵也。凿龟数策，兆曰大吉，而以攻赵者，燕也。

《秦策》：

（赵）襄王错龟数策，占兆以视利害。

从这两处所言，钻龟还要数策，都是龟卜的事。亦可与《庄子》“七十二钻而无遗策”一语互证谓钻灼龟呈兆之后，加上计算兆数，然后定其吉凶。自从后来将龟兆和筮数分料，如《论衡·筮篇》言：

俗信卜筮，谓卜者问天，筮者问地。蓍神龟灵，兆数报应……故钻

① 元本《大广益会玉篇》卷六手部无“灼龟”以下三字。

龟揲蓍，兆见数著。[1]

把兆专属于龟，数专属于蓍，两者划分。我们现在看小屯所出大龟背面钻孔累累，而腹甲除现兆刻辞外，还记着许多数字，证明龟亦有数，数因乎兆。那么古书所记，凿龟、数策、占兆，原都是龟卜的事，与布蓍无关，这一相沿的混淆观念应加修正。

十一、筮法创于殷代说，兼论筮数出于龟数

上面讨论过筮数本于龟数，龟数顺而筮数逆，由最新考古资料，甲骨刻辞实已见过卦名。近人多谓："殷人有卜而无筮，筮法乃周人所创，以替代或补助卜法者。卦及卦爻等于龟卜之兆，卦辞爻辞等于龟卜之繇辞。"自余永梁倡此说，言哲学史者多从之。[2] 考殷代卜辞，爻字常见，有用作地名的（"……自爻……"见《后编》下四一，一），有用作动词的，如：

丙寅卜，允贞：翌丁卯，王其爻，不冓雨。（《殷契卜辞》五〇一）

丙子卜，允：多子其征学，版，不冓大雨。（《林》二·二十五，十九；《珠》三〇四重。）

爻象布爻形，而学为爻的繁形，像两手布爻于宗庙之下。即《仪礼》所谓"筮于庙门"，后来孳乳为"学"字。殷器有"×××母辛"卣（《啸堂集古录》上），爻字作×××，与《说文》训"爻，交也，象《易》六爻头交也"，形义全合。

筮法的发明，传说谓始于巫咸，《世本·作篇》及《吕览·勿躬》均言"巫咸作筮"。《史记·天官书》云："昔之传天数者……殷商巫咸。"《周礼·龟人》贾疏云："伏羲未有揲蓍之法，至巫咸乃教人为之。"巫咸为大戊时

① 《论衡》言："卜者问天，筮者问地。"按卜是用生数的顺数，筮是用成数的逆数。如以生数属天，成数属地，那么龟是天数，筮是地数了。这和《系辞》的"天数五，地数五"，把奇数属天，偶数属地，又复不同。

② 参见《史语所集刊》，第一本第一分册；《古史辨》，第三册。

人[1]，卜辞亦见巫咸之名[2]，如上列诸说可信据的话，则筮法的产生，乃在殷大戊之世，当然不会早过龟卜，这亦可证筮数是因于龟数。龟卜比筮更有长远的历史。“武王伐纣，卜筮之，逆，占曰大凶。太公推蓍蹈龟而曰枯骨死草，何知而凶?”这一件事《六韬》、《说苑》、《论衡·卜筮》都详记之，既卜且筮，与《洪范》命卜兼命筮，正可以互证。

卜辞所见的𢀛字，以《诅楚文》的巫咸及《齐巫姜毁》的“巫”字证之，确是巫字。卜辞中有四𢀛（《续编》一，二，四，《佚存》八八四重），及东𢀛（《粹》一三一一），北𢀛（《邺中》三，四六，五）。又巫觋的人名，计有𢀛先（《南北·明》一〇三）、𢀛禾（《宁沪》二三三）、𢀛[illegible]（《屯乙》八八七八）、𢀛姘（《邺下》三七，六）、𢀛妹（《拾遗》一一，一一）等，其字皆宜读为巫。

𢀛有用作动词的，举例如下：

……勿……𢀛（《殷契》二八八背）

贞：弗帝，王甫𢀛。（《金璋》五三〇）

壬午卜，来土，征𢀛帝乎……（《拾遗》一，一）

丙戌卜□贞：𢀛曰：集贝于帚，用，若。五月。（《零拾》二十三）

巫字古与筮通，《周礼》“筭人辨九筭。”九筭都以巫为名，如巫更、巫参等。郑注此九巫读皆为筮，即其明证。所以“勿巫”即“勿筮”，“王甫巫”即“王惟筮”，“征巫”即“延筮”，和前举的“征爻”语例正相同。“𢀛曰”即“筮曰”，义皆通畅。史懋壶的“路筭”，杨树达读作“露筮”，谓即《汉书·张禹传》的“露蓍，立筮”。（《积微居金文余说》二）

凡此种种，可以证明殷人应有筮法，卜辞属于占龟，和揲蓍本截然为二事。《侯马盟书》发现有关卜筮的三件，是写在圭形或璧形玉片上面，其一云：“癸二仝五，卜吕吉，簭……”这里卜和筮并见。其他两片具见“簭”字（原书288、289页）。又巫觋一词亦同出现，如云：“而敢不巫觋祝史。”甲骨上只见到少数卦象，因为龟与筮系分开举行的缘故。以前有人曾举出商器纹有卦象，《啸堂集古录》所载[3]如下图：

---

① 参见《尚书·君奭》及《殷本纪》。

② 罗振玉《殷虚书契考释》上十三谓卜辞之咸戊即巫咸。

③ 据景宋刊本《四部丛刊续编》卷上，32页；亦见《博古图》九，一六；薛氏《钟鼎款识》三，二。

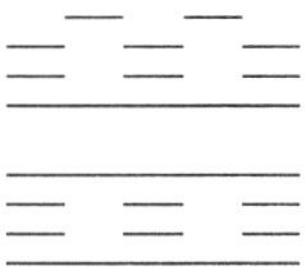

（盖）

（器）

王俅称为“商卦象卣”。这图像不属于某一卦，不过表示卦爻的连与断，及积阴阳爻画的特征而已。类似这种情形，用卦象作为器物图纹的，在考古学上的遗物，尚有可为证明的。安特生在甘肃洮河所得新石器时代陶片，有刻纹作若干☰形，骈列在网纹之上，如图一[①]。亦有减作⚌的刻纹，如图二[②]。又辛店期彩绘陶器的颈部，亦有缀以▭画为花纹的[③]。这种花纹，均可名之为卦爻纹。关于伏羲传说的地望，向来有山东（雷泽）及甘肃（成纪）两说，现在从陶器上的卦爻纹可以推想，画卦传播及于甘肃，它的确切年代虽难遽定，但由此可反证商代不能说是没有“卦象”的存在。把卦象作为纹饰的，又和酒泉文殊山石窟寺北凉田弘塔，四侧分刻乾父坤母及他卦中男少男等（《文物资料丛刊》一，182 页），虽事属后起而流行于西北，极可注意。

图一

图二

吴姚信云：“归藏氏得《河图》，商人因之曰《归藏》。”其说不知何所本。《礼运》载孔子云：“吾得坤乾焉。”郑玄注：“得商阴阳之书，其存者有《归藏》。”桓谭《新论》谓“《归藏》藏于太卜。”其书有《本蓍》篇、《启筮》篇、《齐母经》、《郑母经》，见于群书所征引，真伪暂且不论。《御览》引《归藏》文字，记载着蓍以何者为吉，朱彝尊《经义考》谓即《本蓍》篇语。《史记·龟策传》云：“夏、殷欲卜者，乃取蓍、龟，已则去之。”如是殷人当然晓得用蓍，可惜蓍草易朽，早与粪土同尽，不若龟骨仍有重新发现之日，故

① 参见安氏书 pl. 124 之 1，2。
② 参见安氏书 pl. 135。
③ 参见安氏书 pl. 136。

无从获得实物，以供研究。

由于上述各点，近人所持商代有卜而无筮一说，自然未易成立。殷墟所出大龟，以武丁时期为多，观 YH 一二七坑所出的，其上锲刻序数，及其各种排列配置，使我们对殷代的“龟数”有了崭新的认识。龟甲所见的都是顺数，分明是龟数，而不是筮数。可是筮法揲蓍的手续，以周《易》求卦的手续而论，是（一）分、（二）挂、（三）揲、（四）归，第一个步骤的“分两”，据说是效法两仪，其实龟甲上数的排列，随着辞的左右对贞，已分而为两。同时辞、数、兆左右相对，具有正负阴阳的意义，所以认为筮法的分两，在区别阴阳，是从龟数对称法而生，这是“两仪”说很古的数理根据。筮数与龟数，基本上同以“两仪”为出发点，可知两者本是同源，故筮法可能出于龟卜，无疑地筮数是龟数进一步的推衍。

十二、极数知来之占可包括卜与筮

《易·系辞》云：“极数知来之谓占。”《正义》谓：“穷极蓍策之数，豫知来事，占问吉凶，故云谓之占也。”又《系辞》云：“以卜筮者尚其占。”依据《周礼》，“占”是包括卜和筮的。《周官·占人》云：

占人掌占龟，以八筮占八颂，以八卦占筮之八故，以眡吉凶。凡卜筮：君占体，大夫占色，史占墨，卜人占坼。

疏云：

此君体已下，皆据卜而言，而兼云筮者，凡卜皆先筮，故连言之。

申明经文说卜，而合称为卜筮的道理。《诗·卫风·氓》云：“尔卜尔筮，体无咎言。”体是兆象，本指龟而言，这里亦统谓之卜筮。疏言“凡卜皆先筮”一语，原见《周礼》：

凡国之大事，先筮而后卜。

郑注云：

当用卜者，先筮之，即事有渐也。于筮之凶，则止不卜。

这或者指周制言之。贾疏云：

“即事渐也”者，筮轻龟重，贱者先即事，故卜即事渐也。云“于筮之凶则止”者，《曲礼》云：“卜、筮不相袭”。若筮不吉而又卜，是卜袭筮，故于筮凶则止，不卜。《洪范》云：“龟从筮逆。”又云：“龟、筮共违于人。”彼有先卜后筮，筮不吉又卜，与此经违者，彼是箕子所陈，用殷法；殷质，故与此不同。

他指出殷筮与周的差异。从这里，我们可以看出：（一）殷人先卜后筮，（二）或卜而不筮。周时则卜重而筮轻。《管子·中匡》篇云：

夫凤鸟鸾鸟不降，而鹰隼鸱枭丰庶；神不格，守龟不兆，握粟而筮者屡中。

尹注云：

长者不告而短者告，是德之不至。传曰：龟长筮短。

《诗·小宛》云：

握粟出卜，自何能穀。

筮本来是贱于兆的，再用粟来筮，比较用蓍，又更下一等了。

《周礼·春官》，龟人与筮人各有所掌，而占人则占龟外，同时亦占筮。郑注云：

占人亦占筮，言掌龟者，筮短龟长，主于长者。

春秋时，卜人亦掌筮。《左传·僖公十五年》：

秦伯伐晋，卜徒父筮之，吉。

顾炎武云：

卜徒父，秦之卜人，兼掌筮者。《周礼》太卜掌三《兆》三《易》三《梦》之法，是古之筮，皆兼掌于卜人也。

又《僖公十五年》传：“卜右，庆郑吉。”《疏》引《周礼·筮人》八曰筮参，谓筮御与右。[①] 这亦筮由卜人兼掌的证据。

殷墟卜筮每言占及固，举例如下：

戊戌卜，犬占：妨。（嘉）。（《之余》二，二；《续编》五，七，四重）

戊子卜叶：……亦㞢闻？叶固曰：闻……（《京津》一五九九）

丙申，王宿固。光卜曰：不吉，㞢希。兹……（《珠》六二〇背）

王臣固曰：夽首，若。（《屯乙》六三八五，甲背即六三八六）

王䍜固曰：……（《京津》一六〇〇）

其他言“王固曰”之辞，多至不胜枚举。这是王亲占龟的体兆，来定吉凶，但看贞人犬与叶亦都有占，可知臣工亦可固。倘如《周礼》所说，占的任务，掌龟又复掌筮，那么殷人的占，可能包括龟与筮二者兼行了。如是《系辞》所谓“极数知来谓之占”，“极数”照理可说是合龟数筮数而言的。

十三、从龟数论古代思想几个主要观念

（一）数与阴阳

数有阴阳，大抵奇数是阳，偶数是阴。《荀子·王制》篇云：

相阴阳，占祲兆，钻龟陈卦，主攘择，五卜知其吉凶、妖祥，伛巫跛击之事也。

① 参见刘文淇：《春秋左氏传注疏证》。

杨倞注云：

阴阳，谓数也。

《管子·揆度》篇云：

桓公曰：何谓事名二？对曰：天筴，阳也；壤筴，阴也，此谓事名二。（《轻重》十一）

天筴、壤筴，应即《易传》所谓天数、地数。即天一地二，天三地四，天五地六，天七地八，天九地十。天数奇，地数偶，亦即阴阳之义。

《屯乙》三二八五，整龟腹甲，宙的卜辞，兆象最为明朗，序数即刻在每个兆位之上，十分齐整。中间“千里路”两旁至边缘，各有兆二行，又分为上下两部分，上半为自一至六，两组相对。下则为自一至九两组，每组二行，各依数之奇偶分开排列，如下式：

二	一	一	二
四	三	三	四
六	五	五	六
八	七	七	八
	九	九	

这正是分阴分阳，把天数、地数分系排列，故特别觉得井然有序。

从数的奇偶系列，可看出殷人的阴阳思想。卜辞虽未见阴字，但有易、阳等字。[1] 殷代已有明堂。[2]《尸子》云“殷人曰阳馆”[3]。《礼记·祭义》：“郊之祭，大报天而主日配以月。夏后氏祭其闇，殷人祭其阳，周人祭日以朝及

① 卜辞易为地名，如易伯㚤（例如《前》四，三，四；《珠》五七一；《京津》一三三六，资料极多不备举）。阳字作阝♀，《前编》五，四二，五云：“……多射衠…从阝甼……八月。”商氏《殷虚文字类编》一四，五释“阳”，谓与扬之从早同。叶玉森云：“谛察影本，♀之右下隅，仍从阝，疑为䬗之繁变。”（《前编集释》五，四七）

② 参见石璋如：《殷代地上建筑复原之一例》，载《院刊》，第一辑。

③ 《尸子》语见《唐会要·明堂下》颜师古议引。

阎。”殷人郊天祭于阳，郑读阳为旸，谓日中时。从这些都可看出殷人不特有阴阳观念，还且用在典礼的实践方面。

阴阳观念的产生，最初是对于自然物的体会，《易传》所谓“立天之道曰阴与阳”。推而至于奇偶数的对立，故乾坤实即奇偶数的别名。亚里士多德的《形上学》（*The Metaphysics*，Book Ⅳ.7）引述毕达哥拉斯的十项矛盾表，奇偶和动静、明暗、男女等相比次，正是同样的道理。

（二）本末与数度

《礼记·大学》言：“物有本末，事有终始。”“本末”这一观念，实亦源于古的数学。《庄子·天下》篇云：

> ……以参为验，以稽为决。其数一、二、三、四是也。百官以此相齿。……古之人其备乎！配神明，醇天地，育万物，和天下，泽及百姓，明于本数，系于末度。……其明而在数度者，旧法世传之史，尚多有之。

又《天运》篇云：

> 吾求之于度数，五年而未得也；求之于阴阳，十有二年而未得。

度数即是本数末度的省词，阴阳乃郑玄所谓商阴阳之书。其实本数便是一至五的龟数，末度即是筮法的末数。一切变化云为，无不有赖于蓍龟来决定，所以本数、末数，在人事上有极大的重要性。向来对于“本末”、“数度”等概念，都从事态及制度方面去解释，不知它是出于术数。明乎此，而后《天运》篇一语才可获得恰当的了解。[①]

以上两点，由于龟数的新认识，所引出的解说，对于古代哲学史的研究或不无点滴的帮助。

《左传·韩简》说：“龟，象也；筮，数也。象数物生而后有象，象而后有滋，滋而后有数。”以为龟主兆象，筮主蓍数，其实龟兆兼记数，如殷代龟

---

① 从数起论，而构成哲学体系的，像印度最古的数论派，梵文 sāṃkhya，即计算的意思。《唯识述记》云：“梵云僧佉，此翻为数：即智慧数、数度诸法，根本立名，从数起论，名为数论。”以数统摄诸法，与《庄子》所谓度数，内涵固不同，而从数为出发点，则颇相似。《洪范》九畴的五行、五事、八政、五纪、三德等项目，以数统摄，当即所谓数度。

卜，象中亦有数，象和数是相丽而行的。龟卜的象是指兆体，即兆所呈的纹理；和《易》卦的卦象不同，又另是一事。

龟筮现在看起来是迷信，在古代却是科学。它对宇宙事物企图给以一个有系统的解释。象数的概念，在龟卜盛行的殷代，不过是指兆象兆数。到周《易》的时代，给予扩大起来。“圣人有以见天下之赜而拟诸其形容，象其物宜，是故谓之象。”则由卦象变成广泛象征着各种物宜的事象。而筮数则取法天文历法，制成一套十八变成卦的筮法。龟卜上数的对称，辞的对贞，不过具有两仪的意义；到了《易》筮，则由两仪推演到挂一以四揲之而成的七、八、九、六，即一行所谓四象①，比前复杂得多了。

冯氏说毕达哥拉斯派“以数入象”，“中国《易》学之讲象数，正是如此”。其实毕氏一派原谓自数生点，由点生线，由线生平面，由平面生固体，再生可感觉之物，即火、水、地、风四元素。② 他是说由数生“点”，所谓点线平面（立）体等，都是几何学名词，如把这比作“象”来看，只是（抽象的）形象。但《易》学所说的象，是指具体的事象，和他不同。毕派把数入象，因此绘有四的三角形及长方数、正方数等图形，把他引导入了数学领域；我们的象数，是拿来说明人事，依旧流于术数，这是两种象数思想最基本的差别。

十四、余论

《世本》说：“隶首作数。”可知中国数学之起源甚古。《庄子·天下》篇云：“其明而在数度者，旧法世传之史，尚多有之。”数的旧法尚存于史官，可是到现在都已湮没了。我们从卜辞上知道殷人计数用十进法，且已有等比概念。我们还从殷代龟甲上能看到成组数字的排列，且有种种的不同方式，可以约略看出殷人对于数怎样运用。可是这些数是和兆象混在一起，是术数而不是数学。我们虽是从它的数字排列，推导出其中有三三方阵式的雏形，由于方阵和《洛书》及九宫意思相近，可以看出两者间的关系。可是这些数字的排列，主要作用仍在于占筮，所以刻在龟甲（及少数卜骨）之上。本来

---

① 僧一行《大衍论》：“三变皆刚，太阳之象。三变皆柔，太阴之象。一刚二柔，少阳之象。一柔二刚，少阴之象。”

② 毕派所谓“象”，此字希腊文原有 mark、sign、omen、heaven、star 等义。英译本谓由数生点、由点生线、由线生平面等等，纯以几何名词译之，义较明晰。

通常的占法有星、时、数、辞四种，而数又从阴阳奇偶的从违来定吉凶。苏洵说：“一、三、五、七、九是阳家之昼，阴家之夜；二、四、六、八是阳家之夜，阴家之昼。昼词多休，夜词多咎。”① 殷人的筮法必另有繇辞，方能从数求辞，以断休咎。可惜所谓《归藏》及《阴阳之书》，已不可见。甲骨上的刻辞，只是卜事，而不是占书，由于材料比证之缺乏，只能暗中摸索。本文之作，将龟甲上数字的排列情形，指出大概，唤起一般人士之注意，这是甲骨学上一个研究课题，其重要性并不在卜辞之下。这儿只是举出一些事实，未敢云已握到锁钥。抉微发隐，尚有待于博学深思之士呢！

附论　上代之数字图案及卦象以数字奇偶表示阴阳之习惯

从近年出土新石器时代之陶器纹样，上代人的数学智慧，可透露端倪。

（一）以数字作成塔状，似表示等边三角形

半坡陶器花纹有用小圈累叠成三角形，最下层为8，渐次由7、6、5、4、3、2而至于1，构成三角形，每边数字皆8。半坡博物馆的说明，特别指出这是几何上等边三角形的萌芽。

（二）用同一数字，组成数字的花纹

辛店期彩陶上有二二纹一圈，这是叠用若干个“二”字。甘肃四坝的六耳罐，绘上三三纹，连续用十四个≡形，据说是属于夏代遗物。

半山期广河的彩陶壶，口沿上记着八个⧖（五）字。

以上俱藏甘肃省博物馆。

大汶口的玉骨梳，花纹刻“卜”字，四围八方绕以≡形，似像卦象，似是连用三画，配成一图案。此种特殊花纹，山东省博物馆及中国历史博物馆均有藏品。

早商梅圆庄第一期在后岗圆坑出土的刻花骨器上分别刻着八个⧖字。三组两行，中间记两个五字，作单行。（原物藏安阳研究所）

从上列这些例子，可见古代人们很喜欢连续使用同一的数目字，作为纹饰的花样，这是一种用数字排列的图案。

---

① 苏洵：《嘉祐集》卷七，《太玄论总例·占法》。

（三）以数字的奇偶，来表示阴阳

用筮法来占卜，在少数民族留下的习俗，像金川彝族用牛毛绳八根，掷地以占吉凶，于省吾说是古代“八索”之占（《周易尚氏学》序言）；松花江的赫哲族，用蒿草四十九根，有如揲蓍分配于左手的四个指间共三次，剩下的蒿草，奇数为吉，偶数为凶。以三、九、十五之数为上吉。（见凌纯声《松花江下游的赫哲族》上册，139 页）这分明是筮卦的老办法。殷人谅已晓得筮，故其遗俗犹保存于东北。

考古资料见到不少用数字的奇偶来表示阴阳爻的，殷代的陶片及甲骨均有之：

1958 年在殷墟发掘的陶片拓本，其一上刻七七八六六七，其一作两卦并列状，左为六六七六七五，右为六六七六六八。（《考古》，1961（2））

1961 年山东平阴县朱家桥殷代遗址所出陶器，上刻有一八八六一一的记号（《考古》，1961（2）），如图一。

四盘磨所出一巨胛骨，上端钻有三孔，文字部分刻数字凡三处，中间正刻，两边倒刻，如图二。

图一

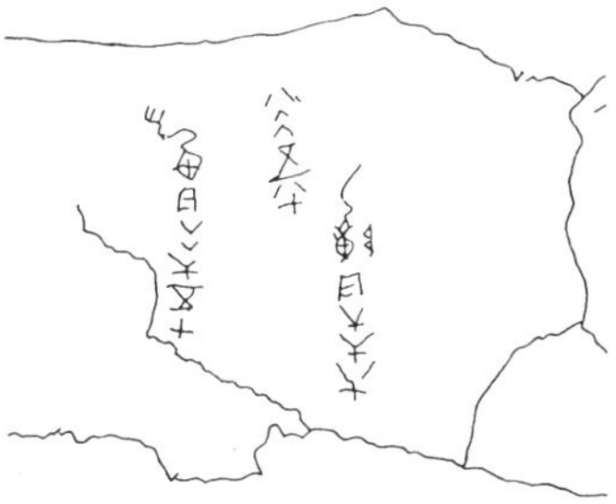

图二

以上三件陶文，考古家认为是殷代晚期的。四盘磨的骨文，说者或因为所刻的五字作⧖，故疑其很是晚出。我个人以为上海马桥下层最早期陶器已有⧖字，早商之后岗圆坑骨器上刻许多⧖的符号。在殷代卜辞中“五日”的五字，均作⧖，不作×，可见不能够说它的时代在殷商以后。

我尝初步研究以数字代表阴阳的材料，所得结果，只限于使用一、五、六、七、八几个数字，又曾仔细观察战国天星观楚简中所见的用数字所表示之卦，都是以一表阳，而以∧表阴，∧即是六。近日张政烺先生搜集所得共三十二个卦名，更加完备，其中使用的数字，正以“六”字为最多，其次是一字，而二、三、四诸数皆不见。又天星观卦象，据张氏统计，皆集中于一与六两数（“一”共出现37次，“六”共出现49次），而二、三、四、五、七，均被取消不用，这一事实，已获得证明。

按用奇偶表示阴阳，已见殷代遗物，虽无阴阳联称，却有阴阳之实，正可证明杨倞的《荀子》注，训“阴阳为数也”一说之确。至于何以用一表阳，用六表阴，我想这可能与古人以一至五为生数，六至十为成数之说有关。生数之首是一，而成数之首是六，故以一表阳以六表阴。料殷人已有此一习惯。

四盘磨骨板上面列三个卦名，一个是八六六五八七，坤＋乾＝明夷。其二皆有“曰”字：

七五七六六六　（乾＋坤＝否）　曰　畏！

七八七六七六　（离＋坎＝未济）　曰　隗。

曰之上既是卦名，则曰下一字不应该再是卦。

周原另有一片亦有曰字，据摹本如下：

七六六七一八（蛊）曰其雩既鱼。

这片“（蛊）曰”以下，很像后来的爻辞。四盘磨的“否曰畏，未济曰隗”，有人认为畏与隗（危）可视作断词，有如彖辞，这样解释，似乎比较合理。

周原甲骨尚未完全公布，据称其中大片卜骨卦象已有“九”字，其有“九”字的卦，则不见“七”字，是周人必用“九”，故后来有“九为老阳”之说。殷人占卦，必不重视三、九之数，周人则反是。孔颖达《周易正义》云：“九、六有二义，其一者阳得兼阴，阴不得兼阳；其二者老阳数九，老阴数六，二者皆变用，周《易》以变者占。”《周礼·太卜》所掌之三《易》，《连山》、《归藏》皆以七、八为占，专论卦而不及爻。七、八占彖，彖以卦为主。殷晚期及周初的卦名由数字组成的，其中特别以六来表阴爻，这一点非常重要，下至战国，见于天星观简册，楚俗尚且如此。

以∧（六）代阴，当是殷人主阴首坤，故以六为本，专以论卦而占用不变；至周人改为主阳，首乾，故用九，兼以论爻而尚变，强调老阳之九。殷、周《易》卦之不同，其损益之故，可以推知。

在《周礼》中记着：三《易》“经卦皆八，其别皆六十有四”。证之殷代陶器卜骨，刻有益、归妹、豫、明夷、否、未济诸卦，可见重卦已甚早。《帝王世纪》称：“文王广六十四卦，著九六之爻，谓之周《易》。”此说必有根据。宋杨绘论重卦之始，在于上古，引《书》龟、筮协从为证（见《周易义海》卷十二）。殷代有《易》卦，是不成问题的。

略论马王堆《易经》写本

一、写本八宫卦序、“无咎”未脱及异文举例

马王堆三号墓所出帛书《易经》写本在《文物》印出者只一纸，与周《易》旧本卦序不同，以☰为首，而继之以艮。考京氏《易》八宫卦序以乾、坎、艮、震、巽、离、坤、兑为次。分宫之法，此写本已略启其端，唯卦列序次不同。由八卦重卦所成之卦序论之，第一组乾为外卦。内卦卦序为坤、艮、兑、坎、离、震、巽；因之，构成否、遁、履、讼、同人、无妄、姤等卦。其次为艮宫，借印出者仅五卦。但知艮下次之以大畜、剥、损、蒙，盖依前例。艮加乾、坤、艮、兑、坎……为序；艮已列前，故剥之后即接以损。

马王堆写本只录卦爻辞，无彖、象。《汉书·儒林传》云：费直“徒以彖、象《系辞》十篇文言解说上下经”。戴震谓郑玄始合彖、象于经（参胡培翚撰《周易分传附经考》）。马王堆《易》为汉初写本，故不系彖、象之文。至卦名颇多假借，如以醴为履、以孟为妄、以根为艮，否卦则字作埤，尤为瑰异。

卦爻辞异文者，帛书“乾”卦九三作“君子终日𦂶𦂶”，一作“键键”，不作“乾乾”。以下部分颇为黝黑，未易确辨。否卦卦辞作“埤（否）之非人，不利君子贞”。初六爻辞作“𢏚苐茹以亓（其）胃贞吉、亯（亨）”。王应麟《汉书艺文志疏证》曰：释文引古文，如彙作胃，正与此同。六二又作“枸承

小人”。遁卦爻辞初六作“椓尾厉勿用有攸往”；六二作“共之用黄牛之勒（革），莫之胜□”，最末一字，结体复杂，未可辨认。履卦卦辞作“醴虎尾不虞人亨”。周寿昌尝谓：“《易经》未有‘无’字。”今按此本损卦明有“𣞤咎”语，则周说非，此古文固未脱“无咎”者也。《释文》“无”字下云：“音无，《易》内外皆作此字。”今马王堆本《易》无与𣞤二字均见，则陆氏说亦非。讼卦卦辞，宋本作：“讼，有孚窒，中吉终凶，利见大人，不利涉大川。”帛书抄本作“俘洍，衷终凶，利见大人，不利涉大川”；又上九爻辞作“或赐之般带终朝三侂（褫）之”。无妄卦辞作“无孟，元亨利贞，其正眚省（?）（?）有攸往”，比今本少两三字，又六二爻辞今本句作“不菑畲”，帛书作“不菑余”。损卦卦辞作“……元吉，槑（无）咎，可贞。”亦有“无”字，借古文某之“槑”为无，“无咎”未脱。蒙卦卦辞，“初筮”（下缺）之后作“告再参犊，犊即不告，利贞”，借犊为渎。大致而言，帛书周《易》仍与今本距离不远也。其异文兹略举数例，余待全书刊布再细佳谁校。

《汉志》有古文《易经》，未知视今本如何。汲冢所出《易》书，有《易经》二篇，与周《易》上下经同；《易繇阴阳卦》二篇，与周《易》略同；繇辞则异。《卦下易经》一篇，似《说卦》而异，则汲郡古文已非一种。杜预《左氏集解后序》云：“别有阴阳说而无彖、象、文言、系辞。”长沙所出之《易》，仅有卦爻辞，大体与周《易》经文字相同。《易》古本多异，详全祖望《周易别录》（《粤雅堂丛书》本）。

二、与汉“中古文本”比较

汉成帝时，刘向曾“以中古文《易》校施、孟、梁丘经，或脱去无咎、悔亡，惟费氏经与古文同。”此一事实，《汉书·艺文志》已言之。颜师古注曰：“中者，天子之书也。”中古文即指中秘所藏之《易经》写本，在西汉时立于学官之施（雠）、孟（喜）、梁丘（贺）三家流传本子，有时无咎、悔亡等成语被抄失；今看马王堆本无咎一词常见之，是马王堆本颇近于中古文本，并无脱去，证一。其否卦“拔苇茹以其胃”一句，胃，今本作彙，据《经典释文》泰卦下云：

> 彙，音胃，类也。

傅氏注云：

> 彙，古伟字，美也。古文作蒷。

是作蒷乃出自古文。按《说文》："彙，虫似豪猪者，从㣇，胃省，蝟，或从虫。"即刺蝟本字，古通作类，《易》泰卦初九，否卦初六爻辞："以其彙。"荀（爽）、虞（翻）注云："彙，类也。"古文从胃从草，即蝟之别构。《尔雅·释兽》："彙，毛刺。"《释文》本又作蝟。张衡《西京赋》："摣狒猬。"又从犬作猬，故蝟、猬、蒷皆同一语源，作蒷者乃古文，是马王堆本同于中古文，证二。

三、先汉易学家中之楚人

先汉及汉初传《易》者，以籍贯区分，有如下列：

楚	江东	馯臂子弓	陆贾	
		桥疵子庸		
	淮南	九师		（淮南王安聘明《易》九人）
				《淮南道训》二篇
鲁		商瞿		
齐	东武	孙乘	田何	服光（《艺文志》注）二篇
			王同　有二篇	
	菑川		杨何	
燕		周竖（丑）、韩婴有《易》二篇		
梁			丁宽八篇	
卫			蔡公二篇，事周王孙	

《易》学传授源流，《儒林传》及《经典释文·序录》可得知其大略。《儒林传》称："自鲁商瞿子木受《易》孔子，以授鲁桥疵子庸，子庸授江东馯臂子弓。"《史记·仲尼弟子列传》作"瞿传楚人馯臂子弘，弘传江东人矫子庸疵……"馯臂一以为江东人，一以为楚人。第三传桥疵，《史记》作江东人。按江东亦属楚。《史记·项羽本纪》，乌江亭长谓项王："江东虽小，地方千

里。”项王亦曰：“与江东子弟八千人渡江而西。”乌江在牛渚，《索隐》云“晋初属临淮”，所谓江东正在淮水流域。馯臂子弓与桥疵子庸都是江东人，可见楚人传《易》，由来已久。

《楚辞》引《易》甚多，若《离骚》“余固知謇謇之为患兮”，出《易》蹇卦“王臣蹇蹇，匪躬之故”。荀卿家楚之兰陵，其书引《易》亦多。《非相》篇引“括囊，无咎无誉”，《大略》篇引“复自道，何其咎”，馯臂子弓当即《荀子·非十二子》篇中与仲尼并列之子弓也。陆贾亦楚人，其《新语》每引《易》。如《辨惑》篇：“《易》曰：‘二人同心，其义断金。’”《思务》篇：“丰其屋，蔀其家，阚其户，阒其无人。”马王堆所传写之周《易》是否为楚江东馯臂子弓、桥疵子庸以来所传之本子，无从证明。淮南王安聘明《易》者九人，号九师说。《艺文志》著录有《淮南道训》二篇，今《淮南子》中引《易》多条。《人间训》：“《易》曰：潜龙勿用者……夕惕若厉，以阴息也。”《缪称训》：“故《易》曰：亢龙有悔。”又：“含章可贞。”《齐俗训》：“《易》曰：履霜，坚冰至。”马王堆本不作“潜龙”，颇与《淮南》异。

四、与《序卦》比较

今本周《易》卦序与《十翼》之《序卦》完全相同。《序卦》即解释六十四卦安排先后之道理，从文明进化观点来说明卦象所表示人事发展之历程。《序卦》在刘安时已出现，《淮南子》曾引用之。《缪称训》引《易》“剥之不可遂尽也，故受之以复”一语，即出自《序卦》。马王堆周《易》，就已发表之一叶审察之，其卦序如下：

乾、否、遁、履、讼、同人、无妄、姤、
艮、大畜、剥、损、蒙（以下未刊）

今本《序卦》则作：

乾、坤、屯、蒙、需、讼、师、比、小畜、
履、泰、否……

与马王堆本完全不同。

《韩诗外传》八：“孔子曰：《易》先同人，后大有，承之以谦……《易》曰：谦亨，君子有终吉。”

今本卦序，同人、大有、谦正相衔接，与韩婴所见本同，马王堆本则异是，可见亦非燕人传本之《易》。

五、马王堆本卦序之推究及卦名之异文

马王堆本卦序之排列有其本身之逻辑，第一组始乾为宫而构成之次序为：

①乾②否③遁④醴（履）⑤讼⑥同人⑦无孟（妄）⑧姤

盖外卦为乾宫，内卦则循坤、艮、兑、坎、离、震、巽为卦而组成，其所以如此排列者。

☰（乾）　☷（坤）　一正一反
☶（艮）　☱（兑）　一正一反
☵（坎）　☲（离）　一正一反
☳（震）　☴（巽）　一正一反

由是第一乾宫如下：

乾＋乾——乾
乾＋坤——否（垺）
乾＋艮——（遁）掾
乾＋兑——醴（履）
乾＋坎——讼
乾＋离——同人
乾＋震——无孟（妄）
乾＋巽——姤

次为艮宫：

艮十艮——艮

艮十乾——大畜

艮十坤——剥

艮十兑——损

艮十坎——蒙

艮十离——贲

艮十震——颐

艮十巽——蛊

先乾宫次艮宫推之，又次为坎宫、又次为震宫、又次坤宫、又次兑宫、又次离宫、又次巽宫，其卦序列，如《倭翁一得录》所记。有如下表：（见下页。下面所记自一至六十四即示帛书之卦序，此由下而上计算：〔〕号内之卦名，为帛书之异文。）始乾而终益。

以上为马王堆本应得之卦序，不首震而首乾宫，次以艮宫之艮，当终之以巽宫之益。此为据理逆推而得之卦序，有待与原卷勘校。

李过《西溪易说》卦名与今本《易经》迥异，其中与马王堆本相同者有如下列：钦之即咸、毋亡之即无孟、临之作林（《西溪》作林祸）、狠之即根为艮。

六、马王堆写本《易经》与贾谊为长沙傅时代相近

贾谊《新书·胎教》篇引《易》曰：“正其本而万物理，失之毫厘，差以千里。”为今本所无。其《君道》引《易》：“鸣鹤在阴，其子和之。”言士民之报也。又《道德说》云：“《易》者，察人之精，德之理，而与弗循，而占其吉凶，故曰：《易》者，此之占也。”备论《易》之为用，谊郑重言之如此。谊于孝文帝二年为长沙王傅，为赋以吊屈原。五年，作《鹏鸟赋》（据汪中《述学·贾子年表》）。马王堆三号墓所出记事木牍，载明下葬在汉文初元十二年（公元前168年），后于谊去长沙者七年，其墓中《易经》写本适当贾谊时代，谊在长沙所见之《易经》及传，当属此类。其时《系辞》与《说卦》尚未厘析也。谊书《立容》篇论龙云：“龙也者，人主之辟也，亢龙往而不返，故《易》曰有悔，悔者，凶也。潜龙入而不能出，故曰勿用，勿用者，不可也。龙之神也，其惟蜚龙乎。能与细细、能与巨巨、能与高高、能与下下，

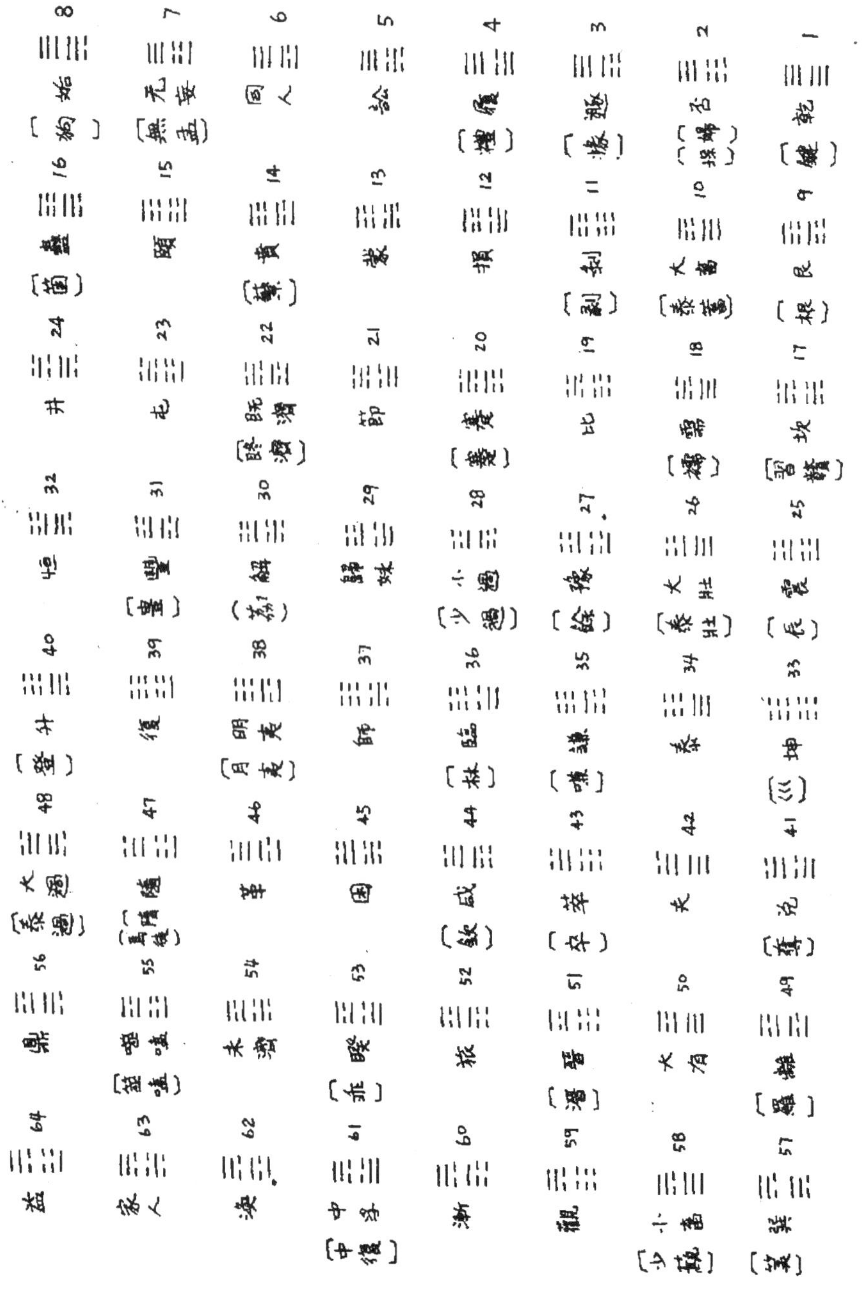

吾故曰龙变无常，能幽能章……”此当为汉初人议《易》之文，如以之厕于《易传》，亦无不可也。

去岁冬间于长沙市博物馆，承高至喜馆长好意，得见此帛书写本之照片，匆匆浏览，未遑细读，仅知乾至未济六十四卦悉具，不分经上下。又有《系辞传》，与今本大抵略同，其中包有《说卦》前三章，及不见于今本之文字，一题“昭力”，一题“要千六百卌八”。杜预言汲冢所出别有阴阳说，足见《易传》旧本解说之多。全书整理尚需相当时间，盼能早日刊布，嘉惠学林。谨就浅见所及，举数事论之，以求教于当世方闻君子。

附　马王堆帛书《易经》赞

马王堆三号墓所出帛书《易经》，自乾讫未济六十四卦悉具，不分上下经，无彖象而异文滋多，若卦名履之作體，不能异举。又《系辞传》与今本大抵相同，其中包有《说卦》前三章，复有不见于今《易》之文字，一题曰“昭力”，一题曰“要千六百卌八”。杜预《左氏集解》后序云“汲冢所出别有阴阳说而彖象文言系辞”，意者与此颇近。余于湖南省博物馆获观全帙景本，其刊布犹有待也。谨记大凡，以识眼福。爰为之颂曰：

《易》本卜筮，未遭秦殃。楚始子弓，传自鲁商（瞿）。王臣蹇蹇，正则佩纕。兰陵非相，语述括囊。陆贾思务，丰蔀是详。淮南九师，说也久亡。緊此帛书，綦奁内藏。界以朱丝，篆籀成行。《汉志》所载，《易》繇阴阳。汲冢古文，彖象则丧。与此差同，可以颉颃。复有昭力，研讨未遑。系辞不分，挩其篇章。说卦后得，厥说可商。借犍为健，未知孰长。以埽（垾）为否，义待衡量。似中古文，“其莆”（彙）非常。无咎未脱，费氏所亡。（《广韵》：“亡，不知。”）太卜三《易》，筮亦多方。睹斯瑰奇，挹古芬芳。比物取象，昭冥愈狂。本隐之显，潜德复光。三绝韦编，义须发皇。敢告来贤，诵之勿忘。

原载《古文字研究》，第7期

再谈马王堆帛书《周易》

湖南长沙马王堆三号墓出土帛书，有一件是周《易》写本。过去曾发表二次图片，一在《文物》1974年第7期（图版壹），只刊出一张。另有印入《湖南省博物馆》一书中（列139号），亦仅一页。我于1979年冬月，在长沙市博物馆看过原物，匆匆接触，无从阅读。后来初步写过《略论马王堆〈易经〉写本》一篇，1980年在成都举行古文字学会时，提出讨论，推测全书卦序的排列次第，幸而言中。该文已收入《古文字研究》第七期。数年以来，希望该写本能够早日公布。最高兴是1984年3月份《文物》已正式发表由马王堆汉墓帛书整理小组署名的《马王堆帛书六十四卦释文》，张政烺先生且写成跋文，提出许多崭新而深入的解说。最近承张先生远道寄示，要我提供意见，深感他的厚意，谨将个人看法写出，请张先生指教。

一、论以某数为纪说

张先生云："盖古代中国东方人，数以八为纪；而西方人，数以九为纪。应是地方的风俗习惯如此，吕不韦采集到，也许是从古代文献归纳得来的。"按张先生摘取《吕氏春秋·孟春纪》"其数八"，及同书《孟秋纪》"其数九"两句，遂下这种论断。细看《吕览》十二纪，其文字同于《礼记·月令》，十二月所配之数，应如下列：

春（孟、仲、季）：八

夏（孟、仲、季）：七

秋（孟、仲、季）：九

冬（孟、仲、季）：六

全书有它的完整体系。似乎不可单独截取孟春及孟秋二个月份只举八与九两个数字，而撇开其他不论。郑玄以为《月令》即抄自吕不韦书。在孟春“其数八”句下注云：

> 数者，五行，佐天地生物成物之次也。……五行自水始，火次之，木次之，金次之，土为后。木：生数三，成数八。但言八者，举其成数。

吕不韦时代，五行相胜说已极流行。秦简《日书》中有许多例证，如云：“丙丁火，火胜金。戊己土，土胜火。”（九七四）“金胜木，火胜金，水胜火，土胜水，木胜土。东方木，南方火，西方金，北方水，中央土。”（八一三反～八〇四反）记载确凿，可以不论。郑说采取五行、合生数与成数立论，非常有理。我们看《吕览》以春之数为八，夏之数为七，秋之数为九，冬之数为六，只用八、七、九、六的成数，而不用一至五的生数。安阳所出一龟

（水）六、一北冬

（金）九、四　西　秋　十五　春　东　三、八（木）

（土）

夏南二、七（火）

甲，在四个足部上各锲刻数字作为卦名，其数字只用六、七、八、九。我尝推想殷人已能够辨别生数和成数的差异。窃谓以成数的八、七、九、六配合四时，实在是根据十数之图（即所谓《河图》）。其图以十包五居于中宫，其外则北六、南七、东八、西九，中外之交则北一、南二、东三、西四。郑玄注《易·系辞·大衍》已有详细解说（见《礼记·月令》孔疏引，不具论）。

由前图所示，春何以其数为八，秋何以其数为九，可以了然。春为木，生数三而成数八，言八可以不必举三，因为三之数已包括在八之中。《吕览》、《月令》所配之数，是依据《河图》的。“天以一生水”，一与六同居北方，以成数言之，故东为八而西为九。

秦汉之际，还有九数之图（即所谓《洛书》），世所称为九宫者也。1977年安徽阜阳出土的太乙九宫占漆盘，乃汉文帝前元十一年时物，以一、三、九、七为四隅，二、四、六、八为四方，招摇居中，盘上所刻文字与《灵枢经》的《九宫八风》篇完全符合。这即是“戴九履一”的九宫图，亦即纵横合成十五的幻方，该图所配的数字和四时分，至有如下图：

是图南方在上方。它和《吕览》、《月令》完全不同，且兼用“生数”。四时方位不变，而数序大异。生数之三属东方春，生数之四属西方之秋。京氏《易传》下云：“三者，东方之数；东方，日之所出也。……四者，西方之数；西方，日之所入。”正说明三、四所以指东、西的缘故。成数的八、九分属东、西，理有同然。《月令》是以《河图》为依据的，如果依据《洛书》则大相径庭矣。

由上所述，可见吕不韦时代前后，十数的《河图》和九数的《洛书》，两图同时流行。（参看《籀园日札》中九数和十数之图考两篇。）《吕览》、《月令》对于数的配合，只用成数，是依据《河图》来定的。（宋沈作喆《寓简》及清胡渭《易图明辨》皆认为《月令》四季之数出于成数。）

二、论阴阳爻的表示法有多种

今本《易》卦以—、--表示阳爻及阴爻。但近年各处出土资料所见《易》卦，则颇有异。湖北天星观楚简，以一为阳爻，∧（六）为阴爻，安徽阜阳简亦相同。据《文物》1983 年第 2 期报告云：“仅见临、离、大有三卦，其阴爻作∧形。如临卦画，今本作䷒，马王堆本作，阜阳简作。”

《文物》1984 年第 3 期，印出卦文书影的上半部分（该期图版壹），是从隋（随）卦开始，包括泰（大）过、罗（离）、大有、溍（晋）、旅、乖（睽）、未济、〔噬嗑〕等卦。所有阴爻写作𠘧形。波磔甚显，分明是八字。所以我认为不如说马王堆本是以“𠘧”数来表示阴爻。

∧即是六字，不用讨论。可是汉初卦画就有一、∧和一、𠘧，即一与六和一与八两种不同写法，可以并存。六和八都是偶数，故可同样代表阴爻。

三、帛书卦序与京氏《易》

今本周《易》的卦序，已有《序卦》一篇，说明它何以开始于乾和终于未济先后序次的道理。西汉施、孟、梁丘诸家的本子，今已不传。汉石经周《易》，说者谓系梁丘本，但残缺而非全貌。独京氏《易传》完整而条理缜密，是一部匠心独运的著作。

京氏《易》分八宫，其卦序以乾：震、坎、艮；坤：巽、离、兑为次。别具一套组织。这是六十四卦上卦（外卦）的次第。京《易》之序次是“取乾坤三索生生之义”（参故友王震著《京房易学纂要》）。至于下卦（内卦）卦序，则本卦之外，加以五世卦及游魂、归魂二卦，以构成八宫卦序。兹演其图如下（见下页）：

京氏《易》卦卦序是以乾：震、坎、艮；坤：巽、离、兑作为上卦，合以下页图方法组成六十四卦。

马王堆帛书的卦序，亦以分宫为主，其上卦次序则为乾：艮、坎、震；坤：兑、离、巽。亦是把乾与坤分开成二组；属于乾的为艮卦、坎卦、震卦；属于坤的为兑卦、离卦、巽卦。正是同样取乾坤三索生生之义。三索出自

八宫卦变图

《说卦》传，即所谓乾、坤父母产生六子的譬拟。据《说卦传》：震是长男，巽是长女；艮是少男，兑是少女；坎是中男、离是中女。兹将京《易》与帛书卦序比较如下：

京《易》				帛书			
①乾	②震	③坎	④艮	①乾	④艮	③坎	②震
⑤坤	⑥巽	⑦离	⑧兑	⑤坤	⑧兑	⑦离	⑥巽

二者之间，乾、坤父母和中男、中女的坎、离一样，只有长、少的先后

不同。京氏《易》以长男之震、长女之巽居先，帛书则以少男之艮、少女之兑列前，其他基本是一致的。

至于下卦的次序，帛书依照乾、坤两组，分阴分阳两两相对，作为先后，遂成为①乾②坤（父、母）③艮④兑⑤坎⑥离⑦震⑧巽的次序，与上卦原序配合以构成六十四卦。京氏《易》下卦的卦序，则自成机杼。后人多依仿之，如北周卫元嵩的《元包》即其一例。

后来所作的“八卦六十四卦图”其乾、坤二卦所孳生诸卦，亦以五世及游魂、归魂为次，即沿京氏之法。参看《道藏》阳字号《周易图》卷上第十八。

四、论帛书卦序与卫元嵩《元包》无关

张先生云：“北周时卫元嵩的《元包》，其卷前的目录……八卦次序和帛书一样。”

卫氏《元包》目录次序是这样的：

太阴第一	坤	太阳第二	乾
少阴第三	兑	少阳第四	艮
仲阴第五	离	仲阳第六	坎
孟阴第七	巽	孟阳第八	震

在坤（太阴）、乾（太阳）二组的卦列，是由初爻积阳或积阴由下而上，坤积五阳而成夬卦，乾则积五阴而成剥卦。五世之后即用游魂、归魂。《元包》在下卦的卦序和京房完全相同。可见他是采用京房的办法。

但有基本差异的地方：《元包》首坤，和一般的《易》首乾完全不同。卫元嵩在开头自撰的传上说：“太阴太阳，潜相贞（正）也。少阴少阳，潜相成也。巟丗莫默，地之舆也；颠宀（绵）勹（包）盈，天之冒也。”在整个六十四卦的排比上，它是始于坤卦，而终于随卦。宋代他的同乡蜀临邛张行成述《元包数总义》一书，称：“《元包》其法合于《火珠林》。《火珠林》以八卦为主，四阴对四阳，所谓‘天地定位，山泽通气，雷风相薄，水火不相射。’其于《系辞》，则《说卦》之义也。……《火珠林》之用，祖于京房。”又言：“《太玄》日始于寅，义祖《连山》；《元包》卦首于坤，义祖《归藏》。”（绍兴

庚戌自序）观上引在卦次的少阴项下注云：

> 《包》以坤为首，阴也。……故《包》先少后长；《易》先长后少。

《元包》以坤卦列首，其卦次如下：

> 坤、乾、兑、艮、离、坎、巽、震

它把少女的兑列在最前面，紧接坤、乾，继之以少男的艮；把长男的震排在最末，次于长女的巽之后。因为它是以太阴的坤为首，所以八卦都重作安排，但不离“先少后长”的原则。它和帛书不同之处除下卦的次序采用京房的世卦与游魂、归魂基本上完全差异之外，上卦与帛书亦复有差别：在乾坤及坤乾之后。

> 帛书：以少男（艮）居先，长女（巽）居末；
> 《元包》：以少女（兑）居先，长男（震）殿末。

帛书首乾，以男为主；《元包》首坤，以女为主，此其大异处。但有相同者，即同以少列先，以长居后。

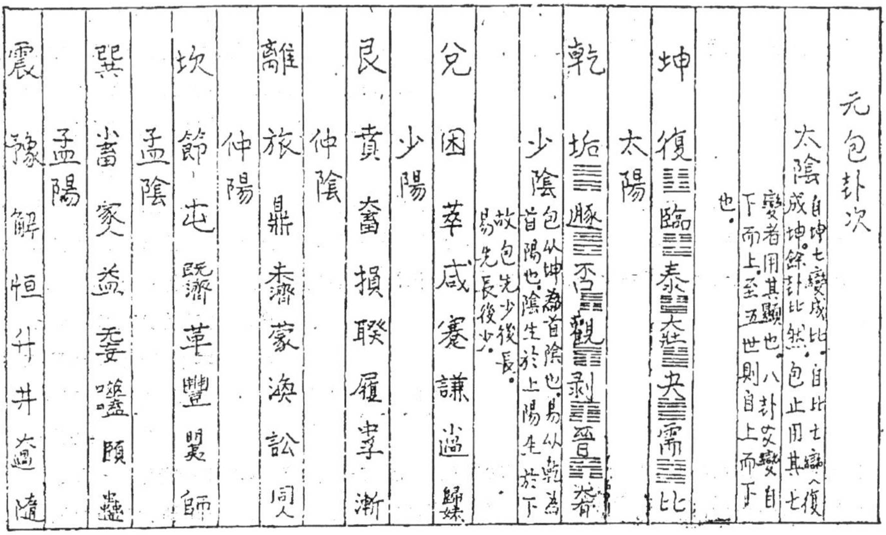

元包卦次
太陰　自坤七變成比，自比七變復成坤，餘卦比然。包止用其七變者，用其顯也。八卦爻變自下而上，至五世則自上而下也。
坤　復　臨　泰　大壯　夬　需　比
太陽
乾　姤　遯　否　觀　剝　晉　大有
少陰　包以坤為首，陰也；易以乾為首，陽也。陰生於上，陽生於下。故包先少後長，易先長後少。
兌　困　萃　咸　蹇　謙　小過　歸妹
少陽
艮　賁　大畜　損　睽　履　中孚　漸
仲陰
離　旅　鼎　未濟　蒙　渙　訟　同人
仲陽
坎　節　屯　既濟　革　豐　明夷　師
孟陰
巽　小畜　家人　益　无妄　噬嗑　頤　蠱
孟陽
震　豫　解　恒　升　井　大過　隨

《元包》是承袭京房用《说卦》的八卦两两相对的遗规。（《火珠林》云："乾坤二体，各生三索，而为六子，六子配合，而成八卦，八卦上下变通，遂成六十四卦。"《火珠林》旧传为麻衣道者撰，文字俚俗，作者年代尚难定。张行成谓：《元包》合于《火珠林》，然卫元嵩未必受其影响。）帛书亦有同然。《说卦》此段文字已见马王堆帛书本（只少"水火不相射"句中一个"不"字）。知先秦早有此说，故汉初帛书周《易》的卦序，得依据之，作为排列的次第。《说卦》这一段，孔颖达《正义》说是"就卦象以明重卦之意"。六十四卦的架构正由于相对而成章。关于《说卦》，《隋书·经籍志》言："惟失《说卦》三篇，后河内女子得之。"《论衡·正说》篇言："孝宣帝之时，河内女子发老屋得逸《易》、《礼》、《尚书》各一篇。"其实只有一篇，马王堆《说卦》合于《系辞》之内，则其文自然是先秦的作品。

五、论宋人所见《归藏·初经》与帛书《易卦》

佚名著《大易象数钩隐图》卷上：

> 在伏羲八卦图，王豫传于邵康节，而郑夫（按应作夬）得之。《归藏·初经》者，伏羲初画八卦，因而重之者也。其经初乾、初奭（坤）、初艮、初兑、初荦（坎）、初离、初釐（震）、初巽，卦皆六画，即此八卦也，八卦既重，爻在其中。（《道藏》阳字号四，艺文本第4册，第3167页）

其次序为乾、坤、艮、兑、坎、离、釐（震）、巽。朱彝尊《经义考》卷三《归藏》下引干宝云："初乾、初奭（按应作奭）、初艮、初兑、初荦、初离、初釐、初巽，此《归藏》之《易》也。"所言《归藏·初经》卦序干宝与《象数钩隐图》相同。干宝书，宋时尚存。（胡一桂《周易启蒙翼传》云："干宝《周易簿》七卷，宣和四年，蔡攸上其书。"可证。）朱氏又引朱震云："《归藏》之书，其《初经》者，庖牺氏之本旨也。卦有初乾、初奭（坤）、初艮、初兑、初荦（坎）、初离、初釐（震）、初巽，卦皆六画。《周礼》三《易经》卦皆八。所谓经卦，则《初经》之卦也。"王应麟《玉海》三十五引，亦作"初乾、初奭、初艮、初兑、初荦、初离、初釐、初巽。"其卦序亦与干宝相同。故马国翰辑本《归藏·初经》，即照此定为卦序。考干宝说出自其《周礼注》，朱震说出自《易丛说》。（与《汉上易传》异。）兹引马氏所辑《初经》如下：

《归藏·初经》。朱震《汉上易》曰《归藏》之《易》。其《初经》者，庖牺氏之本旨也。

《初乾》干宝《周礼注》，朱震《易丛说》。

《初奭》干宝《周礼注》，朱震曰坤。

《初狠》干宝、朱震引并作艮。李过《西溪易说》，黄宗炎《周易象辞》皆引作狠。黄云：艮为狠，取其刚狠之义与。

《初兑》干宝《周礼注》，朱震《易丛说》。

《初荦》干宝《周礼注》，朱震曰坎。李过曰：谓坎为荦。荦者，劳也，以万物劳乎坎也。黄宗炎曰："坎为劳卦。故从劳谐声而省。物莫劳于牛，故从牛。"

《初离》干宝《周礼注》，朱震《易丛说》。

《初釐》干宝《周礼注》。朱震曰震。李过曰：谓震为釐。釐者，理也，以帝出乎震，万物所始条理也。

《初巽》干宝《周礼注》，朱震《易丛说》。

卦皆六画　　《易丛说》，王应麟《汉艺文志考》卷一。

按《初经》为《归藏》中之一篇，北宋《崇文总目》著录，但有"《初经》、《齐世》、《本蓍》。"《中兴书目》："今但存《初经》、《齐母》、《本蓍》三篇，文多阙乱。"宋人所言之《归藏·初经》即是此篇。然《路史发挥·论三〈易〉》称："初舆（坤）、初乾、初离、初荦（坎）、初兑、初艮、初釐（震）、初奭（巽），此《归藏》之《易》也。"罗苹注："此《归藏·初经》也。"则卦序又不同。《钩隐图》谓伏羲八卦，王豫传于邵康节。豫字天悦。又云"郑夫得之"。郑夫乃郑夬之误。《梦溪笔谈》元刊本更误作"郑史"，夫、史皆夬之讹。辨详另文《郑夬易书公案》。

上述干宝、朱震及《钩隐图》所记《归藏·初经》之卦序，与帛书下卦的序次相同。帛书下卦排列之序正是：

键（乾），川（坤）；根（艮），夺（兑）；赣（坎），罗（离）；辰（震），筭（巽）。两两相对。

如果干宝等所得资料为可靠的话，则帛书的卦序和《归藏·初经》所记的初卦卦序，正可互证。可是《归藏》本身卦序，实以坤为首。我尝指出帛书卦名异文，有的同于宋人所记的《归藏》，于豪亮亦有相同说法。可是宋人见到的《归藏·初经》其卦序还是首乾而次坤，并不像《礼记·礼运》所说的“坤乾”。南宋末咸淳间，温州朱元昇（日华）著《三易备遗》十卷，内有二卷谈《归藏易》，侈论纳音纳甲。老实地说，《元包》一书方是正式以坤为首，重新安排的一部冀图，可以代替殷《易》的《归藏》。到底真的《归藏》，它的卦序排列应该是怎样？还待他日有新资料，才能具体证明。但马王堆《易经》下卦却以少男少女的艮、兑居前，长男长女的震、巽殿后，和《归藏·初经》完全一致，如果没有马王堆写本的出现，干宝、郑夬得到的书，其卦序将是没法理解的。

马王堆本早于京房近一百四十年左右（京房于汉元帝建昭二年（公元前37年）被杀，年四十一）。很可能京房亦看过这类的《易书》，他对上卦卦序略加改变，仍是把长男长女列前。他说：“随卦起宫，乾、坤、震、巽、坎、离、艮、兑，八卦相荡。”（京氏《易传》上卷之下）相荡是指乾与坤对，震与巽对，坎与离对，艮与兑对等等。此处相荡，实际包括“火水的相射和雷风的相搏”。（《道藏·周易图》中有八卦相荡图，训荡为左右相推，与此义异。）兹表之如下：

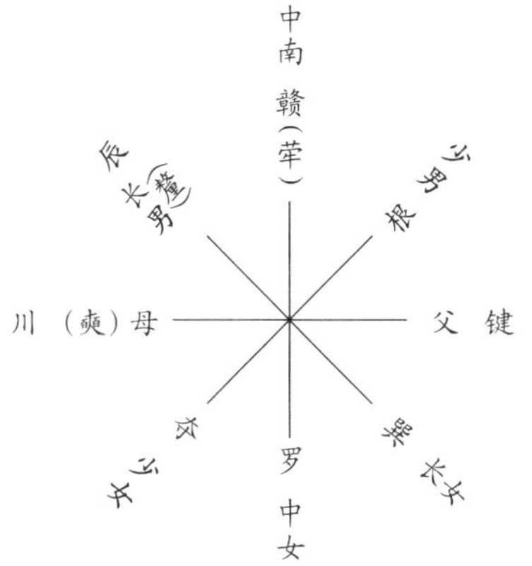

帛书（《归藏·初经》）

京房卦宫

帛书从键开始，而根，而赣，以至巽。京《易》亦从乾始，但继之以震，而坎，而艮，以至兑。京氏大概认为以长男的震列前，较为合理。但帛书中这种以少男的艮排在乾卦后面的卦序，必有它的道理。它是西汉初年南方楚地流行的一种《易经》本子。后来京氏《易》的卦宫由此脱胎，略作修改。无论如何，它是依据“先少后长”为原则的。

原载《明报月刊》，1984年5月号

“贞”的哲学

一、殷代以“贞”作为人神沟通的共理

殷墟卜辞几乎每一片都出现“贞”字，凡数万见。“贞”的意义，不单单是卜问，而是“问事之正曰贞”。我在 *Early China* 第十四期（1989 年）已有详细的申论。贞字应该训为“正”。《诗·文王有声》说：“考卜维王，宅是镐京，维龟正之，武王成之。”朱熹《集传》：“正，决也。”殷、周的圣人通过灵龟来建立至正无偏无颇的占卜决定，从神明取得“正”的行为。在先秦龟卜支配下的精神活动，用一个“贞”字控制整个思想界，在知未来的预期作用，从贞的原则建立人神之间遵守的规范，贞的抽象观念遂成为殷、周人的中心思想。大英博物馆所藏的唯一殷代家谱记录的《兒家谱》上面开头便记下一个“贞”字，怀疑派的人们反置疑于这一片的可信性，是由于不明白贞的含义。后来易学家对“贞”的抽象意义的发挥，到了《系辞下》传说：“吉凶者，贞胜者也。天地之道，贞观者也。日月之道，贞明者也。天下之动，贞夫一者也。”衍引出许多贞胜、贞观、贞明、贞一的丰富哲理，可谓精彩至极！朱子引述四德解“利贞”之义云：“利贞，谓利于正也。”（《语类》六六）很简括地解说“贞”为正，是很中肯的！

《尚书·洛诰》云：“公既定宅，伻来，来视予卜，休。恒吉。我二人共贞。”马融训贞为“当”，今按包山祭祀简所见言“恒贞”者凡十八次，有一

定型句式如下：

某某以保冢（我）为某某卣（贞）……某某占之，
恒贞：吉。……某某占之，曰吉。

《洛诰》所云“恒吉……共贞”，与包山简之“贞……恒贞：吉”，文例稍变而义无异。《洛诰》云“二人共贞”，包山则云“某某为某某贞”，亦是二人，只分贞者与被贞者之别耳，某某“贞”之某某，即是卜辞常见之贞人也。

殷代卜辞所见的贞字和贞人问题，近年又有一些争论，牵涉到贞人的存在问题，如四川何崝君在《商文化窥管》一书中所提出的新观点。余谓从包山简祭祀简各枚所记“某某为某某贞”之确凿可信，贞人之存在是不容置疑的。

从包山简中我们可得到一点认识，贞字不能像许慎所说是一单纯的“卜问”（许云：“贞，卜问也。”），而应该从郑玄之说：“贞之为问，问于正，必先正之，乃从问焉。”方为合理。

曾运乾认为《洛诰》此文语意与《大诰》“我有大事休，朕卜并吉”相同。贞读如鼎，当也，言“二人共当此吉”。盖用马融说。契文不少直以“鼎”字代替“贞”者，可证马说之有据（其例众所熟知）。

周既灭殷，改革殷人祀事及占卜之繁琐，贞问以大事为主，在《周礼》谓之“大贞”：

《小宗伯》：“若国大贞，则奉玉帛以诏号。”

郑司农云：“大贞谓卜立君、卜大封。”见于卜辞已有“贞大封（二字合文）……其凸凡”（《怀》一五二〇）。“大封”可能谓立君之事，惜其辞残。

《天府》：“季冬陈玉，以贞来岁之媺恶。”郑注：“问事之正曰贞。问岁之善恶，谓问于龟。凡卜筮实问于鬼神，龟、筮能出其卦兆之占耳。”

《大卜》：“凡国大贞，卜立君，卜大封，则视高作龟。”郑司农云：“贞，问也。国有大疑，问于蓍、龟。玄谓贞之为问，问于正者，必先正之，乃从问焉。《易》曰：‘师，贞：丈人吉。’”

按郑玄引师卦卦辞，武亿读贞丈人句，以贞为问，谓问于丈人。今马王堆本实作“师贞大人吉无咎”，不作丈人。又帛书困卦：“贞大人吉。”亦作大人不作丈人。陆德明《释文》以“贞丈人”断句，以贞字连下读。

由《周礼》所言，古代占问之工具，除龟、筮之外，亦兼陈玉以卜，《周礼》记其事在季冬，示隆重其事。郑玄注云“问事之正曰贞”，“必先正之”，这即正龟之义，与《诗》“维龟正之”之“正”相符，故贞必训为正。

从训诂学论之，贞与正二字向来互训相通，试举一二例：

> 《易·乾》：“利贞。”《子夏》传云：“贞，正也。”
>
> 《广雅·释诂》：“贞、榦、集、殷、矢，正也。”王念孙《疏证》：《师彖传》云：“贞，正也。”
>
> 《易》初六“榦父之蛊”，虞翻注：“榦，正也。”按《文言》：“贞者，事之榦也。”若依虞注，即训事之正。
>
> 《诗》：“好是正直。”楚简《缁衣》引作“贞植”。

《老子》第三十九章“侯王得一以为天下贞”句，马王堆甲本作“侯〔王得一〕而以为正”，乙本作“侯王得一以为天下正”，两本均写作正，不作贞。《老子》第十八章“国家昏乱有贞臣”，楚简郭店本作“正臣”。此亦古时贞、正二字互训可以代用的显例。

《庄子·列御寇》：“鲁哀公问于颜阖曰：‘吾以仲尼为贞榦，国其有瘳乎。’”以贞、榦二字联用，当是用《文言》语，可证《文言》年代在《列御寇》篇之前。

卜辞：

> 贞：王亡不正。
>
> 辛未卜，穷贞：王㞢不正。（《合集》五三五四）

以有不正与亡不正作为对贞，足见“正”一观念在殷代之受到重视。

1993年，我在法国高等实验研究院接受荣誉人文博士学位的讲词中，谈到中国宗教与文学的问题，一开头便提到贞字，我把它与希伯来文的dyn（דין）相对应，dyn有judgement、obedience诸义，亦是“正”的意思（*Hebrew and English Lexicon of the Old Testament*，p. 192）。

卜龟是神圣大事，必端龟正襟，示其毕恭毕敬。《金縢》谓之“穆卜”，穆，敬也。其言曰：“乃命于帝庭，敷佑四方，用能定尔子孙于下地，四方之民，罔不祇畏。”祇亦敬也。曾运乾谓：“本经言‘命于’者皆为受命，如‘乃命于帝庭，即武王受命于帝也’，‘即命于元龟，即就受命于元龟也’，‘小子新命于三王，即亲受命于三王也’。或谓即命龟词，失之。”其说极是。殷卜辞言：“匄𫑡方于受令（命）”（《合集》六一五五），义可参证，说详下文。

卜辞所见贞字，有贞问之义，在正反对贞语句式中充分表示之，但多数非作问句式的，不能一概加上问号，是肯定语气的。

周原卜辞，每每于“贞”字下面，接言“正”或“又正”：

> 癸巳，彝文武帝乙宗贞……囟又正（《周》H11：1）
> 贞：王其𠦪又大甲，𦎫周方白，𥁕，囟正，
> 不左，于受又（佑）（《周》H11：84）
> 弜巳，其彝，囟正（《周》H11：13）
> 曰吉，其五……正，王受〔右〕（《周》H11：189）

诸囟字可读为语词的思或斯。殷武丁卜辞：

> 庚午卜，𣪊贞：正。（《合集》三七一正）

此为巨龟，记贞降，不其降及父乙、父辛壱王之事，贞人为𣪊。前辞但书“正”字，足见“贞”与“正”二义之关联。

上文记包山简屡言恒贞，同于《洛诰》。周原刻辞又有“保贞”之辞：

> 囟御于永冬（终），囟御于休令（命）
> 保贞，宫（官）吉（《周》H3：1，齐家一）

能永终故得休命，保贞犹言保正，永与保二义均详下文。

贞字有置于句末之例，如山西洪洞坊堆卜骨云：“疒，囟疒，三沚（趾）又疾，贞。”此一“贞”字，自不能释为问。《易经》及新出马王堆《易传》，有许多“某贞”、“某某贞”的句型（见下页表一），都不适合解释为问。

表一 《易经》"贞"字之用例

艰贞	大蓄九三	利艰（根）贞
居贞	随卦六三 九四	随有求得，利居贞 贞凶
蔑贞	剥卦	蔑贞，凶
可贞	坤卦 损卦	含章可贞 可贞、不可贞
亨贞	困	亨贞　大人吉，无咎
女贞	家人卦	利女贞
利牝马之贞、安贞	坤卦	无亨利牝马之贞，安贞吉……
不息之贞	升（登）上六	冥登，利于不息之贞
武人之贞	筭（巽）卦	初六利武人之贞
小贞、大贞	缪和	吕昌问　屯九五　屯其膏，小贞吉，大贞凶

马王堆《易传·二三子》以下诸篇引孔子说，不少涉及贞字之训，今以其为新资料，摘录见于《二三子》者：

鼎卦　大人之贞

《易》曰：鼎玉贙（铉），〔大〕吉，无不利。孔子曰：鼎大矣，鼎之迁也，不自往，必入（人）举之，大人之贞也。……明君立正（政），贤辅弫（弼）之，将何为而不利，故曰"大吉"。

未济　小人之贞

卦曰：未济，亨，〔小狐〕涉川几济，濡其尾，无乃〔逌〕利。孔子曰：此言始易而终难也，小人之贞也。

（乾）卦　圣人君子之贞

卦曰：见龙在田，利见大人。孔子曰：□□□□□□□□□嗛易告之，就民易遇也，圣人君子之贞也。度（庶）民宜之，故曰利以见大人。

屯卦　小贞　大贞

〔卦曰：屯其膏，小贞吉〕大贞凶。孔子曰：屯□而上通其德、无

□□小民家息以綏衣。……屯轮之，其吉亦宜矣。大贞……川流下而货？留□年谷十……

坤卦

卦曰直方大，不习无不利。孔子曰：〔直〕□□，方者□，大者，言其直或之容……无不□，故曰无不利。卦曰，含章可贞……含亦美，贞之可也。

同人卦　贞蔺（吝）

〔卦曰：同人于〕宗，贞蔺。孔子曰：此言其所同，唯其室人而〔已〕。其所同□，故曰贞蔺。

二、贞卜及断志

殷《易》有《归藏》。《归藏》现已在湖北楚简发现，有文云“殷王贞卜”。用“贞”与“卜”二字联言在一起。文献上贞、卜合言的例子，亦见于《春秋》谈占梦之事，原不限于龟、筮。《左传·哀公十七年》：

卫侯梦于北宫，见人登昆吾之观，被发而噪……公亲筮之，胥弥赦占之曰：“不害。”与之邑，寘之而逃，奔宋。卫侯贞卜。

杜预注“贞卜”二字曰：“正卜梦之吉凶。”此处杜氏训贞为正。贞、卜亦得分开，言“贞于某卜”。《国语·吴语》记黄池之会，晋侯使董褐复命曰：

曩君之言，周室既卑，诸侯失礼于天子（指不朝贡），请贞于阳卜，收文武之诸侯。

韦昭注：“贞，正也。龟曰卜，以火发兆，故曰阳。言吴欲正阳卜，收复文武之诸侯以奉天子。”这个贞字韦昭亦训为“正”，可见贞字非仅卜问之义，古训已是如此。

古代占卜的手续颇繁。卜龟、卜筮、卜梦三者都有贞卜之事。三者贞卜的手续必不一样。但“惟吉”是从，则是同一目的。

古文尚书《大禹谟》云：“帝（禹）曰：枚卜。功臣惟‘吉’是从。帝曰帝：官占惟先弊（今作蔽）志，昆命于元龜（龟）。朕志先定，询谋佥同。鬼神丌依。龜筮（龟筮）叶（协）刅（从）卜不习，吉。”（敦煌本 Stein 801，参顾廷龙《尚书文字编》）

薛季宣《书古文训》作蔽志，与今本同。蔽字训断，卜者必先蔽志，即事先决断，打定主意，然后进行卜事，故云“朕志先定”。试以表二示之。

表二

卜者	先定志		人的决定在先。
	然后命龟		鬼神的决定，告以吉凶。
			神、人协从——是谓大同。
	卜不习（袭）	方是“吉”	神、人意见一致，然后执行。

《大禹谟》虽是晚出之书，但这段话是可信的。

“志”字在古代文献中出现甚多，有言“徯志”。

《皋陶谟》：其弼直惟动，丕应徯志，以昭受上帝，天其申命用休。

《史记·夏本纪》“徯志”作“清意”。史公以“意”解释志，“徯志以昭受上帝”，是说求卜者的心意，要好好等候上帝给予明白的受命，才获得“休吉”。《尚书》中殷《盘庚》三篇有两次说及“志”：

《盘庚上》：予告汝于难，若射之有志。

《盘庚中》：汝分猷念以相从，各设中于乃心。

“射之有志”之“志”意思是“的”。《诗·宾之初筵》：“发被有的。”《毛传》：“的，质。”是指射矢必中鹄的。殷代屡言三百“射”，大射礼之事，所以卜事亦用射矢的事来取譬。“设中于心”的“中”亦与“的”有关，卜辞每言“立中”，说明“中”的意义在殷代非常普遍。可见定志之事，殷人可能有之，故《盘庚》有“若射之有志”一语，由《皋陶谟》的言徯志，亦可证“蔽志”不是无稽之言。占卜要先行断志，是人谋在先、鬼谋在后，两者皆能协从，是谓大同。这亦可证《洪范》之可信。

志，是作某种决定，孟子谓志是气之帅。《诗》言志，亦指意向。“志”的重要性，西方哲人讲论最精彩的无如康德，德文有 willkür 与 wille 二字，都训意志，却有分别。康德论道德形上学，对于 wille 与 willkür 二字作严格的区别：

(纯粹的) 意志　　wille 是实践原则的订定——定然律令，即道德法规。

(混杂的) 决定　　willkür 是行动标准的采用——机能上理性存有。

从文义上看，wille 训意志（决定），willkür 由 will＋kür，kürzen 有短距离之意，willkür 有任性、任意，前者紧而后者宽，前者定而后者未定，故康德说：“willkür 能够服从 wille 的法则，而不失去它自己的自由。”

吾人试以孟子之说解释之，wille 是通过集义的，而 willkür 则否，“行而宜之之谓义”，故 wille 是被确认的道德行为。

行（动）　willkür

|

宜之　wille

↓

义

康德分 willkür 有二类：

(1) tierisch willkür　兽性的决定

(2) freie　willkür　自由的决定

人禽之辨，即在于此，儒家所谓“人之所以异于禽兽者几希!”前者未经过道德的处理，后者的 wille 才算是“集义所生的决定”。

再说恒贞。贞字亦训为定：

《礼记·玉藻》：“卜人定龟，史定墨，君定体。”定龟即贞龟，亦即诗之正龟。

刘熙《释名·释言语》:“贞,定也。精定不动惑也。”

《易·系辞》:“天下之动,贞乎一者也。”贞乎一即定于一,《孟子》“天下乌乎定?定于一”,似用《易·系辞》之说。“不动惑”与《孟子》“不动心”亦有关联。《论语》“四十而不惑”,刘熙的“不动惑”谓不动于惑,与“不惑”相同。

蔡邕《独断》云:“清心自守曰贞。”
《周书·谥法》:“大虑克就曰贞。”

楚简《老子》:“我将貞之以无名之朴。”貞即贞字。他本作镇。又“修之身,其德乃贞”,别本作真。是古本《老子》喜用“贞”字。《书·禹贡》兖州,“厥田惟中下,厥赋贞”。郑云:“贞,正也。”

经过详细思考后的决定,动必于“一”,贞于“一”。贞有决定的意义,如何避凶就吉,仍是由人自取。人谋比鬼谋更加重要,谋事在人,仍是操之于己的决定。

三、《文言》乾卦四德的“贞”

可是自从清季甲骨文发现以后,对《易经》的解说发生了极大的变化。由于大家把卜辞习见的“贞”字都解作卜问,影响所及,《易传》上元、亨、利、贞四德的贞字,亦被人解释为“问”,而且强调说必须这样讲才是正确,过去全部都错了!(记得是高亨说。)连《文言》“贞固足以干事”一义和《左传·襄公九年》穆姜所说“弃位而后不可谓‘贞’”之谠言,亦统统被推翻。这一误解,贻害至于今日,学术界尚未加以澄清。幸而地不爱宝,马王堆出土了六十四卦在楚地流传的写本和从未为人所知的《易传》,包括《二三子问》、《易之义》、《要》、《缪和》诸篇。孔子读《易》的方法,是轻巫史、卜筮,而隆“德义”的重要性,在作为读《易》指南之《要》中。他说道:

(子曰)《易》,我后其祝卜矣,我观其德义耳也。幽赞而达乎数,明数而达乎德，又仁□者而义行之耳。赞而不达于数，则其为之巫；数而不达于德，则其为之史，史、巫之筮，乡之而未也，好之而非也。后世之士疑丘者或以《易》乎？吾求其德而已，吾与史巫同涂而殊归者也。君子德行，焉求福？故祭祀而寡也；仁义，焉求吉？故卜筮而希也。祝巫、卜筮，其后乎！

这几句非常精警的话，幽赞于神明而必达于数，不达于数则不免沦为巫、祝，达于数而不达于德则仅足为史而已，巫、祝与史均非孔子之所好，因为他们没有成德。揣测孔子的意思，求福祉和求吉祥的事都是次要的，他把《易》的“德义”内涵提高到另一层次，把道德的突出作为仁义的扩充，人的地位从神道的羁縻中加以解放，而去追求德的完成，这才是《易》的要义。

我在上面谈到《易·文言》一篇，详论四德，近世不少学人，认为“贞”字不符合“卜辞”的意义，事实《左传·襄公九年》穆姜之言，已道出它的来历；现在我们看马王堆《易传·二三子》出现了“元，善之始也”一句。又《缪和》：

子曰：“嗛者，嗛然不足也。亨者，嘉好之会也。夫君人者，以德下丌（其）人，人以死力报之。”

一处言及元，另一处谈到亨，具见四德之说，由来已久。鲁哀公称仲尼为国之贞榦，即采自《文言》。以四德释元、亨、利、贞，出于古训，春秋时穆姜述之，载于《左传》，可见其为旧说（梁武帝谓文王之言，固无根据）。这类“重言”，屡屡为人们引用。汉简《引书》引彭祖言，春产、夏长、秋收、冬藏，此彭祖之道也。孔颖达《周易正义》以四时之道申明四德，今从《引书》，知其源自古彭祖之说。

四、说“永贞”、“利永贞”与“历年得正命”

现将周《易》卦辞中“永贞”、“元永贞”、“利永贞”的习语摘记如下：

元永贞　比卦之辞　比吉原筮，元永贞，无咎，不宁方来，后夫凶（马王堆本同）

利永贞　艮卦初六　艮其止，无咎，利永贞（马王堆艮作根）

永贞　　萃卦九五　永贞，悔亡

　　　　小过　　　勿用，永贞

“求永贞”一语亦见于《周礼》六祝中的“年祝”。《大祝》一官职云：“大祝掌六祝之辞以事鬼神示，祈福祥，求永贞。”《周礼》祝有六祝，祈有六祈：

六祝：顺祝、年祝、吉祝、化祝、瑞祝、筴祝

六祈：类、造、禬、禜、攻、说

征之殷卜辞，屡言“岁惟王祝”（如《合集》二五九二三），即是年祝之事，筴祝即册祝。六祈的攻，见于包山楚简，“说”字亦作“兑”。马王堆出土《易传·易之义》解坤卦爻辞“括囊无咎”引子曰在于“不言”之义云：

君子笱（苟）得其冬（终），可必可尽也。君子言于无罪之外，不言于又罪之内，是谓重福。《易》曰“利永贞”。此川（坤）之羊（祥）说也。

这里言“坤之羊说”者，羊即祥，说即是六祝之“说”，所以祈福祥也。大祝所掌的“求永贞”，原见周《易》的爻辞。如何才可以无咎，贵在“不言”，此老子行不言之教的由来。君子言之，贵在无罪之外，相反的不言，如果在有罪之内，则不要任意发言，这样说是双重之福。动而不获咎，可致福祥，坤卦的括囊意义如此。如是便可获得永贞了。坤卦的括囊，说明要懂得不言的奥妙，不轻易去发言，便可得到无咎无誉。这即是“永贞”，这样的人就有“重福”。“求永贞”能得到重福（多福），当然是众人之希冀，没有一个人不希望祝福而可以取得好的美果，向神明进行祷祝，这正是他们的目的，人们至今还是通行祝福，这为大众的共同愿望。关于《周礼·大祝》所掌六祝中的年祝，郑玄注云：

年祝，求永贞也。……永，长也，贞，正也。

贾公彦《周礼义疏》云：

《经》“祈福祥，求永贞”，祈亦求也。今郑云求多福，即《经》“祈福祥”也；“历年得正命”，即经“求永贞”也。

此处“贞”当训为正，是没有问题的。

《孟子·尽心》云：“顺受其正，莫非命也。”后来儒家说命有三命之说，而以“正命”列其首。纬书《孝经援神契》亦谈命有三科。有受命以任庆，有遭命以谪暴，有随命以督行；受命谓年寿也，遭命谓行善而过是也，随命谓随其善恶报之（《祭法》孔疏引）。《论衡·命义》篇云：

《传》曰：“说命有三，一曰正命，二曰随命，三曰遭命。正命谓本禀之，自得吉也。”

又《气寿》篇云：

凡人禀命有二品，一曰所当触值之命（此遭命也）。二曰彊弱寿夭之命（此正命也）；正命以百为数，故百岁之命，是其正也。

是知正命指正常的命，出于禀赋，故云“自得吉也”。《易》乾卦卦辞：“各正性命，保合太和，乃利贞。”“各正性命”即“正命”的意思。贾疏采用《孟子》及纬书说，解释“利永贞”等于得正命，其用意便可了然了。但郑注何以上面施用“历年”二字，亦有来历，请看下文。

五、受天永命、定命与用德

祈天永命，必修行敬德。郑注所谓“历年得正命”是《书经·召诰》中的最重要理论，《召诰》于篇末谆谆陈述周得受天命的道理：

其惟王位在德元（居德之首）。小民乃惟刑用于天下，越王显（光明）。上下勤恤（忧）。其曰：我受天命，丕若（大顺）有夏历年，式勿替（废）有殷历年，欲王以小民，受天永命。

文章上面已经多次谈到不可不监于有夏，亦不可不监于有殷，又云：

(1) 我不敢知，曰：有夏服天命，惟有历年（多历年数）。
我不敢知，曰：不其延（言桀不谋久长之计），惟不敬厥德，乃早坠厥命。

(2) 我不敢知，曰：有殷受天命，惟有历年。
我不敢知，曰：不其延，惟不敬厥德，乃早坠厥命。

此二段用对比法，陈述夏、殷二代因不能敬德，故早坠其命，即所谓“周监于二代”。而继续说道：

今天其命哲、命吉凶、命历年。知今我初服，宅新邑。肆惟王其疾敬德。王其德之用，祈天永命。其惟王勿以小民淫用非彝，亦敢殄戮，用乂民、若（顺）有功。

孔传云：“今天制此三命，惟人所修。修敬德则有智、则常吉、则历年；（反之）为不敬德，则愚、凶、不长。虽说之，其实在人。”依此而论，所谓三命，包括（1）智愚，（2）吉凶，（3）历年与不永年。三者虽都为天所制命，但却操之在人，人如能够用德，则求天可以长命，使其得历有年数（否则必坠厥命，不为天所容许）。所以要“顺（若）行夏、殷所以成功之道”，只要“王居位，在德之首（即在德元之义），上下忧勤（劳）”，如是乃可能达到“祈天永命”的美果。

《召诰》申言“受天永命”之理，其实乃上承于殷，《书·盘庚》云：

先王有服，恪谨天命……今不承于古，罔知天之断命。矧曰其克从先王之烈。若颠木之有由蘖，天其永我命于兹新邑。

又《高宗肜日》云：

惟天监下民典厥义，降年有永有不永，非天夭民，民中绝命。

卜辞屡见降永之占，如云：“庚辰卜：不降永。”（《合集》三四七一一）

“己未……其降永……不降永。”（《屯南》三五九四）足证《高宗肜日》之语，其称绝命，即盘庚的断命，都是“永命”的反面词。

“永命”一词亦屡见于西周彝铭，例如“用禅寿匄永命”（瘐钟一）、“绾绰永命，万年无疆”（史伯硕父鼎）之类。武丁卜辞有一条意义不太明显，文云：

……于受令。

匄吕方于受令。

贞：于受令匄。（《合集》六一五五）

匄求吕方，而于受命之天，于“受令”文共三见。可读为受命。可能即指受命之“天”。受天有大“命”，唯天才有受命的权威，故所谓“受命”，非大莫属。《墨子·非命下》称昔桀、纣执“有命”而行。如是言之，“受命”者乃“天”的代语，受命即指天也。夏、殷之亡君皆执“有命”而行。足证卜辞“匄吕方于受令”之即指“有命”。

天命在《尚书》及铭辞，亦作“大命”。举例如次：

明大命于妹邦。（《酒诰》）

肆文王受兹大命。（𣄰尊）

西周（㝬簋）彝铭有时亦称曰“大鲁命”，鲁训嘉，命字繁形又作綸：

其各（格）前文人，其濒在上帝庭，陟降，𤔲（申）圂（恪）皇上帝大鲁命。用綸保我家。

《墨子·非命下》引《太誓》之言曰：“……上帝不顺，祝降其丧，惟我有周受之大帝。”

周人代殷，自言是受命于天，彝铭如珷簋：“丕显文武受命。”盂鼎：“丕显玟王受天有大命。在珷王嗣玟作邦。”有人以为天、天命的观念，是周人所独创，余谓指周人强调天的观念则可，谓其独创，则很难说，除非承认《盘庚》三篇乃出周人所追记。

《洪范》五福，三曰康宁，四曰攸好德，五曰考终命。终命见于井侯毁云：

克奔走上下帝，无（抚）𠆢（终）命于有周。

不能终命谓之坠命，盂鼎“我闻殷坠命”，是。《盘庚》谓之“断命”，《高宗肜日》谓之“绝命”，终命即永命的同义异辞。

大命如周人所拳拳申述其代殷有天下的缘由。从商书《盘庚》及卜辞的降永诸例看来，“命”的重要性，非肇于周，《周礼》的“求永贞”和《盘庚》的“恪谨天命”应是息息相关。否则，《召诰》的训诫不易为当时殷、周敌对双方共同接受而产生这样深远的说服力。

我们再看墨子作《非命》上、中、下三篇，以讥儒者之执有命，乃为有害之事，他宣言执有命之说者为不仁，先后引用下列各古文经典的逸文：

《禹之总德》：“允不著，惟天民不而葆。……不慎厥德，天命焉葆？”

《仲虺之诰》：“我闻有夏人矫天命于下，帝式是增（憎），用爽厥师。”（今本《尚书》作：“夏王有罪，矫诬上天，以布命于下。帝用不臧，式商受命，用爽厥师。”）

《太誓》、《太子发》（今本作“去发”）：“天有显德，其行甚章。……惟我有周受之大帝。”

葆字即盂鼎临保我不同之保，及㝬簋用𦅫保我家之保。这一意念渊源必不自周人开始。如墨子之说，桀执有命而行，汤为《仲虺之告》以非之；纣执有命而行，武王为《太誓》、《太子发》以非之。桀、纣所执的有命，可能即为宣扬天命的文诰。是夏、殷都自道其天命所在。天命之说，由来甚远。墨子所非者，为矫天命之暴君。故云：

在于商、夏之诗书曰：“命者，暴王作之。且今天下之士君子将欲辩是非利害之故，当天有命者，不可不疾非也。执有命者，此天下之厚害也。是故子墨子非〔之〕也。”（《非命中》）

从墨子之言，我们不能轻易便断言天命的观念是周人所独创的。

六、“德元”的意义

如何才能祈天永命，获得天的支持，主要在能敬德。政治家要位居“德元”，《书·尧典》已言：“惇德允元。”“德元”谓居德之首，统治者能够使其附属者上下忧勤乃克致之；至于老百姓亦要明明德。

所谓“祈福祥，求永贞”的背后有一大堆道理，必以疾行“敬德”，然后能够“祈天、永命”，多历年所，《召诰》中的三命是“命哲，命吉凶，命历年”，这里的三命，后来儒家引申为正命、随命、遭命。内蕴略有出入：一是智愚问题，是性分上智下愚之分；一是遭遇的吉凶祸福，即王充所谓“触值之命”；一是历年问题，这应即所谓正命。

正命亦称曰“定命”，《左传·成公十三年》刘康公曰：“民受天地之中（和之气）以生，所谓命也。是以有动作礼义威仪之则，以定命也。能者养之以福，不能者败以取祸，是故君子勤礼，小人尽力。勤礼莫如致敬，尽力莫如敦笃。敬在养神，笃在守业。国之大事，在祀与戎，祀有执膰，戎有受脤，神之大节也。”（执膰与受脤，均为神惠被于人者。）

“求永贞”的意义是“永得其正”，必以“德之用”为前提，《尧典》的“克明峻德”，《大学》的“明明德”，都由此产生。正命和明德、敬德思想是一贯的。

“德”的倡导，在西周形成“德元”的理论，见之彝铭屡屡强调“德”字的重要性：

孔德　　　　臣朕皇考穆王用乃孔德……引正乃辟安德，叀余小子肇盄（淑），先王德……天乙亦弗谭（忘）公上父䜣（胡）德……小子夙夜専（溥）由先

剌（烈）德　且（祖）剌（烈）德，用匠皇辟……孙子……𨟻（任）皇辟懿德，用保王身。……臣保天子，用氒剌（烈）

（节）德　　且（祖）卩德（以上见师訇鼎）

懿德　　　　上帝降懿德，大甹。（墙盘）

上引铭辞对于“德”上所加的形容词，有孔德、剌（烈）德、卩（节）德、懿德等等。“孔德”见《道德经》“孔德之容”。“卩德”即节德，《礼记·哀公问》：“节丑其衣服。”疏：“节，正也。丑，类也。”是节德即正德。《左传·文公七年》正德、利用、厚生谓之三事，故三事大夫，第一件事即是“正德”。

观《召诰》文中言“王其德之用，祈天永命”，故知利永贞首贵德之用。

王者位居德之首，是曰“德元”。而臣下百君子，都要“保受威令”、“明德”，才能供王之需而得到“祈天永命”。全文于敬德之事，叮咛周至，是为周教。孔子所以后祝卜而先德义，乃承接周人的教训。

孔子虽是殷人，但孔子自言“吾从周”，他的思想充分是“从周”的表现。

七、余论 谈“训诂哲学”

本论文为作者数十年研契治经体会所得，久欲写出，以求教于方闻君子。冯友兰先生著《贞元三书》，贞下起元说，是出自《易·乾卦·文言》的元、亨、利、贞四德。古人以配四时，故贞之为义属冬（参《易尚氏学》，第27页）。《引书》述彭祖已言及生、长、收、藏。古人从冬去春来悟出贞下起元之理，四德相生，故朱子云：“不贞则无以为元。”自甲骨文出土，累见“贞”字，说者训贞为问，而四德说遂为人所抛弃，不知贞应训正，元为善之长，《召诰》亦称“德元”。周人著之官方重要文告，新出《易传·缪和》子曰：“亨者，嘉好之会。”知四德乃先秦旧说，穆姜、孔子祖述之。尚秉和谓《文言》八句乃最古之《易》说，近之。

知贞之训正，二字互用，殷、周人重视贞正，祈求永贞，藉龟卜以沟通人神之邮。《大禹谟》言先蔽志而后命龟，人谋与鬼谋并施，然后询谋佥同，可证《洪范》之不诬。《诗》所谓“维龟正之”，所重在于致“正”，卜以求正，通过灵龟来建立“正”的行为。贞之为问必合乎“正”而后可，“卜”只是手段而已。殷人于所有龟卜之事，概施以“贞”字，正标志着“龟以正之”的崇高而有“德”性的正鹄，故“贞”可说是人神沟通的共理。能保持贞正则有休命，是西周人仍是沿用殷人的旧习惯。

《周礼·祷祝》以求“利永贞”，牵涉到“历年”、“正命”的问题，乃出自《尚书·召诰》与《左传》刘康公所言的“定命”，故非会通诸经，无由得其确诂。“贞”的含义从《诗·文王有声》的“维龟正之”说之，融贯《书》、《礼》、《春秋》、《左传》，合以卜辞、彝铭与新出楚简，方能讲得透彻，贞之为正，这一观念的理解，主要是要倚赖训诂学的帮助。以前友人杨联陞先生曾提倡“训诂史学”，我以为我们应该提倡“训诂哲学”，历史上若干重要观念的疏通证明，非采用训诂学方法难以解决问题，“贞”之一义正是其中之例。

窃以为治中国古代哲学，宜除开二障，一是西方框框之障，二是疑古过甚之障。东方思想的源泉由本土茁长而生，有自己的 pattern，不必套取西方的模式。文献上的资料，经典上的语言，不仅要处理文字的表面意义，还需进一步理解它内在的深层意义，和其他相关的经典语言的同义异辞。《古文尚书》有许多精义，尚待理董，《墨子》引用的逸书，尤为紧要，同事异文的比勘会通，不可掉以轻心，一概目为伪书而摒弃之。本文之采用《大禹谟》和《禹之总德》等篇来说明“蔽志”与“徯志”两词，及《盘庚》的“设中乃心”的意义，与《墨子·非命》是反对暴主之矫天命，以见“天命”一概念，渊源殊远，非周人所创立。古文资料还是很有用的。

本文讨论牵涉的问题甚多，拨开云雾，或可窥见古人之大体，限于篇幅，只是提出问题，未能钩深致远，仍望方闻之士，理而董之。

从楚简《易经》谈到新编《经典释文》的建议

近时出土文献丰富，包括铜器、简帛等等，令人目不暇给，益以大量敦煌写卷出现的新词语，为训诂学提供史无前例的崭新资料，经典中通假字的亟待处理，异文的意外收获，清代学人梦想不到的多类型的文物记录，我们躬逢其盛，应该如何急起直追去整理、探究，才不会辜负时代的赐予。大家都是从事这方面工作的专家，必有同感，不待我来饶舌。

记得前些时候，潘重规先生提出六祖《坛经》中“獦獠”一词的新解，由于敦煌写本的俗字每每以獦为猎，故说为从事戈猎之獠家，引起许多人的讨论。其实武威简《仪礼》已有獦字，《魏书·僚传》“言僚人自汉中以连于邛笮川洞之间，所在皆有，依树积木以居，名曰干兰”。《新唐书·南蛮传》：“戎泸间有葛僚，居依谷林箐。”字但作“葛”，是“葛獠”一名，不必别寻新解。按《蛮书》名类第四记：“裸形蛮作擖栏舍屋，一丈夫尽日持弓不下擖栏。”《集韵》：擖音臈，“架也”。盖干栏原作“擖栏”，似乎“獦獠”亦可指居于擖栏的獠人。

民族学的材料对训诂学亦有很大裨益，试再举一例。《后汉书》有板楯蛮。《释名》七《释兵》，盾下云：“隆者曰滇盾，本出于蜀，蜀滇所持也。或曰羌盾，言出于羌也。”对盾字引证及描写甚为详尽，下文又云：“彭排：彭，旁也；在旁排敌御攻也。”“彭排”亦即是楯。《急就章》颜注：“盾即旁排也。”孙恩使用的武器即为彭排（见《齐安帝纪》，详《御览》三五七兵部

"彭排"项)。賨人之地在巴郡宕渠，渠字取义于使用蜀楯。《国语·吴语》有一段记吴王出师前振旅情况云："建肥胡（指幡）奉文犀之渠。"韦昭注："渠谓楯也。文犀，犀之有文理者。"（此邓少琴说，是。）器物有地域性及其特殊的历史意义，训诂家非博闻多识不易取得正解。

连云港新出土东海县尹湾汉墓简牍永始四年武库《集簿》简，现已公布（《文物》，1996（8））。兵器类有"泾路匕首"一名，《概述》及《初探》二文皆未提及，余谓即轻吕之剑，《逸周书·克殷解》记杀纣"击之以轻吕"。《汉书·地理志》左冯翊云阳下有"径路神祠之所"。又《匈奴传》云："单于以径路刀。"应劭曰："径路，匈奴宝刀也。"又《郊祀志》云："宣帝时有径路神祠，祭休屠王也。"颜注："径路神本匈奴之祠也。"泾路与轻吕、径路皆同音。知泾路匕首即匈奴宝刀，《集簿》中又有"郅支单于兵"，亦匈奴之物。

石鼓文吾字作𨑥，增走旁与午声为繁体，凤翔出秦公一号大墓，其磬铭云："高阳有靍，亖方以鼏平。"灵、平协韵，而灵字增益龙旁，《集韵》十五青、灵字重文无之，而有𪚥字，从龙霝声，视此为省。此作靍形尤繁缛，与石鼓文可相比拟，恰是一个新字。

荆门楚简出大量古书，《老子》其一也，至今尚未整理公布。其流落海外坠简，残膏剩馥，沾溉来学者亦多，马王堆周《易》与《易传》为汉初之物。楚人习用占卜，见于《左传》、《国语》，不一而足。包山简祭祷部分记卦名者多处，如简二〇一、二一〇、二二九、二三九、二四八诸条，今不具论，中文大学文物馆收藏有一简，文云：（参见下页图）

这是周《易·睽卦》离上兑下之六之爻辞：

〔见舆曳，其〕牛攸（掣）丌（其）人天且〔劓〕。亾（无）初又（有）冬（终）。九〔四：睽孤……〕

检马王堆本，睽卦之名残泐，于豪亮定睽为"乖"，这一爻解作：

……六三，见车恝，亓牛諜，亓（下缺）
……终。九四：乖苽。愚（遇）元夫。

"其人"以下六字悉缺，可以是简补足之。其中"攸"字最值得研究。今本"牛掣"句，诸家文字异写特多，表列如次：

释文

10

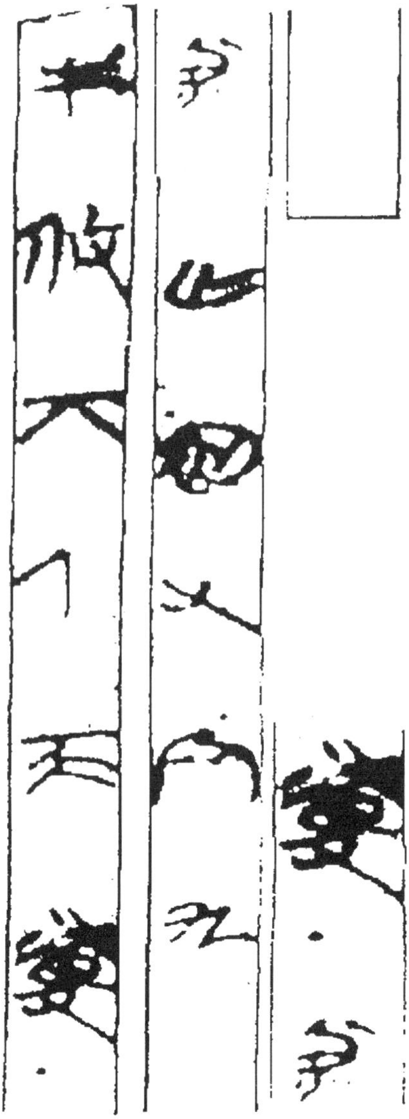

楚简图版

㡀	楚简此本
謉（恝）	马王堆本
觭	荀爽，同《尔雅》
挈	郑玄
契	子夏传
觢	《说文》
牛掣	今本，虞翻同

马王堆本乖（睽）在罗（离）宫第五卦，夺（兑）下罗（离）上。此六三爻辞，疑本应作"见车謉，丌牛恝"，写本謉、恝二字误倒置，謉即拽，与曳通，恝即《说文》之觢，郑玄作挈，子夏作契，诸字均从㓞声，邓球柏《帛书周易校释》引《孟子·万章》"不若是恝"赵岐注"恝，无愁貌"说之。于豪亮谓"恝疑假作折"。恐皆未妥。楚简此本作"㡀"者，因诸觢、挈、契均从㓞为声，《说文》四下："㓞，巧㓞也，从刀丰声。"又丰字云："草蔡也，象草生之散乱，读若介。"㡀字从介为声，与㓞之丰声读若介正同音，可借用。《说文》角部："觢，一角仰也，从角㓞声，《易》曰其牛觢"。今本《易经》觢作掣。《集韵》去声十三祭：掣字下同音字共二十，掣又作㨷，与觢、挈为一字。足见楚简之"㡀"，乃丰、㡀之音借。此字与各家《易》不同，最为特出而可贵。

楚简读虘字为且，丌即亓、其之古文，至于𠬪，形多残泐，不可遽定为何字，《易·睽》爻辞原文云"其人天且劓"。天读为颠，《说文》："天，颠也。"《说文》刀部劓字下"刑鼻也"引《易》曰："天且劓，劓，或从臬。"慧琳《音义》引《说文》作"决鼻"。《太平御览》天部引《诗纬·推度灾》曰"穴鼻始萌"。宋均注："穴，决也。"（据沈涛《说文古本考》）按决字从夬。夬，分决也，从又屮，见《说文》又部。𠬪疑是夬，借为决鼻之决，因字形残泐过甚，不敢肯定，聊备一说。

阜阳《诗》简虽极残缺，然异文滋多，极有研究的价值，如《召南·甘棠》"〔勿〕戋勿㨃"。即今本之勿翦勿拜。戋读为翦，㨃与拜一字，《说文》："拜，扬雄说㨃从两手下。"《毛诗郑笺》："拜之言拔也。"㨃可借为拔。卜辞习见祭名之𣏟，如释为㨃，当与"祓"相通，祓之为言拔，所以祓去不祥。阜简以㨃为拜可证卜辞。又如《采苹》："〔宗〕室牖下。"《说文》牖字下引谭长说云："谭长以为甫上日也，非户也，牖所以见日也。"胡平生谓阜阳简《仓颉》

篇“牖”字亦作牖，知谭说实有所本。

我曾设想出土文字与经典互勘，异文异体，每含新义，清人晓得利用汉碑，撰《汉碑征经》一类著述，我提议，宜疏理出土文献，重撰新的《经典释文》。若干简帛上的已逸旧书，正须作综合性的异文异训的结集，大可补陆德明之不逮，并以考证旧训，以求改进之方。唯兹事体大，宜集体为之，发凡起例，有待高明，谨趁此次机会，提出私见，以供大家参考。

记得 1980 年，在武汉召开首次规模盛大的训诂学会议时有缘参加，当时我提出《〈尼卢致论〉（*Nirukta*）与刘熙〈释名〉》，介绍印度最古老的训诂书以供比较研究，该文已收入拙著《梵学集》。忽忽十余年，学问毫无增进，承贵会谬采虚声，锡以荣衔，深感愧悚，无以献替，仅介绍一点有关楚简新资料，提出新编《经典释文》之建议，尚望方闻君子，惠加指正，无任幸甚。

1997 年 4 月

由刑、德二柄谈“䞓”字

——经典异文探讨一例

刑、德二者对言，久已成为古代思想的重要关键词，天官家以配阴阳，兵、阴阳家尤盛言之，见《尉缭子·天官》篇；纬书《尚书》有《刑德放》；法家《韩非子》称为二柄。马王堆出土《刑德》篇，古之遗说赖以保存，可以觇其梗概。追溯其原，亦见于儒、墨之书，《论语·为政》云：

道之以政，齐之以刑，民免而无耻；道之以德，齐之以礼，有耻且格。

定州汉简存“‘之’以礼有佴且格”一句，“耻”字作“佴”。《礼记·缁衣》云：

子曰：“夫民，教之以德，齐之以礼，则民有格心；教之以政，齐之以刑，则民有遁心。故君民者，子以爱之，则民亲之；信以结之，则民不倍；恭以莅之，则民有孙心。《甫刑》曰：苗民匪用命，制以刑，惟作五虐之刑曰法，是以民有恶德而遂绝其世也。”

地不爱宝，近年出土楚简，《缁衣》竟有两种写本，令人目眩，对经书研究，提供了崭新资料。上海藏楚简《缁衣》写作《紂衣》，与郭店本复多不同。

郭店本《缁衣》有云：

子曰："伥（长）民者衾（教）之以悳（德），齐之以豊（礼），则民又蘉（劝）心，衾之以正（政），齐之以型，则民又孚心。古（故）㜊（慈）以忎（爱）之，则民又新（亲）；信以结之，则民不伓（倍），共以位（莅）之，则民又愻心。"《诗》员（云）："虐（吾）夫（大）夫共㪣赣（恭且俭），䍮（靡）人不敛。"《吕（刑）》员（云）："非甬（用）[illegible]（巠），𣂔（制）以型，隹乍五（虐）之型曰法。"子曰："政之不行，教之不成也，则型罚不足耻，而雀（爵）不足欢（劝）也，故上不可以执（亵）型而翌（轻）雀（爵）。"

上海本《紂衣》引《吕刑》作：

虐（吾）大＝（大夫）恭虘僉，𣏟人不斂。《吕刑》员（云）："腓眊民非甬（用）㗊，制㠯型，隹作五虐之型。"

《尚书》今本《吕刑》原作："苗民弗用灵，制以刑。""眊"即"钼"，《说文》云："读若苗。"上海本与今本《尚书》合。郭店本引《吕刑》删去"苗民"二字，"用灵"则作"用巠"，孔传解此句云：

不用善化民而制以重刑。

以"善"解"灵"。此句《墨子·尚同中》亦引之，云：

昔者圣王制为五刑，以治天下，逮至有苗之制五刑，以乱天下。则此岂刑不善哉？用刑则不善也。是以先王之书《吕刑》之道曰："苗民否用练，折则刑，唯作五杀之刑，曰法。"则此言善用刑者以治民，不善用刑者以为五杀，则此岂刑不善哉？用刑则不善。故遂以为五杀。

墨子所引《吕刑》文字复大异。段玉裁解释，言：

灵作练者，双声也，依《墨子》上下文观之，练亦训善，与孔正同。（《古文尚书撰异》）

墨子所称重点在善用与不善用，段氏循其文理解练为善，其于《说文》糸部“练”字下云：

> 已涑之帛曰练，引申为精简之称，如《汉书》“练时日”、“练章程”是也。

《广雅·释诂》：“灵，善也。”《庄子·逍遥游》：“泠然善也。”“练”与“灵”声相近，故可通训。日本《尚书》岩崎本、内野本、足利本，上图本，诸抄均作“弗用霛”。《书古文训》作“弜（弜）𠕋靈。”[①] 都是“灵”字的别体。具见《尚书》本原作“霝”，与上海竹简本引《吕刑》相符。

孔传释“灵”为善，墨子引作“练”，段玉裁引证群书，以善释之，谓与孔传正同。《礼记·缁衣》引作“匪用命”，郑注：

> 命，谓政令也。

曾运乾《尚书正读》从郑说，谓：“古文‘命’、‘令’通用，苗民弗用灵者，弗用其政令也。”不知“令”亦训善。《尔雅·释诂》：

> 令，善也。

从《尔雅》说，“命”读为“令”，亦训“善”，不必依郑说。今从《墨子》异文之作“练”，上海竹书本之作“霝”，均以训善为合，与孔传同。金文习语“令终”亦训善。今由上列各书异文综合观之，共有如下五种不同写法。

> 瞗民非甬霝（同于今本）（上海博物馆《紂（缁）衣》写本）
> （苗民）弗用霛（灵）（日本岩崎古抄本《尚书·吕刑》）
> 非甬翌制以型（楚简《缁衣》引，别取“翌”字）
> 匪用命制以刑（《礼记》今本《缁衣》引《甫刑》）
> 否用练折则刑（《墨子·尚同中》引《吕刑》）

① 参见《尚书文字合编》，第四册。

我屡次说过出土文献经典所见异文滋多，是最令人困扰之事！今上海本乃同于今本《尚书》，证明作“霝”为是，孔传训善，比郑注为长。

至于郭店本之作“臸”，最为奇特！为向来《尚书》各本所未见。于此可见古书之难读，写本之纷纶，不可掉以轻心，值得去深入研究。

考“臸”字从二至，当是“臸”字无疑。《说文》至部：

> 臸，到也，从二至。

《正字通》：“音进，前往也。”《汗简》则“臸”与“臸”皆释为“曰”字，疑从晋取义。同书孴部“孴”字下云：“《义云章》以为‘晋’字。”《说文》辵部有“遷”字，云：“近也。从辵，臸声。”二“至”字骈列与上下列，乃为一文之异写。段注云：“重至与并至，一也。”《说文系传》本云：“晋从臸声，臸即‘之’字。”《金文编》十二划“臸”字下收“臸”字，见师汤父鼎。臸为晋，故书以为箭。按：师汤父鼎，原器藏台北故宫博物院。铭云：“王呼宰雁赐盛弓象弭矢臸彤欮。”“臸”为“晋”字，于此正读作箭。《周礼·职方》竹箭，故书“箭”作“晋”，《吴越春秋》“晋竹十廋”，即箭竹，竹可以为矢曰箭，此赐品之矢臸，即是“矢箭”。

卜辞有“遷”字（王襄释），《尔雅·释言》：“驲，遽，传也。”《经典释文》：郭（璞）音义云，本或作遷。故于省吾释读“遷”字为“传”。然契文此字异形诸多，从二至者不十分明显。铜器确有“臸”字，可证是简。

《说文》日部：“晋（晉），进也，日出而万物进。”从日从臸会意，故臸亦音进。《说文》：“孴，籀文作子㬜，从二子。一曰：㬜即奇字𣈆。”纬书《春秋元命包》：“丑臸臸。”注音臻，至也。《集韵·去声二十二稕》：“𣈆、晉、㬜、晋为一字。”云古作“晉”，奇字作“㬜”。又“进”字《集韵》云籀文作“孨”，从三“子”横列，与《周易·晋》之“晋”奇字作二“子”横列同一写法。王家台秦简《归藏》作“普”，马王堆本作“溍”，《经典释文》云：“晋，进也，孟（喜）作‘齐’。”是“进”、“晋”与“齐”字古可通借，义亦相生。故知郭店本之“非用臸”，犹言“不用晋”，“晋”，进也，与“齐”通用，言其不能用齐。观郭店本《缁衣》引《吕刑》句，说齐礼、齐刑，正与《礼记·缁衣》异本之引《甫刑》以解格心遁心起于不能齐德、齐刑用意相同。《论语》之两度用“齐”字于德、刑，具见此说传诵之广，影响之大。《孔丛子》引孔子答卫将军：“齐之以礼，则民耻矣；刑以止刑，则民惧矣。”

"齐"字之含义，可令人玩味。故"非用臸"一句，以"齐"说之，犹《墨子》引《吕刑》之以"善"解"练"，说理手段完全一致。古经异文多歧，往往可以益人神智，新出土文献所以可贵也在此。

《论语》二"齐"字，马融以"齐整"解之。汉碑《祝睦碑》引"齐"作"济"。《风俗通·山泽》篇："济者，齐，齐其度量也。"《尔雅·释诂》："齐，中也。"《诗·小宛》"人之齐圣"，毛传："齐，正也。"《管子·正世》篇："治莫贵于得齐。"齐有中正之义。总括而言，"非用臸"即指不能得齐，故须制之以刑，于义均通。

> 教之以德，齐之以豊，则民有藿（劝）心；教之以正（政），齐之以型（刑），则民又孪心。（郭店本《缁衣》）
>
> 长民者，教之以德，齐之以礼，则民有昱（包山简有"陧"字）心，教之以正，齐之以型，则民有穴（免）心。（上海本《紂衣》（十三简））
>
> 齐之以礼则民耻矣，刑以止刑则民惧矣。（《孔丛子》引孔子语）

由上文看来，《缁衣》异本两用"齐"字，可与《论语》参证。"齐"与"晋"、"进"可互通用，见于孟氏《易》。"晋"字本作"簮"，是郭店本之"非用臸"，不妨读作"非用簮（晋）"，犹言不能用"正"，与不用"善"，义亦相通。

综上考证，可得结论如下：

（一）上海本《紂衣》引《吕刑》作"毦民弗甬霝"，与今本《尚书》无异。

（二）郭店本删去"苗民"二字，无主词，出于省略。

（三）"臸"字有许多异写，"晋"字从此作"簮"或"苩"、"晢"。"晋"通作"进"，孟喜《易》作"齐"，义亦可相证发。

（四）见于金文有"臺"字，读作箭，又有"窒"字，借箭为煎，此均取"臸"为声符。

附记

本文稿本二年前曾出示吴振武教授，承告楚王酓忎鼎铭"战只兵铜，窒铸乔鼎。""窒"读为煎，"窒"字正从"臸"。又晋字异形，或有省作"晉"者，从至。张颔在《侯马盟书丛考续》文中列举甚备，可以参看。

2001 年 12 月，赴台在史语所主讲。承颜世铉君惠贻所著《郭店楚简浅释》，其中有一则谈到“羟”字，读“羟”为“至”，而训为“善”，引诗“灵雨既零”郑笺，“灵，善也”为证。谓“至之训善，为余义之引申。”尚未能确定。《尚书》原本实多作“霝”，非训善不可。本文之作，自起草至完篇，历时数载，必待上海竹书刊布，方能写定。训诂学须赖新材料，始有较合理而完整之理解。兹不殚烦琐，著文示例，仍未敢视为定论也。

2002 年 2 月

论《古文尚书》非东晋孔安国所编成

古书里著作版权的笔墨官司，打得最动人而又历时最久的，要算经典上的《古文尚书》，自从宋代吴棫、朱熹开始怀疑，经过明清学人绞尽脑汁，搜出很多证据，来确定它是伪作，清初阎若璩著《尚书古文疏证》[①]，总共列举一百二十八项，已经成为定案了。至于作伪者，向来有三个嫌疑人物，即是魏的王肃、晋的皇甫谧与梅颐。陈梦家在他所作《古文尚书作者考》一文中，重把旧案加以审查，认为上举三人有所冤枉，因此另行提出一个新的嫌疑犯——便是东晋时山阴人氏的孔安国。[②] 这一断案，自然是一个很有趣味的假设，他找出一个和西汉孔安国同姓同名的人物，来做本案的主犯，可是尚未得到学术界的同意。有人却支持这一说法，而且说："笔者一直相信《尚书》古文部分，是东晋时孔安国得到残缺不完整的《古文尚书》，将它汇辑在一起，为了连缀成文，字句间可能有所添改，以致改变了本来面目，使人生疑。"[③] 这位可怜的孔安国先生，无端端被人加以罪名而坐实之。有些朋友问我，东晋的孔安国到底是怎么样的一个人，我亦觉得他陷于无辜，真是飞来横祸，因此特地写这篇文章，来代他申辩。

① 《皇清经解续编》本。

② 参见陈梦家：《尚书通论》，第二部，114～135页，上海，商务印书馆，1957。

③ 《明报月刊》，第6卷第10期。

一、东晋孔安国的身世

东晋孔安国，字安国，是浙江的会稽山阴人，孔愉的第六子（一作第三子），晋孝武帝太元十三年（公元388年）官侍中，隆安四年（公元400年）为尚书，仕终散骑常侍、左仆射，义熙四年（公元408年）卒。《世说新语·德行》有一段关于他的记载：

孔仆射为孝武侍中，豫蒙眷接烈宗山陵，孔时为太常，形素羸瘦，著重服，竟日涕泗流涟，见者以为真孝子。

这是他一个很有名的故事，故刘义庆把他的事迹列入德行，《晋书·孔愉传》末附有他的传记[①]。其他刘孝标注《世说》引《续晋阳秋》述他的略历，他的名字又见于《晋书·安帝纪》，晋、宋二书《礼志》。各书中都没有说及他和《尚书》发生什么关系。他深于礼，但并不是一个有著述的经学家。严可均《全晋文》一百二十六有孔安国小传云：

安国字安国，愉第三子。孝武时为侍中太常，安帝时再为会稽内史，迁领军将军，领东海王师，历尚书左右仆射，义熙四年卒，赠左光禄大夫。

大概依据《晋书》。又据《宋书·礼志》收他的《殷》、《启》二篇。据《晋书》他的传说"隆安中领东海王师"，查《晋书》卷五十九东海王越传云："隆安初，安帝更以会稽忠王次子彦璋为东海王。"孔安国出为东海王师，此东海王当即指彦璋。

山阴孔氏在晋至六朝，人物辈出，蔚为盛族，像谢灵运有名的《九日从宋公（刘裕）戏马台集送孔令》诗的孔令，即是当日辞让不做尚书令的孔靖（《愉传》靖作静），乃孔愉长子訚之子，即安国之侄。友人Hans Frankel撰有《山阴孔氏》一文[②]，对这一望族从汉末到唐二十世系一共八十人有详细的研

---

① 《晋书》卷七十八。

② Hans H. Frankel, The K'ung Family of Shan-Yin（山阴孔氏），载《清华学报》，第2卷第2期，291～319页。

究，孔安国的略传亦在其中。

陈梦家认为孔安国可能为《古文尚书》作者的原因，是从伪《孔丛子》下《连丛子》的叙述，及《与侍中从弟安国书》二文中得到启发。这二篇称侍中安国（西汉的孔安国不官侍中），故联想到孔愉的儿子安国。他从伪书加以附会，证据相当薄弱。此外别无更可靠的资料。

二、晋代的《尚书》学

晋自开国以来，对《尚书》的研究，非常热闹，孔颖达在《尧典正义》中引《晋书》有二事：

（一）引《晋书·皇甫谧传》云："姑子外弟梁柳边，得《古文尚书》，故作《帝王世纪》，往往载孔传五十八篇之书。"

（二）引《晋书》云："晋太保公郑冲，以古文授扶风苏愉，愉字休预，预授天水梁柳（字洪季），即谧之外弟也。季授城阳臧曹（字彦始），始授郡守子汝南梅颐（字仲真），又为豫章内史，遂于前晋奏上其书而施行焉。"

那些有关人物，列表如下：

皇甫谧
|
郑冲——苏愉——梁柳——臧曹——梅颐

这里所引的《晋书》，《四库提要》以为出自臧荣绪的《晋书》，这些人物都有可考。① 郑冲官太保，见《晋书》卷三十三；苏愉扶风武功人，见《魏志·苏则传》；梁柳官城阳太守，见《晋书·皇甫谧传》；梅颐，《世说》称他为豫章太守，刘孝标注谓字仲真，汝南西平人，见《世说·方正》篇。他们的仕履，都和孔颖达《正义》所说符合。

皇甫谧似曾经见过孔安国的《尚书注》，他的《帝王世纪》有一段说：

> 《帝王纪》曰：案《孟子》：桀卒于鸣条，乃东夷之地；或言陈留平丘今有鸣条亭也；惟孔安国注《尚书》云鸣条在安邑西。考三说之验，

① 参见陈梦家：《尚书通论》，第二部第一，《古文尚书作者考》。日人小林信明《古文尚书の研究》第四章《梅颐本〈古文尚书考〉》（222～244页）论述颇详。

孔为近之。(《后汉书·逸民传》野王二老李贤注引。近人徐宗元的《帝王世纪辑存》,第60页。)

这里引用三条材料,一条分明是孔安国的《尚书注》。这位孔安国,当然不会是东晋末年的孔安国。

晋武帝初,司马彪(字绍统)上《驳祀六宗表文》,内已引用(孔)安国说云:

安国案祭法为宗,而除其天地于上,遗其四方于下,取其中以为六宗。(此条刘师培已指出。)

文见《续汉书·祭祀志》卷中注语引之,又严可均《全晋文》卷十六。是彪亦见过孔传,在西晋初年。又《晋书》卷七十五《荀崧传》云:

元帝践阼……转太常,时方修学校,简省博士,置周《易》王氏,《尚书》郑氏,《古文尚书》孔氏,《毛诗》郑氏,《周官》、《礼记》郑氏,《春秋左传》杜氏、服氏,《论语》、《孝经》郑氏,博士各一人,凡九人。

可见东晋初泰兴时候,置群经博士九人,《古文尚书》孔氏传已在其列,立于学官。又荀崧在争论置郑《易》博士疏中,言及晋武帝时置博士十九人,中有孔氏,不知是否即孔安国?(陈汉章以为即孔传。)

《隋书·经籍志》所载晋人对于《尚书》的著作,有下列各种:

谢沈 《尚书》十五卷
李颙注 《集解尚书》十一卷 又《尚书新释》二卷
范宁注 《古文尚书舜典》一卷
徐邈 《古文尚书音》
伊说 《尚书义疏》四卷

前几家亦见于《经典释文》。这一些书可惜现在都已失传。谢沈亦会稽山阴人,与孔愉之子孔安国正是同乡,他是另一部《晋书》的作者。李颙字长林,江夏人,他的父亲是文学批评名作《翰林论》的著者李充。《新唐书·艺文志》又说李颙著有《尚书要略》二卷。《晋书·李充传》说充有注《尚书》及《周易旨》六篇，则颙的经学渊源于乃翁。颙对《尚书》便有三部著作，孔颖达的《尚书正义》在《泰誓》篇疏下云：

> 李颙集注《尚书》，于伪《泰誓》篇每引孔安国曰，计安国必不为彼伪书作传，不知颙何由为此言。梁王兼而存之，言本有两《泰誓》。

照这段话所言，李颙应是参考过孔安国的《尚书·泰誓》注的。梁王殆指萧衍，他在齐时，曾论姚方兴所造《舜典》之不可靠。①

范宁与徐邈所著书名，都称《古文尚书》，可见他们亦是采用《古文尚书》的。陆德明《经典释文·序录》说："江左中兴，元帝时豫章内史梅赜（即颐）奏上孔传《古文尚书》，亡《舜典》一篇，购不能得，乃取王肃注《尧典》……分为《舜典》篇以续之，学徒遂盛。后范宁变为今文集注，俗间或取《舜典》篇以续孔氏。"是范宁又把古文翻成当时文字。

陆氏又在《经典释文·尚书音义舜典》第二下云："王氏注：相承梅颐上孔传《古文尚书》，云（应作'亡'）《舜典》一篇，时以王肃注颇类孔氏，故取王注从'慎徽五典'以下为《舜典》，以续孔传。徐仙民（即邈）亦音此本。今依旧音之。"和同书叙录的记载相同。则《古文尚书·舜典》一篇，经过范宁作注，徐邈撰音，都是根据梅颐所上之本。陆德明言之凿凿。徐邈即徐广之兄，对群经《论语》、《庄子》都有注音②，卒于隆安元年，年五十四（公元344～397年）。照陈梦家说，《古文尚书》为晋孝武帝时侍中孔安国所作，孔安国为侍中在太元十三年（公元388年），在徐邈卒前九年，邈既为作《舜典音》，他和范宁当然相信孔传是真的。

陆德明《经典释文·序录》云："为《尚书》音者四人：孔安国、郑玄、李轨、徐邈。案汉人不作音，后人所托。"他认为孔安国音是不可靠的，但对孔传则信为真。他在《尚书》序下注："今依旧为音。"所谓旧音，徐邈自然包括在其中。范宁、徐邈都是大经学家，范宁曾和安国兄孔汪讨论丧礼的问题（见《通典》九十六），他的大著《穀梁集解》，后来列为十三经注之一；他的《舜典》注语，有零星数条，见于《续汉·祭祀志》的注中。如果侍中

---

① 王鸣盛《尚书后案》云："方兴所献，梁王既黜其谬。"此梁王指萧衍甚明。

② 参见《经典释文》。详陆志韦：《古反切是怎样构造的》，载《中国语文》，1963（5）。

孔安国在太元十三年编出一部《古文尚书》，他们哪里轻易相信，又为它作注呢？

伊说事迹，《隋志》但题曰“乐安王友”，考《晋书·文六》王传，乐安平王鉴，武帝践祚封，其他不详，伊说殆是晋初时人。

晋代各家的《尚书》著述，李颙、范宁、徐邈都和孔传有关系，李氏注伪《泰誓》每引孔安国语，范宁为翻成今文，徐邈为作音训，皇甫谧之撰《帝王世纪》，又得孔传之助，可见他们都视《古文尚书》为新出资料，才那么重视。这是晋时学术界对《尚书》研究的状况，所以丁晏认为皇甫谧亲见古文，而主张王肃伪造古文之说。（见《尚书余论》）

刘知几云：“王肃亦注《今文尚书》，而大与古文孔传相类，或肃私见其本而独秘之乎？”（《史通》外篇第二《古今正史》，刘说同于陆德明《经典释文·序录》。）陆德明亦说：“王肃注颇类孔氏。”又云：“今以孔氏为正，其《舜典》一篇仍用王肃本。”

《四库提要》论阎若璩“定从孔传为孔颖达”之误，谓“定从孔传者乃陆德明，非自颖达”。其说甚允。《古文尚书》到底是谁所伪作？经王肃至郑冲、皇甫谧、梅颐，中间编成的过程，说者纷纭[1]，已无法确知。晋初学人，司马彪亦引用过孔传，可见《古文尚书》的编成时代，不可能晚至东晋末年的太元之际，从晋时的《尚书》著述，便可说明这一假定的难以成立了。

三、敦煌所出的《古文尚书》孔传目录

我在法京见过敦煌卷子，其中列伯希和二五四九号的是《尚书》目录，全文如下：

《古文尚书》

《古文尚书》虞、夏、商、周《书》目录

《尧典》一　《舜典》二　《大禹》三　《咎繇谟》四　《益稷》五

右《虞书》五篇

《禹贡》一　《甘誓》二　《五子之歌》三　《胤征》四

① 陈汉章著《西晋有书孔传说证》（载《国故》，第四期），吴承仕谓“传自郑冲，较为可信；剽窃（王）肃注，冲之徒所为也。”丁晏则以伪孔传出自王肃，参见张西堂：《尚书引论》六，《尚书之考证》章。

右《夏书》四篇

《汤誓》一　《中虺之诰》二　《汤诰》三　《伊训》四　《太甲上》五

《太甲（中)》六　《太甲下》七　《咸有德》八　《盘庚上》九　《盘庚中》十

《盘庚下》十一

《说命上》十二　《说命中》十三　《说命下》十四　《高宗肜日》十五

《西伯戡黎》十六　《微子》十七

右《商书》十七篇

《太誓上》一　《太誓中》二　《太誓下》三　《坶誓》四　《武成》五

《洪范》六　《旅敖》七　《金腾》八　《大诰》九　《微子之命》十

《康诰》十一　《酒诰》十二　《杍材》十三　《召诰》十四　《洛诰》十五

《多士》十六　《亡逸》十七　《君奭》十八　《蔡仲之命》十九　《多方》廿

《立政》廿一　《周官》廿二　《君敕》廿三　《顾命》廿四　《康王之诰》廿五

《毕命》廿六　《君牙》廿七　《㽜命》廿八　《吕刑》廿九

《文侯之命》卅　《粊誓》卅一　《秦誓》卅二

右《周书》卅二篇

凡虞、夏、商、周《书》五十八篇

孔国字子国，又曰孔安国，汉武帝昔（为）临

淮太守，孔子十世孙

共存二十二行，是石窟中所保存的《古文尚书》篇目表，这是关于《古文尚书》的新资料，它的特色有二：

（1）所列篇名篇数，和宋以后孔传刊本完全相同。

（2）卷末附有孔安国小传二行。

查郑樵《通志·艺文略》中有刘炫《尚书孔传目》一卷，敦煌这张目录

恰是《尚书》孔传目，是否即刘炫之书，尚不敢断定。《史通·古今正史》说“隋学士刘炫遂取（姚方兴于大航购得《舜典》）一篇，列诸本第”，敦煌此目，内列《舜典》，最低限度是依据刘炫的《孔传目》而做成。① 又此卷内十世孙的世字不避太宗的讳，更可能不是唐人写本，也许是唐以前的抄本。《尚书》篇名只有数字保存隶书古文。

最有趣的是目录的末尾称：“孔国字子国，又曰孔安国，汉武帝旹（时）为临淮太守，孔子十世孙。”孔安国又名孔国，只作单名，他书不载。而孔子十世孙一说，陈铁凡先生据《汉书·孔光传》及《唐书·世系表》加以考证，认为恰巧相符。陈先生云：“孔子世系，自孔子以下以迄孔忠，十四世间皆以单字为名，以此例类推，安国初名，或只作一‘国’字，或即‘子国’之省。”② 这可备一说。

从敦煌这目录可以看出《古文尚书》的作者，绝是西汉临淮太守的孔安国，而不是东晋的山阴孔安国。

陆氏《经典释文·序录》，孔安国《古文尚书传》十三卷。在马融、郑玄注之前，当是指西汉时人。《隋书·经籍志》在目录亦云：“《古文尚书》十三卷，临淮太守孔安国传，《今文尚书》十四卷，孔安国传。”显然写明是临淮太守的孔安国。至于《尚书》序，据《经典释文·序录》称：齐明帝建武中，姚方兴进孔传《舜典》一篇，“梁武时为博士，议曰孔序称伏生误合五篇，皆文相承接”③。

南齐时博士萧衍已引孔氏《尚书序》以议《舜典》。后来，他的儿子萧统编《文选》时，亦收录这篇序，题曰“孔安国”。李善注引《汉书》云：“孔安国以治《尚书》，为武帝博士，临淮太守。”

《隋书·经籍志》乃出李延寿之手（《北史》序传记其祖父大师撰南北各史未毕卒。贞观十七年褚遂良奉敕修《隋书》十志，召延寿撰录，知《隋志》乃李延寿具稿，嗣又经令狐德棻过目，再由魏徵审定者。）可见唐初的学者李延寿、李善都承认《古文尚书》是出于临淮太守的孔安国，和敦煌的《尚书》孔传目，并没有什么不同。

---

① 今本伪孔传本到刘炫才完成。在篇目上自可与伪孔传并论，至内容则刘炫据姚方兴本，多“濬哲文明”以下十六字。故陆德明《释文》用王肃本，孔颖达《正义》用刘炫本。此可于唐写本《尚书·舜典》释文见之。又参日人狩野直喜《君山文》中《释文舜典十二字答问》。

② 陈梦家：《尚书敦煌卷序目题记》，见《包遵彭先生纪念论文集》。

③ 所谓孔序误合五篇问题，参见浦起龙：《史通通释》三外篇，《古今正史》注。

四、小结

由上述的事实看来，东晋山阴的孔安国，始终没有和《尚书》这部书发生任何关系，如果要说他是《古文尚书》的编者，他决不敢承受，说他是《古文尚书》的伪造者，则他更不该负起这莫须有的罪名。在九泉之下，他一定感到啼笑皆非。陈梦家的新说，虽然有点新奇，可是却未尽合乎事实。梅颐上《古文尚书》在东晋初年，《古文尚书》孔氏立为博士在元帝时，比山阴孔安国的年代还早了近百年。

范宁把《古文尚书》的隶书古字变成今文，徐邈为《古文尚书》撰"音"。他们二人都根据《古文尚书》。这些事实，陈梦家亦早已晓得，他偏要怀疑陆德明、孔颖达和《隋书》作者误把西汉孔安国的《古文尚书》和东晋孔安国的《古文尚书》混为一谈。我想，他们未必会这样张冠李戴。

孔安国《尚书》序的末段，不独孔颖达《正义》本子有之，《昭明文选》所录亦有之。陆德明《释文》所收《尚书》序亦相同，注云："此孔氏所作。"陈梦家却认为自"书序"至"不复以闻"，疑是齐、梁、隋、唐间人所窜入。这些论断是站不住的。东晋的孔安国虽然系出望族，做过大官，曾经议礼，却不是个出色的经学家，只因他与西汉的孔安国姓名偶尔相同，就说他伪造《古文尚书》，简直是莫须有的无头公案。故我为他提出抗议！

1971 年 10 月，新加坡

诗一名三训辨

孔颖达《毛诗正义》于郑玄《诗谱》序下疏云：

> 诗一名而三训。名为诗者，《内则》说负子之礼云："诗负之。"注云："诗之言承也。"《春秋说题辞》云："在事为诗，未发为谋，恬淡为心，思虑为志。"诗之为言志也。《诗纬·含神雾》云："诗者，持也。"然则诗有三训：承也，志也，持也。作者承君政之善恶，述己志而作诗，为诗所以持人之行，使不失坠，故一名而三训也。

孔氏杂糅《春秋纬》、《礼记》郑注诸说，贯串而立论。细审之，承与持二义，原无大分别。

《礼记·内则》云："三日，卜士负之吉者，宿齐，朝服寝门外，诗负之。射人以桑弧蓬矢六，射天地四方。保受，乃负之。"郑玄注："诗之言承也。"疏："《诗·含神雾》：'诗者，持也。'"以手维持则承奉之义，谓以手承下而抱负之。郑氏训诗为承，疏引《诗纬》为说，是承与持，于义实同。

《仪礼·特牲馈食礼》云："主人左手执角，再拜稽首，受，复位。诗怀之，实于左袂，挂于季指。"郑注："诗，犹承也，谓奉纳之怀中。"此处"诗怀"，郑注亦训诗为承。

上举二例，均训诗为承，并出自郑玄《礼注》。诗可训承者，盖读诗为持。春秋以来，习见借诗字为持。金文诗字，从口从寺作時。

楚王熊章钟："其永時用亯"（薛氏《钟鼎款识》），永時即永诗，宜读为"永持"。

湖北曾侯乙墓乐器铭辞有一句惯语，且施用于各种器物，其文云：

> 曾侯乙詐時用冬（终）。

詐字从□，言字内有小圆圈，盖即音字。《说文》解"音"从言，含一之状也，故知此字乃从音乍声。蔡侯盘："用诈大孟姬□□。"则借诈为作，从音与从言无别，詐、诈皆借为作。曾侯器云"作時"，犹言"作持"。時，从口寺声，当是诗字。

以上金文二例皆以時为持，与《礼》之以诗为持正同。《诗·含神雾》训诗为持，实为古义，从训诂学言，承之与持，自是一事。由是言之，孔氏提出一名三训，实仅有两训而已。

孔氏之旨，乃从义理加以引申，而训诗为持。寻孔氏之前，有刘勰《明诗》篇；孔氏之后，有成伯玙《毛诗指说》。兹举其说如次：

> 刘勰云："诗者，持也，持人情性，三百之蔽，义归无邪。持之为训，有符焉尔。"（《文心雕龙》）
>
> 成伯玙云："《诗·含神雾》：'诗者，持也。'在乎敦厚之教，自持其心，讽刺之道，可以扶持邦家者也。郑玄云：'诗者，承也。'政善，则下民承而赞咏之；政恶，则讽刺之。"（《通志堂经解》引）

刘云"持人情性"，孔云"持人之行"，是孔取之刘勰《文心》也。孔云"承君政之善恶而作诗"，成云"政善，则下民承而赞咏之；政恶，则讽刺之"，则又本之孔氏重为发挥者也。

诗言志再辨

——以郭店楚简资料为中心

“诗言志”语，初见于《今文尚书·尧典》，为中国学术史、文学史上一大课题，多年来已有学人仔细讨论过。郭店楚简里面，提供一些诗和志有关的崭新的文学语言，使我们对这一问题可以重新考虑。

《语丛一》说：

《易》所以会天道、人道也。
《诗》所以会古含（今）之恃（志）也者。
《春秋》所以会古今之事也。

“恃”字从心从寺，此处应是“志”字的繁写。从心从寺与从㞢相同，读为“恃”或直释为“诗”都不甚妥当。《诗（经）》是一部汇集古今人之“志”的诗篇，《春秋》是一部汇集古今之事的著作。“志”与“事”对言，这和所谓记事、记言同例，《诗》是另一类记“志”的书，以表示之：

《书》——记“言”
《诗》——记“志”
《春秋》——记“事”

言、事、志三者，古代似是分开的，古人对“志”非常重视。

《语丛一》又说：

> 諓（察）天道以憍（化）民燹（气）。
>
> 凡又（有）血燹（气）者，皆又喜，又有怒……
>
> 其豊（体）又容又颃又圣（声）又臭（嗅）又未（味）又燹又志。……
>
> 容䌛（色），目䛐（司）也。圣，耳䛐也。臭，鼻䛐也。未（味），口䛐也。燹（气），容䛐也。志，心䛐。

能观察天道，便可变化民“气”，有点像后来所谓变化气质。楚人习惯气字写作燹，见于楚帛书皆相同。气与志骈列，气与志凡是血气之伦之所同有，与五蕴众觉的眼、耳、口、鼻并生。气为容所司，而志为心所司。故凡民皆有气有志。志与气的相互关系于兹可见其重要性。《孟子》因之有“志，气之帅也”的说法。古人极重视“志”。“志”为“心”所主宰，故云“志，心䛐”。“志”可说是一种“中心思维”，思想上具有核心作用。《尚书·盘庚》三篇有两处言及“志”云：

> 若射之有志。（上篇）
>
> 各设中于乃心。（中篇）

“中”是旗帜，设旗帜于心，作行为之指导。旗帜渊源甚古。《世本》云：“黄帝作旃。”殷卜辞屡见“立中亡风”之占，“立中”可读为“位中”。“设中于心”便是“志”。立志是儒家思想起点的要义，故曰“志于道”，语见《论语》，郭店简亦见之（3：1）。简又云：

> 㝵由敬作。（21：1）
>
> 敬生于厰（俨）。
>
> 仁生于人，义生于道，或生于内，或生于外。（11：1）

孟子因之有集义养气之论。“㝵”字可读为“持”。故曰“持其志无暴其气”。持志必小心翼翼，故云“持由敬作”。持即持志之持。举动词作为名词。于心中立旗帜以指挥行动。“象物而动”一语，为能用兵的象征（《左传》记芍敌为宰事。）物是染色旗。刘熙《释名》："将帅之所建也。"志所以为气之帅，正如"旗"、"物"之为兵之帅，军队之立旗，与心之设"中"，道理没有二致的。

燹——容之所司
志——心之所司

孟子（《公孙丑章》）所以"志至焉，气次焉"，又曰"持其志，无暴其气"。"配义与道，无是馁也"。楚简云"其体有容有色有声有嗅有味有气有志"，证以孟子说"气，体之充也"，可作这段话的注解。持志必主敬，"敬生于厰"，厰即严，读为俨。《曲礼》云"俨若思"，是其义。

"志"在心理上地位的重要性有如上述。《诗》之为书，为篇章的总集，正荟萃着古今人的"志"之所托。"诗以道志"即所以见古今之志。通过这些诗，可以使民变化气质。儒家对诗的功用，从断章零简的语言，略可捉摸到古人立言的大体。

楚简中所见的"诗"字有许多不同写法，郭店简《缁衣》篇引"《诗》云"，均作"寺員"，或"大頣（雅）員"、"少（小）頣員"，直以"寺"字代"诗"。上海博物馆的楚简《紂衣》引《诗》则作"旹员"；其《孔子闲居》篇作"詣曰"。"寺"字改从口，不从又。又一从阝从寺声亦作"陦"。诸异文表列如下：

旹——詣——詍　时　（钟铭）借时（诗）为持。
𡳿——诗　　　峙　《诗》大序"在心为志"。从寺与从 㞢同音同义。
（寺）
陦——与时同。　埁　借作持。

金文熊章钟"永时用亯"，曾侯乙乐器铭"詐时用冬"即"作持用终"。《诗纬·含神雾》："诗者，持也。"诗与持同训，互相借用。楚简《唐虞之道》末引《吴陦》曰"大明不出，完（万）勿（物）虐（皆）韵（揞）。圣者不在上，天下必坏"。吴陦即虞诗，唐虞之虞。有股肱之歌见于《益稷》。此数句为逸诗，向所未知，殊为珍贵。《方言》："揞，藏也。荆楚曰揞。"大明指日月，有天地闭、万物潜藏之意。赓歌云"股肱惰哉，万事堕哉"。万物与万事遣词略同。

楚简《性自命出》篇云：

> 凡人虽有性，心无定志，待物而后作，待悦而后行，待习而后定。喜、怒、哀、悲之气，性也。及其见于外，则物取之也。……凡心有志也，无与不〔可〕……

《左传·昭公二十五年》，（郑）吉对赵简子引他的父亲子产的话说："民有好、恶、喜、怒、哀、乐，生于六气，是故审则宜类，以制六志。哀有哭泣，乐有歌舞……喜生于好，怒生于恶。……哀乐不失，乃能协于天地之性，是以长久。"他以六气配六志，喜、怒、哀、乐诸气，在本章有很详细的讨论，似乎与子产之说有密切关系，很可以注意。六志，后代称为六情（见朱自清书引孔氏《正义》），朱认为："这种志，这种怀抱是与礼分不开的。"如从楚简本篇看来，应是论性与情的事，"道始于情，情生于性"。六情原出于性，心无定志，故六情之哀乐多有过失，不能协于天地之性。所以心如何去定志，是一要紧的事，不单单与礼有关涉而已。

本篇言诗、书、礼乐皆源于人：

> 诗有为为之也，书有为言之也，礼乐有为举之也。

这段话可以令人作深长思。从人本主义的立场来说，诗、书、礼乐的产生，始于人性。子产的意思，可能亦是主张"定志"的事情。

中心必须有定志，所以春秋以来，许多重要人物都有教诗明志之说，如申叔时之辈（《国语·楚语》），孔子亦命诸弟子"各言尔志"（《论语·公冶长》）。关于献诗陈志、赋诗言志的事，诸书已讨论过，不用多赘。孔子称"《诗》三百，一言以蔽之，曰思无邪"（《论语·为政》），这是随便摘取《鲁颂·駉之什》第四章中一句，其实尚有思无疆、思无期、思无斁三句。今见于郭店简中有"思无疆，思无期，思无怠，思无不由义者"语，其章号作墨钉，似有意给以标志。这些"思无疆"等语，显然摘自《鲁颂》，可以寻味。《论语》原本是否只单用"思无邪"一句，亦很难说，但可见断章取义以说诗。从楚简引诗句的情形看来，孔门和儒家无不如此！

"定志"要持敬。在较早的文献像《尚书·皋陶谟》引禹曰：

安汝止，惟几惟康。其弼直，惟动丕应。徯志以昭受上帝，天其申命用休。

徯训待。这句《史记》译作“清意以昭待上帝令”。他认为行动可以得到好的反应，要清明志意以等待上帝的耿命。古代人人心中有一个上帝，《诗经》里面“上帝”共十九见，“上帝临汝”二见，“上帝不临”一见，可以为证。“惟几惟康”是思危才能致安，这是政治上“徯志”的教训。“徯志”不能不先从“定志”做起。志与气可以结成复合词曰“志气”，所谓“清明在躬，志气如神”，史公言“清意”，便是这样的境界。

诗以言志，赋亦同样要显志（冯衍有《显志赋》）。《昭明文选》特立“志”一类。班固作《幽通赋》，“以致命遂志”，其言曰：“盖惴惴之临深兮，乃二雅之所祗。”“神先心以定命兮，命随行以消息。”曹大家注：“祗，敬也。”“言人之行各随其命。命者，神先定之。”楚简《性自命出》：“性自命出，命自天降。”“始者近情，终者近义。”临深履薄的警惕，赋家对于心中定志，亦惓惓于怀呢！

根据《尚书》记载，“志”之观念，由来已久。其实占卜亦要言“志”。我在《贞的哲学》① 一文中，已作具体的研究。占卜有繇词，亦是诗的性质。殷代《归藏》的繇辞，已在湖北王家台的秦简发现。繇亦是诗的一种，是占卜的副产品。古代枚卜，要先“蔽志”，再“昆命于元龟”。其志先定，然后通过占卜的手续，询谋佥同，天人共同认可（见《大禹谟》）。“蔽”训决断。事先作好决定，然后问卜，打定主意，亦是“定志”的事。

《左传》有几个故事，足以验证“志”与卜筮的关系。《哀公十八年》传：

子国之卜也，观瞻曰：如志。故命之。及巴师至，收卜帅。王曰：“宁如志，何卜焉？”使帅师而行。……君子曰：惠王知志。《夏书》曰：“官占，唯能蔽志。”其是之谓乎。志曰：“圣人不烦卜筮。”惠王有焉。

此志称赞惠王能够“知志”。所引《夏书》，即上述《大禹谟》两句，足见其语非出虚构。

又《襄公二十七年》传：

---

① 载《华学》，第3期。

赵孟七子赋诗。伯有赋《鹑之贲贲》，卒享。文子告叔向曰：伯有将为戮矣！诗以言志，志诬其上而公怨之以为宾荣，其能久乎？

同传：

子木论晋楚无信，事利而已。苟得志焉，焉用有信。令尹将死矣，不及三年，求逞志而弃信，志将逞乎？志以发言，言以出信，信以立志，参以定之。何以及之？

畅论信以立志、志以发言、信—志—言三者的连环关系，志必以信为基，民无信不立，没有信，则志将无所依存。志须依信以立言，信即贞（正）也。

又《昭公十二年》传：

南蒯筮，遇坤䷁之比䷇，为黄裳元吉，大吉之象。惠伯告以忠信则可，不然必败。外强内温，忠也。和以率贞，信也。故曰黄裳元吉。

必和顺而行贞正之事，始能取信于人，而得到大吉。上述诸项，可为旧作《贞的哲学》补充说明，皆与志有关，故附带及之，以见《易》之有繇，与《诗》同一本源，都与“志”有一定的关系。

附表

立志 信以	易(卜)	蔽(断)志	知志
定志	书	徯志(清志)	
	诗	言志	道志

诗字异文表

寺　（省言）　峙（志）　在心为志，从之与从寺同

㞢　从口之，口与言同意

诗　　从言

峙　　从口与从言同意，借为“持”

陠　　改从阝

垮　　从阝、从土同意，借作“持”

读阜阳《诗》简

安徽阜阳县夏侯灶墓出土的《诗经》简册（以下省称阜《诗》），已在1984年的《文物》第8期正式公布了。这是继马王堆《易经》写本以后古文献又一重要发现。《诗经》古写本在竹简上的出现这还是第一次，所以非常重要。夏侯灶是夏侯婴的儿子，同墓出土又有《仓颉》篇等，应该是汉初楚域流行的读本，也许是死者生前诵习的经本。夏侯灶死于汉文帝十五年（公元前165年），这一写本的年代下限不能迟过是年。虽然有人写了《简论》，对《诗经》早期的风貌作了种种考察，笔者读后，仍有许多不同看法，不揣固陋，谨提出，向读者请教。

一、秦汉之际的《诗经》学

孔门以《诗》设教，其门下相承，自子夏至于荀卿，都长于《诗》。西汉传《诗》有四家。《隋书·经籍志》：

> 汉初，鲁人申公受《诗》于浮丘伯，作诂训，是为《鲁诗》；齐人辕固生亦传《诗》，是为《齐诗》；燕人韩婴亦传《诗》，是为《韩诗》。终于后汉，三家并立。汉初又有赵人毛苌……善《诗》，自云子夏所传，作诂训传，是为《毛诗》。古学而未得立（于学官）。

辕固生和韩婴时代相当晚：辕固为景帝时博士；韩婴较早，汉文时尝为博士，武帝时与董仲舒讨论于皇帝面前，一时传为美谈。《毛诗》由河间献王的传播，方才流传。这三家《诗》之成立及传授，都在阜阳《诗》简之后。唯有《鲁诗》传自浮丘伯，其来历远在嬴秦之世。浮丘伯是荀卿的弟子，和李斯同时。其人颇为汉初儒家所称道：

陆贾《新语·资质》篇："鲍丘之德行非不高于李斯、赵高也，然伏隐于蒿庐之下。"

桓宽《盐铁论·毁学》篇："昔者李斯与包丘子俱事荀卿。既而李斯入秦……包丘子不免于甕牖蒿庐。"

刘向《孙卿子书录》："春申君死而荀卿废，因家兰陵。李斯尝为弟子。……又浮丘伯皆受业为名伯。"

浮丘与鲍丘、包丘为一声之转，说者咸认为是一人。《汉书·楚元王传》云：

少时尝与鲁穆生、白生、申公俱受《诗》于浮丘伯。伯者，孙卿门人也。及秦焚书，各别去。

如传所言，楚元王刘交与申公辈同学《诗》于浮丘伯，是在秦始皇焚书之前。《史记·儒林传·申公传》言：

申公者，鲁人也。高祖过鲁，申公以弟子从师入见高祖于鲁南宫。吕太后时，申公游学长安，与刘郢同师。

据《汉书·高帝纪下》："十二年十一月，行自淮南。还，过鲁，以大牢祠孔子。"是申公从其师浮丘伯谒见汉高祖，应该在高祖十二年（公元前195年）十一月。《汉书·楚元王传》云：

汉六年，既废楚王信，分其地为二国。立（刘）贾为荆王，交为楚王。……元王（交）既至楚，以穆生、白生、申公为中大夫。高后时，浮丘伯在长安。元王遣子郢客与申公俱卒业。文帝时，闻申公为《诗》

最精，以为博士。元王好《诗》，诸子皆读《诗》。申公始为《诗传》，号“《鲁诗》”。元王亦次之《诗传》，号“《元王诗》”。世或有之。

然《史记·申公传》则言：“申公独以《诗经》为训以教。”《索隐》云：“谓申公不作《诗传》，但教授。”与《汉书》说异。《汉书·艺文志》本诸刘歆《七略》，亦不载刘交的《元王诗》，殆未之见，或其书未成。阜阳《诗》简写于汉文帝十五年以前，其时申培公不知已为博士否？从史实论，阜《诗》为文帝十五年以前之物，和浮丘伯传授申公、刘交时代最为接近。浮丘伯传入楚地之《诗经》本子未知视此如何？其时《齐诗》、《韩诗》尚未成学，《毛诗》传授者大毛公为河间人，小毛公（苌）为赵人，在另一地域流行，故阜《诗》不必管它是属于上列三家之任何一家。只有《鲁诗》年代相当——但亦不能指为《鲁诗》的读本。

申公传《鲁诗》，受之浮丘伯，而浮丘伯则为荀卿之门人。《荀子》一书中引《诗》甚多。据陆德明《经典释文·序录》荀卿的师承关系，其来历亦斑斑可考。兹表列如下（见下页）：

《荀子·大略》篇引“《国风》之好色也。传曰：盈其欲而不愆其止，其诚可比于金石，其声可内（纳）于宗庙”。俞樾撰《荀子诗说》，以为这“传文必是根牟子以前相承之师说，实为《毛传》之先河”（见《春在堂全书》中《曲园杂纂》第六）。大毛公亦及荀卿之门，可是《大略》篇这一段话，是否出于根牟子，还是没有坚强证据。

浮丘伯传《鲁诗》，大约在秦始皇时代。近人马非百著《秦集史》，即为浮丘伯立传（见《秦集史》人物传十三，中华本，337 页）。又刘汝霖著《汉晋学术编年》第一册，高祖六年之下，记载刘交为楚王申培等至楚事。因汉废楚王韩信，分其地为二国，立刘贾为荆王，交为楚王，即在是年。然刘氏述申公见高祖在是年之前则误，当在高祖十二年（说已见前）。

汉初，儒生多通《诗》、《书》。《贾谊传》称其“年十八，以能诵《诗》、《书》，属文，称于郡中（谊为洛阳人）”。《陆贾传》记其拜大中大夫，时时前说称《诗》、《书》，为高祖所骂。贾所著《新语》，每每引《诗》。如《辨惑》第五篇末言：“《诗》云有斧有柯，言何以治之也。”可见秦汉之际，《诗经》为一般人所诵习的情形。

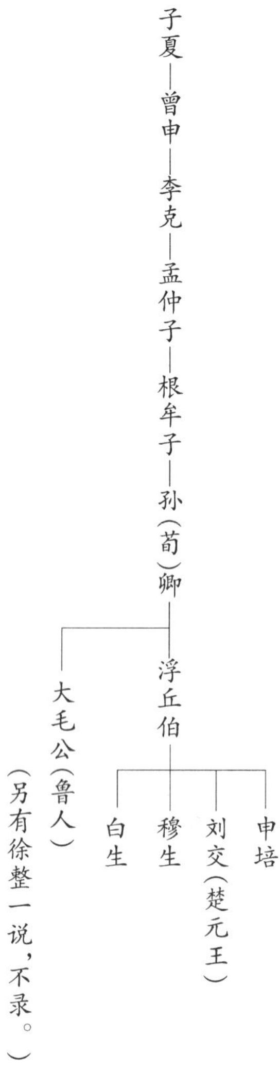

二、帮助了解《左传》引《诗》的古本

阜《诗》虽然是断烂的残简，片文只字，有时却非常有助于经典文字的勘正与研究。开头第四条：

于时于以用。（S·〇〇四）

即是《国风·召南·采蘩》的首章“于沼于沚，于以用之”的残文。我们习惯读《毛诗》本子，初看到这个“畤”字，必甚诧异，其实是有它的来历。陆德明《经典释文》在《毛诗》这章下云：“沚，音止，沼也。”但另在《左传·隐公二年》“涧溪沼沚之毛”句下云：

畤，音止。本又作沚。亦音市，小渚也。

据此则《左传》古本原有作“沼畤之毛”者。故孔颖达疏云：“沚与畤音义同。”《广韵》上声六止韵内，畤字有三个音，其一在洔字之下，音直里切。洔字训“水中高土”，又音止，则洔与沚及畤都通用。《左传》古本沚之作畤，由于仅此一例，向无人注意。今得阜《诗》之“于畤”残文，可以证实《左传》古本确有这一写法。

阜《诗·鄘风》：“〔贲〕贲，人之无良，我〔以为君〕。”（S·○五九）

是“鹑之奔奔”第二章的残文。其缺字补足之，应作“鹑之贲贲”。今《毛诗》作“鹑之奔奔”。按《左传·僖公五年》八月，晋侯围虢国的上阳，卜偃引童谣回答，有“鹑之贲贲……虢公其奔”之语。“鹑之贲贲”一句，《诗·鄘风》和春秋时童谣均用之。《左传》释文：“贲音奔。”贲与奔二字每互借。如《易》涣卦爻辞，“奔其几”，马王堆本作“贲其阶”，即其例证。《鲁诗》、《齐诗》皆作“鹑之贲贲”，亦同于《左传》。《礼记·表记》引《诗》“鹊之姜姜，鹑之贲贲”，郑注：“姜姜贲贲，争斗恶貌也。”《吕览·壹行》高诱注：“贲，色石纯也。《诗》云：鹑之贲贲。”均作贲。似以作贲为正——因童谣下文用奔字协韵，不能重复。

《左传》每引用《诗》句《诗》意。《释文·序录》云：“左丘明作《传》，以授曾申。申传卫人吴起。”申字子西，为曾参之子。申复从子夏传《诗》，一人兼传《诗经》和《左传》。曾申所授的《诗》本子今不可考。上举虽仅两例，所引《诗》均不同于《毛诗》，必是出于《左传》的古本，则可断言。

三、为《说文》古文提供佐证

阜《诗·小雅》部分只存七则。《伐木》第二章残文云：

于粲洒骚，每食八杋。既有肥牡，以速者咎。宁是不来，微我有咎。（S・一四三）

《毛诗》本作“洒埽”、“陈馈八簋”、“诸舅”、“宁适”，其他相同。骚和埽二字同音通借，阜《诗》在《唐风山有枢》的第二章“弗（洒）弗骚”句（S・一一四），亦借骚为埽。者咎宜读为诸舅。咎之为舅，古来习见。“宁是”之作“宁适”，是与适之互通，在阜《诗》中不止一见，今不详论。“每食八杋”句，与《毛诗》大异，最为有趣；尤以“杋”字的出现，最有研究价值。

《说文》竹部簋字之下重文有匦、匭两字，并注云：“古文簋。”最后又有杋字。许君云：“亦古文簋。”这个“杋”字，清代权威的文字学家有不同看法：

段玉裁说——簋以木为之，故字从木也。惠栋《九经古义》曰：《易・涣》“奔其机”，当作杋。宗庙器也。（《说文解字注》）

桂馥说——文当为机。从几俎之几，非从八九之九。（《说文义证》）

两说正相反。按《尔雅・释木》有杋字，云：“杋，檕梅。”郭璞注：“杋树状似梅，子如指头，赤色。”释文音求。《玉篇》在木部后增字引《尔雅》补杋一文，实不以为簋字。《周礼・春官・小史》“史以书叙昭穆之俎簋”句下郑玄注：“故书簋或为几。郑司农云：几读为轨。书亦或为簋，古文也。”（《四部丛刊》翻宋本）几和九二文形近易乱。段玉裁改校《周礼》此条之几为九，谓：“《周礼》故书作九，则更古矣。”孙诒让从段说，谓：“《说文》古文簋字凡三：曰匦、曰匭、曰杋，其不数九、轨，何也？《说文》所说者，小篆古文之别也；《礼经》所用者，古文之假借也。”（《周礼正义》）如是《周礼》故书有但作九者，同音借用为簋。《左传・僖公四年》“苞匭”，释文云：“音轨。本或作轨。”是《左传》别本簋又有作轨者，与九同是假借。

至《易经・涣卦》九二爻辞所见之机，是否如惠栋说为杋之误，则甚难言。考马王堆本此句作：

涣，贲其阶，悔亡。（《文物》，1984 年第 3 期，第 8 页）

不作机而作阶，与簋全不相干。故知作机绝非杋之讹，惠说非是。《易・

损卦》爻辞又有“二簋可用享”句（马王堆本作二巧，借巧为簋），商承祚著《〈说文〉中之古文考》引此语的释文云：“蜀才本作轨、杌。”但核之纳兰成德的通志堂刊本及卢文弨校刊的《经典释文》（《抱经堂丛书》本），实同云“蜀才作轨”。今岁我在日本校印之《敦煌书法丛刊》，第四卷为敦煌石室所出唐开元二十六年蒲州赵全岳写本《周易释文》（东京二玄社印），此条亦云：“蜀才作轨。”诸本并无杌字。故知商氏误引，随便增一杌字，遽谓出自蜀才《易注》。商氏书又据惠栋说把许多机字都改成“杌”字，似乎过于大胆。其实以杌字作为簋之古文，综合上述各种资料看来，只有《说文》古文一处而已，其他《周礼》古书及《左传》则借九与轨以作簋。段氏没有新资料，过于信从惠栋妄改之说，似嫌轻率；桂氏改杌为机，以为从几之讹，亦非。今从阜《诗》“八杌”之杌字，可知汉初已通用杌字代簋，足为许君杌为簋之古文提供实物上之证据，且可明了清儒各种揣测之不可信。一字千金，十分可贵。

四、解决《诗》异文的疑难

《诗经》的本文，由于四家《诗》本子的不同，向来有许多争论。阜《诗》的出土，提供了崭新资料，可以帮助我们解决一点积疑。试拈二例论之：

(一)《毛诗·邶风·谷风》第五章

> 不我能慉，既阻我德，贾用不售。

《毛传》：“慉，养也。”郑笺：“慉，骄也。君子不能以恩骄乐我，反憎恶我。”陆德明《释文》：“毛：兴也；郑：骄也；王肃：养也；《说文》：起也。”（宋巾箱本）

在《诗经》学史上，三国时郑、王之争最剧。王肃好与郑玄为难，著有《毛诗义驳》、《问难》、《奏事》诸书，以申毛难郑。清儒谓其“有意与郑乖异，甚且不惮改古人相传之故训，以申己见”（卢文弨《龙城札记》说）。臧庸著《拜经日记》，指出《毛传》“慉，养也”一句即出王肃所伪作（《皇清经解》卷一一七〇～一一七六）。大概他看见陆氏《释文》有“王肃：养也”一语，故作这样推断。今观阜阳简残文云：

……畜，反以我为雠，既沮我直。（S·○三六）

这句有三处和《毛诗》不同：慉作畜，不从心；阻作沮；德作直。德字从直心，故省借直为德。沮、阻音义皆同。此本作畜，不作慉。训养之义，疑即从畜而来。《说文》心部："慉，起也。从心，畜声。《诗》曰：能不我慉。"引《诗》，字亦作慉。段注谓起与兴义同，亦以训养为非。然孔颖达《正义》释"传：养"云：

遍检诸本，皆云慉养。孙毓引传云："慉，兴。"非也。《尔雅》不训慉为骄，由养之以至于骄，故（郑）笺训为骄。

他说"遍检诸本"，都是训养，且斥孙毓的（《三家诗评》）引传作兴为非。唐初《诗经》写本较多，孔氏之说，必有根据，所以不宜轻易说《毛传》训养是出于王肃所羼改。但陆德明云："毛：兴也。"与孙毓相同。孔氏撰《正义》则不采是说。皁《诗》作畜，与各家独异，犹存早期《诗经》写本之真面目。

（二）《毛诗·陈风·墓门》第二章

墓门有梅，有鸮萃止。夫也不良，歌以讯之。

陆氏《释文》：

讯之，本又作谇。

《广韵》去声六至云：

谇，言也。《诗》云："歌以谇止。"

引诗与《释文》一本作谇相合。隋代经学家对这一字讨论甚繁。钱大昕认为讯是谇的形讹。他说："六朝人多习草书，以卒为卆，遂与卂相似。陆元朗不能辨正，一字两读，沿讹至今。"《说文》引《国语·吴语》"谇申胥"，今本《国语》作讯。谇误作讯，古书中其例不一而足。陈奂《毛诗传疏》云："《广韵》谇字引《诗》'歌以谇止'。然则此句止字与上句止字，相应为语词。凡古人之诗，韵在句中者，韵下用字不得或异。三百篇惟'不可休息'（案此汉广句），思讹作息，与此处止讹作之，失《诗》句用韵之通例。"陈氏亦以为应当作谇，方与上句之萃协韵。今按阜《诗》残简正作：

……桲止。夫也〔不良〕，歌以谇☐。（S·一二八）

桲是萃的异写，从草与从木不分。"歌以谇☐"句和《广韵》引《诗》、《释文》一本相同。桲与谇协韵，是汉初《诗经》写本确有作谇者，可证钱、陈之说。

五、一些罕见的异文

阜《诗》异文甚多，不少为前所未见，一时不易解释。《经典释文·序录》诗类有言："口以相传，未有章句。……遭秦焚书而得全者，以其人所讽诵，不专在竹帛故也。"汉初，《诗经》的传授，由于口口相传，"仓卒无其字，或以音类比方假借为之"，所以同音别字特别多。像"出自幽谷"之作"幼浴"，楚帛书"山川澫浴"即"万谷"，马王堆《老子》甲本《德经》"浴得一以盈"，《道经》"浴神〔不〕死"，都借"浴"为"谷"。这尚很容易加以解释，但有一些是很特别的。

例如：琴瑟"在御"作"在苏"。按《广韵》十一模，苏字下又有"满也，悞也"诸训。稣下有一义为"舒悦也"。悞在去声十一暮，为误的重文，音五故切。和它同音的共十四字，其中有娱。苏之训悞，稣之训舒（悦），可能是从娱而来。娱有平声五于切一音，又五故切，因得与御同音假借。

有的是增形假借。如夕之作焟。王风"日之夕矣"句，阜阳《诗》简两处皆作焟诶，即夕矣。语助字在阜《诗》中每增益言旁。如非（匪）之作诽，嗟之作謎，矣之作诶，例正相同。夕之作焟者，《周礼·天官》"腊人"郑注云："腊之言夕也。"腊音昔。《穀梁传》："辛卯昔，恒星不见。"即辛卯夕。夕可借作昔。焟字与腊之从肉不同，他书未见。焟应是夕的繁体，增益声旁之昔。

又有字形稍变的省借。如《曹风》"其弁伊骐"，陆氏《释文》云："（骐）

音其。骐，綦文也。《说文》作璂，云：“弁饰，往往冒玉也。或亦作璂。”按《周礼·夏官·弁师》：“王之皮弁会五采，玉璂。”郑注：“皮弁之缝中，每贯结五采玉十二以为饰，谓之綦。《诗》云……其弁伊綦是也。”字迳作綦。骐是璂、綦的借音字。阜阳《诗》简作“弁伊𠔱”（S·一二九），字从《说文》箕之古文𠁼，而形少变；下益丌为音符。即金文的𠔱（季良父壶）。阜阳《诗》简只是用其字来代替璂或綦，但存声符而已。

六、余论

有的异文已见于《经典释文》。如《卷耳》“我马屠诶”，毛作“瘏”。《释文》：“本又作屠，非。”

有用本字者。如《唐风·扬之水》“白石凿凿”，阜《诗》作“糳糳”（S·一一六）。《玉篇》残卷凿字下引《左传》“粢食不糳”（《桓公二年》），字下从米。糳训“精细米也”，字见《说文》。

异文有可正音读者。如《邶风·终风》“携手同居”即同车。《庄子·徐无鬼》“日之车”，《释文》云：“元嘉本作居。”与此同，车字作居。正如刘熙《释名》云：“古者车声如居，所以居人也。”可证汉初人不读车为尺屠反之音。吴韦昭谓后汉以来始有居音一说，不攻自破。

阜阳所出简册，兮字都用旖为之。如残简：“□橐旖（兮）北辰游”（《文物》1983年2期），“简旖（兮）方将万舞”（S·三九）。同样之例还多。马王堆本《老子》，所有兮字皆作呵。语词之兮或作猗。猗与旖音义同。如旖旎亦作猗狔（见《广韵》上声四纸）。旖复作旃，从㫃，可声（《广韵》上声三十三哿），与呵之“从口，可声”相同。兮之作呵及旖，还是楚声的系统。

阜阳《诗经》汉简虽所存残字无多，然算是现存《诗经》最早的写本。近世经学式微，治古文字者多不通经，研习训诂的又往往排黜古文字，两者不易得其会通。故略为抉发一二，以竢方闻之匡正。

原载《明报月刊》，1984年12月号

诗妖说

诗妖之说，或谓始于刘向。按当出伏生《洪范五行传》（《尚书大传》卷三），次二事曰言。“言之不从，是谓不艾（艾，治也）。厥咎僭，厥罚常阳，厥极忧，时则有诗妖。”班书于《五行志》为之解曰：“君炕阳而暴虐，臣畏刑而柑（钳）口，则怨谤之气，发于歌谣，故有诗妖。”（中之上）诗妖与服妖、草妖、鼓妖、脂夜（液）之妖、射妖，合为五事六沴。《南齐书·五行志》“言”传曰：“下既悲苦君上之行，又畏严刑而不敢正言，则必发于歌谣。歌谣，口事也。口气逆则恶言，或有怪谣焉。”故歌谣之兴，发于怨谤之气，古人所以目之为诗妖也。

赵武冠，见范文子（燮）。文子曰：“可以戒矣！兴王，赏谏臣；逸王，罚之。古之王者，政德既成，又听于民。于是乎使工诵谏于朝，在列者献诗使勿兜（瞽）。风听胪言于市，辨妖祥于谣。有邪而正之，尽戒之术也。”（《晋语》六）《诗》序：“言之者无罪，闻之者足以戒。”于谣谚辨其善恶，亦王者尽戒之一端。《韩诗外传》三：“人主之疾，十有二发。”最末三者为喘、痹、风。其言曰：“无使下怨，则喘不作；无使贤人伏匿，则痺不作；无使百姓歌吟诽谤，则风不作。《诗》曰多将熇熇，不可救药，终亦必亡矣。”《诗》六义之风，正义以为“诗人之四始六义，救药也”，义盖本此。（参《管锥编》，58页）人主之病风，由于诗妖，怨谤之事为之也。

自汉以后，史书《五行志》皆列有诗妖一项。《宋书》首举魏明帝太和中，京师歌《兜铃曹子》，其唱曰：“其奈汝曹何!”此诗妖也。其后曹爽见诛，曹氏遂废。太康末，京师始为《折杨柳》之歌，其曲有兵革苦辛之词，应三杨之族灭。元康中，童谣歌："南风起，吹白沙。"应贾后为乱以危太子。贾后字南风，白为晋所行五德之运，沙则为太子小名沙门。《隋书》称：陈时，江南盛歌王献之《桃叶词》，应晋王伐陈，置营桃叶山下。齐武平末，谣曰："黄花势欲落，清樽但满酌。"应穆后干政，促齐之亡；穆后，小字黄花也。《新唐书》三十五：永徽后，民歌盛《媚娘曲》，应武氏之兴。垂拱后，东都有《契苾儿歌》，皆淫艳之词；契苾，张易之小字也。降及唐末，徐温不知其儿训在广陵作《朱蒜》，人谓之不及秋，后十三年六月训果为朱谨所杀焉。(《青箱杂记》七有诗妖专条。）佳诗美谣，不少保存于各史《五行志》，未可交臂失之。

凡刺诗皆诗妖之类，有国者所当审辨，而引为监戒者也。陈诗观风，意即在是。自此义不明，而"檿弧箕服，实亡周国"(《郑语》宣王时谣）遂流于迷信。杜文澜著《古谣谚》，网罗弘富，惜陈义尚寡，故为阐发如此。

附　谏书、谤书论

范书《班固传》云："固感前世相如、吾丘寿王、东方之徒，造构文辞，终以讽劝，乃上《两都赋》，盛称洛邑制度之美，以折西宾淫佚之论。"李贤注："(吾丘）寿王作《士大夫论》及《骠骑将军颂》。(东方）朔作《客难》及《非有先王论》，其辞并以讽谕为主也。"汉以诗赋及论为讽谏之工具，在当时有其实用价值。范书《杜根传·论》云："礼有五谏，讽为上。若夫托物见情，因文载旨，使言之者无罪，闻之者足以自戒，贵在于意达言从，理归乎正。……夫未信而谏，则以为谤己。"李注云："五谏谓讽谏、顺谏、阙谏、指谏、陷谏也。讽谏者，知祸患之萌，而讽告也。顺谏者，出辞逊顺，不逆君心也。阙谏者，视人君颜色而谏也。指谏者，质指其事而谏也。陷谏者，言国之害，忘生为君也。见《大戴礼》。"按《保傅》篇云："于是有进善之旍，有诽谤之木，有取谏之鼓；鼓史诵诗，工诵正谏。"古之谏官，实出于瞽史乐工。后人分谏为五类，讽谏列居其首，谓知祸患之萌而讽告之也。《白虎通》因之有谏诤之专篇。西汉人以《诗》三百篇为谏书，如王式（见《儒林》本传）是也。讽谏每寓于颂美之中，观相如《封禅文》，既云"作《春秋》一艺，将袭旧亦为七，摅之无穷"，而篇末又云："依类证寓，喻以封峦（即指封禅)。披艺观之，天人之际已交，上下相发允答。圣王之事，竞竞翼翼。故曰于兴必虑衰，安必思危。”此即讽告之深旨。世但知相如作赋以讽，而不知其作《封禅文》乃亦讽也。

至于谤者，《论语》云：“事君信而后谏，其君未信则以为谤己。”故王允以司马迁《史》为谤书。谤书之说，见范书《蔡邕传》，云：“方蔡邕之被收也，乞继成《汉史》。王允独曰：昔武帝不杀司马迁，使作谤书流于后世。”《魏志·王肃传》云：“魏景初间，帝以问王肃：‘司马迁以受刑之故，内怀隐切，著《史记》非贬孝武，令人切齿。’肃对以为隐切在孝武，而不在史迁。”《三国志·董卓传》裴注引谢承《后汉书》说已如此。裴松之谓此殆谢承之妄记，而云：“迁为不隐孝武之失，直书其事耳，何谤之有？王允之忠正，岂可虑其谤己而枉戮善人哉！此皆诬罔不通之甚者。”说出谢承，而裴氏以为妄。裴与范氏同时，其取舍不同如此！则史公谤书一说，原未可轻信。然谤之与谏，正如唯之与阿。史公之直书，亦未始非谏草，盖讽谏固西汉以来文学之优良传统也。

竹书《诗》序小笺（一）

关于“訔亡隱志”，“乐亡隱意（情）”，“文亡隱言（言）”三句，好像是三句偈。隱当是吝的繁写。《玉篇》引《论语》“改过不吝”。陶潜《五柳先生传》“曾不吝情去留”亦使用“吝情”二字，语虽后出，亦可参证。

《性命》第三十九简，“愚（伪）斯隱矣，隱斯虑矣”。郭店本作叟，《老子》“若畏四邻”。帛书乙本作叟。《说文》“吝，恨惜也”引《易》“以往遴”（出京氏《易》），邻、遴互通。此处“伪斯吝矣，吝斯虑矣”亦通，不必改读为“文”。

故诗不吝志，乐不吝情，文不吝言，都是文从字顺。

何须改读为离耶？

《关雎》之攺　　　　以色俞于礼

攺字同于卜辞“……屡见，弜攺……弗悔”成语，其字分明从㔾，或读为配，然全文“配皇天”、“配有周”，配皆从酉卪，无从巳者，故不得释配。

《说文》支部改攺分为二字，于攺字训为逐鬼大刚卯，形同此而义不洽。改攺并音古亥切。《老子》“独立不改”，郭店作“不亥”，借亥为改，知二音相同，可以互借，或谓许书之攺即改字，初无二致。如是从巳亦可借为从己之改。以音同论之，疑攺可能借为丞。《说文》己部：“丞，谨身有所承也，从己丞。读若《诗》赤舄几几。”丞字是会意兼声，《礼记》借为“合卺”字。

《士昏礼》："四爵合卺。"郑注："合卺，破匏也。"《礼记·昏义》："妇至，婿揖妇而入，共牢而食，合卺而酳，所以合体同尊卑以亲之也。""合卺"所以示立夫妇之义，成男女之别，礼之大体，示敬慎重正而亲之，故卺字训谨身有所承。合卺是共用一瓢以饮酒，示夫妇合体。《关雎》之改，似可读为《关雎》之卺。序又句云：

以琴瑟之悦（敓），㤅好色之忎，以钟鼓之乐……好，反内于礼，不亦能改（卺）乎。

《关雎》之改（卺）则其思赐（益）矣。

读为"不亦能卺"，谓不亦能谨而有所承，是合乎"礼之大体"，故其思有所益。以婚礼之卺，正"所以敬慎重正"，其义深矣！赐又可读为溢，《周颂》："维天之命，假以溢我。"

故读改字为卺，上举三辞，均文从字顺。

《关雎》为邦风之始，另简云：

关疋㠯色俞（喻）于礼。

何谓"俞于礼"？兹参之马王堆《德行》篇：

辟（譬）而知之，胃（谓）之进之；弗辟（譬）也，辟（譬）则知之矣，知之则进耳？

榆（喻）而知之谓之口，口弗榆（喻）也，榆（喻）则知之，知之则进耳。榆（喻）之也者，自所小好榆（喻）虖所小好，茭（窈）芍（窕）〔淑女，寤〕眛（寐）求之。思色也。求之弗得，晤（寤）眛（寐）思伏，言其急也。繇（悠）才（哉）繇才（哉）婘专（展转）反厕（侧）。言其甚□□□如此其甚也。……繇色榆（喻）于礼，进耳。

此即所谓"以色喻于礼"也。孔子重视譬喻之方。《论语·雍也》："能近取譬，可谓仁之方也。"又《子张》："譬诸草木，区以别矣。""君子喻于义，小人喻于利。"凡此足见用喻之重要。喻或写作俞或榆，皆当读为喻。

鳦鳦之情，以其蜀也。

鳦鳦即燕燕。阜阳《汉诗》作“匽匽于非”。马王堆《德行》作“婴婴于罼差貤其羽”。郭店《五行》篇引此诗，云“然后能至哀，君子誋（慎）其蜀（独）也”。《德行》亦两次言“君子慎其独也”。蜀当即独。《方言》蜀训一，即以蜀为独。马读以蜀为笃，非是。

甘棠之保。

保字不必读为褒，亦不必读为报。《周颂·烈文》、《天作》俱云“子孙保之”，《时迈》“允王保之”，《我将》“于时保之”。召伯分陕，到过三门峡者，可瞻仰其遗迹。《甘棠》之遗爱其保厚矣。《说文》：“保，养也。”《小雅》“天保定尔”凡三次重言。曰“天保定尔，俾尔单厚”，曰“天保定尔，俾称戬谷”，曰“天保定尔，以莫不兴”。序云：“天保，下报上也。”有上之保养，然后有下之回报。故保不等于报。昭公之保，指自上遗爱之惠，《张迁碑》：“邵伯分陕，君懿其棠。”唐人以陕州另命曰“甘棠”，观刘邺之书名曰《甘棠集》（有敦煌写本，今在法京），可以思过半矣。

《诗》序遗文，可商榷者尚多，兹拈一二事，聊博识者一笑。

宗颐记　2002年2月20日

竹书《诗》序小笺（二）

——论“吝”与“隐”

庞朴先生寄来《简帛研究通讯》，得悉裘先生读隱字为隐，是从假借异文寻证，自讲得通。孔子亦说过一句“我无隐乎尔”，提到隐字。但依照字形，十分明白是叜字。马王堆本《系辞传》云：

远近相取而㥶（悔）閵（吝）生。

凡易之请（情），近而不相得则凶。或害之，则㥶（悔）且叜（吝）矣。

同一篇中可以随意异写，一作“閵”而一作“叜”。吝字原作叜，系增心旁及阜旁，作𢛭与隱都是累增形旁之字。

隐是完全隐藏而不显露，吝是有所吝惜保留。吝有所惜，故又训啬。《老子》说：“治人事天莫啬。”亡吝则无所惜，尽情尽意而为之，比隐更进一层。“《诗》亡吝志”者，谓《诗》在明人之志；“《乐》亡吝情”者，谓乐在尽人之情；“文亡吝言”者，谓为文言之要尽意，无所吝惜。吝情二字已见陶潜之文，绰有根据。

《系辞》云：

子曰：圣人之位（立）马（象）以尽意，设卦以尽情伪，《系辞》焉以尽其言。

这三句与“《诗》亡吝志”、“《乐》亡吝情”、“文亡吝言”句法一致，只是主语不同而已。“亡吝志”即尽意之谓也，“亡吝情”即尽情之谓也，“亡吝言”即“尽其言”之谓也。以《易》证《诗》，十分明白晓畅。原简末字只存上半之[illegible]，马氏释为“言”字，甚妥，与《系辞》正吻合，“《系辞》焉”即“文”之意。如是似毋庸改释为“意”字。我认为应照马本读为“文亡吝言”。

在上引数语之前，孔子又说：“书不尽言，言不尽意。”与此相反而意义更进一层，所以有形上、形下之别。“尽言”则有形以状之，“不尽言”则可以无形无状。故好的文章，不在言之务尽，而要言之而不尽意。这是中国文学批评史上一极重要的理论，在此不能详说。现在楚简又出现《诗》序的“诗亡噐志，乐亡吝情，文亡悋言”的新句子，新颖优异的文字，可与《系辞传》相媲美。我故说它是三句偈。

如果读为“隐”，浅显明了，从文字本身来讲，不免有点“隔”而不是直截了当。愚见不必改读，自然神理具足。愿以质之高明。

有虞氏上陶说

《仪礼·燕礼》云："司宫尊于东楹之西，两方壶。左玄酒，南上。公尊瓦大，两有丰。幂用绤若锡，在尊南，南上。尊士旅食于门西，两圜壶。"所记天子司宫及公、卿大夫、士所用陶器，各有差第，表之如次：

（天子）	司宫	尊	两方壶	在东楹西
	公	尊瓦大	两有丰幂	
	卿大夫	尊	两圜壶	门西

瓦大者，郑注云："瓦大，有虞氏之尊也。《礼器》曰：君尊瓦甒，丰形似豆，卑而大。"按据《礼器》，瓦大即瓦甒，《明堂位》则省称曰泰。

《礼器》云："门外缶，门内壶，君尊瓦甒，此以小为贵也。"郑注："壶大一石，瓦甒五斗。"甒小于壶，故甒比壶为贵。

《明堂位》云："泰，有虞氏之尊也；山罍，夏后氏之尊也；著，殷尊也；牺象，周尊也。"

郑注："泰用瓦，大音泰，有虞氏上陶，故用瓦大。"

郑注用《燕礼》"瓦大"一名以释《明堂位》之泰；瓦大应读为瓦泰，形容词置于名词之后，其例特异。泰即瓦泰之简称。《经典释文》："瓦大，音泰，尊名。"

瓦大，《礼器》又称之曰"瓦甒"。《方言》："甒，罂也；周、魏之间谓之瓶。”郑注：“《既夕礼》：瓶，瓦器。古文瓶作庑。”按从无声有“大”义。《说文》：“无，丰也。”《尸子·广泽》篇、《尔雅·释诂》：“怃，大也。”郭璞注引《诗》“乱如此怃”。《方言》亦云：“怃，大也。”郝疏云：“通作朊。”《仪礼·公食大夫礼》及《周礼·腊人》，郑注并云：“朊，大也。”而瓶又作庑。韦昭《晋语》注：“庑，丰也。”故知瓦大之即瓦瓶、瓦庑，以庑亦训大也。

郑注云“有虞氏上陶，故用瓦大”者，盖引述《考工记》语。记云：“抟埴之工陶瓬，有虞氏上陶，夏后氏上匠。”可证。郑注：“舜至质，贵陶器。瓶，大瓦棺是也。”《檀弓》云：“有虞氏瓦棺。”郑注：“有虞氏上陶。”亦引《考工记》为说。《御览》礼仪部引谯周《古史考》云：“舜作瓦棺。”孙诒让谓：“瓶，大瓦棺；并虞制。”瓶即罂，《说文》：“瓮，罂也。”《方言》五：“瓮，罂也。”许君本此。按瓮大口，容一斛；其小口者曰罂。

综上而论，瓦大、瓦瓶，原为大口尊，除为盛器外，复兼作瓦棺用，是为虞制，故礼书称为有虞氏之尊，又云：“有虞氏上陶。”盖三代以来传述如此。

唯有虞氏之绝对年代，今不可知。西安半坡遗物，近日依碳素测定去今可六七千年，仍早于虞。半坡所出陶器至夥，大口之瓮尤多（《西安半坡》图版一三九～一四三皆瓮属），而瓮棺葬竟有四十九座，由兹二事观之，其大口尊即有虞氏尊之瓦大，而瓦棺又即有虞氏大瓦棺之瓶。是瓦大与瓦棺，其使用远在有虞氏之先。意者，虞时特盛，故被目为虞制乎？

半坡所出陶尊，其用途未明，今以《仪礼》释之，此类之尊，与《燕礼》、《射礼》当有密切关系。《燕礼》：“尊瓦大，两有丰。”《礼器》云：“丰形似豆，卑而大。”《仪礼·大射礼》：“膳尊两瓶在南，有丰，幂用锡若絺。”郑注：“丰以承尊也。说者以为若鹿卢，其为字从豆豊声，近似豆，大而卑矣。”丰似豆，卑而大，所以承尊。《说文》：“丰，豆之丰满也。”胡玉缙《许庼学林》三有《仪礼大时仪丰考》谓丰有二种，一以承尊，一以承觯。

半坡亦有陶壶（见《西安半坡》图版一二四～一二六）。据《燕礼》，士用两圜壶。圜壶无幂亦无玄酒，等级较卑。按《说文》：“壶、昆吾，圜器也。象形从大，象其盖也。”是昆吾应是圜壶之本名。殷卜辞有壶字，其形作（《存》一二三九）、（《前编》五，五，五）、（《燕》八五背），有盖。篆形之，即由此演变，大形正为盖也。半坡之陶壶多为小口，作或，唯皆为圜壶。甘肃秦安出土半坡期陶器有葫芦作形（甘肃省博物馆藏）。方以智《通雅》云：“昆吾、昆仑，古皆以为浑沦之称。”王筠《说文释例》谓昆读如

图一

浑，与壶双声，以昆吾为壶之缓读，如疾黎为茨之例。昆吾是双音节之謰语，圜器之称。《尔雅·释器》康瓠郭注：瓠，壶也。是李巡本作光瓠。光犹广也。则康瓠乃大壶。康瓠为壶，以昆吾例急读之，则音正如瓠。故知昆吾、康瓠原为圜器之通名。《吕氏春秋·君守》篇记古代发明家六人，仓颉作书以下有昆吾作陶、夏鲧作城之说。高注："昆吾，颛顼之后，吴回之孙，陆终之子，己姓也。为夏伯制陶冶，埏埴为器。"梁玉绳谓作陶者当是陆终之子，非为夏伯之昆吾氏，注误会为一人。古代传说，以陶器制作属之昆吾，有如以作书归于仓颉。昆吾既有夏时为侯伯之昆吾，又有陆终氏之子之昆吾。今观半坡时代已有圜器陶壶之应用，陶器之作，非待夏时始有，不必置论。是器之发明在前，而昆吾一名之采用在后矣。韩非《十过》篇引由余云：

> 臣闻昔者尧有天下，饭于土簋，饮于土铏，其地南至交趾，北至幽都，东至于日月之所出入者，莫不宾服。尧禅天下，虞舜受之，斩山林而财之，削锯修之迹，流漆墨其上，输之于宫，以为食器，诸侯以为益侈，国之不服者十三。舜禅天下，而传之于禹，禹作为祭器，黑漆其外，而朱画其内，缦帛为茵，蒋席颇缘，觞酌有采，而樽俎有饰，此弥侈矣，而国之不服者三十三。

《御览》七五六引《韩子》云："舜作食器……流漆墨其上。"食器涂以漆墨，已始于舜。此段文字必采自由余之书。《汉书·艺文志》杂家有由余三篇，"戎人，秦穆公聘以为大夫。"又《兵形势》有繇叙二篇，疑即由余。《十过》篇言祭器"黑漆其外，而朱画其内"二语，向来皆取以解释彩陶。半坡出土器皿皆彩陶，远在有虞氏前且二千年。由余以为墨染其外，朱画其内，乃出于禹。其出于戎俗之传说乎？（《荀子·大略》篇言禹学于西王国。禹为羌戎崇拜之中心，由余之说或得自西戎，可想而知。）

《说文》缶部云："匋，瓦器也。古者昆吾作匋。"《诗·绵》正义引作："匋，瓦器灶也。"多一灶字。《广雅》："匋，窑也。"半坡已有灶之遗迹，可能即当时埏埴之工场。六千年前已有灶与陶器，则匋之作，非肇于夏之昆吾，不辨自明。

《左传·襄公二十五年》，子产曰："昔虞阏父为周陶正以服事我先王，我先王赖其利器用也。……而封诸陈，以备三恪。"杜注："阏父，舜之后。当周之兴，阏父为武王陶正。"阏父，《史记·陈杞世家》、《索隐》作遏父；《索隐》云："遏父为周陶正。遏父，（虞）遂之后。陶正，官名，生满。"满即胡公。阏父即虞舜裔虞遂之后，此有虞时陶人之可考者也。《列仙传》载宁封子，黄帝时人，为黄帝陶正，是古有陶正之官，专司埏埴之事。《御览》八三三及《广韵》六豪引《周书》："神农作瓦器。"具见陶业之兴甚远，明非夏时昆吾氏之所肇造也。

《史记·五帝纪》："舜陶河滨，作什器于寿丘。"又云："河滨器皆不苦窳。"此言取材制作之精良。是以舜后虞氏，历周世而为陶正。《尸子·明堂》篇："舜之方陶也，不能利其巷，及南面而君天下，皆被其福。"（平津馆本）《三仓》云："陶，作瓦家也，舜始为陶。"（《小学钩沉》本）舜以陶利天下，先秦诸子久有此说，故礼家遂推言"有虞氏上陶"矣。

原载《选堂集林·史林》

史与礼

一、引言

吾国人习惯，时间观念特强，屈原自言庚寅以降，孔子生辰，历来论者只差一日。非如印度之含糊恍惚，诗圣 Kalidasa 的年代，考证家差距可有千年之谱。殷代已习用六十甲子以纪日，循环往复而不间断，且极强调春(萅)、秋（龝）二季。故古代史书，鲁《春秋》与百国《春秋》之记事，大都“以事系日，以日系月，以月系时，以时系年”。杜预称：“史之所记，必表年以首事，年有四时，故错举以为所记之名也。”自汲冢所出纪年，暨晚近出土之云梦大事纪，莫不皆然。史家注重记时，为吾华史书传统之特征，谓之为编年一体。温公之著《通鉴》，即承《春秋》之遗规而发展为新体制者也。

二、奠系世说——太史公书与礼家言

《旧约·创世纪》记洪水以后，诺亚三个儿子的后裔（第十章），又详述闪族的系谱（第十一章），足见古代希伯来人的谱学萌芽甚早。

中国谱牒记录，远在三代已相当成熟。司马迁在《五帝本纪》中说：“孔子所传宰予问《五帝德》及《帝系姓》，儒者或不传。”又云：“余观《春秋》、《国语》，其发明《五帝德》、《帝系姓》，彰矣。”二篇文字都保存于《大戴礼》

及《孔子家语》的《帝系姓》和《世本》之中，又有许多小出入地方，是古代谱学最原始材料。清代儒者或以为非圣人之言，事实不是完全没有根据。司马迁《三代世表》，记载夏、殷世系，全部加以采用。自甲骨出土以后，证明殷代自上甲以下，大体完全可靠。

《礼》书屡称及“世”与“系”，《周礼·春官》：小史“掌邦国之志，奠系、世，辨昭穆”。郑玄注云：郑司农（众）云：“志，谓记也。《春秋》所谓《周志》，《国语》所谓《郑书》之属是也。史官主书，故韩宣子聘于鲁，观书太史氏。系、世谓《帝系》、《世本》之属是也。小史主定之，瞽蒙讽诵之。……故书奠为帝。杜子春云：帝当为奠，奠读为定，书帝或为奠。”《周礼》古文作“帝系世”。陆氏《释文》：“奠音定”，奠亦训定，三字音义相同。其另作帝者，章太炎云：“《说文》：帝，谛也。谛，审也。《诗》传曰审谛如帝，则‘帝系世’者，谓审系世也。”意思是说很审谛地来定“世”与“系”，这正表示记录世系要非常谨慎与负责。世与系是二件事，《鲁语》：“工、史书世。”工指臣工，谓工祝一类官员，史是负责记录之人物，特别《周官》所述之小史，奠系与世，即是他们之任务。

今考之甲骨刻辞，所见史吏甚繁，有王史、帚（寝）史、大史、三大史、小史及东、西、南、北四方史等名目。兹摘举大史、小史辞句如下：

大史：

壬辰卜，㱿贞：立（莅）三大史，六月（《合集》五五〇六）
贞：叀（惟）大史夹令，七月（《合集》五六三四）
己卯，卜贞：叀（惟）大史（《小屯南地》二二六〇）

小史：

叀（惟）小史（《合集》三二八三五）
□卯卜贞：小史（《南地》二二六〇）

虽卜问的内容不详，但显然有小史一官职，故殷代先公先王世系在卜辞中见到的非常完整，和史公据帝系所追记者大体吻合。由于殷时有正式负责世系之专门官吏小史，所以记录非常审谛，可证周官所言的小史，是可信据的。所谓奠系世，意思是审谛地去厘定世系，这有如后代禅宗灯谱之慎重处理。古代有这样的专职，应该说是谱牒学的萌芽。大英博物馆藏殷代巨骨有《倪家谱》一板，是其著例。

《帝系》一篇，虽然有不少神话意味，但近年出土新史料，像湖北包山楚简记着：

> □祷楚先老僮、祝融、媸禽（熊）各两羖、亯祭。

老僮显然是楚人的先世。《帝系》上说："颛顼娶于滕氏，滕氏奔之子谓之女禄氏，产老童。"于《山海经》郭璞注《世本》："颛顼娶于滕坟氏，谓之女禄，产老童。"完全一致。老童之名，《山海经·西山经》云："騩山，神耆童居之。"郭注："耆童，老童，颛顼之子。"《史记·楚世家》言："高阳生称，称生卷章。"裴骃《集解》引谯周云："老童即卷章。"证以包山简之老僮，则以作老童者为是，耆童与卷章乃形相近致讹，由老童之见于楚简，可见《帝系》所说之可信。

小史之责为奠世系，世与系是二件事，世可以说是谱牒学，系是姓氏学，二者在中国后代有极丰富之材料，发展而成为专门之学。由于自春秋以来"世"是王室的主要教材，《国语·楚语》记申叔时说道："教之'世'而为之昭明德而废幽昏焉。"贾谊《新书·傅职》："教之语，使明上世，而知先王之务。教之故志，使知废兴者而戒惧焉。"故志即是《周礼》郑注所谓"志"。使人从过去历史中取得教训。唐柳芳《族谱总论》云："氏族者，古史官所记也。昔周小史，定系世，辨昭穆，故古者有世本。"（详《茆泮林辑本》）今观《世本》之《帝系》篇，记诸帝王子孙相继相当翔实。《史通·书志》篇："'周撰《世本》'，式辨诸宗。"又《杂述》："《世本》辨姓，著自周室。"《世本》另有《姓》篇，下至东汉王符的《潜夫论》特立《志氏姓》一篇，这些都是姓氏学的经典材料，不必具述。

司马迁对古代谱牒之书，持极慎重态度。他在《三代世表》序上说：

> 余读牒记，黄帝以来皆有年数，稽其历牒，终始五德之传，古文咸不同，乖异。

可见他所看到的资料，是多么歧异而混乱，虽然有年数，但各说完全不同。他又在《十二诸侯年表》序说道："历人取其年月，数家隆于神运，谱牒独记世谥，其辞略，欲一观诸要难。”由于过于简略，无法尽信，故对于历人、数术之说，不能采用，唯有割爱。他只采取世系部分，所以《五帝纪》即根据《帝系》而写成。其慎重态度正值得后人师法，谈谱牒的来源，是不可不加以注意的。

自秦人以水运自居，汉初五德所属，诸多争议，人各为说。丞相张苍著《五德之书》且有《历谱》。《史记·十二诸侯年表》序云：“汉相张苍谱《五德》。”是其证。《索隐》云：

> 案张苍著《终始五德传》也。

此事《史记·丞相传》不载，但揭其与公孙臣论汉非土德事。由史公不采历人之说一事观之，虽张丞相之《历谱》，史公亦摒而不录。章太炎谓：“《十二诸侯年表》所系，有《左传》所未详者，或得之张苍《历谱》。”则仍有待于寻绎也。

又古史荒邈，战国以来，诸子各家均盛道伏羲、神农、黄帝。兹揭其事如次：

（一）法家

《商君书》首篇《更法》云：“公孙鞅曰：伏羲、神农教而不诛，黄帝、尧、舜诛而不怒，及至文武，各当时而立法。”

《赵策》二：赵武灵王欲用胡服，群臣以为不便。王独曰：“古今不同俗，何古之法。帝王不相袭，何礼之循。宓戏、神农教而不诛，黄帝、尧、舜诛而不怒。及至三王，观时而制法。”即沿用商鞅之言。

（二）道家

《楚帛书》：“曰故□龕雹戏（伏羲），出自□䨓，厥□僬僬，□□□女（如），梦梦墨墨，亡章弼＝，□每（晦）……风雨是于（谒）。”

《文子·上礼》：“及世之衰也，至于伏羲氏，昧昧懕懕……及至神农、黄帝，核领天下，纪纲四时，和调阴阳。”

《淮南子·俶真训》：“及世之衰也，至伏羲氏，其道昧昧芒芒。……乃至神农、黄帝，剖判大宗，窾领天地……提挈阴阳。”

（三）儒家

《易·系辞传》："古者戏是（氏）之王天下也……□戏是（氏）没，神戎（农）是作……神戎是没，黄帝、尧、舜是作。"（马王堆写本）

孔安国《尚书》序："伏羲、神农、黄帝之书，谓之三坟，言大道也。"

扬雄《羽猎赋》："或称羲、农，岂或帝王之弥文哉？"（成帝永始三年上）又《解难》："是以宓牺之作《易》也，系络天地，经以八卦。"

马王堆本神农氏作神戎，与银雀山简《孙膑兵法》相同，诸氏字皆借作是。

上列法、道、儒三家之书，论到远古圣哲，都在黄帝之前凸出伏羲、神农二代。伏羲又作雹戏、宓戏（《赵策》），只是字形之异，足见自春秋秦孝公以来，伏羲、神农之名久为人所共识，其事远在《大戴礼·五帝德》成书之前。太史公于伏羲之事，非无所知。其《自序》云："余闻之先人曰：虑羲至纯厚，作《易》八卦。"而其论次《五帝本纪》，以为"百家言黄帝，其文不雅驯，搢绅先生难言之"。乃独取宰予问《五帝德·帝系姓》，而摒伏羲、神农而不书，取颛顼而遗两昊，本《鲁语》及《祭法》举黄帝、颛顼、帝喾、尧、舜五人为一系列。史公盖用礼家言，此与刘歆《世经》依《易·系辞》以伏羲、神农、黄帝先后相继大异其趣。《系辞传》一向被认为汉人所作，今马王堆本已出土，显为战国以来之撰著。《荀子·成相》篇言："文武之道同伏戏。"此亦儒家对伏羲赞美之语，足与《易传》相表里，顾史公皆弃而不论，独取孔子所传之《五帝德》，虽不免于泥，其是非曲直，仍有待于论定。而其墨守礼家之说，于古史持极谨慎之态度，异于向、歆父子及班固，则昭然若揭矣。

三、史以礼为纲纪

史所以记人事，故史必以礼为其纪纲。《荀子·大略》篇历举诸礼之种别，而称"礼以顺人心为本；故亡于"'礼经'而顺人心者，皆礼也"。陈梦家叙武威汉简，因谓"礼经"一名出于荀子，实则《左传·隐公十一年》已言：

> 凡诸侯同盟，于是称名，故薨则赴以名，告终称嗣也，以继好息民，谓之"礼经"。

刘文淇以为杜预注之五十凡即是《礼经》，周公之所制也，出于周之旧典，则殊乏根据。今按礼经二字但指礼之大经，不必远溯周公之旧章，更不必是后代所厘定之五十凡。《隐公十一年》讥桓王之失郑云："恕而行之，德之则也，礼之经也。"又言："灭不告败，胜不告克，不书于策。"明礼经皆当书于策，不合书法则不书之。礼之经，与德之则互相系联，礼之经即以德为其基础，下以顺人心，上以合天时者。《礼器》云：

先王之立礼也，有本有文。忠信，礼之本也；义理，礼之文也。无本不立，无文不行。礼也者，合于天时，设于地财，顺于鬼神，合于人心，理万物者也。……故必举其定国之数，以为礼之大经，礼之大论。

又云：

礼：时为大，顺次之，体次之，宜次之，称次之。

《大戴礼·本命》云：

女者如也；子者，孳也。好者言如男子之教，长其义理者也。

故知"义理"一词，实本诸礼。礼有时、顺、体、宜、称诸含义，"顺"是其中之一项，制礼要以行为恰当合理为主体。《礼运》言养生送死、事鬼神之常为"大顺"，能修礼以达义，体信以达顺，则为顺之实。发挥礼里面"顺"之道理，更进一步。

故礼者实为"理"之同义词，故曰"礼，理万物者也"。《丧服四制》云："理者，义也。"行而宜之之谓义。人能主忠信，礼之本基已立，发挥而为事业，处处合于义理，可谓礼之文采充分表现于外，故《礼器》谓"义理是礼之文"。宋人讲义理之学，揆之礼经本旨，实指礼之文采光华在行为上有真切著明之成就，非谓抽象空洞之理论，所重在行而不在知。《礼》所谓"无文不行"，即谓其人之行动于义理不合，无足观采者。由此一义之理解，更可认识"博文"、"约礼"二句之真义，实与《春秋》有密切关系。太史公引董子云："《春秋》者，礼义之大宗也。"《郑志》云："《春秋》经所讥所善，当按《礼》以正之。"刘文淇批语：《哀公十四年》疏称贾逵、服虔、颖容皆以为孔子修

《春秋》约以《周礼》。《春秋》是据礼来判断是非，《春秋》之义法即是约礼的事例。“义理为礼之文”，明乎《春秋》列举之事例，便可取得博文之实效，所谓博文之“文”，实际是礼所表现的“美”——包括忠信的内美与行为的外美，皆道德礼法之事。《周语》云：“以文修之。”韦昭注：“文，礼法也。”一般以文采或广泛之文化说之，远非孔子之原意。故知博与约二者乃《春秋》宣喻表达之手段。史原于《春秋》，必以礼为依归，此礼经一义之真精神，《礼器》所以称之为“礼之大经，礼之大伦”也。

司马温公于《通鉴》中所建立之史理，即以礼为核心。代表其书法之精义，莫如开宗明义一章，论析三家分晋一事，其言曰：

> 天子之职，莫大于礼。礼莫大于分，分莫大于名。何谓礼？纪纲是也。何谓分？君臣是也。何谓名？卿大夫是也。……天子之职，莫大于礼。夫礼，辨贵贱，序亲疏，裁群物，制庶事，非名不著，非器不形……

温公论正名之重要，且认为讲礼是天子之天职，天子失职，由于不能正名分。晋三卿窃权，周王不唯不能诛之，且从而反命之为诸侯，是助长其恶也。《通鉴》一书所以肇始于三家分晋，即为谨名分以立史之鉴戒。温公于此事有礼亡之叹，指出三晋之列于诸侯，非三晋之坏礼，乃周天子自坏之也，先王之礼，于斯尽斩，过在周天子，言之十分沉痛。“谨名分”仅为礼之一端，其恶果竟造成天下以“智力相争雄长”之局面。其对最高统治者责备之切至，不以其位高而有所宽假，洵可谓尽史官之职。孔子作《春秋》为人君说法，使政治家及所谓领袖者知所鉴戒，此即为中国史学之精神所在。

《春秋》一书目的在于耸善抑恶。此说之传统由来已久。西周史官勒铭之史惠鼎云：

> 惠其日就月匡（将），祸化誣（恶）□〔臧〕。

降及楚国申叔时云：“教之《春秋》之耸善抑恶焉。”（《国语·楚语》）以后贾谊《新书·傅职》亦言：“或称《春秋》，而为之耸善抑恶，以革劝焉。”莫不谆谆悬为告诫。足见《春秋》之功用，非全为记录史事而已。以之视为单纯记录史迹之史书，分明过于看其表面，殊不切于实际，而漠视《春秋》之深层意义。

“纲纪”一词，《文子》已言“纪纲四时”。西汉人更恒言之，首推陆贾。匡衡疏谓“孔子论《诗》以《关雎》为始，此纲纪之首，王教之端也”（《史记·外戚世家》）。而刘歆更论纲纪之宇宙义，其《钟律书》云：“玉衡杓建，天之纲也；日月初缠，星之纪也。纲纪之交，以原始造设，合乐用焉；律吕唱和，以育生成化，歌奏用焉。”发挥天文之纲纪以配音乐，律吕赖以形成。（见《汉书·律历志》）又扬雄《法言》亦论纲纪云：“或苦乱，曰：纲纪。曰恶在于纲纪？曰大作纲，小作纪。”（《先知》篇）降及东汉《白虎通》言三纲六纪，云：“何谓纲纪？纲者，张也；纪者，理也。大者为纲，小者为纪，所以张理上下，整齐人道也。”此即引申扬子云之说。礼之文为义理，说见于《礼器》。王莽亦言义理，天凤四年六月，授诸侯茅土于明堂曰：“予制作地理建封五等，考之经艺，合于传记，通于义理，论之思之，至再至三。”可见“义理”一义，汉人皆已习用之，而其原盖本诸礼，非至宋人始楬赏之。

马王堆汉墓出土古逸书有《九主》一篇，据《殷本纪》说，盖伊尹为汤言素王及九主之事，是篇依以立说。《九主》之中所肯定者为能法天地之则之法君，自余八者，为专授之君、劳君、半君、寄主及破邦之主、灭社之主各有其二，通称曰八啇（谪）。啇之言谪，所以责其过也。上代之立言者于人主谴责，不遗余力，敢为犯上不谄之论，《九主》斯篇，尤其翘楚者。文中提出天乏（范）、天纶二义，其言曰：

> 礼数四则：立法天，佐法地，辅臣法四时，民法万物。此谓法则。
>
> 礼数四则曰天纶……谓天之命四则，四则当□，天纶乃得。

所称礼数四则为天纶，按，“纶者，伦也，作之有伦理也”。（《释名·释采帛》）此与《礼》篇所称“礼之大经，礼之大伦”，其义固无二致。礼必合乎天时，设于地理，大与天同义，天纶正犹大伦也。《九主》篇之思想，循正名之旨，斥人君之失，亦足垂千古之鉴戒，虽文中时渗入法家思想，礼与法固有共通之处，其述礼数四则，亦本诸礼以立论。

史不能离乎礼，礼可以释回邪，增美质，其在人也，如竹箭之有筠，松柏之有心（见《礼记·礼器》），吾华重人学，史记人事，必以礼为纲纪，此温公之历史哲学，以礼字贯串整部历史，其说所以历久而不磨者也。

原为《补资治通鉴资料长编》总序，台北，新文丰出版公司，1995年

殷礼提纲

一、殷代的日祭与《日书》蠡测

诹日之事，由来甚久。而诸国所用之术，各有不同，《史记·日者列传》本亡，司马贞《索隐》深叹无以知诸国之俗，褚先生所补，只是记司马季主一事而已。1975年12月湖北云梦睡虎地出土竹简，乃有《日书》甲、乙种，共257条简，记存18 040字，而乙种诸简，最后一支背面标记"日书"二字，《日书》之用于占候，其名所以能成立而取信于人者以此。其后甘肃天水、安徽阜阳各地陆续有《日书》出土，异时结集成编，诸国异俗，庶几可以明了。

殷代卜日及日祭之记载甚繁，二者间之交互关系错综复杂。诹日以相时日之吉凶，为祭事决定时间当否之先行步骤。卜辞所见日上一字所形成之词汇甚多，排比而观之，其祀事之背景及命名之缘由，约略可考。殷代虽无《日书》之名，而有《日书》之实。本文先论日祭，再及某日诸词汇，为研治契文者开一新渠路，事属草创，仍望方闻君子有以諟正之。

何谓"日祭"？其名见于《国语·周语上》：

> 日祭、月祀、时享、终王。

韦昭注："日祭于祖考，谓上食也，近汉亦然。"《通典》四七记汉时日四上食，云：

园中各有寝、便殿。日祭于寝，月祭于庙，时祭于便殿；寝，日四上食；庙，岁二十五祠。

汉世尚行一日四次上食于寝的礼制。《白虎通》二：

王居中央，制御四方
平旦食　　始少阳
昼　食　　始太阳
晡　食　　始少阴
暮　食　　始太阴

把不同时刻进食与四象相配，这即是四次上食的记录。天水放马滩秦简《日书》云：

子，旦吉，安（晏）食吉，日中凶，日失（昳）吉，夕日凶。

分一日为五段，秦简吏篇亦分一日为五段：朝见、晏见、昼见、日虒见、夕见。除去日中之外，其余即为四段，为四上食之时刻。居延汉简所见，有：

蚤食（《新》EPT 六五・三五六）
食（坐）时（《新》EPT 四八・一四七）
餔食（《居》二六五・二 A，四七八・二）
暮食（《新》EPT 五一・六六〇A）

这即四上食的时段。一日之中必有四次上食祭于祖考，恰似伊斯兰教的日行五次礼拜。汉时日祭于寝，较为简单，殷代卜辞，寝字数见，以“寝㞢䖵岁”一事证之：

庚辰卜，大贞：来丁亥，寇寣，㞢，䖵岁，羌卅，卯十牛，十二月。（《合集》二二五四八）

庚辰卜，〔大贞〕：来丁亥，〔寇〕寴，坐，𠭰岁，羌卅，卯十〔牛〕，十二月。（《合集》三一九）

……亥，其〔寇〕寴……窜，十二月。（《合集》一三五七三）

以上三辞，《合集》分为三个不同时代，细核之，实为同文之例，应属祖甲时期。又言寴于某先王，如：

……寴于小乙，三羌。（《合集》三二一六〇）

……日在八月乙丑，寴〔于〕且乙，翌，弘易……在𡨦。（《合集》三五六七三）

辛巳贞：其刚于且乙寴

弜刚于……（《屯南》一〇五〇）

……亥贞：其刚〔于〕且乙寴（《屯南》二八六五）

以上各辞，皆为祭于寝之例。𠭰岁一条，记其时刻正在餔食之顷。殷代每日之岁祭，大抵分五个阶段，与汉简比较如下：

殷	汉
明岁	蚤食
𣊭岁　𣎆岁	食时
蕫岁　𣊭	莫食（巳时）
𠭰岁	餔食
夕岁	暮时（见居延简）

殷人一日间时段之划分，取与汉人对应，朝岁、明岁相当于蚤食，𣊭岁、𣎆岁、蕫岁相当于食时及“莫食（巳时）”，𠭰岁为餔食，夕岁即暮食。一日间之食时都行祭祀之岁事，与汉人之四上食约略相似。

《周礼·大宗伯》云：“以肆献祼享先王，以馈食享先王。”《仪礼·特牲馈食礼》为士祭祖祢的仪式，其宗人摈辞云：“某荐岁事，吾子将莅之，敢宿。”又《少牢馈食礼》为卿大夫祭祖之礼，屡次述其命辞云：

孝孙某来日（武威简无日字）丁亥，用荐岁事于皇祖伯某，以某妃配某氏，以某之某为尸，尚飨。

此类荐岁事的命辞，成为套语，反复使用。郑玄注：“荐，进也；近岁时之祭事也。”这类例行的荐岁事，于下文的嘏辞云：“使女受禄于天，宜稼于田，眉寿万年，勿替引之。”此即《周礼》六祝二之年祝，《韩非子·显学》篇：“今巫祝之祝人曰：使若千秋万岁。”《汉书·武帝纪》建元元年五月诏：“其令祠官修山川之祠，为岁事而加礼。”颜注引孟康曰：“为农祈也。于此造之，岁以为常，故曰岁事也。”此“岁事”一名，汉人尚沿用之。殷代岁祭在每日上食各阶段举行，想必是荐岁事馈食之礼，为祈福祥、宜稼穑、延年岁之吉祝。在卜辞所见礼仪，一日中的岁事之祝甚为普遍，与汉人之四上食有类似之处，这是日祭之特色。

殷人筮日，有先一日卜者，如：

甲午贞：乙亡囚

乙……丙亡囚（《合集》三四七二四、三四七二五）

有一日或同日诹多日吉否之例，如：

乙卯卜：叀乙日
叀丁日
叀庚日
叀辛日
庚辰贞：叀丁日
庚辰贞：叀辛日
庚辰贞：叀庚日（《合集》三二一九二）

重要之事，必须择日，铸金即其一例：

丁亥卜，大……其铸黄吕（鑪）……乍凡，利。黄叀……（《合集》二九六八七）

王其铸黄吕（鑪），奠盟，叀今日乙未，利。（《英》二五六七）

此即以乙未为吉日之例。其他另见选择“埶”与“夕禣”时刻窆祭，盖以不下雨为吉利。如：

乙丑卜，何贞：王窆埶，叀吉，不叀〔雨〕（《合集》三〇五二八）

贞：王往于夕禣，不冓雨，叀吉（《合集》二七八六二）

卜辞恒见于日上加一字称某日者，其例甚繁，兹列举之，试为解说如次：

吉日谓之福日

丙戌卜……贞：福日于南……告（《合集》一二七四二）

或曰羊（祥日）

叀日羊（祥），又大雨（《合集》三〇〇二二）

䍧（祥）日（《合集》二一〇二一）

䍧（祥）日有启（《合集》二〇三九七）

羊、䍧一字，即祥也，它辞有“弜羊（祥）用三卜”（《合集》二五〇二〇），殷人借“羊”通作“祥”。“异物生为之眚，自外来谓之祥，气相伤谓之沴。”《类篇》有䍧字，“明也，余章切。”

不吉之日曰㜸日

贞：往，不条，㜸日（《合集》一四二九三正）

按丘关之釜有禮月。《集韵》四十四有：“丑，古作媿。”故㜸日可读为丑日。《说文》女部：“䰜，丑也。”此字从女及鬼头之由，与媿仅是繁简之异。后来日者家有“九丑日”之名。

又有言日：

贞：𣏟妣辛，其言日彭（《合集》二七五四八）

贞：于卜☐日言（《合集》二六八七八）

《易》："小有言，终吉。"言指口舌之事。

其祷告之日曰告日或𠭰日

丙戌卜，穷贞：告日㞢投于上甲，三牛。（《合集》一三三二九）
丙子鼎（贞）：丁囙，乎告日。（《合集》二〇二四〇）
……岁告日……用于……室，八月。（《合集》二四九四六）
己丑卜，出贞：𠭰日，其彳（五十）☐宰。（《合集》二三六一四）
贞：攺，𠭰大甲日。（《合集》二七八七五）
叀小乙日遅，王受（又）。（《合集》二七〇九四）
甲子卜……𠭰翌日……于且乙。（《合集》三三九）

《说文》："祷，告事求福也。"《周礼·大祝》："既则祠之以报焉。"疏："求福谓之祷，报赛谓之祠。"《易·否》九四"畴离祉"，马王堆本作"梼罗齿"。畴、梼，借为祷祠之祷。

䰰日

不遘䰰日（《合集》二九七一一、二九七一二）
其遘䰰日（《南地》二四四二）

䰰字从鬼，贝声，与周原卜辞"既䰰"字作䰰行相吻合，自来学者认为月相四分说之霸，月有死生，始于周人；卜辞已有"䰰日"，可追溯到殷代。

或言"正日"、"日又正"

癸丑卜，又小，卜辛，羊豕。
叀（惟）今日用，小卜辛，羊。
叀豕。
正日，又小卜辛，羊豕。（《合集》二〇三九八）

此为卜牲之事，卜用豕或兼用羊与豕。今日，指癸丑，正日当谓适宜之日。

乙亥……㞢兄戊，正日（《合集》二九〇八）

其正日（《合集》一九三四〇）

贞：弜正日，八月（《合集》二四六三九）

弜正日，八月（《东》一二三六）

贞：弜正日……（《合集》二六〇七二）

冓……日又正（《南地》一四三九）

吕雍其𢼄鼎，乃各，日又正（《合集》三一一一六）

以上诸正字皆作足，与他辞“日𤴓”之为征者不同，《虞书·舜典》“协时月正日”，古有是语。他辞亦言“月（风）又正”。

乙亥卜……日其𤴓（征）于岂。（《合集》二〇五〇七）

卜……日不𤴓（《合集》七六五五）

此殆出征择日，日不征谓不宜出兵。

日吉辰良则称为“日延益”，贞人出之辞见之

日辛卜，出……日延益（《合集》二六八〇二）

丙寅……允……日祉……𢆶……（《合集》一八八〇七）

小㞢（孽）日

卜辞屡见“小㞢”一语（《类纂》，969页），又言“小㞢日”，如下：

……大贞：作丧，小㞢（《合集》二三七一一）

大贞：作丧，小㞢，亡梌（《合集》二三七一三）

丙申卜，出贞，作小㞢日，叀奏，八月（《合集》二三七一二、二三七一四）

按《合集》二三七一一、二三七一三语相同，只作小㞢，省去日字，实应补作小𢏚日。

他辞又云“小𢏚宗”、“小𢏚㝅（家）”，知“𢏚”字训庶子之孽与蘖，小𢏚宗谓庶孽之小支也，𢏚字从㇆即司，为后之反写，由王室取义。他辞或称“龚𢏚”，指龚地之庶孽。小𢏚者谓小蠥，《说文》：“禽兽虫蝗之怪谓之蠥。”今作妖孽。《释名·释天》：“蠥，蘖也。”孽训忧，指邪气。小𢏚日即谓小忧之日。大之卜辞以乍丧与作孽对言。

其记一日间之时刻者，则有下列各词：

日明

甲申卜，𠂤贞：王令匿人日明㞢于亳（《合集》二〇一九〇）

日西

于入自日西，𢦏（《合集》二九七一三）

按放马滩秦简十六时刻有日西中、日西下二段时刻。《素问》：“日西而阳气已虚。”郑玄《戒子书》云：“日西方暮，其可图乎？”日西一词可追溯至殷。

食日

自旦至食日不雨

食日至中日不雨（《南地》四二）

食日兼指夙食及晏食。

昃日

……于昃日（《合集》一一七二八反）

《易·离卦》：“日昃之离。”睡虎地秦简称昳时（八六四）。

日𣄨（偃）

甲子卜，王𣄨卜，丝用，日𣄨。（《合集》二五〇一五）

日𣄨即日偃，义与晻相类。

其记时之先后者：

先日

贞：妣庚岁，叀稾彡，先日（《合集》二三三二六、二三三六〇）
庚寅卜，行贞：兄庚岁，先日（《合集》二三四八七）

按《淮南子》“……先日至十五日。”《书·盘庚》：“自今至于后日。”有后日必有先日。

𠬝（复）日

……丑卜，其𠬝（复）日（《合集》三四一一九）
……其𠬝日，丁，弗作（《合集》三四四四五）

他辞云：“弜𠬝戠。”（《合集》三四四四五）𠬝字可释复。《易·复卦》：“七日来复，利有攸往。”未知与此复日有关涉否？汉简有复日，如：“十八日庚午定、反支、复……廿九日甲申，建、复。”（《敦煌汉简》一九六八 A）“十日癸巳执、全复。”（同上一九六八 B）《协纪辨方书》五引《历例》云：“复日者，正、七月甲、庚，二、八月乙、辛，四、十月丙、壬，五、十一月丁、癸，三、九、六、十二月戊、己日也。”

卜辞云复日，可以汉代之复日说之。另详拙作《记建兴廿八年松人解除简——汉“五龙相拘绞”说》。

衣（卒）日　大衣（卒）日

……未卜，大……衣（卒）日……不……雨（《合集》二四七二九）
……于大衩日彭（《南地》三六七六）
于日衩彭（《南地》二三六六）

卜辞衣事当读为卒事（卒字用李学勤说），包山简作卒（简一九八），“聿卒戠”，或读“尽卒岁”。此卒日及大卒日亦当读为卒。大卒日殆指岁尽日。曾宪通读包山简之卒岁为易岁，然于卜辞之大衩日，将如何解释，仍有待于寻绎也。

㠯（市）日

贞：于乙日㠯西，王受又。（《合集》二七二〇二）
☐寅卜，今㠯日。（《合集》三〇六四五）
今日丁市日，王其过，亡𢦏。
于㫚日㠯（市）……乃又勿，王受又（祐）。（《合集》二七六四一）

按秦简日昳作日失（放马滩乙七九），亦作日则，即侧（秦简一一二八），亦作昳时（秦简八六四），又作市日（秦简七九七反）、下市中（秦简乙一〇五一）或莫市（秦简七九六反）。市日即日昃之时，卜辞之㠯字，即秦简之市日。以兮甲盘“即次即㞢（市）”证之，字从止兮，此从止示，兮、示同音。释市是也。

其与祭祀有关而含义不太明了者，有下列各词：

既日

于日既，叀羊（祥）（《合集》二九七〇九）
王无灾，大既日（《合集》二九七〇六）
既日彭。（《合集》二九七〇四、二九七〇五）

既日，吉。（《合集》二九七〇八）

乙亥卜，其龕年于大示，既日，此（祡）有雨（《南地》二三五九）

既训馈食，似即为飱。

各（佫）日

……𢦏各日，王受又（《合集》二九八〇二）

王其又……己叀〔𢦏〕各日彡，王受又（《南地》二四八三）

叀𢦏……各日彡（《怀》一三八六）

兄辛岁，叀𢦏各于日，𢻱（《合集》二七六二五）

兄辛岁，于凵日，乃𢻱（《合集》二七六二七）

观上列诸辞，或言“各于日，𢻱”，则各字乃用作动词。与《尧典》“格于艺祖，用特”文例相同，各当读为格或佫。

𢦏日

庚子……贞：其……𢦏日（《英》二二六四）

他辞言“𢦏各于日”或“𢦏各日”，此条言“𢦏日”，或𢦏字下有省文。𢦏字惯例施于动词之前，如“衣𢦏彡”（《甲》二七六九）、“叀𢦏卯”（《合集》三〇六九三）、“𢦏戠至于父丁尊，其鬳”（《南地》一〇九〇），𢦏似用作副词，可读作忒或式，如式号式呼之式。忒又训差。《洪范》：“占用二，衍忒。”𢦏日或谓忒日，仅有一条，未敢断定。

上举诸词语，均与日有关，足征殷人词汇之丰富。对于日之吉凶，已有若干专用之日名以示区别，福日、正日、祥日、日延益之为吉日，㝃（丑）日、小𢐗（蠚）日之为凶日，已可质言。若后代之忌疾日（汉代刚卯：“疾日刚卯。”《左传・昭公九年》：“辰在子卯谓之疾日。”故子卯不乐）以及剽日、杀日、四废日（见秦简）则尚未见。殷代虽无《日书》之记录，而于日辰之吉凶及祈祭祷告诸手续，至为繁赜，凌杂米盐，开秦汉以来《日书》之先路。《通典》四七：“殷制七庙，周制七庙一坛一墠，皆月祭之。远庙为祧，有二祧，享尝乃止。去祧为坛，去坛为墠，坛、墠有祷焉。”按封土为坛，除地为墠。殷代之𢀛日，均施于先王之庙，如𢀛于且乙、大甲、小乙之记录，此则与周制祷于远祖之祧又不同焉。

《尚书·洪范》：“五纪：岁、月、日、星辰、历数。”《左传·昭公七年》，士文伯（伯瑕）对晋侯谈及岁、时、日、月、星、辰之六物，又答“何谓辰”云：“日月之会是谓辰，故以配日。”所谓“配日”，即指取十干以配十二辰，《史记·律书》谓为十母十二子，以构成六十甲子。自殷卜辞出土极完整之六十甲子表（如《燕大卜辞》即其一例），得知殷人之日常生活逐日明记干支，以辰配日，由来远矣。《世本》及《吕览·勿躬》称“大挠作甲子”，又《尊师》云“黄帝师大挠”，太史公云：“黄帝考定星历，建立五行，起消息。”十日与十二辰之命名与结合，构成六十甲子组合之体系，用以记时，殷以前料必经过一漫长时间之酝酿、改进，方有殷人此种成就，其详细已不可考知。一般推测干支文字之构成，汉代有三种不同之说，一为《史记·历书》之声训说，一为《说文》之五行家之五龙说，一为《太一经》望形立训之人身说（如以人头空为甲，丁象人心之类）。西方学人论字母之产生及排列，亦有用人身为比况之例，中外习俗，偶有相同者，已不可究诘矣。

补记

《汉书·韦贤传》云：

> 初，高祖时，令诸侯王都皆立太上皇庙。至惠帝尊高帝庙为太祖庙，景帝尊孝文庙为太宗庙；行所尝幸郡国，各立太祖、太宗庙。至宣帝本始二年，复尊孝武庙为世宗庙，行所巡狩亦立焉。凡祖宗庙在郡国六十八，合百六十七所。而京师自高祖下至宣帝与太上皇，悼皇考各自居陵旁立庙，并为百七十六。又园中各有寝、便殿，日祭于寝，月祭于庙，时祭于便殿。寝，日四上食；庙，岁二十五祠；便殿，岁四祠，又月一游衣冠，而昭灵后（高祖母）……戾太子、戾后各有寝园，与诸帝合凡三十所。一岁祠上食二万四千四百五十五，用卫士四万五千一百二十九人，祝、宰、乐人万二千一百四十七人，养牺牲卒不在数中。

此一庞大的祭祀次数和消费人力，十分惊人。诸帝、后各有寝园，每日四次上食于寝，故一岁上食共二万四千多次。这是西汉日祭的情形。殷代的日祭，可推想而知。

清代金鹗《求古录》有《日祭月祀辨》引朱子云：“《国语》有日祭之文，是主复寝，犹日上食。”此朱子以《国语》日祭为即下室之馈食也。金氏谓不得谓之祭，下室之馈乃为丧礼，天子、庶人皆同。因谓《国语》日祭，自是祭于宗庙者。不知日祭不必于庙，而实祭于寝园，汉代亦然。金氏如读《韦贤传》，即可了然矣。韦昭注引汉制以说《国语》之日祭，今证之殷礼，事正吻合。前论未及此，更为申证如上。且知唐代杜佑之说，即本诸《汉书·韦贤传》。

二、卜辞“殸门，不往，酓”解

《甲骨文合集》二〇七七〇云：“癸……賁……自入至[illegible]（殸）门，不往，酓（阴），十一月。”又二〇七七一：“戊寅阴不?”

另一条云：“贞今福于㱿闢□。”（《合集》一五八四四）

殸字增方旁，与地名之殸，亦有从方从亥者，同为一字。殸门，犹磬门也。闢即扉，与门同，足证磬门与磬扉为一义。而[illegible]之为殸字，亦可以论定。此字上面是悬物状，非从雨字。磬门者，悬编磬之门。古之乐悬，国君于四门皆悬钟、磬，谓之宫悬，在东方曰笙磬，西方曰颂磬。

酓字读为阴，众所共识。异体又作㱃，从今从酉从云（旬），借饮为阴。《合集》二八五三七：“……戊王其田不冓雨……暒日戊㱃。”是其例。余疑“磬门，不往，阴”乃示阴厌之卜。

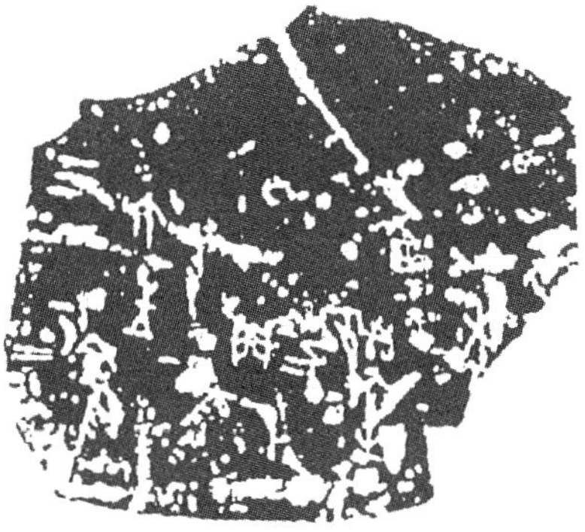

二〇七七〇

一五八四四

现存礼经《仪礼》十七篇原是士礼。礼经所言祭事，乃为士祭。其《特牲馈食礼》、《少牢馈食礼》及《士虞礼》皆阴厌之后迎尸入室，行馈食之礼。按之祭例，凡正祭于室，宾尸则于堂。宾尸即天子、诸侯之绎祭，绎祭宾尸，于祭之明日行之。

《仪礼·有司彻》郑（玄）目录云："上大夫既祭宾尸于堂之礼，天子、诸侯之祭，明日而绎。"

宋陈祥道《礼书》云：绎必于明日。《春秋》书"辛巳有事于大庙，壬午犹绎"。清凌廷堪《礼经释例》十："此说正祭及绎祭、宾尸最分明。盖正祭以神事尸，绎祭与宾尸则以宾客之礼事尸也。天子、诸侯《绎祭》篇亡不可考，惟上大夫宾尸礼存耳。"

按殷墟卜辞所记多为王宾彡日之礼，其言"王宾"者无虑百数，盖当日以宾客之礼事尸故也。《礼记·曲礼》孔疏："天子祭天地、社稷、山川、四方百物及七祀之属，皆有尸也。"殷、周祭必有尸，近贤囿于成见，每讳言尸，故所论辄多扞格；今知王宾即宾尸之义，卜辞所记彡日，正可补古天子《绎祭》之亡篇，惜论殷史者尚未措意及此，驯致殷祭礼之体系未克建立，不能获正确之认识。《诗经·周颂·丝衣》郑笺："天子、诸侯曰绎，以祭之明日。卿大夫曰宾尸，与宾同日。"胡培翚曰："此云天子、诸侯明日而绎，则卿大夫宾尸即正祭之日行之可知。"殷室之礼，为天子之祭，当是祭之明日为绎。与正祭不同，故凡言彡，其下系以祭名者，彡为肜日之绎可知矣。

盖言祭祀须先明正祭与又祭（绎）之别，正祭复可分直祭及索祭。《礼记·郊特牲》："直祭祝于主（室），索祭祝于祊。"正祭视被祭之对象为神，绎祭则视之如宾，虽有尸作为被祭之神明及祖先之代表人，而礼之隆、杀不同。正祭于室，绎祭于堂，室为阴处，于此饫神谓之阴厌。郑玄在《周礼·司尊彝》有长篇注语，论"正祭"之事，故欲论祭事，当先辨阴厌与阳厌之异，及正祭、又祭之分。

《合集》三〇二八四云：

> 于阜西禽，王弗〔每〕（悔）。
>
> 于宧（厅）门嚣（塾）禽，王弗每（悔）。
>
> ……嚣……王弗〔每〕（悔）。

又三〇二八五：

于宭（厅）门𦥑，酓（阴），王弗每（悔）。

此二条俱有𦥑字，裘锡圭释塾[1]。《尔雅》："门侧之堂谓之塾。"古者一门凡四塾，《诗·周颂·丝衣》：

丝衣其紑，载弁俅俅，自堂徂基，自羊徂牛。

《毛传》："丝衣，绎宾尸也。"高子曰："灵星之尸也。"《丝衣》是描写绎宾尸之诗句。卜辞云：

己巳卜其启，䆁西户，兄（祝）于〔妣辛〕。

弜兄（祝）。

亩豕，亩羊（《合集》三〇二九四）

己巳卜其启，宭（厅）西户，兄（祝）于妣辛，吉。（《合集》二七五五五）

以上二辞正为一事。郑玄注："基，门塾之基。自羊徂牛，言先小后大也……绎礼轻，使士升门堂，视壶濯及笾豆之属。降在于基，告濯具，又视牲从羊之牛，反告充已，乃举鼎鼏告洁，礼之次也。"绎是明日又祭，其礼比正祭为轻。上引卜辞俱有酓字，一云"于𠂤（阜）西酓"，裘君读作𠂤，谓假为脽，借作壂；然细审其字明作𠂤而非𠂤；姚孝遂释阜是也。字应是"阜"，阜可读为府，《广雅·释宫》："府，舍也。"又《释诂》："府，聚也。"又其二条云："于厅门塾酓"，"其启厅，西户"，门塾即"自堂徂"门塾之基之门塾。酓，又可借为饮，指饫酒之事。而必饮于阜（府）西及门塾之西与西户者，西为日入之处，门、舍之西即所谓奥，即牖下也，为室中幽隐之处，奠必于此。故《诗·采苹》云："于以奠之，宗室牖下。"

《仪礼·少牢馈食礼》：司宫筵于奥。

《仪礼·士丧礼》：设于奥东面。

① 参见《释殷墟卜辞中与建筑有关的两个词——"门塾"与"𠂤"》，见《出土文献研究续集》，1989。

《尔雅·释宫》："西南隅谓之奥，西北隅谓之屋漏，东北隅谓之宧，东南隅谓之窔。"《说文》宀部："窫，宛也。室之西南隅，从宀𡚁声。"即用《尔雅》说。《礼记·郊特牲》云：

尸稷，而改馔为幽暗，庶其飨之。

陈祥道《礼书》云：

夫尸以象神也，厌以饫神也。殇之有厌，为无尸也；正祭有厌，为尸不存也。阴厌尊有玄酒，阳厌纳一尊而已。阴厌备鼎俎，阳厌俎择三个而已。适（嫡）殇阴厌，其礼详；庶殇阳厌，其礼略也。

胡培翚说"此数语取郑注未发之义引而申之，盖有孔（颖达）、贾（公彦）所不及者矣。"

案正祭有厌，所以饫神。厌而分阴、阳，义有隆、杀，大抵阴厌隆而阳厌杀，《仪礼·有司彻》：

卒养，有司宫彻馈馔于室中西北隅，南面如馈之……纳一尊于室中……

郑玄注：

……比于尸谡（起），改馔于当室之白，孝子不知神之所在，庶其飨之于此，所以为厌饫……

阳厌，杀，无玄酒。

此为汉人以阳厌之礼较杀之说。凌廷堪云："凡尸既出室之后，改馔于西北隅，谓之阳厌。"（《礼经释例》）

《仪礼·有司彻》郑注云：

卿大夫既祭而宾尸，礼崇也。宾尸不设馔西北隅，以此荐俎之陈，有祭象，而亦足以厌饫神。天子、诸侯明日祭于祊而绎。

是宾尸之礼不设馔于西北隅，即不为阳厌，阳厌，礼杀，正祭馔于奥，乃在西南隅。附图如下：

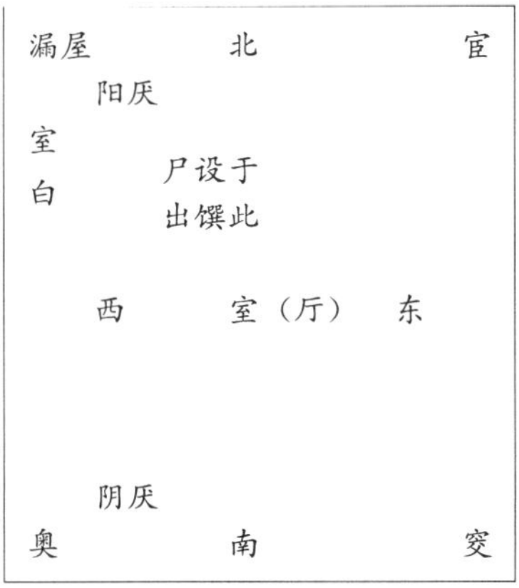

《论语·八佾》：“王孙贾问曰：与其媚于奥，宁媚于灶，何谓也?”（《广雅·释宫》：“寤谓之灶。”《仓颉》篇以为楚人语。）《类篇》穴部：“窹，《博雅》：灶也。”又宀部：“宧，盈之切。《说文》：养也。室之东北隅，食所居。李巡曰：东北阳气始起，育养万物。”宧为东北受阳光之处，是则为“室之白”者。古人所以媚于奥者，即谓“阴厌”，其礼较隆，是矣。

宋人言：“正祭有厌，为尸之不存也。”凡言厌是无尸之祭，而厌有阴厌、阳厌之殊。《礼记·祭法》郑玄注：“祭于奥谓之阴厌；室之白谓之阳厌。”阴厌指无阳光之处，即“奥”是也，为尸未入室之前，先设馔于奥。阳厌则当室有阳光处致祭。《礼记·曾子问》云：“摄主不厌祭。”郑注：“厌，厌饫神也。”厌亦训饫，字《国语》本作饫。《国语·晋语》：“绎不尽饫而退。”韦昭注：“立曰饫，坐曰宴。”《国语·周语》：“余一人敢设饫禘焉。”是又称曰饫禘。大抵饮酒之礼，立成于堂者曰饫，跣而上坐者曰宴。《诗·常棣》：“傧尔笾豆，饮酒之饫。”郑笺：“饫，私也，不脱屦升堂谓之饫。”《说文》：“饫，燕食也。”礼正祭、绎祭均有饫酒享神之举，此即所谓“厌”也。

《包山楚简》二一九：“皾为害缨牖遴咠之厌，一豭於墜室。”此厌字即训饫神，墜室指阴暗处。

次论正祭与又祭之别，主要在正祭必索神于庙门之内，故云“祊以接神”，祊即卜辞习见之作□形，有误释为丁者，故于义难通。绎祭在明日，为又祭，故不索神，先扫堂而及于基。《诗》云“绎以接尸”，故《毛诗·丝衣》疏云：“祊（□）是接神之名，绎是接尸之称。”一接神而一接尸，此其别也。

埽堂且设筵，且必选侑以迎尸，事见《仪礼·有司彻》。祭之重要角色有祝，有侑。侑于又祭，王宾时更见重要，由于侑为助祭者，负责迎尸，担任侑者必经选出，《仪礼》记侑之职甚详，可参看。

王室举行祭事时，执伎之人物为巫、史及四辅。四辅者，卜、筮、瞽、侑，王前巫后史，卜、筮、瞽、侑在其左右，有如下图：

	巫	
瞽		卜(人)
	王	
侑(助祭)		筮(人)
	史	

侑是助祭之主角，而于绎祭时担任迎尸，更显出其重要。

（1）侑为官名，与祝、史分掌；祝是诵赞者，史是作辞者。

（2）侑指助祭之事。

（3）侑指侑币与侑食。

《礼器》云："周坐尸，诏、侑武方。殷坐尸，周旅酬六尸。"按武方读为无方（常），言无定。诏，告语，侑则劝食。有侑相。曾子曰："《周礼》其犹醵与。"周天子七庙举行大祫祭时，六庙之主合食于太祖之庙，庙各有尸，六庙之尸与太祖酬，互相劝酒，是为七尸，故曾子谓犹聚饯之醵。

助祭之官亦有摈相、摈诏。《礼记·檀弓下》："子游摈由左。"郑注："摈相，侑丧礼者。"丧礼废亡，时人以为此仪当如诏辞，而皆由右相是善，子游正之。《孝经》说曰："以身摈侑。"《礼器》："故礼有摈诏，谓司仪乐有相步，温之至也。"（指乐工扶导者）

次辨正祭与又祭二者之别，兹据《礼经》、《左传》、《国语》及《礼经释例》，如次：

正祭，又称直祭	又祭，即绎，祭之明日又祭，即肜日。
于室	于堂
以神事尸	以宾礼事尸
有祝	选侑（侑为祭之助手）

阴厌	阳厌
先荐后献	先献后荐
为祊（□）在正日	绎在明日
祊（□）必先索神于庙门之内	绎不索神，故先扫堂而及于基
祊（□）以接神	绎以接尸
牲体进下	牲体进腠
鱼缩载	鱼横载
尸酢于献祝之前	尸酢于献侑之后

陈祥道《礼书》云："正祭有厌，为尸不存也。"被以为正祭之阴厌无尸。但《仪礼·有司彻》详记阴厌迎尸入室行馈食之礼。

卜辞云：

……于既 父丁，翌日、劦日、彡日、王乃宾。(《合集》三二七一四)

彡（飨），翌日、劦、彡日，王弗每（悔）。(《续存》上一八三六)

上辞明记"王乃宾"，即以宾礼祀神为翌、劦、彡之祭。

凌廷堪云："盖祭礼则以宾客之礼事其先，如尸入饭，犹宾客之食礼也。卒食献尸，犹宾客之燕礼也……阴厌，其宾客之飨礼欤?"证以上辞，凌说可信。故《穀梁传》云："绎者，祭之明日享宾也。"

绎祭于卜辞谓之为彡，字亦作彡。有关诸辞详见《类纂》1285～1290页，至为繁赜，凡百数十条。《尚书》有《高宗肜日》篇。肜字不见于许书，有待深入研究，今不细论。

三、册祝考——论工典及有关问题

《周礼》大祝掌天祝之辞以事鬼神示，祈福祥，求永贞。六祝为顺祝、年祝、吉祝、化祝、瑞祝、筴祝。郑注"筴"祝，远罪疾也。孙诒让《正义》：筴正字当作册，《独断》作策，筴即策之俗。筴祝益多文辞，必书于简策以告神，故特以筴为名。《书·金縢》，周公为武王祷疾，云"史乃册祝曰"。《鲁世家》册作策，谓简书也，此远疾之筴祝也。《周本纪》说武王克殷祭社，使尹佚筴祝，告受命，然则筴祝，不徒远罪疾也。又小祝云：掌山祭祀，将事侯禳祷祠之祝号，以祈福祥，顺丰年，逆时雨，宁风旱，弥烖兵，远罪疾。“大祝、六祝之化祝，先郑（众）注云化祝，弭筴兵也，郊特牲：祭有祈焉，有报焉，有内辟焉。郑注云辟读为弭，谓弭灾兵，远罪疾也。”大祝、小祝所掌大同小异，册祝亦施用于弭灾兵。义同于“辟”。筴字本应作册，征之殷卜辞，正作册祝：

册祝（《合集》三〇六四八、《小屯》甲七四三）
祝其册（《合集》三二三二七）
卜𠦪（拜）祝册……毓（后）祖乙叀牡（《屯》二四五九）

可以证之。屈万里云“册祝当与《金滕》册祝同义，谓作册以祝告于神也”，卜辞所见，册与典二字每每互用，如爯册亦作爯典。册伐亦作𠦩伐，即典伐。

☒申卜☐贞厌……爯𠦩（七四一四）
壬申，卜㱿贞：……囚爯𠦩乎比。（七四二二）
𠦩伐召方，受又（三三〇二〇，二见）
贞：王比……戓𠦩伐召方，受又。

册至亦作典至。

叀𡚸至（三〇六五七、三〇六五八）

祝字有从册者：

已巳卜穷贞：𢀛年，丁𥄎用（一〇一四八）

有册曹叠用者：

口戌卜㱿：沚𢦏爯册，曹土〔方〕（《粹》一〇九八）
册曹𠮷……王比我受〔右〕（六一六六）
……大贞，多君……册曹隹……月（二四一三三）

𠂹𠦪𢀛羌方王……（二七九八五）

贞，帚相𦉭册㞢（二八二四）

卜辞记对方国，每行册告，沚𢦔爯册、𦉭𢀛方之纪录甚多。略举一二例：

乙丑，王卜贞：今𡆥巫九𠤕。余亡𩰫。𢓊告侯田（甸）册、𣪍方、羌方、羞方、庚方，余其比侯田，𢀛𢦏四邦方（三六五二三反）

乎比臣沚㞢𦉭卅邑（二六九六）

𦉭盂方……（三四五一二五、三六五一二、三六五二三）

或言呼祝曰。

乙丑王贞：启，乎祝曰：盂方𢦏人……其出，伐𠂤，高，其令东迨于……高弗悔，不𦉭𢦏。王𡆥曰……（三六五一八）

第三期贞人𡨦及狄有册危方美事。

卜狄……危方美……𦉭于……若（二八〇八八）

丁未卜𡨦贞，危方𦉭萑新家，今秋王其比（二八〇〇一）

周原刻辞记𦉭周方伯事。

……其王卯帝……𦉭𦉭周方白（《周》H11：82）

贞：王其𠦪又大甲，𦉭周方白𥁕（《周》H11：84）

此类册方之举，均属册祝，不少与征伐有关。

丙午贞：酌𡰥（夷）册祝。（三二二八五）

此𡰥字如指夷方，则此条册祝必与征夷方事相涉。

卜贞，旬亡𡆥，王𡆥曰：弘〔吉〕甲辰，𢍰祖甲，王来正盂方。（三六

五一六）

……弘吉，在三月甲申，祭小甲。……隹王来正盂方白炎（三六五〇九）

以上二事为征盂方者，有咎祖甲、祭小甲之举，知所谓“周祭者”，亦于出征时举行之。

见于卜辞者，《类纂》所收共十二条。其字多作𧶜。与他辞𨙸𦧇字形无异。殷礼“工典”一词，向来学人，采用于老之说，读作贡典，指祭祀时献其典册，以致祝告之词。以工字为动词，故读作贡。窃谓工乃名词，犹工祝之工。《仪礼》：

尸执以命祝，以嘏于主人曰……

皇尸命工祝……承致多福无疆。

郑玄注“工”官也。卜辞所见之工典是主词，当一为官名，因《诗·楚茨》：“工祝致告。”《楚辞·招魂》：“工祝招君。”工典下文诸动作都是祭名。兹录其辞如次：

甲类，附记地名者：

癸未卜，王在丰贞：〔旬〕亡𡆥，在六月。甲申，口工典其彭彡。（《合集》二四三八七）

癸丑卜，在□（黾）贞：王旬亡畎，在十月。甲寅，工典其彭彡。（《合集》三八三〇六）

〔癸〕亥王卜，贞：旬亡畎。……一月。甲子彭、妹。工典其……朁師，王正（征）尸〔夷方〕（《合集》三六四八九）

此类工典祭事不在京畿举行，而著明王在某地贞，且有出征之役，在某戍所，如上举第三条记“工典其……朁師，王征夷方”，其为与征伐册告有关事务，十分明显。周礼册祝所以远罪疾，弭灾兵，施于军事行动，故出征时必有册祝之举。上引工典正用于出征时之册告、册祝。

其言王在丰贞，在黾贞，此二地地望均可考出：

丰即丰水。诗“丰水东注”。郑玄笺：丰邑在丰水之西，镐京在丰水之东。武丁卜辞丰地屡见。

贞勿往〔于〕丰（八二六二反）

……〔业〕来……乎告曰：丰。七月（七一五一）

癸未卜永贞……七月乙丑𡸁(友)化，乎告曰：舌方征于我奠丰（六〇六八韩国大骨片）

丰示二屯，亘。（九九三八）

又有帚丰等。此丰地在渭河流域。《汉书·地理志》，丰水出东南，北过上林苑入渭。《说文》：酆，周文王所都，在京兆杜陵西南。《三辅决录》：丰、镐相去二十五里。（《郡国志》刘昭注引）竹园沟伯格墓出土有丰公鼎。陕西出瓦书云："取杜在酆丘到于潏水。"周设都于丰，即沿殷之丰地。

黾即沔。《集韵·上声》二十八獮："渑、黾一字，渑池县名，或作黾，通作沔。"《说文》：沔水出武都沮县东狼谷东南入江。

另有二辞，一记在橐贞，一在陪卫贞，文云：

丁亥卜，在橐師贞，韦自寮妹……〔其〕又宧。主其今宧，不悔，克（甾）王令韦自寮弜改。亡宧，王其呼宧于京自（师）又豊，若（三六九〇〇）

丁亥卜，在陪卫，彭、邑戏豊豊，又𠦪（奏）方豚。今秋，王其使。（二八〇〇九）

橐是拜泉之合文，读为百泉，《诗·大雅·公刘》："逝彼百泉。"与溥泉并列。泾水即源于百泉。《汉书·地理志》安定郡朝那县。《通典》谓："诗之百泉，在汉为朝邮县。盖隋改名为百泉县，属平凉。"朱右曾《诗地理征》："玉泉县南三里为梢泉。自高山涌出，县北为白马泉，会流为一水，亦名汃水。"即《说文》邑部豳地之汃。以橐当百泉，见于《公刘》之诗，似无不可。至于陪地待考。

"妹……又宧"者，大盂鼎："女妹辰有大叚（服）。"辰读为农，《广雅·释诂》："农，勉也。"此二条均书"又豊"、"豊豊"，以证工典之为工册、工豊，均可讲通。班《志》："朝那县有端旬祠十五所，胡巫祝。"未详所指。而胡巫祝者，其地为昆夷旧壤，故有胡巫。"祝"则其地自殷以来，屡有册祝之事，正可于卜辞征之。

乙类，在其字下单言某一祭名，或复言两种祭名：

（一）单言一祭名者

癸巳卜泳贞：王旬亡𡆥，在六月。甲午，工典（册）其𠬝。

癸未王卜贞，旬亡𡆥。王𠃧曰：吉，在八月甲申、工典其𠬝（三七八六七）（《珠》二四四）

癸卯王卜〔贞〕：旬亡𡆥。王〔𠃧〕曰吉。在五（月）。甲辰，工典其彡（三五四二二）

……贞……王𠃧〔曰〕：在五月，☐典其彡。（《英》二六〇五）（册）

癸卯卜贞：王旬亡𡆥，在六月乙巳，工典其雚（三八三一〇）

癸亥……甲子☐典其雈（三四三九八）

甶雈，册用，王受又（三〇六八四）

癸亥卜㣎贞：王旬亡〔𡆥〕，在十月。甲子，工典（册）其妹。（三八三〇五）

癸酉王卜贞：旬亡𡆥。王𠃧曰：吉，在十月又一。甲戌妹，工典（册）其䝿（苜），隹王三祀。（三七八四〇）

癸丑卜贞王旬亡𡆥，在六月，甲寅，工典其羽。（《怀》一八〇五）

（二）复言二祭名者

癸卯王卜贞：旬亡𡆥，在九月。甲辰，工典（册）其𠬝，其羽（翌）（三五三九九＝《续存》上二六五二）

癸巳王卜贞，旬亡𡆥，王𠃧曰大吉，在五月。甲午，工典（册）其彡、𠬝（《英》二六〇五）

癸未王卜贞，旬亡𡆥，王𠃧曰吉，在月又一。甲申，苜彡上甲

从上引各辞，审其辞例，其字以下，为动词，则工典自应为主语。析其行文惯例，有三点可以注意：

（一）其𠬝，其彡，其羽，其雚（灌），其下一字必为祀事之名。

（二）以上引诸例衡之，其妹，其䝿当然亦是祭名。

（三）复用祭名，如其彡、𠬝，以是为例，则他辞之“彡彡”或“彡妹”

亦然。

妹亦是祀事之一，如常玉芝之说是也。

此诸祭名，过去谈周祭诸家皆曾论及，常玉芝在《商代周祭研究》一书论之已详，唯奴、妹、肙诸义，从来未有详细考证者。余过去略有引述，非确切之谊。兹重申论之。

（一）彡与灌

先从"彡彡"讲起，彡字一般释为酒，卜辞自有酉字，以酉为酒。金文有"彡尊"，以彡与彡联词文例常见，如"彡彡自上甲"（《怀》三二）、"隹彡彡用"（《合集》四五一）、"彡彡有事"（九七，二一七九六）。加彡字于彡之前后者，彡自是肜日之肜。许书舟部有彤，舟行也，不见从月。此字唐写本《玉篇》作肜，余弓切，引《尔雅》云祭也。《释天》云复曰复胙，殷曰肜，周曰绎。契文彡字无虑数百见。肜日之肜，《诗·丝衣》郑笺作融，示明日又祭，融融不绝。卜辞有一条云：

> 于邵彡父丁，羽日、劦日、彡日，王乃宾。（三○七一四）

羽日、劦日、彡日三者并见于一辞，表示是日之肜祭乃大合祭兼行羽舞，最为特例，彡字形又作彡，叠两彡形（《类纂》一二八八～一二九○为彡字，亦作肜）。彡与绎、融同音，绎谓连续不绝，形容音乐之余音不断，谓之"绎如也"，《论语·八佾》取义相同。《白虎通》云昨日祭之恐礼有不备，故复也。解说何以要祭之及明日又祭之理由，甚为有趣。[1]

彡字从彡从酉，取义于绎酒，《说文》：茜，绎酒也。故彡字可视作茜，《左传·僖公四年》："无以茜酒。"亦假作缩。凡裸圭而灌鬯，是为茜，像神饮之，是为裸之礼，故工典其彡，他辞亦称"工典其萑"，萑即灌。《书·洛诰》："王宾，杀禋，咸格，王入太室裸。"《论语·八佾》："禘自既灌而往者，吾不欲观之矣。"灌与裸同。灌酒所以迎神。

宗庙之祭，始于裸神，次荐牲，次荐熟。灌是初祭，酒以迎神之莅临，是为始事。荐牲为献俎；荐熟曰肆。郑注："肆者，进所解牲体，谓荐熟时也。"卜辞肆字作肆。

① 参见周聪俊：《裸礼考辨》，6页金祥恒释，见《中国文字》，第24册。

（二）𢆶

工典其𢆶（《前编》三，常书图二三），他辞每言“𢆶自”（如三五四三七），𢆶，陈梦家释幼，其义未详。余谓字从幺从又，乃𦼝字之省形，《说文》肉部胤，子孙相承续也，从肉从八，幺亦象重累也。𦼝古文胤。按甲骨文省去肉旁，但作幺与又会意。

𢆶读为酳。《仪礼·特牲馈食礼》：“初献……升酌酳尸。”郑注：“酳犹衍也，是献尸也。”又云：“卒食，主人降洗爵，宰赞一爵。主人升酌，酳上餕，上餕并受爵，主人答拜。酳下，餕亦如之，主人拜，祝曰酳，有与也，如初仪。”酳用爵，执爵百酳，殷人重酒器之爵，出土甚多，为𢆶酌之器。𢆶即酳字。《类篇》：酳，士刃切。即漱酒也。又假借作衍，《诗·伐木》“酾酒有衍”，衍即是酳。《礼记·曾子问》：“尸入，三饭不侑（劝也），酳不酢而已矣。”指尸以酒漱口，不必回敬（酢）主人。《周礼》尊彝条郑玄注屡屡引“酳”字为说。《仪礼》郑注：古文酳为酌（酌），《广雅·释言》：“酌，漱也。”《汉书·贾山传》颜注：“酳者，少之饮酒，谓食已为荡口也。”是酳亦通作酌。谓漱酒是也。卜辞所谓酚𢆶即谓酚酳，言初献酾酒以酳尸。

（三）冃与妹

卜辞：冃祭上甲（明义士七八九）。……在月又一甲中冃酚祭上甲（三七八四〇＝《续》一，五，一一）

王窒冃、亡尤（《前》六，六一，一）

甲辰卜贞：王窒冃，衣，亡尤（《合集》三五八五九）

冃字从冃或月，冃即《说文》训“重覆”读作“莓”之冃，蒙覆之冡字从之。卜辞地名之芫方即从冃从儿。芫方即《禹贡》蔡蒙之蒙。工典其冃可读为其蒙，蒙指阴暗地方，即所谓“奥”也。《论语·八佾》王孙贾曰与其媚于奥，宁媚于灶。《仪礼》中之《特牲馈食礼》、《少牢馈食礼》、《士虞礼》郑玄注《礼记》祭法云“奥谓之阴厌”。相反，室之白处谓之阳厌。皆指阴厌迎尸入室，以行馈食之礼。阴厌指无阳光之处，即所谓奥也，为尸未入室前，设馔于奥。《礼记·曾子问》云：“摄主不厌祭。”郑注：“厌，厌饫神也。”厌亦训饫。字本作䬪。《晋语》：“绎不尽饫而退。”韦昭注：“立曰饫，坐曰宴。”

《周语》："余一人敢设饫禘焉。"又称曰"饫禘"。大抵饮酒之礼，立成于堂上曰饫，跣而上坐者曰宴，《诗·常棣》："傧尔笾豆，饮酒之饫。"郑笺："不脱屦升堂谓之饫。"《说文》："餀，燕食也。"引诗"饮酒之餀"。按礼正祭、绎酒均有饫酒以享神，即所谓"厌"也。卜辞又言，"工典其妹"妹读为昧，如昧爽之作妹爽。妹、苜（蒙）音义均同，凡言蒙祭者即谓尸未入家之前，奠于阴奥之所，设馔于奥，是为阴厌。

郝敬曰："尸未入，神先降，故有阴厌；尸既出，神未散，故有阳厌。"论祭事必辨阴、阳厌。宋陈祥道《礼书》云正祭有厌，为尸不存也。凡言厌是未有尸之祭，而厌复有阴厌、阳厌之异。殷礼想不能例外，殷人尤重彡之绎祭，其特言苜祭上甲者，盖指尸未入室前之奠。既言"妹，工典其苜"（《合集》三七八四〇），又作"工典其妹"（《合集》三八三〇五），妹、苜（蒙）音义相同，妹自是苜之异文。[①] 同音借用，妹读作昧，即指奥，谓暗无阳光之场合。

（四）羽

《怀》一八〇五"工典其羽"，即指羽舞，殷代习见，不缕述。

综上所论，

彡是绎酒；

蘿是灌酒（省略作萑）；

𠬪是酳字，指酌酒；

苜是蒙祭，亦称苜彡祭，谓饫酒。

绎不尽饫，指（站）立而饮。

妹读为昧，与苜通。蒙祭指于阴暗地方，晨祼行祭事，即所谓阴厌也。

此类卜辞，每用于军旅，出征时，居畿甸之外，册祝于先祖，灌酒、绎酒、饫酒以祭，执爵而酳，乃军礼之涉及祀事者。殆如《周礼》六祝之化祝、册祝。

祝有弭灾兵，故知化祝当之……云筴祝远罪疾者，自此以上差次，与小祝不同，唯有筴祝与小祝远罪疾相当，宜为一也。故知筴祝远罪疾与小祝相当。

---

① 或读妹字为否定词，读妹为蔑，其例绝少，而工典其妹句与其蘿、其𠬪、其彡等同用作动词，而其苜，文例正同，故此说不易讲通。

古代军礼，皇帝亲征或遣大将出征，有司告于太庙，先卜日，而后有进熟、晨祼、馈食之事。周制天子将出征，类于上帝，宜于社，造于祢，祃于所征之地。《通典》七六：“祃师，祭地为兵祷也，其礼亡，其神盖蚩尤，或云黄帝。其巡狩、告庙之礼均有晨祼。”《通典》五五《告礼》云：“古者天子将巡狩，必先告于祖，命史告群庙及社稷。商汤将伐桀，告天云：‘予小子履敢用元牡，敢昭于皇皇后帝。’”

告庙祝文，必用竹册篆书，至东晋时尚沿此制（见博士孙毓议）。今观殷卜辞，告侯甸册四邦方，及乎祝（告）盂方，殷时之告礼，尚有可征。其出征夷方在某地贞卜，工册（典）有彭彡及雚、㞢（酯）与岜彭祭（上甲祖先）之记录，今参之以《开元礼》，出征有下列之礼，略记为下：

进熟

皇帝既升，奠玉帛。既降坛，谒者引诸军将诣坛东阶，升，进立于天帝神座前，北面西立。初，军将升，太祝帅斋郎，以爵酌福酒，进立于军将之西，东面北上，军将俱再拜受爵，跪，祭酒啐酒奠爵，兴，太祝各帅斋郎进俎，减神前胙肉，以次授军将，以授斋郎。军将俱跪，取爵，遂饮，卒爵，太祝帅斋郎受爵，复于坫，军将俱兴，再拜。……元和之乐作。太常卿前跃请再拜，退复位。

晨祼、馈食

皇帝既升，祼，下至酌，献九室讫，降，复位。皇帝既降，谒者引诸军将升自东阶，进立于帝室户前，北面西上。初，军将升，诸太祝各帅斋郎以爵酌福酒，进立军将之东，西面北上，以下至啐奠，降复位，如类上帝仪，登歌作，诸祝各入室，彻豆还罇所，以下至燔（祝）版于斋坊，如类上帝仪。

以上所记为唐室出征之军礼，殷代未必相同，然其由祝官主礼，以爵酌福酒，及爵饮啐奠之礼节手续过程，殷代工册之彭，相当于祼。

啐奠之啐，《仪礼·士冠礼》作啐。郑注云“古文啐为呼”，按之《说文》口部：“啐，小饮也。”段玉裁谓“呼与啐音义皆隔，必是误字，当是古文啐为

‘啐’之误，如古文醋作酌，今礼酌皆误酌也”。

啐——卒﹢呼

醋——酌﹢酌

后人习称为啐奠，啐酒，字应作啐，意为小饮。

卜辞常见习语工典其彡、工典其藋、工典其𠭯等语，一向说者均采用于老之说读工典为贡典，指祭时献典册以致祝告。读工字为动词之贡，今知典与册二字每每互用，则工典亦犹工册，实际工典是主语，工犹工祝之工。《仪礼》：“尸执以命祝，以嘏于主人曰……皇尸命工祝……承致多福无疆。”郑玄注：“工，官也。”“工册”之为官名，有如乍册之比。作为主语，下面再用动词，如是较为文从字顺。

四、《春秋·宣公八年》“犹绎”说——殷祭礼宾尸义

（一）释□为祊

《春秋·宣公八年》：夏六月“辛巳，有事于大庙。仲遂卒于垂。壬午犹绎。万入，去籥。”壬午是辛巳的翌日。杜预注：“绎，又祭，陈昨日之礼，所以宾尸也。”《尔雅·释天》：“绎，又祭也。”孙炎云：“祭之明日，寻绎又祭也。”杜氏盖用《尔雅》注说。所以言及宾尸者，《诗·丝衣》序云：“绎，宾尸也。”郑笺：“天子、诸侯曰绎，以祭之明日；卿大夫曰宾尸，与祭同日。”晚期卜辞，卜祭之日往往在受祭先王天干名之前一日，举例如下：

丙子卜贞：武丁其牢。兹用。（《前》一，二一，三）

癸亥卜：祖甲□（祊）其牢。兹用。（《续》一，二六，一）

丙申卜贞：康祖丁□（祊）其牢羊，公用。（《前》一，一二，七）

甲寅卜贞：武乙□（祊）其牢。兹用。（《前》一，二一，一）

丙戌卜贞：文武丁宗□（祊）其牢。兹用。（《卜》二六七）

祭武丁卜于丙子之日，祭康祖丁卜于丙申之日，祭祖甲卜于癸亥，祭武乙卜于甲寅，祭文武丁卜于丙戌，均为先期一日，即先一日卜而祭于明日，且带有□字，其为绎祭甚明显。

卜辞同形或为异字，此古文字之常例，故□可为丁，又为祊字，《诗·楚茨》“祝祭于祊”是也。

《礼记·郊特牲》郑注：“祊之礼宜于庙门外之西室，绎又于其堂，神位于西也。”

郑君说绎当在庙门外之西室。证之卜辞云：

于阜西畣，王弗〔每〕。

于厅门𣪘（塾）畣，王弗每。（《合集》三〇二八四）

己巳卜，其启，宧西户，兄（祝）于妣辛吉。（《合集》二七五五五）

其言于阜西，饮，启廷西户而祝，具见祊祭于西室之可信。卜辞亦称□为□门，即祊门，如：

贞：自□门。二月。（《林》二，二，一五）

贞：□宔门，亡祸。（《后》下三四，三）

又曰□宗，即祊宗。

乙卯卜贞：㢭（弹）尸，延于□宗，喜（糦）。（《前》五，八，五）

弹疑读为墠，扫除草莽曰弹，除地之意。上引“于宧门𣪘”，《字林》：“塾，门侧室也。”宋人款识有云：

……万豕（?）用宧□（祊）宗彝。（《历代》二，二二）

万即万舞（殷之万舞，裘锡圭已有详说）。宧或即《尔雅·释宫》“东北隅谓之宧”之宧字。万者，羽之总名，以干或羽籥为舞。万入去籥谓舍吹管之籥西执翟以舞，殷人羽舞，更为常见。

宾尸卜辞或称为又尸，即侑尸，如云：

丩如妣庚，侑尸。（《合集》二二三七四）

庚辰卜，又（侑）尸，允其东飨。

庚辰卜，又𠭰尸，其南。

庚辰卜，又𠭰尸，南。

其北飨，其北飨，其又（有）牛。

其东飨。（《合集》三三二四一）

卜辞ㄅ字，有尸与人之别，亦同字异文之例。是条记东飨、北飨，又云其南（飨），似傧尸时有飨四方不同之礼。

又称𡧊尸，即纳尸。

自𡧊尸，桒。（《合集》三四二七九）

又言用尸，谓用牲以飨尸。

于大丁用。

己酉卜用尸，牛彡。

弜用尸，牛。（《合集》三四四〇一）

诸ㄅ字皆宜读为尸，其误释为人，与□之误为丁正相同。《绿衣》疏云："祊是接神之名，绎是接尸之称。"祊可在正日，绎必在明日，祊必先索神于庙门内，绎则不索神。卜辞多记王宾及彡日之礼。彡即绎，宾为宾尸。契文ㄅ、□二字由此可得确解：

（一）ㄅ字宜读为尸。

（二）□字宜读为祊，即鬃。

卜辞有□穷之文，如：

戊寅卜贞：于□（祊）穷延尸。七月。（《合集》八三一）

戊寅卜〔贞〕：于□（祊），穷尸。七月。（《合集》八三二）

壬申卜出贞：□（祊），穷尸醎，亡匄。（《合集》二六七六四）

壬申卜出贞：□（祊），穷尸醎，亡匄。（《怀》一二六七）

□当读为祊，谓宾于祊，姚孝遂《类纂》释□为丁，于义难通。今贯通各释，重为疏说，为殷礼提出一正解。

（二）释□人即祊人

卜辞屡见□人，或某地之□人，列举如下：

（1）单□人

癸丑卜争贞：旬亡囚。三日乙卯。㞢媗。单□（祊）人丰：?于录。（《合集》一三七正）

（2）蕲□人

贞：蕲□人妫，㞢疾。（《合集》一三七二〇）

……蕲□人（《合集》七九一三）

（3）伊□人

□□卜贞：今日其取伊□人。（《合集》三二八〇三正）

（4）效□人

丙午卜贞：效□人嬉，不昷，在□家，㞢子。（《合集》三〇九六）

入效□人（《合集》三〇九八）

（5）黄□人

癸卯卜贞：□令卓取黄□人。七月。（《合集》二二）

（6）□人

丙子（贞）：又梦□人于河，其用。（《合集》三二二一二）

丙□贞：又梦□人□于河，其……（《英》二四二八）

□人当读为祊人，指守宗祊之人（君）。《左传·隐公八年》："郑伯使宛来归祊，不祀泰山也。”盖以泰山之祊易许田。泰山之祊者，谓助祭泰山时之汤沐邑。《王制》云：“方伯为朝天子，皆有汤沐之邑于天子之县内。”朝天子巡狩，主为助祭，祭必沐浴，汤沐邑即是休憩小邑，泰山之祊是助祭泰山之处，故可与许田互易，此处祊乃是通名。卜辞之某地□人当如泰山祊之例，□字之前为小邑之名，如单即周时单伯邑。卜辞又有四单之名，见《甲骨地名通检前言》。商器有北单卣，安阳武官村出土；又有北单戈（《铜器大全》一〇九，六六），足证卜辞北单一名之有据。单□人，指守单邑宗祊之人，单在河南畿内，乃殷汤沐邑之一。其他蕲、伊、效等□人之义视此，皆是其他守宗祊之人之为助祭者。

（三）释延尸

《合集》八三一、八三二有“于□延尸”之文，文字较为完整，他如：

贞：于丁亥，延尸。（《合集》八三三）

辛口〔卜〕争贞：……〔延〕尸于□（祊），十一月。（《合集》八三四）

……延尸（《合集》八三五）

贞：于大……穷，延尸。（《合集》八三〇）

戊寅卜贞：𢎨（弹）延尸。七月。

……延尸。（《合集》二五）

延尸即迎尸之礼。许慎引《鲁郊礼》云：“祝延帝尸。”卜辞云：“隹王帝尸，不若。”（《合集》二六〇九〇）已见帝尸之语。晋“祀夏郊，董伯为尸。”（《晋语》）《曲礼》孔疏：“天子祭天地、社稷、山川、四方、百物及七祝之属皆有尸也。……大祝云……大禋祀逆尸。”今所传之《仪礼》为士礼，士亦用尸。试举《士虞礼》为例：

祝迎尸。一人衰绖奉篚，哭从尸。尸入门，丈夫踊，妇人踊。淳尸盥，宗人授巾。尸及阶，祝延尸。尸升，宗人诏踊如初。……主人及祝拜妥尸。尸拜，遂坐。

此为士举行虞礼时迎尸、妥尸之礼节。“祝延尸”，与卜辞之言延尸正同。

郑玄注："延，进也。"《仪礼·有司彻》郑注云：

上大夫既祭，宾尸于堂之礼，祭毕，礼尸于室中，天子、诸侯之祭，明日而绎。（《有司彻》于五礼属吉礼。）

《有司彻》郑注云：

卿大夫既祭而宾尸，礼崇也，宾尸则不设馔西北隅……天子、诸侯明日祭于祊而绎。（引《春秋传》壬午犹绎为证）

（四）彡与绎有质、文之别

卜辞屡言王宾，姑揭二例：

……于既酒父丁，翌日、日、彡日。王迎宾。（《南·明》六〇四）

……彡（飨），翌日、劦、彡日。王弗每。（《续存》上一八三六）

在酒及飨之后，继以翌日、劦、彡日三者，王乃宾尸及酬宾，翌是羽舞，劦是合祭，彡是明日又祭。彡日即肜日，《书》有《高宗肜日》之篇，人皆知之。"王乃宾"接于彡日之后，其为宾尸甚显。《春秋》言绎，绎是肜之同义字，所谓"殷曰肜，周曰绎"是也。《宣公八年》此经文，《公羊传》解云：

绎者何？祭之明日也。万者何？干舞也。籥者何？籥舞也。"其言万入去"何？去其有声者，废其无声者，存其心焉尔。"存其心焉尔"者何？知其不可而为之也。

何休的《解诂》更加明确，他说：

礼绎，继昨日事，但不灌地降神尔。天子、诸侯曰绎，大夫曰宾尸，士曰宴尸。去事之杀也。殷曰肜，周曰绎。绎者，据今日道昨日，不敢斥尊言之，文意也；肜者，肜肜不绝，据昨日道今日，斥尊言之，质意也。祭必有尸者，节神也。礼：天子以卿为尸，诸侯以大夫为尸，卿大夫以下以孙为尸。夏立尸，殷坐尸，周旅酬六尸。

邵公酌取《春秋》说及《尔雅·释天》为解，殷称为肜而周名为绎，肜谓肜肜不绝，继昨日之事，殷契文作彡日，与《尔雅》说合。肜日在正祭之后，其礼差一等，故云“去事之标”。正祭灌地以降神，彡祭则否。何氏复比较肜与绎二字有质、文的差别，绎是寻绎继续昨日的正祭，仍是尊重正祭，所以为文，肜是相因不绝，迫近今日而无尊重正祭之意，所以为质（参用徐彦疏）。祭必有尸者主要所以节神，使神与人取得调节，表现在实际生活之中。万舞在卜辞作“万舞”，殷人习行之。

（五）杜佑论《立尸义》

杜佑《通典》系有《立尸义》一文，标明“夏、殷、周”，谓“夏立尸，殷坐尸，周人因之”。周公祭太山，即以召公为尸。杜云：“今柳、道州人每祭祀，迎同姓丈夫、妇人作神以享，亦为尸之遗法。”（卷四十八，礼八）又在《边防典》中详论古之中华，多类今之夷狄如祭立尸，即其一例。（卷一百八十五）又记周制祭五岳，王及尸皆服毳冕，其引用柳州、道州人有拜尸遗俗，乃运用民族学资料来解释古代礼制。（他另在《理道要诀》亦言及此事，则作“今郴、道州人”，不作“柳州”。愚检北宋本《通典》，“柳，字作‘郴’”，王文锦等校点本亦然，王氏《校勘记》云：“郴原讹都，据北宋本改，按：唐置郴州、道州，见卷一八三州郡典一三。’”（中华书局，1988年，第4999页）。考《朱子语类》卷九十亦云：

> 今蛮夷傜洞中，有立尸之遗意，每遇祭祀鬼神时，必请乡之魁梧姿美者为尸，而一乡之人相率以拜。（又记邵武密溪，每岁以序轮一家之长一人为中王，凡祭祀祈祷，必请中坐而祠之。）

这所谓礼失而求诸野，春秋以后立尸以祭之制已废，唯尚存于边地。今广西各地流行师公戏，说者谓是尸公（参黄强《尸与神的表演》，载《中国与日本文化研究》，第215～245页）。由于周代旅酬相酌，人神交欢，曾子称“其礼犹醵”，事同于饮饯饮酒。春秋后其事遂被淘汰，唯边地尚存一些旧习，故杜佑、朱熹均称道之。

（六）正祭、又祭与祭礼

殷代之肜，周谓为绎，祭所以必有绎者，何休注云：

> 必绎者，尸为昨日配先祖食，不忍辄忘，故因以复祭，礼则无有误，敬慎之至。

祭之明日又祭，所以表示敬慎之至。《穀梁传》云："绎者，祭之明日享宾也。"只从尸及酬宾着眼，未尽其义。祭与索祭二者：

> 直祭祝于主（室）
> 索祭祝于祊（□）

有主、从之别，凌廷堪《礼经释例》十云：

> 盖正祭以神事尸，绎祭与宾尸，则以宾客之礼事尸也。天子、诸侯《绎祭》篇亡不可考，惟上大夫宾尸礼存耳。

案现存《仪礼》十七篇，原是士礼。所言祭礼，乃为士之礼仪，其《特牲馈食礼》、《少牢馈食礼》及《士虞礼》，皆阴厌之后迎尸入室，行馈食之事，不能作天子、诸侯之礼看待。

谈祭礼者，必先辨正祭与又祭之分，今据《左传》、《国语》与礼书列其差异之处，略如下：

正祭	又祭
于室	于堂
以神事尸	以宾礼事尸
为祊（□）在正日	绎在明日
祊（□）必先索神于庙门之内	绎不索神，先扫堂而及于基
祊（□）以接神	绎以接尸
有祝	选侑（侑为祭之助手）
灌地降神	不灌地

其大较如此，殷卜辞所记，彡日及王宾之礼至为繁赜，有待于疏理建立体系，其彡日即绎祭，正可补《绎祭》这亡篇，惜一般谈殷礼者，不大措意及此。虽论周祭制度不乏其人，而于宾尸、傧尸之意则茫然无知，姑因《左传》犹绎之事，累发其凡，以俟礼家之扬榷云。

《春秋左传》中之“礼经”及重要礼论

孔子修《春秋》，为汉代学人所公认。司马迁且读过“《春秋》古文”，（见宋绍兴杭州刊集解本《史记·吴世家赞》）他在《十二诸侯年表》序分明记着：

孔子西观周室，论史记旧闻，兴于鲁而次《春秋》，约其辞文……制义法。

《孔子世家》里面，孔子与《春秋》的关系，他有很明确而详细的记录。他在《太史公自序》又引其师董仲舒之言曰：

《春秋》者，礼义之大宗也。

《春秋》为礼义的宝库，是非二百四十二年之中的人事，经孔子的指示，从旧史的记录，定其是非，给以新的意义，作为天下的仪表。“是非”是人心的公理，孔子因以明之，以诏天下后世，知道过去的错误，有所劝诫，使人从历史中汲取教训。《春秋》在五经里面所负起的作用，是这样重大的。史公又云：

《春秋》明是非，故长于治人。

《春秋》以道“义”。据乱世反之正，莫近于《春秋》。故知《春秋》之作，目的不只是记事，而是要指出事理的当否以明其是非，拨乱而反之正。他又说：

> 夫《春秋》上明三王之道，下辨人事之纪。……王道之大者也。

从三王的遗则，来辨正春秋人事，定其纲纪，善其善而贬其恶，王道之大者莫如《春秋》。庄子亦尝说：“《春秋》经世，先王之志。”（《齐物论》）借《春秋》的道理来经纶世务，正是先王之用心所在，与司马迁的意思正可互证。王道是霸道的反面，欲由霸道回复到王道，必须从《春秋》取得教训。“《春秋》之中，弑君三十六，亡国五十二。”何以如是之乱？董子认为毛病在于不通《春秋》之义有以致之，不通《春秋》即不能明是非，处事则倒行逆施。故董子指出“不通《春秋》之义，必至于君不君、臣不臣、父不父、子不子”。《春秋》经世的大法，经董子点破，太史公加以阐述，《春秋》的精神与价值是可以确定的。

《春秋》所以得称为“礼义的大宗”，由于有关礼义的事例，《春秋左传》中揭橥的资料甚为丰富。通过《春秋》所揭示的合乎礼义和悖乎礼义的种种事例，可以取得明辨是非的效果，来作行为的准则。《春秋》中指出“非礼也”的事例甚多，讲《春秋》不能与礼分开，所有合礼和非礼的各种事例，即是《春秋》大义之所在，所以说《春秋》是礼义的大宗。这种事例，《左传》里面有时称为“礼经”。《隐公七年》传“滕侯卒，不书名”条的解说云：

> 不书名，未同盟也。“凡”诸侯同盟，于是称名，故薨则赴以名。告终，称嗣也，以继好息民，谓之“礼经”。

这条是说国君之卒，必发讣告先通知同盟的国家，告知嗣位是什么人，使他们保持同盟的旧谊，来好好安息老百姓，这样便是礼的大经。“礼经”意思是礼的大经，换一句话说是正常的合礼法则。《隐公七年》的《春秋经》，只写着“滕侯卒”三字，没有书滕侯的名氏。《左传》为之补充说明如此。

“凡”即是所谓五十凡之一，指《春秋》的通例而言，照正常的礼所规定：凡加盟之国，必须以其名讣告于盟国。《春秋》对滕侯不书其名，是因为滕与鲁此时不属盟国，故不书名。书名，是正常而合礼的；此处不书名，《春秋》所以示其非礼。故知“礼经”是指正常合礼的大法。经，是常例、常道。《春秋》所欲明的是非，处处必以礼为准则，可见“礼”在《春秋》书中的重要性，故治《春秋》必先懂得礼制。

清代刘文淇著《左传旧注疏证》，在注例中有一则云：“释《春秋》必以礼明之。”沈钦韩《左传补注》序：“后之学者，舍礼而言《春秋》，于是以《春秋》为刑书，以书法为司空城旦之科。”这指出不懂礼的人，很容易便把《春秋》误看成法律文书了。可见《春秋》不能离开礼。东汉郑玄著有《春秋传注》，书今已亡，但在他所注三《礼》中，尚可窥见其梗概，因为郑氏注《礼》时，每每引用《春秋》来说明，具见《春秋》与礼关系的密切。（参徐孝实：《春秋左氏传郑义韩述》，载《文史》第八期。）

“礼经”二字，见《隐公七年》传，原指礼之大经。而杜预注《左传》则以为指“五十凡”，亦即周公所制的礼经。刘氏仍用其说，其实不很符合《左传》的本意，是不对的。“五十凡”乃解经者所整理得来的结果。《左传》书中如《隐公九年》传言“凡雨”，《桓公二年》传言“凡出行”，《庄公二十九年》传言“凡马”、“凡师”、“凡物”、“凡土功”等等，陈槃在所著《春秋左氏义例辨》一书曾加以归纳，分析为若干类。他对《左传》的可靠性很是怀疑，认为《春秋》义例乃后人所追拟。按刘歆伪造《左传》一说，绝无成立的可能。Heni Maspero 的 *La composition et la date du tso tehouan*（Málerges Chinois et bouddhiques，Bruxelles vol I，pp. 137-258）已有详细分析。洪业从蚀经（Th. Ritter V. Oppolzer，Canon der Finsternisse.）仔细核对其中日食的记载，认为天文部分实“甚可信”。（《春秋经传引得》序）至于微言大义方面，虽则三《传》与《国语》及其他记载不免时有矛盾之处，但不能全部抹杀。如果以“刻舟求剑”的方法否认其说完全不可凭信，不免言之过激。目前新出土的资料，大量铜器的记载，随县钟律证明列国乐律的差异，马王堆三号汉墓所出的《春秋事语》，在在均可证明《左传》记录大体可信，绝非汉人所能伪托。何况韩非《难四》全用《桓公十八年》传文，其成书年代可以论定，早在战国时其书必已流行。故事中记言记事可代表春秋时人之意见。《春秋》以礼为准的，一切行为以礼为权衡，故谓之“礼经”。《礼记·礼器》：“必举其定国之数，以为礼之大经。”故有“经礼三百，曲礼三千”。《礼记·祭统》又说：“礼有五经，莫重于祭。”（五经指吉礼、凶礼、宾礼、军礼、嘉礼。）礼之大经有五，所谓“礼经”，即是此类。

春秋贤人君子议礼的深意至今仍值得去研究，很多议论，还是人类精神文明的瑰宝，应该加以珍惜和发扬。《左传》中“君子曰”那些说义例的话言，宋代学人如林栗认为都是出于刘歆之辞，连朱子亦颇信其说。但近时经过杨明照的研究，他考证的结果，“君子曰”分明亦见于他书记载，仍是出自先秦的贤人君子的心声，其说绰有根据。故“君子曰”的义法，不应加以否定。在《左传》中，我们还可找到不少当时名政治家说礼的实例。

一、郑子产论礼

《左·昭公二十五年》传：“子大叔见赵简子，简子问揖让、周旋之礼焉。对曰：‘是仪也，非礼也。’简子曰：‘敢问，何谓礼?’对曰：‘吉也闻诸先大夫子产曰：“夫礼，天之经也，地之义也，民之行也。”天地之经而民实则之。则天之明，因地之性，生其六气，用其五行……是故为礼以奉之。’……简子曰：‘甚哉！礼之大也。’对曰：‘礼，上下之纪，天地之经纬也，民之所以生也，是以先王尚之。故人之能自曲直以赴礼者谓之“成人”。大，不亦宜乎！’”（杨伯峻《左传注》，1457～1459页）

子大叔即公孙吉，亦即游吉（《襄公廿八年》），游皈之弟（《襄公廿二年》注）。他这一席话是根据子产所得来的，可以看作子产的礼论。他指出礼不是“仪”，礼是天之经、地之义、民之行。礼的宇宙义，是经天纬地的。这里“礼天之经、地之义、民之行”一句，《孝经》的作者把“礼”字改换为“孝”字，亦给予孝以宇宙义。礼与天地并，礼之为“大”，孝亦如之。子产是春秋时赋予礼以宇宙义构成新的重要理论之一人。这样看来，“礼”不能仅以 ritual 目之，礼的性质简直可视作印度的 rta，凡能赴礼的人可称为“成人”——人之有成者（man of achievement）。赴礼的途径，有曲、有直，直谓能本其情性以合于礼的，曲则谓委屈其情性以合于礼的，无论直接、间接，必须以礼为依归。礼是凡人必须践履的法则。“民之行也”即是说凡民皆须履行的，所以礼亦训履。（许慎《说文》：“礼，履也。”）

子产对礼的遗说，在他有名的对叔向问实沈、台骀为祟的一席话中，指出：“男女辨姓，礼之大司也。”娶妻不娶同姓，而晋侯姬妾中乃有与晋同为姬姓者四人，焉得不生病！（《昭公元年》传注，1220页）“辨姓”亦是礼的大骨干之一，故云“礼之大司”。凡言大经、大司，都是说明礼的博大处。可见“礼”不是指一般礼节而已，礼不是仪式，这一点已是春秋以来的重要理论。

二、晋叔向论礼

《左·昭公十三年》传："叔向曰：国家之败，有事而无业，事则不经；有业而无礼，经则不序；有礼而无威，序则不共……是以明王之制，使诸侯岁聘以志业，间朝以讲礼，再朝而会以示威。……志业于好，讲礼于等，示威于众。"（杨伯峻《左传注》，1355 页）

事业的兴举，必有礼以支持之，然后可以有序、有威，能够"讲礼于等"，则尊卑上下之序，方秩然而不乱。主盟之重要是以礼为依据的。

《左·昭公十六年》传："叔向曰：王其不终乎！……王一岁而有三年之丧二焉。……以丧宾宴又求彝器……亦非礼也。礼，王之大经也。一动而失二礼，无大经矣。言以考典，典以志经，忘经而多言，举典将焉用之？"（杨伯峻《左传注》，1374 页）

他责备周王在太子寿与穆后死后服丧的期间，向晋的使臣提出彝器的要求，复向介者籍谈历数其籍氏的出典，诸举动为非礼。又指出礼是王者的大经。所谓"典以志经"无异说"典以志礼"。此处"经"即指"礼"。《隐公七年》传云"谓之礼经"，又《十一年》传："君子谓郑庄公于是乎有礼。礼，经国家、定社稷、序民人、利后嗣者也。"又云："恕而行之，德之则也，礼之经也。"以讥周桓王之失郑。这些经字意思，都是经纬之经，礼是王者之大经，不能逾越。所云"礼之经"、"礼经"，犹言礼之大道、大法。春秋时人说明礼的博大处，是当时之所恒言，不必如杜预注很拘泥地把它说成五十凡和周公所制的《礼经》。

叔向即羊舌肸。《晋语》述晋悼公称羊舌肸习于《春秋》，召他为太子彪的师傅（后为晋平公）。孔子称赞叔向为"古之遗直"，两次称许他"义也夫"，（《昭公十四年》传注，1367 页）可见叔向是一位精于《春秋》义法的学者；他的议论，亦可代表春秋时人讲礼的意见。叔向与子产论刑书，说"将弃礼而征于书"，子产答书云"吾以救世也"。这时礼已无法发挥它的功用，世愈乱已成"已然"之局。"礼禁未然之前，法施已然之后"，子产之制刑书，即鉴于礼已无法挽救，故征之于刑书，以法绳之。此际法家已抬头了，所以叔向有“弃礼”之叹。

三、齐晏婴论礼

《左·昭公二十六年》传：“齐侯与晏子坐于路寝。……对曰：‘唯礼可以已之。在礼，家施不及国。……’王曰：‘吾今而后知礼之可以为国也。’对曰：‘礼之可以为国也久矣，与天地并。……’公曰：‘善哉！寡人今而后闻此礼之上也。’对曰：‘先王所禀于天地以为民也，是以先王上之。’”（杨伯峻《左传注》，1480 页）

晏子指出：礼“与天地并。”先王所以尚礼，因为礼是禀受于天地而作为民之行。这一说法亦给予礼以宇宙义，和子产所云礼是“天之经、地之义、民之行也”，没有二致，可见这是春秋时儒家讲礼的通义。

到了战国，“法”已实际代替了“礼”，故荀子讲礼，每每把法的概念运用到礼之上面。他说：

礼，法之大分，群类之纲纪也。（《劝学》）

他看礼的作用，有如衡、如绳、如规矩，礼的作用即在于正国。

国无礼则不正，礼之所以正国也，譬之犹衡之于轻重也，犹绳墨之于曲直也，规矩之于方圆也。正错之而人莫之能诬也。（《王制》）

这有点像墨子之说“法仪”为一切的准则，礼和法仪一样。和太史公所说的“义法”，含义根本没有什么不同，只是春秋的制义法必折中于礼而已。

《春秋》原是鲁史，鲁是一般认为最能够保存周礼的国家。《左传》中鲁季文子（行父）因莒太子弑其父而奔鲁，他使太史克对曰：“先君周公制周礼……作《誓》、《命》……”以拒绝凶人，这一段话，义正辞严，声色俱厉。（《文公十八年》传）韩宣子适鲁尝说过：“周礼尽在此矣。”都是重要的证明。

《哀公十四年》疏称：“贾、服等皆以为孔子修《春秋》，约以周礼。”所以释《春秋》必以周礼明之。（参刘文淇《旧注疏证》的注例）约字十分紧要，上引司马迁说过，“孔子次《春秋》，约其辞文，以制义法”。约是把旧史的文辞加以简化，进而折中而约束于周礼，以定其是非，以为世之仪则。《论语·雍也》：

君子博学以文，约之以礼，亦可以弗畔矣夫！

这是指作为君子的人，要“博”与“约”双管齐下。博文是知识的事，约礼是行为的事。单有知识是不够的，还要用“礼”以约之。汉儒读约字为要。朱子云：“君子学欲其博，故于文无不考；守欲其要，故动必以礼。如此则可不背于道矣。”朱子训约为守其要。从个人方面言，一面博于文，一面要守礼。每个人能从一己自律做起，王者亦然，则可以没有背道的地方。人人如是，相信天下国家自然能够致治，不致有乱臣贼子！《论语·述而》说此言文，六艺之文。礼贯乎“六经”，故董生云：“《春秋》者，礼义之大宗也。”其事则齐桓、晋文，其文则史，可谓博矣。君子约之以礼，继周以俟百世，非畔也。这样说来，博文、约礼，亦是《春秋》的义法。孔子修《春秋》，汉儒说他是“约以周礼”。其实《雍也》这一章，还不妨说是把《春秋》实践之义，施用到君子的身上。

《礼记·礼器》说：“礼也者，犹体也。体不备，君子谓之不成人。”刘熙《释名·释言语》：“礼，体也，得事体也。”训礼为体，不只取其声训，其实亦是《春秋》以来的旧说：

《左·定公十五年》传：“邾隐公来朝，子贡观焉。邾子执玉高，其容仰；公（定公）受玉卑，其容俯。子贡曰：‘以礼观之，二君者皆有死亡焉。夫礼，死生存亡之体也。……高仰，骄也；卑俯，替也；骄近乱，替近疾。君为主，其先亡乎！’”（杨伯峻《左传注》，1600页）

子贡从揖让朝见之礼，看出鲁定公必先死。果然，是年五月而定公薨。故孔子曰：“赐不幸言而中。”礼所以为体，其义出自子贡，《左传》记载其事。体不备则不成人，即上文指出的公孙吉言，“人之能自曲直以赴礼者谓之成人”，反是则为不成人。《论语·宪问》：子路问成人，观孔子答语，“若臧武仲之知，公卓之不欲，卞庄子之勇，冉求之艺，文之以礼乐亦可以为成人矣”。成人是完人，标准甚高。“成人”之义，亦是《春秋》的旧说。《论语》中论礼的谈话甚多，不少可与《春秋》旁通。《论语》颜渊问仁，子曰：“克己复礼为仁。”戴望《论语注》：“克，责也；复，反也。能责己反礼，然后仁及天下。《春秋》详内而略外，王者先自治也。”统治者能先自责、自反，身正然后天下归仁，要从自己做起。孔子所重的礼，乃是礼的精神，故云：“礼云礼云，玉帛云乎哉！”和子产指出礼不是揖让周旋，“是仪也，非礼也”，见解还是一致的。

《春秋》有事、有文、有义三重的含意，这是孟子的说法。事和文是表层，义是内蕴。孔子所给予的义，目的在使乱臣贼子有所戒惧。他所指陈的义，即以礼为大经。《郑志》云：

> 《春秋经》所讥所善，皆于礼难明者也，其事著明，但如事书之，当按礼以正之，所谓礼，即指周礼。

义必资于礼，按礼以正之，此《春秋》所以为礼义之大宗也。

至于太史公说“春秋以制义法”，在《史记·自序》中又说：“匡乱世反之于正，见其文辞为天下制仪法。”又云：“是非二百四十二年之中，以为天下仪表。”义法亦作仪法、仪表，三词文异而义实同。在《墨子》书中“法仪”一词非常要紧，是指法则而言，而义法、仪法只是正言、倒言而已。

何休《公羊解诂》：“制春秋之义”，“待圣汉之王以为法。”事实即取自太史公“作《春秋》垂空文以断礼义，当一王之法”之语加以剪裁。义与法在此则析言之。“断礼义”句，把礼字加于义之上，称为“礼义”，由于义必本于礼，礼是《春秋》立言的根据。

由《史记》所说《春秋》“约其文辞”的“约”字，具见孔子之修《春秋》，文体主简约，异于他史的繁重。虽取资于旧史，而大有所损益，借旧史来寄托他的理想，举事以申述其义理，事约于前而义茂于旧，非客观之陈述，而实是主观的批判，故《春秋》不能把它看作史料。《春秋》是依据礼之大经来立言的。礼的意义贯通群经，《春秋》所重正是“礼经”，故《春秋》是经而非史，这一点已有许多人说过，是很正确的。（参陈寿祺：《左海文集·答高雨农书》，及杜钢百：《孔氏所撰〈春秋〉异于旧史文体考》，载于国立武汉大学《文哲季刊》三，二，列举九个例证。）

礼的宇宙义充分说明礼是每个国家应该共同遵守的义法。所以齐、晋、郑诸国的政治家都讲礼。大家以周礼为依据，因为春秋尚是“尊王”的时代，一入战国，六国均势已成，王道便无从讲了。法家、纵横家横行，礼也给撇开了。秦汉而后，鉴于“法”的制度随着秦亡而崩溃，“礼”的需要，遂更加迫切。大家觉悟到法施于已然之后，礼则禁于未然之前，如果能在未发生以前，先作自律、自反、自制、自治的步骤，可以扑灭错误于未萌，无论在个人、集团、社会任何方面，讲礼是非常紧要的。礼学的发展在汉以后更加蓬勃，事实是出于时势的要求的。

根据燕京大学《引得》，《左传》全书中礼字总共见四百五十三次，又言“礼制”者十条。出现的频率可和印度《梨俱吠陀》（*Rig Veda*）中ṛta一字出现超过三百次互相比拟。《吠陀》的ṛta，意义是指天地的秩序（i'ordre du monde），这种秩序是代表礼仪上、道德上的宇宙性的经常之道（ordre *à* la fois cosmique liturgique et moral），它和“礼”表示天经地义的“礼经”，有点相似。一谈到“礼”，很容易把它说成礼仪、礼节，把它翻成 ritual，但春秋以来的儒家（如叔向、晏婴）以至初期的法家（如子产）都给予宇宙义。这一点是需要重新认识和加以抉发的。

因鲁《春秋》而重视礼之大经，尊周礼以正名分，遇事必断以礼，是谓“礼经”。《释名·释书契》：“经，径也，常典也；如径路无所不通，可常用也。”《春秋》的礼经，把它解释为“礼的常典”，似乎更容易懂些。

“礼”由礼仪进而讲“礼义”，从仪轨而发挥礼意，礼的精神至是取得活用，去迹而存神。左氏的《春秋义例》，以礼为中心，其微言大义的发挥，到了汉代形成了《春秋》之学。从春秋以来，礼学理论的发展，礼的著作逐渐增多，大、小戴《礼记》中的名篇，特别注重礼意的发扬光大，是承袭春秋时人的成果加以推进，前面举出《左传》中所见礼论的点滴，把礼意扩展到宇宙义，很值得重视。汉代礼书，除《士礼》、《周礼》这些谈礼制的典籍之外，《记》的部分，即春秋以来礼论的延续和引申。《春秋》所以为礼义的大宗，正因《春秋》为“礼义”提供人事的实例，而“礼经”则为《春秋》取得行为法则的根据。礼与《春秋》相倚为用，故后来同样得到学者的重视而占有经学上的地位。广义的礼可以贯通群经：礼本乎天。讲天地变化的是《易》，讲历史典制的是《书》，讲政事兴废的是《雅》、《颂》。讲“天之经、地之义、民之行”的是礼，实际可以囊括它们。礼之所以取得经学上重要地位而与《易》、《书》、《诗》、《春秋》等骈列，不是偶然的。

《春秋》中的“礼经”，由制度仪式而发展到宇宙性的“义法”，除本身形成经学的一重要环节之外，对于后来的史学与文学，都有重要的影响：

史学方面，汉代的《七略》，未立史学一门，太史公作《史记》，却自比于《春秋》，主要是欲从历史中取得教训，仍是《春秋》的精神。《春秋》“其文即史”，与其说《春秋》属于史学，不如说史学源于《春秋》。

文学方面，清代桐城派古文家提倡义法，追溯渊源，“义法”一词出自《史记》。《春秋》“其文即史”，大家说“文以载道”，不如兼说“文以载史”，道即史的精义之所寄托；如果没有文，史何从而有所附丽？故论“文”的义例，和“史”一样，亦须顾及义法。《春秋》的义例居然亦可运用到文章上来，这更是春秋、汉代人所预料不到的！

1986年9月下旬，法国高等研究院宗教部庆祝一百周年纪念，举办世界礼学研讨会议，本篇法文提要即在该会宣读。兹将中文全篇在此刊布，用祝联合书院三十周年校庆。

作者附记

70年代末，余自大学退休，任教法京，主讲“中国古代宗教”，发愤研读礼书，有重理殷礼写作计划，此篇及《史与礼》、《殷礼提纲》诸篇，稍示其大辂椎轮，牵涉颇广，日祭可溯秦汉日四上食之事，阴厌、阳厌之区别，册祝之演为军礼，祊祭之与宾尸，祭祀之场所，正祭与又宗之认识，然后卜辞“王宾”之义，方有充分之了解。此戋戋者，胪刊为一组，聊备方家研索之助，非敢云创获也。

2002年谨识

释儒

——从文字训诂学上论儒的意义

一

什么是“儒”的原始意义？一般谈中国学术史的和提倡儒学的人们，似乎都还没有给我们一个较满意的答案。过去曾经有不少文章讨论到这个问题，最重要的有章太炎的《原儒》和胡适之氏的《说儒》（日人狩野直喜亦有《儒の意义》上下篇，见《支那学文薮》）。他们都根据许慎的《说文解字》来寻求“儒”字的古义。《说文》人部说：“儒，柔也。术士之称。从人，需声。”

章氏看中了“术士”一辞，把原始的儒说成“方术”之士，因而把儒字区别为达、类、私三个不同的意义，即谓从方术之士的儒，和类名的《周礼》所说的“师”、“儒”，演变为狭义的儒家的“儒”。胡氏的文章却看中了“儒，柔也”这一句，认为“柔弱”才是“儒”的本义。《礼记》的《儒行》篇上说：“孔子衣逢掖之衣，冠章甫之冠。”孔子曾自称为殷人，因此胡氏竟推想到儒服即是殷服，便说道：“儒的第一意义是一种穿戴古衣冠，外貌表示文弱迂缓的人。”又因受到章氏“儒”是“方术之士”一说的影响，复误会到“儒是殷民族的教士，他们的宗教即是殷礼，他们的人生观是亡国遗民的柔逊人生观”。胡先生文章发表以后，已有许多人提出反对，现在不必多事征引。

二

本来此事无重提之必要，可是最近还有人采用胡氏儒的本义是“文弱迂缓”的说法（如友人徐亮之所写的《孔子评传》），可见他的学说入人之深。我们认为拿文字来推证历史，本来也是考据的一种方法，但稍一不慎，很易引起误会，所以逻辑上每每以字源为戒（fallacy of etymology）。《说文》一书，多杂汉人谶纬之说，有时还含有些讲经训、义理的话，并非完全说字源。许氏训儒为柔，这个柔字，是不是训为柔弱？它的本义又是什么，这是最值得研究的基本问题。我的意见以为要了解“儒”是什么，应该先从明了柔字的意义入手。柔字见于《说文》木部，许君解云：“柔，木曲直也。从木矛声。”《尚书》的《洪范》说：“木曰曲直。”段玉裁注：“凡木曲者可直，直者可曲曰柔。《考工记》多言揉。许作煣。云：‘屈申木也。’必木有可曲可直之性，而后以火，屈之申之。此柔与煣之分别次第也。柔之引申，为凡耎弱之称，凡抚安之称。”从上可见柔本来是揉字，原是动词，后来才引申为柔耎，因此作形容词用，有如刚柔对立的柔。我们更从许君对柔字所下的定义，知道他是采取《洪范》的，那么他对于“儒”的见解，当然可能依据旁的经训。他说“儒，柔也”，这一柔字应该另寻解释，我们不应该鲁莽地因我们习知“柔”是“柔弱”、“柔软”，便把柔字说成软弱，从事文字研究的人们稍一疏忽，便会铸成大错，这是一个很重要的例子。

许慎以前的字书有《尔雅》。《释诂》第一上说：“豫、宁、绥、康、柔，安也。”这个解说是从《尚书》和《诗经》归纳得来的。兹试举“柔远”一辞来做例子：

> 《尚书·尧典》：“惟时柔远能迩，惇德允元。而难任人，蛮夷率服。”
>
> 又《顾命》：“柔远能迩，安劝小大庶邦。”（《淮南子·主术训》：“治乱之机”高诱注云：“言当安远如迩，安教小大众国。”即解释这句话。）
>
> 又《文侯之命》：“柔远能迩，惠康小民。无荒宁，简恤尔都，用成尔显德。”
>
> 《诗·大雅·民劳》：“柔远能迩，以定我王。”传云：“柔，安也。”（刘向《说苑·君道》：“是以近者亲之，远者安之。”亦即以安说柔。）

"柔远能迩"，汉督邮碑作"渘远而迩"，柔字加水旁作"渘"。此处柔字，不是形容词，而是外动词，和刚柔的"柔"字，性质不同。

《中庸》上说："柔远人，则四方归之。"又说："送往迎来，嘉善而矜不能，所以柔远人也。"在《中庸》里，"柔远"是治天下国家的九经之一。"柔远能迩"同时也是古代一句常用的习语，屡见于铜器上的铭辞。而柔远字作頔远。

大克鼎："谏辥（乂）王家，惠于万民，頔远能䄧。"（《三代吉金文存》四）。孙诒让曰："䄧读为暬，《楚语》韦注'暬，近也'，犹《诗》言柔远能迩。"金文以䄧为迩字。番生簋："虔夙夕，尃求不朁德，用谏四方，頔远能䄧。"（《三代吉金文存》九）

其他铭辞又有"康頔"、"頔燮"等辞。

晋姜鼎："用康頔妥褱远䄧君子。"（薛氏《钟鼎款识》十）

秦公钟："䜌䜌文武，锡静不廷，頔燮百邦于秦执事。"（薛氏《钟鼎款识》七）

这些"頔"字，都是假借用作"柔"的。（参看孙诒让《论古籀二书》及《王静安先生遗书》。）克鼎是西周后期的彝器（参容庚《商周彝器通考》），已有"柔远"之语，可见训"安"的柔字，春秋以前已经盛行了，故经典上"柔"和"扰"两字每每互相通用。例如《尚书·皋陶谟》："宽而栗，柔而立。"《史记·夏本纪》"柔"作"扰"。应劭云："扰音柔，扰驯也。"《周礼》："大宰之职二曰教典以安邦国，以教官民，以扰万民。"郑注云："扰，犹驯也。"又《地官·司徒》："使帅其属而掌邦国教，以佐王安扰邦国。"郑注："教所以亲百姓，训五品；扰亦安，言饶衍之。"这里"安"、"扰"连文同义。故"扰民"亦作"柔民。"如《国语·齐语》："宽惠柔民。"是其证明。《诗经》还有许多地方说到"柔"字。

《大雅·抑》云："敬尔威仪，无不柔嘉。"笺云："柔，安；嘉，善也。"（马瑞辰云："《国语》'无亦择其柔嘉'，肉之善曰'脜嘉'；出话威仪之善，亦得谓之'柔嘉'，柔嘉皆'善'也。……《晋语》'君父之所安也'，韦注'安犹善也'。则安与善亦同义。"见《毛诗传笺通释》七十五下。）

《周颂·时迈》："怀柔百神，及河乔岳。"（《荀子·礼论》引此。《淮南子·泰族训》引此解云："故圣人者，怀天心声，然能动化天下者也。故精诚感于内，形气动于天。"）又《丝衣》："旨酒思柔。"笺："柔，安也。"（马瑞辰云："诗盖言奉旨酒则思嘉德。"）

这些柔字，《诗传笺》并解为"安"，或说为"善"，因为"善"与"安"一义亦近。

从上面所引经典、铜器铭文各柔字通用作扰看来，"柔"的意义是"安"而不是"柔弱"，《尔雅》的解说是极对的！我们看东汉大儒郑玄在《礼记目录》的《儒行》篇上说道："儒之言优也，柔也；能安人，能服人。"这是《礼记正义》所引。在郑注本上作"儒之言优也，和也"。郑君的解说，能"安人的"便叫做儒，因为儒的意义是"柔"，而"柔"的意义即是"安"。他又说"儒"的意思是优。克鼎诸器上正把柔字写成优字。又《礼记》郑注另一本"柔"作"和"，因为柔与和意义亦相同。《左传·昭公二十年》引仲尼说：

善哉！政宽则民慢，慢则纠之以猛；猛则民残，残则施之以宽；宽以济猛，猛以济宽，政是以和。《诗》曰："……柔远能迩，以定我王。"平之以和也。

此处用"和"来说"柔"，与郑君把"和"来说"儒"，正是同一道理。《说文》夂部"忧"字下说："和之行也。"《尔雅·释训》："优优，和也。"忧即优游的优字，故云"儒之言优也"。优即是和，上举秦公钟的"扰燮百邦"句法正与《尧典》"协和万邦"一样。知柔与忧、优、扰相通，并得训为"和"，可见郑说的正确。《说文》训儒为"柔"，必和郑玄一样，跟着《尔雅》把柔字说成安，一定不会把它解成"柔软"的。下面我可以再提出一个补充证据。

汉碑多把"儒"字写成"濡"，如衡方碑"少以濡术"，尧庙碑"濡术之宗"。上举诗《时迈》"怀柔百神"，《释文》"柔"本作"濡"，郝懿行《尔雅义疏》云："某氏引诗此句，定本作柔，《集注》作濡。"马瑞辰云："柔、濡双声，故通用。《宋书·乐志·明堂歌》‘怀濡上灵’，正本此。《诗》柔通濡，犹《说文》训儒为柔也。”这说极是，以“柔”训“儒”，也是声训的一例。清儒训诂精核，甚为可从，即此可以纠正时人之说。儒训柔的意义既非柔弱，那么，那些从“柔弱”一义所推想出来对于儒的种种说法，自然不用多辩了。（可参阅钱穆先生《驳胡适〈说儒〉》一文。）

三

柔与儒的意义既明，我们可以进而讨论儒家起源的旧说。刘歆《七略》云：

> 儒家者流，盖出于司徒之官，助人君顺阴阳，明教化者也。（见《汉书·艺文志》。《隋书·经籍志》作“儒者，所以助人君明教化者也”。）

这一说显然是根据《周礼》。《周官·冢宰》：“三曰师，以贤得民；四曰儒，以道得民。”郑注：“师，诸侯师氏有德行以教民者；儒，诸侯保氏有六艺以教民者。”师以德行，儒以道艺。郑君之意殆谓儒即是保氏。《周官·司徒》：“以本俗六，安万民；其四曰联师儒。”注云：“师儒，乡里教以道艺者。”把“师”和“儒”并列。在《周礼》中，师氏下面即是保氏。可见师是师氏，儒即保氏。师、保二名，古每对言，如《礼记·文王世子》云：“师也者，教之以事而喻诸德也；保也者，慎其身以辅翼之而归诸道也。”把“德”与“道”分开。“保”的责任是“教人归诸道”，这与“儒以道得民”，事正相符。又保氏的“保”，郑注：“安也，以道安人者也。”与“儒”字训“柔”义为安，也很融合。

《尧典》上说：“帝曰：契！百姓不亲，五品不逊。汝作司徒，敬敷五教，在宽。”我们可以由此推想古代负教育责任的是属于司徒之官。《周礼》大司徒所司曰施十二教，曰布教于邦国都鄙，曰以乡三物教万民。从《周礼》本身找证据，儒亦即保氏之变名（参看贾公彦《疏》）。保氏与师氏同掌教职，它的目的是安民；它的工作是教民；它的地位，进则为乡大夫，退则为乡先生（参看刘师培《儒家出于司徒之官说》）。它设教的工具是“道”、“艺”。这些师保有教世子、国子的，有教于乡里的，虽地位不同，但它的性质却同样是掌教；所不同的是一种负责贵族教育，一种负责乡村教育而已。

《周官》疏对“联师儒”一语说云：“以其乡立庠，州、党及遂皆立序。致仕贤者使教乡闾子弟，皆相连合，同就师儒，故云：‘连师儒’。”我们推想这和汉以后退职的大官在自己的乡里施教一样。乡里子弟和那些有道德有才能而致仕的师儒联系起来，受到人格的感化及陶冶，这种乡村教育是最基层的政治工作。欲使人民相安无事，先从教育入手，那是最扼要的。中国古代的政治理论，见于《尚书·皋陶谟》中，施政的双轨是：“在知人，在安民。”“知人则哲，能官人；安民则惠，黎民怀之。”官人是施政者本身知人之明的训练。（“哲”字《史记》作“智”，“官人”是说如何去任用人。《逸周书》有《官人》篇，《大戴礼》作《观人》，是古代对官人问题的专门著作。）安民是施政的唯一方针。能使人民心悦诚服地自动归向，而不致陷于罪过，相安以处，这是最高的政治理想；欲达到这个目的，必须向一般人民施行德育和生活技能的训练，所谓“以道得民”，“以道安人”，便是这个意思；道只是一个诨名而已。所谓“师氏以德行教民”，“保氏以六艺教民”，把“德行”、“艺能”分开，我疑心这应该像现代学校把训育和其他科目的课授分开一样。“师氏以贤”正表示古代对于道德行为的重视，和给以特别的训练。（孔子设教分德行、政事、言语、文学便是进一步的分科。）古代的乡学和国学都有师保负责来推行教育工作，师保也叫做师儒，可见“儒”的原来亦就是负责推行教育工作的人。孔子所以为“儒之所至”（《韩非子·显学》语），便是他将这种神圣工作给以扩展和充实；他把官学发展为私学，有教无类地去进行平民教育，毫不厌倦地去教人和充实自己的学问，统一了“师”、“儒”的工作，揭出“志于道，据于德，依于仁，游于艺”的教育宗旨，都是他的绝大贡献。他是历史上最伟大的教育家。推行教育工作的是“儒”，所以孔子被尊为儒宗。保氏以礼、乐、射、御、书、数六艺设教，儒家以六经为六艺，也是脱胎于保氏的。（《大戴礼·保傅》篇：八岁就外舍学小艺，束发就大学，学大艺。《尚书大传》谓：“公卿之大子，大夫元士嫡子，年十三始入学，见小节而履小义；二十而入大学，见大节而践大义。”可见古代贵族教育分“小艺”和“大艺”二个阶段。古时能晓得六艺的人，可称为儒。例如养由基射白蝠应矢而下；尹儒学御，三年受秋驾。《吕氏春秋·博志》篇上称他们是“皆六艺之人也”。《左传·哀公二十一年》：“齐人责稽首，因歌之曰……唯其儒书，以为二国忧。”由上可见，能射、御的人都可有六艺之目；谈礼的典籍，得称为“儒书”。照这样看来，儒者所定经籍的六艺，显然是本于保氏礼、乐、射、御、书、数的六艺，不过保氏的六艺是初级的课程，所以叫做小艺；六籍讲高深的理论，是高级的课程，所以叫做大艺。同样称艺，这即是“六经”亦称为“六艺”的原因。）

由上可见旧说儒家出于司徒，和《周礼》所说，并没有什么可疑之处。我们不能因《周官》的晚出，便把这段事实抹杀。（古代司徒与教育的关系，可看《礼记·王制》篇，此不具引。）

四

现在，我们可以把章太炎“儒是方术之士”一说重新加以检讨。他根据汉人的书，如《史记·儒林传》，说“秦阬术士”就是坑儒；《论衡》里面征引了许多“儒书”，却是术数一类；并附会《庄子·田子方》篇言“儒者冠圜冠，知天时”，因谓古的儒即通晓天文占候的人，故通称为术士。其实《说文》上言“儒，术士也”，这个“术”字未必是指术数，许慎没有明白说明，很难确定。我们认为有若干点说不过去：

（一）秦汉时候方士喜欢假借“儒”的名称来文饰自己。（友人陈槃庵先生列有很详细的证据，见他所著的《秦汉间方士考论》中《以儒学文饰》一节。）

（二）儒的名称在秦汉以后被人滥用，像《汉书·司马相如传》说：“列仙之儒。”神仙家也被人给以“儒”的称呼，便是一例。

（三）汉代儒生和方士有明显的界限，像《封禅书》上说：“诸儒及方士言封禅……”可见二者之间，大有区别。因此，我们对于术士的“术”字应另找解释，《说文》云：“术，邑中道也，从行，术声。”术的本义是道路，故亦可引申为“道”。古书上“术”和“道”二字的用法有时几乎没有多大区别，有时也合称为道术。“术数”是“术”的别义，“道术”是“术”的通义。《墨子·非儒下》及《乐记》都有“心术”之名（亦见《史记·乐书》）。《非命上》作“心涂”（即塗）；《乐记》又言“性术”，术是路径。（《汉书》颜师古注：“术，道径也，心术之所由也。”所由曰术。正如韩愈《原道》所说“由是而之焉之谓道”，意思一样。）其他如《王制》言：“乐正崇四术，立四教，顺先王诗书礼乐以造士，春秋教以礼乐，冬夏教以诗书。”称诗、书、礼、乐四者为“四术”。《史记》、《汉书》常称儒家学说为儒术。（如《封禅书》及《礼乐志》云：“窦太后好黄老言不说儒术。”）推而广之，法家之说也称“法术”（见《韩非》的《奸劫弑臣》、《孤愤》等篇）。庄子每言“道术”、

"方术"（见《天下》篇，他如云"人相忘于道术"），贾谊《新书》有《道术》篇。这些"术"字都含着极广泛的意义。有时"道术"也倒称为"术道"，《礼记·乡饮酒义》："古之学'术道'者，将以得身也，是以圣人务焉。"注云："术，犹艺也。"术字可训"道"或"艺"，则《说文》所称儒是术士，乃泛指"有道艺之人"，和《周礼》"儒以道得民"一义，可相印证。

《周礼·地官》言六艺，六艺即六经。（《说文》："埶，种也，从坴，丮持亟种之。"段玉裁注："唐人树埶字作艺，'六埶'字作艺，说见《经典释文》。周时六艺字盖作'埶'，儒者之于礼、乐、射、御、书、数，犹农者之树埶也。"）艺和术同义，诗、书、礼、乐是六艺中的四种基本课程，在《王制》称为四术。那么通四术的儒者可以叫做术士，故术士不必指别义的方士。通经的人亦得有"术士"之称。《庄子》说："其在于诗、书、礼、乐者，邹鲁之士，搢绅先生多能明之。"（《天下》篇）邹鲁之士即指儒者。《管子》说："鲁邑之教，好迩而训于礼。"（《大匡》篇）鲁邑犹言鲁国，"迩"应读作"艺"。（艺与迩二字古通用，如上举"柔远能迩"一语，金文作能䞇，"䞇"即古"埶"字，今作"艺"。《尧典》"艺祖"，《大传》"艺"作"祢"，可看于省吾《管子新证》。戴望读迩为逊，非是。）即是说鲁国之教，好艺而训于礼。所谓"好艺"无异说能通六艺。证之《论语·述而》"子所雅言，诗书执礼"，这便是鲁国之教。章太炎在《小学答问》有一段话说："六艺者，六术也。汉世以六经为六艺者，《保傅》篇：'古者年八岁而出就外舍，斆小艺焉，履小节焉；束发而就大学，斆大艺焉，履大节焉。'是礼、乐、射、御、书、数为小艺，六经为大艺；汉世六艺之称，非苟为之也；特古经未必止六，而以教者，不过诗、书、礼、乐，又不盈六尔。"这处所见甚是。他既知"六艺"即六术，那么凡娴习六艺的人，当然可称为"术士"。何必拘泥庄子说，儒者冠圜冠，汉人称为术氏冠，遂把术士二字说成方士呢？

术士一名见于《史记·淮南王安传》："昔秦绝先王之道，杀术士，燔诗书。"同书《始皇本纪》称为"文学方术士"。后世谓之"坑儒"。秦所坑者实为方士者流。故"术士"一名，亦得为"方士"的别称。陈槃云："术士有广狭二义，自古凡道艺学说皆曰术，此等人士亦得曰'术士'，此为广义。战国秦汉间大都以怪迂方士为'术士'，是为狭义。《说文》所谓'术士'是狭义，即方士是也。汉儒多与方士同化，故《说文》云尔。其实儒家自有其本来面目，《说文》此言乃全称肯定。然依其说，是凡儒皆方术士。"又云："儒者以术士之冠为冠，傥亦不无其事，然不可谓凡儒皆然，盖儒者本分二派，孔子以为有‘君子儒’、‘小人儒’是也。古之‘小人儒’冠术氏之冠，此可视为依附方术之一种行为，而战国以后之术士则又转而以儒学为文饰。此类方术士，假以为文饰之儒学，即孔子一派之正统儒者，以邹衍而与孟、荀合传，与始皇所坑之术士而曰‘诸生皆诵法孔子’，此其例显而易见。”陈君所论甚为通达，唯《说文》简质，仅云“儒，术士之称”，秦汉之间，儒者虽与方术士同化，至武帝崇儒术以后，儒者与方士已经有明显的分界，许君生于东汉，六艺与术数，及经与纬间的畛域甚明，他所说的术士不一定指方术之士，而是指广义的通道艺之人，和郑玄所说“师儒，乡里教以道艺者”相似，这正可以代表东汉人的见解。

由上知近人从《说文》对“儒”字解释所推论得到的儒的古义，事实只是一种误会。那么儒的古训还是以郑君之说为确当。不幸甲骨和铜器上没有见过儒字，因为“书阙有间”、“文献不足征”的缘故，对于儒的发生与殷遗民有无关系，此时无从研究。但关于“柔”的观念，在金文及《诗》、《书》均可找到，绝不是殷亡国以后遗存的文化，此点却可以论定。

五

“儒”字在经典出现的，除《周礼》外，以《论语》为最早。孔子对子夏说：“女为君子儒，毋为小人儒。”（《雍也》篇）可见孔子对于“儒”，已有等差的看法。刘宝楠《正义》说：“君子、小人以广狭分，不以邪正分。”这句话非常重要，应该如何解释呢？我的意思，孔子对于“士”同样亦有小人之论，正可参照。

子贡问曰：“何如斯可谓之士矣？”子曰：“行己有耻，使于四方，不辱君命，可谓士矣。”曰：“敢问其次？”曰：“言必信，行必果，硁硁然小人哉！抑亦可以为次矣。”（《论语·子路》）小人的反面是大人，“从其大者为大人，从其小者为小人。”后来《孟子》和《礼记》、《大学》对于大人之学都有详尽的发挥。《易经》象辞言君子最多，是从各卦象上教人如何做一个君子。君是群的意思，凡能领导群伦具备智、仁、勇三达德的，可以叫做君子。君子和大人二者的意义应该是相近似。（《易·乾·文言》“大人者，与天地合其德，与日月合其明”一节，对于大人的资格，有最具体的说法。）

《论语》有一段对于君子的重要说明：

子路问君子，子曰："修己以敬。"曰："如斯而已乎？"曰："修己以安人。"曰："如斯而已乎？"曰："修己以安百姓。修己以安百姓，尧舜其犹病诸！"（《子路》）

这段话可说是"君子儒"的确切解释。儒即"柔"，所以安人；安人必先修己，单独修己，只可内敬其身，谈不到安人，更谈不到安百姓。真正的君子，要内克修己，外能安人和安百姓。"仁者，己欲立而立人，己欲达而达人。"这样才可算为"君子儒"。要明德新民，内外兼备，止于至善，才是大人之学。譬如佛家，独觉禅而没有觉他，便不能成佛。同样的，仅能修己而不能安人，是不配称为君子儒的。

至于"小人"，那只是坚执不通的硁硁小器，也即就是孔子所讥的"匹夫匹妇之为谅，自经于沟渎而莫之知"的人。君子则"直而不谅"，事存济时济世。借孟子的话来解释，小人儒是"独善"，君子儒该是"兼善"。孔子告诫子夏要作为君子儒，即是勉励他"立夫其大"、"为大人之学"呢！（君子、小人之区别，在《论语》或以义利分之，孟子则以劳心劳力分之。更早的《尚书·无逸》以小人勤劳稼穑，即《左传·襄公十三年》"君子尚能而让其下，小人农力以事其上"之意。《诗经·小雅·角弓》："毋教猱升木，如涂涂附；君子有徽猷，小人与属。"君子是役人者，领导者；小人是依附者，被役者。这是以社会地位来分。孔子所谓"君子儒"、"小人儒"，与上面所举的，意义完全不同。）

"儒"的解说，到了荀子又给它一个扩大的意义。他还著有专论详细地发挥。他的《儒效》篇说：

志忍私，然后能公；行忍情性，然后能修；知尚好问，然后能才；公修而才，可谓小儒矣。志安公，行安修，知通统类，如是则可谓大儒矣。大儒者，天子、三公也。小儒者，诸侯、大夫、士也。

又说：

大儒者，善调一天下者也。其言有类，其行有礼，其举事无悔，其持险应变曲当。

他的意思，认为儒有“大儒”、“小儒”之别。能通方达用的是“大儒”，能公、修而有才的，只是“小儒”。换句话说，能兼济天下的，才算是大儒。他在《劝学》篇又论儒有散儒及陋儒等。不能隆礼，仅能辨察的是散儒；徒能学杂识志读诗书，而不能隆礼的是陋儒。其他尚有俗儒、雅儒之论，不能尽举。他对于儒的评骘，比孔子更进一步。（《亢仓子·君道》篇：“今夫小人多诵经籍、方书，或学奇技通说，而被以青紫章服，使愚者听而视之，正为君子，明者听而视之，乃小人也。”徒习方书奇技的，乃小人之流，与方士同出一辙。是即荀子所讥的陋儒，亦即孔子所称“小人儒”之一种。于此，我们对于儒中君子与小人的分野，可得更深切的认识。）春秋战国之际，刑名说兴，且很受到时人的重视，一部分变质的儒家走入法家。其他徒讲繁琐的礼节而偷懦无能的没落的儒士，遂成为一般异学攻击和揶揄的对象。在《庄子》、《墨子》书中有很多对儒家讥讽的记载。我们看《礼记》中的《儒行》篇，虽不知作者为谁（蒙文通疑为漆雕氏之儒所作），大概即为对抗当日异学的嘲刺而作，因而托诸孔子之言的。儒家末流有许多的毛病，自不待论。但《儒行》篇发挥儒以求仕致用为职志，虽时势不许，犹不忘百姓之病。这和孟子所谓：“志士不忘在沟壑，勇士不忘丧其元。”自任天下之重的精神，可相表里。即要随时随处不忘安人安百姓，这是儒家精义之所在。

六

儒字，古书曾因同音假借而作“懦”。《荀子·修身》篇“偷儒转脱”杨倞注：“儒谓懦弱畏事。”汉碑如鲁峻碑云：“学为偄宗。”《隶释》：“偄即儒字。”这是古人习惯假借之例，并不是说“儒”即是“懦”或“偄”。

六朝以后，学者始有解“儒”字为“偄弱”的。《一切经音义》二十四：“《说文》，儒，柔也，谓柔懦也。”徐锴《说文系传》：“儒，柔弱也。又儒之言懦也。《礼》曰：‘君子难进而易退。’《老子》曰：‘知其雄，守其雌。’似乎懦也。”但段玉裁注《说文》，对上列训柔为懦，却均无所取，独采用《礼记》郑《目录》之义，最为卓识。清代广东学者曾钊有《释儒》篇，乃谓：“凡人躁则急不能待，柔则从容自持。哀公问儒行，以大让始，以尊让终，让则不躁矣。惟无争故能让，让故能柔；惟柔而后成为儒。此儒训柔之旨。”于是徐灏在《说文段注笺》因云：“人之柔者曰儒，因以为学人之称。”这些是前代文字学家对于“儒”何以训为“柔”的说法，实在皆不明白柔字应该训为安，故勉强解释。

因为儒家并不主张柔，专主“柔弱”的却是老子。（如说：“专气致柔”。“以天下之至柔，驰骋天下之至刚。”是。）孔子说：“刚、毅、木、讷，近仁。”（《论语》）言刚而不及柔。孔门弟子中，有结缨而死的子路，有以矛入齐师的冉有，有率众逾沟的樊迟（见《哀公十一年》传），有从微虎三踊幕庭的有若（《哀公八年》传），有不色挠不目逃的漆雕开，都表现着刚健的精神。他如《中庸》言“强矫”，《儒行》篇且以刚猛为儒，可见儒家并不以柔立教。实则孔子主中道，是“刚”、“柔”兼济的。《尚书·洪范》言：“沉潜刚克，高明柔克。”《诗·大雅·烝民》赞扬仲山甫，说他“柔亦不茹，刚亦不吐”。又《商颂》：“不竞不絿，不刚不柔，布政优优。”《左传·昭公二十年》：“仲尼曰……又曰：‘不竞不絿，不刚不柔，布政优优，百禄是遒，和之至也。’”《韩诗外传》说：“孔子，圣人之中者也。《诗》曰：不竞不絿，不刚不柔，中庸和通之谓也。”刚柔兼用，以致中和，这是孔子的中道，显然本于《诗》、《书》。刚与柔二者的和谐，正是周人的传统观念，而由孔子加以祖述而发扬的。

七

（一）《论语》所谓“君子安人安百姓”；（二）师儒即师保，保即以道安人者；（三）儒之言柔，即能安人能服人。今综合各点观之，意义正是互相融贯。由上列的论证看来，无可否认的，“儒”训“柔”，它的意义并非柔弱迂缓，而是“安”，是“和”。但怎样才可达到安、和的境界呢？在儒家特别提出礼、乐二者，因为“乐者天地之和，礼者天地之序”（《礼记·乐记》）。人与人间的相安，有待于礼来维持；人与人间的和谐，有待于乐来调节。礼、乐二者，是求安的最好工具，所以儒家非常重视。真正的君子儒，是要立己立人，达己达人；修己之后，还要安人和安百姓。无论施之教育或行于政治，都要能安。贾谊是标准的儒家，在《过秦论下》述他们的政治哲学道：“先王见终始之变，知存亡之机，是以牧民之道，务在安之而已。”提出一“安”字作为政治的最高法则。“安”即是儒的意义。由于“安”的哲学的建立，长治久安，遂为中国历来政治家和老百姓的共同目标，且形成了普遍的民族观念。至今我们的日常生活，都希望平安。见客和给人写信，总是要请一个“安”，即就是这种意识的表现。中国数千年历史的绵延，可说是靠着“安”这一观念的维系。“安”的人生观是中国民族融合与团结的核心力量，是中国文化真精神的流露。这无疑地应归功于儒家思想之所孕育。可是话说回来，惯于求安，其流弊反会造成文化的阻滞和瘫痪。没有别的文化来挑战（challenge），几乎变成麻木了。数十年来许多新的文化连续地给我们以无情的冲击，我们所产生的必须正视现实而不能逃避的反应也许是我们未来的新生文化的源泉。平心而论，儒家对“安”的追求，是一个很正常而又有价值的人文思想。这个合理而美满的希冀，其实该是人类生存的共同鹄的。

八

现代哲学家怀德黑 A. N. Whitehead 在他的名著 *Adventures of Ideas* 一书中提出文化的几点特质是：真理、冒险、艺术、美以及安和（peace）。对于 peace，他认为是“诸和谐的和谐”（“for that harmony of harmonies”），“它宁息了那破坏性的暴乱，把文化完成起来”。他又说：

> 这儿指出的安和，并不是麻醉的消极观念，而是一种积极的情感，涵盖笼罩灵魂的生命与活动。它是不易给以说明及形容的。它并不是为着未来的一种愿望，也不是对当前事业的一种兴趣；而是一个博大无垠的情感，此情感乃由深厚的形上的慧观而涌现。
>
> 它是一种对美的效能之信赖。更确切地说：它保存那能力的源泉，同时主宰着它们使避免瘫痪的纷扰。当理性失去启迪之效时，这美的自证即导引出信仰。

怀氏学说博大精深，他对于“安和”一义，还有许多意见，这里不便繁引。他的哲学，有些地方和儒家甚接近。他所描写的“安和”的含义，虽带了浓厚的形上学及宗教的气味，但可作我们的参考和有价值的启示。他对“安和”给以积极的意义；同时，更指出“安和”是产生博爱和正义的广大园圃，可说包括“仁”、“义”、“克己”诸概念在其中。这与孟子言“居天下广居”、“集义而生”诸意思很相似。同时，他论美的性质，极可与《易经·坤·文言》“君子黄中通理，正位居体，美在其中，而畅于四肢，发于事业，美之至也”这段话的道理互相证发。观于怀氏提出“安和”对于人类文化关系的深切，那么，儒者对“安和”境界的倡导和努力，其重要性正不容泯视。

只是我们应该对它给予现代的积极意义，这倒是当前的学者们应该共同担当的工作呢！

后记

近读郭店楚简有和安与安字若干则：

> 讙人之举然可与和安者
> 知而安之仁也，知君子所道☐
> 安之者〔仁〕气也
> 安而行之，义也，既安之矣，而僭然行之，义气也

一方面安与和连言，一方面讲安是仁气与义气。此春秋以来儒家重视“安”，视为修养达于仁义的境界。故知“柔”当训“安”，从《诗》、《书》故训既可证明“和”而“安”的概念，在儒家训典有其深意，所谓“儒，柔也”，柔之训安，是合情合理的。

天神观与道德思想

本文是一种尝试，题目虽然是“天神观与道德思想”，但讨论牵涉所及，相当广泛，可能是中国古代思想史上“从宗教到哲学”（from religion to philosophy）的主要问题。过去探讨西方思想的起源（origion of western speculation）权威的著述，像 F. M. Cornford 的著作，从希腊文献中片段的记录，整理出一条线索，指出西方思想上科学的（scientific）与神秘的（mystical）两个传统，和自然、神、灵魂几个重要观念的来历，可给我们作为借镜。他的书中，有时谈到中国的阴阳资料，可惜只限于 De Groot，*Religion of the Chinese*（New York，1910）一书，可以说完全没有用处。我们现在研究这一方面的问题，有时亦不得不借取一些西方的资料来作比较。对于某种抽象问题，易于明了和掌握到重点，在采用上必须比较谨慎。同时，本国方面的文献，尤其是经典的材料，鉴于过去一些学人往往有断章取义的毛病，本文对于原文语义上的了解，力求其妥当，尽量避免误解，像引用《尚书》、《左传》上的文字，每拈一义，必求其在上下文理得到贯串，经过多次反复斟酌，才确定它的含义。因此，一些材料有许多说明和看法，都和过去不同，这一写作态度，应该事先加以说明的。

西方道德起源的问题，像命运（destiny）和法则（law）的关联性，一般研究的结果，以希腊人思想为例，可追溯到泰利士（Thales）的水为万物源之说。“水中有灵，神无不在。”已提出上帝（God）或精神（spirit）、灵魂

(soul) 两个观念[①]，按《管子·水地》篇已说："水者何也？万物之本原也。"《水经注》郦道元序，认为水为物先。又引（郭□）《玄中记》："水之为物，泽合灵宇，神莫与并。"其说可相比方。

希腊第一位宗教诗人 Hesiod 屡屡言及"自然是道德的"（Nature is moral）。他告诉我们，为善则受福利，为恶必获天谴的道理。Oedipus 的乱伦，终受到巨大的灾害。民之失德，天降荼毒。[②] 古代希腊哲人的信念，认为"天秩"正是一个道德规范。[③] 这和我国古代"天道福善祸淫"（《汤诰》）的思想，是非常接近的。

在吾国，德字已在殷代文献中出现。《书·盘庚》说："肆上帝将复我高祖之德，乱越我家。""高祖"是指成汤而言；祖德的恢复，是出于上帝的意旨与力量，可见当时已认识德和天帝的坚强联系。这种道德与天神结合的观念，发轫于很早的时期了。

一、帝与天神崇拜的起源

至高无上谓之天。人既有知识，举目所见，莫大于天，因而发生敬天思想。对于天的敬畏，是出于自然的。东西各地之上世宗教，莫不以拜天为共同信仰。[④] 殷代卜辞所见帝字极多，皆指天帝而言。帝赋有全能，日月星辰、风云雷雨，都出于帝的命令；至于水旱丰歉，亦由帝所控制。帝是殷代最高的统一至神，可说当时已有很具体的神明思想。《商颂·玄鸟》："古帝命武汤，正域彼四方。"这里的帝，自然指天帝而言。王位的更替，亦由帝的命令所指使；人间世的政治和自然界一样，都要本着帝的命令来决定的。[⑤]

卜辞所见风云，有时亦加以帝号。如云称帝云[⑥]，风称帝风或帝史（使）风[⑦]。"帝"同时是祭名；帝祭四方谓之"方帝"[⑧]。帝是最高的神明（super

---

① 原文英译大意：The ultimate "nature" of all things is water, and that the universe is alive-has soul in it-and is full of spirits or gods.（F. M. Cornford, *From Religion to Philosophy*, p. 4。）

② All nature is poisoned by the offence of man.（同前，p. 5。）

③ Order of nature is a moral order.（同前，p. 6。）

④ 文廷式《纯常子枝语》二十八（21 页）："东西各邦宗教，上世同以拜天为宗旨。"文氏又云："人生既有知识，则举目所见，莫大于天。即使不出一源，而敬天祭之，必无异议。"

⑤ E. O. James《史前宗教》中 Sky-religion 章，204～227 页。

⑥ "贞帝于帝云。"见《续》二，四，一。

⑦ "辛未卜帝风不用雨。"见《佚》二二七。"帝史（使）风。"见《通》三九八。

⑧ "方帝"见《前》七，一，一；《前》四，一七，五。

god)，抚有四方。殷人祭于四方的风神，亦举行“帝祭”。可见殷卜辞的最高天神是“帝”。帝的威力左右人间的祸福。自然界在气象上的变化和农作物的丰歉，都可由帝的命令来决定。帝是负有保护和破坏二方面的职能的。

卜辞所见诸殷王，像高祖王亥，但称为王。到了后期才有文武帝、文武帝乙（陕西周原近出卜甲）、帝辛等号。卜辞中称上帝的，只有下列诸条：

卜争□上帝降蓂。①（武丁卜辞）

兄……（贞）上帝……出。②（庚甲卜辞）

亩（惟）五鼓上帝，若。王〔受〕又二。③（廪康卜辞）

有称“王帝”的，见于祖庚、祖甲卜辞：

□□壬卜曰：兹下若，丝𣳚于王帝。④（庚甲卜辞）

贞：隹王帝人不若。

……爯王帝，今日……⑤（廪康卜辞）

帝在第二、三期的卜辞中，已由天帝转移到人帝身上，因而出现了“王帝”一名。

“天”的观念在甲骨文中所见，没有“帝”的地位那么重要。有人统计“天”字，在卜辞中出现很少，以证“天”的地位之提高，乃出于周人，有如罗马之以 Jupiter 代替希腊之 Zeus。⑥ 殷代后期像武乙之射天，为偶人谓之天神，仰而射之。⑦ 似乎可以作为对“天”轻蔑的旁证。虽然周人对天的崇拜加

---

① 《南·师》一，三一；《续存》上一六八。

② 《后》上二八，一四；《通》三六八。

③ 《甲》一一六四。

④ 《续存》上一五九四。

⑤ 《续》四，三四，八；《南·诚》七五；《宁沪》一，五一五。

⑥ H. G. Creel 即持此说，见 *The Origins of Statecraft in China*。黄俊杰译《天神的源流》（载《大陆杂志》四五，四）。

⑦ 《殷本纪》记帝武乙无道，为偶人谓之天神，与之博，令人为行。天神不胜，乃僇辱之。为革囊盛血，印而射之，命曰射天。Granet 曾揭举此一例，同样的情形，如达拉斯人，每逢闪电行雷，便含恨向天乱射，欲以箭使上帝服从。法国蒙田 Michel de Montaigne 在他的《散文集》中谓灵魂缺乏真正对象时，把情感附托在假的对象之上，便拿这个道理来解释。

强，但对上帝的观念并没有贬低。西周文献中，上帝与天有时可以换位，师訇毁“肆皇帝亡斁，临保我氒雩四方”句，毛公鼎作“肆皇天亡斁”；《文侯之命》：“惟时上帝集厥命于文王。”而毛公鼎云：“惟天𨛫集厥命。”一作“上帝集命”，而一作“天集厥命”。周人仍祀上帝；武王时器天亡毁云：“事喜上帝。”昭王时㝬钟：“隹皇上帝百神，保余小子朕猷，有成亡竞。我隹司配皇天王。”同一器铭中“皇上帝”与“皇天王”同时出现。而周公毁铭云：“克奔走上下帝。”上下帝应该是指天上的上帝和地下的王帝。其他乐器像犹钟说：“先王其严，在帝左右。”郳王义楚鍴云：“用亯于皇天及我文考。”文考配天，可以在天帝的左右，所以上下帝都是人们奔走祭享的对象。天帝和王帝合起来便是上下帝。周器有“上下帝”的称谓，可见他们并不是把“天”来代替“帝”。在西周人的观念里，帝与上帝支配着人们，地位仍是非常重要。不特彝铭所见如此，周初诰命所见帝庭、上帝命、上帝耿命、皇天上帝、敬事上帝、上帝监民一类的词句，层见叠出。[①]《康诰》说出由于文王修西土，冒闻于上帝，所以上帝降休，天乃大命文王，殪戎殷诞受厥命。《立政》述成汤陡大釐上帝之耿命，后来帝降罚之，乃以周式商受命。朝代的更迭，都是秉承着上帝的意旨。从周初文诰上所见“上帝”告诫的情形来看，周人立国，并没有对最上神的“帝”加以蔑视，可以断言。上帝和天，在后来儒家经典注释者都认为“上帝者，天之别名也。”这一说法是没有问题的。[②] 陕西临潼县新出西周最早武王时器的利簋上说：“珷征商，隹甲子朝，岁鼎（贞）克闻，夙有商。”“克闻，夙有商”一句，和《康诰》的“冒闻于上帝……殪戎殷”意思很是相近的。伐商之举，为上帝所闻知，故甲子一战，遂很早得有商地。殪戎殷正由于上帝的命令。可见周人秉承上帝的情形，上帝和天二者并无轩轾于其间。

二、殷周文字中所见的“德”

“德”字原已见于殷卜辞。新订本《甲骨文编》重定“[illegible]”及“[illegible]”为德

---

① 参见本文附录一：《周初诰命所见“上帝”表》。

② 帝与天同义同用说，参池田末利氏《释帝与天》。《封禅书》裴骃《集解》引郑（玄）《孝经注》：“上帝者，天之别名也。”

字[①]，盖据罗振玉说，谓借为得失字。甲骨刻辞所见习语像“㞢（有）德”[②]，“亡德”[③]，读为有得、亡得，似无不可。卜辞如“庚辰卜王贞，朕德旁。六月”[④]，这德字从行；旁字下从方，可以释为旁字[⑤]，旁义为“溥”（《说文》）、为“大”（《广雅》），此辞读为“朕德溥”，亦自可通。

《盘庚》三篇，屡见“德”字，如荒德、爽德、凶德，皆违背德的反面语；而实德、积德、敷民德，则是对“德”的肯定；又说上帝将恢复高祖之德，把德推到先王之上，显然和周人的恒言“型先文祖共明德”一类辞句正是衔接的。而《高宗肜日》言“若德”、“正厥德”和盂鼎的“正德”，毛公鼎的“先王若德”，亦是同样的成语。德的观念在殷代应该出现，我们实在没理由加以否认的。

“德”字在西周金文中，重器如克鼎、盂鼎、班毁均已见之。在西周初期，“德”字亦使用作人名。成王时器皿德鼎，形制庞大，其中三件镌着周王对德赐贝的铭文，一件是对叔德的赏赐。德和叔德，可能是同一人。如周公旦亦称叔旦，叔德正以“德”为名，可以反映周初对德观念的重视。

西周经典，每每以“德”叮咛地儆戒人们，《康诰》、《召诰》、《君奭》、《立政》诸篇[⑥]，言之再四。而金文所见德字[⑦]，尤不一而足，其间套语、惯语与经典可以互证，有如下列：

	经典	彝铭
中德	《酒诰》：“作稽中德。”	蔡侯钟
元德	《酒诰》：“兹亦惟天若元德。”	番生毁、历鼎
经德	《酒诰》：“经德秉哲。”	者沪钟（作“滛德”）、陈曼簠
敬德	《召诰》、《无逸》、《君奭》	班毁
秉德	《君奭》	善鼎、伯刻毁、晋公簠
明德	《多方》、《梓材》、《文侯之命》	叔向毁、大克鼎、秦公毁、虢叔钟

① 新《甲骨文编》，74页。
② 《屯乙》九〇七。
③ 《屯乙》三七五。
④ 《屯甲》二三〇四。
⑤ 《说文》古文旁字有作[illegible]的。
⑥ 参见本文附录二：《商、周〈书〉所见“德”字摘录表》。
⑦ 参见本文附录三：《金文“德”字表一、二》。

由上可见“秉明德”一成语，在周的旧疆到春秋时仍很盛行，虢国、秦国、晋国都习用之，秉承先王的明德，一点也不敢荒宁懈怠。至“穆穆秉德”一惯语，则已见西周邢人妄钟了。

齐、徐器上“政德”一词，则因袭盂鼎的“玟王正德”，政即是正。《晋姜》称“巠雍明德”，和盂鼎的“敬雍德”当有关系，雍是和的意思。“巠德”，越钟作“溼德”，陈簠作“经德”，即是常德，“溼”为巠的繁体，《左传·哀公二年》之“经德义”，《孟子·尽心》之“经德不回”，“经德”二字，有其长远的来历。嗣子壶的“屯德”出伯梁毁的“前文人秉德共屯（恭纯）”。屯德，即是纯德，即《诗》所云“文王之德之纯”也。

三、畏天威与敬德观念的确立

敬和德二字联成一词，屡见于《周书》。《召诰》：“呜呼！天亦哀于四方民，其眷命用懋，王其疾敬德。……王先服殷御事，比介于我有周御事。节性，惟日其迈。王敬作所，不可不敬德。……唯不敬厥德，乃早坠厥命。……王乃初服。呜呼！若生子，罔不在厥初生，自贻哲命。今天其命哲、命吉凶、命历年。知今我初服，宅新邑，肆惟王其疾敬德。王其德之用，祈天永命。”《无逸》：“呜呼！厥亦惟我周太王王季，克自抑畏。文王卑服，即康功田功。徽柔懿恭，怀保小民，惠鲜鳏寡。……自殷王中宗，及高宗、及祖甲、及我周文王，兹四人迪哲……则皇自敬德。”《君奭》：“其汝克敬德，明我俊民在让，后人于丕时。”西周班毁：“隹民亡偕，才（在）彝。炁（昧）天令（命），故亡。允才（哉）显唯敬德，亡逌（攸）远。”这些都是周人的名言。昧天命则可招致灭亡，故必保持敬德。

大盂鼎：“今余隹令女盂，邵熒敬雝（雍）德，巠敏，朝夕入（纳）谰（谏），亯（骏）奔走，畏天畏（威）。”则称“敬雍德”；雍，和也。毛公鼎：“女毋敢豖（坠）在乃服，圞夙夕，吱（敬）念王畏（威），不赐。”《周书·顾命》：“在后之侗，敬迓天威，嗣守文、武大训，无敢昏逾。”这里则云“敬念王威”、“敬迓天威”。建立王威，是必须敬畏天威的。

董仲舒《对策》尝说道：“天人相与之际，甚可畏也。”《春秋纬》亦云：“天之与人昭昭著明，甚可畏也。”汉代天人相与之说十分发达，这种“畏天”的思想，萌芽甚早，《诗》、《书》及金文所见，材料尤多。《雅》、《颂》中言及畏天的，如：

旻天疾威。……如何旻天……胡不相畏，不畏于天。（《小雅·雨无正》）

旻天疾威，敷于下土。（《小旻》）

旻天已威，予慎无罪。（《巧言》）

不愧于人，不畏于天。（《何人斯》）

我其夙夜，畏天之威，于时保之。（《周颂·我将》）

西周训诰，上天降威之语，尤不一而足。现摘录如下：

今我民罔弗欲丧，曰：天曷不降威；大命不挚，今王其如台。（《西伯·戡黎》）

予不敢闭于天降威。用宁王遗我大宝龟，绍天明。……天降威，知我国有疵，民不康。（《大诰》）

惟天降命，肇我民，惟元祀。天降威，我民用大乱丧德，亦罔非酒惟行。（《酒诰》）

我有周佑命，将天明威，致王罚，勑殷命终于帝。……惟我下民秉为，惟天明畏。（《多士》）

我亦不敢宁于上帝命，弗永远念天威越我民；罔尤违，惟人。……有殷嗣天灭威……后暨武王，诞将天威，咸刘厥敌。……告汝，朕允保奭，其汝克敬，以予监于殷，丧大否，肆念我天威。（《君奭》）

天惟求尔多方，大动以威，开厥顾天。（《多方》）

简孚有众，惟貌有稽。无简不听，具严天威。……今天相民，作配在下。……永畏惟罚，非天不中，惟人在命。天罚不极，庶民罔有令政在于天下。（《吕刑》）

汉人认为“敬”是殷教，《白虎通·三教》篇云：“殷人之王教以敬，其失鬼，救鬼之失莫如文，周人之王教以文。”又云：“殷人教以敬，故先祭器，敬之至也。”《殷本纪》引《汤征》：“汤曰：汝不能敬命，余大罚，殛之，无有攸赦，作《汤征》。”以敬为殷教，似亦非无所本。《周本纪》记武王入纣宫，尹佚策祝曰：“殷之末孙季纣，殄废先王明德，侮蔑神祇不祀，昏暴商邑百姓，其章显闻于天皇上帝。”一本作“皇天上帝”，《逸周书·克殷解》作“昊天上帝”。此时“天”与上帝结合为一。废除明德被列为纣的大罪。《墨子·非乐上》引汤之官刑，尹佚责殷："上帝弗常，九有以亡；上帝不顺，降之百殚。"九有的意思，正如九州、九县[①]，指的是天下。《墨子》所引如果真出于殷人的刑书，则上帝对有国者的惩戒，早已著之殷人的简册了。

《大戴礼·武王践祚》谓黄帝、颛顼之道，在于丹书，引道书之言云："敬胜怠者吉，怠胜敬者灭；义胜欲者从，欲胜义者凶。"《尚书纬·帝命验》云："季秋之甲子，赤爵衔丹书入于丰，止于（姬）昌户，其书曰：敬胜怠者吉云云。"又见《六韬·明传》篇，可见"敬"一词来源之远。《楚语》："敬恭明神，以为之祝……天地……各司其序，不相乱也。民是以能有忠信，神是以能有明德。民神异业，敬而不渎。"民之主敬，所以与神保持距离。至"远乎鬼神"，而仍须持敬。若《论语》云："务民之义，敬鬼神而远之。"即其明证。《楚缯书》云："毋弗或敬，隹天作福，神则各之；隹天作犬（祆），神则惠之，□敬隹㒗，天像是恻。成为天□，下民之戚，敬之毋戈（忒）。"其告诫尤为殷切，是知"敬"之观念，与事神有莫大关系。

《诗》大序："成孝敬。"孝与敬二者相对为文。敬与祭祀关系之深，在《礼记》亦有明文。《祭义》云："（祭）烦则不敬。"《祭统》云："天子、诸侯，莫非耕也；王后、夫人，莫非蚕也。……身致其诚信，诚信之谓尽。尽之谓敬，敬尽然后可以事神明，此祭之道也。"又云："天子藉千亩，妇缫丝养牲为祀，以祭先王、先公。"《乡饮酒义》："圣立而将之以敬曰礼，礼以体长幼曰德。德也者，得于身也。"以得训德，以敬德为礼的基本。

周人的克殷，正是一股新势力，有如波斯之灭巴比伦；周人有他们立国的新观念，"敬德"便是把殷教推进了一步。"敬"是对"天"的尊崇，而德为立人的本体；敬是畏天威的表现，盛德是完美的威仪，亦是效法于天帝的。班固在《典引》上说："洋洋若德，帝者之上仪。"虽语出自汉人，其义必远有所受，可无疑义。

《周颂》有《敬之》一篇云："敬之敬之，天维显思，命不易哉！无曰高高在上，陟降厥士，日监在兹。"老天时时在看着人们的行动，不可不"敬之敬之"。《召诰》且言："节性，惟日其迈。王敬作所，不可不敬德。"性是生之理，节制血气之性，而迈进于德。敬德须节其性，方有进德之日。召公再三垂诫，认为夏、殷二代因为"不敬厥德，乃早坠厥命"，"王其德之用，祈天永命"。故能敬则得天佑，否则遭殃。从《诗》、《书》的资料看来，"敬德"

---

① 参见范晔：《光武纪赞》。

是西周道德哲学的中心观念。

“敬”字的意义，根据《周书·谥法》，解作“夙夜警戒”的意思。《大学》引《汤之盘铭》：“苟日新，日日新，又日新。”清儒多说“苟日新”的“苟”字，即是《说文》训自急敕的苟[1]；金文盂鼎的𠁊，即是“敬”的省体，所以汤盘的“苟”即“敬”字。“苟日新”即“敬日新”。《说文》：“敬，肃也。”肃下云：“持事振敬也。”《释名》：“敬，警也；恒自肃警也。”“敬日新”即是日惟肃警，不敢纵逸之意。可知殷人本亦主敬。敬是旧义，周人更加强调起来。敬应当是在行动中保持警惕，所以敬亦作儆。《鲁语下》云：

> 夫民劳则思，思则善心生；逸则淫，淫则忘善，忘善则恶心生。沃土之民不材，淫也；瘠土之民莫不向义，劳也。是故天子大采朝日，与三公九卿，祖识地德，日中考政，与百官之政事，师尹惟旅、牧相宣序民事。少采夕月，与太史、司载纠虔天刑。日入监九御，使洁奉禘郊之粢盛，而后即安。诸侯朝修天子之业命，昼考其国职，夕省其典刑，夜儆百工，使无慆淫，而后即安。卿大夫朝考其职，昼讲其庶政，夕序其业，夜庀其家事，而后即安。士朝而受业，昼而讲贯，夕而习复，夜而计过无憾，而后即安。自庶人以下，明而动，晦而休，无日以怠。

这一席话出自鲁大夫公父文伯歜之母穆伯妻敬姜之口，为千古名言，可看作《无逸》篇的注脚。她解释朝日是要习（祖）知（识）地德，夕月是要共（纠）敬（虔）天刑（法）。据韦昭注“地德所以广生”：“言天子与公卿，因朝日以脩阳政而习地德，因夕月以治阴教而纪天刑。日照昼，月照夜，各因其明以脩其事。”大采朝日，服用五采，在春分举行；少采夕月，服用三采，在秋分举行。大采、少采的服色，向来有不同的说法，今不深论；但卜辞已见大采、小采之名[2]。敬姜所谓朝日识地德，日中考政；夕月敬天刑（法），此天子之事。而诸侯亦要昼考、夕省、夜儆，“惟日孳孳”，明动晦休，“自朝至于日中昃，不遑暇食”。这样勤劳认真的工作，即是《召诰》所谓“敬德”。是周人所提倡的勤劳的“敬”，和宋人主静的敬，实在是不相同的。

---

① 参见孙志祖：《读书脞录》，阮元：《揅经堂续集·释苟》，陈立：《释苟》，薛寿：《学诂斋文集·释苟》，陈榘：《经义纪闻·苟日新》条等。

② 《小屯》乙编一二：“大采日，各云自北。”又一六：“大采雨自北征……”《佚》二七六：“今日小采，允大雨。”可证。大采、小采乃春、秋分行朝日、夕月之礼，而有云、雨，故记其异。

春秋很多名人对“敬”都有精警的解说，如云：

敬，德之聚也；能敬必有德，德以治民，君请用之。（臼季赞冀缺语，《左传·僖公三十三年》）

又每每把“礼”与“敬”对待为言，例如：

礼，国之干也；敬，礼之舆也；不敬则礼不行，礼不行则上下昏，何以长世？（内史过责晋侯受玉惰，《左传·僖公十一年》）

又：

礼，身之干也；敬，身之基也。（孟献子责郤锜不敬语，《左传·成公十三年》）

不敬便是惰，（《说文》：“惰，不敬也。”）周人认为不但对上要敬，对下亦要敬，所以说：

敬，民之主也；而弃之，何以承守！（穆叔论敬不可弃，《左传·襄公二十八年》）

敬是德的基础；人身以礼、敬为本，“无礼则身不立，不敬则身不安”。（《汉书·五行志》颜师古注）这些可说是对西周“敬德”的进一步的阐释。可见“敬”之为教，沾溉之远了。

四、天命说下的政治与道德之关联

“帝命”即是天命，帝王兴替即决定于天命。自周代殷以后，天命与王位遂成为密切的联系，于是有“受命说”之兴起。《召诰》云：“呜呼！皇天上帝，改厥元子兹大国殷之命。惟王受命，无疆惟休，亦无疆惟恤。呜呼！曷其奈何弗敬！”《大诰》：“矧曰其有能格知天命……敷贲。敷前人受命，兹不忘大功。……已！予惟小子，不敢替上帝命。天休于宁（文）王，兴我小邦周，宁王惟卜用，克绥受兹命。……爽邦由哲，亦惟十人迪知上帝命。……尔亦不知天命不易。……肆朕诞以尔东征。天命不僭，卜陈惟若兹。”三监及淮夷之叛，周公奉成王命东征，作此以申天命。这说明周所以应当代殷而有天下的道理，在《诗》、《书》及彝器，屡见这种告诫之词。《酒诰》之“明大命于妹邦”，毛公鼎、单伯钟云“劳堇（勤）大命”，及“龖貉（恪）大命”，大命即是天命。《书·盘庚》云：“恪谨天命。”已成为一种套语。由于帝位的转移，故有“天命靡常，匪解”之说，像“帝命不时”，“侯服于周，天命靡常”（《文王》），“天命匪解”（《周颂·桓》），“维天之命，於穆不已”（《诗·清庙》），见于《雅》《颂》，不一而足。至汉人更造为王者受命之论。班彪著《王命论》称汉高祖之兴有五因，东汉傅幹著《王命叙》[①]，论世祖之兴有四事，下至隋李德林作《天命论》，已是陈陈相因了。

“天命靡常”的道理，在春秋战国时有重要的发挥。《左传·僖公五年》宫之奇谏伐虢：“臣闻之。鬼神非人实亲，惟德是依。”故《周书》曰：“皇天无亲，惟德是辅。”杜注：“《周书》，《逸书》。”屈原作《离骚》，有云：“皇天无私阿兮，览民德焉错辅。夫惟圣哲以茂行兮，苟得用此下土。”王逸谓：“皇天神明，无所私阿。观万民中有道德者，因置以为君，使贤能辅佐以成其志。”是惟有德者乃能奄有天下。《康诰》警告小子封曰：“惟命不于常，汝念哉！无我殄。”故必须践德，乃克获天之助。人主承受天命，是因为他有德，而且还不懈地去实行，故天与之助力。班毁言：“惟民之诰，在彝。”“在彝”一语，可以《诗·大雅·蒸民》“民之秉彝，好是懿德”解之。彝是“常”，所谓“彝伦攸叙”（《洪范》），是道德的秩序。此彝德不特人主为然，一般臣民亦应该具有之。不敬的结果，是“弃命而取祸”，即失去他受到天地生育的和气，而不能定命。《左传·成公十三年》刘康公对成子受脤于社之不敬行为，且有一段议论云：“吾闻之：民受天地之中以生，所谓命也，是以有动作礼义威仪之则，以定命也。能者养之以福，不能者败以取祸。是故君子勤礼，小人尽力，勤礼莫如致敬，尽力莫如敦笃。敬在养神，笃在守业。国之大事，在祀与戎；祀有执膰，戎有受脤，神之大节也。今成子惰，弃其命矣，其不反乎!”刘康公所说“民受天地之中以生”，即是所谓“命”。“中”即《书·汤诰》“降衷有恒性之衷”，《广雅·释诂》：“衷，善也。”[②] 定命的条件，是行

① 傅燮子，入魏。文见《全后汉文》卷八一。

② 王念孙说。参见《春秋左氏传旧注疏证》，884 页。

为上动作威仪之则。所谓“则”，亦是《大雅》“天生烝民，有物有则”之则，可说是人的纪律。在君子方面，要勤礼去致敬以养神。养神的任务便是祭祀，这是国之大事的一端。《后汉书》荀爽对策：“昔者圣人建天地之中而谓之礼，所以兴福祥之本，而止祸乱之源也。”荀氏用《左传》此文而说“天地之中而谓之礼”。致敬在于养神，可见敬是本于祭祀，此其所以为礼也。不敬即惰，成子惰，故有弃“命”之讥。

“定命”一词，原见于《诗》。《抑》云：“有觉德行，四国顺之。讦谟定命，远犹辰告。敬慎威仪，维民之则。”刘康公说“动作礼义威仪之则”以“定命”，《抑》诗言远大谟略以定命，亦必本于敬慎威仪，然后可为民之楷则，意思是相承的。

春秋以来，“天命观”每每从政治转移到道德行为方面。《穀梁传》云：“人之于天也，以道受命；于人也，以言受命。不若（顺）于道者，天绝之也；不若（顺）于言者，人绝之也。臣子大受命。”（《庄公元年》）《穀梁传》提出对于天则用“道”来受命，于人则用“言”来受命。“道”与“言”的重要性，正是贯彻“命”的两种工具，这是很新鲜的说法了。把“命”的含义从“天”扩展到“人事”和“言辞”方面来，这是进一步的发挥。古有“受命”之礼，《周礼·大宗伯》云：“王命诸侯则傧之，是来受命。”故人臣以受命之礼为重大之事，王命有如天命，不可轻怠视之。不顺于道，则天绝之；不顺于言，则人绝之。天以道天命，故天道是绝对的。吴王阖庐之被弑，吴季札至曰：“苟先君无废祀，民人无废主，社稷有奉，国家无倾，乃吾君也，吾谁敢怨？哀死生事，以待天命。”（《左传·昭公二十七年》）处大难之中，既非人力所能为，乃抱一种安命无怨的态度。后来《中庸》引孔子言：“居易以俟命，无入而不自得。”居易是处常，和季札居危的情形正相反，但期待“命运”的决定则是相同的。邾文公卜迁于绎，其史曰：“利于民而不利于君。”邾子曰：“苟利于民，孤之利也。天生民而树之君以利之也；民既利矣，孤必与焉。”左右曰：“命可长也，君何弗也？”邾子曰：“命在养民；死之短长，时也。民苟利矣，迁也，吉莫如之。”（《左传·文公十三年》）杜注：“文公以百姓之命为主，百姓之命乃传世无穷。”邾子不理对己之不利，认为一己之命不足计较，而养民实为天命之所在，能舍私命而求大命，可谓真能知命者。后来孔子因言“知天命”，“乐天知命故不忧”，而孟子亦言：“夭寿不贰，修身以俟之，所以立命。”己命之修短不足计较，但修身以待之，则兼有季札、邾子之精神。这是春秋时人对于命的理论，因举二事，以见其对儒家思想影响之一斑。

命运观念，希腊人谓之moira。在古诗人荷马（Homer）史诗所述，天神乃要受到命运（destiny）的决定（moira above the God），而命运仍旧是要依据道德的（moira as moral），命运是超越于众神能力之上的，神的行为如果犯了错误，连Zeus也不能违反命运规定，亦要受到道德制裁的。

希腊在多神教孕育之下，其命运思想，是作为限制所有无论神、人之个体力量的、负有道德任务的法令[①]。在吾国铜器彝铭所见天命的词句，像“劳勤大命”、“䜌恪大命”、“惠弘天命”等，如昧天命，则招致灭亡。叮咛再四，充分表示一由上天确定的命运是绝对的，是出于上帝意旨而不可侵犯的。希腊人以多神立教，神与神之间尚有矛盾与斗争，而殷、周之际，早已形成泛神，甚至超神的意识。上帝、皇上帝、皇天神、皇天上帝等名称，都是一神的尊号，而“天”无异即上帝的别名。在发挥天命的力量，更富有权威，而天帝与道德配合起来，更为巩固而有意义。

《诗·周颂》：“维天之命，於穆不已；於乎不显，文王之德之纯。假以溢我，我其收之；骏惠我文王，曾孙笃之。”《毛传》引孟仲子曰：“大哉天命之无极，而美周之礼也。”《笺》云：“天之道，於乎美哉!”训穆为美，《毛传》训纯大。《笺》云：“纯，亦不已也。溢，盈溢之言也。於乎不光明与！文王之施德，教之无倦已，美其与天同功也。以嘉美之道，饶衍与我，我其聚敛之，以制法度，以大顺我文王之意，谓为《周礼》六官之职也。”“纯德”金文作“屯德”，善鼎及伯㦰簋俱云：“虓（效）前文人秉德共屯。”其语略同“於穆”，见于金文，亦重言穆穆，或释穆为深奥（profound），谓天道深不可测，于义亦通。此颂的主要意义正在把天命与纯德紧扣起来。新出土周共王器的师𩛥鼎云：“臣朕皇考穆穆王，用乃孔德□屯（纯），乃用恖弘正乃辟安德。”又有“孔德”及“安德”二词，德字在铜器出现十分多，原因是古代“赐祭器，正所以章有德”呢![②]

五、作《易》之忧患心理与修德的建立

人类宗教的产生，源于对自然物的恐惧、惊异和失望，在心理上需要安

① Moira as an ordiance which limits all individual power, whether human or divine; and moreover, that this ordiance is even more a decree of moral obligation. （同前，p. 14 Cornford。）

② 《史记·卫世家》：“成王举康叔为周寇，赐卫宝祭器，以章有德。”

慰与寄托，故宗教生于情，而学术出于智。宗教最普遍的意义是信仰。例如对于天象的敬畏，和人事的怵惕戒惧，都是这种心理的表现。《文中子·周公》篇云："《易》之忧患，业业焉、孜孜焉，其畏天悯人，思及时而动乎?"这数语颇能道出作《易》的精神。《易·卦·系辞》之制作，说者谓出于文王。孔氏《周易正义》第四《论卦爻辞谁作》下云：

> 其周《易·系辞》凡有二说：一说所以《卦辞》、《爻辞》，并是文王所作。知者，案《系辞》云："《易》之兴也，其于中古乎？作《易》者其有忧患乎?"又曰："《易》之兴也，其当殷之末世，周之盛德耶？当文王与纣之事耶?"史迁云："文王囚而演《易》。"即是作《易》者其有忧患乎？……二以为验《爻辞》多是文王后事……《左传》韩宣子适鲁，见《易》象云："吾乃知周公之德。"周公被流言之谤，亦得为忧患也。

无论其辞作者为文王抑或周王，都是生于忧患而著文垂训。孔《疏》云："若无忧患，何思何虑？不须营作。""身既患忧，须垂法示于后，以防忧患之事，故《系》之文辞，明其失得与吉凶也。"故《系辞》下云：

> 《易》之为书，不可远为道也。……唯变所适。其出入以度，外内使知惧。又明于忧患与故。无有师保，如临父母。

外内使知惧，所以朝夕警惕，以求无过。《系辞》又云："子曰：危者，安其位者也；亡者，保其存者也；乱者，有其治者也。是故君子安而不忘危，存而不忘亡，治而不忘乱，是以身安而国家可保也。《易》曰：其亡其亡，系于苞桑。"六十四卦都是修德防患的事，《系辞传》于"作《易》者其有忧患"句下，列举九个基本卦，皆以修德为主：

履	德之基	和行
谦	德之柄	制礼
复	德之本	自知
恒	德之固	一德
损	德之修	远害
益	德之裕	兴利

困	德之辨	寡怨
井	德之地	辩义
巽	德之制	行权

这九卦卦义可以修德避患，故特指出，明为德之所用。《周语》芮良夫曰："夫王人者，使神人百物无不得其极（正），犹曰怵惕，惧怨之来也。"曰怵惕者，《易·乾卦·九三爻辞》云："君子终日乾乾，夕惕若厉，无咎。"《疏》谓："君子在忧危之地，故终日乾乾，言每恒终竟此日，健健自强，勉力不有止息。夕惕者，谓终竟此日，后至向夕之时，犹怀忧惕。"这种怵惕的心理，正在养成"临事而惧"的好习惯。读《易》可以无过，必须保持内外使知惧之心，故能免咎。周公在《大诰》警告幼冲人应该"永思艰"，成为永久的敕戒。

文中子言《易》有畏天悯人之心，畏天之降灾，致罚于人，故修德以防患。先忧而后乐，这种忧患心理，富有宗教情绪，但并非对神发生恐惧。S. Kierkegaard 著 *The Concept of Dread*，说明带着原罪（original sin）的人类，对天灾的残酷，在上帝面前怖慄地忏悔。中国古代无"原罪"的意识，故《易传》的忧患心理与 dread 之心，有很大的距离。

《震》卦是重雷，为十分惊怖的天象，故云："君子以恐惧修省。"不止恐惧，而是因恐惧而自我修省。《既济》为已渡到彼岸，但始终不认为满足，其《象辞》仍云："君子以思患而豫防之。"对于防患，始终不渝，这才是《易》的忧患心理。

《易》象的作者，在解释各卦时，屡屡以"德"为言，如《坤》象云："以厚德载物。"《蒙》象云："以果行育德。"《小畜》象云："以懿文德。"《否》象云："以俭德辟难。"《豫》象云："以作乐崇德。"《蛊》象云："以振民育德。"《大畜》象云："以多识前言德行，以畜其德。"《坎》象云："以常德行习教事。"《晋》象云："以自昭明德。"《蹇》象云："以反身修德。"《夬》象云："以施禄及下，居德则忌。"《升》象云："以顺德积小以高大。"《渐》象云："以居贤德善俗。"《节》象云："以制数度议德行。"六十四卦的《象辞》中有十四卦提到德字，大抵以进德、积德为主，在不好的卦象，则意存警惕。《否》之俭德，《坎》之常德，《蹇》之修德，《节》之议德皆是。

《乾·文言》论乾，元、亨、利、贞为四德。"四德"之名，见于《左传·襄公九年》，史官解说穆姜筮得《艮》之随䷐卦，谓穆姜"而与于乱，固在下位。而有不仁，不可谓元；不靖国家，不可谓亨；作而害身，不可谓利；弃位而姣，不可谓贞。有四德者，随而无咎；我皆无之，岂随也哉！”由其取恶，不能无咎。称元、亨、利、贞为四德，春秋时人已有此说。至于《乾卦》各爻的层次，《初九》保其龙德，《九二》言“德博而化”，《九三》言“忠信进德”，《九四》言“进德修业欲及时”，处处以德为主题，故云：“君子以成德为行，日可见之行也。”君子之成就在乎德行。《易·十翼》的作者结合“德”义来发挥《易》的真谛，以建立《易》的道德学。

六、时义思想的形成

“时”的观念，在周《易》中有极重要的地位。《乾·彖》言：“六位时成。”六爻构成的层次，代表着不同的时会。《彖辞》上每说：“时之义大矣哉！”又如《既济·九五》爻，象曰：“东邻杀牛，不如西邻之时也。”王弼注：“在于合时，不在于丰也。”所以时有“合时”之义。如何才能合时，是要“先天而天弗违，后天而奉天时”，“与四时合其序”。当然须依天行的规则来进行。

古者“日中为市，致天下之民，聚天下之货，交易而退，各得其所”，（《系辞传》）故“日中”是一日中最重要的时间。《丰》的卦辞说：“丰亨，王假之，勿忧，宜日中。”王之所至，以日中为宜。《礼记·祭义》郑注：“殷人大事以日中。”《书·无逸》说：“自朝至于日中、昃，不遑暇食。”周公自晨、午、昏，连吃饭都没有充分的时间，想见忙碌之至。殷代卜辞又作“中日”，如“中日至郭兮（曦）啓。”（《林》五四七）“中日至昃，其雨。”（《掇》，三九四）《墨子·经说》：“日中，缶（正）南也。”日中这一时刻，是太阳当值正南的时候，故被认作一日的中间定点。

“民之大事在农”（《周语》），故《尧典》以“敬授民时”为重。希腊希西阿（Hesiodos）著《工作与时令》，为 Boeotia 朴实农人之实地工作与日常生活的写照。在吾国则有《月令》及《夏小正》一类之书。

甲骨文旹字，说者谓为“之日”合文。《说文》：“古文时，从之日。”经典“时”字，除指 time 者外，尚有与“是”同用之例。《孟子》引：“夏谚：时日曷丧，予及汝偕亡。”时日即是日。《尧典》：“惟时柔远能迩。”“惟时懋哉。”《诗·文王》：“有周不显，帝命不时。”郑注：“时，是也。”《般》：“敷天之下，裒时之对，时周之命。”时均训是，可作指示代词之“此”用。惟时

=惟是，则时又可作系词的“是”用。这种现象，近东亚述语（assyrian）在连接词，每以 cī字用为 when，while。cī正如汉语之“时”。希伯来的第五字母ㄇ（Hē）用作指定冠词（definite article）之“the”，亦作疑问词，说者谓其与动词“be”（音 ha-iah）有关[①]。这一情形和中国的时字用为“是”=the 及 be，最为相似。

“时”由“之日”二字会意。“时”字用作“是”，在语法上具有冠词的 the（此）和系词的 be 两种重要意义，因其具有肯定及指示作用。《尚书·皋陶谟》云：“百僚师师，百工惟时。抚于五辰，庶绩其凝。”百官必依“时”去工作。《洪范》：“王省惟岁……岁月日时无易，百谷用成。……日月岁时既易，百谷用不成。”时间是不可改易的，宜顺其常，否则农事的收获便发生问题了。“时”一观念之所以重要，是与农事有密切关系。《周语》虢文公曰：“民之大事在农：上帝之粢盛于是乎出，民之蕃庶于是乎生，事之共给于是乎在。……是故稷为大官。古者大史顺时覛土……民用莫不震动，恪恭于农，脩其疆畔，日服其镈，不解于时。”百姓是要“不懈于时”，而王者亦要“使民以时”（《论语》)。“时”有它的实际生活意义，儒家重视“时”的观念，其故在此。

孟子称孔子为“圣之时者也”（《万章下》)，以其“时行则行，时止则止”（赵岐注)，“可以速而速，可以久而久，可以处而处，可以仕而仕。”（《万章下》，又《公孙丑上》)，一切因时制宜，无不得其正。赵《注》云：“孔子圣人，故能量时宜，动中权也。”赵说“量时宜，动中权”，即是孔子读《易》所体会到的“时中”的道理。孔、孟都言“权”，孔子云：“可与言，未可与权。”孟子云：“权然后知轻重。”又云：“执中无权，犹执一也。”《公羊传》论权最精：“古人之有权者，祭仲之权是也。权者何？权者反于经，然后有善者也。权之所设，舍死亡无所设。行权有道，自贬损以行权，不害人以行权。杀人以自生，亡人以自存，君子不为也。”《桓公十一年》权是“称”、是“秤”，所以别轻重，祭仲知“国为重君为轻”，牺牲一己以存国，故《春秋》美之。焦理堂云：“（《易》)《系辞传》云：‘巽以行权。’又云：‘巽称而隐。’又云：‘巽，德之制也。’称即是权，制即‘谦以制礼’之制。”焦氏又云：“盈则以反经为权；失道则以制礼辨义为权，用以自救其过。执一则害道，变通则道不穷。行权者，变而通之也。”（《易通释·权》）又焦氏释“时”云：

① 参见 Hugh A. Moran & David H. Kelley，*The Alphabet and the Ancient Calendar Signs*，p. 76。

“（《易》）于《随》赞云：‘天下随时于升。’赞云：‘柔以时升。’于《遁》赞云：‘刚当位而应与时行也。’于《无妄》赞云：‘茂对时育万物。’于《家人》之通。《解》则赞云：‘待时而动。’于《革》之通。《蒙》则赞云：‘以亨行时中。’于《蹇》之通。《睽》则两卦皆云：‘时用大矣哉！’可谓详矣。……凡称时用、时义各有所钩贯，非泛言也。《贲》传云：‘观乎天文，以察时变。’明《贲》通《困》也。《丰》传云：‘天地盈虚，与时消息。’明《丰》通《涣》也。《经》举一隅，传已不惮遍举诸隅。而于《系辞传》总揭其义云：‘变通配四时，不烦言而决矣。’”（《易通释》）焦氏把《易传》上的“权”与“时”的含义，同以“变通”解释之，可谓得其肯要。所以了解《易经》的“时”义，需要配合“权”的道理，要懂得“变通”去衡量，以取得至当而中正，这是《大易》的至理。古代许多哲人莫不认识“时”的重要性。《孟子》引齐谚：“虽有镃基，不如待时。”范蠡亦讲究“随时”，他说：“夫圣人随时以行，是谓守时。天时不作，弗为人客；人事不起，弗为之始。今君王未盈而溢，未盛而骄，不劳而矜其功，天时不作，而先为人客；人事不起，而创为之始，此逆于天而不和于人。”（《国语·越语》）时机未到，而先时发动，自然要失败的。“随时以行，是谓守时。”说明“时”的把握在处事上非常重要，千万不能忽视的。

相反的，时运不来的，或两求亦莫能致；时际不合，则士有不遇之叹。屈原的“哀朕时之不当”，及“愿竢时乎吾将刈”，只能够期待，他只能够藉文辞来发泄他的生不逢时的感慨，归之于命运的不偶。故辞赋家每每把“时”和“命”二者联结起来，称之曰“时命”。庄忌有《哀时命》之作，其辞云：“哀时命之不及古人兮，夫何与生之不遘时！”“不遘时”便是不合时宜的了。

C. N. Callahan 曾论西方古代哲学中“时”（time）有四义。Joseph Needham 著《时与东方人》（*Time & Eastern Man*）一文，对古代《墨经》、道家之论“时”诸观念，已有详细发挥。本文只就儒家渊源于《易》的“圣之时”一义与“时变”二者的不可分关系加以说明，他暂从略。《易》由卦爻所组成，王弼已说过：“卦以存时，爻以示变。”又云：“卦者，时也；爻者，适时之变者也。”（《易略例》）故知构成《易》体系基本元素的卦、爻，即代表着时与变的意义。

总之，“时”有“是”义，“是”引申为实（real）、为正（rightness）。时虽指 time，但已进而指示：此际此事之“是”，又为是非之“是”，可说是由 must be 而成为 ought to be，在这种情形下，“时”便发展为时中（timely mean)，其意义已入于道德的范畴了。

附录一 周初诰命所见“上帝”表

《金縢》 乃命于帝庭，敷佑四方。

《大诰》 予惟小子，不敢替上帝命……爽邦由哲，亦惟十人，迪知上帝命。

《康诰》 越我一二邦，以修我西土惟是怙冒，闻于上帝。帝休，天乃大命文王。

《召诰》 呜呼！皇天上帝，改厥元子兹大国殷之命。惟王受命，无疆惟休，亦无疆惟恤。……王来绍上帝，自服于土中，……其自时配皇天，毖祀于上下。

《多士》 惟帝不畀，惟我下民秉为，惟天明畏。我闻曰：上帝引逸，有夏不适逸，则惟帝降格，向于时夏。……殷王亦罔敢失帝，罔不配天其泽。……惟时上帝不保，降若兹大丧。……今惟我周王，丕灵承帝事，有命曰割殷，告勑于帝。

《君奭》 我亦不敢宁于上帝命，弗永远念天威，越我民罔尤违惟人。……时则有伊陟臣扈，格于上帝。……公曰君奭！在昔上帝割申劝宁王之德，其集大命于厥躬。……乃惟时昭文王迪见冒闻于上帝，惟时受有殷命哉。

《多方》 惟帝降格于夏……不克终日劝于帝之迪，乃尔攸闻。……惟我周王，灵承于旅，克堪用德，惟典神天。

《立政》 亦越成汤陟丕釐上帝之耿命。……帝钦罚之，乃伻我有夏，式商受命，奄甸万姓，亦越文王、武王，克知三有宅心，灼见三有俊心，以敬事上帝。

《吕刑》 上帝监民，罔有馨香德，刑发闻惟腥。

《顾命》 保乂王家，用端命于上帝。

《文侯之命》 惟时上帝，集厥命于文王。

附录二 商、周《书》所见“德”字摘录表

《盘庚上》 非予自荒兹德，惟汝含德，不惕予一人。

汝克黜乃心，施实德于民，至于婚友，丕乃敢大言，汝有

积德。

《盘庚中》 故有爽德，自上其罚汝，汝罔能迪。

《盘庚下》 用降我凶德。……今我民用荡析离居，罔有定极，……肆上帝将复我高祖之德，乱越我家。……式敷民德，永肩一心。

《高宗肜日》 民有不若德，不听罪。天既孚命正厥德，乃曰其如台！

《微子》 我用沉酗于酒，用乱败厥德于下。

《洪范》 人无有比德，惟皇作极。

曰予攸好德，汝则锡之福。

于其无好德，汝虽锡之福，其作汝用咎。

六、三德：一曰正直，二曰刚克，三曰柔克。

九、五福：四曰攸好德。

《金縢》 今天动威，以彰周公之德。

《康诰》 惟乃丕显考文王克明德慎罚。

今民将在只遹乃文考，绍闻衣德言。

若德裕乃身，不废在王命。

朕心朕德惟乃知。

乃非德用乂，汝亦罔不克敬典。

我时其惟殷先哲王德，用康乂民作求。

用康乃心顾乃德。

《酒诰》 天降威，我民用大乱丧德。

饮惟祀，德将无醉。

越小大德，小子惟一。

作稽中德，尔尚克羞馈祀。

兹亦惟天若元德。

经德秉哲。

惟助成王德显。

弗惟德馨香，祀登闻于天。

《梓材》 先王既勤用明德……作兄弟方来，亦既用明德。

肆王惟德用，和怿先后迷民。

《召诰》 王其疾敬德。

曰其稽我古人之德。

王敬作所，不可不敬德。

惟不敬厥德，乃早坠厥命。

王其德之用祈天永命。

其惟王位在德元。

越友民，保受王威命明德。

《洛诰》 公称丕显德，以予小子扬文、武烈，奉答天命。

乃单文祖德。

万年厌于乃德。

其永观朕子怀德。

《多士》 惟天不畀不明厥德。

非我一人奉德不康宁。

予一人惟听用德。

《无逸》 则皇自敬德。

《君奭》 弗克经历，嗣前人恭明德。

我道惟宁王德延。

惟兹惟德称，用乂厥辟。

在昔上帝割申劝宁王之德。

亦惟纯佑秉德迪知天威。

惟冒丕单称德。

惟文王德丕承无疆之恤。

其汝克敬德，明我俊民在让。

乃惟知民德亦罔不能厥初，惟其终。

《多方》 惟我周王，灵承于旅，克堪用德，惟典神天。

非我有周秉德不康宁，乃惟尔自速辜。

尔尚不忌于凶德，亦则以穆穆在乃位。

《立政》 上帝迪知忱恂于九德之行。

谋面用丕训德，则乃宅人。……其在四方，用丕武见德。

……文王惟克厥宅心……以克俊有德。

亦越武王率惟敉功，不敢替厥义德，率惟谋从容德，以并受此丕丕基。

用憸人，不训于德，是罔显在厥世。

《吕刑》 德威惟畏，德明惟明。

穆穆在上，明明在下，灼于四方，罔不惟德之勤。

惟克天德，自作天命，配享在下。

惟敬五行，以成三德。

今往何监非德于民之中，尚明听之哉。

《文侯之命》　丕显文武，克慎明德，昭升于上，敷闻在下。

简恤尔都，周成尔显德。

附录三

（一）金文“德”字表一

器名	套语	铭文	出处
德鼎		王易（赐）佁（㥁＝德）贝廿朋。	《上海·铜器》二七
德方鼎		自蒿（镐）咸，王易㥁（德）贝廿朋。	同上二八
德簋			二器在美国，《文物》1959（7）
盂鼎	正德	今我隹即井（型）亍于玟王正德……	《上海》二九
	敬雍德	绍燮敬雍德，坙（经）敏，朝夕入谏。	
毛公鼎	若德	告余先王若德，用卬邵皇天，䜌　圞（恪）大命。	《窓》四，二
叔向簋	明德	余小子司（嗣）朕皇考，肇帅井（型）先文且（祖），共明德，秉威仪，用䜌貉奠保我邦我家。	《大系》一二九
番生簋	誓德	不显皇且考，穆穆克誓乓德，严在上，广启乓孙子于下。	《陶》二，一六

	元德	不敢弗帅井（刑），皇且考不丕元德，用 （恪）大令，甹王位，虔夙文，尃求不朁德。	《大系》一三〇
大克鼎	悊德	恩襄（让）氒心，宖静于猷，盄（淑）悊（哲）氒德。 易釐（釐）无彊，永令于氒孙辟天子，天子明悳（德）顯考于申（神）。	《上海》四七
梁其（基）钟	㥁德	不显皇且（祖）考，穆穆异异（翼）克㥁。	《上海》六〇
	氒德	农臣先王，得屯（纯）亡敃。	
井（邢）人妄钟	質德	覭盄（淑）文且皇考，克質氒德。賁（得）屯（纯）用鲁永（冬）于吉……妄不敢弗帅用。秉德　文且皇考，穆穆秉德。	《上海》六一
善鼎		唯用妥福，虓（效）前文人秉德共屯。	《小校》三，三〇
师望鼎	哲德	小子师望曰：不显皇考宪公，穆穆克盟氒恩，悊（哲）氒德，用辟于先王尋屯亡敃。	《金匮》五八
师訇（询）毁	首德	哀哉今日天疾畏，降丧，首德不克妻。	《薛》一四
		故亡承于先王。	《大系》一三二
伯㦰簋	秉德	隹用妥神，褱虓前文人秉德共屯，隹匄万年。	《攈》二，三
班毁	敬德	允才（哉）显唯敬德，亡逌（攸）违。	《文物》

历鼎	元德	肈对元德，孝友隹井（刑）。	《代》三，四五
㝬录光鬲	宝德	㝬录光康□□孝永宝德。	《薛》一六，一七六

(二) 金文"德"字表二

国别	器名	套语	铭文
虢	虢叔钟	明德	穆穆秉元明德……敢启帅井（型）皇考威仪。
蔡	蔡姞簋		用妥多福于皇考德尹惠姬，用蘄匄眉寿，绰绾永令，彌氒生灵冬。
	蔡侯钟	氒德	有虔不惕，𢘅（左）右楚王，隺隺为政，天命是𨗴，定均无邦，休有成庆，既忐（协）于忌，乍中氒𢛳（从言）。
晋	晋姜鼎	明德	余不叚妄（荒）宁，坙雍明德，宣邲我猷。
	晋公𥂴	秉德	敢帅井（刑）先王，秉德𥂴𥂴，𥁕燮万邦。
	嗣子壶	屯德	犀犀康盄，承受屯惪，旂无彊至于万意（亿）年。
曾	曾伯陭壶	为德	为德无叚，用孝用亯，用赐眉寿。
齐	叔夷钟	政德	籍（肃）成朕师旟之政德，谏罚朕庶民左右毋讳，夷不敢弗儆戒。
陈	陈曼簠	经德	不敢逸康，肈勤经德。
	陈侯因資錞	扬德	其惟因資，扬皇考邵练高祖黄啻（帝），侎嗣趄文，朝问诸侯，合扬氒德。
越	者沪钟	𤀈德	女亦虔秉……余其念訨乃有𤀈惪，巳克糸光朕吧。
徐	王孙遗者钟	政德	肃悊圣武，惠于政德，恖于威义……余恁飼心，诞永余德。
秦	秦公𣪘	明德	……余虽小子，穆穆帅秉明德，剌剌趄趄迈（万）民是敕……
	秦公钟	明德	……小子穆穆帅秉明德，睿尃明井（刑），虔敬朕祀，以受多福。

附录四 金文所记“天命”略表

器名	套语	铭文
大盂鼎	天……大令	……不显文王，受天有大令（命），在珷王嗣玟作邦。……古天翼临子……
周公毁	无终命	……克奔走上下帝，无冬令（终命）丂右周追孝……
乖伯毁	受大命	……朕不显祖玟、珷膺（膺）受大命。乃且克桒先王，异（翼）自也（他）邦，又芇于大命。（此器直作大命，不以令为之。）
毛公鼎	受大命	皇天弘猒氒德，配我有周，膺受大命。……唯天𦒽集氒命，亦
	集命	唯先正，罂辪（襄乂）氒辟，劳堇（勤）大命。肄皇天亡昊，临保我
	配命	有周，不巩先王配命。……告余先王若德，用卭邵皇天，䜌𦑭（恪）大命（此器亦迳作“命”）。
单伯钟	大命	逨匹先王，劳堇大令（命）。
师訇毁	天命	不显文武，孚受天令（命），亦𠟭殷民。……克左右先王，乍氒厷殳（肱股），用夹邵氒辟，奠大命。
番生毁	大令	……不㧊元德，用䜌𦑭大令。
师𩰫毁	𩫏乃命	今余隹䜌𩫏乃令（命）（按此成语亦见𨞰毁、师兑毁二）。令女嗣乃且旧官，小辅眔鼓钟。
录伯𢦚	惠弘天命	……自乃祖考，又劳于周邦，右辟四方，叀𢎥天令（惠弘天命），女肇不豖（坠）。
班毁	昧天命	……隹民亡𢧁才（哉）！彝杰（昧）天令（命），故亡。
沈子毁	受命	敢取邵告朕吾考令（命）……克成妥（绥）吾考臣子顯顯受令（命）……用气霝令，用妥公唯寿。

蔡侯钟	天命	天命是遅，定邦庶邦。
叔夷钟	天命	……尸篾其先旧，及其高祖。赏赏成汤，又敢在帝所，尃受天命，删伐頣（夏）司（祀）。……不显朕皇且，受天命，鼏宅禹賨，十又二公，在帝之矿，严龚夤天命，保鬘氒秦，虩事蠻夏。
秦公钟	天命	受天命，竈又下国，十又二公。

上文初刊于《中研院史语所集刊》第四十九本第一分册（1978年），为李济主编“上古史”之一篇。先是1975年10月，余有 *The Character Tê in Bronze Inscriptions* 一文，在澳洲铜器与考古学会议提出宣读，已由 Melbourne，National Gallery of Victoria 印行，与上文诸多复出，故兹从删汰。近时新出土铜器铭辞涉及“德”字綦夥。若豳公盨之提倡“厥沫惟德”，与墨子书中引述之夏书逸篇《禹之总德》遗文，可互相印证。“德”的观念，西周认为禹时已盛行，另有文详之。附记于此。

神道思想与理性主义*

一、神、民地位的升降

《周书·吕刑》云："遏绝苗民，无世在下。乃命重、黎绝地天通，罔有降格。"又云："上帝不蠲，降咎于苗，苗民无辞于罚，乃绝厥世。"上帝对于苗民加以惩罚，使他们无嗣于后。在政治措施上，是使重、黎氏把地与天隔开，使二者不得互相侵犯。据《楚语》观射父对楚昭王的对答，在少昊衰世，九黎乱德，家为巫史，使得神和民上下同等而杂糅。本来神属于上，而民属于下。因此使南正重司天以属神，火正黎司地以属民，重新划分起来。《鲁语》记着仲尼的说话："山川之灵足以纪纲天下者，其守为神，社稷之守者公侯。"《史记集解·鲁世家》引王肃云："守山川之祀者为神，谓诸侯也。"韦注谓："主山川之君为群神之主，故谓之神也。"是在古代诸侯主山川之祀，以"人"的身份而得被称为神。楚人重巫术，人、神仍旧糅合，故屈原称其君曰灵修，无异视之为神。《左传·僖公五年》："虢公曰：吾享祀丰洁，神必据我。"以为祭祀丰，则神可以依于人，仍是神、民未能完全分隔的旧习惯。

可是，《皋陶谟上》已说："天聪明自我民聪明，天明畏自我民明畏，达于上下，敬哉有土。"上谓天，下谓民。明、畏指赏、罚。把天和民对举而

---

* 本文为《中国上古史》待定稿第四本之一章，审阅人为陈槃先生。

言。民本来是要“畏天威”的，现在却说天的明、畏是由于民的明和畏。《泰誓上》对民亦很重视，好像“民之所欲，天必从之”。（《左传·襄公三十一年》及《国语·郑语》引）“天视自我民视，天听自我民听。”这无异说天的一举一动是和民脱不了关系，而且民有所要求，天必定听从他们。民的地位可以左右天，这分明是一很重要的转变。到了东周，才有民为神之主的说法。《左传·桓公六年》随季梁说：“所谓道，忠于民而信于神也。上思利民，忠也；祝史正辞，信也。……夫民，神之主也。是以圣王先成民，而致力于神。故奉牲以告曰：‘博硕肥腯。’谓民力之普存也。于是乎民和而神降之福，故动则有成。今民各有心而神鬼乏主，君虽独丰，其何福之有！”这段话是说能对民忠而对神信，才是“所谓道”。必须先使民丰足，国力充裕，然后有肥美无疾的牲畜可以事神。民不馁则神才降福，否则在君是“逞欲”，在祝史是“矫举”，这样对民是“不忠”，对神是“不信”的。季梁说：“民，神之主也。”意思应该是说祀神之先务，主要是在于民力充足，并不是说民可以为神的主宰，和民的地位可以代替了神的。汉西岳华山碑上云：“深达和民事神之义。”事神必以和民为先务，汉人亦深明此旨。《庄公三十年》传，史嚚曰：“虢其亡乎？吾闻之：国将兴，听于民；将亡，听于神。神，聪明正直而壹者也，依人而行。虢多凉德，其何土之能得？”这是说神是“依人而行”的。人君为国，宜以民为重；失民，则神无由享。神是聪明而正直的。又《僖公十九年》传，司马子鱼曰：“古者六畜不相为用；小事不用大牲，而况敢用人乎！祭祀以为人也。民，神之主也；用人，其谁飨之？”这是指斥宋公以人（鄫子）为祭牲的不合理。亦引用“民，神之主也”一句，可见这一说在东周已极通行。“祭祀以为人也”，而不是“为神也”，这是很进步的理论。民人的地位，至此已提高了。

《左传·僖公二十四年》，富辰曰：“大上以德抚民，其次亲亲以相及也。昔周公吊二叔之不咸，故封建亲戚，以蕃屏周。……召穆公思周德之不类，故纠合宗族于成周（而作《棠棣》之诗）……庸勋、亲亲、昵近、尊贤，德之大者也。”“以德抚民”是第一义，其次封建尊贤，亦是德之大者。因为“非贤无与兴功，非亲无与辅治”。（《魏志》曹冏《上书》）西周立国的政策，于此可见其端倪。富辰称“太上以德抚民”，后来叔孙豹论三不朽：“太上有立德，其次有立功，其次有立言。”（《襄公二十四年》传）《礼记·曲礼》亦说：“太上贵德。”以德居首的重德思想，即是周人的教训。因此，神之对人，亦“惟德是依”。《左·僖公五年》宫之奇言：“鬼神非人实亲，惟德是依。”

引《诗》："黍稷非馨，明德惟馨。""民不易物，惟德系物。"如是则非德之人，其民不和而神不享。神所凭依，将在于德。这一说法，在古《剑铭》曰："带之以为服，动必行德。行德则兴，倍德则崩。"（亦见《北堂书钞》一二二引《太公金匮》）可见行德与否，是有国者兴亡的关键。周初已成为格言。这种以民为重点的尊德思想，显然是对人主的一种警戒。

又《左传·宣公三年》，楚（庄王）问鼎，周大夫王孙满对曰："在德不在鼎。昔夏之方有德也，远方图物，贡金九牧……用能协于上下，以承天休。桀有昏德，鼎迁于商，载祀六百，商纣暴虐，鼎迁于周。德之休明，虽小，重也；其奸回昏乱，虽大，轻也。天祚明德，有所底止。"休美的德，虽小必获天的重视。至于巨恶，则当然天不直有所为。所以，有明德者必得到天的福祚。天是眼睛雪亮（聪明）而公正的，故云："天祚明德，有所底（致）止。"王孙满把德远推到夏代，可见尊德必为天佑的思想，是有其远源的。

金文及经典屡屡言及"明德"。春秋之世，明德成为王室一般的教育宗旨。《国语·楚语》，庄王使大夫士亹傅太子葴（恭王名），士亹的对答指出尧、舜、启、汤、文王，是五王者皆"元德"也。"元德"一词已见金文的历鼎："肇对（答）元德，孝友隹刑（型）。"元，大也。元德指的是盛德的大君。士亹问于申叔时，叔时又指出可以用各种故书来设教，大都和明德有关系，如云：

> 教之《春秋》而为之耸善而抑恶焉，以戒劝其心。
>
> 教之《世》而为之昭明德而废幽昏焉。
>
> 教之《诗》而为之道广显德，以耀明其志。
>
> 教之《语》，使明其德而知先王之务，用明德于民也。

《世》是"先王之世系也"，即是《世本》；《语》是"治国之善语"，即是《国语》之属。《周礼·小师》："讽诵诗，世奠系。"故书奠或作"帝"，郑注《周礼·小史》："《系世》谓《帝系》、《世本》之属。"这些都是历史教科书，是当时以诵习史册为入德之门，即是以历史教育作为昭明德的武器。

二、德的类型与礼、乐

周人以"修德"、"立德"为开国训典。《周语》祭公谋父曰："先王之训也，有不王，则修悳。”韦昭注：“修文德以来之。”又《周语》单襄公引《时儆》与《夏令》二篇，阐释有关“使民以时”的办法云：“此先王所以不用财贿而广施悳于天下者也。”如是对百姓及远人都用“德”来收服人心。对远人布德，又称文德，像《诗》、《书》云：“矢其文德，洽此四国。”“帝乃诞敷文德，舞干羽于两阶。”

“文”字在春秋时尝被给予统摄诸德的意义。《周语》单襄公对其子顷公解释文王所以获得“文”的称号，有很精辟的解释，其言曰：

> 周将得晋国，其行也文。能文则得天地，天地所胙，小而后国。夫敬，文之恭也；忠，文之实也；信，文之孚也；仁，文之爱也；义，文之制也；知，文之舆也；勇，文之帅也；教，文之施也；孝，文之本也；惠，文之慈也；让，文之材也。象天能敬，帅意能忠，思身能信，爱人能仁，利制能义，事建能知，帅义能勇，施辩能教，昭神能孝，慈和能惠，推敌能让。此十一者，夫子皆有焉。天六地五，数之常也，经之以天，纬之以地，经纬不爽，文之象也。文王质文，故天胙之以天下。

所谓文王“质文”，即谓他质有其文。他把敬、忠、信、仁、义、和、勇、教、孝、惠、让十一种“德”，都作为某种“文”的表现。

恭——敬
实——忠
孚——信
爱——仁
制——义
舆——知
帅——勇
施——教
本——孝
慈——惠
材——让

}“文”统摄一切德；文是经天纬地，有它的“宇宙义”。

“文”字在周初彝铭上，屡屡见之。

“明德”见于《尧典》，谓“克明俊德，以亲九族”。金文师望鼎云：“穆穆克盟（明）氒心悊氒德。”悊德亦即是明德。《左传》中言“明德”者凡十数见，录四事如下：

《左传·宣公三年》，王孙满曰：“天祚明悳，有所底止；成王定鼎于郏鄏，卜世三十，卜年七百，天所命也。”说已见上。

《左传·宣公十五年》，羊舌职曰：“此之谓明悳矣，文王所以造周，不是过也。”

《左传·昭公七年》，臧孙纥有言曰：“圣人有明悳者，若不当世，其后必有达人。”

《左传·定公四年》，“昔武王克商，成王定之，选建明悳，以藩屏周，故周公相王室以尹天下，于周为睦。”

春秋以来，德的理论异常发达，举其要者：

（一）九德说

晋大夫成鱄曰：“《诗》曰：‘唯此文王，帝度其心，莫其悳音。其悳克明，克明克类，克长克君。王此大国，克顺克比。比于文王，其悳靡悔，既受帝祉，施于孙子。’心能制义曰度，悳正应和曰莫，照临四方曰明，勤施无私曰类，教诲不倦曰长，赏庆刑威曰君，慈和遍服曰顺，择善而从之曰比，经纬天地曰文。九悳不愆，作事无悔，故袭天禄，子孙赖之。”

《左传·文公七年》，郤缺曰：“九功之悳，皆可歌也。”

按《皋陶谟》所言九悳，就是：宽而栗，柔而立，愿而恭，乱而敬，扰而毅，直而温，简而廉，刚而塞，彊而义。

（二）楚庄子武有七德说

《左传·宣公十二年》，楚子曰：“夫武有七悳，禁暴、戢兵、保大、定功、安民、和众、丰财者也。”

（三）《周礼·地官·大司徒》六悳说

知、仁、圣、义、忠、和。

又《地官》师氏三德说：

至德、敏德、孝德。

（四）三德、四德说

《洪范》次六曰乂用三德，即正直、刚克、柔克。

《周语中》："夫义，所以生利也；祥，所以事神也；仁，所以保民也。……古之明王，不失此三德者，故能光有天下，而和宁百姓。"

《左传·僖公十四年》庆郑曰："背施无亲，幸灾不仁，贪爱不祥，怒邻不义，四德皆失，何以守国？"

而一以义、祥、仁为三德；一以亲、仁、祥、义为四德。其实"亲亲而仁民"，"亲"和"仁"意思是一样的。所以《左·僖》的四德，减去"亲"一项，剩下只有三德，表列如下：

三德：
- 义——生利
- 祥——事神
- 仁——保民

三德中事神的"祥"，仍占重要地位。《左传·成公十六年》，申叔时亦言"详以事神"，祥字作详。

又《左传·襄公三年》云："恤民为德，正直为正，正曲为直，参和为仁。"杜注："德、正、直三者备乃为仁。"这虽是后起义，但"仁"的观念的提出，和被人重视而作为统摄德的要目，在《左传》、《国语》二书中，仁字屡屡被提及。《左传·成公二年》有云："神、福、仁而祸淫。"居然用"仁"字来代替"善"与"德"，这时"仁"在德目上地位的提高，很可以看出了。

在德上系以数目字，《周书》所见很多，像《立政》云：“尊上帝迪，知忱恂于九德之行。……兹惟后矣。谋面用丕训德。”这九德可能是《皋陶谟上》的“行有九德”。《吕刑》云：“惟敬五行，以成三德。”这三德有人以《洪范》的正直、刚克、柔克说之。（曾星笠《尚书正读》）德的理论不限于人的行为，又推演及于自然物。尸子之说，水有仁、义、勇、智四德（《君治》篇）。礼家、法家都说玉有仁、义、智、勇、絜五德（《荀子·法行》篇、《管子·水地》篇、《礼记·聘义》、贾谊《新书·道德说》；《孔子家语》有《问玉》篇等）。阴阳家说鬲象三德（《汉书·郊祀志》：“黄帝作宝鼎三，象天、地、人。其空足曰鬲，以象三德。”颜注以《洪范》三德说之）。这些都是重要的例子。

合神、人的音乐，谓之德音：

《左传·昭公四年》：“先王务修悳音，以享神、人。”可见德音是可以交通人、神之际的。德音即是乐。《礼记·乐记》在文侯问二章指出：“弦歌诗颂，此之谓‘德音’。”一部《诗经》，就是“德音”的教材。《诗经》中提及“德音”凡十七次。“貊其德音，其德光明。”即是说有了“德音”，即充分表现其人之有明德，如“威仪抑抑，德音秩秩。”威仪是礼，德音是乐；行动能合乎礼与乐，方算有这种造诣的。

古代重视以乐为教，欲用乐音来测量人性，以乐德、乐语来培养善人。《周礼》记大司乐成均即以此设教。《尧典》记虞廷命乐正夔以四德教胄子，“直而温，宽而栗，刚而无虐，简而无傲。”四者都借乐音来作调节；人性有这四种，音乐亦然。证之《乐记》亦有相通之处：

声之直者	《乐地·乐本》章云：“其敬心感者，其声直以廉。”
声之宽者	“其乐心感者，其声啴以缓。”
音之刚者	《乐记·乐言》章云：“广大愤怒之音作，而民刚毅。”
音之简者	“繁文简节之音作，而民乐康。”

魏绛论乐与德的关联，见《左传·襄公十一年》。绛曰：“夫乐以安悳，义以处之，礼以行之，信以守之，仁以厉之，而后可以殿邦国，同福禄，来远人，所谓乐也。”必先以乐和其心，能以和且平的精神与人协力为善，诸德既备，乃为真乐。不独器乐之娱心，这样才是真正的快乐。《乐记》说因不同的乐器而异声，而所立之事亦异，听之即有不同的感受，表之如下：

乐器之声别	随声引起之事	闻声而生之臣德
钟声铿	铿以立号，号以立横，横以立武。	君子听钟声，则思武臣。
石声磬	磬以立辨，辨以致死。	君子听磬声，则思死封疆之臣。
丝声哀	哀以立廉，廉以立志。	君子听琴瑟之声，则思志义之臣。
竹聲滥揽	滥以立会，会以聚众。	君子听竽笙箫管之声，则思畜聚之臣。
鼓鼙之声讙	讙以立动，动以进聚。	君子听鼓鼙之声，则思将帅之臣。

因为乐是德音，到了后来汉初诸乐舞皆以“德”为名。《房中歌》十七章言德者，有休德、秉德、孝德、承德、教德、明德等称。《宋书·乐志》建平王宏议，祖宗庙乐总以德为名。可见乐和德关系的密切。

礼的构成是“本于天”的。《礼记·乡饮酒》中，宾主象天地，介僎象阴阳，三宾象三光。《乡饮酒义》云：“立宾以象天，立主以象地，设介僎以象日月，立三宾以象三光，古之制礼也。经之以天地，纪之以日月，参之以三光，政教之本也。”礼以祭为最重要。祭在礼有正负二义：汉白石神君碑云：“盖闻经国序民，莫急于礼。礼有五经，祭，祭有二义：或祈或报。报以章德，祈以弭害。”祈是消极的避免祸，莫重于害；报是积极的，所以表章盛德。《鲁语》言殷先公：“上甲微能帅契者也，殷人报焉。”《孔丛子·论书》篇引《书》曰：“惟高宗报上甲微。”殷报乙、报丙、报丁诸先王，卜辞作匚乙、匚丙、匚丁，借匚为报。有德者必获报，《诗·抑》云：“无言不雠，无德不报。”这一语，《墨子》书每加以引用，而多所证发。报的意义，从人神的关系，引申到人与人方面。《墨子·兼爱下》引此语，说明“爱人者，人必爱之；恶人者，人必恶之”。《荀子·致仕》篇言：“水深而回，树落则粪本。”亦引此诗句论弟子必报师恩。《礼记·表记》引此云：“子言之仁者，天下之表也，义者，天下之制也，报者，天下之利也。”上述诸条，正说明人与人的相互关系，以德相往来乃有其必然的因果存在。从功利言，报是“天下之利”。故礼家亦以报义来说礼。《乐记》云：“乐也者，施也；礼也者，报也。乐，乐其所自生，而礼反其所自始。乐章德，礼报情，反始也。”又云：“乐也者，动于内者也；礼也者，动于外者也。故礼主其减，乐主其盈。礼减而进，以进为文；乐盈而反，以反为文。礼减而不进则销；乐盈而不反则放，故礼有报而乐有反。礼得其报则乐，乐得其反则安。礼之报，乐之反，其义一也。”《乐记》又云：“礼乐不可斯须去身，致乐以治心，则易直子谅之心油然生矣；易直子谅之心生则乐，乐则安，安则久，久则天，天则神。天则不言而信，神则不怒而威，致乐以治心者也。致礼以治躬则庄敬，庄敬则严威。心中斯须不和不乐，而鄙诈之心入之矣。”礼施于人，而乐通乎天。这一段精湛议论，又重见于《祭义》篇中。兹将“礼”与“乐”内外报、反之义，以表示之如次：

内	外
乐	礼
治心	治躬
和	顺
主盈而反	主减而进
以反为文	以进为文
以反	以报
天	人

所谓“礼乐不可斯须去身”，同于《中庸》所谓“道不可须臾离”。须臾即 Kierkegaard 所谓 The moment God in time。道在每一 moment 之间不可离开。儒家之道有双轨，即为礼、乐，其精义如此。

三、德与刑

西周尚德，但穆王时的《吕刑》篇却言：“王享国百年耄荒度作刑，以诘四方。”该文又说道：“上帝监民，罔有馨香德，刑发闻惟腥。”（言上帝下视，并没有馨香的气升闻于天，所发闻到的只是刑杀的腥气。）所以皇帝要请问下民，并指出“德威惟畏，德明惟明”。这二句十分重要。“惟畏”、“惟明”，分开来说即是《皋陶谟》的“天明、畏”。“明”指赏而“畏”指罚。《礼记·表记》引《甫刑》这二句，郑注云：“德所威，则人皆畏之，言服罪也；德所明，则人皆尊之，言得人也。”这样说来，德是可以包含威和明二方面：一是消极性的刑罚，一是积极性的奖励。前者如窜三苗，后来如命三后；威与明都可放于德之范畴之内。所以《吕刑》又说：“士制百姓于刑之中，以教祗（敬）德。穆穆在上，明明在下，灼于四方，罔不惟德之勤。”大家都勤于德，而制刑之目的，所以教民得到祗德，纳刑于德教之内。故德威与德明二者兼施。《吕刑》又云：“朕敬于刑，有德惟刑。”言有德于民，惟刑为重，慎刑则民被其德，滥刑则民蒙其害，故必敬于刑。是敬于刑者，亦敬德之一端。

在《皋陶谟中》论安民之道，在以人代天工。牧民之官，无旷其职。天的任务，由人代行之。因之有天叙、天秩、天命、天讨诸事，来完成“政事懋哉”的效果。纲目如下：

天叙有典
天秩有礼
天命有德
天讨有罪

故有五典、五礼、五服、五刑。服曰天命，是谓有德而得到褒赏的；刑曰天讨，是谓有罪而应受到惩罚的。天命是“德明惟明”，天讨是“德威惟畏”。至于天叙的典，天秩的礼，都本于天道的自然规范，这种伦类和秩序，似都被认为出于天意。

这里典、礼、德、刑（罪），虽然区别为四事，但刑与德仍非完全对立。刑是敬德的一种不得已的手段而已。后来《论语》上说导以德而齐以刑，用刑远不如导德而用礼来得要紧。又说“为政以德，譬如北辰”，却特别把“德”加以强调起来。

刑与德的运用，亦有远近之别。《左传·僖公二十五年》，晋启南阳，阳樊不服，不肯属晋。阳樊人仓葛呼曰：“德以柔中国，刑以威四夷，宜吾不敢服也。”这说明对中国诸夏当用德，对外夷才用刑，而晋侯临之以兵，阳樊为近畿之地，故其民不服，因为兵者是刑之一也。申叔时亦言“德、刑”为战的武器。（《左传·成公十六年》）

到了战国，兵、刑成为一般治国主要武器。荀子憧憬往古，在《议兵》篇中分析兼人之术有三：

有以德兼人者
有以力兼人者
有以富兼人者

唯“以德兼人者王”，可以达到“威厉而不试，刑错而不用”。仁义之兵，不血刃而远迩来服，“德盛及此，施及四极”。德与力之分，便是王、霸之辨了。（孟子故云：“以德行仁者王，以力假仁者霸。”）荀卿弟子韩非说明主制臣之法有二柄：刑与德而已矣。(《二柄》篇)特别把刑与德对立化，故有二柄之目。又论世代的演进分“上古、中世、当今”三个阶段，而以“德”系于上古。如《五蠹》云：“上古竞于道德，中世逐于智谋，当今争于气力。”又《八说》篇：“古人亟于德，中世逐于智，当今争于力。”以“德”属之上世，在韩非心目中，不啻视为落伍之观念了。然秦虽以兵刑得天下，但仍不忘“德”。观其名河曰“德水”，可以见之。秦盖采用邹衍之说。(《封禅书》云：“自齐威、宣之时，驺子之徒论著终始五德之运。及秦帝而齐人奏之，故始皇采用之。”是其明征。又《始皇纪》：“始皇推终始五德之传，以为周得火德；秦代周，德从所不胜。方今水德之始，改年始朝贺，皆自十月朔。衣服旄旌节旗，皆上黑。数以六为纪，符法冠皆六寸，而舆六尺；六尺为步，乘六马。更名河曰‘德水’，以为水德之始。”)刑、德观念后来与阴阳观念结合起来，马王堆新出黄帝帛书中《观》篇论刑、德语甚多，如云“嬴阴布德”、“宿阳脩刑”，其言曰：

> 不靡不墨(缪)而正之以刑与德。春、夏为德，秋、冬为刑。先德后刑以养生。姓生已定，而适(敌)者生争，不谌(戡)不定，凡谌之极，在刑与德。刑、德皇皇，日、月相望，以明其当，而盈□无匡。

把刑、德分配四时，春、夏为德，秋、冬为刑，和《管子·四时》篇：“德始于春，长于夏；刑始于秋，流于冬。”正是一样。《四时》篇将刑、德加上一个“和”来配合三光的日、月、星；刑与德是相对的“正”与“反”，星之和可说是“合”了。《四时》篇说：

> 日掌阳，月掌阴，星掌和。阳为德，阴为刑，和为事。……是故圣王日食则修德，月食则修刑。德生正(政)，正生事。

表之如下：

阴	阳	和
月	日	星
刑	德→政→事	

《史记·天官书》云："日变德修，月变省刑，星变结合。"《汉书·艺文志》有《刑德》七卷，列在"五行家"。《淮南子·天文训》阴、阳、刑、德有七舍，五行家岁月皆有刑、德。德在室则刑在野；德在堂则刑在术。《尚书纬》亦有《刑德放》，长沙马王堆第三号墓出土另有《刑德》残文，可见汉初此说之盛行。

刑、德说亦施用于兵家，依托于黄帝。《尉缭子·天官》篇："梁惠王问曰：黄帝刑、德，可以百战百胜。"《天文志》引（黄帝）《五星传》："日者，德也；月者，刑也。"汉人以生、杀为刑、德。《淮南子·天文训》："冬至为德，夏至为刑。"因冬至阳萌为始生，夏至阴生为始杀。《大戴礼·易本命》谓"山为积德，川为积刑"，则以刑、德来解释山与川形成的原因。这些都是后来阴阳家刑德观念逐渐推演的新说。

四、五行思想与"德礼"之宇宙义

春秋时流行着朴素的五材说（five elements），《左传·襄公二十七年》，子罕论兵之重要性，所以用五材而昭文德，其说曰：

> 天生五材，民并用之。废一不可，谁能去兵。兵之设久矣！以威不轨而昭文德也。圣人以兴，乱人以废。

用兵来戡乱和振威，正是宣扬经天纬地的文德。《吕刑》所谓"德威惟畏"是也。五材，杜《注》："金、木、水、火、土也。"这五种原料，为人民生殖之本。《国语》称："地之五行，所以生殖也。"五材和粮食合称"六府"，属于九功。《左传·文公七年》，郤缺对赵宣子论德礼云：

> 非威非怀，何以示德？无德何以主盟？子为正卿，以主诸侯，而不务德，将若之何！……九功之德，皆可歌也，谓之九歌。六府三事，谓之九功。水、火、金、木、土、谷，谓之六府。正德、利用、厚生，谓之三事。义而行之，谓之"德礼"；无礼不乐，所由叛也。若吾子之德，莫可歌也，其谁来之？

此文原亦引《夏书》。今《大禹谟》作"德惟善政，政在养民，水、火、金、木、土、谷，惟修；正德、利用、厚生，惟和；九功惟叙，九叙惟歌。”九叙即九功，合六府与三事言之。六府指六种物质，三事同于三才。《周礼·大司乐》亦有九德之歌，郑司农引此传六府三事说之。《疏》谓正德，人德；利用，地德；厚生，天德。按《易传》：“天地之大德曰生。”故厚生可为天德，而合称为德礼。表之如下：

德礼
- 三事
  - 天德——厚生
  - 人德——正德
  - 地德——利用
- 六府：水、火、金、木、土、谷。

《禹贡》亦言：“六府孔修。”六府当然是指水、火、金、木、土、谷六种职司。古代必定在官府设有专职以司之。谷为民食之原，所以在五行之外增加这一项目。六府一名，并见于《禹贡》、《大禹谟》、《左传》。可见九功之歌，事属可信。五行与六府为民生要务，厚生之本，莫重于此。是古人重视生产，故把厚生、利用与正德联在一起，成为德礼的三大鹄的。六府之有专司，征之《左传·昭公二十九年》，蔡墨曰：

> 夫物，物有其官；官修其方。……失官不食。官宿其业，其物乃至，若泯弃之，物乃坻伏，郁湮不育，故有五行之官，是谓五官。

可以证明五行本有官司负责，采集这五大类的物资，增加生产（厚生），为人民衣食日用之资（利用）。《夏书·甘誓》始见“五行”一名。有扈氏有“威侮五行，怠弃三正”的罪状，可能即是责备他滥用物资和失时之过失。后来《洪范》提出“敬用五行”，专论五行物质之用途。这些属于六府的五行、五材，即较早的朴素五行说，其性质可谓唯物论。但在正德、利用、厚生三事看来，它是属于“德礼”的。这是春秋五行和“德”关系说的第一阶段。

“德礼”既成为一专词，在春秋之世“礼”被赋予新的天地意义，和周初的“文”一词同等重要。《左传》有许多重要的话言：

> 礼以顺天，天之道也。（《左传·文公十五年》）
>
> 礼，上下之纪，天地之经纬也。（《左传·昭公二十五年》）

夫礼，天之经也，地之义也，民之行也。天地之经，民实则之。（《左传·昭公二十五年》）

礼……与天地并……先王所禀于天地以为其民也。（《左传·昭公二十六年》）

把礼与天地相准，这简直是“文”的翻版了。

《礼记·礼运》说到礼的成立，必先本于天，后法乎地，复取法五祀、四时（参郑注）。所谓“礼义”，既是“人之大端”，亦是“事鬼神之大端”。把礼和天地、鬼神的关系说明得非常透彻，这是进步的礼论。王静安《释礼》谓礼古文作丰，本为祀神之物，推之奉神人之事通谓之礼（《观堂集林》六）。从礼之器而推及礼之用，其说可取。关于礼的问题，非常复杂，这里不欲深论。

《郑语》中史伯说：“先王以土与金、木、水、火杂，以成百物……建九纪以立纯德，合十数以训百体。”这里可注意的有二事：

（一）以土为主，以杂百物。春秋时史墨说：“天有三辰，地有五行。”（《左传·昭公三十二年》）展禽说：“天之三辰，所以瞻仰也；地之五行，所以生殖也；及九州名山川泽，所以出财用也。”（《鲁语上》）他们都把五行隶属于“地”，因为五行是以土为主，金、木、水、火皆在地上孕育孳长的。[①]

（二）以九纪为纯德。《洪范》中有五纪，指岁、月、日、星辰、历数，实为记时的标准，可能即《尧典》敬授民时的事物。九纪和五纪，应该有密切关系。建立九纪（包括五纪之类），以定时间标准，使民事不会失时，来充分发展生产，这样叫做“纯德”，与《左传》所谓“德礼”意思亦符合。

上述朴素的五行、五材说，是从物体形质方面加以分析，而以三事为目的。这样的德礼，是以民生为主，而不是个人道德修养的意义。

德的反面为祆，《史记·殷本纪》：帝太戊时，亳有祥，桑谷共生于朝，

① 冯友兰《中国哲学史新编》引《尚书大传》：“武王伐纣，至于商郊，停止宿夜。士卒皆欢乐达旦，前歌后舞，格于上下，咸曰：‘孜孜无怠。’水、火者，百姓之所饮食也；金、木者，百姓之所兴生也；土者，万物之所资生；是为人用。”他认为这是五行思想发生于西周初期的证据（原书55页）。案此条见孔颖达《尚书正义·洪范》篇引《书传》，只有“水、火者，百姓之求饮食也；金、木者，百姓之所兴作也；土者，万物之所资生也，是为人用。”《书传》共三十三字，陈寿祺《大传》辑本卷三相同。冯氏不知何据？这里特别说明“土”为万物之所资生，和《郑语》史伯之说相符。也许伏生所记杂入后期的思想。唯史伯说：“先王以土与金、木、水、火杂，以成百物。”归之先王，则其说必远有所承。

一暮大拱。太戊惧，伊陟曰："祅不胜德，帝其修德。"而祥桑枯死而去。德是可以胜"祅"的；人主修德，则祅孽自绝。这是秦汉所保存殷人遗说。这件事见于《吕氏春秋》、《韩诗外传》、《书》序、《尚书大传》、刘向《说苑》，及《汉书·五行志》、《郊祀志》。各书所述发生的时代，有成汤、太戊、武丁诸说。孔安国以为二木合生为不恭之罚，刘向以为草妖，今不深究。唯以德可胜祅，则汉人之论，无不皆然。

马王堆《十大经·立命》篇："唯余一人（指帝王）乃肥（配）天，乃立王、立公、立国，置君之卿。数日、历月、计岁以当日月之行。"这指出置官正所以法天。《五行大义》卷五引《帝王世纪》，殷汤问伊挚立三公九卿大夫元士的道理，伊挚说："三公智通于天地，应变于无穷，故三公之事常在于道。九卿通于地理，能通利不利，故九卿之事常在德。大夫通于人事，行内举绳，故大夫之事常在仁。元士知义而不失期，事功而不独专，故元士之事常在义。道、德、仁、义定，而天下正矣。"（《帝王世纪》辑存《殷商》第三）这样把道、德、仁、义来分说三公以下各官职，据称亦是殷代的事情。也许是道家《伊尹》四十一篇的遗说，而由皇甫谧所保存的。（《海日楼札丛》四说）

天秩（order of nature）是依据道德的，所以上天佑善而惩恶，这即是天道。试看经典的一些名言，有如下例：

（1）曹刿答庄公："小信未孚，神弗福也。"（《左传·庄公十年》）

（2）王孙满对楚子："天祚明德，有所底止。"（《宣公三年》）

（3）司马侯论楚"天或者欲逞其心以厚其毒而降之罚，未可知也。"（《昭公四年》）

（4）叔向对韩宣子曰："天之假助不善，非祚之也，厚其凶险，而降之罚也。"（《昭公十一年》）

（5）宫之奇对虢公曰："鬼神非人实亲，惟德是依。"（《僖公五年》）

（6）宁武子与卫人盟曰："有渝此盟，以相及也，明神先君，是纠是殛。"（《僖公二十八年》）

（7）贞伯曰："神福仁而祸淫。淫而无罚，福也；祭其得亡乎？"（《成公五年》）

（8）申叔时言德、刑、详、义、礼、信六者为战之器。是以神降之福，时无灾害。（《成公十六年》）

(9) 天道赏善而罚淫。(《周语中》)

(10) 天道皇皇,日月以为常,明者以为法,微者则是行。(《越语》下《范蠡》)

(11) 天道无亲,常与善人。(《老子》)

再看下表:

正(善)	反(恶)
天福(《襄公二十六年》,《昭公三年》)	天殃(《晋语》三)
天祚(《晋语》四)	天罚(《昭公二十六年》,《晋语》五)
天禄(《诗》;《昭公二十五、二十八年》;《成公八年》)	天祸(《周语》;《左·隐公十一年》祸许;《僖公二十八年》祸卫;《成公十三年》祸晋;《襄公九年》祸郑;《昭公二十八年》祸鲁)
天常(《文公十八年》;《哀公六年》)	天疾(《穀梁·昭公二十年》)
天法(《昭公二十六年》)	天诱(其衷。《僖公二十八年》;《襄公二十五年》;《成公十三年》)
天赞(《昭公元年》,谷禾熟)	
天授(《桓公六年》授楚;《成公十六年》晋)	
天相(《昭公十三年》天方相晋)	

上面所列举一些祸福的字眼,都和“天”字联在一起。这说明祸福的由来,是天所主宰的。到《易》的理论,便说自天佑之,吉无不利了。天如明鉴,时时在察人的善恶。善的则予福,恶的则降祸。人的行为受到天的监视,天反映的好坏是和人的行为的善恶有互相感应的,于是有吉凶妖祥说的兴起。《宣公十五年》:“天反时为灾,地反物为妖,民反德为乱。”三者的产生,都是反常的:

天——灾(反时)

地——妖(反物)

人——乱（反德）

妖祥问题都是人所引起的。《左传》所记如：

（1）郑申繻论二蛇斗，谓："妖由人兴也，人无衅焉，妖不自作；人弃常则妖兴，故有妖。"（《左传·庄公十四年》）

（2）周叔兴论陨石，"阴阳之事，非吉凶所生也，吉凶由人。"（《僖公十六年》）

（3）晋伯宗论恃才与众必亡："乱则妖灾生。"（《宣公十五年》）

（4）闵子马对公鉏曰："祸福无门，唯人所召。"（《襄公二十三年》）

上举诸例，皆谓吉凶祆祥由人的行为所影响而生，这样慢慢形成了汉人的天人感应说了。《汉书·艺文志》杂占亦引申繻之语，谓"惑者不稽诸躬，而忌'祆'之见"乃是舍本而忧末，可见这一说的深入人心。

唐代柳宗元却持天人不相应说。他以为：

（1）"受命不于天，于其民。""休符不于祥，于其仁。"

（2）"以天人为不相知，以礼乐为虚器。"礼乐只为少数人所利用。

而刘禹锡则主张"天人交相胜"，以天与人处于同等地位。他的理论重点：天与人互有影响，是阴骘之说；天与人实相异，是自然之说。天之能在能生殖，其用在强弱；人之道在法制，其用在辨是非。故"人能胜天者，法也"。这种天人相需的思想，是有它的远源的。春秋以来，对于"天道"的怀疑，最著名的人物要算郑国的子产。占星术者裨灶，因天象而预言郑国将要大火。子产说："天道远，人道迩，非所及也，何以知之？灶焉知天道？是亦多言矣，岂不或信？"（《左传·昭公十八年》）子产提出人道和天道对立的看法，显然是一种进步。子产其他反对鬼神的行动，又如论禜之无益于疾病（《昭公六年》），惩罚巫祝因旱而砍伐树木（《昭公十六年》），都载在《左传》。后来孔子不甚言性与"天道"，他对天道避开，不喜欢和门弟子多谈，又不语怪力乱神，似乎很受到子产的影响。

五、天法与德法

马王堆《老子》甲本后面附抄一些已逸文字，除较后部分为《伊尹·九主》之外（《文物》1974（11）），尚有论德之行及引《世子》（即《世硕》）等。其中论“德”颇有新义，摘录如次：

> 德之行五和胃（谓）之德，四行和谓之善。善，人道也；德，天道也。

认为善是人道，而德是天道。他所谓行五者，依杨倞注《荀子》言子思、孟子“索往旧造说，谓之五行”。“五行，五常；仁、义、礼、智、信是也。”四行在下文是“仁、义、礼、智”。写本又说：

> 君子之为善也，有与始也，有与终也。君子之为德也，有与始也，无与终也。金声而玉振之，有德者也。金声，善也；王言，圣也。善，人道也；德，天道也。唯有德者然笱（后）能金声而玉振之。

“金声玉振”一说，见于《孟子·万章》篇，故我疑心这一段言善与德皆有终与始，正如《孟子》所谓始条理与终条理，故这一章也许是荀子所述子思、孟子言及五行的逸文，这里把善看作人道，而视德为天道，把德与善对立起来，看成天、人的关系。下面且说：“闻君子道，悤（聪）也；闻而知之，圣也。圣人知天道，知而行之，圣也。”能够闻君子之道而能行之即是圣，这显然是儒家思想。邹衍的五德终始，说不定和这些理论多少有关系，尤其把“德”看成天道，更值得注意。

邹衍把五行讲成五德，拿来解释人事，尤其说明帝王应运而兴的道理，构成他的一套新的历史哲学，他把握三个原则：

（一）确定每一代的帝王的运命，有他五行上所属先天的德性。

（二）根据五行相胜，互相生克，推演为五德终始，创为帝王更迭的循环说。

（三）把一年的“纪”，扩大为历年的“纪”，成为大型的终始说。

考五行相胜说，由来甚远，《左传》史墨有火胜金、水胜火之言（《昭公三十年》及《哀公九年》传），已被墨家、兵家、名家所采用。墨子《经说》之论五合，《贵义》篇之五龙，孙子《虚实》篇之论五行无常胜（山东临沂新出《孙膑兵法》有五壤之胜，“青胜黄，黄胜黑，黑胜赤，赤胜白，白胜青”之语，见《地葆》篇）。公孙龙子《通变》之引证木贼金。当日之言五行者，有常胜与毋常胜二系（参栾调甫《梁任公五行说之商榷》）。邹衍执常胜之说来解释历史，不沾沾于名实，从极大处落墨，故有其成就。《史记·孟荀列传》云：

> 驺衍睹有国者益淫侈，不能尚德，若《大雅》整之于身，施及黎庶矣。乃深观阴阳消息，而作怪迂之变，《终始》、《大圣》之篇……称引天地剖判以来，五德转移，治各有宜，而符应若兹……要其归必止乎仁义节俭君臣上下……

邹氏仍以儒家伦理为基本，而主张尚德。《封禅书》说他以“阴阳主运”，显于诸侯。主运者，应如《礼记》的《礼运》，如淳在“主运”一名下注：“五律相次转用事，随方面为服。”应如《礼运》所谓：“五色、六章、十二服还相为质。”服指服色，秦汉以来大家讨论“改正朔易服色”，似即承袭邹氏主运之观点。若“《终始》、《大圣》之篇”，大圣者，明指帝王，《周书》谥法解称“德象天地为帝”。如何方配称为帝？似乎是战国季世学者讨论的主题。今观《大戴礼》书中，有《五帝德》、《盛德》、《虞戴德》诸篇可以见之。《盛德》论圣王之盛德，而提出“明堂者，天法也。礼度，德法也。所以御民之嗜欲好恶，以慎天法，以成德法也”。分析天法及德法二者，显然是反对法家的专以刑法御民之失的。

> 夫民善其德，必称其人。今之人称五帝三王者，依然若犹存者，其法诚德，其德诚厚。夫民思其德，必称其人。朝夕祝之，升闻于皇天。上帝歆焉，故永其世而丰其年。

这是《盛德》篇所描写的德法，是要依循天法而行的。邹子主张“尚德”，先整之于身，然后施及于民，想必和《盛德》之篇，不太违背的。《大戴礼·五帝德》所描写之黄帝、颛顼诸帝王，都是德合天地的领导人物，述黄帝一段说他：

> 治五气，设五量，抚万民，度四方，教熊、罴、貔、貅、豹、虎以与赤帝战于阪泉之野。三战然后得行其志。黄帝黼黻衣，大带黼裳，乘龙扆云。以顺天地之纪，幽明之故，死生之说，存亡之难。时播百谷屮木，故教化淳鸟兽昆虫，历离日月星辰，极畋土石金玉，劳心力耳目，节用水火材物。生而民得其利百年，死而民畏其神百年，亡而民用其教百年，故曰三百年。

他对人民的贡献是民得其利，畏其神而用其教，这是帝德的标准，这样才是大圣。《易·文言》所谓："与天地合其德，日月合其明。"《尧典》云："光被四表，移于上下。"《尚书纬》释稽古即同天，俞正燮以法天去解释（《癸巳类稿》一）；这种与天地合德的人物，唯大圣之帝，才可以胜任。

《吕氏春秋》对邹说更发扬光大。《封禅书》云："自齐威、宣之时，驺子之徒论著终始五德之运。及秦帝而齐人奏之，故始皇采用之。"秦人学术，部分是接受邹说的。《史记·始皇纪》李斯等议古教不同一段，证以严安上书引用邹衍语："政教文质，所以救世。当时则用，过时则舍之，有易则易也。"是邹氏主张变通。秦人在政教上主张"五帝不相复，三代不相袭，时变异也"。可易则易之，故始皇推邹衍"终始五德之传"，以秦为水德，以代周之火德。其色上黑，名河曰"德水"，以为水德之始，而事皆决于法，刻削毋仁恩和义，以合五德之数（见《始皇本纪》）。他一方面采用邹子五德之理论，一方面则去掉儒家"止乎仁义"的"尚德"部分，专尚刑法，而非"德法"，可说是修正的邹学了。

六、道、德的先后和天、人的分合问题

《吕氏春秋·季春纪·先己》篇："五帝先道而后德，故德莫盛焉；三王先教而后杀，故事莫功焉；五霸先事而后兵，故兵莫彊焉。"下至三国高贵乡公甘露元年，博士马照对曰："太上立德，谓三皇五帝之世以德化民；其次报施，谓三王之世以礼为治也。"（《魏书·少帝纪》）五帝是先道而后德的，三王则隆礼。德在先而礼在后，这一说法，事实上是战国以后道家思想发展的结果。老子说失道而后德，失德而后仁、义、礼，把礼列在很后。司马彪《战略》傅幹说马腾曰："古人有言：'顺道者昌，逆德者亡。"（《三国志·钟繇传》裴注引）胡三省注出新城三老董公之言。他把道与德分开来说，亦是

先道而后德的。

最近马王堆三号墓发现的《老子》写本帛书，甲、乙本都是从“上德不德”章开始，把《德经》列前，而乙本（一）《德经》末有“《德》：三千卌□”一行；（二）《道经》末有“《道》：二千四百廿六”一行。这一卷汉初写本，是先德而后道；《韩非子·解老》篇首先即解《德经》第一章，然后释《道经》诸章，战国时，《道经》、《德经》分开，不分章，只题曰“道”与“德”，而排列先后不一定。楚墓所出的确是《德经》在前，《道经》在后的。然“道”、“德”一复合词的组成，在汉初已是通言“道德”，而不曰“德道”。贾谊《新书》中有《道德说》一篇，可以为证。唯董仲舒《春秋繁露》乃有“德道”一名，见于卷十《深察名号》篇，他说：“事各顺于名，名各顺于天，天人之际合而为一，同而通理，动而相益，顺而相受，谓之德道。《诗》曰：‘维号斯言，有伦有迹。’此之谓也。”这样说德道，更具另一番意思。主要意义应该是指德之道，二者不是平列关系，有点像太史公所谓的“王道”。《史公序》赞：“天之际，承敝通变，作八书。”而《自序》云：“补弊起废，王道之大者也。”能够通“天人之际”，莫过于“补弊起废”；这样可以说是“德道”，亦可说是“王道”。意思又深一层了。

道与德的结合和先后问题，先秦诸子有不同的说法：

（一）道家　道→德

像《庄子·天地》篇：“故通于天地者，德也；行于万物者，道也。上治人者，事也；能有所艺者，技也。技兼于事，事兼于义，义兼于德，德兼于道，道兼于天。”这里虽然他把德列在先，而道列在后，可是他是以道来兼德，德为道所包。

《管子·四时》篇：“道生天地，德出贤人。道生德，德生正，正生事。”则以德为道所生。

（二）法家　道→法

《经法·道法》篇云：“道生法。”法是道的产物。又《名理》云：“道者，神明之原也。”

（三）儒家　至德要道

《孝经》云：“先王有至德要道。”

刘劭《人物志》云：“《孝经》以爱为至德，以敬为要道。《易》以感为德，以谦为道；《老子》以无为为德，以虚为道。”这样的次序是先德后道；德是本质，道是作用。

上举诸例，对于道与德安排的先后，有许多异说。

《老子》经上云：“孔德之容，惟道是从。”德是要遵从道的。经下：“道生之，德蓄之。”实在是把道放在德之前，《老子》作者心目中，是道先而德后。至于《庄子》，在内篇《德充符》提出“全德为至人”的标准。他训德为和：至人“游心乎德之和”，而要才全而德不形。他说：“何谓德不形？曰：平者，水停之盛也。其可以为法也，内保之而外不荡也。德者，成和之修也。德不形者，物不能离也。”德充于内，而不形于外；遗其形骸，而与物为春。修养到（大）和的境界，便是全德。《庄子》外篇时时把道与德相提并论，《庚桑楚》云：“道者，德之钦也；生者，德之光也。”按《谥法解》：“威仪悉备曰钦。”这无异说德的总和便是道。《徐无鬼》云：“故德总乎道之所〔不〕一。”“道之所一者，德不能同也。”德者，得也；有所得则道之所一者已破而不完。先道而后德；道之所不一的才算是德；而道之所一者，德便不能同。道的层次，居德之上。又《缮性》篇云：“夫德，和也；道，理也。德无不容，仁也；道无不理，义也。”把德与道并举，说德为仁，指道为义，这似乎是后期儒家对《庄子》的解释。文中先德后道，可见在行文上先德后道，有时可以任意。虽然老庄之学主张先道而后德，基本上道的层次是在德之上，而在做文章的时候，可以把德放在道的上面；《天地》篇的先德后道正是同样的例子。《缮性》篇对世与道交相丧的理论，有深入的发挥；他的历史观是先道而后尚德，德又越来越衰，所以一代不如一代。他说：“逮德下衰，及燧人、伏羲始为天下，是故顺而不一。德又下衰，及神农、黄帝始为天下，是故安而不顺。德又下衰，及唐虞始为天下，兴治化之流，浇淳散朴，离道以善，险德以行，然后去性而从于心。心与心识知而不足以定天下，然后附之以文，益之以博；文灭质，博溺心。”世愈下而道弥薄，德愈衰，以至离道而标榜以善，险德而博之以文。这无异说周不如殷，殷不如夏。《吕览·先己》篇所说先道后德，完全是道家的理论，和《庄子》并无二致。

金文如散盘，“道”字凡六见，皆作道路用。其字从首从行，其下或从止，又有从又的。其从又的如㝬鼎，曾伯簠亦相同。石鼓文有衜字，《作原章》言𣪘衜；《遡水章》云“遡衜既平”、“遡其周衜”，都指道路。《汗简》采《古文尚书》，道字有衟、衜二体。汉封泥有“衟人令印”。吴式芬等《封泥考略》谓即《汉书·地理志》之代郡道人县，以衜为道字。道字用作“原则”、“道理”的意义，在西周彝铭上可说是一无所见，仅是训为道路而已。后来由道路之义引申为道理，在《左传》常见天道、人道一类的字眼。到了道家，更把道字的意义扩大起来。从思想发展史来说，道的观念的诞生，应当在德的观念确立之后，所以德在先而道在后，才是思想发展的实际情形。

儒家及早期法家都喜欢用“道”字，《论语》说“志道、据德、依仁、游艺”（《述而》），已把道列于德之前。《论语》言道的地方极多；道的重要性在儒家思想亦占第一位。《孝经》所言“至德要道”只是行文的方便。至于法家管子之言道生天地，与老子同；《道法》篇言道生法，因为法家正是掌握道做总原则；法家“主道”的理论乃是采自道家的。

所以用道德二字作为联词的时候，事实应该是先道而后德，这是儒、道、法三家思想共同的地方。《老子》书《道》、《德》二篇，照理仍应是先《道》后《德》，所以《史记·老聃传》云：“老子修《道》、《德》。”“著书上下篇言道、德之意。”马王堆所出《老子》甲、乙本，《德经》放在前、《道经》放在后，乃是偶然的。

楚墓乙本《老子》卷前逸书四篇：《经法》、《十大经》、《称》、《道原》，这都是战国由道入法的重要文献。对于道法相资为用，及法源于道的理论，有极重要的论证。

书中论道为太虚，能懂得太虚的道理，便“能通天下之精，得道之本，在握少以知多”（《道原》篇）。又说：“阳法天，阴法地。”地德尚柔，所以主张守雌（《称》篇）。

《黄帝四经》亦时时言“德”，《君正》篇云：“一年从俗，二年用德，三年民有得。”《大分》篇云：“天下大平，正以明德，参之以天地，兼覆载而无私。”强调用德的重要性。《四经》主要是以老学为基础，主张“玄德”；《老子》曰：“玄德深矣、远矣！”故此书在《大分篇》说：“王天下者有玄德。”理论重点是守雌，所以在《雌雄》篇上说雄节是散德，而雌节则为绔德。因为雄是盈（浧）之徒而雌是兼（谦）之徒。又云：“德积者昌，〔殃〕积者亡。观其所积，乃知〔祸福〕之乡。”仍是春秋以来的老调。

荀子对“天人之际”是主张分而不主张合的。他说：“故明于天人之分，则可谓至人矣。”（《天论》篇）他把天与人的界限划分起来。他说：“天行有常，不为尧存，不为桀亡。”（《天论篇》）正是针对天人行为相应说而开炮。他提出“天职”、“天功”、“天养”、“天政”诸论点来解释自然运行的功用，并解释祸福的产生是对“类”（可说是自然律）的顺、逆，完全把天与人隔开。这和儒家思孟一派主张的五行和合——德（天道）与善（人道）之统一，墨家的天志，道家庄周的“天德”，不以人灭天，与天为徒诸说，完全反腔背调，殊不易取得一般人的同情。再加上邹衍“五德终始、天人相应”说得到政治上的强有力支援，秦汉以来，“天人之际”论，甚嚣尘上，复主合而不主分。于是荀卿的《天论》遂成孤掌难鸣；要到了柳宗元、刘禹锡，才是荀氏的同路人。《黄帝四经》上亦谈到“天道”、“天极”。《四度》篇说：“失天则几（饥），失人则疾。周迁动作，天为之稽，天道不远。”可说是对子产见解“天道远”的否定。在《国次》篇说：“禁伐当罪当亡，必虚（墟）其国。兼之而勿擅，是谓天功。”同篇又说：“过极失当，天将降央（殃）。”篇末说：“唯圣人能尽天极，利用天当。”天极一词，亦见于《管子·势》篇。这里的天极、天当、天功，完全和荀子意见相反。《四经》解释“文”、“武”二字，《君正》篇云：“因天之生以养生谓之文，因天之杀以伐死谓之武。”又《四度》篇：“动静参乎天地谓之文，诛⊠时当谓之武。”都是从天道观点来解释人文现象。《黄帝四经》是战国前期末、中期初法家接受道家思想后的作品，和荀卿时代不相上下，可见在这个时代天道观仍不轻易接受荀学的观点。

七、结语

理性主义在西方的兴起甚迟，亦是从神道中解放出来，但是古代希腊是以客观知识为中心。中世纪教权掌握一切，人的地位屈膝于神的威灵之下；人之理性，无独立价值。个人的道德心，纯为教权所支配，只有他律，没有自律的可能。到了后来才有个人的发现。我的自觉，使“理性我”的自律说缓缓抬起头来，方才形成哲学上的理性主义。中国在西周贵族提倡明德、敬德的道理，在上则配合天命，在下则践履纯德，天与人相资为用。由春秋的“德礼”（以德合礼）发展到战国的“德法”（以德配法），从礼治到法治，都是一贯地以“德”作它的内涵。

天神是辅导人，而不是控制人、约束人的；在中国，人没有原罪，不必在神的面前赎罪。人如果能自觉地遵从德礼去行事，已可说是自我肯定（self affirmation）了。可是天（神）对人，仍有所预感，有所儆戒的。天会示人以“祥”、“异”。祥有吉与凶的双面性——即是德祥和灾祥。人君有至德，则瑞物出现；有凶德，则山崩川竭日食……灾异发生，表示天对其有所警告，

《易》所谓“视履考祥”，后人谓之“卜征考祥”（张衡《东京赋》），都是这个意思。把德与符应的关联连起来讲，正构成邹衍政治道德学的基本骨干，发展成为秦汉以来的新的生命说和德运论。

自春秋以来，民人的地位提高，人道与天道可以对立看待。天道远而人道迩，孔子言“道”，而少言天道；从切近的人事方面着力，渺茫的天和不可知的鬼神，逐渐为儒家所略视。原有的畏天、尊天的思想，发展为儒家的则天、同天、顺天。到了荀子遂以制天为主；天神的地位反屈居人之下，人本的理性主义，可谓发展至最高峰。可是另一方面，阴阳家的兴起，承接原来的敬天传统。“序天地四时之大顺”（司马谈《论六家要旨》），以天律人，而道家的庄子，反对以人灭天、天与人分的理论，复变而趋于“天人相合”，邹衍一派之说，得以风行。春秋以来理性主义的发轫，其特别成就在于思辨的推理方面。名家在这方面的努力，为儒、墨、法各家所吸收。阴阳家亦主张符验，但所验的不在事物的自身，而在“天人之际”的验证。邹衍的方法，是“必先验小物，推而大之，至于无垠”。验小以推大，好像很接近科学方法了。《黄帝·素问·举痛论》：“五帝问曰：‘余闻善言天者必验于人。’”又《气交变大论》：“余闻之：‘善言天者，必应于人；善言古者，必验于今；善言气者，必彰于物；善言应者，同天地之化。’”这种“验”变而为“事征”，邹衍论“验”之意义，变而为“符应”之先兆（omen），后世谶纬即由此而兴。《说文》云：“谶，验也。”纬书亦多以验为名，如《易通卦验》、《尚书帝命验》，即其著例。荀学之失败，变质的理性主义遂为阴阳家气氛所笼罩。邹衍之学，部分为秦汉政治阶层所接受，进一步而谶纬之说复披靡一世。秦汉以来的“天人相应”论，“人”仍旧为“天”所限制；天与人的感应，其神秘性质，一如欧洲中古的“人神和合”，距离理性主义遂越来越远了。

参考书目

阮　元：《诗书古训》。

《释敬》，见《揅经堂续集》。

傅斯年：《性命古训辨证》。

刘　复：《帝与天》，见《古史辨》，第二册。

胡厚宣：《殷代的天神崇拜》，见《甲骨学商史论丛》初集。

《殷代的天帝与王帝》，见《历史研究》，1959（9）。

唐文治：《易忧患卦解》。

吕思勉：《皇帝说探源》，见《古史辨》，第七册中编。

杨向奎：《三皇考》，见《古史辨》，第七册中编。

《中国古代社会与古代思想研究》上。

缪　篆：《显道——中国固有之道德》上册。

钱宝琮：《太一考》，载《燕京学报》。

徐炳昶：《五帝起源说》，见《中国古史的传说时代》第五章，增订本。

唐君毅：《先秦思想中之天命观》，载《新亚学报》二，二。

《中国哲学原论—— 原道篇》。

陈　槃：《春秋时代的教育》，载《史语所集刊》，第四十五本。

关　锋、林聿时：《春秋哲学史论集》。

《老子甲本及卷后古佚书》。

《老子乙本及卷前古佚书》，载《马王堆汉墓帛书》壹，线装二册，1974。

《老子》，见《马王堆汉墓帛书》，附释文，1976。

《经法》，见《马王堆汉墓帛书》，1976。

《孙膑兵法》，见《银雀山汉墓竹简》，1975。

津田左右吉：《上代支那人の宗教思想》，见《全集》，二十八卷，又《左传思想史の研究》。

池田末利：《释帝与天》，载广岛大学《文学部纪要》，第三卷，1953。

《天道与天命》上下，载广岛大学《文学部纪要》，第二十八卷、二十九卷，1968，1970。

《春秋合理主义の再检讨》，载广岛大学《文学部纪要》，第二十七卷，1967。

《中国固有の宗教と阴阳思想》，载《宗教研究》182 号。

《配天考》，见福井博士《颂寿集》。

山口义男：《春秋王道に关する一考察》，载广岛大学《文学部纪要》，第六卷，1954。

重泽俊郎：《支那古代に于ける合理的思惟の展开》。

小岛祐马：《古代支那研究》。

伊藤道治：《中国古代王朝之形成》。

鸳渊一：《满洲实录所见满洲族の天地との崇拜》(满文)。

高田真治：《支那思想の研究——天の思想》。

S. Kierkegaard. *Philosophical Fragments*.

E. O. James. *Prehistoric Religion*.

J. Needham. *Time and Eastern Man*.

H. G. Creel. *The Origins of Statecraft in China* vol. I（《西周帝国》，1970）《天神的源流》（黄俊杰译，《大陆》四五，四）

张钟元，The Concept of Tao in Chinese Culture. See：*The Review of Religion* 1953.

陈荣捷，*The Evolution of the Neo-Confucian Concept Li* 理 *As Principle*，载《清华学报》，新四，1964。

S. N. Kramer. *Mythologies of the Ancient World*.

F. M. Cornford. *From Religion to Philosophy*. 1912.

G. Murry. *Five Stages of Greek Religion*. 1951.

（本文与《天神观与道德思想》合为上下篇，参考书目乃两篇所共用。）

北魏出土敦煌写本
《国语》伶州鸠章旧注跋

壬戌岁（公元1982年），与诸生如东京，参观“八代遗珍”画展，承东友青山杉雨好意，得观所获敦煌写卷零件，其一纸背为《太平真君十一年（公元450年）、十二年历日》，其正面所书内有“廿三年王将铸无射”一句，余谓此即《国语》伶州鸠章也，验之果然。

历书之前有倒写《周语》及注三行，其文如下：

若不堪重，则多作轻而行之，亦不废重。于是乎有子权母而行之。

又双行小注云：

堪，任也。民不任□，则多作轻而杂币杂行之亦不难，币重亦所以平民财也。子权母轻重而行，不废去重者，以重者行其贵，以轻者行其贱，行之也不得，与之轻重平也。

按，上本正文，即《周语》景王二十一年将铸大钱，单穆公之言。以此注与韦昭注相校，文字大异，知是出自《国语》别家之注。

查韦昭注“铸无射”一段之下，引贾侍中说云：

无射，钟名，律中无射也。大林，无射之覆也。作无射为大林以覆之，其律中林钟也。……如此则贾言无射有覆，近之矣。唐尚书从贾也。①

今观此写本注云：

无射，钟名，律以覆之也。其中无射也。大林，无射之覆也，作无射而为大林，律不中林钟也。

两文相较，知以大林为无射之覆，原出贾逵之说，唐尚书亦从之，唐即唐固。韦注引贾律中林钟句，应作“不中林钟”方合。贾、唐之说相袭，则此残页之注，非贾即唐。

征之他书引贾注之文，清代马氏、黄氏都有辑本，以《玉篇》、《玉烛宝典》，玄应、慧琳《音义》，《史记集解》所引为多。日本新美宽补辑佚文，更出马氏等之外。此段贾注今特与此残页比勘，揭之如次：

民力凋弊：凋，弊也。（贾注）
稠尽：“稠”字无注。（敦煌本）
君子将险：险，夷也。（贾注）
险，难也。（敦煌本）
又夺之资：夺，不与而取也。（贾注）
夺民之财以自益害也。（敦煌本）
观美而眩：眩，惑也。（贾注）
眩，惑目也。（敦煌本）
民歆而德之：歆，犹服也；歆，贪也。（贾注）
民愔：愔，猷（犹）肞（服）也。（敦煌本）
不精则气佚：佚亦淫也。（贾注）
气失：气失，气散失也。（敦煌本）

歧异之处甚多，故可断此北魏写本《国语》注，必非贾逵之注；以韦昭

① 《丛书集成初编》本《国语》韦昭注，42页，北京，中华书局，1985。

言林钟为无射之覆，唐尚书同于贾逵，则此残页可能即唐固之《国语》注。

《史通·六家》篇："《国语》家者……自古名儒贾逵、王肃、虞翻、韦曜之徒，并申以注释，治其章句。"① 又韦昭《国语解》序云："因贾君之精，实采唐、虞之信善。"② 又称："建安、黄武之间，故侍御史会稽虞君、尚书仆射阳唐君。"③ 虞谓虞翻，唐仆射即尚书唐固也。《吴志·阚泽传》附记其"州里先辈丹阳唐固，亦脩身积学，称为儒者，著《国语》、《公羊》、《穀梁》传注。……黄武四年（公元225年）拜为尚书仆射，卒。"④ 裴注引《吴录》云："固字子正，卒时年七十余矣。"⑤《唐书》世系表：固为唐林之后，林六世至翔，"为丹阳太守，因家焉"。翔"二子：固、滂。固，尚书吴仆射"⑥。《唐书·经籍志》有"《春秋外传国语》二十一卷，唐固注"⑦。两《唐书》的经籍、艺文志亦均有唐固注《国语》。此北魏残页，果为唐注，断玑零璧，至为可珍。固弟滂，字惠润，著书曰《唐子》十卷，见《隋志》道家类。《意林》载有十九节。

此残页于"若无射有林，耳弗及也"句下注云：

> 若作无射，覆之以林钟音，声之巨者故不可听，阳细巨相逾故耳。不能听及，无射，阳声之细也。林钟也（韦注云："林钟，阴声之大者也。"此当有脱文）。无射四寸，万九千六百八十三分之万九千五百七十二。林钟八寸。

按，林钟应是六寸，八寸乃为太簇。一万九千六百八十三是律之分母，为西汉以来之通法。此处谈及律数，为韦注之所无。

残页首行缺蚀太甚。而注文只存"民乎"二字，正文仅存"若"字左半。第二行正文起"民不给将有远志"句，以是推知首行正文应是"若〔匮王用将有所乏，乏则将厚取于民〕"⑧，其下正接"民不给将有远志"句。

---

① （唐）刘知几撰、（清）浦起龙释：《史通通释》，14页，上海，上海古籍出版社，1978。

② 《丛书集成初编》本《国语》韦昭注，42页，北京，中华书局，1985。

③ 《丛书集成初编》本《国语》韦昭注，42页，北京，中华书局，1985。

④ 《三国志》，1250页，北京，中华书局，1959。

⑤ 《三国志》，1250页，北京，中华书局，1959。

⑥ 《新唐书》，3201～3202页，北京，中华书局，1975。

⑦ 《隋书》，932页，北京，中华书局，1973。

⑧ 《丛书集成初编》本《国语》韦昭注，41页，北京，中华书局，1985。

异体字如以“猷”为“犹”，以“均”为“钧”，“菑”写作“菑”，信为北朝书体。而“伶州鸠”之“伶”作“聆”，注云：“聆，司乐官也；州鸠，名也。”“伶”字从“耳”，尤为罕见。《集韵》十五青：“伶，《说文》弄也，通作泠，亦姓。”不见“聆”字。疑是借“聆”为之，“聆”是“聆”之异形。

此残纸已多损脱。苏莹辉言尝从董氏处得见照片，彼称照片起“民不给将有远志”句，迄“物备而乐成上下”，共六十行。今此纸实终于“伶州鸠对曰臣之”句，共四十三行，应尚有十七行残损，非苏氏所见时之旧观矣。

附记

《王利器论学杂著》有《跋敦煌所出国语贾逵注残卷》[①] 一文云：“北朝人写《国语注》卷子，残存六十一行。……原卷旧藏临洮辛德普处。”当即是纸。王氏认为系贾逵注，与鄙见不同，可以存参。

此残本青山君谢世后，其后人捐赠与敦煌石窟博物馆。

① 见《王利器论学杂著》，344～346页，北京，北京师范学院出版社，1990。

贾谊《鵩鸟赋》及其人学

贾谊所写的《鵩鸟赋》，原载于《史记》的《屈贾列传》和《汉书》贾谊本传，昭明太子收入《文选》赋的鸟兽类，即采自《汉书》。自汉以来，家传户诵，唐时宋璟七岁能属文，一遍诵《鵩鸟赋》，向来传为美谈。（见《颜鲁公文集》卷四《广平宋公神道碑》）余自髫龄暗诵此文与《过秦论》，略能上口，今八十余矣，仍钻研不断，文章吸引人之魅力，于兹可见。

余欲为诸学人重温此篇，有二点理由：

（一）贾谊以极早慧之人，得年仅三十三，与玄学上之王弼及佛学上之僧肇，属于早熟而宿慧同一类型人物，值得仔细咀嚼玩味，此其一。

（二）谊于二十四岁时（公元前177年，汉文三年）任长沙王太傅，居长沙一段时间，与轪侯利苍同时，今马王堆出土群籍，自是彼闻见所及，与其著述互相考证，多有待于抉发，此其二。

兹从下列各项加以探究。

一、关于鵩

字又作鵬，陕西乾县出土《章怀太子墓志》云：贾生赋鵬（《文物》，1972(7)）。

《集韵·入声·一屋》有鵩无鵬字。《类篇》鸟部亦不见鵬字。

《西京杂记》："长沙俗以鵩鸟至主人家，主人死。"

《荆楚岁时记》："鸮大如鸡，恶声，飞入人家不祥。"

《晏子春秋》下：记柏常骞禳枭事。

《楚帛书》："（仓月）又（枭）（内）于上下。"

印度古经典中枭屡见，《梨俱吠陀》、《阿达婆吠陀》皆见之。（《梨俱》X（一〇）一六五，四）梵语枭为 ulūka。ulūka 四眼，为死神 Yama（琰摩，即阎王）使者。

印度 Mohenjadan 遗址出土有骨枭。

马王堆利侯墓中非衣二件，其图中有三鸟，一在中间展翅，二只立水两旁，可能即指枭鸟。秦器金饰上有鸱枭形物（《文物》，1995（6））。

二、"谶言其度"

《赋》云："谶言其度曰：野鸟入室兮，主人将去。"（《史记》作"策言其度"。）是谊所"发书占之"之书，乃即是图谶。考《新书·修政语上》言黄帝有云"济东海，入江内，取《绿图》"，以证秦皇挟《绿图》，见其传曰"亡秦者胡也"。《绿图》之名，见《墨子·非攻下》、《淮南子·人间训》及《史记·始皇本纪》。陈槃《古谶纬书录解题·绿图》条考证甚详，唯未引及贾子此条。《易纬·是类谋》郑玄注云"黄帝始受河图而定录"，始见于郑玄之说。据贾子，《绿图》与黄帝之关系，则贾生所见之《绿图》，乃秦汉时物，比郑玄所见为早。知贾子之时，谶书已极盛行。

三、贾赋涉及之"人等"问题

贾子之学，以人事为重，观《鹏赋》末段"贪夫徇财，烈士徇名，夸者死权，众庶冯生"诸语，太史公至引用之于《伯夷列传》。《庄子·骈拇》："小人则以身殉利，士则以身殉名。"桓宽《盐铁论·毁学》亦言"贤士殉名，贪夫死利"。久为人所援引。考其原文前后，历举达人、大人、至人、良人、德人诸名，其下者则为小智、拘（愚）士、众人。《鹏赋》此说亦见《鹖冠子》，故李善注于达人、夸者引《鹖冠子》，贪夫引《列子》，至人引《庄子》，真人引《文子》，德人引《庄子》苑风之语。赋文中对"人"之论列甚备，对于后代有极大之启示，至唐陈宽遂以作《二十五等人图》。

法京伯希和目二五一八有《二十五等人图》，陈宽撰，全卷得九十八行，罗振玉已刊于《雪堂丛刻》中。人有二十五等之说，初见《文子·微明》篇，上等之次第《文子》列为神人、真人、道人、至人、圣人。陈宽以圣人列第二，中次五等，《文子》第三为虞人，陈作庶人，下五等次第《文子》作众人、奴人、愚人、肉人、小人，陈以肉人居前。大致取自《文子》。取与此《鹏赋》比较，大致相近。陈宽，唐大中时，官阳翟令，现存《颍亭记》一文，载《唐文粹》卷七十四，知宽乃颍川人也。(参《王利器论学杂著》，349 页)

人之行品，儒家久有定评，《荀子·不苟》篇论士有通士、直士、懿士、小人之别，《非相》篇则举圣人、众人、妄人之分，仅及椎轮而已。魏行九品中正，刘劭因有《人物志》之作。然论人最详尽者，无如《抱朴子》外篇二十二之《行品》，文中言人品之难分有十项，而列人之品次，始于圣人、贤人、道人、孝人、仁人、忠人、明人、智人、达人、雅人，而终以秽人、笨人、嚚人、蔽人、乱人、拙人、慝人、骄人、荡人、叛人、伪人、刺人、善人共三十九项，恶人共四十四项，殊失之繁琐，杂乱无序，恨陈宽未见及葛洪此文也。

《文子》、《鹖冠子》一向以为伪书，自马王堆《黄帝书》发现，其语句与《鹖冠子》有雷同者，近时研究者多，其中《世兵》篇第十二与《鹏赋》之关系如何？是否如柳宗元所辨，抄自贾氏？《文子》书更为人所重视。贾谊亦可能见过《文子》。如此种种问题，尚有待于研究。本人所特别注意者为贾赋最后所提及之“德人”。庄子有《德充符》篇，多引仲尼之说，其与鲁哀公论才全而德不形之义，以为“德者，成和之修也”，才全“不足以滑和，不可入于灵府，使之和豫……而与物为春”。贾子年轻，未必能亲证这一境界，然其推重德人，则与其《连语》之《道德说》实有密切关系。贾子所重在人之道德，与《庄子》之“不以人灭天”殊途，故贾子非道家，仍属儒家。然贾于《庄子》书，极为烂熟，其《吊屈原文》，用《庚桑楚》句，可以见之。《鹏鸟赋》后半行文，得力于《庄子》，学者自可比勘得之，贾子出吴公门下，吴公与李斯同邑，而常学事焉，贾后辈张苍，远承荀卿之学，故贾应为儒家，扬雄《法言·吾子》称如作为孔氏门人，则贾谊登堂，相如入室矣，自是笃论。

四、贾子论神明

神明有天、人二义，一指神灵，一指人之精神。郭店楚简《太一生水》论神明产生阴阳有如下面公式：

太一—天、地→神明→阴阳→四时

其言曰："太一生水，水反辅太一，是以成天；天反辅太一，是以成地。天地□□（相辅）也，是以成神明；神明复相辅也，是以成阴阳；阴阳复相辅也，是以成四时……四时者，阴阳之所生，阴阳者，神明之所生也，神明者，天地之所生。"

此为神明之自然义，神明生阴阳，为自然现象。《庄子·天下》篇言"神何由降，明何由出"，"淡然独与神明居"。而《齐物论》言"劳神明为一，而不知其同也，谓之朝三"。成玄英疏"绝待独立而精神"。此神明则为精神义。贾子学参儒、道、法三者，其释神明，同于庄子之精神义，而以之纳入道德范畴。《新书·连语·道德说》云：

康若泺流谓之神，

光辉谓之明，

神生变而通之以化，

明生识而通之以知，

神者，道、德、神、气发于性也，康若泺流，不可物效也。变化无所不为，物理及诸变之起，皆神之所化也。

明者，神气在内则无光而为知，明则有辉于外矣。外内通一，则为得失。事理是非，皆职于知。

故曰："光辉谓之明。"

分析更为透彻。神主变化，明主识知，他不沿袭《太一生水》之以神明为自然，从人身精神上立论，颇有独到之处。故我称其所重在人学。

五、六德与玉

儒家称君子温其如玉，习惯以玉来譬拟君子之德。贾子的《六术》及《道德说》标出德有六理，谓道、德、性、神、明、命六者。他不讲五行而讲六行，他说：

天地有六合之事，人有仁、义、礼、智、信之行，行和则乐兴，乐兴则六，此之谓六行。阴阳，天地之动也，不失六行，故能合六法。

他的“六德”，最后之德是“乐”，证之郭店本《六德》，“何谓六德，圣，智也；仁，宜也；忠，信也”，他的六德，似取乎此而加以改变。又《五行》篇：“和谓之德，四行和谓之善。”他因言“行和则乐兴”。《五行》篇言“新（亲）则爱，爱则玉色”，“见贤人则玉色”，“闻君子道则玉音”。《五行》出自子思，吴廷尉言贾谊“年少通诸子百家之书”，汉文帝遂召以为博士。知子思书当亦寝馈精通。最有趣者，贾子所揭之德体六理，完全用玉说明，他说：

> 象德体六理，尽见于玉也，各有状，是故玉效德之六理。泽者，鉴也，谓之道；腒如窃膏谓之德，湛而润；厚而胶谓之性；康若泺流谓之神；光辉之谓明；砦乎坚哉谓之命。此之谓六理。……夫玉，真德象也。六理在玉，明而易见也。是以举玉以谕，物之所受于德者，与玉一体也。

他用“腒”来作譬喻，腒是干雉。《说文》腒字下引《传》曰“尧如腊，舜如腒”，是如尧、舜两位圣人的德，其润泽及人，很像干雉腊肉之“脂”。有人说此处“腒”字是“昵”之误，是不对的。

周秦之际，玉在上流社会生活之中，不可须臾离，君子必佩玉。《玉藻》称：“趋以《采齐》，行以《肆夏》，行则锵然鸣。”君子玉不去身，故于玉比德。考古所得，大量玉器出土，可证明这一事实。贾子的德与玉一体理论，不是空想，有其时代背景。《秦始皇本纪》“秦数以六为纪，冠六寸，舆六尺，乘六马”，故六数为秦人旧制。贾子为太中大夫，奏请兴礼乐，色尚黄，数用五，悉更秦法。则其六德说虽远承子思，仍是秦制，疑此六德乃为早年作品，或在吴公门下时。

六、《鹏赋》对后代之影响

后人拟《鹏赋》者，汉孔臧有《鸮赋》，文云：“昔在贾生，有识之士，忌兹鹏鸟，卒用丧已。”晋成公绥作《乌赋》序云：“鹏恶鸟而贾生惧之，乌善禽而可嘉焉。”此辈取咏物体为之。尹湾出土之《神乌傅（赋）》有字句与《鹏赋》关涉者，仍待研究。

黄季刚讥昭明厕《鹏赋》于鸟类之不妥，盖贾子乃借鹏起兴寄意。刘勰称贾谊《鹏鸟》"致辨于情理"，最为恰当。故能使太史公读之而"同死生，轻去就，爽然自失"，非同咏物之但事铺陈、了无感人之功。《嵇康集》数用其语，如其诗《秀才答四首》，其一云："时至忽蝉蜕，变化无常端。"又其一云："达者鉴通塞，盛衰为表里。""纵躯任世度，至人不私己。"即取自《鹏赋》"纵躯委命，不私与己"等语。贾子所谓"千变万化，未始有极"，隋李士谦觉以佛家轮回五道、无复穷已说之。（《隋书·隐逸·李传》）恐非本意，殆出附会，嵇康说盖是也。《晋书·庾敳传》："见王室多难，终知婴祸，乃著《意赋》以豁情，衍贾谊之《鹏鸟》也。"即《世说·文学》称其"在有意无意之间"者。题曰《意赋》而拟《鹏鸟》，此即寄意之作，非咏物之类。后人谓其开赋中"说理"一派，王芑孙许为"湛思邈虑"（《读赋卮言·导源》篇），是矣。

又嵇康《明胆论》，答吕安言："人心有明暗之时"，乃谓"汉之贾生，陈切直之策，奋危言之至，行之无疑，明所察也。恶鹏作赋，暗所惑也。一人之胆，岂有盈缩乎?"指出作《鹏》乃出于"暗"之所惑，"明"已丧去之顷。神而明之，存乎其人，作者与读者之间，时代不同，其感受自有不同，知人论世，要在善读之而已。

此文已有 Jams Hightower 之英译（*Asia Major* VIII，pp. 125—126，1959），日本金谷治亦曾著论（京都《中国文学报》八，1958 年）。影响及于域外，略记一二，以供采择。

华梵经疏体例同异析疑

一

中印文化关涉史上有一极饶兴趣之问题，即为经疏体例之类似。章太炎曾取浮屠书之《修多罗》（*Sūtra*）以释“经”之字义，梁任公复论儒家义疏在文体上曾受佛典之影响。近牟润孙教授演其先师柯凤荪先生“义疏之学，昉自释氏”之遗说，撰《论儒释两家之讲经与义疏》一文，博洽赅贯，为近年学术界极重要之文字。

略谓：“其中关键所系，厥为儒家讲经，亦采用释氏仪式，僧徒之义疏，或为讲经之记录，或为预撰之讲义。儒生既采彼教之仪式，因亦仿之有记录有讲义，乃制而为疏，讲经其因，义疏则其果也。”所述南北朝以来儒家袭取佛氏讲经之仪轨，举证确切，自是不刊之论。唯向来对彼邦经疏之体例，仍未深究。佛家经疏，沿袭自婆罗门，故论梵土经疏之始，非追溯至吠陀分（Vedānga），无以明其原委也。婆罗门经与佛教经书性质，又略有不同。释氏书原多不称经，佛徒汉译，附以“经”名者不一而足，乃借汉名以尊重其书。婆罗门之经（《修多罗》），大都为极简质之语句，非有注疏，义不能明，故经与疏往往合刊。又其注疏之体裁，每因对话方式，假为一问一答，究元决疑，覃极阃奥，亦与汉土经疏不尽相同。凡此种种，析疑辨异，有待来学，本文之作，特发其端倪而已。自惭于梵学，所知至陋，虑多讹谬，引而申之，所望于博雅君子。

二

天竺之书，有无疏体，学者向多未能质言。汤锡余曾考陈真谛之译业，称“至若义疏，则或为外国原有”，未作肯定之语。牟先生援其说，因谓“《唯识论》既有天竺疏本，即足证彼土之有疏体”。案此说是也。印度现存最早疏体之书，应推帕檀阁利（Patanjali）之《摩诃婆沙》（*Mahā-bhāshya*），汉译义为《大疏》，帕氏盖公元前 2 世纪后半之文典家。此书之作，所以详解波你尼（Pāṇini）之《苏呾啰》（即 *Sūtra*）及伽迭耶那（Kātyāyana）之注，此三人者，印人至今合称为三牟尼（Tri-Muni）也。《苏呾啰》即《修多罗》，其名见于义净《南海寄归内传》卷四，略云：

> 《苏呾啰》是一切声明之根本经也。译为《略诠意明》，《略诠要义》，有一千颂，是古博学鸿儒波你尼所造也。

波你尼即印度文法学之祖。《大唐西域记》卷二云：

> 乌铎迦汉荼域西北行二十余里，至娑罗睹逻（Shalatura）邑，是制《声明论》波你尼仙本生处也。……有波你尼，生知博物……研精覃思，采摭群言，作为字书，备有千颂，颂有三十二言矣。

波氏所作，论文法声音之理，文字简覈，为印度最古之文典，约由四千 *Sūtra* 合成，故其书又单称为 *Sūtra*，义净译作《苏呾啰》。谓之根本经者，盖梵土童而习之，研治雅言（sanskrit）必植基于此也。伽氏为之注，其年代约在公元前 3 世纪，其书梵言曰 *Vārttika*，义为评注。若帕氏之《大疏》，即推衍 *Sūtra*，与 *Vārttika* 而作，三者之间，其关系如下：

Pāṇini：	sūtra	——经
Kātyāyana：	vārttika	——注
Patanjali：	māha-bhāshya	——疏

此其体例，略如中国经典之经、传注及义疏。

《大疏》一书刊本甚多，今以1917年孟买刊之*Vyākarana Māha-bhāshya*一书编排之式样而论，及先列sūtra，次为vritti，又次为bhāshya，以大小字别之，注语首尾有＝＊＝之号，疏之上必加一梵字以为识别，与我国经书之注疏合刻本，于经则加〔疏〕字于前，格式相同，此印度经、注、疏之区分，注以解经，疏则为注之注，形式上与我华相类似之显例也。

《大疏》成于公元前2世纪后半，知梵土之有疏体，远在西汉。《大疏》书名之前，益以Vyākarana者，义为分析、区别，示其为六吠陀分之一，汉译佛典，则称之为《毗耶羯罗那论》，或称《记论》，则以其为Shāstra也。

汉末佛教东传，《大疏》是否经人传译，无从确知，其时通吠陀与婆罗门书者颇不乏人。如魏时昙柯迦罗，《大唐内典录》称其善四围陀（卷二）。吴时支谦，《开元释教录》谓其（年）十三学婆罗门书，兼通六国语言（卷二）。其所译诸经，目录尚存，未见有《大疏》者。《隋书·经籍志》著录仅存《婆罗门书》一卷，据《隋志》叙云："西域胡书能以十四字，贯一切音；文省而义广，谓之《婆罗门书》。"如是此婆罗书可能是声明之著述，或与波你尼有关，尚无的证。婆罗门经典在汉土传译殊少，至北周乃有译婆罗门天文者（达摩流支为宇文护译，见费长房录）。盖婆罗门主静修，不欲传教，而佛徒教义又相乖牾，故不愿多与流通；可见帕氏《大疏》，当佛教流行之时，胡僧未必曾为翻译，是其书对汉土经生恐无何影响可言。

三

所谓"sūttra"者在婆罗门经典中实为一种特殊文体，乃用极少之字，缀成短句，每一单位即为一sūtra。今就波你尼经举一二例言之：

（1）Vrddhir ādaich

此行为一Sūtra，其义为ā,ai,au（are called）Vrddhih。（因含有ā,ai,au诸元音故。）

（2）Aden gunah

此行亦为一Sūtra，其义是á,e,o（are called）gunah。（因含有e,o诸元音故。）

同书最末之sūtra，仅有二音。

（3）第三九八三："a a (o)"

即成为一 sūtra，义为 Open a now become closed a。

由上可见所谓 sūtra 原只为一短句，语意往往并不完足，故必有注与疏，其义始能明了。sūtra 以越简短越有价值，故印度有为之语曰：

Ardha-mātrā-lāghavena Putra-janma-utsavam Manyante Vaiyākaranāh

意谓"文法家认为能缩减半音（Ardha-mātrā），其乐将如弄璋之喜"。印度习惯重男轻女，此句中之 putra 即指男孩，vaiyākaranāh 谓文法家也。是其造语以简为贵，故 sūtra 或简至不成语。此类原为婆罗门之教典，以极简短之句，纂成要诀（aphoristic rule），讲述繁杂之礼仪制度，意深语约，用以助联想以便记诵，成为一特殊之文体。

兹再举《婆罗门经》（*Brahma-sūtra*）开端两 sūtra 如下：

（1）Athāto Brahma-jijrāsā. = * =

（Then therefore the inquiry into the Brahman.）

（2）Janmādyasya yatah = * =

（From whom [proceed] the origin of this Universe.）

此一句即为一修多罗，循其原文如不加注说，直不可解。由上举等例，可了然于修多罗为何物矣。《法苑义林章》第二卷云：

以教贯义，以教摄生，名之为理，犹綎贯花，如经持纬。西域呼汲索缝衣綖席经圣教等，皆名"素呾览"。众生由教摄，不散流恶趣，义理由教贯，不散失隐没，是故圣教名曰契经。

《翻译名义集》卷四十《修多罗》条：

此云"契经"，有通有别。通则修多罗圣教之都名……别者，《杂集论》云："谓长行缀葺，略说我所应说义。"

考僧肇《长阿含经》序云："契经，四阿含藏也。"汉译修多罗为"契经”，则以其为圣教之都名，盖从通训立义，与《婆罗门经》之原旨略异。

章太炎《文学总略》释“经”字云：

> 案经者，编丝缀属之称。……亦犹浮屠书称修多罗。修多罗直译为线，译义为经，盖彼以贝叶成书，故用线联贯也。此以竹简成书，亦编丝缀属……是故绳联贯谓之经，簿书记事谓之专，比竹成册谓之仑，各从其质以为之名也。

案修多罗梵文，语根为$\sqrt{\text{siv}}$，义为 to sew，缝缀之意，故修多罗有贯穿之义（见隋笈多译《摄大乘论世亲释》），《说文》“经”字训织纵丝，与 siv 之为缝缀义相近。但汉语之经，所重在纵丝，与纬之为横丝相对，与梵语之 sūtra 同中实有其异。章氏谓修多罗之为经，取义于用线连贯成书，不知修多罗本指缀字为短句，推之用此种文体写成之著作，亦曰《修多罗》。其所取连缀之义，实指缀字缀音为经，而非缀叶成书。故修多罗者，非从书之质料立名，乃因撰书之文体为号。婆罗门经书体裁，与汉土之经，在性质上截然二物，毋庸牵附为说也。

四

佛教以佛所说为经，菩萨所说为论。《隋书·经籍志》云：“以佛所说经为三部，又有菩萨及诸深解奥义，赞明佛理者，名之为论。”《文心雕龙·论说》篇云：“圣哲彝训曰经，述经叙理曰论。”此以“经”、“论”并称，说者谓其曾受释藏之影响，因刘彦和本为佛教徒也。佛典之结集，据佚名译《撰集三藏及杂藏传》与安世高译《迦叶结经》（《大正藏》第四十九册史传部）：“佛涅槃后，迦叶、阿难等，于摩竭国僧伽尸城北，造《集三藏正经》及《杂藏经》，常所云四箧者，合杂言也。”三藏梵言 tri-pitaka，义即三箧（baskets），合杂言则为四箧，即四阿含也。三藏即经（sūtra，俗文作 sūtra）、律（vinaya）、法（dharma），按此为俗文，雅言应作达磨即 Dharma。《迦叶结经》云：

> 于是大迦叶，从阿难闻是言已，便慇勤受转法轮经，告阿若拘邻五比丘：“汝等所受如是不？”答曰：“若斯如是。”比类结集《正经藏》，结

集《律藏》，结集《诸法藏》。

然上引佚名所译称《三藏正经及杂藏经》，则以“经”名统摄三藏，故僧肇《长阿含经》序以四阿含为“契经”。阿含，梵言 āgama，华言“法归”。肇云：“法归者，盖是万善之渊府，总持之林苑。”即统指佛所言之圣教也。修多罗汉译曰契经，盖取乎此，又有借汉土五经之义以尊重其书。《翻译名义集》卷三十九云：

> 修多罗或云修单兰，或修妒路，《西域记》名素怛览；旧曰修多罗，讹也。……妙玄明有五译，一翻经，二翻论，三翻法本，四翻线，五翻善语教。……以比方周孔之教，名为五经。故以经字翻修多罗。然其众典虽单题经，诸论所指，皆曰“契经”。所谓契理契机，名“契经”也。摭华云：“契理则合于二谛，契机则符彼三根；经者训常训法。”

此足明修多罗之演变，及汉译以“经”字翻译。所谓“契经”，又包括经及论也。

东汉以来，佛籍传入，其时儒家思想既定于一尊，而诸经为三极彝训，群言之祖，贤哲所宗。经之意义，由“天经”、“九经”（《中庸》）等扩大而指至道常训。故曰：“经者，取其常也。”（《孔丛子·执节》篇）“经，径也；如径路无所不通，可常用也。”（《释名·释典艺》）“经也者，恒久之至道，不刊之鸿教也。”（《文心雕龙·宗经》篇）其义与梵经之 rta（规律、真理）相似。经之地位既高，道教之书亦效之，而自称曰经，东汉宫崇所上之书曰《太平经》，魏王图所撰曰《道机经》（《抱朴子》内篇引），《遐览》篇所录初期道书，称经者不一而足（参吉冈义丰《道教经典史论》）。故佛徒迻译释典，每附益“经”字。举例言之，如《本生经》，原但称“本生”，梵言 *Jātaka*，并不称 sūtra，汉释乃附盖“经”字，称曰《本生经》。马鸣之《佛所行赞》，梵文曰 *Buddhacarita*，本应译为《佛传》，亦不称 sūtra，而汉译为竺法兰及宝云所译者称为《佛本行经》，北京昙无谶译则称《佛所行赞》（参木村泰贤等《梵文佛传文学の研究》）。又佛陀传记之 *Lalita-vistara*，汉译称《普曜经》，并益“经”字。试观《出三藏记》、《大唐内典录》诸书所著录，自《四十二章经》以下累百数十种，无不称“经”者，疑佛徒之译经者托汉土“经”名以自重。东汉以来佛教与道教之书，群起称“经”，正如出一辙。

以文体论，释氏之所谓“经”，多讲论叙述之文，与婆罗门修多罗之为短句奥义，文体迥异。佛为众生说法，不厌繁缛重遝，务为叮咛反复，其体裁与原有之 sūtra 实大有径庭，不过袭用其名，以尊重其书耳。

五

“疏”字本作“疋”，《说文》训足之“疋”字下云：“一曰疋，记也。”而“记”字下云“疋”也（此段玉裁所改）。疋与记两字互训。大徐本原作：“记，疏也。”《汉书·贾谊传》“难遍以疏举”，颜注“言不可尽条记也”，故疏有分条记录之意。

梵语《大疏》为摩诃婆娑，摩诃，大也；婆沙语根 $\sqrt{\text{bhāsh}}$，义为讲说。加语尾 ya 属受格。

bhāshya 者，义为 explanatory work 或 explanation commentary（特别用于 fechnical sūtras）。

《大疏注》本印度贤人对于“疏”字之解释云：

Sutrārthah Varṇyate Yatra
Vākyaih Sūtra-anusāribhih
Svapādāni ca Varnyante
Bhāsyam Bhāsyavidah Viduh

上举之语，人人习知，意谓：

> “疏”者（bhāsyam）依据经文，以阐其义，兼说明自己之语，如是即谓之“疏”。

其谓造疏者兼说明自己之语（svapādāni），似不近情理，颇引起学者之疑惑。Prof. V. G. Paranipe 曾据《正理经》（*Nyāya Sūtra*）指出其中不少原为注（vritti）语，而混入疏中者，殆因传抄时经、注与疏每每不分，故有此混误；论者遂目疏者自疏其语，诚失之眉睫；此梵土经疏校雠学上一趣事。由注文与疏文之混淆，足见 vritti 与 bhāshya 二者厘然有别，与汉土后期经书传注与义疏分开，情形相同。

唯婆罗门经典，或仅有疏，如《弥曼萨经》即只有疏而已，婆罗门经书简质难明，非加注疏不可，故经与疏必合为一，疏则附经以行。若汉土则注、疏初皆别本单行，单疏本至宋世犹盛行之，如绍兴刊《毛诗正义》（现有日本影印本），即其显例。印度经、疏不可分开，则因其“经”之性质，与吾华迥异故也。

尚有足述者，汉土经、疏文体，其中有杂以问答者，如《公羊义疏》中多自设问答，文复语繁，唯此例他疏不见。《四库提要》以为乃唐末之文体。汤锡予则谓一问一答为佛教都讲之制，故逐条以演其义。牟先生以为“疏即讲经之纪录，而整理纪录，于讲后撰写自不能不记”，故讥四库馆臣徒见后世之文体，而昧于讲经问答之制。然今观《大疏》，注中多条列问答，且自问自答，一如《公羊疏》。而帕氏之疏，亦依其问答，逐一加以补充。文体亦自设问答，可见此种胪列问答之文体，乃以真正之对话方式出之，天竺注、疏，自昔已然。盖因辨证，以求正解，故设为问答，此为一种 catechism。又《奥义书》中发为问答，亦数数见，盖已形成一种文体，略如汉土对问客难之制（《文心雕龙》列为杂文之一体）。佛家讲经，事出后起，疏中问答，庸有出于辩难之记录，然其出于作者之骋词设论，恐亦不少。观于《大疏》疏中之问答，乃依据注中之问答，加以阐明，则其非为讲经问答之纪录可知。梵书不特疏有问答，注亦有问答，则汉土所罕见，此又两者悬殊之处矣。

六

汉土释氏最早之经疏，据牟先生所考，为竺法崇之《法华义疏》，乃是解经之作。牟先生举出儒家最早之经疏，则为刘宋大明四年皇太子讲之《孝经义疏》一卷，亦是对某一经义之发挥。此种之疏，当是较详之注。窃疑此类之义疏，可能同于魏时之“义说”。何晏《论语集解》序云：

> 近故司空陈群、太常王肃、博士周生烈，皆为义说。

姚振宗《三国艺文志》据以著录，有陈群《论语义说》一书。然《文选》五十三《运命论》李善注引陈群《论语注》“不得有非间之言也”句，则作《论语注》，是“义说”亦是注也。

《说文》言部：“说，说释也（一引作说辞也）；从言兑声，一曰谈说。”

段注："说释者，开解之意。"《广雅·释诂》："说，论也。"《易·小畜》释文引《说文》作"说，解也"。是说即解说。汉时说经之记录亦称曰"记"，《汉书·儒林传》："后苍说《礼》数万言，号曰《后氏曲台记》。"此"说"与"记"二者之关系。"记"与"疏"两字本为互训，《后汉书·孔奋传》"子嘉作《左氏说》"，李贤注云：

> 说犹今之疏也。

是"说"与"疏"同义，则陈群之《论语义说》犹言"论语义疏"矣。果尔，则"义疏"与"义说"，原无大异。梵语"疏"之本义为"讲说"，与"义疏"亦复相似。

至于经义之问答论难，三国时此类著述之体尤为盛行，而名目繁多，略举之如下（参看姚氏《三国艺文志》）：

答问	如王肃《尚书答问》
释问	如王粲问、田陵韩益（郑玄弟子）答之《尚书释问》
义答	如刘毅《尚书义答》
义驳	如王肃《毛诗义驳》
释驳	如王肃《论语释驳》
问难	如王肃《毛诗问难》
答杂问	如吴韦昭、朱育等
然否论	如谯周之《五经然否论》

就经学史言，王肃以贾、马之学，非难郑玄，故王、郑二派互相攻讦；且是时玄风大启，故质疑问难特盛，条记问答之语，即成一书，然与疏体无关也。

后汉儒家讲经，立都讲之职；晋时佛家讲经；亦设有都讲。说者咸谓此制始于东汉。今考《汉书·翟方进传》云：

> 是时宿儒有清河胡常，与方进同经。常为先进，名誉出方进下，心害其能，论议不右方进。方进知之，候伺常大都授时，遣门下诸生至常所，问大义疑难，因记其说，为是者久之。

颜师古注：

都授，谓总集诸生大讲授也。

都授即都讲，是其事可溯源至西汉。方进所习者为《春秋》，与胡常相同。胡常总集诸生大讲授，当如今之讲习班，讲习会，会中有质疑问难，听讲者又曾记其说。此可为牟君“疏即讲解经典分疏其义，笔录以为书”一说，提出更早之论据。其事昉自西汉，要与佛氏无涉。循是以言，讲经与义疏在汉土自身之发展，其源甚早。若乎参入释氏之上座讲唱开题等仪式，因其讲稿，撰为义疏，则其事甚晚，盖产生于佛学大行以后。

七

经疏之兴起，若汉之记（传亦谓之记，如《汉志》刘向之《五行传记》）、说（有出于弟子辗转相授者，如《汉志》鲁说、韩说，王先谦云“此弟子所传也”。有出于自撰者，如上举孔嘉之《左氏说》，李注：“说犹今之疏也。”），魏之义说，似皆其滥觞，但取羽翼经义，引申前言，初与释氏无关。玄学既盛，俗喜臧否，人竞唇舌，辩难之风郁然兴起，论题既广，争论益密，以其方法用于经学，影响所及，乃有二途，一为上述答问释驳之书，一为义例专论之作。（义例如王弼之《易略例》；论如王弼之《易大衍论》，嵇康之《周易言不尽意论》，钟会之《周易尽神论》、《易无互体论》，阮籍之《通易论》，多为短篇，或同题共作。）此则撢究理趣，与汉氏之辨今古论异同，以家法章句为重者殊科矣。

两汉诸儒聚徒讲授，多为私学，即官家召集诸儒，论列同异，亦非如后世讲经之仪式。佛教东来，旨在弘法，故注重俗讲，务为庄严之仪轨，以隆重其事。儒生都讲之对象为生徒，释氏都讲之对象为众生；儒生都讲之目的为解经，释氏都讲之目的为弘法，其精神根本不同。然其上座说唱，形式庄严，儒生遂仿效之，南北朝以来，儒士讲经仪式偶与雷同，然只袭其迹而已。至于经疏之作，庸或为一时宣讲之底稿，疑出于少数；至于写定成书，必几经删汰，或殚毕生精力而为之，非苟且咄嗟可办。故讲授为一事，著述又为一事，若谓疏皆为讲经之记录，疏皆为讲前所预撰，则此类之疏，将如今日之大学讲义，无何价值之可言。颇疑疏中之称讲疏者，殆即为讲论而作，至于义疏（如沈重所著）、述义（如刘炫所著）之类，恐不可相持并论。唐人之正义，则奉勅删定，折中群言，期归于至当，重在著述，非为讲授，事至明显，似此则宜稍加辨析者矣。

若乎南北朝以来，儒家义疏著作，峰起云涌，其事与释氏经疏之发达，要不无间接关系。三教接触之机会既繁，磨砻浸渍，互相熏染。释氏疏义之巨著，若梁光宅寺法云法师之《法华经疏》，解释甚细，文句纷繁，章段稠叠。后出之疏，弥见周详；儒生观摩佛籍，撰为经疏，自不能再如前之简练，乃日趋于深芜，遂成义疏之学，此则深蒙释氏之影响，良不可诬者矣。

关于华梵经疏两者间异同之故，试综括之，表列如下：

<table>
<tr><th colspan="3">异点</th><th>同点</th></tr>
<tr><td rowspan="2">经</td><td>梵</td><td>婆罗门　指短句而言。连缀以成篇。
佛　家　圣教之总称，汉译称“契经”，亦指四阿含。</td><td rowspan="2">“经”字之本义皆为“织”。</td></tr>
<tr><td>华</td><td>经训“常道”，指书本而言。</td></tr>
<tr><td rowspan="2">疏</td><td>梵</td><td>经与疏合刊。</td><td rowspan="2">“疏”之本义为“说解”，注以注经，疏以注注，华梵皆同。
疏中有问答。</td></tr>
<tr><td>华</td><td>经与疏可分开，疏原有单刊本。</td></tr>
</table>

原载《新亚学报》，收入《选堂集林·史林》，430～445 页

郑夬《易》书公案

——《梦溪笔谈》校证一则

《道藏》本误郑夬为郑夫，“夫”为“夬”的形讹。关于郑夬的事迹，旧时有短文考证，附载于此。

沈存中邃于象数之学，于《易》曾著《易解》二卷。陈振孙《书录解题》云：“所解甚略，不过数卦，而于大、小《畜》，大、小《过》独详。”惜其书久亡。《梦溪笔谈》中关于《易》阴阳五行者共七条（据李约瑟 Joseph Needham 统计），有一条记江南人郑夬谈《易》，立变卦之说。秦玠及邵雍亦知大略。其卦变，记《乾》、《坤》六变卦名，各本皆有误字，文物出版社新印之元大德本亦然。胡道静所撰《笔谈校证》用力至深，于此条注说但引《宋史・邵雍传》一事，其余均未加措意。

案郑夬之书与邵康节轇輵事，为北宋时《易》学一大公案。《梦溪笔谈》既问世，邵雍子伯温见郑夬此条，即撰《易学辨惑》一书以辟之。书中开端即备录存中原文，有可校正今本之误者。《辨惑》中云：

> 《乾》六变生《归妹》，本得三十二阳。《坤》六变生《渐》，本得三十二阴。

胡校本综合各家而作：

> 《乾》六变生《未济》，本得三十二阳。《坤》六变生《归妹》，本得

> 三十二阴。（319 页，一三八条）

仍是错误。因彼未见《辨惑》原书。

至于元刊本作：

> 《乾》六变生《归妹》，本得三十二阳。《坤》六变生《归妹》，本得三十二阴。（卷七）

两作《归妹》，其谬更甚，且误郑夬为“郑史”，更不足辨。（郑夬字扬庭，盖取䷪卦，卦辞“夬扬于王庭”为名与字。）

《直斋书录解题》有伯温《易学辨惑》，《宋史·艺文志》著录则但名《辨惑》无“易学”二字。述古堂影宋本《河南穆公集》（即《四部丛刊》本）卷末所附《穆参军遗事》引《辨惑》三条，记穆修、陈抟、李之才三人事，即出自此书，与《宋史》合。此书朱彝尊《经义考》云未见，《四库全书》从《永乐大典》录出，故向来仅有《四库》本。今商务翻印收入《四库珍本》第二集，乃得流布于世。

原书主旨，伯温记云“我先君《易》学微妙玄深，其传授次第，前后数贤者本末，在昔过庭尝闻其略矣，惧世之大夫但见存中所记有所惑也，乃作《辨惑》。先君受《易》于青社李之才（字挺之）”云云，盖纯为辟存中而作。篇末复云：“此独举其与道相发明者以系于后，仍录先君与伯镇书李挺之墓表诗，篇中及陈希夷与秦伯镇者，庶几可以考证焉。”是原书尚有此数篇，今本所缺者，殆为《大典》所删。唯邵雍《击壤集》中卷八有《寄亳州秦伯镇兵部》六绝。伯镇即秦玠字也。又卷十二有《观陈希夷先生真及墨迹》，均可覆按也。（苏舜钦《学士文集》卷三有《和伯镇中秋见月九日遇雨之作》，当即秦玠。）《四库》本《辨惑》明云“《坤》六变生《渐》”，知邵伯温所见沈存中《笔谈》原本如此。《笔谈》刊本最早为南宋乾道二年（公元 1166 年）扬州州学刊本，今不可见。然自元以来，则误刻滋多，胡道静未知郑夬此条又见于邵氏《辨惑》，兹故拈出，以补其缺。

《辨惑》书中于郑夬深加丑诋，然郑氏在当时颇为司马君实所推重，《温公文集》卷十八有荐郑扬庭奏云：

> 臣窃见近世以来，搢绅之士，专上华辞，不务经术，先圣微言，几

成废坠。臣谓苟有尽心修明六艺，皆宜甄奖，以励来者。伏见并州孟县主簿郑扬庭，自少及长，研精《易》道，撰著所得，成《易测》六卷，不泥阴阳，不涉怪妄，专用人事，指明六爻，求之等伦，诚难多得。臣不敢隐蔽，辄取进止。伏望圣慈，略垂省览，苟有可取，量加旌异，贵使学者有所劝慕，取进止。

然《辨惑》记夬事则云：

郑夬字扬廷，后以字为名，江东人。客游怀卫间，依大姓宗氏，亦尝欲受教于先君。先君曰："吾学于李挺之也，忘寒暑，忘昼夜，忘寝食，忘进取。挺之有所言，吾必曰：愿略开端，无竟其说，请退而思之，幸得之以为然，方敢自言。或未也，归而再思之，得之而后已。又走四方就有道而正焉。凡山川、风俗、人情、物理，吾皆究观之，有益于吾学者必取焉。今足下志在口耳，又多外慕，能去是而诚心一意，然后可以语此学。"夬固不能也。后秦玠在河内尝语夬以王天悦传授先君之学，有所记录，夬力求之。天悦恶夬浮薄，不与。不幸天悦感疾且卒，夬闻之，赂其仆就卧内窃得之，遂自以为己学。著《易传》、《易测》、《明范》、《五经明用》数书，皆破碎妄作，穿凿不根，以变卦图示秦玠。夬既窃天悦书，遂去宗氏，入京师，补国子监生，得解。省试，策问八卦次序，夬以所得之说对，主司异之，擢在优等。既登第，游公卿门，以其所著书为投贽焉。后调太原府司录，执政荐馆职者数人，将召试为转运，李遇卿发其赃罪，投窜南方，遇赦得自便，复事游谒。尝过洛来见先君，惭怍引咎。先君曰："足下向以拙者之言为然，不至此也。"不肖时在童稚，尚能记其状貌，白皙短小，轻狷人也，后卒以穷死。秦谓必有天谴，恐指此而言也。夬之所著《易图》，非是其说，或有然者。窃书秦实知之，乃骇然叹曰："夬何处得此法!"又谓："自得之异人。西都邵某闻其大略，已能洞吉凶之变。"近乎自欺矣！先君易学渊源，传授本末，秦不能知，独以为洞吉凶之变，何其小也！谓得之异人，非世人所闻，尤为怪诞！然亦有谓，盖指陈希夷而言也。自伏牺已来，大中至正之道，昭昭然具在《易》中。孔子为彖、象、系辞，言之尽矣。但世人信之者寡，知之者鲜，若谓非世人所闻，将使谁闻之耶？先君既谢世，秦为此言，存中又不得其详，但记秦所闻耳，此不得不辨也。

于郑氏攻讦备至。

郑夬所著书，见于《郡斋读书志》及《书录解题》者，有《易传》十三卷。《宋史·艺文志》有郑夬《时用书》二十卷，《明用书》九卷，《易传辞》三卷，《易传辞后语》一卷，今并逸。《读书志》称姚嗣宗谓刘牧之学授之吴秘，秘授之夬，则郑夬固为刘牧之再传弟子也。《宋史翼》二十三："牧受《易》学于范谔昌，谔昌本于许坚，坚本于种方，实与康节同所自出。其门人吴秘、黄黎献也；秘上其书于朝，黎献序之。"（牧事迹见王安石《临川先生文集》卷九十七《屯田郎中刘君墓志铭》。）郑夬不为康节所许，故及吴秘之门。《读书志》又引邵伯温言："夬窃其学于王豫（字悦之，又字天悦）。"既取自《易学辨惑》语。明陈继儒取伯温《闻见录》所载邵子事迹，辑成《邵康节外纪》四卷，亦摘《辨惑》所记王、夬事，载于卷三。

黄宗羲《宋元学案》既以康节之学列为"百源学案"，又取其门人王豫（天悦）、张岷（子望）等列为"王张诸儒学案"（卷三十三），而以郑夬、秦玠附焉。邵雍于秦玠（伯镇）尚有诗来往，玠尝从邵雍问学，魏了翁《跋秦伯镇兵部问《易》康节书》云：

> 众人以《易》观《易》而滞于《易》，先生以《易》观心而得乎心。其《方圆图》、《皇极经世》诸书，消息阴阳之几，贯融内外之分，盖洙、泗而后绝学也。其见于《击壤》诸诗，造次颠沛，无非此理之发焉者，是何尝有隐于人，特秦伯镇、郑扬庭、章子厚诸公不足以知之耳！先生尝语郑曰："山川、风俗、人情、物理有益吾学者，必取诸焉。"秦曰："道满天下，何物不有，岂容人间键耶?"先生字字言言，莫非推赤心以置人腹中，亦幸夫人之得其传。彼沈存中谓竟不知何术，既不足以语此；邵子文亢其父于太高，而待人太薄，亦知汙者也。（《鹤山先生大全文集》卷六二）

是跋于沈存中及邵子文（伯温）二家说有持平之论。其云子文亢其父太高而待人太薄，即为郑夬辈而发。至章惇事亦见《宋元学案》卷三十三。《四库提要》于《易学辨惑》则谓夬窃邵子之书而变化其说，以阴求驾乎其上，故司马光荐之，亦颇为夬平反。当日之公论，于鹤山此文可见一斑。

伯温称其父雍之《易》举出于李之才。之才之卒，邵雍表其墓，此墓表今不可见。唯晁说之有《李挺之传》（《嵩山集》卷十九），《宋史·儒林》亦有《之才传》(卷四百三十一)，必皆有取于雍文。(以百衲本《宋史》与晁氏撰传相校，文字全同，知《宋史》全袭用之。唯误其卒年“庆历五年”为“宝历”；北宋固无“宝历”之年号也。)之才字挺之，青社人；《穆参军遗事》作青州人。邵伯温《闻见前录》卷十八记康节事特夥，有一条云：

> 康节筑室百源之上，时李成之子挺之，东方大儒也，权共城县令。一见康节，心相契，授以大学。康节益自克励……写周《易》一部，贴屋壁间，诵数十遍。闻汾州任先生著《易学》，又往质之。

此以挺之为李成之子，而晁氏撰传及《宋史》俱不言及。案李成本家青州，《宋史·儒林·李觉传》云：

> 曾祖鼎，唐国子祭酒，苏州刺史；唐末避乱，徙家青州益都。鼎生瑜，本州推官。瑜生成，字咸熙。……子觉，太平兴国五年，举九经起家，将作监丞，通判建州。子宥，大中祥符五年进士。

大画家李成有子觉，又有孙宥，皆以儒显。邵氏《闻见前录》言之才亦李成子，为东方大儒，邵雍学之所从出，此一事人所忽略。近年友人何惠鉴先生作《李成传》(载《故宫季刊》第五卷第三期)，亦未注意及此条。然按其年岁，之才于天圣八年(公元1030年)同进士，尹师鲁荐之于叶道卿舍人，时之才年三十九(见尹氏《河南先生文集》卷六《上叶道卿荐李之才书》，晁氏撰传采及此事)。其登进士，必在三十九以前。然李成之卒，实应卫融之邀，死于客舍。(《宋史·李觉传》云：“乾德中，司农卿卫融知陈州，成挈族而往，日以酣饮为事，醉死于客舍。”)融事具《宋史》本传。其知陈州在乾德二年(公元964年)。何惠鉴氏拟定李成之卒在乾德二年至五年间；然揆以宋代制度，地方官一任不过三载，则卫融在淮阳任不得迟至乾德五年(公元967年)，故李成之卒，应在此更前。试以乾德五年下计至天圣八年共六十三年，据尹师鲁荐书所述，彼推荐之才时，年始三十九岁。以是推断，之才不可能为画家李成之子。颇疑《前录》所记“李成之子挺之”一语，必有讹误。邵伯温子邵博撰《闻见后录》于卷二十七云：“李成之子觉，郭熙之子思，俱为从官，颇广求两父之画，故见于世者益少。”则不言成之子为挺之。《闻见》前、后录，今所传最早之本为毛晋于崇祯间辑刊之《津逮秘书》(在第十五集)，该本明作“李成之子挺之”，惜无更佳之本子可以互校，故谓李之才为李成子，仍是疑案（宋时另有与李成同名者乃武臣），附为辨证于此。

原载《香港中文大学学报》，1977年第4卷第1期

宋学的渊源

——后周复古与宋初学术

一、问题的提出

当前新儒学的讨论成为热潮，国际学术界对于宋学特别重视，因此对于宋学如何形成应有重新认识之必要。法国 L. Vandermeersch 教授曾问我宋代儒学是怎样产生的，这一演讲即对他的发问提供一些个人的看法。

记得陈寅老在审查冯著《中国哲学史》的第三报告书中曾约略提出一点意见，他认为智圆提倡中庸、自号“中庸子”，均在司马光写《中庸广义》之前，似应为宋代“新儒学”的先觉。冯先生亦采用其说。宋代已有所谓“新儒学”是寅老首先提出来的，他把宋代新儒学的先觉人物的美誉颁给智圆，然而智圆是否真的能担当得起呢？这还是有问题的。

我们仔细考察历史，宋代初年以“中庸子”为号的实际上最早是陈充。《宋史》卷四四一《文苑三》：

> 陈充字若虚，益州成都人。……唐牛僧孺著《善恶无余论》言尧、舜之善，伯、鲧之恶，俱不能庆殃及其子。充因作论以反之，文多不载。……自号中庸子。上颇熟其名，以疾故不登词职。临终自为墓志，有集二十卷。

牛文见《全唐文》卷六八二，充文反不传。《全宋文》卷一〇一据《藤县志》录陈充《子思赞》，有句云“忧道失传，乃作《中庸》。力扶坠绪，述圣有功”，足见其揭橥“中庸”年代在智圆之前。（智圆卒于宋真宗乾兴元年（公元1021年），陈充则卒于大中祥符六年（公元1014年），年七十。充于太宗雍熙中登进士，乃智圆的前辈。）宋初儒者邢昺于景德间曾指壁间《尚书》、《礼记》图，指《中庸》篇而言（《宋史·儒林·邢昺传》），所以不能说重视《中庸》是出于释氏的提倡。

二、贬佛与崇儒

唐代三教平行，彼此之间并无轩轾，在朝廷上可以一起讲论。五代之季，周世宗最重要的措施是贬佛。

显德二年（公元959年）敕天下寺院非敕额者悉废之。又禁私度僧，禁僧俗舍身，令两京及诸州每岁造僧账。是年天下寺院存者2 694，废者303 360（《通鉴》，9257页），是时统计僧数42 444，尼数18 756。世宗对佛寺予以种种限制，命民间铜器可销佛像为之，给释教以极大的打击。

周世宗是一位极端破除偶像的人物，他曾对群臣说道：“勿以毁佛为疑。”他说：“佛以善道化人，苟志于善，斯奉佛矣。彼铜像岂所谓佛耶?”唐代三教平行之局面遂被打破。他好像很信任王朴的规划，遂大举制礼作乐，有几件大事值得一述：

显德三年八月，端明殿学士王朴、司天监王处纳撰《显德钦天历》。

显德四年正月庚午，诏有司更造祭器祭玉等，命国子博士聂崇义讨论制度为之图。（9564页）

同年九月，中书舍人窦俨上疏，请令有司讨论古今礼仪，作《大周通礼》，考证钟律，作《大周正乐》。（9571页）

显德五年十一月，敕窦俨编集《通礼》、《正乐》二书。

显德六年正月，王朴疏称：“陛下武功既著，垂意礼乐。以臣尝学律吕，宣示古今乐录，命臣讨论。”

广顺三年六月丁巳，《九经全书》刻版完成，共二百七十七卷，历时二十八载。

由上述诸事，可见世宗提倡儒学，注重礼乐的热忱，可惜他短祚，还没有完成这些工作就发生了陈桥兵变，紧接着太祖御宇，这些工作成果就都转为宋人所有，成为宋代的业绩。上述这些人物如聂崇义、窦俨等，都变为宋的臣子了。

三、儒学史上最重要的一件事——《九经》刻版的完成

先是田敏于周广顺元年以尚书左丞身份出使契丹（9457 页）。《通鉴·后周记二》云：

> 自唐末以来，所在学校废绝，蜀毋昭裔出私财百万营学馆，且请刻版印《九经》，蜀主从之，由是蜀中文学复盛。初唐明宗之世，宰相冯道、李愚请令判国子监田敏校正《九经》，刻版印卖，朝廷从之。广顺三年六月丁巳板成，献之。

胡注云：

> 雕印《九经》，始二百七十七卷，唐明宗长兴三年，至是而成，凡涉二十八年。

按《通鉴》云：

> 长兴三年（公元 932 年）春二月辛未初，令国子监敕定《九经》，雕印卖之。（9065 页）

由是可知，田敏负责此事历时凡二十八载。

自五代至宋初，《九经》有雕版刊行，并以《九经》施教、考试。乾德中，孙奭、孔维即以《九经》及第。

四、宋初之礼学

北宋礼学盛行，承后周未竟之业。《宋史·礼志》云：“即位之明年，因

太常博士聂崇义上书重集《三礼图》。”《宋史·儒林》：“崇义于显德间，论禘祫之礼，宋初张昭奏与聂氏讨论祭玉尺寸，引及隋牛弘之《四部书目》，内有《三礼图》十二卷，开皇中奉敕撰。”崇义此书盖显德四年正月庚午奉诏撰集。今新定《三礼图》前有序，末云：“其新图凡二十卷，附于《古今通礼》之中。是书纂述之初，诏（窦）俨总领其事。”俨即于周时撰《大周通礼》者。

宋初礼学著作可记者有下列诸书：

《通礼义纂》一百卷，见《太平御览引用书目》，即此。

《开宝通礼》二百卷，建隆三年表上，有窦俨序，即依《大周通礼》增修。

以后陈祥作《礼书》，集其大成，书今尚存。

五、宋学渊源之地域性——蜀学与南唐学术

五代之际，西蜀与南唐有一段时间略可休养生息，文风亦盛，人才辈出。宋有天下，众之所归——蜀士与唐儒相继仕为宋臣，如张镒、张洎及徐铉，其尤著者。

窦俨校正《三礼图》序称：“博采《三礼》旧图，凡得六本。”据李至《三礼图记》，此六本者乃“张镒、洎诸家所撰，凡六本”。

张洎博览群书，长于考据，《宋史》记其读“亢龙有悔”，征引碑记传赞，以作证验，读之正如清人臧镛之著述，开汉碑征经之先例。

来自蜀者如句中正（益州人），孟昶时馆其相毋昭裔，昭裔奏授崇文馆校书郎，中正精字学，太平兴国二年，被诏详定《篇》、《韵》，四年副张洎使高丽，与徐铉重校定《说文》，模印颁行（《文苑》卷三）。蜀人林罕著《说文》二十篇，目曰《林氏小说》，刻石蜀中。故知宋学中实包含蜀学与南唐之学。

六、宋学中的汉学

初期之宋学不是全讲义理，反而注重文字、声韵、校勘之学，与清代乾嘉学风很是接近，而这方面的著作，在北宋的学术界却大放异彩。举例言之，

太宗雍熙三年，徐铉奉敕与句中正、葛湍、王惟恭同校正《说文解字》。吴淑云："取《说文》有字义者千八百余条，撰《说文五义》三卷。"徐锴有《说文系传》、《说文解字韵谱》，铉为序（见《徐铉传》）。其后神宗与太原王子韶（圣美）论字学，留为资善堂修定《说文》官（《宋史》卷三二九《王子韶传》），可见北宋君主对《说文》之留心与提倡。影响所及，邻邦高丽亦有《说文正字》的刊行。该书有高丽国十四叶辛巳年号，即肃宗六年，相当于徽宗建中靖国元年（公元1101年）。

以韵书论，宋重修《广韵》，凡26194言，191692字（景德四年十一月敕）。景祐中，复诏为《集韵》，《太平御览引书》有《集韵》，似其书先成。

治平四年，司马光上《类篇》，其序云："字书之于天下，可以为多矣，然而从其有声也而待之以《集韵》……从其有形也而待之以《类篇》。天下之字，以声相从者无不得也；天下之字，以形相从者无不得也。"《类篇》即"以《说文》为本"，编制全仿许书。

七、《四书》学的发轫

最近学人每每说，唐代《五经正义》没有完成任务，宋儒用《四书》代替《五经》（任继愈说）。《四书》是否果真能够代替《五经》，是很成问题的。由于周之贬佛，佛门大德亦有不少攻习儒书，且有著作，像僧赞宁（《宋高僧传》作者）便有《论语陈说》一书（《经义考》五二），后来若智圆有《中庸子传》（《闲居编》）、释嵩著《中庸解》（《镡津集》四），冯著《中国哲学史》已经提及，认为是《四书》学的先导。我个人则以为《学》、《庸》二书的独立研究，似乎由司马光开始倡导。光著《大学》及《中庸广义》二书，朱彝尊云："取《大学》于《戴记》讲说，而专行之，实自温公始。"（《经义考》一五六，参拙作《固庵文录》，156页。）我觉得北宋人似乎对《小戴记》特别发生兴趣，可以宋庠一故事证之。庠的母亲钟氏梦一道士授以一书，并说以遗尔子。这本书便是《小戴记》，道士即是许真君（或即许逊，见《宋史》卷二八四《宋庠传》）。其实把《礼记》里面的某一篇取出来单行的，始作俑者是宋太宗，他曾令以《儒行》篇刻于版，即赐近臣及新第举人，张洎得之上表称谢，此事见《宋史》卷二六七《张洎传》。

八、余论——官学与私学之分合

宋太宗对经学的提倡，详见《李至传》。太宗本人是一个大学者，他贯通三教，著有《朱邸集》、《御集》等。现存日本弘教书院重经刊《大藏经》保存有他的《逍遥咏》十一卷、《缘识》五卷，俱见他的思想之含弘广大、融儒合道；他又有《莲花心轮》回文偈颂，远播及于边郡敦煌（见 S. 四六四四、P·三一三〇）。自著《注语》，具大悲愿，合归善道。此类长篇巨制，已收入《全宋诗》首册卷二十二～三十八。又有《佛牙赞》一律。他本人虽兼通三教，而朝廷却仍然是注重儒术的。

谈学术史的人们，每每注意的是某一个重要的人物，而忽略了他周遭的种种关系，重视个人的某种成就，好像朱子在生前被目为伪学，直到理宗以后才给予平反，他的学术逐渐为若干时代的政府所采用，历元、明、清三个朝代而不衰，成为官学，因而才会对后代产生如此重大的影响。

周濂溪的学问也是经过朱子的肯定才确立下来，以至位居宋五子的首领地位，事实上他在当时并没有什么影响（参邓广铭说）。

我们再看宋初儒术的形成。在建隆与太平兴国已成为官学，《九经》列入考试题目，为士人必修的科目，《礼记》自五代以来，即有“《礼记》博士”之设，《中庸》、《儒行》在太宗时已出单行本（《大学》篇早已出现于敦煌写经卷中）。因此我们不能认为《中庸》是出于释氏的提倡。《礼记》列入官学，是北宋尊重礼学的表现。官学的影响自然要比私学更为重大，可见私学如果没有官学的推动，那是很难得到什么巨大的影响力的。

朱子以前《大学》论

程明道云："或以格物为正物。"初未知何所指。按司马温公曾撰《致知在格物论》，其文载于本集卷七十一，主旨在论是非，其言云：

> 惟好学君子为不然，己之道诚，善也，是也。于是依仁以为宅，遵义以为路，诚意以行之，正心以处之，修身以帅之，则天下国家何为而不治哉?《大学》曰："致知在格物。"格，犹扞也，御也；能扞御外物，然后能知至道矣。郑氏以格为来，或者犹未尽古人之意乎?

唐时李习之《复性书解》云："物者，万物也；格者，来也，至也。"仍沿郑义。温公以为不然，故改训格物为扞物，如大人能格君心之格。明道所云"正物"者，或指温公说而不明言之。如温公之说能扞外物，乃能知至道，是由逆生顺，以反求正，分成二橛，不免二本之病。《宋史》光传列其著述有《大学中庸义》一卷，陈第《一斋书目》著录有光《大学广义》一卷。朱彝尊谓："取《大学》于《戴记》讲说，而专行之，实自温公始。"（《经义考》卷一百五十六）说殆可信，虽明道订正其说，而宋人揭櫫《大学》之旨，温公应首居其功。韩公于《原道》文中已引"古之欲明明德于天下"一段，其徒李翱遂亦援引《大学》语句。真西山《大学衍义》序云："唐韩愈、李翱尝举其说……盖自秦汉以后，尊信此书者惟愈及翱，惟未知其为圣学之渊源，治道之根柢也。"自温公后，《大学》遂为二程所重视，列为入德之书。

温公又有《中和论》一篇，摘句如次：

君子从学贵于博，求道贵于要；道之要，在治方寸之地而已。
盖言礼者中和之法，仁者中和之行，故得礼斯得仁矣。
君子守中和之心，养中和之气；既得其乐，又得其寿。

温公集中有与范景仁两书（卷六十二），《与范景仁书》云：

光启：范朝散来，领二月二十三日及晦日两书，所云递中书朱尝得，盖二十三日书即是也。夫治心以“中”，此舜、禹所以相戒也。治气以“和”，此孟子所以养浩然者也。孔子曰：“寿禄可辞也，白刃可蹈也，中庸不可能也。”然则中和者，圣贤之所难。……（光）于圣贤之道曾不能望其藩篱，然亦知中和之美，可以为养生作乐之本。

又《答景仁书》云：

至于中和为养生作乐之本，此皆见于经传。……彼仁与德，舍中和能为之乎？……曩者所蒙教诲，何敢忘之？但承其意不承其术，谨当熟读《中庸》，以代《素问》。

温公当日与范氏讨论中和问题，反复不止一次。伊川与苏季明论中和，似亦受其启发。至朱子益致力于中和之探讨，其契入之深，自非温公可比。然温公宽绰，朱子深醇；温公之用心和平，而朱子之用心危苦。朱子曾自言：“旧时用心甚苦，思量这个道理，如过危木桥子，相去只在毫发之间，才失脚便跌下去。”可见危苦二字非妄言。此其异也。

二程于涑水为讲友，伊川又温公所荐士。温公之说，二程必曾与讲论无疑，故明道所指之“或以格物为正物”，必指温公。全谢山《宋元学案》序谓小程子称司马公为不杂，故朱子有六先生之目，然于涑水微嫌其格物之未精，殆亦指此。温公格物致知论不见今本《宋元学案》。据王梓村按语，《涑水学案》原本已逸，谢山补定分为二卷，稿亦无存。兹乃杂采《迂书》及《疑孟》、《潜虚》以充数，而此文及中和论反致阙如，此王氏之无识，故知《宋元学案》有待苴订者尚多也。

曾谓宋学初兴，只是提出问题，讲论未能深至，如胡安定门人徐仲车，说《中庸》“强载矫”为“能矫而为正，岂不强乎?”亦如温公训格物为扞物，黄百家谓其辩荀而不免仍蹈荀之涂辙。盖是时讲论未精，言“用”而不能证“体”；温公格物说虽无可取，然其提出《大学》“格物”之重要，下开伊川，导先路之功，不容抹杀，宜亟表彰者也。

又大程亦主张读《大学》者，所谓子程子曰“《大学》孔氏之遗书，而初学入德之门”等语，即出于颢。而二程各有定本，黄东发云：“《大学》自二程先生更定，至晦翁章句益精矣。”又云：

明道以康诰曰以后释明字、新字、止字者，联于首章，明德、新民、止至善三语之下……伊川移古之欲明明德一章于前，然后及康诰曰一章。

二程改本不一致，《朱子章句》即依二程，非仅承伊川一人之学。时贤或分别《大学》为渐学，又强调明德一本之义以为圆顿之教，遂判二程为殊途。从二人造诣及修养而论，自异型态。唯欲以《大学》一书为标准，判别二程不同之系统，区划如是显豁，将何以解“入德之门”一语耶?又龟山事二程为入室高弟，亦屡屡言格物义，如云：

学始于致知，终于知至而止焉。致知在格物，物因不可胜穷也，反身而诚则举天下之物在我矣。……古之圣人，自诚意正心至于平天下，其理一而已，所以合内外之道也。世儒之论以高明处已，中庸处人，离内外，判心迹，其失是矣。故余窃谓《大学》者，其学者之门乎?不由其门而欲望其堂奥，非余所知也。(《题萧欲仁〈大学篇〉后》)

以《大学》为学者之门，即入德之门一说之引申，又云：

致知必先于格物，物格而后知至，知至斯知止矣，此其序也。盖格物所以致知，格物而至于物格，则知之者至矣。……《大学》所论诚意正心修身治天下国家之道，其原乃在乎物格推之而已。若谓意诚便足以平天下，则先王之典章法物皆虚器也，故明道先生尝谓有《关雎》、《麟趾》之意，乃可以行周官之法度，正谓此尔。

文中引及明道之语，则明道非不重格物，证以所引明道语，“格，至也；穷理而至于物，则物理尽”（《宋元学案》入明道），与龟山“格物而至于物格则知之者至”，可互相证发，故龟山之说，可谓本诸明道者。由是以言，明道之学，不能谓与《大学》无关。

兹列朱子以前有关《大学》重要人物及论著如下：

唐 韩　愈　引《大学》古之明明德等句于《原道》篇。

李　翱　《复性书》论格物义。

宋 司马光　作《致知在格物论》，又著《大学广义》（未见）。

程　颢　谓《大学》为初学入德之门，有《大学》改本。

程　颐　有《大学》改本。

吕大临　作《大学解》。吕氏论“以悟为则即致知格物”，以非伊川之说，朱子为之申辩。朱子云：“吕氏之先与二程夫子游，故其家学最为近正，然未能不惑于浮屠、老子之说。”引其说四条加以辨正，在何镐所刻《杂学辨》中（《朱文公集》七十二）。

杨　时　著《题〈大学〉篇后》，言“萧君（欲仁）录云：《大学》一篇，求余言以题其后。”

廖　刚　著《大学讲义》。朱彝尊云“文在《高峰集》”，查《四库全书珍本》十二卷本之《高峰集》无之。

上列各家论著俱在，似宜详加抉发，以见《大学》之学在朱子以前发展经过。盖《大学》自唐韩、李引述其语，至司马光著《致知在格物论》，又作《大学广义》，于是《大学》之重要性弥见提高。二程为改定其本，修正温公之说，而“格物致知”一义遂为基本论题。吕大临、杨龟山复加推阐，至朱子集其大成，更将重点移于《大学》，而《大学》之地位遂告奠定。

朱子与潮州

1985 年广东省揭阳县京岗发现一篇朱子逸文。陈荣捷先生对此曾提出讨论，称："揭阳京岗孙氏发现朱熹《恩相堂序》，言及其朋友梁克等，并推测其写作年代，认为朱子确曾到过揭阳。"（《朱子新探索》，学生书局印，673 页）陈书对于潮州与福建人物，未能深入研究，余以州人，比较熟谙潮州掌故，谨为揭橥若干事以补其缺略。潮州与建阳相去咫尺，南宋时潮州仕宦多出朱子之门，潮地亦久沐朱子之教化，朱子著述不少在潮刊行，不可不为之表彰。爰以暇日，草此短文，以应本届朱学研讨会以供讨论，尚望贤达有以教正之。

一、朱子与京岗孙氏

京岗《孙氏简谱》中，保存有朱熹淳熙十一年甲辰撰之《隐相堂序》。揭阳，宋宣和三年置县，渔湖都统和美、京岗二十七村。

陈荣捷书第 100 条，据《人民日报》1985 年 10 月 10 日侯月祥报道，其中有二处错误：（一）把"隐"字误写作"恩"，（二）把梁克家名夺去一"家"字，"梁克"之名不见经传，无由稽考，又不记此文撰写年月，亥豕之讹，使陈先生无从措手。所谓"隐相堂"，实指丞相梁克家昔年尝隐于京岗，与孙氏有朋旧之乐。序中言：

乃叔子梁先生当茂才时，由晋水而揭岭……结庐数椽……厥后梁先生亦回籍而选乡贡……擢绍兴庚辰状元矣。

又言：

梁老先生当余在讲官时，曾见嘱于临安矣。

考《宋史》卷三八四《克家传》称："字叔子，泉州晋江人。绍兴三十年廷试第一。……淳熙九年九月拜右丞相。"《宋史·朱熹传》言：

隆兴九年，梁克家相，奏熹屡召不起，宜蒙裒录，主管台州崇道观，再辞。

朱子与克家之交谊如此。序末题署年月为甲辰，即淳熙十一年，又题衔称"提举浙东常平茶盐"。考陈克斋（文蔚）于甲辰九月初访晦庵于武夷，有七律一首（参束景南《朱子大传》第十二、十三章）。朱子之武夷精舍，于淳熙十年四月落成，韩元吉为之记。甲辰为十一年，朱子已由浙东返武夷矣。此序称"隐相堂"者，乃记京岗地方隐藏有一位由秀才而终于仕进至丞相之人物梁克家，其人与京岗孙氏极有渊源。孙家子弟沐梁氏之身教，出了四位大荣、大美、大有、大经，有登魁第举孝廉之造就，实出自梁氏潜移默化陶冶之功。朱熹此序揄扬京岗孙氏，兼以识其与梁相之友谊。"隐"字被误作"恩"。全篇文章，就不知所云了。吴颖《潮志》收有梁克家《榕邑书舍九月梅花》一律，足证克家曾寓居揭阳，不成问题。

二、朱子与吴复古

此序又言："予尝游麻田旧胜，访吴子野夫子讲学问道之场，眺望乎南溪之畔。"子野即吴复古，与东坡、颖滨兄弟交谊甚笃，二苏集中来往文字颇多。东坡为潮守王涤撰《韩文公庙碑》，附书言："子野诚有过人，公能礼之甚善。"又与子野论及"岭外瓦屋"。《舆地纪胜》"潮州人物"称："复古为有道之士，见知于待制李师中，称许之云'白云在天，引领何及'。东坡名其居曰'远游'，且为之铭。"吴颖顺治《潮州志》之"吴处士传"称："复古筑远游庵于潮之麻田山中，后卒于麻田，轼复为文以祭之。其子芘仲能文章，有《归凤赋》，为轼所称。”此事见坡公《与吴秀才书》，坡公述其言而作《养生》篇。又《古迹·远游庵》条云：“庵，宋吴子野栖隐处，在麻田山中，高山罗列，中多林岩泉石之胜。其上有来老庵，则宋僧来逻禅定之所，尝创长生院于此。有亭在半山，翼然苍翠之间，今庵与院俱废。子野又有岁寒堂，子瞻为之作《十二石记》。”此石十二株，乃从山东登州取来，东坡因有“取北海置南海”之快语。郑侠亦作《岁寒堂记》，见《西塘集》卷三。谓“岁寒堂，子野先生所居也。堂之前古柏数株。两序皆以本朝诸公与子野友者奇文新诗，与夫古之有其言于世切有补者，勒坚置诸壁。群书阁其上，先生休其中。堂南为小沼，沼之南为二石山，山之南为远游庵。”是子野所居有池沼之胜，具有相当吸引力。子野诚为嵚奇之士，朱子想慕其人，莅潮时亦从京岗往游云。岁寒堂原址，一说在潮州城内。《夷坚甲志》卷十《盗敬东坡》条，记“绍兴（三）年海寇黎盛犯潮州，毁城堞，且纵火至吴子野故居”。《潮汕金石文征》编者据此遂谓子野远游庵不在麻田山之证。然朱子京岗此序，言之凿凿，可能子野又有别筑在潮城，否则不当自号麻田居士也。京岗距麻田只七里之遥耳。

三、朱子与郑国翰

陈尧佐倅潮时，称道潮州，有“海滨邹鲁是潮阳”之句。洎乎南宋，科学寖盛，军州学应试，以绍兴庚午（公元1150年）科参试人数至盛，可二千人，绍定时增至六千人。朱子于高宗绍兴十八年登进士，名列第五甲第九十人。是年同科进士潮籍者四人：

> 林大受揭阳人名列第四甲在朱子之前；
> 郑国翰揭阳人陈式揭阳人石仲集潮阳人。（吴颖《潮志·科名部》）

上列诸人与朱子同榜，故朱子与郑国翰交谊至笃。曾同偕入蓝田飞泉岭，朱子题“落汉鸣泉”四大字。

顺治《潮志·流寓》云：

> 朱熹字元晦，婺源人。官秘阁修撰，尝游揭阳，寓同榜进士郑国翰

家。偕入蓝田飞泉岭书庄，手书“落汉鸣泉”四大字揭诸亭中，后镌岭之危壁。今字迹尚存，而书庄不可问矣。传闻成化间有樵者误入，见修竹古木，鸟啼花间，不减武陵，归语人人引观之，已失所在。

据此，郑氏书庄，明时尚存。嘉靖郭春震《潮志·地理》云：

飞泉岭界长乐，壁立千仞。宋郑进士建亭于上以览胜。朱晦庵书“落汉鸣泉”四字揭诸亭中，有诗云：“梯云石磴羊肠绕，转壑飞泉碧玉斜。一路风烟春淡泊，数声鸡犬野人家。”

此诗不见于《朱子大全集》。吴颖《潮志》有“飞泉岭小记”，所志略同。

四、朱子门下在潮州之宦绩

朱子门下士在潮州任要职者，有廖德明、陈圭、吴大圭等人。

廖德明

廖德明，《宋史·儒林》有传（卷四三七），但记其知浔州事，谓其在南粤时，“立仰悟堂，刻朱熹《家礼》及程氏诸书”，未及潮州政绩，今据《潮志》及石刻，为之补述。

德明字槎溪，福建南剑州人，于庆元四年出任潮州通判，自号延平老人。潮州西湖山有其“庆元庚申（六年）葬女碑碣”，已毁。德明在潮，刻周敦颐《拙赋》。《永乐大典》潮字号《三阳志》公署云：“拙窝，在文惠堂（祀陈尧佐）下，旧名‘遥碧’，廖公德明更今名。朱文公书扁，并濂溪《拙赋》刻诸岩石间，左右多前贤摩崖。”翁方纲《粤东金石略》云：“金山在潮州府城北面，廖槎溪通判潮州，刻周子《拙赋》于山崖，并以朱子所书‘拙窝’名亭，今皆不可见矣。”

按周敦颐《拙赋》今不存。唯朱熹所书“拙窝”二字无恙（见本文后附图一）。至所谓“前贤摩崖”，尚剩嘉定十年赵善涟清卿两绝句，录其辞如下：

题拙窝

□生无奈拙谋何，更向金山住拙窝。

自谓从今可藏拙，不知添得拙还多。

右一

巧拙分明是两歧，巧中有拙少人知。

如今用处从渠巧，用到穷时巧必危。

右二

嘉定丁丑重阳

日蒙巷赵清卿。（见本文后附图二）

《潮汕金石文征》谓此碑已全埋于土中，故据《海阳县志·金石》补录其文。此碑现尚幸存完好，已由金山中学妥为修缮，恢复旧观（见本文后附图三）。清卿名善涟，官郡丞。另有西湖山诗石刻。拙窝当日前贤摩崖，仅剩此片石耳。

朱子殁于庆元六年（公元1200年）三月，其致仕被贬为伪学在五年。为廖德明书"拙窝"二字，正值党禁之时，故以"拙"自守，与濂溪赋之"天下拙，刑政撤"陈义相应。说者因谓廖德明敢镌朱子此题额于石，为其在潮州之弟子视党禁如无物之例证。

庆元五年，晋陵沈杞刺潮，翌岁创设潮州八贤堂，祀赵德以下林巽、许申、卢侗、刘允、吴复古、张夔、王大宝八人，教授王宗烈撰记谓"一方英气，萃在八人"。廖德明亦作《八贤赞后序》以彰之，文载《三阳志》。

陈圭

陈圭，福建莆田人，字表夫，为绍兴八年进士，尚书右仆射俊卿（《宋史》三八三有传）之孙。外祖即梁克家。父宓，字师后，号复齐，少登朱子之门，长从黄榦游，安溪知县，著有《读通鉴纲目》。伯父定、守，皆从学朱子。宓书朱子《仁说》。淳祐乙巳，陈圭以复斋之嫡嗣为潮州守，捐金市朱子所著书，实诸韩山书院。复刊其父所书《仁说》于二壁。增塑周濂溪、廖德明两像。两先生之从祀，实出陈圭之力。潮州朱学之发扬，圭尤居其功。陈宓父子事迹详《宋元学案》卷六十九。

吕大圭

大圭号朴卿，福建泉州人，淳祐七年进士，宝祐元年至二年任潮州州学教授。在潮重建文庙两庑，修大成殿。大圭师事陈淳门人杨昭复，得朱子嫡传。其著述在潮州刻版者，有《孟子说》、《春秋集传或问》、《易集传》、《孝经本传》、《三阳讲义》五种，见《三阳志》“学校”及“书籍”各条。

淳祐九年己酉，潮州知州周梅叟创建元公书院于郡庠之右，祀周濂溪，以二程、张及朱子从祀。梅叟为敦颐之裔孙，提倡道学。其《元公祠堂记》，闻即出吕大圭之手，文已逸，详《三阳志》载至元三十一年姚然撰《重建元公书院记》。

大圭后知漳州，蒲寿庚降元，命大圭署降表，变服逃入海，为寿庚所杀。

五、朱子在潮州之门人

朱子在潮州之门人以潮阳郑南升、揭阳郭叔云为著名。《语类》有《训南升四则》，《语类》癸丑有《南升所闻百余》条，时值绍熙年间。《晦庵文集》卷四五《答廖子晦书》云：“《韩文考异》袁子质、郑文振欲写本就彼刻板，恐其间颇有伪气，引惹生事，然当一面录付之，但开板事，须更斟酌耳。”文振即郑南升，是当日在潮州刻版，仍因伪学而存有戒心，然《韩文考异》终在潮州镂版。《三阳志》记朱子书在潮刻版者有大字《韩文公集并考异》一千二百版。郭叔云，字子从，揭阳渔湖都塘口村人。嘉靖间郭春震纂《潮志》有传云：“叔云初见晦翁，问为学格物之要，朱子教以为学切须收敛端严，就自家身心上下工夫，自然有得。尝质疑《礼经》二十余条，俱载《晦庵集》。”郭子章《潮中杂记·艺文志上》著录其“《礼经疑问》、《宗社宗义》二篇，晦翁、蒙谷二先生《宗法》二卷三种”。

叔云与漳州龙溪陈淳往还甚密，淳为撰《宗会楼记》称“吾友郭子从于颓俗废礼之中，卓为尊祖收族之举。扁其楼曰‘宗会’，以为岁时会合宗人之所。其意义甚严明正大。文作于嘉定庚辰。又为撰《燕食堂记》，称其扁曰‘燕食’，取《礼经》所谓族食、族燕之义，以为祭后与宗人馂之地。将见人歌塘口郭氏家法，卓然为三阳礼义之宗。子从又曾编《宗礼》、《宗义》二篇，附以《立宗文约》、《公状》、《家约》、《家谱》于后，及晦庵、蒙谷（林夔孙，亦朱子门人，福州古田人，见《宋元学案》六九）二先生《宗法》各二篇，并藏诸堂中。”两文载《北溪大全集》卷九。陈淳之《北溪字义》，宋时潮州梓行于郡斋，流传甚广。（余髫龄时，家中仍以此书课教子弟。）郭子从居于塘口，与京岗同属渔湖都。朱子作《隐相堂序》，书孙家子弟事，自言曾“详问里人郭子从”，子从即叔云字。

余论

朱子晚年因伪学问题，恐门人引惹生事，观上引其《答廖子晦书》可以见之。然潮州地区闽籍官吏多为朱子门下及再传人士，于道学提倡甚力，于伪学之禁，毫无戒惧之心，朱学嫡传，不绝如缕。元《三阳志》记郡斋刊刻书籍大半与朱子及周濂溪有关。除上述大字、中字《韩集及考异》之外，又有朱文公《论孟或问》六百版，《中庸辑略》一百八十版，朱文公《家礼》一百七十版，《北溪字义》一百三十版，陈平湖《中庸》、《大学》、《太极通书》总共七百五十版，以上版留郡学。《濂溪大成集》四百版，吕氏大圭《孟子说》三百二十版，吕氏大圭《春秋集传或问》六百版，以上版留濂溪书院。

自理宗以后，朱子之地位益隆，莅潮宰官，率以道学及朱学设教，《拙赋》及“拙窝”朱子题字，在潮之受人尊重，其自来远矣。

潮州自韩愈刺潮倡置乡校，据徐师仁《创学记》：“学舍旧在西湖，阴阳皆以为不利。宋元祐中王涤欲迁而未果。”南宋王大宝《迁学记》述潮学自庆历以后迁徙事甚详。元兵入潮，学宫悉付一炬，唯书阁岿然无恙。宁轩王使元恭为总管，重新棂星门，其上即为万卷楼。故宋元之间潮学称盛，与朱子关系至深，开拓明代理学之新局。陈书《新探索》于朱子曾否到揭阳之问题，仍未敢作论断，兹略述其原委，用补其不及云。

附录　隐相堂序

〔宋〕朱熹　撰

丞相叔子梁老先生之故人，大司法、大司理、大州牧、孝廉四孙先生昆季书斋序。

予尝游麻田旧胜，访吴子野夫子讲学问道之场。眺望乎南溪之畔，有厥里居，树木阴翳，车马繁盛。询之父老，繄谁氏之族也？父老曰：京岗孙氏居焉。乃父宰揭令名进士讳乙者，由高邮而来，占籍于兹，生四子，俱工举子业。考厥由来，其令善下士，赍赠答，凡游学之英，咸敬礼焉。乃叔子梁先生当茂才时，由晋水而揭岭，不远千里而来，遂握手而订莫逆交。始以诗书相契，继以气谊相投，异姓同体，如家人父子之亲。结庐数椽，在水中央，六七年间读书明理，饮酒赋诗于其上。令之长嗣讳大荣者，仕江阴县司法；

二之子讳大美者，仕隆兴军司理；三之子讳大有者，守领琼州；四之子讳大经者，举孝廉。厥后梁先生亦回籍而选乡贡，再举都魁，擢绍兴庚辰状元矣。其法曹、司理、州牧、孝廉之学，沐梁老先生教泽，能取魁第，故任判簿、入国学、官运佥、选评事而拔贡元，济济一堂，雅称多士之庆。噫嘻！好学下贤之报，岂浅鲜欤？予曰：唯唯。但兴贤之地，木茂水秀，未易多遘，岂令湮没不彰，使人与地俱无传焉！因榜其额，曰：隐相堂。事之颠末，既经父老之言。梁老先生当余在讲官时，曾见嘱于临安矣。厥后详问里人郭子从，亦备述不爽。是为序。

宋淳熙十一年，赐进士第提举浙东常平茶盐朱熹序于甲辰岁花月之吉。

——《孙氏简谱》

《京岗志》、《揭阳文物志附录》均取录此文，又见孙淑彦编《潮汕孙氏志略》，吉林文史出版社，2000年12月。

此文初见1985年孙淑彦撰《朱熹在揭阳的一篇轶文》，刊于《广东史志》；又见《羊城晚报》1985年8月19日。

图一　朱子所书“拙窝”二字

图二　赵清卿题《拙窝诗》

图三　拙窝石刻今貌

朱子晚岁与考亭

我以前游武夷，是从江西经崇安入山的，最后到了建阳，大雨滂沱中，在考亭石牌坊下踯躅流连很久。宋理宗亲笔书“考亭书院”横额四字犹存；题额前后有“嘉靖十年”及“分巡建宁道佥事仙居张俭立”字样，说明是明代重修。考亭在建阳西三桂里玉枕山麓，旧时书院楼宇已荡然无存。现仅剩田地一片，犹令人低回留之不愿离去，有它特殊的吸引力。

朱子自十四岁奉母由尤溪来居五夫里，五夫里在今崇安县，现尚有鹅卵石铺成“朱子巷”。武夷去五夫里约八十公里，随时可以游憩。淳熙十年（公元 1183 年）朱子开始建武夷精舍于此，作《武夷櫂歌》十首以赞咏之，后来有陈普者为之注，流播甚远，日本且有刊本（见《佚存丛书》）。考亭原是南唐时侍御黄子棱所建以望其亲之墓，故有此名。（周亮工《闽小记》自称宿麻沙，见《朱氏家谱》载有此说。）朱子父亲韦斋甚爱其地，谓“考亭溪山清邃，可以卜居”。朱子乃于绍熙三年（公元 1192 年）六月迁居于建阳是地，所以成其父之志。并名新居为紫阳书堂，内建清邃阁，以祀先圣，兼以思亲。清邃二字有极深的寓意：“天得一以清”（《老子》），“清”言品格之高；“旧学商量加邃密”，“邃”指功力之深。“清”是极高明尊德性的事，“邃”是尽精微道问学的事。朱子之学，兼有两者，故这二字无异即“夫子自道”。

建阳书坊的刻版事业十分发达，所谓“建宁麻沙，号为图书之府”（祝穆《方舆胜览》）。麻沙镇离建阳不过三十公里，刻本向以“麻沙本”著称，当日是南方一出版中心。嘉靖《建阳县志》中的《书坊书目》开列书名三百八十二种，朱子的著作即占一相当数字。朱子讲学之外，亦兼营印务，由其子埜和门人林用中（择之）负责。出版有《武夷精舍小学》，很像教科书之类。对于朱子刊书的事业，张栻却颇为反对。及卜居建阳以后，他仍不断经营，他的著作、讲义，很快便可以印行。大部头的书像《通鉴纲目》达五十九卷，闽北很早就有印本。朱子卒于宁宗庆元六年（公元 1200 年）三月初九日。在此以前一年，他在建阳印刻他最后一次修订的《四书集注》，其弟子王晋辅又在广南印行他的文集。朱子晚年虽然饱受政治上的挫折打击，但学问上的成就与出版事业很能相配合，由于移住建阳，实际上取得很大的方便。有人说他有感于赵汝愚罢相的事而著《楚辞集注》，我认为此书应在 1193 年他任潭州荆湖南路安抚使时便已着手。（赵希弁云："公之加意此书，则作牧于楚之后也。"其说甚是。）《楚辞集注》成稿，朱子即商量以小竹纸草印一本（见《文集》六四《答巩仲至书》），想必交建阳书坊付刊。但现在所知《楚辞集注》要到朱子死后，嘉定壬申（公元 1212 年）才有刻本（原题曰《晦翁集注》，国家图书馆藏）。

朱子居考亭，在落职罢祠以后，喜欢着野服。江西人张世南在《游宦纪闻》中记朱子有《客位榜》一文，称"近缘久病，艰于动作，诎伸俯仰皆不自由，辄以野服从事，然而上衣下裳，大带方履，比之凉衫，自不为简"。又说"荥阳吕公（今按：指吕夷简）尝言京洛致仕，与人相接，皆以闲居野服为礼"。说明他这样着野服是依照吕氏的榜样。此事少有人谈及，使我联想到朱子易箦，正在庆元党禁白热化的时候，他的反对党京镗、谢深甫方荣擢左右相，施康年更上疏严厉攻击伪学，加以阻吓，谓"四方伪徒聚于信上，送伪师朱熹之葬"。当时连追悼会都无法举行，《宋史》说门生故旧至无送葬者。至今剩下来朱子朋友完整的哀挽文字，只有辛弃疾《感皇恩》一首短词而已。词云："案上数编书，非《庄》即《老》。会说忘言始知道。万言千句，不自能忘堪笑。今朝梅雨霁，青天好。一壑一丘，轻衫短帽，白发多时故人少，子云何在？应有《玄经》遗草。江河流日夜，何时了。"加上的小题云："读《庄子》，闻朱晦庵即世。"词中"轻衫短帽"即指《客位榜》的野服。把闻故友的噩耗和读《庄》之事拉在一起，虽然结句"江河流日夜"隐含着"客心悲未央"的心情，还是以轻松的语调出之，化悲悼为强自宽解，这样措辞，可能是为了避免投入伪学的旋涡。朱子曾高度赞美庄子为才高，又引《庖丁解牛》里面"依乎天理"一句说明"理"之得名以此，他对《庄子》似很有心得，稼轩将庄和朱并提亦有道理。他和朱子《武夷櫂歌》尝说过"山中有客帝王师”，后来也正式实现了。但他心目中的朱熹始终不过是像《太玄经》的扬雄，只侧重他的著述立言功绩；没有想到过了一些时候，韩侂胄失败连头颅也被送到金人那里。朱子得到了平反，理宗时朱子还从祀文庙，度宗时赐朱子婺源故居名“文公阙里”，朱子高高跻上圣人的地位。稼轩如果想及当日陈亮在离开考亭之后随他在带湖游览写出的朱、辛二人画像赞，作过地位相等而性格不同强烈的对比，历史愈后，评价竟如此悬殊，不知他作何感想！世态的炎凉，政治的残酷，历史对人不可思议的揶揄，还有什么话可说呢！

明代经学的发展路向及其渊源

明代经学一向被人目为空疏，从清人考证学的立场来看，自容易作出这样的评价。须知考证学的目的在求真，着力于文字训诂上的诠释，明人则反是，他们治经尽量避开名句文身的纠缠，而以大义为先，从义理上力求心得，争取切身受用之处，表面看似蹈虚，往往收到行动上预期不到的实效。

先是明太祖取婺州，召见宋濂、范祖幹、叶仪，他们都是金华人。范祖幹持《大学》以进，祖问治道，对曰："不出是书。"因命知府王宗显聘仪及濂为"五经"师。叶、范皆师许谦，叶语学者道："圣贤言行尽于《六经》、《四书》。"（《明史·儒林传》以二人列首）其后宋濂官江南儒学提举，命授太子标经（《明史》一一五《兴宗传》）。其时明室尚未有天下，已用儒书作为储君必读功课。宋濂尝被召讲《春秋左氏传》，进曰：

> 《春秋》乃孔子褒善贬恶之书，苟能遵行，则赏罚适中，天下可定也。

太祖御端门，口释《黄石公三略》，濂曰：

> 《尚书》二典三谟，帝王大经大法毕具。愿留意讲明之。

尝问以帝王之学何书为要。濂举《大学衍义》（详《明史》一二八《濂传》）。

凡濂所揭橥《春秋》、《尚书》，皆切于实用之政治哲学。以宋濂地位，对明开国时期之学术方向起了决定性作用，濂初从闻人梦吉通《五经》，后从吴莱学，受吴氏濡染最深。莱殁，濂撰《渊颖先生铭碑》，又有《谥议》一篇，解释“渊颖”二字之取义，云：

> 经义玄深，非渊而何？文辞贞敏，非颖而何？于是私谥曰渊颖。

莱所著书属于经术的有《尚书标说》（上卷）、《春秋世变图》（二卷），在他的《文集》卷十二中有关于“春秋后题”五篇，特别是《春秋通旨后题》，发挥元赵复著作大旨，畅谈如何读胡氏《正传》云：

> 欲观《正传》，又必先求之通旨，故曰史文如画笔，经文如化工。若以一例观之，则化工与画笔何异？惟其随事而变化，则史外传心之要典，圣人时中之大权也。

点出“史外传心”的不二法门。“化工”一语，见蔡沈《书集传》序：“文以时异，治以道同。圣人之心见于书，犹化工之妙着于物，非精深不能识也。”学问渊微之处正在史外传心，文外见旨，所以“要求之通旨”，不能胶着于事相，经文不同于机械的画笔，故与徒记事的史文不同。这是治经顿悟的终南捷径。宋人开其窍，元儒因之。

吴莱在上文的下面，详细记述赵复当日被发投水被姚枢救出的经过。洪武元年，濂与王祎主修《元史》，于卷二一〇《儒学传》中，列赵复为第一人。传中文字与吴莱完全一样，对读起来，知濂即采自其师之文，据以立传。

赵复后来称为江汉先生，他是一位传奇性人物。元代崇儒，老实说，他是开山祖。他把所记程、朱著作经注，尽录以付姚枢。关键是杨惟中以行中书省事的地位之大力提倡“立宋大儒周敦颐祠，建太极书院，延儒赵复、王粹等讲授”（见《元史》一四六《惟中传》），当时姚枢即于“拔德安，得名儒赵复，始得程颐、朱熹之书”（《元史》一五八《枢传》），后来枢刊印诸经，才带起了许衡。没有杨、姚二人的倡导，北方根本就没有儒学。明开国的经学，经术与政治的深度结合，照样走着这一方向，赵复的路径影响到刘因，及于许谦，由是金华亦盛行其学。《刘因传》称：“初为经学，究训诂疏释之说，辄叹曰：‘圣人精义，殆不止此。’又曰：‘邵，至大也；周，至精也；程，至正也；朱，极其大，尽其精，而贯之以正也。’”（《元史》一七一）从正大精微处入手，用今语来说，以宏观为重要，不太重视微观。宋濂的路径，正是如此。

值得注意的是宋濂主修《元史》，特别削去《文苑传》，他提出的理由说道：

> 前代史传皆以儒学之士，分而为二：以经艺颛门者为儒林，以文章名家者为文苑，然儒之为学一也。《六经》者，斯道之所在，而文则所以载道者也。故经非文无以发明其旨趣，而文不本于六艺，又乌足谓之文哉？由是而言，经艺、文章不可分而为二也明矣。

宋濂力主“经”、“文”合一的道理，他在《渊颖先生碑铭》中有极精彩的言论，他说：“自文气日卑，士无真识，往往倚人之论，以为低昂。惟渊颖经义渊深，文辞贞敏，足以药其病。”他把道与文合而为一，反对世间把文学与道的隔离分割，可谓极端的“文以载道”论者。明代文学趋向，偏于复古，和宋濂揭橥其师渊颖经文合一的相兼之说，不无关系。取消《文苑传》，把文与经尽量挂钩，这是明代学术新的总路向。

“道在六经”是明人的通旨，降至季世，文家的归有光，思想家的费密，无不皆然。永乐时，《大全御纂》序云：

> 圣人之道在六经……使天下之人获睹经书之全，由是穷理以明道，立诚以达本。

道在六经之内，舍经无从知道，道学即是经学。元人为《宋史》立《道学传》，明人却认为多此一举，以后亦不再标榜了。经外无学，成为明代士人学者的共同认识。“明太祖起布衣……而儒之功不为无助也，制科取士，一以经义为先。”（《明史·儒林传》总序）明代因承元人的旧规，以经义作为天下考试的教材。

成祖永乐十二年，遂命胡广、杨荣等纂《五经、四书、性理大全》（《明史·金幼孜传》）。由于成书太快，只有十二年九月～十三年九月几个月的工夫。成祖十二年北征瓦剌，皇长孙从，命广与荣、幼孜军中讲经史（《明史·

胡广传》)，可能是时《大全》正开始策划。胡广乃以左春坊大学士作为此书的负责人。记得成祖初即位，翰林坊局至讲书太子东宫的讲座人物为：

解缙　　《书》
杨士奇　《易》
胡广　　《诗》
金幼孜　《春秋》(进《春秋要旨》，见《明史》一四七《金幼孜传》)

解缙列于其首。缙于洪武二十一年上封事万言书，力劝太祖不宜观看《说苑》、《韵府》诸杂书及《道德经》、《心经》之类，宜专心儒学，愿集一二志士儒英……随事类别，勒成一经。(《明史》一四七《缙传》)《大全》的编纂，和他先时的倡议，不无因缘，他又为姚广孝主修《永乐大典》(《明史》一四五《广孝传》)。他于八年得罪，修《大全》在十二年，他仍在囚中，是役他不能参与，此书因而马虎成事，十分可惜!

胡广虽为修撰，乃善谀之人物。永乐十四年，进文渊阁大学士。帝征乌思藏僧作法会，广献《圣孝瑞应颂》，帝缀为佛曲，令宫中歌舞之(见《广传》)。按此曲为一厚册，原本尚存，港、台均有其书。广似为诗较专门，实非通儒，以生性缜密，故得到信任。《大全》之编制，因陋就简，剿袭成书，与唐人《五经正义》相去万里，故深为后儒诟病。顾炎武讥“弘治以后，经解皆隐没古人名字，窃为己说”，因有“《大全》出而经义亡”(《日知录》中《书传全选》条)之叹。向来以明经取士，把经学弄成教科书式的工具，作为士人入仕的“敲门砖”，汉、宋皆然，明人取士，仍循这一老套，只是不遵古义，往往自标新解。王安石说：“本欲变学究为秀才，不谓变秀才为学究。”八股文的弊病，最后只剩下舞文弄墨的伎俩，既不成为秀才，又够不上学究，但养成一班有巧妙的高度表达能力的文章作手。现代的专家式教育，通过考试制度培养出来的人物，往往只晓得查书，而未必真能读书，连文字表达技巧，有时都办不到，制度害人，古今是一样的!

以上但就官修《大全》所造成的流弊论之。然明代经学家亦不无豪杰特出之士，不能像皮锡瑞在《经学历史》中一概加以抹杀。其时特出的著述，在方法上表现有若干特点，大略可称述者：

一、重旨义

注重经书的内涵意义，即吴莱所谓“求其通旨”。故著述每用“义”或“旨”字标出作为书的名称，以《春秋》为例，如金幼孜的《春秋要旨》、丞相高拱的《春秋正旨》。高书以为“朱子以来，说《春秋》多穿凿，欲尊圣人而不知所以尊，推论《春秋》乃明天子之义，非以天子赏罚之权自居，非圣人自书其功”，深斥胡《传》以天子自处之非。直抒胸臆，足破向来误说者的痼疾。

其以“义”为书名的，有姜宝的《春秋事义全考》十六卷、高攀龙的《春秋孔义》、卓尔康的《春秋辨义》。谈《春秋》要分其事、其文、其义三方面。作者认为《春秋》多直书而其义自现，未必尽以一字求一义。康书则分义为经义、传义、书义，兼及时义、地义，持论颇平正。又如熊过的《春秋明志录》（十二卷）、徐学谟的《春秋亿》，熊氏信经而不信传，其序称“道存乎志，志明诸言，故以明志为名”。以上各种均见《四库》著录。

二、尚稽疑

明人富有怀疑精神，自王室，以至布衣，都善于采取这种治学方法。其以“稽疑”为书名的，像周藩、朱睦㮮的《五经稽疑》（八卷）、《春秋诸传辨疑》（四卷），著《天中记》与《正杨（慎）》之陈耀文的《经典稽疑》是。睦㮮五世祖有炉著《道统论》数万言。㮮承家学，取《易》、《书》、《诗》、《礼》四经，有疑者参订诸家而折中之。

《尚书》有正德时马明衡的《尚书疑义》。衡为王守仁门人，说经不免阑入时事，滥发一己之见，而以心学为主，如云：“人心即人欲，道心即天理。人欲易肆，故危；天理难见，故微。”仍有取于蔡沈《书集传》序“治本于道，道本于心，得其心则道与治固可得而言”之论。

关于蔡沈《书集传》，元初有张葆舒之《订误》、黄景昌之《正误》、程直方之《辨疑》、余芑舒之《读蔡传疑》，袁仁之《考证》攻错者多。元延祐三年，陈栎著《书传折衷》，亦论蔡氏之失。及明太祖考验天象，知其不合，著《七曜天体循环论》，以斥其非（《全明文》，148页）。洪武十年三月，与群臣论蔡《传》之误，刘三吾乃奉诏撰《书传会通》六卷，于二十七年四月丙戌，诏修其书，以九月己酉，五阅月而成（《四库提要》）。对《古文尚书》多所考证，引起后人之重视。明初诸帝留心天文，对经书关怀切至，太祖有以启之。仁宗洪熙元年三月，赐三公六部尚书《天元五历祥异赋》，其书保存重要天象记录，日本内阁文库有明抄本。

自宋吴棫、朱子、吴澄对《古文尚书》怀疑其伪，梅鷟因著《尚书谱》（有清抄本）及《尚书考异》，近贤多已从事深入研究（傅兆宽且为之《证补》），不必多赘。与梅氏同时连江陈第特著《尚书疏衍》四卷，与之论难。焦竑报书，赏其段段惬心，言之破的，引证诸多有据，而排其深诋前人。是梅书在当时反应不佳，平心而论，梅氏断郑冲未见过《古文尚书》，谓出自皇甫谧。清崔述疑古最勇，竟谓《古文尚书》传授有关苏愉、梁柳、梅赜三人，皆子虚乌有，今经学人仔细考索，诸人均见诸记载，崔氏未深考，遽作是说，不免空疏。郭璞注《尔雅》，明引《尚书》孔《传》，《孔丛子·论书》篇引"孔曰"六宗说，同于刘昭注引司马绍统取"安国按"之语，不能谓晋时无孔《传》，故《古文尚书》及孔《传》问题，还是一个问题点，还有待更好的研究（参李学勤说，见《冰茧彩丝录》，491 页）。

三、《春秋》为刑书

自宋濂推重《春秋》，对太祖云："苟能遵行，则赏罚适中。"《春秋》的实用价值有如断案，明儒因之有《春秋》即刑书之说，湛若水著《春秋正传》三七卷主之。其言曰："《春秋》，圣人之刑书也，刑与礼一，出礼则入刑，出刑则入礼。礼也者，理也，天理也。理也者，天之道也，得天之道，然后知《春秋》也。"明人治《春秋》，以胡《传》为主，明初驳胡之论遂夥。湛若水谓："《春秋》一书与所以褒贬去取之意，除非起孔子出来，方得原意。"宋儒论书法偏于理而忽于事，鉴戒多出于主观。所有经部著述，以《春秋》与《易》为最繁杂。《易》道广大，无所不包，宇宙一切事物，无不可援《易》以立论。《春秋》具列事实，人人可治，一知半解，设论滋多，夫子删述，何由知其是非？无案可稽，则言《春秋》等于射覆矣。以二经论著之多，其故即在此。

四、《乐经》论著特出

明代治礼不多，《四库》著录，《礼记大全》之外，只收黄道周《月令》、《表记》、《坊记》、《儒行》数种，礼图则收刘绩及黄佐《乡礼》，如是而已，余皆入存目。唯乐类最为特出，颖异奇瑰之作，且迈越前古，《四库》著录：韩邦奇《苑洛志乐》、倪复《钟律通考》、黄佐《乐典》（三三卷），《明史》佐传赞是书泄造化之秘。《四库》则讥其以一声列为一调之非。其最为振奇之论著，无如朱载堉之《乐律全书》，彼从数理发明十二平均律，论者称其大有造于科学史，至今攻治者极多，其言"信其可信，疑其可疑，是其所是，而非其所非"（《审度》篇），诚学术上之谠言。载堉为郑王厚烷子，王以罪削爵，锢于凤阳，载堉痛父之见系，筑土室宫门外，席稿独处者十九年，成斯巨著。其苦心孤诣，发愤而作，故能独绝于世。此外，《四库》乐经存目亦有二十六种之多。足见当时对乐律研究，成就之卓越。

《四库》经部开端提要论历代经学之弊，自宋至明，有悍（如吴澄、王柏之改经）、党（如王柏删《国风》三十二篇，许谦、吴师道以为非）、肆（如王守仁之末流）。以上三失，皆流于蹈虚，故清儒救之以实，引古义为参决，而其弊也琐。按上列三失，明人即因赵宋之旧习，诚中其要害。至若征实，明人未尝无之。明太祖以蔡《传》证之天文，知其差失，即其著例。余谓明代经学家最大毛病，无如妄改及作伪。王柏删《诗》，太祖删《孟》，其《孟子节文》日本内阁文库有明写本，令刘三吾刊削文句，令人啼笑皆非。作伪之例，如丰坊诸《世学》，钱谦益早已揭出为坊所伪。又若孟经国之伪本《孟子外书》，乃据姚士粦伪本，林庆彰君言之甚悉。其他应指出的，如杨时乔之《周易古今文全书》二一卷，香港大学有其书，所记古文字，依据《六书统》、《六书精蕴》、《同文备考》，企图恢复古文旧观，其意可嘉，而其术至劣，容当另论。

"义理"一词，本出于礼，所谓"义理之文"原义是指礼之实行而有光辉成就者（参拙作《史与礼》），非谓抽象的理论，清人区别学术作三分法，分为考据、义理、词章之学，考据仅是一种分析方法，非学问的本身。依宋濂所说，道与文不能分割为二，则词章只是绣其鞶帨，为"道"的外面包装而已。清人三分说，衡以宋濂的见解，是难以成立的！

元明人治经，最重要还是实践工夫。薛瑄说："考亭以还，斯道大明，无须著作，只须躬行耳。”（《明史·儒林·瑄传》）王阳明所以主张知行合一。宋濂门人方孝孺，名其读书之庐曰正学（本传），不肯草诏而走上求仁得仁的道路。嘉靖议礼一役，直臣死于杖下而贬逐，皆为正义而不顾任何牺牲。明儒讲道，随时可以殉道。李自成陷京师，倪元璐自缢，自言“死吾分也”（《明史》二六五本传）。刘宗周献祈天永命说，南都亡，绝食死，自言：“独不当与土为存亡乎?”（《明史》二五五本传）黄道周举义旗而死，自言：“此与高皇帝陵寝近，可死矣。”凡此皆正学、正气之所寄托，明儒为贯彻义理，在实际行动上表现可歌可泣的牺牲精神，这种殉道而舍生取义的行为，仿佛西方教会史上的圣者。明人所殉的道，确实是从经学孕育出来，是经学与理学熏陶下放射出的“人格光辉”，在人类史上写出悲壮的一页。明亡时候殉道的人数，萧山来镕撰《江东纪事·应天长》十首，其第十小序云：“诸生……俱以国变，或水或兵，慷慨赴义，盖不可尽数也。”（见《全清词》，214 页）可惜没有人做过统计。其可怖的程度，简直足以令人发指而眦裂的!

近世提倡新儒学的朋友们，似乎太偏重“知”的部分，勤于造论，而忽于笃行，知与行不免有点脱节，缺乏亲证，造诣与明儒之纯立于其“大”与“正”的精神，相去甚远。明儒是直接受到经学的熏陶的，明代经学的伟大地方，不在表面的道问学层次，这一点似乎应该作进一步的认识的。

略记广东易学著述

广东易学之著述，可考者，始于晋广州儒林从事黄颖之《周易注》。自六朝至唐代，旷乎无闻。五代之季，增城古成之始以删《易注疏》见重于时。宋时作者寖盛，而年代悬远，书多沦逸，但于目录书中，窥其厓略耳。

其依据象数，参以佛老而发挥者，有石汝砺《乾生归一图》。其传讲经筵，以解释明白著称者，有王大宝《周易证义》。其不傍前说，卓尔成家者，则有林巽《易范》。陈北溪誉之与《太玄》、《潜虚》相比拟，惜其书无传。元人为是学者，如黄岐张氏，数世传《易》，受知于宋濂；潮阳陈禧，补释《易例》，见重于吴澄，皆其著者。有明以降，弘才弥众，大都出入程、朱。唯甘泉之修复古《易》，黎遂球之疏通《爻物》，为能别辟蹊径。而屈翁山《易外》七十卷，奥衍广博，尤推为巨著焉。清代学者，习于功令，解经者虽夥，而阐扬义理，鲜能越宋人窠臼。浅鄙者，仅就编纂折中述义，为之释要，或约其概略，以备蒙训，或抄辑异说，以供浏览，率同讲义之例，此宋学之《易》也。及阮元来粤，朴学余风，流被岭海，乃有从事于汉《易》，如曾钊之笺《虞氏义》，桂文灿之补《易大义》，并其卓著。盖濡染于惠、戴，治学方法，大异于昔，此汉学之《易》也。粤东《易》学，自昔为人所忽，《四库》著录，仅有三种（薛侃《图书质疑》，方献夫《周易传义约说》，黎遂球《周易爻物当名》）。然余考索所获，著述之多，数及二百（晋一种，五代一种，宋八种，元四种，明六十七种，清一百二十种）。经部各类，以《易》为最，不可谓不盛已。今略陈其学派演变之梗概。至各重要著作，略述于下，俾考

《易》史者知稽览云。

晋

黄颖《周易注》十卷（有辑本）

颖，南海人，儒林从事。（见《经典释文·序录》）此书《七录》著录，本十卷，《隋志》仅存四卷，今逸。仅见马国翰《玉函山房辑佚书》、黄奭《汉学堂经解辑本》二种，近人黄任恒曾加重校，刊入《信古阁小丛书》中。

五代

古成之《易疏删定》十卷（逸）

成之，字亚奭，本惠州河源人，五季末，徙增城，曾结庐罗浮读书。此书即其时作（见《罗浮志》卷十及黄子高《粤诗蒐逸注》）。端拱二年进士，仕终绵竹令，学者称紫虚先生。

宋

林巽《易范》八篇（逸）

巽，字巽之，一字野夫（释契嵩《镡津集》有《送林野夫序》）。潮州海阳人。庆历中，除徐州仪曹，不就，南归著此书，曰《卦元》、《卦纬》、《丛辞》、《卦经》、《起律》、《吹管》、《范余》、《叙和》，总名曰《易范》。人称易范先生（《万姓统谱》有传）。陈淳评此书曰："此亦英才美质，度越流俗，与子云《太玄》、温公《潜虚》，皆无加损于《易》。"（见《答郭子从书》）书久逸。

石汝砺《乾生归一图》十卷（逸）

汝砺，字介夫，号碧落子，英德人，隐士，深契于《易》，曾讲《易》南山圣寿寺。东坡谪惠与之讨论。晚年进所著《易》书于朝，为荆公所抑。陈直斋谓此书取乾为生生之本，万物归于一。有论，有图，亦颇与刘牧辨，而继以释老之说，书不传。《宋史·艺文志》、《通志·图谱略》、《郡斋读书志》俱著录。（焦竑《国史经籍志》误作彭汝砺撰。）

王大宝《周易证义》十卷（逸）

大宝，字元龟，潮州海阳人，建炎二年榜眼，仕终礼部尚书。胡一桂评此书谓："间亦及象。虽明白而甚浅近。"（《经义考》二十四引）

蔡齐基《周易述解》九卷（逸）

齐基，字梦得，连州人。嘉定八年，为琼州户录时著此书。琼筦安抚吕祖谦门人赵善谭见之，誊写为进于朝。（见《广州人物传》卷七）

元

张复礼《黄岐张氏易》十二卷（逸）

黄岐角为番禺名乡，张姓环居之。宋绍兴间，张塄始迁于礼园社。塄生一飞，通《易》，能荟萃诸家之说而折中之。士大夫推为宗师，号《黄岐张氏易》。生二子，彬甫、邻甫，皆善传父经。彬甫生复礼，薰炙家训，始述为是书。宋濂称其出入程、朱。汉儒之拘泥或流于术数者，痛麾斥之。（见《宋学士集》卷十九《张府君墓铭》）

陈禧《周易略例补释》一卷（逸）

禧，潮阳人，事迹无考。吴澄序其书，推为王弼忠臣，邢玮益友，补《元史·艺文志》著录。

明

湛若水《修复古易经传训测》十卷（阮元《广东通志》注曰存）

若水，字元明，增城人，弘治乙丑进士，仕至南京吏部尚书。此书若水自序云："出羲文周公之《易》，复为上下经。而取孔子之《十翼》，为后人所分附者，复合为十传，其旧本多有错简，如重出亢龙有悔以下十九条，乃《文言》之文。而错简散佚于《系辞》者，今亦因与厘正，复归《文言》之后。又于十传之篇次或为后人所讹者，稍加变定而著其义，令葛生等采测义作旁释。"（《甘泉文集》卷十七）《万卷堂书目》、《明史·艺文志》俱著录。

方献夫《周易传义约说》十二卷（存）

献夫，字献科，南海人，弘治乙丑进士，官至武英殿大学士，谥文襄。此书用朱子所定古经本，以上下经、《十翼》各自分篇，兼取程传本义，而参以邵子之学，颇以象数为主。其说务在简明，末附《易》杂说四则，深辨爻辞非周公作。《四库总目》著录。

钟芳《学易疑义》三卷（未见）

芳，字仲实，崖州人，徙琼山，正德戊辰进士，官至吏部右侍郎。此书自序云："自少读《易》，晚年详玩本义，粗有疑难数条，录置别帙。"《经义考》注曰：存，似曾睹此书。

何维柏《易学义》（未见）

维柏，字乔仲，南海人，嘉靖乙未进士，南京礼部尚书。此书《千顷堂书目》著录。

薛侃《图书质疑》（存）

侃，字尚谦，号中离，潮州揭阳人，正德丁丑进士，官至行人司司正。嘉靖壬寅，侃过惠州，居丰山永福寺，惠士李鹏举、叶萼侍讲席。雍澜以《河图》、《洛书》、《太极图》来问，故作是书答之（见《廷鞫实录》附识），分《图书总解》及《诸生答问》。书今存。有万历重刊本及曾彭年校印《中离全书》本三卷。

庞嵩《太极图解》，《图书大旨》（存）

嵩，字振卿，南海人，嘉靖间，累官南京刑部员外郎。《太极解》一书，明阴阳动静之原，人性禀受之故。《图书大旨》会《河》、《洛》为说，谓《河图》之数，自一至十，不外奇偶；《洛书》以五为体，亦以五为用，而阴阳散见其内。书载《弼唐遗书》中。《经义考》（卷七十一）有庞嵩《太极解》、《图书解》，当即此二书。

唐伯元《易注》（未见）

伯元，字仁卿，澄海人，万历甲戌进士，官吏部文选郎。此书无传，见

《经义考》著录。唐氏《醉经楼集》中，有《易解》、《乾坤解》、《九六解》、《初上解》等篇，其论《易》宗旨，可窥见一斑。

黎遂球《易史》（逸）

遂球，字美周，番禺人，天启丁卯举人，死赣州之难。屈大均称美周读《易》，每以史事系之，以爻配事，以事例爻，不烦太卜立筮，詹尹拂龟，吉凶了如，其明炳烛。

又《周易爻物当名》（存）

此书载三百八十四爻，以互、变推求其象，今存。有《岭南遗书》本，《丛书集成》本。

郑旒《易谱》十二卷（存）

旒，字承衮，顺德人，崇祯庚午岁贡。此书论《河图》卦位。今存，乾隆十八年辛酉重刻本。

屈大均《易外》七十一卷（存）

大均字介子，番禺人，诸生。此书题释一灵撰。一灵即大均法号也。自序略云："《易》之内，太极也。凡有言皆《易》之外也。凡有所言，只能言其外，不能言其内也。为外亦不能已于不言。"今存书有清初刻本。

清

胡方《周易本义注》六卷（存）

方，字大灵，新会人，康熙岁贡，讲求义理之学，世称金竹先生。惠学士士奇疏荐于朝，称其品端学醇，注《四书》及《易》，即指此书。书中专注朱子《本义》。初刊本为卢观恒编校，名《周易本义阐旨》，凡四卷。嘉庆十七年丛阑堂刊。后伍元薇刊入《岭南遗书》。今有《丛书集成》本。

陈英猷《演周易》四卷（存）

英猷，字式蔼，潮阳人，深契白沙之学，学称叠石先生。本书分《说数》、《说辞》，合四卷。今存。乾隆十八年刊本，《潮州府志·儒林传》："英猷精于《易》，筑室乡北叠石山，依岩下岫，仅容一榻，终日危坐，著演周《易》，多夺邵氏之席，而翻程、朱之臼。”

李文曜《易学详原》三卷（存）

文曜，字象珍，新宁人，童年受《易》于其大父，反复研求，越四十八年成此书。（见《新宁县志》十八人物下）

冯经《周易略解》八卷，《互解》一卷，《算略》一卷（存）

经，字世则，南海人，乾隆庚寅举人，教谕。此书详于图卦变占，有《岭南遗书》本、《丛书集成》本。

梁泉《周易集证》（未刊）

泉，字崇简，顺德人，乾隆乙酉解元。《顺德志》云："泉初以《五代史》记传举证周《易》，各案卦象爻象，复广及十七史。以会试卒，未及刻。书今尚存。"

李黼平《易刊误》二卷（未见）

黼平，字绣子，嘉应州人，嘉庆十年进士，官江苏昭文知县。（《清史·何林传》下）此书光绪《嘉应州志·艺文》著录。

黄沛霖《周易串解》二卷（存）

沛霖，字澍峰，香山人。此书荟萃汉唐以来诸儒见解，以《御纂》为据依。书存。道光十四年黄千波堂刊本。

杨一夔《读易□义》四卷（存）

一夔，字南雪，顺德人。此书斟酌群言，理象皆举义例。分时位德应比卦，俱主李安溪说。今存。咸丰二年刻本。

邓接成《易象元机》三卷，又《易象占验》一卷（存）

接成，字云山，顺德人，曾游楚南，遇异人奚氏，教以邵子《易》数，遂贯通《河》、《洛》之几微。（见咸丰《顺德志》本传）《元机》一书凡三卷：卷一《易学十要》及诸图，卷二《天地变化》等图，卷三《泰顺否逆》及

《六十四卦略象》。道光二十年刊。

吴岳《易说旁通》十卷（存）

岳，字正方，鹤山人，道光五年岁贡。此书取《周易本义》为主，每爻间别引史事以证明之。同治十年刊。

曾钊《周易虞氏义笺》七卷（存）

钊，字敏修，南海人，道光五年拔贡，学海堂学长。《清史·儒林传》称："钊曾因阮元说日月为易，更发明孟喜卦气，引《系辞》悬象莫大于日月，死魄会于壬癸，日上月下，象未济为晦时，允以为足发古义，宜再畅发言之，以明孟氏之学，钊因著为此书。"

吴良昭《易学理数纂要》三卷（存）

良昭，字善庵，顺德人，道光丁酉举人，海丰教谕。此书卷一为《作易本原》，卷二《观物内篇》，卷三《河图洛书》，光绪十年印本。良昭又有《周易上下经劄记》。今存。

温飏《系辞说》（存）

飏，字仲道，德庆州人，嘉庆二十三年举人。此书为杂记体，时有超悟之见。咸丰元年，弟子陈旦刊入《温氏家集》。

邓子宾《周易解》二十三卷（存）

子宾，字寅旭，开平人，学海堂学生，治经以汉儒训诂为宗。民国《开平志》云："粤人治经，宗派自阮元导之。开邑得其传者，子宾一人。"此书同治十三年刊。

赵齐婴《周易古训考》一卷（存）

齐婴，字子韶，番禺人，此书以古训为主，自序言："通考诸家，凡得三义，一本义，二引伸义，三假借义，皆古训也。"书存。学海堂本。

叶衍桂《周易象义测》五卷（存）

衍桂，番禺人，县学生，陈澧序此书，称其"于上下经、《十翼》，逐句逐字皆详解之，非数十年之功不能成”。今存家抄本。

曹为霖《易学史镜》八卷（存）

为霖，字雨村，南海人，咸丰元年恩科举人。此书首列郑氏《易谱录要》八卦逸象，以史证经。伍兰微序，称“其《镜》之条式三百八十有四，其《镜》之通用一千八百余年”。同治十二年刊。

桂文灿《易大义补》一卷

文灿，字昊庭，道光己酉举人。此书盖补元和惠定宇之缺，为其《经学丛书》之一种。光绪癸巳刊。

潘鉴潆《周易辑略》六卷（存）

鉴潆，字琴生，南海人，曾充八旗官学教习。自序言：“此书历十三载乃成。”末附《汉易辑要》。宣统三年翰元楼刊行。

饶锷《汉儒易学案》（存）

先大人锷，字纯钩，潮安人，此书备论汉《易》宗派，于各家并为之传，陈其学说，仿《宋元学案》例。今存抄本。

关子棻《读易观天》二卷（存）

子棻，字少尉，南海人。此书首言正《易》，明授受源流，次论古图书，明画卦取则，次方圆图。宣统二年刊。

凡上所录，第就内容可知者，约略言之。至其书名仅存，而原本已逸或未见者，并缺不论。详具拙著《广东易学考》中。本文刊于《广东文物》(1941（1))。

《广东易学考》原分上、中、下三卷，为余在中山大学广东通志馆任纂修《艺文略·经部》之一部分。原稿于抗战期间在香港交商务印书馆排印，旋被炸，毁于战火。今仅剩此摘要，聊存梗概。

选堂2004年春附记

说"圣"Speaking of "Sages": The Bronze Figures of San-hsing-tui

It gives me great pleasure to write this foreword for a work dedicated to Professor C. C. Shih, who is a former colleague of mine and a scholar whose knowledge and dedication I have admired most of my life. Rather than simply offer a few congratulatory phrases, I have decided instead to present some of my recent reflections on the notion of "sage" which forms part of the volume's title, and in doing so, draw upon evidence from oracle-bones and recent archaeological finds. Both were of life-long interest to Professor Shih.

The word "sage" (*sheng*) is an interesting one. As we know, a human being's knowledge of the world around him begins with his own body, and in the invention and evolution of China's non-alphabetical language, certain concepts too complex for simple pictorial representation were made up of body parts. A sage, one thought to be endowed by Heaven with great wisdom, was also thought to possess powers of sight and hearing which surpassed that of ordinary human beings; and hence is a case in point.

The word *sheng* 圣 or "sage" is etymologically related to *t'ing*, meaning "to hear". In oracle-bone script, it is written with two elements representing an ear and a mouth, or sometimes an ear and two mouths, and this form was used as late as in the "stone classics" of the Wei dynasty. Another variant oracle-bone form adds the symbol for "human being" to the ear and the mouth, and this (𦔻) has always been recognized as the source of the current form. In any case, acute hearing seems to have been a necessary attribute of the sage.

We also find in the famous *Hung-fan* section of the *Book of History*, the passage, "perspicacity (*jui*) [becomes manifest] in sageness (*sheng*)"①. In this passage, the word *jui* is explained in Hsü Shen's lexicon, the *Shuo-wen chieh-tzu* as "profound and bright", and the character includes the component of an eye. ② Some other early texts, such as the *Ssu-fa-chieh* chapter of the *I Chou-shu*, in fact equate the word *jui* with the word *sheng*. ③ Hence, perceptive vision is added to acute hearing in defining a sage.

A third attribute of the sage in ancient China was the fact that his accomplishments were great. In such texts as the *Dialogue between the States (Kuo-yü)*, we find listed the names of many figures, like Kao-hsin Ssu, Yu Mu, Shang Hsieh, Chou Ch'i, Huo Cheng, Chu Jung and others, who are said to have "achieved the great deeds of Heaven and Earth"④. While there is no doubt that most of these were legendary figures, they were thought to have begun illustrious lines and hence in later ages to have been the recipients of sacrifice. In other words, when once they came to be regarded as sages, they became the object of ritual worship. Archaeology should reveal some depictions of them.

In fact, this is the case. Recent discoveries, such as those of the Manchurian Hung-shan culture in Chekiang, and the San-hsing-tui culture of Szechuan and Kuanghan, have uncovered altars and other rich remains. Among these, a large bronze figure from Szechuan is especially beautiful, and the protruding eyes and overly large ears have attracted a good deal of attention. The burial pits are arranged in the shape of five stars, and it is agreed that they date from the Western Chou period. What the figures represented in the early history of the area is, however, still a matter of debate. Tung Enzhen (T'ung En-chen)

① James Legge, *The Chinese Classics*, Oxford, 1893, p. 327.

② 参见 *Shuo-wen chieh-tzu*, *chüan* 4B.

③ 参见 *I Chou-shu* (*Ssu-pu pei-yao* [*SPPY*] ed.), 6:25a.

④ *Kuo-yü* (*SPPY* ed.), 16:2a-b. In this edition, the word *ta* (great) is written as *huo* (fire).

has suggested to me that the figure has caucasian characteristics, and a recent, unpublished manuscript compares it to African figures. ①

Because I have seen only a few of the items from these sites displayed in the Beijing Palace Museum, I am reluctant to speculate too much, I believe that they do not, as some have suggested, represent *wu*("shamans"). Other figures, wearing special crowns and mounted on high platforms, are far more likely to be shamans and they bear little resemblance to the figures in question. Mr. Hsü Hsüeh-shu (Xu Xueshu) of the Cultural Artifacts Institute of Szechuan made this quite clear last year. ② I believe, rather, that the eyes and the ears are a good indication that these are figures to which sacrifice was offered.

A second reason for this view concerns my earlier remarks about the concordance of meaning between *t'ing* (to hear) and *sheng* (sage) in the oracle bone script. ③Listening to the winds: this was the task of the "weathermen" of antiquity who were also experts of music. In the *Chuang Tzu*, we read of the pipings of Heaven, earth and man. The piping of Heaven refers to the wind blowing on ten thousand things; the pipings of earth to the sound of the hollows roaring in the wind, and the pipings of man refer to the sound of flutes and whistles.

> The Great Clod belches out breath and its name is wind. So long as it doesn't come forth, nothing happens. But when it does, then ten thousand hollows begin crying wildly...And when the fierce wind has passed on, then all the hollows are empty again. ④

---

① 参见 N. Barnard, "Some Preliminary Thoughts on the Significance of the Kuanghan Pit Burial Bronzes and Other Artifacts," paper for the conference on Ancient Chinese and Southeast Asian Bronze Culture, Kiotoa, February 1988.

② 参见 Unpublished manuscript, "On the Origins of Shu Culture," paper for the International Conference on Southern Chinese Bronze Culture, Kunming, October 1988.

③ 参见 For the best examples, see *Chia-ku p'u-tzu ho-chi* (Oracle Bone Divinatory Script, Combined Volume), Section C, Vol. 2, #216, or #144295.

④ *Chuang Tzu*, "Ch'i-wu lun" (On the Equality of Things). English translation in Burton Watson, *The Complete Works of Chuang Tzu*, New York, 1968, pp. 36-37.

As I have elsewhere discussed①, the Chou dynasty commissioned official musicians, who were usually blind, to survey weather conditions on the basis of their knowledge of musical notation. At the time of Shun, a man called Mu was charged with listening to the harmonies of the wind, and together with others, such as Yü, Ch'i and Chi, he came to be regarded as a sage. These men, it was thought, possessed such acute hearing that they could judge whether or not earth and wind were in harmony according to the correctness of their airs and pitches.

What did the ancients know of musical pitch? We have no certain answers. However, the discoveries at Chia-hu in Wu-yang prefecture in Honan have thrown some light on the matter. Among the artifacts unearthed was a bone flute with seven holes dating from the neolithic period, about 8,000 years ago. The testing of this flute makes clear that there was a defined musical structure even at that time. If so, it adds strength to the speculation that the story of Mu and his sagely ability to hear the harmonies of the wind is not necessarily a fable.

The notation of the flute also helps us see the later arrangement of a twelve-note scale, which has long been known from archaeological discoveries of a later period. We know, for instance, that the tonal pitch of the so-called Yellow Bells of the Spring and Autumn Period(771-482 BC)is A(6, -), while the Yüeh-fu Bells of the Ch'in (221-207 BC) had a tonal pitch of C. Musicologists agree that just as the Ch'in unified the existing scripts, they also unified musical notations, and so took the lowest C of the Yellow Bells as the tonal pitch of their bells. This offers some confirmation of the passage in the *Lü-shih ch'un-ch'iu* which says:

> When a great sage (*ta-sheng*) rules the world, the energies (*ch'i*) of Heaven and Earth join together to produce the winds. When the sun appears, then the moon activates (*hsing*) the winds to produce the

① 参见 Jao Tsung-i, "Ssu-fang feng hsin-i"(The Winds of the Four Quarters: A New Interpretation), *Chung-shan ta-hsüeh hsüeh-pao*, 4(1988), pp. 68-69.

twelve tones. ①

Another passage in the same section says, "...The sounds come from harmony (*ho*) and harmony from regularity. Harmony and regularity come from the voices of the ancient rulers. "② A recent article comments that the passage shows that the ancients had a certain knowledge of musical sounds, and that the double-sound design of pre-Chin bells even shows that knowledge to be an advanced one. ③ These passages tend to confirm that the ability to listen to the wind and so understand musical pitch was considered to be sagely in ancient times.

We have also said that acute eyesight or perceptivity was a quality of the sage. There is literary evidence for this assertion. In the *Hua-yang kuo-chih* it says:

> There was a marquis of Shu (Szechuan) named Ts'an-ts'ung who had "vertical eyes" (*chung-mu*) and begin to call himself king. When he died, they made [for him] a stone inner coffin and stone outer coffin. The people followed this example and for that reason the custom developed of burying people with vertical eyes in stone coffins. ④

Similarly we are told that in the *chien-p'ing* period of the reign of the Emperor Ai of the Former Han (6-2 BC), the people of the Kuan-tung region spread the words found on the tallies of the Queen Mother of the West, and said, "The vertical-eyed one must surely come"⑤. Considering that a "sagely" new dynastic founder was soon to appear , the passage suggests that vertical eyes were considered a sign of the sage. We might also note that the term

① 参见 *Lü-shih ch'un-ch'iu*, "Yin-lü " (*SPPY* ed.), 6:3b.

② *Lü-shih ch'un-ch'iu*, "Lü-lau"(*SPPY* ed.), 5:3b.

③ 参见 Cheng Jung-ta, "Shih-t'an hsien-Ch'in shuang-yin pien-chung ti she-chi kouhsiang"(An Exploration of the Design of pre-Ch'in Bells), *Bulletin of the Wuhan Musical College*, 4(1988).

④ *Hua-yang kuo-chih* (*SPPY* ed.), "Shu-chih, " 3:1b.

⑤ *Han-shu*(Han Dynastic History), *chüan* 26, "T'ien-wen chih" (On Astronomy), Peking: Chung-hua shu-chu, 1962, p. 1312. This was an omen of the imminent usurption of Wang Mang.

chung-mu, which we have translated as "vertical eyes," can have the additional meaning, according to the *Lei-p'ien*, of eyes from which light radiates or beams. It seems no accident that the god-like figure from San-hsing-tui has protruding eyes and was no doubt worshipped as a sage by the ancient people of Szechuan.

There were also found bronze figures with inlaid jade eyes, probably the "yellow eyes" (*huang-mu*) mentioned in the ritual texts. The Sung scholar, Shen Kua, says in his *Meng-hsi pi-t'an*, "The ritual texts record 'yellow eyes'... When eyes are ornamented, we call them 'yellow eyes'"①.

We know that to the ancients, the eyes were very important, and just as ritual texts sometimes speak of the eyes as the "purity and brightness" (*ch'ing-ming*) of one's energy (*ch'i*), so we often find artifacts which reflect this emphasis. The remains found at Fan-shan near Hangchow have circled eyes, as if the figures have double pupils. ② The sage, Shun, was said to have had double pupils, and he was also referred to as "double luster" (*chung-hua*). Some commentators render the *hua*(luster) as *yu*, which means "wide-open" eyes. Some scholars today are of the view that eye designs on the jade remains are the forerunners of the wide-eyed and even four-eyed designs of those bronzes long considered as t'*ao-t'ieh* or monster motifs. ③

My surmise is that the reason double pupils were emphasized is that the ancients believed that these monstrous eyes could see clearly enough to distinguish the godly from the wicked. One reason for this is that the protruding double eye was called *ching*(pupil) and that Fu Hsi, the great sage, is also referred to in manuscripts and inscriptions as *tsang-ching*, though the character *ching* is written with different radicals. Even the word "star", today pro-

---

① Shen Kua. *Meng-hsi pi-t'an*, Supplement to the *Ssu-pu ts'ung-k'an*, *ch*. 19:1a-b. Further details are found in the *Li-chi*(Book of Rites), *chüan* 11 and 14, *Chiaot'e hsing*, and *Ming-t'ang wei*, respectively.

② 参见 Consult the report of the Institute of Archaeology of the Chekiang Province, entitled "Chekiang Yü-Hang Fan-shan Liang-chu mu-ti fa-chüch chien-pao" (A Brief Report of the Discoveries at the Burial Sites at Fan-shan in Chekiang), *Wenwu*, 1(1988), p. 12. This refers to materials dated back to nearly five thousand years ago. The work was done in 1986.

③ 参见 Ibid.

nounced hsing, was once pronounced *ching*, and in the *Shuo-wen*, many of the *ching* words connect eyesight with light.

We might note, finally, that in the ancient dialect of I-chou, the protruding eyes of the bronze figures of San-hsing-tui are referred to as *huan*, which has no equivalent in today's language. The protruding eyes of the San-hsing-tui figures emphasize that feature and remind us of the old belief about "vertical eyes". Since the design seems meant also to suggest the radiation of light from the eyes, it seems clear that the protruding eyes stood for sagehood or godliness. As the philosopher Chuang Tzu said: "the eyes are the source," and "to differ not from [what is seen in] the eyes, he is the godly man."① It referring to the eye, *Chuang Tzu* used the term *ching*, which means "pupil", to suggest that it revealed the root of one's being and to emphasize the importance of clear vision to sageliness. The protruding eyes of these figures, like the images of the Tibetan cult of Avalokitesvara which outline the eyes, have the same meaning.

The godly figures from San-hsing-tui also have very long ears. The largest figure, from the No. 2 burial pit, is 64.5 centimeters tall and the ears measure 138.5 centimeters. These were not masks and when seen in the context of other objects unearthed from the sacrificial site, are regarded as ancestral deities. Protruding eyes and long, extended ears emphasize greatly the godliness and sageliness (*shen-sheng*) of the figures, especially in the local culture of Szechuan. The San-hsing-tui finds are thus a rare example of the "sage" as an object of actual worship in ancient times, and the figures illustrate not only the artistic skill of the people of the region, but also their view of how a "sage" should be depicted. These figures may represent the best example of the secret meaning of the word *sheng* and its formation.

I stress that these are preliminary considerations, and I hope that they will lead to further research.

(Forword: Sages and Filial Sons—My theology of Archaeology in Ancient China. 1991, HKU)

---

① *Chuang Tzu* (*SPPY* ed.), "T'ien-hsia p'ien", 10:13a.

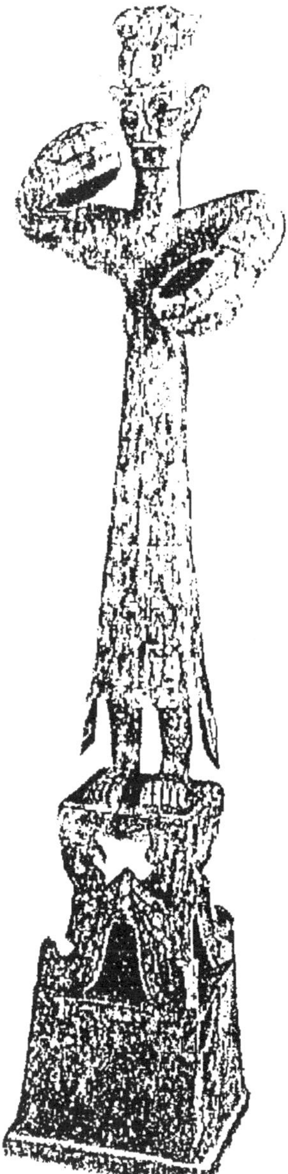

Bronze Figure 2600mm(H)

Bronze Head 460mm(H)

Bronze Mask from San-hsing-tui(Szechuan)645mm(H)×1385mm(W)

古乐散论

卷四

饶宗颐二十世纪学术文集·经术、礼乐

目　录

从贾湖遗物谈先民音乐智慧的早熟

年前黄翔鹏先生寄示他所著的《舞阳贾湖骨笛的测音研究》①，他指出出土的一批十六支骨笛，经过实测的结果，其中一支 M282：20 号最完整的有七个孔（图一），第七孔的上方，另有一小孔，作为调音之用。他说这可能是七声齐备的音阶。贾湖遗物年代属于裴李岗文化，有八千年的历史，这种发现令人十分惊叹。我因之写了一篇《从八千年骨笛谈七音与八音问题》，收在我的《史溯》一书，正在排印中。最近吴钊兄寄来他的论文《中国音乐文明之源——贾湖龟铃、骨笛与八卦》一篇，附信嘱看后提出意见。这篇本来是吴先生于 1990 年 10 月 12 日在巴黎召开的第四届音乐考古年会上宣读的，他提出许多崭新的看法。他的论点有几件非常新鲜的报道，值得介绍：

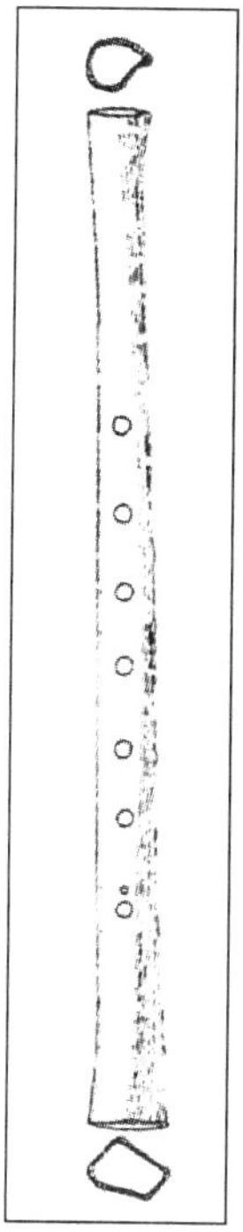

图一 骨笛图（M282：20）
（原刊《文物》，1989（1））

一、他说明贾湖墓区以“单人一次葬”式为较大的墓坑（图二），共有八座，骨笛、龟铃主要出于这种墓葬。在已正式公布的贾湖三期的 M344 墓

① 全文已刊于《文物》，1987（1）。

中，墓主为一壮男，仰身直肢，头骨不见，而代替以八枚龟铃，龟铃旁边置叉形骨器。在肩之下面，有穿骨笛二支，左肩下放陶瓮二，双脚间有鱼镖、骨镞等物（图三）。其中龟铃有一枚长 16 厘米、宽 8.5～10 厘米，甲背顶端有一小圆孔，可穿系绳索用于悬挂。旁有一较大 L 形孔，甲身刻有⊙字，甲腹中空，内装不同颜色的大小石粒，摇之有声。（图四）

图二 贾湖遗址墓葬图（原刊《文物》，1989（1））

二、他又指出总共出土骨笛十六支。骨笛出土时，大都一墓两支。七孔骨笛，在全闭与第五孔的主音宫之间恰为五八〇音分，与三分损益律主音下方减五度五八八音分，只差八音分，可见其准确程度。又若以第五孔为主音宫，则其主音下方小三度、主音上方大二度、大三度均相当准确。其中下方小三度与纯律小三度理论值完全一致，其余两音则与三分损益律大二度、大三度之理接近，其中下方小三度系第七孔大小两孔同时开放后所得第七孔的校正值。其准确性证明羽音在此音阶中的必要性。

他说："该管的音阶结构当是以 C 为宫，带有二变——变徵、变宫，并以五声音阶的羽、宫、商、角四正声为核心的传统七声古音阶。这种音阶完整形式——七声古音阶，虽至西汉刘安《淮南子·天文训》才正式见于记录，但其六声形式在骨笛上的存在足以说明这确是我国源远流长……的一种音阶形式。"

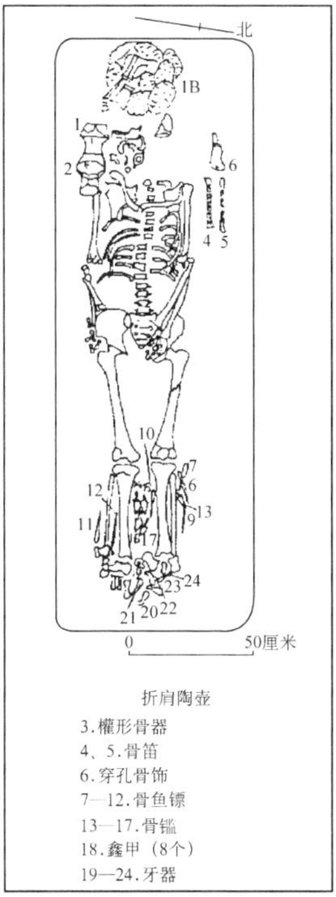

图三　M344 平面图（原刊《文物》，1989（1））

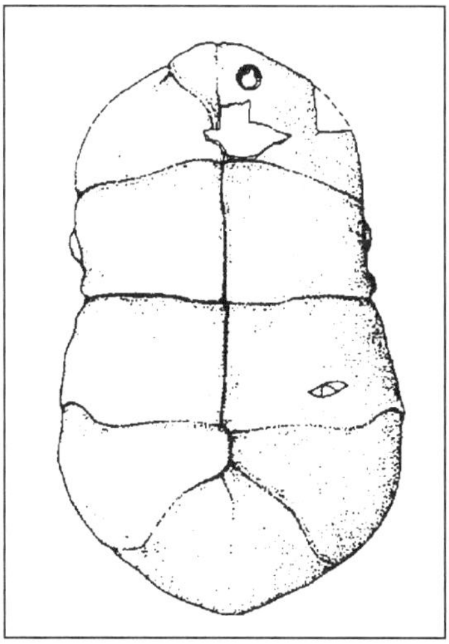

图四　刻符龟甲图（M344：18）（原刊《文物》，1989（1））

以上为吴钊经过实测骨笛结构以后所作更翔实的记录。兹据黄翔鹏对七孔所记的音值配合七音阶与后代十二律名列出下面一表：

第1孔	A^6	羽	南吕（相当于后来十二律）
2孔	F^6	变徵	蕤宾
3孔	E^6	角	姑洗
4孔	D^6	商	太簇
5孔	C^6	宫	黄钟
6孔	B^5	变宫	应钟
	第8小孔		
7孔	A^5	羽	南吕

吴氏认为骨笛上第五孔恰是宫，它的音程关系，由于它与全闭及第二孔

上下两变的音程数完全相等，这个宫音即相当于古人所谓“中声”在骨笛上的数理依据。宫的产生必须以全闭的长度为前提，即全闭的22.2厘米，减去8厘米，可得14.2厘米便是宫数；既求得宫数，便可产生其他孔之音。吴氏文中已列出产生法的详表，此处从略。① 他说这即是《国语》伶州鸠考中声的遗制。虽然《周礼》贾公彦疏认为中声即是指上生下生定律之长短，八千年前的贾湖人是否能够这样精密去计算，我不敢说，但七音的确定却是不能否认。

吴钊从墓中有骨笛二支的现象，指出有雌雄笛的制度。他说：M282：20号骨笛的音阶即由两个三音列所组成。换句话说：奇数孔的羽（7孔）、宫（5孔）、角（3孔）和偶数孔的变宫（6孔）、商（4孔）、变徵（2孔）二者之间，除相差大二度外，其小三～大三的音程结构完全相同，二者可以互易；无异把C调的偶数孔的三音，亦可作D调奇数孔，反之亦然，有如阴阳易位，所以形成雌雄笛，其道理即在此。把雌雄双笛所呈现的阴阳意识居然应用到乐理方面，八千年前的贾湖人在乐器制作方面有这样的成就，真是使人感到不可思议！

以上的报道，最令人深感兴趣的尤其是已发表的M334墓葬的实况。其墓主有身无头而以八枚龟壳代替。吴君的解释以为墓主是以身奉献于神以头为供品。至何以使用一串八枚龟壳，他观察其中一枚刻有⊙的图文，他很重视八枚的八数，遂联想到八卦，又引用后出的《易传》言“《离》为目”，因而牵连八卦。我们细看贾湖的考古报告，都没有说及“龟铃”一事，只是说“头骨仅存几个碎片，颈椎零乱”、“龟甲八个，龟腹内装小石子”，腹甲上有刻符，如此而已。② 所以我不敢相信八枚龟壳即是表示八卦。该龟壳是否是具有音乐作用的铃，很成问题。从其他刘林随葬龟甲内装小石子外，还有骨针，兖州则龟甲内只藏骨锥，知与音乐无关。至于墓主身边摆有鱼叉，这说明当时犹是渔猎时代，下至春秋尚有“矢鱼”的遗俗。③

贾湖出土的骨笛共十六支，三件完整的都有七孔，全部的测音尚未正式公布，尚不宜太早作出推论。据说这批具有七孔的骨笛，有的音孔旁边还可

---

① 吴钊论文中有关音乐数据，可以参考。

② 参见《河南舞阳贾湖新石器时代遗址第二至六次发掘简报》和张居中《试论贾湖类型的特征及与周围文化的关系》（载《文物》，1989（1））。成组龟甲随葬与龟腹内装满小石子现象，不仅在贾湖出现，大汶口邳县、刘林与下王岗早期文化亦有之。很难说是“龟铃”。

③ 参见陈槃：《矢鱼于棠说》。

看到钻孔前刻画的等分差距的痕迹，这说明那是经过精密的计算手续的。它的吹奏方法可作斜出四五度角竖吹，大抵是属于竖笛一类的乐器，我们现在称竖吹的为箫，横吹的为笛，黄翔鹏根据《说文》训笛为七孔筩，故仍称为笛。《广雅·释乐》云："籥谓之笛，有七孔。"王念孙《疏证》引《风俗通义》用《乐记》说："笛长一尺四寸，七孔。"如是亦不妨视之为籥。籥在古代记载上用途甚广，出土亦不少，像河姆渡的管笛，不但是横吹边棱发音，而且在中央开孔，在两侧开按音孔，非常进步。贾湖的竖吹骨笛比河姆渡早了三千年，而制作复如是精巧。从贾湖到河姆渡，由竖吹多孔发展到横吹多孔，河姆渡的骨笛有人说即是籥。在该地出土的骨器笛类还有一支像中指般约10厘米左右长，开着一个横吹的孔和六个音孔，有点像今天的六孔笛，这证明横吹笛的起源亦甚早，并不如马融《长笛赋》所说从羌笛四孔再加其一。(《长笛赋》云："故本四孔加以一，君明（京房）所加孔后出，是谓商声五音毕。")那样的晚出，其实在八千年前七孔笛已流行了。古人重视龟的灵性，龟能知天时，"龟所以备吉凶"（《楚语》韦昭注）。古代有时用牛代龟，《管子·山权数》篇云："龟为无赀，而藏诸泰台，一日而衅之以四牛。"可见其礼之隆重，杀四头牛来致祭，因为龟是无价之宝，故曰无赀。从八千年前贾湖人用龟合葬的礼俗，可见祀龟已有极悠久的历史传统。古代掌乐的专职人物是所谓"神瞽"，他虽是盲眼但听觉特别灵敏，辨音声的本事极高，音声的高低、洪细、从最低的C（黄钟）和高八度的种种音色，他必能辨别清楚，故能考之中声以定律准，寻求首律而加以计算来制定音程的。

关于吾国古代音乐理论的形成，有二个重要范畴：一是数的范畴，一是时空范畴，前者为数字与音乐的关系，后者为时间、空间（即十二月与四方）与音乐的关系。古代数字大抵带有神秘性，它和音乐更结上不解缘，古文献有许多说法。举例言之：

声：五声——《尚书·皋陶谟》："予欲闻六律、五声、八音、七始。"

律：六律——《国语·楚语》："六律、七事、八种。"

七律——《周语》伶州鸠说："合五位三所，自鹑首五驷为七列……南北之揆七同也……以律和其声，于是有七律。"

音：七音——《左传·昭公二十年》："一气、二体、三类、四物、五声、六律、七音、八风、九歌以相成。"《左传·昭公二十五年》："为九歌、八风、七音、六律以奉五声。"

八音（见上引《尚书》）。

所谓五声自指宫、商、角、徵、羽。其他则有它的时代性，在不同时代有它的数字使用的历史背景。周景王时所重在七数，故以七列、七同来解释七律。春秋子产时代，五行说盛行，以五声为主，故以七音、六律来奉五声。现在看贾湖骨笛，已有七孔和另一小孔，分明已具有二变，我们知道远古人们对七律，即由五声加上二变，这种音乐知识在黄帝之前早已熟悉。

次谈时空问题。

时间是历法，空间是方位，以乐律配合天时，主要在掌握时空定点。历史的记录告诉我们，二至的确立，即以十二律的黄钟与蕤宾相配。冬至是一年之中夜最长的一天，夏至是最短的一天，十二律配以十二月，黄钟值十一月的冬至，蕤宾值六月的夏至。古代的乐官，负责司掌以音律去省察土风以知天时，来指导农事。历史上像虞世的幕是一位能够"听协风以成乐而生物"的受人崇敬的人物。他的任务是分析乐音，预知时令，这是"成乐"的事；制定节候，以便稼穑，这是"生物"的事。预告协风的来临，协风至的日子是距离冬至四十五日的立春。《周语》说道："瞽告有协风至。"[①] 乐官的神瞽即是节候预告的负责人，从虞舜时代已有幕其人在这一方面工作取得很大的成就，故被人们尊为大圣。风生于四方，殷代的卜辞有很明确的四方风的记录（东方之风曰劦，即是协风；南方之风曰光；西方之风曰彝；北方之风曰役）[②]，风必与时相应，不应时则乱；风与时必须相应，即时空的定点必取得一致。贾湖遗物远在虞幕之前，贾湖骨笛证明八千年前已能辨别七律，可见听声的工作已有极悠久的传统，到了虞世有幕一类的人物产生，是顺理成章不足为奇的。[③]

前论骨笛成双，雌雄相配，我们看《吕氏春秋·古乐》篇说：

……伶伦制十二筒，听凤皇之鸣以制十二律，其雄鸣为六，雌鸣为六，以比黄钟之宫。适合黄钟之宫皆可以生之，故曰黄钟之宫，律吕之本。

《淮南子·天文训》亦云：

---

① 参见拙作《四方风新义》，载《中山大学学报》，1988（4）。

② 参见胡厚宣：《甲骨文四方风名考证》。

③ 参见拙作《古代听声之学与协风成乐说溯源》，见《曾侯乙墓钟磬铭辞研究》，58页。

律之数六，分为雌雄，故曰十有二钟，以副十二月。

按十二律生于十二钟，律名以钟为号者有黄钟、夹钟、林钟、应钟。八千年前贾湖文化尚未有钟的使用，那时即使乐师能懂得以音律与时间配合，能认识最低的C音，必不可能有“黄钟”的名目。那时有关时间的知识如何？是否晓得把一年分为十二个月，无从得知，故很难证明已有十二律的产生。唯雌雄笛之制如果如吴钊之说，分为雌雄，则皇古以来早已有此种知识。《淮南子·天文训》云：“故卵生者八窍，律之初生也，写凤之音，故音以八生。”骨笛是用鸟骨制成，在计算长度时可以在一个八度以内取得八个不同的乐音。骨笛分明是七孔，如果把调音的小孔加上，恰成八数。“音以八生”，其中竟有一个是类似调音之用的“应声”，令人惊讶当时音乐智慧成熟的程度！

现在总结吴钊报道的若干要点，使人们对于远古先民的音乐智慧有确实性的认识：

（一）七孔骨笛，说明八千年前七音阶及二变音值的存在。

（二）骨笛有雌雄，当时已晓得运用阴阳意识于乐理之中。

（三）最低音C的寻求，在定律上对于音数有相当的把握。

（四）音律和实际生活的结合，为后来“听声成乐”工作打下了基础。

上面数事具体说明远古华夏尚乐的悠远传统和音乐智慧的早熟。

我们回头看他邦远古音乐的发展情况：

希腊七音音阶的形成，西方学者公认为公元前497年毕达哥拉斯由竖琴四度音转换为全音阶，他发现和谐音程比率，有人认为是从他东游埃及时由巴比伦得到的知识。早期来华的传教士像钱德明（Jean Josephmarie Amiot，1718～1793）于1780年在欧洲发表论文《中国古今音乐琐忆》（*Mémoire sur la musique des Chinois tant anciens que modernés*），却以为毕氏的音阶知识来自中国传统。钱氏的意见近时受到李约瑟很中肯的批评，当然是不对的。但李约瑟说中国十二律没有纯八度的概念，进而否认其半音阶的功能，未免对吾华古代音阶知识的形成估价太低。

自从曾侯乙墓编钟出土以后，大家都知道在公元前433年楚地的曾侯国有双音编钟，证实此时中国竟有一套完整的超过五个八度音域的半音阶乐器，而且有明确周详的钟律铭辞的记录，这套乐器的年代正在毕达哥拉斯在生之后六十年。其钟律具体结构在世界乐坛尝引起极大的震撼，对李约瑟的说法作了史实的纠正。美国Ennest Meclain对曾侯乙钟律的分析，更指出在中国与希腊同样地把音乐与律历结合，可追踪至谐和音律，其理论很符合古巴比伦乘法表中从《开辟史诗》（*Enuma-Elis*）认识到由八度音程比 2∶1 扩展到 720∶360 正是一周年 360 的单位，再由此作为比率来定十二音的音阶。他认为中国的乐律正是受到巴比伦的影响。我因为翻译过这篇史诗，体会到原文的本来意义，曾经提出异议，拙文在随县编钟讨论会中披露。[①] 圣地亚哥加州大学程贞一教授与天文史学家席泽宗先生因约我合写一篇关于远古中外乐律与天文的比较研究长文，该篇不久可以刊布，唯文中未及详细引用贾湖资料。顷因吴钊先生寄示所著，并嘱提出看法，因草成此文，介绍他见解的要点，使人知道八千年前先民对于音乐知识已有这样高度的成就，和巴比伦毫无关涉。至于毕达哥拉斯的球体谐和理论（harmony of sphere）主张众星球环绕中心火而旋转，乃是他理想的宇宙架构，他所定的度数，原都出于臆想，不必深论。中国音乐知识起源甚早，有自己的独特成就。特别需要指出的是汉学家沙畹（E. Chavannes）的误解，他于 1898 年在翻译《史记》里面，竟说吾国乐律乃由亚历山大东征从希腊传入，完全搔不着痒处。如果他知道贾湖出土骨笛的情形，八千年前已有这样的音乐奇葩，不知他作何感想呢!

① 参见拙译《近东开辟史诗》（附录），台北，新文丰出版公司，1991。

四方风新义

——时空定点与乐律的起源

人立于天地之中，对自然界物象的观察，最基本的是方向的辨认，因为空间的区划是人的周遭最重要的定点。《周礼》一书在开端便说："辨方正位"，"以为民极"，方位的确定是人民活动的指针。人类对于四方（four quarters）之观念产生甚早，华夏与西亚及印度在远古文化史上都同样有四方风的名称。

先说西亚，巴比伦的《开辟史诗》（*Enuma-Elis*）第四版里面已出现四方风（four winds）。东、西、南、北四方风具有无上威力，是上神安排来对付反叛者蒂阿默（Tiamat）的武器，史诗说：

> 彼（上神）乃布下罗网，纳蒂阿默于其中。彼安置四风，使她无所逃（于天地之间），（是为）南风、北风、东风、西风。

四方之风（楔形文 ulu），其名如下：

南风　sūtu
北风　istānu
东风　šadū
西风　amwru

下面又有七风之称，其最厉害之风名曰 imhullu，一般称风为 sârum，亦表示“以息相吹”的气。

华夏的四方风名在殷代有非常具体的记载，殷代文字借“凤”字为风。凤是一种神鸟，《说文》引黄帝臣的天老说：“凤出于东方，暮宿风穴，见则天下大安宁。”风所从出的北方称为风穴（《淮南子》注引许慎云）。殷人常年祈求“宁风”，希望风调雨顺，求宁风的占卜记录甚多。殷人对于四方之祭礼，有燎，有帝（禘），如云“⺢于东”（《合集》一四三一九正），“⺢于西”（《合集》一四三二五～一四三三〇），“⺢于北”……不一而足。帝于四方谓之“方帝”（“贞方帝”见《合集》一四二九六～一四三一〇），殷人对于四方，和印度一样，都给予专名；四方的风，亦有特别的称谓，有两条最重要的资料：

(1) 胛骨　大字，武丁时物，《合集》一四二九四，原见《京津》五二〇。

(2) 腹甲　《合集》一四二九五，原是《乙编》二五四八+《京津》四二八，亦见《丙编》中册上二一六。

以上两板，经过胡厚宣、于省吾、杨树达、严一萍等人的考证讨论，大家已耳熟能详，不用复述。我现在要提出的有一些新的看法。

(一) 听协风之听与虞幕

在卜辞所记祭祀四方风是为着祈年，《乙编》龟甲是张秉权与严氏所缀合（见《丙编》中册上二一六；《甲骨古文字研究》，188 页），贞人为内，时间都是一月的辛亥日，四方风名之下都有⺢（祈）年一语。最重要的是下面左右还记着下列两句：

辛亥卜内　生二月，㦰出㖞（耶）。　贞　唯尤。

伐亡其哯（耶）。　唯尤。

这几句卜辞应该和四方风与祈年之事有点关系，可是没有人加以注意。张秉权把㖞字隶定作咣（《丙编》考释，296 页），此字右边分明从耳（ ）。㖞在新《甲骨文编》释为圣字，余谓和“耶”当是一文之异写，可以释为听。

“㞢哯”与他辞之“㞢聑”相同。

听字，《国语·郑语》说：“虞幕能听协风以成乐而生物者也。”听协风的事甚古，起于夏以前虞时的幕，幕在这方面的贡献，后人崇拜他，和禹、契、弃相比伦，请看下表：

虞幕	能听协风以成乐而生物
夏禹	能单平水土以品处庶类
商契	能和合五教保于百姓
周弃	能播殖百谷蔬以衣食民人

《左传》言舜祭幕，“有虞氏报焉”，报即甲骨文的匚，《路史》引孔晁云：“幕能修道，功不及祖，德不及宗，故每于岁之大蒸而报祭之。”然则匚祭之由来也远矣！“东方曰析、风曰劦”下面的“㞢哯（听）”、“其哯”，当指听协风的事。《周语》：“先时五日，瞽告有协风至。”协风二字出殷代甲骨文。又云：“是日也，瞽帅音官以风土。”韦注：“瞽，乐太师，知风声者也。”又：“音官，乐官。风土，以音律省土风，风气和则土气养也。”协风的来临，由乐官瞽师负责报告，瞽职在掌乐兼知天时，幕的任务想是和瞽师一样。《史记·律书》云：“武王伐纣，吹律听声，推孟春以至于季冬，杀气相并，而音尚宫，同声相泛。”《正义》引《兵书》云：“夫战，太师吹律，合商则战胜……宫则军和，主卒同心。”战争亦需要吹律听声，与省土风之用音律，都是听音声的事情。𢦔字张秉权释𢦔，以为是人名。如此说可信，则𢦔当是武丁时听协风的乐师之名字。这一板所记的“㞢听”、“其听”，在这里可以得到合理的解释了。

（二）协风与劦田，藉田之礼

武丁卜辞有劦田之卜，以祈丰年。

卜𣪕贞：王大令众人曰：劦田，其受年，十一月。（《合集》一，二，四）

劦田在殷代是非常重要的农业活动。《诗·小雅·甫田》：“琴瑟击鼓，以御田祖，以祈甘雨。”《周礼·春官·籥章》“凡国，祈年于田祖”，郑玄注：“祈年，祈丰年也；田祖，始耕田者，谓农神也。”𠦪年即是祈年。《吕览》：

“孟冬之月……天子乃祈来年于天宗。”殷正建丑，十一月即夏正的十二月，是时𦱀田以祈年，说明春的来临。

东方曰析，其风曰𦱀，𦱀即协风。据《周语》宣王时虢文公的谈话“先时五日，瞽师告有协风至”，韦昭注：“协，和也，风气和、时候至也，立春曰融风也。”融风一名见《左传·昭公十八年》梓慎的说话；慎登大庭氏之库以望气。《淮南子·天文训》“距日冬至四十五日条风至”，高注：“一名融，为笙也。”它配以八音，其乐器属笙。韦昭谓协风即是立春日的融风，它又名条风。《白虎通·八风》篇说：“风之为言萌也，养物成功……距冬至四十五日条风至。条者，生也。”后代讲卦气的书云：“坎初六冬至，广漠风，九二小寒，六三大寒，六四立春条风，九五雨水，上六惊蛰。”在坎的爻位六四爻是立春，在八风是条风，可见协风在节气是代表立春。融风、条风都是后来的别名。

自虞幕能听协风以来，瞽师音官都以音律去省土风。藉田之礼，是由太史顺时覛土，而膳夫农正陈藉礼，所以戒农用而利民时。殷时已见藉田的记录，司其职者曰小藉臣。其卜辞云：“乎藉㞢（生）”，“乎藉㐭（亩＝禀）北沘”，“……贞众乍藉不丧”（《合集》八）。藉字作□，像人秉耒，表示“王耕一坺”，春气主生，其风曰条风。条者，生也（《白虎通》）。其乐器用笙。笙者，生也。“乎藉生”之生，义盖如是。藉田必在立春前后，此时之风即为𦱀风。“乎藉亩”者，《周语》云：“是日也……廪于藉，东南钟而藏之，而时布之于农。”韦注：“廪，御廪也，一名神仓。东南，生长之处。钟，聚也。谓为廪以藏王所藉田，以奉粢盛也。”是谓为廪以藏王所藉之物。“于沘之北”他辞又云：“卜穷：令多农。”（《前》四，一〇，三）多农即农正也。又：“卜争：乎𡆥（圃）秜于姐受有年，𡆥藉于姐受年。”（《乙编》三二一二）𡆥是地名，即圃田。秜，《说文》云：“稻今年落，来年自生谓之秜。”《类篇》禾部：“秖秜，一曰再种，或作秜。”甲骨文作“□”，即此字。

有关藉的事例陈氏《综述》（5331页以下）论之已详，唯未及藉田之礼。听协风是依据音律来省察土气，所以与藉田之礼有着密切的关系。

（三）田畯、先农

《周礼·籥章》“以乐田畯”，郑玄引郑司农云：“田畯，古之先教田者。”《说文》：“畯，农夫也，即先农，死而为神则祭之。”古代祈年于田祖，田祖亦称为畯，即后代的先农。大蜡的时候亦作为飨祭的对象，故《郊特牲》云“大蜡飨农”。殷卜辞有畯字应读为畯，其辞云：

丙寅卜，穷贞：子啇奇畯四方，十月。（《后》七，八，一）

丙寅卜，兄贞：令邪啇奇……（《前》五，四，二）

二板是同日同事之卜，而贞人有穷与兄之异，奇《说文》读若蘖，《广韵》入声十二曷："啐，啐啐啊啊，戒也。"《后》下之辞言令子啇其人戒田祖（畯）于四方。四方为祭方之祭，有时为宁风，如云：

宁风于四方其五犬（《合集》三四一四七）

东、西方之禘，与祈年之事有关，如：

庚戌卜争贞朿于西，囲一犬一冎（彀）。

朿四豕三羊冎一卯十牛冎一。（《英》二五〇巨骨正面）

……二羊冎三，卯于东方析，三牛三羊冎三……业曰千楙，王䖵于之，八犬八豕。（《英》一二八八，即《金璋》四七二）

其云"业（侑）曰千楙"，目的即祈求丰收。"千楙"（或森），犹言千耦、千亩，故知其所祈求之神明当是田祖，即农神的畯。殷时祭四方必祷于田畯，亦出于藉田之礼。

（四）正风，出入风与出入日

《山海经》记四方风名，胡先生论之已详，唯对于"出入风"一义未能说明。兹录其文如下：

日月所出名曰析丹，东方曰析，来风曰俊，处东极以出入风。（《大荒东经》）

有神名曰因，因乎南方，乎夸风，处南极以出入风。（《大荒南经》）

有人名曰石夷，来风曰韦，处西北隅，以司日月长短。（《大荒西经》）

北方曰鵷，来风曰狻，是处东极隅以止（正）日月使无相间，出没，司其短长。（《大荒东经》）

文中言及日月出没，“司其短长”，当指日之长至短至。古代的乐官负责以音律去省土风兼以知天时，《周语》虢文公述藉田之日瞽师音官以风土，韦注云“风土以音律省土风”，在立春日行藉田礼之前，乐官用音律来正风，确定时间的定点来配合乐律。《吕氏春秋·古乐》云：

帝颛顼……乃登为帝，唯天之合，正风乃行。

又云：

大圣至理之世，天地之气合而生风，日至则月钟，其风以生十二律：
仲冬，日短至则生黄钟。
仲夏，日长至则生蕤宾。
…………
孟冬生应钟。
天地之风正，则十二律定矣。

可见风正则十二律定，欲求天地之气相合，必以日之短长至作为定点，乐律上十二律的编制亦相与配合。换句话说，乐律上的定点必符合天文上的定点，故以冬至为黄钟，夏至为蕤宾，如是则风正，四方风可以司日月短长，其道理即在于此。

至于出入风之义则与出入日有关，《尧典上》言“寅宾出日”，“寅饯纳日”，和卜辞的出入日，经过许多人的研究，意义相同。殷历以建丑之月为正月，故夏至在六月，冬至在十二月。出日入日可以说是殷人对“春分朝日，秋分夕月”的认识，和后世的“春朝朝日，秋暮夕月”的祭礼正是一脉相承（参宋镇豪《甲骨文出日入日考》）。上面说正风必依据日的短长至，故知出入风即是正风。古代许多土功都从冬至开始，至日是一个极重要的日子。卜辞中至日的占卜很多，略举如下：

至日（《合集》二九七〇一）
弜至日（《合集》二九七〇二）
壬辰卜至日（《乙编》五三九九）
壬辰卜弜至日（《乙编》五三九九）

至日甲（《屯南》二二七一）
弜至日（《屯南》二二七一）
其至日
夒燎至日酌吉丝用
其至日
夒燎卯大乙大吉丝用（《屯南》四五八二）

这些新资料证明殷代对至日的重视，先公的大夒和大乙亦在至日举行燎祭，至日是历法和乐律的定点，春秋分则是出入日的定点，都是正风在天文上的基本标志。正风本来和"正时月"是一事之不同方面。

风生于四方，《周语》说："方不应时，不应时则乱。"方与时要相应，即是说时间和空间要取得一致，否则必定发生乱子。

（五）析丹与俊风

杨树达主张四方风名即是神名，职司草木之神，以"卯于东方析"之语为证。严一萍则论四方风名亦是地名，举析刍（《乙》四七五），𠃌白（《乙》二一五六十二二一一），命玮（《前》四，二六，四）诸辞为证、卜辞中人名往往亦是地名，其例习见。地名亦可从人名或神名而来。《山海经》之言四方风，每称"有人名曰某"，具见四方各有其所主之神，古来实有此说。

《山海经》东方之折丹，以卜辞证之，折当作析，然析与折义亦互通（《广雅》："析，折分也。"）。折可指析木之津，《尔雅・释天》："析木谓之津，在箕斗之间。"《离骚》："朝发轫于天津兮，夕余至乎西极。"析津为东方之极，五臣吕延济云："东极曰天津，西极日所入也。"丹谓丹穴，《尔雅・四荒》："自齐州以南戴日曰丹穴。"东方的析丹，可以说是析木与丹穴的合称，指日出日入之处，故《大荒东经》说日月所出名曰析丹。下面又说"来风曰俊，处东极以出入风"，东极是他的居处所在，所谓"东极曰天津"，此即其地为析木之证。《山经》"来风曰俊"，属于东方，但《大戴礼・夏小正》则称"（正月）时有俊风。俊者，大也。大风，南风也"，把俊风说成南风，与《山经》不同，说较晚出。

《大荒东经》在俊风上面称其地是日月所出，下面说他能"出入风"。我疑心其风名曰俊风，也许和帝俊有点关系。楚帛书言"日月夋生"，又云"帝夋乃为日月之行"。《大荒南经》谓"帝俊妻羲和生十日"，《大荒西经》说

“帝俊妻常羲生月十有二”。帝俊是造物主，可以生日月，可以出入风。《易·说卦》云：“帝出乎震。”震是东方，帝亦可指帝俊，他是至上神。这样说来，四方风的命名，和天神有不可分的关系。郭璞在“析丹”下注云“神人也下”，很难说它与神名无关，俊风正是一个好的例子。

余论

古代远东和近东都尊重日神。巴比伦人称日曰 Utu，其史诗亦言“升于东山而沉于西山”，呼山曰 Sădwum，好像卜辞的出入日。殷代卜辞屡见东土南土西土北土受年的记录（《合集》九七三四～九七五一），祝丰稔、求安宁，是当时人们共同的祈求。巴比伦在 Nippur 搜集的一块泥板上刻着公元四千年前有名的《四土颂》，我在这里根据 S. N. Kramer 的英文翻译，重译如下：

其日也，亡壱，亡厉，亡鬣犬，
亡狮子，亡野犬，亡狼，
亡惧，亡怖，
民斯无敌矣。
于斯时也，东土（Shubur）则沃野千里，皆正道之地；
南土（Sumer）则充满和气，为王族政令大行之邦；
北土（Uri）各应其所求；
西土（Martu）则既安且康。
普天之下，民俱时雍，
于巨神恩立尔（Enlil）同声共赞。
（见氏所著《苏美尔神话》的首页，他称道这是人类的黄金时代。）

巴比伦是以商业贸易为主，和殷代主要生产为农业的社会性质很是不同，但对四方四土的祈求是一样的。求福禳灾有着共同的愿望，其大神恩立尔是造分天地的大气之神，可以和我们的造物主能为日月之行的帝俊相比拟。这篇颂词，我第一次把它介绍给我国研究古代史的同行们，谨以作为探讨人类活动的比较神话学开展下的一个献礼。（此文曾在中山大学演讲。）

原载《中山大学学报》，1986 年第 4 期

从郭店楚简谈古代乐教

郭店楚简的问世，引起中外对古书重新讨论的热潮。楚简里有《缁衣》全文，现在所知，香港中文大学和上海博物馆亦有《缁衣》零简，证明《礼记》里面有不少应该是先秦的书，并非汉人所作。在马王堆汉初楚墓出土的《老子》后面的逸籍，有所谓《德行》的，是儒家的著述，已经有不少中外学人研究；现在郭店简亦出现与此文字相同的简册，在竹简的开头标记着“五行”二字，大家无异议地承认它正是子思的作品。荀卿在《非十二子》篇中说的“材剧志大，闻见杂博，案往旧造说，谓之五行”，可能即指是篇。

在郭店简《性命》篇之中有一段谈及人心喜愠的问题，和《礼记·檀弓》所引子游的谈话，文句颇有雷同，兹比较如下：

《檀弓下》	楚简
人喜则斯陶，陶斯咏，	喜斯慆，慆斯奋，奋斯羕，
咏斯犹，犹斯舞。	羕斯猷，猷斯迮（舞）。迮，喜之终也。
愠斯戚，戚斯叹，	昷斯悥，悥斯戁，戁斯难，
叹斯辟，辟斯踊矣。	难斯𠍙；𠍙斯通（踊）。通（踊），昷之终也。

上海竹书末无此一段。

《檀弓》此文，是有子和子游同在一起的对话。有子说：“予壹不知夫丧之踊也，予欲去之久矣。情在于斯。”有子意欲废去丧礼之踊，子游以为不可，说他“所刺于礼者，非礼之訾”。

楚简这段话的关键词是一“通”字，如果把这一字看作通，那就完全不通了。今按此字当释“踊”，从走从辵从足同义。《说文》走部：“踊，丧擗踊。从走，甬声。”又足部：“踊，跳也。”今《仪礼》、《礼记》皆作“踊”。楚简不作踊，而作通，即《说文》之踊。《仪礼·士丧礼》、《礼记·杂记》及《丧大记》中，列出礼节，“成踊”、“不踊”，都有所规定。擗字亦作辟，《邶风·柏舟》：“寤辟有摽。”辟和摽都训拊心。搥心为擗，跳跃为通。故云“辟斯踊”。𣎵字形从亡米，以义推之，当指擗。亡，李零《校记》读为“作，喜之终也”。未安。按《说文》攴部：“㱏，抚也，读与抚同。”又手部：“抚，古文辵。”与此简形同，故当释“抚”，而读为“舞”。甲骨文舞字异体作㚒形（《合集》二一四一七），从大从二亡，由此可证楚简以舞之作辵例之，简文从亡之亡，读为无；故辵字得读作舞。戮字从心，业声，增戈旁，可释㦝，《集韵·三十一业》：“㦝，惧也。”戁者，《说文》：“戁，敬也。”《商颂·长发》：“不戁不竦，百禄是总。”戁亦训恐。至于愠字，《说文》云：“怨也。”《檀弓》“咏斯犹”句，宋本《御览》卷四六七引作“咏斯摇”。

我花了九牛二虎之力，把楚简这段文字仔细推敲，终于弄清楚了。把它与《檀弓》仔细比勘，知其原本是子游的谈话。他认为人的情绪，可分为喜、愠二大类，喜是欢愉快乐，愠是悲怨哀痛。楚简行文较繁，可以看出他用意的要点。他说“辵（舞），喜之终”；“通（踊），愠之终”。

昷字原字作，上从囚，下从心，定为愠，正与《檀弓》符合。古代亲丧，孝子必拊心跳跃，故以“擗”为愠痛之极。舞则容易明白，所谓“不知手之舞之”是也。既知这段话出自子游，我们看《非十二子》篇谈及《五行》之后，加上的评语说道：“子思唱之，孟轲和之，世俗之沟犹瞀儒，嚾嚾然不知其所非也，遂受而传之，以为仲尼、子游为兹厚于后世，是则子思、孟轲之罪也。”郭店楚简记录子游这段话，记录者当然即是荀子所讽的“瞀儒”，二千年后居然从坟墓跑出来，足以反证郭店本之所载录，不少应是出于子思的著作，《五行》只是一个明显的例子。

《五行》篇中涉及古代乐教的文字有一件十分重要，涉及儒家思想的论题，即“集大成”这件事。

无人不知孔子是被称为“大成至圣”的人物，这句话出自《孟子·万章》篇。大成二字富有特殊的音乐意义。

孟子称赞孔子为圣之时，能集大成而以“金声”、“玉振”四字表扬之。

金声是始条理，玉振是终条理。向来训诂家都采取乐章之“成”来解说大成，是正确的。今证之郭店本《性自命出》章：

> 闻笑声，则膻（鲜）如也斯喜。
> 闻歌谣，则舀（慆）如也斯奋。
> 听琴瑟之声，则諉（悸）如也斯㦞。
> 观《赉》、《武》，则齐如也斯作。
> 观《卲（韶）》、《頙（夏）》，则免（勉）如也斯佥（敛）……
> 郑、卫之乐，则非其声而从之也。
> 凡古乐龙（宠）心，益乐龙指，皆教人者也。

诸声字原皆作“圣”，舀读为慆。《说文》：“慆，悦也。”是章又云：“《𧶠》、《武》乐取，《侶》、《頙》乐情。”《𧶠》应是指《周颂·赉》：“文王既勤止，我应受之。”《武》即《周颂·（大）武》：“于皇武王，无竞维烈。”侶即韶；頙即夏字，指《肆夏》：“子闻韶乐，三月不知肉味，不图为乐之至于斯也。”益乐指繁声，手“指”妙用之，古乐则有裨于心灵，其为宠于人也不一，此古乐与益乐殊科。韶夏，古乐也；郑乐之声，益乐也。

下段文字叠用几个形容词的“如”字。试看《论语·八佾下》：

> 子语鲁太师乐曰：乐其可知也。始作，翕如也；从之，纯如也；皦如也，绎如也；以成。

《仪礼·大射仪》，纳宾后乃奏《肆夏》，乐阕后升歌，故曰“从之”。继以笙入，笙有声无辞，可辨其声，故曰“皦如”。继以闻歌，笙奏不断，故曰“绎如”，而乐以“成”。《尚书·益稷》：“箾《韶》九成。”郑玄注：“成，犹终也，每曲一终，变更奏。”《礼记·乐记》云：“《武》始而北出，再成而灭商，三成而南，四成而南国是疆，五成而分〔陕〕，周公左，召公右，六成复缀以崇天子。夹振之而驷伐，盛威于中国也。”是《武》凡六成，视《韶》乐稍杀矣，成亦谓之终。《逸周书·世俘解》记：“奏庸，大享，一终，三终。进万，献《明明》三终，籥人奏《崇禹生开》，三终，王定。”三终即是三成。《诗·车攻》：“允矣君子，展也大成。”楚简《缁衣》引作：“㞒也大成。”

《诗·齐风·猗嗟》：“仪既成兮。”郑笺：“成，犹备也。”《周颂·有瞽》：

"永观厥成。"《仪礼·少牢馈食礼》："祝告：利成。"郑注："毕也。"总观上引有关文献，"成"是乐备之义，不成问题。

最值得注意而应该深入研究的是《五行》篇中所述关于金声玉振的解说，从精微差异的角度加以剖析，和《孟子》大有出入。兹录《五行》其文如下：

> 君子之为善也，有与始，有与终也；君子为德也，有与始，无与终也。金声而玉振之，有德者也。金声，善也；玉音，圣也。善，人道也；德，天道也，唯有德者然后能金声而玉振之。（楚简缺文依帛书本补订。郭店简缺"有与始，无与"五字。马王堆帛书分明作"无与终也"。详魏启鹏：《校释》，12 页。李零改作"有与终"，未确。）

子思区分善与德为二系，善为人道，德为天道。人道之善有与始，有与终；而天道之德则有与始而无与终，由有而反乎无。《五行》篇开头即说："仁，形于内谓之德之行，不形于内谓之行。"于"义"亦然。他所标揭的五行，是仁、义、礼、乐、知。他说"四行和谓之善"。

表之如下：

人道	金声	善	仁、义、礼、乐 ⟶	有与始 有与终
天道	玉振	德	形于内为德之行 ⟶ 不形于内只是一般的行	有与始 无与终

孟子之说较为简括，但谓为"始条理"、"终条理"而没有突出"无与终"的"无"。马王堆本《五行》说"有与始有与终，言与其體始，与其體终也"，"无与终者，言舍其體（体）而独其心也"，无与终是舍其体，即不形于外。由有与终到无与终，推进一层次，由人而及于天，由有形到无形。他把玉振属之于德，有如陆子静之尊德性。我个人认为子思的重"无"，《礼记》的《孔子闲居》，孔子对子夏大讲"三无"的道理，即无体之礼、无声之乐与无服之丧；无体之礼，岂非《五行》所说的"舍其體"乎。荀卿说子思"案往旧造说"安知非本之仲尼乎？后代嵇康《声无哀乐论》主张"乐之为体，以心为主"，宣称"无声之乐，民之父母也"。魏晋之世，《子思子》原书尚存，对当时玄学家的乐论，自然有相当影响。"无与终"之为天道，是高级的善，

故称之为“德”。子思对“德”的界定，认为形于内不形于外谓之德。韩愈《原道》称“足乎己无待于外之谓德”，似有取于此。子思学说，富有形而上意义，孟子不能完全采用。荀子则讥其“僻远而无类，幽隐而无说”。战国末期，是议兵游说、实用观点大行其道的时代，子思的形上学见解不易为人接受，自是理所当然的。

金声玉振的道理，自从曾侯乙墓钟磬出土以后，有具体的物证，可供借鉴，使人们增加许多真切的理解。古代乐悬的制度，天子四面名曰宫悬，舞八佾（行列）；诸侯去其南面，存三面，名轩悬，亦称曲悬，舞行六佾；大夫又去其北面，名曰判悬，舞行四佾；士曰特悬，只一面，舞行二佾（见《礼记》及贾谊《审微》）。有钟兼有磬，加之以舞，作为乐的全套。金声是击编钟，玉振指击编磬。前者《孟子》谓之始条理，后者谓为终条理。魏时，何晏著《乐悬》一卷，惜已亡佚。友人 Lother Von Falkenhausen 著 *Suspended Music*（《乐悬》）一书专谈编钟，有人要我为他写书评，因为无暇执笔，我向他说，应该进一步，再写编磬，目前出土有关磬的新资料甚多，正宜作综合研究，否则只有始条理，而没有终条理，还不能算是“集大成”呢。

《吕氏春秋·仲夏纪》记尧命夔拊石击石，以象上帝玉磬之音，以舞百兽，即取自《尚书》“夔典乐”之说。山西出土新石器时代东下冯的打制石磬，殷墟武官村出殷代虎纹大磬，测音均为$^{\#}$C。《尔雅》“大磬谓之毊”，郭璞注：“音器，以玉饰之。”这正是拊石，玉振的物证。殷卜辞有大夔之名，见《合集》二四九六三：

> 壬戌，王卜喜……
> ……大夔

很可能殷时，夔亦列于祀典。殷代有濩乐，又盛行万舞，在卜辞中都有具体的记载。出土的编钟，只是三枚或四枚为一肆，测音则钟的正鼓与侧之间一般为大二度的音程，律制尚待研究。《礼记·郊特牲》记“殷人尚声，臭味未成，涤荡其声，乐三阕，然后出迎牲。声音之号，所以昭告于天地之间也”。故《商颂·那》云：“既和且平，依我磬声，于赫汤孙，穆穆厥声，庸鼓有斁，万舞有奕。”由磬声以致和平，可致神人以和的境界。殷人迎牲必先奏乐，卜辞之中万舞及用鼓乐的记载，多不胜数。乐纬《乐叶图征》：“鼓和乐于东郊，致魂灵下太一之神。”《初学记》卷十五《雅乐》引《乐叶图征》，秦汉间郊祭祀太一之神，用鼓，称其乐曰和乐。

子思既提高德为天道，故其《五行》中称德曰“天德”。其言曰：

> 钒而知之，天也。钒也者，斋数也，唯有天德者，然后钒而知之。上帝临女，毋贰尔心。（马王堆本）

钒字，一说读为讥，察也；一说读为仉，精谨也。见《说文》人部。“深练于事曰仉”，意思是极深研几。斋数是说能够把握变化之数，古代是指占筮者，乃能通其变。武王伐纣之前，进万舞，奏《明明》三终。惠栋《逸周书》校本说《明明》即《诗》之《大明》。上举《五行》引用诗句即出《诗·大雅·大明》：“殷商之旅，其会如林，矢于牧野，维予侯兴，上帝临女，无贰尔心。”这诗句是牧野伐殷之役，诏示士旅皆宜一心戡敌，有上帝正在监视着你们。德之所以为天德，是与神互为感应的！《诗·小雅·伐木》：“神之听之，终和且平。”又《小明》：“神之听之，或谷以女。”神是爱好和平，和平之音，是从“磬声”而来的。

《乐记》也许出自公孙尼子，篇中多处强调礼外乐内之旨，又指出“乐者通伦理者也”，又说：“知诱于外，不能反躬，天理灭矣。”人化物也者，灭天理而穷人欲者也。故先王制礼乐，“礼节民心，乐和民声”，不可以人来化物，使人欲作无限度的滋长。故以礼乐化之，“大乐与天地同和，大礼与天地同节”，“和故百物皆化”。和即所以化物，今人谓之“感化”。《乐记》在终结说在宗庙、闺门之内，君臣上下，父子兄弟同听之，莫不和亲，故“乐者，审一以定和”。

子思之言“独其人心”其实亦即“审一以定和”的“审一”。“独心”与“审一”，理正一致。楚简《性》篇云：

> 凡学者求其心为难，从其所为，近得之矣，不如以乐之速也。
>
> 乐之动心也，浚深贼舀（郁陶），其剌（央）则流如也以悲，条（悠）然以思。

他认为乐最容易使人感动。求诸于心，是不容易的，如假途于乐，无疑是一种方便手段，所以说“不如以乐之速”。

楚简《语丛》又说：

乐，备德者之所乐也。得者乐，失者哀。

“乐”是兴善进德的工具，儒家十分重视。所以特别提倡乐教，使人浸润于天德化育之中。最高的层次是“集大成”，孔子所以为至圣也以此。

涓子《琴心》考

——由郭店雅琴谈老子门人的琴学

一

湖北郭店一号楚墓出土有《老子》及儒家著述写本，引起国际的重视，到目前为止，已经举行几次国际性的讨论会。规模最大的，要算今年（1999 年）10 月 15—18 日，在武汉大学珞珈山庄举行的研讨会，笔者有机会出席，接触到一些新发表的论文，复在编钟馆再作一次详细考察。归来之后，因草此文。

郭店墓葬是一座土坑竖穴木椁墓，其中遗存的东西，有漆奁、漆耳杯、铜剑和铜戈各 2 件，铜铍 1 件、矢箙及矢镞 132 件、龙形玉带钩，还有 1 件七弦琴，最令人瞩目。[①] 关于墓主是什么人，是何种身份，比较平正的推测有下列各点：

> 从头向（100°）来看，属于广义的楚国公族。从墓制来看，乃士之上者，从墓中出土的竹简来看，是学者，从墓中的乐器来看，雅好音律；从墓中的兵器来看，至少做过下级军官，从墓中出土的耳杯所刻“东宫之杯”四字来看，曾与太子有交往。[②]

---

① 参见《荆门郭店一号楚墓》，载《文物》，1997（3）。

② 张正明：《郭店楚简的几点启示》，见研讨会论文汇编第二册，357～360 页。

其中只有从铜铍兵器而推断其做过下级军官一事，不甚合理，东宫亦不一定指太子之所居。其他的论断，尚属平实的看法。

关于漆杯铭文“东宫之杯”四字，学人有两种不同意见，一读杯为“帀”，即师字；一读为“不”字，即是杯。以字形论，我认为释不（丕）指杯为妥。从墓葬制度只有一椁一棺的士礼看来，墓主人不可能是太子师傅，亦不适合工师的身份。我很同意李零、王葆玹之说①，应读作“东宫之杯”。

关于郭店所出的七弦琴，全长 82.1 厘米，其大小与构造略近于 1973 年湖南长沙马王堆汉墓出土的琴，马王堆琴全长 82.4 厘米。两湖出土的琴，尚有：

（一）随县曾侯乙墓的十弦琴，黑漆，长 67 厘米，中空作音箱，据两端弦孔与拴弦柱，原张十弦。

（二）长沙五里牌战国墓的九弦琴，长 79.5 厘米。

这些琴，比较为短小型，首宽，尾狭，仅有一雁足，弦皆系于一足之上。琴轸藏于腹内，不像今琴七弦分系于两足，亦无今琴的龙池、凤沼的出音孔。制作无今时之进步②，但郭店琴乃确为七弦。有人断其年代稍晚，推论可能在顷襄王之前期，亦有说在白起破郢之后③。

二

老子弟子有楚人环渊，著有《琴书》。刘勰称之为“涓子《琴心》”。

《汉书·艺文志》道家：

> 《蜎子》十三篇。班固自注：名渊，楚人，老子弟子。师古曰：蜎，姓也。

《史记·孟荀列传》：

> 环渊，楚人。学黄老道德之术，因发明序其指意。与慎到、田骈、

① 参见李零：《郭店楚简研究中的两个问题》及文中引彭浩说，见研讨会论文汇编，267～269 页。王葆玹：《郭店楚简的时代及子思学派的关系》，见研讨会论文汇编，137～141 页。

② 参见：《古琴荟珍》，沈兴顺《历代琴器概说》中《琴之起源》，香港大学美术博物馆。

③ 参见张正明：《郭店楚简的几点启示》。

接子皆有所论。环渊著上下篇。

又《田完世家》：

齐宣王喜文学游说之士，如驺衍、环渊之徒，七十六人，皆赐列第，为上大夫……

《文选》卷三四枚乘《七发》：

若庄周、魏牟、杨朱、墨翟、便蜎、詹何之伦，使之论天下之释微，理万物之是非。

李善注云：

詹子，古得道者也。《淮南子》曰："虽有钩针芳饵，加以詹何、蜎蠉之数，犹不能与罔罟争得也。"高诱曰："蜎蠉，白公时人。《宋玉集》曰：宋玉与登徒子偕受钓于玄渊。"《七略》曰："蜎子，名渊，楚人也。"然三文虽殊，其一人也。（淳熙尤袤本，台北石门公司影印）

按李注引《淮南子》，见《原道训》，《宋玉集》出《钓赋》，见《太平御览》卷八三四资产部钓类。原文略如下：

宋玉与登徒子偕受钓于玄渊，退而见，见于楚襄王。登徒子曰：夫玄渊之钓也，以三寻之竿，八丝之纶，饵以蛆蟟，钩以细针，以出三尺之鱼于数仞之水中。

李善认为环渊、玄渊、蜎蠉三处文异，实系一人。宋玉似亦能琴。《御览》琴下引《宋玉赋》云："为兰房奥室，止臣其中，中有鸣琴焉。臣受琴而鼓之，为《秋竹积雪》之曲。"（卷五七九）

东汉应劭《风俗通·姓氏》篇：

环氏出楚，环列之尹，后以为氏。楚有贤者环渊，著书上下篇。（张澍《辑注》：环渊，即蜎渊也。）

环亦作蜎，蜎渊著书称曰蜎子，其字亦作涓子。《文心雕龙·序志》篇云：

昔涓子《琴心》，王孙《巧心》。

他自述《文心》一书命名曰“心”，乃仿效《琴心》、《巧心》采用心字的来历。《琴心》一书，齐梁时尚存于世。《御览》引《大周正乐》：

涓子操《琴心》玉（疑应作三）篇者也。禽高以琴养性……鼓琴于郢中。（卷五七八引）

《集仙录》云：

涓子，齐人也，饵术，著《三才经》。淮南王刘安得其文，不解其旨。又著《琴书》三篇，甚有条理。（《太平御览》卷六七〇道部一二引）

此《琴书》三篇，应即是刘勰所言的《琴心》。他所著的《三才经》，亦名《天地人经》。刘向《列仙传》题云：

涓子者，齐人，好饵术。……著《天地人经》四十八篇。后钓于菏泽……受伯阳九仙法。淮南王安少得其文，不能解其旨也。其《琴心》三篇有条理焉。（此据王叔岷《列仙传校笺》本）

嵇康《琴赋》：

涓子宅其阳，玉醴涌其前。

李善注引《列仙传》文略同，亦称他著“《天地人经》三十八篇”，“其《琴心》二篇有条理焉”。书名卷数，小有差异，刘向称他的《琴心》很有条理。按“条理”一词，乃特别施用于音乐评骘的述语，孟子称孔子为集大成者有始条理、终条理，亦见马王堆逸书和郭店简的《五行》篇。

刘向《七略》及《汉书·艺文志》告知我们，著书有十三篇的环渊是楚人，为老子弟子，其说必有根据。他后来到齐国稷下，又隐钓于菏泽，故被目为齐人。《水经·睢水注》："有仙者涓子、主柱，并隐砀山得道。"主柱亦是仙人名，事详《列仙传》。涓子工鼓琴，又著有《琴心》，对后代颇有影响。《列仙传·琴高传》称其为"赵人也，以鼓琴为宋康王舍人。行涓、彭之术，浮游冀州、涿郡之间。"此处涓子与彭祖合称曰涓、彭。枚乘文则以便蜎与詹何合称。

葛洪《神仙传》序云："涓子饵术以著经。"庾肩吾《答陶隐居赉术煎启》："庶得遨游海岸，追涓子之尘。"这些都是著《琴心》的涓子为后人景慕的有关文献记述。

在医籍方面，有人把他和传授外科《鬼遗方》的刘涓子误混为一人，始于宋苏颂等著的《图经本草》。门人马泰来曾著文加以澄清。（见《南方草木状辨伪》，载《香港大学中文系集刊》第1卷第2期，1987年）

三

琴字，《古文四声韵》侵韵有下列诸形：

> 茾（《汗简》）　鑋鑋（《说文》）
>
> 琹銮芇䓞鑋（并崔希裕《纂古》）

其字实从金声，故许慎云："古文琴从金。"段玉裁说："玩古文琴瑟二字，似是先造瑟而琴从之。"《说文》："瑟，庖牺所做弦乐也。𤦬，古文瑟。"郭店简《性自命出》篇有云：

> 圣（耶＝听）銮𠕋之圣（声），则誖女（如）也斯戁。观《赉》、《武》，则齐女（如）也斯复（作）。

銮𠕋二字，读为琴瑟。可以望山简二号墓遗策：

> 一需光之佢二𠕋皆秋（緅）衣。（简四七）
>
> 二𠕋、关。（简四九）

⿱丌几丹秋（緂）之阩⿰阝⿱丝皿，亓（其）一⿱丌几霝光之阩⿰阝⿱丝皿。（简五〇）

及包山简遗策：

一⿱玨乇又柣。（简二六〇）

证之。琴字从金，与《说文》之古文合，瑟字有⿱冖六、⿱⿱丌几必诸异形。①

曾侯乙墓所出漆箱共有四个，形制完全一样，其一绘龙虎，东西相对，其中书一斗字，以指北斗，周围书二十八宿名。另一在盖面的侧部朱书二十文，分六行，最末二句以前余考释为：

所尚若敕，经天嘗（常）和。

湖北省博物馆于1998年9月23日在东京举行“中国古代漆器展”，出版《漆で描かれた神秘の世界》（《漆绘的神秘世界》）一书，对该漆箱二十文仍采用余若干年前之旧说。顷细心观察，该书第55页盖表上文字影印图版“经天”二字实写作：

⿰金⿱丌几⿱丌乇

第一字从金从⿱丌几，甚是明显。证以郭店简之以“⿱金⿱丌几⿱冖六”为琴瑟，则“经天嘗和”，自宜改读为“琴瑟常和”。曾侯乙墓主之棺置于东室，琴安于其中，具见其对“琴”的重视。漆箱铭辞云“琴瑟常和”，“常和”二字出于《老子》。《老子》云：“音声之相和也”（第二章），“含德之厚者比于赤子……终日号而不嗄，和之至也。和曰常，知常曰明”（第五十五章）。此二章均见于郭店《老子》甲本。钟磬之音，能达到相和的境界，便是“常”，故谓之常和。琴瑟和鸣，最足表现天和的美。

扬雄《琴清英》云：

昔者神农造琴，以定神，齐嫮僻，去邪欲，反其天真者也。（《御览》卷五七七引）

① 参见刘国胜：《曾侯乙墓漆箱书文字研究附瑟考》，香港中文大学第三届古文字学研讨会论文集，1997。

应劭《风俗通·声音》篇说：

> 琴者，乐之统也。故琴之为言禁也，雅之为言正也，言君子守正以自禁也。

《文选·长门赋》“援雅琴以变调兮”，李善注引《七略》文同。刘向又有《雅琴赋》，残句见《全汉赋》（费振刚等辑校，北京，北京大学出版社，1993年，第153页）。《御览》引刘向《别录》云：

> 雅琴之意，事皆出龙德《诸琴杂事》中（德，宣帝时梁国人）……召入见温室使鼓琴。（卷五七九）

应劭之说，源于刘向，后此《白虎通·礼乐》篇，以至许慎《说文》无不训琴为禁。许慎谓琴：“神农所作，洞越，练朱五弦。”洞越指器底下之孔，练指朱弦，楚简练作纆，亦借作霝。《墨子》引《吕刑》“弗用靈”作“练”，可证。《说文》又谓瑟为“庖牺所作弦乐也”。是瑟的创制在先。东汉傅毅《琴赋》有云“揆神农之初制，尽声变之奥妙”，知许慎之说亦远有可本。琴训为禁，而瑟则训为“啬也，闲也，所以惩忿窒欲，正人之德也”。（《白虎通·礼乐》）琴瑟二字都从修养心性取义，汉人之说如此。扬雄言琴可反其天真，即老氏之“朴”；瑟之训啬，亦与老子有关。老子不是说“治人事天莫若啬”（郭店乙本）吗？啬正是老子的中心思想。

我们看楚简说“听琴瑟之声，则諄如也斯戁。”諄读为悸。《说文》：“悸，心动也。”《诗·卫风》：“垂带悸兮”，毛传：“垂其绅带，悸悸然有节度也。”《方言》：“揆，悸也。”郭璞注：“谓悚悸也。”又戁，《说文》云：“敬也，从心，难声。”《尔雅·释诂》：“戁，惧也。”《诗·长发》：“不戁不竦”，毛传：“恐也。”是所谓“諄如也斯戁”，即是戒慎恐惧之意，这与《五行》篇主慎独之说，义正相关。《五行》篇论“君子集大成，能进之为君子”，又说：

> 刚，义之方；柔，仁之方也。不强不梂，不刚不柔，此之谓也。

这里即引《诗·商颂·长发》句。又如《左传·昭公二十年》，仲尼论政之宽猛，亦引《诗》：

柔远能迩，以定我王，平之以和也。又曰不竞不絿，不刚不柔……和之至也。

“不强不绿”即是“不竞不绿”。又同传晏婴论梁丘据能同而不能和，辨析二者之异，说道：

君子听之，以平其心，心平德和。故《诗》曰德音不瑕。今据不然。君所谓可，据亦曰可；君所谓否，据亦曰否。若以水济水，谁能食之？若琴瑟之专壹，谁能听之？同之不可也如是。

“同”是不同于“和”的。和如和羹，必齐之以味。“琴瑟之专壹”者，《礼记·乐记》孔疏云：“唯有一声，不得成乐。”是专一谓单单是一琴或一瑟，便无以致“和”。不能成为 harmony，仍然是同而不是和。琴瑟是要和的，《诗·鹿鸣》“鼓瑟鼓琴，和乐且湛”，又《伐木》“神之听之，终和且平”，是也。

其实晏婴之说，乃本之郑史伯。《国语·郑语》已详载之。晏子言：“先王之济五味、和五声也，以平其心，成其政也，声亦如味。”举其一气至九歌，九个名数来说明；但郑伯则举四支、五味至于十数，试比较如下：

史伯	晏子
	一气
	二体
	三类
四支	四物
五味	五声
六律	六律
七体	七音
八索	八风
九纪	九歌
十数	

晏子纯以声乐来取譬，故云“声亦如味”。印度人的美学很重视味，梵文谓为 lāvana，字源是指盐，借以喻味，晏子则取音乐来喻“和羹之味”，来显

示“和”与“同”二者含义之殊。我们细读史伯的谈论，比晏子所言更为透彻。史伯是讲“一”与“多”的不同效果，一只是同，必须以他平他方能致和，而不是以同裨同。后者得到的“刬”，不是和。兹再比较两家之论如下：

史伯	晏子
和实生物，同则不继，以他平他为之和，故能丰长而物生之。若以同裨同，尽乃弃矣。故先王以土与金、木、水、火以成百物……务和同也。声一无听，物一无文，味一无果，物一不讲。王将弃是类也，而与“刬”同。（《国语·郑语》）	和如羹焉……宰夫和之，齐之以味，济其不及……故《诗》曰：“亦有和羹，既戒既平。”……声亦如味……若以水济水，谁能食之？若琴瑟之专壹，谁能听之？同之不可也如是。（《左传·昭公二十年》）

晏子显然是取之于史伯，而提出“琴瑟专一”的譬喻。此处专一的“专”字，《左传释文》董遇本作抟。秦刻石亦云“抟心壹志”，是专一亦写作“抟壹”。杨伯峻在他的修订《左传注》对“琴瑟之专壹”一句没有太充分的说明，故为之补充。如依照《国语》，专应作“刬”。《说文》女部：“嫥，壹也。”字乃作嫥。有关“专壹”一词的材料，具见桂馥《说文义证》征引，十分详尽。许慎书刬字系于刀部“𣃔”字之下，似以刬为其或体。段玉裁引《王褒传》之“刬犀革”即《苏秦传》之“断牛马”以证之。刬，后来借为“专擅”字。《公羊传》摭取《秦誓》语“唯一介断断焉”，何休注：“断断，犹专一也。”刬之与𣃔，亦犹断之与专。上面的赘说，是“专壹”一词在《经典》上异文假借的情形。史伯所言盖指“一”则偏而不和，与刬断无异。“以同益同”之不可行，古哲久有这种理论。《庄子·天下》篇说关尹、老聃“同焉者和”。《论语·子路》：“子曰：君子和而不同，小人同而不和。”把主同派属之小人，主和派属之君子，仍旧承袭前人意见，真是述而不作。在音乐上史伯的“声一无听”的道理，其含义如此的深远，是很值得人们去寻味的。

《初学记》引公孙尼子“乐物慎一以定和”。一即同，慎同以定和，这一套理论在先秦是很流行的。《庄子·天道》篇进一步讲到“天和”；《知北游》：“若正汝形，一汝视，天和将至。”天和是宇宙层次的大和谐；而他在《天道》篇大谈天乐，把音乐提高到宇宙境界；在《齐物论》，他谈天籁、地籁、人籁的三才说。涓子的《三才经》，内容是否如此，不可得知，只可惜他的书久已失传，无从印证。

桓谭《新论》曰：“神农氏继宓羲而王天下。于是始削桐为琴，缦丝为弦，以通神明之德，合天人之和焉。”是琴之为物，正所以通神明，合天人。汉儒已有此说。

四

涓子的《琴心》一书，不见人引用，内容无从确知，唯从楚简和道家及汉人之论，可推测其大概。刘向称其书“有条理焉”，“条理”的评语，可能由于《五行》篇中言及金声玉振之道理的缘故。依《史记·世家》，环渊曾受齐宣王之招，参加过稷下的学术工作。蜎子与涓子想必是同一人，他又著《天地人经》，或称为《三才经》。三才是能通天、地、人之道，在郭店简中所见略举如下列诸文句：

> 有天有人，天人有分，察天人之分，而知所行矣。（《穷达以时》）
>
> 夫圣人上事天，教民有尊也；下事地，教民有亲也。……先圣与后圣，考后而甄先，教民“大顺”之道也。（《唐虞之道》）
>
> 有天有命，有地有形，有物有容。（《语丛一》）
>
> 天生百物，人为贵，人之道也。（《语丛一》）

都是涉及天、地、人的关系，最令人注意的，尤以《大一生水》一篇，大谈天地、阴阳，而归结于圣人、君子：

> 神明者，天地之所生也。
>
> 天地者，大一之所生也。
>
> 一缺一盈，以纪为万物经。此天所不能杀，地所不能厘，阴阳之所不能成，君子知此之谓□，不知者谓□。
>
> 天道贵弱。……下，土也，而谓之地；上，气也，而谓之天。道亦其字也。青昏其名。
>
> 以道从事者，必托其名，故事成而身长。圣人之从事也，亦托其名，故功成而身不伤。

这些天、地、人相涉的种种理论，不知与涓子的《三才经》有无关联之处？“青昏”二字，或读作“请问”，赵建伟读为“静昏”，按《庄子·天运》“幽昏而无声”，幽昏与此义同。“青昏其名”，指道隐于无名。青昏者，无名之状。

《鲁穆公问子思》篇云：“何如而可谓忠臣?”《礼记·乐记》云：“丝声哀，哀以立廉，廉以立志，君子听琴瑟之声则思志义之臣。”在《性自命出》篇正谈音乐与心有定志相关之事。

当前，郭店楚简的研究，为一时之显学，尤以《大一生水》一篇，成为聚讼的对象。讨论的焦点集中在水和大一两大问题。有人谓其说出于《关尹子》，或引证《礼运》，讲湿燥则引证《鹖冠子》，谈水地则引《管子》，论神明则采取《黄帝四经》。陈伟认为《大一生水》可能是老子书的传。各有创见，但还没有人注意全面讲到的天、地、人三者的关系。

郭店墓主是一位晓得鼓琴的人士，又是儒、道兼通的学人。墓中楚简的书体，据周凤五兄分析，有些具有齐国字体的特色，他假定书写者或与稷下学派有点关系[1]。我们看着《琴心》的涓子即是蜎子，他著书多至十三篇。既是老子的门人，又到过齐国，他著《天地人经》，郭店简有许多地方亦谈到这些问题，和涓子有着近似之处，很值得去进一步研究。我因为要写一篇关于涓子《琴心》的论文，连类所及，顺便牵涉到楚简，提出一点不成熟意见，补充涓子的事迹和老学门下音乐思想的珍贵史料，为楚文化学术史填补一点空白，作为参考资料，希望方家加以指正。

① 参见周凤五：《郭店竹简的形式特征及其分类意义》，上引论文汇编，338～356页。

古琴的哲学

本文所欲讲的，并不是从正面来论琴，像琴律、琴谱、弹琴的指法等等，而是从另一角度看古琴和中国哲学的关系，可说是“扣其两端”。中国人好言道器相融，琴是器，哲学是道。“形而下者谓之器，形而上者谓之道。”我就是打算从“琴”到“道”这一点的关系来谈谈。过去一般文人的老调儿是“文以载道”，其实琴亦是载道的东西。可是这里所论的“琴道”，并不是如高罗佩（Van Gulik）所谓“琴道”（the lore of the chinese lute）。他所谓“道”，其实只不过是方法而已。“琴道”是很广大的。琴之为道，与儒、释、道三教都有密切关联。我们将从这方面加以探讨。

一、琴与古代士之日常生活

古琴这种乐器，在古代是士阶层经常拿来作修养用的。《礼记·曲礼下》：“大夫无故不彻县，士无故不彻琴瑟。”可见春秋时每个士人都可能有琴，而且日常生活不能离开了它。故《诗经》说：“琴瑟在御，莫不静好。”（《缁衣》）《曲礼上》又说：“先生书策，琴瑟在前。”《荀子·乐论》：“君子以钟鼓道志，以琴瑟乐心。”应劭《风俗通·声音》篇云：“君子所常御者，琴最亲密；不离于身，非必陈设于宗庙。……虽在穷阎陋巷，深山幽谷，犹不失琴。以为琴之大小，得中而声音和。……足以和人意气，感人善心。……闲居则为从容以致思焉。”琴瑟可以“乐心”，正因其能感人的善心，使人从容以致思。应劭这一段话，无异即是荀卿的注脚。郭茂倩《乐府诗集·琴曲歌辞》云："琴者，先王所以修身理性，禁邪防淫者也，故君子无故不去其身。"足以证明琴是极有帮助于修身之功用的。

二、鼓琴与鸣廉

为什么君子不能离开弦乐器的琴瑟呢?《乐记》曾区别各种乐器金石丝竹革木各有不同的意义：

钟声铿，铿以立号，号以立横，横以立武，君子听钟声则思武臣；石声罄，罄以立辨，辨以致死，君子听罄声则思死封疆之臣；丝声哀，哀以立廉，廉以立志，君子听琴瑟之声则思志义之臣。

据《淮南子》所说，西汉初年，弹琴的指法，已相当复杂。《修务训》云：

今夫盲者，目不能别昼夜，分白黑，然而搏琴抚弦，参弹复徽，攫、援、摽、拂，手若蔑蒙，不失一弦。

…………

琴或拨剌枉桡，阔解漏越。而称以楚庄之琴，侧室（高诱注或作"庙堂"）争鼓之。……山桐之琴，涧梓之腹，虽鸣廉隅，修营唐牙。（高注："言其鸣音声有廉隅修营。音清凉，声和调。唐犹堂。"）通人则不然……鼓琴者期于鸣廉修营，而不期于滥胁号钟（高注："滥胁，音不和；号钟，高声，非耳所及也。"）诵《诗》、《书》者期于通道略物，而不期于《洪范》、《商颂》。

指法的摽拂拨剌，刘安时均已用之。而楚国不特以瑟出名，楚庄的琴尤为人所喜欢。弹琴的旨意，主要在养廉隅，并不是只求音声之美。琴瑟都是弦乐器，它所代表的德性是廉，故曰鸣廉。廉以立志，所以闻琴瑟之声，便会想到志义之臣。

三、琴与雅颂

琴的起源，传说帝俊生晏龙，晏龙是为琴瑟。(《山海经·大荒东经》) 又说“宓牺作瑟，神农作琴。”(《世本》) 这些都是神话，无由证明。古代的琴到底是怎样的？因为缺乏具体实物的佐证，就不大清楚了。现在只知道古代有五弦或多弦的琴。像《尔雅》所说的：“大琴谓之离。”是二十七条弦的。地下出土的文物，颇能帮助我们明了历史的真相。如长沙、信阳出土遗物中都有瑟。汉代出土的有听琴及抚琴的陶俑，见于成都天回山第三号崖墓即东汉晚期物。陶琴模型长 42 厘米，左端有一圆柱，中有六小钮，形制尚待研究。(《考古学报》，1953 (1)) 弹琴者席地而坐，琴斜置于漆几之上。又一浮雕舞乐俑片，抚琴者举头斜视，为舞者伴奏。可见弹琴这一回事在汉代的实际情形，且可证明琴在当时亦用于伴奏，如施于相和歌之类。

由春秋到汉，记载上有颂琴、雅琴等名称。“颂琴”之名出《左传·襄公二年》：“穆姜择美槚，自以为榇与颂琴。”汉代却有雅琴，《汉书·艺文志》记有：“《雅琴赵氏》七篇，《雅琴师氏》八篇，《雅琴龙氏》九十九篇。”可惜其书俱逸。古代乐器冠以雅颂的名号的，像《仪礼》有颂磬。同样，琴瑟亦有颂瑟、雅琴。雅琴二十三弦，颂瑟二十五弦（见《三礼图》）。雅瑟、颂琴却不知弦的数目。大概雅琴、颂瑟都是配合《诗经》雅颂而制的。古人读《诗经》不是当作文学来欣赏，而是兼作厚人伦美教化之用，所以雅琴是与儒家有密切关系。宋姜夔《乐议》：“古者大琴则有大瑟，中琴则有中瑟；有雅琴、颂琴，则雅瑟、颂瑟实为之合。”可见琴瑟均有雅颂之目，是互相配合，在“弦《诗》三百”时，加以演奏的。

四、乐统与琴德

到了汉代，琴的意义有另一重要的转变，是从消极的取义上加以推阐。刘歆《七略》云：“雅琴：琴之言禁也，雅之言正也，君子守正以自禁也。”《白虎通》：“琴者，禁也。”（瑟字同样亦有此一说法：“瑟者，啬也。”）《说文》也采是说：“琴，禁也。”徐锴的《系传》亦说：“（琴），君子所以自禁制也。”亦是承袭汉人的说法。

琴在于正人心，这种理论在汉代是很通行的，所以雅琴在汉人音乐原理上是居于音乐的领导与统摄地位，有“乐统”之目。（《太平御览》引《风俗通》：“雅琴者，乐之统也。琴之为言禁也，雅之为言正也。”）这是因为琴是具备众德的缘故。德与音乐相连的关系，在很早的音乐学说中屡有论及。《乐记》：“德音之谓乐。”（德音又与溺音相对。）“乐行而民乡方，可以观德矣。德者，性之端也；乐者，德之华也。”这样德成为乐的本体，而乐便是“德音”了。琴是“乐之统”，而与德息息相关，因此汉人称琴为“德乐”。如刘向《雅琴赋》：“游千心以广观，且德乐之愔愔。”即其明征。故汉以来为琴撰文的，多作“琴德”之颂。桓谭《新论》：“八音广博，琴德最优。”马融《琴赋》：“旷三奏而神物下降，何琴德之深哉。”嵇康《琴赋》：“众器之中，琴德最优。”“非夫旷远者不能与之嬉游，非夫渊静者不能与之闲止，非夫放达者不能与之无吝，非夫至精者不能与之析理。”“总中和以统物，咸日用而不失。”又云：“愔愔琴德，不可测兮。”汉人论琴德者相当多。何谓“愔愔琴德”？按“愔愔”二字出《左传》“祈招之愔愔”，计有数说，杜注：“安和貌。”韩《诗说》：“和悦貌。”《文选·琴赋》五臣李周翰注：“静深也。”由静深而到安和来形容它的本质。

五、畅与操

琴曲之类别，除“操”之外，又“畅”和“引”；“畅”是“操”之反。《乐府诗集》中只有《神人畅》一篇，见《古今乐录》，述天人相通之意。而古人大都强调操，大概“畅”代表“达”，“操”表示“穷”，畅则经纶天下，穷则独善其身，忧愁为操。清马瑞辰《琴操》序云：“琴操之体不一，有畅有歌，诗有操有引，而统谓之操。畅者，畅其志。桓谭《新论》：达则兼善天下，无不通畅是也。操者，显其操。《新论》：穷则独善其身，而不失其操，是也。”兹列应劭《风俗通》说如次：

> 畅——及有所通达而用事，则著之于琴以舒其意，以示后人。其道行和乐而作者，命其曲曰畅。畅者，言其道之善畅，犹不敢自安，不骄不溢，好礼不以畅其意也。
>
> 操——其遇闭塞忧愁而作者，命其曲曰操。操者，言遇灾遭害，困厄穷迫，虽怨恨失意，犹守礼义，不惧不慑，乐道而不失其操者也。

谢希逸《琴论》云：“和乐而作，命之曰畅，言达则兼济天下，而美畅其道也。”“忧愁而作，命之曰操，言穷则独善其身，而不失其操也。”畅与操恰为一达一穷，《易》云：“畅于四支，发于事业。”此为达者之事。琴以理性，特别对穷而未达者，有保持操守刻励闲邪之用，使穷者守而不渝也，故琴操之作特多。汉蔡邕有《琴操》，晋孔衍亦有《琴操》（一作《琴操引》）三卷，唐韩愈亦仿作《琴操》。弹琴的人多在忧郁不得志时才弹奏，故名为操。荀子《劝学》篇论德操云：“是故权利不能倾也，群众不能移也，天下不能荡也，生乎由是，死乎由是，夫是之谓德操。德操然后能定，能定然后能应；能定能应，夫是之谓成人。”命名曰操，是很有意思的。古代的“操曲”，都是遭遇蹇滞的人所弹，而不是达者所弹的。（后世达者如耶律楚材能鼓五十操的便很少了。）

琴既为士人阶层的乐器，又有琴德琴操之理论。到了魏晋，人则都多喜称操。魏文帝有《士操》一卷（《隋书》及《唐志》著录，列于子部各家）。这时“操”的解释，却由儒家的意义变成法家意义了。《太古遗音》言琴有五种士操，分别配以五音：宫、商、角、徵、羽而成不同的类型。宫为德士操，商为隐士操，角为道士操，徵为儒士操，羽为黄门操。

附图如下：

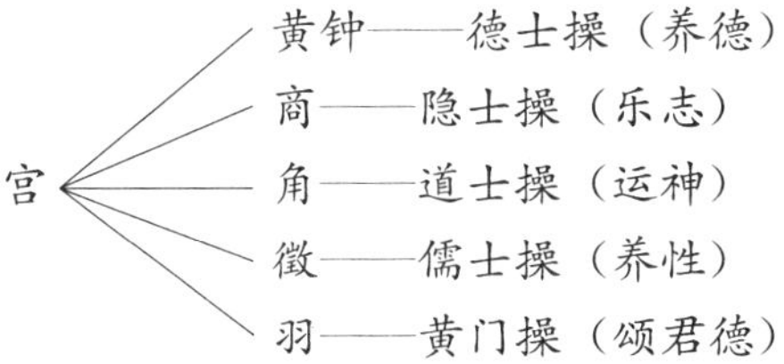

五种分类都不相干。其中特别要注意的是黄门操。黄门本是汉代中官，这在明代地位尤为显要。明代的宦官大都懂琴，甚或教琴。如徐宇（天民）以徐门正传在明弘治时传于太监戴义，戴义传广西黄献。献编有《梧冈琴谱》，他本人便是太监（《琴曲集成提要》十二）。宦官弹琴意在窒欲修身。基于上述的道理，所以才有所谓黄门操，其取义可想而知。

六、琴与性命之学

琴既为治心之具，故有人把古琴从正面与儒家性命之理相联系起来。东汉李尤《琴铭》："琴之立音，荡涤邪心；虽有正性，其感亦深。"已论琴可正性，以古琴象征性理。故宫现藏有南宋广窑修身理性琴，正因刻有"修身理性"四篆字而著名。明关中张廷玉著《理性元雅》一书，书分四卷，所收多属有文辞的琴曲。台湾重印本无序，序见杨时百《琴话》，略云："人有言，闻有仁义道德，不娴于音者矣，未闻曲士能娴之。予谓音乐通乎性命，曲士未必娴，未有仁义道德而不娴者。君子无故琴瑟不离于御，非桐君娱耳不离，便是性不可离。"说明音乐通乎性命之义。琴曲有《静观吟》，即取"万物静观皆自得"为题旨。欧阳修《赠无为军李道士景仙诗》有云："理身如理琴，正声不可干以邪。"（《居士集》卷四）"理身如理琴"一语，正说明"琴理"和"性理"之学可以相通。

杨时百云："学仙者多能琴，习琴者亦好说仙。如调弦以仙翁二字宣音，琴曲中《洞天春晓》、《羽化登仙》、《九还操》、《挟仙游》，皆道家言也。"（《琴余漫录》）又论"学琴之益"，云："善弹琴者借为炼性调气之用，非以悦他人之耳也；是以窦公寿一百八十岁，谓弹琴外，别无导引之法。（案刘向《别录·乐记》第二十三篇为窦公。殆记其事。）足证琴学为有益身心性命之学；道也，而非艺也。"（《琴学问答》）又言琴所以为"载道之器，为有益身心性命之学"者，谓："琴音远而身长，无柱隔阂，与弹者呼吸息息相关，是为有益性命。又弹时杂念一动，则指下必乱，非正衿危坐，心平气和，不能终曲。"（同上）时百为晚近琴学大师，所见甚高，其言调息及止念，则又与禅家治心之法相通矣。欧阳修《赠无为军李道士景仙诗》："我怪李师年七十，面目明秀光如霞。"则弹琴可以延年，是其明征。

七、琴心古例

古人很喜欢说"琴心"，当然司马相如的琴挑亦可算是琴心之属。现在先不谈琴心的意义，而举出一些例子来分析琴心的事情。精于琴者，闻琴声便可了解对方的心理，这类事例亦可供作研究心理分析的人作为参考。试述二例：

（一）“杀心”

《后汉书·蔡邕传》载此事：

其邻人有以酒食召邕者，比往而酒以酣焉。客有弹琴于屏，邕至门试潜听之；曰：“憘！以乐召我而有‘杀心’，何也?”遂反。将命者告主人曰：“蔡君向来，至门而去。”邕素为邦乡所宗，主人遽自追而问其故。邕具以告。莫不怃然。弹琴者曰：“我向鼓弦，见螳螂方向鸣蝉，蝉将去而未飞，螳螂为之一前一却，吾心耸然，唯恐螳螂之失之也。此岂为杀心而形于声者乎?”邕莞然而笑：“此足以当之矣。”

又元季贝琼《慎独斋记》云：

昔人有鼓琴者，坐客闻而去之，以琴有杀声也。时见螳鼓臂搏蝉，其心一动，使纯古淡泊忽变为杀伐，而人已知之。则虽至密之地可以欺人乎？人不可欺，由吾之情有不可隐也。（《清江贝先生文集》卷二十五中都稿）

此“杀心”之形于琴声，晓音者即能知之，可见古人精于琴者，听琴声便可明了对方的心理。

（二）“疑心”

（伪）黄宪《琴论》记：

徵君燕居中夜，鼓琴而歌《豳风》，秦王使左右伺之通于馆人。……徵君理琴至《豳风》之乱，琴不起，必有疑者感之，其秦王乎？……因云：“夫疑，鬼之门也；明，神之庭也。”君子去疑而存明，未闻汩明而蓄疑也。

又论：疑则机也，机则感于机而应于机。

琴可令人忘机，琴曲有《鸥鹭忘机》，意正如是。黄宪此论，见于《图书集成·乐律典》第一〇七卷，似出明人伪托，不载于《全后汉文》，杨时百

《琴话》亦不录。

又《关尹子》论琴心有悲心、思心、怨心、慕心之别：

> 人之善琴者，有悲心，则声凄凄然；有思心，则声迟迟然；有怨心，则声回回然；有慕心，则声无无然。故以琴传声，有如镜之临物。

善琴者，闻声有如窥镜，可以照见内心隐微之处。上举之例，都说明可由琴音以反映人心。

八、三声与移情作用

琴有泛音、散音、按音三声，说者以配天、地、人之三才：

> 天声——泛音
> 地声——散音
> 人声——按音

唐宋以前，琴曲多用散声泛音，古琴家称为“声多词少”。六朝刘宋时徐麹瞻已有三声论；《太古遗音》卷四收有逸名三声论，即以天、地、人立说。宋明以来，弹琴的技巧更加讲求，抚琴的艺术理论日趋完美。在同一乐器中具备三种不同性质的声音，尤为特出。

古琴之泛音、谐音，如《普庵咒》，全篇皆用四度、五度、八度、长三度等二重谐音，已迈进至对谱音乐之意境。又古琴的演奏，极尽轻重、疾徐、抑扬顿挫之妙。指法宕者如大吟放猱之类，比较四个全音符之间时（四拍）而有余。指法疾者，如滚拂虽以三十二分音符（八分之一拍子）来表示亦嫌不足。又古琴之变调——在同一曲中不变调（modulation），基于律吕相生之法，系以一个基音，顺生四次（即理论的绝对五度谐音）得五音（宫至角），就此五音循律动互换成旋律而为乐曲，自成一调，命为宫调。西洋人极爱转调，琴家亦然。以上数点，查氏阜西以为古琴所以不受淘汰，中国尚无水平线以上音乐艺术，唯古琴可为代表。（见《今虞琴刊序》）

美学上所谓 einfühlung，指“物我同一”，原出 R. Viseher 之说。美国心理学家译为 empathy，照字面讲，意义是“感到里面去”，意思是“把我的情感，移到物里去，分享物的生命”。朱光潜在《文艺心理学》译为“移情作用”。他没有说明“移情”一词的来源，其实“移情”乃本之古琴的有名故事。《琴苑要录》云：

> 伯牙学琴于成连，三年而成。至于精神寂寞，情之专一，未能得也。成连曰：“吾学不能移人之情，吾师有方子春，在东海中。”乃赍粮从之。至蓬莱山，留伯牙曰：“吾将迎吾师。”刺船而去，旬时不返。伯牙心悲，延颈四望，但闻海水汩没，山林窅冥，群岛悲号，仰天叹曰：“先生将移我情！”乃援琴作歌。

清汪中《琴台之铭》曰：“何必抚弦动曲，乃移我情。”“移情”二字本此，实出于古琴。德文 ein 训“同一”，fühlung 义为感觉，einfühlung 义为精神同化，“同情”即为“感觉的一致”。琴音可以使人移情，达到“物我同一”。朱氏介绍 Lipps 的“移情说”，用于美学，由“物我双忘”，到“物我一致”的境界，Lipps 讨论 rhythm（节奏），采取美感的移情作用，其实“移情”一义，古人已从弹琴体会而得，此可补朱氏之不及。

听琴亦是一种快乐。知音须经过相当训练，方识琴趣。宋徽宗画听琴图，绘一人弹琴，二人静听。刘松年亦有听琴图。《龙湖琴谱》中有《听琴赋》一曲，共分十四段，文云：“夜静玉琴三五弄，清风动处夜光寒。除非止是知音听，不是知音不与弹。”故弹者欲得听者的欣赏，听者对琴须有相当认识及听觉的训练，方能了解，故自古以来，有知音不易之叹。

九、琴的境界（太清与正灵）

昔桓谭作《琴道》，仅存首章，涓子作《琴心》三篇，逸而不传。唯太仓徐祺（青山）著《琴况》二十四篇，钱棻为序，谓可作“琴德论”读。实则青山所述，是琴的境界。仍是旧说琴有九德（所谓奇、古、透、静、润、圆、清、匀、芳九个特点）的引申。有点像司空图的《诗品》，真趣妙境，于是乎在。但琴的最高意境，古人以“太清”一词概括之。见于蔡邕的《琴歌》：

> 练余心兮浸太清，涤秽浊兮有正灵，和液畅兮神气宁。情志泊兮心亭亭，嗜欲息兮无由生。踔宇宙而遗俗兮，眇翩翩而独征。

此歌见邕所作《释诲》的篇末，援琴而歌云云。（《后汉书》本传）杨时百辈皆未录。“太清”者，班固《东都赋》云：“监于太清，以变子之惑志。”《淮南子·本经训》：“太清之化也，和顺以寂寞，质直以素朴。”高诱注：“太清，无为之化。”琴音可给人浸润在太清之化中。道家无为的最高境界，涤去心中的污秽，而获得正灵，像佛家之正道中的正定（sammā samādhi），是最健康的心态。禁息诸欲，淡泊情志，而把整个人溶化在声音的“和液”之中，经过音乐的洗礼，是多么高超的人格，可以自我完成。这种“练心”的作用，相信对心理卫生（mental hygiene）有很大的贡献。琴的教育，在禁止邪欲，完成士操，即是“自制道德”与“自顾情操”（self-regarding sentiment）的功夫。《乐记》云：“乐至则无怨。”“大乐与天地同和。”琴音可令人达到和谐境界。一般音乐都可以陶冶性情，变化气质；古琴在这方面更尽了很大的力量。中国古代的“琴德说”，在今天讲深度心理学和心理卫生，自然应该有很重大的用处，似乎还富有现代的意义，不可交臂失之。所以对于琴音的了解，正是一种精神享受。在能够弹奏的人来说，尚不失为道德的陶冶。雪莱在《诗的辩护》说：“道德的大原在仁爱，在脱离小我，与非我所有的思想……和美妙相同一……以到道德上的善。”琴的效用正是如此。嵇康《琴赋》：“总中和以统物。”又：“感天地以致和。”（《礼记》云：“圣人作乐以应天，制礼以应地。”）表现在琴音上，可说是一种天地境界。

十、琴心与道书

以琴治心，古人谓之“琴心”。道书以琴代表和谐境界，故《黄庭内景经》一名《太上琴心文》。该书题梁丘子注云：

> 夫万法以人为主，人则以心为宗。无主则法不生，无心则身不立。心法多门，取用非一。

又云：

> 琴，和也；诵之可以和六府，宁心神，使得神仙。

《黄庭上清章》有“琴心三叠舞胎仙，九气映明出霄间”二句。刘长生注云："心琴内抚，韵透青霄；胎仙舞就，灵耀彰昭。"梁丘子注："琴，和也；三叠三丹田，谓与诸宫重叠也；胎仙即胎灵；大神亦曰胎真，居明堂中。所谓三老君为黄庭之主，以其心和则神悦，故儛胎仙也。"（按黄庭有"若得三宫存玄丹"，此为三宫之说。）李白《庐山谣》云："早服还丹无世情，琴心三叠道初成。"义即本此。杨时百好琴，书斋名曰"舞胎仙馆"，其《琴学丛书》未加说明，实采用黄庭之典故。考《琴心》一书，始成于涓子。刘勰似亲见之，故有"涓子《琴心》，王孙《巧心》"之语。（《文心雕龙·序志》）嵇康《琴赋》李善注引《列仙传》："涓子齐人，好饵术，言《天地人经》三十八篇。……造伯阳九仙法。淮南王少得文，不能解。其《琴心》三篇，有条理焉。"其人乃在淮南以前，或云谢涓子，或云刘涓子。（《琴史》补引《广博物志》及《琴疏》，说恐不可据。）黄庭琴心之义，料取自涓子，可惜涓书失传。黄庭所谓舞胎仙者，仙鹤以胎为喻。鲍照《舞鹤赋》："散幽经以验物，伟胎化之仙禽。"梁《瘗鹤铭》："相此胎禽，浮丘著经。"鹤之为仙禽，见李善注引（浮丘公）《相鹤经》。近年长沙新出土帛画，图绘一仙人驾龙，尾有一鹤，前有一鲤。故知舞胎仙，实是取鹤以为比喻，这种意识，汉以前早已存在的。

以琴喻"和"，道书若《真诰·甄命》篇："太上真人论弹琴谓：'弦须得中，不缓不急，学道亦然，执心调适，亦如弹琴，道可得矣。'"想尔注亦云："道贵中和，当中和行之。"故道教徒以"琴"代表"和"。《内景》又称太上琴心文，言其能致和，如琴之效果耳。近人胡滋甫著《琴心说》，谓："夫人知神之神，以形于琴；而不知不神之元神，默运于空谷之间。……人皆知操有形之琴以娱心耳，特不知因有形之琴，以调吾心身，存心养性以致命也，悲夫！"（《今虞琴刊》）陶弘景言："学道如弹琴，执心调适。"故"因有形之琴，以调吾心身"意正相通。后人说啸，亦有取于琴。如孙广《啸旨》，意谓："太上老君相次传授，舜演为琴。"直以琴为太上老君所传来，岂不可笑？封演于《闻见记》辟之，讥其崇饰过甚（见卷五《啸旨》条），是矣。

十一、琴理与瑜珈

"琴者，禁也。"此为东汉人之通训。其义与印度《瑜珈经》极相似。印度古经典*Yoga Sūtra of Patañjali*，书中凡四分，第一分为*Samādhi Pāda*（三昧分），开卷第二句云：yoga's citta vṛtti nirodhaḥ（yoga is the inhibition of the modifications of the mind. 此经中国尚未有译本，上引英译依印度

I. K. Taimni 氏之 *The Science of Yoga* 本 1961，Madras 刊）。nirodhaḥ有 inhibition，suppression，stoppage，restraint 诸义，与“禁”相合。因为非禁止邪念，不能正心存诚故。Nirodhaḥ即释迦说“四圣谛”时之“灭谛”。此一圣谛名为苦灭圣谛，亦即“涅槃”（依锡兰大学 W. Rahula 说），巴利文 nibbāna，梵文作 nirvāna。巴利文原典谓“一切有为法之止息，放弃一切污染，断绝贪、欲、寂灭，是为涅槃。”“贪、嗔、痴熄灭，是为涅槃。”如欲涅槃，必先禁绝邪念（戒先于定）。佛的教诲，先培养健康宁静的心理，其修习之法门，有同于瑜珈。在巴利原文中“修习”是“bhāvanā”，英文译作 meditation（沉思），意思是不够的。冥索只是消极的，而 bhāvanā 则是积极的。重在心灵的培育发展。一面必涤荡心理的种种坏因素，一面却培育集中注意力，养成“大清明”——志气如神。琴以练心禁邪，荡涤秽浊，培养正灵，所追求的最后境界，和瑜珈的目的，正有其共通的地方。

十二、“无弦琴”说与“无声之乐”

陶渊明“蓄素琴一张，弦徽不具，每朋酒之会，则抚而叩之曰：‘但识琴中趣，何劳弦上声。’”（见《莲社高贤传》）《宋书·隐逸传》：“潜不解音声，而蓄素琴一张，无弦，每有酒适，辄抚弄以寄其意。”（此袭萧统撰《陶渊明传》）《晋书·隐逸传》作：“每朋酒之会，则抚而和之，曰但识琴中趣，何劳弦上声。”

东坡曾引渊明此二句而论之曰：“渊明非达者也，五音六律，不害为达；苟为不然，无琴可也，何独弦乎?”余谓渊明自云：“少好琴书。”“乐琴书以消忧。”未必不解音律。又云“和以七弦”，岂得为不知音？唯不如嵇康、戴安道之精练。他的“无弦琴”，事实上正如维摩诘之“默尔无言”，像僧肇《涅槃论》所谓“净言杜口于毗耶”（王巾《头陀寺碑》采此句）。能领略其趣，又何劳指上之声耶？这里要研究的是渊明是否受到佛家影响问题，我颇同意朱光潜的看法，因陶诗中提及“冥报”（乞食诗“冥报以相贻”；唐临著有《冥报记》）、“空无”（“人生似幻化，终当归空无”）的字眼。慧远很看重他，他和同时刘遗民、周续之被称为浔阳三隐。续之事慧远；遗民与僧肇、慧远往来甚为密切。是时《维摩诘经》已译出，渊明必曾涉猎其书。

周正夫、葛立方都认为渊明思想中有佛家成分。按《维摩诘经》第九品：“诸菩萨各各说已，问文殊师利：‘何等是菩萨入不二法门?’文殊师利曰：

'如我意者，于一切法无言、无说、无示、无识，离诸问答，是为不二法门。'于是师利问维摩诘……'何等是菩萨入不二法门?'时维摩诘默尔无言，文殊叹曰：善哉！……乃至无有文字语言，是真入不二法门。"

"默尔无言"即陶诗的"欲辨已忘言"。庄子固云："言无言。终身言，未尝言；终身不言，未尝不言。"（《寓言》）当然无言是超越有言之上的。凡显道可有三层：一、以言显之；二、遣言显之；三、无言显之。而"无言"于显道最高阶段。故无弦之琴，实高于有弦之琴，亦同此旨。考僧肇与刘遗民书："计什师以午年（丙午即义熙二年，公元406年）出《维摩》注，贫道时预听次……条记成言，以为注解。……今因信持一本往南，君闲详试可取看……且至趣无言，言必乖趣，云云不已，竟何所辨。"（《维摩诘经什师》为第六译，其前更有严佛调（东汉）、支谦（吴黄武二年）等译本，今存。）此论"至趣无言"之理。渊明于义熙三年乙巳（四三岁），作《归去来辞》，其序追记"乙巳岁十一月"。义熙八年有《酬刘柴桑诗》，很可能见到什师译的《维摩诘经》。"至趣无言"，与琴之至趣在于无弦，彼此正有吻合之处。

《礼记·孔子闲居》言无声之乐、无礼之礼、无服之丧，谓之"三无"。于无声之乐，引用《诗经》"夙夜基命宥密"无声之乐也。（《周颂·昊天有成命》。原意谓"早夜始顺天命，行宽仁安静之政"。）《礼记》又云："无声之乐，气志既从；无体之礼，上下和同；无服之丧，以畜万邦。"欲得到心中的大清明，可从无声之乐体会得来，渊明的"但识琴趣"，毋须弦声，道理亦正相同也。

清颜元论道云："道犹琴也；明于均调节奏，可谓学琴乎？……妄人指谱而曰是即琴也……谱果可以为琴乎……志与指忘，指与弦忘，私欲不作，大和在室，感应阴阳，化物达天，于是乎命之曰能琴。"（章太炎《訄书·颜学》引此数句）琴与道相通，此数语甚中肯綮，故引证之，以结吾篇。

本文为新亚书院文学院与研究所合办第四次演讲之讲稿。谨以此为宾四先生颂寿。作者附记。

补记

《颜氏家训·杂艺》篇："礼曰：君子无故不彻琴瑟；古来名士，多所爱好。洎于梁初，衣冠子孙，不知琴者，号有所阙。大同以末，斯风顿尽。然而此乐，愔愔雅致，有深味哉。”盖自汉至六朝，琴风盛行，且及西南边鄙之地。云南昭通汉墓，亦尝发现抚琴陶俑（《文物》，1949（6）），可为证明。

唐人判词，见于《文苑英华》者，有杀声判。梁涉对曰：“平生雅意，妙曲先知。邂逅商音，有邻便觉。镜悬于树，凝桂魂之澄定；水止于盘，若冰壶之在鉴。”（卷五〇八）又有怒心鼓琴判。“甲听乙鼓琴曰：尔以怒心感者，乙告谁云：词云粗厉之声。”元稹对曰：“感物而动，乐容以和。苟气志愤兴，则琴音猛起。……凭陵内积，趋数外形，未平君子之心，翻激小人之愠。”（《英华》卷五〇七）此二则可补琴心举例。

舞胎绘图，故宫博物院简目中，有题明边文进之《胎仙图》长卷，书鹤136只，百态毕具，图见《故宫藏画解题》一五三。

唐张随作《无弦琴赋》，其歌曰：“乐无声兮情逾倍，琴无弦兮意弥在。天地同和有真宰，形声何为迭相待。”（《英华》卷七七）颇能会此中妙旨，故为补录。

宋季金元琴史考述

一、前言

言中国音乐史者，罕及七弦琴。朱伯原《琴史》仅及北宋而止。（朱长文此书，作于元丰七年，绍定癸巳刊行。）宋代琴学，世所习知者，唯朱子之《琴律说》及姜夔之《定弦法》；此外，鲜有论列者。不知宋时琴具之制作，琴谱之厘定，造端于太宗，爰有九弦琴，而其阁谱流传之广，寖及南北，远至完颜大漠，无不操习。

徽宗设大晟府，于琴律稍有校正；迨至靖康，二帝被俘，乐器乐章，随之而北。洎乎南渡，旧谱沦逸，乃有从互市密购取回者，张岩《琴谱》，即其例也。理宗淳祐间，杨守斋神于琴，以外戚之尊，尤精审律，乃与门客删润旧谱，为《紫霞洞谱》，凡收四百六十八操，集琴曲之大成，盖自蔡、嵇以来，琴学之造就，未有如守斋者也。元明间，其谱流行，世称"浙谱"，惜其书既不存，晚近琴学式微，未有能道其学之原委，或竟误缵为宋初人。（见近印《广陵散》一书末所附戴明扬《广陵散考》。）虽以杨时百为琴学宗匠，所著《琴学丛书》各种，亦未措意及此。赖袁桷、宋濂文集，于守斋之事，颇有载述。（袁桷《清客居士集》有卷四四《琴述赠黄依然》及《示罗道士》，卷四十九《题徐天民草书》三篇；《宋学士集》卷十四《跋太古遗音》，及《跋郑生琴谱后》二篇，皆论守斋琴学源流，甚悉。杨时百《琴学随笔》卷一引《南宋杂事诗》言“阁谱”一则，即袁桷《琴述》中之一段，彼引作厉氏注语，不知出于袁清容，殊疏。）而袁氏《琴述》于杨谱，源流端绪，指陈甚备，诚宋季琴史最重要之文献矣。余粗习操缦，兼涉琴史，因钩索金元集都笔记，缀为是篇，以就正有道。其中掇拾比次，颇具苦心，非敢云发扬幽潜，但聊供治国乐者之谈助云尔。

二、宋南渡后流行之琴谱

袁桷《琴述》云：

> 自渡江来，谱之可考者，曰阁谱，曰江西谱。阁谱，由宋太宗时渐废，至皇祐间，复入秘阁。今世所藏，金石图画之精善，咸谓阁本，盖皆昔时秘阁所度；而琴有阁谱，亦此义也。方阁谱行时，别谱存于世者良多。至大晟乐府证定，益以阁谱为贵，别谱后不得入，其学寖绝。绍兴时，非入阁本者，不得待诏，私相传习，媚熟整雅，非有亡夔愤遽之意，而兢兢然国小而弱，百余年间，盖可见矣。曰江西者，由阁而加详焉，其声繁以杀，其按抑也，皆别为义例；秋风巫峡之悲壮，兰皋洛浦之靓好，将和而愈怨，欲正而愈反；故骚人介士，皆喜而争慕之，谓不若是，不足以名琴也。

由此文知南宋盛行之琴谱，有“阁谱”及“江西谱”，阁谱为大晟府厘定之官谱，江西谱则所谓别谱者也。

宋太宗博综群艺，至道二年，增作九弦琴；其时以琴为待诏者，有朱文济、赵裔，而文济尤称天下鼓琴第一。（见《梦溪补笔谈》）有《琴杂调谱》十二卷。（见《宋志》）九弦琴之制也，裔以为宜增，文济则以为不可；及成，太宗为歌诗以咏之，又为《琴谱》二卷，《九弦琴谱》二十卷，藏于禁阁（见朱长文《琴史》；《宋史·艺文志》著录太宗《琴谱》六卷），此即太宗所定之琴谱也。

徽宗崇宁四年九月，新乐成，赐名大晟；又置府建官，以司掌之。（李攸《宋朝事实》一四载御制《大晟乐记》。）大晟府于琴律之订定，据《宋史·乐志》云：“大晟府尝罢一、二、七、九，唯存五弦，谓其五音之正，最优于诸琴。”（卷一百四十二）当时所议新乐如此。（参阅《大晟府考略》一文，载

《词学季刊》第二卷二期。）然七、九弦之琴，终不能废。故姜白石于南宋庆元三年四月上书，论雅乐，进《大乐议》、《琴瑟考古图》（见《庆元会要》及夏氏撰《白石系年》），仍分五、七、九弦琴，各述转弦合调，并为图说。（《白石诗词合集》卷首《集事补遗》）阁谱内容，已不可悉，据袁桷所记，则同于北方之完颜夫人谱，而音声繁数（说详下），江西谱则更为繁急耳。至绍兴时，阁谱盛行，《文渊阁书目》十三有绍兴内府琴谱一部十册缺，亦见《菉竹堂书目》，当即是谱，则其书明初尚有存者。

阁谱有取自民间者，朱权《神奇秘谱》言《广陵散》世有二谱，予所取者，隋宫中所收之谱。隋亡而入于唐，唐亡流落于民间者有年，至宋高宗建炎间，复入于御府。是其一例。

附 沈氏《琴书》考

至阁谱以外之别谱，据《崇文总目》及《文献通考》所列，有沈氏《琴书》一卷，张澹正《琴谱》一卷，又不详撰人之《琴谱》四卷，《琴谱纂要》五卷，《琴书正声》九卷，此皆北宋仁宗以前之书（其为唐及五代人所集者，兹不录入）。可见当日琴谱流传之夥。沈氏《琴书》首载嵇中散《四弄》，《琴书正声》又集《游春》、《绿水》、《幽居》、《坐愁思》、《秋思》并蔡氏《五弄》，其后杨守斋《琴谱》亦首嵇氏《四弄》，实本沈氏《琴书》。《文献通考》于沈氏《琴书》引《崇文总目》注释，谓："首载嵇中散《四弄》，题赵师法撰，次有《悲风》、《三峡流泉》、《渌水》、《昭君》、《下舞》、《闲弦》，并《胡笳四弄》，题盛通师撰，盖诸家曲谱，沈氏集之。"是沈氏盖取自赵师法、盛通师诸人所撰集者。沈氏为何人，向莫能悉，余谓即沈辽也，其证有二：《崇文总目》于大小胡笳及《大胡笳十八拍》云："沈辽集，世名沈家声。"今核沈氏《琴书》中，亦有《胡笳四弄》，正合，其证一。考沈辽著《云巢编》卷六有《昭君操》古诗，句云："……胡人从来不照镜，但见白发垂霜缕，念知此意终不传，独自援琴弹作谱。"沈氏《琴书》中各曲有"《昭君》"，即此操也，其证二。是沈氏即沈辽明矣。辽为沈括梦溪之侄（一作叔），亦深通乐律者也。（沈辽、沈遘、沈括合称三沈，《四部丛刊》三编有《沈氏三先生集》。辽字睿达，《宋史》三三一有传。）

三、完颜氏琴谱及金之琴学

袁桷云：

南北所传，皆阁谱、宣和谱，北为完颜谱，南为御前祗应谱。……（《题徐天民草书》，见《清容居士集》四十九。按“祗应”，宋人习语，《齐东野语》七《洪君畴》条注云：“数辈入内祗应”是也。又《武林旧事》记圣节《祗应人》名目，可参看。）

又云：

阁谱，余幼尝学之，其声数以繁；完颜谱独声缓差异，而里声良同。（《示罗道士》）

是完颜谱本同于阁谱，唯声音稍缓耳。所谓完颜谱，乃金人取去之宋谱。耶律楚材《弹〈广陵散〉诗序》有云：

近代大定间，汴梁留后完颜光禄者，命士人张研一弹之，因请中议大夫张崇为谱序，崇备此事。渠云：验于琴谱，有《井里》、《别姊》、《辞乡》、《报义》、《取韩相》、《投剑》之类……

是即所谓完颜氏谱，《广陵散》乃其中之一操也。考明高儒《百川书志》著录《广陵散》二卷，其解题称：“金渭川大吉完颜章叙，出于流传，未详所自。”完颜氏未知与完颜章有无关系？

宣和时，大晟乐既成，金人来攻，乃罢之。及靖康二年，乐器乐章乐书，皆入于金。（《宋史·乐志》二十八）皇统元年，金熙宗加尊号，始就用宋乐，唯以钟磬刻“晟”字，犯太宗讳，以黄纸封之。（《金史·乐志》）宋臣降金者，如宇文虚中亦能琴（《中州集》甲集一虚中有《从人借琴诗》云：“乞与南冠囚系客，为君一奏变春荣”。）且挈图书俱北（《金史》七十九《虚中传》：“杜天佛告虚中谋反，乃罗织虚中家图书为反具。虚中曰：死自吾分，至于图籍，南来士大夫家家有之；高士谈图书尤多于我家，岂亦反耶？”）。故古谱多流入金。袁桷谓："张岩于韩忠献家得古谱，复从互市密购。"（《琴述》）则南宋宰辅反从金觅取古谱，礼失求诸野，自昔已然，吁可慨矣！（《金史》十二《章宗纪》：泰和七年，"宋知枢密院张岩遣方信孺以书诣平章政事揆左丞端乞和"。或于南北使节往来密购，而托言为互市，亦未可知。）

金主如熙宗、世宗皆好琴，显宗尤精妙。元好问《琴辨引》云：

> 世宗好此艺，殊有父风，寝殿外，设琴工幕次，鼓至夜分乃罢。尝言吾非好琴，人主心无所住，则营建、征伐、田猎、宠嬖，何所不有？吾以琴系著吾心耳。……至显宗又妙于琴事者也。三四十年之间，此道大行。（《遗山集》三十六）

章宗泰和中，诏天下工琴者，时推平阳苗秀实为当世第一。（耶律楚材《苗秀实琴谱序》）斲琴名手，向称唐雷氏（《辍耕录》二九列自隋至元斲琴名手，甚悉）。宋宣和殿百琴堂所藏以雷琴称最，入金以后，为章宗御府第一，章宗且挟之殉葬（杨宗稷《古琴考》），足见其爱好之笃也。

金时，琴工有卫宗儒者，见赏于熙宗，为乐署令。

> 《遗山集·琴辨引》：当熙宗守成之际，唯弄琴为乐而已。琴工卫宗儒者，一日鼓琴，不成声，问之：故曰"山后苦寒，手拮据耳。"即赐之貂鼠帐，炽炭其前，使鼓之。

而弭大用，耶律楚材曾师事之。

> 卫宗儒为乐署令见耶律楚材《苗秀实琴谱序》。又云：余初年刻意于琴，初受指于待诏弭大用。（《湛然居士集》八）又《冬夜弹琴》诗序有云："余幼年刻意于琴，初受指于弭大用，其闲雅平澹，自成一家。"（卷十一）又《琴道喻》五十韵序云："余又癖于琴，因检阅旧谱，自弹数十曲，似是而非也；后见琴士弭大用，悉弃旧学，再受新意。"（卷十二）

又张器之、张研一皆能弹《广陵散》。

> 耶律楚材《弹〈广陵散〉诗序》："泰和间，待诏张器之亦弹此曲，

每至《沈思》、《峻迹》二篇，缓弹之，节奏支离，未尽其善。”

苗秀实琴学，实出自乔扆，与扆子宇并以琴显。

元好问《琴辨引》：“彦实苗君，平阳人。童丱中，为乡先生乔孟州扆君章所器，命其子河东按察转运使宇德容与同研席。君章文学深博，兼通音律，教彦实与德容琴事，初授指法，累钱手背，以轻肆为禁，至一声不敢妄增损；彦实后以雅重见称，有自来矣。弱冠，应明经举选，三越廷试，至论知琴，当与德容相后先。”

《中州集》二：“莲峰真逸乔扆，字君章，洪桐人。天德三年进士，诗乐俱有名。子宇，字德容，八岁能鼓琴，加入东宫，显宗称其不凡。”赵秉文《滏水文集》四有乔君章《莲峰小隐图》五古句云：“儿时弄琴者，天涯老相识。俛仰四十年，义子埋双璧。”

秀实世目为高士，尝集古琴操弄百余篇。哀宗壬辰（天兴元年），元兵围汴，耶律楚材索得之，送至范阳，旋卒。秀实子兰挈其遗谱四十余曲，楚材命录存之，并为之序。

元好问《琴辨引》：“秀实南渡后（按指金迁汴），日从杨、赵游（按杨礼部云翼与赵秉文，时人号杨赵，见《中州集》卷四），闲闲尝有诗推敬。（今查《滏水文集》未见）故诗人止以高士目之。……尝选古人所操弄百余篇，有古意者纂集之，将传于世。危急存亡之秋，良未暇也。长子名某，字君瑞，尝仕为省郎，闲居燕中，悼雅道之将废，而先意之不究，将锓木以传，请予题端。”

耶律楚材《苗秀实琴谱序》：“古唐栖岩老人苗公，秀实其名，彦实其字，博通古今，尤长于《易》。……公善于琴事，为当世第一，游于京师士大夫间，皆服其高妙。……壬辰之冬，王师济长河，破潼关，涉京索，围汴梁，予奏之朝廷，索栖岩于南京得之，达范阳而弃世。其子兰挈遗谱而来，凡四十余曲，予按之果为绝声，大率署令卫宗儒之所传也。余令录之，以授后世。”

按楚材此序末题“壬辰仲秋后二日”，即金哀宗天兴元年（宋理宗绍定五年，蒙古太宗四年），而遗山《琴辨引》末题“丁巳秋”即理宗宝祐五年，蒙古宪宗七年，时金亡已久，楚材亦已卒矣。此两序俱为苗氏《琴谱》而作，一称书名《琴辨》，一作四十余曲，而一言操弄百余篇。似苗兰所献与耶律楚材者非完帙，遗山称彦实长子，字君瑞，未审与苗兰是否一人。

楚材于秀实指法，最为倾倒，爱其如蜀声之峻急，快人耳目。甲午冬，与秀实子兰对弹五十余曲，尽得其妙；楚材亦秀实之私淑也。

楚材《爱栖岩弹琴声二绝》云："须信希声是大音，猱多则乱吟多淫。世人不识栖岩意，只爱时宜热闹琴。""多著吟猱热客耳，强生取与媚俗情。纯音简易谁能识？却道栖岩无木声。"（《湛然居士集》十一）

又《冬夜弹琴颇有所得乱道拙语三十韵以遗犹子兰》，其小序云："兰之琴事，深得栖岩之遗意。甲午之冬，余扈从羽猎，以足疾得告，凡六十日对弹操弄五十余曲，栖岩妙旨，于是尽得之。"其句有云："今观栖岩意，节奏变神速。虽繁而不乱，欲断还能续。吟猱从简易，轻重分起伏。一闻栖岩声，不觉倾心服。"甲午即哀宗天兴三年，其年正月，哀宗自缢，金亡。楚材又有《和琴士苗兰韵》有："高山韵吼千岩木，流水声号半夜陂。"（《集》卷四）耶律铸有《听苗君弹琴》七绝云："未是幽人堪动处，试听徽外两三声。"（《双溪醉隐集》卷六）

秀实琴法，吟猱从简，而取音沉宏，为金时琴学大师，其子兰仕蒙古，为大乐令。

《元史·乐志》："太宗十一年，至燕京，得金掌乐许政。十六年，太宗用许政所举大乐令苗兰，诣东平指授工人造琴十张，一弦、三弦、五弦、七弦、九弦者各二。"（卷六十九，《新元史》卷九十一同。）按太宗十六年即太后乃马真称制三年，宋理宗淳祐四年，是时楚材已前卒。

金时擅斲琴者，有武伯英。

《元遗山集》四《云岩诗》序云："观州倅武伯英，嵉县人。少日举进士，有诗名。……为人多伎巧，山水杂画，斲琴和墨，皆极其工。

……兴定末（金宣宗年号），没于关中。”

以琴名者又有田唐卿。

蔡松年《萧闲老人明秀集》注上《念奴娇》其六序云：“田唐卿，九江人。人品高胜，落笔不凡，且妙于琴事，久在江湖云水间，襟韵飘爽。”雷溪子魏道明注云：“唐卿名秀实，浔阳人，侨寓汴梁，尝监杞县酒。自号雪岩老人，又号东岫种玉翁，善鼓琴，音节抑扬，为当时第一手。喜作诗，积数百篇，有集行于世。以其喜琴、梅，又称双清道人。”

楚材尝以其《悲风谱》赠万松老人。

《湛然居士集》三：“万松索琴并谱，余以承华殿春雷及种玉翁《悲风谱》赠。”种玉翁为何人，世多未悉，实即田唐卿也。宋徽宗时，福清林抟召入鼓《悲风》一曲，上恶其名，不乐而罢，遂改《悲风》为《碎玉》，此《悲风》琴曲之掌故也。《困学斋杂录》：“耶律丞相《春雷》，金内府物名，曰承华殿春雷。”即此琴是。

复有熊与龢，

《谷音》下：“豫章熊与龢天乐，性介澹，通经史百事之书，布衣。尤嗜弹琴草书。”

两人者，俱江西人，则其所操琴谱，当是“江西谱”矣。

楚材子铸亦学鼓琴（《湛然集》十一《吾山吟序》），有乃父风。《湛然居士集》中咏琴之诗，不一而足（《琴道喻五十韵》，《冬夜弹琴有得乱道拙语三十韵》，及《爱岩栖弹琴声法》，《弹〈广陵散〉终日赋诗五十韵》等篇）。皆有裨于琴学琴史。集中又有和王正夫《忆琴》（卷九），又《寄张子闻》诗注云：“余弹《水仙》，公常学之。”（卷六）及《赠景贤玉涧鸣泉琴》。注云：“渠能弹《雉朝飞》、《清夜吟》。”（卷十四）景贤郑氏，与楚材交最契，集中和诗特多。其人以医事蒙古太宗，盖即《长春西游记》中三太子医官郑公号龙冈居士者也。（说见王国维《楚材年谱谱余》）可见当日能琴者之众，极一时之盛。冰天雪地穹庐幕中，乃有琴书之乐，尤足使后人向往不置也。（《湛然居士集》十有《对雪鼓琴》诗。）

附　金琴学系统图

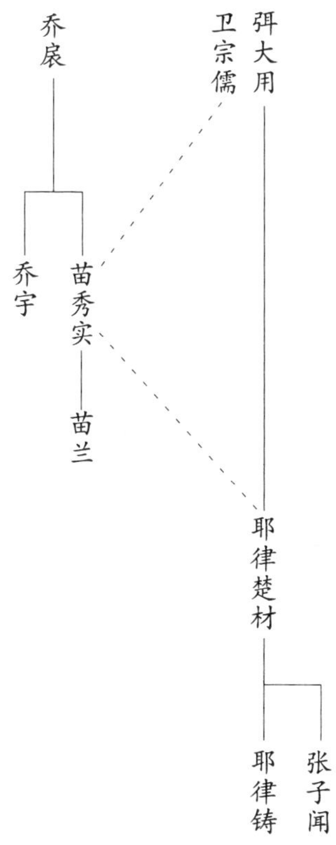

四、张岩及韩侂胄所传之琴谱

袁桷云：

近世通南北，谓吴中所习琴为“浙谱”，其咎在杨司农缵，讳其所自。谱首嵇康《四弄》，韩忠献家有之。侂胄为平章，遂以传张参政，其客永嘉郭楚望始紬绎之。今人不察，百喙莫以解，精于琴者始知之。（《示罗道士》）

又云：

甲申乙酉间（按即至元二十一、二十二年），余尝受琴于瓢翁（即徐天民），问谱所从来，乃出韩忠献家。……韩谱湮废已久，永嘉郭楚望始绍其传。

又云：

后悉得广陵张氏谱而加校焉，则蔡氏《五弄》，司农号为精加紬绎，皆张氏所载，独杨氏隐抵不述耳。……按广陵张氏名岩，字肖翁，嘉泰间为参预。居霅时，尝谓阁谱非雅声，于韩忠献家得古谱，复从互市密购，与韩相合，定为十五卷，将锓于梓，以预韩氏边议，罢去。其客永嘉郭楚望独得之，复别为调曲，然大抵皆依蔡氏声为之者。

此谓张岩琴谱、韩侂胄家藏谱，俱即杨守斋所取材。考陈振孙《书录解题》，并著录之。

《直斋解题》十四：《琴操谱》十五卷，《调谱》四卷，参政张岩肖翁，以善鼓琴闻一时，余从其子佖得此谱。

又《琴谱》八卷，鄞学魏邸旧书有之。已卯，分教传录，亦益以他所得谱。

魏邸当指韩魏公忠献家（即韩琦也，侂胄为其裔）。己卯，疑指绍兴二十九年（如指下一己卯，则为嘉定十二年，时侂胄已诛）。此韩氏家中旧谱，复杂入他谱。若张岩所整理，复益以自金互市取来之旧谱参订，其徙居霅时，正当绍兴末。

《宋史》卷三九六本传："岩字肖翁，大梁人，徙家扬州。绍兴末，渡江，居湖州（即霅）。登乾道五年进士。阿附韩侂胄，累迁给事中，参知政事。"

其参知政事前后两次（一在宁宗嘉泰元年八月，一在嘉泰四年十月，见

《宋史·宰辅表》)，姜夔有《贺张肖翁参政》及《寄上张参政》两律诗，盖同居吴兴，彼此俱精琴理，宜其交往之笃也。

五、郭楚望与刘志芳在琴史上之地位

袁桷述楚望乃张岩幕客，佐其紬绎琴谱。楚望名沔，永嘉人。张氏败，沔独得其谱，后别为调曲。袁氏复记其授受源流云：

> 楚望死后，以授刘志芳。志芳之传愈尊，而失其祖愈远。(徐)天民尝言杨司农与(毛)敏仲少年时，亦习江西。一日，敏仲由山中来，始弄楚望商调，司农惊且喜，复以金帛令天民受学志芳；故今紫霞独言刘、郭，而不言广陵张氏传授，皆杨氏与其客自私之蔽。(《琴述》)

则徐天民亦楚望再传弟子也。

> 宋濂《跋郑生琴谱后》云："徐(天民)之弟子金汝砺，(为)《霞外谱》，东白何君巨济尝受学于徐之父子，而浦阳郑生瀛又受学于何君，瀛因辑录手弹者，分正外二调，为谱各一卷，虽不皆与汝砺所著者合，要其源委有自矣。"(《宋学士全集》十四，又《千顷堂书目》二)

是天民子弟又有金汝砺(辑《霞外谱》)及何巨济二人，再传为郑瀛，亦辑有琴谱。袁桷亦于至元甲申乙酉间，从天民受琴，浙之琴学自尔弥盛。溯其渊源，皆出于楚望也。

附　郭氏琴脉图

楚望与志芳所制琴曲，今尚多可考。

楚望以《潇湘水云》一曲最有名。《神奇秘谱》云："(《潇湘水云》)，楚望先生郭沔所制。先生永嘉人，每欲望九嶷为潇湘之云所蔽，以寓惓惓之意也。"又《秘谱》以《泛沧浪》亦郭楚望所作。《诚一斋琴谈》谓："楚望作蕤宾调，又作《泛沧浪》、《风入松》、《梅梢月》、《春江》。"按《梅梢月》与《春江》二曲，见袁均哲《太音大全集》，属商调。

明黄献《琴谱正传》称："《秋鸿》(姑洗调三十六段，琴曲最长者)，郭

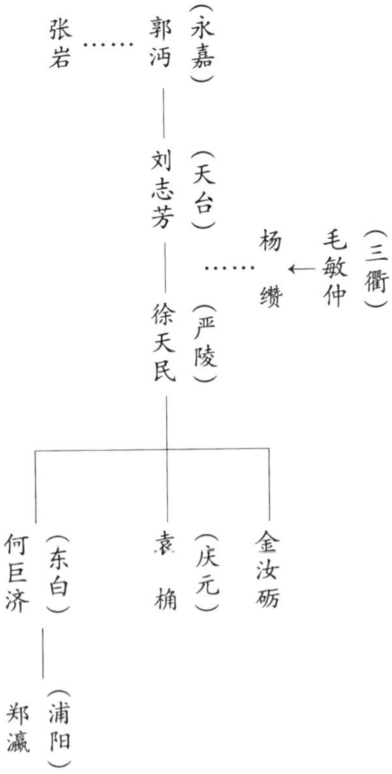

楚望谱。”其说必有据，知非臞仙自制，乃本之郭沔也。《藏春坞琴谱》又谓《飞鸣吟》为楚望作。

袁桷《清容集》有“述郭楚望《步月秋雨》琴调二首”，以此二曲为楚望作。《步月》疑即《秋宵步月》，《湛然居士集》有“弹《秋宵步月》、《秋夜步月》二曲”，句云：“碧玉声中《步月》歌，弹来弹去不嫌多。”如此曲为碧玉调，即慢一四六又半徽。考唐王昌龄等有听弹《风入松》诗，明汪芝《西麓堂琴统》有《秋宵步月》，题唐柳世隆作（世隆为柳恽父，作唐人者误。《琴史》卷四世隆有传）。则谓此两曲为楚望所制，尚属疑问。

志芳所作琴曲，有《鸥鹭忘机》，《神奇秘谱》但称《忘机》，臞仙曰：“宋天台刘公志芳之所制也。”《诚一斋琴谈》：“刘志方作《忘机曲》，《吴江吟》。”

六、杨守斋及其琴学

（一）守斋词学及审律之精

杨守斋当宋季最为知音，有《作词五要》，附张炎《词源》后，脍炙人口；所谓五要，即择腔、择律、按谱、押韵、主新意五事也。周密词每道及之，所谓“肠断紫霞”（《征招》），即指守斋。守斋，《宋史》无传，其行实略见《图绘宝鉴》。草窗《浩然斋雅谈》云：

> 杨缵，字继翁，号守斋，又号紫霞，本鄱阳洪氏。恭圣太后侄杨石之子麟孙早夭，遂祝为嗣，时数岁。……公廉介自将，洞晓律吕，尝自制琴曲二百操。又尝云：“琴一弦可以尽曲中诸调。”当广乐合奏，一字之误，公必顾之，故国工乐师无不叹服，以为近世知音，无出其右者。仕至司农卿，浙东帅。以女选进淑妃，赠少师。所度曲多自制谱，后皆散失。

守斋为杨石养子（石事迹见《宋史》三二四《外戚下·杨次山传》。次山乃石之父，会稽人，宁宗恭圣皇后之兄也）。其女于咸淳二年征为度宗淑妃（《宋史》二四三后妃下《杨淑妃传》）。生帝昰，可见守斋于宋室外戚中地位之隆。《齐东野语》十云：

> 尝闻紫霞翁之幼日，随其祖郡王（按即次山）曲宴禁中，太后令内人歌之，凡用三十人，每番十人，奏音极高妙。翁一日自品象管，作数声，真有驻云落木之意，要非人间曲也。又言：太皇最知音，极喜歌。

宁宗皇后妹，世称杨妹子者，能书法，极类宁宗，御府画多命其题咏。有题琴《诉衷情》词（见《韵石斋笔谈》及《词征》卷五《题马远鸣琴》，按此本张抡作，见《莲社词》）。

杨皇后子为镇王竑，亦好鼓琴（竑事见《宋史》二百四十六宗室三本传，及三百四十三后妃下《恭圣仁烈杨皇后传》）。守斋喜操缦，擅知音，殆因皇室爱好而然耶？

守斋妙于琴律，《癸辛杂识后集》云：

余向登紫霞翁门，翁妙于琴律，时有画鱼周大夫者，善歌，每令写谱参订，虽一字之误，翁必随证其非。余尝叩之云："五凡工尺，有何义理，而能暗通默记如此？"翁云："其间义理之妙，有甚于文章。"

此守斋之逸事，具见其审律之精矣。

(二)《紫霞洞谱》之编集

宋濂《跋郑生琴谱后》云：

宋季言琴者，多宗大理少卿杨公缵。缵淳祐中人，最知琴，一闻琴声，即能别其古今。每恨嵇康遗音久废，与其客毛敏仲、徐天民力索之，历十余年，始得于吴中何仲章家。缵因共定调、意、操，凡四百六十有八，为《紫霞洞谱》一十三卷。自时厥后，徐之弟子金汝砺，复深忧其学不传，乃取缵所未及立者五音，各出一调一意一操，总为十五，名之曰《霞外谱》，而康之遗音，至是无余憾矣。(《宋学士全集》十四)

袁桷《琴述》云：

往六十年中，钱塘杨司农以雅琴名于时，有客三衢毛敏仲、严陵徐天民在门下，朝夕损益琴理，删润别为一谱，以其所居曰紫霞名焉。

"紫霞"者，《齐东野语》载(守斋)"著唐衣，坐紫霞楼，调手制闲素琴，新制《琼林》、《玉树》二曲(按《玉树》似指《玉树临风》琴曲)……"则紫霞乃所居楼名。是谱所收琴曲，凡四百六十有八，集宋以前琴调之大成。网罗之富，后之琴谱，无有出其右者。(现存琴谱采集最多者，明汪芝《西麓堂琴谱》共一三八曲，清唐彝铭《天闻阁琴谱》共一百四十五曲，以视《紫霞洞谱》，瞠乎后矣！于此可见古琴曲亡佚之夥。)明季，其书当存，《千顷堂书目》二补有杨缵《紫霞洞琴谱》十三卷，惜乎不可复见矣。

据袁桷所记，紫霞有前谱，其言云："通南北所传，皆阁谱、宣和谱，北为完颜谱，南为御前祗应谱，今《紫霞前谱》是也。"是其前谱，即荟萃南北旧谱，凡阁谱及金人取去之谱，均在蒐采之列。

至其所取古谱之来源。袁桷《琴述》谓其取之韩忠献家藏古谱，及广陵张岩所定十五卷谱，盖桷手自勘校，及得之其师徐天民之口述，最为可信；而宋濂则谓得自吴中何仲章家，或另一部分资料耳。

至金汝砺之《霞外谱》，《文渊阁书目》十三有《霞外音》一部，一册阙。晁瑮《宝文堂书目》有《霞外正宗琴谱》，当即此书。今《神奇秘谱》卷下题曰“霞外神品”，疑即采自金氏此书者。

（三）守斋琴学阐微

守斋在琴学上之贡献，榷而论之，约有四端：

（1）宗嵇　袁桷谓“杨司农谱，首于嵇康《四弄》，韩忠献家有之”。（《示罗道士》）按北宋沈氏所集《琴书》，其首即载嵇中散《四弄》（见《崇文总目》，亦见《文献通考》），知《四弄》自北宋之来，多有传本。宋濂亦谓“（缵）每恨嵇康遗意久废，与其客毛敏仲、徐天民力索之”。（《跋郑生琴谱后》）又谓：“士大夫以琴鸣者，恒法宋杨守斋缵。所以法缵者，以合于晋嵇康氏故也。”（《跋太古遗音》，见《宋学士全集》十四）所谓嵇康《四弄》者，宋僧居月《琴曲谱录》云：“《长青》、《短青》、《登高引》、《望长侧》，此四曲谓之嵇氏《四弄》。”《琴议》云：“隋炀帝以嵇氏《四弄》、蔡氏《五弄》通谓之《九弄》。”（《乐府诗集》五十九蔡氏《五弄》下引）《琴苑要录》引《琴书》：“《秋声》、《渌水》、《幽居》、《秋思》、《坐愁》，以上蔡邕《五弄》；《长青》、《短青》、《长侧》、《短侧》，嵇氏《四弄》，通为《九弄》。”《崇文总目·琴书正声》亦集《游春》、《绿水》、《幽居》、《坐愁》、《秋思》等曲而谓为“正声”。陈旸《乐书》一百二十《琴操》云：“汉末五师五曲，魏初中散《四弄》，其间声含清侧，文质殊流。”又一百四十一《琴曲》下云：“有以嵇康为之者，《长清》、《短清》、《长侧》、《短侧》之类是也。”按《长清》、《短清》、《长侧》、《短侧》名俱见于《琴历》（《玉函山房》辑本），《西麓堂琴统》亦以此四曲俱嵇中散作，属商调。守斋琴谱以嵇氏《四弄》列首，殆即此《长清》、《短清》、《长侧》、《短侧》，所谓“声含清侧”者也。袁桷又云：“蔡氏《五弄》，司农号为精加细绎，皆张氏（即张岩谱）所载。”又云：“蔡氏《五弄》、楚调《四弄》至唐犹存，则今所谓《五弄》，非杨氏私制明甚，议者思去之，不可也。”（《琴述》）又：“蔡氏《四弄》，嵇中散补之，其声无有雷同，孰谓浙人能之乎？”（《题徐天民草书》）力证守斋谱所录《九弄》，渊源有自，诚如宋濂所谓士大夫所以法缵，以合于嵇康氏之故。至宋氏讥“嵇康所制

《广陵散》，特慢商弦，至与宫等，不可为法”。按此本唐韩皋说。（韩《论〈广陵散〉止息》谓：“缓其商弦与宫同者，是知臣夺君之义也。”详见《旧唐书》列传七九韩滉附传，《新唐书》韩休附传。）然守斋谱实以嵇氏《四弄》为首，但取探求本原，所谓“能知古始”是已。杨氏固不以《广陵散》为首，则宋濂所论，不足为守斋诟病也。

（2）定律　宋濂《跋太古遗音》又云：

古者协管以定正宫，以正宫为声律之元也。今缵以中吕为宫，则似用旋宫。既曰旋宫，则诸律何不能各为宫乎？其与独弹黄钟一均者又何异？

据此，守斋定律，盖以中吕为宫，即以琴之第三弦为宫。考北宋房庶曾论当时宫廷太常乐之黄钟，相当于中吕。守斋习于宫廷乐，其改中吕为宫，此在琴律上为极大之改革。后世琴家，以正调为中吕，实本守斋之说。唯当日多有非议者，如赵子昂《琴原》即为守斋而作也。其言曰：“一宫二商三角四徵五羽，六、七比一、二。”“夫一弦为宫者，至五弦而止，五弦而止者，五音之外不可加也。……故以六、七弦代之。其正体不出乎五弦也；其所以七弦者，亦清声还宫耳。”（《松雪斋文集》六）按即桓谭所谓五弦第一为宫，余二弦为少宫、少商。此自属旧说。唯朱子《琴律说》早已有所献疑，谓宋之琴家以仲吕为黄钟之角，故于众乐常必高其一律然后和。张端义《贵耳集》二集，成于理宗淳祐，言及“今世所传琴曲五调，余尝以音律考之，‘宫’调乃中吕，余调仿此”。足见守斋以仲吕为宫，在当时已流行也。

清代论琴律者至繁，如苏琴山（《春草堂琴谱》）仍取赵氏《琴原》之说，谓“自《宋志》、《唐书》皆以中吕定三弦为‘上’字，燕乐用之，相沿至今。鼓琴者皆习此调，因呼中吕均为宫调正调，翻忘黄钟均以一弦为宫三弦为角之为正宫调。”（《琴说》）若《自远堂谱》则主以三弦宫声居中立体，一、二弦与四、五弦分两侧为用。（六、七弦则一、二弦之清声，立体之说，周显祖《琴谱谐声》“音律统解”颇持异议。）而《律吕正义》力言三弦为宫，《四库提要》评王坦《琴旨》，历举自来言琴律者之误有五，其一即在不知三弦为宫而以一弦十徽为中吕。此无异重申守斋之说，足见守斋以中吕为宫，在琴律史上正有其不祧之价值也。

（3）订谱　宋濂《跋郑生琴谱后》云：“缵因共定调、意、操，凡四百六十有八，为《紫霞洞谱》。……金汝砺复……取缵所未及者五音，各出一调一意一操，总为十五，名之曰《霞外谱》。”可见《紫霞谱》之编定，分别五音，有调、意、操三类。今观宋末陈元靓《事林广记》正区五音调，而《太音大全集》先分宫意、商意、角意、徵意、羽意，并载宫调、商调等五调之操，次及外调，如黄钟意、凄凉意、无射意、姑洗意等，此种编次体例，其规模疑即出自《紫霞谱》也。

（4）正声　袁桷谓“幼习阁谱，其声数以繁”（《示罗道士》）。又谓“绍兴以来，习阁谱者，皆媚熟整雅”。又云“江西谱更加详，而音尤繁杀。张岩居雪时，尝谓阁谱非雅声”。则守斋之厘定旧谱，盖承张岩之志，而力去繁声，以还古淡。《齐东野语》十八记：“紫霞翁知音妙天下，而琴尤精诣。其自制曲数百解，皆平淡清越，灏然太古之遗音也。复考正古曲百余，而异时官谱诸曲，多黜削无余。曰：‘此皆繁声，所谓郑、卫之音也。’”（《琴繁声为郑卫》条）足见守斋删润阁谱，去繁取缓，大有复古之功矣。

上举四事，对于守斋在琴学之贡献，可窥其梗概。《癸辛杂识》又引其遗说云：“琴间指以一与四，二与五、六，四与七为应，今凡动第一弦，则第四弦自然而动；试以羽毛轻纤之物，果然，此气之自然感动之妙。”此即守斋论琴之粹言也。其所藏第一琴名曰闲素，又有秋涧泉。见史浩《两钞摘腴·名琴》条，附记于此。

与守斋时代相接，而精于琴乐又有杨祖云者，臞仙于永乐癸巳序《新刊太音大全集》，序云：

> 是书也，乃芝翁田君所纂，目曰《太古遗音》，集为三卷。至嘉定间祖云杨君，目为《琴宛须知》，表而进之于朝，以为一代之佳制也。

祖云未详何人。

考《神奇秘谱》于《神游六合曲》下云：“昔《霞洞》以其秘而不传，守斋老翁临逝，嘱其子改其字谱，将亦泯示后学也，岂意雪祖生曾授受之。”（《诚一堂琴谈》称“云祖生作《神通六合》”。）是一作雪祖生，一作云祖生，云祖与雪祖可能即一人，唯未敢遽定。

（四）元明学者对守斋琴学之质疑

宋濂《跋太古遗音》，于守斋琴学有所怀疑者二事：一为守斋论琴主嵇中散，然《广陵散》特慢商弦，不可为训；一为守斋以中吕为宫，颇违古法。凡此两端，前文已有讨论，兹不更赘。

袁桷云："方杨氏谱行，或谓其声与国亡相先后，又谓杨氏无所祖，又不当习。"按此指其师戴剡源之言也。戴氏有《题赵子昂琴原律略后》云：

> 今人学琴者，唯杨司农。司农之琴，不用律，以手指抑按弦间，得其碎然者，传于《白云（雪）》之曲，曰："此折竹声也。"得其哑然者，传于《夜乌》之曲，曰："此投林声也。"诸为曲皆若是。曲成，而合其谱，然后曰某主某弦为其音，为其音为某音而琴成。夫司农之琴，才近于庄生所言籁声，而安得为乐音乎？将司农不以乐予琴，而用无律之音乎？……呜呼！何必子昂，虽余之愚，岂不能非之？然当司农时，犹自谓之新声，司农每一谱成，而尸琴祭于寝，曰："吾安能为是声，吾琴必有祖，吾祭祖。"余尝私谯之，是司农琴当司农自为祖而食之，琴祖不食也。尔来司农琴擅天下，投林、折竹之声，儿童妇女，闻而喻之，则哂然而笑。……余虽知不当为司农琴，竟亦不知当为何琴。虽知人之学之非，而自无以语人。今得子昂书，始豁然有以实于余心。（《剡源集》卷十九）

是子昂之作《琴原律略》，乃为杨氏琴学而发，剡源讥杨氏造曲但取状声，而不按律；又责其逞臆无所本。然袁桷则云："余尝习司农谱，又数与徐天民还往，知其声非司农所能意创。"其作《琴述》，即在指陈此事，以明杨氏之新声，乃本之张岩、郭沔所传之旧谱。剡源为桷受业师，桷之文章体制议论，一取法于剡源，唯于琴则不阿附其师说，盖剡源非深于琴者，其言固于守斋无伤也。其谓《白雪》有折竹声（原作白云，乃"雪"字误）。今考《神奇秘谱》卷中《霞外神品》，《白雪》第二段，注"折竹声"，第五段泛音，注"碎玉声"，此盖即守斋旧谱。古人制曲有以声写情者，此《白雪》亦其一例也。

七、守斋琴侣考

（一）毛敏仲

敏仲，衢州人，宋时，在守斋门下，襄订《紫霞洞谱》。与汪水云相善。

（《湖山类稿》有《同毛敏仲出湖山由万松岭过浙江亭》诗。）入元，北游燕京。

考王逢《梧溪集》卷二《听叶琴师观光操序》云：

> 《观光操》者，三衢毛敏仲所作也。至元间，仲偕武林叶兰坡、徐秋山游京师。三人者，咸能琴，受知宰执，荐名世祖皇帝。仲以为士之道，莫尚于宾王，先王之化，尤莫尚有虞氏之教，故缘徵度声，作是操以应制。比召，客死馆舍。余闻其音，激越悽惋，不纯乎徵。传曰“征乱则哀”，仲其自哀也夫？……兰坡孙唯一弹是操，且语是言，因序其事。

敏仲之北行，水云有诗三绝送之，句云：“请君收泪向前去，要看幽州金筑台。”又：“今日君行清泪落，他年勋业勒燕山。”（见《湖山类稿》二，《宋诗纪事》七十八录其二首。）是仲有出仕之意。《观光操》一曲亦名《禹会涂山》。《神奇秘谱》臞仙曰：“是曲，毛敏仲所拟。……胡元之初，故作是操，追慕宋德，亦有感于其中矣。”与叶唯一所说不同。疑叶说较是。（黄献《琴传正谱》：“《禹会涂山》，又名《上国观光》，故称《观光操》。”此曲缘徵度声者，袁桷云：“敏仲作《涂山》，专指徵调，而双弦不复转调，与嵇康意合，非深知意者不能。”盖即不转弦而换调者也。）

敏仲所作琴曲，《诚一斋琴谈》引《琴疏》（即虞汝明作）云：“敏仲琴名‘昭美’，古云‘宋扁’。作《樵歌》、《涂山》、《庄周梦蝶》、《幽人》、《折芳桂》、《佩兰》。丁元乱，播越江湖，犹鼓琴赋诗。”《神奇秘谱·樵歌》下臞仙曰：“因元兵入临安，敏仲以时不合，故作歌以招同志者隐焉，自以为遁世无闷也。”此外又有《鹤鸣九皋》，《西麓堂琴统》称毛敏仲作；又《广寒游》，《琴谱正传》题《清都引》，毛敏仲作。（《琴谈》云：毛仲翁作《列子御风》、《山居吟》、《古涧松山》、《易水》、《慨古引》、《隐德》、《凌虚吟》。《神奇秘谱》：“《山居吟》，宋毛仲翁所作。”则毛仲翁亦宋人，不知与毛敏仲是否一人？《琴谈》则分而为二，姑识于此。）

附　汪水云

敏仲琴友汪水云，两人者，屡有唱和。水云名大有，字元量，钱塘人，布衣。度宗时，以善琴出入宫掖。宋亡从三宫北去，留燕甚久。时故宫人王昭仪清惠亦鼓琴，相与唱酬。（水云《湖山类稿》二有《幽州秋日听王昭仪琴》诗，又天山《观雪王昭仪相邀割驼肉》诗。）又至文文山囚所，为之作

《拘幽》以下十操，文山倚歌而和之。（刘辰翁《湖山类稿》序）元世祖闻其名，召入鼓琴一再行，乞为黄冠归。所著有《湖山类稿·水云词》（今有《武林往哲遗著》本），又集宋《故宫人诗词》（有《知不足斋丛书》本）。水云事迹详《钱塘县志》（纪献）（又见《改虫斋笔疏》、《尧山堂外纪》、《归田诗话》等书，具见《水云集》附录）。

（二）徐理

张炎《词源》下云："昔在先人侍侧，闻杨守斋、毛敏仲、徐南溪诸公，商榷音律，曾知绪余。"陆文圭《山中白云题语》："（玉田）尝自得声律之学于守斋杨公、南溪徐公。"袁桷《琴述》云："越有徐理氏，与杨同时，有《奥音玉谱》一卷，以进《律鉴》、《琴统》入官，其《五弄》与杨氏亦无异。晚与杨交，杨亟重之。"其《琴统》曾著录于《稽瑞楼书目》，今有传抄本，题曰"南溪徐理撰"。是玉田所称之南溪即徐理明矣。《阳春白雪》五有徐理《瑞鹤仙》一首。理，会稽人，见《全宋词》（卷二六）。《会稽新志》称其宝祐四年进士。

《铁琴铜剑楼书目》十三："《琴统》一卷，外篇一卷，旧钞本。题南溪徐理撰。理宗时人，先成《钟律书》进御，得叨恩科；年五十后，复成此书。外篇有自序，列律图，书成于咸淳戊辰四年。"按此书《西麓堂琴统》多袭取焉。俞琰《炉火监戒录》序云："德祐后，无所用心，闭户静坐，以琴自娱。琴之癖，所以六律正五音，问诸琴师，皆无所答。后得紫阳《琴书》（按即《琴律说》，《朱文公全集》卷六十六）、南溪《琴统奥音玉谱》，始知旋宫之法。"则玉吾琴学，固深受徐南溪之影响也。

附　俞琰

《千顷堂书目》俞琰《琴谱》四十篇，曹溶《学海类编》收俞琰《炉火监戒录》，其自序云："德祐后以琴自娱。……作《周南》、《召南》诗谱，及《鹿鸣》、《皇华》等诗，弦歌之。《离骚》、《九歌》、《兰亭诗序》、《归去来辞》、《醉翁亭记》、《赤壁赋》皆有谱，琴癖随己。"是其谱所录，多为有辞之曲。琰字玉吾，咸淳末应举不第，家洞庭西山。入元，隐居著书，自号林屋山人，精于《易》。《新元史》卷二三四《儒林》有传。（又详《藏书记事诗》小传）

（三）徐天民

袁桷谓："严陵徐天民与三衢毛敏仲在杨司农缵门下，朝夕损益琴理，删润别为一谱。”又《题徐天民草书》云：“瓢翁酒酣，好作草书，尝写前人悲愤之词。一日言中散《广陵散》慢商，君臣道丧，深致意焉。”又曰：“学琴，当先本书传，俗韵自少。仲连得法于其子。余以作吏荒落，向尝作《琴述》，言历代所谱派系，因览先生遗墨，俯仰昔今三十六年矣。”末题延祐六年。是天民亦号瓢翁，能草书。由延祐六年上推三十六年，是为至元二〇年（公元1283年）。

《浙江通志》一七六《人物儒林》：元时有徐畸，兰溪人。尝受《易》于朱震，隐居教授，学者称为天民。有《易礼》著述，而未闻精于琴，当与此严陵之徐天民姓名偶同，附记于此。

从天民学琴者，有袁桷。

桷字伯长，庆元人，著《清容居士集》。《元史》有传。桷于至元甲申乙酉，受琴于天民，又从戴表元为文章。表元称其于琴书医药诸艺，深得其理。（《剡源集·送袁伯长赴丽泽序》）玉田词有《征招·听袁伯长琴》一首（其上阕云：“《秋风》吹碎江南树，石床自听《流水》。别鹤不归来，引《悲风》千里。余音犹在耳，有谁解，《醉翁》深意。去国情怀，草枯沙远，尚鸣《山鬼》。”《秋风》疑指琴曲之《古秋风》，见《太古遗音》；《醉翁》指《醉翁操》；《山鬼》指《九歌》，即《屈原问渡》，《西麓堂琴统》有之）。

又有金汝砺辑《霞外谱》，及何巨济再传为郑瀛，亦纂有琴谱。（见《宋濂集》）

八、元代琴人述略

至蒙古贵族之能琴者，有中书参知政事奎章阁大学士阿荣：

《元史》一百四十三本传：“阿荣闲居，以文翰自娱……日与韦布之士游。所至山水佳处，鸣琴赋诗，日夕忘返。”

及赤盏。

盏为元布肃慎贵族，画墨菊，善鼓琴。见《翠屏集》。

又有铁柱者，著《琴谱》八卷。

柱字明善，畏吾人。见《补元史艺文志》。

其画家之能琴者，有赵孟頫。

孟頫著《琴原》，说已见前。晚得琴名松雪，故号松雪老人。集中有《听姜伯惠父弹琴擘阮》及《谢鲜于伯几惠震余琴》诗，俱有关琴之掌故。

倪瓒。

《录鬼簿续编》："倪瓒号云林子，善琴操，精音律。"其诗云："芙蓉花下坐鸣琴，疑在湘江斑竹林。翠节霓旌烟雨湿，秋来江水不知深。"可想见其风致。瓒好琴，避兵三泖间，与焦尾琴同卧起。考《云林集》中言琴之作甚多，有《听远子方弹琴》、《萧闲道馆听袁南宫弹琴》、《听袁员外弹琴》（至正四年十一月作）、《听钱文则弹琴》、《宿萨判官家听琴》、《赠陈惟寅》（诗言其父天倪读书鼓琴，不慕荣进）、《二月晦日听刘伯容弹琴》。同时琴士，多赖其诗而传名。

倪骧。

杨维桢《东维子集》二十六《倪处士墓志铭》："吴兴倪处士名骧，字子举……有所得则写之于琴，琴不足，又写之于画。琴最善《水云远意》，无俗师趣数节族……"

其时学者论琴之作，翰林学士吴澄有《琴言》十则（《学海类编》本盖从文集辑出），新淦李天和及其子嵩寿，均精丝桐，曾奉书与澄论三操五弦之离合。（《吴草庐集》）

文人之能琴者，有张雨。

萨天锡《诗前集》："茅山道士来相访，手抱七弦琴一张。准拟月明弹一曲，桐花落尽晓风凉。"集中茅山道士即指张伯雨。考句曲外史《贞居先生诗集》诸作涉及琴者，有《琴赞》、《为滨洲叶则善作蕤宾铁琴诗》、《本无秋海二上人鹄湾月夜弹琴》、《听滨洲仙人鼓琴》等篇。其所畜琴名“风林”。又尝从赵孟頫论琴云。

萨天锡。

《倪云林诗集》二《宿萨判官家听琴》云：“萨公能琴贤且文，城闉一遇河欢忻。高堂扫榻新雨霁，为鼓《潇湘》之《水云》。竹林萧瑟风袅袅，山日縢霭波沄沄……”

又有萧性渊，为鄱阳人。

《揭文安公集》：“番阳萧性渊，携其祖将领所爱唐琴号霜钟者还，自和林求诗，六月三日五门宣赦后作。”为七古长歌，有句云：“日长史馆幽且闲，正冠拂琴为我弹。京城六月日如火，霜钟半夜鸣空山。”

疑性渊所习即江西谱也。

九、浙谱与徐门琴学之流衍

“浙谱”之称起于元，袁桷云：“近世通南北谓吴中所习琴为浙谱，其咎在杨司农缵讳其所自。”（《示罗道士》）即目守斋及其门客所传之谱为“浙谱”也。

或谓浙操琴谱，始于徐诜。《千顷堂书目》二有徐诜《梅雪窝删润谱》，注云：“宁波人。永乐中，官训导。浙操琴谱所自始。”

考《浙江通志》（一九六《方技上》）引成化《四明郡志》云：

诜字和仲，其先钱塘人。曾祖宇，号雪汀；父梦吉，号晓山，皆业儒，善琴。后父宦游四明，遂家焉。诜性谨厚，居家笃学，以《春秋经》教授乡里。出其讲下者，多绳绳有师法。为文章不俚不浮，亦以琴名于时。洪武间，太宗在潜邸，遣使召至，锡赉殊厚。既归，举明经，为邑庠训导。诜世以琴名，而诜尤工，得心应手，趣自天成。……同里若王礼金、应隆吴以介亲受业其门，远近从学者亦众。后子孙皆能踵其家学，而浙操至今称“徐门”云。

诜子曾祖宇及父梦吉，并以琴名，宇即与杨守斋酬唱之徐雪江也。

徐宇。

焦竑《国史经籍志》有《徐门琴谱》十卷，宋徐于撰。按徐于当即徐宇也。《浙志》称其字雪汀，疑即雪江，盖亦与守斋友善。“汀”与“江”形近易误。《词源》云：“近代杨守斋神于琴，故深知音律……与之游者周草窗，施梅川（名岳，万历《钱塘县志》施梅川墓条云：‘岳，吴人。精于律吕。’），徐雪江，奚秋厓（名濙），李商隐（名彭老）。每一聚首，必分题赋曲。但守斋持律甚严，一字不苟作，遂有《作词五要》。”汪元量与徐雪江尤多唱和之作。（见《湖山类稿》有卷二《和徐雪江即事》，卷四有《浙江亭和徐雪江》及《答徐雪江》三首。）《神奇秘谱》云：“《泽畔吟》，雪江之所制。”《五知斋琴谱》谓：“雪江作《泽畔吟》、《广寒秋》。”

徐梦吉。

《浙江通志》（一七八）引《於潜志》：“徐梦吉，好学工文。早举茂才。授传贻书院山长，历常熟儒学教授。诗得家传，有《琴余杂言》行于世，晚号晓山中人。”《千顷堂书目》二九集部有梦吉《琴余杂言》。《元诗纪事》（二四）：“梦吉字德符，杭之於潜人。有和杨铁厓《西湖竹枝词》。”

时尚有徐秋山者。

《梧溪集》二：“至元间（毛敏）仲偕武林叶兰坡、徐秋山游京师，三人咸能琴，受知宰执。”《苏州府志》：“宋尹文，字文璧，太仓人，学琴于秋山徐氏，得其雅正。大德间（元成宗）鲁国公主召奏《胡笳十八拍》。”徐秋山与徐晓山疑是兄弟行。

徐氏一门事迹可考者如此。明嘉靖间梧冈黄献编《琴谱正传》，梧冈学琴于内监戴义竹楼，戴学于徐门高弟姑苏张助，其谱中有经梅雪窝（徐诜）、瓢翁（徐天民）、秋山、晓山（徐梦吉）等删订古谱，足见梧冈谱乃自徐氏《琴谱》而来（如言《秋鸿》为郭楚望谱，与其他谓出于臞仙者异）。亦徐门之流衍也。

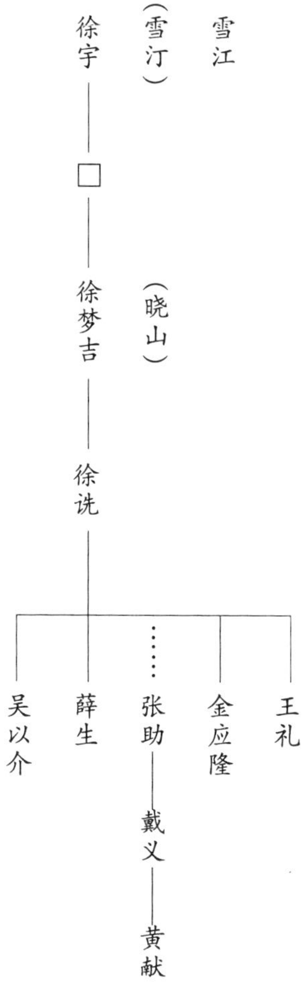

徐门琴学著作，兹复列如下：

徐于（宇）《徐门琴谱》十卷
徐诜《梅雪窝删润琴谱》
黄献《梧冈琴谱正传》

按《绛云楼书目》有《徐氏琴谱》一册，《浙江通志》经籍有《太音正谱》十卷引《钱塘县志》云“徐伯龄著”，亦徐家之书。（万历《钱塘志纪献》：“徐伯龄字延之，号箨冠道人。洞晓音律，尤工乐府，有《蟫精隽》二十卷。”年代在洪武正德间。）

黄虞稷谓浙操琴谱，始自徐诜。观上考证，其源实出于徐宇也。

唯《绛云楼书目》有朱伯原《浙操琴谱》一册，《渑水燕谈录》言及朱长文琴谱，伯原即朱长文字，长文苏州人。（长文于至和二年，从泰山孙明复问学，后著有《春秋通志》。）所作《琴史》，自序题元丰七年正月。又其族孙所撰事略，称长文，其先越州剡人，尚有《琴台志》。长文《琴史》卷五有其先祖尚书亿传云：

亿字延年，越州剡县人也。少有雅趣，邃于琴道，卜居四明，有姊以淑行婉质，尤工琴书，后赐号广慧大夫者也。至道元年，天子命使者裴愈至二浰访图书，闻广慧既艺且贤，以名闻，且命之至京师。广慧既入宫掖，尚书被召对，鼓琴，太宗嘉悦。

是长文先祖朱亿、广慧姊弟，宋太宗时俱以琴名于时。则其所传之《浙操琴谱》，或出自亿等。若然，则浙操又不肇自徐氏矣。

徐门浙操至明中叶尤大行，唯自虞山严澄出，始有所谓虞山派者。胡文焕《文会堂琴谱》言其谱皆亲传之浙操。又云：“琴独尚浙操者，犹曲之有海盐也。”盖琴家无不托浙操以自重，而浙谱实出于徐门。溯其源，则近由于杨缵，远昉于朱亿，斯又谈琴史者所不可不知也。

十、补记

本文属稿时，因手头乏周梦坡《琴书存目》、《琴史续》二书，颇费钩索之劳。及写定后，始从书坊购得之，亟取勘读宋金琴人事迹，大体多同；唯于守斋琴学，所记殊略，但摭《齐东野语》为传，及据《千顷堂书目》著录《紫霞洞琴谱》书名而已，本文可补其不逮。至元代琴人，彼传叙述较详。如赵淇、刘尊德、刘世贤、郭抚、张桂、马希远、林晋、李贵、郭节之、员怡然、赵海月、朱右、张南窗、刘程、王有恒、傅玉诸人，拙文俱未之及，可以参看，今不复赘。其书多采集部诗文以撰传，亦多挂漏。如据《东维子集·倪处士墓志铭》撰《倪骧传》，然同集九有《送琴生李希敏序》，不知何以不录。至其书于年次，每有讹误。如武伯英殁于金宣宗兴定末（见元遗山《云岩诗》序），不宜入元，此则须订正者也。又《琴史续》二徐诜下引《鄞县志》言“曾祖宇号雪汀”，并注云“或作雪江”，是“雪江”、“雪汀”乃是一人，足证与杨守斋、毛敏仲交往之徐雪江，即徐宇明矣。

又考元《名儒草堂诗馀》卷下尹公远琴泉有《尉迟杯》词，“题卢石溪响碧琴所”，自注云“溪翁琴皆操浙音”，尹与卢俱宋遗民云。闻近年查阜西氏在宁波天一阁发现《浙音释字琴谱》一书，向未经著录，极堪注意。此有关浙派两事，前文未及，故并记之。

原载台北《清华学报》，1960 年新第 2 卷第 1 期

杨守斋在词学及音乐上之贡献

一

宋季学者，杨守斋缵最洞晓音律。周密称其“当广乐合奏，一字之误，公必顾之，故国工乐师无不叹服，以为近世知音，无出其右者”。（《浩然斋雅谈》）守斋《宋史》无传，事迹又见《图绘宝鉴》。守斋为杨石养子，其女于咸淳二年为度宗淑妃，生帝昰。历官司农卿，浙东帅，卒赠少师。[①]

张炎《词源》云：

> 近代杨守斋神于琴，故深知音律，有《圈法美成词》，与之游者周草窗（密）、施梅川（岳）、徐雪江[②]、奚秋厓（美），李商隐（彭老）。每一聚首，必分题赋曲。但守斋持律甚严，一字不苟作，遂有《作词五要》。

其《圈法美成词》，今不可见；《作词五要》则附于《词源》之后，赖以流传。唯《词源》一书向与沈义父《乐府指迷》混误为一，明末清初学人每误杨守斋为杨诚斋，即《四库提要》犹不免此失。（《提要》四十词曲类存目

① 参见拙作《九龙与宋季史料》，84页，《杨太后家世考》。

② 参见拙作《楚辞与词曲音乐·泽畔吟》条，考证徐雪江事迹。

《乐府指迷》条下云“附以杨万里《作词五要》五则”。是其例。）自阮元为《词源》作提要（《揅经室外集》三），秦恩复重刊撰跋，此误解得以澄清，而守斋之名亦由晦而显。[①]

守斋审律之精，宋元人笔记播为美谈。周密《癸辛杂识后集》云：

> 余向登紫霞翁门（守斋楼曰“紫霞楼”，见《齐东野语》），翁妙于琴律，时有画鱼周大夫者，善歌，每令实谱参订，虽一字之误，翁必随证其非。余尝叩之云：“五凡工尺，有何义理，而能暗通默记如此？”翁云：“其间义理之妙，有甚于文章。”

即此一事，可见其概。可惜守斋所作词，今可见者，仅有《绝妙好词》所载《八六子》（牡丹）、《一枝春（除夕）》、《被花恼（自度曲）》寥寥三首（亦见《全宋词》二百五十一），未由作校律之资。

二

守斋《作词五要》，即要择腔，要择律，要填词按谱，要随律押韵，要立新意。兹分别疏说如下：

（一）“第一要择腔，腔不韵则勿作，如《塞翁吟》之衰飒，《帝台春》之不顺，《隔浦莲》之寄煞，《斗百花》之无味是也。”

何谓腔？《乐府指迷》云：“词腔谓之均，均即韵也。”说者谓词腔所在，即均拍所在。李调元《雨村词话》二：“赵长卿《眼儿媚》句：‘笑偎人道新词觅个美底腔儿。’腔儿谓调名也。”如是择腔即是选调。江顺诒《词学集成》三《音》条，解释“择腔”云：“系指自度曲者，若填前人已传之词，则腔自韵矣。”则以指自度曲而言。以上三说看似出入，究同指一事。其所谓“韵”，应如白石《凄凉犯》序“以哑觱栗角吹之，其韵极美”之“韵”，乃韵味之韵，而非押韵之韵。至于腔应如何择，《辍耕录》云：“仙吕宫宜清新绵邈，南吕宫宜感叹惋伤……正宫宜惆怅雄壮，道宫宜飘逸清秀……小石宜旖旎柔媚。”方成培《香研居词麈》云：“宋人称秦少游诗可入小石调，讥其旖旎柔媚也。”可见择腔主要是如何选取宫调和声情配合。

---

① 参见拙作《宋词书录解题·词源》条。

至守斋所举诸词调：

《塞翁吟》——据《片玉词》注为大石调，即黄钟商，住マ（四）。观美成所作，换头“忡忡”及“嗟憔顇”以下等句，略带衰飒意。

《帝台春》——本唐教坊曲名，《宋史·乐志》琵琶有《帝台春》。《花庵词选》三有李景元（即李甲）《帝台春（春感）》词，其下片有“拚则而今已拚了，忘则怎生便忘得”[①] 两名句，守斋谓此词腔不顺，未明其故。

《隔浦莲》——见《片玉集》，为大石调。所言“寄煞”者，《碧鸡漫志》云：“林钟商今夷则商也。管色谱以凡字杀，若侧商则借尺字杀。借杀即寄杀也。”此调宋人有借字寄杀者，故守斋以为不美。

《斗百花》——见柳永《乐章集》，为正宫调，住 A（合）。《雨村诗话》云：“晁补之有《斗百花》词。杨诚斋云词须择腔，‘如《斗百花》之无味’，因此后作此腔者寥寥。今按词后段……句法本古乐府，更工于会情，乃知诚斋非深于此道者。”按李氏既误守斋为诚斋，又误解择腔之本意，故为指正。

（二）“第二要择律，律不应月则不美。如十一月调须用正宫，元宵词必用仙吕宫为宜也。”

所谓依月用律，乃政和间大晟府所倡行，时新广八十四调，万俟雅言请制词以实谱，有旨：依月用律，月进一曲，自此新声稍传。（见《碧鸡漫志》）《词源》有《五音宫调配属图》，以八十四调分属十二月。如十一月，律为黄钟，调为正宫、大石、般涉；十二月律为大吕，调为高宫、高大石、高般涉；正月律为太簇，调为中管高宫、中管高大石、中管高般涉。余见该图。[②] 夏承焘曾取《片玉集》中四时编次各词，与宫调核对，符合者仅有七首，又取

① 《花庵词选》三李景元《帝台春（春感）》。见《词源》十五，即李甲词（刘毓盘辑其词得十四首），李词云：“芳草碧色，萋萋遍南陌。暖絮乱红，也似知人，春愁无力。忆得盈拾翠侣，共携赏，凤城寒食。到今来，海角逢春，天涯为客。愁旋释，还似织，泪暗拭，又偷滴。漫倚遍危栏，尽黄昏也，只是暮云凝碧。拚则而今已拚了，忘则怎生便忘得。又还问鳞鸿，试重寻消息。”

② 《词源》有《五音宫调配属图》以八十四调分属十二月如下：

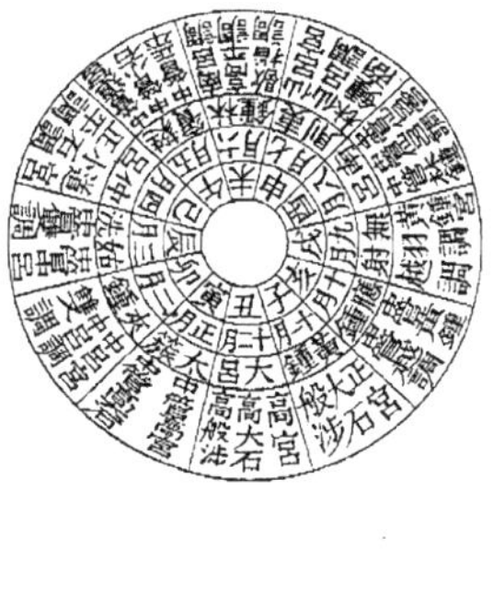

《玉田集》校其宫调时令，亦十九不合，故断言宋人并不依月用律。又谓宋人不用中管调，因中管较头管短一半，声高一倍，难于吹奏，故宋词不用。美成《片玉集》百余首，无一首用中管调。然玉田《五音宫调配属图》，正月太簇，三月姑洗，五月蕤宾，八月南吕，十月应钟，皆中管调。万俟雅言所作《春草碧》一词，九十八字[①]，词谱称雅言《大声集》，此首注“中管高宫”，即正月太簇宫，今笛用“四”字，雅言此词赋春草，正与月律相应。此当是任大晟府“制撰”职时，应功令之作。是宋人非不用中管，特用之者少耳。（又守斋言元宵词必用仙吕宫，然仙吕宫乃夷则宫之俗名，为七月之律，何得用于元宵？蔡嵩云谓仙吕为南吕之讹，南吕为徵，徵为火，像元宵灯火。张孟劬调仙吕宫即中管仙吕宫，亦为南吕宫，则为八月正律，但宜用于中秋，又何以用之元宵？皆疑莫能明。）

（三）“第三要填词按谱。自古作词能依句者已少，依谱用字者，百无一二。词若歌韵不协，奚取焉？或谓善歌者融化其字则无疵，殊不知详制转、折，用或不当即失律，正、旁、偏、侧，凌犯他宫，非复本调矣。”

宋时乐工唱词，有融字法，或融平为仄，或融仄为平。《梦溪笔谈》论善歌者，当使“声中无字”，或“字中有声”。

> （1）所谓“声中无字”者，沈云：“字则唇喉齿舌等音不同，当使字字举本皆轻圆，悉融入声中，令转换处无磊块，此谓声中无字，古人谓之‘如贯珠’，今谓之‘善过度’是也。”
>
> （2）所谓“字中有声”者，沈云：“如宫声字而曲合用商声，则能转宫为商歌之，此字中有声也。善歌者谓之内里声。”

至“转”之法——方成培云：“转宫为商，人不易解。凡一字虽属一音，然轻重抑扬之间，每一字实含五音，故可移宫换徵。”

若“折”之法，《补笔谈》云：“折声唯合字无。折一分折二分至于折七、八分者，皆是举指有浅深，用气有轻重。如笙箫则全在用气，弦声有只抑按，如中吕宫‘一’字，仙吕宫‘五’字，皆比他调高中格，方应本调。”

---

① 万俟雅言所作《春草碧》一词云：“又随芳渚，坐青翠连霁空，愁遍征路。东风里，虽望断西塞，恨迷南浦。天涯地角意不（平）尽，消沈万古。曾是送别（平）长亭下，细绿暗烟雨。何处乱红铺绣茵，有醉眠荡子，拾翠游女。王孙远，柳外共浅照，断云无语。池塘梦生，谢公后，还能继否。独上画楼，春山眠，雁飞去。”

又所谓正、旁、偏、侧调“犯”者，说俱姜白石《凄凉犯》小序引唐人《乐书》。张端义《贵耳集》上云：“自宣政间，周美成、柳耆卿辈出，自制乐章，有曰侧犯、尾犯、花犯、玲珑四犯。……明皇幸蜀之曲，皆曰犯。犯者，侵犯之义。”犯曲已盛于北宋。犯曲如西乐所谓“转调”，使乐调变化，增其美观。犯有规则，据白石云：要住字相同始可犯，如黄钟宫住“合”，大吕宫住“下四”，无射宫住“下凡”，应钟宫住“凡”字，无一相同者；住字不同，则不能相犯。又云：十二宫特可犯商、角、羽。如黄钟宫可犯无射商、夷则角、夹钟羽，四者同住“合”字。又如林钟宫可犯中吕商、夹钟角、无射羽，四者同住“尺”字。余可类推。

守斋此条，皆在说明唱词时转折犯宫等事，均宜留心；即指出对于“融字法”之运用，不能随意为之。

（四）“第四要随律押韵。如越调《水龙吟》，商调《二郎神》，皆合用平入声韵。古词俱押去声，所以转折怪异，成不祥之音。昧律者，反称赏之，是真可解颐而启齿也。”

所谓随律者，段安节《乐府杂录》有《五音二十八调图》，即平声羽七调，上声角七调，去声宫七调，入声商七调，上平声属徵声，商、角同用，宫逐羽音。[①] 方成培云：“观杨诚斋（按应作守斋）择腔用韵之说，忽有所悟。所谓运者，用也，分四声各用一韵，以填七调。如平声韵则用以填中宫、正平等七调，上声则用以填越角、大石角等调。”又云：“（随律）一作‘催律’，当作‘推律’，唯求此调，属某律某音，然后叶某韵填之，方始合律，即段安节《五音二十八调》是也。《水龙吟》越调，即黄钟商；《二郎神》商调，即无射商，即图所云入声运商七调，上平声商、角同用者也。若去声韵，当叶宫声之调，非商声所宜矣。”

（五）“第五要立新意。若用前人诗词意为之，则蹈袭无是奇者，须自作

---

① 附《乐府杂录》之《五音二十八调图》：

平声羽七调　第一运中吕调　第二运正平调　第三运高平调　第四运仙吕调　第五运黄钟调
　　第六运般涉调　第七运高般涉调

上声角七调　第一运越角调　第二运大石角调　第三运高大石角调　第四运双角调
　　第五运小石角调（正角调）　第六运歇指调　第七运林钟角调

去声宫七调　第一运正宫调　第二运高宫调　第三运中吕调　第四运道调宫　第五运南吕宫
　　第六运仙吕宫　第七运黄钟宫

入声商七调　第一运越调　第二运大石调　第三运高大石调　第四运双调　第五运小石调
　　第六运歇指调　第七运林钟商调

上平声　徵声　商、角同用　宫逐羽音

不经人道语，或翻前人意，便觉出奇。”

此条易明，不必多作申说。《文心雕龙·神思》篇：“意翻空而易奇，言征实而难巧。”亦即此意。

总上论之，守斋所定填词之条例，如“应月择律”，目的仍在重振大晟府之旧规；守斋宪章美成，故所论亦多契合。

三

其次论及守斋在音乐上之成就。主要是对于琴学之贡献，可分四项述之：

（1）宗嵇　　袁桷《清容居士集》云：“杨司农谱，首于嵇康《四弄》，韩忠献家有之。”（《示罗道士》）北宋沈氏所集《琴书》，即载嵇中散《四弄》（见《崇文总目》），嵇氏《四弄》者，宋僧居月《琴曲谱录》：“《长青》、《短青》、《登高引》、《望长侧》，此四曲谓之嵇氏《四弄》。”（陈旸《乐书》以为“《长清》、《短清》、《长侧》、《短侧》”。）宋濂谓：“（守斋）每恨嵇康遗意久废，与其客毛敏仲、徐天民力索之。”（《跋郑生琴谱后》）又谓：“士大夫以琴鸣者，恒法宋杨守斋缵。所以法缵者，以其合于晋嵇康氏故也。”（《跋太古遗音》，见《宋学士集》十四）

（2）定律　　宋濂云：“古者协管以定正宫，以正宫为声律之元也。今缵以中吕为宫。”是守斋定律，以中吕为宫，即以琴之第三弦为宫，此在琴律上为重要之变革。后世琴家以正调属之中吕，实本是说。张端义《贵耳集》中云：“朱晦翁、王伯照《琴说》，琴大弦散声，中黄钟，二太簇，三中吕，四林钟，五南吕，六黄钟，七太簇。……如是专以钟为宫，不复可遗想矣。今世所传琴曲五调，余尝以音律考之，皆中吕一均也。‘宫’调乃中吕，余调仿此。”按《贵耳集》二集成于理宗淳祐四年，正与守斋同时，可见当时确以中吕为宫。唯入元以后，反对者大有其人，如赵子昂《琴原》一篇（《松雪斋文集》六）即为守斋而发。清代论琴律者甚繁，《律吕正义》力主第三弦为宫；《四库提要》评王坦《琴旨》，历举自来言琴律者之误有五，其一事即在不知第三弦为宫，而以一弦十徽为中吕，此无异申明守斋之说。

（3）订谱　　宋濂云：“宋季言琴者，多宗大理少卿杨公缵。缵，淳祐中人，最知琴，一闻琴声，即能别其古今，每恨嵇康遗音久废……历十余年，始得于吴中何仲章家。缵因共定调、意、操，凡四百六十有八。为《紫霞洞谱》一十三卷。”袁桷《琴述》：“往六十年中，钱塘杨司农以雅琴名于时。有客三衢毛敏仲、严陵徐天民在门下，朝夕损益琴理，删润别为一谱，以其所居曰‘紫霞’名焉。”《紫霞洞谱》今已逸，网罗之富，后世琴谱，无出其右者，可谓集宋以前琴曲之大成。其谱分别五音，有调、意、操三类。后来琴书如《太音大全集》等，其编次体例，皆本于守斋之《紫霞洞谱》。

（4）正声　　绍兴以来，鼓琴者皆习阁谱，媚熟整雅，又有江西谱者，亦流行于时，音尤繁杀。张岩曾谓阁谱非雅声，守斋之重订旧谱，盖承其志，而力去繁声，以还古淡。《齐东野语》十八记其自制琴曲数百解，皆平淡清越，灏然太古之遗音。故守斋之去繁取缓，大有复古之功。

守斋当日被称为“神于琴”，因居外戚之尊，其学盛行。元明以来，颇有置疑者，如戴剡源讥其“造曲但取状声，而不按律”。（《题赵子昂琴原律略后》）宋濂谓以中吕为宫，颇违古法，然其影响极大。元时，吴中所习琴，称为浙谱，琴家无不托浙操以自重，皆由守斋倡导之功。详见拙作《宋季金元琴史考述》，载《清华学报》，兹不赘。

说　　弜

枚乘《七发》云：

> 龙门之桐，高百尺而无枝。……其根半死半生。……于是背秋涉冬，使琴挚斫斩以为琴，野茧之丝以为弦，孤子之钩以为隐，九寡之珥以为弜，使师堂操畅，伯牙为之歌。

李善注："《列女传》曰：鲁之母师，九子之寡母也。……《仓颉》篇曰：珥，珠在耳也。……字书曰：弜亦的字也，都狄切。的，琴徽也。"（《文选》卷三十四）上所引录《文选》，是依据南宋淳熙间尤袤刻本。（中华书局影印李善单注本）又宋绍兴三十一年建阳崇化书坊刊五臣注本亦作"弜"，注引张铣曰："钩、珥皆宝也。隐、弜皆琴上饰。"（台北"中央"图书馆影印本）。唯日本金泽文库藏宋明州本《六臣注文选》，《七发》正文作弜，而注语却云：善本作"约"字。其后明新安吴勉学本《文选》，及清胡克家本均把弜字作约。《说文》无"的"字而有旳，其字列于日部。桂馥、朱骏声的《说文》著述，都在的字下引用《七发》这一句，但皆作"约"，大概是依据胡克家本。宋本李氏单注及五臣本都作弜。《类篇》十二下弓部："弜，丁历切，射质也。"《集韵》入声十："弜，勺，射质也。"或省通作"的"。"的"本当作旳。《广雅·释言》："墪，的也。"详王念孙《疏证》（卷五上，中华书局本，149页。）弜是射矢之准的，借射质之"的"来比喻琴在音阶表现高下之准的。李善引用字书，没有说明是何书，但分明指出“的……琴徽也”一义，可见西汉人亦称徽为[弓勺]。

吴钊兄曾告诉我，他考察出土的战国曾侯墓的十弦琴，和西汉初马王堆墓中的七弦琴，“这两张琴琴身与琴尾实木交接处，均有一双线勾出的框格，其中战国琴的框格是圆形，西汉琴则是方形。而两琴框格中心线左侧开有一孔，可容左手小指插入其内。值得注意的是西汉琴在靠近禁指（左手小指）的框格内外的琴面上，至今尚留有明显由于左手按法所造成的磨损痕迹，这证明左手指已经常在此处循弦上下滑动，由此可证许慎所谓‘鼓琴循弦谓之徽’，高诱释‘复徽为上下手’，绝非无稽之谈。”“这框格磨痕正相当于琴的七八徽处，可证当时已经使用其中部分徽位，这是已经有徽的事实。”吴先生的观察入微，非常精细而可贵。他认为琴可能先有部分徽位，然后发展为具体的十三徽，是很有见地的！这说明古时弹琴的动作很早已是左右手兼用。我们看枚乘所说的[弓勺]，应该是琴面上的准的。

《七发》一文，是假设吴客与楚太子对答而作，枚乘仕吴王濞，与刘安时代相近，是时琴上分明有[弓勺]，亦即是徽。照枚乘说，还是可用玉珥来装饰。李善引字书释[弓勺]为琴徽，是可以成立的。这样看来，西汉不应该没有徽，而且还是“明徽”，不是“暗徽”，因为它是用玉珥来装饰的。

《文选》卷五十五《广绝交论》，李注引《韩诗外传》云：

> 赵遣使于楚，临去，赵王谓之曰：必如吾言辞。时赵王方鼓琴，使者因跪曰：大王鼓琴未有如今日之悲也。请纪其处，后将法焉。王曰：不可。夫时有燥湿，弦有缓急，徽柱推移，不可纪也。（宋淳熙本）

这里出现徽柱二字，徽是名词。这段话在今本《韩诗外传》卷七，所记是鼓瑟，而不是鼓琴，其事亦见于《说苑·奉使》。《太平御览》卷五六七《瑟类》，及《群书治要》引和今本大抵相同。而“徽柱”一句，则作“柱有推移”，没有“徽”字，我想作为鼓瑟，是较合理的。但李善所引用分明是鼓琴，知唐代传抄有一本是如李善所引的“徽”柱。最有趣的是《韩诗外传》今本作：“王曰调。使者曰：调则可纪其柱。”此即调音转弦之明证。南越文王墓出有琴轸十一枚，及轸匙一件，皆铜制。轸共十一，似施于十一弦之琴。轸匙即转轸工具，显系调音之用。可见韩婴所言之确。

关于《淮南子》书中所见的“徽”字，有需要再加以申证。《主术训》篇言："夫荣启期一弹，而孔子三日乐，感于和；邹忌一徽，而威王终夕悲，感于忧。"一弹与一徽相对为文。自然，一徽的徽，是用作动词，故高诱注训："徽，急弹也。"叶德辉校云："唐本《玉篇》引作'邹忌徽而威王终夕悲'，高诱本'一徽'下无琴字。"按罗振玉所集《玉篇》卷二十七糸部内有徽字，注文甚冗长，文中正没有"一"字。内云：

徽，虚归反。……《楚辞》：破伯牙之号钟，扶人筝而张徽。王逸曰：徽，张弦也。《淮南》：邹忌徽而威王终夕悲。许叔重曰：鼓琴偱弦谓之徽。（中华印《玉篇》残卷，159页）

这里引《楚辞》句，原出刘向《九叹·愍命》。洪兴祖补注实作："挟人筝而弹纬。王注：纬，张弦也。"洪氏补注又云："《文选》注引挟秦筝而弹徽。人筝一作介筝。"是宋时本《九叹》确有"弹徽"之文。（今淳熙本《文选》潘岳《笙赋》秦筝下，注引《楚辞》扶秦筝而弹徽。又吴质《答东阿王书》"秦筝发徽"句下，李注引《楚辞》曰"扶秦筝而弹徽"，计有两处。）与《玉篇》之作"张徽"，都是借"徽"为"纬"。上举《韩诗外传》的"徽柱"、《九叹》的"张徽"、"弹徽"诸异文，原作实是指瑟与筝的弹奏动作，古时抄本，把它与弹琴混在一起，故每每借用徽字为之。

又许叔重（慎）所著《淮南子注》，今已失传。他的"鼓琴循弦谓之徽"一语，《文选》李善注引用过许多次，列举如下：

（1）陆机《文赋》"犹弦么而徽急，故虽和而不悲"下。（《文选》卷十七）

（2）应璩《与满公琰书》"牙旷高徽"下。（卷四十二）

（3）刘孝标《广绝交论》"客所谓抚弦徽音，未达燥湿变响"下。（卷五十五）

（4）陆机《吊魏武帝文》"徽清弦而独奏"下。（卷六十）

各处都作"循弦"，《玉篇》作"偱弦"，必是形误。《主术训》的"邹忌一徽"，确是动词。清代训诂家取同音假借之例读徽为挥。陶方琦云："义与挥同，《琴赋》'伯牙挥手'是也。"（《淮南评注异同诂》）朱骏声亦谓："徽又为挥……徽、挥双声。"然汉人之读法则异是。高诱两度说道："徽读维车之绁”。按《广雅·释器》:“绁车谓之历鹿。”《淮南子·主术训》高注原作“徽读纷麻缞车之缞”,在《修务训》“参弦”、“复徽”下则云“徽读绁车之绁”。李哲之据此加以校订,他认为纷麻不甚适,纷当作绩,缞车当作绁车。(《淮南义训疏补》)刘家立从其说,改“徽读绩麻绁车之绁”(《淮南集证》)。我们知高诱不止一次读徽为绁。徽,《玉篇》虚归反,绁,稣对切。(《广韵》在去声十八队,与碎之为苏内切同音。)东汉时恐不读晓母之音。《广韵》八徽“挥,许归切”,同音字十三,晖、徽皆在其中,这是宋以来的读音,所以音位的徽,后来亦写作“晖”。《修务训》“参弹”、“复徽”二句,有人认为汉代无徽,故把它解作参弹是连奏三声,复徽是连奏两声,似乎有点勉强。我们的看法:“参弹”指右手弹弦与前句搏琴相应,谓参错地弹,无次数之可言;复徽指左手动作,与前句抚弦呼应。所以高诱原注:“参弹,抚弦也;复徽,上下手也。”其说仍是可取的。

我们知西汉初年已有作为“准的”而可用玉珥来装饰的明徽存在,而且弹琴、鼓瑟,有时可以按调音的上下而推移徽柱,来记其数。(依韩婴说)南越文王时代乐府官署之十一弦琴,其轸及转动琴轸之具,均已出土。是时弹琴者对于徽位及调弦的重视,可想而知。

徽可名㢻,事实是音阶的标志,徽之命名亦是取徽识为义。朱骏声从徽训绳索加以引申,联想到徽指轸索,有人竟把“急徽”说成把轸绒旋紧,我想是不可以的!

讨论古制的问题,和古书的研读,二者是分不开的,字义解说的分歧,本子先后写法的出入、淆乱,牵涉到校勘、训诂许多方面,我认为应该虚心一点,稍存阙疑态度,不要太快去下断语,遽尔说某时代是没有的,这样很轻易陷入默证之嫌。古物仍有继续出土的可能,还是保留的好。现在总结上述文献和出土琴具的形迹看来,我们似乎不宜肯定西汉真的没有琴徽呢!

1988年3月20日

再谈《七发》"弜"字

枚乘《七发》："孤子之钩以为隐，九寡之珥以为弜。"李善注引字书曰："弜亦的字也，都狄切。的，琴徽也。"近人有力证李善"琴徽也"一说为误，且强调"弜"只有琴饰一义。殊不尽然。

冯君洁轩在《复三论琴徽》文中且进一步说道：

> 弜，并不具有目的、标准之类含义。……饶君把弜（的）训为"准的"，并无训诂学根据，仅出于想像，是错误的。……准与准的之间，都只存在组词材料、历史渊源上的关系，词义本身是各不相同的。饶君为把"的"与（音）准硬拉上关系，任意添字训释，以"准的"为两者搭桥，无意中已偷换了概念……

冯君用现代人的知识，说"准的"一词出自我的杜撰，真是空穴来风，强词夺理。

"弜"和"的"原是同一个字。"的"字向来认为出于俗写，故许慎《说文解字》中没有从白的"的"，只有日部的"旳"。作为箭靶的"的"，却很早出现于《诗经·小雅·宾之初筵》，云：

> 大侯既抗，弓矢斯张。……发彼有旳，以祈尔爵。

《毛传》云："的，质也。"（参陈奂《诗毛氏传疏》）以质训的，后来字书，合称之曰"质的"。我曾引用《类篇》、《集韵》都说："弜，射质也。"用质字来训的，正承袭此说。

一个词儿的孳生，有它的长远的历史，研究起来，非常复杂，我何能任意添字！请看下面列出的一个表：

单字	旳（的）、弜（亦省作勺）
同义异字	质、埻、臬、埶、准、正、鹄
同义复词	质的、埻的、鹄的、仪的、准的、准臬

原"准的"一词，准字本亦作埻。张揖《广雅》："埻，的也。"《通俗文》："射堋曰埻，埻中木曰旳。"《说文》土部："埻，射臬也，读若准。"埻读若准，埻亦训的，"准的"之准，源由埻而生。不是只知现代习用的"标准"一义而可以大谈训诂学的！"准的"即"埻的"之异写。冯君说准与的二字联言出自我的臆想，当然是十分错误。复词的构成，往往由于同义字的组合。《韩非子·外储说上》云：

设五寸之的，引十步之远，非羿、逢蒙不能必全者，有常仪的也。

《抱朴子》外篇《清鉴》云：

夫亡射之箭，皆破秋毫，然"准的"恒不得为工。

又同书《逸民》：

以射立之仪，又望求之于"准的"者也。

仪指箭靶，与"的"合称，谓之"仪的"，"准的"取义亦相同。"准的"一词，葛洪屡屡言之。又有称为"准臬"的，见《汉书·晁错传》颜师古注，这是"准"加"臬"。上举仪的、准的、准臬诸复词，都与射有关，绝非"硬拉关系"，都有它的来历。

"的"既训"质"，故合称曰质的，《荀子·劝学》云：

是故“质的”张而弓矢至焉。

《淮南子·原道训》论先后之旨云：

先者难为知而后者易为攻也。……先者则后者之弓矢“质的”也。高诱注：“质的，射者之‘准埶’也。”

又称之为“准埶”。按《小尔雅》：

射，张皮谓之侯，侯中谓之鹄，鹄中谓之正，正中谓之槷，槷方六寸也，槷则质也。

“准埶”之埶，应即槷，字又作臬，与质同义。《诗·大雅·行苇》郑笺云：“蓺，质也。”则槷亦写作蓺，为假借字。其实槷即是臬，《说文》木部：

臬，射“埻的”也。

我所说的“准的”，即是许慎训臬的“埻的”。他在埻字训云：“埻，射臬也，读若准。”埻与臬二字互训。所有准、质、埻，古皆同音，互相训注，义得相通。故知“准的”之为“埻的”，无不与“的”字相关，作为复词，安得谓任意“添字训释”，“无训诂学根据”！

由上看来，的、质、埻、臬、槷等都是异名同实，均指箭靶。《一切经音义》释旳字云：

旳谓灼然明见，今射堋中珠子是也。

唐时射堋的珠子，清代称之曰羊眼，的字后起的“目的”一义，亦由此产生。

弜字，宋以来字书都训为射质。而敦煌写本若王仁煦本弜字附于“的”，无琴饰一句。《切韵》诸本三十点中，只有五代写本之P·五五三一号出现“䪴，琴饰”三字而已。䪴字，周祖谟校正为“弜”，冯君认为号旁是弓写误。既是弜字，何以宋人司马光、丁度等都不采用此说？意者训弜为琴上饰，出于《文选》五臣注之张铣。五臣注在宋代学人心目中地位不高，自唐李匡义

《资暇集》、丘光庭《兼明书》力斥五臣之后，苏轼、姚宽、王楙辈无不贬五臣尊李善。故弜为琴饰之说，不见采于人，这只是我的一点揣测。

此外，冯君强调王逸《九叹》“破伯牙之号钟，挟秦筝而张徽”二句注“徽，张弦也”一说，和元刊本《玉篇》徽为“瑟张弦也”的重要性，说我死抱唐人之说而置汉人注释于不顾。仔细看来《九叹·愍命》这二句，还有《楚辞》异本上的种种问题，今本《楚辞补注》张徽二字作“弹纬”，王逸注：“纬，张弦也，以急张其弦而弹之也。”余读《文选》张景阳《七命》“音朗号钟”，句下李善注引《楚辞》曰：“操伯牙之号钟，挟秦筝而弹徵。”（南宋尤刻本）“徵”字十分清楚。但以原文用韵勘之，上一句“赴围”与“弹纬”相协，则“徵”自是字误，虽宋本亦不可靠。洪兴祖引《文选》注引“挟秦筝而弹徽”，正是此句。按《玉篇》正文徽下云：“琴张弦也”。新刊胡吉宣《玉篇集释》5373页云：

本书此引张弦当为弹弦，涉正文张徽而写误。

究竟是应作“弹”抑是“张”，而“纬”与“徽”仍有不同异文出于假借，尚待论定，不是冯君所说那样简单。又此二句当连读，号钟分明是琴名，不能指瑟，显而易见。

训瑟上有带为徽，乃冯君一人之私见，牵涉过多，不欲深论。元刊《玉篇》之作“瑟张弦也”，瑟是否为“琴”字之讹，胡吉宣君殚毕生精力治《玉篇》，未讨论及此，仍录作“琴张弦也”，无取于元刊。余非《玉篇》专家，于此问题，不愿参加意见。

冯君前引《九叹·优若》说“饶君谓出《愍命》，误”，但在《复三论琴徽》文竟承认饶君“正确无误”。校勘古书，本子复杂，不易轻下断语，说什么是误，有些还须存疑。冯君必欲指李善是误，我则深不以为然。冯君说：“徽，源于微，取标志义，因为它是琴上一些重要泛音位置的标志，所以叫做徽，可见徽本身无‘准的’义。”我在上文已申明“准的”与“弜”的关系。再细考之，弜（的）亦与识或志同义，马瑞辰在《毛诗传笺通释》之《宾之初筵》句下有详细考证。他说：

旳又名识，《书·盘庚》“若射之有志”，志，古文识。射义引《诗》“发彼有的”，郑注：的，谓所射之“识”也。盖谓其的然如有所表识也。

识，后世作帜。

可见旳可为徽志之志，李善所以训“旳，亦的字也”，又言“的，琴徽也”，正是他认为“的”相当于琴上音律的标志，完全没有矛盾和错误。读前人文字，不达一间，每每会引起误解。治学在求真，不在求胜。我很愿意和年轻人讨论问题，但望大家心平气和，勿作轻蔑语气。尤其对于古人，还是要尊重的。

汉代有无琴徽，我在《三论》举出扬雄、傅毅二事，前者因孙机在他的《汉代物质文化资料图说》加以采用，故又重述之，以申孙氏之说。傅毅的残文，文字解释者见解不同，自可有不同的看法。

晋六朝以来，有汉高祖初入咸阳见到的宝物，令人惊异，关于音乐的记录，梁武帝长史殷芸所著的《小说》言：

> 高祖初入咸阳宫，周行府库，金玉珍宝，不可称言，尤其惊异者，有青玉九枝镫……复铸铜人十二枚，坐皆高三尺，列于筵上，琴瑟笙竽，各有所执。……筵下有二铜管，上口高数尺，其一管空，一管有绳大如指，一人吹管，一人约绳，则琴瑟笙竽等皆作。有琴长六尺，安十三弦，二十六徽，用七宝饰之，铭曰璠玙之乐。（唐兰辑本，据《说郛》二十五《绀珠集》二、《类说》四十九引，文见《周叔弢六十生日纪念论文集》）

又段成式《酉阳杂俎·乐》亦云：

> 咸阳宫中有铸铜人十二枚……有琴长六尺，安十三弦，二十六徽，皆七宝饰之，铭曰玙璠之乐。（方南生点校本刊二四六号）

这一事亦见《西京杂记》，六朝、唐人都深信不疑，故不断见于记载。如是汉初有用七宝饰之琴徽，在枚乘之前，诸家言之凿凿。今人不轻信前贤之说。兹复为举出，以待他日出土文物的证实。

本文事实是四论琴徽，为避免重复令人生厌，不为标出。讨论所及，以文献学、训诂学为多，已大大超出音乐学的范围，学术上的交叉关系，无可如何。浪费了读者许多时间，附此深深表示歉意。

1998年3月于香港

敦煌《悉昙章》与琴曲《悉昙章》

琴曲《悉昙章》与《普庵咒》是一而非二，为同曲而异名，同曲而复分途发展，为音乐史家之常识，不待赘论。近时此两曲均成为音乐系研究生硕士论文题目，港台两地皆有论著。由于指导者注重音乐结构的分析，而忽略了《悉昙章》在普庵禅师（公元1115～1169年）出生以前，汉土流传情况及其与文学、音乐结合的经过，和1592年（即万历二十年）最早的琴谱《三教同声》出现之前后，《释谈真言》如何由普庵祖师流通的事实，没有取得明确的论据，论文中引证了许多无正面关系的材料[①]，不免搔不着痒处，兹就谫陋所知，略作补充。

《悉昙章》梵言训成就（siddham）之章，义净在《南海寄归内法传》有详细记述，为天竺学习梵语的初级教材。[②] 悉昙指梵文的字母，有它的特殊形体，即所谓悉昙字。悉昙入华的年代，近时由于拙作《中印文化关系史论集语文篇——悉昙学绪论》的研究结果，修正了过去许多年以来认为起于晚唐的误说。其实在刘宋之初，《悉昙章》已流行了。[③]

湖南洞庭湖的君山南麓龙口东侧的崖壁，阴刻两个悉昙字体的“唵”和

① 香港中文大学有杨春薇《〈普庵咒〉研究》，发表于《中国音乐学》2000年第4期，台湾有范李彬《〈普庵咒〉音乐研究》论文（未出版）。

② 参见王邦维：《校注》，189页。

③ 《季羡林佛教学术论文集》370页言“悉昙传入中国的时间，饶宗颐有详细考证”。

"吽"二文，为密宗常用咒语的吉祥字。[①] 据调查这一石刻的年代为公元5世纪，早于龙门石窟的梵文石刻。（见附图）可证悉昙入华之早，并补充拙作之所不及。

日本僧人安然在所著的《悉昙藏》中，屡次引用宋谢灵运的说话。谈及梵书和佉楼书，谢氏是就慧睿居乌衣巷时向他学习梵语的。[②] 印度历史上使用的字体有笈多（gupta）字、悉昙（siddham）字、兰札（ranjana）字，以及普遍使用的天城体（dianagari），《悉昙章》中的字体与天城体稍异，亦是另一种字体。

由悉昙字发展为"悉昙文学"，用"悉昙章"一词作为颂赞的篇名，称曰某悉昙章而作联章体的文学作品，保存于敦煌文献者有多种，实际有两大类，拙作《梵学集》讨论至繁，举例如下：

一、《禅门悉昙章》

法京伯希和目三〇九九实为一小册，标题曰"禅门悉谈章并序"，《大正藏》早已收录。P·三〇八二题作"诸杂真言"，即是此章，亦称作"真言"。英、法收藏是件，计英有S·四五八五号，法京有四件，除上述之外，又有二二〇四、二二一二两号，在唐时传抄非常普遍。英京之件，书写《悉昙章》八首，题记有开元二十八载及天宝四载、五载，写于黄纸上面，当是玄宗天宝年间所书写者。

P·三〇九九号册子前有序，略称：

> 诸佛子等合掌至心听。我今欲说《大乘楞伽悉谈章》。"悉谈章"者，昔大乘在楞伽山，因得菩提达摩和尚。宋家元年，从南天竺来至东都，跋陀三藏法师奉咨翻译，其经总有五卷，合成一部。……又嵩山会善（寺）沙门定惠翻出"悉谈章"，广开禅门，不妨慧学，不著文字。（下略）

序中提到刘宋时（求那）跋陀罗和尚，跋陀实于元嘉十二年（公元435年）由狮子国至广州而莅宋；又涉及唐时会善寺僧定惠，可见当时悉昙学之

① 参见拙作《梵学集》中《吽字说》。

② 参见拙作《文化之旅》中《谢客与驴唇书》。

盛行。隋释彦琮深懂梵文，欲于“悉昙声例，寻其雅论”，即其一例。敦煌本《通韵》说：

又复《悉昙章》，初二字与一切音声作本，复能生声，亦能收他一切音声。六道殊胜，语言悉摄在中。

已具体道出《悉昙章》收摄一切声音的神圣功能。

二、《俗流悉昙章》

见北京鸟字六十四号，有序云：

夫《悉昙章》者，三生六道，殊胜语言。唐国中岳沙门定惠翻注，并合秦音，鸠摩罗什《通韵》鲁流卢楼为首。

此翻注《悉昙章》的定惠，在敦煌S·五八〇九号有残文题曰《大兴善寺禅师沙门定惠赞》（隋彦琮即驻锡于此），与中岳沙门的定惠，可能是一人。[①]大兴善寺在西安，向来是梵学的重镇。

从敦煌新出记录，可知《悉昙章》在南宋以前的多种效用。普庵禅师加以利用，订定《释谈真言》，亦是以梵书文字作为新的陀罗尼咒语，作为佛法的总持，是顺理成章轻而易举的事情。

普庵禅师是江西宜春人，绍兴四年，从寿隆贤和尚出家十三年，入湘，访沩山牧庵忠禅师，后住慈化寺。福建客属地区及台湾民间都有奉祀普庵祖师的寺庙。普庵禅师何由获得梵文知识，情况不明。但在明代盛传有“普庵祖师流通”的《释谈真言》，却系铁的事实。[②]

我曾印行赵寒山宧光的《悉昙经传》[③]，在该书第83至86页即是用梵文的兰札字体印出的用悉昙字母作成的真言。在开端第一行旁边细字记着“释谈真言”、“普庵祖师流通”十个字。这证明普庵只是“流通”咒语的人，而

① 参见拙作《梵学集》，205页，《〈禅门悉昙章〉作者杂辨》。

② 普庵著有《语录》三卷，见《卍字续藏》一二六册。王徵士等编：《普庵禅师全集》，台北，大乘精舍印经会。

③ 台北新文丰出版公司印行。

不是撰作咒语的人。在前面，赵宧光有《刻梵书〈释谈真言〉小引》。文云：

> 《释谈真言》，世诵华文，未究厥始。学地知识，误以世法揣摹，谓普庵此方祖师，何事作彼土梵咒，妄解意义，不能无碍。……凡夫因缉《说文长笺》。博采音声字母，类同《悉昙经传》，即藏教未收者，亦或取之。……将广心目，遂得大梵品目。《释谈真言》即世俗所称《普庵咒》者是也。庵系唐人，习诵唐语。唐、梵不无亥豕，特从西目，邀请燕山沙门仁公，校阅补订，随命娇儿摹大梵字，刻附总持，与华严字母相为流通，二经皆出总持，作法小异。总持为万国文字之先，文字为十二经文之母，能诵总持，如诵全藏，功德海量，可想见矣。……曼殊说《字母》，普庵宣《释谈》，无有二法，德不及庵而以边国耳目闻见，辄欲裁损伽棱仙音；音声之教几乎复晦，孰任其咎？是以表而出之。……明万历辛亥 吴郡寒山迦罗越赵宧光凡夫氏述。

他说出普庵宣《释谈》（即悉昙字母）与文殊《问字母品》价值相等，都是以“音声为教”。此书“字母总持”部分，录出大梵书正体及变体。而普庵的《释谈真言》则由真定仁淳公用梵文的兰札字体把俗间流传的《普庵真言》重新整理写出，关于兰札字体可参照《同文韵统》卷一的《天竺字母谱》。这一字体元代以后颇盛行，藏族地区至今犹通用不替。淳公事迹亦见刘献廷的《广阳杂记》及拙著《悉昙经传》前言。

从赵宧光此《小引》看来，他说普庵系唐人，指他是中国人，但曾习诵唐语，是明言普庵并非懂得梵言，又称“世俗所称《普庵咒》”，似乎他已知道佛门中流行的《普庵咒》。佛寺的法事“日诵”中的《普庵咒》，早载于云栖大师袾宏于万历二十八年（公元1600年）所编的《诸经日诵》中，后来收入《禅门日诵》，为一般僧侣所诵习。

赵宧光序作于万历辛亥，即万历三十九年（公元1611年），在袾宏《诸经日诵》之后。《日诵》题称《普庵大德禅师〈释谈章神咒〉》，与赵书题作《释谈真言》大异。赵书称“普庵流通”，最近事实。

至于琴曲的《释谈章》，在明初朱权的《神奇秘谱》未之见，最早出于张德新的《三教同声》。张书编成于万历二十年（公元1592年），有铁耕道者郑邦福序文，称：“张宾桐精琴理……见其《释谈章谱》按而习之，如梵宫闻众僧咒，心异之。”是先有《释谈章》一谱，未言为张所自作。另陈大斌编《太音希声》琴谱内，有《释谭章》商调，解题云：

> 太希曰：此曲乃李水南所作。始无此律，继缘崇德希周吕选君好佛老，令水南按律构音，未传于世。不佞受之久矣。自万历戊寅灾梨，以广其传。

此条极可注意，戊寅是万历六年（公元1578年），德清李水南把普庵《释谈真言》按律构音，谱成琴曲，在万历六年已经付刻问世，事实在张德新之前。兹将万历间与琴曲《释谈章》有关的重要事件，依年次列出如下：

万历六年戊寅（公元1578年）	李水南　谱《释谭章》琴曲行世，可惜未见传本。
万历二十年壬辰（公元1592年）	张德新　按习《释谈章》谱。
万历二十八年庚子（公元1600年）	袾宏编印　诸经日诵，内有《普庵咒》。
万历三十七年己酉（公元1609年）	杨抡编　《伯牙心法》，收入《释谈章》。
万历三十九年辛亥（公元1611年）	赵宧光刻仁淖整理的《释谈真言》。

水南为浙江德清人，与杨抡均属浙派琴家。我们不妨这样说，把《释谈章》谱入琴曲，是出于浙派琴家的创始。

赵书的《释谈真言》开端“曩谟（即南无）迦迦迦（ka ka ka）”迄于最末的“娑诃（svaha）终”，没有像《三教同声》等琴谱首段为“佛头”请诸佛降临，最后有“南无普庵祖师菩萨”及“南无百万火首金刚王菩萨”诸名号。如果该谱是出自普庵本人，必无自称为南无菩萨之理。“娑诃”之后，《三教》各琴谱后都殿以“佛尾”，“增入无数天龙八部，百万火首金刚，昨日方隅，今日佛地，普庵到此，百无禁忌”等句。《禅门日诵》中的《普庵神咒》，亦有佛头、佛尾诸句，与琴谱一样。可见不是普庵《释谈真言》的原貌。

由上列四项书本年代先后，可推知琴谱制作在前，袾宏随而采入《日诵》中。赵宧光所收的《释谈真言》完全没有提到琴谱之事，应该较近普庵推行流通《真言》的原来情景，没有加盐加醋。较早的琴谱又有杨抡的《伯牙心法》，为万历三十七年（公元 1679 年）刊本，在该书解题说道：

> 按斯曲即普庵禅师之咒语，后人以律调拟之也。盖缘梵有二合、三合、四合之音，亦有其字，华书唯琴谱有之，故《七音韵鉴》出自西域，应琴七弦，斯之所由出也。

梵音应琴之说，或有点附会，而是曲原来出自咒语，正是事实。赵氏之书，是其明证。后来琴谱采录《释谈章》和《普庵咒》，出于不同宗派，曲调演变至繁，范君论文已详及之①，故从略。

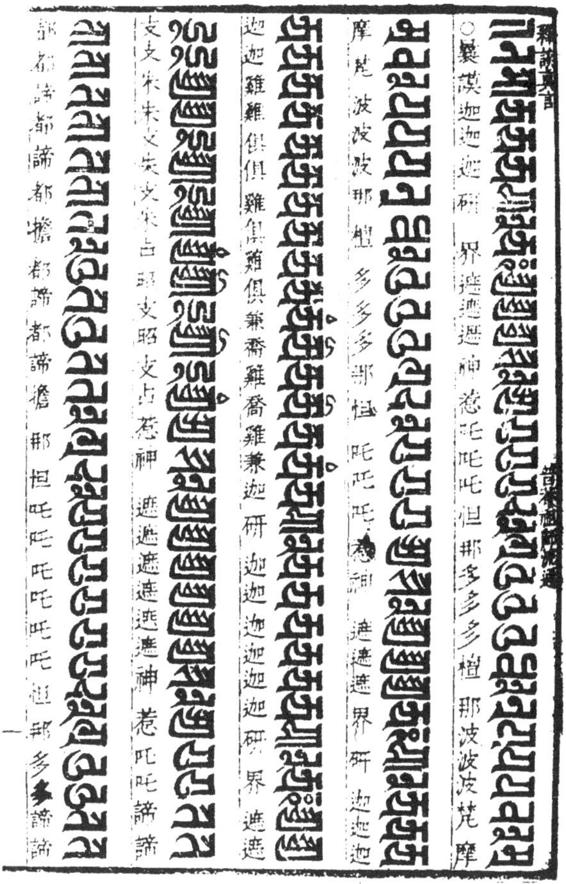

《〈释谈真言〉引》之一（此为梵文之兰札体）

① 参见范李彬论文表二一六《〈普庵咒〉古琴曲一览表》，共列 31 种。

《〈释谈真言〉引》之二（此为梵文之兰札体）

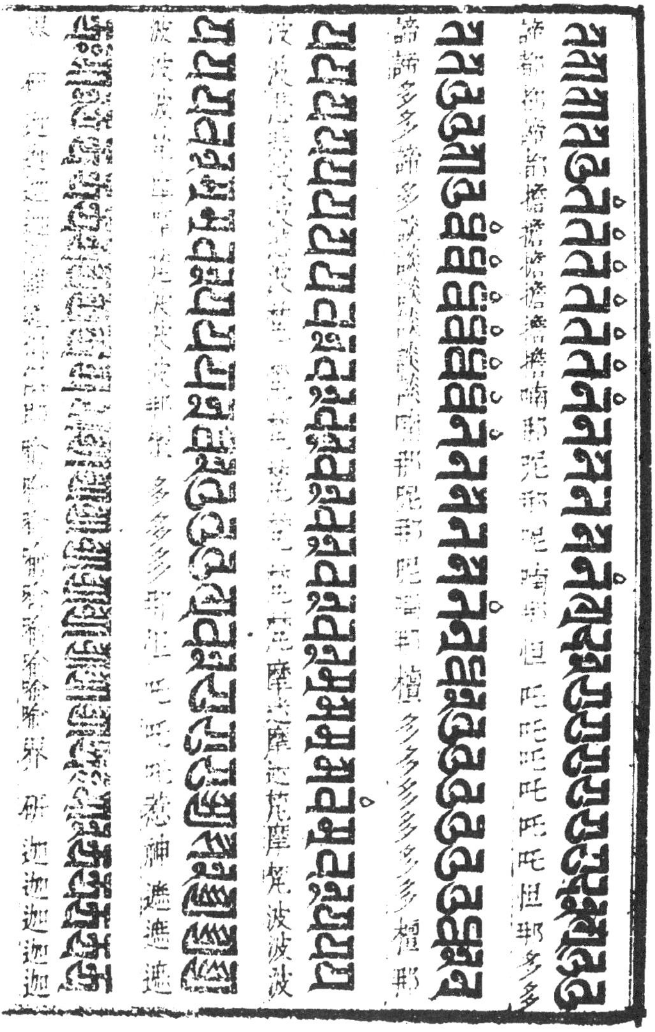

《〈释谈真言〉引》之三（此为梵文之兰札体）

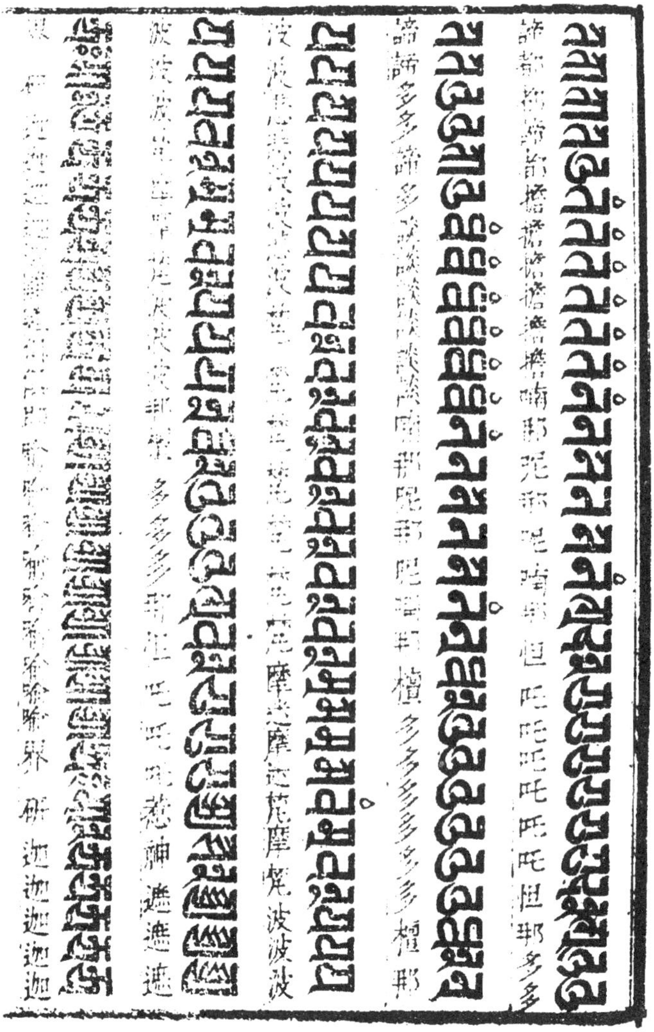

《〈释谈真言〉引》之四（此为梵文之兰札体）

从《经呗导师集》第一种《帝释（天）乐人般遮琴歌呗》联想到的若干问题

梁代僧祐的《出三藏记》集是现存第一部释教经籍的目录。在卷十二《杂录》之中有二十一种关于佛教音乐的作品，合为《经呗导师集》一类。所谓导师者，指从事唱导的僧众。就中第一种即是《帝释（天）乐人般遮琴歌呗》。注云："出《中本起》。"

考僧祐书卷二：

> 《中本起经》二卷。右一部凡二卷，汉献帝建安中，康孟详译出。

康译是书，今在《大正藏》本缘部，题曰：后汉昙果共康孟详译。（《大正》册四，列一九六号）此书于《化迦叶品》第三，谈到帝释天的故事，大意说道：迦叶原来修治火祠，即崇拜火神的；由于受到佛的教诲，见到佛大显神变，起初迦叶及其五百弟子，人事三火，凡千五百火，后来看见佛说火当燃，应声而燃；说火当灭，应声即灭，遂皈依于佛。书中叙述四天王下降，听佛说法。明日释帝天亦往听法。后夜，大梵天又下来听法。大梵天的光明倍于帝释，迦叶起初见火，疑佛事火，及佛告迦叶才知大梵天昨来听佛说法。（《大正》册五，151 页）这一故事是揭示佛与婆罗门的斗争，两为佛所降伏。帝释天原是因陀罗，雅利安人所崇奉的百威之神；大梵天是婆罗门最高的神，帝释天和他有父子的关系，但大梵天的光明又在他之上。他们都成为佛的护法大神。这一歌呗，是把《中本起经》关于帝释天的故事采其内容用以宣扬佛教的，所以冠以“帝释”二字。

向来认为在华梵呗的起源和曹植有密切关系。僧祐所录有《陈思王感鱼山梵声制呗记第八》。道宣《大唐内典录》卷二：

《瑞应本起经》二卷。注：吴黄武年第二出。

一云《太子瑞应本起》，与康孟详出者小异。

陈郡谢锵、吴郡张铣等笔受，魏东阿王植评定。见《始兴录》及《出三藏记》。(《大正》册五五，226页）智昇的《开元释教录》二，有相同的记载，但误张铣作“张洗”，误“东阿王植”作“魏河东王桓”，日人校语第一二云：“桓＝植。”(《大正》册五五，488页）据是，曹植对《本起》源评定之事，见于《始兴录》，可惜其书失传。

僧祐又录吴支谦制《连句梵呗记》第十，康僧会传《泥洹呗记》第十一，证之《开元释教录》等书，俱言“支谦依《无量寿》、《中本起经》制赞菩萨，连句梵呗三契”；又说“康僧会传《泥洹呗声》，清靡哀亮，一代模式”。可见吴时梵呗流行之盛。

吴支谦所译的《撰集百缘经》卷第二为《报应受供养品》。其中有“第(一五)《帝释天供养佛缘》，(一六)《佛现帝释形化婆罗门缘》，(一七)《乾闼婆作乐赞佛缘》，(二〇)《帝释变迦蔺陷竹林缘》”。(《大正》册四，210～213页）这些都是有关帝释天供养佛的故事。支谦所译述的亦是《本起经》的事情，而更加详细。《百缘经》有梵本，也有法文译本，1891年巴黎印行。其《乾闼婆缘》说：

佛知王意，寻自变身，化作乾闼婆王，将天乐神般遮尸弃，其数七千，各各执琉璃之琴弹……便自取一弦之琴而弹鼓之，能会出七种音声，声有二十一解。……尔时，如来复取般遮尸弃琉璃之琴，弹鼓一弦，能令出于数千万种，其声婉妙，清澈可爱。

又《竹林缘》云：

……诸比丘舍尸夫人将诸采女，各各执扇扇佛，般遮尸弃，乾闼婆作天伎乐以娱乐佛。

这里屡屡提到般遮尸弃一名。法雪《翻译名义集》二《诸佛别名罽那尸弃》、《尸弃》二条，尸弃亦名式弃，或翻火，或训宝髻。按梵语，尸弃义即髻。此般遮尸弃，亦称遮尸弃罗汉。（参看木村泰贤等《梵文佛传文学研究》，54页。）梵言译义可说就是五顶、五髻（《法华文句》二：尸弃者，此翻为顶髻），般遮尸弃是天乐之神，其数可有七千之多，则天伎乐中每一成员都是遮尸弃，他和乾闼婆常在一起，乾闼婆为八部众之一，他们能够弹出七种音声，声有二十一解。（《大正》四，211页）这句话出现不止一次，支谦所译此经已提到七声。解，梵语的意思是伸长，由两个以七声为起音而构成的音群，系音阶的一种发音法，很像中国的"调"。印度七声 sa、ri、ga、ma、ha、dha、ni 和中国七声的羽、变宫、宫、商、角、变徵、徵有点近似。诚如支谦此译，印度七声，东汉末一定通过僧徒传入我国。（参看林谦三《隋唐燕乐调研究》）支谦所造的连句梵呗共有三契，有人认为应该包括般遮琴歌呗（汤用彤《佛教史》，133～134页），亦有可能。所谓《乐人般遮琴歌呗》，以支谦的《撰集百缘经》证之，即指天乐之神般遮尸弃和乾闼婆所弹一弦琴所演奏的以七声为主的千万种妙音，这是乾闼婆为佛陀赞乐的最早记录。从此，凡壁画及图绘所有描写乾闼婆的天伎奏乐故事无不以此一故事为基础，是非常重要的。如果支谦的"梵呗之契"包括此琴歌呗在内的话，这一歌呗虽然没有写明作者和年代，但僧祐把它列于经呗集之首，而且注明出自《中本起经》，其采取康孟详所译，甚为显然，则必为东汉末人所制，亦可推想而知了。

当时印度七声已传入，这部《般遮琴歌呗》以"般遮"取名，般遮即梵语 panca，其义为五，于七声中般遮亦译作般瞻、般涉。《隋书·音乐志》郑译所述苏氏婆的龟兹七调，"六曰般瞻，华言五声，即羽声也"。在陈旸《乐书》卷一五九的记载："羽调，胡名般涉调，婆罗门曰梵天声也。"北周天和间，以五音配合梵土诸神，陈旸所记有如下表：

宫	阿修罗
商	帝释天
角	大辩天
徵	那罗延天
羽	大梵天

羽声即梵五声的般瞻，梵语 pancama 义是第五，因为原是第五声，郑译所述则作“六曰般瞻”，似因传入龟兹后，七声排刊顺序稍有改易，故作第六。然支谦所译天乐神称曰般遮尸弃，则以羽声即第五声的“般遮”作为七音的代表。其中的道理，我推想是因为般遮是羽音，它所配的大神是大梵天。观《中本起经》记载的故事，大梵天所现的光比帝释天还加倍。帝释天属商声，故以大梵天的羽声为主，这位天乐之神亦遂取般遮来命名了。

《出三藏记》所著录的经呗集共二十一种，对于探讨梵呗的来历是极重要的资料，日本高楠顺次郎与法国戴密微合著的《法宝义林》第一册 97 页梵呗（Bomba）条，已有精密详细的讨论。我认为这二十一种经呗每一种都值得做个案去研究，本文只是揭示一个例子。由支谦的译文，我们知道东汉末已有人把《中本起经》中佛与帝释天的故事制作为梵呗，采取般遮尸弃的资料，其书题名称“般遮”，自然可说是佛名般弃的简称；但其特别揭示“般遮”一名，则不能谓与七声中的第五声“羽声”之般遮毫无关系。由于羽声的般遮，代表着大梵天，大梵天地位至隆，所以，般遮自然受到重视，而被列为主声。

密宗的赞咏法是分不同的声，按不同时刻来作传诵，像唐金刚智的仪轨是：

晨朝——以沥腊
午时——以中音
昏时——以破音（伯希和疑是角调的沙识）
中夜——以第五音韵，即般涉

吴南薰解释道：晨朝用徵声，中午用商声，中夜用羽声。（说见《律学会通》）只是在不同时间，换调来唱咏。支谦所制的梵呗有三契，东晋时，周颉遇害后，高座（帛尸梨蜜多罗）省其遗孤，对坐作胡呗三契，梵响凌云，次诵咒数千言。他擅持咒术，又译出《孔雀明王诸神咒》（《高僧传》）。胡呗的用途在吊唁死者时亦可赞咏。高座长于音声转唱，他的弟子觅历著有《高声梵呗记》，注云：呗出《须赖经》。当日制作梵呗，往往是采取某佛经的故事，编成偈赞。东汉昙果和康孟详译出《中本起经》，被人取作呗的故事，支谦自己亦译《瑞应本起经》自编成梵呗三契，高座则取《须赖经》以制呗。这些都是重要的关于经呗的著作。而《般遮琴歌呗》则为始作俑者。

附带说一个问题，有人认为苏祇婆七调的音阶体系，泛行于新疆、中亚地带，那些七声的名称都是直接依据龟兹语，并不等于梵语，如般赡即用龟兹语 pancam 读音，近维吾尔语的 panj，所以肯定龟兹音乐有它自己特有的规律，但对于第五音的“般赡”，则不免仍说是确有外来影响。我们只看波斯语的“四”字音为 cahaz，而梵语为 catwz，波斯语五为 panj，梵语作 panca，事实是出同一语源，属于 Indo-aryan language 系统，新疆龟兹回语是出自波斯语，与梵语亦复合流，故“五”字仍操 panj 或 panca 类似的读音。我们如果试检读 R. L. Turner 所编的字典中七六五五，七六六九两字，便可看到“五”字读音与语尾变化和分布于不同地区的语言情况，那就不必沾沾以为必限以龟兹语为本位了。

1989 年 2 月 28 日

附记

1956 年 12 月，武昌大东门外莲溪寺东北丘山岭上，中字形砖室墓出土一件鎏金铜饰片镂刻佛像一尊，此为现时所知最早的佛教遗物。同墓所出的有永安五年（公元 262 年）铅地券，知此佛像年代当为永安五年以前。自黄武三年天竺沙门维只来武昌，有译经之举。支谦、康僧会相继抵吴，佛教大昌。此一艺术品，是为重要物证。

此文原载广东中华民族文化促进会主办《东方文化》（季刊）创刊号，1993，10 页。

余一向主张“变文”在文学与艺术上的发展，有下列二途：

（1）形文：沿此推进，注重变相，是绘画的成就。

（2）声文：乐府辞中有所谓“变”，佛曲在唱诵时的转读方法，即唱腔的形成。竟陵王延请僧人作特殊的训练，此与声调的辨别分析是二回事。前者是音乐学，后者是语音学，不容混淆。

僧祐《出三藏记》保存许多资料，他在书中特辟《经呗导师集》一类，著录齐梁以来他所见到的作品。本文之作，重点指变文中的声文一项，应加以重视。

姜伯勤先生见到此文，立即写出《变文的南方源头与敦煌的唱导法匠》一长文。他说我指出所谓“导师”者，指从事唱导的僧众，文章启发我们从佛经文体学和唱导制度的源流，来进一步深入敦煌变文的研究。

该文已收入所著《敦煌艺术宗教与礼乐文明》书中，可以参看。

《魏氏乐谱》管窥

《魏氏乐谱》，为魏皓编。皓字子明，号君山。四世祖元琰，以崇祯间流寓日本长崎，任职通事。元琰精音律，皓传其业，居京都十余年，以声乐名公卿间，从游至百余人。所著《乐谱》外，又有《魏氏乐器图》。事详《诸家人物志》。是谱中土无闻，在扶桑传抄之本极多。余旅京都时，中田勇次郎教授出以相示，客舍倥偬，未遑细究。春间曾就影本寻绎，既循其律表，悟得尖音之号，以通读白石《旁谱》，撰为《新诠》。曾就商于武进赵叔雍先生，先生颇不以鄙说为谬，复从余假读《魏谱》，撰为《读记》，微言奥旨，诸多抉发，大有功于乐苑。魏氏有灵，当惊知己于千古矣。唯其中遗文賸义，犹有待于申证。长夏无俚，复为推论，得若干事。但识在瓶管，言不尽意，虽复耽思旁讯，何由窥其矩矱？盖所能言者，仅具于此，以俟知音之厘正云尔。

朱明已盛行南曲，唱词之法，日就式微，今于是谱可略窥其概。南曲不用乙凡。（见方成培《香研居词麈》卷四，谓“此皆有倍律浊声，其音最低；南曲正律外，多为半律清声，自不著此两字”。）而此有之，自与南曲异其腔韵。非如许宝善、谢元淮辈，纯以昆腔唱宋词也。考明初宁献王臞仙纂有《唐乐笛字谱》。（王名权，太祖第十七子，有丹丘先生、臞仙、涵虚子等号。世传其《太和正音谱》，洪武三十一年著。又有《神奇秘谱》三卷，《琴阮启蒙谱》一卷，《千顷堂书目》著录，唯无是书。此见毛西河《皇言定声录》卷七引。）书中录宫调曲、商调曲等，极似《魏谱》所著工尺。兹录如次：

宫调曲一首　《叹疆场》（《乐苑》曰：“《叹疆场》，宫调曲也。”）

闻（上尺）道（工六工尺上）行（工四）入（六工四）至（工四六工尺）。

妆（工六）梳（工尺）对（六四）镜（四工工尺）台（四上尺上四六）。

泪（四尺上四）痕（六工六四）犹（上尺尺）未（尺工尺上四）灭（工四四六工尺尺）。

笑（工六工）脸（六工六四）自（四尺上上四）然（尺工六工工工）开（尺）。

商调曲半首 《大酺乐》（《乐苑》曰：“《大酺乐》，商调曲也。”）

泪（上六）滴（尺上）珠（四六工）难（工六四）尽（上尺上四）。

容（尺工六工）残（尺工六）玉（工四六）易（四仕四六四）销（六四六工）。

《定声录》又载唐《桂花曲》笛字如下：

遥知天上桂花孤（谱字亡）。

试（工尺）问（工扌六工工尺工扌尺四六工）嫦（工扌四上尺四四四六）娥（工扌六四工工）肯（尺扌上四）要（上上上四六扌四上四六四工工工尺）无（上扌尺工工工尺扌）。

月中亦有闲田地。

何不中央种两株（谱字亡）。

毛书云：“正宫调。”又云：“按谱字傍扌是拍字。”扌即记拍处。

宁王之书，作于明初。毛氏序谓：“先臣言：幼时听先司马臣唱《桂华曲》笛字谱，云王新建籍宁府时，得之所俘老乐工者，其二、三、四句谱字尚存，但无首一句耳。”其云所俘老乐工，当是旧宁府乐人。因知此种一字多律之制，明初已流行。又考《白香山集·听都子歌》，即为听《桂花曲》而作，其诗有云：“都子新歌有性灵，一声格转已堪听。”盖笛调之新声变律，中唐以后，实已盛行。《唐会要》卷三十四：“太和九年，文宗以教坊副使云朝霞，善吹笛，新声变律，深惬上旨。”又云：“咸通中，伶官李可及善音律，尤能转喉为新声，音辞曲折，听者忘倦，京师屠酤少年效之，谓之拍弹。”所云“格转”、“拍弹”，皆转喉为新声，必不止一字一音，倘非益以和声，自必增其律字，然后得声音曲折之妙。故一字多律，殆即所谓变律，如宁王说，乃为唐乐笛字所有之谱；果此真为唐人唱绝句之法，则其一字可由二律衍至六七律，以至于十数律（如《桂花曲》“要”下谱字）。《魏谱·清平调》，一字有多至九律、十律者，是否唐曲之遗，虽不可悉，要为绝句之繁声，较之于词，尤为倍蓰，则昭然可信；旗亭之盛，不难想象而知。抑神宗时杨杰所称：“今歌者或咏一言而滥及数律；或章句已阕，而乐音未终。”是北宋讴唱者一字数律固极普遍，而云“乐音未终”，当指和声而言。沈存中谓“和声，管弦中缠声即其遗法”是也。又谓：“唐人乃以词填入曲中，不复用和声，此格虽云自王涯始，然正（贞）元元和之间，为之者已多。”盖曲先有声而后以词填之，所以变虚腔为实字，则词之律字，自不至于过繁。今观白石自度诸曲，大率一字一律，间附掣、折、拽、尖音诸号。再考扶桑古谱，若《罗（兰）陵王破》咸角篥谱，《武德乐》横笛谱亦并一字一律，唯于重音及“由”、“乜”时，稍示增省，如姜词之“折”、“尖”者然。由是言之，一字一律为律之正，一字衍为数律则律之变。就乐府、绝句与词三者而论，乐府多益泛声；绝句则一字每衍为数律；词则以词填声，以一字一律为正格，一字多律为变格，此三者之大较也。唯一字之非限于一律，自唐迄宋，已成乐家惯例。南曲之一字繁音，殆远源于此。今由宁王《唐乐笛字谱》观之，《魏氏乐谱》，正多相合，是《魏氏乐谱》不得谓纯为明法，其中容有唐宋之遗声。此正大有助于我人之深长思，而为勾稽唐宋古乐之资也。

今以《阳关三叠》论之，宋胡仔《苕溪渔隐丛话》言：

东坡云：旧传《阳关三叠》，然今世歌者，每句再叠而已，若通一首言之，是四叠，皆非是。或每句三唱，以应三叠之说，则丛然无复节奏。余在密州，有文助长官，以事至密，自云得古本《阳关》，其声婉转，凄断不类，乃知唐本《三叠》盖如此。及在黄州，偶读乐天《对酒诗》云：“相逢且莫推时醉，听唱《阳关》第四声。”注云：“第四声，谓劝君更尽一杯酒。”以此验之，若一句再叠，则此句为第五声，今为第四声，则一句不叠审矣。（亦见《东坡志林》）

元李冶《敬斋古今黈》谓：在广宁时，学唱此曲于老乐工某乙，其法起二句及末一句，于第四字下以“剌里离赖”为和声，唯第三句不和。后读白乐天诗自注及《东坡志林》，始悟其非；知叠者不指和声，乃重其全句而歌之。因另定唱法。其第一声云：“渭城朝雨浥轻尘”，依某乙中和而不叠；第二声云：“客舍青青柳色新”，直举不和；第三声云：“客舍青青柳色新”，依某乙中和之；第四声云：“劝君更尽一杯酒”，直举不和；第五声云：“劝君更尽一杯酒”，依某乙中和之；第六声云：“西出阳关无故人”；及第七声云：“西出阳关无故人”，皆依某乙中和之，止为七句，然后声谐意圆。所谓三叠，与白乐天之注合。（见卷七）

据《志林》引白香山诗注：《阳关三叠》者，其第一句不叠，仅叠唱三句，故曰“三叠”。今观《魏谱》首句不叠，正是唐人旧法。至于叠法，上二书所记，宋元以来，已多违异。有（一）每句再叠，（二）每句三唱，（三）前二句末一句于第四字下用四个音为和声，数种之殊。《魏谱》固于第四、第七字下，增笙字为和声，唯不限于第四字下为四音，又第一句亦增和声，复与元人所传略同而异。沈括谓：“古乐府皆有声有词，《阳关》、《捣练》亦声词相从。”则宋时《阳关》一曲，原有和声，自无疑义。《志林》所称之古本《阳关》，已不可复睹，今《魏书》独存是谱，虽未必唐本之遗，要为近古之唱法，诚音乐史上之球璧矣。王圻《续文献通考》论歌曲，谓王维《渭城》绝句亦有散声，谓之《阳关三叠》，解说颇模糊。若清李玄玉等《北词广正谱》所刊《阳关三叠》，于本辞之下，递有增句，如第二句“客舍青”衍而为三句，此种改作之《阳关三叠》，宋时已有之。杨偍《古今词话》载有《古阳关》，增叠为十数句，（《花草粹编》十一引，又见赵万里辑本《宋金元人词》第五册）李治已讥其辞粗鄙重复不足采。又称有叠作八句者，今不可见。古琴曲亦有《阳关三叠》，明杨表正《重修真传琴谱》谓此曲或句句三叠，而今为词，只用第三句三叠，分全曲为三段。其标题为“渭城朝雨”一叠，“邮亭折柳”一叠，“石桥分手”三叠。至现时琴家通行奏弹之《阳关三叠》，如张鹤《琴学入门》所谱者，则就王维全诗复唱三遍，共三大段。每段用原诗，其下复增加词句，有叠三字如第一段之“历苦辛”、“历苦辛”，第二段之“谁相因”、“谁相因”，以撮声表其紧张之情调。凡此皆后来踵事增华，自非原词之旧，可不深论。晚清黄晓瑞《希韶阁琴谱》论《阳关三叠》，更谓：“唐人惜别，每唱此什，其法先唱七言，次除上二字，唱五言，又除上四字，唱三言，一步急一步，故曰三叠。”不知何所据而云然。以校《魏氏乐谱》，迥不相类。此曲对于古乐关系甚巨，故不殚琐缕，附为考辨如此。

谱中有储光羲《太玄观》诗，五言六句，每句末有余音加注笙字，赵氏以为道曲是也。按《道藏》所载《步虚》、《空洞》等词，一字每益以送声，以曲折缭绕升降之线条记音。玉京《步虚》之唱，渊源殊远。《虚吟》见《道藏》三三三册《玉音法事》（唐释法琳《辩正论》已引其词，《步》谓《步虚》，为葛玄授之弟子郑思远）。《唐书·礼乐志》："道士司马承祯制《玄真道曲》，贺知章制《紫清上圣道曲》。"均玄宗命造，此《太玄观》诗为有关仙道之辞，以道曲谱之，自不容置疑者。

唯《魏谱》所收，下及明人之词，计有三阕：一为顾潜之《洞仙歌》，起结为"五"字；一为陈继儒之《风中柳》，住"上"字；一为高濂之《杏花天》，起结为"上"字。虽出明人之手，而起结同一律字，此固异于曲也。

顾氏《洞仙歌》为其自寿之词。《洞仙歌》为体最繁，大抵有：八十二字、八十三字、八十四字、八十五字、八十六字、八十七字、八十八字、百余字诸体，其最常用者，为东坡之八十三字体。顾氏此词，即用东坡体。《洞仙歌》见《教坊记》，宋人所造新声，入歇指调（林钟商），住"工"字，又入夷则商，住"下凡"字，而此住太清"五"字，已非宋调。陈氏《风中柳》则用六十四字体。高氏《杏花天》一体，第七句作五字，词律所无。白石《杏花天影》比《杏花天》多"待去"、"日暮"两短句（仿旧词制新调故命曰"影"）。为中吕调，住"六"字，高氏《杏花天》以"上"字住。宫调不同，是则明人因旧调而另造新声也。

今持顾氏《杏花天》旁注律字，与白石《杏花天影》比较，姜词一字一律而益折、掣诸号，除二短句外，每句之末，不论当韵与否，咸有住号之刂。《魏谱》此调，无折、掣诸号，而一字有二律、三律，或一律有二字以上带若干虚声之字，凡虚声则以"丿"号记之。《魏谱》中其他五代宋词各调，工尺记注，大都类此。其记谱之式，与白石截然异趣。考《乐府指迷》云："古曲谱多有异同，至一腔有两三字多少者，或句法长短不等者，盖被教师改换，亦有嘌唱一家多添了字。"今《魏谱》此调，一律同腔中之词有至四字者，如"粉墙头面"，旁注尺丿丿，可见叠记丿号，实为驱驾虚声。此种唱法，宋人已开其端，不始于明，殆所谓嘌唱之腔，特不古雅，故沈伯时以为不可学；而《魏谱》偏多此类，是当为乐坊教师改变旧谱取便讴歌之所为。其旧谱一字一律之腔，音难悦耳，遂归淘汰。明人所作词亦施以此腔，故宋词歌法至明乃有失传之叹。而南曲之盛，与唱词之变格，其间相关之处，正有耐于寻味也。

《魏谱》加丿号者，大致施于有词无律及律字引长之处，其为表虚声之号甚明。《魏谱》所列古乐府，若南朝之《寿阳乐》、《估客乐》，此丿号用之尤多。《江南弄》起句七字仅“尺”、“上”二律，而每律之下凡三丿号。李白之《关山月》，亦有一律之下二字之间重记丿号至于三数次者，均足验其为虚声。沈括云：“古乐府音有声有词，连属书之，如贺贺贺何何何之类，皆和声也。”朱子《语类》亦谓：“古乐府只是诗中间却添许多泛声。”和声泛声，均为缠声之法。《魏谱》所记古乐府律字，自是明人唱法，未必符合于往辙；而丿号之多，当亦古乐府泛声之遗意。至白石《旁谱》于工尺之侧，间注丿者，明为拽号，玉田所谓“声拖字拽”是矣。（如解丿为拍号，则如《蝶恋花》全首，丿仅四见；《估客乐》则几于每律之下，悉注丿号，全诗仅二十字，用丿号凡十五见，其不均匀如是，足见丿之非拍。）

《魏谱》记律字工尺外，以丿号为习见。他唯《阳关曲》于每句第四、第七字下记有ǁ号。ǁ为掣，姜白石词之《鬲溪梅令》、《醉吟商小品》、《杏花天影》、《玉梅令》均见之，且以ǁ为住号。《魏谱》记注唯丿与ǁ两号而已。曾见日本古抄《竹舞眼集》，其中冯延巳《蝶恋花》旁谱，工尺与《魏谱》悉同，只《眼集》于工尺之下，添记朱墨点。（参拙作《白石〈旁谱〉新诠》）可知《魏谱》记谱有详略二种，盖一为乐工所用，一为歌唱者之用，不妨并行。

明人喜取古辞易以今调，并为之谱。王骥德（伯良）《曲律》四云：“今之词曲，即古之乐府也。吾有桐柏生，尝取古乐府中所刊百余题，尽易以今调，为各谱一曲。其辞亦雅丽可喜，大是佳事，勤之（按即吕天成字）已为刻行。”又云：“宋词见《草堂诗馀》者，往往妙绝，而歌法不传，殊有遗恨。予客燕日，亦尝即其词，为各谱今调，凡百余曲，刻见《方诸馆乐府》。”伯良方诸馆所刻乐府原本今未见。卢前辑刊二卷（民国三十年商务印本），仅可尝其一脔。其云以今调谱《草堂》各词，据卢本所采，如《春怀》之《南吕梁州序》谱李玉《贺新郎》，《惜别》之《仙吕入双调错奴娇》谱秦观《满庭芳》，即所谓翻谱，实将原词改作为曲，文字颇有增益；则与《魏氏乐谱》之悉依原词谱入工尺者不同。

《魏谱》最末一调，为宋杨无咎《齐天乐》，起住为“上”字，前有工尺谱四行，有律无词。赵氏谓犹乱弹中过门之法。考《齐天乐》宋时教坊所奏，入正宫调，即黄钟宫，美成之“绿芜凋尽台城路”，注云正宫，杀声当用“合”字。无咎去清真不远，当沿其成规，而此用“上”字，自非宋调之旧。唯《齐天乐》曲破有入“中吕宫”（即道宫）者，杀声正用“上”字，则此盖参以曲破，故前多一遍。亦见嘌唱之腔，驱驾虚声，纵弄宫调（见《都城纪胜语》），元明以降，已不可纪极矣。

《魏谱》各词，其宫调与律吕，未遑一一与宋词勘校，大体违异者多，当为宋末以来，教师改换之腔，疑出于宅院。就虚声特多一层而论，冯旭《词舆》序云："有律无词，名曰歌楼格。"则此书者，倘亦歌楼格之遗乎？

附录一　《魏谱》所录歌曲作者考

《魏谱》共收五十调，计：《诗经·关雎》一调，乐府古辞十一调，唐乐府诗二十调，唐五代宋明人词十八阕。其撰人与采摭来源，均付阙如。兹旁搜载籍，一一之为钩稽注出，用便考览。

《关雎》　《诗经》。

《天马》　郊庙歌辞。汉《郊祀歌》十九中之第十。
见《乐府诗集》一。

《秋风辞》　汉武帝作。
见《乐府诗集》八四《杂歌谣辞》。

《长歌行》　古辞。
见《乐府诗集》三十《相和歌辞·平调曲》。又见《全汉诗》四。

《白头吟》　古辞。
见《乐府诗集》四一《相和歌辞·楚调曲》。又见《全汉诗》四。

《桃叶歌》　晋王献之作。
见《乐府诗集》四五《清商曲辞·吴声曲》。又见《全晋诗》八。

《江陵乐》　清商曲辞。
见《乐府诗集》四九《清商曲辞·西曲歌下》。又见《全晋诗》八。

《寿阳乐》　宋南平穆王作。
见《乐府诗集》四九《清商曲辞·西曲歌下》。又见《全宋诗》五。

《江南弄》 梁武帝作。

见《乐府诗集》五十《清商曲辞》。又见《全梁诗》一。

《估客乐》 陈后主作。

见《乐府诗集》四八《清商曲辞·西曲歌中》。又见《全陈诗》一。

《燉煌乐》 北魏温子昇作。

见《乐府诗集》七八《杂曲歌辞》。又见《全北魏诗》。

《昭夏》 北周庾信作周《大祫歌》。

见《乐府诗集》九《郊庙歌辞》。又见《全北周诗》一。

以上古乐府。

《甘露殿》 李峤作。

见《全唐诗》三《李峤二》。原题《甘露殿侍宴应制》。

《龙池篇》 沈佺期作。

见《乐府诗集》七《唐享龙池乐章》，凡十章之第三章。又见《全唐诗》一《乐章三》。

《行经华阴》 崔颢作。

见《全唐诗》五。

《阳关曲》 王维作。

见《乐府诗集》八十《近代曲辞》，题作《渭城曲》。又见《全唐诗》二《乐府十二》。

本集题作《送元二使安西》。

《陇头吟》 王维作。

见《乐府诗集》二一《横吹曲辞》。又见《全唐诗》一《乐府二》。

《大同殿》 见《全唐诗》五《王维四》，题作《大同殿柱产玉芝，龙池上有庆云神光照殿，百官共睹，圣恩便赐燕乐，敢书即事》七律一首。

《太玄观》 储光羲作。

见《全唐诗》五《储光羲一》。原题作《题太玄观》。

《沐浴子》 李白作。

见《乐府诗集》七四《杂曲歌辞》。又见《全唐诗》二《乐府十》。

《关山月》 李白作。

见《乐府诗集》二三《横吹曲辞》。又见《全唐诗》六《李白三》。

《清平调》 李白作。

见《乐府诗集》八十《近代曲辞》。又见《全唐诗》二《乐府十一》。

《醉起言志》 李白作。

见《全唐诗》六《李白二二》，题作《春日醉起言志》。

《月下独酌》 李白作。

见《全唐诗》六《李白二二》（四章之首章）。

《凤凰台》 李白作。

见《全唐诗》六《李白十九》，题作《金陵凤凰台置酒》。

《玉台观》 杜甫作。

见《全唐诗》八《杜甫十三》。

《平蕃曲》 刘长卿作三首之末章。

见《乐府诗集》九一《新乐府辞》。又见《全唐诗》五《刘长卿三》。

《宫中乐》 卢纶作。

《乐府诗集》八二《近代曲辞》，《天地长久词》五首之第四首。与《魏谱》有异文。

《全唐诗》二《乐府十二》则与《乐府诗集》同。

《全唐诗》十《卢纶三》，题作《天长久词》，亦共五首。注云："三首附《宫中乐》二首，一作《天长词》，一作《天长地久词》。"其文句与《魏谱》全同。审文义，前三首五言句，乃《宫中乐》；第四、五首七言句，应是《天长久词》。

《圣寿》 杨巨源作。

见《全唐诗》十二，原题作《春日奉献圣寿无疆词》，十首，此第六首。

《游子吟》 孟郊作。

见《乐府诗集》六七《杂曲歌辞》。又见《全唐诗》二《乐府九》。

《杨白花》 柳宗元作。

见《乐府诗集》七三《杂曲歌辞》。又见《全唐诗》二《乐府十》。

《思归乐》 张祜作。

见《乐府诗集》八〇《近代曲辞》。又见《全唐诗》二《乐府十一》。

以上唐乐府诗。

《清平乐》 李白作。

见《唐宋绝妙词选》一。又见《全唐诗》三二《词二》。

《小重山》 韦庄作。

见《花间集》三。又见《唐宋诸贤绝妙词选》一。又见《全唐诗》三二《词四》。

《采桑子》 和凝作。

见《花间集》六。又见《唐宋诸贤绝妙词选》一。

《蝶恋花》 冯延巳作。

见四印斋本《阳春集》。

以上唐五代人词。

《玉蝴蝶》 柳永作。

见《唐宋诸贤绝妙词选》五。又见《全宋词》三三。

《万年欢》 胡浩然作。

至正本《草堂诗馀》后集上（《类编》本三）。又见《全宋词》一一三。《魏谱》误"欢"为"观"。

《齐天乐》 杨无咎作。

见至正本《草堂诗馀》后集上《端午类》，不注撰人。又见《全宋词》一一七。

《喜迁莺》 康与之作。

见至正本《草堂诗馀》后集下《庆寿类》，题作《丞相生日》。又见《全宋词》一一六。

《瑞鹤仙》 康与之作。

见至正本《草堂诗馀》前集上，题作《上元应制》。

《大圣乐》 见至正本《草堂诗馀》前集下，不注撰人；《类编》本以为康作。

《全宋词》一一六康与之下，入附录。

《青玉案》 姚述尧作。

见《全宋词》一四五。

《贺圣朝》 马子严作。

见《中兴以来绝妙词选》六，题作《春游》。又见《全宋词》一六二。

《千秋岁》 辛弃疾作。

见至正本《草堂诗馀》后集下《庆寿类》，题作《寿史致道》。又见《全宋词》一六九，题作《金陵寿史帅致道，时有版筑役》。

《水龙吟》 辛弃疾作。

见至正本《草堂诗馀》后集下，题作《寿韩南涧》。又见《全宋词》一六七，题作《甲辰岁寿韩南涧尚书》。

《庆春泽》 刘镇作。

见至正本《草堂诗馀》后集上《元宵类》。又见《全宋词》一九六题作《丙子元夕》。

以上宋人词。

《洞仙歌》 顾潜作。

见《草堂诗馀》新集三，原题作《生日避客西庄》。又见《明词综》二。

《风中柳》 陈继儒作。

见《历代诗馀》四三。

《杏花天》 高濂作。

见《历代诗馀》二三。

以上明人词。

附录二 《魏谱》律字校记

《魏谱》首列明律与和律对照表，并附工尺俗字，今持与《白石歌曲》及《词源》中《古今谱字》，及他书勘校，有数事可得而言者。

（一）《魏谱》以厶为合，与《姜谱》及《词源》同。

（二）《魏谱》又以厶为四，与《姜谱》各书异，疑传抄之误。

（三）《魏谱》“一”作⦿，与《事林广记》同。

（四）《魏谱》径以么记勾音，盖勾为“上”之清。（高半音）

（五）《魏谱》律表中有误抄者。

（1）以“上”当姑洗，然下文リ（凡）属应钟；下行觱篥谱姑洗为尖一，以是互证，知当日抄者误移过一行，应以“上”属中吕；如是则“勾”属蕤宾，“尺”属林钟，“㋖”属夷则，“フ”属南吕，与《白石古今谱法》无不合矣。

（2）谱中两见尖工，其一当是尖尺之误。

（六）《魏谱》尖一以下概作⺆，与《词源》异。所可知者，以フ为尖音通号，说具《白石〈旁谱〉新诠》。

补记

《魏氏乐谱》在日本极为通行。世所传抄之本子，不一而足。近于贺光中君处，得见一袖珍小册，亦起《江陵乐》而终“立我烝民”（下云调寄《豆叶黄》，按即《忆王孙》）。为寸折式抄本，面书十八调，背十四调，仅得三十二调，视中田本少二十一调，为不完全之本；而备记宫调及鼓法遍数等，但首无律字表。

其著宫调名者，如双角调为《江陵乐》；双调为《昭夏乐》、《龙池篇》、《甘露殿》；道宫为《小重山》、《杨白花》、《风中柳》、《陇头吟》；正平调为《玉蝴蝶》、《喜迁莺》、《凤凰台》；黄钟羽为《千秋岁》、《清平乐》等；越调为《万年欢》、《醉起言志》；小石调为《贺圣朝》；仙吕调为《月下独酌》。

其注明鼓法及遍数者如《凤凰台》、《青玉案》云“乱鼓”。《太玄观》云：“小鼓，片拨，一拍子，二遍。”《桃叶歌》云：“乱摘，小鼓，离连，三遍或五遍。”《杏花天》云：“乱鼓，前后三遍。二反◑，（朱）加之；三反◒，（朱）加之。”《水龙吟》云：“前一遍，后二遍，调音三遍，初以小鼓节之，二遍加大鼓。”（其前有虚套。）

《月下独酌》工尺或以朱书。注云：“以朱书者，云锣。二遍。”《龙池篇》行间有密朱点。

其朱书◑ ◒两种记号之外，又有●（朱）号。

复有⧗号，朱墨二种兼用。

此谱详记鼓法等，当为乐工私用之手册。合中田本观之，可明乐谱记注有详略之分，此即其一显证。

丙申七月写成初稿，十二月追记

《西安鼓乐全书》序

传世西安僧、道、俗三派鼓乐谱，据云已发现者可得百册，乐曲以千计；宋世《乐府混成集》不可复睹，斯诚唐宋以来关中遗留乐章之渊薮。呜呼，何其盛也！

余于去冬以石根先生之邀，踯躅于终南山麓周至、鄠县间，即鼓乐盛行之地，为之流连久之。石根以所著《鼓乐志提纲》及《鼓乐俗字谱的研究与解读》见贻，复来书嘱序其端。循览之余，觉其大有裨益于词乐，有不可不备述者。世咸知唐大曲之入破、散序可征于鼓乐，而宋人之唱赚，亦即鼓乐之“赞”或“湛”。敦煌琵琶谱之重头、尾、丁，详记反复终止之号，均可于鼓乐谱见之。若乎谱字之“勺”，石根已详证，其即“勾”字形讹，而谱式上之“以‘上’代‘勾’”，复以勺孔笛制之定音作用解说之。深入腠理，发人之所未发。全书胜义纷披，不能遍举。

余独留意于哼哈吟唱之术，本腔与彩腔竞胜，其添“为”、“乀”之虚辞，诚如《古今乐录》所言：“辞者，若羊吾夷、阿那何之类。”此种声曲折，远源可追溯于汉氏。求之张玉田《讴曲旨要》所云“声拖字拽疾为胜”、“折拽悠悠带汉音”，庶几近之。至其揭檗“字稀拍稠”之唱腔，又玉田称“字少声多难过去，助以余音始绕梁”者也。玉田称其父枢晓畅音律，有《寄闲集》旁缀音谱行世。意其旁谱当即《词源》之工尺谱，亦即西安鼓乐之俗字谱。玉田为张功甫（镃）之曾孙，循王张俊之后，故自署其祖籍西秦，仇远呼之曰秦川公子，是其所谓“汉音”应指汉中。张氏以贵胄，南渡而后，其家犹保存秦地讴歌之故习（见《浩然斋雅谈》）。放翁得于功甫南湖园中听其小姬歌自制曲。功甫尝与白石同赋《齐天乐》以授歌者（见白石《齐天乐小序》），惜乎其自度曲，今无复存。然白石《旁谱》谱字与玉田所述者正同出一辙，张氏以旧家乔木，习于汉音，其于顿住亢坠、低唱高腔，绵历数代，故《词源》论讴歌绝句，与西安鼓乐谱歌讽之方，其相涉之蛛丝马迹，正有待通方之士探其消息，以求其会通焉。

西安鼓乐谱为音乐史料之瑰宝，人所共知，不待余之覼缕。石根以数十年之心力，专志于斯，老而弥笃。既谬许为知音，用敢贡其颛蒙，以备扬扢之用。词乐久亡，赖石根此书，抉发精蕴，略窥其秘奥，有功于声家者至伟，他日是编印行，譬诸事林添一《广记》，价值可相伯仲。记玉田题曲册《虞美人》句云："黄金谁解教歌舞，留得当时谱。"今读石根解读诸谱，低回吟诵，断情残意，不禁自生，仿佛如闻迎祥观之景云钟声，弥使余依黯于"怀旧之蓄念"而不能自已也。

1989 年 1 月　饶宗颐谨序于香岛

减字木兰花

——题明万历刊《荔枝记》

吴头楚尾。咫尺泉潮通一苇。也似《金钗》，连柳和腔唱自佳。

传来院本。风月棚前工说诨。镜里风流。分得人间一段愁。

注：《荔枝记》第十七出唱“连柳浪、柳浪连”，即《刘文龙》戏文之“哩连罗、连哩连”。

饶宗颐题

Chensan and Wuniang is quoted in the *Mantianchun*, an anthology of Southern Fujian plays and songs printed at Haicheng in 1604.

The reasons why these plays have not been locally preserved are neglected and the unrelenting hostility of the officials. Already in 1535 Dai Jing, the provincial commissioner for Guangdong with the concurrent appointment of assistant censor-in-chief, wrote: “I have been informed that it is the custom in Chaozhou to perform plays in the local tongue, stirring up immoral thoughts among men and women. Hence in one night several women elope. Rich families, without any sense of shame, go so far as to keep boy actors, which gives rise to other kinds of evil. This custom is really vulgar and truly harmful to public morals. Although it has repeatedly been prohibited, the officials, obstructed by powerful local elements, have been unable to carry their policy into effect……"

P. van der Loon

1999. 9

后记

《荔枝记》戏文，流行于泉、潮两地。以明代书林新安堂余氏刻本，分藏于牛津及扶桑者最著名于世，为嘉靖丙寅（四十五年，即公元1566年）本。台友吴守礼先生毕生专研此戏文，考其版本源流及韵字、校勘，用力至深，其书久已流布。

此万历本，为奥地利维也纳国家图书馆（前身宫廷图书馆）所藏，龙彼得教授于1964年所发现。书分四卷，共四十七出，都八十九页。卷前题书"林南阳堂叶文桥绣梓，潮州东月李氏编集"，卷末有牌记双行："万历辛巳岁冬月朱氏与畴堂梓行。"与畴堂主人即朱仁斋。万历辛巳即九年（公元1581年），去嘉靖本仅十五年耳。末行云"新刻全像增补乡谈《荔枝记》大全卷之四终"，全帙完具。经李氏编集，易名曰《荔枝记》，不妨称为潮本。

此书来历及其价值，具详龙教授英文序言。以前广东出版《明本潮州戏文五种》，曾收采此书，惜字迹多不清晰。年前龙君以亲影精摄本远馈，久置案头。顷蒙高本钊先生厚意重印，以飨士林，良朋嘉惠，谨书其颠末，永志不忘。1999年7月饶宗颐。

陰子孫榮華富貴謝天（外）小弟听我分付我奉朝廷勅賜廣南接治家後田地付你管理詩書須用心先人當奉侍佮前夫歡喜都是前世隨夫赴任直衕厌盡氣（白）三叔人說恁三仔好兄弟兄今任廣南祭又習詩礼（合前）（末上白）心忙来路遠喜得到泉州只処正是陳老爹門樓我不免入来去（童白）作是也么（承差白）我是廣南道差来迎接老爹赴任煩勞通禀（童白）告禀大爺得知廣南道差官伺接不敢入見（外白）夫人請問方便放伊入来（童白）通禀了入去（差白）廣南差吏帯文書迎接老爺叩頭（外白）文書接上起去伺候不要去館驛裡打撓替我整頓夫馬明日就便起程（差白）呵聽得（外白）

陳伯卿與　兄嫂餞行

日安排一盃淡酒不免請出兄嫂出來餞行多少是
好家童值処〔童白〕听見大人叫連忙到所前三舍有
乜分付〔生白〕你去請恁大老爹同人看上出來〔丑白〕
曉得大老爹夫人三舍清酒〔外〕〔上慢唱〕簪纓祖代有
名声富貴榮華天註定〔夫〕〔唱〕嫚隨夫赴任上行程收拾
行李都齊整〔白〕相公万福〔外白〕夫人到來〔生白〕兄嫂
拜揖〔外白〕小弟到來〔生白〕兄嫂請坐〔夫白〕叔上請坐
〔生白〕告禀兄嫂得知眠日吉日良時正是我兄嫂赴
任之日伯卿无以为礼安排一盃淡酒專請兄嫂出
来送路〔外白〕何用條數〔夫白〕三叔請起生白家童掛
酒来〔唱〕伯卿禀起兄今只去亦着三年家後事志穩
心莫疑毋今老年紀弟當任身邊〔合〕〔前腔〕家祖宗福

新刻增補全像鄉談荔枝記卷之乙

書林 南陽堂 葉文橋 繡梓

潮州 東月 李氏 編集

(末)引 百年光景能節稱風花雪月莫蹉跎集成一曲風流戲李[illegible]第一科陳伯卿送兄赴任順往潮州遊樓因黃五娘擲落荔枝假意賣身揣厝當花致病相思正是良緣天註定遇兄任滿結天宴 並下

(之)第一齣

(生)唱〔粉蝶兒〕府第子兒論富貴詩書充比貪風月逢花酒未曾中意官不願做心內專要得桃遊戲(白)念伯卿歷代簪纓名宦賴天保庇即日哥上振陞廣南都運使叔上現任淮州太守帳且正是我兄赴任之

《明本潮州戏文论文集》序

《刘希必金钗记》于1975年冬在西山溪工地掘得，为宣德时物，比成化本《白兔记》年代更早，国中出土戏文，列于首位，引起学人之重视，给予高度评价。二十多年来，诸家讨论，涉及剧种、结构、演唱、俗字、版本、拍眼等问题。由于是崭新的材料，论文创见甚多，现在结合其他关于《琵琶记》、《荔镜记》五种戏文深入探讨的有关论文，共四十二篇，汇成一书，对吾国戏剧史有莫大的贡献，大家有目共睹，不必我来饶舌。我想补充两件事，提出来以供研究。

从剧本渊源而论，诸家均同意《金钗记》是宋元旧篇《刘文龙菱花镜》在潮州改编成演出本，其源出于温州南戏。到底温州和潮州在南宋时代是否有密切交往，可考知者有一些温州人来潮做官，像淳熙间任通判的蒋韶，便是温州人。弘治《温州志·人物》载："韶字子善，永嘉人，终潮州倅。"西湖山淳熙丁未刻石题名有永嘉蒋子□，即是此人（参《潮汕金石文征》，126页）。南宋潮、温之间，海上运输往来频繁。《宋会要》在食货漕运（第一四三册《辑稿》，5581页）有详细记录："建炎四年十月内蒙差就潮州装发三纲，每纲各一万硕，经涉大海，于今年正月内到福州交卸了足。窃见成忠郎潘和等亦于潮州装发纲运，前来温州交卸，各有抛失，亦已依前项圣旨，各与转官乞行推赏。"

当时漕运自潮州行走福州、温州之间，其船样情形，据温州进士王宪上书："依温州平县莆门寨新造巡船，面阔二丈八尺，上面转板平坦。"当日一纲可装一万石。温州且设有总管海船进义校尉及指挥使专职（同书5666页）以司其事。既有经涉大海的纲运，往来潮、福、温三州，南戏由温州传播闽、潮，且经地方官的提倡，是很自然的事。《菱花镜》是一个很重要的例子。

和声哩啰嗹的问题，我写过好几篇文章，曾引起国内外专家的热烈讨论。现时所知，更推进一步，溯源则证明它是原于梵曲，深受佛教的影响，沿流则遍及于少数民族的民歌、神歌、乞歌，无不有以哩啰作为和声的唱法，实际已不局限于浙、闽、潮的戏曲。康保成兄的考证比前人又大有增益，他确认其出于梵曲，与合生有密切关系，并举出彝歌、壮族剧、泉州木偶戏《救母》唱本的实例。（见所著《傩戏艺术源流》，广东教育出版社）

记得我曾在印度马德拉斯发表过《论梵文四流母音鲁流卢啵楼对汉文学的影响》一长文，内中已谈到宋人唱词所用的啰哩唥，引用《董西厢》中乔合笙的"哩哩啰、哩哩啰、哩哩来也"，亦提到莲花落及杨慎《词品》对"哩啰嗹"的看法，但没有充分发挥。康君在我的基础上，广加寻证，引申杨慎之说。拙文用英文写出，刊于1968年，已近四十年，国内罕见，幸有台湾许章真君的汉译，而流行不广。许君英年夭折，令人悼惜！拙作筚路蓝缕，不无启发之劳，宜与另作《言路与戏路》，一并刊布，以供参考。考据之业，后出转精。从问题的提出到问题的解决，中间经历许多曲折，说起来容易，做起来却非常艰辛，在这里旧调重弹，大家不免要笑我喋喋多事了！

我所欲说的话，就到此为止，其他以后再谈，权且当作一篇短序来塞责，仍望同好有以是正之。

2000年4月

随县曾侯乙墓钟磬铭辞研究

卷四

饶宗颐二十世纪学术文集·经术、礼乐

目　录

随县曾侯乙墓钟磬铭辞研究

前言

中国乐器有八音，金与石列其首。金指铜制的钟，石指石或玉制的磬。孟子说“金声玉振”，实谓钟与磬二者的声音。钟与磬都是悬挂的。在古代礼制，被称为“乐悬”，依照阶级，各有不同的钟磬悬挂制度。

国君——四门都悬挂钟磬，名为宫悬。

诸侯——去其南面的钟，名为轩悬。

卿大夫——只挂于东西面，名为判悬。

士——只许悬磬，而没有钟，名为特悬。

悬磬方向不同，名称亦复差异。磬在东方名曰笙磬（笙，生也），在西方名曰颂磬（颂音容，意思是庸。庸，功也）。西方代表收成，东方代表生长，这是它取名的由来。（说见《周礼·春官》）

钟磬本有专书，《隋书·经籍志》：公孙崇有《钟磬志》二卷。同书《音乐志》下记后魏时，公孙崇设钟磬正、倍，参悬之，为牛弘所驳。《隋志》又收《乐悬》一卷，何晏等撰议，及《乐悬图》一卷，其书惜均不传。[①]

现在所知最古的磬，是山西襄汾县陶寺遗址出土的特磬，与鼍鼓同出，上端两面对钻一孔，通长80厘米，是夏代以前遗物。[②]

石磬可由方国入贡，妇好墓出土石磬，上面刻着“妊冉入厂（石）”四字，即其证明。商代出土的乐器，有大磬和小磬。大磬是1950年春河南安阳武官村殷代大墓出土镂刻着虎纹的大理石磬，最为精美[③]，原物长84厘米，高42厘米，厚2.5厘米，据测定振动数为280.7，稍高于$^{\#}C_1$。至于小磬，亦为安阳殷墟一坑所出，共有三件，是为“编磬”。上各有铭：“永攼”、“夭余”，“永余”，意思未明。据初步测定，振动数为948.6、1046.5、1278.7，已含有三个不同的调式。

可见磬的产生和使用，在周以前已甚发达。中国南方湘、赣、闽、苏、浙五省出土铜铙至今已有二十二枚，为数甚夥，大抵作兽面云雷纹，形制高大厚重，大多甬部有旋，单个出土，口朝上，植于座上。考古家认为可能在湖南本地铸造，并假定北方西周中期出现之甬钟，大概是受到南方大铙或甬钟所影响。[④] 由于资料尚少，此一新说仍有待于证实。《山海经·海内经》言炎帝之孙伯陵生延鼓，延鼓是始为钟，为乐风。钟之始作，出于南方，古有此说。（《世本》云：“毋勾作磬，倕作钟。”）

1977年9月，湖北省随县擂鼓墩曾侯乙墓中出土大批乐器，最难得的是整套的编钟编磬。计大小甬钟（有柄）四十六件，分列五组；钮钟十九件，分列三组；编磬全套三十二件，分列四组。（磬多残毁，其中尚缺四件。）《周礼·小胥》：“凡县钟磬，半之为堵，全之为肆。”十六枚为一堵。《三礼图》：“凡十六枚同为一簨虡为编钟。”（《初学记》十六引）编磬亦然。《御览》引《三礼图》：“十六枚同一笋虡谓之编磬，在东方曰笙磬，在西方曰颂磬（西，宋本误作四）。”（《御览》五七六）《隋书·律历志》记汉成帝时，（四川）犍为水滨得石磬十六枚，即一堵之数。曾侯乙墓三十二石磬为二堵，正合一肆之数。曾侯乙墓钟磬上俱有铭文，记载音律名号，为古代音乐史及钟律学提

---

① 参见江藩：《乐悬考》，有《粤雅堂丛书》本及《丛书集成》本。

② 参见《山西襄汾陶寺墓地发掘简报》，载《考古》，1983（1）。

③ 范毓周：《关于殷墟一九七三年出土石磬的纹饰》（载《文物》，1982（7））认为这该是龙纹，和武官村大墓磬之虎形纹截然不同。

④ 参见高至喜：《中国南方出土商、周铜铙概论》，夏威夷商文明国际会议论文。

供最重要之资料。[1]

历来出土编钟，它的堵、肆之数，殊不一定。而钟之铭文，往往或合数钟以成全文。西周普渡长由墓出钟三件；扶风齐家村出编钟十六件，计柞钟八器，中义钟八器。东周上村岭出甬钟一、编钟九。[2] 淅川下寺新出编钟一套九枚，编磬一套十三枚。固始侯古堆一号宋墓出编镈八枚，编钟九枚（伴出六件木瑟）。[3] 长台关遣策记编钟云“钟少（小）大十又三”，出土正十三枚。（说者谓第十一与十二之间，似缺一枚。）而四川涪陵之错金编钟及洛阳之驫羌钟均以十四枚为一列。（《文物》，1974（12））则周时有十四枚者，与《三礼图》“十六枚为一编钟”不合。《隋书·音乐志》云：

后周故事，悬钟磬法，七正七倍，合为十四。

牛弘以为非，援用郑玄注，钟磬编悬之二八十六而在一虡以订之。故隋制，金之属二，一曰镈钟，二曰编钟，上下皆八，合十六钟，悬于一簨虡。

自周至隋，由十四改为十六。宋陈旸《乐书》云：

编钟大小异制，有倍十二律而为二十四者，大架所用也；有合十二律四清而为十六者，中架所用也；有倍七音而为十四者，小架所用也。

区分为大、中、小三架，古代编钟一般有九、十三、十四枚数之异，似因地而不同。

钟在古代被称为“声之主”，在乐器上居于领导的地位。魏阮籍《乐论》云：“夫钟者，声之主也；县者，钟之制也。钟失其制，则声失其主……”（《阮嗣宗集》）可见钟在乐悬上的重要性。

---

① 商、周的石磬，海外现存尚有下列各件：（一）台北南港“中央”研究院史语所考古馆存侯家庄一二一七号墓出土商代特磬，完整者两块，一为绿黑色石，一为黑大理石。（二）同馆藏辉县琉璃阁出土战国编磬。（三）台北历史博物馆藏周代编磬四块。见庄本立：《磬的历史与比较研究》（台北“中央”研究院《国际汉学会议论文集》艺术史组）。

② 参见郭宝钧：《商、周铜器群综合研究》。

③ 滕县姜村公社（滕国故城）出土编钟九件，镈四件。镈的不同部位均发出两个不同的乐音，最大的镈重二十三斤，有文云“甘吉滕皇（镗）”。莒县、淅川的整套编钟，大抵皆九枚，可见九枚为一套，似为春秋时通例。新近发掘南越文王墓，出编钟三组，二十七枚；编磬二组十八枚，亦以九为一组。

钟有时亦用作外交上的馈赠物品，唐德宗时，曾以钟赐印度那烂陀寺（《唐书·摩竭陀传》）即其一例。

近年文物不断有崭新发现，西周至春秋大批钟磬的出土，对乐制研究有新的突破，下面是一些重要的新知。

（一）钟可发二个音（参见马承源：《商周青铜双音钟》，载《考古学报》，1981（1）），而且两栾上刻着音律名，如淅川编钟隧部、右鼓皆有音，相差三度，可证唐人之说。①

（二）七音阶及半音阶在西周至春秋早已实际存在。可证周景王时伶州鸠之说，必有根据。

（三）十二律形成之年代，必在周时。从曾、楚律名的复杂及五音异名之多，可补《尔雅·释乐》之不足。

（四）春秋各大国有自己的乐律名，这和历法月名各国互异之情形相似，所谓言语异声、文字异形，可以说是“声音异律”。

（五）“以弦定律”必有事实，可证京房立准之由来。北魏陈仲儒以琴弦定律，远有所本。

由于上列各种新认识，古代乐制有重新检讨之必要。本文之作，在结合文献上资料来说明曾侯乙墓钟磬铭辞所引起的有关问题，希望补充诸家论述之所不及。

古代文献有不少涉及钟磬出土的记载，试举数例：

> 西晋初，汲郡盗发六国魏襄王冢，得古周时玉律及钟、磬，与（荀勖）新律声韵闇同。于时郡国或得汉时故钟，吹律命之皆应。（《晋书·律历志》“审度”）

汲冢出土的钟磬，可惜没有记录。在此以前“汉成帝时犍为（郡）水滨得石磬十六枚”（《隋书》），这一事每每给后来礼家作为讨论乐悬制度的依据。

> 东晋时，郭璞筮得遇豫卦之睽。预言会稽当出钟。及太兴初，得之

① 近读华觉明、贾云福《先秦编钟设计制作的探讨》（载《自然科学史研究》，1983年2卷1期），该文认为《考工记》所说钟体上的“隧”，应即位于鼓部钟腔之内的调音沟槽。而每钟所发的两个音，则应称之为“正鼓音”和“侧鼓音”。其说甚是。本书来不及采其新说，故乃沿用“隧部音”和“鼓部音”的旧称。

剡县井中，上有古文奇书十八字，云"会稽岳命"，余字时人莫识。（《晋书》卷七十二《郭璞传》）

可惜钟的全文未见录出。

唐时涔阳耕得古钟，高尺余，（杨）收扣之，曰："此姑洗角也。"既劀拭，有刻在两栾，果然。（《新唐书·杨收传》）

两栾即指钟的左鼓和右鼓。杨收在涔阳看到的古钟，两栾上分明刻有"姑洗角"字样。我们看曾侯乙钟铭辞有"姑洗之角"（中一，十；中二，十；中三，三）、"浊姑洗之下角"（下一，一）、"姑洗之徵角"（下一，三），正可以证明杨氏之说。

《唐书》又记杨收与琴家讨论"古旋律"云：

（汉）章帝时，太常鲍业始旋十二宫。夫旋宫以七声为均，均言韵也。古无韵字，犹言一韵声也。始以某律为宫，某律为商，某律为角，某律为徵，某律为羽，某律少宫，某律少徵，亦曰变，曰比。一均成则五声为之节族，此旋宫也。

这是杨收和七十余岁的琴师安的谈话。他所说的"变"和"比"即是曾侯钟的"龤"和"鼬"。（说见下）而曾侯钟梁上刻着："少商"、"少羽"、"少徵"及"大宫"等音名，亦可证明杨说。不知涔阳所出的钟，是属于什么时代和地域，史缺不书，无从稽考。

北宋政和年间，洪州丰城县民锄地得古钟大小九具，各有篆文，验之《考工记》，其制正与古合，乐工击之，其声中律之无射，绘图以闻。（《宋史·乐志四》）

崇宁三年甲申，南都崇福禅寺以宋公成之諲钟入贡内府，其器出自宋地，或谓諲即帝颛顼乐之六茎。罗泌因作《諲钟说》，收入《路史余论》卷四。[1]

利用考古资料来引证说明古代乐悬制度，唐宋以来的学者，都有不少的贡献，可以称述。荆楚钟磬之记载，殊不多见。《左传·成公十二年》："子反

① 《梦溪笔谈》记皇祐中杭州西湖发现古钟一，亦见《古乐书》卷下，12 页。

相，为地室而县（悬）焉，（晋）却至将登，金奏作于下（堂下），惊而走出。”金奏即击钟镈，说者谓是肆夏，用以纳宾。贾子《新书》七“耳痺”记吴子胥入郢，“毁十龙之钟”。《淮南子·泰族训》作“破九龙之钟”。许慎注“楚为九龙之虡以悬钟也。”无论十龙或九龙，都指钟虡的纹饰。据此可见其制作之宏伟。楚器纹饰通常有龙形动物纹两两相对，河南淅川及江陵天星观楚墓皆见之，曾侯乙墓铜器亦有龙纹[①]，今观随县下葬的乐器非常豪侈，一方面可以考见春秋时方国乐悬的实况，一方面可以看到春秋时代诸侯方国的僭越情形。楚附庸国的曾侯，其明器钟虡尚且如此壮观，则楚国乐悬的制度必更奢侈，可想而知，江陵的楚墓尚未正式发掘，他日出土，预料必有更多的收获。

本论

（一）说五声及其异名

五音宫、商、角、徵、羽，起于何时，今不可确知。前代传说：“黄帝命荣将（猨）铸十二钟以协月筒（按说见《吕氏春秋·适音》）。以诏《英》、《韶》而调政之缓急。分五声以正五钟：一曰青钟大音，二曰赤钟重心，三曰黄钟洸光，四曰景钟昧其明（名），五曰黑钟引其常，则固以起乐，调政术也。”（《路史余论》三《钟鼎》条采是说）按五钟之说本于《管子·五行》篇，谓“黄帝以其缓急作五声，五声既调，然后立五行以正天时，五官以正人位”。此篇出现年代，当较《吕氏》十二纪、《月令》为早。如其所言，五声之产生，先于五行及五官。《五行》篇又云“审合其声修十二钟以律人情”，五钟与十二钟并见。此篇写作时期必在战国五行说盛行以后。[②]

然殷卜辞屡见“帝五臣”（《粹》一三）、“帝五工”（《后》上二六，一五）、“帝五工臣”（《粹》一三）诸称谓，是五官殷已有之。[③] 殷乐曰濩，见于卜辞祭名之[illegible]，向来皆释濩（如“庚寅，〔卜〕旅贞：翌辛卯，其濩于□”。《佚存》九一二，参《综类》，231页）。《韩诗外传》八云：

---

① 参见舒之梅、刘彬徽：《从近年出土曾器看楚文化对曾的影响》，见《楚史研究专辑》，105页。

② 参见李纯一：《〈管子·五行〉篇音律思想研究》，见《中华文史论丛》六。

③ 《淮南子·地形训》有五官。章太炎《驳金氏五官说》论此甚详。

汤作护。闻其宫声，使人温良而宽大；闻其商声，使人方廉而好义；闻其角声，使人恻隐而爱仁；闻其徵声，使人乐养而好施；闻其羽声，使人恭敬而好礼。（亦见《史记·乐书》）

如韩婴说，殷的濩乐实具有五声。由卜辞之五臣、五工，知殷人使用五数。《管子》明言先作五声，后立五官。殷既有五臣、五工，必有五声。故温县殷钟的全部右鼓音、隧音，加在一起，正构成宫、商、角、徵、羽五音，可以互相应和，起旋律的作用，即其明证。①

古人把五声和八音分别得很清楚，《风俗通》六《声音》篇："天地之风气正而十二律定，五声于是乎生，八音于是乎出。声者，宫、商、角、徵、羽也。"于是有声为本、音为末之论。

由于钟律学的进步，辨音的精细，以及列国律吕的各自发展，造成钟律名目的多彩多姿。《尔雅·释乐》云：

宫谓之重，商谓之敏，角谓之经，徵谓之迭，羽谓之柳。

郭璞注云：

皆五音之别名，其义未详。

郭景纯已注意到五音的别名，可惜没有提供资料。郝懿行《尔雅义疏》引刘歆《钟律书》"宫者，中也"加以解说。五声的别名，在先秦时已相当复杂，《尔雅》宫为重、商为敏诸义，现尚未得到实物的佐证。但从曾侯乙钟磬铭看来，五声别名甚多。李纯一于《曾墓磬文初研》称，侯马上马村十三号春秋晚期晋墓及河南陕县战国早期韩墓所出编磬都是十件一组，其编次为宫、角、客（徵）、琴、巽、少商、鴃(鼓)、终、壴、巽反。与曾国乐律名比较，可知五声之高音部分，其异名在三晋地区，亦曾使用。宫音竟有巽及巽反，与曾律相近。曾律铭中五声之异名，表之如下：

① 参见黄翔鹏：《新石器和青铜时代的已知音响资料与我国音阶发展史问题》（下），见《音乐论丛》三。

五声	曾侯乐器铭所见异名		
	高音	中音	低音
宫 C	巽（镤）		
商 D			
角 E	龀、䈎	中镈	韵（铂、归）锞
徵 G	终	郿镈	
羽 A	壴、喜（鼓）		

在铭文中说"姑洗之归"、"姑洗之龀"、"姑洗之䈎"无异即是说"姑洗之角"；说"坪皇之巽"，无异即是说"坪皇之宫"。余可类推。

五音在同位而不同音程、音域之下，给以种种专名，此为先秦物有专名之习俗。如马一岁为马，二岁曰驹，三岁曰骁，八岁曰驯，及不同颜色皆有专名之例。五音所以诸多别名，其理由如此。

最突出的是（1）商无别名，（2）角的别名特别多，计有中镈、归、铂、锞、龀、䈎等异称。复不同于《尔雅》。这些当即郭璞所云五音别名之类。

五声是本，八音是末。五声与律吕配合，旋相为宫，故有（1）某律之宫、之巽；（2）某律之商；（3）某律之角、之中镈、之归、之龀；（4）某律之徵、之郿镈、之终；（5）某律之羽、之壴等等之称谓。曾侯钟磬铭中变徵出现三次，变宫只见一次，和其他变商、变羽情形完全相同，所以曾侯钟磬的乐制基本上仍属于五音系统。

五音的安排，过去为人所习知的，是以宫为中声的说法，认为"宫是四音之纲"（徐景安《乐书》引），刘歆《钟律书》及《汉书·律历志》主之。但曾侯钟铭中，可看出的却是以角为主声，分明属另一音律体系。

故此，宫、商、徵、羽都可以和角音配合，形成羽角、宫角、商角、徵角，在钟铭上有它本身的说明，例如钟的后面记着变羽，前面则记着商角等例。

曾侯乙钟磬的乐制可说是以角为主声，和其他四音建立关系，这可说是以角为宫，以角为其他四音之经。这和以宫为主不同。试分疏如下：

1. 宫别名　巽、镤

巽　为宫之高音别名。宫音本为 C。以巽为声者，原取顺下为义。《易》："巽，入也。"巽为愻之借字。《释名》解簨字云："簨，峻也，在上高峻也。"巽为宫之高音区，称之为巽，亦如簨之训峻。磬铭巽又借作镤，如"坪皇之镤"（三下（外））（李纯一《磬铭初研》）。镤，《说文》训"钩门户枢"。

2. 商　未见别名

关于曾侯乙钟无商音异名的现象，极可注意。吕骥曾讨论，在《音阶发展史问题》一文中（《音乐论丛》（一），184页），根据先商到晚商埙，谈及不出现商音而先出现清角的情况。

周礼祭天、地、神亓三大乐，但有宫、角、徵、羽，独缺商音。向来有许多不同说法：刘善经曾引用李槩《音韵决疑》序的主张，以为周礼商不合律，证明五声即是四声。（说见《文镜秘府论》引。按此以宫、商五音配平入四声故必去其一，以宫与商为同声。）郑玄注称“祭尚柔，商音坚刚，故不用商。”清陈澧用《朱子语类》说：“恐是无商调，不是无商音，奏起来五音依旧皆在。”他引《唐会要》赵慎言《论郊庙用乐表》云“周礼三处大祭俱无商调”一语作证。黄翔鹏尝举不少例来说明西周不用商声作为调式主音。这些可以忖测曾侯钟何以商音没有别名的理由。

3. 角别名　中镈　归　䶵　膺

中镈　钟铭凡二见（下二3（2）、下二3（1）），归及下角的同义词曰“中镈”，故知“中镈”是角之别名。

古诸侯乐悬必有镈，字亦作镛，金奏时鼓镛以为节，镛居器乐的领导地位，故唐徐景安《乐书》云：“镈钟，律钟也。”视镈为定律之钟。唐时铸镈钟十二，编钟二百四十（《唐书·音乐志》）。河南固始宋国墓出编镈八枚，编钟九件（《文物》，1981（1））。镈与钟之分配，仍待研究。然古人以镈为律钟，则无疑也。

归、䎆、钔、锟　归是角的别名，黄翔鹏已指出钔是角音的低音区的异称，在宫音上方纯律大三度。其实归即是角的借音字，《尔雅·释乐》：“角谓之经。”与宫重、商敏、徵迭、羽柳，均是声训。

魏江式上表云：“吕忱弟静作《韵集》五卷，宫、商、角（龣）各为一篇。”（《魏书》卷九十九）角字又作龣。《广韵》收于两处。入声一屋：龣，东方音。角，属木，东方音。卢谷切。又四觉韵角字下，收龣云：乐器，与角音同。古岳切。《集韵》四觉：“龣，通作角。”一屋：“龣、𪊨、觮，东方音也，或从鹿从角。”今按作为五音之角，其别称作龣，应音“古岳切”方合。

角　龣　古岳切

经　　古灵切

归　　举韦切（从归得声之菦，丘韦切。）

上数字声母相同。

曾侯乙钟铭归字异文甚繁，又有增音旁及增金旁者：

䛴、韻 如云“大簇之珈诏”其字作䪻，所增之形符𢀖中无一点，但另一形作韻乃从音，音与言互通，楚王领钟“其聿其音”，音字正作𢀖。

钔 如云“姑洗之钔”（下二 9）、“文王之渻钔”（下二 9）等。又或变归为畏，古畏与威一字。《集韵》威亦作畏，与归同韵。钟架刻铭如“姑洗之大锞”（下二 9（架））。按《说文》金部有锞云：“锞铿，不平也。”此出《庄子》“畏垒之山”（《庚桑楚》），《集韵》作嵔，与归同在八微。畏与归只是同音假借。“大锞”，相当于大低角，如大宫、大商之比。

鈠 磬铭屡见“之𩏩”、“之䪻”等语。𩏩字，或释䭾。细察钟铭有𢿤（中一 4）、𢿤（中一 3）形，右旁从𢀖，如不是殳则是攴。故此字隶定可作𢿤。卜辞有𢿤字，于省吾释推，读作摧。（《甲骨释林》，224 页）

钟记事铭有一句云“曾侯乙乍（作）𢿤”（中三 8（1）），与习见之“曾侯乙乍（作）峙（持）”同例。峙即持，为动词，则𢿤当即推，亦是动词。编钟小者数寸，以锤敲击；大者四百多斤，须以木推撞之始鸣。《淮南子·精神训》：“击建鼓，撞巨钟。”又《说山训》：“击钟磬者必以濡木。”故𢿤正宜读推敲之推。乍𢿤犹言“作推”。

知𢿤即推字。𢿤与归实际上同为角之异称。堆、追同音，古通归字。《说文》归字在止部，云：“从止，妇省，𠂤声。”归以𠂤为声符，与𢿤正同音，𠂤、堆一字。归之通𢿤，正如夏代冠名“毋頧”亦作“毋追”。《士冠礼》注：“追犹堆也。”李善注《七发》：“追，古堆字。”《诗》：“追琢其章。”追亦同𠂤。《广韵》十五灰音都回切者有十五文，“頧、堆、厜、鎚、捶、䧳、𠂤”皆同音。

厜，扑物也，亦作搥。

鎚，治玉也，《礼》作追。

捶，摘也，䧳上同。

《集韵》十五灰“堆、㕍、洎、垍、𡋀”为一字或体，以是为例，曾侯钟磬归之作𢿤，正如捶之作䧳，錐之作鉑（《集韵》十五灰），是𢿤字从殳或攴，隹声，与搥等音义相同，可以论定。

詹 只见于磬铭，凡二见，一云“姑洗之詹”〔磬铭上九（外）〕，又一云“穆钟之詹”〔磬下一（外）〕，二者皆在渻商之次，同当角位。一音高为 E_5，一为 D_5。

詹字从言，产声，即《论语》“由也喭”之喭字。《史记·仲尼弟子传》

亦作啰，明刊《论语》多作啰，《书·无逸》“乃逸乃啰”，《伪孔传》“叛谚不恭”，叛谚亦作畔啰，皇侃疏引王弼云：“啰，刚猛也。”磬铭言某律之詹，当指其音偏于刚者。唐代变文屡见髝字，从骨，为强力貌（蒋礼鸿《变文通释》，262页），又其变体。

4. 徵别名 鄖镈，终

郞镈 下层二组云“鄖镈”，即徵。“姑洗鄖镈”（反）犹言姑洗之徵。

鄖字从炅，郎声。炅在《广韵·去声》十二霁，古惠切。与罣同音。罣，挂也。郎，《说文》云：“汝南邵陵里，读若奚，胡鸡切。”

角居于中位，徵次之。角之下一音阶为徵，角既称为“中镈”，则徵称为“鄖镈”，或义如挂镈。挂有近意。

紊 钟铭一作𥿋，从系从冬，其形最显，故宜释终。《白虎通·礼乐》篇：“徵者，止也，阳气止。”终与止同义，故以终表示“徵”。（《周语》：“律吕不易，纯明则终，终则复乐。”韦注：“终，成也，《书》曰箫韶九成。”《逸周书·世俘解》：“三终王定。”终为乐曲之讫，此为广义之终，与此义别。）

5. 羽别名 壴、（喜）、鼓

𦏲 曾侯钟铭羽均作𦏲。羽音，战国以来于五行属水，《内经·素问》：“北方在音为羽。”王冰注：“羽谓水音，沈而深也。”曾侯钟羽之作𦏲，与《金石索》所载宋人之曾侯钟正相同，𦏲字从于为声。刘歆《钟律书》：“羽者，宇也。”《白虎通·礼乐》篇：“盛德在水，其音羽。羽者，纡也。”二书均用于声之字，以纡声训说羽。春秋时，其字通用作𦏲。《说文》雨部：“䨜，水音也。从雨，羽声。”《春秋繁露》五行五事：“雨者，水气也，其音羽。”五音之羽字又从雨，作䨜，义复兼声，此当是后起字。（殷卜辞有从雨从羽，其字则是雪，与此为同形异字。为方便印刷，钟铭之𦏲，本书一般均省作羽。）

壴、喜、鼓 钟铭云：

“函音之徵曾，犀（夷）则之羽曾，为剌音鼓。”（中三3（4））

“函音之变商，为黄钟鼓，为迟（夷）则徵曾。”（中三4（4））

钟磬击处曰鼓（见《乐县考》），曾侯乙钟铭壴一作鼓。（中一11（4））

又有作喜（中一9（3）），其实皆宜读为鼓。鼓与羽同韵，故借鼓为羽。

按鼓本是敲钟的动作，钟铭每言“万年日鼓”（周㾓钟），“其永鼓之”（固始编镈），《诗·小雅·白华》“鼓钟于宫”，《风俗通·声音》：“鼓者，郭也，春分之音也，万物郭（廓）皮甲而出，故谓之鼓。”（郭同廓，《方言》：“张小使大谓之廓。”）《旧唐书·音乐志》：“鼓，动也。”以动字训鼓，义与此别。

附论 经首之会

《庄子·养生主》云："合于《桑林》之舞，乃中《经首》之会。"司马彪注："《桑林》，汤乐名。《经首》，咸池乐章也。"清汪仲伊（宗沂）引《尔雅》"角谓之经"说之，谓《桑林》之歌以角为音首。沈曾植更证成其说，言："《路史》高阳氏作五基六韺之乐，以调阴阳。"又："帝喾高辛氏作九招、制六列五蓥，享上帝以中蓥。""韺、蓥皆经字或体也。以角为首，五帝遗音欤。"（《海日楼札丛》七）《管子·地员》篇："凡将起五音凡首。"章炳麟读为风首。引《尔雅》"角谓之经"以说"经首"，谓经首者以角为调也。（《管子余义》）按汪、沈、章三氏据音训推测，假定古有以角为调首之乐。今观曾侯乙乐制正以角为音律之首，与"经首"的系统相符。

《广雅·释乐》古乐名中有"六韺五韺"。《风俗通·声音》篇："颛顼作六茎，喾作五英。"《礼记》、《白虎通》、《乐纬》（《御览》五六六引）皆同。《吕氏春秋·古乐》则称"帝喾命咸黑作为声歌九招，六列，六英"。《乐纬·动声仪》则云："颛顼之乐曰五茎，帝喾之乐曰六英。"宝鸡新出秦公钟："霝音铁铁、雝雝。"形容钟声曰铁铁。《吕览·古乐》："（颛顼）令鱓先为乐倡之，其音英英。"高诱注："英英，和盛之貌。"铁铁，即英英也。《列子·穆王》篇张湛注则以六莹为帝喾乐。其名略有歧异。王念孙云："《广雅》韺、韺、韶、頀四字皆从音。"卷四云："頀，护也，其字亦从音。"曾侯乙铭如"乍寺"之乍亦从音作"韴"，角别名之归，其铭有一作韻，姑洗之和，为羽别名，其字作龢。凡此皆繁形增益"音"旁之例。"韺"字已见于古铜器。宋罗泌撰《韺钟说》云：

> 大晟府有古韺钟六，皆有款识云："宋公成之韺钟。"崇宁三年甲申，得诸南都崇福禅窟。……韺传皆作茎，《乐纬叶图征》、《淮南鸿烈解》与班《志》俱言帝喾之乐曰五英，颛帝之乐曰六茎。……韺钟虽出宋境，而其实则颛帝之乐也。

韺钟出自宋国所制作，宋为子氏，因殷人之礼，而经首为汤乐，可见"以角为主"的乐例，乃源于殷。曾国之乐必与此有关系，故角及其异名在律吕铭识上出现之频率最高。以角为经首，角正居中位。曾侯乙钟角之别名又称曰"中镈"，其变化音有宫角，宫颤（E），分明以角为宫。这正是以角作为主声之明证。

(二) 钟磬铭中乐律术语通释

钟铭上记着一些乐律术语，试解释如下：

索（素）

铭云："苻于索宫之颠。"又云："苻于索商之颠。"索与素二字古书通用习见。索宫、索商即素宫、素商。唐《五郊乐章·舒和》见"素商"一词。《管子·地员》篇："以是生黄钟，小素之首，以为宫。"《管子》之小素向有二说，乐律家说小素为含少，琴律家说小素为弦。① 按《吕览·适音》："黄钟之宫，音之本。"素训为本。（《尔雅·释诂三》同）音之本犹言音之素。《尚书大传》："六律、五声、八音、七始著其素。"沈寐叟云："半黄钟为小素，故黄钟为大素。"并引《乐纬》郑注"黄钟起于大素"为说。（《海日楼札丛》）此处苻读为符，素即指本音而言。

反⿰口⿰彐丨（吙）

反指半律。钟铭反字或益土作⿱反土，如"穆音之终⿱反土"（中三 4（3）），又一作⿰口⿰彐丨，如"姑洗之宫⿰口⿰彐丨"（中三 5（3）），字从口从⿰彐丨，⿰彐丨即反字，故此字可释吙。反与半古每通用。（如复词之畔喭，亦作吙喭，见《论语释文》。吙喭为失容貌，见《广韵》三十谏。）凡言某律之反，无异指某律之半。反与变亦通。（如《诗·齐风》："四矢反兮。"《韩诗》反作变。）马融《长笛赋》："反商下徵，亦名异善。"李善注："反商犹变商也。"引《淮南子》："变商生羽。"但曾侯钟不见"商反"之律，却有宫反、角反、徵反、羽反诸名；宋代安陆出土的楚王钟，亦刻上"翆反"、"宫反"。黄翔鹏说是隧音和右鼓的小三度结构。他又说用反字为过去所不知，但马融却已提到了"反商"律名，可见"反"字亦尝经使用到笛律上面，不能说是过去所不知的。

宫反　C_6^{+}　C_7^{+++}　C_6　C_7

角反　E_6^{+}　E_6^{++}

① 琴家说小素为琴弦，试举吴灯《自远堂琴谱》"定丝乐弦音清浊二均之度分"下云："小素云者，素，白练，乃熟丝，即小弦之谓。"言此度之声，立为宫位，其小于此弦之他弦，皆以是为主，故曰："以是生黄钟小素之首以成宫也。"（《琴府》，392 页）乐律家以含少说之，试举一例，如清胡彦昇《乐律表微》卷一云："管子生黄钟小素之首以成宫，旧注未明。黄钟小素即含少也……律始黄钟而子半初生，含少为之本；律终小吕而五声循环，含少又为之首也。"黄氏（佐）《乐典》以变黄钟半律之四寸三分归之正度，为含少之三十九分。见该书 13 页"律本"。

徵反　G_5^{+}　G_6^{+}　　G_6　G_5

羽反　A_6^{-}　A_6^{++}

变

字亦作訲，从音从[illegible]。天星观楚简人名有[illegible]丑，即弁丑。古有弁氏，盖卞和之卞。《尧典》：“黎民于变。”孔宙碑作“于卞”。曾侯钟铭訲宫、訲徵、訲商、𪛔羽均见之，都是变之异体。《墨子·非乐上》：“声调不和，明不转朴。”俞樾读朴为抃，谓抃即变之假借。《楚辞·大招》：“极声变只。”楚人讲究声变。变本亦作辩；《大招》：“伏戏驾辩，楚劳商只。”辩即变也。《唐书·杨收传》：“收言：旋宫以七声为均，某律少宫、少徵，亦曰变，曰比。”曾侯钟磬铭言“𪛔”甚多，可证杨说。现藏广东省博物馆史问钟铭“史问自乍[illegible]钟”，[illegible]可读为訲。言[illegible]钟者仅此一见。曾磬铭上三浊姑洗之徵反墨书：“弁□。”弁字不从音，与[illegible]钟正同。

《乐记》：“声相应，故生变，变成方，谓之音。”郑注：“变之使杂，方犹文章。”变字使用于音乐上是习见的。

颟与比

以磬辞论，与颟字组成的音阶名似较集中于浊姑洗（B）及新钟（$^{\#}$F）二律之下。

施之浊姑洗者，有：羽颟（C_5），商颟（F_5）、徵颟（$^{\#}A_5$）。

施之新钟者，有：商颟之豁，徵颟（C_5）、大羽颟（C_5）　　大商颟（C_5）。

少羽颟（G_6）　少商颟之反（C_8）　少羽颟之反（G_7）。（参李纯一：《编磬铭文初研》表一）①

曾国磬律以浊姑洗，及新钟二律为主律。钟铭所见，则以姑洗为主律；由颟字组成之阶名亦以施于新钟名下为多，而浊姑洗名下，则未之见。钟磬铭中带颟音名计有大、少羽颟，商颟，大、少商颟反，徵颟等等。按颟字从

---

①　湖北省博物馆与中国科学院武汉物理研究所于1980年起试验复原曾侯乙编磬。经过一年多的研制，取得了成功。他们根据磬石原件的几何尺寸、刻文以及有关资料，推定编磬的高音，并用磬匣上的标记加以验证。其所推定各磬实际音频的近似值（见该文附表）与李纯一氏《编磬铭文初研》所得的结果基本相同。参《文物》1984年第5期湖北省博物馆文。

页甫声，释辅是也。唐杨收谓为比。《尔雅·释诂》：“比，俌也。”《易·象传》：“比，辅也。”按《说文》：“弼，辅也。”古文作㢸。辅与弼合为复词曰“辅弼”，㢸省作弜。疑收所见涔阳古钟音律有作“弜”者，故认为比字，弜与比形近，同为帮母，据此可证頧即辅字。

曾侯乙墓简有一条云：“大莫囂（敖）𦬁为适𤞞之春。”𤞞从甫声，殆頧之异构。大吕之吕字训旅。《汉书·律历志》：“大吕：吕，旅也。”吕，《说文》一作膂。《周语》韦注、《吕览》、《淮南子·天文训》高注，俱训旅为助，助与辅同义。适者，《吕览·适音》篇：“衷也者，适也。”又《大乐》：“声出于和，和出于适。”正为适训中之证。故此处“适𤞞”一名，犹言“衷（中）頧（辅）”，似可读为“中吕”。中吕之春者，中吕于周律属六间之巳，为四月之律。周正建子，楚正建寅，周之四月即楚之二月，正属四时之春。

大、少

磬铭所见音阶缀以大、少之称，计有下列：

大宫	少宫曾	大羽	少羽
大商曾	少商	大徵	少徵

这里用大、少附加号，多施于新钟一律之下。“大”指低音，“少”指高音，“少某之反”则指最高音（E_7 至 C_8）。（参见李纯一：《编磬铭文初研》表一）

考古乐有大章，即大商也。《吕览·古乐》：“伶伦吹为黄钟之宫，吹曰舍少。”《说苑》作“含少”，《晋书·律历志》及《御览》五六五引皆作“含少”。按当作含为是。《白虎通》解宫声曰：“容也，含也。”黄钟之宫曰含，则含少者即指少宫。清胡彦昇《乐律表微》：“一曰含少者，谓以正声之管，含少声也。伶伦先为含少，次制十二筒；似别有含少一管。”其实含少犹言宫之少。

后世琴律有少宫、少商，但此二名已见于曾侯钟铭。（桓谭《新论》：“文王、武王各加一弦以为少宫、少商。”即指琴由五弦增至七弦，其六、七弦即为少宫、少商。）张协《七命》：“启中黄之少宫。”李善注引《礼纬》：“少宫，主政之文。”《魏书·乐志》：“轩辕桴阮隃之管，定小一之律。”小一之律当指含少。与此义别，曾律之“少”，皆指高音或最高音。（参见曾宪通：《曾侯乙墓编钟铭文音阶名体系试释》）

下

曾侯钟磬铭所见只有“下角”（E_5）。考马融《长笛赋》有“下徵”，桓谭《新论·琴道》：“下徵七弦，总会枢纽。”（《玉海》乐器条引）《晋书》荀勖论笛律言：“下徵应林钟。”下角与下徵皆缀“下”字于五音之上，其例正同。《周礼》典同云：“下声肆。”此指角和徵的变化音。《周语》伶州鸠论四律之宫分上下，夷则、无射为上宫，黄钟、太簇为下宫，可见以五音分上下，其事甚早。下宫、上宫，韦曜注未明。明唐荆川《稗编》载一说，谓上宫是清角，下宫是下徵。采及《笛谱》，然伶氏四律乃言四律之旋宫，不应涉及徵、角之调。姜夔《大乐议》言：今大乐外有所谓上宫调、下宫调。胡彦昇云：“盖当时有十二调，调以其宫之清声起毕者为上宫，以其宫之倍声起毕为下宫也。”（《乐律表微》）诸说纷纭。曾侯铭只有下而不言上，其例正如言浊而不言清也。

曾

钟磬铭辞表明在大三度上，每缀以“曾”字。曾者，即增，高也。在楚国遗文中，“曾”字习见。《大招》“曾颊倚耳”，曾音层。《九歌东君》“翾飞兮翠曾”，王逸注：“曾，举也。”以曾为动词，举有高之义。《淮南子·览冥训》“凤凰曾逝万仞之上”，高诱注：“曾，犹高也。”《淮南子·天文训》“至于曾泉”，《初学记》引有注云：“曾，重也。”贾谊《吊屈原文》，《文选》作“遥曾击逝而去之”，《史记》作“摇增融”，《汉书》作“遥增击”。曾，亦作增。缀以“曾”字盖指高音。曾侯乙钟律上出现四曾，即“羽曾、宫曾、商曾、客（徵）曾”，诸曾字皆训高，但无“角曾”，因曾律以角为宫，作为主调，以配其他四音，故不复计角，其例与四角情况相同。

珈（加）

珈即加。（珈，本训妇人首饰，殆借以指装饰言。）马融《长笛赋》云：“君明（京房）所加后孔出。”笛之增孔亦曰加。加或作驾。《淮南子·要略训》：“琴不可鼓也，必有细、大、驾、和，而后可以成曲。”驾与和对言，与大小同状音之高下。驾即加也。《大招》“伏羲驾辩”，王逸注：“造驾辩之曲。”以驾辩为瑟的乐曲。驾辩者，以曾侯钟术语解之，可作“珈变”，义即加变。

䪢

䪢字形构甚繁，作𩐨形最为具体。磬铭下七云：“姑洗之𩐨宫”，其字从臽，可读为陷或坎。陷指低音，《说文》：“陷，一曰隊也。”隊，《说文》云：“落也。”音向下不抗而坠者曰{亡音}。钟铭曰渻商、渻宫、渻徵、渻羽及渻钼，作为五音上低音之形容字，验之皆然。另一形作訬，隶定当为渻。音应是擘，木余曰檗，《说文》：“擘，庶也。”指低音言之（指明最低八度）。故渻商、渻宫义犹庶商、庶宫。

浊

曾侯钟磬铭所记楚之律名，在其前辄加缀“浊”字，以示低音，但举浊而不言清，加浊字计有六律：

浊坪皇	坪皇
浊文王	文王
浊新钟	新钟
浊兽钟	兽钟
浊穆钟	穆钟
浊姑洗	（姑洗）

此为罕见之例。

考春秋以来，乐律之学发达，辨音之事，诸子百家屡见称述。晏子对齐景公论和五声，必“清浊，小大，短长，疾徐，哀乐，刚柔，迟速，高下，出入，周疏以相济”。（《左传·昭公十五年》、《晏子春秋外篇集释》，443 页）第一即谈清浊。《吕览》谓：“黄钟之宫，音之本，清浊之衷也。”“大清则志危，大浊则志下。”“大钜、大小，大清、大浊，皆非适也。”（《适音》篇）《大戴礼·曾子》云：“圣人……截十二管，以索八音之上下清浊，谓之律。”（《天圆》篇）董仲舒云：“声有顺逆，必有清浊。故圣人闻其声则别其清浊。”（《春秋繁露·保位权》）《淮南子·缪称训》：“故歌而不比于律者，其清浊一也。”又《氾论训》：“耳不知清浊之分者，不可令调音。”可见辨清浊为审律之首务。楚律言浊而不言清。考之《韩非子·十过》篇：

其第三好五音，为穷身之事。师涓奏清商，为纣濮上亡国之音；师旷奏清徵，有玄鹤二八来集。即奏清角；再奏，而大风雨堕廊瓦。

此则言清而不言浊之例，而有清商、清徵、清角诸号。

汉人论清浊，有就十二律分为二组者。《乐记》云：“终始相生，倡和清浊，迭相为经。”郑玄注：“清谓蕤宾至应钟也；浊谓黄钟至中吕。”此说实见于《淮南子·天文训》云：“日冬至，音比应钟（钱塘补注作‘林钟’，非；此据王引之改），浸以浊；日夏至，音比黄钟，浸以清。”以十二律应二十四气之变。

王引之云：“音以数少者为清，数多者为浊，冬至以后逆推十二律，由清而浊；夏至以后，顺推十二律，由浊而清。”表之如次：

冬至应钟	数 42
小寒无射	数 45
大寒南吕	数 48
立春夷则	数 51
雨水林钟	数 54
惊蛰蕤宾	数 57
春分中吕	数 60
清明姑洗	数 64
谷雨夹钟	数 68
立夏太簇	数 72
小满大吕	数 76
芒种黄钟	数 81（最浊）

夏至以后，与此相反，不复记。

清浊以数计之，又配以时令。郑玄之解清浊，即根据西汉人之说，依天文以立论。曾侯钟钟铭之记楚律，纯从音之高低而言。汉人则扩大其义，含意不同。

把十二律分为二部分，以阴阳之理说之，六吕是清，六律是浊。按之实际，十二律中，六律六同亦可为一清一浊，楚律即就六律每个增上浊律，很有条理。汉时京房造准，十三弦中央一弦其下画明分寸，以为六十律清浊之节（《晋书·律历志》引京房《乐对》），这则在六十律上写明清浊，辨音更为精细。

有从五音区分清浊者，《月令》郑注云：“宫最浊，商次浊，角清浊半，徵次清，羽最清。”北魏陈仲儒云：“调声之体，宫、商宜浊，徵、羽宜清。”

（《通典》引）以律（管）长则声浊，律短则声清，清浊犹高下也。[1]

后人有从丝乐之弦音，分别为清浊二均者，如清吴灴《自远堂琴谱》云：

弦音之度，起于下徵，分列清浊二均之弦各九，始下徵而终正羽。

表之如下：

	1 弦	2 弦	3 弦	4 弦	5 弦	6 弦	7 弦	8 弦	9 弦
浊音	下徵	下羽	变宫	正宫	正商	正角	变徵	正徵	正羽
	108	96	85 小余 33	81	72	64	56 小余 88	54	48
清音	清下徵	清下羽	清变宫	清宫	清商	清角	清变徵	清徵	清羽
	101	89	79	75	67	59	53	50	44

吴氏认为变徵至徵，变宫至宫可得半分，其他或得全分，故弦音清浊二均，互为全与半以生声。如是以论清浊，比前人更为进步。

宋代学人，有主张古无清声者，如元祐时范镇著《乐论》，其中论钟云："清声者不见于经，惟《小胥》注云。……至唐又有十二清声，国朝（宋）有四清声，置而弗用。"杨杰作议驳之，曰："《周礼》凫氏为钟，薄厚之所震动，清浊之所由出，清声岂不见于经哉?"（《宋史·乐志》）今观楚律六吕纯记以浊，可见春秋以来，列国音律之异制。古贤论乐，多出揣测，设非出土资料，其谁信之！

（三）论列国音律及律名多以钟为号

自春秋至于战国，言语异声，历法异月，律吕亦复异名。故《礼记·投壶》记鼓有鲁鼓、薛鼓之别。以音乐论，文献资料殊鲜。战国石磬铭文所见有"古先"、"介钟"、"齐厔"三名。古先即姑洗；介钟或即夹钟；齐厔以音求之，疑是夷则，曾侯钟铭夷则作犀则。齐，祖奚切；犀，真尸切；厔字以至为声，至，脂利切，而则字子德切，声母皆近。（潘怀素认为这三个石磬极其巧妙地从理论上说明了二十三不等分纯正律的存在。详曲澄：《潘怀素的乐律研究简介》。）

《吕览·侈乐》篇云：

① 参见明刘瑾：《律吕新书》卷二，《五声大小次第》章。

乐愈侈而民愈郁。……夏桀、殷纣作为侈乐，大鼓钟磬管箫之音，以钜为美，以象为观。宋之衰也，作为千钟；齐之衰也，作为大吕；楚之衰也，作为巫音。侈则侈矣。自有道者观之，则失乐之情。

此讥列国各自发展其侈乐。宋之千钟，高诱注“钟律之名”，《御览》五六六引作“千秩”。按秩即迭。《尔雅·释乐》“徵谓之迭”是也。今曾侯乙钟铭有齐律之吕音，而无宋之千钟（秩），可以《吕览》补之。

曾侯铭所见各国律名，虽记录不完备，而尝鼎一脔，殊为可珍。

周律

其明记为周律者有二：剌音、郿音（应钟）。

剌音（$^{\#}$A～B）

于楚律为穆钟，于曾国钟律为大矦（簇）、穆音，于晋为槃钟。

钟铭云“剌音变商”、“剌音变徵”、“剌音鼓”、“剌音之羽曾”。

剌，金文借为烈字。《吕览》古乐曲名有六列。列、烈、剌通，想必是以剌音为主调。伶州鸠说周律黄钟之下宫为厉，说者谓厉相当于剌音之剌。钟铭中周之剌音，等于曾律之太簇，音位为 A；伶州鸠所说的厉为黄钟之下宫，亦即应钟，相当于曾律之郿音，音位为$^{\#}$G。两者相差二律。与伶州鸠说黄钟之下宫为厉（剌音）者不符。

郿钟（$^{\#}$G～$^{\flat}$A）

钟铭于乐律对比中有云“郿音之在楚为兽钟，其在周为郿音”。周之“郿音”实为“郿钟”之误。钟铭云“郿钟之变宫”、“郿钟之徵角”，郿钟即周律之应钟。周郿钟于楚律为兽钟，于曾国钟律为黄钟，亦曰郿音。又应钟乃低于黄钟一律之律名，以此类推，则钟铭中之周律黄钟，其音位为 A，即比曾国之黄钟高一律，相当于楚律之浊穆钟。

由钟铭所见周律郿钟之音位，推知黄钟之音位，并由此排定周室十二律的相对位置及其先后（见本文附表《周、曾律同名异实表》）。与传统周律相较，中间空隔着二个律，可见由钟铭所知之周律，要比传统周律低三个律的音位。

曾国律名

曾为姬姓国，其乐律名称与《周礼》律名最为接近，其律名与周律完全相同者有：大矦（簇）、黄钟、无铎（射）、妥（蕤）宾、割（姑）肄（洗）。而嬴孠见于《周语》，郿（应）音，甬（字从马声，与函音近，此字以下或迳作函）音，亘钟同于《周礼·春官》，只有“穆音”一律不同，其说另见。

鄜音

钟铭有云“譍音之宫”，其字从言，雁声，盖即譍字。《广韵》四十七证：“譍，以言对也。又作噟，从口，与应同。”《说文》作“癰”。

《隋志》称隋时郑译“以编悬有八，因作八音之乐，七声之外，更立一声，谓之‘应声’……因作书二十余篇以明其旨”。其书今已失传。①

《隋志》有应调一名，云：“……宫调黄钟，应调大吕，商调太簇。”在宫和商的中间安顿一个应调。《梦溪笔谈》以琴瑟弦有“应声”说之，恐非其义。按隋人因后周好古，据《尚书大传》七始，改悬钟磬法为七正七倍。牛弘以为非。别据《周官》倡悬八用七，不取近周之法悬七。(《隋书·音乐志》下，355 页) 时卢贲上表云：

> 殷人以上，通用五音。周武克殷，得鹑火，天驷之应，其音用七。汉兴，加应钟，故十六枚而在一虡。郑玄注《周礼》二八十六为虡，此则七、八之义，其来远矣。至周武帝，复改悬为七，以林钟为宫……盖将亡之征也。

卢贲以为林钟之管，即黄钟下生之义，君生于臣，是失其正，故隋人即改七悬八，以黄钟为宫。贲言汉兴加应钟为八律。按后汉顺帝阳嘉二年行礼辟雍，奏应钟（见《魏书·乐志》陈仲儒奏)。此汉加应钟之史实。

郑译之增益“应声”为八音，用意与卢氏不殊，而称之为应调。今由曾侯钟铭，知东周以来，曾国采周之应钟，改名应音，作为黄钟之高音。隋人又增立应调。凡曾国之应音，隋之应调、应声，皆取前名之应钟，而实际意义不同。以后证前，正可审其演变之迹。

亘钟

亘钟亦作亘钟、洹钟、宣钟。铭云：“宣钟之珈徵。”(下二 8 (1)) 亘钟、宣钟，即《周礼·大司乐》之圜钟。通称夹钟。马王堆竽律管作“诙钟”，益言旁，战国磬铭作介钟，皆是异文。曾国律中亘钟相当于姑洗，按之周律，圜钟（夹钟）正与姑洗同一律（C)。

肃音　鍪音

裘锡圭氏释肃音为函音，是也。《说文》：“马，嘾也，草木之华未发函然，

① 参见《律学会通》卷一，1 页。

象形。”按殷代四方风名“西方曰彝，风曰㭰”（小屯大龟）。㭰即函，彝与夷同。夷则曾侯钟铭作屖则，西方金文屖宫即夷宫。屖以尸为声，尸即夷也。马王堆竽律管夷则作夷威，则字偏旁易刀为戊。西方曰彝，彝即夷。周律中夷则为七月之律，属于西方，文王起于西土，为西伯，故楚律有文王。据曾侯钟铭“函音之宫——函音之在楚号为文王”，曾律之函音即楚律之文王，完全吻合。周律林钟，《周礼》别作函钟，即是林钟。函钟之函字，或即借用函音名之，林钟低于夷则一律。

嬴孠

铭云：“嬴孠之在楚，号为新钟，在齐为吕音。”字亦作“嬴孠”，即《周语》之嬴乱不成问题。嬴字写法颇繁，中有从角作嬴者，必有意义，或曾律以角为宫，故增加角旁。周律嬴乱是无射之上宫。在曾国律中嬴孠即无铎（射），音位为$^{\#}$F，完全相同。$^{\#}$F 在周律中应为南吕。嬴乱，伶州鸠解云：“反及嬴内。”韦注以“嬴内为地名”。而谓之嬴乱者，胡彦昇论七律云：“长以羽，而乱以嬴，四乐，一大始终也，伶州鸠叙此四乐兼叙伐殷之事，乐以象事也。”是释乱为终，如《关雎》之乱。《楚辞·大招》：“叩钟调磬，娱人乱只。”乱之取义应同。以乱与长相对为说，义亦可通。曾钟字作孠或孠，乃是嗣之古文。嗣与𤔔之混同，裘说已详之。

总结而言，曾律但借用周律之名，实则同名而异实也。

楚律

$^{\#}$A～^{b}B	穆钟	于曾律为太簇及穆音，于周律为剌音，于晋为槃钟。
A	浊穆钟	
$^{\#}$G～^{b}A	兽钟	于曾律为黄钟、鄜音，于周律为鄜钟。
G	浊兽钟	
$^{\#}$F～^{b}G	新钟	于曾律为无铎、嬴孠，于齐为吕音。
F	浊新钟	
E	文王	于曾国为函音。
$^{\#}$D～^{b}E	浊文王	
D	坪皇	于曾律为妥宾，于申律为屖则。
$^{\#}$C～^{b}D	浊坪皇	
C	吕钟	于曾律为姑洗。

楚以吕钟为黄钟（宫）。

楚之钟律不用周名号，自成一系统。六律之中，有五个称曰某钟，以钟为号。其一称曰坪皇，其一称曰文王，《琴操》有“文王之操”，借以为律名。

曾磬铭上层编悬，起于姑洗（C），而终于浊姑洗（B）。自浊坪皇（♯C）至穆钟（♯A）皆用楚律。与钟铭不同。是磬律与钟律体制颇殊悬。磬铭虽以姑洗为首，但却以新钟为主律，实属楚律系统。故李纯一谓为晚出，是也。

齐律

吕音（♯A～♭G）

齐之律名可知者有吕音。曾侯钟铭云：“赢孠（无射）之在楚号为新钟。（其）在郝，号为吕音。”（下二 2，中二 11，中三 2）

《吕览·侈乐》篇：“齐之衰也，作为大吕。”又《贵直》篇：“无使齐之大吕陈之廷。”高诱注：“齐之钟律也。”乐毅《报燕惠王书》：“大吕陈于元英。”《史记索隐》：“大吕，齐钟名，即景公所铸。”《晏子春秋》内篇：“齐景公为泰吕成。”泰即大也。晏子以为此乃特钟，故讥其僭。大吕为齐景所铸大钟名，或即以吕音为主。齐之吕音为曾律之无射（♯F）。《招魂》云：“吴歈蔡讴，奏大吕些。”《文选》一作“秦大吕些”。考秦律用大吕为首，《史记·始皇本纪》及《封禅书》俱云：“秦以六为纪，音上大吕。”可证。（宋尤袤本《文选》作“奏大吕些”，不作“秦”。）秦之大吕似应指周律黄钟高一律之大吕（♯A）而非齐之吕音，因乏资料，故不详论。

晋律

晋律名见于曾侯乙钟铭有二：六墉、槃钟。

六墉

晋律六墉，其字有一形作[illegible]，即《说文》土部之墉，许君云读若准。《周礼》司裘郑注释文，辜作准。故六墉、六辜即六准，不宜释墉。《说文》辜读若纯。《周语下》伶州鸠曰：“大昭小鸣，和之道也。和平则久，久固则纯。”韦注引《论语》曰：“从之，纯如也。”錞于之錞，亦取和纯为义，故曰：“錞者，所以和鼓也。”又曰：“錞以和之。”錞之训和，亦犹墉之为准，音训俱相近。

晋律之六墉，于楚为吕钟，于曾为姑洗，则晋律实以六墉为首，即以六墉为黄钟。

槃钟

钟铭云：“大族之宫，其反在晋为槃钟。”又云：“大族之在周，号剌音；

其在晋，号为槃钟。”晋之槃钟为曾律之太簇，在周为剌音。槃疑读槃；槃，大也。

申律

申在钟铭中写作[illegible]，又作[illegible]。所从之[illegible]，为东字之省，古东田音近，故字可从东亦可从田。下体一从又，一从系，复合之则为[illegible]，滋化则为[illegible]或[illegible]。由此可以证知钟铭[illegible]、[illegible]与寿县蔡侯墓之[illegible]，及西周金文中之[illegible]为一字之异体，字皆从东或田得声。陈古文作[illegible]，《说文》大徐本陈字从阜申声。东可读为申，西周金文之[illegible]为绅束之绅，蔡侯墓之[illegible]为蔡昭侯名申，故曾侯乙钟铭可为申、息之申。[1] 钟铭保留着曾、申名的对比，可见二国在历史上有着密切的关系。

屖（夷）则

申律只见屖（夷）则一名，于曾律为妥宾，楚律为垔皇，实为 D 音，在周律则为大吕矣。

此虽只一名，亦可见申律亦借周律旧称而实际音位则与周律夷则有别。

其他尚有见于挂钟部分之律吕，有下列二吕：

[illegible]（[illegible]）钟

此字裘氏暂释琥。按涪陵廿六年戈最末一字作[illegible]，或释为篪，与此形偏旁之[illegible]略近。但究为何字，仍待定。

偈钟

字作[illegible]，或从木，释楬是。楬如椌楬之楬，《乐记》郑注：“楬，其声质。”疏云：“椌楬，木也，其声质素。”椌楬即柷敔，乐之止也。楬钟或指末律，故以楬命名，尚待考。

上两律名不见于背面乐律铭，仅镌于钟架之挂键上。所可知者，二名俱属于阴律而已。

综上而论，乐律多以钟为名：

> 楚律有新钟、兽钟、穆钟、吕钟。
>
> 周律阳律有黄钟。阴吕二间为夹钟，四间为林钟，六间为应钟。
>
> 晋律太簇号槃钟。

曾律阳律取自周名，有黄钟、宣钟；阴吕有琥钟，楬钟。亦皆以钟为号，

---

① 详许青松：《笔谈“随县曾侯乙墓出土文物展览”》，载《中国历史博物馆馆刊》，1980（2）。

其例正同。

十二律亦名十二钟，见于《吕览·古乐》云："铸十二钟以和五音，以施英、韶。"古乐的九招、六列、六英，必奏钟以和之。《淮南子·天文训》："律之数六，分为雌雄，故曰十有二钟，以副十二月。"（《宋书·律历志》亦言十二钟，同此。）钟当一月，十二钟、十二律以配十二月，由来甚远，十二钟即是十二律。

《天文训》云："钟者，气之所种也。"《汉书·律历志》解释黄钟之义云："钟者，种也。阳气施种于黄泉，孳乳萌万物。"故黄钟配十一月，一阳始生。《史记·律书》说："黄钟，踵黄泉而出。"汉人取"种"、"踵"来释钟的意义，乃以同声为训之例。

十二律生于十二钟，故律名用钟字独多。周律阳律只有黄钟为一切律之母，阴吕六间则凡三钟三吕。三钟为夹钟、林钟、应钟，此三律名均见于考古资料，具见前述。自曾侯乙墓钟磬铭出土，始知楚国律名，除文王以外，有四名以钟为号，又一称坪皇，又作坪锽。曾律多袭周之旧，阳律除黄钟、宣钟外，阴律又有琥钟、槅钟二律，晋律亦有槩钟一名，晋、齐、申律名见于曾国铭辞者仅一二事，其他律名尚未详。总之，列国之律吕名以钟命名者已成通例，楚之律名尤其特色者。

附表　周、曾律同名异实表

十二音位	传统周律	曾钟所言之周律	曾律	楚律	晋律	齐律	申律
C	黄钟	（夹钟）	姑洗（割肄）亘钟	吕钟	六墉		
#C	大吕	（姑洗）		浊坪皇			
D	太簇	（仲吕）	妥宾	坪皇			夷则
#D	夹钟	（蕤宾）		浊文王			
E	姑洗	（林钟）	羕音（函音）	文王			
F	中吕	（夷则）		浊新钟			
#F	蕤宾	（南吕）	无铎、嬴孠	新钟		吕音	
G	林钟	（无射）		浊兽钟			
#G	夷则	鄘钟	黄钟、鄘音	兽钟			
A	南吕	（黄钟）		浊穆钟			
#A	无射	剌音（大吕）	太簇、穆音	穆钟	槩钟		
B	应钟	（太簇）	浊割肄				

钟铭有云："妥宾之宫；妥宾之在楚，号为重皇；其在申，号为徲（夷）

则。”据随县资料，楚国有自己之律名，十二律之蕤宾，于楚称曰坪皇，于䡅（申前疑当读陈，以陈古文作陴，字从申，今仍读为申）则为夷则。何以律名而称曰坪皇？考之其他律名：

姑洗　在楚曰吕钟，其反曰亘钟（即圜钟）。

嬴孠（乱）　即无射　新钟

穆音　穆钟。

曰吕钟，曰新钟，曰穆钟，均取“钟”为号。皇者，钟铭每见“元鸣孔皇”习语，举之如下：

中翰叡（且）旸，元鸣孔皇。其音警警，闻于四方。（徐王子旃钟，《录遗》四）

中翰叡旸，元鸣孔皇。孔嘉元成，……和逵百生（姓）。皇皇熙熙，眉寿无期。（沇兒钟）（按《左传·襄公二九年》：“广哉熙熙乎!”杜注：熙熙，和乐声。）

中翰叡旸，元鸣孔皇。……煌煌趣趣，万年无諆。（王孙遗者钟）

自作铃钟，中翰叡扬，元鸣孔煌。穆穆和钟，用宴以喜。……敳敳趣趣，万年无諆。（许子钟）

（四）从金文所见钟上字，论古代音乐美学之基本观念——和与穆

文献及金文所见钟之上字，有取于铸钟之人名及庙号者，例如：

襄钟　《左传·成公十年》杜注：“郑襄公之庙钟。”

景钟　《晋语》韦昭注：“晋景公之庙钟。”

聘钟　薛氏《款识》：“宫令宰仆易（赐）甹（甹）钟十又二。”甹为人名。

有从用途上命名者，例如：

御钟　“黿大宰䆃子鈛自乍其御钟。”（《三代》一，卅二）

游钟　莒钟铭：“簷叔之仲子平，自作铸其游钟。……乃为之音，央央雝雝。”（《考古学报》，1978（3））莒南大店镇出土。

祅（走）钟　“自作其祅（走）钟。”（《三代》一，三）

从钟　“芮公乍从钟。”（芮公钟，《三代》一，十）“芮公乍铸从钟之

勾。”（芮公钟钩）

行钟　蔡侯墓编钟之三至六，在鼓右各有一至二行铭文，自铭为“行钟”。

有合乐器歌唱命名者，如：

歌钟　蔡侯编镈及五枚编钟：“自作歌钟，元鸣无期，子孙鼓之。”

“宋公戌之诃（歌）钟。”（《博古图》卷二十三，27～32页共六器）《左传·襄公十一年》：“秦人赂晋侯……歌钟二肆。”《诗·行苇》：“或歌或咢。”《毛传》：“歌不比于琴瑟也，徒歌曰咢。”《御览》引《通礼义纂》：“堂上机以歌，故名歌钟、歌磬。”

《周礼》：“奏黄钟，歌大吕。”贾疏：“云奏，据出声而言；云歌，据合曲而说。”“歌据堂上歌诗，合大吕之调。”又云：“襄四年晋侯飨穆叔，云奏《肆夏》，歌《文王》、《大明》、《绵》，亦此类也。”

李纯一说歌钟为“用于贵族日常燕飨之时，它是按照一个完整音阶而定音来组合。这和行钟是用于巡狩征伐时所用，其定音和组合是以一个音阶中的骨干音为依据，因而形成大音程的跳跃现象，这是歌钟与行钟二者的区别”。（《关于歌钟行钟及蔡侯编钟》，载《文物》，1973（7））

有加上形容字之美名者，如：

铃（錀）钟　“楚王领自乍铃钟，其聿其言。”（《三代》一，廿二）许子钟作“錀钟”。

钖钟　“楚公冢自铸锌钟。”（《三代》一，十四）

宝钟　“己侯虢乍宝钟。”（《三代》一，四）

“乍宗周宝钟。”（宗周钟，《三代》一，一一三）

㢲钟　见信阳墓所出二一八号竹简。或释首钟。李纯一读为“肯”，谓为可钟，即诃钟，仍待定。

其他较重要而有关于乐律者，如：

薔（林）钟　资料甚多，略举如下：

“肇乍龢鐳钟”（疾钟，《文物》，1978（3），12页，图一八）

“柞拜手对扬仲大师休，用乍大鐳钟。”（柞钟）

“朕皇考德叔大薔钟”（师臾钟）

“兮仲乍大镖钟。”（兮仲钟）

“乍龢父大薔钟”（《三代》一，二十六）

“宝薔钟”（克钟）

“龢薔钟”（迟父钟）

“大薔龢钟”（虢叔旅钟）

楚公冡钟：“自乍宝大𪆂钟。”（《三代》一，十五）《左传·襄公十九年》：“季武子以所得于齐之兵，作林钟而铭鲁功焉。”

𪆂（脽即绥）钟　者减钟：“……自作𪆂钟。”其字从木脽声。楚帛书：“处于䨘□。”䨘乃脽之繁形，加𡿪旁。脽公剑铭作𪆂，从月从鸟。𪆂、䨘皆从脽声。《说文》：“脽，屍也。从肉，隹声，视隹切。”孙常叙读鹏为应，谓𪆂钟即应钟。余谓此字以脽为声符，鹏即脽，与蕤同音。西周有蕤宾钟。蕤宾亦作妥宾（读为绥）。绥，安也，和也。妥宾之律，亦曰绥钟，绥借𪆂为之。

衡钟　王粲蕤宾钟铭：“皇命孔明，造兹衡钟。”又无射钟铭：“造兹衡钟，有命自皇。”（《王仲宣集》）

此外最常见者，则为和钟一名，又称曰“协钟”。协与和同义，协钟犹言和钟。

协钟　西周㾓钟铭：“㾓乍𤔲钟，万年日鼓。”（《陕西出土商周铜器》二，65页）该书释𤔲字为协。又：“敢乍文人大宝劦和钟。”（㾓钟，共十四件。）

南宫乎钟铭：“𤔲土（徒）南宫乎乍大𨱆𤔲钟，兹名曰无（無）臭（射）钟。”（1979年扶风出土。据《考古学报》，1981（1），142页，马承源文引）

按𤔲字见契文，当从于氏说释为劦。者减钟：“𤔲于我霝龠。”叔尸镈：“和𤔲而九事。”秦公钟：“𤔲和万民。”与《尧典》“协和万邦”语正同。协与和为同义复词。《尔雅·释诂》：“协，和也。”故协钟与和钟义正相同。

龢钟与穆钟

和字金文写法最繁，有如下列：

龢钟　“中义乍龢钟”。（中义钟）

固始宋墓编镈：“自作龢钟，□□仓仓。”《礼记·明堂位》：“垂之和钟。”

𥨰钟　六合所出攻吴编钟：“自乍𥨰钟。”字加宀旁。

霝钟　郑井叔作“霝钟用妥宾”。（《三代》一，九）省禾旁，上益霝形。

访钟　“余万遣兒𣈼吉金镈铝𠱿铸访钟。”（□兒钟，《三代》一，八九）字改从言（音）从禾。

禾钟　“陆𬴆（终）之孙邾公钎乍氒禾钟。”（《三代》一，四十）“𦖞为叔□禾钟。”（《三代》一，五）省去“音”形，只有声旁之禾，最为特出。

龢钟之上，常有修饰语，如宝龢钟（走钟）、南龢钟（楚王钟）、大薔龢钟（虢叔旅钟）等。

从训诂学上言之，“和”与“穆”二字同义互训。《说文》：“穆，和也。”（《慧琳音义》引）《玉篇》、《广韵》（二沃）俱云：“穆，和也。”《诗·烝民》“穆如清风”，郑笺：“和也。”今本《说文》：“穆，禾也。”以陆终钟铭所见和钟之作禾钟证之，禾正宜读为和。蔡侯卢：“穆穆亹亹。”同文另一器字作“禾禾亹亹”，可证穆之训和，和亦作禾，义与穆无异。穆重言曰穆穆，《诗》、《书》成语常见之。穆穆有礼与乐二义，威仪穆穆训敬，钟磬穆穆训和。梁其钟铭：“穆穆异异（翼冀），克哲毕德。”《商颂·那》：“于赫汤孙，穆穆厥声。庸鼓有斁，万舞有奕。”穆穆指和声而言。古者钟悬于四门，宾至金奏，以示克谐，故《尧典》云：“宾于四门，四门穆穆。”向来训穆穆为敬，不知实兼指钟磬和谐之音，故亦云“穆穆厥声”。

《诗》言“於穆”，后代亦使用于音乐。何旭《太古遗音赋》云：“歌呼於穆，遗声盈耳。”古代《乐记》逸篇，见于刘向《别录》，有《乐作》第十四、《意始》第十五、《乐穆》第十六、《说律》第十七，其中《乐穆》一篇以“穆”为名，可见穆字在古乐理上意义之重要。

穆字亦用作律名，楚律有穆钟，曾国律曰穆音。穆字有时从音作䜼，“䜼音之羽颟下角”（下二5（3））。宋人所见之楚王钟，铭文与曾侯乙钟铭相同，有“奠之于西旂，其永時（持）用亯”句。而末句特识“穆”、“商”、“商”三字。此处之穆可以穆音解释之。

穆字可为律名，龢字亦然。曾侯钟铭云“姑洗之龤”，龤即羽颟下角，此皆文献所未见者。

附论　龢与中吕及和与缪问题

龢古和字，《说文》云：“龢，调也。”《尔雅·释乐》：“和乐谓之节。”和在动作训调，所以调协音律节奏。又为乐器名，《释乐》：“大笙谓之巢，小者谓之和。”郭璞注“十三簧”。《乡射记》云：“三笙一和而成声。”和字在音乐上含义甚广。

龤为律名，在曾侯乙钟铭仅一见，文云：“姑洗⺀龤”（中三4（3））。曾国律之龤，实测音为F，相当传统十二律的中吕。在角（E）与变徵（#F）之间。曾律既以角（E）为主音，F正居角的高一律，可视作主音角的清声，地位颇重要。曾律既以姑洗为宫，所云“姑洗之和”，犹言黄钟宫之♯者，称之为“和”，以其可调协众音，自有它的道理。董仲舒云：“天有两和，以成二中。”（《春秋繁露·循天之道》篇）《淮南子》言春分而生，秋分而成，生之与成，必得和之精。（《氾论训》）清姚配中取此以论琴律。（《一经庐琴学》）黄钟至于中吕为下生之律，中吕居十二律之中，称之为和，非无故也。

在七声音阶，中吕可以为宫，西汉京房言："焦延寿六十律相生之法：阳下生阴，阴上生阳，终于中吕，而十二律毕矣。"（《续汉书·律历志》）《魏书·乐志》陈仲儒奏："依京房书，中吕为宫，乃以去灭（按去灭在林钟，音程值为3.6270）为商，执始（按执始属黄钟，音程值为0.11724）为徵，然后方韵。"可证京房书曾以中吕为宫。

中吕，在《汉书·律历志》中云："三分无射，损一下生中吕。"无射管长4.99寸，中吕经三分损一后得3.33寸。在十二律中黄钟管长9寸，中吕成为最短者，是管之末律应是中吕，而不是应钟。则中吕应属于十月，但《汉书》仍以中吕属四月，是有矛盾。（参见陈其猷：《十二律之管长考》，见《中华文史》二）

梁武帝《钟律纬》论前代得失云："若从班义，夹钟惟长三寸七分有声，律若过促，则夹钟之声成一调，中吕复去调半，是过于无调。求声索实，班义为乖。"按夹钟长3.75寸，中吕得3.33寸。若以3.75寸－3.33寸＝0.42寸，夹钟与中吕中间尚隔有姑洗一律，显然非0.42寸所能容纳的。

京房言十二律始黄钟而终于中吕。其所定十六律，自黄钟、大吕、太簇、姑洗至姑洗之"形始"一律皆下生，姑洗之"依行"律乃上生色育，而中吕上生执始。形始与依行二律即位于中吕之前。自中吕以下蕤宾、林钟、夷则、南吕、无射、应钟皆上生。中间唯蕤宾所属下一律之"南事"为下生，例颇特殊，故钱大昕及卢文弨皆云：原文"下生南事穷，无商徵，不为宫"句，"下生"当作"不生"。故大体而论，从十二律言，下生实终于"中吕"；从十六律言，上、下生，则终于"南事"，故云"南事穷"也，阳生阴曰下生。中吕者，阳气至此已尽。《淮南子·天文训》亦云："中吕之数六十，主四月，极不生。"《宋书》注云："极不生，钟律不复能相生。"是矣。

中国律史上有关和与缪之问题，一向讨论甚繁。向来取以说变宫与变徵，其说实始于西汉。京房所定律法云：

> 建日冬至之声，以黄钟为宫（C）、太簇为商（D）、姑洗为角（E）、林钟为徵（G）、南吕为羽（A）、应钟为变宫（B）、蕤宾为变徵（$^{\#}$F），此声气之元，五音之正也。故各终一日，其余以次运行，当日者各自为宫，而商、徵以类从焉。

京氏之书，幸保存于司马彪《续汉书·律历志·律准》中，其学得之于焦延寿，乃将十二律扩为六十律，以当期之日，所谓“五音之正，各终一日”者。审观其所列之表，唯黄钟、太簇、姑洗、蕤宾、林钟、南吕、应钟七律皆主一日，其余五十三律，或主五日，或六日，或七日，或八日不等，合得三百六十六日。其主一日之七律，即为五音之正，声气之元。实际上他所谓五音乃包括二变之应钟及蕤宾。其言曰：

应钟：上生蕤宾，应钟为宫，大吕商，蕤宾徵。一日。（律准数从略）

蕤宾：上生大吕，蕤宾为宫，夷则商，大吕徵，一日。

他在六十律中记其上生或下生，并标明宫、商、徵相应的律名。此以二变与五音之宫、商同等看待，可见他仍沿用周以来之七律，实际包括二变。但他所说的声气之元，只标出五音，即《左传》言“为七音以奉五声”。这和曾侯钟明用十二律而对二变没有加以凸出，情形无异。隋时毛爽（爽原为陈山阳太守）著《律谱》承袭京氏六十律之制，复创相生、相摄之法。其言曰：

相生者相变，始黄钟之管，下生林钟（按此隔八相生）以阳生阴，故变也。故相变者，异时而各应。

相摄者相通。如中吕之管，摄于“物应”，以母权子。相通者，同月而继应。应有早晚者，非正律气，乃子律相感，寄母中应也。

其说见于《隋书·律历志》。十二律为母，其余律皆为子，可与京房之说相参。京房所著《律历》一卷，旧有虞翻注，惠栋谓其书虽存，学者罕究。黄翔鹏论和与穆新说，竟断言应钟为变宫即和，蕤宾为变徵即穆，始作俑者为东汉时注《淮南子》之高诱，其实京房早明言“应钟为变宫，蕤宾为变徵。”明清以来有关律吕之书已言之详矣。

《淮南子·天文训》云：

宫生徵，徵生商（据《晋书·律历志》、《宋书·律志》），商生羽，羽生角，角生姑洗，姑洗生应钟，比于正音故为“和”（王引之读作不比于正音）。应钟生蕤宾，不比正音故为“缪”。

《文选》扬雄《甘泉赋》描写风声云："帷弸彋其拂汨兮，稍暗暗而靓深。阴阳清浊，穆羽相和兮，若夔牙之调琴。"张晏曰："声细不过羽，穆然相和也。"以"和"为一事，谓"穆然"为和之形容语。然《淮南子·天文训》则以比于正音为和，相反为缪，则分明区为二事。王引之训"比"为入，为合，王说大意如下：

应钟是"宫"之变音，故不入（合）于正音，谓之和。

蕤宾是徵之变音，故亦不入于正音，谓之缪，缪即穆，亦和也。

以律管言，变宫为和，变徵为穆。

以琴弦言，少宫为和，少商为穆。（按即指第六、七弦）

王说以为二变都不比于正音。考胡彦昇（雍正进士）著《乐律表微》已云："变宫之音与正宫相近，故谓之和；变徵之音，与正徵相干，故谓之缪。其实二变皆不比于正音，而和穆亦初无异义，故《宋志》变《淮南》之文谓：应钟不比于正音与蕤宾一例。《隋志》言宫、商、角、徵、羽为正，变宫、变徵为和。以和兼缪，是缪与和，一也。"《宋书·律志》于和、缪并言"不比于正音"，胡氏所引本，沈约自注："姑洗三月，应钟十月，不与正音比，故为和。和，徙声也。"又："缪，音相干也。周律故有缪、和，为武王伐纣七音也。"中华标点本校勘记第四、五据《淮南子·天文训》删去诸"不"字，似未必确。今沿旧本，并存王、胡二氏之说，以备参考。王引之未见胡书，而持论暗合。

钱塘注《天文训》别以顺逆说和、缪，谓和即下生，缪即上生；下生顺，故曰和；上生逆，故曰缪。其理甚为简单，试为疏说如下：

（一）云"角生姑洗，姑洗生应钟"者，在黄钟为宫（C）时，则姑洗为角（E），隔八下生则为应钟（B），应钟即变宫也，由角（E）至变宫（B），音逐渐高，是由浊而清，故曰和。

（二）云"应钟生蕤宾"者，应钟（B）上生蕤宾（$^{\#}$F），蕤宾即变徵也。变宫上生，变徵音低于徵（G）半律，上生乃逆抗而行，故曰缪。

考《淮南子》上文言："姑洗之数六十四，主三月，下生应钟；应钟之数四十二，主十月，上生蕤宾；蕤宾之数五十七，主五月。"姑洗之数六十四下生应钟四十二，实即：（64×2）÷3≈42.6，应钟四十二上生蕤宾五十七，实即（42.6×4）÷3=56.8，其数有所不尽，《淮南》不计余数，但举整数而已。

清吴灯则以琴律说二变，其言曰：

所谓应钟即弦音之变宫度也，所谓蕤宾即弦音之变徵度也。弦音变宫之在下徵，第一弦为三音居第三位，变徵之在下徵第一弦为第七音居第七位，故此，徵弦之变宫第三位，即如宫弦之角声第三位，音虽不同，而“分”则恰值“正声”之度，故曰姑洗生应钟，比于正音为和也。至于徵弦之变徵第七位，即如宫弦之变宫第七位，音亦不同，而分则皆为“变声”之度，故曰应钟生蕤宾，不比正音为缪也。又注云：“和者，非声音之和，乃与正声之位分为和。缪者非声音之缪，其分不得比于正声之位，故为缪也。”（《自远堂琴谱》）

此则以音位之正变解释和缪，言之亦复成理。

今按《淮南子·天文训》只言和与缪，而不明指变宫、变徵；但《地形训》则言：

变宫生徵，变徵生商，变商生羽，变羽生角，变角生宫。

是五音皆可有变，不独宫、商为然。今观曾侯乙钟变音之有四角、四曾，先秦之世，变音分配于五音之中，汉代尚沿其旧。《淮南子》之说，吴南薰虽已有详细讨论，惜其未及见曾侯钟新资料，否则必不至各作揣测之辞也。

和与缪二名始见于《淮南子》，向来说者各异，计有相成及相反二义。为相成之说者，谓和与缪一义皆不比于正音；为相反之说者，谓和与缪义正相对。其一比于正音，另一则否。

曾侯乙钟铭律名有龢，居正律中吕之位（F），又有穆音，当正律无射音位（^{b}B）。F之与^{b}B，中间相隔四度，一如变徵之蕤宾（$^{\#}$F）与变宫之应钟（B）两者之音距。故《淮南子》和、穆音理之来源，以曾侯乙资料比证之，知先秦当早有是说。吴韦昭注《周语》谓：“缪、和为武王伐纣七音。”然《周语》实无明文。

黄翔鹏《释穆和》，乃以琴律说之，谓穆相当于蕤宾调（即无射均），和相当于正调（即中吕均），配以天文，穆于时则属五月，和则为十一月，表之如下：

穆	^{b}B	夏至	五月	（琴）之蕤宾调（无射均）	音比黄钟
和	F	冬至	十一月	（琴）之正调（仲吕均）	音比林钟

穆与和有如天文上之二至，于乐律上为两重要据点，此未必符合《淮南子》之本意，然与曾侯钟之律名显有关涉，则无疑也。扬雄《甘泉赋》："阴阳清浊，穆羽相和兮，若夔牙之调琴。"揆扬氏意，穆之与羽，同为音阶之名。证以楚律有穆钟，曾侯钟之龢，亦即羽颠下角之异称，知扬说或远有所本。

杂论

（一）十二律、七音与伶州鸠四均

殷代已有编钟，据李纯一实测，得到下列结论：

> 大司空村殷墓出土的 321：8 号钟，音高为$^{b}e^{3}$ 或$^{\#}d^{2}$（周律蕤宾），则其主音$^{\#}f$（周律南吕），与故宫藏殷编钟之主音$^{\#}c^{2}$（周律姑洗）是完全五度的协和关系。

因此，推知殷人有半音观念，且有一定的高度与五度协和观念，即有创造十二律的前提条件。（《考古学报》，1957（3））《礼记·郊特牲》说："殷人尚声，周人尚臭。"殷人尚声，对于辨声的能力应该已有相当的成就。

十二律名称起于何时，目前尚难质言。《左传·定公四年》："分康叔以旃旌、大吕、殷人七族"；"分唐叔以大路，密须之鼓、阙巩、姑洗，怀姓九宗。"贾逵云："大吕、姑洗，钟名。"据此，武王克殷赏赐的重器，其中正有大吕、姑洗两律钟。近年出土西周钟有无射钟。1979 年陕西扶风出土乎钟铭辞云：

> 司土（徒）南宫乎，乍大鐳（林）藇（协）钟。兹钟名曰无昊（射）。

此为武王重臣南宫适后裔所制之器。其钟可发二个音，鼓部为 B（变宫），铣部为 D（商）。据罗西章报告，西周尚有妥宾钟出土，未见发表。依上述考古资料，结合文献看来，西周时曾经采用律吕来作特钟的命名，且已有大吕、姑洗、林钟、无射、妥宾诸律名。约述于下：

大吕　姑洗（武王分康叔钟）

无臭（射）　大林　妥宾（新出土西周钟名）

以是推之，西周泠人当会晓得十二律。《周语下》：“景王将铸无射，而为之大林。单穆公曰：‘若无射有林，耳弗及也。’”韦注：“无射，阳声之细者也。林钟，阴声之大者也。细抑大陵，故耳不能听及也。”按无射的音分值为1 019.520，林钟的音分值为701.955。南宫乎氏作大林协钟，而名其钟曰无臭（无射）。大林属六月的未气，一曰函钟，实是蕤宾（午）的阴吕，故言阴声之大者，无射是九月的戌气，乃阳律之下者，其音最细。西周南宫氏钟必是编钟，分明兼备阴声之大（林钟）和阳律之细（无射）二组音，与景王之铸无射而为之大林，情形正相同。贾逵《国语注》称：“大林、无射之覆也。”意思是说无射低细为林钟声高所掩盖，其实编钟本身具备许多音，大小高低之律，同时并存，了不相妨。

十二律的构成，是基于十二律管的确立。古人取一定长度的竹管，按其长短，吹出声音高低，拿其中一个最低做基音，作为黄钟。

《吕览·古乐》说：“伶伦取竹，其长三寸九分，吹之以为黄钟之宫。”这是说取最长的管来定取最低的音。《大戴礼·曾子天圆》篇：“圣人截十二管以宗（定）八音之上、下、清、浊，谓之律。”古人晓得用十二根竹管取音，数用十二，似乎是从十二月观念而生，所以十二律很早便和十二月结合成为不可分的关系。十二律排列的先后，主要是根据管的长度，秩然不紊，列表如下：

律次	律名	管长（寸）	约数（寸）	合厘米	《淮南子·天文训》度数
1	黄钟	9	9	20.78	81
2	大吕	$8\frac{104}{243}$	8.43	19.46	76
3	太簇	8	8	18.47	72
4	夹钟（圜钟）	$7\frac{1075}{2187}$	7.49	17.29	68

续前表

5	姑洗	$7\frac{1}{9}$	7.11	16.42	64
6	中吕	$6\frac{12974}{19683}$	6.66	15.38	60
7	林钟（函钟）	6	6	13.85	54
8	蕤宾	$6\frac{26}{81}$	6.32	14.59	57
9	夷则	$5\frac{451}{729}$	5.52	12.98	51
10	南吕	$5\frac{1}{3}$	5.33	12.31	48
11	无射	$4\frac{6524}{6561}$	4.99	11.52	45
12	应钟	$4\frac{20}{27}$	4.74	10.94	42

十二律的形成，由九寸的黄钟到四寸许的应钟，其音由低逐渐升高，管愈短则音愈高，相反的，管愈长则音愈低，故以黄钟为起点。

文献上最重要而比较具体的音乐理论材料，是《国语·周语下》周景王将铸无射问律于伶州鸠。州鸠是当时的泠（乐）官，他的一段对话言及武王伐纣时的天象，岁、月、日、星、辰五位，自鹑火至房星的天驷，即二十八宿由张至房合为七宿，自午至子，其度数为七，故为七列，于是乎有七律。他运用天象来解释乐律之所以为“七”之理。景王时候有无二十八宿，以前的学者不很置信，但从曾侯乙墓同时出土的漆箱盖上面写着二十八宿名称及青龙、白虎四象之二，证明二十八宿的体系在春秋时已受到充分的运用，《左传》里面谈及十二分野占验亦不一而足，可以推知伶州鸠之说是有根据的。韦注：“鹑火之分：张十三度。驷，天驷，房五度。岁、月之所在。从张至房七列，合七宿，谓张、翼、轸、角、亢、氐、房也。”参看下表（七列星宿附记距星通用名）：

十二辰	十二次（分野）	二十八宿	
子	玄枵（天鼋）	女、虚、危	星在天鼋。
丑	星纪	斗、牛	
寅	析木	箕、斗	日在析木之津，辰在斗柄。
卯	大火	房（天蝎座 δ）、心、尾	
辰	寿星	角（室女座 α） 亢（室女座 κ） 氐（天秤座 α^2）	
巳	鹑尾	翼（巨爵座 δ） 轸（乌鸦座 γ）	
午	鹑火	柳、星、张（长蛇座 μ）	武王伐纣岁在鹑火。
未	鹑首	井、鬼	
申	实沈	毕、觜、参	
酉	大梁	胃、昴	
戌	降娄	奎、娄	
亥	取訾 豕韦	室、壁	

又云：

岁在鹑火午，辰星在天鼋子。鹑火，周分野。天鼋及辰火星，周所出，自午至子，其度七同也。

按此指十二辰配十二次，起于鹑火之午，迄于玄枵之子，恰为七个辰。
又韦注：

星，辰星也，辰星在须女，日在析木之津。辰在斗柄，故皆在北维。北维，北方水位也。

按十二次自析木至玄枵。从斗一度至十一度，分属析木。
州鸠又说：

武王以二月癸亥，夜陈（阵）未毕而雨。

以夷则之上宫，当辰。辰在戌上，故长。夷则之上宫，名之曰羽，所以屏藩民则也。

王以黄钟之下宫，布戎于牧之野，故谓之厉，所以厉六师也。

以太簇之下宫，布令于商……故谓之宣，所以宣三王之德也。

反及嬴内，以无射之上宫，布宪施舍于百姓，故谓之嬴乱。

这段话很不好懂。十二律中只举出夷则、黄钟、太簇、无射四律，而以夷则为长。韦注："长，谓先用之也。"夷则何以先用？他说道："当辰，辰在戌上。"我想伶州鸠的解释，每用声训，古来的习惯如此。戌是灭的意思（《淮南子·天文训》："戌者，灭也。"《说文》亦然），即指敌方当灭，因为辰在戌之上，韦注引用《周礼》："太师执同（一作铜）律以听军声而诏吉凶，古代出兵，太师抱天时（即式盘）于车上。"从"当辰"一句看来，可见当日必使用式以验天时。至于如何听军声，据《五行大义》引《黄帝兵决》称，有审五音以知敌性。五音，太公云：

枹鼓之音——角

金铁矛戟之声——商

寂寞无声——宫

见火光——徵

闻人啸呼之声——羽

怎样去辨别吉凶？可惜没有具体资料。

夷则四律有上宫、下宫之分。韦注："上宫，以夷则为宫声。"又云："黄钟在下，故曰下宫也。"所云"以夷则为宫声"则是旋宫法。古乐，五声十二律旋相为宫。（详陈澧：《声律通考》一）《大戴礼·曾子天圆》篇："圣人截十二管以宗（定）八音之上、下、清、浊，谓之律。"《礼记·礼运》："五声、六律、十二管还相为宫也。"[①] 今观曾侯乙墓所出钮钟钲部铭文，记着"某律之宫"，在合编号一至九钟的钲部皆然，这正是乐师在演奏中作为旋宫转调的标记。伶州鸠所说的"夷则上宫"自是指以夷则为主调之宫，其他黄钟、太

① 郑樵《七音略》序引唐杨收论古旋律，称东汉"章帝时太常丞鲍业始旋十二宫"。唐宋人大抵相信此说，实则非常错误。

簇、无射亦是如此。《周礼·大司乐》祭天以圜钟为宫；人鬼之乐，以黄钟为宫。周人使用旋宫法，自属可信。至于宫分上下者，即《天圆》篇之八音之上下。曾侯钟铭所记之五音有下（如下角）而无上。十二律皆得为宫，配以五音，复分上下，则更为精细。胡彦昇解说州鸠之七律云："七律者，黄钟一均之律也。""唯武王所作羽、厉、宣、嬴四乐，则五声之外，兼用二变。此四乐者盖取杀气相并之义，有粗厉、猛起、奋末、广贲之音焉。"又称："用本宫之律为起、毕。黄钟、太簇当用正声为调，或以其清声起毕而谓之上宫，则以其正声起毕者为下宫矣。夷则、无射声已高急，当用倍声为调，其以倍声起毕者，谓之下宫，则或以其清声起毕者谓之上宫矣。"（《乐律表微》二）虽为揣度之辞，观于曾侯钟铭十二律合五音之后，复有曾、颠等加缀音符，高音的清声与倍声，纷然杂陈。春秋以来辨别声音已极微细；西周初年旋宫之真相，可想而知。

周景王所铸的钟，到六朝时候，尚存三个。《隋书·律历志》引梁武帝《钟律纬》举山谦之《记》而为之说云：

> 殿前三钟，悉是周景王所铸无射也。遣乐官以夷则笛饮，则声韵合和。端门外钟，亦案其铭题定皆夷则。其西厢一钟，以今笛饮，乃中南吕，验其镌刻，乃是太簇。……宋武帝平中原，使将军陈倾致三钟，小、大、中各一，则今之太极殿前二钟，端门外一钟是也。按西钟铭，则云："清庙撞钟。"秦无清庙，此周制明矣。又一铭云"太簇钟徵"，则林钟宫所施也。京房推用，似有由也。检题既无秦汉年代，直云夷则、太簇，则非秦汉明矣。

所存三钟，其一有"夷则"之铭，一有"清庙"之称，即取《周颂》"清庙之什"。至"太簇钟徵"，即指太簇之徵，以曾侯乙钟铭"姑洗之徵"例之，景王时正用十二律配五音之制，且著之钟铭矣。大司乐禘大祭，天神之乐，圜钟为宫、黄钟为角、太簇为徵；人鬼之乐，则黄钟为宫、大吕为角、太簇为徵。凡天、人之乐，都有太簇徵，所谓"太簇钟徵"其义可得而明。

伶州鸠言夷则之上宫为羽，黄钟之下宫为厉，太簇之下宫为宣，无射之上宫为嬴乱，可见四律皆可以为宫，且宫区别上下。十二律在周时旋宫法已使用，何以独举此四律，则尚有说。

十二律中黄钟为宫，太簇为商，姑洗为角，林钟为徵，南吕为羽，是为五正音。宫至商隔二律（音程值为 204），商至角隔二律（音程值亦为 204），角至徵隔三律（音程值为 204＋90），徵至羽隔二律（音程值 204），羽至清宫隔三律（音程值为 204＋114），是为八度。（总音程值为 204×5＋90＋114＝1 224，比纯律八度音程的 1 200cent 高 24C。）

夷则为徵（林钟）之高一律，正在羽（南吕）之前，故夷则之高一律为羽，夷则为$^{\#}$G～^{b}A，A 为羽，^{b}A 在曾国律上为龢羽，亦称宫曾，即伶州鸠之夷则上宫。黄钟之下宫即 C，伶州鸠谓之为厉。太簇之下宫即 D，曾国谓之商，伶州鸠谓之宣，其上宫应为夹钟之^{b}E，曾国律亦名曰徵颟下角。

无射为（羽）南吕 A 之高一律，即$^{\#}$A～^{b}B，曾国律谓之为商曾。

所谓夷则、黄钟、太簇、无射实代表徵、宫、商、羽四音。古琴有五调，北魏已是如此，《魏书·乐志》陈仲儒于神龟二年奏言：“依琴五调调声之法，以均乐器五调，各以一声为主。”所谓琴之五调即黄钟、夹钟、中吕、夷则、无射五均，详见附表。

五均之中，中吕均以三弦为宫，陈仲儒奏：“若以中吕为宫，则十二律内全无所取。何者？中吕为十二之窍，变律之首。”中吕为十二之窍，《魏书》各本皆作“窍”，卢文弨（《魏书乐志校补》）据《通典》一四三改作“穷”。中华标点本据《乐志》大乐令崔九龙言于祖莹云：“声有七声，调有七调，以今七调，合之七律，起于黄钟，终于中吕。”亦改“窍”字为“穷”。按公孙崇言：“以中吕为宫，犹用林钟为商，黄钟为徵，何由可谐?”陈仲儒主张中吕是变律之首，视京说为变律也。崔氏之语起黄钟，终中吕，其实即依据京房而立说。以琴律论，中吕可为律本。朱熹云：“乐律自黄钟至中吕皆属阳，自蕤宾至应钟皆属阴，此是一个大阴阳。自黄钟至中吕皆下生，自蕤宾至应钟皆上生。”终于中吕者，指中吕为阳律下生之终也。琴家谓中吕为主均，以其不必紧缓弦，一弦不动作为律本，故称为正调。[①]

琴之五均，如除去作为律本不用转弦之中吕，实得黄钟、夹钟、夷则、无射四均而已。

① 中吕为律本之说，参见余地山：《五均说》，《今虞琴刊》本。

琴弦五均表

	黄钟均	夹钟均	中吕均	夷则均	无射均
一（弦）	宫1	羽6	徵5	角3	商2
二	商2	宫1	羽6	徵5	角3
三	角3	商2	宫1	羽6	徵5
四	徵5	角3	商2	宫1	羽6
五	羽6	徵5	角3	商2	宫1
六	少宫1	少羽6	少徵5	少角3	少商2
七	少商2	少宫1	少羽6	少徵5	少角3
异名	慢角调	姑洗调（又称清商调）	正调	慢宫调	蕤宾调
五音调属	宫调	商调	角调	徵调	羽调
弦次为宫	以一弦为宫	以二弦为宫	以三弦为宫，四弦为商，六、七弦比于一、二	以四弦为宫、五弦为商	以五弦为宫，一弦为商，六、七比于一、二
音高	C	^{b}E	F	$^{\#}$G或^{b}A	^{b}B
弦之紧缓	正调宽三弦	正调紧二、五、七弦	不宽紧、即正调	正调宽一、三、六弦	正调紧五弦

（用《春草堂琴谱》说）

	周伶州鸠说		异称	琴均
^{b}A	夷则	上宫	羽	夷则均
C	黄钟	下宫	厉	黄钟均
D	太簇	下宫	宣	夹钟均又称姑洗调
^{b}B	无射	上宫	嬴乱	无射均

周之太簇，琴均作夹钟，同属商音。太簇为正商（D），夹钟只隔一律，以平均律论，可说是$^{\#}$D或^{b}E。在琴或称姑洗均，姑洗即E。故从E而言，夹钟之律是^{b}E，从D（商）而言亦是$^{\#}$D，同属商音，故太簇与夹钟可视为一体。因知伶州鸠之四均与琴之四均（律本中吕除外）性质无异，可见周人之律学有他的乐理上根据。

中国乐律史上有七音及八音之争论。琉璃阁殷墓陶埙出现半音序例，安阳小屯武丁期陶埙又在接近完整的半音阶中构成七声音阶。周初有七律，知伶州鸠所说非无根据。

《尚书大传》称为七始。以黄钟为天始，林钟为地始，太簇为人始。而姑洗、蕤宾、南吕、应钟分属四时，三始与四时合而为七。汉《郊祀歌》云

“七始华华，肃倡和声。”《汉书·律历志》云：“《书》曰：予欲闻六律、五声、八音、七始，咏以出内（纳）五言，汝听!”《隋书·律志》作“予欲闻六律、五声、八音、七始，训以出纳五言。”这句话《尚书》和《史记》有许多异文。近年洛阳出熹平石经《益稷》残石有一行分明作“声、八音、七始滑以”等字为欧阳氏本，则《尚书》原文隶书正作“七始”无误。（按《史记·夏本纪》作“来始滑”，来乃是桼之形讹，汉人每以桼代七。今本《益稷》作“在治忽”，在字可能因七形近中之误，治又“始”之形近借用。熹平石经作“七始”，极为重要，可与《尚书大传》互证。①）七律与七始，向来视为一事，不成问题。

隋时郑译同苏夔讨论七音，引用《汉书·律志》“天、地、人及四时谓之七始”作为证据（《隋书》卷十四）。北周时，故梁黄门侍郎裴政上书言：“昔者大舜欲闻七始，下洎周武，爰创七音，持林钟作黄钟，以为正调之首。”及周高祖读史书，见武王克殷而作七始，又欲废八而悬七，并除黄钟之正宫，用林钟为调首，长孙绍远反对之，与乐部齐树（一作树提）重论废八悬七之事，其说详《隋书·音乐志》（参《北史》二十二长孙道生附传，《周书》二十六长孙绍远传）。但北周竟实行七音，盖仿效西周也。今观南宫乎钟铭“作大鐳（林）协钟”，西周重视“林钟”，可以见之，盖以林有君义（《尔雅·释诂》。《汉书·律历志》云：“林钟，林，君也。言阴气受任助蕤宾君主种物，使长大楙盛也。”（《白虎通》则训林为众），以林钟为首调，古或有此事。上生下生颇晚出，黄钟下生林钟乃后来之理论，不可以衡量三代之乐。观曾国律实以姑洗为宫，则林钟、太簇何曾不可为宫耶？淅川所出春秋晚期编钟九枚，隧部音宫、商五正音具备，而右鼓音则有$^{\#}$F（变徵）、$^{\#}$G、B（变宫）、$^{\#}$C、D、G、$^{\#}$D七音，共十二声（《考古》，1981（2））。曾侯钟测音有$^{\#}$F及B，即变徵与变宫。春秋时候，由五正音加上二变的七音，事实上早已存在。虽有七音，仍以五声为主，故《左传》云：“为七音以奉五声。”观曾国钟律，二变全不重要，可以知之。

曾国钟律的构成，是由旧五音中抽出角（E）来配合其他四音成为宫角、商角、羽角、徵角，再加上四曾，来构成十二律。可安排一公式如下：

① 参见《考古学报》，1981（2），187页，许景元文。吴南薰对此问题曾提出讨论，希望后人能拾遗补亡（见《会通》，12页）。

四音＋四角＋四曾＝十二律

十二律名称在曾国律吕中只出现割肄（姑洗）、蕤宾、无铎（射）、黄钟、太矦（簇），其他则不用，而代以四角、四曾之名目，试表之如下：

十二正律律名	西洋音值	旧五音之四音及七音	曾律新名		曾国律
			四音配"角"	四音加"曾"	
黄钟	C	宫（C）			姑洗
大吕	$^{\sharp}C \sim {}^{\flat}D$		羽角		
太簇	D	商（D）			妥宾
夹钟	$^{\flat}E \sim {}^{\sharp}D$			徵曾	
姑洗	E	角（E）	宫角		[illegible]（函）音
中吕	F			羽曾	穌 F_5
蕤宾	$^{\sharp}F \sim {}^{\flat}G$	变徵	商角		无铎、嬴孠
林钟	G	徵（G）			
夷则	$^{\flat}A \sim {}^{\sharp}G$			宫曾	黄钟、鄘音
南吕	A	羽（A）			
无射	$^{\flat}B \sim {}^{\sharp}A$			商曾	太簇、穆音
应钟	B	变宫	徵角		浊姑洗

兹再归纳说明如次：

"大吕"等于"羽角"$^{\sharp}C_4$，"姑洗"等于"宫角"E_4，"蕤宾"等于"商角"$^{\sharp}F_4$，"应钟"等于"徵角"B_4。

宫角比宫大三度，商角比商大三度，徵角比徵大三度，羽角比羽大三度。"夹钟"等于"徵曾"$^{\flat}E_4$。"中吕"等于"羽曾"F_4，"夷则"等于"宫曾"$^{\flat}A_4$，"无射"等于"商曾"$^{\flat}B_4$。

宫曾比宫角大三度，商曾比商角大三度，徵曾比徵角大三度，羽曾比羽角大三度。宫角对宫音小三度，商角对商音小三度，徵角对徵音小三度，羽角对羽音小三度。

这样虽无十二律之名而有十二律之实。可见在五声、七音及十二律的乐制下可以有不同样的编排以构成独特的乐律体系。

曾国律的陪声，竟跨越五个半八度，而清声、变音在错综复杂之中极具条理，以角配合其他四音，由"角"、"曾"相配之双重的三度关系，构成十二个均等的半音（如羽角即$^\sharp$C，羽曾即F），由加缀角与曾作为四角四曾，以形成半音的律名，在在见出当日制作者的巧思，这是过去钟律家所梦想不到的。

（二）楚琴及楚之乐学，兼论琴准

楚国有关音乐的学问是相当发达的。楚有乐尹之官，《左传·定公五年》“楚以钟建为乐尹”，杜注：“司乐大夫。”又《左传·僖公二十二年》“有师缙”，杜注：“缙，楚乐师也。”

“幽而楚奏”之钟仪本为泠人，其后裔有钟期。期名见《吕氏春秋·本味》篇，又《精通》篇“钟子期夜闻击磬而悲”，高诱注云：“钟，姓也；子，通称；期，名也。楚人钟仪之族。”高诱注《本味》篇云：“伯，氏；牙，名，或作雅。钟，氏；期，名。……悉楚人也。”伯牙、钟期皆为楚人。钟期的年代，据《韩非子·见难》篇“钟期凭琴对秦昭王”（《秦策》作中期，详汪中说[①]），则钟期后来曾仕秦。钟建、钟仪，以钟为氏，皆是泠人，必为钟师，故以钟为姓。

楚人于音乐颇有著述。孔子弟子公孙尼子，亦楚人也。（《史记·仲尼弟子列传》。《集解》引郑玄云：“楚人。”《孔子家语》谓卫人，非。）桓谭《新论》称河间献王好儒，取《公孙尼子》以作《乐记》。《隋书·音乐志》载梁武帝天监元年沈约奏答“《乐记》取《公孙尼子》”，是今本《礼记·乐记》，乃出楚人之学。

“楚琴”自来非常著名。阮籍《乐论》：“汉桓帝闻楚琴，凄凄伤心。”楚的名琴甚多，楚庄王之鸣琴名曰绕梁。《古琴疏》：“宋华元献楚庄王以绕梁之琴。”晋傅玄《琴赋》序：“伯牙之琴名曰递钟。”汉王褒《圣主得贤臣颂》：“伯牙操递钟。”晋灼注：“二十四钟各有节奏，击之不常，故曰递。”臣瓒曰：“《楚辞》云：奏伯牙之号钟。”师古曰：“琴名是也。”《太音琴谱》云：“相传黄帝大合鬼神，以递钟之琴奏清角之音，凡十三弦。”（黄佐《乐典》卷一引）伯牙的琴名曰号钟亦作递钟。（《宋书·乐志》称“齐桓曰号钟”。）楚王子无亏有琴曰青翻。

至于楚之琴曲，《琴操》所录，有伯牙所作之《水仙操》、《怀陵操》（激徵之音），楚庄王妃樊姬作之《列女引》，商梁子之《辟历引》，龙丘高望楚而

---

① 参见汪中：《述学》外篇，《汉上琴台之铭》，附《伯牙事考》。

作之《楚引》。《古文苑》载宋玉《风赋》：“中有鸣琴焉，臣援而鼓之，为《幽兰》、《白雪》之曲。”楚旧有《幽兰曲》。丘公明所传之《碣石调（日本人的《琴学发挥》作“乞食调”）幽兰谱》即其遗音。丘氏所弹者为楚调，谱末列楚调之曲，首为《楚明光》，第三为《白雪》，五即《幽兰》。足证《幽兰》、《白雪》为楚之琴曲。

《诗》言“胥鼓南”。钟铭有云：“楚王賸邛（江）仲妳南龢钟。”南即指南音。《左传·成公九年》记楚国钟仪事云：

> 问其族，对曰：“泠人也。”公曰：“能乐乎？”对曰：“先父之职官也，敢有二事？”使与之琴，操南音。……范文子曰：“楚囚，君子也。言称先职，不背本也；乐操土风，不忘旧也。”

王粲于荆州作《登楼赋》，亦云“钟仪幽而楚奏”。读《左传》，知楚国泠官师职系世袭的。周景王时，伶州鸠亦是泠人。敦煌所出《周语》北魏写本泠字作聆。南音亦可用之操缦，以琴表现之。

《吴都赋》云：“登东歌，操南音，胤阳阿，咏韎任，荆艳楚舞，吴愉越吟。”刘渊林注云：“《晏子春秋》曰：‘桀作东歌。南音，徵引也，南国之音也。左氏《传》曰钟仪在晋，使与之琴，操南音。商、角、徵、羽各有引。钟仪楚人，思在楚，故操南音。’”

所引《晏子》，今本在内篇《谏上第一》，无“桀作东歌。南音”六字。孙星衍谓有脱文，是也。晏子称东歌出于夏桀之乐。刘氏指出南音为徵引，又称商、角、徵、羽各有引，徵属于南方，故曰“南音徵引”。表之如下：

	羽（水）	
商（金）	宫（中）（土）	角（木）
	徵（火）	

五音各有引。宋玉对楚王问云："引商刻羽，杂以流徵。"以南音之"徵引"比方之，引商应是商引。琴曲每以引为名，如《辟历引》、《楚引》是。南音以徵引为主，钟仪所奏之琴，既为南音，自属楚调。

随县出土乐器，有五弦琴和十弦琴。五弦琴出于东室，长 115 厘米，等于汉尺五尺，有五个弦孔，弦距约 1 厘米，琴身髹漆，岳山甚低，弦距狭窄，不适宜用指弹奏。十弦琴用独木制成，有十个弦孔，弦距约 1.4 厘米。全长 67 厘米，不足汉尺三尺，无徽。《永乐琴书集成》："大琴二十弦，中琴十弦，小琴五弦。"明韩邦奇《苑洛志乐》卷九据陈旸《乐书》谓："五弦之琴小琴之制。倍之为十弦，中琴之制。中琴之名见于《礼记·明堂位》，为四代之乐，始于有虞。"这二种琴可能是小琴、中琴的雏形。但从形制看来，它不适宜于演奏。因为是用独木斫成，所谓音箱，自末端至尾部，实际亦是一块实木。我疑心是用来"度律均钟"的弦准。黄翔鹏亦说："弄不清它的演奏方法，也许竟是一件用来调钟定律的工具。"①

《吕览》记载古代制作乐器的人物：五弦瑟，士达作。十五弦瑟，瞽叟作，又名大章。二十三弦之瑟，舜命延作。长沙马王堆及江陵、信阳等地出土之瑟，有二十五弦、二十三弦、二十四弦各种，足见《吕览》所说二十三弦之瑟，非无根据。马王堆瑟的调弦法，据研究所得，是用五声音阶来调弦，和《庄子·徐无鬼》所记相符。汉瑟以宫音居中，《续汉书·礼仪志》说：

> 宫处于中，左右为商、徵、角、羽。

马王堆瑟是按五音来调弦的②，五弦琴想必亦是用同样的调弦法，以宫居中，作为中声。十弦恰是五弦的二组。

《周语下》："（景）王问律于伶州鸠。对曰：律所以立均出度也。古之神瞽，考中声而量之以制，度律均钟。百官轨仪，纪之以三，平之以六，成于十二，天之道也。"韦注："天之大数不过十二。"所以有十二次，十二月。韦又注："神瞽是乐正，死而为乐祖，祭于瞽宗，谓之神瞽。"

中声，韦注说为中和之声，似非其义。中声与"立均"之事有关。什么是"均"？韦注云：

---

① 黄翔鹏：《古代音乐光辉创造的见证》，载《人民音乐》，1979（4）。

② 参见《长沙马王堆汉墓发掘报告》，105 页。

均者，均钟木，长七尺，有弦系之，以均钟者，度钟大小清浊也，汉大予乐官有之。

《后汉书·张衡传》李贤注：

均长八尺，施弦以调六律也。

立均即是用弦来定律的工具，古有此器，名之曰“均”。西汉时，京房认为竹声不可以度调，故另制准。（陈澧亦说“用弦定律”胜于竹管。）准的形制，据《续汉书·律历志》说：

京房曰：竹声不可以度调，故作准以定数。准之状如瑟，长丈，而十三弦，隐间九尺，以应黄钟之律九寸。中央一弦，下有画分寸，以为六十律清浊之节。

京房的准，中央一弦，即是作为中声的标准。他的“准”正是由“均”推进一步。随县出土的五弦琴和十弦琴，可能是先秦的弦准，用来为钟磬调音律。它比汉时大予乐官署的均钟木略小，有弦孔可以系弦，它的用途和准想是相同的。

随县琴上既安有弦孔，可推知该器应是律准。由此得到对定律工具的新认识，向来有二件误解之事，须加以澄清：

（一）用弦定律非始于京房。日本田边尚雄论定律之事，希腊就弦长论之，中国全就管长论之，管不如弦之准确，至汉京房，始加以改良。希腊毕太哥拉有弦长比之论，京房因之有竹声十三律之说。朱谦之著《中国古代乐律对于希腊之影响》一文[①]，认为：“毕太哥拉以弦乐器（monocord）作计算乐律的标准，虽比中国以律管之长为标准者进步，但实从中国得来。中国则直到京房看出‘竹声不可以度调’，才知道根据律管的算法，实有‘管口补正’的错误。因之，京房便主张以弦长代替律管，分明是受希腊乐律的影响。”今按春秋时已有安弦的准器，则京房乃远有所受。古代中、希交通情形尚不明了，而遽断京房以弦代管为受到希腊之影响，殊不可信。

① 朱氏书为中央音乐学院民族音乐研究所丛刊，1957年由北京音乐出版社印行。

（二）汉人所谓诗律，实为循弦观乐之事，非讲求平仄。《汉书·郊祀志》：“六律五声，幽赞圣意，神乐四合，各有方象。”此即谓立乐府协音律也。《诗》三百篇无不入乐，汉人每言以“诗律教授”，其实与《汉书·平帝纪》所说“钟律教授”，根本是分不开的。《史记·乐书》云：“乐师辩乎声诗，故北面而弦。”郑玄注：“弦谓鼓琴、瑟。”《正义》谓：“辩生变，变成方谓之音。”郑玄的解释：“宫、商、角、徵、羽别声诗，声谓歌也。”窃按汉人区别声与音——五声与八音为二事，详《风俗通》。（其《音声》篇云：“声者，宫、商、角、徵、羽也；音者，土曰埙，匏曰笙。”）故有声为本、音为末之论。可知辨别声诗应指诗律之五声。《乐记》：“声相应，故杂比曰音，单出曰声。”《史记正义》引皇侃云：“单声不足，故变杂五声使交错成文，乃谓之音。”音是很复杂的，指清浊高下相变的均调，声是指五个音阶，即指律甚明。辨别声诗的事，本为乐师的任务，后来有些学者亦从事于此，在东汉称之为诗律。

《后汉书·钟皓传》云：“皓避隐密山，以诗律教授，门徒千余人。”又称：“诸儒颂钟皓云：‘林虑懿德，非礼不处。悦此诗书，弦琴乐古。’”皓以诗律教人，其人又喜欢“弦琴乐古”，这里的诗律，不是清人所讲之《声调谱》问题，而是《诗经》合乐问题。汉人所讲求之诗律，应是诵诗时配合弦琴之事，因为三百篇皆入乐，如何辨别声诗的律吕，是很重要的。有人把钟皓教授的诗律，说成做诗讲求平仄的方法，有如英语的 versification，那是很有问题的。

近年长沙五里牌战国木椁墓出土木琴，长 79 厘米，从凹槽内弦道勒痕观察，应为十弦，尾部有一轸。和曾侯乙墓中的十弦琴很相似，但形制则近于马王堆三号墓中的七弦琴，琴身有极绚美的图绘，表现楚琴的特色。[1] 曾侯墓的五弦琴，纹绘非常复杂，前侧有十二只振翅的凤鸟，背面绘有人珥双蛇，说者谓即《大荒西经》所记的夏后开（启）。[2] 今附该图摹本于后，以供参考。

① 参见《长沙市五里牌战国木椁墓》，载《湖南考古辑刊》一，1982。
② 参见冯光生：《珍奇的夏后开得乐图》，载《江汉考古》，1983（1）。

曾侯乙墓出土五弦琴的侧、背面纹饰展开图

（三）论楚商、楚辞“劳商”与商角

黄翔鹏著《释楚商》一文，描写曾侯钟整套的音域和最高组与最低组的调式音级如下：

高音组二	中音组	次低组	最低组
d^1～c^4	g～c^3	D～g	A_1～D

它的特点是：

（一）音列的两端，高音为宫，而基础的低音为商。

（二）以商为主，其次则重在徵、宫二音。商—徵—宫是它的主要骨干。

黄氏指出“楚商”即是穆钟之商，相当于今之$^bB^1$，琴曲上的凄凉调亦名楚商，它是把琴弦紧二和紧五，可以比证。

宋代金石家所见的楚王（酓章）钟上说：“奠之于西旊，其永時（‘時’等于‘持’）用亯。”文字与曾侯乙墓所出者相同。钟背有“穆、商、商”三字。黄翔鹏谓楚国作为生律之本叫“穆钟”，见于曾钟铭为律名，他拿来解释穆、商、商的穆。他把商商看成商字的叠用。吴钊驳之，谓其不符合该钟原有刻字的位置。今按薛氏《款识》著录曾侯钟有二，皆得之湖北之安陆，一藏方城范氏，其铭如下：

穆

商　商

穆字一行，疑在隧部，表示穆音之律。商与商二名分开为另一行，或者分别在鼓左与鼓右，各记着一个商音，并非连读称作“商商”。今以曾侯乙钟铭证之，穆是穆音之律，即$^bB^2$，商是D音。曾钟通例，在隧部、鼓部之上镌记五音的宫、商等名目，最为普遍。考察所有曾侯乙钟磬铭中，并未见到叠用两个“商”的情况，因此知过去学人（如杨树达《积微居金文说》，225页）合读为“穆商商”，是不对的。周乐不用商调。若曾侯钟铭所见：

钮钟　隧部铭有：商、商角、商曾。

甬钟　铭有：龢商（$^\#C$）、索商（D）、商角、商颟（^bC）、商曾（^bB）。

磬　铭有：商、少商、大商、龤商、商曾、少商曾、大商曾、少商曾之反、少商颟之反。

则曾国律有大量商音。蔡侯卢云：

穆穆亹亹，恖（“思”等于“斯”）害訢（䜣）㫃（扬）。威义（仪）游游（优优），霝颂託（托）商。

同文者不止一器。“害”字以曾侯钟铭姑洗之习作“割肄”例之，害可读为割肄之割，即姑洗之省称。“霝颂托商”句，从于省吾读。于氏训商为《商颂》，犹言“依托《商颂》”。按《乐记》：“宜歌《商》”，郑注：“《商》，宋诗也。”《商》固可指宋人留传之《商颂》，此处以指商音，于义亦通。

曾国为楚之附庸，蔡则后亡于楚，曾、蔡都重视商音，楚国亦然，故后来有“楚商”及劳商之曲。

考《楚辞·大招》出现“劳商”一名，文云：“伏戏《驾辩》，楚《劳商》只……叩钟调磬，娱人乱只。”王逸注：“《驾辩》，《劳商》，皆曲名也。言伏羲氏作瑟，造《驾辩》之曲，楚人因之作《劳商》之歌，皆要妙之音。……劳，绞也，以楚声绞商音，为之清激也。”绞亦作挍（《广韵·上声》三十一巧训为“接物也”）。所谓绞商音，可以解作重二个商音。上述黄氏所陈最低组以商（D）始，次低组有商音，而最高组亦以商音终，这样起讫叠用商音，正是所谓绞商音为之清激的现象。《大招》之“劳商”，《朱子集注》以《劳商》与《驾辩》皆古曲名，而未有考。近人新说：朱起凤云：“唐、商古通用，以地名为曲名，在齐曰《高唐》，在楚曰《劳商》。”（《辞通》七阳）游国恩云：“劳商与离骚本双声字，疑劳商即离骚之转音，一事而异名。”“《离骚》或亦楚人固有乐曲，如齐讴、吴趋之类。”（《离骚纂义》，6页）二家皆从同音假借立说，谓“离骚”为曲名，尤乏根据。如王逸之说：“劳，绞也，以楚声绞商音。”则商自是五音宫、商之“商”。

郭茂倩《乐府诗集》称：“唯琴工犹传楚汉旧声。”古琴曲现存最早者，如《碣石调幽兰》序，一名《倚兰》，传自丘公明。旧抄本称其“梁末隐于九疑山，妙绝楚调，于《幽兰》一曲尤特精绝”。此即琴工所传楚旧声之一例。《广陵散》亦属楚调，见张永《元嘉正声技录》。

琴曲的楚商为琴之外调，又称曰凄凉调。其转弦歌诀云“二五俱高凄凉音”，谓紧二、五弦各一徽，使芒与茍相应，及芭与䒭相应，弦音为尺凡合士上尺工。《神奇秘谱》有《神品凄凉意》及《神品楚商意》，俱即凄凉调。《神奇秘谱》凄凉调有《楚歌》，谱霸王别姬之事，此即所谓楚声，亦紧二、五弦以取调。吴县蒋文勳《梅花庵二香琴谱》卷十，于《离骚》曲按语云：

《离骚》，刻本所见有三：大还阁得之京师沈大绍。蓼怀堂云载青少在京师，故亦得之都下。古香师得之京师文溥寰。三家之谱皆得之京师，故同是二十段，通曲以五弦为宫，与本调不合。听月楼、德音堂等（谱）十二段者，更属不伦。此谱从响山堂录出，凡十六段，于十三段换调，自适轩同。至此调之必应换调之故，另有凄凉调说，见《琴律管见》。此调《离骚》之外，又有《楚歌》、《泽畔吟》、《屈原问渡》、《吊屈原》、《九奇》等五曲，虽非佳作，而操名皆属屈子。意前人为三闾大夫特创此调，则"九奇"之名，疑亦"九歌"之讹。盖歌欹相似，始讹为欹，后又脱欠为奇也。

琴曲中凡与《楚辞》有关之曲，皆以凄凉调出之，称其调为楚商，其故在此。又琴曲之清商调为紧二、五、七弦各一徽，《神奇秘谱》称之曰姑洗调，其姑洗意即清商意。其调弦法为芿与芶相应，芢与芶相应，芭与芶相应，《秋鸿》、《捣衣》皆是此调，弦音为士上尺工六五仩。[1] 清商亦名姑洗调，曾侯乙钟律，即以姑洗为主调。楚商、清商皆为商音之变调，"劳商"乃以楚声绞商音而成之调。曾侯乙钟律之音域，有以高低之商音组成之现象，正可给予解释，以究其源；而琴曲之楚商，是其孑遗，可以明其流。游国恩早年在其《楚辞概论》中，力主离骚为劳商一名之异写，晚岁著《离骚纂义》，仍胶执旧说，故复覙缕论之。[2]

曾侯乙大甬钟下层出现"商角"音名共三次，黄翔鹏云："在曾侯钟上对于相当于变徵地位的$^{\#}$F，名之曰商角。"商角在琴曲上是一个重要的调，琴曲楚歌，后代皆入楚商调，但《浙音释字谱》和《神奇秘谱》都列于商角调。商角这个名称远源于楚，可在曾侯乙钟铭寻出它的来历。

事实上商角在曾侯乙律吕中实测音为$^{\#}$F，与龢客（变徵）及商颠同音。《史记·荆轲传》言"高渐离击筑，荆轲和之……为变徵之声，复为羽声忼慨"。《淮南子·地形训》："变徵生商，变商生羽。"以曾侯乙钟律比较之：

---

① 罗蔗园引葛见尧《泰律》外篇（明人。有《云南丛书》本）云："羲和一名碧玉，夹钟清商也，一名凄凉，一名楚商，一名离忧。则又似用夹钟为商之商调。"（夏承焘：《白石词编年笺校》，343页）按姜夔有《凄凉犯》词，其序云："琴曲有凄凉调，假以为名。"是宋时琴曲凄凉调已有之。葛氏所言颇为混乱，据汪绂《乐经律吕通解》，羲和调慢一、三各一徽，离忧调慢一半徽，与凄凉调之紧二、五各一徽不同。

② 参见拙作《楚辞与词曲音乐》。

♯F、龢徵（♭G）商角、商䪻　　音在Fa、Sol之间，为F之高半律。

♯C、龢商（♭D）羽角、羽䪻　　音在Do、Re之间，为C之高半律。

曾国之律，变徵之异名亦称商角、商颠，变商之异名，亦称羽角、羽颠，不是上下生的关系，而是相等之关系。清末冯水著《变徵定位考》主张古之变徵，不低于徵一律，实高于角一律；黄钟均之变徵，非蕤宾，实为中吕。今观曾侯乙钟律，高于角（E）一律，正是变徵（♯F）。

六国的律吕各有它的安排。燕国之律不见于记载，不知荆轲的变徵是否同于曾国的变徵（♯F），但曾国律的变徵，亦名商角，则由实测而得知。后来琴曲之商角调，如以曾律视之，可以说是变徵了。

附录

一、古代听声之学与"协风成乐"说溯源

古代虽没有像现代物理学的声学，分析声音构成的原理，但另有一套理论，由于古人对于"听声"的重视，遂有"协风成乐"之说。

历史上最受人推崇的圣者，大禹以能平水土，商契以能和五教，周弃以播殖百谷。他们的后代，都贵为王公侯伯。在夏之前，则有虞世的幕。其人则以"能听协风以成乐物生（性）"而受到人们的崇拜，其事见于《国语·郑语》。[①]《鲁语》云："幕能帅颛顼者也，有虞氏报焉。"宋罗泌言他（尝）见过汉刘耽所书吕梁碑载着"舜祖幕，生穷蝉"。是幕为舜之祖。《左传·昭公八年》史赵称："自幕至于瞽瞍，无违命，舜重之以明德，寘德于遂。……虞之世数未也，继守将在齐。"虞幕能听协风之说，自此流衍而为齐学，管、晏二家实其代表。《管子》之《五行》篇、《地员》篇论用数与听五声，晏子与梁丘据论五味及五声关系，可观其概。[②]

向来史家都言能考之中声，其事出于古之神瞽，舜父正为瞽瞍，自是乐官。殷代有学，卜辞云"学东"（《前编》）五，二十，一）。殷之学宫，见于《明堂位》，称为瞽宗。卜辞所见四方风名，"东方曰析，风曰劦"。劦即虞幕听

---

① 详顾颉刚：《浪口村随笔》（一），载《责善半月刊》，1940年；及拙文《与顾颉刚先生论幕书》，载《责善半月刊》，第二卷第十二期，1941年。

② 春秋的音乐学说，参见李纯一：《试论春秋时代阴阳五行学派的音乐思想》，载《文史》，第三期。

协风之协，知殷代风名之说，远有所受。

协风何以成乐，则尚有说。考古代钟律之名，多取于风名，兹举殷代四方风论之：

东方曰析，风曰劦，字亦作劦。《说文》引《北山经》：“惟号之山，其风曰劦。”《周语》：“瞽告有协风至。”协风为和风，西周钟如㾓钟、南宫乎钟都名为㝨钟，即是劦钟，即取劦风为名。乐官听协风以知天时，自殷至于西周皆然，实远承虞幕的遗规。

南方曰夹，风曰光（岂）。十二钟律名有夹钟。《史记·律书》云：“夹钟者，言阴阳相夹厕也。”《周礼·大司乐》作圜钟。“夹”之取名，岂即由于南方之夹耶？光者，《吕览》南方曰巨风，即凯风。《礼记·孔子闲居》及《表记》释文皆云“凯本作岂。”光即岂矣。

西方曰彝，风曰朿。（小屯大龟）刘氏大骨作西方曰丯，风曰彝，众家之说以大龟为是，西方之彝应读为夷。夷，伤也，七月之律名夷则，马王堆竽律字作夷㓷。于时属秋，有凋杀之象。夷则一律当与西方名曰（夷）有密切关系。至风名之丯，于氏读为介。战国石磬有律名介钟。然丯字当如裘说读为从木𢎘声，𢎘即函，周律有函钟，曾国律有[illegible]音，皆从丯风而来。

北方曰伏，风曰役。北方之字止存偏旁ㄣ，读伏者是，《尸子》云：“北方者，伏方也。”《史记·五帝纪》引《尧典》于北方，言“便在伏物”其风曰役，于省吾氏读役为烈①，以喻母四等字古亦读为来母。按由四方风后来发展而为八风，其西北不周风亦称曰厉风（《吕览·有始》）或丽风（《淮南子》）。其在周律，黄钟之下宫为“厉”，曾侯钟作“剌音”。厉之取名，当与厉风有关。

从上可见钟律不少取名于风，故《淮南子·主术训》云：“乐生于音，音生于律，律生于风，此声之宗也。”上说正其证明。

听音乐而知政治之好坏，吴季札观乐之事，世多知之。《淮南子·氾论训》：“禹之时，以五音听治，悬钟、鼓、磬、铎，置鞀，以待四方之士。为号曰：‘教寡人以道者击鼓，教寡人以义者击钟，告寡人以事者振铎，语寡人以忧者击磬，有狱说者摇鞀。’”这五种乐器都有它的特殊意义。鼓的产生很早，近年山西襄汾县（地在夏墟范围）陶寺遗址已有鼍鼓、特磬出土，年代

① 参见曹锦炎：《释甲骨文北方名》，载《中华文史论丛》，1982（3）；于省吾：《甲骨文字释林》，127页。

为4130±95年前（《考古》，1983（1）），这说明在夏以前，国人已晓得使用鼓及磬诸乐器。

《史记·律书》称“武王伐纣吹律听声，推孟春以至季冬，杀气相并，而音尚宫”。详细具见《周语》伶州鸠之说。

听声亦称曰“辨声”。《周礼》太师掌六律六同，以合阴阳之声。又《典同》云：“掌六律六同之和，以辨天地四方阴阳之声。”故律可以知阴阳，晓天时。《淮南子·本经训》：“风雨之变，可以音律知也。”高注：“律知阴阳。”其他吹律定姓，及吹律候气，更勿论矣。

阳为律而阴为吕。六吕于《周礼》称为六同，在《周语》称为六间，所云“为之六间，以扬沉伏而黜散越也”。《汉书·律历志》记律、吕之作用，大意谓：

阳、律：统气类物

阴、吕：旅（助）阳宣气

《周礼》：“太师执同（一作铜）律以听军声而诏吉凶，辨阴阳之声。”师旷之学，即其一例。《晋语》八，平公说新声，师旷曰：“……夫乐以开山川之风也，以耀德于广远也。”春秋以来，配以五行，《左传·昭公五年》梓慎论“融风为火之始”（杜注：东北曰融风。融风，木也。木，火母，故曰火之始也）。后世如李淳风《乙巳占》有十二辰配五音，有听声配五音。必远有所自，今不复及。

曾侯墓所出磬匣，盖上刻有三项：一为姑洗石，计十又三；一为新钟石，计十又四；另一为间音，计十有四。李纯一已有专文加以探讨，认为其中有正音，有变音。间音匣和新钟匣有七石“只能是新钟、姑洗两均新音阶所共有的两个变音。……其二变即羿曾与颠徵，居于相距小三度的两个正音之间。（见该文图四）间音之名，当即由此而起”。《周语》有六间之名，曾国磬匣居然有“间音”之目，虽取义未必完全相符，而其命名取资之所自，正可玩味。

二、由曾侯钟铭谈古代的钟律学

从随县钟磬铭可以看出春秋列国乐律的分歧，但基本上用十二律，中含七音，而实止用五声。胡彦昇谓：“古乐虽有七音，止用五声。《左传》云：

‘为七音以奉五声。’不用二变是也。”（《乐律表微》卷二）古琴至今仍不用二变，可与古乐律参证。曾律中五音异名甚繁，可补《尔雅》郭注，提供许多崭新资料。

在曾侯钟磬铭所见黄钟地位，殊不重要。曾国虽袭用周的律名，但以姑洗为首律之黄钟，且杂用楚制。楚律则全制新名，不沿周律之旧，而以吕钟为首，六吕通称为浊。由曾律兼记周、齐、楚、申同律之异名，具见列国之时，国各异律；情形正和言语异声、文字异形一样。

似乎秦时才开始将律吕统一起来。《史记·乐书》上谈：“纪纲既正，天下大定……然后正六律和五声。”故正律吕的工作，和“车同轨”、“书同文”是一样重要的。秦统一律吕的事务，备载于《吕览》“仲夏纪”、“季夏纪”，其时制定黄钟之长为三寸九分。以黄钟为律首，似始于此，以后遂为定制。钟律之学，于是乎确立。

《吕览》一书，主张适音，适是大小轻重之折中，其言曰“黄钟之宫，音之本也”，可见确立黄钟为律本，出于吕不韦。《逸周书·月令解》及《礼记·月令》把十二律配十二月，则出于古《明堂明令》。

钟律在古代成为一套专门的学问。《史记·律书》说：“王者制事立法，物度轨则，壹禀于六律，六律者万事根本焉。”《汉书·平帝纪》：“元始五年，征天下通知钟律教授者，在所为驾一封轺传，遣诣京师。”《汉书·律历志》：“汉兴，北平侯张苍首律历事。”（《晋书·律志》作“首言音律”。）孝武时，乐官考正。至元始中，王莽秉政，欲耀名誉，征天下通知钟律者百（有）余人。使羲和刘歆典领条奏。在西汉末年，通钟律的专家，便有百余人。当时由羲和（即汉之大司农）掌其事。现在《汉书·律历志》的上半篇即保存当时的一些材料。元本应劭《风俗通·声音》篇第六，每言“谨按刘歆《钟律书》”云云，用声训来说明商、角、宫、徵、羽，尚保存不少刘氏的遗说，可惜歆的全书不可得见。中国古代的钟律学实际上和西方的律学是不一样的。

《平帝纪》称以“钟律教授”，汉武时由“乐官考正”，这即《乐志》所谓“立乐府置协律都尉”。乐官即负责“协律”之事，钟律和协律工作有很密切关系。

《大戴礼记·月令》云：“依律以调钟磬。”又《小辨》篇：“循弦以观乐。”敲钟来审律，谓之钟律。扬雄云：“若夔牙之调琴。”（《甘泉赋》）此则调琴之事也。《汉书·律历志》中“备数”、“和声”二项，都是钟律的主题。后来雷次宗、何胤之二人作钟律图，载荀勖较量古尺文，此类谓之“调钟律尺”。梁武帝萧衍作《钟律纬》，文见《隋志》，论前代得失。梁武帝的理论，世称“四通律法”，用三分损益法，再求十二个副律，又利用周景王所铸无射三钟的实物，来推求钟律。梁武以“夷则笛饮，则声韵合和”，此以笛定钟之音也。故知调钟律以和声，其法有二：（一）为以弦——依琴徽位以定音；（二）为用管——如晋时协律之用笛律。隋时何妥考定钟律（《隋书》七五），著《乐书》十五篇。与郑译同议乐的苏夔，自少即以“钟律”自命。（《隋书》四一及七八《万宝常传》）许多音乐家每每以钟律自负，这是汉以来的传统。

自湖北随县擂鼓墩一号墓曾侯乙钟出土大批编钟、编磬上有文字记明律吕之名，使吾人对于先秦乐律的认识，有新的突破，最重要是琴律和钟律的关联性得到进一步的了解。

据黄翔鹏解释“符（符）于素商之颠”和“符于素宫之颠”二句：“由于对照测音和计算结果，知道此二钟的实际音响，高于标音所示。按照琴属乐器的弦准作用来理解时，可以看出原标音的音高应在十二徽。”从曾侯乙时代的“声变成方”音律之复杂，可见“辨别声诗”应该是一门多么高深的学问。

钟律第一要讲“数”，《隋书·律志》云：“数因律起，律以数成。”孔子学鼓琴于师襄，习其曲矣，进而更习其数。（《史记·孔子世家》）刘歆著《钟律书》，即有“备数”之篇。今人讲律学，即是对音阶作数理的研究。（缪天瑞：《律学》导论章）

中国古代音律，以黄钟为起点，配合十二月。言律者云：

> 数起于建子，黄钟之律，始一而每辰三之，历九辰至酉，得一万九千六百八十三，而五数备成，以为律法。又参之终亥，凡历十二辰，得十有七万七千一百四十七，而辰数该矣，以为律积。以成法除该积，得九寸，即黄钟宫律之长也。此则数因律起，律以数成，故可历管万事，综核气象。

又云：

> 是故十二律之得十七万七千一百四十七，是为黄钟之实。推此上下，以定六十律之实，以九三之数万九千六百八十三为法。

这是根据京房的律术，具见梁刘昭的《续汉律历志》。刘氏称其言律详于刘歆，故总其本要，以续班固之《前汉志》。这里 177147 是黄钟的实数，这个数字的构成，见于《汉书・律历志》引刘歆《钟律书》“和声”篇“行于十二辰，始动于子。参之，于丑得三。又参之，于寅得九。至又参之，于亥，得十七万七千一百四十七”一段。表之如下：

子	1
丑	3
寅	3×3＝9
卯	9×3＝27
辰	27×3＝81
巳	81×3＝243
午	243×3＝729
未	729×3＝2187
申	2 187×3＝6561
酉	6 561×3＝19683
戌	19 683×3＝59049
亥	59 049×3＝177147

疑刘歆即采自京房，京房则采自《淮南子》。

一七七一四七为黄钟之基本数，这个数字原是 $1\times3^{11}=177147$。“一”数即是子，为一切数之起点。每辰三之，除子之后，即存十一个辰。历九辰至酉得一九六八三之数，而称之“五数备成”者，因自子至酉共得十个辰，十为五的倍数，故云“五数备”。这一九六八三所以作为律法者，因：

$$19683=3^9$$

在十二律之各律，皆以 19683 为“分母”。

至于何以称为“九三”之数，因为 $19\,683=177147/9=3^{11}/3^2$，即三乘九次方。(参看庄本立：《中国音律之研究》(三)，《古时十二律之求法及其尺度》一章，见《中国音乐史论集》(二))

《史记・律书》生黄钟分，则与《续汉书》不同，如：

酉　　一万九千六百八十三分之八千一百九十二。

亥　　十七万七千一百四十七分之六万五千五百三十六。

据《晋书·律历》上引司马迁八书语，而增“之”字，是则有余数。

关于黄钟的管长，今本《吕览·古乐》篇称：“其长三寸九分，而吹之以为黄钟之宫。”但《太平御览》五六五引吕氏作九寸。其他汉人的记载，都说是九寸。京房的律术始于黄钟“一日，律九寸，准九尺”。近人陈奇猷根据闭口管长九寸＝20.78厘米的振数，求得普通音阶G的振数为384，则长九寸的闭口管与G几乎相同，这样的音可合清浊之中，可定为标准音，所以黄钟之管长必为九寸。（参见陈奇猷：《黄钟管长考》，载《中华文史论丛》（一））这和汉人的记录完全符合。可是《吕览》的三寸九分，未必是错误，向来律吕研究家另有一种看法。陈奇猷的计算，据他研究，其值与郑玄注《月令》所说的数值完全吻合：黄钟最长，音最低；应钟最短，音最高。若《淮南子》的律数，是以九乘之，《汉书·律历志》云“上生，六而倍之；下生，六而损之，皆以九为法”。黄钟的八一是九寸×九，林钟五四是六寸×九；太簇七二是八寸×九所得之数；其他类推，则去其余分，但取成数。

古代定律之法有“三分损益”、“下生上生”及“隔八相生”三种，其实都是一样。相生之律必定相和，朱载堉在《律学新说·吹律第八》云：

凡相生则相应和，倘若使一人吹黄钟，仍令一人吹林钟与之合，吹林钟则太簇与之合，吹太簇则南吕与之合，吹南吕则姑洗与之合，吹姑洗则应钟与之合，吹应钟则蕤宾与之合，吹蕤宾则大吕与之合，吹大吕则夷则与之合，吹夷则则夹钟与之合，吹夹钟则无射与之合，吹无射则中吕与之合，吹中吕则黄钟与之合，周而复始，是为旋宫。

这即所谓隔八相生的现象，古人可能从乐音的应和领会而得到的。古琴的调音打和，便是最显明的例子。

《宋书·律志》引扬雄（子云）云：

声生于日（注谓甲己为角，乙庚为商，丙辛为徵，丁壬为羽，戊癸为宫），

律生于辰（注谓子为黄钟，丑为大吕之属）。

声以情质，

律以和声（注当以律管均钟，和其清浊之声）。

声律相协，而八音生。

《史记·律书》太史公曰："在旋玑玉衡，以齐七政，即天地二十八宿、十母、十二子。钟律调自上古。建律运历，造日度，可据而度也。"由于这个原则，汉人谈律、历，都把天文与律吕加以结合。

刘歆《备数》云"夫推历生律制器"，张晏云："推历十二辰以生律吕也。"西汉人习惯将日辰纳于音律，钟律亦不例外，京房的《律历》已载入司马彪《续志》，可见一斑。至于丛辰家的《日苑》，《汉志》著录，即有二十二卷之多，惜已失传。

钟律亦为官职名，《续汉·百官志》刘昭补注引《汉官》云："灵台待诏四十人，七人候钟律。"又《律志》："殿中候钟律，用玉律十二。"汉章帝时，有待诏候钟律殷彤，论六十律调音。候钟律之事，汉时有专职司之，故为专门之业。

历代钟律之记载，已详各史律历志中。其唐以前之著述不论存逸，揭其篇章，内容可考者，录供参考：

《管子》

《幼官》篇记五声与五数、五味、五色相配。《五行》篇言："五官于六府也，五声于六律也，六月日至，是故人有六多（律），六多（律）所以街天地也。"又云："审合其声，修十二律，以律人情。"又记："黄帝作五声，以政五钟。"五钟以五色名之，后来所未见，疑其说近古。（参见李纯一：《〈五行〉篇音律思想研究》，载《中华文史论丛》（一）。）

《宙合》篇云："夫五音不同声，而能调……""君失音则风律必流。"

《轻重戊》篇云："清中而浊，应声之正。"皆有关声律之要语。

又《地员》篇记呼五音、听五施之地。施无大尺之名，其长七尺（尹知章注）。员训物数。此篇言五音之数，实为钟律学之萌芽。

放马滩秦简《日书》之律书

秦简所记大数有姑洗十三万九千九百六十八，下应及中吕十三万一千七十二，下主黄。此二大数为《管子》及《吕览》之所未见。墓主约秦始皇八年。简中记十二律相生之数及各律吕之大数，三分损益之法，应先于《吕览》。（参见戴念祖文，载《文物》，2002（1）。）

《吕览》

《仲夏纪》有大乐、侈乐、和乐（原名适音）、古乐；《季夏纪》有音律、音初、制乐，皆有关乐理之文。《音律》篇陈十二律上下生之义。《晋书·律历志》引与今本同，《说苑·修文》篇则异。又记：“天地之气，合而生风，日至则月钟其风以生十二律，以十二律分配十二月。”为《礼记·月令》所自出，蔡邕则以为吕氏著书取自《月令》。

刘复有《〈吕氏春秋·古乐〉篇“昔黄”节解》（载《文学》，上海二，六）可参考。

《吕览》提出含少一义。含即涵，《汉志》云：“太极元气，函三为一。”师古曰：“函读为含。”即谓宫声为含，含少即少宫。《隋书·律历志》序：“伶伦含少，乃擅比竹之工。”

潘怀素解第二音差（second comma），在现代音乐声学上叫做“含少”（《音乐论丛》三），与古义不同。

《礼记·月令》

古有《明堂月令》，《逸周书》第五十三为《月令解》，已亡。说者谓即《礼记》所本。

《淮南子》

《天文训》论律吕最详，《地形训》言及五音之变。刘安对于钟律之贡献约有数端：

（一）定黄钟九寸实为《吕览》3.9寸之倍律，但取成数而无余分；

（二）定黄钟之大数“置一而十一，三之为积”，其式为：$1\times3^{11}=177\ 147$；据放马滩秦简始皇时已知“大数”之术；

（三）提出和、缪两变音之理论；

（四）用八一数为推算十二律相生之术；

（五）十二律配十二月廿四气，律应得二十四。（参见杨没累：《〈淮南子〉的乐律学》，载《民铎杂志》八，一。）

《史记·律书》

书中“七正、二十八舍”以下，记八风与十二月、十二律之关系，又记律数生钟分生黄钟术，与《续汉志》不同，大异京房之《律术》。

京房《律术》

详见刘昭《续汉律历志》，京氏于律学为大突破。

《钟律灾应》二十六卷

详《隋书·牛弘传》。

《钟律丛辰日苑》二十二卷

丛辰家见《日者传》。秦简《日书》作"稷辰"，即丛辰。章学诚《校雠通义》言及《钟律丛辰日苑》。

《钟律消息》二十九卷

《史记·历书》黄帝建立五行，起消息，张守节《正义》引皇侃云："阳生为息，阴生为消。"此盖配以《易》理。

《黄钟》七卷

见姚振宗《汉志条理》。《史记·历书》："太极中央元气故为黄钟。"按《汉书·律历志》记黄钟一段，必与是书有关。

刘歆《钟律书》五篇

载《汉书·律历志》。《风俗通·声音》篇引《钟律书》多条。《牛弘传》引二条。徐景安《乐书》载歆《说五音》。清王谟、黄奭俱有辑本。

《风俗通·声音》篇

内引《钟律书》多条，逸文有王利器辑本。

雷次宗、何胤之《钟律图》

《隋书·律志》："今尺者杜夔尺也。雷次宗、何胤之二人作《钟律图》，所载荀勖校量古尺文，与此铭同。而萧吉《乐谱》谓为梁朝所考七品，谬也。"

梁武帝《钟律纬》六卷

《隋书·律志》之《和声》篇、《审度》篇俱引此书，论前代得失，如论班固说之乖，谓若从班义"夹钟唯长三寸七分有奇，其律过促"。据陈奇猷测算，如班说，夹钟长3.75寸，极不合理。

《隋志》称是书六卷，亡，《宋史·艺文志》作一卷，马国翰辑本引四事。

《隋志》又有《〈钟律纬〉辨宗见》一卷，不详撰人，似即辨梁武此书。

沈重《乐律义》四卷

《隋志》称四卷，《唐志》称五卷，《隋志》载宋钱乐之衍京房六十律，更增为三百六十，梁博士沈重述其名数。有玉函山房辑本。原见《隋书·律志》"律直日"章。

毛爽《律谱》

见《隋书·律志》。开皇初，得陈氏律管十有二枚，校遣晓音律者，陈山阳太守毛爽及太乐令蔡子元、于普明等，以候节气作《律谱》。同志《候气》章引爽文甚长。

萧吉《乐谱》

《隋书·律志》屡引之，记汉章时，零陵文学史奚景于泠道县舜庙下得玉律，度以为尺。萧氏《乐谱集解》一卷，玉函山房有辑本。

《隋书·经籍志》著录称《乐谱集》二十卷，与《北史》同，两《唐志》并作《乐谱集解》二十卷。书已逸。吉他著《五行大义》亦论乐律。

《推七音》二卷，并尺法

见《隋书·经籍志》，《唐志》作一卷。

《黄钟律》一卷

《隋志》著录。

何妥《乐书》十五篇

见《隋志》。

信都芳《乐书注图法》

唐武后《乐书要录》引之，记候气之法。

苏夔《乐志》

《乐书要录》引。

明清律吕著述至繁，不能具述。有以钟律为书名者，《绛云楼书目》有钱锡陵《黄钟元统》一册，失传。又如明宁波倪复之《钟律通考》（书六卷，凡二十七章。其“黄钟本原定法”章有关钟律。《四库全书》本），清顾陈垿之《钟律陈数》（赐砚堂丛书丁集本），都田德之《黄钟通韵》（凡二卷，长白人，字乾文。上卷论六律七均，及律吕名义、律本等，唯推及管弦工尺，颇病泛滥。京都大学文学部藏乾隆三余堂刻本。此书颇罕见），虽以钟律为名，按其实则为讨论一般律吕之作。附记于此。

三、参考资料简目

（一）曾侯乙墓有关资料

陈蕾士：《曾侯乙墓出土编钟的音乐价值》（讲稿，未刊）。

丁炳昌、樊云芳：《编钟乐舞在武汉正式公演》，载《光明日报》，1983-02-08。

丁炳昌、樊云芳：《我国古乐器编钟具有完整的十二乐音体系》，载《光明日报》，1982-12-25。

丁炳昌、樊云芳：《曾侯乙编钟已制成部分复制品，成功再现千年古声》，载《光明日报》，1983-01-10。

方西生：《有关曾侯乙墓的几个问题》，载《武汉大学学报》（社会科学版），1981（6）。

顾铁符：《随县曾国的秘奥》。

顾铁符：《随县曾侯乙墓无隧解》，载《考古与文物》，1980（1）。

郭德维、舒之梅：《随县曾侯乙墓出土文物》，载《中国画报》，1980（4）。

郭德维：《曾侯乙墓并非楚墓》，载《江汉论坛》，1980（1）。

郭德维：《曾侯乙墓中漆箧上日月和伏羲女娲图像试释》，载《江汉考古》，1981（1）。

胡家喜等：《采用国产有机硅橡胶翻模复制曾侯乙编钟成功》，载《江汉考古》，1981（1）。

湖北省博物馆：《湖北随县擂鼓墩一号墓皮甲胄的清理和复原》，载《考古》，1979（6）。

湖北省博物馆：《经多学科研究曾侯乙编钟复制已基本成功》，载《江汉考古》，1981（1）。

湖北省博物馆：《随县擂鼓墩一号墓出土文物简介》，1978年11月。

湖北省博物馆：《随县曾侯乙墓》，文物出版社，1980年。

湖北省博物馆：《随县曾侯乙墓钟磬铭文释文》，载《音乐研究》，1981（1）。

湖北省博物馆、中国科学院武汉物理研究所：《战国曾侯乙编磬的复原及相关问题的研究》，载《文物》，1984（5）。

《湖北随县曾侯乙墓出土文物展览》，载《中国历史博物馆馆刊》，1980（2）。

华觉明：《二千年前编钟的声音》，载《江汉考古》，1981（1）。

华觉明、郭维德：《曾侯乙墓青铜器群铸焊技术和失腊法》，载《文物》，1979（7）。

华觉明、贾云福：《先秦编钟设计制作的探讨》，载《自然科学史研究》，1983（2-1）。

华觉明：《曾侯乙编钟及簨虡构件的冶铸技术》，载《江汉考古》，1981（1）。

黄文宗：《曾侯乙墓文物》，载香港《明报月刊》，1980（12）；又见《百闻不如一见》，13页。

黄翔鹏：《释楚商》，载《文艺研究》，1979（2）。

黄翔鹏：《先秦音乐文化的光辉创造——曾侯乙墓的古乐器》，载《文物》，1979（7）。

黄翔鹏：《曾侯乙钟磬铭文乐学体系初探》，载《音乐研究》，1981（1）。

贾陇生：《用激光全息技术研究曾侯乙编钟的振动模式》，载《江汉考古》，1981（1）。

李纯一：《曾侯乙编钟铭文考索》，载《音乐研究》，1981（1）。

李纯一：《曾侯乙墓编磬铭文初研》，载《音乐艺术》，1983（1）。

李苓、李枫：《随县曾侯乙墓出土文物在京展览》，载《江汉考古》，1980（1）。

林瑞等：《对曾侯乙编钟结构的探讨》，载《江汉考古》，1981（1）。

刘彬徽、李先登：《曾侯乙墓学术讨论会在京举行》，载《光明日报》，1980-04-08。

裘锡圭、李家浩：《曾侯乙墓钟磬铭文释文说明》，载《音乐研究》，1981（1）。

裘锡圭：《谈谈随县曾侯乙墓的文字资料》，载《文物》，1979（7）。

石泉：《古代曾国——随国地望初探》，载《武汉大学学报》，1979（1）。

舒之梅、刘彬徽：《从近年出土的曾器看曾国历史及楚文化对曾的影响》，见《楚史研究专辑》，105页。

舒之梅、刘彬徽：《论汉东曾国为土著姬姓随国》，载《江汉论坛》，1982（1）。

随县擂鼓墩一号墓考古发掘队：《湖北随县曾侯乙墓发掘简报》，载《文物》，1979（7）。

孙机：《有刃车軎与多戈戟》，载《文物》，1980（12）。

谭维四等：《随县曾侯乙墓发掘的主要收获》，见《中国考古学会论文集》，1979年1月。

谭维四、冯先光：《关于曾侯乙编钟钮钟音乐性能的浅见》，载《音乐研究》，1981（1）。

汤炳正：《曾侯乙墓的棺画与招魂中的土伯》，载《社会科学战线》，1983（3）。

王迪、顾国宝：《漫谈五弦琴和十弦琴》，载《音乐研究》，1981（1）。

王健民：《曾侯乙墓出土的二十八宿青龙白虎图像》，载《文物》，1981（1）。

王文耀：《曾侯乙编钟铭文之管见》，载《古文字研究》第九辑。

王湘：《曾侯乙编钟音律的探讨》，载《音乐研究》，1981（1）。

吴厚品等：《用现代熔模铸造工艺复制曾侯乙编钟成功》，载《江汉考古》，1981（1）。

吴钊：《篪笛考》，载《音乐研究》，1981（1）。

吴钊：《也谈楚声的调式问题》，载《文艺研究》，1979（2）。

叶学贤等：《化学成分、组织、热处理，对编钟声学特性的影响》，载《江汉考古》，1981（1）。

曾侯乙编钟复制研究组：《曾侯乙编钟复制研究中的科学技术工作》，载《文物》，1983（8）。

曾昭民、李瑾：《随县擂鼓墩墓断代补论》，载《武汉师范学院学报》，1982（2）。

曾昭民、李瑾：《曾国和曾国铜器综考》，载《江汉考古》，1980（1）。

张振新：《曾侯乙墓编钟梁架结构与钟虡铜人》，载《文物》，1979（7）。

周春生：《曾侯乙墓土鱼骨的初步研究》，载《江汉考古》，1981（1）。

周永珍：《曾国与曾国铜器》，载《考古》，1980（5）。

（二）乐律与钟律

陈通、郑大瑞：《古编钟的声学特性》，载《声学学报》，1980（8）。

戴念祖：《古代编钟发音的物理特性》，载《百科知识》，1980（8）。

胡光炜：《考商氏所藏古夹钟磬》，载《金陵学报》五，二；又见《胡小石论文集》。

黄翔鹏：《我国旋宫古法中的随月用律问题和左旋右旋》，载《音乐学丛刊》，1982（1）。

黄翔鹏：《新石器和青铜时代的已知音乐资料与我国音阶发展史问题》，载《音乐论丛》第一辑，184页；又第三辑，126页。

李纯一：《关于歌钟、行钟及蔡侯墓编钟》，载《文物》，1973（7）。

吕骥：《从原始氏族社会到殷代的几种陶埙探索我国五声音阶的形成年代》，载《音乐论丛》第二辑，23页。

马承源：《关于翏生盨和者減钟的几点意见》，载《考古》，1979（1）。

马承源：《商周青铜双音钟》，载《考古学报》，1981（1）。

潘建明：《关于从原始社会陶埙探索我国音阶形成年代的商榷》，载《音乐艺术》，1980（1）。

（日）富永仲基：《乐律考》，关西大学图书馆影印藏本。

杨荫浏：《信阳出土春秋编钟的音律》，载《音乐研究》，1959（12）。

中国音乐学院民族音乐研究所调查组：《信阳战国楚墓出土乐器初步调查》，载《文物参考资料》，1958（1）。

（三）引用乐律书类

《乐书要录》（武后修），日本吉备真备传抄残帙，《佚存》丛书本。

刘瑾：《律吕成书》，《墨海金壶》本。

韩邦奇：《苑洛志乐》，取律吕新书，《四库全书珍本》四集。

黄佐：《乐典》，卷一至卷十二为乐均，取十二律分别研究，嘉靖原刻本。

葛仲选：《泰律》，《云南丛书》本。

倪复：《黄钟通考》，《四库全书》二集本。

应㧑谦：《古乐书》，《四库全书珍本》初集。

汪绂：《乐经律吕通解》，《粤雅堂丛书》三编本。

胡彦昇：《乐律表微》（内度律二卷），《四库全书珍本》三集。

都田德：《黄钟通韵》，乾隆三余堂刻本。

姚配中：《一经庐琴学》，道光乙巳刊本。

吴灴：《自远堂琴谱》。

曹尚䌹、苏璟：《春草堂琴谱》。

张世彬：《〈幽兰谱〉研究》，载香港《中文大学学报》，1979（5－1）。

陈奇猷：《黄钟管长考》，载《中华文史论丛》（一）。

陈奇猷：《十二律管之长考》，载《中华文史论丛》（二）。

冯水：《钟靡钟隧考》，冯氏丛书四种之二。

唐兰：《古乐器小记》，载《燕京学报》第十四期。

庄本立：《磬的历史与比较研究》，台湾"中央"研究院国际汉学会议论文集艺术史组。

陈万鼐：《清史乐志之研究》，（台湾）《故宫丛刊》甲种之一。

广东地处南服，于音乐之学，向有优良传统。明时，黄佐著《乐典》，清季陈澧撰《声律通考》，他若何梦瑶之《赓和录》（《岭南遗书》本），皆此学之要籍也。本编利用随县新出资料，以明古代乐悬之通制，敢谓于黄、陈二家之外，别辟新蹊径，管阙蠡测，但期对于钟律之绝学，有所阐发已耳。近年攻治律吕，未能深入，拟就目睹之书，汇辑为律吕丛刊，以便读者。本编附录二、三，所以侈用书目，考索佚籍，即区区微意所在。继此有作，所望于同好者。

选堂附识，1983 年 9 月

曾侯乙墓漆器上二十文释

——论古乐理与天文之关系

曾侯乙墓东室出土衣箱五件，其一箱盖上阴刻“紫锦之衣”字样，并绘有若木、扶桑、太阳及人执弓射鸟之图，左方下角有漆书二十个字。另一件盖上之中央，书一“斗”字，特大，四周书写二十八宿的名称。（见发掘简报）由于该器侧面阴刻有“后匫”二文，故可确定该半圆形的器名即是匫或匫。①（见《中国文物》第二期，24页）

我在湖北省博物馆，看到展品有这二十个漆书文字的摹本。兹据《中国文物》第二期发表初出土时的照片（见本文后附图一、二），释读如下：

民祀隹
坊（房），日辰于
维。兴岁
之四（驷），所尚
若敕（陈）。琴
瑟尝（常）和。

① 漆器在所绘青龙首、尾刻有匫、匫二形，一从召，一从𦥑。向释为《说文》十二训古器之匫，从匚曶声，呼骨切。《广韵》在入声十一没。近时夏渌认为字当是从舀，又论舀之为召，举出五证（见夏渌：《楚子超鼎浅释》，载《江汉考古》，1983（1））。今按《集韵》卷三平声六豪有䉵、匫、𦦙三字，云：“《说文》古器也，籒作匫或作𦦙。”此第二形从曲舀声，与漆器文同。《说文》匚部有曶无匫，《集韵》引《说文》“古器也”当是一字而异形。

全文分六行，每行三、四字不等，字体有点和现藏美国的楚帛书很接近。

第一句云“民祀隹坊”，祀字作祒，楚帛书有“民祀不𢼸（庄）”句。《周语》伶州鸠论七律之义，谓：“武王之伐殷，岁在鹑火，月在天驷，日在析木之津，辰在斗柄，星在天鼋，星与日辰之位皆在北维。”器文第二句“日辰于维”，即是北维之维。这表示日和辰都居于同一方位。古人把天文区域分为四正四维，所云“帝张四维，运之以斗”是也。详《淮南子·天文训》。卯为正东，午为正南，子为正北，酉为正西。丑寅为东北之维，辰巳为东南之维，未申为西南之维，戌亥为西北之维。其图如下：

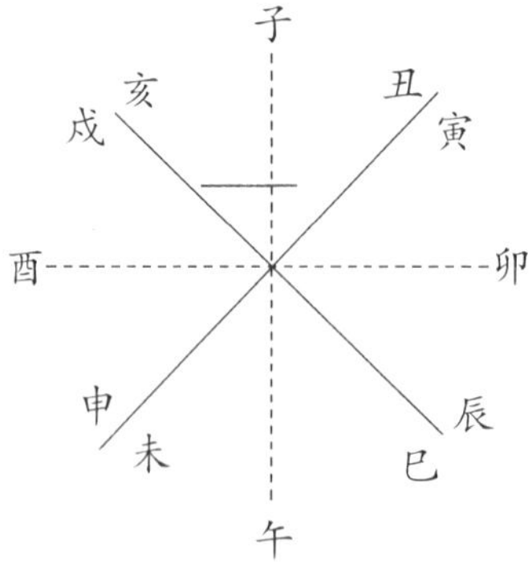

坊字读为房，漆器写二十八宿的房星字作方。云梦秦简《日书》“九月方，取妇”（简九九四），亦以“方”为“房”，此则借“坊”为“房”。《汉书·律历志》解说《周语》云：“是夕也，月在房五度，故曰‘月在天驷’。”韦昭注：“天驷，房星也。谓戊午日，月宿房五度。”房星即 Asterism House，在 Scorpius 天蝎座。古人极重视房星，日食及五星如联珠等天文现象，都以房星为中心。摘录之如下：

（1）季秋月朔，辰弗集于房，瞽奏鼓，啬夫驰，庶人走。（《夏书·胤征》）

（2）纣（帝辛）三十二年，五星聚于房。（今本《竹书纪年》上）

（3）鸑鷟鸣于岐山，孟春六旬，五纬聚房。（《宋书·符瑞志》）

第一条即所谓夏代“中康日食”，据考证当公元前 2137 年 10 月 22 日，日食在房宿附近。第二、三条则为当公元前 1059 年的星会，其时木、土、火三星联在一起，史官一般记录，不曰“集于房”即曰“聚于房”。可见古时在列宿中作为崇拜对象，主要是房星。《史记·律书》云：“房者，言万物门户也。”漆器铭首句云“民祀隹坊（房）”，正是事实。

天驷，西名 Heavenly Guadriga，等于房星#4，严格言之，应包括 ρ、π、δ、β 及 α 诸天蝎座。有人据夏侯灶墓圆盘及刘向《洪范传》中所言二十八宿古度推算，公元前 1047 年 11 月 26 日，从 δ 至 τ 天蝎座 10°15′初月正可窥见，这即所谓“月在天驷”。伶州鸠所说被视为当时肉眼观测的现象，完全符合事实。[①]《周语》：“岁之所在，则我有周之分野也；月之所在，辰马农祥也，我太祖后稷之所经纬也。王欲合是五位三所而用之，自鹑及驷七列也。”这几句话照韦昭注是这样解释的：周的分野在于鹑火。鹑火之分，在二十八宿为张十三度。驷是天驷，在房星五度。五位指岁、月、日、星、辰五者之所在。从张宿至于房宿合为七宿，即张、翼、轸、角、亢、心、房，故称为七列。月所在的“辰马农祥”即指房星。隋卢贲上表言：“殷人以上通用五音，周武克殷，得鹑火、天驷之应，其音用七。”（《隋书》三十八）由于鹑火在张十三度，驷在房五度，从分野之鹑火，与大辰之次的天驷，合为七宿，谓之七列。周所以用七音，正是上应天文之七列。《尔雅·释天》：“天驷，房也；大辰，房、心、尾也。”天驷者，《史记·天官书》“房为天府曰天驷”，又“汉中四星曰天驷”。《元命包》称之曰“骑”，伶州鸠称为“辰马农祥”。韦昭注云：“辰马谓房，心星也。心星所在大辰之次为天驷。驷，马也，故曰辰马。言月在房合于农祥。祥犹象也，房星晨正而农事起焉，故谓之农祥。”老百姓所以祀房星，是因为这一星宿主司农事，古时称它作农祥。房所在大辰之次是天驷，亦简称曰驷，《周语》“驷见而陨霜”，故知下文“兴岁之四”正宜读为天驷之驷。房及心、尾三宿连体，最为明大，故农家取以为候。张衡《东京赋》“农祥晨正”，李善注以“驷，房星”说之。《说文》：“辰，房星也，天时也。”又晶部曑云：“房星，为民田时者。”向来目房为农祥，以候农时。《尔雅》的“大辰”，郭注“龙星”，又云：“龙为天马，故房四星谓之天驷。”“辰马农祥”，农事以兴，故云“兴岁之四（驷）”。天文学家高鲁尝撰《辰马考》（见《宇宙》五，四）。辰马被称为农祥，非始自周人，甲骨文中农字出现甚多，其字本从林从辰。第二期卜辞屡见“岁甶农”一辞，如：

---

① 《周语》伶州鸠一段文字，美国 Stanford 大学班大为（David W. Pankenier）尝作仔细研究，他相信这正是公元前 1047 年的天文现象。见他的博士论文 *Astronomic Dates in Shang and Western Zhou*。我添为这论文审阅人之一，得先时读到，故为附记于此。

□ 卯卜大〔贞〕：……示癸亩农，酚。（《明》三〇二）

□ 巳卜旅贞：父丁，岁亩〔农〕，酚。（《珠》八四八）

壬申卜即贞：兄壬岁亩农。（《后》上，七，一一）

丙午卜即贞：羽丁未，日，农岁，其又伐。（《佚》九二四）

《管子·五行篇》："岁农丰，年大茂。"岁惟农即祝岁丰穰，与"兴岁"义合。《逸周书》有"农星"一名，《御览》引《逸周书·作雒解》："以祀上帝，配以后稷，农星先王皆与食。"（农星二字一作"日月星辰"）农星必指辰马天驷，汉人又呼为天田。《汉书·郊祀志》张晏云："龙星左角曰天田，则农祥也。"

岁字下半从月，同于卜辞的戉，楚帛书岁字皆作戢，故可定为岁字。岁之上一字从収甚清楚，从文义可推出是兴字。《易·同人》九三爻辞云："三岁不兴。"《殷契后编》下一一，一："岁不[illegible]（兴）。"甲二一二四："岁不[illegible]，亡匄。"应该即是"不兴"一成语。岁不兴的反面是兴岁。殷人已知岁星，卜辞中确有完整关于天岁的记录。降及春秋，更盛行观察岁星之所在，以定吉凶。如晋史官董因论公子重耳之出走，岁在大火，以辰（即大火）出而以参入，必有获于诸侯；相反的，越（勾践）得岁而伐之，必受其咎。这些都是占岁有名的故事。《左传》上说到"岁弃其次"必有灾，杜预注："岁星所在，其国有福，失次于北，祸冲在南。"岁星所在有福即是"兴岁"。《淮南子·天文训》称："岁星之所居，五谷丰昌；其对为冲，岁乃有殃。"《史记·天官书》候岁家"以岁太穰为上岁"，又占之于声，"听都邑人民之声，声宫则岁善，吉；商则有兵；徵，旱；羽，水；角，岁恶。"西汉占岁家以魏鲜最著名。

辞言"兴岁之四（驷）"，正以天驷为农祥之星象，象征着五谷丰昌，故以驷为兴岁之星。岁月所在，五位皆正，故为吉祥。伶州鸠称"星与日辰之位皆在北维"。上文言"日月于维"，义亦如是。《古移徙法》云："抵太岁名曰岁下，负太岁名曰岁破，皆凶也。"《论衡·难岁》篇："其移东西，若徙四维，相之如者皆吉。何者？不与太岁相触，亦不抵太岁之冲也。"不抵触太岁是兴岁，否则是忌岁。

"所尚若敕"者，敕所从的东字作[illegible]，敕与陈同。若即喏，从若加口旁，同于师虎簋之若字及籀文叒之作[illegible]，以喏（诺）为若。若，顺也。（《尔雅·释言》）《书·大诰》"卜陈惟若兹"，和"所尚若陈"语式很相近。若陈谓众宿均就其列，和岁星没有抵触。

最末一句余旧释为“经天尝和”。経是奇字，疑即经，但无确证。亓形同于石经古文的天字。空海《篆隶万象》卷一天字古文有兲、兂诸形（高野山印本）。刘国胜改释作“琴瑟”。郭店简《性自命出》“听銮兲之声”，瑟字作兲，是当改从琴瑟为妥。嘗字从𫩠，声从音，从音与从口同义，当是尚字的同文异构。如曾侯乙墓器之持字，作峙亦作詩，本为诗守，而读作持。彝铭屡见以尚为常，字不从巾。这句言常如琴瑟。楚帛书：“日月则绖（盈）絀，不𢽴其𦰨（当）。春夏秋冬……卉木亡尚（常）。”周原小字卜辞：“自三月至于三月二，唯五月，⊕尚（常）。”（《周》H11：2）都以尚为常。《管子·五行》篇“有常而有经”，这一类语可以参证。

曾侯乙墓漆器之铭辞有二：一书二十八宿围绕着北斗，又一书写这二十个字。两器意义必有关联。《史记·天官书》：“二十八舍主十二州，斗秉兼之。”斗秉即是斗柄。《楚辞·远游》：“举斗柄以为麾。”星占家以二十八宿经天各得其所为吉。《论语》云：“为政以德，譬如北辰，居其所而众星共之。”亦以此相比方。（安徽阜阳夏侯灶墓残简“口橐旖（兮）北辰游”，见《文物》，1983（2）。）古人认天枢是北斗。漆器绘有青龙白虎代表东西的方位，书写二十八宿名以环拱一斗字，正是众星拱辰之状。漆箱一面绘有四兽图案有学人考证，即状天驷房星。又漆箱盖图在亢宿之下，记有“甲寅三日”四文，据《历表》合朔参以曾侯乙墓下葬年份可能即公元前 433 年正月朔日，详武家璧《曾侯乙墓天文图证解》。

楚国著名的乐官见于史书不一而足。曾侯乙墓出有大批钟磬，又漆器铭记着二十八宿，及“琴瑟常和”的吉语，我疑心墓主人在当时必是一名重要乐官，故死后以大量乐器殉葬。古人讨论乐理，必援引天文以为说，我们看伶州鸠云：“凡人神以数合之，以声昭之，数合声和，然后可同。”所以求天人的同一，从这一段文字可明白它的道理。漆器一方面写二十八宿名目，一方面说“经天常和”，意思是说天上星宿各得其所，乐律上的正变亦得到和谐，如是则“人神以合，声律以和”。

古代传说每每谈及音乐和谐可以导致政治修明，这即所谓“和气致祥”。历史上有名的舜、禹帝时与臣工倡和的《卿云》、《八伯》之歌，原见于《尚书大传》卷一。又有《帝载》之歌，杜文澜的《古谣谚》曾据《竹书纪年》加以采录。其歌云：

日月有常，星辰有行，四时顺经，万姓允诚。于予论乐，配天之灵。

迁于圣贤，莫不咸听。（下略）

开头几句，和此铭措辞很是相似。考沈约《宋书·符瑞志》于“帝舜”下云：

> 及即帝位……击石拊石，百兽率舞，景星出房……在位十有四年，奏钟石笙管未罢，而天大雷雨，疾风发屋拔木，桴鼓播地，钟磬乱行，舞人顿伏，乐正狂走。……舜乃拥璇持衡而笑曰：明哉！夫天下非一人之天下也，亦乃见于钟石笙管乎？乃荐禹于天，使行天子事。于时和气普应。……百工相和而歌《庆云》。……帝乃再歌曰：日月有常，星辰有行。……于是八风修通，庆云丛聚。

这是舜禹禅让一事的插曲。《宋书》所说“景星出房”一祥瑞，明人所传的《竹书纪年》系于“作《大韶》乐”之下。景星出房句，提到房星，和“民祀隹坊（房）”互相印证。可见古来对于音乐的看法，是要“配天之灵”，自然“星辰有行，四时顺经”。相反的不能“和气普应”，则“钟磬乱行，乐正狂走”。这恰说明音乐和政治及天道有相关联的必然性。曾侯墓的漆器铭，和相传帝舜的载歌，在意识及措辞上完全相符。通过这些，可以了解古人对于音乐上天人合一的观念。

《帝载》之歌亦载录于汲冢所出的竹书。金履祥的《通鉴前编》引之，有按语称：“此歌竹书亦有之，然误在《伊尹祀桐宫》之下。”明范钦天一阁本的《竹书纪年》则列于帝舜十四年“卿云见，命禹代虚”下面的小注，文字一如《宋书》。

宋人称引的竹书，有一种名叫《师春》的，是晋时汲郡魏冢所出的古本竹书之一。（参见朱希祖：《汲冢书考》）北宋时其书尚存，《宋史·艺文志》有汲冢《师春》卷，注：“《师春》纯集疏《左传》卜筮事。”黄伯思在所著《东观余论》卷下有《跋后》及校定该书序，言之甚详，他说：

> 观中秘所藏《师春》乃与（杜）预说全异。……此乃有诸国世次及十二公岁星所在及律吕、谥法等。……由是知此书亦西晋人集录，而未必尽出汲冢也。然臣近年来考辨秘阁古宝器有宋公䜌餗鼎，稽之此书，䜌乃宋景公名，与鼎铭合。

他指出另一本的《师春》在古史研究上的价值。《师春》书中记十二公岁星所在及律吕。观马王堆出《五星占》上说“东方木，其上为岁星，岁处一周，是司岁”，古人重视岁星，岁星所在，必加以记录，这亦可为此器铭“兴岁之四（驷）”句作补充注脚。《师春》亦记及律吕，和曾侯墓钟磬铭应该有可以比观之处，可惜其书久已亡逸了。

图一　漆二十八宿匫（长 83 厘米，宽 49 厘米）

此图为匫的器盖，里表均涂黑漆，盖面用红漆绘青龙、白虎、卷云纹和北斗星座，并书写二十八宿名称。二十八宿名与《史记·天官书》所载基本相同。器旁阴刻“后匫”、“□□之匫”文字。《说文》匚部：“匫，古器也。从匚，曶声。”随县战国墓中出土的此类器物，不少的铭文为匫，证明《说文》所释有据，而且也是我们第一次见到匫的具体器形。

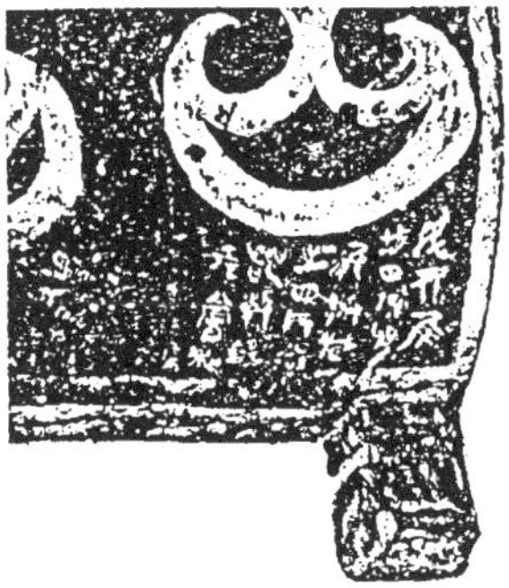

图二　漆后羿射日匫（长 83 厘米，宽 49 厘米）

说钟律及楚简濬、𧮯为“折”字说

曾侯乙编钟律字常见濬字，大抵作𣿬形，所从之氵，以同钟铭之浊字作𣳚证之，即为水旁甚明，故此字可隶定为𣿬。《金文集成》著录曾侯钟铭辞，有下列各辞句：

兽钟之濬钼，穆钟之濬商、割（姑）洗之濬宫。（中文大学印《金文集成释文》，257 页）

兽钟之濬徵（同上，259 页）

新钟之濬羽，浊坪皇之濬商、浊文王之濬宫（同上，261 页）

文王之濬钼（同上，311 页）

坪皇之宫、姑洗之濬商（同上，315 页）

应音之濬（同上，316 页）

以上诸字皆作𣿬之形。以甲骨文比勘之，从歺之字孳乳为肹、𦣻、𦣻（二八〇三），义皆为孽。又有从齿之龂（二五〇一）。故此字形应是从歺增益水旁。钟铭另有一较特异者：

坪皇之宫，姑洗之𣿬商，穆钟之角（《金文集成释文》，349 页）乃为变体。磬文下七等有𣿬，知𠃌乃欠之讹，省自而加双手之𦥑于辛之旁。《说文》：“辛，从干、二。二，古文上，读若愆。童、妾字从此。”磬文于𠂤增𣳚旁，𣳚可释臽。宗周钟“𠬝子敢臽处我土”，臽字从臼，与舀形近。钟律名之濬与𣿬，向来未能释出应为何字。

幸两郭店楚简中，有从澹从䢜之字，见于《老子》及《语丛》。

《老子》第一章云：

字之曰道，强为之名曰大，大曰䜭，䜭曰連（远），連（远）曰反，天大，𡎺（地）大，道大，王亦大。

王弼本作大曰逝。马王堆甲、乙本《老子》均作大曰筮。此借筮为逝。筮、逝皆为“祭”韵字。郭店《语丛四》有云：

善事其上者，若齿之事𦧇（舌）而终弗䜭。

此字作䜭，中不从水，与《老子》之逝字相同，此句可读“终弗逝”，逝于此应读为折，言齿与舌相辅，而舌不为齿所损折，于义亦通。如是知《老子》借“折”为逝，怡然理顺。《老子》言“大曰折”者，即《礼记·祭法》之“泰折”。

燔柴于泰坛，祭天也；瘗埋于泰折，祭地也。

《礼记》释文云：“折，之设反，旧音逝，又音制。”读为折为逝，与《老子》“大曰逝”正合。《汉书·翟方进传》：“瘗埋于大折，祭地也。祭地于大折，在北郊就陆位。”（《汉书·郊祀志下》）汉武令有司议后土祠宜于泽中圜丘为五坛。

郭嵩焘引《玉藻》“折旋中矩”，谓“折者，四折而方”，与“方丘”之义同，于是知澹字之繁形所以增臼者，以大折为祭地之所，盖取地有坎陷之象。

包山简有地名曰䜭，见于一五一～一五二简，文云：“左驭番戚飤田于邨，或䜭邑，城田一索畔莔……”此地名刘钊隶定作䜭，与郭店所见两字相同，当读为析，即丹析之析。

包山简所祀神明有𩰫𥘵，亦作𩰫犬。

䢜祷𩰫祓——全豜，䢜祷社——全猎，䢜祷宫、𡨧——白犬酉飤。（二一〇）

　　䍃祷𧊒犬——全豶，䍃祷𧊒弟无后者。……酉飤蒿之。（二二七）

凡两见𧊒犬之名，犬即大字。同简有酉飤二字即酒食。其𧊒字分明是从䖵飤声。飤音读如食。楚器文字每喜增“䖵”旁，如楚公逆钟：

　　用自作和𧓍𧓍（盘）钖钟百飤（肆）。

加䖵如𧋍（蠀）字之例。飤又借为肆，与食同音。余疑𧊒大即“泰折”之倒言，《礼记》郑注训“折，昭哲也”。昭哲即昭晢。《说文》：“晢，昭明也，从日，折声。”字亦作晣，又作㫼。包山简祷飤大之下又言祷社。杜预云：在野为社。飤大为泰折，与社有别。包山简祭祆又用琥。《说文》：“琥，发兵瑞玉，为虎文。”《春秋·昭公三十二年》传赐子家子双琥，一环一璧。

知祆、𧊒大乃“大折”，为大地之神。《老子》言天大地大之“地大”，以泰折当之，更有理据。

统观上列诸文之作䜼者，读为折字，于义均通顺可解，可以确定此字宜释为折。钟律之折，亦当读为折，为乐律上“变音”之一种。表之如下：

《老子》　大曰逝（䜼）　　字从歆十臽（陷）旁。

《语丛》　弗䜼（折）　　字减水旁，从音从臽。

《礼记》　泰折，祭地之所。　　直用“折”字，以称地大。

包山简　䜼（地名）　　应是丹析之析

包山简　𧊒大　　读为食大，食与晢、㫼同音，即“大折”之倒称。

曾侯钟律　濬商——折商　　濬宫——折宫　　濬羽——折羽

（众律均是折字，作低音。）

余曩日读濬为孽，以木余曰櫱，孽，庶也，解为庶宫、庶商，于义可通，而字形未能融贯，因限于资料，无可如何！

今知濬字异写之繁，楚人通借为折、逝，则当读为折，则形义俱惬。卜辞又有从折之字，只一见。其辞云“…………其每（悔）”（《合集》三一二六七），似亦可释为“折”。表之如下：

　　甲骨文　

　　金文　　（增水旁）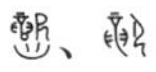

可见其由殷代甲骨文至金文演变之过程。

乐律有折声，见于宋人之书，沈括《梦溪补笔谈》卷一乐律中说：

> 更有折声，唯合字无。折一分、折二分，至于七八分者皆是。（胡道静：《梦溪笔谈校证》，1956 年，918 页）

合是笛管色类的最低音，故无折低之可能。他律则有之，可以折低若干分。

张炎《词源》在“结声正讹”部分中有“折而下，微折而下，太折而下”等情况，都是折低之音，故“折”即指低音。

姜夔《白石道人歌曲·越九歌》，其《旁谱》记十二律名及高音之清黄钟、清大，吕、清太簇、清夹钟，兼记折字，兹列出如下，并记其工尺。

曹　娥　蜀侧调　夷则羽（即仙吕调）（起调毕曲为中吕，即《旁谱》之幺）

羌犹豫兮而裴回　　将子兮无怒

夷黄夹仲仲折字仲　　仲夹仲折字仲

合下工上上下一上　　上下一上　上

蔡孝子　中管般瞻（涉）调　大吕羽（起调毕曲为“无”即《旁谱》之刂）

不如缇萦兮郁陶以死……灵不归兮父思子

夷无夷林仲夷无折字无……夹仲夹太无折字无

下工下凡下工尺上下工下凡　下凡　　下一上下一四下凡　下凡

屋阳阿兮招尔

夷黄清无夷折字无

下　下下　下
　六
工　凡工　凡

白石《折字法》云：篪笛有折字。假如上折字，下无（即无射之下凡）字，即其声比无字微高。余皆以下字为准。金石弦匏无“折字”，取同声代之，折字多在上下同一音律之处，如上折上，凡折凡。

浊侧调为仙吕调，白石十七有《旁谱》之词调，《鬲溪梅令》及《凄凉犯》均属之。《鬲溪梅令》上下阕结声均为𠆢-ㄅ𠆢，以“上”字收ㄅ字，依张炎《讴曲旨要》是急过的掣号。

戴长庚《律话》说折字法是白石用琴家进复退复之法所为，如解《鬲溪梅令》之“浪粼粼”、“小横陈”谱作六五六，“何处寻”、“啼一春”谱作“上一上”都是折字法。

可见词中折字运用的情形。今知曾侯钟磬均有变音之醬。此字既定为折，所谓折宫、折商、折羽都为变音。所谓应音之渚羽，应音是应钟，即是大凡，在这一律作低音的折法。姑洗之醬宫，则在这一律上施用折法。

铭文中此字唯在下一 1、下二 10、下二 9、中二 12 诸钟及下七磬，可作低音看待，取与沈括、姜夔之以折解为折低之意，尚讲得通。后代篪笛的折法，可以随意吹奏，折一二分至七八分。钟与弦管不同，同一音不能作半音以下的变化。陈元靓《事林广记》亦谈折声，乃指“上生四位”的旋宫法，取义复有不同，则不可与此相提并论。

附录一 验证饶解曾侯钟铭文“宥”和“索”

陈应时

曾侯乙编钟铭文中有“宥”、“索”二字，见于铭文中的“宥于索商之颟”和“宥于索宫之颟”之句。“宥”字鲜见于历代文献和辞书，似为铭文所独有；“索”虽为常见字，但铭文中“索”和“商”、“宫”应用，难解其“索商”、“索宫”之义。

“宥于索商之颟”语出曾侯乙编钟下层二组第四钟和中层三组第七钟上的铭文。

下层二组第四钟上的铭文是：（正面钲部）“曾侯乙乍時”。（隧部）“商”。（右鼓部）“羽曾”。（反面钲部）“妥宾之宫——妥宾之才楚号为坪皇，其才䨻（申？）号为迟则——大族之珈䪤，无铎之宫曾，黄钟之商角”。（反面右鼓部）“姑洗之羽曾，为槃钟徵，为妥宾之徵颟下角，为无睪徵角”。（反面左鼓部）“文王之变商，为侖音羽角，为鄜音羽，屖则之徵曾，宥于索商之颟”①。

中层三组第七钟上的铭文是：（正面钲部）“曾侯乙乍時”。（隧部）“商”。（右鼓部）“羽曾”。（反面钲部）“姑洗之商，妥宾之宫。妥宾之才楚号为”（反面隧部）“坪皇，其才䨻号为迟则”。（反面右鼓部）“姑洗之羽曾，为槃钟徵，为妥宾之徵颟下角，为无铎徵角”。（反面左鼓部）“文王之变商，为侖音

---

① 湖北省博物馆：《随县曾侯乙墓钟磬铭文释文》，载《音乐研究》，1981（1），5页。

羽角，为鄘音羽，迟则之徵曾，秴于索商之颟”①。

“秴于索宫之颟”语出曾侯乙编钟下层二组第五钟、中层三组第八钟和下层一组第三钟上的铭文。

下层二组第五钟上的铭文是：（正面钲部）“曾侯乙乍峕”。（隧部）“宫”。（右鼓部）“徵曾”。（反面钲部）“姑洗之宫——姑洗之才楚号为吕钟，其坂（反）为宣钟，宣钟之才晋号为六墉——大族之商，黄钟之䣙，妥宾之商曾”。（反面左鼓部）“姑洗之徵曾，为黄钟徵，为坪皇变商，为屖则羽角”。（反面右鼓部）“新钟之羽，为穆音之羽颟下角，剌音之羽曾，秴于索宫之颟”②。

中层三组第八钟上的铭文是：（正面钲部）“曾侯乙乍䟽”。（隧部）“宫”。（右鼓部）“徵曾”。（反面钲部）“姑洗之宫——姑洗之才楚号为吕钟，其坂”。（反面隧部）“为亘钟，亘钟之才晋号为六墉”。（反面右鼓部）“姑洗之徵曾，为黄钟徵，为坪皇变商，为屖则羽角”。（反面左鼓部）“新钟之羽，为穆音之羽颟下角，剌音之羽曾，秴于索宫之颟”③。

下层一组第三钟上的铭文是：（正面钲部）“曾侯乙乍峕”。（隧部）“徵𪐴”。（右鼓部）“徵曾”。（反面钲部）“姑洗之徵角，坪皇之羽，嬴孠之羽曾，为兽钟徵颟下角，为穆音变商”。（反面右鼓部）“姑洗之徵曾，为黄钟徵，为坪皇变商，为屖则羽角”。（反面左鼓部）“新钟之羽，为穆音之羽颟下角，剌音之羽曾，秴于索宫之颟”④。

“秴”、“索”二字字义不明，难以读通曾侯乙编钟中此五钟铭文的全文。有人把“秴”解作“附”⑤；有人把“索”解作“高”或作“低”，故对“秴于索商之颟”和“秴于索宫之颟”之句作如此解释：“田野号下二 4 和下二 5 两钟乐律铭文分别有‘秴于索商之颟’和‘秴于索宫之颟’的提法。对照测音和计算结果，知道此二钟的实际音响高于标音所示。按照琴属乐器的弦准作用来理解时，可以看出原标音的音高应在十二徽，而编钟实际音响的偏高却向十一徽接近（即向商弦、宫弦上方的大三度接近）。”⑥ 其后又如此释“索商”：“这个音在曾侯乙钟律中有一个专门的名称，叫做‘素商’，不是普通的商。”

---

① 湖北省博物馆：《随县曾侯乙墓钟磬铭文释文》，载《音乐研究》，1981（1），11 页。

② 湖北省博物馆：《随县曾侯乙墓钟磬铭文释文》，载《音乐研究》，1981（1），5 页。

③ 湖北省博物馆：《随县曾侯乙墓钟磬铭文释文》，载《音乐研究》，1981（1），12 页。

④ 湖北省博物馆：《随县曾侯乙墓钟磬铭文释文》，载《音乐研究》，1981（1），4 页。

⑤ 湖北省博物馆：《随县曾侯乙墓钟磬铭文释文》，载《音乐研究》，1981（1），4 页。

⑥ 黄翔鹏：《先秦音乐文化的光辉创造》，载《文物》，1979（7），35 页；黄翔鹏：《溯流探源》，人民音乐出版社，1993 年，65 页。

“国外的纯律理论一般不承认一八二音分的商音。中国纯律理论中既承认二〇四的，也承认一八二的。但有不同名称，一个普通的商，一个叫素商。”“中国式的纯律，d̲ 可以是一八二音分的低商。”[1] 然释“索”为或“高”或“低”之义，非但自相矛盾，亦不能读通“穷于索商之颟”和“穷于索宫之颟”之句。

饶宗颐教授对此二字的解释则为：“铭云：‘穷于索商之颟。’又云：‘穷于索宫之颟。’索与素二字古书通用习见。索宫、索商即素宫、素商。唐《五郊乐章·舒和》见‘素商’一词。《管子·地员》篇：‘以是生黄钟，小素之首，以为宫。’《管子》之小素向有二说，乐律家说小素为含少，琴律家说小素为弦。按《吕览·适音》：‘黄钟之宫，音之本。’素训为本。（《尔雅·释诂》三同）音之本犹言音之素。《尚书大传》：‘六律、五声、八音、七始著其素。’沈寐叟云：‘半黄钟为小素，故黄钟为大素。’并引《乐纬》郑注‘黄钟起于太素’为说。（《海日楼札丛》）此处穷读为符，素即指本音而言。”[2]

饶解“穷读为符”；“索与素二字古书通用习见。索宫、索商即素宫、素商”，“素即指本音而言”。一语道破，“穷于素商之颟”和“穷于素宫之颟”这两句铭文就不难读通了。现按饶解之“穷”、“索”，将已知钟铭中的律名和声名[3]用今之音名注入，对上引五钟的铭文进行验证。

〔验证一〕下层二组第四钟：

（正面钲部）曾侯乙乍峙。（隧部）商（D）。（右鼓部）羽曾（F）。

（反面钲部）妥宾（D）之宫（D）——妥宾（D）之才楚号为坪皇（D），其才[illegible]（申？）号为迟则（D）——大族（$^{\#}$A～^{b}B）之珈[illegible]（宫角）（D），无铎（$^{\#}$F）之宫曾（D），黄钟（$^{\#}$G～^{b}A）之商角（D）。

由上可知，此钟反面钲部的铭文以不同的律名之声名，说明它们和本钟正面隧部的“商（D）”为同一个音。

---

① 黄翔鹏：《中国传统音调的数理逻辑关系问题》，载《中国音乐学》，1986（3），10、12页。

② 饶宗颐、曾宪通：《随县曾侯乙墓钟磬铭辞研究》，12页，（香港）中文大学出版社，1985。

③ 参见黄翔鹏：《曾侯乙钟、磬铭文乐学体系初探》，载《音乐研究》，1981（1），23页；李纯一：《曾侯乙编钟铭文考索》，载《音乐研究》，1981（1），62页。

（反面右鼓部）姑洗（C）之羽曾（F），为槃钟（#A～bB）徵（F），为妥宾（D）之徵（A）颟下角（F），为无睪（#F）徵角（F）。

（反面左鼓部）文王（E）之变商（F），为鬲音（E）羽角（F），为鄘音（#G～bA）羽（F），屖则（D）之徵曾（F），符于索商之颟（F）。

由上可知，此钟反面右鼓部、左鼓部的铭文以不同的律名之声名，说明它们和本钟正面右鼓部的“羽声（F）”为同一个音，故曰“符于索商之颟”，意即之前所提到的这些不同律名之声名，都符合于本钟隧部商音颊颟部位（右鼓部）的“羽曾（F）”。

〔验证二〕中层三组第七钟：

（正面钲部）曾侯乙乍時。（隧部）商（D）。（右鼓部）羽曾（F）。

（反面钲部）姑洗（C）之商（D），妥宾（D）之宫（D）。妥宾（D）之才楚号为。

（反面隧部）坪皇（D），其才[illegible]号为迟则（D）。

此钟反面钲部和隧部的铭文基本上同下层二组第四钟钲部铭文（仅少“大族（#A～bB）之珈鼬（D），无铎（#F）之宫曾（D），黄钟（#G～bA）之商角（D）”）；亦以不同的律名之声名，说明它们和本钟正面隧部的“商（D）”为同一个音。

（反面右鼓部）姑洗（C）之羽曾（F），为槃钟（#A～bB）徵（F），为妥宾（D）之徵（A）颟下角（F），为无铎（#F）徵角（F）。

（反面左鼓部）文王（E）之变商（F），为鬲音（E）羽角（F），为鄘音（#G～bA）羽（F），迟则之徵曾（F），符于索商之颟（F）。

此钟反面右鼓部、左鼓部的铭文和下层二组第四钟同部位的铭文相同，仅将律名“屖则”写作“迟则”，亦以不同的律名之声名，说明它们和本钟正面右鼓部的“羽曾（F）”为同一个音。故和上钟一样，亦曰“符于索商之颟”。

〔验证三〕下层二组第五钟：

（正面钲部）曾侯乙乍時。（隧部）宫（C）。（右鼓部）徵曾（♯D）。

（正面钲部）姑洗（C）之宫（C）——姑洗（C）之才楚号为吕钟（C），其坂（反）为宣钟（C），宣钟（C）之才晋号为六墉（C）——大族（♭B）之商（C），黄钟（♭A）之䶂（D），妥宾（C）之商曾（C）。

由上可知，此钟反面钲部的铭文以不同的律名之声名，说明它们和本钟正面隧部的“宫（C）”为同一个音。

（反面左鼓部）姑洗（C）之徵曾（♯D），为黄钟（♯G）徵（♯D），为坪皇（D）变商（♯D），为犀则（D）羽角（♯D）。

（反面右鼓部）新钟（♯F）之羽（♯D），为穆音（♯A～♭B）之羽（G）颟下角（♯D），剌音（♯A）之羽曾（♯D），符于索宫（C）之颟（♯D）。

由上可知，此钟反面左鼓部、右鼓部的铭文以不同的律名之声名，说明它们和本钟正面右鼓部的“徵曾（♯D）”为同一个音，故曰“符于索宫之颟”，意即之前所提到的这些不同律名之声名，都符合于本钟隧部宫音颊颟部位（右鼓部）的“徵曾（♯D）”。

〔验证四〕中层三组第八钟：

（正面钲部）曾侯乙乍䟞。（隧部）宫（C）。（右鼓部）徵曾（♯D）。

（反面钲部）姑洗（C）之宫（C）——姑洗（C）之才楚号为吕钟（C），其坂。

（反面隧部）为亘钟（C），亘钟（C）之才晋号为六墉（C）。

由上可知，此钟反面钲部和隧部的铭文同下层二组第五钟钲部铭文（仅少“大族（♭B）之商（C），黄钟（♭A）之䶂（C），妥宾（D）之商曾（C）”）。同样以不同的律名之声名，说明它们和本钟正面隧部的“宫（C）”为同一个音。

(反面右鼓部）姑洗（C）之徵曾（#D），为黄钟（#G）徵（#D），为坪皇（D）变商（#D），为犀则（D）羽角（#D）。

(反面左鼓部）新钟（#F）之羽（#D），为穆音（#A～♭B）之羽（C）颟下角（#D），剌音（#A）之羽曾，（#D），穻于索宫（C）之颟（#D）。

此钟反面右鼓部、左鼓部的铭文和下层二组第五钟同部位的铭文相同，仅左右位置互换（疑下层二组第五钟若非现今记录错位，即为当时铸刻错位）。亦以不同的律名之声名，说明它们和本钟正面右鼓部的“徵曾（#D）”为同一个音，故亦曰“穻于索宫之颟”，意即之前所提到的这些不同律名之声名，都符合于本钟隧部宫音颊颟部位（右鼓部）的“徵曾（#D）”。

〔验证五〕下层一组第三钟：

(正面钲部）曾侯乙乍時。（隧部）徵颟（B）。（右鼓部）徵曾（#D）。

(反面钲部）姑洗（C）之徵角（B），坪皇（D）之羽（B），嬴孠（#F）之羽曾（B），为兽钟（#G）徵（#D）颟下角（B），为穆音（#A）变商（B）。

由上可知，此钟反面钲部铭文以不同的律名之声名，说明它们和本钟正面隧部的“徵颟（B）”为同一个音。

(反面右鼓部）姑洗（C）之徵曾（#D），为黄钟（#G）徵（#D），为坪皇（D）变商（#D），为犀则（D）羽角（#D）。

(反面左鼓部）新钟（#F）之羽（#D），为穆音（♭B）之羽（G）颟下角（#D），剌音（♭B）之羽曾（#D），穻于索宫之颟（#D）。

此钟反面右鼓部、左鼓部的铭文和中层三组第八钟同部位的铭文相同，同样说明这些不同律名之不同声名，它们和本钟正面右鼓部的“徵曾（#D），为同一个音。但本钟正面隧部音非“宫”而为“徵颟”，故按上述四钟铭文，此处的“穻于索宫之颟”该作“穻于索徵颟之颟”，意即之前所提到的这些不同律名之声名，都符合于本钟隧部徵颟音之颊颟部位（右鼓部）的“徵曾（#D）”。

由上可证，“ 帝”、“索”二字字义只有按饶宗颐教授“帝为符”、“索为本”的解释，曾侯乙编钟中上述此五钟的铭文方能读通。

饶宗颐教授曾有《敦煌琵琶谱写卷原本之考察》一文，从此谱敦煌卷原件贴纸证实敦煌琵琶谱抄写于长兴四年（公元 933 年）之前而不是之后，并又证实敦煌琵琶谱原由三卷乐谱粘贴而成，从而又否定了敦煌琵琶谱为大曲乐谱之说。现他对于曾侯乙编钟铭文中“帝”和“索”字的合理解释，又为否定所谓“中国式的纯律”在中国之存在提供了理论依据，这又是饶宗颐教授在音乐学方面作出的一项贡献。

附录二　曾侯乙钟磬乐律铭文疑难字释义述评

陈应时

1987年，在湖北省随县（今随州市）擂鼓墩发现和发掘了2 400多年前埋葬于地下的曾侯乙墓，出土文物达15 000多件。这是20世纪中国的一项重大考古发现。在曾侯乙墓出土的文物中，最备受关注的莫过于青铜编钟和石制编磬。因为青铜编钟多达64件，石制编磬多达32件，不仅其数量为历来出土的同类乐器之最，而且在编钟的钟体、钟架、和挂钟构件上尚有3 755字的乐律铭文；在编磬的磬体、磬座和磬匣上也有814字的乐律铭文。由于铭文所记录的是战国初期各诸侯国实际使用的乐律名称，且有曾侯乙编钟所发出的音响可作对应参照，因而是我国古代乐律史上极其珍贵重要文献资料。

1981年，《音乐研究》第1期刊出了“随县出土音乐文物专辑”，首次以湖北省博物馆的名义公布了《随县曾侯乙墓钟磬铭文释文》，由此拉开了曾侯乙钟磬铭文研究的帷幕。裘锡圭、李家浩、黄翔鹏、李纯一、饶宗颐、曾宪通、潘建明、童忠良、黄锡全、崔宪等多位专家学者，分别从文字学和乐律学的角度对曾侯乙钟磬铭文作了专门研究，相继发表了种种研究曾侯乙钟磬乐律铭文的论文和著作。

一、曾侯乙钟磬乐律铭文的文字学研究

在1981年《音乐研究》第1期刊出的“随县出土音乐文物专辑”中，除了由裘锡圭、李家浩先生整理的《随县曾侯乙墓钟磬铭文释文》之外，尚有他们二人的《曾侯乙墓钟磬铭文释文说明》一文。前文是将原本一般读者难以认读的古文字逐个转化为现今的通用汉语文字；后文则是从文字学角度对曾侯乙钟磬乐律铭文中的一些疑难字所作的二十七条考释。① 此二文的发表，对帮助当时的研究者和一般读者阅读曾侯乙钟磬乐律铭文起了重要的作用。现在，由裘、李逐个转译为现今通用汉语文字的曾侯乙钟磬铭文，已被大家所认同和接受，仅有少数几个疑难字在识读和释义方面尚存在分歧意见。

我们知道，曾侯乙钟磬铭文的乐律学研究是建立在曾侯乙钟磬铭文的文字学研究基础之上的，只有在曾侯乙钟磬铭文通过文字学研究获得了正确的释义之后，乐律学研究才有可能据以获得正确的结论。因此，即便是铭文中只有少数几个疑难字在识读和释义方面未能在文字学研究中取得共识，也同样会影响到曾侯乙钟磬铭文乐律研究的全局。为此，本文将笔者所见曾侯乙钟磬铭文的文字学研究中尚有分歧意见的若干疑难字提出来，并加分析评述，以就教于诸位专家学者。

（一）曾

此字在铭文中除了作“曾侯乙”之“曾”外，还常和声名宫、商、徵、羽连用，首见于〔下一1〕（即下层一组第一钟，以下不再说明）右鼓部铭文，作“徵曾”。裘锡圭、李家浩先生仅在“曾”字旁注“（增）”②，未详解其义。黄翔鹏先生对此字则作如此解释：“‘曾’字可释作‘增’，但它却不可仿照欧洲乐理的概念解释为阶名上方的增五度。它应当来源于生律法上的弦长之增加，增加的幅度在曾侯钟的体系中与‘颤’相同，也以大三度音程为度，不

① 在后来由湖北省博物馆编、文物出版社于1989年7月出版的《曾侯乙墓》一书之附录中，裘、李将此二文合并，更名为《曾侯乙钟磬铭文释文与考释》，考释部分由原来的二十七条增至四十二条。全文见此书上册，532～560页。

② 见《音乐研究》，1981（1），4页；《曾侯乙墓》上册，533页。

过却是低音方向的大三度。”[1] 其后，潘建明[2]、童忠良[3]、崔宪[4]诸学者均从黄翔鹏如上的见解，唯李纯一、饶宗颐、曾宪通等先生另有不同的解释。

李解：“角上的大三度皆名为曾，其音义都相当于重叠之重。《楚辞·招魂》：‘曾台累榭’，注：‘重也。’曾为角上之角，即重叠二角。徵、羽二曾又名为徵颟下角、羽颟下角。之所以名为下角，盖因此二颟上之角都超出基音宫的八度之上，是上角，所以要把它们降低八度，成为下角。”[5]

饶解：“钟磬铭辞表明在大三度上，每缀以‘曾’字。曾者，即增，高也。在楚国遗文中，‘曾’字习见。《大招》‘曾颊倚耳’，曾音层。《九歌东君》‘翾飞兮翠曾’，王逸注：‘曾，举也。’以曾为动词，举有高之义。《淮南子·览冥训》‘凤凰曾逝万仞之上’，高诱注：‘曾，犹高也。’《淮南子·天文训》‘至于曾泉’，《初学记》引有注云：‘曾，重也。’贾谊《吊屈原文》，《文选》作‘遥曾击逝而去之’，《史记》作‘摇增融’，《汉书》作‘遥增击’。曾，亦作增。缀以‘曾’字盖指高音。曾侯乙钟上出现四曾，即‘羽曾、宫曾、商曾、徵曾’，诸曾字皆训高。”[6]

曾解：“……既然宫曾是宫角之上的大三度，我们就可以把宫曾看成是宫角之上再加角，即所谓重角。重角何以称‘曾’？段玉裁说：‘曾之为言重也，曾祖、曾孙皆是也，故从曾之层为重屋。’（《说文解字注》卷八）原来曾字本身就有重的意思，重祖谓之曾祖，重孙谓之曾孙，重角谓之曾角。称曾者，殆是曾角之省写。易言之，宫曾就是宫之重角，商曾就是商之重角，徵曾、羽曾亦然。”[7]

笔者认为曾侯乙钟磬铭文中上述和声名宫、商、徵、羽连用的“曾”字，其意义应取李、饶、曾作“重叠之重”、“增高之增”、“曾祖、曾孙之曾”解较为合理。而黄先生解“曾”为“低音方向的大三度”不仅缺乏文献依据，而且也不符合曾侯乙编钟的实际。如曾钟〔下二 3〕、〔中一 10〕的正鼓音均

---

① 《音乐研究》，1981（1），39 页。

② 详潘建明：《曾侯乙编钟音律研究》，载《上海博物馆建馆三十周年特辑》，97 页，上海，上海古籍出版社，1982。

③ 详童忠良：《中国传统乐学研究的新成果——兼论曾侯乙编钟的对称乐学》，载台湾《省交乐讯》，1995 年第 51 号，4～9 页。

④ 详崔宪：《曾侯乙编钟钟铭校释及其律学研究》，152～153 页，北京，人民音乐出版社，1995。

⑤ 李纯一：《曾侯乙编钟铭文考索》，载《音乐研究》，1981（1），63～64 页。

⑥ 饶宗颐、曾宪通：《随县曾侯乙墓钟磬铭辞研究》，15 页，（香港）中文大学出版社，1985。

⑦ 饶宗颐、曾宪通：《随县曾侯乙墓钟磬铭辞研究》，109 页，（香港）中文大学出版社，1985。

为“宫角”，其右鼓音均为“宫曾”；〔下二 2〕、〔中二 11〕、〔中三 2〕、〔上一 3〕的正鼓音均为“商角”，其右鼓音均为“商曾”；〔下一 3〕、〔上一 2〕的正鼓音均为“徵角”，其右鼓音均为“徵曾”；〔上一 5〕的正鼓音为“羽角”，其右鼓音为“羽曾”。这些钟的右鼓音均高于正鼓音今之所谓“大三度”，故上列的“四曾”均高于“四角”，这就是“曾”为重叠之角的明证。

再者，在曾侯乙编钟〔下一 3〕铭文中有“新钟之羽，为穆音之羽颠下角，剌音之羽曾”。我们知道，曾国的“穆音”和周国之“剌音”是同律异名，则“羽颠下角”和“羽曾”亦必为同声异名。既然“新钟之羽，为穆音之羽颠下角”，即为穆音之羽角上的“重角”，则“剌音之羽曾”亦必为剌音之羽角上的“重角”无疑。

黄翔鹏先生之所以要提出“‘曾’字可释作‘增’，但它却不可仿照欧洲乐理的概念解释为阶名上方的增五度”，而肯定它应当是阶名“低音方向的大三度”，其原因恰是他以欧洲乐理的概念来解释这个 2 400 多年前的“曾”字。因为在欧洲乐理中用以表达音名的字母只有 C、D、E、F、G、A、B 七个，因而表达音程大小的基本单位亦只有同度、二度、三度、四度、五度、六度、七度、八度等八种；又由于在音程的命名上单以五度相生律为准，于是又出现了所谓的增音程和减音程。就以曾侯乙钟磬铭文中的宫、宫角、宫曾、少宫为例，按欧洲乐理的观念分析，宫和宫角之间的音程为大三度，若把宫曾作“重角”，则成大三度再加大三度就成为增五度，因而宫曾和少宫之间的音程也就不是大三度而是减四度。所以黄翔鹏先生要强调“不可仿照欧洲乐理的概念解释为阶名上方的增五度”，而要列其为宫之“低音方向的大三度”。这样，宫曾和宫、宫和宫角都一样是大三度。然而，曾侯乙钟磬乐律铭文是早于欧洲的音程乐理不知多少年就已设计了的。在 20 世纪初欧洲乐理传入我国之前，按我国传统的乐律理论，音程是以律为单位来计算的。例如“隔八相生”、“顺八逆六”，就是以八律为度作今天所说的纯五度，以六律为度作今天所说的“纯四度”。按此原则计算音程，曾侯乙钟磬乐律铭文中宫到宫角是五律，宫角到宫曾也是五律，宫曾到少宫也是五律，把宫曾翻低八度，由宫曾到宫也是五律。这五律按古代的命就是“隔五”，其中并不存在大三度和减四度的区别。由此可见，黄翔鹏先生不取“曾”字为“重叠”、“增高”、“重角”之本义，而作“低音方向的大三度”解，实际上背离了曾侯乙钟磬乐律铭文所处的时代，因而也是说不通的。

（二）（穸）、索

此二字仅见于〔下一 3〕、〔下二 5〕、〔中三 8〕、〔下二 4〕、〔中三 7〕五钟铭文。前三钟铭文中有“䆐于索宫之颠”之句；后二钟铭文中有“䆐于索商之颠”之句。对于“䆐”字，裘锡圭、李家浩先生仅在“䆐”字旁注“（附?）”[①]，未详释其义。对于“索”字，裘、李亦只说明“‘索’也许应该读为‘素’”[②]，而对其字义亦未作详解。黄翔鹏先生未释“䆐”字，取“索”为“素”，从而对“索宫”和“索商”作了如此解释：“田野号下二 4 和下二 5 两钟乐律铭文分别有‘䆐于索商之颠’和‘䆐于索宫之颠’的提法，对照测音和计算结果，知道此二钟的实际音响高于标音所示。按照琴属乐器的弦准作用来理解时，可以看出原标音的音高在十二徽，而编钟实际音响的偏高却向十一徽接近（即向商弦、宫弦上方的大三度接近）”[③]；“这个音在曾侯乙钟律中有一个专门的名称，叫做‘素商’，不是普通的商。”“国外的纯律理论一般不承认一八二音分的商音。中国纯律理论中既承认二〇四的，也承认一八二的。但有不同名称，一个叫普通的商，一个叫素商。”[④] 其后，崔宪同志取裘、李之“䆐”为“附”和黄之“索商”为低于二〇四音分商音之“一八二音分的商音”，解释了铭文中的“䆐于索商之颠”和“䆐于索宫之颠”，认为“其‘附’字，钟铭原作‘䆐’，其意为‘附’，有‘靠近’之义，裘、李释文作‘附’。如以琴的定弦而言，二语律学含义相同，即对‘商弦’或‘宫弦’的‘颠’音来说，均有靠近（相差四十八音分）之意；将及而未到半音之半。所以用‘附于’表达，字面意义是恰当的，与律学内涵一致”[⑤]。

李纯一先生亦释“䆐”为“附”，释“索”为“素”，又进一步解释“素字在这里宜做本或始讲”。但他又把铭文中的“䆐于素”三字连读作为律名。他说：“与浊姑洗相当者尚有䆐于素。这个律名也不见于先秦文献。楚国六个浊律只缺浊吕钟一律，而䆐于素与之相当，它会不会就是楚国律名，因无旁证，只能说其有可能，而无法肯定。它是不是曾国浊姑洗的另称，也无从

---

① 《音乐研究》，1981（1），4 页；《曾侯乙墓》上册，534 页。

② 《音乐研究》，1981（1），20 页；《曾侯乙墓》上册，558 页。

③ 黄翔鹏：《先秦音乐文化的光辉创造》，载《文物》，1979（7），35 页。

④ 黄翔鹏：《中国传统音调的数理逻辑关系问题》，载《中国音乐学》，1986（3），11、12 页。

⑤ 崔宪：《曾侯乙编钟钟铭校释及其律学研究》，154～155 页，北京，人民音乐出版社，1997。

判断。”①

饶宗颐先生对此二字的解释为：“铭云：‘符于索商之颠。’又云：‘符于索宫之颠。’索与素二字古书通用习见。索宫、索商即素宫、素商。唐《五郊乐章·舒和》见‘素商’一词。《管子·地员》篇：‘以是生黄钟，小素之首，以为宫。’《管子》之小素向有二说，乐律家说小素为含少，琴律家说小素为弦。按《吕览·适音》：‘黄钟之宫，音之本。’素训为本。（《尔雅·释诂》三同）音之本犹言音之素。《尚书大传》：‘六律、五声、八音、七始著其素。’沈寐叟云：‘半黄钟为小素，故黄钟为大素。’并引《乐纬》郑注‘黄钟起于太素’为说。（《海日楼札丛》）此处符读为符，素即指本音而言。”②

曾宪通先生亦读“符”为“符”，“索”为“素”，但对何为“素”字别有解释：“‘符于索（素）宫之颠’与‘符于索商之颠’分别出现在标音铭‘徵曾’和‘羽曾’的背面乐铭中，应时对此二音的特别说明。素有大素、小素之分，钟铭应指小素，据‘半黄钟为小素’，原本是指由黄钟之半所生的高八度律名。可是徵曾、羽曾皆分别比宫角（颠）、商角（颠）低一律，由此可知此处的小素非指高八度的律名，而是指低一律的律名，也就是与传统周律相符而与曾律不合（曾国律音比传统周律高一律），所以才有必要在乐律中特别指出‘姑洗之徵曾’，‘符（符）于素宫之颠’；‘姑洗之羽曾’，‘符（符）于素商之颠’将以上二铭合观，大意是说：姑洗律之徵曾，符合于浊姑洗律之宫颠（角）；姑洗律之羽曾，符合于浊姑洗律之商颠（角）。二者可以互相证明。”③

在以上诸家对铭文“符”、“索”二字的解释中，笔者认为释“符”为“附”，从而引申为“靠近（相差四十八音分）之意；将及而未及到半音之半”，又释“索”为“低二十二音分”或为低半音，以及把“符于素”作“与浊姑洗相当”的律名者，似都不可取。唯有取饶宗颐先生“符读为符”，“索与素二字古书通用习见”，“素即指本音而言”之解，方能读通钟铭中的“符于索宫之颠”、“符于索商之颠”之句。理由如下：

（1）我们知道，曾侯乙编钟的中、下两层钟铭的刻写，有其一定的规则：正面钲部刻写“曾侯乙乍时”，正鼓部和右鼓部刻写本部位所发之音的声名。反面钲部铭文都是以各国的律名和声名来描述本钟正鼓部所发出的那个音；左、右鼓部的铭文都是以各国的律名和声名来描述本钟右鼓部所发出的那个

① 《音乐研究》，1981（1），59页。

② 饶宗颐、曾宪通：《随县曾侯乙墓钟磬铭辞研究》，12页，（香港）中文大学出版社，1985。

③ 饶宗颐、曾宪通：《随县曾侯乙墓钟磬铭辞研究》，94页，（香港）中文大学出版社，1985。

音。裘锡圭、李家浩、黄翔鹏先生似乎都明白这一点，但却又不能紧紧抓住这一铭文的刻写规则，因此不能肯定“符”字究竟为何义。黄翔鹏先生又将“索（素）商”释为一八二音分的商音。崔宪又据裘、李、黄的解释，将铭文“夷则之徵曾附于索商之颟”作了如此推算：“夷则是申律名，律高为基列二〇四音分的D。‘徵曾’为三一六音分。‘夷则之徵曾’在一次高列五二〇音分的F（204＋316＝520）。如‘索商之颟’按一八二音分作计算，其‘颟’为三八六音分；二者之和为五六八音分：二次低列的♯F。五六八和五二〇之差是四十八，即‘夷则之徵曾’与‘索商之颟’相差四十八音分。”[①] 其对于“索宫”之律学推算，亦与钟上右鼓音“相差四十八音分”[②]。这里的问题是：既然“夷则之徵曾”是“F”，“索商之颟”是“♯F”，明明是不同律位的两个音，怎么能因为仅仅“相差四十八音分”而以“靠近”为名算作一个音？再说按现有的测音数据来看，铭文中带有“索”字的诸钟，其正鼓部位的宫音和商音，并不一定比不带“索”字同为姑洗均的宫音和商音低，甚至比有些钟上不带“索”字的宫音和商音还要高。请看如下的测音数据的比较：

带“索”字的宫音钟：

	京测（1）	哈测	沪测	京测（2）[③]
〔下二5〕宫	C_3^{-30}	C_3^{-13}	C_3^{-21}	C_3^{-9}
〔中三8〕宫	C_4^{-35}	C_4^{-26}	C_4^{-33}	C_4^{-19}

不带“索”字的宫音钟：

〔中一7〕宫	C_5^{-64}	C_5^{-60}	C_5^{-65}	C_5^{-50}
〔中二7〕宫	C_5^{-43}	C_5^{-35}	C_5^{-39}	C_5^{-27}

带“索”字的商音钟：

① 崔宪：《曾侯乙编钟钟铭校释及律学研究》，154页，北京，人民音乐出版社，1997。

② 崔宪：《曾侯乙编钟钟铭校释及律学研究》，154页，北京，人民音乐出版社，1997。

③ 所引数据中京测（1）、哈测、沪测见《曾侯乙墓》，112～114页；京测（2）见韩宝强、刘一青、赵文娟：《曾侯乙编钟音高再测量兼及测音工作规范问题》，载《中国音乐学》，1999（3），108～109页。

〔下二 4〕商	D_3^{-60}	D_3^{-64}	D_3^{-70}	D_3^{-57}
〔中三 7〕商	D_4^{-50}	D_4^{-50}	D_4^{-49}	D_4^{-42}

不带“索”字的商音钟：

〔中一 6〕商	D_5^{-58}	D_5^{-52}	D_5^{-53}	D_5^{-41}
〔中二 12〕商	D_4^{-55}	D_4^{-53}	D_4^{-59}	D_4^{-46}

以上的比较表明，若略去八度不计，在所列的诸钟中带“索”字的〔下二 5〕和〔中三 8〕钟的宫音，非但不比不带“索”字的〔中一 7〕和〔中二 7〕钟的宫音低，反而高出了十到三十多音分。带“索”字的〔下二 4〕钟的商音虽然稍低于不带“索”字的〔中一 6〕和〔中二 12〕钟的商音，但带“索”字的〔中三 7〕钟的商音还是没有低于不带“索”字的〔中一 6〕和〔中二 12〕钟的商音，而是相接近又略高。

由此可见，把符作“靠近”意义的“附”、把“索”作低 22 音分的“素”，是不可能用以读通“符于索宫之颟”、“符于索商之颟”这两句铭文的。

（2）李纯一、曾宪通先生都顾及了每钟钟体上铭文的内容都是通过不相同的律名和声名来描述本钟正鼓部和侧鼓部所能发出的两个音这一点，因此他们或把“符于素（索）”作低于姑洗一律的律名，或把“素（索）”字作低半音解，从而可使相当于浊姑洗均的宫颟、商颟和姑洗均各钟的右鼓音徵曾、羽曾相合。但所见曾侯乙钟磬铭文中的律名除了在某律名前加用表示低一律的“浊”字者外，全都是两个字，铭文中楚国律名中虽然缺相当曾国之浊姑洗之律名，但按其另五浊律的命名方法来看，此律必然名“浊吕钟”，因此“符于素（索）”为律名之说似难以成立。此外，从律的高低来说，“大素”、“小素”只有正律和半律之分，在律位上指的都是黄钟。故训“素”为“低一律”，缺乏文献依据，亦难成立。

（3）饶宗颐先生除了读“符”作“符”和读“索”为“素”之外，还明确指出“素即指本音而言”。故所谓的“索宫”、“索商”，实即指“本宫”、“本商”。如此，铭文中的“符于索宫之颟”和“符于索商之颟”就不难读通了。由于在这两句铭文之前都是以各国的律名和声名来描述本钟右鼓部所发出的那个音，故最后以“符于索宫之颟”或“符于索商之颟”之句来加以归纳，指明之前所说各国的律名和声名都符合本宫（或商）音之颟（右鼓部）

的那个音。这里要说明一点，铭文中的“宫之颠”或“商之颠”不同于“宫颠”或“商颠”。“宫颠”或“商颠”等同于“宫角”或“商角”。因在铭文中未见有“宫之角”、“商之角”等的用词，故“宫之颠”或“商之颠”也就不等同于“宫角”或“商角”了。此处的“颠”应作“颊颠”部位之“颠”解。因笔者已有《验证饶解曾侯钟铭文“符”和“索”》一文[①]，余就不赘述了。

（三）□

此字位于曾钟〔中三 5〕反面右鼓部，铭文曰：“姑洗之宫□。姑洗之才楚号为吕钟，其坂为宣钟。”对于这一宫字后的字，裘锡圭、李家浩谨慎地说明：“此字不识，有可能从‘□’（右）得声。”[②] 黄翔鹏按“从‘右’得声”作进一步的引申：“此钟的右鼓音标音为宫，而实测音高比应有的音高高出一个普通音差。”按弦律来看，以三分损益律之羽为空弦时，宫音的标准音位应在十二徽之左方，此钟的实际音高恰在十二徽，其位置却在宫音之右。不承认弦律，这条铭文也就无从解释。[③] 黄锡全先生同意黄翔鹏先生的上述见解，但认为“□字应是 □之反书形”，“下部所从之 □应是左字”。“古左与差字相通，如国差𦉜‘国差立事岁’之‘国差’即齐之‘国佐’，中山王鼎‘㺃右寡人’之㺃即假为左。钟铭‘宫厇’可读为‘宫差’。”“厇是高一‘普通音差’的后缀字。”[④]

饶宗颐先生读□字为“反”。他说：“钟铭反字或益土作坂，如‘穆音之终坂’（中三 4〔3〕），又一作□，如‘姑洗之宫□’（中三 5〔3〕），字从口从彐，彐即反字，故此字可释呡。反与半古每通用。（如复词之畔喭，亦作呡喭，见《论语释文》。呡喭为失容貌，见《广韵》三十谏。）凡言某律之反，无异指某律之半。”[⑤]

至此，铭文□字已有三种读法：（1）右；（2）（左）差；（3）反。第一、二种读右、差者，读法虽异，但释义一致，都认为是“高出一个普通音差”

---

① 见泰国华侨崇圣大学中华文化研究院、清华大学国际汉学研究所、中山大学中华文化研究中心编：《华学》，第二辑，39～42 页，广州，中山大学出版社，1996。

② 《音乐研究》，1981（1），21 页；《曾侯乙墓》，560 页。

③ 参见黄翔鹏：《先秦音乐文化的光辉创造》，载《文物》，1979（7），36 页；又见黄翔鹏：《溯流探源》，65 页，北京，人民音乐出版社，1993。

④ 黄锡全：《曾侯乙编钟音名缀词□与□的释读问题》，见湖北省博物馆等编：《曾侯乙编钟研究》，529～530 页，武汉，湖北人民出版社，1992。

⑤ 饶宗颐、曾宪通：《随县曾侯乙墓钟磬铭辞研究》，12 页，（香港）中文大学出版社，1985。

（二十二音分）的意思。第三种读反者，不仅读法与前两种不同，而释义亦有异，“指某律之半”（即今之所谓高八度）。故⿹⺄二字的释义实际上只有两种。现在我们先来探讨一下释⿹⺄二字为“高出一个普通音差”的说法能否成立。

⿹⺄二字在全部曾侯乙钟磬铭文中只在〔中三 5〕反面右鼓部出现一次。如果说此处铭文所说的“姑洗之宫⿹⺄二”指的就是此钟右鼓部所发出的“宫”音，而这个宫音和其他的“姑洗之宫”相比确实“高出一个普通音差”，此说才能成立。然而，曾侯乙编钟的中下层钟正鼓、右鼓部位所能发出的“姑洗之宫”共有十一个，除去〔中三 5〕右鼓部的宫音尚有十个。但黄翔鹏先生并没有用〔中三 5〕右鼓音的实测音高去和其他十个“姑洗之宫”的实测音高作比较，而仅仅是以此钟右鼓音的实测音高和“应有的音高”作比较，从而得出了“高出一个普通音差”的结论。那么，这个“应有的音高”又是从何而来？其根据是：“按弦律来看，以三分损益律之羽为空弦时，宫音的标准音位应在十二徽之左方，此钟的实际音高恰在十二徽，其位置却在宫音之右。”但这个根据是不可靠的。因为：

（1）按此根据的设定，要确定“宫音的标准音位应在十二徽之左方”，则必须认定曾侯乙编钟的律制是三分损益律。但黄翔鹏曾分析曾侯乙编钟的律制是兼用三分损益律和纯律的“复合律制”[①]。我们知道，若琴上空弦散音为纯律的羽音，则其第十二徽按音正好是纯律的宫音。因此，如果以上述“复合律制”中的纯律为准，而“此钟的实际音高恰在十二徽”，则就不存在所谓的“高出一个普通音差”，其位置也就不在“宫音的标准音位”之右而在其正中了。

（2）在曾侯乙编钟的中、下层各钟所发出的宫音中，除去八度不计，〔中三 5〕右鼓音并不是最高的宫音，和它相近或比它高的还有好几个。请看下面的实测音高比较：

① 黄翔鹏在《音乐考古学在民族音乐型态研究中的应用》一文中说：“全面观察曾侯乙钟的调律体系，可以发现 a、d、e 等音与 $\underline{a}$、$\underline{d}$、$\underline{e}$ 等音并用的。因此，‘钟律’所用的音阶，既非单纯产生自三分损益律的结构，也非单纯产生自纯律的结构。在引用钟铭的数理逻辑关系来作精密计算……仍可从全套编钟调律情况的倾向中，看出先秦钟律并非单一律制，而是一种以管子生律法为基础的复合律制。”载《人民音乐》，1983（8），37 页；又见黄翔鹏：《溯流探源》，69 页，北京，人民音乐出版社，1993。

	京测（1）	哈测	沪测	京测（2）
〔中三 5〕宫	C_5^{-24}	C_5^{-15}	C_5^{-21}	C_5^{-9}
〔中一 1〕宫	C_7^{+28}	C_7^{+35}	C_7^{+34}	C_7^{+42}
〔中一 4〕宫	C_6^{-18}	C_6^{-16}	C_6^{-18}	C_6^{-6}
〔下二 5〕宫	C_3^{-30}	C_3^{-13}	C_3^{-21}	C_3^{-9}
〔下一 1〕宫	C_2^{-15}	C_2^{-8}	$^{\#}D_2^{+5}$	C_2

以上诸钟的实际音高，就以黄翔鹏先生设定的三分损益律为准来说，它们在“以三分损益律之羽为空弦”这条弦上的位置，无一不都是在“宫音的标准音位”之右方，尤其是〔中一 1〕的宫音比〔中三 5〕的高了五十多音分，其在弦上的位置更应该是右方的再右方了。但除了〔中三 5〕钟反面铭文中有“宫⿰讠乚”之外，其余诸钟反面的铭文中都只有“姑洗之宫”或“姑洗之渻宫”或“姑洗之巽”或直呼“宫反”，而唯独没有可作所谓“宫右”解释的“姑洗之宫⿰讠乚”。由此可见，⿰讠乚字与左右方位无关，“宫⿰讠乚”不能释作“宫右”。

再来看饶宗颐先生读“⿰讠乚”为“反”、释“反”为“半律”是否合理。饶宗颐先生的解释，除了上引饶解所述的种种之外，尚有两点理由可作为读“⿰讠乚”为“反”、释“反”为“半律”的佐证：

（1）〔中二 5〕钟右鼓音的实测音高为 G_5，它和〔中三 5〕钟右鼓宫音（C_5）在同一个八度组，而〔中二 5〕钟右鼓铭文标明为“徵反”，故〔中三 5〕钟右鼓宫音当然亦在反声之列而称作“姑洗之宫反”了。

（2）〔中三 5〕钟右鼓音和同层同组的〔中三 8〕钟正鼓音都是宫音，但后者比前者低一个八度（前者实测音高为 C_5，后者实测音高为 C_4）。而两钟反面铭文的差别就在于〔中三 5〕钟多了一个“⿰讠乚”字和少了一句“宣钟之才晋为六墉”。请看下面两钟铭文的比较：

〔中三 8〕（反面钲部）：姑洗之宫。姑洗之才楚号为吕钟，其坂（反面正鼓部）为宣钟。宣钟之才晋为六墉。

〔中三 5〕（反面右鼓部）：姑洗之宫⿰讠乚。姑洗之才楚号为吕钟，其坂为宣钟。

〔中三 5〕钟铭文中少了一句“宣钟之才晋为六墉”，可能是由于铭文所处的位置不同，因钟面上的空间不够而省略，这无关紧要。但同样的宫音，〔中三 5〕钟铭文为何要多一个“𠬯”字？其原因只能是由于〔中三 8〕之正鼓音为正声之宫，而〔中三 5〕右鼓音正好是其高八度的反声之宫。由此更可证明，饶读“宫𠬯”为“宫反”，释“某律之反，无异指某律之半”是合乎曾侯乙编钟实际的解释，因而是可取的。

（四）濬（又作𨹇）

此字见于〔下一 1〕、〔下二 10〕、〔下二 5〕诸钟和〔下七〕磬上，为宫、商、韵（钼）、徵、羽的前缀词。裘锡圭、李家浩先生首先对之作了详细的考证，认为此字的三种写法的读音“应该与‘遣’相近。它们所代表的词经常出现在阶名之前，地位与‘变商’、‘变徵’的‘变’字相同。这个词很可能就是与‘遣’音近的‘衍’。‘衍’字古训‘溢’，训‘广’，训‘大’，有‘延伸’、‘扩大’、‘超过’一类的意思”①。

饶宗颐先生对此字作如此解释：“磬铭下七云：‘姑洗之濬宫’，其字从臽，可读为陷或坎。陷指低音，《说文》：‘陷，一曰陊也。’陊，《说文》云：‘落也。’音向下不抗而坠者曰濬。钟铭曰濬商、濬宫、濬徵、濬羽及濬钼，作为五音上低音之形容词，验之皆然。另一形作𨹇隶定当为濬，音应是孽，木余曰孽，《说文》：‘孽，庶也。’指低音言之（指明最低八度）。故濬商、濬宫义犹庶商、庶宫。”②

比较上述两种对“濬”字的解释，单就释义而言，似乎饶宗颐先生的解释更接近曾侯乙钟磬铭文的本意。因为所见铭文中的“濬商、濬宫、濬徵、濬羽及濬韵”都出现在低音区的钟磬上。这个词虽然经常出现在阶名之前，但它与“变商”、“变徵”的“变”字并不相同。“变商”、“变徵”的“变”字指低一律（半音），相当于“浊姑洗”的“浊”字。而“濬”字的功能犹如“宫反”、“商反”之“反”，“少宫”、“少商”之“少”，与高、低八度的音区有关。“反”、“少”指高八度，“濬”确如饶宗颐先生所云：“指明最低八度”。

在曾侯乙钟磬铭文中，除了上述在释义上有分歧意见的几个字之外，尚有一些字、词，虽知其然，却又不知其所以然。如〔下二 1〕钟上的“𩐡镈”、〔下二 3〕钟上的“中镈”、〔下二 9〕钟上的“钼”，它们都位于钟正面的正鼓

① 《音乐研究》，1981（1），17～18 页。

② 饶宗颐、曾宪通：《随县曾侯乙墓钟磬铭辞研究》，15～16 页，（香港）中文大学出版社，1985。

部，明显属于五声的异名。从各钟背面钲部的铭文也可推知“[illegible]镈”是“徵”的异名，“中镈”和“铂”是“角”的异名，但这些字的本义，却仍然不得而知。此外，在中层一、二、三组的许多挂钟部件上都有“琥钟”或“傈（槼）钟”的刻文，从“琥钟之下角”、“傈钟之宫角”等行文来看，知“琥钟”或“傈（槼）钟”乃是律名，但就是不明其为何国的律名及其所代表的律高。这些未解明的字、词，期望能者早日给以确切的解释。

饶宗颐

二十世纪学术文集

卷五　宗教学

中国人民大学出版社
·北京·

卷五 宗教学

目录

宗教总说

卷五

目　录

殷代的宗教

由法国远东学院与中文大学崇基学院宗教系和“宗教与中国社会研究中心”合办的大型“宗教与中国社会”研讨会，今天正式揭幕。我很荣幸被邀请作为 keynote speech 的主讲人。我的本行是研究古代文化，我谈一点我对殷代宗教的看法。

《礼记·表记》引孔子论三代制度之异，说道：“夏道尊命。殷道尊神。周人尊礼。”礼已成为制度，周承于殷有所因革。在孔子眼中看来都是“文”的表现（Cultural），和虞、夏之“质”相比是一种进步。他说：“殷人率民以事神，先鬼而后礼，先罚而后赏。”殷代祭祀的烦琐，用刑的残酷，证之甲骨文的记录，与《慎子》、《商君书》所说，都是事实。

《表记》又说：“子言之：昔三代明王，皆事天地之神明，无非卜筮之用，不敢以其私，亵事上帝，是故不犯日月，不违卜筮。卜筮不相袭也。”三代所用的卜与筮，各有一套。今从河南贾湖墓葬出土的埋龟用八之制，可知远古占卜流行已有七八千年之久。三代各有它的易卦编排，形成《连山》、《归藏》、《周易》三易，互不相袭，自是可信。卜筮为神明的代言手续，是本着上帝的意旨来决定的。上帝高高在上。卜筮者绝对不敢用其私意而有亵渎神明之举。《洪范》所说的大同，即指神与人共同的决定，这一通过占卜的决定是神和人，上与下，大公无私的共同公意，所以称之为大同。墨子所说的天志、尚同，其精义亦即在此。

殷代的最高神明是帝。帝是自然的宇宙主宰。甲骨文上帝作合文，特别在帝字上面增二（上）字，可惜只出现四次[①]，而帝的出现则无量次数。在文献上殷代对“帝”的重视，已成为一般习知的事实，试举文献一二例，如《论语·尧曰》引：汤说“余小子履，敢昭告于皇皇后帝”。

牧野之役，《大明》之诗云：“上帝临女，无有贰心。”谆谆警告士民，壹志抗敌。上帝一词，殷已有之。周人是袭用殷的语言来儆惕自己。[②]《大明》这首诗，屡屡被后人引用，亦见于郭店及马王堆的《五行》篇，后来成为祭祀的乐歌。

殷率民以事神，其实殷王亦承认自己是神。《逸周书·谥法解》第一名号是神，其次，是圣，第三才是帝，有如下列：

(1) 神：一人无名曰神
(2) 圣：称善口简曰圣
(3) 帝：德象天地曰帝
(4) 皇：静民则法曰皇
(5) 王：仁义所在曰王

一人之谓神，所以殷王每每自称曰“余一人”。依照谥法的理论，“一人”便是“神”。《文子》引《中黄子》，将人分为廿五等。上等之首为神人、圣人。神人即是“余一人”，可见殷王亦自比于神，自视为神的代言人。近东各地元首无不自视为神，中外同一道理。

周之克殷，取得胜利，主要是能上应天命，周景王时将铸钟，伶州鸠提出一套理论，说武王伐殷的时辰，正合于五位、三所，所以能够取得胜利，这是一种占星学的解释，所谓“人、神以数合之，以声昭之”。

五纪是岁、月、日、星辰和历数。
三所是分野、族系、农星。

五纪之说，已见诸《洪范》。伶州鸠从乐律立说，无非要申明神人之间互相符

---

① 另一条见合一六七〇三。辞云：“七月贞：䛐上帝。”余详《殷代贞卜人物通考》。

② 《书》、《诗》屡言及上帝，《盘庚》下“肆上帝将复我高祖之德”。《周书·君奭》“格于上帝”，《诗大雅·生民》“上帝不宁”、“上帝居歆”。下至《鲁颂·閟宫》歌颂鲁僖公能恢弘周公之宇，亦追溯到“牧野之役，上帝临女，敦商之旅，克咸厥功”的祖先遗训。

应的道理。东汉刘陶上书说：“人非天地，无以为生；天地非人，无以为灵。是故帝非人不立，人非帝不宁。夫天之与帝，帝之与人，犹头之与足，相须而行也。”他指出帝与天、人三者的关系就像人的身体。帝是神，而人亦有灵（性），天是上皇，在人的头上，所以可解头顶为天。从殷代卜辞，证知晚期文武丁时，已称作文武帝。大型鹿角刻辞云：“戊戌，王蒿……文武丁祄。”（屯甲三九四〇）蒿字可读为郊，是祭天之事。《中庸》说：“郊、社之礼，所以事上帝也。”郊指祭天，社指祭地，卜辞每言燎土是祭地，与蒿之祭天，都是事上帝之礼。其时所谓上帝是最高级的宇宙神，实际包有天地而统摄之。

殷人只举出帝与上帝，周人则特别强调天，所以周的易卦改坤乾为乾坤，郊天是在冬至举行，以冬至为一阳之始。卜、筮不相袭，形成各自的制度。周人尊礼，更加制度化。殷、周异制，当以《表记》孔子之语为准则。而“率民以事神”一语，特别是殷文化的特征，证之卜辞，所谓“事神”，正符合事实。

殷既以帝为最上神，是不是可以说他们的信仰是一神论呢？可是，见于卜辞，祭祀的对象还有“五帝臣”、“帝五臣正”一类的主神以外的 assistants，同时亦兼祀山、川、贤、圣及同姓祖先，不是绝对只有一位上帝。周代彝铭上提到的“唯皇上帝百神”一语，百神的存在，分明是一神与多神，兼而有之，一直到后来的道教内容还是一样。所以应该说是 heno-theism，有点像印度吠陀时代的宗教，崇拜一神而不排斥他神，仍然具有 henotic（调和）的特征。

大会主持人劳格文博士，多年来在华南各省进行田野调查，收获极为丰富，以今证古，新的成果，今日在座各位可以共同享受。我在拜读诸家论文之后，得到许多启发，非常兴奋与愉快。谨祝大会一切成功，谢谢各位。

论龟为水母及有关问题

今年是殷墟甲骨出土一百周年。为纪念龟卜的礼制在中国历史上有悠长的光辉传统，本文试从文化学的角度来探索它的神秘性之渊源。

一、远古的龟甲和玉龟

现在所知出土文物中最古的龟甲，要算裴李岗文化贾湖遗址的龟甲，原物现在河南博物院展出。细心观察，龟的“千里路”非常清晰，两翼似经过专人（龟人）攻治，有一钻孔，好像当时曾进行占卜手续。遗物年代属仰韶期，距今约7500—8000年（经碳十四测定，树轮校正）。龟的腹甲上面刻、日二文，涂朱。另有一文则镌于背甲上。墓主人为一壮年人，失去头颅，随葬品有一叉形骨器和八个龟甲，内贮石子，又两支七孔鸟骨制的雌雄双笛，古乐专家测音，认为它的音乐结构是以C为宫，带有变宫、变徵。乐器的出现与古书“伶伦取竹以定律，其管分有雌雄”（《吕氏春秋》）的说法可互为参证。

最堪注意是佩带八个龟甲的“八”数，所谓“节八音而行八风”，是否有关，还很难说。

红山文化亦出玉龟。令人瞩目的安徽含山出土夹在玉龟的腹、背甲中间的玉版，有表示方位九宫形态的图案和若干钻孔，可能用以拴绳，亦可能有些数理关系的意思，学人有许多不同说法，我看后来纬书“神龟负书”之说，或者即由此类事实所引起。

此外，陕西南郑龙岗寺文化1989年出土随葬龟甲六十三件，山东大汶口文化墓地出土龟甲五十三件，大溪文化、马家滨文化等处亦都有龟甲，已见专文讨论，大家已耳熟能详，不用赘述（可参见邵望平的论文）。

附带谈尹湾的汉代博局占，绘一神龟，上面书写用神龟之法，以后左足而右行，并书所值部位姓氏及八方之名。另有六十甲子按六甲排列作一图形，上书“占雨”二字。此一“神龟占”是按右行方向计算日数，看所数到的神龟在什么部位，来定占测结果，为前此所未见之一种杂占。至于《博局占》木牍的背面，上段绘六十甲子，下段五栏记占取妇、问行、问系、问病、问亡等，每行起首有“方”、“廉”、“楬”，至“长”、“高”九字，乃是六博口诀用语，出汉许博昌所著的《大（六）博经》，见《西京杂记》。这类游戏，和“龟”的原有作用和意义，已完全不相干了。

二、龟是地液——生命之汁

印度人举行火祭（agni），必在祭坛之下埋龟。梵文称龟为kūrma，kūr字根kṛ-意思是造作（to make）。梵语龟又名kaśyapa，是地神（Prajapati）的别号，据说它的液流出而变成龟，所以龟被看作地液，是生命之汁。在印度神话里龟的地位甚高，它是水、天、空三界的表征，所以龟在祭祀上有极重要的作用。[①] 婆罗门徒举行盛大祭典时，祭坛之上必要埋龟，是这样的缘故。

龟的《本生》，在南传巴利文藏经中，本生经（Jatāka）之涉及龟者有四：

一七八，龟本生物语，（79）129，kacchapa-jātaka记龟终日取黏土，得预流果。龟喻阿难。佛在拘迦利，王即阿难。（第三十卷）

二一五，龟本生物语，（175）297见《五分律》二五（大正二二，165页下）。（第三十卷）

二七三，龟本生物语，一四五，森林品，记龟姓迦叶，猿姓憍陈如，悟道。（第三十一卷）

三四五，龟本生物语，（139）541，Gaja kumbha-jātaka记祇园见一龟，波罗奈王懒惰成性，见龟终日步而警惕。（第三十一卷）

在相应部经典（第十二卷）：第六，《利得与供应相应》第一品，其三为

---

① 参看F. Stall *Agni*一书。

龟，(226) 333。

巴利文，龟——kacchapa (kasyapa〔梵文〕)，kumma (kū〔梵文〕)。略记一二，以供参考。

三、玄龟与天文学

《山海经》记载玄龟有二事。古代天文学里，把龟安排在北方的方位，作为“水”的象征。又把龟与蛇结合起来，称为“玄武”。《楚辞·远游》云：“揽彗星以为旍兮，举斗柄以为麾，叛陆离其上下兮，游惊雾之流波。时暧曃其曭莽兮，召玄武而奔属。”文中列举许多星辰。作为旗帜，玄武亦是其一。《周礼》九旗，有龟蛇四游，以象星座的营室，营室位于北方，亦名曰“定”。《诗·鄘风》：“定之方中，作于楚宫。”古人观星象来定土功兴作的时候，即所谓“观象授时”。铜器有玄武表座，和这种用途有关。我以前见过陈仁涛金匮室所藏的玄武筒座，满嵌金丝，十分绚美，洛阳出土，为战国时物。高10.5、长10.2、宽13公分（附图），龟蛇之眼用黑颜料及绿松石嵌成，炯然有光。[①] 玄武是龟蛇相交之状，武汉出产有一种动物，龟状之蛇，有人拿它来解释玄武。[②]

随县曾侯乙墓出土漆器上图绘青龙、白虎与二十八宿名，中书一斗字，但没有南方的朱雀和北方的玄武。濮阳新石器时代墓葬蚌砌龙虎在尸骸左右，亦无北方的玄武。舞阳贾湖遗址只有龟甲出土。玄武龟蛇相交的观念应该是后起的事。

张衡《灵宪》记四灵云：“朱雀奋翼于前，灵龟圈卷于后。”《礼记·曲礼上》：“前朱雀而后玄武。”《考工记》云：“龟蛇四游，以象营室。”汉初所封侯爵有玄武侯，为项氏（见《史记·项羽本纪》)。

玄武一名始见于《远游》。何以取名曰玄武？洪兴祖说：“玄武谓龟蛇，位在北方，故曰玄，身有鳞甲，故曰武。”玄武七宿，于二十八宿为斗、牛、女、虚、危、室、壁。此七宿西人分属于人马、宝瓶、英仙三座，而以虚、危为北方主宿。[③]

---

① 见《金匮论古综合刊》第一册。

② 见侯玉明：《湖南石门的蛇龟合体动物》，载《江汉考古》，1986 (3)。

③ 刘操南《古籍与科学》亦谈玄武问题，载哈尔滨师范大学《北方论丛》，1990。

陈仁涛金匮室旧藏铜玄武筒座

玄武表座：似立表以正朝夕，是一座正方位的观象器具。取龟蛇营室之象，负筒于龟背，作为立表，取北方之星座“定”以正方位。

四、龟为水母

古代谓龟为水神。西汉王褒《九怀·思忠》云：“玄武步兮水母，与吾期兮南荣。”王逸注：“天龟，水神。”盖古来有龟是水母之说，北方属水，故被以水母之名。

《管子·水地》篇云：“龟生于水，发之于火。于是为万物先，为祸福正。”所谓发之于火是指用火灼龟，而后呈兆。《礼记·杂记》：“龟，阴之老也，蓍，阳之老也。龙非水不处，龟非火不兆，以阳动阴也。”可知发于火即指灼兆。李颙《龟赋》云：“质应离象，位安坎居。”说明龟的本位在于坎水，而必用离火，而后呈象见灵。

北方玄武旗帜为龟蛇四游。刘熙《释名·释兵》：“龟蛇为旐；旐，兆也。龟知气之吉凶。”龟能知气，亦能行气。《史记·龟策列传》记支床龟的故事云：“龟能行气导引。”故有所谓“龟息”，行气时学龟呼吸的方法。

龟既被视为能知气之吉凶，自古以来，施之于占卜，故有“大宝龟”（《尚书》）、“元龟”（《鲁颂》）、“神龟”、“灵龟”（《尔雅》）、“龙龟”（《山海经·北山经》）诸名号。龟以享年长久（《御览》引《洪范五行〔传〕》：“龟之言久也。”任昉《述异记》：“龟一千年生毛，寿五千岁，谓之神龟，寿万年曰灵龟。”），受到人们尊重。它可说是代表时间的总体，形成中国人长寿（Longévité）观念，为世俗共同祈求的福、禄、寿三者之一。

由于龟生于水，有“水母”之称，这和印度人视龟为 prajapati（地母）及地液，有点相似。龟能知气，而龟与筮同施于占卜，画卦始于伏羲氏。故《庄子·大宗师》云：“伏羲得之，以袭气母。”气母与水母想都与龟有关系，是很值得考虑的。

《文物》，1999（10）

大汶口“明神”记号与后代礼制

——论远古之日月崇拜

人类太渺小了！在地球上，人们面对着空际恒星沙数的星辰，可喜可愕的现象太多。地球自转一周成为昼夜。生物从太阳吸取光与热，没有太阳，宇宙只是黑漆漆一团昏暗。历史上各种各样的人虽各拥有不同的信仰，无不崇奉太阳神，巴比伦的 Marduk，埃及的 Ra，即其代表神明。所以太阳崇拜成为人类学、古神话学的一个重要课题。

吾国古代太阳崇拜的事实，见诸近年考古所得的材料非常丰富，西北彩陶系统，陶器上绘画：☼分明是太阳带光芒状，有人谓是表示极光。[①] 半坡遗址有②符号。内蒙狼山岩画上有⊙○图文。东南方面河姆渡最动人的双凤朝阳象牙雕刻，报告称：“在正面部位用阴线雕刻出一组图案，中心为一组大小不等的同心圆，外圆边雕刻有似烈焰光芒，两侧雕有昂首相望的双鸟，形态逼真，同时还钻有六个小圆孔，长 16.6，线宽 5.9，厚 1.5 公分。”[②]

郑州大河村遗址出土的彩陶钵周围绘有十二个太阳文作☼状，另出土有的陶片在太阳两边作对称的弧形，可能是表示日气的晕珥。

以上是重要的例证。

自从 1959 年在山东泰安县与宁阳县交界，发现大汶口文化遗址，大汶口

① 参见《河南文博通讯》所载《谈谈郑州大河村遗址出土的彩陶上的天文图像》。

② 参阅《浙江河姆渡遗址第二期发掘的主要收获》，载《文物》，1980（5），《河姆渡的原始艺术》，载《文物》，1982（7）。

陶尊上刻画的符号，引起古史家热烈的注意，解者不一其说。笔者拟从另一角度加以考察，现在先要讨论的是时、地问题。

（一）年代：陶文年代经过多次的研究，应该属于大汶口文化的晚期，碳素年龄当为 2780B.C. ±145，自然可确定为殷以前的记号。但不会是六千年前的遗物。

（二）地点：陶文出土地址的范围，恰为古代“汶上明堂”所在地。《魏书·地形志》：泰山郡奉高有“岱岳祠、玉符山，故明堂基”。

时、地既定，然后可以进一步详细探讨。

我于 1980 年冬天，旅行山东，由济南至曲阜，上泰山，经过大汶口，得到山东博物馆及当地考古人士的款待，沿途参观出土古物，得知大汶口后来又进行发掘，收获甚丰，据称前后发见的刻画符号，多至十九文，计有十一个不相同字形的符号。这些新材料至近年才正式公布。[①] 各符号中以刻有日轮形的最惹人注意。北京历史博物馆展出的莒县陶尊，附以说明，解释这一图形是日、月、山三者组成之形。山东博物馆陈列同样展品，但不加说明。这一图文，实际上有五种不同形状：

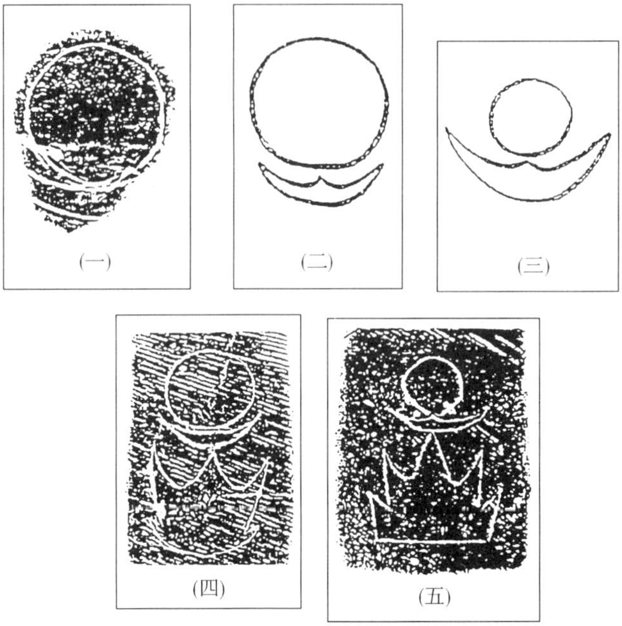

（一）（二）（三）（四）（五）

① 见王树明：《谈陵阳河与大朱村出土的陶尊文字》，见《山东史前文化论文集》，1986；参李学勤：《论新出大汶口文化陶器符号》，载《文物》，1987（12）。

第（四）、（五）可说是繁体，下部之，很难说是“火”字，却像山岳之状，分明出自后来所增益。有人认为它是文字，或释为旦，或释为炅，似皆不确，我想还是把它作为一个符号来看待较为合理。庞朴先生在《火历》一文中认为是日月与火（星）三者合一的标记，他没有注意到作是别一种繁形，它原来只是作而已。又有几件玉器可为佐证。

（一）北京历史博物馆从山东人尹世安购得的巨型碧玉琮，高达 49.2 公分，其上端正中刻有阴线形纹饰与大汶口陶尊同形。①

（二）美国 Freer Gallery 藏良渚文化时期之玉璧。其纹样如下图②：

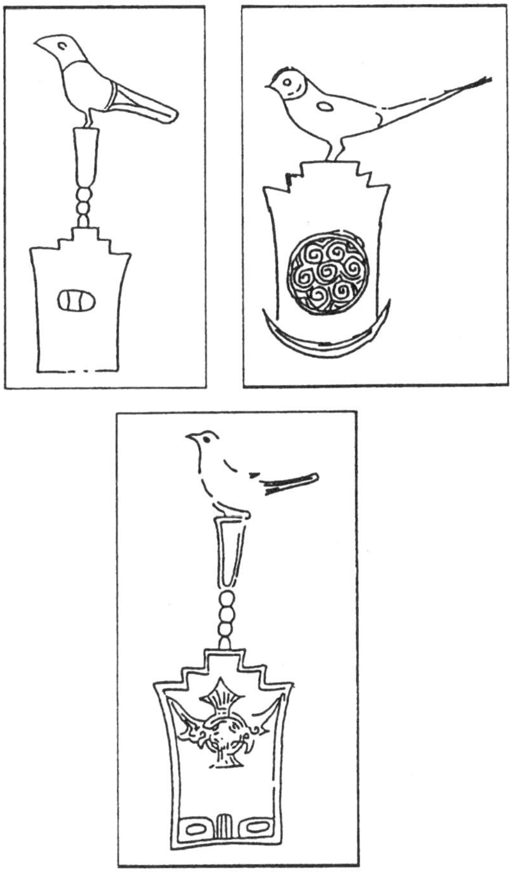

① 见石志廉：《最大最古的纹碧玉琮》，载《中国文物报》，第 57 期。

② 见林巳奈夫：《中国古代的酒瓮》，载《考古学杂志》，1979（65：2）；参阅 Epigraphia Zeycanic Vol. Ⅲ，Part 6 pp. 312-325 by S. Daran Avitana。

在鸟立之下面作形状的外框，三件玉璧完全一样，这个形状实际即是大汶口的符号在之下所增的，细察其形，很像祭场的坎坛；亦可指日月升起的山岳或高丘，而不是火；其太阳内部带雷纹之图形，当然是日，底下之，则显然是月了。这可能表示日月合璧的象征。

从上举玉璧和玉琮的图纹看来，和应是这一符号的原形。以良渚玉璧验之，解为日、月是合理的。

综观大汶口的图形（一）和（四）在日轮的下面都作状，没有把月牙稍作突起，和良渚玉璧这一图纹相同。

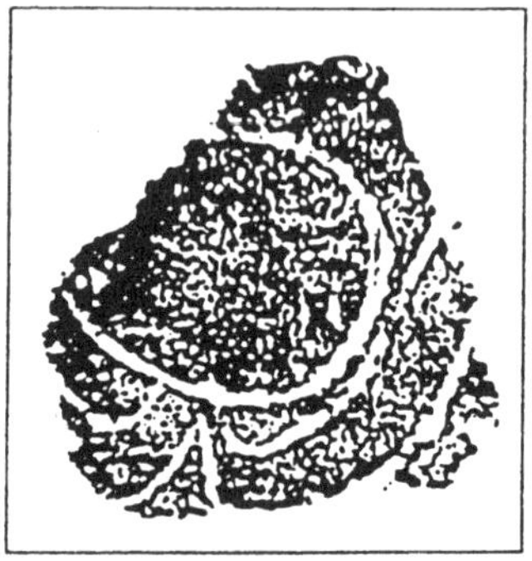

大汶口还有一个残文（见上图）。日轮下面似作，这是变形，而是以日轮为主。我们可得到下面主要结论：

（1）从上面这些图形看来，还没有加以规范化，符号随时任意写变，可见它决不是文字。

（2）有两种主要形态，一是以日轮为主体，一是合日月二者为一，而以新月作为日轮之下体。

古代称日为大明，《广雅·释天》：“日……一名大明。”故天体的崇拜对象，还是以日为主体。《御览》引刘向《洪范传》：“日者，照明之大表，光景之大纪。……”其说虽晚出，正充分说明古代人们视太阳作为天象主体的具体反映。

我们看锡兰有一地方石刻镌有形，说者谓是象征日与月，表示日月之恒久，此石刻年代证实是公元 1165 年。

又西藏有一记号，亦是表示日月。袁宏《后汉纪》言“明帝梦见金人长大，顶有日月光”。故日月光复为佛像之象征，虽属后起，都可作为佐证。“日月如合璧”在古人观象的经验里是非常宝贵，会给人带来吉祥的征兆。

故知大汶口这一的图形决不是文字，只是一个吉利的符号，或表示陶器拥有者具有与“日月齐光”的权威。日月亦被称为“明神”（见下文），这一符号似可看作“明”字的前身。

大汶口文化带有刻文记号的陶器，多出土于离海百许里之陵阳河的丘陵地带，即沭河与潍河上游地区的莒县大朱村。汉时封朱虚侯刘章为城阳王，都莒，即邑于此。

太阳崇拜在埃及与西亚的圣书和图形文，都作太阳上升状，与大汶口符号很相似。埃及作（orc（e）d̲w 沙地高山）示日在地平线之上——表示阳光照耀及每日之重光（to identify with the Sun’s daily rebirth）。

西亚苏末文字，是日形，音 utu，示日升于山上，指日神 Šamaš。

utu 的字形与大汶口亦很接近，出于公元前三千年的 Uruk 遗址，西亚日神称 Šamaš，其最上神 Marduk，即由 Ma（Accadian 文为儿子）＋utu，意为太阳之子。秘鲁亦称其王为太阳儿子。

刻绘这一符号的陶尊相当高大。有的高达六十多公分，有人说是礼器，近时陶尊被确认为酿酒工具，由于一二件其上显然有漏水处，详细还待研究。

大汶口遗址延续二千多年，所出杯、觚、豆等都为高足器，高足为其共同特征。据邵望平报告：“在大墩子墓地发现陶尊的早期墓地 M 四四，其墓主人体躯高大，骨骼很是粗壮。”东方民族古称为“长”，《史记·五帝纪》：“唯禹之功为大……”说“东长鸟夷”。《说苑·修文》篇作“东长夷鸟”，《楚辞·招魂》“长人千里”，故其人种特别高大。良渚玉璧三件既刻日月图纹，复有立鸟于坎坛上，其坛三层，即是三成。证之河姆渡的双凤朝阳的纹样，这些显然是东方鸟夷的遗俗。《秦本纪》载：

> 秦之先，帝颛顼之苗裔曰女修，女修织，玄鸟陨卵，女修吞之，生子大业。大业取少典之子，曰女华，女华生大费，与禹平水土。……大费生子二人，一曰大廉，实鸟俗氏。

陕西秦景公墓出土巨磬，其铭辞有云：“高阳有灵，四方以鼏平。”秦人同祖颛顼，其先世曰鸟俗氏，亦鸟夷之一支。玉璧上的立鸟可能是象征“玄鸟”。大汶口文化和良渚文化古代已有交流。

岱庙

古人习惯东方迎日东升。《尧典》所说“寅宾出日”是其礼也。秦、汉礼日之处在山东成山。《秦始皇本纪》“过黄腄，穷成山，登芝罘”，刻石颂德。《汉书·武帝纪》：“秦始三年幸琅琊，礼日成山。”《郊祀志》作盛山。成山即山东滨海尽处，所谓山东山嘴，知古代祀日在山东滨海处举行。陶尊出于莒县，其地相去不远。环泰山为中心即祀日所在地，古明堂在焉。所谓“汶上明堂”也。汉武帝封禅还，降坐明堂。《武纪》臣瓒注：“泰山东北址古时有明堂处”（详王先谦补注）。我人游岱庙，庙中壁挂图片，有汉明堂遗址，可见其概（见前图）。隋文帝开皇十五年，行幸兖州，遂次岱岳，为坛如南郊，又壝外为柴坛，为埋坎二于南门外。拜岱山必置坛坎，向来礼制如此。

日出于东而没丁西。楚辞诸神，有东皇太一、东君（土逸注“日神也”），又有西皇（《离骚》）。《封禅书》列齐地八神，有日主与月主。汉《郊祀歌》十九章，四时天地之外，其第九为《日出入》，盖为汉时郊庙祀日之歌，其辞曰：

日出入，安穷时？世不与人同，故春非我春，夏非我夏，秋非我秋，冬非我冬。泪如四海之池。遍观是邪为何？吾知所乐，独乐六龙，六龙之调，使我心苦。訾黄其何不来下？

《易》乾卦言“时乘六龙以御天”，《郊祀歌》用其语。祀日而不及月。“日出入”一词乃袭取殷代礼制，甲骨刻辞中，常见“出日”、“入日”的记录，举例如次：

戊戌卜内：呼雀𢦏于出日，于入日，宰。（合集六五七二即丙编一七一）

……其入日，㞢（侑）……（合集一三三二八）

丁巳卜：又出日，丁巳卜又入日（佚存四〇七）

癸未：甲申，出入日，岁三牛，兹用（南地八九〇）

乙酉卜：又（侑）出日入日（怀一五六九）

卜辞又有“王观日出”的事，如：

王其雚日出，其戠于日，刚。弜刚。（《小屯·南地》二二三二）

“出入日”可以合言，或分言出日、入日。殷代祭日之礼，用牲三牛，仍复用羊。《尚书·尧典》“寅宾出日”、“寅饯纳日”，今文作“入日”，此句《史记》即译作“敬道日入”，与殷刻辞相同。史公译寅饯之“饯”字为“道”。今观大汶口刻有8记号之陶尊，形制硕大无朋。周礼司尊彝云：“其朝践用两大尊。”郑注：“朝践谓荐血腥。”祭日用大尊，而殷人于出入日有“岁牛兹用”之语，则践似宜读为朝践之践，即指用牲。梁博士明山宾著有《明堂仪注》，说载隋书礼志。

卜辞所记的出入日，有人认为似乎不是一日之间迎送日神之祀典，而是春秋二分的朝日夕月的典礼。（见宋镇豪《甲骨文出日入日考》，《出土文献研究》33页。他从丙编一七一武丁卜辞中所记的日辰干支，推断其祭礼确行于春秋相关的月份，证明殷人对于春、秋分已有充分的认识。）

伏生《尚书大传》论“寅宾出日”是春分朝日，郑玄亦解出日为春分朝日，与伏说同。纬书《尚书帝命验》云：“秋冬欲早息，故令民候日入而息，是谓寅饯纳日。春迎其来，秋送其去，无不顺之。”

周人用殷礼，祭日月成为国家盛典，谓之“朝日夕月”。《周语上》：“古者先王既有天下，又崇立上帝、明神而敬事之，于是乎有朝日夕月。”韦昭注：“明神，日月也。”由于“悬象著明莫大于日月”，故称二者为明神。马王堆三号墓文书有云：“王期答秦昭王，必朝日月而歙其精光。”《九歌·涉江》云：“与天地兮比寿，与日月兮齐光。”自皇古以来，对于日月崇拜，有许多歌颂之辞。因为他们是明神，可与上帝并列，故作为王者敬事的对象。其祭祀场所，谓之“明堂”。故增或之形，作为封土坎坛之象。大汶口的和良渚玉璧的，如果确为日月合璧的形状，作为“明神”看待，是很合理的。

《鲁语》穆伯之妻敬姜论民劳之义，言及天子“大采朝日，日中考政；少采夕月，日入盟九御”。韦注正取春、秋分为说，表其事如下：

春分	朝日	大采（此为地德）阳政
秋分	夕月	少采（此为天刑）阴政

周代朝日夕月，在春分秋分举行，《大戴礼·保傅》篇：“三代之礼，天子春朝朝日，秋暮夕月，所以明有敬也。”这是周代的礼制。

殷卜辞有一条残文云：“……卜……子风……采，雨……入日，戊……”（合二〇九五九）原见小屯乙编。姚孝遂《类纂》此类例在“入日”项下，而释文作“六日”，疑“六”字乃“入”之误。如释为“入日”则“采”之上残文，应是“少”，即《鲁语》所说秋分夕月少采的三采，可惜文字过于残泐，不敢十分肯定。

春分朝日，秋分夕月之礼，后人没有彻底施行，诸多变革，遂引起礼家热烈的争论：

《礼记·玉藻》：“玄端朝日于东门之外。”据孔颖达疏：“古天子迎日之礼有二，一建寅元月迎日于南郊；一春分迎日于东郊。”《尚书大传》文兼举之而云：“正月朝迎日于东郊，祀上帝于南郊。”与春分迎日同。

《隋书·礼仪志》二：“礼：天子以春分朝日于东郊，春分夕月于西郊。汉法不俟二分于东、西郊，常以郊泰畤，旦出竹宫，东向揖日，其夕西向揖月。

“魏文讥其烦亵，似家人之事，而以正月朝日于东门之外，前史又以为非时。”

又，“明帝太和元年二月丁亥，朝日于东郊，八月己丑，夕月于西郊，始合于古。

“后周以春分朝日于国东门外，为坛如其郊，秋分夕月于国西门外，为坛于坎中，方四丈，深四尺，燔燎礼如朝日。

“开皇初，于国东春明门外为坛，如其郊。每于春分朝日，又于国西开远门外为坎，深三尺，广四丈，为坛于坎中，高一尺，广四尺，每以秋分夕月。”（中华本，140、141 页）

《通典》卷四十四“朝日夕月”条，以为祭日月，岁有四：

(1) 迎气之时祭日于东郊，祭月于西郊（按此用《尚书大传》）；

(2) 二分祭日月；

(3) 郊之祭，大报天而主日配以月（按此为郊时祭月，出《礼记·祭义》）；

(4)《月令》：“十月祭天宗，合祭日月。”

汉世改周法为日拜之议，证以《后汉书·礼仪志》：“每月朔前后各二日……牵羊……以祭。”魏文帝诏云：“汉改周法……然旦夕常于殿下东向拜日，其礼太烦，今采周春分之礼，损汉日拜之仪，又无诸侯之事，无所出东郊……其夕月文不分明，其议奏。”此为极大之改革。

日、月之祭，六朝人有详细讨论，最要紧文字为《南齐书·礼志上》：“永元元年，步兵校尉何佟之议。”何氏引《礼记》“朝事仪”一条：“天子冕执圭尺有二寸，率诸侯朝日于东郊，所以教尊尊也。”（又见魏文帝诏引）甚有参考价值。

唐时，春秋二分朝日夕月于国城东西，各用方色犊。时人加一祀，称曰祀朝日。柳宗元非之，著《祀朝日说》（《柳河东集》卷十六），他引用经典的语句，以证明古时旦见曰朝，暮见曰夕，如礼记“日入而夕”，《左传》言某某夕，夕见曰夕，兼用作动词。我们看大汶口十九件陶尊有三件在下部刻有夕字，向来未明其意思，我怀疑这几件大尊，可能后来曾被作为“夕月”时的礼器。故刻上此号来表示“夕”之用。是举行“入日”典礼时之用品。

汉《郊祀歌》的“日出入”，没有把出日、入日分开。汉法不行周制，只在郊泰畤时，旦出竹宫东向揖日，同日之夕，复西向揖月，把分开在春秋分的祭祀日月的大典，同在一日中举行。又旦夕常于殿下揖日月，故被讥为烦亵。殷礼的出日入日，只言日而不及月，亦可能如汉代之烦渎，为每日朝、夕之祭，由于史料过简，仍待证实。

大汶口陶尊的年代是公元前 2700 多年，《大戴礼 · 五帝德》及《史纪 · 五帝纪》都说："帝喾历日月而迎送之。"《尔雅》："历，相也。"王聘珍解诂："相日月之出入而察之，寅宾寅饯，故曰迎送之。"大汶口遗址和帝喾时代相当，由陶尊上刻日月明神，足见此说之有据。

祭日祝辞，古多有之。《尚书大传》载东郊迎日辞曰"明光于上下，勤施于四方，旁作穆穆"。陈寿祺谓此三句为古语，成王取以赞周公，亦见《洛诰》，多"迓衡不迷"一句。魏文延康元年诏书引此"迓"字作"御"。古代祝辞存者甚少，《文心雕龙 · 祝盟》篇云："是以庶物咸生，陈于天地之郊，旁作穆穆，唱于迎日之拜"，亦引载此辞。埃及对太阳神之崇拜更为热烈。Aton 是圆形的太阳，为宇宙唯一之神，其颂诗见《有关〈旧约〉之近东古代文献》，369—371 页。希伯来文学颇受埃及之影响，其太阳颂于《旧约》第 104 号赞诗可以见之。

朝日夕月之义，后来又为道教所吸收，《全真隐诀》引裴真人说：左目为日，右目为月，故云："君欲为道，目想日月。"道教科仪中的存思法，存思日月之光。陶弘景道书言日月为郁仪，结璘，如云"太上玉展郁仪，结璘奔日月阁"（《道藏》十一册，艺文本）。《黄庭经》言"出日入月"，则以日月对言，不似卜辞之称出日入日，其义更为后起，故一并加以讨论。

大汶口记号至今解说者多家，大都从甲文字形加以比附，即辨审字形亦多未的，有讨论之必要。吾人从莒县大朱村陶文日形之下确是作，月牙中间没有突起，其为月形十分显著。至于火字，甲文大都作，火焰有三道，金文火字如庶字之下方，有下列诸形：

　　（《金文编》，523 页）

未见有作五道火焰者，而金文山字，除一般作及形之外，只有一作（《金文编》，520 页），故知必非火字，李学勤谓是五峰，而释为"山"，读为"炅山"二字。余谓甲文丘作，以此例之，释山自较妥当。丘与山都可指高处，为致祭场所。《广雅 · 释天》："圆丘大坛，祭天也。……坎坛，祭寒暑也，王宫，祭日也，夜明，祭月也。"王念孙《疏证》："寒于坎，暑于坛，王宫，日坛，王，君也，日称君；坛，营域也，夜明亦谓月坛也。"则及亦可说是祭日月之坛。后人分别称之为王宫或夜明，此为远古明神之祭处；

故有明堂之称。古礼朝日于东郊，为坛则如其郊，其坛与坎，《隋书·礼仪志》所载，各代不同，其高皆数尺，方广不止一丈。以此可推测良渚玉璧镂绘乃三成之坛，可无疑问。殷契明字或作（合集一八七二六正，参《类纂》，440 页）。不从日而从目。良渚鸟形玉璧其一中刻“”形，知古人有时借“目”为“日”，意者以日在天中，如人之眼睛（《太平御览》三引任子云“日月为天下眼目，人不知德”，古有此说）。故明字又可以从，其例正同。

今定大汶口陶文为日月之合形，其新月形即日轮之座。盖古代以此为吉瑞，易纬《坤灵图》：“至德之萌，日月若连璧。”自帝颛顼之世，已“历日月而迎送之”，此一习俗由来已久。山东滨海之地，以泰山为中心，自古为帝王封禅之地，七十二代靡有同者。唐初杜正伦行泰山上七十二君遗迹（见《唐书》卷十四），惜今皆无可考。其地又有“汶上明堂”，迎送日月或于此举行，其典礼一向不可知，寅宾寅饯，杀牲衅祭，今从大汶口陶尊合以卜辞记载，可推想其髣髴。此记号陶尊刻在显著地位，诸城前寨陶片之残片，刻画的轮廓线上且涂朱，必有不寻常之意义；复于良渚玉璧刻画符号，更获坚证。知祀日月之典礼渊源远自皇古，爰为连类考索，以见历代礼制嬗变之迹，治古史者或有取焉。

1982 年稿，1989 年 12 月改定

中国文化史上宗教与文学的特殊关系

宗教一词意义出于对神虔敬的表示，西周彝铭中有“敬德”一词可以比方。人的宗教理想（ideál religceux）是“法”Loi（希伯来称 forah）——神的秩序（ordre divin）的认识与奉行，神的意旨（volonte divine），其本质就是正直、公道（justice 希伯来称 sedhek）。殷代龟和骨的占卜刻辞，最新统计近六万片，几乎每片都出现“贞”（⾙）字亦写作鼎，贞是“问事之正”，指通过占卜手续，由神的指示取得“正”的答案。

一般把它只说作“问”，而忽略了“正”之终极一义，只是片面的理解。吉的占卜叫做“恒贞”，在《包山楚简》中“恒貞（贞）吉”的成语，比比皆是。“恒贞”又称“永贞”，是太祝所冀求的神所宠赐的福祉（bénédiction 希伯来称 berâkhâh）。所以“贞”的含义可相当于 sedhek，是殷周以来占卜神学上一个极重要的观念，我另有专文《贞的哲学》讨论之。

中国原始宗教上事神的角色，依照楚国观射父谈话的分析，有宗、祝、巫、史四种重要人物。表之如下：

宗—— 管上下之神祇、氏姓所出。《尚书》，伯夷作“秩宗”，即此。

祝——即大祝，能知山川之号、宗庙之事，《周礼》说“大祝掌祈福祥”。《说文》：祝，祭主赞词者。

巫——主接神。

史——主安排神的位序。（《楚语》“家为巫史”句韦昭注）

祝的地位较高，须有先圣之后之有光烈者“方可充任”，他的职掌最接近文学之事。《周礼·春官·大祝》下云：

> 掌六祝之辞，以事鬼、神、示，祈福祥，求永贞。六辞者：祠、命、诰、会、祷、诔。

殷卜辞里面，宗、祝、巫、史等官名均出现、足征其说之可据。大祝负责六辞，由他执笔拟撰赞词来“求；恒贞”而取得福祉，六祝之辞共有六种文体，都和祭事有关，这即是中国文化上文学与宗教特殊关系最深之一例。六种文辞已有孙诒让的《周礼正义》的详细考证。现在可以补充的有不少出土的文书可以帮助解说。

祠：《说文》：“春祭曰祠。品物少，多文辞也。”像秦简有“马禖祭祝辞”。

命：铜器铭文中有“出厥命”一类字句，如“永盂（西周恭王器）叠见之”。——此例极夥。

诰：如《何尊》（成王时器）前言“王鼒宗小子”下言“廷告于天曰……”结云“王咸鼒”。鼒即诰的异文（用唐兰说）。此铭可说是诰辞之具体例证。《尚书》中的《盘庚之诰》、《大诰》、《康诰》均是。文内有时渗用“乌虖”（鸣呼）之感叹词，是带警惕性有浓厚情感的文书。

会：指会盟、誓戒之文，如《侯马盟书》、《诅楚文》之类。

祷：铜器铭辞之末，多系祝嘏祈永命之语。如《㝬簋》其例常见。

诔：对死者之纪念文字。《左传》鲁哀公之诔孔子是有名之一例（哀十六年）。

大祝的六辞可说是祭祀文学，祀与戎是国之大事。曹丕说过“文章，经国之大业”，这一类配合国家典礼的文学作品，在古代大都出于太祝之手，是“经国”性质的文章，可惜文献资料保存不多。现在出土文书的长篇文诰，像《墙盘》的历述先德，《中山王䜌壶铭》的告诫嗣王，都是语重心长、词严义正的作品，与《尚书》典谟训告之文可相媲美。

中国文学的主要观念，最早为人提出的要算“志”和“德”二者，“诗言志”之为中国文学思想的最早观念，一般文学批评史言之已详，为大家所熟悉；太祝六辞中的诔，亦是“道志”的文字。《墨子》说：“诔者，道死人之志也”（《鲁问》篇）。“诗言志”指生人借诗来表达自己的意向，是作者的感受通过韵文的诗来表现；“诔道志”则是代死人来称述，剖明死者的内心之所寄托。有时诔与谥一样为君对臣属死后的一种评价。不过谥与诔不同，诔以道志而谥以表“德”。诔与谥是对一个人死后的总结性的称述，有褒有贬，要恰如其分。孔子死后，鲁哀公对他的诔词有些不妥地方，引起孔子学生子贡有“失志为昏、失所为愆”的非难和讥议。因为不能把孔子的志业说得恰切的缘故。古代文学，言志之外还有述德一端。《春秋传》云：“诸侯相见，号辞必称先君”，彝铭多数称述先德。最好之例证像西周的《师訊鼎》先言：“臣朕皇考穆王，用乃孔德、余小子肇淑先王德、夙夕尃由先祖剌（烈）德”，又云“皇辟懿德”，“用厥剌祖卩（节）德”。连续用许多德字作为“leitmotiv”。“德”观念的出现可追溯到夏代，《墨子》引古文尚书《禹之总德》云：“不慎厥德，天命焉保”（《非命》下），《尚书》言皋陶迈种德。到了西周“敬德”一词成为普遍套语。《墙盘》说：“上帝降懿德”，美德是上帝所降给的。《周书》警戒王者失德则天命不能保，似即发挥夏代尚德的旧训。个人方面亦以敬德为主，谥即所以表其德，把一生的积累德行作一总结。子孙对先人的德行必须永远不忘记作为榜样，所以文学上亦产生了“述德文学”，与“言志文学”并行，后代陆机的《述祖德赋》、谢灵运的《述祖德诗》，便是它的支流，谈中国文学观念的人，只谈言志而没有谈述德，这是很遗憾的！

文学对于死者的称述与祭礼及丧礼有密切关系，《荀子·礼论》云：“祭祀，敬事其神也，铭、诔、系、世，敬传其名也。”这些铭诔文章原属丧礼的一部分。《楚辞》的《招魂》、《大招》亦然。刘勰说：“《招魂》可谓祝辞之组缅也”。它是对死者的追悼文字，应亦是与述死者的志之诔辞同属大祝的文学的体系，有人称之为巫系文学，巫只是为死者招魂而已，不同大祝之主司文学，其说不甚妥当。刘师培谓“中国文学起于巫祝之官”，只说中了一半。

中国原始宗教的规律与生活，儒家之说，以一个“礼”字概括之，礼本是一种事神致福的社会性行为。礼制为祭祀、会盟、宴饮、朝聘等等系列划分等级的仪节。古代的主要祭品有“二精”之说，二精即指玉和帛。禹会诸侯于涂山，执玉帛者万国，玉和帛为助祭献礼的精品（韦昭注：“明絜为精”）。玉在古代是礼器，近年出土之丰富，从辽宁红山至江南良渚，所出品类之夥且精，证明《礼》书《山海经》祭祀与仪节用玉之可信。《逸周书》记纣自焚后周人俘获胜利品，玉即有198 005件（《世俘解》），近时江西新淦大洋洲商墓出土大小玉器有1 072件。足见非夸大之言。浙江反山出土一套两端镶玉的卷布轴，证明当时麻葛类丝织物已广泛地存在，帛的应用必定相当普遍，二精之说是可信的。

礼与乐的产生都与祀神有关，《尚书·尧典》云：“有能典朕三礼，佥曰伯夷。”故以伯夷主秩宗之官，故《郑语》称其能礼于神以佐尧。这时所礼之神，当然包括自然神和宗族神。乐律在中国发生可追溯到七千年前的裴李岗文化，河南贾湖墓葬出土十六支骨笛，有的上有七孔，经过精密测音，证明当日已使用七声音阶。山西龙山文化的陶寺（公元前2500—前1900）出土鼍鼓、土鼓和特磬（相当于夏代），其时音乐已有高度成就。《吕氏春秋》引孔子说：

> 舜以（夔）为乐正，夔于是正六律和五声，以通八风。……舜曰：夫乐，天地之精也……惟圣人能和乐之本。

《尚书·舜典》说：

> 八音克谐，神、人以和。

舜以乐施教，和悦神人，共致和谐的境界。舜的先祖虞幕，“能听协风以成乐”。父为瞽叟，又是乐正，知其学有渊源。似乎这个时候，“乐”比“礼”还来得重要。由于乐律智识的早熟，古代必有一段时期用乐设教取得神人的和悦。为了配合音乐，依律和声，遂有“诗”的产生，《诗经》的颂，即以美盛德之形容，以其成功告于神明的作品，这亦即中国文学和宗教有特殊关系之又一例证。

灵龟的信仰，在七千年前贾湖遗址出有加工龟甲上刻三个类似甲骨的文字，安徽含山凌家滩的玉龟中置玉版，说明龟卜文化源远流长，非始于殷人，显示其尊神及率民事神的程度。所有祭祀活动的记录，一言以蔽之，无非是占卜文字，“占”亦是文章之一体。刘勰已言之。殷代龟卜之外，还有筮卦，用数字来表示阴阳。殷代已有六十四卦，镌刻于各种骨、石、陶、铜器之上。马王堆帛书的《周易》，卦名与卦序与今本不同，例如乾卦作键，键是锁之牡者（阳性之key），因为乾坤是易的门户，辟户为乾，故借键为之。卦的命名包有抽象与具体的相生相反的对比意念，充分运用文学上的比兴之类推思维方式。“比”是譬喻（analogical mode of thinking），兴是借具体事物以引起他人的警悟、理解。比与兴二者大量引用间接的隐喻，而非直接的换喻，以义类推。一卦可代表许多事物，引起占卜者高度的联想作用，易卦的推理几乎是一种文学手段。古代中国占卦而外又有占梦，与巴比伦相同。《周礼》太卜所掌又有："三兆、三梦以觇国家之吉凶，以诏救政"。三兆等原亦有颂，皆千有二百，应该算是文学作品，可惜都已久佚不传了。

占卜文学在古代宗教记录是一大宝库，殷、周人占卜不止用一种，何以既用龟卜，同时又要筮卦？它的道理，在《洪范》中有详细的说明。目的在取得天和人一致地同意，名曰"大同"。凡谋事必卿士从、庶民从、龟从、筮从，几方面都取得 agreement，天、人共同支持，然后决定执行。《洪范》一文过去受到许多人的怀疑，现今细读，与出土资料尚是吻合。

殷代繁冗的祭祀及占卜手续，到了周人手上，加以重大改革。殷有统一大神，即帝与上帝作为一切自然界的主宰。周人似乎取自夏人所尊的"命"再与"天"结合，提出"天命"观念来证明他代殷取得政权的合法性。（马王堆帛书《经法》云："黄宗受命于天，定立于地"，则溯源至黄帝。）强调有德然后有位，失德必失其位。西周文诰处处发挥这个道理，"天"的地位和"天"对人的影响力至此得到绝对的确定。"天示象，现吉凶"，天地间灾异现象的产生，由于人主有过失故天显示凶的预兆，王者如果能修行德政可以补过。《周礼》所谓"以诏救政"，"救"即是"补救"的意思。这样叫做"救政"，当时人们相信天人之间有绝对的因果关系。

周人采用尧的礼教，大大楬櫫礼的重要性，一切人事活动的秩序以礼为核心。《礼记》称"周尊礼尚施"，和殷人的"尊神（尚祀）"、"先鬼而后礼"这是宗教施为上的一大转变。孔子本是殷人后裔，但他奉承周人之教，处处以礼为重，他说："吾从周"。他作《春秋》即是"博文约礼"的实践表现。《左传》注家都认为孔子修《春秋》，约以周礼，意思是说：按礼以正之，以定人伦之是非。《春秋》之文字极为简质，其恉数千，即是"约之以礼"的实例。可是孔子说"天道远人道迩"，舍其远而取其近，《论语》中"天道"只有一见，孔子所重在于人事道德行为，宗教意味已大大减少。马王堆本《系辞传》后面有《要》一章，记孔子与子贡的问答，孔子说他之学易和卜筮者不同。他说："我观其德义耳"，"吾与史巫同途而殊归"。孔子学易归宿于"德义"。注重在义理方面，这是他学易的态度。儒家自孔、孟喜欢谈仁，以人学为主，他们没有建立宗教的野心，使到后来儒家始终不能成为正式的宗教。

"道"的抽象观念，兼有天人而义较浑圆，可以训始训大训虚训理，《管子·心术》："虚无无形之谓道。"老子云："有物混成，先天地生。""字之曰道，强为之名曰大。”故张揖《广雅》中训“大”之字，道排列于首位，在天地之前。《庄子·缮性》：“道，理也。”帛书《经法》最后一篇为《道原》，描写宇宙生成的起讫，始于“恒无”而终于“恒一”，提出一为道之本。又《成法》篇云：“一者，道其本也。”后来因有“大一”一名之产生，“主之以太一”是老、庄共同的主张。到了淮南子遂作《原道》篇，他又说：“浑沌为朴未造而成物谓之大一”（《诠言训》）。这一派形成道家的主流，他们竟把儒家的礼、乐说成“出于大一”，如《吕氏春秋·大乐》和《礼记》的《礼运》都有同样的说法。以后大一给神化了，可以下行九宫。这是道家的统一抽象神，比“帝”又推进一步了。

还有从天地间的大气体会出来，以“气”是万物的动力的说法。庄子说：“伏羲得之，以袭气母。”《说文》：“羲，气也。”羲的本义即是气。《楚帛书》气字作槩，伏羲作雹戏，《易传》以为画卦始于伏羲，又谓“一阴一阳之谓道”。伏羲是元气的创造主，以后易学家及道家无不尊伏羲为祖师。

道和气两个抽象观念，后来文学家都充分加以利用，刘勰著《文心雕龙》首列《原道》，云：“圣因文以明道。”唐代韩愈亦著《原道》。他的朋友柳宗元亦言：“文以明道。”其学生李汉说：“文者，贯道之器。”以后许多文学批评家都主张“文以载道”，其实，庄子书中已有“道可与载”的句子。

至于“气”，孟子有“志，气之帅；气，体之充”之说。春秋时，屠蒯说：“味以行气”（左昭九年）。其后曹丕遂主张“文以气为主”（《典论》），韩愈亦言“气盛则言之高下皆宜”。这些人所共知，不必深论。这一文学观念，无不以儒、道思想为其骨干，而道家尤为重要。

宗教思想之与文学，就好像一物的内蕴与外廓互相依存着表里的关系。宗教必待文学而后有高度的表达，文学作品因时代而转移，必借重宗教思想来充实它的内容。东汉以后，佛教输入中国，中国文化起了极大的变化；道教的茁长，亦吸取佛教思想架构各方面作为其养料，创造出许多新型的作品。举例言之，中国古代没有创世纪型式的长篇文字，史诗更不待论。晋时，王浮作《化胡经》，《十一变》词中乃有“洪水滔天到月支，选擢种民留伏羲”之文，伏羲竟成为Chosen People了。此后《元始上真众仙记》引《真书》有盘古真人开辟天地之说，其实剽窃儒书，变本加厉！佛教徒刘勰居定林寺，娴习“文字般若”（prajna of letters），著《文心雕龙》从“正”（mārga）见立论，调和文、质两极，矫正当日齐梁“文章且须放荡”之偏见，故刘知幾誉其“识具圆通”，开阳儒阴释之先路。

若夫文学心灵的培养，取资于宗教为常见之事。文学家不一定有某种宗教坚定信仰，儒、释、道三教著述，既多所涉猎，自然对他们的思想起了渗透的作用。以唐、宋诗人来说，王维山水诗中充满禅悦意味。李贺诗中用许多“生”、“死”字眼，有人以为是受到《楞伽经》的影响。苏轼的浸淫道书，黄山谷对禅宗的深入，都是重要的例子。他如文学手段在宗教家手上多方运用，王梵志之于偈颂式五言诗，全真教徒之采取词牌，甚至改易词调的原名，自创新格，各极其胜，互相采获。宗教家如何利用文学作为它的宣传工具，中国人对宗教采取宽容态度，各教彼此间的互相渗透，更是常见的现象。本文但揭其大要，侧重古代，以溯源为主体，至于详细分析，非另著一书讨论不可，惟有期之异日矣。

1993 年 12 月 26 日接受法京高等研究院颁授该院成立 125 周年以来首位人文科学博士时的演讲辞，中文稿稍作修订。

从石刻论武后之宗教信仰

唐初人已嗜古碑，《唐会要》五云："韩王元嘉爱古碑、古迹，多得异本。"[①] 宋杨文公《谈苑》，记王溥荐何拱为凤翔帅，"拱思所以报，问溥所欲？溥曰：长安故都多前贤碑版，愿悉得见之。拱至，遣督匠摹打，凡得石本三千余以献。溥命善书者分录为《琬琰集》，凡百卷。"[②] 此事在欧、赵以前。是对石刻之爱好和搜集，已不始于宋人。自宋以来，即盛行著录之事，以贞石证史，众所熟悉。为碑志考据者，校录文字而外，以考证人名、地名、官名为多。以一碑作孤立之处理，此为金石学家之职，非史家之要务也。史家之贡献，在能提出历史问题，以碑为旁证，寻求解答，此以碑证史，与金石家以史证碑不同。

本文以武后之宗教信仰问题为重点，讨论较为广泛。可能牵涉武后与佛教、道教及景教、儒术关系等问题。我人或将联想到陈寅恪先生《武曌与佛教》一文。该文讨论重心有三：一为武后先世杨隋皇室之佛教信仰，陈先生指出武后受其母杨氏宗教信仰之熏习。二为武后以佛教为符谶，又证明《大云经》非伪造。其三从唐人诏令看唐初佛教地位之升降。关于第一点，陈先

---

① 《旧唐书》一一五："韩王元嘉，高祖第十一子也。少好学，聚书至万卷，又采碑文古迹，多得异本。"《新唐书》七九："少好学，藏书至万卷，皆以古文字参定同异。"贞观初，石经已有相承传拓之本，存在秘府。见《封氏闻见记》，现存于巴黎之《温泉铭》拓本，末有永徽年号一行，可能即现存最早之唐拓。唐代宏文馆、崇文馆均设有拓书手，故知碑拓之搜集，唐初已盛行之。

② 罗振玉《昭陵碑录》札记已引此事。

生据《萧瑀传》及外戚《杨仁恭传》与《广弘明集》等资料，证明杨氏必为笃信佛教之人物。按陈先生全未利用石刻材料，故求证十分辛苦。其实武后母氏生平，见《唐书·杨执柔传》，又有武三思撰相王旦所书之《顺陵碑》，长达四千余言（长安二年六月立）。顾炎武《求古录》、孙星衍《续古文苑》及陆徵祥《八琼室金石补正》四十五已录其全文，罗振玉亦有校正本，载《石交录》卷四。文叙杨氏先世及其信佛经过甚详。又武后在嵩山少林寺永淳二年九月王知敬书之《御制诗书碑》云："从驾幸少林寺，睹先妃营建之所，逾凄远慕。"诗中已有"金轮转金地，香阁曳香衣"之句，后来于长寿二年加号"金轮"，此时经已先用是语，形诸吟咏。唐高宗晚年两度幸嵩山，一在调露二年，一为永淳二年，此诗即是时从幸所作。后母杨氏以咸亨元年八月薨，年九十有二，加赠太原王妃，故诗称曰先妃。杨氏在少林寺有所营建。后见后甚为感动。武后之信佛及以后对佛教兴造寺像，谓与母氏有关，自不成问题。又隋杨氏与佛教渊源，见于碑刻者又不少。如大业三年《栖岩道场舍利塔碑》（见《山右石刻丛编》卷三），即陈文中所述"其栖岩寺即是太祖元武皇帝之所建造者"，均有碑可证。至萧瑀信佛事，见于济度寺比丘尼法乐法师《墓志》。法乐为瑀之长女，自幼出家（李宗莲《怀岷精舍金石跋》），见于龙朔三年《尼法愿墓志》（《金石萃编》五十四），法愿则瑀之第三女。萧氏一家对佛教信奉之笃，虽经太宗之反对，其女削发为尼者，不止一人。可见萧氏家庭信佛之程度，赖有碑刻可以见之。凡此可补陈先生文中所未及。

因鉴于陈先生于石刻资料未加利用，本人读碑之余，对武后宗教信仰问题，深感兴趣，由石刻领会到有一些不同看法。

（一）武后之宗教信仰，前后有极大转变，在其与薛怀义接近时期，由于利用佛教，而崇信佛教。及至晚年常游幸嵩山，则兴趣转移于道教。

（二）虽于天授二年颁布释教先道之制，但此为一时之举。后欲造巨大佛像亦因人谏阻而中止。后来大云寺亦且改回原名，称"仁寿寺"。

（三）武后有若干涉及宗教性之行动，如嵩山封禅之类，乃承接高宗之遗轨。又明堂之制，则隋以来各皇帝未完成之鸿业。天枢之立，集万国蕃长落成之，则又天可汗精神之表现。

以下将利用碑志，加以详细讨论：

一、武后与佛教

《旧唐书·则天皇后本纪》载初元年七月，“有沙门十人，伪撰《大云经》，表上之，盛言神皇受命之事。制颁于天下，令诸州各置大云寺，总度僧千人。”“九月九日壬午，革唐命，改国号为周，改元为天授。……乙酉，加尊号曰圣神皇帝。”二年四月，“令释教在道法之上，僧尼处道士女冠之前。”按此天授二年制中有“大云阐奥，明王国之祯祥；方（等）发扬，显自在之丕业。……爰开革命之阶……以申自我之规。”借用释氏辞句，作为符应之凭借。以《大云经》中“即以女身为王国土”为女子称帝之理论根据。《大云经》非为伪造，只可说是伪托。武后登位之过程，先是于垂拱四年，由魏王武承嗣伪造瑞石，文云“圣母临人，永昌帝业”。令雍州人唐同泰表称获之洛水，号其石曰《宝图》。五月，则天由皇太后加尊号曰圣母神皇。七月，改《宝图》为《天授圣图》。十二月，神皇拜洛水，受《天授圣图》，勒石曰《天授圣图之表》。及革唐命，改国号曰周，改元为天授。天授一名，即由洛水之《天授圣图》而来。此一制造符应而登极之辛苦历程，与王莽时哀章等上金匮而即真完全相似。登位手段主要仍是采取传统符应之旧式方法[①]，《大云经》仅是辅助手段而已。据《新唐书·武后传》：“载初中，拜薛怀义辅国大将军，封鄂国公，令与群浮屠作《大云经》言神皇受命事。”又宋敏求《长安志》：“武太后初，光明寺沙门宣政进《大云经》，经中有女主之符，因改为大云经寺，遂令天下每州，置一大云经寺。”[②] 则称寺名曰“大云经寺”。此一幕趣剧当然出于薛怀义及僧徒所策划。《旧唐书·薛怀义传》：“怀义与法明等造《大云经》，陈符命，言则天是弥勒下生，作阎浮提主，唐氏合微。故则天革命称周，怀义与法明等九人（按《怀义传》称‘与洛阳大德僧法明、处一、惠俨、棱行、感德、感知、静轨、宣政等，在内道场念诵’。合怀义恰为九人）并封县公，赐物有差，其伪《大云经》颁于天下，寺各藏一本，令升高座讲说。”据此，诸沙门亦援《弥勒下生经》立说，与隋时之弥勒教及后来之白莲教无异。则此诸僧必有净土宗者流。《增一阿含》第四十二品言弥勒应三十劫成无上正真等觉。《法住记》述弥勒应正等觉出现世间时，赡部洲广博严净。此为

① 武后革命，实出武承嗣之谋，《新唐书》二〇六《承嗣传》云：“初后擅政，中宗幽逐，承嗣自谓传国及己，武氏当有天下，即讽后革命，去唐家子孙，诛大臣不附者。”

② 见《经训堂丛书》本《长安志》卷十南怀远坊，东南隅大云经寺条下注。

弥勒下生作阎浮提主之根据。东晋释道安于弥勒前立誓，北魏太和始造弥勒像。齐傅大士自称系弥勒菩萨分身世界，济度众生。隋时宋子贤及桑门向海明均自称弥勒佛出世（《隋书·五行志》）。法明等持此为说，亦卑之无甚高论。敦煌经卷亦见怀义监译之名。英伦S·二二七八号为《宝雨经》，达摩流支宣译梵本。其题记云："大周长寿二年岁次癸巳九月丁亥朔三日己丑佛授记寺译。大白马寺大德沙门怀义监译。"

《旧唐书·姚璹（令璋，思廉孙）传》："时武三思率蕃夷酋长请造天枢于端门外，刻字纪功，以颂周德，璹为督作使。证圣初，璹加秋官尚书同平章事。是岁明堂灾（按在证圣元年正月丙申夜）。则天欲责躬避正殿。璹奏曰：此实人火，非曰天灾。……臣又见《弥勒下生经》云：当弥勒成佛之时，七宝台须臾散坏。睹此无常之相，便成正觉之因。……况今明堂乃是布政之所，非宗庙之地，陛下若避正殿，于礼未为得也。""则天乃依璹奏，先令璹监造天枢。至是以功当赐爵一等。"又《旧唐书》二十二《礼志》："（明堂既灾）舍人逢敏奏称：当弥勒初成佛时，有天魔烧宫，七宝楼台须臾散坏，斯实谄妄之邪言。"即针对姚璹之奏，可见当时大臣亦以则天比之弥勒下生，虽明堂之火，亦借弥勒为词，岂不可笑！

又《新唐书·武后传》："时春官尚书李思文诡言《周书·武成》为篇，辞有'垂拱天下治'为受命之符。后喜，皆颁示天下。"可见其时言受命符应之多，僧徒之表上《大云经》，特其一端而已。但当时有反对之者，《新唐书·岑长倩书》："和州浮屠上《大云经》，著革命事，后喜，始诏天下立大云寺，长倩争不可，繇是与诸武忤。"长倩是岑文本从子，因反对立武承嗣为皇太子及《大云经》事而被斩于市。岑是此一事之牺牲者，兹特为之表彰。《旧唐书》不载此事，《新旧唐书合钞》引新书"和州浮屠上《大云经》"句补之。按诸僧皆洛阳大德，和州二字必误。《旧唐书》本纪云："杀豫章王亶，迁其父舒王元名于和州。有沙门十人伪撰《大云经》表上之。"此处和州乃《新唐书》涉上文舒王之贬所而误读，故以为"和州浮屠"。《地理志》和州属淮南道，有和州历阳郡，与洛阳无关，附为订正。

徐松《两京城坊考》录自《长安志》，均称"大云经寺"；考之碑刻，但作"大云寺"，无"经"字，如：

（1）而稱（天授）二年，大云寺弥勒重阁碑，杜登撰（见《山右石刻丛编》五）。前有一行"大周大云寺奉为圣神皇帝敬造温（涅）槃变碑像一区"。碑在山西猗氏县仁寿寺。

（2）大足元年辛丑建大云寺之□文，贾应福撰书，太原武尽礼（武后族属）勒上，额题“大云寺皇帝圣祚之碑”，碑长二千余字，多残泐，见《金石萃编》六四，碑在河南河内，原为隋之长寿寺。

《天授碑》末又一行“而稱二稱二　二十四　准制置大云寺，至三年击（正）　十八　准制回换额为仁寿寺”。是至翌年，大云寺已可换额回复旧称。获鹿县本愿寺《心经》周长安时石幢末行有“恒州大云寺□道僧慧……”字样（见沈涛《常山贞石志》七）。所有石刻均作“大云寺”，不称“大云经寺”。《唐会要》：“天授元年十月二十九日，两京及天下诸州各置大云寺一所。至开元二十六年六月一日并改为开元寺。”后来开元寺固由大云寺所改名，然山西猗氏之大云寺，天授三年即已准复原称仁寿寺，且著之于碑文矣。

《集古录》载有“长安二年司刑寺大脚迹敕并碑铭二，阎朝隐撰”（《金石录》：后碑范元悊撰）。欧公谓“自古君臣事佛，未有如武氏时之盛也，视朝隐寺碑铭可见矣”。惜原文不可毕睹。至于造佛像之事，明堂既成，后命僧怀义作夹纻大像，杀牛取血，画大像首高二百尺，据谓怀义刺膝血为之。佛像小指甲犹可容数十人，其大可知。及怀义火烧天堂延及明堂，暴风裂血像为数百段。

后又欲于洛阳北邙山造白司马坂巨佛大像，当日谏诤者有狄仁杰、李峤（《新唐书》一二三峤传）、张廷珪（《旧唐书》一五二廷珪传）多人（参《唐会要》四九），乃罢其役。张廷珪于后来中宗神龙时谏白马坂营大像第二表云：

> 天后朝，怀义营大像，并造天堂安置，令王宏义、李昭德等，分道采斫大木，虐用威势。……凡所营构，并为灾火。怀义之徒，相次伏法而死。自此之后，停寝十年。……

关于建白司马坂巨佛像事，日人松本文三郎考证甚详（《则天武后の白马坂大像に就いて》，《东方学报》，京都五）。自怀义宠衰被诛，武后对佛像营建已不如前之热心，亦接纳群臣之谏。《新唐书·苏瓌传》：“武后铸浮屠，立庙塔，役无虚岁。苏瓌以为糜损浩广。……请并寺，着僧常员，数缺则补。后善其言。”圣历元年正月颁制：“佛道二教，同归于善，无为究竟，皆是一宗。”对二教已无轻重之别。可见后来后对佛教之信仰已衰，未能贯彻到底。由是观之，武后不得谓为佛教之真正信徒。

武后臣下，如前营缮大匠王璿，于长安三年七月，有石龛《阿弥陀像铭》（《萃编》六十五）。姚元之有长安三年九月《造像记》（《萃编》六十五），然元之[1]后来反对佛教最为剧烈。《新唐书·姚崇传》，对玄宗请绝佛道营建。又言：“佛不在外，悟之于心，行事利益，使苍生安稳，是谓佛理，乌用奸人，以汨真教。”崇又戒子孙令云：“抄经铸像之无益，缘死丧、造经像以追福，儿曹慎不得为。”似有鉴于武氏之失，此是一种觉醒。

二、武后与道教及封禅之典

泰山封禅之典，高宗时已举行。《旧唐书》：高宗麟德二年“十月戊午皇后请封禅，司礼太常伯刘祥道上疏请封禅”。三年春正月戊辰，“车驾至泰山……己巳，帝升山行封禅之礼”，改元乾封。“兖州界置紫云、仙鹤、万岁观、封峦、非烟、重轮三寺，天下诸州置观、寺一所。”因至泰山，遂命附近亦置道观。

高宗封禅之举，实出天后所请。《金石录》有《白鹤观碑》，中宗时立。然山西长子县有《白鹤观碑》，文中有云：“白鹤观者，垂拱二年之所立也。”又云：“垂拱二年，长子县宰朝散大夫高同营创基宇，造立尊容，建此丰碑，旌以功德。”则碑琢于武后时，而追树于中宗之后（《山右石刻丛编》五）。武后尝召天台道士司马承祯。《旧唐书》承祯传：“（承祯）师潘师正，传其符箓及辟谷导引服饵之术。……止于天台山，则天闻其名，召至都，降手敕以赞美之。及将还，敕麟台监李峤饯之于洛桥之东。”嵩山老君洞有王适撰序，司马承祯书之《潘尊师碣》，题“弟子中岩道士獄（司）馬（马）[illegible]（籀文子）㣲（微，出《碧落文》）书（子微即承祯之字）”，此《潘尊师（师缶）碣》，大周𨲢（圣）历（?）二年己亥二月立。《旧唐书·隐逸传》潘师正师事王远知，居于嵩山之逍遥谷。高宗与天后甚尊敬之，寻敕所司于师正所居造崇唐观。（《云笈七籤》载敕置奉天观，令于逍遥谷特开一门，号曰仙游门。见《玉海》卷一百“唐太一观”。）《旧唐书·高宗纪》：“调露二年二月丁巳，至少室山，赐故玉清观道士王远知谥曰升真先生。己未，幸嵩阳观及启母庙并命立碑（按此碑崔融撰，沮渠智烈书）。又幸逍遥谷道士潘师正所居。永淳元年秋七月己亥，造奉天宫于嵩山之阳，二年正月朔，幸奉天宫，遣使祭嵩岳、少

---

① 《唐书·姚崇传》，字元之，长安四年九月以后始称元之。

室。”此碣记永淳元年正月乙未，帝驾幸奉天上谒虚室（本纪作二年，误）。又记天册金轮圣神皇帝之眷问，有云：

> 神皇雅尚仙图，永怀秘诀。每洒心咨道，探赜求真，帝步景于青元，想餐霞于紫府。尝致书曰，九宫神秘，顾已通其大纲，太一紫房，犹未解其深旨。尊师微言答，秘世莫闻。

尊师卒于永淳元年，年八十九，时后犹为太后也。

《旧唐书·则天皇后纪》：“证圣元年，加尊号天册金轮圣神皇帝（碣称武后，用此尊号），改元为天册万岁。万岁登封元年腊月甲申，上登封于嵩岳，丁亥，禅于少室山。二年癸巳，至自嵩岳。春一月，重造明堂成，改元为万岁通天。”是时武后屡尝驾幸嵩山。故司马子微特为其先师潘师正立碣。潘尊师与高宗及武后交谊之深，于此可以见之。

自此以后，武后活动多在嵩山地区。《旧唐书·则天皇后本纪》：圣历二年（二月）戊子，幸嵩山，过王子晋庙，丙申幸缑山。丁酉至自嵩山。三年正月造三阳宫于嵩山。四月戊申幸三阳宫。五月癸丑，上以所疾康复，改元为久视，停“金轮”等尊号。大足元年夏五月，幸三阳宫，七月甲戌至自三阳宫。近年嵩山峻极峰顶发见金简一枚，长 36.3 公分，双钩镌文六十三字云：“上言：大周国主武曌，好真道，长生神仙。谨指中岳嵩高山门，投金简一通，乞三官九府，除武曌罪名。大岁庚子七匜（月）甲申朔七日甲寅小使思（臣）胡超稽首再拜谨奏。”按岁庚子即圣历三年也。此时期中，后已醉心道术，即向取自佛家之金轮尊号亦复停用，而改采《道德经》长生久视为年号。《说嵩》云：“圣历二年，后不豫，遣给事中阎朝隐祷少室山，朝隐身为牺牲，沐浴，伏俎上，请代太后命，太后厚赏之。”（事见《旧唐书》二五〇《文苑》本传）其媚主卑躬，令人失笑。后末年多病，改事道教，冀求长生，亦非偶然。

《新唐书·武三思传》云：“二张方烝蛊。三思痛屈节，为怀义御马，倡言昌宗为王子晋后身，引公卿歌咏淫污，腼然如人而不耻也。后春秋高，厌居宫中，三思欲因此市权，诱胁群不肖，即建营三阳宫于嵩山，兴泰宫于万寿山，请太后岁临幸，已与二张扈侍驰骋，窃威福自私云。”是嵩山之营建，殆出于三思之计谋。（圣历二年，置控鹤府，以张易之为控鹤监。久视元年，改控鹤府为奉宸府，又以易之为奉宸令，员半千等为奉宸供奉，谀者谓昌宗是王子晋后身。按控鹤二字，出自神仙家言。孙登《天台赋》“王乔控鹤以冲天”，盖丹家飞升之常语，借以为喻。）此时期之石刻，重要者有下列各碑：

（1）万岁登封元年正月，《升中述志碑》，武后自撰，相王旦正书。已毁。

（2）万岁登封元年十二月，《封中岳碑》，薛稷正书。目见《金石录》。

（3）万岁登封元年十二月（即天册万岁二年），《封祀坛碑》，梁王（武）三思撰，薛曜书。（据《金石文字记》）在登封县西万羊冈。下截剥蚀。

（4）圣历二年六月，《升仙太子碑》，题“太周天册金轮𡔈神皇帝御制御书”，𡔈（圣）历二年已亥六匝甲申朔建。碑阴御制《游仙篇》，薛曜书及诸臣名衔。按此与《潘尊师碣》同年所立，潘碣立于二月。碑在偃师县南二十里府店缑氏山仙君庙。

（5）久视元年五月，《夏日游石淙诗碑》，御制，薛曜书。在嵩山石淙北崖上。

（6）大足元年五月，《秋日宴石淙序》（顾炎武谓张易之撰），在嵩山石淙南崖。

《旧唐书·礼仪志》：高宗既封泰山，又欲遍封五岳。……永淳二年七月，下诏将以其年十一月封禅于嵩岳，详定仪注，于是议立封祀坛如圆丘之制。寻属高宗不豫，遂罢封禅之礼。则天证圣元年将有事于嵩山。……至天册万岁二年腊月甲申，亲行登封之礼，改元万岁登封。三日丁亥，禅于少室山。则天封于嵩山，即本高宗遗志，坛制亦沿高宗详定之规而行之。《礼仪志》于礼毕之后，载有则天自制《升中述志碑》，树于坛之丙地。按“升中”取《觐礼》“祭山丘陵升”、“因名山升中于天”之语。嵩高为地之中，故取为名，以碑述志，古所罕见，足见后襟抱之大。高宗封禅之事，实由后所请，至是卒告成功，故泐碑记之。

《金石录》有《道藏经序碑》，高宗、则天撰，王悬河行书，弘道元年十二月（参《六艺之一录》卷八十）。是天皇、天后尝出名为《道藏》制序，可见其向来对道教之尊重。武后御制御书《升仙太子碑》长文，据文中“敬陈严配之典，用展禋宗之仪”，实指登封之礼。《旧唐书·礼仪志》：“丁亥，禅于少室山，己丑，御朝觐坛，朝群臣。（案武后见崔融《启母庙碑》文，嘉之，命作《朝觐坛记》，诏刻碑。则天封中岳，〔员〕半千撰《封禅·四坛碑》十二首以进，见《旧唐书·文苑传》。）……则天以封禅日为嵩岳神祇所佑，遂封神岳天中王为神岳天中皇帝。……王子晋亦被封为升仙太子。”王昶谓：“武氏之先出自姬周，周家之升化者有子晋，因而崇奉之。碑云‘山鸣鸑鷟，爰彰受命之祥，洛出图书，式兆兴王之运’，可证也。至于附会张昌宗事，以昌宗为王子晋后身，虽出武三思言，然为久视元年以后之事，升仙立庙不得谓因昌宗而作。”其说甚是。碑阴御制《游仙篇》中有“仙储本□谅难求，壁迹奇术秘玄猷，愿□丹□赐灵药，方期久视御隆周。”竟欲求长生之药，是时后之心情，与称金轮尊号时，已大不相同，后来果用“久视”二字以为年号。及久视元年，夏日游石淙御制诗并序，有云“幽栖无滞，泉石不孤，仿佛昆阆之境”。应制和作者，自皇太子以下十六人，狄仁杰句“老臣预陪县圃宴，余年方共赤松游”，全作神仙家言。可见晚年之武后，在嵩山游幸中，其精神已完全陶醉于道教之中矣。

自高宗封泰山后，泰山地位亦崇，显庆六年，仪凤三年皆尝建醮于泰山东南麓王母池之岱岳观。其后天授二年、万岁通天二年、圣历元年、久视二年、长安元年、四年，均有道士建醮造像之记。后来各代，皆于此磨崖为记，至建中而止。碑凡二，上施石盖，合而束之，其字每面作四五层，每层文一首或二首。如长安四年文略云：“设醮奏章，投龙荐壁，以本命镇采物，奉为皇帝敬造石天尊皇上天尊一铺十事□壁画天尊一铺十三事，敬写《本际经》一部，《度人经》十卷，欲兹功德，奉福圣躬。”是时武后多疾，故敕道士为祈祷。至写《本际经》事，今敦煌石窟所出《本际经》残卷，不少为武后时物，有大周年号，英法均有之。

三、武后与景教

武后与景教本绝无关系。惟波斯《阿罗憾志铭》中云：“又为则天大圣皇后，召诸蕃王建造天枢。及诸军立功，非其一也。”事在长寿三年八月，其年五月，改元延载。（《旧唐书》系于是年八月，《新唐书》在翌岁证圣元年四月，明堂灾后，盖指完成之时，由《旧唐书·姚琦传》可以证之。）

罗香林先生撰《景教徒阿罗憾为武则天皇后营造颂德天枢考》，收入所著《唐元二代之景教》书中。以为天枢之造，出于景教徒之手。

按唐室接受波斯教入华传教，已始于太宗贞观时准许波斯僧阿罗本于义宁坊建寺一所，度僧二十一人（《唐会要》四九，又见陆心源《全唐文拾遗》一）。此唐人立国之涵盖精神，异教均加宽容绝不排斥之原则，太宗之遗训也。关于天枢另外一极重要石刻材料，而罗先生所未引者，为《泉献诚墓志》，称“天授（按天授疑有误。应在延载元年，或证圣元年）二年二月，奉敕充检校天枢子来使”（参罗振玉跋，《后丁戊稿》，45 页）泉献诚为高丽盖苏文孙，泉男生之子，于高宗时归附。《新唐书》一百一十有传，称：“献诚，天授中以右卫大将军兼羽林卫。”所谓“天枢子来使”必临时之职，“子来”即庶民子来之意。天枢之建，旨在颂武周功德，武三思率蕃夷诸酋及耆老共为之。其时纳言姚璹实董其役，刻百官及四夷酋长名于其上，武三思为文，武后自书其榜曰“大周万国颂德天枢”①。所以示四海攸同，万邦各教，其子民罔不来朝。天枢建成之日，东而高丽臣服之人，西至大秦波斯传教之士，无不赞襄其事。故云召诸蕃王，共建造之。佛教、景教均在我后化育之下，此事与高宗乾陵之下葬，诸蕃来助之情形相同，不得单独归功于景教徒。

武后撰中宗书之《述圣记碑》，即述高宗圣德。碑立于乾陵。王昶云：“宋敏求《长安志》：乾陵在奉天县西北五里，有于阗国所进无字碑，即《来斋金石考略》所称碑石来自于阗者也。来斋又云：此碑填以金屑，照耀陵园。据宋赵楷记称乾陵之葬，诸蕃来助者众，武后欲张大夸示来世，于是录其酋长六十一人，各有其形，可见当时乾陵规模，异乎常制。宜乎此碑之金屑照耀也。”于陵前立《述政记》，有如墓表，与高宗为太子宏撰《睿德记》为同一例（《萃编》六十）。天枢之镌诸蕃名字，亦同此制。武则天以神皇、天后之尊，君临万国，此即天可汗之精神，自太宗、高宗以来，至武后而更充分加以发挥者也。

四、武后与明堂

《旧唐书·则天皇后本纪》：“垂拱四年春二月，毁乾元殿，就地造明堂。”《新唐书·武后传》：“诏毁乾元殿为明堂，以浮屠薛怀义为使督作。”“又度明堂后为天堂。”《旧唐书》：十二月“还宫，明堂成”。《新唐书》同纪云：“辛亥改明堂为万象神宫。”载初元年春正月“神皇亲享明堂”。其后每年于春正月必亲祀明堂。证圣元年正月丙申，明堂灾。考明堂之制，自隋以来即谋恢复，至武后乃宗成之。《隋书》六十八《宇文恺传》：“自永嘉之乱，明堂废绝。隋有天下，将复古制，议者纷然，皆不能决。恺博考群书，奏《明堂议表》。”极为详博。会有辽东之役，事不果行。《旧唐书》：“唐高宗麟德三年正

① 波斯《阿罗憾墓志》，见罗氏《芒洛遗文》，参羽田亨：《史学论文集》下卷，385 页。《泉献诚墓志》亦见罗氏《海东藩阀志存》。天枢事又详《太平广记》二四〇引《大唐新语》，见《续唐诗话》李休烈条。《唐诗纪事》、《全唐诗》谐谑门同。

月丙寅，以明堂制度历代不同，汉魏以还，弥更讹解。遂增古今，新制其图。”是高宗已有新制之明堂图。《旧唐书·礼仪志》二备载当日之诏，其具制广狭甚悉。又称则天临朝，儒者屡上书言请创明堂（如员半千即撰《明堂新礼》三卷上之，见《旧唐书·文苑传》）。则天以高宗遗意与北门学者（指元万顷辈）议其制。不听群言，垂拱三年春，毁东都之乾元殿，就其地创之。四年五月明堂成。凡高二九四尺，四方各三〇〇尺，分三层，上层法二十四气，中层法十二辰，下层象四时，又于明堂后造天堂，以安佛像，高百余尺，此武后明堂之规模也。

《新唐书·礼乐志》三：“高宗时，改元总章，分万年置明堂县，示欲必立之。而议者益纷然。或以为五室，或以为九室，而高宗依两议，以帟幕为之。……乃下诏率意班其制度。至取象黄琮，上设鸱尾，其言益不经。而明堂之不能立。至则天始毁东都乾元殿，以其地立明堂。……其后火焚之，既而又复立。”是明堂之建，高宗已下最大决心，至分长安万年置乾封、明堂两县，分理于京城之中。武后明堂，正是承接高宗遗旨而实行之。石刻中有《唐明堂令于大猷碑》，在陕西三原县北。大猷为于志宁之孙，立政之子。碑前云“其惟明堂县令东海于公”。后云“圣历二年，制除雍州明堂县令”。据《新唐书·地志》明堂县在长安二年始省并于万年（《寰宇记》云“二年六月”，《旧唐书》作三年废）。大猷即于未省并前任明堂县令。证圣二年一月，重造明堂成，改元万岁通天。二年四月复铸九鼎成，置于明堂之庭前。《新唐书·后妃传》：“怀义宠稍衰，而御医沈南璆进，怀义失望，因火明堂。……改明堂为通天宫，铸九州鼎，各位其方，列廷中。”《唐会要》十一：“武后立九鼎，有图画，尚方署令曹元廓图之。武后自制《曳鼎歌词》。”《历代名画记》：“武后铸九鼎，备九州山川物产，诏命曹元廓画样，钟绍京书，时称绝妙。”《封氏见闻记》，载武后九鼎，都用铜，共 560 712 斤，其豫州之鼎最高达一丈八尺（余八州鼎高一丈四尺）。以豫州为天下之中故也。大抵武后作明堂、九鼎，皆取自传统观念，以夸耀其成功而已。武后之作品，以石淙诗为有名。《全唐诗》存其乐章四十余首。《旧唐书·音乐志》有《大享昊天乐章》十二首、《享明堂乐章》十二首、《大享拜洛乐章》十五首，半为明堂而作。

五、武后著述与儒术

《旧唐书·则天皇后本纪》：“太后尝召文学之士周思茂、范履冰、卫敬业令撰《玄览》及《古今内范》各百卷，《青宫纪要》、《少阳政范》各三十卷，《维城典训》、《凤楼新诫》、《孝子》、《列女传》各二十卷，《内轨要略》、《乐书要录》各十卷，《百僚新诫》、《兆人本业》各五卷，《臣范》两卷，《垂拱格》四卷，并《文集》一百二十卷，藏于秘阁。”日本《东域传灯录》有《则天大圣皇后集》十卷、《金轮万岁集》一卷（《大正》五五，1165页）。

《新唐书·武后传》，高宗末年与后共称二圣。“后乃更为太平文治事，大集诸儒内禁殿，撰定《列女传》、《臣轨》、《百僚新诫》、《乐书》等大抵千余篇。”可见后在高宗季年，乃笃志于儒术。从其早期著述，可窥见其原来思想之一斑。其著作见于两唐书《经籍》、《艺文志》者，子、集各部均有之，尤以儒家类为多，今不备列。

武后又撰《字海》一百卷，《新唐书》注云：“凡武后所著，皆元万顷、范履冰、苗神客、周思茂、胡楚宾、卫敬业等撰。”按此指所谓北门学士，《新唐书·文艺》上《元万顷传》：“武后讽帝召诸儒论撰禁中，万顷与左史范履冰等撰刊《列女传》、《臣轨》、《百僚新诫》、《乐书》等九千余篇。”（乾隆四年刊本）按《后传》作千余篇（《旧唐书·文苑》万顷传作凡千余篇。《新唐书》九字乃“凡”之误）。惟《臣轨》尚存。

《唐会要》三六：“垂拱二年，太后撰《百僚新诫》及《兆人本业记》。”《玉海》二十八：“凡武后书皆元万顷等撰。”

今敦煌所出有P·五五二三号卷，写于武后时。王重民为题作《天训》，予则疑是武后《训记杂载》十卷中之文。（《旧唐书·艺文志》子部《武后训记杂载》十卷，注云《采青宫纪要》，《维城典训》，《古今内范》，《内范要略》等书为《杂载》云。）

武后早期本崇尚儒术，其能取得一般文士所拥戴者，此未始不为主要之原因。

六、《三教珠英》撰述之意义

《旧唐书·礼仪志》二：“（载初二年）则天又御明堂，大开三教。内史邢文伟讲《孝经》，命侍臣及僧、道士等，以次论议。”“武后开国之初，即于明堂举行三教讲论。”《新唐书·张昌宗传》：“诏昌宗即禁中论著，引李峤、宋之问、富嘉谟、徐彦伯等二十有六人，撰《三教珠英》。”

圣历元年元月，《颁条流佛道二教制》云：“佛道二教，同归于善，无为、究竟，皆是一宗。……自今僧及道士，敢毁谤佛道者，先决杖，即令还俗。”

（《唐大诏令集》一一三）已视佛道为一家，惟至睿宗景云二年，始制僧、道齐行并进。（同集同卷）

《唐会要》："大足元年，十一月十二日，麟台监张昌宗撰《三教珠英》一千三百卷成，上之。"时预修者四七人，此四七人即所谓"珠英学士"者也。巴黎P·三七七一及英伦S·二七一四即是《珠英学士集》残卷，存五十一行。《新唐书·艺文志》："《珠英学士集》五卷，崔融集武后时修《三教珠英》学士李峤、张说等诗。"《文献通考·经籍考》有崔融《珠英学士集》五卷，此书元时尚存。《新唐书·李适传》"武后修《三教珠英》书，以李峤、张昌宗为使。……"又《富嘉谟传》："与吴少微号'吴富体'。预修《三教珠英》。"《新唐书·徐彦伯传》："武后撰《三教珠英》，取文辞士，皆天下选，而（徐）彦伯、李峤居首。"又《朱敬则传》："易之等集名儒撰《三教珠英》，又绘武三思、李峤、苏味道、李迥秀、王绍宗等十八人像以为图，欲引敬则，固辞不与。"《三教珠英》，为书一千三百卷，煌煌巨帙，参加其事者，据《会要》所记共四十七人，主要分子二十六人。从其书名称曰"三教"观之，必是选录儒、道、释三教有关之诗文，张昌宗负责编纂，会通三教以成书，可见武后自始至终即有混合三教之倾向，有如梁武后期之思想。故以三教为书名，可惜此书今已失传，无从窥测其内容，然武后之宗教思想后来愈趋向于综合方面，此一巨著无疑地正是重要之证明（开元二年十月敕改此书名为《海内珠英》，见《唐会要》三十六）。

七、略论武周石刻

清人注意武周石刻者，首推顾炎武（《求古录》中录《岱岳观双碑》及《大周无上孝明高皇后碑铭》全文）。其《金石文字记》著录武后有关之碑，自永淳二年《天后御制诗碑》，垂拱二年王征君《临终口授铭》，讫《上骑都尉相景瑞碑》，共二十二事，可谓有识。

叶昌炽《语石》，记其所见武周碑，不下数百通。边远之地，文教隔绝，而碑刻记年月，皆周武后新制之字，点画不差累黍。（西如敦煌之《柱国李公旧龛碑》，南至广西上林三畔岭之廖州刺史韦敬辩智城碑，云南昆阳之《王仁求碑》，皆然。）叶氏于清季到陕西，所撰《邠州石刻录》，其中收武周石刻独多，共十四事。而张维《陇右石刻录》、罗叔言《西陲石刻录》收武周三碑及续出一碑。然其中有重刻者，如武威之《大云寺碑》，首行题"凉州卫大云寺古刹功德碑”竟用明代卫名（见张维书）。近年墓志出土特多，属于武周时代者，《北平图书馆墓志目》及罗氏《墓志目》所著录，可见其概。墓志中以张柬之一家为重要。《唐会要》七六：“证圣元年张漪及第。”张漪为张柬之子，详襄阳所出张氏一家九墓志[①]，罗振玉已辑《襄阳冢墓遗文》一书。章怀太子贤废死于巴州，在武后嗣圣元年三月。邵王李重润及永泰郡主婿武延基（承嗣之子）为张易之谗构，令自死，事在武后大足元年九月。近年来章怀墓及懿德太子（重润）、永泰公主墓先后出土，三墓皆陪葬墓。李贤及妃房氏有墓志二，此皆最新之材料。武后时，尝禁立碑，圣历二年制：“州县长吏非奉有敕旨，毋得擅立碑。”故周时德政碑一类绝少[②]，此事至中唐而复盛。

史书中往往记立碑事，散见各篇，未有辑录之者。台湾“中央图书馆”藏清毗陵陆雅浦《诸史碑铭录》一本手稿未刊。但仅录《晋书》、元魏、新旧《五代史》部分，令人失望。现存古碑，为数不多，故已佚之碑目，对于考史亦有绝大帮助。

武周时碑刻，以嵩山地区而论，据康熙间嵩人景日昣所作《说嵩》卷十四金石类，又有下列各碑，为上所未举者：

（一）《周封中岳碑》　见郑樵《金石略》。相王旦书。屠隆《辨帖笺》云：“《同封中岳碑》，薛稷书。”

（二）《降禅碑》　《嵩山志》：“《大周降禅碑》，立于嵩顶，李峤撰，今亡。”

（三）《石记》　欧阳修《集古录》：“武后封禅处，有《石记》，戒人游龙潭者，勿妄语笑以黩神龙。”

（四）《朝觐坛记》　后命崔融作，今碑不存，文亦无传。

（五）《中岳灵庙碑》　在中岳庙内。有“大周圣命……遣金台观主马元贞往五岳四渎□□作功德”语。

（六）《幽林思》诗石　欧公《金石录》：“《幽林思》，武后时庐山林薮人韩覃撰。”郑氏《金石略》：“《幽林思》，嵩山诗，韩覃作。”

兹附记以备考。

武周重要碑碣，唐宋以来，多被人摧毁。《旧唐书·则天皇后本纪》：“封洛水神为显圣，加位特进，并立庙。”《新唐书·后妃传》：“勒石洛坛左曰

---

① 参李宗莲《怀岷精舍跋尾》中襄阳《张氏九墓志跋》。

② 史语所藏〇〇九三四号为唐宣州刺史陶大举《德政碑》，僧灵廓撰，陶德凯正书，在安徽当涂。永昌元年三月十三日立。即一例外。

‘《天授圣图之表》’。及玄宗开元五年四月，以则天拜洛受图坛及碑文，并显圣侯庙初因唐同泰伪造瑞石文所建，令即废毁。”（《旧唐书·玄宗记》上）他若武士彟碑（长安元年十二月立，李峤撰，相王旦书。武后追尊士彟为无上孝明皇帝），高大非人力所及，唐时已传言碑上“武”字为人镌去（《金石录》）。

若《升中述志碑》，据《说嵩》十四于武后《缑山碑》条之下，引《宣政杂录》云：“在嵩山下。政和中，河南尹上言请碎其碑，诏从之。今碎碑在府店西，或曰即《升中述志碑》（此武后自撰，相王旦正书），土人相诫不敢移动，予于康熙三十五年丙午岁，至碑所，观其制度，与嵩阳《纪圣德碑》相类，其高大亦相仿，字为八分书。”（武亿《偃师金石志》同）又武后之《述圣纪碑》（武后御制，中宗正书），立于乾陵，明时倒仆，折为数段（《石墨镌华》）。此碑以七大石叠成，俗称七节碑，共四六行，行一二〇字，共八千字，其石来自于阗，填以金屑（林侗《来斋金石刻考略》）。1957 年，陕西文化局已将该石复原，现存文字，贺梓城有文详记之（《文物》，1961（3））而《顺陵碑》亦毁于明代。（碑首曰“《大周无上孝明高皇后碑铭》”。《镌华》云：“碑已仆于乙卯之地震，而亡于县令之修河。”）此武周碑刻之厄，亦唐代文化史之损失也。[①]

八、结语

综观武后为人，有特殊之生理及过人之精力，而又好大喜功。其重视祯祥封禅，喜更易年号，有似汉武；而屡加尊号（如由圣神皇帝至加“越古金轮”之称）[②]，改正朔，重时日，则甚似王莽，盖兼有汉武王莽之双重性格。以文学、书法、著述而论，才调之高，古今更罕有其匹。[③]

其人本无坚定之宗教信仰。先以神皇自居，继又自比于转轮王，特攘借释氏之号，妄自尊大而已。早年重儒术，登极时，利用佛典为符谶，虽出僧徒辈与薛怀义等之谋，然后之思想早已有“金轮”二字，形之吟咏。晚岁多

---

① 参《唐顺陵勘查记》，载《文物》，1964（1），中华书局印有明拓顺陵碑全本。

② 加尊号事，见《封氏闻见记》四：“秦汉以来，天子但称皇帝，则无徽号。则天垂拱四年得瑞石于洛水，文曰：‘圣母临人，永昌帝业。’号其石为宝图，于是群臣上尊号，请称‘圣母神皇’，后加‘慈氏越古天册金轮圣神’等号……则天以女主临朝，苟顺臣子一时之请，受尊崇之号，自后因为故事。”

③ 清陆继辂有题武后自书夜宴诗墨迹句云：“煌煌万岁通天字，天假长年竟何意。若论剖决万几才，孱子诚难付神器。”（《崇百药斋文集》卷八）所评极是。

病，转而好言长生久视之术，嵩山、缑岭遂成游幸之地。武承嗣求为皇子之策，终不接受，实仍心存唐室，故卒能“复子明辟”，于高宗遗志，始终恢皇而张大之。观《述圣之记》，及继为明堂封禅之制，皆高宗未竟之业。其《升中述志碑》，立于嵩山之顶，惜为宋人所毁碎，遂使后之本志，不能大明于后代，为可慨也。又所著各书，如《三教珠英》等，均已失传，无从详考后之三教思想，更为可惜。然后之举措，规模宏大，如明堂、封禅、九鼎之类，仍秉承儒术之传统。晚岁至欲牢笼三教，其思想及信仰，自非释、道之所能囿也。

补记

近年（1954）四川广元县皇泽寺发见孟昶广政二十二年《烛利州都督府皇泽寺唐则天皇后武氏新庙记》，文云：“父士彟为督于是□□（按疑所缺即‘州生’二字）后焉。”《蜀中名胜记》引《九域志》：“武士彟生武后于此。因赐寺刻其真容。”[①] 武后生于四川，父士彟时正在利州（广元）任内。岑仲勉认为皇泽寺之修建，不足为武后早岁曾为尼之证。（见岑著《通鉴隋唐纪比事质疑》“则天寿八十二”条。）武威喇嘛湾出土唐武氏墓志，可考武后去世以后武氏在西北之宗族。

原载《选堂集林·史林》，香港，中华书局，1982年

吐鲁番出土《武周康居士写经功德碑》，近时荣新江研究，对探讨武周政权，与在华胡人关系颇有裨益，附记于此。

① 《文物参考资料》，1956（5）。

三教论及其海外移植

马一浮《尔雅台答问》云："三教同源之说，始于明季闽人林三教，不可据信。"按林三教即著有《圣学统宗三教归儒集》之林兆恩，其事迹近贤颇多考述。① 明代三教思想实始于太祖之提倡，《御制文集》中有《三教论》之作，可为证明。② 三教汇合之主张，唐宋君主颇乐道之。敦煌本《皇帝感新集孝经》十八章，其中一首云：

> 历代以来无此帝，三教内外总宣扬，先注《孝经》教天下，又注《老子》及《金刚》。③

一、三教论与宋金学术

法京所藏列P·二七二一号后题《珠玉新抄》一卷，有开元皇帝赞《金刚经》句云：

> 《金刚》一卷重须弥，所有我皇偏受持，八方法门皆□达，惠眼他心

---

① 间野潜龙：《明代たおける三教思想——特た林兆恩を中心としこ1》，载《东洋史研究》十二之一。

② 酒井忠夫：《明太祖の宗教政策と三教思想》，见《中国善书の研究》，227—234页。

③ 任二北：《敦煌曲校录》，88页。

逾得知。皆读新歌是旧曲，听唱《金刚》般若词；开元皇帝亲自注，志气顶礼莫生疑。……非但两京诸寺观，十方世界亦如然。惚是《金刚》深妙义，弟子岂敢谩虚传。

以下即接抄《新集孝经》十八章，咏其注《金刚经》与注《孝经》，二事并列，此唐玄宗会通三教之事也。《湘山野录》记宋真宗有御制释典文字之《法音集》，学僧二十一人为作笺注。而《宋史·艺文志》著录有《太宗、真宗三朝传授赞咏》二卷，即张商英所编。今《道藏》中有商英《金箓三洞赞咏仪》，当是其书，此宋真宗亦兼通道释者也。南宋淳熙中，孝宗尝作《原道辨》，大略谓三教本不相远，特所施不同，至其末流，昧者执之而自为异耳，以佛修心，以道养生，以儒治世可也，又何惑焉。颇非议韩愈之说，时史浩及程泰之侍讲席，劝其窜定末章，乃易名《三教论》（《建炎以来朝野杂记》乙集三），先是唐肃宗曾作《三教圣像赞》，宋太宗太平兴国二年（977）泐于长安国子监。金大安元年（1209）高烈夫等助缘重刻之，立《三教圣像》碑于嵩山少林寺，碑今尚存。

自元以来，三教思想更表现于艺术方面：黄公望曾开"三教堂"于苏州之文德桥[①]，向来称其"通三教"。画人之参兴三教团体，以彼最有名，后世传为佳话。

元时琴谱有《三教同声》一书，用《大学》、《道德经》、《普庵咒》代表儒、道、释三教，以一字当一音，作成琴曲。凡四曲。[②] 此仅表示三教之结合，未见有何深切之意义。

元制，人有十等，九儒十丐，故谢枋得云：

管儒者益众，食儒者益繁，岂古之所谓兽相食者欤？抑亦率兽而食人者欤？儒不胜其苦，逃而入僧入道入医入匠者十九。建安科举士余二万户，儒者六百。儒贵欤？贱欤？荣欤？辱欤？可以发一慨也。[③]

儒地位之低，于此可见。儒之所以逃而入僧入道者，盖出于时代之压迫，此可为太息也。同时郑思肖有《三教记序》云：

---

① 夏文彦《图绘宝鉴》本传、朱谋垔《画史会要》及温肇桐编《黄公望史料》。

② 《琴曲集成》第一辑，原书提要第二三（中华书局本）。

③ 《叠山集》卷六《送方伯载归三山序》。

我自幼岁世其儒，近中年闯于仙，入晚境游于禅，今老而死，至悉委之。第迩来三教凄凉甚矣，不觉数数为之动心。各因其意作《三教记》，何夙习之尚未忘邪？然期望天下后世之心则深矣切矣，吾其绝笔于斯文乎！

所谓《三教记》，即《早年游学泮宫记》、《十方道院云堂记》、《十方禅刹僧堂记》三篇，俱载于《所南文集》。思肖之事三教，乃始儒而道而释，凡三次转变，亦有其不得已之苦衷与潜伏之政治意识。

思肖之三教说，就诸记观之，如云：

儒："我自三十六岁科举既断之后，绝不至于学校。又三十一年，终不能忘其为儒也。"

"自古有用之才为君子儒者，尽出于学校，当知学校乃礼义廉耻所自出之地，岂徒有用而已？切勿谓向之学校，儒者惟业科举时文，腐而无用，何补世道？然科举时文，其所讲明，皆九经诸史，诸子百家，天地阴阳，五行万象；（中略）析理则精微，论事则的当，亦多开发后学。其为人物典型，气节议论，初未尝亡也；特行之有至有未至，多成空言。今言空言者亦罔闻，更三十年，旧儒无矣。"

"不能自具儒者之道而新之，乃抱此拳拳空意，欲以被之将来，可哂也已。惟吾夫子之道，无古无今，无变无异，无断无续，无穷无极，遂述此意，名之曰《早年游学泮宫记》。"

道："我夙慕长生，甚欲创道院。中年后化为顽物，不复作神仙梦想乃止。（中略）迩来仙佛之居，数倍多于三十年前，而率皆富者蔽身，贫者窃食焉，非真心出家，通身俗气，厌骂贫者，安有真心供养于人也。"

"不可身外求道，道不在于身外。决不可心外求道，道不在于心外。此心不真不定，不纯一，不空玄，有想有存，有意有方，所有运用有希望等事，尽是妄想，才有纤尘，即生魔业。于深定中假有一切祥异，皆为魔幻，勿喜勿怖勿视，当自然消灭，始契至妙。"

"道院过数百所，不如以一点真心，尽情供养一切道人，尽力利益一切众生；若以此为道院，始入神仙境界，敢以我夙誓真心，尽诚吐露，向者所参道家精蕴，冒禁破戒，说而为文。平等供养十方三世，一切神仙，一切道人，一切世人，愿一一先以德行为本，仍以此道，寿其自然清净之天，终以此道，同挟乎天地人而同超于无无有有，有无无有之表，岂不了其无所了之了而了也邪？遂以此文曰《十方道院云堂记》。”

僧：“昔不忧饭，今忧无饭；昔不忧师，今忧无师。江南禅教诸刹，连年遭水遭荒，（中略）十方丛林，古意今尽不存，竟无十方本色衲子，处处僧亦皆少。逆料此后，法门愈其难矣。”

“昔创此僧堂为大众设，非使我独安于办道也，安其身所以安其心，安其心所以安其道；苟不安于道则不安于心，不安于心则不安于身，不安于身则心生万梦，失却自己，何以为佛法栋梁？何以为众生表率？僧固亦人也，为其清净慈悲了达自心而得僧之名。若以落须发，披袈裟为僧，九间万椽为僧堂，此世间见也。”

“第佛法至此亟矣，必先速得数十人，肉身大士大阐神通，应化天下诸刹，使一切衲子，外不坏于一毫，赂赇酷虐，内不犯于一尘，淫杀贪傲。（中略）我今苦告诸佛子，各各述入大回心三昧。但言之至此，我亦罔知所措，诸佛菩萨，宁不动心焉，我遂呕我心中无忧声而为誓，铭之曰《十方禅刹僧堂记》。”

可见宋季道院梵刹，经乱以后，流弊丛生，无复清净之场，徒为落发之所，故郑氏不觉而有三教凄凉之叹。其言夫子之道，亘今古而不变，则仍是以儒为皈宿，道释不过为寓所，聊作隐遁之乡而已。郑氏仍从世间法来看道释，所论颇有关当日社会实际情况。是时以儒道杂糅，为荒唐之说者，如元赵道一撰《历世真仙体道通鉴》，邓光荐[①]序后跋语，竟谓孔子为广桑山主。[②]至明时朱国桢《涌幢小品》，遂有孔子为水精子之说[③]，广演仲尼列入仙籍，肆为谬妄[④]，不可纪极。

三教如何调协，六代以来，已成宗教上之主要论题，向来有齐、不齐之异论。北周卫元嵩著《齐三教论》七卷，见《新唐书·艺文志》道家类；《广弘明集》七言：“元嵩陈表状及佛道二论，立主客，论大小。”元嵩斥佛，自

---

① 郑氏事迹见拙作《补宋史邓光荐传》。

② 此事亦见《神仙感遇传》（《太平广记》一九引）及《三洞群仙录》卷一八引。

③ 《涌幢小品》廿九“儒释”条。

④ 如葛洪《抱朴子·辨问》篇之周孔升仙，陶弘景真灵位业列孔丘在第三级。《酉阳杂俎》以孔子为元官。《道藏》、《玉清无极总真文昌仙经》谓孔子主文昌，封太极上真治九嶷山，亦见《枕中记》、《元始上真众仙记》等书。

加冠巾，必抑佛扬道可知。[①]《新唐志》扬上善有《三教诠衡》十卷，其书未详。[②] 敦煌所出有刘晏《三教不齐论》残卷，见S·五六四五，日僧最澄、空海传入扶桑之佛典，内有《二教不齐论》，殆即此书。其言以为“佛法与周孔政乖，释典共孔经殊制”。主张僧人不必跪拜王者。云：“受一人之贵，理化阎浮，何屈折僧尼，盘擗法服。”[③] 此自老生常谈，无甚高论。中唐以来，朝野奉佛，而三教且有道场，《金石萃编》载资州刺史《叱于公三教道场文》，首佛次道又次为儒[④]，与隋李士谦评三教高下，以佛为日，道为月而儒为五星[⑤]，如出一辙，姚謍有《三教优劣不齐论》，列举三教不齐之项目凡十有三。[⑥] 夫“物之不齐，物之情也”（《孟子》），“执齐则不壹，众齐则不使”（《荀子·王制》），故曰：“维齐非齐”（《书·吕刑》），三教固不能强齐，然发为不齐之论者，多意存轩轾，非会通之旨也。

《宋史·艺文志》杂家类，周朴有《三教辨道论》一卷，宋初有长乐人为黄巢所害者，名周朴[⑦]，或即此人。此书内容无闻，金时董国华有《论道编》，《归潜志》称其参取佛老二家。同时郝大通有《三教入易论》，俱见《金史·艺文志》，而李纯甫著书，曰《鸣道集解》，贯通三教，尤为人所称述。周朴之书称曰《辨道》，而董国华所著曰《论道》，李纯甫则曰《鸣道》。金人著述又有《道学发源》一书，王若虚为后序，略云：

> 义理之真，而不专于传疏，其所以开廓之者至矣；而《鸣道》之说未甚行，三数年来，其传乃始浸广，好事者往往闻风而悦之。……此《发源》一书所以汲汲于锓木也。（《滹南遗老集》）

《鸣道》应指李纯甫之《鸣道集解》。可见其影响之大。

《宋史》卷四二七为《道学传》，其序论云：“道学之名，古无是也。”“道

---

① 余嘉锡：《卫元嵩事迹考》，见《论学杂著》，262页。

② 《集古今佛道论衡》，敦煌本有之，见大渊忍尔文，《冈山大学法文学部纪要》13号。《三教诠衡》意其书之性质，谅有相似之处。

③ 牧田谛亮：《刘晏の三教不齐论たツいて》，见《冢本颂寿佛教史学论集》，614—714页。

④ 《金石萃编》卷九六。

⑤ 《隋书》卷七十七。又参山崎宏：《隋朝の文教政策》（《论三教并立》），见林友春编：《近世中国教育史研究》。

⑥ 姚謍：《三教优劣传》，京都大学本作“姚功言”，非。

⑦ 参余嘉锡：《四库提要辨证》卷二四，1574页《唐僧宏秀集》。

学盛于宋。”首周濂溪、二程、张载、邵雍及程门弟子及朱熹、张栻。《道学传》为《宋史》所特有。(明修《元史》改名曰《儒学传》。)自宋南渡，程源为伊川嫡孙，著《道学正统图》(见叶绍翁《四朝闻见录》;《东城杂记》称源尝鬻米于临安新门草桥)。道学之统系，于以确立。赵秉文于《道学发源》引且谓:“(张)载之《东铭》、《西铭》，子翚[①]之《圣传论》，譬之户有南北东西，由之皆可以至于堂奥。总而类之，名曰《道学发源》。”(《闲闲老人滏水文集》十五)“道学”之名，亦成熟于是时。《宋史》总裁有张起岩者，熟于道学原委。《元史》六九《起岩本传》云:

诏修辽、金、宋三史，复命入翰林为承旨充总裁官，积阶至荣禄大夫。起岩熟于金源典故，宋儒道学原委，尤多究心。史官有露才自是者，每立言未当，起岩据理审定。深厚醇雅，理致自足，史成，年始六十有五。

由此知《宋史·道学传》之设立，必出于起岩之主张。至于道学之昌大，与金人学术亦有密切关系。此前人所未措意者，故略为引申。

李纯甫在金儒中，最为重要，《金史·文艺传》(卷一二八)云:

李纯甫字之纯，弘州襄阴人。(章宗)承安二年(1197)经义进士。为文法庄周、《列御寇》、《左氏》、《国策》(下略)。卒于汴，年四十七。虽沉醉亦未尝废著书。然晚年喜佛，力探其奥义。自类其文，凡论理性及关佛老二家者，号“内稿”，其余应物文字为“外稿”。又解《楞岩》、《金刚经》,《老子》、《庄子》,《中庸集解》,《鸣道集解》,号《中国心学》,《西方父教》,数十万言。以故为名教所贬云。(按“父教”或误作“文教”。)

元遗山《中州集》小传云:

(之纯)三十岁后，遍观佛书，能悉其精微。既而取道学书读之，著一书，合三家为一，就伊川、横渠、晦庵诸人所得者而商略之，毫发不

① 子翚即刘彦冲，朱熹父友。《宋史》熹传:“父松病亟，命熹往事三人，即胡宪、刘勉之及刘子翚也。”

相贷，且恨不同时与相诘难也。（中略）迨今论天下士，至之纯与雷御史希颜，则以中州毫杰数之。（卷四）

屏山又著《金刚经别解》，耶律楚材为之序，有云：

屏山居士取儒道两家之书，会运奘二师之论，牵引杂说，错综诸经，著为《别解》一编，莫不融理事之门，合性相之义，折六如之生灭，剖四相之键关，谓真空不空，透无得之得，序圆顿而有据，识宗说之相须，辨因缘自然，喻以明珠，论诸佛众生，譬如圆镜。若出圣人之口，冥契吾佛之心，可谓天下之奇才矣。嘻！此书之行于世也，何止化书生之学佛者，偏见衲僧，无因外道，皆可发药矣。

又《书金刚经别解后》云：

退之屈论于大颠，而稍信佛书，《韩文公别传》在焉；永叔服膺于圆通而自称居士，《欧阳公别传》在焉。是知君子始惑而终悟，初过而后悛，又何害也？屏山先生初年作《排佛说》，殆不忍闻。未几翻然而改，火其书作二解以涤前非，所谓改过不吝者，余于屏山有所取焉。[①]

屏山《鸣道集说》，亦楚材为序。谓：

（屏山）居士年二十有九，阅复性书，知李习之亦二十有九参药山而退著书。大发感叹，日抵万松，深攻亟击，退而著书，会三圣人理性蕴奥之妙，要终指归佛祖而已。江左道学，倡于伊川昆季，和之者十有余家，涉猎释老肤浅一二。（中略）屏山哀矜，作《鸣道集说》，廓万世之见闻，正天下之性命。[②]

此序作于甲午冬十五日，先于《金刚经别解》序一年。元时，念常撰《佛祖历代通载》，其凡例云："屏山居士《鸣道集说》，凡二百一十七篇，今

① 两篇俱见《湛然居士文集》卷十三，前者作于乙未元日。

② 全祖望：《鲒埼亭集外编》三十四，《跋李屏山唱道集》说作"唱道"，"唱"字恐误。

录一十九篇，盖彰其识见耳。”即录于卷第二十[①]，系之宋嘉泰四年。屏山于宋儒辟佛之语，一一为之辨正，自伊川、横渠，至南轩、晦庵，均无得免者。清汪琬责其立说太过，谓“彼卫浮屠如是之诚，而翦吾儒之羽翼，如是之严且力，流弊甚大”。惟称誉其论学，内有三疵，外有四孽，为深中学者之病[②]。

三疵：（1）识、凿之而贼
（2）气、冯之而亢
（3）才、荡之而浮

四孽：（1）学、封之而塞
（2）辨、哗之而疑
（3）文、甘之而狂
（4）名、锢之而死

此即三疵四孽之论，足为百世针砭。

大抵屏山之学，奉老、庄、孔、孟与佛为五圣人，其宗旨盖欲“洗人欲而白天理，划伯业而扶王道，发心学于言语文字之外，索日用于应对洒扫之中。治性则以诚为地，修身则以敬为门。大道自善而求，圣人自学而至。接千古之绝学，立一家之成说”。虽语有偏激，不可谓非豪杰之士。南宋学人，罕有伦比，重以耶律氏之吹嘘，于北方之学，影响至深。赵秉文序《道学发源》，可为明征。河汾诸老，若应人曹之谦兑齐、房祺称其“自客汴梁，北渡居平阳者三十余年，发明道学，为文楷式，指授后进”[③]。金源遗逸，于道学切磨之深。可以概见。即以“心学”而论，亦屏山所启迪，故薛玄有《圣经心学篇》。元人著述，俞长孺有《心学渊源》、王文焕有《道学发明》等书（见《元史·艺文志》），皆接其余绪。顾亭林《日知录》二十《心学》条，引澄海唐伯元辟阳明新学之说，而不知“心学”之名，早起于金、元之际。窃谓梨洲、谢山于宋、元、明学案，钩沉表微，贡献甚巨，独金源学术语焉不详，是宜补撰《金儒学案》，若屏山者，其尤铮铮者矣。屏山学佛，盖自史肃

① 《大正藏》本，册四九，659—699页。野上俊静有《金李屏山考》，载《大谷学报》一六之三，已收入《辽、金佛教》书中。

② 汪琬：《尧峰文钞》二十五《鸣道集说序》。

③ 之谦本大同人，详《河汾诸老集》房祺后序。参中华书局本《河汾诸老集》出版说明。之谦为学宗旨，可于其《送梁仲文》一诗见之。

（舜元）发之（《中州集》卷五《肃小传》）。其为刘汲（伯深）之《西岩集》撰序，称其“颇喜浮屠，邃于性理之说，凡一篇一咏，必有深意”（《中州集》卷二）。屏山所与游者，皆有道之士，曾撰《屏山故人外传》，元遗山多采入《中州集》，微言深意，可尝一脔。①

朱子辟佛之语，曩者友人 Dr. Yalen E. Sargent 曾加以译述，著成朱熹与佛教一篇（*Tchou Hicontre le Boudhisme*）（法文本）②，惟于屏山批评朱子之精语，尚未涉及，亟盼西方学人于屏山之说，能加以移译探讨。

三教之论，清代学人尚恒言之。③ 其三教消融之说，若宋之《三教万善同归论》，以孔子、老子皆为菩萨（见《扪虱新语》），实同嘲戏。《永乐大典》卷二〇三〇八“一”字号“万法同归”引三教同元图，以儒道释为一元，陈义甚浅。李屏山持论，渐造渊奥；而林兆恩则徘徊于俗谛之间，非可同日而语。清初程云庄倡教吴鄣之门，梨洲称其“修饰林三教之余术，而别自出头地者”④。林氏之学，流衍而为一贯道之属，至今尚脍炙人口，若屏山则暗晦不彰。元明间道学心学之兴，屏山与有力焉，故乐为阐发幽潜，对于中国宗教学术史之研究，或不无涓埃之助乎。

续记

前文所论，意犹未尽，兹再补述：

著《三教入易论》之郝大通，号太古。广宁人。卒于金季，乃全真教祖王喆七弟子之一也。⑤ 又著示教直言，具见其弟子范圆曦《太古集序》。

全真教祖即以三教垂训，金源琇之《重阳子王真人碑》云：

---

① 《中州乐府》王玄佐《洞仙歌题》云：《赋榛实屏山所录》。玄佐却金宣宗之招，高节凛然，和屏山所与游，无非独立特行之士也。

② Melanges Publies par L'institut des Hantes Etudes Chinoises，Tome I pp. 1-156.

③ 如孙星衍《问字堂集》有三教论，谓“征乌斯藏，得其咒文，了无意义。佛之教，中国好事者增饰成之”。颇有见地。

④ 《鲒埼亭集外编》卷三十四“书程云庄语钞后”、“再题云庄语录”。

⑤ 《甘水源录》卷二，东平徐琰撰《郝宗师道行碑》，及陈垣《南宋初河北新道教考》。补沈曹植《海日楼札丛》，258 页：“马远有‘三教图’。怪怪道人题‘三圣卷’，赵吴兴称‘三教弟子’，顾阿瑛像题曰‘三教像’。”又云：《道藏》“此”字号，《太极祭炼内法》三卷有图像注云：“天师张宇初序，内炼法三外老夫郑所南集。”全氏补成《宋元学案》，卷一百为《屏山鸣道集说略》。目为王（荆公）苏（蜀学）余派，诋其敢为肆无忌惮之言，如狂风怪雾。录《鸣道集说》仅四条而已，谢山旨在争学统，辟禅学，故持论如此，不知鸣道之重要，在其标揭“中国心学”，而佞佛亦时代风气所使然，全氏书，凡学之杂于禅者概称为“略”，置于学案之末，以示斥之之意。

皇图启运，必生异人。大定隆兴，道圆贤哲。夫三教各有至言妙理，释教得佛之心者，达磨也，其教名之曰禅；儒教传孔子之家学者，子思也，其书名之曰《中庸》；道教通五千言之至理，不言而传，不行而到，居太上老子无为真常之道者，重阳子王先生也，其教名之曰“全真”，屏去妄幻，独全真者，神仙也。

其以《中庸》代表儒教，与李屏山之著《中庸集解》，见解正是一致。

又记王喆：

于文登建“三教七宝会”。

宁海周伯通邀住庵，榜曰“金连堂”，就庵建三教金连会。

至福山县又立“三教三光会”。

在登州建“三教玉华会”。

至莱州起“三教平等会”。

凡立会必以三教名之者，厥有旨哉。先生者，盖子思达磨之徒欤，足见其冲虚明妙，寂静圆融，不独居一教也。王氏之建“全真”，不居一教，郝广宁盖承师说，其三教入《易论》，以意揣之，盖以《易理》融汇三教为说也。

金人之主道学心学者，诸家《金史·艺文志》所举有：

（一）董国华《论道编》。董字文甫，潞州人，官河南府治中。《归潜志》云：“其学参取佛老三家，不喜高远奇异，循常道，于六经、论、孟诸书，凡一章一句，皆深思而有得，必以力行为事，不徒诵说而已。得所著一编，皆论道之文，迄今藏余家。”《宋元学案》一百列为赵秉文同调，又称文甫者亦滏水之亚也。

（二）薛玄《圣经心学篇》、《金志》经部著录《易解》，华阴薛元微之撰。

按薛玄当即薛元，字微之，华阴人。《困学斋杂录》称为庸斋先生者也。《程钜夫集》有薛氏碑，谓其日与女几辛愿、柳城姚枢、稷山张德直、太原元好问、南阳吴杰、洛亚刘绘、溜川李国维、济南杜仁杰、解梁刘好谦讲贯古学，且以淑人。薛元盖元初逸民也。

郝、董、薛诸人之年代，当与李屏山相接，论道之风气称甚盛。“心学”一名词，已盛行于此时，非肇于明可知。

说者又谓："自赵复至中原，北方学者，始读朱子之书。"柯劭忞《新元史·儒林传》序此乃本姚燧之说。《牧庵集》（卷四）序江汉先生事实及卷十五姚文献公（枢）《神道碑记》言：赵江汉被俘至燕，传程朱性理之学，谓"北方经学自兹始"。然李屏山《鸣道集说》中纠擿晦庵已不一而足，可见朱子之书，早已传入金。而姚枢与薛元讲贯古学，薛著有《圣经心学篇》，则经学亦当日姚、薛诸人所重视，不待江汉先生而后兴起也。惟江汉所贡献者，实有二事，一为程朱著作之刊布，广其流传。（姚文献《神道碑》云："（江汉）汲汲以化民成俗为心，自版《小学》，书《语》、《孟》、《或问》、《家礼》，俾杨中书版《四书》，田和卿版《尚书》，《声诗折衷》，《易程传》、《书蔡传》、《春秋胡传》，皆脱于燕。又以《小学》书流布未广，教弟子杨古为沈氏恬版，与《近思录》、《东莱经史说诸书》，散之四方。"）一为金之道术心学，原杂糅二氏，至江汉使许衡摒去杂学，化为醇儒。（姚文献《神道碑》云："时先师许魏国文正公鲁斋，在魏，出入经传子史，泛滥释老，下至医卜筮、兵刑、货殖、水利、算数、靡所不究。公过魏，与窦汉卿相聚茅斋，听公言义正粹，先师遂造苏门，尽录是数书以归。其徒曰曩所授受皆非，今始闻进学之序。若必欲相从，当尽弃前习，以从事于《小学》、《四书》为进德基，不然，当求他师。众皆曰惟先生命，则魏国公由穷理致知，反躬践实，为世大儒者，又公所梯接云。"）此则江汉先生对北方经学所启迪者，有不可废没之功绩也。

《宋史·道学传》序称："孔子没，曾子独得其传，传之子思以及孟子，孟子没而无传。"理宗淳熙间，撰《道统十三赞》，起伏羲、尧、舜，讫于子思、孟子，立碑于杭州国子监（《金石萃编》卷一五二）。《宋史·理宗纪》载淳祐元年正月甲辰诏，表章朱熹，令与周敦颐、张载、二程列诸从祀，并制《道统十三赞》，宣示诸生。又《理宗本纪赞》称：

> 升濂洛九儒，表章朱熹《四书》，丕变士习，视前朝奸党之碑，伪学之禁，岂不大有径庭之哉。身当季运，弗获大效，后世有以理学复古帝王之治者，考论匡直，辅翼之功，实自帝始焉。庙号曰理，其殆庶乎！

知理学之提倡，及朱学之复兴，理宗与有力焉。

明以前三教论之代表作品，若白居易之《三教论衡》（太和元年十月敕召入麟德殿内道场对御三教谈论）。以孔门六义比佛经之有十二，四科比之六度（白氏《长庆集》卷五九）。元静斋学士刘谧撰《三教平心论》，意谓儒以正设教，道以尊设教，而佛以大设教。以迹异议之，未始不异，以理推之，而未始不同，大抵三教皆欲人之归于善耳（高儒《百川书志》子部）。《三教平心论》向有《琳琅秘室丛书》本（又《丛书集成》本）。

三教同源之说，历代帝王颇喜提倡，明太祖以后，清雍正十一年二月十五颁谕，以平停昔人之说。略谓："三教虽各具治心治身治世之道，然各有所专，其各有所长，各有不及处，亦显而易见，实缺一不可者。"此与宋人《万善同归说》，固无二致，而三教之论，至此亦得一结穴矣。

二、由星洲林三教庙再论宋金时代之三教同源思想

星、马闽人，不少崇拜三一教主林兆恩。兆恩著作等身，以《圣学统宗三教归儒集》一书最有名，故号"林三教"。新加坡奉祀林三教之庙宇，不止一处。后港之天性祠，小坡之九鲤洞，皆建筑巍峨，香火旺盛。九鲤洞内有两碑：一为《公建九鲤洞碑记》，民国三十七年置。一为1954年大普度时所立之纪念碑。前者又题曰《瑶法教史碑》，述及福建莆田九鲤洞之形胜，及卓万春真人与林兆恩之皈依三教等事。此碑不失为华南宗教史重要文献。曾录示傅吾康（W. Franke）教授，彼特为文介绍（Some Remarks on Lin Chao-en, Three-in-one Doctrine and its Spread in Singapore & Malaysia），并于1971年1月在澳洲堪培拉举行之第二十八届东方学者大会中宣读，颇引起国际人士之注意。

关于福建林兆恩之历史，清初黄宗羲撰有《林三教传》（《南雷文案》卷九）。近年中日学人颇有著论，林三教事迹，在星马流行则有《林子本行实录》一书，凡67页，前有民国二十年莆田蔡瑄序，此书乃闽人在南洋为其教主刊印之专著。

林兆恩之思想，盛行于福建，而远播及于南洋。考其渊源所自，当宋之世，山东及浙闽道流，已盛倡儒道释三教会一之义。元时闽人林辕撰《谷神篇》，有图论三教教义，甚为新颖，兆恩必受其影响。兹将宋金时代之三教说，在道释两家如何交融之经过，略述如次，兼及元代，以见明时三教论形成之渊源。

先言金人统治下之全真教。全真教起于河北，始祖王喆，号重阳，教人先使读《孝经》及《道德经》，参以禅理，盖以三教垂训。终南山重阳宫有金源璹作《重阳子王真人碑》云："夫三教各有至言妙理，释教得佛之心者，达

磨也，其教名之曰禅；儒教传孔子之家学者，子思也，其书名之曰《中庸》；道教通五千言之至理，不言而传，不行而到，居太上老子无为真常之道者，重阳子王先生也，其教名之曰‘全真’，屏去妄幻，独全真者，神仙也。”又记其于山东各地创立三教会：“于文登建‘三教七宝会’，至福山县立‘三教三光会’，在登州建‘三教玉华会’，至莱州起‘三教平等会’。凡立会必以三教名之……先生者，盖子思达磨之徒欤，足见其冲虚明妙，寂静圆融，不独居一教也。”（碑见王昶《金石萃编》一五八）于此可见全真教虽为道教，而掺杂儒释，儒书则以《中庸》为课本。金时学者李屏山著《鸣道集说》，奉老庄孔孟与佛为五圣人，其书日本屡有翻刻，甚为流行。《宋元学案》卷一百讥李为王、苏余派，不知其杂糅三教，金时之学术风气，固如是也。《道藏》中，全真教各祖师均有专集阐扬教义之作，多谱入词调，以三教立论，兹摘录如次：

王喆：“洁已存心归大善，常行恻隐之端。慈悲清静亦频观。希夷玄奥旨，三教共全完。”（《重阳全真集》一二《临江仙·道友问修行》）

“稍能悟三教秘诀，也无生无灭。”（同上一三，《金花叶》）

其他卷一三《望蓬莱》二首，亦言及三教妙理，不录。

丘处机：“推穷三教，诱化群生，皆令上合天为，慕道修真，行住坐卧归依。”（《磻溪词·神光灿》）

王处一：“遇太平真乐，道德洪因。更望参玄众友，道三教，千古同欣。”（《云光集》，《满庭芳·住持天长观作》）

谭处端：其《水云集》中，《神光灿》、《满庭芳》、《沁园春》、《瑞鹧鸪》等处，均阐三教修行之理。

刘处玄：《仙药集》如《感皇恩》云：“道释与儒门，真通法海。易妙阴阳外。自然解。金刚至理，顿觉无争泯爱。五千玄言，奥夷明大。”其他如《蓦山溪》、《玉堂春》、《望蓬莱》均提及“三教”二字。

马钰：其《洞玄金玉集》卷八有《咏三教门人及劝僧道和同词》。

王丹桂：其《草堂集》中《满庭芳》，有《咏三教》一首云：“释演空寂，道谈清静，儒宗百行周全。三枝既立，递互阐良缘。尼父名扬至圣，如来证、大觉金仙。吾门祖、老君睿号，今古自相传。玄玄。同一体，谁高谁下，谁后谁先。共扶持邦国，普化人天。浑似沧溟大海，分异派，流泛诸川。然如是，周游去处，终久尽归源。”

尹志平：其《葆光集》，《巫山一段云》劝世云：“道显清虚妙，释明智慧深。仲尼仁义古通今。三圣一般心。”

自王喆以下门人辈所作倚声，宣扬教义，无不如此，兹略举之以概其余。

郝大通，广宁人，亦王喆七弟子之一。郝弟子范圆曦序其《太古集》云：

> 平居制作，若《三教入易论》一卷，《示教直言》一卷，《解心经》、《救苦经》各一卷，《太古集》一十五卷，内《周易参同契简要释文》一卷。

按《周易参同契简要释文》自序，乃金大定十八年戊戌（1178）即南宋孝宗淳熙五年。大通卒于金季，其易学宗旨，此书可见一斑。至三教入易论，今不可见，以意揣之，必以易理融汇三教为说也。

元至元二十二年，禁断《道藏》伪经，内有金天长观李大方撰《三教根源图》（见《佛祖通载》二二），此亦金源道士论三教之佚籍。

宋时道教分南北二宗，全真教属北宗，喜言三教，南宗亦然。南宗祖师如天台张紫阳（伯端），五祖之一也，亦倚声宣扬教义。《悟真篇注疏》卷七有《西江月》一十二首，涉铅汞之方。其《悟真篇》自序云：

> 故老释以性命学，开方便门。教人修种，以逃生死。
> 释氏以空寂为宗。
> 老氏以炼养为宗。
> 其次《周易》有穷理尽性至命之辞。《鲁语》有毋意必固我之说……
> 至于《庄子》推穷物累逍遥之性，《孟子》善养浩然之气，皆切几之矣。……
> 教虽分三，道乃归一。奈何后世黄缁之流，各自专门，互相非是，致使三家宗要，迷没邪歧，不能混一而同归矣。（《道藏》“岁”字号）

张伯端此序作于熙宁乙卯，以老释与孔子庄孟并列。固李屏山之前导。南渡以还，浙、闽道流，颇阐此义。

夏元鼎著《三教归一图说》大旨如下：

> 儒　天生烝民　有物有则
> 释　圆觉真如　与生俱生

道　有物混成　生天地生

云峰曰："三教殊途同归……自立人极。应世变言之则不侔，至于修真养性，与正心诚意之道，未易畛畦也。"（下文引禅宗语甚多）

元鼎字宗禹，号云峰道人。此图说见于所作《黄帝阴符经讲义》，卷首有宝庆二年（1226）楼昉序，称夏君宗禹自浙来闽，手一编示余，则所著讲义也。夏君"少从永嘉诸大老游"云云，则宗禹乃浙人。《道藏》"吕"字号有夏宗禹著《紫阳真人悟真篇讲义》，盖演紫阳之说者也。

永嘉周无所住著《金丹直指》，中有或问若干则，论三教异同者五。大意谓三教皆可入道，如云："若晓金刚、圆觉二经，则金丹之文自明。"（见《道藏》"夫"字号）《金丹直指》一书前有淳祐庚戌（十年，1250）永嘉周无所住序，知其作者即永嘉人。自言从赤城林自然得丹法，又取张紫阳《金丹序》、泥丸陈真人《翠虚吟》（按即陈楠，见《道藏》"妇"字号），亦袭张紫阳之说者。

《道藏》"暑"字号萧应叟《元始无量度人上品妙经内义》，于"仙道难固，鬼道易邪，人道者心，谅不由他"句下云：

> 内义曰三教，皆由心地发明；儒曰存心，仙曰修心，佛曰顺心，或曰正心说心，或曰虚心静心，或曰息心降心，无非令人淑此以复其善。

又引《大学》、《尚书》（人心惟危句）、道释及《圆觉经》，以作比较。

此书前题"宝庆二年（丙戌）上清大洞玄都三景法师萧应叟上表"，与夏宗禹同时，应叟盖名观复云。彭致中《鸣鹤馀音》卷三载葛长庚（白玉蟾）《满庭芳·修炼》一首亦言："道释儒门三教归一。"长庚为闽人，居武夷山。

至元时福建玄巢子林辕（神凤）著《谷神篇》，其中有《含元抱朴》之图，大意如下：

道
玄
命　　　　天
理　　性　　性　　理
牝　　　　牝
释　　（合）　　儒
死　　共
生　　一

其说曰："先天后天，释氏牟尼，无极太极，孔氏仲尼，大无不包，牟之与仲，细无不入，一以贯之。"又有《水调歌头》六首，读内经而证以道释之学。书前有延祐乙卯临川赵思玄（从善）叙，及成宗大德八年（1304）林辕自序，略云："余闽乡林氏子也，初治儒术，复皈依释氏之门而及于道。"是知明代闽林兆恩之提倡三教，非无凭借，实由林辕开其先河也。

同时莹蟾子李道纯（元素）其《中和集》于大德十年（1306）授梓，集中论三教之义，更不一而足。道纯为白玉蟾再传弟子。卷三《琼蟾子程安道问三教一贯之道》云：

> 儒　先天《易》
> 释　《般若经》
> 道　《灵宝经》

问先生云："三教一理，释氏涅槃，道家脱胎，并无差别。佛之真空，儒曰无为，道曰自然，皆抱本还元，与太虚同体。"

又卷四《炼虚歌》亦阐明混同三教："为仙为佛与为儒，三教单传一个虚，亘古亘今超越者，悉由虚里做工夫。"

按李道纯之《中和图》取之《中庸》，《委顺图》取之庄，《照妄图》取之释。又卷六为词《沁园春》多首，有赠《丁县尹三教一理》、《满江红·赠密庵述三教》、《满庭芳》、《水调歌头》（其一示众无分彼此）、《西江月》皆极重要。又教外名玄亦引佛书、道书、儒书，论其会通。

元时混然子王玠（道渊）之《还真集》（《道藏》"夫"字号），前有洪武壬申天师张宇初序，内有《大道心易图》，引邵子句："心易者，大道之源也。"性命混融论词《沁园春》二十一首，有《三教一理》一首，文云：

> 道曰金丹，儒曰太极，释曰玄珠。矧三教之道，本来同祖，心存至德，性悟真明。

又《百字令》三首，一儒宗，一释宗，一道宗，皆重要文献。中阳子卫琪《玉清无极总真文昌大洞真经》前，有至大四年翰林学士张仲寿序云：

> 卫君以三教圣人，有杂注于其间，旨意深远，苟不能贯通三教之书，

未易观也。

凡此皆宋元之际南方道教徒三教会通之说，与全真教先后辉映，盖成为思想界之主流矣。而道流三教说，流行区域，盛于浙闽，天台张紫阳，武夷白玉蟾，皆其前驱也。

三教会一之说，北宋佛家亦侈言之，南宋以来，则盛行于道家。宋初建隆二年，吴越国王钱俶序永明延寿禅师之《宗镜录》已云：

> 详夫域中之教三：正君臣，亲父子，厚人伦，儒、吾之师也。寂兮寥兮，视听无得，自微妙升虚无，以止乎乘风驭景，君得之则善建不拔，人得之则延贶无穷，道、儒之师也。四谛、十二因缘，三明、八解脱，时习不忘，日修以得，一登果地，永达真常，释、道之宗也。惟此三教，并自心修。

初为此说，主三教并自心修。其后淳化元年，苏易简奉太宗旨编《三教圣贤事迹》。是时太一宫道士韩德纯主道教，赞宁著《鹫岭圣贤录》，王禹偁《小畜集》（卷十）有《宁公新拜首座诗》云：

> 著书新奏御，优诏及禅扉。（自注云："亦诏承旨苏公、道士韩德纯与公集三教圣贤事迹各五十卷，故有首座之命。"）

故赞宁序《僧史略》亦云："三教是一家之物，万乘是一家之君，（中略）三教既和，故法得久住也。"盖一时禅风如此。

初，永明延寿禅师撰《万善同归集》，有云："问老子亦演行门，仲尼大兴善诱，云何偏赞佛教，而称独美乎?"答："以上二教并未逾俗柱，犹局尘笼，岂能洞法界之玄宗，运无边之妙行乎?"仍站稳释氏立场，视二教为俗谛。

大中祥符九年，杭州孤山释智圆序《闲居编》，自言"于讲佛教外，好读周、孔、扬、孟书，往往学为古文以宗其道"。

> 行五常，正三纲，得人伦之大体，儒有焉；绝圣弃知，守雌保弱，道有焉；自因克果，反妄归真，俾千变万态，复乎心性，释有焉。吾心

其病乎，三教其药乎？（《闲居编》卅四）直以三教为治世良方，智圆学古文，是则以释而为儒者也。

嘉祐初，释契嵩撰《广原教》二十五篇亦主儒佛一致，佛之五戒十善，与儒之五常仁义，异号而一体（卷一《广教》）。又论：

儒之五常，与佛之慈悲，布施、恭敬、无我，慢智慧、不妄言绮语，为目虽不同，而其所以立诚修行善世教人则一。

又谓：

儒者欲人因教以正其生，佛者欲人由教以正其心。（卷八《寂子解》）

释不轻儒正生之理，儒亦接受释正心之道，两相调协，遂有宋代理学。

释氏喜读《中庸》，智圆且自称曰“中庸子”（著《中庸子传》，见《闲居编》十九），《宋史》二七七《宋太初传》称：太初著有《简谭》三十八篇，其自叙云：

广平生纂文史老释之学，尝谓礼之中庸，伯阳之自然，释氏之无为共归也。

此说又在智圆之前，以中庸立教正为全真教教义所自出。《道藏》太玄部《碎金篇》引晁文公语云：

教岂有异哉！吾尝谓三道为一焉。夫儒家者流，以正身为要，切勿求其功而功自成矣。竺乾氏以复性为要，切勿求其证而证自知矣。吾始读《南华》之书，因“齐物”之理而得一法，目之曰逍遥大同观，而无一事可争。后读西方之书因无我之理又得一法，目之曰平等大空观，而无一物可齐，由是知其深浅矣。

北宋以后，道教融合儒释，自是当日之共同趋向。注老之书，兼采儒佛者尤多不胜数，若苏辙之《道德经解》，大旨主于佛教同源，又引《中庸》之说，以相比附（《四库提要》语），是其显例。

宋代君主对三教之事特别可记者，徽宗崇宁五年十月五日敕云：

> 旧僧居，多设三教像为院额，及堂殿名，且以释氏居中，老君居左，孔子居右，非所以称朝廷奉天神，兴儒教之意，可迎老君及道教功德，并归道观，迁宣圣赴随处学舍，以正名分，以别教像。（《混元圣纪》）

徽宗崇道以侪儒，明抑释氏，故别教像，以正名分。南渡以后，佛学复盛。孝宗乾道七年，诏灵隐惠远禅师见选德殿，帝亲制《原道论》，略云：

> 朕观韩愈《原道》，因言佛老相混，三教之相绌，未有能辩之者。……释氏专穷性命，弃外形骸，不著名相，而于世事自不相关。又曰兴礼乐仁义，然尚立戒如此，于仲尼何远乎？……至其（老氏）会道则互相遍举，所贵者清净宁一，而于孔圣，果背驰乎？……曰以佛修心，以老治身，以儒治世，斯可也。唯圣人为能同之，不可不论也。（文见《佛祖通载》卷二十，《大正》本，692页）

孝宗且自注《圆觉经》，三教平停之说，至是已具端倪。南宋道士萧应叟论三教，取《圆觉经》说，疑出孝宗之启发也。昌黎《原道》辟佛，前此契嵩特著《非韩子》三十篇，凡三万余言（《镡津文集》卷十四）。孝宗以九五之尊，亦亲著论以辨其非。在位者之调和教义，以免冲突，其用心可以见矣。

由上所述，可见林三教以前，宋、金、元之际，朝野亦盛行三教会通之论。此类资料，散见道、释两藏中，十分偏僻，兹辑录之，可补哲学史之不及。宋室对佛教之态度，若孝宗竟反对韩愈辟佛之意见，自注《圆觉经》，平停三教。金人以异族统治中国，在野人士托身隐于道教者，亦会通儒释以立教义，而南方道教祖师张紫阳、白玉蟾等，均主三教归一。不少道徒，并制图说，以显其理，盛行于浙闽地区，流风所被，林兆恩即受其启发。马一浮云“三教同源之说，始于明季闽人林三教”。今观上文考论，林三教之思想，实远有所承，不得谓三教同源，乃林氏所创始也。

Marjorie Topley 在其《先天大道》（*The Great Way of Former Heaven*）一文中，见（*B. S. O. A. S.*，1963）记新加坡之同善社，其教祖有马端阳，号道一，及白怀让，号白衣居士。马端阳应即马丹阳之讹，马名钰，丹阳其号，乃全真教祖王喆之大弟子，是同善社复远奉全真教主为其祖师矣。

附简表

宋太祖建隆二年（961），钱俶序《宗镜录》，言三教并自心修。

太宗淳化元年（990），编纂《三教圣贤事迹》；宋太初作《简谭》，论三教归一（太初卒于景德四年）。

真宗大中祥符九年（1016），释智圆序《闲居编》，论三教为良药。

仁宗嘉祐元年（1056），释契嵩撰《广原教》，言儒之五常，与佛教为异号同体。

神宗熙宁八年（1075），张伯端序《悟真篇》，言三教虽分三，道乃归一。

徽宗崇宁五年（1106），敕分别僧居三教像。

政和二年（1112），全真教主王喆生。

孝宗乾道七年（1171），制《原道论》，主三教不异。

金大定十八年（淳熙五年）（1178），郝大通自序《周易参同契简要释义》。

大定二十年（淳熙七年）（1180），诏雪窦禅师论三教，师以老庄可比佛门中小乘（《佛祖统纪》）。

宁宗嘉泰四年（1204），李屏山撰《鸣道集说》。

理宗宝庆二年（1226），楼昉序夏宗禹书，夏撰《三教归一图说》。

萧观复上《元始无量度人上品妙经内义》，言三教皆由心地发明。

淳祐元年（1241），表扬朱熹，帝自撰《道统十三赞》，立石于杭州。

十年（1250），永嘉周无所住作《金丹直指》，内论三教异同五则。

元大德八年（1304），闽人林辕作《谷神篇》，有图论三教一贯。

十年（1306），李道纯《中和集》付梓，有《沁园春》、《满江红》等词，论三教一理。

三、三教调和论之历史意义

（一）星马之三教合一团体及教义

中国学术思想之演进，以儒道释三教为其基石，而三者间之接触，冲突，调和，以至于混融，实为中国文化上之特色。

星马华人社会在宗教意识上表现之共同特征，可说是儒道释三教之调和。

操福建语者或崇拜三一教主林兆恩，在星洲之庙宇有小坡九鲤洞及后港天性祠。操客家语者奉真空教，此教为清同治元年廖帝聘在江西寻邬始创，传播南来，星洲漳宜律之天灵总会，是为其总组织，星马各邦有真空道堂之设者，几占三分之二年。操潮语者成立德教会，其教义号为五教合一，其组织在星洲乌节路者曰紫新阁，建于1952年，星洲各埠多有会所，皆以阁为名。此三种不同语系之华族，其在民间之宗教组织都是以三教合一为其教团及教义。原皆从中国移植而来，有其极悠久之历史渊源。

福建之林三教团体，以教主林兆恩所著为经典，如《圣学统宗三教归儒集》，是其要籍。真空教经典有四种，即《报空经宝卷》、《无相宝卷》、《报恩宝卷》及《三教宝卷》。德教会成立不久，未闻有何自己编成之经典。真空教以图表示其教理，有《空中图》及《三教图》。《三教图》自甲至癸，其"戊"表示儒释道三教骈列，谓："冶三教为一炉，而以一空字了结之。""由三教上至真人，由真人上至如来，由如来上至性光。""其壬之图，则表三心（谓嗜欲心，向道心，开觉心，颜色由黑而赤而白），五皈（谓皈依，皈中，皈正，皈一，皈空），四考（谓考真，考直，考愿，考舍），教义之精者皆在焉。"廖祖自谓："厌罗祖经之繁，而选龙经之精者，并儒道二教之经，而成四部五册。"（见星洲写印本之《空道渊源记》）罗祖名清，居山东即墨牢山。当明正德间创无为数，其经典为宝卷体，即所谓《罗道五部六册》者书名曰《开心法要》，其别派以黄天道为开祖者，号黄天教，经典名曰《龙华宝经》。真空教经即本罗祖之《罗道五部六册》及《龙华宝经》（简称《龙经》）加以删节，由五部六册订为四部五册。罗祖无为教至明末清初势力浸大，流衍亦广，新兴宝卷，若万历间刊行之《销释显性宝卷》、《销释大乘宝卷》，即模仿五部六册，康熙间江西饶州黄九祖之《皇极金丹九莲正信归真还乡宝卷》，亦冒充无为教。真空道之三教宝卷内有罗祖咒，其静坐法亦名"无为静坐法"，所用经典悉为宝卷体裁，皆受罗祖宝卷宗教之影响，此民间之宝卷文学，尚流传于南洋，其来历罕有道其详者[①]，故本文首及之。

三教混合之现象，在当代中国已成为历史上之陈迹，惟仍保存于星马之

① 真空教义可参星洲天灵总道堂印行有《道统变迁论·真空原理论》。又罗香林《流行于赣闽粤及马来亚之真空教》（1962），备录其三教经卷四种，惟对真空教与罗祖关系，语焉未详。按可参泽田瑞穗《罗祖之无为教》及酒井忠夫《开心法要上无为教》、《关于明末之无为教》三文。外道罗清名见憨山大师自序年谱。龙华经名出自龙华会，《明实录》天启三年记"大同妖人王普光聚党为龙华会，自称沌元教主"。乾隆十八年，宁波鄞县之罗教自称龙华会（见《史料旬刊》第二十四期）。

民间信仰，极值得研究，本文将为检讨三教调和论在文化史上之来龙去脉，或可作为多元文化融合之一种参考。

（二）三教地位之升降与政治关系

古时所谓“三教”，原指夏殷周三朝文化，班固《白虎通德论》中有《三教篇》，此与今言“三教”为儒道释者，取义迥别。释道二教，东汉以来始盛行，吴时康僧会之初来华，与张昱论儒释之异趣，谓儒典格言，佛教明训，周孔之言显近，释教之言幽远（《高僧传》），已主儒佛调和。同时支谦译《瑞应本起经》言：“上作天帝，下为圣主。或作儒林之宗，国师道士，在所现化，不可称记。”后来遂有三圣化现之说，孔子颜回老聃皆为佛弟子所化身。此释氏为适应儒家而捏造者也。[①]

南北朝以来，道释对立之形势，相持甚久，互相论难，积有年所，齐明帝泰始三年（467），顾欢为夷夏之论以排佛，驳论者众。而朱昭之独区别儒释道三教之异。而归之下列数语，谓“智无不周者，则谓之正觉（佛），通无不顺者，则谓之圣人（儒），开物成务，无不达也，则谓之为道。（道）”进一步言：“然则圣不过觉，觉不出道。”终以道为依归，以袒护顾欢。张融《门律》则云：“道也与佛，逗极无二，寂然不动，致本则同，感而遂通，逢迹则异。”主道佛在本体为一致，在迹象则殊异。其没也，右手执小品《法华》，左手执《孝经》、《老子》，表示三教融合。梁武奉佛，著《神明成佛义》，讳言神灭之论。其述三教诗云“弱冠穷六经”、“中复观道书”、“晚年开释卷，犹如月映星”。喻释氏如月。隋时李士谦言三教优劣，竟谓“佛日也，道月也，儒五星也”。此如吴越王钱俶序《宗镜录》言：“儒，吾之师也，道，儒之师也，释，道之师也。”崇佛而抑道儒，灼然如见。《北周书·武帝纪》：建德元年（572）集群臣及沙门道士等辨释三教先后，以儒为先，道教为次，佛教最后，翌年遂废佛教。

隋既统一北方，以释为主，取大乘融合精神，其宗教政策，亦三教并立。昙迁对隋文帝言三尊，以佛为世尊，道为天尊，帝为至尊。文中子答程元问三教曰：“政恶多门久矣。又读洪范谠议曰：三教于是乎可一矣（《问易篇》）。岂非三教会一之旨耶?”唐初，高祖武德七年（624）释奠，会三教学士，仿

① 北周道安之《二教论》云：“佛遣三弟子，振旦教化，儒童菩萨，彼称孔丘，光净菩萨，彼称颜渊，摩诃迦叶，彼称老子。”

周武之例，其次序为老、孔、释，以老为同姓故列于前。既幸国学，引道士沙门博士相与驳难，下诏云："三教虽异，善归一揆。"先是道安撰《二教论》，已有"三教虽殊，劝善义一，涂迹诚异，理会则圆"之语。故唐时三教成鼎峙之局。中宗景龙二年（708）三教学士集弘文殿对论，武后时，敕撰《三教珠英》一千卷。玄宗开元十六年诏："能言佛老孔子者，相答难于禁中。"（《新唐书·李泌传》）又答张九龄贺论三教批（见《大唐诏令集》），代宗大历六年，有三教道场文，三教先佛次道次宣圣，以佛居先，与唐初大异，是时复佞佛矣。唐时，三教讲论成为习尚[①]，自中唐代宗下至五代周世宗，叠有举行，参与其议之儒者，德宗时徐岱，文宗时白居易，宣帝时李贻孙，皆会于麟德殿。武宗会昌元年，复废佛。

宋初佛教仍盛，真宗即位，著《崇释论》，又御制《法音》集学僧二十一人为作笺注（《湘山野录》）。嗣始醉心道术。仁宗禅学亦湛深，有《御书》五十三卷，偈颂极多（《懒真子》二）。此后道教弥盛，徽宗时，以僧居之三教像，以释氏居中，老君居左，孔子居右，崇宁五年下敕："以别教像，以正名分。"南渡以后，孝宗自注《圆觉经》，又撰《原道论》，主"以佛修心，以老治身，以儒治世，惟圣人为能同之"。三教平停，不复互相轩轾矣。理宗崇儒，自撰道统赞，表章朱子四书，朱学复兴，元明崇儒，实种因于此。元时，以平等对待各宗教，三教以外，诸教且杂然并陈，兼容并包平行不悖。明太祖出身沙弥，即位亲撰《三教论》又作《拔僧入仕论》，招致儒僧，僧徒可出仕，故后来姚广孝出佐成祖，以成帝业。清雍正十一年二月十五日颁谕：谓"三教虽各具治心治身治世之道，实缺一不可者"。视宋孝宗之说，更为持平。

中国历代对于三教处理政策，各有不同，惟统治者大抵主调和之论，一方面可表示其对各种宗教兼容并蓄，以见其广博精神与宽宏度量，另一方面可消弭人民信仰上之冲突，以避免争端。由于中国民族性喜中庸，道并行而不悖，故容许三教同时并存，幸而回教军事力量，未侵入中原，否则必起极大之变化。

（三）历代三教论名篇记要

自北周以来，阐论三教问题，著为专篇者，代不乏人，兹不论存佚，述之如次：

---

① 参罗香林《唐代三教讲论考》（《唐代文化史》）。

北周　韦夐《三教序》武帝时韦夐辨（三教）优劣。夐以三教虽殊，同归于善……乃著《三教序》而奏之。（《周书・韦夐传》）

卫元嵩《齐三教论》，见《新唐书・艺文志》，元嵩斥佛扬道。

王浮《三教论》，法琳《辩正论》六自注引王浮《三教论》。

唐　孙思邈《会三教论》，见《新唐书・艺文志》。

刘晏《三教不齐论》，敦煌所出斯坦因目五六四五有残文。言佛法与周孔政乖，主张僧人不必跪拜。

白居易《三教论衡》，以儒之四科比释氏之六度。（《长庆集》卷五九〇）

姚䛒《三教优劣不齐论》，列三教不同之项目共十有三。

宋　周朴《三教辨道论》，目见《宋史・艺文志》杂家类。

苏易简《三教圣贤事迹》，奉太宗旨编。

《三教万善同归论》，见《扪虱新语》。

郑思肖《三教记》，记其早岁世儒，中年入仙，晚境游禅。

元　刘谧《三教平心论》，谓儒以正设教，道以尊而佛以大，皆欲人之归于善。有《琳琅秘室丛书》本。

明　太祖《三教论》，见《御制文集》。

林兆恩《圣学统宗三教归儒集》。

李贽《三教归儒说》，见《续焚书》卷二。

袁宏道《三教图引》，《袁中郎十集》，《狂言》卷一。

杜文焕《三教会宗》，见《太霞集选》卷三十七。

以上各篇，或以三教作比较而著其异，或取乎贯通以求其同，兹揭其目并注出处，以备研讨。

在儒家立场，本斥道释为异端，明儒著儒释辨者皆抱此种见解。亦有主调和说者，如王艮在为陆与中作之《三教堂记》中，举出“学老佛者苟能以复性为宗，不沦于幻妄，是即道释之儒”。又云：“吾儒之学明，二氏始有所证。”（《王龙溪全集》卷十七）是无异谓三教之理，互相阐发，可以相得益彰。

在道家立场，重内轻外，葛洪至谓“道为儒之本，儒为道之末”（《抱朴子・明本》第十）。又或谓“智者悟之能归内道，救理外儒。缘末入本，引外还内，上学之功，于此乎在”（《道藏》“左”字号《洞真太上太霄琅书》卷九第五）。道徒着重内在修养，故自以为道本，而目儒为末。

在释教立场，所重在内，亦复如此，是皆不免有所轩轾。其主平停之说，如宋孝宗者，稍前若王通介弟王绩有言：“仲尼曰善人之道不践迹，老子曰夫无为者无不为也。释迦曰三灾弥纶，行业湛然。夫一气常凝，事成吹万，万殊虽异，道通为一。”（《答程道士书》）此唐初学人三教调和之著例。降及清代，雍正颁谕，谓三教各具治心治身治世之道，各有所长，缺一不可。此与宋人万善同归说，固无二致，而三教会通之论，至此亦得一结穴矣。

（四）三教思想之渗入文学与艺术

三教思想，唐宋而后，时时渗入文学作品，试举例如次：

（1）词　宋代道徒喜填词以阐教理。紫阳真人《悟真篇》内有《西江月》十二首、元林辕《谷神篇》之《水调歌头》六首，通儒释之邮。混然子王玠《还真集》内《沁园春论三教一理》，皆其例证。金时全真教徒自祖师王喆以次，填词极多，咏三教者尤夥。

（2）宝卷　如在宁夏与宋元刻西夏文藏经同时发见之《销释真空宝卷》抄本，内一段言“假安明，立三教，几个知因。有释教，并儒教，三教一体”。新加坡真空教经典之《三教宝卷》，内称“三教原是一家人”。此间可见到之宝卷，尚是江西黄畲山道堂刻印者。

三教思想渗入艺术领域，其事更早，举例论之：

（1）绘画　《图画见闻志》有侯翼之《三教圣像》，宋理宗时马远画《释老侮孔子图》，亦是三教合一。

（2）音韵　他如韵书亦借用三教名，清康熙间阿摩利谛著《三教经书文字根本》（内载《大藏字母九音等韵图》。见《等韵源流》引），即其一例，可见三教观念已浸入各种学艺之领域。

（五）三教论衡之列为朝仪及逐渐戏剧化

“三教论衡”为唐代宫廷讨论学术之节目，嗣用以点缀升平，成为习俗。洪迈《容斋随笔》题白居易《三教论衡》文后云：“观其问答旨意，初非幽深微妙不可测，知唐帝岁以此为诞日上仪。”故后来儒家退出，只存二教（《唐摭言》）。此事演为戏剧，李可及竟以滑稽戏演出。谓三教圣人皆是妇人，引《金刚经》“敷坐而坐”，读为“夫”座，《论语》“吾待贾者也”，以贾为“嫁”，解《道德经》“吾所以有大患，为吾有身”为有孕，令人捧腹（高彦休《唐阙史》下《李可及戏三教》条）。宋时杂剧有打三教、领三教等戏，金院本列“三教”一本，明宁献王有《辨三教杂戏》一本，此三教活动表见于戏剧者，已属揶揄性质，此可说是三教思想史上之一段插曲。

（六）三教论之贡献及其评价

三教说虽为杂糅不纯之思想，然有数事值得提出讨论者：

（1）揭出一标准之书作为经典，在儒书举出《中庸》或《大学》，在释典或标出《心经》、《金刚》、《圆觉》等经，在道书则以《道德经》或《阴符经》。

（2）指出三教优越地方之共同点，归到己身内在之修养，如萧应叟论三教皆由心地发明，儒曰存心，仙曰修心，佛曰顺心，语甚扼要。尤以实践方面，对于心理卫生，提供不少新意见，中国过去学术精要，侧重个人人格之完成（所谓“成德”），三教有其相同之处，实以“内圣”为基础。

对于宗教的看法，中西有许多不同之观点：

汤恩比（A. J. Toynbee）在其《历史研究》中《心灵的分裂》章说及宗教的糅合，乃是一种“文明成长中的杂乱感”（sense of promiscuity）。因此，有人可认为三教之合一，只是一种初步的混合，不是高度具有创造性之思想。自然，它既缺乏概括原理之抽象性思考，又缺少庄严而凝固之宗教信念，只趋向于道德心灵的陶冶，及辅助政治力量的和谐，此即其成就方面。不过，中国在多元民族多元文化之熏陶、熔铸之下，已逾二千年，此一三教混融之历史经验，足为人类文明成长之一种教训与借镜。其政治成就似乎高于宗教成就，最少在中国未受过狭隘性之宗教斗争之摧残，宗教之对立竟消融于无形之和谐并行不悖之状态之中，民间各自为教，各求其安心立命之地。在整个国家而言，自嫌过于散漫，不能形成一股力量，但在统治层则可毫不费力而得到无形的人心上的安顿，此三教合一所以有裨于政教者在此。但另一方面，三教合一思想至于明清后期，渐成为一般秘密结社与地下活动之信仰依据，及其末流反成为政治之反抗力，近岁中外学人之研究秘密宗教者日众，如李世瑜，J. J. M. de Groot，Marjorie Topley，洼德忠等皆有详细调查与研究，故兹不复赘云。①

① 李世瑜在其所著《现在华北秘密宗教》一书中，对黄天道、一贯道、归一道、一心天道、龙华圣教会等有详细记载。J. J. M. de Groot，*Sectarianism and Religious Persecution in China* 书中，所论尤详。2 vol. Amsterdam 1905，洼德忠氏有《关于一贯道》（《东洋文化研究纪要》，1953 年 4 月，东京），Marjorie Topley 氏曾研究《新加坡之斋堂组织及社会作用》（伦敦大学博士论文，1958 年），其另一论文《先天大道》（The Great Way of Former Heaven. *B. S. O. A. S.* ，1963）亦重要参考文献。

1996年圣诞节日，余在厦门大学接受该校颁赠名誉教授典礼。翌日得游莆田县，拜谒林兆恩祠宇，瞻仰祠后晋代古树，轮囷磐礴；其地诞生异人，信非无故而然。顾宪成晚年读其“三教会编”，益摈二氏。三教合一之学，风靡海外，胥出林氏之功。1997年10月，又记。

原载《选堂集林·史林》，香港，中华书局，1982年

道教探原

卷五

饶宗颐二十世纪学术文集·宗教学

目　录

（传老子师）容成遗说钩沉

——先老学初探

汤用彤先生对于道释宗教史之开拓，懋著功绩，沾被来学多矣。本人被邀，主持讲座，殊感荣幸。汤老《读太平经书所见》一文，谈及刑德问题，举《尚书纬·刑德放》及《太平经》所言刑德为例，深有启蒙之功。近时马王堆三号墓出土《刑德》长篇，大放异彩，有助于研究。楚地老子古本陆续出土，过去庄、老先后及老子书之年代诸疑点，均迎刃而解。又马王堆三号墓竹简《十问》黄帝四问中，其一为与容成对答，葛洪《遐览》篇所记之《容成经》一卷，必有出于此者。陆德明谓“老子受学于容成”。关于老子思想之来源，于此可试探一些消息，因以容成遗说为题，作初步探讨，望方家加以指正。

一、容成公事迹与容成氏传说

古代传说，容成不止一人。

远古帝王之容成氏。《庄子·胠箧》：“古帝王十二氏，首为容成氏，次大庭氏”，在伏羲、神农之前。《淮南子·本经》：“昔容成氏之时，道路雁行列处，托婴儿于巢上。”《金楼子·兴王》篇亦以容成氏列首，乃用庄子之说。

黄帝臣之容成。见《吕览·勿躬》、《淮南子·修务》云“容成造历”。《路史》“黄帝”条下称容成造历为盖天，似无明证。《史记·历书》：“皇

（黄）帝考定星、历，建立五行、起消息，正闰余……”

为黄帝师或老子师之容成公。《列仙传》云：

容成公者，自称黄帝师，见于周穆王。能善补导之事，取精于玄牝。其要：谷神不死，守生养气者也。发白更黑，齿落更生。事与老子同。亦云老子师也。

《列子·汤问》谓“黄帝与容成子居空峒之上，同斋三月，心死形废”。王叔岷《列仙传校笺》引《类聚》九七，此处容成子作广成子。因谓容成子盖即广成子。从校勘异文所得结论，极堪注意。

按《穆天子传》云：“天子北征……登群玉之山，容成氏之所守。”（《路史》引作庸成）知群玉之山即指崆峒。《庄子·在宥》记黄帝与广成子在崆峒之对话，文字甚长，由于广成子与容成子之互为异文，则《在宥》此段文字，可视为容成之遗说，大有研究价值。《御览》六一八学部叙图书引《穆天子传》云：“癸巳至于群玉之山，容成氏之所守。山阿平无隘，四彻中绝，先王谓之策府。”是山为先王策府所在，则容成氏亦掌守藏室者，《列仙传》谓容成见于周穆王，与穆传所言相合。由是观之，传容成公为老子师一说，亦非完全无稽。

二、《十问》所见之容成与黄帝问答

《抱朴子·遐览》有《容成经》一卷。《汉书·艺文志》“阴阳家”有《容成子》十四篇，房中家有《容成阴道》二十六卷。俞樾云：“此即老子之师也。”（《庄子人名考》）马王堆汉帛书《十问》有黄帝问于容成（46、147页），可能即《容成经》中之一章。原文参见附图。

《十问》此文，多可与老子互证，试举数事论之：

（一）云“天地之至精，生于无征，长于无刑（形），成于无體（体）”，即老子“视之而不见、听之而弗问、揞之而弗得”三者，是谓无状之状无物之象，是谓惚恍。亦即《在宥》篇广成子云“至道之精，窈窈莫莫，至道之极，昏昏默默。无视无听”。

（二）云“故善治气榑精者，以无徵为积”，即老子之“榑气至柔”，马王堆本与此同作榑，今本作专气。

（三）云“乃棎（深）息以为寿”、“息必探而久”。又云“探余（徐）去。

六府皆发，以长为极”。“莫（暮）息之志，深息长徐，使耳勿闻。”探当作㮨，㮨字借为深。《庄子·大宗师》：“古之真人，其觉无忧，其食不甘，其息深深。真人之息以踵。众人之息以喉。”《经典释文》引王穆夜（叔之）云：“起息于踵，遍体而深。”深息必起于踵（参见拙作《剑珌行气铭与汉简引书》，《中华文史论丛》五一）。与众人之息以喉，大不相同。

《十问》中之容成，言及“春辟浊阳，冬辟凌阴，必去四咎，乃㮨息以为寿”。此四咎亦见于《陵阳子明经》。《楚辞·远游》云：“飡六气而饮沆瀣，漱正阳而含朝霞。”王逸注引陵阳说云：“夏食正阳，正阳者南方日中气也。”《广雅·释天》亦以南方为正阳，西方为沦阴。此容成残缺不全之文，只言去四时之四咎。仅从反面立论。

	反面	正面
春东	去浊阳	和以铫（昏）光，朝霞
夏南	游阳（汤）风	行（沆）暨（瀣）、正阳（《广雅》）
秋西	避霜潸（雾）	和以输阳？沦阴（《广雅》）
冬北	避凌阴 （《风俗通》积水曰凌）	和以端阳（正阳） 铫光 输阳、输阴（？）

这是古代气象学的一套阴阳理论，还须好好研究。从《十问》残篇，知容成氏亦加以吸收。《广雅·释天》赤霄、蒙澒、朝霞、正阳、沦阴、沆瀣、列缺、倒景八者，名为“常气”，庄子谓之六气。《陵阳子明经》云：“秋食沦阴。”沦阴者，日没以后赤黄气也。王念孙《广雅疏证》云：“沦、曹宪音伦。各本沦字误作渝，音内伦字误作睔，又误入正文，今订正。”马王堆写本均作“输”，当以《广雅》正之，宜用王氏说。

三、“除日无岁”与建除家言

《庄子·则阳》云：

> 容成氏曰：除日无岁，无内无外。

此二句当出于《容成经》。解者不一其说。因过于简略，摸不着头脑。马王堆《五十二病方》一〇九、一一〇：

以朔日，葵茎靡（磨）又（疣）二七。言曰：今日朔，靡又以葵戟。以杀（掇）本若道旁葥（葥）根二十，投泽若渊下。除日已望。

此则出现“除日”一名，解者谓“古代有所谓建除日，如正月斗建寅，则寅为建，卯为除”。本句可能是说如朔日恰巧是除日，则改在已望（即十五日）后举行（《五十二病方》，58页）。马继兴说亦相同。观病方此条前后祝尤之事，屡屡谈及月晦日，则此“除日”如作为与“建”对立的除日解释，是可能的。容成子属阴阳家，而建除家言见于云梦《日书》及楚简《九店日书》相当复杂，其中建除日名，有如下表。

建除家日名异文表

江陵九店		云梦睡虎地		乙	乙说明
A	B	甲	甲说明	忈	结
蔄	结	濡结		赢	赢阳
敓	易	赢阳		建	建交
建	交	建交		窞	窞罗
韍	▨	陷害		乍	作阴
敁	舍	彼阴			
坪	达	平达		平	平达
宁	外易	宁外阳		成	成外易
工	外害	空外害		空	空外害
坐	含	坐外阴		鬽	鬽外阴
盍	绝	盖		盍	盍绝纪
土成	光大火	成夬		成	成决光
复	禾	甬秀		复	复秀

古建除家言仅《日者列传》提及。自秦天水放马滩简面后世，知秦人已有定制，与《淮南子·天文训》全符，仅一“盈”字，《淮南子》避惠帝讳作满，其余日名及顺序悉相同，即如下列：

建、除、盈、平、定、执、破（彼）、危、成、收、开、闭。

此为夏正建寅，故《淮南子·天文训》云：“寅为建，卯为除，辰为满，巳为平；主生；午为定，未为执，主陷；申为破，主衡；酉为危，主杓；戌为成，主少德；亥为收，主大德；子为开，主太岁；丑为闭，主太阴。”

太阴是太岁之逆行。马王堆“刑德”云：“太阴□□（迎者大）将死。阴四合，胜刑、德。”（三一行）《淮南子》对太阴极重视，以开、闭之子、丑分主太岁与太阴。上引文字即见于《论太阴》一节，云：“太阴元始建于甲寅，一终而建甲戌，二终而建甲午，三终复得甲寅之元。岁徙一辰。”依《淮南子》之说，建除日之排定，其日辰所主牵涉到下列四项：

（1）	太阴（丑） 闭	太岁（子） 开		
（2）	天宫星座	（申）衡 破	（酉）杓 危	昏建者杓 夜半建者衡
（3）	德	（戌）少德 成	（亥）大德 收	
（4）	生	（寅、卯、辰、巳） 建、除、满、平		
（5）	陷	（午、未） 定　执		

《淮南子》乃汉初人之说，取以解释九店、云梦之建除不能尽合。秦人建亥为岁首，其前各国历法建子、丑、寅，又各有不同。其建除日辰所主当亦有异，尚待梳理。如为建子，则以建值子，则以建（子）、破（午）、平（卯）、收（酉）为四正，建亥则以建（亥）、巳（破）、寅（平）、收（申）为四正，《黄帝书》云：“黄帝之元，执辰、破巳。”是已。

容成子为阴阳家。阴阳学之演进，踏入战国，有极大之发展。有天文上之阴阳、兵家之阴阳、医家之阴阳，以及易学之阴阳，建除家之阴阳亦其中之一种。建除家言，目的在于月与日辰之阴阳交错关系，觅出一定规律，为日辰所值避凶趋吉的根据。我从上举楚、秦简册上建除家之建除日命名，用阴阳字眼加以归纳，计有下列诸名：

阳	正阳	亦称赢阳
	危阳	外易

阴	破阴	亦作乍阴
	外阴	

阴阳分内、外与正、危，此为建除家之阴阳说。

《汉书·艺文志》有《转位十二神》二十五卷，姚振宗《条理》云："《协纪辨方书·义例篇》有建除十二神，《考原》曰十二神者，除、危、定、执、成、开为吉，建、破、平、收、满、闭为凶。"姚氏以建除为十二神。其名号之繁杂，见于楚简，不易理董。

"除日无岁，无内无外"者，以建除家之说论之。"除"有"除旧布新"之意，后出的综合性术数书如《协纪辨方书》云：

> 除者，除旧布新之相气也。

取相气说除，与相气相反是死气。容成之意，可能谓相气除旧布新之除日，不必用太岁及逆行之太阴来论开闭之义。无内无外，则谓不必论阴阳之内阴内阳与外阴外阳。由于庄子引容成此数句过于简略，其真义不易确指。过去学人如归有光、杨文会都以"除日无岁"二句是破时量，方量，时、空双遣，而未涉及建除家的"除日"。我不过提供一新看法，仍有待于论定。

如果进一步追问庄子何以要引用容成这几句话，它与庄子思想有什么关系？我的回答是这样的：庄子列举古代帝王，在伏羲、神农以前为容成氏、大庭氏，大庭氏名字亦出现于马王堆《黄帝书》、十六经的《顺道》：

> 大茎氏之有天下也，不辨阴阳，不数日月，不志四时而天开以时，地成以财。

大茎即大庭氏，他是不辨阴阳、不数日月，自然取得顺道。故曰顺之至也。这即老子所谓"玄德深矣，远矣，然后乃至大顺"。

亦即《庄子·齐物论》中灭去对待所得的忘年境界。所谓"旁日月，挟宇宙，为其吻合，置其滑涽，以隶相尊。众人役役，圣人愚芚。参万岁而一成纯。万物尽然，而以是相蕴"。

这一段有韵之文，应是"无岁"意境再好没有的描写。把万岁参合之为浑然一体，破去时间微细的分割，此"纯"字亦即《天下》篇云："不幸不见天地之纯。”“纯”是庄子所追求的理想。

“无岁”的同义词，在《庄子》中又有下列各词：

穷年 《齐物论》：若其不相待，和之以天倪，因之以曼衍，所以穷年也。
《寓言》：卮言日出，和以天倪，因以曼衍，所以穷年。

忘年 《齐物论》：“忘年、忘义，振于无竟，故寓诸无竟。”按《广雅·释诂》：“竟，穷也。”

尽年 《养生主》：可以养生，可以尽年。尽即《齐物论》之“万物尽然”之“尽”。

兹试举出，以供参考。

老子思想间取之容成，容成氏与大庭氏相衔接，为原始之混沌社会，无对立之名号、是非，所谓“有物混成，先天地生”之时代。老、庄皆追求此一境界。故大庭氏时代之社会，亦老子所向往者。

我们再看《顺道》篇云：“力黑曰大茔之有天下也，安徐正静、柔节先定。晁湿共（恭）佥（俭），卑约主柔，常后而不先。體（体）正信以仁，兹（慈）惠以爱人。”所有正静、主柔、处卑，后而不先，皆合老子守静笃、以天下之至柔之旨。老子所持三宝：一曰慈，即大庭氏之兹惠；二曰俭，即此之恭佥；三曰不敢为天下先，即此之常后而不先。由是观之，老子思想不仅有取于容成，且有取于大庭也。

四、容成子与广成子

《庄子·在宥》记广成子南首而卧，黄帝再拜稽首而问曰：

闻吾子达于至道，敢问治身奈何而可以长久？广成子蹶然而起曰：“善哉问乎！来，吾语女至道。至道之精，窈窈冥冥。至道之极，昏昏默默，无视无听，抱神以静，形将自正。必静必清，无劳女形，摇女精，乃可以长生。目无所见，耳无所闻，心无所知，女神将守形，形乃长生。慎女内，闭女外，多知为败。我为女遂于大明之上矣，至彼至阳之原也，为女入于窈冥之门矣，至彼至阴之原也。天地有官，阴阳有藏，慎守女身，物将自壮。我其一以处其和，故我修耳千二百岁矣。吾形未尝衰。”黄帝再拜稽首曰：“广成子之谓天矣。”

此段文字，前有“闲居三月”句，《列子·汤问》作斋居三月，不称广成子而作容成子。《艺文类聚》九七引《列子》，容成子则作广成子。王叔岷因谓“容成公亦称容成子，盖即广成子”。故此段直可视为容成子之遗说。

此段多韵语，持与《道德经》相较，多雷同之处。此云：“可以长久”，老子云：“长生久视之道。”此云：“抱神以静，形将自正。”老子云：“不辱以静，天地将自正。”此云：“必静必清。”老子云：“浊而静之，徐清。”（马王堆本）此云：“我将守一以处其和。”老子云：“是以圣人执一以为天下牧。”又云：“昔得一者，天得一以清，地得一以宁……”又云：“冲气以为和。”此云“多知为败”，即老子主啬，及多藏必厚亡之义，至阴至阳即老子之万物负阴而抱阳。《在宥》又引广成子云：“今夫百昌皆生于土，而反于土。”百昌，司马彪云：“犹百物也。”此即老子“夫物祛祛（芸芸），各复归其根”。倘《庄子·在宥》之广成子即是容成公，则老子之说，部分取自容成。无怪《经典释文》引或云：“广成子即老子也。”

五、容成阴道与容成伪技

《老子想尔注》：“今世间伪技诈称道，托黄帝、玄女、龚子、容成之文相教，从女不施。思还精补脑，心神不一，失其所守。”所言之容成，殆指《后汉书·方术传》泠寿光（行容成公御妇人法）、甘始辈（《方术传》甘始、东郭延年、封君达，三人皆方士，能行容成御妇人术），故云伪技。今证马王堆《十问》，此类御女术由来甚远，《汉志》房中八家，《容成阴道》有二十六卷之多。《列仙传》言：“容成公能善补导之事，取精于玄牝，其要谷神不死，守生养气者也。”“谷神不死”数句，见《列子·天瑞》引出《黄帝书》，张湛注云：“古有此书，今已不存。”马王堆所出《黄帝四经》，亦无之。惟此数句必与守生养气有关。《广弘明集》释道安《二教论·服法非老》第九引李膺《蜀记》书张陵事甚多，所开列三张鬼法“或含（合）气释罪”条记其造《黄书》，即《道藏》正一部的《上清黄书道度仪》与《洞真黄书》，张氏《黄书》面目大致可见。陵既主张行合气之术，而又反对东汉末的容成阴道，此一矛盾，已详刘昭瑞文中详细解说（《道家文化研究》第七辑）。

《十问》中容成答黄帝问，末云：“治气有经，务在积精，精盈必写（泻），精出必补。”仍是接阴之道。可能是《容成阴道》中之片段。

其实老子书已有不少句，涉及阴道之事。如云“含德之厚，比于赤子”，

“骨弱筋柔而握固，未知牝牡之会而朘怒，精之至也；终日号而不嗄，和之至也”（马王堆乙本）。河上公本作峻，索纨本作峻同，《说文》：“朘，赤子阴也，字又作屡。”《十问》中王子巧父问彭祖。彭祖曰：“人气莫如竣（朘）精。竣气宛闭，百脉生疾。……饮食完竣，如养赤子，赤子骄悍数起，慎勿出入……”老子此语，正宜以彭祖之言释之。古代重视房中术，不止容成阴道一家，彭祖此章，末记巫成柖阴阳不死，老子之“谷神不死，是谓玄牝”。亦有关阴道之言。巫成柖即务成昭。《汉志》有《务成子·阴道》三十六卷，《抱朴子·金丹》篇亦引务成子丹法，诸书惜均亡佚，马王堆存其片段，以材料论，真残膏剩馥也。

六、小结

老子书原由若干记录前代“重言”简策缀合成编，初未必有先后伦次，今本《道经》、《德经》之安排，其条理层次，尚极难言，马王堆甲乙本的发现，虽有《道经》、《德经》题名先后的争议，然八十一章，原不分章，每章之文字与后代各本大致相符，只是文字抄写借字特别多，此为先秦写本的通例。如果不从书本形式去作表面比较，而从思想脉络来上下探索，对道家思想来历的了解，似乎更有意义，本文所以标出“先老学”一名词作为研究的指标，容成学说是其中重要的例子。

出土文献目前已相当丰富，彼此之间，相互关系，大可触类旁通，寻究它的脉络。容成遗说虽只有《十问》一段文字，由此却可以明了“天地至精生于无”及“治气榑精”之说，与楚地之“六气说”及“阴道”之关联，战国以来已有《容成阴道》一书之流行。有的见于老子书中之重言。庄子书保存的容成遗文，与出土之日书互证，亦可取得新的理解。“先老学”的研究正在开始阶段，有待我们之努力。不揣固陋，略陈所见，仍望方闻，理而董之。

原载《北京大学学报》，1998（3）

马王堆医书所见《陵阳子明经》佚说

——广雅补证之一

马王堆三号汉墓所出古医书第一部分，唐兰定为《却谷食气》篇（《文物》，1975（6））。其文有云：

……春食一去浊阳，和以□光、朝暇（霞），〔昏清〕可。夏食一去阳风，和以朝暇（霞）、行暨，昏〔清可。秋食一去〕□□、霜雾，和以输阳铣，昏清可。冬食一去凌阴，〔和以沆瀣、〕□阳铣光，输阳输阴，〔昏清可。〕□□□〔凌阴者〕□四塞，清风折首者也。·霜雾者▨。浊阳者黑四塞，天之乱气也，及日出而雾也。〔阳风者〕□风也，热而中人者也，日□□者入骨□□□□〔四〕，者不可食也。朝暇（霞）者▨者日出二千，春为浊▨云如盖，蔽□□□□者□□□者苑▨夏昏清风也。·凡食▨气者食员，员者无也。卜▨者北乡淹多食。·则和以□阳□气暇（霞）▨多阴日夜分▨〔清〕附，清附即多朝暇（霞）。朝□失气为日□，日□即多铣光。昏失气为黑附，黑附即多输〔阳〕。▨得食毋食。

又：

食气为禁：春辟浊阳，夏〔辟〕阳风，秋辟霜朁，冬辟凌阴，必去四咎，乃棎（深）息以为寿。……（未刊帛书）

此篇为古代六气学说之残膏剩馥。《庄子·逍遥游》言“乘天地之正，而御六气之变”，《楚辞·远游》亦云：“餐六气而饮沆瀣兮，漱正阳而含朝霞。”六气之义，王逸《楚辞章句》云：“餐吞日精，食元符也。”《管锥编》（624页）以此为燕齐方士语。然王氏又引《陵阳子明经》云：

> 春食朝霞。朝霞者，日始欲出赤黄气也。秋食沦阴。沦阴者，日没以后赤黄气也。冬饮沆瀣。沆瀣者，北方夜半气也。夏食正阳。正阳者，南方日中气也。并天地玄、黄之气，是为六气也。

亦见《太平御览》十五天部引。沦阴作沦汉。

《庄子》李颐注引陵阳子说同（见《经典释文》卷二十六）。李颐，颍川襄城人。晋丞相参军，自号玄道子。马王堆残籍所保存六气说，当出《陵阳子明经》。《广雅·释天》常气类亦有此材料。兹比较三书异同如次：

	东	西	北	南	上	下
马王堆医书	春食	秋食	冬食	夏食	天	地
	一去浊阳	（缺）	一去凌阴	一去阳风		
	朝暇	输阳铣沆	瀣	（缺）		
陵阳子明经	朝霞	沦阴（《御览》作沦汉）	沆瀣	正阳	玄	黄
	日出	日没	北方	南方		
	赤黄气	赤黄气	夜半气	日中气		
广雅	朝霞	沦阴	沆瀣	正阳	列缺	倒景

马王堆医书谓：“凌阳者□□四塞，清风折首者也。”“浊阳者黑四塞，天之乱气也。”是浊阳为天之乱气。又云：“朝□失气为日□，日□即多铣光。昏失气为黑附，黑附即多输〔阳〕。”证以文中有“输阳输阴”句，《陵阳子》作沦阴，与《广雅》同。以是例之，则轮阳即沦阳；阳沦则阴昏，故为黑附。司马相如《大人赋》云：“反太一而从陵阳。”又：“呼吸沆瀣兮餐朝霞。”张揖注云：“陵阳，仙人陵阳子明也。”又“贯列缺之倒影兮”句，张注亦引《陵阳子明经》：“列缺，气去地二千四百里；倒景，气去地四千里，其景皆倒在下。”此为《陵阳子明经》之佚文。

《楚辞·九章·哀郢》：“当陵阳之焉至兮，淼南渡之焉如。”洪兴祖补注云：“前汉丹阳郡有陵阳，仙人陵阳子明所居也。”按《前志》丹阳郡县十七，陵阳其一也。《续汉郡国志》刘昭注："陵阳，陵阳子明得仙于此县山，故以为名。"陵阳仙人之传说已见于屈原赋。又《列仙传》云："（陵阳）子明于沛铚县旋溪，钓得白龙，放之。后白龙来迎子明去，止陵阳山上百余年，遂得仙也。"而《抱朴子》《黄白》篇、《仙药》篇谓："方书所名药物……如河上姹女，非妇人也；陵阳子明，非男子也。"此为陵阳子明之记载。

各书征引《陵阳子明经》者，有《文选·甘泉赋》"历倒景"下张揖注引《陵阳子明经》曰："倒景，气去地四千里，其景皆倒在下。"《思玄赋》"餐沆瀣"下注引《陵阳子明经》："夏餐沆瀣，北方夜半气。"《江赋》"吸翠霞"下注引《陵阳子明经》曰："春食朝霞，霞者，日始出之赤气。"《琴赋》"餐沆瀣"下注引《陵阳子明经》曰："夏食沆瀣。沆瀣，北方夜半气。"《七命》李善注屡引之。（"承倒景"下引《陵阳子明经》说同前。）《隋书·经籍志》道家类有《陵阳说黄金秘法》一卷；《唐书·经籍志》有《陵阳子秘诀》一卷，阳月公撰（《唐书·艺文志》同）。敦煌卷 Stein 6030 残页引陵阳一条，上绘七足迹，即所谓禹步，以线连之，题言七步。嵇康《琴赋》："绍陵阳，度巴人。"李善注引宋玉对问曰："既而曰陵阳、白雪，国中唱而和者弥寡。"则陵阳又为楚曲名，必与陵阳仙人有关。然《文选》录宋玉对问则作阳春白雪。

吴荣光《筠清馆金文》卷五著录汉陵阳鬷，其铭云："陵阳子明受王孙荅乍鬷用沸。"龚自珍与何子贞书云："附呈一条，乞入之筠清馆陵阳子明鬷跋尾中。"何子贞复笺按语云："《陵阳子明经》当是道书。国初如钱牧斋（注杜）、顾小阮（注温飞卿诗）皆见之引之，而今无刻本。"（王佩诤校本《龚氏全集》第五辑）陵阳子明鬷一器，真伪不得知，而《陵阳子明经》出于《楚辞》王逸注所引，其书久已无存，何绍基且不知其来历。今马王堆医书正可窥陵阳遗说，龚氏好古敏求，使其及见之，其快慰当何如耶！

原载《文史》第二十辑，中华书局

道教与楚俗关系新证*

——楚文化的新认识

一、总论

读过《楚辞》的人，自来即有“奇文崛起”、“楚人多才”的赞叹。在前些时候，疑古风气笼罩之下，还有一些史学家抱着怀疑的态度，说道湘江流域是蛮陬遐壤荒江寂寞之滨，何来此斐亹动宕之文辞？自王国维以来，把古史地域，尽量加以缩小，他考证商人活动不出大河附近，这种狭隘观点影响所及，遂有以上不必要的推想。他们把历史估计得太低了！目前由于地下新材料的层出不穷，在在证明纸上记载的可靠性。新的看法，不但不是缩小，而反是扩大。清初顾栋高在《春秋大事表》所揭示“春秋时楚地不到湖南论”，他的推测，已完全给人予以否定。殷商遗物在湖、湘境内，都有重要发现。从考古实物可以证明，像湖北黄陂盘龙城的商代中期宫殿遗址，即其一例。高至喜因之有《楚文化不过长江辨》之作（《求索》，1981（2））。

楚文化一名词，所以能够成立，因为楚可说是南方文化的综合体。它吞并许多小国，“汉阳诸姬，楚实尽之”。吸收北方中原华夏文化，和南方若干地区土著民族独特的崇祀鬼神的巫文化融合、升华，构成楚文化的特色。保

---

* 本篇为1983年12月应香港大学冯平山图书馆金禧纪念学术讲座的讲稿，兹重作增订，添入“四面先君”一新材料。

存在荆楚地区的丰富神话，处处可看到楚人想象力、创造力的卓越与雄伟，在楚辞文学里更有充分的表现。

从楚地出土新资料，更可体会到春秋战国时期列国文化制度的分歧及其多型性，真是多彩多姿。从音律、星占、历法各方面均可见之。由曾侯乙墓钟磬铭，知悉楚国音乐上使用的律名，以吕钟为黄钟。六律之中有四个称曰某钟，而且特别指明其浊音；它不沿用周律，自成一体系。该器铭还记着周、曾、齐、晋各地不同的律名。马王堆出土的《天文气象杂占》，以楚云列首，而兼述十几个国家云气不同的名目。历法方面，在云梦出土的秦简《日书》，记着秦楚月名对照表。楚国本身自有一套月名，和缯书上所见沿用《尔雅》十二月名又复不同。《史记·太史公自序》称："齐、楚、秦、赵，为日者，各有俗所用。"许慎《说文·叙》言："言语异声，文字异形。"其实应该再说音乐异律，星辰异占等等，这些已得到考古遗物的证实。

马王堆出土有许多新事物，如《周易》写本后面多出"昭力"一章，帛书《老子》卷前古佚书的"经法"、"十大经"等，天文有任氏、北宫等，皆前此记载所未知。有些资料尚未公布，有的已经有人整理出来，今不赘述。

楚文化既为一综合体，如果仔细分析，可从物质及精神两方面加以观察：物质工业，在楚国最发达而值得称道的，要算冶炼钢铁和丝织技术的进步。1964年统计单就长沙的186座战国墓中出铁器约30种241件，其中含钢质的铁剑有31把，最长的达106公分。无怪秦昭王称赞道："楚之铁剑利。"马王堆出土的各种纹样和不同质地的丝绸，绚烂夺目，配合在遣册上记录的丝织品的名目，令人惊叹。湖北江陵马山近年出土的虎纹罗纱单衣、立凤文绣绢锦衣，精巧绝伦，出口种类繁多，故有"丝绸宝库之目"（图见《江汉考古》，1982（1））。楚国铸铜工业，其造型有气魄极为雄伟的，宁乡岳阳出土的大铙，最重的有154公斤，为北方所未见。他如铜镜（长沙楚墓的出土铜镜达470个。据称有四分之一的楚墓出土有铜镜）、料珠（长沙出土最特出的是蝴蝶眼式），都是特出的产品。凡此种种，在《湖南省博物馆》一书中，已有代表性的图片和说明。该馆各负责人，都有专门的报告，今不缕述。

现在欲讨论的，侧重于精神活动方面。楚人的高度成就，最显著的是表现在文学和艺术上的宏业。《楚辞》所以成为千古瑰奇伟丽的文章，是由于有它的特殊的神话背景与宗教信仰。在楚墓所出器物上纹样及图绘，亦同样表现这种壮观。陈家大山帛画绘着龙凤及巫女（龙实有二足，不是一足之夔）。有人说象征引魂升天。马王堆所出盖在棺上的铭旌，上面示天界，中为人间，下面为地界，侧绘飞龙。与楚人“世叙天地”的观念正相符合。1973 年长沙子弹库出仙人佩剑戴切云冠骑龙之图，和《楚辞》“驾飞龙”的文句可以印证，表现升仙的意识。随县曾侯乙墓漆棺上的图案，绘有执戈逐疫的方相氏、引魂上天的羽人、人面鸟身珥蛇的禺强、带角的土伯、啄蛇的秃鹫（见《古今注》）诸神怪；且有建鼓舞蹈、十日并出等图纹。江陵望山出土的彩绘木雕漆座亦有鸟啄蛇状，都可和《楚辞》的神话比证。近年长沙五里牌战国墓出土十弦木琴，琴身有极绚美复杂的图绘，前侧绘十二只振翅的凤鸟（象征十二律），背面绘有人珥双蛇，说者谓是夏后启上天奏广乐的形状（《大荒西经》）。前人谓，《楚辞》“托云、龙、说迂怪”，认为“夸诞”（《文心雕龙·辨骚》），现在都可从楚墓的图绘事例，得到了证明。充分表现楚人的想象力与艺术成就。

以上说明楚人的思想为谲怪瑰诡的神仙鬼怪所弥漫，所有作品充满着不可思议的魅力。西方学人喜欢采用 Chamanisme（萨满教）的原理，去了解楚辞。虽然，它和巫术结上不可避免的宿缘，但从深一步看，楚人本身有他的宗教意识，和巫医关系非常密切。从马王堆出土各种文书看来，既有甲乙本的《老子》和其他战国末期关于黄老学的《十大经》一类的佚书，自然，这分明是道家的著作，但其他的简册，像《日书》、《刑德》、《导引图》、《却谷食气（经）》、《养生方》、《五十二病方》等等，事实上几乎包括《汉书·艺文志》中的数术、方技略，这些写本相当后来《道藏》内涵中最重要的部分。

楚人信巫鬼，崇奉“黄神”，使用禹步祝咒之术用以治病。宁乡出土人面方鼎应该是象征黄帝四面，如果这说可信的话，楚国黄（老）之学根深蒂固，可以追溯到殷商时代。结合新旧材料尤其在帛书《五十二病方》中的记载，说明东汉三张之设鬼道，为人治病请祷等等活动，实际上秦汉之际，在楚国地区已是司空见惯。北周甄鸾斥责三张之术“造黄神”杀鬼之法，这在《五十二病方》中已证明所谓“黄神”不是他们所杜撰，而有悠远的来历，实在出于楚国的巫医。许多名目可以看出当时民间流行的医术，正和鬼道有许多雷同之处，加以马王堆出土各种房中术养生方等等方技之流行，正是后来道教徒的课题。这时虽无道教之名，而有道教之实，民间道教方技有关书本的被人普遍采用，甚至入墓作为殉葬品，可以看出秦汉之际，黄老学在理论与方技是双轨并道。理论即思想史上所谓“道家”，方技即宗教史上所谓“道教”，原来是互相配合而逐渐发展的。道教的成立，一般都认为起于三张，但目前新资料告诉我们，《五十二病方》应该是鬼道的前驱。楚文化内涵的

"巫"，以前是非常笼统含糊，现在通过各种新出地下资料知道和医术早已结在一起。关于楚国的巫医，已可掌握到具体的资料，使我们对于楚文化内涵有进一步的认识。道教的萌芽，可以提前，道教的形成，与楚国巫医存在着非常密切的关系。我在下面将举出许多事实。这点新的看法，是否有当，还望各位专家多多指教。

二、分论

（一）四面先君与黄宗四面、黄神考

《文物》1984年第5期，洛阳古代艺术馆发表《洛阳魏唐造像碑摭说》，其小结中有一段关系宗教史非常重要的文字云：

> 今陕西耀县石刻中有"开皇二年四月佛道民范匡谨敬造石老君一区"、"开皇六年正月卅日造，道民袁神荫敬造天尊像一区"、"开皇八年……大都化主、开府仪同三司、封丘县开国子夏侯董□"、"开皇八年道民徐景晖为母造四面像一区"、"开皇十九年二月八日，道民刘子达为亡弟子岳敬造四面先君一区"。其中"佛道民"、"道民"、"大都化主"和"天尊像"、"石老君"、"四面先君"与北齐造像碑"道民大都宫主"都是道家的称呼。说明北齐至隋，从洛阳到耀县等地，随着佛道合流，造像风格也混合在一起，不像北魏那样易于区分了。……（53页）

这里道民称为"佛道民"，说明道教与佛氏的合流。最堪注意的是"四面像"和"四面先君"一称谓。"先君"，我怀疑是"老君"的简写。北朝人习惯把"老"字写作尣。《颜氏家训·杂艺》篇说"先人为老"，《张猛龙碑》张老作张尣。北齐姜纂造像记老君作尣君（李详说）。尣字再简化去人旁即成先字，这亦有可能的。无论如何，四面先君即是"四面老君"，和"石老君"同指道教的教宗——大都化主……老君何以四面？这是出于黄帝四面的传说。黄帝在马王堆帛书中称为黄宗。后来复称为黄神，道教徒即使用黄神的印来赶鬼。分述如次：

黄宗四面　古书有黄帝四面之传说。尸子：子贡曰："古者黄帝四面，信乎？"

马王堆帛书《十大经》云：

昔者黄宗质始好信，作自为象（像），方四面，传一心，四达自中，前参（三）后参，左参右参。践立（位）履参，是以能为天下宗。（《立命篇》）

此文即黄帝自为四面像之明证，而称黄帝曰黄宗，当出于楚人所传之黄老学说。

湖南宁乡黄材地方出土的殷器人面方鼎，四周作四个人面像，状貌慈和。我认为此器即象征黄宗四面。殷卜辞有黄尹，又有黄宗，卜辞黄亍凡两见：

王固曰……其衜于黄亍（续五，九，二）

（王）曰固其……黄亍（京六三九）

黄尹或指黄宗之佐，故为祭祀之对象。《封禅书》载黄帝作宝鼎三，象天、地、人，又称：黄帝铸鼎于荆山之下，荆山为楚人发祥地，黄帝制鼎于楚域，古有此传说。此器镌“大禾”二文于器内近口处，表示大受年，大有年之吉祥语，当为后来“大和”一语所自出。《易》乾卦云：“保合太和，乃利贞。”马承源从右向左读为“禾大”，把禾字说为方国名，亦是一说。彝铭和卜辞一样，往往左、右读都可以（详附注）。《栾书缶》即从左至右读，与此读为大禾同例。禾借用作和，见金村出土之璜云“上弁（变）下动，相畣禾同”。禾同犹言和同（裘锡圭《随笔》，86、87页）。钟铭屡称“禾钟”，如《郘公釨钟》、《卯田镈》（《集成》一、一五）；皆借禾为和、为龢，其例甚多，故大禾，应读为大和、大龢。宁乡月山铺出四羊方尊高达58.5公分，羊代表吉祥，与此人面鼎皆为巨器，殷文化已远被湘水南域，且有黄宗四面之信仰，故铸鼎以象之。若然，楚地黄老学中之黄帝传说，渊源殊远，有鼎为证，知殷代楚俗已如此。黄宗后来称为黄神，说见下。

黄神 唐时永州有黄神祠。柳宗元《游黄溪记》云：“由东屯南行六百步，至黄神祠。”“始黄神为人时，居其地。传者曰：黄神王姓。”“始莽尝曰：余黄虞之后也；故号其女曰黄皇室主。”此说见《汉书·王莽传》，引莽所著《自本》，称为黄帝之后。《新嘉量》云“黄帝初祖”是也。韩国乐浪尝出土莽时封泥“天帝黄神”玺印。班固《幽通赋》云：“黄神邈而靡质兮，仪遗谶以臆对。”李善注谓“黄，黄帝也”。然黄神一名非始于王莽。《淮南子·览冥训》："西老折胜，黄神啸吟。"上文言及黄帝，高诱注谓黄神即是黄帝。马王堆所出《养生方》第二简云：

黄神问于左神曰：阴阳九缴（窍）十二节俱产而独先死，何也？（下略）

又马王堆出《五十二病方》云：

热者，古曰：肸诎肸诎，从灶出。毋延。黄神且与言，即三唾之。其祝曰：浸熇浸熇虫，黄神在灶中。□□远，黄神兴□。

《五十二病方》为楚人所作，其祝辞已屡次提及黄神，谓黄神在灶之中。古者祀后土于中霤。《释名·释宫室》："中央曰中霤。"《礼记·月令》郑注："中霤，犹中室也，土主中央，而神在室。"灶居室之中，黄神为后土，故自灶出。（此与《周礼》以灶祠祝融说异。）班固言黄神，遗谶应对。汉代纬书有《孝经中黄谶》，可证。汉末有标榜所谓"中黄大乙"者，见黄巾与曹操书。《道藏》有《中黄八柱经》（属太平部），"八柱"一名，出《楚辞·天问》。道教徒用黄神制鬼物。《抱朴子·登涉》篇："古之人入山者，皆佩'黄神越章'之印。"此类之印章，传世甚多。宝鸡出土东汉陶瓿朱书"黄神北斗"（《文物》，1985（3））。又镇墓之言："黄神生五岳，主死人录。""黄神越章"一印的意义，近时吴荣曾著《镇墓文所见到的东汉道、巫关系》一文（《文物》，1981（3））中有详细考证，惜未能引证马王堆资料。甄鸾《笑道论》及释玄光《辨惑论》都说："三张之术畏鬼科；又造黄神越章杀鬼。"其实黄神的来历甚远，非出于三张之杜撰，原亦是楚南巫医赶鬼治病所请之神，后来道教徒踵用之。

禹步 禹步见《抱朴子·仙药》篇。其步骤是先举左足，三步九迹。《五十二病方》中言禹步使用于治病不止一见，列举如下：

蚖北乡（向）人，禹步三。问其名，即曰某某年□，□饮半音（杯）。曰□□□已，徐去徐已。……

尤（疣）……以晦往之凷（块）所，禹步三。道南方始，取凷言曰：今日月晦，靡（磨）尤北。……

颓 操柏杵，禹步三。曰……

瘃　以月十六日始毁，禹步三，曰：月与日相当，日与月相当，各三……

痈　取……羽……二□二，禹步三，□□一音（杯）。

魃　禹步三。取桃东枳……

所有治病行巫术，必用禹步。秦汉之际，楚俗已如此。故扬雄《法言》云："巫步多禹。"云梦秦简《日书》中亦载禹符、禹步。禹步三，成为定例。后来道教徒袭用之。踵事增华，据说有九十余条，举足不同，而咒颂亦异（见《道藏·洞神八帝元变经·禹步致灵第四》）。

符箓　云梦《日书》言及禹符左行。马王堆三号墓出土有社神图、符箓等文书，尚未正式公布，但说明道教之使用符箓，可在楚俗中寻出来源。

刑德　《太平经》卷四十一言刑德甚详。《淮南子·兵略训》、《汉书·艺文志》有关刑德之记载，可窥一斑。马王堆汉墓出土《刑德书》三卷最为具体。内有关刑德九宫图等，其说为道教徒所吸收。

由于先秦已有黄宗四面的传说，老出于黄。老子《道经》中"谷神不死"数句，即出自《黄帝书》，见于《列子·天瑞》篇引用之。《汉书·艺文志》有《黄帝四经》、《黄帝君臣》、《杂黄帝》等书。班氏自注有一则云："起六国时，与老相似也。"帛书《十大经》自是《黄帝书》之一种。可见黄宗四面像在六国时已甚流行。老学本于黄帝，汉世称黄、老。是老君四面很明显是出自黄宗四面。如果宁乡的四面方鼎，即是黄宗四面，追溯其源，实起于殷代。由此观之，四面像原来是出自道教老祖宗的黄老。

佛家造像亦有四面像。以前曾有人问我四面佛的来历出自何处，我不能回答。现在看到六朝时西北地区佛、道交流的情形，道民亦可以称曰"佛道民"。两教互相吸收，四面佛像很可能是佛家取自道教。在泰国四面佛像非常流行，它的来源或许另有所本，这里恕不涉及。

附注：

铜器铭文每有自左至右读之例，如虞侯壶。

年子＝孙＝永宝用
乍宝壶其万
壬戌虞侯政

佳王二月初吉　（山西省博物馆）

邓子仲盆盖

疆子=孙=永宝用之

盆其眉寿无

其吉金自乍䁖

亥邓子仲择　（湖南省博物馆）

佳八月初吉丁

他器如𦚢父匜〔枝江县出土〕曾子原彝盖〔随县鲢鱼咀出土〕，皆自左至右读。

（二）说魃——由《五十二病方》论“楚人鬼”与“鬼道”

楚人好鬼，见于记载甚多。

《吕氏春秋·异宝》：“楚越之间有寝之丘者名甚恶。荆人畏鬼，而越人信禨。”（《淮南子·人间训》云：“荆人鬼，越人鬾。”《列子·说符》同。）

桓谭《新论》：“楚灵王信巫祝之道，躬舞坛前。”（《御览》七三五引）

王逸《楚辞章句》：“楚国南郢之民，沅、湘之间，其俗信鬼而好祠。”

《史记·封禅书》：“既灭两越。越人勇之乃言‘越人俗鬼，而其祠皆见鬼，数有效’。”

文中引东瓯王见鬼为例证。

《隋书·地理志》下：“大抵荆州率敬鬼，尤重祠祀之事。昔屈原为制《九歌》，盖由此也。”

柳宗元《永州龙兴寺息壤记》：“永州居楚、越间，其人鬼且禨。”

《夔州图经》：“夷事道，蛮事鬼。”（《蛮书》引）

《九歌》有《山鬼》篇，旧注引《淮南子》“山出嘄阳”。时人新说谓是野人，如湖北神农架所见之怪物，现在已知是一种人猿，有如狒狒的动物，今不深论。越为楚所吞并，故越俗同化于楚。汉武平两越，乃令越巫立越祝祠，亦祠天神上帝百鬼（《封禅书》）。越巫、楚巫可合而观之。巫与医不分，古称为巫医。巫有治病之俗，在苗、瑶少数民族至今尚然。秦汉时楚巫治病详细情形，可于马王堆《五十二病方》中见其大概。该书记治病之方，杂用鬼道，试举一例。

魃：禹步三，取桃东枳（枝），中别为□□□之倡而笄门户上各一。祝曰：渍者魃父魃母，毋匿□□□北□巫妇求若固得。□若四醴（体），编若十指，投若□水。人殹（也）而比鬼。每行□，以采蠡为车。以敝箕为舆。乘人黑猪。行人室家。

此文书逐魃之方，兼记祝辞，皆为有韵之文。魃字有二义：一训鬼服，一训小儿鬼。《东京贼》“魃蜮”薛综注：“小儿鬼。”《汉旧仪》说“逐疫鬼，立桃人、苇索等物”。上辞云“取桃东枳”，又云“编若（指鬼）十指”，即用苇索编系之。东枳者，《太平广记·甄异传》书夏侯文规事云：“桃之东南枝，长二尺八寸，向日者，鬼憎之。”所以取东枝者，以其得阳光，鬼所怕也。其事已始于汉初。其云“黑猪”者，《易》睽卦上九爻辞：“见豕负涂，载鬼一车，先张之弧，后说之弧。”弧应训桃弧。《左传·昭公四年》：“桃弧棘矢，以除其灾。”（详《癸巳类稿·桃茢桃符义》）《易》“载鬼”句，可于魃之祝辞取得解释。

《急就篇》：“射魃避邪除群凶”。注：“射魃谓大刚卯也。”《说文》：“改，毅改，大刚卯；以逐鬼魅也，从支巳声，读若巳。”改字亦见于《五十二病方》，云：

……巳；不巳，斧斩若。即操布改之二七。

《五十二病方》极有助于对鬼道治病之了解。其祷祝之法有“祝曰”、“唾曰”……各种方法，略述如次：

髼：唾曰：歕，桼三。即曰：天啻（帝）下若。以桼弓矢。今若为下民疕（疡也）。涂（塗）若以豕矢（粪也）。以履下靡（磨）抵之。

祝曰：啻（帝）右（有）五兵。壐（尔）：亡？不亡？泻刀为装。即唾之。男子七，女子二七。

此为治漆疮病，因漆而引起疮疕（疡）之法。用唾者，鬼畏唾。《睽车志》记：“疑白昼见鬼，唾之。鬼畏唾沫。”钱锺书《管锥编》引唐人小说有详说

（见 778 页）。今据此病方，唾鬼之术，实远出于楚之巫医。至祝曰一条，须加细论，以其他辞句“巳；不巳，斧斩若”为例，应读“亡？不亡？”句，责问鬼逃亡不逃亡。其上“垐”字，宜为一字独用，有如他辞之吁、嗟之例。此垐字当同于后来之“㳻”，非你、我之“你”。㳻字，禅字语录多作聻，如慧南祖师云：“聻，便下座”是。《广韵》聻字在韵目“六止”列于“你”字之下，训指物貌，乃里切。垐字从尔增土旁，可读为㳻。古时有书写“聻”字于门以下吓鬼之俗，见《酉阳杂俎》，“谓：阴刀鬼名，可息疟疠。”杨联陞先生近有一文，区别聻与聻为二字（见《清华学报》），强调聻应读如㳻。今病方此二条曰泻刀，曰斧斩若，即取斩鬼之意。古人迷信，凡疾病皆谓由鬼缠身，鬼斩除，则疾自去。如鄙论垐即是㳻之说可信，则斩鬼与垐（㳻）二者之间，实不无关系，其渊源亦可于楚俗见之。《管锥编》（675 页）云“鬼死称聻，不晓昉自何时”。今由病方，略可得其端倪。（五代《祖堂集》中尼与聻二字兼用，即以尼、聻为今之呢，作疑问语词。）

治漆疮可涂以豕矢，病方中所见，尚有用鸡矢、马矢等。此种以鬼道治病，即古所谓祝由。《素问》：黄帝曰：“古之治病，可祝由而已。”此“已”字即《五十二病方》所见言病止之已。祝由字亦作祝榴。《五十二病方》每言“祝尤”，明人作《说文长笺》之赵宧光云“太医十三科，其最后曰祝由”。又云：“祝尤，古医之巫咸也。”然则此术乃出于巫咸，《离骚》：“巫咸将夕降兮”，自然是楚学也。三张以鬼道用符水为人治疾，实亦楚巫之支流。《汉旧仪》称颛顼后为疫鬼。楚地鬼之名目甚繁，见于云梦《日书》者尚待研究，《酉阳杂俎·诺皋记》上记鬼名尤烦琐。贵州仲家作解，以为疾病乃触犯某鬼而为之作解，病即告痊。所列鬼名，形形色色，有二百名之伙，正是“楚人鬼”之流衍。水家至今道场文字称为鬼书，其巫师曰鬼师，仍是鬼道之遗也。

三张以鬼设教，说者谓其继承巴蜀的妖巫鬼道而革新之。今由马王堆所出新资料，了解楚之巫医治病、祷祝之详细情形，得知三张实远有所受，故论道教之渊源与秦汉间楚俗流行之巫术，其间甚多关联之处。谓其继承巴蜀，不若谓其接武荆楚之为愈也。

（三）道教杂考

醮　汉《祀三公山碑》云“醮祠希罕”。纬书《元命包》：“楚立唐氏以为史官、苍云如蜺，围轸七蟠。……于是立礼正，推祷醮于庙堂之间。”（《北堂书钞》引）沈寐叟谓“醮字始见于此”。然宋玉《高唐赋》已云：“醮诸神，礼太一。”更在其前矣。楚唐氏疑与唐昧有关。昧善言天文之事。马王堆出土云气占可明“苍云如蜺”之说。醮事因云气占而生，源亦见于楚俗。

四辅 道藏之书区别曰三洞四辅。四辅之名，见于马王堆帛书《周易》卷后有黄帝四辅。又《养生方》简云：“四辅所贵。”《十大经·果童》篇：“黄帝问于四辅。”四辅原出黄老之书，楚人传其说。《礼记·文王世子》言及四辅，说较晚出。

天师 马王堆《养生方》：“黄帝问于天师曰：万勿（物）何得而行……”是秦汉之际，已出现天师一名。近时吴荣曾据南宋时记录蜀中熹平二年石刻记米巫祭酒张普事，内有“祭酒约施天师道法”语，遂谓“东汉末年，把‘天帝神师’简化为天师”（《文物》，1981（3），61页）。不知“天师”一名来历甚远，非汉末始有。庄子已见之。

五斗米与五斗粥 三张之教称为五斗米道，《后汉书》章怀注引刘艾记：“巴郡巫人张修疗病，愈者雇以五斗米，号曰五斗米师。”五斗米为医治者之酬劳。马王堆《五十二病方》有一则云：

> 以青粱米为鬻，水十二而米一。成鬻五斗，出，扬去气，盛以新瓦瓮，冥（幂）口以布三□，即封涂厚二寸，燔，令泥尽火而歠之，痏已。

饮粥可以治痏（疾），必用粥五斗，“五斗”之数，有其特殊意义。近时沈寐叟引《度人经》说五斗为北斗五星。时贤或采其说（如四川大学王家祐的《张陵与天师道》一文），恐未确。

以上列举一些道教的用语，已出现于楚人有关文献之中。在在可见楚俗和道教之密切关系，略著其凡，以待进一步的研究。

原载《明报月刊》1985年5月号。收入北京大学拙著《中国宗教思想史新页》演讲集，略作补充，特别提供关于“大禾”应释大和、大龢的证据。

战国西汉的庄学

魏晋以来，庄子成为显学，注解之书，至今为数计得二百种以上。宋高似孙撰《子略》，有“晋人好言老庄”一则，首引阮籍《达庄论》。明焦竑的《庄子翼》附刻一卷，列《史记·庄子传》，阮籍、王安石《庄子论》。（按王安石有《庄周》上下，见《临川文集》卷六十八，谓“孔子所谓隐居放言者，周殆其人也”。）苏轼《庄子祠堂记》，潘佑赠别（按《南唐书》卷十三《潘佑传》言其酷好老庄言，有文名曰赠别，引庄子“安时处顺”为说）。王雱《杂说》，李士表《庄子九论考》等文。史迁以降，论庄之文，亦以阮籍为首。晚近汤用彤为《魏晋玄学流别略论》则引嵇康《卜疑》“宁如老聃之清净微妙，守玄抱一乎？抑如庄周之齐物，变化流连而放逸乎?”作为玄学的开端。钱宾四《庄子纂笺》云：“两汉治黄老学，魏晋以后始转重老庄，阮籍开其端。阮书有达庄论。”这些说法，都是以阮、嵇为庄学的前驱。其实汉初黄、老并称，而淮南王安书中，“老”、“庄”亦并称，正当文、景之世。盖自荀子而后，庄子文句每见征引，庄子书钻研者大有其人，不能以阮籍为开始。本文将战国和西汉各思想家言及庄子之资料，提出加以讨论。

一、战国

（一）《荀子·解蔽》篇云：“庄子蔽于天而不知人。”

在《大宗师》里，庄子极论“天”、“人”间的关系，最标准的人叫做

“真人”，他说：“不以人助天，是谓真人”，“天与人不相胜也，是之谓真人”，他重天而轻人，主张毋以人灭天，而要还人于天。他对天的深刻理解，是有根据的，下面试举出一些例证：

（1）《逍遥游》云：“天之苍苍，其正色耶？其远而无所至极耶？”按《晋书·天文志》汉郗萌引宣夜书云：“天了无质，仰而瞻之，高远无极。眼瞀精绝，故苍苍然也，譬之旁望远道之黄山而皆青，俯察千仞之深谷而窈黑，夫青非真色而黑非有体也。”宣夜是古代天文三家之一，其法早已绝灭（见晋虞喜《安天论》)。《逍遥游》这句很不易懂，该是对苍苍是否为天之正色提出质问，似乎即根据宣夜而来的。

（2）《庄子·则阳》篇引容成氏曰：“除日无岁，无内无外。”容成是什么人呢？淮南高诱注：“黄帝时造历者”，他是历法的创始人，杨文会解释这二句谓：“除日无岁，破时量也；无内无外，破方量也。”意思是说破除时间和空间的约制，而只是一个无限，这是否为庄子的本意，是很难说的，但他对时空的观念，乃自容成氏领会到，却是很明显的。

（3）《庄子·天运》篇：“天其运乎？地其处乎，日月其争于所乎？孰主张是？孰维纲是？孰居无事推而行是？”一段，对于天有无主宰，加以追诘，很像《楚辞》的《天问》。《史记·孟荀传》：“楚有长卢（子)”，他的著作保存一点在《列子·天瑞》篇，是讨论“天地不得不坏，而终归于坏”的问题。可见天地的究竟，乃向来楚国哲学上讨论的主题，庄子很可能受到他们的影响。

（4）又《天下》篇云：“南方有倚（畸）人焉曰黄缭，问天地所以不坠不陷雷霆之故……”这一段和《列子》中的杞人忧天故事很相似，亦是出于南方之学，倚人即《大宗师》的畸人，言其“畸于人而侔于天”，谓不耦于人，而有合于天，是谓畸人。

庄子和墨子一样是博极群书的，《逍遥游》中引志怪的《齐谐》，又引汤问于夏革之语（《列子》有《汤问》)，“古之道术有在于是者，庄周闻其风而悦之”。他的见解是有很多来历的。他对于天的探索，特别有兴趣。太空的形状、起源、归宿等问题，他很留心穷究。他偏重于天，成为一边倒的“天”底哲学。荀子一言加以道破，可见他对于庄子思想了解的深度。

（二）《吕氏春秋》　吕不韦编集十二纪八览六论，对《庄子》时有采用，兹举出二三例：

(1)《求人》篇云:"昔者尧朝许由于沛泽之中。曰:'十日出而焦火不息,不亦劳乎?夫子为天子,而天下已治矣,请属天下于夫子。'许由辞曰:'为天下之不治与?而既已治矣,自为与?啁噍巢于林,不过一枝;偃鼠饮于河,不过满腹,归已君乎!恶用天下?……'"(卷二十二)这段是《逍遥游》中有名的故事。其间有一些异文。庄云"爝火",此作"焦火","鹪鹩"此作"啁噍";庄云"请致天下",此作"请属天子于夫子";庄云"归休乎君",此作"归已君乎!"好像加以意译,有点似《史记》之译《尚书》一样。

(2)《精通》篇云:"宋之庖丁好解牛,所见无非死牛者,三年而后见生牛,用刀十九年,刃若新鄜研,顺其理,诚乎牛也。"(卷九)这出于《庄子·养生主》。生牛,庄子作全牛。《论衡·订鬼》篇云:"宋之庖丁学解牛,三年不见生牛,所见皆死牛也。"即本诸《吕览》,新鄜研句亦与庄子不同。《淮南子·齐俗训》云:"庖丁用刀十九年,而刀如新剖硎。何则?游乎众虚之间。"亦用吕书。"顺其理",庄作"依乎天理"。

(3)《必己》篇"庄子行乎山中"至"胡可得而必"一段,即采《庄子·山木》篇。只一二处小异,如庄"以和为量","和"此作"禾";庄"尊则议"句,此作"尊则亏"。又多"直则骫"、"爱则隳"句,余全同。

他处引庄尚多,《吕览·不二》篇中举十人为天下豪士,道家为老聃、关尹、列子、阳生,而不数庄子,吕不韦是现实主义者,和庄子气味,自然是不甚接近的。

二、西汉

(一)贾谊　贾生是一个充分接受庄子思想的人,在他所作的《鹏鸟赋》文中,几乎镕冶老、庄、列思想于一火。他提到"万物变化","天地为炉","愚士系俗","至人遗物","释智遗形"等主题,李善注概引《庄子》一一指出它的来历。其他"其生若浮","其死若休","泛泛乎若不系之舟",完全袭用《庄子》的原句,这可看出他如何把《庄子》读得滚瓜烂熟,临文时加以活用。后来孔臧写《鸮赋》,是模仿《鹏鸟赋》的(赋中有云"昔在贾生,有志之士,忌兹鹏鸟,卒用丧己"),却说道:"栖迟养志,老氏之俦。"《隋书·李士谦传》:说《鹏鸟赋》中表现有佛教的轮回思想,有点牵强。文中主要还是演绎庄子的意思。

(二)枚乘　《七发》最末一段云:"客曰:将为太子奏方术之士,有资略者，若庄周、魏牟、杨朱、墨翟、便蜎、詹何之伦，使之论天下之释微，理万物之是非。……此亦天下要言妙道也。太子岂欲闻之乎？于是太子据几而起曰：涣乎！若一听圣人辩士之言，涊然汗出，霍然病已。”圣人辩士之言，居然可以起太子的沉疴。枚乘列举诸贤，而庄周排在第一名。可见庄子在文、景时候学人的心目中，有极崇高的地位。

（三）淮南王和他的《庄子略要》　淮南王刘安对道家典籍，浸淫甚深，《道应训》中有明文引《庄子》的，如云：

> 卢敖游乎北海。……见一士焉……悖若有丧也。曰：吾比夫子，犹黄鹄与壤虫也。终日行不离咫尺，而自以为远，岂不悲哉？故庄子曰：“小年不及大年”，“小知不及大知”，“朝菌不知晦朔，蟪蛄不知春秋”，此言明之有所不见也。

刘安对庄子写有专书，清俞正燮在《癸巳存稿》卷十二有《庄子司马彪注集本跋》后云：

> 《经典释文》言司马彪注本二十卷五十二篇，是彪本《庄子》为《汉志》全本。……彪本五十二篇中淮南王《略要》。《汉志》五十二篇为淮南本，入秘书雠校者，今知所缺十九篇目，畏累虚，惠施（按《北齐书》杜弼传，弼注《庄子·惠施篇》，未见）。淮南王《略要》而已。

是淮南王著有《庄子略要》，收入司马彪注本之《庄子》，惜已失传。《庄子略要》，惟见《文选》李善注引之，共有四处：(1)《文选》“入华子冈诗”、“且申独往意”句下李善注云：“淮南王《庄子略要》：‘江海之士，山谷之人，轻天下，细万物，而独往者也。’司马彪曰：‘独往任自然，不复顾世也。’”这段话又见（2）江淹杂体诗许询“资神任独往”句，及（3）《文选》任昉“齐竟陵王行状”、“山字初构，超然独往”句下李注，并言出淮南王《庄子略要》。惟（4）陶渊明《归去来辞》，“怀良辰以孤往”句下李注引《淮南子要略》曰：“山谷之人，轻天下，细万物，而独往者也。”司马彪曰：“独往任自然，不复顾世也。”（据《文选》胡克家刻本，文字悉同，而书名作《淮南子要略》，不作《庄子略要》，当是夺误。查《淮南子·要略训》并无此文，此误“略要”为“要略”）。

《文选》注所引另有淮南王《庄子後（后）解》。张协《七命》“争宝之讼解”李善注云：“淮南子《庄子后解》：‘庚市子，圣人无欲者也。人有争财相斗者，庚市子毁玉于其间，而斗者止。’”（哈佛燕京社刊《文选注引书引得》漏此《庄子后解》。）是淮南王安对于庄子原著有《庄子略要》及《庄子后解》，唐时尚存，李善犹及见之。安曾作《离骚传》（即《史记·屈原传》所采者），他的《庄子略要》及《庄子后解》，疑同样是一篇学术文章，不是一部书，但无论如何，是早于阮籍的《达庄论》。他喜欢屈原，又喜欢庄子，屈、庄都是通过他的游扬而著称，他才是解庄的开山人物。

《淮南子》书中引用《庄子》的地方极多，例如《俶真训》开头就说：“有始者，有未始有始者，有未始有夫未始有始者……”一段，即取自《齐物论》而加以发挥。《泰族训》论王乔赤松，“可谓养性而未可谓孝子”一节，后来引述“可乎可，而不可乎不可；不可乎不可，而可乎可”数句，亦是袭用《齐物论》，他在书中直接地或间接地发扬庄子的思想（参看王叔岷教授《淮南子与庄子》，《清华学报》新二卷第一期）。最后于《要略训》上说：

> 道应者……近观往古之迹，察祸福利害之反。考验乎老庄之术，而以合得失之势者也。

这是老、庄并称在西汉初期已出现的证据。（淮南王安为高帝之孙，孝文十六年，封淮南王。）

（四）司马相如　《大人赋》云“载云气而上浮”、“与真人乎相求”，“呼吸沆瀣兮餐朝霞”等句，和《逍遥游》的“吸风饮露，乘云气，御飞龙，而游乎四海之外”，正是一鼻孔出气。《大人赋》的辞藻取之《楚辞·远游》，而宗旨与后来阮籍的《大人先生传》，全是出自《庄子》。

（五）东方朔　这位滑稽突梯如脂如韦的人物，他是受过庄子洗礼的，他的作品中，可以见到，试举二例：

（1）《诫子》：“……依隐玩世，诡时不逢，是故才尽者身免，好名者得华。有群者累生，孤贵者失和，遗余者不匮，自尽者无多。圣人之道，一龙一蛇，形见神藏，与物变化，随时之宜，无有常家。”（《艺文类聚》二十三引）

这是从《庄子·山木》篇“一龙一蛇，与时俱而不肯专为”脱胎而来。东汉初冯衍的《显志赋》云：“大人之德……风兴云蒸，一龙一蛇，与道翱翔，与时变化。”仍旧是这一套思想。

(2)《隐真铭》：“……处天地之先，不以为长，在万古之下，不以为久，随时应变，与物俱化。”

此文见释法琳《辩正论》引，如果真是出于东方朔之手，那是很明显地模仿《大宗师》“在太极之先而不为高”、“先天地生而不为久”等句。东方朔的人生观，是倾向庄子一路的。

(六)司马迁　他在《史记》列传中，首为庄周立传，合称老庄，和淮南《要略》的见解一样。

(七)刘向　他很重视《庄子》寓言部分。《史记索隐》引《别录》云：“庄子，宋之蒙人也”，“……使相与语，是寄辞于其人，故《庄子》有《寓言》篇”。他在《列子书录》上说：“孝景皇帝时贵黄老术；此书颇行于世，及后遗落，散在民间，未有传者，且多寓言与庄周相类，故太史公司马迁不为列传。”又《关尹子书录》云：“列御寇、庄周皆称道家。……辞与老列庄异，其归同。浑质崖戾，汪洋大肆，然有式则，使人泠泠轻轻，不使人狂。”他指出庄列性质相同，都富于寓言，关尹与庄，归趣同而表现不同。虽然他没有写过《庄子书录》一类的文章，可是屡次提及庄子。

(八)严遵(君平)　《汉书·王贡传序》：“严君平卜筮于成都市。……博览无不通。依老子严周(按严即庄，避明帝讳改)之指，著书十万余言。扬雄少时从游学。”君平所著《老子指归》十四篇，即云：“庄子曰：昔者老子之作也，变化所由，道德为母。”即援引庄子之说，他亦是庄氏的信徒。

(九)扬雄　他是严君平的门人，他所以好玄，未曾不是受到君平的影响。他在所著《法言》中，屡次谈及庄子。

(1)《问道篇》：“庄周申韩，不乘寡圣人而渐诸篇，则颜氏之子闵氏之孙其如台？或曰：‘庄周有取乎？’曰：‘少欲。’‘邹衍有取乎？’曰：‘自持。’至周罔君臣之义，衍无知于天地之间，虽邻不觌也。”

(2)《问神篇》：“或问：‘邹、庄有取乎？’曰：‘德则取，愆则否。’‘何谓德愆？’曰：‘言天地人经德也；否，愆也。愆语，君子不出诸口。’”

(3)《五百篇》：“庄、扬荡而不法，墨、晏俭而废礼，申、韩险而无化，邹衍迂而不信。”

他对庄子，把他和邹衍相提并论，称为“邹、庄”，只是有取他的少欲，与淮南子《庄子后解》言圣人无欲相同。但攻击他“罔君臣之义”，又有“愆德”。又说他“荡而不法”。他站在儒家立场来说话。能通天地人才是儒，贯通三才方是全德，这和《庄子·德充符》的“德”，意义完全不同，可说是“道不同不相为谋”了。从扬雄的理论，可以看出董仲舒有崇儒以后，庄子思想到了西汉末期已被排斥，反不如汉初的流行。

（十）班嗣　嗣是班固的从伯父。《汉书叙传》云：“彪与从兄嗣共游学，家有赐书，内足于财，好古之士，自远方至，父党扬子云以下，莫不造门。嗣虽修儒学，然贵老严（按即庄）之术。”桓生欲借其书，嗣报曰：

> 若夫严（庄）子者，绝圣弃智，修生保真，清虚淡泊，归之自然。独师造化，而不为世俗所役者也。渔钓于一壑，则万物不奸其志，栖迟于一丘，则天下不易其乐，不絓圣人之罔（网），不嗅骄君之饵，荡然肆志，谈者不得而名焉，故可贵也。今吾子已贯仁谊之羁绊，系名声之强锁，伏周孔之轨躅，驰颜闵之极挚，既系挛于世教矣。……恐似此类，故不系名声之强锁。

这封信写得非常动人，可看出他对庄子了解的深度，和儒与道二种思想的矛盾，他所以不把《庄子》书借给桓谭，就是因为他知道桓君山已“系挛于世教”，沉溺在儒家的圈子。这样，何必去读《庄子》。所以索性不借给他。（班嗣的时代，严可均列于西汉末是对的。）

我们从上面所述十家，可以看到庄子在西汉开始时，便不断受到人们的尊重。他的思想被贾谊所吸收，而写成那篇刘勰誉为“致辨于情理”的《鹏鸟赋》。枚乘举出方术之士，把他列首。刘安撰《庄子略要》，在《淮南子》中屡屡称引《齐物论》，又言“老庄之术”，把他和老子并称。以后司马迁据以立传，严君平、班嗣都把“老庄”合称。扬雄说他“荡而不法”，这时候已是儒家思想支配着的天下，庄子当然不免要受到贬抑。最可注意的是文景之世，黄老盛行，刘安正是在这一时代的学术界领导层的主要人物，他已经提出“老庄”一词，把他们并列起来，可见道家在那时无论庄子列子都同样是被人欢迎的，刘向的书录中正透露这一消息。这些事情的认识，对于研究早期玄学及汉代哲学史的人们，也许有些帮助。

三

闻一多写过一篇文章叫《庄子》的，时常被人称引，已收入《古典新义》

中，文中很多地方值得检讨：

（1）他说“西汉人讲黄老不讲老庄”，从《淮南子》“考验乎老庄之术”一句，可以知其不然。

（2）他说“两汉竟没有注《庄子》的”。淮南王明明写过《庄子略要》，俞正燮已提出了，这应算是解庄的作品。

（3）他说“桓谭连《庄子》都没见过”，按桓谭《新论》第一篇是“本造”，其中有云：“庄周寓言，乃云尧问孔子。”又云：“庄周等虽虚诞，故当采其善，何云尽弃耶?”（《太平御览》卷六百二引）似乎他被班嗣拒却借书以后，后来仍是见到《庄子》的。

（4）他说“崔譔首先给（庄子）作注”。按《隋书·经籍志》“崔譔是东晋议郎”。而向秀与嵇康、吕安为友，秀传言其注《庄子》，及成，以示二友。安乃惊曰：“庄周不死矣”。嵇、向皆魏时人，在崔譔之前。《隋志》云：“《庄子》二十卷，晋散骑常侍向秀注本二十卷，今阙。梁有《庄子》十卷，东晋议郎崔譔注，亡。”向秀乃列于崔譔之前，甚是。（刘孝标《世说新语注》引向秀传末有“聊应崔譔所注，以备遗忘”语，姚振宗据此谓崔注在向注之前。此应是孝标按语，非秀传文，故当从《隋志》以向秀为注庄之第一家。）

由是观之，闻氏在《庄子》文中所论各点，细加考察，很有问题，附为辨正于此。

1970年1月于星洲

剑珌行气铭与汉简《引书》

——附瑜珈安心法

气功之说，披靡一时，重要之实物文献涉及气功者有二：一为战国时刻于剑珌上之行气铭，一为1984年在湖北江陵出土的汉简《引书》。前者已有人加以英译①，后者资料公布未久②，尚待深入研究。

行气铭原著录于端方的《陶斋古玉图》（84页摹本），黄濬的《古玉图录》有拓本（《初集》卷四，12页），称之为玉佩铭，后又收入罗振玉的《三代吉金文存》（卷二四）。向来考释者多家。③ 兹录其全文如下：

> 行气宎，则適，＝则神，＝则下，＝则定，＝则固，＝则明，＝则沗，＝则逯，＝则天。＝其𠍜在上，𨻰其𠍜在下。巡则生，逆则死。

凡用重文号者（＝为重文号）多次，上下缩结，似逻辑之推理连锁式，诸子之文，若《庄》、《荀》、《吕览》，多见此例。文中异形繁体，如適之即

---

① *Ancient Way to Keep Fit* (Exercises Illustrations, Zong Wu & Li Mao ed., Hai Feng P. Co., 1990).

② 《文物》，82—91页，1990（10），包括《释文》及《初探》二篇。

③ 诸家考释，有于省吾《双剑誃吉金文选》；郭沫若《金文丛考》，169页；又《天地玄黄》中有此器释文。王季星《行氮宎剑珌铭考释》（《学原》第二卷第三期）；张光裕《玉刀珌铭补说》（《雪斋学术论文集》，253—257页）。陈邦怀《战国行气玉铭考释》（《古文字研究》第七辑），他读宎字为吞，以为宎是从宀，从吞省口旁。

畜，㳉之即长，已无异议。现须重新论证者为宎与𡈽二字。

宎字，于省吾释天，郭沫若谓借为闐。王季星释完，张氏引金祥恒说以宎为军之古文而读为浑。[①] 皆言之成理。但以字形论：《古文四声韵》先部天字下有𡗗，出华狱碑，𡗜，出云台碑，形皆与宎相同；汉简中之一凡部：兲，天出义云章，乃天加几旁，故此字仍以释天为宜，下文云"退则天"，表示退后由下而上。前后两"天"字写法不同，其一加几之宎为动词之天。动词之天可读为镇，"天之言镇也"（《春秋说题辞》）。贺氏述《礼统》云："天之为言镇也，神也，珍也。施生为本，运转精神，功效列陈，其道可珍也。"（《御览·天部一》引）行气之时，先镇（宎）之于丹田，使气聚而畜，继由聚而散则伸（神），神乃流行自上而下，下复归于丹田，所谓"下则定"是。丹田之气既聚则精固而神完，有大清明者出现，开拓出大觉醒新境界，是为"明则长"。伸而复缩，张而复弛，是为"张则退"。如是更行气由下而上至于泥丸，一再周天，所谓"退则天（颠）"是矣。

至于𡈽字，隶定作𦥯，其下从臼，故于氏据《三代吉金》十四、八之白𡈽盉释舂。王季星、金祥恒均认𡈽乃《说文》古文本字𣎴之形讹，而径读为本。其文即"天，其本在上；地，其本在下。巡（顺）则生，逆则死"。其义较长。

神则下者，谓行气下降可以及踵。《庄子·大宗师》云："古之真人，其息深深。……真人之息以踵，众人之息以喉。"《经典释文》引王穆夜云：

> 起息于踵，遍体而深。[②]

真人行呼吸是从脚跟做起，遍及全身。穆夜即王叔之，著有《庄子义疏》三卷，见《释文》，晋末官参军，事迹见陈舜俞《庐山记》引《远公匡山集》。

珌者，是佩刀下饰（《说文》）。《诗·小雅·瞻彼洛矣》："鞞琫有珌。"《毛传》："鞞，容刀鞞也。"《孔疏》："古之言鞞，今之言鞘。"鞞一本作鞸。段玉裁说："鞸之言裨也。刀室所以裨护刀者。"行气铭何以勒于剑鞘上？有何用意？王季星以为此行气铭盖为形而上之剑气论，引《庄子·说剑》篇及《吴越春秋》南林处女之论剑道为佐证。余谓印度之瑜珈术亦讲调气之方，

---

① 《集韵》二十九，军㫧古作𠖥，《类篇》军字重文𠖥，注云古作宎，似下形误天为夫。《字汇》为古文军，即由此而来，晚出之书，恐不可据。

② 天理大学藏宋本《庄子音义》。

《奥义书》一百多种，有一种名为 Ksurikā Upaniśad，Kṣurikā 之义即剑，盖取斩除烦恼为喻，而凝神畜气，宛如刀刃之出于新硎。佛教大部头之书，若《瑜珈师地论》共一百卷，其中言及“觉寤瑜珈”，意思是“从顺障法，净修其心”。亦即行气铭谓“固则明”之境地。能“定则固”已是能掌握神与气的瑜珈术。瑜珈（yoga）犹言驭（yoga 字根出自 yoj，to hold farst）。《庄子·大宗师》云：“浸假而化予之尻为轮，以神为马，予因而乘之。”以神为马可以驾驶上下之气，惟须顺其自然，才不至于出乱子。

张家山汉简《引书》，开端便说道：

> 春产、夏长、秋收、冬臧（藏），此彭祖之道也。

以下谈四季养生之道，及若干导引术式的名目和功用，最末谈及生病的原因是：

> 食饮不和，起居不能与寒暑相应，故得病焉；是以春夏秋冬之间，乱气相薄也，而人不能自免于其间，故得病。

是故：“治身必与天地相求，犹橐籥也。虚而不屈，动而俞（愈）出。”引老子《道经》第五章为说。按春生夏长秋收冬藏，周易孔氏《正义》曾取以解周易四德元亨利贞之义，今由此《引书》知其原实出自彭祖之学。是书共竹简 113 枚，在书首竹简的背面，自题曰“引书”，导与引是不同的两途，导是“导气令和”，引是“引体令柔”。一是气功，一是体操。

考《隋书·经籍志》子部医方家内，有《彭祖养性经》一卷，《唐书·艺文志》亦有《彭祖养性经》一卷，当是同一书。现收入《道藏》“临”字五号为《彭祖摄生养性论》，《白云霁道藏目录》详注称：食息起四时调养法。又《道藏》“书”字号有彭祖导引图一短篇。一向认为这些必是出于后人所依记，今以校汉简《引书》，其言浅鄙，显出后人所伪。《引书》抄写年代不会晚于西汉吕后二年（前 188 年），则此亦可视为先秦人追述殷代彭祖养生之书。

《引书》谈及“八经之引”，“炊（吹）、昫（呴）、虖（呼）、吸天地之精气”。吹呴呼吸四者见《庄子·刻意》篇，与熊经鸟伸相配，而指出是“彭祖寿考者之所好也”。《引书》中言利于身体各部分的动作，起“闭息以利交筋”。以下有一段说道：

鸡信（伸）以利肩婢（脾）；反榣（摇）以利腹心；

反旋以利两胠；熊经以利脢背；

复据以利要（腰）；禹步以利股间；

前厥以利股厀（膝）；反掔（腕）以利足蹄；

跌指以利足气，敦踵以利匈（胸）中；此物皆三而已。

这里出现“熊经”、“鸡信”、“禹步”等动作。“禹步”已见云梦、天水秦简。“鸡信”自即庄子所谓“鸟伸”。而“熊经”则是可以利脢背。脢字通朊，《广雅》：“朊朊，肥也。”朊背即肥背。沈从文写有《说熊经》一文，根据马王堆帛书的导引图和河北保定1964年出土西汉车器上的熊经图形，加以考证[①]，《引书》此条可补其不及。从《庄子·刻意》篇所说看来，他必定看过彭祖有关导引的著作，所以他才说“而彭祖乃今以久特闻”（《逍遥游》）。依上推测，庄子所看到的彭祖吹响呼吸、熊经鸟伸导引一类之书，大抵与《引书》必没有什么差异，因此，我们把这部汉简《引书》看作为彭祖的导引术，应该是合理的。

《太平御览》卷七二〇方术部一养生引《神仙传》：

彭祖云：养寿之道，但莫伤之而已。夫冬温夏凉，不失四时之和，所以适身也。

其文甚长，今不具引。

关于吹响呼吸各种运气方法，在宋人的《云笈七籤》卷五六中分析更为烦琐，而其渊源实不出此《引书》所指陈，这本《引书》的重要性，可想而知了。

① 沈从文：《说熊经》，载《中国文化》，1990（2）。

从出土资料谈古代养生与服食之道

养生之事，向来目为神仙家言，而服食为其主要项目。古代士大夫多留心于此道，追求长生。古诗云："服食求神仙，多为药所误。"五石散之为害，久已有人论之。[①] 然大儒王充晚岁作养生之书凡十六篇，养气自守，惜其书不传。汉末牟融氏著《理惑论》，谓："众道丛残，凡有九十六种。"可见其书之夥。魏嵇康与向秀往复讨论，大旨主张守之以一，养之以和，可致长生之域。晋渡江以后，王丞相导尚玄言，"养生"仍为江左三理之一。[②] 下至葛洪、陶弘景，发扬光大，遂形成道教内丹一系。近岁地不爱宝，马王堆、张家山简帛陆续问世，新资料层出不穷，对古代方仙道之由来提供重要实证。本文将从诸有关资料，与先秦道家及医籍作一总括论述，共分二部分：

（一）资料

（1）张家山汉简《脉书》与《引书》。《脉书》相当于《五十二病方》卷前之《脉经》。《引书》近于《导引图》，"引"与"导"本为二事。玄道子李颐云："导气令和，引体令柔。"《引书》升端论彭祖四时之道，可与《灵枢》顺气分四时之说相参证。

（2）《陵阳子明经》言"食气"，即所谓沆瀣、朝霞等。

---

① 见余嘉锡：《杂著》。

② 见《世说新语·文学》。

（3）马王堆《养生方》言治中、利中、益内利中、治力、轻身诸义。

（4）《十问》中天师食气之法，与容成深息与避四咎；朝、暮、夜半之调息法。

（5）《杂疗方》中之服饵与《列仙传》及《医心方》与《延年方》之互证。（附《列仙传》服食表）

（6）陶弘景《登真隐诀》之服雾法、守玄白术、服日月光诸法之由来。

（二）申论

（1）长生久视之道——永命、延年思想之来源。

（2）不死观念及其追求。

（3）玄府、玄门、玄牝之门与缪门。

（4）谈“同气相求”——论以人合天。

（5）生气与浊气之分。

（6）婴儿与胎息。

（7）䏣与大却。

（8）致柔、守一、醇与和、大顺诸观念。

（9）彭祖寿考之可期。

张家山汉简《脉书》与《引书》，《脉书》相当于《五十二病方》卷前之《脉经》；《引书》则近于《导引图》。“引”与“导”本为二事，晋丞相参军自称玄道子的李颐云：“导气令和，引体令柔。”[①]《引书》书名曰“引”，本论引体，即运动之事，鸡伸、龙兴、虎引、踱狼之类，后世华佗所谓五禽之戏，犹今之健身操。书中自“引内瘅”以次，则为以引术治病之方，若“引内瘅”正坐、弯腰、俯极，徐纵而精呴之（细吐出热气），仰而立定，再作五次，左右两方，再作十次而止。其他引喉、引鼽、引口痛、引肘痛、引耳痛，皆有一定方式，此类实与按摩同理。张家山《引书》与马王堆帛书之《导引图》名目大同小异。《引书》“八经之引”，《导引图》谓之“坐引八维”，八经八维，取义应同，一出江陵，一出长沙，故人以为同源，皆楚学也。[②]

---

① 《经典释文》引。

② 参阅李学勤：《二十世纪出土中国古医书集成》导言，成都出版社，1992；彭浩：《张家山汉简引书初探》，载《文物》，1990（10）；高大伦：《张家山汉简引书研究》引言，巴蜀书社，1995。有关资料参看马继兴：《马王堆古医书考释》，湖南科学技术出版社，1992；李零：《中国方术概观》之服食卷、导引行气卷、房中卷。

一、《引书》与彭祖

《引书》开端述养生基本理论，其言曰：

> 春产、夏长、秋收、冬臧，此彭祖之道也。

下面分述四季导引之术，可知是简所论，乃承袭彭祖之说。

考马王堆《十问》第六问为王子巧（乔）父问彭祖曰：

> 人气何是为精乎？彭祖答曰：人气莫如朘精，朘气郁闭，百病生矣；朘气不成，不能繁生，故寿尽在朘。

证之《引书》云：

> 人生于清（精），不知爱其气，故多病而易死。人之所以善蹶，蚤衰于险（阴），以其不能节气也。故善节其气而实其阴，则利其身也。

此处所谓“爱其气”，当指朘气，实其阴之“阴”必指朘而言。朘者，男子外阴也。《老子》五十五章“未知牝牡之合而朘作”（河上本作峻）；《说文》：“朘，赤子阴也。”朘气谓男阴之功能，老子此说应是取之彭祖。彭祖以保爱朘精为摄生要诀。《御览》卷七二〇方术部养生引《神仙传》：

> 彭祖之养寿之道，但莫伤之而已矣。夫冬温夏凉，不失四时之和，所以适身也。

不违四时之和，故春生夏长秋收冬藏，顺其自然而适应之，自不虞有疾病。易乾卦“元亨利贞”四德，春秋齐姜已加以利用，孔氏《易正义》以春生夏长四时解得四德，今据《引书》，知实亦取自彭祖之说。

二、《引书》与老子

《引书》云：

> 治身必与天地相求，犹橐籥也。虚而不屈，动而愈出。闭玄府，启缪门，阖五臧，逢□九窍（窍），利启阖奏理，此利身之道也。

此引《老子》第三章："天地之间，其犹橐籥，虚而不屈，动而愈出。"橐籥者，鼓风之物，内空虚而不屈曲，其运动愈快，鼓出之风亦愈多。利身之"利"，如马王堆《养生方》之言益内利中之"利"。

《引书》云："吸天地之精气，实其阴，故能无病。"又云："闭玄府，启缪门，合五藏，透九窍，利启阖腠理。"按《仪礼·乡射礼》"进腠"郑注"肤理也"。《史记·扁鹊传》："君有疾在腠理。"《素问·举痛论》："寒则腠理闭。"注谓津液凑泄之所。《淮南子·兵略训》："解必中揍。"高诱注："理也，字作揍。"

玄府者，《素问·水热穴论》："所谓玄府者，汗空也。汗液色玄徒空而出，以汗聚于里，故谓之玄府。"

缪门，一说为命门，指下丹田。《家语·辨乐》："缪然思焉。"注"深思貌"。缪门疑是玄门。马王堆《合阴阳》："入玄门，御交筋，上欲精神，乃能久视而与天地侔存。交筋者，玄门中交脉也。"《荀子·正名》杨倞注："玄谓深隐也。"①

久视者，《老子》五十九章："是谓深根固柢长生久视之道。"《灵枢经·本神》云："故知者之养生也，必顺四时而适寒暑，和喜怒而安居处，节阴阳而调刚柔，如是，则避邪不至，长生久视。"其义正同。久视一词，《引书》盖取自老氏。

作为三玄之一之《周易》，其语句间亦与导引相关者，如"同气相求"一语，《引书》两言"相求"，一曰"以与相求"，一曰"治身必与天地相求"。再考马王堆十六经《观》云："稽之男女……牝牡相求，合刚与柔。"所谓相求，本指吹响之气相为呼应，盖当时之惯语。

---

① "玄"字意义参《抱朴子》内篇《畅玄》。

三、论行气

呼吸吐纳为导引重要之术，《庄子·刻意》篇谓“吹呴、呼吸，吐故纳新……养形之人，彭祖寿考者之所好也”。此吹、呴、呼、吸四者究为何意，试加以分析。

吹　《说文》：“吹，嘘也，从口欠。”按“吹”与“嘘”二字互训。《说文·欠部》复出云：“吹，出气也。”《声类》云：“出气急曰吹，出气缓曰嘘。”《引书》又作“炊”。

呴　《说文·欠部》云：“欨，吹也。”欨与呴同。《庄子》唐写本呴作煦，益火旁。河上公注：“呴，温也；吹，寒也。”以呴属温气，吹属寒气。故宋《集韵》云：“呴，气以温之也。”《引书》每误写作“昫”。

呼　《说文》：“呼，外息也。”字又作“歑”。《说文》：“歑，温吹也。”

吸　《说文》：“吸，内息也。”

以上四者，属于呼者凡三，即吹、呴、呼，而吸仅得其一而已。吹与呴不同，其说有二，一以急缓分，李登《声类》是也；一以凉温分，河上公之说是也。

《老子》二十九章：“天下神器不可为。……故物或行或随，或呴或吹。”马王堆甲本作“或炅（热）或〔吹〕”，乙本作“或热或𣏟”（傅奕本作“𣆡”），不从气之寒温言。

今观《引书》言引“瘅病”云：“当此之时，急治八经之引，急虖，急昫，引阴[1]。”又言腹张（胀）云：

夜日淡卧而精炊之三十，无益；精虖三十，无益；精昫三十，无益；复精炊之三十，无益；起，治八经之引。……

此处“吹”与“呴”更迭为之，无效，乃治“八经之引”。八经之引，即帛书

① 高大伦：《张家山汉简引书研究》，119 页。

《导引图》第三十七之“坐引八维”（作裸上体、无裳、赤足、双膝微曲、双手向前、后下方分开之状）。东方朔《七谏·自悲》云：“引八维以自道兮，含沆瀣以长生。”“八经”似以作“八维”为是。

《引书》言人之得病乃由于四时气候之不和：

是以必治八经（维）之引，炊、昫、虖、吸天地之精气。信（伸）腹直要（腰），力信手足，軵踵曲指，去起宽亶（坦），偃治巨引，以与相求也，故能无病。偃卧炊、昫，引陰（阴）

春日再昫，壹虖、壹炊（吹）

夏日虖、壹呴壹炊

冬日再炊，壹呴壹虖。……

因四时之气，吹呴与呼之调节有别：

春　呴（二次）　一虖一炊

夏　虖　一呴一炊

冬　吹（二次）　一呴一虖

《引书》又言：

燥则婁乎（呼）婁卧，温则婁炊（吹）毋卧；实阴，暑则精娄（屡）昫（呴），寒则劳身，此与燥温寒暑相应之道也。

按《素问·生气通天论》云：“故阳气者一日而主外，平旦人气生，日中而阳气隆，日西而阳气已虚，气门乃闭。”一日之间，气之阴阳不同：

平旦——气生

日中——阳气最隆

日西——阳气虚，是时气门乃闭

此为一日之间阴阳之变化。

若一年之间，则有寒暑、燥温之异，调息之法，乃随气候之转变，以图表之：

> 燥——宜呼而卧（吹出温气）
> 温——宜吹毋卧（频吐凉气）
> 暑——宜呴（小口吐出热气）
> 寒——劳身

呼吸之轻重、调整，与气候相呼应。

由《引书》所记，呼出气三项，因四时而异，即《灵枢经》云“智者养生，必须时而适寒暑”是也。

王褒《圣主得贤臣颂》曰：“何必偃仰诎信如彭祖，呴嘘呼吸如侨、松?”颜师古注：“呴、嘘，皆开口出气也。”以吹呴属王乔、赤松，而偃仰属彭祖，吹、呴、呼三者皆为呼气之外息。《淮南子·精神训》语同。《庄子·刻意》：“真人所游，若吹呴呼吸，吐故纳新。”又《齐俗训》则作“吹呕呼吸”，借“呕”为“呴”。

东方朔云：“食沆瀣以长生”，宜以马王堆《却谷食气》章释之，其言曰：

> 食气者为呴、吹，则以始卧与始兴。凡呴中息而吹，年二十者朝二十，暮二十，二日之暮二百；年三十者朝三十，暮三十，三日之暮三百，以此数推之。

食气之人与食谷者异，须有严格规定，因年龄而异其次数，凡呴吹必在睡前与起身之时，将呴出温气到一半之际吹气（说者谓改为闭口吹出应呼出的余气），而次数如下：

> 二十岁　暮二十　每隔二日改为晚上二百次
> 三十岁　暮三十　每隔三日改为晚上三百次

此种呴吹之食气者，须配合四时，因有不同之场合及避忌，谓之“四咎”。马王堆《十问》容成公答黄帝问云：

> 食气有禁：春避浊阳，夏避汤风，秋避霜雾，各避凌阴，必去四咎，

乃深息以为寿，朝息之治，其出也务合于天……则陈气即尽，而新气日盈。昼息之治，呼吸必微……

暮息之治，深息长徐，使耳无闻，且以安寝。……故能长生。

夜半之息也……徐徐去势，六府皆发，以长为极，将欲寿神，必以腠理息。

《楚辞·远游》："餐六气而饮沆瀣兮，漱正阳而含朝霞；保神明之清澄兮，精气入而粗秽除。"王逸注引《陵阳子明经》云：

春食朝霞。朝霞者，日如欲出赤黄气也。

秋食沦阴。沦阴者，日没以后赤黄气也。

冬饮沆瀣。沆瀣者，北方夜半气也。

夏食正阳。正阳者，南方日中气也。

并天地玄、黄之气，是为六气也。

《却谷》篇云：

春食　去浊阳，和以匡光、朝霞，昏清可。

夏食　去阳风，和以朝霞、沆瀣，昏清可。

秋食　去〔　〕霜雾，和以输阳〔沦阴〕、匡光，昏清可。

冬食　去凌阴，和以正阳、匡光、输阳、输阴，昏清可。

从《十问》之说，知容成氏亦加以吸收，故有"去四咎"之语。《陵阳子明经》亦袭用之，以说六气。《十问》容成言："善治气抟精者，以无微为积；精神宗溢，吸甘露以为积，饮瑶泉灵尊以为经。"实则老氏"专气致柔"之理，亦复相同。[1]

后来陶弘景的《登真隐诀》谈到服雾法、守玄白术、服日月诸光，即由《陵阳子明经》演衍而生者。[2]

---

① 参拙作《容成遗说钩沉——先老学初探》，见《北京大学学报》。

② 参拙作《论敦煌残本登真隐诀》，载《敦煌学》第四辑，2732页，台北，1979。

嗡气之道，必致之末，精生而不厥，上下皆精，寒温安生。息必深而久，新气易守，宿气为老，新气为寿。善治气者，使宿气夜散，新气朝最。

此即《庄子·大宗师》“真人其息深深”之义，王叔之云：“起息于踵，遍体而深。”是也。

呼气在先秦有吹、呴、呼三者，配以四时朝暮。后来呼气增益为六，最先出现于陶弘景之《养性延命录》，成为吹、呼、唏、呵、嘘、呬之六字诀，以合五脏。其说曰：

凡人之息，一呼一吸，元有此数。欲为长息吐气之法，时寒可吹，时温可呼（即呴）。委曲治病，吹以去风，呼以去热，唏以去烦，呵以下气，嘘以散滞，呬以解极。凡人极者，则多嘘、呬。道家行气，率不欲嘘呬。嘘呬者，长息之患也。

又曰：

凡病之来，不离于五脏。心脏病者，体有冷热，呼吹二气出之；肺脏病者，胸背胀满，嘘气出之；脾脏病者，体上游风习习，身痒痛闷，唏气出之；肝脏病者，眼疼愁忧不乐，呵气出之。

吐气有六，而五脏只有五，故后来以多出之呬气属三焦。按《说文》：“呬，东夷谓焦为呬，出《太清调气经》。”《方言》作东方齐曰呬。今《道藏》所传祛病延年六字法，除上述二书外，尚有《太清导引养生法》、《太上养生胎息气经》、《太上老君养生诀》等书。行气疗法，详见《道藏》卷十八，多至二十种，皆踵事增华，不具述。

四、论服食

再谈服食，兹据《列仙传》，举出服食之例如下表。

赤松子	服水玉

马师	饮甘草汤
赤将子舆	啖百草华
偓佺	食松实
方回	练食云母
关令尹	服苣胜实（《广雅·释草》：巨胜，胡麻也）
涓子	好饵术
吕尚	服泽芝地（石髓）
师门	食桃李葩
务光	服蒲韭根（菖蒲）
仇生	食松脂
彭祖	食桂芝
邛疏	煮石髓服之（谓之石钟乳）
陆通	食橐卢木实及芜菁子
江妃二女	茹芝
范蠡	服桂饮水
寇先	种荔枝
桂父	服桂及葵，和以龟脑
修羊公	食黄精
崔文子	作黄散、赤丸
赤须子	食松实、天门冬、石脂
犊子	松子、茯苓
鹿皮公	食芝草
昌容	食蓬虆根
谿父	食桂、附子、芷实
山图	服地黄、当归、羌活、独活、苦参散
毛女	食松叶
文宾	服菊花、地肤、桑寄生松子
商丘子胥	食术、菖蒲根，饮水
陵阳子明	服五石脂

水玉即水精，见《山海经》郭璞注。按《抱朴子·仙药》篇称“玉亦仙药”。引《玉经》云：“服玄真者，其命不极。玄真者，玉之别名也，令人身飞轻

举。”古代有《服玉方书》，见《隋书·经籍志》。《周礼·玉府》云：“玉斋则供食玉。”郑玄注：“食之以御水气。”《正义》谓“玉屑研之乃为食”，是古确有食玉之事。《文选》木华《海赋》：“群仙缥缈，餐玉清涯。”葛洪自言：“得于阗国白玉，大善。其次南阳徐善亭部界中玉，及日南卢容水中玉亦佳。赤松子以玄虫血渍玉为水服之，故能乘烟上下也。”[①] 彼能分辨各地玉质，又似亲至交广[②]，故能知卢容之玉。《水经·温水注》引《扶南传》：“林邑至日南、卢容浦口，可二百余里。”是其地。

《抱朴子·仙药》篇引《孝经纬·援神契》：“椒姜御温，菖蒲益聪，巨胜延年，威喜（即木芝）避兵。”《列仙传》所记诸仙人服食之物，于是篇多可印证。菌芝为汉人常服之品，《汉书·艺文志》有《黄帝杂子芝菌》十八卷，注：服饵芝菌之法也。今四川汉代画像砖石，多见芝盖及仙人持灵芝作[illegible]状[③]，具见茹芝之习惯，芝有五芝各百余种，已详葛氏之文。

马王堆《养生方》记药物，如《老不起》云：“以颠棘为浆方。”颠棘，即天门冬，赤须子所服者。葛洪云：“天门冬，或名莚门冬，或名颠棘，或名管松，根长而味多苦。服之百日，皆丁壮倍驶于术及黄精也。”《方》四《加》（补益方）云：“又治白松脂。”松脂即仇生所服。松脂除热，久服轻身延年。《方》十一《益甘》云：“益甘，茯苓去滓，以汁肥豯。……干姜、菌桂。”犊子所服。茯苓主胸胁逆气，利小便，菌桂，味辛温，养神。葛洪《仙药》：“桂可以葱涕合蒸作水，可以竹沥合饵之。”关令尹服苣胜，师门食桃。葛氏云：“巨胜，一名胡麻，服之耐风湿，补衰老。”其佚文云：“胡麻好者，一夕蒸之如炊，细筛白蜜和丸，日二枚……五年，入火不烧；六年，走及奔马。”[④] 又言：“桃胶以桑灰汁渍，服之百病愈，久服之，身轻有光明。”

又言：“云母有五种服法，或以桂葱水玉化之为水，或以蜜搜为酪，或以秋露渍之百日，韦囊挺之为粉，饵之，则百病除。”此方回之所服。

吕尚、邛疏服之地髓，或谓之石钟乳。五石散以钟乳为主。[⑤] 唐帝以赐大臣。《唐本草》云非其土地，不可轻服，多发淋渴。孙思邈已言其害。章鸿钊《石雅》第六卷《药石》记之甚详。

① 《抱朴子·仙药》。

② 参冯汉镛：《葛洪去印支考》，载《文史》，第 39 期。

③ 参王仁湘：《汉灵芝草小识》，载《四川考古论文集》，1996。

④ 见《御览》卷九八九引。

⑤ 见沈括《梦溪笔谈》。

服食药物有前后之宜，《仙药》篇引《中黄子服食节度》言其大要，可参看。

五、《养生论》与庄学

嵇康《养生论》结语云："外物以累心不存，神气以醇白独著。旷然无忧患，寂然无思虑。又守之以'一'，养之以'和'，'和'、'理'日济，同乎大顺。然后蒸以灵芝，润以醴泉，晞以朝阳，绥以五弦，无为自得，体妙心玄，忘欢而后乐足，遗生而后身存。若此以往，恕可与羡门比寿，王乔争年，何为其无有哉！"李善注云："文子曰：古之为道者，养以和，持以适。"庄子曰："古之治道者，以恬养'知'，知生而无以'知'为也，谓之以'知'养'恬'，'知'与'恬'交相养，而'知'、'理'出其性。"按善引庄子文原出于《缮性》篇。善注引"知生"句，"生"前有"知"字。下文又云："夫德，和也；道，理也。德无不容，仁也；道无不理，义也。"故和之与理，如德之与道，德近仁而道犹义。叔夜谓"和理相济"，无异谓德与道相济，其区别和与理为二事，义本庄生。稽之庄书之言"和"，如《德充符》云：

> 游心乎德之和。何谓德不形？曰：平者，水停之盛也，内保之而外不荡也。德者，成和之修也。

和之境界，是至德、上德，如水之平，内保而外界不能荡之。

《天道》亦云："夫虚静恬漠，物之本也。""夫明白于天地之德者，此之谓大本大业，与天和者也，所以均调天下，与人和者也。"故有天和焉。天和者谓之天乐；有人和焉，人和谓之人乐。

《在宥》云：

> 广成子曰：我守其一，以处其和，故或修身十二百岁矣。

叔夜言"守之以一，养之以和"，语亦本此；老氏曰"冲气以为和"，文子云"养以和"，其意悉同。

庄子所谓"以恬养知"者，《说文》："恬，安也。"庄书之言"恬"者，《胠箧》云：

甚以夫好“知”之乱天下也，自三代以下者是已。……释夫恬淡无为，而悦夫啍啍之意，啍啍已乱天下矣。

“恬”与“淡”联言，亦分言曰“淡”与“漠”。《应帝王》云：

无名之人曰：游心于淡，合气于漠。

亦合言曰“淡漠”。《缮性》云：

古之人在混芒之中，与一世而得澹漠焉。……人虽有知，无所用之，此之谓“至一”。

此至一之说，惟去“知”而后可以达到。惟以恬养知，此得恬而安适之知，乃得道之知，游心于德之和之“知”，再以此得道之知与恬相养，则和与理皆出其性，此庄生《缮性》之性乃一恬淡合于天德之性。《刻意》篇描写此一境界云：

夫恬淡寂漠，此天地之平而道德之质也。……平易则恬淡矣，平易恬淡则忧患不能入，邪气不能袭，故其德全而神不亏。……去知与故，循天之理，故无天灾无物累。……虚无恬淡，乃合天德。

《内经》却病可源于人心恬淡之说，即庄子学说之发挥，不待细论。[①]

《刻意》称“不道引而寿”，讥吹呴呼吸乃彭祖寿考者之所好，其实真正能与天地合德者，不必慕乎寿考，不必循彭祖之所好，不缘乎道引，自可臻于寿域，“澹然无极而众美从之”。庄子不主张导引，由此可见。养生之最高理想在“和”一字，导引只是手段，非其目的。叔夜引申庄学，在今日仍有高度意义，其说仍值得我人之仔细玩味。

上举诸佚书之发现，令古代方术中采日月精英，还精补脑及《内经》、《灵枢》之天道与人体相关诸说，取得确实根据和充分了解，知其思想之形

① 参王卜雄、周世荣：《中国气功养生学》第一分卷，长沙，湖南科学技术出版社。

成，远在战国时期已极度流行，对易、老、庄三玄中重要语句，提供合理与进一步的解释。证明嵇康《养生论》言之绰有理据，对于现代人仍有极大裨益。

第五届中国饮食文化学术研讨会专题演讲，香港，1997 年 11 月

论道教创世记

《创世记》是以色列民族用口传故事方式写成的文学作品。在希伯来文原本，创世记写作 bareshith（汉译称《伯里西特》），意思是开始，它和 As. barû、banu 有语源的关系。Bare 一字，腓尼基人用 bara。英文本来自希腊文 gene—sis，gene 可以指谱系，所以《创世记》除指出天地开辟、人类起源之外，还有亚伯拉罕的族系的记述。揆以华夏古史礼制，除了谈天地开辟的神话之外，还有《周礼》所谓“奠世系”一类之事情。西亚的史诗名曰 E-nu-ma E-lis，七大泥版所记，先为众神之争，继为太阳神 Marduk 之胜利，与神庙之创建及沥血造人等故事，长共一千行以上。与希伯来之创世记颇有悬殊，但却是人类最早有关创世的记录。又 Gilgamesh 史诗十二泥版，1872 年经 George Smith 公布，其中洪水故事可与《圣经》参证。虽巴比伦史诗之中道德与伦理之活动均付阙如，但却对西亚的历史背景之认识有极大的帮助。

道教经典本无所谓《创世记》的专著。对于人类的原始，道教徒所造的宇宙论，自来却非常关心。道教起于蜀中，汉人传说第一位开天辟地的人物盘古氏，最先竟始出现于四川。东汉末献帝兴平元年（194），益州刺史张收刻绘于文翁石室的壁画人物中，有盘古与李老并列，位次于列代君主之前。似乎即以盘古为创世之主。我曾发表过《盘古图考》一文，纠正了向来认为盘古最早见于吴，徐整《三五历记》的误说。

与盘古同列的李老，应是李老君之省称。《广弘明集》卷十二引《须弥图经》云：“宝应声菩萨化为伏羲，吉祥菩萨化为女娲，儒童应化作孔丘，迦叶化为李老。”（释明槩《决对傅奕》第八）以李老为迦叶之化身。“李老”之名亦见于此。是“李老”即李老君之证。这里李老地位与孔丘及伏羲、女娲并列，李老竟被视作迦叶的化身。

道教徒每每剽袭释氏之书，自西晋王浮作《化胡经》以后，更为变本加厉。上举释明槩之文第七云：“化胡经，王浮所制，或取盘古之传，或取诸子之篇。”提及《盘古传》一书，是即西晋王浮之所依据。今《化胡经》原书具在（此为敦煌写本，原物在法京国立图书馆，列 P·二二〇七卷一；P·二二〇四卷十），特别是第十卷多言及荒古创世之事，可能即出自《盘古传》。

《化胡经》第十一变词云：

> 十一变之时，生在南方阎浮地，造作天地作有为。化生万物由〔犹〕婴儿。阴阳相对共相随。众生享气各自为。番〔蕃〕息众多满地池。生活自卫田桑靡〔麻〕。劫数灭尽一时亏。洪水滔天到月支，选擢种民留伏羲。思之念之立僧祇，唯有大圣共相知。

文中言及“选擢种民”，正如希伯来之 Chosen People。这简直是道教徒之创世记的缩影，以为洪水过后，人类种民惟余伏羲，如彼土之挪亚。伏羲、女娲的神话在四川出土的汉画像砖表现得非常普遍，他俩是汉人心目中人类的开端。伏羲传说流行于西北，故甘肃成纪被传为伏羲的诞生地，由于羌人的传播，伏羲的行踪又到了月支，月支亦有洪水的神话，真是奇迹。

自王浮而后，道教经典撰述花样多端，层出不穷，逐渐有类似创世之说，间亦吸收盘古神话，如道书《元始上真众仙记》引《真书》曰：

> 昔二仪未分，溟涬鸿蒙，未有成形，天地日月未具，状如鸡子，混沌玄黄，已有盘古真人，天地之精，自号元始天王，游乎其中。……
>
> 元始天王在天中心之上，名曰玉京山……仰吸天气，俯饮地泉，复经二劫，忽生太元玉女，在石涧积血之中……号曰太元圣母，元始下游见之，乃与通气结精，招还上宫。……
>
> 太元母生天皇，十三头，治三万六千岁，书为扶桑大帝东王公，号曰元阳父；又生九光玄女，号曰太真西王母，是西汉夫人。……后生地皇，地皇十一头，地皇生人皇，九头，各治三万六千岁。（《道藏》五，艺文影印本）

此书又题曰《葛洪枕中书》，文中有云“洪曰：此事玄远，非凡学所知”。盖假托洪之名，未知出谁氏之手。柳存仁先生很重视此书，认为它可视为道教的创世记，说详见他的《道教前史二章》一文。书中称盘古曰真人，又加号为元始天王。考“元始天王”一名见《汉武内传》云：“此元始天王在丹房中仍说微言。”“天王”在佛典及纬书《春秋纬说题辞》中均有之，出现可能自汉世，但未与盘古挂钩。北周甄鸾《笑道论》言：“元始天王及太上道君诸天神人。”则列于太上道君之前，北周已然。《真书》复拉上东王公、西王母，各加以新号。最有趣的是三皇头数为十三、十一、九等等，类似无稽之谈。然葛洪《抱朴子·遐览》篇引用“道经《三皇内文》有天、地、人三卷”。书均失传。三皇之为天皇、地皇、人皇，似初见于《易纬坤灵图》、《春秋纬命历序》诸书，汉代谅已面世。故王莽年号有地皇。《路史余论》引《命历序》称“自开辟至获麟三百二十七万六千岁。司马贞《三皇本纪》从之”。王莽有《三万六千岁历》之作；可惜所有资料，全已失传。《御览》卷七十八引《春秋纬命历序》云：“人皇氏九头，驾六羽，乘云车，出谷口，分九州。”按《古微书》下尚有“各立城邑，凡一百五十世合四万五千六百年”等句（见该书卷十三）。葛洪之世，此类书皆完整保存，道书之《三皇内文》必据之而作。

考吴、蜀之时，史家纷纷谈三皇之事。《御览》卷二《天部》引徐整《三五历记》云：

> 天地浑沌如鸡子，盘古生其中，万八千岁。天地开辟，阳清为天，阴浊为地。盘古在其中，一日九变，神于天，圣于地。天日高一丈，地日厚一丈，盘古日长一丈，如此万八千岁。天数极高，地数极深，盘古极长。后乃有三皇。

同书卷七十八《皇王部》引《三五历记》共三条：

> 天皇——溟涬始牙，蒙鸿滋萌，岁起摄提，元气肇启，有神灵人十三（头），号曰天皇。
>
> 地皇——有神圣人十二头，号地皇。
>
> 人皇——有神圣人九头，号人皇。

按宋均注《命历序》云："九头，兄弟九人。"

三皇年岁之异说，见于吴项峻《始学篇》又有不同：

天皇十二头，治万八千岁。

地皇十二头，治一万八岁。

人皇九头，兄弟各三分，人各百岁。（《御览》卷七十八引）

项氏《始学篇》有注，见《御览》卷三百八十八引。《隋书·经籍志》：梁有《始学》十二卷，吴郎中项峻撰。《吴志·薛综传》记华覈上疏云：

大皇帝末年，命太史令丁孚、郎中项峻始撰吴书，孚、峻俱非史才。

《唐志》亦著录项峻《始学篇》十二卷，《初学记》卷九、《类聚》卷十一俱引其书。

又韦昭著《洞纪》亦记三皇事，见《御览》卷七十八引。《隋志》：《洞纪》四卷，韦昭撰，记庖牺以来至汉建安二十七年事。《吴志·昭传》称："按传记考合异同，采摭耳目所及，以作《洞纪》。"《洞纪》云："古人质，以头为数，犹今数鸟兽，以头计也。"是所谓天皇十二头乃指十二人。

《洞冥纪》云："天皇十二头，一姓十二人也。"九头，九人也。（《洞冥纪》，《唐书》称郭宪撰，陈振孙《直斋解题》云："东汉光禄大夫郭宪子横撰。"《日本国见在书目》："汉武《洞冥纪》一卷，郭子横撰。"）

按训头为人，出韦昭《洞纪》之说，然《水经·湘水注》："衡山下有舜庙，南有祝融冢，楚灵王之世，山崩得《营丘九头图》。"亦见盛弘之《荆州记》。此营丘九头，应如"雄虺九首"，作首字解，子弹库帛书夏皋月人像绘三首牛蹄状是也。故训头为人，乃后起之义。

《三国志·蜀志》秦宓对广汉太守夏侯纂云："三皇乘祇车出谷口，今斜谷是也。"到了常璩著《华阳国志》，就说"蜀之先世，肇自人皇，与巴同囿"了。又引《洛书》云："人皇始出，继地皇之后兄弟九人，分理九州为九囿。"所谓洛书，指纬书《洛书甄曜度》、《洛书灵准听》、《雒书录运法》等等，俱见《古征书》所辑佚文。盖是三皇之说在三国之际十分盛行与谶纬之学有密切关系。葛洪《枕中书》所云："天皇十三头，地皇十一头，人皇九头，各治三万六千岁”，实远有所本，完全不是出于他的捏造。这部书本称《元始上真众仙记》，柳先生认为可以弥补道教没有创世记的缺陷。他怀疑《真书》中言及“通气结精”、“二气絪缊”之语。其实《易·系辞》已言“男女媾精”，四川东汉崖墓不少为秘戏图像，足证《想尔注》屡言房中术之有据。[①]

《真书》谓溟涬状如鸡黄，即西方创世史诗之 Watery Chaos 及 Cosmic egg，腓尼基、印度神话皆有之。其称盘古为真人，加号“元始天王”，这则是道教化的盘古，自属匪夷所思！

在傜族神话中更渗入不少道教思想。其所传《盘皇歌》一类，以及绘画之属，皆与开辟神话有密切关系，且与道教活动融合在一起。

J. Lemoine 教授曾引用马伯乐老子化生之说以解释之。据我所知，《灵宝度人经》卷四十三云：“眼为日月，头为昆仑，眉为华盖，发为山林，肠胃江海，呼吸风云，声为雷霆。”又同书卷三文字亦同。按《度人经》有南齐时严东作注，其年代大约可知，考北周甄鸾《笑道论》第一“造立天地”章云：

> 太上老君造立天地，初记称……老子遂变形，左目为日，右目为月，头为昆仑山，发为星宿，骨为龙，肉为兽，肠为蛇，腹为海，指为五岳，毛为草木，心为华盖，乃至两肾合为真要父母。

下至晚出之《灶经》，亦有相同之说，余藏明刻本《太上老君说平安灶经》有云：

> 尔时太上老君……在玉境山中，说上界种火之母。玉顶大仙说：圣母元君分身下界，化为世界。左眼化为日，右眼化为月，头发化为山林树木，血脉化为清泉，手足化为碓磨，舌头化为簸箕，四肢化为四时，三百六十骨节化为三百六十日。（参见下页附图）

亦由上说所演衍而生，晚出益为离奇。马伯乐所引道教书即本之此类资料。

考佛典之《摩伽登经》卷上云：

> 若梵天生，皆应同等。……又汝〔按指婆罗门〕法中，自在天者，造于世界，头以为天，足成为地，目为日月，腹为虚空，发为草木，流

① 见《道家文化研究》第七辑，329 页。

泪成河，众骨为山，大小便利，尽成于海。斯等皆是汝婆罗门妄为此说。（《大正藏》卷二十一，402 页）

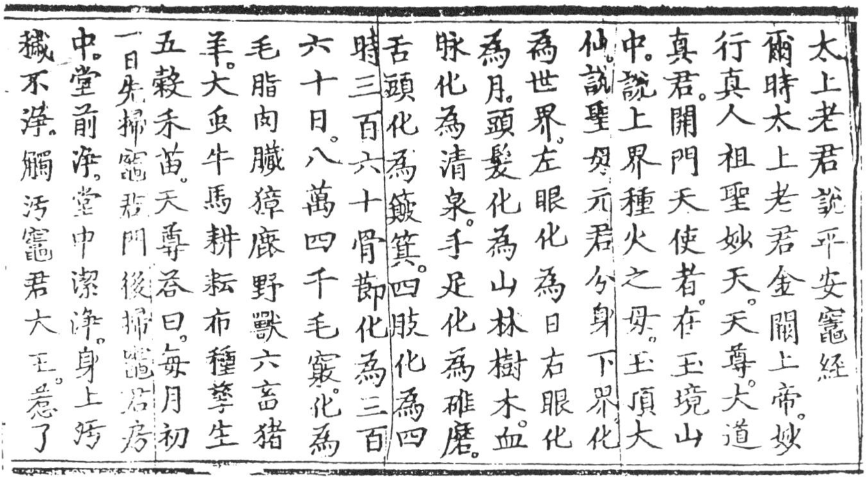
太上老君說平安竈经
爾時太上老君金闕上帝。妙行真人祖聖妙天。天尊大道真君。開門天使者。在玉境山中。說上界種火之母。玉真大仙。說聖母元君分身下界。化為世界。左眼化為日右眼化為月。頭髮化為山林樹木。血脉化為清泉。手足化為碓磨。舌頭化為簸箕。四肢化為四時。三百六十骨節化為三百六十日。八萬四千毛竅化為毛脂肉臟獐麂野獸六畜猪羊。大虫牛馬耕耘布種孳生五穀禾苗。天尊吾曰。每月初一日先掃竈君門後掃竈君房中。堂前淨。堂中潔淨。身上污穢不淨。觸污竈君大王。惹了

明刻本《太上老君说平安灶经》书影

如持此文与上引道教所说加以比较，其抄袭之迹，甚为明显。细读是经此段文字，乃佛家指出围陀（Veda）经典无有实义，故称上述之事乃婆罗门之妄说。所言分明是指责围陀之说。所称之自在天即摩醯首罗（mahacvara），秦言自在天（见《翻译名义大集》三一一八条），云冈石窟第八洞即有摩醯首罗像。《魔伽登经》所述梵天，即印度教之 Siva，所言围陀，即指 Rig-veda 第十篇九十之巨人篇（Puruṣa）。

在印度吠陀经中之 Puruṣa，略引数句如下：

Yat Purṣṣam viādadhuh
Katidhāvi akalpayan?
mukham kim asya? Kau bāhū?
Kā ur̥̄u pādā ucyete?（11）

(When they divided Purusa into how many parts did they dispose him? What did his mouth become? what are his two arm? his two thighs, two feet called?)

Brāhmano'sya mukham āsīd,
bāhū rājamieh krtān;
ūrū tad asya yad vāisyah;
padbhyām sūdro ajāyata（12）

(His mouth was the Brāhman. his two arms were made the warrier, his two thighs the vaisya; his two feet were Sūdra.)

Candramā manaso jātas;
caksoh sūryo ajāyata;
mukhād Indras ca Agnis ca.
prānād vāyur ajāyata（13）

(The moon was born from his mind; from his eyes, the sun was born, from his mouth Indra and Agni, from his breath Vayu was born.)

上引《摩伽登经》乃出吴时竺律炎与支谦所译，但在支谦以前，东汉安世高已有译本。安世高以桓帝建和元年（147）至洛阳，后至会稽。安译今无全本，然可断言者，通过东汉时《摩伽登经》之翻译，围陀理论之巨神及佛所反对之大自在天神话是时已输入华夏。后来道家遂窃取之。

故知道教之宇宙开辟说，实取自佛经（《摩伽登经》），佛经则引用围陀而加以驳斥。其入华时间正在东汉末。

我人可得一结论如下：

围陀
Puruṣa→佛典→道教经典（《元始上真众仙记》）
⋮
（《三五历记》）《笑道论》
《摩伽登经》　⋮
《灶经》

故知道教经典中之盘古创世记，与佛经可能出于一源，很值得考虑。

《山海经》烛阴之说，亦复相类。郭璞云："烛龙也，是烛九阴，因名。"烛阴为钟山之神，钟山所在即昆仑山，可能亦是西来之说，《楚辞·天问》已言："烛龙何照?"烛龙是日神，其名先秦已有之，见于楚人之壁画，烛龙如果亦与梵天有关，则当是任昉《述异记》中论盘古所谓"古说"或"先儒说"。可参《古小说钩沉》玄中记条。

至于北宋真宗天禧时，张君房奉敕所修《大宋天宫宝藏》，今已失传，从其中摘抄出来的有《太上老君开天经》，亦被人视作道教的创世记，中文大学宗教系有学生据此写成硕士论文。是经引用《灵宝天地运变经》论地厄、天亏之事，述金天氏少昊之后的大阳九、大百六之数为9900，小阳九、小百六之数为3300，即取汉人所谓"阳九百六"的旧说。又言混沌生二子，大者胡臣，死为山岳，小者胡灵，死为水神。则出自巨灵胡传说。《史记·封禅书》索隐引《括地志》"河神巨灵胡手戄脚踢"；《水经·河水注》引《遁甲开山图》"有巨灵胡者，得坤元之道，能造山川出江河"；扬雄《河东赋》谓"河灵矍踢"；张衡《西京赋》所谓"巨灵赑屃"是也。

又言元皇之后有尊娄，尊娄后有勾娄，勾娄后有赫胥。按《六韬》有尊卢氏（《御览》卷七十六引），赫胥诸名则出自《庄子》；又言黄帝之后有少昊，少昊之时老君下，为师号随应子作《玄藏经》；又分高原、高阳、高辛为三世，随应子、高原诸名，似出杜撰，于史无征。此书见于《云笈七籤》卷二第八。谓老君口吐是经，更属荒诞，今不具论。

释、道并行与老子神化成为教主的年代

老子是中国思想史、宗教史上的枢纽人物，老子本人的年代和老子成为教主的年代，都成为中外学人关注的核心问题。老子其人，最近何炳棣又有新说[①]，尚待讨论。至于老子神化的过程，目前有不少出土文物显示的新知，可供探讨，试陈我说如次：

东汉朝廷的记录，每每视黄老与浮屠为一体，相提并论，最显著的事例，是明帝永平七年（64）楚王英诏书和桓帝延熹九年（166）襄楷的上疏[②]，官方的文书把浮屠与黄老视为同一性质的教义。是时佛教初入中国，道教尚在未形成的阶段，我们看连云港孔望山的石刻，佛教和老子像同为奉祀的对象，出现两教不相冲突、和谐共处被人膜拜的现象。在四川出土不少佛像亦刻上带道教色彩的纹样，如彭山崖墓之类。[③]

东汉初期，老子的神圣地位，尚未被人确定。班固《汉书》中的《古今人表》列老子于中上等，在郯子之下，南荣畴之上，故陈相边韶作《老子铭》，力诋《人表》抑低老子，与楚的子西同科，是极大的失误。张晏亦讥其非。班固是楚王英“诵老子、尚浮屠”的同时人，他写的辞赋，像《东都赋》说：“建章、甘泉，馆御列仙，孰与灵台、明堂，统和天人?”他深抑仙道，

① 《老子通》一书已列出过去许多有关研究老子的论文。何氏之说，见于《燕京学报》新九期。

② 诏楚王英云：“楚王诵黄老之微言，尚浮屠之仁慈，洁斋三月。”襄楷疏云：“又闻宫中立黄、老、浮屠之祠。此道清虚，贵尚无为。”

③ 郭丽英：《中国南北朝以前的佛教造像与江南地区佛教的传入》，见《远望集》，782页。

故轻老氏。他没有写过把孔、老对举的文辞，不像冯衍《显志赋》还有“览圣贤以自镇，嘉孔丘之知命兮，大老聃之贵玄”一类的句子！班固之贬老，足为东汉初年老子地位尚未正式建立的证明。

老子的母亲，在唐代尊老的气氛之下，有说她是“玄妙玉女”。张守节《史记正义》引《玄妙内篇》：“玄妙玉女梦流星入口而有娠。”《玄妙内篇》似是最先的记载。下至段成式的《酉阳杂俎》玉格[①]都有“玄妙玉女”一名。按实际先有“玉女”，后来再出现“玄妙玉女”。[②] 考汉元帝初元（公元前48—前44）时候，钜鹿辕阳侯张家已利用“天渊玉女”名义从事宗教活动。[③] 其实“玉女”的名字，较早出现于马王堆《阴阳五行》记二十八宿休咎：“〔牵〕牛、角、埂（亢）、东井、舆鬼，玉女观。”西汉初年已有之。在山东（1973年发见的）苍山画像题记，有“玉女狆（仙）人”字样。[④] 玉女当指道教女仙，下及唐季，蜀中天师有将十二玉女驱入盐井之说。玉女与“玄女”关系如何？尚待深入研究[⑤]。葛洪《遐览》篇有《玉女隐微》一卷。段成式所见图籍，有《六阴玉女经》。

东汉时已有好事者，目老子为“先天地生”之混沌元气。《隶释》载边韶《老子铭》云：

> 其二篇之书，称天地所以能长且久者，以不自生也。……或有浴神不死是谓玄牝之言，由是世之好道者，触类而长之，以老子离合于混沌之气，与三光为终始。观天作识，□降斗星，随日九变，与时消息。规榘三光，四灵在旁，存想丹田，大一紫房。

边韶已明言老子之如何被好道者加以神化。我们看《想尔注》言：“道，气也，化为太上。”与《大家令戒》指大道即老子，是说非起于张陵，盖远有所本。边韶对班固《人表》深抑老子表示不满，说道：

---

① 方南生点校《酉阳杂俎》16页记李母及老子诞生情形。可参看。

② 释法琳《辩正论》云：“检道家《玄妙》及《中台（胎）》、《朱韬玉劄》等经，并《出塞记》云‘老是理（李）母所生’，不云有‘玄妙玉女’。”张守节《正义》亦引《朱韬玉劄》，《神仙传》、《上元经》今皆亡佚，惟《玄妙》实有“玄妙玉女”一名。法琳之说不确。

③ 姜生《汉代道教经典之终末论考》上引“谷永上汉成帝书”。

④ 《文物》，2000（7）。

⑤ 邢东田：《玄女的起源、职能及演变》，载《世界宗教》，1997（3）。以我所知，“玄女”最早见于纬书《河图》（《钜宋广韵》十虞符字下引《河图》云“玄女出兵符与黄帝战蚩尤”）。

九等之叙，何足累（原作纍）名，同光日月，合之囬星。

世传有谯令王阜所作的《圣母碑》，见于郦道元《水经注》阴沟水条云：

庙前有李母冢。冢东有碑，是永兴元年谯令长沙王阜所立，碑云老子生于曲濄间。濄水又曲东径相县故城南，其城卑小实中。边韶老子碑又云："老子，楚相县人也，相县虚荒，今属苦，故城犹存，在赖乡之东。"

王阜此碑实立于桓帝永兴元年（153），在边韶之前，碑已久佚。王阜是长沙人，官谯令。

是碑除郦氏所引一句之外，又有二条，录之如下：

（一）《太平御览》卷一天部"太初"下引王阜《老君圣母碑》云：

老子者，道也，乃生于无形之先，起于太初之前，行于太素之元，浮游六虚，出入幽冥，观混合之未别，窥清浊之未分。

此参用《乾凿度》之说，言老子生于无形之先。后此所以有"混元"之号。

（二）又《太平御览》卷三六一人事部"产"下引崔玄山《濑乡记》云：

李母祠，在老君祠北二里，祠门左有碑文曰"老子圣母李夫人碑"。老子者，道君也。始起乘白鹿，下托于李氏胞中，七十二年，产于楚国淮阳苦县濑乡曲仁里。老子名耳，星精也，字伯阳，号曰聃。

王阜全文不可见，仅存此三段，吉光片羽，至为可珍。老子母之被称为圣母，且为立碑，实在桓帝永兴年间。严可均辑《全后汉文》只据《太平御览》天部辑出一条，乃误王阜为益州太守之王阜，故有据之认王阜为章帝时人。[①] 杨

① 上引姜生文。

守敬《水经注疏》已指出其错误。[1]

又《太平御览》卷三六一“产”下产部引《神仙传》云：

> 老子母怀之七十岁乃生，时割其左腋而生，生而白首，故谓之老子。

此为老子生于左腋之说，与释迦胁生相同。余曾撰《中国古代“胁生”的传说》，取与Indra和释迦互证，涉及老子[2]，但未详细考察。老子母亲或称曰玄妙玉女。《酉阳杂俎》玉格亦云：

> 老君在胎八十一年，剖左腋而生，生而白首。又：李母本元君也，日精入口，吞而有孕。

李母所以被称为圣母，即以是之故。边韶《老子铭》云：

> 延熹八年（165年）八月甲子，皇上……潜心黄轩，同符高宗，梦见老子，尊而祀之。于时陈相边韶，典国之礼……敢演而铭之。

关于桓帝祀老子的事，除此之外，又有若干不同记载。

《后汉书·桓帝纪》管霸祠老子，在是年十一月。

袁宏《后汉纪》：延熹八年春正月，使中常侍左悺之苦县祀老子。上始好神仙之术。同年十二月，使中常侍管霸之苦祀老子。九年六月庚午祀老子濯龙宫中。

《资治通鉴》卷五五汉纪四七云：

> （延熹）八年春正月。帝遣中常侍左悺之苦县祠老子。……九年，夏四月庚午，上亲祠老子于濯龙宫，以文罽为坛饰，淳金釦器，设华盖之坐，用郊天乐。

《水经·濄水注》引《仙人王子乔碑》云：

---

① 杨守敬《水经注疏》江苏古籍出版社版本，946页，称“严氏误以王阜为成都人，失考甚矣”。

② 拙文见《燕京学报》，1997（3），北京大学出版社印。

延熹八年秋八月，皇帝遣使者奉牺牲致礼，祠濯（龙）之敬，肃如也。国相东莱王璋字伯义以为神圣所兴，必有铭表，乃与长史边乾遂树之玄石。

平原襄楷上疏，即在延熹九年（166）夏六月，祀老子于濯龙宫之后，疏中已有“老子入夷狄为浮屠”之语。马融《樗蒲赋》云：“道德既备，好比樗蒲。伯阳入戎，以期消忧。”融（从事郎中）为梁冀草奏太尉李固，事在桓帝建和元年（147）。

《魏书·释老志》称“灵帝置华盖于濯龙”，误桓帝为灵帝。洪适《隶释》谓“威宗（桓帝）方修神仙之事，故一时郡县竞作碑表”。老子正式为朝廷祀以郊天之乐，实始于桓帝，有如汉武以郊天之礼祀太一。

自老子母之立碑建庙，老子亦如释迦胁生下降，李母地位有如摩耶夫人，遂有圣母之号。老子在桓帝以前已被神化，再加上释迦胁生神话与之糅合，老子逐渐形成为教主的形象，与释迦地位可相比伦。由是观之，桓帝永兴元年（153）李母碑的建立，前于延熹八年（165）桓帝崇祀老子先十二年，可说是老子被神化有证据可考的绝对年代。

老子化胡之说，向来有很多人研究，大抵以《玄妙内解经》为依据。张守节《史记正义》引用《玄妙内篇》云：“李母怀胎八十一载，逍遥李树下，乃割左腋而生”。又云：“玄妙玉女梦流星入口而有娠。”张氏所见《玄妙经》，已有“玄妙玉女”一名。《玄妙内解经》一书，有关道教起源的材料为一般学人所重视，日本人辑佚考证多家。近年国内学者群起探索，卓著成绩，见于郝春文主编的《敦煌文献论集》中，就有论文三篇，牵涉到这一问题，尤以刘屹的《玄妙内篇考》论述更为详尽。他区别《玄妙内篇》有旧本与新本之别，更为精辟之论。

《玄妙内篇》已见引于敦煌本《太平经》（S·四二二六），可能汉代已有其书。“玄妙玉女”一名似因出于《玄妙内篇》，故于玉女上加“玄妙”二字。明僧绍的《正二教论》转引顾欢《夷夏论》记老子剖左腋而生之后，指出“此出玄妙内篇”。明僧绍则加按语云：“事在《玄妙内篇》，此是汉中真典，非穿凿之论。”所谓“汉中真典”，应指张鲁一家所传之物。“汉”字非泛指中国。《三天内解经》记老子是由三气混沌相因而化生玄妙玉女，老子即从玄妙玉女左腋而生。《三天内解经》成书似在《玄妙内篇》之后，近人撰《三天内解经与想尔注》已指出二者间之关系。[①] 所以我认为“汉中真典”以指天师道所传者为是。观《想尔注》措辞，以老子相等于“道”，与王阜《老君圣母碑》所云“老子者，道也”义无二致。再证之郭店楚简“又（有）𤴓（道）虫（蚰=混）成，先天陉生”今本作“有物”，此处“道”字写作“𤴓”，从爿从百。与他处道字又作“衍”者不同，这说明《老子》书形成，已有把“道”看成天地以前的元气。[②] 道是混成之物，先天地而生。正像说老子等于“道”，生在混沌之际，先于天地。知想尔之说，远有所承，非出自杜撰。东汉桓帝以前，李母腋生老子之说已甚盛行，经桓帝之崇祀，老子地位得与释迦并立。王阜此碑[③]正好作为老子已被神化的断代依据。加之朝廷予以支持，老子经神化而提升，登上教主的宝座，道教从此初步得以奠定。

① 文见《道家文化研究》。

② 此字或释为状，乃从音而论，亦是一说。愚见以释“道”为佳。

③ 施蛰存：《水经注碑录》卷五，148页。《汉李母庙碑》略有考证，指出唐代又有圣母李夫人碑。事在东汉以后，故不再作讨论。

中黄子考

本世纪以来，地不爱宝，湖湘出土简册之夥，足使束广微王僧虔骇汗失色。佚籍陆续涌现，《文子》因定县残本问世，重获学界之重视，论议方滋，波澜四起。记陈亮词云：“大家创见又成惊”（《水调歌头·和赵用锡》），“故纸里是争雄处”（《祝英台近·送叶正则如江陵》）。近时武汉大学有郭店楚简讨论会之举行，余于别筵间，吟赠主人，即引用龙川之句，盖纪实也。

丁原植先生钻研诸子学有年，留心出土文献，近著《文子资料探索》及《淮南子与文子考辨》二书，应运而生，其书网罗宏富，剖析入微，久已风行海内外，近复出其余力，撰《文子新论》一书，属为喤引，余受而读之，其中惊人创见，往往遘之。钻研故纸，能有如斯硕果，使同甫复生，必为之投笔称快。

惟是新旧文献，经细心互勘之后，往往又有新问题发生。试举《文子·微明》篇中“中黄子”一例，重为考索，向君求教。

《微明》篇据君研究，此章不见于《淮南子》，可能属于古本《文子》。其言二十五人之数，因五居于中央，五五成二十五。故有取于此数。唐大中间，颍川人陈宽著《二十五等人图》，残文见法京敦煌写卷列P·二五一八号，共存98行，此书仅见于《宋秘书省续到四库阙书目》著录。《文子》原于上等列神人、真人、道人、至人、圣人。陈书易其次第为神人、圣人、真人、道人、至人。以“圣人”列前，盖改道为儒，轩轾之见遂异。贾谊《鹏鸟赋》篇末略次人等。“真人恬漠”句下，李善注引《文子》云：“得天地之道，故谓之真人也。”似贾生见过《文子》古本。道藏《文子缵义》云：“中黄子者，古之真人弟子欤。”今本《神仙传》称“白石先生者，中黄丈人弟子也”。古有白石神君，灵帝光和六年立碑，在河北真定（文见《隶释》），不知即此白石先生否？三国时，曹操禁祀中黄太一道。沈曾植《海日楼札丛》卷六引《魏书》黄巾与太祖书云：“昔在济南，毁坏神坛，其道乃与中黄太乙同。似若知道，今更迷惑。汉行已尽，黄家当立，天之大运，非君才力所能存也。”沈氏举《龟山元箓》中有东明，南光，西精，北光，中黄之符。《道藏》太平部有《太上灵宝净明中黄八柱经》以证之。

中黄观念，亦为谶纬所吸收。纬书有《孝经中黄谶》，书已久佚，《纬书集成》有重辑本。陈槃庵考证云：“所谓中黄者，方士依托之仙人。《抱朴子·极言》篇：（黄帝）适东岱而奉中黄。”又引《神仙金汋经》曰：“上为中黄太一，承叙元精。”原注：“昔上辅仙宫者，皆隶属中黄丈人及太一君，此二君者，仙人之主也。”方士依托中黄之书，据《抱朴子·遐览》篇所引，有《中黄经》；《仙药》篇有《中黄子服食节要》。《酉阳杂俎》前二图籍有符图七千章，条载有《中黄丈人经》。《云笈七籤》卷十三有《太清中黄真经》（《古谶纬研讨及其书录解题》，307 页）列举十分翔实。《文选》“七”类，晋张景阳（协）《七命》云：“启中黄之少宫，发蓐收之变商。”李善注云：“中黄，土色。”五臣吕延济云：“中黄，黄帝也。”以中黄即黄帝，观上引道书，恐非其实。惟《道藏》本题九仙君撰之《中黄真人经》，记黄帝以道治世一百二十年，于鼎湖山白日升天，上登太极宫，号曰中黄真人，此以中黄真人为黄帝也。《抱朴子·地真》篇则云：“昔者黄帝西见中黄子，受久加之方。”则中黄子与黄帝，分明为二人。《文子》书引用“中黄子”之说，明中黄一名，战国时久已为人所知，非起于汉世。

《云笈七籤》第十八第十九中有《老子中经》，即宣传中黄之说，该书称其门徒曰“中黄门子”，施舟人有专文论证（见《道家文化研究》十六辑）。谓《中经》所宣扬之中黄学说，与后汉黄巾对黄天之信仰符合，可推知其著作年代。《灵宝五符序》书中引及《老子中经》，成书似应在三国以前，是矣！

诸家研究均未涉及《文子》中之中黄子，殆一向以《文子》书不可信据而忽略之。今由《文子》，知中黄子实在文子之前，非汉世方士之所伪托。在黄老学说中，中黄子一家之言，实为主流之一，故历来著述繁富，葛洪尚及见其书，凡兹所论，未必有当，仍冀丁君有以起予也。（《揖芬集》，629 页）

附记

《太平御览》卷三六〇人事部，叙人引昔者《文子》中黄子曰天有五行，地有五方，声有五音，物有五味，色有五章，人有五伍，五伍二十五，故天地之间有二十五等人。上伍有神人、真人、道人、至人、圣人，次伍有德人、贤人、智人、善人、辩人，中伍有公人、忠人、商人、平人、直人，下伍有众人、奴人、愚人、视内人、小人，上伍之与下伍犹人之与牛马也（宋本，1657 页）。

汉初沅陵顷侯吴阳墓 1999 年在湘西沅陵县虎溪山出土残简 170 余枚，内有美食方榜曰“为中黄饭方”，当与中黄子有关。《抱朴子·仙药》篇引《中黄子服食节要》，可以参证。杨羲曾书《中黄制序豹符》，见《闽书》卷一。

论敦煌残本《登真隐诀》（P·二七三二）

陶弘景在山所著书有五十七卷，以《登真隐诀》二十四卷、《真诰》十卷最为重要。[①]《登真隐诀》今收入正统《道藏》“逊”字号，仅存上中下三卷，非完帙也。其书自注极多，盖出自隐居亲笔。[②] 卷中侈列杨（羲）及许长史（谧）书，记载稠叠，与《真诰》时复出。

法京敦煌写本列伯希和目二七三二号道经，王重民题曰“呼吸导引之术”。陈国符照录其语。[③] 大渊忍尔《敦煌道经目录》初稿于此二七三二号不载。

全卷共存127行，每行十四至十七字不等。丝栏，字极秀整，小字尤挺媚可爱，疑在钟绍京之上，世、治等字无缺笔，不避唐讳，殆李唐以前之写卷。首尾残缺无题目，起“保全。出景藏幽，五灵化分。合明扇虚，时乘六云”等句，盖陶贞白《登真隐诀》杨君服雾法七韵之残文也。

细审卷背，信笔杂书“金刚檀广大清净陁罗尼经”三行。本卷所钞《隐诀》原文，至“泥丸中有黑气”而止，与下文“芒紫色”句殊不衔接。因原自为一纸，被裁截之后，与另纸贴连，故自“黑气”以上，可称为第一纸，黑气以下，乃为第二纸。其第一纸所录除“七韵”二字外，其余悉见于《登真隐诀》卷中第二十（艺文缩印本8414），文字及次序均同，故第一纸可定为

---

① 见《华阳陶隐居内传》卷中。

② 详《真诰》卷二十第八。

③ 重订本《道藏源流考》，219页。

《登真隐诀》。

第二纸之首有蕃文二行，兹记之如下①：

第一行 Ⅰ = naṅ-rje-po-blon btsan-sum gyis mchid stsald-
内 相 （人名） 来文

pa—ḫa = mdo-gams bde-gams Kyi ris-La gtoqs-paḥi
谓 地区 所属 之

rnams
人

第二行 Ⅱ = bde-blon gyi ḥ……tsaḥi naṅ-rje-po-blon
相 答 内 相

btsan-sum
（人名）

此处内相名 Btsan-sum，考《新唐书吐蕃传》，尚婢婢名赞心牙，羊同国人，世为吐蕃贵相。伯希和译注作“赞心”，谓即藏文之 Bcan-gsan。② 尚婢婢于会昌、大中间官吐蕃鄯州节度使，此卷之内相 btsan-sum③，可能即尚婢婢名之赞心。观第二纸背书“《缘门论》一卷”末尾墨书：“阿志澄阇梨各执一本校勘讫。”别有朱书二行：一题“大唐贞元十年（794）岁甲戌仲冬八日，西州落蕃僧日”，又一行云“于甘州大宁寺南所居再校”。知贞元时此道经卷已流入蕃僧之手，其事则又在尚婢婢之前也。

---

① 据 Dr. S. G. Karmay 之解读。用 Das 式罗马字写出。

② P. Pelliot：Histoire Ancienne du Tibet，p. 134，Paris，1961. 可参 P. Demiéville. Le Concile de Lhasa，pp. 26-27，Paris，1952。陈鸿宝辑《渭县县志》，南谷山，尚婢婢到此。

③ Btsan-sum：见 F. W. Thomas，Tibetan Literary Texts and Documents Concerning Chinese Turkestan（有关新疆之吐蕃文文献）3 parts，London，1935，1951，1955。part 4，indexes by Ed. Conze. London 1963. cf. part 2，pp. 376-377，part 3，pp. 98-99，又 part 2，p. 407.

Mdo-gams：The N. E. part of Tibet，a part of Mdo，cf. part 2，pp. 57-58，61，86，99，106，108；part 3，p. 22，31，36，46.

Bde-gams：The administrative centre of Bde（Bde 地区之行政中心）part 2，p. 10，20；part 3，pp. 4-5，23，25，32。关于 Councillors of Bde-gams，cf. part 2，pp. 22，57-58，78，79；part 3，pp. 22，23，25，32，35-36，38，etc。

以上三项藏文参考资料，吴其昱兄检示，附记于此。

此卷文中于韵语必注出用韵之数，今本《登真隐诀》时或缺之。[1] 至其标明"杨书"、"许长史书"，眉目清晰，则与《隐诀》（卷中）多相同。兹将原卷内容摘记如次，并指出其与《真诰》互见之处，以供研究。

一、服雾法

正文及小注悉同于《登真隐诀》，惟注中"七韵"二字《隐诀》无之。注云"而金所存肷，犹是我五藏中气"，正文云："久肷之则能散形入空，与云气合體。"以《隐诀》勘之，"肷"即"服"字，"金"即"今"之假借，《真诰》服雾法此段文在卷十三第四（艺缩27446），又见卷十《协昌期》第二节张微子服雾法。[2]

文称"右中君告"，中君即中茅君（讳固）又称定录中君[3]，文又称杨书，出自杨羲，敦煌卷在杨书二字下，杂书"金刚檀广大"五字，为中唐以后人笔。

二、守玄白术

正文存"杜广平所受分（介）琰玄白术，一名胎精中景玄白内法。常旦旦坐卧，任意存泥丸中有黑气"一段，以下残缺，即存心中之白气，脐中之黄气，合泥丸之黑气，合为三气，可以《登真隐诀》补之。

此段《真诰》在卷十三第十四（艺缩27450、27451）又复见卷十第三条（艺缩27415）。"一名胎精中景玄白内法"句，《真诰》则见于"匿身隐形，日行五百里"下之注语（艺缩27451）。所谓中景，与《黄庭》之内景、外景取义应有关联。

杜广平即杜契，京兆杜陵人，孙权黄武二年，遇介琰先生授以玄白术，隐居大茅山之东。注称"琰即《禁山符》[4] 云为孙权所杀化形而去者"。

---

① 如《隐诀》卷上，九宫祝辞下注"六韵"；卷中，夜卧祝辞下注"六韵"；是其例。他或失注，或为后人所删。

② 服雾法又见《云笈七籤》卷四十八第十七（艺缩27646）。

③ 见陶弘景《真灵位业图》。

④ 此指"西岳公禁山符"，《抱朴子内篇》引之。

以上第一纸

三、服日月光法

卷云“保命说”，即三官保命小茅君。故其注言“小君说此法”。此法可以消摩（魔）愈疾。《登真隐诀》谓常日在心，存月在泥丸，出《大智慧经》。《云笈七籤》卷四十五第十八有服日月光，注云“出《真诰》第三”本段文，今本《真诰》在卷十第十五（艺缩27421）。《三洞珠囊》卷一第十一引《真诰》第五文同（艺缩33808）。王悬河所采《真诰》，仍是十卷本。[①]

敦煌此卷，首缺“夜卧觉存日至良久”数句，即接“日芒忽变成火”句，可以《真诰》补之。惟注语则为《真诰》及《珠囊》所无。正文歧异处校记如下：

敦卷	《真诰》	《珠囊》引
帀	匝	帀
撤	彻	彻
神大	神光	神火
燔燃	燔然	烧燔
皃全	（四支）完全	完全
鬼鬼	考鬼	考鬼

写卷似多讹误，如火误大，考鬼误重二鬼字是。

文云向王而祝，考《登真隐诀》中属言向王，如云“开日旦，向王朱书”，注：“平旦随月建，朱书白纸上。”又“卧起当平气，正坐，随月王向方面”。又“理发欲向王地”。又“理发向王”注云：“谓月建之方面也。栉发、梳头、沐发皆尔。按仙忌忌北向理发。今十一月既建子，宜当犹向亥，此正北不可犯也。”故知向王乃指月建所向之王地。王指王气，《隐诀》中“临食上勿道死事”句，注“食时欲常向本命及王气”是也。（死事正触犯王气，故为避忌。）

① 《真诰》原为七卷，唐、宋时析作十卷，明正统本又分为二十卷。

按左玄右玄祝辞六见《西王母宝神起居经》（艺缩 44910）及《上清三真旨要玉诀》第八（艺缩 8433），今本《真诰》在卷九第四（艺缩 274037），《三洞珠囊》卷十第四引有“《太上录渟发华经》按摩法”，文亦相同（艺缩 33900）。惟敦卷保存小注，各书均无之。

异文列下：

敦卷	《起居经》	《三真玉诀》	《真诰》
恶疾	恶疾	恶疾	恶疫
飞仙			神仙
休强	休强	休彊	体强
咽唾	咽液	咽液	咽液
卅一过	卅一过	廿一过	廿一过

P·二五七六号所引《三真玉诀》起句漏“右玄”二字。《道藏·宝神起居经》引此文出《太上铭渟散华经》与他书作“录渟”者异，疑“铭”字误。

四、按肩乘额　按摩法

正文见今本《真诰》卷九第六（艺缩 27404、27405），而《宝神起居经》所载尤备，《三洞珠囊》卷十第五引“道曰”文亦同（艺缩 33900），敦卷所书、恚、臆、面诸是犹是六朝以来字体。异文如下：

敦卷	《起居经》	《真诰》	《珠囊》
(无“道曰”二字)恒以手	道日(曰)常以手	道曰常以手	道曰恒
小空	小空	小穴	小穴
又以手	又以手心	手心	手心
两目下擢上	權上	两目權上	顴上
掟耳	捉耳	旋耳	旋耳
乃上行	乃上行	上行(无乃字)	乃上行
咽唾	咽液	咽液	嚥液
目日清明	目日清明	目自清明	眼目清明
乘额	乘额上	乘额上	按额上

歡恚	懽憘		
始眉	始周		
顺发结	顺发就结	顺发就结	就髻
捡眼	验服		
得见百灵	同	同	多一“也”字

《起居经》、《真诰》及《珠囊》皆在“一年可夜书”句下，有一段文字，始接“以手乘额上”，敦卷缺之。考《真诰》于“得见百灵”下，注云：

> 凡修行此道及卷中诸杂事，并甚有节度，悉以别撰在《登真隐诀》中，今不可备皆注释。

可见《隐诀》原有注，敦卷此段有详注，为他书所无，可证其必为《隐诀》之注文。敦卷此卷总结文字甚长，有云“裴清灵说出《太上宝神经》”。按清灵即裴玄仁治四明山。[①] 巴黎P·二五七六号《上清三真旨要玉诀》于“夜卧觉”句下，亦云“此《太上西王母宝神起居玉经》上法也，令人耳目聪明强识也”。又云：“清灵真人裴君说《神宝经》、《西王母宝生无死玉经》，紫微夫人抄出。”其语具见于正统藏本《洞真西王母宝神起居经》（艺缩44904）。以此互证，知《真诰》卷九所云“清灵真人说，《宝神经》及《太上宝神经》”，实即存于今本《洞真西王母宝神起居经》中。《真诰》自“道曰”以下至“得见百灵”句，全录其文。此在《登真隐诀》，必尝加以剪裁檃括，并另下注语，故《真诰》注云“别撰在《登真隐诀》”，今此敦卷有小注且与《真诰》所钞文有删酌，应为《登真隐诀》，可以推知。其“上元欢喜”句，上元者，《起居经》云“眉后小空中为上元”。又云：“目下權上是决明保室归婴至道。”必了解此数句，而后文义始明。敦卷《隐诀》删去者，殆以其已见于《真诰》，故不重出，是亦此文必为《隐诀》之旁证。

五、按鼻法

此段《宝神起居经》在第一条，文字更繁。今在《真诰》则在卷九第八

① 见《道藏》“胜”字上葛洪《元始上真众仙记》。

（艺缩 27405）其言“所以名之为起居者，常行之故也”。即说明此经命名起居之由，所称《起居宝神经》，应即《洞真西王母宝神起居经》。若然则此经年代应在陶弘景之前矣！此段异文略举如下：

敦卷	《起居经》	《真诰》	《珠囊》
无此句	旦将起 （多“反舌向喉中乃摇头动项七过”一句，祝辞有“九天上帝”数句与《真诰》等颇异，不具记）		
天中之台	天中之岳	玄台	之台（同敦卷）
华聪灵朖	玄窓朗朗	晃朗	灵朗（同敦卷）
百度眇清	百轩零零	眇清	眇精
九城	金庭		
植根	曜华		
自生	常生		
天台郁素	神台郁峙		
漏“不”字	不倾		
藻练	澡练	澡炼	澡炼
安宁	黄宁		
赤子携景	太上携手		
辄与我并	与我共并		

以下更多歧异，不具记。

六、案天庭法

此段亦见《起居经》，在《西王母宝生无死玉经》项下天真是两眉间一段，今本《真诰》在卷九第十（艺缩 27406）。《云笈七籤》卷四十八第十七有之，题曰“拔天庭法”（艺缩 29646），而“天真”作“天庭”，与他书异。敦卷自“按而祝曰”以下文悉残缺，可以《起居经》及《七籤》补之。敦卷保存陶氏自注甚长，《七籤》酌录之，但为《真诰》所无，各书异文略举如下：

敦卷	《起居经》	《真诰》	《七籤》
天真	天真	天真	天庭
无“内”字	眉内之两角上房		
弘灵	句在前，其上且有“天真在一分下耳”句，《真诰》删去。		
引灵			无“天真是引灵之上房”句

以下多歧异，不具记。

按《真诰》此段文字，不如《起居经》之详尽，盖采录时微作删节移易，故知此部分陶氏大体取自《宝神起居经》。此敦卷注语特多，为《真诰》所无，故必是《登真隐诀》。

以上第二纸

陶弘景《登真隐诀》与《真诰》原出杨羲及二许（谧、翙）手书，其注语则陶氏所加，如本卷各注，为正统本《真诰》所无，甚可珍视。

此卷第一纸为《登真隐诀》，绝无疑义。第二纸则与《真诰》多同，所记诸事，见于今本《真诰》卷十三第四、第十四（又见卷十第二、第三），卷十第十五，卷九第四、第六，卷九第八、第十，序次与《真诰》悉异，故不能径定为《真诰》，而大体则采取《宝神起居经》。《登真隐诀》今本不全，只有上中下三卷。据贾嵩撰《华阳陶隐居传》，据其序称，该传即从《登真隐诀》、《真诰》、《泰清经》及其文集，揣摩缀辑而成书。《隐居传》往往引《隐诀》原文。《三洞珠囊》卷十《叩齿燕液品》亦屡引《登真隐诀》，且引用《登真隐诀》第四云：

> 服玉女津液，存日月在口中，日色赤，月色黄，日有紫光九芒，月有白光十芒也。芒直如弦，以入于口，咽服光芒之液，常密行之无数，前服食品，通有此咽液语也。

此为今本《隐诀》所无，是以补日芒之说。

本写卷第一纸与第二纸出于同一人手笔，第一纸既是《登真隐诀》，第二纸谅有同然。

《真诰》与《隐诀》二书互有征引之处，《隐诀》引《真诰》者，如栉头理发一段（卷中，七），《真诰》引《隐诀》者如今本卷十九云：

> 又按三君手书作字有异于今世者……此诸同异，悉已具载在《登真隐诀》中。

似二书写成之后，有所增订，故彼此互相征引，各有详略，时见复出。

《隐诀》，原有二十四卷，《珠囊》所引又有《隐诀》第七（卷）之文（如艺缩33823、33825、33826、33830），知其书遗佚者多矣。

要之，此敦卷正文，大部分原采自《宝神经》，第一纸确为《登真隐诀》，第二纸可能为《隐诀》之缺文，其注语为《真诰》等书所无，必出于陶隐居所自撰。

自来研究《真诰》者，朱子尝谓其中与《四十二章经》相似，胡适亦有此说。日人石井昌子则勘以《无上秘要》引用之《真迹经》、《道迹经》，指出其相同之处。[①] 茅山之学近日研究，颇著成绩[②]，故此写卷之重要性，更堪注意。

陶弘景整理顾欢旧本，据其《真诰》叙录称："又按《起居宝神》及明堂、梦祝述叙诸法，十有余条，乃多是抄经而无正首尾。犹如日芒、月象、玄白、服雾之属，而顾独不撰用，致命遗逸，今并诠录，各从其例。"如是，此数事原皆顾欢所无者。今敦煌此卷，独存服雾、玄白、日芒及引用《起居宝神经》，足证其正为陶隐居所增补者。

尚有进者，南北朝人书，喜夹子注，世咸知《洛阳伽蓝记》即为此种写本。刘知幾尝举《淮海乱离志》、《关东风俗传》为例，惜其书不传。敦煌写卷中有子注之写本，不一而足，以道经论，如P·二七五一号之《紫文行事诀》，注皆双行，P·二四四〇《灵宝真一五称经》，注多双行，间亦偶作单行。若此《登真隐诀》卷，界以丝栏，子注但写成小字，夹于正文之侧，不分两行。韵文有多少韵，亦作旁注，与今本《隐诀》、《真诰》小注全作双行

---

① 见《道教研究》第一册，关于《学津讨原》本中所谓"稿本《真诰》，石井氏亦有论及"。

② M. Strickmann，The Mao Shan Revelatians Taoism of the Aristocracy，《通报》LXlll，1977。

大异，今人可复睹唐以前陶氏“诠次叙注”之旧观。且由此可推想一般所谓“合本子注”之面貌。陈寅恪论《伽蓝记》体例。本于南北朝僧徒“合本子注”之例，实则不独内典为然，即道书亦复如是。此《登真隐诀》残卷，正可提供一实例。顾千里[1]首谓杨衒之书原有正文子注之分。今本一概连写，混注经入于正文。后人因循其说，攻治杨书者多致力于此。吴若准《集注》，于子注皆分行书之；不知六朝人子注之分，原不作双行，复不提行分开，但作小字直写，故易与正文混误。是卷正保存此一现象，惜乎吴氏辈之未能见此也。

本文成后，始获见大渊忍尔新著《敦煌道经目录》巨著，185页《上清经》类已收入此号，惟拟题曰《真迹》，引《真诰》卷十九云：

> 又按罗真辞旨，皆有义趣，或诗或戒，互相酬配，而顾所撰《真迹》，枝分类别，各为部卷，致语用乖越，不后可领。今并还依本事，并日月纸墨，相承贯者，以为诠诀。

氏据此说，推定此钞本应为顾欢之《真迹经》残卷；又以《无上秘要》卷四十二第十三《事师品》内引清露（按应作灵）真人说《宝神经》，与此写卷亦引《宝神经》相合，故取为佐证。

今按顾欢著述，行文多饶理趣，其《周易系辞注》、《论语注》，清黄奭、马国翰有辑本，马氏称其清辨陷之味殊隽永，今细玩其《真迹经》（《无上秘要》征引甚富），亦复如是，此与陶弘景之注重事迹，详于记实者风格迥异。且《真诰·叙录》已明言日芒、玄白、服雾诸法为顾氏所不取。大渊氏遽目此卷为《真迹经》，与《叙录》颇牴牾，未为的论。且此卷分明被截为二纸，其第一纸，确为《登真隐诀》，毋庸置疑。大渊氏未注意此卷实分为两纸，不相衔接，故不能详辨。益叹治敦煌卷子，如不摩挲原卷，每易滋误会也！

1979年3月于法京

① 见《适斋集》卷十。

附录　本卷　第二纸原文及注

（上缺）（芒，紫（色），从臂骨肉及肉之中通，使流上至于眉腋，而日犹在握中。）日芒忽变成火，以烧臂使内外通币（匝）洞撤良久。（存一臂皆如火炭之状，咽咽然也。）毕，乃阴祝曰：四明上元，日月气分。流光焕曜，灌液凝魂。神大散景，荡秽练炬。洞撤（彻）风气，百耶（邪）燔然。使得长生，四支（支）皃（貌）全。注害鬼鬼，收付北辰。（六韵）毕，存思良久，放身自忌。（存火烧疾处左右觉令有热势。久久乃怳焉忘身。于此乃毕。昔长史患手臂不佳，故小君说此法耳。令学者脱有诸风孪疾痡（痛），可施用之。亦不但手臂，若头面四支，皆当如此。日之所在，不必把握，唯令是所疾之处而烧之也，亦兼制却家讼考气矣。）

右保命说。此云案消摩上秘祝法。（此盖所谓消摩之愈疾者也。）常以生气时（后云向王而祝，则亦宜先向王平坐案之）。咽唾二七过毕，案體所痛处。（后云案卅一过，此谓的有痛处，则以手急案之，气极通之，小举手复案，此卅一过。虽无正疾处，亦常先摩。将案，抑身體（体）而祝之，但不复限其数耳。）向王而祝曰：（亦当微言）左玄右玄，三神合真。左黄右黄，六华相当。风气恶疾，伏匿四方。玉液流泽，上下宣通。内遣水火，外辟不祥。长生飞仙，身常休强。（六韵）毕又咽唾二七过，常如此则无疾。又当急案所痛处卅一过。

右沧浪云林宫右英王夫人所出云出太上录渟发华经上案摩法。亦云辟恶气。

（从前风病来，至此凡四条，皆众真令告长史，即事为言耳。）

长史书。

恒以手案两眉后小空中三九过。（各以手第三指案眉后空空中中自有小穴，叩齿闻四动处是也。一名六合之府。）又以手及指摩两目下擢上。（又各以第三指及掌心揁摩擢上目下凹中，向目门两手相随，俱将之，亦应三九过。）又以手掟耳，行卅过。（又各以手大指虎口侠扠耳，向上将之，手上行至于头顶。）

摩唯令数无时节也。毕。辄以手逄（逆）乘额三九过，从眉中始，乃上行入鬓（发）际中。（又以两手大指扶耳上真手令两小指并合，从眉上而将额上入发际出顶上也。）口傍咽唾多少无数也。（始乘额时，便就咽唾至毕。）如此常行，目日清明，一年可夜书。以手乘额，内存赤子，日月双明，上元欢憙（喜）。三九始眉，数毕乃止。此谓手朝三元固䐉（脑）坚发之道也。（乘额时，当临目心存泥九宫上元赤子名字，容色和悦，及明堂中左日右月映照头内诸宫也。）头四面以两手乘之。顺发结唯令多也。于是头皿（血）流散，风湿不凝（乘额竟，又痛，以手更牙（互）上将头发，亦可徐栉无定数，觉通帀（匝）小热而止）。都毕，以手案目四眦二九。觉令见光分明，是捡眼神之道。久为之得见百灵。（两手各以第二第三指案之，令见紫青赤之色光图曜分明也。此前诸事皆各各以次为之，每欲凝之，勿速略矣。）勤而行之，使乎不离面乃佳。已成真人，犹不废也。（修事有闲，便可为之，不待时节，益易恒耳。）

右裴清灵说，此道出太上宝神经中。此经初不下传于世也。当来为真人者时有得者。（案前序云：钞径相示者，是指说此一事出耳。南真云：宝神经是裴清灵锦囊中书，侍者常所带。昔从紫微夫人受此书。吾亦俱如此写西宫本定本如此。宝神经别有大弓（卷）当并是治身之要法。已成真人者，乃得受之也。）

长史书

夜卧觉常更急閇（闭）两目（一夜数过，觉便皆为之，勿得遗忘）。叩齿九通。咽唾九过毕，以手案鼻之边，左右上下数十过。（俱以两手第二三指摩案从鼻下起至眉间可三九过也。）微祝曰：太上四明，九门发精。耳目玄撤（彻），通真达灵。天中之臺（台），流气调平。骄女云仪，眼童英明。华聪炅朖，百度眇清。保和上元，徘徊九城。五藏植根。耳目自生。天台郁素，柱梁〔不〕倾。七魄藻练，三魂安宁。赤子携景，辄与我并。有敢掩我耳目，太上当摧以流铃。万凶消灭，所颐必成。日月守门，心藏五星。真皇所祝，群向（响）敬听（十四韵）。毕，又咽唾九过，摩拭面目，令小热，以为常，每欲也。卧觉辄案祝如此勿失一卧也。真道虽成如我辈故常行之，但不复卧自生为之耳。（此法既卧觉所行，恐人疑真人亦复眠寐，故发生为之言以明之，则不必以卧觉用也。）

右紫微夫人言：此太上宝神经中祝辞上道也。令人耳目聪明，强识豁朖。鼻中调平，不垂津洟，四响八彻，面有童颜制魂录魄，却辟千摩，（魔）七孔分流，色如素华。真起居之妙道也。所以名之为起居者，常行之故也。（此亦应是宝神经中事。夫人裴君说竟，仍复及此，故亦云宝神经中祝辞也。如此亦不必止在夜卧觉，坐起及昼卧并可恒用耳。序祝皆有佳说，何可不勤。）

长史书

天真是两眉之间，眉之角也（此则眉内角两头先各以手第三指案之）。山源是鼻下人中之本侧在鼻下小入谷中也。（此对鼻中鬲内际宛宛凹中，次以两手第三指端□侠案之。）华庭在两眉之下，是徹视之津梁。（眉下目匡上骨凹中次各横第三指案之。）天真是弘（引）灵之上房（此一句犹在说前眉角之义耳）。旦中暮（旦，平旦，丑寅时也。中，午时也，暮则初夕戌亥时也）。咽唾三九（先咽唾毕乃案之）。急以手三九阴案之以为常。（以次各案一处，辄三九道，毕乃次一处也。）令人致灵徹见，杜过万耶（邪）之道也。一曰（余法皆案毕乃祝。此云案而祝者，似是于案中便祝。令案之处適牙（下残缺）祝当以最后案华庭时临目仍视之故……开日天

俱案之处之得耳以第（下缺）

天真第四指日山（下残）

《太平经》与《说文解字》

《太平经》肇于西汉。《汉书·李寻传》云："成帝时齐人甘忠可诈造《天官历》、《包元太平经》十二卷。"寻言："五行以水为本，其星玄武婺女，天地所纪，终始所生。"其书不传，遗说可征仅此耳。

现行世之《太平经》，多后人增益。《太平经》卷四十八，三合相通诀，有"分解字意"之事。所谓"解字"，事同拆字，亦犹许慎书之称《说文解字》。其解"上"、"下"二字也，谓具有两义：其一解"以本抱一"之旨，以说上下二字所以加一横于古文丄丅之侧，自属附会；另一解说，则析为从卜从一，而上下为义。所以从卜者，于另章"分解本末法"云：

> 古者圣人问事，初一占卜者，其吉凶是也，守其本也，乃天神下告之也；再占卜者，地神出告之也；三占卜者，人神出告之也。过此而下者，皆欺人不可占，故卦数则不中也。

此自是采"卜不习，吉"，与《易》"再三渎渎则不告"之说。而以问事莫尚于占卜，故诂释上下，亦复用此义以诠之。亦如卫宏之说：

> 用，可施行也，从卜中。（《说文》三下引）

卫说向来被人目为笑谈。今观《太平经》解上下二字，为卜上卜下，同样令人发噱。知此种见解，乃东汉人之恒言，盖从三才、三统、三合一类思想推衍而出，殊不足怪。《太平经》解皇字为日上一，与《说文》之训从“自”不同。然《说文》云：“三皇，大君也。”与《太平经》“皇，天下第一；无复能上者也”亦复相类。

间曾细考之。《说文》有若干不甚可解之说，可于《太平经》中获得解答。举例言之：

一、始一终亥

《说文》全书编次，以一始，以亥终。许氏后叙云：“其建首也，立一为耑。……毕终于亥，知化穷冥。”又“一”字下云：“惟初太始，道立于一。”《太平经》云：

> 一者，数之始也；一者，生之道也；一者，元气所起也；一者，天之纲纪也。故使守思一，从上更下也。（王明《太平经合校》，60页）

《说文》次元字、天字于一部中，亦即含有此义。《太平经》云：

> 天乃无上也。……一为天，天亦君长也。（《合校》，147页）

而《说文》云：

> 天，颠也。至高无上，从一大。

许君析其字从一大，自是参纬书之说。《春秋说题辞》：

> 天之为言镇也。……故其立字一大为天，以镇之也。

此即从一大之说所自出。若乎“无上”之说，则与《太平经》相吻合。

最有趣者，无如“亥”字之解说：

> 《太平经》：“天数起于一，终于十，何也？天初一也，下与地相得为

二，阴阳具而共生。万物始萌于北。元气起于子，转而东北。……物终当更反始，故为亥，二人共抱一，为三皇初。是故亥者，核也，乃始凝核也。故水始凝于十月也。”（分解本末法，《合校》，77页）

又云：“人正以亥为十月，故物毕死。三正是也，物当复生。故乾在西北，凡物始核于亥，天法以八月而分别之，九月而究竟之，十月实核之，故天地人三统俱终，实核于亥。”（三合相通诀，《合校》，154页）

今观《说文》“亥”字云：

亥，荄也。十月微阳起，接盛阴，从二，二古文上字。一人男，一人女也。从乙，象裹子咳咳之形。

许君亥从二人之说，不见于经传，向来被讥为曲说。小篆亥作形，自是讹变。惟下体从二人，形甚显著。金文如《陈侯鼎》亦作此状，知战国时已如此。故阴阳家得以附会为说。《太平经》亦以亥从二人抱一，与许慎合，知此义亦东汉人之恒言也。《太平经》每用声训，以核训亥，与许之以荄训亥，说异而涂辙实同。按《汉书·五行志》“孕毓根核”，师古曰“核亦荄字也，草根曰荄，音该”。是荄与核原可通。惟《太平经》训为“凝核”，又云：“实核于亥。”《素问·五常政大论》“其实濡核”。注：“中坚者”，《太平经》乃取此实核为义。其言“八月分别之，九月究竟之，十月实核之”。盖以“别”训八，“究”训九，“实”训十并取同声为训。与许取义不同。然《释名》云：“亥，核也。……亦言物成皆坚核也。”则与《太平经》同。（《说文》木部“核，蛮夷以木皮为匧，状如奁尊。从木亥声”。其字古哀切。段注云，许不以核为果实中者，许意果实中之字当用“核”也。《玉篇》“核，户骨切，果实中”。《广韵》另作“榾”。今观《太平经》有实核之语，则东汉人亦以核为“果实中”。惟许不用其说耳。）

二、丹青之信

《太平经》：

吾书中善者，使青为下而丹字，何乎？吾道乃丹青之信也，青者生

> 仁而有心，赤者太阳，天之正色。吾道太阳，仁政之道，不欲伤害也。（《合校》，219 页）

《说文》青字下云“东方色也，木生火，从生丹，丹青之信，言必然”。按惠栋《读说文记》云：“丹青之信言必然，汉时多为此语。《东观汉记》光武诏明设丹青之信。”今《太平经》亦言“吾道乃丹青之信”，正可互证。青字从生从丹，金文《吴尊》青字如此。（长沙缯书五木之青木，及信阳竹简青字作[illegible]，则不从丹。）《太平经》云：“青者生仁。”亦用声训，以生训青。

三、天门、地户与阴阳

《太平经》：

> 今愿请问东南，阳也，何故为地户？今西北，阴也，反为天门？又云：“然门户者，乃天地气所以初生，凡物所出入也。是故东南，极阳也，极阳而生阴，故东南为地户也。西北者为极阴，阴极生阳，故为天门。真人欲知其效，若初九起甲子，初六起甲午，此之谓也。”
>
> （《合校》，227 页）

《说文》卯字下云：“冒也。二月，万物冒地而出，象开门之形，故二月为天门。”亦有天门之名，而属之二月。徐锴《系传》：“二月阴不能制阳，阳冒而出也。”《史记·天官书》：“苍帝行德，天门为之开。”以天门属春，阴极而阳生也。《说文》酉字下云：“丣为春门，万物已出。丣为秋门，万物已入，一、闭门象也。”丣为二月，指春，故曰春门；丣为八月，秋也，故曰秋门，说见《管子》（参《诂林》六六五四引谭焯说）。西北为极阴，阴极则生阳，《说文》无字下云：

> 无，奇字。无通于元者，王育说天屈西北为无。

王育之说，向所难解。今知西北为天门，即阴极之处，云天屈于西北者，屈尽也，言天尽于西北极阴之地；此际阴极而阳复生，故“无复通于元”。表之如下：

天门（阴极）生阳

无⟶元

（无）⟶（有）　即由无而生有也。

元者，耑也（《春秋纬》）。何休《公羊注》："元者，气也。"由无形而起有形，此无通于元之义。段注谓王育为说义，而非说形是也。引《列子》天倾西北为证。桂馥亦引《春秋元命苞》"天不足西北"以释"天屈西北"。然屈西北何以为无？义尚未明。今知西北为天门，阴之极也，无为阴，阴极则阳生，故无复通于元。则其义乃厘然可解。

四、西与栖

《太平经》：

> 西者，人人栖存真道于胸心也。（《合校》，68页）

《说文》"西"字下，或体作栖，注"西或从木妻"。栖乃西之或体。《太平经》以栖声训西，栖与西原一字也。《太平经》中声训极多。（与《说文》相同者，如子者，滋也，壬者任也〔《合校》，77页〕。《说文》训子为"万物滋入"。"壬象人胫，胫任体也。"以滋训子，任训壬正同。）此经于《说文》、《释名》之外，保存不少东汉旧训，极可珍视。

《太平经》中解字之例，可与《说文》互证，上举不过荦荦大者。其《解师策书诀》（第五十）一篇，即训解"师策文"九十字者，其中有云"神人言：为子直解之"（《合校》，62页），"直解"则间复用形训之法。持以较《说文》，如：

止者，足也。	《说文》："止，下基也。……故以止为足。"
十一者，士也。	《说文》："数始于一，终于十。孔子曰：推十合一为士。"

（按数起于一终于十之说，已见上引《太平经·分解本末法》。）

亦复相符。许冲上《说文》在后汉安帝建光元年，值顺帝时宫崇上神书之前。《太平经》未必沿袭自许书，然可见东汉文字学之观点与方法，经学家与方术之士，正相类似也。（元杨维桢著《拆字说》，谓其术原于仓颉，而得说于子华子，可见文字与方术之杂糅，不绝如缕。）

《说文》多用纬书说，许君自序论文字缘起一段，直钞袭《孝经纬》。纬书诂字，形训声训并施，实导《说文》与《太平经》之先河。俞正燮撰《纬字论》已发其端倪。惟《太平经》有“解字”之事，且可与许说参证，向未有人提及。兹因其三合相通诀，加以详述，以见东汉以来，文字之学，与谶纬阴阳之说，实息息相关。故知初期文字学之产生，盖与宗教哲学互为表里。近人于许君用阴阳五行之说以论字源，多诟病之，不知此乃东汉之学术风气，许书固非纯说字源者，其保存汉人思想，更富时代意义。此如欧洲早期文字学，西班牙人 Isidore de Séville 所著之 *Etymologies*，亦本《圣经》以解字，神学意味特浓，情形正相似耳。法国汪德迈君曩从余读《说文》，予为论《太平经》解字，与东汉哲学思想之关系，彼因欲取与 Séville 书作一比较，其盼能写成，而有以起予也。

原载《大陆杂志》第四十五卷第六期

《抱朴子外篇校笺》书后
——谈葛洪的人格哲学

今天学术界最走运的学问，无如龙学和红学，龙学是《文心雕龙》的研究，杨明照先生是龙学的奠基人，世所熟知，不用介绍。杨先生1940年在燕京大学国文系当助教时，开始从事《抱朴子外篇》的校雠笺注工作，到1989年10月定稿时年已八十矣。1997年7月再校，年八十八。最近全书两巨册，先后由北京中华书局印出，列为新编《诸子集成》重点著作之一，上册639页，下册806页，共1445页。耗时半个世纪的力作，终于面世了，可说是古籍整理中的盛事。承杨先生从四川大学寄赠，嘉惠远颁，写几句读后题识，以表达我的谢忱。

《抱朴子内篇》先前有王明的《校释》。《外篇》共五十篇，卷帙最繁。《自叙》说道："其《内篇》言神仙、方药、鬼怪变化、养生延年、禳邪却祸之事，属道家；其《外篇》言人间得失、世事臧否，属儒家。"前者是仙学，后者是人学。葛洪虽好神仙导引，又到过罗浮山炼丹、传说"尸解得仙"；但他仍未忘情于世俗，对于立一家之言，"草创子书"，"令后世知其为'文儒'"，"形器虽沉铄于渊壤，美谈飘飖而日载"，颇沾沾汲汲于身后之名，读他的《自叙》，令人有点厌烦。《外篇》过去只有清季王广恕的注稿，书存北京图书馆，杨书采用了三十余条。研究《外篇》的难度极高，杨先生此书可说蚕丛初辟，十分艰辛的凿山工作，是他第二桩对古籍整理，特别是道教史著述具有奠基性的贡献：

校文方面：杨先生尽了极大的抉择、搜罗与审慎处理的功夫。此书取孙星衍的《平津馆丛书》原刻本为底本，前人批校的成果，像明末徐济忠，清代顾广圻、陈澧，近人陈汉章的批校，都加以吸收，原本藏北京图书馆、浙江省图书馆，无不充分利用。提出与本书重见相同的内证，来支持他立论的依据。像首篇《嘉遁》"幽人之仵"，他举葛洪他篇作"之伍"的例句，说明不应此处独作仵，仵即是伍。这一类对原本改订有"独到"的校改，不知有多少处，使本书没有扞格难通地方，怡然理顺；他又不擅行改易本文，只在注释中详细陈明，足见他的矜慎、精细，和校勘的功力。

笺释方面：他对古籍经史子书的滚瓜烂熟，引证词句出典，可说是"原原本本，殚见洽闻"，印证史事，不惜穿穴各书，追寻到底，令读者心悦诚服。姑举一例，像《清鉴》篇"唐、吕、樊、许善于相人状"句，他考唐举、吕公、樊氏、许负四家的相术，追溯各种《相经》，包括类书引用的《樊氏相法》以至孔衍的《汉魏春秋》，合以四史纪、传、世家，此注语仅一条即占二版以上。

葛洪反对饮酒，《酒诫》篇陈酒之为害，历举许多历史上有关酒的掌故，最终谈到"昊天表酒旗之宿，降神祇以酒为礼"。酒旗星座见《晋书·天文志》与纬书，笺注引证详博，从类书检出许多已佚史料，如《管辂别传》与琅琊太守单子春之对话，可以益人神智。《疾谬》篇解释"腊鼓垂"句有脱误，他校订"垂"字是"缶"的形误，当读为（伏）腊鼓缶，引《独断》佚文及《汉书·杨恽传》"拊缶"为证。同篇《俗有戏妇之法》，据《风俗通》佚文与仲长统《昌言》，说是斗新娘房的习俗，都很有趣。

《校笺》下册最近刚出版，粗读之，觉其中发明甚多，特别是校语。像《吴失》篇"有鱼沧、濯裘之俭"采陈汉章说订沧字当作飧，用《公羊·宣六年》，赵盾食鱼飧事，孙诒让《札迻》亦同此说。本书再征引《金楼子·立言上》及《桓阶别传》以证实之，足见其博洽。本书注解不像训诂家之于音义，点到即止，而是辨证地对每一事件原委作恰当的说明，言之务尽，娓娓动听，深入浅出，征引不厌烦琐，读者可于此书获得极丰富的历史知识。汉与吴、晋时代的社会背景——这一时代的人间得失、世事臧否，可从本书各篇勾勒出一幅历历在目生动的图画。葛洪的议论与行文，是受到干宝《晋纪总论》的影响，叠句的使用，尤其突出地方。我们要了解吴晋史事，葛洪这本《外篇》是一部引人入胜的入门书，然后再看周济的《晋略》和唐人修的《晋书》，则思过半矣。书中《崇敬》篇末段对"汉之末世、吴之晚年"社会的奢侈淫佚，作了无情的揭露，指出“其去儒学，缅乎邈矣!”故必以学救之。他另写了《汉过》、《吴失》二篇，摹拟贾生的《过秦》，指摘当代的错误为来者鉴戒。所谓“苟讳国恶，纤芥不贬，则董狐无贵于直笔!”这种敢于抨击直言不隐的精神，简直是一篇社论，还可引起现代人的警惕作为现实问题的借镜。

《讥惑》篇谈“吴之善书，则有皇象、刘纂、岑伯然、朱季平，皆一代之绝手”。近年长沙走马楼大批孙吴时代简牍的出土，吴的书法已大白于世。皇象《急就》篇，名气较大，刘纂娶孙权中女，见《三国志·孙峻传》，杨笺已指出。惟岑伯然、朱季平，则云“其人其书均未详”。余按王愔《文字志》下卷魏晋书家八十七人，有岑泉、朱音，在杨肇之后，杜预之前。肇卒于咸宁元年，潘岳为作诔。可能即此二人，详细仍待考。惟《外篇》对书道大加贬抑，是不合理的。

《逸民》篇开端云：“余昔游乎云台之山而造逸民”。杨笺云：“云台泛指高山”，引《淮南子·俶真训》“云台之高”为证。按《历代名画记·顾恺之传》画云台山记文甚长，这一道教徒的理想世界，与抱朴子之云台山，想必是同一地点。

又《讥惑》以羽族与毛宗对言，乃用班固《典引》“来仪集羽族于观魏，肉角驯毛宗于外囿”句。《典引》有蔡邕注，保存于《文选·李善注》中。葛洪极注重文采，其《重言》篇“儒者敬其辞令，故终无枢机之辱”。他在《自叙》中以“文儒”自任，强调“圣人实之于文，铸之于学”，文之与学，二者是不能偏废的。

葛洪一生最重要的生活转变是在西晋惠帝永兴三年五月，广州刺史王毅病卒，刘弘表嵇含为平越中郎将广州刺史，含“表请葛洪为参军”。八月，郭励作乱，含未莅广州已被害。而洪却先至广州，遂停留于广州，本书自叙云：“会有故人谯国嵇君道（即含）见用为广州刺史，乃表请洪为参军。……见遣先行催兵，而君道于后遇害，遂停广州。”袁宏《罗浮记》所说略同。嵇含即以《南方草木状》一书著闻，他与葛洪曾共同讨论文章。《北堂书钞》一百云：

嵇君道曰：“每读二陆之文，未尝不废书而叹，恐其卷尽也。”又“余（葛洪）尝问嵇君道曰：左太冲张茂先可谓通人乎？君道答曰：通人者，圣人之次也，其间无所复容。”

这一条很重要，可以补充。《外篇·行品》分别善人恶人，名目甚多。开首抱朴子曰："拟玄黄之覆载，扬明并以表微；文彪炳而备体，独澄见以入神者，圣人也。"这是他对圣人所下的定义。此文中圣人之次为贤人、道人、孝人、仁人等等，独不见"通人"一名目。1986年，广州华南农业大学曾举行"《南方草木状》国际学术讨论会"，有论文集印行，其中苟萃华的《嵇含年谱》不少涉及葛洪佚事，可以参考。西晋学风，学重博洽，文取华赡，张华有《博物志》，陆机有《演连珠》（五十首），刘孝标且为之注，收入于《文选》中，《抱朴子外篇》中的《博喻》、《广譬》二文甚长，是精心结撰之作，很明显是想追蹑《演连珠》步其后尘，宜取与陆文对读，可悟作文之法。且见葛洪与嵇含的来往，有些文学见解与技巧仍在张华、陆机笼罩之下，表现晋代文章的特色。惟葛洪主张文、德二者宜并重，虽言之谆谆，在当时仍未能产生拨乱反正的作用；到刘勰时代重文而蔑德，更加甚了，但葛洪的见解，是很值得重视的。他似乎很痛恨汉代末年清议的虚伪，对人物之褒贬，不免过分。蔡邕的《郭有道碑》，对郭林宗的揄扬，代表一时的舆论，有人比之仲尼，但他看不过眼，写了《正郭》一文，认为他"似仲尼而不得为仲尼"，乃避乱之徒，非全隐之高。还不是一位"真隐"之士呢。他的人格哲学，于此可见一斑。

我希望读者通过我的推介，对杨先生这部著作，能够静心细看一遍，先看注解，再与正文参证，寻求字句的正解，相信可以学到许多知识，对中国文化的内涵在中古时代的思想学术与生活实况，得到正确的认识，对于当代政教利弊应该有极大的裨益。

《抱朴子外篇》很少谈到神仙黄白之术，关于内心修养和科技部分，放在《内篇》讨论；《外篇》讲的完全是人情、物理和文学的事。葛洪是一位大杂家，读书之多，无法估计，尤其许多僻书久已失传，连书名都看不太懂，他却保存了不少，谈来头头是道，对我们算是崭新的知识养料，望勿交臂失之。葛洪还是一位杂文的大作家，《外篇》多用偶语骈体，文字之美，与《文心雕龙》可说是异曲同工。铸辞的锤炼功夫，很可供现代散文家取材借镜，所以我郑重推荐给喜欢写杂文的朋友，耐心地去阅读杨先生这部大书，欣赏一点晋代高级作家的杂文，我想不会使人失望的！

佛教渊源论

卷五

饶宗颐二十世纪学术文集·宗教学

目　录

安荼论（aṇḍa）与吴晋间之宇宙观

中国古代言天文者有三家：曰盖天，曰浑天，曰宣夜。宣夜失传（俞正燮《癸巳类稿》有《宣夜论》）。盖天即《周髀》。浑天之说，兴起较晚。东汉以后，浑天家言，大致谓天地之初，状如鸡卵，水环其外。考此说，扬雄《难盖天八事》及王充《论衡·谈天》篇俱不载，知东汉初年，尚无是说。至张衡《浑天仪》始畅言之，时佛教已入中国，经典传译甚多。"天如鸡子"之论，三国晋初学者每乐道之，成为一时风尚，尤以吴人为众。是说之兴，与婆罗门之"金胎"（Hiraṇyā-garbhā），似不无关系。

婆罗门经典，虽未译为汉语，然初期来华僧徒，多属婆罗门种姓，汉明帝时，第一位来华之迦叶摩腾（kāṣyapa mātanga）即婆罗门（《历代三宝纪》49页称之为"婆罗门沙门"）。

汉、魏、西晋之间，来华僧徒，多通《吠陀》、五明之学，《高僧传》所记，斑斑可考，举例言之：

（一）安世高——安息国王正后之太子。……好学，外国典籍及七曜五行医方异术，乃至鸟兽之声，无不综达。①

（二）维祇难（Vighna）——本天竺人，世奉异道，以火祠为正，时有天竺沙门，习学小乘……沙门以咒术变火令生，难一睹其神力……乃舍本所事，

① 梁慧皎《高僧传》卷一，《大正史传部》，323页，世高以汉桓帝建和二年来洛阳。

出家为道，依此沙门，受学三藏，妙善四含（《阿铃》）。[1]

（三）昙柯（摩）迦罗（Dharmākola）——此云法时，本中天竺人……善学《四围陀论》，风云星宿，图谶运变，莫不该综。[2]

（四）月支国沙门昙摩罗刹（Dharmaraṣka）——晋言法护，本姓支，历游西域，解三十六国语及书，从天竺国大赍梵本婆罗门经，来达玉门，因居敦煌，遂称竺氏，后到洛阳及江左。[3]

维祇难以火祠为正，能变火令生，则原为崇奉火神（Agni）可知。法时善学《四围陀》，当亦婆罗门也。下至鸠摩罗什，亦曾博习五明[4]，盖初期佛徒，亦非否定《吠陀》者，兹可见矣。[5]

佛典中与天文有关，最早译成汉语者，为《摩登伽经》（Śārdūlakarṇāvadāna）[6]，本为 Divyāvadāna 之第三十三章，汉译凡三次：

（一）后汉安世高译称《佛说摩邓女经》（《大正》一四，895 页）。

（二）吴竺律炎与支谦共译，称《摩登伽经》上下卷（《大正》二一，1300 页）。

（三）西晋月氏竺法护译称《舍头谏太子二十八宿经》（Śardūlakarnāvadāna）（《大正》二一，1301 页）。

此经之传入，已自东汉，安世高以公元 147 年（或作 148、149）至洛阳，170 年至吴之会稽郡；竺律炎于公元 224 年与维祇难同至（吴）武昌；支谦本月支人，其先世自公元 168—189 年来华，支谦于 220 年留吴，译经多至数十种，对于吴人影响尤深；竺法护亦曾至江左，将此经再译一次，南北流布。是自 147—313 年间，此经前后凡三译。吴、晋之际，言天文颇多新说，疑即因印度天文思想输入刺激所引起。此辈僧众，皆曾至吴，或由洛阳南下，似吴人对于印度思想，较发生兴趣，故僧众多趋之。

本文所欲讨论者为吴晋间之天文思想，其与婆罗门之金卵（Hiraṇyagarbhā）理论可能有关涉者凡三事：

---

① 《高僧传》卷一，《大正》，326 页，难以吴黄武三年来武昌。

② 《高僧传》卷一，《大正》，324 页，迦罗以魏嘉平中来洛阳。

③ 《历代三宝纪》卷六，《高僧传》卷一作“大赍梵经还归中夏”。

④ 《晋书·列传·艺术传》（鸠摩罗什）：“博览五明诸论，及阴阳星算，莫不必尽。”《高僧传》卷二作“博览四围陀典及五明诸论”。

⑤ 参沈曾植《海日楼札丛》卷五，“释迦非否定吠陀者”条。

⑥ 参林屋友次郎之《摩邓女经异译经类の研究》，524—543 页，载《东洋文库》，昭和二十年，善波周之《摩登伽经の天文历数について》，载《东洋学论丛》，昭和二十七年。

一、浑天说

义净《南海寄归传》序云："比浑沌于鸡子，方晦昧于孩婴，斯皆末了。"此义出于道家。《老子河上公注》"非常名"句下云："常名爱如婴儿之未言，鸡子之未分，明珠在蚌中，美玉处石间，内虽昭昭，外如愚头（顽）。"（据宋本）中国古代之宇宙论（Cosmology），见于《天问》，《淮南子》之《原道训》、《天文训》，仅述鸿蒙混沌之状，未有以某种物象比拟之者。三国之际，注纬书者，采用是说，宋均注《春秋命历序》，即其一例也。《命历序》云：

> 冥茎无形、蒙鸿萌兆，浑浑混混。

魏宋均曰："浑浑混混，虽卵未分也。"（《文选·江赋》"类胚浑之未凝"句下，李善注引；《玉函山房佚书》本作"浑浑沌沌，鸡卵未分"。作"鸡"为是。）

其他如东汉张衡、吴虞耸、王蕃皆有相同之说。

> 张衡《浑天仪》："浑天如鸡子，天体圆如弹丸，地如鸡中黄，孤居于内，天大而地小，天表里有水，天之包地，犹壳之裹黄，天地各乘气而立，载水而浮。"（《开元占经》引作《浑仪图注》）
>
> 又一本《浑天仪》云："天如鸡子，天大地小，天表里有水，地各乘气而立，载水而浮，天转如车毂之运。"（《类聚》天部引，宏达堂本）
>
> 虞耸《穹天论》："天形穹隆当如鸡子，幕其际，周接四海之表，浮于元气之上，譬如覆奁，以抑水而不没者，气充其中故也。"（《晋书·天文志》，又《宋书·天文志》引）
>
> 王蕃《浑天说》："前儒旧说，天地之体，状如鸟卵，天包地外，犹壳之裹黄也。周旋无端，其形浑浑然，故曰浑天也。"（《晋书斠注》十一，《书钞》一四九引）
>
> 《晋书·天文志》："丹杨葛洪释曰：《浑天仪》注云，天如鸡子，地如鸡中黄，孤居于天内，天大而地小，天表里有水，天地各乘气而立，载水而行。"（《类聚》一引）

以上所引，为汉末至吴晋时浑天说之大概。故《隋书·天文志》云："前儒旧说，天地之体，状如鸟卵，天包地外，犹㲉之裹黄，周旋无端，其形浑浑然，故曰浑天。"按㲉字见《广韵》一书，卵也。

《破邪论》下引《帝系谱》："天地初起，状如鸡子，盘古在其中。"（《大正》五二，486页）

考佛典中圣提婆（Āryadeva）（170—270）之《释楞伽经》中"外道"《小乘涅槃论》，其第二十外道为"安荼论"师。"安荼"即梵语：Aṇḍa音译，义为鸡卵。提婆之书，其第二十外道本生安荼论师说云：

本无日月星辰；虚空及地，唯有大水。时大安荼生如鸡子，周匝金色，时熟破为二段，一段在上作天，一段在下作地，彼二中间生梵天，名一切众生祖公，作一切有命无命物。

（《大正》三二，158页）

此段言大安荼生如鸡子，按其说早见于《奥义书》。

Chāndogya Upaniṣad III 19，1（此章记天地开辟）云：

asad evadam agra āsīt tat sad āsīt, tat samabhavat, tad āṇḍam niravartata ……

太初无有，既而为有。萌兆变化，鸡子出焉。

（参 The Principal Upaniṣads by S. Radhakrishnan，p. 399）

下文言此"卵"壳破后分而为二：一银一金，银（rajatan）为地（pṛthivi），而金（suvarnaṁ）为天（dyanḥ），其外膜（outer membrane）为山，内膜为云雾，其脉为河流，其液为海洋。古希腊神话（orphic cosmogony）谓Chronos与Adrastea产巨卵，破而为二，上半为天，下半为地，与此相同。

又 Maitri Upaniṣad VI 36，p. 849云：

Antaryāṇḍopayogād iman Sthitān ātmaśuci tathā

此颂大意则谓鸡子为宇宙外壳，而神我（atman）居其中，如灯之蕊，得膏油而燃。婆罗门经典所重在鸡子中之神我，故为有神论，浑天说仅用其鸡子之喻，以比拟天体耳。

此外婆罗门经典，若Śatāpatha-Brāhmana XI. 16. 1-3；Mahā-bharata XII 312. 3，XIII，154；Manu-Saṃhita Book I Verses 5，8，9，12，13，16，皆有神卵之说，兹不具引。（参看 R. D. Ranade：*A Constructive Survey of Upanishadic Philosophy*，p. 83 "Not-Being and the Egg of the Universe"①。）

此说起源甚早，见于《梨俱吠陀》（Ṛgveda）X121 及 129 等篇。卷十之 129 起句，大意云："太古之初，金卵始起，生而无两，作万物主。奠彼昊天，复安大地。"此说成为婆罗门宇宙开创论之神话中心。东汉浑天说，谓天体如鸡子，水包其外，正相类似。

二、天地开辟说

《五运历年记》云："元气蒙鸿，萌芽兹始，遂分天地，肇立乾坤……首生盘古，垂死化身，气成风云，声为雷霆。左眼为日，右眼为月，四肢五体，为四极五岳，血液为江河，筋脉为地里，肌肉为田土，发髭为星辰，皮毛为草木，齿骨为金石，精髓为珠玉，汗流为雨泽，身之诸虫，因风所感，化为黎甿。"（马骕《绎史》卷一引）此书作者未明，然以徐整及任昉所记比较之，可能是出于一原。

后期纬书亦有此说，《遁甲开山图》云："有巨灵胡者，遍得坤元之道，能造山川，出江河。"（《文选·西京赋》李善注"巨灵"下引）

又《太平御览》一引同书云："有巨灵者，遍得元神之道，故与元气一时生混沌。"《御览》引无"胡"字，疑出后人钞脱，又"坤元"作"元神"。按所以加一"胡"字者，明此说非出于中国。

《奥义书》中，此类相似之神话，不一而足，试录《大森林书》第一颂（Bṛhad-āraṇyaka Upaniṣad I，1）与《五运历年记》比较，其辞云：

aum，uṣā vā aśvasya medhyasya siraḥ，sūryas cakṣuḥ，vātaḥ prāṇaḥ

① 参中村元《初期のウエヘタヘンタ哲学》，及同氏（Nakamura Hajime）Upanishadic Tradition & the Early School of Vedānta as Noticed in Buddhist Scripture Hjas XVIII，p. 74，1955。

vyāttam agnir vaiśvāna raḥ; samvatsra ātmāśvasya medhyasya, dyauḥ pṛṣṭham, antarikṣam udaram, pṛthivi pājas yam, diśaḥ pārśve, avāntaradiśaḥ pārśavaḥ, ṛtavóngāni, māsās cārdhamāsāś ca parvāṇi, ahor ātrāṇi pratiṣṭhāḥ, nakṣatrāny asthini, nabbo māṁsāni;

ūvadhyaṁ sikatāḥ, sindhavo gudāḥ yakṛc ca klomānaś ca parvatāḥ, oṣadhayaś ca vanaspata yaś ca lomāni, udyan pūrvārdhaḥ, nimlocañ jaghanārdhaḥ yad vijṛmbhate tad vidyotate, yad vidhūnute tat stanayati, yan mehati tad varṣati; vag evāsya vāk.

唵！惟此朝曦，乃神驹之首。日，其睛也；风，其息也；火，其张口也；年岁，则神驹之体矣。天，其背也；大气，其胃也；地，其蹄也；四极，其边缘也；极之中，其筋脉也；四时，其肢体也；月与半月则其关节也；昼夜，其足也；星辰，其骨骼也；云，其肌肉也；沙，其腹中之食物也；江河，其血液也；山岳，其肺肝也；草木，其毛发也。日升于前而沈于后，嘘则为电，震则为雷，溺则为雨。

汉籍不言神马（aśva）而称造物主为巨灵，或名之曰“盘古”。《大森林书》复言及 Mahato bhūta 一切音声之主，义为“大物”，亦犹汉籍之“巨灵”也。此种观念，在印度应推原至《梨俱吠陀》（Ṛv）之巨人 puruṣa（X 90.129）。此神具有千手千眼千足（sahāsraśirṣa，sahasrākṣáḥ，sahāsrāpāt）塞乎天地（sábhūmiṃ viśvāto vṛtvā）为一切主（pūruṣa evédam sārvaṃ）。此与中国所谓“遍得坤元之‘巨灵胡’，能造山川出江河”之神话，正复相同。是说晚出，东汉以来始有之。张衡《西京赋》用“巨灵”字眼入赋，恐与浑天仪之言鸡子，并渗入外来思想也。

其后徐整《三五历记》言天地混沌如鸡子，亦杂用安荼论之说，其言曰：

天地混沌如鸡子，盘古生其中，万八千岁，天地开辟，阳清为天，阴浊为地，盘古在其中，一日九变，神于天，圣于地，天日高一丈，地日厚一丈，盘古日长一丈，如此万八千岁，天数极高，地数极深，盘古极长，后乃有三皇。数起于一，立于三，成于五，盛于七，处于九，故天去地九万里。（《艺文类聚》卷一引，宏达堂本）

徐整[①]，字文操，豫章人，吴太常卿。其书已佚，《隋书·经籍志》，梁有《三五历说图》一卷，亡，不著撰人，未知是否即其书。

《御览》一天部“元气”引《三五历记》文略异：“未有天地之时，混沌状如鸡子，溟涬始牙，蒙鸿滋萌，岁在摄提，元气肇始。”

又曰：“清轻者上为天，浊重者下为地，冲和气者为人，故天地含精，万物化生。”按此段与安荼论师之说极相似。彼谓天地中间生梵天，为众生之祖，此则参用三才说耳。

《山海经·海外北经》：“钟山之神。名曰烛阴，视为昼，瞑为夜，吹为冬，呼为夏。”任昉《述异记》，文字略同。其文云：“昔盘古氏之死也，头为四岳，目为日月，脂膏为江海，毛发为草木。秦汉间俗说，盘古氏头为东岳，腹为中岳，左臂为南岳，右臂为北岳，足为西岳。先儒说，盘古泣为江河，气为风，声为雷。目瞳为电。古说，盘古氏喜为晴，怒为阴。吴楚间说，盘古氏夫妻，阴阳之始也。……”按其中秦汉间俗说及先儒说，与《摩登伽经》极相似。

吴竺律炎与支谦共译《摩伽登经》，其《明往缘品》第二云：“又汝法中，自在天者，造于世界，头以为天，足成为地，目为日月，腹为虚空，发为草木，流泪成河，众骨为山，大小便利，尽成于海。斯等皆是汝婆罗门妄为此说，夫世界者，由众生业而得成立，何有梵天能办斯事?”（《大正》二一，402 页本经。此段梵本尚存）

是品之论《围陀》经典，无有实义，所谓自在天，即 siva，在印度，其说较晚，然在中国，此段文字之翻译，约于 224 年以后（因译者竺律炎于 224 年至武昌，支谦则于 220 年至吴）影响于吴晋人士者深，《三五历记》、《述异记》、《五运历年记》诸说后出，自当与此有关。

后魏菩提流支译龙树门人提婆之《释楞伽经》中“外道”《小乘涅槃论》亦云：

> 第十五外道摩醯首罗论师作如是说，“果”是那罗延（Nārāyana），所作梵天是因，摩醯首罗一体三分。所谓梵天、那罗延、摩醯首罗；地是依处，地主是摩醯首罗天。于三界中，所有一切命非命物，皆是摩醯首罗天生。摩醯首罗身者，（Māheśvara，按即śiva 之名）虚空是头，地是

① 参《经典释文·序录》，整又著《毛诗谱》，详侯康、姚振宗《三国艺文志》。

身，水是尿，山是粪，一切众生是腹中虫，风是命，火是暖，罪祸是业，是八种是摩醯首罗身。自在天是生灭因，一切从自在天生，从自生天灭，名为涅槃。（《大正》三二，157 页）。

此则五世纪以后所翻译者，虽属后出，亦足参证。

道教思想多窃自释氏，道家之天地开辟说亦复如是，北周甄鸾《笑道论》第一《造立天地》章云：

太上老君，造立天地，初记称："……老子遂变形，左目为日，右目为月，头为昆仑山，发为星宿，骨为龙，肉为兽，肠为蛇，腹为海，指为五岳，毛为草木，心为华盖，乃至两肾合为真要父母。"

又第二十五章《延生年符》章云：

《文始传》云："万万亿亿，岁一大水，昆仑飞浮，有仙飞迎天王，善人安之山上，乃至前万万岁，天地混沌，如鸡子黄，名曰一劫。"（《全后周文》卷二〇）

以上二事，甄鸾均加驳斥，迹其渊源，实出自婆罗门也。

唐神清《北山录》卷一为《天地始》，其文云：

厥初未兆，冯冯翼翼，澒澒洞洞，清浊一理，混沌无象。殆元气鸿蒙，萌芽资始，粤若盘古，生于其中，万八千岁。天地开辟，天日高一丈，地日厚一丈。头极东，足极西，左手极南，右手极北。开目为曙，闭目为夜，呼为暑，吸为寒，吹气成风雷，吐声成雷震。四时生焉，万物生焉。……（《大正》五二，573 页）

此又后期佛家之言天地开辟，剿袭前人之说，更不足论。

三、水在天外说及"天脐"说

《晋书·天文志》引《黄帝书》云：

天在地外，水在天外，水浮天而载地者也。

《黄帝书》亦见《列子·天瑞》篇征引，年代未明，当是较早之记载。

《管子·水地》篇："水者……万物之本原也，诸生之宗室也。"

《史记·封禅书》："齐之所以为齐，以天齐也。"《索隐》："顾氏案解道彪《齐记》云：'临菑城南有天齐泉，五泉并出，有异于常，言如天之腹脐也。'"此以天脐说天齐，则后出之说。吴时杨泉《物理论》云：

所以立天地者，水也，成天地者，气也，水土之气，升而为天，天者，君也。……言天者必拟之人，故自脐以上，人之阳也，自脐以下，人之阴也，自极以南，天之阳也，自极以北，天之阴也。（明孙瑴《古微书》、《尚书考灵曜》引；又孙星衍辑本，钱保塘重校）

印度《吠陀》中以"水为一切之母，邃古之初，唯'水'而已"，见于最有名之《创造之歌》云：

ambhaḥ (water) kim āsīd, gāhanaṃ gabhīram (RVX 129, 1)
何处非水，深不可测，
tāma āsīt tāmasā gūḷhām āgre; apraketām salilām
太初惟玄（Tāma），复潜于玄；一切皆水（salilām），
sārvammā ā idām (RVX 129, 3)
莫窥其际。

《阿闼婆吠陀》（Atharvaveda）中言"水"为宇宙万物之源，极言水之用，谓在水中可以不死（amṛta）（一之四）（W. D. Whitney 英译本 p. 5），故于水之颂赞，其语特多。

汉桑钦《水经》云：

天以一生水，故气微于北方，而为物之先也。（郦道元《水经注·序》）

此说与《吠陀》相似，汉译《释楞伽经中外道小乘涅槃论》引安荼（aṇḍa）论师说谓古初无物，“唯有大水”，亦复相同。

宋何承天《浑天象论》云：

详寻前说，因观浑仪，研求其意，有以悟天形正圆，而水居其半，地中高外卑，水周其下。言四方者，东曰旸谷，日之所出，西曰濛汜，日之所入。《庄子》又云：“北溟有鱼，化而为鸟，将徙于南溟。”斯亦古之遗记，四方皆水证也，四方皆水，谓之四海，凡五行相生，水生于金，是故百川发源，皆自山出，自高趣下，归注于海。（《隋书·天文志》上引，《宋书》作水周其下。无居其半二句。）

其论四方皆水，以阐浑天之象，说极新颖，以印度古说考之，亦多吻合。《内经素问》十九《五运行大论》篇云：

帝曰：“地之为下否乎?”岐伯曰：“地为人之下，太虚之中者也。”帝曰：“冯乎?”岐伯曰：“大气举之也。”

天地中间有大气支住，此大气犹《奥义书》之 antarrikṣa（atmosphere）。至论天之为积气，见于《列子·天瑞》篇言“杞人忧天”一故事，略谓：天积气耳，无处无气，若屈伸呼吸，终日在天中行止，奈何忧崩坠乎?（参《列子集释》，19 页）此说见于汉译世亲（Vasubandhu）之《阿毗达磨俱舍论》（Abhidharmakośaśāstra）有一段称：

日月众星……依风（气）而住不停坠。（《大正》二九，59 页）

风即气，印度四大之风[①]梵文为 Vāyu. Vedānta-sāra 中所谓人体之五风，其首即 Prāṇa，实即气也。风之为气，中印之说悉同，《齐物论》云：“大块噫气，其名曰风。”是矣。

《列子》书为晋人伪造，其中多袭佛典，可以灼知者，如：

《汤问》篇(第五事）与《生经》（卷三）《佛说国人五人经》相同。（季羡林指出）

《杨朱》篇与《长阿含经》（卷十七）《沙门果分经》相同。（陈旦指出）

---

① 参 Prof J. Filliozat：*The Classical Doctrine of Indian Medicine*，p. 1 论四大一段。

其余如“幻”，当即Yama，言老聃徂西（《穆王》篇）即化胡事之先河。故此段疑亦与佛典不无相关之处。

杨泉《物理论》中最感兴趣者，为以人体之脐，比拟天体之“极”，谓人体自脐以上为阳，自脐以下为阴。按纬书《春秋命历序》亦云：

> 有人黄头大腹，出天齐……上下天地，与神合谋。

天齐即“天脐”，《列子·汤问》篇言“齐州”，又《穆王》篇言“四海之齐，谓中央之国”。《尔雅·释言》：“齐者，中也。”（参《经义述闻》二十七）古时中国，“齐州”为天下之中心[①]，《列子》即以“脐”说“齐”字，此则以人体之脐喻地之“中”。《列子》为晋人书，与吴时杨泉之说，可以参证，清朱筠《笥河集》有《天齐庙》诗云：“天下喻吭背，齐曰天之脐。泰山地腹中，出母儿初啼。”试观印度神话，有Puruṣa Sūkta（R. V. 10，90）言其“脐”生出空界（antarikṣa），天界由其头化成，地界由其足所生，正以脐居中央。上引《奥义书》言虚空为腹（udaram）。佛经如《大智度论》（116页）言：“韦纽（Viṣṇu）脐中生出莲花。”对“脐”部位之重视，似出印度人之观念，《封禅书》对天齐二字，尚未明指为天脐，惟杨泉之说，以脐分阴阳。岂亦曾受梵书之说所影响耶？

吴晋时天文说独盛于江左，本文所引论天文各家，兹试表之如次：

时代	作者	作品
晋	徐　整	《三五历记》
	虞　耸	《穹天论》
	王　蕃	《浑天说》
	姚　信	《昕天论》
	杨　泉	《物理论》
吴	葛　洪	《浑天仪注》
	虞　喜	《安天论》
宋	何承天	《浑天象论》

以上各家，多为吴人，徐整与姚信，在吴官至“太常”。虞耸字世龙，为《易》学大师虞翻之第六子（见《吴志·虞翻传》引《会稽典录》），入晋为河间相。虞喜为其族孙，至晋成帝咸康中，因宣夜之说，作《安天论》，虽别持异议，亦具见其家学渊源。王蕃者，庐江人，吴为中常侍，与杨泉并居江左。

---

① 参刘盼遂：《齐州即中国解》，载《禹贡》第一卷第五期。

其后葛洪引《浑天仪》注，亦采鸡子说，洪籍丹阳，亦吴人也。至刘宋时，何承天撰《浑天象论》，引《庄子·逍遥游》，以说四方皆水。凡此浑天一派，皆盛行于江南，而吴人之著述尤夥。此辈造论，固非正式之天文学，然一时风气所趋，所以独盛行于此地域者，当是受印度思想刺激所引起。昔陈寅恪论天师道与滨海之关系，其说久脍炙于士林，盖学风所渐，往往系于地域性，因缘和会，有非偶然者矣。

初期来华僧众，多出婆罗门，故婆罗门思想，由于佛徒之介绍，不少输入中国，安荼论师鸡卵说，在吴晋间对于江左学术思想，所产生之影响，正为一重要之例证也。

前撰《安荼论与吴晋间之宇宙观》，于道教资料仅举甄鸾《笑道论》一段，然道教之宇宙论颇为具体，若《无上秘要》第四卷45页记九地名称及里数，即其一例。其说乃出《洞真外国放品经》，兹更录数例于下：

大　人　《灵宝无量度人上品妙经》四十三卷13页云："眼为明，头为昆仑，眉为华盖，发为山林，肠胃江海，呼吸风云，声为雷霆。"（又同书三卷，第16页）

鸡　子　《太上妙始经》："天地之合，其外如鸡子，又如车轮，元气从之，如日之晕……"（第2、3页）元俞琰《阴符经注》："天虚空而与鸡卵相似，地局定于天中，则如鸡卵中黄……云闻之隐者……"按俞氏驳《隋书》日入水中，妄也。

物载气　《天皇至道太清玉册》一卷第3页："地乘气而立，载水而浮……地常不止，譬人之在舟中，闭牖而坐，舟行而不知。……"

《上清黄气阳精三道顺行经》第2页："日月星宿，游于虚气。初不休息，皆风之梵其纲也。"

又《上清外国放品青童内文》上第4页："如今日月星辰，风所持也。……"

又《洞玄灵宝诸天世界造化经》："大风持地，使无坠落。……"

《太上妙经》记："九地下有一重水，水下有风，如是风水之地各有九重，更相擎持。"

《太上中道妙法莲华经》八卷第1页："下有无极大风，载其大地，地不倾摇。"

以上摘录道书，皆晚出之著作，因袭前人之迹，至为显然。

东巴的"人类原始说"中金卵为人类由其孵化而生，其象形文作○，读如古，即像蛋之形。显然是受到金胎说之影响。

《日本书纪》卷一“神代”上云：

古天地未剖，阴阳不分、浑沌如鸡子，溟涬而含牙。及其清阳者，薄靡而为天，重浊者淹滞而为地。精妙之合抟易，重浊之凝竭难。故天先成而地后定，然后，神圣生其中焉。故曰：开辟之初，洲壤浮漂，譬犹游鱼之浮水上也。

其说盖采自《三五历记》，《艺文类聚》、《太平御览·天部》所引俱可覆勘，又袭取《淮南子·天文训》清阳、重浊两句组缀成文。[①]

金卵有人译作金胎。李翊灼曾译《吠陀》卷十之一二九起二句云：“有金胎兮，出太古之初。是惟一之大原兮，为万有之主。”拙译则用四言体。三国之天文学，W. Eberhard & R. Müller 著 *Contribution to the Astronomy of the San-kuo Period*（Ms II，1936）讨论綦详，可以参看。

原载《清华学报专号——庆祝李济先生七十岁论文集》，台北，1965 年。收入《选堂集林·史林》，311—328 页。

① 《日本书纪补注》二、三，见《日本古典文学大系》，544 页。

论释氏之昆仑说

往读钱谦益《赠愚山子序》，言堪舆之大地理，举阿耨达池之水，自香山南大雪北，流为四河（《有学集》卷二二），心甚壮之。继读其《释迦方志二辨》（《有学集》卷四三），远则正荀济之妄论，近则纠吴莱之附会，又叹前贤于梵土智识，茫昧竟如斯也！

“玉出昆冈”，语见《千文》，今日已成童骙之常识。《管子·轻重》甲篇：“昆仑之虚不朝请以璆琳琅玕为币乎！……簪珥而辟千金者，璆琳琅玕也。然后八千里之昆仑之虚可得而朝也。”《意林》三十一引《尸子》云：“取玉甚难，越三江五湖，至昆仑山之下，千人往，百人反，百人往，千（疑当作十）人至。中国覆十万之师，解三千之围。”《盐铁论·力耕》：“美玉珊瑚，出于昆山，珠玑犀角，出于桂林，此距汉万有余里。”言虽夸侈，然昆仑产玉之富，征之《尔雅》，有璆琳琅玕；《西山经》称其玉膏，《穆传》记其玉荣，《九章·涉江》：“登昆仑兮食玉英。”战国以来，对于昆仑之向往，春山珠泽之宝，令人心醉，由来久矣。

《禹贡》：“织皮昆仑。”属于西戎，以昆仑与析支、渠搜并举。《逸周书·王会》言“正西昆仑”。古实有此地名。究其地所在，后人已不能质言。《汉书·地理志》金城郡临羌有西王母石室，西有弱水昆仑山祠。又敦煌郡广至县有昆仑障，为西北小山。东汉延光中敦煌太守张珰上书，以酒泉属国吏士二千余人集昆仑塞，击呼衍王（《后汉书·西域传》），李贤注引前志昆仑障证之。《晋书》八十六《张骏传》：“酒泉太守马岌上言：酒泉南山即昆仑之体也。周穆王见西王母乐而忘归，即谓此山。此山有石室玉堂，珠玑镂饰，焕若神宫。宜立西王母祠。”以此比拟《禹贡》之昆仑地望，未曾不可；若取以解释《山海经》、《穆天子传》、《楚辞》、《淮南子》所记神话中之昆仑，则似难吻合。

汉人所见《禹本纪》，其言昆仑，更涉荒诞。司马迁于《大宛传》论之云：“《禹本纪》言河出昆仑，昆仑其高二千五百余里，日月所相避隐为光明也。其上有醴泉瑶池。今自张骞使大夏之后也，穷河源，恶睹本纪所谓昆仑者乎？”史公持极谨慎之态度，于语不雅驯者，未敢采摭。（史公此论，谓汉之穷河源，始自张骞使大夏之后，非谓穷河源者即张骞也。司马贞《史记索隐》误读《史记》，直以张骞为穷河源者，清人黄承吉已辨正之，见《梦陔草堂文集》二《张骞穷河源辨》。）

自佛教东传，对于昆仑之认识，又迈进一步，最重要之记载，应推吴之康泰，及晋之释道安。其说并见引于郦道元《水经·河水注》，录之如次：

（1）康泰《扶南传》云：“恒水之源，乃极西北昆仑山中，有五大源，诸水分流皆由此五大源，枝扈黎大江出山西，北流东南注大海。枝扈黎即恒水也。”

康氏以昆仑山为印度恒河河源，且述及五水神话，其印度地理知识，当得自扶南。

（2）释道安《释氏西域记》云：“阿耨达大山其上有大渊水，宫殿楼观甚大焉。山即昆仑山也。《穆天子传》云：‘天子升于昆仑，观黄帝之宫而封丰隆之葬。’丰隆，雷公也，黄帝宫即阿耨达宫也。其山出六大水。山西有大河曰新头河。……”（又云：“新头河经罽宾，犍越摩诃刺诸国，而入南海是也。阿耨达山西南有水名遥奴，山西南水东有水名萨罕，水东有水名恒伽，此三水同出一水，俱入恒水。”）

道安对于阿耨达山已有详细记载，亦目为恒水之源，且确定阿耨达山即昆仑山。郦道元于印度方域，不能深辨，遂谓“释氏之言，未为佳证”。“阿耨达六水，葱岭于阗二水之限，与经史诸书，全相乖异。”盖释氏之说，在六朝时，仍未为人所接受。惟《河水注》备记佛图调以《山海经》所言昆仑，比合阿耨达山。又书来华梵僧，依《扶南传》定阿耨达山即为昆仑，为《西域图》以语法汰。而法汰以为汉以来学人不知昆仑之所在，深引为怪。此华、梵开始接触时，地理知识互相印证之事实，赖郦氏记之，足为后人深思，尤有助于古地理之探讨者也。

阿耨达者，梵文 Anavadapta，唐言无热恼。世亲于《俱舍论》（《大正》二九，58 页、215 页）谓在大雪山之北，香醉山之间。按香醉山（Gandhamādana）即位于西藏之喜马拉雅山脉之 Kāilāsa。阿耨达池地望，S. Hedin 实地考察，认为即 Manasarowar 湖（氏著 *Southern Tibet*，vol. 1，1917，p. 113）。

考《翻译名义大集》（Mahāvyutpatti）四一五三云："梵：Kāilāsah；藏：Ti—se—hi Gaṅs，Gaṅstise；汉：昆仑山，雪山。"此条极重要，由此得知清圣祖所以定昆仑为冈底斯山之根据。冈底斯即藏语之 Gaṅs ti-se，义即雪国，魏源谓西番语谓雪为冈是矣。《大清一统志》："西藏有冈底斯山，在阿里之达克喇城东北三百十里……即阿耨达山也。"（《卫藏通志》三冈底斯山条，亦谓即梵书所谓阿耨达山）其实冈底斯即代表西藏高原，天下众山皆祖于此。

《南史·中天竺国传》："国临大江，名新陶，源出昆仑，分为五江，总名恒水。"玄奘《大唐西域记》卷一："瞻部洲（Jamba）之中地者，阿那婆答多池（Anavadapta）也（原注唐言无热恼，旧曰阿耨达池，讹）。在香山之南，大雪山之北。"又谓"阿那婆答多池，流出四水，为：殑伽河、信度河、缚刍河、徙多河。而徙多河或曰潜流地下，出积石山。徙多河之流，为中国之河源云。"奘师说，原本《长阿含》及《大毗婆沙论》。《长阿含·世记经》言阿耨达池四方河流，大要如下：

阿耨达池：
东——恒伽河（Gaṅgā）　牛口
南——新头河（Sindhū）　狮子口
西——婆义河（Vakṣu）　马口
北——斯陀河（Sīta）　象口

《大毗婆沙论》：尊者造此发智论时，住在东方，故引东方所共现见五河为喻。而实在此瞻部洲中有四大河，眷属各四，随其方面，流趣大海。谓即于此瞻部洲中，有大池名曰无热恼，初但注彼出四大河（《大正》二七，21122 页）

《阿毗昙毗婆沙论》："造此经时在于东方，此五大河在于东方，故以为喻。复有四大河从阿耨达池出，流趣大海。"（《大正》一八，14 页）

奘师亲译《大毗婆沙论》，故著其说于《西域记》之首。印度佛教经典中，有四河及五河两说，四河各有四兽。法藏部系经书，如《长阿含·世记经》、《大楼炭经》、《起世经》、《起世因本经》主四河说。一切有部经典之中《阿含经·世间福经》(《大正》一,428b)、《中阿含·七日经》(《大正》一,428c)、《杂阿含经》一六·三六(《大正》二,113c)、《四分律》三六(《大正》二二,824b)则主五河说。兹大略比较异名异译如下:

四河			四兽	五河	汉译名
东	Gangā (Gangas)	殑伽	牛	Gaṅgā	殑伽
南	Sindū (Judus)	新头	狮子	Yamunā	夜摩那,阎母那
西	Varsū (Oxus)	缚刍,博义	马	Aciravatī	阿氏罗筏底,颏氏罗筏底
北	Sītā (Tarim)	斯陀,徙多	象	Sarabhū	萨牢,萨罗由,萨刺谕
				Mahī	莫醯,莫呬

此一问题,日人海野一隆(《昆仑四水说の地理思想史の考察》,《史林》)、春日井真也(《四头狮子像冠柱饰盘四周に现あれたゐ四兽について》,见《冢本颂寿佛教史学论集》)已有详尽讨论,兹不复赘。钱谦益引传称南印度为象主,东脂那为人主,西波斯为宝主,北猃狁为马主,亦四兽说之推演,益为汗漫者矣。

印度传说中阿耨达池为四河所出,其史源如此。知康泰之五大源说,乃本诸一切有部系。而释道安谓阿耨达山出六大水,则为六河说。考印度耆那教书又有七河说。此皆出于后来逐渐之演化。

长阿含(《世记经》),东晋时由佛陀耶舍译出(僧祐《出三藏记集·传十四·佛陀耶舍传》:即以〔后秦〕弘始十二年……并出《长阿含经》)。今据康泰书,吴时人已知昆仑有五河之说矣。晋时僧人即确定昆仑相当于阿耨达大山,疑其说传入,必更在其前。《意林》引晋人王婴《古今通论》有一条云:"昆仑东南方五千里,谓之神州,州中有和羹乡,方三千里,五岳之域,帝王之宅,圣人所生也。"(又《御览》一六六"京都"下亦引之)此不知何据。惟《河图括地象》(《御览》引)亦有类似之文。《括地象》云:"地中央曰昆仑","昆仑,地之中也。"《水经·河水注》:"昆仑墟在西北,去嵩高五万里,地之中也。"昆仑为地之中央,与印度以须弥卢山为世界之中心相同。佛经如《华严经》、《大楼炭经》、《大智度论》、《正法念处经》等,载苏迷卢甚详,世所悉知。稽之印度古籍,大迷卢之名(Mahāmeru)实始见吠陀文学之 Taittiriya Avanyaka 书(见 Weber,Indische Studien I,78,3,123)。须弥山神话在中国民间流行极普遍。《隋书·音乐志》设有须弥山、黄山、三峡等伎;且已施之图绘,敦煌卷伯希和三五三八号记寺内图画云:"又于四角各画宝须弥山，画四大海水。”唐代画家王陀子，写须弥山海水在僧伽和尚外壁（《历代名画记》），则以专画须弥山著名于世。武后时，沙门明佺所定《伪经目录》中有《须弥像图山经》，《贞元释教目录》谓此疑与《须弥四域经》文同名异。佛经演其说更为踵事增华，而大致认迷卢为天地之中心，此地理观念，在东南亚印度化国家尤为普遍流行。柬埔寨吴哥窟之 Bakheng 建筑，即仿效三十三天，J. Filliozat 已详论之（见所著 Le Symbolisme de Monument au Phnom Bakheng，*B. E. F. E. O.* XIIV，p. 527）。须弥卢训妙高山（梵语 Su 义为美），故在某地域中最崇高之山峰，均得以“迷卢”为名。吾人飞越印尼东部至 Bali 岛，必经其国境最高之 Semeru 山，此印尼文 Semeru 之名，即剽自 Sumeru 也。

Kailāsa 山在印度文献中据称亦位于印土之中央。其名初见于《大战书》（Mahabrata III，503 及 1697）。Williams 氏《梵英大辞典》解说云：

> Name of a mountain (fabulous residence of Kubera and paradise of Siva; placed in the Himalaya range and regarded as one of the loftiest peaks to the north of the Mānasa lake).

此山在喜马拉雅山脉，梵文 Hima-laya 意为雪山，即上帝湿婆之乐园，财神亦居之。故 Hima-laya 山＝Kubera-giri（Kubera 山）。Kūbera 原意为 chief of the evil being or the Spirit of Darkness（继为 the god of riches & treasure）。Kailāsa，在东南亚神话中有极重要之地位（参 Jean Filliozat 著 Kailāsaparamkarā，载 Felicitation Volumes of Southeast Studies，Presented to〔暹罗亲王〕Kromamun Bidyalabh Bridhyakorn）。Kailāsa 即冈底斯山，亦即雪山，中国人称为昆仑者也。

昆仑在中国神话中，为最高之宝山，下有瑶池，故以比附冈底斯山及阿耨达池，最为适合，唐道宣《释迦方志》三《中边》篇尝举五义以立中，其第四言水，云“此洲中心有大池名阿那陀答多，唐言无热恼，即经所谓阿耨达池”，亦依佛经牛象马狮四河口说，谓“案此实录，以寻河源；穷至无热池所，方为讨极”。此从中央观念出发，目此池为世界中心，道宣僧徒者流，自执是说。张守节《史记正义》于《大宛传》弱水下云：“先儒多引《大荒经》言弱水，云有二源俱出女国北阿耨达山……阿耨达山即昆仑山。”又于身毒国下引《括地志》：“阿耨达山亦名建末达山。亦名昆仑山。水出，一名拔扈利水，一名恒伽河。”此皆袭释氏之说。

清桐城宋潜虚有《穷河源考》一文，记康熙四十三年遣使寻河源。时宋在京师访得其详，称“群山四周土番名曰库而棍，即昆仑也”（《潜虚先生集十一》）。康熙五十八年，《皇舆全览图》告成，论内阁学士蒋廷锡与九卿细勘，群臣奏称，寻源溯委，纤悉毕载，西南西北，直达番回诸部，以至瑶池、阿耨绝域之国。及平定西藏，于五十九年十一月辛巳，谕学士九卿有云：“今大兵得藏，三藏阿里之地，俱入版图，其山川名号，番、汉异同，当于此时考证明核，庶可传言于后。”此谕论河源江源，文极长，兹摘其一段如次：

> ……又云南边境有槟榔江者，其源发自阿里之冈底斯东，达木朱喀巴卜山，译言马口也。……而冈底斯之南有山名郎千喀巴卜，译言象口也。……冈底斯之北，有山名僧格喀巴卜，译言狮子口也。有泉流出西行，亦至桑南地，二水合而南行，又折东行，至拉克拉苏母多地，与冈底斯西马卜家喀巴卜山所出之水会。马卜家喀巴卜者，译言孔雀口也。其水南行，至那克拉苏母多地，会东行之水，东南流至厄纳忒可克国，为冈噶母伦江，即佛法所谓恒河也。……梵书言四水出于阿耨达山，下有阿耨达池。以今考之，意即冈底斯是。唐古特称冈底斯者，犹云众山水之根，与释典之言相合。冈底斯之前，有二湖连接，土人相传为西王母瑶池，意即阿耨达池。……（清《圣祖实录》卷二百九十。《卫藏通志》卷三引此全文，系于康熙六十年。又分列四口山名汉藏译语，可参看。）

此处四河之马口、象口、狮子口、孔雀口诸地名，直是《阿含经》等说之翻版；惟易牛口为孔雀口耳。昆仑之即冈底斯山亦即阿耨达山，自道安以来，至此竟成定谳，此释氏昆仑说，遂获得政治上之支持矣。惜康熙谕旨，只谓与释典之言相合，而未详其来历，今据《翻译名义大集》，可见其远有所本（《大集》之说，定汉昆仑即藏之冈底斯，据云其说可能出于 Grya-Bod-Yig-Tshaṅ）。全州谢济世著《西北域记》云：“乌思藏（吐蕃）西南二千里，有阿耨达山（今名冈底斯山），悬崖峭壁，积雪凝冰，山之巅清泉百道。……四面儿孙罗列，如狮如象，如马如禽如人……此非昆仑，孰为昆仑者？然广袤不二百里，高才五百丈，旧称万余里者，臆说也。”（《梅庄杂著》）则于是说作怀疑论者也。周蔼联《竺国纪游三》云：“余在西藏，见冈底斯图，实有狮马象孔雀之形，其地在阿里之西……有卡契自冈底斯来，携得阿耨达池水少许……又西藏曲水之上流，即冈底斯发源，番人渡者必以水沐顶，云最吉祥也。”此类迷信，正如印度人之于恒河也。

古帝留心河源及昆仑者，康熙之前有元世祖，尝置郡河源，创撰《河源志》（《辍耕录》二十二引柯九思元统元年作《河源志序》）。更前有汉武。《史记·大宛传》称：“天子按古图书名河所出山曰昆仑。”《汉书·沟洫志》：“齐人延年上书言河出昆仑，经中国注勃海，是其地势西北高而东南下也。可案图书观地形。”延年上书在汉武末年，彼辈所据者为古图书。考史公但引《禹本纪》为说。《禹本纪》一书，后来群籍征引，又有《禹大传》、《禹受地记》、《禹受地统书》诸异称。

《禹本纪》——《史记·大宛传赞》、《水经·河水注》引。

《禹大传》——《离骚王逸注》洧盘水条。

《禹受地记》——《尚书益稷疏》引（“弼成五服”句下），崔灵恩《三礼义宗》引。

《禹受地统书》——杜佑《通典》注引。

以上各书，皆依托禹以为名。《汉书·艺文志》有《大□（禹）》三十七篇。《山海经》称禹言五藏山数。《尔雅·释水》云：“从释地以下至九河，皆禹所名也。”《尚书·禹贡》正记禹平水土，主名山川之事，与《吕刑》说符合。古代地理著作，自战国至汉，皆附会于禹。《荀子·大略》篇谓禹学于西王国，则昆仑一名之传入，意者禹及其族人之羌戎为之媒介。章太炎《禹庙碑》云：“学于西王国，故识流沙之外。”亦非无稽之语。《玉海》五十七引《禹受地记》云：“昆仑东南五千里之地即神州。”《礼记·曲礼》注引《括地象》文相同，说者因谓《括地象》与《禹受地记》应是一书（参王谟《汉唐地理书钞》《禹受地记跋》）。道宣《释迦方志》言，案《河图》云“昆仑山东方五千里名曰神州”，文亦相同。盖《括地象》原称《河图括地象》，其言昆仑，略举如下：

> 昆仑山为天柱，气上通天。昆仑者，地之中也，地下有八柱，柱广十万里，有三千六百轴互相牵制，名山大川，孔穴相通。（《初学记》五引）

昆仑之山为北首，上为握契，满为四渎，横为地轴，上为天镇，立为八柱（《御览》卷三八引）。然则汉武所见之图书，或即《河图括地象》、《禹受地记》一类之书乎？类书所引，庸有后人踵益之文；然以昆仑为地之中，考《淮南子·地形训》亦云：“昆仑之丘……盖地之中也。”西汉时已如此说。又《地形训》，白水出昆仑。《离骚》云：“朝吾将济于白水兮，登阆风而绁马。”洪氏补注引《河图》：“昆仑山出五色流水，其白水入中国，名为河也。”证之康泰，恒水之源出昆仑山有五大流；《山经·西次三经》昆仑丘四水为河水、赤水、洋水、黑水，此与佛家四河、五河说若合符节。《括地象》言“昆山满为四渎”。四渎说与印度之四河亦复类似。最可注意者，为昆仑天柱说，同于《长阿含·世记经》言须弥山之天柱，溯其远源，谅出诸《阿闼婆吠陀》（容当另论）。是知古图书中之昆仑，已不乏印度神话之成分。岂由羌戎自西北传播而入中国，未可知也？此则远在佛教之前矣。

唐人言昆仑有二，区为大昆仑及小昆仑。《史记·司马相如传·大人赋》“西望昆仑之轧沕洸忽兮”句下，张守节《正义》：“《括地志》云：‘阿傉达山亦名建末达山，亦名昆仑山，恒河出，其南吐师子口。’……此谓大昆仑；肃州（酒泉南山）谓小昆仑也。”盖为折衷之论。

昆仑之谜，时贤讨论颇繁。兹但取其出于佛氏之说，若阿耨达山四河之地望及神话，细为剖析，以见所以定昆仑为冈底斯山一说之来龙去脉。藉知藏人说袭自佛典，模仿须迷卢，以构成其地理观念，因试撰为《论释氏之昆仑说》如右。

李约瑟在其 *Science and Civilization in China* vol. III 引巴比伦之 discoidal map 以证其与 Mt. Meru（Khun-lun）之关系（p. 589）。牵涉颇广，暂从盖阙，不复论及云。

后记

本文成后，检张穆《㐆斋文集》卷一《昆仑虚异同考》，谓古今之说昆仑者五：于阗也，肃州也，大荒也，青海也，西藏冈底斯也。穿穴古今，援据浩博，力辨昆仑不在青海，以订齐召南《水道提纲》之说。又谓：汉武名于寘山为昆仑，已确知昆仑之在西南，吐蕃自言昆仑在其国西南，已确知昆仑在今卫藏。而折衷于康熙定冈底斯山为昆仑之说。裴景福于《河海昆仑录》卷四，仍主魏源冈底斯非昆仑说，惜其未见张氏此文也。乾隆四十七年纪昀奉敕撰《河源纪略》，辨古今各书所记昆仑之误。书中辨讹部分，闻出王念孙之手。于前人著论，若俞安期之《昆仑积石二山辨》，万斯同之《昆仑辨》，颇有诘难，其书重点在河源，故不复细论，读者可参阅之。

王沂暖译《西藏王统记》第一章世界之成因，举须弥山居宇宙之中，有四大洲，此藏人地理学之常谈也。方以智《东西均》云：“山则根一而枝分，昆仑而入中国，分三枝以千万枝。”“总须弥以北，是其应北极之顶也。”“各海皆吸入地心，地心转经络而上升，各沁于名山之顶，而总须弥之顶，亦一顶也。源而流，流复为源，乃一轮也。”方氏演绎为地心一源之论。明人文集涉及昆仑者，丰城游潜之《梦蕉存稿》，其第三册为《博物志补》上曾论之，又其《梦蕉诗话》上亦有河源昆仑条。

以须弥入画，来源甚远；如云冈第十一窟太和七年题记，及司马金龙墓石棺床雕像（《文物》，1972（3））。李白《金银泥画西方净土变相赞》云：“眉间白毫，向右宛转，如五须弥山；目光清白，若四海水。”是其例。

麽些文中昆仑山称巨那茹罗山。

(山＝ndo　大＝Na　Zwa rwat / 山名)字形作象三成之状。

《西域同文志》二十“西番山名二”冈底斯里下云：“西番语雪谓之冈，底斯即梵语‘得色’，亦指雪而言也。盖合梵语西番语而名之者，在汉语则雪山也。山体大，地势亦绝高，番地山川皆发脉于此。《水经注》、《西域志》曰阿耨达太山，其上有大渊水，宫殿楼观甚大焉。按今冈底斯里之前，有二湖相连，土人相传为西王母瑶池，意即阿耨达池，其上为阿耨达山也。”冈底斯里藏文作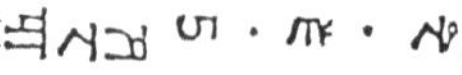。

《选堂集林·史林》，446—458页

早期青州城与佛教的因缘

山东博兴县龙兴寺窖藏佛像四百多尊，以薄衣叠褶彩绘诸特征，受到各方面的重视。香港人很有眼福能够饱观从山东借来的展品，并举行盛大的研讨会。已有专家宿白教授诸位对青州城考证及龙兴寺沿革写出许多重要的论文。本人现在所要谈的是青州地区早期的一点历史背景和佛教因缘中特别与法显关系的真相。宿老已谈的，我就从略了。

一、青州城沿革

在青州地区，佛教较早的著名高僧，要算京兆人竺僧朗（事迹见《高僧传》卷五），他是佛图澄的弟子，与道安同门。青州在西晋永嘉之后，陷于石勒。佛图澄正是石虎的国师。僧朗要到苻秦的皇始元年（351）才入泰山的金舆谷，建立神通寺，即今有名的长清县东南的灵岩寺，人称为“朗公谷”。朗公当日与南北诸帝往来书札，备见于《广弘明集》卷二八。车频《秦书》说他“大起殿舍，连楼叠阁”（见《水经·济水注》）。在《南海寄归内法传》最末“古德不为”述金舆谷圣人对德、贝二州的教化。这是另一个佛教中心。皇始是苻健称帝的年号[1]，这时候石氏已被诛灭了。

在石赵时期，东莱人曹嶷为青州刺史，筑造广固城，以后广固遂成为青

---

① 有人误作苻坚，见《文物》，91 页，2000（6），似宜勘正。

州镇。晋永和六年（350）辽西段龛据广固，自号齐王。

翌年[1]，龛以青州内附，被封为齐公。时青州镇设在广固城。及苻坚席卷北方，平燕，青州亦入秦。苻氏败后，青州刺史苻朗以州降晋。晋改置幽州，以辟闾浑为刺史，仍镇于广固城。

安帝隆安四年（400）慕容德即位于广固，是为南燕，更名备德，其地后改称青州。而以青州刺史镇于东莱。义熙元年（405）慕容超即位后，移青州于东莱郡，为期最暂。及刘裕引兵北伐，六年春，遂灭南燕。[2]

裕怒广固久攻不下，及南燕尚书悦寿开门投降，裕欲尽坑之，以韩范谏而罢，然犹斩其王公以下三千人，夷其城隍，广固城由是废。裕留长史羊穆之为青州刺史，另筑东阳城以居之。即今龙兴寺所居之东阳城。[3]

入刘宋以后，北方为拓跋魏所统治，青州成为魏攻取之重要目标，有一长时间，与魏人互为争夺战，东阳城受到极大的损害。宿老在《青州城考》文中引证"《宋书·沈文秀传》，攻南郭一事，以证明当时至少有简单的郭垣"。其实不仅有南郭。当日的东阳城是一个可以坚守至三年之久的历史名城。在若干战役，以北城堕毁最大，试看下列一段故事：

> 叔孙建将三万骑逼东阳城，城中文武才一千五百人。竺夔、垣苗悉力固守。魏步骑绕城到陈十余里，大治攻具。夔作四重堑，魏人填其三重，为橦车以攻城，夔遣人从地道中出，以大麻絙挽之令折，魏人复作长围，进攻逾急，历时浸久，城转堕坏。
>
> 四月，叔孙建攻东阳，堕其北城三十许步。竺夔以东阳城坏，不可守，移镇不其城。（不其，后汉属东莱郡，晋属长广郡。）
>
> （《通鉴》一一九，宋景平元年（423），3755—3757 页）

可见东阳城被毁坏的程度，故移其镇于不其城。及檀道济自历城食尽引还。宋青州刺史萧思话齐（不其）镇而南奔平昌，东阳积聚为百姓所焚。《通

---

① 石季龙"讨曹嶷，围广固"。见《晋书·石勒载记》永嘉五年，曹嶷筑城，有大涧甚广，因之为固，见晏谟《齐地记》。

② 《水经·淄水注》："义熙五年，刘武帝（裕）伐慕容超于广固，玄文塞五龙口，超及城内男女皆患脚弱，超遂出奔，为晋所擒。"

③ 《晋书·地理志》亦云："灭慕容超，留长史羊穆之为青州刺史，筑东阳城。"然义熙六年，青州刺史为诸葛长氏，知羊穆之任期甚暂。

鉴》，元嘉八年（431）宋青冀二州刺史垣护之提出移青冀二州并镇历城。至是遂定青州治于历城，宋之青州本治东阳，冀州治历城，今乃合并为一镇。但魏早于宋文帝元嘉七年（430）委任叔孙建为都督冀青四州诸军事，时魏尚未得青州，使建督师经略其地。迨宋武帝大明八年（464），青州乃复移治于东阳城。兹表列青州不同时期的治所如下：

青州治所

(1) 广固城（石赵、苻秦、慕容燕）

(2) 东莱（南燕）

(3) 东阳城（刘裕始建）义熙五年（409）

(4) 不其城（刘宋文帝 431）

(5) 历城（刘宋武帝　孝建时）456

(6) 复移治东阳城（刘宋武帝　大明时）464

（宋明帝）泰始三年（467）魏遣东将军长孙陵将兵赴青州，征南将军慕容白曜将五万骑为之继援，大举进攻青州，沈文秀与之对抗，历时三载，卒以郦道元的父亲郦范之施计，先取历城，始进围东阳，文秀守东阳，始末共三年，筑围攻击，日夕交兵。至春正月乙丑，魏人拔东阳，执文秀。是时所得战果，《魏书·白曜传》记之甚为详悉，特记之于下：

> 三年春克东阳，擒沈文秀。凡获仓粟八十五万斛，米三千斛，弓九千张，箭十八万八千，刀二万二千四百，甲胄各三千三百，铜五千斤，钱十五万，城内户八千六百，口四万一千，吴蛮户三百余。

我所以不惮其烦记之，以见当年东阳城内之富力。

我们可以看到在东阳未入魏以前累年交兵，人民生活全不安定，在这一段时间宋人必无暇顾及浮屠之事。

郦道元在《水经·淄水注》里面谈到他幼时到过东阳城。他的父亲郦范正是当年攻东阳城的左司马，作为白曜的决策人物，《魏书》四十二本传谈及齐人史武为他占梦，绘声绘影的故事。他因功而升为青州刺史。郦道元在《水经·淄水注》说："余生长东齐，极游其下，后因王事，复出海岱"。道元是郦范的第五子，他二度在山东活动，对青州之事甚为熟悉。他又说：

> 阳水东径故七级寺禅房南，水北则长庑遍驾，回阁承阿，林际则绳

坐疏斑，锡钵闲设，所谓“修修释子，眇眇禅栖”者也。阳水又东径阳城东南，义熙中，晋青州刺史羊穆之筑此。以在阳水之阳，即所谓东阳城。

他解释东阳城名字的由来，指出始筑城者为刘裕时代首任青州刺史的羊穆之，和他亲眼看见的七级寺禅寺的形状，保存很难得的史料。

宿白引《南齐书·刘善明传》，参以图志，已指出龙兴寺址，即为刘善明故宅。考泰始三年，魏人攻入彭城，刘善明从弟僧副将部曲二千人避居海岛，故为萧道成招抚。据《通鉴》系年条列，是时魏已于天宫寺作大像，高四十三尺，用铜十万斤，黄金六百斤（标点本，4139页）。综合上述史事观之，青州城在魏人未攻下之前，州治屡次移徙。而东阳城迭被摧毁，必须至泰始五年（469）以后，魏徙青齐民于平城，特设“平齐郡”。魏最高僧统昙曜奏平齐户及诸民，有能岁输谷六十斛入僧曹者即为僧祇户。输粟入僧，可得到“僧祇户”的优待。我推测把刘善明宅改立为佛堂，必在469年以后。此乃魏人之措施。宿白谈青州城沿革，详于唐宋以后，今为补充如上。

刘善明乃平原人。父怀民，宋时官齐郡及北海二郡太守。善明因父荫，明帝泰始中，为灵朔长史、北海太守，迁冀州刺史。齐高帝建元二年（480）卒，年四十九。东阳陷于魏时，善明才十三岁。善明从此出走仕宋，其父子先后为北海太守，所居必广厦，故魏人改建为佛堂。《隋书·经籍志》善明集十卷。亡。《广弘明集》十一有其文，三答释僧岩三篇。

二、法显在青州及其携来的龙华图

百件青州佛像在香港展出，引起人们对佛教美术的浓厚兴趣，有一报道竟说：“佛教高僧法显曾在青州龙兴寺翻译佛经，使龙兴寺广为人知”，《信报》文化版亦说：“青州一度是佛教文化的中心地。是中国首位到印度取经的法显大师，回国中途驻留了一年从事翻译和整理佛经工作的地方。”对中国佛教史有认识的学人，当然不会把法显说是第一位西行求法的汉僧，青州是不是法显译经的地方，似乎越说越不符事实，有澄清的必要。

《佛国记》是法显夫子自道的西行记录，最可信据。这书世界已有不少译本。章巽校注的《法显传校注》是近年综合性的研究成果。法显自述于“七月十五日舟漂到青州长广郡界，时统属晋家。遣人往长广。太守李嶷敬信佛法，闻有沙门持经像乘船泛海而至，即将人从至海边，迎接经像，归至郡治。商人于是还向扬州。刘沇（兖）青州请法显一冬一夏。夏坐讫，法显远离诸师久，欲趣长安。但所营事重，遂便南下向都，就禅师出经律”（173页）。又跋云：“晋义熙十二年；岁在寿星，夏安居末，慧远迎法显道人，既至，留共冬斋。”据僧祐《出三藏记集》卷三婆罗富罗律（即摩诃僧祇律）记云：“以晋义熙十二年岁次寿星十一月，共天竺禅师佛驮跋陀，于道场寺译出，至十四年二月末，乃讫。”可见法显与之从事翻译大业的合作者是佛驮跋陀，汉名觉贤，译经地点应是南京（建康）的道场寺。青州长广郡，虽然是他回国登陆的地方，但不是译经的场所。《晋书·地理志》：长广郡，武帝咸宁三年置。西晋青州统郡国凡六，即齐国、乐安国、东莱国、济南郡、城阳郡、长广郡。无独有偶，觉贤亦于晋时至交趾附舶循海风漂至青州东莱郡（见慧皎《高僧传》卷二），他于义熙十四年（418）由吴郡内史孟颛等请他为译匠，译出《华严》前分三万六千偈。译场在道场寺。故其寺有“华严堂”遗址。他来华当在义熙十四年之前。法显则于义熙八年由印尼船漂到长广郡界牢山（崂山）。

宋元嘉中，慧观欲寻《涅槃》后分，启宋太祖资给，遣沙门道普将书吏十人西行寻经，至长广郡，舶破伤足而卒。普，高昌人，经游西域，遍历诸国（《高僧传》卷二）。慧皎称道普有《大传》。今不可见。但从他由长广郡浮海附舶一事观之，当日青州长广郡必有出海口岸，为商舶停航、出发管理设备，可想而知，故法显所乘商舶，亦停泊于此。

法显于牢山登陆，即受到长广郡太守李嶷的款待，当时的青兖二州刺史请他留下过一冬一夏。他停留在青州时的活动，《佛国记》没有详说。只有到过青州的郦道元在《泗水注》中言及：

> （泗水）又东南过彭城（徐州）东北，泗水西有龙华寺，是沙门释法显远出西域，浮海东还，持《龙华图》，首创此制，法流中夏，自法显始也。其所持天竺二石，仍在南陆东基堪（龛）中，其石尚光洁可爱。（段熙仲点校本，2144页）

这是彭城的龙华寺，原由法显创建，郦氏目睹他从印度携回的二石，言之凿凿。他还带来《龙华图》，因此创建龙华寺。杨守敬《水经注疏》对《龙华图》，没有解释。龙华一名，是因慈氏弥勒传说言其于华林园龙华树下成道说法，义净所谓“冀龙华之初会，听慈氏之玄漪”者也（《南海寄归内法传》卷四《古德不为》）。法显之后，“龙华”之名更为风行。宋明帝有《龙华发愿文》，南齐萧子良有《龙华会记》，应追溯到法显携来之《龙华图》。弥勒信仰之由来及其传播，已有学人作仔细研究。[①] 在北方鸠摩罗什早已译弥勒大成佛经，渲染成空中两大宝华。龙王作众技乐，口中吐华，毛孔雨华，以供养佛的庄严神话，想象法显从西方携来的《龙华图》，必定描绘这一理想景象，河北石家庄修德寺出九件东魏八件北齐的弥勒像。《水经注》述法显与《龙华图》这一段记载，是很值得重视的。

法显在青州的足迹到达彭城，得郦注可以证实。彭城自三国以来，是一佛教传播基地。汉末笮融为下邳相，督广陵、彭城粮道，融断三郡输送之费，大起浮屠祠，课人诵读佛经，招致旁郡好佛者至五千余户，每浴佛专设饮食经数十里，费以百亿计（《三国志·刘繇传》）。《出三藏记集》卷五《喻疑》记“汉末魏初，广陵、彭城二相出家，并能任持大照寻味之贤，始有讲次”。彭城之为佛教重镇，由来已久。法显留其二石于此地，自有宿缘。

《通鉴》卷一一六，“义熙七年。是岁并州刺史刘道怜为北徐州刺史，移镇彭城”（3648 页）。八年，北徐州刺史刘道怜为兖青二州刺史，镇京口（3652 页）。法显所称刘沇青州请他一冬一夏，此刘沇青州即刘道怜，绝无疑问，他是刘裕的仲弟，当时炙手可热的人物。《宋书》卷五十本传说，裕伐刘毅，征为都督兖青二州晋陵京口淮南诸郡军事，兼理兖青二州。正符合法显所记。汤用彤考证，法显疑于八年七月中在长广郡，李嶷资助其南往彭城见刘道怜，其时道怜尚未南去，因留供养。彭城西通关洛，法显在彭城安居之暇，徘徊歧路，故欲西趣长安，亦与事势相合。法显在青州的活动，可考见者大致如此。是时青州尚未有因刘善明故宅而建立的佛堂，更无所谓“龙兴寺”，龙兴之名实起于唐。说法显在此译经，殊乏根据，不可不为之纠正。这时的东阳城所知仅有羊穆之所筑一事，及郦道元所记的七级寺，如是而已。

法显自言“所营事重，南下向都禅师”。此禅师当指觉贤。《佛国记》跋言义熙十二年，慧远迎法显，这说明他和南方诸大德亦有联系。他终于留驻南京的道场寺与觉贤合作译经。觉贤所译的《华严经》对后来影响极大，北齐文宣帝高洋曾亲书《华严斋记》，特别对卢舍那佛的崇拜。据颜娟英就依据

---

① 见［法］汪德迈（L. Vandermeersch）：《中古时代，中、朝、日三国佛教艺术中思维弥勒菩萨造像的起源及其演变》，见《望远集》下，824 页。

华严卢舍那造像统计，以北齐为最多[①]，在山东流行至为广泛。我们看这次佛像展品，以北齐为最重要。证之武平四年，青州刺史娄定远建南阳寺于唐龙兴寺之内，以及石家庄附近灵寿县幽居寺的北齐赵郡王高叡造像[②]（叡事迹具见《北齐书》卷五），若持诸遗物，互相比较，就不难加深理解了。

① 颜娟英：《华严经造像的图像学》（中央研究院第三届汉学会议论文）。

② 刘建华：《北齐赵郡王高叡造像及相关文物》，载《文物》，1999（8）。

金赵城藏本法显传题记

史语所藏之金《赵城藏》本《法显传》，粗黄纸，原共四十三张。每叶边刻“《法显传》第△张，广字号”。叶二十行，行十四、十五字不等。字大如钱，全书已贴连成一长卷。开卷为《释迦说法图像》。并记“赵城县广胜寺”一行，故知为金藏本（见图一、二）。（其他《赵城藏》皆有此图，观近年重印《首楞严经》五轴，可以知之。）《赵城藏》原刻版在解州（今山西解县）天宁寺。刊刻时间，由皇统八年（1148）至大定十三年（1173）。据蒋唯心《金藏雕印始末考》，金藏每版二十二至三十行，共六百八十二函。广胜寺存四千九百五十七卷，为世界孤本。[①]

史语所藏《赵城藏》又有“《大唐开元释教广品历章》卷第十八”一至三十一张，与《法显传》可称双璧。（此书名称如上，又题“京兆华严寺沙门释玄逸纂”，首行云：“且小乘经律论都三百三十部，散有一千七百六十二卷，一至六十六帙，合二百二卷为五十四轴，折有一千六百一十四卷。”其下皆列书名，起《长阿含》二十二卷二帙。注：“供城四百九十九纸，蒲州四百二十一纸。”此书编号为“缨”字，并记“新编入录”四字。其内容大略如此。）亦贴连成卷子本，有轴。日本横超慧日有《新出金版藏经を见て》一文（《东方学报》，东京五续），于玄逸之《广品历章》，略有考证（玄逸见《宋高僧

---

① 《赵城藏》刊刻情况，参张秀民：《辽金、西夏刻书简史》，载《文物》，1959（3）。又目前山西省博物馆收集有《赵城藏》一百五十二卷，载《文物》，92页，1962（4、5）。

传》五）。惟此《法显传》为彼所未悉。足立喜六氏校勘《法显传》，用力甚勤，入校藏经，计有九条东寺及宫内省之宋福州释藏本，增上寺之湖州思溪法宝寺雕本，及高丽藏本。《大正藏经》则以高丽本及宫内本参校，均未提及金藏此本。是此本尚未有人加以利用，至堪珍视。且卷帙不多，甚愿他日有好事者，为之流布也。史语所藏善本书，又有一钞本题"《昔道人法显从长安行西至天竺传》一卷"一册，细勘之即此金藏本之影钞者。

此本第一行题"昔道人法显从长安行西至天竺传一卷"，下注"广"字。第二行："东晋沙门释法显自记游天竺事。"卷末一行曰"《法显传》一卷"。考法显所译书，最早见于僧祐《出三藏记集》，其卷二记显师所出经书十一部，定出六部，最末一种曰《佛游天竺记》一卷。自余为梵文未译者，言之凿凿。岑仲勉据此谓《法显传》当从《祐录》最古之名作《佛游天竺记》。足立氏则谓《佛游天竺记》乃《历游天竺记》之误。按隋沙门法经所编《众经目录》卷六，列佛涅槃后传记录第八，合六十八部，其第一项为西域圣贤传记合一十三部，其第十二种即为《佛游天竺记》一卷。彼自注云："此十三传记并是西域圣贤所撰。"若其第二项始为此方诸德传记，自僧祐《释迦谱》至宝唱之《名僧传》，其次为《法显传》一卷，此一组共十六部，并是汉土所作传记，是法经所见之《佛游天竺记》乃另是一书，为西域人所作者。由是知《佛游天竺记》原为胡本，为显师所携来，故《祐录》列于显师译作定出六部之中。岑仲勉曾据《艺文类聚》七六阙名《像记》引用《佛游天竺记》。余检《初学记》二十三"寺"条亦引《佛游天竺本记》，书达亲国伽蓝有五重，大致与《法显传》无异。然不得以此谓《佛游天竺记》即《法显传》，因同属记载佛国之书，故内容多雷同，不当遽目为一书也。《法显传》末云：

> 岁在寿星，夏安居末，迎法显道人。既至，留共冬斋。因讲集之余。重问游历。其人恭顺，言辄依实。由是先所略者，劝令详载。显复具叙始末。……

此口吻当非显师自陈，殆是显师之檀越所附记者。且知显师所述，先略后详。《佛游天竺记》既是胡本，于《祐录》中明为显师携归，在译出之列，则其自叙游印颠末，依理推之，必尝参考此书，可无疑也。《法苑珠林》一一九："《历游天竺记传》一卷，沙门释法显撰。"圆照《贞元新定释教目录》卷五，列法显书七部，其一为《历游天竺记传》一卷，下注："亦云《法显传》，

图一　金赵城藏本法显传之一

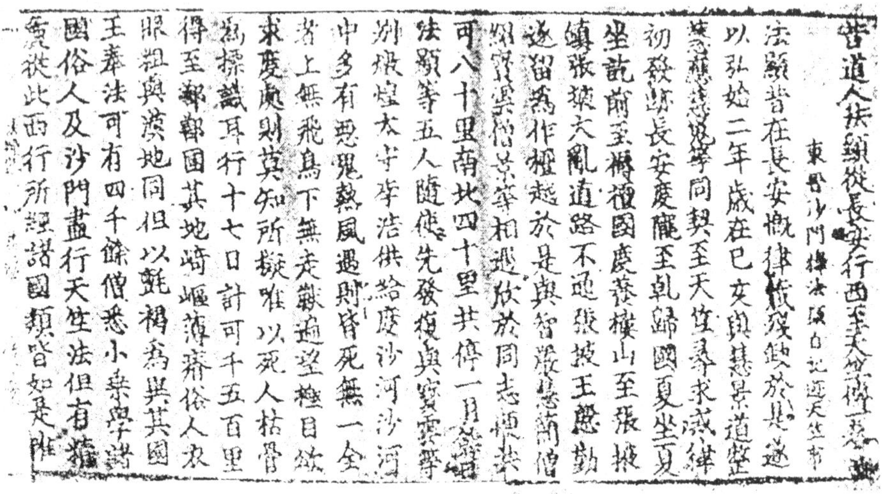

昔道人法顯從長安行西至天竺傳一卷
東晉沙門釋法顯自記遊天竺事
法顯昔在長安慨律藏殘缺於是遂
以弘始二年歲在己亥與慧景道整
慧應慧嵬等同契至天竺尋求戒律
初發跡長安度隴至乾歸國夏坐夏
坐訖前至褥檀國度養樓山至張掖
鎮張掖大亂道路不通張掖王慇懃
遂留為作檀越於是與智嚴慧簡僧
紹寶雲僧景等相遇欣於同志便共
可八十里南北四十里共停一月餘日
法顯等五人隨使先發復與寶雲等
別燉煌太守李浩供給度沙河沙河
中多有惡鬼熱風遇則皆死無一全
者上無飛鳥下無走獸遍望極目欲
求度處則莫知所擬唯以死人枯骨
為標識耳行十七日計可千五百里
得至鄯鄯國其地崎嶇薄瘠俗人衣
服粗與漢地同但以氈褐為異其國
王奉法可有四千餘僧悉小乘學諸
國俗人及沙門盡行天竺法但有精
麤從此西行所經諸國類皆如是唯

图二　金赵城藏本法显传之二

法显自撰述往来天竺事，见《长房录》。”末又二种，一为《杂阿毗昙心》十三卷，一为《佛游天竺记》一卷，注：“见《僧祐录》。”又对显师著书作一总述云：“右七部二十六卷，前五部一十二卷，见在；后二部一十四卷，阙本。”所记一十四卷即《阿毗昙心》十三卷加《佛游天竺记》一卷之数。是贞元时，《佛游天竺记》一书已缺矣。圆照书于卷第三十收《法显传》一卷亦云“《历游天竺记传》”二十九纸，次于《大唐西域求法高僧传》三十五纸之后。又同书卷二十四、卷二十七皆有《法显传》，注亦云《历游天竺记传》，是当日写本别帙甚多，皆副题曰《历游天竺记传》，今观金藏本首题“昔道人法显从长安行西至天竺传”，题目极冗长。惟《历游天竺记传》，则唐以来之简称耳。

金藏本《法显传》，尝略校一遍，觉其与高丽藏本最为接近，举例言之：

褥檀国。（第一张上）同丽本。

与宝云等共合。（第二张上）与丽本、石本同。

彼国人民星居。（二张下）与丽、石本同。

安顿供给法显等于僧伽蓝。（二张下）与丽本同。

其国中有四大僧伽蓝。（三上）丽本同。他本作十四僧伽蓝。

唾壶以石作之。（四下）丽本同。

影西四百步许。（十上）丽本同。

以用布施众僧，僧受，亦自各各布施。（十二下）丽本同。

正有河水耳。（十三上）丽本同。

有一寺名大坟。大坟者恶鬼名也。（十四下）丽本同。

精舍左右，池流清净。（十六下）丽本同。

有林名曰得眼。（十七上）丽本同。

法显离诸师……回都就禅师出经律藏。（四二下）丽本作“就师出经律藏”，同。

投命于必死之地。（四三上）丽本同。

今不遑一一缕举，大体言之，金藏本与高丽本实出同一系统，可谓《法显传》之北方本。若足立氏所据之东寺本、宫内本，实出福州东禅寺等觉院，可谓《法显传》之南方本，故有极大之歧义。东禅院大藏经之刊行，据淳熙《三山志》，徽宗崇宁二年，进藏经，加号“崇宁万岁”，盖始雕于神宗元丰间，至政和二年，全藏刊成，共五百六十五函。[1] 南、北《法显传》写本原自

① 参曾我部静雄：《宋代福州の佛教》，见《冢本颂寿集》，449 页。

不同，故形成二系。

高丽本《大藏经》为显宗二年（1011）开雕，高宗再刻之。高丽本称《高僧法显传》一卷，卷尾有“丙午岁高丽国大藏都监奉敕雕造”语，列号为“广”字，与金藏本同。高丽《法显传》刊成之年为高宗丙午（1246），在金《赵城藏》之后七十余年，疑当日雕造，必尝参考《赵城藏》本，故虽有微异，而重要处多雷同也。

金藏本之特异者，略举如次：

“隔夷国”丽本作乌夷。金藏不重隔夷国三字。（第二张上）（伯希和说“乌”乃焉之讹）

“法显得苻行当、公孙理住二月余日。”（第二张上）按符字从竹，不作苻。公孙理一名异于他本之作“公孙经理”。知此处公孙理应是人名，故下文云：“蒙苻、公孙供给。”但举其姓，正可互证。藉审译“经理”为动词者，实误。“符行当”丽本同作“行当”；他本作“行堂”，足立释行堂为行者。

“化作白鼠，啮其腰带；带断，所怀衣堕地，地即裂。”（十八张上）按多一“带”字，文气更完足。

“自云顾寻所经，不觉心欢汗流。”（四十三上）按他本皆作心动汗流，此独不同。“心欢”义较长。足立作“心之汗流”，不甚可通。

然金藏本亦有错误者，列举如下：

第一张　夺去“夏坐、夏坐讫，复进到敦煌，有塞东西”共十四字。

第五张上　“沙门法用转胜，不可悉其记，国当葱岭。”按其记二字误倒。

第二十七张下　“一万室名宾波罗窟。”按万字乃石之讹。

第三十五张下　“忽于王像边，见商人以晋地一自绡扇供养。”按自绡乃“白”绡之误。

此为显而易见者。至金藏本字之误刻，如数处问讯字皆作讯，盲龙误作肓是。

金藏本称“离诸师”、“就禅师出经律藏”，高丽本亦作“出经律藏”。足立据东禅本作“就禅师出律”。考《出三藏记集》二，“法显于中天竺、师子国得胡本，归京都，住道场寺，就天竺禅师佛驮跋陀共译出。其长杂二《阿综綖经》，《弥沙塞律》，《萨波多律抄》，犹是梵文，未得译出”。是当包括经与律，不宜但作“出律”而已。

士林“故宫博物院”藏明万历戊午刊《稗乘》（新安黄昌龄刊，不著撰人。详《四库提要》杂家类存目），其中二氏类有《三十国记》一书，在第十一册，分上下二卷，题“晋释瀍显撰”，即《法显传》也。此本向未为人注意。考明人丛书《法显传》均题作《佛国记》，如《秘册汇函》、《津逮秘书》、《汉魏丛书》皆同。而此独作《三十国记》，殆因《法显传》中有“凡所游历，涉三十国”一语，故取以为名。兹录卷末数句，俾作比较：

> 自大教东行，未有忘身求法，如显之比。然后知诚之所感，无穷否而不通；志之所将，无功业而不成。成夫功业者，岂不由忘夫所重，重无所忘者哉？

下有注语云：

> 此记依苏文忠公墨迹抄之。中或有讹，不敢以意增故也。

依此，东坡竟有《佛国记》墨迹，为此本所据，向所未闻。值得一书，用俟详考。

原载台北“中央研究院”语言研究所第四五本第三分册，1974 年。收入《选堂集林·史林》，965—973 页。

谢客与驴唇书

雁荡、武夷、丹霞是同一类型的名山。武夷以清邃胜，雁荡以奇伟胜，丹霞与之相比，已是小巫见大巫了。我和雁荡山结过两度游屐因缘，首次是从天台来乐清，第二次则从温州再探大龙湫。今之温州本汉会稽东部，晋太宁中于此置永嘉郡（《元和郡县图志》）。由于谢灵运而著名，故东坡句云："能使山川似永嘉"。谢灵运的名字和永嘉是分不开的。谢灵运于刘宋永明三年出任永嘉太守（他有《永初三年七月十六日到郡初发都》一诗记其事）。肆情于山水，他期望"资此永幽栖"，果然留下了许多好诗和胜迹，温州城内的谢公宅、江心亭即因为他的警句："池塘生春草"、"孤屿媚中川"而来的。他的祖居始宁墅在会稽（绍兴），他复喜欢和高僧辈历游嵊、嵊名山，在浙东都有他的足迹（昙隆就是其中一位，见他写的《昙隆法师诔》），他究心佛乘，《辨宗论》便是他最有代表性的名作。

谢客的学问是朝多方面发展的，长期以来成为汉学研究的一个重点题目。1991年11月，温州市举办"谢灵运与山水文学国际研讨会"，我在发言中指出谢客的学识最特出的是他对梵典梵文的认识与学习精神。他的著作有一篇叫做《十四音训叙》，讨论梵语字母的文章，本已失传，幸得日僧安然在《悉昙藏》一书中几处引用宋国谢灵运的零碎说话，可窥见一斑，有趣的是他谈及佉楼书。他说：

……胡书者，梵书道俗共用之也。……胡字谓之佉楼凿，佉楼者，是佉楼仙人抄梵文以备要用。譬如此仓、雅、说、字，随用广狭也……

佉楼凿是梵语 Kharoṣṭhi 的汉译，原由 Khara（驴）与 Oṣṭha（唇）二字组成——毛驴的嘴唇（变为阴性语尾ī），它是古代印度一位仙人的名字。印度经典最早谈到 Kharoṣṭhi 这个名字是三世纪的 *Lalitavistara* 一书，汉译称为《普曜经》。《佛本行集经》卷十一说佛为太子时和他老师的对话，言及六十四种文字中的“梵天所说之书、佉卢虱吒书”，是经有隋时译本（那崛多译），在佉卢虱吒书下面注云“隋言驴唇”。梵天所说的书即是指 Brāhmī文，现称婆罗谜文。梵书右行，而佉楼书则是左行。梵书是印度河流域早期通行的文字；驴唇书事实上是属于闪族语系阿拉美文（Aramaic）系统，所以左行，和波斯、阿拉伯文一样。它是贵霜王国流行的一种文字，创始于波斯统治下的犍陀罗。公元二至四世纪，新疆境内尼雅、楼兰、和阗等地都曾使用过这种文字。近时中日合作在尼雅遗址发现墨书佉楼文木简三十片，即为明证。

把 Kharo 译作佉楼，现在看来，应以谢灵运为最先，以后梁僧祐（《出三藏记集》、唐吉藏《百论疏》、玄应《一切经音义》）等都沿用着。谢灵运何以懂得梵文？据说是得自慧叡。《高僧传》说：“叡师曾行蜀之西界”，后“游历诸国，乃至南天竺，音译诂训，殊方异文，无不……晓……俄又入关，往什公（鸠摩罗什）咨禀。后适京师，止乌衣巷”。安然引谢灵运云：“诸经胡字，前后讲说……故就叡公是正二国音义。”这证明慧叡南来居住于乌衣巷，谢即从他问业。可见谢公的梵文知识是有渊源的！《普曜经》在三国蜀时有译本，现已失传，只有“隋译”，慧叡到过蜀地，很可能亦见到蜀译本。西方学者研究驴唇书的人很多，大都采用唐时僧人的著作像《法苑珠林》之类，《珠林》资料的来源，以前我在印度曾著文讨论。[1] 国人专门研究佉卢文的有林梅村氏，翻读他的新书《沙海古卷》，他在导论中说道：“我国旅行家、僧人、翻译家的著述译述中，留下不少有关佉卢文的记载，最早提到这种文字的是梁僧佑（按应作祐）《出三藏记集》的《胡汉译经音义同异记》。”他没有注意到谢灵运之说，故认梁僧祐为最早，那是不对的。

记得熊十力书中非常反对人学习梵语，我则认为多懂一点他国语文，自然比不懂的好。以谢公的地位，尚有余暇向僧人请教，研究一点西域语文，进而加以论述，这种求知精神很值得后人的尊敬。从世界关于驴唇书的记录

① 参看拙著《梵学集》，380 页。

来看，印度的《普曜经》之外，就现存资料而论，谢灵运是中国人中谈及驴唇书的第一人，又是第一个懂梵文的中国诗人，光这一件事就很了不起，是值得加以表扬的。

《诗品》记谢公幼时名曰客儿。以前我在香港古玩铺见过青瓷杅底部揅书"客儿"二字，该物尝在广东文物展览会展出，或即谢客遗物。原物现不知下落。

温州因谢客而著闻的事情很多，温州杂剧、书会的历史尤为举世所瞩目。温州城北瓯江中一个小岛，上有禅寺，因谢诗而名为中川寺，元时称江心寺。早在至元二十八年（1291），已曾演出有名的《祖杰戏文》，情节震动一时。祖杰即是江心寺的僧人，他的故事详见周密的《癸辛杂识》和刘壎写的《义犬传》，这可能即是宋元间所谓"九山书会"在当日上演的名剧，后来演变成为昆剧的《对金牌》。由于江心寺一名取自谢诗，故附带提及，以供谈助。

论僧祐

僧祐为南朝律宗巨匠，历主金陵定林寺、扬州建初寺，著述弘富。费长房《历代三宝纪》卷十一著录；扬州建初寺僧祐撰，共一十四部，合六十七卷。《大唐内典录》卷四载祐著述一十四部，合六十三卷（卷数有出入者，房录、《法苑集》一十卷，唐录作一十五卷。又《释迦谱》四卷下云："更有十卷本，余亲读之。"可见唐时本子之歧异）。其属于律藏之论著，有《律分五部记》、《律分十八部记》、《十诵律五百罗汉出三藏记》（此文已收入《出三藏记集》第二）、《善见律毗婆沙记》等。

僧祐因刘勰所依止而闻名于世，所著《出三藏记集》（下简称曰《祐录》）为现存第一部佛教目录书，一作十六卷（房录、唐录均同），今本十五卷，开佛教书录之先河。近时异邦学人有疑此书乃刘勰代为捉刀。考明人已有此说，本属无稽，不可不辨。祐博通众艺，外学尤为兼通。本文将详加讨论，辨明其真相。

一、僧祐之佛学师承与经藏资料

僧祐事迹，见慧皎《高僧传》卷十一《明律》第五，列于法颖、智称之后，颇为简略。汤用彤《佛教史》第十五章"目录类"谓僧祐于梁天监年间著《出三藏记集》，其说甚当。祐书大抵以道安之《综理众经目录》为依据。自言："安公始述名录，铨品译才，标列岁月，妙典可征，实赖伊人。"因"接为新录，兼广访别目，括正异同。发源有汉，迄于大梁，梵文证经四百有十九部，华戎传译八十有五人。或同是一经而先后异出，新旧舛驳，卷数参差，皆别立章条，使无疑乱”。祐书用力所在，于此可见。重点在卷二“新集撰出经律论录”（第一）、“新集条解异出经录”（第二）、“新集表序四部律录”（第三）及卷三增订《安录》在古异经、失译经，以及凉土、关中之异经。齐梁之际，经录面貌可睹其梗概，而安公旧录虽失传，如有好事者，取僧祐所记而比勘之，参以他录，谅不难恢复旧观。祐言“寻安录，自《修行本起》讫于《和达》，凡一百有三十四经，莫详其人。又关、凉二录，并阙译名。今总而次，列入失源之部，安录诚佳，颇恨太简”。又谓其经名“撮题混糅，朱点迹灭易乱，斯亦玙璠之一玷”。《安录》草创，其事非易，以译经人为经，案其所译先后为次，后此诸录无不沿袭其例。《祐录》重新更定，后出转精，事在必然。

齐梁时代经藏约略可考者，萧齐有般若台大云邑经藏，梁有定林上寺临川王萧宏造经藏、建初寺波若台经藏及帝室华林园经藏各处。《祐录》十二经藏正斋集第十列出以下三篇名：《定林上寺建般若台大云邑造经藏记第一》、《定林上寺太尉临川王造镇经藏记第二》、《建初寺立波若台经藏记第三》。此三文惜皆失传，莫由考其建置经过。大云邑经藏亦属定林上寺之物，此三处经书，皆僧祐可以利用者，《祐录》补订道安所谓“新集”之资料，想多取资于此。《梁书·刘勰传》记“勰依沙门僧祐，与之居处积十余年，遂博通经论，因区别部类，录而序之，今定林寺经藏，勰所定也”。因知定林上寺上述两处之经藏，出于刘勰之整理，其一由临川王所造，故勰得于天监初，梁台始建，即被临川王引为记室（宏为萧衍第六子，天监元年封临川郡王，见《梁书》二十二）。勰编定之定林寺经藏部类，应尚在南齐之世。即《祐录》最重要“新集”部分，疑得刘勰之助力为多。可惜《祐录》于新集经论，未注明收藏地点，何者为定林上寺之物，或建初寺之物，无法甄别。

至御藏华林园经藏，陆云《御讲般若经序》已备记该园内容。天监十四年梁武命僧绍撰《华林殿众经目录》，后二年，僧祐门徒宝唱又奉敕改定，去祐之卒才一年耳，华林经藏，据阮孝绪《七录》所载共五千四百卷，疑僧祐未及采用其书。

僧祐原籍彭城下邳，年十四，至定林寺投法达法师。竟陵王萧子良每请讲律。永明中敕入吴，宣讲《十诵律》……凡黑白门徒至一万一千余人。[1] 祐

① 见慧皎《高僧传》，卷十一，北京，中华书局，1992。

以律师著名，其律学初从法颖。祐自言："颖上积道河西，振德江东，祐侍筵二十余载。其《十论义记》云：'祐推演颖上之说，私记先师之旨，为《十论义记》十卷。'法颖原姓索，敦煌人，撰十论戒本并羯磨等，故颖被敕封为僧正。"

祐又师法献门下，献本姓徐，西海延水人。元嘉十六年，止定林寺。献于宋元徽三年游于阗，得佛牙一枚，又得龟兹国金佛像。萧子良为撰《佛牙赞》，此佛牙现存于北京广济寺。[1]《祐录》卷十二竟陵王《法集》第十六帙有《佛牙记》一卷、又杂图像项有《定林献正于龟兹造金搥镤像记》二篇即记其事，献正，即僧正法献也。献以齐建武末年卒，弟子僧祐为造碑，沈约撰文。[2]《祐录》每记献得胡本事，如《观世音咒经》下云："齐武帝时，先师献正游西域，于于阗国得观世音忏悔咒胡本。又《妙法莲华经·提婆达多品》，中夏所传阙此一品，先师至高昌郡于彼获本。"

僧祐律学渊源于法颖，而西域胡本智识来自法献，即其师承所自。所居定林上寺，一昔因释僧远而驰名（远于永明二年正月卒于定林上寺）。继之，法献亦住定林且为僧正。定林上寺经藏，先有大云邑藏，又得临川王造镇经藏，中间刘勰又为定林寺整理录序，嗣后僧祐又主建初寺，寺有波若台经藏，故《出三藏记集》一书之结集有赖上举诸凭借，得以成书，固非偶然也。

二、《祐录》之成书年代

《祐录》成书年代不易确定，书中卷十二《法苑集目录》内详记梁代功德，其中有《皇帝注大品经记》一文。考《续僧传·宝唱》云："帝又注大品经五十卷。"系其事于十四年之后。又《法云传》云："至七年帝注大品，朝贵法云讲之。"是天监七年，梁武已注《大品》矣。但陆云《御讲波若经序》一云："上以天监十一年注释大品，自兹以来，躬事讲说[3]，重以所明《三慧》最为奥远，乃区出一品，别立经卷。"[4] 故知《大品》成书应在天监十一年，

① 详陈垣：《法献佛牙隐现记》，载《文史》，1962（1），北京，中华书局。

② 见《高僧传·兴福》。

③ 佛说五时教第一时在鹿野苑转四谛法轮，大品经是第二时教，见萧子显叙御讲波若义（《广弘明集》卷十九）。

④ 道宣（编）《广弘明集》，卷二十九，上海，上海古籍出版社，1987。

汤史亦采是说。[1] 祐录既有《皇帝注大品经记》，其成书必在天监十一年以后。祐时已离开定林寺，入住建初寺，祐卒于天监十七年五月二十六日，年七十四，弟子正度立碑，刘勰制文，故知《祐录》乃其晚年定稿。故此书在《历代三宝纪》、《大唐内典录》、《开元释教录》均题曰扬州建初寺律师僧祐撰。

三、僧祐论胡、汉语文与译事

《祐录》卷一第四为《胡汉译经文字音义记》。案卷一有文五篇，一出自《大智度论》，二出自《十诵律序》，三出自《菩萨处胎经》，皆属“抄出”之科，非由自撰。是记仅指出翻译异文共二十四事，甚为简略，间有可商处，智升已指出。

此篇言及梵、佉二文，又论涅槃经列字五十，十有四音，名为字本，最足研究。

《祐录》卷十二“杂录类”有《胡音汉解传译记》一卷，与此题名不同，恐另是一文。

梵书及佉留书二名并举，初见于《普曜经》（*Lalitarvistra*）。考僧祐时，《普曜经》有三种译本：

(1) 蜀土所出八卷本。《祐录》云：“旧录所载，似蜀土所出。”

(2) 晋法护译本。《祐录》引未详作者之《普曜经记》云：“元嘉二年……法护在天水寺。手执胡本，口宣晋言，时笔受者沙门康殊，帛法巨。”

(3) 宋文帝时释智严与宝云共译六卷本。

蜀本唐时尚存，见神清《北山录》。一为竺法护译本，今尚存。[2]《祐录》《法集》下有《梵书缘记》及《六十四音缘记》二文，后者注云“出《普曜经》”，即自《普曜经》摘录者。《瑞应本起经》亦提及佛为太子时学六十四书，但不一一列出其名。

僧旻、宝唱之《经律异相》卷四：“太子问曰：师有何书见教？答曰：有梵、佉留法可相发也。太子曰：异书有六十四种，何止二耶！”唐初道世《法苑珠林》卷九为太子说书一段，先提及梵天所说之书，及佉罗瑟吒书；后一段“夫神理会声”以下与僧祐胡汉译经文字相同，分明是道世采自《出三藏

---

① 汤用彤：《汉魏两晋南北朝佛教史》，703页，北京，中华书局，1983。

② 《大正藏》，第三册，186页。

记集》。道世注云：梵书云“今婆罗门书，正有十四音是”。佉卢注云隋言驴唇。又阇那崛多译之《佛本行集经》、《方广大庄严经》此二名不作梵书、佉留书，而作梵寐书、佉卢虱底书，即 Brāhmī 与 Kharoṣṭhi 之音译。所云左行佉楼，右行梵下行仓颉之说，先见于《祐录》，未详来自何书，世多以为出自《珠林》，彼实袭取僧祐也。[1]

至于字本五十，与十四音及半字、满字之说，具见《大涅槃经·文字品》，梁代涅槃经极受重视，文字品中问题，讨论者亦众，非止僧祐与刘勰二人。《文心雕龙·练字》篇涉及“半字”之名称，乃当时之常识，刘勰及其师取自涅槃经，以汉字为取譬，不得谓有所因袭。吉藏《涅槃经游意》谓“唯涅槃常住乃为满字，无常是半，常是为满”。天台湛然《大般涅槃经疏》第十二论半字、满字甚为渊微，均离文字相。刘勰但借用其名耳。《同异记》中举及“桑门”一例。桑门首见东汉楚王英传之诏报。张衡《西京赋》云：“展季桑门。”李善注云：“桑门，沙门。”刘勰《灭惑论》引《三破论》，言“桑音似沙，声之误也”。又云：“罗什语通华戎，改正三豕。”实则桑门译名，东汉已极流行，非关罗什。《释民要览》上或云：“沙门那，或云桑门，皆译人楚夏尔。”说较通达。

有人谓此《同异记》与《灭惑论》及《练字》篇主题有雷同之处，或出于同一人之构思，如上面分析，足见僧祐与刘勰所论，取途各不相干，而梵书、佉留书二名，彼已别出有《缘记》二篇，其对梵书之智识，自非刘勰所能及。

隋天台灌顶《大般涅槃经玄义》下云：“梵字应以金光明中修梵法，佉娄字应是无量胜论，总而言之，世间二字也。谢灵运云：梵、佉是人名，如此间仓雅之类。从人立名，故言梵、佉娄文字。”佉留，又作佉娄，其引谢灵运说，甚是正确，谢从僧叡学梵文，所言非隔壁语，事在僧祐之前，不可不知。国人言佉留书当以谢氏为第一人（日本安然《悉昙藏》亦引谢灵运说）。

《祐录》记梁功德，又有《皇帝敕诸僧抄经撰义翻胡书、造录、立藏等记》一文，足见梁时对翻译胡音之重视。时东来者有扶南僧曼陀罗师，梁武亦习梵文，能辨四语音之出于外道。[2]

僧祐本人，极重视胡本。如《祐录》二：《道行经》一卷，汉桓帝时，天

---

① 左、右行之分析，详 A. H. Dani，*Indian Palaeography*（Oxford：Clarendon Press，1963），第三章。

② 见拙作《唐以前十四音遗说考》，载《梵学集》，上海，上海古籍出版社，1993。

竺沙门竺朔佛赍胡本至中夏，到灵帝时于洛阳译出。《放光经》二十卷，魏高贵乡公时，沙门朱士行，以甘露五年到于阗国，写得此经正品，梵书胡本十九章，到晋武帝元康初于陈留仓恒水南寺译出。姑举二例，其他早期译经本子及人物地点之珍贵记录极多，为佛教史所必取资，不能忽视。惜僧祐于梵汉未能兼通，心有余而力不足。智升《开元释教录》卷十评其书云："所撰条例可观。若细寻求，不无乖失，举其四误，此亦璠玙之一玷也。"其说良然。

《同异记》言："梵、佉取法于净天，苍颉因华于鸟迹。"许慎《说文》云："仓颉见鸟兽蹄迒之迹，初造书契。"东汉人则但只取鸟迹为说，如崔瑗《草书势》："书体之兴，始自颉皇，写彼鸟迹，以定文章。"[①] 高诱注《吕览》："苍颉生而知书，写仿鸟迹，以造文章。"其实《淮南子·说山训》："见鸟迹而知著书。"《论衡·谢短》篇、《感类》篇均论及仓颉见鸟迹而知作书一问题，乃汉代人之通言，此即因于鸟迹一说之由来。至合梵、佉三者而论，视为造字之主，过去误以为肇于《法苑珠林》，今知当以僧祐此文为最早，彼何所本，则仍待考。

四、《祐录》全书之义例

一书之成，有其义例，为全书精神所在，《祐录》亦不能例外，我人细心寻绎，知此书有其独特之义例。自序云：

（1）撰缘记——缘记撰，则原始之本明；

（2）铨名录——名录铨，则年代之目不坠；

（3）总经序——经序总，则胜集之时足征；

（4）述列传——列传述，则伊人之风可见。

"缘记"一名，《祐录》常用之，以指事物之因缘背景。《法苑杂录原始集》第七之中，以"缘记"命名之文篇，计八十余目，前举之《梵书缘记》、《六十种书缘记》不过其一二例耳。"名录"者，谓经书内容及卷帙之记录，为全书重点所在。"经序"则某一佛经译本之总括性说明，义旨毕陈，精华所系，僧祐最为重视。列传则译经人物之风轨典范，是时尚未有《高僧传》之

① 张怀瓘《书断》上章草下自注引，上海，上海古籍出版社，1987。

作，《祐录》导其先路，继之乃有宝唱、王中（巾）、慧皎之书。所谓缘记四者之间，其关系有如下图所示：

事（缘记）

书（名录）——文（经序）

人（列传）

书中述列传部分，事属草创，为数不多，而遴选极严。最特色者为“序”之缀录，全文毕载，说者谓开《经义考》之先例，序体之尊，亦见于萧氏《文选》，刘勰似未见及此，以序列为四大类之一，乃僧祐独到之处。

《出三藏记集》之“出”，一般只释为“译出”，以余寻绎所得，本书言“出”实有数事，其义不一：

（1）译出。

（2）撰出。如言律师僧璩于扬都中兴寺撰出；明帝世法颖于扬都长干寺依律撰出。

（3）抄出。

（4）宣出或诵出。如记十诵律，弘始六年罽宾功德慧诵出。

（5）演出。如《圣法印经记》，元康四年十二月，昙法护于酒家演出此经（卷七）。

抄出较易理解，《记集》下卷，皆属抄出之一类，抄出者多为约本。

《祐录》下卷第五新集抄经录第一序云：

抄经者，盖撮举义要也。昔安世高抄出《修行》为《大道地经》，良以广译为难，故省文略说。及支谦出经，亦有孛抄，此并约写胡本，非割断成经也。而后人弗思，肆意抄撮，或棋散众品，或瓜割正文，既使圣言离本，复令学者逐末。竟陵文宣王，慧见明深，亦不能免。若相竞不已，则岁代弥繁，芜黩法宝，不其惜欤。

是类《祐录》所收，共四十六部，凡三百五十二卷，或仅抄一品，如

《维摩诘》之问疾一卷，或但抄若干卷，如竟陵王请定林上寺僧柔、小庄严寺慧次等于普弘寺抄《成实论》九卷，慧远抄《大智论》为《般若经问论集》二十卷之类，只是不全节本。竟陵及其世子巴陵王均喜抄经，其自书经，皆有目录，动盈卷帙。僧祐既责之，又赞扬之。《巴陵王法集序》称其"藉意隶书，均临池之敏"。"躬算缣素，手写方等，凡书大经凡有十部，锋刃劲削，风趣妍靡。"至今无寸缣流传，俱归湮没，至为可惜。

又《祐录》于疑经、伪撰之科，一一为之标明。《安公注经》下至云："若有一字异者，共相推校，得便摈之，僧法无纵也。"具见态度之严谨不苟。及杂经志录前言，讨论译事，谓"方言珠音，文质从异，译胡为晋，出非一人，或善胡而质晋，或善晋而未备胡，众经皓然，难以折中"。欲求互译双语之兼通，《祐录》于此，备至拳拳，具见苦心孤诣，译才之难，古今共叹！

五、僧祐有关文学之著述及其文章

《祐录》卷十二收陆澄撰《法论》序目，次为齐竟陵文宣王萧子良及其世子巴陵王《法集》目录，又次即为僧祐本人自撰之《法集》及有关佛教各书之目录，其《萨婆多部传》著录于《隋书·经籍志·史部》，此外，《隋志》集部又有僧祐著述三种如下：

僧祐《箴器杂铭》五卷，梁有，亡

僧祐《诸寺碑文》四十六卷，亡

僧祐《杂祭文》六卷，亡

刘勰撰《文心雕龙》，中有《铭箴》篇、《哀吊》篇、《诔碑》篇，其资料必有取资于僧祐者。祐所集碑文多至四十六卷，当日勰必曾襄助为理，多所观摩，可以想见。

《祐录》重视经疏之序，谓"经序总则胜集之时足御"，故其书中录序特多，已亦于每一门之前，必冠以序言。萧统《文选》区分门类，有"序"一项，始《毛诗序》而终以任昉之《王文宪〔俭〕集序》。与僧祐见解相同。惟《文心》不以"序"为一独立文体，其观点与僧祐大异其趣。

有人疑《出三藏记集》一书，出刘勰之手，且列举是书序文，用字遣词不少同于《文心》者作为证据。我人苟细心咀嚼《祐录》诸书自序，每每自标“祐”之名，如云：“祐以庸浅，豫凭法门，翘仰玄风，誓弘大化。”（《出三藏记集》序）“祐窃寻经言、异论咒术、言语文字，皆是佛说。”（《胡汉同异记》）“安公观其古异，编之于末，祐推其岁远，列之于首。”（卷二《古异录》小序）“祐校安公旧录，其经有译名则继录上卷，无译名者则条目于下。”（《失译经录》小序）“祐总集众经，遍阅群录，新撰失译，犹多卷部，声实纷糅，尤难铨品。”（下卷《失译杂经录》小序）而“序”卷部分，收祐自作三文，其二文均起句即云“祐寻旧录”，而《贤愚经记》言元嘉二十二年有“释弘宗者，年始十四，亲预斯集，躬睹其事，洎梁天监四年……祐总集经藏，躬往谘问。宗年耆德唆，故标讲为录，以示后学焉。”（《贤愚经记》）其他僧祐《法集》总目录序则云：“僧祐漂随前因，报生阎浮。”《释迦谱》序则云：“祐以不敏，业谢多闻，时因疾隙，颇存寻玩。”《世界记》目录序则云：“祐以庸固，志在拾遗，故抄某两经，以立根本。”循览诸序，无不直称己名，以示负责。各篇命意遣词，风格遒整，与《文心》行笔声貌，绝不相涉。勰颇尚气，故制《养气》之论，往往情与气偕，观其所论，体气、任气、秀气、异气诸观念，非僧祐之所致力。我人仔细玩味，《祐录》诸文，当由自撰，非他人所能捉刀，断断然也。

六、僧祐谈经呗唱导

《南齐书·竟陵王传》云：“永明五年，正位司徒，移居鸡笼山邸……招致名僧讲佛法，造经呗新声。”僧祐当年或参预其役，《祐录》特辟《经呗导师集》一类，共收文二十一首，起《帝释乐人般遮琴歌呗》第一，讫《导师缘记》二十、《安法师法集旧制三科》第二十一。就中与萧子良有关者三篇，新安寺释道兴之《竟陵文宣王第集转经记》最为重要，所谓“第”即指鸡笼山邸。

《祐录》收竟陵王《法集录》并序，内有《赞梵呗偈》一卷、《呗序》一卷、《转读法》并《释滞》一卷，凡此皆萧子良在鸡笼山邸所造有关经呗之著述，惜均失传。

子良之子巴陵王昭胄，著《经声赋》一文，亦有关唱导之文献。《梁书·萧子云传》称其尝预重云殿，听制讲《三慧经》，退为《讲赋》，此文则为《广弘明集》所采，谈俗讲者可以参考。宋赞宁云：“齐竟陵王有导文，梁僧祐著新立赞叹缘记及诸色咒愿文。隋高僧真观深善斯道，有《导文集》。”赞宁《大宋僧史略》中赞呗之由条云：萧子良著《赞梵呗偈文》一卷，知此类文字宋初尚存于世。

又僧祐自撰《法苑杂录》，其序云："庶辨始以验末，明古以证今，至于经呗导师之集，龙苑圣僧之会……宋齐之隆、实弘斯法，大梁受命，导冠百王。""导"指唱导之事。陈寅恪《四声三问》所言之新声，即谓经呗新声，与声调无关，观《祐录》之《导师集》所载文篇之名目，可以思过半矣。

七、僧祐之巧思及其建筑艺术与后人之称誉

僧祐一生事业，最为人欣赏者，为负责梁时诸寺之佛教建筑工程。天监八年九月二十六日造光宅寺、丈九无量寿佛像象①，天监十二年至十五年督造剡溪大石像②及摄山大佛③，金维诺撰《僧祐与南朝石窟》一文详记其事。④《出三藏记集》所录，关于僧祐工程者有下列各文如下：

> 光宅寺丈九无量寿金像记
> 定林上寺太尉临川王造镇经藏记
> （梁）皇帝造光宅寺竖刹大会记并临川王启事并敕答

以上诸篇皆有关建筑工程之记录，可惜文均散佚。

唐麟德元年道宣著《集神州三宝感通录》卷中记："梁祖天鉴（监）初立光宅寺……佛像多现神奇。剡县大石像者，元在宋初育王所造，初有昙光禅师从北来……闻天乐声……南移天台，后遂缮造为佛像，积经年稔，终不能成。至梁建安王患，降梦能引剡县石像，病可得愈，遂请僧祐律师，既至山所，规模形制，嫌其先造太为浅陋，思绪未绝。夜忽山崩，其内佛现，自颈以下，犹在石中，乃刬鑿浮石，至本仍止，既都除讫，乃具相焉。斯则真仪素在石中，假工除刬，故得出现。梁太子舍人刘勰制碑于像所备之。"此碑文字现存，盖作于勰天监官太子舍人之时。

刬城佛像，后人多有题咏，唐孟浩然《腊月八日于剡县石城寺礼拜诗》云："石壁开金像，香山绕铁围。下生弥勒见，回向一心归。竹柏禅庭古，楼

① 见《僧传》卷十三《法悦传》。
② 同上注，《僧护传》。
③ 见江总《栖霞寺碑》。
④ 见金维诺：《中国美术史论集》，北京，人民美术出版社，1981。

基世界稀。夕岚增气色，余照发光辉。岁席邀谈柄，泉堂施浴衣。愿承功德水，从此濯尘机。”北宋章得象《留题宝相寺》七律云：“天台四面翠如屏，洞穴幽奇地最灵。百尺岩中真像在，千年涧畔古松青。路傍断石留神迹（路旁断石如刀锯割截之状。传云昔造佛者试锯于此，今谓之‘锯解峰’是也），壁上遗文缺旧铭（建寺碑文乃刘勰所撰，今坏缺不存，但写之屋壁，字已讹矣）。我是丹丘仙郡守，暂来犹似觉魂醒。”[①] 得象字希言，福建泉州（浦城）人，真宗咸平五年进士，宝元元年丞相。杨亿有《表弟廷评章得象知信州玉山县》诗。余曩年游天台山，道经嵊县，见此大佛仍保存完好，头高丈许，耳长七八尺，极为壮观。

八、僧祐与萧子良父子及刘勰、宝唱之关系

南齐竟陵王萧子良为佛教之大力支持者，僧祐受其青眼，每延请讲律。竟陵事迹详汤用彤《佛教史》第十三章。子良手书佛经七十一卷，著《净住子》，《文选》六十李善注引《净住子序》。按《翻译名义大集》布萨义为净注，以净身口意。净住之取名，当与布萨有关。道宣《广弘明集》所引，可窥全书梗概。

子良短祚，享年仅三十五，任昉撰行状称其“弘珠泗之风，阐迦维之化”。其子巴陵王昭胄，亦崇佛法，父子弘法之规模，所著《法集》目录，赖《祐录》为之著录宣扬，免于湮没。

刘勰与僧祐有不可分之联系，长期以来，为研究《文心雕龙》者所致力，论著繁赜。自明以来，不少学人，有刘勰为僧祐代笔之误解，经过上述史料梳理，有下列三事，须加以辨明：

（一）勰事迹，仅《梁书》本传较为翔实。传云：“勰早孤……家贫不婚娶，依沙门僧祐，与之居处积十余年，遂博通经论。”“经论”指佛书，知勰之佛学，得自僧祐。勰依止僧祐，始于何年，史无明文，有人以勰为僧超辩撰碑铭，在永明十年[②]，遂谓勰之依祐，肇于是年。越二载为延兴元年，僧柔卒，勰亦为制碑铭，事详《祐录》。按超辩于《高僧传》列入诵经一类，其人原以诵《法华》著闻（日限一遍礼佛，凡一五十余万拜），非如法颖、法献之地位。又僧柔则以居定林上寺，与僧祐交好，勰于寺僧之间，地位非高，因

① 《会稽掇英总集》，卷九；又《全宋诗》，1591页，北京，北京大学出版社，1992。
② 见《高僧传》。

祐之关系得为此二人撰碑。故知勰之从祐，必在永明十年以前多年，方能博通经论，以是反证永明十年不得为二人结识之始，此其一。

（二）《梁书·勰传》云："天监初，起家奉朝请，中军临川王（宏）引兼记室。出为太末令，除仁威南康王记室，兼东宫舍人。"以上为勰出仕后之官职，证之其他记载，萧宏于天监元年封临川郡王，萧绩于天监八年封南康郡王，十年，南徐州刺史，号仁威将军，绩加"仁威"之号乃在天监十年。又《续僧传·僧旻》云："天监六年，选才学道俗僧晃、僧智、临川王记室东莞刘勰等三十人，集定林寺，抄一切经论，以类相从，凡八十卷，皆取当于旻。"又同书《宝唱传》云："天监七年……敕庄严（寺）僧旻于定林上寺，缵《众经要抄》八十八卷。"此即同时之事。合上诸事观之，天监六年勰仍为临川王记室，并参加定林上寺僧旻主持抄经之工作。至天监十年方为南康王记室。考《出三藏记集》成书甚迟，书中记梁朝功德甚多，下及天监十一年梁武注《大品经》事。是时勰在东宫为通事舍人，必无暇参预此书之编撰工作。由《僧旻传》观之，勰实在僧旻领导之下，是时《文心雕龙》虽已成书，仍未为时流所重，可以概见。此其二。

（三）《续僧传·宝唱传》云："律师僧祐……著述《集记》，振发宏要。宝唱不敏，预班二落，礼诵余日，捃拾遗漏。"所谓《集记》，明指《出三藏记集》，宝唱年十八即从祐师出家，所言自属可信，是此书自由僧祐手定。《祐录》最后为僧传，宝唱继之撰《名僧传》，故云捃拾遗漏。由宝唱之言，足证《出三藏记集》非假手他人之作，向来称之曰"祐录"，是十分正确的。此其三。

九、小结

僧祐《出三藏记集》一书，有其独特之义例及行文习惯。其书自卷十一起，题名曰："梁建初寺沙门释僧祐撰。"似卷十以前为居定林寺时期所着手，以后则居建初寺所辑集者。卷四《失译杂经录序》结语云："夫十二部经，应病成药，而传法沦昧，实可恨叹。祐所以杼轴于寻访，崎岖于纂录也。"措词叮咛周至，出自肺腑，绝非刘勰所能代言。有人摭取若干序文中字眼，与《文心》比较，遽作粗心结论，谓此书原出勰手，不免厚诬古人矣。

本文作为于北京大学主办"首届汤用彤学术讲座"演讲之一

从释彦琮《辩正论》谈译经问题

译事之难，由于被译与译出两种文字在结构上基本之不同，如何沟通传达，既有“信”的问题，又有“美”的问题。老子说：“信言不美，美言不信。”二者间形成的矛盾，怎样去解决使其既美且信，是历来翻译家共同致力而不易做到的难题。中印文字的互译，唐宋以来，重点的翻译大师已有许多石破天惊的理论。道安论译胡为秦，有五失本，三不易之说，玄奘谓五种不译，赞宁标揭六例，这些都脍炙人口，文学批评史家均略加以载录。译经制度，唐代已经确立。在唐以前，释彦琮的《辩正论》是一篇很重要的文字。全文收入道宣的《续僧传》，被公认为“足以为翻译之（楷）式”。

彦琮之参预译事，妙体梵言。他在晚年每“以所诵梵经四千余偈十三万言，七日一遍，用为常业”。温旧知新，力学不倦。《辩正论》的主要论点有二：

（1）是“相关要训”，计有十事：一句韵，二问答，三名义，四经论，五歌颂，六咒功，七品题，八专业，九异本，十各疏共相。这些是涉及文体、校勘、义理方面的问题。

（2）他提出“八备”：一不惮久时，二不染讥恶，三不訾阘滞，四不过鲁拙，五不好专执，六不欲高衒，七不坠彼学（指梵言正译），八不昧此（土）文（指华诸苍雅文字）。

他所论及的范围相当广泛，不离一般治学的基本态度和方法。就中七与八还环绕着华、梵语文本身，认为须有良好基础训练。意思是对梵要“圣晓三藏，义贯二乘”，对华必须“旁涉坟史、工缀典词”。换言之，对于二种不同的语文与文化背景，都需要相当造诣与高度修养。彦琮似乎对华言的根柢更有深度。他在北周时为“文外玄友”之一，他与薛道衡、陆善经等一代文宗都有交往，又著《内典文会集》，应该算是擅写文章的名家，在僧众之中，最为翘楚。他可说是一个信言与美言二者兼能做到的翻译家。彦琮谈到“得本开质，斵巧由文”的原则，他不仅重质而且重文。向来翻译界每每着重于被翻译的原文的理解，而忽略了翻成后的果实——译文是否成功。这不只是要信而达，而是译文是否成为一篇可读的文章，这点是很重要的。中印互译的结果，大多数是质余于文，或者“质木无文”。佛典本来在梵文学上没有太高的评价，一再翻译，更不成样了？许多译家原本是印度的僧徒，他们的中文修养差，译出来的文字能够有“文学性”而文质兼美的不多，所以必须经过一些文人的润色，成为译经一定的手续。

我初学梵文时，读薄伽梵歌（Bhagavad—gītā）Ⅱ. 二十三，有下列二句：

nai'naṁn dahati pāvakaḥ　（火不能烧）
(na enam)
na cai'naṁn kledayanty āpo　（水不能湿）
(na ca enam)

我便联想到《庄子·大宗师》说到真人“入火不热”、“入水不濡”二句，文义完全可以对应。gītā 古来无人迻译，至近时才有一些译本。华言之中，有不少与梵言雷同的，特别是《庄子》。所以晋以来的玄学家在这里找寻“格义”的材料。

彦琮说：“留支洛邑，义少加新；真谛陈时，语多饰异。”留支是菩提流支，魏言道希，魏时住永宁寺，创翻十地（《续僧传》一）。他是北印度人，姑且勿论。真谛（西天竺人）即波罗末陀之汉译，翻《金光明经》等六十四部。又出《金七十论》即数论（Sankhya），这是唯一婆罗门经典汉译现存的译本。《成唯识论述记》一称：“有外道人，金耳国……谤僧不如外道，遂造七十行论，申数论宗，王以金赐之……名金七十论。”今存数论梵本，有四世纪自在黑（Īs'vara kṛṣṇa）之数论偈（Sāṃkhya—kārikā），为七十首之二行诗偈。日人言取与真谛译本参校，有一首汉译缺之。彦琮称真师“语多饰异”，今观此论第四十一首第一行：

citram yathā'srayam rte sthānvādibhyo

画　　　如　　　壁离　　　杭

vinā yathā cchayā

离　　如　　影

真谛译作“如画不离壁，离杭等无影”。细审原文，有两如字（yathā），而离字则一作ṛte，一作vinā；ṛtē有without义，这二语为平行语气，用字故意变异，勿使雷同，具见修辞功夫。汉译语气不顺，为了凑成五字一句，不免增字成为衍文，至sthānvādibhyo一字以“杭等”译之，颇觉生硬；ādi训行列（row line），bhyo即八啭声第四转sampradāna（Dat） “与格”之多数——bhyas。真师可能读杭为“行”，殊感晦涩，所谓饰异者，或即此类？

无论何种文字，都有它的“声文”之美，声文的形成，必基于该文字本身的特殊结构。刘勰论文，于形文之外复标举声文，因之，有《声律》篇之作。华言如此，梵文亦然。近时梅祖麟君以为“律诗”出于声病说，遂认“律”的起因，由于印度Śloka的影响。按Śloka即是metre，在印度可溯源远至吠陀，有简单、复杂与对句，或一组三句（triplets）等花样，与华完全不同结构。鸠摩罗什颇深于此道，他尝极中肯地说道：

天竺俗甚重文制，其宫商体韵，以入弦为善。凡覲国王，必有赞德，见佛之仪，以歌叹为贵。经中偈颂，皆其式也。但改梵为秦，失其藻蔚，虽得大意，殊隔文体，有似嚼饭与人，非徒失味，乃令呕哕也。

彼尝“博览四围陀与及五明诸论”（慧皎《僧传》二），故特别注意偈颂的声文音节，但经过改译，不免失去原来的音律美，这是无可如何的事情。汉译偈颂由于硬性制定一句必为五字，有时只好削足就履，试举什公译龙树《中论》一例：

梵文	什公译
Śūnyesu sarva—dharmeṣu	一切法空故
Kim anantaṁ kim antavat/	何有边无边
Kim anantaṁ antavac ca	亦边亦无边

na—anantaṁ na-antavac ca kim// 非有非无边

（《中论》观涅槃品第二十五）

原文凡用四个“Kim”字在不同的位置上，他只译出一个“何”字，原文有二个“ca”，译文亦用两个“亦”字，而施于第三句，但与原文分配于三、四句不同，这是由于偈句的字数所拘束，所以难以传神。

华夏有自己的诗律，后汉钟皓隐密山专以诗律教授，门徒千余人。钟皓讲授的诗律，可能是三百篇配合弦琴的律吕问题，不必如王力所说的 versification，这与印度的Śloka 当然不同，但古诗和乐府自有它一套合乐的 metre。古代王者朝见祭祀无不奏乐，以安宾客，而悦远人，与印度一样，各有它的Śloka，何曾互相因袭呢？把印度伽陀的 gāthā，变为汉文的五言偈，无法维持它原有声文之美，什公心知肚明，但却很难做到，基本上是由于语文结构的差异之故。

彦琮的翻译理论，不仅在质上求信，而且注意到藻蔚的文，力求其美，尤其注重译成之文，要有可读性。为求译文的善美，遂促进后来译经制度的健全，彦琮这篇文字应该有它的重要性。吾人检读北魏至隋译经写本的题记，没有分别把笔受、证梵语、证文等负责人加以记录。要到唐开国以后，方才由某官员认真具名，写出他所监修的责任。玄奘译的《大般若波罗蜜多经》，在龙朔元年的写本上面，还题署“许敬宗等润色监阅”。当日对“润色”的重视可以概见。追原其始，彦琮对译文提高水准的呼吁，不能说是没有相当的影响呢。

隋禅宗三祖塔砖铭*

历史上禅宗之遗迹、遗物，可供探讨者，若达摩初莅广州之“西来初地”，光孝寺之六祖发塔，南华寺之六祖传衣钵等等，众所共知。曩时，胡汉民兄长胡毅生曾收藏有三祖塔砖，因榜其所居曰“隋斋”。此一长物（下文称甲砖）现归北山堂，北山堂复获另一件为当日同时模制之复品，前国民政府主席林森之旧藏（下文称乙砖）。承利荣森先生好意，专予假观，得摩挲原物，大饱眼福，谨记其大略，以备研究禅宗史者之一助。

一、砖铭描述

原物纵 15.5 公尺，横 11.4 公分，厚 3.6 公分。左侧刻“大隋开皇十二年作”八字，北山堂所藏两件，一为隋斋旧藏，久经人椎拓过（见张谷雏（申斋）传拓第六本），第一行之“二”字下面微有崩损；另一件字形笔墨较明朗而遒峭，似未经施墨，第五行第一字“供”略有损坏。

1982 年 4 月，浙江杭州市出土此塔砖，不知何以从安徽流转入杭。图文已详《文物》1985 年第 4 期简报，及《书法》1982 年第 2 期浙江博物馆曹锦炎跋文。

此一砖铭，端方在《匋斋藏石记》卷十五已著录，审其砖顶所刻花纹与

---

* 本文承利荣森先生提供原物及若干有关资料，谨此致谢。

利家不同，制作亦复异形，知传世塔砖实有多件。

砖铭共五行，每行六字，界以丝栏，依其行款原状，录文如下：

> 大隋开皇十二年七月，僧璨大士隐化于舒之皖公岫，结塔供养。道信为记。

砖背刻车轮形，殆示转法轮之意。铭为凸起阳文，《洞天清禄集》云："古器款居外而凸，识居内而凹。"此类阳文之铭，即所谓"款"者也。

二、僧璨卒年

砖铭云："开皇十二年七月隐化。"《文物》简报及曹跋皆谓据本铭，可知其殁于开皇十二年（592），是解说隐化为示寂。然考之僧璨传记，殊为不合，南唐泉州招庆寺静筠二禅德所编之《祖堂集》云：

> 第三十祖僧璨者即是大隋三祖。……师自隋第二主炀帝大业二年丙寅岁迁化，迄今保大十年壬子岁，得三百四十年矣。

《祖堂集》为现存第一部禅宗史籍，所言确凿可信。《景德传灯录》（传第三）云：

> 第三十祖僧璨大师者，不知何许人也。初以白衣谒二祖，既受度传法，隐于舒州之皖公山。……至隋开皇十二年壬子岁有沙弥道信，年始十四，来礼师，曰愿和尚慈悲，乞与解脱法门。师曰：谁缚汝？曰：无人缚。师曰：何更求解脱乎？信于言下大悟。服劳九载，后于吉州受戒，侍奉尤谨，师屡试以玄微，知其缘熟，乃付衣法。……即适罗浮山，优游二载却旋旧址，逾月士民奔趋，大设檀供，师为四众广宣心要，讫于法会，大树下合掌立终，即隋炀帝大业二年丙寅十月十五日也。（《四部丛刊三编》本）

普济《五灯会元》东土祖师内三祖传文全同。

上引诸书皆记僧璨卒于大业二年，详略稍异而卒年则同。陈垣《释氏疑年录》即据《景德传灯录》定其卒岁为大业二年（606）。其说可从，彼未及见《祖堂集》，应采南唐人记载，更为有据。若《文物》及曹文未遑考之他书，遽视隐化为卒年，失之。龚锡龄读“隐化”如“行化”。《五灯会元》传称：“祖又曰：昔可大师付吾法，后往邺都行化，三十年方终。”知隐化谓隐居而行化。按《祖堂集》云“迁化于大业二年”。《说文》：“迁，登也。”“迁化”犹言“登遐”矣。至于变化字本作“匕”。《说文》：“匕，变也，从倒人。”又：“化，教行也，从匕人，匕亦声。”此“化”字原训教化之化，谓“教行于上而化成于下”（段玉裁说）。“匕”与“化”本为两字，后混合而为一。“迁化”之化是变化之化（匕），“隐化”之化是教化之化，取义不同。故不得解行化之隐化，为示寂之迁化。观诸僧传记三祖隐于皖公山，其事远在大业以前，且所记都说“开皇十二年付法与道信”，正与砖铭吻合。

三、皖公山

皖公山在今安徽潜山县。据《汉书·地理志》所载，庐江郡有灊、皖二县，灊下云：“天柱山在南。”《通典》：今舒州古晥国也。《太平寰宇记》：“春秋时晥国，偃姓……楚灭之。”罗泌《路史·国名纪》：“舒之怀宁有晥故国，晥与皖通。”砖铭之晥公山，其字从日，乃隋时别体；据《汉书》当从目作皖。宋本《太平御览》卷四十三地部“晥山”条下云：

> 《汉书·地理志》曰：晥山在灊山，天柱峰相连。其山三峰鼎峙，叠嶂重峦，拒云概日，登涉无由。山经曰：晥山东西有激水。……（宋本，208页）

王象之《舆地纪胜》引图经云：

> 以其地言之，则曰灊山以其皆灊也；以国言之，则曰皖山，以皖伯所封之国而言也；以峰言之，则曰天柱，以其峰之最高而名之也。

《方舆纪要》：“名虽有三，实一山耳。又或谓山南为皖，山北为潜。”依是言之，僧璨所隐之皖公山，即指天柱山。

四、铭及墓葬

玄宗谥三祖为鉴智禅师觉寂之塔，唐时为三祖刻铭，见宋人王象之《舆地碑目》者尚有：

山谷寺璨大师碑铭

宝应元年，房琯文，徐浩书。

三祖大师碑阴记

咸通二年，张彦远撰。

山谷寺三祖大师偈

建中三年立，御史中丞包佶撰。

（俱见该书安庆府碑记）

著《历代名画记》之张爱宾竟有文述及三祖。惜上列诸篇均不可见。

《景德传灯录》："河南尹李常……谪为舒州别驾，因询问山谷寺众僧曰：'闻寺后有三祖墓，是否？'时上坐慧观对曰：'有之。'常欣然与僚佐同往瞻礼。又启圹……得五色舍利三百粒，以百粒出己俸建塔焉；百粒寄菏泽神会，以征前言；百粒随身。"附记其佚闻于此。

五、砖上指纹及其他

隋斋旧藏（甲砖）之砖，其上四指印纹，按在左侧第二轮处，另一砖亦有四指印，但按于中间法轮周边之经纬线上，可知制砖时，黏土未干，以手执砖，因指所按部位不同，故呈异状。端方所藏塔砖，据龚锡龄所记述："砖顶刻五五泉式及回纹蕉叶纹，右侧所刻属犍椎道具之类，不甚晰不可识。""五五泉李佐贤《古泉汇》列不知时代品，据此塔记，知开皇时行用矣。"李书谓"此其北魏遗制欤"，与隋之年代正相衔接。

此砖铭可证禅僧大师付法，结塔供养，可以造砖立记，由于先制模手捏，故砖得印成不同形制多件，广为流布。

六、书法

此砖书法殊佳，曹跋云："虽寥寥三十字，然可直追《董美人志》。由此可见道信功底。边侧数字虽不及道信笔力，然亦不入下乘之列。"考《五灯会元》三祖传称："至隋开皇十二年壬子岁，有沙弥道信，年始十四，来礼祖曰：'愿和尚慈悲，乞与解脱法门。'"此说如可信，则开皇十二年，道信方十四龄，砖铭之书未必出其亲笔，存疑可耳。

据砖侧纪年，此砖分明作于开皇十二年。是时应指僧璨初在皖公山隐居行化之年，结塔供养，道信以稚龄从游，故命道信为记，则作砖者乃僧璨本人。若谓僧璨过化之后，由道信作铭，不应直指其师之名，如是解释，似较近理。

新　州

——六祖出生地及其传法偈

北京大学将为陈寅恪先生刊印纪念文集，王永兴教授嘱余撰文。忆寅老于1932年尝作《禅家六祖传法偈之分析》（《清华学报》第七卷二期），折衷名理，新义纷披，其文久已脍炙人口。不佞近年颇涉猎禅籍，去岁曾漫游韶州、怀集等地，今夏又至新州谒六祖故居，读东友所著论《慧能》及禅宗史各书，犹觉剩义尚多，有待于抉发，因不自量力，勉成短文，以当芹献，聊抒对陈先生学术成就之瞻仰，兼以表其启发来学之功云。

自来因五祖对慧能说过“岭南人无佛性”，六祖遂几乎被人目为赤贫而目不识丁之獦獠。余到新兴以后，对六祖之认识大为改变。第一，六祖之父卢行瑫，原出范阳，实为世族大姓；第二，“六祖舍新兴旧宅为国恩寺”（宋僧本传），规模宏伟，知其原非闾巷编氓；第三，六祖为父母起坟，其自知涅槃即返故乡示寂。《坛经》说其“叶落归根”，实则儒家“礼不忘本”之义。颇疑其早年尝受家庭教育之熏陶，并非全不识之无者，故能听诵《金刚般若经》而凝神不去，闻读《涅槃经》而能辨析大义，因而有行者之称。唐代之新州，为名宦贬谪之地，卢行瑫之后，张柬之、杜位皆莅其地。杜位为李林甫之婿，林甫炙手可热时，位官右补阙（《旧唐书》卷一〇六林甫传），及其败，徙新州（《全唐诗》小传）。《新兴县志》载杜位《新州八景》诗，其一为筠城旭日，有“新州万竹绕为城，旭日穿林万户明”之句。杜位为杜甫从子（《全唐文》卷三九五，参《唐人行第录》374页考证），与甫及岑参有诗来往，家世详《宰相世系表》。张柬之以汉阳郡王襄州刺史贬为新州司马（《旧唐书·中宗纪》），其本传称：为武三思所构，贬授新州司马。柬之至新州，愤恚而卒，年八十余（《旧唐书》卷九一，2942页）。张柬之实卒于新州。《新兴志》于柬之莅任之年岁不详。考《通鉴》卷二〇八中宗神龙二年（706）五月，武三思使郑愔告敬晖、韦彦范、张柬之、袁恕己等……六月戊寅，贬晖崖州司马、彦范泷州司马、柬之新州司马……七月……长流晖于琼州、彦范于瀼州、柬之于泷州。……矫制杀之……以周利用……奉使岭外，比至，柬之、晖已死（6605页）。是柬之以神龙二年六月贬新州司马。七月又贬泷州。其到新州殆仅一月而已耳。

新兴当地传说：六祖父卢行瑫于武德三年（620）九月被贬新州司马，落籍新兴。母李氏，新兴县旧塱村人。慧能三岁丧父，母子相依度日。是行瑫贬官新州司马与张柬之相同，惟其原官则不可考。然新州乃武德四年始置。《旧唐书》卷四一《地理志》云：

> 新州，隋信安郡之新兴县。武德四年，平萧铣，置新州，旧领县四，户七千三百八十八，口三万五千二十五。

则武德三年萧铣未平时，尚未有新州也。唐时新州所领县有新兴、索卢。据考古记录，索卢县遗址在今县南集成区夏卢村南侧来龙山麓，有唐代板瓦出土。慧能故居即在集成区夏卢村，相传为其出生地，今屋址犹存，其地即在唐之索卢县境也。赞宁《宋高僧传·慧能传》云：

> 其本世居范阳。厥考讳行瑫，武德中，流亭（停）新州。〔以〕百姓终于贬所。略述家系，避卢亭岛夷之不敏也。贞观十二年戊戌岁生能也。纯淑迂怀，惠性间生，虽蛮风獠俗，渍染不深，而诡行么形，驳杂难测。父既少失，母且寡居，家亦屡空，业无腴产，能负薪矣。……（《宋高僧传》卷八；《大正藏》，754页）

行瑫于武德中贬新州，至贞观十二年生慧能，积十许年，新州人口仅三万，彼以州司马作寓贤，谅可薄治田产，不必如赞宁所称之屡空，故慧能有旧宅可舍作国恩寺焉。其家本出范阳卢氏，自神䴥中卢玄为儒雅之首，蔚为北方巨姓，邺下风流，范阳卢元明尤负重望（《通鉴》卷一一七）。《唐书·世系表》，范阳卢氏四房阳乌（魏秘书监），大房有行嘉，青州录事参军（2888页），隋、唐初人，与行瑫同属“行”字辈，不审其关系如何？赞宁称其“述家系，避卢亭岛夷之不敏也”，可惜文献无证，其所述家系湮没无传，想与范阳涿之卢氏必同出一系。卢亭者，亦作卢停，《岭表录异》谓是出卢循余党，《永乐大典》广字号作卢亭，与此《宋僧传》相同，盖指广东土著（见拙作《说蜑》，《选堂集林》，917页）。行瑫之作《家系》，即表示出自中原巨室与地方蛮僚异其族类。故知慧能家世原出河北望族不得以獦獠目之。新兴有慧能之父母坟墓，其母确姓李氏，是否即新兴本地人则无法证实，六祖所舍宅之龙山寺，位于县城南73公里集成区之龙山脚，建筑面积9 200平方米，未必完全是他的私产。该寺据说始建于弘道元年（683），神龙二年，中宗颁赐书门额曰敕赐国恩寺，至今尚保存完好，是年正为张柬之贬谪新州之岁。国恩寺左侧又有报恩塔。建于睿宗太极元年（712）六月，则为六祖在曹溪宝林寺命门人所建者。先天二年，六祖从宝林寺返新州，道经肇庆，其地后人建为梅庵，传其种梅于此，有井曰六祖井。

国恩寺左上方有六祖手植荔枝树（高18米，树头圆围4.5公尺），清陈在谦赋诗云：“龙山侧生枝，仍傍卢公墓，吾师手所植，树老虫不蠹……树也本不住，师也本不去。”传诵至今。其父母比翼冢六祖所建，神龙间赐额，此外又有别母石、思乡亭、报恩堂。六祖眷恋故乡，母爱尤笃。（别母石在今集成区旧村，为其赴黄梅东禅寺求佛，其母李氏送别至此石，因名。）其回乡示寂，今国恩寺尚存塔基，涅槃于此，先置躯于此塔内。《新兴县文物志稿》称：“香灯岗，在集成区三坪村侧，相传六祖示寂后，僧人争迎其肉身，于此岗祷告。”《坛经·付属品》称其叶落归根。屈子云：“鸟飞返故乡兮，狐死必首丘。”（《楚辞·哀郢》）六祖有焉。千载之下，其孝思足以感人。其后洞山良价有辞亲偈。宋藤州释契嵩《辅教编》内除《坛经赞》外，又有《孝论十二章》，比于儒家之《孝经》（见《镡津文集》卷三）。稍后释宗颐又有《劝孝文》（《宋史·艺文志》著录）。禅家重孝道，即沐六祖之教化，释与儒之合流，其泽长远，于六祖故乡遗迹尤令人低徊寻思不能去云。

禅宗史事已为世界学人所共注目，《坛经》异本，自敦煌本以至兴圣寺本，日人已有诸本集成之作（参田中良昭《敦煌佛典与禅》）。而六祖肉身问题，友人戴密微、徐恒彬二先生均有专论。[1]

慧能事迹，讨论者实繁有徒，今但举新州一地略作考察，其余不遑多及。

陈寅恪先生对于神秀、六祖之传法偈颇生非议，称其“袭用前人之旧文，合为一偈，而作者艺术未精，空疏不学，遂令传心之语，成为半通之文”。所谓前人之文，彼举出二事，一是神秀弟子净觉所著《楞伽师资记》载求那跋陀之“安心法”云：

亦如磨镜，镜面上尘落尽，心自明净。

二是武德时僧昙伦传言：

先净昏情，犹如剥葱。……伦曰：……本来无葱，何所剥也？

陈说甚富新意。神秀、慧能二师之偈语，是否袭用上引二文，殊属难言。余考神秀“心如明镜”之义，原属恒言；而六祖“本无”（树，亦无台）之语，则渊源殊远。道家早已言“心如明镜”，《庄子·应帝王》篇：“至人之用心若镜”。语亦见《淮南子》。《吕览》且称：“镜，明已也细，士，明已也大。”（参看《御览》七一七镜及镜台二项。）姚察《梁书·处士陶弘景传》云：

弘景为人，圆通谦谨，出处冥会，心如明镜。

南齐庐江何点亦言，“陆慧晓心如照镜”（《御览》引《齐书》），安知神秀“心如明镜台”非取自此等语乎？又《梁书·到溉传》，“子镜，字圆照”，此则用释典命名，所谓“大圆镜智”是矣。

在阿含部小乘经典中，以镜喻心者数见。姑举一二例：

西晋竺法护译《受岁经》：

彼便喜悦清净，白佛：世尊境界行，自见己乐行，犹若诸贤有眼之

---

① 参 Paul Demiéville, Momies d'Extreme-Orient，见其 *Choix d'études sinologiques*, pp. 1921-1970, Leiden 1973；徐恒彬《南华寺六祖慧能真身考》〔稿〕。

士，指清净镜自照面，此诸贤有眼之士，自见面有尘垢，彼便不喜悦，便进欲止；此诸贤此有眼之士，不自见面有尘垢，彼即喜悦清净。……（阿含部，《大正藏》卷一，843 页）

又失译人名之《优陂夷堕舍迦经》：

佛言：如人有镜，镜有垢，磨去其垢，镜即明。……心开如明如镜者，不当有怒意。（《大正藏》卷一，912 页）

是知凡称以“清净镜自照面”，及“磨去其垢，镜即明”，本出自佛言，亦即神秀所谓“勤拂拭”，慧能所谓“常清净”也。最有趣者，第一部汉僧笔受之佛经，即为《法镜经》，以“镜”为名，其书尚存，见宝积部下（《大正藏》卷十二，15 页）。书题后汉安息国骑都尉安玄译，实出严佛调所笔受。《法宝义林》称其梵名为 Ugra［datta］paripṛcchā，按 ugra［datta］义为 strongly given，与镜无关。梵文镜为 ādarsa，巴利文为 ādāsa，古波斯文为 ēwēṅag。安玄于东汉灵帝末游贾于洛阳，以有功号曰骑都尉（见僧祐《出三藏记集》十三），安息传来此经原本当是胡言，为何种文字，尚待研究。书中言及“远尘离垢，诸法法眼生”。又备述“净戒”、“净慧”，卷末题曰“法镜经”。吴康僧会尝为此经作注，并制经序（见《高僧传》）。其《法镜经序》云：

夫心者，罪法之原，臧否之根。……专心涤垢，神与道俱。……群生贤圣，竞于清净，称斯道曰大明，故曰法镜。……都尉口陈，严调笔受。（《大正藏》卷十二，15 页）

又《法镜经后序》云：

夫不照明镜，不见己之形，不识圣经，不见己之情。……不睹圣典，无以自明，佛故著经，名曰法镜。（《大正藏》卷十二，21 页）

僧会之注今已不存，惟序尚传于世，略如上引。韩子云：“古之人目短于自己，故以镜观面。……失镜则无以正须眉。”僧会博通群书，援华证梵。其撰《六度集经》第八十九为《镜面王经》，述瞽人扪象之事，镜面王大笑之曰："瞽乎瞽乎！尔犹不见佛经者矣，便说偈言：今为无眼曹，空诤自谓谛，睹一云余非，坐一象相怨。佛告比丘，镜面王者即吾身是。"（《大正藏》卷三，51页）此寓言中，其王以"镜面"为名，示非镜无以明道，故知以镜譬道，由来远矣。严佛调亦号"严阿只梨（阿阇梨）浮调"，乃汉人出家之最早者，其笔受于安玄之经，现存者又有《阿含口解十二因缘经》，同为汉人译述之最早者。故知心如明镜之喻，先出于蒙庄，复同符于象法。东汉人译经早启其端绪，久已家喻而户晓也！

至于慧能之偈其"本无"树、"亦无台"两否定句，用"本无"之理，纳诸实例之中，以破神秀之有，洵能窥见本体，故为五祖所深赏。其实"本无"一语，自东汉以来，般若诸经中，已自成一品，称曰"本无品"，《放光般若经》（西晋无罗叉译）列第十一，《道行般若经》（后汉支娄迦谶译）列第十四，《大明度经》（吴支谦译）亦列第十四。兹摘录两支译语如次：

(1) 佛言如是：诸天子！诸法无所从生，为随怛萨阿竭教。随怛萨阿竭（如来）教是为"本无"，"本无"亦无所从来，亦无所从去。怛萨阿竭本无，诸法亦本无，诸法亦本无，怛萨阿竭亦本无。……须菩提随怛萨阿竭教，怛萨阿竭本无，过去本无，当来本无，今现在怛萨阿竭本无等无异，是等无异为真本无。（《大正藏》卷八，453页）

此为东汉月支菩萨支谶"本无品"中之译文也。

(2) 善业言：如来是随如来教。何谓随教？如法无所从生为随教，是为"本无"。无来，原亦无去迹。诸法本无，如来亦本无无异，随本无是为随如来本无。如来本无立为随如来教，与诸法不异。无异本无，无作者，一切皆本无，亦复无本、无等、无异。于真法中本无，诸法本无，无过去当来今现在，如来亦尔，是为真本无。（《大正藏》卷八，494页）

此则吴支谦"本无品"中之译文也。两本当出一源。支谶云"随怛萨阿竭教"，而支谦云"随如来教"。怛萨阿竭即梵文 Tathāgata 之汉译。一切皆本无，诸法亦本无，即"如来"亦复如是。此后禅宗可以呵佛骂祖，以"如来"亦本无也。慧能说：本无树、亦无台，已能深契"本无"之真谛。顾此义之传入，自东汉支谶译《道行般若经》“本无品”始，时已立“真本无”之义。禅宗之祖，只拾其牙慧耳，我故谓：六祖本无之语其渊源甚远也。

僧祐书述《道行经后记》称“（灵帝）光和二年十月，洛阳孟元士口授天竺菩萨竺朔佛，时传言译者月支菩萨支谶。侍者南阳少安、南海子碧”。《白石神君碑阴》有祭酒郭稚子碧，即是侍支谶译经之南海子碧，与郭稚必是一人（汤用彤先生说）；佐译经之郭稚籍属南海，远在慧能之前，五祖之初见慧能，言岭南人无佛性，观于郭稚之事，可知其不然矣。

余之至新兴，投刺，文物工作者迎迓，喜而言曰国中文史教授能南来此地者，以余为始，使余受宠若惊。然日本人士组团到此参拜已不止一次。1981 年有大乘寺长老释井进堂。1984 年有京都大学柳田圣山，称美此祖庭为荔枝之故乡。国人反漠然置之，幸未曾加以现代化，其遗物建筑不致如南华、云门之蒙受无妄之轮奂藻饰，全失旧观，余独喜其能保存原有面目。以宗门而论，新州实是禅宗之“麦加”，而朝圣无人，可为浩叹！岂缘宗教情绪之低落耶？抑仍以“岭南人无佛性”而未加以重视耶？则非余之所敢知也。

慧能及《六祖坛经》的一些问题

主席、来宾、各位专家学者，今天这个有关六祖慧能的讨论会是一次意义重大的盛会，听说会议期间还将安排去肇庆新兴考察，这是十分难得的机会。本人万二分荣幸作为本次会议的第一位发言者，本不敢当。据说是由于我的一篇文章（即《谈六祖慧能出生地（新州）及其传法偈》，见北京大学中古史研究中心编《纪念陈寅恪先生诞辰百年学术论文集》，北京，1989 年），新兴当地人说我是到六祖出生地新兴考察的第一个华人教授，恐怕很难这样讲，不过居然能因此而促成这样一个有众多专家学者参加的盛会，实感荣幸。在此就慧能的有关问题谈几点想法。

一、历史上到过新州的名人

我不敢认为自己是近年来第一位到过新州的华人教授，但历史上确曾有一些名人到过新州，值得注意，这里我想举一二个例子。

首先是南宋的胡寅，著名的史学家，《读史管见》的作者，他与著名的理学家胡安国同宗，曾贬官谪居新州。在他的《斐然集》中有一篇关于早期传灯录的序，这本传灯录“乃景祐大臣王随所撮杨亿传灯录”，于有名的《景祐传灯录》中有引用。序中提及胡寅自己于南宋绍兴庚午年贬官新州，曾造访过“城南二十五里龙山寺”（即今国恩寺），云及在龙山寺未看到什么藏经，“独有四大部与《玉英集》”（参见《斐然集》卷十九《传灯玉英节录序》）。

另一个造访过新兴的人是檀萃，即《楚庭稗珠录》的作者，乾隆时人。他曾记其在新兴看过《（法）宝坛经》，称道其“直接爽快，平易近人”，意其接近白话，并批评屈翁山《广东新语》谓新兴是六祖生地，“目下草木不生”的言论为对圣人不敬。至于屈大均是否到过新兴，尚无法肯定。姜伯勤先生也引用过这条材料，不过胡寅的材料尚未见用过。

尽管新兴在历史上曾留下过名人的足迹，但比较近代的中国学人到过新兴的不多，而新兴的价值是不可否定的。我到新兴，印象最好的是国恩寺，去后对六祖的看法完全改变了。

这里顺带提一下“獦獠”这个词（《坛经》中载六祖初谒弘忍时被讥讽之语），虽然至今仍有争议，实际很简单。潘重规先生解释在敦煌卷子中“獦獠”的“獦”通“猎”，可释为“猎獠”，但这种假借并非始于敦煌卷子，唐代前后均有这样的例子，宋代黄山谷过青草湖诗云“蕉林追獦獠”。我个人整理过汉简，香港中文大学所藏一东汉简上，就有“獦君”的字样，这里的“獦”即通于“猎”。总的来看，“獦獠”、“俚獠”都是对南方人的一种贬称，较晚的唐、宋地理书中仍有用来称呼西南一带的少数民族的。

从我个人去新兴的感受来说，慧能不应是如《坛经》等禅籍所描述的那样目不识丁。国恩寺系慧能舍其故宅而建，面积很大。慧能是一个地方官的后代。一些文献所记载的关于慧能的家世如其父卢行瑫被贬官至新州的事迹，绝对是实录，国恩寺的情况说明慧能是有产业的，虽然其父早死，但绝非沦落至无以为生，慧能幼时母亲犹在，卢氏作为北方著姓，应有一定的家庭教育传统，因而慧能肯定有相当的文化素养，否则如不识字，何以能听懂金刚经、涅槃经，这是不可想象的。六祖的伟大在于他是个非常韬晦的人，素来不愿自我表现，因而后人的描述往往带有很强的传奇色彩。

二、慧能的弟子

《景德传灯录》等灯史记载慧能弟子共四十三人，日本学者曾作过详尽的研究，将有关偈赞汇集起来进行了细密的考证。实际上慧能弟子的数日恐不止于此。近日翻检何乔远《闽书》，其中有一条记载福建福清的黄檗山有慧能一弟子，名正幹，此人不在灯史所载四十三人之内。《闽书》云“唐贞元五年，沙门正幹从六祖学，既得其旨……”。后止于黄檗山，造般若台，贞元八年，又建福禅寺。这一条目后面紧接着是有名的黄檗宗希运（断际）的事迹记载，由此来看，似不应轻视这条记载。但这条材料有几个问题，第一，刻写时将唐贞元误为宋；第二，正幹于“贞元五年”从六祖学，这一年代明显有误，因是时慧能已去世。似乎可以推测正幹可能是六祖学生之学生较为合理。

从六祖学生的生年籍贯来看，各地都有，广东籍的可能只有三个，这充分显示慧能的影响力远不限于岭南。

三、《坛经》传本问题

这里主要想谈一下敦煌本。

所谓敦煌本，又可分为两个系统。一为敦煌藏经洞所出的《坛经》本子，其卷子分藏伦敦、北京等地，这是众所周知的；其二为敦博本，即向达先生最早介绍现藏敦煌市博物馆的传本，在此想着重谈谈这个本子。

潘重规先生根据敦博本所作的《敦煌坛经新书》，在校正某些讹字及字音方面有一定的成绩。其局限在于它依据的是向达先生的照片，远不能称得上最好的底本。目前邓文宽、荣新江也在做这一工作。至于敦博本的性质，周绍良先生认为是《坛经》原本，我个人对此有很大保留。敦博本○七七号是由五种经论合成的，即《菩提达摩南宗定是非论》、《南阳和尚顿教解脱禅门直了性坛语》、《南宗定邪正五更转》和诗一首、《南宗顿教最上乘摩诃般若波罗蜜经六祖慧能大师于韶州大梵寺施法宝坛经》一卷、《净觉注金刚般若波罗蜜多心经》等。过去在唐代提到《坛经》名称各异，如日本圆仁大师所著《入唐新求圣教目录》中所载京都高山寺本《坛经》，其全称为《曹溪山第六祖慧能大师说见性顿教直了成佛决定无疑法宝记坛经一卷》，与敦博本相比有很大出入。绍良先生认为敦博本的纸有些霉，非敦煌本地抄写，但迄今尚无确证能确定这个本子的时代。绍良先生虽然举出了敦博本中一些语词及表述方式在宋代已很少见的例子，但这五种经论是在什么时候合成为一本的，尚无法明了，因而现在还很难对敦博本下定论。

四、宗密的承袭图所展示的四川“禅系”

唐代的宗密作《中华传心地师资承袭图》，其中关于五、六、七祖传法的谱系资料十分重要。如关于慧能的部分，有关于四川一系的情况，值得注意。

据《承袭图》所反映的材料，当时的四川，有资州诜、益州金、资州处寂及保唐宗等禅宗支派的活动。现在看来，这些材料的意义尤不可忽略，考虑到近数十年来国际禅史研究的重要趋向，这一问题及背景更受到关注。

从 50 年代至今，四十年来国际敦煌学的推进，其中一个重大成就在于敦煌禅学资料研究的进步。世界上第一流的汉学家如意大利的杜齐、法国的戴密微先生以及日本的佛教史专家和中国、英国的学者，花费数十年的艰辛努力，将敦煌写本与有关藏文材料进行对比，力图揭示内地佛教对藏地佛教的影响。如戴密微先生于 50 年代发表的极具影响的《吐蕃僧诤记》，就深入研究了禅宗北宗代表摩诃衍与莲华戒在吐蕃赞普座前的一场佛学论辩。

由数十年来国际敦煌学与禅学史研究的进步来看，四川禅系的重要性：资州诜、资州处寂、益州金的史实反映了禅宗在四川的发展与传播，而六祖思想亦因神会的关系输入四川，从藏文资料有关记载如顿、渐二字译音的出现等来看，内地禅学亦通过四川禅系传入了西藏，禅宗思想的传播已不限于岭南及中原，还传入了西藏。

宗密的承袭图过去包括胡适之等认为是不可靠的，而实际上应是可信的。冉云华先生在俄国找到了有关宗密资料，尽管是断片，但由于我们知道宗密的时代与六祖的时间较为接近，实际上冉氏的发现再次证明了承袭图非常可靠。

顺带提一下禅宗研究上的一个著名人物胡适之先生，胡先生在研究中不仅否定了宗密的承袭图，而且还在涉猎佛典时留下了许多批语，北大楼宇烈先生在《胡适研究丛刊》上发表了一些他整理的胡适之的批语，如胡先生于 1929 年开始其对禅史的研究，他在批《维摩经》时评其“只是一部很荒谬的小说”，十年后终承认自己以前的看法“大谬”。胡先生的例子告诉我们在佛学研究乃至学术研究中不要轻率对自己没弄懂的问题发表意见，如胡先生对宗密承袭图的否定，由于他的身份、地位，遂造成很大的误导，以致后来许多学者花费了许多精力来重新纠正。因之我们在研究中必须确立一个严谨的学术态度，对许多问题不要急于做结论。

这篇文章是作者在“慧能与岭南文化”国际学术研讨会上的发言，由中山大学历史系向群博士记录整理。

《禅门悉昙章》作者辨

敦煌石室所出题曰《禅门悉昙章》者有多件。计英国一：S·四五八二号，法国四：P·二二〇四，P·二二一二，P·三〇九九，P·三〇八二，往年在欧洲均尝目验，经著录于《敦煌曲》，法京原物且已印出。就中S·四五八三一纸，正面实为开元二十八载（740）五月十五，及天宝四载、五载（746）之文件。纸呈黄色，书体整饬。《悉昙章》八首书于其背面，遒丽可爱，不似他卷之潦草。从卷子纸质及字体及所纪年号可断作辞年代必在开、天之际。敦煌曲子有年代可依据者，以余所见，当以《悉昙章》是纸为最早（参图一、二）。

此悉昙章作者为谁，上列五件皆无题名。虽其序文有如下等语：

> 俗流悉谈章　夫悉谈章者……唐国中岳释氏沙门定惠法师翻注，并合秦音鸠摩罗什通韵鲁流卢楼为首。（北京乌字六四号）
>
> 又嵩山会善沙门翻出悉谈章，广开禅门……并合秦音。亦与鸠摩罗什法师《通韵》鲁留卢楼为首。（P·二二一二）

所谓翻注，亦可能指其翻注梵本之《悉昙章》，如日本行愿之《悉昙章》，其上写明“菩提流支翻注”之类，并不谓其撰写此颂也。观于法京P·三〇九九小册称“翻出”，其非作颂，灼然可见。

近时任半塘纂《敦煌歌辞总编》，其中册收有释寰中之《悉昙颂》，彼所以肯定此颂作者必为寰中，只据《景德传灯录》“寰中……塔名定慧”一语，寰中为僖宗时人，去开、天甚久。任书引吕氏说云：

中岳原为北宗本山。神秀一传景贤，即住会善寺。定惠应为其法系。悉昙流行在开贞密教盛行以后。智广悉昙字记之作，尤有影响，《字记》作于贞元中，定惠时代，可据以推。

吕氏从会善寺一名推测定惠之时代，亦乏其他坚证。至认悉昙章盛于中唐之后，仍为旧说所囿，不知唐以前十四音之说已极通行，《悉昙慕》之书已见道安、僧祐及费长房之著录。

按会善寺在今河南登封县西北十二里太室积翠峰下，右倚卧龙岭，翠柏青葱，《嵩书》云：“寺本北魏孝文离宫，隋开皇中赐名会善寺。”寺名会善，非肇于唐。景贤事迹，见《全唐文》卷三六二玄宗时左拾遗羊愉撰《嵩山会善寺故景贤大师身塔石记》；其人本姓薛，汾阴人。为大通禅师法嗣。文中举出门人法宣、慧严、敬言、慧林，未见定惠其人。唐代居会善寺之名僧有一行辈（见《文苑英华·陆长源嵩山会善寺戒坛记》）吕氏何从肯定此悉昙颂序所记之会善沙门定惠必为景贤之法系？纯出臆测！至于释寰中，见《宋僧传》卷十二，称曰“杭州大慈山寰中”，传只言其“往嵩岳登戒，肄习律部”二语而已。“嵩岳”也者，可能指嵩岳寺，与会善寺异刹。李邕《嵩岳寺碑》云：“嵩岳寺者，后魏孝明帝离宫，正光元年，牓‘闲居寺’，隋仁寿二载改嵩岳寺。”此闲居寺为冯亮所造（见《北史》）。寰中早年至嵩岳寺受戒，与会善寺无涉，不得以其塔名定惠而加以附会；倘谓“嵩岳”是泛指嵩山，然登封所在，伽蓝林立（详洪亮吉《登封县志》十二伽蓝记），又将何所指耶？

S·五八〇九有大兴善寺禅师沙门定惠赞。任氏云：“大兴善寺在蜀，见《酉阳杂俎》。去寰中所居中岳南岳杭州甚远……显是两人。”（953页）今按段成式《寺塔记》上第一条：“靖善坊大兴善寺，寺取大兴城两字、坊名一字为名。”《酉阳杂俎》所言之大兴善寺即此（参方南生点校本，245页），寺在西安，今为陕西佛教会所，任氏岂未到过西安，故误其在蜀耶！

僧名定惠者不止一人，今所知有（1）大兴善寺之定惠，（2）嵩山会善寺之定惠，（3）襄州之定惠（在福州鼓山），（4）晚唐塔名定慧之寰中，（5）最著名者是宗密追谥曰定惠（《宋僧传》卷六），其间关系如何，尚待进一步觅得有力之旁证。又撰写与翻注、翻出实是二事，任氏遽断悉昙颂之作者为寰中，可谓卤莽！北京鸟字号称“定惠翻注”，其人必懂梵言。大兴善寺自隋至唐，历为译场所在地，《续僧传》称：彦琮于开皇十二年掌译事住大兴善寺，琮与裴矩修《续天竺记》，于“悉昙声例，寻其雅论”。其后天宝十五载，不空亦住大兴善寺。鄙见敦煌卷中之大兴善寺禅师定惠，与中岳能翻注《悉昙章》之定惠，或先居中岳，后住大兴善寺以终，后贤为之撰赞，未必不是一人。

又序文称“并合秦音，亦与什师通韵鲁留卢楼为首”。任氏说此四字为神咒，引《通鉴》二〇九景龙三年杜元谈诵婆罗门咒事。夫印度婆罗门咒，车载斗量，与《悉昙颂》有何关系。彼不明此四助声远出自北凉昙无谶所译，属东天本，四流音有其特殊意义，故施用作助声，本编各文讨论至详，今不复词费。

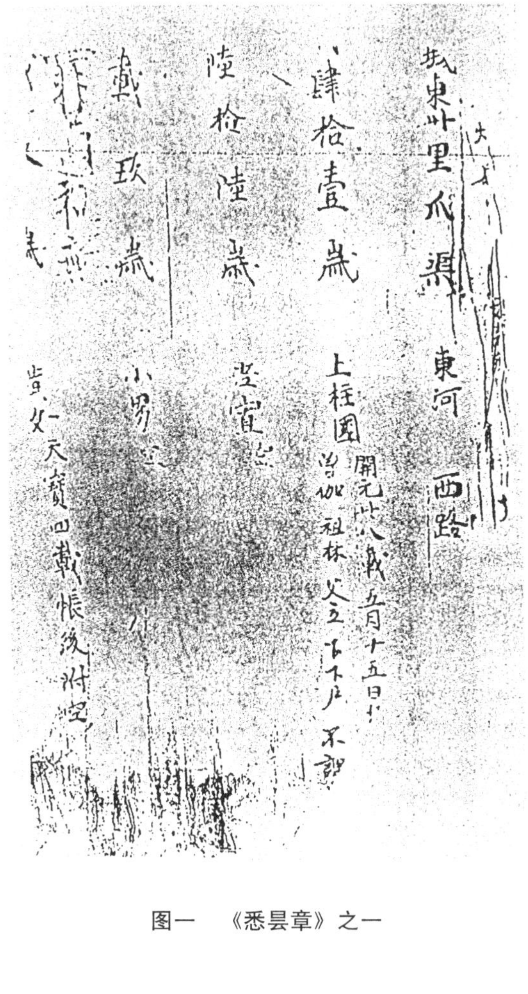

图一　《悉昙章》之一

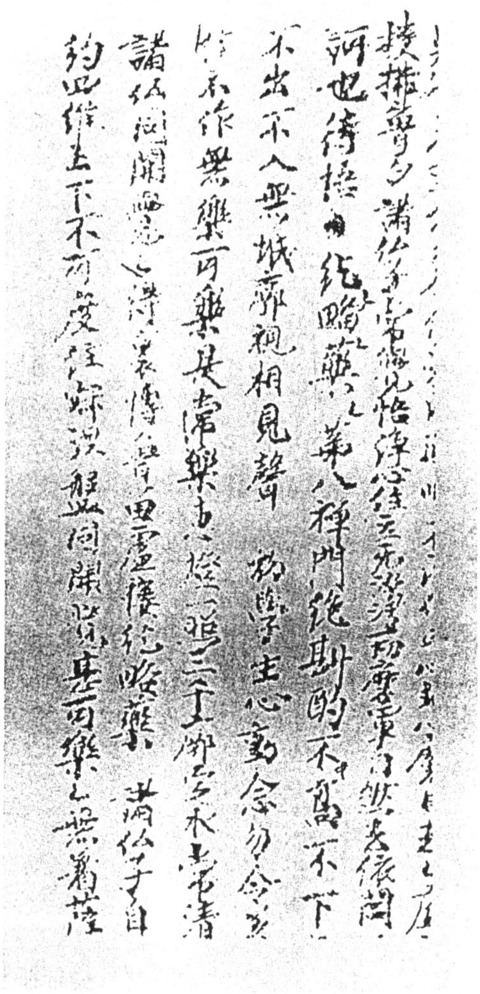

图二　《悉昙章》之二

法门寺有关史事的几件遗物

法门寺在中国佛教史上极为著名，由于它是韩愈谏宪宗迎佛骨的所在地，一向被称为唐代“累朝回向”的绀宇梵刹。① 自从1987年于塔基地宫出土大量遗物，震烁一时，有人竟说可以成立一个法门学，来作专门研究，可见其受人重视的情形。我于1988年12月上旬，出席西安半坡三十周年纪念学术会议。在会议结束后，同月10日，有机缘到扶风县参加法门寺博物馆落成典礼，亲身看到近百年来首次破例举行的隆重热闹的法会，并得纵览法门寺塔基出土所有丰富而辉煌的各种文物，真是大饱眼福。关于发掘情况及遗物包括法器道具等的详细报道，具见1988年第10期的《文物》。我在本文只谈一些看后观感及关涉到的几椿历史事实，作为小小的补充。

一、参预供养及奉送真身的名僧——僧澈与智慧轮

地宫出有两件碑记，一是《大唐咸通启送岐阳真身志文》，一是《监送真身使随真身供养道具及金银宝器衣物帐》。后者长达1700字，对当日供奉品物的名称、数量及有关人物的名称，都有翔实的记录，作为研究资料是无上的瑰宝。志文题称：“净光大师僧澈撰，臣令真书。”内记：“咸通十二年八月十九日得舍于旧隧道之西。”由此文所载，知主其事者，有“真身使小判官周

① 见薛昌撰《唐重修法门寺记》。

重晦，神策军营兵马使孟可周，及武功县百姓社头王宗等一百廿人”。《文物》简报称“隧道”东壁题记有“右神策军使衙子弟都部领迎送真身□□周”残文，“周”字上有缺文，当然是“孟可周”，不成问题。

此文撰者僧澈，他的事迹见《宋僧传》卷六京兆大安国寺僧澈传。澈是国师悟达的弟子，著有《法鉴》四卷、《法苑》十卷。懿宗好佛，每逢法集，躬为赞呗，澈即升台朗咏。敕造旃檀木讲座以赐之。《旧唐书·李蔚传》记其“涂髹镂龙凤，藹金扣之”，备极豪侈。又于福寿寺尼缮写《大藏经》，每藏计五千四百六十一卷，雕造真檀像一千躯，皆委澈检校。当时号为“法将”，敕赐净光大师，咸通十一年也。[①] 澈内外兼学，辞笔特高，故十二年送真身志文，亦出于其手笔，全篇盼有人能为录出，俾可补入《全唐文》。

至另一帐单，题云“兴善寺僧觉支书”。当时兴善寺诸大德，出力甚多，出土琱镂精巧的银画，上面题记：“大兴善寺传最上乘口佛、大教灌顶阿阇梨三藏苾刍智慧轮敬造。”“咸通拾贰年闰捌月。”智慧轮的事迹见《宋僧传》释满月附传。满月事迹亦见日本《圆仁行记》。传云：

> 般若斫迦三藏者，或花言智慧轮，亦西域人。大中中行大曼拏罗法……深通密语，著佛法根本。宗乎大毗卢遮那。……法之根本者陀罗尼是也。……又述示教指归共一十（千）余言，皆大教之钤键也。出弟子绍明，咸通中刻石纪焉。[②]

日本圆珍入唐，于大中七年（853）会见智慧轮，足见其人在咸通时之活跃。《大正藏》所收著述，在他的名下有：明佛法根本碑[③]，即传中所称述者，书题：“大兴善寺大曼拏罗阿阇梨三藏智慧论述。”“论”字即“轮”之讹。又有新译《般若波罗蜜多心经》[④]，与玄奘所译稍异，如“色不异空，空不异色”句之上，多出“色空、空性见色”二句，是其一例。[⑤] 关于密宗的著作，又有二种列下：

① 《大正》，册五一，744 页。
② 《大正》，册五一，723 页。
③ 列一九五四号，《大正》，册四六，988 页。
④ 列二五四号，《大正》，册八，851 页。
⑤ 福井文雅：《般若心经历史的研究》，142 页。

摩诃吠室啰末那野提婆喝啰阇陀罗尼仪轨①

圣欢喜天式法②

前者题般若斫羯啰译，后者题般若惹羯啰撰。《宋僧传》作般若斫迦，按宜作般若斫迦啰为是，这些都是梵语 Prañа cakra 的音译，其义即为智慧轮。

智慧轮和书写者觉支都为兴善寺僧。段成式《寺塔记》："兴善寺在长安靖善坊，取隋大兴城二字为名。"密宗大师金刚智于开元二十年终于洛阳广福寺，其弟子不空则于天宝十五载还京，住大兴善寺，自是此寺遂为密宗的重镇了。

二、遗物与密宗仪轨的印证

地宫出土金银遗物多为密宗法器，如阏伽瓶共有四件（标本 FD5：017），其腹部即錾一周八瓣的仰莲，耸立三叉钴戟的金刚杵（见《文物》图版参之三）。足内墨书有"南"字和"东"字、"北"字，推知必当有另一瓶书写"西"字。智慧轮在他所著的《陀罗尼仪轨》里面"作坛场品"说道：

坛四角各各着一香水瓶，其瓶口中着杂轻果子及花叶等。

又佛顶尊胜陀罗真言的"作尊胜坛法"云：其坛四角各安一瓶……坛前置一器水，或铜或瓷，取五股香、沉、苏合、白檀、龙脑取香水汁，名曰阏伽水。别取一盏，或金或银，盛郁金香水。③

"阏伽"梵言 Arghya，其义即为香水。这四个阏伽瓶即是分置于坛之四角者。

智慧轮所造的鎏金四天王盝顶银宝函，其立沿处各錾两只伽陵频迦鸟（即妙声鸟）。函身四壁錾饰四天王像，榜题如下：

北方大圣毗沙门天王

托塔举剑。梵言 Vaiśrāman，译义亦称多闻天。

东方提头赖吒天王

---

① 《大正》，一二四六号，册二一，219 页。

② 《大正》，一二七五号，册二一，324 页。

③ 《大正》，册一九，391 页。

双手持剑。梵言 Dhṛtarāṣṭra，亦称持国天。

南方毗娄博叉天王

左手柱剑。梵言 Virūpākṣa，亦称广目天。

西方毗娄勒叉天王

左手持弓，右手执箭。梵言 Virūḍhaka，亦称增长天。①

按照密宗的仪轨，使用四天王图像，是诵持陀罗尼和建坛结界必需的手续，密宗著述中不少谈及此事。智慧轮在前引书仪轨的“画像品”说道：

若有善男子善女人爱持此陀罗尼者，先须画像。其画像时，彩色中辄不得着皮胶，唯用香汁。……画天王身着七宝金刚庄严钾胄，其左手执三叉戟，右手托腰，其脚下踏三夜叉鬼。

又“结界品”说：

又别请五方龙王、四大天王、二十八部诸鬼神。又别请五方药叉众……

智慧轮的银函上四天王都脚下正踏着二位夜叉，诚如“画像品”所言。凭借四天王来守护四隅，早期汉译密宗经典，像帛户梨密（多罗，即居南京的龟兹王子高座）的结界咒法已提及了，见孔雀王咒经卷下。② 其渊源甚远。金刚智的不动使者陀罗尼秘密法书中，画像法亦列第一。③

智慧轮所著别有圣欢喜天式法，欢喜天是象鼻人身的诫尼沙像。我所见陈列品中有一件形状作象鼻的雕饰，正为欢喜天，亦属于密宗的法器。

三、供养品与武后

法门寺衣物帐石刻条列的品物，第一件便是武后所舍的裙，又懿宗、僖宗及惠安皇后供养于重寺的各类织绣服饰多七百余件，这些丝织品有的保存

① 函上四天王图，见《文物》，21 页。

② 《大正》，册一九，458 页。

③ 《大正》，册二一，23 页。

在陕西考古所，我们得以寓目，大开眼界。法门寺藏的舍利，在武则天时代已受到极大的尊重。道宣记道：显庆五年春三月，敕取法门寺舍利往洛阳宫中供养。“皇后舍所寝衣帐直绢一千匹，为舍利造金棺银椁，数有九重，雕镂穷奇。”[①] 可知僧徒所制的金银函还是沿用武后的遗规。

武后时，法门寺立有千佛碑，镌千佛图像，其圭首处刻一巨佛、两侍佛、两狮，双侧刻众佛名，共廿二行，其中日月字形作𡆠𠥱，即是武后新制字。[②]

天后时的供养品，嗣后每取以赏赐寺院。诸暨保寿院《神智传》：大中时赐左神策军钟一口，天后绣幡，藏经五千卷，裴休为书殿额。[③] 咸通时法门寺真身供养，必有天后旧物，是理所当然的。

四、懿宗迎佛骨之侈靡

法门寺藏舍利，据张仲豪的佛骨碑所记：“太宗特建寺宇，加之重塔，高宗迁之洛邑，天后荐以宝函，中宗纪之国史，肃宗奉之内殿，德宗礼之法宫。”至宪宗乃亲迎佛骨。自咸通十二年八月十九日，得舍利于隧道之西，十四年，懿宗复至法门寺亲迎，《通鉴》记云：

> 广造浮图宝帐香辇幡花幢盖以迎之，皆饰以金玉锦绣珠翠，自京城至寺三百里间，道路车马，昼夜不绝。[④]

场面比宪宗元和十四年更为宏伟。事具详苏鹗的《杜阳杂编》和康骈的《剧谈录》。懿宗是一位奢侈浪费的君主。试举一例，文懿公主的下葬，花费之巨，“凡服玩每物皆百二舆，以锦绣珠玉为仪卫，明器辉煌三十余里”；“乐工李可及作叹百年曲，舞者数百人。”[⑤] 百年曲即敦煌石窟所出的叹百岁曲，他这样穷奢极侈，其时庞勋已作乱，南诏又入侵，国库枵耗，难怪唐祚不久亦就中斩了。

未几懿宗崩、僖宗即位，诏归佛骨法门寺，仪事至简，一反懿宗之所为。

---

① 《集神州塔寺三宝感通录》。
② 见黄树毅《扶风县石刻记》上。
③ 见《宋僧传》。
④ 标点本，8165 页。
⑤ 《通鉴》，8161 页。

五、法门寺唐代石刻

法门寺在岐山凤泉乡。其寺原名阿育王。北魏时岐州牧大冢宰拓拔育始宏旧规，广其台殿，刻石以记之；隋开皇中，改为成实道场，仁寿末，内史李敏复修之。魏隋石刻，其详皆莫考。唐武德中，改为法门寺。显庆四年，敕僧智琮居之，赐名会昌寺。[①]

唐代该寺碑刻，金石志书可稽考的，有下列诸碑：

武后千佛碑

黄树穀云关中唐碑，此推上上。

代宗大历十三年（778），无忧王寺大圣真身宝塔碑铭

由内供奉张彧撰文，宏农杨播书；播即杨炎之父。[②]

宪宗元和十四年（819）佛骨碑

翰林学士张仲豪撰[③]

懿宗咸通十二年　启送岐阳真身志文

僧澈撰　令真书

咸通□年　监送真身使随真身供养道具及金银宝器衣物帐

（昭宗）天祐十九年壬午（922）重修法门寺塔记

由尚书礼部郎薛昌序撰[④]，此碑末题：天祐十九年岁次壬午二月壬子……记，承旨王仁恭书，玉册官孙福镌字。碑侧又有天祐二十年岁次癸未四月乙巳……建是款及僧惠初、神静、谂琦及官吏李彦铜、法门寺都监刘源等题名。

按天祐为唐昭宗年号，其十九年壬午，唐亡已久，值梁末帝龙德二年，时李茂贞据岐州之地，仍奉唐正朔。茂贞事迹详《新五代史》卷四十《杂传》。传云："梁开平以后，秦、凤、阶、成四州入蜀。唐庄宗破梁，茂贞称岐王。及闻入洛，乃上表称臣，庄宗……改封秦王。"是碑侧题天祐二十年二

① 见《法苑珠林》三八。

② 见《陕西金石志》一四。

③ 见《佛祖统记》四一。

④ 文见《扶风县石刻记》。

月二十六日，已入后唐同光改元之五日。乃其碑篆额曰：“大唐秦王重修真身塔寺之碑”。然天祐十九年即西元922年，时同光尚未登位，据此碑则与欧史不合，殆茂贞已先称秦王矣。

碑中历记天复元年、十二年、十四年、十九年、二十年历次修寺塔故实。最重要为十四年建“十八间及天王两铺，塑四十二尊贤圣菩萨及画西天二十□祖兼题传法记及诸功德皆彩绘”。这些壁画，可惜在历史无情淘汰之下都已湮没无存，聊举其名，以供考古者的凭吊。

天祐此碑，是唐代法门寺最末的石刻亦是所有唐碑的后殿。李茂贞据隅负固，依旧弘法，而维持唐统，故更值得一记。

地宫所出石刻，其一记云：“监送真身使，应从重真寺真身供养道具及恩赐金银器物宝函”云云，知法门寺又称重真寺。《扶风县石刻记》下收有“咸平六年立宋重真寺买田庄记”之碑，在法门寺内，正可互证。附记之作为本文结束。

美国牟复礼先生，研精中国史学，退休征文，谨以此篇奉献，1989年2月饶宗颐于香港。

从法门寺论韩愈之排佛事件

法门寺位于陕西岐山县凤泉乡，原名为阿育王寺，唐高祖武德中，始改今名。自贞观、显庆、至德、贞元以来，朝廷屡次奉请法门寺宝藏的佛顶骨、指骨或舍利入宫。只有会昌灭佛时一度禁绝供奉。

历史上最有名的有两次迎佛骨入宫，一是宪宗时，一是懿宗时，兹分述其事如下：

宪宗元和十三年（818）功德使上言：凤翔法门寺有佛指骨。相传三十年一开，开则岁丰人安，来年应开，请迎之。十二月庚戌朔，宪宗遣中使率僧众迎之。十四年春，中使迎佛骨至京师，留禁中三日，乃历送诸寺，王公士庶瞻奉施舍，唯恐不及。刑部侍郎韩愈上表切谏。表中大意有下面诸要点：

其一，所谓佛不过是夷狄之一法，不知君臣之义，父子之恩。

其二，各朝事佛者享年皆短促，梁武求佛反得祸，可为鉴戒。

其三，佛身死已久，骸骨为朽秽之物，宜付有司，投诸水火。其措辞偏激，宪宗震怒，赖裴度、崔群之劝，乃贬愈为潮州刺史。

这是唐代最有名的一次迎佛骨的事情。元和十五年正月庚子，宪宗暴崩于中和殿，由于事前服金丹过多，变成躁怒，有人说是内常侍陈弘志所弑，得年仅四十三。距离迎佛骨不过一载而丧命。后此五十五年，懿宗咸通十四年（873）春三月癸巳，帝遣敕使诣法门寺迎佛骨，群臣多谏，有引宪宗故事规劝。这次迎佛骨规模更大，自京城至寺三百里，车马不绝。夏四月壬寅佛骨至京师，迎入禁中三日，出置安国崇化寺。是年七月戊寅，帝疾大渐，癸已崩于咸宁殿，年四十一。自四月迎佛骨至七月驾崩，不满三个月，比宪宗死得更快。

唐代诸帝对佛态度，初期高祖曾下诏沙汰僧尼。太宗贞观十一年诏，先道后佛，道教的排位在前，高宗以后，祀佛愈隆重，除会昌一朝灭佛之外，显庆、至德、贞元诸朝都不断奉请法门寺佛顶骨、指骨及舍利入宫。懿宗崩后，僖宗即位，同年（咸通十四）十二月己亥诏送佛骨还法门寺，佛骨从此遂埋于地宫之下，即近年掘出的塔基。地宫既经发掘，其隧道保存有《大唐咸通启送岐阳真身志文》及《监送真身使随身供养道具及金银宝器衣物帐》两石刻碑文，题记年月为咸通十五年正月四日，因是时仍用咸通年号，僖宗至十一月方才改元曰乾符。物帐单胪列各物，自武后绣裙以下，宝器名目和出土的东西，大致不差，现均保存于博物馆内。

韩愈在宪宗时谏迎佛骨，他似乎不大理会唐代皇室供奉佛骨本来已成为一种传统习惯，在他的前面，傅奕亦反对佛教，这样排佛，本来没有新的意义。他从夷夏的狭隘民族观点出发，只证明佛不过是夷狄之一法。他在早年所撰《原道》文中已经指出，人性好怪，乃至举夷狄之法而加之先王之教之上，这样一来，臣可不君其君，子亦不父其父，安得不沦胥而为夷狄？中国却胡化了。他引用《大学》的文句，特别指出，先王相承之教，从尧舜禹汤传至文武周孔，无形中建立道统，道统既立，则异端自然可以消弭。他的想法，当时事实上并没可能做到，但对后来的影响极大。宋代理学家采取他的道统说，并发扬光大。而夷夏观点，下至清初黄宗羲的《明夷待访录》初稿的《留书》，里面谈到《史》，便加以推演，提倡史学上的民族主义。

韩愈对于佛陀的生活，似乎很早就有一番了解。他写过有名的长篇五古《南山诗》，其中一段运用五十个“或”字前无古人的创举中。我尝指出这一新奇的修辞手法是取自北凉昙无谶翻译马鸣（As'vaghosa）的《佛所行赞》(Buddhacarita)。他平生和僧人来往甚多，但始终没有正面写出诠释佛教的文字。在他周围的同僚与朋友当中，醉心佛法者大有其人，他的前任潮州刺史常衮，便曾经和鱼朝恩、不空和尚及沙门良贲等十四人主持新译的《仁王般若经》、《陀罗尼念诵仪轨》诸工作（见《大正藏》十九册，513页），他所佩服的柳宗元，在元和八年马總出任岭南节度使，为六祖上书请求赐谥曰大鉴禅师，宗元即为执笔撰写碑文，东坡大加赞赏，说它“绝妙古今，兼通儒释”，是一篇“通亮简正”之作。他的学生李翱，因为很得梁肃的赏识，著《复性书》，欧阳修跋其文称“此中庸之义疏尔”。与修同时的僧人智圆自称

"中庸子"，事实是受李翱的影响。韩愈贬潮州以后，与大颠禅师相处甚为投契，他在《答孟简书》再三强调，未尝信奉其法，以求福田利益。这位孟简，还兼通一点印度语文，且从事翻译工作。只有韩愈一意孤行，力辟异端，毫无妥协的余地，他向孟简辩白重申佛法之不足信，佛不但不能与人以福，亦不能与人为祸，即令有之，亦非信道笃的君子之所惧。他的排佛立场非常坚定，和他的《原道》、《谏佛骨表》所陈述的道理前后是一贯的！

近时国内外谈思想史的人们，很留心这个问题。友人余英时教授在他讨论唐宋时代对传统思想的突破一文之中，指出韩愈原道思想的形成，可能受到禅宗的影响。他套用 Max Weber 的理论，用他的由他世界转向此世界的术语（from "other worldly" to "this worldly"）来分析晚唐的禅家思想。他以为韩愈早年有一度被贬为阳山令，所居与六祖在韶州的曹溪很相近，不无得到禅家的浸润。他支持陈寅恪意见，认为韩愈的道统说乃借用禅宗灯统，英时提出新证，认为韩愈《师说》所提及的"传道解惑"句中"惑"字（delusion）乃出自禅门习语（余氏说见《文德》，158—171 页）。

我的看法则有点不同："惑"字在儒书出现甚多，《论语》孔子说"四十而不惑"。《荀子·解蔽》篇言人之患，蔽于一曲，"两疑则惑"。他又在《正名》篇分析惑的类别，举出乱名的三惑（即惑于用名以乱名，惑于用意以乱名，惑于用名以乱实）。名实混淆，终至大惑不解。儒家对解惑一事的重视，由来已久，韩愈尊荀，谅必有取于是，与禅家似乎没有甚么关系。

至于儒、释之间，持论往往互相为用，英时举智圆与契嵩二例，此为一般所熟悉。其实自六朝以来，儒释交融已久，宋代理学家阳儒阴佛，乃司空见惯之事，必欲说理学家所言之天理依傍禅门而生，则殊非公允之论。我始终认为"理"一字的来历，分明远出于礼家，荀子在《礼论》篇说道：

> 贵本之谓文，亲用之谓理，两者合而成文，以归太一，夫是之谓大隆。
>
> 文理繁，情用省，是礼之隆也。文理省，情用繁，是礼之杀也，文理、情用相为内外表里。

他区分文理和情用两大因素来说礼，理是其中一大环节，而归宿于太一。《礼记·礼运》亦说：夫礼必本于太一。

战国秦汉人讲太一，宋人讲太极，这说明"人理"必本于"天理"。"天理”自有它的本原，和禅家无涉，问题复杂，当另行讨论。

韩愈用“清净寂灭”四字来概括释氏宗旨，又引用《大学》古之明明德一段话，带起宋代理学家尊重《大学》一篇，列为四书之一，朱熹在他的《大学章句序》中指出：“异端虚无寂灭之教，其高过于大学而无实。”他承认佛氏之教之“高”，但不切于实际。先王之教注重修己治人，化民成俗，是非常切近的日用伦常之事。佛家追求涅槃，在务实的中国人看来是不可能和不近人情之事。这是中、印民族思想不能相容的地方。禅门教训从寂灭落实到当前生活上的砍柴挑水，好像是从他世界转入此世界，但他们于禅定时候仍旧不忘他世界的追求，禅家根本对他世界没有加以否定，仅是融合而非排斥，与理学还是两回事。

韩公《与孟简书》末云：“籍、湜辈虽屡指教，不知果能不叛去否。”没有提到李翱，是韩的心目中李翱已叛去了。黄宗羲曾说：“儒释之学……自来佛法之盛，必有儒者开其沟浍，如李习之之于药山。”已正式给予道破。黄氏又说学佛者可分两路：知佛之后分为两界，有知之而允蹈之者，有知之而返求之六经者（见《黄宗羲全集·张仁庵先生墓志铭》）。前者为真正之佛信徒，后者是利用佛以立说，可谓谲者，理学家不少属这一类人物。

韩愈极尊崇孟子，谓其能拒杨墨，功不在禹下。他说“释老之害过于杨墨”，又说“使其（先王）道由愈而粗传虽灭万万无恨”，绝无自毁其道以从邪之理，这是他的大无畏精神，有孟子“虽千万人吾往矣”的气概。他处处师法孟子，作《伯夷颂》，无异孟学的注脚。范仲淹曾作黄素小字《伯夷颂》，富弼题诗于后，杜衍因之有“希文健笔钞韩文”、“欲教万古劝忠臣”之句（《全宋诗》，1598页）。他标举君子儒应有的独立特行的崇高人格，可见他的排佛，完全从人的实际生活的角度，来纠正六代隋唐以降祀佛以求福田利益的虚妄和庞大的浪费。他指出佞佛者所得到的是享祚的短促，宪、懿二宗的后果，真不出他的预料。他的极谏，没有收效，是失败的，他明知迎佛骨入禁中是唐室的传统，但他仍不顾一切提出抗议，贯彻他在《原道》所说的排除异端的主张，他那种伟大的实践精神，一致受到后来理学家共同的隆重崇敬，这一成就是应该加以肯定的。

智圆《闲居编》有《读韩文诗》云：“叱伪俾归真，鞭今使复古。力扶姬孔道，手持文章权。”又有《述韩柳诗》云：“一斥一以赞，俱令儒道伸。”“去就亦已异，其旨由来均。”智圆兼综儒释，其《自挽歌词》称“平生宗释复宗儒”，自是实情。这正是北宋初儒、释交融的一例。

后记

1994年10月11日余在北京，受故宫博物院招待，居和平宾馆。法门寺馆长韩金科来访，赠该寺多次学佛教学术讨论会论文集。首届有韩国磐君《论佛骨表小议》。文中指出韩公谏佛之说乃沿用前人傅弈、辛替否之说，按傅、辛之反对佛教，各有其立场，详《唐会要·议释教上》传说奉佛必短祚，法琳已有反驳（见《广弘明集·辨惑》篇）。可参贡新亚《说中唐政局与迎奉佛骨的关系》，《法门寺历史文化论文选集》；陈慧剑《唐代王朝迎佛骨考》（《人文杂志》1993年增刊）。

论元祥迈注《韩文公别传》

祥迈注《韩文公别传》，北京中国国家图书馆藏有此书，题孟简集，道者如意野老祥迈注，前有（金熙宗）皇统三年（1143）癸亥十一月五日翰林学士宇文虚中序，称“万寿禅师辩公以孟简所为韩文公别传”云云，其依托孟简，成书早在宇文以前。书中又有至元己卯（1279）学士安藏序，称“宇文学士序出青州祖师板行……东山如意和尚尝阅文公始终异论，毁誉有时，留心注解，无一义不明，无不言不著。另为一本，流布于世，门人孝顺，敬为刻梓，来求一序，义不可辞”。则原有宇文序本刊于青州者。书后别有至元丁卯（1267）少林雪庭福裕后序，书于中都大万寿寺之无还轩。此本盖刊于至元时也。

如意和尚者乃祥迈之号。迈于至元辛卯（1291）孟春撰《辩伪录》，全书今存于《大藏经》史传部四（第五十二册），张伯淳序云：

> 至元辛卯之岁孟春，大云峰长老迈吉祥，钦奉皇帝明命，撰述至元辩伪录，奏对天颜，睿览颁行，入藏流通。原其所自，乙卯间，道士丘处机、李志常等，毁西京天城夫子庙为文城观，毁灭释迦佛像白玉观音舍利宝塔，谋占梵刹四百八十二所，传袭王浮伪语老子八十一化图，惑乱臣佐。时少林裕长老率师德诣阙陈奏，先朝蒙哥皇帝玉音宣谕，登殿辩对化胡真伪。圣躬临朝亲证。李志常等义堕词屈。奉旨焚伪经，罢道为僧者十七人，还佛寺三十七所……

又大云峰住持雪溪野老贵吉祥序：

至元十八年十月二十日，钦奉先皇帝圣旨，敕令天下伪经一时焚尽，由是佛日重晖于碧汉，清云广布于阎浮。右如意所作：文赋注解、四经序、韩文别传、性海赋等，在世已传；然兹论五卷二百余纸，穷释老之渊源，分邪正之优劣……

祥迈是录，即记当日与全真道徒辩论经过之实录。此为元代释道之争一大事，张序所称之少林裕长老当即为《韩文公别传》作后记之福裕，辩伪录作者题名称"元道者山云峰禅寺沙门祥迈奉勅实录撰"。是时迈为云峰寺之沙门，故辩伪录之作，请该寺住持云峰为序，序称如意所作各书，其中有《韩文别传》，即指此《韩文公别传》，具见此注成书在至元十八年（1281）辩伪事以前。其有关人物均确凿可考。雪溪序又称：

如意者，俗姓乎延氏，太原人也，系乎延赞之裔。九岁落绀，随师请业……

又《辩伪录》卷四对道士持论师一十七名中有：

滦州开觉寺长老祥迈

则祥迈尝住滦州开觉寺。

考《佛祖历代通载》卷二十，宋孝宗淳熙十二年乙巳（1185）：

宋遣致仕黄门侍郎宇文虚中别号龙溪居士，奉使金国，诏请留仕翰林承旨……金朝仪礼，皆公定制，寿一百八岁。

此即宇文自宋入金之年，为是书撰序在皇统三年（1143），相去四十余载。

案《韩公别传》亦名曰《外传》，元至正成书之《佛祖历代通载》屡加引述。该书第十五卷"韩潮州遇大颠辩论"（二八）、"潮阳大颠禅师"（二九）

两节，记韩公与大颠往复讨论，甚为详悉，为他书所未见。末附论曰：

> 旧史称：退之性愎讦，当时达官皆薄其为人，及与李绅同列，绅耻居其下，数上疏讼其短。今新史则以退之排佛老之功比孟子。嘉祐中，有西蜀龙先生者，忿其言太过，遂摘退之言行悖戾先儒者条攻之。一曰老氏不可毁，二曰愈读墨子反孟玷孔，若此类二十篇行于世，及观《外传》，见大颠之说，凡退之平生蹈伪于此疏脱尽矣。欧阳文忠公尝叹曰："虽退之复生不能自解免，得不谓天下至言哉！"而荆国王文公亦曰："……圣人，时也，执一时而疑岁者，终不闻道。……"终天下之道术者，其释氏乎！不至于是者，皆所谓夏虫也。文公盖宋朝巨儒，其论退之如此，则《外传》之说，可不信夫！

强调《外传》之可信，此书中大颠言论，可能即取自《文公别传》，待取原书对核。念常华亭人，嘉兴路大中祥符寺住持，其书媚元殊甚，首列世祖《弘教集》中之玉旨及发思八帝师之《彰所知论》卷二十一、二十二钞自祥迈之《辨伪录》多章及两序，知《文公别传注》，此书必曾经眼，可无疑问。念常之论言及西蜀龙先生，乃指其《非韩》百篇、志磐《佛祖统纪》卷四十一（《法运通塞志》十七之八）引其概略，又念常引新旧史之语，则取自释契嵩之《非韩》三十篇（《大正》四九，383 页下、384 页上）、志磐书（卷四十）元和十四年（819）韩愈贬潮事之后附论云：

> 东坡曰：观退之与孟简书往复云云，则知退之喜大颠，而世人妄撰退之颠书，其词凡鄙，有一士人题其末，云欧阳谓此文非退之莫能及此，又诬永叔也。近世所传《退之别传》，深诋退之，又作永叔跋云"使退之复生不能自解免"。吾友吴源明云："徐君平见介甫不喜退之，故作此文耳。"

又述曰：

> ……至若《别传》之辞，诚为凡鄙，是不能逃东坡之鉴也。

志磐于《别传》未加采用，引坡公说以证其凡鄙，其识过于念常多矣。

诚如东坡云，此《别传》乃出徐君平之妄为。宋人喜调侃先儒，不特退之有《别传》（外传），欧阳公亦有《外传》。志磐书记早岁师事袁机，自述其事，有注引《欧阳外传》云“公至圆通禅师、范文正以书抵永叔问孙子事”（《大正》四九，412页上、中），书中引述不止一次，固知别传、外传之作，乃北宋一时风气，治学术史者不可不知。

《韩公别传》对北宋文坛有一定之影响，造成学术史、宗教史上一段公案，此书为元刊本，得祥迈增注，更值得研究，允宜广为流布，以供参考。

狮子林与天如和尚

苏州以园林甲天下，狮子林之名尤著。狮子林位于潘儒巷内，东靠园林路，为元至正二年（1342）天如禅师惟则所建，竹树怪石，俱可入画。天如俗姓谭氏，吉之永新人。居松江之九峰。此寺名曰狮子林者，记其学渊源于普应国师中峰天目明本，中峰为临济第十九世，居西天目之狮子岩。中峰师法杭州高峰原妙，两峰之学，至天如更为发扬光大。天如著《楞严经会解》十卷及语录、剩语等，论建既多，宗门之“化机局段为之一变”（《姑苏志》语）。

清顾嗣立辑《元诗选》，取材自天如门人善遇所编《师子林别录》，称“倪高士元镇每过师子林，爱其萧爽，为之绘图。徐幼文复图之为十二景。高季迪诸人题咏相继”。云林绘之狮子林脍炙人口，当日作图又有多人。王世贞《书文徵仲补天如师子林卷》云：“天如尝有十六绝句赞胜诗。嗣善遇辈一分为十二景。而洪武初、王彝、高启、谢徽、张适、王行皆游，有绝句。前是朱提举泽民图之，徐布政贲图之，倪山人瓒今赵善章复图之。……文徵仲重貌其胜，书王彝、高启之作，归之主僧超然。”盖为狮子林作图，始于朱德润，下至文徵明皆图之，足见狮子林诸胜，对第一流画家吸引力之大。又陆深跋云：“徐幼文入髹十二段，段有题名，犹损其一。后有姚少师广孝跋尾。”幼文之画明时已有缺损，惟分为十二景。自天如和尚为狮子林即景十四首，其徒以十二景请徐贲作图，其后王行、姚广孝皆有狮子林十二咏。当日翰墨之流多所题赞，张翥有五古一篇，郑元佑赋五古，倪瓒作五律，道衍复有三十韵，凡此之作皆载于周永年之《吴都法乘》卷二十一《憩息》篇。明中叶园已零落不堪。文徵明复为补卷，沈周亦有狮子林一律，其句云："拢总未来并已过，捱排昨日与今朝。"挦扯玄言，禅机满纸，吴门画家，熏沐于天如遗教者深矣。

香港北山堂藏有天如和尚手书《普说》一长卷，字大逾寸，长篇巨制，笔势开张，浑穆沉厚，足以辟易万夫，堪种剧迹。前题："至元七年辛巳岁正月八日立，平江慧应禅寺众请普说。"此文已收入善遇所编《天如语录》卷之二，见《续藏经》第一二二册（香港影印本）。卷末一段文字及开端数句，语录删去。其文如下：

> ……余因慧庆方丈若愚和尚率众劝请，不容推避，引起一段葛藤，狼藉不少。大概曲为初机，一期方便，如虫衔木，偶尔成文，亦何当有实言实句实义者哉。若愚乃折纸为梵夹，复命写出，又有所不容推避者。既谈于口，复书于手；虽非要誉，亦孔之丑，是岁二月初三庐陵惟则寓幻住庵书。

辛巳即元顺帝至正元年（1341），正月尚未改元，故仍称至正年号。其书此纸时寓幻住庵。幻住庵在苏州阊门外，中峰明本师居此，撰有《幻住庵记》（宋濂亦有《重建幻住庵记》），至慧庆寺，《天如语录》中有《吴郡慧庆禅寺记》，可见其概。

此《普说》卷后题识累累，记之如下：

> （一）倪长玗（明浩和尚）跋，略云丁酉三月九日（万历二十五年）于慧庆寺见此卷。又记天启间此卷由寺僧持乞蓼洲周家题跋，周为魏珰缇骑捕去，此卷弃乱楮中，家人见有红光，失而复得，俨有神物呵护，亦云奇矣。

（二）万历初王穉登赞。

（三）崇祯元年文震孟题赞。

（四）崇祯辛未（四年）刘锡玄跋。

（五）西空道人朱鹭跋。

（六）崇祯丙子（九年）陈继儒题。

（七）崇祯癸未（十六年）洗松道者周永年赞。

（八）乾隆五十年玉蓼庵（法名际川）题。

（九）乾隆己酉十一月钱大昕观款。（下略）

此卷又有袁廷梼印，清时曾经袁氏收藏。至今完好，纸墨如新。陈眉公先见倪云林图及文徵明着色卷楷书诗，后获睹天如此手迹，称其真是“狮子一鸣，百兽脑俱裂”。为之惊叹！周永年跋，赞赏其“以笔为棒，点画为喝”。“亦手亦口，以苍蝇声，敌狮子吼”。我尝取原卷为诸生讲说，截断众流，直指心性，恍如置身狮子林中，与天如师精神相接，而教室浑成禅堂矣。阅元刊本《天如剩语》，记释迦降诞之日，师拈丈示众曰：“顶门有一窍，露堂堂无所覆藏，脚跟下有一机，活泼泼无所滞碍。”一针见血。师之学以禅入净土，承中峰之净土百八偈，返约著为《或问》，言“净土不离本心，与西来意曾何差别，特被机之异而已”（参《郑元佑至正壬辰序》）。其发于书艺，亦以机运行，思路笔路，湛然无二，笔笔深入腠理，坚不可拔，彼以侧媚取态者，见师之书，自应惕然，羞愧无地！

禅家之学，影响及于艺事，自元以来，已深入诗流画伯之心坎。八大取“八还”为号，向疑其得力于思翁《画禅室》，实则祝允明记《梦中伽陀》，早已溯及楞严八还之句。乃知吴门名家，久契禅机。周永年题此卷在甲申明亡之前一岁，永年毕生精力，瘁于《吴都法乘》一书，余曾循览一遍，凡与天如和尚有关文字，无不网罗于斯！书中卷二十五《敬佛》篇记朱鹭事，采自钱牧斋、张世伟所述。朱鹭题天如此卷云：“元季多能书人。此册中字，劲铁骨子，较赵承旨十倍胜，诚足宝赏。观者往往赞不容口，乃至以字掩文，放过一片婆心吃紧警切意，所谓拾皮毛而吐髓脑者更可闵！”今世道与艺分途，几如南辕北辙，诵鹭此语，可发深省！鹭字白民，吴江人，尝参云楼宏，工写竹。北山堂藏有鹭竹一帧，潇洒出尘，禅机流露。晚岁居华山莲花峰下，修念佛三昧，自号西空居士，年八十。鹭题天如此卷署年七十九，则在其卒前一岁也。

北山堂藏天如此卷，书艺价值至高，朱鹭以为胜于赵松雪，自非阿其所好，爰为著文推介，以公同好，并申论天如师之狮子林，及其对明吴门画家之影响，为谈艺者进一解云。

利氏北山堂藏朱鹭画

大颠禅师与心经注

明万历间，潮州知府江西郭子章著《潮中杂记》十卷，继其伯父春震于嘉靖间修《潮州志》之后，于州事多所载述，颇有拾遗补阙之功，其书卷七为书目上、石刻下，开后代《艺文》、《金石》二略之先河。

书目之末著录下列各书：

《护法论》　宋观文殿学士张商英序。
《心经注》　僧太颠注。
《心经注》　僧太颠注。
《金刚经》　明太皇帝御制序。刻宝积寺。

僧太颠当是大颠，次于宋张商英之后，揆郭氏之意，似未确认其即韩愈留衣之大颠也。其后清初释了性于《灵山正宏集》所作颠师本传，乃谓其“又注解《般若心经义》，学者四集”。光绪间卢蔚猷《海阳县志·艺文略》遂著录有释宝通《多心经释义》一书。

先君著《潮州艺文志》，于释家类据卢说收入宝通此书，且尝与潮阳郭辅庭书札往还，讨论《心经》此注当为州人著述，当日印光法师则目为伪书。[①]

① 见《潮州艺文志》，308 页，上海，上海古籍出版社，《岭南学报》第六卷，94 页，及《天啸楼集》。

余于此蓄疑甚久，近日始敢言其是非，重为考辨如下：

日本《续藏经》第四十二函有《大颠心经注解》。明代目录若《万卷堂书目》卷三著录，作《大颠注解心经》。按此书本题“大颠禅师了通述”，前有了通序文曰：《摩诃般若波罗蜜多心经解序》，正文第一行大字，称《大颠和尚注心经》，与《万卷》目符合，此书作者应是了通而非唐代宝通。僧人每每同名，大颠亦其一例，了通与宝通同号大颠，原非一人。

了通此注，引用晚期禅家说甚夥，略举数例。

摩诃下	引雪峰道。 云门道。
心下	引夹山道。
经下	引云门。
行下	引石霜、石头。
蜜多下	引洞山。
照见下	引洞山、岑和尚、镜清、弘觉。
无眼耳下	引云门、雪窦颂、大龙。
无无明下	引投子。

考雪窦恒通示寂于唐天祐二年，年七十二（834—905），雪峰义存卒于戊辰即梁开平二年，年八十七（822—908），石霜庆诸卒于光启四年，年八十二（807—888），俱详《宋僧传》。弘觉即云居道膺，卒于天复天年（？—902），岑和尚疑即招贤大师景岑，尝言踢倒仰山者。云门匡真文偃卒于汉乾祐二年，年八十六（864—949），时代最晚。诸禅僧皆晚唐至五代间人，宝通无由采摭其说。故知了通必另是一人，非宝通明矣。

日本《卍续藏经》本之《心经注解》，乃摘录了通此书，删剟太半，仅是节本而已。

此书美国国会图书馆藏有一部，为元刊本。王重民《中国善本书目提要》[1] 节录了通序文，又云：

卷末题善男子危素书，比丘绍明刻施。

---

① 王书，403 页。

并记云：

伏为圣上陛下统临四海亿载万年，公主殿下寿齐年，王后殿下寿无疆。干戈息静国民安，天下太平法轮转，刊此旧本广施无穷者。至正二十年庚子五月日克手禅师戒元。

知此本刻于元顺帝庚子（1360）。比丘绍明或即临川资寿寺绍明，绍明卒于元仁宗延祐五年（1318），年七十五（《释氏疑年录》，306页，引释大訢《蒲室集》十二《明公和尚塔铭》）。危素则生于大德七年（1303），卒于洪武五年（1372）。绍明圆寂时，危素年仅十五，则此书出绍明刻施，而由危素书写，素尚未弱冠耳。

是书入明以后，永乐间有高丽刻本。福井文雅教授述其在日本知见之《大颠和尚注心经》，计有三种：

（1）东京《大东急纪念文库》本（书面记"古韩本"字样）。
（2）名古屋《蓬左文库》本（德川家康旧藏骏河御让本）。
（3）镰仓《松冈文库》本。

福井君只见过东急本，谓据其刊语，乃永乐辛卯（1411）宝禅在朝鲜高敞县文殊寺所重刊者。至于蓬左本，卷尾又有韵语二首，文云：

有无去来以永息，内外中间都无。
欲识真如真住处，但看石羊生驹。（无与驹协韵）
援简秋光冷，开窗睹（暑）气清。
若能如是解，题目甚分明。（清与明协韵）

此二首为他本所无。了通序文中"诱侪群品"句，诱下一字当是侪，隋《曹植碑》，齐字作亝，此从亻，齐声，当是"儕"字，诸家未识，故为补释。（参福井文雅《关于日本留存古韩（国）本大颠和尚注心经的序刊与刊记后记之研究》一文。[①])

韩国本《大颠和尚注心经》，近时已由台北新文丰印行，版式为十行十八字，经文一字占小字四，与元至正本相同。永乐本实依至正本重刊者。新文丰影印本，卷末识语云：

> 《般若心经大颠解》，空禅重刊……永□辛卯朱夏藏高敝县文殊〔院〕（下缺）

朱夏即朱明，永下残文即“乐”，新文丰就古韩本影印，嘉惠士林至溥。惟其所印《卍续藏经》列第四十二册，其目录不知何故，却题作：“《般若心经注解》一卷，清大颠祖师注解。”竟目大颠了通为清人，自是疏忽，亟宜勘正。

日本学人均论证了通不是宝通[②]，殆成定案。惟疑了通为宋时人。

了通注于“五蕴皆空”句下云：古人到此名曰“蕴空”法，引证西天罽宾国王与师子尊者问答及肇法师“将头临白刃，犹如斩春风”句。考此二事同见《景德传灯录》卷二十七《诸方杂举徵拈代别语》。如是，了通当见过《景德录》，是录为吴僧道原（一作元）著，景德间进呈，诏杨亿等删定颁行，以此证之，了通自是北宋时人。[③]

恐吾乡人士未注意及此，故提出讨论，以免长期沿误，还望方家有以正之。

补记

余撰此文时，恨未获见椎名宏雄之作，顷及门李锐清从驹泽大学影得读之，藉悉若干观点。椎名君已先我言之，而明代《文渊阁书目》十七亦著录《大颠注心经》一卷一册，当即是书。

关于宋代之大颠，在宋正受和尚所著《嘉泰普灯录》上宝峰阐提惟照禅师法嗣七人，其中有嘉兴府报恩大颠通禅师（《卍续藏经》第一三七册）。又

① 福井论文乃 1988 年 9 月在韩国“第三回中国域外汉籍学术会议”宣读者。

② 据福井称 1987 年 3 月日本驹泽大学椎名宏雄氏发表《大颠心经注解与其作者》一文，见该大学《宗教学论集》十三辑，此文尚未见。

③ 检中华校点本《宋高僧传》及其索引，未见大颠及了通二名。

明玄极辑《续传灯录》一七，亦载宝峰照禅师法嗣九人，中有报恩通禅师，惜两书于通禅师均有名无传。阐提惟照，宣和三年赐号真际，居圆通（寺），绍兴乙亥示寂（见《普灯录》卷九）。阐提为投子义青门人芙蓉道阶之法嗣，道阶著有《心经注》，大颠所注《心经》，引及投子（义青）之说，椎名氏认为此大颠应即宝峰门徒之大颠通。可惜其详传犹有待于考索。兹特补记其说，以供参考。至报恩即报恩寺。《嘉禾志》卷十“寺院录事司”下云：

报恩光孝禅院在郡治北一里，旧施水院也。

是“报恩大颠通”，殆此寺主持僧欤？

清初僧道忞及其《布水台集》

释道忞为广东大埔林氏子，亦称木陈忞。顺治时，赐号弘觉禅师。顺治十六年九月二十二日晋北京面帝，翌年五月十五日出京，时顺治年廿三岁。顺治自十四年冬至十七年四年之间，颇耽禅悦，木陈忞之势力，煊赫一时，恩遇既隆，遂为后代所忌。雍正十三年九月初四日谕，斥其所著《北游集》，语多悖谬，宜查出销毁。故木陈忞事迹颇为史家所注目。新会陈援庵先生因著《汤若望与木陈忞》一文，以二人代表异教，说明清初天主教与禅宗对于政治之影响及其消长之故。复著《语录与顺治宫廷》等篇。陈先生所据资料，以弘觉之《北游集》及《憨璞语录》诸书为主。惜未见及道忞诗文集——《布水台集》。余早年尝从大埔温克中先生处，录得道忞自著《山翁忞禅师随年自谱》钞本。著录于拙纂《潮州志·艺文志》。（此文后刊于新加坡《东方学报》第一卷第一期。）嗣复获见嘉兴藏本《布水台集》，又于1984年春，薄游宁波，得登太白山，谒天童寺，参观道忞遗迹，因综合各资料，另撰一文以补陈先生之不及。

一、《山志》言及《布水台集》

布水台者，在浙江黄岩。集中有《黄岩山居即景》十六绝，如黄岩寺、寨云峰等。内题“布水台”云：“落处不明谁解看，为伊觌面示来端。因高就下诚难惜，透顶还他彻骨寒。”又《初住黄岩，松壑弟许为持钵乞浠上，岁杪以兵荒见困》诗，句云："望君如渴路思梅，踏凌犹登布水台。"是集自题僧衔曰"住明州天童寺匡庐、黄岩沙门道忞著"。集凡三十二卷：卷一为风、雅诗，卷二至卷五为诗，卷六至卷九序，卷十碑铭，卷十一记，卷十二传，卷十三至卷十五为塔铭，卷十六为行状，卷十七为表疏，卷十八至卷二十一为赞，卷二十二为书，卷二十三为跋，卷二十四为说、引，卷二十五为祭文、见闻杂记，卷二十六为警语、规约，卷二十七至卷三十二为尺牍。诗只五卷，余悉为文。

清初学人言及《布水台集》者，有王山史之《山志》。《山志》一书，援庵未曾引用。年前始由日本朋友书店据绍衣堂藏版影印问世。卷一有"北游集"一则云：

> 一日，上阅《布水台文集》，见其中有《荐毅宗烈皇帝疏》。上曰：毅宗莫不是崇祯帝么？引觉曰：然。上曰：本朝谥思宗，非毅宗也。弘觉曰：忞僻远疏虞，闻江南谥如此，不知本朝有别谥也。上曰：此亦何妨！然予闻江南初亦谥思宗。后有言"思"字非美谥者，故改之耳。……上笑曰：朕字何足尚，崇祯帝乃佳耳。命侍臣一并将来，约有八九十幅。上一一展视弘觉。时觉上容惨戚，默然不语。弘觉观毕，上乃涕洟曰：如此明君，身婴巨祸，使人不觉酸楚耳。……（下略）

按《山翁年谱》，以毅宗烈皇帝纪年。是谱记事讫于崇祯十三年庚辰而止。道忞时四十五岁。《布水台集》卷十四疏类内有《烈皇帝天寿圣节疏》，及《烈皇帝荐严疏》。又诗类有《毅宗烈皇帝哀词》，其句云："云车自去狩玄圃，玉历谁传守帝藩。"正用毅宗谥号。据王山史所述，顺治对于道忞仍用江南后改之谥"毅宗"，认为无碍。《明季南略》二先帝谥号条云：

> （甲申）六月初六壬戌，谥大行皇帝曰思宗烈皇帝。……六月廿一，忻城伯赵之龙奏辩先帝不当庙号曰思，思宗非美字。……后改毅宗。左良玉云："思宗改谥，明示先帝不足思。为马士英第一罪。"清朝谥为怀宗，永历朝，又谥为威宗。

以证顺治所言初谥思宗后改毅宗，正合事实。顺治于崇祯深表同情，故认为"此亦何妨"。道忞不用清谥"怀宗"，顺治亦不以为忤，具见当日文网尚疏，而顺治对明室之同情心，其宽宏度量，更非后来诸帝所及也。

《布水台集》会经顺治过眼，想是未刊稿本。《天童寺志》于黄介子诗注云："出《百城集》。"今实见于《布水台集》，知原有《百城集》，后来编订故并入《布水台集》欤？

二、黄毓祺与释道忞之关系

陈寅恪《柳如是别传》第五章，考证钱牧斋之下狱，乃由黄毓祺（介子）案之所牵连。顺治四年，毓祺起兵行塘，五年，死于金陵狱中。陈氏引《孤忠后录》、《南忠记》、《明季南略》诸书，以论其事。又指出牧斋与介子并非素不相识。举《牧斋尺牍》中与木陈和尚书二通，及《有学集》卷三十六《密云塔铭》，以证二人实为密友。考《明季南略》四《黄毓祺续记》云："江某诣营告变，遂执毓祺及薛生一门，解于南京部院，悉杀之。钱谦益以答书左袒清朝得免，然已用贿三十万矣。"此据通州王园夫口述（中华校点本，254 页）。陈氏论黄案云，"介子之能在狱中从容自尽，疑亦与河东君之策略有关，因藉此可以死无对证"云云，似未举出明证。其实有关黄介子之史料甚多，不止上列诸书，而介子与道忞之关系更值得一记。

余按介子与木陈忞实同出密云圜悟禅师之门。宁波《天童寺志》，其纂辑工作，尝一度出自黄介子之手。故《寺志》中收介子之文字不少。如卷二有《天童寺中兴记》，卷七有《修祖塔记》，皆介子之作。《天童寺中兴记》文极长，即记密云重兴天童寺之功绩。密云一生主持道场凡六，计龙池、通玄、金粟、黄檗、育王、天童六处。临济之传，称为中兴焉。

《志》末卷十志黄介子事，引及道忞之《百城集》中挽诗序。德介在《天童寺辑志叙繇》云："辛巳（即崇祯十四年）秋，江阴闻人黄介子讳毓奇者访道来山，又为重辑……定成四卷。"毓祺一名又作毓奇，此介子尝辑《天童寺志》之经过也。《布水台集》内，尺牍类有《与介子黄居士》三信，诗类有《挽介子黄居士诗并序》，又附具《绝命词》，此为有关黄毓祺死事最重要之资料，兹录其挽黄诗序文如次：

> 江阴黄介子，明之闻人也。久参天童先师，于禅学洞有所窥。申酉之变，两都失守，帝后宾在遐天，麦秀黍离，子实伤之。因阴图为恢复之举。事败见执。证狱石头城。时匍伏桁棘，尤（犹）为要门禅者题予

肖像凡一百二十言，其词曰：

忆自黄岩，嗣席天童。踞先觉堂，草草孤峰。楔以楔出，毒以毒攻。蛇吞鳖鼻，虎咬大虫。正令全提，孰敢婴锋。出语成咏，百折不穷。佛果衔官，大慧附庸。糠粃之导，往来愚衷。国难以来，踪迹西东。兄游天外，我戏圜中。世出世间，皆大英雄。不负先师，旧衲蒙茸。眉毛结共，鼻孔气通。曹溪正脉，临济真宗。是木上座，亦号山翁。

粤三日交决矣，复作绝命之章曰：

剑树刀山掉臂过，长伸两脚自为摩。三千善逝原非佛，百万波旬岂是魔。潦倒不妨天亦醉，掀翻一任水生波。夜来梦作修罗手，其奈双丸忽跳何！

以一破箧书寄与福牧云禅师，然后坐脱圜中。于乎！禅师洎予皆出先师之门。子当死生颠沛，超然无累，固以奇矣；复于同门之众，独予二人若眷顾不能忘。余哀子孤忠，且庆子学佛之有灵。因次十章哭之，词不一而足也。闻禅师章先有八则，又先得我心之所同然者矣。

今读其次“过”韵诗十首，道忞深表其对黄氏敬慕之诚。当时文网未密，故诗中肆意畅言，毫无忌讳。再观其与介子三书，一则云：“不孝忞于门下虽未识荆，然耳熟大名。三十年盖胸中有‘江上二黄’之目久矣；况彼此得预天童筹室，业为法社连支……乃者不幸天丧哲人，先和尚奄就后世……兹适吾幢兄移檄山中，征不孝所述年谱。且雅称门下高谊，肯以笔铁头点出先和尚末后光明。”此札为密云殁后求介子为塔铭，其时介子与道忞尚未谋面。所云“江上二黄”，毓祺外，其一为海岸黄端伯。又一札为忞求介子为其先受业开先明法师制碣文。第三札云：“频闻洛邑顽民，独推江上，则其蹂躏也将必甚，如是为吾道兄忧不去心者累目。”又云：“先年为受业先子图不朽，乃久不擿下，岂先子地卑耶？或弟驽不足进耶？……”则介子始终未为着笔。再读其《复尔宁杨居士书》云：“黄介老履道存诚，期绍千秋绝学，乃父子遭异变，岂祸生有自耶？抑无妄之灾？……兄从江上来，或知其故，幸以语弟。弟思白衣操三寸管，能表章吾道，庶几斯人焉。”是黄介子之死事真相，道忞初亦无所知。但敬慕其人，始终不渝。忞又有《秋日寄怀介子黄居士》绝句二首，录其一云：“碧流清澈漱江蓴，上下同风只白蘋。时事况逢秋叶落，转教天际忆真人。”介子在当日有高名，道忞攀仰弥甚，但二人交情则泛泛耳。

三、道忞书法渊源兼论日本黄檗宗书风来历

禅僧多工书，道忞书法更为顺治所推挹，《北游集》及《山志》均记其与帝对答之语。其擘窠书帝尝敕良工摹勒上石。帝尤赏其“字画圆劲，笔笔中锋，不落书家时套”。道忞自言：“初学黄庭不就，继学遗教经，后又临（虞世南）夫子庙碑。”其取径如此。道忞真迹世不多见，广州市美术博物馆藏有道忞行书立轴，气清神健，盖得力于柳诚悬。文云：

看剑拂开星斗七，论文不觉夜更三。

署名“化鹿忞山翁”印钤“阳明洞主”。道忞晚岁卜居会稽化鹿上之阳明洞天。自择吉兆于黄龙峰下。此帧侧有光绪二十八年壬寅浙西查有镳（驷卿）题识于宝应捕署，记道忞事迹，述其收得此帧于如皋。又云于安宜泰山殿方丈得见天童道祖墨迹，稍逊是轴。足资谈助。是幅曾在香港中文大学文物馆展览，已印入 1981 年该馆出版之《明清广东法书》，列第二〇号，为道忞现存仅见之墨迹，洵可宝贵。

道忞师密云禅师，密云书法亦佳。《北游集》载道忞在顺治面前答帝问：“先老和尚（指密云）与雪峤大师书法孰优？”忞曰：

先师学力既到，天分不如。雪大师天资极高，学力稍缺，故雪师少结构，先师乏生动，互有短长也。先师尝语忞曰：老僧半生务作运个生硬手腕。东涂西抹，有甚么好，亏我胆大耳。上曰：此正先老和尚之所以善书也。挥毫时，若不胆大，则心手不能相忘，到底缺于圆活。

密云书法今可见者，天童寺有其崇祯九年石刻一方，京都黄檗山万福寺有“心同虚空界，示同虚空法，证得虚空时，无是无非法”一偈，行笔欲为生动，而力有未至。似以石刻之谨岩圆劲为佳，仍是以结构胜，诚如道忞之言。

密云门下多工书，费隐笔迹，有“与隐元尺牍”及“正法眼藏”题榜等，今亦存于日本万福寺。费隐门下隐元法师，于顺治十一年（日本承应三年，1654）东渡，嗣得德川家纲赐地于宇治郡太和山（今京都宇治川醍醐山），遂依福清黄檗山万福寺原状以建寺，开创日本黄檗宗。其弟子木庵性瑫、即非

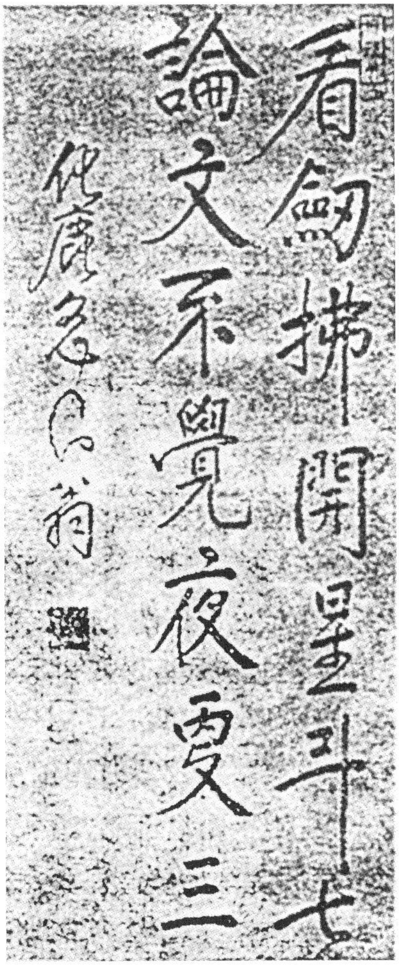

图一　道忞手书聯语

如一辈，原亦汉僧。皆擅书，并有著述。如一著《福清县志续略》，其书今尚存。[①] 余于 1980 年秋，与京都大学清水茂教授同游宇治，谒万福寺，观宝藏院一切经雕版。蒙寺主赠与昭和四十七年林雪光所编《黄檗文化》一书。费隐、隐元、木庵、即非以下诸禅师笔迹，均具载其中。余于隐元之“法运东行”卷题字，及“不入惊人浪，难逢称意鱼”等法书，气势纵横，尤为倾倒。隐元黄檗宗一脉，对日本之书艺影响甚深，如池大雅之成就，即由黄檗僧假

① 参崔建英：《福清县志续略》，《文物》，1984（8）。

以中国书画供其揣摩学习，是其一例。宇治黄檗宗各华僧多系福建籍，俱工书法。清初在日本形成黄檗流之书风，推溯其源，受密云之影响特深。因论道忞书法，故连类及之。

四、道忞撰破邪文字

《山翁年谱》：四十岁崇祯八年乙亥条云：

> 以西洋利玛窦之徒，大张天主之故，日惑世以诬民，乃推广本师之意，著为说以辨之，凡三篇，以近万言。

按《布水台集》卷二十四有《原辨说》，略称：

> 辨天者何？辨泰西夷人所立之天主教也。……利玛窦死，其徒来自广岙者日众，乃即留都洪武冈，建事天堂，指所事之天主名曰耶稣……至矫以诗书“昭事上帝”等语。……大宗伯沈公漼虑之，上疏极言其事。……天香黄居士者，闽人也，有沈宗伯之虑。……由是□我师于座间，明其妄执之非。天香遂以是意请为说以辨之。

利玛窦来华事，万历间，朝臣初则论其宜入贡照暹罗通事之例，蔡献臣《清白堂稿》卷一万历辛丑（按应作辛巳），上疏《议处贡夷利玛窦疏》，即其一例。（曩于星洲见此书。日本似尊经阁有之。近时林金水著《利玛窦在广东》一文，刊于《文史》第 20 期，记其 1583 年（万历十一年癸未）七八月抵广州，海道让其榻居暹罗宾馆，即用献臣之议。）次则为教理之争。罗天尺《五山志林》五“天主堂”条，称：“万历三十七年利玛窦死，葬于京师，其徒庞迪峨仍居京师，王封萧等居南京，各以其教耸动士众，从者云集。礼部侍郎沈漼再疏论之，驱诸广东。”密云、道忞之作破邪文字，即响应沈漼之议。雪峤圆信之门徒唯一普润亦著《珠左集缘起》，今其文字载于《破邪集》中。密云、雪峤俱出龙池正传之门。（《布水台集》卷十二有《龙池要门幻有正传和尚传》，龙池俗姓溧阳吕氏，此文亦为重要文献。）具见龙池一派，当日对抗天主教运动之激烈。道忞亦其中一分子也。

附表

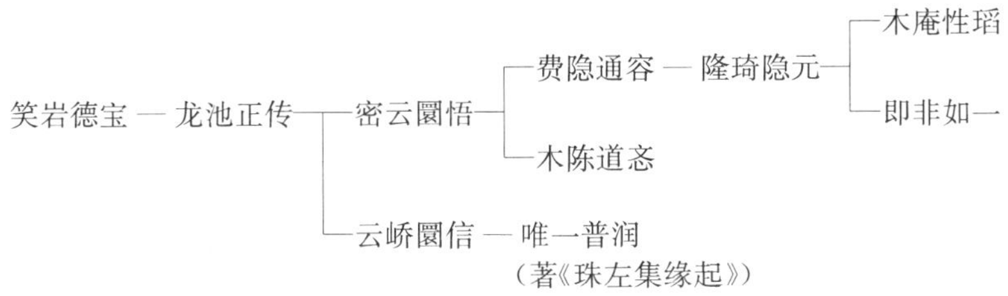

五、余论

此《布水台集》台湾“中央图书馆”藏，为清初《嘉兴藏》本。上钤有“寄云”、“澈凡”印。考《山翁年谱》十二年条“从瓜步疾驰天童。……为金粟费兄禅师删订语录。为本悟柴头题本师真赞，为澈凡禅人题牧牛图赞”。澈凡当是此人。金粟费即指费隐。

钱牧斋序《布水台集》，引（宋）大慧杲禅师云：“予虽学佛者，然爱君忧国之心，与忠义士大夫等。”又云：“新蒲之绿，玉衣、石马之遐思也；春葵、玉树之什，空阬、厓海之余恨也。”又云：“不忠不义之人，埋没此一点血性，谓之焚烧善根，断灭佛性。”谨按道忞诗卷一有风雅一类，《春葵风》序云：“乙酉之役，处士孙开远举义嘉禾，战没孤城，诗以诔之。”共八章。又《玉树风》序云：“玉树，旌孝节也。清师入邦，谢女希韫与母张氏同赴井，子宸救之，母绝，宸不忍去，死焉。……”所谓“春葵、玉树”即指此二篇。《新蒲绿序》全文载《布水台集》卷八，略云：“……我毅宗烈皇帝以英明之主，数直凶危，家亡国破，宗庙丘墟……于甲申三月十九之变也。维今癸巳，去前莫春十阅星霜。……因鸠同人，共修荐严佛事。……遂人各言所欲言，总诗文若干首，篇而什之曰：《新蒲绿》。于乎！新蒲细柳年年绿，野老吞声哭，将何日而休哉。用杜甫《哀江头》‘细柳新蒲为谁绿’句以名书，不胜麦秀黍离之感。”牧斋于《列朝诗集》中亦书其事。道忞于顺治末年出山，晚节颇为人所惋惜，其编《布水台集》，此类有血性文字，一仍其旧，不稍忌讳，仍见其为血性中心，故顺治读其书，亦为洒同情之泪焉。

清入乾隆季世，书禁逾严，乾隆四十三年，河南布政使荣桂刊《禁书总目》内有一条云：

《休园省录》一部，广陵郑侠如录。查此书内录世祖章皇帝（顺治）

谕宏觉师数条，应行收缴。

郑氏休园，他著亦以查有违碍谬妄感愤语句，应请销毁，又《扬州休园志》等五种，查有钱谦益、沈德潜序文，并列龚鼎孳、金堡诸人姓氏，应请抽毁。此《布水台集》卷首正冠以钱序，而集中违碍、感愤之作不可胜数，自在查禁之列。今此集经僧澈凡藏弃者，仍流传于世，兹获展读，深觉欣幸，爰为发其端绪，略加论列，以供治晚明清初史事者之参考。

原载《神田喜一郎博士追悼中国学论集》，东京，1986年

附录　山翁忞禅师随年自谱

神宗显皇帝二十四年丙申

是岁九月初八日丑时，予生之年也。星躔之度，为日出龙门，大月当斗，盖与韩昌黎、苏玉局同为一身居摩蝎之乡，二公遭贬黜，不能一日安于朝廷之上，予幸薙得免，然生平多誉多毁，瞰北迁南，坐不席暖者四十年，抑命有定之者欤。俗姓西河林氏，世居晋安，闽人也。中叶，十五世祖官潮，家大埔，后为粤人。祖一宰，号玉泉。父时盛，号蕴所。母赖氏。予行十四，自曾王父以下，三世皆单丁，生兄涵及予，王父喜庆有加，聚诸族属，日饮酒高会作乐，仆役失事，触翻饩馔，王父以为嘉辰忌，故怒鞭扑之，月余病死，其母兄以人命诬告宪司，事虽得直，而家门破坏，十去其九，仅得薄产十余亩，赖父母勤俭，不受饥寒之苦，大慧善财之诮，予盖滋有甚焉。次岁冬，祖父亡。

二十五年丁酉

二十六年戊戌

二十七年己亥

予四岁，尚未能步履。父舌耕循州，母日织夜纺，勤□家务。其抱抒襁负之劳，一唯王母罗孺人是任，厚载之恩，予糜躯不足云报也。

二十八年庚子

二十九年辛丑

予六岁。穷乡下邑，一切兰若佛寺，从未经目，不审何所识知，日率群儿画纸为佛相，斜披单襦为七条，合掌高吟，作梵呗绕佛之戏。

三十年壬寅

三十一年癸卯

是年八岁，闻有盘古开天地及天地浑沌之说，即问二母曰，只如盘古初开，天地许多人物，从甚么处来，后复浑沌，许多人物，又向甚么处去。二母不能加答，但曰你不自揣量终身之事，得任闲管。虽语塞，然心常耿耿未释也。

三十二年甲辰

年九岁。父母以兄涵业就外傅，而予又复启蒙，则供膳之费益大，恐儒冠误人，反不若田舍翁之为得也，姑已之。予曰，审如是，则兄将扬名，我则终死草莱，不齿于士林矣。因愤志不食，乃使随兄就塾师，始读大学，即能专记。

三十三年乙巳

三十四年丙午

年十一岁。学为文，往往得奇句，慨然有文章鸣世之思。

三十五年丁未

三十六年戊申

年十三岁。慧性日开，一目五行俱下，父授群书，朗吟三遍，辄背诵不忘。肄习时艺之外，副以左、史、战国、国语，尤喜国策。司马子长之为文。乡先生月集诸乡子弟会文于社，独钟生者与予迭居首冠焉。

三十七年己酉

年十四岁。读书于里斋，三宝上人之事，绝迹不闻，然意中隐隐时动人世无常之想。自顾百年有同朝露，假令勋业揭天，终归于尽，缅怀巢许高风，不胜低回留之。

三十八年庚戌

三十九年辛亥

四十年壬子

四十一年癸丑

年十八岁。随父馆受业循州，偶阅目连传，知有生死事，惕然于中，即日屏荤茹素，思求出离之道。居常父教极严，趋庭受训，如对大君，至是父母切责，百方淘汰，恬无回意，惟于会课之日，作文数篇，余则瞑目趺坐而已。岁晚归乡，二母恐予出家，日涕泣哀劝不已，复开荤焉。然性嗜鱼不嗜肉，精者或数匕，酒则从生以来，未尝一滴沾唇也。

四十二年甲寅

四十三年乙卯

年二十岁。以童子试得府上第，适迫秋闱，督学使者，无暇巡潮，移文郡牧，促府试有名者赴省较。予家去五羊水陆千里，父以金三两为舟车之费，命予独往。不敢违，驰驱至省，得补弟子员而还，然自此奔走道途，岁不下二三千里矣。

四十四年丙辰

年二十一岁。赴循州欧阳晓心西席之请，与其长子沄字文漾者为友。循有能文之士二，其一为何南风，其一为欧阳文漾。何中乙卯乡试，已于是岁从黄山普门师出家矣。欧于戊午亦中乡试，皆矢志逃禅者。予时方惑宋儒之说，以异端外佛，赖文漾委曲劝喻，始复信向，徐以金刚、法华示予，一见即知佛大意能解说，信益坚。继见佛说阿弥陀经，赞叹西方净土，且专持名号七日，可以往生，则旷劫轮回之苦，自此长辞，心窃向往之切，乃注精七昼夜，服砒霜数两，冀掩息生乐邦也，泻而不死。洎阅大慧语录，则夙世腰包行脚之状，历历如见，真若灵山一会，俨然未散者，出家之志，于兹遂决。因密商之文漾，文漾曰，往矣，十年之后，当作人天大善知识也。予曰，恐今时鲜明悟之师奈何。文漾曰，此宗若灭，则世界空荒矣。名山大穴之中，必有真人，兄其善自拨草瞻风，无虑也。以一箑书佛国南询颂之始句赠与，以予俗姓林，所谓出林还又入林中也。其一面，则有人送僧之匡庐诗焉。予于是日遂行。闻南海有大智师，少林有洞上宗主，拟于是处卜求薙染。行五百里，至江西汉仙岩，邂逅荆楚僧，相携至庐山开先寺，见受业先师昧和尚皈投焉，始悟箑后之诗，若为予先谶者，益信因缘果不偶也。徐叩先师超生脱死之方，先师出雪浪大师之门，吴楚大法师也，广以教乘开导予，且曰，我说法三十年，未尝不以明心见性警诸方来，然从学经论者众矣，概未有发心求悟以出离生死者，子一边隅俗士，能自发奋如此，火内优昙也，宜自勉也。由是屡以关键为予提策。一日，举台山婆子公案，及慈明诃骂南禅师因缘，洞然明得赵州与石霜同一鼻孔出气，先师遂益奇予。俄有天池僧来，述先父在金竹、黄龙诸处寻予，因不遇，将往少室、普陀，博访踪迹，日前已下山去矣。先师咨嗟顾予曰，出家固善矣，然使父跋涉山川，蒙犯霜雪，功多而过亦不少也。可于佛前跪诵杂华大典一部，祈父早还井里可也。予曰，某在东粤，从友文漾知有此经，奈缘敝地僻在山陬，无从借阅，今得诵持，非仅专为父祈请，饥渴之思，亦可自慰夙心矣。日诵三四函，庆快无量，至入法界品，则胸次豁然，如天开地廓相似，幼时入物来去之疑，不觉披襟一笑焉。

四十五年丁巳

年二十二岁。先师为众讲演楞伽，因以非于生死彼涅槃彼生死为题，命予作时艺一篇，浮梁陈同卿先生见之曰，此琼林筵上人也，岂山林枯槁士哉，欲相邀至别业公案，予谢之曰，就令此日作飞行皇帝，某且唾而弃之，况复他耶。然所不去心者，惟先父寻予在外，未定消息何如。有同学佛生度上人者，愿偕予归省，还度岭，越二千余里，至则二母泪眼欲枯，不觉恩爱情深，弃离之念，卒难一刀两断矣。

四十六年戊午

年二十三岁。父母宗亲合劝抑重伤二母之心，不得已，还初服。督学使者处，以告病未除名，复往省会补考，归毕姻焉。而先母遂由予长斋奉佛，乡之男女，始有受持八关斋者。

四十七年己未

年二十四岁。读书里友吴对日之海心楼，广堂大厦，逍遥容与，又复远诸市廛，居然一阿兰若处也。对日以翩翩佳公子，尊贤下士，所招徕同社，皆高尚之流，予与佛生上人，益以出世之谭勖之，故吾乡多佞佛逃禅之士焉。

四十八年庚申，即光宗贞皇帝泰昌元年

予年二十五岁。佛生度公欲还匡庐，同社吴对日、蓝朱公、吴海如、吴间十，偕予送之闽岭，至上杭县而还。是岁举一子。

熹宗哲皇帝天启元年辛酉

年二十六岁。自愤夙志未酬，徒然将顺二亲，不能求道利生，以资益其神明，日仆仆尘劳，母与子终复沉沦苦海，再求发此胜心，知更何劫何生。然遂尔别去，正恐二母由此悲伤殒命，则又人生莫大之愆。日夜踌躇，有同痴醉，乃刺血跪书妙法华经一部，然香发愿，起大悲心，矢求佛道，利济含生，设若二母万有不虞，愿乘书经功德，即生净界，不离十方佛前，不舍菩提道念，生生世世，永为法亲慈悲眷属。然后潜身取道闽岭，还抵匡庐，时已腊月二十八日矣。先师于是夕前，忽梦一锦鳞巨鱼，扬鬐开先池内，有人以网罟捞摝之，鱼卒飞腾，遍绕一天，下还入池内，谓吉征也，言之雪鉴首座，会予适至，益以予为匪常徒焉。

二年壬戌

年二十七岁。正月元旦，复从先师剃落。二月，居归宗寺藏堂，简阅律乘大小部。盖先师以予业儒从释，宜以云栖老人为规鉴，必经律禅净备众体，然后师范人天，始非一偏之学矣。四月，复命过五乳，从憨山清大师授具足戒。五月，先师有事新安，命予侍行。六月，度夏溪南之吴氏兰若，自念大事未明，心常惕惕，食息不遑处也。七月夏终，白先师，欲遍参诸方去，先师指见缾窑闻谷师，时双径昙衍兄亦先师门下，同在新安，谓缾窑只教人看死话头，且腊高见之不可，后或不契，即下参吴越未晚也，予然之。八月，还开先，定入楚之行。有禅者欲偕往，以衣物在质库不能赎，予止一禅衣，与之卖使赎焉，□己轻装，蒲团斗笠而已。九月，至麻城，时念和尚已出黄檗，在基隆山，予叩筹室请见，典客不敢通谒，候至旬余乃见，见则唾骂诸方，不容启口，莫知如何。欲去不可，欲留则两山仅徒子惟种田博饭，不事丛林接纳，间有二三云水，匪真骂詈，抑驱逐至再矣。予曰，此叶县家风也，浮山行脚有样子，予奈何不私淑诸人。因自着槽厂，计一冬之内，与以直、智仁、无竟、同参四辈，凡碾米得二百余石，暇则运米搬柴。故予肩能挑，手能提，足能徒步，日百里而不半于九十者，皆系此冬之力也。

三年癸亥

年二十八岁。兄涵远将二亲之命，寻予至麻城，扯予归粤，予不从，则欲投身扬子江，死以报命，不可归见二亲也。予既无可奈何，又重其孤身远道，设或因伤致病，逮于不虞，则门祚益薄，亲谁与奉，因复从之入岭，抵家视夏矣。留两月，窃自冒暑还出匡庐，数月之间，间关道路，凡五千余里。是冬，执侍先师，听讲成唯识论。

四年甲子

年二十九岁。先师既建七佛阁于黄鲁直所书摩崖七佛偈之前矣，复欲次第谋新殿宇，有檀越而官峨嵋者，命予与玉如师弟往索施金。行抵汉阳，自念发心以来，将逮十春，徒使二母痛裂肝脾，父兄波查途路，己穷未办，有失出家之利，今又远涉万里山川，得不荒废益甚耶。乃慨然曰，吾愿他日拈一茎草，普为天下建诸梵刹，不能此日唐丧光阴也。挥手玉如师弟，尔自尽瘁报师，我且真实为己，复走商麻，亲炙念师。夏依黄檗，冬侍基隆，两山咸有大藏，时一披览焉。

五年乙丑

年三十岁。归省开先，以便道，两山头老人传书至黄之山甫樊君家。山甫博学通禅理，黄州名士也，留予别馆，日夕相质证，殊有杨李慈明交好之谊。且为予推考星历，曰，殆矣，与苏、韩同格，师幸而出家耳，不出家且达，达则君子见知，反不若小人之见恶也。虽然，家已出矣，亦宜戒慎。予谢而藏之中焉。还自开先，过黄，樊君与报命，中多推许之言。黄檗老人曰，尔自狐狼野犴之属，有臊臭与人熏闻，故人得而知之，若真狮子儿，一哮吼时，则百兽当脑裂，彼樊山甫者，向甚么处见尔。不觉汗流至踵，若无所容者旬日，黄檗之为人，类如此。昔大慧有言，宗杲虽参圆悟老人，打失鼻孔，元初与我安鼻孔者，却得湛堂和尚也，虽予与天重、黄檗二老亦然。是岁夏冬，复在两山。

六年丙寅

年三十一岁。四方显人多问道之书，方丈一一命予裁答，初犹扞格，终则沛然。殆今稍能肆横无碍者，未必非当时淘汰之功也。是秋，水云高士从下江来者如市，胜传金粟显圣博山之风，遂动石城烟水之思，乃辞老人，下参诸方。至南徐，闻先师在广陵之东隐庵，为截江省觐。直先师患病少留，而开先知事不得其人，先师甚忧劳，命予归掌院务。念入蜀之行，予既背违，今复妨命，有失师资之道，不可，只得仍上匡庐，料理常住事宜。

七年丁卯

年三十二岁。居开先监院寮，甘苦劳逸，与众均之，出纳簿书，一钱不敢紊淆，铭其上曰，一朝作院主，万劫失人身，以自警焉，非公事不敢夜点常住灯烛。瓜期将及，自审黄檗老人且八十有四，一旦双树潜辉，而予不闻中夜遗诫之言，则数年教育之谓何，亟以常住委托他人，复走商麻。至孔子问津处，果闻讣报之音，一日一夜疾走三百里，仅得塔前礼足而还。抵开先，则建昌黄海岸适在寺中。海岸讳端伯，盖常亲近寿昌、博山有年，与之叩击，遂有省发云，而天童因缘，兆基于此矣。

毅宗烈皇帝崇祯元年戊辰

年三十三岁。闻显圣湛和尚亦圆逝，胸中懊恨，不胜野獐失林之惧，亟装包下参本师密和尚于金粟。因缘不契，遂之双径，谒语风老人。问甚处来，予曰金粟来。曾问话么，予曰，某甲不曾置得问头，请师处转借问头。风为开示，予不肯，复转金粟述前因缘。本师曰，尔吃饭还问人借口么，予才拟答，本师便打，由是服膺。时姚州沈求如、管霞标、史清都辈咸在座下，力言本师曰，新到悫兄，今之香林远也，和尚室中记录，必斯人而后可，本师乃命职司烧香，故本师语录，前者予记之，十年之间，未尝少弛其任焉。是冬患痢，濒死矣，顿将万缘一齐放下，乃有起色。

二年己巳

年三十四岁。告假暂往禹航石盂寺度夏，以故知慈筑公。公闻予病，移书相招，过彼调养。石盂在政黄牛故居之侧，所谓桥上山万重，桥下水千里，唯有鹭鸶见我常来此，即斯处也。山斋岑寂，夏长无事，架上有李长者合论，日探一册，不觉终轴，益窥华严奥旨焉。九月，归侍本师。一日，室中有议及寿昌、博山嗣续曹洞无来源，恐后不繁昌，予曰，黄檗不云乎，今日因师举，得见马祖大机之用，若承嗣马祖，他后丧我儿孙，本师矍然一笑起去，予时无着惭愧处。后因殃堀因缘，撞翻昔年之疑，方始提致本师，明得古今关键，矢口成颂曰，三十拄杖打瞿昙，三十拄杖打产妇，若是殃堀摩罗，教他自领出去，咦，不如缄口过残春，啼得血流无用处。时黄檗费兄亦有颂，予不肯，费恶发，予曰，毋庸，兄他后当作人天教主，若此颂刻出，我诣兄座前，大展九拜，用忏今愆不迟也。后在育王，宝华潮兄语予曰，我时亦深疑者则公案，因兄颂子洞然明了。撰募本师寿塔文，师为首肯。

三年庚午

年三十五岁。本师赴闽川黄檗之请，予侍行。黄檗为断际运祖脱白之山，相国叶文忠公请有御藏在焉，得以博观，因修禅灯世谱，复自序其端。夏终，随本师还西浙。未几，本师因事拂衣金粟，命予过山阴，与舍如王子式者，谋梓四会语录。时海岸黄公，以戊辰进士司李明州矣，予得便访之，公喜出望外，知余金粟来，具言愿见本师之切。予曰，天童、雪窦，奕世宝坊也，皆隶明州。昔曾学士特以雪窦起明觉于翠峰，居士独无意乎。公然之。会阿育王寺厥工告竣，先是湛和尚闵寺倾颓，矢志兴修，方始鸠工而趋寂，其徒无量上人继述其志事，至是落成，枚卜主席，属意本师而未敢举行也，闻予与司李交厚，适在山阴，即夕过予共商，予为言海岸渴仰本师欲见无从之意，上人由是走白黄公，欣然致币奉迎本师焉。是冬，在上虞乌胆山度岁。

四年辛未

年三十六岁。本师在金闾门之北禅寺，受育王广利之命，将赴焉，以手诏召予侍行，复自越州走姑苏，还度钱唐，从至育王，而天童僧明贯，又因予白郡司李，愿得本师坐镇太白名山，司李亦以育王近市，非安禅之所，天童自宏智中兴以来，世有哲匠，如应庵父子，尚有窣堵魏然，则今日起末运之衰者，非大师不可，力挽至再，本师允之，而予实为先驰焉。至夏四月朔有四日，本师入院，五月海盐绅士复迎本师暂还金粟，予独与佛音、肇心、法海诸公，留守天童，日扫粪壤，剪荆棘，樵于山之阴，淘于山之阳，以须本师还返之辙。八月，本师归山，命予掌记室，兼典客司，故日则勤劬众务，夜则篝灯书本师语录、禅灯世谱以付梓工之手。自此九载天童，其胼手胝足之勤，又倍于岁越千里之劳矣。

五年壬申

三十七岁。闻先师昧和尚示寂，奔赴西江，以黄海岸丁艰居家，又因之而为天童行乞新城。已乞新城矣，以取道乡关仅八百里，又复因之而趋省二亲。去家十载，今始一归，则祖母与先父已西逝久矣。少慰慈母，还度长岭去。从严陵滩上，回自扬子江头，计程七千有奇，抵山仅及除夜。至若履危涉险，冒雪冲寒之苦，又不胜其言之矣。

六年癸酉

年三十八岁。居客司兼掌记室。公事之余，得意古宿机缘，则濡毫颂之，杂以歌行近体，务极其工当。方予出家时，先师尝命予作诗矣，予曰，某割爱辞亲，弃妻孥，破笔砚，所以至此者，为明道利生耳，今曰学诗，于初心得无悖谬欤。先师曰，是也，五地圣人，盖尝广学众论，以备利生之机，乃至工巧技艺，治世文言，无不越量过人，今尔岂徒髡而哑羊者，后必置身人前，奈何椎鲁不文，使夫教泽不悠扬百代哉。予铭之而未暇也。逮参黄檗，日闻其痛斥方来，杂毒入心，不能抵于绝学无为之地，则益恨夫多学而识之，直欲上揭天河，下涤肺肝为快。至是方信得大慧老人，从上大智慧之士，莫不皆以知解为俦侣，以知解为方便，于知解上行平等慈，于知解上作诸知佛事，如龙得水，似虎靠山之语。由是益发先秦两汉之书，诸子百家之说，篝灯夜诵，普读途温，遂得毫楮之间，汪汪然来，浩浩然至，江河若决而莫之能御焉。

七年甲戌

年三十九岁。天童大兴工作，本师业命僧三十辈，市山伐木于建州矣，而海运之禁未弛。闽漳王东里先生者，以大总宪挂冠家居，曾在平江参叩本师不契旨，予时从旁进语，自谓于侍者边个入处，故本师复命予入闽，亲谒龙溪，托以海运之故，关说抚台。事竣，还就木舶归天童，犯鲸波，观瀚海，凡三昼夜而至招宝山前，舟师惊诧为神助，未曾有也。是秋之后，本师与诸方多弹偏伐异之书，予盖间尝窃取其意而补缀之，故本师总直说中，为予裁定者尤多。

八年乙亥

年四十岁。以西洋利玛窦之徒，大张天主之教，日惑世以诬民，乃推广本师之意，著为说以辨之，凡三篇，以近万言。是冬，本师年涉从心，腊尊望重，四方候问之书，往来如织，继以诘难周章，辨锋错出，座下之身通六艺者，无虑七十二贤，然而或草创，或讨论，或修饰而润色之，不分任他人，一唯予躬是督，故后此以往，辞命之役益多，遂不能专力于众务焉。

九年丙子

年四十一岁。为利根庆禅人作逃夷记序，及赤水诗集序。作五古送以直愚公之云间。谒董太史征黄檗老人塔上之铭。效柏梁体送元白可公出山。盐梅鼎公欲高隐南岳，复作大鸟歌以送之，空林远兄见而叹曰，悫兄素不作诗，今乃风雅如此，某三十年留心，未之逮也，他后光我缁流，必兄也夫。予笑曰，四十而后有闻，将终其齿则亦不足畏也矣。是岁，告退烧香，复掌记室。

十年丁丑

年四十二岁。正月，制皋亭中塔际兴修之疏，塔盖南宋真歇了禅师全身之所瘞也。二月，礼观音大士于南海，登普陀，瞻洛伽山，挂梵音庵，有释迦文佛真身舍利塔，世人莫详其故，因山中耆宿之请，作文纪之，复系之以词。三月，删刻龙池传祖语录，仍志其生平之大者为传。传为唐孝廉讳元竑者所赏识，从容谓予曰，自寂音尊者既往，僧史不见于时仅五百年矣，然则当今之世，继寂音称作者，舍师其谁哉。遂陈诗劝请，予谦让，至今未遑也。四月，闽孝廉李得之少与予同社，特自京都枉道邀予天童，归住上杭之紫金山，予以近慈闱，便省问，许之。而山中兄弟，佥谓古宿如雪峰、大慧之俦，咸有岁谱纪年，使后之学者得观感而兴起焉，今老人生末运，光复先宗，大有造于丛林学者，且有悫兄著述之笔如此，不于此时考实焉，以招揭其芳献，乃使后之纰缪者承虚以议其行状可乎，共以本师岁谱之任委之夫子。总生缘出处七十二年之事，阅五夏而稿定。至八月，辞本师出山承记莂焉。过钱唐，晤知友唯一润、灵章蕴，盖二公与予夙有掩关共住之约，闽汀道远，难与偕也。广陵东隐庵乃先师脱白之所，师弟玉如又高尚士，可以，乃拉二公之东隐，既安插已，则买舟归省，过闽谢辞李得之。是冬，居里斋为先兄亦采公作行状。伤世高官重禄，而不尽瘁其君，复作义仆进宝子传。

十一年戊寅

年四十三岁。二月，登堂别母，还出长岭，抵广陵，则季春三月矣。闻以直愚公伤于寇，设位以祭，作文告之。愚公为宁藩腥仙王之孙，弃家从黄檗老人薙染后，又共予同侍天童为副寺，动容周旋中礼，盛德之士也。公死若脱，而予为法哀伤，告之以文，遂不觉委曲其词焉。为关中王春侯作本师真赞。为序禅人作募修净室养母文。代同庵蒋孝廉为郑海宪作靖扬雅。岁云暮矣，天童适有人遄至，言本师四大违和，即日与二公破关归省，度岁于瓜之准提寺。

十二年己卯

年四十四岁。元正二日，从瓜步疾驰天童，则本师体已痊复，乃移书鸠集诸凡在外者，归侍巾瓶，不得远离左右，而萋菲之言从此起矣。为金粟费兄禅师删订语录。为本悟柴头题本师真赞。为澈凡禅人题牧牛图赞。既而台州有灵就之命，本师命予受之，而未赴也。会本师修列祖茔兆，与徐氏之族有诤言，予极力调停，而本师决意拂衣出山，一众皇皇，各怀去志，予复留身慰安之，多方周旋袒护，挽回本师之辙，而萋菲之言，愈益蜂起。予曰，异哉樊君之术也。虽然，周公畏流言，居东且三年，予则何人，因出山再上广陵焉。窃计予自戊辰春侍本师至此，凡一十二秋，自信愚诚不自替，岂曰同学，即本师亦时时蠢语摩矣。然本师未尝不沧溟翕受，而鉴其拙诚无他也。故尝感慨语予，我视流辈鲜有耿直似尔者，丛林纲纪，少尔一日不得。予曰，某无似，赖和尚海纳山容耳，然此中徒有血心一片，终不敢暧昧依违，以孤和尚负丛林也。时雪窦奇兄，亦同侍坐，实闻斯言，乃今遂不能塞萋菲之口焉。市虎成于三人，投杼起于屡至，虽曾参之母若何。后本师在通玄，以诸事不得其当，对侍者若干叹息云，忞侍者若在左右，老僧不至此，则本师之意可知矣。

十三年庚辰

年四十五岁。丹青戴云江为予写照，作偈示之，复题自真。

贺光中跋云：

山翁忞禅师随年自谱不分卷，释道忞撰。忞字木陈，号山翁，广东大埔林氏，名莅。弱冠补诸生，旋薙落于匡庐开先若昧智明，受戒于憨山德清，问法于天童密云圆悟，退居于慈溪五磊之灵峰，迁越州之云门，台州之广润，再住越州之能仁，迁湖州之道场，青州之大觉，再住太白之天童。顺治十六年，清世祖召入京，留大内，明年，赐号弘觉禅师。康熙十三年甲寅卒，世寿七十有九。是谱传自大埔民间，著录于《潮州艺文志》，向无刊本。谱中校作较，检作简，犹避明讳，当作于北游之前。丙申一岁条云，播北迁南，坐不席暖者四十年，乙卯二十岁条云，自此奔走道途，岁不下三千里矣，以二十岁后奔走四十年推之，当作于顺治十三年六十岁之间，而自明神宗万历二十四年丙申起，至毅宗崇祯十三年庚辰即止，以后不载，似非全书，盖平生好诤，自谓亦多誉多毁，其有所避忌，移写时遂芟薙之欤。虽然，四十以前事迹，叙述特详，且有与他书不同者，如初参天童，奏对机缘作三十一岁，而谱作三十三岁，颇有足资参考研讨者，可宝也。　　光中识

载新加坡大学《东方学报》第一期

方以智与陈子升

方以智当南明之世，寄居两粤，粤中诗人如屈翁山、陈恭尹、陈子升，皆与往还酬唱，而密之与子升关系最为密切。

吴郡李模为陈黄门（子升）六十序云："辛亥，先生入黄山、青原，访熊鱼山方密之，为方外之游。二公宗门中所谓檗庵、药地者也。"子升字乔生，广东南海人，子壮弟。隆武时以贡生荐授中书，永历间，官至兵科右给事中。两粤陷后流转山泽以老。子升于康熙十年辛亥，尝赴青原，而密之适于是时下世。子升诗集曰《中洲草堂遗集》（收入《粤十一家集》，诗雪轩校刊本），其卷十四有"之青原访药地禅师，留别诸子"二律，末句云："舟程一发欣相见，云际松寮月上时。"似是将赴青原动程前所作，留别诸子如屈、陈皆有赠诗。《翁山诗外》五，《送陈五黄门访药地禅师》二律："此日宜高卧，浮山与尔期。"（编年诗在辛亥）恭尹《独漉集》三《增江后集》，《送家中洲之青原访药地禅师》七律，句云："远兴忽生黄菊节，旧心期对白头僧。若到吉州携手地，石桥新瀑半为冰。"是子升赴青原，乃在秋季也。《独漉年谱》以此诗系于十年辛亥，亦合。《子升集》是卷有《哭药地和尚》七律云：

青原山色皖江湄，不道来寻是别时。世出世间双泪尽，吾师吾友一心悲。难趋觉路呼元伯，谬以音声见子期。从此无生的须学，净名仍要药王医。

子升抵青原，密之已前卒，故云“来寻是别时”，药王暗嵌药地名字。《中洲集》卷五又有《客中咏高士》，序云：

> 仆度岭，访友于青原不遇。遂如吴门，还至南州，乃哭之万安，因作《二高士咏》以见意焉。

彼至青原，密之方罹难不获遇，迨密之卒于万安，子升谅视其丧，故云“哭之万安”。二高士者，一为梁伯鸾，一为徐孺子，以二人比况密之，其时殆深有所隐讳。《子升集》卷一有《西江叹逝赋》，亦为密之而作，文中有自注。略云：

> 卬幼矜以求侣兮，胶投漆曰黎卿（原注谓黎美周名遂球也）。迨年长而遥怀兮，方倩挈其来并（注谓药地禅师本姓方，名以智字密之）。猗方高而黎远兮，允虎步而凤鸣。黎甘于九死兮，方归于无生，俾予孑然其孤而莫扶兮，若鼎足而两倾（注黎殉节而死，于方则无注）。吁嘻嗟嗟！八桂之山兮，板桥之乡（注黎所生之处）。皖伯之国兮，浮渡之阳（注方所生之处）。二子生此兮，寻之茫茫。缅曩纪之丙戌兮，奉皇华于东路，遵章贡之江滃兮，闻旌旗之颠仆。嗟美人之奋厉兮，憺成人其必赴。越五五之变迁兮（注五五谓自丙戌至辛亥二十五年也），留阐士于青原。吾将叩丈室于祖庭兮，证十喻于法身。溯洄从其远在兮，羌失之乎万安（注县名）。夫何二子之委蜕兮，后先而弃予。……
>
> 谇曰：吉兮赣兮（注二郡名），交卜其邻。德可以不孤兮，独吾惭桑户之返真。

此为有关密之卒地最重要之文献。文云：“失之乎万安”，又云“吉兮赣兮”，俱足为密之卒于万安之确证。验之方中履《砚邻偶存序》云：“辛亥，先君及于难，履守丧万安，祥而后返葬。”而何氏至乐楼藏密之为中峰绘截断红尘图轴，方苞《画跋》，亦言“叠逢患难，谈笑自如，卒于万安，归葬浮渡”。又中履于《宗老臣梅先生七十寿序》云：“既而惶恐滩头，先公完名全节以终。”以上各资料，所言均一致，已见余英时教授《密之晚节考》。子升且言哭之万安，实曾履其地而吊其丧，故万安为密之卒地，可以论定，子升不啻为其证人，以此足见余说之确。

惟其死因，则颇费解。子升赋中但云“归于无生”，又曰“委蜕”，曰“弃予”。为隐晦之辞，似其时难已平息，故子升得以参预丧事，而中履且得归葬之于浮山。方苞但云叠逢患难，谈笑自如。而曾青藜为《石濂（大汕）上人诗序》云：

> 吾闻灵澈以诗游京师，缁流造蜚语，激动中贵人，由是得罪。无可大师亦以文字几罹不测。（《六松堂文集》卷十二）

似密之乃以文字得祸，云“几遭不测”，其事发后，终必疏解，故子升无所顾忌，既于青原不遇，仍临吊于万安。且在上列诗文，终无一语道出其死于不测，不似方中通《题结粤难文》言“铁铮铮，宝刀鸣，同父死，同父生”之呼冤惨痛。但细观中通《论交》篇赠佟俨若，有云：“一片据我陈情详抚军，三省羽书急如箭，粤西题请请再三，江右释父，江左释男，可怜我父生前受名累，身后患难尤难堪，又赖佟公详上力，破巢完瓦余喘息。”则其赖佟等之营救，事终得解，甚为明显。

近见喆勇氏《谈方以智粤难》，引王夫之《搔首问》，责方密之在粤时，人皆以通脱短之，谓此言“其国难当前，身居揆席，听歌豪赌，笑谑浪游，犹为贵公子故态，故疑其粤难之祸，根在于此”（《明报月刊》九一期）。按密之通脱之事实，据瞿式耜族弟共美（叔献）《六十初度自述》八首自序云：

> 昔在粤时，与桐城方密之相得甚欢。一日，余与密之裸裎披发，闯大司马门，效渔阳三挝，张别山（即同敞）仓黄从别窦出，造留守府言状。大师则置酒小东皋，召我两人，意欲别山面规我两人耳。密之则拍檀板，肆口高唱。余则坐小石布棋局，张亦无可奈何。靖江府梨园妙绝天下，每酷暑，余与密之往观，酌酒独秀山下，时树色湖光，朱墙画壁，相映争奇，如蓬莱阆苑。密之道京都宫殿徼道，历历在目，手指目谈，令人想见西京盛事。既而慷慨悲歌，以李山人自况。而谓余曰：先生意气千古，自视为何如人哉？（见陈瑚《离忧集》中海外畸人瞿共美诗，《峭帆楼丛书》本。）

此段描写密之在桂林时之生活，绘声绘影，征歌纵酒，故时人以通脱病之。然陈子升《五子咏》方简讨密之云“简讨慷慨人，采芳自芬馥。……醉挝渔阳鼓，悲写《清商曲》。”亦有所为而发。及为僧住金陵高座寺，刘公𢧐（体仁）见之，则衣坏色破衲衣，行缠束腰，已居然苦行头陀。《池北偶谈》前后判若两人矣。祸难之起，当如曾青藜说由于文字贾祸，较近情实。

《中洲集》卷末录宏智寄乔生（即子升）二札，转录于下：

> **一云**：去年得札，捧咏诗章，明月披帷，鸡鸣不已。弟沕数行，付刘叔导转寄焕老处。新年数日，又接《怀古》之什，即此遣放，即此薪火，正须以无古无今，一颂视之。济世超世，自是两端，然大人致一用两，未尝不代明错行也。十年来，为他人评庄，乃合古今而炮之，赞谤并列，随人自触，安于所伤乎？业缘难避乎？竿木泥洹，亦何暇更作计较耶？因寄《炮庄》一部，别刻数种，请正。有高兴为批数语，见示，为望。
>
> **又一云**：青原得一瀑布，愚山目为小三叠，又起一归云阁，今《志》已成。乔生、元孝二公，何可少此一句？适有郑水景黄粤游，皆刘晋卿先生之孙也，幸挥毫付之。

此二篇可补密之晚岁作品之缺，殊足珍视。《炮庄》为密之晚年思想结晶，康熙间此藏轩刻本，原四册，第一册即总集各家评语（成都美子林排印本缺之，为不全本）。盖成书于青原，萧孟昉为之镌版，有《刻炮庄缘起》，述其宗旨。以炮为书名者，殆取雷公炮之义。密之自其先祖即习医，彼亦能诊脉，《浮山集》中有《医学自序》一篇，可稔其渊源所自。故又以药地为号。子升挽诗有“净名仍要药王医”，以药王许之，所以尊之者甚至。其哭药地诗，一则云“一过伯通桥，夫君洵我师”，再则云“吾师吾友一心悲”。子升于桂王都肇庆时，官兵科右给事中，与密之为同僚，而竟以师礼事之，具见其服膺之笃。密之以《炮庄》寄子升，请其批数语，嘤鸣之感，至今诵之，弥觉可亲。此函虽短，而论济世与超世两极端可合而为一，其积极意义特于致一用两之旨发之，几足引起后人之深长思也。

第二札，为青原小三叠瀑布征诗于乔生（即子升）元孝（即恭尹）。今《子升集》卷十七有《遥题药地禅师青原新得瀑泉》四绝，自注施愚山目为小三叠，即应密之而作。陈独漉《增江后集》于《送家中洲之青原》一首之下，即为《寄青原药地禅师》七律，句云“新疏瀑水虹千尺……犹有为霖旧时望”，仍以霖雨苍生许之。是首为康熙十年作，密之行遽卒矣。屈翁山《诗外》亦有《药地禅师以小三叠泉请予题长句》七古，《感旧集》七，汪楫（楫字舟次，江都人，出使琉球，见《清诗纪事》卷四）有荆树行为无可大师赋。又有诗送李九洪、徐孝持入青原观瀑布，足见密之尝以青原小三叠广征四方题咏，声气既广，误会遂多，置身方外，而游于方内。密之超世而不忘济世，斯亦贾祸之由也。是札中又有“今《志》已成”一语，《志》即指《青原山志》，此举始于笑峰和尚，至密之遂踵成之。《施愚山文集》卷二《青原山志序》云：

> 前十余年，笑峰禅师始创为《山志》，属草未竟，其徒因而增辑……自明至今，作者遂多，余尝芟其十一，病未卒业。会药公来主是山，故以归之。公出其余力，搜括岩穴，网罗旧闻。范形胜则周，传古德则核，列诗纪文辞则详以雅。……合为《青原山志》，其先后编校相助有成者，则陈伯玑、宋商玉、郭入回诸子之力与焉。

《青原山志》经已刊行，其书今尚有存者，此密之居青原时造述之一，实由施闰章有以助成之。

《子升集》中尚有其他涉及密之之作。卷四有《五子咏》，其一为方简讨密之以智。此盖效《颜延年》之《五君咏》，同时陈名夏亦有《五子咏》，桐城方密之亦在其列（《晚晴簃诗汇》卷二十二），知当日为此题目者，不止一人，子升、名夏两诗皆作于密之未披剃之前。又《子升集》卷十一有《寄方密之学士》七律，句云：“桂林西去雪雰雰，皖国残山转郁云。”时密之居桂林。卷十七《寄无可上人》绝句：“试望江南秋色里，一僧挥麈石头城。”则密之在金陵，《池北偶谈》谓其曾住金陵高座寺，正是时也。卷四《答无可上人》，有“苍梧空碧云”句，则又密之初为僧在梧州时也。卷九《答亡可大师》有“平生皖城友，当世白莲师”句。卷十二寄方密之，自注时为沙门，有“潮生白下闻仙梵，叶坠枞阳旧庐”句，此诗次于《己亥书怀》之下，《己亥岁暮》之前。知为己亥年作，即顺治十六年也。

子升与密之往还之什，大致如此，足见两人交谊之深。陈《独漉集》中只有二首，已见上引，皆康熙十年辛亥所作。屈翁山编年诗，除辛亥送子升访药地之外，尚有庚子（顺治十七年）“白门秋望”诗下有《游中寄庐山无可大师》；辛丑春客会稽，登秦望山（在浙江杭县南十二里）《寄酬庐山无可大师》（均详汪宗衍撰《屈翁山年谱》），彼辈与密之来往，不若子升之款密。

密之在青原之居停萧孟昉，子升亦有诗赠之云："心过虔江汨汨流，一峰晴处且夷犹。……藏书自秘谁看得，闻说高僧共一楼。"高僧即指密之。是诗次于《雄州赠陆孝山太守》，《过丰城简陈元水》诸诗之下，似为之青原道中所作以寄萧氏者。其前又有寄赠泰和萧子句云："名家最是萧居士，往往名山衲子称。"此萧氏当指孟昉，当时萧氏一家喜与缁流缔交，萧为巨富又多藏书，士林开士多归之。孟昉即萧士玮（伯玉）之侄。钱谦益与萧士玮往返尤密。崇祯癸未刻本《初学集》，有士玮读后题记七则。谦益为士玮《春浮园集序》称伯玉遣石涛僧贻书，劝其研心内典。《有学集》卷四收送石涛上人绝句十四首，并附跋尾，盖作于辛卯。（顺治八年）刘献廷《广阳杂记》谓："萧孟昉，富可敌国，然能应接四方之士。（彭）躬庵先生每过其家。后因韩大任在吉安，应接其粮饷，上问及之，而老于囹圄焉。"易堂诸子亦与萧孟昉交往。至其讼事，乃缘韩案，与密之无关。然密之康熙十年受祸，孟昉有复壁之义（见方中履祭文），致船山误传密之卒于萧氏之春浮园。子升之莅青原，于萧氏企慕者深，故有诗寄之。

牧斋与密之亦有往还，《有学集》卷三八《复方密之馆丈书》有云："中岁皈依，暮年策励，老老大大，摸索得这几句没志气话头，正不堪可道人升师子座一棒赶出耳。"时密之已披剃矣。又云："古人所谓心易，己易也，学易者于此求之足矣。……想过庭时闻之，当笑狂夫老更狂耳。"牧斋易说，此函可见一斑。密之大父方大镇湛深易学，父孔炤继之，著《周易时论合编》，牧斋称过庭闻之，即指此耳。又《有学集》卷五十《题无可道人借庐语》，略谓："无可道人踵金华（宋濂）之后尘，其人与其官皆如之。遘遇丧乱，薙发入庐山，披坏色衣作除馑男，又何其相类也。"末署"癸巳元日海印弟子某"。癸巳即顺治十年（1653），此二则可补密之在庐山事迹，故并及之。

牧斋为陈子升诗序，因及乃兄子壮，谓"读乔生之诗，而想见其已事，恸哭誓师，创残饮血，既已怒为轰雷，笑为闪雷"（《有学集》卷二十）。可谓慨乎言之！

子升哭药地诗有句"谬以音声见子期"，则有伯牙人琴之恸，盖子升工操缦，自撰琴操曰《水东游》，徵意，凡八段，其谱具存，见集卷二十一。明季粤人能琴者大有其人，自为谱如姜白石者不数数遘。若子升者，尤其佼佼者矣。

1973年9月1日于星洲

比读方密之《浮山集》，曾草《方以智之画论》一篇。及见余英时教授《方以智晚节考》，喜其考证详密，发潜德之幽光。嗣见陈子升集，可以补苴者尚多，集末附宏智寄乔生两札，更可为方氏《晚年文选》增入重要资料；因撰此篇，读者视作余书之蛇足可也。

晚期诗论采用佛典举例

今天讲的题目，是关于诗论的问题。诗论里头有些批评家喜欢利用佛教的典故，佛教某些专门的术语，能给人以启发的一些名词，来引人入胜。这个办法，在国学上，在佛教史上，有所谓“格义”。“格义”的意思就是“拟配外书作为一种生解”，很生硬的解释。这类例子，大家可看汤用老的佛教史，他对“格义”的解释有很重要的发挥。“拟配外书作为生解”，生是生涩的生，这句话是在《高僧传·竺法雅传》中出现的，所以大家都会明白“格义”这两个字。什么叫做“外书”？佛教的立场是以自身为内，所以佛教的书叫内典，佛教以外的东西他们都叫外书。佛教有一种对外的排斥性，在印度，地位最高的其实是婆罗门的书，佛经是从婆罗门《奥义书》发展而来的，但佛教徒都排斥它，他们把婆罗门的一切书都当外道，都用个“外”字。在中国，也用“外”字，把非佛教的书当外道、外书。在最初传播教义的时代，我们是借用老庄的一些成语、名词来讲的，就叫“格义”。这种“格义”方法的发展一直到今天，我们还不能离开。今天许多讲文学理论的人，借用某些西方化的概念、范畴，其实也是“格义”。老实说，这个“格义”毛病很多，仔细看起来，许多“格义”其实都格格不入。但讲的人却头头是道，其目的是增加对某种问题了解的趣味性。我今天要讲的是举例，特别是晚期诗论借用释典的举例，大概宋元以后的。我也不讲禅的问题，因为禅已经被人讲烂了，中外这方面的书也很多，我不讲。我只举些例子，说明“格义”的问题在后来实际上是格格不入的，但讲的人好像很有意思。

我今天要讲的第一个问题，是胎金说。大日如来的理法身实体有如胎儿。

胎是小儿的胎，金是金刚的金。胎与金的对立，是密宗讲的内容。密宗的曼荼罗（mandara）里头有两个世界，一个是金刚界，一个是胎藏界，曼荼罗就是图画。这两个世界为密宗所特有。胎脏是说明世界的，即我们对世界作一种胎义的看法，就是胎义观；金刚就是金刚观，就是用金刚的意思来看问题。胎藏界的代表是一个莲花，金刚界的代表是一个明月，密宗常常用莲花，在胎义上说表示清净，大至真言"唵嘛呢叭嘧吽"，就是表示一个莲花，这是胎义。金刚是明月，明月是光明、是普照一切的。这些都是密宗的常识，它们跟文学、跟诗有什么关系呢？它们也可被拿来讲诗，非常奇怪。我要举的例子是一个日本的和尚，叫做了尊。[①] 这个人的年代大概相当于我们的元朝，他有一本书叫《悉昙轮略图钞》，在《大藏经》第八十四册。这个人在日本是所谓悉昙学家。悉昙讲印度字母的，我本来研究悉昙学，所以特别知道这个材料，《悉昙轮略图钞》本来是讲印度语言构造发展的文法上的问题，里面有"论文笔事"二图，分诗图及笔图，把"文"和"笔"分成两个图，不知道研究"文笔"的人有没有注意这个材料？我今天不讲文笔的问题，讲诗论的问题。书中有一个诗图，画的是诗里头的平与仄，它不称"仄"，它叫做平以外的其他的声。它把平声列在胎藏界，把其他声列在金刚界，画成了一个图。我仔细看，非常没有道理，但是它却讲出很多很多，头头是道。它并且用这两个界来分配律吕，胎藏界是律，金刚界是吕。我觉得也很没道理。我不必在这里批评它，我不过说明，借佛教来讲诗论，有很多格格不入。

用密宗的胎金两界来指律同吕，来定平仄，这个讲法构成一个曼荼罗。这个曼荼罗的意义是非常有意思的。这个东西等于现在说一个 whole picture 整个图。你看现在西藏人的文化就是把宇宙一切画成一个整图，这个整图就把什么都归在里头，成一个曼荼罗，人家就从这里可以知道宇宙的整个大概。任何一种学问都是曼荼罗，这个想法是很对的。无论什么东西，包括诗，也可以构成一个曼荼罗。诗的真正曼荼罗应该怎样写，还有待于诸位去努力创造，我相信你们也可以（什么人都可以）创造一个曼荼罗，你借这个来讲也好，借别的东西来讲也好，都可以构成一个曼荼罗。借用佛教来讲问题，我想，在日本是一个传统。中国也是，当然中国人讲得比较不同。我觉得中国人讲的多数是片段，不是曼荼罗。文学界的人搞密宗的也不太多，把密宗搞得深入一点的最近可能是沈寐老，但是中国人拿佛教来摆在诗论里头，都是

① 了尊是日本悉昙大师信范的弟子。他这书序文年月是弘安十年（1297）四月，相当于元成宗大德元年。此图见《图钞》卷第七，了尊解云："夫笔者避声而表布实、虚假二法，调韵而示细中道一理。就中平声云吕，他声云律。"

片段，往往不去管那个被引用的东西原意，并不拿来回头去对，只是随便引用，但是用得很有趣味，可以引人入胜，东坡这些人都常常就这么做。但是日本不同，日本有些和尚，他真有构成曼荼罗这样的理想。我举一个旁证，虽不牵涉诗论，但也可以说明一点方法论的问题。大家知道日本人也喝茶，讲茶道。有一个日本人叫荣西，他在日本第一个提倡喝茶，而且把茶写成一部几乎是经典的东西，他是信密宗的。密宗讲五行，金木水火土，他的茶经就是用五行来解说的。今天看来毫无道理，但是他在当时影响却很大，带动了日本喝茶的风气。今天日本人都把他拜为茶祖师了，什么人都知道，他是日本的一个大人物，人家都写专书、写传来纪念他。我简单地说，这是把茶用曼荼罗来写。中国人没有这种做法。

用胎藏和金刚二界来比附诗，作一种密宗的理解，实在是毫无道理。我在这里提出来，不是同意其说。我们要认真看问题，不过，这是历史上有过的一个讲法，所以我们不能不提。

第二个我要讲的例子，是中边说。中边理论是佛教教义学上的大问题，佛教是主张“中”的，佛教里面有一派是龙树的《中论》（mūla-madhyamaka-vritti），《中论》就是主张“中”的。佛教讲空，讲不空。他说，讲空的不对，讲不空的也不对，应该两方面联系起来看问题，这就成为“中论”。佛教讲空的问题，有所谓十大空，我这里来不及谈，但是最简单的是“中”同“边”。空与不空都是边，都只站在一边。你说空，站在一边；说不空，也站在一边。不空之空，才是“真空”，真的空，才是“妙有”；妙的意思是没有，妙有是没有的有。真的空同没有的有，这是中观。龙树的《中论》是一部大书，就讲这个中与边的问题。搞佛教的人初步知道有中边这个理论后，也把它利用到诗论里头来。我看，东坡是很早的。东坡在《东坡题跋》中评柳宗元的诗，他有几句话，说文贵于枯淡，外枯而内膏，外面好像很“枯”，但是里面很多“腴”。渊明之后，子厚是也，他说陶渊明、柳宗元的诗就是这样的。他接下去说，假如中和边都枯淡，亦何足道，没什么意思。“佛曰，犹人食蜜，中边皆甜。人吃五味，能够分别它的中同边的，百无一二也。”①他的意思是说没有多少人真正知道这味。有些人光看到外面的枯淡，没看到里面的膏腴。陶渊明的诗有些人看来不行，里头没有什么辞藻，所以陶诗在唐以前并不为大家欢迎，列不到上品，因为他不同于谢灵运、颜延年那些表面声文、形文都

---

① 苏轼《东坡题跋》二评韩柳诗条：“所贵于枯淡者，谓其外枯而中膏，似淡而实美，渊明子厚之流是也。若中边皆枯淡，亦何足道！佛云：如人食蜜，中边皆甜。人食五味，知其甘苦者皆是，能分别其中边者，百无一二也。”方以智中边说，见《龙眠风雅》引用。

很发达的诗。宋代人从陶诗里看出味道来了，那是从“中”看出来的，不从“边”看。这是借用佛教的中边说来讲的。东坡引佛教的说法，如人食蜜，中边皆甜，这句话很有名，大家都知道。

后来，对这个中边说有所发展的，是方以智。他是安徽人，是晚明的大学者，博通古今，贯纵一切。他也论诗，本人也是诗人。他著《稽古堂诗说》，论诗主张内法性情，外形节奏，所为中边皆到。假如离开声律、字句、雅俗等可辨之边，中（妙义）就无所寓托了。没有外面的边，哪里有里头的中呢？故词为边则义为中，文词是边，意义是中。这是第一步的讲法。但是他又说“词与意皆边也”，义也可以变为边，就是说，应该再进一步，把中的也看为边，这样边就更丰富了，中也是第二步更妙的中。方以智以中边来分别词同义，甚至把文都作边看。在佛教的《中论》里，连中也可以当边看的，这是空的不空，不空的空。龙树《中论》有一句话这么讲：“一切法空故，何有边无边，亦边亦无边，非有非无边。”这是语言上的辩证表达，其实他讲的是中论。所以东坡讲中边如蜜，方以智讲词是边义是中，进一步讲词、义都是边，这种讲法就是利用了《中论》的道理。不过这个讲得还是蛮有道理的，是对的，比日本人的要好。我们今天假如把这个意思扩张起来讲，也可以讲出许多许多的理论，如把有无同中边问题纳入到一个理论里来讲。

第三个例子，是鼻观说。用鼻来看。大家看了题目觉得好笑，鼻怎么来看呢？这个是钱牧斋的讲法。他有两篇文章讲这个问题，第一篇是跋徐元叹的诗。徐元叹是个小诗人，名气不很大的。大家不要以为名气小的人诗就不好，我们今天写文学史，我觉得很多地方是不对的，就是捧了几个大名人，大家就把他们捧得很高，其实很多小名家都很了不起，在同一个时代，各有各的成就，所以不要把眼光都放在少数几个人身上，大家都要转移目光去看一些小的名家，这样才可以理解文学史。钱牧斋，大家都知道，他是清初三大家的第一个人，龚鼎孳、王士禛都是他学生辈。他的地位是那么高了，但是他的朋友，他的同时代人也都有很好的诗，如徐元叹。他给徐元叹写了两篇文章，一篇是《香观说》[1]，后来又有第二篇，叫做《后香观说》。我觉得他第一篇写得好，第二篇写得不对，是画蛇添足，等一会我有批评。

---

① 钱谦益《香观说书徐元叹诗后》，“有隐者告曰：吾语子以观诗之法。用目观不若用鼻观。……诗也者……天地间之香气也。……不以视而以嗅。诗之品第，略与香等，或上妙，或下中……得以嗅映香，触鼻即了，而声色香味四者，鼻根中可以兼举，此观诗之方便法。”（《有学集》卷四八）

按：宋刘辰翁为陈简斋诗序，有“诗道如花，论品则色不如香，论逼真则香不如色”。亦以色香喻诗。

香观说就是讲用鼻看。他说看诗的方法，用眼睛看不如用鼻看。他说诗是天地间的香气，所以非用目而用鼻，不用视而用嗅。诗的品格同香的品格一样，有上妙的，有中下的。所以，用鼻来体会这个香，可以包括几个感觉，触觉啦、味觉啦，都可以解决。诗是声色香味齐备，用鼻根则四识兼具，这是观诗的方便法。“诗可以观”，但《论语》里头可以观不是这样一个说法的。这里以鼻可以代替其他几个感觉，以鼻看诗，比较以眼看诗更进一步。我记得钱锺书先生写过一篇《通感》，感觉是可以相通的。但是钱牧斋讲的用鼻来看诗，就不是通的问题，这是领导地位的问题。通是平等地位的，大家都可以相互转移。但这个鼻观与通感不一样，它是指鼻高于其他感官，可以兼其他几种不同的感觉。我觉得这个讲法也有相当的道理，用鼻来闻一闻，我们说闻妙香，用鼻，不用耳朵，这是一种很高级的感觉。佛教也有用闻妙香来讲对一首诗的鉴赏，是一种鉴赏论。以前有的人看版本，看是否是善本，好的本子，他们用闻的方法，不是看的，记得王国维好像说过这方面的话，这个道理也可以通。徐元叹的诗为什么得到高度的评价呢？就是因为他的诗可以鼻闻。吴梅村也曾送给徐元叹一首诗，其中有这样句子：“落木万山心，萧条无古今”，境界甚高，可以当之无愧。

钱牧斋的第二篇文章叫《后香观说》，是画蛇添足。他说，“古人以苾刍喻僧，苾刍者，香草也”。蔬笋亦香草类。所以和尚必须有香草之德，否则不可为僧；僧人做事如果不得蔬笋味，便不能为诗。这里似乎是对香观说的发展，但这是建立在一种错误理解之上的。他把苾刍当作香草。这是望文生义。苾刍原是比丘的梵名“Bhiksu”的音译，和沙门之为Sramaṇa一样。比丘意义是乞丐（即英文beggar）。印度的僧人是跟乞丐很像的，因为自己不治产业，靠别人施舍，靠化缘过日子。牧斋说苾刍是香草，从字义表面推论，这一段文字，讲得头头是道，却是纯粹的画蛇添足。

讲香观的可不止是钱牧斋一个人，在他以前，刘辰翁给陈简斋作诗序，里面也写到香观。

第四个例子，是三关说。这是沈寐老沈曾植先生提出来的。三关是指元祐、元和、元嘉。北宋的元祐、中唐的元和、刘宋的元嘉。元祐是指苏东坡、黄庭坚等人，元和是指白居易、元稹、韩愈，元嘉是谢灵运这些人。三关，是说学习写诗的途径上，不断取得进步，通过的三个关，就是诗歌艺术上升的三个境界。沈寐老是晚清同光诗派中浙派的领袖，他的诗很难读懂，有的诗连陈石遗也看不懂。听说钱仲联教授注了他的海日楼诗。沈寐老提出三关说，他说，上通到第三关，“自有解脱月在”。这句话是从《华严经·行愿品》

里而来的。解脱月，是以密宗金刚界的“月”来喻一种诗学境界。他说大谢的诗，兰亭诗，是达到了这个境界的。沈寐老深通密宗，也深通诗学，所以他用密宗的月来谈诗，谈诗的境界，非常恰到好处，用佛教讲诗论，融合得那么好，是不多的。①

因为时间关系，我不能多讲。我最后说些印度诗学的东西。印度古代讲诗有两种途径，一种叫 alaṅkāra，意思是修辞，汉译佛典中把这个词译为“庄严”。这是讲诗歌修辞的，相当于《文心雕龙》中所说的“形文”和“声文”。另一途径是 Rasa，它的意思大约相当于《文心雕龙》的情文，是讲内容，讲境界的。无独有偶，Rasa 这个词在梵文里面，原意是“味”，这跟中国诗论中讲的“味”是一样的，中国人后来也用“味”来讲诗的境界，这与香观说有异曲同工之妙。中国文化与印度文化间撇去格格不入的“格义”之外，确实也有相通之处。所以谈比较，谈沟通，都要仔细辨别，像古人说的，“沈潜玩味”才行。

本文由朱刚、颜军根据录音及笔记整理，经作者本人审定、发表于《复旦学报》（社会科学版）1993 年第 1 期。

① 沈曾植《菌阁琐谈》云：“南州草堂诗话多记桑海诸公悲观词事，所谓眼中景、景中人、人中意者，临济三宫，于此漏泄家风不少。”按临济（义玄）宗宗旨，大机大用，卷舒、擒纵、救活、自在、故示三玄、三要。三玄者：玄中玄、体中玄、句中玄，三要者，一玄中具三要，自是一喝中体摄三玄三要，沈氏三中之说即出自临济，附记于此。钟嵘《诗品》论永嘉贵黄老，“其诗谈乎寡味”。又说：“五宫居文辞之要，是众作之有滋味者也。”《文心雕龙》在情采、附会、总术，都提到味字，有道味、义味二词。

《我的释尊观》序*

这是一本用对话体写出来的引人入胜的好书，我相信任何人读后对于释尊生活一定能获得深刻的印象和充分的了解。

释尊是人类精神世界中遍照十方、有无量光辉的明灯，向来为广大人民所歌颂。本书具有特殊的可读性，它点铁成金，把那些枯燥的佛教术语化成趣味的故事，出之以深入浅出的文学语言，带着强烈的感染力，这是最成功的地方；读者自然可以体会到。今次要我为中译本写几句话，本来不敢造次妄说，由于我曾经在印度生活过一段时间，释尊说法的鹿野苑又是我展谒流连忘返的地方，所以我才敢不自量力来饶舌。

印度是一个酷热的国家，新德里周遭的气温经常在摄氏四十度以上。在这充满热力的环境下，古代思想家把“热”看成宇宙的原动力。所谓 Tapas 一字即由热引申为苦行。在《吠陀经》里面，Tapas 已经成为自然恒律（ṛta）和真理（satya）的代词。印度人的生活目标是在追求未来，甚至来世的合理安顿。这和中国人的注重现实完全背道而驰。中国人讲孝道——身体发肤受之父母，不敢毁伤；印度人则对躯体十分轻视，甚至认为是不洁的赘疣，成为灵魂的桎梏。干脆说一句：身躯根本阻碍了灵魂的解脱（mokṣa）。印度的 Brata 规定要修持净行，须在烈日之下四周烧起热火，这样方算是真正的苦行，这种苦行行为至今还流行着。因为 Tapas 是天经地义的真理，印度教与

* 《我的释尊观》（池田大作著），中译本由香港三联书店 1995 年出版。

耆那教徒无不遵守不渝。释尊在尼连河林中苦行十年，后来于 pippalā 树下顿悟其非，毅然放弃苦行，另行寻找他的不走极端的中道，这样无异对印度的传统提出挑战，是一椿极难做到的了不起的创举。他在修持的过程中，虽然悟到正法正念，但已体力枯竭，万死一生之际，有人劝他改修事火法，必获大果报，他决然加以拒绝，直说这是魔法。他讲众生平等，面对牢不可破的种姓问题（时至今日印人就业还须填报何种阶级），释尊撇开当它根本不存在，放弃王子之尊走到民众中去，因而得到广大群众的爱戴。他标揭中道的大纛，扬弃印度人走向极端的思想逻辑。初转法轮时候说缘起论，指出“苦”的根源乃由于人们沉溺于无明之中，要灭尽无明，就可解决十二因缘互相关联的锁链，而取得大自在。缘起说是释尊大彻悟后得到的真理，中国西北早期传入的佛教遗物，还保存有用婆罗谜文字写刻的《缘起经》幢残石，这是非常难得的！

我时常说：如果有人要把印度传统的苦行思想传入中国来播种，恐怕不易为人接受。我们看墨子“以自苦为极，日夜不自休”，在汉代以后久已成为绝响。但佛教传来反而深入人心，我认为一方面是因缘时会，恰巧东汉时提倡孝道，康僧会著《六度集经》，处处灌输孝顺观念，不但没有被人排拒，反而引导人们的起信，像睒子的故事，连陈思王曹植且为他作颂呢！

印度原始苦行思想导源于火（agni），汉人思想基质似是导源于水，《道德经》言“水善利万物而不争”，儒家讲融洽，孔子面对时间之流，有“逝者如斯”之叹，法家谓“下令如流水之行”，货殖家讲“平准”，“水”字正训为准。释尊抛弃事火之法以求正果，中国佛家厌恶火宅，追求清凉，中古时代作为国际佛教中心的五台山竟有清凉山的别名。中、印两种文化从基质上看十分悬殊，本来难以沟通，深赖佛家的中道，乃有其不谋而合之处，所以东来之后发展为大乘，取得更加弘扬光大的硕果，殊非偶然所致。

老子想尔注校证

卷五

饶宗颐二十世纪学术文集·宗教学

目　录

自　序

夫三元八会之说，四辅七籤之编，玄哉邈乎，奥不可议。然表诠至理，语托乎紫微；决定了知，义通乎《玉诀》。而历离日月，虽远溯于轩辕；象物窈冥，终建言于苦县。阅众甫而不去，先天地以自生。是以玄览之士，知所折衷；方术之流，随时斟酌。韩非显《喻》，淮南著《应》。邻氏抽其坠绪，安丘发其幽宗。中垒秘阁，犹说四篇；季长绛帐，有注成卷；世代悠远，旷乎莫传。至若辅嗣析其名数，知凡有皆始于无；河上致其渊微，谓不死在于玄牝。魏氏以来，传兹二学，譬长夜之逢晓，亦万派所朝宗焉。降而下之，代有明哲，讲论弥精，记述益富，遂盈阁而牣居，同充车而被轸，何其盛哉。缅惟安期受教，事著于史传；宫崇诣阙，语杂于巫觋。谓太平其可致，《青领》成书；岂汉运之将终，黄巾发难。丁三百五十年之厄，为一百七十卷之文，大顺阴阳，用弭灾异。乃有鹤鸣道士，造作鬼教。著三官之手书，置五斗之义舍；因五千文而都习，设廿四治以登真。敷扬妙义，风行蜀中，翼赞玄言，托遘想尔。阐守一之旨，携契天人；劝长生之方，先挫忿怒。本无为以去恶，立道教之元胎。系师定本，语助从删，仙士可期，安平大乐。珠囊悬解，传三洞之复文；真迹宗门，著卅辐之减字。惜乎时有夷隆，道有显晦。重以五季丧乱，秘轴扬灰，元宪焚经，玄都一炬；遂使丹诀惟《北斗》之可征，《黄书》共西日而偕没。神隐子谅所未收，正统《藏》于焉缺载。镇南古本，空存其名；“想余”殊称，靡由审辨。陈篇黮闇，搜考无从，嗜古之徒，盖其闵矣。清季莫高石窟，秘室启扃。淹中佚礼，竟随橐驼而西征；《化胡》

遗经，亦逐青牛而东指。天宝旧卷，足辨分毫；玄英《开题》，复资发覆。尤喜《想尔》残注，历劫犹新；于是正一明威之道，晦而复彰；三天柱下之注，微言弗坠。发南极之奥，众音贵和；披《吕览》之篇，与元同气。颐以庸浅，敢乐虚无。未绝学而生忧，惟周行而不殆。爰以讲席闲时，广事稽览，短识与寸阴争晷，驽马同颓影竞驰。稠适上遂，奚以白心，天地将倾，欲问黄缭。循诵此书，良资先觉；游目栖神，薄有微悟。稍为诊发，共数十事，导彼浑灏，等凿窍于混沌；申其诘屈，肆雌黄于玄豕。蠡测管窥，深惭博练。亦知百里之内，芳草非无；千祀以外，兰菊未绝。冀微启于今兹，庶有藉于来哲云尔。

丙申清明饶宗颐选堂序于香港大学中文系

一　解题

敦煌莫高窟所出古写本典籍，为斯坦因博士携归伦敦者，有《老子道经想尔注》残卷，现藏大英博物院，列斯氏编目六八二五号。卷末题“老子《道经》上”，下注“想尔”二字分行。起“则民不争”（上缺），迄卷终，凡五百八十行。注与经文连书，字体大小不分，既不别章次，过章又不起行，与其他唐写本《道德经》款式颇异（孔颖达《礼记正义》称：“马融为《周礼注》，欲省学者两读，故具载本文。”盖后汉以来，始就经为注。此书注与经文连写，犹存东汉晚期注书之式）。

《老子想尔注》，《隋书·经籍志》两唐《志》均不著录。唐玄宗御制《道德真经疏外传》，列古今笺注《道德经》各家：首《节解》上下，云：“老君与尹喜解。”次《想尔》二卷，云：“三天法师张道陵所注。”又次《内解》上下，云：“尹喜以内修之旨解注。”又次河上翁《章句》，云：“汉文帝时，降居陕州河滨。”（《外传》在《正统道藏》三五八册，洞神部玉诀类）五代杜光庭《道德真经广义》，叙历代诠疏笺注六十余家，其首数种，为《节解》上下，《内解》上下，《想尔》二卷，河上公《章句》。于《想尔》下云：“三天法师张道陵所注。”与玄宗《外传》同（亦见宋谢灏《老君实录》、彭耜《道德真经集注杂说》、董思靖《道德经集解》，俱引杜光庭云“注者有尹喜《内解》、汉张道陵《想尔》、河上公《章句》”）。

道书旧分七部，所谓三洞四辅者也。四辅之首，为太玄部。《想尔注》原列于太玄部中。《正统道藏》九八九册正乙部《传授经戒仪注诀》（下简称

《注诀》）言道教授经序次，太玄部书，共十卷。兹列前数种如下：

太玄部卷第一老君大字本《道经》上。
太玄部卷第二老君大字本《德经》下。
太玄部卷第三老君《道经》上、《道经》下，河上公《章句》。
太玄部卷第四老君《德经》上、《德经》下，河上公《章句》。
太玄部卷第五老君《道经》上，《想尔训》。
太玄部卷第六老君《道德经》下，《想尔训》。

自第七卷以下为老君《思神图注诀》、老君《传授经戒仪诀》、老君《自然朝仪注诀》、老君《自然斋仪》等。凡右十卷，授经之日，由道士为师者料付之。是《想尔训》与河上《章句》，同为道教必读之经典。《注诀》又论经法序次之由云：

昔尹子初受“大字”三篇，《中经》在“太清部”中（按今《道藏》太清部有《太上老君中经》二卷），所以付上下两卷。汉文精感，真人降迹，得此《章句》，所滞即通。登于金华，友诸天人。隐（按疑即郑隐〔字思远〕，葛洪师之，敦煌本河上《注》、葛玄《序诀》后有郑思远语）注云：读河上一章，则彻太上玉京，诸天仙人，叉手称善。（中略）故次于“大字”。系师得道，化道西蜀，蜀风浅末，未晓深言，托遘想尔，以训初回。初回之伦，多同蜀浅，辞说切近，因为赋道。三品要戒（按指上中下三品），济众大航，故次于河上。河上《想尔》，注解已自有殊；“大字”文体，意况亦复有异。皆缘时所须，转训成义，舛文同归，随分所及。值兼则兼通，值偏则偏解。（中略）究此十卷，自足兼通。（中略）必获妙果，妙果有期，不假他寻；果期未至，且览众篇。至于首引《内解》，别次在后，余力观之，幸亦无妨。

由此段文字，可略悉天师道研读《道德经》所用之课本及其次第。初诵“大字本”，托于尹子（即尹喜），疑即玄宗《经疏外传》之尹喜《节解》上下；次读河上《章句》及《想尔注》；又参《内解》，即所谓尹喜以内修之旨解注者。可见《想尔注》在道教经典中之重要性（《真诰》十七记梦各条下云：“又见系师注《老子内解》皆称臣生稽道，恐此亦可是系师书耳。”则《内解》

亦系师所作）。

《注诀》谓《想尔训》为系师所以化道西蜀。系师即张鲁也。《真诰》四记张镇南夜解事，注云："张系师为镇南将军，建安二十一年亡。"《后汉书·刘焉传》："张鲁，字公旗。初，祖父陵，顺帝时，客于蜀，学道鹤鸣山中，造作《符书》以惑百姓。受其道者辄出米五斗，故谓之'米贼'。陵传子衡，衡传于鲁，鲁遂自号师君。鲁在汉川垂三十年，建安二十年降曹操，拜镇南将军，封阆中侯。"刘大彬《茅山志》九《道山册》言："《登真隐诀》，陶隐居云：老子《道德经》，有玄师杨真人（即杨羲）手书张镇南古本。其所谓五千文者，有五千字也。数系师内经有四千九百九十九字，由来阙一，是作'三十辐'应作'卅辐'，盖从省易文耳，非正体矣。宗门真迹不存，今传五千文为正本，上下二篇不分章。"（《道藏》百五四册，洞真部纪传类）此记系师张鲁五千文本，情状甚详悉。今敦煌《想尔》残卷"三十辐"作"卅辐"，不分章，删减助字[①]，与此正合。又卷终题"《道经》上"，亦分上下二篇，并同于《注诀》所记。而卷上终"道常无为"章，都三十七章。复与敦煌天宝十载写本卷末记："《道经》卅七章"、"五千文上下二弓（卷）"、"系师定"诸语相符。[②] 综是以言，此《想尔注》本，即所谓系师张鲁之五千文本，断然无疑。

考陆德明《经典释文·序录》，《老子》有《想余注》二卷。下云："不详何人，一云张鲁，或云刘表。"列于刘遗民《玄谱》之下，似陆氏未见其书。卢文弨《释文考证》未及此。而侯康、姚振宗、曾朴诸家《后汉艺文志》，俱依《释文》著录"《想余注》二卷"。按以敦煌写本证之，字明作"想尔"，与《注诀》合。疑"爾"字或书作"尔"，遂误为"余"也。至于撰人，陆氏谓一云"张鲁"，与《注诀》称"系师"同；而玄宗杜光庭则云张道陵，当是陵之说而鲁述之；或鲁所作而托始于陵，要为天师道一家之学。《广弘明集》中唐释法琳《辩正论》云："汉安元年道士张陵分别《黄书》，故注五千文。"则道陵注《老》，彰彰明甚，故兹从玄宗说，题为张陵注云。

《典略》载："熹平中，张脩为太平道，张角为五斗米道。（中略）施净室，使病人处其中思过。又使人为奸令祭酒，主以老子五千文，使都习。号奸令为鬼吏，主为病者请祷之法。（中略）后角被诛，修亦亡。及鲁自在汉

① 关于《道德经》本删减助字问题，另参敦煌所出写本成玄英《老子开题》第四"文数"。

② 天宝十载写本，刊于《敦煌秘籍留真新编》下册，见本书附图一。

中，因其人信行修业，遂增饰之。”（《后汉书·刘焉传》章怀《注》及《魏志·张鲁传》裴《注》引。文中“张脩”，斐松之云应是“张衡”，即张陵子。）是天师道以五千文设教，不自张鲁始。陵初作注，传衡至鲁，而鲁更加厘定，故有“系师定本”之目。《注诀》云：“系师得道，化道西蜀，托遘想尔，以训初回。”知此《想尔注》，自张鲁以来，流行于蜀中。惟注语颇浅鄙，复多异解，辄与《老子》本旨乖违；故李唐以降，黯䵥不章；《正统道藏》，竟缺不载，其沦佚者久矣。

今此残卷，赖石窟之保存，得重显于世。卷中“民”字不避讳，故向来定为六朝写本。[①] 其书每提及太平符瑞，多合于《太平经》经义，不特东汉老学神仙家一派之说，可略睹其端倪，尤为道教原始思想增一重要资料，对于道教史贡献至巨，不可谓非学术上之鸿宝也。

① 见《北京大学五十周年纪念敦煌考古工作展览概要》，36页。按以字体定之，当为北朝人所书，详《别字记》。

二　录注

原卷经文与注连写，寻览不易；兹分别录出，并依河上本次第，分注章数，以便观省。惟误夺颇多，句读尤难，间有别字，并为注明，其所未寤，则仍其旧。

（上缺）则民不争亦不盗。

不见可欲，使心不乱。

……不欲视之，比如不见，勿令心动。若动，自诫；□□，道去复还。心乱遂之，道去之矣。

圣人治：灵〔虚〕其心，实其腹，

心者，规也，中有吉凶善恶。腹者，道囊，气常欲实。心为凶恶，道去囊空；空者耶（邪，下同）入，便煞人。虚去心中凶恶，道来归之，腹则实矣。

弱其志，强其骨，

志随心有善恶，骨随腹仰。气强志为恶，气去骨枯；弱其恶志，气归髓满。

常使民无知无欲；

道绝不行，耶文滋起，货赂为生，民竞贪学之，身随危倾。当禁之，勿知耶文，勿贪宝货，国则易治。上之化下，犹风之靡草。欲如此，上要当知信道。

使知者不敢不为；

上信道不勸（倦），多知之士，虽有耶心，犹志是非，见上勤乙，亦不敢不为也。

则无不治。

如此，国以治也。

以上河上本第三章

道冲而用之又不盈；

道贵中和，当中和行之：志意不可盈溢，违道诫。

𣶒（渊）似万物之宗。

道也。人行道，不违诫，𣶒深似道。

挫其锐，解其忿；

锐者，心方欲啚（图）悪（恶）；忿者，怒也，皆非道所喜。心欲为恶，挫还之；怒欲发，宽解之，勿使五藏忿怒也。自威以道诫，自劝以长生，于此致当。忿争激，急弦声，所以者过。积死迟怒，伤死以疾，五藏以伤，道不能治，故道诫之，重教之丁宁。五藏所以伤者，皆金木水火土气不和也。和则相生，战则相克，随怒事情，輙（辄）有所发。乙一藏则故克，所胜成病煞人。乙遇阳者，发囚刻王，怒而无伤；虽尔，去死如䟦（发）耳。如人衰者，发王克囚，祸成矣。

和其光，同其尘。

情性不动，喜怒不发，五藏皆和同相生，与道同光尘也。

湛似常存。

如此湛然，常常在不亡。

吾不知谁子？像帝之先。

吾，道也。帝先者，亦道也。与无名万物始同一耳。未知谁家子，能行此道；能行者，便像道也，似帝先矣。

以上河上本第四章

天地不仁，以万物为莒（蒭）苟（狗）。

天地像道，仁于诸善，不仁于诸恶；故煞万物，恶者不爱也，视之如莒（蒭）草如苟畜耳。

圣人不仁，以百姓为莒（蒭）苟。

圣人法天地，仁于善人，不仁恶人，当王政煞恶，亦视之如莒苟也。是以人当积善功，其精神与天通，设欲侵（侵）害（害）者，天即救之。庸乙之人皆是莒苟之徒耳，精神不能通天。所以者，譬如盗贼怀恶不敢见部史也，精气自然与天不亲，生死之际，天不知也。黄帝仁圣知后世意，故结莒草为苟，以置门户上，欲言后世门户皆莒苟之徒耳；人不解黄帝微意，空而效之，而恶心不改，可谓大恚（恶）也。

天地之间，其犹橐蘥。

道气在间，清微不见，含血之类，莫不钦仰。愚者不信，故犹橐者治（冶）工排橐。蘥（籥）者，可吹竹，气动有声，不可见；故以为喻，以解愚心也。

虚而不屈，动而愈出。

清气不见，像如虚也。然呼吸不屈竭也，动之愈益出。

多闻数穷，不如守中。

多知浮华，不知守道全（全）身，寿尽辄穷；数乙，非一也。不如学生，守中和之道。

以上河上本第五章

谷神不死，是谓玄牝。

谷者，欲也。精结为神，欲令神不死，当结精自守。牝者，地也，軆性安，女像之，故不掔。男欲结精，心当像地似女，勿为事先。

玄牝门，天地根。

牝，地也，女像之。阴孔为门，死生之官也，冣（最）要，故名根。男荼亦名根。

绵绵若存，

阴阳之道，以若结精为生。年以知命，当名自止。年少之时，虽有，当闲省之。绵乙者微也，从其微少，若少年则长存矣。今此乃为大害，道造之何？道重継（继）祠，种类不绝，欲令合精产生，故教之。年少，微省，不绝，不教之勤力也。勤力之计出愚人之心耳，岂可怨道乎？上德之人，志捻（操）坚强，能不恋结产生，少时便绝。又善神早成，言此者道精也；故令天地无祠，龙无子，仙人妻，玉女无夫，其大信也。

用之不动。

能用此道，应得仙寿，男女之事，不可不勤也。

以上河上本第六章

天长地久。天地所以能长久者，以其不自主，故能长久。

能法道，故能自生而长久也。

是以圣人后其身而身先，

求长生者，不劳精思求财以养身，不以无功劫君取禄以荣身，不食五味以恣，衣弊履穿，不与俗争，即为后其身也；而目此得仙寿，获福在俗人先，即为身先。

外其身而身存；

与上同义。

以其无尸，故能成其尸。

不知长生之道，身皆尸行耳，非道所行，悉尸行也。道人所以得仙寿者，不行尸行，与俗别异，故能成其尸，令为仙士也。

以上河上本第七章

上善若水。乙善利万物，又不争，

水善能柔弱，像道。去高就下，避实归虚，常润利万物，终不争，故欲令人法则之也。

虚众人之所恶，故几于道。

水能受垢辱不絜（洁）之物，几像道也。

居善地，心善渊，

水善得窐空，便居止为渊。渊，深也。

与善仁，

人当法水，心常乐善仁。

言善信，

人当常相教为善，有诚信。

政善治，

人君理国，常当法道为政，则致治。

事善能，

人眂荨（等）当欲事师，当求善能知真道者；不当事耶伪伎巧，耶知骑（骄）奢也。

动善时。

人欲举动勿违道诫，不可得伤王气。

夫唯不争，故无尤。

唯，独也；尤，大也。人独能放水不争，终不遇大吉。

以上河上本第八章

持而满之，不若其已；揣而悦之，不可长宝。

道教人结精成神，今世间伪伎诈称道，托黄帝、玄女、龚子、容成之文相教，从女不施，思还精补脑（脑），心神不一，失其所守，为揣悦不可长宝。若，如也；不如，直自然如也。

金玉满室，莫之能守；

人之精气满藏中，苦无爱守之者，不肯自然闭（闭）心而揣捝之，即大迷矣。

富贵而骄，自遗咎。

精结成神，阳炁有余，务当自爱，闭心绝念，不可骄欺阴也。骄欺，咎即成。又外说乘权富贵而骄世，即有咎也。

名成功遂身退，天之道。

名与功，身之仇，功名就，身即灭，故道诫之。范蚤（蠡）乘舟去；道意谦信，不隐身形剥，是其效也。

以上河上本第九章

载营魄抱一能无离，

䰟，白也，故精白，与元〔炁〕同色。身为精车，精落故当载营之。神成气来（来），载营人身，欲令此功无离一。一者道也，今在人身何许？守之云何？一不在人身也，诸附身者悉世间常伪伎，非真道也；一在天地外，入在天地间，但往来人身中耳，都皮里悉是，非独一处。一散形为气，聚形为太上老君，常治昆仑，或言虚无，或言自然，或言无名，皆同一耳。今布道诫教人，守诫不违，即为守一矣；不行其诫，即为失一也。世间常伪伎指五藏以名一，瞑目思想，欲从求福，非也；去生遂远矣。

专气致柔能婴儿，

婴儿无为故合道，但不知自制，知稍生，故致老；谓欲为柔致气，法儿小时。

涤除玄览能无疵，

人身像天地。览，广也，疵，恶也，非道所憙（喜）；当涤除一身，行必令无恶也。

爱民治国而无知，

人君欲爱民令寿考，治国令太平，当精心凿道意，教民皆令知道真；无令知伪道耶知也。

明白四达而无为，

上土（士）心通，自多所知，乙恶而弃，知善能行，勿敢为恶事也。

天地开阖而为雌。

男女阴阳孔也，男当法地似女，前章已说矣。

生之畜之。生而不有，为而不恃，长而不宰（宰），是谓玄德。

玄，天也，常法道行如此，欲令人法也。

以上河上本第十章

卅辐共一毂，当其无，有车之用；

古未有车时，退然；道遣奚仲作之，愚者得车，贪利而已，不念行道，不觉道神，贤者见之，乃知道恩（恩），默而自厉，重守道真也。

埏殖为器，当其无，有器之用；

亦与车同说。

凿户牖以为室，当其无，有室之用。

道使黄帝为之，亦与车同说。

有之以为利，无之以为用。

此三物本难作，非道不成。俗人得之，但贪其利，不知其元；贤者见之，还守其用，乙道为本；贤愚之心如南与北，万不同。此三之义指如是耳。今世间伪伎曰（因）缘真文设诈巧，言道有天毂人身有毂（按董思靖云："三十辐共一毂，为取五藏各有六气之象。"），专炁为柔，辐指形为锢（辖）；又培胎练形，当如土（土）为凡（瓦）时；又言道有户牖在人身中；皆耶伪不可用，乙之者大迷矣。

以上河上本第十一章

五色令人目盲，

目光散故盲。

五音令人耳聋，

非雅音也，郑卫之声，抗诤伤人，听过神去故聋。

五味令人口爽，

道不食之，口爽者，糜烂生疮。

驰骋田獦（猎）令人心发狂，

心不念正，但念煞无罪之兽，当得不得，故狂。

难得之货令人行妨。

道所不欲也。行道致生，不致货；乙有为，乃致货妨道矣。

是以圣人为腹，不为目。故去彼取此。

腹与目前章以说矣。去彼恶行，取此道诫也。

以上河上本第十二章

宠辱若惊，贵大患若身。

道不憙（喜）强求尊贵，有宠辄有辱。若，如也，得之，当如惊，不憙也。若者，谓彼人也，必违道求荣，患归若身矣。

何谓宠辱为下？得之若惊，失之若惊，是谓宠辱若惊。

为下者，贪宠之人，计之下者耳，非道所贵也。

何谓贵大患若身？

如前说。

吾所以有大患，为我有身；

吾，道也。我者，吾同。道至尊，常畏患不敢求荣，思欲损身；彼贪宠之人，身岂能胜道乎？为身而违诫，非也。

及我无身，吾有何患。

吾、我，道也；志欲无身，但欲养神耳，欲令人自法，故云之。

故贵以身于天下，〔若可托天下〕；

若者，谓彼有身贪宠之人，若以贪宠有身，不可托天下之号也。所以者，此人但知贪宠有身，必欲好衣美食，广宫室，高台榭，积珎（珍）宝，则有为；令百姓劳弊，故不可令为天子也。设如道意，有身不爱，不求荣好，不奢侈饮食，常弊薄羸（羸）行；有天下必无为，守朴素，合道意矣。人但当保身，不当爱身，何谓也？奉道诫，积善成功，积精成神，神成仙寿，以此为身宝矣。贪荣宠，劳精思以求财，美食以恣身，此为爱身者也，不合于道也。

爱以身为天下，若可寄天下。

与上同义。

以上河上本第十三章

视之不见名曰夷，听之不闻名曰希，博之不得名曰微；

夷者，平且广；希者，大度形；微者，道炁清，此三事欲叹道之德美耳。

此三者不可致诘，故混而为一；

此三者淳说道之美，道者天下万事之本；诘之者所况多，竹素不能胜载也，故还归一。多者何？伤朴散淳，薄更入耶，故不可诘也。

其上不皦，其下不忽，

道炁常上下，经营天地内外，所以不见，清微故也；上则不皦，下则不忽，乙有声也。

蝇蝇不可名，复归于无物；

道如是，不可见名，如无所有也。

是无状之状，无物之像；

道至尊，微而隐，无状貌（貌）形像也；但可从其诫，不可见知也。今世间伪伎指形名道，令有服色名字、状貌、长拉（短）非也，悉耶伪耳。

是谓惚慌；迎不见其首，随不见其后。

道明不可见知，无形像也。

执古之道，以御今之有。

何以知此道今端有？观古得仙寿者，悉行之以得，知今俗有不绝也。

以故古始，是谓道纪。

能以古仙寿若喻，今自勉厉守道真，即得道经纪也。

以上河上本第十四章

古之善为士者，微妙玄通，

玄，天也；古之仙士，能守信微妙，与天相通。

深不可识。

人行道奉诫，微气归之，为气渊乙深也，故不可识也。

夫唯不可识，故强为之容。

唯，独也；容，形状也。独行道，德备渊深，不知当名之云何，强名之善为士者，道美大之也。

豫若冬涉川；犹若畏四邻；

冬涉川者，恐惧也。畏四邻，不敢为非，恐邻里知也。尊道奉诫之人，犹豫行止之间，常当畏敬如此。

俨若客；

谦不敢犯恶，若客坐主人堂也。

散若冰将汋；

情欲思虑怒憙恶事，道所不欲，心欲规之，便即制止解散，令如冰见日散汋。

混若朴；旷若谷；

勉信道真，弃耶知守本朴。无他思虑，心中旷乙但信道，如谷冰之志，东沔（流）欲归海也。

肫若浊。浊以静之徐清，

求生之人，与不谢，夺不恨，不随俗转移，真思志道，学知清静，意当时如痴浊也。以能痴浊，朴且欲就矣。然后清静能睹众微，内自清明，不欲于俗。清静大要，道微所乐，天地湛然，则云起露吐，万物滋润。迅雷风趣，则汉燎物疼，道气隐藏，常不周处。人法天地，故不得熢处；常清静为务，晨暮露上下，人身气亦布至，师设晨暮清静为大要，故虽天地有失，为人为诫，辄能自反，还归道素，人德不及，若其有失，遂去不顾，致当自约持也。

安以动之徐生，

人欲举事，先孝（考）之道诫，安思其义不犯道，乃徐施之，生道不去。

保此道者不欲盈。

不欲志意盈溢，思念恶事也。

夫唯不盈，能弊复成。

尸死为弊，尸生为成，独能守道不盈溢，故能改弊为成耳。

以上河上本第十五章

致虚极，守静笃。

道真自有常度，人不能明之，必复佥（企）暮（慕），世间常伪伎，因出教授，指形名道，令有处所，肷（服）色长短有分数，而思想之，苦极无福报，此虚诈耳。强欲令虚诈为真，甚极，不如守静自笃也。

万物并作，吾以观其复。夫物云云，各归其根。

万物含道精，并作，初生起时也。吾，道也。观其精复时，皆归其根，故令人宝慎根也。

归根曰静，

道气归根，愈当清净矣。

静曰复命。复命曰常。

知宝根清静，复命之常法也。

知常明；

知此常法，乃为明耳。

不知常，妄作凶。

世常伪伎，不知常意，妄有指书，故悉凶。

知常容；

知常法意，常保形容。

容能公，

以道保形容，为天地上容，处天地间不畏死，故公也。

公能生，

能行道公政，故常生也。

生能天，

能致长生，则副天也。

天能道，

天能久生，法道故也。

道能久；

人法道意，便能长久也。

没身不殆。

太阴道积，练形之宫也。世有不可处，贤者避去，托死过太阴中；而复一边生像，没而不殆也。俗人不能积善行，死便真死，属地官去也。

以上河上本第十六章

太上下知有之；

知道，上知也，知也。恶事，下知也。虽有上知，当具识恶事，改之不敢为也。

其次，亲之誉之；

见求善之人晓道意，可亲也。见学善之人勤乙者，可就誉也。复教劝之，勉力助道宣教。

其次畏之；

见恶人，诫为说善，其人闻义则服，可教改也，就电（申）道诫示之，畏以天威，令自改也。

侮之。

为恶人说善，不化而甫唉（笑）之者，此即芻苟之徒耳，非人也，可欺侮之，勿与语也。

信不足，有不信。

刍狗之徒，内信不足，故不信善人之言也。

犹其贵言，成功事遂。

道之所言，无一可弃者，得仙之士，但贵道言，故辄成功事遂也。

百姓谓我自然。

我，仙士也，百姓不学我，有贵信道言以致此功，而意我自然，当示不肯佘（企）及效我也。

以上河上本第十七章

大道废，有仁义；

上古道用时，以人为名，皆行仁义，同相像类，仁义不别。今道不用，人悉弊薄，时有一人行义，便共表别之，故言有也。

智慧出，有大伪；

真道藏，耶文出，世间常伪伎称道教，皆为大伪不可用。何谓耶文？其五经半入耶，其五经以外，众书传记、尸人所作，悉耶耳。

六亲不和，有孝慈；

道用时，家乙慈孝，皆同相类，慈孝不别。今道不用，人不慈孝，六亲不和；时有一人行慈孝，便共表别之，故言有也。

国家昏乱，有忠臣。

道用时，帝王躬奉行之，练明其意，以臣庶于此，吏民莫有不法效者。知道意贱死贵仙，竞行忠孝质朴，□端以臣为名，皆忠相类不别。今道不用，臣皆学耶文习权诈随心情，面言善内怀恶；时有一人行忠诚，便共表别之，故言有也。道用时，臣忠子孝，国则易治，时臣子不畏君父也，乃畏天神。孝其行不得仙寿，故自至诚，既为忠孝，不欲令君父知，自嘿而行，欲蒙天报。设君父知之，必赏以高官，报以意气，如此功尽，天福不至。是故嘿而行之，不欲见功。今之臣子虽忠孝，皆欲以买君父求功名，过时不显异之，便屏恕（怒?）之，言无所知。此类外是内非，无至诚感天之行，故令国难治。今欲复此，疾要在帝王当专心信道诚也。

以上河上本第十八章

绝圣弃知，民利百倍；

谓作圣知耶文者，夫圣人天所挺生，必有表，河雒著名。然常宣真，不至受有误耶道，不信明圣人之言，故令千百岁大圣演真，涤除耶文。今人无状，裁通经艺，未贯道真，便自称圣，不曰本，而章篇自揆，不能得道言；先为身，不劝民真道可得仙寿，脩善自勤。反言仙自有骨录，非行所臻，云无生道，乙书欺人。此乃罪盈三千，为大恶人，至令后学者不复信道，元乙不椗（旋），子不念供养，民不念田，但逐耶学，倾侧师门，尽气诵病，到于穷年，会不能忠孝至诚感天，民治身不能仙寿，佐君不能致太平；民用此不息，倍城邑虚空，是故绝诈圣邪知，不绝“真圣道知”也。

绝仁弃义，民复孝慈；

治国法道，听任天下仁义之人，勿得强赏也。所以者，尊大其化，广开道心，人为仁义，自当至诚，天自赏之，不至诚者，天自罚之；天察必审于人，皆知尊道畏天，仁义便至诚矣。今王政强赏之，民不复归天，见人可欺，便诈为仁义，欲求禄赏。旁人虽知其邪，交见得官禄，便复慕之，诈为仁义，终不相及也。世人察之不审，故绝之勿赏，民悉自复慈孝矣。此义平忤俗夫心，久乙自解，与道合矣，人君深当明之也。

绝巧弃利，盗贼无有。

耶巧也，利、所得财宝也，世不用之，盗贼亦不利也。

此三言为文未足，故令有所属，见素抱朴，

三事、天下大乱之源，欲演散之、亿文复不足，竹素不胜矣。受〔应作不胜受矣〕故令属此道文，不在外书也。揲说其大略，可知之为乱原。

少私寡欲。

道之所说无私，少欲于世俗耳。

以上河上本第十九章

绝学无忧。唯之与何，相去几何?

未知者复怪问之，绝耶学，道与之何?耶与道相去近远?绝耶学，独守道，乙必与之；耶道与耶学甚远，道生耶死，乙属地，生属天，故极远。

美之与恶，相去何若?

未知者复怪问之，欲知美恶相去近远，何如道与耶学近远也?今等耳。美，善也。生故属天，恶死亦属地也。

人之所畏，不可不畏。莽其未央!

道设生以赏善，设死以威恶。死是人之所畏也，仙王士与俗人同知畏死乐生，但所行异耳。俗人莽乙，未央脱死也，俗人虽畏死，端不信道，好为恶事，奈何未央脱死乎。仙士畏死，信道守诚，故与生合也。

众人熙熙，若亨大窂（牢），若春登臺；

众俗之人，不信道，乐为恶事，若饮食之，春登高台也。

我魄未兆，若婴儿未孩；魁无所归。

我，仙士也。但乐信道守诫，不乐恶事，至恶事之间，无心意如婴儿未生时也。

众人皆有余，我独若遗。

众俗人怀恶，常有余意计念思虑；仙士意中都遗忘之，无所有也。

我愚人之心纯！

仙士味道，不知俗事，纯乙若痴也。

俗人照乙，

俗人不信道，但见耶恶利得，照照甚明也。

我独若昏；

仙士闭心，不思虑耶恶利得，若昏乙冥也。

俗人察乙，

知俗事审明也。

我独闷乙。

不知俗事也。

忽若晦，家（寂）无所止。

仙士意志道如晦，思卧安床，不复杂俗事也。精思止于道，不止于俗事也。

众人皆有已，我独顽以鄙。

俗人于世间，自有财宝功名；仙士于俗，如顽鄙也。

我欲异于人，而贵食母。

仙士与俗人异，不贵荣禄财宝，但贵食母者，身也，于内为胃，主五藏气。俗人食谷，乙绝便死；仙士有谷食之，无则食气；归胃，即肠重囊也。腹之为实，前章已说之矣。

以上河上本第二十章

孔德之容，唯道是从。

道甚大，教孔丘为知；后世不信道文，但上孔书，以为无上；道故明之，告后贤。

道之为物，唯慌唯惚。

道微，独能慌惚不可见也。

慌惚中有物；惚慌中有像。

不可以道不见故轻也，中有大神气，故喻囊蘥。

窈冥中有精。

大除中也，有道精，分之与万物，万物精共一本。

其精甚真，

生死之官也，精其（甚）真，当宝之也。

其中有信。

古仙士实精以生，今人失精以死，大信也。今但结精便可得可得（此二字疑衍）生乎？不（否）也，要诸行当备。所以精者，道之别气也，入人身中为根本，持其半，乃先言之。夫欲宝精，百行当脩，万善当著，调和五行，憙怒悉去，天曹左契，筭（算）有余数，精乃守之。恶人宝精，唐（空也）自苦终不居，必自泄漏也。心应规，制万事，故号明堂三道，布阳耶阴害，以中正度道气。精并喻像池水，身为池堤封，善行为水源，若斯三备，池乃全坚。心不专善，无堤封，水必去。行善不积，源不通，水必燥干。决水溉野渠如溪江，虽堤在，源泝泄必亦空，药燥炘裂，百病并生。斯三不慎，池为空坑也。

自古及今，其名不去，

古今常共此一道，不去离人也。

以阅终甫。

道有以来，更阅终始非一也。甫者、始也。

吾何以知终甫之然？以此。

吾，道也，所以知古今终始共此一道，其事如此也。

以上河上本第二十一章

曲则全，

谦也，月谦，先曲后全明；学道反俗，当时如曲不足也，后亦全明。

枉则正，

枉亦曲也，曲变则正；学道反俗，独自勤苦，当时如相侵枉也，后致正。

窐则盈，

谦虚意也。行无恶，其处空；道喻水，喜归空，居恶处便为善，炁归满，故盈。

弊则新，

物弊变更新，学道羸弊，后更致新福也。

少则得，多则或。

陈力殖谷，裁令自足，天与之。无基考可得福，多望不止则或（惑）；乙，耶归之也。

是以圣人抱一为天下式。

一，道也。设诫，圣人行之为抱一也，常教天下为法式也。

不自是，故章；

明者乐之，就诫教之。不乐者，墨以不言，我是若非，勿与之争也。

不自见，故明；

圣人法道，有功不多，不见德能也。

不自伐，故有功；

恶者，伐身之斧也，圣人法道不为恶，故不伐身，常仝其功也。

不自矜（矜），故长。

圣人法道，但念积行，令身长生乙之行；垢辱贫羸，不矜伤身，以好衣美食与之也。

夫唯不争，故莫能与争。

圣人不与俗人争，有争，避之高逝，俗人如何能与之共争乎？

古之所谓曲则仝，岂虚语？故成仝而归之。

谦曲后仝明，非虚语也；恐人不解，故重申示之也。

以上河上本第二十二章

希言自然。

自然，道也，乐清静。希言，入清静。合自然，可久也。

飘风不终朝，趍雨不终日。

不合清静自然，故不久竟日也。

孰为此？天地。

孰，谁也。天地为飘风趍雨，为人为诫不合道，故令不久也。

天地尚不能久，而况于人。

天地尚不能久，人欲为烦躁之事，思虑耶计，安能得久乎？

故从事而道得之，

而，如也，人举事令如道，乙善欲得之曰自然也。

同于德者德得之，

人举事与德合，德欲得之也。

同于失者道失之。

人举事不惧畏道诫，失道意，道即去之，自然如此。

信不足，有不信。

前章已说之也。

以上河上本第二十三章

喘者不久，

用气喘息，不合清静，不可久也。

跨者不行。

欲行千里，一步而始，积之以渐；今大跨而立，非能行者也，不可久也。

自见不明，自是不彰，自饶无功，自矜不长。

复解前章之意耳。

其在道。

欲求仙寿天福要在信道，守诚守信，不为贰过；罪成结在天曹，右契无到而穷，不复在余也。

曰馀食饿行，物有恶之；

行道者生，失道者死；天之正法，不在祭餟祷祠也。道故禁祭餟祷祠，与之重罚。祭餟与耶同，故有馀食器物，道人终不欲食用之也。

故有道不处。

有道者不处祭餟祷祠之间也。

以上河上本第二十四章

有物混成，先天地生，家（疑衍）家漠独立不改，周行不殆，可以为天下母。

叹无名大道之巍乙也，真天下之母也。

吾不知其名，字之曰道，

吾，道也，还叹道美，难可名字，故曰道也。

吾强为之名曰大。

言道甚大。言强者，恐不复，不能副其德也。

大曰逝，

乙，去也，大神无能制者，便立能去之也。

逝曰远，

翕然便能远去也。

远曰反。

翕然便能还反也。

道大，天大，地大，生大。

四大之中，何者宷大乎？道宷大也。

域中有四大，而生处一。

四大之中，所以令生处一者；生，道之别躰（体）也。

人法地，乙法天，乙法道，乙法自然。

自然者，与道同号异体，令更相法，皆共法道也。天地广大，常法道以生；况人可不敬道乎！

以上河上本第二十五章

重为轻根，静为趮君。

道人当自重精神，清静为本。

是以君子终日行，不离辎（辎）重。

乙精神清净，君子辎重也，终日行之不可离也。

虽有荣观，燕处超然。

天子王公也。虽有荣观为人所尊，务当重清静，奉行道诫也。

如何万乘之主以身轻天下？

天子乘人之权，尤当畏天尊道。设误意自谓尊贵，不复惧天道，即为自轻其身于天下也。

轻则失本，趮则失君。

轻躁多违道度，则受罚辱，失其本身，亡其尊推矣。

以上河上本第二十六章

善行无徹跡，

信道行善，无恶跡也。

善言无瑕适，

人非道言恶，天輙夺筭。今信道言善，教授不耶，则无适也。

善计不用筹筭，

明计者心解，可不须用筭；至心信道者，发自至诚，不须旁人自劝。

善闭无关揵不可开，

心三川，阳耶阴害，悉当闭之勿用，中道为正。至诚能闭耶志者，虽无关揵永不可开；不至诚者，虽有关揵犹可开也。

善结无绳约不可解。

结志求生，务从道诫。至诚者为之，虽无绳约，永不可解。不至诚者，虽有绳约，犹可解也。

是以圣人常善救人，而无弃人，

常为善，见恶人不弃也；就往教之，示道诫，说（侻）其人不化，不可如何也。

常善救物而无弃物。

与上同义也。

是谓袭明。

袭常明也，能知此意明乙也。

善人不善人师，

不善人从善人学善，故为师，终无善人从不善人学善也。

不善人善人之资。

善人无恶，乃以恶人为资，若不善人见人，其恶不可（疑有脱误），善人益自勤劝。

不贵其师，不爱其资；虽知大迷，

不善人不贵善人，善人（上四字原卷作“善乙人乙”）不以恶人自改，皆为大迷也。

此谓要妙。

明知此甚要妙也。

以上河上本第二十七章

知其雄，守其雌（雌）为天下奚。

欲令雄如雌。奚，何也。亦近要也，知要安精神，即得天下之要。

常德不离，复归于婴儿。

专精无为，道德常不离之，更反为婴儿。

知白守其黑，为天下式。

精白与元炁同，同色，黑，太阴中也，于人在贤（肾），精藏之。安如不用为守黑，天下常法式也。

常德不贷，复归于无极。

知守黑者，道德常在，不从人贷，必当偿之，不如自有也。行《玄女经》龚子容成之法，悉欲贷；何人主当贷若者乎？故令不得也。唯有自守，绝心闭念者，大无极也。

知其荣，守其辱，为天下谷。

有荣必有辱，道人畏辱，故不贪荣，但归志于道，唯愿长生，如天下谷水之欲东流归于海也。

为天下谷，常德乃足，复归于朴。

志道当如谷水之志欲归海，道德常足。朴、道本气也，人行道归朴，与道合。

朴散为器，圣人用为官长。

为器，以离道矣，不当令朴散也。圣人能不散之，故官长治人，能致太平。

是以大制无剅（割）。

道人同知俗事高官重禄好衣美食珎宝之味耳，皆不能致长生。长生（上四字原卷作“长乙生乙”）为大福，为道人欲制大，故自忌（忍）不以佁（俗）事剅心情也。

以上河上本第二十八章

将欲取天下而为之，

狂或（惑）之人，图欲篡杀，天必煞之，不可为也。

吾见，

吾，道也，同见天下之尊，非当所为，不敢为之。愚人宁能胜道乎？为之，故有害也。

其不得已。

国不可一日无君，五帝精生，河雒著名，七宿精见，五纬合同，明受天任而令为之，其不得已耳，非天下所任，不可妄庶几也。

天下神器不可为；为者败之，执者失之。

非天所任，往必败失之矣。

夫物或行或随，

自然相感也。行善，道随之；行恶，害随之也。

或嘘或吹，

嘘温吹寒，善恶同规，祸福同根。虽得嘘温，慎复吹寒；得福，慎祸来。

或强或羸，

强后必更羸，乙复反更强，先处强者后必有羸，道人发先，处羸后更强。

或接或随（堕）。

身常当自生，安精神为本，不可恃人自扶接也。夫危国之君，忠臣接之，不（否）则亡。夫病人，医至救之，不制则死。

是以圣人去甚，去奢，去泰。

去甚恶及奢太也。

以上河上本第二十九章

以道佐人主者，不以兵强天下。

治国之君务脩道德，忠臣辅佐务在行道，乙普德溢，太平至矣。吏民怀慕，则易治矣。悉如信道，皆仙寿矣。不可敀（?）兵强也。兵者非吉器也，道之设形，以威不化，不可专心甘乐也。道故斥（斥）库楼，远狼狐，将军骑官房外居，锋星脩柔去极疏。但当信道，于武略耳。

其事好还。

以兵定事，伤煞不应度，其殃祸反还人身及子孙。

师之所处荆棘生。

天子之军称师，兵不合道，所在淳见煞气，不见人民，但见荆棘生。

故善者果而已，不以取强。

果、诚也，为善至诚而已，不得依兵图恶以自强。

果而勿骄，

至诚守善，勿骄上人。

果而勿矜，

至诚守善勿矜身。

果而勿伐。

至诚守善勿伐身也。

果而不得已，是果而勿强。

至诚守善，勿贪兵威，设当时佐帝王图兵，当不得已而有，勿甘乐也，勿以常为强也。风后佐黄帝伐蚩尤，吕望佐武王伐纣，皆不得已而为之耳。

物壮则老，谓之非道；非道早已。

闻道不能行，故老，乙不止，早已矣。

以上河上本第三十章

夫佳兵者不祥之器，物或恶之，故有道不处。

兵者非道所憙，有道者不处之。

君子居则贵左，用兵则贵右。

左右，契也。

兵者不祥器，非君子之器。

重明其凶事也。

不得已而用之。

前章已说之也。

恬惔为上，故不美。

道人恬惔，不美兵也。

若美，必乐之，是煞人。夫乐煞者，不可得意于天下。

明乐兵乐煞不可也。

故吉事尚左，丧事尚右。

左右，契也。

是以偏将军居左，上将军居右。

偏将军不专煞生之权，像左；上将军专煞，像右。

言以丧礼（禮）处之。煞人众多，以悲哀泣之。战胜，以丧礼处之。

不得已而有者，辄三申五令，示以道诫，愿受其降。不从者当闵伤悲泣之，如家有丧，勿喜快也。

以上河上本第三十一章

道常无名，

不名大，托微小也。

朴虽小，天下不敢臣。

道虽微小，为天下母，故不可得臣。

王侯若能守，万物将自賔。

人不可以贵轻道，当之，万物皆自宾伏。

天地相合以降甘露，

王者行道，天地憙，滋泽生。

民莫之令而自均。

王者尊道，吏民企効。不畏法律，乃畏天神。不敢为非恶，皆欲全身。不须令勑而自平均。

始制有名，

道人求生，不贪荣名，今王侯承先人之后有荣名，不强求也，道听之，但欲令务尊道行诫，勿驕溢也。

名亦既有，夫亦将知止。

王侯承先人之后既有名，当知止足，不得复思高尊强求也。

知止不殆。

请知止足，终不危殆。

譬道在天下，犹川谷与江海。

道在天下，譬如江海，人一心志道，当如谷水之欲归海也。

以上河上本第三十二章

知人者智，

知平他人善恶，虽知不合道德，道人但当自省其身，令不陷于死地，勿平他人也。

自知者明。

如此甚明矣。

胜人有力，

好胜人者，但名有力耳。

自胜者强。

自脩身，行善胜恶，此乃强也。

知足者富，

道与谦也。

强行有志。

道诫甚难，仙士得之，但志耳，非有伎巧也。

不失其所者久，

富贵贫贱，各自守道为务，至诚者道与之，贫贱者无自鄙，强欲求富贵也。不强求者为不失其所，故久也。又一说曰：喜怒五行战伤者，人病死，不复待罪满也。今当和五行，令各安其位勿相犯，亦久也。

死而不亡者寿。

道人行备，道神归之，避世托死过太阴中，复生去为不亡，故寿也。俗人无善功，死者属地官，便为亡矣。

以上河上本第三十三章

大道泛，其可左右；

泛，广也，道甚广大，处柔弱不与俗人争，教人以诚慎者宜左契，不诚慎者置左契。（参笺证天曹条）

万物恃以生而不辞，

不辞谢恩（恩），道不责也。

成功不名有；衣被万物不为主，可名于小；

道不名功，常称小也。

万物归之不为主，可名于大。

归，仰也，以为生既不责恩，复不名主，道乃能常大耳。

是以圣人终不为大，故能成其大。

法道常先称小，后必乃能大，乙者长生，与道等寿。

以上河上本第三十四章

执大象，天下往；

王者执正法像大道，天下归往，旷塞重驿，向风而至。道之为化，自高而降，指谓王者，故贵一人，制无二君，是以帝王常当行道，然后乃及吏民，非独道士可行，王者弃捐也。上圣之君，师道至行，以教化天下，如治太平符瑞，皆感人功所积，致之者，道君也。中贤之君，志信不纯，政复扶接，能任贤良，臣弼之以道，虽存国，会不荡乙，劳精躬勤。良辅朝去，暮国倾危，制不在上，故在彼去臣，所以者化送（逆）也。犹水不沂西，虽有良臣，常难致治。况群耶杂政，制君讳道，非贱真文，以为人世可久随之王者，道可久弃捐。道尊且神，终不听人，故放精耶，变异汾（汾）乙（纷纷），将以诫诲，道隐却观。乱极必理，道意必宣，是以帝王大臣不可不用心慇勤审察之焉。

佳（往）而不害，

王者行道，乙来归往，王者亦皆乐道，知神明不可欺负，不畏法律也，乃畏天神，不敢为非恶，臣忠子孝，出自然至心，王法无所复害，形罚格藏，故易治，王者乐也。

安平大乐。

如此之治，甚大乐也。

与珥，过客止。

诸与天灾（災）变怪，日月运（晕）珥，倍臣纵横，刾（刺）贯之咎，过罪所致。五星顺轨，客逆不曜，疾疫之气，都悉止矣。

道出言，淡无味；

道之所言，反俗绝巧，于俗人中甚无味也。无味之中有大生味，故圣人味无味之味。

视不足见，听不足闻，用不可既。

道乐质朴，辞无余。视道言，听道诫，或不足见闻耳，而难行；能行能用，庆福不可既尽也。

以上河上本第三十五章

将欲翕之，必固张之；

善恶同规，祸福同根，其先张者，后必翕。

将欲弱之，必固强之；

先强后必弱。

将欲廢（废）之，必固兴之；

先兴后必衰廢。

将夺之，必固与之；

先得后必夺也。

是谓微明。

此四事即四怨四贼也，能知之者微且明，知则副道也。道人畏翕弱廢（废）夺，故造行先自翕自弱自廢自夺，然后乃得其吉。及俗人廢言，先取张强兴（与）之利，然后返凶矣。故诫知止足，令人于世间裁自如，便思施惠散财除殃，不敢多求。奉道诫者可长处吉不凶，不能止足相返不虚也。道人不可敢非，实有微明之知。

柔弱胜刚强。

道气微弱，故久在无所不伏。水法道柔弱，故能消穿崖石。道人当法之。

鱼不可胜于渊，

诫为渊，道犹水，人犹鱼。乙失渊去水则死，人不行诫守道，乙去则死。

国有利器，不可以视人。

宝精勿费，令行缺（缺）也。又一说曰：道人宁施人，勿为人所施；宁避人，勿为人所避；宁教人为善，勿为人所教；宁为人所怒，勿怒人；分均，宁与人多，勿为人所与多。其返此者，即为示人利器也。

以上河上本第三十六章

道常无为而无不为。

道性不为恶事，故能神，无所不作，道人当法之。

王侯若能守，

王者虽尊，犹常畏道，奉诫行之。

万物将自化。

王者法道为政，吏民庶薛（孽）子悉化为道。

化如欲作，吾将镇之以无名之朴。

失正变得耶，乙改得正。今王者法道，民悉从正，斋正而止，不可复变，乙为耶矣。观其将变，道便镇制之，检以无名之朴，教诫见也。王者亦当法道镇制之，而不能制者，世俗悉变为耶矣，下古世是也。

无名之朴，亦将不欲。

道性于俗间都无所欲，王者亦当法之。

无欲以静，天地自止（正）。

道常无欲，乐清静，故令天地常正。天地，道臣也，王者法道行诫，臣下悉皆自正矣。

以上河上本第三十七章

老子道经上想尔

三　校议

《想尔注》所传五千文，为系师减字本。今所见《道德经》本，可称为一家眷属者，有：

（一）道士索洞玄经写本。敦煌出，伯希和目列二五八四号。见台湾大学印神田喜一郎辑《敦煌秘籍留真新编》下册。末有“道士索洞玄经”六小字。本校简称“玄本”。（附图二）

（二）罗振玉《道德经考异》及《补遗》中唐人写本之一部分，即蒋锡昌《老子校诂》之敦、乙、丙、丁本。本校仍沿蒋氏简称。

（三）北平图书馆藏唐写残卷（存第二十章之下半至二十七章之上半），即蒋锡昌《校诂》之“馆本”。本校沿称“馆本”。

（四）遂州龙兴碑。碑既佚，今见焦竑《老子考异》从《道德经次解》转引，与唐代易州、邢州、广明、景福各经幢皆有歧异。本校简称“遂碑”。

若河上公《章句》，虽非删助字本，而思想脉络，亦与《想尔》有关。（说详下）又为道教徒通用之本，故本篇据上刊各种参校。经文以《想尔》为主，章次依河上本（用影宋虞塾本，简称河本）：

第三章“灵其心”　“灵”字各本并作“虚”。

又“使（民）心不乱”　《淮南子·道应训》、《蜀志·秦宓传》及《易艮卦孔疏》、《晋书·吴隐之传》、《文选·东京赋注》所引此文，皆无“民”字；刘师培《老子斠补》谓唐初避讳删去；今此六朝写本无“民”字，可证刘说之非。

又“使知者不敢不为，（为无为）则无不治” 敢下有“不”字，“为”下有“为无为”三字，惟玄本、遂碑同。

第七章“故能长久” “久”字，玄本、遂碑同，他本并作“生”。

又“以其无尸，故能成其尸” 二“尸”字，惟玄本、遂碑同，他本并作“私”。

第十章“载营魄抱一” 唐玄宗改“载”为“哉”，属上读。案《想尔》及玄本、遂碑皆作“载营魄抱一”。

《楚辞·远游》云：“载营魄而登遐兮。”王《注》：“抱我灵魂而上升也。”此汉人故读及故训如此。

《淮南子·道应训》亦作“载营魄”，玄宗改非。

又“天地开阖” “地”字惟丙本同，他本与玄本、遂碑并作“门”。

第十一章“卅辐” “卅”字惟玄本同，他本并作“三十”。

敦煌本成玄英《老子开题》云：“古者三十分为二文，今时卅总为一字，有此离合，故少一文也。”（附图四）按系师葛本不足五千言，所以为四千九百九十九字，其故在此。

第十四章“其下不忽” “忽”字，玄本、遂碑同，他本并作“昧”。

又“以故古始” “故”字他本皆作“知”。

第十五章“涣若冰将汋” “汋”字，玄本、遂碑同，他本作“释”。

又“能弊复成” “弊”字，玄本、遂碑同（易县各经幢亦同），他本作“蔽”。

第十六章“妄作凶” “妄”字他本并同，惟玄本作“忘”，疑误。

又“公能生，生能天” 二“生”字，玄本、遂碑同，他本并作“王”。

第十七章“（其次）侮之” “其次”二字，玄本、遂碑同无。他本并有。按《想尔》分注文于“亲之誉之”下、“畏之”下、“侮之”下，知原文分“畏”与“侮”为二事，则“侮”上删去“其次”二字，显然可见。

第十九章“此三言” “言”字玄本、遂碑同。他本并作“者”。但《想尔注》文又同河上《章句》作“三事”。说详下。

第二十章“唯之与何” “何”字，他本并作“阿”，惟伯希和目二三二九号古写卷作“何”（据唐文播《巴黎所藏敦煌老子写卷斠记》）。

又“美之与恶，相去何若” “美”字、“何若”二字，玄本、遂碑同。他本“美”或作“善”，“何若”或作“若何”。案第二章“皆知美之为美，斯恶矣”。是美恶对言，又“若”字与上句“恶”字韵，此《想尔》犹存古义处。

又“若亨太牢”　“亨”字玄本同，陆德明《经典释文》亦作“亨”。遂碑及他本并作“享”。

又“我魄未兆”　“魄”字，玄本、遂碑同。他本作“怕”，或作“泊”，或作“廓”。

又“魁无所归”　“魁”别体字，他本并作“魁”，说详笺证。

又“俗人照照”　二“照”字，玄本同，他本并作“昭昭”。《释文》云：“昭一本作照。”

第二十一章“以阅终甫，吾何以知终甫之然”　二“终”字“然”字，玄本、遂碑、馆本同。他本“终”并作“众”。《释文》云：“河上一本直云‘吾何状也’。”案影宋河上本仍作“然”，不作“状”。

第二十三章“故从事而道得之”　此下四句，玄本、遂碑各有微异。他本并多数句，此系师本减字之最明显者。

第二十四章“喘者不久，跨者不行”　此二句玄本、馆本、遂碑全同。惟《广明碑》于二句中间多“企者不立”句，他本下句同，而上句多作“跂者不立”。成玄英《老子开题》云：“以佱为喘，以愚为娱，若斯之文，愚所未喻。”案“佱”即“企”字。敦煌本《文选·剧秦美新》“延颈佱踵”，亦以“佱”为“企”。惟《广明碑》作“喘者不久，企者不立，跨者不行”。三句，各本或缺第一句，或缺第二句，又有一二句并作“企者不久”者（如易县景龙二年《碑》）。开题误以“喘著不久”与“企著不久”为同是一句，因谓“佱”为“喘”，不知此种本子乃二句并作一句，并非句首之字误笔也。

又“自饶无功”　“饶”字，玄本、馆本、遂碑同，他本并作“伐”。案《老子》文常用“自伐”字，《想尔》于他“自伐”句，以自削伐其身体立义，故文仍其旧；此处义别，故作“自饶”。

又“曰馀食馁”　“馁”字，玄本、馆本、遂碑同，他本并作“赘”。

第二十五章“道大天大地大生大”又“而生处一”　二“生”字他本并作“王”，傅奕作“人”。按此亦《想尔》特异处，说详笺证。

第二十七章“善行无徹跡”　“徹”字，玄本、馆本同，他本从“车”边。《释文》云：“徹，梁（按似指梁武）云‘应车边，今作彳边者，古字少也’。”案此亦古本之证。

第二十八章“为天下奚”　“奚”字，玄本、丁本同，遂碑作“蹊”，他本并作“谿”。

又“常德不贷”　“贷”字，玄本、丁本、遂碑同，他本并作“忒”。

第三十章“大军之后，必有凶年”　《想尔》无此二句，玄本、遂碑亦同无。

第三十二章“王侯若能守”　“王侯”二字，玄本、丁本、遂碑同，他本并作“侯王”。《释文》云：“梁武作王侯。”此亦《想尔》同古本之证。（第三十七章同）

第三十四章“（常无欲）可名于小”　《想尔》、玄本、丁本、遂碑同无上三字。

第三十五章“安平大乐，与珥过客止”　“大”各本皆作“太”或“泰”，于此断句。独《想尔》作大，连下“乐”字为句，义特异，说详笺证。

第三十六章“鱼不可胜于渊”　“胜”各本并作“脱”，疑形近致。

第三十七章“天地自正”　“地”字惟玄本同，遂碑与他本并作“下”。

由上勘校，知《想尔注》与索洞玄本、遂州龙兴碑等经文本，乃属同一系统，其章次及删剟助字，固自一致。大抵东汉以来，《道德经》本可别为两大系：一为道教徒删助字以符五千文之本；一为不删助字本，则一般所诵习者也。葛玄校定河上《章句》，因又有所谓“葛本”者，流行于唐代（见敦煌本成玄英《老子开题》及天宝十载写本《德经》末），仍题曰“系师定”，实即删助字本；唐时经幢及道观书盟誓愿文常用之。若此一系，乃代表道教徒之经本，《想尔》此注，殆所谓镇南将军张鲁之本，则更为其祖本也。此道教同一系统中之写本，文字虽时有微异，而章次则无不同；可见今本《老子》书，与东汉以来流传之本，实无大径庭者。

四　笺证

《想尔注》文字艰涩，不易通读，而奇辞奥旨，有待于抉发，兹就管见所及，略为疏说如次：

（一）“道教”名称之始

《魏书·释老志》：“寇谦之清整道教，除去三张伪法；专以礼度为首，而加之以服食闭炼。”已见“道教”二字，《想尔注》第十七章云：“真道藏，邪文出，世间常伪技称‘道教’。皆为大伪不可用。”是张陵注《老子》已见“道教”一名，此为“道教”名称见于载籍之始。三张之法，或称“天师道”（“天师道”一名已见于《太平经》），讥之则曰“五斗米道”、“鬼道”。世之言道教史者，皆认张陵为道教之祖，而未审“道教”一名亦出于彼也。（《封氏闻见记》“道教”条，许地山、傅勤家《道教史》、陈国符《道藏源流考》附录“道及道教”条均未能质言之。）今由《想尔注》正可为道教史增一重要资料。（异教亦称道教为“老教”，《法苑珠林》六十九：“道士之号‘老教’，先无河上之言。”名曰“老教”者，因其以老子五千言为教本故也。）

（二）真道　道真　真文

释道安《二教论》“服法非老”章，言：“张陵妄称真道。”今观本注如第八章：“知真道者，不事邪伪伎巧。”第十章：“诸附身者，悉世间常伪伎，非真道也。”第十七章：“真道藏，邪文出。”可证道安之说。本注“真道”亦称

"道真"(如第十章、十四章、十五章、十八章,注不具引)。按"真道"之名《太平经》屡见之。《经钞》已部之十七:"按行真道,共却邪伪。"又《钞》己部之二十三:"天地安,帝王生,天地所爱者,乃当爱真道真德也。夫天者,乃道之真,道之纲,道之信,道之因而行也;地者,乃德之善,德之纪,德之所因缘而止也。"《太平经》卷九十七之三:"凡人乃不宜闻非真要道,非真要德。敕教之,反以浮华伪文巧述示教。"又同卷之二:"四时五行,乃天地之真要道也。"《太平经》中每以"真道"与"邪伪"对言与《想尔》同(《太平经》卷七十一有《真道得失文诀》,卷四十九有《急学真法》,又卷五十一有《校文邪正法》,卷四十二有《验道真伪诀》。其他言"真道"一名极多,不备举)。此可见《想尔》之数言"真道",乃取《太平经》之旨。道家言"真",若老子书论道体曰:"其精甚真。"固"真"一名所自出,然其义顾不如是也。

陶弘景《真诰》,即以"真"为名。其论"真"之义,尤多精语。如《甄命授》云:

> 道者混然,是生元炁。元炁成然后有太极,太极则天地之父母,道之奥也。故道有大归,是为素真。故非道无以成真,非真无以成道。道不成,其素安可见乎?是以为大归也。见而谓之妙,成而谓之道,用而谓之性,性与道之体,体好至道,道使之然也。(注云:"此说人体自然,与道炁合。所以天命谓性,率性谓道,修道谓教;今以道教,使性成真,则同于道矣。")

此言"真"之本体论,阐"道"与"真"相倚相成之义,至为精妙(濂溪《太极图说》之"无极",即此之"元炁")。又云:

> 志道存真者,虽寒热饥渴犹不护,此一往之至也。

此言志道贵诚,可与《想尔注》相参。又云:

> 夫真者,都无情欲之感,男女之想也。若丹白存于胸中,则真感不应。……所以真道不可对求,要言不可偶听,有匹则不真。外并则真假,真假之迹,断可见也。

此言“真”之绝对性，以破“对求”之方。说视张陵为高。弘景盖反对其黄赤之道，混气之法（参《真诰·运象》篇及本书张陵著述《黄书》条），谓非上道。“道真”之义，自《太平经》、张陵至于陶隐居，其演变不同如此，故并论之。（后来纯阳真人《金玉经·归真》篇云：“真其归乎！假所以悟，假其归乎！真自以出。”亦“真假”对言，则如释氏之区别真假谛（Paramārtha，Saṃvṛti）矣。）

想尔注又有“真文”一名。云“今世间伪技，因缘真文设诈巧”。“真文”，《太平经》每见之，如卷四十一之四：“真人付文道德之君，以示诸贤明，却并拘校，合天下之文人口诀辞，以上下相足，去其复重，置其要言要文诀事，记之以为经书，如是乃后天地真文正字善辞，悉得出也，邪伪毕去。”是“真文”一词亦同《太平经》。（又《经钞》庚部之三“悉出真文而绝去邪伪文也”。）

（三）道诫

本注屡称“道诫”，三十余章中凡言布道诫、奉道诫、守道诫者，逾二十章，文繁不录。按《太平经》如卷七十一有《致善除邪令人受道戒文》，卷百一十有《大功益年书出岁月戒》，其中屡言“大神重戒”。又卷百十二有《七十二色死尸诫》、《不忘诫长得福诀》，卷百十四有《不孝不可久生诫》、《见诫不触恶诀》，又有《大寿诫》、《不承天书言病当解谪诫》等等。又卷百十四言：“天有诫书，具道善恶之事；不信其言，何从乎？”“诫”与“戒”同，《想尔注》数见之，“道诫”即《太平经》所谓“诫书”。《太平经》以“孝”为先，《想尔》亦同。诫者，命告之辞，汉制，皇帝下书戒敕州郡曰“诫敕”，亦称“戒书”（见《后汉书·光武纪注》）。道教盖仿效之。《抱朴子·微旨》篇亦言“道戒”云：“览诸道戒，无不云欲求长生者，必欲积善立功，慈心于物，恕己及人，仁逮昆虫，乐人之吉，愍人之苦，赒人之急，救人之穷，手不伤生，口不劝祸，见人之得如己之得，见人之失如己之失，不自贵，不自誉，不嫉妒胜己，不佞谄阴贼。如此乃为有德，受福于天，所作必成，求仙可冀也。”《想尔注》之主要思想，为“奉道诫，积善成功，积精成神”。故云“夫欲实精，百行当修，万善当著”。葛洪即阐发此义。

道教有诫，以阐教理，又立戒条，以为奉守，乃能成为宗教，于犹释氏之有戒律。《四十二章经》牟子《理惑论》言沙门行二百五十戒。汉世僧伽戒律，已流入中国，于吉张陵辈之立教，取法乎彼，《辩正论》六："干室（即于吉）以疾病致感老君，授百八十戒，并《太平经》一百七十篇。"道家之有百八十戒，亦犹沙门之二百五十戒也。戒上系以数目，此之谓"事数"（见《世说新语·文学篇注》），亦采诸西域"格义"之一端。于吉、襄楷书，每用《四十二章经》之故事，《太平经》之窃取佛教学说，近人已发之（见汤锡予《汉魏佛教史》"太平经与佛教"章）。而五斗米道之置义舍、烧香、叩头等事，与佛教之施食及威仪有关（说见日本福井康顺《原始道教与佛教》文）。是道教立戒之方，取资沙门，自无疑义。因之又有所谓"道律"者，如甄鸾《笑道论》："道士合气"条引真人内朝律及道律言"行气以次"事是也。

（四）道人 道士 仙士

第七章本注云："道人所以得仙寿者。"《汉书·京房传》："法曰（指占候之法）道人始去，寒涌水为灾。"师古曰："道人，有道术之人也。"《后汉书·灵思何皇后纪》："生皇子辩，养于史道人家。"（按注引《献帝春秋》"养道人史子助家"）又《郎颉传》引《易传》（即《易纬稽览图》）亦言"道人"。

《太平经》云：

> 人生各自有命：一为神人，二为真人，三为仙人，四为道人，五为圣人，六为贤人，此皆助天治者也。神人主天，真人主地，仙人主风雨，道人主教化吉凶，圣人主治百姓，贤人辅助圣人，理万民录也。（卷七十一之八。又《经钞》丁部之十五，壬部之十一并论此义）

经分人为六等，而以"道人"为主教化者，位在"仙人"之下。按"道人"一名，早见于《荀子·解蔽》篇："则必合于不道人，而不知合于道人。"乃泛称有道术之士。又晋六朝每称沙门为"道人"（参《养新录》十九），均与此义别。

第三十五章本注："非独道士可行，王者弃捐也。""道士"即上之"道人"，《汉书·王莽传》有道士西门君惠，桓谭《新论》作"方士"。《论衡·自然》篇："道士以方术作王夫人形。"《后汉书·方技·许曼传》："行遇道士张巨君，授以方术。"盖"道士"一名已沿自西汉。葛洪《抱朴子·序》："道士弘洽，博闻者寡。"亦言及"道士"二字。《法苑珠林》六十九云："始乎汉魏，终暨符姚，皆号众僧以为道士。至魏太武二年，有寇谦之。始窃‘道士’之名，私易祭酒之称。”按“道士”之名非始于寇，斯言未确。

《汉书·刘向传》淮南有《枕中鸿宝秘书》，言神仙使鬼物为金之术。《王莽传》引《紫阁图文》：“太一黄帝皆得瑞以仙。”《汉书·郊祀志》：“王莽种五梁禾，谓为黄帝谷仙之术。”扬雄《法言·吾子》篇论仙人之实。桓谭有《仙赋》。仙道之说，由来已久。《论衡·道虚》篇云：“好道学仙之人。”此注第七、第十四、第二十、第三十三等章皆言“仙士”，尤以第二十章为冗复。《太平经》亦每言“仙士”，如云“上及仙士，寿可长年”（卷百十二之十九）。知“仙士”一名，取自《太平经》。

（五）守一

《老子》言“抱一”，又言“得一”（即“天得一以清”章）。若“守一”一词，见于《庄子·在宥》篇。广成子语黄帝云：

> 天地有官，阴阳有藏，慎守女身，物将自壮。我守其一，以处其和，故我修身千二百岁矣，吾形未尝衰。

汉代太平道天师道，俱论“守一”之方，说盖本此。“载营魄抱一”下《想尔注》云：

> 今布道诫，教人守诫不违，即为守一；不行其诫，即为失一也。

即以“守一”解“抱一”。《御览》六六八引《太平经》云：

> 一者，数之始也，生之道也，元气所起也，故守而思一也。子欲养老，守一最寿，平气徐卧，与一相守，气若泉源，其身何咎，是谓真宝，老衰自去。

《云笈七籤》卷四九引《太平经》云：

> 何以初思守一也？一者，数之始也，一者，道之生也，元气之所起也，天地之纲纪也。

《太平经钞》乙部之二、之七，丙部之三、之十五并言“守一”。癸部之十九云：

人知守一，名为无极之道。人有一身，与精神常合并也。形者，乃主死，精神者，乃主生；常合即吉，去则凶，无精神则死，有精神则生。常合即为一，可以长存也。常患精神离散，不聚于身中，反令使随人念而游行也。故圣人教其守一，言当守一身也，念而不休，精神自来，莫不相应，百病自除，此即长生久视之符也。阳者守一，阴者守二，故名杀也。

分“阳”为“守一”，“阴”为“守二”，以别阳生阴杀之理，故“失一”即杀。至云“行其诫”者，《太平经》卷九六有《守一入室知神戒》，今不具引。而《太平圣君秘旨》一书宣扬“守一”之法至详（在《道藏》七五五册题“传上相青童君”。青童君或云即东王公，治方诸山，在东海中。见《真仙体道通鉴》卷六）。又有《太上内丹守一真定经》（《道藏辑要》尾集），皆后出之书。《抱朴子·对俗》篇引《仙经》云：“服丹守一，与天相毕，还精胎息，延寿无极。”《真诰》十三论守玄白之道云：“此道与守一相似。”“守一”盖《太平经》要旨，《想尔注》亦用之，今并考其说之源流，以备览焉。（汉魏所译佛经，亦每见“守一”语。如《法句经》：“守一以正身。”是守一为东汉道家所恒言，故取以译释氏之“禅定”，亦格义之一例。汤锡予疑《太平经》之“守一”，源于印度之禅观，按不如以格义说之，较妥。）

（六）乐怒吉凶

《太平经》卷百十三为《乐怒吉凶诀》。其言曰：

乐：小具小得其意者，以“乐人”；中具中得其意者，以“乐治”；上具上得其意者，以“乐天地”。得“乐人法”者，人为其悦喜；得“乐治法”者，治为其平安；得“乐天地法”者，天地为其和。天地和则凡物为之无病，群神为之常喜，无有怒时也，是正太平气至，具乐之悦喜也。

《想尔》引《道德经》“安平大乐”，注云：“如此之法甚大乐也。”此与向来异读，义不易解；今以校《太平经》，乃知其说之所本。“安平”即《太平经》

之“乐治法者，治为其平安”。故云“如此之治”；“大乐”即《太平经》之“乐天地法”，故云“甚大乐”，亦即所谓“太平气”者也。

《太平经》又云：

> 凡乐者，所以止怒也，凡怒者所以止乐也；此两者相伐，是故乐则怒止，怒则乐止。是故怒者，乃生刑罚，斗之根也；喜乐者，乃道德之门也，故当从之，使生道德之根，勿止之也；止之反且生刑祸之门也。此者吉凶之所出，安危之所发也。

又云：

> 乐则天地道德悉出也，怒则天地恶悉出也；故天地乐者，善应出也，天地不乐者，恶应出也。

以“善恶”生于“乐”与“怒”，“怒”为斗之根，“乐”为道德之源，故须制“怒”，勿使发作，是为道诫。观《想尔》之解“挫其锐解其忿”二句云：

> 锐者，心方欲图恶；忿者，怒也，皆非道所喜。心欲为恶，挫还之；怒欲发，宽解之，勿使五藏忿怒也。自威以道诫，自劝以长生。

即取是义。“怒”为“凶”，而“乐”则“吉”，常“乐”则长生可致，故云“自劝以长生”也（可参《太平经钞》乙部）。西汉翼奉《齐诗》之说六情，以“乐”为奸邪，“怒”为阴贼，并属于阴。《太平经》则但抽取“乐怒”二者建立“乐”、“怒”两元论，以解释“善”、“恶”之心理根源。

（七）急弦声与中和

“道冲而用之”下，《想尔注》：“道贵中和，当中和行之。”而“挫其锐解其忿”下有云：“忿争激，急弦声，所以者过。”按“急弦声”，盖道家之妙喻。《真诰·甄命》篇录众灵教诫之言，有云：

> 南极夫人曰：“人从爱生忧，忧生则有畏，无爱即无忧，无忧则无畏。昔有一人，夜诵经甚悲，悲至意感，忽有怀归之哀。太上真人忽作

凡人，径往问之：'子尝弹琴耶?'答曰：'在家时，尝弹之。'真人曰：'弦缓何如?'答曰：'不鸣不悲。'又问：'弦急何如?'答曰：'声绝而伤悲。'又问：'缓急得中何如?'答曰：'众者和合，八音妙奏矣。'真人曰：'学道亦然，执心调适，亦如弹琴，道可得矣。'"

此注上言："道贵中和。"至是乃云："急弦声，所以者过。"过者，太过；因其非中道也。此盖与释氏之"中道"（madhyamā Pratipad）及儒家之中庸，义可旁通。以弹琴喻道，尤具妙旨。"不如守中"下《想尔注》云："不如学生，守中和之道。"按"中和"乃《太平经》要义。《太平经钞》己部之二十九："学以仁得之，道之始也；以德得之，道之中和也；以道得之，上也。"亦以德属"中和"。《后汉书·襄楷传》章怀《注》引《太平经典·帝王》篇云："但顺天地之道，不失铢分，则立致太平。元气有三：名为太阳、太阴、中和。"此本老子"负阴抱阳冲气为和"以立说。《想尔》此注与《太平清领书》中经义，固一脉相承者。《太平经钞》乙部云：

元气有三名：太阳太阴中和；形体有三名：天地人；天有三名：日月星。北极为中也。地有三名：为山川平土；人有三名：父母子；治有三名：君臣民，欲太平也。

按此为一种新三才论。又云："民者，主为中和；谭中和者，主调和万物者也。"此从宇宙与政治释"中和"之义，推扩益远。皆本元气有三以立说。河上公于"众妙之门"下注云："除情去欲，守中和，是谓知道要之门户也。"义亦与《想尔》同。

（八）生　学"生"

《想尔》改老子《道经》文域中四大之"王大"，及"公乃王"之"王"字为"生"，谓"生为道之别体"，可见其对"生"之重视。《抱朴子·勤求》篇："'天地之大德曰生。'生好物者也，是以道家之所至秘而重者，莫过乎长生之方也。故血盟乃传，传非其人，戒在天罚，先师不敢以轻行授人。"

"不如守中"句下注："不如学生守中和之道。""学生"谓学长生。"学生"二字道书常见。如《真诰·协昌期》二："学'生'之法，不可泣泪，及多唾泄，此皆为损液漏津。"是其例。

（九）太平符瑞

"执大象天下往"下，《想尔注》："上圣之君，师道至行，以教化天下，如治太平，符瑞皆感人功所积致之者。"此固西汉以来之符应说，《太平经》于此阐发尤多。《经》卷一百八《瑞议训诀》云：

> "瑞"者，清也，静也，端也，正也，专也，一也。心与天地同，不犯时令也。夫天地之性，自古到今，善者致善，恶者致恶，正者致正，邪者致邪，此自然之术，无可怪也。故人心端正清静至诚感天，无有恶意，瑞应善物为其出。古者大圣贤皆用心清静专一，故能致瑞应也；诸邪用心佞伪，皆无善应，此天地之大明征也。（亦见《经钞》庚部之四）

又《太平经》卷八十六《来善集三道文书诀》，亦论灾异瑞应，谓："天地不妄欺也，见善瑞应则喜，见恶不祥则怒，不当使天地恨怒，即立致太平之术。"以人之喜怒，感动天心，表现则为祥异。《想尔》亦用《太平经》说，以解老子"执大象"语。

（十）自然

二十五章"道法自然"下，《想尔注》："自然者，与道同号异体。令更相法，皆共法道也。天地广大，常法道以生；况人，可不敬道乎！"按《太平经》卷一百三《道毕成诫》云："自然之法。乃与道连，守之则吉，失之有患。"又言："天地之性，独贵自然，各顺其事，毋敢逆焉。"（说亦见《经钞》庚部）以"自然"为顺事不逆天之义。"自然"与道连，可与《想尔》说互参。（《太平经》屡言"大顺"之理，"大顺"二字出《老子》"然后乃至大顺"句，司马谈论"道家因阴阳之大顺"，可持以证《太平经》义。至宋张载《西铭》亦言："存，吾顺事。"语亦出道家。"大顺"即"自然"之极则也。）

（十一）和五行

"挫其锐"下，《想尔注》："五藏所以伤者，皆金木水火土气不和也；和则相生，战则相克。"又"不失其所者久"下，注云："今当和五行，令各安其位，勿相犯。"按此《太平经》义。《经钞》戊部言："道有九度：其五为大道神，与四时五行相类，青赤黄黑俱同脏神（按经主五脏有神），出入五行，神吏为人，使可降邪。”故五脏须与五行和合，则无疾病。又《经钞》辛部：“自来五行和，四时气时良，其为政法，起于本。本者，天地之间。”事事“和五行”，乃为政之要，《想尔》亦取其义。翼奉《齐诗说》，亦以五性配五行及五藏，知此为西汉人之恒言，亦《太平经》、《想尔》之所从出也。

（十二）发王克囚

《想尔》于“解其忿”下注云：“随怒事情，辄有所发。发一藏（脏）则故克，所胜成病，煞人。人遇阳者，发（废）囚刻（克）王，怒而无伤，虽尔，去死如发耳。如人衰者，发王克囚，祸成矣。”重申“怒”之伤生，为祸至烈。《太平经》卷六十五《兴衰由人诀》云：

> 今天乃自有四时之气，地自有五行之位，其王（旺）相、休、囚、废，自有时；今但人兴用之也。安能乃使其生气，而“王”、“相”更相克贼乎。咄咄噫！六子虽日学无益也，反更大愚，略类无知之人。何哉？夫天地之为法，万物兴衰反随人故。凡人所共与事，所贵用，其物悉王（旺）生气；人所休废，悉衰而囚。……是故天下人所兴用者，王（旺）自生气，不必当须四时五行气也。

按《太平经》义言阴阳四时五行之理，顺乎自然。人之兴衰，由人自造，物之兴废，因人之用，盖反对五行家言。《想尔》亦同其说，故目此类为伪技，注中屡屡言之。然五行休王之说弥漫于汉人之脑海，故此章注仍援用之。考五行休王之义，《淮南子·地形训》云：“木壮、水老、火生，金囚、土死，火壮、木老、土生、水囚、金死，土壮、火老、金生、木囚、水死，金壮、土老、水生、火囚、木死，水壮、金老、木生、土囚、火死。”已著此公式。《论衡·难岁》篇：“立春：艮王，震相，巽胎，离没，坤死，兑囚，乾废，坎休。王之冲死，相之冲囚，王相冲位，有死囚之气。”所谓王、相、囚、死、胎、没、休、废，乃卦之八气（见《唐六典》），所谓“八卦休王”也（详《五行大义》二）。《太平经》谓“王、相、休、囚、废”，则“五行休王也”，《御览》二十五引有《五行休王论》。尚有“干支休王说”，又或以五色合四时以判王相囚死，用以论相（见《长短经察相篇注》引《相经》），并五行家言，要不离生克之理。《想尔注》“发囚刻（克）王”、“发王克囚”，即指此类也。

（十三）日月运珥　客逆不曜

“运珥”之“运”读为“晕”，二字通用。如“鸩”，《说文》云“运日也”。僧道骞《楚辞音》又作“晕日”（敦煌残卷）是其证。《玉篇》：“晕，日月旁气也。”《吕氏春秋·明理》“日有晕珥”。高诱《注》：“气围绕日，周匝有似军营相围守，故曰晕也。”《史记·天官书》：“两军相当日晕。”《集解》引如淳：“晕读如运。”又言“平城之围月晕参”。《汉书·天文志》：“抱珥虹蜺。”颜《注》：“凡气在日旁直对为珥。”各本“饵”字《想尔》独作“珥”，以灾异天变为说。

“客逆不曜”者，《史记·天官书》：“夫常星之变希见，而三光之占亟用。日月晕，适云风，此天之客气，其发见亦有大运。”《集解》引李斐曰：“适，见灾于天。刘向以为日月食及星逆行，非太平之常：自周衰以来，人事多乱，故天文应之，遂变耳。”《想尔注》所谓“客逆”，自指天之“客气”及星逆行。张陵盖深于天官之学，故所著《天官章本》亦以“天官”为名。

（十四）库楼　狼　狐　将军　骑官　房　锋星

第三十章《想尔注》云：“道故斥库楼，远狼狐，将军骑官房外居，锋星脩柔去极疏。”此论星官与道乖违者。略释如下：

库楼　《史记·天官书》：“轸南众星曰天库楼，库有五车。”《汉书·天文志》夺“楼”字。《晋志》：“库楼十星，其六大星为库，南四星为楼，兵甲之府也。”

狼、狐　两星名，在西宫。《天官书》：“（参）其东，有大星曰‘狼’。狼角变色，多盗贼。下有四星曰‘弧’，直（值）狼。”《正义》：“狼一星，参东南，狼为野将，主侵掠。占非其处，则人相食。色黄白而明，吉。赤角，兵起。”又云：“弧九星，在狼东南，天之弓也。弧矢向狼动移，多盗；引满，则天尽兵也。”《楚辞·九歌·东君》：“举长矢兮射天狼，操余弧兮反沦降。”自古以“狼”与“弧”二星主兵。“弧”，《想尔注》作“狐”，与《天官书》异。

将军、骑官、房　《天官书》：“房南众星曰骑官。左角，李；右角，将。”《索隐》引《元命包》：“左角理物以起，右角将帅而动。”《星经》云：“骑官二十七星，在氐南。”王元启谓：“骑官二十七星，三三相连，在阵车南。天子宿卫之骑士，即虎贲也。”“骑官”众星，在赤道南四十五度左右，

“将军”即右角之“将”星，在角宿右。

《天官书》“房为天府”。“房”指房星，“将”及“骑官”诸星皆主兵，在房星之外围。

锋星　即天锋。《天官书》：“杓端有两星：一内为矛——招摇；一外为盾——天锋。”《汉书·天文志》“锋”作“逢”。注引晋灼：“一名玄戈。”《星经》云：“梗河星为戟剑之星，若星不见，或进退不定，锋镝乱起，将为边境之患也。”是“锋”亦主兵。其云“去极疏”者，“极”疑指中官天极星，即北辰。老子以“兵为凶器，圣人不得已而用”。本注所举“库楼”、“狼”、“狐”诸星，皆主兵，故云斥之远之。以兵兴，则不能致太平也。

（十五）龙无子　伪技

龙指太岁。《论衡·难岁》篇：“太岁，天别神也，与青龙无异。”古以青龙为太岁（详孙星衍《问字堂集·太阴考》、王引之《太岁考》、钱塘《淮南子·天文训注》）。太岁在子位，其南方为午，即太岁所对之冲，为岁破，故禁移徙。因南北徙则抵触其冲，故凶（见《论衡》引《移徙法》）。《协纪辨方书》云：“岁破，丛辰名。太岁所冲之辰也。”此盖丛辰家言，《想尔》目此类为“伪技”。注言：“龙无子。”殆谓如此种禁忌之说废而不行，则龙（太岁）无子冲之妄论矣。亦仲任难岁之意也。

（十六）玉女

第六章《想尔注》：“仙人妻，玉女无夫。”按《太平经》卷七十一之七《致善除邪令人受道戒文》言天神试人以“玉女”。“玉女无夫”之意，殆谓人皆得道，不复为“玉女”所诱也。“玉女”又为神名。《经》一百十三之一论太平气至，具乐悦喜，则东方南方之青衣、赤衣玉女，悉来赐人奇方。自尔以后，“玉女”一名，遂为道教所恒言。《魏书·释老志》记寇谦之以服食闭练，使“玉女”九疑十二人授谦导引口诀。《抱朴子·遐览》篇有《玉女隐微》一卷，已不传。又《杂应》篇云：“或召六阴玉女，其法六十日而成。”所谓六阴者，盖指六丁六甲之玉女神。六丁玉女皆有名字，见《黄庭·内景经·常念章》梁丘子《注》，则后起之说矣。

（十七）黄帝　玄女　容成之文

第九章《想尔注》云：“黄帝玄女龚子容成之文。”《抱朴子·极言》篇：

"黄帝论道养，则资玄素二女。"高诱《淮南子注》曰："素女，黄帝时方术之女也。"《隋志》医方家有《素女秘道经》并《玄女经》各一卷，当是后人依托。

"容成"者，《抱朴子·遐览》篇所言道书有《容成经》一卷。又《释滞》篇："房中之法十余家，玄、素、子都、容成公、彭祖之属，皆载其粗事，终不以至要者著于纸上者也。"《汉志》房中家有容成《阴道》二十六卷。又阴阳家有《容成子》十四篇。《庄子·则阳》："容成氏曰：'除日无岁，无内无外。'"《释文》："老子师也。"（详俞樾《庄子人名考》）《列仙传》："容成自称黄帝师，见于周穆王，能善补导之事。取精于玄牝，其要谷神不死，守生养气者也。"《后汉书·方术传》："甘始、东郭延年、封君达三人，皆方士也。率能行容成御妇人术，或饮小便，或自倒悬，爱啬精气，不极视大言。"注："御妇人之术，谓握固不泻，还精补脑也。"又冷寿光者，亦能行容成公御妇人法。《神仙传》云："甘始依容成、玄、素之法，更演益之为十卷。"皆言"容成"之事。《注》又称"龚子"，无可考。

（十八）实髓爱精

第九章《想尔注》云："实髓爱精。"按还精补脑，为长生久视之道，此注屡言之。唐释法琳《辩正论》："实髓爱精，仙家之奥旨。"（《广弘明集》十三）《黄庭·内景经》曰："闭塞三关握固停。""三神还精老方壮。""结精育包化生身，留胎止精可长生。"其说不一而足。河上公《注》："固守其精，使无漏泄。"（《守道章》第五十九）"爱精重施，髓满骨坚。"（《安民章》第二）"治身者却阳精以粪其身。"（《俭欲章》第四十六）皆与《想尔》说同。《抱朴子·微旨》篇亦云："善其术者，则能却走马以补脑。"解走马为泄精，却走马即谓固精而不泄，如是则筋肉坚强，骨髓充盈。欲臻长生不死，于爱精须三致意，此神仙家言，亦天师道之要谛，与黄庭之说，正同出一源也。

（十九）道禁祭餟

"曰馀食餟行"下《想尔注》："天之正法，不在祭餟祷祠也。道故禁祭醊祷祠，与之重罚。"按他本"餟"作"赘"。注一作"餟"，又作"醊"，二字通。《说文》："餟，祭酹也。"《急就篇》："哭泣祭醊坟墓冢。"颜《注》："醊谓连续之祭也。"《史记·封禅书》："其下四方地为醊食。"《正义》刘伯庄云："谓绕坛，设诸神座相连缀也。"《抱朴子·金丹》篇："长生之道，不在祭祀事鬼神也，不在道引与屈伸也；升仙之要，在神丹也。”葛洪重炼丹，亦主不事祭祀。若《想尔》之不重祷祠者，乃《太平经》义。《经钞》丙部云：“中古盛于祭祀，而鬼神益盛，民多疾疫，鬼物为祟，不可止。下古更炽祀他鬼，而兴阴事，鬼神而害生，此皆兴阴过阳，天道所恶。”其说又见《经》卷三十六之九。谓：“兴其祭祀即时致邪；不知何鬼神物，来共食其祭，因留止祟人，故人小小多病也。”（《事生到终本末当相应诀》）《想尔》以“祭餟与耶（邪）通”，因祭祀可以致邪也。与《太平经》说合。盖以“祭”属阴，“祭餟”多则阴盛而害阳，此参阴阳家言以立论者。（馀食者，《礼记·曲礼》：“馂馀不祭。”郑注：“食人之馀曰馂。”《正义》曰：“馂者，食馀之名。”）

（二十）殃祸还及子孙

“其事好还”下《注》云：“伤煞（杀）不应度，其殃祸〔反〕还人身，及子孙。”按此报应之理，亦《太平经》“承负”之说。所谓“若父母失道德，有过于乡里，后子孙反为乡里所害，是即明承负之验”者也。（见《经钞》丙部之一。《太平经》言承负之理极多，不具记。）

（二十一）太阴

第十六章《注》云：“太阴炼形。”《抱朴子·地真》篇：“堪舆星历，而不避太岁、太阴、将军、月建、煞耗之神，年命之忌，终不复值殃咎也。先贤历试有验之道也。”又《真诰》四：“若其人暂死，适太阴，权过三官（按即天、地、水三官）者，肉既灰烂，血沉脉散者，而犹五藏自生，白骨如玉，七魄营侍，三魂守宅，三元权息（按正月十五为上元，即大官检勾；七月十五为中元，即地官检勾；十月十五为下元，即水官检勾。三元管众生命籍）。太神内闲，或三十年二十年，随意而出，当生之时，即更收血育肉，生津成液，复质成形，乃胜于昔未死之容也。真人炼形于太阴，易貌于三官者，此之谓也。”

（二十二）地官

“没身不殆”下《想尔注》：“死便真死，属地官去也。”“地官”为天地水三官之一。三官亦称三元。七月十五日为中元，即“地官”检勾。详下“天曹”条。（《庄子·在宥》引《广成子》言：“天地有官。”似即三官说之所自出，惟仅言天地而已。及《太平经》论一切皆有三名，道教徒因益一而为三官耳，参上“中和”条。至以水为“官”，与天地配合者，盖道家目水为宇宙之根源。《管子》有《水地》篇。郦道元《水经注序》云：“《易》称‘天以一生水’，故气微于北方而为物之先也。《玄中记》曰：‘天下之多者水也。’”杨泉《物理论》亦云：“所以立天地者水也；成天地者，气也。”均可窥见道教宇宙论以“水为三官之一”之立说根据。）

（二十三）天曹　筭

二十一章《想尔注》云：“天曹左契。”《隋志》道经序录：“奏上天曹请为除厄，谓之上章。”《笑道论》引《三元品》（《戒经》）：“天地水三官、九府、九宫、一百二十曹。”《太上洞玄灵宝三元玉京玄都大献经序》：“一切众生，生死命籍善恶簿录，普皆系在三元九府天地水三官，考校功过，毫分无失。”《抱朴子·遐览》篇所列道书有《左右契》一种，其《登涉》篇言道士带有《老子左契》者则鬼不敢近。

《注》又云：“筭有余数。”按《抱朴子·微旨》篇：“按《易内戒》、《赤松子经》及《河图记命符》皆云：‘天地有司过之神，随人所犯轻重，以夺其筭，筭减则人贫耗，疾病屡逢忧患；筭尽，则人死。诸应夺筭者，有数百事，不可具论。’”又言：“身中有三尸，三尸之为物，虽无形，而实魄灵、鬼神之属也。欲使人早死，此尸当得作鬼，自放纵游行，飨人祭酹。是以每到庚申之日，辄上天白司命，道人所为过失。又月晦之夜，灶神亦上天，白人罪状。大者夺纪，纪者三百日也，小者夺筭，筭者三日也。”又《对俗》篇：“行恶事，大者司命夺纪，小过夺筭，随所轻重。凡人之受命，得寿自有本数，数本多者则纪筭难尽而迟死，若所禀本少，而所犯者多，则纪筭速尽而早死。”按《白虎通·寿命》篇“司命举过”，《开元占经》引《黄帝占》：“文昌六星，其第四星为司命，主赏功进贤；第五星为司中，主司过诘咎。”此即所谓司过之神。《太平经》卷一百十：“过无大小，天皆知之。薄疏善恶之籍岁，日月拘校，前后除筭减年。”则夺筭亦《太平经》说。《抱朴子·遐览》篇所列道书中，有“道士夺筭律”三卷，似即当时对年筭之专门著作。

（二十四）尸　尸人

道家本有三品：一为《老子》无为，二为神仙饵服，三为符箓禁厌。道安《二教论设问》云：“就其章式，大有精粗。粗者厌人杀鬼，精者练尸延寿。”今观《想尔注》于练尸延寿，再三致意。天长地久章注云：“能法道，故能自生而长久也。”又“以其无私故能成其私”句，河上公、王弼本均同，独《想尔》本两“私”字并作“尸”。《注》云：“不知长生之道，身皆尸行耳；非道所行，悉尸行也。道人所以得仙寿者，不行尸行与俗别异，故能成其尸令为仙士也。”又于“夫唯不盈能弊复成”句，《注》云：“尸死为弊，尸生为成。”此练尸延年之说也。《太平经》谓：“尸解之人，百万之人乃出一人耳。”（卷百十四）则尸解亦非易致也（尸解，《抱朴子·论仙》篇、《真诰·运象》篇言之已详，兹不赘）。凡尸行而不能尸解者谓之“尸人”，《想尔》谓：“众书传记为尸人所作。”以其不能得道真，故目为邪文。“尸人”盖与道人义相反。

（二十五）规

第三章《想尔注》：“心者规也。”道家称“镜”为“规”，《关尹子·五鉴》篇已详之。《太平经钞》癸部：“正心意得无藏匿，善者出恶者伏，即知吉凶之法，如照镜之式也。”《抱朴子·杂应》篇云：“明镜或用四，谓之四规。四规者，照之时前后左右各施一也。”又《登涉》篇云：“万物之老者，其精悉能假托人形，以眩惑人目，而常试人；唯不能于镜中易其真形耳。是以古之入山道士，皆以明镜径九寸以上悬于背后。”按《隋志》五行家有《四规镜经》一卷。《想尔》即取“规镜”释“心”，以解“灵其心”句。《道藏》中有衡岳真子及唐长孙滋传之《玄珠心镜注》，当阐此义。又《真诰》五：“熟视其规中珠子。”则又以“眼”为“规”。

（二十六）明堂

“其中有信”句下注：有云“心应规制万事，故虽明堂三道，布阳邪阴害，以中正，度道气”。“善闭无关揵”句下注：“心三川，阳邪阴害，悉当闭之勿用，中道为正。”以此互证，知“明堂三道”即“心”。按此亦《太平经》义。《太平经》卷百十四《九君太上亲诀》：

> 天重生，爱其情，尤志坚念生，要三明。三明者，心也，主正明堂，通日月之光，名三明成道。心志自不顾，亦有录策，不可强求。

是“心”又称曰“三明”也。

（二十七）蒭苟

"蒭苟"即"刍狗"。见《庄子·天运》及《淮南子·齐俗训》。《释文》引李《注》："结刍为狗，巫祝用之。"成玄英《疏》："谓结草为狗，以解除也。"高诱云："束刍为狗，以谢过去福。"《想尔注》又言："蒭苟之徒。"按《抱朴子·论仙》篇云："况彼神仙，何为汲汲，使蒭狗之伦，知有之何所索乎？"可见"刍狗之徒"一语，道家之所惯用。

（二十八）奚仲为车　黄帝为室

"有车之用"下《注》："道遣奚仲为之。"按《山海经》郭《注》引《世本·作篇》："奚仲始作车。"《吕氏春秋·审分览》："奚仲作车。"

"凿户牖以为室"下注："道使黄帝为之。"按陆贾《新语》、《白虎通》俱言黄帝作宫室，与此说同。（《世本·作篇》云"尧使禹作宫室"，异。）

此视道为人格化，故以制器发明之事，归功于道。

（二十九）孔德

第二十一章："孔德之容，唯道是从。"《想尔注》谓："道甚大，教孔丘为知。后世不信道文，但上孔书，道故明之。"又十八章"有大伪"下云："何谓邪文？其五经半入邪；其五经以外，众书传记，尸人所作，悉邪耳。"此目"孔德"为孔子之道。以五经半为邪文者，《太平经》卷五十一《校文邪正法》云：

> 正文者，乃本天地心，守理元气。古者圣书时出，考元正字，道转相因，微言解皆"元气要"也。再转者，密解也（似指纤纬秘书而言），三转成章句也；四转成浮华；五转者，分别异意，各司其忤；六转者，成相欺文。章句者尚小仪其本也，过此下者，大病也。

论书有六转，转即变也。章句尚小仪其本，故半入邪。所谓"元气要"，为至高之原理；施之政治，则为"元气治"。《太平经》六十七云：

> 助帝王治，大凡有十法：一为"元气治"，二为"自然治"，三为"道治"，四为"德治"，五为"仁治"，六为"义治"，七为"礼治"，八

为“文治”，九为“法治”，十为“武治”。天使元气治，使风气养物；地以自然治，故顺善得善，顺恶得恶也。人者顺承天地中和，以道治主动。道凡事通而往来，此三事应天地人之谶。

以元气属“天”，自然属“地”，道属“人”，天师即能行天之“元气治”者也。此《太平经》之要谛，《想尔》多用其说。以为孔书言仁义，故非道文。此义明，而后《想尔》之说乃可了解。

（三十）汋

第十五章“涣若冰将释”，系师本皆作“散若冰将汋”。《想尔》云：“令如冰见日散汋。”解“汋”字亦与“释”字同义。《说文》：“汋，激水声也。”《释名·释形体》：“汋，泽也。”“汋”声训为“泽”，故与“释”通。《真诰》卷五云：“青鸟公服金汋而升太极。”则读汋为“酌”（见《周礼·士师》，郑司农读），义别。

（三十一）魁

第廿章“魁无所归”，索洞玄卷“魁”作“魁”。按刘向《九叹》：“讯九魁与六神。”王《注》：“九魁，谓北斗九星也。”钱大昕《养新录》十七谓：“魁当为魁之讹。古书斗为斤，因误魁。北斗九星，魁居其首，故有九魁之称。”然证以此注，则“魁”应是“魁”之别写，非讹字。汉《石门颂》“魁”亦作“魁”。

（三十二）注中韵语

东汉人注书每偶用韵，如王逸《楚辞章句·抽思》以下诸篇注是也（《四库提要》已发之）。此注间亦用韵者：如三十二章“民莫之令而自均”下注，“道”与“效”叶；“神”、“身”与“均”叶。三十章“不以兵强天下”注，“狐”、“居”、“疏”叶，皆其例。此注文字风格，与《太平经》颇相类，更以用韵论，可证为东汉人作品。

（三十三）老子书名

本书末题“《老子·道经》上”，考《汉书·艺文志》著录有《老子邻氏经传》、《老子傅氏经说》、《老子徐氏经说》、刘向《说老子》数种，俱题作

"老子"，与《想尔注》合。清武亿谓"折诸《汉志》，为还旧题曰'老子'"是也。宋晁以道谓："王辅嗣《老子》曰《道德经》，不析道德而上下之，犹近于古。"《放翁题跋》沿其说。然《想尔注》作"老子《道经》上"，则析《道经》与《德经》区为上下，东汉已然。武亿历举《汉书》颜注引《老子道经》及《德经》语，以证上下为题，已见于初唐，必袭自晋宋旧本（《授堂文钞》二）。今观《想尔》所题，实又不始于晋宋间也（日本多波野太郎《老子王注校正》仍疑晋宋浅识之徒，惑于史公之言，析《道》、《德》二经，遂以施之王弼，惜彼未见《想尔》书，故有此论）。

五　《想尔注》之异解

《想尔注》颇多异文异解，衡以河上诸本，似故为改字，以树新义，虽未尽符《老子》之旨，而张陵立教，别有用心，亦足以存古说。兹举其尤异者，录如下方（经文以河上本为主）。

（一）因改字以致不成文义者，如：

（1）改“阿”为“何”

第二十章“唯之与阿”，《想尔》改“阿”为“何”。注云：“绝邪学道与之何?”与经文义不相应。

（2）以“谿”为“奚”

第二十八章“为天下谿”。《想尔》改“谿”为“奚”。《注》云：“奚，何也，亦近要也。知要，安精神，即得天下之要。”如此则《注》中“何也”之义，并无着落。

（二）改字以成其特殊见解者，如：

（3）以“私”为“尸”

第七章“非以其无私邪?故能成其私”，《想尔》本作“以其无尸，故能成其尸”。《注》云：“道人所以得仙寿者，不行尸行，与俗别异，故能成其尸，令为仙士也。”又十五章“能弊复成”，《注》云：“尸死为弊，尸生为成。”“成尸”之说，别详笺证。“行尸行”者，《汉书·王莽传》下：“莽召问群臣禽贼方略，皆曰：‘此天囚行尸，命在漏刻。’”是“行尸”二字，西汉人已恒言之。

(4) 以“忒”为“贷”

第二十八章“常德不忒”，独《想尔》本作“常德不贷”。《注》谓：“知守黑者，不从人贷。行容成法，悉欲贷，不如闭念自守。”此改文以曲就其抨击伪伎之说。容成法指容成房中术也。

(5) 改“王”为“生”

第二十五章“故道大天大地大王亦大，域中有四大，而王居其一焉”，独《想尔》本“王”字作“生”。《注》谓：“生，道之别体也。”又第十六章“公乃王，王乃天”，《想尔》本亦“王”作“生”，谓“能行道公正，故常生”。此改文以曲就其长生之说。

(6) 以“天门”为“天地”

第十章“天门开阖能无雌”，索洞玄本亦同他本作“天门”。独《想尔》本作“天地”，《注》谓“男当法地似女”。此改文以曲就其“爱精”说。

(7) 改读“安平太，乐与饵”为“大乐”　以饵为“珥”

第三十五章“往而不害，安平太；乐与饵，过客止”。《想尔》本“太”作“大”，以“安平大乐”为句。《注》谓：“如此之治，甚大乐也。”乃用《太平经》“乐治法”说。又“饵”作“珥”，《注》中以天文灾变立义，并详笺证。

(8) 解“无为”为“不为恶事”

第三十七章：“道常无为，而无不为。”《想尔》谓：“道性不为恶事。”又第三章，河上本作“使夫知者不敢为也，为无为，则无不治”。《想尔》本则“敢”下增“不”字，而删去“无不为”三字。案扬善非恶，为《太平经》主要观念，《想尔》用其说，亦沾沾于此，今观其删去此三字以成其曲解，知其所注重者，则为求合于《太平经》义，而不甚顾《老子》原有之哲理也。

六 《想尔注》与河上公《注》

《汉书·艺文志》注老之书，河上公所释，无闻焉。唐刘知幾已谓其出于假造（见《大唐新语》、《唐会要》）。而释氏亦深致非议，《法苑珠林》六十九云："道士之号老教，先无河上之言，儒宗未辨。"黄东发《日钞》谓："河上公坐虚空授汉文帝（说见陆氏《经典释文》），其事发于晋裴楷。而《史》称河上丈人为安期生师（见《乐毅传》）。岂当汉文之世，其说不经，类市井小说。"[①]

《四库提要》亦谓"详其词旨，不类汉人，殆道流之所依托"。至近世学者对河上公《注》之出于假托，辨析滋详。日本武内义雄谓：河上注《老子》，实本于葛玄所著之《老子节解》与葛洪之《玄洞经》校正整理而成。因谓河上《注》乃葛洪一家之学（见《老子原始》）。按武内氏说，实出臆度。当时未睹敦煌所出成玄英《老子开题》及天宝十载河上本书末题语，故有是误，予已辨之。[②] 然河上公《注》成书年代，究在何时？《想尔注》为张陵作，则果在河上《注》之前乎？抑在其后乎？此一问题，殊有探讨必要。间曾比

① 宋本河上《注》卷首题葛玄序，其第二段记河上公事，言汉孝文皇帝时，闻侍郎裴楷说河上公诵《老子》。黄震说即指此。然敦煌本葛玄序无"裴楷"二字（伯希和目二五八四），《晋书·裴楷传》言：楷，尤精《老》、《易》。惟至晋武时，始拜散骑侍郎。此段又言：诏命诸王公大臣州牧二千石朝直众官，皆令诵之。考汉时州牧之设，王莽之际曾有此制，如《莽传》下有荆州牧费兴，至光武建武十八年复为刺史。迨东汉之季，刘焉复议设州牧，则此段文应作于刘焉后；又言及裴楷，则宜下及晋初，事在葛玄卒后。是此段记河上事，当非玄撰，或出其徒辈所增益，知其说殊无稽。

② 详拙作《索统写本道德经考证》，载香港大学《东方文化》二卷一期。

勘二家注语，知《想尔》立义与河上间有同者，而训诂违异实多；就其异中之同处，又可推知《想尔》袭取河上之迹，因知《想尔》应出河上之后焉。谨陈其证如下：

（1）第十九章“此三者，以为文不足”，河上《注》云（以下悉据宋虞塾本）：

“谓上三事，所弃绝也。”“以为文不足者，文不足以教民。”

《想尔》本“三者”作“三言”，而《注》云：

三事，天下大乱之源，欲消散之。亿文复不足，竹素不胜矣。

此似有意改经文为“言”字，以就下句“亿文不足”之义。然注首“三事”二字，则固河上原文也。就《想尔》本意，但宜云“三者大乱之源”，今乃称为“三事”，则袭用河上之迹甚显。

（2）第二十章“为天下谷”，河上《注》云：

天下归之，如水流入深谷也。

而《想尔》云：

如天下谷水之欲东流归于海也。

经义原主纳受，故河上解为“如水流入深谷”。《想尔》袭水流之义，而谓谷水入海，则谷反为被纳受者矣，此又袭文而忘义之迹。

（3）第三十四章“万物恃之而生而不辞”，河上《注》云：

道不辞谢而逆止也。

《想尔》则云：

不辞谢恩，道不责也。

是亦袭文忘义之迹。

(4) 第六章“是谓玄牝”，河上《注》云：

玄天也，于人为鼻；牝地也，于人为口。

《想尔》亦以“天”、“地”分释“玄”、“牝”。而此句仅言：“牝，地也。”其“玄，天也”之义，则散见各章之下。唐释法琳《辩正论》引张陵注五千文云，“玄之又玄者，谓鼻与口也”（详下《想尔佚文补》）。亦取河上之说，而改易之，以掩其袭旧之迹。（《大戴礼·易本命》：“丘陵为牡，溪谷为牝。”此为古说，河上及《想尔》则目“地”为“牝”。）

至其立义与河上大体相同者：

(5) 第八章“水善利万物而不争，处众人之所恶，故几于道。居善地，心善渊”，河上《注》云：

“众人恶卑湿垢浊，水独静流居之也。”“水性几与道同。”“水性善，喜于地草木之上，即流而下，有似于牝，动而下人也。”“水深空虚，渊深清明。”

《想尔注》云：

水能受垢辱不洁之物，几像道。又谓：水善得室空，使居止为渊。渊，深也。

两注全同。惟“垢浊”与“垢辱”略异。

(6) 第十五章“与兮若冬涉川，犹兮若畏四邻，俨兮其若客”（《想尔》本无三“兮”字，“与”作“豫”），河上《注》云：

“举事辄加重慎，与与兮若冬涉川，心犹难之也。”“其进退犹犹如拘制，若人犯法，畏四邻知之也。”“如客畏主人，俨然无所造作也。”

《想尔》解“涉川”、“畏邻”、“若客”皆同，惟申言尊道奉诫，略异耳。

由上可见《想尔注》部分取自河上。《想尔》为张陵（或张鲁）作，盖曾见河上公《注》，则河上《注》成书，明在张陵立教之前[1]，不能下至葛洪之世，可以破武内博士之疑。证诸天宝十载写本，末云："太极左仙公序，系师定河上真人《章句》。"知河上《注》自东汉已有流传，至天师道之系师，乃加以厘定耳。《想尔注》之作，乃于河上外，别树教义，故间有取河上以为说。又可证《授经戒仪注诀》次《想尔训》于河上《章句》下之确。此由《想尔注》，可考出河上《注》之年代，为前人所未详者。新资料所以可贵者在此！《想尔注》与河上《注》同主炼养之说。然河上仍兼顾老子哲理，及其文义上之融贯。《想尔》则自立道诫，自表道真，于老子哲理几至放弃不谈，即文理训诂，亦多曲解。故两《注》完全吻合者，殊不多觏。《戒仪注诀》谓"河上、《想尔》，注解已自有殊"，是也。

至两《注》之异诂，若河上训谷神之"谷"为"养"，《想尔》则解为"欲"。河上训"口爽之爽"为"亡"，《想尔》则谓"口爽为糜烂生疮"。河上训"食母"，谓"食为用"，与《易》虞翻《注》同；"母为道"，亦出韩非《解老》。《想尔》则云："食母者，身也。于内为胃主五藏气。""仙士有谷食之，无则食气，气归胃，腹为之实。"则取《太平经》说。《太平经》第一百四十五云："问曰：上中下得道度世，何食之乎？答曰：上第一者，食风气；第二者，食药味；第三者，少食裁通其肠胃。"（见《三洞珠囊》引）皆其歧异者，余不具列。

---

① 嵇康《高士传》："安丘望之，京兆长陵人，号曰安丘丈人。成帝闻欲见之，望之辞不肯见，为巫医于人间也。"（据严辑《三国文》本）皇甫谧《高士传》略同。又云："著《老子章句》，故《老子》有安丘之学。扶风耿况、王汲皆师事之。终身不仕，道家宗焉。"陆氏《经典释文·序录》："（老子）毋丘望之《章句》二卷，字仲都，京兆人，汉长陵三老。"《隋书·经籍志》："梁有汉长陵三老毋丘望之注《老子》二卷，亡。"则"安丘"作"毋丘"。安丘丈人《老子章句》，隋时已亡。按河上公事，不可详考，而传者年次多歧。安丘事与河上公颇类似，安丘称"安丘丈人"，河上亦称"河上丈人"；河上有汉文帝传说，安丘则有汉成帝传说；河上著书曰"《章句》二卷"，安丘著书，亦曰"《章句》二卷"，皆极相似者也。嵇康《高士传》又称："河上公不知何许人，谓之丈人，隐德无言，无德而称焉。安丘先生等从之，修黄老业。"则以河上为安丘之师。《史记·乐毅传》称："河上丈人教安期生。"姚振宗《隋志考证》因谓安丘丈人即安期生，颇疑"安丘"、"安期"、"安丘丈人"皆系一人传闻之讹。而汉魏时有安丘师事河上之说，故安丘与河上之故事，亦混而为一。道家记事多所假托以神其说，如于吉事或称为顺帝时宫崇师，或讹为周赧王之世。安丘丈人之讹为河上丈人，成帝之讹为文帝，亦其比也。《隋志》著录河上公《注》二卷，又有战国河上丈人《注》二卷，复有毋丘《注》二卷，是否同一书离而为三，或当时题名歧异，借安丘书已亡，末由勘校，加以论定，谨发其疑于此。惟安丘丈人以巫医而注《老子》，则鬼教与老子书混合之显然者，实导张陵之先云。

七　《想尔》本与索洞玄本比较

《想尔》本删助辞，改经文，既与河上本面目迥异。其最接近《想尔》本几于全同者，厥为索洞玄本，皆系师本也。

索洞玄本列伯希和目二五八四，已刊于《敦煌秘籍留真新编》下册。卷首阙，起葛仙公序下半篇，次记河上公授经一段“左仙公葛玄曰”及“道士郑思远曰”各一段；次为“《太极隐诀》”，又次为“《道经》上”。每章提行，不另立章目，止“天地自正”句，末行题“《老子道经》上”，又另行有“道士索洞玄经”六小字。本编简称为“玄本”，前校已著其大概，兹更详为比勘，条列于后，以见系师本至唐代道士写经之异同焉。

（一）《想尔》改文，而索洞玄本从同者，如：

七章“以其无尸，故能成其尸”　　二“尸”字玄本同，他本并作“私”。

十四章“其下不忽”　　“忽”玄本同，各本并作“昧”。

丨六章“公能生，生能天”　　各本二“能”字并作“乃”，二“生”字并作“王”，惟玄本同。

十九章“此三言”　　“言”玄本同，各本并作“者”。

二十一章“以阅终甫”，又“吾何以知终甫之然”　　二“终”字玄本同。各本并作“众”。

二十四章“曰馀食馁行”　　“馁”索本同，各本并作“赘”。

二十八章“为天下奚”　　“奚”玄本同，各本并作“谿”。

又“常德不贷”　　“贷”玄本同，各本并作“忒”。

三十七章“天地自正”　　“地”玄本同，各本并作“下”。

三章“使知者不敢不为，（为无为）则无不治”　　玄本同，各本“为”上并无“不”字，“为”下并有“为无为”三字。

以上为系师本改变经文之最奇特者，“《道经》上”中类此者尚多，不备录。

（二）《想尔》改文，而索洞玄本不从者，如：

十章“天地开阖”　　“地”字，玄本同各本作“下”。

二十章“唯之与何”　　“何”字，玄本同各本作“阿”。

二十五章“地大生大”，又“而生处一”　　二“生”字，玄本同各本作“王”（遂州碑亦作“王”），河上本作“而王居其一焉”，玄本从删语助，而不从改字。

三十五章“安平大乐”　　《想尔》“乐”字连上读，玄本“大”作“太”，断句，乐字连下读。

（三）《想尔》删字，而索洞玄本从同者，如：

三章“（是以）圣人（之）治”　　各本有“是以”、“之”三字，玄本无。

四章“渊（兮）似万物之宗”，又“湛（兮）似常存”　　各本并有“兮”，玄本无。

十一章“卅辐”　　“卅”玄本同，他本并作“三十”。

十七章“（其次）侮之”　　各本“侮”上并有“其次”二字，玄本无。

以上系师本删减助字之例甚多，不备录。

（四）《想尔》删语助，而索洞玄本不全从者，如：

九章“自遗（其）咎”　　玄本同各本有“其”字。

十六章“知常（曰）明”　　玄本同各本有“曰”字。

二十三章“故从事而（道者）道得之”　　此下七句，各本删并不一，《想尔》删成三句，玄本同《想尔》，但仍多存“道者”二字。

二十八章“知（其）白守其黑”　　玄本同各本有“其”字。

三十一章“兵者不祥（之）器”　　玄本不删“之”字。

三十六章“将（欲）夺之”　　玄本同各本有“欲”字。

（五）义可两通，而索洞玄本从《想尔》者，如：

八章“水善利万物又不争”　　玄本同作“又”，他本作“而”。

（六）义可两通，而索洞玄本从别本者，如：

十七章“成功事遂”　　“事遂”玄本从别本作“遂事”。

（七）两本相同，足存古义者，如：

二十章“美之与恶，相去何若”，“天下皆知美之为美，斯恶矣”　　此以美恶对言，他本或讹“美”作“善”，又“何若”与“恶”为韵，他本或讹作“若何”。

又“俗人照照”各本并作“昭昭”，陆德明曰：“昭一本作照。”《想尔》、玄本与《释文》所引一本同。

二十七章“善行无徹跡”　　“徹”，各本并作“辙”。陆德明曰：“徹，梁云应‘车’边，今作‘彳’边者，古字少也。‘跡’河上作‘迹’。”按“徹”、“迹”二字，《想尔》、玄本并同陆说。

三十二章“王侯若能守”（三十七章同）　　各本并作“侯王”，陆德明曰：“梁武作王侯。”《想尔》、玄本并同陆说。

（八）两本误笔，可以互证者，如：

三十六章“鱼不可脱于渊”　　玄本同各本作“脱”，可证《想尔》本作“胜”为笔误。

十二章“五音令人耳聋”　　《想尔》同各本并作“音”，可证玄本作“者”为笔误。

（九）两本或体字举例

二十九章之“赢”两本并作“贏”。又二十六章“辎重”字，《想尔》作“锚”，玄本作“辖”，皆或体字。其通用古今字如“孰”与“熟”之类，及汉碑“忄”、“十”、“才”混用者，两本常有分歧，不另著。

按道士书经法，据《传授经戒仪注诀》，直先起戒文，就师请经卷。师手书一通以授弟子，弟子手书一通以奉师。不得漏误，误则夺年筭，遭灾祸。又经戒各治二通，一通盛以柏函，而密藏之；一通常随斋请，思议诵习，有不解了，且存供养。今观敦煌所出《道德经》钞卷之多，盖写经为当时传授经戒必经之手续也。景龙三年钞《德经》卷，中言：弟子唐真戒年十七岁，赍信誓心，诣三洞法师北岳先生阎，求受《道德》五千文《经》，修行供养。（影本载《敦煌秘籍留真新编》，见本书附图三）可为具体说明。卷尾又有十戒经，亦唐真戒所受，即所谓“戒文”。故合《道德经》与戒文谓之“经戒”。索洞玄卷只有《道经》上，故未见戒文。至云写经不得漏误，虽《仪注》如此，然验诸敦煌所出诸本，间有小差违者，殆因写手之笔误及各道观师传经本之微异耳。

八　《想尔注》与《太平经》

《想尔注》屡言及“太平”二字。如第十章：“治国令太平，当精心凿道意。”第十九章：“佐君不能致太平。”第二十八章：“官长治人，能致太平。”第三十章：“务在行道，道普德溢，太平至矣。”第三十五章：“上圣之君，师道至行，以教化天下；如治，太平符瑞，皆感人功所积致之者。”

凡五言“太平”。“太平”者，《太平经》甲部云：“澄清大乱，功高德正，故号太平，若此法流行，即是太平之时。”（《云笈七籤》六引。今《道经》七四六册《太平经钞》甲部无此文。惟《钞》丙部云：“太者，大也，言其积大如天，无有大于天者、平者、言治，太平均，凡事悉治，无复不平。”《钞》癸部云：“太者，大也，大者天地能覆育万物其功最大；平者，地也，地平然能养育万物。”）《汉书·东方朔传》：“陈《泰阶六符》，以观天变。”应劭《注》引黄帝《泰阶六符经》谓：“三阶平，则阴阳和，风雨时，社稷神祇咸获其宜，天下大安，是为太平。”（《泰阶六符经》有马国翰辑本）此“太平”之义，原于秦汉间所传黄帝书也。至成帝时，齐人甘忠可诈造《天官历包元太平经》十二卷，哀帝遂以建平二年改号陈圣刘太平皇帝以应之（见《汉书·李寻传》）。东汉顺帝时，琅琊宫崇上其师于吉神书百七十卷[①]，号《太平

① “于吉”名见襄楷传。或作“干室”、“千室”、“干吉”。敦煌本《老子开题》云：“赧王时，授干室《太平经》并《百八十戒》，治国治身修养要诀。”《广弘明集·辩正论》卷六“赧王之世，千室以疾病致感，老君授《百八十戒》，并《太平经》一百七十篇”。“千”字乃“干”之误。《云笈七籤》一《三洞经教四辅》条引《百八十戒》云：“是周赧王时，老君于蜀郡临印县授于琅琊干吉。”《三国志·吴志·孙策传》裴《注》引晋虞溥《江表传》称“道士琅琊干吉”。又引虞喜《志林》：“顺帝时，琅琊宫崇诣阙上师干吉所得神书。”合上列各书，似以作“干吉”为是。

清领书》(见《襄楷传》)。《太平经》残本，现存《道藏》太平部。[1] 其后张角颇有其书，因倡“太平道”(“太平道”一名见《太平经钞》辛部：“‘太平道’，其文约，其国富，天之命，身之宝。”均取“太平”以为名。参看日本福井康顺《原始道教の基础的研究》)。《想尔》此注，其义实多因《太平经》之说，故屡提及“太平”字眼，而《太平经》与天师道相同之点，若禁酒、顺时令、义舍、忏悔等，近人已论之(见傅勤家《道教史》，72页)。今《太平经》亦见“天师”、“天师道”诸名[2]，足见《太平经》与天师道关系之深切。

《太平经》言“守一”、“中和”、“合五行”，《想尔》每取以为说。又其释“天道好还”，颇近《太平经》“承负”之义。《太平经钞》庚部谓：“惟上古得道之人，当升之时，传在中极，中极一名昆仑。”(又见《太平经》卷一百十，9页)而《想尔注》：“一者，道也；一，散形为气，聚形为太上老君，常治昆仑。”其说亦合。《想尔注》屡言“行道真，却邪伪”，《太平经》每见此类之语(如《经钞》己，17页)。又《想尔》释“安平太，乐与珥，过客止”句，独异他家，而参天变之说，犹是黄帝《泰阶》之遗意。张陵所定《天官章本》千有二百，亦与甘忠可《太平经》取名“天官历”同符，凡此皆张陵思想与《太平经》渊源深厚之明证。其他义旨之相涉尚多，具见笺证。汤锡予曰：“《太平经》者，上接黄老图谶之道术，下启张角、张陵之鬼教。”其说良信。

① 《太平经》即干吉之《太平清领书》。《神仙传》十《宫嵩传》：“天仙授吉青缣朱子《太平经》十部。”《御览》卷六百七十三道部引《仙经》下云：“《像天地品》曰：后汉顺帝时，曲阳泉上得《神仙经》一百卷。内七十卷，皆白素朱界青幖朱书，号曰‘太平青道’。”然《后汉书·襄楷传》云：“琅邪宫崇诣阙，上其师于吉于曲阳泉水上所得神书百七十卷，号《太平清领书》。其言以阴阳五行为宗，而多巫觋杂语。”章怀《注》：“神书即今道家《太平经》也。其经以甲、乙、丙、丁、戊、己、庚、辛、壬、癸为部，每部一十七卷也。”《宋史·艺文志》：“襄楷《太平经》一百七十卷。”《抱朴子·遐览》篇有“《太平经》五十卷”。又“《甲乙经》一百七十卷”(《仙苑编珠》亦言一百七十卷)。贾善翔《犹龙传》云：“今于正经外，又有《复文》一卷，称后圣君撰。又有《太平钞》十卷。不著撰人名氏，大略发明本经篇目。又有《太平秘旨》一卷，称上相青童君授，论守一之法。”按今各书俱在《正统道藏》太平部中第七百四六、七百四七册，即《经钞》甲至癸。自第七百四八至七百五十五册，为《太平经》；从卷三十五起迄卷一百一十九止上缺，残存共五十七卷，《复文》及《秘旨》并在第七百五十五册下半。《太平经》自汉后流传，梁时有东海桓闿曾得一部，陶弘景谓为干君真本。陈宣帝时，道士周智响善《太平经》，常自讲习，时号“太平法师”。并详《三洞珠囊》引《道学传》。《经钞》乃唐间丘方远节录《太平经》而成。今以《钞》校《经》，多相符合；惟《钞》甲部可疑，余经虽不见有后人更写增窜，大体仍为汉代旧本。参中研院《史语所集刊》第十八本王明《论太平经甲部之讹》一文。

② 如《太平经钞》丙：“天师书辞，常有上皇太平炁且至。”《钞》己云“请问天师之书，乃拘校天地开辟以来，前后贤圣河洛图书神文，下及凡民之辞”(又见《太平经》九十一《拘校三古文法》)。《太平经》卷四十：“愿得天师道传弟子，付归有德之君能用者。今阴阳各得其所，天下诸承负之大病，莫不悉愈者也。”(《道藏》七百四八册)其他尚多，不具举。

道教之创立，其渊源颇远，而实以《太平经》为其理论之中心。既目孔子儒书为邪说，而其本身原无经典，乃借《老子》五千文为之。使《道德经》与《太平经》治而为一，以别树教义，具见苦心所在。《想尔》此注，大部分即以《太平经》解《老子》，故与韩非以来说《老》者，截然异趣。由今观之，其义固多牵强附会，然道教原始思想之本质，及其与《老子》书关系之一斑，可以概见。此自来言中国学术史者，多未尽解，赖《想尔注》之出现，获窥其秘，不可谓非一快事也。章太炎《菿汉微言》云："今之河上公《注》，刘子玄已征其伪。窃意汉人述作，质厚有余，眇义固非尽解。及张鲁《想余》之注作，黄巾依以为名。"彼盖依陆氏《释文》，故目《想尔》为鲁作，惜乎未及睹此写卷，以明其与《太平经》之关系耳。

九　《想尔注》佚文补

敦煌出《想尔》此注，首章“道可道”缺。考《广弘明集》卷十三释法琳《辩正论·外论》云：“寻汉安元年，岁在壬午，道士张陵分别《黄书》云：‘男女有和合之法，三五七九交接之道，其道真决，在于丹田。丹田，玉门也，唯以禁秘为急，不许涉于道路。道路，溺孔也。呼为师友父母臭根之名。’又云：‘女儿未嫁者，十四已上有决明之道。’故注五千文云：‘道可道者，谓朝食美也；非常道者，谓暮成屎也。两者同出而异名，谓人根出溺，溺出精也。玄之又玄者，谓鼻与口也。’陵美此术，子孙三世相继行之。”兹数语乖谬可笑，惟当为《想尔注》第一章中文字，可据以补佚。

十　张道陵著述考

《魏书·释老志》云："张陵受道于鹄鸣，其书多有禁秘，非其徒不得辄观。至于化金销玉，行符敕水，奇方妙术，万等千条，上云羽化飞天，次称消灾灭祸，故好异者，往往而尊事之。"盖其著述隐秘，不可悉考。

《云笈七籤》六谓："陵自言太上老君亲授四经于己。一曰《太清》，二曰《太平》，三曰《太玄》，四曰《正一》。"惟此乃后出道书，踵事增华，而托始于陵者。史籍所载，陵之著述，除《想尔老子注》外，尚有下列各种：

《道书》

《华阳国志·汉中志》："汉末沛国张陵学道于蜀鹤鸣山，作《道书》。"（按鹤鸣山一作"鹄"，北周《无上秘要》二十三引《正一炁治图》云："鹤鸣山上应氐宿，其山与青城天国山相连。"《云笈七籤》六谓"其山去成都二百里，在蜀郡临邛县界"。）《太平广记》引《神仙传》："张道陵本太学书生，博通五经，著《道书》二十四篇。"《法苑珠林》六十九"妄传邪教"条："后汉时张陵造《灵宝经》及章醮等道书二十四卷。"则"篇"作"卷"，略异。

又称"符书"。《魏志》言："陵造作《道书》。"《后汉书》则云："造作《符书》。"甄鸾《笑道论》："张鲁祖父陵，桓帝时造《符书》。"（"道经未出言出"条）《隋志》道经叙录："箓皆素书，纪诸天曹宫属佐吏之名。又有诸符，错在其间，文章诡怪，世所不识。"故后人目张陵为道教之符箓派（见马端临《文献通考》论道教源流）。

《灵宝》

道安《二教论》"明典真伪"云："《灵宝》创自张陵，吴赤乌之年始出。"《笑道论》说同。如《珠林》所言，则《灵宝》为道书之一。

《天官章本》

《释老志》云："陵因传《天官章本》千有二百，弟子相授，其事大行。斋祀跪拜，各有成法。于是三元九府百二十官，一切诸神咸所统摄。"刘勰《灭惑论》："陵鲁醮事章符，设教五斗，欲拯三界。"《道藏·太平部》（七八一）唐王悬河《三洞珠囊》云："天师一千二百《官章》。"又《洞玄部》（一九三）陶弘景《登真隐诀》下"章符"条云："今所应上章，当依千二百官仪。"宋吕元素《道门定制》（在正乙部）云："按太上千二百《官章》，并正一真人（即道陵）所授南岳魏夫人治病制鬼之法。"按此即所谓"章醮"者，如《珠林》言，亦属道书之一。（日本福井康顺有《〈天官章本〉千有二百考》，甚详尽。）

《黄书》

道安《二教论》"含气释罪"条下注："（陵）妄造《黄书》，咒癞无端，乃开命门，抱真人婴儿，回龙虎戏。备如《黄书》所说，三五七九，天罗地网，士女溷漫。"甄鸾《笑道论》"道士合气"条亦引《黄书》合气说。又释法琳《辩正论》："寻汉安元年，岁在壬午，道士张陵分别《黄书》云：男女有和合之法。"（语见上《想尔佚文》条）《释老志》记寇谦之清整道教，除去三张伪法，租米钱税及男女合气之术。按陶弘景《真诰》于《黄书》记之颇详。《甄命授》云："（裴）君曰道有《黄书》、《赤界》长生之要。"又云："《黄书》世多有之，然亦是秘道之事。"注云："天师所名，而布其化。此所云《黄书赤界三一经》。"又《真诰·运象》篇："清虚真人授书曰：黄赤之道，混气之法，是张陵受教施化，为种子之一术耳，非真人之事也。（中略）色观谓之黄、赤，上道谓之隐书。"又："紫微夫人授书曰：夫《黄书》、《赤界》，虽长生之秘要，实得生之下术也。"对于《黄书》，多有微词。

存疑十种：

《中山玉柜神气诀》一卷

郑樵《通志·艺文略》著录。按《抱朴子·遐览》篇所列道书有天师《神器（原注"器"一作"气"）经》一卷，与此未审有无关系。惟《云笈七籤》庚申部引《中山玉柜经服气消三虫诀》，论食谷则三虫聚，三虫即腹中三尸，伐人三命者。《太平经》卷九二《洞极上平气无虫重复字诀》亦详其说，则其书似在《洞极经》中。

《刚子丹诀》一卷

《神仙得道灵药经》一卷

《峨嵋山神异记》三卷

以上俱《通志·艺文略》著录，疑伪托。

《太上玄灵北斗本命延生真经》

白云霁《道藏目录》洞神部云："桓帝永寿元年正月七日，太上降蜀临邛，授天师张道陵《北斗延生经》一卷。上则有飞神金阙，中则有保国宁家，次则有延龄益寿，祈祷灾福，养生之诀。"

今书在《正统道藏》洞神部玉诀类，玄阳子徐道龄集注（第五二七—五二九册）。每见轮回众生等释氏用语。

《太上说东斗主算护名妙经》

白氏《道藏目录》云："太上老君为天师说。"

《太上说西斗记名护妙经》

白氏《道藏目录》云："永寿二年正月二日，太上降蜀为天师说。"

《太上说中斗大魁保命妙经》

《道藏目录》云："太上于永寿中兴年与正一真人敷说。"

按上书今在《道藏》中，当为后人增益之作。张心澂《伪书通考》："道陵自著《道书》，伪托老子等降授。《神仙传》已明言之。时无所谓北斗延生之说，则又晋以后道家伪托。"然考《抱朴子·登涉》篇云："以甲寅日，丹书白素，夜置案中，向北斗祭之，辟山川百鬼万精。"是祭北斗事，晋以前应有之。《魏书·崔浩传》："浩剪爪截发，夜在庭中，仰祷斗极，以延父命。"此即北斗延生之术。疑浩受之寇谦之，而谦之又传自天师道者也。《道藏》又有《太上说南斗六司延寿度人妙经》，《目录》谓为永寿元年，老君为张道陵弟子左玄真人王长右玄真人赵升演说。亦未可信。惟《郡斋读书志》谓："《度人经》，唐《志》有其目，古书也。"贾善翔《犹龙传》亦引是经，赵宋有《北斗经》、《南斗经》，元时已毁。又《道藏》洞真部威仪类，有《北斗本命延寿灯仪》、《南斗延寿灯仪》，佛藏密教亦有《北斗七星延命经》，唐婆罗门译。陈寅恪谓此道家禳祷之术，乃源于天竺者（见《天师道与滨海地域之关系》一文），说未必然。今观《抱朴子》已言之，则其渊源之名，可概见矣。

《太上三天正法经》一卷

《茅山志》九有《上清三天正法经》、《三天正法箓》。今在《道藏》正乙部。《云笈七籤》云："张道陵精思西山，太上亲降，汉安元年五月一日授以'三天正法'命为天师。又授正一科术要道法文。其年七月七日又授《正一盟威妙经》三业六通之诀，重为三天法师正一真人。"即《神仙传》所谓"授陵以新出正一明威之道，陵受之，能治病"者。今《道藏》正乙部有《太上正一咒鬼经》、《太上正一法文经》、《太上三五正一盟威箓》、《太上正一延生保命箓》等等，即张陵一派所传经箓也。

《太平洞极经》

《太平经钞》己部十四："名为'皇天洞极'，政事之文也，然后天地病一悉除去也。"《道教义枢》七部义云："按《正一经》云：'有《太平洞极之经》一百四十四卷。此经并盛明治道，证果修因，禁忌（本作恶，据《云笈七籤》卷六校正）众术也。'其《洞极经》者，按《正一经》，汉安（顺帝年号）元年，太上亲受天师，流传兹日。"今本《太平经钞》己部庚部，《太平经》卷四十一、卷八十八、卷九十一、卷九十二皆诠《洞极经》。其经义多存《太平经》中。

附录二种：

《二十四治图》

《路史·九头纪》罗苹注引之。曾朴《补后汉书艺文志》著录，以为张陵撰。考《云笈七籤》二十八："按张天师《二十四治图》云：'太上以汉安二年正月七日中时下二十四治，上八治，中八治，下八治，应天二十四气，合二十八宿，以付天师张道陵，奉行布化。'"题为张天师作。《崇文总目》、《通志略》道书类有正一真人《二十四治图》一卷，唐道士令狐见尧撰。则此图未必为陵自作。二十四治名，见《云笈七籤》六及陈国符《道藏札记》中"道观考源"条。"治"字义，详恽敬《大云山房文稿》初集《真人府印说》。

《张陵别传》

见《法苑珠林》六十九"道教敬神"条，引道士《张陵别传》云："陵在鹄鸣山中，供养金像，转读佛经。"按《魏书·释老志》亦言："陵又称劫数，颇窃佛经。"陵说多依《太平经》立义，而《太平经》间取佛教之说，知魏收之言非妄。

附　别字记

《想尔注》写卷，颇多别字。

有同于汉碑者：

魁　魁　同《石门颂》。

窂　牢　同《史晨碑》。

拞　短　同《韩仁铭》。

報　報　同汉《白石神君碑》。

顯　顯　汉《鲁峻碑》阴作《顯》。

余多同于魏、齐造像及墓志：

煞　殺　同魏《杨宣碑》。

咲　笑　同魏《寇凭墓志》。

䕭　蒻　同魏《凉州刺史元维墓志》，按同卷又作“䔷”、“芀”。

竿　算　魏《小剑戍主元平墓志》作“竿”。齐《李清为李希宗造像》作“竿”。

㑴　侵　魏《张玄墓志》“寝”作“寑”，偏旁略同。

辎　辎　魏《帅僧达造像》“菑”作“萅”，魏《司空穆泰墓志》“淄”作“湽”，魏《马鸣寺碑》“缁”作“䌟”，偏旁并同。

褱　喪　魏《巨始光造像》作“褱”。

蠢　蠢　同《李清为李希宗造像》。

躰　體　同齐《宋敬业造像》。

㣲　微　同齐《道兴造像》及《齐董逢达造像记》。

竞　競　同魏《根法师碑》。龙门北魏景明三年《惠成造像》。

皿　血　同魏《张猛龙碑》。

妻　妻　同魏《司马景和妻墓志》。

𡗝　𦍌　关　美　魏《汝阳王元睟墓志》作“𡗝”。隋《仲思那碑》作“𡗝”。

貇　貌　同魏《阳城洪懋造像》。

徒　徒　魏《慈香造像》作“徒”。

蓺　藝　同魏《汶山侯吐谷浑玑墓志》。

邑　邑　同魏《孔羡碑》。

寘　寡　同魏《司马景和妻墓志》。

臺　臺　同魏《恒州刺史元譓墓志》。

臺　臺　魏《程哲碑》作“臺”，魏《章武王妃卢墓志》作“臺”。

寘　冥　魏《李超墓志》作“冥”。

号　號　同魏《司空穆泰墓志》。

左　左　同齐《诸葛始兴造像》。

魚　魚　同魏《张玄墓志》。

俓　侄　徑　齐《高叡修寺碑》作“俓”，齐《李清为李希宗造像》作“侄”。

凡　瓦　同齐《道兴造像》。

耶　邪　齐《法勤禅师塔志》作“耶”。

真　俱　同齐《平州刺史司马夫人造像》。

茍　苟　狗　齐《道兴造像》“狗”作“猗”，偏旁同。

腦　腦　魏永平三年《法行造像》“恼”作“惚”，偏旁同。

柔　柔　魏《弔比干文》作“柔”。

訑　託　魏《杜文雅造像》作“訑”。

坑　坑　魏《元公夫人薛氏墓志》“伉”作“伉”，偏旁同。

賤　贱　同魏《皇甫驎碑志》。

间有同于隋碑者：

仝　全　同隋《宋永贵墓志》。

朢　望　同隋《李则墓志》。

冨　富　同隋《阮景晖造像》。

渕　渊　同隋《刘渊墓志》。

演　演　同隋《首山舍利塔记》。又齐《刘碑造像》作“演”。

上举别字，据罗振鋆《碑别字》及日本水野清一《龙门石刻录异字》（载《龙门石刻之研究》）二书勘校，著其互同者，以备研治字学之助。卷中别体多与魏齐碑刻合，知其出于北朝人手笔。《魏书·释老志》言：“道士寇谦之少修张鲁之术。”则此注在北魏时，必甚通行，而传写者众；其能保存于敦煌石窟，非偶然矣。

跋

敦煌千佛洞旧藏卷子《想尔老子注》，为道教宝典，向未有人研究。吾师饶宗颐先生据唐玄宗、杜光庭说，定为张天师道陵所作。复为之考证，知其说多与汉代《太平经》义同符；而间有窃取河上公《注》者。

于是道教原始思想之渊源与脉络，灿然大明。其中奇辞奥旨，先生多所抉发；余如考证张陵之著述，亦复详极原委，可补前史之不逮，诚老学之功臣也。余暇嗜读《老子》书，深慨古注之存于今者，只河上公及王弼二家，余多不传。今《想尔注》，赖敦煌石室之保存，得重显于世，惜世知之者少！余乃斥资授梓，以广其传，为研治五千文与道教史者之一助。是卷出六朝人手笔，严整挺秀，当为爱好书法者所共宝云。

乙未嘉平，方继仁跋

想尔九戒与三合义

——兼评新刊《太平经合校》

丙申春，予撰《敦煌本老子想尔注校笺》，既刊行，海外学人，颇不以为谬。若杨联陞、陈世骧、严灵峰与日本吉冈义丰、大渊忍尔诸教授，均曾惠予讨论。

《想尔》之书，成于东汉之季，殆无异议。[①] 比年涉猎道书，间有疏记，略为诠次，草成此篇，以补前著之不逮。文中资料，取自列斯坦因目四二二六敦煌本《太平经目录》残卷，故于王明新著《太平经合校》一书，欲略加评骘。嗣见吉冈义丰氏有《敦煌本太平经について》一文，已先我为之（载东京大学东洋文化研究所出版《东洋文化研究所纪要》第二十二册），故不多及，兹略举数端，论之如次：

一、《想尔·九戒》

孟安排《道教义枢》卷二（第二十）云[②]：

① 参大渊忍尔：《老子道德经序诀の成立》，《东洋学报》第四十二卷第一、二号，及氏著《敦煌道经目录》，54 页。

② 《道教义枢》十卷，影印《正统道藏》“诸”字号第七六二、七六三册，题青溪道士孟安排集。杜光庭《道德真经广圣义序》称为“梁道士，号大孟”。著作年代详吉冈义丰著《道教の佛教》第一、第二章《初唐における道佛论争の一资料〈道教义枢〉の研究》。

戒律者，戒止也，法善也；止者，止恶心口，为誓不作恶也。戒之为义，又有详略焉。详者，太清道本无量法门百二十九条……是也。略者，道民三戒，录生五戒，祭酒八戒，想尔九戒，智慧上品十戒，明真二十四戒之例是也。

大孟所举道教诸戒，其《录生五戒》又见于《三洞奉洞科戒营始》。《智慧上品十戒》[1]，《明真二十四戒》，俱见《正统道藏》洞真部戒律类（雨字上第七七册）。至《想尔·九戒》，原文见《太上老君经律》（《道藏》第五六二册）前题"道德尊经想尔戒"。文云：

行无为，行柔弱，行守雌，勿先动。（原注："此上最三行"）
行无名，行清静，行诸善。（原注："此中最三行"）
行无欲，行知止足，行推让。（原注："此下最三行"）

后有按语云："此九行，二篇八十一章。集会为道舍，尊卑同科。备上行者神仙，六行者倍寿，三行者增年不横夭。"是九行者，即大孟所谓《想尔·九戒》也。《太上老君经律》题目云："《道德尊经戒》，九行二十七戒。"其下分小题二：一为《道德尊经·想尔戒》，一为《道德尊经戒》。前者即九行，后者即二十七戒，划分甚明。其云："二篇八十一章。"则指《道德（经）》上下篇。又同书《太上经戒》，末为《老君二十七戒》，乃包括九行及二十七戒，与上所举者同；惟九行文字有微异者，如中三行"清静"，此作"清净"；下三行"行无欲"，此作"行忠孝"；"行知止足"，此作"行知足"，脱一"止"字。[2] 且以二十七戒统摄九行，似出后来讹误。陈世骧先生谓："此九行二十七戒，既与《想尔经注》吻合，且行戒词句简质，今与写卷相较，亦俱了然。则此'行戒'与《想尔经注》当俱为一事。"[3] 其意以为："《想尔经注》为戒之所出。"按《想尔经注》屡言"奉道戒"、"守道戒"，为数逾二十章，可知

① 《上品十戒》，今《正统道藏》"太上洞真智慧上品大诫"，为元始天尊以开皇元年七月一日，授予太上道君之"智慧上品大诫法文"。《明真二十四戒》，则原称《太极真人说二十四门戒经》，杂以佛家地狱之说。

② 陈世骧谓当作"行知止足"，甚是。

③ 见《清华学报》，1957（新一卷第二期）。

道戒自是另一事。《想尔训》与《想尔戒》，其教义俱自《道德经》出，故于经注称曰："道经上想尔（训）。"于戒则称曰："道德尊经想尔戒。"借佛家三藏之例论之，《道经》是经，《想尔（训）》是论，而《想尔戒》则是律也。今据《道教义枢》所记，则此题"想尔戒"者，适为九行，当即《想尔九戒》。故《想尔戒》其初恐只有九戒，不必包括二十七戒。《想尔九戒》乃天师道早期之戒条，即自《道德经》撮取要义而成，尚无渗入佛家戒律之痕迹。与《知慧十戒》之言及转轮圣王，《二十四门戒》之侈陈地狱，迥异其趣矣。

二、"想尔"释义

"想尔"是书名而非人名，杨莲生先生已论之。《正一法文天师教戒经》云："道使末嗣，分气治民汉中四十余年。道禁真正之无神仙之说。道所施行，何以《想尔》（空四字）《妙真》、《三灵》七言，复不真正，而故谓道欺人，哀哉可伤!"《妙真》即《妙真经》。①《三灵》七言即《黄庭》。《正一法文天师教诫科经》云（洞神部力下，五六三册）：

> 《妙真》自吾所作，《黄庭三灵》七言皆训喻。本经为道德之光华。道不欲指形而名之，贤者见一知万，譬如识音者，道在一身之中，岂在他人乎？

《想尔》与《妙真》（《黄庭》）、《三灵》相提并论，其为书名可知。《三灵》而称七言者，考"七言"诗体，肇于东汉，傅玄《拟四愁诗序》云："昔张平子作《四愁诗》，体小而俗，七言类也。"影响所及，故其时道教徒亦作七言，以阐教义。"七言"之例，如：

（一）河南巩县石窟发现石刻："诗说七言甚无忘（妄），多负官钱石上作……"②

（二）《太平经》中之七言诗如《师策文》："吾字十一明为止，丙午丁巳为祖始……"（《太平经合校》三十八卷，62 页）

敦煌本老子《道经》下题曰"想尔"，或称"想尔注"者：伯希和目列二

---

① 《无上秘要》（《太平部》上，七六八册）引《妙真经》，详杨联陞《老君音诵诫经校释》，见《史语所集刊》第二八本上。

② 拓本见《考古》，278 页，1977（4），以字体及官名掾史及兰台令史为例，当为东汉作品。

三三七号《三洞奉道科诫仪范法次仪品》第三云：

> 《老子道德经》二弓（应即弓字），《河上真人注上下引》二弓，《想尔注》二弓，《五千文朝仪》一弓，《杂说》一弓，《关令内传》一弓，《诫文》一弓。
>
> 右受称高玄弟子。[1]

此可与《传授经诫仪注诀》（《道藏》“楹”字号，九八九册）所记授经序次参照。

“想尔”二字之义，颇难索解。《太上经戒》论淫戒最难（《道藏》五六二册）云：

> 一人曰：“余戒悉易，淫戒最难断。所以尔者，我曾履斯事。……虽苦加抑迮，不觉已尔，每每如此，是知最难。”化人曰：“色者是想尔，想悉是空，何有色耶？但先自观身，知身无寄，便知无色，何可不忍。”

此晚出渗入释氏之说，“想悉是空”，比之言“色即是空”更进一步。《道教义枢》卷四云：

> 五识则为心根，能生想，志于心，故名根也。徐法师云：“六根之法，并因五常四大所成。若尔，彼师所有方寸为心根，又以五脏为内根。”

此析“想”出心根，亦后出之义。东汉人每言“存想”，边韶《老子铭》云：

> 规矩三光，四灵在旁，存想丹田，太一紫房。

“存想”又作“存思”，《太平经》卷七十八为“入室存思图诀”；卷八十四为“大人存思六甲图”，《想尔注》“浊以静之徐清”下注云：

---

① 按亦见《道藏》本“仪”字下第七六一册，参吉冈义丰《道教经典史论》，320页。

人法天地，故不得燥处。常清静为务，晨暮露上下，人身气亦布至，师设晨暮清静为大要，故虽天地有失，为人为诚，辄能自反，还归道素。人德不及。若其有失，遂去不顾，致当自约持也。

此即务静约持之说，入室存思，或指是乎？

陈世骧先生云：

《真诰》卷十八言有“静室法”，俱谓“闭气存想”或“存想入室”，则“功曹使者，龙虎真君，可与见语”。且并云是“汉中法”，则源出张修所传“静室”明甚。……若然，则或张鲁托言入静室“存想”见神，以注《老子》，而名其注曰“想尔”也。[①]

其说可备一解。

“想尔”二字，斯坦因敦煌目卷四二二六则作“相尔”，省去心旁，借“相”为“想”。按敦煌唐写本佛经，“相”、“想”两字互通，为习见之例。

《想尔注》“抱一能无离”下注云：

分布道诫教人，守诫不违，即为守一矣。不行其诫，即为失一也。世间常伪伎指五藏以名一，瞑目思想，欲从求福，非也。去生遂远矣。

此斥一般仅闭目存想，而不守诫者为伪伎，必修道与诫，双管齐下，故守诫即是守一。其所以有《想尔训》，复有《想尔戒》者，其理在此。

三、《想尔》与《太平经》三合义

余前论想尔思想与《太平经》关系之深切，粗发其凡。按伦敦所藏斯坦因列四二二六卷子前有一段文云：

……顺帝之时，弟子宫崇，诣阙上书，言：师干吉所得《神经》于曲阳泉上，朱界青首，百有余弓。谓为妖讹，遂不信用。帝君不修太平，

① 《清华学报》，新一卷第二期，50页。

其自下潜习，以待后会。贤才君子，密以相传，而世伪人耶（邪），多生因假，矫诡肆愚，疵妨正典。《相尔》云："世多耶（邪）巧，托称道云。"千端万伎，朱紫磬礊。故记三合以别真，上下二篇法阴阳。复出《青领太平文》，杂说众要，解童蒙心；复出五斗米道，备三合，道成契毕，数备三道。虽万恶犹纷猗公行，私穷号之正目，事乖真实，师之所除。《玄妙内篇》云：……

此唐人所传《太平经》之卷前语，文中檃括《想尔》句，谓"世多邪巧托称道云"。考《想尔注》"知慧出有大伪"下云：

真道藏，邪文出，世间常伪技称道教，皆为大伪，不可用。何谓邪文？其五经半入邪，其五经以外，众书传记，尸人所作，悉邪耳。

又"事善能"下云：

人等当欲事师，当求善能知真道者，不当事邪伪伎巧，邪知骄奢也。

又云：

今世间伪技，因缘真文设诈巧。

又"绝望弃知"下云：

谓诈圣知邪文者。……故令千百岁大圣，演真涤除邪文，今人无状，裁通经艺，未贯道真，便自称圣。……

类此之语，不一而足。

王重民《敦煌古籍叙录》（235页）引《太平部·相尔》自"世多耶巧"至"解童蒙心"一段，谓颇似《道德经·想尔注》序文。今按原文言："复（王氏误为'后'字）出《青领太平文》"，又云："复出五斗米道"云云。审上下文气，应是《太平经目录》卷前语，所引《想尔》语乃出于檃括，恐仅至"托称道云"句而止，古书不标引号，断读至难，此亦一例。

文中云："复出五斗米道，备三合……"考《太平经》卷四十八有"三合相通诀"谓包裹元气自然天地，凡事三合相通，并力同心，乃有所成。《太平经钞》丙云：

> 气者，乃言天气悦喜下生，地气顺喜上养。气之法，行于天下地上，阴阳相得，交而为和，与中和气三合，共养凡物，三气相爱相通，无复有害者。太者，大也；平者，正也；气者，主养以通和也。得此以治，太平而和，且大正也，故言太平气至也。（王本合校，148 页）

《太平经》同卷又云：

> 共生和，三事常相通，并力同心，共治一职，共成一事，如不足一事便凶。故有阳无阴不能独生，治亦绝灭；有阴无阳，亦不能独生，治亦绝灭。有阴有阳而无和，不能传其类，亦绝灭。（王本合校，149 页）

三合之义，自是出于《老子》"万物负阴而抱阳，冲气以为和"一说，而加以引申。而"三合"二字，则首见于《楚辞·天问》云：

> 阴阳三合，何本何化？

《穀梁传》庄三年云：

> 独阴不生，独阳不生，三合然后生。

范宁《集解》引徐邈，即以上引《老子》语释之。而杨士勋疏云：

> 阴能成物，阳能成物，天能养物，而总云生者，凡万物初生，必须三气合，四时和，然后得生，不是独阳能生也。但既生之后，始分系三气耳。

由是知阴阳三合之说，战国西汉已盛行。《太平经》即本此义而发挥之。如：

卷第十一为“和合阴阳法”。（见S本《太平经目》，《道藏》本缺）

卷第三十一为“和三气兴帝王法”。（S本作“和三五”，恐误）

卷第四十八为“三合相通诀”。

《太平经钞》乙部分析元气有三名，即太阳太阴中和，而中和尤贵。《想尔训》于《老子》“不如守中”下注：

不如学生，守中和之道。

又“道冲而用之”下注：

道贵中和，当中和行之。

并本《太平经》义。惜甘忠可之《太平经》原本，不可复考。今观敦煌所出此《太平经》卷前语，谓《相（想）尔》之书“记三合以别真。上下二篇法阴阳”，其后“复出《青领太平文》”、“复出五斗米道，备三合”，是干吉、宫崇之书，与《想尔》之理论，固息息相关，而“三合”之义，尤为天师道教理之精髓，近世言道教史者罕能及之，故为榀櫫如上。至其云“上下二篇法阴阳”，盖指分《老子》全书为《道经》上、《德经》下，敦煌卷《想尔注》正如此。具见《道德经》分为上下，自东汉已然，此中正有其教理之根据也。

四、附论《太平经》原本目录

敦煌此《太平经》残卷言“案上清清约，无为佛道，众圣大师，各有本经，干氏（指干吉）本部，自甲之癸，分为十帙，百七十卷。玄文宕博，妙旨深长，品次源流，条诏如左”。下即列《太平经部》，帙第一至第十全目。自甲部至癸部，每部十七卷，而总结之云：

右十部一百七十卷，三百六十六篇，又小字记“乙第二云：人三百六十脉，脉一精，精一神，思神至，成道人”。

盖全十部共三百六十六篇，乃法人身脉数，每卷之下，篇数不一。案正统九年修《道藏》所收《太平经》，为现存唯一本子，惜残缺不全；仅存五十七卷，甲乙辛壬癸五部全佚。而唐闾丘方远节录之《太平经钞》甲部，仅七页又半，近人已揭其为赝品。[1]《广弘明集》一《牟子理惑论》："神书百七十卷。"《襄楷传》章怀太子注称："《神书》即今道家之《太平经》也。其经以甲乙丙丁戊己庚辛壬癸为部，每部一十七卷。"与此卷目录全符。《太平经》原貌，本不可复睹，今得此卷子，于《太平经》每卷之下，详细开列各篇名次，粗可窥其梗概。

近刊王明所撰《太平经合校》，盖据《太平经》、《太平经圣君秘旨》及《三洞珠囊》等书（见该书引用书目）辑录，分"并"、"附"、"补"、"存"四例编订，用力至勤。惜于敦煌此卷，未曾寓目，故于全经卷第篇名，未能得其要领。又每卷诸多阙题，卷一至卷十仍用《太平经钞》甲部之文，复录"太平金阙帝晨后圣帝君师辅历纪岁次平气去来兆候贤圣功行种民定法本起"二行，注云："疑系题目。"按《太平经》篇名，大都称"法"或"诀"，此一不伦不类之题目，自不可信。况《云笈七籤》卷四十九《九经所明三一图表》中，于"太平三一"已言及"出第一卷《自占盛衰法》"。今核敦煌此卷目录，《太平经》卷第一下正题"自古盛衰法第一"，与《七籤》相符，惟"占"字误作"古"耳。1963年，在敦煌古写本残页中，发见《道要灵祇鬼神品经》十五行，即《太平经》残文。[2] 余详吉冈义丰文，不复赘。

① 见王明《论太平经钞甲部之伪》，《史语所集刊》第十八本。

② 景本见《文物》，55页，1964（8）。

老子想尔注续论

引言

大英博物院所藏敦煌经卷，列斯六八二五号，新编六七九八号（Giles 目217 页）为《老子·道经》上。想尔。卷前残缺。凡五百余行。注语与经本文连书，字体大小不分，不区章次。卷首及卷下既缺，全书面目，无由毕睹，诚憾事也。

余于 1956 年尝将该卷整理问世，同时陈世骧先生又撰《想尔残卷论证》，刊于《清华学报》，颇引起学人之注意。闻巴黎大学中国学院道教史研究班，曾以拙著列为教材。并世通学，攻错日多。日本道教学会第十八回大会，大渊忍尔先生于会中宣读《老子想尔注の成立》论文[1]，力证《想尔》此书成立年代，应出于东汉末五斗米道天师之手，与拙说“天师道一家之学”相符。氏又撰《五斗米道の教法》，就《想尔》一书为中心，阐发几无遗蕴矣。忆曩岁在北美，参加东方学者会议，开会之顷，晤福井康顺博士，每见辄询及此书。比年以来，略有一二新知，兹值博士七十大寿，征文及于下走，因就所见，诠次成篇，寄呈求正，并以为博士寿。

① 见《东方宗教》三十号，99 页。

一、斯六八二五原卷补记

是卷原状[1]，L. Giles 云："good MS. of 6th cent. Thin yellow paper，on a roller 30ft."1966年夏，余在伦敦大英博物院，检读敦煌卷子，前后一阅月。《想尔》此卷，摩挲甚久，卷为染潢之黄纸，质极薄[2]，深墨书写。间有涂改，如不敢求荣之"荣"字。卷背则用淡墨钞写佛经，为《大毗婆沙论》杂抄，《广百论》第十卷，《瑜珈师地论》卷第三十八，《阿毗达磨发智论·见蕴》第八，《诚实论·六神通品》第一百九十七等。《想尔》卷之末段有晕迹，殆因被人于卷背用水墨渍湿使然。是《想尔》誊钞在先，佛经书写在后，甚为显然。至于字体波磔点画，极近北碑。莫高窟所出唐代内廷道经，虽多用黄纸，纸质无如是之薄，而字体均作虞褚及《龙飞经》一路，与此卷之近于龙门造像风格者，截然不类。故此写卷当出北朝人手笔，绝非伪品。向来定为六世纪唐以前物，毋庸置疑。

二、孙思邈引《想尔戒》，又言想尔为仙人名

《云笈七籤》三十三引孙思邈（581—682）[3]《摄养枕中方》云[4]：

> 《想尔》曰："必与人争曲直。"当减人筭寿。若身不宁，反舌塞喉，嗽漏咽液无数，须臾即愈。道人疾，闭目内视，使心生火，以火烧身。今尽存之，使精神如髣髴，疾即愈。若有痛处，皆存其火烧之秘验。

原文《想尔》二字下有自注云"想尔盖仙人名"一句，语出孙氏。按此与《想尔注》言"我仙士也"符合。《传授经注诀》云："系师得道，化道西蜀……托遘想尔，以训初回。"审其文义，似谓假托仙人想尔，而立此训。托

---

① 详大渊忍尔：《敦煌道经目录》，54页。

② 此纸质极薄，不同赵希鹄所言之硬黄纸，《陆云与兄机书》所谓"潢"，《齐民要术》谓之"染潢"，是卷殆即染潢之物。苏莹辉君告余，彼所见北魏前后经卷，早期者纸皆极薄。

③ 参友人 Nathan Sivin 著《孙思邈传》Chinese Alchemy，Preliminary Studies，Harvard University Press，1968，120页注69。

④ 参冈西为人：《宋元以前医籍考》。

言遘遇，以神其事。《想尔注》中之“道”字，概作人格化看待。是以“想尔”假托为仙人名，自属寻常之事。陆德明似视“想尔”为人名，其说实远有所承。

《道藏》“力”字号上（三）《太上老君经律》第一为“道德尊经戒”，计九行[①]及二十七戒。其下最九戒中有云：

> 戒勿与人争曲直，得诤，先避之。（下最第七）

此即孙氏《枕中方》所引之首句，是此二十七戒亦在《想尔戒》中。

《道藏》五七二册（“临”字上）有孙真人《摄养论》，又五七一册（“命”字下）有孙思邈《存神炼气铭》。可略窥孙氏关于摄养意见之一斑。其言道人疾则闭目内视，仍是存想之法，盖与《想尔戒》有密切关系，故引用之。

三、《想尔》“九行”与《老君存想图》

《云笈七籤》四十三引《老君存思图》十八篇，其中“坐朝存思”第十云：

> 凡（按“凡”字当作“九”）行者，亦存《想尔注》；三业在《盟威经》后。凡存思者，急宜忆之，故标出如左：
>
> 上最三行：行无为，行柔弱，行守雌勿先动。
>
> 中最三行：行无名，行清静，行诸善。
>
> 下最三行：行无欲，行知止足，行推让。
>
> 一者不杀，二者不盗，三者不淫。此三业属身业。
>
> 一者不妄言，二者不绮语，三者不两舌，四者不恶口。此四事属口业。
>
> 一者不嫉妒，二者不瞋恚，三者不邪疑。此三事属心业。
>
> 右九行，三业十事，存念惊恐，人思相干，皆速思之，危即安也。

---

① 《太上经戒》末云：“此九行，二篇八十一章，集合为道舍，尊卑同科。”九行即《想尔九戒》。其言二篇八十一章乃统《道德》二经而言之。不得以此遂谓《想尔》原本必为分章八十一如河上本也。

《道藏》"夙"字上之《太上老君大存思注诀》，即是此书。其中"坐朝存思"，亦列九行及三业十事，与《七籖》所引全同。两书互勘，《道藏》本作：

九行在《想尔注》前，三业在《明威经》后，存思者急宜忆之。

当依《道藏》本为是。《七藏》"凡行"及"九行"之误，又夺一"前"字，致语意不明。可见《想尔》原本，九戒列于注之前。惜敦煌卷缺其开头一段，未由参证。

《道德尊经戒》原分"九行"及"二十七戒"二项。其九行题曰《道德尊经想尔戒》，其"二十七戒"则题曰"道德尊经戒"，无"想尔"二字。道教徒止行之戒有详略二种。略者，宋法师《十二部义》所举，有：道民三戒，录生五戒，祭酒八戒，想尔九戒，智慧上品十戒，明真二十四戒等例。《洞玄灵宝玄门大义》释戒律第六（《道藏》七六〇"仪"字上）及《道教义枢》卷二十四《释十二部义》（《道藏》七六三"诸"字下）所述文并相同。"九行者"，孟安排谓之《想尔九戒》，即所谓略戒者也。《道藏》"力"字号四为《太上经戒》，其中有总题曰《老君二十七戒》，实包括九行（惟不题"想尔"名）及上中下二十七戒。张万福于《传授三洞经戒法箓略说》上戒目十六种中，列有《想尔二十七戒》，与此相同，今证以孙思邈所引《想尔》"戒勿与人争曲直"一语，实在二十七戒之中，则唐初对《老君二十七戒》及《道德尊经戒》，亦得目为《想尔二十七戒》。足证张万福论列之确，是当时所谓《想尔戒》，已不限于略戒之九行矣。《传授经戒仪注诀》述《想尔》书云"三品要戒，济众大航"。三品要戒，即指上中下之二十七戒也。

《老子存思图》者，宋秘省《续四库书目》著录一卷，列于杜光庭之前。《崇文总目》有《李老君道德经存想图》，当即一书，而"存思"作"存想"。《道藏目录》详注洞神类云："《太上老君大存思图注诀》一卷，有图，乃存想五脏五星，常存九行三业，坐卧登座，存想图像。"张万福《略说》所举《道德经》目，于《想尔注》上下二卷之后，有《大存图》一卷，《大存图》即《老君大存思图》之省称也。于此可见《存思图》与《想尔注》关系之密切，二者如骖与靳，必相配合。《想尔》之"想"，亦即"存想"之"想"。《大存图》既备载《想尔九戒》，作为实践之用。《注诀》发挥其义，略谓：

……存思精审，自然忘劳。……当诵经行戒，以善兴居。……烦恼生灾，卧坐无宁，急存九行（想尔）。行之检身，心存口诵，解了无疑。以空三业，三业既定，众灾自消。……

是存思实行之顷，必以“《想尔》九行”及“三业”为信条，时时存念，即可转危为安，盖以道德修身为本。“存想”之义，《注诀》云：

凡存思之时，皆闭目内视。人体多神，必以五藏为主，主各料其事，事各得其成：成正则一而不二，不二则隐显无邪，无邪则众妙可见，见妙则与圣符同，同圣则即可弘积学，自然感会。是以朝夕存思，不可懈怠。

此一段大道理，发挥“存想”之哲学理论。可知《想尔》命名，即本于“存想”，边韶《老子铭》所云“存想丹田”是。朝夕行戒，存想内视，须臾不离，修道正轨，端在乎此。是知以《大存图》配《想尔注》及《戒》，意义深远，《戒》以立本，《训》以述义，《图》则指示实践之方，《太玄部·道德经要典》以二书列为第三第四，有其至理，殊非偶然者也。

四、《想尔》“先经后言五千，为以道统数”

《洞真太上太霄琅书》卷四《为师诀》第十云：

……志行此道，存文五千。文千虽五，义冠无央，先代相传，师资叵计。今之所遵，十天大字，神仙人鬼，共所归宗，文同数等，无有一异；但感者未齐，应者徵革。河上《章句》，系师《想尔》。转字会时，立题标议，始殊终同，随因趣果，洞明之师，谛宜宣诰。其大字以数入道，故先言五千而后云经；《想尔》以道统数，故先云经而后言五千。河上道数相涉，故分经以及文品，章为第句，各有应焉。妙思之俦，研期感应，勿牙（互）舛乱筌蹄也。（《道藏》一〇三四册）

从上引文字，可见道士使用《道德经》本，其间道与数之关系，含义各有不同，表之如次：

大字本	河上本	《想尔》本
以数人道， 先言五千而后云经。	道与数相涉， 分经以及文品，章为第句。	以道统数， 先云经而后言五千。

《想尔》本子与大字本恰相反，大字本先言五千之数，是以数入道，《想尔》本则后言五千，是以道统数。此可推知原书卷末经文之后，必标揭五千字数。《为师诀》明云“系师《想尔》”，知系师本确为五千文本，亦可证明。[1]《传授经戒仪注诀》中“序次经法”云：

昔尹子初受大字三篇，中经在太清部中，所以付上下两卷。汉文精感，真人降迹，得此（河上）《章句》，所滞即通。……人生多滞，《章句》能通，故次于大字。系师得道，化道西蜀，蜀风浅末，未晓深言。托遘想尔，以训初回；初回之伦，多同蜀浅，辞说切近，因物赋通，三品要戒，济众大航，故次于河上。河上《想尔》，注解已自有殊，大字文体，意况亦复有异。皆缘时所须，转训成义，舛文同归。……

此处明言大字本、河上《章句》、《想尔注》三书在太玄部十卷中排列序次之意义。

三品《想尔》要戒在受五千文时，一并受戒。《注诀》“书三师讳法”第六云：

山馆宅舍，受《道德》五千文三品要戒。

三师为度师、籍师、经师。同书“请师保法”云：“第一曰三师，以三人为之，其一人为正师，一人为监度师，一人为证盟师。”三师中之经师当为正师，即颁授五千文之师保。经文所以五千，亦与持戒有关，《太上老君戒经》云：

老君曰五戒者，天地并始，万物并有。持之者吉，失之者凶。过去成道，莫不由之。故列神二十五也；经文五千，是其义也。（《道藏》五

① 五千文本问题与张鲁删定说，参大渊忍尔《老子想尔注の成立》第一节。

六二册，“力”字上）

“五”是重要数字，戒必为五戒，而文必为五千。受经之时，亦兼受戒，《想尔》以道统数，经列于前而数系于后，以此故为大字本之羽翼。

五、《想尔经》（戒）为高玄部所受

唐张万福《传授三洞经戒法箓略说》于《想尔》二十七戒，称为“此太上高玄法师所受”。敦煌卷伯希和二三三七《三洞奉道科诫仪范》卷五法次仪品云：

> 老子《道德经》二弓　河上真人《注》上下二弓　《想尔注》二弓　《五千文朝仪》一弓　《杂说》一弓　《关令内传》一弓　《诫文》一弓　右受称高玄弟子

按《道藏》七六一册（“仪”字下）《洞玄灵宝三洞奉道科戒营始》卷四法次仪（中）受上列各经，得称高玄弟子。书目中缺少《想尔注》一项。高玄法师法服为玄冠黄裙黄褐黄帔二十八条（图见同书卷五之四）。道士等级，计分洞神部、高玄部、升玄部、中盟洞玄部、三洞部、大洞部。《道藏》九八九册三洞修道仪“高玄部道士”项下云：

> 自修洞神有功后，迁授太上高玄，箓称太上紫虚高玄弟子高玄法师。……参究《道德经》……《存思神图》，《太上文》，《节解》，《内解》，《自然斋法仪》，《道德威仪》。……（“楹”字下）

以上必读之经典，列在太玄部，兹举如次：

张万福《传授三洞经戒法箓略说》	《传授经戒仪注诀》
	太玄部
《道德》上下二卷	卷第一　老君大字本《道经》上
	第二　老君大字本《道经》下
河上公《注》上下二卷	卷第三　老君《道经》上《道经》下

	河上公《章句》
	第四　老君《德经》上《德经》下
	河上公《章句》
《想尔注》上下二卷	卷第五　老君《道经》上《想尔训》
	第六　老君《德经》下《想尔训》
《大存图》一卷	卷第七　《老君思神图注诀》
《传仪》一卷	卷第八　《老君传授经戒注诀》
《朝仪》一卷	卷第九　《老君自然朝仪注诀》
《斋仪》一卷	卷第十　《老君自然斋仪》

此《太玄经》所明
应受持修行

《想尔注》与《存思图》并列，太玄部卷七之《思神图注诀》，即《存想图》之别称，皆高玄弟子必修之经典也。《传授经戒》，《仪注诀》第十“诣师投辞法”有程式文如下：

窃闻《道德》五千文，渊奥遐邈，仰希禀受，以遂至心。谨依法赍信，清斋奉辞，伏请法师赐垂成就。谨辞诣太上高玄大法师某先生门下。

《想尔》二十七戒为高玄法师所受，能修此戒，即可为高玄部之道士矣。

六、论二十七戒之“勿伤王气”与《太平经》

二十七戒上九戒之三云：

戒勿伤王气。

《想尔道经》于“动善时”句下注云：

人欲举动，勿违道诫，不可得伤王气。

意义正是一致。“王气”者，《太平经》有详细发挥。卷七十二《斋戒思神救死诀》云：

> 四时五行之气，来入人腹中，为人五藏精神，其色与天地四时色相应也。画之为人，使其三合，其王气色者盖在外，相气色次之，微气最居其内，使其领袖见之，先斋戒居闲善靖处，思之念之。作其人画像长短自在。（王明合校本，291页）

斋戒思神，可以救死扶危。《大存图》又名《思神图注诀》，亦复相类。《太平经》此诀记明五藏神之“法为具画像，人亦三重衣，王气居外，相气次之。微气最居内，皆戴冠帻乘马。马亦随其五行色具为。其先画像于一面者，长二丈，五素上疏画五五二十五骑”。其作为画像，所以供思念之依据，有其特别效用。主要在分别配合王气、相气、微气三者，谓之三合。同书卷六十九“天谶支干相配法”云：

> 夫五行者，上头皆帝王，其次相，其次微气。王者，帝王之位也。相者，大臣之位也。微气者，小吏之位也。王者之后老气者，王侯之位也；老气之后衰气者，百姓万民之象也；囚气之后死气者，奴婢之象也。死气之后亡气者，死者丘冢也。故夫天垂象，四时五行周沵，各一兴一衰。……是故万民百姓，皆百王之后也，兴则为人君，衰则为民也。

说明王气代表“兴”，“兴”则为君，而“衰”为民，训民为瞑，见于董仲舒《春秋繁露》，此西汉以来之说，故以民为“衰”。以政治上之兴衰，比况精神上之兴衰，人在精神上须保持王气，使常处主宰地位。故《想尔》深戒“勿伤王气”。王气观念实取自《太平经》也。

《正一法文天师教戒科经》（下称《正一经》）中“大道家令戒”，大渊先生考证，以其与《想尔注》思想多符合，定为作于曹魏之顷。此文先言及于吉太平道，又谓“由以太平不备，悉当须明师口诀，指谪为符，命道复作五千文……付关令尹喜”。信如是说，系师五千文之产生，即在补太平道之不备，天师辈之见过《太平经》，可无疑问。《太平经》于卷一一二《不忘诫长得福诀》谓“神仙之录在北极，相连昆仑，昆仑之墟有真人，上下有常”（合校本，582页）。《想尔注》则云：“一散形为气，聚形为太上老君，常治昆仑。”昆仑之最高仙人，《太平经》泛言为真人，《想尔》则以实指“太上老君”。“老君”一名，见《后汉书·陈敬王传》。而《正一经》内录“阳平治”一文云：“吾以汉安元年五月一日从汉始皇帝王神气受道，以五斗米为信，欲令可仙之士，皆得升度……吾从太上老君，周行八极。”又云：“委托师道老君太上，推论旧事。”可见五斗米道当日已习用“太上老君”一名号。

《大道家令戒》开头即称“道授以微气，其色有三，玄元始气是也”。又言“要立二十四治，分布玄元始气治民”。“玄元”一词亦出现于是时。其后沿用不替。新出土南齐永明三年（485）刘觊《卖地券》有云：

……太上老君符敕天一地二孟仲四季黄神后土土皇土祖土营土府……一如泰清玄元上三天无极大神太上老君陛下之青诏书律令。[①]

可见玄元及太上老君之号，南朝时使用已极普遍，而唐高宗“太上玄元”之封号，有其远原。“玄元”、“太上”实出于天师五斗米道。而“玄元”为始气，可施以治民，“阳平治”文言“从汉始皇帝王神气受道，以五斗米为信”。所谓“始王神气”亦即“王气”，道之来源，盖本于此。“王气”之为义，有如此之重要，五斗米道以此设教，故《想尔》相戒勿伤王气。知大道之运行，必资于王气，至于个人之修养，尤以勿损王气为吃紧功夫。

七、道书征引《想尔》记略

目录书著录《老子想尔注》，仅见于陆德明《经典释文·序录》。（原云：“《想余》二卷。”注：“不详何人。一云张鲁，或云刘表。”“余”乃“尔”字形近之误。）《道藏·阙经目录》收《想尔注老子道德经》二卷，如是而已。然道书言及《想尔》者，自魏以来，不一而足，兹列举如次：

魏 （1）《大道家令戒》 《道藏》五六三册（“力”字下）《正一法文天师教戒经》

“道以汉安元年五月一日……造出正一盟威之道，与天地券，要立二十四治……分气治民汉中四十余年。道禁真正之元，神仙之说，道所施行。何以想尔。□□□□妙真、三灵、七言，复不真正，

① 南齐刘觊《地券》拓本，见《文物》，20页，1965（6）。

而故谓道欺人，哀哉可伤。”此令戒或张鲁家所传。《正一经》中有“天师教”一篇七言诗，每句有韵。首二句云“令故下教作七言，谢诸祭酒男女民”。此即所谓“七言”，殆出天师手笔，亦五斗米道之重要文献。

六朝 （2）《传授经戒仪注诀》[①]　《道藏》九八九册（“楹”字下）

序次经法第一著录

《老君道经上想尔训》，《德经下想尔训》又云“系师得道，化道西蜀。……托遘想尔，以训初回”。

（3）宋法师《十二部义》[②]　敦煌卷伯三〇〇一

《道藏》七六〇册《玄门大义》，七六二册

《道教义枢》卷二，十二部义文同

记诸略戒内有“《想尔》九戒”。

唐 （4）释法琳《辩正论》　《广弘明集》一三

十喻九箴篇引张道陵五千文注“道可道”条，殆为《想尔注》佚文。[③]

（5）孙思邈《摄养枕中方》　《云笈七籤》三三引

引《想尔》“勿与人争曲直”语，出《想尔》二十七戒。

（6）李荣〔顾欢〕《道德真经注疏》　《道藏》四〇四册（“信”字上）

卷二引《想尔》曰：“豫犹豫行止之貌，常当畏敬也。冬涉川者，恐惧也；畏四邻不敢为非，恐邻里知之；此遵道奉戒之人谦谨如此也。”（河上本第十五章）文见敦煌卷。略有异同。

（7）张万福《传授三洞经戒法箓略说》《道藏》九九〇册（“肆”字上）

其中戒目列《想尔》二十七戒《道德经》目列“《想尔注》上下二卷”[④]。

（8）《三洞奉道科诫仪范》　敦煌卷伯二三三七

① 《传授经戒仪注诀》已见唐高宗时《三洞珠囊》征引，成书于南北朝之顷。“序次经法”于河上章句，有云“（郑）隐注云读河上一章……”原注未知至何处终止。下文言及《想尔》，不能以此遂谓为郑隐之语。

② 宋法师《十二部义》成书年代，可遡至六朝。见大渊氏《敦煌残卷三则》及《敦煌道经目录》，109页。

③ 法琳引张陵五千文《注》，其确实性，详大渊氏《老子想尔注の成立》注九。

④ 张万福《法箓略说》，末题“大唐先天元年（712）太清观道士张万福谨记”，可审其年代。

卷五“法次仪品”著录《想尔注》二号

(9) 敦煌本《太平经》 敦煌卷斯四二二六

卷前语云：“《相（想）尔》云：‘世多耶（邪）巧托称道云。’”①

(10)《老君存思图》 《云笈七籤》四三引

《道藏》五八〇册（“夙”字上）

（亦名《大存思注诀》）其“坐朝存思”第十云“九行在《想尔注》前”。

(11) 杜光庭《道德真经广圣义序》 《道藏》四四〇册（“羔”字上）

（六十余家笺注）“《想尔注》二卷，三天法师张道陵所注”列于第三，在河上公前又卷一《叙经大意解疏序》引云“诠注疏解六十余家，言理国则严氏河上，扬镳自得；述修身则松灵、《想尔》，逸轨难追”。按注家在顾欢下有松灵仙人，隐青溪山。无名氏年代。

(12) 唐玄宗御制《道德真经疏外传》《道藏》三五八册（“才”字上）

（或谓乔讽著）六十余家注中“《想尔》二卷，三天法师张道陵所注”列第二，与杜光庭同。

(13)《太上老君经律》 《道藏》五六二册（“力”字上）

有“《道德尊经想尔戒》”（即九行）。

(14)《洞真太上太霄琅书》 《道藏》一〇三四册（“左”字）

卷四云：“《想尔》以道统数。”

依上列举，知《想尔》一书自魏以后，流传至广，兹就四项分析如次：

书名 有但称曰《想尔》，与敦煌卷合。或称《想尔注》，或曰《想尔训》。“注”及“训”字均为称述者所增益。

作者 一般不题作者名，如孙思邈但称曰《想尔》。《仪注诀》则云“系师托遘《想尔》”。《太霄琅书》亦称“系师《想尔》”。《经典释文·序录》始言“一云张鲁，或云刘表”。系师即张鲁也。杜光庭题“三天法师张道陵注”。法琳《辩正论》引张道陵《五千文注》残文，知唐人亦以为张陵作。当是托始于陵，而成于系师张鲁。《想尔》本经为五千文本，与张镇南古本系师定之五千文《道德经》，事正吻合。

戒 《想尔》一书，有戒有训。有略戒曰《想尔九戒》，名已见于宋法师

① 参拙作《想尔九戒与三合义》。“千端万伎句”以下，未必为《想尔》原文。

《十二部义》。《太上老君经律》题曰《道德尊经想尔戒》。《存思图》载之，谓之九行。另有《想尔二十七戒》，张万福著其目，即所谓三品要戒，亦称《道德尊经戒》、《老君二十七戒》。

佚文 可确知者只有一条，即法琳《辩正论》所引。

八、结论

由上所论，可得要点如下：

(1)《想尔注》成于系师张鲁之手，托始于张陵。

(2)《想尔注》前应有九戒。

(3)《想尔》书，经文之后，记五千字数。

(4)《想尔》为五千文本，与系师张镇南本相同。

(5)《想尔》与《大存思图》相辅为用。

(6)《想尔注》及《戒》，为高玄法师所受。

关于《想尔》一书在道教史上之地位，其传诵之广，影响之大，可以概见。“想尔”一词，亦复被人用作典故，见于诗篇，如《高上太霄琅书琼文帝章经琼文》第一云：

> 弃去云外念，专一守黄宁。披诵大霄章，三关自当明。玄降徘徊辇，虚遣飞霞軿。九天虽玄邈，妙想安尔形。（《道藏》“宿”字号，原文又见“左”字号）

此为“想尔”一名经人活用之例证，因录之以结吾篇。

附 《想尔注》研究有关资料

饶宗颐 《老子想尔注校笺》(1956，香港)

陈世骧 《想尔老子道经敦煌残卷论证》(《清华学报》新一卷第二期，1957，台北)

严灵峰 《读老子想尔注校笺书后》(1956)

杨联陞　《老君音诵诫经校释》(中研院《史语所集刊》二十八本)

陈文华　《关于五千文的来源》(及与严灵峰讨论文)(《民主评论》第十五卷十五、十六、二十期，1964，香港)

饶宗颐　《想尔九戒与三合义》(《清华学报》新四卷第二期哲学论文集)

严灵峰　《老子想尔注写本残卷质疑》(《大陆杂志》三十一卷第六期，台北)

大渊忍尔　《老子想尔注の成立》(《冈山史学》十九号，1967)

《五斗米道の教法についこ》(上、下)(《东洋学报》四十九卷三、四号，东京)

四论想尔注

胡道静《三续道藏刍议》："新注新校所当重视。若《老子想尔注》乃敦煌发见之书，以其初露，所当编辑，而饶宗颐整理之本，条贯考订，尤为夐绝，则采用饶校之本，乃一举而双得。"①《中国大百科全书·宗教卷》道教条目，《老子想尔注》下亦云："道教经典。全称《老君道德经想尔训》，据唐玄宗御制《道德真经疏外传》、杜光庭《道德真经广圣义》及宋代道书记载，为张陵所作。《传授经戒仪注诀》以为出于张鲁之手。"② 仍遵唐宋旧说。

王家祐著《张陵与天师道》云："张陵著作传于今者仅有敦煌卷子《老子想尔注》。《想尔》之言多合《太平经》，当为天师道经典。如所言真道、邪文、道诫，不如学生守中和之道，皆取自《太平经》，可能是张陵的解释。"③谢祥荣著《想尔注怎样解老子为宗教神学》，论《想尔注》对《老子》一书的篡改，使《老子》的"道"人格化、神灵化，改《老子》的"道"体系为"一"的体系，解长生久视之道为神仙世界，亦承认"张陵所著的《老子想尔注》，对《老子》哲学作神秘化与宗教化的解释……可见《想尔注》在道教史上的重要地位"④。《想尔注》之为张氏天师道一家之学，已成一致之结论。

日本学人对此问题有二派意见，大渊忍尔于所著《关于五斗米道之教

① 《古籍整理出版简报》，1983（109）。

② 见《宗教学研究》，23页，1983（2），四川大学。

③ 据王氏1981年7月稿本。

④ 见《宗教学研究》，1981（1），四川大学。

法——以老子想尔注为中心》一文肯定为天师道一系之著作。尚有持不同之说者，近年楠山春树、麦谷邦夫二氏所著《论老子想尔注》两文[①]，从词汇内容加以检讨，又其论《大家令戒》因杨联陞之说，定曹魏为后魏。说实大有可商。麦谷氏又作《老子想尔注索引》一书[②]，逐句系列，甚便翻检，为此书羽翼，有足多者。惟谓《想尔注》为四世纪以降至五世纪之书，立论甚偏，不可不辨。

麦谷氏以为"道气"概念之成立，应在东晋以降，谓齐、梁之顷，道教教理主张"道"与"气"（元气）之同一性，并举新之道气论年代确实最古之资料为《广弘明集》卷八僧顺答道士假称张融《三破》中之言"道者气"及刘勰《灭惑论》中引《三破论》言"道以气为宗"两语为证。又论德气、仁气、义气、礼气等观念之晚出。按氏于秦汉以来经籍所见道气之资料不能探索其渊源，故有此非常可怪之论。

按道气论之发端，似起于齐之稷下，中经黄老学派之鼓吹，至于东汉，儒、道杂糅，更掺和纬书，构成具体之元气论，至《太平经》已发挥尽致，兹略述其说发展之梗概：

（一）稷下　精气说

《管子》中《内业》与《心术下》篇文字诸多雷同，郭沫若尝作比较，认为后者是副本，并推定为宋钘、尹文一派之遗说。[③]《内业》言："精也者，气之精者也。气，道乃生，生乃思，思乃知……"又言："民气杲乎如登于天……是故此气也，不可止以力而可安以德。……"又："善气迎人，亲于弟兄；恶气迎人，害于戎兵。"又："抟气如神，万物备存。"又："思之而不通，鬼神将通之，非鬼神之力也，精气之极也。"又："灵气在心，一来一逝，其细无内，其大无外。"所谓"气，道乃生"，尹知章注："气得道，能有生。"证之本文云："凡道，无根无茎，无叶无荣，万物以生，万物以成。命之曰道。"以道为气之所生，而气有精气、灵气诸嘉名，气之操纵在能抟气，万物备焉。麦谷氏所举后来"道以气为宗"之说何尝有如此之精辟，故知"道气"概念实导源于此，《易·系辞》云"精气为物、精义入神"等语亦与此有关。

---

① 楠山春树文《老子想尔注考》（见《老子传说の研究》，创文社，1979）。麦谷邦夫文见《东方学报》第57册，1985年3月（《京都大学人文科学研究所刊》）。

② 《老子想尔注索引》，京都，日本朋友书店印行，1985。

③ 郭沫若：《青铜时代·宋钘尹文遗著考》。

道家精、气、神诸观念可于齐学之内业觅得其线索，具见渊源之远。[①]

(二) 楚 正气、元气说

屈原《远游》云："内惟省以端操兮，求正气之所由。""保神明之清澄兮，精气入而粗秽除。""曰道可受兮不可传。……壹气孔神兮，于中夜存，虚而待之兮，无为之先。"[②]《孟子·告子上》："梏之反复，则夜气不足以存。"夜气即屈子此存于中夜之一气，夜气不存则去禽兽不远，此中夜为聚气最好之时候，夜气自是端正情操、保持清明之正气，屈与孟之义理相通，亦即《心术下》所谓"一气能变曰精"之一气。屈原曾是齐使，其说或取之稷下先生：《经法·观》云："长夜气闭地绳者，所以继之也。"《黄帝书》亦重视夜气。

楚有鹖冠子，其书避秦讳讳政为端，向被目为伪书，近人力加平反，谓为秦时人所作。书中《环流》篇述元气论已具雏形。如云："有一而有气，有气而有意。……故气相加而为时。……万物相加而为胜败，莫不发于气，通于道。"又："空之谓一，无不备之谓道，立之谓气，通之谓类。"言"阴阳者，气之正也，天地者，形之正也"。《泰录》篇："精微者，天地之始也。……故天地成于元气，万物乘于天地。"重申正气之义，复提出天地成于元气，宇宙论之元气说得此而奠定。无不备即为道，抽象难知，气为有形之物，故道缘气而立，于气发之，此非道气论而何？

(三) 黄老学 同气说与微气、霸气说

近时，李家彦《太平经的元气论》谓"元气"一词，西汉才出现，先见于董仲舒《春秋繁露》中"王正则元气和应"等语，次见刘歆《钟律书》中所用"太极元气"之名，及至纬书遂大谈"元气"。按《鹖冠子》书如视为秦人之作，则元气已为秦时之恒言。[③] 余谓《吕览·应同》篇引黄帝曰："芒芒昧昧，因天之威，与元同气。"高诱注"同气"："同元气也。"是篇论同（元）气者为帝，其层次在王、霸之上，以表示之：

---

① 孙以楷：《稷下学宫考述》，载《文史》，23。

② 涂又光：《论屈原的精气说》，载《楚史论丛》，183 页。

③ 吴光：《黄老之学通论》，杭州，浙江人民出版社，1985。书中 158—161 页"鹖冠子 元气论之雏形"，175—179 页"吕氏春秋 精气说"，199—203 页"淮南子 道论与气论"。

同元气	同义	同力	（以下同居、同名）
帝	王	霸	

是说《吕览》引“黄帝”语当出于古《黄帝书》，《列子·天瑞》“谷物不死”亦出《黄帝书》，必同一原，“因天之威”句，旧校作“因天之道”，宋本《御览》七七叙皇王下引吕氏此语高诱注曰：

芒芒昧昧，广大貌也，因天之威，无不败也，与元同气，无不协也。（一本作“无不敌也”，孙校谓败字误，当作敌）

考《淮南子》云：

帝者体太一，王者清阴阳，霸者则四时，君者用六律。

又云：

同气者帝，同义者王，同力者亡。（亦《御览》引）

可见由帝而王而霸三者之层次，此为战国末期至于秦汉之间道家政论之通言，马王堆汉墓帛书《道原》篇云：

垣无之初，迵同大（太）虚。虚同为一，恒一而止。湿湿梦梦，未有明晦。神微周盈，精静不熙。古（故）未有以，万物莫以；古（故）无有刑（形），大迵无名。……莫知其名。人皆用之，莫见其刑（形）。一者其号也。

此即帝所体之太一。所云“湿湿梦梦，未有明晦。神微周盈，精静不熙”，即指元气茫昧之状，《道原》所描写之“太虚”即大道之一，《想尔注》所言“一散形为气……”，《大道家令戒》云：“道援以微气。”微气即《道原》言“神微周盈”之元气。在当日天师道一系又有《微经》之传授，说见后。

（四）帛书《五行》篇及礼家之仁气、义气、礼气

《管子·幼官》云“义气至修门闭”。已出现“义气”一词。

马王堆帛书《五行》篇有云：

䜌也者，勉也，仁气也（经说十）。直也者，直其中心也，义气也（经说十一）。远心也者，礼气也（经说十二）。

又云：

知君子所道而婹然安之者，仁气也（经说十九）。既安之矣，憿然行之，义气也（同上）。既行之矣，又愀愀然敬之者，礼气也（同上）。

至于仁气、义气汉代礼家亦言之，《礼记·乡饮酒义》云：

天地严凝之气，始于西南而盛于西北，此天地之尊严气也；此天地之义气也。

天地温厚之气，始于东北而盛于东南，此天地之盛德气也；此天地之仁气也。

将天地划分为二气区别其主客之方位：

宾者接人以义者也故坐于西北　　坐介于西南以辅宾

主人者接人以德厚者也故坐于东南　　坐僎于东北以辅主人

图之如下：

（僎）			（主位）	
东北			东南	
始	仁气	→	盛	主用仁气
盛	义气	←	始	宾用义气
（宾位）			西南（介）	
西北				

此以仁气、义气区分主宾之位，礼与天地并，礼亦与元气同，故以礼目

配入元气以分别仁气与义气。此礼家言之参用元气说也。

此外《灵枢经·官鍼》亦言德气、真气、正气等。

（五）《太平经》包元（气）说与王符之道气说

《汉书·李寻传》："齐人甘忠可向成帝献《包元太平经》十二卷。"是为《太平经》之前身，惜其书已不存。所谓"包元"者言"包裹元气"也①，今《太平经》中屡见"元气乃包裹天地八方"（卷四十）、"右包裹元气自然、天地，凡事三合相通……等注"一类之语（卷四十八），三合之说已见于《屈子·天问》，前已详论之。元气一词《淮南子·天文训》已目为宇宙之本原，宋本《太平御览》卷一天部"元气"项引：

> 《淮南子》："道始生虚霩，虚霩生宇宙，宇宙生元气，（气）有涯垠清阳者薄劘而为天。"

今本《淮南子》只作"宇宙生气"，无"元"字。刘歆解说黄钟更以"黄为中之色，故以黄色名元气"，纬书《遁甲开山图》言巨灵"与元气一时生混沌"、"丽山氏分布元气，各生次序，产生山谷"（《御览》引）亦侈言"元气"。

王符《潜夫论·本训》篇：

> 上古之世，太素之时，元气窈冥，未有形兆，万精合并，混而为一……和气生人，以统理之。是故天本诸阳，地本诸阴，人本中和。……
>
> 是故道德之用，莫大于气。道者，气之根也。气者，道之使也。必有其根，其气乃生，必有其使，变化乃成。……
>
> 天之尊也，气裂之，地之大也，气动之，山之重也，气徙之，水之流也，气绝之，日月神也，气蚀之，星辰虚也，气殒之。……莫不气之所为也。以此观之，气运感动，亦诚大矣，变化之为，何物不能，所变也神，气之所动也。当此之时，正气所加，非唯于人，百谷草木，禽兽鱼鳖，皆口养其气……

① 李家彦：《太平经的元气论》，载《宗教学研究》第4期，四川大学。

此文从元气谈到和气、正气，指出道为气之根，气为道之使，及气在宇宙事物之反作用，一切之变化实为气所表现。此文不啻道气论之扼要叙述。

由上可见道与气之关系，自《管子》以降逐渐形成道气之理论。[①]《想尔注》即承接此一体系而来。

（六）汉初马王堆《养生方》言“合气”为张陵所本

至于男女合气之说及房中伪技，亦非晚出。汉人屡言及男女合气，《论衡·物势》篇：

> 儒者论曰：“天地故生人。”此言妄也。夫天地合气，人偶自生也，犹夫妇合气，子则自生也。夫妇合气，非当时欲得生子，情欲动而合，合而生子矣。

又《自然》篇：

> 天地合气，万物自生，犹夫妇合气，子自生矣。

王仲任主张偶然说。以天地生人出于偶然，譬之夫妇合气偶然而得子。故知男女合气乃秦汉以来房中术家之恒言。至《辩正论》引张陵“男女和气之法，三五七九交接之道。其道真决（诀）在于丹田，丹田、玉门也”一节，亦远有所本，马王堆三号墓出土之《养生方》，内有“除中益气”、“治力”标题，言如何“黑发益气”及“益力”、“敬除心胸中恶气”之方。又一失题，言：“有气则产（生），无气则死。……问□□男女之齐至相当毋伤于身者若何？合（答）曰：益产（生）者食也，损产（生）者，〔色〕也，是以圣人必有法厕（则）。”以下列举各种之房中术，互详于同墓出土竹简之《合阴阳》及《天下至道谈》中之十势、八道等等。又《养生方》之“口语”，言及“我欲合气，男女蕃兹，为之若何？少河曰：凡合气之道，必（下缺）”，文中已畅论合气之术。

同墓竹简之《十问》，屡言“玉闭”，当即张陵之玉门。是篇保存不少古代房中术著作，略举如次：

① 程宜山：《中国古代元气说》，湖北人民出版社。

黄帝问于曹熬曰：……曹（曰）侍坡（彼）合气，而徼动其刑（形）。……长生之稽，侦（贞）用玉闭，玉闭时辟，神明来积。积必见章，玉闭坚精，必使玉泉毋顷（倾），则百疾弗婴，故能长生。接阴之道，必心塞葆，刑（形）气相葆。……（此为）曹熬之接阴治神气之道。

黄帝问于容成曰：……容成答曰：……翕气之道，必致之末，精生而不厥。尚（上）下皆精，塞（寒）温安生？息必探（深）而久，新气易守。宿气为老，新气为寿。善治气者，使宿气夜散，新气朝最（聚），以澈九徼而实六府。……

尧问于舜曰：……舜曰：……必瞌之而勿予，必乐矣而勿写（泻），材将积，气将褚，行年百岁，贤于往者。舜之接阴治气之道。

王子巧父问彭祖曰：人气何是为精虖？彭祖合（答）曰：人气莫如竣（朘）精。竣（朘）气宛闭，百脉生疾；竣气不成，不能繁生。……必先吐陈，乃翕竣气，与竣通息，与竣饮食，饮食完竣，如养赤子。赤子骄悍数起，慎勿出入，以修美浬（理），軲白内成，何病之有？坡（彼）生有央，必其阴精漏泄，百脉宛废。……巫成柖□□不死。

帝盘庚问于耇老曰：闻子接阴以为强，翕天之精，以为寿长，吾将何处而道可行？耇老答曰：……治之有节：一曰垂枝（肢），直脊挠尻；二曰疏股，动阴，缩州（即窍）；三曰合𪾢毋听，翕气以充脑；四曰含其五味，饮夫泉英；五曰群精皆上，翕其大明。至五而止，精神日抬（怡）。耇老妾阴食神气之道。

以上录出诸文，俱见新刊《马王堆汉墓帛书》第四册。《汉书·艺文志》房中八家。为书百八十六卷。其中《容成阴道》二十六卷，此言黄帝问于容成，必出是书。《想尔注》所称“容成之文”，于兹可见其一斑。《汉志》又有《尧舜阴道》二十三卷、《汤盘庚阴道》二十六卷，亦略见于此。又有《务成子阴道》三十六卷，解说者谓务成与巫成音近，传说务成昭为舜之师，见《荀子·大略》。余按《庄子·天运》篇引巫咸祒曰“天有六极五常”，巫咸祒当即巫成柖。《十问》云：“巫成柖以四时为辅，天地为经。”巫成柖盖古有道之士也。文引彭祖言“竣精竣气”，诸“竣”字皆读为“朘”。《说文》：“朘，赤子阴也。”《老子》：“未知牝牡之合而朘作。精之至也。”（河上本）马王堆乙本《德经》作“未知牝牡之会而朘怒”。知老子此说实本于彭祖。马王堆所出《合阴阳》竹简记房中事最为具体而微，其述如何致气、抒热及十动、十节、十修以至十已之征等等。为后来《玉房秘诀》等说之所自出（参《医心方》卷二十八引）。原书具在，今不详引。诸简为汉初写本，可见房中术之来历，早形成于先秦之世。

又马王堆《天下至道谈》竹简，说房中术亦略同，有云：

> 气有八益，有七孙（损）。不能用八益去七孙，则行年四十而阴气自半也。……七十下枯上涚（脱），阴气不用。……
>
> 八益：一曰治气，二曰致沫，三曰智（知）时，五曰和沫，六曰窃气（一作积气）……
>
> 为而耎脊，翕周，卬（抑）下之，曰蓄气。……
>
> 出卧，令人起之，怒释之，曰积气。

其中保存先秦房中术遗说，可与《素问·阴阳应象大论》中“七损八益二者可调，不知用此，则早衰之节也”义相参证。[①] 书中屡用“阴气”一词。观《汉志》所录，房中之书，皆以“阴道”为名，即所谓“接阴”之术。御女又有畜气、积气诸法，具见渊源之远，非至张陵始言交接之道也。

《想尔注》所言世间伪技，楠山氏以为指《黄庭》及《老子·中经》一类茅山派之养生说。按魏文帝《典论》：“颍川郤俭，甘陵甘始，庐江左慈，并为军吏。”甘始（等）率能行容成御妇人术，为曹操所录（又见《后汉书·方术传》）。曹植《辨道论》言“世有方士，吾王悉所招致”，即指甘始辈，其人与张鲁同时，世间伪技，何不可指彼，必欲求之茅山派，何耶？

依上所论，具见麦谷氏之言，似是而实非，彼盖有见于后而无见于前，沿流而罕溯源，与余着眼不同，故所得亦异，爰覼缕论之，以俟知者。

---

① 易建纯“天下至道谈，七损八益”注释，《马王堆医书研究专刊》，载《湖南中医学院学报》，1980（1）。

附一　天师道杂考

一、天师与鹤鸣山及庐山

天师道之天师，其名初见于《庄子·徐无鬼》篇："黄帝再拜稽首，称天师而退。"[①] 马王堆三号墓所出《养生方》云："黄帝问于天师曰：万勿（物）何得而行。……天师之食神气之道。"

此与《内经·素问》设为黄帝问于天师之语正同。故知天师一名，秦汉之间流行于楚境，且与黄帝有密切关系。

张陵学道四川鹤鸣山（一作鹄鸣山）。《元和郡县图志》三十一蜀州晋原县下。

> 鹤鸣山在县西七十九里，绝壁千寻，张道陵天师学道于此。

又邛州大邑县（汉江原县地）有鹤鸣山在县西北三十七里。近时调查大邑县之鹤鸣山，南向川西平原，三面环山，其地原有太清宫，明代重建，供老君神像，又有戒鬼坛及三官庙、迎仙阁诸胜迹，又古柏百株，乾隆十七年

① 曾召南：《天师道名称小议》，载《宗教学研究》第6期，四川大学。

张姓手植。[1] 宋陆游尝夜宿鹄鸣山，有七律一首，后人泐于石上。至青城山传言张陵与鬼兵为誓之所，见杜光庭诸记[2]，人所共悉。惟庐山传说，亦与张陵有关。《酉阳杂俎》前集十木简条云：

齐建元初，延陵季子庙旧有涌井……得沸泉，泉中得木简，长一尺，广一寸二分。隐起字曰“庐山道士张陵再拜谒”，木坚而白，字色黄。（中华书局本，95 页）

广西十万大山山子傜之师公，既尊梅山法主大圣九郎为教主，其师公经书及民间传说中有九郎至庐山向张天师学法之故事。[3] 今据南齐木简，庐山道士张陵之说，唐以前已有之。

二、天师道与《太微黄书》

罗苹于《路史·中三皇纪》天皇氏下“乾曜迨元像符合气”一句之下引《太微黄书》云：

天皇象符，以合元气，长生之要。

此《太微黄书》宋时尚存，罗泌父子犹及见之。考《御览》六六二引《三洞珠囊》云“戴公柏（即戴孟子）有《太微黄书》十余卷，壶公之师也”。《御览》六七三又引《太微黄书》一段文甚长（宋本页三千）。

《真诰》称武当山道士戴孟，葛洪《神仙传》：戴孟，字仲微，汉明帝时人……有《太微黄书》。据此，《黄书》本有，《太微黄书》乃明帝时戴孟子所作，在张陵之前。此书详侯康、曾朴《补后汉书艺文志》。

太微之取义由于《老子·道经》之希、微。熹平二年张普题字云“召祭酒张普、盟生赵广、王盛、黄长、杨奉等，诣受《微经》二十卷。祭酒约，施天师道，法无极耳”（《隶释》卷三）。张普行天师道所奉之经典是《微经》，

---

① 丁庆书、古培诚：《访道教发源地鹤鸣山》，载《宗教学研究》第 10 期。韦行《鹤鸣山记》，同上。

② 杜光庭：《青城山记》，见《全唐文》卷九百三十二。

③ 张有隽：《十万大山瑶族道教信仰浅释》，见《瑶族宗教论集》。

疑即出自戴氏之《太微黄书经》。

三、《黄书》非一种

张陵之《黄书》原帙虽亡，今《道藏》尚有二种题名曰《黄书》者：

(一)《上清黄书过度仪》　《正统道藏》阶字七。艺文本，册五四，44031页。

(二)《洞真黄书》一卷　《道藏》广十。艺文本，册五五，45101页。

前者在言功项下云："谨按师法与甲共奉行《道、德》三五七九之化，阴阳之施，男女更相过度，蒙恩如愿，精神专固，两相合生。"首为入靖（静），第二为存吏兵（东向正立，两手相持，叉手立……），三为白气（思丹田"白气"），四为思王气（思中央黄气……仰头以鼻纳气，低头咽之，下至丹田，中上升昆仑），五为咽三官（以鼻纳生气，天地水官生气……低头咽之，令满腹下丹田中，上升泥丸），继此至于第二十婴儿回，皆气功之术。后者有云："以汉安元年七月七日日中时太上老君授与张陵曰要长生度世……道陵以二年岁在癸未正月七日日中时授与赵升、王长、王稚、王英等施行《黄书》契九宫禁忌男女官神所治……"又云："天师以汉安元年壬午二年癸未从老子稽首受《黄书》八卷……口授升、长、稚、英。"按赵升事见《北周地图记》，古来有张陵七试赵升之传说，《道藏》中有《正一天师告赵升口诀》一书。此《黄书》引纬书《孝经援神契》曰："溟涬始互，蒙颂滋萌。"按《御览》卷一及七八引吴徐整《三五历记》云："溟涬始牙（芽），蒙鸿滋萌，岁起摄提，元气肇启。"文字相同。元气之说，三国时人亦加以发挥，后者称《黄书》原有八卷，右二书自出后人之踵事增华，然张陵《黄书》内容亦可相见其仿佛也。

四、二十四治与五龙

罗泌《路史·前纪九·头纪》泰皇氏下引张陵二十四治图云：

> 伏羲造天地，五龙布山岳也。

五龙者，《说文》："戊，中宫也，象六甲五龙相拘绞也。"《水经注》引

《遁甲开山图》：

五龙见教，天皇被迹。

荣氏注："五龙，治在五方，为五方神。"《鬼谷子·盛神》"法五龙"，陶注："五龙，五行之龙也。"按《墨子·贵义》篇记五方五色之龙，纬书演绎其义以比附五行，唐代吐鲁番阿斯塔那三三二号墓出土《祭五方五土神文书》云：

谨启西方白帝土公驾白车乘白龙白公曹白……开白门出白户白盖堂

（谨启北）方黑帝土公驾黑（车）乘黑龙……敢告北方黑帝协纲纪恒山之神兽玄武神玄冥……（《文书》册六，285、288、290页）

五方之神各为五色，龙、车、门、户、盖堂等，益以五岳之神，北方既有玄武、玄冥，则其他四方皆可推知，此亦五龙以布山岳之事，后来增益，更为繁缛，二十四治之配以五龙五岳，情形必有类于此。据《云笈七籤》二十八，二十四治图合二十四气二十八宿，更为复杂。

五、刘艾记张修、张鲁

章太炎《原经》："张修使人为奸令祭酒，祭酒主以老子五千文使都习……此道士托名老子最先者也。"（《国故论衡》中）

故友陈世骧著《想尔论证》一文，义据精深，重明《想尔》与张鲁之关系一节，据鱼豢《魏略》指出张修以《五千文》说教为其首创，近时李刚撰《张修在道教史上的地位》一文重新讨论①，证明此说。

《后汉书·灵帝纪》云：中平元年"七月巴郡妖巫张修反"。李贤注引刘艾《纪》云：

时巴郡巫人张修疗病，愈者雇以米五斗，是为五斗米师。

① 《宗教学研究论集》，1981，《四川大学学报丛刊》第二五辑。

与《典略》所载同。刘艾官宗正，与修同时，言必可信。《隋书·经籍志·杂史类》："《汉灵献二帝纪》三卷，汉侍中刘芳撰，残。"刘芳即刘艾之形讹。艾由侍中，建安元年封彭城相，事迹详姚振宗《后汉艺文志》。

《魏志·文帝纪·裴注》引《献帝传》："左中郎将李伏表魏王……武都李庶、姜合羁旅汉中，谓臣曰……定天下者，魏公子桓，神之所命，当合符谶。……以合辞语。镇南将军张鲁，鲁亦问合知书所出，合曰：孔子玉版也……"朱彝尊《经义考》二六四，毖纬项引称是《河图玉版》，《抱朴子·论仙》言"素姜之说谶纬"即指此，《献帝传》或即刘艾所著者欤？

六、说五斗叟（鄋）

五斗米道与羌人、鄋人自来有密切关系。

《晋书·怀帝纪》：永嘉三年（309）七月辛未，"平阳人刘芒荡自称汉后，诳诱羌戎，僭帝号于马兰山。支胡、五斗叟郝索聚众数千为乱，屯新丰与芒荡合党……（九月）南阳王模使其将淳于定破刘芒荡、五斗叟，并斩之。"（标点本《晋书》，119页）

支胡是月氏胡（详马长寿《碑铭所见前秦至隋初的关中部族》，20页），郝索叟即鄋人，其名上有"五斗"之号，必为信奉五斗米道者。

四川芦山之东汉樊敏碑云："宾圣禹，饮汶（山）茹□，宣究道度。……米巫殉虐，续蠢青羌……陷附者罪。……建安十年（205）三月。"此为米巫活动于四川之明证。米巫即指奉五斗米道之徒众。《北史》六六《泉仚传》："巴俗事道。"《蛮书》十引《夔城图经》："夷事道，蛮事鬼。"可见賨人信五斗米道，至北朝、唐代犹然。《道藏》"唐"字号朱法满《要修科仪戒律钞》引太真科云："家家立靖（即静室）崇仰，信米五斗。以立造化，和五性之气。家口命籍，系之于米，年年依会，十一月一日，同集天师治。"可见三张之遗法及其宗教组织之一斑。

向达尝论南诏与天师道氏族相关之事实，举《蛮书》记贞元十年云南诏异牟寻之誓文，内有"上请天、地、水三官"之三官手书及一本"藏于神室"之记录，与《华阳国志》记犍为民陈瑞，咸宁三年以鬼道惑民，其为师者曰祭酒，瑞自称天师，徒众以千百数，益州民奉瑞道者，见官二千石长吏巴郡太守犍为唐定等为证，具见天师道于晋唐间在四川流布之情状。[①] 郪人郝索之称五斗叟（郪）亦其一例，至于《晋书·李特载记》言“张鲁据汉中，以鬼道教百姓，賨人敬信巫觋，多往奉之”。巴蜀与氐崇奉张氏之教，范长生得称为天地太师，与天师道不无渊源，唐长孺论之已详。[②] 《水经·江水注》记“平都县有天师治”，平都即酆都县，后来为道教圣地，非偶然也。

七、道教有关新资料兼论中黄太一

近世出土有关道教之文物如资阳南市公社东汉岩墓出土“道教铜印”（王家祐文），成都“太平百钱铜范”，说者谓为张鲁所铸之钱范（《文物》1981年10月）。

阳县逍遥山石室有汉安元年“会仙友”三大子与张陵《黄书》所见之汉安元年年代相符。

安徽谯县曹氏一系列墓砖，内有“仓天乃死”之语，与张角“苍天已死，黄天当立”之口号相同。碑刻有建宁三年字样，下距黄巾起事于中平元年（184）只有十五年（《文物》，1978（8））。《魏志·武帝纪》称张角移书太祖云“昔在济南，毁坏神坛，其道乃与‘中黄太一’同，似若知道，今更迷惑，汉行已尽，黄家当立”[③]。黄家者，张角以“黄天泰平”为口号（《吴志·孙坚传》），汉末纬书有《孝经中黄谶》“中黄”之名虽出《易》之“黄中通理”，以之配合“大一”，则加强天道之理据。秦汉以来“大一”之义屡有变迁：

（一）天体之太一天极　指北斗。

（二）人身之太一　黄帝内经有太一天，太一游宫，如云神游上丹田，在帝大一帝君泥丸宫。

人身为小宇宙，故以天体比况人体。桓帝时之老子铭言“存想丹田，太一紫房，道成身化，蝉蜕渡世”，即具体说人身上之太一。《后汉书·灵帝纪》载黄巾张曼成自称为“神上使”，说者谓即《太平经》之“天土神使”及《老子中经》中太一君之八使。《老子中经》又推进一步有“上太一”之号，谓“上太一者，道之父也，天地之先……元气是耳”。以元气是“上太一”，太一之上者。

---

① 向达：《唐代长安与西域文明》，172、174页。

② 唐长孺：《范长生与巴氐据蜀的关系》，见《魏晋南北朝史论丛续编》。

③ 丁培仁：《太一信仰与张角的中黄太一道》，载《宗教学研究》第5期。

《想尔》对“一”之解释与一般不同，《太平经·守气不绝诀》云：

……入室思道，自不食与气结也……乃上从天太一也，朝于中极，受符而行，周流洞达四方八远，无穷时也。

此指存想中极之丹田，与气结合，即是上从天之太一，但《想尔》论“一”不在人身求之，其言曰：

一者，道也，今在人身何许？守之云何？一不在人身也，诸附身者悉世间常伪伎，非真道也；一在天地外，入在天地间，但往来人身中耳，都皮裹悉是，非独一处。一散形为气，聚形为太上老君……

彼认为一即是道，在天地外，一不在人身，亦可往来于人身中。是其以太一在体内者，由《想尔》观之，都属伪技，而非真道。此则《想尔》说之特异于他家者。

八、卅辐与张镇南本

“卅辐”一语，三十作卅，向来以为张镇南（鲁）本为最早，今见马王堆甲乙本均作卅。以是知天师道远有所本，余已论之。① 惟以“五千文设教”实起于张修，不知修本如何？建安时，汉中诵习之《老子》已为五千文本，《魏略》记张鲁同时人寒贫云本姓石字德林，安定人。建安十六年，关中乱，南入汉中，常读《老子》五千文及诸内书（标点本《三国志》，365 页裴注引）。建安十六年（211）即曹操伐张鲁之岁，此《老子》五千文当是系师本流行于汉中者。内书即谶纬，时纬书盛行，观姜合之引《河图玉版》以语张鲁，《黄书》之引用《孝经援神契》可见一时风气。②

① 见拙编《敦煌书法丛刊》，第二卷道书（一）解说，76 页。

② 石德林读老子五千文事，已见吕思勉《读史札记》773 页“黄老君”条，日本福井康顺亦曾举似。

九、附旧作《论天师道与道德经》（1955 年）

天师道教人诵《老子》，其所定《道德经》。唐写本称为“系师定”本。陶弘景言杨羲曾手书张鲁五千文《道德经》，据《茅山志》卷九《道山册》云：

按《登真隐诀》，隐居云：“老子道德经有玄师杨真人（按即杨羲）手书张镇南古本。镇南即汉天师第三代系师鲁，魏武表为镇南将军者也。其所谓五千文者，有五千字也。数系师内经，有四千九百九十九字，由来阙一；是作三十辐，应作卅辐，盖从省易文耳，非为正体矣。宗门真迹不存，今传五千文为正本，上下二篇不分章。”（按四千九百九十九字，比五千少一字者，成玄英《开题》云：“只是经中卅辐也，古者三十分为二文，今时卅总为一字，有此离合，故少一文。”可与此说参证。）

此即《道德经》系师定本之由来，盖相传出于张鲁。证之天宝十载钞本《德经》卷末云：

《道经》卅七章二千一百八十四字，《德经》卅四章二千八百一十五字，五千文上下二弓（即卷字），合八十一章四千九百九十九字。太极左仙公序，係师定，河上真人《章句》。有“係师定”三字，“係”字作“孫”，此五千文之《道德经》出于天师道之明证。

考系师一名，最初见于陶弘景《真诰》（卷十七）记梦各条下注云：

又见系师注《老子内解》，皆称臣生稽首，恐此亦可是系师书耳。

甄鸾《笑道论》引《蜀记》：“陵子衡为系师，衡子鲁为嗣师。”（《广弘明集》卷九观音侍老条。系师字作係与天宝本同。）《仙鉴》卷十九云：“张陵称天师，其长子衡为嗣师，衡长子鲁为系师。”则字作“系”，而以系师属于张鲁。《云笈七籤》卷七云：

汉末有天师张道陵精思西山，太上亲降；汉安元年五月一日，授以三天正法，命为天师。又授正一科术要道法文。其年七月七日又授《正一盟威妙经》三业六通之诀，重为三天法师正一真人。按《正一经治化品目录》云：《正目经》九百三十卷，《符图》七十卷，合千卷；付天师正一百卷，即在其内。后会教重，自当具显。《道本尊卑经》云：真经要妙，其文无双；三十六万四千，正言无数，不离正一；演气布化，《五千》为宗；真精要妙，三洞为最也。然此法虽复久远，论其所盛，起自汉朝。天师既升天后，以此法降于子孙弟子嗣师、系师及诸天人一切内外至信者，修行传习。屡有传道之人，今不具载，此文因此行矣。

此于系师又不明指为何人。而次“系师”于“嗣师”之下。宋濂《翰苑别集》卷六《汉天师世家叙》言“（道陵）授嗣天师衡”，则以嗣师属张衡。今姑不论系师应属张衡抑为张鲁，然其为天师道则无疑义。是河上公《章句》，在东汉末已有天师道定本也。考天师、系师于《道德经》均有注解，杜光庭《道德真经广圣义序》举历代诠疏笺注六十余家，其首数家为：

《节解》上下　老子

《内解》上下　尹喜以内修之旨解注

《想尔》二卷　三天法师张道陵所注

河上公《章句》

按《节解》，《经典释文》云不详作者，或云老子作，一云河上公作，《隋志》、两唐《志》均不著撰人。《抱朴子·遐览》篇有《节解经》一卷，是否即杜氏所言《节解》上下，其详不能知。又《宋史》有葛玄撰《道德经节解》二卷，恐不可信。

《内解》上下，《真诰》十七注言“见系师注《老子内解》”，则张衡或张鲁所注。《宋史·艺文志》有《老子道德经内节解》二卷，题尹先生注，或后人假托。

若《想尔注》，则敦煌已发现，有六朝写本，列斯坦因目六八二五号。仅存上卷，始“则民不争”迄上卷之末，凡580行。如杜说为张道陵注，正可代表天师道之老子学说。最足注意者，即河上公《章句》列于《想尔》之下，今以天宝钞本卷末之语“太极左仙公序，系师定河上真人《章句》”证之，则河上公《章句》之厘定，其初实出于张鲁辈。以上天师道对于《道德经》著述之可考者也。

余于1955年撰《索统写本道德经残卷考证》（香港大学《东方文化》第二卷第一期），其中第六节即为此文。是为余注意此问题之开端。其时未接触敦煌写卷，又信叶遐庵丈之说，故致力于索氏此卷（叶说具载其《矩园题跋》）。索卷人多疑之，王素则以为真。导余攻治《想尔》卷者，实以索卷为媒介。兹附存此一段文字，以志治学之因缘。苏联孟列夫教授告知，列宁格勒有类索统书写文物，望他日能一见之。

十、熹平二年张普题字

宋洪适《隶续》卷三录米巫祭酒张普题字，文云：

> 熹平二年（173）三月一日，天表鬼兵胡九□□仙历道成玄，施延命道正一，元（其）布于伯气。定召祭酒张普、萌生、赵广、王盛、黄长、杨奉等，诣受微经十二卷。祭酒约施天师道法无极才。

此题字凡七行，六十七字，为蜀中早期天师道极重要之史料。有下列数事可以注意：

(1) 可证天师道及“正一”二名在熹平二年以前已流行。

(2)“历道成玄”及“施延命道正一”句，将“道”字作人格化，与《想尔注》同。

(3) 受微经十二卷，知其时天师道有经典行世。

(4) 祭酒一职与《后汉书》注引《典略》相符。

(5) “天表鬼兵”，即与《刘焉传》所谓“其来学者初名为鬼卒”吻合。

(6)“布于伯气”乃指百气，谓阴气之魄。

上列(5)、(6)两事须并申述。蜀中盛行鬼教[1]，下至蜀汉尚然。《蜀志》

① 参李远国：《论山海经中的鬼族——兼及蜀族的起源》，见《山海经新探》，185页。

记益州耆帅雍闿，“假鬼教”以抗张裔，即其一例。伯气不是霸气而是魄气。楚帛书之百气，实借为魄。《淮南子》云“地气为魄”，谓阴气也。伯气即百气，以其尚鬼教，故布于百气。伯当读为魄方合。[1]

蜀中天师道的兴起，是碑充分说明其历史背景，极为可珍。当日“祭酒以老子五千文都习”，故有五千文本。嗣后又有“五千文箓”。五千文箓见《隋书·经籍志》。

十一、道人补说

新疆出土文书有《北凉真兴某年道人往受辞》，自称：“受素自贫薄，岂可自活？为维那所逼。”（《文物》，1976（6））维那地位比道人为高，此处道人仍指僧人。鸠摩罗什被呼为道士。《晋书·吕纂载记》云：“道士句摩罗耆婆言之纂，耆婆即罗什之别名也。”按句摩罗梵云 kumara，汉言童，耆婆梵云 jiva，汉言寿，此指什公无疑，而称为道士。回鹘文书中 toyin 意为僧人，实即道人之对音。[2] 本书笺证（四）论晋六朝每称沙门为道人，举证未充，故补记如上。

① 拙著《楚帛书》，18页。

② 见《摩尼教寺院文书初探》，载《考古学报》，1978（4）。

附二　有关《大道家令戒》之通讯

《大道家令戒》一文之写成年代，杨莲生兄初著论兼采曹魏、元魏二义，依违其间，嗣在与余通讯中，似以为所论未安。信中引用1957年4月20日胡适之先生讨论之语，深具卓见。是函向未发表。兹并余之覆札，附载于末，以供参考。

一、杨莲生来书

选堂我兄史席：

弟自入春以来，颇为二竖所苦，近数周方渐恢复。月前存仁兄曾转示年初大札，云“此得大渊忍尔寄来论文稿，定《想尔注》为天师道系师作品，与拙见多合，惟认为《大道家令戒》即魏时张氏教令，与莲生兄说异，未知杨先生及尊见若何，便乞一询，并代问候”，盛意至感！弟初以病后尚觉身心交瘁，未即作答，殊觉抱歉。按弟在拙稿《老君音诵戒经校释》文中，介绍《正一法文天师教戒科经》，虽多持存疑之论，亦承认其中包括早期资料；“以汝付魏”兼用“曹魏”、“元魏”两义，亦自觉近乎牵强，当时胡适之先生读后，即有长函（1957年4月20日）讨论：大旨云：“我颇疑这文件是很可信赖的，其时代是曹魏，与寇谦之的时期，毫无关系。……我看这文件可能是张鲁死后他的嗣子张富的教戒或遗嘱……太和五年（231）可能是张鲁死的一年。‘父死子系，弟亡兄荣，沐浴圣恩’似是张氏一门的史实，弟亡兄荣，是不寻常的事，必是张鲁少子（七子之一）为后，而后来嗣爵的张富则为其兄。(以下引史）你指出‘《想尔》……《妙真》……’等经，又指出此文件下文又说‘《妙真》自吾所作’，很可注意的是，此件中并不说《想尔》是谁所作，我颇倾向于《想尔》是系师张鲁所作之说。很可能的是这位生当曹魏太和正元之间又自称曾作《妙真经》，又自誓‘从今吾游此，以汝付魏，清政道治’的‘吾’，正是那张鲁的学生，嗣位张富，是天师的第四代。”

弟于廿三日覆胡先生即承认《大道家令戒》一段“确似二五五时的教主（家令?）的方语”，廿四日又补说“家令之令，大约是教令之意”，但认“弟亡兄荣”，亦可能指张鲁及世弟卫（张鲁另有一弟为刘璋部下所杀），又以为“《妙真》自吾所作，恐怕还应解释为老子口气，实际上当然是天师，或他人伪托的”（今补按，即所谓降神扶乩之类，其他宗教多有类似之事）。

从此胡先生当年所见，与大渊氏今日持论，应甚接近。而弟亦早承认此中有三世纪资料。近又与存仁兄重论，存仁兄认为“《大道家令戒》——愚颇相信，此一节文字，句法朴茂，叙事沉痛，颇似张鲁子弟或后人与张氏之天师道有深切关系者之所为，其中 13 页 a—b 之文字排不顺，疑有错简，此令戒之令，当即律令之令……《阳平治》部分最无问题，文字与《令戒》相仿，事亦相成”（此意弟甚赞同，因其他部分，似乎当有问题）。存仁兄又云“撰此《令戒》之旨，实在为当时之曹氏政权向其旧属宣说……或此如前引《玄都律文》所言，此发号施令之天师，本驻洛阳靖，而于此时托以神意，又西迁蜀，实乃奉当时朝廷之命，宣化抚绥本为其旧疆之西川，亦有可能”，联陞认为此点无可玩味（大渊文弟等均尚未见）。

大渊氏研究道藏颇能深入，关系承其先人遗业，则与福井父子之家学，可以比美。弟于 1962 春在巴黎晤福井文雅，少年英俊，能通英法文，是年又在京都见其父康顺先生，且曾与木村英一、平冈武夫四人合影（特别寻一照相馆，是福井先生提议）留念。我兄如能将大渊新著撮译要旨（能复制原作一份赐寄更佳）并附我兄高见同寄弟处，弟当汇集文字议论，试撰《与师友论正一……经》一文，交黄彰健兄转《大陆杂志》刊登。此信副本即寄石湘兄一阅，亦盼能参加讨论也。匆请教安。

弟联陞敬上一九六九、五、十六

二、覆杨莲生书

拙见《正一经》与《大道家令戒》应为两不同时期之作。《正一经》前部提及“杨公八十”，此可为考证之关键。

《大道戒》中言及“西入胡，授以道法”，考化胡事最早资料见襄楷上疏及马融《樗蒲赋》，东汉之季，其事已为人所熟悉。

“道以汉安元年”以下最可靠。大渊氏及胡先生皆从史实勘对，此《家令戒》文两家说多吻合，胡先生指出张富以说“兄荣”二字，大渊氏上引《魏志》鲁嗣子富解之，均值得珍视。张鲁为镇国将军，建安二十一年亡，《家令戒》中称“义国殒颠”应指建安之末，后言“魏氏承天驱除”，此魏为曹魏自无疑义，其言“自今正元二年正月七日”，即高贵乡公之二载（255），证以他语“道使末嗣分气治民汉中四十余年”，由曹髦上溯四十余年，适为建安之际。鲁以建安二十年举汉中降曹操，在此以前，鲁正据汉中以鬼道教民，自号师君之时。

胡先生言“吾”系张富自称，又其不提《想尔》为其所作，则《想尔》当为出其先代之手，非张鲁，即张陵。秉其言，“《妙真》自吾所作，《黄庭》、《三灵》七言皆训谕。”是《三灵》七言与《妙真》非同一作者，《正一经》中所收之《天师教》，起句云“今故下教作七言，谢诸祭酒男女民。天地混籍气如烟。四时五行转相因。天地合会无人民”。（下略）此一首纯为七言，每句协韵。正如所谓柏梁体。七言为东汉末之新诗体，见傅玄《拟张衡〈四愁诗〉序》，此诗可能为张鲁辈作品，为极重要文献，可补后汉诗篇之缺，为后来敦煌本《老子化胡经》卷十玄歌中《老君十六变词》十八首一类七言诗体之所自出（2004页）。《阳平治》一篇乃极可信资料，余颇同意柳先生见解，惟其中有“老君太上周行八极……”名词与《想尔注》“聚形为太上老君，常治昆仑”相应，如是“太上老君”一名，东汉末已出见矣。实物上可见者有南齐永明帝刘觊卖地券①，至《天师五言牵三诗》，是否同一时期作品，则疑不敢决。近因福井康顺先生七十颂寿征文，又有三论《想尔》之作，亦有一二新资料，该文不久刊布，仍乞先生与世骧先生同订正之。此函另录一通与世骧兄。日来因徙居移器，稽覆为罪，匆匆奉陈，不一一。

1969年6月2日

① 《文物》，20页，1965（6）。

《御览》六六八《道部·养生》引《妙真经》云："道人谋生，不谋于名，胸中绝白，意无所倾。志若流水，居若宣城，积守无为，乃能长生。"此皆四字为句亦复用韵。考其文体，于曹魏为近，不似北魏。《妙真经》亦见《无上秘要》第一百引用之。

此书交稿与上海古籍出版社在数载以前。顷该社始以校样寄示。以上与杨联陞兄往复两函，事在1969年6月，去今已22年矣。追忆前尘，恍同隔世。去岁6月初，余至波士顿，访杨兄于其私邸，彼已不能站立，口不能言，吱吱如小儿学语。余眷念之深。不意数月，遂捐馆舍，今重省遗翰，能不泫然！而世骧兄亦墓木久拱。记1957年，彼初刊其《想尔老子道经敦煌残卷论证》于《清华学报》（新第一卷第二期），卷前识语称："拙作《想尔校笺》为著者赠适之师本也。"彼盖从适之先生处得观拙作，自此遂获订交，切磋不懈。胡先生对想尔问题向无专著，仅见于杨兄通讯，张富一说，尤为可珍。值此书重印，眷念旧游，不胜腹痛之戚。

1991年1月，饶宗颐校竟并记

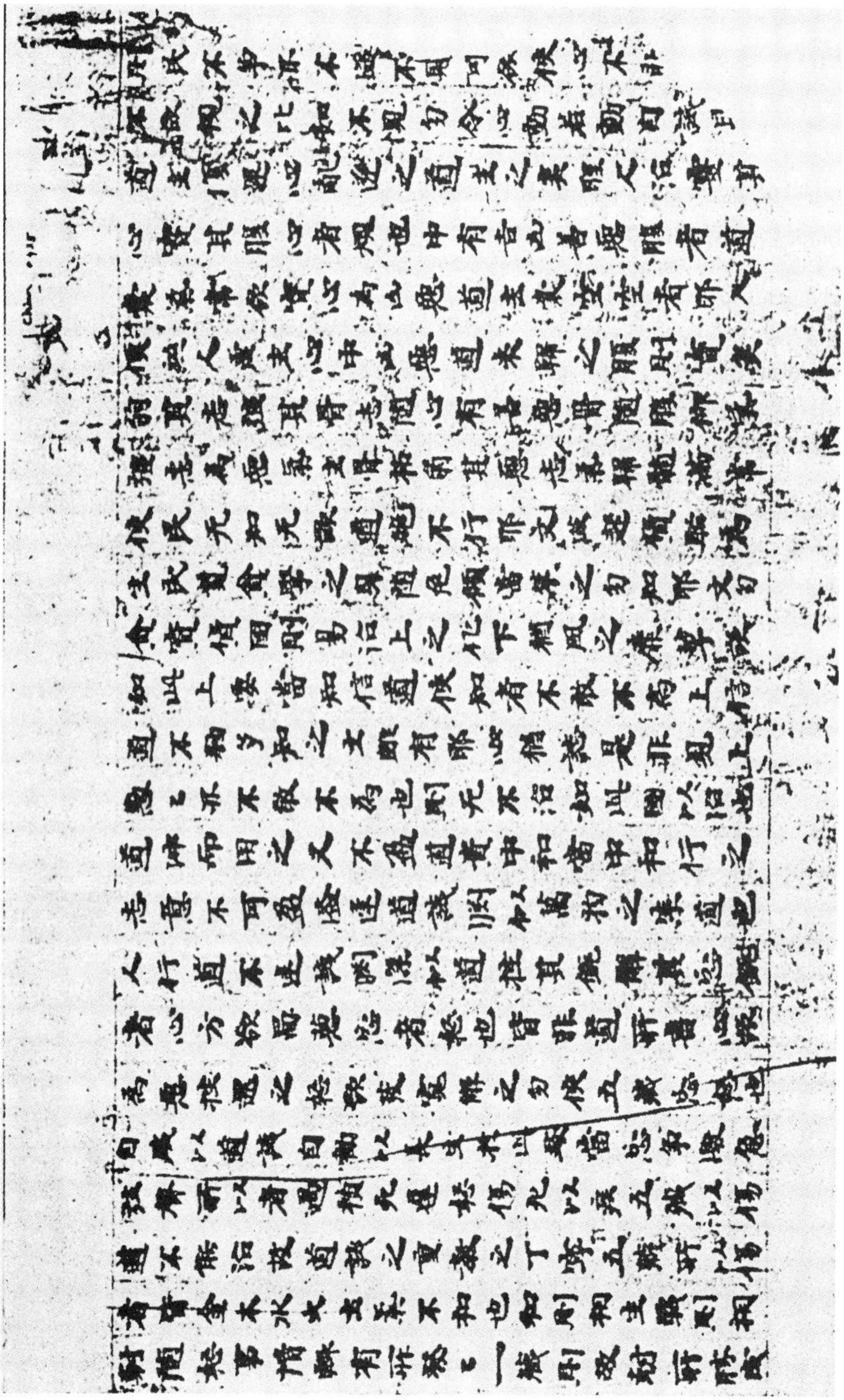

图一 老子道经想尔注残卷（一）

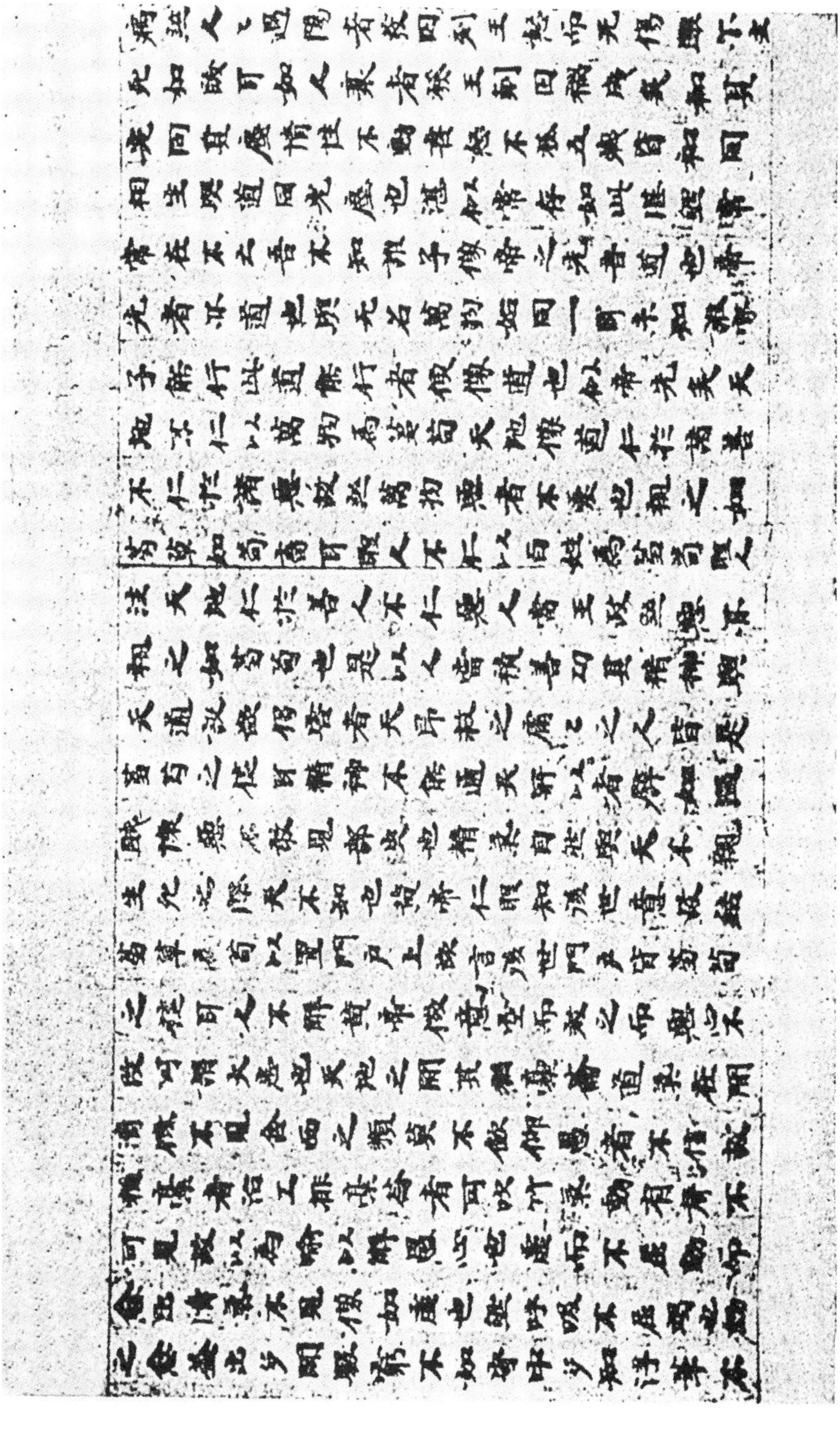

图二 老子道经想尔注残卷（二）

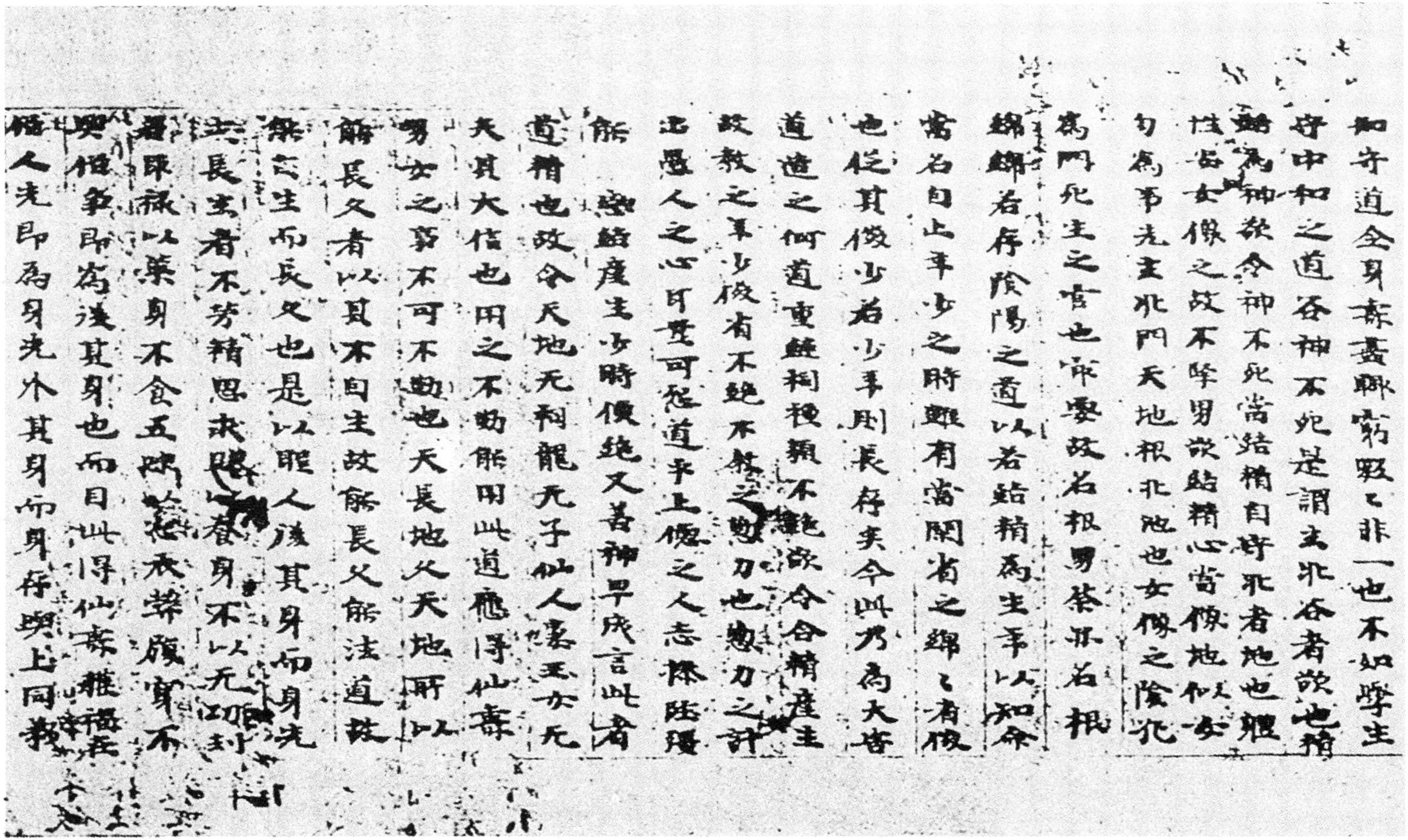

图三 老子道经想尔注残卷（三）

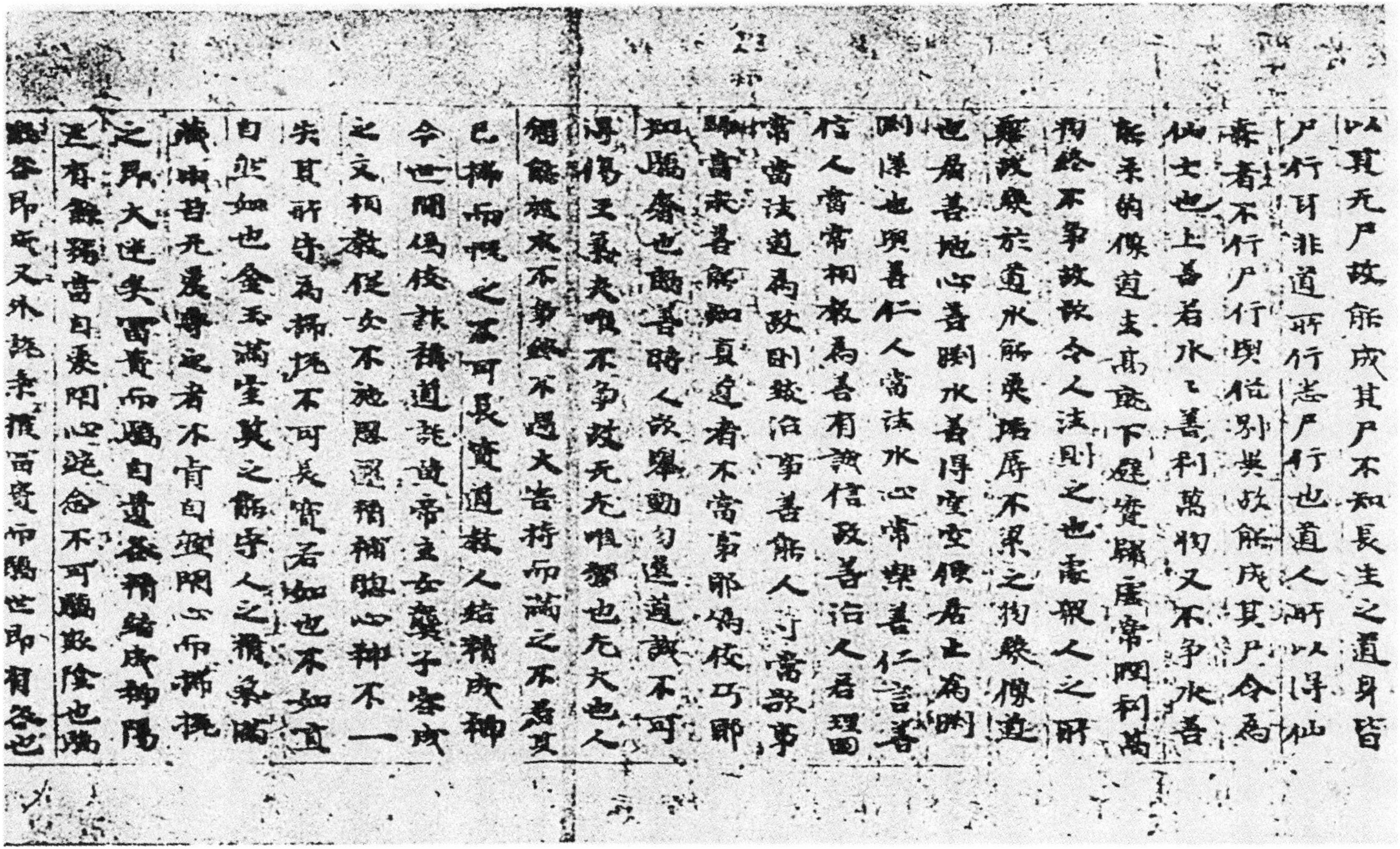

图四　老子道经想尔注残卷（四）

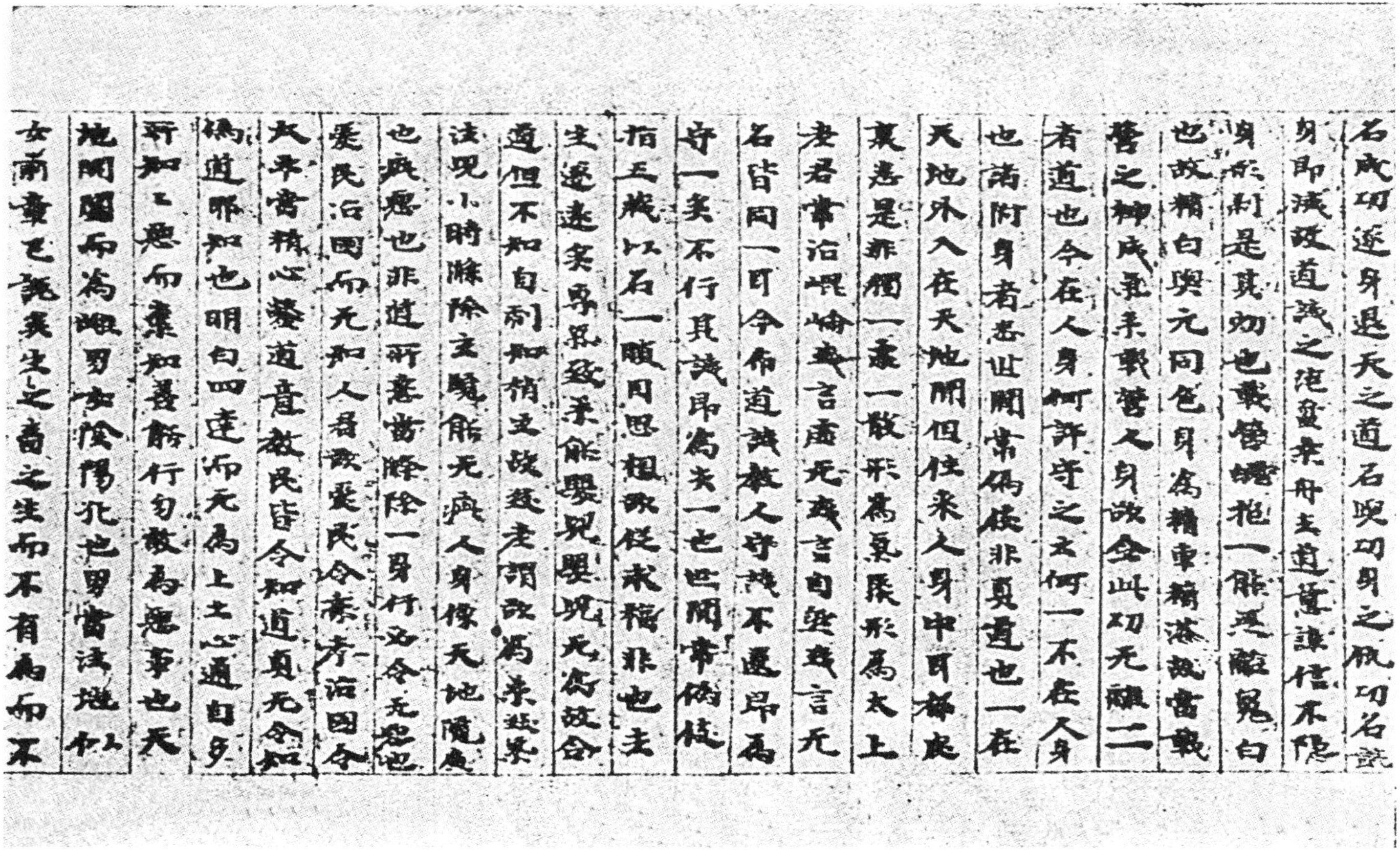

图五 老子道经想尔注残卷（五）

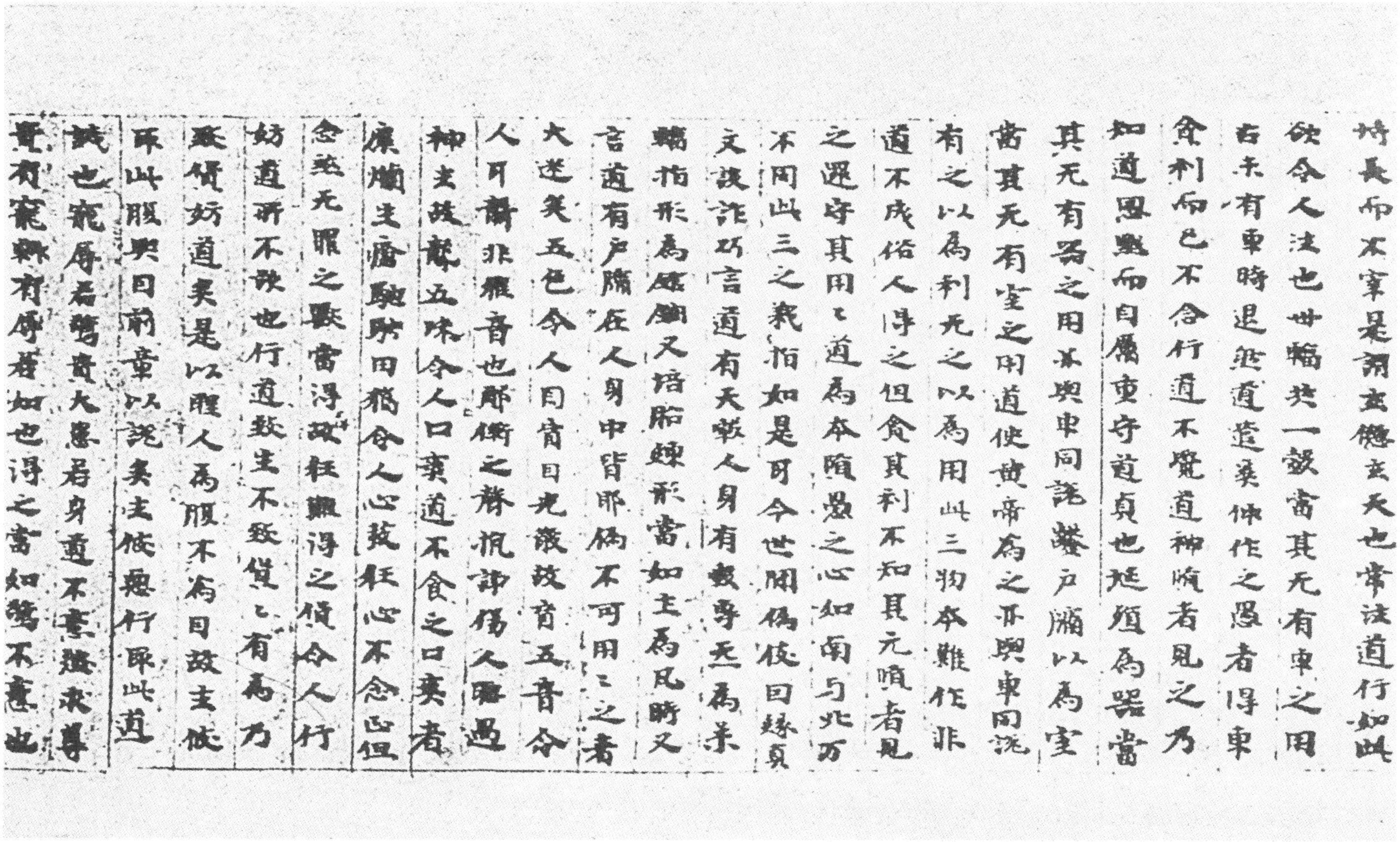
恃長而不宰是謂玄德玄天也常法道行如此
欲令人法也卅輻共一轂當其无有車之用
古未有車時退然道遣奚仲作之愚者得車
貪利而已不念行道不覺道神賢者見之乃
知道恩默而自厲重守道真也埏埴為器當
其无有器之用亦與車同說鑿戶牖以為室
當其无有室之用道使黃帝為之亦與車同說
有之以為利无之以為用此三物本難作非
道不成俗人得之但貪其利不知其元賢者見
之還守其用用道為本賢愚之心如南與北万
不同此三之義指如是而今世間偽伎因緣真
文設詐巧言道有天轂人身有轂專氣為柔
輻指形為錮又培胎練形當如土為瓦時又
言道有戶牖在人身中皆耶偽不可用用之者
大迷矣五色令人目盲目光散故盲五音令
人耳聾非雅音也鄭衛之聲抗諍傷人聽過
神去故聾五味令人口爽道不食之口爽者
糜爛生瘡馳騁田獵令人心發狂心不念正但
念煞无罪之獸當得故狂難得之貨令人行
妨道所不欲也行道致生不欲貨貨有為乃
致貨妨道矣是以聖人為腹不為目故去彼
取此腹與目前章以說矣去彼惡行取此道
誡也寵辱若驚貴大患若身道不喜強求尊
貴有寵輒有辱若也得之當如驚不喜也

图六　老子道经想尔注残卷（六）

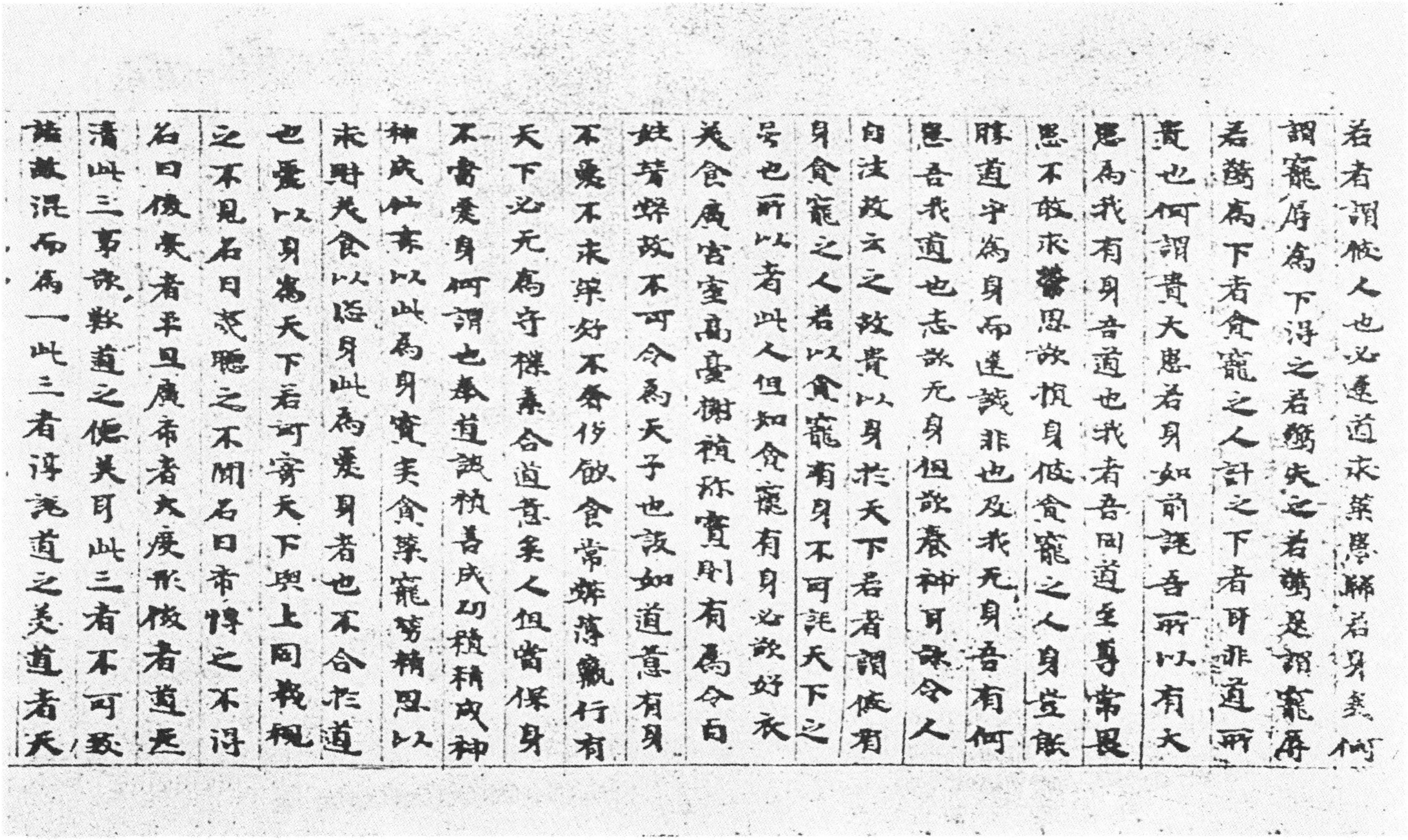
若者謂彼人也必違道求榮辱歸若身矣何
謂寵辱為下得之若驚失之若驚是謂寵辱
若驚為下者貪寵之人計之下者耳非道所
貴也何謂貴大患若身如前說吾所以有大
患為我有身吾道也我者吾同道至尊常畏
患不敢求榮恩欲損身彼貪寵之人身豈能
勝道守為身而違誡非也及我无身吾有何
患吾我道也志欲无身但欲養神耳欲令人
自法故云之故貴以身於天下者謂彼有
身貪寵之人若以貪寵有身不可託天下之
号也所以者此人但知貪寵有身必欲好衣
美食廣宮室高臺榭積珍寶則有為令自
姓勞弊故不可令為天子也設如道意有身
不愛不求榮好不奢侈飲食常弊薄羸行有
天下必无為守樸素合道意矣人但當保身
不當愛身何謂也奉道誡積善成功積精成神
神成仙壽以此為身寶矣貪榮寵勞精思以
求財美食以恣身此為愛身者也不合於道
也愛以身為天下若可寄天下與上同義
之不見名曰夷聽之不聞名曰希搏之不得
名曰微夷者平且廣希者大度形微者道炁
清此三事欲歎道之德美耳此三者不可致
詰故混而為一此三者淳說道之美道者天

图七　老子道经想尔注残卷（七）

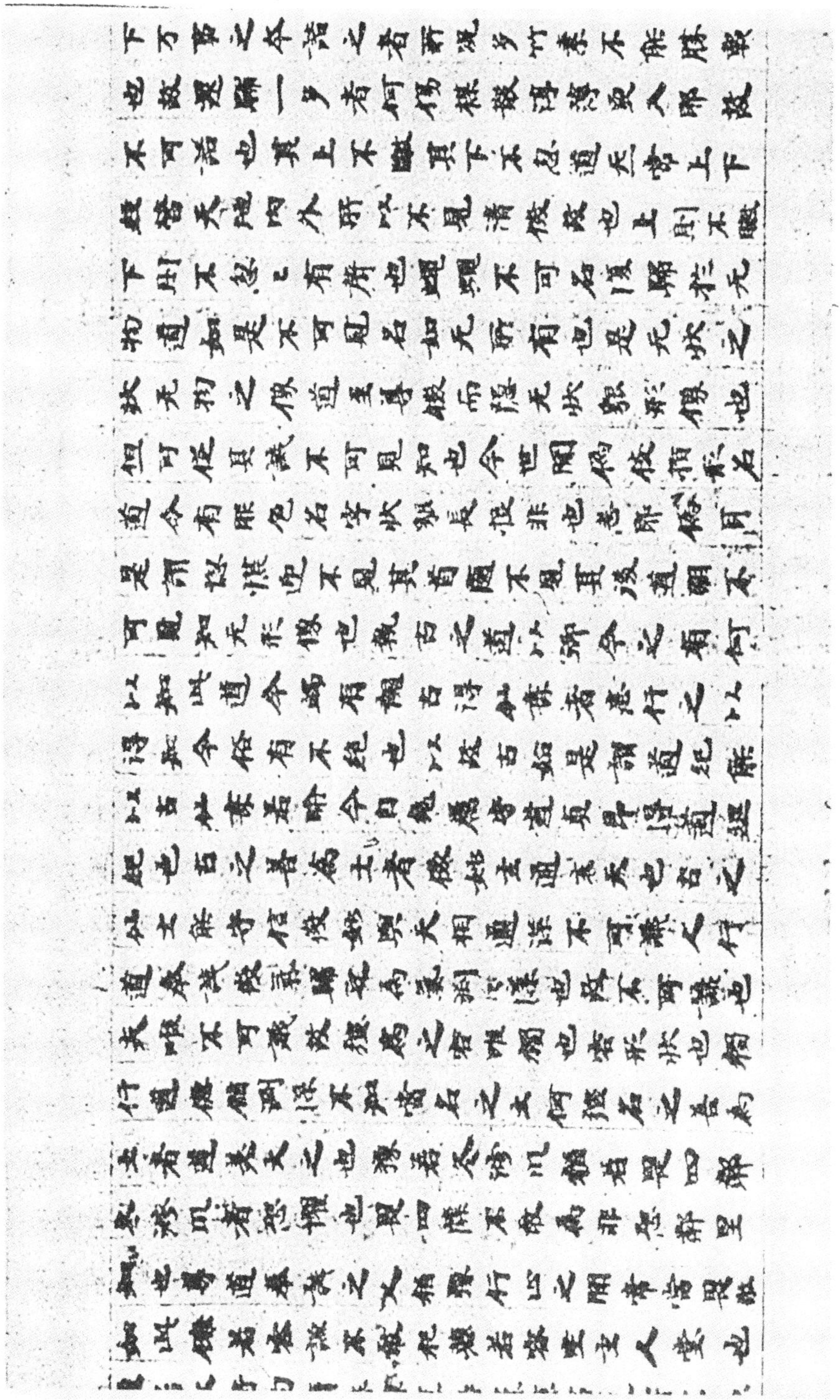

图八　老子道经想尔注残卷（八）

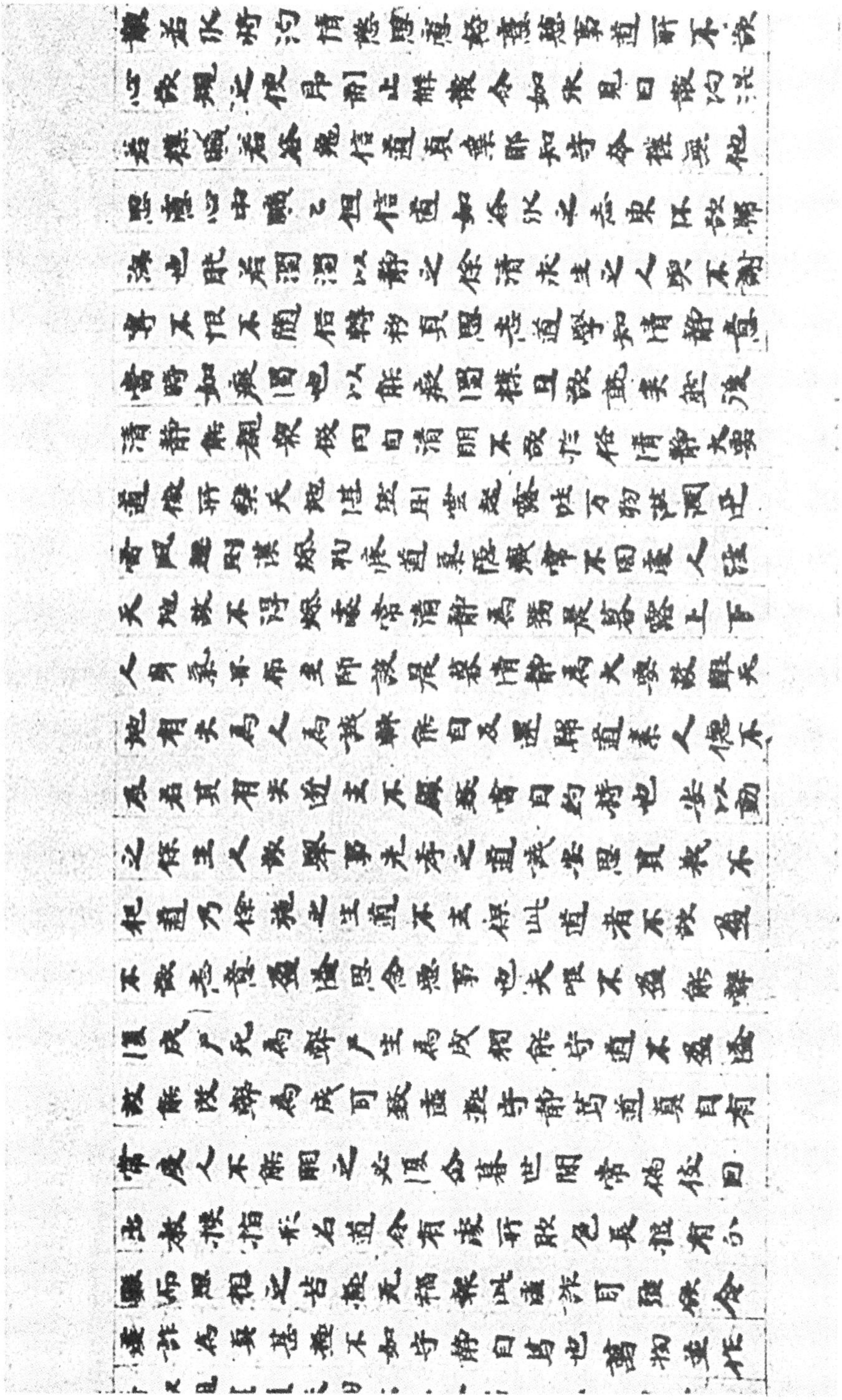

图九　老子道经想尔注残卷（九）

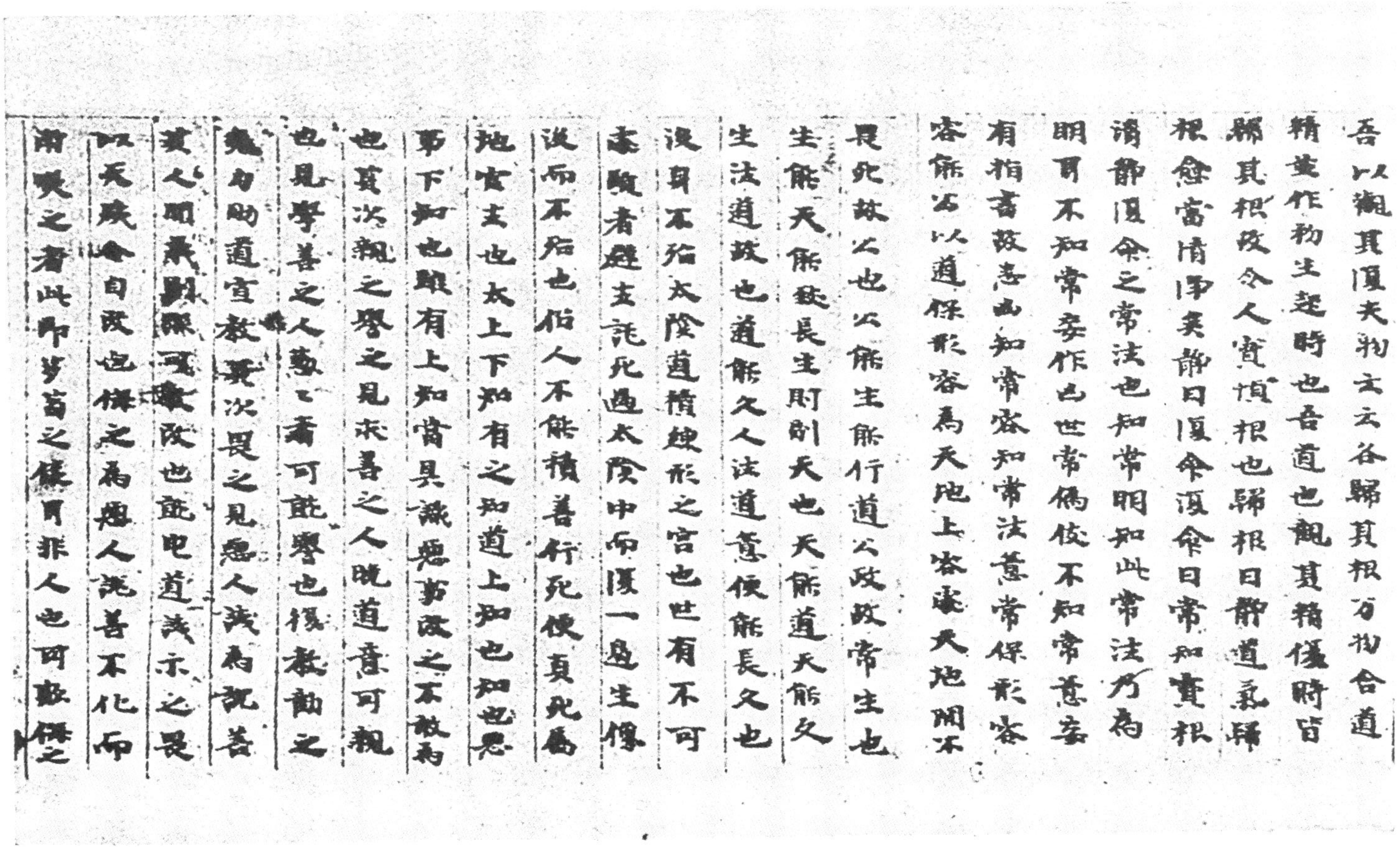
吾以觀其復夫物云云各歸其根万物含道
精並作初生起時也吾道也觀其精復時皆
歸其根故令人寶慎根也歸根曰靜道氣歸
根愈當清淨矣靜曰復命復命曰常知寶根
清靜復命之常法也知常明知此常法乃爲
明耳不知常妄作凶世常偽伎不知常意妄
有指書故悉凶知常容知常法意常保形容
容能公以道保形容爲天地上容處天地間不
畏死故公也公能生能行道公政故常生也
生能天能致長生則副天也天能道天能久
生法道故也道能久人法道意便能長久也
沒身不殆太陰道積練形之宮也世有不可
處賢者避去託死過太陰中而復一邊生像
沒而不殆也俗人不能積善行死便眞死屬
地官去也太上下知有之知道上知也知也惡
事下知也雖有上知當具識惡事改之不敢爲
也其次親之譽之見求善之人曉道意可親
也見學善之人勤勤者可欲譽也勸教勸之
勉力助道宣教其次畏之見惡人誡爲說善
其人聞義則服改也[illegible]也道誡示之畏
以天威令自改也俗之爲惡人說善不化而
甫畏之者此即蚑畜之類耳非人也可欺侮之

图一〇　老子道经想尔注残卷（十）

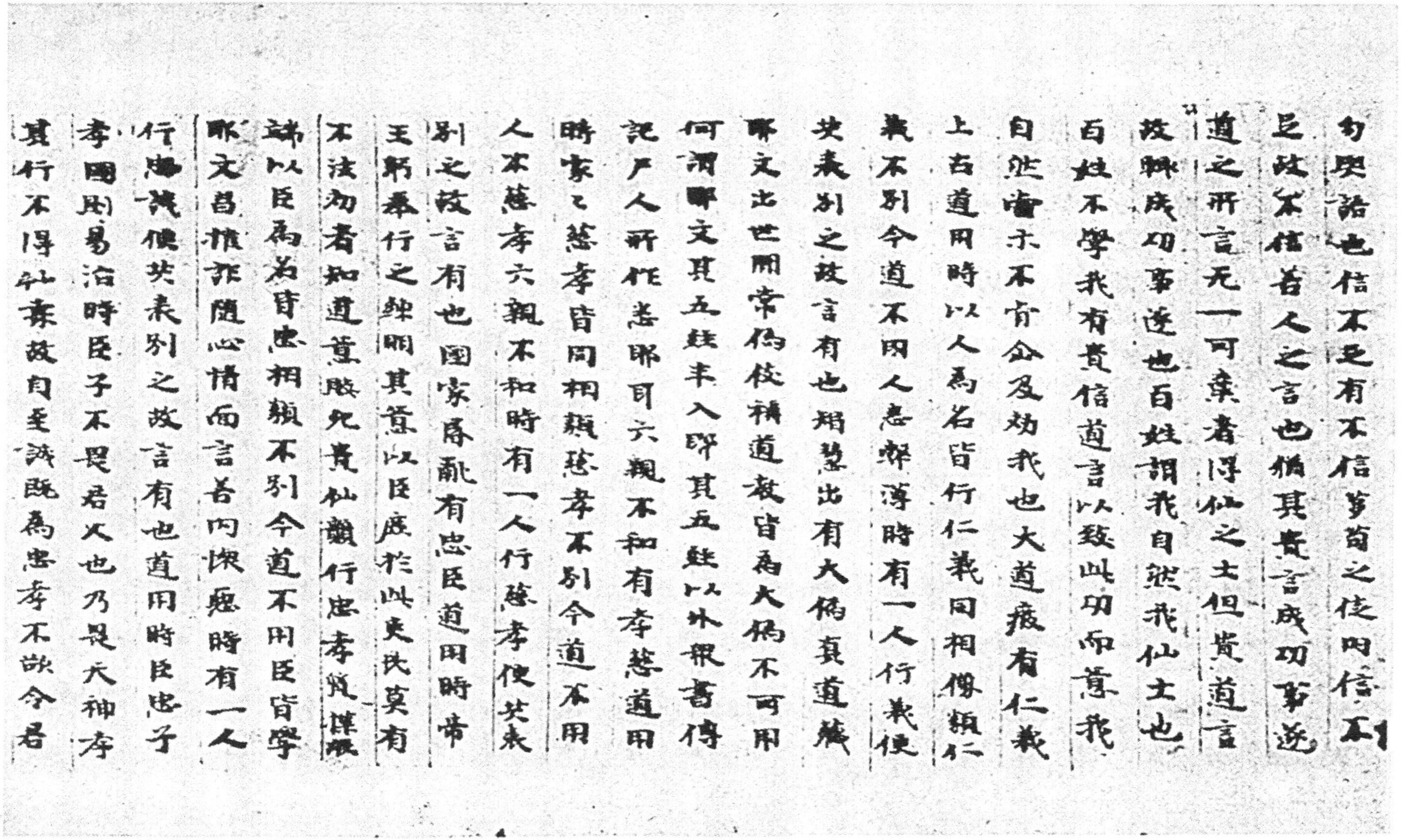

勿與諂也信不足有不信芻苟之徒内信不
足故不信若人之言也猶其貴言成功事遂
道之所言无一可棄者得仙之士但貴道言
故輒成功事遂也百姓謂我自然我仙士也
百姓不學我有貴信道言以致此功而意我
自然當示不肯企及効我也大道廢有仁義
上古道用時以人為名皆行仁義同相像類仁
義不別今道不用人悉弊薄時有一人行義便
共表別之故言有也智慧出有大偽真道藏
邪文出世間常偽伎稱道教皆為大偽不可用
何謂邪文其五經半入邪其五經以外衆書傳
記尸人所作悉邪耳六親不和有孝慈道用
時家家慈孝皆同相類慈孝不別今道不用
人不慈孝六親不和時有一人行慈孝便共表
別之故言有也國家昏亂有忠臣道用時帝
王躬奉行之灼明其理以臣庶於此更訣莫有
不法効者知道意賤死貴仙競行忠孝質樸
端以臣為名皆忠相類不別今道不用臣皆學
邪文習權詐隨心情面言善內懷惡時有一人
行忠誠便共表別之故言有也道用時臣忠子
孝國則易治時臣子不畏君父也乃畏天神孝
其行不得仙壽故自至誠既為忠孝不欲令君

图一一 老子道经想尔注残卷（十一）

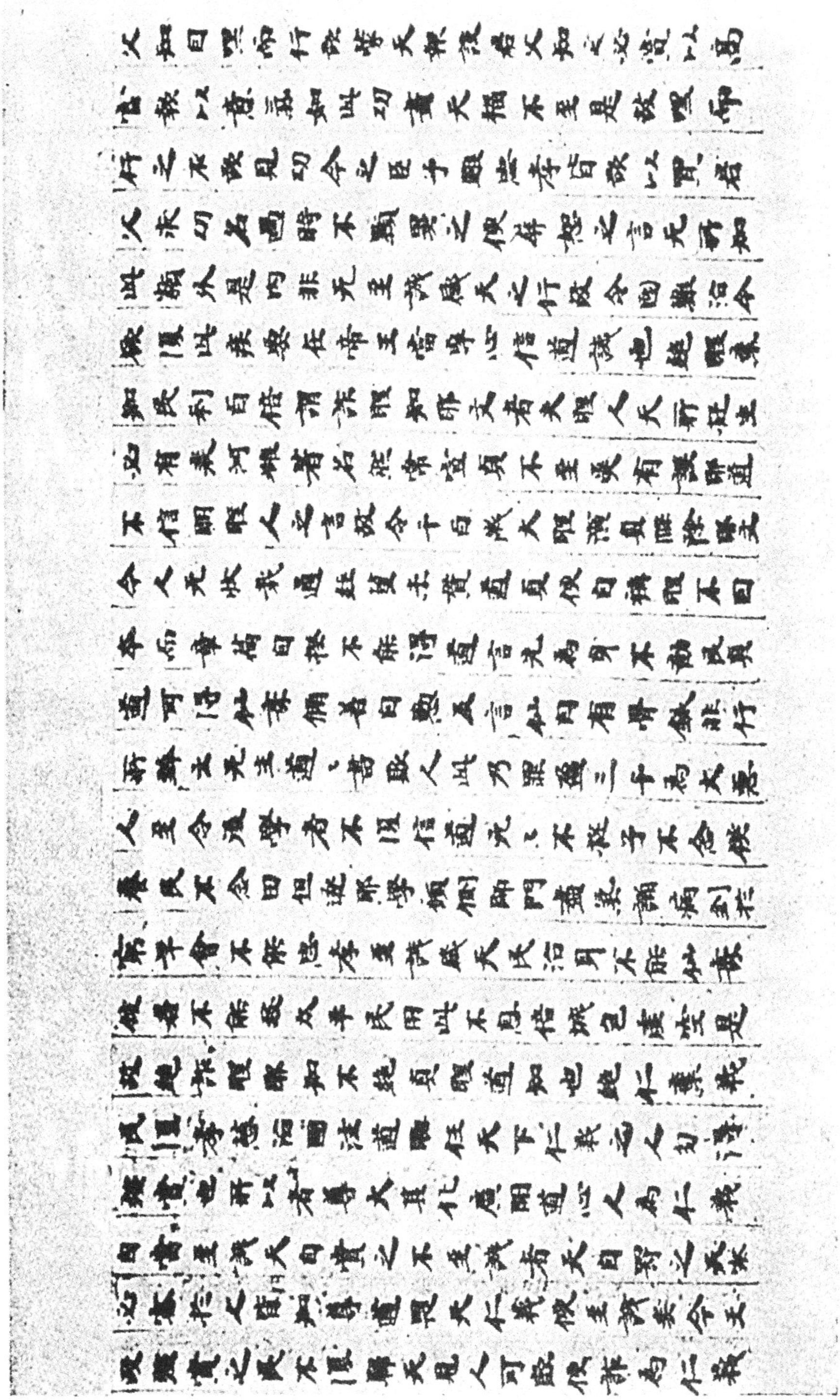

图一二　老子道经想尔注残卷（十二）

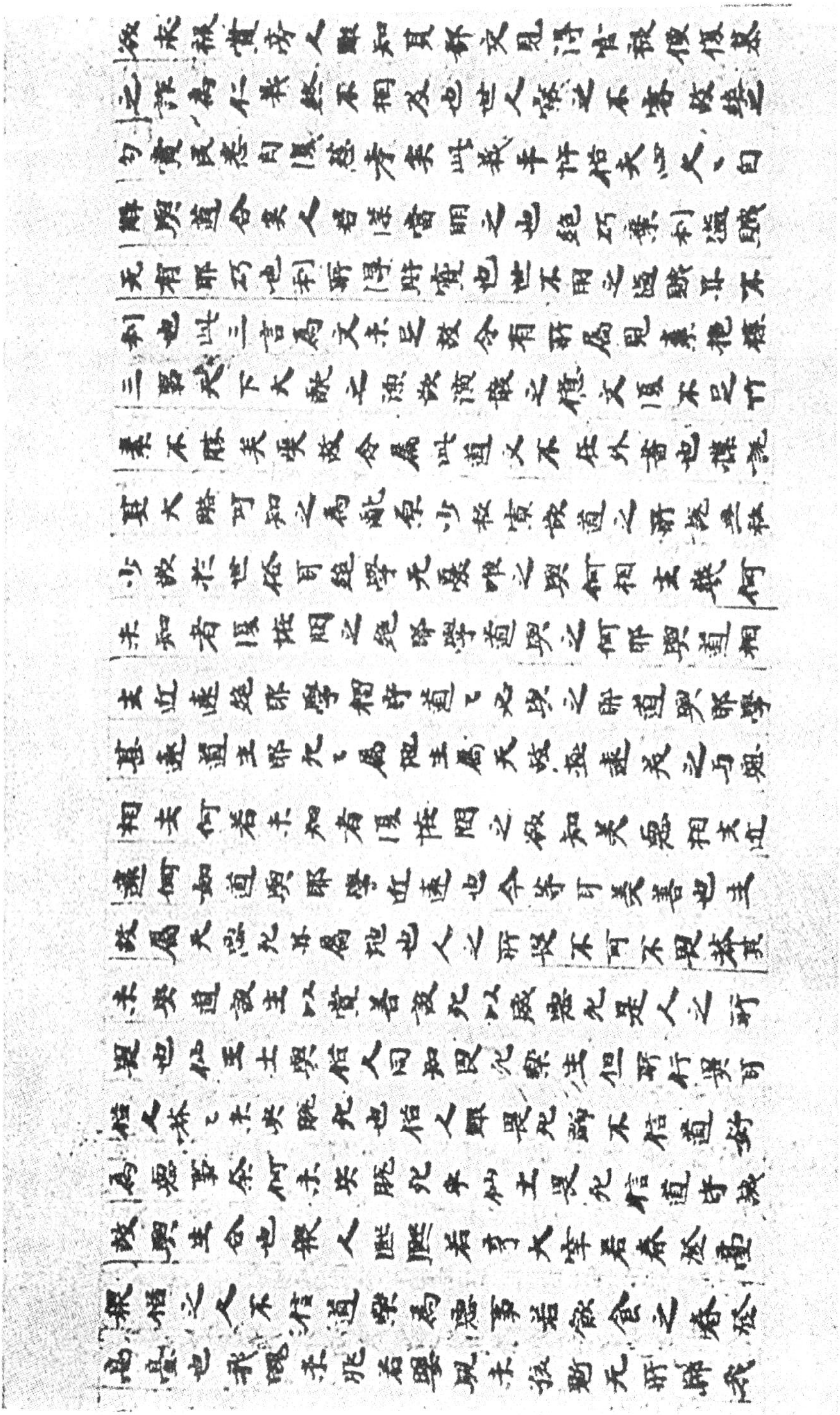

图一三　老子道经想尔注残卷（十三）

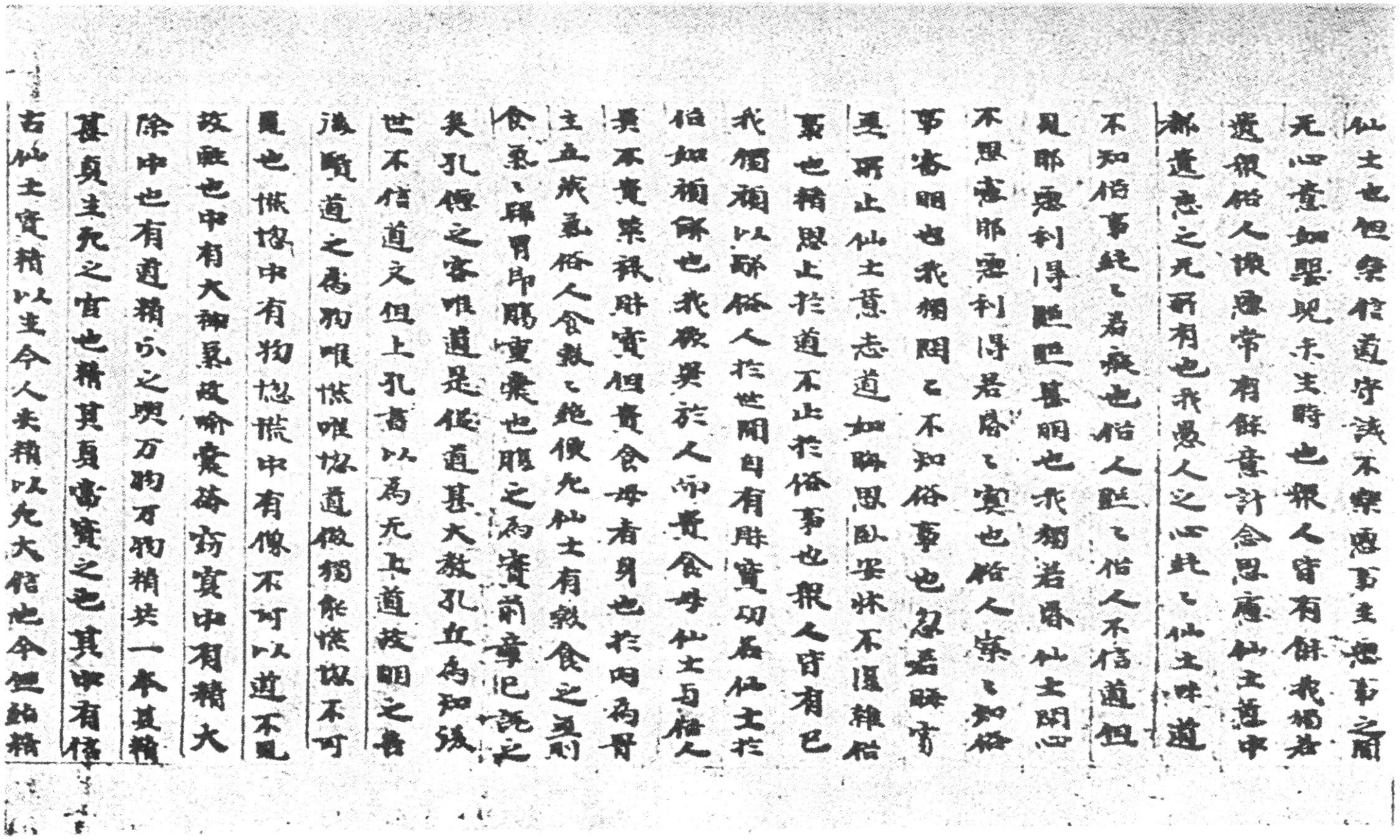

图一四　老子道经想尔注残卷（十四）

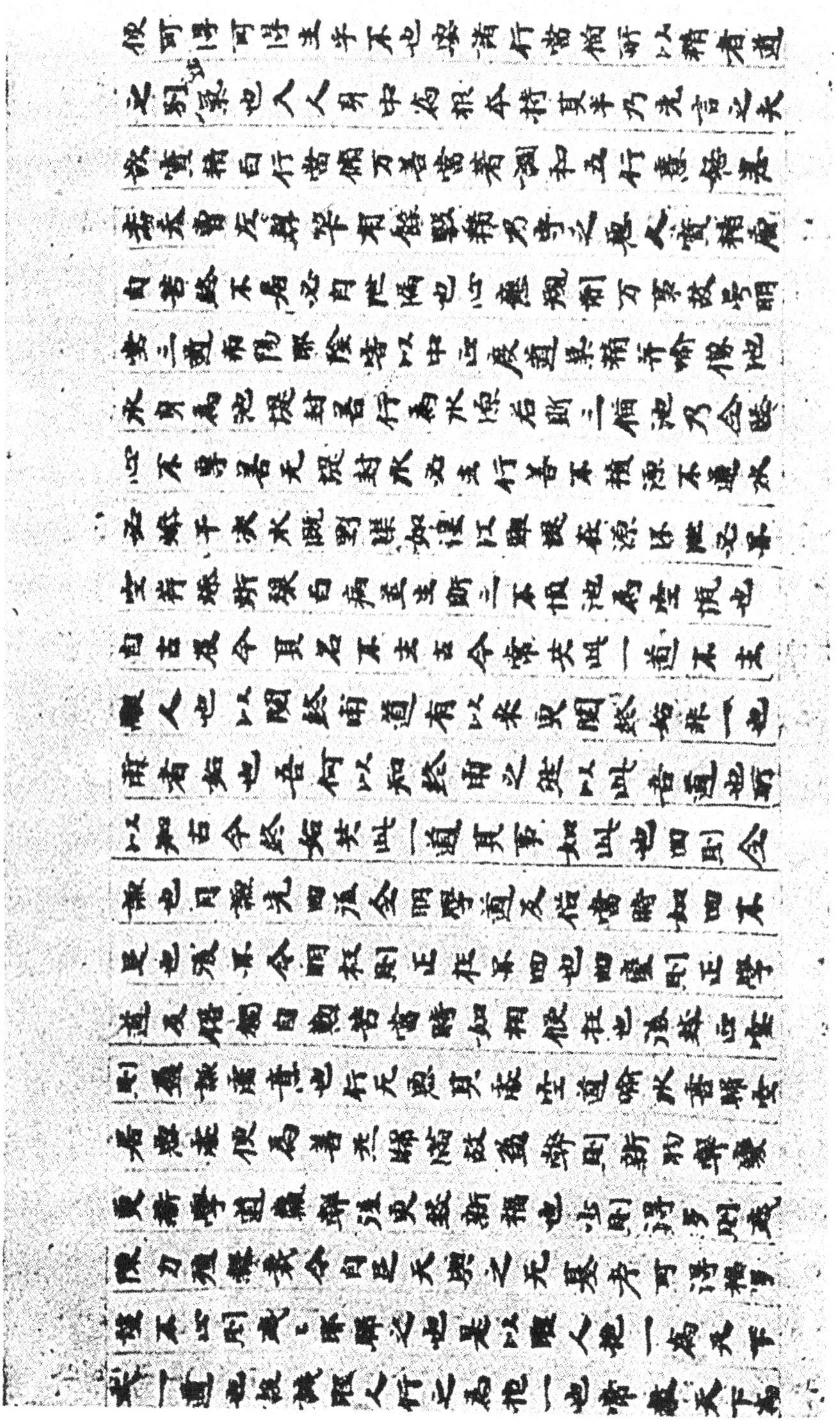

图一五　老子道经想尔注残卷（十五）

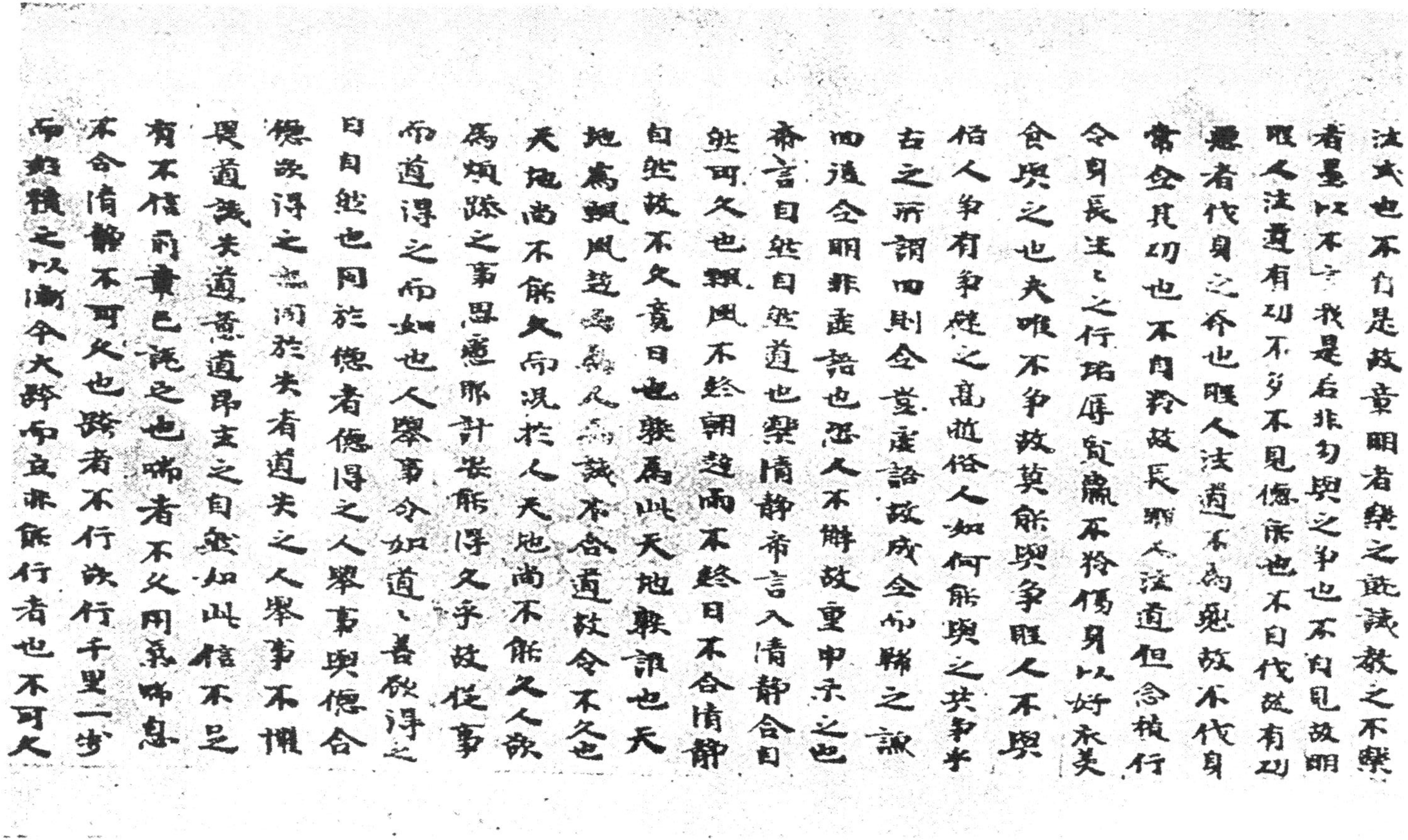

图一六　老子道经想尔注残卷（十六）

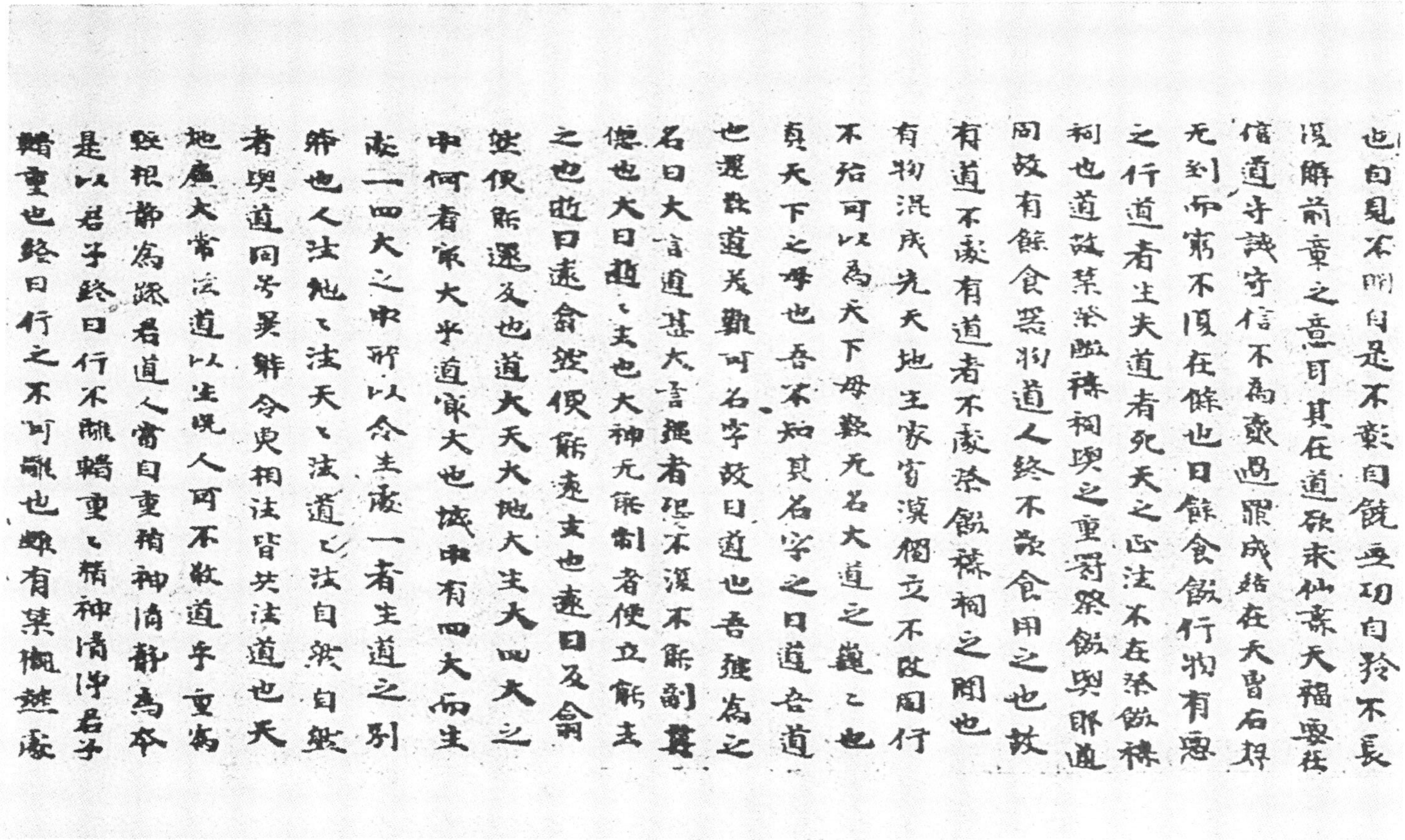

也自見不明自是不彰自伐無功自矜不長
復解前章之意耳其在道欲求仙壽天福要在
信道守誡守信不爲貳過罪成結在天曹右契
无到而窮不復在餘也曰餘食餟行物有惡
之行道者生失道者死天之正法不在祭餟禱
祠也道故禁祭餟禱祠與之重罰祭餟與耶通
同故有餘食器物道人終不欲食用之也故
有道不處有道者不處祭餟禱祠之間也
有物混成先天地生寂漠獨立不改周行
不殆可以爲天下母數无名大道之巍巍也
真天下之母也吾不知其名字之曰道吾道
也還歎道美難可名字故曰道也吾強爲之
名曰大言道甚大言強者恐不復不能副其
德也大曰逝逝也大神无所制者使立能主
之也逝曰遠翕然便能遠去也遠曰反翕
然便能還反也道大天大地大生大四大之
中何者最大乎道最大也域中有四大而生
處一四大之中所以令生處一者生道之別
體也人法地地法天天法道道法自然自然
者與道同號異體令更相法皆共法道也天
地廣大常法道以生況人可不敬道乎重爲
輕根靜爲躁君道人當自重精神清靜爲本
是以君子終日行不離輜重重精神清淨君子
輜重也終日行之不可離也雖有榮觀燕處

图一七　老子道经想尔注残卷（十七）

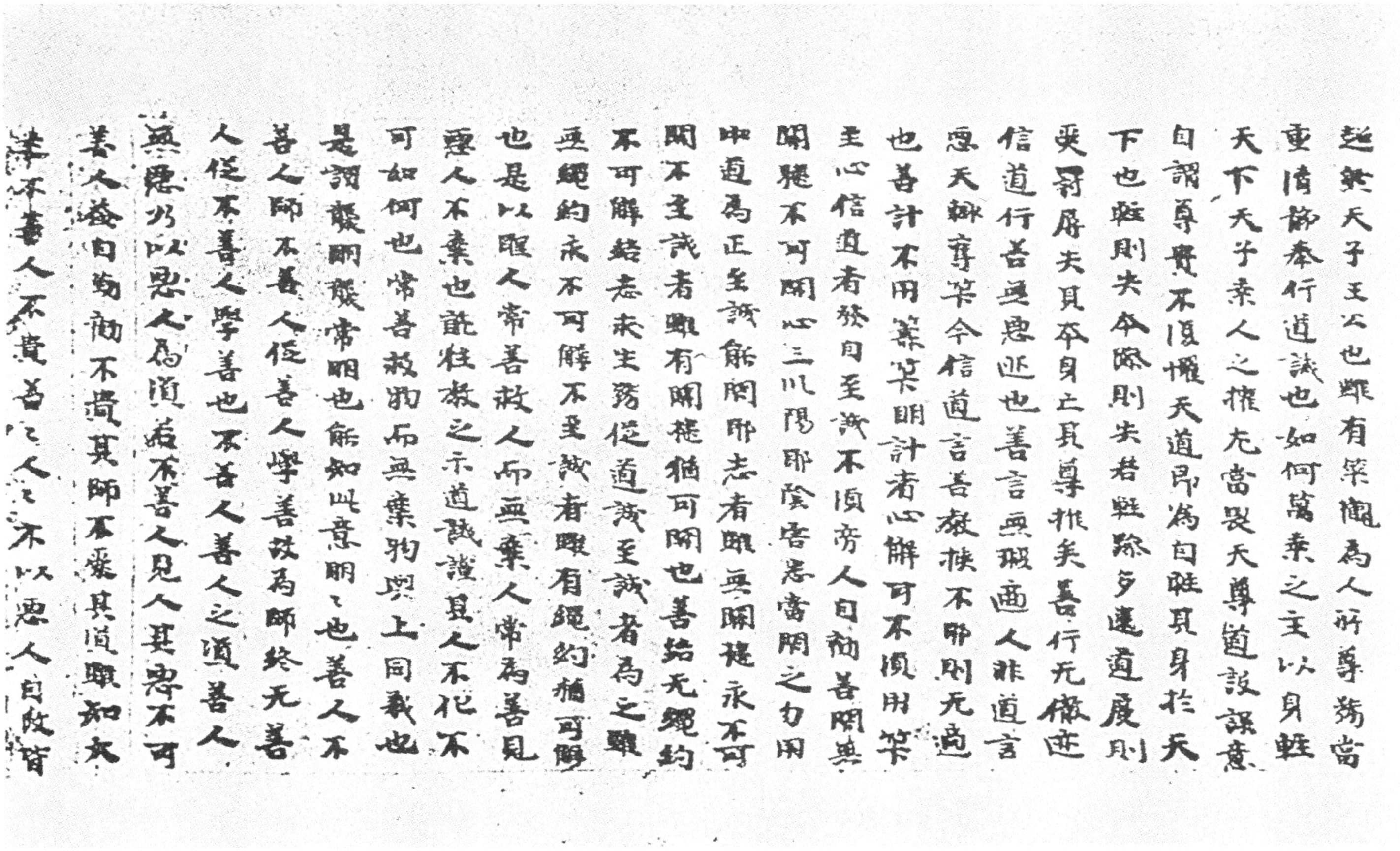

图一八　老子道经想尔注残卷（十八）

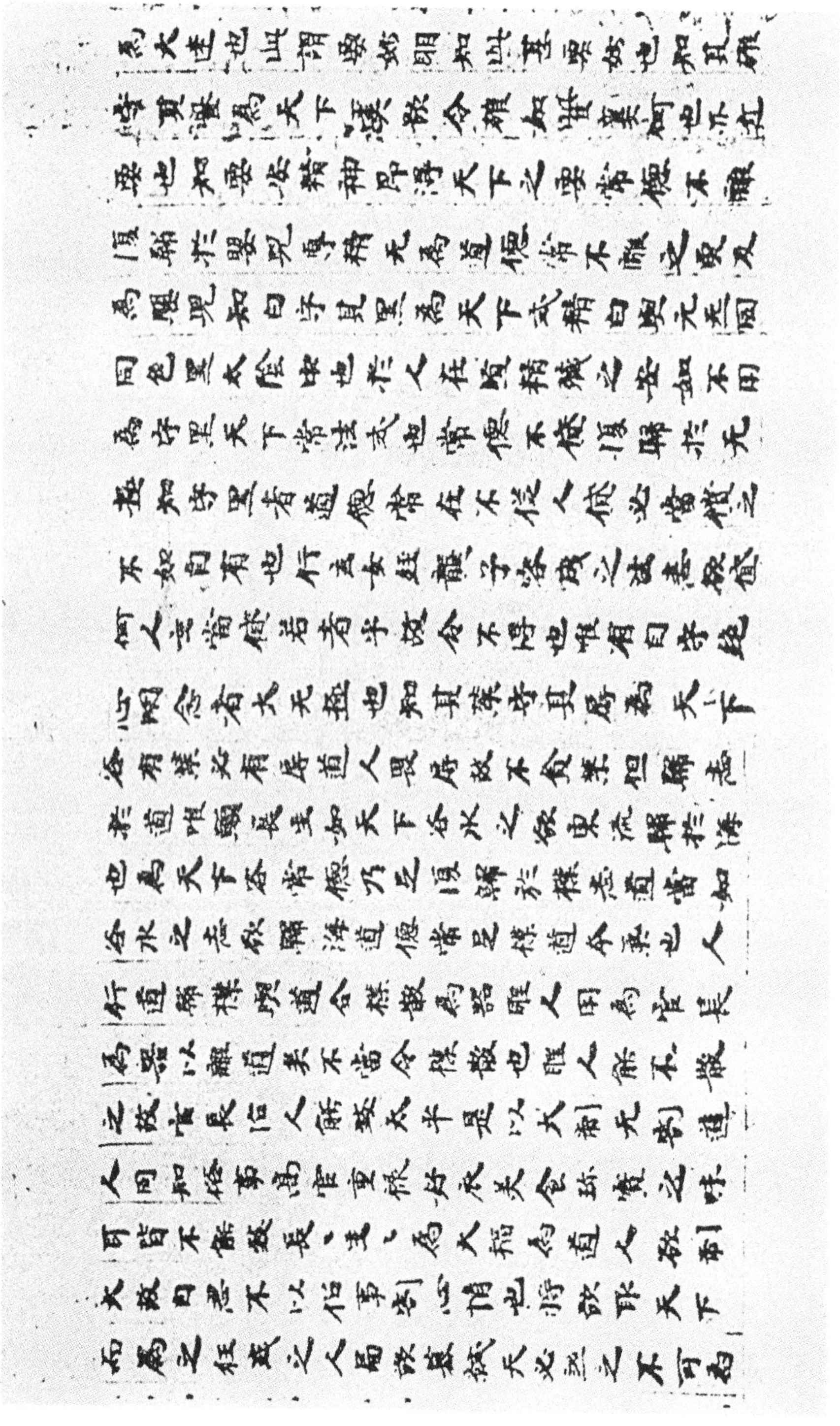

图一九　老子道经想尔注残卷（十九）

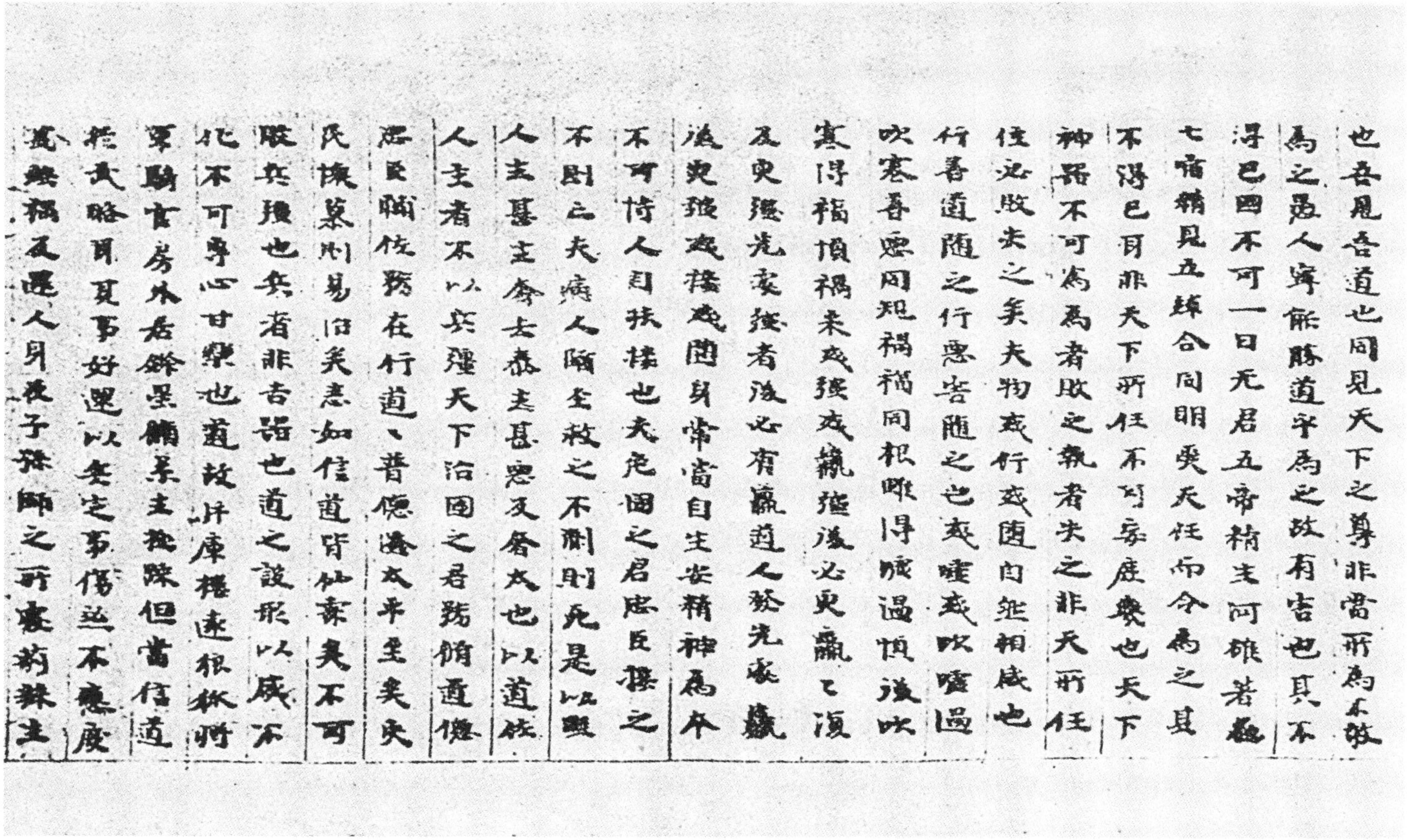
也吾是吾道也同見天下之尊非當所為不敢
為之愚人寧能勝道乎為之故有害也其不
得已四不可一日无君五帝精生河雒著名
七宿精見五緯合同明受天任而令為之其
不得已耳非天下所任不可妄庶幾也天下
神器不可為為者敗之執者失之非天所任
往必敗失之矣夫物或行或隨自然相感也
行善道隨之行惡害隨之也或噓或吹噓溫
吹寒善惡同規禍福同根雖得噓溫慎復吹
寒得福慎禍來或強或羸強後必更羸羸復
反更強先處強者後必有羸道人𢘕先處羸
後更強或接或墮身常當自生安精神為本
不可恃人自扶接也夫危國之君忠臣接之
不則亡夫病人醫至救之不制則死是以聖
人主慕主命去甚去奢去太也以道佐
人主者不以兵強天下治國之君務修道德
忠臣輔佐務在行道、普德溢太平至矣吏
民懷慕則易治矣悉如信道皆仙壽矣不可
殿兵殺也兵者非吉器也道之設形以威不
化不可專心甘樂也道故斥庫樓遠狼狐將
軍騎官房外居鋒星虛危主殺謀但當信道
於武略耳又事好還以兵定事傷氣不應度
其殃禍反還人身及子孫師之所處荊棘生

图二〇　老子道经想尔注残卷（二十）

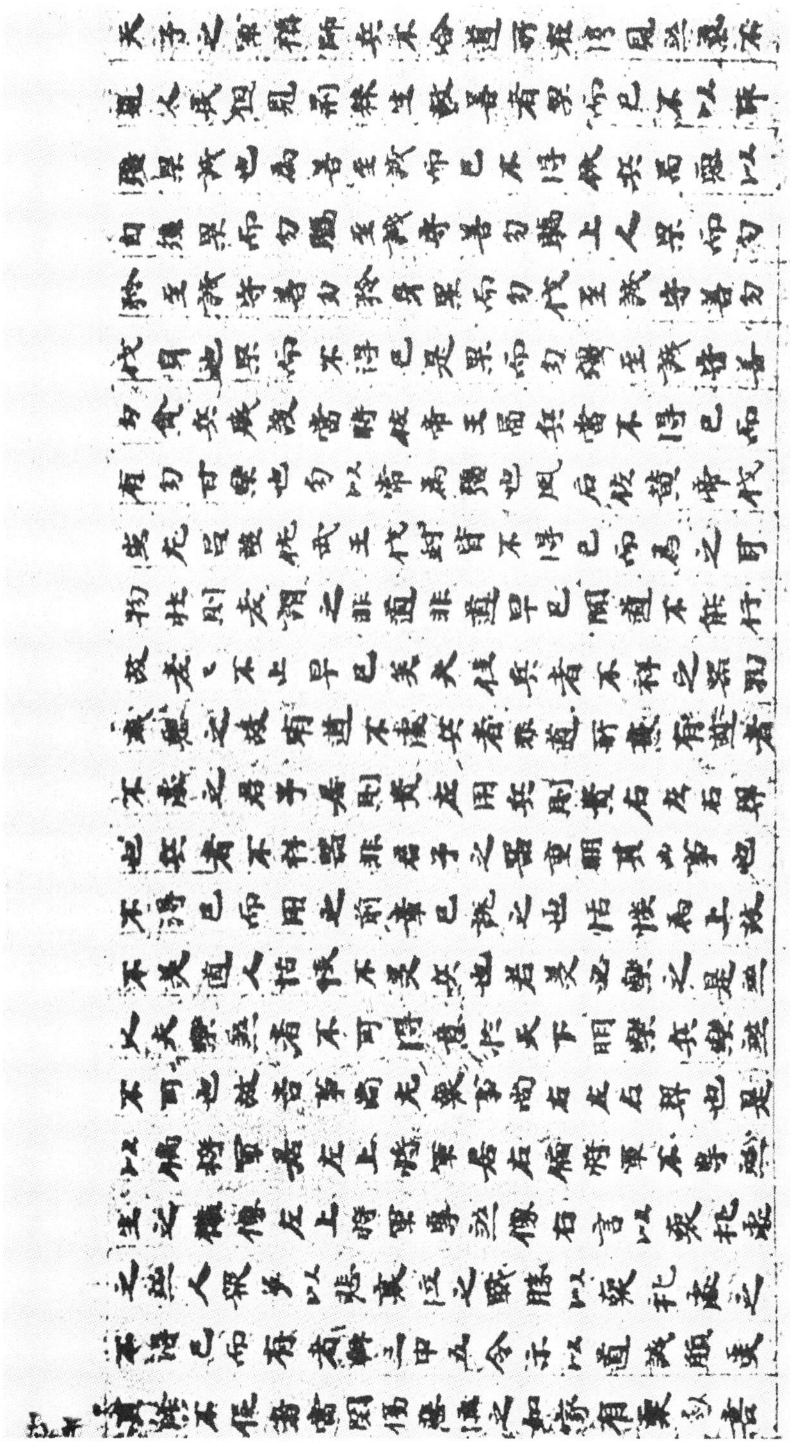

图二一 老子道经想尔注残卷（二十一）

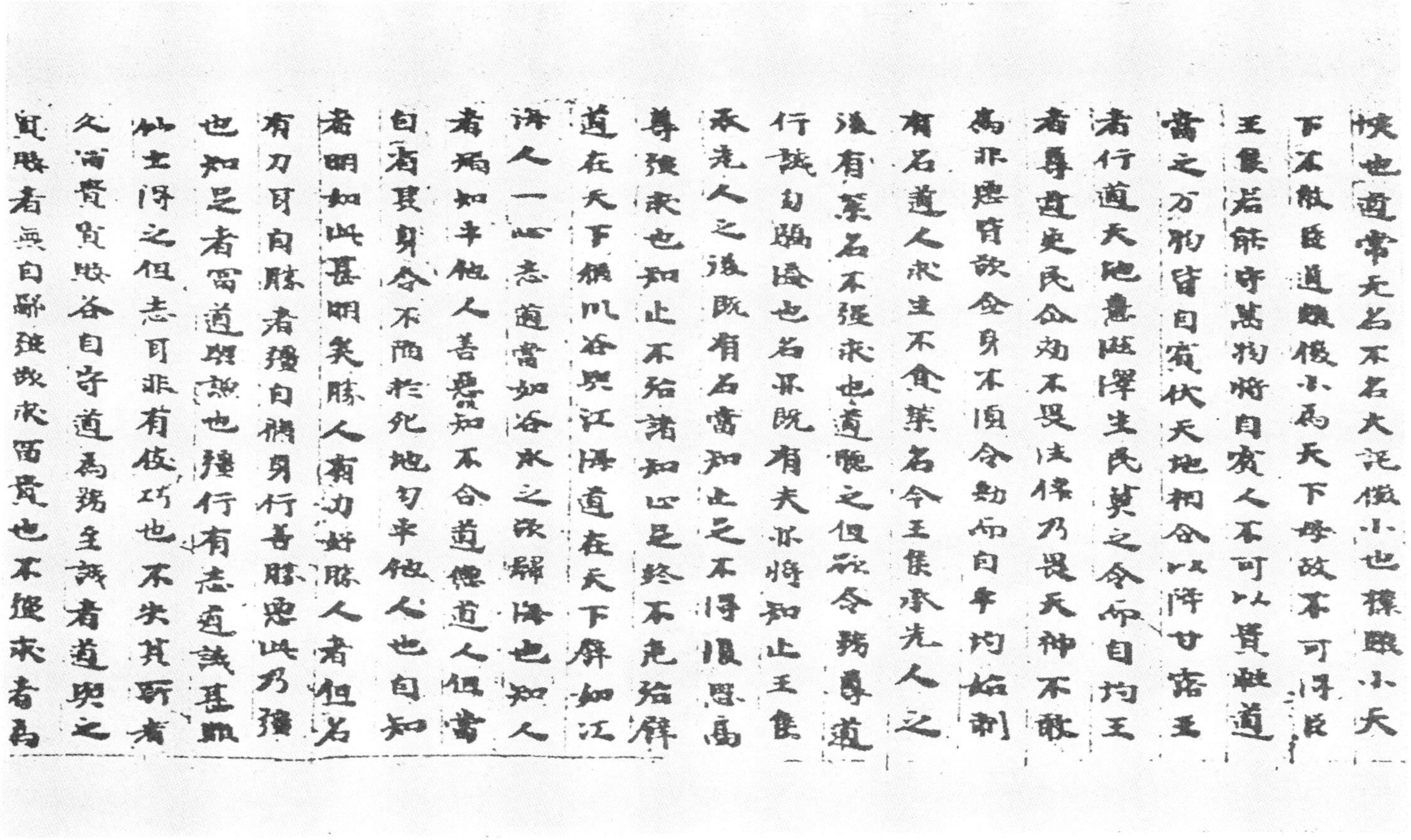
侯也道常无名不名大託微小也樸雖小天
下不敢臣道雖微小為天下母故不可得臣
王侯若能守萬物將自賓人不可以貴輕道
當之万物皆自賓伏天地相合以降甘露王
者行道天地憙悦澤生民莫之令而自均王
者尊道吏民企效不畏法律乃畏天神不敢
為非惡皆欲全身不復令而自平均始制
有名道人求生不貪榮名今王侯承先人之
後有榮名不強求也道聽之但欲令務尊道
行誡勿驕溢也名亦既有夫亦將知止王侯
承先人之後既有名當知止之不得恨恩為
尊強求也知止不殆諸知止足終不危殆譬
道在天下猶川谷與江海道在天下譬如江
海人一心志道當如谷水之欲歸海也知人
者智知平他人善惡知不合道德道人但當
自省其身令不陷於死地勿平他人也自知
者明如此甚明矣勝人有功好勝人者但名
有力自勝者強自勝身行善勝惡此乃強
也知足者富道誡也強行有志道誡甚難
仙士得之但志耳非有伎巧也不失其所者
久道貴貧賤各自守道為務至誠者道與之
貧賤者無自勵強欲求富貴也不強求者為

图二二　老子道经想尔注残卷（二十二）

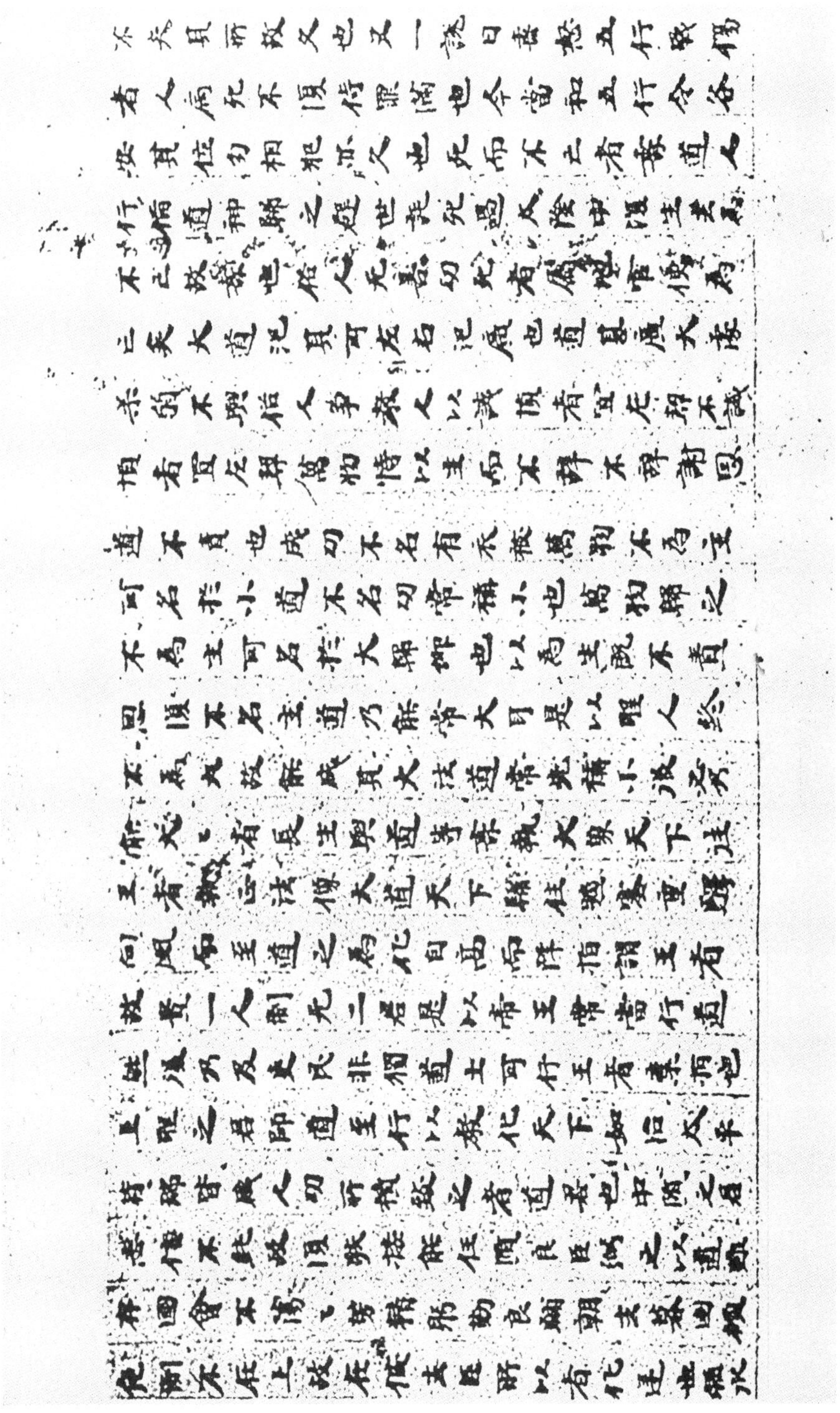

图二三　老子道经想尔注残卷（二十三）

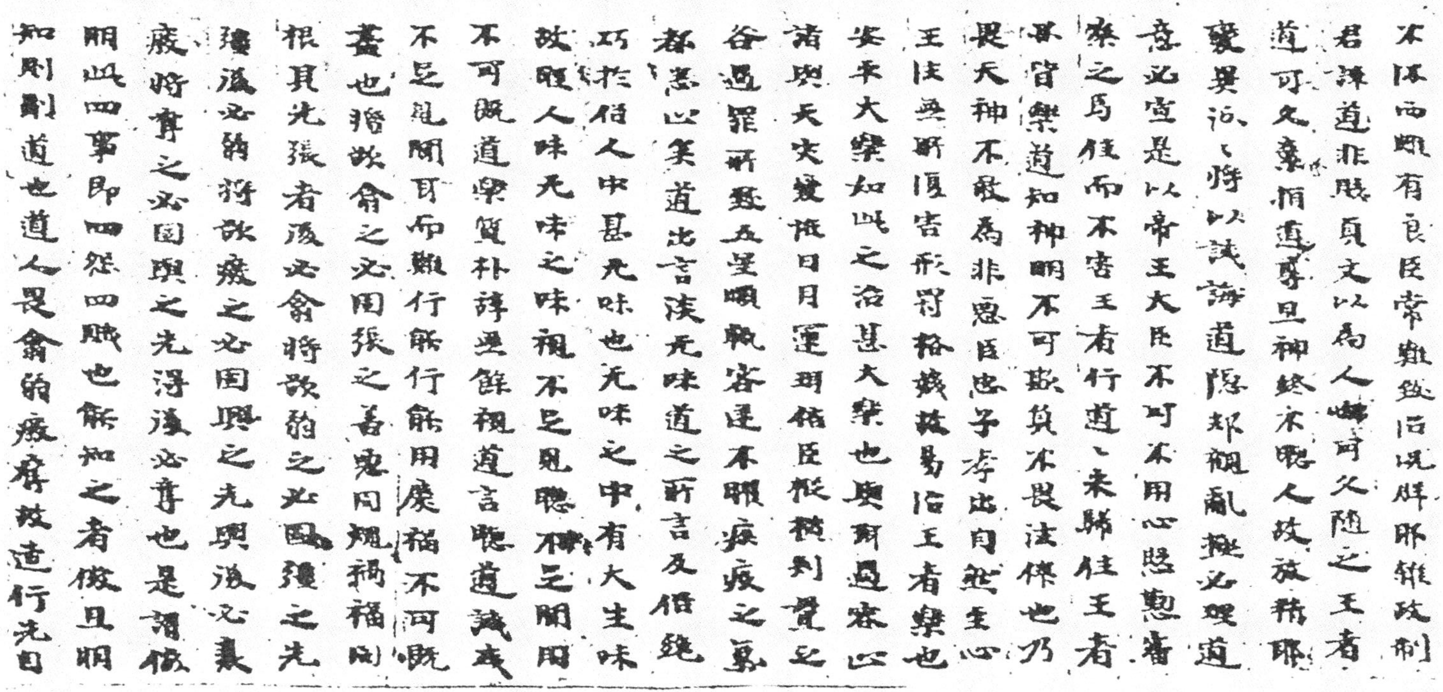
不倍而既有良臣常難致治既群邪雜政制
君誹道非賊負文以為人蝪可久隨之王者
道可久棄捐道尊且神終不聽人故放精邪
變異汾汾將以誡誨道隱卻觀亂極必理道
意必宣是以帝王大臣不可不用心思慎審
察之焉佳而不害王者行道道來歸往王者
尊貴樂道知神明不可欺負不畏法律也乃
畏天神不敢為非惡臣忠子孝出自然至心
王法無所復害形罰格殺故易治王者樂也
安平大樂如此之治甚大樂也與爾過客止
諸與天災變怪日月運珥倍臣縱橫刺貫之
咎過罪所致五星順軌客逆不曜疾疫之氣
都悉止矣道出言淡無味道之所言反俗絕
巧於俗人中甚無味也無味之中有大生味
故聖人味無味之味視不足見聽不足聞用
不可既道樂質朴辭無餘視道言聽道誠微
不足見聞耳而難行能行能用慶福不可既
盡也將欲翕之必固張之善惡同規禍福同
根其先張者後必翕將欲弱之必固強之先
強後必弱將欲廢之必固興之先興後必衰
廢將奪之必固與之先得後必奪也是謂微
明此四事即四怨四賊也能知之者微且明
知則副道也道人畏翕弱廢奪故造行先自

图二四　老子道经想尔注残卷（二十四）

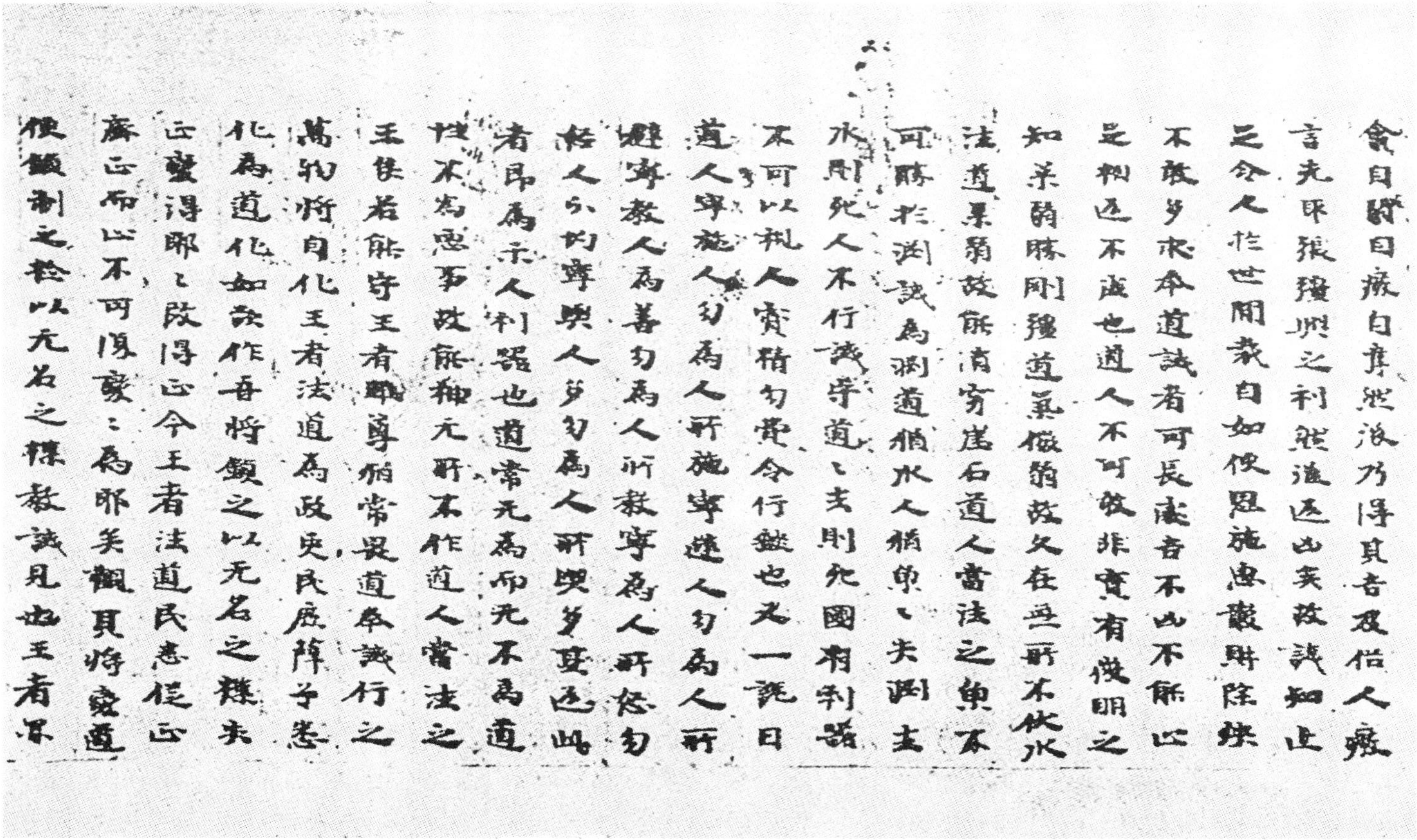

图二五　老子道经想尔注残卷（二十五）

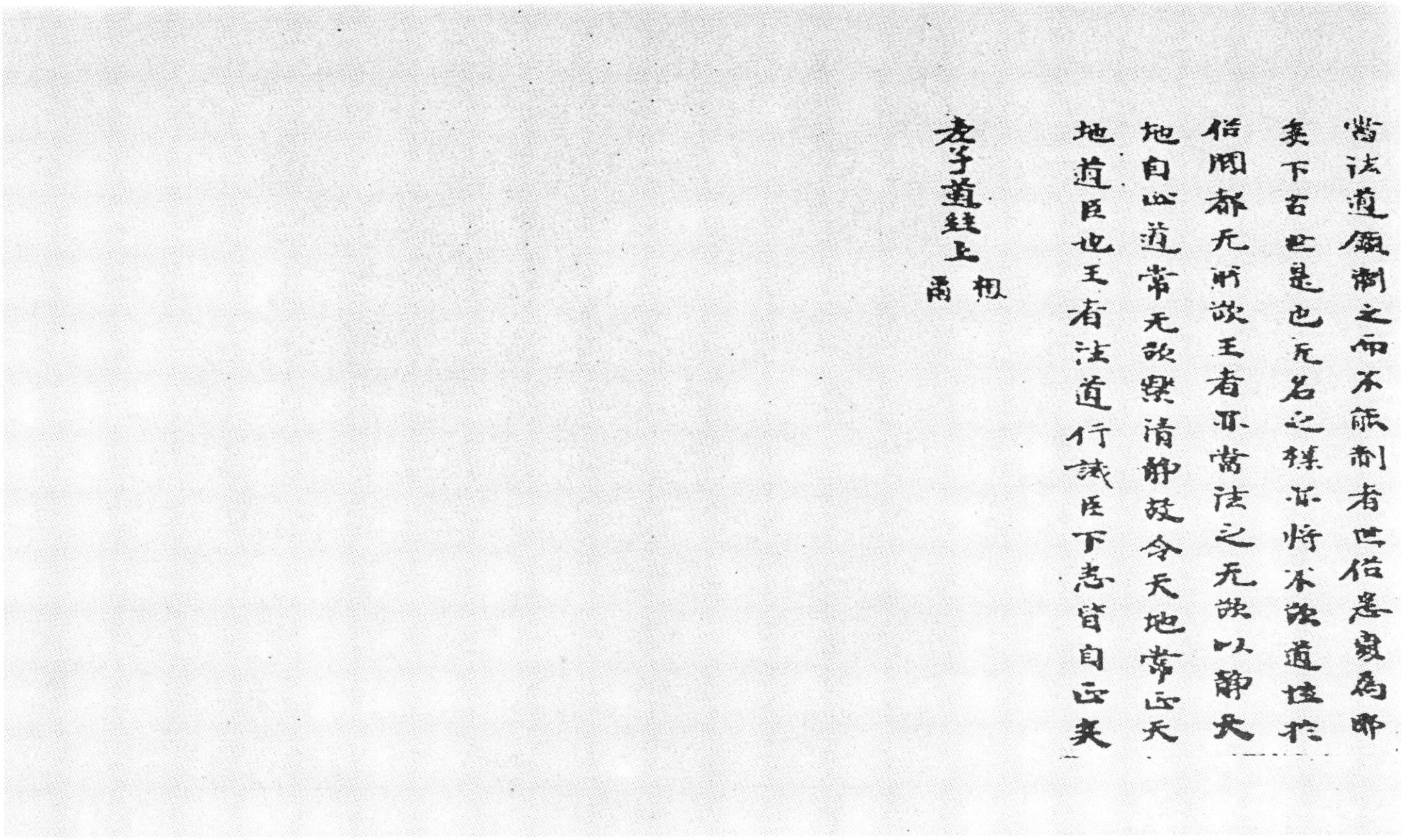
當法道嚴制之而不能制者世俗悉爲邪
矣下古世是也无名之樸亦將不欲道性於
俗間都无所欲王者亦當法之无欲以靜天
地自正道常无欲樂清靜故令天地常正天
地道臣也王者法道行誡臣下悉皆自正矣

老子道經上 想爾

图二六　老子道经想尔注残卷（二十六）

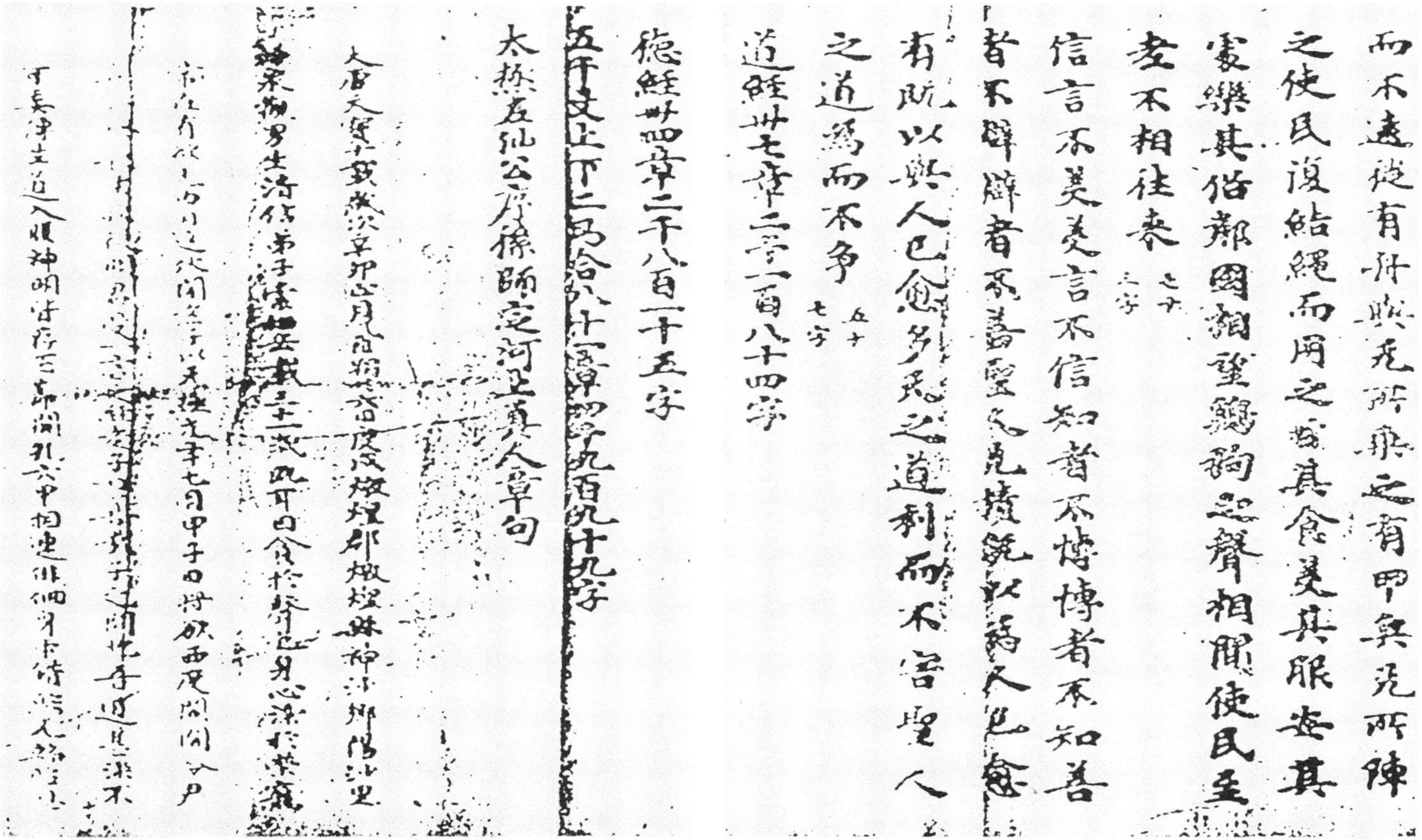

附图一　唐天宝十载系师定本道德经写卷

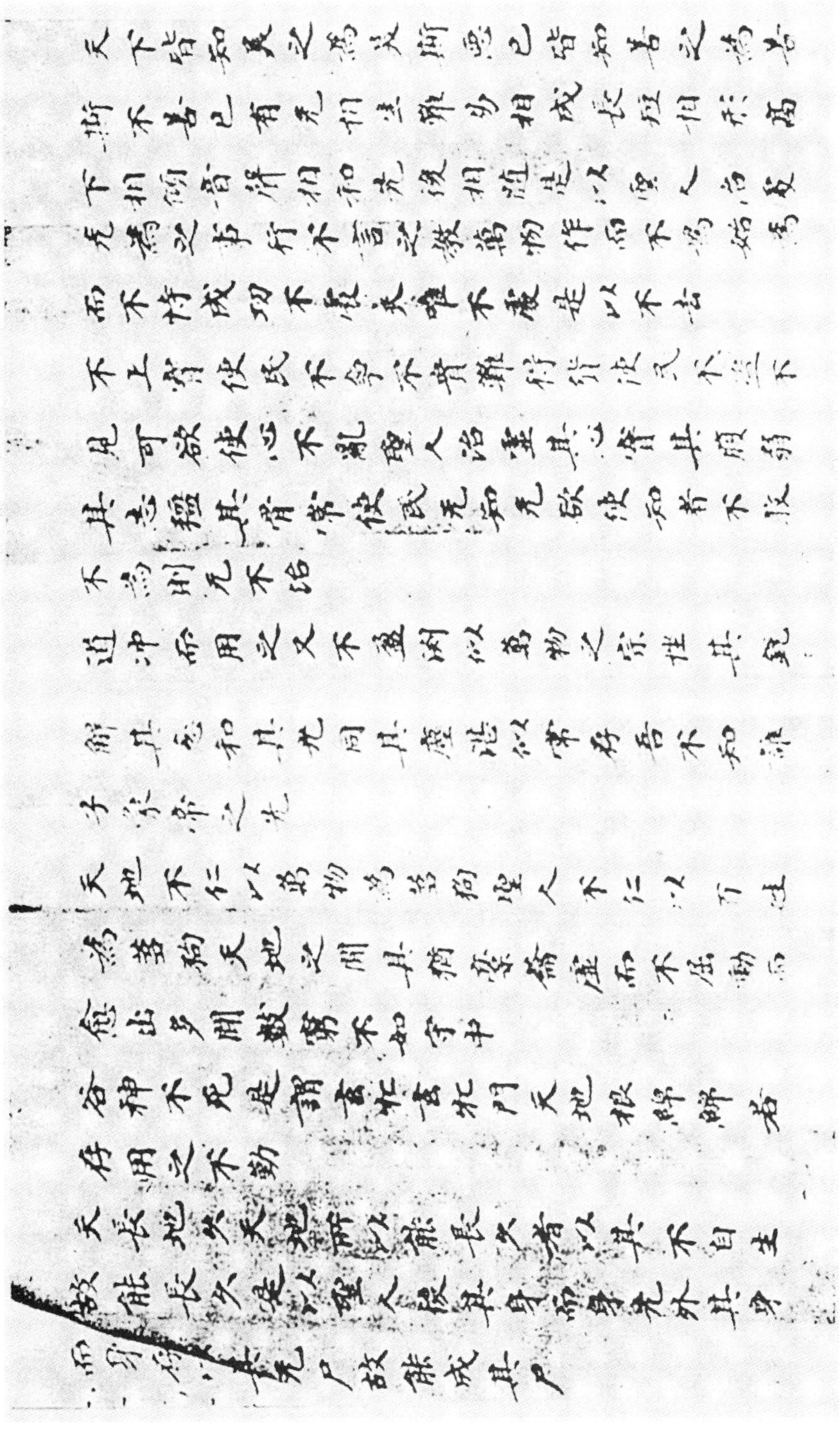

天下皆知美之為美斯惡已皆知善之為善
斯不善已有无相生難易相成長短相形高
下相傾音聲相和先後相隨是以聖人處
无為之事行不言之教萬物作而不為始焉
而不恃成功不處夫唯不處是以不去
不上賢使民不爭不貴難得貨使民不盜不
見可欲使心不亂聖人治虛其心實其腹弱
其志强其骨常使民无知无欲使知者不敢
不為則无不治
道沖而用之又不盈淵似萬物之宗挫其銳
解其忿和其光同其塵湛似常存吾不知誰
子象帝之先
天地不仁以萬物為芻狗聖人不仁以百姓
為芻狗天地之閒其猶橐籥虛而不屈動而
愈出多聞數窮不如守中
谷神不死是謂玄牝玄牝門天地根綿綿若
存用之不勤
天長地久天地所以能長且久者以其不自生
故能長久是以聖人後其身而身先外其身
而身存非以其无尸故能成其尸

附图二 古钞道士索洞玄经

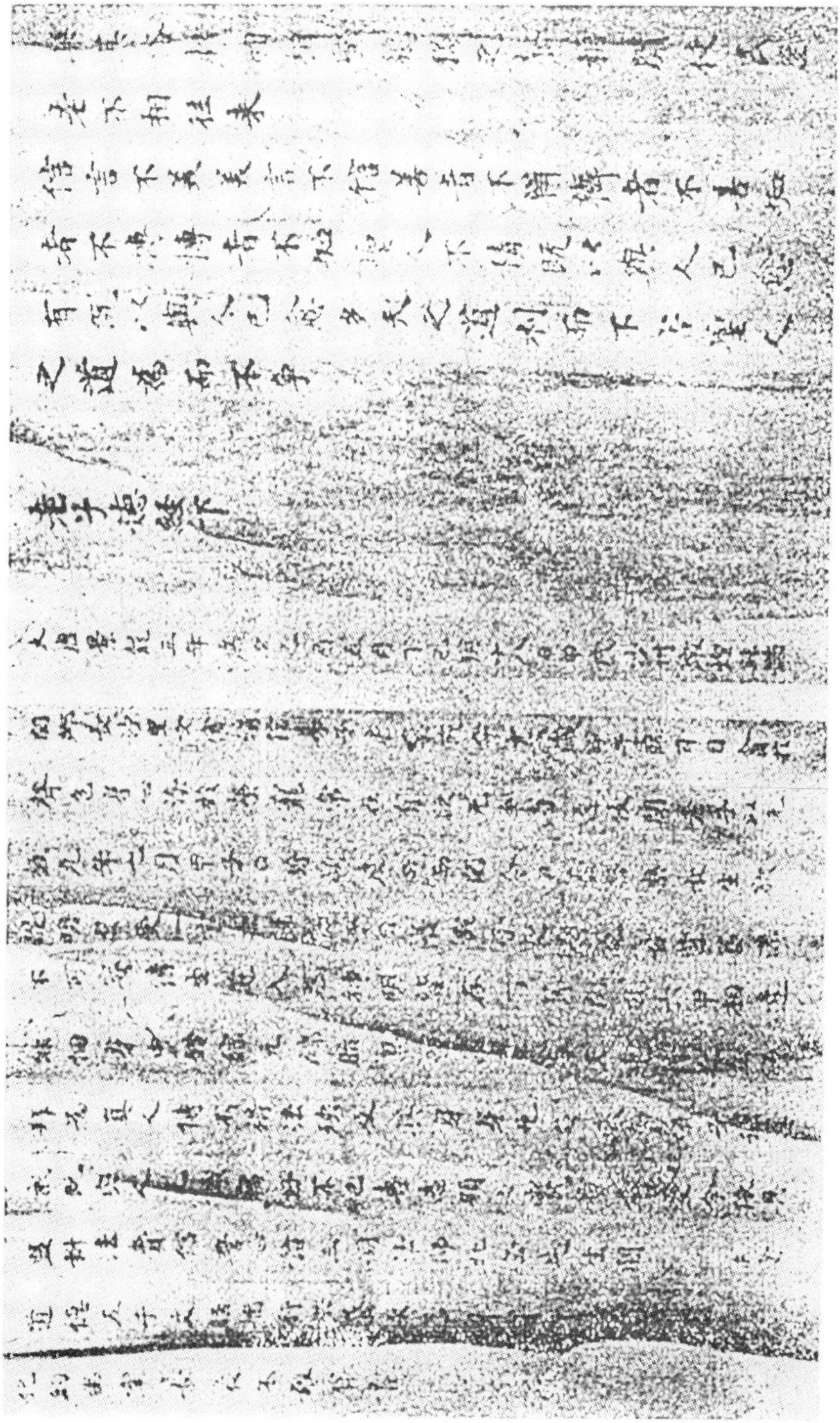

附图三　唐景龙三年写本德经卷末唐真戒受戒文

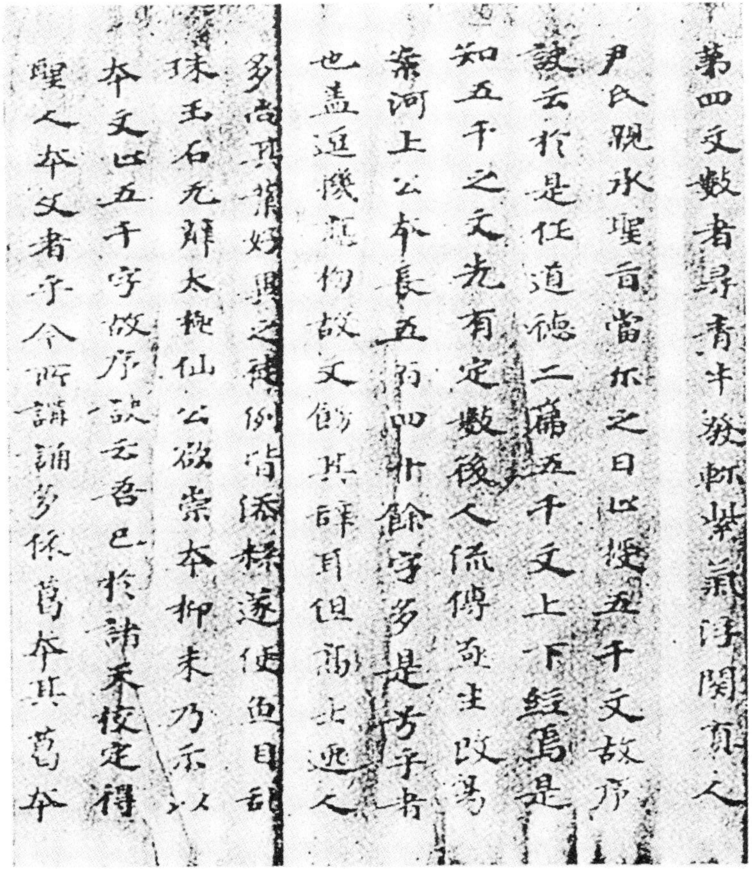

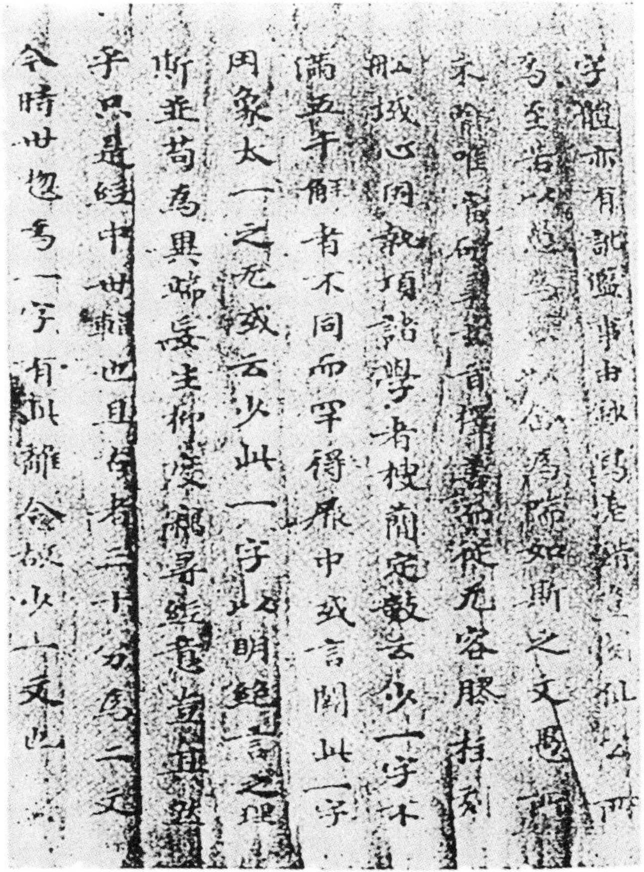

附图四　敦煌本成玄英老子开题第四“文数”

悉昙学绪论

卷五

饶宗颐二十世纪学术文集·宗教学

目　录

前言

中国语言学受到外来刺激有两个时期：一是东汉末印度梵学传入时期，一是18世纪西方语言学正式输入时期，前者一向为人所忽略，王力著《中国语言学史》只论次后者，在第四章列为“西学东渐期”，而没有前者。

向来一般学人认为悉昙学在华盛行要在唐代开（元）、贞（元）密教流传以后，是时智广始著《悉昙字记》。不知悉昙的输入，从北凉时起，昙无谶首次翻译《大涅槃经》，其中有《文字品》，印度字母即已为僧徒所钻研，逐渐引出种种论说，河西法朗已有“明合十四音为‘肆昙’字名”之语，“肆昙”即是悉昙。北方泽州慧远所传的《悉昙章》是三十六章，与后来之十八章不同，此悉昙之北学也。《大涅槃经》南朝亦有新译本，以刘宋时谢灵运为首，世称为南本。大谢著《十四音训》，书虽不传，见于日僧安然引述者多条。嗣后南朝僧众，讲论是经必涉及《文字品》，对于十四音，人各执一说。至梁武帝天监十一年，注《大品般若》，其书合目录共得一百一卷，亲为制序，庞然巨帙，可惜沦于劫灰，然其遗说幸日僧犹有记录，知彼对于印度语言，修养湛深。故知悉昙之南学，在当日亦曾灿烂一时。汴宋学者，论“反切之学，自西域入中国，至齐、梁间盛行，然后声病之说详焉”（陈振孙《书录解题》）。郑樵《通志略》倡之，其说盖是，而人多懵焉。在周颙“切字”之前，谢灵运《山居赋》自注中著语不少涉及反切。谢固深于梵语者。而永明以前，僧宗已称“善用宫商于十四（音）为一切字本，是为悉昙”。已提及悉昙一名。反切之产生分明是受到梵文字母之影响，王力亦赞同此说，奈彼未究心悉昙之学，故无所论列。窃以为欲谈汉语学史，必增入“梵学输入时期”一章，在韵书萌芽之前，方符合历史事实。本编所集论文，或可为王书补此一缺口。其中论鸠摩罗什《通韵》与《文心雕龙·声律》篇与十四音问题诸篇，美国华盛顿大学 David R. Knechtges 教授已加以英译，复得 Roy Andrew Miller 为之增注梵语资料，相得益彰。中古汉语与梵学交流所孕育辉煌之成果，从此得以表襮于世，大有裨于汉学之研究。因并著其事，为读者告焉。

1989 年 12 月饶宗颐于香港中文大学中国文化研究所

中国典籍有关梵书与佉留书起源的记载

西方学者提到中国典籍有关印度文字起源的记载，除玄奘的《大唐西域记》之外，往往还提到《法苑珠林》。西方学者的著作，从有口皆碑的《巴比伦与东方的纪录》（*Babylonian and Oriental Records*）开始，中经布勒（G. Bühler）的《印度古文字学》（*Indian Palaeography*），菲罗萨（J. Filliozat）的《印度字源学》，以至潘迪（R. B. Pandey）的《印度字源学》，无一不以《法苑珠林》为中国有关梵书（*Brahrni*）和佉留书（*Kharosthi*）的最早记载。

《法苑珠林》成书于唐代（公元668年），实际上，它只是早期各种经文的节录而已。

印度的典籍则称，梵文为婆罗门Brahma所造。例如，公元5世纪的Narada Smrti称："倘非创造者婆罗门凭其慧眼创造文字，则此世界永不可能获得幸福。"中国方面则有仓颉造字之说。王充《论衡·骨相》篇称仓颉生有四眼；山东沂南最近出土的浮雕，上面所刻的仓颉，也是四眼的。印度方面，如耆那教Jain经典中公元前300年的Saṃavayanga经和公元前168年的Panna vana经，都列有各种文字（Lipis）的名称，其次序如下：（一）梵书。（四）佉留书。而佛教典籍的《普曜经》（*Lalitavistara*）列载梵书以下六十四种书，第一是梵书，其次是佉留书。该经记载佛陀生平的行事。

梵文本和目前的梵文本，并不完全相同。[①] 公元308年，法护将其译为中文，即《普曜经》是。

公元615年，他婆诃罗以中文重译该经，改名《方广大庄严经》，他寻章逐句地翻译，因此，我们可以说，法护的《普曜经》原稿，当时业已散佚。但从法护的译文中，可以见到在公元4世纪之初，中国人已习知梵书与佉留书之名。近代印度学者C. C. Das Gupta在他的著作《佉留书的发展》第271页，亦提及这个事实。

唐神清和尚的《北山录》，其《宗师议》第七有云：三国时，蜀（公元221—263年）有《普曜经》一卷，译者不详，在《蜀志》里，也找不出译者的名字。该经流传至唐代，为神清和尚所见。倘《北山录》此说无误，则至少在法护之前半个世纪，已有《普曜经》的中译，因此，我们可以下一结论：《普曜经》传入中国，当在公元4世纪之前，比法护译经之时还要早。

印度学者仅知有法显、玄奘和义净的著作，对其他中国的历史资料，尚属陌生。在《大藏经》里，已收集了若干在印度早已散佚的佛经中译本，而玄奘所译的《阿毗昙大毗婆沙论》，就是著名的一例。从中国的资料，我们可以找出两个有关梵书和佉留书起源的要点，那是：（一）《法苑珠林》材料的来源和（二）梵书的创始者。

《法苑珠林》材料的来源

当佛陀还是王子时，蜜多阿阇梨向他提到六十四书的名字。试查《法苑珠林》的记载，我们可以找出两项为其他的作者所採用的原始材料：

（一）公元587至591年，阇那崛多翻译的《佛本行集经》，已全部记下六十四书的名称。兹将梵书和佉留书的名字，在三种中译佛陀传中的不同译法分列如下：

---

① 梵文的《普曜经》，共有三个不同的版本：

（一）是Rarendra Lala Mitra编，1877年在加尔各答出版的版本；

（二）是S. Lefmann Halle编的版本，1902年出版上卷，1908年出版下卷；

（三）是P. L. Vaidya编，1958年在Darbhanga出版的版本。

本文作者曾查考第二、三两个版本，见其列举梵文的次序如下：（1）梵书，（2）佉留书，（3）富沙迦罗仙人说书（Pusk arasari），（4）隋言莲花书。但第一种版本，其梵文次序则为：（1）梵书，（2）莲花仙人书，（3）佉留书。

（1）梵书	（2）梵天所说之书	（3）梵寐书
（1）佉留书	（2）佉卢虱吒书	（3）佉卢虱底书
见于《普曜经》	《佛本行集经》	《方广大庄严经》

《佛本行集经》里那两个译名，与《法苑珠林》相同。此外，阇那崛多在梵天所说之书项目下，注云："今婆罗门书，正是十四书是。"在佉留书项目下，他指出佉留书下云："隋言驴唇。"但是，这些说明，俱复见载于《法苑珠林》。

（二）《法苑珠林》另一段话，是采自僧祐（公元445—518年）的《胡汉译经音义同异记》，那是"仰寻先觉所说六十四书"至"犹有篆籀之变体乎"的一段，俱见于他的《出三藏记集》里。

梵书的创始者

玄奘所译的《阿毗昙大毗婆沙论》，其中有一段云：

> 汝颇曾闻诸梵书，是谁所造？（婆罗门）池坚报曰：我闻古昔有婆罗门名瞿频陀，是彼所造……汝又颇闻，卢瑟吒书，是谁所造？……婆罗门曰：我闻古昔有大仙人名佉卢瑟吒，是彼所造。

先是，唐吉藏（公元548—623年）曾引述龙树弟子提婆菩萨《百论疏》卷一的话称：

> 瞿毗陀婆罗门造梵书，佉卢仙人造佉卢书，大婆罗门造皮陀论。

瞿频陀是一位婆罗门的名字，我们现在可以确实地找出他的梵文原名。在"翻梵语"婆罗门的名字一节（《大正藏》第五十四卷，1011页），有如下的一段：

> 瞿频陀王，译曰瞿者，牛也；频陀者，智。（按梵文有Govinda一字，意即"牛的获得者"，"获得者"与"智"之间，其义不同，而做成此一歧义者，乃因梵文Vind的字，可以解作"求知"，也可解作"取得"所致。）

在大战史书（Mahabharata）里，Govinda 就是 Kṛṣṇa，也就是自称为最高主宰的毗湿纽（Viṣṇu）的化身。他说："天地为我所造，万物为我而生。"他既是宇宙的创造者，他的地位与婆罗门同。据 D. Diringer 说："印度诸神，只有学问之神，并无文字之神。"但外 Deogarh 的 Gupta 庙里 Viṣṇu 和 Śiva（湿婆），分别被尊为"知识和学问之神"。前者的手里还拿着一本书。因此瞿频陀也者，就是梵文的 Govinda。按《大毗婆沙经》是伽腻斯加王下令编订的，此一经典，当初贮入一个石盒里，在印度早已遗失，无怪印度人民不知有婆罗门瞿频陀造梵书之说。无论如何，《大毗婆沙经》提到梵书的来源，是值得重视的。

公元 4 世纪期间中国学者往往提及梵文，我可以举出一般人较少知的记载，例有谢灵运（公元 385—433 年）说：

> 胡书者，梵书，道俗共用之也，而本由佛造，故经云：异论咒术，言语文字皆是佛说，非外道也，外道因此以通文字，胡字谓之佉楼书，佉楼书者，是佉楼仙人抄梵文以备要用，譬如此仓、雅、说、林、随用广狭也。

上文引自日文安然悉昙藏卷一，中国典籍已缺如，佉卢书梵文作Kharoṣṭha，俗体作 Kharottha，其字形多以不整齐的曲线延长而成，仿佛驴唇上下的掀动。新疆境内现已发现佉卢书文件多种。据烈维（S. Levi）和高诺（Sten Konow）的意见，佉卢书即疏勒流行的梵文书体，谢灵运亦称之曰胡书，因为它是梵书的俗写。

"六十四"的一个数目，中文上别有深意，因为它是出于易经的六十四卦。有此原因，中国道家兼书法家的陶弘景（公元 452—536 年），曾对佛经中的六十四书，引为同调。陶氏在他的《真诰》上为文字的起源画出了一个轮廓。他说：

> 梵书分破二道[①]，壤真从易，配别本支，乃为六十四种之书也，遂播

---

① 梵书分为"二道"，可能是指"八会"和"云篆"来说。"二途"的意义颇费解说，总不外乎八会和云篆之意。其次的"壤"字的问题，金陵丛书本，"壤"字却刻下"坏"字，但《正统道藏》和《学津讨原》，俱作"壤"字。第三点是"易"字，易即指《易经》，因此带有"六十四"数目的意义。从陶弘景这一段话，可见道家是抄袭佛家的，如道家的《四十二章经》是。陶弘景认"云篆"为第一种书，并采袭梵文六十四书之义，只是他不肯承认六十四书是正统的文字。

（林友兰译。原文为英文，见 *Annals of the Bhandankar Oriental Research Institute*，vol. XIV，Poona，India，1964。）

之于三十六天十方上下也。

为了维持道教的立场，他对佛家之说并无好感。但他采了六十四书那个名词，可见他显然是受了《普曜经》等佛书的影响。

梵文虽有六十四种书，但考之佛说，只有梵书和佉留书是供传习的。故谢灵运说，这两种书，“本由佛造”，这就是中国僧人所以特别予以重视的道理。

《选堂集林·史林》，1438—1444页

尼卢致论（Nirukta）与刘熙的《释名》

世界上有关训诂学的最古著作，除我国《尔雅》一书以外，要算印度Yāska的*Nirukta*了。《尔雅》写作年代，尚难十分确定，陆德明称《释诂》一篇周公所作。毛公作《诗诂训传》，多同于《尔雅》。《汉旧仪》记汉武帝时立博士，举晓古文《尔雅》者为之。《汉书》记平帝时征通《尔雅》者诣公车。其成书及通行最迟必在西汉时。

至于*Nirukta*则一般印度学人考证已定其年代为公元前700年，在孔子、释迦之前，早于希腊之泰里士（Thales），柏拉图（？—427），更无论矣。

*Nirukta*一书，原为*Nighaṇṭu*的注释。

陈真谛译《数论》题为《金七十论》，卷上提到《尼禄多论》（《大正》册五四，1251页），即是此书。

唐初玄应的《一切经音义》卷二十三（在《摄大乘论》第五卷第一条）言及“尼揵荼”一名，云：

> 尼揵荼书，此集异名书也，如一物有多名等。

玄应于贞观十九年起，从玄奘在弘福寺、大慈恩寺译经。他精通梵典，必尝读过此书，故提及其名。“尼揵荼”正是Nighaṇṭu的译音。《翻译名义大集》五〇五一婆罗门经名下Nighaṇṭu解云：“音声相合，韦陀之语汇”，则目之为字汇。

在汉译的释氏书籍中，又有高宗永淳二年（683）中印度沙门地婆诃罗（Divākara）在太原寺归宁院译出的《方广大庄严经》，在该书卷四有云：

> 佛告诸比丘……种种杂艺，无不通达。善：鸡吒论、尼建图论、布罗那论、伊致诃娑论、韦陀论、尼卢致论、式义论、尸伽论、毗尸伽论、阿他论、王论、阿毗梨论、诸鸟兽论、声明论、因明论。人间一切伎能及过人上诸天伎艺，悉皆通达。(《大正》三，本缘部，564 页)

这里列出一张婆罗门的书单，韦陀即 Veda，《布罗那论》即 Purāṇa，《伊致诃婆论》应是 Itihāsa，皆显而易见的。（其他式义即śikṣā，毗尸伽或即 Vishakha，阿他论即 Arthaśāstra，王论即 Rājaśāstra。）《尼卢致》分明即 Nirukta，《尼建图》即玄应书中《尼揵荼》的异译。可见在印度民间传说，佛陀本人，亦能通晓 Nighaṇṭu 和 Nirukta。在古代印度，第一阶级婆罗门必受严格的教育，背诵吠陀经典。吠陀学有六支（six vedāṅgas），即（1）语言学（śikṣā），（2）礼书（kalpa），（3）文法（vyākaraṇa），（4）文字学（即语源学 Nirukta），（5）音律（chandas），（6）天文（Jyotiṣa），《尼卢致》是婆罗门必修科目之一，并非冷僻的书本。（古印度人必修科目，可参看 R. K. Mookerji：*Ancient Indian Education* p. 381："Pre-Buddhist Brahmanical Ascetic Orders"，1951。）

《尼建图》及《尼揵荼论》对于中国人比较生疏，但在印度文化史上地位非常重要，其书尽人皆知。有关此二书的常识，详细可看《印度的文化遗产》（*The Cultural Heritage of India*）第十五篇：The Vedāṇgas 第十六 Yāska and Pāṇini 二章。

《尼揵荼》书原分五章，第一章至第三章是一个同义字表（synonyms），梵称为 Naighaṇṭuka Kāṇḍa，第四章是同音异义字（homonyms），第五章是诸神名字。首章共十七项，每项只举出其异名，而在末尾作一结语统计得若干字，兹据 1940 年印度 Poona 印行 V. K. Rajavade 编订的 yāska's Nirukta 的梵文原本，摘录如下，以见一斑：

（1）地（pṛthivī）共 21 名	（2）金（hiraṇyam）共 15 名
（3）大气（antarikṣam）共 16 名	（4）天、日（āditya）共 6 名
（5）光（Raśni）共 15 名	（6）地域（diśad）共 8 名

(7) 夜（rātriḥ）共 23 名　　(8) 朝（uṣāḥ）共 16 名
(9) 日（ahaḥ）共 12 名　　(10) 云（megha）共 30 名
(11) 言语（vāc）共 57 名　　(12) 水（udaka）共 101 名
(13) 河（Nadī）共 37 名　　(14) 马（aśvaḥ）共 26 名
(15) 诸神车驾名（ādiṣṭopayojana）共 10 名
(16) 照耀（Jvalati karmānaḥ）共 11 名
(17) 光（Jvalataḥ）共 10 名

Sköld 称《尼揵荼》只是首章之名，本为“词汇表”（vocable）的同义字，以后再用之以包括后面二章。今观玄应解释，《尼揵荼》为集异名的书，正可证明此说。《尼揵荼》首章，和《尔雅》的《释诂》很相似。这些同物异称的来源大抵出自四吠陀经，《尼揵荼》书的作者很难确定，谅非出自一人之手，实为累世之业绩，在 yāska 时代必已有不止一种梨俱吠陀的 Pada text（śākalya 著）存在，yāska 得以充分利用（参 B. Bhattacharya 著 *Yāska's Nirutka*，1958）。

至 Nirukta（尼卢致论）一书，共分十二章（adhyāyas），现通行有 Lakshman Sarup 的英文译本（*The Nighaṇṭu and the Nirukta*，1962 年，印度出版），前有长序，讨论此书在语源学（etymology）上的贡献甚详。

《尼卢致论》首章至为重要，先谕文字有四大类：一名词，二动词，三前置词，四虚字。至今巴利文法家并不从西洋观点分为八类，仍照着这个习惯，区分文字为四类。

尼书最重要理论是采用śakaṭāyaṇa 的名词生于动词（nouns are derived from verbs）之说，以之作为语源学的信条，他说：

> If all nouns are derived from verbs, every person who performs a particular action should be called by the same name, i. e. whoever runs on the road should be called runner (aśva, horse) …
>
> Moreover, substantives（体词）should be named according to the regular correct grammatical form of a verb, so that their meaning may be indubitable, e. g. puruṣa (man) should be taken the form of puriśaye (city dweller); aśva (horse) of aṣṭā (runner); tṛṇam (grass), of tardanam (pricker).（原书 1，12、13）

Sarup 在解说《尼卢致论》中语源学的原则，指 yāska 对于语言的基本见解是认为所有的字都可以缩减至它的最原始要素，是为语根（roots）。他强调每个字可以追溯到它的原来的语源，但须掌握若干法则，如果欲给予文字在语源上的说明，必须明白它的重音（accent）和文法形式的规律，以求其与语根的修饰取得一致。yāska 认为 accent（重音）很是要紧，在某种情形下，必须与文字意义符合，方能避免不匀称的情形发生。其次是如果重音及文法的形式不能够正常，换句话说即是不能和语根符合时，亦可从字义方面，尽力注意其相近似的地方，如无形式上的类似，则可从单独字母或音节之类似上加以探索。第三追溯语源唯一条件必和“字义相应”（words is accordance with the meanings），质言之，其音同则语源亦必同（见 N. 11，7）。可见 yāska 不但从同音、同义去追溯语源，而且注意及重音和文法上的规律。他评论他的先进śakaṭāyaṇa 所举出的事例，有时不免疏忽（N. 1，14），尤其孤立的单字在缺乏上下文理（context）上的智识时即难以知其字源之正确含义。

尼书解说《尼揵荼》字表上的同义字与同音字等，虽然不是每个字都给以字源上探究，但却提出若干新解，最重要的是确立由动词推求名词的法则，在文字学上充分应用的必要性和价值，这对于后来的语义学（semantics）奠定相当基础。尼书一共求出 1158 个语源（derivation），近世学者从印欧比较语言学加以审查，认为有 762 个较为原始的，有 199 个可以完全予以接受，如王 rāja—$\sqrt{rāj}$（to shine）印欧 reġ. Lat. rex. 即其一例。印度 Siddheshwar Varma 在所著《Yāska 的语源学》一书，对此问题曾作过详细分析。

Sarup 在从 Semantics 的立场申明尼书的重要性，说道：

> although all nouns are derived from verbs, the choice of name with reference to a particular action is made by nature (svabhāvataḥ) or it may be that the choice is made by the law of special action.

必须取其特别动作来说出该字得名取义的所由，如语根 dhātuḥ（root）一名即取自′dhā（to put），表示有“得自”之义；又如牛虻 Damsa，取即自 daṃś（to bite），因为虻是能咬人的，这是 Yāska 书中两个著名的例子（N. 1，20）。

返观我国西汉时候，已盛行声训的方法。董仲舒在《春秋繁露》中《深察名号》篇曾揭出两个例子，解说王及君两号各有五科：

王	皇、方、匡、黄、往	君	元、原、权、温、群

他注意被解释之名号具备的作用，都是采用同音字或音近字的动词和形容词来加以解说。其后纬候家及经今文学家都喜欢这种声训说字的方法。到了东汉末，遂有刘熙撰作这一部《释名》，全面性地以声音相同的动词来探讨名词的根源之字源学（etymology）性质的著作。

据刘熙自序称："夫名之于实，各有义类，百姓日称而不知其所以之意，故……叙其指归，谓之《释名》。"他撰写这书的目的，正是推究天地间形形色色各物名的来历。质言之，欲探索其命名的含义，这与《尼卢致》一书的方法和目的，并无二致。

刘熙不闻其懂得梵文，他所掌握的利用同声的语根以动词解说名词的法则与 Yāska 基本上没有什么差别，这只能说是思想的暗合。但刘熙的时代正是佛教输入汉土的初期，这时期从天竺来的高僧，像中天竺的昙柯伽罗（法时）善学《四围陀论》，魏嘉平中至洛阳。东天竺的维祇难，喜奉异道，以火祠为正，黄武三年至武昌（俱见《高僧传》卷一）。这辈必是婆罗门出身。佛行传像《普曜经》亦于是时传入中国，三国已有蜀地的译本，佛陀本人能晓得《尼建图论》与《尼卢致论》，一般僧众亦耳熟能详。

刘熙一度迁居交州，这个问题经过许多人研究，已是不易的事实。（把清人对刘熙各种考证作总结的论文，有日本小林俊雄著《关于刘熙的事迹》，最为详尽，见广岛出版的《支那学研究》第十五号。）《释名》书中还有本证，像《释饮食》章中提及"苍梧"地名。他复有时谈及一些外来习俗，如下面"耳珰"一条云：

> 穿耳施珠曰珰，此本出于蛮夷所为也。蛮夷妇女轻谣好走，故以此琅珰锤之也，今中国人效之耳。（《释首饰》十五）

耳珰原是佛家的宝庄严具，品所谓“宝头耳珰”。[①]《释名》这条耳珰的文字在慧琳《音义》及希麟《音义》二书征引，至17次之多，足见很受到释氏们之重视。

这时的交州，一方面是人们避乱的安全地区，亦是中、印文化接触的缓冲地带。牟子便在交州写出《理惑论》，正可说明这一事实。刘熙在交州，许多人从他问学，如程秉、薛综，都是交州太守士燮的官吏，康僧会亦尝住交州，刘熙很可能和一些通晓梵书或信仰佛教的人们接触。Nirukta是六吠陀分之一，为初学梵书必修的课程。从Śākaṭāyana、Yāska以来已很盛行研究字源，以动词解释名词的方法。意者刘熙在耳濡目染之下，也许得到一点启发，亦未可知。他能扩大董仲舒以来声训的方法，全面运用以动词（或形容词）解说名词的法则，去解释一切的物名，这该是一桩极了不起的工作。

关于《释名》的研究、重要的著述、稍涉猎训诂学史的，尽人皆知，毋庸多赘。清代学人做出了很多的业绩，自顾广圻以至杨树达的著作，都致力于分析条例，不出一般整理训诂形式的窠臼。西人有N.C.Bodman（著*A Linguistic Study of Shih-ming*，1951）和L.M.Serruys（著*Notes on the Study of Shih-ming*，1958，载*Asia Major 6*，137—199）二家，都从语言学的角度，利用这书去考察汉代的语音现象。其实《释名》不仅是一部讲声音的专书，它应该是语义学的名著。刘熙的方法与Yāska完全相同，他的《释名》，可以说是中国的Nirukta。这两部书在远东可以说像是二颗训诂学的牟尼珠，在不同的地方先后互相辉映。可惜印度学者只晓得把Yāska和柏拉图的看法作不必要的比较，而不知拿它来和刘熙的著述作一衡量，而中国学人则对梵学完全隔膜，向来训诂学家对于Yāska这部在世界语言学上引起极大波澜的划时代巨著，从无一语道及。现在试提出这篇，希望引起大家的注意。本文之作，有下面三点用意：

（1）希望训诂学者，放开视野，勿局限于本国资料。

（2）介绍一点印度最古的训诂书。

（3）运用比较方法，取他人之长处作为我们的借镜。

① 见《大方广庄严经》四，《大正》三，558页。

参考书目：

V. K. Rājavade 编：*Yāska's Nirukta*，Poona，1940，Bhandarkar《东方研究所丛刊》A：7。

B. Bhattacharya：*Yāska's Nirukta & the Science of Etymology*，Calcutta，1958.

Siddheshwar Varma：*The Etymologies of Yāska*，India，1953.

L. Sarup：*The Nighaṇṭu & the Nirukta*，Delhi，1962.

R. K. Mookerji：*Ancient Indian Education*，*Brahmanical and Buddhist*，Delhi，1960. *The Cultural Heritage of India*，Poona，1958.

N. C. Bodman：*A Linguistic Study of Shih-ming*，1954.

L. M. Serruys：*Notes on the Study of Shih-ming*，*Asia Major 6*，137—199，1958.

叶德辉：《刘熙事迹考》（《观古堂所著书》第一集）。

小林俊雄：《关于刘熙的事迹》（《支那学研究》十五，广岛）。

本文原载《中国语言学报》第二期，1984 年 12 月；又刊于日本川口久雄教授颂寿集《古典之变容与新生》，1190—1197 页（明治书院印）。

निघण्टुः

प्रथमोऽध्यायः

हरिः ॐ ॥ गौः १ । ग्मा २ । ज्मा ३ । क्ष्मा ४ । क्षा ५ । क्षमा ६ । क्षोणी ७ । क्षितिः ८ । अवनिः ९ । उर्वी १० । पृथ्वी ११ । मही १२ । रिपः १३ । अदितिः १४ । इळा १५ । निर्ऋतिः १६ । भूः १७ । भूमिः १८ । पूषा १९ । गातुः २० । गोत्रा २१ । इति एकविंशतिः पृथिवीनामधेयानि ॥ १ ॥

हेम १ । चन्द्रम् २ । रुक्मम् ३ । अयः ४ । हिरण्यम् ५ । पेशः ६ । कृशनम् ७ । लोहम् ८ । कनकम् ९ । काञ्चनम् १० । भर्म ११ । अमृतम् १२ । मरुत् १३ । दत्रम् १४ । जातरूपम् १५ । इति पञ्चदश हिरण्यनामानि ॥ २ ॥

अम्बरम् १ । वियत् २ । व्योम ३ । बर्हिः ४ । धन्व ५ । अन्तरिक्षम् ६ । आकाशम् ७ । आपः ८ । पृथिवी ९ । भूः १० । स्वयम्भूः ११ । अध्वा १२ । पुष्करम् १३ । सगरः १४ । समुद्रः १५ । अध्वरम् १६ । इति षोळश अन्तरिक्षनामानि ॥ ३ ॥

स्वः १ । पृश्निः २ । नाकः ३ । गौः ४ । विष्टप् ५ । नभः ६ । इति षट् साधारणानि ॥ ४ ॥

खेदयः १ । किरणाः २ । गावः ३ । रश्मयः ४ । अभीशवः ५ । दीधितयः ६ । गभस्तयः ७ । वनम् ८ । उस्राः ९ । वसवः १० । मरीचिपाः ११ । मयूखाः १२ । सप्त ऋषयः १३ । साध्याः १४ । सुपर्णाः १५ । इति पञ्चदश रश्मिनामानि ॥ ५ ॥

आताः १ । आशाः २ । उपराः ३ । आष्ठाः ४ । काष्ठाः ५ । व्योम ६ । ककुभः ७ । हरितः ८ । इति अष्टौ दिङ्नामानि ॥ ६ ॥

《尼犍荼》梵文本

印度波儞尼仙之围陀三声论略

——四声外来说平议

天竺颂歌，莫古于《四吠陀》。梵俗诵经，习于强记长吟。《四吠陀》欲毕其事，计须耗时三十六年。印度虽经回教侵入，坑儒焚书，而《四吠陀》仍能保存者，正如汉土之《三百篇》，“以其讽诵，不独在竹帛故也”（《汉书·艺文志·六艺略》）。《四吠陀》亦称曰《韦陀》或《围陀》。《四吠陀》至今未有汉释，于佛门被视为外道。习吠陀者必先治《声明论》，即波儞尼仙所著之《文法书》，梵称曰 Aṣṭādhyāyī（八章书）者也。

玄奘《大唐西域记》卷二称：

> 乌铎迦汉荼城西北行二十余里，至娑罗睹逻邑，是制《声明论》波儞尼仙本生处也。……作为字书，备有千颂。颂三十二言矣。究极今古，总括文言。封以进王，王甚称异，下令国中，普使传习。

波儞尼仙出生之地娑罗睹逻，梵名Śalātura，为印度 Ohind 西北四里许之小镇。彼以此书进呈之王，即 King of Nanda。《西域记》卷二现有敦煌写卷，残存一百七十三行。[①] 关于波儞尼仙之行事，印度本土已无史籍记载，世界学人研究波仙行迹，无不取资于奘师此文。印度学者 V. S. Agrawala 著 *India as*

---

① 见拙编《敦煌书法丛刊》第十一卷，东京二玄社印。

Known to Pāṇini（《波儞尼所知之印度》），其中考述波仙事迹，至为详尽。[①]

佛典中向来对波仙颇有抨击之语。若僧怀德于其《释门自镜录》上《俗学无裨录》下“西域波儞尼仙造《声明论》，后身无业事”云：

> 阿罗汉曰：汝颇尝闻波儞尼仙制《声明论》，垂训于世乎？曰：具闻之。罗汉曰：汝子即是波仙，犹以强学，玩习世典。唯谈异论，不究其理，神智唐捐，流转未息。（《大正》册五十七，509 页）

此段实窃自《大唐西域记》。日僧安然于《悉昙藏》卷一亦援引是说（《大正续》，册八十四，371 页）。自奘师加以贬抑，斥其不究真理，故历千年以来，其书无人问津。清傅恒等修《西域同文志》成，其上表有云：“臣等学昧考言，志惭博物。稽三十二言之颂，欲方波尼；传六十四种之书，难追柯古。”柯古指段成式（《酉阳杂俎》），波尼即波儞尼仙，始一提及其名。然其书在华向未传译，遂使中国之文法学，必迟至《马氏文通》，以拉丁语为媒介之后，方才萌芽，为可嘅也。声明之学，晚近吕澄著《声明略》，波仙之书，年前金克木先生初为文介绍。国人慿于释典，排拒婆罗门经书，以外道外之，未始非奘师影响之所致。

1934 年，陈寅恪先生撰《四声三问》，以为四声除自为一类之入声，适为平、上、去三声。以此与天竺《围陀·声明论》之高声调（Udātta）、非高声调（Anudātta）、混合声调（Svarita）三声可相比拟。其意以为四声说所以成立于齐梁者，缘永明七年，竟陵王萧子良大会沙门于京邸，造梵呗新声。文士因摹拟当日转读佛经之声，分别定为平上去三声，合入声共计之，遂成四声。[②] 是说既出，学者多从之，罗怙庵著于《汉语音韵学》，几于家喻而户晓矣。

此三声者，为朗诵《围陀》圣典时所用。Udātta 指发声高而锐（a high or sharp tone），可谓扬音（梵语 udā 之语根 dā 有 to lift up，elevate 之义）；an-udātta，与之相反，为低调，可谓抑音（the grave accent）；svarita 则为上列扬音与抑音两声调之混合音。此三者或译为锐音、重音、长音。而 an-udātta 中又有更低之非高声调，名曰 an-udāttatara 者，即 the very anudātta

---

① 该书 462—464 页，1953，Lucknow 出版。

② 见《清华学报》第九卷第二期。

accent。此音节在波儞尼书中，乃一比普通抑音更为低沉之 syllable。① 严格言之，又不止三声也。

印度所谓 Svara，本有数义：

（一）指上列之三声。

（二）指元音（Vowels，如 a，ā，i，ī，u，ū……）。

（三）指七音阶，即七群（Saptaka），所谓 Sha、Ri、Ga、Ma、Pa、Dha、Ni 七调。（印度音乐中北宗之音名。）此七音阶，早已见于六吠陀分之 Shiksha。

（四）指高低音，即 Uttama（高）、Madhyama（中）、Mandra（低），略如西乐 Treble、Tenor、Bass 之别。

兹数者皆得称为 Svara。陈先生谓"围陀声明论之所谓 Svara 者，适与中国四声之所谓声者相类似"，然细析之，亦极难质言。

印度语无四声之分。以《围陀》诵法之三声，比附中国之四声，颇多枘凿之处：

（一）《围陀》之诵法，如上举分抑扬混合三声，早已失传。当公元前四世纪波儞尼时，其音尚存。公元前二世纪，《大疏》书作者 Patañajli 之时，读法已亡；② 故其书中记此三声不能明了。是当炎汉之际，印度本部，对于吠陀音诵寖已失传；何以六朝时中国僧徒，能转读之？

（二）四声兴起，当不自永明，空海《文镜秘府论》引刘善经《四声论》云：

> 宋末以来，始有四声之目。沈氏（约）乃著其谱，论云起自周颙。

知四声创立，实始于刘宋。永明时集沙门所造之梵呗，乃诵佛经之声曲折，与永明之声病说无关。

（三）佛氏诵经，禁止用婆罗门诵法，且立为戒条，《十诵律》卷三十八明杂法之三云：

> 佛在舍卫国，有二婆罗门，一名瞿婆，二名夜婆，于佛法中笃信出

---

① 参 M. Monier Williams，*Sanskrit-English Dictionary*，p. 33。

② 参看 S. Lévi：Sur la récitation primitive des textes bouddhique，*Journal Asiatique*，1915。冯承钧译。载《佛学研究》，45 页。

家。本诵外道《四围陀》书，出家已，以是音声诵佛经。时一人死，一人独在。

所诵佛经，忘不通利，更求伴不得，心愁不乐，是事白佛。佛言：从今以外书音声诵佛经者，突吉罗。（《大正藏》律部二，一四三五，272页）

按突吉罗，即梵语 duskrta，义为 ill-done，《翻译名义大集》卷七“突吉罗”条，善见云：“突者，恶也，吉罗者，作也”。“作恶”之谓。又《五分律》卷二十六第五分杂法云：

有婆罗门兄弟二人诵《阐陀鞞陀书》后于正法出家……佛言……听随国音读诵，但不得违失佛意，不听以佛语作外书语，犯者偷兰遮。（《大正藏》律部一，一四二一，174 页）

按偷兰遮者，《翻译名义大集》七“善见云：偷兰名大，遮言障。……明了论解：偷兰为粗，遮耶为过”。谓大过也。

《根本说一切有部毗奈耶杂事》卷六云：

……时诸苾刍以缘白佛。佛作是念，苾刍诵经，长牵音韵，作歌咏声。有如是过，由是苾刍不应歌咏，引声而诵经法。若苾刍作阐陀声诵经典者，得越法罪。

此律义净所译。其注云：“言阐陀者，谓是婆罗门读诵之法，长引其声，以手指点空而为节段。博士先唱，诸人随后。”（《大正藏》四五一，232 页）阐陀即 Chandas（原为《六吠陀分》之一），盖婆罗门造颂之法。从上各条，知佛氏戒律，禁止以四吠陀阐陀鞞陀等外书声音诵经，此三声为《吠陀》诵经之法，沙门自不得讽诵，律有明文。陈先生以此三声即佛徒转读经典所分别之声，似未见及此也。

佛徒传教，原不用雅言之梵语，而用巴利语；间亦用原始东部语言，所谓 Ardhamāgadhi 者，佛教盛行以后，其经典乃或以梵语写成，与俗语杂糅，遂成为一种混合梵语（Buddhist Hybrid Sanskrit）；其转读佛经，庸有渗用婆罗门方法，S. Lévi 著《佛经原始诵读法》，以为小乘有部与根本有剖，或以

《吠陀》声法牵长音韵，作歌咏之声（āyataka gītassara）；印度本土此种变相之佛教诵音，与《围陀》三声有无关系，已难明了。若乎汉土佛徒转读之方，在《吠陀》诵法失传已久之六朝时代，此三声究竟如何，更无从拟议；遽取与平上去比况，诚难令人首肯。四声之分别，原不始于南朝。谓四声起于永明，段玉裁已言其非（《六书音均表》一古四声说）。近岁学者论古代平上去三声之存在，意见大体相近。陈先生谓文士依据及摹拟转读佛经之声，分别定为平上去之三声；然转读之法，见于《高僧传·经师篇总论》所记，“或破句以全声，或分文以足韵”，“三位七声，次而无乱”。似非仅限于平上去而已也。

今按《围陀》三声，波儞尼仙著之《文法书》（下简称《波书》）中已有详细论及。《波书》译解甚多，兹据印度学者Śrī śa Chandra Vas之英译本。

印度元音的重读（accent）问题在《波书》第二卷29至40页有重要说明，兹摘录英译如下：

29 The vowel that is perceived as having a high tone is called Udātta or acutely accented.

30 The vowel that is perceived as having a low tone is called Anudātta or gravely accented.

31 The vowel that has the combination of Udātta and Anudātta tones is said to be Svarita or circumflexly accented.

32 of it (Svarita) the first portion is Udātta, to the extent of a half measure, of prosodial length.

33 In addressing a person from a distance, the tone is called Eraśnuti or monotony.

37 There should be no monotony in the recitation of the Subrahmanya hymns and in those hymns, the vowels, that would otherwise have taken the Svarita accent, take the Udātta accent instead.

38 The word deva and Brahmāna in those hymns have anudātta accent.

39 The monotony takes the place of the anudātta vowels which follow the svarita vowels, in close proximity (sanhitā).

40 The accent called Sannatara is substituted in the room of an anudātta vowel, which has an Udātta of Svarita vowel

following it.

29 Udātta 乃发高音或尖重音之元音。

30 Anudātta 乃发低音或沉重音之元音。

31 Svarita 乃系由 Udātta 与 Anudātta 二声组合或高低音混合之元音。

32 Udātta 为组成 Svarita 之第一部分，其所占之长度为整个音长之一半。

33 Eraśnuti，又名单音调，乃为向远处呼唤时所发之声调。

37 吟诵 Subrahmanya 诗歌时不用单音调，于上述诗歌中，本用 Svarita 元音者代之而用 Udātta 原音。

38 吟诵上述诗歌时，其中 deva 及 Brahmāna 二字皆为发低音者。

39 与 Sanhitā 非常接近之单音调会取代 Svarita 元音后之低音元音。

40 Anudātta 元音会取替有一高音 Svarita 元音紧跟之 Sannatara 音调。

印度文法学家论《吠陀》音，区分为三调，调者，梵云 svara。在 Atharva-Prātiśākhya，14-17 云：

Samāna-yamé 'kṣaram uccaṅ udāttam：nīcaṅ anudāttam：Ākṣiptaṃ svaritam：svarìtasyā dito mātrārdham udāttam.

（In a given register a syllable with high tone is udātta，with low tone anudātta and with falling〔Aksipta〕tone svarita：the first half of the svarita is udātta.）

Udātta 乃高音调之音节。Anudātta 即低音调之音节，而 Svarita 则为一下降调之音节，其前半部分则属 Udātta。他如 Taìttyīya-Prāti śākhya；38—40，46—7 亦有相同之说谓：

Udātta——high（高）、Anudātta——low（低）、Svarita——compound tone，先高后低，有人说是 pravaṇa (continuous fall)，如╲状。

故此三声之升降，可如下图表示：

其间关系，Allen 举例有二：

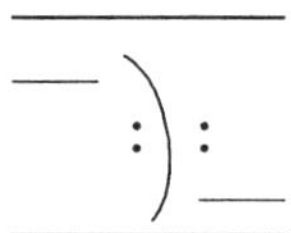

udā，sva，anudā

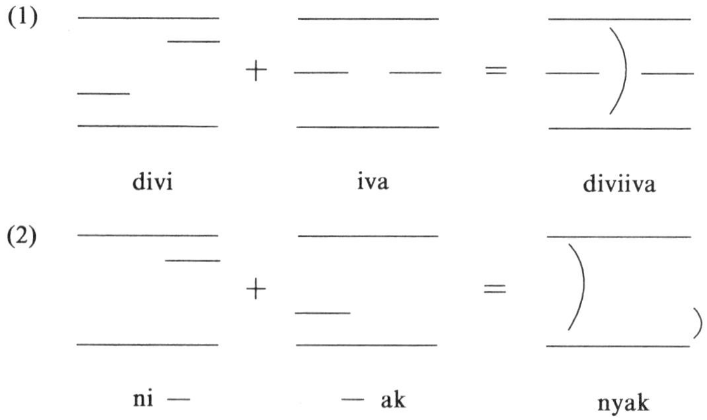

后者为低音之变例，诚如波儞尼所说：

udāttād anudāttarya svritah（Ⅷ iv. 66）
(After an udātta a svarita is substituted for the anudātta)

于 Udātta 后，即以 Svarita 代替 anudātta。

《吠陀》之高低两调，相当于希腊之 sharp、acute 与 heavy、grave 二音，二者合调则为 Sítovos (of two tones)。

(sharp) ——udātta

(heavy) ——anudātta

(acute-grave) ——svarita (circumflex，the voice starts at the acute pitch and falls to the grave)

三声音读，详细讨论，具见 W. S. Allen：*Phonetics in Ancient India*（《古代印度语音》，pp. 88—93 Prosodies），及印度 Siddheshwar Varma 之 *The Vedic Accent and the Interpreters of Pāṇini*（《吠陀音调及波儞尼仙之解

说》，JRAS Bombay 26 1，1956)。

Varma 氏研究《吠陀》之重音，其结论总括为下列四事：

（一）Taittirīya Prāti śākhya 与 Śikṣas 于泛释吠陀重音及专门阐述 Udātta 二者之性质方面，据现代比较语言学之研究所得，证实无误。

（二）Udātta 一词，绝对指高音调，而《波儞尼》书中所释亦极近此。若 Udātta 系高音调，则 Svarita 当为“超高”音调——乃一三重之重音读法，相当于短、长、超长（pluta）元音。

（三）《波儞尼》之阐释者，未能具说服力地证明 Udātta 不应当作一高音调。

（四）吾人当从此清楚地重视《波儞尼》一书在音韵学系统上之缺陷——而 Patañjali 早已在其自注中指出此点；吾人当自此对 Sikṣās 及其有关之课题作更深入之研究。

以上为印度语言专家研究之成果，可供参考。

1985 年 12 月，美国加州大学梵文教授 Frits Staal 先生枉贺舍下，余与之讨论《梨俱吠陀》诵唱方法。据称：天竺向以声音为主，但讽诵吟咏，深戒笔之于书，写下来便成罪过，故世世相传，有声而无文。所谓 mantra（咒），只为讽诵而已，不理其文义，不问其何所指也。《梨俱吠陀》三声，惯例以斜划/示高音之 Udātta，横划—示低音之 anudātta，竖划｜示中音之 svarita。其音读演变，可分为四时期：

（1）初期（<1000B. C）例字如：

yajñásya（祭祀）

|

udātta（高音）此处必用 high pitch

（2）次期（>1000B. C.）：

|

yajñasya

|

anudātta（低音）udātta 变为 middle pitch

其法则如下：

/（udātta）　　　　　　｜（svarita）

1　2　3　→　1̲　2　3

（anudātta）

依据 Arthur A. Macdonell：《吠陀文法》，次期大抵 udātta/每变为（svarita）一。在三声记音标识时，agnínā 可写为 agnìnā。

（3）三期：

在《三曼吠陀》（Sāmaveda）中，Udātta 1，Svarita 2，anudatat 3。例如：

3　1　2

yajñasya

低　高　中

（4）四期：

在Śatapatha Brāhmana（《七婆罗门书》）中则加以简化，Udātta 只写成一号，例如：

yaJ̌ñasya

以上所论列，可谓为对吠陀三声最扼要之认识。Staal 氏尝在印度 Nambudiris 拍摄该地婆罗门徒火祭（Agnicayana）影片与录音，一千年前印度祀火唱咏之旧俗，尚仿佛可睹。

梵俗传统以三重音（3 accents）为一音节，以构成韵律（prosody），吟唱时或间以无音之助声○—○—○。兹举《梨俱吠陀》首篇 Agni（《火神阿耆尼赞》）第一句，示其音之抑扬如次：

agním ī́ḷe puróhitam yajñásya devám ṛtvíjam ‖

观此，吠陀三声吟唱之法，可思过半矣。

蒲那（Poona）S. R. Sardesai 印行之纪念吠陀大师 B. G. Tilak 之“Ṛgveda-Samhitā”，为精校之《梨俱吠陀》梵本，每句之下其字重要之音节，皆著以“一”号，表示其步格拍子，是经过后人整理之成果，故为一般所依据。远古唱咏之方，是否如此，尚难确知。

《四声三问》一文，影响后来之语音学与文学批评至深且巨，近年郭绍虞、管雄诸先生讨论声律说之由来，无不引证陈文以为依据；鉴于攻治梵书者少，故不自量力，略摭波儞尼仙原著及印度学者研究之成果，介绍于国人以供参考。

《波书》所提出之《吠陀》三声，Udātta 与 anudātat 表示高低，恰恰相反。法国梵文巨匠 Louis Renou 在所著 *La Grammaire de Pānini*（《波儞尼仙文法》）中指出 udātta 为法文之 aiguë（尖音），anudātta 为 non-aiguë，即 grave（低音）。此两者正相对立。按此有如六朝人声音两分法之飞、沉。刘勰《文心雕龙·声律》篇云："凡声有飞沉，沉则响发而断，飞则声扬不还。"声之高、低、扬、抑，差可比拟。至于 svarita 实为中音，乃 udātta 与 anudātta 两音之结合，英译谓之 circumflexly accented（高低音），法译谓之 modulée（使抑扬），一字之中，有抑有扬。例如 hanyā、śikyām 等，必一字具有两音以上，始有此现象。在汉土文字，无从比附。故知谓四声名称取自《吠陀》之三声，似无充分理据。况永明时，沙门为竟陵王新制转读之佛曲，文士实未闻参预其事，不得谓善声沙门与审音文士交互影响，遂有四声之创制。

婆罗门经典向无汉译，只有梁陈之间真谛译《金七十论》，其第一偈之饮苏摩酒，即《吠陀》之 soma（此书印度有从汉文转为梵语者，1944 年刊）。至若《四吠陀》至今尚无汉文译本。

本华僧众治吠陀者殊少。《续高僧传》五京大慈恩寺梵僧《那提传》云："余自博访大夏行人云：那提三藏，乃龙树之门人也，所解无相，与奘颇返。西梵僧云：大师隐后，斯人第一，深解实相，善达方便，小乘五部《毗尼》，外道《四韦陀论》，莫不洞达源底，通明言义，词出珠联，理畅霞举，所著《大乘集义论》，可有四十余卷，将事译之，被遣遂阙。"（《译经篇》四，与玄奘同传。）那提，唐曰福生，中印度人，故能洞晓外道之《四韦陀论》。若乎汉僧，则茫乎未闻有能解此者。唐神清《北山录》论及《四围陀》，见"异学"卷第十五。婆罗门经典，始终被佛徒摈斥，视为外道，故无人过问。梵学真相，晦而不彰，可为浩叹！

宋景祐《天竺字源》御制序云："西天章典以八字为句，四句成颂。成劫之初，梵王先说具百万颂传受天人，以其梵王所说，故曰梵书。作劫之初，帝释天王又略为十万颂。其后波腻尼仙又略为八千颂，此并字音之本。其支派论有一千颂，字体有三百颂，字缘有二：一者三千颂，二者二千五百颂。……"提及波儞尼书，惟净之时，已措意及此；惟仍无人踵武，嗣后亦成绝响，惜哉！

本文原载《中国语文研究》第九期

论悉昙异译作“肆昙”及其入华之年代

或谓悉昙入华，至唐时，其说始盛，似是而实非也。日本马渊和夫著《日本韵学史の研究》都三巨册，于历代悉昙东来源流演化，论述至详，诚蔑以加美（昭和五十九年增订本，临川书店）。惟未采用敦煌资料，如鸠摩罗什《通韵》及石窟写卷之《悉昙章》各本，缺而不录，不无遗珠之憾。兹试举数事，补述如次。

一、道安著录之《悉昙慕》

马渊氏据隋费长房《历代三宝纪》第十四《小乘录入藏目》内有《悉昙慕经》一书，谓即印度传入悉昙之始（卷一，18 页）。按《三宝纪》为隋时书，此列于小乘修多罗失译之类。考梁僧祐《出三藏记集》卷三《新集安公失译经录》内已有“《悉昙慕》是晚集所得”，是晋时道安所见梵籍已录及“悉昙”之书，与鸠摩罗什《通韵》之言及《悉昙章》，年代先后正符。是时悉昙当已传入，非始于隋，事至明显。《开元释教录》卷三亦收《悉昙慕》二卷。

二、《楞伽经》与《悉谈章》

现存敦煌写卷属于《悉谈章》作联章体者共五卷，实有两类：一题《俗流悉昙章》（北京鸟字六十四号），一题《佛说楞伽经禅门悉谈章》前并有序。两者已收入《敦煌曲校录》，后者《大正藏》已著录，英法两处共得四卷。S·四五八三号为一残黄纸，开、天时物。P·三〇八二题作“诸杂真言”，实即此篇。P·三〇九九为一小册题曰：“禅门悉谈章并序”。兹录序文于下：

诸佛子等合掌至心听。我今欲说《大乘楞伽悉谈章》。《悉谈章》者，昔大乘在楞伽山，因得菩提达摩和尚，宋家（任氏校改作“元嘉”，三本皆同作“宋家”）元年，从南天竺（一本作“竹”）国，将《楞伽经》来至东都，跋陁三藏法师奉谘翻译。其经总有五卷，合成一部。……又嵩山会善沙门定惠，翻出《悉谈章》，广开禅门，不妨慧学，不着文字，并合秦音。亦与鸠摩罗什法师《通韵》“鲁留卢楼”为首。

序言“大乘在楞伽山”，大乘是人名，当即“摩诃衍”。序称《楞伽经》出跋陀所译。《高僧传》卷九：

求那跋陀罗，此云“功德贤”（梵名是 Guṇā bhadra）中天竺人。以大乘学故世号摩诃衍。……跋陀前到师子诸国。……元嘉十二年（435）至广州，刺史车朗表闻。宋太祖遣使迎接……敕名僧慧严慧观于新亭郊劳。……琅琊颜延之束带造门。……后于丹阳译出《胜鬘》、《楞伽经》，徒众七百余人，宝云传译，慧观执笔。（《大正》五十，344 页）

由上文知大乘是人名之摩诃衍，即指跋陀。彼实于元嘉十二年莅广，非元年。《楞伽经》梵名 Laṅkāvatāra，其书为如来藏与阿赖耶识思想结合之作。跋陀所译（在《大正》六七〇号）题曰《楞伽阿跋多罗宝经》。其后菩提流支译本称《入楞伽经》，宝义难陀译称《大乘入楞伽经》。序言“欲说《大乘楞伽悉谈章》”，下记刘宋时（求那）跋陀罗译出《楞伽经》。审其文辞，即依《楞伽》教义敷演成章，以明禅法及所造之境界，次第分明。证以谢灵运说，刘宋之初，《悉谈章》已流行，故取与《楞伽》经义结合为文。其事当在菩提流支之前矣。

敦煌所出《楞伽师资记》多本，P·三五三七存者为宋求那跋陀章之后，S·四二七二为前之部分，对楞伽经译出与禅训，可参考《讲座敦煌》，《敦煌佛典与禅·北宗灯史》部分。

三、河西法朗说“肆昙”即“悉昙”

慧均《（无依无得大乘四论）玄义记》论古来对十四音之解说，其四云：

> 四：今谓止是“肆昙”二字。唤此“肆昙”字，与吴音同音耳。所以无此二字者，河西朗师云：“此二字直是赞美前十二字，非是字本。无别所明，故不载也。而今犹得为十四音者，明所赞叹与能赞叹，能、所合数，故名为十四。”……故明合十四音为肆昙字名也。此云成就，成就十二字义，惣（总）别会明十四音。

此亦见安然《悉昙藏》卷二。

古来所谓“十四音”，其说甚繁，安然论列，计有十师之说。河西朗特其一耳。上说之要点如下：

（一）悉昙二字译作“肆昙”。

（二）肆昙训成就，意在赞美前十二字，不是字本。

（三）将字本（母）之十二字，加上赞美之肆昙二字，合成十四之数，即“能、所合数”。

从长短阿（a ā）讫庵（am）痾（ah）共十二字，是为字本。以“悉昙”二字是成十四音之数。此说似行于北方。梁武驳之，谓“宗法师（按指僧宗）以悉昙足之者亦非。悉昙自吉祥，何关十四音耶?”（参马渊氏书II2 页〔七〇四〕《大般涅槃经》之十四音条，及安然《悉昙藏》卷二）

十二字者，

> 《玄义记》（即慧均）引（隋）灌顶为河西解云：“古来释云十四，一云：‘下鲁流为一字，卢楼为一字，足前十二为十四也。’”

（灌顶说详其所著《大般涅槃经疏卷十二文字品》，见《大正》三十八册，110 页。）

按《灌顶疏》又云：

> 又河西以前，十二即是十二音，取后四音合为二音。古经本云：梨

楼梨楼，即是四字为二音，足前为十四。

是鲁流等本只作二字计，其尚有不足二字，乃以肆与昙充之。

按河西朗师当指法朗。法朗受业于北凉昙无谶。时无谶最先译《大涅槃经》，其中有文字品。法朗从无谶受业，详《梁高僧昙传》附《道朗传》，朗师之说当出自昙无谶。是时悉昙之学已为人所熟习，又音译作“肆昙”，尤堪注意。故知悉昙学之入华，与《大般涅槃经》之翻译有密切关系。

四、用宫商五音配合悉昙十四字母

梁释宝亮撰集之《大般涅槃经集解》卷第二十一为《文字品》，引僧宗说云：“传译云十四音者，为天下音之本也。如善用宫商，于十四中随宜制语，是故为一切字本也。此中但有十二字。余二字零落不传。相承云‘悉昙’二字是也。”（《大正》，册三十七，464 页）僧宗之说同于河西朗师。僧宗即安然书中所称之“宗法师”，齐太祖时，讲《涅槃》等盈百遍，居太昌寺，建武三年（496）卒。其讲《涅槃经》必在永明之前。彼复提及“悉昙”一名，可见自《文字品》出，而十四音之讨论兴，悉昙正是当日内典翻译问题点之一也。

僧宗所云：“善用宫商，于十四中随宜制语，是故为一切字本也。”此语最值得玩味。安然《悉昙藏》卷一引《大乘四论玄义记》中唐慧均云：

> 寻十四音者，本是过去诸佛法门……天作十四音，生出世间言辞之本。……故《肆昙章》中生出声论与字论等根本也……
>
> 故得有四十二门，有十二音、十四音，复得有十六音，音为本，本能出字等也。梵音屈曲以因之转变，复成一切字本也。如此间（指汉土）音唯有五，谓宫、商、角、徵、羽，字本因此，生三万六千余字也。（369 页）

此以汉土宫商五音生一切字，以比况梵土《悉昙》之十四音。宫商五音，可生三万六千之数，梵十四音，一切字亦从此出。以此证明“字本”之原理，梵语元音有十四、十二、十六诸异说，无论孰是，皆为字母，一切字无不自此而生。今观《通韵》云：

本为五十二字，实生得一百八十二文。就里十四之声，复有五音和合，数满四千八百，唯佛能知。

所谓“五音和合”，似可以僧宗“用宫商于十四（音）中”解之。

沈约《答陆厥书》亦云：

宫商之声有五，文字之别累万，以累万之繁，配五声之约，高下低昂，非思力所举。

可见南朝文士利用《涅槃经》“字本”之说合以汉土之宫商，加以演衍，当时似成为文字之一种新玩意。由僧宗之言，“善用宫商，于（梵）之十四（音）中随宜制语”，其事当盛于南齐之初，此《悉昙章》入华后影响所产生之奇葩，僧宗所谓“随宜制语”，当如周颙之“体语”。依僧宗之说，梵十四音明指字母，即体文（子音）亦即是纽。《封氏闻见记》称周颙“好为体语，因此切字皆有纽”。以纽字作双声之游戏。《南史》言羊戎语好为双声，举“金沟清泚，铜池摇飏，既佳光景，当得剧棋”诸句（卷三十六羊玄保附传）。《洛阳伽蓝记》载婢女之“狞奴慢骂”，皆其著例也。

北方译刊慧远所述之《悉昙章》

《通韵》云“五十二字”，此指梵文字母甚明。《翻译名义大集》引：“泽州云：‘其《悉昙章》以为第一’，于中合五十二字。”任二北引范可中《悉昙章校注》谓“前五章半阕皆五十二字”，以为《禅门悉昙章》每章半阕之字数，任氏驳正云“五十二字仍于字母求之为近”，其说是也。

今按梵文字母字数向来有若干家之异说。泽州说盖指慧远，所谓“北远”本者也。日本安然《悉昙藏序》：“定字数则述：《华严经》四十六字，《大梵王》四十七字，《大日经》等四十九字，《涅槃经》五十字，《裴家》五十一字，《北远》五十二字。”又称“慧远，北地之音”，与僧叡为东天（竺）之音正互异（《续藏》八四，365 页）。同书引惠（慧）远《涅槃疏》云：

> 胡章之中，有十二章。其悉昙（章）以为第一，于中合五十二字。悉昙两字题章名，余是章体。（408 页）

北远云“胡章”，指北地传入之胡本，乃以“悉昙”二字题作章名，加上字母五十字合计之，故得五十二字之数。所谓五十二字，说即出此。据慧远《涅槃经义记》，其“悉昙以为第一”句，应作“悉昙章”，安然所引，漏一“章”字，今据补。《翻译名义大集》所引则无误。

何以称为“北远”？按唐以前有二慧远：一为东晋庐山白莲社之慧远，与鸠摩罗什问答，著有《（什）法师大义》（见《大正》一八五六），一为隋净影

（寺）大师之慧远，原为敦煌人，后居上党之高都，故称“北远”。北远事迹见《续僧传》卷八。俗姓李氏，初于泽州东山古贤谷寺剃度。本传记其（隋）开皇五年为泽州刺史千金公请赴本乡，象法再弘于桑梓，又记其弃世于开皇十二年六月二十四日，当终之日，泽州本寺讲堂众柱及高座四脚，一时同陷（《大正》册五十，491 页）。故知后人所称之泽州，即指北远。《元和郡县图志》十五，泽州下云：“今州即上党郡地，汉为上党郡高都县地。……后魏道武帝置建兴郡，孝庄帝改置建州，周改建州为泽州，盖取濩泽为名也。”（423 页）是“泽州”称号盖始于北周。

马渊和夫在其《日本韵学史の研究》第二册首章“大般涅槃经之十四音”，据安然《悉昙藏》既引“泽州疏”（707 页），又引“北远”说，不能辨其为一人。复于第三章论《涅槃经》关系，“远”名下注云“梁惠远”。今按慧远活动全在北方，北齐时随阇梨湛律师往邺，周氏平齐废教，慧远与武帝辩论护法，有声于时。乌得目为梁人？慧远著书甚多，其《涅槃疏》十卷原书今犹存于《大正藏》三十七册，此书全名应为《大般涅槃经义记》题“隋净影寺沙门释慧远述”。卷第四，论半字、满字之义云：

半、满之义，泛论有三：一就字体以别半、满，彼《悉昙章》生字根本说之为半，所生余章，文字具足名之为满。又十二章悉名为半，自余经书记论为满。（以下二、三两义从略。）今此文中唯就初门及第三门初义辨之。文中有四，一就字体以辨半、满，《悉昙》一章名之为半，余皆为满。……初中有四：

（1）迦叶略问云：何如来说字根本？

（2）如来略答：于中初明半字为本。名悉昙章以为初半。……凡夫知法必依于字，故偏说之。

（3）迦叶重问字义云何？

（4）如来广辨。于中有二：一别解字义，二吸气下总辨字相。

初中应先广辨胡章，然后释文。

胡章之中，有十二章。其《悉昙章》以为第一。于中合有五十二字。悉昙两字是题章名，余是章体。所谓恶（a）阿（ā）亿（i）伊（ī）郁（u）忧（ū）咽（e）野（ai）乌（o）炮（au）庵（am）阿（aḥ）。

伽（k）佉（kh）加（g）恒（gh）我（ṅ）吒（ṭ）咃（ṭh）茶（ḍ）袓（ḍh）拏（ṇ）多（t）他（th）陀（d）弹（dh）那（n）遮（c）车

（ch）阇（j）馔（jh）若（ñ）波（p）顿（ph）婆（b）滟（bh）摩（m）
蛇　啰　罗　啝　奢　沙　娑　呵　茶　鲁　流　卢楼

鲁、流、卢、楼，外国正音名为亿力、伊离、栗、离。此是初章。

问曰：前后两茶何别？（答）前长后短。就此章中迦、佉已下三十四字是其字体。初十二字是生字音、末后四字是呼字音，将初十二呼彼迦等生字之时，有单有复。其单呼者依后四中栗、离二音，其复呼者用后亿力、伊离二音；单复呼中并有长声短声之别，故有四音，前后合说有十六音。而经说言"十四音"者，前十二中后二助音，非是正音，故除此二说十四音。初章如是。

将初十二单呼迦等三十四字为第二章，用十二音呼一迦字生十二字即为一遍，乃至呼茶，类亦同尔。三十四遍合为一章。

就复呼中有其十章，相状如何？

就彼三十四"字体"中，前之五五二十五字是其毗声，备如下辨；蛇罗等九是其超声，亦如下说。

就毗声中有其五句，最初迦字应配其余三十三字入十二音为第三章。

以迦配佉入十二音生十二字以为一遍，乃至配茶，类亦同尔。是则合有三十三遍为一章矣。

取初句中末后俄字历配其余三十三字入十二音为第四章。

第二句中最后拏字历配余字入十二音为第五章。

第三句中最后那字历配余字入十二音为第六章。

第四句中最后若字历配余字入十二音为第七章。

第五句中最后摩字历配余字入十二音为第八章。

就超声中具有九字，取前四字历配余字，入十二音复作四章，通前合为十二章矣。若以诸字尽具相配入十二音，通合应有三十六章，不能烦广，略举斯耳。（《大正》三十七，707 页）

隋以前之《悉昙章》完整资料殊未易觏，今从《义记》中辑出此段，吉光片羽！殊为可珍。慧远所传之《悉昙章》原共三十六章。与今世流传《悉昙章》之作十八章，虽有不同，实际上即取子音之五五二十五之毗声与九个超声，与元音十二母拼切成章。隋时北方所传之《悉昙章》，其内容及结构，于此可窥其全貌，然后知慧远所谓"胡章"之"章"字，即指"悉昙章"，六朝人习以"胡"、"秦"相对为言，说详《续僧传·彦悰传》。安然《悉昙藏》卷三

“章藻具阙”有三评，其三曰“定增减”。书中采辑（1）智广《悉昙字记》，（2）义净《南海寄归传》，（3）慧远《疏》，（4）《全雅悉昙》，（5）《佛哲将来悉昙》，以及空海《将来大悉昙章》诸家书钞存，并加评语，安然此卷资料，马渊和夫全部采入所著书之第一章“印度悉昙学”项下。视慧远此《疏》为佚文（70页）。安然厕慧远此《疏》于唐义净之后，是当日未睹慧远《大般涅槃经义记》原书，不辨其为隋之沙门，殆误为唐人矣。马渊氏未能辨正。安然评云：

> 今见此十八章，只是从第八章以来，唯剩迦俄拏那四章而犹阙，无九章以后十章三合四合五合孤合字也。

慧远此《悉昙章》虽与其他唐以来所传之《悉昙章》颇异，北地胡本，赖此存其鳞爪，何可忽视耶？

唐以前十四音遗说考

《隋书·经籍志叙》云："自后汉佛法行于中国，又得西域胡书，能以十四字贯一切音，文省而义广，谓之婆罗门书。"同书著录有《婆罗门书》一卷，不著撰人。郑樵《通志·七音略》引述之，于《艺文略》则录《婆罗门书》四卷。《隋志》作者认为此《婆罗门书》即十四音。

《涅槃经》云："有十四音，名为字义。"自《大般涅槃经》中《文字品》传译以后，十四音之说引起僧徒及学人之重视。解说者颇为繁赜。智秀云：

> 此（文字）品有七段：第一正答问，第二列出十四音，第三约四音结成字义，第四明音所以得有差别，有十四音也。……（《大正》册三十七，464页）

此指出十四音在《文字品》中之重要地位。谢灵运以释慧叡曾入关从鸠摩罗什谘禀，后止建康乌衣巷讲经，宋彭城王义康请以为师。灵运好佛理，"乃谘叡以经中诸字并众音异旨，于是著《十四音训叙》，条列梵汉，昭然可了"（《高僧传》七《慧叡传》）。灵运于宋文帝时与慧严、慧观重译《涅槃经》，世称为南本（参元时师正述《科南本涅槃经序》）。其攻习梵语，自是事实。后世相传有翻经台。唐颜真卿撰《抚州宝应寺翻经台记》云："抚州城东南四里有翻经台，宋康乐侯谢公元嘉年初于此翻译《涅槃经》，因以为号。"（《颜鲁公文集》十四）即记其事。《十四音训叙》今虽失传，然日僧延历寺安然《悉昙藏》十四音一项中引录宋国谢灵运语，共若干处，其说可窥见一斑。逯钦立昔撰《四声考》（《学原》三卷第一期），在“论纽与天竺体文”一段引录颇备。戴密微先生为荷兰高罗佩（K. H. Van Gulik）《悉昙》（*Siddham*）一书撰书评，颇表彰谢康乐之《十四音训》（《通报》，1957）在中国语音学上之地位。日本兴膳宏亦征引安然所采唐慧均之《大乘四论玄义记》记载谢灵运诸语，说明谢氏确为悉昙学之先驱。[①] 谢说频见世界学人引用，已耳熟能详，今不复细论。惟十四音有关资料，非止于此。《悉昙藏》卷二称：“悉昙韵纽有三评，其一曰‘十四音’。”安然采用各说如下：

(1) 玄义《记》，即唐慧均之《大乘四论玄义记》；

(2) 吉藏《疏》（《涅槃经疏》）；

(3) 章安《疏》；

(4)《涅槃文字》。

此外出于口传者有贞观寺之真雅及日本和尚慈觉大师圆仁。

今按梁灵味寺宝亮所集《十法师大般涅槃经集解》，卷二十一为文字品第十三，其中“释十四音”一项，广引道生、僧亮、僧宗、智秀、昙纤诸家之说。

隋章安灌顶撰《大般涅槃经疏》卷十二文字品，总结隋以前涅槃注家对十四家之异说，定为六解，四者解单，二者解复，区分为单与复两范畴。复引观师说以破之。观师未详何人。此段即安然所录之第三“章安疏”。兹录其文如后：

初文音随字者，十四音也。是十四音去是也。古来六解，大为二涂。前四解单，后二解复。一、宗师云：“书缺二字，师不能通，故无两音，止有十二。”二、招提足“悉昙”二字。三、梁武足涅槃二字，引经云：“所言字者名曰涅槃。”四、开善云：“于十二字中，止取十字，除后庵痾，谓是余声故。”经释炮音便云：“于十四音是究竟义。更取下鲁留卢楼四音足为十四，插著中心。谓阿阿伊伊忧忧鲁留卢楼咽黟等。”五、庄严复解：“前十二为六音，后五五相随。又取后三三相对，中四字耶啰和

① 汉译见《中国文艺思想史论丛》（一），133 页。

赊，足前五成六，足上成十二。取罗沙娑诃罗。为一迟音。鲁留卢楼为一速音，是为十四。”六、冶城云：“前两两相随有六，次五五相随有五，后三三相随有三，合成十四音。”观师云：“古来六解次第弹之。初云书缺二字者，外道师不解，反启问太子，太子自知。今说涅槃。岂不安二字犹言书缺，弹招提者，悉昙通是外国十四音之总名，岂得将总足别？弹梁武者，涅槃亦云盘利涅隶盘那，此则六字。亦云般涅槃那，此则四字，何故止取两字足之，弹开善者，除庵痾两字，足鲁留卢楼四字；若鲁留卢楼是音者，何不在音次第而在字后安之，弹庄严者，经文现云十四音，何时云以字足音，音字两异，何得相混？庄严不成，冶城亦坏。又河西以前十二即是。十二音取后四字合为二音。古经本云梨楼梨楼，即是四字为二音。足前为十四。又梵本言字不言音。今十二字，或十六字随世所用。又一解云初十二是音，后迦佉下是字。又一解云，初十二字有三事：一字二语三音。因此字以为言论端首，然后方及余字，故言字本。初半字者，世法名半字，佛性名满字。又以九部为半字。大乘为满字。”又云：“梵本无半满之言。但以事未成为半，成就为满。兴皇有半边相足，无牵申等满云云。”河西云：“十二字喻之如饭，后二十五字喻之如羹，后九字摄持诸句，如守门人，亦如瓔珞。”后九字亦字亦音，鲁留下之二字，童蒙所不习学，吸气舌根，是第三明诸字所因，皆有差别故。迦佉等是舌本声，多他等是舌上声，咤侘等是舌头声，波颇等是唇间声，遮车等是齿间声，故言皆因舌齿差别，如是字义下。第四明字之利益，前举字义，后明佛性云不如是。又半字下，第二别释半满为三。先法，次譬，三合，何等名下。第三更明无字之义亦是得失。后番领解，述成如文。（《大正》册三十八，109—110 页）

马渊和夫者，扶桑语言学之翘楚也，著《日本韵学史の研究》，其第二册首章为讨论“十四音”之专篇，主要资料即抄取自安然书，条列分明，惟病其引用书之错杂，马渊氏为语音专家，无暇考证各家说之来历，以追寻其根柢。上引诸家列举作者书名，既多省略，复用其住寺以称其人，不举僧名。安然仅作钞胥，未加疏理，览者不免眩乱，莫辨宾主。大抵解者诸家，大都著有《涅槃经疏记》，其书亡佚已久，书存者如隋净影寺慧远之《大般涅槃经义记》，又为人所忽略。《涅槃文字》称之为《泽州疏》，安然又呼之曰“北远”，几被误为二人；冶城寺智秀即所谓“秀法师”，安然书中“冶”字通误作“治”；援引者亦未能谡正。法宝《涅槃疏》，其人时代较先，《高僧传》附于竺道生之后，安然评语竟厕于道暹之末，浑昧其年世。凡此种种，马渊氏均未细加甄别，故但觉其征引繁乱，目迷五色。今略依治《涅槃经》各僧之年代，考述于下，以为治安然书之一助，并补马渊氏之不及：

（一）河西朗师：即法朗，其说已详另文。灌顶引其隽句云：

十二字喻之如饭，后二十五字喻之如羹，后九字摄持诸句，如守门人，亦如璎珞。

妙语解颐。朗师受业于昙无谶。《涅槃》北经本解说者之魁杰也。

（二）慧观：元崇圣院天台宗师沙门师正述《科南本涅槃经序》云：

此经……始于沮渠蒙逊请昙无谶及猛法师两度翻译，共十三品或四十轴，行之北方。至宋文帝敕（慧）严、（慧）观二师同谢康乐更共治定，开为二十五品，缩为三十六轴，行之江南。

此言《大涅槃经》有南、北两译本也。慧观遗说见安然《悉昙藏》卷七“字义解释”篇次第二；《谢灵运传》慧观法师解云：

以音为半，字音合说，名之为满也。

慧观遗说不多，仅见此数句耳。

（三）法宝：《悉昙藏》卷五引法宝《涅槃疏》云：

经云“噁者至阿”，一释字音；经曰“迦者至荼”，二释字体。初译毗声有二十五字，后释超声有九字。音韵伦次曰毗声，非伦次者名为超声。经曰“鲁流卢楼”，三释呼声。经曰“吸气”，至有差别。智度论云：“气，风触其七处而发声也。”依梵音：伽佉等五字是喉中声，吒他等五是上腭声，多他等五是舌头声，遮车等五是齿中声，波顿等五是唇中声。随音解义，皆因舌齿有差别者；虽依唇等所发长短等声，若无舌齿所发之声，即无名等诠证义差别。（408 页）

按玄应《涅槃音义》超声八字云："耶（注：北经作虵）、啰、罗、嚩（平声）、奢、娑、呵（短声）。罗，云：'南经注来家反，北经作茶。远云短（原误作矩）。'"（《悉昙藏》，411 页）是南、北经本各有异同，末一字母"罗"，梵文是 KS，北方本作茶，慧远及法宝皆作茶，是属于北方本也。超声之数，法宝与慧远同有九字，玄应超声少一"沙"（S）字，故为八字。法宝释鲁流四字为呼声，又称字母迦至茶为"字体"，均同于慧远。当是源于北方之学。其分别毗声与超声之歧异，在字母之安排，音韵有伦次与否，甚得要领。安然评引法宝《涅槃疏》云："是十四音，名为字本者，因此十四音历三十四字，遂成多字。此等皆依十四音。有亦（应作'本'）十二音，加二呼音，故言十四。"同书，又引宝师此语（411 页）。

按言"历三十四字"者，指配三十四子音（毗声与超声），二呼音指末之"鲁流"。其以鲁、流为二音，则参用河西朗师之说，亦出于北学。慧皎《高僧传》七《宋京师龙光寺竺道生传》末云："后龙光又有沙门宝林，初经长安受学，后祖述生公诸义，时人号曰游玄生，著《涅槃记》……林弟子法宝亦学兼内外，亦祖述生义焉。"是法宝即道生之再传，亦渊源于什公。

（四）僧亮：说见宝亮书《涅槃集解》卷二十一"释十四音"条引僧亮曰："其义云何者，问其字体，亦问字义也。有十四音，此答字体也。"又解鲁流四字云："今此四字，共表四义。四义者，谓三宝对法。"又云："言十四音而所别十二者，《瑞应经》云书缺二字，以此为证也。"彼据此谓十四音只存十二音，余二音本缺。彼亦称曰广州大亮法师。吉藏《疏》云："广州大亮法师解十四音云：'具足有十四音，而今文中，从长短阿讫庵痾，止有十二音。'"称为大亮者，以别于灵味寺宝亮之称小亮也。《高僧传》卷十三："兴福有宋京师释僧亮。"另是一人。汤用彤谓："先是宋有僧道亮，曾摈居广州，故世称道亮为广州大亮。参看《三论玄义》卷五。"（《佛教史》，692 页）《高僧传》七："道亮，不知何许人。住京师多宝寺。元嘉之末，被徙南越……南适广州。弟子智林十二人随之停南六载。至大明中，还止京兆。宋太始中卒，春秋六十有九。时多宝寺复有静林，善《大涅槃经》，为宋孝武所器敬。"自《大涅槃经》南本译出，十四音即为治涅槃者所盛称，讨论者日众，由谢康乐之《十四音训叙》所影响，悉昙学在刘宋时已为僧众所究心，可概见矣。

（五）僧宗：吉藏《疏》引宗法师解云："具足有十四而今零落二。文中唯有十二。既言具足有十四，零落唯有十二者，余二字是悉昙两字，取悉昙两字足成十四也。"按此除去鲁流卢楼四流音不计，即 a、ā 至 am、ah 实只有十二音。而云“十四音”者，连悉昙章前之“悉”、“昙”两字计之耳。此一说，南方灵味寺宝亮、北方河西法朗之说皆同。为当日从《悉昙章》传入后流行之一种解说，实不可取。

僧宗在南齐地位甚高。竟陵王子良既谋相贵敬，尚书令王俭延僧宗讲《涅槃经》（见《续僧传·僧旻传》）。僧宗者，梁武为撰序之《涅槃经集解》中十法师之一也，其十四音解说亦略载于是书。《高僧传》八：“释僧宗姓严，本雍州凭翌（冯翊）人……先世移居秦郡。晚受道于（昙）斌、（昙）济二法师，善《大涅槃》。……魏主元宏遥挹风德，屡致书并请开讲。齐太祖不许外出。宗讲《涅槃》……等近盈百遍。往来信施，造太昌寺以居之。建武三年卒。”宝亮《涅槃集解·文字品》引僧宗说，略举如下：

僧宗曰：“传云十四是字，后者名音，字与音合，名为满也。十四未满，为半也。音字合故，有记论也。阴者有为，实法无为也。”

又曰：“传译云十四音者，为天下音之本也。如善用宫商，于十四音中随宜制语，是故为一切字本也。此中但有十二字，余二字零落不传。相承云：悉、云二字是也。”

又曰：“三十八音从十四音出。但就三十八中前二十五音是次第从舌本声，次至舌端、次齿、次唇，从第二十六至第三十。此是超越不定，下有八字，皆表长短超声之相。

“半字为字本者，义生此也。……迦呿此五字是舌本音也，遮、车此五字，舌中音也，吒他此五字，舌端音也，多他此五字，是舌齿音也，波颇此五字，是唇音也，耶、罗、和此五字，是超声也。

“下八字，皆是缩张含吐之异也。”（《大正》册三十七，464 页）

僧宗对梵语字母审音部位至精，辨析妥当，具见南齐时声韵学进步之情况。

（六）宝亮：吉藏《疏》引灵味小亮法师解云：“具足有十四音，文中唯有十二者，当以‘涅槃’两字足之。而今不安者，定所未详也。”按宝亮在所辑《涅槃集解·文字品》中引僧亮取《瑞应经》“书缺”二字为证，下云：

宝亮曰：“若就此文而断，正应用涅槃为二字，然相传不取，未详所以也。”（《大正》册三十七，464 页）

其原文如此。

梁天监八年敕宝亮撰《大涅槃义疏》，武帝撰序。即今之《大般涅槃经集解》。宝亮前后讲《大涅槃》凡八十四遍，憩灵味寺，故称为灵味小亮，详《高僧传》八本传。

（七）智秀（冶城）：《涅槃集解·文字品》引智秀说此文字品有七段，见前引。又云：

> 第三段结成字义也。正是以音表旨，故目此音为字也。字有满、半者，以十四音用表圆理，目为满字，表未圆理，谓之半字也。

又在“吸气舌根之声皆因舌齿而有差别”下引智秀曰：“第四段明音所以得有十四之音也。”吉藏《疏》第七引秀法师云“与诸师硕异”，彼解云：“从长短阿讫庵痾字有十二字，两字为一音，合有六音。如长短阿讫庵痾字有十二字，两字为一音，合有六音。如长短两阿为一音，乃至庵痾两字为第六音也。次从迦佉以去有二十五字，五字为一音，如迦佉伽伽俄二十五合为五音，足前为十一也，次从耶啰罗以去有九字，三字为一音，如耶啰罗九字，合有三音，足前合为十四音。彼不取鲁流四字为音。明此四字，直是‘利’前音，非是音也。”《高僧传》八：“智秀本姓裘，京兆人，寓居建业，投蒋山灵耀寺出家。尤善大、小《涅槃》，《净名》……卒于冶（原误作‘治’）城寺，春秋六十有三。”（《大正》册五十，381 页）知彼居于冶城寺，即以冶城为智秀之号。

智秀以复立说，同于庄严，其意盖以（a）、（ā）；（i）、（ī）；（u）、（ū）；（e）、（ai）；（o）、（au）；（am）、（ah）为六组，分为六音，k、kha、ga、gha、nga 五字为一组，五组为五音。上六音加以五音得十一音。再以超声九字分为三组，一组得一音，合为三音，连上十一音，全部得十四音。此种新颖之计算法，不易为人接受。故灌顶引观师弹云：“经文现云十四音，何取道取字足音？音字两异，何得相浑？庄严既不成，冶城亦坏。”说虽不妥，亦足自治《涅槃经》学僧之巧思焉。智秀事迹亦见《续僧传·慧约传》：“齐竟陵王作镇禹穴（会稽），其时智秀、昙纤、慧次等同集王座。”昙纤论十四音之说，《涅槃集解》中存有一条，在僧宗释二十五毗声之下，引昙纤曰：“此二十五字皆前十二字中出；下去诸字皆不从出也。”意谓毗声与十二（元音）可以相配。“是故名罗”下《集解》又引智秀曰：“十四音讫此也。此中九字为三音也。”即指自 y 至 ks 九字分成三组，作为三音，与前 a、ā 至 am、ah 两两为六音，毗声五五为五音，合成十四音也。以式表之：

a、ā——am ah 12　毗声 25　超声 9
6音　＋　5音　＋　3音 ＝14 音

其超声以下三三相随为三，如何分配？想是以虵（y）啰（r）逻（l）为一组，唎（v）奢（ś）沙（ṣ）为一组，娑（s）诃（h）罗（荼）（ks）为一组，故云“三三相随”。彼解“罗”为讫此者，以罗为九超声之末字也。北经本末一字作荼，作罗乃南经本，智秀用南本故作罗。

智秀排去鲁流卢楼四字，称“明此四字，直是‘利’前音，非是音也”者，按此四字，本亦译作“唎唎利利”（《同文韵统》引天竺字母谱），可想秀所见本必有作“利”者，故其说如此。

（八）开善：灌顶《疏》“古来六解”引开善云：

> 于十二字中，止取十字，除后庵（am）痾（ah）是谓余声；故经释炮（au）音，便云：“于十四音是究竟义。更取下鲁留卢楼四音，足为十四，摄置中央。阿阿伊伊忧忧鲁留卢楼咽野等。”

梁时，开善寺智藏法师与庄严寺、光宅寺为梁时三大法匠。《法华玄义释签》谓“开善以《涅槃》腾誉”。慧均《玄义》称“定林（寺）柔法师义，开善智藏师所用”，是开善即指智藏，其人盖尝从僧柔受业。僧柔卒于延兴元年，东莞刘勰为制碑文（见《高僧传》八、《大正》，378 页）。开善智藏之十四音说则有取于“鲁流卢楼”四字而别作安排，表之如次：

a、ā　i、ī　u、ū　ṛ、ṝ　ḷ、ḹ　e、ai　o、au

此如谢客说，除去庵（am）痾（ah）二音，视作余音不计。

此说灌顶《疏》引观师弹之云：“若鲁留卢楼是音者，何不在音次第？而在字后安之？”其说炮（au）为究竟义，马渊氏书论之已详。智藏姓顾氏，吴人，少事定林寺僧祐。梁武敕居开善，讲《涅槃》等，有义疏行世，普通三年卒。

（九）庄严：灌顶《疏》称“后二解复”，即指庄严及冶城二家从二音立义，其说云：

庄严复解，前十二为六音，后五五相随，又取后三三相对，中四字耶啰和（咊）赊，足前五成六，足上成十二，取罗沙娑呵罗为一迟音。鲁留卢楼为一疾音，是为十四音也。

冶城云："前两两相随有六，次五五相随有五，后三三相随有三，合成十四音。"

冶城云"后三三相随有三"，说已见前。若庄严之法应如下列之式：

a、ā——au ah＋ka——n

6　　　　5

＋*y　r　v　ś*（+1）＋ *l　s　h　ks*（+1）（罗＝茶）（迟音）

＋ṛ　ṝ　ḷ　ḹ（+1（疾音））＝14

此种分组，出于别裁，似受冶城影响，有所改进。

是为十四音之新说另作安排者。庄严即指庄严寺。《高僧传》八："道慧姓王，寓居建邺。受业于猛、斌法师。善大乘，明数论，褚澄、谢超宗并见推礼。移憩庄严寺。（齐）建元三年卒，春秋三十有一。超宗为造碑文。时庄严复有玄趣、僧达并以学解见称。"（《大正》册五十，375 页）庄严寺自宋道慧以来，名僧辈出。

此庄严或指梁僧旻。慧均（僧正）《大乘四论玄义》所举末十家"第七河西道朗法师，末庄严旻法师，招提白琰公"。考《续僧传》五《僧旻传》，"天监末年，下敕于庄严寺，建八座法轮，讲者五僧以年腊相次，旻最处后。众徒弥盛，庄严（寺）讲堂，宋世祖所立，栾栌增映，延袤遐迩"（《大正》册五十，462 页）。庄严寺为僧旻所住，成为重镇。如知庄严复解，以指僧旻为是。僧旻著有《四声指归》，其人固深于声律者。诚如是，则其复解之义，乃取自冶城寺之智秀。又复不同。

（十）招提：灌顶《疏》云："招提足悉昙二字。"又观师弹招提云："悉昙通是外国十四音之惣（总）名。岂得将总足别?"按如前引慧均说，招提殆是招提寺白琰公，惜其事迹未详。[1]

（十一）兴皇：灌顶《疏》曰：“他解：无常为半，常为满。兴皇弹：‘查梨两片半边满耳。’他又解：昔说无常不名满，今教具说常无常，故满是。又弹：‘若以常足无常者，一片梨足半片查应为一果者，此是借足满。’”（《悉昙藏》卷七，431页）是为兴皇说半满字之意见。按释道宠，先出都，住于兴皇寺；梁武呼为上座法师，疑兴皇即指道宠。

（十二）梁武：梁武于释教最重《般若》与《涅槃》。天监八年敕宝亮作《涅槃义疏》（今称《集解》），亲为制序。十一年注《大品般若》，其《制旨大涅槃经讲疏》十帙，合目录共百一卷，卷帙浩繁，惜已沦帙。安然《悉昙藏》间有征引。卷五引梁武《涅槃疏》云：

> 十四音皆是半字。经中取十字，不取四字，以非常所用，故四字别流在后，异报恩解也。
>
> a 噁　音乌舸反。短声。　　ā 阿　音乌歌反。长声。
>
> i 亿　音乌矣反。短声。　　ī 伊　音乌尸反。长声。
>
> u　音乌久反。短声。　　ū 优　音乌鸠反。长声。
>
> e　音乌溪反。宜吴音也。　　ai 野　音乌鸡反。
>
> o 乌　音乌。乌鸣。　　au 炮　音乌蓤反。
>
> am 庵　音庵罗树园同　　ah　乌乌呵反。
>
> 右十六字。画其中四字，在后说。
>
> ka 伽　音居写反。此写宜用吴音。
>
> kha 呿　音鸠迦反。此迦字音犹同居写也。
>
> g 伽　音墟迦反。迦字亦同用上音。
>
> gh 咺　此音犹墟迦反。小重声语。
>
> ṅ　音鱼迦反。此字音迦同上也。
>
> 此五字舌本声（此下各五字之舌中声、舌头声、唇中声不复列。可参原文）。
>
> ya（虵）音丧虾反。小短音语（之）。
>
> ra 啰　音旧反之胡卢。挖是荷罗从旨取荷罗二字也（今谓来家反）。
>
> la 罗　音卢舸反。　　啝（哦）音蒲可反，宜褰上

---

① 参汤氏《佛教史》，712页《庄严、开善》一节。

（卜）唇呼之。

ṡu 奢　音舒虾反。　　　　　　　ṣa 沙　舒阿反，吴音呼也。

sa 娑　舒可反。　　　　　　　　ha 呵　呼舸反。

kṣ 罗　来家反。（悉昙字形作㕻）

此九字还入唇里声至颈也。鲁流卢楼此四字不取字之音训，取其四字及罕用之义也。吸气者，三十四后九字后。舌根者初五字也，随鼻之声者，前二十字皆声入鼻也。长短者，十四音中初六音也，超声者十二音后之二韵会为初二声之类也。（《悉昙藏》五引，410 页）

按梁武疏已不传，赖安然引用，得存其梗概，吉光片羽，具见其审音之细。首列十六字，不排除庵痾二音。而鲁流四字列后，以不取其字之音训；梁武采扶南僧曼陀罗师说，谓其出于外道故也。书中注音有时标明用吴音，或注小重声、重声、小短音，或以物名比况，有时状其唇吻。末字作罗，不作荼，又标"来家反"，证以玄应说，正是南经之本，大异于河西、法宝、慧远之为北经本也。

吉藏《疏》引梁武并弹各家之说，节录如下：

前云"书缺"二字者，尔时去圣久，所以缺二字；今圣人出世，可得言"缺"耶？

次宗法师以"悉昙"足之者，亦非。"悉昙"自吉祥，何关十四音耶？

次弹谢公以后四字足之者，"此是外道师名叶波跋，摩教婆多婆呵那王。以后四字是为十四音，实非音也。何以知之？此曼陀罗禅师传述彼事。文云：'边海昆仑未体此旨，亦习外道之气，乃至彼国小乘学者亦复如此，故不得以后四字足也。'下释四字中云：'六卷云：履梨楼吕（为桉许反）此中云鲁流卢楼'……有解云……旧云：'彼王舌强，故令王诵此字也。'"梁武既弹前两处文，彼作蕀力基梨四字也，现是彼国方言，难何分判。（《悉昙藏》二，377 页）

按梁武三项之一系驳僧亮对"书缺"二字之解释，其二则驳僧宗等以"悉昙"二字足十二音合成十四音之说。此与章安疏引观师所弹者持论正同。最有趣者为据扶南曼陀罗师说，以鲁流卢楼四字取自外道之教，曼陀罗，梁言弘弱，于梁初东来，此四字异译文作履梨楼吕及蔴力基梨，《御览》七八六引《南州异物志》：“扶南国林邑西三千余里，诸属皆有官长及王之左右大臣，皆号为昆仑。”边海昆仑正指扶南一带，其王舌强，故习发此ṛ、ṝ、ḷ、ḹ诸弹舌之音。此为有关鲁流四字之异闻。彼于鲁流四字摈而不用，隋灌顶师亦云：“鲁留下之二字，童蒙所习。”又引观师弹开善云：“除庵痾两字，足鲁留卢楼四字；若鲁留卢楼是音，何以不在音次第，而在字后安之?”此其说又同于梁武也。

十四音之说，自河西法朗师以后，说者至为纷乱。大抵由于“鲁流卢楼”四字之安排而异其论，今疏理如下：

（一）鸠摩罗什《通韵》笺“鲁留而成班”，只举鲁留（流）二字以概四字。谢灵运《十四音训叙》“鲁流卢楼”合前十二音，而除去庵（am）痾（ah）二音，得十四音。真谛三藏同其说。隋北方泽州慧远亦云“十二是生字音，鲁等是呼字音”，则十四音备。除去庵痾二母不计，以此二者为助音故。说亦同此。

（二）河西朗师以鲁流为一字，卢楼为一字，此即所谓呼音，足前之十二母合为十四音。法宝说同，以十二音加此二呼音。

（三）开善寺智藏则以十二音除庵痾为余声不计，取鲁留卢楼四字位于中央。

以上不排除鲁留四字列于十四音之内者。

（四）宝亮以涅槃二字补足十二音为十四，梁武用之。

（五）僧宗以《悉昙章》首“悉昙”二字足十二音为十四，招提等因之。

（六）道亮据《瑞应经》“书缺”云云谓十四音今从长短阿至庵痾只有十二音，余二音字缺。

以上排去鲁留卢楼四字，视为外道所出，从十二音为生字之本立论，其他另作补足凑数，以上是所谓“解单”者。

（七）冶城智秀合母音子音另计，取前十二元音约之为六，子音之毗声约为五，超声以下约为三，合成十四音。

（八）庄严僧旻另行配合，母音取其六，毗声之五与超声之耶（ya）啰（ra）和（va）赊（śa）一组合而为六，再益以迟音一组（罗沙娑呵罗），及疾音一组（鲁留卢楼），合成十四，此从音理上另作排列，立说最为新颖。

以上所谓“解腹”者。

隋唐以前对十四音之解说，可谓五光十色，沉沉夥颐。诸家之书多不可见，片鳞只爪，殊堪珍异。隋灌顶师加以整理，区别其解为单、复二途，可谓扼要。安然列为十家，援引及于彼邦直观寺及圆仁之说，今所不取。若北远之除庵痾，与谢客实同一系，故兹所论，得七家而已。于此可见梵音东来，僧人对彼学习之热诚及求真之兴趣，此一事实，向为人所忽略，其人物及流派暗昧不彰，谈等韵学者亦未措意及此。专治《悉昙》者，论吾国之悉昙学，竟以唐元和之全真为始，《涅槃经·悉昙章》亦被视为唐物，可谓昧其本真！今重为考索，钩沉探赜，或可为吾国声韵史添一新叶，为华梵在语音学相涉上增重要掌故，谅为贤者之所许乎！

本文原载《中华文史论丛》总四十一期，1987（1）

鸠摩罗什《通韵》笺

敦煌写卷中，有一残卷题曰《鸠摩罗什法师通韵》。原物在伦敦大英博物院，列斯坦因目一三四四号，刘铭恕尝摘录之[①]，颇有抄失。往年在英伦，摩挲原物，细加勘正，妄有著论[②]，惟未作专文加以笺证。

去冬于复旦大学中日《文心雕龙》学术讨论会提出论文，题目为《鸠摩罗什通韵与文心雕龙声律篇》，主要论点为四声说起于悉昙提供一重要论据。惟《通韵》原文，流传不广，而文字艰奥，不易卒读，因发愤重草是篇，为前作之辅车，或亦有裨于语言声韵之学，大雅君子，幸垂教焉。

一、敦煌写卷中有关什公之资料

什公事迹，详《出三藏记集》传（中卷第十四）、《高僧传》、《晋书·艺术传》。汤锡予先生《佛教史》考证罗什及其门下，十分翔实。[③] 敦煌卷中有若干资料尚可补充，兹略记于下：

鸠摩罗什别传（英伦 S. 381_2）檃括《高僧传》文，约两三百字。

罗什等传（法京 P·二〇三七号）卷甚长，内有玄奘、罗什诸传。

---

① 见《敦煌遗书总目索引》，135 页。

② 拙文初刊于印度马德拉斯（Madras）1967 年；参金文京氏日文译本，载京都大学《中国文学报》32 册。

③ 《汉魏两晋南北朝佛教史》上，276—340 页。

鸠摩罗什法师诵法一卷　释道融集，台湾“中央图书馆”藏列目五十三号。

道融，汲郡林虑人。事详《高僧传》，卷六云：“（姚兴）敕入逍遥园，参正详译。因请什（公）出菩萨戒本，今行于世。”S·一四八四存序文云：“原于长安城内大西明寺鸠摩罗什法师与道俗百千人受菩萨戒，时慧融、道详八百余人，次预彼末，书持诵出戒本及受羯磨受戒文。”此与《晋书·载记》叙姚兴如逍遥园，“兴与罗什及沙门僧略（䂮）、僧迁、道树（标）、僧睿、道坦（恒）、僧肇、昙顺等八百余人更出大品”，当系一事。逍遥园在渭水之滨（见《大智释论》序）。慧融即道融，道详名可补汤书（295页）所举什公关中弟子诸人名之缺。《魏书·释老志》又有道彤。

罗什法师赞（S.6631₁₃）文略云：

> 善哉童寿，母腹标奇。四果玄记，十□辟支。吕氏起慢，五凉运衰。秦帝生信，示合昌弥。草堂青眼，葱岭白眉。瓶藏一镜，针吞数匙。生、肇受业，融、睿为资。四方游化，两国人师。

又诗：

> 证迹本西方，利化游东国。毗赞士三千，抠衣四圣德。内镜操瓶里，洗涤秦王或（惑）。吞针糜钵中，机戒弟子色。传译草堂居，避地葱山侧。驰誉五百年，垂轨西方则。

上赞及诗可补向来总集之缺。草堂即大寺，自弘始八年以后，什公译经多居此，于寺中构堂，缘以草苫故名。《历代三宝纪》八《梵网经》下云：“弘始八年于草堂寺……译讫，融、影等三百人一时共受菩萨十戒。”赞云：“生、肇受业，融、睿为资。”后人称此四人为四圣。元觉岸《释氏稽古略》云：“师之弟子曰生、肇、融、睿，谓之什门四圣。”（《大正藏》四十九册，785页）汤老云：“此说不知始于何时，宋智圆《涅槃机要》载之。”今由此赞，知是说来源甚远。道生与始兴慧睿同往长安，从什公受学，（晋）义熙五年还都，故什门中以道生列首。

二、《通韵》年代上限与菩提流支之关系

《历代三宝纪》什公译经九十七部，《大唐内典录》收九十八部。什公译书外著述不多，汤老撰《什公之著作》，征述颇备，未及此《通韵》一文。《通韵》之名，见于唐人所传《禅门悉昙章》，其序云：

夫悉昙章者，三生六道，殊胜语言。唐国中岳沙门定惠翻注，并合秦音鸠摩罗什《通韵》鲁流卢楼为首。（北京鸟字六十四号）

英伦S·四五八三为楞伽经《禅门悉谈章》残文，序亦云：

唐国中岳释沙门定惠法师翻注，并合秦音鸠摩罗什《通韵》鲁流卢楼为首。

唐人见过什公之《通韵》，故载之《悉谈章序》。今得S·一三四九号写卷，题曰《鸠摩罗什法师通韵》，什公原文乃得重见于世，似尚非完篇，《通韵》与悉昙之关系始得明了。唐世流传僧徒讽咏之《悉昙章》为联章体式，其特色为每章末句必用“鲁流卢楼”四音合以切字为纽之三个同韵字，作为句中之助声。如“颇罗堕！第一舍缘清净座，万事不起真无我。……鲁留卢楼颇罗堕”。“鲁留卢楼”原是梵语ṛṝḷḹ四字母，在此用作帮声。而“颇罗堕”则如沈约在调四声谱中之配作双声叠韵之四声纽字，大抵为反音法之同韵字，借之作为助声，以增加声调曲折之美，毫无取义，只是帮腔而已。《悉谈章》后来演为古琴曲，流传至今，尚可弹出。

翻注《悉昙章》之定惠法师，未详何人，据S. 5809_2 号有文题曰《大兴善寺禅师沙门定惠赞》，共三行，文云：

池中望月，岭上观霞。知身虚幻，不染世花。定惠（慧）平等，十地无差。变形百亿，应供婆娑。

纸上墨迹甚淡，曩年幸摩挲原物，尝加以笔录（刘铭恕君录文多误。兹为订正）。此定惠乃大兴善寺僧，与中岳沙门定惠很可能是一人（按《传灯录》二

十一襄州定慧和尚，在福州鼓山智岳及清谔之间，又另是一人）。定惠《悉谈章序》称“通韵为秦音”，今观《通韵》文云“大秦小秦”，言秦而不及唐，又云：“胡音汉音”“兼胡兼汉”，与僧祐《出三藏记集》中《胡汉译经音义同异记》相同，但言胡汉，不涉“唐”字，可见原本必为唐以前之作品。又《通韵》下面接书：

修多罗法门卷第一　纪王府掾太原郭珰奉教撰。

此书《旧唐书·经籍志》道家著录，作郭瑜《修多罗法门》二十卷，在道宣《集古今论衡》之前。纪王即唐太宗第十子纪王慎，贞观十年改封为纪王。郭氏题官衔为纪王府掾，其绝对年代正是贞观十年。可见《通韵》决在贞观以前早已流传。

《通韵》一文，与日本高野山三宝院藏宝历五年僧行愿翻刻本《涅槃经·文字品》“悉昙罗文”中之序文，大致相同，其中有云：“本音梵语汉言，并是菩提流支翻注。”末亦题曰“罗什法师翻译”。罗振玉于大正六年以此书与行愿之《音注梵字次第记》合刊，目为什公原本。日僧安然著《悉昙藏》，在解释十四音之后，亦移录此文，盖自来悉昙家视为瑰宝，故多所摭录。今得敦煌此一写本，正明言出自什公。行愿本序称“菩提流支翻注”，多此一句，为敦煌《通韵》本所无。流支为北魏明帝时永宁寺僧。是《通韵》在唐人传写本中，原有北魏菩萨流支翻注一说，如《悉昙章》之有“定惠翻注”，可以比参。而唐时缁流，以《通韵》为鸠摩罗什所作，流传有自，且在菩提流支之前矣。

三、《通韵》本文疏记

鸠摩罗什法师《通韵》：本为五十二字，生得一百八十二文。就里十四之声，复有五音和合，数满四千八百，唯佛［与佛］能知。非是二乘恻（测）量，况乃凡夫所及，纵诵百番千遍，无由晓达其章。

五十二字指梵文五十二个字母。十四之声谓元音十四音，五音即五毗声。下文云：“十四音者，七字声短，七字声长。”谢灵运著有《十四音训叙》，《高僧传》七《慧睿传》称其“乃谘睿以经中诸字并众音异音。于是著《十四音训叙》，条例梵汉，昭然可了”。慧睿本冀州人，尝“至南天竺界，音译诰训，殊方异义，无不必晓。俄又入关从什公谘禀。复返京师（建康），止乌衣寺讲说众经”。睿为什门四圣之一，谢从睿问梵音，可算是什公之再传。谢灵运之《十四音训叙》在日僧安然（九世纪人）所著《悉昙藏》一书中征引多条，可窥其说之大略，今不多引。此出什公之《通韵》既言及“晓达其章”，此“章”字自然是指《悉昙章》，下文云“又复悉昙章，初二字与一切音声作本”。可证。

悉昙，梵语译名为“悉驮摩引怛哩二合迦引”（Siddhamātrkā），Siddham，义为成就，本以图表形式表示梵语子音与十二母音相结合，以便儿童学习拼音之事，义净称为“悉地罗窣睹”（Siddhirastu）。悉昙何时入华，近人或谓“悉昙盛行只能从唐算起”[①]。但在僧祐《出三藏记集》中有《悉昙慕》二卷（《大正》五十五册，18页），注言“先在安公注经录，或是晚集所得”。是为晋时道安所集书，时已有“悉昙”一类之著述。道安卒于太元十年（苻坚建元二十一年，此为《高僧传》说），道安以太元四年至长安，注意译事，其译胡为汉，得竺佛念之力为多。西域沙门昙摩侍之翻十诵戒，亦竺法念为转语。如是悉昙书之传入，已早在什公、大谢之前矣。

十四音者：（附记悉昙汉译音字）

噁短声	a	阿长声	ā
亿短声	i	伊长声	ī
郁短声	u	优长声	ū
哩	e	野	ai
乌	o	奥	au
[庵]	am	[痾]	ah
鲁	ṛ	流	ṝ
卢	ḷ	楼	ḹ

七字声短者，指 a i u e o ṛ ḷ；七字声长者，指 ā ī ū ai au ṝ ḹ，其中 ai、au 乃二音联结，原为增益元者，亦称复重韵（Vradhi），亦被视作声长。谢灵运云：“以后鲁、流、卢、楼四字足之。若尔，则成十六。何谓十四？解云：前庵、痾二字非是正音，止是音之余势，故所不取。若尔，前止有十，足后四，为

① 俞敏《等韵溯源》，见《音韵学研究》第1期。

十四也。”（《悉昙藏》卷二引）

十四音之说甚繁，安然所举计有十家。其最大歧异，在于计庵、痾二者或将鲁、流、卢、楼作为二音。梁武帝著《涅槃疏》，鲁、流、卢、楼四字既作蕀、力、基、梨，又称此是外道师名叶波跋摩之说，以弹谢公，具见南朝时对梵音究心之众，不独谢公一人而已。

章字之声，无音不彻。六夷殊语，一览无遗。百鸟之声，听闻即解。十四音者，七字声短，七字声长。短者吸气而不高，长者平呼而不远。三身摄六贾，鲁留而成班，文杂难知，会二四而不取。

章即指《悉昙章》。向来天竺即有异本，安然书卷一《定相承》篇引泽州疏云：“胡章之中有十二章。其秘昙章以为第二（一）。案西国悉昙本婆罗贺摩（Brahman 即婆罗门）天所作。……今检慧远疏云胡章之中有十二章。”又云：“义净三藏《寄归传》云：《悉昙》总有十八章也，故知中天所用十八章。……慧远相传牟尼三藏胡地十二章品为三十六章，知是胡地之本，非梵地之章。犍驮罗国喜多迦文是北天本。……僧睿法门是什门人。什生龟兹东天竺人，所传是东天本也。”（《大正藏》八十四册，371、372 页）当时已分判《悉昙章》有中天本、东天本、北天本及胡本之不同。

文中区别短音长音以吸气及平呼状之，“平呼”一词甚可注意。唐处忠和尚《元和韵谱》说：“平声哀而安”，似指低平，行愿本作“短即吸气而难听”，又多“短长随去入之音声”一句，为此写本所无（疑中唐人所增）。平呼当如慧皎述转读之声有平掷、平折之平（《高僧传》）。梵语元音之长音，ā＝aa，ī＝ii，ū＝uu，ṝ＝ṛr。呼气平而长，吸气促而短，故以譬况长、短音。

三身指法身、报身、应（化）身；六贾下文作六道，亦称六趣（Saḍ gatyaḥ），谓地狱、饿鬼、畜生、阿修罗、人、天六趣。摄如言“摄诸论要义”之摄，《悉昙字母并释义》云：“……于一声中摄藏无量功德……”摄字在悉昙使用甚频繁，后来等韵家言韵亦采用“摄”字。由《通韵》此文，“一切音声，六道殊胜语言，悉摄在中”，可见“摄”字早已出现于《悉昙章》。

“鲁留而成班”句，鲁留亦作鲁流，如定惠序。高野山本《涅槃经·悉谈章》云：“悉谈，鲁留卢楼为首生。”此但举鲁留以概“鲁留卢楼”四流音，此四字被称为别“摩多”（mātā），指母音之别者，ṛ、ḷ（鲁、留）盖为混合（mixed）音，含有母音及子音双重身份，事实上ṛ可以包括 r（参 W. S. Allen：*Phonetics in Ancient India*，p. 61，2. 12. 论ṛ、ḷ章）。

“会二四而不取”者，上列四流音向来少用，而ḹ根本不用。《悉昙藏》引谢灵运称："鲁流卢楼此四字是前三十四字中不取者，世俗罕用，后别出之。"

云"二四"者，此四字有译作二音者，如"厘厘楼楼"（《大般泥洹经》卷五，法显译，《大正藏》十二册，888页）、"唎唎栗栗"（日本宫内本）。《大般涅槃经·文字品》（宋慧严及谢灵运译）说："鲁流卢楼如是四字，说有四义，谓佛、法、僧及以对法（abhidharma）……是名随顺世间之行，以是故名鲁流卢楼。"（《大正藏》十二册，655页）

罗文上下，一不生音。逆、顺、傍、横，无一字而不著，中（头）边左右，取（耶）正交加。大秦小秦，胡梵汉而超间。双声牒（牒）韵，巧妙多端。牒即无一字而不重，双则无一声（字）而不韵。或有单行独侯（只），擿掇相连。或作吴地而唱经，或作婆罗门而诵咒。

罗文者，题神珙之《四声五音九弄反纽图》中有"罗文反样"。其解说言："神珙以二个十六字名罗文反，此则相对十六字，纵、横、角可读之，故云罗文也。"凡纵、横、角俱可读谓之罗文，即此文所谓"逆、顺、傍、横"，及"中（头）、边、左、右"，"（邪）正交加"可读，其义应同。行愿本序作"中边左右，邪正交加"。"取"疑当作"耶"，此误耶为取，耶即邪，此处宜读作"斜"。

超间者，超谓超声，亦称张口遍满声，表之如下：

喉间	腭下	舌头	断根	唇中
h（贺）	ś（娑）	ṣ（洒）	s（舍）	v（嚩）
喉腭间				
ks（乞叉）	y（野）	r（罗）	l（㮧）	

下文《悉昙章》云："胡音汉音，取舍任意"；"横超竖超，或逆或顺。"又称："于中二十五字正能出生长短，超声不能收。"按二十五字指毗声喉、腭、舌、断、唇各五，此为梵语子音之主声，九超声中五处与之相配；其余四声为中间之声。安然云："毗声五处之声，超声五处。中间四处之声，都九处声矣。"此即所谓"超、间"。

牒韵即叠韵。广韵牒字在入声三十帖，徒协切。牒、叠为同音字。下文云："竖则双声，横则牒韵。"又云："傍纫（纽）正纫（纽），往返铿锵。"按梵语五毗声之区别傍纽、正纽，据安然《悉昙藏》卷二《悉昙韵纽》章论之最详。

论梵音有四韵四声：

四韵——阿（a）等十六两两相随，一是短韵，一是长韵。阿等十六，六十相分。初六直韵，后十拗韵。“谓之四韵。韵者，声响之所终也。”

四声——迦（K）等三十四，五、九相折，五五毗声，后九超声。迦等三十四，五、九相对分，各纽声连成双声，“谓之四声。声者，音响之所始也”。

所谓十四音，即以上举直、拗诸韵，与毗声五五、超声九，以合十四也。兹照安然所列悉昙字翻成梵音表之如次：

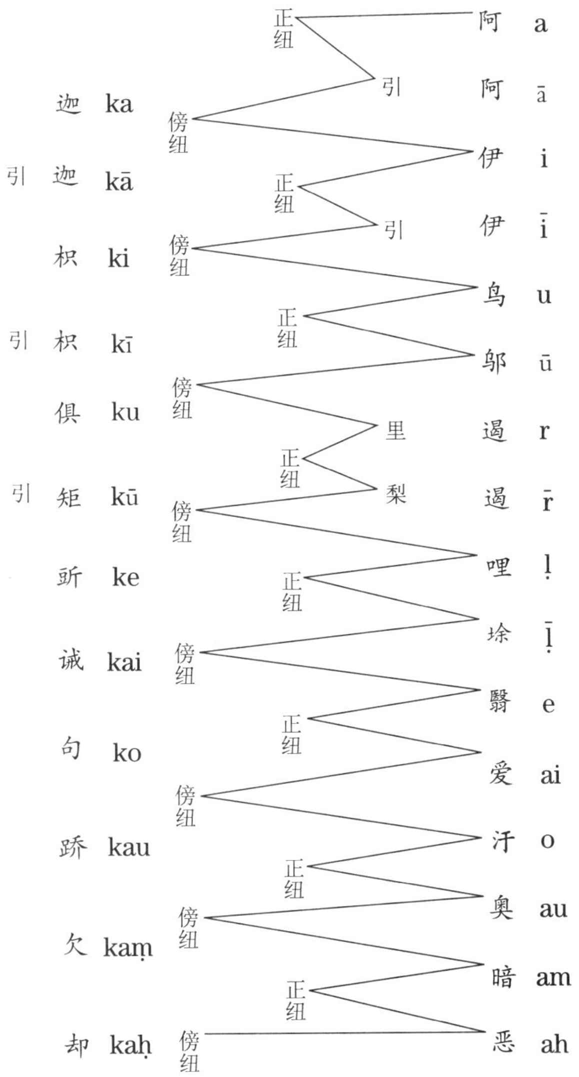

通韵。下十一字悉同通韵。

	叉	乞	kṣa
引	叉	乞	kṣā
	使	乞	kṣi
引	使	乞	kṣī
	楚	乞	kṣu
引	楚	乞	kṣū
		乞	kṣe
	济	乞	kṣai
	芗	乞	kṣo
			kṣau
			kṣam
			kṣah

落韵。下十一字亦同落韵。

（以上详《大正藏》八十四册，383 页）

纽字作纫，与敦煌写本《通韵》同。（按：图表中“纫”字已改作“纽”。）

此论声是“音响之所始”（initial），韵是“声响之所终”，即是收声。取汉土之双声、叠韵，来解释梵语之拼音现象，有时不免于比附。而正纽、傍纽在梵语中如上揭表所示，乃指母音，正纽部分只是表示元音（梵语 varṇa）之长、短一组，于是知沈约《四声谱》所云“纽属中央一字”，此“纽”字并不专指声母，实亦兼韵而言，时纽之含义仍甚含糊。

安然书中解释通韵、落韵有时又引清、浊为说。在五五毗声表之下，又言“竖行相呼为通韵，竖行交呼为落韵”（384 页）。此之竖行，实不同于罗文之竖行，故易引起人之误解。

“牒则无一字而不重，双则无一声（字）而不韵”二句，安然所引处作“横即双声，声者无一字不双声也；竖即叠韵，韵者无一字不叠韵也”。恐误。行愿本均作“无一字”，故知“无一声”之“声”宜从旁注作“字”为是。

“单行独侠”，行愿本序作“独只”，但在十二例标目则作“独进”。“擿掇”行愿本作“擿缀”，详该书例之第九。

“或作吴地而唱经”，行愿本同。考什公门下有从江左来者，如僧弼之为吴人，又从庐山来者更多，故吴地唱诵之法当自北传。

“或作婆罗门而诵咒”句，行愿本作“或作罗文而念咒”，“罗文”想是“婆罗门”之讹。咒为四法宝之一，经、律、论之外，一即是咒，陀罗尼（dhāraṇī）是也。

世人不识此义，将成戏剧为情。为此轻咲（笑）之心，故沉轮（沦）于五趣。计经功德，阿僧祇亦不知。四大海水，可以升（斗）量，计经功德，元无少分。若人闻者，当获天耳之因；若有见闻，灭生死之重罪。十恶五逆，即以云除，四重七遮，因兹永殄。至心持诵，乃证泥洹。现得生天，舌根不烂。若人拟谤，罪名转深。世世生生，不逢善友。常生下贱，瘘跛盲聋。不识圣贤，不闻三宝，获如斯罪，由毁大乘。佛语不轻，经文具载。恐人疑谤，故略要文，后有学之，所知焉尔。

“将成戏剧”句可注意。周贻白《中国戏曲论集》441页引宋何薳《春渚纪闻》及邵博《闻见后录》谓“戏剧二字连用，起于宋代”。今据此文，知戏剧一名由来已久。

“阿僧祇”亦作“阿僧企耶”，义谓无数，梵语为 āsaṃkhya。此句谓“不知者不可计数”。

“泥洹”即涅槃。《大般涅槃经》第十三为《文字品》，云：“有十四音名为字义。所言字者，名曰涅槃，常故不流。若不流者则为无尽。夫无尽者即是如来金刚之身。是十四音者名曰字本。”（《大正藏》十二册，653页）此经为宋代慧严等依《泥洹经》增饰，谢灵运亦参预译事，彼著《十四音训叙》，即从此经悟得。

又复《悉谈章》：初二字与一切音声作本。复能生声，亦能收他一切音声。六道殊胜，语言悉摄在中。于中廿五字，正能出生长短；超声不能收他，唯当地（他）自收。复有一百廿字，为他所生，复不生他，正得为他收。

《悉昙章》之构成，是以元音为经，子音为纬，以子音配元音。观《悉昙罗文》正以哑（a）啊（ā）、噫（i）咿（ī）、嘟（u）忧（ū）、哩（e）嘢（ai）鸣（o）咆（au）、庵（am）啊（ah）十二元音为经，而以牙音配之，其竖行之音如：

迦迦 ka kā　鸡鸡 ki kī　俱俱 ku kū　计计 ke kai　喈喈 ko kau　唫 kam

所谓“竖则双声”，以牙音之迦为声母，则迦、鸡、俱、计、啗、唵皆以 K 为声母，是为双声。行愿本自哑、啊至庵、啊共十二元音，唵为 kam，而啊字重现。行愿本之末虽题罗什法师翻译，而书写年代为唐咸通三年，盖唐季悉昙家更改之本。今观敦煌本《通韵》，明言“十四音者，七字声短，七字声长”。以谢灵运十四音训，不取庵、啊二字，以其止是音之余势，故计入鲁流卢楼，合成十四音，以是可推知什公所传《悉昙章》原本，必排除庵（am）啊（ah）两音，而采用“鲁流卢楼”四音合以为元音之经，则其牙音竖行之音当为：

ka kā ki kī ku kū ke kai ko kau kṛ kṝ kḷ kḹ

故定惠《悉昙章序》云：“合秦音鸠摩罗什《通韵》鲁流卢楼为首。”此什公《通韵》之特色，与唐人之用十二元音者不同。

所云“于中廿五字，正能出生长短”者，以五五共廿五之毗声，可以配合上列各具有长短音之十四（元）音，形成《悉昙章》之拼音现象。

至于“一百廿字，为他所生，复不生他”者，殆即后来《悉昙章》之第十八孤合章，自 kka、gga、ptaṭra、dsva、ṭṣchar、bhrūṃ至 hṇa 之类。[①]（什公译龙树《中论·观缘品》云：“诸法不自生，亦不从他生。”“自”、“他”为佛家惯语。）

若长声作头，还呼长声。若短声作头，还呼短声。闻声相呼，自然而会。一切音声，能使舌根清净，解百鸟语。就中有四百廿字，竖则双声，横则牒韵，双声则无一字而不双，牒韵则无一字而不韵。初则以头为尾，后则以尾就头。或时头尾俱头，或尾头俱尾。顺罗文从上角落，逆罗文从下末耶（邪）。

《悉昙章罗文》即从此文“自然而会”语演绎而出，定为四十二会，共十二例：第一“以头为尾”，第二“以尾为头”，第三“头尾俱头”，第四“头尾俱尾”，第五“竖则双声”，第六“半阴半阳逆行化”，第七“邪正交加”……第十一“头生尾”，第十二“尾生头”。全书俱在，可以参看。小西甚一在其《文镜秘府论考》研究篇上第三章论述甚详，兹举一二例以概其余。

① 日本荻原云来著《实习梵语学》三“书法部分”即附悉昙十八章全文。

初会（以头为尾）

ka　ki→ku　ke→ko

↓　↑　↓　↑　↓

ma→mi　mu→me　mo

起 ka 行而讫 mo 行，此五五毗声与 a i u e o 拼音。

第三会（头尾俱头）

ka　kā→kī　ki→kū　ku→ke　ke→ko　ko

↓　↓　↓　↓　↓

ma　mi　mu　me　mo

第十五会（竖则双声）

ka—kā—ki—kī—ku—kū—ke—ko—kaṃ

ga—gā—gi—gī—gu—gū—ge—go—gaṃ

文云“竖则双声，横则牒韵”，安然引全真和尚之《注梵字次第记》云“横即双声，竖即叠韵”，与此恰相反。按如《悉昙章罗文》所示，迦迦、鸡鸡、俱俱、计计、啮啮、哙俱以迦（k）为声母，正是竖为双声。凡毗声廿五声母为十四（元）音拼音成为竖行，每一竖行都属同一子音，故皆为双声。反之横读，无论任何子音与哑、啊拼音，其收音必为哑、啊，噫、咿以下各横行亦同，是为叠韵，故曰“竖则双声”，“双声则无一字而不双”；“横则牒韵”，“牒韵则无一字而不韵”。以是知全真说未必然。

大小更荒，皆从外皎。若翻熟地，起首中殃（央），胡音汉音，取舍任意。或似捣练，或似唤神，听从高下。傍纫（纽）、正纫（纽），往返铿锵。横超竖超，或逆或顺，或纵或横，半阴半阳，乍合乍离，兼胡兼汉。咽喉牙齿，咀嚼舌愕（腭）。唇端呼吸，半字满字。乃是如来金口所宣，宫商角徵，并皆罗什八处轮转。了了分明，古今不失。

“横超竖超”必指九超声之子音与十四元音相配成为竖行与横行，《悉昙章罗文》第六例即为“半阴半阳逆行化”。《大般涅槃经·文字品》：“吸气舌根随鼻之声，长短超声随音解义，皆因舌齿而有差别，如是字义能令众生口业清净。……是故众生悉应皈依。诸佛菩萨等以佛性故，等视众生无有差别。是故半字于诸经书、记论文章而为根本。又半字义皆是烦恼言说之本，故名半字；满字者，乃是一切善法言说之根本也。譬如世间为恶行者名为半人，修善行者名为满人。……是故汝今应离半字，善解满字。”《文字品》最后要义在使人离半字而认识满字。故云此是如来金口所宣。半字满字说详僧祐《出三藏记集》中《胡汉译经音义同异记》第四：“半字虽单，为字根本，缘有半字得成满字，譬凡夫始于无明得成常住，故因字制义以譬涅槃。”得其旨矣。

“并皆罗什八处轮转”句，《宋僧传》满月传：“指教梵字，并音字之缘界，悉昙八转，深得幽趣。”八处殆指八啭声（ṣaṭa vibhaktya）即主格至呼格之八格。此句点出罗什，明出自什公之教。上引《文字品》出《大般涅槃经》，乃“慧严共慧观、谢灵运依《泥洹经》本，加之品目，颇亦治改”成三十六卷（参《高僧传·慧严传》），世称为南本。慧严、慧观皆什公及门，此南本盖据法显于东晋末所得六卷本而增改者，法显于《文字品》中译ṛ ṝ ḷ ḹ为厘厘楼楼四字，此则作“鲁流卢楼”，正承什公之学，事至明显。

四、附论

什公此篇，所以题曰《通韵》者，日僧安然云：“阿等十二相加迦等三十四字，于十六章一一横呼，其于单合，是通韵也；其于合字，是落韵也。”安然区别元音之韵为二类为直韵与拗韵，阿（ā）阿引（ā）伊（i）咿引（ī）坞（u）乌引（ū）翳（e）爱（ai）属于直韵，曷哩（ṛ）曷梨引（ṝ）哩梨引（ḹ）污（o）奥引（au）暗（m）恶（ḥ）八声为拗韵。《悉昙章》凡“竖则双声，横则叠（牒）韵”。故横呼单合为通韵，即指 a（ā）之横行从牙音之 ka 起至唇音之 ma 皆以 a 为韵，以下 iu 等皆然，此即谓“通韵”。其理为至简，只是 k+a 等等，横呼单合而已。若以 kṣ与各元音等合字，则为不协韵而成落韵矣。什公只言通韵，不言落韵，因不论 kṣ一字音，不必言而其理自见。

日僧安然之八家秘录《诸悉昙部十八》悉昙解释三类有罗什《悉谈章》一卷（马渊书，19 页）关于《涅槃经·文字品》之《悉昙罗文》，日本流传原有高野山三宝院本及宝历五年行愿翻刻本，及大正六年罗振玉影印本。在宗睿之《书写请来法门等目录》中，有“《涅槃经·悉谈章》一卷，罗什三藏翻译，九张”。小西甚一对此本考证颇详，认为出于后人拟作。今从 S·一三四四号《通韵》篇，知此《悉昙罗文》序文实袭自《通韵》，《通韵》正题曰“鸠摩罗什法师”，是《悉昙罗文》之题“罗什法师翻译”，亦非凭空杜撰，而小西氏定《悉昙罗文》作于太和、咸通之间，盖以宗睿入唐之时间加以推测，此谓宗睿得书于此时则可，谓《涅槃经·悉昙章罗文》作于此时则不可。此罗文用十二音，自非什公用十四音之旧，是则唐人踵事增华重作改易者，不得目为什公原本。《通韵》第二篇之《悉谈章》末句云“并皆罗什八处轮转”。“罗什”一名未必为什公自称，《通韵》虽题“鸠摩罗什”，但无从证明为什公自撰抑为门下所笔录，惟由什公传授之学则属可信。由于有菩提流支翻注一语，可见北魏以前北方已有《悉昙章》流传，故《通韵》此文非常重要，有下列各点：

（一）为唐以前早期悉昙学提供一重要文献。

（二）可明《涅槃经·文字品》译“鲁流卢楼”四音乃出于什公《通韵》，故与法显所译不同。

（三）所谓“十四音”当包括“鲁流卢楼”四流音，与唐人所传《悉谈章》中天本排去此四音而作十二元音为不同体系。

Bühler 在所著《印度古文字学》（*Indian Paleography*）中指出ṛ、ṝ、ḷ、ḹ四音保存在玄奘著述中，今得什公《通韵》，则更可推前矣。

释了尊著《悉昙轮略图抄》卷一之一，为“鬼文事”，据全真和尚《次第记》列为一表如下：

横即双声双声者	无一字不双声也
竖即叠韵叠韵者	无一字不叠音也
初即以头为尾	后即以尾为头
或即尾头俱头	或即尾头俱尾
傍纽正纽往返铿锵	横超竖超有单有复
逆和顺和半阴半阳	乍合乍离兼梵兼汉
中边左右斜正交加	大秦小秦梵汉双译

（《大正藏》八十四册，657 页）

此即取自《悉昙罗文》，事至明显。何以称为“鬼文”？其言曰：“右件文操头文有尾，尾又有头，不似常途形体，故世人举而号鬼文，爰安然和尚《悉昙藏》中，处处虽引此文，一一无分明释。”了尊于《悉昙藏》所解说，未甚了了。可见《悉昙罗文》传入日本之后，索解人殊不容易！彼不从梵语本身寻求，故多误解，而《罗文》遂被目为鬼文矣。今据《通韵》实应作“竖即双声，横即叠韵”，竖行指以 K 与诸元音相配，声母皆是 K，故为双行。横行指各子音与元音之 a、ā、i、ī 等相拼音，横读收声皆是 a、ā、i、ī，故为叠韵。在梵语《悉昙章》拼音系统，其理至为简明。全真误作“横即双声，竖则叠韵”，则扞格难通，复以汉字说之，更为枘凿不相入矣。《通韵》一文之出现，足以修正其说。对于“罗文”之被谬解为“鬼文”，亦可为解惑祛疑，故并记之。

又记

《通韵》文字与《涅槃经悉昙章》诸多雷同，参看马渊和夫书第一章（见 90－105 页）对于叠韵、双声与三十九会讨论至详。又同书安然一节论及通韵、落韵与清浊之关系（见 308－312 页）。又八转声之讨论（见 317 页）。俱极详尽，故不复覼缕，学者应取参看。

本文原载杭州大学主编之《敦煌语言文学论文集》，浙江古籍出版社印

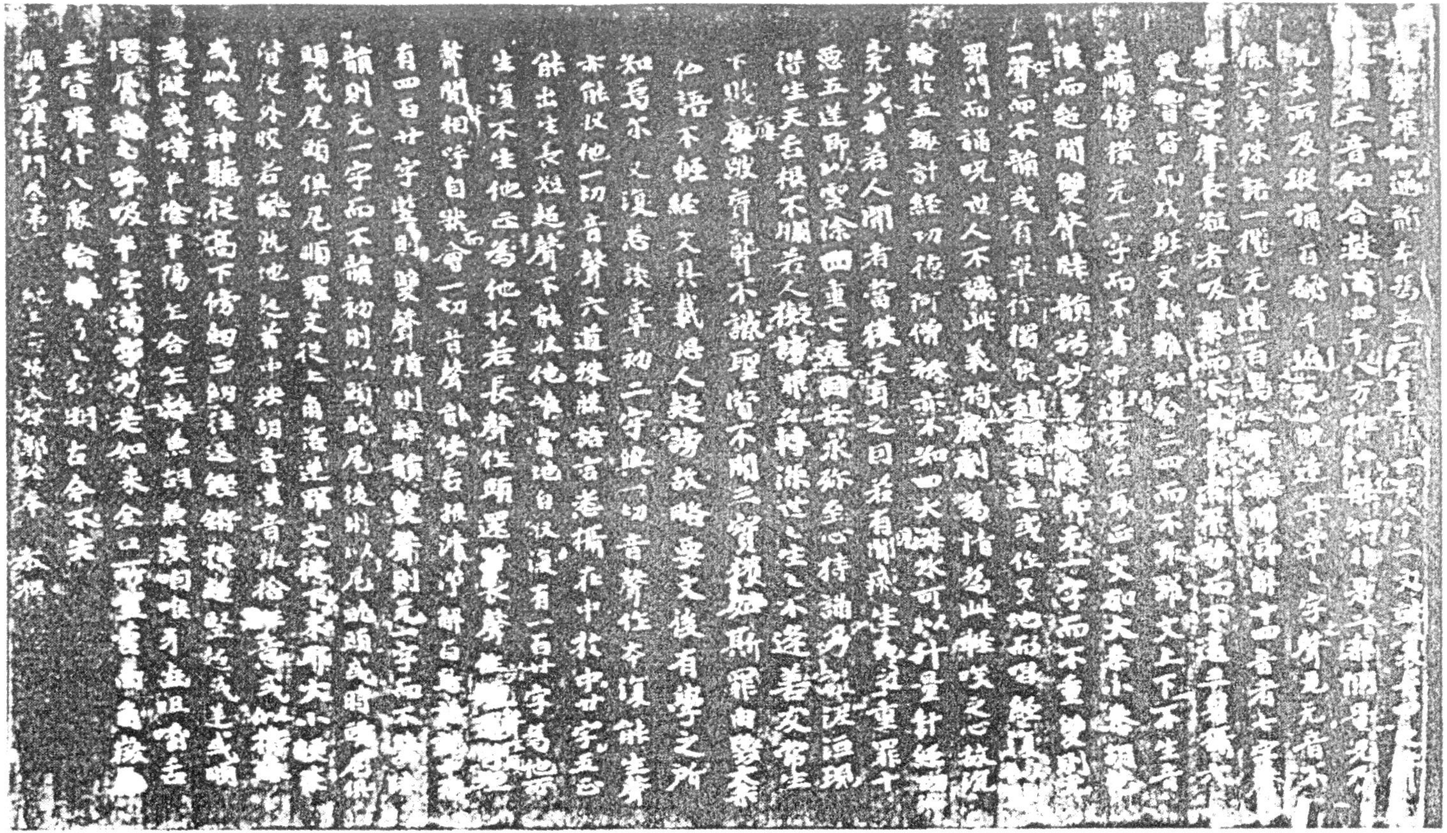

鸠摩罗什《通韵》笺

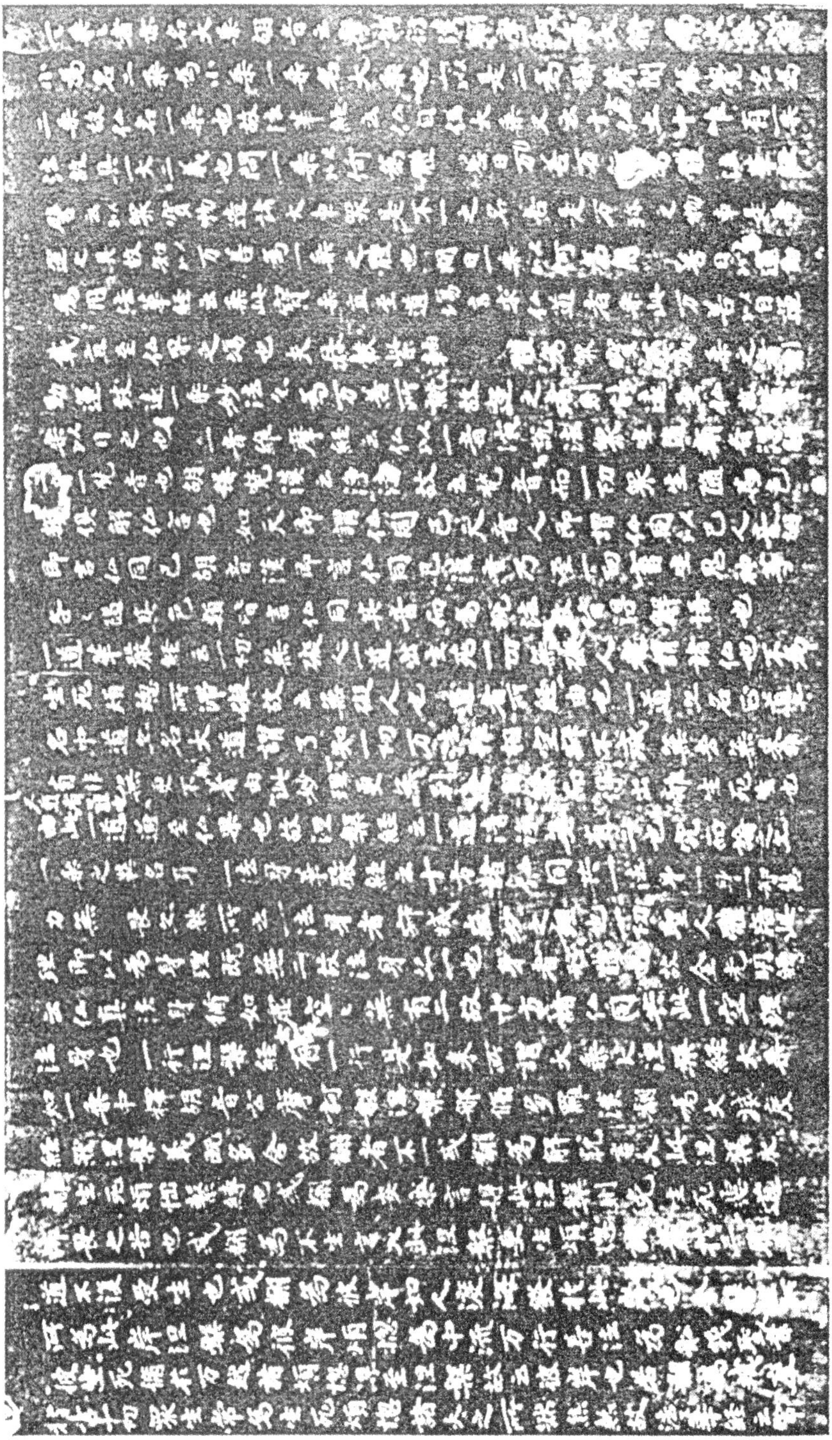

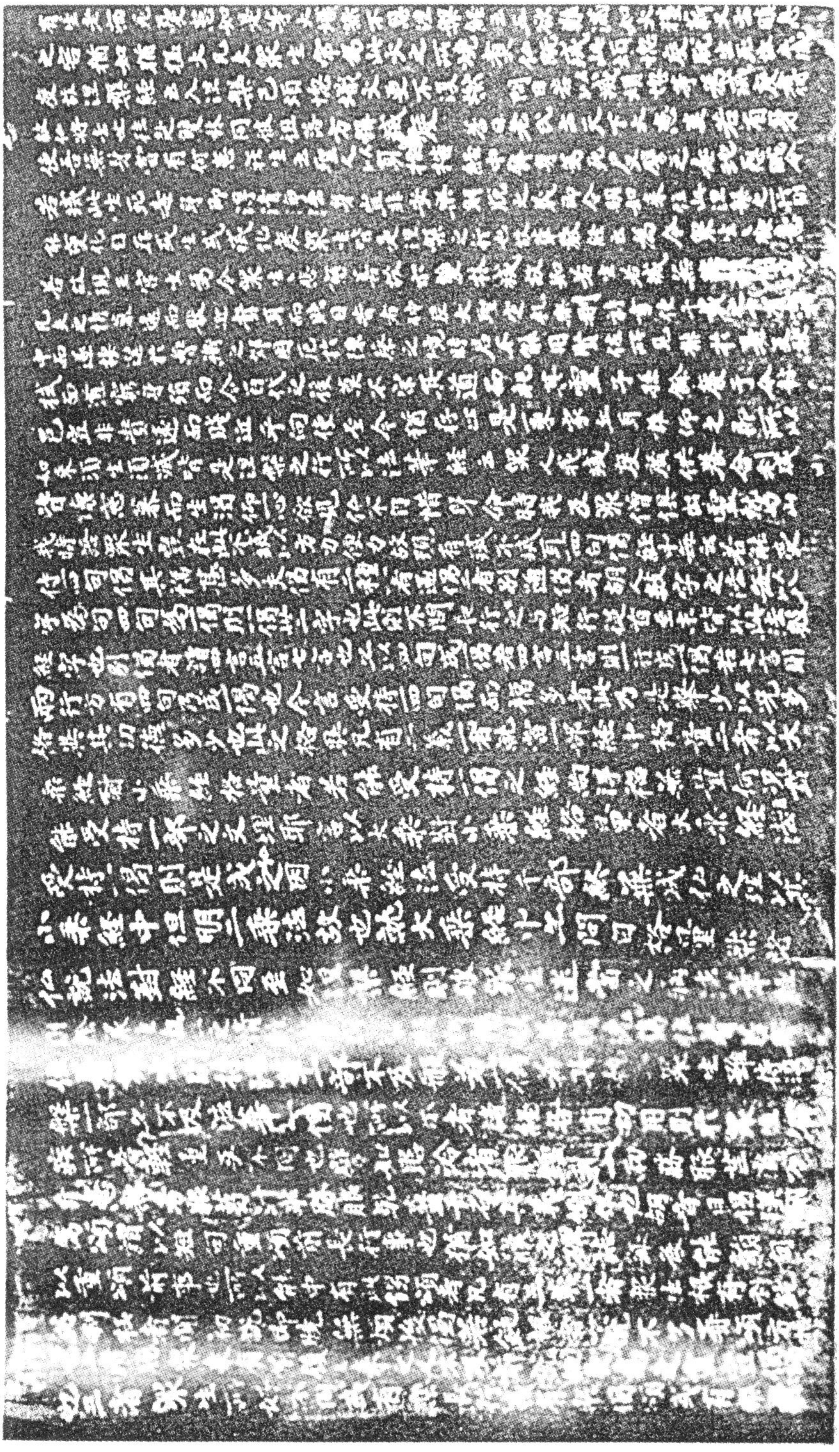

鸠摩罗什《通韵》笺

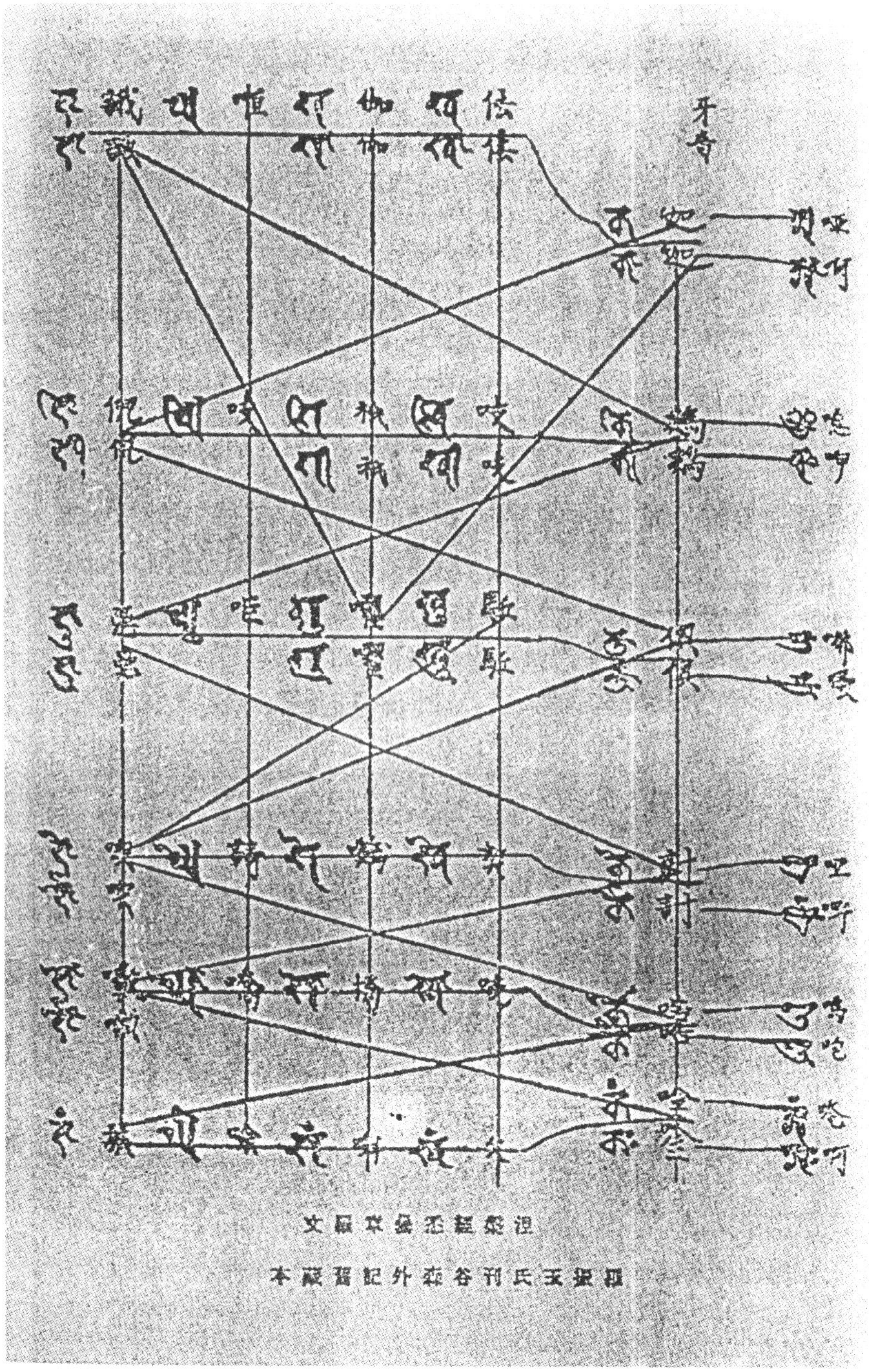

鸠摩罗什《通韵》笺

梵语Ṛ、Ṝ、Ḷ、Ḹ四流音及其对汉文学之影响

“悉昙”（siddham）一词有“成就”之意，原来呈图表形式，用以表示印度语子音与十二母音各种可能组合情形，如ka、kā至kam、kaḥ。《旧唐书·天竺传》① 中记载，梵天所创的悉昙章，人人都学。由此可见，悉昙似乎是一种为儿童设计的入门书。

印度以往把悉昙看成祥瑞的标记，用来题铭。唐义净将悉昙的图表格式音译为“悉地罗窣睹”（siddhirastu）。

1956年，高罗佩（R. H. Van Gulik）出版了一本悉昙史研究论著。戴密微教授（Prof. P. Demiéville）曾于1957年《通报》（*T'oung Pao*）书评中，促使吾人注意六朝初期名诗人谢灵运（385—433年）的《十四音训》。这项资料中国学者以前讨论过，认为印度对中国音韵学的影响与此有关。②

大英博物馆（British Museum）斯坦因藏品（Stein Collection）中，有篇鸠摩罗什（Kumārajīva）的著作，题为《通韵》（斯一三四四号），其中可找到非常重要的新资料。这份抄本上另有一部著作，题为《修多罗法门》，郭琏作，和《通韵》无关。翟尔斯（Giles）的目录无意中将整部抄本当成郭琏的论著，称做印度音韵学入门书。《旧唐书·经籍志》中，列有一部郭瑜著的

① 《旧唐书》卷一九八：“其人皆学悉昙章，云是梵天法书。”

② 如赵荫棠《等韵源流》。

《修多罗法门》二十卷。所列的作者名虽略有不同，但我们差不多可以断定，此书和抄本上第二部著作，正是同一部书。下文便不再谈《修多罗法门》。

《悉昙章》（或《悉昙颂》）定惠的序文中，曾引《通韵》。《悉昙章》有两个本子，一现在北京，题为《俗流悉昙章》（北京鸟字号六十四）；一题为《佛说楞伽经禅门悉昙章》，大英博物馆及法国国家图书馆（Bibliothèque Nationale）中均可见。法国国家图书馆里，有两个完整的本子（伯二二〇四、二二一二）、两份残片（伯三〇九九、三〇八二），大英博物馆中则只有一份残片（斯四五八三）。序文里说：

> 唐国中岳释沙门定惠法师翻注，并合秦音，鸠摩罗什《通韵》鲁流卢楼（ṛ、ṝ、ḷ、ḹ）为首。

由上文可知，《通韵》乃鸠摩罗什所作，其书名在其他书目中虽然都不见登载，却和斯一三四四号上所见的一模一样。因此，定惠提到的著作，必是这一部。

《通韵》开头这么说：

> 本为五十二字（varṇa），生得一百八十二文，就曩十四之声（svara），复有五音（sparśa）和合，数满四千八万，唯佛能知。

当然是佛教徒夸张之说了。

日本僧宗睿《书写请来法门等目录》中，有下列一则记载：

> 涅槃经（*Nivāna Sūtra*）悉谈章一卷，罗什三藏翻译，九张。

1917年，罗振玉曾将此作重印。就我们所知，此书高野山三宝院中收藏了一本，但据小西甚一《文镜秘府论考》看来，另外还有行愿一部宝历五年（1755年）刊行的本子。罗振玉认为此书写于四世纪，小西却以为写成年代比四世纪晚了许多。

斯坦因抄本中所见的鸠摩罗什《通韵》，和定惠《悉昙章》序文里所说的相符，可见鸠摩罗什果然写一篇名为《通韵》的书。再说，行愿的刊本中有一则后记说："咸通三年（862年）十月二十日，抄明州开元寺僧马氏本。鸠摩罗什译。”其中一段文字，和斯坦因一三四四号抄本《通韵》的序文很相似，末尾说：“本音梵语，汉言并是菩提流支（Bodhiruci）翻注。”看来，除鸠摩罗什之外，菩提流支也译过此作。

《通韵》与《涅槃经悉谈章》的关系，这一来已经明白了。《通韵》中可见到“鲁留而成班”的文字。“鲁留”不论意义如何，有几部书中均可看到：

（一）《涅槃经悉谈章》里有一句注，说：“悉谈，鲁留卢楼为首生。”

（二）前文所引，定惠《悉昙章》序文中所说的“鸠摩罗什《通韵》鲁流卢楼为首”。

（三）安然《悉昙藏》中引谢灵运的话说：“鲁流卢楼，此四字是前三十四字中不取者，世俗罕用，后别出之。”

（四）《翻译名义大集》（卷五）中说：“悉昙两字，是题章总名，余是章体，所谓恶阿（a、ā）乃至鲁流卢楼。”

布勒（Bühler）《印度古文字学》（*Indian Paleography*）中指出，鲁流卢楼（ṛ、ṝ、ḷ、ḹ）四个字母，玄奘的著作里已有保存。如今，我们知道，比玄奘早了许多的著作里，其实就提过这四个字母。六朝以来，中国佛教典籍中便可见到这四个字母的各种音译，如下所列即是：

鲁流卢楼（ṛ、ṝ、ḷ、ḹ）异译表

鲁流卢楼　见《大般涅槃经》（*Maha Parinirvaṇa sūtra*，鸠摩罗什弟子慧严译，《大正藏》十二，655 页）

厘厘楼楼　同上经，法显译

唎唎栗栗　同上，日本宫内本

离离楼楼　同上，日本宫内别本

哩哩唱哼　不空（Amogha）、空海译《悉昙章》

哩黎鲁卢　惟净

唎唎利利　清《同文韵统》（天竺字母谱）

或问，此作为何称为《涅槃经悉谈章》？原来《涅槃经》与悉昙有关。《涅槃经》里面有一品称为《文字品》，专谈悉昙。据《涅槃经》看来：

> 鲁流卢楼，如是四字，说有四义，谓佛（Buddha）、法（Dharma）、僧（Saṅgha）以及对法（Abhidharma）。

或许就这缘故，唐人作佛教赞歌时，便用这四个字母以为和声（如“嗒啦啦啦”之属）。可以定惠所序的《悉昙章》为例：

现练现，现练现，第一俗流无利见，饮酒食肉相呼唤，谗言谄为相斗乱，怀抶无明（Avidya）不肯断，鲁流卢楼现练现。

向浪晃，向浪晃，第二俗流无意况，心中邪佞起欺诳，三毒四倒争势旺，鲁流卢楼向浪晃。

每句韵文开头都有三个音重复两次，结尾“鲁流卢楼”之后，又有同样三个音。共有八句韵文，这里仅引了两句。

“鲁流卢楼”无疑仿自《涅槃经悉谈章》。至于每句开头的音出自何处，就不很易了解了。不过，我们可以就“向浪晃”来仔细观察，试寻其源。沈约“四声韵”（《文镜秘府论》引）中，可见到两组声音、声调均相关的音节两相并列：

（1）皇　晃　璜　镬（入）　禾　祸　和

（2）乡　郎

　　　向　朗

　　　向　浪

　　　谑　落

“向浪晃”三字两表中均可见，有趣之至。

其次，再来谈“鲁流卢楼”对后世的影响。

唐代《悉昙章》中以“鲁流卢楼”四字为和声，到了后世，遂起很复杂的变化。

由上列表中可见，不空、空海翻译，已经变成了“哩哩呣嚧”。又据李治《敬斋古今黈》记载，唐代广宁乐工唱王维《渭城曲》，“于起二句及末一句，于第四字下，以‘剌里离赖’为和声”。即由《悉昙章》的“鲁流卢楼”，变而为“剌里离赖”，变化确实很明显。

宋末张炎《词源》中谈到宋人唱词的情形。如下一段就是：

哩字引浊啰字清，住乃啰哩顿唛呛。（《讴曲旨要》八首之七“讴曲”）

“住”指大住，“顿”指小顿。意思是说，大住处的和声为“哩啰”，小顿处的和声为“唛呛”。“哩啰唛呛”显然也出自《悉昙章》的“哩哩唱咘”。

金代有全真教徒王喆《王重阳全真集》、谭处端《水云集》中所收的《捣练子》等曲，可引以为例。这些曲子总以“哩啰唛，哩啰唛”的音收尾。以下所举的例子即是：

五更出舍郎　王喆

一更哩啰出舍郎……

（以下五更开头皆同）

认得五般出舍郎，黑白彰，当中赤，间青黄，哩啰啰唛哩啰哩，妙玄良，玲珑了，便玎珰。

捣练子

猿骑马，呈颠傻，难擒难捉怎生舍，哩啰唛，哩啰唛。

…………

（共十二首，末句皆同。）

（《王重阳全真集》卷七，《道藏》太平部；《全金元词》203、204页）

捣练子　谭处端

捣练子，具如何，从前罪孽暗消磨，啰哩唛，哩唛啰。

从初得，认波罗，色财勘破扑灯蛾，啰哩唛，哩唛啰，啰哩唛，哩唛啰。

…………

（共五首，末句皆同。《满庭芳》一曲中，还插入“哩唛啰唛”。）

（《水云集》卷中，《道藏》太平部；《全金元词》416页）

另外，《五灯会元》中禅僧的偈，也常用“啰啰哩”[①]：

澧州钦山文邃禅师……曰：“有么有么？如无，钦山唱菩萨蛮去也，啰啰哩哩。”便下座。——卷十三

① （译者按）此段为金文京日译增订的部分。

蕲州五祖法演禅师……顾诸人遂抬手曰："啰逻招，啰逻摇，啰逻送，莫怪空疏，伏惟珍重……"——卷十九

令滔首座颂："有人问我西来意，拄杖横挑啰哩啰。"——卷十五

西京招提惟湛广灯禅师……（偈）："……此心能有几人知，黄头碧眼非相识，啰啰哩。"——卷十六

杨岐方会禅师……（偈）："寒风凋败叶，犹喜故人归，啰啰哩。"——卷十九

此外，金《董解元西厢记》卷五中，有首《乔合笙》曲如下：

（乔合笙）休将闲事苦萦怀。和——哩哩啰！哩哩啰！哩哩来也！

唐代宴席上，常有胡人唱歌跳舞，称为"合生"（两人一起演戏唱歌）。[①] 考洪迈《夷坚志乙集》六合生诗词条说："能于席上指物题咏应命辄成者，谓之合生；其滑稽含玩讽者，谓之乔合生。"宋时称做乔合生，南北曲作《乔合笙》，而"笙"与"生"相同。关汉卿《金线池》杂剧中说："止（指）题目当筵合笙。"北曲调名称为"乔合笙"，南曲调称为"合笙"。可见"乔合笙"与上文所提的和声相同。唱"合生"时，亦便用"哩哩啰，哩哩来"以为和声。

成化本《白兔记》的"开场"中，《红芍药》一曲全篇只用"哩啰"：

（末唱）哩啰连，啰啰哩，连连连，哩啰哩，连哩连，啰连哩连，啰哩啰连，啰哩连，哩连啰连，哩连啰连……（缺）哩连啰，哩啰哩。（《成化本说唱词话》收）

"哩啰连"反复使用最多的，可举此为例。

此外，明徐霖《绣襦记》第三十一出《襦护郎寒》中，"哩哩莲花，哩哩莲花落也"等，也用了不少"哩哩"。而且，其中尚有作"哈哈莲花落也"之处。"哩哩"的意义只在和声。[②]

---

① 孙楷第《宋朝说话人的家数问题》对"合生"有详细考证。另可见《新唐书·武平一传》。宋张齐贤《洛阳搢绅旧闻记》中，且有"谈歌妇人杨苎罗，善合生杂嘲"。

② （译者按）以上二段为金文京日译增订的部分。

其次，明王越作的《黄莺儿》中，也用了“哩啰啰，哩啰”（《王襄敏公集》卷末）。

杨慎《词品》论和声说：“若今之哩啰嗹。”由此可见，明人亦用这几个字来作和声。[①]

清初，曹寅听闽乐，听到“啰哩嗹”的文句，作了如下的诗以为揶揄：

> 一拍幺弦一和缠，舞余无复扫花钿。团郎漫纵哄堂笑，摘取犹闻啰哩嗹。

此诗的序说：“记董解元西厢尝有之。老子不独解禽言，并通蛇语矣。”团郎见顾况诗，以此取笑。

现代台湾台南道曲唱本《出仙宫》，仍存有遗声，以下便是其中一段：

> 出仙宫，哩啰嗹，离了蓬莱，腾采云，哩啰嗹，（你来）出离了天台，哩啰嗹！哩啰嗹！（法国施博尔〔K. M. Schipper〕教授藏陈荣盛抄本）

另外，以前北平小曲中，同样也唱“啰哩连连哩啰”，以为过板（歌与歌之间的间奏）。[②]

现今马来西亚流行的真空教经典中，也可见到“拍掌呵呵唱啰哩”、“西方路上唱啰哩”等文句。[③]

此外，安南佛典丛刊本《陈朝佚存佛典录》的《上士语录》中，有天然居士王如法“赞”说：

> 等闲戏弄没弦琴，社舞村歌且啰哩，哩啰啰，啰哩哩，不属宫商角羽徵。

按傜歌《交址歌》中，句末用“那罗离”多时，足有七次之多。谨举一例为论：

---

① （译者按）此段为金文京日译增订的部分。

② （译者按）同前。

③ 真空教见罗香林《流行于赣闽粤及马来亚之真空教》，引用文句出自该书 147 页。

到交址，家中米粮漫相思，交址地头真是好，不忧耕种那罗离。

好禾行，一岁种禾二岁藏，齐齐来到交址国，不悲白米那罗离。

“那罗离”必然是“啰哩”转音而成的。越南所唱的“啰哩哩”，和傜歌一比较，便和一定是粤西（广西地方）的人传来的。①

由此可见，以“哩啰”为和声的技巧，已由鸠摩罗什传到了现代。悉昙无意中影响中国文学达八世纪左右，甚至道教等宗教信徒笔下，都有其遗声可寻。此乃所谓的“礼失求诸野”。

ṛ、ṝ、ḷ、ḹ 四个字母，除 ṛ 母音外，已有许多世纪未用，中国尚存这四个字母，用途又截然不同，真是奇妙。这种有趣的情形，或可说是印度文化影响中国文学的特例。

译者附记：

本文原题“The Four Liquid Vowels，Ṛ，Ṝ，Ḷ，Ḹ，of Sanskrit and Their Influence on Chinese Literature—Notes on Kumārajīva's T'ung Yun”（T'un-huang Manuscript S.1344），刊载于1967—1968年印度马德拉斯 *The Adyar Library Bulletin* 三一——三二卷，*Dr. V. Raghavan Feliciation Volume* 上。原为饶宗颐教授1966年5月，在伦敦大学东方与非洲研究所（School of Oriental and African Studies of the University of London）发表的演讲稿。此文1980年10月，日本京都大学文学部中国文学会《中国文学报》第三十二册中，曾有金文京的日译，乃参照同期《中国文学报》饶教授《中国古代文学之比较研究》一文中的补充资料，另加若干新资料而成。译者承饶教授允准翻译此文，并依其建议，将后半部参照金氏日译与《中国古代文学之比较研究》，重新混合安排，文中凡是金氏日译增订之处，均于附注中注明。本译稿有数处曾蒙饶教授拨冗赐正，谨此志谢。

许章真从英文译出，本文原载侯健编《国外学者看中国文学》，中央文物供应社出版。

---

① （译者按）此段为金文京日译增订的部分。

是文作于1966年，为余研究《通韵》之第一篇论著，经许章真君译成中文，今存其旧。许君于年前殂化，英年凋谢，谨志数言，用纾我腹痛之感。

宗颐记

慧琳论北凉昙无谶用龟兹语说十四音

唐慧琳《一切经音义》于“次辨文字功德及出生次第”云：“梵经云：阿察啰。唐云‘文字’。义释云：无异流转。

“或云无穷，以名句文身，善能演说诸佛秘密，万法差别，义理无穷，故言无尽。

“常云常住，言常住者，梵字独得其称，诸国文字，不同此例。……”

总有五十字。

从初有一十二字，是翻字声势。

次有三十四字，名为字母。

别有四字，名为“助声”。

称呼梵字，亦五音伦次。喉、腭、断、齿、唇吻等声，则迦左缕䌳跛。五声之下，又各有五音，即迦佉诫伽仰，乃至跛颇么㱡莽。皆从深向浅，亦如此国五音宫商角徵羽，五音之内，又以五行相参，辨之以清浊，察之以轻重，以阴阳二气拣之，万类差别，悉能知矣。……

经言十四音者。是译经主昙无谶法师，依龟兹国文字，取舍不同，用字差别也。

若依中、天竺国音旨，其实不尔。今乃演说，列之如下，智者审详。

褱 啊 贒 缢 坞 污 翳 㤅 污 奥 暗 恶

以上一十二字，是翻梵字之声势也。

于此十二音外，更添四字，用补巧声，添文处用，翻字之处辄不曾用，用亦不得。所谓：乙上声，微弹舌　乙难重用，取去声引　力短声　力去声，长引，不转舌，此四字即经中古译鲁留卢娄是也。后有三十四字，名为字母也。

迦　佉　𫍲　伽　仰　左　瑳　嵯　醝　娘　绔　姹　拏　啰　鞸
佗　榱　驮　曩　跛　颇　么　涾　么　野　啰　砢　嚩　舍　洒
縒　贺　乞　洒（二合）

以上三十四字，名为字母，野字啰字以下九字，是归本之声，从外向内。

如上所音梵字，并依中天音旨翻之。

只为古译不分明，更加讹谬，疑误后学，此经是北凉小国，玄始四年岁次乙卯，当东晋义熙十一年，昙无谶法师于姑臧，依龟兹国胡本文字翻译，此经遂与中天音旨不同，取舍差别，言十四音者，错之甚矣。误除暗、恶两声，错取鲁留卢娄，为数，所以言其十四，未审知何用此翻字，龟兹与中天相去隔远，又不承师训，未解用中天文字，所以乖违。故有斯错，哀哉！已经三百八十余年，竟无一人能正此失。昔先贤道安法师、苻秦帝师、东晋国德有言曰，译经有五失，三不易也。斯言审谛，诚如所论，智人远见明矣。以此观之，失亦过于此说。

慧琳幼年，亦曾禀受安西学士，称“诵书学龟兹国悉谈文字，实亦不曾用鲁留卢娄，翻字亦不除暗恶二声，即今见有龟兹字母，梵夹仍存，亦只用十二音，取暗恶为声，翻一切字，不知何人作此妄说，改易常规，谬言‘十四音’，甚无义理”（下略，据高丽本《一切经音义》卷二十五）。

以上为慧琳对十四音之见解，其要点如下：

（一）认十四音一数为谬妄，由于误除去暗（am）、恶（ah）二声而错取鲁留卢娄配之。

（二）认为乙（上）乙（去声）力力四字是经中古译为鲁留卢娄。此四字名为“助声”。

（三）认此古译出于北凉昙无谶，乃依龟兹国胡本翻出，与中天竺不合，故为大谬。

考《宋僧传》五，慧琳为“京师西明寺僧，姓裴氏，本疏勒国人，始事不空三藏。印度声明、支那训诂，靡不精奥。……撰《大藏音义》一百卷，起贞元四年，迄元和五载绝笔，贮其本于西明藏中”。疏勒在今新疆南路喀什噶尔。唐时其国王姓裴，侍子常在京师（见《通典》），慧琳或即其支属。考安然悉昙藏序屡引述裴家之说，如：

灵味小说法师解云：“具足有十四音，文中惟有十二音，当以涅槃两字足之，而今不安者，定所未详也。”下注云：“裴家为宣亮解。”

真谛三藏解云：“与谢公同。云后四字足之。……”

下注云：“裴家出此二解。”

又如：裴家释云：“波罗贺摩者，此云胡人也。”（《悉昙藏》第一，《大正续》，372 页）

慧远疏云：胡章之中有十二章，其悉昙章以为第一，于中合有五十二字。……而裴家云：“或云五十二字。”（同上，373 页）

裴家未详何人，或指慧琳，尚待核定。

上录慧琳论文字功德一段文字，全真和尚之《梵字次第记》照抄之。其书跋语云：

梵字汉音，并依中天音旨翻之。去元和中（806— ），于诸三藏梵本，皆有锱铢。后真谛、慈恩、义净、善无畏、金刚智、大兴善寺国师三藏和尚等梵本书同。唯是汉字有少许悬殊。总曾对本，历勘得定。后长庆中（821— ），遇造一切经音义一百卷及考声十卷沙门慧琳述。全真于上两本内取声辨字，以字辨音，梵汉两音，同和成一。……至太和四年（830）八月一日修毕。……（《悉昙藏》，372 页，参马渊书，88 页）

慧琳撰音义至元和五年（810）书成，时年七十四。其卒在元和十五年，翌岁即为长庆元年，全真自言与慧琳相遇在长庆中，相差一岁，其及见《一切经音义》自是事实。彼与慧琳并依中天音以定梵字，慧琳出不空之门，与金刚智正是同一系统，其反对他本，宜也。安然云：

慧远相传牟尼三藏胡地之本，非梵地之章，犍驮罗国喜多迦文是北

天本。……僧叡法师是什门人，什生龟兹，东天竺人，所传知是东天本也。唯西天本未闻而已。(《悉昙藏》，372页)

慧琳以师承关系，排斥东天本，故以十四音取鲁流卢娄四助声者为谬。据其所言，最先依龟兹文定十四音而有取此四助声者，实始于北凉玄始四年之昙无谶。罗什生于龟兹，故其梵本亦用鲁流卢楼四字，与昙无谶同为东天本。惟后代龟兹文字母实不曾用鲁留卢娄，诚如慧琳所言，其元音字母只有一名而已（参看附表）。

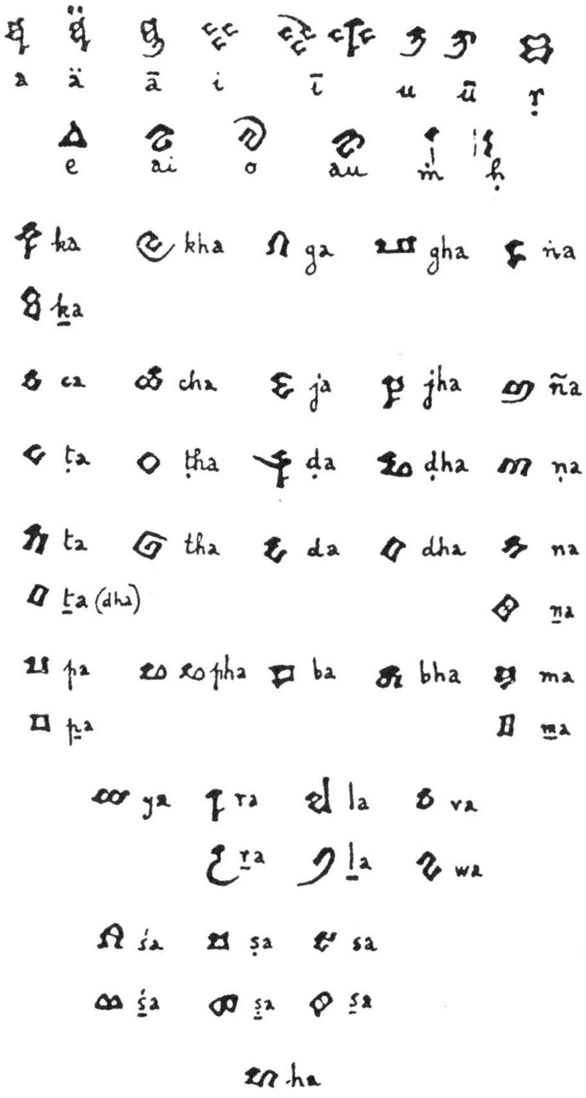

慧琳之说出自密宗不空一系，又为全真所本。全真之书传入扶桑之后，为之诠释者多家，如信范有《全真和尚次第记文释》。马渊氏书首册第三节“中国悉昙学”，以全真之《梵字次第记》列为第一（87页）。几令读者误认在华之悉昙学，恰兴起于密宗流行之后，此又不得不为之辨正也。

南戏戏神咒“啰哩嗹”之谜

1985年8月初旬，在乌鲁木齐的第二届敦煌吐鲁番学会的艺术小组中，北京音乐史家何昌林先生提出：南戏的戏神咒里面有帮腔唱“啰哩嗹”的习俗，问我有什么看法？回港之后，草成此篇，用答雅问。

众所周知，福建莆仙戏便有唱“啰哩嗹”这习惯，据《莆戏谈屑》称：

> 莆剧在未演出时，后台先打三锣鼓，过后有彩棚，念四句大白。念完，唱下词尾。下词尾只用“啰哩嗹”三字，颠倒唱出。这三字是咒文，为得怕舞台上秽渎了神明。唱完这咒文，便可保台上大家平安。（见胡忌《宋金杂剧考》中《宋剧遗响》一节引录）

把这三个字作为下词尾的和声，是全体合唱，据说是七煞曲中的“打讹”，亦即是“打和”。福建莆田婚礼演线偶剧，有所谓“北斗戏”。在最后的田元帅净棚，唱“啰哩嗹”咒语。然后唱：“盛世江南景，春风叫景堂。一根红芍药，开出满地红”等句（田仲一成《中国之宗族与演剧》，999页）。陈啸高等在《福建的莆仙戏》中记着：“过去，莆仙戏开台，首先是打三通锣鼓。……出一神将上场，‘彩棚’，后台全体齐唱：‘盛世江南景……’四句。接着唱下调尾（即田公元帅咒）‘啰哩嗹、哩啰嗹、哩嗹、啰嗹、哩啰嗹、哩啰嗹、啰啰哩，啰嗹’。继即由穿红袍戴瓦楞巾挂三绺须的，头出生走到台中念四句开场白（即‘一篇翰林黄卷’等六言四句），念毕，向台中及左右三揖。徐步入场，然后开始演戏。”这一惯例，演戏在开场前要念“啰哩嗹”，亦称为田元帅咒。福建一些梨园戏及泉州的线偶戏，都有这一唱“啰哩嗹”的习俗。

记得1978年冬天，我在巴黎，任教于高等研究院宗教部，同事施博尔（Kristofer Schipper）先生出示他在台南搜集的道书写本，其中陈荣盛手抄现行道士唱曲，有一段歌词如下：

> 出仙宫，啰哩嗹！离了蓬莱，腾采云，啰哩嗹。（你来）出离了天堂，啰哩嗹！啰哩嗹！

这一套和声的调儿，居然亦成为道教乐曲的帮声。很明显是从闽乐吸取而来。

一、晚唐北宋禅僧及金全真道教教主之唱啰哩

当前，台南的道教唱本尚采用“啰哩嗹”作和声；但推究其始，唐季闽南的禅师已有此种习惯。道教有许多仪式是从佛教脱胎而来，唱啰哩和禅家似乎亦有一点渊源。

禅家之唱啰哩，澧州钦山的文邃禅师是比较早的一个例子。宋普济在《五灯会元》中说：

> 文邃禅师，福州人也。少依杭州大慈山寰中禅师受业，时岩头、雪峰在众，睹师吐论，知是法器，相率游方。二大士各承德山印记。……后于洞山言下发解，乃为之嗣。年二十七，止于钦山。……上堂，顾视大众曰：“有么？有么？如无；钦山唱菩萨蛮去也！啰啰哩哩！”便下座。（中华苏渊雷点校本，815页）

他的后辈澧州钦山的乾明普初禅师亦复唱啰哩。《会元》说：

> （师）上堂良久曰：“……民如野鹿，上如标枝。十八子，知不知？哩哩啰，啰啰哩。”拍一拍，下座。（同上书，1191页）

普初是潭州夹山晓纯的法嗣，为南岳下十四世。他同住澧州，上堂亦唱啰哩，

分明是继承文邃之教。文邃与岩头、雪峰两人最友善。岩头为泉州柯氏子，雪峰则为泉州南安曹氏子，并参德山。文邃原为福州人，同属闽籍。雪峰于唐咸通中回福建创院，懿宗赐号曰真觉禅师。梁开平戊辰三月示寂。闽王（王审知）曾问他：三乘十二分教，为凡夫开演？不为凡夫开演？他说：不消一曲《杨柳枝》。文邃和雪峰同时。文邃唱《菩萨蛮》去也，雪峰提到《杨柳枝》。禅僧都喜欢借用曲子来说教。敦煌莫高窟所出的曲子词，《菩萨蛮》如S·四三三二的“枕前发尽千般愿”。杨柳枝如P·二八〇九及桥川藏本“不见堂上百年人，尽总化微尘”，是嗟叹无常，分明都与释氏有关。钦山是闽人，唱“菩萨蛮了，啰啰哩哩”。他的同乡雪峰复引用曲子词，当然亦会唱啰哩。福建南戏的成立和王审知有不可分的关系。后来闽戏之唱啰哩，我想与钦山等禅僧必有渊源。从文邃之唱啰啰哩哩，可以追溯“唱啰哩”滥觞的年代，得到一点线索。

在北宋杨岐一系的禅师亦喜欢唱啰哩。《会元》记袁州杨岐方会禅师云：上堂：薄福住杨岐，年来气力衰，寒风咽败叶，犹喜故人归。啰啰哩！

拈上死柴头，且向无烟火。（同上书，1231 页）

方会是石霜圆的弟子，为南岳下十一世。宋皇祐改元，示寂。他的法嗣舒州白云守端禅师所撰读文中亦用啰哩字眼。《会元》卷六云：

茶陵郁山主，师乃白云端和尚得度师。云有赞曰：“百尺竿头曾进步，溪桥一踏没山河。从兹不出茶川上，吟啸无非啰哩啰。”（同上书，355 页）

青原下十世令滔首座，久参沩潭，言下大悟，遂成颂曰：

放却牛绳便出家，剃除须发着袈裟。有人问我西来意，拄杖横挑啰哩啰。（同上书，1011 页）

西京招提（寺）惟湛广灯禅师，嘉禾人。为净众首座法嗣，上堂说偈云：

"六尘不染，还同正觉。……此心能有几人知，黄头碧眼非相识，啰啰哩。"拍手一下，下座。（同上书，1075 页）

由上列各事，可见北宋以来禅师使用啰哩，每于上堂作偈语、制颂讚，都用之作为助声，已成为非常流行的习惯。

金时，全真教诸大师，倚声传道的作品，特别好用"哩啰唛"三字，作为助声，其例甚多。如王喆的《捣练子》：

猿骑马，呈颠傻，难擒难捉怎生舍，哩啰唛，哩啰唛。

共有十二首，末句皆同（《道藏·太平部·王重阳全真集》卷七）。

谭处端亦作《捣练子》来谈道，其句云：

捣练子，具如何，从前罪孽暗消磨，啰哩唛，哩唛啰。

从初得，认波罗，（借用佛语的"波罗蜜"）色财勘破扑灯蛾，啰哩唛。哩唛啰。啰哩唛。哩唛啰。（《道藏·太平部·水云集》中，亦见《全金元词》）

王重阳生于宋徽宗政和二年（1112），金世宗大定十年（1170，即南宋孝宗乾道六年）卒。谭处端生于金太宗天会元年（1123，即徽宗宣和五年），卒于大定二十五年（1185，即孝宗淳熙十二年），他们的时代及于南宋初。显然是袭取禅僧以啰哩作为和声的旧套。钦山等唱菩萨蛮去也啰啰哩哩，正是他们的前驱。

二、南宋讴歌缠声之唱哩啰及戏文中之唱哩啰嗹

张炎在《词源》一书的后面附有讴歌旨要八首。其七云：

哩字引浊啰字清，住乃啰哩顿唛哈。

冒鹤亭翁注："今词中摊破丑奴儿，南曲中冰红花，并存'也啰'二字之腔。"冒氏以"也啰"说"哩啰"，未确。其实南宋史浩的《鄮峰真隐漫录》中《粉

蝶儿》劝酒上阕云：

> 一盏阳和，分明至珍无价。解教人，啰哩哩啰。把胸中、些磊块，一时镕化。（《全宋词》，1279 页）

史浩卒于绍熙五年（1194），年八十九。在张玉田之前，他用啰哩入词，和全真教主的《捣练子》一样。在宋、金的文献资料中，唱“哩啰”出现尚有多处，洪迈《夷坚志》卷十三“九华天仙”条云：

> 绍兴九年，张渊道侍郎家居无锡南禅寺，其女请大仙。忽书曰：“九华天仙降”。问为谁？曰：世人所请巫山神女者是也。赋《惜奴娇》大曲一篇凡九阕。……其第九曰“归”词云：吾归矣，仙宫久离。洞户无人管之。专俟吾归。欲要开金燧，千万频修已。言讫无忘之。哩啰哩。（下略）

这是乩仙扶出的大曲，绍兴时，巫山神女唱哩啰，后来人们祀灌口神清源祖师亦唱啰哩，似乎宋时唱啰哩之俗，特别流行于西川。九山书会编撰的《张协状元戏文》云：

> 我适来担至庙前，见一个苦胎与它厮缠。口里唱个嘀嗹啰啰嗹，把小二便来薄贱。……（《永乐大典戏文三种校注》本）

张协第五出言：“独离西川无伴侣”。则张协正是西川人。此处哩字借音作“嘀”，“嗹”字出现，同于闽乐，更值得注意。

金董解元《西厢记》卷五《乔合笙》下云：

> 休将闲事苦萦怀。和——哩哩啰！哩哩啰！哩哩来也！

如张炎说，哩是引浊，啰是引清。啰哩用于住而唛咗用于顿。王骥德《西厢记》三本二折：“哩也波，哩也啰。”注：“北人方言犹言如此、如此。”钱南扬非之，谓“嘀啰是和声，非北人所独有”。玉田的唛咗，在全真教徒作品中只作哩啰唛，有唛而无咗。其实咗亦是唛拖长的音，和声可以延长。

在明代的戏文里面，时时可看到唱哩嗹作为帮腔的文句。1975 年广东潮州市出土的宣德六年（1431）手写本的《正字刘希必金钗记》，其中有数处用啰哩嗹的和声。

第四出〔大斋郎〕……前腔：罗哩唻，哩罗唻。罗哩罗哩哩罗唻！哩罗哩唻罗哩唻。哩唻罗哩唻！

第三十二出〔雁儿舞〕：啐噜干，阿如奴名答刺速。……（合）：哩嗹！啰嗹哩嗹！嗹嗹！啰哩啰啰！哩嗹啰哩嗹啰！嗹哩嗹！啰哩嗹！啰啰哩嗹啰哩嗹。

第四十出〔雁儿舞〕……齐声：哩嗹啰嗹！哩嗹唻啰哩！啰啰哩嗹！啰嗹哩嗹！罗哩嗹罗罗哩嗹啰哩嗹！（末白）

第六十四出……等他夫妇，两人啰嗹哩。……生唱〔啰哩嗹！啰哩嗹〕。

刘希必戏文即是刘文龙的《菱花镜》。这一宣德写本卷尾标题云："新编全相南北插科忠孝正字刘希必金钗记。"它是新编、重抄之本，里面保留唱哩啰嗹的和声，还渗入一些蒙古语，可见原来必是袭用元时刘文龙的院本。其中有一段说道："叫番奴，唱番曲"，更为显然。上面摘录是新出土的资料，十分可贵（该书现列为《明代潮州戏文五种》之一）。第三十二、四十出所见的"哩啰嗹"，都是合唱，与现时莆剧的唱田元帅咒，几乎没有什么不同。可说是研究这一戏神咒的无上资料。

金、元戏文之唱哩啰，在《董西厢》及《菱花镜》中都获得见证。明成化本《白兔记》在开场中《红芍药》一曲记着：

末唱：哩啰连！啰啰哩！连连连！哩啰哩！连哩连！啰连哩连！啰哩连！哩连啰连！哩连啰连……哩连啰！哩啰哩！（上海出土《成化本说唱词话》）

末所唱的哩啰连，与《金钗记》正是同一来源。

明人像王越作的《黄莺儿》曲子，其中亦用"哩啰啰，哩啰"的字句（《王襄敏公集》卷末）。杨慎在所著《词品》中论和声，也说："若今之哩啰嗹。"可见明时唱啰哩之普遍。清初曹寅有《听闽乐》诗云：

一拍么弦一和缠，舞余无复扫花钿。团郎漫纵哄堂笑，摘取犹闻啰哩嗹。

又有序云：

记董解元西厢尝有之。老子不独解禽言，并通蛇语矣。（《楝亭诗钞》）

以此取笑。蛇语者，《辽史·国语解》云："神速姑，宗室人名，能知蛇语。"（标点本，1537 页）曹寅以闽乐之唱啰哩，譬之蛇语。可见到了清初惟有福建保存这一习惯，最为显著。其他各地，大概已逐渐消失，故唱哩啰遂被人误会为闽乐唯一之特色，其实是不对的！

三、明代戏神清源祖师祀典之唱"啰哩嗹"

明代名曲家《汤显祖集·玉茗堂文》之七，内有一篇谈及戏神的历史：《宜黄县戏清神源师庙记》，是戏曲史上极有名的文章，有云：

余闻清源，西川灌口神也。以游戏得道，流此教于人间。讫无祠者。子弟开呵时一醪之，唱"啰哩嗹"而已，予每为恨。……大司马（谭纶）以浙人归教其子弟，能为海盐腔。大司马死二十余年矣，食其技者殆千余人。……予问倘以大司马从祀乎？曰：不敢。止以田、窦二将军配食也。……（《汤显祖诗文集》卷三十四）

此文可考见万历间海盐腔形成之经过。而宜黄的伶人，祀清源师为戏神。同书卷十八又有诗句云："暗向清源祠下咒，教迎啼彻杜鹃声。"是集笺者徐朔方氏，在此二处都不加注语，想是不详其来历。孟元老在《东京梦华录》卷八，记六月二十四日，州西灌口二郎生日唱戏，最为繁盛。南宋杨无咎《逃禅词》有《二郎神》一首题云"清源生辰"，警句如："灌口擒龙，离堆平水，休问功超前古。当中兴、护我边陲，重使四方安堵。"《词律》十五说"此似寿神之词"。无咎之作，盖为清源神颂寿。冯应京《月令广义》说："六月二十六日为二郎神及清源真人诞。”所谓清源生辰，依《梦华录》当是六月二十四日。

清源是谁？明谈迁的《枣林杂俎》云：“二郎神为清源妙道真君，即嘉州守赵昱斩蛟者也。未详何代？何封？称为二郎。”考宋人平话《勘皮靴单证二郎神》中已提到“清源妙道二郎神”一名（见《醒世恒言》卷十三）。所写的是徽宗朝的故事。赵昱本隋人，事迹最先似出《龙城录》（旧传柳宗元作），近人李啸仓据姚福均《铸鼎余闻》引王峻《苏州府志》云：“宋真宗时晋封清源妙道真君。”把赵昱与二郎神结合而给以清源的封号，实起于北宋真宗之时（详李氏著《宋元伎艺杂考》之《平话中的二郎神》）。清时遵义人陈怀仁撰赵昱传，称昱为峨嵋人，从师李班习法青城山。志赵昱事特详（文见李思纯《江村十论》77页引《乐山志》）。明代清源师已与李冰之子（二郎神）故事牵混为一，在江南一带亦有清源庙。试举一例。如邓韨纂嘉靖十八年《常熟志》卷四：

> 清源妙道真君庙——在介福门内。神秦蜀郡太守李冰之子。尝除蜀都江之蛟孽，有水功。宋汴京为筑神保观。邑人以常熟为江之下流，故有庙后请于朝以祀焉。

宋汴京祀赵昱。《万华录》记灌口二郎寿辰，百戏至盛，他演变成为戏神，自从宋代以来已有这一传说，到了明代遂变本加厉。宜黄祀清源师，亦唱“啰哩嗹”。其祀清源而以田、窦二将军配享。田将军即闽人所祀之田元帅。据岳珂《桯史》卷十“万春伶语”条，其人即唐明皇时之雷海青。雷字省书作田，如雷万春亦作田万春是。啰哩嗹所以演变成为田元帅咒，想必由于明时以田将军作为清源师之配享，故遂喧宾夺主，这是可以理解的。

二郎神为唐教坊曲名，“灌口二郎斩健蛟”亦成为杂剧中的名目。宋张唐英的《蜀梼杌》记当时教坊俳优作“灌口神队”，为二龙战斗之象，陈鳣《续唐书》系其事于广政十五年（952），这是五代后蜀孟昶宫中表演的武剧，必是以斩蛟为本事，当然以二郎神及赵昱的故事为背景。灌口神的由来及其形成杂剧，可以追溯到后蜀时代。

关于戏神来历，已有许多专家讨论。在东南亚的福建南音社团，不少用“郎君社”来命名，梆子班和皮簧班的戏神称为“老郎”。有人说“老郎”即出自书会的说话人（见陈炳良《中国的水神传说》附录：《从书会到梨园》）。

又有其他许多讲法（见《唐戏弄》八杂考）以其越出本文范围之外，不再多赘。

尾声

啰哩嗹本是和声，何以后来变为咒文？在唐代敦煌写本的《悉昙章》联章曲里面，习惯用“鲁流卢楼”四字母，插入每章上片的末句作为和声。像《俗流悉谈章》和《佛说楞伽经禅门悉谈章》等等，都有同样的情形。鲁流卢楼原是梵语四流音的ṚṜḶḸ，异译很多，有的作“离离楼楼”（日本宫内别本《大般涅槃经》），有的作“哩哩呂呂”（不空译本），这四个字母有它的特殊意义。“鲁流卢楼，如是四字有四义，谓佛、法、僧及对法。”从北凉的昙无谶翻译的《大般涅槃经》卷八“如来性品”（第四之五）至刘宋的慧严等译出的《大般涅槃经》卷八文字品，都有同样的理论。用它作为和声有某种作用，特别是密宗，很容易把它看成咒语。我曾写过：《梵语ṚṜḶḸ四流音与其对中国文学的影响》一文，已有金文京氏的日文译本，载京都大学《中国文学报》第三十二册，这里不再详论。用啰哩嗹三字颠倒反复地唱出，在明初已被充分使用于戏文，如《金钗记》正是极好的例证，后来演变到福建的莆仙戏，把它看成田元帅的咒文，用以趋吉避凶。推究其源，和唐末的禅僧之唱哩啰，本是一脉相承，其演变过程，仍是可以寻求出来的。

文载《国际道教科仪及音乐研讨会论文集》（*Studies of Taoist Rituals & Music of Today*），224—227页。

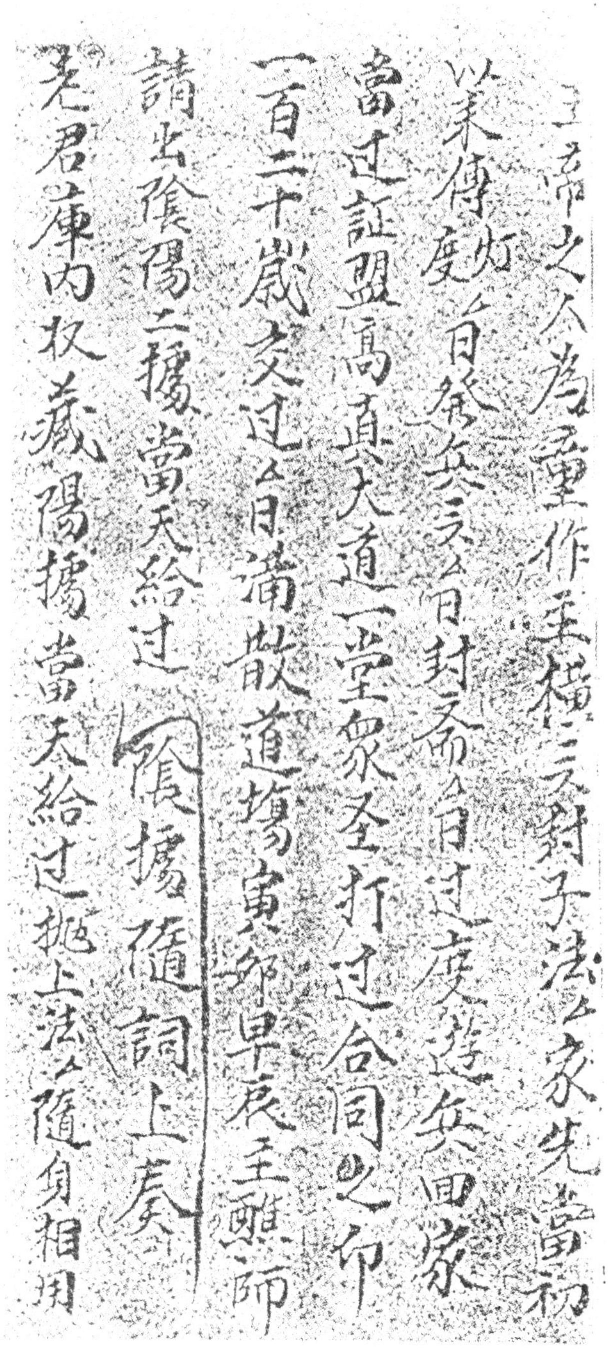
三帝之人為童作主横三对子法么家先當初
以來傳灯度合發兵三白封斋合過度遂兵回家
當過証盟高真大道一堂衆圣打過合同之印
一百二十歲交過合滿散道場寅卯早辰主醮師
請出陰陽二攜當天給過
陰攜循詞上奏
老君庫內收藏陽攜當天給過拋上法么隨身相用

“啰哩嗹”之谜插图一

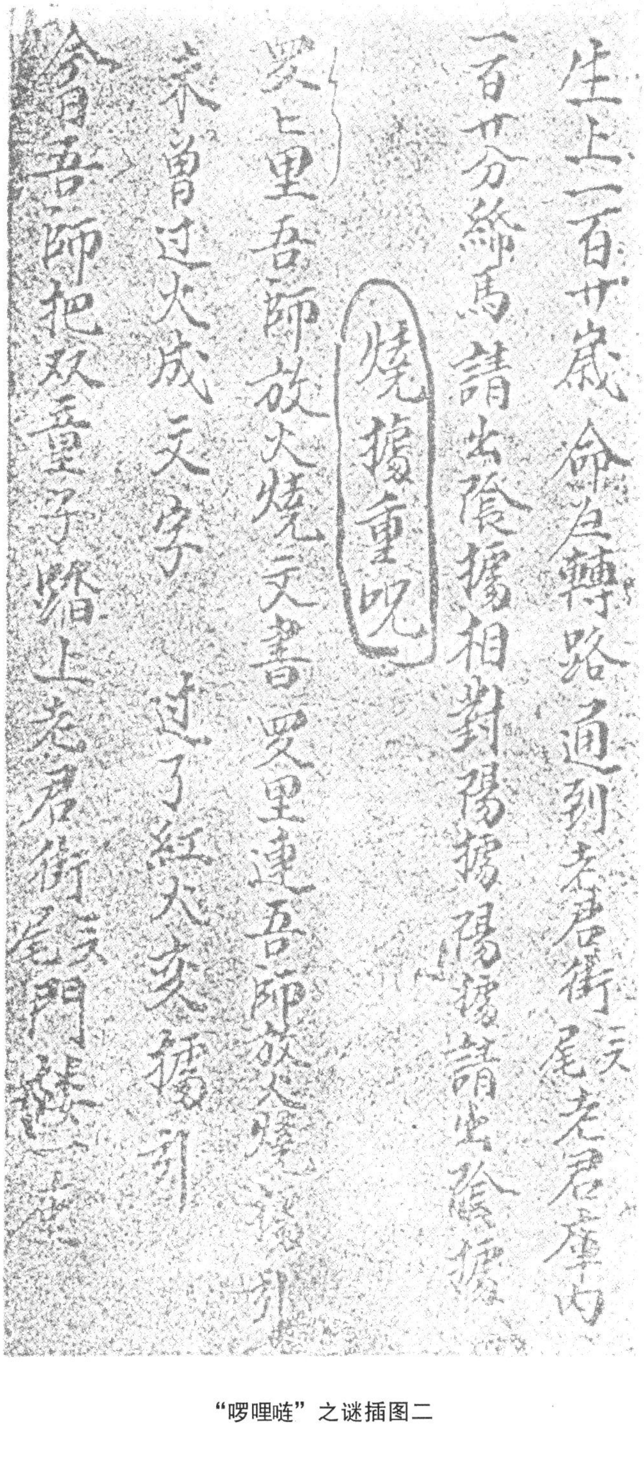
生上一百廿歲命在轉路通到老君街夾尾老君廟内
一百廿分爲馬請出陰揚相對陽揚陽揚請出陰揚
燒揚重呪
罗上里吾師放火燒天書罗里連吾師放火燒揚引
未曾過火成天字過了紅天交揚引
命吾師把双童子踏上老君街夾尾門樓

“啰哩嗹”之谜插图二

吽字说

近日偶读陈寅恪先生《柳如是别传》中册（795页）引钱曾《读书敏求记》著录《大手印无字要》一卷，下云：

> 此为庚申帝演媟儿法。张光弼《辇下曲》："守内番僧内念吽，御厨酒肉按时供。组铃扇鼓诸天乐，知在龙宫第几重。"描写掖庭秘戏，与是书所云"长缓提称吽字，以之为大手印要"殆可互相证明。

陈先生在"吽"字之下加以注语云：

> 寅恪按：吽当作哞，非作"吽"。盖藏语音如是，中土传写讹误，昔亦未知，后习藏语，始得此字之正确形读也。

钱曾（遵王）所藏的书籍，寅老认为"当是从钱牧斋处得来。所附注语，应出牧斋之手，彼未必若是淹博"。他又说"牧斋好蓄异书，兼通元代故实，既藏有演媟儿法多种，其与河东君作'洞房清夜秋灯里，共简庄周说剑篇'之事，非无可能"。所言甚有趣味，他所推测，涉及前人的阴私，今且勿论。但谈及"吽"字的正确形音，虽只寥寥数语，因为寅老梵学的湛深，他的见解很能引起人们的重视。吽字是否应作哞，不能使人无疑。由于这个问题在宗教史上关系相当重大，故草是篇，提出个人的看法。

关于六字真言的历史，法国伯希和在 1934 年尝有文章讨论过[①]，他认为宋天息灾（西天竺惹烂驮啰国僧）翻译的《大乘庄严宝王经》（*Karandavyuha*）已言及六字大明陀罗尼：

唵引么抳钵　讷铭二合吽引[②]

据《宋会要辑稿》道释二，译经院，宋太宗太平兴国八年十月天息净倡置译场，选童子习梵文字。李煜的侄儿惟净即当日的学生。杨亿《西昆酬唱集》中所称译经光梵大师，即其人也。后来编成的《大中祥符法宝录》其中著录有《大乘庄严法王经》，是经译成于北宋初，故伯希和认为六字真言的出现，在公元一千年左右。

西藏学者对此问题叠有研究。近时日本今枝由郎特撰《敦煌藏文写本中 Om mani padme hum 试论》一文指出 P·T·三七号（一）及 S·T·四二〇号、四二一号（一）都有六字真言。摘录如次：

Om ma ma ni pad me=hum mye =（421-1，〔fol. 22a〕）
Om ma ni pad me hum myi tra sva ha/（420，〔fol. 12b〕）

文中探讨真言形成的过程，甚为详尽。[③]

余于 1983 年 8 月旅行青海，在湟中县谒密宗黄教的塔尔寺，所见法器多标记六字真言。吽字必读为 Hum，毋庸深论。藏文之外，汉文字资料大有可补充者，略述如次：

(1)“吽”字非常晚出，《龙龛手鉴》、《广韵》皆无之。此字初见于宋《集韵》卷七去声四绛，与胮同音匹降切，义训“攴声”。[④] 吽字在字形上是以丰为声符，读音为双唇并母；与吽之音 hum，完全风马牛不相及。

(2)“吽”字则很早出现于殷代。新《甲骨文编》卷二，一二（50

① 见《通报》卷三十一，1934。

② 见《大乘庄严宝王经》卷第三、四，《大正》一〇五〇，第二十册，密教部三，59—62 页。

③ 文见法京 1979 年出版 *Contributions aux Etudes sur Touen－Houang*，pp. 71—76。

④《中华大字典》云，反声，注出漾韵，误。

页）云："𠯈，陈邦怀《甲骨文零拾》一六〇背，'从口从牛，《说文》所无'。"

按卜辞原版云："（王）占曰：㞢𢆶（杀），㞢其来，迄至，亡我。王占曰：若，吽。四月癸未。"

此处吽为单字一句，或是感叹词。可见吽字古已有之。此版正面为穷贞旬之辞，大字一组涂朱，乃属武丁时期。原物现藏天津博物馆。亡我一辞罕见。陈邦怀读我为俄，犹言俄倾。按他辞见"硪王车"，硪有碍义。亡我疑即无硪。《卜辞综类》口部吽字失收。"若，吽"只此一见，含义尚难遽断，惟其字分明从口从牛，则可确定。是版《甲骨文合集》未见，想是漏录。

（3）吽即吼字。

《玉篇》卷五口部五十六，"吼，呼垢切、牛鸣也。吽，上同。《说文》无吼字，口部嗷下云，吼也。"

《广韵》上声四十五厚云："吼，牛鸣，呼后切。吽上同，呴亦同。……垢，厚怒声。"按与吼同音"呼后切"者共七个字，它的声母是 h-。

《集韵》上声四十五厚：垢、呴、吽、吼为一字，许后切。又平声十二侵："吽"牛鸣，与"音"同于金切。[①]

《龙龛手鉴》：吽与呴同，牛鸣也。

由上知吽与吼原为一字。

（4）关于"吽"的专著及悉昙家解说。

日本空海大师著有《吽字义》一文，见《弘法大师全集》第一辑（535—553 页），略云：金刚顶释此一字，具四字义，一贺字义，二阿字义，三污字义，四么字义。

贺字义：中央本尊，体是其字也。所谓贺字是因义也。

阿字义：诃中有阿声，是一切字之母，一切声之体。

污字义：一切诸法损灭义。

么字义：梵云"怛么"。此翻为我。（按即 atman）

又"合译此吽以四字成一字，所论四字者，阿、诃、污、么。阿，

① 按《玉篇》吽又一音丁公切。疑当作于公切，于误为丁，《集韵》作"于公切"可证。（《汉书·东方朔传》有一句云："狋吽牙者，两犬争也。"颜师古注"狋音五伊反，吽音五侯反"，《集韵》此字在十九侯，与鱼侯切之齵同音，引东方朔说。按即采用颜氏音，此与牛鸣之吽同字异义。）

法身义；诃，报身义；污，应身义；么，化身义。举此四种，摄彼诸法，无所不活”。文繁不具引。空海之学，传自唐不空弟子青龙寺惠果，得其密奥。所述《吽字义》，自是唐时密宗金刚界大法。

又日本延历寺安然撰《悉昙藏》卷四论吽字云，吽音或云呼吽，且唐吽字《玉篇》云：吽，呼垢反，亦丁（于）公反。或真言注云：牛鸣也。故据师承，世皆云吽。（注：不开口呼之。）又云“呼应（和音），是喉内声，呼恩是舌内声，呼吽是唇内声，今者合三内声直呼云吽”（《大正续》八十四，404、405 页）。

日本两大高僧所述都作吽，足证从口从牛此一写法必无误。

（5）元人以叙利亚文 hm 译为吽。

元《事林广记》：“默伽国……大食祖师名‘蒲罗吽’。”又译作“易卜剌欣”，即叙利亚文阿伯拉罕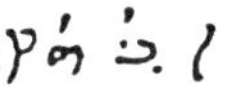 a-b-r-hm，亦以“吽”译 hm。

（6）咒语中吽的异写。

吽字亦写作𤙖。

密宗著作，时用吽字，如：

火吽轨别录（《大正》九一四）

火𤙖供养仪轨（《大正》九一三）

唐一行译善无畏：大毗卢遮那成佛神变加持经，其中真言屡用“𤙖”字：

𤙖若（急呼六）　莎诃（《大正》一八/八四八）

𤙖娑破（二合）　吒也莎诃（《大正》同上）

梵语真言 avi rahṁ khaṁ

汉译异文如下：阿尾啰吽欠

阿味啰𤙖欠

阿毗罗吽剑

阿鼻罗吽欠（《法宝义林》，7 页）

密宗马头观音　金刚咒

梵语　oṁ　amṛ　todbhava　huṁ　phat

汉译　唵　阿密嘌　睹纳婆缚　吽　发吒（同上，59 页）

都以 hm 或 hum 对译“吽”。或写作吽，在文献上未见有作呠者。梵语 ahum 分化为 a 及 hum，考证家认为在后来演变为《封神榜》之哼、哈二将。

heng（哼）＝hum

ha（哈）＝a（参同上书 44 页 Arm 条）

敦煌莫高窟现存元至正八年守朗所立刻石，有文字六体，其上刻莫高窟三字，外左镌功德主“妃子屈术，速来蛮西宁王”，即《新元史·宗室世表》中拖雷六世孙特色天须哈之子速来蛮，至元六年嗣，天历二年封西宁王。至顺三年给印。[①] 碑上有蒙、藏人名二十一行，以汉文写出。正中佛像上有二层，每层各为六字真言。汉文为“唵嘛呢八谜吽”与宋初天息灾译作“唵，么抳钵讷铭吽”，译音字略异。其余五体为梵、藏、八思巴、蒙古、西夏文。

《宝王经》（卷三）云：“佛告善男子，此六字大明陀罗尼，是观自在菩萨摩诃萨微妙本心，若有知是微妙本心，即知解脱。……若有人能而常受持此六字大明陀罗尼者，于是持诵之时，有九十九殑伽河沙数如来集会，复有如微尘数菩萨集会，复有三十二天天子众亦来集会。……善男子！汝能得是如意麾尼之宝，汝七代种族皆当得其解脱。”知六字真言北宋译本称为“六字大明陀罗尼”。能够传达观世音大菩萨的微妙本心，可以获得大解脱。

六字真言意义很是简单：

唵，表佛陀的法身、应身、化身三身的赞叹；

嘛呢，即牟尼，梵文原训灵珠；

八谜，即梵文 Padma，意思是莲花。[②]

阎文儒引《西藏观音经》摩尼伽步婆，以诗赞叹此六字真言之功德；并以六字代表轮回六道，即所谓六趣。藏人多以此六字题于长布片，而藏于经筒中，称之为法轮，西藏密宗喇嘛口常念此真言，此六字代表六种颜色。念“唵”字使人死后入于“天趣”（devagati）……念吽字可免入于地狱。

梵语的 hum，亦作 hūm，用长音 ū。在古印度吠陀的礼仪上，作为用于歌咏前的一种 Prastava（为唱咏 Saman 祭司之一）。hum 在巴利文作为神秘音节（mystical syllables）。《普曜经》中的 hum-kara，意思是叫出 hum-hum 之音，亦用以指象的呼声，及动物的吼声（the trumpeting of an elephant，to

---

① 参看阎文儒：《元速来蛮刻石释文》，载《敦煌研究》，1981（1）。李永宁：《敦煌莫高窟碑文录及有关问题》，载《敦煌研究》，1982（2），《莫高窟六字真言碣附图》。

② 参青木文教：《西藏文化之新研究》，补遗七，《六字咒文》，249 页。

the roaring of other animals)。佛教常用的狮子吼，即由此演变而来。《玉篇》吽与吼为一字，和梵语的 hum 音义完全符合。但吽字见于殷契，似作感叹词用，此一事为前人所未知，可见吽原是一个象声字，取义出自动物的吼呼，与“吼”是同一个字，它的声母是 h，华、梵正是一致。和晚出的字音“匹降切”之吽毫无关系。

元时，盛熙明著《法书考》，已谈及补陀洛迦山传下的这六字真言。盛氏世系出自龟兹，故能熟悉此六字。

六字真言被人作密咒奉持，后代流传，至为普遍，因含义不明，书写每有讹失，试举一例，清季张德彝《随使法国记（三述奇）》中南海经行记，同治九年十月初八日，他在广州莲塘街观音庙内见到有六番字如下：

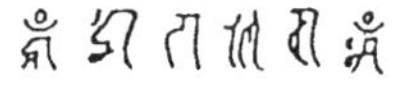

他说“不详何义”，其实即是这六字真言，附记之以当谈助。

吽字用于六字大明陀罗尼，自北宋以来，已极流行。然“吽”字的出现，远在殷代，虽只一见，从上下文义，可以推知。故详论之，以补东西藏文学者之不及，并以求教于古文字学诸君子。

原载香港《明报月刊》总 219 期

附　关于甲骨文的“吽”字

《明报月刊》总 219 期刊出我的《吽字说》，是我 1983 年 9 月在中文大学召开的古文字学会提出的论文。记得当时在八号风球悬挂下，会议仍不停地热烈讨论，最后的一个节目，是我这篇文章吽字的提出，曾引起哄堂大笑。由于我引证的甲骨资料，只有一片，是个孤证，有些朋友，甚至怀疑到这一片刻骨是否有问题。近时，我收到胡厚宣先生从北京 2 月 5 日来信说：

《甲骨文零拾》一六〇片背面刻辞，弟自港返来后，即查阅据实物所摹，知其绝对不伪。春节期间，天津历史博物馆金馆长等三人，从天津专程来京，即到我家，亦谈及这片字骨，亦认为绝对不伪。春暖花开，弟可能为此专程往天津，摄一照片，以解决这一问题。总之，我绝对支持大作。

最近周鸿翔教授自美国洛杉矶加州大学5月6日贻书云：“吽字说甚有意义。惟需复核原物。”由于上期印出的图片太小，不易辨认。这一片本身还有学者不甚信任，故将胡老来书刊出，以释众疑。

饶宗颐　1984年5月14日

吽字续说

此陀罗尼亦译作唵麻祢钵捺铭（二合）吽。

西夏乾祐乙巳十六年智通所施咒文内称：

> 若有人以天金宝造作如微尘数佛像已，一日中庆赞供养，所获果报，不如写此六字大明王陀罗尼中一字所获功德。

故此咒亦名“六字大明王功德略尊胜心咒”。见孟列可夫编《黑水城所出汉籍解题》，235页（见附图）。

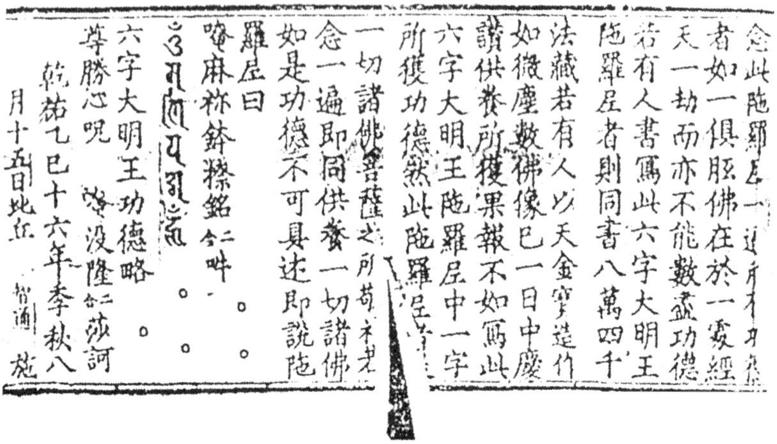
念此陀羅尼一遍所有功德
者如一俱胝佛在於一處經
天一劫而亦不能數盡功德
若有人書寫此六字大明王
陀羅尼者則同書八萬四千
法藏若有人以天金寶造作
如微塵數佛像已一日中慶
讚供養所獲果報不如寫此
六字大明王陀羅尼中一字
所獲功德然此陀羅尼若
一切諸佛菩薩之所
念一遍即同供養一切諸佛
如是功德不可具述即說陀
羅尼曰
唵麻祢鉢捺銘二合吽。。
六字大明王功德略
尊勝心呪　唵没隆二合莎訶。
乾祐乙巳十六年季秋八
月十五日比丘　智通施

印度古《吠陀》声明中，吽（hum）字屡见。在《唱赞奥义书》（*Chāndogya Upaṇisad*）1.13.3云：

> aniruktas Trayodaśaḥ Stobhah Saṁcar o hum̐-kārah
>
> 不可决定　第十三　唱声

The undefined (is) the variable thirteenth interjectional sound hum (S. RadhaRwshnan: p. 359)

吽为不决定之第十三唱声，是“不可决定者”（至上大梵）。（徐译，96 页）

2.8.1 云：

Atha sapta-vihasya, vaci sapta-vidham
sāmopāsīta, yat kiṁ ca vaco hum
iti sa kiṁkāro

Now for the sevenfold. One should meditate on the sevenfold sāman in speech. Whatsoever of speech is hum, that is the syllable “him”.

(p. 364)

其次说七重者：于语言中，人当敬想七重三曼：
兴（him）声，即凡说吽声中一切。（徐译，103 页）

七重音有如下列：

(1) hum	(2) pra	(3) adi	(4) ud (uditi)	(5) prati	(6) upa	(7) n
himkara	prastāva	eti	udgīthah	pratihārah	upadravaḥ	nidhanam
兴	导唱	始唱	高唱	答唱	阑唱	结唱

《罗摩衍那·童年》篇 1.39.27 云：

吽（huṃ）地一声把神咒念。（季羡林译本一册，223 页）

以上为印度早期梵典所见吽字。

作为道教辞书之《无上秘要》，在法京敦煌所出写本 P·二六〇一，是卷其背为《如意轮陀罗尼经》如云：“底吽吽泮泮娑诃世尊。”此为唐写本。字皆作吽。

四川江油县青莲区观音岩后之石板沟有碑，其上刻太极图，书䨓（太阳）䨱（太阴）及藏文六字真言：阿唵嘛呢叭咪吽。（何昌林《鄂川纪行》，《中国音乐》1985年6月第18期，20页）

敦煌石窟中，有中世纪回鹘蒙古文题记二十八条、八思巴蒙古文题记十四条，其中大量是六字真言，可见当时礼佛之隆重：

Šmnu-yi darursan burgan metü
妖魔 镇压 佛 好像
Šiliruy-a ruǰin bülege
正直 坚强起来 是

意味如同镇压邪魔之佛祖那样坚强正直。附记其一于此。（此为莫高第六十一窟甬道南壁墨书蒙文，见内蒙古大学哈斯额尔敦等论文。）

赵宧光及其《悉昙经传》

我和赵宧光素有宿缘，早年在日本内阁文库，读到他夫人陆卿子的《玄芝集》，卷前宧光为序，说道：

> 余志在禅而意兴诗，妇志在诗，而意兴禅，故余堕鄙俚、妇堕组绘，二者皆非是。

曾著其说于拙作《词与禅悟》一文中。后来又收得宧光手写大篆书长幅。又于《吴都法乘》卷二十二下之下《憩寂篇》五见宧光的《悉昙经传总序》和《刻梵书释谈言小引》、《字母总持引》等篇，嗣悉南京图书馆藏有他的《悉昙经传》一书，为江苏省立第一图书馆之物，上有“钱唐丁氏正修堂藏书”印，盖丁丙旧藏，复有“康熙甲子松江范缵武功氏收藏”印。承该馆雅意，影得一份，久存箧衍之中，暇时细读，倍觉其可贵。

友人李新魁[①]教授，等韵学之巨擘也，与麦耘合著有《韵学古籍述要》一书（陕西人民出版社印行），网罗古今韵学著述，共五百余种，钩玄提要，蔚为巨观，独未见及此《悉昙经传》，其为人间秘笈，自不待论。

宧光治说文，撰《说文长笺》，其书成于万历戊申（1608年），见该书小引。《长笺》分本部、述部（三十四卷）、作部前（四十六卷）、后部（一十六

① 李新魁《汉语等韵学》，249页，《韵法真图》一系的等韵。

卷）、体部一十九卷、用部四卷、末部四卷。“作部”后一十六卷，其目如下：

悉昙经传发凡、梵书总持、字母藏录、等子刊定、门法表、等韵音声韵、音声通、四声表、声韵题纲表、华梵音声表、五声表、和声通韵表、声韵损益表、通韵。

持较本书所收《悉昙经传总叙》及《字母总持》仅为其作部之前二种而已。为表明其书非“述”而为“作”，今以《长笺》所撰之要略作为本书附篇。

宧光自言：“髫年得《四声等子》于先大夫斋阁……先子曰：此吾州刺史刘君所刻……尚有他书为之引导。于是再探故箧，得《门法玉龠》于乱籍中，亦刘本也。间有释氏语，由是求之名宿中人，遭蜀僧慧镫，得其教本一二，视刘刻小有出入……遂弃去。”（《学悉昙记》）知赵氏乃从《四声等子》一书入手。最终撰成《等子刊误》，纠摘其失。溯自真定荆璞首先用三十六字母重编广韵、集韵二百零六韵，纂成《五音集韵》。王与秘以《玉篇》单字，按笔画数序，制《篇海》一书。其后韩孝彦再按五音四声排列，为《五音篇》，并著《切韵澄鉴图》、《切韵满庭芳》。至泰和间，其子道昭重编改并成《五音集韵》，增添俗字，改正等韵门法，对刘鉴、真空有极大影响。真空撰《篇韵贯珠集》即据韩氏立说。又称：“《直指玉钥匙》，即据韩氏书立说。”刘鉴之《经史正音切韵指南》，其至元二年自序云：“与韩氏《五音集韵》互为体用，诸韵字音皆由此韵而出。”（《四库全书》本）自是事实。关于创定“音和”门法，《四声全形等子》序称：“肇自智公传芳著述”，“芳”即指《切韵满庭芳》。近人宁氏已证实此事。明代佛子竞为等韵之业，成化间有戒璿、文儒、思远、文通；弘治、正德有真空，均承受韩道昭一书等韵门法。

惟赵寒山对于金韩道昭之《五音集韵》一书，诋諆备至，其言曰：

韩氏浅陋，编辑《篇海》、《集韵》二书，以俚鄙谬之字翻译，强作之同溷入。其子道昭陋劣滋甚。

昔韩孝彦浅陋之书，而其子道昭诸人又增益其丑。

《篇韵》新、旧二本，考其所增字，无一成字者，故知道昭浅陋妄作，比乃父特甚。

韩韵行之既久……近者吴郡刻一显宦所校本，如入九地之下。韩本普十一字声，二字并作微母三等，当是明母四声误入。刘氏不察，但取韵中首字，编入《四声等子》，鄙俗误人，大可恨也。

赵氏讥其广增之字，如梵译益口旁之诸文，均属无谓谫陋之举。韩孝彦所编二书，全名应是《五音集韵》和《五音类聚四声篇海》。近人宁忌浮于此二书版本广事搜集，研讨至深，有《校订五音集韵》问世（中华书局本），且撰："字典史上的一块丰碑——《四声篇海》"（载《辞书研究》，1987 年 1 月）及"韩道昭与《五音集韵》"（该书前言）。诸多考证，大有发扬之功。赵氏评语，至谓所增字无一成字者，或稍过分。

赵书《五音例》谓"见溪群疑，今考《乐典》谓为咢音，名实俱称"。咢即腭也。盖指南海黄佐所著之书。该书有嘉靖刊本，卷十七谓胡僧字韵翻切之法，各归其母，凡三十六。角为牙音者四："见溪群疑"又引及王应电之说，应电昆山人。著《同文备考》、《六义音切贯珠图》，其书附《声韵会通》，主二十八声。赵荫棠《等韵源流》已详加讨论。仍沿称为牙音。赵氏反对以其属角，而改属宫，以宫字出自颚音之首也。

赵氏所师法之仁淖，本书刊刻一概作淖，《吴都法乘》则作仁潮。今按《集韵·三萧》"淖、潮"一字。是淖乃潮之异写。刘献廷《广阳杂记》一云：

寒山赵凡夫先生六书之学，近代人无出其右者。其《说文长笺》虽未尽合于理，然亦弘博可观矣。先生以谐声之故，更求之等字。有真定淖公，先生师之，供养于法螺庵，与先生衡宇相望也。淖公精五天梵书。以大梵书题法螺庵额，曰达摩商佉，至今犹在。（中华标点本）

按"达摩商佉"梵文为 Dhrmā-Śaṇkha，《翻译名义大集》二三六之二 Sankha 海螺（目、珂）。献廷能记赵宧光及淖公故事。其名作"淖公"，《类篇》："淖，和也，引仪礼普淖，谓黍稷也，德能大和乃有黍稷。"作淖亦可通。惟此书《字母总持》称撰集者"燕山沙门仁淖"，分明是淖而非淖。

仁淖字母表且引用及乌思藏文，以示其法出于梵而变省。至华严字母，自西晋译书时已入华。坊刻四十二母有二合，二合者，其曷椤多之三合，钱大昕以配匣、来、端三母（《潜研堂文集》十六《华严四十二母》）。《悉昙经传》谓"坊版华严字母大差四处，称'曷椤'二合，本译'剌他'，多字本译呵，与上共三字，乃二母也，讹并作三合一母，非是”。其说是也。按此梵字当音“啰他”，明非三合。钱氏犹为坊刻所误。钱氏：“谓二合三合之声，华人所不能辨。世谓见溪群疑之谱出于华严者，妄!”梵音系统自与华异，不能强合。可以比方，推其相通之理，而不可混为一谈。

刘继庄尝作《新韵谱》，其悟自华严字母入，参以他国语言。其书虽不传，而大旨已见全祖望所撰《继庄传》。散见于《广阳杂记》者，有若干则，涉论音学，述及吴修龄音学自负为苍颉以后第一人。以二合韵切收尽诸法，立二十四条。虽发悟于华严字母，而讥其于金刚顶陀罗尼及涅槃十四音，未尝寓目；于梵书半字、满字，犹茫然也。吴书不传，于此知其未涉及悉昙之业，彼于赵宧光及淖仁之书，犹忽略之。继庄所推重者，为辽东人林益长（本裕）之《声位（左编）》及云南人马盘什（自援）之《等音》，依五音分十三韵。此两书已有《云南丛书》及梅建校订《马氏等音内外集》流传。李新魁《韵籍述要》谓马氏韵目，多来自梅膺祚撰序失名之《韵法直图》（附刻于《字汇》之后）。林书“呼”分为五，以配汉俗之五音，坚持闭口卷舌混呼之法，于审音亦未能精（见该书259—265页）。

继庄言“自明中叶，等韵之学盛行于世。北京衍法五台、西蜀峨眉、中州伏牛、南海普陀，皆有韵主和尚，纯以习韵开悟学者。学者目参禅为大悟门，等韵为小悟门，而徽州黄山普门和尚尤为诸方推重”。献廷受等韵之学于无锡虚谷大师（秦氏），虚谷受之语拙韵主。语拙者，真定钜鹿县人，实为黄山第二代韵主。献廷自述其学脉渊源如此，为黄山韵主之第四传：

黄山普门——语拙——虚谷——刘献廷

由刘氏之说，可知当时之学风，以唱韵为小悟门，而盛行于缁林之间。

赵寒山之师淖公亦为真定人。不以华严字母设教，独标揭不空翻译之《文殊问经字母品》及《瑜珈金刚顶经释字母品》二者。仁淖于《字母总持引》中力讥“华严字母流行于世，然不得其根源，虽唱和者众而不知其所以为字母，何以立名，何以为用，何以取法”。盖淖公为密宗巨匠，言有所祖。《华严入法界品》之四十二字观门，同于放光般若经（卷四）及大智度论（卷四十八）。而《文殊问经字母品》卷上之五十字门，同于刘宋慧严译之《大般涅槃经》卷八文字品、隋阇那崛多译之《佛本行集经》卷十一、唐地婆诃罗译之《方广大庄严经》卷四、《大日经字轮品》等。梵文字母之数，原有数种异说，《大唐西域记》又有四十七言之说（详季羡林书[①]）。而主要实有四十二字门与五十字门二系。五十字系以密宗经典最为具体而微。空海著《梵字悉昙字母注释义》即采用五十字门，以为说四十二门者浅略，说五十字门者深秘。

梵汉译事，宋代以后颇为冷落。而禅、密、净土诸教，风靡一时；僧人罕溯源梵筴，悉昙之业，问津者日寡。独有悉昙真言，被谱入琴曲，唐僧普安之咒流行于代。入元有制《三教同声》之曲，以《悉昙章》代表释氏之乐。赵氏此书，即征引及于普安禅师咒，兹于附编加以补充明代及清人之作，以备省览。

周一良论吾国的梵文研究，于有明一代，已举《四夷馆考》中西天馆一事。寒山此书，标出《学悉昙记》与《悉昙经传》，其《字母总持引》且明言：

> 以字母统摄梵字，如海纳流，故亦名般若波罗蜜门；以从此悟入慧门，故论云字。陀罗尼为诸陀罗尼门。故知天竺诸陀罗尼五部文句，皆从此出，乃至震旦等韵七音之学，亦原出于此，贯彻六合者，其圆音之谓乎。

“从此悟入慧门”即所谓“小悟门”也。等韵之学源于悉昙，自是确论。寒山此书，仅据仁淳之说立论，于悉昙之学，所知尚浅，以今日之梵学智识衡之，可讨论者尚多。惟其指出刘鉴依《篇海》排列之韵中首字，编入《四声等子》，已知《等子》乃沿袭金韩孝彦、道昭父子之旧辙，视今人唐作藩[②]、宁忌浮之说先五百年，不可谓非巨眼若烛。

寒山此书，承先启后，在悉昙学影响下的韵书发展史上，有其应得之学术地位。清熊仕伯《等切元声》曾引用数语，惜乎流传不广！其书实为悉昙学之后殿。不可不为之表彰，治梵学者幸勿忽诸！[③]

附 重印《悉昙经传》序

李新魁兄在《论内外转》文中引清贾存仁《等韵精要》，以三等韵为立足

① 季羡林：《玄奘大唐西域记中四十七言问题》，见《佛教学术论文集》，141—148页。
② 唐作藩：《四声等子之研究》，见《庆祝王力语言文字学术论文集》，1989。
③ 本书蒙南京博物院梁白泉馆长影赠。附此致谢。

点出发而区别内、外转之观念，指出更前之熊仕伯书中于《辨内外》一项引赵凡夫云：

> 内外八转，绝无的据，尝细考之，如画卦然，一二等为外，三四等为内。止从“照母”分内门二等，惟照有字俱切入三等，所谓内转切三也。外门二等俱有字，仍切二等，所谓外转切二也。二十门切法：内三外二，正以照母言甚明。

李文结论即认识“照二组字就其反切以三等韵为立足点，以区别内、外转，无一例外”①。但此数语不见于《悉昙经传总叙》。据总叙称“余作（四声）《等子刊误》”，今亦不传。此书止是“总叙”，应尚有其他图表之属。此书只能窥见赵氏学说之一部分。余于等韵之学，非所娴习，安得起李君于地下，共相切磋，回首旧游，弥深悼念。

寒山著述，世但知其辑刊《玉台新咏》。其《说文长笺》近年因四库全书之流通，颇为人所瞩目。上海图书馆有明崇祯四年赵均小宛堂刻本。彼另有《六书长笺》与之并行，已收入《续修四库》本，惜题名被误作宧光。元明之间，赵抝谦著《六书本义》，吴元满为《六书正义》，皆重声音之理，而寒山扬扢于其间，最特出者，应为由悉昙进而从事等韵之业。本书虽非完帙，而尝鼎一脔，倍觉可珍。余治悉昙学史，爰为整理问世，兼以纪念李新魁兄，俾为等韵学者共快一睹，想不笑余之多事也。

1998年11月　饶宗颐

① 见《李新魁自选集》，237—238页。

后 记

以上论文十三篇，都为一帙，校录既竟，乃撮其旨要，为后记曰：

悉昙者，盖梵语拼音之阶梯，其传入也甚早。道安著录之《悉昙慕》，唐时其书尚存，载于《开元释教录》三。北凉昙无谶以鲁流卢楼四流音，隶于十四音之列，唐代密宗传中天竺本，甚为诟病，责其以龟兹语紊乱梵言，具见于慧琳书。

然莫高石窟所出唐人流传之《悉昙章》，每章皆缀此四流音为声曲折之助，合以沈约四声谱所述“晃朗晃”等，以为讴歌有如《渭城曲》“剌里离赖”之和声，且于序中明载“并合秦音，以鸠摩罗什《通韵》鲁流卢楼为首”。则以此四音造颂，唐人仍惯用之。幸石室所出，又有《通韵》之佚篇，可悉其渊源所自。此四流音，在印度吠陀语法中，实只有 ṛ、ṝ、ḷ 三字母。而 ṛ 音读如 ri，Prātiśakhya 以为含有 r 音于中间如古之伊兰语；ḷ 则极少用，音读如 lri（见 Macdonell《吠陀语法》，15 页）。今梵文字书此四字母之音为 ṛi、ṝi、lri、ḹri，与慧琳标音写乙上乙去声力力自是吻合。北方泽州慧远则云：“鲁、流、卢、楼，外国正音名为亿力、伊离、栗、离。”这是隋时的读法。

安然书《悉昙藏》卷五引惠圆法师《涅槃经音义同异》内记光宅法师说梵字母：

光宅法师以鲁字为履音，流为梨音，卢字为乱吼反，楼字不异。

光宅是寺名，光宅师似指利言。利言，《宋僧传》无传，其事迹见于西明寺圆照及释智慧二僧《传》。圆照著述甚多，其一为：《翻经大德翰林待诏光宅寺利言集》二卷。《智慧传》云：

> 贞元八年，上表举智慧翻传……得罽宾三藏般若开释梵本，翰林待诏光宅寺沙门利言度语，西明寺沙门圆照笔受。

利言是当时梵文度语的翻经师，彼读鲁音如履，流音如梨，则是收 i 音者。

溯自北魏至梁，译事弥盛。北天竺与扶南沙门相继莅华，多赍梵本。北周文帝二年，波头摩国律师攘那跋陀罗（周言智贤）与耶舍崛多译《五明论》，谓声、医、工术及符印等（《续僧传》卷一），印度声明之学是时已正式传译流布。梁天监五年于扬都置扶南馆，随舶入华之扶南僧众，若曼陀罗（梁言弘福）、僧伽婆罗（梁言僧养）皆大赍梵经，远来贡献。梁武梵学知识，即取给于是。隋时北天竺乌场国沙门那连耶舍（隋言尊称）与同国毗尼多流支（隋言灭喜）皆入居大兴善寺。彼等所译经皆由释彦琮制序。及开皇十二年，彦琮遂于大兴善寺掌译事。彼以中天竺师梵音为本，兼涉昆仑书，于西域、南海之殊言异译，了然于胸。著有《辩正论》，以垂翻译之式。自称："于天竺字体、悉昙声例，寻其雅论，亦似闲明。"前此道安尝论译胡为秦，有五失本，三不易，彦琮则力陈胡、梵之别。谓"胡本杂戎，梵惟真圣，理无相滥，休致雷同，语梵虽讹，比胡犹别"。近岁西域所出古文字佛典，自婆罗谜文、佉卢书，以至吐火罗文 A（焉耆文）、龟兹、粟特、于阗之类，种别至繁，统曰胡书，犹嫌含混。慧琳所举，不过其一耳。彦琮既长于"悉昙声例"，惜其未遑著论；故知隋世，声明之书，早已传播，僧人久娴习悉昙，灌顶遂得整理涅槃经疏，以总结十四音之说，为之判为单、复二途，斯道昌明，不待密宗东来，始成显学也。

密咒入华甚早，义净久传其妙。（《宋僧传·义净传》称："净多文，性传密咒，最尽其妙，二三合声，尔时方晓正。"）净著《南海寄归内法传》在第三十四《西方学仪》（"仪"字据天理大学钞本是书目录）提及《大疏》（*Mbhāṣ*）作者钵颠社搂（即 Patañjali）及印度文法书《苾栗底》（*Kāśikavṛtti*），是时僧人已注意印度语法。稍后，密宗影响最大之两大师南印度摩赖国人金刚智（华言光明）及其门人北天竺婆罗门族不空，皆以声明施教。金刚智父为婆罗门，善五明论，金刚智承其学，复至中、西天竺博习多方。《不空传》称其“年十五，师事金刚智，初导以梵本《悉昙章》及《声明论》”。而疏勒国慧琳复事不空，于印度声明支那诂训，靡不精奥，其学之渊源如此，故能指出昙无谶十四音厕入四流音之非，以所受为中天本也。金刚智之学再传及于空海，流衍为东密。大历间，能淹通天竺“悉昙诸部异执及四围（陀）五明秘咒仪轨”者，又有五台山僧澄观，其博综与慧琳相埒，惟无专著流传，殊为可惜！

本书原拟附一悉昙学年表，以排印已竣，无暇论次，惟有期之异日耳。

1990 年 2 月饶宗颐

饶宗颐

二十世纪学术文集

卷六　史学（上）

中国人民大学出版社
· 北京 ·

目录

国史上之正统论

卷六

饶宗颐二十世纪学术文集·史学

目　录

序

朱维铮

饶宗颐先生的《中国史学上之正统论》，自 1977 年在香港问世，即广受海内外学者瞩目。本书的副题，标示探讨的中心，在于中国传统史学的一种观念，——其实是困扰中国历代王朝的政府及其学者达两千年的一个核心观念。

中国史学，素称发达。十九世纪黑格尔在他的“历史哲学”演讲中曾说：“中国‘历史作家’的层出不穷、继续不断，实在是任何民族所比不上的。”虽说如此，时过近百年，到本世纪二十年代中期，晚年的梁启超在“广中国历史研究法”的系列讲演中，仍然慨叹中国史书这么多，却没有史学的专史，“真是很奇怪的一种现象”。

于是在本世纪中叶，陆续出现了金毓黻、魏应麒、李宗侗等几种《中国史学史》。诸书自有特色，共同问题不在简略，而在整体架构都没有超脱梁启超设计的“史学史的做法”，内容不外四部分：史官，史家，史学的成立及发展，最近史学的趋势。

何谓“史学”？梁启超给出的定义，仍是“以史明道”。他把刘知幾、郑樵、章学诚三人的理论，说成中国“史学”进化的程度表征，尤其称道章学诚“集史学之大成”。这三人的确属于中世纪中国罕见的史学理论家，但他们的“史学”，有没有突破传统的历史编纂学的范畴，仍有疑问。以章学诚而论，此人在朱熹理学仍被清帝国统治者奉为实践圭臬，而汉学家已通过考证将统治学说的经典依据破坏无遗的十八世纪晚期，同时抨击汉宋两种学风，否定唐宋以来史部著作属于“史学”，重申“六经皆史”说，强调“史学所以经世”，尽管无一属于新鲜发明，却终究提出了“史学”是什么的问题。但他“集大成”的意义，也仅止于此。在同时代的汉学家那里，“六经”早已成为史料，而章学诚仍坚持史学应为经学的附庸。在戴震、汪中看来，朱熹的理学，也已变作“以理杀人”的工具，而孔墨显学的历史是非，也需要重予评论，但章学诚却以为戴、汪等居心叵测，一概斥之为“诽圣谤贤”。甚至最佩服章学诚的胡适，也不能否认，此人的“卫道”成见颇深。倘若仍以章学诚的“史识”，当作中国“史学”的判别尺度，则编成的中国史学史，无论在细节上如何精详，也很难说跳出了传统的历史编纂学的窠臼。

这个窠臼，赖以范围史家的一道无形屏障，正是愈来愈纠葛不清的“正统论”。

还是梁启超，早在1902年发表过《新史学》，于呼喊“史界革命”的同时，把正统论当作中国旧史学最荒谬的观念予以攻击。他说，提出所谓正统者，已表明其人将国家视为君主私产，要借天命论以证明他们“生而有特别之权利”，“则固已举全国之人民，视同无物”。他讥嘲由朱熹到乾隆的正统说，不但所立标准互相矛盾，即使依其标准，在秦以后也没有一个王朝可称正统，“成即为王，败则为寇，此真持正统论之史家所奉为月旦法门者”，“自为奴隶根性所束缚，而复以煽后人之奴隶根性而已”。

似乎用不着特别指出此说的历史影响。那以后的中国史学史论著，说到历代抨击的同时，又特别赞扬刘知幾、郑樵、章学诚的史识，也恰又重蹈梁启超晚年的覆辙，忘记了这三人都是正统论的坚决捍卫者。

这里的同病就在于缺乏历史观念史的深入研究。任何观念，即使在后人看来纯属荒诞的观念，在历史上能占一席地位，无不有其理由。何况如正统观念，不仅长期支配过中国人的头脑，还经常影响着各色人等的政治行为乃至重大决策，那就更需要首先辨明它的不同历史型态，才可能进而探究不同型态所映射的现实的社会关系。因而它绝不能由义愤所消除，也绝不会被嘲骂所击破。对于这类历史性的观念，倘若满足于了解“是什么”，自然是不够的；但倘若还没有问明“是什么”，便急于解释“为什么”，则无论解释得如何头头是道，也总不免令人怀疑那个所谓“道”，不过是心造的幻影。

饶宗颐先生的这部《中国史学上之正统论》，所以引人瞩目，正因为是深入研究历史观念史的一部力作。

本书“小引”可证，著者从事新编，从创意到成稿，历时凡五年，单为网罗文献，索阅佚书，便曾足履三洲，至于“淹贯乙部，旁通别集，为独立之探究”，其用力之勤，更可想而知。

为了说明正统观念的发展、衍化和争论的历史实相，著者纵观三千年，横比诸王朝。通论十三篇，考订或探讨的课题，由各章细目所提示，累计便有一百三十五道。集合这百余道难题，每道都尽量引证材料，说明问题的由来，异论的出现，在何时何地由什么人什么书提出或改变的，力求无一语无来历，同时又给出著者本人的历史判断，信以传信，疑以存疑。而著者似乎惜墨如金，涉及的时人跨度如此悠久广阔，所论的人与事各以数百计，但通论的全稿，总共只有六万字。由博反约，本书堪称佳例。

本书的编纂形式也独具一格。通论之后，详列参考资料，凡三篇，都是照录原文，注明出处，依时序排列，间附著者按语或同代学者意见，并限于材料本身的考辨。著者没有明示三篇资料的分类原则。由选文来看，“资料一”，当为四世纪后历代学者直接论正统的著作，凡收八朝及民国八十二位学者的论说一〇六篇，附按语十八则，近说九则；“资料二”，是秦以后德运说和议礼文的辑录，凡收十朝十二种著作内的文字十六节，附近说三则，及著者论文一篇；“资料三”，为有关史论，凡收自唐至清十朝四十八位史家的文章各一篇，附按语二十九则，近说四则。三类总计录文一七〇篇（节），按语四十七则，近说十六则，又附文一篇，凡提及姓名的学者史家，超过一五〇人，全部字数超过二十万，是通论字数的三点三倍。

因此，本书既是史学专著，又是史料汇编。但二者的有机结合如此紧密，以致倘作分割，则通论既失却支柱，资料也失却纲领。不过，就三类资料本身而言，著者辑集的目的，显然不仅着眼于支持通论的历史陈述，更多地是为了提供历代正统论及其哲学理论和史学实践的历史证明，用著者的话说，“以供同好进一步之论定”。这就使本书的结构，形成了主观与客观的奇特统一。通论和按语，重在表述著者本人的考辨或探讨的成果，而资料和附说，则重在提供有关正统论的系统史料。著者对资料及附说的见解，以及这些见解与历史实际的契合程度和时代影响，是同意还是反对，是肯定还是否定，是以为重要还是不那么重要，都不是抉择的尺度。如此将个人见解和相关材料，既无使混淆，又有机结合，至少在国内史学界属于罕见之例。我在复旦大学历史系承乏先师陈守实教授的中国史学史讲席，迄今已逾三十年。就寡闻所及，国内近数十年专究历史观念史的论著本就稀见，而以正统论为题进行全面系统考察的专著更未发现。我所见而又是同行公认的力作者，唯饶先生这一部。

饶宗颐先生在史学上论著十分丰富，曾自定《选堂集林·史林》三巨帙，于1982年由香港中华书局刊行；又有《饶宗颐史学论著选》，由季羡林教授作序，由上海古籍出版社在1993年出版。季先生的《饶宗颐史学论著选序》，对饶先生的生平、著作和学术成就，已有周详的评价，特别对饶先生的研究方法和治史成绩有中肯的概括。因而，这部《中国史学上之正统论》，是饶先生在史学方面的代表作，但要全面了解饶先生的史学见解，单凭本书是不可能的。

不过就书论书，本书也如任何名满学林的鸿篇巨制一样，难免引起争论。我不同意一种说法，以为饶先生的这部书，是为中国史学上之正统论辩护。的确，饶先生自己并不讳言，他是“赞成正统的”，但这话也不意味着他赞成历史上那些正统论。本书通论的结语，已有明言：“正之义尤重于统”，“历史之秤是谓之正”。而历代正统论者，除极少数例外，出发点和归宿恰好相反，所争乃现在之“统”，而非历史之“正”。前引梁启超在清末《论正统》，便首先抨击他们所谓统的定义荒谬，指出“统之义已谬，而正与不正，更何足云”，因而列举他们衡量正不正的六条标准，逐点予以驳斥。章太炎晚年在《国学略说》中论及正统之说，也批评历代论者的正闰之辨，虽不像梁启超当年那样一概否定，但也以为“书法固当规定，正统殊不可问，所谓不过假年号以记事耳”。在这一点上，饶先生与梁、章的见解并无二致。我曾说饶先生著本书，意在“证前史论正统之非”，便是比较而言。

不待说，饶先生的这部书，也可以略有匡正。例如通论篇十述及明初方孝孺《释统》及《后正统论》之贡献，指出其师胡翰有《正纪》一篇可与方文相参，再以夹注指出：“翰之学后来影响及黄宗羲，《明夷待访录》引其十运（原书作‘十二运’——笔者注），即集中之《衡运》。”资料一的元代部分，全录胡翰《正纪》。但由方孝孺《后正统论》、黄宗羲《明夷待访录》来看，胡翰的《衡运论》对他们的历史观更有影响。《宋元学案》卷八十二《北山四先生学案》，全祖望据《仲子文集》补入胡翰文六篇，首列《衡运论》，次列《正纪论》，无疑是因为《明夷待访录》劈头便推崇《衡运论》的缘故。胡翰在《衡运论》文末强调他的“十二运”说，“闻之广陵秦晓山”。《明夷待访录》也据此强调“十二运”说是秦晓山的发明。秦晓山的身份不详，据胡翰文推测，或为元末明初居扬州以《易》算命的卜人。倘若这推测不错，则表示宋以后在南国民间流传的运命论，至迟在十四世纪已影响到士大夫阶层，因而“正统论”不仅受传统学说的影响。章太炎在清末曾讥黄宗羲著《明夷待访录》，“将俟虏之下问”，未必是定论，但秦晓山、胡翰的十二运说对黄氏晚年的政见史观影响甚大，则是事实。《中国史学上之正统论》在资料三篇中，既没有收《衡运论》，也没有收《明夷待访录》的相并议论，致与通论已点出的要旨不相应，似乎不能不说是一个缺憾。

我对本书通论结语特别强调“历史之秤是谓之正”，甚感兴味，很想知道饶先生的权衡标准。但通读全书，发现秤星仍在“道德批评”。这颇使我迷惑。我不赞成道德相对主义，然而历史上的正统论，涉及的主要是政治道德，而古往今来，人民常视作不道德的行为，在政治生活中却常被视作是必要的，因而是道德的，例如神道设教、权术是尚、愚民为政等等。这无疑都属于饶先生所否定的“一时相对之是非”，但却是长期困扰历代史家的政治道德通则。本此通则进行道德批判，必定陷入康有为早年的权力崇拜论，认定权力是衡量道德的尺度。而反此通则，又将陷入章太炎早年的革命道德说，以为道德可以支配一切，结果仍以损人利己的程度作为衡量道德高下的尺度，还是与梁启超的道德相对主义殊途同归。因此，我很佩服饶先生在本书结语中的见解，“即本天下观念以看历史，视历史为一整体”，“以世界眼光看历史，从过去人事觅得共事规律以为行动之借鉴”。这无疑是中外古今哲人共同的高尚理想，然而往昔的历史和历史的观念如正统论，却是不听从任何道德的教训，在不同的时间和环境中走自己的路，怎样的批判准则才能成为历史之秤的秤星呢？甚愿饶先生有以教我。

1996 年乙丙之际

答朱维铮先生二事

朱维铮先生对拙著《国史上之正统论》推重备至，光宠有加，至深感纫。序文中提到二个问题，一是拙著不收胡翰的《衡运论》，不能不说是一个缺憾；一是对我所说道德批评要怎样的批评准则才能成为历史之秤的秤星。关于这二点，趁本书作第三次印行之际，谨陈愚见如次：

（一）拙作页一五〇，已收胡翰的《正纪》

曾检读《胡仲子集》，《衡运论》举出十二运、合六十四卦，讨论一万年以来宇宙世运之升降，从皇极经世而来加以扩充，乃属于宇宙论性质之文字，与正统全不相干。《宋元学案》卷八十二《北山四先生学案》，曾加以论列，可以参考。黄梨洲颇推崇之。文中着眼于阴阳消息，未涉及五德终始之历史观。本书限于体例，故不采摭。

（二）至于历史之秤，实际操在史家之手

太史公书、纪、表、志外，还有列传。他在《伯夷列传》指出：“孔子序列古之仁圣贤人，如吴太伯、伯夷之伦。”他何以把伯夷、叔齐置于所有列传之首，因为他从孟子的意见，伯夷、叔齐让国是“圣”之清者，史公尊重人格，所收录序列的人物，有他自己的标准。伟大的人物，往往是历史的核心，有永恒的感化力量，不以成败论，不以显晦论。其真价值有待史家去论定。许多对历史影响最大的人物，每每是悲剧式的，生前有种种限制与不同看法，无真正的是非，要到盖棺而后论定，死后才能得到恰当的评价，得到史家公正无私的“序列”与褒贬，这就是历史之秤。历史之秤正操在史家的手里。

1999年　饶宗颐

小 引

1970 年冬，余忝任耶鲁大学研究院客座教授，主讲先秦文学。其时美国 Arthur F. Wright 教授，负责比较史学研讨会，余屡被邀参加。讨论主题，颇涉及世界各国历史之“正统”观念，与会诸家，本其专擅，各得一察焉以自好，陈义多歧。攻错之余，念汉史最重视“正统”之义。论统之作，若刘知幾《史通》，内篇之末有《体统》一篇，惜已亡佚，莫窥崖略。自非淹贯乙部，旁通别集，为独立之探究，难以穷其源委，而收融会之效；用是发愤，撰为专篇。

1973 年春，观书于故宫博物院，院中藏籍，如朱权之《天运绍统》、徐奋鹏之《古今正统辨》，其书外间所罕睹，亦复附为论列焉。历时五载，始克粗成定稿，兹以作为法国远东学院研究工作之一。比岁以来，世之治中国史学史者，风起云蒸，方兴未艾，其中重要史学观念，有待于标出而剖发辨析者尚多；正统之见，特其一端而已。谨揭此为例，粗发其凡，并胪列参考资料，以供同好进一步之论定。本文初稿，不该不遍，前尝出示哈佛大学教授余英时先生及门人现任华盛顿大学副教授陈学霖博士，陈君治此问题，积有年所，于金代德运，更勒成专著。抛砖引玉，仍盼有以起予，俾获更深入之结论，尤所厚望焉。1976 年 4 月饶宗颐识，时客巴黎。

本书第三次校稿时，惊悉 A. F. Wright 教授遽归道山，不胜震悼。谨以此书纪念亡友，用志黄垆之痛，作者又识。1976 年 8 月。

附论神统、帝统与道统

去岁十月，余赴河南孟县，谒韩公祠墓，当地耆宿，盛情款待。余为讲原道中之道统，祖述尧舜，宪章文武，具见于礼经，非窃自禅宗灯统。近时余撰《古史之二分说》，推论远古炎黄二帝之定位，初得秦灵公作吴阳上下畤，其上畤祭黄帝，下畤祭炎帝，乃获政治上之支持。惟秦人祀典，五色方帝仅有其四，汉之崛兴，高祖乃祀黑帝以足成之。五帝理论，由神统而进入史统；至于道统，又史统之引申也。故欲申论道统，必先明神统与史统，否则犹缘木以求鱼，安能得其统绪？

余素主张史学出于礼家。史公著《五帝本纪》，取之《大戴礼》，斯其明征。郭君伟川颇韪余说，扩大其论及于全史。顷读其新著《儒家礼治与中国学术》，张皇幽渺，大有助于史学。用更贡愚见，以备扬榷。

三代以前，邈哉遐矣！尚论不易。太史公书，首列《五帝本纪》，据《五帝德》取黄帝、颛顼、帝喾、尧、舜合为五帝。余按汉初贾生著《修政语》，列次上古诸帝训典，首黄帝，次颛顼，次帝喾，然后尧、舜、禹、汤、文、武、成王及成王时之鬻子，而周公不与焉，但载武王问于王子旦数言而已。其前之五帝，与史公合。秦皇泰山刻石云："阤及五帝，莫能禁止"，秦时已具五帝之名，未悉所指何君。观近时出土郭店楚简中《唐吴（虞）之道》篇云："六帝兴于古"，其残文但举虞事帝尧为臣。又《尊德性》篇则记"禹以人道治民，汤不易桀而后治之"。文中只见尧舜禹汤四帝，而举六帝之名，不曰五帝，其时五帝之帝统尚未确立也。寻上海博物馆楚简《武王践祚》文称

“师上（尚）父曰：不知黄帝颛顼尧舜之道”，少去帝喾一世。《武王践祚》收入《大戴礼》，固礼家之书，是先秦已有之。故知五帝之形成甚晚。而力道尧舜禹汤之盛德则为战国以来儒家习见之恒言。定帝统之数为五，已见于秦人语，而人君之选，则礼家之事，直至《五帝德》而后论定。

道统之产生，初依附于帝统。韩公《原道》云：

> 斯道亦何道也？曰：斯吾所谓道也，非向所谓老与佛之道也，尧以是传之舜，舜以是传之禹，禹以是传之汤，汤以是传之文武周公，文武周公以是传之孔子，孔子以是传之孟轲，轲之死，不得其传也。

以验诸楚简，如上所陈，尧舜禹汤相承之统，盖出自仲尼之徒之说，为战国时之公言，非愈一人所自创之私言，明矣。朱子《中庸章句序》谓：

> 上古圣神，继天立极，道统之传，有自来矣。尧之所以授舜，舜之所以授禹，自是圣圣相承，若成汤、文、武之为君，皋陶、伊、傅、周、召之为臣，既皆以此而接夫道统之传。

此在郭店简，固已备言尧舜之相承受，与夫禹之治水、脇之治火、后稷之治土，先后若合符节。恨紫阳之不及见此残简也。

由是观之，尧舜禹汤道统相传之说，远有所自。若夫称道韩公建立道统，为受禅灯所影响。是说盖曾披靡一时，远且及于域外；今得新出资料以厘正之，殊足令人称快。伟川书既刊成，属弁一言，因书此以示之，望更有以起予也。

此文原为门人郭伟川所著《儒家礼治与中国学术》一书撰序

通　论

中国史学观念，表现于史学史之上，以“正统”之论点，历代讨论，最为热烈。说者以为起于宋，似是而实非也。治史之务，原本《春秋》，以事系年，主宾畛分，而正闰之论遂起。欧公谓“正统之说始于《春秋》之作”是矣。正统之确定，为编年之先务，故正统之义，与编年之书，息息相关，其故即在此也。

一、统纪之学

唐陈鸿著《大统纪序》云：“学乎史氏，志在编年。贞元丁酉岁，乃修《大纪》三十卷，正统年代随甲子，纪年书事，条贯兴废，举王制之大纲。”（《唐文粹》九五）既名其书曰《大统纪》，又揭正统年代随甲子之义。以“统纪”二字名书，尚有唐陈岳撰之《大唐统纪》四十卷，用荀、袁体，起武德，尽长庆。《玉海》引《崇文总目》作一百卷，陈直斋著录止于武后如意。《太平广记》引书目有《唐统纪》，当即此书。《宋史·艺文志》有宋章寔《历代统纪》一卷。唐大中五年，姚康撰《统史》三百卷；贞元十三年，韩潭进《统载》三十卷（俱见《玉海》四十七）。宋司马光著《历年图》，刻者易其书名曰《帝统》（《司马公集》六十六），一时风尚，史实喜以“统”字为书名。其以“纪”名书者尤多，若贾昌朝之《通纪》，徐度之《国纪》，是其例也。考太史公《自序》于《孔子世家赞》，称“其匡乱世而反之于正，见其文辞，为天下制仪法，垂六艺之统纪于后世”。于《孟荀列传赞》云：“猎儒、墨之遗文，明礼义之统纪。”统纪二字，史公屡屡用之，其由来远矣。（《淮南子·泰族训》，记缫丝之事云：“抽其统纪则不成丝。”）纪训丝别，见于《说文》。纪即丝耑，是其本义。《尚书·洪范》“协用五纪”。五纪者即岁、月、日、星辰、历数。《汉书》注引应劭云：“合成五行，谓之条纪也。”而《律历志》谓“殷周创业改制，咸正历纪”。历法以记时日，故曰历纪。纪所以纪年月，司马贞《索隐》解释本纪一名云：“纪，理也，丝缕有纪，而帝王书所纪者，言为后代纲纪也。”裴松之《史目》则云：“纪者理也，统理众事，系之年月，名之曰纪。”纪之为书，必系年月，如网之在纲，条次不紊，与条纪、历纪，义正相通。故纬书如《春秋元命苞》直称“史之为言纪也，天度文法，以此起也”。史即是纪。《说文》：“统，纪也。”两字互训，故得合称谓之统纪。又得分言之，作为史之别名也。

马王堆三号汉轪侯利氏墓所出帛书《五星占》，于土星总结云：“卅岁一周于天，廿岁与岁星合为大阴之纪。”（《文物》，1974（11））此“纪”字之天文意义。土星表纪年始于秦始皇元年，讫汉文帝三年。于始皇三十七年后为“张楚”国号，不列秦二世年号，继续书至始皇四十年。接书汉元，及孝惠元、高皇后元。在木星表中称文帝为代皇。既不著二世年号，如《史记·秦楚之际月表》、《汉书·高帝纪》之例，亦不书楚怀王义帝及西楚霸王项羽，如后代《通鉴纲目》之例。此疑出于长沙侯国星占家之手。（《五星占》属楚《甘氏星经》系统。）其大书“张楚”之号者，《史记·陈涉世家》：“涉乃立为王，号为张楚。”《索隐》李奇云：“欲张大楚国，故称张楚也。”《海内东经》：会稽山在大楚南。称楚为大楚。故张楚犹大楚也。涉为王仅六月而已；长沙故楚地，其遗民惓惓思楚，而利氏与项羽有旧，汉兴，不敢提项氏名。马王堆三号墓木牍备记轪侯利苍子安葬时，长沙王吴著之赠赗。利氏为楚姓，见《通志·氏族略》，有利幾者为项羽将，以陈令反高祖，见《汉书·高帝纪》。以涉首事亡秦，故为陈王国号，不以二世系年，亦可窥见纪年存统之法，每本于书者之立场。而历书上纪年，在汉初已有此例。此一新资料，正大有研究之价值也。

姚铉编《唐文粹》，于卷三十四特立“正统”一目，收皇甫湜《东晋元魏正闰论》一篇。叶水心为朱黼（文昭）《纪年备遗》序云：“孔子殁，统纪之学废；经史文词裂而为三。……而问学统纪之辨，不可观也。”（《水心集》十二）编年以立统绪，故谓之“统纪之学”。皇甫湜撰《编年纪传》已论之

（《唐文粹》三十六），水心张其说；实则以统纪名书，早见于纬候。（《经义考·说纬》）《河图》有《帝通纪》，《开元占经》九二引有《帝统纪》。《汉书·李寻传》二："通位帝纪。"纪所以纪年。张衡《东京赋》："神用挺纪。"薛综注："谓告年纪之处"，是其滥觞。南宋以来，竞为《春秋》之学。水心之说，殆因《春秋》而作，然后世无称述之者。其反对经、史、文词裂而为三，尤征卓识，开戴东原、姚姬传之先路。故统纪之学，有待于发挥。元、明、清以降，学人沾沾喜为正统之辨，犹是叶说统纪之支裔也。追远寻源，事至繁赜，爰草是篇，为治中国史学史者进一解焉。

二、汉人之正统说

向来说者以"正统"之义，本于一统。"一统"一词，《史记·李斯传》及《始皇纪》已见之。斯既入秦，吕不韦任为郎，因说秦王曰："会诸侯服秦，譬若郡县。夫以秦之强，大王之贤，由灶上骚（扫）除，足以灭诸侯成帝业，为天下一统，此万世之一时也。"《史记·秦始皇本纪》："议海内为郡县，法令由一统。"又廷尉李斯议曰："今海内赖陛下神灵一统，皆为郡县。"夫一统之事，始于秦，而从空间以言"天下一统"之称，恐亦导源于此。欧阳修之论正统，举《公羊传》"君子大居正"及"王者大一统"二语为说。按隐公三年《公羊传》："故君子大居正"，何休注"居正"之义云："明修法守正最计之要者。"又隐元年《传》："何言乎王正月？大一统也。"何注云："统者，始也。……莫不一一系于正月，故云政教之始。"盖《春秋》大一统所以建元正朔，故训统为始。《文选·汉王褒圣主得贤臣颂》云："记曰：共（恭）惟春秋法五始之要，在乎审己正统而已。"五始者，颜师古注云："元者，气之始；春者，四时之始；王者，受命之始；正月者，政教之始；公即位者，一国之始；是为五始。"唐吕向注："正位以统理天下。"此处虽用正统二字，而取义与后来有别。再考《大戴礼·诰志篇》："虞史伯夷曰：明，孟也；幽，幼也。明幽，雌雄也。雌雄迭兴，而顺至正之统也。日归于西，起明于东，月归于东，起明于西。虞夏之历正，建于孟春。"此论"至正之统"一义，本于阴阳幽明之说，以明历正建春之旨。此"正统"说之初义，与《春秋》王正月正相应也。

乐理亦言一统。《汉书·律历志》云："三统者，天施、地化、人事之纪也。故黄钟为天统，林钟为地统，太族为人统。"又云："及黄钟为宫，则太族、姑洗、林钟、南吕皆以五声应，无有忽微；不复与它律为役者，同心一统之义也。……《书》曰：'予欲闻六律、五声、八音、七始咏，以出内五言，女听。'……七者，天地四时人之始也。顺以歌咏五常之言，听之则顺乎天地，序乎四时，应人伦，本阴阳，原情性，风之以德，感之以乐，莫不同乎一。惟圣人为能同天下之意，故帝舜欲闻之也。"此段对七始之义，抉发尤精，所引《书》出《益稷篇》（今孔《传》本"七始咏"三字作"在治忽"）。汉初《安世乐房中歌》云："七始华始，肃倡和声。"孟康注即用《律历志》语。七始乃合四时与三才，音声相和，是为同心一统。汉初以七始为天统，说实见于《大传》。

陈寿祺辑伏生《尚书大传·尧典篇》论乐律之语甚多，其记巡守观风云："以六律、五声、八音、七始，著其素蔟以为八。……五声，天音也；八音，天化也；七始，天统也。"注云："七始者，黄钟、林钟、大簇、南吕、姑洗、应钟、蕤宾也。歌声不应，此则去之。素，犹始也；簇，犹聚也。乐音多聚以为八也。"论八音之理中有七始，乃天统也。以七始为天统，与天音（五声）、天化（八音）相配，是天统二字原本于乐律古义。又其《略说》（陈氏谓即《尚书畅训》）屡言"三统"，如云："王者存二王之后与己为三，所以通三统，立三正。周人以至日为正，殷人以日至后三十日为正，夏人以日至后六十日为正。天有三统，土有三王，三王者，所以统天下也。"此言"天有三统"，后来董仲舒及刘歆之言三统，盖本乎此。

《史记·封禅书》记有司论鼎云："闻昔泰帝，兴神鼎一。一者壹统，天地万物所系终也。黄帝作宝鼎三，象天地人。"一与三皆有取义：一即壹统。《易·乾彖》言："万物资始，乃统天。"郑注："统、本也。"以本释统，与何休解大一统之统为始相近。帝王之史称为"本纪"，裴松之《史目》谓："本者，系其本系，故曰本。"揆之汉儒经说，以统训本，则本纪之与统纪，于义亦有关联也。

太史公学《春秋》于董子，其《高祖本纪》称："三王之道若循环，终而复始，周秦之间，可谓文敝矣。秦政不改，反酷刑法，岂不缪乎？故汉兴，承敝易变，使人不倦，得天统矣。"《汉书·郊祀志赞》："刘向父子以为高祖始起，著赤帝之符，旗帜遂赤，自得天统。"邓展曰："向父子虽有此议，时不施行。至光武建武二年，乃用火德。"司马、刘氏称誉高祖能得天统，其说盖本诸董生《春秋繁露》，《三代改制质文篇》云：

《春秋》曰王正月。……何以谓之王正月？曰：王者必受命而后王。王者必改正朔，易服色，制礼乐，一统于天下。所以明易姓，非继仁通以己受之于天也。……故汤受命而正，应天变夏作殷，号时正曰统。……（下记黑统、赤统、白统三统，从略。）

三代改正，必以三统天下，曰三统五端，化四方之本也。天始废始施，地必待中，是故三代必居中国，法天奉本，执端要以统天下、朝诸侯也。是以朝正之义，天子纯统色衣，诸侯统衣缠缘纽，大夫士以冠参，近夷以缓，遐方各衣其服而朝，所以明乎天统之义也。

其谓统三正者：曰正者，正也；统致其气，万物皆应而正。统正，其余皆正。凡岁之要，在正月也。

此解释天统之义，其要点如下：（一）朝必于正月，贵首时也；（二）居必于中国，内诸夏而外夷也；（三）衣必纯统色，示服色之改易也。如是乃可谓壹统于天下，乃可以统天矣。（谓代天行事，统领万邦，是之谓天统。）此董生一统之说，太史公采用之。夫统正，则其余皆正。以正月为岁始，岁之要即在正月故也。而《春秋》谓之王正月者，董生又云："王者受命而王，制此月以应变，故作科以奉天地，故谓之王正月。"此指易姓之君，所以承天应变以行事，故以改制为重。所云应变，盖天官家以为天运屡变，惟王者乃有以应之耳。《史记·天官书》："夫天运三十岁一小变，百年中变，五百载大变，三大变一纪，三纪而大备。"孟子亦言"五百年必有王者兴"。斯其义也。又《繁露·符瑞篇》论西狩获麟云："托乎《春秋》正不正之间，而明改制之义，一统乎天子，而加忧于天下之忧。"又《俞序篇》云："仲尼之作《春秋》也，明得失，起贤才，以待后圣，故引史记，理往事，正是非。"《春秋》之作，依董氏公羊说，正所以明改制，张一统，先天下之忧而后忧；太史公之作《史记》，即本此义，又不可不知也。

《汉书·郊祀志》称："宣帝即位，由武帝正统兴。"又王吉上宣帝《疏》云："《春秋》所以大一统者，六合同风，九州共贯也。"亦撮《公羊》为义。《汉书·董仲舒传》："《春秋》大一统者，天地之常经，古今之通谊也。"王说盖本此。此则指一姓本宗传位之正统也。

以正统一词用之帝王受命，则有东汉季傅幹之《王命叙》，其论光武中兴之由有四，第四即为得"帝皇之正统"。又云："自我高祖袭唐之统，受命龙兴。""世祖攘乱，奄有帝宇。"此文乃续班彪《王命论》而作，汉为尧后，故以上接帝尧之统也。王莽虽有即真之实，渐台之败，继起者仍为刘氏，遂致上下失据，沦于非类。班固《汉书·王莽传赞》诋之为“紫色蛙声，余分闰位。”弥深正闰之辨。固于《东都赋》赞光武云：“系唐统，接汉绪。”虽不用正统之名，而意则指正统，甚为明显。班固《典引》论高（祖）光（武）二圣之龙兴云：“盖以膺当天之正统，受克让之归运。”可见正统归运之论，至班氏而愈加奠定。自此以降，受命之帝王，罔不据此以立论。

故纬书屡以一统解说古帝受命。《御览》七十六《皇王部》引：

> 《易纬》曰：“天子者，继天治物，改正文一统，各得其宜。”
>
> 又引《易乾凿度》：“王者，天下所归。天子者，继天理物，改一统政。”
>
> 又引《周书》：“三王之统，若循连环，周而复始，穷则反本。”

此亦东汉以来之恒言，以王统配三统，以申受命应运之由。

魏之继汉，其《受禅表》云：“大统不可以久旷。”邯郸淳《魏受命述》云：“圣嗣承统，爰宣重光。”（《古文苑》十二）南齐萧子恪与弟子范入梁之后，梁武命其读班彪《王命论》。《梁书·子恪传》云：“高祖文德殿引见之，从容谓曰：‘我欲与卿兄弟有言，夫天下之宝，本是公器，非可力得，苟无期运，虽有项籍之力，终亦败亡。所以班彪《王命论》云：所求不过一金，然终转死沟壑。卿不应不读此书。’”（《梁书》卷三十五）故萧子显于《南齐书》本纪后论皆宣扬班彪王命之说。故知班氏父子于继统之论，对后代启发独多。

“统”之观念与历法最为密切，盖深为《周易》“治历明时”一义所支配。《封禅书》云：“推历者以本统。”载齐人公孙卿札书，引“鬼臾区对黄帝得宝鼎神策，是岁乙酉朔旦冬至，得天之纪，终而复始。”《汉书·艺文志》五行家序云：“五行之序乱，五星之变作，皆出于律历之数而分为一者也。其法亦起五德终始，推其极则无不至。”可见历术与本统关系之深。《汉志》历谱类有《自古五星宿纪》，五星之著述亦以纪名书，至宋苏颂乃著《历者天地之大纪赋》（《赋汇》卷一）。

音乐言统，原起于汉。《御览》引应劭《风俗通》：“雅琴者，乐之统也。”故学人多颂言琴德，刘向《雅琴赋》称为“德乐愔愔”。及宋季徐理著《琴统》，其序云：“琴者……君子所当御，故名曰琴统。”又《琴统外篇叙》云：

"管乐统气声，实统虚也。琴统乐，实统实也；律生于道，道统气声，虚统虚也。虚虚为道之极，实实为道之极，虚极而实，实极而虚，虚实相因，琴与道俱。"（据周庆云《琴书存目》卷三引）上继《大传》及《律书》，阐发虚实相生及乐统气、声之义，渊哉言乎！

顾亭林《日知录》七"年号当从实书"条云："正统之论，始于习凿齿，不过帝汉而伪魏吴二国耳。"按习氏著《汉晋春秋》，有晋承汉统之论。以为魏有代王之德，而其道不足；道不足则不可谓制当年，当年不制于魏，则未曾为天下之主。以晋承魏，比义唐虞，殊为可惜。若以晋承汉，功实显然，正名当事，情体亦合。其书只可谓根据正闰观念，改写史著，为后世史学开一新例。然其说不为人所接受。梁武《通史》，吴蜀二主，皆入世家（《史通·六家篇》）。宋初《太平御览》分皇王与偏霸二部，王莽、黄巢皆入皇王部。汉孝平之后，附少帝、孺子及王莽；唐僖宗之后，附黄巢。蜀刘备独列于偏霸之首；刘宋、南齐、北齐、梁、陈，皆入偏霸，难怪引起后来之辨难。其以蜀入偏霸，固违习氏之见。《史通·称谓篇》自注云："习氏《汉晋春秋》以蜀为正统，其编目叙事，皆谓蜀先主为昭烈皇帝；至于论中语则呼为玄德。"则讥其"用舍之道，于例无恒"。司马光《通鉴》，仍系魏为纪，于黄初二年论曰："秦焚书坑儒，汉兴，学者始推五德生胜，以秦为闰位，在木火之间。霸而不王，于是正闰之论兴矣。"此指取五德相生以论正闰，为汉氏以来正统之旧说。至于据王道以论位，别创为一史，自当以习氏为先例。若谓正统之论，由其作俑，则恐非事实也。

三、五德终始说新探

五德终始之说，向来皆云出于邹衍；今以新旧资料合证之，实当起于子思。荀子《非十二子》责子思、孟子云："案往旧造说，谓之五行。"（杨倞注："五行，五常：仁、义、礼、智、信是也。"）既云"案往旧造说"，则子思亦远有所承也。案《马王堆老子甲本》后《佚书》有云：

……胃（谓）之德之行。不刑（形）于内胃之行。……德之行。五（行）和胃之德，四行和胃之善。

善，人道也；德，天道也。

《佚书》且屡屡言及仁气、义气、礼气诸名，即班固所谓“五行者，五常之形、气也”。《礼记·乡饮酒义》云：“天地严凝之气，始于西南，而盛于西北，此天地之尊严气也；此天地之义气也。天地温厚之气，始于东北，而盛于东南，此天地之盛德气也；此天地之仁气也。”知《礼》所称之义气、仁气，盖有所本。《佚书》以“德”为天道，“善”为人道。而德之行有五。又云：

> 君子之为善也，有与始也，有与终也。君子之为德也，有与始也，无与终也。
>
> 金声而玉振之，有德者也。金声，善也；王言，圣也。善，人道也；德，〔天〕道〔也〕。〔唯〕有德者然笱（后）能金声而玉振之。

又云：

> 其至，内者之不在外也，是之胃蜀（独）；蜀也者，舍膿（体）也。
>
> 君子之为善也，有与始，有与终；言与其膿始，与其膿终也。
>
> 君子之为德也，有与始，无〔与终〕……
>
> 与其膿始，无与终者，言舍其膿而独其心也。……虽（唯）有德者，然后能金声而玉辰（振）之；金声而玉辰（振）之者，动□而□□，井（形）善于外，有德者之□。

此为始终之义。善与德之始终不同，兹表之如下：

善——人道 { 有与始 / 有与终 }

德——天道 { 有与始 / 无与终——舍体而独其心 }

考金声玉振相为始终之义，《孟子·万章篇》已言之曰：“集大成者，金声而玉振之也。金声也者，始条理也；玉振之也者，终条理也。始条理者，智之事也；终条理者，圣之事也。”取与《佚书》参证，若合符节，故疑此《佚书》即思、孟之遗说。其始与终，而曰金声，曰玉振者，盖以乐为喻。古之乐次，以金奏为终始。《燕礼记》郑注："以乐纳宾，奏《肆夏》。《肆夏》，乐章也。今亡。以金镈播之，鼓磬应之，所谓金奏也。"此儒家之乐教也。以此比德之起始与完成，有如金奏之敲悬镈与击玉磬也。德之成亦如乐之成。《佚书》云：

> 乐者，言其流體也。机……者，體之至也。乐而后有體；有德而国家与；国家与者，言天下之兴仁义也。言其□□乐也。文王在尚（上），于昭于天，此之胃也。言大悳（德）备成矣。

乐而后有德，德之成则舍體而行，故与有始而不必与有终；善者则贯彻始终，故有始必有终。德则不然，德为天道，故可舍体而专一其心，不以形求之，自然如天道之流行，悬诸天地而皆准。此当为子思之五德终始说。曰善曰德，析言之：一形一气；形者与其体；而气则舍之。一为人道，一为天道，天与人正相应也。

邹衍倡五德终始说，似本此为基础而恢皇之。严安上书引邹衍曰："政教文质者，所以云救也。"（《汉书·安传》）太史公《高祖纪赞》言三代文质相救云：

> 周人承之以文；文之蔽，小人以僿，故救僿莫若忠。

《索隐》云："此语本出《子思子》，见今《礼·表记》。"《子思子》书今不传，赖此知之。董仲舒《天人三策》引此云"道亡救弊之政"。三代文质相救之义，原出子思，而邹衍、董生、太史公皆秉之立论，此邹说之原于《子思子》之一证也。邹子之书，见于《汉书·艺文志》者，有《邹子终始》五十六篇；《史记·孟荀传》称其著"终始大圣之篇十余万言"，"称引天地，剖判以来，五德转移，治各有宜，而符应若兹。"德之行五及终始二词，实本于子思，而邹氏扩大其义，以论朝代更易之德运。夫以"终始"二字名书，又有《阴阳家公梼生终始》（十四篇，《汉志》注："传邹奭终始书"）、《黄帝终始传》（《史记·历书》褚先生曰引汉兴百有余年数句），其详罔闻，然以终始之义立说，固不止邹衍一人而已也。

《汉书·历志》云："丞相属宝、长安单安国、安陵杯育治《终始》。昭帝时犹有传习者。"（《汉书艺文志条理》）惟邹衍则取以解释人事，以阐明帝王应运而兴之道理，构成其所创之历史哲学。邹氏掌握之原则有三：

（1）确定每一代帝王之运命，自有其在五行上所属之先天德性。

（2）根据五行相胜，互相生克，推演为五德始终，创为帝王更迭之循环说。

（3）以一年之“纪”扩大为历年之“纪”，成为大型之终始说。

考五行相胜说，由来甚远，若《左传》史墨有火胜金、水胜火之言（昭三十年及哀九年《传》），渐次亦为墨家、兵家、名家所采用。《墨子·经说》下之论五合，《贵义篇》之五龙；《孙子·虚实篇》之论五行无常胜；山东临沂新出《孙膑兵法》有“五壤之胜”：青胜黄，黄胜黑，黑胜赤，赤胜白，白胜青之语，见《地葆篇》。《公孙龙子·通变》亦有引证木贼金。当日之言五行者，有常胜与毋常胜二系（参栾调甫《梁任公五行说之商榷》）。邹衍执常胜之说以解释历史，不沾沾于名实，从极大处落墨，故有其成就。《史记·孟荀列传》云：

驺衍睹有国益淫，多不能尚德，若大雅整之于身，施及黎庶矣。乃深观阴阳消息，而作怪迂之变，终始大圣之篇，……称引天地，剖判以来，五德转移，治各有宜，而符应若兹。……要其归必止乎仁义节俭……

邹氏仍以儒家伦理为基本，而主张尚德。《封禅书》谓其以“阴阳主运”显于诸侯，主运者，殆如《礼记》之《礼运》，如淳在“主运”一名下注云：“五律相次转用事，随方面为服。”又《礼运》篇有“五色、六章、十二服还相为质”之义，而服当指服色也。秦汉以来，众所讨论之“改正朔，易服色”，似即承袭邹氏主运之观点也。至若《终始大圣之篇》，大圣者，明指帝王而言，《周书·谥法》解“德象天地为帝”，此正为《战国》季世学者所讨论之主题，邹氏之篇亦针对此而发。今观《大戴礼》书中，有《五帝德》、《盛德》、《虞戴德》诸篇可以见之。《盛德》论圣王之盛德，而提出“明堂者，天法也；礼度，德法也，所以御民之嗜欲好恶，用以慎天法，以成德法也”。分析为天法及德法二者，显似反对法家专以刑法御民之失。

夫民善其德，必称其人。今之人称五帝三王者，依然若犹存者，其法诚德，其德诚厚。夫民思其德，必称其人，朝夕祝之，升闻于皇天，上帝歆焉，故永其世而丰其年。

此为《盛德篇》所描写之“德法”，乃依循“天法”而行。邹子主张“尚德”，先整之于身，然后施及于民，想必与《盛德》之篇不相违悖。五帝之名，见于《楚辞》，《惜诵》云：“令五帝以折中兮。”故《楚缯书》有炎帝一名及五色木之号，此仅见个别之五色帝而已。《晏子春秋》云：

楚巫微导裔款以见景公，侍坐三日，景公说之。楚巫曰：“公，明神之主，帝王之君也。公即位有七年矣，事未大济者，明神未至也。请致五帝，以明君德。”景公再拜稽首。楚巫曰：“请巡国郊以观帝位。”至于牛山而不敢登，曰：“五帝之位，在于国南，请斋而后登之。”公命百官供斋具于楚巫之所……

楚人原有五帝甚明，又由楚巫传播至齐，观《陈侯因資敦》出见黄帝之名可证。景公时楚巫微与裔款请“致五帝，以明君德”，此五帝德一说之滥觞，亦为齐学楚学合流之结果，邹衍固齐学之代表也。

五帝本非一义，现略予以说明：

（1）天官家安排之五帝：《史记·天官书》南宫朱鸟：“门内六星，诸侯。其内五星，五帝坐。”《晋书·天文志》太微五帝坐，中黄帝坐，四帝星侠黄帝坐。东方苍帝，南方赤帝，西方白帝，北方黑帝。配以五色，其资料为太史令陈卓总甘、石、巫咸三家星图。若《史记·天官书》似用甘氏《星经》之说。

（2）历史家配合“天”帝而构成之人帝：如《大戴礼·帝系》孔子答宰予问五帝德，史公因作《五帝纪》；孔子答季康子以伏羲、神农、黄帝、少昊、颛顼配五行。

《大戴礼·五帝德》所描写之黄帝、颛顼诸帝王，俱为德合天地之领导人物，于黄帝一段，称其：

治五气，设五量，抚万民，度四方。教熊罴貔豹虎以与赤帝战于坂泉之野，三战然后得行其志。黄帝黻黼衣大带黼裳，乘龙扆云，以顺天地之纪，幽明之故，死生之说，存亡之难。时播百谷草木，故教化淳鸟兽、昆虫。历离日月星辰，极畋土石金玉，劳心力耳目，节用水火材物。生而民得其利百年，死而民畏其神百年，亡而民用其教百年，故曰三百年。

黄帝对人民之贡献，是民得其利，畏其神而用其教，此即“帝德”之标准，诚如是方为“大圣”。《易·文言》所谓：“与天地合其德，日月合其明。”《尧典》所云：“光被四表，格于上下。”《尚书纬》释稽古即同天，俞正燮以法天解之（《癸巳类稿》一）。此种与天地合德之人物，惟大圣之帝，方足以当之。《史记·秦楚之际月表序》称赞高祖：“愤发其所为天下雄，……此乃传之所谓大圣乎？……非大圣孰能当此受命而帝者乎！”是邹衍所谓“大圣”者，必受命而帝者，始得与于其列矣。

《吕氏春秋》对邹说更发扬光大。《封禅书》云：“自齐威、宣之时，驺子之徒，论著终始五德之运，及秦帝而齐人奏之，故始皇采用之。”秦人学术，部分盖接受邹说，《史记·始皇纪》李斯等议古教不同一节，证以严安上书引用邹衍语：“政教文质者，所以云教也。当时则用，过则舍之，有易则易也。”邹氏主张变通，是以秦人在政教上亦主张“五帝不相复，三代不相袭，各以治，非其相反，时变异也。”可易者，则易之。故始皇推邹衍“终始五德之传”，以秦为水德，代周之火德；其色上黑，名河曰德水，以为水德之始，而事皆决于法，刻削毋仁恩和义，以合五德之数（见《史记·始皇本纪》）。彼一方面固采邹子五德之数，一方面则去其儒家“止乎仁义”之“尚德”部分，专尚刑法，而非“德法”，可谓修正之邹学。

医家言亦采用终始之理论，《灵枢经》有《终始篇》列第九。谓“针刺之道毕于终始，明知终始，五藏为纪”。《九针十二原》篇，岐伯论以“针通经脉，令有纲纪，始于一，终于九焉”。又《小针解》云：“调气在于终始一者，持心也。”凡用针、调气，均宜通“终始”之义。可见终始理论，自子思、邹衍以后，贯通百学，医亦其一端耳。

四、邹、刘五德之异义及正闰说之缘起

《汉书·郊祀志》班固赞云：

至于孝文，始于夏郊，而张苍据水德，公孙臣、贾谊更以为土德，卒不能明。孝武之世，文章为盛；太初改制，而兒宽、司马迁等犹从臣、

谊之言，服色数度，遂顺黄德。彼以五德之传从所不胜，秦在水德，故谓汉据土而克之。刘向父子以为帝出于《震》，故包羲氏始受木德，……自神农、黄帝下历唐虞三代而汉得火焉。……昔共工氏以水德间于木火，与秦同运，非其次序，故皆不永。

此段文字盖言三事：（1）论汉兴之初定汉为土德；（2）刘向父子论汉为火德；（3）共工氏以水德，与秦同运，非其次序，即指共工与秦宜居闰位之谓。约言之，一为方邹、刘五德之异义，一为正闰说之所由起。试分别论之：

《始皇纪》称“秦代周德，从所不胜”。从所不胜者，左思《魏都赋》有云：“考历数之所在，察五德之所莅”，李善注引《七略》曰：“邹子有《终始五德》，从所不胜，木德继之，金德次之，火德次之，水德次之。”（《文选》卷二十应祯《华林园集诗》“五德更运”下注引《七略》作“言土德从所不胜，木德继之”。此据尤袤本。）此为邹说仅存之遗文，依其相胜之顺序，应为土、木、金、火、水；出土之《孙膑兵法》则为木（青）、土（黄）、水（黑）、火（赤）、金（白），序次有异。然《吕览·应同篇》云：

凡帝王之将兴也，天必先见祥于下民。黄帝之时，天先见大蚓大蝼。黄帝曰：“土气胜！”土气胜，故其色尚黄，其事则土。

及禹之时，天先见草木，秋冬不杀。禹曰：“木气胜！”木气胜，故其色尚青，其事则木。

及汤之时，天先见金刃生于水。汤曰：“金气胜！”金气胜，故其色尚白，其事则金。

及文王之时，天先见火，赤乌衔丹书集于周社。文王曰：“火气胜！”火气胜，故其色尚赤，其事则火。

代火者，必将水；天且先见水气胜。水气胜，故其色尚黑，其事则水。水气胜而不知数备，将徙于土。

则其序次为土、木、金、火、水，与《七略》所引邹子说全同，是知《吕览》乃用邹说也。

《太平御览》七六引《尚书大传》曰“三王之治，如环之无端，如水之胜火”。是伏生亦采相胜之说。《史记·十二诸侯年表序》称汉相张苍历谱五德。《索隐》云：“张苍著《终始五德传》也。”惜其书不存，然苍亦邹衍之信徒也。其后孝成之世，刘向作《五纪论》（见《汉书·律历志》），其书不传，惟班固于《郊祀志赞》称：“刘向父子以为帝出于震，故包羲氏始受木德。”刘氏用《说卦》“帝出于震”语以定伏羲始木德。《御览》七八皇王部引《春秋内事》云：“伏羲氏以木德王天下，天下之人，未有室宅，未有水火之和。”又黄帝下引《春秋内事》云：“轩辕氏以土德王天下，始有堂室。”以伏羲为木，黄帝为土，与《世经》同。《御览》又引《帝系谱》：“伏羲木王。”刘歆《世经》中五帝及其五行之德，序次如下：

（帝太昊）庖牺 →	炎帝神农 →	黄帝 →	少昊 →	颛顼
木（德）	火	土	金	水
帝喾 →	唐尧	→虞帝→	禹 →	汤
木	火	土	金	水
周				
木				

又《潜夫论·五德志》中亦言五帝，其序如下：

太皞伏羲 →	→ 赤帝	→ 黄帝	→ 白帝	→ 黑帝
	神农	轩辕	少昊	颛顼

文云：“其德木”、“其德火纪”、“其德土行”、“其德金行”、“其德水行”，此亦与刘歆相同，盖主五行相生说者也。《世经》之“首德始木”，与《孙膑兵法·地葆》“五壤相胜”之始木相同。《楚缯书》五木神次序为“青木、赤木、黄木、白木、墨木之精”，亦以青木列首。此为首木之说，与邹衍之首土不同。兹附三图如下：

（1）邹子、《吕览·五德相胜（克）图》：

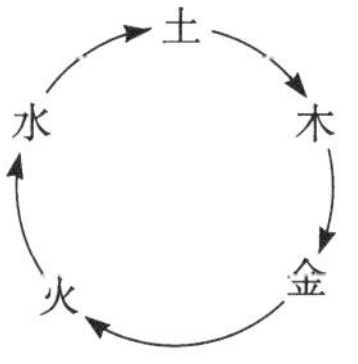

（2）《孙膑兵法·五壤相胜图》：

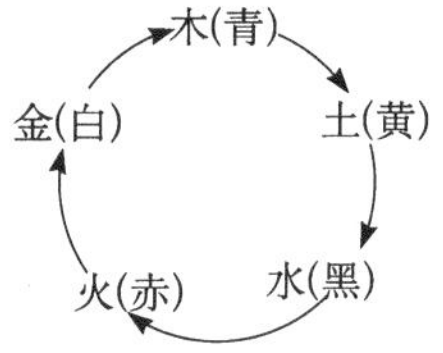

（3）刘歆《世经》、《潜夫论·五帝志》之《五德相生图》：

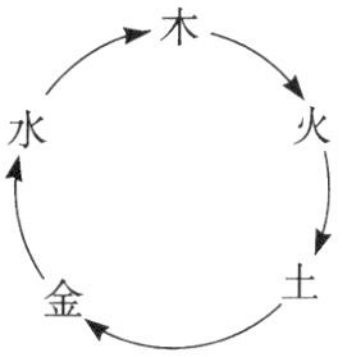

三个系统之不同，试比较如下：

（1）邹、吕之五行相胜始土，不始木；其他则首德始木。

（2）邹、吕、孙皆用相克论；刘则用相生论。

（3）邹、刘皆以解释历史；孙则否。

五帝所值之德，《文选》李注引邹子又云："五德从所不胜，虞土、夏木、殷金、周火。"（沈约《齐安陆昭王碑》"是开金运"句下注）此条亦见《淮南子·齐俗训》高诱注完全相同，而与刘歆《世经》则大异，兹表之如下：

邹衍《五德终始》		**刘歆《世经》**	
		木德	太昊（伏羲）"首德始木"
		闰水	共工"在火木之间，非其序也。"
		火	炎帝（神农）"以火承木"
土德	黄帝（《天中记》五七　引刘向《别录》载邹衍）	土	黄帝"火生土"
		金	少昊"土生金"
		水	颛顼"金生水"
		木	帝喾"水生木"
		火	唐帝"木生火"
土	虞	土	虞帝"火生土"
木	夏	金	伯禹"土生金"
金	殷	水	成汤"金生水"
火	周（据《文选》注引邹子）	木	武王"水生木"
水	秦	闰水	秦皇
土	汉（此公孙臣说，据邹氏《终始传》推之者）	火	汉高祖"木生火"

班固《典引》："五德初始"，蔡邕注："五行之德，自伏羲以下，帝王相代，始于木，终于水。"曹植《画赞》：庖牺"木德风姓"，神农"火德成木"，黄帝"土德承火"，少昊"金德承土"，颛顼"水德统天"，俱袭《世经》之说。

秦人用邹子说，以周为火德，故秦变周自为水德。《始皇本纪》所云："始皇推终始五德之传，以为周得火德，秦代周德，从所不胜，方今水德之始。"而《郊祀志》如淳注驺子五德之运云：

> 今其书有《五德终始》。五德各以所胜为行。秦谓周为火德；灭火者水，故自谓水德。（《汉书·高祖纪》文颖曰：始皇即位，周火德，以五胜之法胜火者水。）

《郊祀志》公孙臣上书曰：

> 始秦得水德，及汉受之，推《终始传》，则汉当土德。

所推之《终始传》，当即邹子之《五德终始传》也。据秦上溯至姬周，足证邹衍正以周为火德。

汉时，丞相张苍尝主汉乃水德，公孙臣深斥其非。贾谊亦言汉为土德，兒宽、司马迁皆从之。盖邹衍之说，周为火德，秦继之为水，而汉代秦而兴，宜循环回覆虞帝之土德，因知公孙及贾子等亦即用邹氏《终始传》之说也。

至若以五德论正闰，实起于刘歆《世经》，其言云：

> 《祭典》曰："共工氏伯九域。"言虽有水德，在火木之间，非其序也。（太昊帝）《易》曰："庖牺氏没，神农氏作。"言共工伯而不王，虽有水德，非其序也。以火承木，故为炎帝。

一则引《礼记·祭法》，一则引《易·系辞》。《祭法》但云："共工氏之霸九州也，其子曰后土，能平九州，故祀以为社。"共工非王而仅为霸，虽有水德，但不得承统为序，而夹在太昊（伏羲）之木及炎帝之火之中间，故被目为闰位。《易·系辞传》言："庖牺没，神农氏作。""神农氏没，黄帝、尧、舜氏作。"《世经》断章取义，以神农接庖牺之统，故称共工不王，自不得其序，此共工为闰位之说，原出于刘歆也。班固于《郊志赞》言“共工氏以水德间于木火，与秦同运，非其次序。”则秦与共工同为水德，汉人指其不当次序，此为刘歆之闰水说；后代五德正闰，即由此而起也。

《始皇本纪》后附东汉明皇帝曰：“周历已移，仁不代母。秦直其位，吕政残虐。”《索隐》云：“周历已移，周亡也。仁不代母，谓周得木德，木（中华标点本误作水）生火，周为汉母也。言历运之道，仁恩之情，子不代母而王，谓火不代木，言汉不合即代周也。秦值其闰位，德在木火之间也。此论者之辞也。”《正义》云：“始皇以为周火德，秦代周，从所不胜，为水德之始也。按：周木德也，秦水德也。五行之运，水生木，木生火，火生土，土生金，金生水。所生者为母，出者为子。帝王之次，子代母。秦称水是母代子，故言。若有德之君相代，不母承其子。直音值。言秦并天下称帝，是秦德值帝王之位。”按此为明帝十七年十月十五日乙丑日事。班固《典引》言：“永平十七年与贾逵、傅毅、杜矩、展隆、郗萌等召诣云龙门。”即是时也。其言仁不代母者，从《世经》之五行相生说，则周当为木德，而秦乃自号水德，揆以相生之运，水生木，木生火；水为母而木为子；秦居水德，承周之木运，岂不以母（水）代子（木）？故讥其不仁，此东汉人因《世经》之五行相生故有此论。然秦乃据邹衍五德终始，邹子之说固谓周为火德，水胜火，故秦得居水德，其用邹说，灼然甚明。故晋泰始间史臣论：“五德更王，唯有二家之说。邹衍以相胜立体，刘向以相生为义。据以为言，不得出此二家者。假使即刘向之说，周为木行，秦氏代周，改其行运。若不相胜，则克木者金，相生则木实生火。秦氏乃称水德，理非谬然。”《宋书·律历志》其说良允。

《春秋繁露·五行对》，河间献王问温城董君，其对云：“木生火，火生土，土生金，金生水，是故父之所生，其子长之。”又《五行之义》章亦云：“木生火，火生土，土生金，金生水，水生木，此其父子也。”均主五行相生。倘此文真出董生之手，则刘氏之相生说，董生时已流行矣。

《左传·昭公十七年》，郯子曰：昔者黄帝氏以土纪，炎帝氏以火纪，共工氏以水纪，大皞氏以龙纪，少皞纪于鸟。是共工世次在炎帝、大皞之间。杜《注》则云：“共工以诸侯霸有九州，在神农前，大皞后，亦受水瑞，以水名官。”郯子所保存为东方古史传说。共工与黄帝、炎帝并列。《楚缯书》云：“共攻□步，十日四寺（时）”，工字作攻。《春秋》之际五德思想尚未正式成立，而共工、炎帝各以水、火为纪，或水师而水名，或火师而火名。如以少皞之鸟师、鸟名为例，有诸鸟、五鸠、九扈之号，则共工之水师水名，谅有同然，惜乎资料湮灭，未由稽考。

五、晋初及北朝修史断限之争论

晋初立国，对三分鼎峙之局，宜取何者为续统，颇引起争端。左思《三都赋》即为此而作也。王鸣盛《十七史商榷》卷五十一云：

> 左思于西晋初，吴蜀始平之后，作《三都赋》，抑吴都、蜀都，而申魏都，以晋承魏统耳。

今观《魏都赋》云：

> 榷惟庸蜀，与鸱鹊同窠，句吴与蛙黾同穴，一自以为禽鸟，一自以为鱼鳖。……或魋髻而左言，或镂肤而钻发。……揆既往之前迹，即将来之后辙。成都迄已倾覆，建业则亦颠沛。……

此为太冲贬抑蜀、吴以立魏统之说也。晋室既建，其先世尝为魏臣，作史者宜断自何年，于晋初遂成为史学论议之题目。陆机因有《晋书》限断之议。李充《翰林论》云："在朝辨政而奏议出，宜以远大为本。陆机《晋断》亦名其美言。"（《全晋文》五十三）颇重视其文。《初学记》卷二十一文部史传引陆士衡《晋书限断议》云："三祖实终为臣，故书为臣之事，不可如传，此实录之设也。而名同帝王，故自帝王之籍，不可以不称纪，则追王之义。"（《王籍》下注）《史通·正史篇》称："著作郎陆机始撰《三祖纪》。"而于《本纪篇》讥其"列纪三祖，直序其事竟不编年，年既不编，何纪之有?"是机书原不编年，故知幾嗤其失体。

《晋书》四十《贾充传》：

> 先是韩廷议立《晋书》限断，中书监荀勖谓宜以魏（少帝）正始（240）起年，著作郎王瓒欲引嘉平（290）以下朝臣尽入晋史，于时依违未有所决。惠帝立，更使议之。（贾）谧上议，请从泰始为断。于是事下三府，司徒王戎、司空张华、领军将军王衍、侍中乐广、黄门侍郎嵇绍、国子博士谢衡，皆从谧议。骑都尉济北侯荀畯、侍中荀藩、黄门侍郎华

混以为宜用正始开元，博士荀熙、刁协谓宜嘉平起年。谧重执奏（王）戎、（张）华之议，事遂施行。

盖晋初修史有三种意见：（1）以（司马炎）泰始（265）为断，（2）以正始开元，（3）以嘉平起年。陆机为贾谧二十四友之一，谧之主张，当日陆机必参预其议。《初学记》（严可均《全晋文》录此）著其片段，莫窥全豹。陆机之意见，今不可具知，恐必从贾谧之论，以司马炎泰始起元。既以晋为正统，而三祖均属魏世，既不得不用纪体，而限断又起于泰始，故于三祖但序事而不编年，职是故也。

至北齐时，魏收与李德林复有讨论《齐史》记元断限之事。往复数札，载于《隋书》卷四十二《李德林传》云：

魏收与阳休之论《齐书》记元事，敕集百司会议。收与德林书曰："前者议文，总诸事意，小如混漫，难可领解。今便随事条列，幸为留怀，细加推逐。凡言或者，皆是敌人之议。既闻人说，因而探论耳。"德林复书论即位之元，《春秋》常义云云。

魏收原议今不可见，惟《北齐书》四十二《阳休之传》对此事原委，尚记其大要，略云：

（北齐后主武平）六年，又领中书监。……魏收监史之日，立《高祖本纪》，取平四胡之岁为齐元。收在齐州，恐史官改夺其意，上表论之。武平中，收还朝，敕集朝贤议其事。休之立议从天保为限断。魏收存日，犹两议未决，收死后（收殁于武平三年），便讽动内外，发诏从其议。

可见当日论争重点，是在修纂《齐书》纪事应以何年为开始：（1）魏收撰《高祖本纪》取平四胡之岁为齐元。（2）阳休之主张从天保为限断，即以齐显祖（高洋）天保元年（550）开始。收复与德林书，问："一之与元，其事何别？"德林答云：

或以为书元年者，当时实录，非追书也。大齐之兴，实由武帝，谦匿受命，岂直史也？比观论者闻追举受命之元，多有河汉，但言追数受命之岁，情或安之。似所怖者元字耳，事类朝三，是许其一年，不许其元年也。案《易》“黄裳元吉”，郑玄注云：“如舜试天子，周公摄政。”是以试摄不殊。《大传》虽无元字，一之与元，无异义矣。《春秋》不言一年一月者，欲使人君体元以居正，盖史之婉辞，非一与元别也。汉献帝死，刘备自尊崇。陈寿蜀人，以魏为汉贼，宁肯蜀主未立，已云魏武受命乎？士衡自尊本国，诚如高议，欲使三方鼎峙，同为霸名。习氏《汉晋春秋》，意在是也。正司马炎兼并，许其帝号。魏之君臣，吴人并以为戮贼，亦宁有当涂之世，云晋有受命之征？史者，编年也，故鲁号纪年。《墨子》又云：吾见百国《春秋》，史又有无事而书年者，是重年验也。若欲高祖事事谦冲，即须号令皆推魏氏。便是编魏年，纪魏事，此即魏末功臣之传，岂复皇朝帝纪者也。陆机称纪元立断，或以正始，或以嘉平。束皙《议》云：赤雀白鱼之事，恐晋朝之议，是并论受命之元，非止代终之断也。公议云陆机不议元者，是所未喻，愿更思之。陆机以刊木著于《虞书》，龛黎见于商典，以蔽晋朝正始、嘉平之议，斯又谬矣。唯可二代相涉，两史并书，必不得以后朝创业之迹，断入前史。若然，则世宗、高祖皆天保以前，唯入魏氏列传，不作齐朝帝纪，可乎？此既不可，彼复何证？（《隋书》卷四十二《李德林传》。德林此篇李弘祺博士有英译及详细讨论。）

文中云：“恐晋朝之议，是并论受命之元，非止代终之断。”试为解释如下：

（1）受命之元——指魏之正始、嘉平时，司马懿已有受命之兆，即谓创业而未有帝号者。

（2）代终之断——指泰始司马炎正式改元，正式即位称帝号者。

德林讨论重点似在于此。陆机既撰《三祖本纪》，以受命为主，则必取正始、嘉平之议。故陆机援引“禹刊木著于《虞书》，西伯龛黎见于商典”，以为佐证，以见夏事可著于虞史，周事可入于商典（刊木语出《禹贡》外，又见《皋陶谟》），以证晋史可从正始、嘉平开始。德林云：

> 公（指魏收）议云，陆机不论元者，是所未喻，愿更思之！

是认魏收误会陆机之意，以为不论元，故举此二证以明之。足见陆机亦论元（起始），特主受命之元，应从创业之司马懿写起。此即陆机晋代起元之说，仍是限断之问题也。德林又云：

史者编年也。……百国《春秋》，史又有无事而书年者，是重年验也。

故德林亦强调系年之重要。刘知幾讥陆机书“有事无年”，则其偏重事可知。惟是否全不系魏年，在行文上甚有困难，陆机原书已不可见，无从推测。

至于正统，则涉及继承者王位合法问题。傅幹指炎汉为正统，则王莽为闰位矣。本朝之人自以本朝为正统也。然此又有政治与学术因素之殊。举例言之，刘元海之建国也，用刘宣（宣即注《尔雅》孙炎之门人）之议，称国号汉，近尊刘禅为孝怀皇帝，而以上接汉统（见《晋书·载记》），此纯为政治上之利用也。而习凿齿以为晋统当上接汉，其著《汉晋春秋》，原为裁正桓温之谋，而晚岁上疏，以为晋宜越魏继汉，言之再四。谓汉之系周而不系秦，何以晋不可上接汉统乎？习氏如在晋初，则不敢作此论。其抑魏即所以尊晋，要皆取媚于本朝者也。

易代之后，有反目前代为霸者，李德林在隋时，裒其所作文翰，谓之《霸朝杂集》。隋高祖读竟，语德林云：“方知感应之理。”德林因上《天命论》，可谓无耻。

魏收《魏书》，目东晋为僭晋。以司马睿与賨、李雄并列（卷六十九）。而凉州张实则题曰私署，可谓抑扬任声，故其视陆机《晋纪》，谓“其自尊本国（指吴），欲使三方并峙，同为霸名。”此皆取媚于当朝而贬抑前代，与德林之贬周为霸，诚无以异。

《洛阳伽蓝记》景宁寺条，记陈庆之在北，醉谓：“魏朝甚盛，犹曰五胡，正朔相承，当在江左。秦朝玉玺，今在梁朝。”而杨元慎则讥吴为鱼鳖之徒，互相贬抑。庆之南还，对朱异曰：“自晋宋以来，号洛阳为荒土，此中谓长江以北，尽是夷狄；昨至洛阳，始知衣冠士族，并在中原。”当日南北悬绝，彼此间不能了解之情形，跃然纸上。

《北史》（卷四十三）《张彝传》（魏世宗时）：“除安西将军秦州刺史（以罪废），上《历帝图》五卷，起元庖牺，终于晋末，凡十六代，一百二十八帝，历三千二百七十年，杂事五百八十九，宣武善之。”《魏书》（卷六四四）《彝传》载上此书表略云：“忝牧秦藩，号兼安抚。……辄私访旧书，窃观图史，其帝皇兴起之元，配天隆家之业。……起元庖牺，终于晋末，凡十六代，百二十八帝，历三千二百七年，杂事五百八十九，合成五卷，名曰《历帝图》，亦谤木、谏鼓、虞人、盘盂之类。脱蒙置御坐之侧，时复披览，冀或起予左右，上补未萌。”此书《隋志》不录，盖亦后代《历年图》、《帝王绍运图》一类之滥觞。彝长子始均，其传称“才干有美于父，改陈寿《魏志》为编年之体，广益异闻，为三十卷，今并亡失。”此为北人改写陈寿书之先河。盖神龟二年二月，羽林虎贲千人，焚其屋宇，父子所著，或毁于是时乎？考纪年之作，起元庖牺，吴韦昭著《洞纪》，《隋志》称其记庖牺以来，至汉建安廿七年，臧荣绪续一卷，已有此先例，非张彝所创，宋人沿袭之，更无论矣。

六、正史与霸史之确立

桓谭《新论》有《王霸篇》。《隋志》潘杰有《王霸记》三卷亡。李延寿具稿之《隋书·经籍志》始立“霸史”一类（《史部》第四），共收二十七部，三百三十五卷，乃据梁阮孝绪《七录》之伪史部。孝绪书成于梁普通四年（见序），其《记传录》（即后来之史部）所收国史部二百一十六种，五百又九帙；伪史部二十六种，二十七帙。《隋志》正史序记陈寿《三国志》后云：“自是世有著述，皆拟班马以为正史。”按正史一名，似亦本诸阮氏。（阮孝绪有《正史削繁》九十四卷。《七录序》目附记云：“《正史削繁》十四帙，一百三十五卷，序录一卷。”两《唐书》并收此书，《颜氏家训·书证篇》引此书音义一条。）道宣《广弘明集》引《隋志叙》云：“自晋永嘉之乱，……后魏克平，诸国据有嵩华，始命司徒崔浩，博采旧闻，缀述国史。诸国记注，尽集秘阁。尔朱之乱，并皆散亡，今举见在谓之霸史。”又《史通·因习篇》云：“当晋宅江淮，实膺正朔，嫉彼群雄，称为僭盗，故阮氏《七录》，以田（田融《赵书》）、范（范亨《燕书》）、裴（裴景仁《秦书》）、段（段龟龙《凉记》）诸记，刘、石、苻、姚等书，别创一名，题为伪史。及隋氏受命，海内为家，国靡爱憎，人无彼我，而世有撰《隋书·经籍志》者，其流别群书，还依阮录。……案国之有伪，其来尚矣。……何止取东晋一世，十有六家而已乎！”其后《唐六典》乙部为史分一十三，一曰正史，四曰霸史。《四库》史部载记类小序：“阮孝绪作《七录》，伪史立焉，《隋志》改称霸史。”《唐志》又改称伪史。

《隋书·经籍志》天圣以前本题唐……魏徵撰，今本题长孙无忌撰。李延寿《南北史》叙传云："贞观十七年，尚书右仆射褚遂良时以谏议大夫奉敕修《隋书》十志，复准敕召延寿撰录。"是初稿出于李延寿也。延寿《北史序传》称其祖父"大师在河西与杨恭仁游，大师常以宋、齐、梁、陈、齐、周、隋南北分隔，南书谓北为索虏，北书指南为岛夷，……拟《吴越春秋》编年以备南北。……贞观二年终于郑州，……年撰未毕。……（延寿）既家有旧本，……昼夜钞录。……（贞观）十五年令狐德棻启延寿修《晋书》，后得勘究宋、齐、魏三代之事所未得者。十七年褚遂良奉敕修《隋书》十志，召延寿撰录，雇人书写。至于魏、齐、周、隋、宋、齐、梁、陈正史，并手自写本纪。……又从此八代正史外，更勘以杂史，于正史所无者一千余卷，皆以编入。……《南史》先写讫，以呈监国史国子祭酒令狐德棻。"是唐代八代之史，均称为正史矣。《隋书·经籍志》虽由李延寿具草，实经令狐德棻过目，又由魏徵审定，最可代表官方意见。时代改易，魏收、李德林讨论之问题已不复存在矣。

载记之名，始于《后汉书》。《班固传》云："撰功臣平林新市公孙述事，作列传载记。"晋裴松之《三国志注》引有乐资（汉）《献帝春秋》，又有《山阳公载记》。《晋书》以十六国主列于载记，例即本此。《史通·题目篇》称其"巧于师古"者也。

六朝之际，宇内分裂，正朔未定，史家撰著最为纷歧。隋、唐一统，始厘定正史、霸史之别。依上所考，大抵取资阮孝绪之说而略修订之。梁时称各国之史曰国史（非指本国之史），僭窃则曰霸史，至是"正史"、"霸史"乃始确立，东晋及南北朝诸史遂得厕于正史之林，后世相承不替，不致如魏收时代之纷歧矣。

宋李觏《文集·常语》下颇论王霸之义，其说曰：

> 或曰《祭法》，共工氏之霸九州，说者以无录而王谓之霸，在太昊、炎帝之间，然则霸非天子者乎？曰说者之过也。项籍亦尝霸九州矣，在秦、汉之间矣，尊怀王为义帝，分天下以王诸侯，自立为西楚伯王，非霸九州而何也？然谓籍曰天子可乎？彼共工氏，盖籍之类也。

秦与共工实为天子，而汉师不以为天子，项籍未为天子，而《史记》列之本纪。《祭法》言共工之霸九州，称之为霸，固不以为王也。李觏比共工为项籍，谓："霸之为言伯也，所以长诸侯也，岂天子之所得为哉？"又谓："倘武王不得天下，则文王之为伯，霸之盛者而已矣。”故霸之异于王，有事实名号之异及史家书法之异，共工之目为霸，乃出史家所贬抑，以闰位居之。

七、唐之正统论

《汉书·律历志·世经》云：“共工氏伯九域，虽有水德，在水木之间，非其序也。”司马贞言秦值闰位，德在火木之间，即取乎此。盖汉人以共工与秦为闰位也。唐世承隋氏火运，故为土德，然正闰之说颇盛行。初期有王勃著《历书》，论魏晋至周隋皆非正统。玄宗时，有人依其说以黜周隋之历史地位，果见诸施行。《旧唐书·勃传》云：

> 于推步历算尤精。尝作《大唐千岁历》，言唐德灵长千年，不合承周隋短祚。其言大旨云：以土王者，五十代而一千年；金王者，四十九代而九百年；水王者，二十代而六百年；木王者，三十代而八百年；火王者，二十代而七百年。此天地之常期，符历之数也。自黄帝至汉，并是五运真主，五行已遍，土运复归，唐德承之宜矣。魏晋至周隋，咸非正统，五行之沴气也，故不可承之。

封演《闻见记》卷四“运次”条即引王勃《大唐千年历》，深讥其迂，未为当时所许。宋祁《新唐书·王勃传》云：

> （勃）谓王者乘土王世五十，数尽千年；乘金王世四十九，数九百年；乘水王世二十，数六百年；乘木王世三十，数八百年；乘火王世二十，数七百年，天地之常也。自黄帝至汉，五运适周，土复归唐，应继周汉，不可承周隋短祚。乃斥魏晋以降，非真主正统，皆五行沴气，遂作《唐家千岁历》。武后时，李嗣真请以周汉为二王后，而废周隋。中宗复用周隋。天宝中，太平久，上言者多以诡异进，有崔昌者，采勃旧说，上《五行应运历》，请承周汉，废周、隋为闰。右相李林甫亦赞右之，集公卿议可否。集贤学士卫包，起居舍人阎伯玙表上曰：“都堂集议之夕，四星聚于尾，天意昭然矣。”于是玄宗下诏以唐承汉，黜隋以前帝王，废介、酅公，尊周汉为二王后。

《通鉴》卷二百一十六云：

> 天宝九载，八月辛卯，处士崔昌上言：国家宜承周、汉，以土代火，周隋皆闰位，不当以其子孙为二王后。……上乃命求殷周汉为三恪，废韩（元魏后）、介（北周后）、酅公（隋后）。

《旧唐书·玄宗纪》：

> （天宝）十二载五月，以魏、周、隋依旧为三恪，及二王后，复封韩、介、酅公。

唐时，元魏、北周与隋，本被封为三恪，因王勃之正闰说，几被废黜。勃推五运，以唐宜直继周、汉，至魏、晋以下，皆为闰位。此一说在唐代颇占势力。

王起（字举之）为宰相王播之弟。唐文宗时，入为兵部尚书。李训为宰相，即起之门生也。《新唐书》（卷一百六十七）本传云：“文宗上文，好古学，起以敦博显，兼太常卿礼仪使，又使广《五位图》，俾太子知古今治乱。”《旧唐书》（卷一百六十四）本传载起所作创造礼神九玉议，称其为“太子广《五运图》”，是五位即五运。《崇文总目》：“王氏《五位图》三卷，自开辟至唐，以五运为序。宋朝至道二年四月甲申屯田郎吕奉天言司马迁《史记》、王起《五位图》，岁次朔闰，皆与经传不合。”《玉海》卷五十六记唐路惟衡《唐帝王历数图》：“其开辟以来并不载，故依《五运图》录之。”可见起之《五运图》在唐季颇受尊重。

唐末宰相史学家柳璨著有《正闰位历》三卷（《新唐志》编年类，《宋史·艺文志》作《补注正闰位历》。璨著《史通析微》十卷，以驳刘知幾，号柳氏《释史》，事迹见《旧唐书》一百二十九本传及《新唐书·奸臣传》之末），亦以正闰为说。《宋史·艺文志》别史类列于柳璨下之著述，王起《五运图》一卷之外，又有曹玄圭《五运图》十二卷，张洽《五运元纪》一卷，《崇文总目》及《通志略》有《历代帝王正闰五运图》一卷，不著撰人，天一阁有钞本，缺。此类书今固不可考，以意揣之，当与王勃、崔昌为一系统，以五运论帝王授受者也。《新唐书·艺文志》历算类收王勃《千岁历》，卷亡。则其书宋初已不甚流行，元杨维桢《正统辨》云：“若其推子午卯酉及五运元王，以分正统之说者，此日家小技之端，王勃儿辈之佞其君者尔，君子不取也。”盖王勃一派之正统说，入宋以后，不复为人所重视矣。

陈鸿撰《大统纪》，其序云：“乃修《大纪》三十卷，正统年代，随甲子纪年书事，条贯兴废。举王制之大纲，天地变裂，星辰错行，兴帝之理，亡后之乱，毕书之。通讽谕，明劝戒也。七年书始就，故绝笔于元和六年辛卯。”（《唐文粹》九十五）此书已佚，赖序以存其梗概。《唐书·宣宗纪》：“大中五年十一月，太子参事姚康献《帝王政纂》十卷，又撰《统史》三百卷，上自开辟，下尽隋朝，编年为之。”名曰《统史》，则《通鉴》之前驱也。《新书·萧颖士传》云：“尝谓仲尼作《春秋》，为百王不易法，而司马迁作本纪、书、表、世家、列传，叙事依违，失褒贬体，不足以训。乃起汉元年，讫隋义宁编年，依《春秋》义类，为传百篇。在魏书高贵崩，曰司马昭弑帝于南阙。在梁书陈受禅，曰陈霸先反。又自以梁枝孙，而宣帝逆取顺守，故武帝得血食三纪。昔曲沃篡晋而文公为五伯，仲尼弗贬也。乃黜陈闰隋，以唐土德承梁火德。皆自断，诸儒不与论也。有太原王绪者，僧辩裔孙，撰《永宁公辅梁书》，黜陈不帝。颖士佐之，亦著《梁萧史谱》，及作《梁不禅陈论》，以发绪义例，使光明云。”王应麟《困学纪闻》：“颖士《与韦述书》，欲依鲁史编年，著《历代通典》。起汉元十月，终义宁二年，约而删之，勒成百卷。于《左氏》取其文，《穀梁》师其简，《公羊》得其窍。综三传之能事，标一字以举凡，其书今无传焉。”颖士之说，近人吕思勉深辨其谬，讥为曲说（《隋唐五代史》第廿一章，1320 页）以唐承梁而黜陈闰隋，此亦正闰之说。书虽不为人所重，亦可觇一时治史之风气焉。

韩愈门人皇甫湜著有《东晋元魏正闰论》（文见《皇甫持正集》卷二）以为：“往之著书者，有帝元；今之为录者，皆闰晋，可谓失之远矣。”皇甫氏不帝元魏，以其为夷狄也。其论正统之系谱云：

> 我（唐）受之隋，隋得之周，周取之梁，推梁而上，以至尧舜，得天统矣。则陈奸（一作僭）于南，元闰于北，其不昭昭乎！

彼斥陈及元魏为闰位，又云：“江陵之灭，则为周矣。”故谓“周取之梁”。宋洪迈驳之曰：“灭梁江陵者，魏文帝也，时岁在甲戌，又三年丁丑，周乃代魏，不得云江陵之灭，则为周也。”（《容斋随笔》九）

然皇甫氏论正统之义云：“王者受命于天，作主于人，必大一统。明所授所以正天下之位，一天下之心。”标出“大一统”之名目，实对后来欧阳修《正统论》有极大之启发焉。

八、宋之正统论

自昔易代之际，五德转移，膺运各异，故祖、腊之日，亦因其德。汉为火德，以午祖而以戌腊。午者南方，而戌者岁之终，万物毕成，故以戌为腊也。至魏尚土德，故博士秦静奏以未祖而以丑腊。（《通典》四十四引秦静议）晋则以酉日祖，稽含《祖赋序》云：“有汉卜日丙午，魏氏择用丁未。至于大晋，则祖孟月之酉日。各因行运，三代固有不同。”（《宋书》志二引）赵宋初兴，有司上言，国家受周禅，周木德，木生火，则本朝应膺火德，色当尚赤，腊以戌日，诏从之。然诸儒时有异议，雍熙元年四月，布衣赵垂庆上言，本朝当越五代而上承唐统为金德，事下尚书省集议，徐铉与百官奏宜守旧章，不可轻议改易。大中祥符三年，开封府功曹参军张君房上言以瑞应当为金运，疏奏不报。天禧四年，光禄寺丞谢绛上书盛言土德之符（《绛传》见《宋史》卷二九五），而大理寺丞董行父复主金德，以应天统，事皆不行，《宋史》具著其事于《律历志》四。宋循火德之运迄无改易，而诸儒犹有主金德、土德之异论云。

《宋史·宋庠传》：“辑《纪年通谱》，区别正闰，为十二卷。”《直斋书录解题》曰：“《纪年通谱》十二卷，丞相宋庠公序撰。自汉文后元年有年号之后，以甲子贯之，曰正、曰闰、曰伪、曰贼、曰蛮夷。以正为主，而附列其左，号《统元》，为十卷；其二卷曰《类元》，因文之同，各以汇别。庆历中，表之上，宣义郎毕仲荀续补一卷，止元符三年。”此书内容，可窥其梗概；既区正闰，又别伪、贼与蛮夷。司马光称其书以五德相承（《通鉴问疑》），欧阳公《集古录》，尝据东魏造像正《通谱》之误年，晁公武《读书志》指其蜀汉年岁之歧异，此书明王祎《大事记续编》曾引用之（参《四库提要》编年类）。盖司马光以前之为编年体史书，极注重正闰问题，此一事实，人多忽视之。

宋景德二年，王钦若、杨亿奉敕编修历代君臣事迹，历八年书成，赐名《册府元龟》。其帝王部有“创业”、“继统”等门，又立“闰位”部、“僭伪”部，以秦、蜀、吴、宋、南齐、梁、陈、东魏、北齐及五代之梁为闰位。其后张方平著《南北正闰论》，谓：“以晋为闰耶？未闻革命所传；以（元）魏为正耶？实非中华之旧。”似即针对《册府》提出异议。其不以元魏为正，则因皇甫持正之说也。

《高斋漫录》记三苏自蜀来，张安道（方平）、欧阳永叔（修）为延誉于朝，自是名誉大振。张与欧公俱有正闰、正统不同之见，嗣此东坡作《后正统论》，盖受其影响。

唐马总著《通纪》起自太古，讫于隋季。五代孙光宪续之，复辑全唐洎五代事迹（有《宛委别藏本》）。北宋章衡著《编年通载》十五卷，其书今存，有《四部丛刊三编》本及景印四部善本。丛刊本卷前有元祐三年六月建安章楶序（楶字质夫，东坡和其《水龙吟·杨花》），称族侄衡（子平）积二十余年而后书成，列为十卷，名之曰《编年通载》，断自帝尧以讫皇宋丁未之岁，总三千四百年。熙宁七年，章衡进《编年通载》表，《郡斋》、《直斋》、《四库未收书目》皆著录之。其人为嘉祐二年进士首选，东坡与衡为同年友；熙宁二年，衡出牧郑州，东坡为作《诗序》（见《文集事略》卷五十六）。

太宗雍熙、端拱间，南唐旧臣龚颖（慎仪从子，字同秀，入宋为御史大夫，事迹附见《新安志》卷五《龚慎仪传》）进《运历图》（《宋史·艺文志》编年类作三卷，又别史类复出，作八卷），《郡斋读书志》称其书六卷，“起于秦昭王灭周之岁乙丑，止于国朝（宋）雍熙丁亥（四年），以历代兴亡大事附见其下。四年献于朝，优诏奖之。欧阳公尝据之考正《集古》目录，称其精博”。《玉海》（卷五十六图类）据《书目》收龚颖雍熙《运历图》三卷，起秦昭襄五十一年乙巳岁，灭周为历运之始。至雍熙四年丁亥，计一千二百四十四年。（又著录端拱元年正月壬午龚颖编《历代年纪》为二图来上。分之为二书，按端拱元年即雍熙四年之翌年，当是一事。）宋人之编年运历图，当以龚氏为最早。

真宗景德中，刘蒙叟（字道民，宋州人）直史馆上《甲子编年历》，采其父熙占所著为《五运甲子编年历》二卷，自唐尧起庚了，至太祖建隆元年庚申，凡三千三百十二年。（《玉海》卷十七引《中兴书目》）则纪年始于唐尧。

据《玉海》卷四十七，绍兴初朱绘（官左朝请大夫，《直斋解题》云绍兴五年序）纂《历代帝王年运铨要》十卷，以“欧阳修作《正统图》，黄帝五十六氏，一切采录，乃起自伏羲”。按欧公著《正统论》，此称作《正统图》，岂论之外另有图耶？魏张彝之《历帝图》，始于伏羲，王起《五位图》亦肇于开辟，朱绘盖循此一例。司马光于英宗治平元年进《历年图》，起周威烈王二十三年，至周显德六年，其上表略云：

今采战国以来至周之显德，凡小大之国，所以治乱兴衰之迹，举其大要，集以为图。每年为一行，六十行为一重，五重为一卷。其天下离析之时，则置一国之年于上，而以朱书诸国之君及其元年，系于其下，从而数诸国之年，则皆可知矣。凡一千三百六十有二年，离为五卷，命曰《历年图》，敢再拜稽首，上陈于黼扆之前，庶几观听不劳，而闻其甚博，善可为法，恶可为戒。

是表其后收入于《稽古录》卷十六。《历年图》原为五卷，后人增益，复有六卷与七卷、十卷之异本。《玉海》（卷五十六）《治平历年图》条云："今本六卷，自注一云七卷，起自共和庚申，讫显德乙未，上下凡千有八百年。"自威烈二十二年，上距共和元年，增多四百三十八年，盖晚年所修，刘攽易其名曰"《帝统编年纪年珠玑》"，第为十卷。"首卷序三皇迄皇朝世次大略，《历年图》所无。"《直斋书录解题》四有"《累代历年》二卷，司马光撰，即所谓《历代图》也。治平初所进，自威烈王至显德，本为图五卷，历代皆有论，今本陈辉（晦叔）所刻，而自汉高祖始"。此又为另一本，《宋史·艺文志》著录司马光书有下列三书，书名及卷数不同，三者实为一书，试列出而说明如下：

《历年图》六卷　按此书《玉海》之《治平历年图》今本卷数相同。

《帝统编年纪事珠玑》十二卷　按刘攽所改易。《玉海》云："第为十卷，以著论为一卷；总十一卷，首卷序为三皇。"皆后来增益。

《历代累年》二卷　按此《直斋》著录之本，陈辉所刻，始汉高。

温公《历年图》一书，宋时流布至广，而为人增损亦至夥。《历年图》本于治平元年三月十七日所上，及元祐间又为《稽古录》二十卷，今宋刊本卷十一周威烈王二十二年后有一行云："右伏羲氏至周威烈王二十二年，臣今所补。"所以得二十卷者，自卷十七以下为宋事，迄于治平四年。末记："右臣于神宗皇帝时所进国朝百官公卿表，大事记。"《玉海》卷五十八称光上《稽古录表》在元祐元年三月十四日，刘攽所增之《帝统》，已采《稽古录》资料，故上及三皇。《稽古录》始于伏羲氏，与北魏张彝之《历帝图》正相同也。

欧阳修首撰《正统论》，为古今一大文字，其序论云：

太宗皇帝时，尝命薛居正等撰梁、唐、晋、汉、周事为五代，凡一百五十篇。又命李昉等编次前世年号为一编，藏之秘府，而昉等以梁为伪。梁为伪，则史不宜为帝纪，而亦无曰五代者。

原其《正统论》之撰著，盖为宋初对五代之统绪如何继承之问题而发。《宋史·艺文志》别史类有李昉《历代年号》一卷或即欧公所指之书。彼谓："五代之得国者，皆贼乱之君，而独梁而黜之者，因恶梁者之私论也。""夫梁固不得为正统，而唐、晋、汉、周，何以得之?"如梁为伪，则汉周等亦当为伪，则宋统无所承矣。宋初修史，不能不列五代于帝纪者，在当日自有其苦心。故欧公《新史》及温公《通鉴》均援此例。《正统论》又云：

> 或问云："子于《史记》本纪则不伪梁而进之，而于论正统则黜梁而绝之，君子之信乎后世者，固当如此乎?"……曰："凡梁之恶，余于《史记》不没其实者论之详矣。"

考《五代史记》首为《梁本纪》，其末系论云：

> 呜呼！天下之恶梁久矣！自后唐以来，皆以为伪也。至予论次五代，独不伪梁，而议者或讥予大失《春秋》之旨，以谓梁负大恶，当加诛绝而反进之，是奖篡也，非《春秋》之志也。予应之曰："是《春秋》之志尔。……《春秋》于大恶之君，不诛绝之者，不害其褒善贬恶之旨也。惟不没其实，以著其罪，而信乎后世，与其为君而不得掩其恶，以息人之为恶，能知《春秋》之此意，然后知予不伪梁之旨也。"

参读此文，知欧公持论之所本，要以不没其实，正所以彰其恶也。欧公此文作于仁宗康定元年（1040），原有七篇，分《原正统》、《明正统》，及分论秦、魏、东晋、后魏、梁各代，又有《正统辨》上下，今仍附于《外集》（《全集》卷五十九）。后复删订为序论，《正统论》上下及《或问》（入《全集》卷十六），文占一卷。此文虽长，而要旨不外下列二语：

> 《传》曰："君子大居正"。又曰："王者大一统"。正者，所以正天下之不正也；统者，所以合天下之不一也。由不正与不一，然后正统之论作。

其论梁之得列于正统云：

> 由不正与不一，然后正统之论兴者也，其德不足以道矣；推其迹而论之，庶几不为无据云。

德既不足道，则论其迹，仍是不没其实之意，故其难以服人之心，章望之遂有《明统论》之作。

望之，建州浦城人。《宋史·文苑》有传，称“望之喜议论，著《救性》七篇，欧阳修论魏、梁之正统，望之以为非，著《明统》三篇”。望之为欧公所荐士。（《欧集》卷十二有《举章望之曾巩王回充馆职状》云：“望之学问通博，文辞敏丽，不急仕进，行义自修，东南士子，以为师范。”）又字之曰表民（《欧集》卷四十一有章望之字序，庆历二年作）。可见欧公对其推重之深。此《明统》原文未见，惟《东坡文集·正统论》小注中颇引其说，略摘二三则如下：

> 余今分统为二名：曰正统，霸统。以功德而得天下者，其得者，正统也；尧、舜、夏、商、周、汉、唐、我宋其君也；得天下而无功德者，强而已矣，其得者霸统也，秦、晋、隋其君也。
>
> 章子曰：魏之有吴、蜀，独吴、蜀之不能有魏；蜀虽见灭，吴最后亡，岂能合天下于一哉？
>
> 永叔以正统之论肇于《春秋》之学，故引《公羊》大居正、大一统之文为据，既曰大居正，而又以不正之人居之，是正、不正之相去未能远也。

章氏区分统为二类：曰正统；曰霸统。以王霸观念看正统问题，惟霸统一词，实有未当。故东坡非之，另撰《正统总论》上及《正统辨论》中、下（《东坡文集事略》卷十一）。其中篇云：

> 正统之论起于欧阳子，霸统之说起于章子。吾与欧阳子，故不得不与章子辨，以全欧阳子之说。

下篇云：

欧阳子纯乎名，故不知实之所止；章子杂乎实，……（则弑君者其实不过乎霸），是使乎篡者矣。故章说所谓霸统，伤乎名而丧乎实也。

其意以为欧阳据实而无害于名，章则反伤名而又丧其实矣。“霸”之一名，不足以概不正之统，故东坡讥其反丧实也。《续资治通鉴长编拾补》卷六：“王安石论苏轼为邪险之人臣，欲附丽欧阳修，修作《正统论》，章望之非之，乃作论罢章望之，其论都无理。”此王安石对正统之意见，盖附和章氏而反对东坡者。（清初广平宋实颖亦讥欧公不伪梁，大失《春秋》之志。因著《黜朱梁纪年论》，并附《重定纪年图》，王晫为收入《檀几丛书》中。）其时毕仲游亦著《正统议》，以为得历数有道于其始，而为治乱者，不系于其终，如秦之短祚，虽有一统之局，而历数不得于天，治乱不得于人，故不得为正统。若曹魏继汉，司马晋之继魏，虽取之非道。而历年稍久，兴起自然；推其统可以为正。其说似因为欧阳、苏辈而发，仲游为文，雄伟博辨，有珠泉万斛之致，东坡尝举以自代，称其才通世务，议论有余。若《正统》诸议，或病其不免稍失之偏驳（《四库提要》一百五十五别集八）。仲游字公叔，郑州人，元祐初召试学士院，累迁吏部郎中，事迹见《宋史》卷二八一附《毕士安传》。

东坡门下士陈师道亦撰《正统论》，训统为一，以为统者，一天下而君之者也。故自周以降，共有五型：

(1) 有其位而不一者——东周；
(2) 有天下而无位者——齐、晋；
(3) 有其统而为闰者——秦、新；
(4) 无其统而为伪者——魏、梁；
(5) 上下无所终始者——南北。

至于正，则以天地人三才说之，自言于正统之义，质之经以定其论，资之公以济其义。于东坡之外，别树一帜。

司马光撰《资治通鉴》，于卷六十九黄初二年下，著正闰之论云：

学者始推五德生胜，以秦为闰位，在木火之间，霸而不王，于是正闰之论兴矣。……臣愚诚不足以识前代之正闰，窃以为苟不能使九州合为一统，皆有天子之名而无其实者也。……若以有道德者为正耶？则蕞尔之国必有令主，三代之季，岂无僻王？是以正闰之论，自古及今，未有能通其义，确然使人不可移夺者也。

然天下离析之际，不可无岁时月日以识事之先后。……故不得不取魏、宋、齐、梁、陈、后梁、后唐、后晋、后汉、后周年号，以纪诸国之事，非尊此而卑彼，有正闰之辨也。

所云以秦为闰位，在木火之间者，乃刘歆《世经》之说。至言“使九州合为一统”者，按《汉书·王吉传》，上疏云：“《春秋》所以大一统者，六合同风，九州共贯也。”则有取王吉之语。推其要旨，只是据事纪时，放弃正闰，不论道德及自上相授受等问题，此种意见，实有取于欧公“推迹不没其实”之说。至于所论以五德定正闰，向不悉其何所指，以今考之，自指王勃、崔昌辈之论，下至王起、宋庠之说，甚晓然也。

司马光《答郭纯书》对章氏《明统论》中，谓秦、晋、隋不得与二帝三王，同为正统，及魏不能兼天下当为无统之说，深加称许，但亦斥其霸统，以霸易闰为误。又称郭纯著有《会统稽元图》一书。纯书今不可考，赖光书略知其内容，郭所列之闰余、僭伪诸朝，光亦不甚赞同。

《资治通鉴》之开局也，与司马光为同僚者，惟刘恕最负重名。邵伯温《闻见录》称《通鉴》以三国历九朝至隋属恕，恕死后七年《通鉴》书成，恕子义仲裒录恕与光往还论难之词，辑为《通鉴问疑》，现有《学津讨原》本及《豫章丛书》本，《四库提要》称：“《通鉴》帝魏；朱子修《纲目》，改帝蜀，讲学家以为申明大义，上继《春秋》。今观是书，则恕尝以蜀比东晋，拟绍正统，与光力争而不从，是不但习凿齿、刘知幾先有此说，即修《通鉴》时亦未尝无人议及矣。”（史评类，卷八十八）

廖行之作《问正统策》，谓君之号，曰皇曰帝曰王，其所以异者在以道以德以业。此策问盖以孟子圣人之心，与天为一之说，推明宋室南渡以来，高宗、孝宗及光宗三世授受之降，推究其故，以正统为试题，具见此问题在宋代之通俗化。行之字禾民，延年人，登淳熙甲辰进士，官岳州巴陵尉。

南宋乾道间，侍讲广汉张栻采邵康节《皇极经世书》作《经世纪年》二卷，陈直斋著录之，自序见《文献通考》。其书以昭烈上继献帝，而附吴、魏于下方。序中颇持统绪之见，影响于后世甚巨。元时郑松（特立）著《皇极经世续书》，即续邵氏之书。

自朱子别撰《通鉴纲目》，其说曰：

因年以著统。凡正统之年岁下大书；非正统者两行分注。

岁周于上，而天道明矣；统正于下，而人道定矣。

其统系共分正统、列国、篡贼、建国、僭国等项。与于正统者，仅有周、秦、汉、晋、隋、唐而已。建安以后，继以后主。自唐昭宣帝天祐三年以后，皆书甲子（至第九十五卷）。可见其根本不同意欧公正统之说。又于“改元”之下，明言“后唐石晋之间，温公旧例尤为颠错”。亦不韪温公不取“有道德以为正”之见。《朱子语类》卷一百有五云：

问《纲目》主义。曰：“主在正统。”问何以主在正统？曰：“三国当以蜀汉为正，而温公乃云：某年某月，诸葛亮入寇，是冠履倒置，何以示训？缘此遂欲起意成书，推此意修正处极多。”

又云：

某尝作《通鉴纲目》，有无统之说。此书今未及修，后之君子，必有取焉。

钱穆云：

此条陈淳、黄义刚同录，应在庚戌、己未间。朱子年六十九至七十，则《纲目》至朱子晚年未成书之证。

至于今传《纲目》，实成于赵师渊。

所谓无正统者，《语类》云：

秦初犹未得正统，及始皇并天下，方始得正统。晋初亦未得正统，自太康以后，方始得正统。

其说具见《语类》卷一百有五，《文集》卷八十一《跋通鉴纪事本末》，与《文集》卷七十六《资治通鉴举要历》后序（参钱著《朱子之通鉴纲目》，见《寿罗香林论文集》，1～11页）。

朱子《纲目》颇有可商之处，明宜春张自勋撰《纲目续麟》，有《校正纲目凡例》，并逐条加以按语，今并附入资料，以供参考。又明季严衍著《资治通鉴补》，观其凡例，主张严正统及存残统，其书法多依纲目改正，足为涑水之诤友也。

宋福建李沂字从圣，庆历间大理寺丞，著有《帝王纪年通录》、《五运图》。（《重纂福建通志》卷七三）何乔远《闽书》称其书起盘古，讫太平兴国，分别正闰，傅以政治兴坏。又诸葛深编《绍运图》一卷，《郡斋读书志》杂史类称其“自伏羲迄皇朝神庙，五德之传及纪事，皆著于篇”。深字通甫，元祐中人。日本有《历代帝王绍运图》一册，前有熙宁九年会稽乡贡进士虞云序，原系北宋本。列举三皇以下历代帝王名氏，终于五代。室町时代及庆长年间，叠有覆刻（见宫内省《图书寮书目》，天理大学亦藏之），或即根据诸葛深之《绍运图》。《直斋书录》有《历代帝王纂要谱括》二卷，余姚孙应符仲潜撰，盖《绍运图》之详者。

南宋时，平阳朱黼（文昭）撰《纪年备遗》，乃用《通鉴稽古录》而别为论著。“始尧、舜，迄五代，三千余篇，述吕、武、王莽、曹丕、朱温，皆削其纪年，以从正统。……所以存世次，观兴坏。……扶树正义，搜举坠逸。……”（见叶水心序，《文集》卷十二）亦朱子之遗意也。《宋史·艺文志》史钞类有朱黼《纪年备遗》、《正统论》一卷。《直斋书录解题》作《纪年统纪论》一卷，永嘉朱黼文昭撰。云“黼从陈止斋学，著《纪年备遗》，起陶唐，终显德，为百卷，盖亦本《通鉴稽古录》，而撷其中论正统者为统纪论。叶水心序之”。《文献通考》载《纪年统论》一卷、《纪年备遗》一百卷。《四库提要》史评类（八十九）有《三国六朝五代纪年总辨》二十八卷，不著撰人名氏。其书三国，始于汉昭烈帝章武元年，不列曹丕。五代始于唐天祐四年迄十九年，下接后唐同光元年，不列朱温，盖与朱黼之书其例相合。《四库》谓此书题永嘉朱先生，乃开禧中用兵时，建阳书贾（魏仲举）所加，非朱黼之旧。考朱彝尊《曝书亭集》（三十五）有此书序，亦谓“开禧丁卯锦溪吴奂然景仲序之，非足本也”。《平阳县志》称黼隐居南雁荡山，终于布衣，尝受业陈傅良之门。（《宋史翼》卷二十五）叶水心序谓文昭能傅陈公君举之业，即指傅良也。《宋元学案·止斋学案》（卷五十三）引朱文昭语曰：“三代以上不过曰天而止，《春秋》以来，一变而为诸侯之盟诅，再变而为燕、秦之仙怪……六变而为符谶，人心泛然，无所底止，而后西方异说乘其虚而诱惑之。”此朱氏之遗说也。邵懿辰《四库标注》谓《纪年总辨》瞿氏有旧钞本，孙诒让《温州经籍志》于《纪年总辨》亦题曰存云。

嘉定间，沈枢撰《通鉴总类》，取温公书以事类编次为二百七十一门，卷二有“正统”门，述司马辨历代正统之说，如论北魏乃承晋为水德。书尝镌板于潮阳，楼钥为序。余所见者，为元至正二十三年平江路儒学刊本。枢字持要，安吉州人，官华文阁学士。钱大昕曾跋是书。(《潜研堂文集》卷二十八)

南宋尊崇道统，自理宗为《道统》十三《赞》，御制序称：“推迹道统之传，自伏羲迄于孟子。”是专为道德作赞也。前有庚寅御书印，后有辛丑御书之宝印；庚寅为绍定三年，辛丑为淳祐元年，盖此赞于辛丑重书上石，镌碑于杭州府学。(《金石萃编》卷一百五十二)绍熙元年，黄裳为嘉王府翊善，作八图以献，其一为《帝王绍运图》(《宋史·黄裳传》及《六经天文编》)。永嘉王致远于淳祐七年丁未，司臬浙西，以此图与《天文图》、《地理图》合刻于石，碑在苏州府学文庙。(孙星衍《寰宇访碑录》九、钱大昕《潜研堂金石文跋尾》十七)此《绍运图》之直系正统，起于夏，历商、周、秦、汉、新莽、后汉、三国魏、晋、隋、唐、梁、唐、晋、汉、周至大宋，大抵取司马温公之说，别有说明附刻于图之下方。法国沙畹(E. D. Chavannes)于1913年尝将《绍运图》拓本印出，加以注释，刊于所著 *L'instruction d'un Futur Empereur de Chine en L'an* 1913，由铭文研究院出版，则此书之西传者也。

宋季周密《癸辛杂识后集》有《正闰》一篇，据其所称述，已见过萧常之《续后汉书》，又引有徐子宜及陈圣观二人之说。子宜一字宏父，温州平阳人，见《宋元学案》卷六十一徐、陈诸儒传。陈圣观事迹，见周密《志雅堂杂钞》下书史云：“陈本斋、马碧梧、高耻堂、陈圣观，自世变后，极意经史，著述甚富，手抄之书，日以万字，有类日课，概闲中无以消忧。”即此人也。(马碧梧即马端临父马廷鸾。)圣观之说，据朱子《纲目》所定，因年著统。其非正统者，两行分注，故正统所在，有绝有续。计自周之亡，至于五季，正统凡六续而七绝。分别虽密，而于理尚有未安。盖“徒以其统之幸得，而遂畀之以正”，是亦有所不公矣。故其结语谓“三代而下，独汉、唐本庙(指宋)可当正统；秦、晋与隋乃属于有统而无正者，当为分注”。其说甚严，所以匡正《纲目》者也。

郑思肖《心史》中有古今正统大论，其要旨在以经断史，其最精之语云：

大抵古今之事，成者未必皆是，败者未必皆非。史书犹讼款，经书犹法令，凭史断史，亦流于史；视经断史，庶合于理。谬例、失实、泛书，史之通弊，最不可不察。

认为一般皆从成败而论是非，凭史而断史，只论事而不论理，故必折衷于理以为权衡。史书犹讼款，说者各据不同立场，故议论多端。指出史家但偏于纪事，则无以明得失，即今日之治史者，读此亦应知所警惕！文中指出：

（1）中国正统之史，为后世中国正统帝王之取法，亦所以教后世天下之人。

（2）夷狄行中国之事曰“僭”，人臣篡人君之位曰“逆”。此二者天理必诛。

（3）圣人、正统、中国本一也。历史上得天下者，未可以言中国；（因不少为夷狄入主中国。）得中国者未可以言正统；（因多有统而不皆正。）得正统者未可以言圣人。（文中引李觏语，汤、武非圣人，参《直讲李先生文集》卷三十四《常语》下论圣人诸条。）

辞理严正，深不以欧阳永叔《正统论》辨秦非闰位之说为然，盖有疾于分正与统为二事，及以得地势之正为“正统”诸说之非。对张栻书（即《经世纪年》）以有穷绝夏祀四十载，但以甲子书之，誉其能得史法，而有志于重撰《正统通鉴》一书。按其所援引有关史籍，仅及宋人而止，则作者似不可能为明时人，因元、明以来此类续《纲目》之著述，已车载斗量，何庸著《正统通鉴》耶？清人魏禧屡引其说，驳其“尊宋之极，至于黜唐，以为不正而得国，则陈桥之变，与隋禅唐何异？”亦颇有理。是书深严夷夏之辨，主张《北史》宜黜曰《胡史》，《南史》宜崇曰《四朝正史》。论者谓是明人依托。余所见有崇祯十二年己卯吴门刊本，张国维序刊。徐树丕世居苏州阊门外，其《识小录》记戊寅冬承天寺浚井得铁函事甚悉，顾亭林为作《井中心史歌》。而《四库提要》误以陆坦始为刊行，又从徐乾学说，以为海盐姚士粦所伪托，说亦非，余嘉锡已详辨之（见《辨证》卷二十四）。清代及近贤，多论此书为伪，惟余氏独持不同之见，今从其所提及之史书观之，并无受元、明人影响之痕迹。其秉正论史，大义凛然，安得目为伪书而废之乎？

九、金、元及明初之正统论

《玉海》五十六载唐王起《五位图》自开辟至唐以五运为叙。《宋史·艺文志》李焘有《混天帝王五运图古今须知》一卷。《千顷堂书目》有元冯翼翁《正统五德类要》三十四卷。以五德论正统一系之著述，尚不绝如缕，惜其书均不可见。

五运者，五德终始说家以各代定其五行之德，复定其祖与腊之日。成伯玙《礼记外传》云："周木德，汉火德，各以其五行之王日为祖，其休废日为腊。"火王于午，木王于卯，水王于子，金王于酉，而腊各用其弃日，于魏为土行，土衰于辰，故魏腊用辰；晋为金行，金衰于丑，故晋腊用丑。其他五运相承，可以例推。今录王应麟《小学绀珠》所列祖与腊之辰及魏至宋各代所属五行之德如下：

行始于祖，行终于腊

水	子	祖
	辰	腊
火	午	祖
	戌	腊
木	卯	祖
	丑	腊
金	酉	祖
	丑	腊
土	戌	祖
	辰	腊

魏土 → 晋金 → 宋水 → 齐木 → 梁火 → 陈土 →
后魏水、继西晋 → 后周木 → 隋火 → 唐土 →
后唐土 → 晋金 → 汉水 → 周木 → 宋火

按《风俗通·祀典篇》已云："汉家火行，衰于戌，故以戌为腊。"魏台访议，昭问何以用未祖丑腊，王肃对曰："魏土也，土畏木，丑之明日便寅，寅木也，故以丑腊。"高堂隆对曰："按月令孟冬十月腊，先祖五祀，谓荐田猎所得禽兽谓之腊。《左传》曰：虞不腊矣。唯见此二者而皆不书日。先师曰：王者各以其行之盛祖，以其终腊。水始生于申，盛于子；终于辰，故水行之君，以子祖辰腊。火始生于寅，盛于午，终于戌，故火行之君，以午祖戌腊。木始生于亥，盛于卯，终于未，故木行之君，以卯祖未腊。金始生于巳，盛于酉，终于丑，故金行之君，以酉祖丑腊。土始生于未，盛于戌，终于辰，故土行之君，以戌祖辰腊。今魏居土德，宜以辰腊也。”（参《续汉礼仪志》季冬之月刘昭注）知其说已盛行于东汉末，魏时更踵事增华，后代相沿，至金时尚行之。《金史·章宗纪》：“泰和二年十一月，更定德运为土，腊日辰，诏中外。”其所以定腊之日为辰者，以土德故。土德祖在戌日，而腊在辰日，土行衰于辰，此与魏腊之用辰相同，以魏与金皆定德运为土行故也。

时有《大金德运图说》一卷，收入清《四库全书》政书类，盖金尚书省会官集议德运所存之文件，现已印入《四库全书珍本》第四集。金人讨论当代德运问题之意见，多赖保存，至为可珍。考金人发祥于爱新水；“爱新”者，满洲语之金也，故建国即以金为号。《金史》本纪云：金初色尚白，章宗泰和二年（1202）十一月，更定德运为土。至宣宗贞祐二年（1214）正月，命有司复议本朝德运。本书所记即当时诸家议状之资料也。其中议主土德者四人，主应为金德者十四人。时元兵已深入，宣宗南迁汴梁，此议遂罢。（参《四库提要》）故贞祐之后，仍沿泰和所定土德而未改。历代朝议德运之资料，多已散失，唯此书足尝鼎一脔。（陈学霖已将其译成英文，并加注释，将由华盛顿大学印行。）清张金吾《金文最》录其议若干篇。兹酌载之，并附其历代所属德运之五行表于资料二，以供研究。

朱子而后，正统问题，讨论仍极热烈。归纳诸家之说，考其兴起之缘故，有下列三端：

（1）对朱子《纲目》提出斟酌者。

（2）元廷修辽、金、宋三史，朝野人士提出不同意见者。

（3）明初学人，就正统问题，重加讨论者。

元儒对朱子《纲目》有意见者，如姚燧之《国统离合表》，其著者也。《元史·姚燧传》称其早岁在苏门山时（从伯父枢学）读《通鉴纲目》，尝病国统散于逐年事首，不能一览而得其离合之迹，因年经而国纬之。此书今已失传，惟《牧庵集》卷三存序一篇，其中指出《通鉴纲目》系年，有延康（建安十二年)、章武、至德三失。而云:“延康之取,至德之去,犹皆小小。何也?统固在也。若章武之距建兴才三年耳,遽有帝父主子之异?岂不于统大有关乎!”可见其说梗概。此书钱大昕《补元史艺文志》著录。

燧为杨奂之婿,《燧传》谓:“姚枢教督甚急,燧不能堪,奂驰书止之,且许醮以女。”奂于金末上万言书,后事耶律楚材,卒于元世祖时。《元史·奂传》言其著《正统书》六十卷行于世,颇反对紫阳之说(《新元史》本传)。《补元艺文志》著录其书,今存《正统八例》总序。所谓八例,曰得、曰传、曰衰、曰复、曰与、曰陷、曰绝、曰归。(《还山遗稿》上)《正统书》自唐虞至于五代,一年一月一日各有所书事。三代而上,存而不议;秦汉而后,附之以论(详苏天爵《名臣事略》)。俨然一新《通鉴纲目》,惜乎不传。

元修辽、金、宋三史,皆由中书右丞相脱脱为总裁。而三史之修,巎巎实发其端。(《元史》卷一四三本传:“一日进读《资治通鉴》,因言当及斯时修此三史。”)《宋史》之易于措手,由资料保存之完整,董文炳之功为多。(《元史·文炳传》载其入宋,得其图籍,曰国可灭,史不可没。宋十六主,有天下三百余年,其太史所记具在,乃得宋史及诸注记五千余册,归之国史院。)《辽史》成于至正四年(1344)三月,《金史》成于至正四年(1344)十一月,《宋史》成于至正五年(1345)十月。(见阿图鲁表,又《圭斋文集》)先是三史倡修,状元宋本曾于乡试策问“三史宜以何体裁,及凡例正朔,如何予夺”为试题,(《元文类》卷四十七)而诸儒前后论列,意见颇不一致,文献可征者,亦有下列各篇:

(1)谢(修)端:《辨辽宋金正统》

此文收入苏天爵编《元文类》卷四十五,王恽《玉堂嘉话》全录之(见《秋涧大全集》卷一百)并有小注。文中主张辽自唐末保有北方,与前宋相次而终,当为北史;金太祖破辽克宋,帝有中原,亦当为北史(以驳金于宋史中如“载记”之说)。宋太祖至靖康当为宋史。自建炎之后,中国非宋所有,宜为南宋史。又谓周当为闰,欧阳不当作《五代史》,合作四代史,见解新颖。文记及泰和(金章宗)罢修《辽史》之议,又书讨论此事,岁在甲午。(按可能是至元三十一年[1294])考《元史》卷六十九《谢端传》云:“与赵郡苏天爵同著《正统论》,辨金、宋正统,其世多传之。至元六年卒。”谢端为蜀之遂宁人。而王恽称为燕山修端,修端与谢端是否一人,尚难遽定。(冯家昇《辽史源流考》附录谓谢端为修端之误,且列出四证据。按《滋溪文稿》十三有谢端《神道碑》,只言其以不克纂述三史为憾。又《天爵全集》具在,但载《三史质疑》而已。明人则依《元史·谢端传》以为谢端作。王圻《续通考》节录其文，署名谢端。）《千顷堂书目》五收谢端《正统论辨》一卷，钱大昕《元史·艺文志》从之。

（2）王理：《三史正统论》

王圻《续文献通考》正史考称有待诏王理祖谢端之说著《三史正统》，欲以辽金为北史，宋为南史。毕沅《续通鉴》卷二〇八亦记此事。王理原文不可见。考《金史》纂修官有江西湖东道肃政廉访副使王理，则此人后来曾参加《金史》工作。苏天爵之《元朝名臣事略》，王理为序。

（3）杨维桢：《正统辨》

《明史·文苑·杨维桢传》云："会修辽、金、宋三史成，维桢著《正统辨》千余言，总裁官欧阳元功读且叹曰：百年后公论定于此矣。"陶宗仪《辍耕录》亦记此事。权衡《庚申外史》云："先是诸传议论三国正统久不决（缪荃孙《云自在龛随笔》一论史记此事尤详），至是脱脱独断曰：三国各与正统，各系其年号，议者遂息。然君子终以为非也。"铁崖之论，即可代表在野一种相反意见。

按此文全载入贝琼《清江集》卷二《铁崖先生传》。可见明初学人对杨氏此篇之重视，故备载于其传中。文中分驳主张分辽、金与宋为南北史说，及宋分前后说，即对修端而发。其他重要论点如下：论正统之说，出于天命人心之公，必以《春秋》为宗，不得以割据僭伪当之。论元之大一统，在平宋之后，故元统乃当承宋。又以道统立论，道统为治统所系，道统不在辽金而在宋。总之，主张元之正统，应上接宋。铁崖当日不得预修三史，故发为此论。《千顷堂书目》，又有维桢《补正三史纲目》，则在此篇之外矣。叶盛《水东日记》卷二十四记解学士大绅（缙）作《元乡贡进士周以立墓表》，称其上万言书，略云："辽与宋不相涉，又其事首已具《五代史》，虽不论可也。所当论者，宋与金而已。然本朝平金在先，而事体轻；平宋在后，而事体重。宋之为宋，媲之汉唐而有光，辽金之为辽金，比之元魏而犹歉。"其言可以佐杨廉夫说。

（4）王祎：《正统论》

此文末段，主张宋既南渡，正统又绝。自辽并于金，又并于元，及元又并南宋，然后居天下之正，合天下于一，而复正其统。故元之绍正统，当自至元十三年始。此文似作于元时。祎曾游元都，陈时务也。（明洪武初修《元史》，宋濂、王祎实为总裁。）王祎之《正统论》（文见《王忠文公集》卷一），盖仍本欧阳修旧说："正者，正天下之不正；统者，合天下之不一。"并无新意。

欧阳修《五代史记》于汉天福十四年论改元之无稽，谓一之为元，乃理之自然，未尝有法。元时吴莱因之著《改元论》上下篇。明初王袆亦作《改元论》。顾炎武《日知录》加以辩难，以为说经者过于深求而实反浅之。（见卷四"谓一为元"条。）

统纪之学，盛行于浙，故金华学派以明统为己任。胡翰撰《白云亭记》："余闻之许氏，乃记之曰：儒者之学，尊本明统。宋南渡以来，朱子尝以传之黄文肃公（榦），文肃传之何文定公（基），文定之后，王鲁斋（柏）继之，金仁山（履祥）又继之，至先生盖五传矣。"许氏即许谦也。谦邃于史学，著有《治忽几微》一书，仿史家年经国纬之法，起太皞氏，讫宋元祐元年九月。总其岁年，原其兴亡，著其善恶。（详《宋元学案·北山四先生学案》）胡翰受之许谦，翰又传之方孝孺，遂有明初释统之学。

元至正间，陈桱（字子经）撰《通鉴续篇》，至正廿年周伯琦序略云：

> 曩余为太史，诏修宋辽金三史，与特别王理辈首议统纪不合，私于避忌，从而和之，如出一口，予遂移疾力辞不就，其书虽成，布在人间，而公认有所不可掩者。子经论著殆与予合。

又云：

> 子经之大父讳著，字子微，宋秘监知台州，精于史学，晚岁隐居，撰《历代纪统》以淑子弟。父讳泌，字汝泉，尝为校官，有名，又传注《纪统》千百言，至子经盖三世矣。

著，鄞县人，宋亡居四明山中，事迹详《宋史翼》（卷二十五）。陈桱之史学，盖远有所承。此《通鉴续编》以宋为正统，辽、金系年于宋统之下，以比吴、魏之于蜀，张绅序称其大义凛然，可与《三史》并行。元初修辽、金、元三史，皆为正统，论者多不以为然，此书即可代表在野之异议，故周伯琦引为同调云。书由松江贰守昭阳顾逖思邈为之梓行。

元时有郑松（特立）者，续邵雍《皇极经世书》，自庚申宋兴至甲午金亡，共续二百七十五年，吴澄为之序，称其于"邵子所纪三千三百一十六年间，颇有更定，论国统绝续离合，谓兴国无所承，亡国无所授，各为系。汉、魏、晋、宋、齐、梁、陈统代一系，魏、周、隋、唐、梁、唐、晋、汉、周、宋，十代一系也，辽、金、国朝（元）又为一系”（《吴文正集》十六）。惜其书未见。

宋人统纪之学影响且及邻邦。高丽李益斋即其一例。李穑撰《益斋墓铭》云：初公读史，笔削大义必法《春秋》，至《则天纪》曰：“那将周余分续我唐日月；后得《朱子纲目》，自验其识之正。”《益斋乱稿》卷九有策问一则云：“问帝王之纪，若四时之相代有不可紊。……祖龙、巨君见谓紫色蛙声，余分闰位，而子长述秦之纪，温公纪新之年，何也？……是皆不可不辨。”可见其说之一斑。（韩国史籍若《四国史记》、《本国编年纲目》等书，体例皆沿袭于华。Michael C. Rogers 有文详论之。）安南史籍亦然，如黎嵩著《大越通鉴总论》，有历代国统分合之图，即其著例。

十、明、清学人“统纪”之著作及正统说

明初，王彝著《妫蜼子》，其卷二为《史约》，有《历》与《统》，《统》下云：“凡帝王有天命，以一天下者有统焉，其子孙世守之。或其统中绝，其子孙有起而续之者，某帝、某王，各载其一世之事，曰《帝王统》。孔子……儒者以为素王，故亦著统，曰《素王统》。”（“中央”图书馆藏旧钞本）以孔子列入素王之统，与《帝王统》并列，为明初言史统之新说。

其后，方孝孺著《释统》三首，又撰《后正统论》。（载《逊志斋集》卷二）自谓此文深得其师太史（指宋濂）、金华胡公（指胡翰）之称赞。考翰之《胡仲子集》内有《正纪》一篇，立天地人三纪，严夷夏之防，可与方文相参。（翰之学后来影响及黄宗羲，《明夷待访录》引其十运，即集中之《衡运》。）方氏《释统》云：“天下有正统一，变统三。”三代，正统也；汉、唐、宋可附之正统。变统者，取之不正者，及夷狄而僭中国，女后而据天位者。“二统立，而劝戒之道明。”“立变统所以扶人极也。”又《后正统论》云：

> 传曰：《春秋》大居正，又曰王者大一统，此正统之名所由本也。

此袭欧公之说。又云：

有天下而不可比于正统者三：篡臣也，贼名也，夷狄也。

此三者方氏列为变统。又云：

是则三者皆废之而不书乎？曰：不也。吾固不比之于正统而已，非废之也。不废其迹而异其辞，则其为戒也深矣。

其说基本全袭用欧公。惟区分统为正、变，较章望之称霸统为胜。其后丘濬撰《世史正纲》卅二卷，即本方孝孺《释统》之意，专明正统，起秦始皇二十六年，讫明洪武元年，以著世变之由，议论严正。胡应麟誉为“《春秋》之后有朱氏，《纲目》之后有丘氏”（见《古学占毕》）。其书于纪年干支之下，规以一圈，中书国号。至元代则施以黑圈，迨至正十五年，明太祖起兵则为白圈。其以黑色代表元代，示阳消阴翳，至明祖兴起，一阳始生。《四库提要》讥其为史家未有之变例。（卷四十八）乃清人有所忌讳，不敢持攘夷之说。

又有徐一夔者，述与周元亮讨论正统事，撰《正统问》（文载《明文衡》卷二十四），文中论四明陈氏《续通鉴纲目》，书太祖崩曰宋主赵某殂。至太平兴国四年，始揭正统归之。一夔引朱子答陈安卿谓如以正统，则秦初未可当，必平一六国而后在秦。晋初未可当，必灭吴而后在晋。朱子之论，乃一时之语，非不易之论，陈氏实非忠于朱子者。徐亦明初史家，《明史・文苑》载其论“日历”之重要，极有识见。

明初修《元史》，王袆、胡翰、贝琼皆与其事。惟有关正统之作，则为学术之探讨，非由修史而发。若方孝孺则胡之及门，能张皇其师说者也。方氏《释统》之作，足与欧阳修媲美，实为正统论之后殿。史学史上不可磨灭之大文章，须亟为表扬者也。

永乐间修《大典》，其卷之一万五千九百五十一韵目九震“运”字号，该册至今幸存。特立五运一项，于历代德运有关文字，辑录甚备。例如徐秀《帝王年代图》云“帝王五运，震为木，起自太昊”。又引宋世论德运诸家论议，较《宋史・律历志》为完整，以资料而论，极可珍贵。

宋儒喜为道统之说，李元纲著《圣门事业图》，第一图即云“传道正统”，拈出：“正”字。黄榦著《圣贤道统传授总叙》，谓：“太极为道之原，原之出于天者也。圣人者，又得其秀之秀而最灵者焉。于是继天立极，而得道统之传。”（《勉斋学案》）标揭道统之义，自是以后，明统之学，由史统而转为道统矣。李书现有《百川学海本》。

杨铁崖《正统辨》已论及道统，及杨升庵继方正学撰《广正统论》，以为国之统犹道之统，不以道统轻与人，则道犹尊而统犹在也。则取韩愈《原道》之说，以道统与史统合而为一。王洙《宋史质》特立道统传。影响所及，清人即有《学统》一类之著述，如刁包撰《斯文正统》七十二卷（在《用六居士所著书》中），熊赐履著《学统》五十三卷（《湖北丛书》本），杜濬《序》云：“士与之讲求学统，犹治统，然有纪纲法度焉，有是非邪正焉。”（《变雅堂文集·学统序》）张伯行著《道统录》二卷。（参徐世昌《清儒学案》）清初费密著《中传正纪》一百二十卷，序儒者授受源流，自推其学出于子夏七十二传。章实斋斥其诞妄不经（《文史通义》外篇，书《贯道堂文集》后）。其书以正纪为一名，大要具见《弘道书》之《统典论》中，凡此皆以正统观念，灌输入于学术史而成书者也。

明永乐间，宁献王朱权著《天运绍统》，自云：“考之历代帝王编年世次，推详重勘，校而正之。其未有谱系者，编其谱系，列其次序，纪其甲子，以续绍统而继之运。”自三代世系，讫于元季，僭伪亦见录焉。前有永乐四年二月涵虚子序，侈论五德之运。书为永乐四年宁藩刊本（一册），现藏士林“故宫”博物院。

明代有关正统之著作，尚有可得而言者：

涂观　《正统世年表》

见《千顷目》。观字恒孚，丰城人，天顺四年进士。《国朝献征录》八十三杨廉撰《涂先生墓志铭》亦云著此书。

周山　《师资论统》一百卷

见《明史·艺文志》，《千顷目》作者作周仁，云字子山，武进人，嘉靖戊戌进士，南京户部郎中，男鸿胪丞良金增广之。

郑郊　《史统》一百四十六卷　见《千顷目》卷四

以上三书，今皆未见。

章潢编《图书编》卷七十八，有论周、秦、汉、晋、隋、唐正统长文，大旨谓统天下易，正天下难，其以“混一”言正统者，论正统而不精者也；以统而有变者，论正统而不经者也，必以纲常为正统，始为古今之通谊。又论宋元正统云：“宋之有天下，与乎秦晋隋唐，其乖纲常一也，均不得为正统，然犹中国人窃中国人位，奸中国统。元则为夷狄，更不当以继中国之统。”故统之所重，在正而不在统，持论甚为严正。

类书若章俊卿之《群书考索》（卷十四）有《正统》一目，论陈寿之书纪魏而传吴、蜀之失。谢陛既补撰《季汉书》，又著《正统》；其《正帝统》第四分析统之类别，大意谓：“有有统之世，有无统之世，有分统之世，复有全统之世，有偏统之世。”“三国之时，乃无统而有统也，无全统而有偏统也，无分统而有正统也。”此为谢氏论统之要义。

临川徐奋鹏著《徐笔峒先生集》，其卷八为《古今正统辨》，以为三代以来正统惟明一代而已。说嫌太偏，殊无可取。（此书又有雍正元年刊本）又新安吴继安撰《历代帝王历祚考》八卷，始帝尧甲辰，讫元顺帝丁未，共三千七百二十四年，凡六十三甲子。凡例有一则：

> 书法国统为纲，帝王为目，凡姓系、年数、太子、诸王、改元称号，皆其著下，以便考览。其篡逆僭伪，本不当为附列，然篡逆如羿、莽不列，则一代年数缺而不合，故始附其中。僭伪如五胡不列，则一代事迹遗而不全，故另附其外。邪正义备，纲目森然。

其书有如后来《纪元编》之体例，无甚精义（末有万历辛丑其兄吴继裘作《后序》），又道光七年丁亥《大兴》朱锡庚《题记》谓：

> 是编家藏有两本版片，字数无异，一为新安吴继安、康侯甫编辑，即此本也；一卷耑题新安程扬季宣甫编辑，前有刘馀祐序，末署崇祯己卯。又陈继儒《序》称其所纂辑者，上尘乙夜之观。……殆程与吴俱新安人，故攘其乡人之书，以图进取欤？

册面写朱少河跋。可知吴氏此书乃攘自程氏也。上举两书，俱为故宫博物院所藏秘笈，世所罕觏。丰坊撰《世统本纪》，其自序云：“名曰《世统》。统者，授受之历数也。先辨统之正伪，然后祚之修短，政之失得。”“纲祖《春秋》，严美刺也。目宗《左氏》，著本末也。”（文载味芹堂本《明文授读》）其书未见。

南丰曾燕曾撰《历代帝王统系图纪》一本，内叙明统系；列入唐、桂二王，称明十九帝，清人认为诞妄，请予销毁。（见《禁毁书目》补遗）清人于历代统纪勒为专书者，有段长基之《历代统纪表》（《四部备要》本，卷前有武亿序），黄本骐之《历代统系录》（《三长物斋丛书》本）。本书资料一摘录段氏例言，以见其概。

清初，王船山之为《读通鉴论》也，深非正统之说。谓“论之不及正统者，何也？正统之说不知其所自昉。……假邹衍五德之邪说，与刘歆历家之绪论，以文其诐解。统之为言，合而并之之谓也，因而续之之谓也，而天下之不合不续之多矣！……离矣而恶乎统之？绝矣而固不相承以为统。”因举“唐承隋而隋抑何承？承之陈则隋不因灭陈而始为君，承之宇文氏，则……何统之足云乎？无所承，无所统，正不正存乎其人而已矣。”（卷末《叙论》）论历史上之统有非其族类，不可以为统，统之中断，亦为必然。如此而言统，不如不言之为愈，语极沉痛。

船山《读通鉴论》称近世有李槃者，以萧岿延梁祀，而使之统陈云云。按李槃著《新刻世史类编》四十五卷，其书盖李纯卿草创，谢迁补遗，由大兰李槃增修，万历间张起鹏刊行，普林斯顿大学有此书。（见屈万里该大学《善本书目》，129 页）

同时，魏禧著《正统论》三篇，历引欧阳修、苏轼、郑思肖三家之说，而论其各有所蔽。以为古今之统有三类：曰正统，曰偏统，曰窃统。

> 正统——以圣人得天下；德不及圣人而得之，不至于甚不正，功加天下者，亦与焉。
>
> 偏统——不能使天下归于一统，择其非篡弑居中国而强大者属焉。
>
> 窃统——身弑其君而篡其位，纵能一统乎天下，终不与之以正统，而著之曰窃统。（《魏叔子文集》卷一）

列东晋、唐、南宋于正统，而以秦、西晋、隋及北宋则系之“窃统”之列。所立纲领，乃为折衷之论，而辨析各代，属之正、窃，则诚具特见，而引起后人之补充，邵廷寀其尤著者也。

邵氏为《正统论》四篇，其言曰：

叔子之论，辨而正。吾因其说而益以二言，曰有天行之统，有人心之统。是两者万世而不亡。叔子所谓正统绝而归之偏统，偏统绝而归之窃统者，天之所在，人不能违也。《纲目》以甲子纪之矣，吾则谓存窃统而终不使附偏统，存偏统而统不与于正统者，人之所在，天亦不能违也。

又谓：

三代而下，以兵取天下为正。而假受禅之名不与焉。其开地大而享国长久，守之以仁义，吾取汉唐及明而已。……故取其足当正统者，仅有汉、唐及明，而唐又以可已而不已之禅，使吾余憾于千年以上。

又谓“秦、隋之统一天下，天心厌乱，适会其时……及其丧亡，世未有怜之者，以是知人心之不与也。夫不与，是其天之正也”。“叔子归窃统于秦、隋，与吾天人之说有相合也。”（《思复堂文集》卷八）亦以秦、隋为窃统，附魏叔子之说。邵氏论是非隔世而后明，又于史统中析为天人之辨。凡“人心之不与者，无由得与于正统”，秉道德以定是非，仍是方孝孺一脉之说也。

同时甘京、蒋汾功皆为正统论，以难魏叔子。于其所立窃统一名，尤深加诟病。甘氏称叔子既目西晋、北宋为窃统，而于东晋、南宋则称为正统，有失公允。而析正统之外，凡取之不于其道，宜别立篡统与攘统二者，其正统、篡统、攘统之子孙，概得为继统，但篡与攘不可不书，如是正统始可而定。蒋氏则讥叔子正而窃之，偏而正之，不免自乱其例，窃不可以言统，魏氏立窃统之名，其失与宋章望之之分霸统相同，夫曲为之名而名益舛矣。（此二篇均载《国朝（清）文汇》。甘京字健斋，南丰人，为程山门人，与易堂诸子讲习，魏禧兄事之，著有《轴园稿》，见《清儒学案》卷十八。蒋汾功字东委，武进人，雍正癸卯进士，官松江府教授，有《读孟居文集》，见《清儒学案》卷五十六。）

钱维城亦著《续苏子正统论》上下篇，谓欧阳以为实而重之，苏子以为名而轻之；实者一身之私，一世之事也；名者天下之公，万世之事也；名附实而存，存其实则名不可得而逃。操名以治实，贤不肖之名重，则小人有所顾忌于名，而不敢犯矣。苏子所论之名实盖非也。此文虽论正统，则主题则重于名实。（维城号稼轩，武进人，乾隆乙丑一甲一名进士，官刑部侍郎，有《茶山文钞》，文见《国朝文汇》乙集卷十四。）

正统之辨，后贤哓哓不已。叶燮亦著《正统论》上下，驳叔子偏、窃之说（《已畦集》），着眼于正与统之异，谓统以正重，不以正得之，而统分之则为偏为窃。魏禧因前人霸统之言，故为正统、偏统、窃统之论。叶氏谓既已偏矣，安得称统？讥其“不知正之为义而为借袭之说，与不知统之为义而为分断之论者，皆不得其本者”。

徐世佐又为《正统论》三篇，论正统之变者有二种：

> （1）无先君之嗣，天下统于一人，有奸雄篡据而无群雄割据，如秦、西晋、隋，以天下无与分统者。此非义之，乃从其实也。
>
> （2）有先君一线之嗣，天下有奸雄篡据，亦有群雄割据，则以正统归先君之嗣，如汉之蜀，晋之南渡，以天下无与分正者，此则义之，从其实也。

至于先君无一线之嗣，又有奸雄篡据及群雄割据之局面，各不相统，故无正统之可言。（《遯斋文集》卷一）此从政治现象加以分析。文中特别批评苏轼见解之误。而周树槐《书东坡正统论后》以为欧阳子以东晋绝之正统，使其生南宋，必不为是言。岂惟欧阳子不绝东晋，即苏轼亦不固与魏而退蜀汉，以北宋尚非偏安之局面也，说甚通达。

储同人在《陆草堂文集》中有《正统论》六篇，驳朱子《纲目》之不当，大抵谓“轻与人一，是谓乱统；轻与人正，是谓乱正”。彼以为“统可言也，正不可言也”。复主张“为编年书者，盖一以天下为断。遇天下合于一，则称某纪以冠之；天下分裂，则以甲子书系某国某年，而勿称纪”。颇沾沾于书法问题，在陆以为史家大义在正而不在统。不可轻易与人以“一”，更不当轻易与人以“正”，其说甚辨。梁廷枏《正统道统论》以为三代以前，治从德出，而治正与道统合。后始分之，诸儒不足以承统，则统绝矣。故天下有正统，无道统。盖意谓汉学、宋学均不足以接道统，盖有所激而作者。鲁一同《正统论》，泥于统为朝代继承，势不容绝，谓“不幸而得正者无统，得统者不正，如是全名则丧实，全实则丧名，不若并去正统之名”。殊为无识。余若张宗泰（《鲁岩所学集》中《通鉴论正统闰统条》）、李慈铭（《越缦堂读书记》十二论五代以朱温、石敬瑭为正统之非），所致辨者，均无关宏旨。李氏以“正闰当论邪正，不当论内外”（即内诸夏而外夷狄），此在清廷帝制之下，立论不得不尔。然无非以道德人心为正闰区别之标准，无甚胜义。

十一、宋、元、明以来本正统观念改撰之史书

自习凿齿改撰《三国志》为《汉春秋》，对后代影响至大。北魏张彝之子始均初改陈寿《魏志》为编年之体，书久已佚。高似孙《史略》列举各家别史，王沈《魏书》，梁祚《魏国统》及王涛、徐爰之《三国志评》，今均不可得见。温公《通鉴》帝魏，刘恕非之，以蜀比东晋，拟绍正统。南宋张栻序《经世纪年》，乃谓“汉献以来，曹丕虽称帝，而昭烈以正义立于蜀，不改汉号，则汉统未绝，故其书于献帝之后，即系昭烈年号，书曰蜀汉。逮后主亡国，而始系魏”。胡致堂《读史管见》深讥温公抑昭烈不得绍汉统为非。朱子为《通鉴纲目》，乃以昭烈为正统，承献帝之后，绍汉遗统。自此以后，论蜀正统问题者议论蜂起，而改撰三国之书亦接踵而兴矣。

张栻不为蜀汉撰史，而为诸葛武侯作一新传（有《四部丛刊》续编本），以为时有万变，事有大纲，大纲正则变可得而理。武侯以诛贼兴复汉室为大纲，执此不渝，洵能坚守其正。明程敏政跋其书称南轩以丞相忠献公（张浚）之长子，当宋社之南，力排和议，倡复仇之举，其心事实与武侯同，故惓惓订此传以见志，大类考亭之注《楚辞》，有深意存焉。

南宋人之论三国事者，俞文豹《吹剑录》责孔明之忠于刘备而不忠于汉，王应奎辨其非是。韩元吉论陈寿以三国名书，示天下莫适有统也，而于魏则纪之，吴、蜀则传之，是有统也，若将存汉，则不可列于传也。又称“吾将加蜀以汉，加其主以帝王而并纪之”。意欲以蜀汉为纪。黄震《日抄》则谓“蜀之号由于老瞒改其所谓汉而私谓之蜀，诚以汉之名尚存，则岂容有魏？故史氏必先蜀汉之称而后可”（《读史》三）。及尹起莘撰《纲目发明》，直书曰昭烈皇帝章武元年，而以魏黄初二年为小注，于其下复为之辨，谓以昭烈绍号，深合事宜，与光武即位于鄗，晋元即位江左，先后一辙。此事在《纲目》为最大者，故辨之以明朱子秉笔之意云。

胡一桂著《十七史纂古今通要》十七卷（现有《四库全书》珍本），其论蜀汉，亦从朱子《纲目》之说，称《纲目》于甲申以后，犹以吴、魏分书。汉亡仅二年，而晋已灭魏，乙酉以后，晋、吴犹分书。至太康庚子吴亡，晋武始得大书以续正统。终魏之世，不得在大书正统之列。甚叹朱子秉笔之严。而《读书敏求记·校证》乃谓：“但以昭烈继建安，一祖朱子《纲目》，予不敢谓温公正统为非。故严修能讥钱遵王此说为悖。《四库提要》亦称其务持异

议以骇听。”（卷八十八）足见朱子说久已深入人心。

元陈栎著《历代通略》，称先儒进蜀汉以承汉统，而魏、吴附焉，不可易也。又称司马氏之取蜀，乃所以取魏；蜀之亡，魏所由以速亡也，持论与黄震同。其时邯郸张之翰（字周卿，邯郸人，自翰林侍讲学士知松江府，有《西岩集》）为闽士陈光大《古今指掌图》撰序，深赞其序三国之正统，屈曹魏而进刘蜀，是准朱子《纲目》之书法。赵世延序《南唐书》谓：“宋承五季周统，目（南唐）为僭伪，陆游之书最号有法，后世有能秉《春秋》直笔，究明《纲目》统绪之旨者，或有取考而辨之。”于《纲目》之书尤三致意焉。（世延字子敬，云中人，奎章阁大学士中书平章政事，与虞集等修《经世大典》，《元史》卷一八〇有传。）

王义山《稼村类稿》有《宋史提纲序》，称晦翁《纲目》大本领在帝蜀一节；不知晦翁之说，全出于习凿齿也。陈均（平甫）作《宋朝长编备要》，续《纲目》也，惟其书法多可议。王氏因作《宋史提纲》，其大节目与陈均异者三百余条，曾质之刘后村。其书未见。陈均书今尚存，前北平图书馆藏有精钞本三种，其一有钱大昕跋。王义山，字元嵩，丰城人，景定进士，知新喻县，咸淳初与周密、陈厚同为两浙运司同僚，俱有吏才，见袁桷《清容居士集》（卷三十三《先大夫行述》）。

宋元之间，以昭烈为正统，改撰《三国志》为《续后汉书》者不止一家：

宋

（一）萧常　《续后汉书》四十二卷

现存有萧氏进书上表，其书以蜀汉为帝纪，吴、魏均为载记，周必大为之序，于习凿齿以蜀为正，魏为篡，大旨昭然。而论欧阳修议正统不黜魏，其宾客章望之著《明统论》辨之。张栻《经世纪年》亦直以先主上继献帝为汉，用意正同。有欧阳守道者，跋此书称萧氏书法与《通鉴纲目》相合。萧氏作书时，《纲目》未出，可观“我心所同”然矣。文见《巽斋文集》。

（二）郑雄飞　《续后汉书》

周密《癸辛杂识》后集云：“近世如郑雄飞亦著《续后汉书》，不过踵萧常之故步，最后翁再又作《蜀汉书》，又不过拾萧郑弃之竹马耳。”雄飞，宝祐元年太子侍读，二年除宗正少师，见南宋《馆阁续录》。

（三）翁再　《蜀汉书》

见上。

元

（一）郝经　《续后汉书》九十卷

郝经自序见《陵川集》，谓："《通鉴》始更蜀曰汉，仍以魏纪事，而昭烈为僭伪，故寿书必当改作。"中统元年，经使宋留馆仪真，遂撰此编，以昭烈承汉统。冯良佐刊其书于江西，为序称陈寿书帝魏，不知蜀之正统，为史笔之玷。故朱子有"后贤盍更张"，此即朱子之志也。郝之门人苟宗道序言此书更正《陈志》，凡裴注之事当入正文者，则为删取之，命宗道掇拾具注表新书本文下。是郝书之成，宗道与有力焉。

《千顷堂目》云："经使宋，被羁于真州时作。用朱子《纲目》义例，以昭烈为正统，魏、吴为僭伪；凡为年表二卷，帝纪二卷……号曰《续后汉书》。"

（二）赵居信　《蜀汉本末》三卷

此书全本《纲目》。初名《蜀汉本末论》，见其自序，又是年有建宁路建安书院山长黄君复序。

明蓝格钞本，今存。至正本见《北京图书馆善本书目》。

钱大昕《补元史艺文志》云："字季明，许州人，翰林学士，进封梁国公。"说本《千顷堂书目》。

（三）胡氏　《季汉正义》

见林景熙序云，胡君所撰，著此以翼前修而扶正统。作者不详谁氏。

（四）张枢　《刊定三国志》六十五卷　《续后汉书》七十三卷

《千顷堂书目》著录。《元史》一九九《隐逸》："张枢之长，婺之金华人，取三国时事，撰汉本纪、列传，以魏、吴载记，为《续后汉书》七十三卷，……危素言其书于朝，诏藏宣文阁。"至正三年修三史，屡荐不就。

《四库提要》卷十一论谢陛《季汉书》条云："沈德符《敝帚轩剩语》称世之议陛者，谓吴中吴尚俭已曾为此书。不知元时郝经、宋时萧常，俱先编著。《宋史·艺文志》又有李杞改修《三国志》，不止萧常，此未详考。"不知此外尚有多家，《四库》馆臣亦未之细考也。

谢陛字少连，歙县人。明万历间，撰《季汉书》六十卷，有钟人杰刊本。

王士禛甚称其书。自序称："涑水贤者，所见仅同范氏（晔），不及习氏也。张栻作《经世纪年》，直以昭烈上接孝献为汉，而列吴、魏于下方。范祖禹、陈亮欲改而未暇，萧常之作《续后汉书》，杨焕然《驳正汉书》，谢翱作《季汉表》而俱未成。"是谢氏固未见萧常之书也。其书断自献帝，直继以昭烈皇帝、后皇帝，尊汉三朝为帝纪，以汉室诸臣为内传；等魏、吴二国为世家，以魏、吴诸臣为外传，别袁、吕诸雄为载记，以田、陈诸人为杂传，题曰《季汉书》。为之序者多人，其叶向高序云："近世赵文肃著《统论》，乃谓三国既裂，九围不纲，昭烈虽贤，史臣不能先天而与人以统，若深病朱元晦帝蜀之非者。"按赵文肃即赵贞吉，（据鲍应鳌《明臣谥考》，谥文肃而赵姓者，只有赵贞吉。）四川内江人，大学士，有《赵文肃公文集》十三卷，巴渝赵氏福建刊本。惟集中无《统论》一文，莫由详其底蕴。又有于若瀛序，文亦见《弗告堂集》；又邹观光、陈邦瞻、王图三序，于谢氏书之书法义例多有所抉发。此书卷前附《正论》五篇，曰《正帝历》、曰《正帝系》、曰《正帝符》、曰《正帝统》、曰《正帝号》，陈义精湛，特具史识。陈序云："凡曹魏父子睥睨而久邡，昭烈君臣之正名而讨贼，皆以有孝献在也。故初平、炎兴实为终始。方其在许，则天之所以留汉统也；方其在蜀，则汉之所以寄天统也。"尤言之有物。而邹序云："赵文肃昌言昭烈虽贤，史臣不能先天而予人以统，吾惧万世以文肃而信且疑也，甚于涑水，此谢少连氏《季汉书》所由作欤?"是谢氏之书殆因赵贞吉而作。《三国志·蜀志》收杨戏《季汉辅臣赞》，此又《季汉书》一名之由来也。

清初有赵作羹（企山）者，撰《季汉纪》；其缘起引陈圣观正闰说，已见于周密《杂识》引；杨文宪《正统八例》即杨奂《正统书序》；引杨廉夫《正统辨》，引周必大《续汉书序》，亦未获见萧常、郝经之原作，而谢少连《季汉书》则曾购而读之，而别仿荀悦、袁宏《两汉纪》之例系年纪事，撮录成纪。孙宝仁（伯纯）序云："何为不曰蜀汉而曰季汉，尊正统也。尝读杨铁崖《正统辨》而知正统之有攸归也。"盖深受杨维桢之影响，因正统观念而作史者。此书初仅有稿本，现已印行。又长洲黄中坚（震孙）著《拟更季汉书·昭烈皇帝本纪》，书载《昭代丛书》辛集，盖取谢陛之书《昭烈本纪》，少加增删，间有论断，兹载附录以存参，无精义之可言也。

清魏裔介著《三国论》，见其《兼济堂文集》。谓："曹与孙，其才与德既无足取；而昭烈仗义讨贼，才虽不足，其义则正矣，是以君子取之以续汉统。"惟俞樾别撰《蜀汉非正统说》，以为"以正统事蜀者，朱子之失，其理不过是时中原之地已尽入魏，安见天下之统不在中原之魏而在于区区一州之蜀？使昭烈而能为光武，以之黜魏可也。若夫据一州之地而欲窃天下之统，则君子所不许也”。但从地理上空间广狭以立论，未足以餍人意。

《三国志》一书本为传体，无纪一目，而称为书，以魏、蜀、吴鼎峙之局而未能为混一，遂三国之；又系私史非奉敕撰，其称曹操，文例不纯，胡玉缙撰《三国志集解》附言，特申明此义，谓“今本《国志》由晋时范頵上书，遂入于官，可能经人巽窜，非頵本人即刘宋人所私改者，其杨戏《季汉辅臣赞》末云：‘世主能承高祖之始兆，复皇汉之宗祀。’正以尊蜀而不帝之者，痛乎汉禅已为魏所夺，先主虽自称帝，而史法不能帝之，惟因不能帝遂三国之，此《春秋》谨严之旨也”。胡氏为陈寿剖白，且悟今本《国志》有经人窜改处，为向来所未道。凡陈寿书后人循正统观念加以非难，及另行改作经过，大致如此。

明代改撰《宋史》有三家：曰王洙、曰柯维骐、曰王惟俭。洙撰《史质考》，叙略云：“《史质》所有首天王，故正闰纪以象岁，条款以象辰，目录以象月，始终以象数，法天道也。假宋人行事之实，明《春秋》一统之义，视诸迁、固、欧、苏，文质异矣。”全书有目卅，起“天王正纪第一”、“天王闰纪第二”，至“道统第三十”。其闰纪即元，自云：“闰者，岁之差也；本末相因，理乱相禅；胡元者，赵宋之闰位，昭代之驱除也，皇天命也。”秦鸣夏为之序称：“一江王子取（《宋史》）而芟荑翦截之，存旧十二，而典章文献，靡不具存，乃若明帝纪之正闰，志道统之断续，则又超然独得，可以俟后圣而不惑者。”又称：“胡元继宋，以混函夏，脱脱、阿鲁图诸儒实典史局，其时与人俱出（刘）昫下，而王子所著则上追欧宋，讵必多让。”方之《新唐书》，则属过情之誉；《四库提要》称其书荒唐悖谬，可焚可斧，则又太过矣。

柯维骐（奇纯）之撰《宋史新编》，黄佐为之序云：“宋旧史成于元至正己酉，脱脱为总裁，契丹、女真亦各为史，与宋并称帝，谓之宋、辽、金三史。是时纂修者，大半虏人，以故是非不分，冠屦莫辨。景泰间，翰林学士吉水周公叙尝疏于朝，自任笔削，事竟弗成。”是柯氏之前，有人欲改编宋史而未果。柯氏凡例言“会三史为一，而以宋为正，辽、金与宋之交聘、交兵，及其卒其立，附载本纪，仍详君臣行事为传，列于外国与西夏同，庶几《春秋》外夷狄之义”。此本书之宗旨也。

《凡例》又称：元人修三史“以帝王之统在辽、金也。按金杨兴宗当宋南渡，著《龙南集》明正统所在，元杨维桢闻修三史，作《正统辨》，谓辽、金不得与，斯足征脱脱等纂辑之谬矣”。柯氏以杨兴宗之文与杨铁崖相提并论。《千顷堂书目》有杨兴宗《龙南集》，兴宗高陵人；钱大昕《补元史艺文志》、龚显曾《金艺文志补录》同，倪灿《补金艺文志》误作杨与宗，管廷芬《宋诗钞补》杨兴宗，字似之。元遗山《中州集》八录兴宗《出剑门》诗一首。云：“宋既渡江，故兴宗有《龙南集》，余同舍郎关中杨君美尝见之。”其集名《龙南》，意者指龙飞南渡乎？明时柯维骐必曾睹其书，今则不可见矣。

钱大昕跋柯《书》称其义例亦有胜于旧史，惜其见闻未广，有史才而无史学耳。（《潜研堂集》卷二十八）柯书尊宋统，而附辽、金，康大和序谓其与朱子《纲目》之黜吴、魏而帝昭烈，正统以明。柯氏书屡引《世史正纲》，其改女直为女真，不避讳，盖从明人修《续通鉴纲目》云。

王惟俭《宋史记》，现存抄本（港大冯平山图书馆藏），共二百五十卷。旧《宋史》景炎无年，祥兴失记，又降帝昰为瀛国，此则更瀛国为帝昰，而增入端宗、帝昺二纪。于耶律氏通称曰辽，元世祖之先号曰蒙古，至建有国号始定为元，此为其书法也。今录凡例于资料三，以供参考。

十二、释氏史书之正统论争

释氏撰僧史，对于正闰问题之处理，亦有可得而言者：隋成都人费长房著《历代三宝记》，其纪年也，尊南朝之齐、梁而黜北魏。书中年表，于晋后即继以宋、齐、梁，梁后继以周、隋，以为隋承周，周承梁，实为正统。陈援庵引《北齐书·杜弼传》称江东“萧衍，中原士大夫望之，以为正朔所在”。乃当日北方士大夫之一般心理。（《佛教史籍概论》，7页）按皇甫湜曾论隋得之周，周取之梁，即与费书吻合。持正未必取自释氏，意者隋唐人对北朝统绪继承之看法，自有此一套耳。又释道宣《大唐内典录》内后周《传译佛经录序》，以为“周承魏运，魏接晋基，余则偏王，无所依据”。则视北朝元魏为正统，与文中子之《元经》帝北魏而黜梁相同。道宣父于陈为显宦，彼以南人仕北，或有所忌讳，具见苦心。然亦可觇隋唐时人，对南北正闰固存不同之歧见。

僧人史书，间亦援用正统之观念，以著书立说。南宋庆元中，吴克己撰《释门正统》，未及行而亡。嘉熙间，钱塘释宗鉴取吴本，仍其旧名，成《释门正统》八卷，以天台宗为正统，立释迦、龙树为本纪，仿《晋书》十六国例，以天台宗以外诸宗列入载记。后此三十年，咸淳间，释志磐撰《佛祖统纪》。以“统纪”为书名者，似与南宋学人重视“统纪之学”有深切关联（见上引《水心集》）。其书通例释题义云：“‘佛祖’者何？本教主而系诸祖也。‘统纪’者何？通理佛祖授受之事也。‘本纪’者何？始释迦，终法智，所以纪传教之正统也。”又同篇释本纪云：“通为本纪，以系正统，如世帝王正宝位而传大业。”故《四库提要》讥其“虽自尊其教，然僭已甚”。此则释氏模仿儒书，争取天台宗为正脉之巨著，自释契嵩撰《正宗记》立禅门系统，南宋以后，遂有台、禅二宗互为正统之争，兹不具论。

十三、结语

中国史学上之正统说，其理论之主要根据有二：一为采用邹衍之五德运转说，计其年次，以定正闰；唐人自王勃以后，《五行应运历》、《正闰位历》等书，以至宋初宋庠之《纪元通谱》，皆属此一系统。宋儒则深辟其谬，惟《唐书·王勃传》但存其端倪而已。另一为依据《公羊传》加以推衍，皇甫湜揭“大一统所以正天下之位，一天下之心”。欧公继之，标“居正”、“一统”二义。由是统之意义，由时间转为空间，渐离公羊之本旨。然对后来影响至大。温公谓“苟不能使九州合为一统，皆有天子之名而无其实也”。东坡谓“正统云者，犹曰有天下云尔”（明徐一夔引此说）。皆从空间立论。此一义后来且影响及于实际行动。元世祖之灭宋，即由此一观念所策动。《元史·刘整传》云：

> 至元四年十一月，（整）入朝，劝伐宋，曰：“自古帝王非四海一家不为正统。圣朝有天下十七八，何置一隅不问，而自弃正统耶？”世祖曰：“朕意决矣！”

故元之有宋，即为争取正统，此正统即大一统之意也。

宋代《春秋》之学，北宋重尊王（孙复著《春秋尊王发微》十二篇可见之）；南宋重攘夷。（胡安国著《春秋传》可见之。《宋史·儒林传》云：“自王安石废《春秋》，学士不得相传习，乱伦灭理，用夏变夷，殆由乎此，故（安国）潜心是书二十余年。”）尊王，故张大大一统之说，此欧公正统论之得于《春秋》者在此也。元世以夷狄入主中国，其言正统者，亦只能援大一统一说以立论。至明方孝孺始置夷狄之统于变统，则庶几攘夷之义，与皇甫湜之不帝元魏（亦如昌黎之辟佛，基于夷夏观念）之说相呼应，此亦取之《春秋》以立义者也。胡翰《正纪》至责唐太宗以夷狄自处，汩地之纪，莫若刘渊。胡氏为明初始倡夷夏内外之辨者，方氏之重视夷狄问题，显受其启发耳。

依《春秋》褒贬之例以论史，则发生史实与道德关联问题，正统说诸家立场各有不同。其重实而轻名，但以史实为鉴戒，不惜减轻道德观念者，欧阳修、司马光是也。其兼顾名实，而决不肯放弃道德观念，以致建立二元说者，章望之（分正统与霸统）、方孝孺（分正统与变统）是也。其纯以《春秋》书法为褒贬者，则朱子一人而已。

《春秋》言“统”之义，原本于时间，即继承以前之系绪之谓。为正闰之说者，其争论焦点，即在于承接之间是否为正与不正之问题。故保持正统，可以放弃若干被认为闰位，而遥接远代，为“超代”之论，皇甫湜即主此一说也。或以为统之承受，应加抉择，杨维桢主张元统宜接宋，而不可接辽、金，此又一说也。凡此种种，皆“正统论”所执不同之立场与原则，略为疏说，以见其概焉。

自汉以来，史家致力于正统问题之探讨；表面观之，似是重床叠屋，细察则精义纷披，理而董之，正可窥见中国史学精神之所在。正统理论之精髓，在于阐释如何始可以承统，又如何方可谓之“正”之真理。持此论者，皆凛然有不可侵犯之态度。欧公、温公所以不为人谅解，由于仍屈服于史局之下。故向来官修之史，不能令人满意，而私家之史，所以不断述作，不惜重撰，且亦为人所重视，职是故也。私家史书所以可贵，其故有三：一、不受史局之约束；二、不为当前史学风气及政治立场之所囿；三、有超时空限制之精神，对于史事可作重新评价。质言之，即有超历史（Super-History）之立脚点也。

章学诚《文德篇》主张“论古必恕”，谓作史者须为古人设身处地（《文史通义·内篇》）。然史家之尚论史事，贵能据德以衡史，决不可徇史以迁德。史家眼中对于帝王（统治者）仅视作历史人物看待，其是非得失，均得加以衡量判断。记叙史事而无是非之辨，则何贵乎有史？此义郑思肖于《心史·古今正统大论》中已有淋漓尽致之发挥；实斋之说，婉而未当。

近东古史，其记录多为胜利者之自我表扬，如波斯最高王者，动辄自称为万王之王，如是之历史记录，仅为胜利者服务。中国则不然，“惟圣哲以茂行兮，乃得用此下土”（《离骚》）。“皇天集命，惟何戒之？受礼天下，又使至代之。”（《天问》）此屈原之历史观也。楚先王公卿祠庙，图绘天地贤圣怪物行事，所以存鉴戒。此事渊源甚远，伊尹从汤言素王及九主之事。刘向《别录》云：“九主者，有法君、专君、授君、劳君、等君、寄君、破君、国君、三岁社君，凡九品，图画其形。”（见《殷本纪集解》引）以人主分为九等，自授君以下，均致贬词，且图绘其形以丑之。《广川画跋》有《九主图》。《九主》此书残帙，近日在马王堆三号墓发现（参《文物》，1974（11）），见于《老子甲本》佚书中。伊尹论过在主者四，罪在臣者三，臣主同罪者二，又陈夏桀氏之失。足见对君主行为可作严厉而正义之道德评判，其由来甚远，实为中国史家之优良传统，不容忽视者也。

晚近之言史者，有不惜去统而弃正者矣，有不惜以自己之文化接他人之统者矣。“有抱国之图籍而降者矣；无籍其道而降者，道不可以籍也。”（《古史钩沉论》四）此龚定庵所以嗟叹唏嘘不能自已者也。反观过去郑思肖、方孝孺辈，其所争取者，一本乎正义之真是非，而非一时相对之是非，不特不屈服于某种政治之下，且不屈服于已成历史之前，其见识伟矣，其人格夐矣，此诚“贯天地而无终敝，故不得以彼之暂，夺此之常”（姚鼐《方正学祠重修建记》）。历史之真是非，正在其常，而非一时之是非所可夺也。

又龚定庵论大一统为太平世事，以为“宋明山林偏僻士多言夷夏之防比附《春秋》，不知《春秋》至所见世，吴楚近矣，伐我不言鄙，我已无外矣。故诗曰：无此疆尔界，陈常于时夏。圣无外，天亦无外者也”（《五经大义终始答问》七）。是在太平世，混一车书，王者无外，夷夏之防，已消弭于无形矣。历来持正统论者，每局于夷夏之辨；此在偏安之世则然，若大一统局面下，则地既无疆，天亦无外，《公羊》以当太平世，《大学》以论平天下，可谓涵盖乾坤气象。Arnold J. Toynbee 谓中国向来就是世界国家，今尚存于世。盖中国自周秦以后，即本天下观念以看历史，视历史为一整体，与希腊史家 Polybius 见解颇相似。以世界眼光来看历史，从过去人事觅得共同规律以为行动之借鉴。故中国史家自来即富有为天地立心、为万世开太平之豁达心胸。Toynbee 晚年定论始确论史家须从历史成败获得猛省，历史如仅为描述而缺乏道德批评，则不成为史学。顾此义在中国早成为家常便饭，历代正统论即贯彻此一主张之史学观点者也。

自韩愈《原道》称尧是以传之舜，舜是以传之禹，再传至汤、文、武、周公、孔、孟，儒家道统承传之说于焉确立。陈寅恪氏以为韩氏建立道统，表面虽由孟子卒章之言所启发，实际乃受新禅宗教外传灯说所造成（《论韩愈》），惟证据未充。（颐按：寅老此说未妥。余于序郭伟川《儒家礼治与中国学术》一文中已有辨正。）朱子《中庸章句序》屡言：“盖自上古圣神，继天立极，而道统之传有自来矣。”而以允厥执中为尧、舜、禹之所传授，以子思上接道统之传，彼于道统再三致意，故宋人喜言之。宋季文及翁（字时举，绵竹人，理宗时进士）著《道统图后跋》，称“有作《道统图》上彻宸览者，以艺祖皇帝续伏羲尧舜禹汤文武之传，以濂溪周元公续周孔曾思孟之传”（《宋代蜀文辑存》卷九十四）。是宋人之《道统图》且以艺祖接伏羲之统，此乃出于政治上之渲染，殊属无谓。明杨维桢始以道统配合治统，道统观念弥为人所重视。清初刁包著《斯文正统》，其书为纂文总集，此则以正统观念侵入于文学之领域矣。惟袁枚颇非道统，其言曰：“夫道无统也，若大路然。……后儒沾沾于道外增一统字……交付若有形，收藏若有物，道甚公而忽私之，道甚广而忽狭之，陋矣！”（文集卷十七《代潘学士答雷翠庭祭酒书》）梁廷柟以为天下有正统而无道统。平情而论，宋儒道统之说只限于极少数人之传授，有时不免标榜，未见为大公之论，难怪简斋之非议也。

太史公《自序》云：“《春秋》明是非，故长于治人。”此说实本之董生（见《繁露俞序》）。历史之作，正所以明人事之真是非，而折衷于正（Justice），故史家秉笔必据正立论，《易·家人》正位于内，《大学》言正心，《春秋》主拨乱反正，均从正字出发。《春秋》书元年，所以慎始。《大戴礼·保傅》引《易》云：“正其本万事理。失之毫厘，差以千里。”正其本实为史之首务。贾子《胎教篇》申言“《春秋》之元，《诗》之《关雎》，《礼》之《冠》、《昏》，《易》之乾坤，皆慎始敬终云尔”。前此魏武侯问元于吴子（起），吴子对曰：“言国君必慎始也；慎始奈何？曰：正之。正之奈何？曰：明智。智不明何以见正？多闻而择焉，所以明智也。”（《说苑·建本》）章太炎因谓：“人君始立，人必观其始政，其贤者则于改元之始，悉取前人秕政，下诏构除。”即以慎始说元之义者也（《春秋左氏疑义答问》二上）。慎始盖所以正之，以正统而论，正之为义尤重于统，自古以来已视为天经地义。故史家任务，要必折衷于正。Reinhold Niebuhr 从神学观点以论史学，而提出 Moral Judgment are Excuted in History 一意，且云必须 gives meaning to history，此即孔子所云：“其义则丘窃取之矣。”盖历史于事与文之外，大有事在，即〔义〕是矣。（或谓此所谓义，即《史记》所谓“制义法”，非也。按义法重在作史法例，取义浅狭，不足以语此。）历史上之裁判，既为史家应有之责任。所谓 moral judgment 者，西方或决于神断，稽之往史，古埃及倚神力为裁断，凡人之终，必受秤衡量，以定其功罪。吾谓神断之秤，不如历史之秤。历史之秤是谓之正。正者亦犹埃及人之 maat，于义同符；正统之“正”，其时义诚大矣哉！

资料一

晋　习凿齿　晋承汉统论

或问："魏武帝功盖中夏，文帝受禅于汉，而吾子谓汉终有晋，岂实理乎？且魏之废，晋道亦病，晋之臣子，宁可以同此言哉！"答曰："此乃所以尊晋也。但绝节赴曲，非常耳所悲；见殊心异，虽奇莫察。请为子言焉：昔汉氏失御，九州残隔，三国乘间。鼎峙数世，干戈日寻，流血百载，虽各有偏平，而其实乱也。宣皇帝势逼当年，力制魏氏，蠖屈从时，遂羁戎役，晦明掩耀。龙潜下位，俯眉重足，鞠躬屏息。道有不容之难，躬蹈履霜之险，可谓危矣！魏武既亡，太难获免，始南擒孟达，东荡海隅，西抑劲蜀。旋抚诸夏。摧吴人入侵之锋，扫曹爽见忌之党。植灵根以跨中岳，树群才以翼子弟，命世之志既恢，非常之业亦固。景文继之，灵武冠世，克伐贰违，以定厥庸，席卷梁益，奄征西极，功格皇天，勋侔古烈。丰规显祚，故以灼如也。至于武皇，遂并强吴，混一宇宙，乂清四海，同轨二汉。除三国之大害，静汉末之交争，开九域之蒙晦，定千载之盛功者，皆司马氏也。而推魏继汉，以晋承魏，比义唐虞，自托纯臣，岂不惜哉！今若魏有代王之德，则其道不足；有静乱之功，则孙刘鼎立。道不足则不可谓制当年，当年不制于魏，则魏未曾为天下之主；王道不足于曹，则曹未始为一日之王矣。昔共工伯有九州，秦政奄平区夏，鞭挞华戎，专总六合，犹不见序于帝王，沦没于战国，何况暂制数州之人，威行境内而已，便可推为一代者乎！若以晋尝事魏，惧伤皇德，拘惜禅名，谓不可割，则惑之甚者也。何者？隗嚣据陇，公孙帝蜀，蜀陇之人，虽服其役，取之大义，于彼何有？且吴楚僭号，周室未亡，子文延陵，不见贬绝。宣皇帝官魏，逼于性命，举非择木，何亏德美？禅代之义，不同尧舜，校实定名，必彰于后。人各有心，事胡可掩？定空虚之魏，以屈于己，孰若杖义而以贬魏哉？夫命世之人，正情遇物，假之际会，必兼义勇。宣皇祖考，立功于汉，世笃尔劳，思报亦深。魏武超越，志在倾主，德不素积，义险冰薄，宣帝与之，情将何重！虽形屈当年，意申百世，降心全己，愤慨于下，非道服北面，有纯臣之节，毕命曹氏，忘济世之功者也。夫成业者系于所为，不系所借；立功者言其所济，不言所起。是故汉高禀命于怀王，刘氏乘毙于亡秦，超二伪以远嗣，不论近而计功，考五德于帝典，不疑道于力政。季无承楚之号，汉有继周之业，取之既美，而已德亦重故也。凡天下事有可借喻于古以晓于今，定之往昔而足为来证者。当春秋之时，吴楚二国，皆僭号之王也，若使楚庄推鄢郢以尊有德，阖闾举三江以奉命世，命世之君，有德之主，或借之以应天，或抚之以光宅，彼必自系于周室，不推吴楚以为代明矣。况积勋累功，静乱宁众，数之所录，众之所与，不资于燕哙之授，不赖于因借之力，长辔庙堂，吴蜀两毙，运奇二纪，而平定天下，服魏武之所不能臣，荡累叶之所不能除者哉！自汉末鼎沸五六十年，吴魏犯顺而强，蜀人杖正而弱，三家不能相一，万姓旷而无主。夫有定天下之大功，为天下之所推，孰如见推于暗人，受尊于微弱？配天而为帝，方驾于三代，岂比俯首于曹氏，侧足于不正？即情而恒实，取之而无惭，何与诡事而托伪，开乱于将来者乎？是故故旧之恩，可封魏后，三恪之数，不宜见列。以晋承汉，功实显然，正名当事，情体亦餍，又何为虚尊不正之魏，而亏我道于大通哉！昔周人咏祖宗之德，追述翦商之功；仲尼明大孝之道，高称配天之义。然后稷勤于所职，聿来未以翦商，异于司马氏仕乎曹族，三祖之寓于魏世矣。且夫魏自君之道不正，则三祖臣魏之义未尽。义未尽，故假涂以运高略；道不正，故君臣之节有殊。然则弘道不以辅魏而无逆取之嫌，高拱不劳汗马而有静乱之功者，盖勋足以王四海，义可以登天位，虽我德惭于有周，而彼道异于殷商故也。今子不疑共工之不得列于帝王，不嫌汉之系周而不系秦，何至于一魏犹疑滞而不化哉！夫欲尊其君，而不知推之于尧舜之道，欲重其国，而反厝之于不胜之地，岂君子之高义！若由未悟，请于是止矣。”（《晋书》卷八十二本传，又《全晋文》卷一三四，《永乐大典》运字号）

《世说新语·文学》刘孝标注云：

《续晋阳秋》曰："凿齿少而博学，才情秀逸；（桓）温甚奇之，自州从事岁中三转至治中。后以迕旨，左迁户曹参军、衡阳太守。在郡著《汉晋春秋》，斥温觊觎之心也。"凿齿《集》载其论略曰："静汉末累世之交争，廓九域之蒙晦，大定千载之盛功者，皆司马氏也。若以魏有代王之德，则不足有静乱之功，则孙、刘鼎立，共工、秦政，犹不见叙于帝王，况暂制数州之众哉？且汉有系周之业，则晋无所承魏之迹矣。春秋之时，吴楚称王，若推有德，彼必自系于周，不推吴楚者也。况长辔庙堂，吴、蜀两定，天下之功也。"

按《晋书》本传作"出为荥阳太守"。宋本《世说》亦作荥阳，刘注引《阳秋》作衡阳，吴士鉴《斠注》以为司州时已沦陷，不得为荥阳守。然桓温北伐，殷浩至洛阳，温《传》有督司州之语，时以齿守荥阳，因北伐胜利，非无可能也。

北魏　张彝　上历帝图表

臣闻元天高朗，尚假列星以助明；洞庭渊湛，犹借众流以增大。莫不以孤照不诣其幽，独深未尽其广。先圣识其若此，必取物以自诫。故尧称则天，设谤木以晓未明；舜称尽善，悬谏鼓以规政阙。虞人献箴规之旨，盘盂著举动之铭，庶几见善而思齐，闻恶以自改。眷眷于悔往之衢，孜孜于不逮之路，用能声高百王，卓绝中古，经十氏而不渝，历二千以孤郁。伏惟太祖拨乱，弈代重光。世祖以不世之才，开荡函夏；显祖以温明之德，润沃九区。高祖大圣临朝，经营云始，未明求衣，日昃忘食，开翦荆棘，徙御神县，更新风轨，冠带朝流。海东杂种之渠，衡南异服之帅，沙西毡头之戎，漠北辫发之虏，重译纳贡，请吏称藩。积德懋于夏殷，富仁盛于周汉，泽教既周，武功亦匝。犹且发明诏，思求直士，信是苍生荐言之秋，祝史陈辞之日。况臣家自奉国八十余年，纡金锵玉，及臣四世。过以小才，借荫出仕，学惭专门，武阙方略，早荷先帝眷仗之恩，末蒙陛下不遗之施。侍则出入两都，官历纳言常伯，忝牧秦藩，号兼安抚。实思碎首膏原，仰酬二朝之惠；轻尘碎石，远增嵩岱之高。辄私访旧书，窃观图史，其帝皇兴起之元，配天隆家之业，修造益民之奇，龙麟云风之瑞，卑宫爱物之仁，释网改祝之泽，前歌后舞之应，囹圄寂寥之美，可为辉风景行者，辄谨编丹青，以标睿范。至如太康好田，遇穷后迫祸；武乙逸禽，罹震雷暴酷；夏桀淫乱，南巢有非命之诛；殷纣昏酣，牧野有倒戈之阵；周厉逐兽，灭不旋踵；幽王遇惑，死亦相寻；暨于汉成失御，亡新篡夺；桓灵不纲，魏武迁鼎；晋惠暗弱，骨肉相屠，终使聪曜鸮视并州，勒虎狼据燕赵。如此之辈，罔不毕载。起元庖牺，终于晋末，凡十六代，百二十八帝，历三千二百七年，杂事五百八十九，合成五卷，名曰《历帝图》，亦谤木、谏鼓、虞人、盘盂之类。脱蒙置御坐之侧，时复披览，冀或起予左右，上补未萌。伏愿陛下远惟宗庙之忧，近存黎民之念，取其贤君，弃其恶主，则微臣虽沉沦地下，无异乘云登天矣。（《魏书》卷六十四本传）

唐　萧颖士　赠韦司业书（节录）

古者左史记事，右史记言，记事者《春秋经》，记言者《尚书》是也。周德既衰，史官失守，孔圣断唐虞以下，删帝王之书，因鲁《史记》而作《春秋》，托微词以示褒贬，全身远害之道博，惩恶劝善之功大。韩宣子见之曰：周礼尽在鲁矣，吾乃今知周公之德，与周之所以王也。有汉之兴，旧章顿革，马迁唱其始，班固扬其风，纪传平分，表志区别，其文复而杂，其体漫而疏，事同举措，言殊卷帙。首末不足以振纲维，支条适足以助繁乱。于是圣明之笔削，褒贬之文废矣。后进因循，学犹不及，竟增泛博，弥敦简要，其迷固久，非可一二言也。仆不揆，顾尝有志焉，思欲依鲁史编年，著《历代通典》，起于汉元十年，终于义宁二年，约而删之，勒成百卷。应正数者，举年以系代；分土宇者，附月以表年。于《左氏》取其文，《穀梁》师其简，《公羊》得其核，综三传之能事，标一字以举凡，扶孔左而中兴，黜迁固为放命。昔荀仲豫、袁彦伯二贤，亦尝笔削纪年，裁成两汉，晋代则孙安国编次南北，迄穆帝之终，其道鸾、凿齿、幾原、叔庠继踵于宋齐之间矣。梁武烈太子，以弱冠之年，早事删录，杂诸家之说，著《三十家春秋》。泰清之季，金陵板荡。元帝嗣兴，乘舆不复，东台典籍，悉上荆州。及郢都沦丧，焚烧略尽，史策遗逸，散在人间。同原异流，十家俱起，而究终始一氏，则何刘二典存焉。陈纪裁于野王，齐志创于君樊，蔡学士集江陵故事，撰《后梁春秋》，隋季有《后略》一家，亦行于世。秦赵凉诸国，亦有得而称，元魏及周，无闻焉尔。自汉元卒于大业，期运骤迁，史籍填委，编年之作，亦往往而闻。其间体裁，非无优劣，终未能摧汉臣僭伪之锋，接《鲁论》之绪，附庸班范，曾何足云？雄铓独断，抑非诸君子之事也。诚智小谋大，绠短汲深，加之数年，可以集事。尝愿得秘书省一官，登蓬莱，阅典籍，冀三四年内，绝笔之秋，使孟浪之谈，一朝见信，宁不知立身有百行，立命非一途，岂必系心翰墨，为将来不朽之事也。夫太上立德，其次立功，其次立言。立言者乃不朽之末耳。然则古之终年著述，亦已知之，心有所存，正尔不能自已也，岂求见重于千载耶？校理是司，于今绝望，刊削之志，事即都损矣。圣朝官人，宜求称职，使道皆适务，时无弃能。何须铨衡，枉分如此？仆以三月二十六日拜谢阙庭，迩来凡四十余日，正以足下之故，未便东行，久不能断。夫人与不见于胸中，由此致淹泊耳。幸足下勿谓仆为后辈一生，闻其小有所知，但欲轻一召来试观其谈说也。仆遇于足下，岂徒伯喈王粲之嘉会，子产延陵之吻合耶？虽数百年外，邈尔相望，亦不为辽阔也；况契心期于俯仰之顷，得不重哉！仆从来缀文，略不苦思，惟专心旧史，企望有成，不复能以他人手笔，冀流传于人世，所以援毫襞纸，见推疾速，自今月五日始，作书首末千余言，经半旬乃就，加之笔札，斯亦勤矣。诚知殊翦截之清词，长谬悠之曼说，然苟非足下，安能有此课之善？士之托于知己，恨郁悒而无所申，非必求利也。计足下之年应长仆二十许岁，亦已悬矣；而才名望位之隔，则又可知，所不间于夙期者道耳。足下本以道垂访小人，亦以道自谋，故此书之，礼过于慢，易成足下之高耳。苟道之不著，而名位是务，足下之趋风者多，岂惟一萧茂挺？小人之受侮亦众，岂独一韦夫子乎？足下必不以为狂，而亮其志，越绊拘之常礼，顿风流之雅躅，乘蹑履之遇，展倾盖之欢，则重赐一书，猥答诚贶，既奔足下不暇，岂敢差池？若文不足征，道未相借，请见还此本，谨俟烧焚，无为轻置盖瓿，使识者一窥，齐楚交失，非古之君子退人有礼之道也。杂诗五首，谨以奉投，聊用代情，不近文律耳。颖士再拜。（《全唐文》卷三二三）

袁枚《随园随笔》："萧颖士不知史例"条云："皇甫持正作《编年纪事论》，以为《春秋》非《左传》，则事不详；荀氏为《汉纪》，裴氏为《宋略》，虽欲仿《春秋》而遗失甚多，此子长纪传之体所以不可废云云。此语盖为萧氏重编年而轻纪事而发也。"

按文云："梁武烈太子，著《三十家春秋》。"考《史通·称谓篇》："萧方等始存诸国名谥，僭帝者皆称之以王。变通其理，事在合宜。小道可观，见于萧氏者矣。"《玉海·艺文类》："方等采削诸史，以晋为主，附列汉刘渊以下二十九国。又上取吴孙皓事，起宣帝迄恭帝。"是其书唐、宋犹存，故两唐志及《宋史》俱著录有萧方《三十国春秋》三十卷，作者方等误夺一"等"字。中华标点本《隋书·经籍志》，有《三十国春秋》三十一卷，梁湘东世子萧方等撰。其人名号仅标于萧方二字之旁，误以等字为等辈之义，应正。"方等"一词见内典。《梁书》卷四十四世祖二子有方等《传》，称所撰《三十国春秋》及《静住子》行于世。方等卒时年仅二十二，亦奇才也。《南史》本传云：元帝即位，改谥武烈太子。方等之《三十家春秋》，《太平御览》兵部屡引之。

皇甫湜

东晋元魏正闰论

王者受命于天，作主于人，必大一统，明所授，所以正天下之位，一天下之心。舜传之尧，禹传之舜，以德辉者也；桀放于汤，受杀于武，以时合者也；秦灭二周，兼六国，以力成者也；汉革秦社稷，以义取者也。故自尧以降，或以德，或以时，或以力，或以义，承授如贯，终始可明，虽殊厥迹，皆得其正。以及魏取于汉，晋得于魏，史册既载，彰明可知，百王既通行，异代无异辞矣。惠帝无道，群胡乱华，晋之南迁，实曰元帝。与夫祖乙之圮耿，盘庚之徙亳，幽王之灭戏，平王之避戎，其事同，其义一矣。而拓跋氏种实匈奴，来自幽代，袭有先王之桑梓，目为中国之位号，谓之灭邪？晋实未改；谓之禅邪？已无所传。而往之著书者，有帝元，今之为录者，皆闰晋，可谓失之远矣。或曰元之所据，中国也。对曰：所以为中国者，以礼义也；所以为夷狄者，无礼义也，岂系于地哉？杞用夷礼，杞即夷矣；子居九夷，夷不陋矣；沐纣之化，商士为顽人矣；因戎之迁，伊川为陆浑矣：非系于地也。晋之南渡，人物攸归，礼乐咸在，风流善政，史实存焉。魏氏恣其强暴，虐此中夏，斩伐之地，鸡犬无余。驱士女为肉篱，委之戕杀；指衣冠为刍狗，逞其屠刈。种落繁炽，历年滋多。此而帝之，则天下之士，有蹈海而死。天下之人，有登山而饿；忍食其粟，而立于朝哉？至于孝文，始用夏变夷，而易姓更法将无及矣。且授受无所，谓之何哉？又曰：周继元，隋继周，国家之兴，实继隋氏，子谓是何？对曰：晋为宋，宋为齐，齐为梁，江陵之灭，则为周矣。陈氏自树而夺，无容于言，况隋兼江南，一天下，而授之于我。故推而上，我受之隋，隋得之周，周取之梁。推梁而上，以至于尧舜，得天统矣。则陈奸于南，元闰于北，其不昭昭乎？其不昭昭乎？（《皇甫持正文集》卷二）

附洪迈《容斋随笔》：晋魏以来，正闰之说纷纷，前人论之多矣。盖以宋继晋，则至陈而无所终；由隋而推之，为周为魏则上无所起，故司马公于《通鉴》取南朝承晋，讫于陈亡，然后系之。隋开皇九年，姑借其年以纪事，无所抑扬也。唯皇甫湜之论不然。曰："晋之南迁，与平王避戎之事同。而元魏种实匈奴，自为中国之位号，谓之灭耶？晋实未改，谓之禅耶？已无所传。而往之著书者有帝元，今之为录者皆闰晋，失之远矣！晋为宋，宋为齐，齐为梁，江陵之灭，则为周矣。陈氏自树而夺，无容于言。故自唐推而上，唐受之隋，隋得之周，周取之梁。推梁而上，以至于尧舜，为得天下统，则陈僭于南，元闰于北，其不昭昭乎！"此说亦有理。然予复考之，灭梁江陵者，魏文帝也。时岁在甲戌，又三年丁丑，周乃代魏，不得云江陵之灭，则为周也。（《随笔》卷九）

按容斋评皇甫说未当。梁元帝江陵之灭，为西魏恭帝（廓）元年冬十一月事，时文帝已先数年卒矣。《北史·魏本纪》云："恭帝元年冬十一月，魏师灭梁，戕梁元帝。"（参《周书·文帝纪》下魏恭帝元年十一月条）不得云灭梁江陵者，魏文帝也。又容斋引文"为得天下统"，衍一"下"字。宋本《持正集》作"得天统矣"，似用《史记·高纪赞》语。

编年纪传论

古史编年，至汉史司马迁始更其制，言为纪传相承，至今无以移之。历代论者，以迁为率私意，荡古法，纪传烦漫，不如编年。湜以为合圣人之经者，以心不以迹，得良史之体者，在适不在同。编年纪传，系于时之所宜，才之所长者耳，何常之有？夫是非与圣人同，辩善恶得天下之中，不虚美，不隐恶，为纪、为传、为编年，是皆良史矣。若论不足以析皇极，乱不足以杜无穷，虽为纪传编年，斯皆罪人。且编年之作，岂非以事系日，以日系月，以月系时，以时系年者哉？司马氏作纪，以项羽承秦，以吕后接之，亦以历年不可中废，年不可阙，故书也。观其作传之意，将以包该事迹，参贯话言，纤悉百代之务，成就一家之说，必新制度然后驰才力焉。又编年记事，束于次第，牵于混并，必举其大纲而简序事，是以多阙载，多逸文。乃别为著录，以备书之语言，而尽事之本末。故《春秋》之作，则有《尚书》；《左传》之外，又为《国语》，可复省左史于右，合外传于内哉！故合之则系，离之则异，削之则阙。子长病其然也，于是草旧典，开新程，为纪为传，为表为志。首尾具叙，述表里，相发明，庶为得中，将以垂不朽。自汉至今，代以更八，年几历千。其间贤人摩肩，史臣继踵。榷今古之得失，论述作之利病，各耀闻见，竞夸才能，改其规模，殊其体统，传以相授，奉而道行，而编年之史遂废，盖有以也。虽荀氏为《汉纪》，裴氏为《宋略》，强欲复古，皆为编年；然其善语嘉言，细事详说，所遗多矣。如览正史，方能备明，则其密漏得失，章章于是矣。今之作者，苟能遵纪传之体制，同《春秋》之是非，文敌迁固，直如南董，亦无上矣。倘舍源而事流，弃意而征迹，虽服仲尼之服，手绝麟之笔，等古人之章句，署王正之月日，谓之好古则可矣，顾其书何如哉！（《皇甫持正文集》卷二）

陈鸿　大统纪序

叙曰：臣闻日月星辰，纪乎天也；山岳江河，纪乎地也；历数正朔，纪乎帝也。正气为帝，帝天号也。统伦群生，冠耀元符，牢笼乾坤之精，弹压山川之灵，威武薄乎八弦，文明光乎百代，功格皇天，名在祀典，以揖让而登皇极者，乃可言矣。开历垂统，自始皇焚书为烟烬，史官废纪，失传其本。后代儒者，凿天地心胸，造生人闻见，故诸纬书，及皇甫谧谯周之徒，得肆言上古之事，恃无可验，竞开异说。臣少学乎史氏，志在编年。贞元丁酉岁，登太常第，始闲居遂志。乃修《大纪》三十卷，正统年代随甲子，纪年书事，条贯兴废，举王制之大纲，天地变裂，星辰错行，兴帝之理，亡后之乱，毕书之，通讽谕，明劝戒也。七年书始就，故绝笔于元和六年辛卯。自太易至太昊年代，史传无正说，且书皇甫谧似是之言。昔太昊氏迎日推策，造甲子，臣以为天地立于水，城于气，气萌万物，昌甲而生，生主寅。帝首太昊，岁起摄提，故书太昊首甲寅。皇甫谧云：太昊在位一百一十年。又云：子孙五十九姓，传世五万余岁，又有循飞等九纪，亦无定年。陶弘景云：欲以数纪之生，求知百代之上，诚可笑矣。臣非知古者，亦不敢强为发正。自太昊至炎帝世，历无明文，存首而已。舜行天子事八十年，孔安国注云：舜在位五十年，三十而征庸，三十年在位，历试二年，摄位二十八年，服尧丧三年，其一在三十之数，为天子五十年，凡一百一十二岁崩。尧帝天下七十载，得舜，试舜三年。一在征庸。正月上日，受终于文祖，二十八载，帝乃殂落。尧二十八年，合入舜历，通计在位八十一载。尧在位七十二载，即舜元年丙子，帝挚元年乙卯，帝喾元年乙巳，颛顼元年丁亥，少昊元年癸亥，黄帝元年癸未，炎帝元年癸未，以是推之，伏子贱最可凭也。诸家年代，历不分出。益三年当禹荐益于天，七年而崩，益行天子事三载。禹丧毕，让于启。启贤，诸侯归之，益避于箕山之阳。禹之圣，启之贤，益之让，岂可废而不明？今以大唐元和六年，太岁辛卯，上推至炎帝元年癸未，凡三千六百九年。自轩辕至夏殷，约《世本》，以文宣王、太史公、《尧典》、《舜典》、《商书》、《夏书》为实录。周秦以降，则按本朝国史《春秋》纬书云。炎帝子孙，帝临至帝冈，又有八代，四百余年。据太史公黄帝与炎帝战于阪泉之野，《易》称神农氏没，黄帝尧舜氏作。今臣依《周易》、《史记》，以黄帝代炎帝。纬《命历叙》又称少昊子孙相承十代，四百余年。验纬书起汉哀平间，前代儒者，好记异闻，新进后学，耳目固不可验。皇甫谧、刘伯庄，皆以舜为戊寅年即位，在位二十年，遂使神农以来，甲子相承错谬。按《汉书》舜生三十征庸，三十在位，五十陟方乃死。通服尧丧三年，禹崩启未立，使三年何系？今出益三年，成禹志。且尧禅舜二十八年而崩，益行天子事三年，为益之事可也。大道之行，以天下为家，何必私三年于启？或云有穷、伊尹、周公、共和如何？当夏后相不恢于夏家，羿为相臣，篡相自立，后相奔死商丘，浞又杀羿自立，少康长，乃复夏政。自是之后，备见于诸家年历云。（《唐文粹》卷九十五）

按文云："炎帝子孙，帝临至帝冈，又有八代，四百余年。"考皇甫谧称炎帝传位八代。各书引《帝王世纪》，颇有异同。宋本《御览》七十八《皇王部》引，起帝承帝临而讫帝榆罔（冈）。《易·系辞》下《正义》引，起帝临魁次帝承，终帝榆罔。唐司马贞补《三皇本纪》由帝魁帝承至帝榆罔凡八代，五百三十年。注云："神农之后八代，事见《帝王代纪》。"《代纪》即《世纪》，避太宗讳。是陈鸿所云帝临殆即帝临魁，帝冈当即帝榆罔（冈）也。《史记·五帝纪》"神农氏世衰"下《索隐》云："皇甫谧所云帝榆罔是也。"罔（冈）与罔二字形近易误，唐人多作榆罔。

又《路史·后纪》四注引《春秋命历序》云："炎帝八世五百二十年。"与陈鸿作四百余年，亦复歧异。

宋　王钦若等

闰位部总序　册府元龟（景德二年）

仲尼有言：化合神者称皇，德合天者称帝，德合仁义者称王，斯并穹昊有命，历数有躬，大庇生民，奄宅区宇者也。其或真人未应，中夏多难，本非灵心之所眷，暂为人望之攸属，或绍承于大统，或专据于一方，虽复置宗祊、改正朔，建官以治，向明以朝，然与受河雒之符，应龙马之纪者殊矣。故载籍譬之闰余，明其非正焉。昔庖牺氏继天而王，德始于木。其后三正五运，迭相绍袭，而共工氏虽伯九州，自谓水德，居牺农水火之间，非其序也。故不载于《易》，不见于《书》，兹闰之始也。降及嬴秦，虽并六国，亦自谓水德，复在周汉水火之间，又非其序也，故高祖引之继。班氏谓之伯，此亦共工氏之比也。其后建安失御，三国分峙，魏文受山阳之禅，都天地之中，谓之正统，得其宜矣。刘先主僻处梁益，孙大帝远据江吴，自窃尊名，靡有神器，诚非共工之匹，然亦异于正统，故同为闰焉。刘氏虽为孝景之后，有季汉之称，盖以"赤伏"之数已尽，黄星之兆又彰，不足据矣。及晋元南迁，五胡迭盛。瞻乌之叹，生于中原；余分之基，传于江左，汔夫典午陵替，灵宝篡迫，故宋武拨乱而起焉。及元徽凶恶，天王肆逆，故齐高专政而代焉。暨东昏奢淫，萧懿被杀，故梁武兴兵而取焉。逮江陵不守，贞阳被废，故陈武假名而兴焉。虽则自谓水火木土之运，然而都邑居于下国，声教隔于中州。永初始基，不能混一；长城失德，归于夷灭。城郭翦而无余，宗祀倏而俱灭。隋氏早已受宇文禅，应炎上之德，则此与夫为虞宾，助周祭者殊矣，故亦谓之闰焉。其后唐氏衰微，朱梁凌夺，虽则称金行宅天邑，然而庄宗以长安之属，籍总大卤之兵威，自是中兴，殄兹仇敌，首藏于大社，家靡于遗统，斯亦不得为正矣，故继之于闰。共工之迹，旧史无闻，然秦氏而下，凡八朝焉，以其声名文物，宪章礼乐，方册所纪，咸有可观。至于昏弱之迹，凌夷之政，亦可为鉴戒，代厥盘盂，今并著之于篇。若夫王莽桓玄之类，皆不终其身，自取其毙。唐末诸方镇，或功德无闻，或封疆至小，并存别部，不得预于斯焉。凡七十八门。（《册府元龟》卷一八二）

僭伪部总序

夫余分为闰，既异夫居正之统；王纲失纽，或有乎僭命之号。斯盖豪杰窃起，以蓄乎觊觎；强弱相凌，分据乎土宇。虽政令之自出，非运序之所系。自魏武徙氐羌之种，杂处秦州，晋氏之兴，厥类弥炽，罔徇名臣之议，失于长世之御，乱华之暴，乘间而作。故刘渊以五部之众，起于离石；石勒因晋阳之甲，据乎襄国；厉阶之构，乃繇于此。而李特以流徙之隶，奄宅益部而为蜀；慕容廆因封建之旧，保界辽碣而为燕。群雄竞起，宇内分裂，河西之区，张轨攸领，因而称制，是称前凉。自此晋纲绝纽，中原震荡，龟玉南徙，遂荒江介。其后苻洪自冀州之广川，建三晋之号，入寇关辅，居长安而为秦。李暠跨敦煌之地，雄西夏而称西凉。慕容垂守中山之国，蹈两河而为后燕。乞伏国仁凭河湟之奥而为西秦；吕光按酒泉之富而为后凉；姚苌乘苻氏之业而为后秦；冯跋践昌黎之域而为北燕；秃发乌孤负西平之阻而号南凉；慕容德依广固之险而为南燕；沮渠蒙逊保张掖而为北凉；赫连勃勃连朔方而称夏；凡十有六国焉。俱僭大号，各建正朔。或称王爵，并专诛赏，传世垂祚，历岁弥久而率多。戎虏之种，或出氐羌之类。始愆制驭，终以强大；分宰诸夏，专制民命，吞并相继，兵难不绝，家国殊政，百有余年。洎宋祖之奋威，及元魏之雄视，芟夷扫荡，剪焉靡余。以至唐室之季，王度交丧；礼乐征伐，不出于朝廷；山河疆理，遂分于土壤。王审知跨据山海，裂五郡而为闽。王建凭恃岩险，包三川而为蜀；杨行密宅淮海之壤，擅鱼盐之富，建号而称吴。刘陟总百越之众，通珠贝之利，开国而为汉。其后孟知祥因同光之难，凭二剑之固，僭尊名而为后蜀；李昪承吴人之业，保重江之祖。冒旧服而为唐。刘崇以汉室之亡，托于宗胄，仍厥位号，保于太原，而吴唐二蜀继守其宇。七闽之乱，厥土三分；显德之世，尚余四国。皇朝受命，始平井络，旋殄五岭，后克江表，三晋遗孽，再驾而服，混一区内，以致太平。今自西晋之后，洎唐宋诸国，论次其事，类以为僭伪部，凡三十七门。（《册府元龟》卷二一九）

张方平　南北正统论

夫帝王之作也，必膺箓受图，改正易号，定制度以大一统，推历数以叙五运，所以应天休命，与民更始。西晋之乱，九区分隔。琅邪播迁于江左，实绍金行；拓跋奋起于云方，奄居神县。盖五郊禋祀，南北不可并享；三统相承，正闰宜归一致。今夫以晋为闰耶？未闻革命所传；以魏为正耶？实匪中华之旧。大与之兆，决谁处之？夫晋之渡江也，遗中服之雅俗，据吴人之旧土。齐梁之后，风教荡然，危弱相承，礼刑不立。五代四姓，浸微以灭，上无所授，下无所归，虽欲正之，人谁适从？且夫商盘庚之迁亳，周平王之都洛，不出王畿之内，如归别馆之中，兆庶实从，不失旧物。比夫身居藩翰，观望本朝，进不扶危，退而正号，非同论也。至如太伯之奔勾吴，不得谓之姬矣；昭烈之兴巴蜀，岂可以为汉哉？魏氏先实漠北，控弓朔代，南平燕赵，遂通秦凉。出令作法，变风迁俗，天地有奉，生人有庇，且居先王之位，宅先王之国，子先王之人矣。则是夏禹之出东夷，文王之祚西羌，爰集大命，以抚方夏。《诗》、《书》所载，谓之何哉？前世大儒断南北之疑者，所以正魏也。或曰：二帝三王，应天承运，必讴谣之先归，故人神而协赞。秦迁周鼎，汉受秦降，虽仁暴不同，亦传授有所。元氏起于参合，践食上国，谓之受命，晋祀实存；谓之中国，则刘聪僭据，乃陶唐之冀方；苻秦所都，实宗周之咸镐。若其审定王居之次，推考生胜之法，偏闰相承，夫何足尚？曰：刘、石、苻、姚，世祚短浅，欲正其名，无名可正。魏之霸业，肇自皇始，（太祖拓跋珪）典法明著；成于太和，（孝文帝）内无强臣，孰与苏桓之副？间有中主，未若宋齐之季，虽末世尔朱之变，而建康易三姓矣。唐以土承隋，隋以火继周，周以木变魏，魏以水而绍金。昔汉祖之正号也，去姬氏之灭，几六十年，闰霸秦而继周，著为火德，识者以为得天统。魏氏之推历也，去愍、怀之亡，亦六十年，舍四僭而踵晋，定为水行，议者以为当正位。推晋而上，至于伏羲氏出震而王天下也，帝王之大统明矣。谨论。（《乐全集》卷十七）

欧阳修　正统论七篇

此七论，公后删为三篇，已载《居士集》第十六卷。今所载盖初本也。

原正统论

《传》曰："君子大居正。"又曰："王者大一统。"正者，所以正天下之不正也；统者，所以合天下之不一也。由不正与不一，然后正统之论作。尧舜之相传，三代之相代，或以至公，或以大义，皆得天下之正，合天下于一，是以君子不论也。其帝王之理得，而始终之分明故也。及后世之乱，僭伪兴而盗窃作。由是有居其正而不能合天下于一者，周平王之有吴徐是也；有合天下于一而不得居其正者，前世谓秦为闰是也。由是正统之论兴焉。自汉而下，至于西晋，又推而下之，为宋齐梁陈。自唐而上，至于后魏，又推而上之，则为夷狄。其帝王之理舛，而始终之际不明，由是学者疑焉。而是非不公，非其不公，盖其是非之难也。自周之亡，迄于显德，实千有一百一十二年之间，或理或乱，或取或传，或分或合，其理不能一概，是以论者于此而难也。大抵可疑之际有四，其不同之说有三，此论者之所病也。何谓可疑之际？周秦之际也，汉魏之际也，东晋后魏之际也，朱梁后唐之际也。秦亲得周而一天下，其迹无异禹汤，而论者黜之，其可疑一也。王莽得汉而天下一，莽不自终其身而汉复兴，论者曰伪，宜也。魏得汉而天下三分，论者曰正统，其可疑二也。以东晋承西晋，则无终；以周隋承元魏，则无始，其可疑三也。梁之取唐，无异魏晋，而梁为伪；刘备，汉之后裔，以不能一天下而自别称蜀，不得正统，可也。后唐非李氏，未尝一天下而正统得之，其可疑四也。何谓不同之说三？有昧者之论，有自私之论，有因人之论。正统之说，肇于谁乎？始于《春秋》之作也。当东周之迁，王室微弱，吴徐并僭，天下三王。而天子号令不能加于诸侯。其诗下同于列国，天下之人莫知正统。仲尼以为周平虽始衰之王，而正统在周也，乃作《春秋》。自平王以下，常以推尊周室，明正统之所在。故书王以加正月而绳诸侯。王人虽微，必加于上；诸侯虽大，不与专封。以天加王而别吴楚。刺讥褒贬，一以周法。凡其用意，无不在于尊周。而后之学者不晓其旨，遂曰“黜周而王鲁”，或曰“起鲁隐之不正”，或曰“起让国之贤君”，泥其说于私鲁。殊不知圣人之意，在于尊周，以周之正而统诸侯也。至秦之帝，既非至公大义，因悖弃先王之道，而自为五胜之说。汉兴，诸儒既不明《春秋》正统之旨，又习秦世不经之说，乃欲尊汉而黜秦，无所依据。遂为三统五运之论，诋秦为闰而黜之。夫汉所以有天下者，以至公大义而起也，而说者直曰以火德当天统而已，甚者至引蛇龙之妖以为左验。至于王莽魏晋，直用五行相胜而已。故曰昧者之论也。自西晋之灭，而南为东晋、宋、齐、梁、陈，北为后魏、后周、隋。私东晋者曰：“隋得陈，然后天下一。”则推其统曰：晋宋齐梁陈隋。私后魏者曰：“统必有所授。”则正其统曰：唐授之隋，隋授之后周，后周授之后魏。至其甚相戾也，则为《南史》者诋北曰虏，为《北史》者诋南曰夷。故曰：自私之论也。夫梁之取唐，无异魏晋之取也，魏晋得为正，则梁亦正矣，而独曰伪，何哉？

以有后唐故也。彼后唐者，初与梁为世仇，及唐之灭，欲借唐为名，托大义以窥天下，则不得不指梁为伪而为唐讨贼也。而晋汉承之，遂因而不改，故曰因人之论也。以不同之论，于可疑之际，是以是非相攻而罕得其当也。《易》曰："天下之动正夫一。"夫帝王之统，不容有二，而论者如此。然搢绅先生，未尝有是正之者，岂其兴废之际、治乱之本难言欤？自《春秋》之后，述者多焉，其通古今、明统类者，希矣。司马子长列序帝王，而项羽亦为本纪，此岂可法邪？文中子作《元经》，欲断南北之疑也，绝宋于元徽五年，进魏于大和元年，是绝宋不得其终，进魏不得其始。夫以子长之博通，王氏之好学，而有不至之论，是果难言欤？若夫天下之至公，据天下之大义，究其兴废，迹其本末，辨其可疑之际，则不同之论息，而正统明矣！

明正统论

凡为正统之论者，皆欲相承而不绝。至其断而不接，则猥以假人而续之，是以其论曲而不通也。夫居天下之正，合天下于一，斯正统矣。（尧舜三代秦汉晋唐）天下虽不二，而居得其正，犹曰天下当正于吾而一，斯谓之正统，可矣。（东周魏五代）始虽不得其正，卒能合天下于一。夫一天下而居其上，则是天下之君矣，斯谓之正统，可矣。（如隋是也）天下大乱，其上无君，僭窃并兴，正统无属。当是之时，奋然而起，并争乎天下，（东晋后魏）有功者强，有德者王，威（一作盛）泽皆被于生民，号令皆加乎当世。幸而以大并小，以强兼弱，遂合天下于一，则大且强者谓之正统，犹有说焉。不幸而两立，不能相兼，考其迹，则皆正，较其义，则均焉，则正统者将安与乎？其或终始不得其正，又不能合天下于一，则可谓之正统乎？不可也。然则有不幸而丁其时，则正统有时而绝也。夫所谓正统者，万世大公之器也。有得之者，有不得之者；而论者欲其不绝而猥以假人，故曰曲而不通也。或曰：可绝，则王者之史，何以系其年乎？曰：欲其不绝而猥以假人者，由史之过也。夫居今而知古，书今世以信乎后世者，史也。天下有统，则为有统书之，天下无统，则为无统书之，然后史可法也。昔周厉王之乱，天下无君，周公邵公，共行其政十四年，而后宣王立，是周之统尝绝十四年而复续。然为周史者，记周召之年，谓之共和，而太史公亦列之于年表。汉之中衰，王莽篡位十有五年而败，是汉之统尝绝十五年而复续。然为汉史者，载其行事，作《王莽传》。是则统之绝，何害于记事乎？正统，万世大公之器也。史者，一有司之职也。以万世大公之器假人，而就一有司之记事，惑亦甚矣！夫正与统之为名，甚尊而重也。尧舜三代之得此名，或以至公，或以大义而得之也。自秦汉而下，丧乱相寻，其兴废之迹，治乱之本，或不由至公大义而起，或由焉而功不克就，是以正统屡绝而得之者少也。正统之说曰：尧舜夏商周秦汉魏晋而绝。由此而后，天下大乱，自东晋太建之元年，止陈正明之三年，凡二百余年。其始也，有力者并起而争，因时者苟偷而假冒，奋攘败乱，不可胜纪，其略可纪次者，十六七家。既而以大并小，以强兼弱，久而稍相并合，天下犹分为四。东晋、宋、齐、梁、陈，又自分为后梁而为二；后魏、后周、隋，又自分为东魏北齐而为二。是四者皆不得其统。其后后周并北齐而授之隋，隋始并后梁，又并陈，天下合为一而复得其统。故自隋开皇九年，复正其统曰：隋、唐、梁、后唐、晋、汉、周。夫秦自汉而下，皆以为闰也，今乃进而正之，作《秦论》。魏与、吴蜀为三国，陈寿不以魏统二方而并为三志，今乃黜二国，进魏而统之，作《魏论》。东晋、后魏，议者各以正也，今皆黜之，作《东晋论》、《后魏论》。朱梁，四代之所黜也，今进而正之，作《梁论》。此所谓辨其可疑之际，则不同之论息，而正统明者也。

秦论

谓秦为闰者谁乎？是不原本末之论也。此汉儒之私说也。其说有三：不过曰灭弃礼乐，用法严苛，与其兴也，不当五德之运而已。五德之说，非圣人之言，曰昧者之论详之矣。其二者，特始皇帝之事尔，然未原秦之本末也。昔者尧、舜、夏、商、周、秦，皆出于黄帝之苗裔，其子孙相代而王。尧传于舜，舜传于禹。夏之衰也，汤代之王。商之衰也，周代之王。周之衰也，秦代之王。其兴也，或以德，或以功，大抵皆乘其弊而代之。初，夏世衰而桀为昏暴，汤救其乱而起，稍治诸侯而诛之。其《书》曰“汤征自葛”是也；其后卒放桀而灭夏。及商世衰，而纣为昏暴，周之文、武，救其乱而起，亦治诸侯而诛之。其《诗》所谓昆崇共密是也；其后卒攻纣而灭商。推秦之兴，其德固有优劣，而其迹岂有异乎？秦之纪曰：其先大业，出于颛顼之苗裔。至孙伯翳，佐禹治水有功。唐、虞之间，赐姓嬴氏。及非子为周养马，有功。秦仲始为命大夫，而襄公与立平王，遂受岐、丰之赐。当是之时，周衰固已久矣，乱始于穆王，而继以厉、幽之祸。平王东迁，遂同列国。而齐、晋大侯，鲁、卫同姓，擅相攻伐，共起而弱周，非独秦之暴也。秦于是时，既平犬夷，因取周所赐岐、丰之地。而缪公以来，始东侵晋地至于河，尽灭诸戎，拓国千里。其后关东诸侯，强僭者日益多，周之国地日益蹙，至无复天子之制，特其号在尔。秦昭襄五十三年，周之君臣，稽首自归于秦。至其后世，遂灭诸侯而一（一作有）天下，此本末之迹也。其德虽不足，而其功力尚不优于魏、晋乎？始秦之兴，务以力胜，至于始皇，遂悖弃先王之典礼。又自推水德，益任法而少恩。其制度文为，皆非古而自是，此其所以见黜也。夫始皇之不德，不过如桀、纣，桀、纣不能废夏、商之统，则始皇未可废秦也。

魏论

新与魏皆取汉者，新辄败亡，魏遂传数世而为晋。不幸东汉无贤子孙，而魏为不讨之仇。今方黜新而进魏，疑者以谓与奸而进恶，此不可以不论也。昔三代之兴也，皆以功德，或积数世而后王。其亡也，衰乱之迹，亦积数世而至于大坏，不可复支，然后有起而代之者。其兴也，皆以至公大义为心。然成汤尚有惭德，伯夷、叔齐，至耻食周粟而饿死，况其后世乎？自秦以来，兴者以力，故直较其迹之逆顺、功之成败而已。彼汉之德，自安、和而始衰，至桓、灵而大坏。其衰乱之迹，积之数世，无异三代之亡也。故豪杰并起而争，而强者得之，此直较其迹尔。故魏之取汉，无异汉之取秦，而秦之取周也。夫得正统者，汉也；得汉者，魏也；得魏者，晋也。晋尝统天下矣，推其本末而言之，则魏进而正之，不疑。

东晋论

周迁而东，天下遂不能一。然仲尼作《春秋》，区区于尊周而明正统之所在。晋西迁而东，与周无异，而今黜之，何哉？是有说焉，较其德与迹而然尔。周之始兴，其来也远。当其盛也，瓜分（一作规方）天下为大小之国，众建诸侯，以维王室。定其名分，使得子孙而守之，以为万世之计。及厉王之乱，周室无君者十四年，而天下诸侯，不敢侥幸而窥。于此然后见周德之深，而文、武、周公之作，真圣人之业。故虽天下无君，而正统犹在，不得而改。况（一有乎字）平王之迁，国地虽蹙，然周德之在人者未厌，而法制之临人者未移。平王以子继父，自西而东，不出王畿之内（西周之地八百里，东周六百里，以井田之法计之，通为千里之方），则正统之在周也。推其德与迹，可以不疑。夫晋之为晋，与夫（一作乎）周之为周也，异矣。其德法之维天下者，非有万世之计，圣人之业也。直以其受魏之禅而合天下于一，推较其迹，可以曰正而统尔。自惠帝之乱，晋政已亡；愍、怀之间，晋如线尔。惟嗣君继世，推其迹，曰正焉可也。建兴之亡，晋于是而绝矣。夫周之东也，以周而东；晋之南也，岂复以晋而南乎？自愍帝死贼庭，琅邪起江表，位非嗣君，正非继世。徒以晋之臣子有不忘晋之心，发于忠义而功不就，可为伤已。若因而遂窃万世大公之名，其可得乎？《春秋》之法，君弑而贼不讨，则以为无臣子也。使晋之臣子遭乎圣人，适当《春秋》之责，况欲以失国共立之君，干天下之统哉！夫道德，不足语矣，直推其迹之如何尔。若乃国已灭矣，以宗室子自立于一方，卒不能复天下于一。则晋之琅邪，与夫后汉之刘备，五代汉之刘崇何异？备与崇，未尝为正统，则东晋可知焉尔。

后魏论

魏之兴也，自成帝毛至于圣武，凡十二世；而可纪于文字，又十一世。至于昭成而建国改元，略具君臣之法。幸遭衰乱之极，得奋其力，并争乎中国。又七世至于孝文，而去夷即华，易姓建都，遂定天下之乱。然后修礼乐、兴制度而文之。考其渐积之基，其道德虽不及于三代，而其为功，何异王者之兴？今特以其不能并晋宋之一方，以小不备而黜其大功，不得承百王之统，而不疑焉者，质诸圣人而可也。今为魏说者，不过曰功多而国强尔。此圣人有所不与也，何以知之？以《春秋》而知也。《春秋》之时，齐桓、晋文，可谓有功矣。吴、楚之僭，迭强于诸侯。圣人于书齐、晋，实与而文不与之，以为强虽可褒，而道不可以与也。至书楚与吴，或屡进之，然不得过乎子爵；则功与强，圣人有所不取也。或者以谓秦起夷狄，以能灭周而一天下，遂进之。魏亦夷狄，以不能灭晋、宋而见黜，是则因其成败而毁誉之，岂至公之笃论乎？曰：是不然也，各于其党而已。周之兴也，与秦之兴，其说固已详之矣。当魏之兴也，刘渊以匈奴，慕容以鲜卑，苻生以氐，弋仲以羌，赫连、秃发、石勒、季龙之徒，皆四夷之雄。其力不足者弱，有余者强。其最强者，苻坚之时，自晋而外，天下莫不为秦。休兵革，兴学校，庶几刑政之方，不幸未几而败乱。其后（一作又）强者曰魏，自江而北，天下皆为魏矣。幸而传数世而后乱。以是而言，魏者，才优于苻坚而已。就使魏兴世远，不可犹格之夷狄，则不过东晋比也。是皆有志乎天下而功不就者，前所谓不幸两立而不能相并者，故皆不得而进之者，不得已也。

梁论

黜梁为伪者，其说有三。一曰：后唐之为唐，犹后汉之为汉，梁盖新比也。一曰：梁虽改元即位，而唐之正朔，在季氏而不绝。是梁于唐未能绝而李氏复兴。一曰：因后唐而不改。因后唐者，是谓因人之论，固已辨矣；其二者宜有说也。夫后唐之自为唐也，缘其赐姓而已。唐之时，赐姓李者多矣。或同臣子之异心，或怀四夷而縻之，忠臣、茂正、思忠、克用是也。当唐之衰，克用与梁，并起而争之。梁以强而先得，克用耻争之不胜，难忍臣敌（一作服）之惭，不得不借唐以自托也。后之议者，胡谓而从之哉？其所以得为正统者，以其得梁而然也。使梁且不灭同光之号，不过于河南，则其为唐，与昪、璟等耳。夫正朔者何？王者所以加天下而同之于一之号也。昔周之东，其政虽弱，而周犹在也。故仲尼以王加正而绳诸侯者，幸周在也。当唐之亡，天祐虚名，与唐俱绝，尚安所寓于天下哉？使幸而有忠唐之臣，不忍去唐而自守，虽不中于事理，或可善其诚心；若李氏者，果忠唐而不忍弃乎？况于唐亡，托虚名者不独李氏也；王建称之于蜀，杨行密称之于吴，李茂正亦称之于岐。大抵不为梁屈者，皆自托于虚名也。初，梁祖夺昭宗于岐，遂劫而东，改天复四年为天祐。而克用与王建怒曰："唐为朱氏夺矣！天祐非唐号也。"遂不奉之，但称天复至八年，自以为非复称天祐。此尤可笑者，安得曰正朔在李氏乎，夫论者何？为疑者设也。尧舜三代之终始，较然著乎万世而不疑，固不待论而明也。后世之有天下者，帝王之理或舛，而始终之际不明，则不可以不疑。故曰由不正与不一，然后正统之论兴者也，其德不足以道矣。推其迹而论之，庶几不为无据云。

正统辨上

正统曰："统天下而得其正，故系正焉。统而不得其正者，犹弗统乎尔。继周而后，帝王自高其功德，自代统而得其正者，难乎其人哉！必不得已而加诸人，汉、唐之主乎？"曰："甚哉！吾子之说其隘也。以汉、唐之盛烈，犹曰不得已而加之焉；为魏、晋之主，则将奈何乎？"曰："不然。是乌得苟加诸人？一箪食、一瓢饮，其义弗直而取诸人，君子且从而恶之。以天下之广而被乎太公之实，苟非其人，则阙之可已。必若曰应天而顺人，则继周之后，桀、纣之恶常多，而汤、武之仁义未尝等也。若是，其苟加诸人，何哉？予以谓正统之不常在人，率与言神圣者相类，必待择人而后加焉。是仁王义主不足责，而奸雄篡弑之臣得以济也。"

正统辨下

秦之裔，罪暴于桀、莽、炀方于纣。汉、唐之主，仗义而诛变，以取天下，其可谓之正统欤？犹未离乎憾也。（德不及汤武）秦之得天下也，以力不以德。（秦之亡仁义，驱其人民以争敌，其任贤得人，孰若汉唐之始也）晋之承魏也，以篡继篡。隋亦若是，而徒禅云尔。晋、隋，盗也。或者以为正统，兹非误欤？（魏以吴存，至于晋而吴始灭，或者又以魏为正统，愈误矣。自后魏东晋至于周陈五代，或以义，或以不义，皆不能并天下）圣人不生而暴伪代兴，名与实自重久矣。必待后世之明者断焉，断而不以其势，舍汉、唐我宋，非正统也。（《欧阳文忠公集》七）

欧阳修　正统论

臣修顿首死罪言：伏见太宗皇帝时，尝命薛居正等撰梁、唐、晋、汉、周事为《五代史》，凡一百五十篇。又命李昉等，编次前世年号为一篇，藏之秘府。而昉等以梁为伪，梁为伪则史不宜为帝纪，而亦无曰五代者，于理不实。今又司天所用《崇天历》承《后唐书》天祐至十九年而尽，黜梁所建号，援之于古。惟张轨不用东晋太兴而虚称建兴，非可以为后世法。盖后唐务恶梁而欲黜之，历家不识古义，但用有司之传，遂不复改。至于昉等，初非著书，第采次前世名号，以备有司之求，因旧之失，不尊是正，乃与史官戾不相合，皆非是。臣愚因以谓正统王者所以一民而临天下，三代用正朔，后世有建元之名。然自汉以来，学者多言三代正朔，而怪仲尼尝修《尚书》、《春秋》，与其学徒论述尧舜三代间事甚详。而于正朔尤大事，乃独无明言，颇疑三代无有其事。及于《春秋》得十月陨霜，杀菽，二月无冰，推其时气，乃知周以建子为正，则三代固尝改正朔。而仲尼曰行夏之时，又知圣人虽不明道正朔之事，其意盖非商、周之为云。其兴也，新民耳目，不务纯以德，而更易虚名，至使四时与天不合，不若夏时之正也。及秦又以十月为正，汉始稍分后元中元，至于建元遂名年以为号。由是而后，直以建元之号加于天下而已，所以同万国而一民也。而后世推次以为王者相继之统。若夫上不戾于天，下可加于人，则名年建元，便于三代之改岁。然而后世僭乱假窃者多，则名号纷杂，不知所从。于是正闰真伪之论作，而是非多失其中焉。然尧舜三代之一天下也，不待论说而明。自秦昭襄讫周显德千有余年，治乱之迹，不可不辨，而前世论者，靡有定说。伏惟大宋之兴，统一天下，与尧舜三代无异，臣故曰不待论说而明。谨采秦以来讫于显德终始兴废之迹，作《正统论》，臣愚不足以知，愿下学者考定其是非而折中焉。

正统论上

《传》曰："君子大居正。"又曰："王者大一统。"正者，所以正天下之不正也；统者，所以合天下之不一也。由不正与不一，然后正统之论作。尧舜之相传，三代之相代，或以至公，或以大义，皆得天下之正，合天下于一，是以君子不论也，其帝王之理得而始终之分明故也。及后世之乱，僭伪兴而盗窃作。由是有居其正而不能合天下于一者，周平王之有吴徐是也；有合天下于一而不得居其正者，前世谓秦为闰是也。由是正统之论兴焉。自汉而下，至于西晋，又推而下之，为宋、齐、梁、陈，自唐而上，至于后汉，又推而上之，则为夷狄。其帝王之理舛，而始终之际不明，由是学者疑焉，而是非又多不公。自周之亡，迄于显德，实千有二百一十六年之间，或理或乱，或取或传，或分或合，其理不能一概。大抵其可疑之际有三，周、秦之际也，东晋、后魏之际也，五代之际也。秦亲得周而一天下，其迹无异禹、汤，而论者黜之，其可疑者一也。以东晋承西晋则无终，以隋承后魏则无始，其可疑者二也，五代之所以得国者虽异，然同归于贼乱也；而前世议者，独以梁为伪，其可疑者三也。夫论者何？为疑者设也。尧舜三代之始终，较然著乎万世而不疑，固不待论而明也。后世之有天下者，帝王之理或舛，而始终之际不明，则不可以不疑，故曰由正与不一，然后正统之论作也。然而论者众矣，其是非予夺所持者各异，使后世莫知夫所从者，何哉？盖于其可疑之际，又挟自私之心，而溺于非圣之学也。自西晋之灭，而南为东晋宋齐梁陈；北为后魏、北齐、后周、隋。私东晋者曰：隋得陈然后天下一，则推其统曰晋、宋、齐、梁、陈、隋。私后魏者曰：统必有所受，则推其统曰唐受之隋，隋受之后周，后周受之后魏。至其甚相戾也，则为《南史》者，诋北曰虏；为《北史》者，诋南曰夷，此自私之偏说也。自古王者之兴，必有盛德以受天命：或其功泽被于生民，或累世积渐而成王业，岂偏名于一德哉？至于汤武之起，所以救弊拯民，盖有不得已者，而曰五行之运有休王，一以彼衰，一以此胜，此历官、术家之事。而谓帝王之兴，必乘五运者，缪妄之说也，不知其出于何人？盖自孔子殁，周益衰乱，先王之道不明，而人人异学，肆其怪奇放荡之说。后之学者，不能卓然奋力而诛绝之，反从而附益其说，以相结固。故自秦推五胜以水德自名，由汉以来，有国者，未始不由于此说，此所谓溺于非圣之学也。惟天下之至公大义，可以祛人之疑，而使人不得遂其私。夫心无所私，疑得其决，则是非之异论息而正统明，所谓非圣人之说者，可置而勿论也。

正统论下

凡为正统之论者，皆欲相承而不绝。至其断而不属，则猥以假人而续之，是以其论曲而不通也。夫居天下之正，合天下于一，斯正统矣，尧、舜、夏、商、周、秦、汉、唐是也。始虽不得其正，卒能合天下于一。夫一天下而居上，则是天下之君矣，斯谓之正统可矣，晋、隋是也。天下大乱，其上无君，僭窃并兴，正统无属。当是之时，奋然而起，并争乎天下。有功者强，有德者王，威泽皆被于生民，号令皆加乎当世。幸而以大并小，以强兼弱，遂合天下于一，则大且强者谓之正统，犹有说焉。不幸而两立，不能相并，考其迹，则皆正，较其义，则均焉，则正统者将安予夺乎？东晋、后魏是也。其或终始不得其正，又不能合天下于一，则可谓之正统乎？魏及五代是也。然则有不幸而丁其时，则正统有时而绝也。故正统之序，上自尧、舜，历夏、商、周、秦、汉而绝，晋得之而又绝，隋、唐得之而又绝。自尧舜以来，三绝而后续，惟有绝而有续，然后是非公、予夺当，而正统明。然诸儒之论，至于秦及东晋、后魏、五代之际，其说多不同，其恶秦而黜之以为闰者谁乎？是汉人之私论，溺于非圣曲学之说者也。其说有三，不过曰灭弃礼乐，用法严苛，与其兴也，不当五德之运而已。五德之说，可置而勿论。其二者特始皇帝之事尔，然未原秦之本末也。昔者尧传于舜，舜传于禹。夏之衰也，汤代之王；商之衰也，周代之王；周之衰也，秦代之王。其兴也或以德，或以功，大抵皆乘其弊而代之。初，夏世衰，而桀为昏暴，汤救其乱而起，稍治诸侯而诛之。其《书》曰“汤征自葛”是也。其后卒以攻桀而灭夏。及商世衰，而纣为昏暴，周之文武，救其乱而起，亦治诸侯而诛之，其《诗》所谓“崇密”是也，其后卒攻纣而灭商。推秦之兴，其功德固有优劣，而其迹岂有异乎？秦之纪曰：其先大业出于颛顼之苗裔。至孙伯翳，佐禹治水有功。唐虞之间，赐姓嬴氏。及非子为周养马，有功。秦仲始为命大夫，而襄公与立平王，遂受岐、丰之赐。当是之时，周衰固已久矣，乱始于穆王，而继以厉、幽之祸。平王东迁，遂同列国。而齐晋大侯，鲁卫同姓，擅相攻伐，共起而弱周，非独秦之暴也。秦于是时，既平犬夷，因取周所赐岐、丰之地。而缪公以来，始东侵晋地至于河，尽灭诸戎，拓国千里。其后关东诸侯，强僭者日益多，周之国地日益蹙，至无复天子之制，特其号在尔。秦昭襄王五十二年，周之君臣首稽，自归于秦。至其后世，遂灭诸侯而一天下，此其本末之迹也。其德虽不足，而其功力尚不优于魏晋乎？始秦之兴，务以力胜，至于始皇，遂悖弃先王之典礼。又自推水德，益任法而少恩。其制度云为，皆非古而自是，此其所以见黜也。夫始皇之不德，不过如桀、纣，桀、纣不废夏、商之统，则始皇未可废秦也。其私东晋之论者曰："周迁而东，天下遂不能一，然仲尼作《春秋》，区区于尊周而黜吴楚者，岂非以其正统之所在乎？晋迁而东，与周无异，而今黜之何哉？"曰：是有说焉，较其德与迹而然耳。周之始兴，其来也远，当其盛也，规方天下为大小之国，众建诸侯以维王室。定其名分，使传子孙而守之，以为万世之计。及厉王之乱，周室无君者十四年，而天下诸侯不敢侥幸而窥周。于此然后见周德之深，而文、武、周公之作，真圣人之业也。况平王之迁，国地虽蹙，然周德之在人者未厌，而法制之临人者未移。平王以子继父，自西而东，不出王畿之内，则正统之在周也，推其德与迹可以不疑。夫晋之为晋，与乎周之为周也异矣。其德法之维天下者，非有万世之计，圣人之业也。直以其受魏之禅，而合天下于一，推较其迹，可以曰正而统耳。自惠帝之乱，至于愍、怀之间，晋如线尔。惟嗣君继世，推其迹，曰正焉可也。建兴之亡，晋于是而绝矣。夫周之东也，以周而东；晋之南也，岂复以晋而南乎？自愍帝死贼庭，琅邪起江表，位非嗣君，正非继世。徒以晋之臣子有不忘晋之心，发于忠义而功不就，可为伤已。若因而遂窃正统之号，其可得乎？《春秋》之说，君弑而贼不讨，则以为无臣子也。使晋之臣子遭乎圣人，适当《春秋》之诛，况欲干天下之统哉？若乃国已灭矣，以宗室子自立于一方，卒不能复天下于一，则晋之琅邪，与夫后汉之刘备，五代汉之刘崇何异？备与崇未尝为正统，则东晋可知焉耳。其私后魏之论者曰："魏之兴也，其来甚远。自昭成建国改元，承天下衰弊，得奋其力，并争乎中国。七世至于孝文，而去夷即华，易姓建都，遂定天下之乱。然后修礼乐、兴制度而文之。考其渐积之基，其道德虽不及于三代，而其为功，何异王者之兴？今特以其不能并晋宋之一方，以小不备而黜其大功，不得承百王之统者何哉？"曰：质诸圣人而不疑也。今为魏说者，不过曰功多而国强耳。此圣人有所不与也。春秋之时，齐桓、晋文可谓有功矣；吴、楚之僭，迭强于诸侯矣；圣人于春秋，所尊者周也。然则功与强，圣人有所不取也。论者又曰："秦起夷狄，以能灭周而一天下，遂进之；魏亦夷狄，以不能灭晋、宋而见黜，是则因其成败，而毁誉之，岂至公之笃论乎？"曰：是不然也，各于其党而已。周秦之所以兴者，其说固已详之矣。当魏之兴也，刘渊以匈奴，慕容以鲜卑，苻生以氐，弋仲以羌，赫连、秃发、石勒、季龙之徒，皆四夷之雄者也。其力不足者弱，有余者强，其最强者苻坚。当坚之时，自晋而外，天下莫不为秦。休兵革，兴学校，庶几刑政之方，不幸未几而败乱。其又强者曰魏，自江而北，天下皆为魏矣。幸而传数世而后乱。以是而言，魏者，才优于苻坚而已，岂能干正统乎？五代之得国者，皆贼乱之君也，也独伪梁而黜之者，因恶梁者之私论也。唐自僖、昭以来，不能制命于四海，而方镇之兵作。已而小者并于大，弱者服于强，其尤强者，朱氏以梁，李氏以晋，共起而窥唐。而梁先得之，李氏因之，借名讨贼，以与梁争中国，而卒得之，其势不得不以梁为伪也。而继其后者遂因之，使梁独被此名也。夫梁固不得为正统，而唐、晋、汉、周何以得之？今皆黜之。而论者犹以汉为疑，以谓契丹灭晋，天下无君，而汉起太原，徐驱而入汴，与梁、唐、晋、周其迹异矣，而今乃一概可乎？曰：较其心迹，小异而大同尔。且刘知远晋之大臣也，方晋有契丹之乱也，竭其力以救难，力所不胜，而不能存晋，出于无可奈何，则可以少异乎四国矣。汉独不然，自契丹与晋战者三年，汉独高拱而视之，如齐人之视越人也，卒幸其败亡而取之。及契丹之北也，以中国委之许王从益而去。从益之势，虽不能存晋，然使忠于晋者得而奉之，可以冀于有为也，汉乃杀之而后入。以是而较其心迹，其异于四国者几何？矧皆未尝合天下于一也。其于正统，绝之何疑。（《欧阳文忠公集》卷十六）

按：南宋陈亮编《欧阳文粹》，二十卷。《四库提要》云："是书卷首有《原正统论》、《明正统论》、《正统论》上、《正统论》下四篇。《居士集》则但存《正统论》上下二篇。其《正统论》上，乃以《原正统论》'学者疑焉'以上十余行窜入。而论内其可疑之际有四，其不同之说有三，以下半篇，多删易之。其《正统论》下，复取《明正统论》'斯立正统矣'以上数行窜入，而论内'昔周厉王之乱'以下，亦大半删易之。其他字句异同，不可枚举，皆可以资参考，固不妨与原集并存也。"《文粹》有明郭云鹏续编，嘉靖丁未郭氏宝善堂刊本。

苏轼　后正统论三篇　至和二年作

总论一

正统者，何耶？名耶实耶？正统之说曰：正者，所以正天下之不正也；统者，所以合天下之不一也。不幸有天子之实而无其位，有天子之名而无其德，是二人者，立于天下，天下何正何一？而正统之论决矣。正统之为言，犹曰有天下云耳。人之得此名而又有此实也，夫何议？天下固有无其实而得其名者，圣人于此不得已焉。而不以实伤名，而名卒不能伤实，故名轻而实重；不以实伤名，故天下不争；名轻而实重，故天下趋于实。天下有不肖而曰吾贤者矣，未有贱而曰吾贵者也。天下之争，自贤不肖始。圣人忧焉，不敢以乱贵贱，故天下知贤之不能夺贵。天下之贵者，圣人莫不从而贵之，恃有贤不肖存焉。轻以与人贵，而重以与人贤，天下然后知贵之不如贤，知贤之不能夺贵，故不争。知贵之不如贤，故趋于实；使天下不争而趋于实，是亦足矣。正统者，名之所在焉而已。名之所在而不能有益乎其人，而后名轻，名轻而后实重。故欲重天下之实，于是乎名（始）轻正统，听其自得者十，曰尧、舜、夏、商、周、秦、汉、晋、隋、唐。予其可得者六，以存教，曰魏、梁、后唐、晋、汉、周。使夫尧舜三代之所以为贤于后世之君者，皆不在乎正统，故后世之君，不以其道而得之者，亦无以为尧舜三代之比，于是乎实重。

辨论二

正统之论，起于欧阳子。为霸统之说，起于章子。[①] 二子之论，吾与欧阳子，故不得不与章子辨，以全欧阳子之说，欧阳子说全，而吾之说又因以明。章子之说曰：进秦梁失而未善也，进魏非也。[②] 是章子未知夫名实之所在也。夫所谓正统者，犹曰有天下云尔。名耳？（按《事略》本无此二字）正统者果名也，又焉实之？知视天下之所同君而加之，又焉知其他？章子以为魏不能一天下，不当与之统。[③] 夫魏虽不能一天下，而天下亦无有如魏之强者，吴虽存非两立之势，奈何不与之统？章子之不绝五代也，亦徒以为天下无有与之敌者而已。[④] 今也不统魏，魏安得无辞哉？正统者，恶夫天下之无君而作也。故天下虽不合于一，而未至乎两立者，则君子不忍绝之于无君。且夫德同而力均，不臣焉可也。今也不幸而不合于一（《苏东坡集》作：今以天下不幸而

① 章子名望之，字表民，尝著《明统论》三篇以辨欧阳子之说。其中篇云："予今分统为二名，曰正统、霸统。以功德而得天下者，其得者正统也，尧舜夏商周汉唐我宋其君也；得天下而无功德者，强而已矣，其得者霸统也，秦、晋、隋其君也。"

② 章子曰："欧阳永叔《正统论》与夺异于旧说者四焉：以前世谓秦为闰，今较其功业之初，宜得正统；以陈寿列叙《三国志》钧为之传，而魏不立纪以统二方；以朱梁得唐，而后唐以降，皆绌为伪梁，故今并以正统进之。予以谓进秦得矣，而未善也，进魏梁非也。凡为书者，将有补于治乱也。秦魏梁于统之得否未有损益焉可措者，进之无以别善恶也。"

③ 章子曰："魏不有吴蜀，犹吴蜀之不能有魏。蜀虽见灭，吴最后亡，岂能合天下于一哉？"

④ 章子曰："朱梁挟力以欺君，杀其子弟宗属得之，幸而举乎大号以临四方，四方虽有奸雄而莫之敢取者，畏其强也。"

不合于一），德既无以相过，而弱者又不肯臣乎强，于是焉而不与之统，亦见其重天下之不幸而助夫不臣者也。章子曰：乡人且耻与盗者偶，圣人岂得与篡君同名哉？① 吾将曰：是乡人与是为盗者，民则皆民也，士则皆士也，大夫则皆大夫也，则亦与之皆坐乎？苟其势不得不与之皆坐，则乡人何耻耶？圣人得天下，篡君亦得天下，顾其势不得不与之同名，圣人何耻耶？吾将以圣人耻乎篡君，而篡君又恶能耻圣人哉？章子曰：君子大居正，而以不正人居之，是正不正之相去，未能相远也。② 且章子之所谓正者何也？以一身之正为正耶？以天下有君为正耶？一身之正是天下之私正也。天下无君，篡君出而制天下，汤武既没，吾安所取正哉？故篡君者，亦当时之正而已。章子曰：祖与孙虽百岁，而子五十，则子不得为寿。汉与晋虽得天下，而魏不能一，则魏不得为有统。③ 吾将曰：其兄四十而死，则其弟五十为寿，弟为寿乎其兄；魏为有统乎当时而已。章子比之妇，谓舅嬖妾为姑。④ 吾将曰：舅则以为妻，而妇独奈何不以为姑乎？以妾为妻者，舅之过也；妇谓之姑，盖非妇罪也。举天下而授之魏晋，是亦汉魏之过而已矣。与之统者，独何罪乎？虽然，欧阳子之论犹有异乎吾说者：欧阳子之所与者，吾之所与也；欧阳子所以与之者，非吾所以与之也。欧阳子重与之，而吾轻与之。且其言曰：秦汉而下，正统屡绝，而得之者少，以其得之者少，故其为名甚尊而重也。呜呼！吾不喜夫少也，幸而得之者少，故有以尊重其名；不幸而皆得，欧阳子其敢有所不与耶？且其重之，则其施于篡君也，诚若过然，故章子有以启其说。夫以文王而终身不得，以魏晋梁而得之，果其为重也，则文王将有愧于魏晋梁焉。必也使夫正统者不得为圣人之盛节，则得之为无益；得之为无益，故虽举而加之篡君而不为过。使夫文王之所不得而魏晋梁之所得者，皆吾之所轻者也，

① 章子曰："永叔之进魏，特奖其能篡也。夫谓以至公得天下者尧舜禹，以大义者汤武；故二帝三王之得正统者，不疑也。乃进能篡君者与之同列圣人，顾不耻之欤？今有乡人于此无异能也，然未尝造非，陷于刑辟；俄而与向之尝为盗者群饮酒焉，则以并坐齐齿为耻矣，乡人且耻与盗者偶，圣人岂得与篡君者同名哉？"

② 章子曰："永叔以正统之论肇于《春秋》之学，故引《公羊》大居正大一统之文为据。既曰大居正，而又以不正之人居之，是正不正之相去，未能相远也。"

③ 章子曰："永叔直谓魏居汉晋之间，彼皆有统，故连魏而举之也，是不难明。有白大夫者，其父百年而死，其身五十而死，以百方五十，则寿为多矣。他日其子亦百年，得以其父子皆寿，而谓大夫非短命可乎？汉之兴也，兼天下而有之；晋之兴也，武帝平吴之后中国莫不臣；魏之兴也，兼天下而有之乎？中国莫不臣乎？此三失也。"

④ 章子曰："今有为人妇者，姑死矣，其舅未娶焉。谓之姑，宜也，若将以嬖妾宠之，为其近尊者，目以长妾礼之，可也。曰姑云者，则惑也，非正名之道也。"

然后魏晋梁无以愧文王，而文王亦无所愧于魏晋梁焉。

辨论三

始终得其正，天下合于一，是二者必以其道得之耶？亦或不以其道得之耶？病乎或者之不以其道得之也，于是乎举而归之名。欧阳子曰皆正统，是以名言者也。章子曰正统，又曰霸统，是以实言者也。欧阳子以名言而纯乎名，章子以实言而不尽乎实。章子之意，以霸统重其实，而不知实之轻，自霸统始。使天下之名，皆不得过乎实者，固章子意也。天下之名，果不过乎实，则吾以章子为过乎圣人，圣人不得已，则不能以实伤名，而章子则能之。且吾岂不知居得其正之为正，如魏受之于汉，晋受之于魏，不如至公大义之为正也哉！盖亦有所不得已焉耳。如章子之说，吾将求其备。尧舜以德，三代以德与功，汉唐以功，秦隋后唐晋汉周以力，晋梁以弑；不言魏者，因章子之说而与之辨。以实言之，则德与功不如德，功不如德与功，力不如功，弑不如力，是尧舜而不得统者，凡更四不如，而后至于晋梁焉。而章子以为天下之实，尽于其正统霸统之间矣。欧阳子纯乎名，故不知实之所止；章子杂乎实，故虽晋梁弑君之罪天下所不容之恶，而其实反不过乎霸。彼其初得正统之虚名，而不测其实，罪之所至也。章子则告之曰：尔霸者也。夫以弑君得天下，而不失为霸，则章子之说，固便乎篡者也。夫章子岂曰弑君者其实止乎霸也哉？盖取已举其实者之名（此句一作“盖已举其实而著之名”），虽欲复加之罪而不可得也。夫王者没而霸者有功于天下，吾以为在汉唐为宜，必不得已而秦隋后唐晋汉周得之，吾犹有憾焉。奈何其举而加之弑君之人乎？呜呼！吾不惜乎名，而惜乎实也。霸之于王也，犹兄之于父也。闻天下之父尝有曰尧者，而曰必尧而后父，少不若尧而降为兄，则瞽鲧惧至仆妾焉。天下将有降父而至于仆妾者，无怪也。从章子之说者，其弊固至乎此也。故曰莫若纯乎名。纯乎名，故晋梁之得天下，其名曰正统；而其弑君之实，惟天下后世之所加，而吾不为之齐量焉。于是乎晋梁之恶不胜诛于天下，实于此反不重乎？章子曰：尧舜曰帝，三代曰王，夏曰氏，商周曰人，古之人轻重其君有是也，以为其霸统之说。夫执圣人之一端以藉其口，夫何说而不可？吾亦将曰，孔子删《书》而虞夏商周皆曰《书》，汤武王伯禽秦穆公皆曰《誓》，以为吾皆曰正统之说，其谁曰不可？圣人之于实也，不伤其名，而后从之。帝亦天子也，王亦天子也，氏亦人也，人亦氏也，夫何名之伤？若章子所谓霸统者，伤乎名而丧乎实也。（《经进东坡文集事略》卷十一。《苏东坡

集》卷五，题作《正统总论》）

章望之　明统论（缺）

参考苏东坡《正统辨论》中注。

毕仲游　正统议

历数存于天，治乱在于人。自周之前，尧得天之历数，而传之舜；舜得天之历数，而传之禹；禹得天之历数，而传之汤；汤得天历数而传之文王。其历数明著不惑。至于三代之末主，昏庸不肖，不足以动化天下，毁其社稷，而不足以当天之正统者，何哉？盖以得历数者，有道于其始，而为治乱者，不系于其终也。由周而下，秦继周矣。始皇以威力强，灭六国而帝天下。二世不改，又大远人情而为政，故嬴姓之立，十四岁而易。是始不能以仁义取，终不能以仁义守。历数不得于天，治乱不得于人，非可与三代同为政也。若曹魏之继汉，司马晋之继魏，虽取之非道，而子孙血食，或五六世，或十数世。较于当日，又无其他长久之主以相拟，故亦可独推其统而言正矣。然至称萧梁为正者，盖根其取于齐，而齐取之于宋，宋取之于晋。晋既为正，故疑梁亦为正统也。说者又有以宋、齐、梁、陈皆为偏王，比较梁取之非道，而子孙不长也。是以不取其继晋之统，而以后魏、周、隋为正统焉。故王通亦尝称皇魏之德，以其兴起自然、历年久也。今必欲断二说之非：是前说，则道进于秦、梁；是后说，则道退于魏。不知魏可为正，而秦、梁不可为正也。故所谓得其统者，可当其历数也。可当其历数者，岂以图书敕之而言语告之哉？亦观其兴、废、善、恶、长、短之效而已矣。故秦为不正，比于其事，则如日月之余分，岁月之有闰气也。魏以下为不正，比于其类，则如曹魏之于吴，吴之于蜀汉也。比于其事，则如大河之有派渠，通道之有支径也。是真伪比称明白之大验矣。孔子作《春秋》，以天下无王而作也。虽以无王而作，然至于周之爵命、盟会、聘使，未尝不称王也。虽有桓、文、穆、庄之霸，未尝不称侯、伯、子也。是不敢计治乱盛衰，而一以周为正统也。此《春秋》推正统之大意，而以夫秦、魏、梁之说，无所不同矣。《传》曰："知之为知之，不知为不知。"其大意既无所同，则虽有其他褒贬赏罚明暗之旨，安敢迂就附会而为说哉？（《西台集》卷四）

陈师道　正统论

统者，一也；一天下而君之，王事也，君子之所贵也，吾于《诗》、《春秋》、《孟子》见之也。《周南》自风而雅，王者之事也；《召南》自家而国，诸侯之事也。公羊子曰："王正月者，大一统也。"孟子曰："伊尹、孔子得百里之地，皆能朝诸侯而有天下也。"夫正者以有贰也，非谓得之有正与否也。天下有贰，君子择而与之，所以致一也。不一则无君，无君则人道尽矣，吾于《中说》见之也。王子曰："中国有一，圣人明之；中国有并，圣人除之。"夫列国并力而不相尚，君子必致于一者，不欲天下一日而无君也，吾于《春秋》见之也。《诗》降于风，《书》绝于《文侯之命》，则天下无王矣，《春秋》所以作也。天下无王，而正月必书王者，所以君之也。由周而上，天下为一，学者所不论也。由周而下，至于五代，其所论者五焉：有其位而不一者，东周是也；有天下而无位者，齐、晋是也；有其统而为闰者，秦、新是也；无其统而为伪者，魏、梁是也；上无所始，下无所终，南北是也。正之说有三，而其用一。三者：天、地、人也。天者，命也。天与贤则贤，天与子则子，非人所能为也，故君子敬焉。地者，中国也，天地之所合也，先王之所治也，礼乐刑政之所出也，故君子慕焉。人者，德功也。德者，化也；功者，事也，故君子尚焉。一者，义也。可进则进，可黜则黜，而统有归矣，吾于《诗》与《春秋》见之也。西伯，诸侯也，君子与其王；平、桓，周之余，而君子夺其王也。隐公摄位，而先君之元子，君子与其君也。桓公，世子也，王与诸侯大夫国人君之，而王法之所讨，君子黜之。文王，西夷之人；秦与吴、楚，戎蛮也，君子进而中国之也。杞，夏裔也，君子斥而夷狄之也。自周之东，夷于诸侯，其所有号尔，故《诗》降而《书》绝之，君子盖有待也。夫《诗》降而《书》绝，则天下无周矣。王者可以作也，而卒无以代之，徒以先王之世，天下须君而复与之，岂君子所欲哉？桓、文一中国，却外夷，出民水火之中，有功矣。而天命未改，故管仲不得而革也。夫周，存之者，天也，文、武之泽也；黜之者，人也，天之下法也，此周与齐、晋之辨也。秦之昭襄始亡周而臣诸侯，及始皇又合六国而为一，而学者不以接统，岂不已甚矣哉！以秦之暴，疾之可也，而不谓天下为秦可乎？夺之其谁与哉？新莽，汉之盗也，而汉讨之，是犹夏之穷羿、卫之州吁、而齐之无知也。而学者疑其年，吾于《春秋》见之也。鲁昭公之失国，寓于诸侯。而季氏服君之服，行君之事者七年，君子以其前系之昭，其后系之定。则以元始属之建武，其可矣，此秦、新之辨也。三国之一，吾于《续书》见之也。汉，中邦之旧也，刘、葛之所造也，君子之所尚也，而地则四隅也。德远而功迩，君子不得而私焉。吴、魏皆有志于天下，又皆有功于民，而魏则中州也，于是与之，其得已乎？此曹魏之辨也。自晋而下则为陈，陈亡于隋则有终。自隋而上则为魏，魏而上为燕、赵，赵继晋者也。晋之亡，犹秦也，非人亡之也，举天下而弃之，智者得之，而谓之逆乎？其事则汉、唐，其名则霸，其义则虽非桓、文，亦晋之罪人也。则有始石氏，羯也；慕容，鲜卑也。然居中国之位，有中国之民，而行中国之政矣，是犹《书》之秦，《春秋》之吴、楚也，燕、赵不为夷，而谓魏为狄乎？南北之变，吾于《元经》见之也。晋之东，犹汉也。属而继宗，古之制也。其所以贵者，以中土之无代也。君子因其旧而与之，犹周也。皇始授魏，进之也，天也。而帝晋者，人也。魏可贵而未贵，晋可贱而未贱，故君子待之也。待之者，待其定也。晋、宋有其志，又有其功，而魏未有以胜之。武、文没而孝文兴，于是南北定矣。故宋亡而帝魏也。孝建之后，可以夺矣，而君子不忍者，武、文之泽也。故因其亡而取之。或曰：魏假之华，齐、梁、陈斥之蛮，无乃悖乎？曰：夷而变，虽未纯乎夏，君子进之也。夏而变，犹未纯乎夷，君子斥之也。矧其纯乎！孔子曰："一日克己复礼，天下归仁。"而不考其素善其变也，又况终身由之者乎？色斯举矣，而不察其著，恶其变也，又况言弗行乎？此南北之辨也。学者拟梁于新，而唐非其族也，且其取之，夺也，非讨也，吾于《春秋》见之也。楚比，盗也，而弃疾杀之，君子书之曰："公子弃疾杀公子比。"以情不以迹也。梁之存犹魏也，此朱梁之辨也。吾于正统质之经以定其论，资之公以济其义，折众说之枉而归诸正，庶乎其可也。（《后山文集》卷十六。又王霆震《古文集成》卷四十）

按：永明十一年策文"人纪咸事"（《文选》三十六）。李善《注》："《汉书》诏策公孙弘曰天文地理，人事之纪也，子大夫习焉。公孙弘对曰：天地无私亲，顺之利起，逆之害生，此天文地理人事之纪也。"此汉人三才一贯之论。后山正之说有三曰天、地、人；而其用一曰义，仍是演衍兹说。

章衮　编年通载序

史学之不讲久矣！汉魏已来，以是名家者不过数人。历世既远，载籍漫汗，学者披文考古，如乘桴涉海，而欲穷其津涯，未易得也。至有皓首疲精，弊弊于编简文字之间，问其前代因革之端，纪年号名之同异，何者为正？何者为伪？一治一乱，奸雄割据，天下之所以离，与其所以合之由，茫然不能对者多矣。呜呼！天地之理，求于简易而可以得；六合之广，据于会要而可以观。不居其简，而欲致其详；不执其要，而欲会其众，斯亦惑矣。族侄衡子平，以文辞举进士，当仁宗朝，擢为第一。自布衣起，已留心于兹学，曾蕞经传诸家之所载，研磨编缀，积二十余年，而后成书，列为十卷，名之曰《编年通载》。断自帝尧，以讫于皇宋丁未之岁，总三千四百年，推历甲子，以冠其首，而为之次第焉。史有讹谬，为刊正之；事有疑误，为明辨之。若夫世数之代易，历统之相传，年名国号，散殊重复，凡废兴治乱之兆，割裂合并之因，灾祥善恶，罔不具载。开卷推迹，粲然如黑白之在目。其论撰有条理，得居简执要之术，盖历代史籍之管辖也。夫以二十万言，而包括三千四百年之事，上下驰骋，靡有缺漏；措意初若烦劳，而卒会于简易，非敏识好学、笃志而强力，乌能为之哉！是书也，甲寅岁尝进御于神宗皇帝，备乙夜之览，当时颇蒙称奖。子平秘而不以示人。予病近时儒者笃于穷经，而未皇及传记简策之学，间有从事于斯者，如前之云云。因募工镂板，以广其传，庶几读之者用力甚少，而收功弥博。噫！士之不欲知古昔则已，如欲从容间燕，上论其世，视数千百岁之远如在掌上，舍此书何以哉？又如朝廷作新法令，更易制度，凡礼乐刑政之所关，教化沿革之所自，纪元立号，于此质疑。上则资人主之顾问，次则备平居之遗忘，据旧鉴新，可以缕数。然则补助学问，岂尺寸之功欤？博学多识之君子，览之无忽也。元祐三年六月初一日，建安章衮谨序。（宋本卷首）

司马光

通鉴（论正闰）

臣光曰：天生烝民，其势不能自治，必相与戴君以治之。苟能禁暴除害以保全其生，赏善罚恶使不至于乱，斯可谓之君矣。是以三代之前，海内诸侯，何啻万国！有民人社稷者，通谓之君。合万国而君之，立法度，班号令，而征莫敢违者，乃谓之王。王德既衰，强大之国能帅诸侯以尊天子者，则谓之霸。故自古天下无道，诸侯力争，或旷世无王者，固亦多矣。秦焚书坑儒，汉兴，学者始推五德生胜，以秦为闰位，在木火之间，霸而不王，于是正闰之论兴矣。及汉室颠覆，三国鼎峙。晋氏失驭，五胡云扰。宋、魏以降，南北分治，各有国史，互相排黜：南谓北为索虏，北谓南为岛夷。朱氏代唐，四方幅裂，朱邪入汴，比之穷新，运历年纪，皆弃而不数。此皆私己之偏辞，非大公之通论也。臣愚诚不足以识前代之正闰，窃以为苟不能使九州合为一统，皆有天子之名而无其实也。虽华夏仁暴，大小强弱，或时不同，要皆与古之列国无异，岂得独尊奖一国谓之正统，而其余皆为僭伪哉！若以自上相授受者为正邪，则陈氏何所受？拓跋氏何所受？若以居中夏者为正邪，则刘、石、慕容、苻、姚、赫连所得之土，皆五帝三王之旧都也。若以有道德者为正邪，则蕞尔之国，必有令主，三代之季，岂无僻王！是以正闰之论，自古及今，未有能通其义，确然使人不可移夺者也。臣今所述，止欲叙国家之兴衰，著生民之休戚，使观者自择其善恶得失，以为劝戒；非若《春秋》立贬之法，拨乱世反诸正也。正闰之际，非所敢知，但据其功业之实而言之。周、秦、汉、晋、隋、唐昔尝混壹九州，传祚于后。子孙虽微弱播迁，犹承祖宗之业，有绍复之望。四方与之争衡者，皆其故臣也，故全用天子之制以临之。其余地丑德齐，莫能相壹。名号不异，本非君臣者，皆以列国之制处之。彼此均敌，无所抑扬，庶几不诬事实，近于至公。然天下离析之际，不可无岁时、月、日以识事之先后。据汉传于魏而晋受之，晋传于宋以至陈而隋取之，唐传于梁以至于周而大宋承之，故不得不取魏、宋、齐、梁、陈、后梁、后唐、后晋、后汉、后周年号，以纪诸国之事，非尊此而卑彼，有正闰之辨也。昭烈之于汉，虽云中山靖王之后，而族属疏远，不能纪其世数名位，亦犹宋高祖称楚元王后，南唐烈祖称吴王恪后，是非难辨，故不敢以光武及晋元帝为比，使得绍汉氏之遗统也。（《通鉴》卷六十）

记历年图后

光顷岁读史，患其文繁事广，不能得其纲要。又诸国分列，岁时先后，参差不齐，乃止采共和以来，下讫五代，略记国家兴衰大迹，集为五图。每图为五重，每重为六十行，每行记一年之事，其年取一国为主，而以朱书它国元年缀于其下，盖欲指其元年以推二三，四五则从可知矣。凡一千八百年，命曰《历年图》。其书杂乱无法，聊以私便于讨论，不敢广布于它人也。不意赵君乃摹刻于版传之。蜀人梁山令孟君得其一通以相示。始光率意为此书，苟天下非一统，则漫以一国主其年，固不能辨其正闰；而赵君乃易其名曰《帝统》，非光志也。赵君颇有增损，仍变其卷秩，又传写多脱误。今此浅陋之书，既不可掩，因刊正使复其旧而归之。（《司马公集》卷六十六）

答郭纯长官书

光启：去岁十月，蒙惠书。足下所治路僻，光闲居难直便人，以是暮年不获修报，然中怀耿耿，未尝暂忘。潘司录来，又辱书，且愧且感。霜秋公余，喜聆安善。所示《会统稽元图》，贯穿千余载，前贤搜罗所不至者，纤悉尽备，靡有阙遗。非夫好学之勤，用意之精，谁能臻此？钦服钦服。光学疏识浅，于正闰之际，尤所未达，故于所修《通鉴》，叙前世帝王，但以授受相承，借其年以记事尔，亦非有所取舍抑扬也。于汉昭烈之立，尝著论以述其事，今并录呈，可以见其不敢专矣。夫正闰之论，诚为难晓，近世欧阳公作《正统论》七篇以断之，自谓无以易矣。有章表民者，作《明统论》三篇以难之。则欧阳公之论，似或有所未尽也。欧阳公谓正统不必常相继，有时而绝，斯则善矣。然谓秦得天下，无异禹、汤。又谓始皇如桀、纣不废夏、商之统，又以魏居汉、晋之间，推其本末进而正之，此则有以来章子之疑矣。章子补欧阳公思虑之所未至，谓秦、晋、隋不得与二帝三王并为正统，魏不能兼天下，当为无统，斯则善矣。然五代亦不能兼天下与魏同，乃独不绝而进之，使与秦、晋、隋皆为霸统亦误矣。足下离之，更为异等，斯又善矣。然则正闰之论，虽为难知，经三君子尽心以求之，愈讲而愈精，庶几或可以臻其极乎。是以古之人贵于切切偲偲，良有以也。如光者蠢愚冥顽，安足以窥三君子之藩篱，而敢措一辞于正闰之间？窃惟足下录此书以相示，盖亦有切切偲偲之志，非欲光为诺诺之人也。刍荛之言，明者择焉。光辱足下之厚意，岂可逆自鄙薄，不倾胸腹之所有，以尽布于左右而求采择乎？孔子曰：名不正，则言不顺。先儒谓秦为闰者，以其居二代之间，而非正统，如余居两月之间而非正月也。夫霸之为言，伯也。古者，天子立二伯分治天下诸侯。周衰，方伯之职废，齐桓、晋文能帅诸侯以尊周室，故天子册命，使续方伯之职，谓之霸主。而后世学者，乃更以皇帝王霸为德业之差，谓其所行各异道，此乃儒家之末失也。今章子以霸易闰，以失为得，恐不足遵也。夫统者，合于一之谓也。今自余以下，皆谓之统，亦恐名之未正也。又蜀先主自言中山靖王之后，而不能举其世系。后唐出于沙陀，姓朱邪氏，唐赐之姓，明宗复非庄宗之族，清泰又非明宗之子。李昪起于厮役，莫知其姓，或云湖州潘氏子，李神福俘之以为僮仆，徐温丐之以为子，及称帝，慕唐之盛，始自言姓李，初欲祖吴王恪，嫌其诛死，又欲祖郑王元懿，命有司检讨二王苗裔，有司请为恪十世孙；昪曰：历十九帝十世，何以尽之？有司请以三十年为一世，议后始定。足下云蒙先世之烈者谓之余，今三家皆谓之余，可乎？且余者岂非谓承正统之余也。今刘知远谓之闰、而刘崇谓之余，可乎？又凡不能壹天下者，或在中国，或在方隅，所处虽不同，要之不得为真天子。今以曹魏、刘石二赵、姚苻两秦、元魏、高齐、宇文周、朱梁、石晋、刘汉、郭周为闰，孙吴、刘宋、二萧齐、梁陈、慕容燕、赫连夏为偏，李蜀、吕李秃发沮渠西凉、乞伏秦、冯燕、杨吴、王孟两蜀、广南汉王闰为僭，三者如不相远，然愿更详之。彼苻氏姚氏与慕容氏赫连氏与拓跋氏一据关西，一据山东，与高齐、宇文周何以异乎？又凡天禄之不终者，传世不传世等耳。王莽虽篡窃天下，尝尽为之臣者十八年，与秦颇相类，非四夷群盗之比也。则天乃唐之母后，临朝称制，与吕后无殊，但不当革命称周耳。其后子孙相继有天下，不得谓之不终其身。今与王莽同谓之伪，亦似未安也。凡此数者，皆愚陋之所见，未必中理，愿足下采其区区之心，而不以为罪，幸甚幸甚。光再拜长官秘校足下。（《温国司马公集》卷六十一）

刘恕　通鉴问疑

道原尝谓司马君实曰：“正统之论兴于汉儒，推五行相生，指玺绂相传以为正统。是神器大宝，必当扼喉而夺之，则乱臣贼子，释然得行其志矣。若《春秋》无二王，则吴楚固周诸侯也。史书非若《春秋》以一字为褒贬，而魏、晋、南北、五代之际，以势力相敌，遂分裂天下。其名分位号异乎周之于吴楚，安得强拔一国谓之正统，余皆为僭伪哉？况微弱自立者不必书为僭，背君自立者不必书为逆。其臣子所称，亦从而称之，乃深著其僭逆也。”

君实曰：“道原言诸国名号各从臣子所称，固为通论。然修至十六国，有修不行者。至如乞伏国仁初称单于，苻登封为苑川王，乾归称河南王，前秦封为金城王，又封陇西王，进封梁王。前秦灭，乃称秦王。后降于后秦，已而逃归，复称秦王。又降于秦，为河南王。炽盘亦称河南王，又复称秦王。吕光初称酒泉公，改称三河王，后乃称梁王。秃发乌孤初称西平王，改称武威王。利鹿孤称河西王。傉檀称凉王，后去年号，降于秦，既而复称凉王。

段业称凉王，沮渠蒙逊杀业，自称张掖公，改称河西王，魏封为凉王。若此之类，当称何国？若谓之河南陇西，乃是郡名；若谓之秦、凉，则其所称又国号屡改。若不著名，知复为谁？又匹夫妄自尊大，即因其位号称之，则王莽、公孙述亦不当称姓名也。今欲将吴、蜀、十六国及五代偏据者，皆依《三十国春秋》书为某主，但去其僭伪字，犹《汉书》称赵王歇、韩王信也。至其死，则书曰卒，谥曰某皇帝，庙号某祖某宗。独南北朝书某主而不名，其崩薨之类，从旧史之文，不为彼此升降。如此以理论之，虽未为通，然非出己意，免刺人眼耳。不然，则依宋公明《纪年通谱》，以五德相承。晋亡之后，元魏继之。黜宋、齐、梁、陈、北齐、朱梁，皆如诸国，称名称卒。或以朱梁比秦，居木火之间，及比王莽，补无王之际亦可也。五德之固，出于汉儒，由是并依天道以断人事之不可断者耳。”

道原曰：“晋元东渡，南北分疆。魏、周据中国，宋、齐受符玺，互相夷虏，自谓正统。则宋、齐与魏、周，势当两存之。然汉昭烈窜巴蜀，似晋元。吴大帝兴于江表，似后魏。若谓中国有主，蜀不得绍汉为伪，则东晋非中国也，吴介立无所承为伪，则后魏无所承也。南北朝书某主而不名，魏何以得名吴、蜀之主乎？”

君实曰：“光因道原言以吴、蜀比南北朝，又思得一法。魏、吴、蜀、宋、齐、梁、陈、后魏、秦、夏、凉、燕、北齐、后周、五代诸国，名号均敌，本非君臣者，皆用列国之法：没皆称殂，王公称卒。周、秦、汉、晋、隋、唐尝混一天下，传祚后世。其子孙微弱播迁，承祖宗之业，有绍复之望，欲全用天子法以统临诸国：没则称崩，王公称薨。东晋元帝已前，称崩薨而名列国。刘备虽承汉后，不能纪其世次，犹宋高祖称楚元王后，李昪称吴王恪后。是非不可知，不得与汉光武、晋元帝为例。”

道原曰：“尝混一海内者，并其子孙用天子法；未尝相君臣者，从列国法，此至当之论也。然以晋元比光武，兹事恐未当。晋失其政，五胡纷扰，天命不常，唯归有德。若东晋德政胜，则僭伪之主，必复为臣仆。而东晋与诸国异名号，并正朔，是德政不相胜也。吴尝称臣于魏，魏不能混一四海，不得用天子法。而东晋僻在江南，非魏之比。又诸国苻健、姚苌、慕容垂等与东晋非君臣，东晋乃得用天子之法乎？若秦、夏、凉、燕及五代诸国，虽僭窃名号，皆继踵仆灭，其兴亡异于吴、蜀、南北朝，此黜之不当疑也。”

君实曰：“道原黜秦、夏、凉、燕及五代诸国，愚虑所不到者。然欲使东晋与五胡并为敌国，则与光所见异。晋元乃高祖曾孙琅邪嫡嗣，其镇建邺，加镇东，皆西朝诏除也。怀、愍既死贼庭，天下推戴元帝者，时宗室领藩镇最亲者强盛，元帝而已。晋尝奄有四海，兼制夷夏。苻、姚、慕容垂等，虽身不臣晋，其父祖皆晋臣。而东晋之视苻、姚，犹东周之视吴、楚也。魏、吴俱为列国，岂能相臣？吴称臣于魏，犹勾践之事夫差、石勒之事王浚，非素定君臣之分者也。然不知晋武帝、隋文帝之初，吴主、陈主当称'吴主皓'、'陈主叔宝'、'萧琮附庸'为当名否？晋未平吴之前，欲如魏世与吴抗敌，宜如魏世用列国法。晋传于宋、宋传于齐、齐传于梁、梁传于陈，当用宋、齐、梁、陈年号以纪诸国事迹。陈亡之后，用隋年号。隋未平陈以前，称隋主而不名。萧琮为后周附庸，与梁、陈非君臣，梁、陈不当名萧琮也。"（《四库全书》本）

廖行之　问正统策

问：自三才奠列，君与天地俱尊，以为天下万类之宗王。正统所在，天下归之。庖牺氏始有号见焉，岂天下以是名其尊欤？抑其自名也？自皇之号既立，于后曰帝曰王，皆名也，则奚其异？而曰以道以德以业言者，果当时称号之意欤？其亦后世逆料而为之说欤？然而君天下者，非徒名也，亦必有道矣。尧舜氏始不私其有，择贤以传天下，学者皆言揖逊之事昉于此，岂古者诚未之有，及尧舜而创见欤？何其盛德至高而不可及也？然二《典》第记尧舜相与授受之大略，而亦不言揖逊自尧舜始，何耶？后之学者，亦何所见，而谓始于尧舜耶？禹能当舜与贤之举，所守一道，然而与子之事，为万世不易之法。三王祖之，历世绵长，此天下之大经也。孟子论之，乃悉举而一归之天，圣人之心，固与天一，尧舜禹授受之道，恶可以同异观欤？抑天之道，每与圣人相因，而不可以常情论也。洪惟国家高宗寿皇，尧父舜子，雍容授受，道迈隆古，盖自揖逊以来，实有光焉。圣上丕承慈训，嗣无疆之历，正统巍然，与天地并。其视尧舜禹之传，三朝之盛，兼有其美，帝王之极际，莫大于此。诸君盍相与论：庖牺氏以来皇帝王所君天下相传之道，与尧舜禹之心，参以孟轲氏之说，以推明我国家三圣授受之隆，扬搉铺张以尽归美之实，正学者考古知今事也，毋略。（《省斋集》卷九）

张栻　经世纪年序

太史迁作《十二国世表》，始纪甲子，起于成周共和庚申之岁，庚申而上则莫纪焉。历世寖远，其事杂见于诸书，靡适折衷，则亦传疑而已。本朝嘉祐中，康节邵先生雍出于河南，穷往知来，精极于数，作《皇极经世书》，上稽唐尧受命甲辰之元，为编年谱。如云外丙仲壬之纪，康节以数知之，乃合于《尚书》。成汤既没，太甲元年之说，成汤之后，盖实传孙。孟子所说，特以太丁未立而卒，方是时，外丙生二年，仲壬生四年耳。又正武王伐商之年，盖武王嗣位十一年矣，故《书序》称十有一年，而复称十有三年者，字之误也。是类皆自史迁以来传习之谬。一旦使学者晓然得其真，万世不可改者也。某不自揆，辄因先生之历，考自尧甲辰至皇上乾道改元之岁，凡三千五百二十有二年，列为六图，命之曰《经世纪年》，以便观览。间有鄙见，则因而明之。其大节目有六：如孟子谓尧舜三年之丧毕，舜禹避尧舜之子而天下归之，然后践天子位，此乃见帝王奉天命之大旨，其可暗而弗彰？故于甲申书服尧之丧，乙酉书践位之实，丙戌书元载，格于文祖；自乙酉至丁巳，是践位三十有三载也。则书荐禹于天，与《尚书》命禹之辞合；自丁巳至癸酉，是荐禹十有七年也，与孟子之说合。于禹受命之际，书法亦然。然而书称舜在位五十载，陟方乃死，则是史官自尧崩之明年通数之耳。夏后相二十有八载，寒浞弑相。明年少康始生于有仍氏，凡四十年而后祀夏，配天不失旧物，寒浞岂可使间有夏之统？故缺此四十载不书，独书少康出处，而纪元载于复国之岁，以见少康四十年经营宗祀绝而复续，足以为历代中兴之冠冕。（今按张氏此序成于乾道间，所谓四十年经营中兴者，盖以少康之所历如此其久以讽时也，然而，事情不同。）于新莽之篡，缺其年，亦足以表光武之中兴也。汉吕太后称制，既不得系年，而所立他人子，名为少帝者，又安得承统？故复缺此数年，独书曰吕太后临朝称制，亦范太史祖禹系嗣圣纪年之意也。汉献之末，曹丕虽称帝，而昭烈以正义立于蜀，不改汉号，则汉统乌得为绝？故献帝之后，即系昭烈年号，书曰蜀汉。逮后主亡国而始系魏。凡此皆节目之大者。妄意明微扶正，不自知其愚也。其他如夏以上称载，商称祀，周始称年，皆考之书可见；而《周书·洪范》独称祀者，是武王不欲臣箕子，尚存商立箕子之志也。由魏以降，南北分裂，如元魏、北齐、后周皆夷狄也，故统独系于江南。五代迭揉，则都中原者，不得不系之。嗟乎！世有古今，太极一而已矣。太极立则通万古于一息，会中国为一人，虽自尧而上六，阏逢无纪，然上圣惟微之心，盖未尝不周流该遍，亘乎无穷而贯于一也。是以《春秋》书元以著其妙用，成位乎其中者也。人君明斯义，则首出庶物，天地交泰，极裁成辅相之妙矣。为人臣而明斯义，则有以成身而佐其主矣。若夫

《易》、《春秋》之用不明，则经世之旨不几于息乎？乾道三年正月甲子谨序。（《五百家播芳大全文粹》卷一二三；《文献通考》卷一九三，有删节）

李焘　帝王历纪谱跋

其载帝王历纪殊少，序诸侯卿大夫之世颇详，而《崇文总目》正名《帝王历纪谱》，今从之。旧题云：秦相荀卿撰。荀卿未尝相秦，其缪妄立见，盖田野陋儒依托以欺末学耳。故笔削最无义例，前后牴牾，不可偏举。而所著族系，又与《世本》不同。质之司马迁、杜预，亦复差异，不知撰者果证何书也？其血脉间有强附横入，灼然非类者。要当厘正之，顾不敢轻改，姑仍其旧，使学者自择焉。篇首尾杂引《左氏传》中语，事既残缺不属，字画讹舛尤甚，往往不可句读。参考《左氏传》，略加是正，十仅得四五云。其他政如棼丝结发，未易一二爬梳也。（《蜀文辑存》卷五十三）

朱熹　资治通鉴纲目序例

先正温国司马文正公受诏编集《资治通鉴》，既成，又撮其精要之语，别为目录三十卷并上之。晚病本书太详，目录太简，更著《举要历》八十卷，以适厥中而未成也。至绍兴初，故侍读南阳胡文定公始复因公遗稿，修成《举要补遗》若干卷，则其文愈约而事愈备矣。然往者得于其家而伏读之，犹窃自病记识之弗强，不能有以领其要而及其详也。故尝过不自料，辄与同志因两公四书，别为义例，增损檃括，以就此编。

盖表岁以首年：

逐年之上，行外书某甲子，遇甲字子字则朱书以别之。虽无事，依《举要》亦备岁年。而因年以著统；

凡正统之年岁下，大书；非正统者，两行分注。

大书以提要：

凡大书有正例，有变例。正例如始终兴废、灾祥沿革，及号令、征伐、杀生、除拜之大者。

变例如不在此例，而善可为法，恶可为戒者，皆特书之也。

而分注以备言：

凡分注有追原其始者，有遂言其终者，有详陈其事者，有备载其言者，有因始终而见者，有因拜罢而见者，有因事类而见者，有因家世而见者；有温公所立之言，所取之论；有胡氏所收之说，所著之评。而两公所遗，与夫近世大儒先生折衷之语，今亦颇采，以附于其间云。

使夫岁年之久近，国统之离合，事辞之详略，议论之同异，通贯晓析，如指诸掌，名曰《资治通鉴纲目》，凡五十九卷，藏之巾笥，姑以私便检阅，自备遗忘而已。若两公述作之本意，则有非区区所敢及者。虽然，岁周于上，而天道明矣；统正于下，而人道定矣；大纲概举，而监戒昭矣；众目毕张，而几微著矣。是则凡为致知格物之学者，亦将慨然有感于斯，而两公之志或庶乎其可以默识矣。因述其指意条例如此，列于篇端，以俟后之君子云。乾道壬辰夏四月甲子，新安朱熹谨书。（《朱文公集》卷七十五）

按：附全祖望《纲目书后》："《纲目》原未成之书。贺善以为《纲目》之成，朱子甫逾四十，是后修书尚九种，非未成者，又力言朱子手著。但观朱子与赵师渊书，则是书全出讷斋，其本之朱子者，不过凡例一通，余未尝有所笔削。"（《鲒埼亭集外编》卷三十四）

叶适 纪年备遗序

孔子没，统纪之学废。汉以来，经史文词裂而为三，它小道杂出，不可胜数。殚聪明于微浅，自谓巧智不足以成德，而人材坏矣。王通二司马缉遗绪，综世变，使君臣德合以起治道，其粗细广略不同，而问学统纪不辨，不可杂也。平阳朱黼，因《通鉴稽古录》章别论著，始尧舜迄五代，三千余篇，述吕武王莽，曹丕朱温，皆削其纪年以从正统。曰：吾为书之志也，书法无大于此矣。报仇明耻，贵夏贱夷，其次也。凡民人家国之用，制度等灭之异，皆为说以处之；众言之淆乱，则折而一之；讹谬之相承，则厘而正之；南北华戎之离合争夺之碎，人所厌简，亦备论之。该括既多，而条目众矣。所以存世次，观兴坏，本经训，原事实，芟理芜蔓，显发精隐。扶树正义，搜举坠逸，不以华为辨，不以意为觉，无偏驳之说，无新特之论。反而约之，知其能费而隐也；时而措之，知其能曲而当也。呜呼！此岂非学者之所当尽其心欤？何后世用力者之难，而成功者之寡也。自董仲舒推明孔氏，犹不能无讥，况马郑王肃之伦哉！故余于此书，切有叹焉。所谓复而不厌，不知老之将至者几是欤！黼字文昭。初，陈公君举未壮讲学，文昭年差次最先进，及后来取名官，弁冕接踵，而文昭蓬累，耕南荡上，山水叠重，声迹落落，人不知其能传陈公之业也。一旦此书出，义理所会，宝藏充斥，遂为成学，而陈公卒久矣。相与论旧事，追念怆然。然则文昭岂徒以博习自是而已哉！后有欲知陈公者，于此书求之可也。（《水心先生文集》卷十二）

附朱彝尊《永嘉朱氏纪年总辨序》："永嘉先生者，宋平阳布衣朱黼文昭也。陈君举（傅良）讲学东瓯，文昭年相差次，首著录门下，又与叶正则定交。二公出仕，文昭奉母杨，躬耕南雁荡山。君举谓其屡举不第而业益修，谢客深居而士益附，续史家之绪，论撰不休。正则美其有贤母教以篇章，书成百卷。又言其独钓孤耘，蜑浦蛮村，盖遁世之士也。所著《纪年备遗》百卷，正则作序，谓其本《通鉴稽古录》，而以吕雉、王莽、曹丕、武曌、朱温皆削去纪年，义理所会，无偏驳之说，斯长于识者已。今之存者，特三国、六朝、五代偏安本末二十八卷，目录四卷。开禧丁卯，锦溪吴奂然景仲序之，非足本也。当日文昭母杨年八十有六而终，实教之笔削，见正则挽诗，此彤管所当特书者，而府县志不书，于是乎书。"（《曝书亭集》卷三十五。文中正则，即叶水心也。）

黄裳　帝王绍运图（说）

《帝王绍运图》，自五帝以降，迄于国朝，凡一百九十五君，历三千五百余年。世道之理乱，王统之离合，于斯可睹矣。昔温国公司马光之言曰：周室东迁以来，王政不行，诸侯并僭，分崩离析，不可胜纪，凡五百有五十年而合于秦。秦虐用其民，十有一年，而天下乱，又八年而合于汉。汉为天子二百有六年而失其柄，王莽盗之十有七年而复为汉。更始不能自保，光武诛僭伪，凡十有四年然后能一之。又一百五十有三年，董卓擅朝，州郡瓦解，更相吞噬。至于魏氏，海内三分，凡九十有一年而合于晋。晋得天下，才二十年，惠帝昏愚，宗室造难，群胡来衅，浊乱中原，散为六七，聚为二三，凡二百八十有八年而合于隋。隋得天下才二十有八年，炀帝无道，九州幅裂，八年而天下合于唐。唐得天下一百有三十年，明皇恃其承平，荒于酒色，养其疽囊，以为子孙不治之疾，于是渔阳窃发，而四海横流矣。肃、代以降，方镇跋扈，号令不从，朝贡不至，名为君臣，实为仇敌。陵夷衰微，至于五代，三纲颓绝，五常殄灭，怀玺未暖，处宫未安，朝成夕败，有如逆旅，祸乱相寻，战争不息，流血成川泽，聚骸成丘陵，生民之类，其不尽者无几矣。于是太祖皇帝受命于上帝，起而拯之，躬擐甲胄，栉风沐雨，东征西伐，扫除海内。当是之时，食不暇饱，寝不遑安，以为子孙建太平之基；大勋未集，太宗皇帝嗣而成之，凡二百二十有五年，然后大禹之迹复混而为一，黎民遗种，始有所息肩矣。由是观之，上下一千七百余年，天下一统者，五百余年而已。呜呼！以图之所载，与光之所言，合而观之，则知自古及今，治不能十一，而乱常八九，为君者亦可以知所戒矣。（《江苏通志稿·金石》卷十七、《宋代蜀文辑存》卷七十一）

周密　论正闰

正闰之说尚矣。欧公作《正统论》，则章望之著《明统论》以非之。温公作《通鉴》，则朱晦庵作《纲目》以纠之。张敬夫亦著《经世纪年》，直以蜀先主上继汉献帝。其后庐陵萧常著《后汉书》，起昭烈章武元年辛丑，尽后主炎兴元年癸未。又为吴、魏《载记》。近世如郑雄飞亦著为《续后汉书》，不过踵常之故步。最后翁再又作《蜀汉书》，此又不过拾萧郑弃之竹马耳。盖欲沽特见之名，而自附于朱张也。余尝闻徐谊子宜之言云：立言之人与作史记之体不同，不可以他文比也。故圣人以《秦誓》次于帝王之后，亦世衰推移，虽圣人不能强黜之。汉儒虽以秦为闰位，亦何尝以汉继周耶？若如诸公之说，则李昪自称为吴王恪之后，亦可以续唐矣。余尝见陈过圣观之说甚当，今备录于此云。《纲目序例》有云："表岁以首年，而因年以著统。"自注其下云："正统之年岁"下大书"非正统者"，两行分注。或问《纲目》主意于朱子。曰："主在正统。"又曰："只是天下为一，诸侯朝覲，狱讼皆归，便是正统。"夫正闰之说，其来久矣。甲可乙否，迄无定论。盖其论无论正统之有无，虽分裂之不一，或兴创而未成，必择其间强大者一国当之，其余不得与焉。此其论所以不定也。自《纲目》之作，用《春秋》法，而正统所在，有绝有续，皆因其所建之真伪、所有之偏全，斟酌焉以为之予夺。此昔人所未及，今历考之。自周之亡，秦与列国分注而为首，此正统之一绝也。始襄王五十二年至始皇二十六年初并天下，遂得正统，此正统之一续也。二世已亡，义帝虽为众所推，不得正统，特先诸国而已，此正统之再绝也。义帝亡而西楚为首，至汉高帝之五年始得正统，此正统之再续也。王莽始建国之年，尽有汉天下矣，虽无他国，亦从分注，此正统之三绝也。更始之主，虽汉子孙，而为诸将所立，犹不得绍统。光武即位，乃得正统，此正统之三续也。汉献帝之废，昭烈承之，虽在一隅，正统赖以不绝。后主亡而魏、吴分注，此正统之四绝也。晋武平吴亦得正统，此正统之四续也。愍帝亡而元帝中兴，虽在江南，而正统未绝。安帝为桓元所篡，未几返正，以至恭帝禅宋而与魏分注，此正统之五绝也。自是历齐、梁、陈、魏、齐、周，南北分注，比之隋文平陈而后得正统，此正统之五续也。隋恭帝侑废，而越王侗与唐高祖分注，此正统之六绝也。高祖武德五年乃得正统，此正统之六续也。昭宣帝为朱全忠所篡，而晋与淮南，以其用唐年号，特先梁而分注，此正统之七绝也。自是历后唐、晋、汉、周皆不得正统，可谓密矣。然正统之兼备，自三代以后，五季以前，往往不能三四。秦亡而汉高以兴，隋亡而唐高以王，正统之归，吾无间然。他如秦以无君无亲嗜杀人，隋以外戚有反相，而皆得天下，是皆始不得其正者。得其次如晋武帝袭祖父不义之业，卒以平吴一统，而与秦、隋俱得正统，此其所未安也。有正者其后未必有统，以正之所在，而统从之可也。有统者，其初未必有正，以统之所成，而正从之，可乎？以秦、晋及隋概之羿莽，特有成败有不同耳。顾以其终于伪定，而以正归之，殆于不可。故尝为之说曰：有正者不必有统，非汉唐不与焉；有统者不必有正，虽秦、隋可滥数。夫有正者，不责其统以正之，不可废也；有统者，终与之正，是不特统与正等，为重于正矣。无统而存其正统，犹以正而存也；无正而与之统，正无乃以统而泯乎？若曰：纪事之法，姑以是提其要耳，正与不正，万世自有公论。则昔人正闰之论犹不能一，而以是断汉魏之真伪，吾恐犹以彼三者藉口也。何以言之？以正言之，则正者为正，不正者为国。以统言之，则正固正也，统亦正也。今而曰“朝觐狱讼皆归便是正统”，却使不得正统，如南北十六国、五代十国，有能以智力取天下，而不道如秦、晋与隋者，其必以正统归之矣。庄周有言：“窃钩者诛，窃国者王。”此言虽小，可以喻大。盖南北十六国、五代国，窃钩者也；秦、晋及隋，窃国者也。彼惛惛不知，有如曹丕凭藉世恶，幸及其身，而舜禹之事吾知之矣，然世有公论在也。今以朱子正统之法而使秦、晋及隋乃幸得之，使其尚存，其以计得者，将不以曹丕自说而幸己之不与同传；其以力得者，将又不曰汤武之事，吾知乎是，后世无复有公论也而可乎？夫徒以其统之幸得，而遂畀以正，则自今以往，气数运会之参差，凡天下之暴者、巧者、侥幸者，皆可以窃取而安受之，而枭獍蛇豕豺狼，且将接迹于后世。为人类者，亦皆俯首稽首厥角，以为事之理之当然，而人道或几乎灭矣！天地将何赖以为天地乎？窃谓三代而下，独汉唐本朝可当正统，秦晋与隋有统无正者，当分注。薰莸珷玉，居然自明。汉魏之际，亦有不待辨者矣。（《癸辛杂识》后集，又载入《图书集成》卷一六九《帝统部》）

郑思肖　古今正统大论

后世之论古今天下正统者，议率多端。自《春秋》后，史笔不知大伦所在，不过纪事耳。纪事而不明正理，是者非，伪者正，后世无以明其得失，诸史之通弊也。中国之事，系乎正统；正统之治，出于圣人。中国正统之史，乃后世中国正统帝王之取法者，亦以教后世天下之人，所以为臣为子也。岂宜列之以嬴政、王莽、曹操、孙坚、拓跋珪、十六夷国等，与中国正统互相夷虏之语，杂附于正史之间？且书其秦、新室、魏、吴、元魏、十六夷国名年号及某祖某帝朕诏太子封禅等事，竟无以别其大伦。先主为中山之后，本称汉，陈寿作史，降之曰蜀。于逆操史中，乃称“蜀丞相诸葛亮入寇”，若此等类，岂不冤哉？臣行君事，夷狄行中国事，古今天下之不祥，莫大于是。夷狄行中国事，非夷狄之福，实夷狄之妖孽。譬如牛马，一旦忽解人语，衣其毛尾，裳其四蹄，三尺之童见之，但曰牛马之妖，不敢称之曰人，实大怪也。《中庸》曰：“素夷狄行乎夷狄。”此一语盖断古今夷狄之经也。拓跋珪十六夷国，不素行夷狄之事，纵如拓跋珪（伪称元魏，伪谥文帝）之礼乐文物，僭行中国之事以乱大伦，是衣裳牛马而称曰人也，实为夷狄之大妖。宁若即夷狄而行夷狄之事，以天其天也。君臣华夷，古今天下之大分也，宁可紊哉？若夫夷狄风俗兴亡之事，许存于本史，如国号类中国之号（所谓僭号元魏是也），及年号某祖某帝某皇后太子朕诏封禅郊祀太庙等事，应犯天子行事等语，苟不削之，果与中国正统班乎？若国名素其猃狁单于之号，及官职州县并从之，犹古之列国，亦犹古者要荒之外，夷狄之地。古者圣人得柔远之道，所以不致再犯分；御之失道，则猖獗四驰矣。或曰：拓跋氏及今极北部落，皆黄帝后，姑假之亦可。曰：譬如公卿大夫之子孙，弃堕《诗礼》，或悦为皂隶，或流为盗贼，岂可复语先世之事，而列于君子等耶？况四裔之外，素有一种孽气，生为夷狄，如毛人国、猩猩国、狗国、女人国等，其类极异，决非中国人之种类，开辟以后即有之，谓黄帝之后、夏后氏之后则非也。孟子曰：“舜、文，东夷西夷之人也。”《史记》曰：“舜，冀州人也。”黄帝之子昌意七世孙。且文王之先，尝避狄难矣，未可遽以东夷西夷之说而论舜文也。

舜文大圣人，岂可执东夷西夷之语例论后世夷狄也哉？其曰《北史》，是与中国抗衡之称，宜黜曰《胡史》，仍修改其书，夺其僭用天子制度等语；其曰《南史》，实以偏方小之，然中国一脉系焉，宜崇曰《四朝正史》（《南史》但载宋、齐、梁、陈，故曰四朝），不亦宜乎？嬴政不道，王莽篡逆，刘玄降赤眉，刘盆子为赤眉所挟；五代篡逆尤甚，冥冥长夜，皆不当与之。普六茹坚，小字那罗延（僭称隋，僭谥文帝，普六茹译姓曰杨），夺伪周宇文阐之土，而并僭陈之天下，本夷狄也。魏徵犹引杨震十四世孙书之，此必普六茹坚援引前贤以华族谱云。并宜黜其国名年号，惟直书其姓名及甲子焉。如遇某祖某帝朕诏封禅郊祀太子等事，宜书曰普六茹某僭行某事。吕后称制八年，武后称制廿一年，牝雏之晨，俱恶逆事，书法同前，但仍书曰吕后。但武后本非高宗后，其名不正，亦不当以后书之。如自古以来，诸国之名仍存之，盖出于天子之所封也。若论古今正统，则三皇、五帝、三代、西汉、东汉、蜀汉、大宋而已。司马绝无善治，或谓后化为牛氏矣。宋、齐、梁、陈，藐然缀中国之一脉四姓廿四帝，通不过百七十年，俱无善治，俱未足多议。故两晋、宋、齐、梁、陈，可以中国与之，不可列之于正统。李唐为晋《载记》凉武昭王李暠七世孙，实夷狄之裔，况其诸君家法甚缪戾，特以其并包天下颇久，贞观、开元，太平气象，东汉而下，未之有也，姑列之于中国，特不可以正统言。夷狄行中国之事曰僭，人臣篡人君之位曰逆，斯二者，天理必诛。王莽、曹操为汉臣，逆也；普六茹坚乃夷狄，吕后、武后乃妇人，五代八姓乃夷狄盗贼之徒，俱僭也，非天明命也。以正而得国，则篡之者逆也。如逆莽、逆操篡汉之类是也。不以正而得国，则夺之者非逆也。汉取嬴政之国，唐取普六茹坚之国，大宋取柴宗训之国是也。善乎僭唐李亶（僭谥明宗）露祷于天曰："臣本夷狄，愿天早生圣人，吊民伐罪。"如汤、武则可。孔子曰："《武》尽美矣，未尽善也。"汤、武忧天下无君，伯夷忧后世无君，断之固有理。后世必借汤、武之事，以长君之恶。李觏曰："汤、武非圣人。"亦宜。圣人、正统、中国本一也，今析而论之，实不得已。是故得天下者，未可以言中国；得中国者，未可言正统；得正统者，未可以言圣人。唯圣人始可以合天下，中国、正统而一之。子路问卫君待子为政，子将奚先？子曰："必也正名乎！名不正言不顺，事不成，礼乐不兴，刑罚不中，民无所措手足。"大哉正名一语乎！其断古今之史法乎？名既不正，何足以言正统？与正统者，配天地，立人极，所以教天下以至正之道。彼不正欲天下正者，未之有也。此其所以不得谓之正统。或者以"正而不统，统而不正"之语以论正统，及得地势之正者为正统，俱未尽善。古之人君，有天下而不与，以天下为忧。后人之君，执天下为己物，以天下为乐。夫以天下为忧，则君子道行；以天下为乐，则小人道行，此古今治乱之由分也。治则天下如泰山之安，不可摇动，一或不然，朵颐神器者至矣，此天下不容长一统也。有天下者可不敬欤？夫《春秋》一书，天子之事，夫子无位，即鲁史之名，书天下之事，不独为周作史，实为天下万世作史。尊天王，抑夷狄，诛乱臣贼子，素王之权，万世作史标准也。邵尧夫历始于尧甲辰极有理，或谓神农传至榆罔共八代五百余年。盖尧而上，实难考之。有穷氏绝夏祀四十载，南轩以甲子书之，尤得史法。晦庵《通鉴纲目》曰莽大夫、晋贞士之类，固得之，然犹有未尽也。欧阳永叔《正统论》，辨秦非闰位，亦未然。朱晦庵取范祖禹《唐鉴》良善，其中尚当定数字，此我犹有志于作《正统通鉴》之书。大抵古今之事，成者未必皆是，败者未必皆非。史书犹讼款，经书犹法令，凭史断史，亦流于史；视经断史，庶合于理。谬例、失实、泛书，史通之弊，最不可不察。或曰：数千载事，今约以一篇之文断之，不亦太简乎？曰：古今一理耳。千古之下，论正统决不易于是，惟识大体者必以我言为当，庶几正统永不坠绪。我经大乱后，烛人事之变，遂通古今上下而定之，确然以正统僭逆之事为论，思之三年然后定，参错前辈议论，断以己见，惟主于理以为权衡。厥今统绪坠地，斯民怅怅然盲行，可痛可伤！深欲即诸史《通鉴》之文，痛辨大义，悉删繁务，考证得失，纂定书法，以明正统、僭、逆之事为第一义。并削僭逆之号，用天子事例之类，宜直书姓某名某僭行某事，目之曰《正统通鉴》。仍自三皇始，肇其正统之源，至尧始书甲辰，然亦不过统论尧时事。自夏以后，渐用编年。其大不可考者，决不可以意补，宜如夏五法。或谓予曰：《正统通鉴》理宜只载正统之事，君所谓三皇、五帝、三代、两汉、蜀汉、大宋而已，其他如两晋、宋、齐、梁、陈，虽曰中国，恐不可书以紊《正统通鉴》之名。曰：当知《正统通鉴》四字，是举大《纲目》之名。两晋以下，其实附之以续编年。至于嬴政、王莽、普六茹坚、五代则直书其名，亦以附编年，不如此则上下不贯续也。若曰《正统通鉴》全书，我心绪凋瘵，家事凄薄，绝无书籍可为凭藉，况其间毫发予夺之权，费订正者甚多，实非一二十年不足以办此书。况先人有未毕之遗书在，为人子者未能足其文，乃私成己见之书，实犯不韪。且万世赏罚之权，实为大事，非忠烈明敏者不能辨察于毫末之间，揆我之才，实恐有所不及焉，尚有赖于后之识正统大义之君子。（《心史》）

按：全祖望《心史题词》："所南别有《锦线集》，明崇祯中尚存。梨洲先生曾见之，余今求之不得，但从《永乐大典》得见其奇零者；向使是书而在，以之对勘《心史》，当有败阙。"（《鲒埼亭集外编》卷三十四）谢山盖认《心史》为伪书。

金　大金德运图说

大金德运议

自前来议论有四说：不论所继，只为金德，刑部尚书李愈之说也。继唐土运为金德，户部尚书孙铎、太常卿杨庭筠等之说也。继辽水运为木德，秘书郎吕贞幹之说也。继宋火运为土德，太常丞孙人杰之说也。大理卿完颜萨喇、直学士温特赫、大兴校理珠嘉珠敦等，皆以为合继宋运为土德。后奉章宗敕旨，继唐底事，必定难行。继宋底事，莫不行底么？吕贞幹所言，继辽底事，虽未尽理，亦可折正；不然只从李愈所论。本朝得天下，太祖以国号为金，只为金德复如何。尚书省奏辽据一偏，宋有中原，是正统在宋，其辽无可继。张邦昌、刘豫皆本朝取宋以后命立之，使宋河南、山东、陕西之地，即本朝之臣耳。吕贞幹何得言齐、楚更霸，不可强继宋孽。李愈所论太祖圣训，即是分别白黑之姓，非关五行之叙。皇朝灭宋，俘其二主，火行已绝，我承其后，赵构假息江表，与晋司马睿何异？若准完颜萨喇、孙人杰等所议，本朝合继火德，已绝汴梁之宋，以为土德，是为相应，奉敕旨准奏行。今来见奉圣旨：本朝德运公事教商量，奉到如此。今则见有一议论，以谓汴宋既亡，刘豫嗣掌齐国，本朝灭齐，然后混壹中原。宋为火，火生土，刘齐当以土运，土生金，本朝合为金德。

附　省札

贞祐二年二月初三日承省札。礼部呈该承省札。奉圣旨：本朝德运公事教商量。事缘为事关头段拟乞选官再行详议，尚书省相度合准来呈。今点定下项官须议指挥：太子太傅张行简，太子太保富察乌叶（解任），吏部尚书完颜伯特，越王傅完颜伊尔必斯，谏议大夫张行信，翰林待制完颜乌楚，直学士赵秉文，大理卿李居柔，刑部郎中富察伊尔必斯，吏部员外郎纳塔谋嘉，户部郎中赫舍哩乌噜，左司谏吕卿云，濮王府尉阿里哈希卜苏，右拾遗田庭芳，刑部员外郎吕子羽，修撰富珠哩阿拉，修撰舒穆噜世勣，修撰费摩谙达登，应奉崔禧，应奉黄裳，应奉穆颜乌登，编修王仲元。右仰就便行移逐官不妨本职及已委勾当同共讲究施行，不得违错，准此。（《大金德运图说》，《四库全书珍本》四集第一二一册）

元　杨奂　正统八例总序

呜呼！正统之说，祸天下后世甚矣。恨其说不出乎孔孟之前，得以滋蔓弥漫而莫知翦遏也。通古今考之，既不以逆取为嫌，而又以世系土地为之，重其正乎，后之逆取而不惮者，陆贾之说唱之，莽、操祖而诲之也。不曰予有惭德，不曰武未尽善也。以汤、武之顺天应人，而犹以为未足，况尔耶？以世系言，则禹、汤、文、武与桀、纣、幽、厉并矣。不曰贼仁者谓之贼，贼义者谓之残，残贼之人谓之一夫，而容并之。以土地言，则秦之灭六国，晋之平吴，隋之平陈，苻秦之窥伺梁魏，周齐之交争不息者所激也。不曰以力假仁者霸，霸必有大国；以德行仁者王，王不待大，汤之七十里，文王之百里，以王道为正也。王道之所在，正统之所在也。不然，使创者不顺其始，守者不慎其终，抑有以济？夫人主好大喜功之欲，必至縻烂其民而后已，其为祸可胜计耶？是以矫诸儒之曲说，惩历代之行事，蔽以一言，总为八例，曰得、曰传、曰衰、曰复、曰与、曰陷、曰绝、曰归。孰为得？若帝挚而后陶唐氏得之，夏、殷绝而汤、武得之是也。以秦、隋而始年，必书曰得，何也？庶几乎令其后也。未见其甚而绝之，私也；见其甚而不绝，亦私也。一世而得，再世而传，固也。武德、贞观之事，既书高祖曰得，继之曰太宗得之，何也？原其心也。其心如之何？谓我之功也；功著矣，夺嫡之罪，其能掩乎？而曰传者，诞也。悲夫！虔化之兵未洗，灵武之号又建，启之不正，习乱宜然，是故君子惜之，此变例之一也。孰为传？曰尧而舜，舜而禹，禹而后启，周之成康之类是也。曰衰者何？如周道衰于幽、厉，汉政衰于元、成之类是也。曰复者何？如少康之布德，太甲之思庸，宣王之修明文武之功之类是也。晋惠中宗则异于是，所谓反正者也，故附见之，此蒋乂之论也。惠帝既复而夺之，何也？咎其为贾后所制，至废其子，以成中外之乱，德之不刚也。德之不刚，君道失矣。犹中宗改号，而韦后与政，使武氏之烬复著也。曰与者何？存之之谓也。有必当与者，有不得不与者：昭烈帝室之胄，卒续汉祀，必当与者也；晋之武帝，元魏之孝文，不得不与者也。昭烈进，魏其黜乎？曰：莽、操之恶均，却莽而纳操，诚何心哉？党魏媚晋，陈寿不足责也。而曰不取于汉，取于群盗之手，其奖篡乎？魏、晋而下，讫于梁、陈，狃于篡弑，若有成约，今日为公为相，明日进爵而王矣。今日求九锡，明日加天子冕旒，称警跸矣。今日僭皇帝位，降其君为王为公，明日害之而临于朝堂矣。吁！出乎尔者反乎尔，其亦弗思矣乎！史则书之受禅，先儒则目为正统，训也哉！曰晋不以为得者何？斥其攘魏也。斥而与之，何也？顺生顺，逆生逆，天也。天之所假，能废之哉？曰后乎此者，不得与斯，何也？恶之也。何恶之？恶其长乱也。不然，乱臣贼子曷时而已乎？《公羊》曰："录内而略外。"舍刘宋取元魏，何也？痛诸夏之无主也。大明之日，荒淫残忍抑甚矣。中国而用夷礼则夷之，夷而进于中国，则中国之也。且肃宗扫清巨盗，回轸京阙，不曰复而曰与，何也？暴其自立也。五代而与明宗柴郭，何也？贤明宗之有王者之言也，"愿天早生圣人"是也。周祖以其厚民而约己也。世宗不死，礼乐庶乎可兴，奈何不假之年，而使格天之业，殒于垂成也！曰陷者何？夏之有穷浞，汉之有诸吕、新室。晋之永嘉之祸，唐之武、韦、安、史、巢、温之僭叛是也。始皇十年而从陷例，何也？曰置秦于大乱不道者，始皇也。诱始皇于大乱不道者，李斯也。人主之职，在论一相，是年也，斯之复相之年也。恶恶者疾，故揭为不哲之鉴，以著辅相之重也。曰景帝即位之初，明帝之永平八年而书陷者何？以短通丧而启异端也。短通丧者，灭天性也；启异端者，乱天常也。虽出承平之令主，而不正其失，何以严后世之戒？曰绝者，自绝之也，桀、纣、胡亥之类是也。曰归者何？以唐虞虽有丹朱、商均，而讴歌讼狱归于舜、禹，桀、纣在上，而天下臣民之心归于汤、文矣。曰汉之建安十三年，系之刘备何也？以当阳之役也。夫我不绝于民，民其绝我乎？《诗》之《皇矣》，乃眷西顾，求民之莫，斯其旨也。商周之交，纣德尔耳。悠悠上天，不忍孤民之望，亟求所以安之，而其意常在乎文王之所，以潜德言也。曰归或附之以陷，何也？示无二君也。敢问唐虞之禅，夏后殷周之继，存而不论，何也？曰圣人笔削之矣。起于周敬王之癸亥，何也？曰痛圣人既殁，微言之不闻也。而周之世，书秦之事，何也？著其渐也。秦之叛僭不能制，则周之弱见矣。秦人承三代之余，混疆宇而一之？师心自恣，绝灭先王典礼，而专任执法之吏，厉阶既作，流毒不已，呜呼！王道之不明，赏罚之不修久矣。然则发天理之诚，律人情之伪，舍是孰先焉？曰通载者，二帝三王，致治之成法；桀、纣、幽、厉，致乱之已事也。曰通议者，秦、汉、六朝、隋、唐五季所以兴亡之实迹也。因以仰述编年之例，具录而无遗，索其梗概，不过善可以为训，恶可以为戒而已。前哲之旨，果中于理，所取也，敢强为之可否？苟为外于理，所去也，必补之以鄙见者，将足成其良法美意也，而忍肆为斩绝不根之论，徒涉于乖戾耶？盖得失不尔则不著，善恶不尔则不分，劝戒不尔则不明。虽绵历百千世，而正统之为正统昭昭矣。卓然愿治之君，苟察斯言而不以人废，日思所以敦道义之本，塞功利之源，则国家安宁长久之福，可坐而致，其为元元之幸，不厚矣乎！（《还山遗稿》上，《元文类》三十二）

姚燧　国统离合表序

走未壮时，读《通鉴纲目》书于苏门山，尝病国统散于逐年事首，不能一览而得其离合之概焉。因年经而国纬之，如《史记》诸表，私藏诸篚，遇有疑忘，即是而叩，无异多闻博识之见告者，四十年矣。是岁之秋，同门友许君得卿，自金陵过宣，留语再月，间以示之。得卿善其非出己意而新奇为说，特抽《纲目》所有，汇而为编，虽刊置凡例之后，犹不谓僭。而校官刘君德恭方刊胡公《读史管见》于宣庠，闻之，谓因是工可断手于旬浃。遂取徽建二本重勘校之，得三误焉：其一建安二十五年，徽作延康元年。凡例曰：中岁改元无事义者，以后为正；其在兴废存亡之间、关义理得失者，以前为正。其下注云：建安二十五年改元延康。考之《范史》及《陈志》注文是汉号，《通鉴》所书，乃若曹丕称王时所改者，今不能悉见例云。然则为汉为丕，疑犹未决，矧其时正在兴废存亡之间，今以前为正，从建注二十五年。其一章武三年，徽大书三年后主禅建兴元年，建无三年，余与徽一。凡例则曰章武三年五月，后主即位，改元建兴，而《通鉴目录举要》自是年之首即称建兴，非惟失其事实，而于君臣父子之教，所害甚大，故今正之。即是观无三年者，则昭烈为无终，独建之失；曰后主者，徽建皆非。尝求其原，由陈寿晋臣，晋受魏禅，不敢帝汉而臣魏，故不曰汉，曰蜀，谓昭烈父子为先主后主。《通鉴》因之，反帝魏而主蜀。后为《目录》，事皆书汉，岂晚知其非，欲正之而未及欤？至《纲目》书出，始曰汉中王即皇帝位统，斯正矣。而于其子，独曰后主，何哉？且自建兴以及炎兴，用天子制以临四方者，实四十年。邓艾至成都，书帝出降，明年又书魏封故汉帝禅为安乐公。亡国之余且然，岂于即位正始之年不帝反曰后主乎？是与十四、十五、十六卷之起，尽反凡例。诸曰后主者，皆溺于熟口顺耳，不思而失刊正者也。凡例又曰：有被废无谥者，但曰帝某而不用后人所贬之爵。建兴之帝未尝被废，亦均于无谥者，故下取晋帝奕，与唐睿宗景云二年，注玄宗皇帝先天元年，明年始大书玄宗明皇帝开元元年者例，大书三年注帝禅建兴元年，明年大书帝禅建兴二年，庶前后参稽，可皆吻合，无龃龉也。又其一天宝十五载，注肃宗皇帝至德元载，明年惟曰二载，未尝大书肃宗皇帝至德为无始。故今于二载上加肃宗皇帝至德，使得上同于开元。呜呼！三者均失，而延康之取，至德之去，皆犹小小，何也？统固在也。若章武之距建兴，才三年耳，遽有帝父主子之异，岂不于统大有关乎？故特书曰帝禅。有罪走为不韪者，度不可以户说，虽面受之，心不然焉；或以为知言，非独走也，有见可一时之快，而建兴之帝，亦将雪其比德失统、主称千载之耻于九原矣。（《牧庵集》卷三）

附胡寅《致堂读史管见》。（先有宋宝祐二年江南宛陵郡斋刊本。北平图书馆藏帙不全。）章俊卿《群书考索》引有论蜀汉一条云：汉刘备即皇帝位于武担之南，而温公以昭烈于中山靖王族属疏远，不能纪其世数名位，是非难辨，遂使抑之不得绍汉统，则未知其去取之意也。昔诸葛亮称玄德为帝之室之胄，岂凭虚无据云耳？温公宽宥曹操，谓操取天下于群盗，非取之汉室。抑退蜀之主相，不少假于孔明，北伐亦以入寇书之，亦独何哉？习凿齿作《汉晋春秋》以蜀为正统，其编目叙事，皆谓蜀先主为昭烈皇帝。观此，则温公之失可见矣。（《考索》前集卷十六引）

按：胡寅为胡安国子，其弟宏，张栻所师事也。张栻论蜀汉事，盖有取于致堂之说。牧庵此序称见宣刊本《读史管见》，遂亦论及后主事，可知寅此书对后人影响甚深，此条虽零玑碎璧，极为可珍，故附录于此。

朱子《纲目序》有云“年岁之久近，国统之离合”。姚燧书名盖本此。尝谓金、元之际《通鉴》之学最盛。异族高位者，尤喜诵习之。如金越王永功子完颜璹（正大初，封密国公）“读《通鉴》至三十余过，是非成败，道之如目前”（《中州集》卷五），元诸帝多喜《通鉴》，译讲频数。世祖十九年四月己酉，刊行蒙古畏吾字所书《通鉴》。（《元史》二十）泰定帝延祐元年四月，帝以《资治通鉴》载前代兴亡治乱，命集贤学士忽都鲁都儿迷失及李孟择其切要者译写以进。（《元史》二十五）泰定四年六月，翰林侍讲学士阿鲁威直学士燕赤等进讲，仍命译《资治通鉴》以进。（《元史》三十）由于在上之提倡，《通鉴》遂成显学。杨奂、姚燧俱熟读《通鉴》，故有订正《纲目》之论著。

谢（修）端　正统论辨（辨辽宋金正统）

岁在甲午九月望日，东原诸友，会于孙侯之第，语及前朝得失之事。坐客问云：金有中原百余年，将来国史何如？或曰自唐已降，五代相承，宋受周禅，虽靖康间二帝蒙尘，缘江淮以南，赵氏不绝。金于《宋史》中，亦犹刘、石、苻、姚一载记尔。众颇惑焉。愚曰：正闰之论，端虽不敏，请以本末言之。夫耶律氏自唐以来，世为名族。延及唐末，朱温篡唐，四方幅裂。辽太祖阿保机乘时而起，服高丽诸国，并燕云以北数千里，与朱梁同年即位，是岁丁卯至丙子，建元神册，在位二十年。其子德光嗣位，是岁丁亥，唐明宗天成二年。德光后号太宗。当天显十一年，河东节度使石敬瑭为清泰帝来伐，遣使求救于辽，奉表称臣，仍以父礼事之。太宗赴援，因以灭唐。石氏称晋，遂以燕云十六州献于辽，仍岁贡帛三十万匹。天福七年，晋高祖殂，出帝嗣位。大臣议奉表称臣，告哀于辽，景延广请致书称孙，而不称臣，与辽抗衡。太宗举兵南下，会同九年入汴，以出帝为负义侯，迁黄龙府，石晋遂灭。大同元年，太宗北还，仍以萧翰留守河南。刘知远在河东乘间而发，由太原入汴，自尊为帝。及乎宋受周禅，有中原一百六十余年。辽为北朝，世数如之。虽辽之封域褊于宋，校其兵力，而澶渊之战，宋几不守，因而割地连和，岁贡银绢二十万两匹，约为兄弟，仍以世序昭穆。降及晚年，辽为翁，宋为孙。及至天祚，金太祖举兵平辽克宋，奄有中原三分之二，子孙帝王，坐受四方朝贡，百有余年。今以刘石等比之，愚故不可不辩也。夫刘渊、石勒，皆晋之臣庶，叛乱国家，以臣伐君，纵能盗据一隅，僭至姚泓，终为晋将刘裕所虏，斩建康市，兹作载记，理当然也。完颜氏世为君长，保有肃慎，至太祖时，南北皆为敌国，素非君臣。若如或者所言，金为载记，未审《辽史》复如何尔？方辽太祖神册之际，宋太祖未生，辽祖比宋前兴五十余年，已即帝位，固难降就五十年之后，包于《宋史》为载记。其世数相悬，名分颠倒，断无此法。既辽之世纪宋不可兼，则金有中原，尤难别议。以公论处之，据五代相因，除庄宗入汴，复仇伐罪，理势可观外，朱梁篡逆，甚于王莽。石晋因辽有国，终为辽所虏。刘汉自立，父子四年，郭周废湘阴公而立，以五代之君通作《南史》，内朱梁，名分犹恐未应。辽自唐末保有北方，又非篡夺，复承晋统，加之世数，名位远兼五季，与宋相次，而终当为《北史》。宋太祖受周禅，平江南，收西蜀，白沟迤南，悉臣于宋。传至靖康，当为《宋史》。金太祖破辽克宋，帝有中原百余年，当为《北史》。自建炎之后，中国非宋所有，宜为《南宋史》。或曰欧阳氏，宋之名儒也，定立五代，不云《南史》。当时想曾熟议，奈何今复有此论乎？愚曰：欧阳氏作史之时，辽方全盛，岂不知梁、晋、汉、周授受之由，故列五代者，欲膺周禅以尊本朝，势使然尔。及作《十国世家》，独曰周、汉之事，可谓难矣。欧阳公之为是言，厥有旨哉！愚读李屏山《咏史诗》，咏五代郭周云：不负先君持节死，举朝唯有一韩通。盖尝惊哀此诗命意。宋自建隆以来，名士大夫论议篇什，不为不多，未尝一语及此，非不能道也，盖褅之说也。故列五代者，良可知矣。隋季文中子作《元经》，至晋、宋已后，正统在中原，而后大唐南北一统，后至五代，天下纷扰，无由再议。降及今日，时移事改，商确前人隐约之迹，当从公论。或者又曰：金有中原，虽百余年，宋自建隆，于今几三百年；况乎今年春正月，攻陷蔡城，宋复其仇，固可以兼金矣。愚曰：元魏、齐、梁，世数已远，恐诸公不以为然，请以五代周、汉之事方之。汉隐帝乾祐三年遇弑，太后诏立河东节度使旻之子赟，寻废为湘阴公，旻遂即帝位于晋阳。终旻之世，犹称乾祐。旻系刘高祖母弟，其子承钧，孙继恩继元，皆相继位，凡二十八年。宋太宗太平兴国四年始灭之。夫东汉四主远兼郭周，则郭亦不当称周，固当为闰。宋太祖不当曰受周禅。传至太宗，方承东汉之后。欧阳不合作《五代史》，合作《四代史》。司马光《通鉴》当列东汉为世纪，欧阳不宜作《十国世家》。呜呼！国家正闰固有定论，不图今日轻易褒贬，在周则为正，在金则为闰，天下公论果如是乎？况蔡城之亡，盖大朝征伐之力，宋之边将，专权率意，自撤藩篱，快斯须之忿，昧唇齿之理，延引强兵深入，遵徽宗之覆辙，媒孽后祸，取笑万世，何复仇之有？宋自靖康已来，称臣侄，走玉帛，岁时朝贡，几于百年。岂期今日私论，遽称尊大复如是乎？金泰和间，南宋寒盟，起无名之师，侵渔唐、邓、宿、泗。章宗分遣应兵，其淮、汉、川、蜀之间，大为所破。宋遣臣方信孺等，卑辞告和，请叔为伯，进增岁币，献臣韩侂胄之首，至于阙下。是时中原连年蝗旱，五谷不登，山东尤甚。章庙深用自责，每以偃兵息民为念，尝诏百官议曰："朕闻海陵有言，我国家虽受四方朝贡，宋犹假息江左，亦天下两家邪？故有亲征之行。去岁宋人兵起无名，摇荡我边鄙，今已败衄，哀恳告和。朕思海陵之言，宜如何尔？"时臣下有希意者进曰："向者靖康间宋祚已衰，其游魂余魄，今虽据江左，正犹昭烈之在蜀，不能绍汉氏之遗统明矣。"于是宋金和议遂定。此乃当时继好息民之大略，非后世正闰之定论也。夫昭烈之于汉，虽云中山靖王之后，其族属疏远，不能纪录。高宗乃徽宗之子，奄有江南，似与昭烈颇异。若以《金史》专依泰和朝议，为承宋统，或从今日所论，包为载记，二者俱非公论也。或者又曰：辽之有国，僻居燕云，法度不一，似难以元魏、北齐为比。愚曰：以此言之，肤浅尤甚。若以居中土者为正，则刘、石、慕容、苻、姚、赫连所得之土，皆五帝三王之旧都也。若以有道者为正，苻秦之量，雄材英略，信任不疑；朱梁行事，篡夺内乱，不得其死，二者方之，统孰得焉？夫授受相承之理，难以此责，况乎泰和初朝廷先有此论。故选官置院，创修辽史，后因南宋献馘告和，臣下奏言靖康间宋祚已绝，当承宋统，乃罢修辽史。缘此中州士大夫间，不知辽、金之兴，本末各异。向使《辽史》早成，天下自有定论，何待余言？坐客愕然曰：数百年隐显之由，何其悉也！幸请书之，以备它日史官采摭云尔。（《元文类》卷四十五）

燕山修端　三史正统论

甲午九月望日，东原五六友人，会于孙侯小轩，话及前朝得失之渐，坐客问云：金有中原百有余年，将来国史何如尔？或曰：自唐已降，五代相承，宋受周禅，虽靖康间二帝蒙尘，缘江湖以南，赵氏不绝。金于《宋史》中亦犹刘、石、苻、姚一载记尔。众颇惑焉。仆曰：正闰之论，愚虽不敏，试以本末言之。夫耶律氏自唐以来，世为名族。延及唐末，朱温篡唐，四方幅裂。辽太祖阿保机乘时而起，服高丽诸国，并燕云以北数千里，改元神册，与朱梁同年即位，在位十九年。辽太宗嗣位，改元天显，十一年河东节度使石敬瑭为清泰来伐，遣使求救于辽，奉表称臣，仍以父礼事之。辽太宗赴援，以灭后唐。石氏号晋，晋以燕云十六州献于辽太宗，岁贡帛三十万匹。天福七年，晋高祖殂，出帝嗣位，大臣议奉表称臣，告哀于辽，景延广请致书称孙，而不称臣，与辽抗衡。太宗举兵南下，会同九年入汴，以出帝为负义侯，置于黄龙府，石晋遂灭。大同元年，太宗北还，仍以萧翰留守河南。刘知远在河东，乘间而发，由太原入汴，自尊为帝。及乎宋受周禅，有中原一百六十余年。辽为北朝，世数如之。虽辽之封域偏于宋，校其兵力，而澶渊之战，宋几不守，因而割地连和，频贡银绢二十万匹，约为兄弟，仍以世序昭穆。降及晚年，辽为翁，宋为孙。至天祚，金朝太祖举兵西来，平辽克宋，奄有中原三分之二，子孙帝王，坐受四方朝贡，百有余年。今以刘、石等比之，予故不可不辨。夫刘渊、石勒，皆晋之臣庶，叛乱国家，以臣伐君，纵能盗据一隅，僭至姚泓，终为晋将刘裕所虏，斩于建康市，返本还元，兹作载记，理当然也。夫完颜氏世为君长，保有肃慎，至武元时，而天下南北敌国，素非君臣。若依席上所言，金为载记，未审《辽史》复如何？亦方辽太祖神册之际，宋太祖未生，辽祖比宋前期五十余年，已即帝位，固难降就五十年之后，包于《宋史》为载记。其世数相悬，名分颠倒，断无此法。既辽之世纪宋不可兼，其金有中原，更难别议。以公论处之，据五代相因，除庄宗入汴，复仇伐罪，理势可观外，朱梁篡逆，甚于穷新。石晋因辽有国，终为辽所虏。刘汉自立，父子四年，郭周废湘阴公而立，以五代之君通作《南史》，内朱梁名分，犹恐未应。辽自唐末保有北方，又非篡夺，复承晋统，加之世数，名位远兼五季，与前宋相次而终言《北史》。宋太祖受周禅，平江南，收西川，白沟迤南，悉臣大宋。传至靖康，当为《宋史》。金太祖破辽克宋，帝有中原，百有余年，当为《北史》。自建炎之后，中国非宋所有，宜为《南宋史》。或曰：欧阳宋之名臣也，定立五代，不云《南史》。当时想曾熟议，如何今日复有此论？仆曰：欧阳公作史之时，辽方全盛，岂不知梁、晋、汉、周授受之由，故列五代者，欲膺周禅，以尊本朝，势使而然。至于作《十国世家》，独称周、汉之事，可谓难矣。请事斯语，厥有旨哉？愚读李屏山《咏史诗》，咏五代郭周云：不负先君持节死，举朝唯有一韩通。愚尝惊哀此诗命意。宋自建隆以来，名臣士大夫论议篇章，不为不多，未尝有此语，非不能道也，盖褅之说也。故列五代者良可知。隋季文中子作《元经》，至晋、宋已后，正统在中原。而后大唐，南北一统。后至五代，天下扰扰，无由再议。降及今日，时移事改，商确前人隐约之迹，当从公论。议者又曰：金有中原，虽百余年，宋自建隆，于今几三百年；况乎今年春正月攻陷蔡城，宋有复仇之迹，固可兼金。愚曰：元魏、齐、梁，世数已远，恐诸公不以为然，请以五代周、汉之事方之。汉隐帝乾祐三年遇弑，太后诏立帝弟武宁军节度使嗣位，后虽废为湘阴公，旻亦寻即皇帝位于晋阳。终旻之世，犹称乾祐。四帝二十九年，至宋太祖兴国四年归宋。依今日所论，旻系刘高祖母弟，在位四年。其子承钧嗣位，改元天会，五年郭已绝。东汉四主远兼郭周，郭亦不当称周，固当为闰。宋太祖不曰受周禅。传至太宗，方承东汉之后，欧阳不合作《五代史》，合作《四代史》。司马光《通鉴》当列东汉为世纪，欧阳不宜作《十国世家》。呜呼！国家正闰，固有定体，不图今日轻易褒贬，在周则为正，在金则为闰，天下公论果如是乎？况蔡城一事，盖大朝征伐之功，是时宋之边将，专权率意，自撤藩篱，快斯须之忿，昧唇齿之理，自谓爱己而恶他，延引强兵深入，遵行覆辙，媒孽后祸，取笑万世，何复仇之有也？宋自靖康已来，称臣侄，走玉帛，岁时朝贡，几于百年。岂期今日私论，遽称尊大，果使宋庙有灵，必可其议也。泰和间，南宋寒盟，起无名之师，侵渔唐、邓、宿、泗。章宗分遣应兵，其淮、汉、川、蜀之间，大为所破。宋遣臣方信孺等，卑辞告和，请叔为伯，进增岁币，献权臣之首，至于阙下。信孺有《古调》一篇，予能草略记之："大朝君相仁且慈，小麦未熟休王师；奸臣岂足赎民命，既往不咎来可追。"此诗书于上源驿壁间，馆伴使入朝题奏，上颇哀怜。是时中原连年蝗旱，五谷不登，山东尤甚，章庙自责之心深重，形于歌咏者颇多，每以偃兵为念，故诏百官议曰："朕闻海陵有言，我国家虽受四方朝贡，宋犹假息江左，亦天下两家邪？故有亲征之行。去岁宋人兵起无名，摇荡我边鄙，今已败衄，哀恳告和，朕思海陵之言，宜如何尔？"时臣下本希上意，故进言曰："先于靖康间，宋祚已衰，其游魂余魄，今虽据江左，正犹昭烈之在蜀，不能绍汉氏之遗统，大可见也。"和议乃定。今日校之此语，乃当时继好息民之大略，非后世正闰之定论。或曰：何以知之。曰：夫昭烈之于汉，虽云中山靖王之后，其族属疏远，不能纪录世数名位。南宋高宗，乃徽宗之子，钦宗之弟，岁月不易，以即位奄有江南，似与昭烈颇异。若以《金史》专依泰和朝议，特承宋统，或从今日所论，包为载记二论，俱非至公。坐客又云：辽之有国，僻居燕云，法度不一，似难以元魏、北齐为比。仆再拜而言曰：以此责之，肤浅尤甚。若以居中土者为正，则刘、石、慕容、苻、姚、赫连所得之土，皆五帝三王之旧都也。若以有道者为正，苻秦之量，雄材英略，信任不疑；朱梁行事，篡夺内乱，不得其死，二者方之，统孰得焉？夫授受相承之理，难以此责，况乎泰和初，朝廷先有此论。故选官置院，创修《辽史》，刑期榜状元张檝预焉。后因南宋献馘告和，臣下奏言，靖康间宋祚已绝，当承宋统，上乃罢修《辽史》。缘此中州士大夫间，不知辽、金之兴，本末各异者。向使泰和间《辽史》蚤成，天下自有定论，何待余言？坐客愕然曰：数百年隐显之由，何其悉也！问一得三，实出望外，幸谓言之。仆因就毫楮录狂斐以俟憙事者删之，庶备他日史官之采摭云尔。燕山修端谨记。（《秋涧先生大全文集》卷一百）

按：此文见王恽《玉堂嘉话》，署名燕山修端，大致同于苏天爵《元文类》所收者，惟字句颇多出入，如《文类》但言泰和初，创修《辽史》，此则举出张檝预焉，为《文类》所缺。兹并录存之，以资比较。《秋涧大全集》八十《中堂事记》上，有张檝，字巨川，覃怀人，右房省掾。未知即此人否？张檝预修《辽史》事，冯家昇《辽史源流考》失载。《金史·章宗纪》泰和七年五月，"宋张岩遣方信孺以书至都元帅府。八月戊申岩复遣方信孺赍其主誓书来乞和”。文中记方信孺，即是时事也。

陶宗仪　正统辨

至正二年壬午春三月十有四日，上御咸宁殿，中书右丞相脱脱等奉命史臣纂修宋辽金三史，制曰可。越二年甲申春三月，进《辽史·本纪》三十卷，《志》三十一卷，《表》八卷，《列传》四十六卷。冬十一月，进《金史·本纪》一十九卷，《志》三十九卷，《表》四卷，《列传》七十三卷。又明年乙酉冬十一月，进《宋史·本纪》四十七卷，《志》一百六十二卷，《表》三十二卷，《列传·世家》二百五十五卷。初，会稽杨维桢尝进《正统辨》，可谓一洗天下纷纭之论，公万世而为心者也。惜三史已成，其言终不见用，后之秉史笔而续《通鉴纲目》者，必以是为本矣。维桢字廉夫，号铁崖，人咸称之曰铁史先生。泰定丁卯李黼榜相甲及第，以文章名当世。表曰：至正三年五月日，伏睹皇帝诏旨，起大梁张京兆、杜本等，爵某官职，专修宋辽金三史。越明年，史有成书，而正统未有所归。臣维桢谨撰三史《正统辨》，凡二千六百余言，谨表以上者。右伏以一代离合之殊，固系乎天数盛衰之变，万年正闰之统，实出于人心是非之公。盖统正而例可兴，犹纲举目可备。前代异史，今日兼修，是非之论既明，正闰之统可定。奈三史虽云有作，而一统犹未有归。其惟世祖皇帝，以汤、武而立国；皇帝陛下，以尧、舜而为君。建极建中，致中和而育物；惟精惟一，大一统以书元。尝怪辽金史之未成，必列赵宋编而全备。芸台大启，草泽高升，宜开三百载之编年，以垂千万代之大典。岂料诸儒之谦笔，徒为三国之志书。《春秋》之首例未闻，《纲目》之大节不举，臣维桢素读《春秋》之王正月，《公羊》谓大一统之书，再观《纲目》之绍《春秋》，文公有在正统之说，故以始皇二十六年而继周统，高祖成功五年而接秦亡。晋始于平吴，而不始于泰和；唐始于灭盗，而不始于武德。稽之千古，证之于今，况当世祖命伯颜平江南之时，式应宋祖命曹彬下江南之岁。亲传诏旨，有过唐不及汉之言；确定统宗，有继宋不继辽之禅。故臣维桢敢痛排浮议，力建公言，挈大宋之编年，包辽金之纪载，置之上所，用成一代可鉴之书，传之将来，永示万世不刊之典。冒干天听，深惧冰竞，下情无任瞻天望阙激切屏营之至。辨曰：正统之说，何自而起乎？起于夏后传国，汤武革世，皆出于天命人心之公也。统出于天命人心之公，则三代而下，历数之相仍者，可以妄归于人乎？故正统之义，立于圣人之经，以扶万世之纲常。圣人之经，《春秋》是也。《春秋》，万代之史宗也。首书王正于鲁史之元年者，大一统也。五伯之权，非不强于王也，而《春秋》必黜之，不使奸此统也。吴楚之号，非不窃于王也，而《春秋》必外之，不使僭此统也。然则统之所在，不得以割据之地，强梁之力，僭伪之名而论之也，尚矣。先正论统于汉之后者，不以刘蜀之祚促与其地之偏而夺其统之正者，《春秋》之义也。彼志三国，降昭烈以侪吴、魏，使汉嗣之正，下与汉贼并称，此《春秋》之罪人矣。复有作《元经》自谓法《春秋》者，而又帝北魏，黜江左，其失与志三国者等耳。以致尊昭烈，续江左，两魏之名不正而言不顺者，大正于宋朱氏之《纲目》焉。或问朱氏述《纲目》主意。曰：在正统。故《纲目》之挈统者在蜀、晋，而抑统者则秦昭襄、唐武氏也。至不得已，以始皇之廿六年而始继周。汉始于高帝之五年，而不始于降秦。晋始于平吴，而不始于泰和。唐始于群盗既夷之后，而不始于降武德之元，又所以法《春秋》之大一统也。然则今日之修宋辽金三史者，宜莫严于正统与大一统之辨矣。自我世祖皇帝立国史院，尝命承旨百一王公修辽金二史矣。宋亡，又命词臣通修三史矣。延祐天历之间，屡勤诏旨，而三史卒无成书者，岂不以二史正统之议未决乎？夫其议未决者，又岂不以宋渡于南之后，拘于辽、金之抗于北乎？吾尝究契丹之有国矣，自灰牛氏之部落始广，其初枯骨化形，戴猪服豕，荒唐怪诞，中国之人所不道也。八部之雄，至于阿保机披其党而自尊，迨耶律（德）光而其势浸盛。契丹之号，立于梁贞明之初；大辽之号，复改于汉天福之日。自阿保机讫于天祚，凡七主，历二百一十有五年。夫辽固唐之边夷也，乘唐之衰，草窃而起。石晋氏通之，且割幽燕以与之，遂得窥衅中夏，而石晋氏不得不亡矣。而议者以辽承晋统，吾不知其何统也？再考金之有国矣，始于完颜氏，实又臣属于契丹者也。至阿骨打，苟逃性命于道宗之世，遂敢萌人臣之将，而篡有其国，僭称国号于宋重和之元，相传九主，凡历一百一十有七年。而议者又以金之平辽克宋，帝有中原，而谓接辽、宋之统，吾又不知其何统也？议者又谓完颜氏世为君长，保其肃慎，至太祖时，南北为敌国，素非君臣。辽祖神册之际，宋祖未生，辽祖比宋前兴五十余年，而宋尝遣使卑辞以告和，结为兄弟，晚年且辽为翁，而宋为孙矣。此又其说之曲而陋也。汉之匈奴，唐之突厥，不皆兴于汉、唐之前乎？而汉、唐又与之通和矣。吴、魏之于蜀也，亦一时角立而不相统摄者也。而秉史笔者必以匈奴、突厥为纪传，而以汉、唐为正统，必以吴、魏为分系，而以蜀汉为正统，何也？天理人心之公，阅万世而不泯者也。议者之论五代，又以朱梁氏为篡逆，不当合为《五代史》，其说似矣，吾又不知朱晃之篡，克用氏父子以为仇矣。契丹氏背唐兄弟之约而称臣于梁，非逆党乎？《春秋》诛逆，重诛其党，契丹氏之诛，为何如哉？且石敬瑭事唐，不受其命而篡唐，谓之承晋可乎？纵承晋也，谓之统可乎？又谓东汉四主，远兼郭周，宋至兴国四年，始受其降，遂以周为闰，以宋统不为受周禅之正也。吁！苟以五代之统论之，则南唐李昪尝立大唐宗庙而自称为宪宗五代之孙矣。宋于开宝八年灭南唐，则宋统继唐不优于继周继汉乎？但五代皆闰也，吾无取其统。吁！天之历数自有归，代之正闰不可紊。千载历数之统，不必以承先朝续亡主之为正，则宋兴不必以膺周之禅，接汉接唐之闰为统也。宋不必膺周接汉接唐以为统，则遂谓欧阳子不定五代为南史，为宋膺周禅之张本者，皆非矣。当唐明宗之祝天也，自以夷虏，不任社稷生灵为主，愿天早生圣人，以主生灵，自是天人交感而宋祖生矣。天厌祸乱之极，使之君主中国，非欺孤弱寡之所致也。朱氏《纲目》，于五代之年，皆细注于岁之下，其余意固有待于宋矣。有待于宋，则直以宋接唐统之正矣，而又何计其受周禅与否乎？中遭阳九之厄，而天犹不泯其社稷，瓜瓞之系，在江之南，子孙享国又凡百五十有五年。金泰和之议，以靖康为游魂余魄，比之昭烈蜀，则泰和之议固知宋有遗统在江之左矣，而金欲承其绝为得统，可乎？好党君子，遂斥绍兴为伪宋。吁！吾不忍道矣。张邦昌迎康邸之书曰：由康邸之旧藩，嗣宋朝之大统。汉家之厄十世，而光武中兴，献公之子九人，而重耳尚在，兹惟天意，夫岂人谋！是书也，邦昌肯以靖康之后为游魂余魄而代有其国乎？邦昌不得革宋，则金不得以承宋，是则后宋之与前宋，即东汉、前汉之比耳，又非刘蜀牛晋、族属疏远、马牛疑迷者之可以同日语也。论正闰者，犹以正统在蜀，正朔相仍在江东，弥嗣祚亲切，比诸光武、重耳者乎？而又可以伪斥之乎？此宜不得以南渡为南史也明矣。再考宋祖生于丁亥，而建国于庚申，我太祖之降年，与建国之年亦同。宋以甲戌渡江，而平江南于乙亥丙子之年，而我王师渡江平江南之年亦同，是天数之有符者不偶然，天意之有属者不苟然矣。故我世祖平宋之时，有过唐不及汉，宋统当绝，我统当续之喻。是世祖以历数之正统归之宋，而以今日接宋统之正者自属也。当时一二大臣又有奏言曰：其国可灭，其史不可灭也。是又以编年之统在宋矣。论而至此，则中华之统，正而大者，不在辽、金，而在于天付生灵之主也昭昭矣。然则论我元之大一统者，当在平宋，而不在平辽与金之日，又可推矣。夫何今之君子，昧于《春秋》大一统之旨，而急于我元开国之年，遂欲接辽以为统，至于咈天数之符，悖世祖君臣之喻，逆万世是非之公论而不恤也。吁！不以天数之正，华统之大，属之我元，承乎有宋，如宋之承唐，唐之承隋承晋承汉也，而妄分闰代之承，欲以荒夷非统之统属之我元，吾又不知今之君子待今日为何时，待今圣人为何君也哉？於乎！《春秋》大统之义，吾已悉之。请复以成周之大统，明之于今日也。文王在诸侯凡五十年，至三分天下有其二，遂诞膺天命，以抚方夏，然犹九年而大统未集。必至武王十有三年，代商有天下，商命始革，而大统始集焉。盖革命之事，间不容发，一日之命未绝，则一日之统未集也；当日之命绝，则当日之统集也。宋命一日而未革，则我元之大统亦一日而未集也。成周不急于文王五十年、武王十三年而集天下之大统，则我元又岂急于太祖开国五十年及世祖十有七年而集天下之大统哉？抑又论之，道统者，治统之所在也。尧以是传之舜，舜以是传之禹、汤、文、武、周公、孔子。孔子没，几不得其传百有余年，而孟子传焉。孟子没，又几上方其传千有余年，而濂洛周程诸子传焉。及乎中立杨氏，而吾道南矣。既而宋亦南渡矣，杨氏之传，为豫章罗氏，延平李氏，及于新安朱子。朱子没，而其传及我朝许文正公，此历代道统之源委也。然则道统不在辽、金而在宋，在宋而后及于我朝，君子可以观治统之所在矣。於乎！世隔而后其议公，事久而后其论定，故前代之史，必修于异代之君子，以其议公而论定也。晋史修于唐，唐史修于宋，则宋史之修，宜在今日而无让矣。而今日之君子，又不以议公论定者自任，而又诿曰付公论于后之儒者，吾又不知后之儒者又何儒也？此则予为今日君子之痛惜也。今日堂堂大国，林林巨儒，议事为律，吐辞为经，而正统大笔，不自竖立，又阙之以遗将来，不以贻千载《纲目》君子之笑为厚耻，吾又不知负儒名于我元者，何施眉目以诵孔子之遗经乎？洪惟我圣天子当朝廷清明，四方无虞之日，与贤宰臣亲览经史，有志于圣人《春秋》之经制，故断然定修三史，以继祖宗未遂之意，甚盛典也。知其事大任重，以在馆之诸贤为未足，而又遣使草野，以聘天下之良史才，负其任以往者，有其人矣。而问之以《春秋》之大法，《纲目》之主意，则概乎其无以为言也。於乎！司马迁易编年为纪传，破《春秋》之大法，唐儒萧茂挺能议之，孰谓林林巨儒之中，而无一萧茂挺其人乎？此草野有识之士之所甚惜而不能倡其言于上也。故私著其说，为《宋辽金正统辨》，以伺千载《纲目》之君子云。若其推子午卯酉及五运之王以分正闰之说者，此日家小技之论，君子不取也，吾无以为论。（《辍耕录》卷三，《图书集成》卷一六九《帝统部》）

贝琼 杨维桢传及正统辨

铁崖先生者名维桢，字廉夫，姓杨氏，世为绍兴山阴县人。母李氏，梦金钩自月堕于怀，既寤生先生。少颖悟好学，日记书数千言。父宏，为筑万卷楼铁崖山中，使读书楼上，惧性弗颛易怠，去梯，辘轳传食。积五年，贯穿经史百氏，虽老师弗及，因号铁崖，登元泰定丁卯进士第，授承事郎，天台县尹。未几，丁父忧。服阕，改绍兴钱清场司令。坐捐盐，久不调。遂放浪钱唐，与道士张雨游西湖南山，穷日夜为乐。至正初，诏征天下儒臣，修辽金宋三史，先生不得预。史成，正统讫无定论。乃著《正统辨》，其词曰：正统之说何自而起乎？起于夏后传国，汤武革世，皆出于天命人心之公也。统出于天命人心之公，则三代而下，历数之相仍者，可以妄归于人乎？故正统之义，立于圣人之经，以扶万世之纲常。圣人之经，《春秋》是也。《春秋》，历代史宗也。首书王正于《鲁史》之元年者，大一统也。五伯之权，非不强于王也，而《春秋》必黜之，不使奸此统也。吴楚之号，非不窃于王也，而《春秋》必外之，不使僭此统之。挈则统之所在，不得以割据之地，僭伪之名而论之也。尚矣，先正论统于汉之后者，不以刘蜀之祚促与其地之偏而夺其统之正者，《春秋》之义也。彼志三国，降昭烈以侪吴魏，使汉嗣之正下与汉贼并称，此《春秋》之罪人矣。复有作《元经》自谓法《春秋》者，而又帝北魏，黜江左，其失与志三国者等尔。以致尊昭烈，续江左，两魏之名不正而言不顺者，大正于宋朱氏之《纲目》焉。或问朱氏述《纲目》主意。曰：在正统。故《纲目》之挈统者在蜀、晋，而抑统者，则秦昭襄、唐武氏也。至不得已以始皇之廿六年而始继周，汉始于高帝之五年，而不始于降秦，晋始于平吴，而不始于泰和，唐始于群盗既夷之后，而不始于武德之元，又所以法于《春秋》之大一统。然则今日之修辽金宋三史者，宜莫严于正统，与夫一统之辩矣。自我世祖皇帝立国史院，尝命承旨百一王公修辽金二史矣。宋亡，又命词臣通修三史矣。延祐天历之间，屡勤诏旨，而三史卒无成书者，岂不以三史正统之议未决乎？夫其议未决者，又岂不以宋渡于南之后，拘于辽金之抗于北乎？吾尝究契丹之有国矣，自灰牛氏之部落始广，其初枯骨化形，戴猪服豕，荒唐怪诞，中国之人所不道也。八部之雄，至阿保机披其党而自尊，迨耶律（德）光而其势浸盛。契丹之号，立于梁贞明之初。大辽之号，改于汉天福之日。自阿保机讫于天祚，凡九主历二百一十有五年。夫辽固唐之边夷也，乘唐之衰，草窃而起。石晋氏通之，且割幽燕以与之，遂得窥衅中夏，而石晋氏不得不亡矣。而议者以辽承晋统，吾不知其何统也？金之有国，始于完颜氏，实又臣属于契丹者也。至阿骨打苟逃性命于道宗之世，遂敢萌人臣之将，而篡有其国，僭称国号于宋重和之元。相传九主，凡历一百一十有七年，而议者又以金之平辽克宋，帝有中原，而谓接辽、宋之统，吾又不知其何统也？议者又谓完颜氏世为君长，保有肃慎，至太祖时，南北为敌国，素非君臣。辽祖神册之际，宋祖未生，辽祖比宋前兴五十余年。而宋尝遣使卑词以告和，结为兄弟，晚年辽为翁，而宋为孙矣，此其说之曲而陋者也。汉之匈奴，唐之突厥，不皆兴于汉、唐之前乎？而汉、唐又与之通和矣。吴、魏之于蜀也，亦一时角立而不相统摄者也，而秉史笔者，必以匈奴、突厥为纪传，而以汉、唐为正统，必以吴、魏为分系，而以蜀为正纲，何也？天理人心之公，阅万世而不可泯者也。议者之论五代，又以朱梁氏之篡逆，不当合为《五代史》，其说似矣。吾又不知朱晃之篡，克用氏父子以为仇矣。契丹氏背唐兄弟之约，而称臣于梁，非逆党乎？《春秋》诛逆，重诛其党，契丹氏之诛，当何如哉？且石敬瑭事唐，不受其命而篡其国，亦非正矣。契丹氏虏帝出，改晋为辽；汉兴而人心应汉，谓之承晋又可乎？纵承晋也，谓之统可乎？又谓东汉四主，远兼郭周，宋至兴国四年，始受其降，遂以周为闰，以宋统不为受周禅之正也。吁！苟以五代之统论之，则南唐李昪尝立大唐宗庙，而自称为宪宗五代之孙矣。宋于开宝八年灭南唐，则宋统继唐不优于继汉继周乎？但五代皆闰也，吾无取其统。吁！天之历数自有归，代之正闰不可紊。千载历数之统，不必以承先朝续亡主之正，则宋兴不必以膺周之禅，接汉接唐之闰为统也。宋不必膺周接唐以为统，则遂谓欧阳子不定五代为南史，为宋膺周禅之张本者，皆非矣。当唐明宗之祝天，自以夷虏，不任社稷生灵之主，愿天早生圣人，自是天人交感而宋太祖生矣。天厌祸乱之极，使之君王中国，非欺孤弱寡之所致也。朱氏《纲目》，于五代之年，皆细注于岁之下，其遗意固有待于宋矣。有待于宋则直以宋接唐统之正矣，而又何计其受周禅与否乎？中遭阳九之厄，而天犹不泯其社稷，瓜瓞之系，在江之南，子孙享国，又凡百有五十有五年。金泰和之议，以靖康为游魂余魄，比之昭烈在蜀，则泰和之议固知宋有遗统在江之左矣。而金欲承其未绝为得统可乎？好党君子，遂斥绍兴为伪宋，吁！吾不忍道矣。张邦昌迎康邸之书曰：由康邸之旧藩，嗣宋朝之大统。汉家之厄十世，而光武中兴；献公之子九人，而重耳尚在，兹惟天意，夫岂人谋！是书也，邦昌肯以靖康之后为游魂余魄而代有其国乎？邦昌不得革宋，则金不得以承宋，是则后宋之与前宋，即东汉、西汉之比尔，又非刘蜀牛晋、族属疏远、牛马疑迷者之可以同日语也。论正闰者，犹以正统在蜀，正朔相承在江东，矧嗣祚亲切，比诸光武、重耳者乎？而又可以伪斥之乎？此宜不得以渡南为南史也明矣。再考宋祖生于丁亥，而建国于庚申，我太祖之降年与建国之年亦同。宋以甲戌渡江，而平江南于乙亥丙子之年，而我王师渡江平江南之年亦同，是天数之有符者不偶然，天意之有属者不苟然矣。故我世祖平宋之时，有过唐不及汉，宋统当绝，我统当续之喻。是世祖以历数之正统归之于宋，而以今日接宋统之正自属也。当时一二大臣又有奏言曰：其国可灭，其史不可灭也。是又以编年之统在宋矣。论而至此，则中华之统，正而大者，皆不在辽、金，而在于天付生灵之主也昭昭矣。然则论我元之大一统者，当在平宋，而不在平辽与金之日，又可推矣。夫何今之君子，昧于《春秋》大一统之旨，而急于我元开国之年，遂欲接辽之为统，至于咈天数之符，悖世祖君臣之喻，逆万世是非之公论而不恤。吁！不以天数之正，华统之大，属之我元，承乎有宋，如宋之承唐，唐之承隋承晋承汉也，而妄分闰代之承，欲以荒夷非统之统属之我元，吾又不知今之君子待今日为何时，待今圣人为何君也哉；呜乎！《春秋》大一统之义，吾已悉之，请复以成周之大统，明之于今日也。文王在诸侯位凡五十年，至三分天下有其二，遂诞受天命，以抚方夏，然犹九年而大统未集，必至武王十有三年伐纣有天下，商命始革，而大统始集焉。盖革命之事，间不容发，一日之命未绝，则一日之统未集；当日之命绝，则当日之统集也。宋命一日未革，则我元之大统亦一日而未集也。成周不急于文王五十年、武王十三年而集天下之大统，则我元又岂急于太祖开国五十年及世祖十有七年而集天下之大统哉？抑又论之，道统者，治统之所在也。尧以是传之舜，舜以是传之禹、汤，禹、汤以是传之文、武、周公、孔子。孔子没，几不得其传百有余年，而孟子传焉。孟子没，又几不得其传千有余年，而濂洛周程诸子传焉。及乎中立杨氏而吾道南矣。既而宋亦南渡矣，杨氏之传，为豫章罗氏，延平李氏，及于新安朱子，朱子没，而其传及我朝许文正公，此历代道统之源委也。然则道统不在辽金而在宋，在宋而后及于我朝，君子可以观治统之所在矣。呜呼！世隔而后其议公，事久而后其论定，故前代之史，必修于异代之君子，以其议公而论定也。晋史修于唐，唐史修于宋，则宋史之修宜在今日而无让矣。而今日之君子，又不以议公论定者自任，而又诿曰付公论于后之儒者，吾不知后之儒者又何儒也？此则余为今日君子之痛惜也。今日堂堂大国，林林巨儒，议事为律，吐词为经，而正统大笔，不自竖立，又阙之以遗将来，不以贻千载《纲目》君子之笑为厚耻，吾又不知负儒名于我元者，何施眉目以通孔子之遗经乎？洪惟圣天子当朝廷清明，四方无虞之日，与贤宰臣亲览经史，有志于圣人《春秋》之经制，故断然定修三史，以继祖宗未遂之志，甚盛典也。故知其事大任重，以在馆之诸贤之未足，而又遣使草野，以聘天下之良史才，负其任以往者，有其人矣。问之以《春秋》之大法，《纲目》之主意，则概乎其无言也。呜呼！司马迁易编年为纪传，破《春秋》之大法，唐儒萧茂挺能议之，孰谓林林巨儒之中，而无一萧茂挺其人乎？此草野有识之士之所甚惜而不能倡其言于上也。故私著其说，为《宋辽金正统辨》，以俟千载《纲目》君子云。若其推子午卯酉及五运之王以分正闰之说者，此日家小技之论，王勃儿辈之佞其君者尔，君子不取也，吾无以为论。辨出，见者韪之，谓其正大光明，虽百世之下无以易之者。（《清江贝先生文集》卷二《铁崖先生传》）

按：此文与陶宗仪所录，微有详略，如王勃儿辈句，则陶书所无。

马端临　资治通鉴纲目集览序

《诗》、《书》、《春秋》之后，广记备言，有司马温公之《通鉴》；举纲目撮要，有朱文公之《纲目》，二书虽史而实六籍之流亚。学者童而习之，上下千数百年，谈其事迹，如抽茧绪；语其义例，如引法律。至其名物之音训、句读之疑惑，往往以为非大义所关，过眼还迷，习而不察者皆是也。望江王君行卿，始著《集览》，间窥一二则，考订精研，引援详悉。此书成，后学之读《纲目》者可以冰释理解矣。昔伊川作《易传序》曰得于辞不得于意者有之矣，未有不得于辞而能通其意者也。晦庵与南轩书，亦云汉儒最善说经，不过只说训诂，使人以此训诂玩释经文，直是意味深长。某平生解经，最要守章句。夫程朱二先生，道学宗师，所著经训，专以明理，虽舍经文而别为一书，亦自可孤行。然其于章句辞义之间，亦不肯草草放过如此。昔向秀欲注《庄子》，嵇康曰："此书讵须复注？正是妨人作乐。"邢子才家有书甚多，而不复雠校，见人校看，笑曰："何愚之甚！天下书至死读不可遍，焉能始复校？此日思误书，更是一适。"愚以为病其书之非僻，辞之蔓衍，则如勿读。

既已受读，乃卤莽涉猎，以自聋瞽，是谓欺心，而况于经世垂训之书如《通鉴纲目》者乎？使文公可作，当为忠臣首肯。延祐丁巳嘉平既望鄱阳马端临书。（此书元王幼学撰，元刻本）

张绅　通鉴续编序

甚矣史学之难也。史之为体，不有以本乎《经》，则不足成一家之言；史之为言，不有以补乎《经》，则不足以为一代之制。故太史公之书，其体本乎《书》；司马公之书，其体本乎左氏；朱子之《纲目》，其体本乎《春秋》；杜佑之《通典》，其体本乎《周礼》。惟《易》、《诗》之体，未有得之者，而《韩诗外传》演《诗》，邵子《经世书》演《易》，亦可谓杰出矣。然史迁之书，其法言名论，散在书志，与左氏相颉颃。而经世之学，可以羽翼《六经》者，则又非诸子之敢比也。宋宝祐进士秘监知台州陈公子微，晚居四明山中，以史学名，著《历代统记》传于家。至孙桱字子经，始推其志。上叙盘古三皇五帝之概，以冠夫司马氏之书之首；下述辽、金与宋之详，以续司马氏之书之后。所以合《史》、《汉》、《通鉴外纪》、《前编》诸书为一家，使观者自开辟以至宋末数千载之事，一览无遗，述史者未有若是之详且尽者，其绩可谓劳矣。至正壬辰，余居广陵，始识子经于逆旅。主人萧条一室，庋木榻北牖下，书满案，字若绳，皆手亲书。子经占毕其中，率然膏以继晷，汲汲乎若有求而弗得也，翕翕乎若有失而弗知所求也。后余避兵齐鲁，与子经相失十年，当辛丑之十月，复会吴中，而其书适成，因得详观焉。其凡以为宋自建隆至太平兴国四年，无异于五代，故但以甲子书。四年以后，方系之统，以比汉、唐。辽、金系年宋统之下，以比吴、魏之于蜀，数简之中，大义凛然。其纪年司马氏之补遗也，而不敢自谓之补遗；书法紫阳先生之《纲目》也，而不敢自拟于《纲目》，故题之曰《通鉴续编》，其体盖亦本于《春秋》者，因忆曩时朝廷纂修三史，一时士论，虽知宋为正统，物议以宋胜国而疑之。史臣王理因著《三史正统论》，推明修端之言，欲以辽为《北史》，金亦为《北史》，宋自太祖至靖康为《宋史》，建炎以后为《南宋史》。其言专，其论力，朝廷亦未之从，而卒为三国立史，正统卒不能定，至今大夫士虽以为慊，然终未有能持至当一定之论，以驱天下百世之惑者。愚尝窃谓李唐篡而朱梁兴，郭周篡而赵宋立，赵宋灭而本朝混一。则本朝所继者赵宋之统也。本朝所继者赵宋之统，则辽、金与宋轻重可见矣。或曰：本朝继赵宋之统矣，宋承五代之统乎？曰：宋篡周，周篡汉，汉代晋，晋篡后唐，后唐灭梁，梁篡唐。斯时辽、金角立北方，天下幅裂，五代不得为统也。或曰：然则宋承辽、金之统乎？曰：辽乘梁篡而起于北方，不过保有燕云；金虽破辽克宋，而建炎中兴，人心未厌，辽、金亦不得为统也。或曰：然则宋继何统乎？曰：宋继唐统者也。唐，正统也。唐以下，辽、金为北史，五代为南史，斯时为无统。至宋太平兴国四年灭汉之后，天下混一，斯时为有统。亦犹晋之后，南北为无统，至隋、唐而为有统耳。故唐之有辽，犹晋之有元魏也；唐之有五代，犹晋之有宋、齐、梁、陈也；唐之统中绝至宋，犹晋之统中绝而至隋、唐也。然则宋之统，所谓跨五代，轶辽、金而跻汉、唐也。子经之书，自唐而后，五代、辽、金皆为无统，至太平兴国四年而复有统，盖得其统矣，是可以驱天下百世之惑矣。但恨子经不与史事于当时，不得持此论于朝，而使三史有憾于后。虽然，子经之书，得与三史至行于世，亦可谓无愧于心矣。书廿四卷：盘古至高辛为一卷，契丹建国之始合五代为一卷，宋为二十二卷。齐郡张绅为之叙。至正廿二年，岁次壬寅二月既望，丛桂堂书。（元刊本书卷首）

按：沈周《客座新闻》载陈桱子经著《通鉴续编》时，书宋太祖云匡胤自立而还，未辍笔，迅雷击案。桱端坐不慑，曰："虽击吾手，终不易也。"可见其不畏强围之精神。

陈桱大父著纂《历代纪统》一书，陈旅为之序，见《安雅堂集》卷六。略谓著宋亡隐居句章山中。"取历代史自三皇讫于祥兴，撰为四言，叶以声韵。若胡氏叙古，为《文字蒙求》之类。名其书曰《历代纪统》者，则以为帝王之统出于天，虽偏弱如蜀汉、东晋，皆天统所在，当时敌国虽强大，据有中土，要不得紊天统也。是统一正，则人心之天理可得而言矣。"桱之学盖渊源于其祖，是书虽为训蒙而作，以"纪统"命名，亦南宋以来统纪之学也。

陈桱　通鉴续编自序

余读历代史，辑事之至大者为笔记百卷。或见之曰：子之志勤矣，然周威烈王而下至于宋兴，其取舍之审，有逾于司马公《资治通鉴》者乎？况朱子《纲目》笔削之慎耶？溯而至于唐尧，则金先生《前编》方为世所重，子书无乃复乎？余曰：吾备吾翻阅而已，岂觊与诸书并传哉？虽然，盘古至高辛传疑之言，近理有征者，不可不知也。契丹因俗慕华，其国所志者，不可不存也。宋三百年之治乱兴亡，新史繁而寡要，观者思约而未得也。吾不易旧文，直书见义，仿佛《通鉴》而规模《纲目》，述近理而删繁辞，使志学之士，开卷而上下数千年之事得以概见，可乎？曰：此则是也。乃取笔记盘古至高辛为《通鉴世编》一卷，唐天复至周亡辽夏初事为《通鉴外编》一卷，宋有国至归于大元为《通鉴新编》廿二卷，总之为廿四卷，合名曰《通鉴续编》。惟其不敢取《前编》、《纲目》二书以入其中，故于《世编》之末，则举历代有国之先后以见意焉。其谓之续者，取连续之义耳。若曰续先儒之笔，窃褒贬之旨，则非知我者矣。至正十年岁在庚寅夏六月甲子，四明陈桱题。（元刊本书卷首）

按：此书二十四卷，自序及张绅序外，又有至正十八年戊戌临海陈基敬初、二十一年辛丑鄱阳周伯琦伯温二序。其书全依《纲目》，纪辽在唐及五代时事一卷，纪宋南渡以后事二十二卷。而起首一卷纪盘古氏以次，蓝本胡宏《皇王大纪》。是书清人颇致讥评。（见《蛾术编》十一说录十一）然于明代史家则颇有影响，如丹阳姜宝编著之《稽古编大政记纲目》（共八卷，华盛顿大学藏善本）。据其门人王藩臣万历间序称："金仁山上溯陶唐甲辰以后为《前编》，陈子经复踵刘（恕）史，溯盘古逮高辛，冠于《前编》为《外纪》。然而仁山未完，子经多舛。"姜书欲补朱子《纲目》之未备，盖有取于陈桱之《世编》焉，《千顷堂书目》著录。姜宝所著此书外尚有《资治·上下编大政纪纲目》七十二卷，当是改编《资治通鉴》之作，故以资治为名，若《稽古编大政纪》则准温公之《稽古录》云。

吴澄

春秋诸国统纪序

读三百五篇之《诗》，曰有美、有刺也。读二百四十二年之《春秋》，曰有褒、有贬也。盖夫子既没，而序《诗》传《春秋》者，固已云然，则非秦汉以后之儒创为是说也。说经而迷于是也千年矣。逮自朱子《诗传》出，人始知《诗》之不为美刺作，若《春秋》之不为褒贬作，则朱子无论著，夫孰从而正之？有惑、有不惑者相半也。邵子曰："圣人之经，浑然无迹，如天道焉。《春秋》书实事，而善恶形于其中矣。"至哉言乎！朱子谓据事直书，而善恶自见，其旨一也。唐啖、赵宋孙、刘而下，不泥于传，有功于经者，奚啻数十家！然褒贬之蔽，犹未悉除，必待宋末李吕而后不大惑。夫其所谓褒贬者，以书时书月书日为详略其事，以书爵书人书国为荣辱其君，以书字书氏书名书人为轻重其臣而已。噫！事之或时或月或日也，君之或爵或人或国也，臣之或字或氏或人也，法一定而不易，岂圣人有意于轩轾予夺之哉？魏邑齐履谦、伯恒父之说《春秋》则异是，不承陋袭，故皆苦思深究而自得。内鲁尊周之外，经书其君之卒者十八国，乃分汇诸国之统纪，凡二十已。所特见各传于经，缕数旁通，务合书法，余事阙而不录。其义视李则明决多，其辞视吕则简净胜，予之所可，靡或不同；间有不同，亦其求之太过尔，而非苟为言也。不具九方皋相马之眼者，又乌能识之？伯恒父笃志经学，知之虽久，晚年获睹其二书之成，宁不快于心欤！二书谓何？《易》、《春秋》也。（《吴文正公集》卷二十）

皇极经世续书序

邵子之书，其初二十篇，以元经十二会而系之以运与世。其次十二篇，以九会经二百四十运而系之以世与岁。又其次十篇，以十运经一百二十世而系之以岁与字。元之经会，始月子，讫月亥，效天也。会之经运，始星己开物，讫星戊闭物，法地也。运之经世，始辰子二千一百四十九，讫辰亥二千二百六十八，纪人也。纪事起二千二百五十六世内之甲辰，止二千二百六十六世内之己未。唐帝荒以前不纪，无考也；周显德以后未纪，有俟也。郑松特立甫为续二百七十五年，自庚申宋兴，至甲午金亡。近述邵子《经世》之事，远继夫子《春秋》之志，用意宏矣！邵子所纪三千三百一十六年间，颇有更定，书法视昔尤谨。论国统绝续离合，谓兴国无所承，立国无所授者，各为系。汉、魏、晋、宋、齐、梁、陈，统代一系；魏、周、隋、唐、梁、唐、晋、汉、周、宋，十代一系也；辽、金、国朝又一系也。斯论也，世儒未之及也。噫！郑续邵之书，它时岂无续郑之书者乎？虽千世可知也。特立在前代，三预进士贡不第，在今日，隐处三十年不仕，独折行辈与澄友。古今因革，圣贤心迹，每共细商焉。是书之成，以澄能知之，而俾题其端，所纂《经说拾遗》，亦多可取云。（《吴文正公集》卷十六）

吴莱 改元论

先王之始得天下也，必明一代之好尚，以新斯民之耳目。闻改正朔矣，未尝闻改元也。然则《商训》称元祀，《春秋》书元年者，何以哉？曰：是直史官纪述之常体耳，将以志人君之在位久近者也，非王者以是为重事也。后之说《春秋》者，乃欲以改元为重。《春秋》之初，周平王立四十有九年，而鲁隐公又改称元年，藉令重在改元，何不袭称王者之年，傫数而明诏于人哉？抑鲁以周公之裔，且僭改之也。苟或僭改，必宜诛绝。于夫子之笔削，又反从而书之，独非拨乱反正之道乎？盖自古未尝有改元，为是说者，特出于战国秦汉之间。周之既衰，秦与列国争称王，其初即位时，犹以诸侯之爵行国中，国人皆称之曰公。及后以王自称，史官欲少异之，明其称王之始，故曰某王改元，是岂班班然播告于其国者哉？徒以书之载籍而已耳。何则？秦惠文王，孝公之子也，立十三年矣，十四年乃称王，而秦史改元。魏惠王，武侯之子也，立三十六年矣，三十七年乃称王，而《汲冢竹书》亦改元。又十六年，而后惠王卒，非改元也。明秦、魏之始称王也，此殆为史官者自志其国之事，犹《春秋》之于鲁史也，求其说而弗得，又大惑焉。且谓西伯在商纣世，亦尝称王，亦尝改元，其兆特因战国之秦、魏，秦、魏岂果以改元为王者之重事哉？说者恒曰：为国君者，即位之明年，必告庙以临群臣，然后改元。然以言告庙则可，临群臣则可，以之言改元则未可。国君嗣位，定于初丧。先君之终，即嗣君之始。若曰缘终始之义，一年不二君，特臣子之情，不忍遽死君父，故居丧自称曰子，国内民人之心系之久矣。将为史官者，以先君之薨年，不得便为嗣君之始年，始待其明年告庙之际，乃次第以书之，如太甲只见厥祖，而元祀之文著于《商训》也。以事系日，以日系月，以月系时，以时系年，书之以年，则又系于一国之君，是皆有不得不然者也。故曰：直史官纪述之常体耳。然则何以变一为元？杜预曰：人君即位，欲其体元而居正，故不言一年一月。此说善也，而后之说《春秋》者自异焉，亦不合于《春秋》矣。为《春秋》者曰：惟王者然后改元。东周之迁，王政之行，诸侯亦皆改元。近而宋、鲁，远而晋、楚，下及邾、莒、滕、薛杂小国，莫不皆然。鲁或以是而改历，晋或以是而改正朔，秦或以是而创闰月，此又似是而非者也。太史公《三代本纪》，有《三代世表》，征《尚书》。《尚书》无年，故年不可载，乃以世纪之。《十二诸侯世家》，有《十二诸侯年表》、《六国年表》。共和以下征《春秋左氏内外传》，秦始皇以上征《战国策》，皆有年，故既以世纪之，又以年实之，然或已失其世系，失其年代，失其名爵矣。且先王之世，有小史、外史，以掌邦国四方之志，诸侯无私史也。晋之《乘》，楚之《梼杌》，鲁之《春秋》，至东周而后有，是故十二诸侯之年，始可得谱，然不可得谱者亦多矣。燕至惠侯而始有君，秦至穆公而始有名，楚至若敖而始有年。滕、薛、驺虽文武之褒大封小，不足齿他大国。当西周之盛，亦徒纪之以世而已，近者详远者略也，非必曰以周之衰而诸侯各自改元。推《春秋》之义，此尚得为大一统乎？盖古之王者无改元，惟用旧岁季冬，颁来岁十二月朔于诸侯。诸侯受而藏之祖庙，至则以特羊告庙，请而行之。东周既不颁历，故鲁亦作私历，犹私史也，若诸侯固有日御矣。秦以僻陋之国，边在戎夷，于是始有史官，始创闰月，则犹鲁历也。然三王之正不同，而独夏数得天，商、周革命，且改正朔，以示不相沿袭。巡狩承享，兵农田猎，犹自夏焉。故周官有正月，有正岁。正月夏正，正岁周正，三正之通于民俗尚矣。《汲冢竹书》虽用夏正以纪晋事，抑何尝有改元之说哉？若曰东周诸侯皆改元，则此晋书上起殇叔。殇叔，晋穆侯少子成师也，别封曲沃。是时，文侯昭侯犹在，殇叔比晋一大夫耳，无缘改元。特武公卒，并宗国不数，文侯直推殇叔，以继穆侯，徒志其始封与卒年也。太史公《汉兴以来诸侯世表》、《高祖功臣侯年表》，类于每国书某王元年某侯元年，方天下大定，奉汉法度，行汉年号固也。又况孝武新建元，而辄自改元可乎？《淮南鸿烈》亦称淮南元年，许慎注云：淮南王安始封之年也。特为史官者，欲著每国之名爵年代世系，故一以是书之，非改元也。考之于汉者如此，则可见东周诸侯之必不然矣。（《渊颖吴先生文集》卷三）

明　王祎

正统论

正统之论，本乎《春秋》。当周之东迁，王室衰微，夷于列国，而楚及吴、徐，并僭王号。天下之人，几不知正统之所在。孔子之作《春秋》，于正必书王，于王必称天。而僭窃之邦，皆降而书子，凡以著尊王之义也。故传者曰：君子大居正。又曰：王者大一统。正统之义，于斯肇焉。欧阳修氏曰：正者，所以正天之不正也；统者，所以合天下之不一也。由不正与不一，是非有难明，故正统之论所为作也。呜呼！三代之下有天下者，大抵皆不正不一，而不能合乎至公大义之所在，是非之际，于是难明者多矣。盖当其难明之际，验之天文，则失于妄；稽之人言，则失于偏。是故荧惑守心，应乎魏文帝之殂，而吴、蜀无他故，若可以魏为正矣；然月犯大心，王者所恶，则蜀昭烈之殂实应之，而吴、魏无事也，是蜀亦可为正也，此非失于妄哉？自晋之灭，而南为东晋、宋、齐、梁、陈，北为后魏、后周、隋。私东晋者曰：隋得陈而后天下一，则推其统曰晋、宋、齐、梁、陈、隋。私后魏者曰：统必有所授；则推其统曰：隋授之后周，后周授之后魏，此非失于偏哉？呜呼！论正统而不推天下之至公，据天下之大义，而溺于妄于偏，其亦不明于《春秋》之旨矣。且欧阳氏《正统》之论，以谓正统者，听其有绝有续而后可，不必猥以假人而使勿绝也。猥以假人而使勿绝，则至公大义，有所不行矣。故正统之序，历唐、虞、夏、商、周、秦、汉，至汉建安而绝。魏氏窃取汉鼎，得之既不以正；刘氏虽汉裔，崎岖巴蜀，又未尝得志于中国；而孙氏徒保守江表而已，皆不可谓居天下之正，合乎天下于一者也。及晋有天下，而其统始续，故自泰始元年，复得正其统。至建兴之亡，正统于是又绝矣。晋氏既南，天下大乱，故自东晋建武之始，止陈贞明之终，二百余年，其间乘时并起，争夺僭窃者，不可胜纪。其略可纪者，犹十六七家。既而大小强弱，自相并吞，而天下犹为四，东晋、宋、齐、梁、陈，又自分为后梁而为二。后魏、后周、隋，又自分为东魏、北齐而为二。离合纷纭，莫适为正，皆不得其统，正统于是又绝矣。及后周并北齐而授之隋，隋并后周又并陈，然后天下合为一，而其统复续。故自开皇九年，复得正其统，而唐继之。自天祐之亡，正统于是又绝矣。梁氏弑其君，盗其国，以梁为伪，固也。后唐之兴，藉曰名正而言顺，实非所以复唐。晋氏受国于契丹，尤无足议。而汉、周亦皆取之以非义。况此五代者，皆未尝合天下于一，则其不得以承正统，夫复何疑？及宋有天下，居其正，合于一，而其统乃复续。故自建隆元年，复得正其统，至于靖康之乱，南北分裂。金虽据有中原，不可谓居天下之正。宋既南渡，不可谓合天下于一。其事适类于魏、蜀、东晋、后魏之际，是非难明，而正统于是又绝矣。自辽并于金，而金又并于元，及元又并南宋，然后居天下之正，合天下于一，而复正其统。故元之绍正统，当自至元十三年始也。由是论之，所谓正统者，自唐虞以来，四绝而四续。惟其有绝而有续，然后是非公，予夺当，而正统明也。呜呼！吾之说，至公大义之所存，欧阳氏之所为说也。欧阳氏之说废，则吾之说不行于天下矣。（《王忠文公集》卷一）

改元论

古有改正朔，而未尝有改元。非无改元也，弗以是为重事，而弗之异也。夫有国者，将以明一代之制度也，于是乎有改正朔。若称元年而后累数之者，是盖史官纪述之常体，所以志夫人君在位之久近者也。是故《春秋》于鲁公即位之始，皆称元年。《公羊传》曰：君之始年也。《史记·汉兴以来诸侯世表》、《高祖功臣侯年表》，类于每国书某王元年某侯元年，《淮南鸿烈》亦称淮南元年，许慎《注》云：始封之年也。夫鲁、周之诸侯，而所谓王侯者，汉之臣子也。使改元果为重事耶？则信如说《春秋》者，所谓诸侯不得改元，非王者不改元矣。奈何周之诸侯，汉之臣子，不皆袭称王者之年，而辄自改元！而《春秋》、《史记》，顾又因其僭而书之耶？故曰：古未尝有改元也。考《帝王世纪》，文王即位四十二年，岁在鹑火，更为受命之元年。其更为元年也，盖曰受命于是始焉尔。及周之衰，列国争称王，其始即位时，不过以诸侯之爵称，及既王矣，则将以自异也，于是又改称元年，故《史记》秦惠王十四年更为元年。《汲冢纪年》魏惠成王三十六年改元称一年，其所以改元者，盖亦曰称王于是始也。是岂以为重事而异之耶？自汉以后，一变于文帝之称后元，再变于武帝之名年以建元，后世因之，遂重于改元矣。呜呼！既已称元，而又改元；不惟改元，而又名年以建元，说注繁芜，莫之胜纪，是以弗可革矣。或曰：使改元不以为重事，而直史官纪述之常体，则曷为变一而为元也？吾闻之杜预曰：人君即位，欲其体元而居正，故不曰一年一月也，曰元年曰元日，此唐虞三代之所常称，又何足以为异乎！（《王忠文公集》卷一）

胡翰　正纪

六合之大，万民之众，有纪焉而后持之，何纪也？曰：天纪也，地纪也，人纪也。天纪不正，不足以为君；地纪不正，不足以为国；人纪不正，不足以为天下。何谓天纪？天子无所受命者也；其所受命者，天也。故国君受命于天子，天子受命于天，义至公也。尧有天下七十载而得舜，舜有天下五十载而得禹。舜以德，禹以功，其得天下也，不曰尧、舜与之，而曰天与之也。由禹之后，桀承其纪，而自绝于天，故汤放之。由汤之后，纣承其纪，而又绝于天，故武王伐之。天下不以汤、武为篡，而曰此天吏也。天之所废，孰能兴之？天之所兴，又可废乎？皆历数也。虞、夏、商、周之取与异道，皆推至诚以顺天者也。而后世欲以诈力为之，始乱天下之大义矣。何谓地纪？中国之与夷狄，内外之辨也。以中国治中国，以夷狄治夷狄，势至顺也。自三危、积石，负终南地络之阴，抵太华，而北逾大河，并太行，抵恒山之右，循塞垣至于涉貊、胡鲜，是谓北纪，胡门也。自岷山、嶓家，负地络之阳，并商山抵上洛，而南逾江汉，至于荆衡，循岭徼至于百粤，是谓南纪，越门也。其间包有冀、兖、青、徐、荆、扬、豫、梁、雍之地，上党、天下之脊也。弘农分陕，两河之会也，其外四夷居之，风气不同，习俗亦异。虞有三苗之叛，周有昆夷之患，虽有圣人，不能使之同仁，从有族类可也。而后世务勤远略，欲以冠带治之，始失天下之大势矣，非一朝一夕之故也。由汉之后，汩天之纪者，莫曹操若也；由晋之后，汩地之纪者，莫刘渊若也。魏晋之事，衰世之事也，以唐高祖、太宗之为君，而不能挈天下归之正者，何也？高祖起兵晋阳，下西河，取临汾，鼓行而入长安，除暴隋之禁，约法十有二条，民怀其德，威震海内，与汉何异哉！汉王即位汜水之上，萧王即位鄗南，君子与之；唐受隋禅，独不与焉，非有恶于唐也。杨广弑父与君，天下之首恶也，与天下诛之，天下之大义也。不知出此，而从事于繁文伪饰，犹窃人之钟，自掩其耳，知其不可而犹为之，是以魏晋自处矣。太宗承武德之后，以百战之师，命李靖等将之，擒颉利，降伊吾，平党项，西通吐蕃、回纥，南致谢元深。空人之国，俘人之众，骜然自以秦始皇、汉武帝不若也。魏徵言之不听，颜师古、李百药言之又不听，好须臾之名，亡将来之患，卒从温彦博之议，虚漠南之境，徙其部落，居吾内地，留其君长，备吾屯卫，而帝加号天可汗，刻之玺书，是以夷狄自处矣。以夷狄处者，以夷狄与之；以魏晋处者，以魏晋与之，《春秋》之义也，盖将以正天地之纪也。天地之纪不正，虽有人纪，君臣也，父子也，夫妇也，朋友之交也，长幼之序也，何自而立哉？而人纪之在天下，固有不可泯焉者也。当魏晋之初，毛玠、荀彧，虽以操之奉献帝为扶弘义示至公，而当时之士，如甘宁、周瑜、金祎、耿纪之徒，奋不与之，渊虽尊汉安乐，自谓汉氏之甥，而孔恂逆知其奸，睦夸不仕其朝。忠臣孝子，遭时多难，未尝不骈首接迹于当世，鼎镬在前而不避，刀锯在后而不顾，吾以是知生人之纪未尝泯也。有能正者，岂难也哉！故天下莫要于人纪，莫严于地纪，莫尊于天纪，乱其一，则其二随之，乱其二，则三者夷矣。汉不乱，则操固汉之征西也；晋不残，则渊固晋之都尉也，天地之纪不正，由生人之纪先紊之也。非秦、隋之乱，汉高帝、唐太宗亦何自而兴哉？汉承秦之变，变而近正者也。唐承隋之变，变而不善正者也。三纪之

立，其尧、舜、禹、汤、文、武之世乎？善为天下者，亦法乎尧、舜、禹、汤、文、武而已矣。（《胡仲子集》卷一）

按：金祎、耿纪事，人所罕知；纪为汉侍中，杜畿自荆州还，至许，与语终夜。（《魏志》卷十六《注》引《傅子》）纪于建安二十三年官少府，与京兆金祎（字德祎）及太医令吉本攻烧操长史营，事败。《三辅决录注》称："祎自以世为汉臣，睹汉祚将移，谓可季兴，乃喟然发愤，慷慨有日磾之风。"（《武纪注》引）金祎盖西汉金日磾之后。

方孝孺　释统　后正统论

释统上

仁义而王，道德而治者，三代也。智力而取，法术而守者，汉、唐、宋也。强致而暴失之者，秦、隋也。篡弑以得之，无术以守之，而子孙受其祸者，晋也。其取之也同，而身为天下戮者，王莽也。苟以全有天下，号令行乎海内者为正统耶？则此皆其人矣。然则汤、武之与秦、隋可得而班乎？汉、唐之与王莽可得而并乎？莽之不齿乎正统久矣，以其篡也。而晋亦篡也，后之得天下而异乎晋者寡矣。而犹黜莽，何也？谓其无成而受诛也。使光武不兴，而莽之子孙袭其位，则亦将与之乎，抑黜之乎？昔之君子，未尝黜晋也；其意以为后人行天子之礼者数百年，势固不得而黜之。推斯意也，则莽苟不诛，论正统者，亦将与之矣。呜呼！何其戾也。正统之说，何为而立耶？苟以其全有天下，故以是名加之，则彼固有天下矣，何不加以是名也？苟欲假此以寓褒贬，正大分，申君臣之义，明仁暴之别，内夏外夷，扶天理而诛人伪，则不宜无辨。而猥加之以是名，使圣智夷乎暴桀，顺人者等乎逆弑也。侥幸而得天下者，虽其势力之强，无所为而不成，然其心私计而深念，未尝不畏后世之公议。今将立天下之大法，以为万世劝戒，不能探其邪正逆顺之实以明其是非，而概以正统加诸有天下之人，不亦长侥幸者之恶，而为圣君贤主之羞乎？适事机之会，庸材小人皆可以得志。处非其地，用非其时，圣君贤主亦不足以成治功。古之能统一宇内，而动不以正者多矣，秦、隋其尤也；动不以正，而以正统称之，使文武周公而有知，其不羞与之同此名乎？故谓周、秦、汉、晋、隋、唐、宋均为正统，犹谓孔子、墨翟、庄周、李斯、孟轲、扬雄俱为圣人而传道统也。其孰以为可！非圣人而谓之圣人，人皆知其不然；不可为正统，而加之以正统之号，则安之而不知其不可！是尚可以建之万世而无弊乎？名者，圣人之所慎也。季子然以冉求、仲由为大臣，孔子忿然争之，若二子之才，鲁之诸臣莫及也，苟为大臣，未见其为过，而孔子慎而不许，盖才如仲由、冉求，而以为大臣，则伊尹、周公将曷以名之乎？伊尹、周公，大臣也，则二子非其类矣，故曰可谓具臣矣。以秦、隋而方乎周，岂直二子之与伊尹、周公哉？使孔子而出，其不混而称之也决矣。盖必有其道焉而不可知矣。尝试论之曰：天下有正统一，变统三。三代，正统也。如汉如唐如宋，虽不敢几乎三代，然其主皆有恤民之心，则亦圣人之徒也，附之以正统，亦孔子与齐桓仁管仲之意欤？奚谓变统？取之不以正，如晋、宋、齐、梁之君，使全有天下，亦不可为正矣。守之不以仁义，戕虐乎生民，如秦与隋，使传数百年，亦不可为正矣。夷狄而僭中国，女后而据天位，治如苻坚，才如武氏，亦不可继统矣。二统立而劝戒之道明，侥幸者其有所惧乎？此非孔子之言也，盖窃取孔子之意也。

释统中

正统之说立，而后人君之位尊；变统之名立，而后正统之说明。举有天下者，皆谓之正统，则人将以正统可以智力得，而不务修德矣，其弊至于使人骄肆而不知戒。举三代而下皆不谓之正统，则人将以正统非后世所能及，而不免于为善矣，其弊至于使人懈怠而无所劝。其有天下同也，惟其或归诸正统，或归诸变统，而不可必得，故贤主有所劝，而奸雄暴君不敢萌陵上虐民之心。朱子《纲目》之作，所以诛暴止乱于前，而为万世法也。立一法而不足尽天下之情伪，则小人将驰骛乎法之外，而窃笑吾法之疏，是孰若无法之愈乎？故正统以处其常，而参以变统，然后其变可得而尽也。朱子之意曰：周、秦、汉、晋、隋、唐皆全有天下矣，固不得不与之以正统。苟如是，则仁者徒仁，暴者徒暴，以正为正，又以非正为正也而可乎？吾之说则不然。所贵乎为君者，岂谓其有天下哉？以其建道德之中，立仁义之极，操政教之原，有以过乎天下也。有以过乎天下，斯可以为正统。不然，非其所据而据之，是则变也；以变为正，奚若以变为变之美乎。故周也，汉也，唐也，宋也，如朱子之意，则可也。晋也，秦也，隋也，女后也，夷狄也，不谓之变，何可哉？正统则处以天子之制，变统则不得并焉。正统之君，非吾贵之也，变统之君，非吾贱之也。贤者得民心，得民心，民斯尊之矣；民尊之，则天与之矣，安得不贵之乎？非其类，无其德，民必恶之。当时恶之，后世以其位而尊之，则违乎天矣，故不得贱之也。贵不特于其身，而又延及于子孙，虽其愚不肖，苟未至于亡国，犹尊之以正统之礼。贱不特于其身，而其子孙虽有贤知之才，亦不能掩其恶。夫如是，而后褒贬明；夫如是，而后劝戒著；夫如是，而后正统尊，奸邪息，夷狄惧。

释统下

夫所谓变统之制者，何也？异于天子之礼也。彼生以天子养，没以天子葬，俨然帝中国而臣四夷，天下莫与敌，大矣！曷为而异其礼？盖其所可致者，势也；不可僭乎后世者，义也。势行于一时，义定于后世。义之所在，臣不敢私爱于君，子不敢私尊于父，大中至正之道，质诸天地参诸鬼神而不忒也。何谓天子之礼？正统是也。正统之君始立，则大书其国号、谥号、纪年之号。凡其所为必书，所言必书，祀典必书，封拜必书。书后曰皇后，书太子曰皇太子。故及太子殁皆曰崩，葬必书其陵其谥。有事可纪者纪其事。所措置更革，曰诏，曰令，曰制。兵行曰讨，曰征，曰伐。施惠曰赦，曰大赦。施刑当罪曰诛，曰伏诛。违上兴兵者曰反，曰作乱，曰犯，曰寇，曰侵，倍之者曰叛。其邻国，其臣慢之者，必因事贬之；知尊正统者，虽微必进之。不幸而至于衰微，受制于强暴，或屈而臣之。强暴者，诚夷狄也，诚不可为正统也，则盗贼之雄耳，必慎抑扬予夺之辨。其以兵侵也，曰入寇，得地曰陷，据都曰据，至阙曰犯。虏正统之君，必易辞书其故，见杀曰弑，而书其主之名。及其主之没也，特书曰死。其党之与谋，陈力得罪于正统者，虽功多皆书曰死以著其罪，以绝其恶。得中国之地，其民有思中国而叛之者曰起兵，以地降者曰来归。不为中国而反者，彼亦不得而盗贼之也，亦曰起兵。得郡则曰取某郡。其诱正统之臣曰诱，执曰执，杀曰杀，将相则名其主。正统之臣降于夷狄，则夷狄之。死不曰卒，而曰死。凡力能为正统之患者，灭亡则异文书之，以致喜之之意。正统乱亡，则详书而屡见之，以致惜之之意。变统之异于正统者，何也？始一天下而正统绝，则书甲子而分注其下曰，是为某帝，某元年。书国号而不书大，书帝而不书皇，书名而不著谥。其所为非大故不书，常祀不书，或书以志失礼，或志礼之所从变则书，立后不书，尊封其属不书，非贤臣，虽王公拜罢卒葬不书，行幸非关得失不书，诏令非有更革不书。其崩曰殂，后死曰薨，大臣曰卒；佐篡弑，赞征伐，以危正统者曰死；聚敛之臣曰死，酷吏曰死，浮屠之位尊而因事得书者曰死。毁正统陵庙宫室，名其主。用兵不曰讨，不曰征伐，刑其人不曰诛。天下怨而起兵、恶而起兵不曰反，恶乎篡弑，非恶乎君也；恶乎夷狄，恶乎女主，非其君，故不得以君道临之也。惟于其臣，于其部落，则得致其罪。士之仕变统者，能安中国则书，能止暴乱除民害则书，能明道术于后世则书。有愈贵而愈贱者，有愈贱而愈贵者：利禄宠倖之臣，愈贵而愈贱也；守道不污之士，愈贱而愈贵也。故君子之于变统，外之而不亲也，微之而不尊也，断断乎其严也，闵闵乎恐其久也，望望乎欲正统之复也。是何也？为天下虑也。奚而为天下虑？使女主而乘君位，夷狄而践中国，篡弑而不亡，暴虐而继世，生民之类几何而不灭乎！立变统所以扶人极，能言抑变统者，君子之所取也。

后正统论

正统之名，何所本也？曰：本于《春秋》。何以知其然也？《春秋》之旨虽微，而其大要，不过辨君臣之等，严华夷之分，扶天理，遏人欲而已。《春秋》之世，周室衰，诸侯盛，以地不及于齐、晋、吴、楚，以兵以粟则不远于鲁、卫、曹、郑，然而必曰天王。齐、晋虽大国，一有逾分奸礼，则必贬之。楚与吴固已称王，与周无异矣。而斥之曰子曰人，岂非君臣之等、华夷之分不可废乎？《传》曰：《春秋》大居正，又曰：王者大一统。此正统之名所由本也。於乎！后之言正统者，其可戾《春秋》以为说乎？由周以来，秦、汉、晋、隋、唐、宋，皆尝一天下、主中国而朝四夷矣，正统必归焉。秦起始皇二十六年，而止于二世之三年。隋起开皇九年，而尽大业十三年。唐起武德元年，而尽天祐四年。汉始高祖五年，晋始太康元年，宋始太平兴国四年。然汉自建安而分为三，晋自惠帝以后，夷狄横炽，而中原陷没，宋自高宗播迁江表。是三代者，或与篡贼势同地丑，或为夷狄所虏辱，甚者或屈而臣之，其微甚矣。然君臣之等、华夷之分之不可废，犹周也；故汉必至于炎兴元年而止，晋必至于元兴三年而止，宋必至于祥兴二年而后天命绝，此百世不易之道，《春秋》之大法也。而或者见其微，欲断自剖分之岁，废统而俱主之，呜呼！其亦不察乎《春秋》之义，而甘为篡贼之归也。夫中国之为贵者，以有君臣之等，礼义之教，异乎夷狄也。无君臣则入于夷狄，入夷狄则与禽兽几矣。当周之衰，诸侯或射王中肩，或天子出狩，圣人岂不知周之无异于齐、晋、吴、楚之属哉？然而常抑彼尊此者，为天下后世虑也。苟以其迹则周当与鲁、卫同列矣，何有于王乎？如此则何以为圣人之《春秋》乎？夫汉、晋、宋之事，奚异于此？而今之横议者，犹啜啜不置。呜呼！其亦不察乎《春秋》之义，而甘为篡贼夷狄之归也。且圣人之作《春秋》，以其操至公之道，故建之天地而不谬，前乎百王而有征，后俟来者而无惑也。苟亦随俗之好恶，待时而重轻，岂足以为圣人哉！俗之相成，岁薰月染，使人化而不知。在宋之时，见胡服，闻胡语者，犹以为怪。主其帝而虏之，或羞称其事。至于元百年之间，四海之内，起居饮食，声音器用，皆化而同之，斯民长子育孙于其土地，习熟已久，以为当尔。昔既为其民矣，而斥之以为夷狄，岂不骇俗而惊世哉？然顾嫌者乃一时之私，非百世不易之道也。贤者之虑事，当先于众人，而预忧于后世，使其可继。假使后世有圣人者出，则将俨然当之如昔之正统乎？抑亦有所裁制损益如处吴、楚者乎？苟以夷狄之主而进于中国，则无餍之虏何以惩畏？安知其不复为中国害乎？如是则生民之祸大矣，斯固仁者之所不忍也。然则当何为？曰：其始一天下也，不得已以正统之法书其国号而名其君，于制诏号令变更之法稍异其文，崩殂薨卒之称，递降之，继世改元之礼，如无统一传，以后分注之。凡所当书者，皆不得与中国之正统比，以深致不幸之意，使有天下者惩其害，而保守不敢忽。使夷狄知大义之严，正统之不可以非类得，以消弭其侥觊之心，则亦庶乎圣人之意耳。呜呼！俗之移人也久矣。吾欲扬斯言于今之世，宁能免啜啜者之躁怒哉？此非予之言也，乃圣人之言也，向之所陈《春秋》之义也。《春秋》之义苟废，三代以降，得天下者亦异矣。吾尝妄论之曰：有天下而不可比于正统者三：篡臣也，贼后也，夷狄也。何也？夷狄恶其乱华，篡臣贼后，恶其乱伦也。夫天之生此民，好恶嗜欲之不齐，不有以主之，则纷争而靡定。故简圣贤之人，授之命为之主，同其好恶，节其嗜欲，明君臣父子夫妇长幼之伦以教之，为衣服等杀交际吉凶之礼以文之，拨洪水猛兽蛇虫夷狄之害以安之。夫所贵乎中国者，以其有人伦也。以其有礼文之美，衣冠之制，可以入先王之道也。彼篡臣贼后者，乘其君之间，弑而夺其位，人伦亡矣，而可以主天下乎？苟从而主之，是率天下之民，无父无君也，是犹可说也；彼夷狄者，侄母蒸杂，父子相攘，无人伦上下之等也，无衣冠礼文之美也，故先王以禽兽畜之，不与中国之人齿。苟举而加诸中国之民之上，是率天下为禽兽也。夫犬马一旦据人之位，虽三尺之童皆能愤怒号呼，持梃而逐之；悍婢奸隶，杀其主而夺其家，虽犬马犹能为之不平，而噬啮之，是何者？为其乱常也。三者之乱常，无异此矣。士大夫诵先王之道者，乃不知怪，又或为之辞，其亦可非矣乎！或曰：史以记事者，欲其实乃所以彰其恶也。故《春秋》于篡弑之君，未尝去其号，圣人且不敢，况后之人乎？曰：何为其然也？《春秋》之时，非后世可比也。当是时，闻有臣弑君者矣，未闻弑而夺其位者也。且鲁者，圣人之父母国，而时君固在也，故或为之讳，若他国则据其赴告之辞而书之。圣人固有不知其详者矣。然崔杼之弑齐简公，孔子沐浴而请讨之；季氏之逐鲁昭公，孔子一则曰公在乾侯，二则曰公在乾侯，使季氏而主鲁，圣人其忍以鲁国君礼与之乎？其黜之无疑矣。然则吾之言，固圣人意也，复何僭乎？又况已往之迹，而欲曲为之讳，其亦不达于义乎？曰：篡臣之事，则既然矣，贼后曷为而不得为主也？圣人之作《易》，其于此言之备矣。阳者，君之道也，夫道也；阴者，臣之道也，妻道也。《易》之六爻，凡阴之得中，阴乘阳位，必谆谆为之戒。坤，阴之纯卦也。于其始，则戒曰履霜坚冰至，恐阳之忘备也；于其终，恐疑于无阳也，曰龙战于野。五，恐其居尊位也，则曰黄裳元吉。黄中色而裳下饰，臣之事也，妇之道也，戒其居上则不吉也。其他曰括囊，曰含章，曰从王事，未尝予其专也。推之六十四卦之中，莫不皆然，则圣人之意可知矣。《春秋》无其事故不书，使有之，圣人其肯一日主之乎？曰：夷狄之不可为统，何所本也？曰：《书》曰蛮夷猾夏，寇贼奸宄。以蛮夷与寇贼并言之。《诗》曰：戎狄是膺。孟子曰：禹遏洪水驱蛇龙，周公膺夷狄。以戎狄与蛇虫洪水并言之。《礼》之言戎狄详矣。异服异言之人，恶其类夷狄，则察而诛之，况夷狄乎？孔子大管仲之功，曰：微管仲，吾其被发左衽矣。如其仁管仲之得为仁者，圣人美其攘夷狄也。然则进夷狄而不攘，又从而助之者，其不仁亦甚矣。曾谓圣人而肯主之乎？学圣人之学，治先王之道，而昧乎此，又何足论哉！曰，荆舒以南，《春秋》之所夷狄，独可为正统乎？曰：非也。自秦以来，袭礼义而为中国者二千年矣，人伦明而风俗美，乌得与夷狄比乎？先正大儒，知夷狄之不可长也，故虽强如苻坚，盛如德光，不与之以中国之礼。知贼后之不可主也，故吕氏之强，武氏之才，不与之以天子之位。知篡臣之不可训也，故王莽、侯景之徒，一以盗贼待之。其为法至公，其为道至明，其为虑至远也。其于圣人之意，《春秋》之分，至得也，所谓万世而不可易者也。曰：是则三者皆废之而不书乎？曰：不也。吾固曰不比之于正统而已，非废之也。不废其迹而异其辞，则其为戒也深矣。呜呼！天下后世之心，吾不敢必也，苟有贤者，其将信吾言也夫！（《逊志斋集》卷二）

按：此文后有跋云："自予为此文，未尝出以示人，人之闻此言者，咸訾笑予以为狂，或阴诋诟之；其谓然者，独予师太史公与金华胡公翰而已。"

John Fincher 在所作 *China as a Race, Culture, and Nation* 引此仅论及宋濂（66 页）。不知胡翰亦有《正纪》之论，故孝孺称为知音，盖均本《春秋》以立言者也。

钱大昕跋《溪喻草稿》称最爱正学论人之患，莫过于自高，莫甚于自狭，莫难于不得其源三语，真有得乎圣贤教人自为之心法。（《潜研堂文集》三十二）极中肯綮。正学论统，亦如水之有源，浩乎有沛然莫之能御之气，未可等闲视之。若方苞作《方正学论》，谓其过于任刚，以圣贤之道衡之，盖震于卒然，而失其常度者。（《望溪集外文》卷八）则讥其不得中庸云。

徐一夔　正统问

友人周元亮，其先尝仕宋，相见辄言宋事。间从余涉西湖，上万松岭，访宋氏古都，藉草而坐，因及于正统之说。余曰：言正统者，以天下为一，则以正统归之。眉山苏氏有云：正统云者，犹曰有天下云尔。元亮曰：宋之太祖既受周禅，平江南，平湖南，平岭南，平荆，平蜀，至于吴越，恐悚待命，所未臣者，独河东一弹丸地，可以谓之有天下矣。比见四明陈氏著《续通鉴纲目》，其书太祖崩，曰宋主赵某殂，至太平兴国四年，始揭正统归之，岂非以河东未臣，而以敌国例之欤？余曰：非也。太祖之北征也，尝因河东谍者语刘承钧曰：君家与周世仇，宜其不屈，今我与尔无间，何为重困此一方之民？承钧复命曰：河东土地甲兵，不足以当中国之十一，然承钧家世非叛者，区区守此，盖惧汉氏之不血食也。太祖哀其言，遂不致伐。以此观之，则河东不足为正统累也明矣。彼陈氏之书，夫岂至当之论哉？又曰：或曰其说本于朱子，余曰：朱子之答陈安卿也，曰如以正统则秦初未可当，必平一六国而后在秦；晋初未可当，又灭吴而后在晋；隋初未可当，必灭陈而后在隋。因言如本朝亦必并河东而后在本朝，朱子诚有是说矣。窃尝观其答问之意，以谓由唐而下，正统在梁，梁之统在后唐，唐之统在晋，晋之统在汉，周氏篡汉废湘阴公赟，其父崇自立于河东，则汉之统犹在河东故也。据朱子之说，而以当时大势度之于秦于隋是矣。于宋则有可议者。何以言之？六国之众，可以敌秦初之秦，吴陈帝有江南，可以敌晋初之晋，隋初之隋。区区河东而欲敌宋初之宋，以一敌九，小大不敌，昭然可见。此必朱子一时答问云然，非其终身不易之定论也。而况太祖之生，符明宗宫中之祝。至其受禅，因陈桥六军之变，天命人心之所属，实开三百一十六年有道之基，不以正统归之，可乎？陈氏之书，盖用其大父所取伏羲以来至祥兴事类，为四言协声韻，名曰《历代纪统》，与其父泌仿《纲目》例，尊纪统为经，而疏其始末为传以行者。如曰本于朱子，则是特其未定之说，而以为是，非忠于朱子者，如出臆见，则未敢以为至当。元亮良以余言为是，爰著于篇。(《明文衡》卷二十四)

按：徐一夔所言之陈氏，指元陈桱《通鉴续编》。一夔父即徐泌也。一夔见《明史》卷二百八十五《文苑传》。

朱权　天运绍统序

纂大业，开□□□□，非天命不足以戡定区宇，继天□□□□，天命者，必承天运。承天运者，必□□□□，而世次谱系编年之史书焉。盖自伏羲氏以木德绍承天运，木德者，取万物发生于春，春属木。东方乃生气之始，日出□□□□，以太阳喻□□□木德王，自是统绪乃作。是以神农氏王火德，黄帝王土德，少昊王金德，颛顼王水德，此王□□□承也。自汤伐桀以革夏命，仍以水德王，以继夏之金德也。历代□□□谱系，皆有可考，而其世次编□□□□□有以兄弟而为子侄者，有以□□□祖而世次行列先后者，在五常之□□。自秦火之后，失其真者久矣。虽载诸史籍者，各朝儒生，所编年谱不一，又不可得其真。予于是书究其图录，用心有年，莫得其详。洪武丙子，于御府偶□□□所藏历代帝王谱图校之，与其□□□录其年代世次，多不同其谱系世次。自秦至元有之，自伏羲至周亦谱系，于是纂成图录，编成世次，乃自古之所未有，□□□□书，可为秘典矣，无不失其天运之统绪也。书成，以纪其所制之由，目于篇端云。时在永乐四年二月上戊涵虚子。(本书卷首)

王行　纂宋系统图跋

予观宋之得天下，非有积德累仁之渐，特军情之推戴，出于一时，无异于郭周之篡汉。而其享国之久，三代而下，乃无及之者。虽中叶而夷虏据华，然不改宋号，不移赵姓，至三百有二十年，是何由而能致耶？盖以太祖操杀人之柄，而不嗜杀人；太宗有骄侈之资，而不乐骄侈；真宗似尝骄侈矣，而不忘仁爱，率由旧章。迨乎仁宗四十二年，天下之民，几于皞皞之世，宋之为宋，治斯亦盛矣！惟盛极而衰，理之必至。是以英宗以旁枝继统，乃生神宗，滋培亡国之基本。绍圣改元，正人尽废。徽宗得位，益徇所私，假是以济非，戕民而侮敌，宜若可亡矣！而祸萃厥身，祚胤无故。虽苍黄南渡，仆而复兴，左枝右梧，又历九传，而炎运乃熄。于时论者，莫不叹其弱而不振，因致其亡。呜呼！弱而不振，宋之所以为宋也，使非弱而不振，果能必其不亡也哉？周之卜世也三十，卜年也七百，而后竟过之，是固以强而延乎？秦自期于万世，而二世遽亡，是固以弱而促乎？汉武强矣，而当时有岌岌之势，其不亡者，以乐极哀来之悔心，能自铄其刚暴之气也，然而蹀血禁庭，骨肉屠戮，至于望思，亦足悲矣！光武中兴，用柔道以励风节。洎其末世，虽以奸操之强梁，犹没齿不敢施其弑夺之计，亦有畏于公议耳。晋一海内，其势非弱也；不四十年，而主社稷者非复司马氏之子孙也。隋既平陈，好杀滋甚。继以炀帝，狼戾淫毒，自以为强也。才三十年，而杨氏不血食矣。迹是而推，使宋非弱而不振，亦安必其不亡也？矧强之与弱，得失有待辨也。盖强者必恃，恃则肆己，肆己则虐人，虐人则怨生，怨生则天怒，天怒亡必随之矣。弱者必慎，慎则审己，审己则爱人，爱人人亦爱之，人爱之，天必祚之矣。天祚之，其孰亡之也哉？若然，弱者其终不亡耶？非也。弱之极亦亡。然其亡也，如水之涸，犹有余润焉。苟强而亡，则如火之倏灭，岂复存其煨烬耶？此又强弱之势也。且三代皆圣王之后也，不能无亡。宋能必其无亡乎？宋不能不亡；而其亡也，犹有光焉。“殷士肤敏，裸将于京”，哲人盖伤之矣。今宋虽亡，而士君子有未尝沾其微禄，受其一命者，乃至终身不忍忘国恩。自非爱人，而人爱之，又乌能致乎此哉！于是可以见宋之为宋矣。故曰：使非弱而不振，安能必其不亡？然今亡也，犹有光也。姑苏王行既纂是图，而跋于后。（《半轩集》卷八）

按：《千顷堂书目》四编年类有王行《宋系统图》二卷，即此书。

徐奋鹏　古今正统辨

《传》曰：“君子大居正。”又曰：“王者大一统。”则正统之说所为设也。

朱夫子以天下合一，朝觐讼狱皆归为正统。则秦之并六国，隋之混南北，皆得与汉、唐、宋并武矣。方希古有言曰：“仁义而王，道德而治者，夏、商、周也。智力而取，法术而守者，汉、唐、宋也。强致而暴失者，秦、隋也。篡弑以得之，无术以守之，而子孙受其祸者，晋也。取之也同，而身为天下大戮者，王莽也。”岂以全有天下，令行海内者遂为正统乎哉？此逊志之论，较之晦翁义为尤长也，然有疑焉。秦、隋、晋、莽之不得并列于汉、唐、宋固宜也；而汉、唐、宋居然曰正统，毋乃又以久近论乎？果尔，则使二世传之数十世，秦不亦正统耶？又使光武不兴，新氏子孙世承其位，莽不亦正统耶？然则以广狭论，以久近论，皆非也。盖天下有正统、有变统。正统一、变统三。何谓正统？建道德之中，立仁义之极，操政教之原是也；夏、商、周然也。汉、唐、宋虽未必纯，亦近之也，斯以谓之正统。何谓变统？取之以诈力，如晋、宋、齐、梁诸君，即业膺全盛，非正也。守之以残虐，如秦、隋，即历传数百年，非正也。夷狄僭中国，如刘裕、如蒙古；女后据天位，如吕雉、如武曌；强臣奸大宝，如曹、如莽、如坚、如温等，皆非正也，斯以谓之变统。正统之说立，而后人主之分尊；变统之名立，而后正统之说明。先儒于此盖亦详哉其言之矣！予窃思之，古今之统而未必正者，秦也、隋也、元也。正而未必统者，西蜀之汉也、南渡之宋也。取其正不取其统，吾宁尊西蜀、南宋而黜秦、隋、元也。予又窃思之，自尧咨舜曰：“天之历数在尔躬。”而舜以命禹，禹传汤，汤传文、武。此脉络分明，正统所自来者。汉以亭长兴，诛无道秦，庶几统其正者乎！唐虽除隋，功在宇宙，而犹然隋臣也。宋艺祖受统于陈桥，几与曹马埒耳。独我太祖高皇帝起自宇内风烟之中，迅扫胡腥再开天地。故宋龙门颂其功高万古，得国之正。则所以上承唐虞三代以来之正统者，惟我明而已。以此方之，则谓汉、唐、宋皆闰位可也。故尝为之说曰：天地初混，得盘古氏而始开；天地再混，得我高皇帝而重开，则大明之统，统于天也。即与天无极可也。（本书《杂著诸文》第八集）

杨慎　广正统论

逊志方子作《正统论》，大概以夷狄篡弑女主三者，非统之正，其论精且悉矣。因而广其未备云。杨子曰：夷乱华，足加首，非乎！而夷狄是已，是曰易天明，胡元极矣，稽诛于两仪者也。柔乘刚，阴干阳，非乎！而女主是已，是曰逆天常，吕、武极矣，稽诛于三纲者也。戕其主，逆其天，非乎！

而篡弑是已，是曰乱天纪，稽诛于万世者也。莽、操极矣，皆重绝于《春秋》者也。或献疑曰：胡元也，吕、武也，莽、操也，皆后乎《春秋》者也，何以见其诛绝于圣人也？曰：推以例之，是以知之。书楚人，外荆舒，是以知其不与夷狄也。绝姜氏、孙夫人，是以知其不与女主也。书乾侯黜季氏，是以知其不与篡弑也。夫女主也，夷狄也，春秋之世，则未有如胡元、吕、武也。而羿、浞窃夏四十余年，则有莽、操之俦矣，未有以统与羿、浞者也。是篡弑者非直《春秋》不与也，夫人皆不与也。以篡弑之不得与，知女主夷狄之必不与也。曰：是则然矣。王通氏尝帝元魏矣，欧阳氏尝纪武曌矣，涑水氏尝帝魏曹寇武侯矣。曰：通也偏，刘子玄已驳之矣；欧也迷，伊川翁已正之矣；涑水也固，朱子已改之矣。三子之瑕也，尤也，可攻也，不可效也。然即三子而论，则欧阳涑水犹无说也。通则有说矣，其曰：乱离瘼矣，吾谁适归？天地有奉，生民有庇，即吾君也。居先王之国，受先王之道，子先王之民，谓之何哉？是其言也，偏也迷也固也，通兼有之。尝曰：大哉中国五帝王之所自立也！既曰帝王自立，夷狄岂得而立之？通之言自相戾矣。且元魏之惨杀，史所载有不忍观者，生民何庇乎？元魏居先王之国，子先王之民矣，何尝受先王之道乎！通又自戾其说矣。呜呼！通生元魏之地则帝元魏，使通生莽操之世，亦将曰吾谁适归即吾君也。是何异于甄丰、华歆？若使吕后传于其女鲁元公主，武氏传于其女千金公主，而鲁元、千金又女女相传。通生其时，亦将事之，通作其史，亦将帝之，又何以异于陈平、魏元忠，何足以为通惜哉？通而有是也。近世无锡邵尚书之说曰：华夷之轻重，以地亦以人，中国帝王人地俱重，蛮夷荒服人地俱轻。人重而地轻，则有若箕子之在朝鲜；人轻而地重，则有若陆浑之在伊、洛。故曰：名从中国，物从主人。小物且然，而况大器乎！如使猾夏者遂称帝王，则用夏变夷者，将亦从之夷乎！王通氏诚变于夷者也，是足以诛通矣。或曰：方子以正统之说起于《春秋》，信乎？曰：信也。岂唯《春秋》，《易传》昭矣。班固作《历志》，引《易传》曰：古者庖牺氏之王天下也；继之曰：庖牺氏没，神农作，神农没，黄帝氏作，黄帝既没，尧舜氏作，此即正统之说也。夫庖牺氏之后，神农之前，有共工氏，伯九域，《祭典》存之，而《周易》不载其序，以其任知刑以强而不王也。德之劣者，圣人且黜之不载焉。有易天明，反天常，乱天纪，而可以承正统乎！夫万代之统，犹一代之宗，商之贤者十余君，而太甲称太宗，大戊称中宗，武丁称高宗，为宗者三而已。降而至汉，上之自尊，下之媚上，世已非商比矣。而其称宗者曰太宗者文，曰世宗者武，曰中宗者宣而已。同姓一代不皆宗，则易姓承代，不皆统一也。至唐则无贤不肖，淫僻夭昏者皆宗矣。无贤不肖，淫僻夭昏皆宗，则无惑乎！夷狄篡弑女主皆统也！国之统也，犹道之统也。尧以是传之舜，舜以是传之禹，禹以是传之汤，汤以是传之文武周公，周公以是传之孔子，孔子以是传之孟轲，轲之死，不得其传。则如荀如杨者不敢轻以道统与之。夫不以道统轻与之，则道犹尊，而统犹在也。如使道统而可以承乏，可以假借，秦之道统，可付之斯、高；汉之道统，可属之萧、曹；而晋、宋、齐、梁之道统，可移之佛图澄、鸠摩罗什乎！道统不可以乏，而假之斯、高、萧、曹、澄、罗三灵之主，大宝之位，而以夷狄腥膻之，女主蕾秽之，篡弑戕贼之，亦何以异于道统与斯、高、萧、曹、澄、罗乎！方氏之论确矣。有金华太史者独是之，予之言立，而方氏之论益明，必有是乎予如金华者乎？将无，作《广正统论》。（《杨升庵文集》卷五）

按：杨氏文举易天明，逆天常，乱天纪三者，以说夷狄、女主、篡弑三事。"天明"出《书大诰》："宁（文）王遗我大宝龟，绍天明即命。"《左》昭二十五年《传》："则天之明，因地之性。""天明"亦犹天命也。"天常"《左》哀六年引《夏书》："惟彼陶唐，帅彼天常，有此冀方。"又《左》文十八年："傲很明德，以乱天常。"《文选》潘勖《策魏公九锡文》："后及黄巾，反易天常。""天常"二字，初见于古文《五子之歌》。"天纪"出《书》古文胤征："畔官离次，俶扰天纪。"陶潜诗"赢氏乱天纪"是也。又杨氏引《祭法》以说共工。考《管子》卷二十三《揆度篇》，答齐桓公问云："燧人以来，未有不以轻重为天下也。共工之王，水处什之七，陆处什之三，乘天势以隘制天下。至于黄帝之王，谨逃其爪牙，不利其器。……至于尧、舜之王，所以化海内者，北用禺氏之玉，南贵江、汉之珠。"如管子言，共工应次于燧人、黄帝之间。房玄龄注："帝共工氏，继女娲有天下。"其序次与《礼》不同。《逸周书·史记解》："唐氏伐之，共工以亡。"其年代又异。

丘濬　世史正纲序

《世史正纲》曷为而作也？著世变也，纪事始也。其事则记乎其大者，其义则明夫统之正而已。董子曰："正其谊不谋其利，明其道不计其功。"非道非义，功利虽大，弗取也。或曰："自孔子作《春秋》之后，大事有吕氏之记，续之可也；正统有朱子之笔，遵之可也；奚用此为哉？"曰：吕氏之记，记其大而或兼其细也；朱子之笔，笔其正而或专其统也。愚惟录其大而已，细小不屑及也。取其正而已，统否不暇计也。然则有所见乎？曰：有。圣贤之书，婉而正；学者之书，显而直。婉而正，所以待后世之贤人君子也；显而直，所以晓当世之学生小子也。何则？人之生也，禀赋不齐，贤者知者恒少，而愚者不肖者恒多。圣贤之书，用意深而立例严，非贤人君子不能知也，是以知之者恒鲜。愚为此书，直述其事，显明其义。使凡有目者所共睹，有耳者所共闻，粗知文义者，不待讲明思索，皆可与知也。苟或因是而驯致夫贤人君子之地，则夫圣贤婉而正之书，亦可由此而得之矣。愚所以作书之意，有在于是，非敢立异以犯不韪之罪也。然则其宏纲大旨果何在哉？曰：在严华夷之分；在立君臣之义，在原父子之心。夫华夷之分，其界限在疆域。华、华，夷、夷狄也。华不华，夷不夷，则人类淆世，不可以不正也。君臣之义，其体统在朝廷，君君，臣臣，正也。君不君，臣不臣，则人纪隳，国不可以不正也。父子之心，其传序在世及。父父，子子，正也。父不父，子不子，则人道乖，家不可以不正也。本家以立国，正国以持世，而一扫于人心。道义之正，则人极以立，天地以位。夷狄不敢以乱华，禽兽不敢以侵人。上天所以立君之意，圣人所以立教之心，或其在此乎？请言其详：天，位乎上者也；地，位乎下者也。天地之所以生生者，物也。物之动者，有三焉：人也、夷狄也、禽兽也。天生人，而于人之中命一人以为君，以为人类主，阐教以立人极，修政以安人生。然必其生安，然后其极可立也。彼其所以为生人害，而使之不得安者，谁欤？夷狄也、禽兽也。为生人主，必攘夷狄、必驱猛兽，使吾一世之民，各遂其生而不罹其害焉。于是乎吾政行而教施，而世底乎雍熙泰和矣，是则君人者之责也。虽然，君之所以为此者，非君之自为也，承天之意也。能承天之意，则能受天之命矣。受天命者，必奉天焉。奉天者，必大报天焉。君秉诚以事天，天垂象以示君；必致夫精禋感格之诚，必谨夫象纬灾祥之故。如是，则天人合一，天不在天，而在君矣。天之心则仁爱人君，君之心则仁爱生民。民之生也，性天之理以为其心，形天之气以为其身。心有不明，君必明之，俾天之理，不为物所蔽。身有不安，君必安之，俾天之气，不为物所戕。故凡其号令之颁，政事之施，教条之布，礼乐制度之具，刑赏征讨之举，无非以为民而已。为乎民，所以承乎天；承乎天，所以安其位也。然君于此，岂能以其独力为之哉？亦由夫小大内外之臣，以为之腹心、股肱、耳目、爪牙焉耳。君总于上，臣分于下，彼此相资，远近相维，阶级相承，气脉相通，各尽职以厘务，毕同心以奉上。君必死其社稷，臣必死其职事。本乎是以持世，由一世而十世，十世而百世，百世而千万世。华必统夫夷，夷决不可干中国之统。君必统夫臣，臣决不可萌非分之望。男必统夫女，女决不可当阳刚之位。臣非有舜、禹之圣，决不可以言禅。君非有桀、纣之暴，决不可以言伐。君虽不及太甲，臣非有伊尹之志，决不可以言放。非为天吏，决不可兴问罪之师；非奉天讨，决不可清君侧之恶。事虽至于无可奈何，非济天经，决不可用权宜之策。天冠地履之分必严，水源木本之心必笃。如是，则大义立矣。虽然，天下之本在国，国之本在家，家必正而后国定。其本乱而末治者，否矣。是故父有天下，必授之于子；子居大位，必受之于父。父非真尧、舜，子非真朱、均，必不可以与舜、禹。子非真武王，父非真西伯，必不可以舍伯邑考。隐摄桓位，不可也；宣传缪位，不可也。父之所予，必子心之所安；子之所承，必父心之所愿。非的见夫大义之决，不可以行权；非真有夫必归之诚，不可以言假授受。取与必原其心，原其本心之初，于序必顺，于理必正，于心必安。以此正名，以此定位；既定其位，必端其本。本之所以端者，身也。身不可以不修，身之所以修者，心也。心不可以不正，知其身心，之所以必当修而正者，学也。学不可以不讲，讲学以正心，正心以修身，修身以端其本。则夫妇于焉以有别，昆弟于焉以有序，诸父于焉以有善，诸舅于焉以有义，族人戚属莫不于焉以有礼。将见身正而令行，家和而福生，行乎上而效于下，笃其近而举诸远矣。是则大而一世，所以纲维之者，国也。中而一国，所以根本之者，家也。家则内和而外顺，国则上令而下从。极乎一世之大，则华夏安乎中，夷狄卫乎边。各止其所，而不相侵凌，则人之所以为人者，相生相养，各尽其性，各全其命；而一顺于道义之正，而不徇于功利之私，是则所谓雍熙泰和之世也。人既得其所以为人，物亦得其所以为物；天由是而得以为天，地由是而得为地，则人君中天地而立，为人物之主者，其责尽矣。上天立君之意，于是乎为无负，而圣贤所以著书立言，谆谆乎垂世立教者，亦于是乎不徒托之空言矣。区区一得之愚，偶有所见，而妄为此书。始嬴秦庚辰之岁灭国，讫于齐，世道之始变也。终皇明戊申之春，彗出，扫于昴，天道之终定也。首尾凡一千五百八十有九。书成，用僭书卷端，以示夫当世之学生小子。而后世之贤人君子，容或有以取之否乎？不敢必也。于是乎书以俟。成化辛丑春二月丁未，琼山丘濬序。（重编《琼台集》卷九有缺文）

有华夏纯全之世，汉、唐是也。有华夏割据之世，三国是也。有华夷分裂之世，南北朝及宋南渡是也。有华夷混乱之世，东晋及五代是也。若夫胡元入主中国，则又为夷狄全纯之世焉。噫！世道至此，坏乱极矣，此《世史正纲》所由作也。窃原天下之理，惟圣贤之意，以严万世夷夏之防，于元之混一天下，依《纲目》南北朝五代例，分书其年号于甲子之下。洪武元年春正月，太祖即皇帝位，复中国之统。自有天地以来，中国未尝一日无统也。虽五胡乱华，而晋祚犹存，辽、金僭号，而宋系不断。未有中国之统尽绝，而皆夷狄之归如元之世者也。三纲既沦，九法亦斁，天地于是乎易位，日月于是乎晦冥，阴浊用事，迟迟至九十三年之久。中国之人，渐染其俗，日与之化，身其氏名，口其言语，家其伦类，忘其身之为华，十室而八九矣。不有圣君者出，乘天心之所厌，驱其类而荡涤之，中国尚得为中国乎？（《世史正纲》）

费闾　世史正纲后序

《世史正纲》琼山丘先生本朱文公《资治通鉴纲目》、吕成公《大事记》而约之，以为此编也。《纲目》之作，本温公之《通鉴》，表其纲而系以目。大事有记，则本《史记》之年表，而兼采《左氏》传记诸书，辑而广之，而附以通释解题。今是编则增二书而显其所难明，续其所未尽者也。然《治鉴》始周威烈王之二十三年，《大记》始敬王之三十九年。《史纲》托始不本于二书，而起于秦始皇二十六年之灭齐者，盖《治鉴》接《左氏》之终篇，《大记》续获麟之绝笔，是时虽曰末季，然犹三代封建之余也。秦罢侯置守以来，自汉、魏讫于今日，更十数代，阅千数百年。其建立规模，称谓名号，维持法制，皆自此权舆之也。前乎此而为夏、商、周，后乎此而为汉、唐、宋，是盖天地间世道一大变也。世道之大者，其要有三：曰世、曰国、曰家。世主华夷，而言要必华内而夷外；国主君臣，而言要必君令而臣共；家主父子，而言要必父传而子继。统非得之正，弗取；权非济夫经，不用。君必死其社稷，臣必死其职事，父必授之于子，子必受于父。而其极至，尤在于严内夏外夷之限，以为万世大防。故以《世史》为名，其大义有十数焉。学者即以此考世变，求事始，是亦格物致知之先务，而修齐治平之要道，亦不外焉。开卷之际，上下数千百年间，兴亡治乱之迹，是非邪正之辨，了然于心目之间。使夫天下后世之人，知善可鉴而恶可戒，销僭窃者之非望，启幽愤者之善念，其所以扶持世教，警省人心者，其功盖亦不小也。先生在翰林时已属笔，及来太学始脱稿，每以示訚，且言其所以著书托始之义。因与监丞莆中林大猷谋刻之梓，以永其传。既而林君以忧去，而西蜀汪洋继之。方将具板鸠工，而先生升秩尚书，掌詹事府，入为国史副总裁。訚因请于先生曰："先生在太学逾十年，多所著述，其所著《大学衍义补》，圣天子已诏书坊板行天下矣。请留《世史正纲》于太学为板本，以传天下后世。"先生曰："诺哉!"遂谨其稿刻之，梓藏之。载道所付，典籍掌焉。谨述所闻于先生者，而并识其岁月于卷末云。弘治元年，岁次戊申，秋八月既望，赐进士出身、朝列大夫、国子祭酒兼经筵讲官、前太子谕德、同修国史、门人京口费訚序。

章潢　论历代正统

论周秦晋隋唐正统

朱子撰《纲目》，凡例："凡天下混一为正统。"其分注曰："凡一统，谓周、秦、汉、晋、隋、唐。"由是观之，周、秦、汉、晋、隋、唐果天下混一也矣。愚窃论之：天下混一可言统。统固有可以正言者，亦有不可以正言者。谓之曰统，如《易》言"统天"，孟子言"定于一"是也。统谓之正，必其得天下以正，又能统之以正，然后可以言正统也。且天下之大，果以一人统之，足乎？抑统之必以道乎？统之以一人，固无列国分争之患？统之以道，则所谓一者，非一之以霸力，非一之以智术，抑惟道足以抑天下也。盖统天下即所以正天下，正天下者为统天下也。故统天下易，正天下难。孟子固言定一，必曰不嗜杀人者能一之。然则杀人以统天下，与夫杀所不敢杀以统天下，为篡弑，为僭贼，奚足以名正统也哉？尧曰："咨尔舜，天之历数在尔躬，允执其中。"舜亦以命于禹。夫曰"历数在尔躬"，是尧以统天下之责畀诸舜矣。又曰"允执其中"，尧又以正天下之道叮咛乎舜矣。君子曰：传天下，又传道，抑厚舜乎？抑厚天下乎？厚天下重于厚舜，此其传天下，必传以正天下之道也。《春秋》大一统，尊统也。《春秋》大居正，重统之正也。汤于此有惭德，武于此未尽善，矧于汉、晋，矧于唐、隋也哉！夫统，以一言也。三之而为三纲，五之而为五常，九之而为九畴，万之而为万事万物，胥出于统也。岂可以不正为哉！是故非天子莫之中天地为民物纲常之统，非圣人在天子之位，莫之立民物纲常之统也。众星统于北辰，百川统于河海，丘垤统于华岳，飞走统于麟凤，万方统于一人。必一人元良，斯万邦以贞。故一人正，则莫敢不正矣。夫是之谓天下统于一，一于正也。是正也，尧、舜吾无能名矣，禹吾无间然矣，汤所以有惭德，武于此未尽善者，盖其誓师伐暴，固所以正天下。然昧于正天下，必自正身始；正身必自正纲常始，正纲常必自尊君父，必自舜、禹始。舜有尧之天下，不敢逼其子，所以尊尧也。尊尧，尊纲常也。禹有舜之天下，亦不敢逼其子，所以尊舜也。尊舜，尊纲常也。汤、武有夏、商之天下，善处乎桀、纣，固所以尊禹、汤也。尊禹、汤，尊纲常也。爱屋以及其乌，尊祖以及其后，仁至而义尽，礼行而孙出。夫固三纲正，九畴叙，荡荡巍巍，尧、舜、禹不得专美于前矣。惟武王勇于迹汤，汤未暇迹乎舜、禹。敢行称伐，不文之以揖逊，此其天人虽足以顺应，舜、禹则未之媲美。固罔有不正，概之以中正纯粹，则未也。自救世者以民为贵，以君为轻，有能行之者，是亦一微权也。故汤、武亦足以继尧、舜而正统也。自是而一统者，秦也；继秦而一统者，汉也；继汉而一统者，晋也；继晋而一统者，隋也；继隋而一统者，唐也。汉则近于必正，盖其以匹夫而有天下，虽无禹、舜之德，与夫天子之荐，其除残去暴如汤、武。其得天下，盖取之于盗贼群雄。说者谓汉大纲正，此其大凡也。若夫六王毕，四海一，酷虐如秦，未之前闻。鲁仲连不肯帝之，固有在也。矧其灭东周，迁其君于阳人聚，于纲常安在哉？曹魏贼汉，司马氏臣之。温公作三国史以正统系魏，朱子取其统归于蜀，得矣！夫贼汉者窃天下，不足以当正统，则夫臣贼者，据有天下，仍以当正统乎？其于纲常也何如？隋文以猾胥险吏之态，既废其周主阐为介公矣，又从而弑之，且尽宇文氏之族，使之荡无炊烟，盖视封殷后于宋，统承先王，霄壤不侔矣。于纲常也亦何如？隋炀弑父杀兄，罪浮桀、纣，李渊声其逆，讨其人。世民固不必私用夫宫人以劫其父也，固不必推奖李密以骄其志也，固不必称臣突厥也，固不必假尊代王也。有汤、武安天下之志，无仁义正天下之举，区区智谋之末，夫固为纲常之蠹也！夫纲常者，有天下者所恃，以正天下之大端大本也。论正统者，不惟其纲常而惟其混一，则夫继宋而元亦混一也，亦将以正统与之乎？秦非夷也，仲连不肯帝之，其肯帝元也哉？论而至是，天下固不可一日无统之者，无统则散乱；亦不可一日而无纲常，无纲常则邪慝。散乱求之以纲常，则合矣；邪慝救之以纲常，则正矣。合天下以正，帝王之世也。正则无不合也，合而不正，盗天下者也，非出《震》之长子也。此义不明，复有变统之说。统可以变言乎哉？天不变，统不变。统亦不变，是则驱天下沦胥于窃盗未已也。其可乎哉？是故以混一言正统者，论正统而不精者也。以统而有变者，论正统而不经者也。以纲常为正统，夫固天地之常经，古今之通谊，圣贤之所授受，民物之所趋向者也。

论宋元正统

《纲目》谓周、秦、汉、晋、隋、唐混一天下为正统，愚固揭纲常案断其是非矣。则夫继唐而宋，固混一也；继宋而元，亦混一也。宋事周朝，官为检点。陈桥黑夜之变，士卒黄袍之加，袖中禅位之诏，疾如风雨，安如泰山。论者谓其欺孤弱寡，律以天经地义之懿，宋之有天下，与乎秦、晋、隋、唐，其乖纲常一也，均不得为正统也。然犹中国人、窃中国位、奸中国统，中国有道，律以《春秋》大义，黜为篡弑，固所以道纲常、辨正统也。幸而不黜，非轻纲常、亵正统也。忧中国之无主，幸斯民之衽席。抑臣子生当其时，有我朝之称，为君父之属，不得不以正统与之。因而并与前代迹之相似者。要之非《春秋》尊统居正之意，其得为正统也哉？若夫胡元问其所戴之天，而五气不顺布也；问其所履之地，而五谷不并生也；问其所为之人，而五品不经纶也；问其所衣之衣，而左右之衽不辨也；问其所食之食，而腥膻之味不避也。任人以九品，惟以蒙古人为之长官；分人以十等，乃以儒者次于盗贼。大德废长立幼，秦以臣弑君，天历以弟酖兄，弟收兄妻，子烝父妾。无怪昔之人有得其地不足以为耕，得其人不足以为臣之说。兹以不足以为臣之人为中国纲常之主，以不足为耕之地入为中国文明之区，作史者因其继宋而有天下，概以正统与之，得不党夷背华？亦为不善变矣。甚矣！正统之假于秦、晋、隋、唐，已为拂经叛道，况又假于胡元，固难乎其为千百以上之君，尤难乎其为近代之宋也。何也？黄帝之战蚩尤，为中国也。尧、舜之迁有苗，为中国也。夏启之征有扈，为中国也。周宣之伐猃狁，为中国也。炎汉之逐匈奴，为中国也。李唐之服突厥，为中国也。赵宋之备辽、金，为中国也。尽天下之力，竭天下之财，敛天下之怨，亦不足惜。凡以惧其异类入我区宇，裂我冠裳，盗我名字，乱我名器，故治之惟恐其不深也。在前王以异类驱之，在后王以正统与之，则前王为徒劳矣。故难乎其为千百世以上之君者此也。逮夫有宋，二帝播迁于沙漠，中原板荡于犬羊，岳武穆之死于狱，为中国也。文天祥之死于市，为中国也。陆秀夫、张世杰之死于海，为中国也。赵昂发、陈文龙、李挺之之死于官，为中国也。富弼之却献纳二字，为中国也。尹和靖之上秦桧一书，为中国也。方宋之未没，与元不共戴天。及宋之既亡，与元而联正统。吾恐元有德色，宋有愧心，故甚难乎。其为近代之宋者此也。虽则胡虏暂有百年之运，而中国自是万古之尊，中国不可假借胡元一日而居，胡元不可窃吾中国一日而处。故宁宋后虚正统之继，无宁胡元缪正统之传，修史者当名其史为史外之史可也，斥其统为统外之统可也。夫史所以垂后王之劝惩，统所以继前王之胤绪。以正统与之，则胡元可继赵宋，可继汉、唐，且可继唐、虞、夏、商、周也。以劝惩统善，岂长于中国？中国之恶，又浮于胡元也哉！续宋元《纲目》者，茫昧大义。表语有云：若胡元之主中华，尤世运之丁极否。冠履倒置，天地晦冥，三纲既沦，九法亦斁，斯言然矣！其曰“第已成混一之势，矧复延七八之传，故不得已，大书其年，亦未尝无外夷之意”。噫！此疑言也。《春秋》外夷之例，不如是之宽缓也。夫曰“第已成混一之势”，非古帝王之中华混一也，乃夷之混华为一也。夫曰“矧复延七八之传”，非古帝王贤圣之君六七作也，乃乱华之主相继也。《春秋》大书其年，尊王之例也。胡人入主中国，年岂可以大书乎？《春秋》大书吴、楚，外夷之例也。元恶倍蓰吴、楚，意但可以微示乎？可已即已，何为“不得已”？当有即有，何为“未尝无”？元混一为正统，虽云取法于《纲目》；华统混于夷，而实取罪于《春秋》。以正统而与夫继唐之宋，或朱子当年尊君之意；以正统并与夫灭宋之元，岂仲尼万世外夷之志哉！故以辅元者而论之，不得为贤相，以辅非其中国正统之君也。以死元者而论之，不得为忠臣，以死非其中国正统之君也。元可以与正统，则犬戎可以逼幽王也，吴、楚可以猾夏也，五胡可以乱华也。夫子大管仲攘夷之意，固如是乎？孟子取周公膺戎之意，固如是乎？天生南北限夷狄之意，固如是乎？王莽假越裳，不为欺也？李陵降匈奴，不为叛也；秦桧主和议，不为非也。观于此，则元不当继中国之正统也，昭昭矣！故正统明而后纲常一，法守严；正统定而后中国尊，夷狄惧。

总论历代之统

统也者，合天下而归诸一者也。合天下而归诸一，即谓之为正统欤？盖正统、变统、霸统、闰统、僭统诸说，皆异姓代兴，而得天下多不以道，故设此以分别之。从盘古以来，有纯乎道德者，有以道德与功者；有纯乎功者，有以功而兼诈力者；有纯乎诈力者，有以诈力而兼弑夺者。此诸统之说所由分也。但在当时，既以君天下矣，后世虽欲不谓之君，焉可乎？后世亦谓为一代之君矣，虽欲不以统归之，可乎？如此则羲、黄、尧、舜与后代篡弑者，其统无分辨矣。盖天下统于一，斯名之为统，故羲、黄、秦、晋、五代、五季同谓之统也。自一姓观之，禹、汤、武，圣君也；桀、纣、幽、厉，大无道也。其贤不肖，相去远甚。未闻有以变统、闰统系之桀、纣、幽、厉者，以其一姓故也。一姓虽幽、厉系之正统，何独于异姓而别其统哉？虽然诸家所论正、变、霸、闰、僭统，意各不齐，纵以此分别异姓代兴者，亦无不可，特专以舆地广狭、世代久近论之未当也。盍究其统之原乎？盖天生民而立之君，非徒富贵其身与其子孙，使四海合一，可以权力残虐乎生民为也。天地者，生民之大父母，而君即天地之宗子也。子道莫大乎继父志，天子之道莫大乎体天心。天之心，何心哉？所谓生物之心是也，体上天生生之心，以爱养元元，斯为天之肖子矣。……彼秦皇、晋武、隋文之类，计其土宇，虽二帝三王不是过，而其存心积虑不过为身家富贵计耳。况弑君篡国，戕贼生民，而拂天心哉！为天子而拂天心，故天命不可以久留也。执此尚论历代正统、变统、霸统、闰统、僭统，皆不待辨矣。若止以舆地之广狭，世代之久近言，即世之恃强力以陵烁宗党者，便谓为宗子，凡血脉嫡庶源派皆非所论也。然亦未有宗族离散，而宗子能独立者。嗟夫！以吕易嬴均为秦；以牛易马均为晋。宗派血脉之真假，古今孰不知之？而论世者皆非所计，又何论乎天地宗子派脉之真伪哉？是故但以统言，则中华之正不可一日绝。凡君中华者，皆正书以相续。苟以天地之肖子，言寥寥数千载，虽继世如夏启、少康、商大甲、大戊、祖乙、盘庚、武丁、周成、康、宣，三代以上且不多见。汉七制，唐三宗，至宋百年无内难，亦可屈指而数也。居天位、治天职、食天禄者，独不思继天志、体天心、为天之肖子欤？（《图书编》卷七十八）

按：以下尚有《论帝王之统》方逊志二篇，即方孝孺之《释统》，兹不录。

本文《论宋元正统》“秦以臣弑君，天历以弟酖兄”，“秦”字明刻本如此，应作“泰定”为是。原本既夺“定”字，又“泰”形讹作“秦”，兹附为勘正。

谢陛　正帝统（《季汉书·正论》五篇）

正帝历第一

论曰：人主居位享国曰历，其在天子，则曰帝历，而王公侯伯不得干焉。即使强臣擅实，弱主拥虚，而历数未终，年号仍属，史官岂得轻假？鲁昭公失国，八年无主，鲁史不以季氏纪年也。周赧王失天下，三十五年无主，周史不以秦伯纪年也。夫以二君播迁降屈，俱不在位，二史犹然虚以待之，矧夫有国有位者乎？孝献虽云弱主，然而称制，则天子也；曹操虽云强臣，政权一归其手，仪注一如至尊，然而魏台始建，僭爵为公，进爵为王，北面没身，未篡天子之位。迨至后嗣篡成，追谥曰太祖武皇帝而已。陈寿奈何遂作《魏武帝纪》，而以汉献帝初平四年、兴平二年、建安二十五年尽属之于其下乎？甚矣！其悖也！上于鲁昭、周赧，既已不协；从此而下，宋武帝、齐高帝、梁武帝、陈武帝四君，终篡帝位。而当夫四台始建，史官犹以弱主纪年，不遽斩予强臣。待其即真改元，乃始易书也。至于魏氏，更有可言：曹丕篡汉，位仅七年。曹叡继之，仅十四年。二十年间，可算魏国耳。曹芳以废，曹髦以弑，曹奂以亡。所纪二十五年之魏，皆司马懿与师、昭所有，何啻曹操在献帝时？陈寿曷不斩正始以后之元，遽以归晋，如魏武故事乎？迄至唐室君臣，《晋书》虽作晋宣、景、文纪，其实传体，而未夺魏氏纪年也。古今史官，无如魏收之秽，所作《魏书》，尽以追谥诸帝作纪。然而南北两朝，各君其国，各纪其年，不相凌夺。即收亦何尝斩司马氏以予拓跋氏乎？甚矣陈寿之悖也！范晔后陈寿而作《后汉书》，以魏还汉，斯卓然矣！余所以断自孝献皇帝起者，非于《范史》屋下架屋，正以削《国志》之《武纪》以正孝献之帝历耳。

正帝系第二

论曰：司马光作《通鉴》，至昭烈而有疑。族属疏远，无可考据，因而黜为僭国，不以正统予之。驳之者曰：以千载而下之宋儒，欲考千载而上之汉谱，诚亦难矣！然而何必考也？昭烈、忠武初见隆中，一则曰："孤，汉室宗子。"一则曰："将军帝室之胄。"一时君臣交称，审矣！不则昭烈何人，肯作王郎？忠武何人，肯辅盆子？光即勿论其他，曷不考信于此？是故可以祛其蔽矣。以余考之，不止此一端而已也。孔融、陶谦、陈登、吕布、袁绍、张扬、徐庶、司马徽、公孙瓒无不以帝胄推之。夫文举、元龙犹曰其所诵义者也，陶、吕、袁、张其所同仇者也，德操、元直其所归心者也，公孙、幽州其所同学者也，使非真知所自，亦不至冒以推之。况夫献帝自为刘氏宗社计，使非以昭烈宗子，有扶汉之心，肯以密诏令讨贼，为此不测事乎？此又其一征也。刘荆州、刘益州自为其国计，使非以昭烈同宗有亲亲之义，肯以孤托之、以州迎之乎？此又其一征也。昭烈、忠武入吴求援，孙权以下如鲁肃、周瑜、张昭、程普，一皆以帝胄推刘豫州。夫江东将相，倔强不肯下人，而周瑜为甚。使昭烈非宗子，肯推之以共抗曹，且表之为荆州牧乎？此又其一征也。凡此数端，涑水岂不俱所睹记，而曷云无可考据也？虽然，此犹陈寿之所概志者也，即以陈寿作先主传，大书曰“中山靖王胜之裔。祖雄，父弘，世仕州郡”，朗然无疑。至作《魏武帝纪》则云“中常侍曹腾养子嵩嗣，官至大尉”，莫能审其生出本末，是则疑似之说矣。夫陈寿有疑于曹操，无疑于昭烈，而奈何涑水倒置之甚邪！只欲以先世承魏统，一蔽至此耳。宋儒有云：“君实质粹而气未清，所以行笃而识未彻。故有见司马君实，不得不多之。”评亦或然矣。

正帝符第三

论曰：帝王受命而起，先兆祯符：自鱼跃舟，乌火流屋，有自来矣。素灵兴叹，高祖开基；赤灵陈词，中兴复祚，此则汉家之故事，昭然其征应者也。迨及汉季，王纲弃柄，神鼎蚀铛，大盗垂涎，群奸献谶。为魏氏之谶者，日两观阙，当涂高言象魏义也。鬼在山禾，女连王天，下言魏当兴也。言居东，西有午，两日并光，日居下，言魏昌许也。黄龙数见，凤凰仍翱，麒麟首臻，白虎效仁，言魏瑞征也。岁星在大梁，言魏分野也。其在吴氏：黄龙元年，群臣称天命符瑞，劝称尊号。皖口言木连理，重以请之，权两不许。黄龙元年，夏口、武昌并言黄龙凤凰见，群臣复以劝进，权乃即皇帝位。是皆二主篡窃之势已成，群臣乐推之。怀已亟，故托天苞以星物，饰地宝于风谣。无非矫诬之图，傅会之语，虽可暂愚一时之耳目，岂能终易千古之睹闻乎？然则昭烈后帝，殿汉四十余年，亦岂无符瑞之足征也？曰：有之。章武元年，谯周三引《洛书》，甄曜度宝号，命录运期，皆与昭烈讳字相合。一引《孝经钩命决》历数，西南黄气、景云、祥风，加以太白荧惑，填星常从，岁星相追。岁星主义，汉位在西，义之上方。如此诸说，陈寿悉载，不一而足，一如魏氏之注。犹曰：当昭烈即真时，其兆始见，或亦群臣乐推之意乎？至考季汉，一时宗子出牧，刘虞得幽州，刘表得荆州，刘焉得益州。先是焉图交趾，侍中董扶，究极图谶，私谓焉曰：“京师将乱，益州分野，有天子气，亟亟勿失。”焉遂更图益州，得之，阴有异谋。岂知易世之后，刘璋闇弱，适以益州为昭烈之资乎。是虽人谋之不同，而实天意之有定。然则汉家之帝符，远在魏、吴之先。于时灵帝未崩，献帝未立，昭烈方生。前者为无心之占，后者为无心之应，岂若魏、吴之矫诬傅会者哉！或者又曰：《黄权传注·蜀记》权答曹叡荧惑守心文皇帝崩，征之天文，魏正统也。考《陈志》黄初四年三月，月犯心，中央大心。心为天王，王者恶之。四月，先主殂，是岂不足征昭烈之应天乎？黄初七年，但云：正月，许昌南门自坏，五月，帝崩。并无“荧惑守心”之文。夫寿先纪星占，后纪星应，可见实录互存，良心不泯。而黄权诡对，乃王隐诬辞，松之缪引，又皆寿之罪人矣。

正帝统第四

论曰：正统之辩，聚讼久矣。夏、殷以前之统，隋、唐以前之辩，姑置之。自宋欧阳修以迨明方孝孺诸公，其中甲是乙非，入苍出素，何所适判也？以余案之，古今有有统之世，有无统之世，有分统之世。有统之世，复有全统之世，有偏统之世。周、秦、汉、晋、隋、唐、宋、元，有统之世也；周赧亡后之战国江南，邺下、关中之三国，五代末赵宋前之十国，无统之世也；南北两朝分统之世也；周秦八代，是即全统之世也；元帝之晋、庄宗之唐、高宗之宋，偏统之世也。三国之时，为有统乎？为无统乎？为分统乎？盖无统而有统也，无全统而有偏统也，无分统而有正统也，岂不卓然在昭烈哉？陈寿乃以正统主魏，而以僭国宾汉、吴，岂非以土地之广、甲兵之强、中原之国，又有阙剪群雄，奉戴汉帝之功，以是数者而崇之乎？余以为挟天子、令诸侯，岂足言功？即功曷足以赎弑皇后、屠皇子之罪？至于土地甲兵在所勿论，建都之地，何必中原？东晋、南宋，岂以江左而失统乎？假使汉祚告终，刘宗尽殄，地丑德齐，众之而十国，少之而两朝，无统可也，分统可也，亦安得以正统独归魏乎？幸而炎精虽朒，余烬犹腾，则正统舍昭烈而奚适也？为汉裔者，乃以寇，而为汉贼者，乃以帝，其悖不亦甚哉！虽然，此犹就昭烈而论昭烈耳，□如所云，刘宗尽殄，而袁、吕诸雄，有能若吴氏而与魏鼎立者，则又当从丘悦《三国典略》陈、齐、周之例各分纪之而无适统，亦不必以正统予魏也；况昭烈帝胄，岂他姓之可拟，而反帝魏以寇之乎？虽然，犹有说焉：国家统祚犹人家本支，不幸求继，则自近属以递推疏属，同姓尽矣，乃及他姓。掌谱政者，岂得利其资黜其属，而以与他姓乎？当汉之季，昭烈少振，后帝仅延，亦云幸矣，正统安得不归？余又以为何必昭烈，即使昭烈不兴于涿郡，忠武空老于隆中，或者刘琮终据乎荆、襄，又或刘璋终守乎岷、益，亦能抗魏与吴，成鼎足之业，则余亦必以正统归之，何也？表焉虽僭，犹皆帝胄，原与昭烈同例，非他姓比，盖本《春秋》主鲁且先同姓之义，即如人家继祀，或以疏属而越近属，纵为失次，尚未夺宗，岂不胜于为盗有乎？吾犹恨昭烈不早取荆而徒取益也。或者又曰：以昭烈而抗操也，正统固归之矣，假使昭烈而能为操也，后帝而忍为丕也，则予之乎？不乎？曰：予之。昭烈有夹辅之功，而不失忠顺之节，则上可以配周公，而当封禅于蜀以比鲁。使昭烈而但能袭操，以禅为丕，则如萧梁之于萧齐，篡固不恕，统则归之，岂至帝北朝之魏以寇南朝之梁哉？论而至是，正统之义，自谓无复遗恨矣。

正帝号第五

论曰：夫子有云："必也正名乎！"名之不正，分所由紊；分之不正，统所由淆。陈寿帝魏寇汉，固为可恨；而其所以最可恨者，则以贬汉为蜀耳。余既以帝统归昭烈，则必正其名号，而乃伸其分义焉。请先以情理断之，而后以事迹证之。上下古今，以五代之刘高祖，其去高、光，一何辽邈！且援汉后号国为汉；岂以昭烈显是中山之裔，兴复汉室，固乃不号汉而号蜀乎？此犹一统之君也。隋末汉东之黑闼，梁初南汉之岩，一何么膺，且以汉姓号国为汉，而况昭烈乎？此犹中国之雄也。西晋匈奴左贤王之渊，一何索虏，且以汉甥号国为汉，而况昭烈乎？此犹冒汉之姓者也。当时辽东太守公孙渊，一何荒僻，且以汉澌不祀，乃称绍汉元年，而况昭烈乎？凡此皆断之以情理，而知昭烈、忠武之建号改元，必以汉而非蜀矣！䌷繙《国志》，其存汉号于陈寿本文及裴松之《注》，不可悉举。大约标之，则如《先主传》即位，为文有云："汉邦将湮于地"，又云："惟神飨祚于汉家。"一也。群臣劝进，安汉将军糜竺，二也。谯周上言谶云："汉位在西，义之上方。"三也。《梁王刘理传》后主封策云："朕统承汉序，建尔于东，为汉藩辅。"四也。《诸葛亮传》对先主云："汉室可兴。"五也。《前出师表》云："兴复汉室，还于旧都。"六也。后主诏策，谥亮忠武侯云："惟君体资文武，将建殊功于季汉。"七也。《马超传》：先主封策云："以笃汉祜，以对于天下。"八也。《费诗传》：奉诏拜关羽为前将军云："今汉王以一时之功，隆崇于汉室。"九也。《杨戏传·季汉辅臣赞》云："先帝能承高祖之始，兆复皇汉之宗祀。"十也。《张裔传》：辅汉将军，十有一也。《李恢传》：安汉将军，十有二也。《王平传》：安汉将军进封安汉侯，十有三也。《李平传》：辅汉将军，十有四也。诸葛亮表：李平云："汉室倾危，伐平之短，莫若褒之。"十有五也。《蒋琬传》：琬上疏云："羌、胡乃心思汉如渴。"十有六也。《姜维传》：诸葛亮与蒋琬书云："伯约存心汉室，才兼于人。"十有七也。以上本文之见于《蜀志》者也。《孙权传》与西朝盟曰："今日灭叡，禽其徒党，非汉与吴，将复谁在？"一也。《孙虑传》：虑封建昌侯。顾雍等荐虑：性聪体达，所尚日新，比方近汉，宜进爵称王。二也。以上本文之见于《吴志》者也。《诸葛亮传注》、习凿齿《汉晋春秋》、《后出师表》云："先帝虑汉贼不两立，王业不偏安。"又云："此曹操之失计，而汉事将成也。"一也。《霍峻传注》：襄阳记罗宪义不降吴，而曰："且汉已亡，吴何得久？"二也。《费祎传注》：《别传》：祎对孙权云："愿大王勉建功业，同奖汉室。"三也。《杨戏传·季汉辅臣赞》：张南注：傅肜骂吴人曰："吴狗何有汉将军降。"四也。李邵注常璩《华阳国志》："李邈安汉将军。"五也。以上注之见于《蜀志》者也。《诸葛恪传注》、习凿齿《汉晋春秋》：恪使李衡说西朝同举伐魏云："吴攻其东，汉攻其西。"一也。《孙皓传注》、陆机《辩亡论》云："汉王亦凭帝王之号，乘危骋变。"二也。《下篇》云：魏人据中夏，汉氏有岷、益。三也。以上注之见于《吴志》者也。《毋丘俭传》注：文钦与郭淮书，约同讨司马懿云："今日之计，公侯宜屈己伸人，托命归汉，东西俱举，宜使汉军克期制要。"此则注之见于《魏志》者也。夫如上所列，彼皆当书"蜀"字而乃俱书"汉"字。版章如此，盖其中有必不可改者，即陈氏、裴氏无如之何。然而尚有可改者，二氏何为不改。听其为汉，而与国号相倍乎？夫裴氏无心贬汉也，不过因陈氏旧文耳，勿论可也。陈氏之罪在于贬汉为蜀，然而志中"汉"字，层见叠出。或者陈氏若曰："余不得已阿晋世之旨，阳虽易其国号，而阴则点缀含藏于行目之间，以俟后世观者，摘而出之，寻复为汉，不亦可乎？余序中所谓亮其遭际者也。"或者又云：陈氏鄙夫，安得有此？天夺其魄，彼此逗脱纰漏，自相矛盾而罔觉耳。嗟夫！如后所讥，则固天理之有在；如前所亮，则亦人心之不亡。安知司马公《通鉴》非有见于此而改正乎？《出师后表》既赖张俨之默记，《辨亡》二论又赖昭明之兼收，此皆陈氏之所不及谋者矣。要之，《蜀志·诸葛亮传》后主诏策追谥忠武有云："建殊功于季汉。"而《杨戏传》著《季汉辅臣赞》，则是季汉之君臣自称其国号如此，而实由陈氏之所笔而不削，大书特书者也。凡此皆以事迹证之，而知昭烈忠武建号改元，业以汉而非蜀矣。国既号汉，则统不归于汉，而奚归哉？

丰坊　世统本纪序

人有言：经以载道，史以载事。事与道果二乎哉？吾闻诸夫子："下学而上达。"子思亦云："率性之谓道。"性也者，天理也；道也者，人事也。人事循乎天理，乃所谓道，故古之言道者，未始不征诸事也。言道而遗于事，老之虚、佛之空而已矣。故曰："我欲载之空言，不如见诸行事之深切著明也。"空言美听，而非践履之实用，行事有迹，而可以端趋舍之涂。是故《诗》、《书》已删，《礼》、《乐》□正，必假《鲁史》修《春秋》，以为《诗》、《书》、《礼》、《乐》之用，必征诸事而后实也。经与史果二乎哉？繄《六经》赖夫子而醇，诸史出于浮士而杂，非经、史之二也，存乎其人焉尔。故善学者，必通经然后可以观史，明道而后可以处事，此本末先后之序而不可以二之也。古者史官，大事书之简册，小事书之布帛，故有太史以职简册，简册者纲，若《春秋》之经是已。内史以职布帛，布帛者目，若《尚书》、若内外传之体是已。外史职列国之书，小史职百家之说。四职备而史法具，由黄帝以来，未之有改也。吕政隳天，典籍是灭，史官不设，厥职遂散。汉兴，司马迁作《史记》，始立纪传，纪传立而太史之法亡矣。荀悦变纪传而作编年，编年作而内外小史之职混矣。降若班固、郑玄、崔寔、应奉、劭、蔡邕、刘珍、侯瑾、鱼豢、谯周、韦昭、薛莹、王沈、陈寿、华峤、司马彪、皇甫谧、陆机、束皙、王隐、张勃、虞预、孙盛、干宝、邓粲、谢沈、朱凤、孟仪、袁山松、袁宏、王韶之、檀道鸾、徐广、何法盛、刘义庆、谢灵运、范晔、何承天、徐爰、裴松之、子野、萧衍、陶弘景、萧方、沈约、崔浩、萧子显、江淹、许亨、陆琼、魏收、王邵、王通、房玄龄、李百药、姚思廉、李延寿、温大雅、许敬宗、张太素、令狐德棻、牛凤及刘知幾、徐坚、韦述、吴兢、柳芳、马总、萧颖士、韩愈、杜佑、郑㪍、刘悚、高峻、赵凤、姚顗、刘昫、孙光宪、徐铉、王溥、梁周翰、杨伟、王钦若、章得象、吕夷简、王洪、孙甫、陈彭年、宋庠、祁、欧阳修、薛居正、王洙、吴克、刘恕、章衡、刘敞、攽、范祖禹、苏辙、张唐英、林虙、胡宏、吕本中、唐仲友、曾慥、李涛、罗泌、李心传、陈傅良、胡一桂、金履祥、陈栎、欧阳玄、吕思诚、朱濂、王祎、陈柽、胡粹中、梁寅、丘濬、金燫之徒，述作虽繁，皆未闻君子之大道也。唯宋司马公《通鉴》，叙事有法，熔铸贯穿，成一家言，信超乎诸氏矣。而是非之公，尚有待于朱子。《朱子纲目》，明天人之道，昭鉴戒，著几微，诚有得于圣人之传者。顾书成于师渊，而晦翁之手笔无几，是以纲词多费，非谨严之体。目记太略，无以考见本末，学者每遗憾焉。若夫四史之法，则概乎未之及也。道生垂髫有志于斯，弱冠干禄，未遑卒业，然于心恒弗忘。家故藏书万卷，甫入仕籍，悉以俸入购书，又积万卷。乃谢病归，绝家务，简交游，锁阁而读之，参互考订，昼习夜思。爰自洪荒以来数千百年之事，绳贯数计，灼如今日。乃辑旧业，编十绝而就绪，名曰《世统》。统者，授受之历数也。先辨统之正伪，然后祚之修短，政之失得，君之昏明，臣之忠佞，可得而评。纲祖《春秋》，严美刺也；目宗左氏，著本末也。每代之终，必叙礼乐、官赋、刑历、艺文、食货、后妃、列国、诸臣，又以兼《史》、《汉传》志之体也。盖一启册而史法备矣。虽无用乎明道，要之必征诸实，其诸异乎虚空之谈者与！录成，畀之子姓，庶几由是可以言学，非敢示夫人也。或诮余曰：弃官著书，劳力致疾，不亦蠢乎，覆瓿而已。余闻而笑曰：天地之间，物必同归于尽。区区幻形，且非吾有，矧身外之物乎？知其必尽，无可奈何，则亦从吾所好而已矣，夫庸恤其它？岁在玄黓执徐、月在陬、日在奎，为之序。（《明文授读》卷三十一）

按：丰坊（道生）为四明藏书大家；自宋元祐丰尚书稷以来，累代聚书，至坊父熙以议大礼贬斥，道生亦免官。家有储书，道生又积万卷，故得肆志于学。（叶昌炽《藏书纪事诗》云："紫清旧宅归来书，元祐图书一旦空。"紫清谓紫清观，丰稷之故园也。见《四明丛书》本《丰清敏遗事》。丰氏余书，后归范钦天一阁。）此《世统本纪》、《明志》及《千顷堂目》均不著录。序云："或诮其弃官著书。"盖道生于嘉靖二年成进士，出为南京吏部考功主事，寻谪通州同知，免归。（见《明史》卷一百九十一《丰熙附传》）是序作于玄黓（壬）执徐（辰），即嘉靖十一年也。观其所征引史书，自班固至金燫百数十家，足见披览之富。其明人撰著，若王祎有《大事记续编》七十七卷，胡粹中有《元史续编》十八卷及读史笔记（粹中，山阴人，楚府长史），梁寅有《宋》、《元史略》各四卷，金燫（应作濂）有《诸史会编》一百十二卷（濂，字懋光，太仓州人，官象山训道）。俱见《明志》及《千顷堂目》史部；附记于此。

吴继京　历代帝王历祚考序

先是予兄弟下葬先秘书于丹山，举锸发土，俄得一碣，其上标记数语，盖地志也。末题咸通元年，予因举咸通以询，此为唐某宗纪年者？予弟继安应声，以懿宗对，予讶之：子何应之捷也！岂尝究于史乎？对曰：夫史纪年纪事之书也，系事于年，表年以事，是故《鲁史》以《春秋》名，即此义也。

世读史者，类详于事而略于年，试举某君某年，某年某号，则茫乎若瞶矣。弟窃病之，间取历代帝王历年纪号，暨其姓系，汇纂成编，盖窃究心焉。予闻之，喜曰：子用心良勤矣！业既成编，胡不公之，为读史者式？安逡巡逊让，尚当搜考详悉以俟他日。已而予令贵溪，洎上计归，安乃出是编授予阅之。其编中所载，非特年系而已，并其苗胤、国都、葬地、谥法以及兴亡始末篡统僭据，无不具录。始自伏羲，迄于元末，上下数千载，一展卷，若示诸掌。……新安吴继京（下略）

按：《明史·艺文志》正史类著录吴继安《帝王历祚考》八卷。

张自勋　通鉴（纲目）续麟

原序

士必通经而后可以学史。史者，经之翼也。经不明，则权术轻重莫适主焉。余服膺六经四子有年，而取义尤在《易》与《春秋》。《易》、《春秋》盖名殊而实同者也。孔子本《易》以作《春秋》，而予本《春秋》以治《纲目》。虽大儒笔削，不能无议。诸家推扬过情，褒称失实，予不复置喙。独怪紫阳自谓纲欲谨严而无脱略，目欲详备而不繁冗。予观其书，纲略而不严，目冗而未备，何自相矛盾与？或曰：属笔于门人赵氏，故欠详谨。或曰：欲加更定，而力未暇。或又曰：仅能成编，每以未及修补为恨。然则《纲目》固未定之书，而说者断然谓朱子蚤岁所作，非晚年绝笔，不亦诬乎？乃若书法发明，据提要而背凡例；考异考证，泥凡例而戾书法，岂惟非《春秋》之旨？即《纲目》义例，益牴牾不可信。予窃不自安，辄为订定，凡二十卷，名曰《纲目续麟》。虽未必尽当，要无失乎《春秋》之义而已。敢云知罪俟后世哉！宜春张自勋谨书。

校正纲目凡例

《春秋》二百四十二年之事，未尝立例。（丹阳洪氏曰：《春秋》本无例，学者因行事之迹以为例。）史氏有例，自《纲目》始。今观总列十九门（统系、岁年、名号、即位、改元、尊立、崩葬、篡贼、废徙、祭祀、行幸、恩泽、朝会、封拜、征伐、废黜、罢免、人事、灾祥），分注六十四（如统系例，分正统、列国、篡贼、建国之类，详见各条凡例），非不明且悉也，然随事异文，有非例所拘者，如王莽得政迁官，凡例既与董卓、曹操并称（篡贼例注云：王莽、董卓、曹操自其得政、迁官、建国皆依《范史》，直以自为自立书之），及莽为太傅加号，升位九锡，《纲目》复以上命为辞（汉平帝元始元年，莽为太傅，不书。自三年加安汉公莽宰衡。四年升宰衡，位在诸侯王上，五年加安汉公莽九锡。书法云：曰升、曰加命，犹自上出也），岂背例哉？良以莽之篡汉，由太后启之也。（莽恶易见，后罪难知，故书法如此。）《考异》不察，徒执例以绳《纲目》。书法虽以《纲目》为据，又与《凡例》矛盾，集中颇为论定，犹恐后世缪泥《凡例》而不可解，辄举一二未当者（自矛盾者并附，已见考异者不录），与夫刘氏之傅会，汪氏之妄驳，并著篇端，以明例不可执，要以义为主，义明而例自具，虽不言例可也。

朱子凡例

统系例曰：凡正统，谓周、秦、汉、晋、隋、唐。

愚按：秦、晋、隋不可谓正统。《凡例》与周、汉、唐并称。详见秦、晋、隋始年大书。（秦始皇二十六年。晋太康元年。隋开皇九年。）

又曰：篡贼谓篡位干统不及传世者。注云：如汉之吕后、王莽、唐之武后之类，又名号例曰：篡贼曰某。注云：新莽之类。

凡例既以武后与王莽并称：莽称名（如云新莽始建国某年及莽废孺子之类），而武后犹称氏（时武后自名曌，《纲目》不书周曌仍称武氏，非是），亦自矛盾。

又曰：凡诸国号，从其本称，或屡更易，即从史家所称。而于建国之始，即注云：是为某国。注云：如晋太元十年，乞伏国仁称单于。即注云：是为西秦。

按：姚苌自称秦王（晋孝武帝太元九年），是为后秦，孝静立于洛阳（梁中大通六年甲寅），是为东魏，并不见分注，何也？（周太祖广顺五年刘崇称帝，是为北汉，亦不注。）

岁年例曰：凡正统大书，横行之下，朱书君名。注云：如云午。又曰：惟篇首前无所承，故立此例。后有即位在今年内者用之。

按：《纲目》始威烈二十三年，正前无所承者，午字宜大书，而反细注，何欤？他如汉昭烈、唐肃宗，并即位在今年内者（昭烈即位在章武元年四月，肃宗即位在天宝十五载七月），而大书分注，并不列名，俱非。

又曰：凡天子继世，则但于行下朱书。谥号注云：如安王、二世皇帝之类。不名者名已见，其后有被废无谥者，但曰：帝某，而不用后人所贬之爵，以其非有天下之号也。

被废无谥，如晋帝弈之类，固当然。汉后主亦无谥者（蜀谥曰思公，不称帝），不书帝禅，何也？愚按：凡被废者即有谥亦不可书，如汉孝献乃魏明帝所谥（昭烈谥帝孝愍，《纲目》不书），晋怀、愍乃汉刘聪所谥，今大书于册，是乱贼得谥君父，僭窃得谥正统，可乎？唯一准帝弈例书名，示不与其谥也。（《史纲》于汉献但书帝协，不书孝献皇帝，得之。）

即位例曰：凡正统周王继世，曰：子某立。秦更号曰王。初并天下，更号曰皇帝。继世曰：某袭位。注云：胡亥从本文。

胡亥袭位，赵高立之也。不当从本文，不可以胡亥为例。

又曰：汉以后创业中兴曰：王即皇帝位。继世曰：太子某即位。

太子即位宜书名。朱子立例非不正，惟唐世即位者，但书太子，不书名。自是因《唐史》之旧。（《唐书》本纪但书皇太子即皇帝位，不书名。）遂尔阙漏书法，以为例不书名，非是朱子《凡例》耳。

又曰：凡无统自汉、晋以后，用僭国例，但称帝者不书姓。注云：如晋王炎、齐王道成之类。

炎与道成亦当书姓以明更姓之义，不必殊之于丕裕也。（《凡例》曹丕、刘裕书姓，然刊本宋王裕亦漏刘字，说见《考异凡例》。）

改元例曰：凡中岁改元无事义者，以后为正。其在废兴之际，关义理得失者，以前为正，而注所改。于下注云：如汉建安二十五年十月，魏始称帝，改元黄初。而《通鉴》从是年之首，即为魏黄初。又章武三年五月，后主即位，改元建兴。而《通鉴》于《目录举要》，自是年之首，即称建兴。凡若此类，非惟失其事实，而于君臣父子之教，所害尤大，故今正之。

按：建安二十五年，今已正之（分注魏黄初元年）。至章武三年仍称建兴，与《目录举要》何异？他如晋武帝太康十一年四月，武帝始崩。而《纲目》于岁首即大书惠帝永熙元年，皆非。（又如汉延熙十七年九月司马师废魏主芳，十月立髦。分注即于是年之首，书魏主髦正元元年，不录芳嘉平六年。景耀元年九月，孙琳废吴王亮。十月立景帝休。分注即于岁首书永安元年，不录吴太平三年，俱与例不合。）按《纲目》于齐昭业、魏闵帝皆以前为正，独建兴永熙等不录先君之号，非自矛盾，失于更定耳，故当正之。

尊立例曰：凡正统尊立，皆书尊，曰“尊某为某”。注云：后凡尊皇太后为太皇太后，尊皇后为皇太后，皆用此例。

按：汉文帝尊母薄氏为皇太后，不书。景帝之妃薄氏为皇后，不书。（漏者尤众，不及备录。）

崩葬例曰：凡正统皇后自杀，曰“自杀”；有罪，即加“有罪”字。注云：上文已书。反逆者，不必加有罪字；如卫后、戾太子是。

卫后非反者，今以之入有罪例，非是。（详武帝征和二年）

又曰：无罪而以幽死者，曰“幽杀之”。

既以幽死，则幽即所以杀之也。不必更加幽字。

又曰：秦、汉以后，王侯死皆曰卒。注曰：薨乃臣子之辞，不当施之国史也。

王侯书卒，不书薨，立义甚正。然公主、妃、妾，亦有书薨者（唐武德九年，书平阳公主薨。玄宗开元二十五年，书武惠妃薨），不尤甚于王侯乎？又况王侯如襄王重茂（玄宗开元二年，书襄王重茂薨于房州）、宁王宪（二十九年书太尉宁王宪薨），并书薨，何也？《考异》但举刘从谏（昭义节度使，见武宗会昌三年）、刘瞻（同平章事，见僖宗乾符元年）书薨之误，而不及诸王、公主、妃、妾，亦未详考。

又曰：凡无统之君称帝者，曰“某王某殂”。称王公者，曰“某王公，某薨”。（隋义宁二年，犹无统也，而秦楚之王卒，书卒，何欤？）其后夫人如僭国例。（僭国，例书卒。）

后夫人亦当书殂、书薨，如君王例。愚按：无统之后夫人，犹正统之皇后也。（观《春秋》公与夫人并称薨，无异文，可证。）正统皇后书崩，无异辞。（凡例：正统曰：崩。其太皇太后、皇太后、皇后，皆曰“某后某氏崩”。）独于无统之后夫人有异例乎？（按陵庙例，后与君同，独殂卒殊科，非是。）据晋武帝泰始四年，太后王氏（十年晋后杨氏亦书殂），后魏文帝太和十四年，太后冯氏，并书殂。则此条凡例宜改正。况僭国如刘宋路太后亦书殂（明帝泰始二年），例安在乎？

又曰：凡正统之后，特葬者曰葬某、谥皇后于某。合葬不地。注云：如汉光武、昭烈之类。

按昭烈葬惠陵，不见《纲目》，况后乎？此皆阙漏之显然者。后儒必谓《纲目》无阙漏，特未详考耳。□据正统后葬书谥，独诸帝但书葬某陵，不书谥，何也？愚于骊山长陵皆加“始皇”、“高帝”诸谥于上，盖亦推本朱子之例，非妄增也。

又曰：凡蛮地君长曰死。

此亦当从征伐例，分有主无主。（凡例：中国有主，则外国曰入寇；无主，则但云入边，或云入某塞。）中国有主曰死，无主曰卒。（如宋文帝元嘉元年，吐谷浑书卒。得之考异，以为误，非也。然隋开皇十一年，夸吕书死；而十七年高丽王复书卒，亦自矛盾。）《春秋》于吴、楚始号，继书人书爵，亦以中国衰，则吴、楚进。今概以死称，于蛮戎无辞，然中国无主，何以别焉？如南北朝、前后五代诸君，顾可以汉、唐全盛时待之哉？（中国有主，割据书死，王公书卒；中国无主，割据书卒，王公书薨，亦著为例。）

又曰：凡正统追尊皆书。

按：唐代宗追尊母为皇太后，僖宗追尊母为皇太后，皆不书。宣宗追尊母鼌氏为皇太后，亦不书。

篡贼例曰：凡以毒弑者，加“进毒”字，而不地。注云：不可得而地，故加进毒以著其实。如莽、冀之类，霍显又加“使医”字。

此条凡例，与幽杀同误，不必从。按许世子不尝药，《春秋》直书“弑其君”（见鲁昭公十九年，《左传》许悼公疟饮，太子止之药而卒），并未尝加“进毒”字。（张氏曰：孟子云：“杀人以刃与政，有以异乎？”曰：“无以异也。”进药而药杀，可不谓之弑哉？）盖既已弑矣，何毒之可言哉？必欲一一明著其实，则抽戈刺髦者，不又当书刺弑乎？（汉后主禅景耀三年，魏司马昭弑其主髦于南阙下。分注：成济抽戈刺髦，殒于车下。语云：恶莫憯于意，镆邪为下，进毒抽戈虽殊，其弑君之意一也。固当略其械而诛其意。）据王莽、霍显，皆不书“进毒”、“使医”，或自觉其非，而更定之。《考异》犹欲于韦后弑中宗，补“进毒”二字，何其谬也。

又曰：疑者曰中毒崩。注云：如晋惠帝之类。史言或曰：司马越之鸩，而《通鉴》不著其诰语，今但如此书以传疑，而著史家本语于其下。

按：既云“中毒”，则鸩明矣，何疑之有？必欲传疑，或但书“暴崩”可也。然汉成帝之崩，分注亦言民间喧哗，咸归罪赵昭仪。《纲目》但书“帝崩”，而不言中毒，何欤？（按梁冀弑质帝，亦于煮饼置毒，使左右进之。《纲目》特书弑帝，史称惠帝食饼中毒而崩。愚意但问其所食之麦何自而至，则弑否明矣。宫闱之事，深隐难知，当时既云司马越之鸩，岂无所据，徒以疑例书之，使越逃弑君之罪也乎？）

祭祀例曰：凡杂祠祭，因事乃书，或有得失可法戒，则特书之。注云：得如始皇祠舜、禹，高祖祠孔子之类。

始皇祠舜、禹不可与高祖祠孔子同日语。（详始皇三十七年）

又曰：凡置酒宴飨，因事乃书。

秦王政十年，齐、赵入秦，置酒，可不书。（凡例：见朝会条分注）

恩泽例曰：凡恩泽皆书，正统曰“赦”，非正统者曰“赦其境内”。

非正统而赦者，既冠以国名（统系例曰：诸国事，各冠以国号，不连书），则所赦之为境内明矣，不必更书“境内”。如凡例所云，则正统不当书“赦天下”乎？既书“境内”以著其狭，不书“天下”，亦可见其所赦之广乎？按宋武帝永初二年，书“大赦”；后魏太武帝太平真君元年，书“大赦”，皆无“境内”字（非正统者书“赦”而去“大”字，宋、魏书“大”，与正统无别，亦非），则此条凡例，当是未经更定耳，不必从。

朝会例曰：凡割地，从小入大，曰：“某献某地于某”；从大入小曰：“某与某某”。

周赧王入秦，可谓从大入小；而《纲目》书“献”（赧王五十九年，书秦入寇。王入秦，尽献其地，归而卒），何欤？

封拜例曰：凡正统封王皆书曰“立某为某王”。注云：自武帝元朔以后，封王无事义者，皆不书。

按：汉炎兴元年，汉亡，北地王谌死之，非无事义者；《纲目》不书“立子谌为某王”，非是。

又曰：封侯有故，乃书曰“封某为某侯”。

汉吕后封宦者张泽为建陵侯，景帝封匈奴降者徐卢等为列侯。匈奴宦者封侯自吕、景始，非无故者。《纲目》不书，非是。

又曰：褒先代圣人之后而封者，悉书之。注云：武帝封姬嘉；成帝封孔吉。

按：元帝封孔霸为关内侯（初元元年），光武封姬常为周承休公（建武二年），皆不书。（按：建武五年，封孔安为殷绍嘉公；十四年，封孔志为褒成侯。晋太元十一年，封孔靖之为奉圣侯。宋元嘉十九年，封孔鲜为奉圣侯。北齐天保元年，封孔渠为恭圣侯。隋文帝封孔长孙为邹国公。唐贞观十年，封孔德伦为褒圣侯。皆不见《纲目》。）

又曰：凡宦者封爵，皆加“宦者”字。注云：如郑众之属，以著刑臣有功之始。

按：郑众为鄛乡侯（和帝永元十四年），不书“宦者”，况其他乎？谓《纲目》无一字脱误者，非也。（李辅国进爵博陆王，不书“宦者”。）

又曰：凡亲戚贵重者，书“其属”。注云：如元舅王凤之类，以著外家与政之祸。

按：梁冀弑君，杨坚篡国，皆与政之祸而不书“属”，何欤？

又曰：凡正统命官曰：以某人为某宰相，皆书。余官非有故，不书。注云：有功有事，若其人之贤否用舍，系时之治乱安危者，乃特书之。

按：贤如诸葛亮，系蜀汉安危，非无事功者，余官犹当特书，初除丞相不特书（章武元年），谬甚！

又曰：凡宦者除拜当书者，皆加“宦者”字。注云：如石显之类，以著刑臣与政之端。

按：赵高为中丞相，高力士为监门将军，知内侍省事，杨思勖为大将军，鱼朝恩为天下观军容宣慰处置使，总禁兵，皆不加“宦者”字。

又曰：凡录功臣子孙皆书。注云：如宣帝求高祖功臣子孙失侯者，赐金，复其家封。萧何子孙之类。

按：景帝封萧何子孙系（萧系《汉书功臣表》及《萧何传》皆作嘉，或疑其有二名，未知孰是）为武陵侯（景帝元年），武帝封高祖功臣五人后为列侯（元光二年），不书。唐代宗录魏徵、王珪（李靖、李勣、房玄龄、杜如晦）等后（大历五年），昭宗访武德功臣子孙（大顺二年），皆不书。

征伐例曰：凡正统用兵于臣子之僭叛者，曰征、曰讨；于外国，若非其臣子者，曰伐、曰攻、曰击。

征、讨、攻、伐，不必泥，当以有罪、无罪为主。彼有罪而我伐之，虽外国得称讨；彼无罪，而我攻之，即臣子宜书击。（《春秋》于齐桓公书“伐楚”，于晋定公则书“侵”，可见无定例，惟义是视而已。晋穆帝永和八年，谢尚激叛张遇，不书讨而书攻，可证。）今不问其有罪无罪，概谓臣子不书攻击，外国不书征讨，则是猃狁宜猾夏，而汤、武无天讨，可乎？《考异》但举征讨攻击之互误者为辞，而不知《凡例》之分别征、讨、攻、击，非定论也。

又曰：凡人讨逆贼而败者，亦曰“不克”，死曰“死之”。注云：刘崇、翟义之类。

马适求谋诛莽不克（新莽地皇元年），宜入此例。书法以死下阙“之”字（《史纲》有“之”字），遂谓与慷慨就义者异，非是。

又曰：凡非正统而相攻，先发者不曰“寇陷”，后应者不曰“征讨”。

按：汉、唐，正统也。而隗嚣下陇，不书“陷”（光武建武六年）；吐番陷长安而书“入”（代宗广德元年）。宋、魏，非正统也，而柔然侵魏，书

"寇"；宋攻杨难当书"讨"，皆误。

罢免例曰：凡谢病、请老、致仕，宰相贤臣则书。注云：张良、王吉二疏、韦贤之类。

许敬宗、宋齐丘，不可谓贤，亦书"致仕"；宦官杨复恭、仇士良，尤非敬宗、齐丘比，亦书"致仕"，尤误。（按：范延光亦书致仕，益见此条凡例非定论。）

诛杀例曰：凡诛杀叛逆或大罪，曰"某官伏诛"，或曰"诛某官某"，或曰"讨某官某，诛之"。

按：诛杀例宜分三等：罪大当诛者，曰"某伏诛"（高肇宜入此例，魏文帝太和二十一年，穆泰陆叡伏诛，不书官，得之），当诛而失刑者，曰"某死"（刘腾、田承嗣宜入此例），罪微而无可称者，曰"某卒"而已（胡广、崔光等，宜入此例），讨而诛者，曰"讨某，诛之"（宇文护等宜入此例），不讨而诛者，曰"诛某"。《纲目》凡有罪者皆书官，是用人者不能无过，非所以治臣子也。

人事例曰：凡诸臣之卒，惟宰相悉书。

汉文帝十一年，丞相周勃卒，不书。晋武帝太康五年，杜预卒，不书。（《凡例》贤臣特书，依贤相例。）

又曰：贤者曰"某官某爵姓名卒"，而注其谥。

宇文士及李勣等不当注谥而注谥，魏徵、李靖、高士廉宜注谥而不注，皆非。

又曰：凡篡贼之臣，书"死"。注云：如范增、王舜、扬雄之类。

按：项梁非篡贼之臣，而书"死"（以贼目梁，是予秦也；与大书夺秦予汉之义矛盾）；贾充、桓温辈，与舜、雄无异，而书"卒"，非是。愚谓篡贼之君，亦当书"死"。《纲目》于吕（汉吕后）、武（唐武后）、曹（魏曹丕）、刘（宋刘裕）书"崩"、书"卒"，何其严于臣，而宽于君也？

灾祥例曰：凡灾异悉书。

漏者甚众。（如两汉灾异仅据《本纪》，不考《天文》、《五行志》。无怪其漏，全史具存，不能悉著。）

刘友益　书法凡例

正统例曰：凡天下混一为正统。（以混一为正统，金海陵王之言，非定论也。）

愚按：混一止可谓大统，不可谓正统，正不在大。如以大统为正，则蜀汉偏安宁得为正统乎？（如孔子贤于尧、舜，岂以位乎？可以类推。）书法随例附会，不知辩正如此。

皇后例曰：西汉书“立夫人或婕妤某氏为皇后”；东汉书“立贵人某氏为皇后”。此书“立皇后某氏”，或书“立某人女为皇后”者，变例也。

按：朱子《凡例》云：立后曰“立皇后某氏”；非正嫡曰“立某氏为皇后”。则止书“立皇后某氏”者，恒称也；书法与书“立某人女”并为变例，非朱子本意。

皇太子例曰：汉以下书“立子某为皇太子”。继世书“太子某即位”。其不书名者，变例也。惟唐世例书太子即位，其（旧本作“不”，误）书名者，变例也。

唐世亦当书“太子某即位”（《纲目》不书名，据《唐史》耳。《唐史》皆称“皇太子即皇帝位”，不书名），如高祖初立建成为太子，及即位乃世民，非建成也。不书世民，安见庶夺嫡哉？况同一皇太子，汉以名为例，而唐以不名为例，亦自矛盾。

大臣例曰：丞相三公拜免，悉书之。

按：朱子封拜例注云：自永初元年以后，三公因事乃书。故周章为司空，不书。书“司空周章自杀”，所谓因事而见书法。谓三公拜免悉书，非也。

又曰：唐以来，丞相罢为他官，贤者则书“罢为某官”，否则书“罢”而已。

按：牛僧孺不可谓贤，亦书罢为某官，非是。

又曰：两汉卒具官爵，书姓者为美辞，不书姓者为恒辞。蜀汉至晋以后，无不书姓者。不书姓者，变例也。

既以书姓为美辞，则蜀汉至晋以后无不书姓者，岂皆美乎？始以不姓为恒辞，继以不姓为变例。姓之不书，一也，而有恒变之别，何欤？

又曰：宋、魏至陈，无不具官者，非贤不录也。

按：褚渊、王俭、沈约、范云之流，《纲目》皆具官（或书爵）录之，果可为贤乎？

又曰：隋、唐具官爵者皆美，甚者书谥。

书谥自《纲目》之误。朱子《凡例》注已言之。（崩葬例注云：谥非生者之称，今加于薨卒之上，亦非是，今正之。）书法犹谓“甚者书谥”，何弗察也！

汪克宽　　考异凡例

即位例曰：复号曰“某国复称王”。注曰：如西秦之类。今刊本晋武帝太元十年书：乞伏国仁称单于。注云：是为西秦。十三年书：西秦王乞伏国仁卒。而不书：西秦复称王。疑脱简也。

西秦称王自乾归始（乾归，国仁弟），然《晋史》谓义熙（晋安帝年号）三年僭称秦王。而《纲目》见于太元十九年分注，又不特书。至义熙五年，始书“西秦复称王”。愚按：始不书称王（今据分注，补书于太元十九年），而后书复称，既失缘起，《考异》不详其始，尤以已书者为脱简，俱谬。

篡贼例曰：凡以毒弑者，加“进毒”字，而不地。注曰：霍显又加“使医”字。今刊本但书曰：“大将军光妻显弑皇后许氏”而不书“使医进毒”，恐漏。

“使医进毒”例不必从。驳见朱子《凡例》，《考异》以为漏，非也。

封拜例曰：凡殊礼皆书。注曰：王莽加号九锡之属。王莽是自为之，以“自为”书。今刊本“加安汉公莽号宰衡”，“升宰衡诸侯王上”，“加安汉公莽九锡”，并不书“自”。愚按篡贼例注曰：王莽、董卓、曹操等自其得政，迁官建国，皆依《范史》，直以“自为”、“自立”书之。今董卓、曹操、司马昭等迁官殊礼，皆称“自”；惟王莽不书“自”，盖误漏耳。

按：《范史》无王莽，未尝书“自为”。（《范史》始光武，不录莽事。）凡例但以莽篡与操、昭等，故一施之。（唐太宗杀建成而代其位，视操、昭一间耳，《纲目》见不逮此，何欤？）然王莽不书“自”，罪太后也，不得以曹、董比。曹、董乃真自为者，莽非太后，何自而进，故封为新都侯，曰太后弟子，为大司马，曰太皇太后，以皆罪始之者也。自莽弑帝以后（元始六年），归狱于莽。虽不书“自为”，亦不可掩矣。此条凡例不必从。

征伐例曰：僭名号曰“称”。注曰：周列国称王。今刊本周显王三十五年书“齐、魏称王”。四十四年书“秦初称王”。四十六年书“韩、燕称王”。注曰：时诸侯皆称王，赵武灵王独不肯，令国人谓己曰君。而赧王十七年下注“赵惠文王元年”，则赵已称王矣。然不书“赵称王”，疑漏也。

赵称王乃臣子之辞，不当以惠文为证。（《赵世家》但云立子何为王，是为惠文王，亦不言惠文称王。）如《考异》所云，则五国相王在武灵王八年，而《世家》于肃侯之卒，即称子武灵王立。（《史记·六国表》亦于显王四十四年书“赵武灵王元年”。）亦将谓武灵已称王乎？况分注言“不肯”，亦曰武灵王是知称王者，臣子尊上之辞，非当时已称王，而《纲目》脱漏也。（观赧王九年赵略中山，《纲目》仍书赵君不书王，益见《考异》之误。）

克宽按：书肆所刊《纲目》，如英布误作黥布，狄道误作秋道，刘裕至彭城戒严，误作解严之类，未可悉举。今取其关于义例之切要者，附考《凡例》之后，庶初学受读者，可以无惑云。

按：英布《史记》亦作黥布，云姓英氏。惟《前汉书》目录作英布，而本传仍从《史记》作黥布。或曰：布少时有人相云“当刑而王”，故布改姓黥以厌之。（《春秋》时有英，蓼皋陶之后。后魏高允谓布刑而王，乃皋陶用刑之余衅，姑借以警人主慎刑之意，不可为定论。）此《纲目》失于更定，非刊本误也。（黥布之误，仅见汉四年立布为淮南王。前此吕臣得布军，项籍立布为九江王，皆作英。汪氏概指为误，非也。）乃若刘裕至彭城，本属解严（详义熙十四年），《考异》以为误，何以解学者之惑耶？（如唐中宗景龙元年，太子重俊起兵诛武三思、武崇训。分注明言杀三思、崇训于其第。本当作诛，《考异》亦以为误，非是。）他如嫪毐作嫪毒（毐，依海切；毒音读），击掳作掳击（订补仍作掳击，非是），遣樊哙作遗樊哙、吕氏五年作三年、戊午作庚午、田戎作田茂、西城作西域、西夷作两夷、梁州作凉州、左迁作差迁，乃书肆刊误耳。（孝哀皇后就国自杀，国讹作园，并当改正。）

甚矣立言之难也！书法、考异，岂乐以瑕疵示人哉？无亦寖淫而不自知耳。予虽订《纲目》，心未尝不凛凛焉。后有识者，恕其僭而是正之，予不胜幸。若曰大儒成书，一字不可易，则非予所敢知也。卓庵氏又书。

严衍　资治通鉴补自序并凡例

自序

忆髫龀时，便喜读史家言，而牵于制举之业，未暇朝夕从事也。迨年四十有一，始得肆力于司马公《通鉴》全书。怒而读之，跃然喜矣；忧而读之，欣然乐矣；躁而读之，悠然恬矣。宁或有终日不食之时，未有终食不读之时也。或问曰：“子何所为而好之若是？”余曰：“仆亦何所为哉？世有好酒色者，愈溺愈深，浸淫成疾而不知悔也。余之于史也亦若是，则已矣！”“然则能记诵乎？”曰：“余资钝，不能记诵，然亦不求记诵也。”“不能记诵，又不求记诵，则虽好之亦何益？”曰：“恶！是何言也？子不见夫人之于饮食乎？朝啜三瓯，昼而饥矣；昼餐两簋，暮而饥矣。夫岂以其饱之施饥也，而遂谓饮食之无益于人乎？读书者，亦顾其领会何如耳，安在记之诵之，以腹为笥，而后称益哉！”“然则其益也亦可得而言乎？”曰：“譬如饮水，冷暖自知；譬如食蜜，甘芳自喻。吾亦何能语子；虽然，略可得而举似者，大约有二：一曰尚论。尚论者，取古人言行谋为，豫断其成败。以此古事还之古人，其味犹可言也。一曰反观。反观者，取古人善恶是非，自勘吾得失。此以古事收之吾心，其味则难言矣。《易传》不云乎：危者使平，易者使倾，此吾尚论之诀也。《鲁论》不云乎：见贤思齐，见不贤而内省；此吾反观之诀也。执此二诀，以上下千古，其人虽远，吾如登其堂焉，吾如见其面焉，吾如披其胸焉。吾病愚，则凡明者皆吾师也；吾病怯，则凡勇者皆吾师也；吾病懒，则凡敏者皆吾师也；吾病褊，吾病吝，吾病不断，吾病器小而易盈，则凡广大者好施者，果毅而渊深不测者，皆吾师也。不然而有人焉，如吾愚，如吾怯，如吾懒，如吾褊且吝，如吾不断，如吾器小而易盈者，吾见其人，如见吾焉。一见而愧，再见而悔，三见而痛心切骨，夜半长喟，则亦吾师也。木然为火，则照物而览其妍；金铸为镜，则自照而穷其丑。故有时欣然解颐，有时渥然汗下，有时顶门一针，有时股后一策，集万古之良师胜友，道吾以芳；聚百代之佥夫壬人，戒吾以秽。吾所以反覆缠绵，暂欲舍之而不能也。虽然，书不读不知其善，书不熟读沉酣而恣肆焉，不知其病。余于是书，始读之，但觉其宏深广肆，如临海望洋，未能见其畔岸也。再读之，始得窥其堂奥，穷其源委。见其中去取之谨严，义例之精密，褒讥得失，以发后人之志，考较同异，以辨前人之非。范晔所谓体大而思精者，其斯之谓与？既又三读之、四读之，时觉其有百中之一漏，全璧之微瑕。乃始翻历朝旧史，而一一对勘之。备者固十之七八，遗者亦十之二三。甚且有前后不符，彼此或戾，如谈《序》所载七病，亦往往有之。况《通鉴》之作，托始于三晋之滥封，以正名分也。汉、魏之际，独非名分攸关乎？乃帝魏而黜汉，至以诸葛入寇为辞，盖谓昭烈之于汉，族属疏远，不能稽其世次耳。然舂陵非远裔哉？光武可以继西京之统，昭烈何不可以续东洛之祧？不惟此也，周社虽亡，秦命未集，昭、襄虽强，犹齐、楚耳，而遽以纪年。朱温篡唐，毒浮于地；敬瑭臣虏，贻殃万民，是梁、晋之罪甚于黄巢，世有鲁连，必当蹈海矣！而俨然帝之。唐、汉之兴，彼善于此，然南唐、西蜀，华姓棋分，未能兼夏，难称率土。郭、柴继统，其人华矣；加惠苍黎，其政善矣；北略至关，南侵及江，其地广矣；要之，北汉未亡，则亦犹之蜀汉也。丕不宜君备，荣岂得臣崇？故周赧入秦，七雄分据，改称前列国。唐昭陨洛，五代迭兴，改称后列国。汉吕、唐武，皆宇宙异常之变，而大书纪年。王莽之篡，虽黜其帝号而称名，亦犹大书纪年，是皆以正朔归之也。今二媪之纪，皆称附载；王莽之纪，年号细书，此紫阳氏笔削之旨，亦不肖衍窃取之义也。温公于朝纲国政，辑之每详，而家乘世谱，辑之或略。乃略者固略矣，而详者亦未必皆详也。伟论宏议，记之较备；而只行微言，记之或少。乃少者固少矣，而备者亦未必尽备也。事多提其大纲，而删其节目，乃节目过删，而大纲亦或不明。文多录其体要，而翦其枝叶，乃枝叶太翦，而体要亦多不畅，是恶可以不补？至观其所载之人，则显荣者多，而遗逸则鲜矣；方正者多，而侠烈则鲜矣；丈夫者多，而妇女则更鲜矣；方内者多，而方外者绝不及矣。愚以为士之穷通，命也。季、孟居三卿之中，而颜、闵在徒步之列，显者岂必尽足述，而晦者岂必无可称乎？故咏空谷之驹，令人起絷维之想；叹出梁之雉，令人兴罗网之思。人虽微也，道则尊矣，吾补之。国有三游，民之蠹也，然缓急亦人所时有，士方在困厄时，得一援手，便可白骨生肉。彼施施者，方且乘吾坚、策吾肥，睹人入穴，而嬉笑自若。独有人焉，奋义慷慨，焦首烂额，探沸汤而出焊鸡，视彼无气无骨者，何天壤哉！则录之以风薄俗，亦何不可？《风》咏游女，《雅》伤弃妇，夫游与弃，圣人犹不尽删。况或以幽闲之姿，树淑慎之范；或以婉娈之质，矢泉壤之诚。使诵其遗编者，蕙兰生于齿牙；闻其余烈者，霜雪凛于毛骨，不可以法乎？二氏之教，律之以孔、孟之旨，则杨、墨之流也。然自汉以迄六朝而其说大盛，流弊至于今日，不知者，遂谓三教并行于世矣。夫二氏岂得与孔、孟并乎？第谓六经之外，无复妙理；儒教之外，无复异人，则天地生物，但当生其大常，无奇如水寒火热、木然石坚者而已矣，何以复生温泉寒火、不烬之木、温柔之玉也哉？乃知天地以其正气生圣人以持世，又以其闲气生异人以佐世，其清虚恬澹之风、玮异卓绝之行，亦足以振起流俗，破醒迷情，似不妨间录之，以存正道之别派支流也。温公又以为子不语怪，故凡事涉神异，悉删而不录。愚以为怪之兴也，必有所由。神降于莘，石言于晋，未必非有国者之炯鉴，况天下之至怪，何必非天下之至常乎？天际之国，碧落有痕；龙宫之寺，黄垓有吻，是天地之怪而常者也。泰山之井，夜半见日；东海之蜃，空里嘘楼，是山海之怪而常者也。石碑入水干而出水湿，独活有风静而无风摇，是物理之怪而常者也，怪亦何足怪乎？故余亦偶取而补之。要使学者欲考兴亡，则观政于朝；欲知淳薄，则观于野；欲树宏猷，则法古人之大节；欲修细行，则拾往哲之余芳。论事者因其宏纲以详其委曲，谈文者因其大意以采其菁华。人无隐显，道隆者为师；行无其平，济物者为尚。丈夫而妇女，可丑也；妇女而丈夫，可学也。游于方之内者，吾以观其礼焉；游于方之外者，吾以观其意焉。则何人非吾师？何事非吾资哉?”或又进而问曰：“昔温公之为是书也，朝廷借以御府秘书，又天下有藏书者，官为借之，故温公得以穷搜博采，以成千古大观。而子乃欲以空虚之腹，续而补之，不犹泰山之卑撮土，以益其高；讶沧海之隘勺水，以增其广乎?”余谢曰：“诚哉子言也！然愚以为学古者当以《十七史》为宗。余窃不自揣，欲将《十七史》之未尽，补《通鉴》之偶遗。使有志之士，人人得睹全史之大概。于是一句一字，搜括剔取，择其实录而未尽录者，补葺成编，以俟后学。虽不能尽录千古之人与千古之事，然其人之不可不识，与事之不可不知者，略已收之几尽矣。而子何疑乎？且编年之书，始于《左氏》，纪传之体，辟自马迁。二者异制而同功，此论古者所不可偏废也。使有纪传而无编年，则人自为局，家自为方，一世之事，几于散碎而无纪。自丘明传《春秋》，以年月为经，人事为纬，而后一世方成一统。有编年而无纪传，则行或杂见，言或杂鸣，一人之事，亦几于散碎而无纪。自子长作《史记》，帝自为纪，臣自为传，而后一人自成一家。今《通鉴》之编年，既已踵左氏而大畅其风矣，余又撮取古人之遗芳逸美，足以写人之生韵者，或于其进身之始，或于其谢事之年，或于其薨卒之日，略叙其生平，以仿子长之例。使一书之中，编年立传，若两备其体焉。然采取不可太繁，纂辑不可太杂，故于《十七史》之中，不欲使之多遗；于《十七史》之外，不欲使之多赘也。然非敢好翻古人之局以为名高，诚有大不得已于中者。盖余之初心，不过标写所未备于刻本之首，使子孙得见《通鉴》之外，尚有遗文逸事如许耳。迨补至西汉之末及魏、晋六朝之间，见其中奇节卓行之士，不可胜数。言与事既泯灭不传，姓与名亦湮没不著，若宇宙间本无是人者然，不亦悲乎！今人为八股文字所囿，而博古之学废，所恃为后学津梁者，温公此书耳。乃犹多所阙略，遂使无数贤豪君子，皆寝卧于《十七史》中，但饱蠹鱼之腹，而不得一开生面，是古人之不幸也。余今幸得见之，乃复私藏为一家之私，是古人之罪人也。且余既明见此书之尚有未备，而不为拾遗补阙，是又温公之罪人也。遂重立凡例，细分科条，详为简勘，缮写成帙。发端于万历之乙卯，小成于崇祯之庚午。又穷十年之心力以改辑之。二十余年之中，食自三餐而外，寝自一觉而后，精神无他用也。夏以油纸藉臂而书，汗自顶至踵，不暇扇也；冬则砚冻未融，必火烘日暵而书之，不敢辍也。余岂好劳而为此哉？既有大不得已者，驱而迫之于内，且欲求为温公之忠臣耳。《尸子》不云乎：屠人割肉，则知牛少长；弓人務筋，则知牛少长；雕人裁骨，则知牛少长。若以此问圣人，圣人岂能知之；夫圣人之不知，固不以是贬圣。然岂可谓屠人、弓人、雕人之知，不足以补圣人所未知哉？今若使余与温公比德絜功，与刘、范诸君子程能较艺，余何敢望其后尘？至若因其成书而拾其偶阙，补成大观，使病《十七史》之浩瀚者，乐《通鉴》之简严；而病《通鉴》之阙略者，又乐余之补正。虽温公复起，或不遂迸之门墙之外矣。客以是罪余，余曷敢辞？乃余所惧则有之。昔温公奉诏编集，置局崇文院，得自选官属。一时英俊如刘攽、刘恕、范祖禹、赵君锡辈，皆博学洽闻，识该古今之士也，而尽为之佐。乃温公进《通鉴表》犹云：'臣骸骨癯瘁，目昏视近，齿牙无几，神识衰耗，臣之精力尽于此书。'况余孱劣无助，惟一谈子允厚佐余参较他书，考订同异。然以二人之手目，综理一千三百六十二年之事，崇祯甲申，《宋元编续》亦复告竣，又益以四百八十二年，共一千八百四十四年之谱牒，不亦难乎！今谈子久困于病，独幼子恒分典校阅而订正之，功尚有待于明达饱学之君子。前程如海，茫乎未有涯矣，而余发已种种矣！此余之所以抚编长叹也。况此书未就，忧在难成；此书既成，又忧在难守。子孙之贤不肖不可知，一难守也；盗贼、兵戈、水火之不可防，二难守也；上官有力者之借观。三者之中，倘有一焉，余三十年之苦心，尽付之东流矣。余既贫士，缮写成帙，所费不赀。盖已罗雀掘鼠，剥肤及膏矣。镌刻岂所敢谋，凡有斯文之任者，余不能无望焉。"崇祯十有七年岁在甲申九月朔，古睯严衍永思父书于翠竹溪亭。

按：文中言谈《序》所载七病，据许自俊序云："谈子之佐先生而阐七病，诚为《春秋》之嫡系，《纲目》之传火，亦温公之功臣也。"谈盖指衍门人谈允厚云。

凡例

一严正统。《通鉴》于周之亡，即以秦纪年；于唐之亡，即以梁纪年，皆未能混一四海，而俱以正统归之。至于帝魏而黜汉，尊吕、武而黜少主、中宗，又如王莽之大书纪年，皆未协于公论。故俱依朱子《通鉴纲目》改正，其详见序。若宋、齐、梁、陈，虽分南北，而独仍《通鉴》得称正统，盖以南统北，中华为主也。

一存残统。《通鉴》于易姓之际，先于岁首豫书新主年号，而旧主之残年剩月，一笔削去。如魏之篡汉在献帝之建安二十五年冬十月，而于岁首即书魏黄初元年。晋之篡魏在曹奂之咸熙二年十二月，而于岁首即书晋泰始元年之类。夫天命一日未改，犹然一日之君臣。何得崇新而弃旧？今皆按其年月而改纪之，以昭实录也。

一补僭主之名。《通鉴》于晋之汉、魏诸国，皆书某国某主，未有不称名者。自晋以前，自宋以后，则皆不尔，但称某国主而已。使猝然展卷时，虽知其为某国主，而不知其为某国之某主也。今依《晋鉴》例，一概补书其名，不独于正统名号有别，且使阅史者一展卷而即知其为某国之某主，无俟追寻别卷也。

一补年号。《通鉴》于改元之首及每卷之首，则书年号，以后但书数而已。人于猝然展卷时，竟不知为何年也。今于每年之上，必补书年号；又于每叶阴面边侧，细书某朝某帝某年，以便简阅也。至于僭国年号，必书于正统纪年之下，而以分注别之。

一补甲子。《通鉴》但书年数而不书甲子，今于每年之上必补书之。

一正谬误。详见序。

一理紊乱。详见序。

一整错杂。详见序。

一删重复。详见序。

一破拘执。详见序。

一辩诬枉。详见序。

一补政事之漏。详见序。

一补诏敕之遗。详见序。

一补文章之遗逸，并删削太甚者。

一补名贤之卒。《通鉴》之例，凡书薨卒者，大抵居通显而卒于官者也。散秩不书，即非散秩而已。去位者不书，即间有之，亦不过千。

附　许自俊　　资治通鉴补序

余读严先生《通鉴补》，叹其深得《春秋》教外别传，其功不在紫阳《纲目》下也。孔子因鲁史作《春秋》，系王于天，一笔一削，行天子之事。所以奉天道、继王迹也。公而不私，简而不繁。当时左氏从而编年，前汉司马迁创为纪传，皆翼《春秋》而分其支派也。温公尚忧其散而无统，合编年纪传，汇为《资治通鉴》，一时奉为金科玉律。而揆以《春秋》大义，不无所失，兼多所遗，其关于世道人心匪细。朱子忧之，为作《纲目》，仍托始于三晋之滥封，以警无将而遏乱萌。更严于统之正闰，详于事之顺逆，而孔子诛乱贼之旨，粲然大明于天下万世。严先生生于五百年后，星奎斗度，实钟真儒，慨然以补正自任。顾历代提纲挈领，无如《通鉴》一书，乃积三十余年，风雨晦明，竭耳目心思，忘饥渴寒暑，广求四部七录之繁浩，旁参二氏百家之异同，上下于一千三百八十年之见闻，摩对于一十七史之记载，以校正此一书。所云“冷暖自知，甘苦自尝”者此也。其为益有二：一曰尚论，一曰反观，此读史法也。其救失有二，补遗有五，此正史功也。得读史之法，所以全始而全终；立正史之功，所以可大而可久。说者曰：“司马温公身为贤相，集当代名公巨卿二刘二范辈，共删定此书，岂有失以待正、有缺以待补？先生身为儒生，佐以及门谈子，既孤陋而寡闻，一旦起而斥古人之失，补古人之缺，不亦多事乎？”余曰：不然。先生之所谓失者，天下后世共以为失者也；先生之所谓遗者，天下后世共以为遗者也。余少时尝作《通鉴三大失论》，一为依陈寿《三国史》，帝魏寇蜀，则失之乱；一为晋、魏禅代，不直书司马懿父子篡弑，自以晋裔而为尊亲讳，则失之诬；一为南北朝元魏与刘宋并称帝，则失之僭。当年先辈骇为狂言，及读先生书而确然有以自是。如凡例首以辨正统、存残统为大纲，此天下万世之所不易也。说者又以《通鉴》以“资治”名，凡琐事逸人，无关于治者，可不书也。余以《尚书》为经中史，《麟经》为史中经，经史相为源流。《易》奇而法，《诗》正而葩。《易》之幽人归妹、童牛豮豕、载鬼张狐等语，皆为奇。《诗》之白驹赤乌、乔木幽草、姝子美人诸篇，皆为葩。孔子学《易》学《诗》，悉未尝遗及。作《春秋》书鹢飞星陨、豕立人啼、石言于晋、神降于莘，至若蚳蝝桃李之细，无不备书。则凡人物之有关于治乱兴亡，不论隐显、内外、巨细、奇正，无不许著于经，而况史乎？则知先生之救二失而补五遗，谈子之佐先生而阐七病，诚为《春秋》之嫡系，《纲目》之传火，亦温公之功臣也。或县之国门，或藏之名山，传之其人。他年必有出壁中之经，起汾阴之鼎，敲记里之鼓，发丰城之匣者。严子自问：何虞父书之埋没而不章乎？然余亦有虑焉。卷帙繁冗，锓劂费艰。即若汉、宋右文之世，非无贤主名臣，而兰台秘阁之藏，其诏刊者有几？如奇门遁甲、《太平御览》诸书，至今尚属抄本。严子萧萧布衣，抱荆山之玉于冷风清野之中，谁过而问之？一旦饥荒流散，兵燹飘零，不化而为风蝉露蚕者几希矣！宁不为草间埋珀之音哉？窃闻汲冢《周书竹书纪年》及《井中心史》，杜元凯序例不过盈寸数卷，虽疑信相半，至今存之。倘严子肯另为一书，而以先人正失补阙之文，注于编年记事之首，如杨铁崖之《史义拾遗》，更为简省。上比于盲腐二史，下亦不失为《公羊》、《穀梁》二传也。以俟有识者商之。康熙岁次癸亥春王正月，同里后学许自俊潜壶氏撰。

钱大昕撰《严衍传》称“其与谈允厚于史学皆实事求是，不肯妄下雌黄，其所辨正，皆确乎不可易。宋季、元、明儒家，好读《纲目》，如尹起莘、刘友益、王功学、徐昭文辈皆浅陋迂腐，虽附《纲目》以传，转为本书之累。其有功于《通鉴》者，胡身之而后，仅见此书耳”（《潜研堂文集》三十八）。推许备至，读严衍书，不可不参看钱氏此传。

清　魏禧　正统论

正统论（上）

古今正统之论，纷纭而不决，其说之近是者有三：欧阳修、苏轼、郑思肖是也。欧阳子之说曰：正统有时而绝，故曰正统之序，自唐虞三代，历秦、汉而绝，晋得之又绝，隋、唐得之又绝。苏氏之说曰：正统之为言，犹曰有天下云尔。无其实而得其名者，圣人亦以名与之，名轻而后实重，故曰正统听其自得者十，曰：尧、舜、夏、商、周、秦、汉、晋、隋、唐。序其可得者以存教，曰：魏、梁、后唐、晋、汉、周。郑氏之说曰：以正得国则篡之者为逆，不以正得国则夺之者为非逆。故曰正统三皇，五帝，三王，东、西、蜀汉，宋而已。三者之说，皆近于理，而郑氏为尤正；然各有其偏见，不可以不辨也，辨其非则是者出矣。天下不能一日无君，故正统有时绝而统无绝，绝其统则彼天下将何属乎？而其予西晋，而不与东晋等，后唐、后汉于朱梁、石晋尤为非是，此欧阳子之蔽也。偏安之主，篡窃之人，吾予之以正统，彼正统者孰肯与之？苏氏曰：犹夫大夫士与民也，而或为盗，势不得不与之偕坐，夫吾非有诛赏进退之权，则隐忍而偕坐，固其势也。旁观之君子，则必别其为盗，而不齿之，大夫士与民，且以为举天下而授之魏晋，汉魏之过，与之统者何罪，犹舅以妾为妻，而妇奈何不以为姑，则大不然矣。生于篡君之子孙，亲为其臣子，谓之姑可也。然君子有微辞焉，《春秋》于桓公元年书春王正月，于三年书春正月之义是也。至于后世之公论，则是人以妾为妻，而国人则妾之耳。使当时之名，一定而后不可更，则公议无权，乱臣贼子，不畏身后之诛，以为吾固可与二帝三王俨然而并列也。孔子之《春秋》可无作矣。故以为欧阳子重与之，而吾轻与之者，此苏氏之蔽也。郑氏身当宋亡，发愤于《心史》，虽元魏之修礼乐，兴制度，亦所不取，其尊宋之极，至于黜唐。夫以为不正而得国，则陈桥之变，与隋禅唐何异？而唐除隋暴，尤正于宋之取周，故以为三皇、五帝、三王、汉、宋者，忠臣之心，义士之见，非古今之公论，此郑氏之蔽也。然则正统之说恶乎定？魏子曰：古今之统有三：别其三统，而正统之说全矣。曰正统，曰偏统，曰窃统。正统者，以圣人得天下，德不及圣人，而得之不至于甚不正，功加天下者亦与焉。偏统者，不能使天下归于一统，则择其非篡弑居中国而强大者属焉。窃统者，身弑其君而篡其位，纵能一统乎天下，终不与之正统，而著之曰窃统。是故因其实而归之以其名者，正统也，唐、虞、夏、商、周、西汉、东汉、蜀汉、东晋、唐、南宋是也。正统绝，而其子孙无足以系天下之望，而后归之偏统，后唐、后汉是也。天下之偏统绝，虽乱贼固已正乎其为天子有天下，则不得不归之窃统，秦、魏、西晋、宋、齐、梁、陈、隋、后梁、后晋、后周、北宋是也。吾故折衷欧阳子正统有时绝，郑氏篡正为逆、夺不正非逆之说，以明三统。三统明然后天下之统不绝，偏安之主，篡弑之人，亦终不得以干正统，而正统之论定矣。

正统论（中）

或问：以东晋兴复为正统是矣，元帝为牛氏子，非司马子孙也。曰：秦政以吕易嬴，未尝有绝之于秦者，而独绝元于晋乎？且元帝与始皇尤不同，不韦初进孕妇，后乱太后，始终事迹，凿然可据。牛氏之通，出于暧昧，庸或有污蔑以快私怨者，故寻常闺门，君子所不道，况执此莫须有之事，而绝人之宗，削人之国哉！是非良史之法矣。自记。

秦何以不为正统也？欧阳子曰：诸侯共起而弱周，非独秦之暴也，且夫周弃丰镐，以赐襄公，赧王稽首献邑，自归于秦，秦虽有灭周之罪，亦与后世之弑君篡国者异矣。秦何以不为正统也？魏子曰：诸侯不敢灭周，而秦卒灭周，周无幽、厉之罪，而秦有桀、纣之恶，取之以诈力，守之以残暴，恶在其为正统也？唐高祖废酅国公，与晋武废陈留王，隋文废介公，宋太祖废郑王，同一篡也。何以不为窃统？魏子曰：陈留介公郑王，初无罪不足以失天下，其臣又皆以勋戚居中用事，为先君所依托，一旦欺人孤寡而攘夺之。故虽晋武、隋文，成混一之业，息南北之兵。宋太祖禅受之后，奉其故君，与子孙无失礼，深仁厚德，浃数百年，而其得国之不正，终不可以贯。隋之淫虐，过于桀、纣，李氏兴兵，而诛汤、武之业也，而惜乎其立侑而禅之；以汤、武始，而以莽、操终，谋之不善，非其本志，固不可以为篡。混一之功比晋、隋，而仁恩之在天下者等宋祖，故予之也。后唐、后汉，何以不为窃统也？朱温灭唐，而李存勖帝邺；契丹灭晋，而刘智远帝晋阳。欧阳子曰：李氏、朱氏共起窥唐，而梁先得之，李氏因之者非也。克用忠唐，志在灭梁，存勖后虽自帝，始未尝不欲承父志而报国仇，故欲并之于梁者非也。欧阳子曰：刘智远始不与契丹战，以幸其败，后不能奉从益以存晋，与梁、晋无异。夫灭梁不自帝与奉从益以存晋，此圣贤之用心，忠臣之盛节，而可责诸五代之君乎？今夫责人以圣贤，为忠臣不得，而遽同之于乱贼，此学者欲苟成其说而文致之，非天下之公论。故欧阳子之说，不可训也。东晋统承西晋，南宋统承北宋，何以祖宗之一统者为窃，而子孙仅有天下之半得为正也？曰：晋、宋之君天下，天下奉为共主久矣。虽其始不正，前后相承，而元帝、高宗当灭亡之余，有特起之势，又以子孙复其祖业，义不得不进之于正统。楚子僭王灭诸姬，罪在不赦，至昭王失国而复之，则圣人有取焉。欧阳子之黜东晋，亦不可训也。且夫义得为正统者，其子孙虽甚微弱，不可不存以为正，故三十六邑一日未献，不可不书周；禅宋之笔一日未操，不可不书晋；厓山之舟一日未覆，不可不书宋。奈何既以正统予西晋而其子孙尚有天下之半者，乃以偏安斥乎？革姓受命之时，非天心所欲，势也。君子必不得已而后绝其统，所以不伤忠臣孝子之心，仁人之志也。吾故曰：正统绝而后归之偏统，偏统绝而后归之窃统也。

门人涂尚岠曰正统之义，古今实如聚讼，章氏王统、霸统之分，似矣。然予正统者，未必可进于王；非正统者，弊又不止于霸。苏氏虽辨其非，而无以服之也。吾师立三统之说，而万世之论定矣。篇中疏别疑义，足令观者晓然。至于退晋、宋，而进元、高，尤深得《春秋》之旨，非寻常考古论世之文也。

正统论（下）

所谓括其大略者，如载秦始皇阿房宫事，则云始皇以先王宫庭小，乃营作阿房宫渭南上林苑中，广袤三百余里，殿阁台榭，穷极奢丽，役作数十万人，死者亡算。如载宋子业、齐东昏杀人事，则云以非刑杀人亡算，惨毒所施，求死不得。如载隋炀帝荒淫诸事，则每一事，书曰某事费财几何，杀人几何，民失业几何，激变几何，不妨极言其甚。而规制节目，可以娱心志，为效法者则没而不书。齐主高纬问南阳王绰曰：在州何以为乐？绰以虿盆对。纬即日命捕虫蝎杀人，以取欢笑。曰：如此乐事，何不驰驿奏闻？夫哀号惨痛，有何可娱？而命为乐事，然纬性虽凶恶，使不闻绰言，则虿盆一事亦亡由作，后世暴君，岂无见此等于史册而欲仿行者？至淫乐奢侈之具，则中主亦不免见猎心喜矣。自识。

魏子曰：吾于窃统，其书法犹有说焉。郑氏之言曰：史篡弑之君，称某祖某帝，及朕诏封禅郊祀，太子后诸礼宜书曰：某名僭行某事。魏子曰：读史者其知惧乎！然是道也，施于始篡之君，其子孙则不加焉。夫身篡弑者，虽为天下君，终不贳其实罪，而予之美名；子孙袭成业而安，不可以重诛也。故篡国子孙，其臣有能服义死节者，则君子必以为忠。是故贬削其身，所以正古今之名；宽其子孙，所以存天下之实。名实得而史法立矣。虽然，吾犹有说焉，作史者多务博，而征信务博，则不讳不经之言。征信则尽当时之实事，故凡人君之奢淫残暴，必详书于册，为后世鉴。而不知夫不肖者之见，而适中其欲也，则且或仿而行之。《诗》曰：毋教猱升木。杨子曰：劝百而惩一，而独何取焉？昔唐太宗元夜大张灯火，以问隋萧后曰：炀帝时亦如此乎？萧后盛述当时华侈，百倍太宗。太宗盖口刺其奢，而心服其盛也。夫心服其盛，虽贤君犹不免是，而况于不肖者乎？吾则以为史，凡宫室、田猎、声色、奇技、淫巧、非刑、酷杀之事，记载详悉者，尽删除其文，而括其大略，足知致乱之故而已。至于生民愁苦、怨诅、天灾、人祸、盗贼、危亡之状，则极书之，以显示于册，使后之人主，荒淫可喜之形，惨毒快意之具，无所接于其目，而愀然生其危惧。宋真宗时，陈恕久领三司，尝命条具中外钱谷以闻。恕久不进，屡诏趣之。恕对曰：陛下富于春秋，若知府库充实，恐生侈心，是以不敢。李沆为相，日取四方水旱盗贼奏之，以为人主少年，当使知四方艰难；不然血气方刚，不留意于声色犬马，则土木甲兵，祷祀之事作矣。古之大臣，防微杜渐，以谨人主之耳目，而绝其萌孽，道盖如此。余于司马氏《通鉴》常欲以窃统之法改书之，删除其文，足眩世主之心者，有志而未逮也。夫正统定，书法明，史其几于道矣。

门人杨复晟曰：上篇统引三家之说，而辨苏氏处最详，中篇单辨欧阳之说，下篇又以余意，发明郑氏之说，分合详略之法，井井可观。门人涂尚瑺曰：或云篡君书法不同，考于《春秋》，桓、宣无异辞，则郑氏非通论也。不知孔圣亲为桓、宣臣子，鲁之败执且讳，况斥其大恶乎？且《春秋》之法，贵通其意，圣人于定、哀多微辞，而后世史官，贵直笔。魏孝文曰：人主威权，在己无能制者，若史册不复书其恶，何所畏忌，况以异代而书前君，岂得执讳国恶之义以相非乎？独如宋太祖者，其得国虽不得不以篡书，而深仁厚德，实为后世贤主，郊祀诏敕之类，亦岂得同于王莽、朱温？议功详贤，《春秋》之法，如赵盾虽冒弑君，圣人必不夷之华督、庆父之列明矣。要之，三统言其大纲，至于篡而不弑，与篡而弑者；救其败而篡，与毁其成而篡者，情罪互有轻重，此又作史者所当通其义例也。（《魏叔子文集》卷一）

王夫之　读通鉴论卷末

叙论

论之不及正统者何也？曰：正统之说，不知其所自昉也。自汉之亡，曹氏、司马氏乘之以窃天下，而为之名曰禅。于是为之说曰：必有所承以为统，而后可以为天子。义不相授受，而强相缀系，以揜篡夺之迹，抑假邹衍五德之邪说，与刘歆历家之绪论，文其诐辞，要岂事理之实然哉？统之为言，合而并之之谓也，因而续之之谓也。而天下之不合与不续也多矣，盖尝上推数千年中国之治乱，以迄于今，凡三变矣。当其未变，固不知后之变也，奚若？虽圣人弗能知也。商、周以上，有不可考者。而三代以言之，其时万国各有其君，而天子特为之长。王畿之外，刑赏不听命，赋税不上供，天下虽合而固未合也，王者以义正名而合之，此一变也。而汤之代夏，武之代殷，未尝一日无共主焉。及乎春秋之世，齐、晋、秦、楚，各据所属之从，诸侯以分裂天下。至战国而强秦六国，交相为从衡。赧王朝秦，而天下并无共主之号，岂复有所统哉！此一合一离之始也。汉亡，而蜀汉、魏、吴三分。晋东渡，而十六国与拓跋、高氏、宇文裂土以自帝。唐亡而汴晋、江南、吴越、蜀、粤、楚、闽、荆南、河东各帝制以自崇。土其土，民其民，或迹示臣属，而终不相维系也，无所统也。六国离而秦苟合，以及汉三国离而晋乍合之，非固合也。五胡起，南北离，而隋苟合之，以及唐，五代离而宋乃合之，此一合一离之局，一变也。至于宋亡以迄于今，则当其治也，则中国有共主；当其乱也，中国并无一隅分据之主，盖所谓统者，绝而不续，此又一变也。夫统者，合而不离、续而不绝之谓也。离矣，而恶乎统之？绝矣，而固不相承以为统。崛起以一中夏者，奚用承彼不连之系乎？天下之生一治一乱，当其治，无不正者以相干，而何有于正！当其乱既不正矣，而又孰为正？有离有绝，固无统也，而又何正不正邪？以天下论者必循天下之公，天下非一姓之私也。惟为其臣子者，必私其君父，则宗社已亡，而必不忍戴异姓异族以为君。若夫立乎百世以后，持百世以上大公之论，则五帝三王之大德，天命已改，不能强系之以存。故杞不足以延夏，宋不足以延商，夫岂忘禹、汤之大泽哉！非五子不能为夏而歌洛汭，非箕子不能为商而吟《麦秀》也。故昭烈亦自君其国于蜀可为汉之余裔，而拟诸光武，为九州兆姓之大君，不亦诬乎！充其义类，将欲使汉至今存而后快，则又何以处三王之明德，降苗裔于编氓邪？蜀汉正矣，已亡而统在晋，晋自篡魏，岂承汉而兴者？唐承隋，而隋抑何承？承之陈，则隋不因灭陈而始为君；承之宇文氏，则天下之□□已□何统之足云乎？无所承，无所统，正不正，存乎其人而已矣。正不正，人也；一治一乱，天也。犹日之有昼夜，月之有朔弦望晦也。非其臣子，以德之顺逆，定天命之去留，而詹詹然为已亡无道之国，延消谢之运，何为者邪？宋亡而天下无统，又奚说焉？近世有李槃者，以宇文氏所臣属之萧岿，为篡弑之萧衍延苟全之祀，而使之统陈，沙陀夷族之朱邪、存勖，不知所出之徐知诰，冒李唐之宗，而使之统分据之天下。父子君臣之伦大紊，而自矜为义，有识者一吷而已。若邹衍五德之说，尤妖妄而不经，君子辟之，断断如也。（《读通鉴论》）

按：李槃著《纲鉴世史类篇》四十五卷，见《千顷堂书目》编年类；《明史·艺文志》正史类不收。

宋实颖　黜朱梁纪年论

予读《五代史》至《梁太祖本纪》，未尝不废书而叹也。曰：呜呼！欧阳公良史也，于是《纪》为真失《春秋》之志矣。公之言曰：鲁桓公弑隐公而自立者，宣公弑子赤而自立者，郑厉公逐世子忽而自立者，卫公孙剽逐其君衎而自立者。圣人于《春秋》，皆不绝其为君，予所以不伪梁者，用《春秋》之法也。然不知四君者，非鲁、卫、郑之嫡子，皆其君之公孙介弟也。为其君之公孙介弟，则社稷无损，犹愈于属之他人。而朱全忠者，为唐之何人乎？问其始，则盗贼也；问其终，则弑昭宗、弑昭宣、弑太后也，此其罪，比于王莽、安禄山尤为过之。王莽不得为新，安禄山不得为燕，朱全忠独得为梁乎？《春秋》之于阳虎，书曰：盗窃宝玉大弓；则《五代史》于朱全忠，亦当正其名曰盗，而何得大书特书，予之以帝王之名哉？且其时移檄兴复唐室者，有晋、岐、蜀、淮南四国在焉。或为唐之臣子，或为唐之赐族，则唐实未尝亡也。譬之有千金之家，宗子遇非常之变，或偶无后，则支庶之贤者，皆可以理其业而继其祀，可曰宗子无人矣，而付之于盗贼之手，付之于盗贼之手矣，后之君子，又不正其罪曰盗贼，而饰其名曰是即我家督也，有是理乎？欧阳公之不伪梁，何以异是？欲不谓之大失《春秋》之志，岂可得哉！予故黜朱梁之纪年而已。晋、岐、淮南之称天祐者为主，年经月纬，发凡起例，始于天祐之四年，至唐庄宗之同光元年而止。此十六年中，朱梁之恶熟矣，天报之以淫烝子妇，刃出其腹，灰飞烟灭，苗裔荡尽。所谓富贵赫奕者何在？谋臣将相者何在？奉册衮冕者何在？而安得大书特书，与以帝王之名哉？惟不与以帝王之名，而后之乱臣贼子如朱全忠者，可以悚然而惧矣。若晋、岐、淮南之系于唐后，犹夏之少康，周之共和，亦《春秋》书公在乾侯之义也，又何疑焉？又何疑焉？

黜朱梁纪年图

唐昭宣光烈孝皇帝

甲子　天祐元年

乙丑　天祐二年

丙寅　天祐三年

丁卯　天祐四年

夏四月，朱全忠僭称皇帝，伪国号梁，伪年号开平。废唐帝为济阴王。淮南、四川移檄兴复唐室。

戊辰　晋、岐、淮南称天祐五年

春正月，晋王李克用卒，子存勖立，朱全忠弑昭宣帝。

夏五月，晋王伐伪梁，夹寨破之，潞州围解。

己巳　晋、岐、淮南天祐六年

六月，伪梁刘知俊奔岐，岐遣刘知俊伐伪梁灵州，大败梁人。

庚午　晋、岐、淮南天祐七年

伪梁遣兵袭镇州，取深冀、镇定，推晋王为盟主，晋遣兵救之。

辛未　晋、岐、吴天祐八年　伪梁改号乾化

春正月朔，日食。晋王伐伪梁，军于柏乡，大破之。

壬申　晋、岐、吴越天祐九年

春正月，晋师及镇定之兵伐幽州。二月，朱全忠救之，大败而还。六月，朱全忠为子友珪所杀。

癸酉　晋、岐、吴天祐十年

二月朱友贞杀友珪而自立。

甲戌　晋、岐、吴天祐十一年

乙亥　晋、岐、吴天祐十二年　朱友贞改伪年号曰贞明

丙子　晋、岐、吴天祐十三年

丁丑　晋、岐、吴天祐十四年

戊寅　晋、岐、吴天祐十五年

己卯　晋、岐、吴天祐十六年

庚辰　晋、岐、吴天祐十七年　朱友贞改伪年号曰龙德

辛巳　晋、岐、吴天祐十八年

壬午　晋、岐、吴天祐十九年

癸未　晋、岐、吴天祐二十年，晋王李存勗建国号曰后唐，改元同光

冬十月，唐主入大梁，朱友贞自杀。

唐毁伪梁宗庙，废朱温、朱友贞为庶人。

后唐庄宗光圣神闵孝皇帝

甲申　同光二年　（《檀几丛书》卷五）

邵廷寀　正统论（四篇）

天人

宁都魏叔子著《正统论》，以欧阳、苏、郑三家者，言皆近理而有蔽。其过欧曰：天下不可一日无君，故正统有时绝，而统无绝。绝其统，则彼天下得谁属乎？而其与西晋而不与东晋，等后唐、后汉于朱梁、石晋，此欧阳氏之蔽也。过苏曰：生于篡君之子孙，亲为其臣子而谓之君，犹舅以妾为妻，而亲为其子妇，谓之姑可也。至后世之公论，则是人以妾为妻，而国人则妾之耳。使当时之名一定，而后不可更，则公议无权，乱臣贼子不畏身后之诛，以为吾固可与二帝三王俨然而并列也，孔子之《春秋》可无作矣。故其进曹魏、朱梁以为无其实而得其名，圣人亦以名予之，此苏氏之蔽也。过郑曰：所南身当宋亡，发愤于《心史》，虽元魏之修礼乐、兴制度之所不取，其尊宋之极，至于黜唐。夫以为不正而得国，宋篡，实也；唐禅，名也。唐有救民除暴之功，安得以其名之禅而没之？此郑氏之蔽也。叔子之论辨而正，吾因其说而益以二言曰：有天行之统，有人心之统，是两者万世而不亡。叔子所谓正统绝而归之偏统，偏统绝而归之窃统者，天之所在，人不能违也。《纲目》既以甲子纪之矣，吾则谓存窃统而终不使附偏统，存偏统而终不与于正

统者，人之所在，天亦不能违也。孔子曰：其义则丘有罪焉尔。故为正统之说者，一衷于《春秋》、《纲目》而定，余纷纷可无议也。苏子生朱子之前，不知尊蜀汉，所南尊蜀汉，故知景炎、祥兴之统不可亡，而其激也，乃至于黜唐。君子之持论无取激，激则必拂乎天人。拂乎天，天无心，容可违；拂乎人，将有受其责者。即一家之似续一国之世及不可以轻，而况乎正统之大乎！

汉、唐、明、秦、隋

三代而下，以兵取天下为正，而假受禅之名不与焉。其开地大而享国长久，守之以仁义，君取汉、唐及明而已。昔者商鞅变法，谋弱六国，天下血战二百年，卒并于强虎狼之秦。当是时，先王遗法尽，而生民亦尽矣，盖乾坤肇造至此遂屯否也。汉兴，复其见天地之心乎！以高祖之宽大平暴乱，文、景之恭俭，几刑措，武帝之雄才，疆四荒而修《六经》。至风俗之美，士节之厉，未有越于东汉。四百余载，英谊之君六七作，是以大汉之名，至于今中外称之。虽治体杂王霸之间，规模气象远矣。此汉继周后，断然居正统之首也。自新莽始篡，因仍千百年，及于赵宋。唐除隋暴，天下归心，即不立侑，岂不遂定长安取群雄哉！而见小速成，拘牵积俗，忽自蹈于不义，盖非太宗本谋，亦起晋阳时，冯籍父资，寝门之谏，不能夺裴寂之庸陋。后之君子，读书至唐之受禅，特累叹而深原之。以为隋恶稔矣，篡臣贼子萃于一家，苟有正而声其罪，即萧铣、建德皆可与也，而况以太宗之贤，一统致治如此之盛乎？夫得之者逆，则取之者为非逆，所南之言，既有定论，奈何尊宋而反非唐，非唐则无以为宋地，唐之所以不及于汉，正以其多此一禅也。明起草泽取天下，秉天地之义气以严立国。迨其亡也，有殉社稷之君，一代之名教，比于汉、唐，殆超过之。於乎！吾于三代而下，取其足当正统者，仅有汉、唐及明，而唐又以可已而不已之禅，使吾余憾于千年以上，天为之、人为之耶？秦、隋之统一天下也，天心厌乱，适会其时，分之久必暂合，合而不于其所则必复分，然后求有德者而归焉。汉、唐之德，不如三代之什一也，以其承太无道之后，民饥渴之易饮食，孟子所云事半而功倍也。自古国家丧亡之日，必有忠臣义士赴其难而同死之，后之稽古怀道之士，或相与太息而追怜之。世未有怜秦隋者，以是知人心之不与也。夫不与，是其天之正也。叔子归窃统于秦、隋，与吾天人之说有相合也。

晋、宋

世称汉、唐、宋久矣，今乃夷宋于晋何也？其取之不以正也。何言乎取之不以正？周世宗，三代以后之贤君也。世宗不死，天下归周，其气运当什倍于宋。不幸享国不永，余教遗法，固可以翼后嗣，使宋祖无二心，则范质、王溥、李筠、符彦卿辈，犹足内外夹辅。贤世宗不得不重罪宋，所谓取之不以正也。或曰：宋历三百年，五星聚奎，贤人君子盛矣，三代而下，忠厚罕有如宋者，晋乌得比之？而乌得不进之？曰：不然。宋之君如仁宗之为仁，孝宗之为孝，诚足以培裕国基。然譬之家人，子孙贤孝，为量减其祖父之罪可耳，举而尽捐之，是厉王可以宣王而改谥，瞽鲧可以舜、禹而易名，彼无罪者，其谁肯服？孔子作《春秋》，不以公子鲍之贤、昭公之无道而不书宋弑其君；不以宣孟之忠，不书赵盾弑其君。彼其人身为恶而前后有善，则并录其善以不没其实，示天下之劝而已，是《春秋》之断例也。不然，艺祖亦三代以后之贤君也，其仁心为质，而爱民礼贤，容有过于汉、唐之太宗者，而吾于宋乎何深尤之？夫是非出于宋人之言，六百余载矣。其时为君亲讳，理固宜；然今易世，而犹锢于成说，曰宋之代周，天与也，非晋比也。於乎！是为书愚而已矣。或曰：叔子与东晋，而不与西晋、北宋，而顾与南宋，其故何也？曰：此继世之说也。天之待继世宽矣，人心亦犹是也。君臣分定，亲为其臣子，而父祖被其泽，不得不戴之为本朝。使王裒、诸葛靓之裔，执司马师昭之罪，以仇简文、韩通之子孙，追讨太祖、太宗，而逮于真、仁、英、哲，天下群起而贼之矣。楚平王杀蔓成然，其子乘昭王之败将复之，其兄止之曰：君，天命也。父死君命，将谁仇？其后昭王复国而行赏，子西曰：请舍怀也。王曰：大德灭小怨，道也。知此，可以明东晋、南宋之为正统矣。故有不以子孙之善贷其祖宗之不善者，西晋、北宋非正统之说也。有不以祖宗之不善，累其子孙之善者，东晋、南宋皆正统之说也。君子于正统之说，仁之至，义之尽也。然则当日之修晋、宋史也，宜何如？曰：是非隔世然后明，唐修《晋书》，继《汉书》，不以已之承隋，尊北统，而黜晋，此万世之公也。《宋史》修于至正，诸君子持公论，然降宋于史而后辽、金，容有未易处者。惟时会稽杨维桢以正统未有所归，作辨上之。大要谓元承宋统，不承辽、金。厓山舟覆之年，乃皇元正统之始。会三史已成，未及纳用，陶九成见而叹曰：此百世定论，后之续《通鉴纲目》者，必以是为本。其后彭时、商辂等果用其说，立言之功大矣哉！然或者推维桢之意，遂欲改修《宋书》，而以辽、金为载记，则于理未安也。何也？辽传七主二百一十有五年，金传九主一百一十有七年，设官养民，创制立度。迨于其亡，有忠义之士，与之同毙，其规模历数，非偶然者，安得以其史为载记而夷于十六国？十六国为载记而附《晋书》，晋未尝书币称臣于刘、石、苻、姚、慕容、元氏也。然则若何为正？曰：修《宋书》附辽、金史于末为正，使宋之遇辽、金，如遇元魏、北齐、后周氏焉，则安矣。元魏、北齐、后周氏，比肩于宋、齐、梁、陈南国，而辽、金不使比肩于宋，如是而宋之为正统之义明。

南北、五代

南北之所以为南北，其刘裕之罪乎！然吾何敢罪刘裕！裕之不能致天下于一统，亦天也。君子尚论不原其世之终始，而徒以事后观成败，古人可作，其谁吾服！裕之时，拓跋方盛，虽守关中，必不能兼河北。河北不兼，则关中不能守，其地势然也。又有刘勃之猛鸷随伺吾后，逆计裕之必归，安有关中？裕积苦日战，而精已消亡。刘穆之死，内事无托，仓皇解而东出，虽其子不能顾，又望其整旆更西，以图复长安公家坟墓乎？裕不享年，则无与抗拓跋，而南北之形成，加之魏孝文修礼纪政，改姓迁都，中国之气胥聚于北，而南无人矣。天无常归，归于有德，其不以先北于南，君子之不得已也，人心为之也，逆天者也。夫逆天者，亦天之正也。唐末之乱，朱温篡逆有甚于前之南北者矣。修史者，以五代名，而归纪年于北，则以其时吴、越、荆、潭，争修职贡，奉正朔，而北因得苟窃其名。然历年弥促，岂足言帝王之统？得之不义，又无论已！周世宗其杰然者，天不佑以年，於乎！晋统亡而乃有南北，唐统绝而乃有梁、唐、晋、汉、周。世递降而至是，果天为之，人为之耶？《易》曰："物不可穷也，故受之未济"，知未济而后知统之有时绝；知统之有时绝，而后可与论统矣。（《思复堂文集》卷八）

甘京　正统论

欧阳子始作《正统论》。论曰：正者，正天下之不正；统者，合天下之不一。大哉言乎！而予秦、晋、隋、唐以实之，何耶？苏子作《正统论》，与章子辩霸统，以全欧阳子正统之论。夫名轻，则实与俱轻；实重，则名与俱重。苏子乃言曰：正统之为言，有天下云尔。名轻而后实重，有是理乎？郑子作《正统论》曰：以正得国，则篡之者为逆；不以正得国，则夺之者为非逆。诚然，将何以处晋之夺魏，齐、梁、陈、隋之夺宋？齐、梁、陈盗人之物以为己有，有钻穴隙而复盗之者，遂不得为盗乎？魏子既折衷三家之说，而以西晋、北宋为窃统，东晋、南宋为正统。夫祖父御人于国门而得千金，半为人所夺，而其子孙尚守其半，遂谓之至公大义矣乎？丘子既折衷欧阳子、苏子之说曰：欧阳子“正统有时而绝”之论，吾犹以为未能绝之之严，以自伸其说，乃谓唐篡隋，而唐太宗为无罪于正统为正统；宋篡周，而宋太宗为无罪于正统为正统，又甚于魏子以东晋、南宋为正统矣。甘子曰：吾为严绝之，以伸诸子之说，使天下后世，知正统之不可以一日而或奸。篡统之名，垂于万万世而不能改也。孔子曰：“惟器与名，不可以假人。”统，器也；正，名也。禅者，正统也。诛君吊民者，正统也。正统之子孙，世守其天下者，正统也。正统之子孙，灭篡统而中兴者，正统也。正统之子孙不能守其天下者，偏安于一方，以系正统之脉者，正统也。桀、纣，正统也，禹、汤为之也。汤、武，正统也，桀、纣为之也。外此皆非正统矣。为人臣废弑其君而自立者，篡统也。以不同父之兄，而废同父子之子以自立者，篡统也。其势废矣，因而废之；其人废矣，因而自立。物自来而取之曰攘；上以别于正统，下以别于篡统，曰攘统。凡篡统、攘统之后，为其子若孙者，知其为篡为攘也。不能不继其统。杀人之人，乌能禁其子孙不世称之为祖父乎？名之曰继统，以明篡则继篡、攘则继攘而已。古今异姓之篡统，自寒浞始。寒浞绝正统，而少康续之，易知也。古今同姓之篡统，自周考王始。威烈，考王之子也。继其统，不得列于统，难知也。秦，周之封国也，虽曰赧王献地，昭襄受之。吕政二十六年齐亡，而后并天下。然周曰王，秦亦曰王，久无周矣。唐庄宗取天下于朱温之手，正矣。然世忠唐室，不能求唐后立之，终有憾于人心。唐高祖以兵取天下，不正兴师讨贼之名，而袭迹受禅。后汉刘知远实仕后晋。此四人者，其为攘统乎？寒浞、周考王而后，若吕雉，新王莽，魏曹奂，晋司马炎，宋刘裕、刘彧，齐萧道成、萧鸾，梁萧衍，陈陈霸先、陈顼，隋杨坚、杨广，后梁朱温，后唐李从珂，后晋石敬瑭，后周郭威，宋赵匡胤，元忽必烈，此皆绝人之国，弑君、父、兄而自立为君，夺天子土宇而据之。万世而下，声其罪为篡，而又必严绝之于其子孙，始足以为乱臣贼子之惧。然则曹丕、刘渊之徒，不逃诛乎？曰：民无二王。上有继统之君未绝，凡建名号者，皆谓之篡。且不得为统矣，又何奸正之有哉！若失正、篡、攘之子孙，则皆继也。继正者得谓之正，所以隆正统也。继篡者概谓之继，继攘者概谓之继，所以重罪篡与攘也。如是而正统可得而定矣。自帝尧甲辰至夏王相凡二百三十八年，寒浞篡之，而正统始绝。少康中兴，历商至周贞定王一千六百三十九年，考王篡之，而正统又绝。汉高祖复为正统，十九年，吕后篡之，而正统又绝。文帝复为正统，一百八十七年，王莽篡之，而正统又绝。光武中兴，复为正统，至蜀汉，二百三十九年，魏曹奂篡之，而正统又绝。其间为篡、为攘、为继，明如指掌。明太祖高皇帝复为正统，三十五年而正统又绝。自尧甲辰以下，为正统者凡二千三百五十七年。（《国朝文录》卷五）

蒋汾功　正统论

古今为正统之说者众矣，皆自善其所见，为不可易矣。而其间最著者，莫若欧阳氏、苏氏。近世易堂魏冰叔因之，增以宋末郑氏之言，谓皆近是。而又设立三统，曰正、曰偏、曰窃。其例愈繁，其辨愈不可穷。而吾尤以贬西晋、北宋于窃，而进东晋、南宋于正，为所未安。夫正也者，得其全之谓，与偏为辨者也。异之于窃，抑又与邪为辨矣。正而窃之，偏而正之，毋乃自乱其例乎？且其言曰："晋、宋之君，天下奉为共主久矣，虽其始不正，前后相承。而元帝、高宗，当灭亡之余，有特起之势，又以子孙复其祖业，义不得不进之于正统。"如其说，则是二代之君，幸有此中叶颠陨，而臣民震动以迁也。设令晋不东，宋不南，千百年而一统，反终其世为窃矣。且以为能复祖业而异之，则益谬夫！当灭亡之余，而能复继大统，若光武于东汉，可谓无忝。今考元帝、高宗，不过裂土地之半而倚其臣，为幸免偷安计。譬如人婴将死之疾，而恃药饵参苓，以绵日夕，然识者有以觇其不永矣。故吾谓晋东而宋南，其败亡之势已成，纵不可尽举为元帝、高宗罪，而要不能授方任能，燮伐中原，以宏祖父业，其咎有所不得辞。今也欲还之以正，而苦无因，乃曲寻其间，缘饰而奖与之，讵可训乎？吾尝谓论不出于圣人，则无自定其所必然，列古今之论于前，吾出一说以胜之，其始自以为无弊，而生乎吾后者，又攻其弊而诎其短。昔章氏始分佰统，而苏氏诎之。魏氏因以立窃统之名，警夫不正取天下者。庸讵知夫窃不可言统乎？窃之为言，犹曰盗贼云尔。盗贼宁有统乎？将有正而正者，有偏而正者，有正而窃者，有偏而窃者。今欲类聚群分，以较其锱铢殿最，则唐虞视三代犹有间焉。曾是西晋与北宋，若是班乎？循是以往，巧历或不能尽，而谓三统足概之乎？夫惟人心所不言而同然者，天下安其说，无异词。而凡重予之，轻予之，或纯乎名，或杂乎实，皆过之。严为之辨，而辨愈纷；曲为之名，而名益舛。

昔人谓天下有君，则《春秋》不当作。吾亦谓天下有君，而正统可无论也。呜呼！古今为说者，人善其所见，而莫觉其蔽也久矣。自非圣人，其孰能定之？（《国朝文录》卷七）

叶燮　正统论

上

正统之论，始于欧阳子。后之论者，纷纷不一，予夺进退之说未定，其归自朱紫阳成《纲目》，而正统之辨始严明。正学方子谓：汉、唐、宋，如朱子之意可也。秦与晋、隋，概与之以正统，何可哉？其论是也。然等晋、隋于秦，又非也。夫秦之得为正统，欧阳之论得其当矣。晋与隋皆篡弑以得之，紫阳以谓晋、隋虽得之不以正，而天下实统于一，不得黜也。止于其得天下之始，以篡例书，自后皆以汉、唐之书法书之，似乎有不得不然之势也。盖尝论之：有天下者，谓之统。以正得之，而统能合之，与以正之，而统则分之，法均得以正统系之；是统以正重，正不以统分合易也。不以正得之而统分之，则为偏为窃无论；不以正得之，而统则合之，是统既不正，而何可以正统全归之？此紫阳之于晋与隋，殆不能无议也。其意以为天下不可一日无君，天下合于一，天下群以为君矣。且晋之传十余世，百数十年，隋一传亦二十年有余，于是而黜之，天下岂有统绝无君，如是之久者哉！此不得不然者也。夫统之不可绝，一日与百年无异。儒者正名定分，彼揆时度势之论，有所不设，恐开天下后世乱臣贼子侥幸之门也。昔者夏后氏太康之世，有穷后羿篡位四十年，居然得统矣。将以羿四十年为天下之君，遂续夏统乎？西汉之王莽篡位十八年，居然得统矣。亦将以莽十八年为天下之君，遂续汉统乎？二贼臣之不得有其统者，以少康、光武之中兴，故不以历年之久篡，易其没世乱贼之号也。晋、隋之篡，与二贼臣同，徒以一姓不再兴，而子孙相传，尊为高祖、世祖，后儒史笔，遂跻之尧舜三王之统而无异。然则乱臣贼子，不幸而为羿为莽，侥幸而为炎为坚，罪同而法异，何以服羿、莽之心，而寒乱贼之胆乎？且司马炎一传，而骨肉相戕，继以刘、石乱中原，及东晋而南北朝，遂判晋统之不一久矣。杨坚篡周，子广又弑坚而自立，其罪甚于羿、莽，是人人得而诛之者，岂可居然以正统归之，奉为天下之君乎？然则当何如？曰：法当如列国之例，注年号于甲子之下。如晋则称晋主炎，传至其子若孙则止称晋主而不称名，此《纲目》书曹魏南北朝，及后唐、晋、汉、周之例也。隋亦称隋主坚。其子杨广，虽父传，则仍称隋主广，恶之甚也。如此虽尚宽于羿、莽之例，庶不诡于大义矣。若朱梁则又异于是。朱温篡逆之罪过羿、莽，而恶尤甚于操、懿，身毙于逆子之手，一传灭于唐，祚又促于王莽。循其例，当如安禄山之称燕，侯景之称齐已矣。书法当仿王莽，去新之号，而止称莽；朱温去梁之号，而止称温，并削其全忠与晃之名，方为得之。乃欧阳子力辨黜梁为伪之非，是则将羿、莽俱非伪而可乎？欧阳子又极表王彦章之死于忠，为传为记，流连三叹不止。昔黄巢伏诛，诸将献巢之姬妾于京师，天子诘其从贼，其居首者对曰：国家以百万之众，失守宗祧，今陛下以不能拒贼责一女子，置公卿将相于何地乎？市人争与之酒，居首者不饮不泣，至于就刑，神色肃然。若以彦章之死为忠，则此姬之死为节乎？莽之臣王寻，死于昆阳之战，王邑从莽死于渐台，俱为死于忠乎？欧阳子又曰：彼有梁之土地，臣梁之吏民，立梁之宗庙社稷，而能杀生赏罚，以制命于梁人，则是梁之君矣。安得曰伪哉？若是数者，羿与莽何一不然哉？即贤如扬雄，且为莽大夫矣，又何况吏民哉！故吾于晋、隋则绝之于正统，于朱温则更绝之分统，而直名之为伪为贼。夫然后君臣之分严，使后世乱臣贼子不得侥幸以藉口，而大义昭然不易矣。

下

正统之说曰：正者所以正天下之不正也，统者所以合天下之不一也。欧阳子曰：正统之序，上自尧、舜，历夏、商、周、秦、汉而绝，晋得之又绝，隋、唐得之而又绝。自尧、舜以来，三绝而复续，惟有绝而有续，然后是非公而予夺当、而正统明。欧阳子之论，谓为统明则可，谓为正统明则不可。何也？夫正可以该统，而统不可以奸正。正可该统，极之则东周君与宋之在厓山是也，不可易也。统不可奸正，极之则吾前所论羿与莽是也，不容窃也。欧阳子谓正统之序，自尧、舜历夏、商、周、秦、汉而绝，而晋得之，是以魏为绝也；魏之绝，而晋可为得乎？又谓晋得之而又绝，而隋得之，是以南北朝为绝也；南北朝为绝，而隋可为得乎？统既有时而可绝，则晋与隋亦何不可为绝乎？夫统以言乎相传也，相传则如祖父子孙之世及不可绝也。绝而欲续之，必有一定之宗法在。彼有天下者之统而绝，必有尧、舜、夏、商、周、秦、汉，得天下之法在，此即《春秋》大居正之义也。故绝与续之关，为有天下者公器之衡，必毫末铢两悉称方得。且正统者，即夫子所云：三重寡过之君子也。有其位，无其德，则不敢作礼乐。夫德者正也，位者统也。

不敢作礼乐，虽王天下，不得称为寡过之君子。然则乱臣而有天下，敢作礼乐，而称寡过之君子乎？故未有德位不兼，而可称正统者也，则晋、隋之不得续正统，断断然矣。或曰：正统之斥晋、隋是矣。若唐与宋，一则起兵以隋禅，一则兵变以周禅，独非篡乎？而俱续正统，何也？曰：唐之得天下于隋也，可云伐暴，宋之得天下于周也，可云救民。伐暴救民，汤、武有其德，而值其时，以践其位。唐、宋值其时，而取其位，以庶几合乎德。唐与宋，虽非二帝三王执中之传，庶几天戾乎二帝三王之法，以三重之君子，归之为正统之绝续可也。欧阳子以统而该正，失轻重之衡，是非未明，予夺未当也。吾故曰所以明统，而非明正统。然正不明，而统亦且因之不明矣。苏子曰：正统之为言有天下云尔。人之得此名而又有此实也，夫何议？天下固有无其实而得其名者，圣人无此不得已焉。而不以实伤名，而名卒不伤实，故名轻而实重。不以实伤名，故天下不争；名轻而实重，故天下趋于实。是论也，所以为调停而非折衷以定其归也。正统者，名不可以虚假乎实，而实不可以冒袭乎名，要使天下后世，知道德仁义之有常尊，而贼乱篡弑之足为诫也。《春秋》之法，天王有常尊。文公五年，王使荣叔归成风之含且赗，后儒谓成风以妾僭嫡，王不能正，使大夫归含赗焉，则王不称天以致谨。夫子周人也，昭代之共主，一失其正，则削天而但称王，其严如此；然则千秋弈代之史笔，于无正之实，而加以正之名者，可不辨而明矣。苏子又曰：正统听其自得者十，尧、舜、夏、商、周、秦、汉、晋、隋、唐，予其可得者六以存教，曰：魏、梁、后唐、晋、汉、周，此本欧阳之说而略为异同者，又不待辨。苏子又非章子正统霸统之说是矣。统而霸则非统矣，王降而霸，霸者犹假仁义，未闻乱贼而可假仁义者。然则以统归霸，且不可以统归乱贼，苏子谓为存教，可乎？近时魏禧因霸统之言，又为正统、偏统、窃统纷纭之说。统者，合天下之不一，既已偏矣，安得称统？彼窃者盗也，盗窃人之藏而取其财，即其藏而称盗为主人可乎？窃而以统归之，何异于是！故不知正之为义，而为借袭之说，与不知统之为义，而为分晰之论者，皆不得其本者欤！（《已畦文集》卷一）

钱维城　续苏子正统论

上

正统之辨，夥矣。章氏说不足辨，辨欧阳子与苏子。欧阳子之说曰：“得天下有道，必无失乎道，而后为正统。”于是少所与。苏子之说曰：“正统者，有天下之名耳。既已有天下矣，吾安得靳?”于是无不与。欧阳子以为实而重之，苏子以为名而轻之。其说不同，而其心无不同也。然而三代以下，得统之正者盖寡矣。从欧阳子之说，是统往往而绝也。得天下不一，就不正者而言，不正亦不一。苏子以为统不可绝，有之斯与之。是有以处魏、晋、梁矣。然而何以处有穷、新莽也？以魏、晋、梁之实有也而与之，欧阳子无以难。以有穷、新莽之亦有也，而将与之，即苏子不欲也。帝王有统，犹家之有宗。统以天地为终始，故长。长，故以易姓改物为一代。宗以一家为终始，故短。短，故以父死子继为一代。夏、商、周为三代。曾、祖、考亦为三代。宗法重嫡长，嫡长不必皆贤，然不得以其不贤，而降为仲、叔、季。此苏子之说之所优也。不幸而嫡长绝，则次及于仲、叔、季，又及于本宗之疏远者，皆可继嫡长而为宗。虽支庶，犹本宗也。若以为微，而进异姓以继之，则乱宗矣。此苏子之说之所短也。汉献亡而昭烈继之，汉未尝绝也，魏乌得而有统？太康、汉哀，统已绝矣；有穷、新莽，业已成矣，然而不得与于统者。本宗式微，异姓篡继，其不反正也，则终统也；其反正也，则宗谱削而不得书，此宗法也。然则萧詧亦得存正统乎？曰：不然。萧詧不足以立国，而臣于周，是支子之流于贱者也。异姓犹得而役使之，而可称宗乎？必有家乃可以立宗，必成国乃可以继统。

下

名实有定乎？无定也。有君子之名实，有小人之名实。君子曰：富贵者名也，贤不肖者实也。实也吾重之，名也吾轻之。小人曰：富贵者实也，贤不肖其名耳。务取其实，而无惜其名。吾操名实以治君子，君子固然。治小人，小人不尔也。置千金于地，令于众曰：其取者吾贪之，其不取者吾廉之。则人争取之矣。彼见千金之为实，而贪廉之为名也。人得千金之实，而吾操贪夫之名以随其后，安在其能不争也！且所谓名实者何据乎？天下有凭者为实，无凭者为名。千金物也，可凭也，贪廉何物也？今有贤者于此，爱之者曰贤，恶之者曰不贤。有贵者于此，爱之者曰贵，即恶之者得曰非贵乎？则贤不肖无凭，而贵有凭也。魏、晋、梁之取天下，以为天下也而取之，非不如篡弑之为罪也。苏子之所谓名，乃魏、晋、梁之所谓实耳。然则名实果无定乎？小人之名实，真名实矣。圣人不没其实，而谨操其名，操其名以治实。实者，一身之私，一世之事也。名者，天下之公，万世之事也。且名附实而存，存其实，则名不可得而遁。虽贵有天下，而不能与吾争贤不肖，则名重。

名重故实轻，实轻故小人有所顾忌于名，而不敢犯。空名者，人之所谓无用者也。然古人借之，且以成大事。陈涉假楚号以动众，光武起南阳由刘氏。二世、新莽，方有天下，终为楚、汉所灭者，诚不能不屈乎其名？名之重于实也彰彰矣。一人据其实，而天下执其名，故名盛而实危。操其盛以破其危，于是匹夫之权，可重于帝王。正统，名实之所系也。不可诬也。以魏、晋、梁之不肖而绝之，则何以处唐、宋？且充其说，何不于文王时即削纣，而反疑受命之说？以晋、梁之实有天下，而并魏而进之，则何以处蜀汉？且充其说，何不于东周之衰，而即帝秦乎？故苏子辨欧阳子之说是也，而其所为名实者非也。（《国朝文汇》卷十四）

徐世佐　正统论

上

正统之变有二：有奸雄篡据，无群雄割据；先君无一线之嗣，天下统于一人，则以正统与之，非义之，从其实也。秦并六国，晋平吴，隋灭陈，天下无与分统者矣。有奸雄篡据，有群雄割据；先君有一线之嗣，则以正统与先君之嗣，不以与贼。有奸雄篡据，无群雄割据；先君有一线之嗣，则亦以正统与先君之嗣，不以与贼，与之者义之，从其实也。篡据者不正，割据者不正，先君之嗣正。正者君，其不正者贼也，故曰义之，从其实也。汉之蜀，晋之南，天下无与分正者矣。无正统者，有奸雄篡据，有群雄割据，先君无一线之嗣，则莫适与正。以篡据者为正，篡据者乌乎正？以割据者为正，割据者乌乎正？各不正，亦莫适与统。以篡据者统，篡据者未能统。以割据者统，割据者未能统，各不相统，故无正统。唐之亡，梁篡据者，晋、岐、吴越、闽、蜀割据者。夫篡据者之罪，甚于割据者，为其手刃君父而灭其宗社也。以篡据者为正，是犹以杀父者为主人，而分其财为盗也，岂不悖哉！

中

苏子瞻曰：魏与梁，吾与之名，不与之实，名轻而实重。异哉！苏子之论也。贤者吾名之为贤，不肖者吾名之为不肖。吾名不肖者为贤，曰吾与之名，不与之实也，途之人闻之，其不哑然笑乎？天子吾名之为天子，诸侯吾名之为诸侯，吾名诸侯为天子，曰吾与之名，不与之实也，途之人闻之，其不哑然笑乎？子瞻曰：位，名也；德，实也。吾轻与之名，而重留其实。夫位与德，皆实也。德为圣人，吾名之为圣人，位为天子，吾名之为天子。名者，名其实也。人，吾名之为人；鸟，吾名之为鸟；兽，吾名之为兽，山川虫鱼，吾名之为山川虫鱼。子瞻则曰：人，名也；仁义礼乐，人之实也。人必有仁义礼乐之实，而后名之为人，则天下之为人者鲜矣！故吾轻与之名，而重留其实。然则子瞻将指羽毛麟介之族，而尽名之为人乎？抑必衣冠言笑者而后名之为人也？然则子瞻之为名犹未免从其实也。子瞻曰：不必有圣人之德而后名之为正统。吾亦曰：不必有圣人之德而后名之为正统。尧、舜正统也，桀、纣亦正统也。然必正统而后名之为正统也，吾怪子瞻非正统而名之为正统也！子瞻曰：不必有圣人之德而后名之为人。吾亦曰：不必有圣人之德而后名之为人。尧、舜，人也；桀、纣，亦人也。然必人而后名之为人也，吾怪子瞻非人而名之为人也！子瞻曰：必尧而后父，稍不若尧，降而为兄，则瞽瞍惧，至仆妾焉。吾亦曰：必尧而后君，稍不若尧，降而为臣，则桀、纣惧，至奴隶焉。夫父之必不可降而为兄也，子瞻则固知之矣，有是哉，名之必从其实也。而子瞻又曰：吾轻与之名。然则兄也，而吾名之为父，降而仆妾也，而吾名之为父。有笑于旁者，吾且解之曰：名轻也，故与之，非与其实也；则何以留其实？曰名之为父，而实不以为父也，然则实仆妾也，而名父也，则且役之，使之治栖、除厕、饮牛、饭马，而又詈之，而又笞之，而役之；使之治栖、除厕、饮牛、饭马，而詈之、而笞之、而名之为父，曰：吾轻与之名，而重留其实也。然则臣也，而吾名之为君，降而奴隶也，而吾名之为君。有怒于旁者，吾且解之曰：名轻也，故与之，非与其实也。则何以留其实？曰：名之为君，而实不以为君也。然则实奴隶也，而名君也，则且役之，使之治栖、除厕、饮牛、饭马，而又詈之，而又笞之，而役之。使之治栖、除厕、饮牛、饭马，而詈之，而笞之，而名之为君，曰：吾轻与之名，而重留其实也。甚矣！子瞻之谬也。父，父也。杀父者，非父也。君，君也。杀君者，非君也。父，吾父之，杀父者非父，吾亦父之；君，吾君之，杀君者非君，吾亦君之。曰：是皆无圣人之德者也，不必有圣人之德，而后君之父之也，吾轻与之名，而重留其实也。子瞻之愚而悖于道，其亦至此乎？子瞻曰：魏与吴不两立。夫魏与吴，何尝不两立？魏灭而后吴亡，魏虽强，不能统吴。吾之称名，以魏统吴，于实则诬，魏虽强篡据者，吴割据者，吾之称名，以魏正吴，于义则乖。退吴不可，况于退蜀？甚矣！子瞻之谬也。或曰：正统有常变乎？曰：有。得之以正而大一统，则正统之常也。

下

子瞻以为瞽瞍虽顽，子不得以为非父；桀、纣虽暴，臣不得以为非君；魏与梁虽篡天下，不得以为非正统。夫瞽瞍，父也；桀、纣，君也；魏与梁，弑君者也，则犹弑父者也。吾怪子瞻以弑君者，同于君之暴者。君之暴者，不得以为非君；弑君者，亦不得以为非君。则吾怪子瞻以弑父者，同于父之顽者。父之顽者，不得以为非父；弑父者，亦不得以为非父，则子而父，其弑父者，而子瞻以为孝也。臣而君，其弑君者，而子瞻以为忠也。且夫父虽顽，子不得以为非父；非其子，不得入之而以为父也。君虽暴，臣不得以为非君。非其臣，不得入之而以为君也。魏与梁虽篡，其所统者，不得以为非其所统也。非其所统者，不得入之而以为其所统也。非其所统者而入之，而以为其所统，曰：吾以名与之，非其实也。途之人闻之，其不哑然笑乎？夫吴与蜀之非魏所统也，晋、岐、吴越、闽、蜀之非梁所统也，子瞻其亦知之矣。然则子瞻以吴与蜀之各有所统也，皆不正，而独魏为正；晋、岐、吴越、闽、蜀之各有所统也，皆不正，而独梁为正。是子瞻独以弑君者为正，而其不弑君者，皆不正也。虽丕与温闻之亦不以为然，而以子瞻为谀而欺我也。且夫正统之名，名以统，不名以德。魏与梁果无分统者，虽非汤、武，天下皆有其臣子，子孙守之，则正统也。汤放桀而有若吴者，有若蜀者，则分统也，不得遂以商为正统也。武王诛纣，而有若晋、岐、吴越、闽、蜀者，则分统也，不得遂以周为正也。且夫统天下者，统之云耳，奚以云正？有不正者，则有正者，是故正统之名，以与先君一线之嗣也，非与之也，谁非戴吾天而履吾地者，其所篡据，其所割据，皆吾之土地人民也。不得以其篡据之，割据之，遂以为非吾所统也。虽篡而割，犹臣子也，故统之也。统之者不与其篡也，不与其割也，非其所得据也，以土地人民还之天子，是《春秋》之义也。子瞻胡以与弑君者？（《遯斋文集》卷一）

计东　纪元汇考序

甬上万石园徵君，淹通史学。尝取历代正史之未著表者，一一补之。自东汉以至十国方镇，凡六十篇，益以《明史》表一十三篇。竹垞谓其揽万里于尺寸，罗百世于方策，览者快心。徵君复以其绪余成《纪元汇考》一编，上溯陶、唐，迄于胜国之季，四千余年。年经代纬，纪号无遗。凡禅继正闰，及割据僭伪，与夫世系之久近，时地之纷更，按图摘例，粲如列眉。虽卷帙不多，而上下千古，绳贯丝联，不至泛而无所稽，洵读史家案头必置之册。昔治平中，刘道原最精史学，尝佐温公修《通鉴》。既成，别篡《十国纪年》，及《历代疑年谱年略》。《谱》虽与《通鉴》之目录举要大小差殊，而其为史学之助一也。是书为徵君犹子九沙先生视黔学时，曾一校刊。庚申板毁，吴竹屏观察重刊邛上，流播未广。昨岁甲午余校士浙水，先生季子右扬以重锓请序，会使竣还朝未果。今年丙申，余复奉命来浙，适汤对松前辈寓，书申前请。余惟是编当与徵君《史表》五十四卷并传艺林，其于学者，知人论世，裨益非细。否则仅取纪元一册读之，即能记显德年号，亦未可遂诩为读书人也。愿以余言当读史者之乘韦，为何如耶？（《清儒学案》卷五十四）

刁包　与史子敏论史书

从金容得论史书，读之，始知洋洋大国，有所谓子敏史先生者，当代史才也。子长、孟坚而后，直振其响矣。相去五百里，未获一把臂，畅所欲言，岂非憾事！虽然吾不得而身交之也，请以心交之，心可得而交，则口可得而言。包何言哉？言史而已。二十史瑕瑜，古今固有定评。执事又从而折衷之，抑扬了夺，凿凿若指诸掌，他不具论。如降霸王为世家，而以抑下之遗之缺典，以陈寿之史为睋目丧心，皆千古快论，读史者不可不知也。至于论列《明史》，尤中权衡。如建文革除，景泰附录，皆当代缺典。有史氏之责者，岂能一日置诸其怀耶？今幸毅然立纪，此笔乎其所不得不笔者也。显陵立纪，索然无味，即有好文章，将安用之？适足以彰祖宗盛德之累而已。今幸毅然删去，此削乎其所不得不削者也。刘伯温以开国名臣而兼文学，宋景濂以文学名臣而兼开国，当是子房流亚，邓、冯、房、杜诸人不及也。其始也，既不得与草庐例论；其既也，又不仅与管仲同科，目曰迁乔，亶其然乎！江陵分宜特书二巨，犹蜀人之目姜、黄也。伯约志图恢复，虽不克而死，凛凛有生气焉；岂亡国败家之黄皓所可同日语哉？江陵实录具载慎行于公《上丘司寇》一书，包已集诸《斯文正统》矣。崇祯间，特加恤录，未为过分。盖其辅翼匡救之功，昭然在人耳目，非分宜所敢望也。开国逸民，首陈静诚，允为一代冠冕。近代则百谷、眉公，其人抑亦名实允称。虽二公学术未醇，终其身以诗文见长，然不事王侯，高尚其事，庶几《遯》之上九矣。至于雪庵和尚、东湖樵、补窝匠诸君，或死或从，皆以身殉君父，置之闲闲十亩，岂有伦哉！贤奸霄壤，如唐张承业，《纲目》大书特书，直与韩张良、晋陶潜异世同心，若以寺人故一概抹杀，非情理之平也。表而出之，谁曰不宜？以上数论，皆包晤对圣贤所千虑一得者，不谓执事先得我心也。窃自欣慰，以为未就正而合符有道，一似天牖其衷者。虽然，执事固有言矣，读《上傅名公书》云："如某唯唯称善，不尽肝膈，毕奏乎执事之前，某不敢出也。"包于执事亦云：敢讳狂瞽乎？窃尝反覆执事之言，有所疑而臆为之说者四焉，有所信而进为之说者四焉，愿尽肝膈毕奏之。自古母后之恶，至武氏极矣，吕雉其次也。先生平心以核，谓不失为本朝国母，或者未安乎？何以言之？《春秋》于鲁文姜去其姓氏，《传》谓：绝不为亲礼也。吕氏秽德彰闻，不减文姜，而杀戮功臣，半出其手，凋丧汉家一代之元气。且也诛锄宗室，布列亲党于要地，以图不轨。若非平、勃交欢，诸君左袒，刘氏将转而为吕氏矣。牝鸡司辰不可长，犹缓乎其言之也。永嘉诸人，列诸佞倖，诚过矣。但以世宗为纯孝，文忠为纯忠，或者未安乎？何以言之？继统非继嗣，此自有见而然，包独谓继统便当继嗣，不继嗣便不得继统也。尊为天子，以继统故尊也；富有四海之内，以继统故富也；宗庙享之，子孙保之，以继统故享之保之也。尊富享保，伊谁之赐？而可忘其所繇来乎？昔司马温公议濮王典礼尝曰："濮安懿王虽有天性之亲，顾复之恩，然陛下所以负扆端冕，万世相承，皆先帝德也。"至哉言乎！可为万世法矣。请以舜、禹言之：舜继尧之统者也，非继嗣也。禹继舜之统者也，非继嗣也。按《祭法》有虞氏宗尧，未及瞽瞍；夏后氏郊鲧，未及舜。后儒便有异议。其言曰："夏后氏之天下，受于舜，非受于鲧也。禹安得以天下私其父哉？"异氏继统且如此，而况世庙实犹子、孝宗实犹父乎？以亲而言，兴献父也，孝宗不可谓之非父；孝宗君也，兴献不可谓之非臣；父若子，盖尝北面而朝之。一旦入继大统，遂使正统失其亲，而亲归本生；正统大其尊，而尊归本生。尊尊亲亲之道，固如是耶？非特亲本生也，且若特疏正统以明本生之亲者；非特尊本生也，且若特卑正统以明本生之尊者。姑举其一二言之：如兴献太后千秋节，命妇各上笺贺晏赍倍常。昭圣诞辰，则传命妇免朝。如昭圣仁寿宫役，深念岁灾民困，暂停以恤民命。献皇观德殿役，则敕礼、工二部十日营度，群臣或言灾异罢工，则不报。如武宗庄蜀皇后谥法，概从减削，事以嫂礼，而亡其为天下之母。至于祧仁宗附兴献，尤为不经。以华亭之贤，初议甚正，再议甚婉，而终不免于逢君也。诸如此类，永嘉诸人，未闻一语相及，及从而赞成之，朝夕迎合人主，以加恩本生为事。夫本生之恩可加也，正统之恩独可减乎？减正统之恩以加本生，恐非义理所得为也。然则议世庙之礼，当如明道先生说。考孝宗妣昭圣而称兴献为皇伯父，某国太王；兴献后为皇国母，某国太后。此天经地义之不可易者也。方继统之初，业已俯从众议，夫何以群臣之言，终反初命哉！昔温公又尝曰：汉宣帝与孝昭后，不追尊卫太子、史皇孙。光武上继元帝，亦不追尊巨鹿南顿君。窃意宣帝、光武为世庙正未可以例论也。何也？宣帝之祖为卫太子，父为史皇孙，皆孝武嫡传，不幸以谗废死。宣帝崛起民间，即追尊其祖父，正自不碍昭帝。而不然者，盖泥于继昭帝之统，即继昭帝之嗣也。汉之天下为新室十有九年矣，光武从马上百战而得之，与高帝何异？即追尊其祖父，正自不碍元帝。而不然者，盖泥于继元帝之统，即继元帝之嗣也。世庙继统，孝宗在祖父，非有宗子家嗣之传也，在当身非有创业垂统之实也，视宣帝、光武，盖迥乎不同也。而必追尊兴献哉？窃意兴献，有子者也，未有天下以付之。孝宗、武宗有天下者也，未有子以付之。在兴献以子而有孝宗之天下，在孝宗以天下而有兴献之子，岂不以情理允协者乎？当日伏阙诸公，出死力以争之，为孝宗耳。谓十八年盛德大业，不可以不嗣也，岂有所为而为之哉？若张、桂、方、席诸公，援古证今，力排群议，为世庙也。当是时，有所见适同，而将顺其美者；有所见未必同，而惮于批鳞，从而为之辞者；有窥见上意，毁方为圆，一言投合，立致通显者。考其与礼官辨折十三事，大抵皆矫诬粉饰，而不可以服天下万世之心也。噫！余吾无责焉矣。若永嘉学识大有可观，且于世庙称鱼水欢，使其心果出忠孝，非诡随以图富贵，当年高官大糈，皆宜坚辞不受，以为伏阙诸臣请命。若入告我后曰：臣言果不谬，幸布告中外允行之，在臣终不敢以此为进身地。建言诸臣各陈所见，亦忠于朝廷之职分也。今或死或窜，或贬或谪，处分得无过甚矣乎！如此则世庙未必不见听，即或不见听，此心固可以对人己而两无愧，岂不伟然大丈夫哉！奈何苛以迫胁，诬以欺罔，惟恐诸臣得罪之不深也。噫！亦已甚矣。执事独恕之曰：“入庙称宗，后亦未尝诡随图富贵也。”包独谓诡随图富贵，更有甚于入庙称宗者矣。入庙称宗而可诡随也，天下事无不可诡随者矣。厥后郊祀配天，与高祖、成祖同为百世不迁之庙，亦相率而诡随之，孰非永嘉作俑乎？胡传曰：“人子不以非所得而加之于父，是为孝。”世庙所加诸父者，果人子所得为乎？人臣不以非所得而加之于君，是为忠。文忠所加诸君者，果人臣所得为乎？非所得而加之，以之为孝为忠且不可，而况纯乎？梁溪先生曰：“门人厚葬，何以不可？”使门人为臣，何以为欺天？只此二事，可体认天理。《春秋》一书，无一事不是此理也。以此理律之，世庙、文忠，恐非《春秋》之所与矣。执事独云一命之荣，无不欲归之父母，以此谅世庙之心，宜矣。窃尝历考《孝经》及《戴记》所称，以人子一命之荣归之父母为孝乎？抑以立身行道，扬名于后世为孝乎？夫舜、武之孝，首以其德；曾、闵之孝，不以其贵。然则孝弟断可识矣。夫子不云乎："断一树、杀一兽，不以其时，非孝也。"当日以大礼兴大狱，伏阙诸臣谪戍者二百二十人，廷杖者八十余人，病疮卒者十有七人。此史册所仅见也。不知永嘉诸公，纡青拖紫，备极一时荣宠，亦曾念及此百尔臣工之含冤负痛否耶？夫一兽一树，断之杀之不以其时，未可为孝；忠臣义士，黜之戮之不以其罪，可谓孝乎？然而世庙之大孝至孝，固有在彼不在此者。何以知其孝之大也？敬天法祖，知人安民，创造中兴之业，非大孝乎？何以知其孝之至也？追慕本生，四十余年如一日，每遇生日忌辰，精虔惨怛，无不泣下，非至孝乎？孝子不匮，永锡尔类，世庙之谓矣。若夫称考称妣，称皇称宗，以至于入庙配天，百世不易，主一人之私，非万代之公，恐未足以为大孝至孝也。执事云："六经惟《易》道精微，别是一体，若《书》、《诗》、《礼》、《乐》、《春秋》皆史也。"此论极为卓越。但经既可以为史，则史亦可以为经，或者未安乎？何以言之，静修刘先生曰："古无经史之分。《诗》、《书》、《春秋》皆史也。因圣人删定笔削，立大经大法，即为经。"夫史经圣人笔削而后以经名，彼未经笔削者，经云乎哉？若等夷而论，恐非圣人分本末、别精粗至孝矣。盖六经之书，皆圣人不得已而为言也。伊川曰："有是言则是理明，无是言则天下之理有阙焉。如彼耒耜陶冶之器一不制，则生人之道有不足矣。六经之谓也。"愚谓斯人有六经，如天有日月，不日不月，则天晦矣。如地有山河，不山不河，则地竭矣。如人有耳目手足，不耳不目，不手不足，则无所知能而失其所以为人矣。自格物、致知、诚意、正心、修身，以至齐家、治国、平天下，何以不本诸此？所谓建诸天地而不悖，质诸鬼神而无疑，考诸三王而不谬，百世以俟圣人而不惑者也。若诸史胪列，如金玉然，其精美可宝，而不能无玷无瑕，如花木然，其色味可珍，而不能无凋无谢。视得之则生，弗得则死者，有间矣。吾不敢谓格致诚正、修齐治平之不出乎此。吾不敢谓格致诚正、修齐治平之尽出乎此也，岂曰不可以建天地？然而或有悖焉者矣。岂曰不可以质鬼神？然而或有疑焉者矣。岂曰不可以考三王、俟圣人于百世？然而或有谬焉惑焉者矣。故谢显道举全史不遗一字，明道谓之玩物丧志；伊川《春秋传序》谓后世以史视《春秋》，褒善贬恶而已，至于经世之大法，则不知也。《近思录》论为学之序亦俟诸经毕读。明乎《春秋》之用，然后可以观史而辨其是非得失之故。然则经与史，分本末、别精粗，诚圣人至教也，果可等夷而论哉？昔人有言曰：谤牍也、而史，贼臣也、而史，寇蜀也、而史，奖北酋也、而史，受赃也、而史，下代上琢也、而史，狐媚也、而史，事数君也、而史，清谈也、而史，蔡卞、蔡京也，而史，脱脱也、而史，史之流弊有如此者！然则域中有三大，史居其一，盖子繇不知道，而妄为夸大之辞也。包窃谓史之大，何如经之大？经者，圣人之全体大用；用史者，圣人之迹也。执事又曰：因《左传》仰溯《春秋》，因《通鉴》深思《纲目》，此必执事读书得力处。径路岂必尽同？但《春秋》，经中之史也。《左传》只可谓之史。《纲目》，史中之经也。《通鉴》不可谓之经。不本经以考史，而繇史以求经，或者未安乎？何以言之？太祖开科，《春秋》四传，并列学宫。及成祖命儒臣纂修《大全》，然后专主胡氏。盖康侯二十年攻苦，其于尼父微词奥义所窥见者，盖十之七八矣。即立言之本旨间有未合，而垂训之大道，则无或戾也。《公羊》、《穀梁》偶有一得，《左氏》则取其足以考二百四十二年之行事而已。其是非能不谬于圣人哉？今之治举子业者，家传户诵唯胡氏，而割裂圣经，穿凿附会，不复睹本来面目。麟经一书，盖名存而实亡矣。包不自揣，欲一举而更易之，校士命题，以经不以传。与诸经同为文，则大段本胡氏立说，而推其意畅发之。《公》、《穀》、《左氏》偶有独到，亦时为表章，否则断以己意，而明正四传之非。夫如是，则圣人之本来面目可复睹而见诸行事，信乎其深切著明矣。若徒以《左传》仰溯《春秋》，恐未可以得《春秋》也。《资治通鉴》删前史之浩瀚，而出以简练；洗前史之芜秽，而出以精纯。岂非一千二百六十二年之功臣哉！然其褒贬，未能尽合于圣人。如曹操，国贼也，而恕其非，取天下于汉几与帝魏寇蜀同识。荀彧助桀为虐也，而称其仁先管仲，又与苏长公之见，前后如出一辙。仁山金氏讥其志不本经，而信百家之说，未足以传，信岂过也哉！朱子《纲目》虽本温公，然其文《通鉴》也，其义则窃取《春秋》。读《纲目》而不明乎《春秋》之旨，开卷茫然无所取裁矣！是故上繇《春秋》，俯而印诸《纲目》，下繇《纲目》，仰而溯诸《春秋》，尼山、考亭，若合符节。若徒以《通鉴》深思《纲目》，恐未可以得《纲目》也。所谓有所疑而臆为之说者四焉此也。执事忧忠义之少，繇于孝道之衰，欲立逸民、孝子、忠臣、节妇四传，以补《吾学编》之缺，此探本穷源之论，移风易俗之心，其为名教裨益多矣。包则谓忠臣之少，繇于孝道之衰固矣。孝道之衰，实繇于学道者之寡也。何以言之？自道学之名为举世所厌薄，而忠孝两字几不知为何物，窃谓吾人一身亲生之，君成之，两者俱无所逃于天地之间。居恒念身体发肤所自受，起居视息所自如，则思吾亲；思吾亲，而知吾之身本亲身也。身为亲有，故出言跬步，不敢忘吾亲。居恒念室庐田里所自保，庠序学校所自育，则思吾君。思吾君，而知吾之身本君身也。身为君有，故处常临难不敢忘吾君。然非平生学道，则决不至此。执事欲立四传以补《吾学编》之缺，包又欲执事立《道学传》以补四传之缺。盖道学之传，自尧、舜、禹、汤、文、武、周公递及孔子，见而知之者，颜、曾、思、孟也；闻而知之者，周、程、张、朱也。越四百年，笃生真人，发明周、程、张、朱之蕴，以仰溯颜、曾、思、孟之传，而直统诸孔子，则景逸高子是矣。其余或以全体著美，或以偏端擅长，盖学有异同，则统分正闰，虽兼收并录，而不可不为之别户分门也。希将尼父宗传，有无虚实，不落边际者，萃为一编。若夫溺于虚于无，或失则禅；滞于有于实，或失则支。两者各萃为一编，如是则道学倡明，而人知所向，方行见孝子忠臣接踵于世矣。李本宁先生《庚申纪事》，包未之见也。平生惟服膺梁溪先生《与王黄门一书》，剖明三案，皎如日星，严如斧钺，直使乱臣贼子，更无躲闪处。虽圣人复起不能易也。甲申之变，记录不知凡几，据包耳目所及，有怵于贼，抱头鼠窜，而以为全节者矣；有死于贼，肝脑涂地，而以为杀身者矣；有矢口骂贼，并骂举朝从贼者，百死不回，未几兵变，获以身免，而泯没无闻者矣。从耳目所及，推之耳目所不及，正愿博搜远访，不遗一人，不滥一人，以成信史，繄惟执事是赖。恐曹秋岳先生所谓二十八人者，亦未可遂为铁案也。死者固宜核真，生者亦宜防伪。先生欲以近闲不仕、及弃诸生诸公为获麟乎？然有形迹虽同，而处心积虑殊异者，不可不辨也。从君父起见，日抱惭负天地不可以立于世之心，而慨然以斯道自任，为天地立心，为生民立命，为往圣继绝学，为来世开太平，此方今第一流乎！从苍生起见，饥溺而切繇已之思，锐意问学，矢心经济，自天文、地理、人物，以至出奇制胜之策，扶危定倾之略，靡不有以自命，此其次也。从时势起见，明哲而得保身之道，厌嚣就寂，去危即安，放浪于山水之间，流运于诗酒之内，视富贵利达若将浼焉，此又其次也。若夫名则不为实，则不能偷安藏拙，窃附隐逸，吾不知之矣。所谓有所信而进为之说者四焉此也。不肖至愚极陋，渺见寡闻，所为效颦弄斧者，无他焉。特以相爱之深，相望之厚，故缕缕数万言不自知其烦多也。然岂遂自以为是乎？伏望提纲挈领，剖析微茫，酌为定论以示，俾包确有见地，不复徘徊于歧路，受赐多矣！（《清儒学案》卷十五）

按：此书力辨史子敏氏目嘉靖（明世宗）为纯孝，张璁（即张孚敬，亦称永嘉，谥文忠）为纯忠之非。所举张、桂、方、席诸公，指张璁、桂萼、方献夫、席书，此明中叶议大礼之事也。是案牵连极大。在理论上可有二种说法：一主继统出于继嗣，继嗣即所以继统；另一主继统与继嗣宜分开，继统承大位，而继嗣乃另一事，宜尊崇所生。盖一准礼而一酌情。世宗欲推尊所生，故不满前议。礼官及朝士无不准礼，格以帝意，毛澄引疾去。及汪俊继为礼部，时献王已加帝号矣。嘉靖三年，刑部主事桂萼请改称孝宗为皇伯考，萼言："孝宗既有武宗为之子，安得复为立后？"又言："武宗全神器授陛下（世宗），何忍不继其统？"竟主张以世宗直接武宗之统。则可以不必理会嗣统问题。惟俊等皆议世宗"既称武宗为皇兄，岂必改孝宗称伯，乃为继其统乎？"故仍执宋人濮议之论。当时惟张璁、霍韬、熊侠与萼议同，其他八十余疏二百五十余人，皆如俊议，世宗不纳。四月，追尊兴献王为本生皇考恭穆献皇帝。编修邹守益请罢兴献帝称考立庙，修撰吕柟亦言大礼未正，均下锦衣狱。六月，吏部员外郎薛蕙上《为人后解》二篇（按：文载《明史》一百九十一《蕙传》），鸿胪少卿胡侍言张璁辈议礼之失，俱下狱。七月，更定章圣皇太后尊号，去"本生"之称，引起廷臣伏阙固争，遂下马理等一百三十四人（廷诤诸臣名俱见《明史·何孟春传》）于狱，杖之廷，死者十八人，复杖修撰杨慎等，慎谪云南永昌，终身贬戍所。大礼之议，倡自杨廷和，廷和即慎之父也。举朝同声，大抵本司马光、程颐《濮园议》。守先贤大儒之成说，以求无罪于天下后世。（《明史》卷一百九十一《赞》）据理力争，前仆后继，此明儒殉道之精神，为求正统之正，而粉身碎骨。为真理而牺牲，于"大礼"一案，可以见之。而史子敏竟谓张璁为纯忠，无怪刁苞为之扼腕不置也。

书中采元刘因语，联类阐论经与史之轻重。文中引史子敏说，除《易》之外，他经皆史，固知六经皆史之说，明人已常言之，不待章实斋而始发其端。然史之大，不如经之大，故刁氏深斥离经而言史之未安。实斋云："古人未尝离事而言理。"（《易教》上）又谓："六经即其器之可见者也。后人不见先王……以致离器而言道。"（《原道》中）顾舍理而侈言事，理非其精，事非其大，亦何所裨益哉？此刁说正可以深长思而为后代之针砭也。

张宗泰　通鉴论正统闰统

帝魏帝蜀，纷纷聚讼。论者谓温公为北宋臣子，北宋建邦中土，其国势类乎魏，故温公《通鉴》，以魏为正统。朱子为南宋臣子，南宋建邦江左，其国势类乎蜀，故朱子作《纲目》，以蜀为正统，其实亦未尽然也。魏受汉禅，晋受魏禅，世代相承，此而以正统归之，谁曰不宜？又况魏之地大兵强，居天下十分之七八，一切条教号令，皆自之出，温公之帝魏，亦酌量乎情事之轻重，以定予夺之准，而非必为符合本朝起见也。至蜀之为国，僻在一隅，声教不通于中邦，似与帝统无与矣。然昭烈为中山靖王之裔胄，民心不忘汉室，昭烈能延汉祚，以蜀为正统，亦天理人心之不容泯没者，而何可厚非也？总之，帝蜀帝魏，均有一说之可通，正不必非承祚而是彦威，亦不必右朱子而左温公也。（《鲁岩所学集》）

叶维庚　纪元通考序例

自序

自有熊氏黄帝始造甲子，历金天、高阳、高辛、唐虞、夏、商、周、秦至汉高、惠、文、景，二千五百五十七年，皆历历有年次可稽，而未有所为年号者。有之自汉武帝建元元年辛丑始。自是厥后，正统之朝，与僭号之国，罔不纪元。或一帝而数更，或一岁而屡改，或南北之正朔傑池，或前后之纪元剿袭。棼纭繁复，即淹博之士，亦病其难稽。虽然黄初二月，张策辨古鼎之铭；乾德四年，窦仪识蜀王之镜。诵其书，不知其世，可乎？客窗暇日，爰辑《纪元通考》，厘为十二卷，亦未必非读史者之小补云尔。

例言

一、薛应旂《甲子会纪》及于明代。我朝列圣，顺天应人，抚有万国。圣祖、高宗，享国至六十余年，自三代以来，未之有也。敬谨书之，以纪其盛。

二、依韵类编通考纪元之号，以便检阅。本朝正朔，寰海同文，普天共晓。于卷首统系谨书之，以见天命之攸归，而类编中不敢次列。

三、朱子《纲目》晋、隋之间一百七十年，唐、宋之间五十三年，皆不得谓之正统。然欲著历代相传之次序，则不得不取南宋、南齐、南梁、南陈、后梁、后唐、后晋、后汉、后周之年号。故三国之继统，从朱子；前后五代之继，从温公，非歧之也。

四、海内一统之世，年号归一，无所用表。惟割据分裂之时，彼此纪年差殊，难于检对。故取三国、十六国、南北朝、唐末十国、宋、辽、金、元数百年，系之以表。其僭窃之号，为时不久，无关考据；外藩之号，多荒忽不可凭，无从定其时代，故概不入表。

五、年表年经国纬，皆以中朝正朔冠之，庶开卷晓然。

六、凡史书异辞，如始初、初始、中元、建武中元之类，仍两存之，博异闻也。

七、年号相同，摘录但著其纪元之甲子与年数之修短。其僭窃之号，系于何代，已见类编，不赘。

八、一年两号、三号考，止就汉、晋、前五代、唐、后五代、宋、元、明相承之统著明之。其三国、十六国、十国等各见年表，不重列。

九、古今纪年之书，不下数十家，如《古今年号录》、《古今类聚年号图》、《嘉号录》、《稽古录》、《纪年录》、《通鉴目录》、《历代纪要录》、《纪年世运录》、《年号历》、《正闰位历》、《历代纪年》、《历代年号》、《元类》、《玉海改元类》、《历代纪元赋》、《纪元通谱》、《甲子会纪》、《甲子编年》以及《纪元汇考》、《纪元表》、《纪元谱》、《改元考》、《纪元叙韵》、《历代建元考》等书，或日月简略，或正伪纷糅，或一年数号之未明，或前后相同之未著，语焉不详，未能使观者开卷了然。是编缕析条分，体例稿为详尽。然胡身之有言曰："他人之误，我知之；我之误，我不能自知之。"区区之心，所望大雅正谬耳。

十、温公言阅《通鉴》者，未尽一卷，已欠伸思卧，能读之终篇，惟王益柔一人耳。甚矣读书之难也。庚学识浅陋，未获博览，漏略之讥，知所不免。

十一、所编首纪正统，尊帝绪也。次列分霸，别正闰也。次及僭窃、外藩，广稽核也。次及道经、杂记、无稽之语及拟议不用、史书异同诸号，备疏漏也。次为年表，分霸之时，各自为元，使归一也。次以编韵，便检阅也。次著前后之相同，著一岁之屡更，晰杂糅也。次缀集古人论说，以考见得失，稽古论世之学，盛衰治乱之原，或亦有取焉。（《清儒学案》卷二〇二）

段长基　历代统纪表序（附　凡例）

古昔帝王之御天下也，典礼命讨原于天，尊卑内外，人不敢紊。是以《六经》不言统，而统自正也。周衰，圣贤不作，纲沦法斁，礼废乐崩，驯至强秦，入寇王室，七国均敌，不相统一。后若南北朝及五代，华夷纷争，天下无主，不得已同谓之无统。然作史者，每徇所好恶，或例义不严，间有倒乱其统者，如陈寿之《三国志》帝魏寇刘之类。有未及成统而遽以大统书之者，如《通鉴》以秦自丙午继周、汉自高祖元年继秦、晋自泰始元年继魏、唐自武德元年继隋之类，所谓统者，均未得其正也。惟有宋新安朱子《纲目》一书，笔直旨深，义正例严，参诸说而厘订之。又蒙我圣祖仁皇帝万几之暇，博稽详考，析疑正陋，厘异阐幽，实所以立天地之大纲，扶古今之大义，深有得于孔子《春秋》之心法者也。但卷帙浩繁，学者能熟悉而贯通者甚鲜，而坊间删本，非错记互载，参列国建国及割据诸国于正统之中，即各国各成一编，几不知列国建国及割据诸国起于何帝终于何代。是编为初学计，仿太史公十表之式，分为数格，以正统者正书于上，编年以纪其事。无统及篡统者，低一格而横书之。至列国及割据诸国起于某，正统某年某月终于某，正统某年某月俱横于各正统之下，而以正统之年月纪之。则分观焉，各成各国之史；合观之，共成一代之书，此所以大一统也。统一则纲立，纲立则义正矣。至其间所纪之书与人及祥瑞灾异之见，必其关于统之所以盛与所以衰者，乃摘录之。其典礼命讨尊卑内外，一皆本御批《纲目》云。大清嘉庆岁在昭阳作噩皋月西亳段长基自识。

凡例

〔正统〕谓周、秦、汉、晋、隋、唐、宋、明。

〔无统〕谓周秦之间，秦汉之间，晋隋之间，唐宋之间。

〔列国〕谓正统所封之国。

〔建国〕诸仗义自王成相王者。

〔篡贼〕谓篡位干统而不及传位者。

〔割据〕谓割正统之土地而据之者，如蜀汉时晋、魏，晋宋间二赵、五凉、四燕、成、夏。（下略）

〔不成君〕谓仗义承统而不能成功者。

是编惟正统者正书于上，编年以纪其事，所以大一统也。（本书卷首）

赵翼　纲目书法所本

通鉴纲目

《通鉴》仿《左氏》编年体，虽创于温公，然温公以前已有为之者。晋时习凿齿已著《汉晋春秋》，刘宋时刘允济采鲁哀公后十二世接战国为《鲁后春秋》，元魏时张始均改陈寿《魏志》为编年三十卷。唐时裴光庭引李融、张琪、司马利宾等直宏文馆撰《续春秋经传》，自战国讫隋，表请天子修经，光庭等作传。又太子詹事姚康撰《统史》三百卷，上自开辟，下讫隋朝，皆编年为之。柳仲郢之子璞，著《天祚长历》一书，断自汉武纪元为编年，闰位者附于左。萧颖士谓仲尼《春秋》为百王不易之法，而司马迁作本纪、世家、列传，不足以训。乃起汉元年，讫隋义宁，编年依《春秋》义类，为传百篇，书魏高贵乡公之崩，则曰："司马昭弑帝于南阙。"书梁敬帝之逊位，则曰："陈霸先反。"此皆在温公之前。则《通鉴》一书亦有所本。观颖士书法，则并开朱子《纲目》之体例矣。

纲目书法有所本

《通鉴》书三国事，犹承陈寿之旧，以曹魏继汉为正统。至朱子作《纲目》，乃始改蜀汉继献帝。然习凿齿《汉晋春秋》，早以蜀汉为正。其著论云：若以魏有代王之德则不足，有静乱之功则孙、刘鼎立共王，秦政犹不见叙于帝王，况暂制数州之众哉？此又朱子所本也。（章俊卿《山堂考索》前集十六卷，载司马温公与刘道原书云"周、秦、汉、晋、隋、唐皆尝混一天下，其余蜀、魏、吴、宋、齐、梁、陈、魏、齐、周、五代诸国，地丑德齐，不能相一，皆用列国法。刘备虽承汉，然族属疏远，是非难明，今并同之列国，不得以汉光武、晋元帝为比"云云，是温公修《通鉴》时，亦未尝不斟酌于正闰也。）《纲目》于唐中宗之废居房州，每岁首必书"帝在房州"。虽朱子特笔，然唐人沈既济亦已有此论。谓汉高后称制，独有王诸吕为负约，无迁鼎革命事。矧其时孝惠已殁，子非刘氏，故不得已而纪吕后，议者犹谓不可。今中宗以初年即位，季年复祚，虽尊名中夺，而天命未改，《春秋》岁书鲁昭公出曰"公在乾侯"，示君虽失位，不敢废也。请省《天后》合《中宗纪》为一，每岁首必书在所以统之，宜称帝不称庐陵王。是此论实发自唐人也。又朱子《纲目》用中宗嗣圣年号至二十四年，此例亦不自朱子始，范祖禹《唐鉴》已是如此。

按《癸辛杂识》：欧公修《唐书》作《武后纪》，依前汉例也。天授以后，唐虽改号为周，而史不以周称之，盖黜之也。朱晦翁病其唐经乱周，史遂有嗣圣二十四年之号。年之首书"帝在某"、"帝在某"，盖以《春秋》之法正名也。每年之下又细书武氏所改年号，垂拱则曰"武氏垂拱"，天授则曰"武氏天授"，此意甚严也。但武氏既革唐命，国号为周，有周则无唐矣，无唐则无帝矣。同一疆域也，而帝与周同书，则民有二王矣。岂无窒碍乎？若《春秋》"公在乾侯"，则鲁国未尝有他号云云。是又以《纲目》所书为稍紊矣。然律以《春秋》书法，究以《纲目》为正。

《通鉴纲目》所书及集览、质实、书法发明、正误等书所注多有谬误者，今摘于后，以资考证。（《陔余丛考》卷十五）

鲁一同　正统论

正统之论，得欧阳氏而尊，得苏氏而辨，得魏氏而严。然则将奚从？曰：三子之说善矣，而不能无蔽。欧尊而不辨，苏辨而不严，魏严而不精。所谓一端之论，非善之善者也。欧阳氏重以予人统，而不能不予晋、隋，彼晋、隋者，可谓得统矣，可谓得正乎？故曰尊而不辨。苏氏曰：正统者犹曰有天下云尔；欧阳氏重予之，吾轻予之，故不以实伤名，名亦不能伤实。夫君子所恃，以与篡夺争者名尔。《传》曰：惟名与器，不可以假人。名莫大于正统，器莫大于有天下，彼不幸而窃吾器，吾又从而假以名，名既去矣，而区区持贤不肖之说以绳其后，庸有济乎？故曰辨而不严。魏氏曰：天下不可一日无君，故正统有时而绝，而统无绝，于是有正统、有偏统、有窃统，三统明而天下之统不绝，篡弑之人，亦终不得以干正统，可谓严矣。而以西晋、北宋为窃统，以东晋、南宋为正统，此何说也？夫居得其正之谓正，相承勿绝之谓统，是东晋与是南宋其所承者何统乎？非其祖若宗所窃之统耶？其父盗人之物，其子据而有之，断是狱者以为是盗耶？是其所自有耶？且夫以太宗、仁宗之升平郅治，不免为窃，以高宗、孝宗之扰攘偏安，进之为正。论正，则高、孝不足，论统则高、孝之统，即太祖、太宗之所贻留也，故曰严而不精。然则正统之论，遂不定乎？曰：天下名实之淆，自有正统始。去正统之名，而后名实定。且夫居得其正之谓正也，相承忽绝之谓统也。不幸而得正者无统，得统者不正，当此之时，全名则丧实，全实则丧名。是故由欧阳氏、魏氏之说，则正统重。正统重，则义不得不绝魏、梁，绝魏、梁则不得不绝晋、隋，绝晋、隋祀不得不绝北宋、晋；北宋绝，而东晋、南宋势不得不相随而并绝之。自汉以来，更千数百年，独得唐为正统，而唐之受隋禅也，又何以服晋、宋之心哉！是千数百年而无正统也？由苏氏之说则正统轻，正统轻，则予晋、隋，势不得不予魏、梁；予魏、梁，势不得不予宋、齐、梁、陈、唐、晋、汉、周，而新莽亦在所不容绝也。呜呼！吾不惜夫统，而惜夫正也。故重正统则穷于夺，轻正统则穷于予。且夫既已谓之正矣，而轻以予夫盗贼篡弑极不正之人，此人之所以滋不服也。故曰莫若并去正统之名。去正统之名而后可以惟吾所予，篡而得者谓之篡，盗而得者谓之盗，而皆不绝其为君，而卒亦不予之为正。《春秋》之法，用夷礼则夷之，通上国则进之，予夺何常，惟变所迁。今一去无实之名，而名如其所自为。帝则曰帝，王则曰王。高、光崛起，李、赵彷徨。魏、晋盗窃，秦、隋强梁。偏安割据，画土分疆。无所拘滞，安所纷扰哉？（《通甫类稿》卷一）

储同人　正统论（六篇）

（一）

初而言正统者谁欤？欧阳子也。正统者，六经孔孟所不道，《史》、《汉》无明文，惟王猛、苻融以为正统在晋。夫王猛纵横智谋之臣耳，恶知道？彼见其君有虎吞江左之心，遗大患于肘腋，故假此以禁切之，此固不足为依据。欧阳子著论七篇，且厘其谱以号于众，然后天下学士大夫哄然而各为说。故言正统自欧阳子兴。其论曰："正者，所以正天下之不正也；统者，所以合天下之不一也。"由欧阳子之言，三代之下，人之有此实以被此名者，何其难欤！昔秦并诸侯，隋兼南北，晋武平吴，而海甸悉臣，庶几合于一矣；然秦以暴，隋以窃，晋以篡弑，可谓能正天下之不正乎？晋转而东，赵宋窜而南，保守先祀，不失为正；然以天下舆图按之，可谓能合天下之不一乎？此无异故，正与统兼焉，故难也。吾论统，勿务以正参之，如秦如隋，如晋武，吾与之可矣。吾论正，勿务以统参之，如晋之东、宋之南，吾与之可矣。惟兼而言之，则得之者希。得之者希，不得已有所宽假于其间，不欲与之，而姑与之，又从而为之辞。先天下学士大夫而关其口，则天下之心必不服，虽其父子师弟间，犹有起而争者，而况他人乎？况后人乎？嗟乎！天下闰秦、伪梁、诋诃魏晋之日久矣。欧阳子患其纷纷也，标正统以息天下之争，名立而天下之争益剧。譬若射者焉，手弓腰矢，呼其侣适野，而即禽汗漫，未知所射也。有隼焉，轩然企于高墉之上，则射者注目而视，不呼而集，百发而求中之。吾悲夫正统之名之为射夫隼也，此欧阳子之过也。

（二）

统可言也，正不可言也。何谓统可言？苏子曰："正统之为言，犹曰有天下云尔。"予谓：统之为言，犹曰有天下而能一云尔。有天下而一，与有天下而不能一，布在史书，昭乎其不可揜也，故曰统可言也，且不待言而自明。若夫正之为言，从乎人之意而加焉。苟从乎人之意而加焉，人之意百变，则其说亦百变，此曰正，彼亦曰正乎？一以为正，一以为不正，吾安适从乎？世无孔孟，学士横议，怪迂刻薄之谈盈耳。议秦曰暴，议隋曰窃，议晋曰弑，此犹有以取之也；然未也，索瘢求疵，议汉者曰杂伯，议唐者曰弑弟弑兄，议宋者曰欺人孤寡。由其言，将汉、唐、宋之有天下，皆不得为正欤？岂正之为言至三代而绝欤？然人情是古非今，当战国时，尝有议德衰者矣，议以臣弑君者矣，将无夏后、殷、周亦以不正受命欤？举一废百，虽尧、舜亦岌岌乎无以自完。故曰正不可言也。苏子曰："天下之争，自贤不肖始。正既不可言，而统又不待言。"然则正统之名，如勿立焉而已矣。孟子曰："天与贤则与贤，天与子则与子。"三代受命之正，待孟子而决。使欧阳子如孟子，自有以折天下之纷纷者，而曰正曰统，岂不亦赘矣夫？

（三）

或曰：欧阳子与夺之义严矣哉！其说曰："由尧、舜讫唐末，数千百年之间，正统有三绝，有绝而有续，绝者夺之，续者与之，其严如此。"余谓欧阳子之严，亦得半耳。严于绝，而不慎于续，能夺其所当夺，而于所不当与者，有时与也。是欧阳子犹未充其义之尽也。盖欧阳子夺曹魏氏矣，又夺东晋，夺北魏，其于前之四代，后之五代也，悉夺之，彼皆未能合天下而出于一，如之何其与之统邪？故曰夺所当夺也。夺所当夺，由其严于正统之绝也。至其与秦与晋与隋也，彼皆恃其富强狙诈以一天下，然能合天下于一，吾不得不与以一矣。如之何其并正以与之邪。故曰：与所不当与也。与所不当与，以其不慎于正统之续也。按欧阳子与晋、隋之说曰："始虽不得其正，卒能合天下于一。夫一天下而居正，即天下之君矣。"余以为正与不正，若缁素然，始既不得其正，中间又无翻然改图去不正而返正凿凿据之实迹，是晋、隋以不正始，以不正终也。能一天下之晋、隋，无改于未一天下之晋、隋，而猝然以居正称之，亦何异于缁之冒素乎？且既曰不正，又曰居正，此自乱其说也。吾前言不欲与之而姑与之，又从而为之辞者，非是之谓乎？其与秦之说为尤详，上溯大业伯翳，中述非子秦襄，下列穆孝以来之雄盛，然余以为此皆秦为诸侯有家国之本末耳。其实秦至庄襄，未尝一日得天下，其一天下，在始皇之二十四年。欧阳子虽繁称博引，与正统何涉哉！自周文王不得称受命之君，则始皇以上秦之为秦可知矣。而欧阳子曰："始皇无道，不过桀、纣，桀、纣不废夏、商之统，则始皇未可废秦也。"嗟乎！曩令禹不禅，汤不革命，其子孙仍世为诸侯，至桀、纣始有天下，而其无道如此，又不旋踵而亡，则今之谈正统者，将复屈指夏、商乎？抑亦等之有穷后羿而已耶？且前乎始皇之二十四年，秦本无统也，即与秦以统，必断自始皇，今并正而与之，此又以缁而冒素也。天下固有盗贼小人而穷富极贵者矣，有人焉语于众曰："某也富，某也贵。"闻者弗怪也。既而曰：彼非盗贼小人而正人也。有不强者唾弱者愠乎？欧阳子之与秦、晋、隋，何以异于是？吾故曰欧阳子犹未充乎义之尽也。苏子曰："欧阳子重与之，而吾轻与之。"于是乎与曹魏，与后梁、后唐、晋、汉、周，此则苏子之过也。今夫人主之有天下也，孰与哉？亦曰天与之而已矣。天下者，天之天下，全而与之，则天下合而事一君矣。与之不全，则天下离而各事其君矣。全与之而得其正，虽不正而犹全与之，或不失为正而与之者不全，凡此者皆天也。天下之权有大小；与人一城一社者，诸侯之权也；与人百里七十五十里者，天子之权；与人天下者，天之权也。权在诸侯，上卿莫得而侵焉；权在天子，方伯连率莫得而侵焉；权在天，虽天子莫得而侵焉。故孟子曰："天子不能以天下与人。"彼若曹魏，若后五代者，其人皆未尝一天下。苏子曰："此正统也。"是苏子之与之也。天子不能以天下与人，苏子独能以正统与魏、五代乎？朱子起而矫其说，其作《纲目》也，夺魏以与蜀，又以与晋之东，曰此正统也，是朱子之与之也。天子不能以天下与人，朱子独能以正统与蜀、晋乎？间尝综而论焉：重与人以一，轻与人以正者，欧阳子也；轻与人以一，又轻与人以正者，苏子也；重与人以正，轻与人以一者，朱子也。轻与人一，是谓乱统；轻与人正，是谓乱正。所乱不同，要由孟子之言观之，其为侵天之权则均耳。不曰天与之，而曰吾之与之，欧阳子失矣，苏子、朱子恐亦未为得也。然而人尤集矢于欧阳子者，以正统之号之，自欧阳子兴，而吾前言不如勿立而已者，不其然乎！不其然乎！

或曰：子何言之妄欤？朱子《纲目》，非史也，经也，朱子之《纲目》，犹孔子之《春秋》。《纲目》之法，皆《春秋》之法，一笔一削，朱子以天自处矣，恶乎侵？余应之曰：子谓朱子以天自处，我不敢知，若乃《春秋》，则吾童而习之，长而讲闻其法矣。《纲目》之于《春秋》，合乎不合乎？吾不可以不辨。

（四）

《孟子》曰："王者之迹熄而《诗》亡，《诗》亡然后《春秋》作，晋之《乘》，楚之《梼杌》，鲁之《春秋》一也。其事则齐桓、晋文，其文则史。孔子曰：其义则丘窃取之。"孟子之言《春秋》之法也，先原《春秋》所从来，而继言其所以作之者，其事其文其义而已。孟子之言《春秋》之法也，太史迁亦云：因鲁史记作《春秋》，作必有因，因则不凿，因一国之史，则其统纪条理，井井而不乱也。是故《春秋》书元年者，元鲁元，年鲁年也。书公即位，书公薨，葬我君某公者，公鲁公，君鲁君也。书某侵我某鄙，某伐我某鄙者，鄙鲁鄙也。《春秋》纪载达天下，然略天下而详鲁，外天下而内鲁，疏天下而亲鲁，不归统天下而归统鲁。若是者何也？因鲁史也。今夫《纲目》，其亦有因乎？曰：因《资治》。今夫《资治》其亦有因乎？曰：因历代史。虽然，朱子之因历代史也，吾惑焉。何也？陈寿之志三国，各自为史，善矣。朱子因《三国志》而帝蜀，而摈魏，而摈吴。东晋与北，各自有史矣。朱子因《东晋史》、因《北史》而帝晋、而摈北，帝晋姑勿论，吾窃惑乎朱子之帝蜀也。何也？朱子所因者，《三国志》也，而若吴若魏，皆其所刊落而不因。虽然，使朱子信能不因彼二国者之史，则必没其改元纪年不载，节其君臣上下不录，芟其典章品物善败废兴，不志不详。盖《春秋》于王朝列国之事，赴则书，不赴则否。当其不赴，虽天王王后之丧，天崩地坼，阙如也。《春秋》不因王朝列国之史故也，是故必刊落之至尽，而后朱子之《纲目》为能不因彼二国者之史。能不因二国之史，然后可毅然以帝与蜀而无嫌。今观于《纲目》然乎哉？不然乎哉？《春秋》之法有三：曰实其事，曰信其文，曰精其义。圣人之所重者义也。然其事不实，其文不信，乌乎精其义？是故欲精其义，必实其事，必信其文。今朱子之《纲目》，果能不因彼二国者之史乎？未也。亦既因之矣，因魏史而帝蜀，因吴史而帝蜀，彼二史固未尝帝蜀也，可谓信其文乎？且三史者亦不没其实耳，魏不能统蜀、吴，吴不能统蜀、魏，蜀又安能统魏、吴哉？三史者亦不没其实耳，而《纲目》所书如是，可谓实其事乎？其事不实，其文不信，《纲目》之于《春秋》，合乎不合乎？且圣人因鲁史，岂择而取哉？否也。圣人退老于鲁，故因鲁史，设老于齐，未必不因齐史，藉令因齐史而元鲁元、年鲁年，略天下而详鲁，外天下而内鲁，疏天下而亲鲁，不归统天下而归统鲁，岂非其事不实，其文不信？而何经之，能为朱子之帝蜀与因齐史而云云者何以异？虽然，朱子处此亦穷矣。《春秋》所因者一国史也，朱子则取数国之史而皆因之，此其参伍出入统纪条理之际，较《春秋》所因，难易悬矣。又沾沾正统之说，夺彼予此，以求胜前人，则其势必穷，所以其事不实，而其文不信，皆其穷而无所处以致此也。夫处于不穷者《春秋》也。

（五）

事与文抑末也，圣人所重义耳。请言其义。今夫帝蜀何义乎？不曰正名乎？不曰定分乎？正名定分，莫尽于《春秋》。《春秋》之正名如之何？曰：循实以正名而已。定分如之何？曰：循名以定分而已。有其实，然后加之以名，厘其名，则其分截然而不可犯。是故辨分以名，制名以实，其实如是，其名不可不如是。然有失其名者焉，吾正之，惟不失其实以正之，故曰：循实以正名。其名如是，其分不可不如是。然有失其分者焉，吾定之，惟不失其名定之，故曰：循名以定分。所谓循实以正名，如僖三十年，书天王狩于河阳是也。《传》曰：晋侯召王以诸侯见。仲尼曰：以臣召君，不可以训，故书曰："天王狩于河阳。"谨按《尚书》五载一巡狩。孟子曰："天子适诸侯曰巡狩。"由孟子之言，则知凡天子适诸侯，皆当以巡狩名，不论方岳与不方岳也。旧史无识，不能深考虞、夏、商、周之典，固陋鄙野，苟以召王为文，而仲尼正之，然其实天子也，故正名曰天王；其实天子适诸侯也，故正名曰狩，盖《春秋》循实以正名类如此。所谓循名以定分，如哀二年书晋赵鞅帅师纳卫世子蒯聩是也。当是时，蒯聩卫辄父子君臣之际可谓甚矣。子曰："必也正名乎。"子路曰："有是哉！子之迂也。"及观《春秋》，大书"卫世子蒯聩"，夫未有父方为世子，而其子俨然君者，亦未有为卫世子其父已卒，而世子不得为卫君者，然后君臣父子之分，较若画一于一二字名称之间，而迂乎哉！盖《春秋》之循名以定分类如此。且夫蒯聩其实世子也，故书世子；其实卫世子蒯聩也，故书卫世子蒯聩。故曰辨分以名，制名以实者，《春秋》也。夫《春秋》之必以实、必以名何也？苟非其实而强予之名，外不顺而强授之分，是犹执涂之人而仆妾之，且曰：我尔主也。有是理哉！《纲目》之帝蜀，不惟执涂之人而已，犹士大夫执士大夫，而主仆之未也，犹士大夫之微弱者，执士大夫之强有力者而主仆之。名非其名也，分非其分也，而强之名，而强之分，视《春秋》何如也？或曰：然则《春秋》何以尊东周？曰：周与蜀汉类乎？不类也。平王亲幽王子宣王元孙，而文、武、成、康之适主鬯也，不得以蜀汉比。徙洛之后，海内奉朔自如。左氏曰：王周正月。公羊曰：王者孰谓？谓文王也。尤不得以蜀汉比。且《春秋》所书天王天子云者，岂圣人特笔哉？旧史固曰天王天子云尔。自周而外，无复有天王天子云者，又岂圣人特笔哉。当时莫大诸侯，实未有天王天子自为者，旧史固未尝曰天王天子云尔。而援之以为帝蜀例，可谓不伦也。曰：然则吴、楚僭王，何以抑而书子？曰：吴楚果僭王耶？如闽越、东瓯、夜郎、康居之在汉，此吴、楚之僭王也，自娱而已，不出境内。若其通山东列会盟，行人往来赴告之词，必曰寡君寡大夫，如此者非一据，然则旧史固未尝以王书也，圣人焉得王之？而又孰从削之？而援之以为不帝魏不帝吴之例，亦可谓不伦也。或曰：吴、楚之君，卒而不葬，非圣人削之欤？曰：然！然固不待圣人也。昔韩宣子聘于鲁，观书于太史氏，见鲁《春秋》，曰周礼尽在鲁矣。使吴、楚俨然称王以葬，何云周礼？然则旧史早以削之，而何待于圣人？或又曰：学圣人者，神而明之可矣，例非所拘也。曰：循实以正名，循名以定分，如是而不拘其例可也。执涂之人而仆妾之，而曰我能神而明之，可不可也？嗟乎！《纲目》之作，文成百万，其间大书特书，有裨世教者不胜举矣，特其沾沾正统之说，夺彼与此，以求胜前人，其于义有未安焉。而或者比诸《春秋》，因为本孟子之言，陈《春秋》之法，以观《纲目》之合否如此，嗟乎！予敢肆然议朱子哉！亦以见硁硁鄙人，虽贤如朱子，终不敢以《春秋》佞云尔。

（六）

天下有相激之患，有相沿之弊。弊莫甚于相沿，而患恒起于相激也。逞余于友人所披一史鉴，甚怪前五代无陈，后五代无周，初疑为脱卷也。徐而视之，则以后梁萧詧继梁之后，后梁灭而入隋，时文帝开皇九年矣。以北汉刘旻继汉之后，宋太宗灭北汉，而入宋，为太平兴国四年。余是时不觉骇异呼诧，友人亟检序文示余，其序曰：此书据李焘《长编》而作，又曰《纲目》挈正统属蜀汉，此书合若符节焉。读未毕，余愤而掷诸地，其书之名，作者序者之姓氏，不暇致详也。嗟乎！陈霸先之得天下，与萧衍伯仲耳，吾不解其所厚薄。倘曰苟以存亡国而已，不知其他，独不曰天之所坏，谁能兴之乎？将无齐必爽鸠，鲁必大庭，御世必天皇氏之子孙，然后快于心乎？至如周世宗之贤，四百年开基受命之主如宋太祖，一切麾诸正统之外，仅得附书，可谓怪于史者也。不得使余之不愤也。余家贫，无力购书，所云李焘《长编》

者，迄今未睹，序言果否，未敢臆定。其云与《纲目》合，此语不为无因，然亦不善学《纲目》矣，无知妄作，未必非《纲目》之罪人。顾其所学者《纲目》也，岂非慕效之过，务为新奇，穿凿不通，以至此极欤！弊莫甚于相沿，此其效也。虽然，《纲目》挈正统属蜀汉，似非亦无因者。汉末三分，曹氏虽有其二，然汉贼盗之名籍籍焉。眉山氏闯然以正统与之，涑水《资治》亦然；朱子之心，必有所不服者，又惧无以相胜也，胜与魏者莫如与蜀，于是乎夺曹氏而授之刘，曰彼故物也。无乃眉山涑水相激使然，而岂知末流之弊，至此极哉！吾故曰：标一名以息天下之争，名立而天下争益剧。善治水者，堙其流不若涤其源，后之君子，能取正统之名，荡涤务尽，而信史出，怪史绝矣。或曰：然则信史宜如何？曰：余之愚何足以知之？虽然，余尝言之矣：与人天下者，天之权也。天与人天下，有一有不一，为编年书者，盍一以天为断？遇天下合于一，则称某纪以冠之，循其改元而纪年纪事焉。不幸天下为二为三为十数，则以甲子书系某国、某元、某年于甲子之下，而勿称某纪以冠之，俟天下复合于一，则书法如初。惟王莽、武曌，以夏羿、浞例书之，称《汉纪》、《唐纪》冠其首。宋兴，有辽有夏，所割至微，犹周有淮徐，汉有南越，不害其为一也。徽、钦而后，然后以甲子书，一切顺乎天，而行所无事，如是亦可也。或曰：若有正、有不正何？曰：余前言之矣，统可言也，正不可言也。故曰：如是亦可也。苟不如是，吾未知相沿之弊之于何而止，而怪于史者相接迹，不重可虑也哉！（《在陆草堂文集》卷一）

附　袁枚　　随园随笔四

“古无正统之说”条云：正统论始于宋元，如欧公、杨铁崖诸人。澜翻千言，互相争论。又有有正无统，有统无正之说，不知古帝王无正统之说。王猛谏苻坚伐晋曰：“司马氏正朔相承。”高欢谓杜弼曰：“江右有萧衍老公，专事衣冠礼乐，人以为正统。”石勒临死忧曰：“恐后世不以吾为受命之君。”盖惟苻坚、石勒、高欢皆不能得天下，故欲隐然窃附于正统耳。本朝储同人先生，作论七篇，一扫而空之，殊快人意。

周树槐　书东坡正统论后　再书正统论后

书苏文忠正统论后

欧阳子始为正统论凡七篇，章子非之，苏子是之。其所争者，魏也，晋、梁也；后唐、晋、汉、周，三子者无异论焉。欧阳子晚乃删为三篇，其说曰：正统之序，自尧、舜历夏、商、周、秦、汉而绝，晋得之而又绝，隋、唐得之而又绝。则黜魏而并绝五代。苏子所谓序其可得以存教者，欧阳子终弗与也。苏子曰：正统之为言，犹曰有天下。诚有天下也，与之可也，魏、五代实则未能有天下也。欧阳子之绝东晋甚矣，欧阳子欲其统之绝而可续也，东晋不绝隋不续。继东晋者，宋、齐、梁、陈也。与东晋而不与宋、齐、梁、陈则无终；与宋、齐、梁、陈而黜后魏，隋则无始。夫魏不能有汉，东晋不能有晋，汉、晋无终可也；宋、齐、梁、陈实有东晋，东晋无终不可也。以晋续汉，晋不独有魏；以隋续晋，隋不独有后魏，晋、隋则不恶其无始也。与东晋以及宋、齐、梁、陈而黜后魏，隋则恶其无始也。苏子序其可得者六，至于晋、隋之间，苏子亦不能有所与也。然且固与魏何也？汉之魏，犹唐之五代。苏子与五代，宜无词以绝魏，然且固与五代，何也？苏子以五代为宋始也。夫宋之续唐，犹隋之续晋，晋之续汉，宋不恶无始也。欧阳子之修五代史也，为宋故尊周以及梁、唐、晋、汉，犹晋之陈寿，不容不帝魏也。然三国并志，寿盖不以正统与魏，而欧阳子于史则尊之，至论正统终绝之。明宋不恶无始也，且均之无始，于宋则恶之，隋则不恶之，于后魏则不与，五代则与之，宜欧阳子之不安而终变其说也。虽然，欧阳子之多所绝，尊正统也，而晋、隋与焉。欧阳子之与，亦已轻矣。曰：是实有天下，曰有天下则已尔，何必正统？

再书正统论后

晋之东，未有绝之正统者，绝之自欧阳子。欧阳子宋人也，使其生南宋，欧阳子不绝东晋矣。岂惟欧阳子不绝东晋，苏子亦不固与魏而退蜀汉。蜀汉之上继而汉也，自南宋也。前此东晋时，有习凿齿之《汉晋春秋》矣。人以凿齿为东晋故也。至欧阳子并东晋绝之矣。苏子又固与魏矣。二子外，司马温公又帝魏而寇之矣，皆弗与也。盖至南宋而后与之决矣。夫南宋之为宋，其可哀矣。南宋之人，求之于古，有东周矣。幽王之弑也，太子即位，自西徂东，犹是王畿千里之内，天下宗周，未之有改，则非南宋之比也。其下后汉，后汉能诛莽而一天下，又非南宋敢望也。南宋不如东周、后汉，而犹贤于蜀汉，故亟与之。其下东晋，东晋则真南宋之比也。又其下则后汉与北汉，则南宋亦不屑比也。元人之以宋、辽、金列为三史也，非公论也。至明人病之，欲黜辽、金，悉从《晋书》载记之例，则甚矣，亦非公论也。从载记之例，辽可也，金不可也；于宋可也，于南宋不可也。夫辽之为辽，盖非五胡之比矣。尝助晋灭唐而臣晋矣，又灭晋而暂主中国矣。然宋能一天下，而辽独有燕云，以此不如后魏，故曰辽可。而金暴起于宋之末，故曰于宋可也。南宋之不得不别于宋也，犹东晋之不得不别于晋也。论其地，则比于东晋而优于蜀汉；较其德，则蜀汉初不为魏屈，东晋初不为五胡屈，南宋愧之矣。而金之视后魏，有过之无不及也。而或者欲比于夫子之抑吴、楚，过矣。吴、楚自王其国耳，周之为周自若也。夫子作《春秋》，不必为吴、楚。若吴、楚虽微，夫子抑之。后之为史，必无有以吴、楚拟周者也。吾故曰非公论也。或曰：蜀汉列于正统者，以有武乡侯、汉寿亭侯也。南宋列于正统者，以有岳忠武、紫阳诸贤也。贤者之益于人国若是哉！（《续古文辞类纂》卷五）

梁廷枏　正统道统论

天下有正统，无道统。三代以前，治从德出，而两统合。尧、舜、禹递禅天下，亦递有训词。训词者，以道为授受者也。殷汤、周武，身创大业矣。乃反身修德，则又上接尧、舜以来。当是时，神圣代承，治与道未尝为二，而必混于一。混于一，则两统之名不得分，而统之名更不必立。判两统者，盖自暴秦之一天下始。两统判，而后正统道统之说出焉。夫正统者何？别乎伪统而言之也。统曷言伪？不成统也。蜀汉昭烈以帝胄中兴，统固直接光武矣。若魏若吴，皆伪也。推此以论，则继汉称正统，惟晋、隋、唐、宋、元、明六姓而已。晋之宋、齐、梁、陈、后魏、北齐、北周，唐之后梁、后唐、后晋、后汉、后周，宋之辽、金，此十四国者，大率据地称雄，祚短年促。其相去多不过百余年，少或数年。以诡而得，以篡为禅，所谓置君如易吏，变国若传舍。凡人力可为，无关天授人与者，皆得别之曰伪统。议者谓力争得国为不正，必以诛无道为正矣。然则三代上，惟唐、虞之揖让为正统；三代下推汉高之诛暴为正统，其余皆人为耶？又谓以王中原者为正，然则都咸阳、都长安、都洛阳、都汴、都燕、都南京，未尽同也，岂光武改都洛阳不可以继西汉耶？岂南渡改都建业不可以继北宋耶？必执山河疆宇之论，将自古无云正统者矣！此说之难齐也。道本空虚无形之物耳，寄于圣贤之身，则有形，有形故曰统。圣贤在上，政即道也；圣贤在下，言即道也。以政见道，尧、舜、禹、汤、文、武之治是也；以言见道，孔、孟之《诗》、《书》、经传，虽不言统，而道亦存。且禹五百年而有汤，汤后五百年而有文、武，文、武后五百年而有孔子，又后百余年而有孟子。中间相去久远，而先后同出一辙，不啻授受之。递承如是，而系以统，谁曰不然？所难据者，孟子以后耳。在汉时则有若孔、毛、郑、何、赵，在魏时则有若王、何，在晋时则有若韩、杜、郭、范，在唐时则有若韩、陆，能以所训注翼圣言、明至教。然譬则百川之于江、河，垄断之于泰山，不足云统也。迨关、闽、濂、洛四子者兴，如阳明、如白沙，所谓主静致知之旨胥宗焉。其言理也，实有以推极乎天人性命之原，察著乎日用伦常之道。无如凿空而说，未见施为，可以为前圣功臣，不可以为前圣宗子。乃叙道之谱系，直尊以邹、鲁，则过矣。夫主汉学者，谓其博也；主宋学者，谓其精也。不知无汉学于前，何以开宋儒之精？无宋学于后，何以形汉儒之博？其两虽偏废也亦明甚。及论道统，则必舍汉而归宋，不亦惑乎？且夫老彭，孔子所窃比也，而闻知一论，孟子犹或遗之，又安知千百余岁，必无遁世求志之人？文中子其著述，一规模孔、孟者也。而依仿太甚，后世犹或议之，又安知今本《大学》，必合前圣未错之简？第执统以论汉儒之所以断区乎统外，宋儒之所以断入乎统中，均未见其据也。然则孔、孟而后，道分见于诸儒，则道未绝。诸儒不足承统，则统绝。统绝，则道统之名可废。故曰：天下有正统，无道统也。（《广东文征》卷三十一）

梁玉绳　元号略序

古者人君不改元，不纪号。继体之主，惟即位逾年称元而已。自魏惠王更三十六年为元年，秦惠文王更十四年为元年，而改元于是乎始。故汉文、景有后元年、中元年，说者谓起于周之文王，妄也。（郑厉公、卫献公及出公，史皆书曰：后元年出亡复国，不在此例。）自汉孝武假天瑞名年，冠以建元，而纪号于是乎始。说者谓昉于周之共和，非也。厥后义例乖违，单复错杂：或改元而未逾年，或逾年而不改元；或一年而三易元，一帝而十余号；或取先皇之号而仍用之，或昧昔朝之号而谬袭之；又或与前代宫殿陵谥及州县之名相同。其他僭伪迭出，难以缕数。盖上下千八百年间，几至千名，而尽欲强识弗误，固有所不能矣。余自庚戌之夏，卜居城东，因病得闲，辑《元号略》四卷，考讹校异，旁采曲收，依韵类编，取便寻阅，聊为读史之小助云。

本朝列圣纪元，谨录于卷首，尊国体也。

自汉迄今，分专号重号，编为三卷。其拟而未用及无考者，别为佚号一卷，以俟参核。

历代正统，与南北分统诸帝，皆前列大书。次偏霸，次外蕃，皆书国名而注其事于下。草窃者，直书姓名，以圈别之。凡都地、乡贯、氏名、年寿、朝谥、山陵，兼载备览。

昔人论改号有关休咎者，注各号下，见谶应之异。

金石文字，必据年月为验，则更元之月，不可不详，兹并审对无误，一检即知。

虚造元号，如道家言天帝中皇无极之类，理所宜删，用祛荒诞。诸史述乱贼事，有但言改元，不著年名，而他书亦不载者，又有自立号名，而非改元者，概不牵入。

是编惟辑年号，不排甲子。如欲稽历朝之修短代系之干支，前贤纪年诸书具在，可覆视焉。（《清儒学案》卷一〇三）

龚自珍　壬癸之际胎观

有天下，有大国。宝应出，福德聚，主天下。宝应不出，福德不聚，主大国。有天下者，都中。有大国者，都西北。大国之君，有古纪，有近纪，亦以福德为差。夫始变古者，颛顼也。有帝统，有王统，有霸统。帝统之盛，颛顼、伊耆、姚；王统之盛，姒、子、姬；霸统之盛，共工、嬴、刘、博尔吉吉特氏。非帝王之法，地万里，位百叶，统犹为霸。帝有法，王有法，霸有法，皆异天，皆不相师，不相訾，不相消息。王统以儒墨进天下之言；霸统以法家进天下之言；霸之末失，以杂家进天下之言。以霸法劝帝王家，则诛。以帝王法劝霸家，则诛。能知王霸之异天者曰大人。进退王霸之统者曰大人。大人之聪明神武而不杀，总其文辞者曰圣人。圣人者，不王不霸，而又异天；天异以制作，以制作自为统。自霸天下之民，以及凡民，姓必黄炎；惟太皞、黄炎、共工为有胤孙，非古之凡民皆有胤孙。古之世，语言出于一，以古语古，犹越人越言，楚人楚言也。后之世，语言出于二，以后语古，犹楚人以越言名，越人以楚言名也。虽有大人生于霸世，号令弗与共，福禄弗与偕，观其语言，弗可用；号令与共，福禄与偕，观其语言，卒弗可用。于是退而立大人之语言，明各家之统，慕圣人之文，固犹将生越而楚言也。（《定盦续集》卷一）

方宗诚　继统论

天子者，代天理物者也。三皇谓之皇，五帝谓之帝。三王谓之王，亦称天子，亦称天王。自秦以后，称皇帝。皆上主天地、宗庙、社稷、百神之祀，而下以临御百官、总理万几、蓄育教化亿兆黎民者也。五帝以上官天下；三王以下家天下。官天下传诸贤，家天下传诸子。传贤之世亦有传子者，子贤传子，即传贤也。世世传子自禹始。禹非私天下也。启贤，能敬承继禹之道，而其时又无尧、舜、禹之大圣勋德足以服民者可以传之。禹治水之功，敷于四海，明德远矣。天命祐之，人心归。禹虽尝欲传之益，及禹崩，天下朝觐、讼狱、讴歌者，不之益而之启。启恶得而不起以承父之谥？逮启之终，益无圣贤可传。由是世世相承，遂为万世不易之典矣。韩子曰：传之人则争，未前定也；传之子则不争，前定也。前定虽不当贤，犹可守法；不前定而不遇贤，则争且乱。与其传不得圣人而争且乱，孰若传之子虽不得贤犹可守法。故曰：尧、舜之利民也大，禹之虑民也深。何者？天子者，代天理物者也。必其上能主天地、宗庙、社稷、百神之祀，下能临御百官、总理万几，养育教化亿兆黎民，而后可以为天子。圣帝明王，传贤传子，其心皆以为民而已矣。传不当而启争端，以害于民。传子固私，传人亦私。三代而降，人心不如皇古矣。传之人则衅端多，传之子则衅端少。是故传子者，万世之常经，百王之大法。传子者，传统也。何谓统？统如丝然，缣总绵络，而无断可续也，故谓之统纪，亦谓之统绪。天子者，生则践祚，死则入庙。故生为帝统，死为庙统。生得统于帝，而后死得统于庙。生不得统于帝，则死不得统于庙。是故开创者谓之创业，垂统继体守文者谓之继统。非创业垂统者，不得称为皇帝；非继统者，不得称为皇帝；非创业垂统者之祖父，不得追尊为皇帝。是故舜格于文祖而为天子，承尧之统也。其于父，生则以天下养，死则宗庙飨之，而未闻追尊瞽瞍为帝。禹受命于神宗而为天子，承舜之统也。于其亲虽曰致孝乎鬼神，而未闻追尊伯鲧为王。惟汤亦然。《书》曰："奉先思孝。"然未尝闻其追尊祖若父为王也。古之人至诚，配天至孝，不诬其祖。祖若父未为帝王，而称之为帝王，是乱帝王之统，诬其祖，而以不诚欺天也。然则契何以称玄王？曰：契相尧、舜，敷教明伦，开万世五常之宗。天之祐商，以有天下功德，实自契始。是商创业垂统之祖也。故《商颂》称玄王，而汤之祖若父，则不敢以追王为孝，此所谓惟圣人为能飨帝，为其以诚事帝；惟孝子为能飨亲，为其以诚事亲也。所谓“夏尚忠，殷尚质”者此也。至于武王灭商，始追尊文考为文王。周公成文、武之德，始追王太王、王季。所以然者，以三王虽未及身为王，而王业之兴，自三王始。《书》曰：“太王肇基王迹，王季其勤王家。我文考文王克成厥勋，膺诞天命，以抚方夏。大邦畏其力，小邦怀其德。惟九年，大统未集，余小子其成厥志。”孟子论太王之事曰：“君子创业垂统为可继也。”是亦以太王为同室创业垂统之君。不然，武王、周公虽达孝，必不敢以王爵为尊，而以不诚事其祖考。故曰：事死如事生，事亡如事存，孝之至也。后世开创之君，追尊祖考为皇帝，实自武王、周公追王始。而非开创之君，断不敢以此为例。何者？开创之君与前朝虽正统相承，而改姓易庙，前朝之统已绝，故可溯其有天下之由，而追尊其先为皇帝，自立太庙，并不乱历代相承之帝统庙统也。汉世祖光武帝，当汉统中绝，崛起南阳，讨灭群盗以践帝祚。虽曰中兴，而功实同于开创。自立七庙，追尊南顿君以上为皇帝，无不可者；然而不行此礼，何也？盖以汉世帝统，实创垂于高帝，中篡于王莽。已讨贼而平之，以继其统，不得自比于开创之君。若自立七庙，追尊南顿君以上为帝，则是自成一朝，兴王之业，而绝高帝以下相传之统。且南顿君以上，本无周三王肇基之实。而以子爵父、以孙爵祖，微特以不诚事其亲，抑亦以不敬事其亲。不敢以不诚不敬事其亲，尊亲之至也。故先起高庙于洛阳，四时合祀高祖、太宗、世宗。继立四亲庙于洛阳，祀父南顿君以上至春陵节侯固，亦可谓中礼矣。继又自以昭、穆次第当为元帝后，尊孝宣为中宗，祠元帝以上于太庙，成帝以下于长安，徙四亲庙于章陵。于礼似谦护太过，然不敢紊帝统与庙统之心，则固不悖于前王，而可为后世法。不独此也，太丁者殷汤元子，太子泄父者，周桓王之父，未立而死。则在殷、周帝纪与殷、周庙位中，皆以太甲继仲壬，桓王继平王，而太丁、泄父不得与。此岂太甲不念父、桓王好祢祖哉？生未得统于帝，死未得统于庙，礼道然也。明乎此，而后知天子之统不可以妄干。非创业垂统者，不得称皇帝，非继统者，不得称皇帝；非创业垂统之帝之祖父，不得追尊为皇为帝。皇帝者，天子之尊号也，生未尝代天理物，上承天地、宗庙、社稷、百神之祀，而下以临御百官、教养群生。则虽天子之父，尚不敢尊之为帝，以乱历代相传之统，而况其他乎？是故汉宣帝以武帝曾孙、昌邑王废，霍光奏请太后诏入以嗣昭帝后，承祖宗、子万姓。宣帝立，止追谥戾太子、戾夫人、悼考、悼后，置园邑。其后又追尊悼考为皇考，立寝庙，而未敢追尊为皇帝。何者？承诏帝之统，固不敢追尊本生，以乱帝王之统，而陷祖父于不义也。然则帝王传统，不亦重哉！或曰：传子者，传统也。不幸而无子可传，帝统不几绝乎？曰：古之传统，有传子，有传弟。夏、周传子，传子之穷，然后传弟。如周匡王无子，立弟定王是也。殷商传弟，传弟之穷，然后传子。如中丁传弟外壬，外壬传弟河亶甲，至河亶甲无弟，然后传子祖乙是也。传子者，适长子为正。传弟者，母弟为正。无则传同父之弟，是以《礼运》曰："大人世及以为礼。"世者，父子相继为一世；及者，兄终弟及。《公羊传》曰："一生一及。"生即世也。至汉成帝无子，立定陶王欣为皇太子。帝崩，太子即位，是为哀帝。宋仁宗无子，以濮王子宗实育宫中，后立为皇子。帝崩，皇子即位，是为英宗。明武宗无子，皇太后以遗诏遣官迎兴世子厚熜入嗣皇帝位，是为世宗。是三帝者，无子可世，亦无弟可及。汉成预定兄弟之子为太子；宋仁预立兄弟之子为皇子。及崩而太子即位、皇子即位，名正言顺，则与传子无殊。明武未预立嗣子，亦无兄弟之子可立，由是通无子之穷，而立弟又通无弟之穷；而立同曾祖之弟，是亦与兄终弟及无殊。虽无预立为皇子之文，而皇太后以遗诏入，即君命也。入嗣皇帝位，即嗣孝宗、武宗之帝统、庙统也。以武宗于世系为世宗兄，不得以世宗继嗣。故杨廷和曰："当考孝宗。"此亦名正而言顺也。然则世宗者，奉皇太后以遗诏入嗣皇帝位，自当继孝宗之嗣，以继武宗之统，始合于天之经、地之义。乃其始入也，曰："违诏以我嗣皇帝位，非皇子也。"兴献后闻朝议考孝宗。恚曰："安得以我子为他人子？"是岂知大义之言哉！夫世宗于孝宗所谓兄弟之子，犹子也。以兄弟之子入嗣大统，继统即应继嗣，非继嗣不得继统。世宗于武宗，君臣也。即兴献王妃之于孝宗、武宗，皆有君臣之义。臣子之身，听之君父。君取其子入嗣大统，而可曰"安得以我子为他人子"耶？不考孝宗而考兴献，由是邪佞之徒乘间而入，帝统庙统因之以乱。以为开创乎？则世宗非开创之君也。以为嗣皇帝位乎？则殷太甲以适孙继统，而不敢追尊其父为王。汉宣以皇曾孙继统，而不敢追尊其祖若父为帝。即世祖中兴，本非继元帝之嗣，而犹以高祖以来，正统相承，不敢追尊四亲为皇帝，以乱高帝相传之统。夫太甲、宣帝、世祖皆贤君也，天下后世，未尝以不追尊所生为不孝也。盖孝在以义事亲，以诚事亲。亲非皇帝，而称为皇帝，则是不诚。亲非创业垂统之君，又非继统之君，而称皇帝以乱大统，是为不义。陷亲于不义，不孝之大者也。孔子曰："生，事之以礼。死，葬祭之以礼。可谓孝矣！"而况大统可紊乱乎？夫天子者，代天理物者也。入嗣大统，当以能承天地、宗庙、社稷之祀，临驭百官、教育万民为孝。不当以非礼追尊所生为孝。汉哀帝不听师丹之言，天下并不闻以哀帝为圣主。宋英宗谦让，不敢尊其亲为皇为后，天下后世所以英宗为明君。盖舜之大孝，首在德为圣人。武、周之达孝，惟在善继善述，不在隆以虚文也。又况非礼之称乎？曰：入嗣大统，于其本生之祀，如之何？曰：昔汉定陶恭王为成帝庶弟，宋濮安懿王为仁宗庶兄。成帝取恭王子立入为太子，而恭王无别子，乃立楚孝王孙景嗣恭王，为定陶后。仁宗取安懿王子入立为皇子，而安懿王自有王子，即以王子宗朴嗣安懿王为濮后。是固仁至而义尽也。哀帝欲隆私亲，师丹疏引《礼》："父为士，子为天子，祭以天子，其尸服以士。"子无爵父之义，尊父母也。为人后者，为之子。故为所后，服斩衰三年，而降其父母服期，明尊祖而重正统也。陛下继体先帝，持重大宗，承天地、宗庙、社稷之祀，义不得复奉定陶共皇祀，正名定分，圣人复起，岂能易哉？何者？统承先帝，而复隆本生，是绝先帝之统系也。宋英宗诏议崇奉濮王典礼，司马光奏以为人后者，为之子，不得顾私亲。仁宗皇帝深惟宗庙之重于宗室中，简推圣明，授以大业，陛下亲为先帝之子，然后继体承祧，立有天下。濮安懿王虽于陛下有天性之亲，顾复之恩，然陛下所以负扆端冕，子孙万世相承，皆先帝德也。臣等窃以濮王宜准先朝封赠、期亲、尊属故事，尊以高官大国，考之古今为宜称。中书议以濮王当称何亲？名与不名？王珪等议以濮王于仁宗为兄，于皇帝宜称皇伯父而不名，是亦名正言顺，圣人复起，岂能易哉！韩琦、欧阳修以为不然。修引《丧服大记》以为为人后者，为其父母降服，三年为期，而不没其父母之名，以见服可降，而名不可没。若本生之亲，改称皇伯，历考前世，皆无典据。进封大国，则又礼无加爵之道。窃以修之言，似是而实不合经义也。天之生物，使之一本。国无二统，人无二本。是以《公羊传》曰："为人后者为之子。"为之子则必称所后者为父母矣。《礼》曰："为人后者，为其父母降服，三年为期。"所后者何？人后，大宗也。古者大宗无子，必立其兄弟之子，以承大宗之祀。故为所后者，服斩衰三年，同父母之服也。而降其父母服期，同伯叔父之服也。既降同伯叔父之服，自应改同伯叔父之名。《记》曰："为人后者，为其父母期。"乃《记》、《礼》者穷于辞，不得不曰"为其父母"，若曰"为其伯叔父母"，则辞旨不明，非谓为人后者，仍称其父母为父母也。仍称其父母为父母，则不得降同伯叔父母之服。既称所后者为父母，又称其降服者为父母，非二本乎？既可以二本，又何以降服？夫古之圣人，非令人薄其所生也。万物本乎天，人本乎祖。家无二尊，父母虽尊，不能尊于祖。故后大宗，则为所后者服，斩衰三年，而降其所生之父母服期，厌于祖也。又况旁支入继大统，天无二日，民无二王，尊无二上。所生之父母，乃所后者之臣子也。是恶得而不降其服、易其名？仁宗既位，英宗为皇子。英宗自必称仁宗为皇父。仁宗崩，自必称为皇考。濮王于义自不得与仁宗并称为皇父、皇考也。称皇伯父而不名，虽于前世无据，而实得古圣人制礼之精义。王珪之议，出于伊川程子。此程子所以为传道之儒与！时韩琦在中书，上言请明诏中外，以皇伯无稽，决不可称。今所欲定者，正名号耳。至于立庙京师，干乱统纪之事，皆非朝廷本意。既而皇太后手诏中书，宜尊濮王为皇，夫人为后，皇帝称亲。帝下诏，谦让不受尊号，但称亲。即园立庙，以王子为濮国公，奉祠事；仍令臣民避王讳。呜呼！是亦可谓择乎中庸、权术至当也已。至明世宗之事，所不同者在未预立为孝宗子。然皇太后以遗诏遣官迎入，嗣皇帝位。嗣位即嗣统也，非以之继嗣，乌得曰嗣皇帝位？杨廷和等议以宜如定陶王故事，以益王子厚煊主后，兴国其称号，宜如宋英宗、濮安懿王故事，称孝宗曰皇考、兴献王曰皇叔父，亦正论也。世宗大愠，以为父母之名不可互易。由是张璁遂上疏请尊崇所生，立兴献王庙于京师，继且追尊为兴献帝、后矣，又继尊兴献后为兴国太后矣。如此亦可以止矣，乃继则桂萼进邪说，请改孝宗为皇伯考，又继则称本生皇考恭穆献皇帝，本生圣母章圣皇太后矣。又继则更定大礼，称孝宗为皇伯考，昭圣皇太后为皇伯母，献皇帝为皇考，章圣皇太后为圣母，去本生字。又继则立世庙，章圣皇太后有事于太庙、世庙。于是张璁、桂萼之徒皆大用，削杨廷和籍。凡争大礼者，或死或贬，善类为空。在诸臣虽亦有执之太过之处，然止别立兴献庙于京师，尊为兴献帝、兴献后，如汉定陶恭皇、定陶某皇后称本生，如宋英宗之称亲，犹或可也。乃称孝宗为皇伯，入籍则所谓嗣皇帝位者，嗣谁之位乎？公本生而尊兴献为皇帝，是乱帝统矣！先议入太庙，后立世庙，是乱庙统矣！遗诏迎入嗣皇帝位，原以嗣孝宗、武宗之统也，如此则是夺皇帝之位，而绝孝宗、武宗之统矣！不惟身犯不义，抑且致其亲于不义，是可以为孝乎？夫商太甲、汉宣帝、汉世祖、宋英宗不越礼以尊其亲，天下皆称守成之贤君、中兴之令主。享国久长，天眷不绝。汉哀帝、明世宗自以为尊亲至孝矣，而实皆季世之君，衰乱之政，不三数传而国祚遂亡。后世继统者，可不以为鉴哉！或曰：期之丧达乎大夫，三年之丧达乎天子。为人后者，为其父母期。公卿大夫以下可也。天子绝期服。然则宗亲入嗣大统者，于其本生父母，虽期服不将终归于无服乎？曰：不然。天子绝典服，绝旁亲之期服也。至于本生父母之期服，乃由三年之丧而降，当仍以三年之丧为例。三年之丧无贵贱，一则为人后者，为其父母降服，三年为期，亦无贵贱。一降为期者，所以继帝王之正统。降为期而不与他期服同绝者，所以安大孝之心。圣人制礼之精，其仁至而义尽也夫。或曰：公卿以下，皆得请以其官爵封赠其亲。入嗣大统者，反不得追尊其本生之亲，可乎？曰：公卿以下，得以其官爵请封赠其亲者，天子之命也。天子可以封赠其臣，而不可以子爵其父。君封赠其臣，臣之荣也。子爵父，非所以尊本生父也。且封赠其臣，无逼上之嫌。天子而隆其私亲，追尊其本生父母，则紊乱继统之义，岂圣君大孝所敢出此哉！（《柏堂集后编》卷一）

继统论下（从略）

按语：按继统虽非史学问题，然与正统观念关系至为密切。王位之传承，是为帝统；皇帝先世之崇祀及其名号之制定，则为庙统。二者互为联系，皆继统争论重点之所在也。《魏书·明帝纪》太和三年诏曰："礼，王后无嗣，择建支子以继大宗，则当纂正统而奉公义，何得复顾私亲哉？汉宣继昭帝后，加悼考以皇号；哀帝以外藩援立，……既尊恭皇，立庙京都……而非罪师丹忠正之谏，用致丁傅之祸。……其令公卿有司，深以前世行事为戒。后嗣万一有由诸侯入奉大统，则当明为人后之义，敢为佞邪导谀时君，妄建非正之号，以干正统，谓考为皇，称妣为后，则股肱大臣，诛之无赦。"自是以后，继统之君，自诸侯入嗣者，不得谓本生之考妣为皇与后。宋时濮安懿王之子入继仁宗后，是为英宗，范镇言："陛下（指英宗）既考仁宗，若复以濮王为考，于义未当。"程颐曰："为人后者，谓所后为父母，而谓所生为伯、叔父母，此生人之大伦也。然所生之义，至尊至大，宜别立殊称，曰皇伯、叔父某国大王，则正统既明，而所生亦尊崇极矣。"魏明帝诏书及程颐（代彭思永）《议濮王礼疏》二文，遂为后代之理论根据。明世宗（厚熜）以兴献王祐杬世子，入承大统，礼部尚书毛澄等上议，依程颐说，谓"兴献王于孝宗为弟，于陛下（指世宗）为本生父，与（宋）濮安懿王事正相等，陛下宜称孝宗为皇考，改称兴献王为皇叔父兴献大王；凡祭告兴献王，自称侄皇帝某"。而帝不悦。澄及廷臣复坚持再四，以为"改称兴献王为叔父者，明大统之尊无二也"；"其他推尊之说，称亲之议，似为非礼。推尊之非，莫详于魏明帝之诏；称亲之非，莫详于宋程颐之议。至当之礼，要不出于此"（详《明史》卷一九一毛等人《传》）。当日朝廷礼官坚执是说，以为最得义理之正，可为万世法。不惜一死以正名分，伏阙力争，以至撼门恸哭，死节不渝，虽或过激，而意气奋发，信道之笃，浩然之气与天地长存。而导谀者虽另执一理，若张璁进《大礼或问》，朝廷且有《明伦大典》二十四卷（见《千顷书目》四）之颁布，终不足以服人之心。下至清季，桐城方宗诚（同治时官枣强知县）著《继统论》，重予扬榷是非，诚正统论中之重要文字，故备录之，以见明儒力争正统出于实践，非徒托之空文；为真理而奋斗，其精神有不可磨灭者在。

又按《论》中称杨廷和等议以益王子厚煊主后，兴国其称号。今考《明史》卷一百九十《廷和传》称："世宗之立，本以孝宗弟兴献王长子入嗣，宣尊孝宗曰皇考，称（其本生）父献王为皇叔考兴国大王。……自称侄皇帝名，别立益王次子崇仁王为兴王，奉献王祀。"益王者，《诸王传》云"益端王祐槟，宪宗第六子"也。《明史·毛澄传》云："以益王第二子崇仁王厚炫继兴王后，袭兴王，主祀事。"《诸王世系表》五："益：恭王厚炫，端嫡二子，初封崇仁王。"是宜为厚炫，此文作厚煊，乃厚炫之误，应正。

李慈铭 论正统

正统之说，纷纭不决。欧阳文忠、司马文正失之拘，杨铁崖仍其腐说；杨升庵又失之偏，皆不能折衷于理。其中最难定者，为六朝五代。必以统归晋、宋、齐、梁、陈，犹可说也；五代以朱温、石敬瑭为正统，则大谬于圣人矣。要之，正闰者，当论邪正，不当论内外；当推当日之人心，不当据当日之地势。宋儒于六经，进江表而退关洛，其意在内诸夏外夷狄也。顾晋得于魏，魏得于汉，乃禅让之贼，自是篡弑相仍，以讫于陈，不正甚矣。元魏道武以一成一旅，奋起平城，何异夏之少康？且其先代虽臣属于晋，其后亡于秦而晋不能救，道武又自兴于诸胡，非得国于晋。乃以刘宋之篡为正，而元魏为僭，何其傎例乎！唐之亡也，天祐天复之号，不绝于天下，而必尊崇朱温之凶竖为帝，尤害于理。宋儒于五代，其始也，帝梁而寇河东；其继也，尊石晋、汉、周而伪南唐，其意在重中原，轻诸国也。顾朱温罪恶之首；石氏叛臣，实阶戎祸；刘氏乘间而窃国；郭氏倡乱以弑君，皆圣人所必诛。与其帝朱温，不若帝王建帝杨行密也。与其帝石氏，不若帝契丹也。与其帝郭氏，不若帝北汉刘旻也。太原李氏一日不灭，则唐一日不亡，其名正言顺无论矣。南唐即云其世系不可知，然昭烈之于汉，亦未必昭穆尽可据也。帝南唐不犹愈于石、刘、郭、柴乎？洪景卢谓汉、晋后当以宋、齐、梁为正统，而接之以北周，周传隋及唐。盖以梁既灭于周，则陈可不数，而陈氏又终灭于隋也。予谓即如其说，梁元帝江陵之陷，时为西魏恭帝之元年，虽政出宇文，而元氏固未改步也，何得遂为北周？况魏戕元帝，立梁岳阳王詧于江陵，是为宣帝，传明帝后主三世始灭于隋。宣帝乃昭明太子之子，萧氏世嫡，得国甚正，是固当以隋继梁，不当以周继梁。此皆人心之公、万世不易之论也。（《越缦堂读书记》卷十二）

现代　梁启超　论正统

中国史家之谬，未有过于论正统者也。言正统，以为天下不可一日无君也，于是乎有统。又以为天无二日，民无二王也，于是乎有正统。统之云者，殆谓天所立而民所宗也。正之云者，殆谓一为真，而余为伪也。千余年来，陋儒断断于此事，攘臂张目，笔斗舌战，支离蔓衍，不可穷诘。一言蔽之曰，自为奴隶根性所束缚，而复以煽后人之奴隶根性而已，是不可以不辨。

统字之名词，何自起乎？殆滥觞于《春秋》，《春秋公羊传》曰："何言乎王正月，大一统也。"此即后儒论正统者所援为依据也。庸讵知《春秋》所谓大一统者，对于三统而言。《春秋》之大义非一，而通三统实为要端。通三统者，正以明天下为天下人之天下，而非一姓之所得私有；与后儒所谓统者，其本义既适相反对矣。故夫统之云者，始于霸者之私天下，而又惧民之不吾认也，乃为是说以箝制之，曰此天之所以与我者，吾主而有特别之权利，非他人所能几也。因文其说曰"亶聪明，作父母"，曰"辨上下，定民志"。统之既立，然后任其作威作福，恣睢蛮野，而不得谓之不义。而人民之稍强立不挠者，乃得坐之以不忠不敬、大逆无道诸恶名以锄之摧之，此统之名所由立也。《记》曰："得乎邱而民为天子。"若是乎无统则已，苟其有统，则创垂之而继续之者，舍斯民而奚属哉？故泰西之良史，皆以叙述一国国民系统之所由来，及其发达进步盛衰兴亡之原因结果为主，诚以民有统而君无统也。藉曰君而有统也，则不过一家之谱牒，一人之传记，而非可以冒全史之名，安劳史家之哓哓争论也。然则以国之统而属诸君，则固已举全国之人民，视同无物，而国民之资格，所以永坠九渊而不克自拔，皆此一义之为误也。故不扫君统之谬见，而欲以作史，史虽充栋，徒为生民毒耳。

统之义已谬，而正与不正，更何足云？虽然，亦既有说矣，其说甚深中于人心矣，则辞而辟之，固非得已。正统之辨，昉于晋而盛于宋，朱子《通鉴纲目》所推定者，则秦也，汉也，东汉也，蜀汉也，晋也，东晋也，宋、齐、梁、陈也，隋也，唐也，后梁、后唐、后汉、后晋、后周也。本朝乾隆年间，御批《通鉴》从而续之，则宋也、南宋也、元也、明也、清也。所谓正统者如是如是，而其所据为理论，以衡量夫正不正者，约有六事：

（一）曰以得地之多寡，而定其正不正也

凡混一宇内者，无论其为何等人，而皆奉之以正，如晋、元等是。

（二）曰以据位之久暂，而定其正不正也

虽混一宇内，而享之不久者，皆谓之不正。如项羽、王莽等是。

（三）曰以前代之血胤为正，而其余皆为伪也

如蜀汉、东晋、南宋等是。

（四）曰以前代之旧都所在为正，而其余皆为伪也

如因汉而正魏，因唐而正后梁、后唐、后晋、后汉、后周等是。

（五）曰以后代之所承者，所自出者为正，而其余为伪也

如因唐而正隋，因宋而正周等是。

（六）曰以中国种族为正，其余为伪也

如宋、齐、梁、陈等是。

此六者互相矛盾，通于此则窒于彼，通于彼则窒于此。而据朱子《通鉴纲目》及《通鉴辑览》所定，则前后互歧，进退失据，无一而可焉。请穷诘之：夫以得地之多寡为定，则混一者，固莫与争矣。其不能混一者，自当以最多者为最正，则苻秦盛时，南至印僰，东至淮泗，西极西域，北尽大碛，视司马氏版图过之数倍；而宋金交争时代，金之幅员，亦有天下三分之二，而果谁为正？而谁为伪也？如以据位之久暂而定，则如汉、唐等之数百年，不必论矣。若夫拓跋氏之祚，迥轶于宋、齐、梁、陈；钱镠、刘隐之系，远过于梁、唐、晋、汉、周。而西夏李氏，乃始唐乾符，终宋宝庆，凡三百五十余年，几与汉唐埒，地亦广袤万里，又谁为正而谁为伪也？如以前代之血胤而定，则杞宋当二日并出，而周不可不退处于篡僭。而明李槃以宇文氏所臣属之萧岿为篡贼，萧衍延苟全之性命，而使之统陈；以沙陀夷族朱邪、存勖，不知所出之徐知诰，冒李唐之宗，而使之统分据之天下者，将为特识矣。而顺治十八年间，故明弘光隆武永历尚存正朔，而视同闰位，何也？而果谁为正而谁为伪也？如以前代旧部所在而定，则刘、石、慕容、苻、姚、赫连、

拓跋所得之土，皆五帝三王之故宅也。女真所抚之众，皆汉、唐所遗民也，而又谁为正而谁为伪也？如以后代所承所自出者为正，则晋既正矣，而晋所自出之魏，何以不正？前既正蜀，而后复正晋，晋自篡魏，岂承汉而兴邪？唐既正矣，且因唐而正隋矣，而隋所自出之宇文，宇文之以自出之拓跋，何以不正？前正隋而后正陈，隋岂因灭陈，而始有帝号耶？又乌知夫谁为正而谁为伪也？若夫以中国之种族而定，则诚爱国之公理，民族之精神，虽迷于统之义，而犹不悖于正之名也，而惜乎数千年未有持此以为鹄者也。李存勖、石敬瑭、刘知远以沙陀三小族，窃一掌之地，而觍然奉为共主。自宋至明百年间，黄帝子孙，无尺寸土，而史家无谓正统者，仍不绝如故也，而果谁为正而谁为伪也？于是乎而持正统论者，果无说以自完矣。

大抵正统之说所以以起者，有二原因：其一则当代君臣自私本国也。温公所谓“宋魏以降，各有国史，互相排黜：南谓北为索虏，北谓南为岛夷。朱氏代唐，四方幅裂；朱邪入汴，比之穷新。运历年纪，弃而不数，此皆私己之偏辞，非大公之通论也。”诚知言矣。自古正统之争，莫多于蜀、魏问题：主都邑者，以魏为真人；主血胤者，以蜀为宗子。而其详论之变迁，恒缘当时之境遇。陈寿主魏，习凿齿主蜀；寿生西晋，而凿齿东晋也。西晋踞旧都，而上有所受，苟不主都邑说，则晋为僭矣。故寿之正魏，凡以正晋也。凿齿时，则晋既南渡，苟不主血胤说，而仍沿都邑，则刘、石、苻、姚正，而晋为僭矣。凿齿之正蜀，凡亦以正晋也。其后温公主魏，而朱子主蜀；温公生北宋，而朱子南宋也。宋之篡周宅汴，与晋之篡魏宅许者同源。温公之主都邑说也，正魏也，凡以正宋也。南渡之宋，与江东之晋同病。朱子之主血胤说也，正蜀也，凡亦以正宋也，盖未有非为时君计者也。至如五代之亦觍然目为正统也，更宋人之謷言也。彼五代亦何足以称代？朱温盗也；李存勖、石敬瑭、刘智远，沙陀犬羊之长也。温可代唐，则侯景、李全可代宋也。沙陀三族，可代中华之主，则刘聪、石虎，可代晋也。郭威非夷非盗，差近正矣，而以黥卒乍起，功业无闻，乘人孤寡，夺其穴以自立，以视陈霸先之能平寇乱犹奴隶耳。而况彼五人者，所掠之地，不及禹域二十分之一，所享之祚，合计仅五十二年。而顾可以圣仁神武某祖某皇帝之名奉之乎？其奉之也，则自宋人始也。宋之得天下也不正，推柴氏以为所自受，因而溯之，许朱温以代唐，而五代之名立焉。其正五代也，凡亦以正宋也。至于本朝，以异域龙兴，入主中夏，与辽、金、元前事相类。故顺治二年三月，议历代帝王祀典，礼部上言，谓辽则宋曾纳贡，金则宋尝称侄，帝王庙祀，似不得遗，骎骎乎欲伪宋而正辽、金矣。后虽惮于清议，未敢悍然，然卒增祀辽太祖、太宗、景宗、圣宗、兴宗、道宗，金太祖、太宗、世宗、章宗、宣宗、哀宗。其后复增祀元魏道武帝、明元帝、孝武帝、文成帝、献文帝、孝文帝、宣武帝、孝明帝，岂所谓兔死狐悲，物伤其类者耶？由此言之，凡数千年来，哓哓于正不正伪不伪之辨者，皆当时之霸者，与夫霸者之奴隶，缘饰附会，以为保其一姓私产之谋耳，而时过境迁之后，作史者犹慷他人之慨，龂龂焉辨得失于鸡虫，吾不知其何为也？

其二由于陋儒误解经义，煽扬奴性也。陋儒之说，以为帝王者圣神也。陋儒之意，以为一国之大，不可以一时而无一圣神焉，又不可以同时而有两圣神焉者。当其无圣神也，则无论为乱臣、为贼子、为大盗、为狗偷、为仇雠、为夷狄，而必取一人一姓之偶像而尸祝之曰：此圣神也！此圣神也！当其多圣神也，则于群圣群神之中，而探阄焉，而置棋焉，择取其一人一姓而膜拜之曰：此乃真圣神也，而其余皆乱臣、贼子、大盗、狗偷、仇雠、夷狄也。不宁惟是，同一人也，甲书称之为乱贼、偷盗、仇雠、夷狄，而乙书则称之为圣神焉。甚者同一人也，同一书也，而今日称之为乱贼、偷盗、仇雠、夷狄，明日则称之为圣神焉。夫圣神自圣神，乱贼自乱贼，偷盗自偷盗，夷狄自夷狄，其人格之相去不可以道里计，一望而知无能相混者也，亦断未有一人之身，而能兼两涂者也。异哉！此至显至浅至通行至平正之方人术，而犹不可以施诸帝王也。谚曰："成即为王，败即为寇。"此真持正统论之史家所奉为月旦法门者也。夫众所归往谓之王，窃夺殃民谓之寇。既王矣，无论如何变相，而必不能堕而为寇；既寇矣，无论如何变相，而必不能升而为王，未有能相即焉者也。如美人之抗英而独立也，王也，非寇也，此其成者也。即不成者，如菲律宾之抗美，波亚之抗英，未闻有能目之为寇者也。元人之侵日本，寇也，非王也，此其败也者。即不败焉，如蒙古蹂躏俄罗斯，握其主权者数百年，未闻有肯认之为王者也。中国不然，兀术也，完颜亮也，在宋史则谓之为贼为虏为仇，在金史则某祖某皇帝矣。而两史皆成于中国人之手，同列正史也。而"诸葛亮入寇"、"丞相出师"等之差异更无论也。朱温也，燕王棣也，始而曰叛曰盗，忽然而某祖某皇帝矣。而曹丕、司马炎而由名而公，由公而王，由王而帝，更无论也。准此以谈，吾不能不为匈奴、冒顿、突厥、颉利之徒悲也；吾不能不为汉吴楚七国、淮南王安、晋八王、明宸濠之徒悲也；吾不能不为上官桀、董卓、桓温、苏峻、侯景、安禄山、朱泚、吴三桂之徒悲也；吾不得不为陈涉、吴广、新市、平林、铜马、赤眉、黄巾、窦建德、王世充、黄巢、张士诚、陈友谅、张献忠、李自成、洪秀全之徒悲也。彼其与圣神相去，不能以寸耳，使其稍有天幸，能于百尺竿头进此一步，何患乎千百年后，赡才博学，正言谠论，倡天经明地义之史家，不奉以“承天广运、圣德神功、肇纪立极、钦明文思、睿哲显武、端毅弘文、宽裕中和、大成定业、太祖高皇帝”之徽号。而有腹谤者，则曰大不敬；有指斥者，则曰逆不道也，此非吾过激之言也。试思朱元璋之德，何如窦建德？萧衍之才，何如王莽？赵匡胤之功，何如项羽？李存勖之强，何如冒顿？杨坚传国之久，何如李元昊？朱温略地之广，何如洪秀全？而皆于数千年历史上巍巍然圣矣神矣。吾无以名之，名之曰幸不幸已耳。若是乎史也者，赌博耳、儿戏耳、鬼蜮之府耳、势利之林耳，以是而为史，安得不率天下而禽兽也！而陋儒犹嚣嚣然曰：此天之经也，地之义也，人之伦也，国之本也，民之防也。吾不得不深恶痛绝夫陋儒之毒天下如是其甚也。

然则不论正统则亦已耳，苟论正统，吾敢翻数千年之案而昌言曰：自周、秦之后，无一朝能当此名者也。第一，夷狄不可以为统。则胡元及沙陀三小族在所必擯，而后魏、北齐、北周、契丹、女真更无论矣。第二，篡夺不可以为统。则魏、晋、宋、齐、梁、陈、北齐、北周、隋、后周、宋在所必擯。而唐亦不能免矣。第三，盗贼不可以为统，则后梁与明，在所必擯，而汉亦如唯之与阿矣。然则正统当于何求之？曰：统也者，在国非在君也、在众人非在一人也。舍国而求诸君，舍众人而求诸一人，必无统之可言，更无正之可言。必不获已者，则如英、德、日本等立宪君主之国，以宪法而定君位继承之律，其即位也，以敬守宪法之语，誓于大众，而民亦公认之。若是者，其犹不谬于得丘民为天子之义，而于正统庶乎近矣。虽然，吾中国数千年历史上，何处有此？然犹龂龂焉于百步五十步之间，而曰统不统，正不正，吾不得不怜其愚而恶其妄也。后有良史乎，盍于我国民系盛衰强弱主奴之间，三致意焉尔。（《分类饮冰室文集全编》卷十二）

章炳麟　论朱子纲目

正史云云，又有当论述者，正统之说是也。《隋志》于正史之外，别有霸史。以霸匹正，则正言正统，霸言僭伪割据也。正统之说，论者纷然。北人以北朝为正统，唐初尚尔。而《隋志》则南北朝史并入正史。盖南北朝究竟以何方为正统，未易定也。若依夷夏之辨立论，自当以南朝为正。北朝非华人也。如以正统予元魏，则前之刘渊、石勒、苻坚，皆将以正统归之矣。斥刘、石而予魏、齐，岂持论之平哉！苻坚奄有中原，强逾东晋。而王猛临终语之曰：“晋正朔相承，愿不以晋为图。”是猛固视晋为正统也。北魏初亦不敢自大，及魏收作《魏书》，始称东晋为僭晋，谥南朝曰岛夷。（此亦报复之道。沈约作《宋书》，号北朝曰索虏，拓跋编发为辫，故曰索头虏。）助桀为虐，信为秽史！唐人承隋，不得不以北朝为正。开元时，萧颖士以为南朝正统至萧梁而绝，作《梁不禅陈论》。实则梁敬帝禅位于陈，不能言陈无所受，而温公有陈氏何所受之说，殆为萧氏所误也。案萧颖士为梁鄱阳王恢七世孙，梁氏宗室，自相构难。萧詧至以妻子质魏，道魏兵伐江陵，杀梁元帝。元帝之子敬帝，称帝建业，后禅位于陈。詧亦在襄阳即位，号后梁。至隋开皇七年，国废。党伐之见，萧家子弟锢蔽最深。颖士偏私之言，岂可尽信？皇甫湜作《东晋元魏正闰论》，亦谓江陵之灭，则为周矣。陈氏自树而夺，无容于言，此盖唐人立言，不得不尔。《资治通鉴》则取宋、齐、梁、陈年号以纪诸国之事，自宋至陈，主国者皆汉人，自宜以正统予之。而朱晦庵作《纲目》，不分主从，并列南北朝年号。晦庵生当南宋，不知何以昧于夷夏之义如此？温公《通鉴》于三国则正魏闰蜀，《纲目》反之，以蜀为正统，此晦庵长于温公处。温公谓昭烈之于汉，虽云中山靖王之后，而族属疏远，不能纪其世数名位，亦犹南唐烈祖之称吴王恪后，不当以光武为比。（自长沙靖王至光世系甚明）此温公之偏见。徐知诰幼时为徐温所虏，其世系人无知者。若昭烈之称汉后，为当时敌国所共识。为汉中王时，群臣表于献帝，称肺腑枝叶，宗子藩翰，若果世次无考，曹操焉有不揭破其诈者！又吴、蜀交恶，诸葛瑾与备笺云：“关羽之亲，何如先帝？”设非汉裔，瑾何为为此言哉！故以昭烈比徐知诰，亦温公之一失也。温公自言正闰之际，非所敢知，不过假其年号以识事之先后。故五代、梁、唐，亦取其年号纪事。而王船山则以为称五代者，宋人之辞，黥卒剧盗，犬羊之长，不能私之以称代。必不得已，于斯时也，而欲推一人以为之主，其杨行密、徐温、王建、李昪、钱镠、王潮之犹愈乎？尚有长人之心，而人或依之以偷安也。周自威烈王以后，七国交争，十二侯画地以待尽。赧王纳土朝秦，天下后世，固不以秦代周，而名之曰战国。然则天祐以后，建隆以前，谓之战国焉允矣。何取于偏据速亡之盗夷而推崇为共主乎？严衍《通鉴补》亦言周社虽亡，秦命未集；昭襄虽强，犹齐、楚耳。朱温篡唐，毒浮于地。敬瑭巨虏，贻殃万民。梁、晋之罪，甚于黄巢。世有鲁连，必当蹈海。其书以周赧入秦，七雄分据，改称前列国。唐昭陨洛，五代迭兴，改称后列国。论甚公允。惟书之于册，甚不易于纪年。当时十国中称帝者四（吴、南唐、前蜀、后蜀。又南汉刘龑亦称帝），究以何人之年号为纲而附之以事乎？严书分注列国年号。按分注之例，始于《纲目》。前之前、后《汉纪》，皆不分注。《纲目》与《通鉴》体例不同。毕沅《续通鉴》，于宋代纪年之下，旁注辽、金年号，显然违乱《通鉴》体例，严之《通鉴补》亦然。故空言甚易，成书则难。史家于此，所当郑重考虑也。霸史中如马令、陆游《南唐书》，吴任臣《十国春秋》，谢启昆《西魏书》（魏收在北齐作《魏书》，不载西魏，谢纂录故籍成此），皆足以资考订。至何者方可谓之正史，则清代以颁立学官者为根。民国以来，无此限制，亦不能再立范围矣。

史家载笔，直书其事，其义自见，本不必以一二字为褒贬。书法固当规定，正统殊不可问，所谓不过假年号以记事耳。《通鉴》视未成一统之局，与列国相等。如以魏为正统，而记载仍与吴、蜀相同。南北朝亦然。凡一统之君死称崩，否则称殂。《通鉴》于三国魏主死称殂，蜀、吴二主亦称殂，南北朝南主称殂，北朝亦称殂。一统之国，大臣死称薨，否则称卒，与春秋列国大夫相同。此温公之书法，所以表示一统与否者也。其在一年中改元者，温公以后者为准。若禅受之际，上半年属胜代，下半年为新朝，亦以后者为准。如汉献帝二十五年之冬，禅于曹魏，纪汉则献帝止于二十四年，二十五年即为黄初元年。南北朝以南朝纪年，至隋开皇九年灭陈，始立隋纪。其在汉献未禅位以前，魏称王，汉称帝。开皇九年以前，陈称帝，隋称主。灭陈之岁，陈称主，而隋称帝。温公书法如此。其实一年两纪，亦无不可。温公不欲两纪，故以后者为准。宋人言温公夺汉太速，实亦逼于书法，无可如何也。《纲目》以蜀为正统，分注魏、吴二国年号于下。《通鉴》则止有大书，无分注之一法。后陈桱作《通鉴续编》二十四卷。（桱生元末，入明为翰林编修。）大书分注，全仿《纲目》。虽曰《通鉴续编》，实《纲目》之流亚也。沈周《客座新闻》载桱著此书时，书宋太祖云“匡胤自立而还”，未缀笔，迅雷击案。桱端坐不慑，曰：“虽击吾手，终不易也。”桱书颇有存亡继绝之意。如后汉刘知远族裔据太原称北汉，《续编》仍存北汉年号。金哀宗之后，末帝承麟立仅一日，亦为之纪年。西辽传国数十年，《续编》详为分注，宋益王昰、卫王昺在瀛国公降元之后，播迁海岛，《续编》亦皆记之，以存宋统。（元修《宋史》附《恭宗本纪》后。）清代君主对于此事，深恶痛疾，其不愿福、桂、唐三王得称正统，观御批《通鉴辑览》可知。甚至李光地《榕村语录》云：“凡历代帝王，均有天命，不得随人私意，尊为正统。蜀汉之尊为正统者，以称之诸葛武侯之故耳。”乾隆时更发特谕，谓“元人北去，在漠北称汗，其裔至清初始尽。设国灭统存，则元祚不当尽于至正。武王灭纣，武庚亦将仍为正统”。此不知史为中国之史，胡元非我族类，驱出境外，宁有再系其年号之理？武庚已受周封，备位三恪，岂可与益、卫二王即位岭海同年而语哉！然戴名世即以《南山集》论二王应称正统而得祸。由今观之，爱新觉罗氏既作此国亡统绝之论，则辽东之溥仪，自不得再有统绪之说可以藉口也。（《国学略说》）

蒙文通　肤浅小书

史家正闰之论，肇于《汉晋春秋》而极于《宋史质》，粗视之若无谓，而实有深意存焉。《世经》言炎帝受共工，共工受太昊。《祭典》曰：共工氏霸九域。言虽有水德，在火木之间，非其序也，故《易》不载。《易》曰：庖牺氏没，神农氏作。言共工霸而不王，虽有水德，非其序也。共工固为天子，而《易》书家（《尚书大传·易系辞》）黜之也。《秦始皇本纪》后附班固《典引》曰：“周历已终，仁不代母，秦值其位。”《索隐》言秦值其闰位，德在木火之间。《郊祀志》亦言昔共工氏以水德间于木火，与秦同运，非其次序。《索隐》之言，即据《郊祀志》文，是秦与共工实为天子，而汉师不以为天子也。习凿齿作《汉晋春秋》，其《晋承汉统论》曰：“昔共工氏霸有九州，秦政奄平区夏，犹不见序于帝王。今若以魏为有代王之德，则其道不足，道不足则不可谓制当年。当年不制于魏，则魏未曾为天下之王。王道不足于曹，则曹未始为一日之王也。”于是习氏之书以蜀汉为正统而黜魏。萧颖士亦作《黜陈闰隋论》，以唐承梁，固以唐人以南朝为僭伪故也。朱子《纲目》亦沿习氏，以南为正统。陆游之作《南唐书》称本纪，以易马令之书，是亦欲以南唐继唐，而斥北宋人五代正统之论。明时王洙作《宋史质》一百卷，以明继宋，非惟辽、金两代皆列于外国，即元一代年号亦尽削之，而于宋益王之末即以明太祖之高祖追称德祖元皇帝者承宋统。于瀛国公降元以后，岁岁书帝在某地。王洙之书，显为种族之痛。朱氏、陆氏固以痛及于金祸，习氏固以痛于五胡。共工姜姓，为苗黎之族。秦人之事，吾固考其为西戎，则正闰论者，固政治民族主义也。

柳诒徵　史统

（上略）即明人所托郑氏之言，亦明人持正义以论史之特识也。

《心史·古今正统大论》：中国之事，系乎正统。正统之治，出于圣人，以教后世天下之人所以为臣为子也。岂宜列之以嬴政、王莽、曹操、孙坚、拓跋珪、十六夷国等，与中国正统互相夷虏之语杂附于正史之间？且书其秦、新室、魏、吴、元魏、十六夷国名年号及某祖某帝朕诏天子封禅等事，竟无以别其大伦，臣行君事，夷狄行中国事，古今天下之不祥，莫大于是。若夫夷狄风俗兴亡之事，许存于本史，若国名素具猃狁单于之号，及官职州县并从之。其曰《北史》，是与中国抗衡之称，宜黜曰“胡史”。仍修改其书，夺其僭用天子制度等语，其曰《南史》，实以偏方小之，然中国一脉系焉。宜崇曰“四朝正史”。嬴政不道，王莽篡逆，刘玄降赤眉，刘盆子为赤眉所挟，五代篡逆尤甚，冥冥长夜，皆不当与之，普六茹坚小字那罗延，夺伪周宇文辟之土，而并僭陈之天下，本夷狄也。魏徵犹引杨震十四世孙书之，此必普六茹坚援引前贤以华族谱云，并宜黜其国名年号，惟直书其姓名及甲子焉。若论古今正统，则三皇、五帝、三代、西汉、东汉、蜀汉、大宋而已。司马绝无善治，或谓后化为牛氏矣。宋、齐、梁、陈巍然缀中国之一脉，四姓廿四帝，通不过百七十年，俱无善治，俱未足多议。故两晋、宋、齐、梁、陈可以中国与之，而不可列之于正统，李唐为晋《载记》凉武昭王李暠七世孙，实夷狄之裔，况其诸君家法甚缪戾，特以其并包天下颇久，贞观、开元太平气象，东汉而下未之有也，故列之于中国，特不可以正统言。以正而得国，则篡之者逆也。如逆莽、逆操之类是也。不以正而得国，则篡之者非逆也，汉取嬴政之国，唐取普六茹坚之国，大宋取柴宗训之国是也。

方正学《释统》之言曰：天下有正统一，变统三。三代，正统也。如汉如唐如宋，虽不敢几乎三代，然其主皆有恤民之心，则亦圣人之徒也。附之以正统，亦孔手与齐桓仁管仲之意也。奚谓变统？取之不以正，如晋、宋、齐、梁之君，亦不可为正矣。守之不以仁义，戕虐乎生民，如秦如隋，使传数百年也，亦不可为正矣。夷狄而僭中国，女后而据天位，治如苻坚，才如武氏，亦不可继统矣。二统立而劝戒之道明，侥幸者其有所惧乎。（《释统上》）变统之说，视章望之所定霸统较赅，霸统不及武周之窃唐，变统则赅之矣。又曰：变统之异于正统者，何也？始一天下而正统绝，则书甲子而分注于下。(《释统下》)是亦欧公所谓三绝，朱子所谓无统之意也。魏禧《正统论》，历举欧、苏、郑三家之说，谓郑氏为尤正，顾未及方氏《释统》，而其所创正统、偏统、窃统三目，亦即章氏霸统、方氏变统而小易之耳。

方氏生当明初，吾族习于蒙古者久，闻其言者多訾之。故又作《后正统论》，专伸夷夏之义。

方孝孺《后正统论》：俗之相成，岁薰月染，使人化而不知。在宋之时，见胡服、闻胡语者，犹以为怪。主其帝而虏之，或羞称其事。至于元，百年之间，四海之内，起居饮食，声音器用，皆化而同之，斯民长子育孙于其土地，习熟已久，以为当尔。昔既为其民矣，而斥之以为夷狄，岂不骇俗而惊世哉？然顾嫌者乃一时之私，非百世不易之道也。贤者之虑事，当先于众人，而预忧于后世。苟以夷狄之主而进之于中国，则无厌之虏，何以惩畏？安知其不复为中国害乎？如是则生民之祸大矣，斯固仁者之所不忍也。然则当何为？曰：其始一天下也，不得已以正统之法书其国号而名其君，于制诏号令变更之法，稍异其文，崩殂薨卒之称，递降之；继世改元之礼，如无统，一传以后，分注之，凡所当书者皆不得与中国之正统比，以深致不幸之意。使有天下者惩其害，而保守不敢忽，使夷狄知大义之严，正统之不可以非类得，以消弭其侥觊之心。

丘琼山作《世史正纲》，即本方氏之法，书《元世史》至明太祖始复中国之统，其于中国之人，渐染元俗，日与之化，身其氏名，口其言语，家其伦类，忘其身之为华，十室而八九，言之尤极沉痛。而仍元之世，第谓世道至此，坏乱已极，亦不似王洙《宋史质》之以明之先祖虚承宋统，则于正义之中，亦不抹杀史实，胡应麟以是书继《纲目》，非过言也。(《国史要义》)

资料二

秦　秦会要（历数上）

五运正朔服色附（补）　邹衍创《终始五德》之说，以为天地剖判以来，五德转移，治各有宜。政教之质，所以云救，当时则用，过则舍之，有易则易之。始皇采用其说，推终始五德之传，改正朔，易服色，成为一王之法。迄乎汉后，凡创业垂统之主，继体守文之君，莫不踵而效之，以改正朔、易服色为先务，此于历代政制，所关极大，故特识焉。

始皇推终始五德传，以为周得火德。秦代周德，从所不胜。方今水德之始，改年始朝贺，皆自十月朔。衣服、旄旌、节皆尚黑，数以六为纪，符法冠皆六寸，而舆六尺，六尺为步，乘六马。更名河曰德水，以为水德之始。刚毅戾深，事因决于法，刻削，毋仁恩和义。然后合五德之数。（《始皇本纪》）

战国扰攘，秦兼天下，未遑暇也。亦颇推五胜，而自以为获水德，乃以十月为正，色尚黑。（《汉书·律历志》）

《祭典》曰：共工氏伯九域，言虽有水德，在火木之间，非其序也。任知刑以强，故伯而不王。秦以水德，在周、汉木火之间。周人署其行序，故《易》不载。（同上）

秦在水德，故谓据土而克之。昔共工氏以水德，间于木火，与秦同运，

非其次序，故皆不永。(《汉书·郊祀志》)

始皇帝既即位，或曰："黄帝得土德，黄龙地蚓见。夏得木德，青龙止于郊，草木畅茂。殷得金德，银自山溢。周得火德，有赤乌之符。今秦变周，水德之时。昔秦文公出猎，获黑龙，此其水德之瑞。"于是秦更命河曰德水，以冬十月为年首，色上黑，度以六为名，音上大吕，事统上法。(《史记·封禅书》、《汉书·郊祀志》)

共工氏为水德，居木火之间，伯而王，非其序也。秦昭王始灭周，而诸侯未尽从。至昭王之曾孙政，遂并天下，是为始皇帝。有天下十四年，犹共工氏焉，非其序也。(荀悦《汉纪》一)

自齐威宣时，驺子之徒，论著终始五德之运。及秦帝，而齐人奏之，故始皇采用之。(《史记·封禅书》、《汉书·郊祀志》)

《帝王世纪》云："秦不求五运，别以水德王。"(《初学记》九引)

是时独有邹衍，明于五德之传，而散消息之分，以显诸侯。而亦因秦灭六国，兵戎极烦，又升至尊之日浅，未遑暇也。然亦颇推五胜，而自以为获水德之瑞，更名河曰德水。而正以十月，色上黑。然历度闰余，未能睹其真也。(《史记·历书》)

周历已移，仁不代母，秦直其位。(班固《典引》)(补：见《始皇本纪》后)

吕思勉曰：五德终始，说出邹子，乃谓有五种治法，当以时更易，意实同于儒家之通三统。至秦、汉之世，一变而为改正朔、易服色等空谈，继且推衍而入于迷信，则后人之不克负荷也。行序之说，西京之季，盖尝经一大变。秦襄、文、献三公，皆祭白帝。《封禅书》又云："秦始皇既并天下而帝，或曰：黄帝得土德，黄龙地蚓见。夏得木德，青龙止于郊，草木畅茂。殷得金德，银自山溢。周得火德，有赤乌之符。今秦变周，水德之时。昔秦文公出猎获黑龙，此其水德之瑞。于是秦更命河曰德水，以冬十月为年首，色上黑，度以六为名，音上大吕，事统上法。"一似秦本自谓金德，后乃改行水德者。然下文又云："自齐威、宣之时，驺子之徒，论著五德终始之运，及秦帝而齐人奏之，故始皇采用之。"又云：汉高祖问天有五帝，而有四，何也？莫知其说。夫使秦人久知有五帝，何得独阙一黑帝？逮始皇自谓水德而独不立祠？则知《封禅书》襄公以后之事，多方士附会之辞，五德终始之说，实出自东方也。邹子之说，五德相代，从所不胜。汉兴，张苍为计相，时绪正律历，以高祖十月始至霸上，故因秦时，本十月为岁首不革。推五德之运，以为汉当水德之时，上黑如故。吹律调乐，人之音声，及以比定律令，若百工天下作程品。至于为丞相，卒就之。（苍为计相在高祖六年，为丞相在孝文四年。）文帝十三年，鲁人公孙臣上书曰："始秦得水德，今汉受之，推终始传，则汉当土德。土德之应黄龙见。宜改正朔，易服色，色尚黄。"苍以为非，罢之。后三岁，黄龙见成纪。文帝召公孙臣，拜为博士，与诸生草改历服色事。张苍由此自绌。而贾生草具仪法，亦色尚黄，数用五。则汉初言行序者，皆守邹子之说。至末造而异说兴。邹子之书，今已不传。《文选》沈休文《齐故安陆昭王碑》李善《注》引邹子曰："五德从所不胜，虞土，夏木，殷金，周火。"左思《魏都赋·注》引《七略》亦曰："邹子终始五德，从所不胜。土德为始，木德次之，金德次之，火德次之，水德次之。"《吕览·应同》以黄帝为土德，禹为木德，汤为金德，文王为火德；《淮南子·齐俗训》言有虞氏祀中霤，服尚黄；夏后氏祀户，服尚青；殷人祀门，服尚白；周人祀灶，服尚赤，与秦始皇所采之说同，皆邹子之说也。据此推之，则颛顼木，帝喾金，尧火，而舜为土德，中阙水德一代。或谓邹子之说，实五帝同德。或谓《管子·揆度》，称共工之王，则共工当王尧、舜间。《汉书·律历志》曰：共工氏霸九域，言虽有水德，在火土之间，非其序也，任刑知以强，故伯而不王，意在祧秦而以汉承周耳。说亦可通。自刘歆之后，遂又有所谓正闰之说矣。（《秦汉史》）

汉　刘歆　世经

《春秋》昭公十七年"郯子来朝"，《传》曰：昭子问少昊画鸟名，何故[①]？对曰："吾祖也，我知之矣。昔者，黄帝氏以云纪，故为云师而云名；炎帝氏以火纪，故为火师而火名；共工氏以水纪，故为水师而水名[②]；太昊氏以龙纪，故为龙师而龙名。我高祖少昊（絷）〔挚〕之立也，凤鸟适至，故纪于鸟，为鸟师而鸟名。"言郯子据少昊受黄帝，黄帝受炎帝，炎帝受共工，共工受太昊，故先言黄帝，上及太昊。稽之于《易》炮牺、神农、黄帝相继之世可知。[③]

---

① 师古曰："郯，国名；子，其君之爵也。郯国即东海郯县是也。朝，朝于鲁也。昭子，鲁大夫叔孙昭子也，名婼。"

② 师古曰："共读曰龚。下皆类此。"

③ 师古曰："炮与庖同也。"

太昊帝　《易》曰："炮牺氏之王天下也。"言炮牺继天而王，为百王先，首德始于木，故为帝太昊。作罔罟[①]以田渔，取牺牲，故天下号曰炮牺氏。《祭典》曰："共工氏伯九域。"[②] 言虽有水德，在火木之间，非其序也。任知刑以强，故伯而不王。秦以水德，在周、汉木火之间。[③] 周人𨚓其行序，故《易》不载。[④]

黄帝　《易》曰："神农氏没，黄帝氏作。"火生土，故为土德。与炎帝之后战于阪泉，遂王天下。始垂衣裳，有轩冕之服[⑤]，故天下号曰轩辕氏。

少昊帝　《考德》曰少昊曰清。[⑥] 清者，黄帝之子清阳也。是其子孙名挚立。土生金，故为金德，天下号曰金天氏。周𨚓其乐，故《易》不载，序于行。

颛顼帝　《春秋外传》曰：少昊之衰，九黎乱德，颛顼受之，乃命重黎。苍林昌意之子也。金生木，故为水德。天下号曰高阳氏。周𨚓其乐，故《易》不载，序于行。

帝喾　《春秋外传》曰：颛顼之所建，帝喾受之。清阳玄嚣之孙也。〔水〕生木（故），故为木德。天下号曰高辛氏。帝挚继之，不知世数。周𨚓其乐，故《易》不载。周人禘之。

唐帝　《帝系》曰：帝喾四妃，陈丰生帝尧，封于唐。盖高辛氏衰，天下归之。木生火，故为火德，天下号曰陶唐氏。让天下于虞，使子朱处于丹渊为诸侯。即位七十载。

虞帝　《帝系》曰：颛顼生穷蝉，五世而生瞽叟，瞽叟生帝舜，处虞之妫汭[⑦]，尧嬗以天下。[⑧] 火生土，故为土德。天下号曰有虞氏。让天下于禹，使子商均为诸侯。即位五十载。

伯禹　《帝系》曰：颛顼五世而生鲧，鲧生禹，虞舜嬗以天下。土生金，

---

① 师古曰："罟音古。"

② 师古曰："《祭典》，即《礼经祭法》也。伯读与霸同。下亦类此。"

③ 师古曰："志言秦为闰位，亦犹共工不当五德之序。"

④ 邓展曰："𨚓，去也，以其非次故去之。"师古曰："此指谓共工也。𨚓，古迁字，其下并同。"炎帝，《易》曰："炮牺氏没，神农氏作。"言共工伯而不王，虽有水德，非其序也。以火承木，故为炎帝。教民耕农，故天下号曰神农氏。

⑤ 邓展曰："凡冠，前卑后高，故曰轩冕也。"师古曰："此说非也，轩，轩车也。冕，冕服也。"《春秋左氏传》曰："服晚乘轩。"

⑥ 师古曰："《考德》者，考五帝德之书也。"

⑦ 师古曰："妫，水名也。水曲曰汭，音人锐反。"

⑧ 师古曰："嬗，古禅让字也。其下亦同。"

故为金德。天下号曰夏后氏。继世十七王，四百三十二岁。

成汤　《书经·汤誓》：汤伐夏桀。金生水，故为水德。天下号曰商，后曰殷。[①]

武王　《书经·牧誓》：武王伐商纣，水生木，故为木德，天下号曰周室。（《汉书·律历志》）

王懋弘　汉火德考

自邹衍推五德终始之传，作《主运》，秦始皇采用其说。以周得火德，秦灭周，从所不胜为木德。《封禅书》或曰：黄帝得土德，夏得木德，殷得金德，周得火德，秦得水德，是必用邹衍说也。至刘歆《三统历》，乃更以夏得金德，殷得水德，周得木德，秦在木火之间，汉得火德，与邹衍所云异矣。汉初，用赤帝子之祥，旗帜尚赤，而自有天下。后仍袭秦旧，故张苍以为水德。孝文帝时，公孙臣言当改用土德，色尚黄，其事未行。至孝武帝改正朔，色尚黄，印章以五字，则用公孙臣之说也。王莽篡位，自以黄帝之后，当为土德。而用刘歆说，尽改从前相承之序，以汉为火德。后汉重图谶，以《赤伏符》之文改用火德；班固作《志》，遂以著之。高帝而后，汉人作《飞燕外传》，有"祸水灭火"之语，不知前汉自王莽、刘歆以前，未有以为火德者，盖其误也。荀悦《汉纪》言："张苍谓汉为水德而贾谊、公孙臣（今刻作公孙弘，误）以为土德。"及至刘向父子，推五行之运，以子承母。始自伏羲，以迄于汉，宜为火德，其说为明，然《律历》言刘向总六历，列是非，作《五纪论》，其论今不传。若《三统历》所云，则歆说非向说也。贾谊云："当用土德，色尚黄，数以五。"司马迁《太初历》盖从之。而班固以为疑，改用火德。然前汉实用土德，非火德也。凡此皆《史记索隐》、《汉书颜注》、《通鉴胡注》所未及，故详论之，以俟后之人考而证焉。

《元后传》："莽更汉家黑貂，著黄貂。又正正朔，伏腊日。"按汉土德，色尚黄，其黑貂则因秦旧未之改也。《莽传》以十二月为正朔，伏腊则未详。或伏字连言之，下正云"正腊日"，不云"伏"可知。如高堂隆言汉以午祖以戌腊，自是后汉火德之制，前汉则无考，故《颜注》略之。王莽所改，亦不传也。贾谊、公孙臣皆以汉为土德，太初改历从之。至图谶兴于哀、平之世，

---

① 孟康曰："初契封商，汤居殷而受命，故二号。"

盖以汉为火德，刘歆《三统历》当本之。此王莽以符命自立，其辅政居摄时，必改汉以为火德。故《莽传》言：丁火汉氏之德也。明汉刘火德尽，而传于新室也。则以汉为火德，固不自后汉始矣。大抵起于哀、平之世，王莽、刘歆之说，而《班志》以著之，高帝则不然也。

蔡邕《独断》：五帝腊、祖之异名：青帝以未腊卯祖，赤帝以戌腊午祖，白帝以丑腊酉祖，黑帝以辰腊子祖，黄帝以辰腊戌祖。高堂隆曰："水始于申，盛于子，终于辰；故水行之君以子祖，以辰腊。火始于寅，盛于午，终于戌；故火行之君以午祖，以戌腊。木始于亥，盛于卯，终于未；故木行之君以卯祖，以未腊。金始于巳，盛于酉，终于丑；故金行之君以酉祖，以丑腊。土始于未，盛于戌，终于亥；故土行之君以戌祖，以辰腊。"其说与蔡合。而秦静以为小数之学，因就传著五行以为说，非典籍经义之文也。隆言魏土德，当以戌祖辰腊。静则言汉以午祖戌腊，魏当如前以未祖丑腊。所云汉以午祖戌腊，自是东汉火德之制，而魏之未祖丑腊，又不知何据也？疑皆后人依放为说，而汉以前祖腊之制皆不可考，故《颜注》皆略之。（《白田草堂存稿》卷三）

吕思勉曰：《汉书·郊祀志》赞曰："汉兴之初，庶事草创。惟一叔孙生，略定朝廷之仪。若乃正朔、服色、郊望之事，数世犹未章焉。至于孝文，始以夏郊，而张苍据水德，公孙弘（臣）、贾谊更以为土德，卒不能明。孝武之世，文章为盛。大初改制，而兒宽、司马迁等，犹从臣、谊之言。服色度数，遂顺黄德。彼以五德之传，从所不胜，秦在水德，故谓汉据土而克之。刘向父子以为帝出于震，故庖牺氏始受木德。其后以母传子，孙而复始，后神农、黄帝下历唐、虞、三代，而汉得火焉。故高祖始起，神母夜号，著赤帝之符，旗章遂赤，自得天统矣。"案王莽以汉为火德，自谓得土德。（莽班符命于天下，其《德祥》引汉文、宣之世黄龙见于成纪，以为新室之祥。又言平帝末年，火德销尽，土德当代，皇天眷然，去汉以新，以丹后始命于皇帝。受命之日丁卯，丁火，汉氏之德也，卯刘姓所以为字也，明汉刘火德尽而传于新室也。）而其称假皇帝之奏，引哀帝建平二年改元易号之事，曰："案其本事，甘忠可、夏贺良谶书藏兰台。"其增益漏刻，亦与贺良等同，则其说实出忠可、贺良。哀帝号陈圣刘大平皇帝，陈田古同音通假，土田古同义通用，意若谓帝虽姓刘，所行实土德之政耳。莽与刘向父子，盖同信忠可、贺良之说者也。此说盖因赤帝子之说而附会，而赤帝子之说，则又因高祖为沛公旗帜皆赤而附会，未必与行序有关。《史记·本纪》言旗帜皆赤，由所杀蛇白帝子，杀者赤帝子，疑出后人增窜，非谈、迁元文也。自是之后，相生之说遂行。光武建武二年，始正火德，色尚赤。公孙述引《援神契》曰：“西大守，乙卯金。”谓五德之运，黄承赤而白继黄，金据西方为白德，而代王氏，得其正序。耿包密白袁绍曰：“赤德衰尽，袁为黄胤，宜顺天意。”袁术以袁氏出陈为舜后，以黄代赤，德运之次，遂有僭逆之谋。李休谓赤气久衰，黄家当兴，欲使张鲁举号。（《三国·魏志·曹爽传注》引《魏略》）魏之兴也，以黄龙见谯为瑞。（见《后汉书·方术传》及《三国·魏志·文帝纪》）群臣劝蜀先主称尊号，亦曰黄龙见武阳。桓帝建和二年，长平陈景自号黄帝子。（此从监本。宋本黄作皇。案皇黄古通。）张角自称黄天，其部师三十六万，皆著黄巾。（《后汉书·灵帝纪》、《续汉书·五行志注》引《物理论》云：黄巾被服纯黄。）皆相生之说。其主相胜之说者，学人惟一王充。（见《论衡·验符篇》）草泽之夫，惟冲帝永嘉元年，历阳贼华孟自称黑帝耳。盖行序之说，至此已无理可言，故资以惑众者，亦惟取其为众所习知耳。

邹子之说，本主政教更易，受命者之为谁，非其所计。新室以后，徒借此说以陈受命之符，而国生之说兴焉矣。《史记·高祖本纪》言：刘媪尝息大泽之陂，梦与神遇，是时雷电晦冥，大公往视，则见交龙于其上，俱云交龙而已，不言龙为何色也。及夏贺良，始作赤精子之谶。应劭曰：“高祖感赤精而生，自谓赤帝之精，良等因作此谶文。”其说盖是。（见《汉书·哀帝纪》）《汉书·高帝纪赞》曰：“刘向云：战国时，刘氏自秦获于魏。秦灭魏，迁大梁，都于丰。故周市说雍齿曰：丰故梁徙也。是以颂高祖云：汉帝本系，出自唐帝。降及于周，在秦作刘。涉魏而东，遂为丰公。”可见汉帝本系，乃后来所附会。自是之后，自托古帝王之胄裔，复成积习。王莽自本为虞舜后（见《汉书·元后传》），即汉人自谓尧后之故智也。后汉光武建武七年，诏三公曰：“汉当郊尧，其与卿士大夫博议。”侍御史杜林上疏，以为“汉基业特起，不因缘尧。尧远于汉，民不晓信。言提其耳，终不说谕”（《续汉书·祭祀志》及《注》引《东观书》）。亦可见作伪者之心劳日拙矣。（《秦汉史》二十）

魏　苏林、董巴上表

辛酉，给事中博士苏林、董巴上表曰：天有十二次以为分野，王公之国，各有所属，周在鹑火，魏在大梁。岁星行历十二次国，天子受命，诸侯以封。

周文王始受命，岁在鹑火，至武王伐纣十三年，岁星复在鹑火，故《春秋传》曰："武王伐纣，岁在鹑火；岁之所在，即我有周之分野也。"昔光和七年，岁在大梁，武王（饶按：即曹操。操于献帝时封魏王；后丕追尊魏武帝。此处称武王，意在附庸周武王之令德，以示曹魏得统之正耳。）始授命，（为）〔于〕时将讨黄巾。是岁改年为中平元年。建安元年，岁复在大梁，始拜大将军。十三年复在大梁，始拜丞相。今二十五，岁复在大梁，陛下受命，此魏得岁与周文王受命相应。今年青龙在庚子，《诗·推度灾》曰："庚者更也，子者滋也，圣命天下治。"又曰："王者布德于子，治成于丑。"此言今年天更命圣人制治天下，布德于民也。魏以改制天下，与《时〔诗〕》协矣。颛顼受命，岁在豕韦，卫居其地，亦在豕韦，故《春秋传》曰："卫，颛顼之墟也。"今十月斗之建，则颛顼受命之分也，始魏以十月受禅，此同符始祖受命之验也。魏之氏族，出自颛顼，与舜同祖，见于《春秋》世家。舜以土德承尧之火，今魏亦以土德承汉之火，于行运，会于尧、舜授受之次。臣闻天之去就，固有常分，圣人当之，昭然不疑，故尧捐骨肉而禅有虞，终无吝色，舜发陇亩而君天下，若固有之，其相授受，间不替漏；天下已传矣，所以急天命，天下不可一日无君也。今汉朝运已终，妖异绝之已审，陛下受天之命，符瑞告征，丁宁详悉，反覆备至，虽言语相喻，无以代此。今既发诏书，玺绶未御，固执谦让，上逆天命，下违民望。臣谨案古之典籍，参以图纬，魏之行运及天道所在，即尊之验，在于今年此月，昭晰分明。惟陛下迁思易虑，以时即位，显告天帝而告天下，然后改正朔，易服色，正大号，天下幸甚。

令曰：凡斯皆宜圣德，故曰："苟非其人，道不虚经。"天瑞虽彰，须德而光；吾德薄之人，胡足以当之？今让，冀见听许，内外咸使闻知。（《魏书·文帝纪》二）

按：《宋书·符瑞志》上：魏之氏族，出自颛顼，与舜同祖。舜以土德承尧之火，今魏亦以土德承汉之火，其于行运合于尧、舜授受之次。

南齐　史臣论五德

晋武帝泰始元年，有司奏："王者祖气而奉其□终，晋于五行之次应尚金，金生于巳，事于酉，终于丑，宜祖以酉日，腊以丑日，改《景初历》为

《泰始历》。”奏可。

史臣按邹衍五德，周为火行。衍生在周时，不容不知周氏行运。且周之为历年八百，秦氏即有周之建国也。周之火木，其事易详。且五德更王，唯有二家之说。邹衍以相胜立体，刘向以相生为义。据以为言，不得出此二家者。假使即刘向之说，周为木行，秦氏代周，改其行运。若不相胜，则克木者金，相生则木实生火。秦氏乃称水德，理非谬然。斯则刘氏所证为不值矣。臣以为张苍虽是汉臣，生与周接，司秦柱下，备睹图书。且秦虽灭学，不废术数，则有周遗文虽不毕在，据汉水行，事非虚作。贾谊《取秦》云：“汉土德。”盖以是汉代秦。详论二说，各有其义。张苍则以汉水胜周火，废秦不班五德。贾谊则以汉土胜秦水，以秦为一代。论秦、汉虽殊，而周为火一也。然则相胜之义，于事为长。若同苍黜秦，则汉水、魏土、晋木、宋金；若同贾谊《取秦》，则汉土、魏木、晋金、宋火也。难者云：“汉高断蛇而神母夜哭，云赤帝子杀白帝子，然则汉非火而何？”斯又不然矣。汉若为火，则当云赤帝，不宜云赤帝子也。白帝子又何义况乎？盖由汉是土德，土生乎火；秦是水德，水生乎金，斯则汉以土为赤帝，秦以水德为白帝子也。难者又曰：“向云五德相胜，今复云土为赤帝子，何也？”答曰：“五行自有相胜之义，自有相生之义。不得以相胜废相生，相生废相胜也。相胜者，以土胜水耳；相生者，土自火子，义岂相关。”

崔寔《四民月令》曰：祖者，道神。黄帝之子曰累祖，好远游，死道路，故祀以为道神。嵇含《祖道赋序》曰：汉用丙午，魏用丁未，普用孟月之酉。曰莫识祖之所由。说者云祈请道神，谓之祖有事于道者，君子行役，则列之于中路，丧者将迁，则称名于阶庭。或云，百代远祖，名谥雕灭，坟墓不复存于铭表，游魂不得托于庙祧，故以初岁良辰，建华盖，扬彩旌，将以招灵爽，庶众祖之来凭云尔。（《宋书·律历志》中）

南齐建元元年五月，改《元嘉历》为《建元历》。木德盛卯终未，以正月卯祖，十二月未腊。（《南齐书·高帝纪》下）

北魏　高闾、李彪等

议五德

十四年八月诏曰：“丘泽初志，配尚宜定，五德相袭，分叙有常。然异同之论，著于往汉，未详之说，疑在今史。群官百辟，可议其所应，必令合中，以成万代之式。”

中书监高闾议以为：“帝王之作（《册府元龟》作‘祚’），百代可知，运代相承，书传可验。虽祚命有长短，德政有优劣，至于受终严祖，殷荐上帝，其致一也。故敢述其前载，略其大略。臣闻居尊据极，允应明命者，莫不以中原为正统，神州为帝宅。苟位当名全，化迹流洽，则不专以世数为与夺，善恶为是非。故尧、舜禅揖，一身议尚；魏、晋相代，少纪运殊。桀、纣至虐，不废承历之叙；厉、惠至昏，不阙周、晋之录。计五德之论，始自汉刘，一时之议，三家致别。故张苍以汉为水德，贾谊、公孙臣以汉为土德，刘向以汉为火德。以为水德者，正以尝有水溢之应，则不推运代相承之数矣。以土德者，则以亡秦继历，相即为次，不推逆顺之异也。以为火德者，悬证赤帝斩蛇之符，弃秦之暴，越恶承善，不以世次为正也，故以承周为火德。自兹厥后，乃以为常。魏承汉，火生土，故魏为土德。晋承魏，土生金，故晋为金德。赵承晋，金生水，故赵为水德。燕承赵，水生木，故燕为木德。秦承燕，木生火，故秦为火德。秦之未灭，皇魏未克神州，秦氏既亡，大魏称制玄朔。故平文之庙，始称‘太祖’，以明受命之证，如周在岐之阳。若继晋，晋亡已久；若弃秦，则中原有寄。推此而言，承秦之理，事为明验。故以魏承秦，魏为土德，又五纬表验，黄星曜彩，考氏定实，合德轩辕，承土祖未，事为著矣。又秦、赵及燕，虽非明圣，各正号赤县，统有中土，郊天祭地，肆类咸秩，明刑制礼，不失归章。奄岱逾河，境被淮汉。非若龌龊边方，僭拟之属，远如孙权、刘备，近若刘裕、道成，事系蛮夷，非关中夏。伏惟圣朝，德配天地，道被四海，承乾统历，功侔百王，光格同于唐虞，享祚流于周、汉，正位中境，奄有万方。今若并弃三家，远承晋氏，则蔑中原正次之实。存之无损于此，而有成于彼；废之无益于今，而有伤于事。臣愚以为宜从尚黄，定为土德。又前代之君，明贤之史，皆因其可褒褒之，可贬贬之。今议者偏据可绝之义，而不录可全之礼。所论事大，垂之万叶。宜并集中秘群儒，人人别议，择其所长，于理为悉。”

秘书丞臣李彪、著作郎崔光等议以为：“尚书闾议，继近秦氏。臣职掌国籍，颇览前书，惜此正次，慨彼非绪。辄仰推帝始，还寻百王。魏虽建国君民，兆睽振古，祖黄制朔，绵迹有因。然此帝业，神元为首。案神元、晋武，往来和好。至于桓、穆，洛京破亡。二帝志摧聪、勒，思存晋氏，每助刘琨，申威并冀。是以晋室衔扶救之仁，越石深代王之请。平文、太祖，抗衡苻、石，终平燕氏，大造中区。则是司马祚终于郏鄏，而元氏受命于云代。盖自周之灭及汉正号，几六十年，著符尚赤。后虽张、贾殊议，暂疑而卒从火德，以继周氏。排虐嬴以比共工，蔑暴项而同吴广。近蠲谬伪，还即神正，若此之明也。宁使白蛇徒斩，雕云空结哉！自有晋倾沦，暨登国肇号，亦几六十余载，物色旗帜，率多从黑。是又自然合应，玄同汉始。且秦并天下，革创法度，汉仍其制，少所变易。犹仰推五，竟踵隆姬。而况刘、石、苻、燕，世业促褊，纲纪弗立。魏接其弊，自有彝典，岂可异汉之承木，舍晋而为土耶？夫皇统崇极，承运至重，必当推协天绪，考审王次，不可杂以僭窃，参之强狡。神元既晋武同世，桓、穆与怀、愍接时。晋室之沦，平文始大，庙号太祖，抑亦有由。绍晋定德，孰曰不可，而欲次兹伪僭，岂非惑乎？臣所以凄凄惜之，唯垂察纳。”诏令群官议之。

十五年正月，侍中、司空、长乐王穆亮，侍中、尚书左仆射、平原王陆叡，侍中、吏部尚书、中山王王元孙，侍中、尚书、驸马都尉、南平王冯诞，散骑常侍、都曹尚书、新泰侯游明根，散骑常侍、南部令邓侍祖，秘书中散李恺，尚书左丞郭祚，右丞、霸城子卫庆，中书侍郎封琳，中书郎、泰昌子崔挺，中书侍郎贾元寿等言：“臣等受敕共议中书监高闾、秘书丞李彪等二人所议皇魏行次。尚书高闾以石承晋为水德，以燕承石为木德，以秦承燕为火德，大魏次秦为土德，皆以地据中夏，以为得统之征。皇魏建号，事接秦末，晋既灭亡，天命在我，故因中原有寄，即而承之。彪等据神元皇帝与晋武并时，桓、穆二帝，仍修旧好。始自平文，逮于太祖，抗衡秦、越，终平慕容。晋祚终于秦方，大魏兴于云朔。据汉弃秦承周之义，以皇魏承晋为水德。二家之论，大略如此。臣等谨共参论，伏惟皇魏世王玄朔，下迄魏、晋、赵、秦、二燕，虽地据中华，德祚微浅，并获推叙，于理未惬。又国家积德修长，道光万载，彪等职主东观，详究图史，所据之理，其致难夺。今欲从彪等所议，宜承晋为水德。”诏曰：“越近承远，情所未安。然考次推时，颇亦难继。朝贤所议，岂朕能有违夺？便可依为水德，祖申腊辰。”（《魏书》卷一〇八《礼志》。《永乐大典》运字号录此言出自《北史》，非。）

五胡与五德

行序之说，本谓治法当随时变易，后乃流为空谈，入于迷信。魏、晋已后，虽迷信已淡，而此故事仍存。晋武帝泰始元年，有司奏晋行尚金。（《宋书·历志》）刘曜、石勒，皆承金为水德。（皆见《载记》）慕容儁僭位，群下言承黑精之君，代金行之后，从之。《韩恒传》云（附《儁载记》后）：将定行次，众论纷纭，桓时疾在龙城，儁召恒决之。未至，群臣奏以燕承晋为水德。恒至，言于儁曰：“赵有中原，非惟人事，天所命也。且燕王迹始震。于《易》，震为青龙，受命之初，有龙见于都邑。龙为木德，幽契之符也。”儁初虽难改，后终从恒议，《幕容暐载记》云：郭钦奏议，以暐承石季龙为木德，暐从之。则《儁载记》所谓后从韩恒之议者，实暐时事也。《姚苌载记》：苌僭位，自谓以火德承苻氏木行。案《苻坚载记》云：大元七年，坚谋入寇。初坚即伪位，新平王彫，陈说图谶。坚大悦，以彫为大史命。尝于坚曰：“谨按谶云：古月之未乱中州，洪水大起健西流，惟有雄子定八州，此即三祖坠下之圣讳也。又曰：当有草付臣又土，灭东燕，破白虏，氐在中，华在表。按图谶之文，陛下当灭燕平六州。愿徙汧、陇诸氐于京师，三秦大户，置于边地，以应图谶之言。”坚访王猛，猛以彫为左道惑众，劝坚诛之。彫临刑上疏曰：“臣以赵建武四年，从京兆刘湛学。明于图记，谓臣曰：新平地古颛顼之虚，里名曰鸡闾。此里应出帝王宝器，其名曰延寿宝鼎。颛顼有云：河上先生为吾隐之于西北，吾之孙有草付臣又土应之。湛又云：吾尝斋于室，中夜，有流星大如半月，落于此地，斯盖是乎？愿陛下志之。平七州之后，出于壬午之年。”至是而新平人得之，以献。坚以彫言有征，追赠光禄大夫。（分氐户，留鲜卑，当时盖有深意，彫在当时，盖因违是策而见诛，既而造作妖言，则又托诸已受诛之人，以见其可信也。）则坚实自以为颛顼后。颛顼，必从相胜之说，乃得为木德，岂坚时尝行其说，苌乃又以相生之说承之欤？《魏书·礼志》云：太祖天兴元年，定都平城，即皇帝位。诏有司定行次。群臣奏以国家继黄帝之后，宜为土德。故神兽如牛，牛土畜，又黄星显曜，其符也。于是始从土德，数用五，服尚黄。（亦见《本纪》）此时之拓跋氏，实受封于西燕，岂亦从相胜之说，而以土承燕之水欤？孝文太和十四年，八月，诏议国之行次。（《本纪》）《礼志》载中书监高闾议，谓“居尊据极，允膺明命者，莫不以中原为正统，神州为帝宅。五德之论，始自汉刘。一时之议，三家致别：以为水德者，以尝有水溢之应，不推运代相承之数。以为土德者，以亡秦继历相即为次，不推逆顺之异。以为火德者，悬证赤帝斩蛇之符，越恶承善，不以世次正。自兹厥后，乃以为常。魏承汉，火生土，故魏为土德。晋承魏，土生金，故晋为金德。赵承晋，金生水，故赵为水德。燕承赵，水生木，故燕为木德。秦承燕，木生火，故秦为火德。（此说与《晋书·姚苌载记》不合，盖凭亿为说，不依据故事也。）秦之未灭，皇魏未克神州，秦氏既亡，大魏称制河朔。故平文之庙，始称太祖。以明受命之证，如周在岐之阳。

若继晋，晋亡已久，若承秦，则中原有寄。又五纬表验，黄星曜采。考氏定实，合德轩辕。承土祖木，事为著矣。秦、越及燕，虽非明圣，各正统赤县，统有中土。非若边方僭拟之属；远如孙权、刘备，近若刘裕、道成，事系蛮夷，非关中夏。臣愚以为宜从尚黄，定为土德”。案魏亦五胡之一，若祧后赵、燕、秦，试问自居何等？韩恒、高闾，盖欲避内华外夷之嫌，故为此认贼作子之说。然孝文之意，有异于是，闾亦未尝不窥知之，故又请“集中秘群儒，人人别议，择其所长”也。于是秘书丞李彪、著作郎崔光议，谓“魏虽祖黄制朔，绵迹有因，然此帝业，神元为首。司马祚终于郏鄏，而元氏受命于云代。自周之灭，及汉正号，几六十年，自有晋倾沦，暨登国肇号，亦六十余载。物色旗帜，率多从黑。是又自然合应，玄同汉始。且秦并天下，革创法度，汉承其制，少所变易，犹仰推五运，竟踵隆姬，而况刘、石、苻、燕，世业促褊，纲纪弗立，魏接其弊，自有彝典？岂可异汉之承木，舍晋而为土邪？”诏命群官议之。十五年，正月，司空穆亮等言：欲从彪等所议。诏可。（《纪》在十六年正月壬戌）居然自附于华夏矣。周孝闵帝之立，百官奏议，以木承水，制可。见《周书本纪》。

五德之说，明出学者推论，乃《宋书·历志》曰：“邹衍生在周时，不容不知周之行运。张苍虽是汉臣，生与周接，司秦柱下，备睹图书。秦虽灭学，不废术数，则有周遗文，虽不毕在，据汉水行，事非虚作。然则相胜之义，于事为长。”竟以行序之说为古来实事，误矣。又云：“汉高断蛇，而神母夜哭，云赤帝子杀白帝子，然则汉非火而何？斯又不然。汉若为火，则当云赤帝，不宜云赤帝子也。白帝子又何义况乎？盖由汉是土德，土生乎火；秦是水德，水生乎金，斯则汉以土德为赤帝子，秦以水德为白帝子也。”立说虽巧，终近凿孔。（吕思勉《两晋南北朝史》，1468～1472 页）

唐 封演 运次

自古帝王五运之次凡有（原无“有”字，据《唐语林》引补）二说：邹衍则以五行相胜为义，刘向则以五行相生为义。汉、魏共遵刘说。

国家承隋氏火运，故为土德。衣服尚黄，旗帜尚赤，常服赭赤也。（此句《说郛》本《闻见记》作“裳服赭赤色”。）赭黄（《唐语林》引无此“黄”字），黄色之多赤者，或谓之柘木染，义无所取。

高宗时，王勃著《大唐千年历》：“国家土运，当承汉氏火德。上自曹魏下至（原作‘自’，据《唐语林》引改）隋室、南北两朝，咸非一统，不得承五运之次。”勃言迂阔，未为当时所许。

天宝中，升平既久，上书言事者多为诡异以希进用，有崔昌袭（“袭”原作“以”，据奏本改。《唐语林》引作“采”）勃旧说，遂以上闻，玄宗纳焉。下诏以唐承汉，自隋以前历代帝王皆屏黜之，更以周、汉为二王（原注：一作“主”），后是（原作“二”，据《唐语林》引改）岁，礼部试天下造秀，作《土德惟新赋》，则（“则”，《唐语林》引作“即”。按，“则”、“即”字通）其事也。

及杨国忠秉政，自以隋氏之宗，乃追贬崔昌并当时议者，而复酅、介二公焉。（封演《闻见记》卷四，参赵贞信《校证》）

五代周恭帝显德六年八月壬寅，高丽国进《孝经》各书（《旧五代史》一百二十），其中《皇灵孝经》，据《文昌杂录》云，乃言五德之运。是岁即高丽光宗十年。（见韩国弘文馆《文献通考》一百七十二《交聘考》，又卷二百四十二《艺文考》）

宋　运历　（《册府元龟·帝王部·四》）

昔郯子述五代之官纪，盖有伦矣。稽之于《易》，本其世数，乃知庖牺之王，正得夫统。共工继起，位非其序。少昊之衰，九黎乱德。颛顼始复建重黎之官，以司天地。其后三苗干纪，二官咸废。尧命羲和，以纂其业，授时定岁，众功允治。既而授舜曰：“天之历数在尔躬。”舜亦以命禹。三代之际，牲服殊典。汉绍周世，议论累叶，讫于中兴，始定厥制。魏、晋而下，南北迭起，而天禄永终，实在中夏。至或征诸儒之说，集盈庭之言，敷引异辙，沿袭相戾。及夫循五德终始之传，叶三统因革之义，颁正朔，立制度，咸推历而更王，居正而惟叙者矣。

太昊帝庖牺氏继天而为王，为百王先，首德始于木，故为太昊帝。

炎帝神农氏继庖牺氏，以火承木，故为炎帝。

黄帝轩辕氏继神农氏，火生土，故为土德。

少昊氏黄帝之子青阳也，是其子孙名挚，立土生金，故为金德，天下号曰金天氏。

颛顼高阳氏继少昊氏，金生水，故为水德，天下号曰高阳氏。

帝喾高辛氏，青阳玄嚣之孙也，继高阳氏，水生木，故为木德。

帝尧陶唐氏封于唐，高辛氏衰，天下归之。木生火，故为火德。

帝舜有虞氏。尧禮以天下。（《礼》曰：禅，让字也。）火生土，故为土德。

伯禹夏后氏，舜禮禹以天下。土生金，故为金德。故夏后氏尚黑（以建寅为月为正，物生黑色），戎事乘骊（戎，兵也。马黑色曰骊。《尔雅》曰：騋牝骊牡），牲用玄（玄，黑类也）。

汤伐桀，践天子位。乃改正朔，服色尚白，朝会以昼。金生水，故为水德，天下号曰商，后曰殷。（初，契封商。汤居殷而受命，故二号。）故殷人尚白（以建丑之月为正，物萌白色），戎事乘翰（翰，白马也），牲用白。

周武王伐纣，践天子位。水生木，故为木德，号曰周室。故周人尚赤（以建子之月为正，物萌色赤），戎事乘騵（騵，骊马白腹），牲用骍（骍赤类）。

烈王二年，周太史儋见秦献公曰："始周与秦国合，合而别，别五百载复合（周孝王封伯翳之后为侯，伯与周别五百载，至昭王时，西周君臣自归受罪，献其邑三十六城。合也，谓从秦仲至孝公强大，显王致霸，与之亲合也），合十七岁而霸，王者出焉。"（从此后十七年，而秦昭王皆霸，至始皇而王天下。）

汉高祖起沛，旗帜皆赤，繇所杀蛇白帝子，所杀者赤帝子故也。既代秦继周，木生火，故为火德。

文帝时，鲁人公孙臣上书曰："始秦得水，及汉受之。推终始传，则汉当土德。土德之应，黄龙见。宜改正朔，服色上黄。"时丞相张苍好律历，以为汉乃水德，是时河决金堤其符也。年始冬十月，色外黑内赤（十月阴气在外，故外黑，阳气尚伏在地，故内赤也。或曰：十月，百草外黑内赤也），与德相应。公孙臣言非是，罢之。明年黄龙见成纪。（天水之县也）文帝召公孙臣，拜为博士，与诸生申明土德，草改历服色事。自汉兴之初，庶事草创，唯一叔孙生略定朝廷之仪。若乃正朔、服色、郊望之事，数世犹未章焉。至于孝文始以夏郊，而张苍据水德，公孙臣、贾谊更以为土德，卒不能明。武帝太初元年五月，正历以正月为岁首，色尚黄，数用五。兒宽、司马迁等犹从臣、谊之言（公孙臣、贾谊），服色数度，遂顺黄德。彼以五德之传，从所不胜。（五帝相承，代尝以金木水火相胜之法，若火灭金，便以火代金。）秦在水德，故谓汉据而克之。刘向父子以为帝出于震，故庖牺氏始受木德。其后以母传子，终则复始。自神农、黄帝，下历唐、虞、三代，而汉得火焉。故高祖始起，神母夜号，著素帝之符，旗章遂赤，自得天统矣。（向父子虽有此议，时不施行。至光武乃用火德耳。）

后汉光武建武二年正月，始正火德，色尚赤。（汉初土德，色尚黄，至此始明火德，旗帜尚赤，服色于是乃正。）

魏文帝以汉延康元年十一月受禅，给事中博士苏林、董巴上表曰："魏之氏族出自颛顼，与舜同祖。舜以土德承尧之火，今魏亦以土德承汉之火，于行运合于尧、舜授受之次。"遂改延康元年为黄初元年，议改正朔，易服色，殊徽号，承土行。十二月幸洛阳，以夏数得天，故即用夏正，而服色尚黄。又诏以汉火行也，火忌水，故洛去水而加隹。魏于行次为土。土，水之壮也，水得土而乃流，土得水而柔，故除隹加水变雒为洛。明帝景初元年春正月壬辰，山茌县言黄龙见。于是有司奏以为魏得地统，宜以建丑之月为正。三月定历，改年为孟夏四月。（初，文皇帝即位，以受禅于汉，因循汉正朔，弗改。帝在东宫，著论以为五帝三王，礼不相袭，正朔自宜改变，以明受命之运。及即位，优游者久之，史官复著言宜改，乃诏三公、特进、九卿、中郎将、大夫、博士、议郎、千石、六百石博议，议者或不同，帝据古典甲子，诏曰：夫太极运三辰五星于上，元气转三统五行于下，登降周旋，终则又始，故仲尼作《春秋》，三微之月，每月称王，以明三正迭相为首。今推三统之次，魏得地统，当以建丑之月为正月，考之《洪范》，厥义章矣。其改青龙五年三月为景初元年四月。）服色尚黄，牺牲用白，戎事乘黑首白马，建太赤之旂，朝会建太白之旂，改太和历曰景初历。其春夏秋冬，孟仲季月，虽与正岁不同，至于郊祀迎气，礿祀蒸尝，巡狩蒐田，分至启闭，班宣时令，中气早晚，敬授民事，皆以正岁斗建为历数之序。（初，高堂隆以为改正朔、易服色、殊徽号械器，自古帝王，所以神明其政，变民耳目，故三春称王，明三统也。于是敷演旧章，奏而改焉。帝从其议，改青龙五年春三月为景初元年孟夏四月，服色尚黄，牺牲用白，从地正也。）

齐王芳以景初三年即位，十二月诏曰："烈祖皇帝以正月弃背，天下臣子，永惟忌日之哀。其复用夏正，虽违先帝通三统之义，斯亦礼制所繇改变也。又夏正于数为得天正，其以建寅之月为正始元年正月，以建丑月为后十二月。"

晋武帝以太始元年即位，二年九月群公奏唐、尧、舜、禹不以易祚改制，至于汤、武，各推行数。宣尼答为邦之问，则曰：行夏之时，辂、冕之制，通为百代之言。盖期于从政济治，不系于行运也。今大晋继三皇之踪，踵虞、禹之迹，应天从民，受禅有魏。宜一用前代正朔服色，皆有虞遵唐故事，于义为弘。奏可。（史臣曰：晋为金行，服色尚赤，考天之道，其违甚矣。）

元帝以丁丑岁称晋王，置宗庙，使郭璞筮之云："享二百年。"自丁丑至禅代之岁，年在庚申，为一百四岁。然丁丑始系西晋，庚申终入宋年，所余一百有二岁耳。璞盖以百二之期促，故婉而倒之为二百也。

后魏道兴元年（饶按：应作天兴元年，见《魏书·太祖记》第二）十二月，诏百司议定次。尚书崔玄伯等奏从土德，服色尚黄，数用五，祖辰腊戌，牺牲用白，五郊立气，宣赞时令，敬授民时，行夏之正。（时有司奏：国家继黄帝之后，实为土德，故神兽如牛，牛上畜又黄色，显曜其符也，于是始从土德。天兴中，李先之子密问于先曰："子今为魏臣，将复事他主也。"先告曰："未也，国家政化，长远不可卒穷。自始皇至齐受禅，实五百余载矣。"）孝文太和十四年八月，诏曰："丘泽初制，配尚安定，五德相袭，分叙有尝。然异同之论，著于往汉，未详之说，疑在今史。群官百辟，可议其所应，必令合中，以应万代之式。"（见《魏书》卷一〇八《礼志》）

后周闵帝元年春正月辛丑，即天王位。是日魏槐里献赤雀，百官奏议云："帝王之兴，必更正朔，明受之于天，革民视听也。逮于尼父，稽诸阴阳，云行夏之时，后王所不易。今魏历告终，周室受命，以木乘水，实当行录，正用夏时，式遵圣道，惟文王诞玄气之祥，有黑水之谶，服色乌。"制曰："可。"

隋高祖受禅，召崔仲方与高颖议正朔服色事。仲方曰："晋为金行，后魏为水，周为木。皇家以火承木，得天之统。又圣躬戴诞之初，有赤光之瑞。车服旗牲并宜用赤。"又劝帝除六官，请依汉、魏之旧。帝皆从之。开府卢贲奏改周代旗帜，更为嘉名。其青龙驺虞、朱雀玄武、千秋万岁之旗，皆贲所创也。

开皇元年六月癸未，诏以初受天命，赤雀降祥，五德相生，赤为火色。其郊及社之庙，依服色之议，而朝会之服，旗帜牺牲，各令尚赤，戎服以黄。七月乙卯，帝始服黄，百僚毕贺。

唐玄宗开元中，有上书请以皇家为金德者。中书令萧嵩奏请集百僚详议。侍中裴光庭以国家符命，久著史策，若有改易，恐贻后学之诮。密奏请依旧为定。乃下诏停百僚集议之事。（臣钦若等言唐初事阙）天宝九载七月，诏曰："三王继统，质文既不相袭。五德承时，服色遵于所尚。至于旗尝改制，骍翰异宜，所以表军国之容，合声名之度，事之大者，安可因循而已焉？国家膺推纽之期，纂黄中之历。宪章垂范，运既属于维新，旗帜同色，义必在于革故。顷者俯纳群议，式明统绪。故得天人致和，风雨时若。岂朕躬菲德，克广睿图？实累圣鸿休，允膺景运。稽古之大，既有昭明文物所资，理宜详正，其诸卫应队仗所用之色幡等，并改为赤黄色。庶克遵于通变，谅有叶于从宜。其诸节度使，并管内军使等，亦宜准此。”

九月，处士崔昌上封事，以国家合承周、汉，其周、隋不合为二王后，请废。诏下尚书省集公卿议。昌负独见之明，群议不屈，会集贤院学士卫包抗表陈论，上心遂定。乃求于殷、周、汉后为三恪，废韩、介、酅等公。以昌为左赞善大夫，包为虞部员外。

十载五月，诸卫幡旗色始改为赤黄。

十二载五月己酉，复以魏、周、隋依旧为恪及二王后。其本封韩、介、酅等公如故。初，崔昌上封事，推五行之运，以皇家土德，合承汉行。自魏、晋至隋皆非正统，是闰位。书奏，诏公卿议，是非相半。时上方希古慕道，得昌疏，其与意惬。宰相林甫亦以昌意为是。会集贤学士卫包抗奏曰：“昨夜云开，四星聚于尾宿。又都堂会议之际，阴雾四塞，绪言之后，晴空万里，此盖天意，明国家承汉之象也。”上以为然，遂行之。及是杨国忠根本林甫之短，乃奏云：“周、汉远，不当为二王后。卫包助邪，独与林甫计议，大紊彝论。”上疑之，下包狱，案鞫。遂贬为夜郎郡夜郎尉，崔昌为玉山郡乌雷尉，并皆外置。

代宗永泰中，归崇敬为膳部郎中。时有术士巨彭祖上疏云：“大唐土德，千年之合符。请每四季郊祀天地。”诏礼官儒者议之。崇敬议曰：“按旧礼立春之日，迎春于东郊，祭青帝。立夏之日，迎夏于南郊，祭赤帝。先立春十八日，迎春黄灵于中地，祀黄帝。秋冬各如其方，黄帝于五行道土，王在四季。生于火，故火用事之末，而祭之三季，则否。汉、魏、周、隋共行此礼。国家土德，乘时亦以每岁六月土王之日，祀黄帝于南郊，以后土配，所谓合礼。今彭祖请用四季祠祀，多凭纬候之文，且据阴阳之说，事涉不经，恐难行用。”

周太祖广顺元年，司天上言历代帝王以五运相承，前朝绍承水德。今国家建号名周朝，合以木德代水。准经法国以岁暮为腊。今历日所行，合以今年十二月二十二日丁未为腊。从之。（臣钦若等曰：晋承后唐，汉承晋，本文不载承土之德。晋为金，以继唐土德也。）（《册府元龟》卷四）

按：《旧五代史》卷一百一十：周广顺元年，司天上言：“今国家建号，以木德代水，准经法国以姓墓为腊，请以未日为腊。”从之。时议者曰：“昔武王胜殷，岁集于房，国家受命，金木集于房。文王厄羑里，而卦遇明夷；帝脱于邺，大衍之数，复得明夷，则周为国号，符于文、武矣。”先是，丁未年夏六月，土、金、木、火四星聚于张，占者云：“当有帝王兴于周者。故汉祖建国，由平阳、陕服趋洛阳以应之，及隐帝将嗣位，封周王以符其事。而帝以姬虢之胄，复继宗周，而天人之契炳然矣。昔武王以木德王天下，宇文周亦承木德，而三朝皆以木代水，不其异乎？”

中华标点本《旧五代史》此段“此姓墓为腊”句，不可解；以《元龟》校之，当作岁暮为是。

北宋　诸家五德议

赵垂庆议

太宗太平兴国九年四月，布衣赵垂庆言：“皇家当越五代，上承唐统为金德。若以梁上继唐，传后唐至国朝，亦合为金德。矧自禅代以来，符瑞狎至，羽毛之类，多色白者，皆金德之应。望改正朔，易服色，以承天统。”下尚书省集百官定议。右散骑常侍徐铉等奏议曰：“五运相承，国家大事，著于前载，具有明文。顷以唐季丧乱，朱梁篡代。庄宗早编，属籍继立。亲雪国仇，天下称庆。即以梁比羿、浞、王莽之徒，不可以为正统也。庄宗中兴唐祚，重新土运，自后数姓相传：晋以金、汉以水、周以木，天造皇宋，运膺火德。况国初便祀火帝，为感生于金。二十五年，圆丘展礼，已经六祭，年谷丰登，干戈偃戢。必若圣统未合天心，焉有太平得如今日？岂可辄因献议，便从改易？”又云：“梁至周，不合迭居五运。欲上继唐统为金德，且后唐已下，奄宅中区，合该正统。今便废绝，礼实无谓。且五运代迁，皆亲承受，质文相次，间不容发。岂可越数姓之上，继百年之运？按《唐书》天宝九载，崔昌献议曰：‘魏、晋至周、隋，皆不得为正统。欲唐远继汉统，立周、汉子孙为王者后，备三恪之礼。’是时朝议，是非相半。集贤学士卫包扶同李林甫，遂行其事。林甫卒后，复以魏、周、隋后之三恪，崔昌、卫包并皆远贬。此又前载甚明。况今封禅有日，宜从制定。上答殊休。”从之。（《永乐大典》）

按：《续资治通鉴长编》卷二十五作布衣赵重庆，系其事于雍熙元年夏四月甲辰。

张君房议

真宗大中祥符三年九月，开封府功曹参军张君房言："国家当继唐土德，统用金德。朱梁篡代，不可以承正统。其晋氏称金德，而江南李昇实称唐其后。汉承晋为水，止四年而灭。周承汉为木，止九年而四方分据。太祖以庚申年受周禅，开宝乙亥岁，平江南，及太宗定并、汾，自是一统。是国家乘金德以受命，其验明矣。"并献所著论四卷，真宗曰："若此言者多矣。且国初徇群议为火德，今岂敢骤改邪？"（《永乐大典》）

张君房议：自唐室下衰，土德隤圮，朱梁氏强称金统，而庄宗旋复旧邦，则朱梁氏不入正统明矣。晋氏又复称金，盖谓乘于唐氏，殊不知李昪建国于江南耳。汉家二主共止三年，绍晋而兴，是为水德。洎广顺革命，二主九年，终于显德。以上三朝七主共止二十四年，行运之间，阴隐而难颐。伏自太祖承周木德而王，当于火行，上系于商，开国在宋，自是三朝，迄今以为然矣。愚臣详而辨之，若可疑者。太祖禅周之岁，岁在庚申。夫庚者，金也，申亦金位，纳音是木，盖周氏称木为二金所胜之象也。太宗登极之后，诏开金明池于金方之上，此谁启之？乃天之灵符也。陛下履极，当疆圉之岁，握符在作噩之春，适宋道之隆兴，得金天之正气。臣试以瑞应言之，则当年丹徒贡白鹿，姑苏进白龟，条支之雀来，颍川之雉至。臣又闻当封禅之时，鲁郊贡白兔，郸上得金龟，皆金符之至验也。愿以臣章下三事大臣参定其事。（《宋史·律历志》两处多删节。）

谢绛议

天禧四年五月，光禄寺丞谢绛上书曰："夫帝王之兴，必推五行。盛德所以配天地而符阴阳也。推五行者，必采诸国瑞。稽诸象历，视所兴之基，所承之后。于是服色制度，郊祀正朔，因而准之，是故神农氏以火德，有火星之瑞。圣祖以土德，黄龙地蚓以见。夏以木德，青龙止于郊。商以金德，山泽自溢。周以火德，有赤乌之符。自汉朝之兴，王火德者，以谓承尧之后者，盖取赤帝子之验。文帝世，贾谊以汉宜色尚黄，数用五。班固贬其疏阔。张苍好律历，谓汉乃水德之时，河决金堤，其符也。又公孙臣曰：始秦德水而汉受之，推始终传，则汉当土德之应。孝文亦命有司申明其事。迨至孝武，乃谓承尧之后，非可改易。迨世祖中兴，有赤伏之谶。于是火德之论确然得正。然则数子之议，皆失之矣。且汉，尧之裔。五帝之大，莫大于尧，而汉能因之，是不坠其绪，而善继盛德者也。切以国家应开先之庆，执敦厚之德，宜以土瑞王天下。夫三皇莫大于圣祖，承其后者，犹汉之继尧也。然则推终始传，乘周之木德，而火德其次。且朱梁不预正统者，谓庄宗复兴于后。自石晋汉氏以及于周，则李昪建国左右，而唐祚未绝。是三代者，亦不得正其统矣。昔者秦祚促而德暴，不入正统。考诸五代之际，亦是类矣。今国家诚能下黜五代，绍唐土德，以继圣祖，亦犹汉之黜秦，兴周火德，以继尧者也。夫土于五行，位居其中。国家兆运于宋，作京于汴，诚万国之中区矣。《传》曰：'土为群主，故曰后土。'《洪范》曰：'土爰稼穑，稼穑作甘。'今四海洽足，嘉生蕃衍。顷之泰山醴涌泉，迩年京师甘露降，作甘之兆，斯亦见矣。矧灵木异卉，资生于土者，不可胜道，非土德之验乎？又闻在昔，灵命肇发，太祖生于洛邑，而包络惟黄。鸿图既建，五纬聚于奎躔。而镇星是主。及陛下升中之次，日抱黄珥，朝祀太清，含誉黄润，斯皆天意人事响效之大者也。其余神龟珍兽，自远至者，或毳或介，佥有厥应。然非耳目之所具也。苟验其一，则土德之符在矣。陛下勿以变故为疑，循旧自守。且汉兴至武帝，越九十年始寖寻于火德，至光武盖二百载，方习定平正运。国家受祚，犹在五纪，乃能兴是正统，敏于汉德甚矣。是故天心在兹，陛下拒而罔受；民意若是，陛下谦而弗答。气壅未宣，河决遂溃，岂不神哉？然则天渊之勃流，水德之浸患，考验五行相胜之说，亦宜兴土运，御时灾。乞顺考符应，详习法度，不可以揖让至德，因循旧典，废天之休也。其度量律历之则，车服衣冠之法，圜丘方泽之事，明堂辟雍之制，宗庙荐飨之序，方国朝会之典，政教礼乐，文质增杀，愿下搢绅讲之。"（《永乐大典》）

董行父议及两制议

时大理寺丞董行父又言曰："在昔黄帝兼三材而统天下，天统得而天下治。故伏羲为人统，神农为地统，黄帝为天统。三统常合而迭为首。黄帝合之而不死，此之谓也。少昊，黄帝子也，修其德而守其统。高阳德统俱变为人统。高辛易之为地统。唐尧，高辛子也。德统俱变为天统。虞舜受禅，更其德，故《易》曰：'黄帝、尧、舜氏作，通其变，使民不倦，神而化之，使民宜之。'又曰：'黄帝、尧、舜，垂衣裳而天下治，盖取诸乾坤。'言黄帝、尧、舜，神变化而法乾坤，统天而治者也。其后夏为人统，商为地统，周为天统，是故文、武应天顺人，周公制礼作乐，故黄帝、尧舜、姬周三统，皆有天降之瑞，神锡之符。盖能以明德通天，而用天以统治天下也。汉继周为人统，唐续汉为地统，斯三统相传之道也。又泰昊以万物生于东，至仁体乎木，故德始于木，木以生火。神农受之为火德，故曰炎帝。火以生土，黄帝受之为土德。黄者中之色，土之象，中土既正，天命以定，故曰黄帝。土以生金，少昊受之为金德。金以生水，高阳受之为水德。水以生木，高辛受之为木德。木以生火，尧受之为火德。火以生土，舜传之为土德。土以生金，夏为金德；金以生水，商为水德。水以生木，周为木德。木以生火，汉为火德。火以生土，唐为土德。是以五行因三微成著，五运与三统兼行。陛下绍天统，受天命，心与天通，道与天广，固当应天明统，绍唐正德，显黄帝之嫡绪，彰圣益之丕烈。改正朔，易服色，建大中，殊徽号，制礼乐，定律历，谨权量，审法度，敦庠序，考文章，正风俗，振黄道。作此大略以答天休，与民更始，为万代法。又按圣祖降于癸酉，天书降于戊申，太祖受禅于庚申，陛下即位于丁酉，申、酉，皆金也。陛下绍唐、汉之运，继黄帝之后，三世变通，应天之统，正金之德，斯又顺也。臣请用天为统，以金为德，然后尊皇帝于清庙。册圣益以帝称，郊祀黄帝以配天。太祖作王以侑神，宗祀圣益于明堂，以配上帝。太宗作主侑神，配享有位，冠于祧庙之祖。然后封造父以王爵，建原庙于赵城，祀白帝于西畤，表福地于雍京。此陛下统运之大猷，祖宗之象事。惟详择而行之。”诏两制详议。议曰：“自庖牺继天而王，为百王先首，德始于木。共工氏伯九之域，虽有水德，而非其序。炎帝神农氏以火承之，黄帝轩辕氏继王天下。火生土，故为土德。少昊金天氏承之，土生金，故为金德。高阳氏承之，金生水，故为水德。帝喾高辛氏承之，水生木，故为木德。木生火，故帝尧陶唐氏为火德。火生土，故帝舜有虞氏为土德。土生金，故夏禹为金德。金生火，故商汤为水德。水生木，故周为木德。秦以水德，在周、汉水火之间，亦犹共工不当五德之序，遂以不载。汉祖代秦，上继周统，以木生火，而为火德。文帝时，公孙臣、贾谊称汉当土德，丞相张苍又以当水德。其后刘向父子以庖牺木德为始，而汉得火焉。虽建此议，至后汉光武遂用火德。魏受汉禅，以火生土，而为土德。土生金，晋为金德。南朝自宋至陈，咸当闰位。金生水，后魏承晋为水德。水生木，后周承魏为木德。木生火，隋承后周为火德。火生土，唐承隋为土德。至开元中，言者以今为金德。百僚详议，裴光庭请依旧为定。从之。朱梁篡代，同夫羿、浞、王莽，非可当于运序。庄宗早编属籍，亲雪国仇，中兴唐祚，遂承其运。土生金，晋承唐为金德。金生水，汉承晋为水德。水生木，周承汉为木德。木生水，皇朝承周，遂为火德。雍熙初，赵垂庆上言，宜越五代，上承唐统为金德。事下尚书省议。徐铉等议，以为皇宋运膺火德，祀赤帝为感生，于今积年，不可轻易改易。诏从铉议。今谢绛所述，以圣祖得土瑞，宜承土德。且引汉承尧绪为火德之比，虽班彪叙汉祖之兴有五：其一曰尧之苗裔。及七月正统，乃越秦继周，非用尧之德。今国家或用土德，即当越唐承隋，愈失五德传袭之序。又董行父请越五代，绍唐为金德。其度越累世，上承百代之统，则晋、汉洎周，咸帝中夏，太祖实受终于周，而陟元后，岂可弗遵传继之序，续于遐邈之统？三圣临御，六十余载，登封告成，昭姓纪号，率循火德之运，以燀炎灵之曜。兹事体大，非容轻议，二臣所请，难以施行。”诏可。（《永乐大典》）

徽宗政和七年诏

徽宗政和七年十月一日，诏以来年岁运历数，颁告天下曰：昔我先后，先天而天弗违，后天而奉天时。其岁月日时无易，民用平康。今朕临观八极，考建五常，以天地日月星辰气运之数，敷锡庶民，以待来岁之宜。惟尔万邦，率兹典常，奉若天道，钦厥时宪，保于有极，外薄四海，罔或不祗。政和八年戊戌岁，运气阳太大过，运行先天，太徵、少宫、太商、少羽、少角，五气运行，各终其月日。赫曦之纪，北政司天，相天之气，经于戊分。太阳司天，左间厥阳，右间阳明。太阴在泉，左间阳明，右间少阴。岁半之前，天气太阳主之，岁半之后，地气太阴主之。水土合德，上应辰星镇星。寒化为六，火化七，湿化五。木位为初气，大火为二气，相火为三气，土位为四气，金位五气，水位为终气。是为主气。初之气，少阳相，火居木位。二之气，阳明燥，金居火位。三之气，太阳气，水居火位。四之气，厥阴风，木居土位。五之气，少阴大，火居金位。终之气，大阴湿，土居水位。是为客气。戊火太过，赫曦之纪，戊为太阳，司天之政，太阳寒水有以胜火。火既受制，其气受平，故曰：上羽与正徵同。盖火之太过为大徵，不及为少徵，平为正徵。以运推之，阴气内化，阳气外荣，炎暑施化，物得以昌。其气高，其性速，其收齐，其病痤。其谷麦豆，其畜羊彘，其果杏栗，其色赤白玄，其味苦辛咸，其藏心肺，其虫羽鳞。以气推之，天气肃，地气静。寒政大举，泽无阳焰，小阳中治，时雨乃淫，还于太阴湿化，乃布寒湿之气。特于气交，岁以前，民感寒气，病本于心。平以辛热，佐以甘苦，以咸泻之。岁半之后，民感湿气，病本于肾。治以苦热，佐以酸淡，以苦燥之，以淡泄之。一岁之间，宜食元黅之谷，以全其真，以资化源，以助天气。无使暴过而生疾，是谓至治。自是月朔布政，孟冬颁历，率推数运，具之文辞以为常。（《永乐大典》〔运字号〕“五运”）

《宋会要》太祖建隆元年三月，有司上言：“国家受禅于周，周木德，木生火，合以火德王，其色尚赤。仍请以戌日为腊。”从之。（《永乐大典》卷一五九五一运字引）

以上《大典》所记，凡长篇已见于正史及《册府元龟》者，均删去。

金　德运议

赵秉文议

右秉文议除与编修王仲元相同外，窃详圣朝之兴，并灭辽、宋，俘宋二主，迁其宝器，宋为已灭。章宗皇帝宸断，以土继火，已得中当，宜不可越宋而远继唐。以此看详，止为土德，是为相应，须至申者。贞祐二年二月，翰林直学士、中大夫赵秉文状。（《大金德运图说》）

黄裳议

右裳伏承省札，仰讲议本朝德运者。《传》曰：“君子大居正。”又曰：“王者大一统。”正者，所以正天下之不正；统者，所以统天下之不一也。由不正与不一，然后正统之论兴；正统之论兴，然后德运之议定。自近代言之，则唐以土德王，传祀三百。土生金，继唐而王者，德当在金。朱温，唐之羿、浞，固无足道。朱邪、存勖以赐姓号唐，灭梁之后，仅得四年，复为异姓嗣源所夺，是可以当德运耶？厥后石晋兴亡，实系契丹。刘汉父子，通及四载。郭威以逆而得，柴荣自外而继，是皆不足以当德运明矣！惟汴梁赵宋传祚数君，差优于五季。然考其实，则赵宋以柴氏之臣，欺孤儿寡妇以取其国，初不能并契丹，复唐故地，而其后嗣君与契丹通好，其实事之。夫欺夺柴氏，是不能正天下之不正也；实事契丹，是不能统天下之不一也。其臣如赵垂庆、张君房、董衍辈，谀悦其君，欲使承唐为金德者非一。使当时牵合而从之，犹不足以塞后世之公议，况妄为火德之说，我尚可以继之也哉！我太祖之兴也，当收国改元之初，谓凡物之不变，无如金者。且完颜部色尚白，则金之正色。自今本国可号大金。神哉斯言！殆天启之也。继以太宗，遂平辽、宋。夫辽、宋不能相正，而我正之；不能相一，而我统之。正统固在我矣！光承唐运，非我而谁？事固有不求合而自合者，设无太祖圣训，本朝德运，固应金行，况乎言与天合，而复有纯白鸟兽，自然之瑞哉！故自丑日为腊以来，时和岁丰，中外禔福，干戈平息者八十余年。呜呼！休哉！金德其正也。泰和之初，议者以汴宋尝帝中原可继，于是改金为土，曾不知辽亦尝灭晋而得中原矣。本朝实先取辽，何独不可继哉！既闰辽矣，而宋独不可闰乎哉？改之诚是矣。其天时人事之应，果愈于前日耶？抑不及耶？夫秦能并六国，一四海，作法立制，后世有不可改者。直以不道，汉尚越之而继周；以区区篡夺之宋，且尝事辽，我独不能越之而承唐乎？诚能复金德之旧，则上以副祖宗之意，下以慰遗老之思，祛降不祥，感召善气，在此举矣！臆见如此，伏俟裁择，谨议。贞祐二年二月，应奉翰林文字黄裳状。（《大金德运图说》）

完颜乌楚议

右乌楚钦依见奉圣旨，商议本朝德运事。乌楚先于章宗朝已与完颜萨喇、温特赫，大兴孙人杰、郭仲容、孙人鉴等，以为本朝继宋，宋为火德，火德已绝。火生土，我为土德，是为相应。奉敕旨准奏行。今据乌楚所见，本朝德运止合依先朝奉行为土德，似为长便。贞祐二年二月，翰林待制兼侍御史完颜乌楚状。（《大金德运图说》）

王仲元议

右仲元承尚书礼部符承省札，备该今来见奉圣旨，本朝德运公事教商量。仲元品职虽卑，亦令备商量之数。谨按欧阳修《正统论》有曰："君子大居正，王者大一统。正者，所以正天下之不正也；统者，所以合天下之不一也。"自古帝王之兴，必有至德以受于天命，岂偏名于一德哉？而曰五行之运有休王，一以彼衰，一以此胜。此历官术家之事，不知出于何人？伏睹本朝之兴，混一区宇，正欧阳修所谓"大居正"、"大一统"者也。开国之初，太祖皇帝以金为国号，取其不变之义，非取五行之数也。必欲顺五行相生之德，则前此章宗皇帝宸断，继亡宋火行之绝而为土德。虽当日改辰为腊，然大金之号亦自仍旧，以冠历日，而不相妨也。以此看详，止为土德，是为相应，须至申者。贞祐二年二月日，承直郎国史院编修官王仲元状，十六日，应奉

崔伯祥连署讫。（《大金德运图说》）

舒穆噜世勣、吕子羽议

右世勣等伏承礼部符文，令议德运事。窃见前来朝廷论议，固已详备。但各执所见：或以为金，或以为木，或以为土，彼此不同。世勣等愚见，既太祖圣训谓完颜部色尚白，则是太祖宸断已有所定也。当时瑞应，复有纯白乌兽之异，则是天意，固有所命也。章宗敕旨谓只从李愈所论，以为金德复如何？则是章宗圣意初亦有所疑也。据此合无止为金德，仍旧以丑为腊。谨议。贞祐二年二月日，翰林修撰舒穆噜世勣、刑部员外郎吕子羽状。十六日，大理卿李和甫连署讫。十八日，户部郎中赫舍哩乌噜连署讫。（《大金德运图说》）

张行信议

右行信准礼部告示，集议国家德运事，窃以德运之说其来久矣。自伏羲以木德王，炎帝为火，轩皇为土，五帝三王，相承以叙，皆取五行生旺之气也。苍周讫录，木宜生火，秦虽强大，传五世，并六国，自为水行，逆统失次。及汉祖开创，断蛇著符，旗帜尚赤，此自然之应协于火德，故汉初惑臣谊异说，虽暂为土，其后终为火德，承周之统。魏、晋以降，刘、石、燕、秦迭据中国，以世业促褊，不获推叙。元魏兴自玄朔，物色尚黑，此亦自然之应协于水德。故魏初虽继秦为土，理有未惬。及孝文缵业，览朝臣之议，卒定为水德，远承晋运。周、隋继唐，更无异论，以其序顺而理得也。降及五代，篡乱相循，地褊世促，更甚于苻秦、燕、赵，其不足推叙亦明矣。且梁与晋、周，皆以篡取，岂独梁为闰位？后唐三姓，俱非李氏子孙，岂得仍为土运？石晋一纪，刘汉四年，本史各不载其所王之德，谓之金与水者，无所考据。盖赵氏篡周，不能越近承远，既继周木，猥称火德，必欲上接唐运以自夸大。故逆推而强配之，以汉为水，以晋为金，而续后唐之土，是皆妄说附会，不可信也。然则唐土之后，当启金运，朱梁以下，无可言者。宋昧于所承，自称火德，逆统失次，亦与秦水无异。此国朝所以继宋为土，有可疑者也。五行之运，岂有断绝，考次推时，天意可见。自唐之僖、昭坠绪于西，本朝之始祖，已肇亦于东。气王于长白，祚衍于金源，奕世载德，遂集大统。太祖开国之始，谓部色尚白。白者金之正色，乃以大金为号。天辅年间，又多纯白之瑞。凡此数者，皆暗相符应，运之为金，亦昭昭矣。或谓部色尚白，国号为金，太祖本不言及五行之叙，难便据之为运。是不知汉获赤帝符，尚赤；元魏居玄朔，尚黑。当初亦非论德运也，何妨汉之为火，魏之为土，晋之为水哉？盖帝王乘五德之运，王有天下，于开创之初，必有自然符应，协于五德，不得不据而言之也。今蒙集议德运所宜，行信愚见，若考国初自然之符应，依汉承周、魏承晋之故事，定为金德，上承唐运。则得天统，合祖意，古典不违，人心亦顺矣。若夫汴宋之火，前无所承，失其行次，自为五行之闰位，不足继也。谨议。贞祐二年二月日，右谏议大夫兼吏部侍郎张行信状。二十日，左司谏吕祥卿连署讫。（《大金德运图说》）

穆颜乌登议

右乌登等窃见，自古推定德运者多矣。有承其序而称之者，有协其符而取之者。故二帝三王，以五行相因，备载于汉史，此承其德运之叙而称之者也。迄于汉世，不取贾谊、公孙臣之说，卒以旗帜尚赤，此协其断蛇之符而取之者也。由是观之，承德运之序，协天之符瑞，乃明哲所行之令典也。钦惟太祖，一戎衣而天下大定，遂乃国号为大金，以丑为腊。是时虽未尝究其德运，而圣谋自得其正，其与天之符瑞粲然相合矣！何以言之？盖自李唐王以土德，其后朱梁不能混一天下，不得附于正统，诚为然矣。而后唐本姓朱邪，非李唐之苗裔，而强附于土德，究其失，则后唐当为金，石晋为水，刘汉为木，后周为火，亡宋为土。既土生金，而圣朝以丑为腊者，诚可谓默获德运之正矣。况自国初，尝获纯白鸟兽之瑞，兼长白山素系国家福幸之地，且白者既为金色，而太祖国号为金，其与天之符瑞，灼然协矣！美哉得德运之正！而协天之符瑞，以致四夷咸怀，六合同风，干戈永息，礼乐兴隆，八十余年，寂然无事。逮乎章宗之朝，议定德运，而孙人杰等，备言当继于宋，可谓得其事之实者也。然而不究亡宋失序为火德之由，乃谓之土生于火，以辰为腊。今若正其宋失，更火为土，则本朝取宋，自为金德。若是，则得其德运之正，而协于天之符瑞矣！贞祐二年二月十六日，朝请大夫应奉兼编修穆颜乌登、少中大夫吏部员外郎纳塔谋嘉、中大夫濮王府尉阿里哈希卜苏、中议大夫刑部郎中富察伊尔必斯、通奉大夫越王傅完颜伊尔必斯、中奉大夫吏部尚书完颜伯特同议。（《大金德运图说》）

田庭芳议

右庭芳伏为承本部告示，集议德运事者。窃惟从来德运之称不一，大率有三：或以本土物色之奇为之应，或以当时符瑞之殊为之合，或以曩朝王迹之始为之继。其间有一于此，即可为其运号，不必以五行相生为序。论夫本朝，于是有所得之者多。何以知之？盖闻本朝肇迹之方，多出金宝。且金之正色也，尚曰：本地又有长白山，其中是物自生而白。此为金德，是其物色之奇应之者一也。兼天辅之初，有纯白鸟兽屡尝来见，此为金德，是其符瑞之殊合之者二也。又闻曾论本朝，合继唐之土德，谓唐为有道之统。自梁以下，皆起于乱，无可接之。于是者至于宋也，虽如铁中之铮，粗知可取，及见赵垂庆等言，犹不从之，反继柴周，以为火德，是其自失唐之正统之序。意者以谓当其玄运，有以待其来兆之应也。兹者若继于唐，亦犹汉之越秦继周之例。此为金德，是其与王迹之始继之者三也。又闻故老相传，国初将举义师也，尝遣人诣宋相约伐辽，仍请参定其国之本号，时则宋人自以其为火德，意谓火当克金，遂因循推其国号为金，自想为得。不知伊统本非为火，果是因其自背，还自速其俘降。识者又谓金得火克，乃能成器。由宋假于其火，转成金国之大也，宜然。是故向来以丑为腊者，八十余年，应是当时已有定论，后疑其失，本文不得其详尔。今来议者，本欲复其金之号，徒自谬其反本之说，其间所有疑议者二，请试释之：一则强为迁就，谓刘齐继宋。宋为火也，火当生土。本朝废齐，齐，土也，土当生金。是不知宋已失序，固非为火之正。齐又出于臣，使之封，亦非为土之正。如此序本朝为金德之运，似非折中。一则议者复谓宋或为火，以金忌于火为避。不知宋非为火，已如上说。设如宋本为火，曾不知五行造化，衰火不能克于旺金。且如昔之秦为水运，水当克火。汉为火运，火德忌水。然则秦终为汉灭之者，得非以秦德衰而汉德旺之故耶？以此参详，加以本朝为金德之运，委是相应。至如以五行上推移之则，亦是以德之衰旺，见其运之隆替，可使慎终如始，为其戒尔。良以金之为言，名则取其坚固不变为体，本以贵其刚明有断为德。则知金主于义，义以合宜者，行一切与夺间，决然无疑者。是追观太祖已行之迹，固有其义。若然，是谓开其金运之先，贻则于后，使燕翼者也。今则如能必复金德之运，必依祖义，则事自然无所不断，位自然无所不固；如不依祖义，徒凭运号，则亦犹宋人向曾以河清为天水郡之瑞应，以万岁山真武庙为镇北方之术，殊不稽于人事，毕竟何如？右谨议，伏承尚书礼部详酌是望。（《大金德运图说》、《金文最》卷二十九）

《金史·章宗纪》：泰和二年十一月甲辰，更定德运为土，腊用辰。（《金史》十一）

《宣宗纪》上：贞祐二年正月（乙酉），命有司复议本朝德运。（《金史》十四）

又《张行信传》：（贞祐）四年二月，为太子少保，兼前职。时尚书省奏："辽东宣抚副使完颜海奴言，参议官王浍尝言，本朝绍高辛，黄帝之后也。昔汉祖陶唐，唐祖老子，皆为立庙。我朝迄今百年，不为黄帝立庙，无乃愧无汉、唐乎?"又云："本朝初兴，旗帜尚赤，其为火德明矣。主德之祀，阙而不讲，亦非礼经重祭祀之意。臣闻于浍者如此，乞朝廷议其事。"诏问有司，行信奉曰："按《始祖实录》止称自高丽而来，未闻出于高辛。今所据欲立黄帝庙，黄帝高辛之祖，借曰绍之，当为木德，今乃言火德，亦何谓也。况国初太祖有训，因完颜部多尚白，又取金之不变，乃以大金为国号，未尝议及德运。近章宗朝始集百僚议之，而以继亡宋火行之绝，定为土德，以告宗庙而诏天下焉。顾浍所言特狂妄者耳。"上是之。（《金史》卷一七〇）

按：贞祐二年二月谏议大夫张行信议，主依汉承周、魏承晋故事，定为金德。与此云"定为土德"不合。土德当是泰和二年事，不知何以系在贞祐四年。《四库提要》疑终金之世仍从泰和所定土德，而未尝重改。（史部十三）此《大金德运图说》保存当日案牍之文，最为可贵。与议诸君，若张行简，盖与行信为兄弟，贞祐初转官太子太傅（《金史》卷一百八有传），赵秉文是时则由兵部郎中兼翰林修撰转翰林学士（《金史》卷一百十有传）；纳塔谋嘉当即《金史》之纳坦谋嘉（上京路、牙塔懒猛安人），本传云："贞祐初，迁吏部员外郎、翰林待制侍御史"（《金史》卷一百四），与图说官衔合。

据本书《省判》所述，金德运之议，始自章宗明昌四年十二月，至承安五年二月，再有敕旨商量。至泰和元年，将众人议论，编类集成六册。当时有数说：(1) 刑部尚书李愈主金为德运，以丑为腊；翰林学士承旨党怀英，主金德而不问五行之次；(2) 户部尚书孙铎、侍读学士张行简等亦主金德，而上承唐统，取越恶承善、越近承远之说；(3) 秘书郎吕贞幹、校书郎赵泌主承辽运之水德为木德；(4) 太常丞孙人杰、大理卿完颜萨喇等主继宋运火德而为土德。泰和二年敕旨，皇朝灭宋，俘其二主。合继火德已绝汴梁之宋，以为土德。泰和以前之议论六册，今已失传。

大金德运图说附

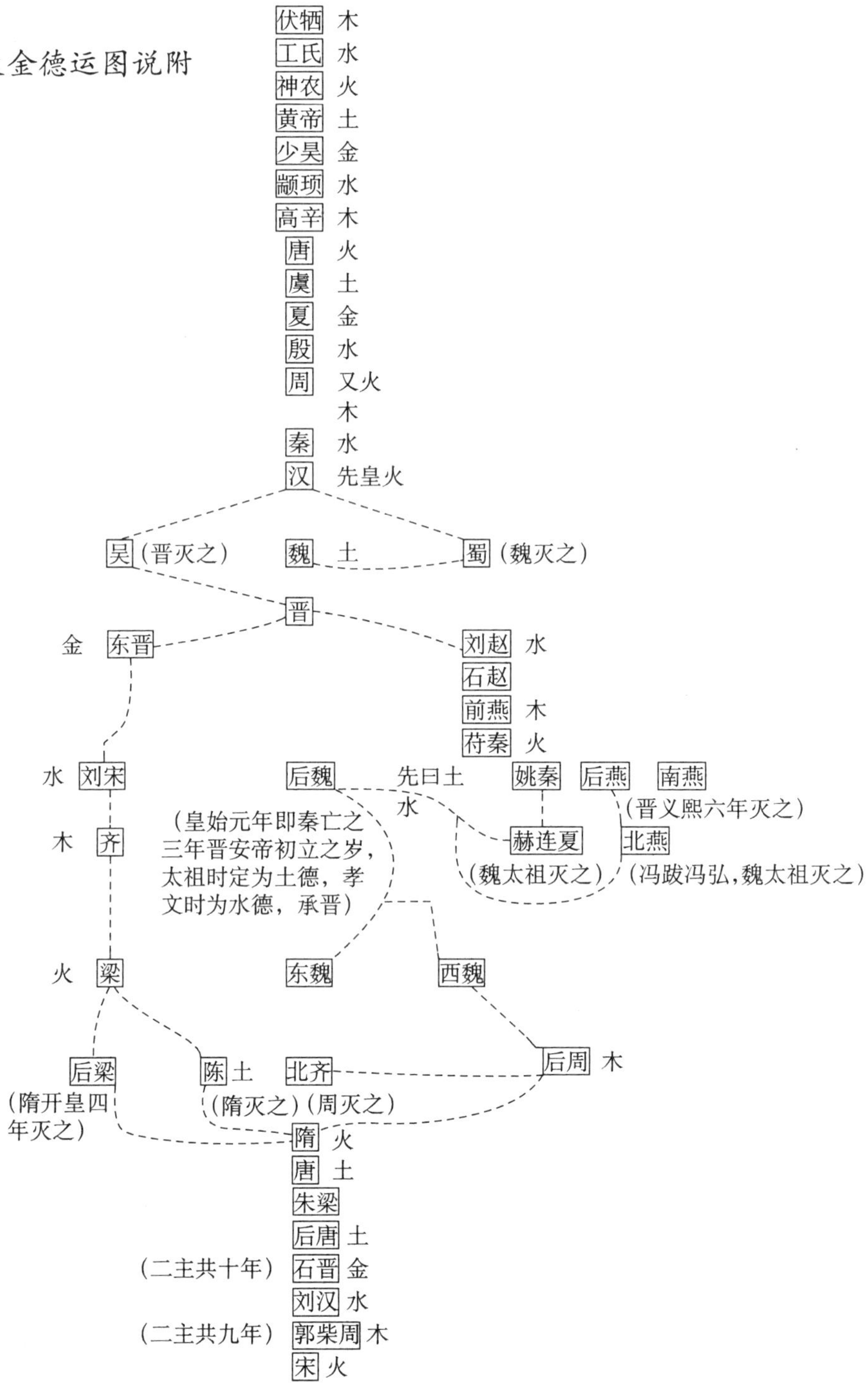

历代德运图

元　王恽　请论定德运状

盖闻自古有天下之莫不应天革命，推论五运以明肇造之始。如尧以火，舜以土，夏以金，殷、周以水、木王，汉、唐以火、土王是也。据亡金泰和初，德运已定，腊名服色，因之一新。今国家奄有区夏六十余载，而德运之事未尝议及，其于大一统之道似为阙然。何则？盖关系国体，诚为重事。缘只今文治熠兴，肆朝章，制仪卫。若德运不先定所王，而车服旗帜之色将何尚矣？合无奏闻，令中书省与元老大臣及在廷儒者推论讲究而详定之，然后诏告方方，俾承天立极之序粲然明白，实光扬祖烈，贻厥子孙之永图也。恽谬当言列，无以塞责，重大之事，敢冒昧敷陈。（《秋涧先生大全文集》卷八十五）

明　永乐大典（卷一五九五一　九震）　五运

苏子由《古史·三皇本纪》："太昊伏牺氏，风姓，亦曰庖牺。以木德王天下，为三皇首。伏牺氏既衰，而共工氏伯九州，自谓水德，失五行之叙。其后神农氏兴，以火德继木，为大师也。"《册府元龟》："太昊帝庖牺氏继天而王，为百王先首。德始之于木，故为帝太昊。"《事物纪元》："《通历》曰：'太昊木德王，始有甲历五运。'项峻《始学篇》曰：'天地立有天皇，以木德王。则五运之起，自天皇氏始也。然天地开辟之初，溟溟鸿濛，万物未立，五运相承，宜未详也；当自太昊为是。'王子年《拾遗记》曰：'伏牺以木德称王，位居东方，以含养蠢化，叶于木德，其音附甲，号曰木皇。此宜五德相乘之始也。'后汉班固《典引》曰：'肇命人主，五德初始，莫不开元于太昊。'注云：'谓庖牺始以木德王也。'《前汉·郊祀志赞》曰：'刘向父子，以为帝出乎震，故庖牺氏受木德。'冯鉴《续事始》引徐秀《帝王年代图》云：'伏牺为百王首。故《易》曰：帝出乎震。即帝王五运。震为木，起自太昊也。'炙毂子曰：'五运有二说：邹衍以相胜，刘向以相生。自伏牺至颛顼，以木、火、土、金、水相承。汉、魏以还，共遵刘说。'孟诜《锦带前书》亦曰：'伏牺始以木德出乎震，故曰太皞。'"罗泌《路史》："《黄帝后纪》：'察五气，立五运，洞性命，纪阴阳，极咨于岐、雷，而《内经》作。'"《册府元龟》："……（中略）"《西汉会要》："自齐威、宣时，驺子之徒，论著终始五德之运。（如淳曰：'今其书有五德终始，五德各与所胜为行，秦谓周为火德，灭火者水，故自谓水德。’师古曰：‘驺子即邹衍。’）及秦帝而齐人奏之。故始皇采用之。秦兼天下，颇推五胜，而自以为获水德，乃以十月为正，色上黑。汉兴，方纲纪大基，庶事草创，袭秦正朔，以北平侯张苍言，用颛帝历。然正朔服色，未睹其真云。高祖立为沛公，旗帜皆赤，由所杀蛇白帝子，所杀赤帝子也。《赞》曰：‘汉承尧运，德祚已盛，断蛇著符，旗帜皆赤。协于火德，自然之应，得天统矣。’高祖曰：‘比畤待我而起。’亦自以为获水德之瑞，虽明习历，及张苍等咸以为然。是时天下初定，方纲纪大基，高后女主，皆未遑，故袭秦正朔服色。文帝时，贾谊以为汉兴二十余年，宜当改正朔，易服色制度。乃草具其仪法：色上黄，数用五。帝谦逊未遑也。”

文帝十六年，鲁人公孙臣上书曰：“始秦得水德，及汉受之，推终始传，则汉当土德。土德之应，黄龙见，宜改正朔，服色上黄。”张苍以为汉乃水德之时，河决金堤其符也。年始冬十月，色外黑内赤（十月阴气在外，故外黑；阳气尚伏在地，故内赤也。或曰：十月百草外黑内赤也），与德相应，公孙臣言非是，罢之。明年黄龙见成纪。（天水之县也）文帝召公孙臣，拜为博士，与诸生申明土德，草改历服色事。新垣平玉杯诈觉，是后文帝怠于改正服鬼神之事。武帝即位，天下乂安，缙绅之属，皆望天子封禅，改正度也。赵绾、王臧议草改历服色事，未就。窦太后不好儒术，使人按，绾、臧自杀。元封七年，司马迁等言历纪坏废，宜改正朔。是时御史大夫兒宽明经术，上乃诏宽曰：“今宜何以为正朔？服色何上？”宽与博士赐等议，皆曰：“帝王必改正朔易服色，所以明受命于天也。创改变改，制不相复，推传序文，则今夏时也。”于是乃诏以七年为元年，太初元年夏五月正历，以正月为岁首。色上黄，数用五。（张晏曰：“汉据土德，土数五，故用五。”）定官名，协音律。班固曰：“汉兴之初，庶事草创，唯一叔孙生略定朝廷之仪。若乃正朔、服色、交望之事，数世犹未章焉。至于孝文始之夏郊，而张苍据水德。公孙臣、贾谊更以为土德，卒不能明。孝武之世，文章为盛。太初改制，而兒宽、司马迁等犹从臣、谊之言，服色数度，遂顺黄德。彼以为五德之传，从所不胜。秦在水德，故汉据土而克之。”刘向父子以为：“帝出于震，故包羲氏始受木德，其后以母传子，终而复始。自神农、黄帝，下历唐、虞、三代，而汉得火焉。故高祖始起，神母夜号。著赤帝之符，旗章遂赤，自得天统矣。（刘向父子虽有此议，时不施行，至光武乃用火德耳。）昔共工氏以土德，间于木火，与秦同运，非其次序，故皆不永。由是言之，祖宗之制，盖有自然之应，顺时宜矣。”《史记·列传》：张苍为计相时绪，正律历。以高祖十月始至霸上，因故秦时本以十月为岁首，弗革。推五德之运，以为汉当水德之时，尚黑如故。吹律调乐人之音声，及以比定律令。（注：如淳曰：“此谓五音清浊各有所比也。以定十二月律之法令于乐官，使长行之。”瓒曰：“谓以比故取类以定法律与条令也。”）若百工天下作程品（注：如淳曰：“若，顺也，百工为器物，皆有尺寸斤两，皆使得宜，此之谓顺。”鲁灼曰：“若，预及之辞。”注：《索隐》曰：“鲁灼说为得。”），至于丞相卒就之。故汉家言历律者，本之张苍。《汉书·光武纪》：“建武二年正月，始正火德，色上赤。”（汉初土德，色尚黄，至此始明火德，徽帜尚赤服。）《三国志》魏文帝以汉元康元年十一月受禅。给事中博士苏林、董巴上表曰：“魏之氏族，出自颛顼，与舜同祖。舜以土德承尧之火。今魏亦以土德承汉之火，于行运合于尧、舜授受之次。”遂改延康元年为黄初元年，议改正朔，易服色，殊徽号，承土行。十二月幸洛阳，以夏数得天，故即用夏正，而服色尚黄。又诏以汉火行也，火忌水，故洛去水而加隹。魏于行次为土。土，水之壮也，水得土而乃流，土得水而柔，故除隹加水，变雒为洛。明帝景初元年春正月壬辰，山茌县言黄龙见，于是有司奏以为魏得地统，宜以建丑之月为正。三月，定历改年，为孟夏四月初，文皇帝乃即位。以受禅于汉，因循汉正朔弗改。帝在东宫著论，以为五帝三皇，礼不相袭，正朔自宜改变，以明受命之运。及即位，优游者久之，史官复著言宜改。乃诏三公、特进、九卿、中郎将、大夫、博士、议郎、千石、六百石博议，议者或不同。帝据古典甲子诏曰：“夫太极运三辰五星于上，元气转三统五行于下，登降周旋，终则又始。故仲尼作《春秋》，三微之月，每月称王，以明三正迭相为首。今推三统之次，魏得地统，当以建丑之月为正月。考之群艺，厥义章矣。其改青龙五年三月为景初元年四月。服色尚黄，牺牲用白，戎事乘黑首白马，建大赤之旂，朝会建大白之旗，改大和历，曰景初历。其春夏秋冬，孟仲季月，虽与正岁不同。至于郊祀迎气，礿祠蒸尝，巡狩蒐田，分至启闭，班宣时令，中气早晚，敬授民事，皆以正岁斗建为历数之序。”初，高堂隆以为改正朔、易服色、殊徽号、异器械，自古帝王所以神明其政，变民耳目。故三春称王，明三统也。于是敷演旧章，奏而改焉。帝从其议，改青龙五年春三月为景初元年孟夏四月。服色尚黄，牺牲用白，从地正也。齐王芳以景初三年即位，十二月诏曰：“烈祖皇帝以正月弃背，天下臣子，永惟忌日之哀。其后用夏正，虽违先帝通三统之义，斯亦礼制所由变改也。又夏正于数为天正，其以建寅之月为正始元年正月，以建丑月为后十二月。”《晋书·武帝纪》：太始元年即位。二年九月，群公奏唐、尧、舜、禹，不以易祚改制。至于汤、武，各推行数。宣尼答为邦之问，则曰：行夏之时，辂冕之制，通为百代之言。盖期于从政济治，不系于行运也。今大晋继三皇之踪，踵舜、禹之迹，应天从民，受禅有魏，宜一用前代正朔服色，皆有如虞遵唐故事，于义为弘。奏可。史臣曰：晋为金行，服色尚赤，考之天道，其违甚矣。元帝以丁丑岁称晋王，置宗庙，使郭璞筮之云：享二百年。自丁丑至禅代之岁，年在庚申，为一百四岁。然丁丑始系西晋庚申，终入宋，年所余惟一百有二岁耳。璞盖以百二之期促，故婉而倒之为二百也。《习凿齿传》：凿齿临终，上疏曰："臣每谓皇晋宜越魏继汉，不应以魏后为三恪。而身微官卑，无由有上达，怀抱愚情，三十余年。今沉沦重疾，性命难保，遂尝怀此，当与之朽烂，区区之情，窃所悼惜。谨力疾著论一篇，愿写上如左。愿陛下考录古义，求经常之表，超然远览，不以臣微贱，废其所言。"（下略）

附录　饶宗颐　阴阳五行思想有"形"、"气"二原与"德礼"关联说

阴阳一名，何自始乎？考卜辞已有阳字，从阜从昜（《前编》五，四十二，五）。阴阳连称则见金文之《永盂》（《文物》，1972（11））；一九六九年陕西蓝田出土，有十又二年语，唐兰定为共王公元前九三〇年器。铭云："锡矢师永厥田，滏昜洛疆。……"又《敔殷》："南淮夷迁入内，伐洍昴參原，衮敏滏阳洛。""阴阳洛"一名，两器互见。一九五一年黄县出土《曩伯子窡父盨》云："其阾（阴）其阳，以征以行。"（《金文录遗》一七六一九）又《石鼓文·銮军篇》云："原隰阴阳。"皆为地理名词。此与《诗·绵》篇"相其阴阳，观其流泉"意义相同。是西晋晚期，阴阳一名已出现矣。按"相阴阳"、"观流泉"，有近于后世堪舆地形家之事。《汉书·艺文志·数术略》，形法家有《宫宅》、《地形》二十卷。班氏论形法云："形与气相首尾，亦有有其形而无其气，有其气而无其形，此精微之独异也。"《楚辞·大司命》："乘清气兮御阴阳"、"壹阴兮壹阳"，阴阳之气为大司命所主宰，战国以来已有此说。阴阳本属于地，《天官书》云："天则有日月，地则有阴阳。天有五星，地有五行。天则有列宿，地则有州域。三光者阴阳之精，气本在地，而圣人统理之。"其说至当。气本在地，故形法家论地形又兼论气。气即阴阳之二气，与"相阴阳"之事必有关联，故阴阳家初疑出于地形家。《汉志》云："阴阳家者流，盖出于羲和之官，敬顺昊天，历象日月星辰，敬授民时。"此处引证《尧典》。羲和之官原出巫史，《周易·巽卦》云"用史巫纷若"。历

谱、形法皆隶属于《数术略》，《汉志》云：“数术者，皆明堂羲和史人之职也。”“史官之废久矣！其书既不具；虽有其书，而无其人!”足见此学乃出于巫史。

春秋时，朴素之五材说（Five Elements）颇为流行。《左》襄二十七年《传》，子罕论兵之重要性，所以用五材而昭文德，其说曰：

> 天生五材，民并用之。废一不可，谁能去兵？兵之设久矣！以威不轨而昭文德也。圣人以兴，乱人以废。

用兵勘乱振威，正是宣扬经天纬地之文德也。《吕刑》所谓“德威惟畏”是也。五材，杜注：“金、木、水、火、土也。”此五种原料，为人民生殖之本。《国语》称：“地之五行，所以生殖也。”五材与粮食合称为六府，属于九功。《左》文七年《传》，郤缺对赵宣子论德礼云：

> 非威非怀，何以示德？无德何以主盟？……九功之德，皆可歌也，谓之九歌。六府三事，谓之九功。水、火、金、木、土、谷谓之六府。正德、利用、厚生，谓之三事。义而行之，谓之德礼；无礼不乐，所由叛也。若五子之德，莫可歌也，其谁来之？

此文原亦引《夏书》，今《大禹谟》作“德惟善政，政在养民，水、火、金、木、土、谷惟修，正德利用，厚生惟和，九功惟叙，九叙惟歌”。九叙即九功，合六府与三事言之。六府指六种物质，三事同于三才。《周礼·大司乐》亦有九德之歌，郑司农引此传六府三事说之。《疏》谓正德，人德；利用，地德；厚生，天德。按《易传》：“天地之大德曰生。”故厚生可为天德，而合称为德礼，表之如下：

- 德礼
  - 三事
    - 天德——厚生
    - 人德——正德
    - 地德——利用
  - 六府：水、火、金、木、土、谷

《禹贡》亦言：“六府孔修。”六府当即水、火、金、木、土、谷六种职司。古代必于官府设有专职以司之。谷为民食之原，所以在五行之外，增此项目。六府一名，并见于《禹贡》、《夏书》（《大禹谟》）、《左传》，可见九功之歌，事属可信。五行与六府为民生要务；厚生之本，莫重于此。是知古人重视生产，故将厚生、利用与正德并列，成为德礼之三大鹄的。六府之有专司，征之《左》昭二十九年《传》，蔡墨曰：

> 夫物，物有其官；官修其方。……失官不食。官宿其业，其物乃至。若泯弃之，物乃坻伏，郁湮不育，故有五行之官，是谓五官。

此可证明五行本有官司负责，采集五大类之物资增加生产（厚生），为人民衣食日用之资（利用）。《夏书·甘誓》始见五行一名；有扈氏有“威侮五行，怠弃三正”之罪状，可能即是责备其滥用物资，与失时之过失也。后来《洪范》亦提出“敬用五行”，专论五行物质之用途，皆属于六府之五行、五材，即较早之朴素五行说，其性质可谓唯物论。惟从正德、利用、厚生三事观之，乃属于德礼范围，此为《春秋》五行与“德”关系说之第一阶段。

“德礼”既成为一专词，在《春秋》之世，“礼”亦赋予新之天地意义，与周初之“文”一字，具同等重要位置。《左传》有不少重要语句：

“礼以顺天，天之道也。”（《左》文十五年）

“礼，上下之纪，天地之经纬也。”（《左》昭二十五年）

“夫礼，天之经也，地之义也，民之行也。天地之经，民实则之。”（《左》昭二十五年）

“礼……与天地并……先王所禀于天地以为其民也。”（《左》昭二十六年）将礼与天地相准，此简直是“文”之翻版矣。

《郑语》中史伯议论云：“先王以土与金、木、水、火杂，以成百物，……建九纪以立纯德，合十数以训百体。”此处可注意者有二事：

（一）以土为主，以杂百物

春秋时史墨谓“天有三辰，地有五行”（《左》昭三十二年《传》）。又展禽曰：“天之三辰，所以瞻仰也；地之五行，所以生殖也；为九州名山川泽，所以出财用也。”（《鲁语》上）彼二人俱将五行隶属于地，因为五行乃以土为主；金、水、木、火，皆在地上孕育孳长也。

（二）以九纪为纯德

九纪者，根据《洪范》中有五纪，指岁、月、日、星、辰，历数，实为纪时之标准，可能即《尧典》“敬授民时”之事务。九纪与五纪，应有密切关系。建立九纪（包括五纪之类），以定时间之标准，使民事不失时，充分发展生产焉，此谓之“纯德”；与《左传》所谓“德礼”，意义正相符也。

上述之朴素五行、五材说，乃从物体形质方面加以分析，而以三事为目的，如此之“德礼”，即以民生为主，而非个人道德修养之意义。

阴阳五行有另一套说法，乃讲求气而非讲求形；是说较为后起。战国时《刀珌铭》云：

> 行氣（气）：实则遉（畜），畜则神，神则下，下则定，定则固，固则明，明则𨑨（长），𨑨则复（退），退则天。天丌（其）𡉏（本）在上，坠（地）丌𡉏在下；巡（顺）则生，逆则死。

《行气铭》提及天地乃从自然现象中体会，此种思想自有远源。《国语·周语》记伯阳父解释地震之现象，谓由天地之气失其序：“阳伏而不能出，阴迫而不能蒸，于是乎有地震。”由于天地二气不能调协之故。又虢文公述古太史顺时𩇶土，“阳瘅愤盈，土气震发，农祥晨正”。春天祀农神，即由观察土气而来。“土气”一词，出现甚早。（《宋书·符瑞志》：“黄帝以土气胜，遂以土德王。”）《左传》昭二十五年，记子产论“则天之明，因地之性，生其六气，用其五行；气为五味，发为五色”。以五行与六气对言。昭元年《传》，医和言“天有六气，降生五味”。六气属天，而五行属地。二气说发展成为后来《易传》“立天之道曰阴与阳”一类之道理。《行气铭》在医学上有《素问》之《四气调神大论》一类思想可以印证。以五行中之“土”说成气，西周已有此一名词，后来全以气说五行，如《吕览·应同篇》引黄帝曰：“芒芒昧昧，因天之威，与元同气。”天威之威，旧校威一作道。罗焌引《广雅》云：“威，德也。”则以天威为天德，与《易传》“与天地合其德”之德同义。以为此天人感应之理，乃阴阳五德始终说之所本。（见《诸子学述》）五行之行，汉人之说如《白虎通·五行篇》云：“言为天行气。”郑玄亦云：“行者，顺天行气。”解释“行”为“行气”，似出之古说。

班固《汉书·艺文志》云：“五行者，五常之形、气也。”即指出五行有形与气二系；上述分析，可申班说。

按：关于五行之排列与五帝德关联问题，顾颉刚之《五德终始说下的政治和历史》讨论甚繁。日人著作，狩野直喜有文二篇（《东方学报》，京都第三册、第五册）及岛邦男近著《五行思想与礼记月令之研究》，胪列资料甚多。本编资料二则颇详其所略，而略其所详云。

资料三

唐　刘知幾　史通探赜篇

隋内史李德林著论，称陈寿蜀人，其撰《国志》，党蜀而抑魏，刊之国史，以为格言。案曹公之创王业也，贼杀母后，幽逼主上，罪百田常，祸千王莽。文帝临戎不武，为国好奢，忍害贤良，疏忌骨肉，而寿评皆依违其事，无所措言。刘主地居汉宗，仗顺而起，夷险不挠，终始无瑕。方诸帝王，可比少康、光武；譬以侯伯，宜辈秦缪、楚庄，而寿评抑其所长，攻其所短。是则以魏为正朔之国，典午攸承，蜀乃僭伪之君，中朝所嫉。故曲称曹美，而虚说刘非；安有背曹而向刘，疏魏而亲蜀也？夫无其文而有其说，不亦凭虚、亡是者耶！习凿齿之撰《汉晋春秋》，以魏为伪国者，此盖定邪正之途，明顺逆之理耳。（下略）

又　列传篇

夫纪传之不同，犹诗赋之有别，而后来继作，亦多所未详。案范晔《汉书》，记后妃六宫，其实传也，而谓之为纪；陈寿《国志》，载孙、刘二帝，其实纪也，而呼之曰传。

按：刘子玄《探赜篇》论《国志》则非李德林之论；连类而及习氏

《春秋》，则订檀道鸾《魏晋春秋》之说。（大意谓“安有变三国之体统，改五行之正朔，勒成一史，取诫当时，岂非劳而无功，博而非要?”）德林说见其答阳休之《书》：“汉献帝死，刘备自尊崇，陈寿蜀人，以魏为汉贼。宁肯蜀主未立，已云魏武受命乎?”（《隋书》卷四十二）陈寿《书》目魏为篡，在《蜀志》中屡见之，如《诸葛亮传》记建安二十六年，群下劝先主称尊号，亮说曰：“今曹氏篡汉，天下既主，大王刘氏苗族，绍世而起，今即帝位，乃其宜也。”……先主于是即帝位，策亮为丞相曰：“朕遭家不造，奉承大统，兢兢业业，不敢康宁。……”传中特书是策以昭隆重。他若张飞、马超、许靖诸《传》，均载昭烈之策。（策飞云：“朕承天序，嗣奉洪业，除残靖乱。……”策超云：“朕以不德，获继至尊，奉承宗庙。曹操父子，世载其罪，朕用惨怛，疢如疾首。”）明著曹氏篡窃之罪，故意不刊削其文。是知德林谓寿“党蜀而抑魏”，殊非空言。再观许靖《传》录靖与曹公书长文，劝曹扶危持倾，为国柱石，行之得道，即社稷用宁。建安板荡之局，百姓之命，悬于曹氏一人之身，颙颙注望于曹公者甚切，而曹不能行之得道，反背道而行之。寿书特载此篇，尤以微意存焉。子玄谓德林所见为子虚乌有，是未细读《蜀志》也，特以习氏之书明指魏为伪，所以“定邪正之途，明顺逆之理”。宋人之说，胥自此出。故兹以揭于资料三之首。

又按子玄谓“陈寿书载孙、刘二帝，其实纪也，而谓之曰传”。极为有见。吴、蜀两传均书其国年号。名虽为传，本质仍是纪也。刘咸炘云：“史之有纪，乃一书之纲领，非帝者之上仪，然纪必取一时之主。三方鼎峙，莫适为主，承祚则仍守旧法，以一方为纪，而余二方为传；然二方主传，又为彼二方之纲，故不得不仍用纪体，此实向来未有之例，固不可以为有心贬吴、蜀也。”又曰：“原承祚本意，盖以三方皆当为纪，而一书不可三纪，故不得不用纪体，又不得不名为传，以为史法之不得不然也。”深能抉发陈寿之苦心，其书既以三国鼎立，表面虽抑蜀、吴为传，而仍以纪体为之，可令人兴深长思也。又《史通·编次篇》言：“陈寿《蜀书》，首标二牧，次列先主，以继焉、璋，岂以蜀是伪朝，遂乃不遵恒例?”何义门为之解云：“二牧不从董、袁群雄之例，而列《蜀志》者，非夷昭烈于割据也。王者之兴，先有驱除。评云：‘庆钟二主。’即以汉家故事，明统绪所归。”又曰：“序吴事则正礼不先于讨逆，系汉统则二牧乃冠乎兴王。变其例，逊其词，所以待后之人自遇其旨于参错迷谬之中，故非当时所测也。”何氏发展《陈志》书法，可谓善读书者，胜于子玄之迂见多矣。

宋　张栻　诸葛忠武侯传书后

予既作侯传以示新安朱元晦，元晦以予不当不载以管、乐自许事。谓侯为后主写申、韩、管子、《六韬》之书，及劝昭烈取荆、益以成伯业，可见其所学未免乎驳杂，其说亦美矣。而予意有未尽者，侯之所不足者学也。予固谓使侯得游于洙泗之门，讲学以终之，则所至又非予所知，不无深意矣。然侯胸中所存，诚非三代以下人物可睥睨，岂管、乐之流哉？时有万变，而事有大纲，大纲正，则其变可得而理。方曹氏篡窃之际，孰为天下之大纲乎？其惟诛贼以复汉室而已。侯既以身从汉室之英胄，不顾强弱之势，允执此纲，终始不渝，管、乐其能识之乎？使侯当齐桓之时，必能率天下明尊王之义，协相王室，期复西周，其肯务自富其国而忘天下之大训乎？使侯当燕昭之时，必能正名定国，抚其民人，为天吏而讨有罪，以一天下之心，其肯趋一时之近效，志在土地珍宝，而自以为功莫大乎？是其心度与侯绝相辽邈，故不欲书以惑观听，拔本塞源之意也。予读《出师表》，见侯所以告后主，一本于正。其所以望其君者，殊非刻核阴谋之说。故于手写申、韩等书之事亦疑之，疑则可阙也。侯在草庐一见昭烈，遂定取荆、益之计。盖侯之心，欲昭烈以兴复汉室为己任。以兴复汉室为己任，则天下诸侯内怀它图者，吾固得以正名而讨之矣。时昭烈未有驻足之地也。历观诸国，刘氏不能守荆、益，是诚天所资也。若昭烈以荆、益无志讨贼，坐务自大，正其罪而伐之，则夫谁敢不服？然昭烈之为人，徇于小不忍而妨大计，故刘琮降操，荆、益可取而不取，侯之策，昭烈犹有未能尽从者也。及狼狈而遁，虽借吴之力，败操赤壁，然终迫于吴，乃始入蜀。以谲计取之，予知侯于此时盖亦有黾勉不得已焉者，非草庐所以告昭烈之本意也。嗟乎！五伯以来，功利之说盈天下，大义榛塞，幸而有若侯者，坚守其正，不以一时利钝，易不共戴天之心，庶其可以言王道者。故予推明其本心，证以平生大节，而削史之说有近于霸术者。区区妄意，扶正息邪，而不自知其过也。然侯之于学为未足者奈何？知有未至也。知有未至，则心为未尽；未能尽其心，则于天下之事物有所不能遍该而以一贯之也。故昭烈谲取刘璋，于“行一不义，杀一不辜”之道，终为有愧。侯当此时处之，亦有未尽焉。（下略。《四部丛刊续编》景宋本。末叶有缺文，

参张元济《校勘记》）

按：张栻《武侯传》版本源流，曹元忠有跋，见《笺经堂文集》。

附　明　程敏政跋

右汉丞相《诸葛忠武侯传》一卷，宋南轩先生张宣公之所订者。板刻在南京国子监，有甲、乙两本，皆残缺不完，文亦小异。予尝携入史馆，请阁本参校之，手自钞补如上。而乙本残缺为甚，不复成编矣。然乙本附录一卷，得可属读者，南轩先生论记赞诗四篇。论虽复出，而不可芟也，辄校以附甲本之后。予尝见朱子有《与何叔京书》及《武侯赞跋卧龙庵诗》，多与南轩此传相发，辄录以附。宋季有清江胡洵直者，尝考订《出师表》中脱误数处及补亡七字，见《芦浦笔记》，而人多未之知也，又录以附。将寄南监补刻以传。惟南轩先生以丞相忠献公之长子，当宋社之南，力排和议，倡复仇之举，其心事实与武侯同，故惓惓订此传以见志。且力非武侯之子瞻负兼将相，不能力谏以去黄皓，又不能奉身而退，冀主之一悟，兵败身死，仅胜于卖国者尔。故止书“子瞻嗣爵”，以微见善善之长，而余固不足书也。为法严，立义精如此，是岂陈寿辈所能窥其万一？至求其旨意所在，直将以拯天纲，纾国难，而不坠其世烈，不挠于一毫功利之私，则去今虽数百载，而读之犹有生气也。非有得于圣门正谊明道之说，恶足以与此哉？朱子以韩侂胄柄国，杀赵忠定（汝愚）公，乃注《楚辞》。伤宋国之亡，以蔡西山之窜，决道之不行，乃注《参同契》，致长往不反之意，皆大贤君子之心事非得已者，而世犹疑其长词华之习，倡道引之端，所谓浅之为丈夫者类如此。因并及之，以见斯传之非徒作云尔。（《篁墩文集》卷三十六）

按：朱子《答何叔京书》，两处言及张栻此传。其一云：“《孔明传》近为元履借去。示喻孔明事，以为天民之未粹者，此论甚当。”其一云：“《武侯传》读之如何？……但熹欲传末略载诸葛瞻及子尚死节事，以见善善及子孙之义，钦夫却不以为然。”（《朱文公集》卷四十）《困学纪闻》载此事。清周寿昌讥钦夫此论，不揣本末而权轻重者。卢弼《集解》既未采张栻此传；最奇者引王应麟及周氏语，而谓：“宋儒迂谬。”“但不知朱子是作何传？若是修《纲目》则无传；若《蜀志》则瞻有专传。”“何烦略载耶？”（卷三十五，37 页）不悟朱子所指者乃张南轩新作之《武侯传》，卢氏于《朱子文集》未暇检读，可谓失之眉睫！至《出师表》亮传少“若无兴德之言则”七字，《董允传》有之。《文选》亦有此七字。李善《注》云：“无此七字，于义有阙。”早已有见及此，不待嘉定间江西刘昌诗之《芦浦笔记》，始著其乡人之说，而矜为创见也。

韩元吉　三国志论

史之法以记事为先，然其大略不可以无《春秋》之遗意也。司马迁作《河渠书》，述《禹贡》；作《货殖传》，述子贡、范蠡。班固因之。夫迁之书，五帝以来之史也。固之书，汉之史也。禹与子贡、范蠡，何以见于汉哉？则亦不得乎记事之体矣。自迁、固作《吕后本纪》，而为唐史者，则亦作《武后本纪》。夫吕后以女子而擅汉者也，其国与主犹在也。武废其国与主，而称周矣，何以得纪于唐乎？是大失乎《春秋》之意者也。陈寿之志三国，其记事亦略矣。欲取《春秋》之意则未也。寿之书，以三国云者是矣。以三国云者，示天下莫适有统也。魏则纪之，吴、蜀则传之，是有统也。魏之君曰帝、曰崩；吴之君曰某、曰薨；蜀之君曰主、曰殂；此何谓耶？夫既已有统矣，而又私于蜀，是将以存汉也。存汉则不可列于传也。且蜀者，当时之称也。昭烈之名国，亦曰汉尔。今不以汉与之者，畏其逼魏也。其所以名国者，则汉不存矣。无已则曰蜀汉乎？孙氏之有江东，其何名哉？诸侯割据者也。虽然，魏已代汉矣，纪之可也。吾将加蜀以汉，加其主以帝王而并纪之。以其与蜀者与吴，易其名与薨而存于传，庶乎后世知所去取矣。（《南涧甲乙稿》卷十七）

按：元吉《宋史》无传。其人距程子仅再传，又与朱子最善，其婿即吕祖谦也。（《四库提要》别集类十三）旧、新《唐书》武后皆列于本纪，当是援史公《吕后纪》之例，故南涧非之。其言欲加蜀以汉，称为蜀汉，后人多沿其说。高似孙云：“遂作《蜀汉书》。”刘克庄《后村大全集》百三十一《答翁仲山礼部书》云：“某伏承宠示新修《蜀汉书》四册，读之与考亭大旨合。陈同父有此意，惟所见颇疏宕，惟公此书甚精密。”翁浦（仲山）又有《蜀汉书》之作，再后，赵居信亦撰《蜀汉本末》，皆以《蜀汉》名书，盖南涧有以启其端。

周必大 续后汉书序

曹氏代汉，名禅实篡，特新莽之流亚。丕方登坛，自形舜、禹之言，固不敢欺其心矣。今向千载，人之好恶，岂复相沿？而苏轼记王彭之说，以为涂巷谈三国时事，儿童听者，闻刘败则颦蹙，曹败则称快，遂谓君子小人之泽，百世不斩，兹岂人力强致也与！陈寿身为蜀人，徒以仕屡见黜，又为诸葛所髡，于刘氏君臣，不能无憾。著《三国志》，以魏为帝，而指汉为蜀，与孙氏俱谓之主。设心已偏，故凡当时给祭高帝以下昭穆制度，皆略不书。方见乞米于人，欲作佳传，私意如此，史笔可知矣。其死未几，习凿齿作《汉晋春秋》。起光武，终愍帝，以蜀为正，魏为篡。谓汉亡仅一二年，则已为晋，炎兴之名，天实命之，是盖公论也。然五十四卷，徒见于唐《艺文志》、本朝《太平御览》之目。逮仁宗时，修《崇文总目》，其书已逸，或谓世亦有之，而未见之也。幸《晋史》载所著论千三百余言，大旨昭然。刘知幾《史通》云："备王道则曹逆而刘顺。"近世欧阳修议正统不黜魏，其宾客章望之著《明统论》辨之，见于国史。张栻《经世纪年》，直以先主上继献帝而为汉，而附魏、吴于下方，皆是物也。今庐陵贡士萧常，潜心史学，谓古以班固史为《汉书》，范晔史为《后汉书》，乃起昭烈章武元年辛丑，尽少帝炎兴元年癸未，为《续后汉书》。既正其名，复择注文之善者，并书之。积勤二十年，成《帝纪》、《年表》各二卷，《列传》十八卷，《吴载记》十二卷，《魏载记》九卷，别为音义四卷。惜乎寿疏略于前，使常不得追记英贤，宪章于后，以释裴松之之遗恨也。昔周东迁，寖以微弱。至春秋时，仅为王城。而吴、楚强大，绵地数千里，皆僭称王，圣人断然以夷狄之子。昭烈土地甲兵，甚非周比。兴于汉中，适与沛公始封国号同。天时人事，决非偶然。孔子复生，必有以处此。乃为首探魏文当日之心，次举苏氏百世之说，以合习氏之论，而论旧志之非，作《续后汉书序》。庆元六年庚申二月望，少傅观文殿大学士致仕、益国公、食邑一万四千六百户、周必大书。（《文忠集》卷五十三）

按：高似孙于习凿齿《汉晋春秋》，叙述颇详。周氏在其前则云书逸而未见，盖南宋时习氏书已不易觏矣。陈寿乞米之谤，《周书》卷三十八

《柳虬传》、《唐书》卷二百二《刘允济传》均记之，刘知幾更深加诟病。清代学人若朱彝尊、杭世骏（《道古堂文》集二十二《论丁仪丁廙》）始为之辨诬。

萧常　进续后汉书表

臣常言：名义至重，信古今之不渝；书法匪轻，虽毫厘之必计。理不可易，事固当然。窃观《鲁史》之文，仰识宣尼之志。盟会所列，敢辱天子之尊；王人虽微，必叙诸侯之上。僭如吴、楚，爵不过子；盛若威文，号止称侯。盖天常尊、地常卑，转移不可。譬履虽新，冠虽敝，颠倒弗容。载维圣经笔削之言，深疾史氏抑扬之谬。彼妄肆一时之意，盖莫如《三国》之书，既纪曹而传刘，复贬汉而为蜀。以鬼蜮之雄，而接东京正统；以高、文之胄，而与孙权并称。徒知崇伪而黜真，宁识尊王而贱伯？不可以训，莫甚于斯。是用质之古人，揆之公议，一切反之于正，多言守之于中。爰痛辟于淫辞，庶少扶于名教。恭惟皇帝陛下，广渊齐圣，缉熙光明，推太宗开卷有益之诚，佩高庙放心莫收之戒。每于经筵之暇，及夫史学之传，独全深识远览之明，力主大公至正之道。如臣末学，为时鄙儒。自幼承师法于先臣，有志明天下之大义。凡疑似是非之际，必反覆辨析其间。名不假人，斥垣衍帝秦之论；物不失旧，大少康祀夏之功。非固徇管见臆决之私，直欲还天理人心之正，采诸儒之遗说，更再世以成书。小道或有可观，多见其不知量。仅足厕兔园之列，讵敢追麟笔之余？藏名山，副在京师，论次愧十年之作；阅书林，幸乎东观，燕闲裨乙夜之观。所有臣编次《续后汉书》纪、表、列传、载记，总计四十二卷，谨缮写成八册，随表上进以闻。臣常诚惶诚恐，顿首顿首，谨言。（本书卷首）

按：萧常此书，《四库提要》称其于《昭烈纪》云，“封陆城侯”，不知常何本？李慈铭《桃华圣解盦日记》丙集指出萧书于音义首条，据《汉书·王子侯表》，言之甚明。班《表》及《水经·滱水注》仅作陆成侯，无亭字。《地理志》：陆成，中山国县名。

欧阳守道　续后汉书跋

晦斋先生萧季韶讳常，吾州耆儒也，作《续后汉书》，以正陈寿志三国之失。丞相益国周文忠公为之序。余从其孙梁孙得读之，录本藏之家。他日以告史君丰城李侯义山。侯曰："蜀传献帝为曹氏所弑，昭烈遽称大号，实不然也。久之亦知献帝之亡恙矣，大号可久居乎？吾尝谓昭烈君臣不满，于子何如？"余曰："春秋之法，失国之君，生名之国君，卒而后名曰某国某侯卒。今生而名，责其不死社稷，虽生犹死也。国者，先君之国，为先君守之。守之不可，则继以死。彼献帝者，以天下之共主，一日而帝魏甘心焉。即其奉玺绶归孽丕之日，不死犹死矣。《春秋》一年不二君，亦不旷年无君。建安庚子冬，汉天子位为丕所篡。次年四月，昭烈始称大号于汉中，盖已旷数月矣。然则以昭烈之元，上接建安末岁为正统，何疑于献帝之犹存乎？萧氏书法与朱公《通鉴纲目》合。《纲目》于建兴十二年'魏山阳公卒'；若曰'献帝'，至此特魏之山阳公。魏有山阳公，而汉无献帝也。萧氏作书时，《通鉴纲目》未出。可观我心所同然矣。"李侯因欲刊其书于郡斋，会去不果。今西昌陈君次公取而刊之潭州州学，上距书成之岁，盖甲子一周矣。其得不泯于世，可不谓幸哉！陈君以斯文为己任，而梁孙之力贫笃学，保有手泽以待之今日，晦斋为不亡矣。梁孙命某书其后，乃书前之复李侯者遗之。（《巽斋文集》卷二十一）

按：欧阳守道著有《皇朝通鉴纪事本末》一百五十卷，起建隆，迄靖康，《千顷堂目》著录。

刘克庄《后村大全集》卷一百七十八《诗话续集》，记翁浦仲山欲作《蜀汉书》，其论未竟而仙去。"后得庐山贡士萧常所作《续后汉》，大纲与仲山同，但萧氏自名其书曰《续后汉》，仲山犹加蜀字耳。"此萧常同时人之改撰《三国志》者。守道此序谓常作书时，《通鉴纲目》未出。考《纲目序》署乾道壬辰（1172，《朱文公文集》七十五），而周必大序萧书在庆元六年（1200），实在《纲目》之后。

高似孙 史略

自司马氏至五代史数千百年，正统偏霸与夫僭窃乱贼，甚衰至微之国，虽如夷狄，而史未有不书其国号者。陈寿志三国乃独不然，刘备父子在蜀四十余年，始终号汉，是岂可以蜀名哉？其曰蜀者，一时流俗之言耳。寿乃黜正号而从流俗。史之公法，国之正统，辄皆失之，则其所书尚可信乎？且是时世称备为蜀者，犹五代称李璟为吴，称刘崇为晋者耳。今《五代史》作南唐、东汉世家，未尝以吴、晋称史。荆公曰："五代之事不足书，何足烦公？三国可喜事甚多，率坏于陈寿，公其成之。"公虽深然，未暇作也。予遂作《蜀汉书》，系蜀以汉，尚庶几乎。

《三国志》

《汉魏吴蜀旧事》八卷。

魏氏别史

《魏武本纪年历》五卷。

王沈《魏书》四十八卷。晋司空，字彦伯，高平人，有俊才。沈仕魏，正光中，迁散骑常侍。与荀觊、阮籍共撰《魏书》，多为时讳，未若陈寿之实。

《魏纪》十二卷。左将军阴澹撰。

鱼豢《魏略》五十卷。

梁祚《魏国统》二十卷。

何常侍《论三国志》九卷。

《魏末传》二卷。梁有。魏大事。隋亡。

蜀别史王隐删补《蜀记》七卷。

上魏氏别史五家，盖可与陈寿志参考而互见者，亦一时记载之隽也，而鱼豢典略，特为有笔力。

历代春秋

太史公作《史记》，最采《楚汉春秋》，意其论著，瑰杰弘演，必有以合乎轨辙者。今得《楚汉春秋》，读之不见其奇（中略）。至习凿齿、孙盛、檀道鸾作《魏晋春秋》，意义闳达，辞采清隽，斯亦一代之奇著。桓温见盛《春秋》，怒谓盛子曰："枋头诚为失利，何至乃如尊君所说?"其子遽拜请删定，诸子号泣请为百口计，盛怒不许。诸子自改定之。盛乃书两本寄于慕容儁。泰元中，孝武帝求异闻，殆于辽东得之，以相参校，多有不同。时温既觊觎非望，凿齿著《汉晋春秋》以裁正之。起光武，终于晋愍帝。三国之时，蜀以宗室为正。魏武虽受汉禅，尚为篡逆。文帝平蜀，乃汉亡而晋始兴焉。二子之作，严且正矣。善乎唐史臣之言曰："丘明既殁，班、马迭兴，自斯以降，分明竞爽。"此之谓乎！《阳秋》者，避晋太后家讳，故曰《阳秋》。

史评

王涛《三国志序评》三卷。晋人。

徐爰《三国志评》。

二评盖专为三国所书设，是固有可评者。司马公作《通鉴》，遗书刘道原曰："魏、吴、蜀、宋、齐、梁、陈、后魏、秦、夏、凉、燕、北齐、后周、五代诸国，地丑德齐，不能相一，名号钧敌，本非君臣者，皆用列国之法。彼此抗衡，无所抑扬，没皆称殂，王公称卒，庶几不诬事实，稍近至公。至于刘备虽承汉，族属疏远，不能纪其世数名字。亦犹宋高祖自称楚元王后，李昪自称吴王恪后，是非难明。今并用之列国，不得与汉光武、晋元帝为例。"以温公之殊见绝识，而于此难决，是果难乎！习凿齿作《汉晋春秋》，其言有曰："桓温觊觎非望，乃著《汉春秋》以裁正之。起光武，终于晋愍帝。于三国之时，蜀以宗室为正。魏武虽受汉禅，尚为篡逆。至文帝平蜀，乃为汉亡，而晋始兴焉。"其说如此，岂不快哉！（《史略》四）

按：刘道原即刘恕字。黄庭坚《豫章集》卷二十三有《刘道原墓志》。晁说之于宣和五年有题《（通鉴）长编疑事跋》（《嵩山集》十八）即道原所著。今本名《通鉴问疑》，题恕子羲仲撰，盖出其重编。高似孙所举温公遗书道原云云，散见《问疑》中，文字微有出入。

又似孙云："予遂作《蜀汉书》，系蜀以汉。"惜其书未成。观所列举魏、蜀史书，皆不经见者，知其搜罗之博。自韩南涧论蜀可称为蜀汉，续古即承其说也。（据陆放翁诗注，韩元吉卒于淳熙十四年。似孙则淳熙十一年进士，为韩之后辈。《史略》前自序署宝庆元年。）

尹起莘　昭烈帝章武元年论

昭烈皇帝章武元年（魏黄初二年），夏四月，王即皇帝位。

尹氏曰："三代而下，惟汉得天下为正，诛无道秦，讨逆贼羽，得祚逾四百年，尺地一民，莫非汉有。至桓、灵不君，董卓煽祸，英雄群起而攻之。卓既诛戮，则天下固汉之天下也。曹操乘时擅命，胁制天子，戕杀国母，义士为之叹愤。苟有一夫唱义于天下，皆君子之所予，况于堂堂帝室之胄、英名盖世者乎？丕既篡立，汉祀无主，昭烈正位，蜀汉亲承大统，名正言顺，本无可疑。自陈寿志三国，全以天子之制予魏，而以列国待汉，故《通鉴》因之，以魏纪年。至《纲目》始以昭烈承献帝之后，绍汉遗统，固非曲立异说，好为矛盾，特《通鉴》自谓姑取其年，以纪诸国之事，非卑此尊彼，有正闰之辨，此盖因史笔以纪述，初不别义例，故其说不得不出于彼。若夫《纲目》则取《春秋》之义，以示天下万世之正论，所以因曹丕之篡窃，大义莫得而伸，幸有昭烈足以存汉氏之统，故其说不得不出于此。二者固并行而不相悖，要亦有待于互相发明之意也。按陈寿志昭烈：涿郡人，中山靖王刘胜之后。胜子贞，封涿郡陆城侯，坐酎金失侯，因家焉。祖雄父弘，生昭烈，其世次本末甚明。又按欧阳修《五代史》载南唐世家，李昪徐州人，世本微贱，父荣，遇唐末之乱，不知所终。昪少孤，杨行密养以为子，又乞与徐温，因冒姓徐。至篡吴之后，始复姓李，自言唐宪宗子建王恪之后。及考以《通鉴》，则曰唐王欲祖吴王恪。或曰恪诛死，不若祖郑王元懿。唐王命有司考二王苗裔，以吴王孙伟有功，伟子岘为帝相，遂祖吴王。自岘五世至父荣，其名率皆有司所撰，此与昭烈大相辽绝。况诸葛一见昭烈，自称将军帝室之胄，及后求救孙权，亦以刘豫州为王室之胄对权称之，亮固非妄言者也。是以张松之说刘璋，且谓豫章使君之宗室，而异时苻坚答苻融谏代晋之语，亦曰刘禅可非汉王遗祚，然亦为中国所并，然则昭烈之为汉裔，显无疑。以之绍统，夫复何说？是年曹丕既立，昭烈即正位号，不使汉统坠地，深合事宜。其与光武即位于鄗，晋元即位江左，先后一辙，固非其他僭窃急于自帝者之比。斯事在《纲目》中最其大者，臣故历考颠末，详而辨之，以告后之君子，亦使文公秉笔之意，暴白于天下云。"（《纲目发明》）

按：朱彝尊撰《陈寿论》，于尹起莘说颇有论难，文见《曝书亭集》卷五十九。

俞文豹　吹剑录

古今论孔明者，莫不以忠义许之。然予兄文龙尝考其颠末，以为孔明之才，谓之识时务则可，谓之明大义则未也；谓之忠于刘备则可，谓之忠于汉室则未也。其说有四：一者备虽称为中山靖王之后，然其服属疏远，世数难考。温公谓犹宋高祖自称楚元王之后，故《通鉴》不敢以绍汉统。况备又非人望之所归，周瑜以枭雄目之，刘巴以雄人视之，司马懿以诈力鄙之，孙权以猾虏呼之。亮独何见而委身焉？藉使以为刘氏族属，然献帝在上，犹当如光武之事更始，东征西伐，一切听命焉可也。二者备之枉驾草庐也，始谋不过曰主上蒙尘，孤不度德量力，欲伸大义于天下，其辞甚正，其志甚伟。自孔明开之以跨荆、益成霸业之利，而备之志向始移，无复以献帝为念。由建安举兵以来二十四年，天子或都许，或都长安，或幸洛阳，宫室煨烬，越在篱棘间。备未尝使一介行李，诣行在所。今年合众万余，明年合众三万，未尝一言禀命朝廷。而亮亦未尝一谈及焉，盖其帝蜀之心，已定于草庐一见之时矣。三者曹操欲顺流东下，求救于吴，无一言及献帝，而独说以鼎足之说。夫鼎足之说，始于蒯通，然通之说韩信以此，犹有汉之一足；当三国时而为是说，则献帝无复染指之望矣。赖周瑜汉贼之骂，足以激怒孙权，故能成赤壁之胜。若备若亮，何以厉将士之气，服曹操之心哉？荆、楚之士，从之如云，非从备也，乃从汉也。四者备之称王汉中，则建安二十四年也。献帝在上，而敢于自王，及称帝武担，则闻献帝之遇害也。亮不能如董公说高祖，率三军为义帝缟素，仗大义，连孙吴，声罪讨贼。乃遽乘此即帝位，而反锋攻吴。晋文公有言，父死之谓何，又因以为利，故费诗以为大敌未克，便先自立，恐人心疑惑，而谏以高祖不敢王秦之事，亮反怒而黜之。夫以操之奸雄，其王其公犹必待天子之命，荀彧且以此愤死。以丕之篡逆，亦必待献帝之禅，杨彪且不肯臣之。备虽宗室，而亦臣也，何所禀命而自王自帝？固方哓哓以兴复汉室为辞，不知兴复汉室，为献帝邪？为刘备邪？亮既有心于帝备矣，万一果能兴复，将置献帝于何地？《出师》一表，虽忠诚恳恳，特忠于所事尔。其于大义，实有所未明也。管仲、乐毅之事，君子所羞道者，以其但知有燕、齐，而不知有王室也。亮乃以管、乐自许，宜其志虑之所图回，功业所成就，止于区区一蜀耳。或者但谓备刘氏宗也，备帝蜀则汉祚存矣。亮忠于备，即忠于汉矣。吁！无献帝则可，有献帝在，而君臣自相推戴，则赤眉之立刘盆子，亦有辞于世矣。《春秋》之末，诸侯争强，周室微弱，孔子无一日不以尊王为心。若如亮之见，则鲁同姓也，亦可奉之为王矣。天下后世，惟持此见，故于孔明之事，无敢置异议于其间。文中子曰："通也敢忘大皇昭烈之懿识，孔明、公瑾之盛心。"噫！汉之君既称献帝，魏之君又称武帝，吴之君又称大皇帝，蜀之君又称昭烈皇帝，天无二日，民无二王，一天下而四帝并立，可乎？通之见如此，宜其为续书之僭也。余兄尝以是说取解于同文馆，又有孔明《识时务论》板行。（王应奎曰：宋俞文豹《吹剑录》中，有论孔明一则，责其忠于刘备，而不忠于汉，为辞甚辨。以予考之，则其说非是。夫孟子，私淑孔子者也，孔子意在尊周室，故《春秋》之作，加王于正，以示大一统之义。而孟子于齐梁之君，则勉之以王，不复以周室之言，盖知周之不可复兴也。汉之有献帝，非犹周之有显王乎？孔明之不复以汉帝为念，犹孟子意也。必执此以罪孔明，而谓其不忠于汉，是可与经而不可与权者也。至谓备今年合众万余，明年合众三万，未尝一言禀命朝廷，尤于当日时势，有迂阔而不近情者。夫自操迎帝都许，朝廷已在其掌握中，若必禀命而行，是不啻以其情而输之于操矣。其能与操树敌乎？又谓备非人望所归，周瑜以枭雄目之，刘巴以雄人目之，司马懿以诈力鄙之，孙权以猾虏呼之，亮独何见而委身焉？夫出于敌人之口，其加以恶名也固宜，即使备之为备，果非人望所归，亮亦不得舍汉之宗室，而反委身于人望所归之他姓也。且备为汉宗室，亮委身事之，犹不免吹毛索瘢，假使委身他姓，吾不知后人之指摘，更当如何？又谓以操之奸雄，自王帝，此尤与儿童之见无异。夫当操之世，天子已如赘疣，其王其帝，名为出自朝廷，而实操隐有以使之。假使备之称号，而必禀命天子，彼天子之权，已归之操矣，操其肯以尊号予敌乎？总之论古人者，不审时势，而望影乱谈，使如无理取闹，其不为有识所掩口者几希！）

朱文公《通鉴纲目》，以正名为先。子云仕于汉也，于莽天凤元年，书"莽大夫扬雄死"，以《法言》盛称莽功德，及作《剧秦美新》也。（中略）然魏虽僭窃，毕竟受禅于献帝；蜀虽刘氏宗，温公云："昭烈称中山靖王后，族属疏远，不能纪其世数名位，犹宋高祖称楚元王后，南唐烈祖称吴王恪后，是非难辨，故不敢以绍汉统。"今《纲目》乃黜魏而以蜀为正统，书魏曰"魏主"、吴曰"吴王"，公必有所见也。（《吹剑录全编》）

按：文豹括苍人。此书前有淳祐庚戌序。王应奎德兴人，隐居自适，著《春秋管见》，《元史·艺文志》著录。俞说尝采入《辍耕录》廿五。

黄震　读史论三国志

汉室既衰，曹氏为贼。昭烈以宗室之英，信义闻于天下，帝故授之密诏，俾之除之。使昭烈之计行，则汉室之鼎安，操特一狐鼠耳。不幸天不祚汉，昭烈不得已，起兵于外。曹既篡汉，昭烈又大不得已，即位于益。昭烈之心，何心哉？诚不忍四百年之宗社，一旦为他人窃耳。然昭烈之汉在，则高帝之汉犹未亡。江东孙氏不过以戴汉为名，而曹氏之篡汉，则罪不容于天地间矣。何物鬼魅，窃弄史笔，谓贼为帝，而谓帝为贼（《三国志》书："蜀入寇"），且黜汉之号，而蜀其名。呜呼！不知蜀之名，其何所据乎？蜀者，地之名，非国名也。昭烈以汉名，未尝以蜀名也。不特昭烈未尝以蜀名，虽孙氏之盟，亦曰："汉、吴既盟，同讨魏贼。"是天下未尝以蜀名之也。彼小人兮，独何所据，而以蜀名之乎？且国之有称号，犹人之有姓名也。自古及今，未有改人之姓氏而笔之书，则亦未有改人之国号而笔之史者也。谓其偏据与？刘渊自谓汉人犹谓之汉；谓其未能中兴与？元帝累累南渡，世亦谓之晋矣，未闻以其居吴而谓之吴也。然则蜀之号，其何所始？毋乃汉、贼不两立，而盗憎其主人，老瞒氏始改其所谓汉，而私谓之蜀乎？诚以汉之名尚存，则天下岂容有魏？魏苟明谓汉为汉，是则以臣而敌君。故特惕焉无以自容，而人亦孰为之用？故不得不谬以蜀名之，姑以自欺，且以欺人也。史氏实录，将以示信万世，亦从而蜀之，何与？史氏不得其人，无责也。儒生学士，至今亦习闻其称，而蜀之又何与？故欲观三国之志载者，他未暇责也。必先正蜀、汉之称而后可！

盖尝反覆三国之书，论次三国之事。窃谓汉、吴皆有取天下之势，而魏未尝有也。渭滨之屯，星不告变，则巾帼妇人之门，岂容久闭？中原归汉，则江东特建武之河西耳。魏，汉贼也。方其不敌，吴犹臣之。曾谓汉室中兴，而吴不臣之乎？此汉有恢天下之势然也。方赤壁之胜，昭烈未有著足之地，而魏则胆落于公瑾矣。公瑾之策曰：毋借刘氏以荆，而函取刘璋之益，以及张鲁之汉中。诚使吴、蜀尽为孙氏有，则由汉中以出中原，老瞒之成擒必矣。且汉、吴皆名正而言顺，地险而兵勇，卒难于取魏者，彼此之势分也。曾谓以公瑾之才，先昭烈以并荆、益，而魏将焉往乎？此吴有吞天下之势然也。若魏则身为盗贼之行，已难于堂堂之阵。况谋臣不过荀彧一二辈，非有正大之见；勇将不过张辽三数子，非有开济之贤。周瑜出赤壁，则狼狈奔北；关羽在樊城，则日议移避；武侯屯渭滨，则甘受耻辱而不敢出。下至曹丕，扫国再出，唯有望长江而浩叹耳，实未尝有取天下之势。犹幸汉、吴之相攻，终得鼎足而居尔。

世言昭烈之汉，卒为魏所灭。愚谓魏岂能灭汉？魏为晋所灭耳。何则？三国之君，贤否虽不同，要皆命世之豪，未可旦夕并也。司马氏本碌碌无他长，托身曹氏，阴为螳螂黄雀之势。徐伺三国之既弱，然后取汉以取魏，取魏以取吴。故司马氏之取汉者，为取魏张本也。汉灭而魏随之矣，魏亦乌能取汉哉？呜呼！方三国之强也，龙争虎战，彼此不能得尺寸土，及其衰也，以一庸人，谈笑而尽有之。世运之离合，固亦有时也哉！（《黄氏日抄》卷四十八）

按：《三国志·魏明帝纪》三：太和二年书："蜀大将诸葛亮寇边。"五年三月书："诸葛亮寇天水，诏大将军司马宣王拒之。"《魏志》于司马懿概称司马宣王。考懿本于少帝嘉平三年八月，初追赠相国、郡公，九月谥曰文，后改谥宣文。（据中华本《晋书·宣帝纪》校勘记）晋国初建，方追尊曰宣王。陈寿著书，在平吴之后（《华阳国志·寿传》云："吴平后，寿乃鸠合三国史，著魏、吴、蜀三书号《三国志》"），时官兼侍郎著作。（《晋书·礼志》中：太康元年侍郎山雄与陈寿论礼。）寿既仕晋新朝，故书曰司马宣王，然揆诸其实，太和间，司马懿不应有此称号也。至其书诸葛入寇，为宋人所厚责。寿书乃于没后由尚书郎范頵上表，始就家写之，遂入于官。入寇云云，或頵及后人所改，读《蜀志·亮传》均言"出祁山"、"由斜谷出"，可见寿之原文未必如此也。

林景熙　季汉正义序

《通鉴》，鲁史也；《纲目》，《春秋》也。鲁史载二百四十二年行事。至《春秋》，笔削严矣。或问紫阳夫子曰："《通鉴》、《纲目》，主意安在？"答曰："主正统。"每阅其编，如书"莽大夫"、"魏荀攸"、"晋处士"、"唐特进"，笔削一字间。况老瞒汉盗，玄德汉胄，史不当黜胄而与盗，故以蜀汉系统。上承建安，下接泰始，而正统于是大明，用《春秋》法也。同时文昭朱子作《三国纪年》，亦以蜀汉为正。然而不废前史者，犹鲁史之于《春秋》也。正统在宇宙间，五帝三王之禅传，八卦九章之共主，土广狭、势强弱不与焉。秦山河百二，视江左一隅之晋，广狭强弱，居然不侔。然五胡不得与晋齿；秦虽系年，卒闰也。世无鲁连子，岂惟紫阳悲之？胡君从圣学古笃，任道毅，既重志三国，又为《季汉正义》，于以翼前修而扶正统，意何切也！抑持寸管以诛奸慝，天地鬼神，实与闻之。顾所以自持其身者，必无毫发或愆于正。不然，彼冥冥者，亦将有辞，千古在前，万世在后，从圣其尚谨之哉！（《霁山集》卷五）

按：朱文昭即平阳朱黼字，《三国纪年》即指其"纪年备遗"（《宋史翼》二十五有《朱黼传》）。此书作者未详，惟书名"季汉正义"，已开谢陛《季汉书》之先河。考《蜀志·杨戏传》备载其（后主）延熙四年所著《季汉辅臣赞》。戏赞首为昭烈皇帝赞，故何义门云："承祚身入晋室不得不以魏为正，乃于《蜀书》之末，记文然（戏字）之赞，假托网罗故轶，阴著中汉、季汉，皇统斯在，跻蜀于曹氏之上，大书赞昭烈皇帝，则己之所述曰先主《传》者，明其逊词，实以文然所赞，代己序传也。"李龙官亦同此说，谓其"变例隐辞，令人自悟，苦心千载若揭也"，其说良然。

金　赵秉文　蜀汉正名论

仲尼编诗，列王《黍离》于《国风》，为其王室卑弱，下自同于列国也。春秋诸侯用夷礼则夷之，夷而进于中国，则中国之。西蜀僻陋之国，先主、武侯有公天下之心，宜称曰汉。汉者，公天下之言也。自余则否。

书汉中王立为帝者何？著自立也。昭烈帝室之胄，辅以诸葛公王者之佐，乘中原无主，遂即尊位，以系远近之望，宜矣。然而犹有所憾云者，方蜀中传言缟素以令王军曰：曹操父子，逼主篡位，吾奉密诏讨贼，义不与共戴天。是时关、张熊虎之将犹在，指挥中原，以定大计。汉主若在，吾事之不济，退以汉中，正终身北面。若忘（亡）危难之际，非英主不济，舍我其谁哉？上则为三王之学，下不失为汉光武，孰与曹丕、孙权同以僭称哉？

书蜀攻吴战于夷陵蜀师败绩者何？吴、蜀唇齿之国。人皆知蜀之攻吴，不知吴谋羽之亦非也。使吴、蜀相持，而刘晔之计得行，吴其殆哉！胜败不足论也。先主于关羽情义久要，义当复仇，不虑其败。然闻诸葛瑾之言，羽之亲亲何如先帝？俱应仇疾，谁当先后，忿恨之心，亦可已矣。而不能已，余然后知克己之为难也。

书汉主命丞相辅太子禅者何？古之所谓诚其意者，毋自欺也。三代而上，正心诚意，以之治天下国家，无余事矣。观先主所以付托孔明之意，三代而下，公天下之心者，至此复见，伊、汤之德，不足进焉。或曰诚固天德，其如人为何？曹氏父子所以付托司马懿者，亦已至矣，而卒以篡，果在推诚哉？曰：曹氏欺孤问鼎，何尝一事而出于诚？使有孔明，不为用也。至于托孤曰：尔无负我，庸愚知笑之，岂与先主、武侯同哉？夫仁人者，正其义不谋其利。往以义者来以义，往以利者来以利，义利之判，久矣。曰：然则先主借荆州逐刘璋，果皆出于诚乎？曰：使先主一出于扶汉，此亦兼弱侮亡之道，惟不忍须臾以即尊位，使人不能无恨。噫！安得王者之佐与之共言至公哉！

书汉丞相亮讨孟获七擒纵者何？昔舜舞干羽于两阶，七旬有苗格，或学者疑焉。此古帝王正义明道之事，因非浅浅者所能议也。有苗虽为逆命，又非冥顽无知者，其意曰：以位，则彼君也，我臣也；以力，则彼以天下，我一方也，而且退让修德其待我也亦至矣。且孔明所以不杀孟获者，服其心也。孔明而一天下，其待孟获也，必有道矣。惜乎出师中道而殁，不得见帝者之佐之行事，故功业止此龊龊也。善乎文中子曰："诸葛亮而无死，礼乐其有兴乎？仆固不足以知礼乐之本，若安上治民移风易俗之实，孔明任之有余矣。不然，周旋铿锵之末，区区叔孙通矣，乐令夔之事，何待于亮哉！"（《闲闲老人滏水文集》十四）

按：赵闲闲为文长于辨析。此论谓"先主武侯有公天下之心，宜称曰汉。汉者，公天下之言也"。又历举若干条书法，陈义甚晰。蜀之必称曰蜀汉，韩元吉、高似孙已发之。此文榜曰"蜀汉正名"，亦著此意。厥后《黄震日钞》亦论昭烈以汉名，未尝以蜀名。考当日吴、蜀之间，汉献帝在时，吴称之曰蜀。（《吴主传》裴《注》引《江表传》："权云：近得玄德书，已深引咎，前所以名西为蜀者，以汉帝尚存故耳。"）厥后吴奉魏称藩，继亦自称尊号，遂与蜀为盟。《吴书》黄龙元年："六月，蜀遣陈震庆践位。权乃参分天下，豫、青、徐、幽属吴，兖、冀、并、凉属蜀。其司州之土，以函谷关为界，乃造为盟。"其盟词全载于《吴书》，内云："汉之与吴，虽信由中，然分土裂境，宜有盟约。"又云："自今日汉、吴既盟之后，戮力一心，同讨魏贼。”斥魏为贼，而吴则称对方为汉，不曰蜀也。故陈寿改汉为蜀，向来皆讥其无当。刘咸炘曰：“魏称受禅于汉，自不容更有汉。指西为蜀，亦非仅为分别也；吴人则通称为汉，其证甚多，不独盟词。吴称汉而魏独不称汉，其为有心明矣。推承祚之意，盖以魏既居正，二方自不可以国号对之，故以地称。一中国而鼎立分割，本前此所未有，无例可沿；名书为《三国志》，而各自为书者，乃从其不相统属之实。而名为吴、蜀者，则示其本一全中国也。且晋既承魏，亦必不容有汉。承祚依时人之意，自亦不敢称为汉，此固非有心贬抑，然以魏为正则明矣。”余疑陈寿之以三国史事平列，命其书为《三国志》，似受左思《三都赋》之影响。据卫权《三都赋略解序》称：为序者太子中庶子皇甫谧。《晋书·皇甫谧传》，征为太子中庶子在武帝咸宁二年，时吴尚未灭（平吴之岁为太康元年），寿撰《三国志》在平吴以后（见《华阳国志·陈寿传》）。在晋人立场，自以魏为正统，观《三都赋》以抑蜀、吴而扬魏可以见之。承祚既仕晋，不得不依时人之意以魏为正，而从左思之列称蜀而不敢称“汉”，仅于《蜀志》保存若干诏策及杨戏《季汉辅臣赞》以见隐微之意，其苦心孤诣，欲求见谅于当时，而冀取得了解于后世，自非易事，宜矣！

元　赵居信　蜀汉本末序

盖昭烈武侯德泽及物，沦肌浃髓，至老不忘，使天假之年，灭魏平吴，制临中夏，泛扫陵寝，抚字旧民，可翘足而待也。呜呼！天不祚汉，谓之何哉？以当时时事考之，汉之与魏，民土甲兵，诚不可同年而语；然继世之主，篡窃之贼，霄壤冠屦，不可易也。后为晋之史臣，私挟宿憾，不以逆顺为心，而以强弱论事，进曹魏于正统，抑昭烈为僭国，视之与孙权同科，盖未之思也。夫昭烈扶统继绝之规，曹氏篡君杀后之迹，厚诬曲讳，眩惑方来，疑若可变白黑矣。一旦《通鉴纲目》之书出于千载之下，褒贬笔削，善恶俨然，向之讳诬之说，洗涤无遗，千载不平，一时净尽，理之在天下，根诸人心未尝泯者，于斯而尽矣。

至元戊子之秋，亡友嵩东何从政彦达始示以子朱子《通鉴纲目》，且谓大义数十，炳如日星，如汉继昭烈，唐黜武后，书杨雄为莽大夫，谓陶潜曰晋处士。居信从而读之，不胜叹服，遂述《蜀汉本末论》，以见钦赞之意。岁辛卯，集诸儒精义于柏林书院，欲缀鄙论于纸尾，竟以元稿不存而止。延祐甲寅，乡丈人竹轩先生曹彦谦子和之子琛出是篇于厥家，乃其父手书者，盖求之弗获，两纪于斯矣。今再序编摩之始，复得合而成之，似非偶然。因纪其曲折于卷末云。上元日信都赵居信谨识。（明钞本）

按：《千顷堂书目》："赵居信《魏汉本末》三卷。字季明，许州人，翰林学士，进封梁国公，谥□□（文简）。"据赵氏序，此书本名《蜀汉本末论》。居信事迹，邵远平《元史类编》卷三十六、曾廉《元书》卷四十九俱有传。居信他著又有《史评》一书，见《千顷堂书目》史学类补。

黄君复　蜀汉本末后序

汉始于高帝，中兴于光武，终于灵、献，炎祚熄熄。昭烈以中出，后起西蜀，而得诸葛武侯为之佐，虽崎岖一隅，而天下思汉之心犹有望于斯也。传及帝禅，将星坠营，大业弗克复，庸非天乎？《晋史》帝魏寇蜀，悖已甚矣！紫阳朱夫子《通鉴纲目》之作，而大义始正。东溪赵先生《蜀汉本末》之编，而公论愈明，是则本末当与《纲目》并行于世。岁己丑，先生之嗣子总管赵公来守建郡，出是书以示学者，可谓善继志矣。君复伏读敬叹，因请寿诸梓以广其传，使后之贤者知正统之有在，其于世道岂小补哉！时至正辛卯二月建宁路建安书院山长晚学黄君复载拜谨书。（明钞本）

按：此书明初颇为人所重视，洪武时，有蜀藩刻本。方孝孺序之谓："近世信都赵氏取自昭烈之生，至于帝禅之亡若干年之事，广其未备之文，参其至当之论，别为一书曰《蜀汉本末》。贤君良辅之谋谟，忠臣孝子之气节，断断乎其可征；而朱子《纲目》之旨，至是愈白于后世。蜀王殿下抚国之暇，览而悦之，命重刻之，以示学者。"（《逊志斋集》卷十二）《明史》一百十七："蜀献王椿，太祖第十一子。洪武二十三年就藩成都，既至蜀，聘方孝孺为世子传，表其居曰正学，以风蜀人。"赵书即是时之所锲也。

清朱彝尊亦有《书元赵居信蜀汉本末后》，谓："明乎陈寿不忘蜀汉之本心，而后更可作蜀汉之史；若信都赵氏《蜀汉本末》一书，其持论谓寿进曹魏于正统，抑昭烈为僭国，视之与孙权同科，是于《三国志》未尝挈其长短，测其用意之深，徒因《纲目》书法而作者也。”（《曝书亭集》卷四十五）则以为赵氏未能窥见《陈志》之书法，说异于方希古。

胡一桂　论蜀汉

汉昭烈姓刘名备，字玄德，涿郡人。祖雄，父弘，景帝子中山靖王胜之后。（胜子正，元狩六年，封涿县陆城亭侯。坐酎金失侯，因家焉。）因献帝为曹丕篡逆（庚子十月），蜀中传言献帝已遇害，于是发丧制服，即位于成都武担之阳。（武担，山名。）章武元年辛丑四月也（即汉二十六年辛丑，章武在位二年），以诸葛亮为丞相，许靖为司徒。观帝初见诸葛亮于隆中，亮首曰：“将军帝室之胄，信义著于天下。”及其劝进之辞又曰：“曹丕篡汉，天下无主。大王刘氏苗族，宜即帝位。”味斯言也，名正言顺。汉贼逆顺之分，判于此矣。晋陈寿志三国，乃帝魏而传昭烈。习凿齿《汉晋春秋》之作，谓蜀之正，魏篡逆。蜀平，汉始亡。（习，襄阳人，为桓温主簿，以温觊觎非望，作是书以裁正之。）司马氏《通鉴》乃谓昭烈于汉，族属疏远，摧抑汉祚，奖进贼魏。且谓操取天下于盗手，非取之于汉室。夫自卓既诛戮，则天下固汉之天下也。傕、汜交攻，天子奔走荆棘间，未闻操有勤王之举。军驾还洛阳，操始入朝，其谋固欲挟天子令诸侯而已。名为汉相，实汉贼耳。《纲目》于此，始大书特书以昭烈承献帝之后，俾得以绍汉遗统焉。论者尝即文公《纲目》与温公《通鉴》并言之，温公于献帝之末，曹丕之篡也，书“帝禅位于魏”、“魏王即皇帝位”。文公则书“魏王曹丕即皇帝位，废帝为山阳公”。至蜀汉之兴也，文公于献帝建安二十五年之后，即大书“昭烈皇帝章武元年，汉中王即皇帝位以继之”。及蜀之出师也，温公书“诸葛亮入寇”，文公则书“魏寇汉中”、“丞相亮伐魏”。温公进魏而退蜀，则祖陈寿之旧史，此以强弱论也。文公帝蜀而贼魏，则本《春秋》之书法，此以是非论也。以废帝矫禅位之诬，以寇汉反入寇之逆，正统复而快人心于方来，大义明而诛贼臣于既往，《纲目》之作可识矣。（胡成性《史论》。）帝弘毅宽厚，知人待士，盖有高祖之风焉。（中略）按《纲目》自章武元年之下，即以魏、吴分书，至癸未魏方并蜀而灭汉。或曰：汉亡矣，魏可承正统乎？曰：未也，有吴在焉。《纲目》于甲申以后，犹以吴、魏分书。（甲申下犹分书“魏咸熙元年，吴主孙皓元兴元年”。）汉亡仅二年，而晋已灭魏。（乙酉晋司马炎称帝，废魏主陈留王而灭之，魏亡。）乙酉以后，晋、吴犹分书，至太康庚子吴亡，晋武始得大书，以续正统。终魏之世，不得在大书之列焉。吁！《纲目》继《春秋》之笔，不少假借于乱臣贼子之靡，何其严哉！蜀汉再传四十三年，而灭于魏焉。（起辛丑，终癸未。时魏陈留王景元四年，吴孙休永安六年。）（《十七史纂古今通要》卷九）

张之翰　古今指掌图序

天地开辟，未有疆理，神农之王天下，东西九十万里，南北八十五万里。黄帝经制万国，尧遭洪水，命禹治之，别四海为九州，舜厘为十二。夏禹涂山之会，执玉帛者万国，商汤革命，吞灭过半，周之封建，不过千八百国，吞灭又断半矣。春秋止百七十国，战国止七国。秦始皇兼并四海，分四十郡。汉武开广三边，后置十三部，光武并省郡县，其后亦为十三州部。自是分为三国，至晋而混一，裂为南北，至隋而混一。唐太宗分十道，玄宗分十五道。昭哀之亡，五季扰攘，至宋而混一。建炎渡江，辽灭金强，至国朝而混一。呜呼！由五三而下，有疆理者凡几变，更几分争、几混同矣。此闽士陈某光大《古今指掌图》不得不作也。纂图四上下贯穿三千八百余年，国之所以久近，所以兴废，披图一览，尽在目前。名为指掌，孰曰不可？余非善谈史者，因请序，窃有问焉。观君次历代之事，掇精英而入简约，是祖司马温公举要历之遗意也。序三国之正统，屈曹魏而进刘蜀，是准朱文公《纲目》之书法也。举要固大体，《纲目》亦正论，但纪国编年之际，必取《纲目》例，吾恐光大之笔尚有吮之而未易下者。光大曰：敬闻命矣。至元甲午四月日前翰林侍讲学士邯郸张某。（《西岩集》卷十四）

陈栎　论三国蜀

炎祚既微，三国鼎峙。以强弱之势言，曹操最强，孙吴为次，蜀汉弱者也。以正邪之理言，昭烈以帝室之胄（景帝子中山靖王之后），志在复汉，名义最正。曹操欺孤弱寡，以诈力取天下，实汉贼耳。孙权臣服于曹，于名不正。虽云助蜀，为义不终，亦汉贼也。魏、吴乌可与蜀同年而语哉！前史帝魏，《通鉴》因之，失之矣！先儒进蜀汉以承汉统，而魏、吴附焉（朱子《纲目》），不可易也。昭烈始起豫州，未几奔败。降于吕布，归于曹操，借势于袁绍，为客于刘表。崎岖戎马间，无立足之地，而气不挫，志不慑。患难颠沛，而信义愈明；势迫事危，而言不失道。宽仁大度，有高祖风。当时人才，孰有出诸葛亮之右者？而昭烈独得而相之。复得关侯、张飞以为之将，与吴并力败操赤壁，孙权始借以荆州。未几袭虏刘璋，复得益州（蜀），而蜀汉之业始立焉。因献帝为曹丕所篡，遂即帝位于成都武担之南。荆、益英贤，随才擢用。信赏必罚，训民治兵，蜀汉为之大治。其正大刚毅气象，至今与岷、峨、剑阁相高盛矣！（中略）孔明所荐用诸贤，如费祎、蒋琬、董允，相继秉政，犹足支持。诸贤既尽，而奸阉（黄皓）始用，蜀事始日非焉。诸葛死，蜀之不能争衡中原也必矣。姜维乃不自量，年年出师。黄皓以宦寺蛊于内，维也以黩武耗于外，蜀之亡形，见端在此。司马懿方遣钟会、邓艾攻之，虽有北地王谌（后主之子）之哭昭烈庙，子死于父，诸葛瞻（亮之子）之斩敌使战绵竹，臣死于君，其如庸禅、谯周君臣已迎降何？蜀汉为国二主四十三年（起辛丑迄癸未），而魏灭之，实魏主陈留王之景元四年，吴主孙休之永安六年也。蜀师才捷，晋国已启；蜀主方入，魏祚已移。后二年，晋篡魏矣。司马氏之取蜀，乃所以取魏；蜀之亡，魏所繇以速亡也。岂魏能取蜀哉？吴、蜀乃辅车之国，吴救蜀不力，行亦自及，理势然也。（《历代通略》）

按：陈氏谓诸葛死，蜀遂不能争衡中原，又云司马氏之取蜀，乃所以取魏。考北魏崔浩与毛修之论诸葛，称其委弃荆州退入巴蜀，此策之下者，可与赵他（佗）为偶耳。又论其“入秦川，不敢城而求野战，魏人以不战屈之”，从战略言亦为失策（见《魏书·毛修之传》），与宋人持论迥异。浩盖附和毛敬文“应变将略非其（诸葛）所长”之说，如李苗之叹息亮无奇计（《魏书》七十一《苗传》），与宋人之从理势立论，观点自不同耳。

赵世延　南唐书序

天历改元，余待罪中，执法监察御史王主敬谓余曰：公向在南台，盖尝命郡士戚光纂辑《金陵志》，始访得《南唐书》，其于文献遗缺，大有所考证，裨助良多，且为之音释焉。因属博士程熟等，就加校订锓板，与诸史并行之。

越明年，余得告还金陵，书适就，光来请序。按《南唐本纪》李昪系出宪宗，四世间关困厄，才有江淮之地，仅余三十年，卒不复振，而宋灭之。虽为国褊小，观其文物，当时诸国，莫与之并。其贤才硕辅，固不逮蜀汉武侯，而张延翰、刘仁瞻、潘佑、韩熙载、孙忌、徐锴之徒，文武才业，忠节声华，炳耀一时，有不可揜。矧其间政化得失、兴衰治乱之迹，有可为世鉴戒者，尤不可泯也。窃谓唐末契丹雄盛，虎视中原，晋、汉之君，以臣子事之惟谨。顾乃独拳拳于江淮小国，聘使不绝，尝献橐驼并羊马千计，高丽亦岁贡方物，意者久服唐之恩信，尊唐余风，以唐为犹未亡也邪？宋承五季周统，目为僭伪，故其国亡而史录散佚不彰。然则马元康、胡恢等迭有所述，今复罕见。至山阴陆游著成此书，最号有法，俦者亦寡。后世有能秉《春秋》直笔，究明《纲目》统绪之旨者，或有所考而辩之，姑识其端，以俟君子。余前忝史馆，朝廷尝议修宋、辽、金三史而未暇，他日太史氏复申前议，必将有取于是书焉。集贤大学士、奎章阁大学士、光禄大夫、知经筵事赵世延序。（本书卷首，《四部丛刊续编》本）

按：戚光著有陆游《南唐书音释》一卷，及《集庆路续志》二书，《千顷堂书目》、《元史·艺文志》均著录之。张铉纂《至正金陵新志》引戚氏《续志》有十五条，《永乐大典·六姥》府字引元《建康路志》，戚光于天历二年所修即续此《建康路志》。（张国淦《古方志考》，224页；建康府，至元十四年升建康路，天历二年改集庆路。）

王义山　宋史提纲序

司马公《资治通鉴》不帝蜀而帝魏，晦翁非之，故作《纲目》。人知晦翁《纲目》大本领在帝蜀一节，而不知晦翁之说全出于晋习凿齿。陈均作《宋朝长编备要》，续《纲目》也，其书法多有可议者。如书金兵弑其主亮于瓜州一条，于理尤悖。亮弑母而来，国之贼也。孟子曰：闻诛一夫纣矣，未闻弑其君也。纣之罪不大于亮，而孟子书之曰诛，如此亮安得称弑？余用孟子法，书云：金兵诛逆亮于瓜州，于是乎《提纲》作。其间大节目与陈均异者三百余条。大书以纪要，分注以备言，又随事而绎之，以已见之名衍义，然余之心敢自信哉。遂质之焕学后村先生刘公克庄，先生谓余曰："陈平甫壁角文字，何敢望此？子之此书，有关于世道大矣，勉旃！”余退而研精穷思，越十年书成，方将求当世之巨人以折中焉。而余以仕，不暇读书，奔走四方，以迄于老，精力有所不逮矣，惜哉！姑留其稿，以示余之子孙。（《稼村类稿》卷四）

按：平甫即陈均字，莆田人。《宋史翼》卷二十九有传。稼村此书未见《千顷堂目》，疑其稿未刊。金主亮弑母事，详《金史》卷六十三《后妃·海陵嫡母徒单氏传》，亮本生母大氏为妾，故每衔之。亮复手刃熙宗（见《熙宗纪》），故《金史·海陵本纪赞》谓其“欲为君则弑其君，欲伐国则弑其母，欲夺人之妻则使之弑其夫。三纲绝矣”。至亮之遇弑于瓜州，事详《金史》卷百三十二《逆臣·完颜元宜传》，其论曰“海陵弑熙宗，完颜元宜弑海陵”，实则先刃亮者乃延安少尹纳合斡鲁补，而元宜主之。稼村以《春秋》书法改云“金兵诛逆亮于瓜州”，时世宗已即位于辽阳为新天子，其称亮为“逆”或以此故。《金史》则书“完颜元宜等军反，帝遇弑，崩”，据事实言之。为亮谋弑熙宗之大兴国，皇统九年，亮生日，熙宗尝使兴国以宋司马光画像、玉吐鹘等赐之（见《金史·悼平皇后传》及《逆臣·大兴国传》），司马光画像且流入北廷，为赏赐之物，汴京陷落，宝物图书与大军俱北（详《宗望传》），损失之惨，可想而知，故附记之。

郝经 续后汉书序

汉建安末，曹氏废汉自立称魏。孙氏据江左，僭号称吴。昭烈以宗子继汉，即位于蜀；讨贼恢复，卒莫能相一，而折入于晋。晋平阳侯相陈寿，故汉吏也。汉亡，仕晋。作《三国志》，以曹氏继汉，而不与昭烈，称之曰蜀，鄙为偏霸僭伪。于是统体不正，大义不明，紊其纲维，故号称论议，皆失其正。哀帝时，荥阳太守习凿齿著《汉晋春秋》，谓三国蜀以宗室为正，魏虽受汉禅晋，尚为篡逆，蜀平而汉始亡。上疏请越魏继汉，以正统体。不用。（原注：《晋书》习凿齿临终上疏。）宋元嘉中，文帝诏中书侍郎裴松之，采三国异同，凡数十家，以注寿书，补其阙漏，辨其舛错。绩力虽勤，而亦不能更正统体。历南北、隋、唐、五季七百有余岁，列诸《三史》之后，不复议为也。宋丞相司马光作《通鉴》，始更蜀曰汉，仍以魏纪事，而昭烈为僭伪。（原注：《通鉴》魏黄初二年夏四月丙午，汉中王即皇帝位于武担之南，改元章武。）至晦庵先生朱熹为《通鉴》作《纲目》，黜魏而以昭烈章武之元继汉，统体始正矣。（原注：《通鉴纲目》建安二十五年、魏文帝曹丕黄初元年，是岁僭国一。春正月，丞相冀州牧魏王曹操还至洛阳，卒；太子丕自立为丞相冀州牧魏王。冬十月，魏王曹丕称皇帝，废帝为山阳公。十二月，魏主丕如洛阳。昭烈皇帝章武元年、魏黄初二年，夏四月，汉中王即皇帝位，孙权徙治武昌。秋八月，权遣使降魏，魏封权为吴王。二年，魏黄初三年，吴大帝孙权黄武元年，旧国一，新国一，凡二僭国。后主建兴四年、魏黄初七年、吴黄武五年，夏五月，魏主丕卒。秋八月，吴王权围江夏，不克。七年，魏太和三年、吴黄龙元年，夏四月，吴王孙权称皇帝。遣卫尉陈震使吴，及吴主权盟。旧史及《通鉴》皆以建安二十五年为魏黄初元年，今犹系之汉，汉未亡也。曹丕废汉帝而昭烈即位，乃以章武元年为汉。魏自僭伪也，孙权受魏封爵，始称吴王，著其封于魏也。然后叛魏称帝，故以黄武之元并魏黄初为列国僭伪，于是统体正矣。其《斋居感兴诗》曰："东京失其御，刑臣弄天纲。西园植奸秽，五族沉忠良。青青千里草，乘时起陆梁。当涂转凶悖，炎精遂无光。桓桓左将军，杖钺西南疆。伏龙一奋跃，凤雏亦飞翔。祀汉配彼天，出师惊四方。天意竟莫回，王图不偏昌。晋史自帝魏，后贤盍更张？世无鲁连子，千载徒悲伤。"）然而本史正文犹寿书。经尝闻搢绅先生余论谓寿书必当改作，窃有志焉。及先君临终，复有遗命，断欲为之，事梗不能。中统元年诏经持节使宋，告登宝位，通好弭兵。宋人馆留仪真，不令进退。束臂抱节，无所营为。乃破稿发凡，起汉终晋，立限断条目，以更寿书，作表、记、传、录、诸序、议、赞。十二年夏五月，令伴使西珪借书于两淮制使印应雷，得《二汉》、《三国》、《晋书》，遂作正史。以裴注之异同，《通鉴》之去取，《纲目》之义例，参校刊定，归于翔实。以昭烈纂承汉统，魏、吴为僭伪。十三年冬十月，书成：年表一卷、帝纪二卷、列传七十九卷、录八卷，共九十卷，别为一百三十卷，故仍号曰《三国志》。（原注：义例曰：史之有书，尚矣，而称谓不一，如三皇之书则谓之坟，五帝之书则谓之典，虞、夏、商、周则谓之书，历代宝传则谓之训。周之世，列国各有书而各有名：晋谓之《乘》，楚谓之《梼杌》，鲁谓之《春秋》，其为记录言动则一，其名则无定也。战国、秦、汉之世，记注愈繁，如《左氏传》、《国语》、《世本》、《战国策》、《铎氏微》、《秦纪》、《八览》、《六论》等不可胜纪，皆不能为完书。至司马迁总为撰集，自黄帝讫汉武之获麟，名曰《史记》。班固作前史，始于高帝，终于王莽，别为一代，如虞、夏、商、周，而谓之《汉书》。陈寿之为《国志》，时东汉史尚无完书，乃断自献帝而下，为魏、蜀、吴书，总谓之《三国志》。天下分裂，统体不一，如周衰列国，故如《国语》，别为书而谓之志。志亦记也，今虽增修，革讹饬陋，正其统体，其名不可易，故仍曰《三国志》云。先生比修新书，先为义例，以明更定去取之意，今各具本条下。谨案：《陵川集》载此序云，号曰《续后汉书》，与此不同。观此注，则知作序时本名《三国志》，后乃改名《续后汉书》。苟宗道所为行状有云：仍改曰《续后汉》者是也。其后延祐间，中书省咨文，仍称《三国志》。至江西行省开刊，始定称《续后汉书》，冯良佐序所云，今所定称者是也。明代刊集者，误改其文，在此序中，当仍其原本为是。）奋昭烈之幽光，揭孔明之盛心，祛操、丕之鬼蜮，破懿、昭之府城。明道术，避异端，辨奸邪，表风节，甄义烈，核正伪；曲折隐奥，傅之义理，征之典则，而原于道德，推本六经之初，苴补三史之后，千载之蔽，一旦廓然矣。古之为书，大抵圣贤道否发愤而作：屈平《离骚》、马迁《史记》皆是也。然皆噎昧一时，流光百世。故韩愈谓以彼易此，孰得孰失？（原注：韩文《柳子厚墓志》：子厚斥不久，穷不极，虽有出于人，其文学辞章，必不能自力以致必传于后，如今无疑也。虽使子厚得所愿，为将相于一时，以彼易此，孰得孰失，必有能辨之者。）今拘幽之极而集是，盖亦失中之得，古人之志也。呜呼！安得复于先君而告卒事乎？十有五日庚子，翰林侍读学士、行台宣抚使、持节入宋国信大使、陵川郝经序。（《陵川集》卷二十九）

冯良佐　续后汉书后序

人有恒言曰：经史。史所以载兴亡，而经亦史也。《书》纪帝王之政治，《春秋》笔十二公之行事，谓之非史，可乎？盖定于圣人之手，则后世以经尊之。而止及乎兴亡，则谓之史也。古史分十七。东汉而下，西晋而上，有《三国志》，亦十七之一也。出于陈寿之笔，不可谓失三国之实。独帝魏而不知蜀之正统，为史笔之玷。又前史纪传外有书志，所以载三才之奥，礼、乐、食货、兵、刑、官职之异，而寿皆未及，尤史笔之次。此紫阳朱文公诗云：“后贤盍更张”感叹所由发也。后紫阳百余年，徒增阅史者之慨。中统庚申，郝文忠公以行台宣抚，持节使宋，而留滞仪真，进退维谷。乃继先志，修旧史，破稿发凡，首帝昭烈，魏、吴止笔其表。表外有纪传以辨崇卑。而复为八录以补陈阙，各冠以序，述其从起结，以议、赞会其指归。考前言，征后史，而损益之。仪真受一时之抑，而史书流百世之芳，公之荣远矣！公之先世，诗书之泽，钟陵川清粹之气。嬉笑怒骂，铺张吟讽，皆成文章。由赋诗而至移文，复三十有九卷，公之文博矣！若夫《续后汉书》暨《陵川集》，则今之所定称也。延祐戊午，集贤陈大学士以公书敷奏，圣天子念故臣之可悯，喜藏书之有传，睿旨恩润，俾江西行省绣梓，一哉王心！继今以往，天下后世，有以诵习而资德业矣！臣良佐时职寄江西，提衡儒学，省堂孜孜，钦承就委董役。率儒人胡元昌等详正其字，庶无讹矣。工毕，念不容已，用纪岁月云。是年秋七月既望，臣冯良佐顿首百拜谨识。（本书卷首）

余嘉锡云："郝伯常亦江汉之徒也（《宋元学案》卷九十以伯常为江汉学侣），其学深于《春秋》。《春秋》之义，黜吴、楚而内中国，尊王室，大一统，伯常讲之熟矣。其所以出而仕元，则见于所作《时务篇》。其言曰：'尧、舜而下，三代而已矣；三代而下，二汉而已矣。二汉之亡，天地无正气，天下无全才；及于晋氏，夷狄兵争，中国遂亡。已矣乎！吾民遂不沾三代、二汉之泽矣乎。虽然，中国而既亡矣，苟有善者，与之可也，从之可也。故苻秦三十年而中国称治，元魏数世而四海几平。呜呼，后世有三代、二汉之地与民，而不能为苻秦、元魏之治者，悲夫！'（见《陵川文集》卷十九）其前之所言，《春秋》之义也。后之所言，急于出仕，托于经世行道，不得已之权词耳。然谓不能为苻秦、元魏之治，则其心未尝与元也。故力说忽必烈毋攻宋，而谲之以请俟后图。其后宋人拘之十六年，几不得脱而后失望焉，然犹改《三国志》为《续后汉书》，尊蜀为正统，以示不与金、元。二子之心，天下人之心也。"（余氏《论学杂著》，433 页）

苟宗道　新注序

三国事涉汉、晋，参出互见，百有余年。诸所记注，不啻数十百家。其行于世者，汉史则华峤《汉书》、谢承《后汉书》、司马彪《续汉书》、袁宏《汉纪》、袁晔《献帝春秋》、张璠《汉纪》、乐资《山阳公载记》、王隐《蜀记》、孙盛《蜀世谱》、郭冲《五事》；魏史则王沈《魏书》、傅玄《魏书》及傅子《评断》、孙盛《魏氏春秋》、鱼豢《魏略》、孔衍《汉晋春秋》、阴澹《魏纪》；吴史则韦昭《吴书》、虞溥《江表传》、胡冲《吴历》、虞预《会稽典录》、环氏《吴纪》；于晋则干宝《晋纪》、虞预《晋书》、王隐《晋书》、谢沈《晋书》、孙盛《晋阳秋》、傅畅《晋诸公赞》、徐广《晋纪》。皆各著一国之事，以自名家。独陈寿合魏、蜀、吴总为《三国志》，号称良史。然其事多疏略，故宋文帝命裴松之为注，大集诸家之书，补其遗阙，各具本文下；且为考正，辨其得失。其诸书疏，援引事类出异书者注之，事显者则不注。今宣抚陵川先生，更正《陈志》，凡《裴注》之事，当入正文者，则为删取其乖戾不合。不可传信者，则置之，命宗道掇拾具注新书本文下。《陈志》之评，《裴注》之论，亦为具载。其义理悖误者，则以所闻于先生余论，为之辨正。凡书疏论议，所引古今事类，《裴注》之未备者，皆为苴补。事已见者，不重出，无所考者则阙之。先生比为新书，先作义例条目，以明予夺之旨，今各具本文下。其书法则复发凡举例，以见其义。宗道初事先生之父静直先生，既又受学于先生。先生之开府南阳，辟宗道为属掾。奉使入宋，又辟充典书状。缱绻患难，十有三年，故不敢不承命，亦庶几附骥尾而厕名于大典之末云。宣抚司都事、充国信书状官、门生河阳苟宗道序。（《续后汉书》卷首）

案：《元史·隐逸传》："张枢子长者，婺之金华人；取三国时事，撰《汉本纪列传》，附以魏、吴载记，为《续后汉书》七十三卷，朝廷取其书寘宣文阁。"（杜本附传）则元时作《续后汉书》者，不止郝经一家。惜其书不传。黄溍撰《张子长墓表》，于枢之学行，推许尤至，称其书于"三国之臣有能致节于其君者，旧史或讳不书，或书而失其实，或仅见于异代之史，皆为更定。而于汉事必备载，以详正统。或一事数说，必参订使归于一；是非疑似，抑扬予夺，咸有论著，系于名篇之后，名曰《训志》。危素言是书立义精密，可资讲解，朝廷为下本郡取而上之宣文阁藏焉。"（《金华黄先生文集》卷三十）枢书为当时所重如此。

明　秦鸣夏　（宋）史质序

或问："史贵详乎?"曰："夫史，昭往诏来者也。是故述废兴、正统纪、审沿革、明功罪，上下数百年间，于简册焉尽之，夫恶得弗详?""然则病简乎?"曰："天下殊途而同归，百虑而一致。"是故事不提其要，虽该洽其何裨?言不钩其玄，徒猥冗而可厌。上下数百年间，于简册焉尽之，夫恶得弗简？予尝爱班固《书》叙汉二百四十年事，仅仅八十万言。其间人聚物丛，巨眐细眆，至今一展卷间，赫赫若前日事，此其故何哉？及观范晔《赞》曰："赡而不秽，详而有体。"乃知作者之难，而史固未可以易言也。《宋史》成于元臣之手，其间有纪有传，有志有表，烨然称一代成书。顾其为卷凡四百九十有奇，其为言殆不下数百万，岂纪宋事者独宜详与？抑所谓不秽而有体者未之尽也？一江王子，溺志典坟，盖尝有概乎是。比致政家食，则悉取而芟夷翦截之，逾十载而书成，计其简帙，存旧十二，而典章文献，靡不具存。乃若《明帝纪》之正闰，志道统之断续，则又超然独得，可以俟后圣而不惑者，信哉其为良史也！一日出以视夏，命为序之。夏忆早岁，执笔肄太史氏，尝被诏旨，看详是书，因循岁月，寻复罢去，缺焉未睹成绩。今观王子所著，所谓"于我心有戚戚"者。洪惟我皇上右文典学，超越千古，一时海内向风，荜门圭窦之士，莫不肆力述作，媲美前猷。若是编者，其为力诚勤，而为功固不细矣。昔者刘昫撰《唐书》，议者谓昫生五代文气卑弱之时，以故叙事无法，详略失中。至宋庆历间，欧、宋氏出，一举而改易之。事增文省，士快睹焉，而旧简废矣。胡元继宋以混函夏，脱脱、阿鲁图诸儒实典史局，其时与人，俱出昫下。而王子所著，则上追欧、宋，讵必多让。特其蚤遁丘园，未位通显，无由尘乙夜之观，以成不刊之典耳。虽然，夜光珙璧，不必同产，天下有同宝焉。是编既出，夫庸知馆阁诸公不有采而献之以塞明诏乎者？书凡一百卷，曰《史质》者，著不浮也，是为叙。嘉靖庚戌岁春王正月，赐进士出身、右春坊右中允、兼翰林院修撰、经筵国史官、临海秦鸣夏谨序。（明嘉靖刊本卷首）

王洙　史质叙略

《史质》曰：史者，《春秋》之教也。论《春秋》者曰：明三王之道，辨人事之纪，别嫌疑，定是非，善善恶恶，贤贤贱不肖。斟酌二百四十二年之中，以为天下仪表。天下而贬之，诸侯而退之，大夫而讨之，归于达王事，尊周室而已。是故晦而或扬，微而或彰，散而或聚，赡而不使之泛，约而不使之遗，隐而不使之失，合而不使之离，核而实，精而详，公而正，辨而类，训而不易，论而警世，不敢文焉。故曰：质其为书也。上稽天地之始，下尽民物之繁，中及治乱之数。人事之消长，君子小人之进退，中国夷狄之盛衰，极于我昭代受命之祥，语统则远宗宋、唐、汉、周，语道则近属关、闽、濂、洛，祖宗创业之功，与皇上中兴之德，大略见矣。凡曰《史质》者，一得之愚也。盖一岁之功，加闰十三；经天之辰，二十有八。朔而望，望而晦，为月一周。大衍之数，倍而为百，天道也。《史质》所以尊天王，故正闰纪以象岁，条款以象辰，目录以象月，始终以象数，法天道也。假宋人行事之实，明《春秋》一统之义，视诸迁、固、欧、苏，文质异矣。述《史质》叙略如左。其目曰：维昔王者，天之胄也。受命清穆，以统天承乾。是故继周者汉，继汉者唐，继唐者赵。宋太祖拨五代之乱而反之正。植人纪，立家法，建皇极，四海九州，复统于一，传国者三百余祀。中国礼乐衣冠文物之化，因之以成。上追四代，炳炳宇宙间，功德莫先者也。述《天王正纪》第一。天有阴阳，日有盈缩，月有代谢。岁者，日月之积也；闰者，岁之差也。今夫数铢铢两两，至末必差，本末相因，理乱相禅。胡元者，赵宋之闰位，昭代之驱除也，皆天命也。述《天王闰纪》第二。昭宪始不以天位为乐，终能以长君为忧，深于理乱者也，后此如拔眼丁，用司马平苗、刘乱，皆无愧于偶震体坤。视诸汉、唐之解玺点筹，霄壤异矣。述《后德外戚》第三。帝王之道，莫大于明宗重本。太祖于赵宋，实大宗也。弟匡义以孽代之，比辕后反正，岂天命默为之哉！仙源玉牒，蘩衍于前，衰替于后，皆可感也。述《宗室世系》第四。宋制中书枢密是曰政，本自范鲁公迨文信公。中间治乱得失，天时人事因之。述《宰执年表传》第五。一相得，万国理。稷、契、伊、周尚矣。汉有萧、曹、丙、魏；唐有房、杜、姚、宋。赵宋相业，视汉、唐为盛焉。文正公炳炳大节，古今称殊绝人物。温公诚有余而明或不足，莱公济澶渊之变，韩、富诸公，皆穆穆雍雍，得大臣体。南渡后，李纲、赵鼎辈，亦有可观。述《相业列传》第六。古帝王，无贵贱皆诤臣也。故曰：议尽天下之心。后世以诤名臣，而多不得其职。孔子论事君曰："勿欺也。而犯之，盖伤之也。"宋王禹偁诸人有谔谔不回之节：正衣冠，立朝宁，邪说浮议者不得作。述《直臣列传》第七。文者，宇宙之华也。自韩、柳后，寥寥数百年间，体裁不古，声偶病之。欧、苏实以力量，追复古文。一时唱和文儒，申申卓然成家。后有作者，弗可又已。述《文臣列传》第八。世自结绳之后，则吏治莫先焉，盖所以行礼、乐、刑、政之法而致之民者也。宋吏治精详严密，奉而行之者，若张垂崖辈，虽作用不同，同归于治。述《吏治列传》第九。《周官》序大行于诸侯之上，谨使事也。赵宋有辽、金、胡元之难，洪浩、朱弁，凛凛大节，视子卿艰难过之。述《使事列传》第十。宋有昭勋、崇德阁，以纪元功。由今观之，始则曹武穆，终则岳武穆。为之亚者，赵普、孟珙，不数人焉。述《功臣列传》第十一。古重王佐，言真将之难也。周业兴于吕望，汉业成于韩、彭，唐业成于英、卫。宋将才视前代独为索莫，岂将将者之过哉？有一岳飞而不能用，悲之！述《将才列传》第十二。《记》曰："君子闻鞞鼓之声，则思死。"封疆之臣，忒王不泄，迩不忘远。太祖亦曰："吾一日心游天下数十遍，亦足以达矣。"惜其惩藩镇而削其权，节制有余，折冲不足。其李允则种姚二族，后此吴璘诸人，皆可数也。述《边将》第十三。宋多君子，治则观诸朝，乱则观诸野。徐积高节孝之义，廷筠父子，有道学千古之名，其余皆能不为世变所移。世之附华绝根者观之，或足以自惕也。述《君子列传》第十四。宋人主以忠厚待士夫，比其变也，海内之人，无贵贱远近，大小男女，皆以忠义报之。四大忠臣，其尤者也。述《忠义列传》第十五。管子曰："礼义廉耻，是为四维。四维不张，国乃灭亡。"是故善为治者，以孝义坊民，树之风声，表厥宅里，皆是教也。宋诸家敦族叙彝，立身秉节，皆足为世劝法。述《孝义列传》第十六。《春秋》书子叔姬，纪节也。述《列女传》第十七。《中庸》曰："知者过之，愚者不及也。"在后世，则下愚成风，而过者亦不可得矣。惊世骇俗，视诸以溷厕为钧天帝都者，何如哉？述《卓行》第十八。宋多高士，陈希夷、逋仙、魏野，皆当治朝，不为旌辟所动，隐之圣者也。其余则或病于时，亦皆有以自乐。《易》称嘉遁，不其然哉！述《隐逸》第十九。天有阴阳，其为数也，阳一而阴二。是故君子常少，小人常多；君子常负，小人常胜。宋室小人，踪迹诡秘，不易察也。别之，述《小人列传》第二十。天下，势而已矣，权之谓也。君子得之以行其道，小人得之以济其奸。述《权奸列传》第二十一。汉人有言曰："刺绣文不如倚市门。"佞倖之来也久矣。春秋之宋朝、祝鮀，战国之龙阳君，汉之黄头郎皆是物也。言足以悦其耳，媚足以悦其目，巧足以移其志，大祖、大宗而下，皆不免焉。述《倖佞》第二十二。《易》曰："履霜，坚冰至。"言有渐也。又曰："负且乘，盗斯夺之。"言自失也。小人、权奸、佞倖盈朝，则外之叛乱者四起矣。故次叛臣于三臣者之下，比事之戒也。述《叛臣》第二十三。昔陈相变于夷，孟轲以背师责之。周、汉及江南诸臣降宋者，情或可原。濡迹于胡元、辽、金者，不容于帝王之世者也。是故赵孟頫、留梦炎之罪，不可逭焉。述《降臣》第二十四。吴越王钱俶，据江南之富，亦足雄视一方矣。当周、宋改命之初，略无纤毫顾惜意，挈图籍而与之。彼此不劳尺兵，数千里阴受其福，视力屈势孤，生灵涂炭者何如哉！述《世家》第二十五。古之圣人，苟可以安天下者，虽小道异端不废也。述《方技》第二十六。昔人尝以宦者为妇寺；然而妇或以节，宦或以忠，是故《杨园之什》，《小雅》所录也。述《宦者》第二十七。先王严五服之制，所以谨华夷之辨也。是故《春秋》书法，四夷虽大，皆曰子，观吴、楚可知矣。元人合辽、金、宋为三史，且以外国名，非制也，兹黜之。述《夷服》第二十八。《语曰》："域中有三大，王其一也。"是故王者之法曰帝制。汉兒宽言天子建中和之极，金声而玉振之，深于作者也。其因时损益，四节礼文抑末尔。述《十五志》第二十九。道也者，天道也。天不变，道亦不变。惟圣君贤相得以行之，惟真儒得以明之。濂、洛、关、闽，后孔、孟一见者也。当时君相，举不足以语是。迨至我昭代太祖列圣，暨我今上皇帝，统一圣真，推而行之；内而朝廷，外而海宇，远而九夷八蛮，皇极修明，圣化厌饫，五兵不试，六礼咸宜。言文则远追秦、汉，言治则遐想陶、唐。君子道长，小人道消。纲常伦理之化，礼乐衣冠之俗。凡夫尧、舜、禹、汤、文、武之所已行，与孔、孟、程、朱之所欲行而未行者，皆章章宇宙间。呜呼！叙《史质》而终道统，伤于宋而幸于今，视诸获麟，治乱之感异矣！述《道统》第三十。（明嘉靖刊本卷首）

柯维骐　宋史新编凡例

一、宋接帝王正统，契丹、女真相继起西北，与宋抗衡。虽各建号，享国二百年，不过如西夏元昊之属，均为边夷。宋国史有《契丹》、《女真传》，实因前史旧法。元人修《宋史》，削辽、金各自为史，称帝、书崩，与宋并，时号"三史"。盖主议者，以帝王之统在辽、金也。按金杨兴宗，当宋南渡，著《龙南集》，明正统所在。元杨维桢闻修三史，作《正统辨》，谓辽、金不得与，斯足征脱脱等纂辑之谬矣。今会三史为一，而以宋为正，辽、金与宋之交聘交兵，及其卒其立，附载本纪，仍详君臣行事为传，列于外国，与西夏同，庶几《春秋》外夷狄之义云。

二、宋帝㬎降元，元封帝为瀛国公。端宗、帝昺相继即帝位于闽、广。未几国亡。元人修《宋史》，并削去帝号，不入本纪。揆以《春秋》之义，三帝之统，何可没也？今改定。按帝㬎号曰"孝恭懿圣"，非庙谥也。则依《续通鉴纲目》称帝㬎，若端宗谥曰"裕文昭武愍孝"，盖据《广志》。

三、旧史《叛臣传》，多降金之臣也。按郦琼等，事同刘豫。而宋末降元帅臣，如刘整等，视豫、琼尤甚。留梦炎以宰相仕元，视杜充何殊？乃琼等只载《金史》，整、梦炎德其助己，皆为之讳。《春秋》之大义灭矣。今各纂其事，列而暴之，无令乱臣贼子幸免恶名于后世也。

四、旧史先循吏而后道学，似失本末之序。今以道学居首，次儒林，次循吏，次文苑，仿孔门四科，亦《汉史》例也。

五、史有纪、志、表、传，肇自《两汉》，义之劝戒耳矣。宋旧史立《公主传》，前史无之。《宗室年表》，乃袭《新唐书》，均非关劝戒也。今削去《公主》，事有大者，则附载各传。

六、旧史本纪不载诏令，盖袭《新唐书》之失也。我朝洪武大臣修《元史》，本纪准《两汉》体，可为修史者之法，今依之。

七、旧史《天文志》纪变异、削事应，谓以欧阳《五代史》为法。《五行志》又主汉儒存事应，且谓欧阳《唐书》有采焉。何其相矛盾邪？今按宋国史《东都天文志》及《中兴天文志》，录其占测合时事者，庶不失宋史之旧，亦于《五行志》例同。若皇祐、宣和仪象，其制与累朝殊。又刻漏以正辰刻，与浑仪相表里，并不宜分载《律历志》。今参详而类附之，以备一代制作云。

八、旧史年表，缺景炎、祥兴及文天祥、陆秀夫二相，今增入。按旧史纪传并以文天祥为丞相。《续通鉴纲目》只称枢密使，盖据《填海》、《指南》二录耳。又端宗母杨淑妃，旧史云："改元景炎，册杨淑妃为太后，同听政。"《续纲目》与《世史正纲》则云："册为皇太妃。"亦据《填海录》，然皆未可尽信也。今姑从旧史，亦传疑云。

九、旧史列传编次多失当，《宗室》既为子湝、寻二十五人立传，而汝愚、汝谠、与篡、汝腾、不试、令宬、与择等，何其分别也。又宰执宜依世代类编，优劣易考，如吕公著不附夷简，王旦不附祐是已。乃范纯仁附仲淹，韩邦彦附琦，洪适附皓，陈卓附居仁，何其相反也！又《忠义传》亦宜依世代，不宜第其等差；且其间如孙昭远、曾孝序、高永年、翟兴、陈求道、陈淬、刘晏、姚兴、张玘、欧阳珣等，遇祸与吕祉同，不宜混载。至于文天祥、谢枋得、江万里、徐宗仁、李庭芝，乃忠义最著者，反不得与，似失立传本旨。又蔡元定、朱子高，第宜入《道学》，邵伯温宜附康节；谯定、刘勉之、郭雍宜入《儒林》，胡宪宜附安国、陆持之宜附九渊，朱寿昌、郝戭、侯可、郑绮、高谈宜入《卓行》。又胡旦操行不修，陈旸劝道绍述，不宜俱列《儒林》。又胡颖之兄显宜附《颖传》，不宜于《赵葵传》混载。又夏执中、韩同卿，外戚也，不宜附载《皇后传》。徽、钦暨南渡宰相，与执政侍从，往往混而无别，时之先后，失序尤多，今悉更定。

十、旧史事迹，逸漏者多，揭其大者，如《选举志》载太宗赐进士《儒行篇》，则仁宗赐进士王尧臣等《中庸》、王拱辰等《大学》，乃濂、洛之学所由启，岂宜独缺？《地理志》载徽宗延福宫艮岳之制，则保和、宝箓二事，均为乱政，不宜独略。《礼志·南郊篇》载仁宗诏太祖定配南郊，其高宗绍兴十二年诏太祖、太宗定配却不载。《文宣王篇》载太祖、真宗撰《先圣十哲诸贤赞》，其高宗撰《赞》，及理宗崇封诸贤制《道统赞》却不载。英宗父濮王允让、孝宗父秀王子偁，在宗室有传；何理宗父荣王希瓐、度宗父福王与芮，不为立传？诸帝妃事有关系者皆有传，何理宗贾贵妃有宠，似道由之而进，乃不为立传？又胡梦昱以谏贬，陈洙以死谏，龚明之、翁蒙之、许迥、王迁、冯贯道、扬文脩之行谊，《金史》褚承亮义不仕金，并宜立传也。又《程颢传》不载条例司官属，盖据其弟颐所撰行状。颐实为之讳耳。且颢及张栻传皆不及其著述，而颢作《定性书》，栻云："学莫先于义利之辨。"皆讲明道学之最要者也。又《张浚传》叙郦琼曲端，及富平符离之事，多隐其词，此亦据其子栻所具行状，殊不知张浚忠有余，而才不足，当时苏云卿有定论，朱子晚年亦悔状失实也。又《岳飞传》，载布衣刘允升上书讼冤，独遗进士知浃事，且缺理宗改谥宗武。又《李全传》载教授高梦月不污为命，独遗海陵簿吴嘉事，且缺全子璮自元来归赎父过。又仁宗《郭皇后传》，缺张洞、刘敞议祔庙。度宗《全皇后传》缺陈、朱二夫人及二姬死节。又《胡瑗传》缺《经义治事斋》及程伊川《稽古爱民之论》。《程颐传》缺《议国子监条例》、《经筵坐讲》及复官致仕身后赠典。《谢良佐传》缺一部《论语大义》，及《程明道玩物丧志之训》。《张载传》缺著作郎签判渭州。《游酢传》缺著书及治郡之才。《谯定传》缺"学以明心，礼以行敬"之说。《富弼传》缺《石介遗书》。《范仲淹传》缺先忧后乐。《胡安国传》缺秦桧交荐誉。《张咏传》缺治蜀救荒。《赵抃传》缺皋、夔、稷、契，何书可读？《王安石传》缺疏河割地，及理宗停孔庙从祀，目为万世罪人。《贾似道传》缺刘整降元及向士璧贬死，谢枋得被窜，台谏何梦然等希旨弹击。《秦桧传》缺禁程颐之学，用《新经》、《字说》，及窜高登、折彦质，高宗防逆谋，理宗谥谬狠。《蔡京传》缺方轸之疏。《史嵩之传》缺徐元杰、刘汉弼之死。《王继恩传》缺李顺三十年始就戮。《李纲传》缺江西安抚及孝宗赐忠定谥。《刘安世传》缺铁汉无书抵政府，及孝宗赐忠定谥。《徐荣叟传》缺参知政事，及文靖谥。《杨皇后传》缺章惠谥。《王忠植传》缺义节谥。《吕祖俭传》缺谥忠。此类尚多，不能悉举也。

十一、旧史文多讹误。揭其大者，如《宁宗本纪》嘉泰元年三月，临安大火，四日乃灭。又四年三月，临安大火，延及太庙，元《文献通考》及我朝《历代通鉴纂要》所载皆同，独《续通鉴纲目》、《续通鉴节要》、《诸史会编》三书，并重载二灾于嘉定，皆为旧史《五行志》一字所误也。又如真宗崩，王曾草遗诏，皇太后权处分军国事。丁谓欲去“权”字，见于《曾传》甚明。而《谓传》误云增“权”字。王十朋为起居舍人，同起居郎胡铨奏四事，文集可考，而本传误以同为除。《律历志》载胡铨论乐，脱林钟、太簇分数二十余言，且误以安丰王为曹王。凡此类，悉为更定。

十二、旧史纂辑出于众手，故纪事多异同。如太祖诸帝纪各冠加谥于首，载备初谥于末。独《太宗》、《仁宗》、《英宗》、《神宗》四纪不载加谥，今依《太祖纪》。哲宗、徽宗所生母并称后，独真宗、仁宗母称妃，今依哲、徽例。本纪岳飞讨杨太，太赴水死。贼党黄诚斩太首，挟钟子仪、周伦诣都督府降。《牛皋传》则云“杨么先举钟子仪投于水，继乃自什。皋投水擒么。”按杨太即杨么，今两存其名。而事只依《皋传》。又《岳飞传》兀术遗秦桧书，必杀飞乃可议和。桧亦以飞不死，终梗和议，已必及祸。《秦桧传》则云飞屡言和议失计，且尝奏请定国本，与桧不合，必欲杀飞。今存《飞传》，而飞狱词二传互有详略，则两存之。又《张去为传》：去为阴沮用兵，杜莘老乞斩之以作士气。《陈俊卿传》则不言莘老。按《莘老传》以髡兵事弹治致仕，非阴沮用兵。本纪亦先后分载，非一时事也，今改定《去为传》。又《王韶传》附王厚，其载赐陇栘姓名，在未弃二州之先；《外国传》及《本纪》所载，乃在弃二州之后，今改定《厚传》。又《食货志》孟庾提领财用，请以总制司为名，因经制额，增析为总制钱；《陈遘传》则云总制使翁彦国仿其式，号总制钱，今依《食货志》。又《洪皓传》皓卒后一日秦桧死，《洪适传》则云桧死皓还，道卒，今依《皓传》。又《留从效传》张汉思、陈洪进率兵劫从效迁东亭；《陈洪进传》则云从效卒，洪进诬少子绍镃以叛，执送江南，今依《洪进传》。又《张说传》梁克家与张说议事不合，求去；《克家传》则不言张说，今依《说传》。又《刘挚传》张方平奏罢鬻祠庙，语与《方平传》异，今存《挚传》。又《关礼传》关礼泣告太后语与《赵汝愚传》异，今存《汝愚传》。又《姜特立传》留正论罢特立，语与《留正传》异，今存《留正传》。又《安惇传》载阅诉理书牍与《刑法志》异，今依《刑法志》。又《刘挚传》载文及甫《书》亦与《刑法志》异，今依《挚传》。又《夏国传》好水川之败，死者万三百人；《任福传》则曰将校死者数十人，士死者六千人；《本纪》则曰诸将死者十四人，今存《夏国传》。其他有语同而重见者，又有既立传而重载他传者，悉克删正。

十三、旧史多引用野史，间失实。如《向敏中传》天禧元年拜右仆射，真宗以为殊命，遣李宗谔候之。真宗谓敏中大耐官职。朱子亦载于《名臣言行录》中，与《宋史》同。殊不知为沈括《笔谈》所误。洪迈《随笔》辨其无是事，盖宗谔于大中祥符五年已物故，且王钦若拜左仆射在八月庚午，敏中在八月壬申，非旷典也，凡此类姑阙之。

十四、旧史诸臣列传，凡乏声名及勋业者，一概书年若干，至若名臣寇准、吕夷简、欧阳修、韩亿、余靖、宋绶、晏殊、宋庠、宋祁、薛奎、鲁宗道、王尧臣、曹利用、曹玮、赵鼎、张浚、韩世忠、赵汝愚、张世杰、龚茂良、胡铨、狄青、郭逵等，名儒张载、陆九渊、尹焞、孙复、胡瑗、苏洵、苏舜钦、石介、刘韐、刘子羽等，并缺不书。今削其滥者，而补其可考者。按朱子作《张浚行状》数万言而不及其享年，故史亦缺。

十五、金国本号女真，至宋仁宗时避辽主宗真讳曰女直。按唐人避太宗世民讳，隶书《孝经》及摹钟繇《荐季直表》。“民”字并去画为“巳”，然则改“真”为“直”，乃去下点，其读仍曰“真”，且在异代，自当复初。我朝大臣修《续通鉴纲目》，改正曰女真，今依之。

黄佐 宋史新编序

宋旧史成于元至正己酉，丞相脱脱为都总裁。契丹、女真亦各为史，与宋并称帝，谓之《宋》、《辽》、《金》三史云。是时纂修者，大半虏人，以故是非不公，冠履莫辨。景泰间，翰林学士吉水周公叙尝疏于朝，自任笔削，羁于职务，书竟弗成。今吾友莆田柯子维骐，以癸未进士，筮仕户曹，辄谢病归，盖未始一日居乎其位也。养高林壑，覃思博考，乃能会通三史，以宋为正。正删其繁猥，厘其错乱，复参诸家纪载可传信者，补其阙遗，历二十寒暑，始克成书。合二百卷，而三百二十年行事，粲然悉备，名之曰《宋史新编》，示不沿旧也。本纪则正大纲而存孤危，志、表则略细务而举要领，列传则崇勋德而诛乱贼，先道学，而后吏治。辽、金与夏，皆列《外国传》，纳诸四裔焉。于是《春秋》大义，始昭著与万世。而论赞之文，并非因袭，简而详，赡而精，严而不刻，直而有体，南、董之笔，《西汉》之书，不得专美于前矣。予窃喜是编行，则三史废。稽天运陈人纪者，其谁舍诸？乃言曰：天下之道，立于本而行于文。夏、商而后，文莫盛于周；汉、唐而后，文莫盛于宋。制礼作乐，以致隆平而六经成，周之文也。表章《学》、《庸》，以锡多士而道学兴，宋之文也。然植本发源，则不能以亡异。迹宋之先，琐琐禄仕，逮事柴氏，殊罔骏功。太祖受禅，仁不胜力。太宗袭位，友爱亦亏。视周之得天下，实大相远。《诗》曰："后稷肇祀，庶无罪悔，以迄于今。"言世德綦隆也。廓除北汉，则僭伪尽矣。向使借隆平之基，而至《天保》、《采薇》之治，则契丹宾服，燕、云自归。顾乃勤其骄兵，仓皇取败。《诗》曰："于铄王师，遵养时晦。"当如时邪？澶渊之役，岁币之输，其弱已甚，雪耻除凶，岂无长策？而天书圣祖之降，肆为矫诬，可谓昧矣。继以仁宗之令主，犹不能除厉阶而遏西贼，况值女真作难，冯陵昧弱，宁复振乎？《诗》曰："执竞武王，无竞维烈。不显成康，上帝是皇。"法乾刚也。不能畜威以自强，此其最异于周者也。乃若厉王以好利用荣夷公，神宗以兴利用王安石，载诵《板荡》、《桑柔》，而三不足之说，有足征焉。盖乱之生也，谗邪比周，犹思用贤，故其《诗》曰："维此惠君，民人所瞻。秉心宣犹，考慎其相。"乱之成也，耆寿俊罔憖遗，而思旧章之不愆，故其《诗》曰："虽无老成人，尚有典刑。曾是莫听，大命以倾。"祖宗罔绍，犹思畏天，故其《诗》曰："敬天之怒，无敢戏豫。敬天之渝，无敢驰驱。"天变罔畏，犹思恤言，故其《诗》曰："辞之辑矣，民之洽矣。辞之怿矣，民之莫矣。"监谤禁党，瞆祸玩灾，又何其同也！大都宋之南渡，弗逮周之东迁，藩城屏翰，曾无一焉。而且斮东澈，歼岳飞，至于废竑立昀，艳妻奸相，剸其家法，不待逢厓，先自亡也已。本源既坏，枝流可知，文弊而僿，谬戾乖刺，旧史所谓"声容盛而武备衰，论建多而成效少"，非不韪也。《诗》亦有之曰："殷鉴不远，在夏后氏之世。"於戏！观是编者，尚永鉴之哉。嘉靖三十四年岁次乙丑季冬下浣，赐进士出身、中顺大夫、詹事府少詹事、兼翰林院侍读学士、前南京国子祭酒、经筵讲官、同修国史、玉牒，泰泉黄佐撰。（本书卷首）

附王鸣盛论《宋史》改修云：《宋史》改修者不一，独柯维骐之新编刊刻成书，播在艺林。维骐，字奇纯，莆田人。嘉靖二年进士，授南京户部主事。谢病归。通籍五十载，未尝一日居官。合《宋》、《辽》、《金》三史为一，以宋为主。复参诸家纪载可传信者，补其阙遗，历二十寒暑始成，凡二百卷。朱竹垞跋云："三史取材，纪传则有曾巩、王偁、杜大圭、彭百川、叶隆礼、宇文懋昭，编年则有李焘、杨仲良、陈均、欧阳守道，礼乐则有聂崇义、欧阳修、司马光、陈祥道、陈旸、陆佃、郑居中、张昞，职官则有孙逢吉、陈骙、徐自明、许月卿，舆地则有乐史、王存、欧阳忞、税安礼、王象之、祝穆、潘自牧，志外国则有徐兢，著录则有王尧臣、晁公武、郑樵、赵希弁、陈振孙，类事则有徐梦莘、孟元老、李心传、叶绍翁、吕中、马端临、赵秉善，述文则有赵汝愚、吕祖谦。诸书具在，以予浅学，亦曾过读。其他宋、金、元人文集，约存六百家。郡县山水志以及野史说部，又不下五百家，及今改修，文献尚犹可征。予欲据诸书，考其是非，后定一书；惜老矣，未能也。”（按：文见《曝书亭集》卷四十五）愚谓竹垞见闻诚博，予所见如王偁《东都事略》、叶隆礼《契丹国志》、宇文懋昭《大金国志》、陈祥道《礼书》、乐史《太平寰宇记》、王存《九域志》、欧阳忞《舆地广记》，晁公武、赵希弁《郡斋读书志》，徐梦莘《三朝北盟会编》、叶绍翁《四朝闻见录》、马端临《文献通考》、吕祖谦《宋文鉴》，皆采取之。若陈均《九朝编年备要》、司马光《书仪》、陈旸《乐书》、王象之《舆地纪胜》残本、祝穆《方舆胜览》、郑樵《艺文校雠略》、李心传《建炎以来朝野杂记》、赵汝愚《历代名臣奏议》，或厌其芜秽，或病其杂乱，皆不取。李焘《续通鉴长编》虽有可取，亦未暇抄。若欧阳修之于礼乐，则必系嘉祐《太常因革礼》，予实未见其书，然《读书敏求记》不载，窃疑此乃后人假托为之。只因竹垞学识不高，往往被欺。若陈旸，不但书不佳，亦因其人逢迎绍述，亦不取。聂崇义《三礼图》与宋无涉，而竹垞滥为载入，著录反不入尤袤《遂初堂目》，孟元老《东京梦华录》已入矣，而吴自牧《梦粱录》独漏去不举，皆不可解。且柯氏正为未及遍读诸书，故能成此，若谓文献无征而欲取之群书，徒乱人意。他日跋李焘书，谓焘在宋人史学中推为第一，然则何以处司马温公？又概驳陈桱、王宗沐、薛应旂目未睹《长编》，辄续《通鉴》行世。柯维骐、王惟俭之改修《宋史》亦然。此犹夏虫不可以语冰，松柏之鼠，不知堂密之有美枞者，是或一道也。而竹垞竟以见李焘书不见李焘书分其优劣，毋乃不可乎！（《蛾术篇》）

按：《太常因革礼》乃出姚辟、苏洵手，该书后有淳熙十五年李壁《跋》，及欧公所为洵《墓志》已明言之。何得因未见而斥为假托耶？王西庄之讥竹垞，不免文人相轻之习。柯氏《新编》订《宋史》之失，具见凡例，故载之以供参考。

康大和　宋史新编后序

《宋史新编》者，吾友柯奇纯氏之所著也。编成，泰泉黄公既序于首矣，乃授简属余叙诸后。余惟史之难久矣，非网罗千古，兼备三长，不足以综核前闻，独超往乘；非穷居隐约，谢绝世纷，不足以专情探索，一意编摩。故古今称司马迁有良史才，而《史记》一书，乃于幽愤中得之。柯子思远而志弘，识高而才敏。少承学士竹岩公家学之传，妙年登第，与父兄师友，互相刮磨，多其所自得者。筮仕南司徒郎，即乞疾引归。林卧三十余年，杜门劬书，浮云声利，而所学益大以肆。读《宋史》，慨其义例欠精，编次失当，而《宋》、《辽》、《金》三史并列，尤失《春秋》之义。乃覃思发愤，远绍博稽，厘复订讹，举偏补漏，凡二十余寒暑，始克成编。斯其志亦勤矣！首本纪而次志表，先道学而后循吏，为得其叙。略细务而挈宏纲，刊繁误而存典实，为得其要。论赞之词，直而不刻，辩而不浮，为得其体。其最大者，尊宋之统，附辽、金为《外国传》，尤为得义例之精。于是数百年之书，一旦厘正，视元人所修，何啻千百，其有功于史大矣！向使柯子身不隐，穷不久，虽勋烈当有可观，必不能潜心大业，卓见旁通，以成兹兴。以此视彼，其所得孰多耶？载考宋之立国，以揖逊开基，以忠厚传世，以恩礼待士夫，以至诚待夷狄。宋臣谓其超越古今，语非夸也。惟是兵力稍弱，国势寖衰，然虽南渡偏安，而纪纲尚在。至于厓山播迁，缀旒已绝，而忠荩之臣，伏节死义，犹斌斌相望，论者以为祖宗三百年礼士之报。视辽、金夷俗，德义不修，攻敦是逞者，迳庭远矣！是编尊宋统，而附辽、金，岂非古人一断案也哉！昔朱子作《纲目》，取法《春秋》，黜吴、魏而帝昭烈，君子谓正统以明。柯子盖治《春秋》而有得于《纲目》者。余不佞，职史多年，深惭载笔，览公之编，而有感焉。谨列其大都，以告后之读是史者。嘉靖三十六年岁次丁巳夏五月，赐进士出身、南京礼部右侍郎、前翰林院侍讲学士、掌院事、春宫谕德、同修国史、会典，同邑砺峰康大和撰。（《蛾术篇》）

王惟俭　宋史记凡例

一、往代之史，坟典邱索异名，《梼杌》、《春秋》殊号。自龙门勒为《史记》，兰台目以《汉书》，后世载笔，不逾斯称。唯承祚曰《国志》，彦鸾曰《春秋》。今此书既不敢上拟宣圣之录，而名史则于元史无别，名书则于沈书难分。辄远取子长，近法永叔，题曰《宋史记》云尔。

二、卷序之式，诸史皆首之以纪，次之以表，又次之以志，而传为终焉。惟《后汉书》、《宋书》移志居末。今则仿之，以纪、表、传、志为序。纪十五卷、表五卷、列传二百卷、志三十卷，通共二百五十卷。

三、有宋受命，龙符定基于开封，龟鼎中迁于临安，乘乾十有七帝，永历三百余年。而元臣执笔，既降帝㬎为瀛国之称，复附广、益于瀛公之后；景炎无年，祥兴失记。此在虏史，私其夷朝可矣，后代所宜改正也。今更瀛国为帝㬎，而增入端宗、帝昺二纪，此诸史已尔，非今特名也。

四、宣尼作经，左丘立例。然后世学者，亦恐过为揣摩之词。今即不逐事立凡，亦须少为区别。如侯王曰薨，宰执而封公王者亦曰薨，卿辅曰卒，官卑而直谏理学者亦曰卒，其奸邪者削官曰死，滥刑者备官而曰杀，刑当而有罪者曰伏诛。金、辽、夏、元，争战云扰，得其地曰取，取而复陷者曰入。宰执免罢，原无低昂，而奸回退位，方书罪免。朱紫略分，用存体例。

五、帝纪即《春秋》之经也，所宜举其大纲，以俾志传发明。今《宋史》烦芜，景德一年之事二千余言，足以当他史之一帝纪。高宗一朝之事几二百纸，足以当他史之全纪。核其所录，乃县丞医官毕载，召见入对亦书。徒累翻阅，何关成败！今宜力加删削，用成史法。

六、孔子有云："其文则史。"是史之不可无文也。《宋史纪》中，至云"赐将士皮裘毡袜"、"揭黄榜招谕湖贼"，如此鄙俚，良用浩叹！今即不可过为藻缋，以掩本来，亦宜微为润色，以宏大雅。

七、《续纲目》诸书，于金、辽用师皆曰入寇。如此之称，施之楚昌、齐豫逆命之臣也；势均敌国，岂宜称乎？今悉曰犯曰侵，以示与国之义。

八、孟坚《汉书》擅美十纪，以西京诏命，简古而尔雅故也。欧阳《唐纪》诏旨全无。《宋史》承之，遂亦不录。古称两史之立，将为偏举之谬矣。今简诸志及采他书，凡关诏敕，悉收纪中。若临轩酬答之辞，臣下追崇之典，难以例论，亦所不录。

九、契丹自陷汴之后，建号曰辽，中虽复号契丹，亦未几改之。至胜元初号鞑靼，或号蒙古，至世祖始定号曰元。况蒙古乃部落之称，大元乃国号也。而《宋史》称其本国统号曰元，亦未然也。今于耶律通称曰辽，世祖之先号曰蒙古。至建有国号，始定为元。其大元北兵之称，乃夷臣之妄尊其国也，亦皆削之。

十、宋初仆射平章，是为宰臣；参知政事、枢密宣徽，是为执政。至南宋孝宗始有左右丞相之名，而参知枢密仍执政也。凡此除授薨免，一一毕书。以至党附权奸，害国凶家，如薛昂、胡纮诸人亦书之。何者？昔李舜举之修《裕陵玉牒》也，曾布、吕惠卿之用，皆谨书之。或以非执政例不应书者，舜举曰："治忽所关，何可拘常例也？"今仿此旨，用以谨大防而褫奸魄。（下略，香港大学藏钞本卷首）

附王鸣盛论《宋史》改修：《新编》播在人口，揽之即得，当与《宋史》并传。临顺汤显祖义仍、吉水刘同升晋卿，咸有事改修，稿皆未就。近日吴中陈黄中和叔改修者，予但闻其入王安石于奸臣，颇为公论，亦未暇觅观之。独祥符王惟俭《宋史记》二百五十卷（字损仲，万历二十三年进士，累官工部左侍郎），汴梁之乱，稿已沦于水，仅吴兴潘昭度家有抄本。朱竹垞从潘抄得，谓其未见，出人意表。要为宇内尚有此书，新城王尚书贻上抄得其凡例一卷。予亦只得此，今载于此而论之。名书曰《宋史记》，移志居末，此乃无关紧要。更瀛国公为帝㬎，而增入端宗、帝昺二纪，此袭《新编》，皆不足论。一、宣尼作经，左丘立例，后世学者亦恐过为揣摩之词。今即不逐事立凡，亦须少为区别，如侯王曰薨，宰执而封公王者亦曰薨；卿辅曰卒，官卑而直谏理学者亦曰卒；其奸邪者削官曰死，滥刑者备官曰杀，刑当而有罪者曰伏诛。金、辽、夏、元，争战云扰，得其地曰取，取而复陷者曰入。宰执免罢，原无低昂，而奸回退位，方书罪免。朱紫略分，用存体例。此条且缓商。一、帝纪即《春秋》之经也，所宜举其大纲，以俟志传发明。今《宋史》繁芜，景德一年之事二千余言，足以当它史之一纪。高宗一朝之事，几二百纸，足以当他史之全纪。核其所录，乃县丞医官毕载，召见入对亦书，徒累翻阅，何关成败？今宜力加删削，用成史法。（中略）然惟俭本不可得见，柯氏《新编》所删改亦有不当，须分别观之。

按：王惟俭书，世不易睹，王西庄亦未见其书。兹假香港大学藏钞本，摘录凡例，以见一斑。

叶向高　季汉书叙

《季汉书》者，新都谢生少连取陈寿《三国志》而更张之。以蜀为汉，以吴、魏为世家，以其臣为外传；以无所附丽者为载记，为杂传，以系于汉者为本纪、为内传。盖纯然以正统予汉，以僭窃斥吴、魏矣。称季汉者，以杨戏有《季汉辅臣赞》及后主《谥忠武诏策》，言建殊勋于季汉也。书虽因于陈氏，而其所错综拟议，辩名实，核是非，酌丰约，审微阐，不但窃取其义，而且损益其辞，则少连氏之所苦心极力，岁十更而草屡易，信陈氏之忠臣，而史家之正印矣！书成，将悬之国门，而先以示余曰："子，史官也。史之瑕瑜得失于子衷，焉能无为吾一言？"余受而读之，叹曰：汉、魏之际，世运一大变也。盖自汉而前，得天下者，有征诛而无篡弑。间有篡弑，亦名之曰篡弑耳。至魏氏父子，幽絷其君，戕其君后，而夺之位。乃自诡于禅让，曰："舜、禹之事，吾知之矣！"历五季、唐、宋，凡窃国之盗，皆祖其术。以唐、虞圣帝揖逊之盛举，为乱臣贼子攘夺之先资，恬然相袭，不知怪也。故夫汉以上篡臣少，以其迹显，而其势有难以径遂；汉以下篡臣多，以其机秘，而其辞有可以讳避。此操、丕之逆，为千古之魁首也。以吾夫子《春秋》之法律之，其为诛讨，不知当何如者？而陈氏徒以魏、晋相承之故，乃使其正帝号，承汉统，偃然得附于神明之祚。而涑水复以其私，伸魏而抑汉，史家谬戾，至此极矣！襄阳、紫阳后先矫正，于是魏氏父子诎，而所谓汉统帝号、神明之祚者，举而归之。中山之帝裔偏安一再传之蜀，而世共称快也。然陈氏之书，世称其简质善叙事，自《史记》、《两汉书》外，此为巨擘；徒以统绪舛错，为正论所不满。而其所为三国之名，称鼎足之基业，胪列瓜分，于一家之言者，卒莫之能合。以故操、丕之罪，若诛而不尽诛。而赤帝如线之绪，寄于蚕、凫之区四十余年而不坠者，若伸而不尽伸。今谢生此书行，于是魏氏父子愈诎。国不三而足不鼎，向之胪列瓜分者，较然辨黑白而定一尊，而世愈称快也。嗟夫！此岂一人之私、一己之见，足以易千百年来天下人之耳目哉？纲常礼义之在人心，不可磨灭。故虽其人之智力雄暴，能劫夺神器，一旦加之以甚丑，而不得不受。虽其人之困败危弱，不能自存，一旦抗之以甚尊，而亦不得不受，此天道也。盖周之东迁，至孱矣。号令所及，百里而近，然夫子必尊而奉之列国僭王之上。而《春秋》一书，苏氏徒知其以天子之权予鲁耳，不知夫子盖虑夫射肩问鼎之徒，或斩周之祀。而鲁为文、武之子孙，即起而继周，无不可者。故曰：“吾为东周。”不言鲁而言周，此《春秋》之微指也。善夫谢生之言曰：“孝献、昭烈，一可当周之赧，一可当周之鲁。彼吴、魏者，不过秦之惠文、越之句践而已。”以此断三国事，真与《春秋》合矣。而或者犹以封疆之大小、统驭之完缺为疑。至近世赵文肃著《统论》，乃谓“三国既裂，九围不纲。昭烈虽贤，史臣不能先天而与人以统”。若深病朱元晦帝蜀之非者，亦独何哉！然则谢生者，又紫阳之功臣也。抑余于是有深慨焉：宇宙间惟治统、道统相提为两大事——治统紊则乱贼肆，道统紊则异端猖狂，其害均也。而道德之害，及于人心世道者尤甚。今正教衰微，诸以诗书起家，号称孔、孟弟子者，皆推崇二氏，贬抑尼山，使洙、泗之真传，几等炎刘之厄。而流沙、天竺家言，其驾凌吾道，不啻如吴、魏之抗衡也。其为诞谬乖剌，宁不千百余陈寿哉？倘有如谢生者锄而辟之，断断乎《春秋》之所予也。余愧未能，余日望之矣！赐进士出身、通议大夫、南京吏部右侍郎、前左庶子谕德、兼翰林院侍讲侍读、纂修正史管理、诰敕东宫侍班官、福清叶向高撰。

按：后主建兴十二年诏策诸葛亮为忠武侯，有“将建殊功于季汉，考伊周之巨勋”语，“季汉”二字出此。其后杨戏撰《季汉辅臣赞》，首赞为昭烈皇帝，似辅臣应作君臣，后人所改。

叶序云：“襄阳、紫阳，后先矫正。”襄阳指习凿齿，著有《襄阳记》一书。《晋书·习氏传》称其自荥阳罢郡归，与桓温弟秘书云：“吾以去五月三日，来达襄阳。每定省家舅，经北门入，西望隆中，想卧龙之吟；东眺白沙，思凤雏之声。”此文分明摹拟吴质与魏太子笺（《文选》四十）。习氏家襄阳，于孔明隆中有乡土之谊，思古之情既切，故于先主向往尤深。其正蜀而贬魏，非但本于理，实亦发乎情。回诵此篇，可知予言之不谬也。

文中言赵文肃即赵贞吉（见鲍应鳌《明臣谥考》），四川内江人，官大学士。

王图　季汉书序

昔宋涑水氏纂述《资治通鉴》，嫡魏庶昭烈，正统淆杂，识者讥焉。其原盖出于陈寿，寿之为《三国志》也，倜然以正统予魏。寿，晋臣也，晋承魏禅，尊魏所以尊晋也。然其书尚以三国为名。三国，敌体之称也。寿亦心知汉统之必不可奸，而其势又不能不尊魏，故特存敌体之名以见意。然使后世懵然于嫡庶之辨，而因以开夫乱臣贼子窃钩问鼎之谋，则寿实为戎首矣！新都谢生少连，蚤穷五车，博综群史，谓陈氏予夺舛谬，不可以训世。于是发愤著书，穷年矻矻，数易稿而始就。其书以嫡统予昭烈，以支庶分魏、吴。作孝献、昭烈、后主三帝纪以明一尊，而以诸臣之翊戴汉室者，为内传以附之。作魏、吴世家以明僭窃，而各以其臣之推波助澜者，为外传以附之。又作袁、吕诸雄载记，以存一时崛起之迹，而亦各以其臣之追非孰恶者，为杂传以附之。名之曰《季汉书》。盖取后主诏策之文，并杨戏所作《季汉辅臣赞》而定名之。其思苦，其力深，其文错综离合于陈氏旧史并裴氏旧注，故简质而不俚。其事贯穿上下，于范晔、习凿齿以及张敬夫、朱考亭之纪述，故详赡而有体。不特可以纠陈寿之谬，亦可以正涑水氏之失；不特可以正涑水氏之失，亦可以竟刘知幾、范祖禹、谢翱诸君子未竟之业，斯不亦称艺林之鸿宝、史家之正鹄也哉！而谢生又言：季汉四十余年，君臣行事，纪载尚虞疏漏。而武侯勋树，烂焉南服。尝拟西走蜀，南走滇。历览遗踪，并及金石残文，或故老口实，庶几采掇一二旧事，以补成书阙略。余闻其言，啃啃叹赏。盖谢生力以明统绪、刘伪乱为己任，故用意详密若此；非夫世之苟且一编，以幸终事者所可匹埒也。夫乱臣贼子，人人得而诛之。丕、权僭王，于法决当讨。陈氏阿贼党逆，擅更正统，其所著伪史，于法决当黜。今主上稽古右文，业诏北雍缮刻前史。倘是编一旦得尘清燕之观，犁然有当于上心，特命列之学官，以代陈氏伪史，此亦千古人心所同快者。余何幸旦莫遇之！赐进士第、右春坊、右中允、掌南京翰林院事、前翰林院检讨、直起居注编纂、六曹章奏、同修正史管理、诰敕经筵讲官、西京王图撰。

按：王图字则之，耀州人，天启中礼部尚书，《明史》二一六有传。钱谦益为撰《王公行状》。(《初学集》卷四十八)

陈邦瞻　谢氏季汉书序

昔者仲尼因鲁史而作《春秋》，以明王道，叙人纪，垂万世法。自其时及门之士不赞一词，左氏仅为之传。而汉司马氏作《史记》。其《自叙》则曰："有能绍明世，继《春秋》者，意在斯乎！"何其去圣远而自任笃也。然则司马氏之志于是为不可几已。盖其说曰："凡有国者，不可不知《春秋》；为人臣子者，不可不知《春秋》。《春秋》者，礼义之大宗也。"呜呼！天下之生久矣。一治一乱，曷尝不由礼义之失得哉？夫惟礼义亡，王迹熄，有国家者，以智力持世，执史笔者以成败论人；遂使僭伪之迹，烂然溢世，名分纪法，几为弃物，则何怪乎盗窃乱亡之相寻而不已哉！故史法之坏，起于儒者见义不明，而其害乃在世道以空文贻实，祸至烈也。今夫汉统之正，上继殷、周，四百年间，王莽一窃其玺而光武兴，当涂再移其鼎而昭烈奋。其仗大义以起事，由宗哲而缵绪一也。而论者徒以基业之宏隘，谬为轩轾。竟谓峨、岷之疆，不足祀汉配天。宁以其统予曹魏，弃同即异，背顺奖逆，不已甚乎！是故陈寿之书，简而质雅，称良史才，而终不见予于君子者此也。且寿既帝丕而纪魏矣，复以三国名书，进退失据。夫其私心亦有不自安者欤？习襄阳别之于前，朱紫阳格之于后，编年之大义既明，而列传之悖辞未易。尚使僭伪之编，渎乱正史，此诚千古之阙典，史官之坠业，有志于《春秋》者所必正也。友人新安谢少连氏，自蚤岁嗜学，于书无所不睹，而尤淹于史。慨然显黜《陈志》，自为《季汉》一书。余得而读之，见其义例森严，体裁确正，离合进退，备有微旨，信乎其有司马氏之志而得《春秋》之遗意也。盖至是而正论始尽伸，僭渎不复容矣！书所以名"季汉"者，盖以王泽斩于桓、灵，神器残于董卓。孝献立而后神人有主，社稷有奉。凡曹魏父子睥睨而久却，昭烈君臣之正名而讨贼，皆以有孝献在也。故初平、炎兴，实为终始。苟天命未改，人其遽而夺之；苟大义有归，天其遽而弃之。方其在许，则天之所以留汉统也；及其在蜀，则汉之所以寄天统也。托始之义，斯已精乎。凡为帝纪者三，为内传者十有七。扶微继绝之业，忠臣义士之志，尽在是矣。降二方于世家，黜其臣于外传；复为载记，为杂传，以志其不成为汉，且不成为魏、吴者。杜预所论《春秋》之旨：微而显、志而晦、婉而成章、尽而不污者，庶几有之。呜呼备矣！陈子曰：余读谢氏书而知为史官者，尤不可不知《春秋》。为史官而不知《春秋》，未有不蒙党恶之诛者也。彼夫僭窃之雄，既已公然为政于天下，而我复操笔而佐其后，后世且艳慕而称之。是俾羿、浞争驱，而操、莽接踵也。陈寿奖篡之罪，浮于华、董诸人；谢氏反正之功，光于《出师》二表矣！余惧读谢书者，徒以其传习旧闻，错综往事，或嘉其言而不察其志，略为序之云尔。万历癸卯孟秋望日，赐进士第、奉训大夫、

南京工部营缮清吏司员外郎、高安陈邦瞻撰。(本书首卷)

按：陈氏即撰《宋元纪事本末》者。高安人，字德远，亦史家也。此文中言“初平、炎兴，实为始终”，自献帝之始立，讫刘后主之降邓艾(景耀六年改元炎兴，蜀汉亡)，正为季汉时代。纬书《尚书璇玑钤》云：“《河图》，命纪也。图天地帝王终始，存亡之期，录代之矩。”此终始二字用于帝王起讫之纪录。《季汉书》之限断，即以此二语为依据。德远每引《春秋》立论。稽之《穀梁传》，定公元年有云：“定之无正，何也？昭公之终，非正终也。”又云：“先君无正终，则后君无正始也；先君有正终，则后君有正始也。”先君之昭公死在外，故非正终。因之，后君之始，遂非正始。《春秋》于始终，且论正与不正，其严如此！聊发其旨，以供治史而留心《春秋》大义者鉴焉。

于若瀛　季汉书序

万历癸卯夏，余有祝釐之役，出石头城。友人谢少连手一册示余曰：“此改陈寿《三国志》为《季汉书》，立后世以篡为禅之防。且《季汉辅臣赞》，戏先之陛，未敢创也。此册唯自叙、正论、答问、凡例、目录，他未及梓。”属王太史则之送余江干，出与商确，则之叹曰：“余窃有志焉，而未之逮也。何物诸生能先举此，不必睹全书，其序论、答问、凡例，已足诛奸雄于既死，而立人臣之的。吾两人者，异日愿为玄晏，俟成将具疏以闻，布之学宫。于全史中，黜陈进谢，俾余窃有志而未举者，举于少连，与余举同也。”余既渡江，则之与少连相得甚欢。比甲辰三月，余还白下，则之已先数日入侍东宫讲矣。少连全书成，向余征序。展卷则叶、王、陈、祝诸言烂然册首，谈季汉事，不啻详矣，余何言？虽然，首赏识者，余与则之共者也，又乌能辞？序曰：史官操是是非非之权，一予一夺，所关系世道人心，从来矣！然有圣史、有贤史、有良史、有文人史、有宽吏史、有严吏史、有私史。圣史则一言之褒，荣于华衮；一字之贬，严于斧钺。知我罪我，弗皇恤焉，夫子《春秋》是也。贤史或先经以首事，或后经以终义，或依经以辩理，或错经以合异，丘明《左传》是也。良史其事核，其文肆，赡而不秽，详而有体，司马迁《史记》、班固《汉书》是也。文人史事拾掇猥杂，词组玄黄，谢朝华之已披，启夕秀之未振，范晔、沈约、萧子显、姚思廉、李百药、李延寿、令狐德棻诸史是也。宽吏史弢于伐邪，展于取善；严吏史弢于取善，展于伐邪，涑水、考亭二书是也。乃若修吝于诸葛，谀旨于典午，剪卯金氏而岿当涂高，遂苞千古以篡为禅之孕，孰有私心如寿者乎？自晋至宋，得祚诸君，皆借禅为名，而阴济其弑夺之恶，寿之《志》实开之，其罪于是乎不可解矣。呜呼！尼父、左丘明，遐哉邈矣。班、马而下，姑置而论。宽吏纵，以故贷荀氏，并及曹氏；严吏刻，以故诛曹氏，并及荀氏。反复此书，用考亭法诛曹，而以涑水法贷荀，盖严与宽之间焉。且于当涂之季，表王经诸人之节，洗毋丘三叛之冤，抑又为魏谢晋，其用意深远矣。余不序其他，特取前代诸史，以折衷少连，并发寿之私。总之，立后世以篡为禅之防耳。赐进士第、南京尚宝司卿、东海于若瀛撰并书。（亦见《弗告堂集》）

按：文中所称王则之，即王图。文中论史有圣史、贤史、良史、文人史、宽吏史、严吏史、私史之别，颇具新见。

邹观光　季汉书序

苏子之言曰：域中有三权：曰天、曰君、曰史官。圣人以此制天下之是非，而使之更相助，大指谓惟天之权能寿夭祸福人。然而回、宪贫，跖、跻寿，天之权有时而穷。人君以赏罚助天为治，抑岂能尽与天下之是非合而垂万世？故史之权等于天与君而相助以有成。兹苏氏之持论云尔。余读陈寿《三国志》，奈何以赏善罚恶之权，而反为乱臣贼子助也？魏操之为篡逆，人人知之。九鼎未移，一线犹系，亟举三十年之历，以夺彼予此。而帝胄王师，以偏安故诎而与篡逆共。嘻！其甚矣！邹子曰："夫寿非乞米于丁仪者邪？其书即列于学官，天下孰能信之？"斯亦焉能为？有涑水氏格操始丕，反蜀为汉，庶几正其纰缪；而终以统与魏。涑水非寿伦也，万世将无贤涑水而信且疑。至于广汉之《纪年》，紫阳之《纲目》，帝昭烈而寇魏、吴，史乃廓如也。而赵文肃昌言三国既裂，九围不纲。昭烈虽贤，史臣不能先天而予人以统。吾惧万世以文肃而信且疑也甚于涑水。此谢少连氏《季汉书》所繇作与！余以《春秋》之法律谢氏之书，窃叹其用心甚勤，而其功于史甚大也。《春秋》之义，推见至隐。今人语及伏后壁中事，欲磔操而甘心焉。而操进王爵加九锡，皆矫命行之。丕始迫帝禅，而犹假手劝进，托言于许由、善卷。涑水氏非尽谀晋，彼其论风俗而致叹于操之知畏名义，若终始为操欺耳。今而后，而操始为天下戮也。夫以讨叛逆，则阴谋诎矣。《春秋》始于鲁隐，若曰平王能祈天永命，绍开中兴；隐公能弘宣祖业，光启王室，则西周之美可寻，文、武之业不坠。是故因其历数，附其行事。自山阳贬而汉亡，中山之裔起而汉不亡。故一以当周之赧，一以当周之鲁，而若符节合也。夫以存帝系，则废绝振矣。其论帝统，曰有有统之世，有无统之世；有分统之世，有全统之世，有偏统之世。即使昭烈不兴，忠武空老，琮、璋能以荆、襄、岷、益抗吴与魏，而成鼎足之世，亦必以正统归之。又曰昭烈有夹辅之功，不失忠顺，则上可以配周公，而当封禅于蜀以比鲁。不然，而但能袭操以禅为丕，则如萧梁之于萧齐，篡固不恕，统则仍归。夫以参伍事情，则外实见矣。以正统尊蜀矣，而萧常降魏、吴于载纪，则以为太刻。以叛逆斥魏矣，而王经、王凌、毋丘俭、诸葛诞为魏讨晋，则不以魏故贬。其论孔文举则曰：有有用之用，有无用之用；有有功之功，有无功之功。其论荀文若则曰：文若之生，其功在曹，其罪在汉，而其心实汉也。文若之死，其功在汉，其罪在曹，而其心则本汉也。诸所评骘，如老吏之谳狱，比附平反，必丽于情，而不泥成事。夫以定功罪，则诛赏公矣。文中子有言：使陈寿不美于史，迁、固之罪也。记繁而志寡，而苏子谓迁、固史虽以事辞胜，兼道法而有之。夫史书之轻重，岂尽系志记之繁简？而自迁、固以下，能恢奇博闻，不朽千古，而不能不互见其瑜瑕，正以工于事辞而诎于道法耳。夫河汾帝元魏则已谬，而又安能掎摭寿哉？有能绍明世，继《春秋》，若苏子所言，使后世嗟叹赞诵之不已，以助天与君赏罚之所不及，其在斯乎？少连氏进曰：作者之谓圣。夫圣，孔子不居。是书也，广汉、紫阳所特书于编年也。其在列传，则范晔、刘知幾、范祖禹、杨焕然诸君子，或厘正其已甚，或权舆其大凡，而未有成书也。本朝张仪封之《史略》、邓盱江之《函史》所苞举而未备也。余所谓述故事，整齐其世传，非所谓作也。而君进之《春秋》，则吾岂敢？虽然有前、后汉不能无季汉，虽隆中、河东，不能挽其寖微之祚；有前、后《汉书》，不能无《季汉书》。虽舛谬异同，而终大正于异代之后，皆天也。《春秋》之法，以时系年，季为时之余。后主之诏策，杨戏之《辅臣赞》，其称季汉也，夫非天之所启以俟谢氏者哉？其正名灿如矣！且夫为寿识者，不独寿而已也。三都之赋，虽其所扬榷止于山川、城邑、宫室、物产之广狭丰确，而诎蜀、吴以尊魏，至称“日不双丽”、“世不两帝”、“天经地纬”、“理有大归”，倘亦陈寿之意乎！世恒言左思赋以皇甫谧序重，今观皇甫之序，谓作者以擒灭比亡国，而以交禅比唐、虞，既著逆顺，且为鉴戒。夫赋之指隐，序之词彰，谧所为思重，乃其所以滋思之罪者耳。陈寿以史书故世多掎摭之；皇甫左氏，以其为文人之词，故恕之。然而世之治左氏赋也，甚于陈氏史。少连文人之雄，长不以赋，而以书一时为玄晏氏言者，持论必准于仲尼、紫阳，夫亦世教休明之大验哉！少宰公因论史而忧及于学术，夫使卫道君子，皆能由紫阳以守仲尼之教，而治统与道统，兼而举矣。赐进士出身、奉政大夫、南京光禄寺少卿、前中书舍人、吏部文选、考功、验封、稽勋四司主事员外郎郎中、予告起家南京兵部职方司郎中、云梦邹观光撰。

谢陛　季汉书自序

夫子于《易》、《诗》、《书》、《礼》、《乐》均任其述，而独作《春秋》，故曰“吾志在《春秋》”也。顾当其时，周室衰矣；异姓诸侯，置弗论矣。诸姬之国，吴强而盟会不通，晋强而政权不一，亦姑舍是。鲁虽弱姬，实秉周礼，且有旧史可以取裁，矧是周公之胤而同姓诸侯之大宗也。故又曰：“吾舍鲁奚适矣？”于是以天王尊周，以宗国主鲁，以列国宾诸侯，而《春秋》成焉。弟子左氏乃为之传，爰肇编年之体。其后荀悦、袁宏、张璠、邓粲各以一代之史遵之。迄涑水氏、考亭氏方合历代之史而成《通鉴》、《纲目》矣。司马迁崛起立家，特创列传之体，而班、范以下诸史又递尊之，陈寿亦其俦也。夫三代而下，汉得天下为正。卜世历年，强半于周。虽至三国鼎分，而孝献虚位，犹号天王；昭烈偏安，犹称帝胄。若在周季，一则为周之赧，一则为鲁之隐。彼魏、吴虽强，毋论非鲁，尚非晋、吴，不过秦之惠文、越之句践而已。藉令夫子而作汉《春秋》，断然以正统予昭烈矣，况忍夺孝献三十年之帝历，而亟以予曹操乎？异哉！陈寿既嗛诸葛责辱之仇，复阿司马继统之旨，遂夷孝献以帝曹操。历纪五世，贬汉为蜀，从而寇之。涑水只缘先世典午之后，因循不改。幸犹格帝操而始帝丕，更反蜀而仍为汉，此亦其公道之有在也。先是范晔作《后汉书》，不听陈寿所攘，奉帝历以归孝献，其中书法大略与《班史》前汉之季相似，庶不倍《春秋》之义。善乎，习凿齿之作《汉晋春秋》也！若曰曹氏，汉贼耳；二帝，汉宗也。堂堂有晋公为汉室刈曹，而于一年无统之中直接其统，安得云魏、晋相承，而曰《魏晋春秋》乎？此于《春秋》之义深为得之。惜矣！涑水贤者，而所见仅同范氏，不及习氏也。张栻作《经世纪年》，直以昭烈上接孝献为汉，而列魏、吴于下方。考亭《纲目》因之，帝昭烈而寇魏、吴，是皆阴刷《国志》之陋，显厘《通鉴》之讹。即二子生平服膺君实，而于此确有所不惜焉。编年一史，则二书固已大正名分，括张、邓诸子而接左氏矣。然而《三国志》竟与诸列传之史列在学官，刘知幾持论徒托于《史通》，范祖禹、陈亮欲改而未暇。萧常作《续后汉书》，杨焕然《驳正汉书》，谢翱作《季汉表》，而俱未成。逮至昭代作者如林，云蒸霞蔚，诸集并出，诸体并工，无不家拥连城，人怀履水，而独于史学，大是寥寥。近世如武进唐顺之、南昌魏靖国、建昌邓元锡、钱唐邵经邦，亦皆仿郑樵而合列传之史，以成一书，欲以配涑水、考亭二史。其于三国之时，稍稍裁易，尚未犁然。顾皆未尝独改《国志》为《汉书》也。遂俾塾童里老，漫藉俗史，快为口实；而靡闻学士大夫，稍窥正史，甫及此书而即屏。又有骚人咏客，没溺三祖陈王、邺中诸子之才华，亟尸祝之而罔辨。故虽以《陈志》之简质，可以济美扶风，而卒不能使人人阅之者，徒曰列在学官，而实常束之高阁耳。是岂特季汉君臣之不幸！遭其贬黜，久之始明，而实亦陈寿之自不幸，为此悖史，以永遭后世之弃捐矣乎！余发覆颧，即耽翻史，一阅及此，不胜拊膺。犹然爱其文章而且亮其遭际，故隐忍终篇，而更不嫌屡展卷也。窃不自量，乃即其书而宰割之；综其实事，削其诬辞，易其名称，弥其脱落。断自孝献皇帝起，直继以昭烈皇帝、后皇帝，尊汉三朝为帝纪。以汉室诸臣为内传。等魏、吴二国为世家，以魏、吴诸臣为外传。别袁、吕诸雄为载记，以田、陈诸人为杂传。仍订定裴松之注，参傅其中，题之曰《季汉书》。盖十余年于兹，易草者数矣。嗟夫！此岂余小子一人之私心？又岂今天下一时之公？固常探陈寿之隐中，于其微言别例，亦有自不容泯者。当时公论，自典午以还，其所左袒于昭烈、忠武、关、张者，岂不人人然乎？但未有为改正之书，混使昭烈称僭主，炎汉呼伪朝，忠武被寇名，关、张诸臣蒙贼号，历千载以至今日，尚未昭雪。而陈寿失图典笔，身后孰与赎愆？两者均如数有所待，则余小子，其何辞焉？敢谓尊汉予蜀，绍明尊周主鲁之法，而其志则不敢自倍于夫子矣。客有嘲余奉心张、朱，摘指司马，余亦所不必避。而窃欲于列传之史，接踵范氏，《春秋》之义，比肩习氏，奚不可哉？陈寿有知，固当心服地下矣。书成，引其大端，而节目数十则，具于续简。万历壬寅年长至日。

按：谢氏自序称“萧常作《续后汉书》，杨焕然《驳正汉书》，谢翱作《季汉表》而俱未成”，焕然即杨奂字，奂著《正统书》六十卷，立八例，书虽失传，而其《正统八例总序》，载于《元文类》卷三十二，人所共见。元遗山为其撰神道碑，亦檃括八例之大旨（《遗山文集》卷二十三）。萧常书，谢氏知之而未之见，若谢翱《季汉表》则不见于著录。

清　魏裔介　三国论

或问于余曰："三国之刘、孙、曹孰可以取天下者？"余曰：取天下以德与才。若三子者，皆非其人也。昔高祖、光武起于匹夫，奋三尺之剑，诛秦戮项，枭寻灭莽，云合响应，其机捷于桴鼓。然皆以仁义为心，不杀为尚。又当吕政、王莽残暴之余，而能驱策英雄，动中肯綮。是以算无遗策，功流奕世。今三国之时，天下则汉献之天下也。刘、孙、曹三人者，为汉室之臣子。则宜竭忠尽力，死生以之，扫清贼孽，复于旧都，显膺封爵，永誓河山，乃臣子之大分也。夫何操之奉迎，挟天子以令诸侯，为问鼎请隧之谋。即东西征伐，芟除大难，皆假王室之名号，以遂其私而快其愤，非有兴致汉室之心也。假若操居心笃棐，无戕杀孔融、董承之事，无贼弑皇后、贵妃之恶，鞠躬尽瘁，夙夜匪懈。其子丕化之，世济忠贞，乌知天命不佑之乎？乃如鬼如蜮，曰："天命在我，吾其为周文王。"操为此言，其亦蒙面丧心，不知愧耻。不特不可欺天下后世之人，即其潜和之党亦闻之而窃笑也。孙权席父兄之势，虎踞江左，未为戎首，故非曹氏之比。然以地方数千里，带甲数十万，未尝显暴曹氏之恶。如孔璋之檄，声罪置讨。但闻信使往来，一则上书请正大号，再则上书称臣请封。彼其意若曰：蜀急则依魏，魏急则依蜀。权变随时，合于纵横，聊以固吾圉。尔不知为牛后而不为鸡口。奉表纳贡，屈辱已甚；宴安鸩毒，兵甲朽钝，不敢北向一矢相加遗。吾恐诸葛武侯之巾帼，不特宜遗司马仲达，而先应遗之孙权也。况白衣摇橹，蒙、逊诈谲于和好之时，为掩袭之计。明明以威震华夏，南北通谋，忌汉事之将成，为贼羽翼，罪可胜诛哉？州吁弑君，宋、鲁诸国伐郑，公子翚固欲出兵，《春秋》深恶之，以诛夫与乱贼为党者也。孙权之恶，何以异是？吾独怪昭烈当刘表之没，不取荆州，而尚匹夫之让。关忠义孤军深入，未有继起之师。夷陵连营，举国知其不可。而刚愎自用，同姓为婚，不顾辰嬴之丑，而大伦有乖。生平周旋于（陈元方、）郑康成之间，讲学者固如是乎？故曰：三子皆非取天下之人也。虽然，曹与孙，其才与德既无足取。昭烈仗义讨贼，屡经挫衄，志气不衰，

卒以郁郁而死，才虽不足，其义则正矣。是以君子取之，以续汉统。（《兼济堂文集》卷十四）

孙宝仁　季汉纪序

季汉者何？蜀汉也。为何不曰蜀汉，而曰季汉？尊正统也。其尊正统也奈何？予尝读杨铁崖先生《正统辩》，而知正统之有攸归也。其言曰：天之历数，自有归统，于正闰不可紊。统之所在，不以国祚之促，疆域之偏，而夺其统之正也。何也？《春秋》之义也。彼志三国者，降昭烈于孙、曹，是岂《春秋》之义乎？迨朱子之《纲目》出，而后古今之议正统者定。独是司马温公，大贤也，良史也，而作《通鉴》，大书特书"诸葛入寇"，不知"入寇"寇谁家？宜乎杨焕然欲起其人而问之也。他如刘道济、郝伯常辈皆有不平之鸣以驳正之。及见《纲目》，则皆厌然而止，又霍治书读萧常《续后汉书》，而有"郝伯常不及见此"之叹。是则人心之同然，即天命之昭然，可紊乎？不可紊乎？可以割据之广，兵力之强，与夫僭窃之诡秘而正统之乎？又庾文龙之议孔明也，有曰："管仲、乐毅之事，君子所羞道，而亮以自许。宜其志之所图，功之所就，止此而已。"愚谓不然。蜀之生聚教诲也，盖数十年矣，可以致力于中原矣。而一旦烬于昭烈之东行，元气一亏，国运随之。孔明乃欲驱锋镝之遗黎，以□中原，似亦不可得之数矣。而且为屯垦，而且为阵垒，天苟假之年，则帝蜀者帝天下何难哉！管、乐自许，盖不敢居伊、吕耳。昭烈、孔明殆未可深訾也。自宋迄今，垂七百余年，而吾乡企山赵先生，以缝掖而读辟雍书，志存名教。其于正闰之际，尤三致意焉。于是因《纲目》而有《季汉纪》之作。博览群书，折衷众志，不啻搜岩剔穴，咨诹咨询，寝食以之，六阅寒暑，而三易稿焉。先生之志，可谓勤矣！其曰即位、曰改元、南征北讨，一遵《纲目》。其曰纪，则荀、袁两纪之义也。吾知此纪一出，而千古之正闰以明，《春秋》之大义以昭，其有功于名教也大矣！至于政教之污隆因革，人物之忠佞贤奸，以及天道之常变向背，世风之升降醇醨，一如烛照数计，有伦有脊，直日星垂而亘古新者，固无俟予之扬扢而表暴之也。仁也厕校雠之末，故括其大略而序之如此。时雍正二年甲辰六月。

赵作羹　季汉纪缘起

有汉两京，创垂治乱，班氏、范氏，斟酌掌故，先后成书，传信千古。季汉昭烈，崛起成都，缵承坠绪，享国二世，四十余年，汉自在也。陈氏作《志》，侪汉于吴，夷为列国。尊魏为正统，曹操父子祖孙诸传，皆书曰纪，以高其禅让之名，而没其篡逆之迹。虽属辞比事，具体前史；阿私丑正，蔑人纪如弁髦也。

汉有天下，至于文、景，蠲租赐复，深仁厚泽，流布区夏。而河山带砺，支属亦复繁昌。哀、平之后，光武一起，即为天下所归心。厥后东洛运移，献帝入许，权凶专国，疆宇分裂，四海之系属，端在昭烈矣。汉统攸长，再绝再续，非偶然也。故井络之开基也，袁氏于所作《汉纪》之末，直指历数之攸归。炎兴之纪年也，习氏即因之作《汉晋春秋》，以明天道之不可假易也乎！

曹氏之篡逆也，成于破袁绍；孙氏之僭窃也，成于走刘繇。《魏志》绍传，《吴志》繇传，皆次于后，又独《蜀志》以二牧冠其首，将以昭烈绍统于蜀，为继二牧耶？夫二牧虽亦汉之宗室，焉怀异志，与董扶协谋入蜀于建安之前，璋两遣使者结诚逆操于建安之末，不有昭烈，且无以保汉氏一片土于梁、益之间，为驻足讨贼之资，何以留坠绪于呼吸存亡之际乎？北魏崔浩曰："《班史》以来，无及寿者。"然其笔肆而曲矣！

寿之尊魏，固已一代之兴，典章必备。《蜀志》于昭烈朝即位，昭告文外，其立穆后太子，封鲁王、梁王，及诸葛、许、张、马进爵等册，孝怀朝其立张后太子及追谥赵云等册，皆具焉。至于志魏，操余子二十三人，丕子叡之外九人，或封王或封公；丕、叡两世立后四人，册皆不载。岂详于汉，而略于魏耶？盖魏篡居中土，草窃立国，兵威胁众，日不暇给。虽丕、叡雅擅雕虫，而庙堂雍容之制，非所急也。寿但取其禅受等册载之，以为魏得统之地；然季汉正大之规模，魏终不能侔矣。

《五行志》陈氏无专编，略取而散见于编中。窥其意似易以夹用曲笔，取信后世。然而《晋书》、《宋书》备著之矣。唐刘知幾曰："《陈志》称蜀无史职，故灾祥靡闻。按黄气见秭归，群乌坠江水，成都言有景星出，益州言无宰相气。若史官不置，此事从何而书？盖由父受髡，故加兹谤议者也。"毛修之曰："寿为孔明书佐，得挞百下。"郑所南《心史》曰："西汉绝十八年，景帝之子长沙定王发五世孙光武兴汉。其派实不出于武、昭、宣、元、成、哀、平诸帝之下；东汉绝一年，亦景帝子中山靖王胜之孙昭烈兴汉，其派亦不出于东汉诸帝之下，则光武、昭烈皆崛起而承大业者也。”文文山云：“光武起南阳，昭烈帝成都。皆出于推戴。”

纪之作也，始于东汉荀氏，用左氏编年例，取班氏《汉书》，错综上之，凡三十卷。东晋袁氏因之，以张璠《汉书》为经，取谢承、司马彪、华峤、谢忱等书，及灵、献起居注、名臣奏、耆旧先贤传为纬，亦三十卷。北魏张始均改陈寿《魏志》为编年体，广益异闻，而季汉阙如。后北宋时，涑水辑历代史成书，名曰《通鉴》，亦编年体。其于季汉，以吴王恪比之，仍尊曹氏为正统。偶阅王棠《知新录》，称宋太祖朝尊崇功臣烈士，有司请以昭烈入历代功臣之内。迨南渡后，紫阳《纲目》书出，义例较涑水为精严，庶几乎《春秋》褒贬之微意矣！

《陈志》书昭烈曰“先主”，至紫阳革其旧号，大书曰“昭烈皇帝”。金人王去非作《楼桑村庙碑文》，仍书曰“先主”，此渔洋王公所谓“自昔文人熟顺耳，失于刊正。率称操曰魏武、曰曹公，昭烈曰先主、曰刘备之积习也。”元郝氏尝读其碑，引《春秋》、《左氏传》以驳之曰：“凡称先主者，大夫称其先大夫之辞。生则称主，殁则称先主，非帝王之号也。齐侯唁昭公，称主君子家。”子曰：“齐卑君矣。”伯常之先，唐刘知幾作《史通》，其《称谓篇》曰：“古者二国争盟，晋、楚并称侯伯。七雄力战，齐、秦俱曰帝王。其间虽胜负有殊，大小不类，未闻势窃者即为匹庶，力屈者乃成寇贼也。当东汉云亡，天下鼎峙，论王道则曹逆而刘顺，语国祚则魏促而吴长。逮作者之书事也，乃没蜀、吴号谥，呼权、备姓名。方于魏邦，悬殊顿尔，惩恶劝善，其义安归?”若夫后帝得谥为“怀”，见于《晋书》及《十六国春秋》，亦犹献帝加谥于国亡之后也。《纲目》仍书曰“后主”，《考异》曰：“缘当时录者因史旧文，偶未及改耳。”及考分注，于汉王刘渊起离石事，中未尝没其号谥，紫阳一予一夺，岂古今歧论所能束哉？或云：汉王刘渊，僭伪之君，谥不足据。然所谓僭伪者，起据一隅而称尊号者。渊之乱晋，而建都于左国城，与曹之篡汉而据中原五十四郡，均非大一统也。岂曹谥足据，刘谥独不足据乎？

陈圣观曰：“或问《纲目》主意于朱子。朱子曰：‘主在正统。’又曰：‘只是天下为一，诸侯朝觐、狱讼皆归，便是正统。’正统所在，有绝有续，皆是因其所建之真伪，所有之偏全，斟酌焉以为予夺。自周之亡，秦与列国分注而为首，是正统之一绝也。始秦昭王五十二年，至始皇二十六年初并天下，此正统之一续也。二世已亡，义帝虽为众所推，不得正统，此正统之再绝也。义帝亡而西楚为首，至高帝之五年始得正统，此正统之再续也。王莽始建国之年，此正统之三绝也。更始之主，虽汉子孙，而为诸将所立，不得正统。光武即位，乃得正统，此正统之三续也。汉献之废，昭烈承之，虽在一隅，正统赖以不绝。后帝亡而吴、魏分注，此正统之四绝也。晋武平吴，亦得正统，此正统之四续也。愍帝亡而元帝中兴，虽在江南，而正统未绝。至恭帝禅宋，而与魏分注，此正统之五绝也。自是历齐、梁、陈、魏、齐、周，南北分注。隋文平陈而后得正统，此正统之五续也。隋恭帝侑废而越王侗与唐高祖分注，此正统之六绝也。高祖武德五年，乃得正统，此正统之六续也。彼惛惛不知，有如曹丕，凭借世恶，幸及其身，曰：'尧、舜之事，吾知之矣！'然世自有公论也。"

胡致堂曰："司马氏自以为正闰之际，非所敢知。然蜀、魏分据，则书'诸葛亮入寇'，以是魏为正矣。孟子曰：'今天下地丑德齐，莫能相尚。'昭烈、武侯纵不为兴汉室，其人品高贤，固自冠冕三国。乃以曹氏压之，若河东虽出沙陀，然忠功义烈，盖唐末第一流，而又显然斥为梁寇，地虽数倍，德则不伦，是以成败论事，而□要义理之实，岂所以训哉？"

杨文宪《正统八例》，一曰与。与者何？存之之谓也。昭烈，帝室之胄，卒续汉祀，必当与者也。昭烈进，魏其存乎？曰莽、操之恶均，却莽而纳操者，由于党魏媚晋之陈寿也。且魏、晋之后，讫于陈、梁，狃于篡弑，若有成约。今日为公为相国，明日进爵而王矣；今日求九锡，明日加天子冕旒称警跸矣；今日僭即皇帝位，降其君为王为公，明日害之，而临于朝堂矣。史则书曰"受禅"，先儒则目为"正统"，训也哉！又曰归。归者何？以唐、虞有朱、均，而讴歌狱讼归舜、禹；桀、纣在上，而天下臣民之心归汤、文也。曰：建安十三年，系之刘备，何也？以当阳之役也，夫我不绝于民，民岂绝我乎？《诗》之《皇矣》："乃眷西顾，求民之莫"，斯其旨也。观文宪与、归二例，昭烈起续汉统，夫复奚疑？

杨廉夫《正统辩》曰："正统之义，立于圣人之经。圣人之经，《春秋》是也。《春秋》，万代之史宗也。首书王正于《鲁史》之元年者，大一统也。五霸之权，非不强于王也，而《春秋》必黜之，不使奸此统也。吴、楚之号，非不窃于王也，而《春秋》必外之，不使僭此统也。然则统之所在，不得以割据之地，强梁之力，僭伪之名而论之也尚矣。先正论统于汉之后者不以刘蜀之祚促，与其地之偏而夺其统之正者，《春秋》之义也。彼志三国者，降昭烈以侪吴、魏，使汉嗣之正，下与汉贼并称，此《春秋》之罪人矣。”

《论语》孔子曰：“三分天下有其二。”《汉书·光武纪》窦融喻李业曰：“今天下三分，孰非孰是？”凡古之言三分者，论其势也，非曰国也。孔明《出师表》云“天下三分”，亦同此意。彼孙、曹割据，第为司马氏立基地耳。陈寿乃假三分之说，而成《三国志》，悖古乱常，小人之尤。以《春秋》诛心之法绳之，恐不免于圣人之刑书也。

饶慎生曰：“魏与吴同为汉臣，魏篡献而称帝，《志》何以为禅？司马《鉴》何以言传？老瞒窥神器久矣，至丕而其志始成，宜直书之曰篡。司马氏之事魏，一如操、丕之事汉，朝废暮弑，天道还之，宜尔。吴即位最后，亡亦最后。以其偏霸一方，遂书僭，虽复袭蜀欺汉，罪难轻宥。而方魏丕父子直夺之汉献手者，异矣！寿《史》不宜传，乃后人之动称三分鼎峙。夫鼎峙出自隆中语昭烈，语其势也，非语其统也。如以势为统，则东周与战国凡八王，可谓之八分鼎峙乎？曹操用兵如神，孙权□有江东，亦一世之雄也，其事不可泯而不传。”

王过客曰：“司马昭之弑魏主髦也，在景耀三年，为庚辰岁。而汉帝禅之迁洛阳也，在魏咸熙元年甲申三年。魏之亡于晋，已先于汉之年五岁矣，是汉腊尚长于魏有五年。而司马光必欲以正统予魏，岂遂置魏主髦于汉帝禅之上乎？史论失直矣！按《夏纪》自王相失位至少康复位，已六十七年。中间羿与寒浞杀主自立，已无夏祚。更无有称汉伐魏如亮比者。夏史不以属羿、浞，而追少庚始生之年为元岁，迄四十岁少康复位，即称天子。史何忠于夏而忍于孝怀帝乎？盖当涂高之谶，浃人心髓。非朱子千秋之鉴，其不沦季汉于北汉也几希？”

周平原序《续后汉书略》曰：“本朝欧阳修论正统而不黜魏，其客章望之作《明统论》以非之。近世张南轩《经世纪年》，以直昭烈上继献帝，而附吴、魏于下方，皆是物也。今卢陵贡士萧常，潜心史学，谓古以班固史为《汉书》，范晔史为《后汉书》，乃起昭烈章武辛丑，尽少帝炎兴癸未，为《续后汉书》。既正其名，复择注文之善者书之，共四十四卷。”惜乎仅见此序于《文献通考》，而书则付之悬想矣。

郝伯常撰《续后汉书》，窃取习氏《汉晋春秋》之义，年表一卷，本纪二卷，列传七十九卷，附录八卷，共九十卷。自云“奋昭烈之幽光，揭孔明之盛心，祛操、丕之鬼蜮，破懿、昭之城府。明道术，辟异端，辨奸邪，表风节，甄节烈，核正伪。推本六经之初，补苴二史之后”。而书不传。同时有张枢，亦著书七十三卷，以吴、魏为载记。见《元史》。

萧、郝诸书，世少传本。虽先贤巨儒之论，散见于史册，而异同互见，朱紫错陈。近世谢少连亦推本《汉晋春秋》、紫阳《纲目》之意，作《季汉书》。体准班、范而例参用《晋书》，以三方之事迹，立万世之人极。予购而读之，不揣鄙卑，效荀、袁《汉纪》之例，抄撮成篇，凡二十卷，名曰《季汉纪》。先哲云：“源流浩漫，非孤学所尽；足蹇途遥，岂短筑能运?”袁彦伯《后汉纪》成，序云：“末史区区注疏而已。”予编亦谢书之注疏乎。

李延寿《南北史》凡列国年号，以始称者附于正统本纪，其二年三年不书，兹编准之。又准《纲目》“帝在房州”之例，于章武纪年之正朔书“帝行在”，以端皇极，以别正统也。

是编于前人成说之外，间以己说附之。固陋之诮，时束于耳。稿将脱，偶读《禹贡锥指》，其略例引卫栎斋湜《礼记集说》自序一段，先得吾心。其言曰：“人之著书，惟恐其言不出于己；吾之著书，惟恐其言不出于人。”此语可为天下法。庄子有重言，非必果出其人，亦假之以增重，况真出其人乎?近世纂述，或将前人所言，改头换面，私为己有，掠美贪功，伤廉害义。予深耻之。故每立一义，必系以书名，标其姓字，而以己说附于后。死者可作，吾无愧焉。亦录之以自鉴。（本书卷首）

按：赵氏撰《季汉纪缘起》，向仅有雍正间钞本。（现经文海出版社印行）赵氏未见萧、郝之《续后汉书》，但就谢氏《季汉书》加以改撰耳。文中引毛修之语，寿为诸葛门下书佐事，见《魏书》卷四十三修之与崔浩论《三国志》一段。又“黄气见于秭归”至“加兹谤议”语见《史通·曲笔篇》。其言开基井络者，左思《蜀都赋》“远则岷山之精，上为井络”，《蜀志·秦宓传》裴注引《河图括地象》：“岷山之地，上为东井络。”

又云：金人王去非作《楼桑村庙碑文》，去非字广道，平阴人，大定二十四年卒。见《金史》卷百二十七《隐逸传》。末引撰《礼记集说》之卫湜，字正叔，知袁州，学者称栎斋先生，卢熊《苏州府志》有传。

黄中坚　拟更季汉书昭烈皇帝本纪（识语）

陈氏为《三国志》，以魏为帝而斥汉为蜀，盖晋承魏，而彼身为晋臣，不得不然耳。后之君子，宜有定论矣。故习彦威开其端于前，而朱夫子正其统于后。千载而下，咸以为允。然终以《陈志》备史书之一，读者憾焉。歙谢季连氏始为《季汉书》，然但正其名号，而其余大抵仍袭遗文，无所折衷。间尝论其大略，而才疏年迈，未敢从事于铅椠。然每读史至此，辄慨然一思厘订之者屡矣。丁酉夏日，乃不揣固陋，特取《昭烈本纪》而少加增删，虽不过抄誊一过。然而参订群书，讨论义例，亦微有苦心焉，庶几为将来作者之前驱云尔。

按史臣叙昭烈世系，首言景帝子中山靖王胜。胜子涿县陆城亭侯贞，溯其始也。继言祖雄、父宏，皆仕州郡，志其近也。可谓源流具见矣。特其历年久远，世次烦多，史书不便悉载，故节略言之耳。《典略》曰："备本临邑侯枝属也。"虽与本志稍异，要亦以为宗枝。故孔明称将军，既帝室之胄，其后对吴主亦言之。张松谓刘璋曰："刘豫州，使君之宗室。"而习凿齿著《汉晋春秋》，深明当以昭烈承正统。是昭烈之为宗室著于当时，传于后代。如此岂犹夫李昪之童幼流落，莫知其所自出者哉？温公顾以司马氏之故，急于帝魏，遂等昭烈于李昪而斥之，且曰："不可无岁时月日，以识事之先后，故不得不取其年号以纪事，非尊此而抑彼。"是其心仍有所不安，而迁就其说，以见无甚关于轻重，皆所谓遁词也。温公平日教人以诚为主，而于此顾欲以私见欺后世，吾见其诚之未至也。

凡国家大事，天下大势，宜于本纪提明，以见其事之所由起。《陈志》以魏为正，故叙于《魏纪》，今特正之。昭烈之于操，犹高帝之于项羽，光武之于王莽也。虽成败不同，而其争衡之势、帝贼之辨则同。故操之僭窃始末，不得不详书于册。而孙氏他日亦相与角立，故亦并见焉。然皆附于事后，而未尝直书者，何也？别《献纪》也。或谓《秦本纪》以一国之史，而遍及天下之事，虽直书，庸何伤？不知秦虽仅一侯国，而实自用其年号。今以献帝之年号，纪献帝之时事，则于昭烈何与焉？故纪者，所以纪昭烈也。其附见者，所以见当日之情形，而亦以帝制予昭烈也。要之于《献纪》，不相猎也。

孔明初见昭烈，即言："益州天府之国，而其主不能守，殆天所以资将军也。"是昭烈之欲取蜀久矣。法正来迎，无庸反疑而不决。《纲目》载昭烈之言曰："今日与我为水火者，曹操也。操之急，吾以宽；操以暴，吾以仁；操以谲，吾以忠。每事与操反，事乃可成耳。今以小利，而失信义于天下？奈何？"按此或昭烈平日有是心，而今自觉有惭德，故聊为此言。要之非其实矣，故不录。按《志》备载张松说璋语，以松无传故也。昭烈之得蜀，松为元功，岂可不为立传？故删之，以有待云。

施觉庵曰：盲左、腐迁，不免范宁、刘知幾指摘。故史家论识，习衡阳而外，寥寥今古，未见其比。陈承祚《吴志·孙权传》，书名书薨；《蜀志·先主传》，书先主书殂。然则，寿意本自有别。至其帝魏之失，不足掩其笔力简古。鄙尝谓蔚宗《汉史》，脂粉涂抹，献笑倚门。陈寿《国志》，雅索佳士，谈言微中。迁、固良史，后世不可复得；得见君子，庶几陈寿。蓄斋先生学唐、宋为文，而追笔汉、魏，其论乃复宏敞丰丽，入庐陵、南丰之室。（《昭代丛书辛集》卷六）

按：清人黄中坚拟改写谢少连《书》，既易其名曰《季汉书》，复简化为《昭烈纪》，其书载于杨复吉补辑道光十三年刊行之《昭代丛书》本集别编，援引施觉庵语，涉及习衡阳。彦威家襄阳，与衡阳无关。《晋书》本传："出凿齿为荥阳太守"，《世说》袁本作"出为衡阳郡"，此称其为习衡阳，殆采《世说》。

南宋学人多主蜀以宗室为正，魏虽受汉禅晋，仍为篡逆，故是习凿齿而非陈寿。清人则颇反是说。朱彝尊云："《纲目》纪年，以章武接建安……然百世之下可尔；其在当时，蜀入于魏，魏禅于晋；寿既仕晋，安能显尊蜀以干大戮乎！"（《陈寿论》）钱大昕云："后之论史者，辄右习而左陈，毋乃好为议论而未审乎时势之难易……考亭生于南宋，事势与蜀汉相同，以蜀为正统，固其宜矣。"（《三国志辨疑序》）《四库提要》云："其书以魏为正统，至习凿齿作《汉晋春秋》始立异议。自朱子以来，无不是凿齿而非寿。然以理而论，寿之谬万万无辞；以势而论，则凿齿帝汉顺而易，寿欲帝汉逆而难。盖凿齿时晋已南渡，其事有类乎蜀，为偏安者争正统，此孚于当代之论者也。寿则身为晋武之臣，而晋武承魏之统，伪魏是伪晋矣。其能行于当代哉？此犹宋太祖篡立近于魏，而北汉、南唐迹近于蜀，故北宋诸儒皆有近避而不伪魏。高宗以后，偏安江左，近于蜀，而中原魏地全入于金，故南宋诸儒乃纷纷起而帝蜀。此皆当论其世，未可以一格绳也。"及章学诚著《文德篇》，复沿袭前说，平停于其间，其言曰："昔者陈寿《三国志》，纪魏而传吴、蜀，习凿齿为《汉晋春秋》，正其统矣；司马《通鉴》仍陈氏之说，朱子《纲目》又起而正之。'是非之心，人皆有之'，不应陈氏误于先，而司马再误于后，而习氏与朱子之识力偏居于优也。而古今之讥《国志》与《通鉴》者，殆于肆口而骂詈，则不知起古人于九原，肯吾心服否邪！陈氏生于西晋，司马生于北宋，苟黜曹魏之禅让，将置君父于何地？而习与朱子，则固江东南渡之人也，惟恐中原之争天统也（此说前人已言）；诸贤易地则皆然，未必识逊今之学究也。是则不知古人之世，不可妄论古人之文辞也；知其世矣，不知古人之身处，亦不可以遽论其文也。"（《文史通义》）按章说未必是。《蜀志·费诗传》云："群臣议欲推汉中王称尊号，诗上疏以为大敌未克，而先自立，恐人心疑惑。"《裴注》引习凿齿评此事略云："夫创本之君，须大定而后正己；纂统之主，俟速建以系众心。……今先主纠合义兵，将以讨贼。……于此时也，不知速尊有德以奉大统，使民欣反正，世睹旧物，杖顺者齐心，附逆者同惧，可谓闇惑矣。"裴松之以为凿齿论议，惟此论最善。习氏、裴氏皆从正统观点以看问题，故曰先正己，曰使民反正，曰纂统，曰尊有德以奉大统；其非出于处境可知。至于朱子之论，如细读其《与何叔京书》，其折衷于义之正，丝毫不苟，虽张南轩犹有所不逮，更不待论矣。

俞樾　蜀汉非正统说

以正统予蜀者，朱子之失也。自陈寿《三国志》之后，皆以魏为正统，习凿齿生东晋之时，创为帝蜀之说。而温公《通鉴》仍以魏为正统，固知其说之不足据矣。至朱子作《纲目》，乃始黜魏而帝蜀。呜呼！正统者，天下之公，非可以私意予敚其间。当是时，中原之地，已尽入于魏，安见夫天下之统，不在中原之魏，而反在区区一州之蜀欤？先主于汉，无论其昭穆无考，不得以光武比，即使其果为汉裔，而汉自桓、灵失道，自绝于天。天命不常，岂一姓所得而私哉？先主崎岖毕世，不能争尺寸于中原，孔明继之，亦无所济。天之弃汉，已可知矣。言作史者，乃欲于千百年后，追而予之，不亦诬乎！且夫汉有天下四百余年，当时臣子，或不忍其遽亡，而冀幸其少延于蜀。此固仁人谊士之用心，而亦君子之所许也。是故晋既亡矣，而韩延之之徒不忘晋；唐既亡矣，而孙郃、韩偓之徒不忘唐。君子未始不哀其遇而悲其志，然而此一二人之私也。由百世之后，等百世之王，奈何徇一二人之私，而废天下之公乎？天下重器，王者大统，天实主之，亦岂儒者所能敚彼以与此乎？故曰：以正统予蜀者，朱子之失也。或曰："《春秋》僖公十七年，齐人歼于遂。穀梁子曰：无遂则何以言遂？其犹存遂也。昭公九年，陈火。公羊子曰：存陈也。然则圣人之重绝人国固如此。今子之说，无乃非《春秋》之义乎？"曰："陈灭于楚，不久而复，此可以例西汉之中绝，而不可以例东汉之亡。是故王莽与朱温，均之篡也。汉能复兴，则王莽不得成其为新；唐不复兴，则朱温得成其为梁。使昭烈而能为光武，以之黜魏，可也。若夫据一州之地，而欲窃天下之统，君子不许也。且《春秋》之存遂，非存遂也。当是时，遂既亡矣，而遂之遗民不忍其亡，歼齐之戍者，以报故主之怨，虽不足以复国，亦仁者所哀矜焉。是故《春秋》书之，以劝后世之为人臣子者。《纲目》于宋元嘉四年书：'晋处士陶潜卒。'吾以为得《春秋》存遂之意，而岂所以论天下之统乎？故曰：以正统予蜀者，朱子之失也。"（《宾萌集》卷二）

胡玉缙　三国志集解序附言

案《武纪》称操曰太祖。建安元年封武平侯，后称公，进爵为魏王，后称王。而称公下无一语斡旋或缴明，殊嫌倒置，是文例之最不可通者。陈寿何至出此！或谓不如概称太祖，陈氏又岂不知？而竟遗此巨谬，断无是理，盖经后人窜改也。志本传体，无纪之一目，犹《汉志高祖传》、《孝文传》之比。而称为书，以魏、蜀、吴鼎峙，皆各未能浑一，遂三国之，无所谓帝某伪某也。又系私史，意在数十百年后传之其人，以明尊蜀微尚。（详后）不谓卒后即由尚书郎范頵上表，遂入于官。今本非頵即刘宋人改窜，而以后说为近。何以言之？頵任尚书郎，当惠帝元康末。未几，八王、五胡俶扰，殆无暇改易。惟魏、晋虽假禅让为攘夺，皆未加害故君。刘裕篡位，废恭帝为零陵王，旋即以被掩杀之。媚者以宋承晋统，晋承魏统，为操讳饰，实为裕地步。贸然改易，致与原书大相违异，而前后遂致不伦。凡太祖字，及刘备阴与董承等谋反，吉本、耿纪、韦晃等反（据《范书·献帝纪》，是起兵诛操。凡若此类，观赵翼《廿二史札记》论陈范二书书法不同条可见。盖后汉在三国前，范成书在陈后百余年，虽未必全袭陈书，而大意当亦不远。陈书经宋改，范不尔者，则以魏尚与宋接近，后汉已隔两朝，人不经意，殆天之假手于范，以正操罪，并以正后之凡为操者也。赵氏读今本《魏纪》而不悟其文例之不可通，一则曰创为回护之法，再则曰不得不多所回护。而陈氏冤矣），《董卓传》语在《武纪》之类是也。其首行当如《孙坚传》例，书曹操字孟德，沛国谯人也，盖相国参之后。下称曹丕、曹叡，不冠某帝字。惟刘备、刘禅称先主、后主为异。（详后）其曹丕受禅后称帝，帝字皆丕字所改，如孙权称帝后仍书名之例。权固自称，丕虽由汉禅，实恶其迫胁篡夺，所谓"朕守空名以窃古义，顾视前事，犹有惭德"者也。蜀、吴二志称操为曹公，凡百数十见。《孙权传》云："建安二十五年春正月，曹公薨。太子丕代为丞相、魏王。改年为延康。""冬，魏嗣王称尊号，改元为黄初。""二年四月，刘备称帝于蜀。"此数语为特笔，为原本。试思操已封魏王，何以但称曹公？王之一字，一若靳之于操，宁公之丕也者，盖恶其称王后冠服制度已同于天子也。然则不书"武皇帝"可知，不书"太祖"亦可知。大致武平侯以前"太祖"字原是"操"字，方与下文称"公"称"王"融洽。余"太祖"字是"公"字，方与蜀、吴二志称"曹公"灌注。"语在《武纪》"，《武纪》是《操传》二字，为此书本传礼也。丕本受禅，何以不称"受禅践帝位"，但云"称尊号"，一若出于自称也者。《先主传》建安二十五年下，亦有"魏称尊号"语，为迫胁不容美以禅代也。然则不书"文帝"可知，余"帝"字作"丕"亦可知。赵翼以蜀后主即位，书是岁"魏黄初四年"；吴孙亮即位，书是岁"魏嘉平四年"，欲以见正统在魏。不知此第表明蜀之建兴元年，吴之太元二年，犹曩者中国纪年下注即明西历若干年。不然，《武纪》称操起兵已吾曰："是岁中平六年。"上文熹平、光和，下文初平、兴平，皆汉帝纪年。中平亦汉年，将何以说？先主、后主之称，意欲帝蜀。观《先主传》评云："盖有高祖之风。"《杨戏传》称戏著《季汉辅臣赞》。并引《赞》语云："世主能承高祖之始兆，复皇汉之宗祀。"可以概见。而不帝之者，痛乎汉禅已为丕夺，先主自称帝，史法不能帝之也。惟不能帝之，遂三国之也。此《春秋》谨严之旨也。总之，本系体传，无纪之一目；又系私史，非奉敕撰。明乎此例，就今窜改本读之，尚可得其崖略。自误以寿为晋臣，晋承魏统，不得不帝魏，而其旨晦。误以寿曾任蜀，先主、后主之称，仅不忘故主，而旨愈晦。岂非读《陈志》者一大憾事欤？若夫总目，显系妄人伪撰。四卷下注三少帝，实非所施。六卷下注列传，又为赘设。凡史传附见，其人不妨多，其目则往往略举其要，附传人又必有事可记。今廿一卷王粲下，胪列十有八人。卫觊下潘勖、王象，但云与觊并以文章显，然犹可曰有文字关系；六十二卷胡综下徐详，但载其字与里，而曰先综死，其目自可从略。而书内本传下一如总目，断为妄人增益无疑。凡此臆见，前人似未尽道及（宋元本、冯本分为三目，与今通行本异，亦妄人增益之一证），倘俊哲洪秀伟彦之伦，匡而正之，则幸甚。玉缙又书。（《许庼学林》卷十一）

按：此文又收入卢弼《三国志集解》卷首。胡氏又撰《集解序》，及卢氏《答胡绥之书》，均备著于该书，兹不复录。胡氏以《三国志》原为传体，乃谓今于魏称纪者，为后人所窜改，此与刘子玄目刘孙二《传》，实以纪体之例作传，说正相反。又以《国志》为私史。然《国志》一书，既为荀勖、张华所深爱，必经两人寓目。《华阳国志·寿传》且谓"寿《魏志》有失勖意。"故其立言更为慎重，笔削之间，谅徇荀、张之见不能全出己意，于魏之不能不以纪出之，倘以是欤！倘以是欤！

谢启昆　西魏书叙录

魏孝武帝为其臣高欢逼幸关西，欢犹不敢遽即尊位，故立清河王世子善见为抗制关中之具，阴遂其篡弑之谋耳。魏收党齐毁魏，削孝武谥名。西魏帝尊卑序失，过莫甚焉。魏澹《后汉书》（《崇文总目》称其正魏收《魏书》、平绘《中兴书》之失。《隋·经籍志》作一百卷，新、旧《唐书·志》俱作一百七卷，《北史》本传作九十二卷，盖合十二帝纪，七十八列传，史论及例目录一篇，为九十二篇，一篇为一卷也）以西魏为正，东魏为伪，名始正焉。惜其书亡佚（收书《太宗纪》阙，陈振孙谓补以澹书，《崇文总目》称澹书亡阙，今才纪一卷存。按澹书本纪，《太平御览》中引），而收之秽史独存，是以西魏之典故人物，阙焉无征，用是慨然搜集旧闻，述《西魏书》，窃附彦深之志。

元魏称后魏，对曹魏言也。永熙三年，善见僭大号于邺，魏于是有东西之分。温公《通鉴》称善见为东魏，纪西魏则曰魏（朱文公《纲目》义同），盖以正统予之，不使与东魏对称也。第魏澹、张大素、裴安时、卢彦卿及邱悦、元行冲诸书皆佚（收书《天象志》阙，陈振孙谓以张大素《天文志》补之。《崇文总目》云大素《魏书》凡百篇，惟《天文志》二卷存），魏之全史既无从补正，今所纪只四帝二十余年之事。称《后魏书》则虑与全史混，故题曰《西魏书》以著其实。

孝武迁关中即崩，然为西魏始迁之君，故本纪始孝武。收书本纪书曰出帝，不著孝武之号，乖谬特甚。隋常丑奴《墓志》又称明帝。考魏谥明者惟明元、孝明二帝，孝武无明谥，疑书志者误也。

纪为志传纲领，义贵谨严。然大事必书者，如永熙时大成乐成；大统间颁中兴永式；废帝末作九命之典；恭帝初立，萧詧为附庸，复三十六国、九十九姓等事，《北史》皆失载，殊失重轻，今并补入。至废帝时，改天下州郡名，载《地域考》，纪则不书；犹唐改郡为州，及分天下为十道，见《地理志》而不书于纪也。

周文承制，封拜进退，百官悉由周室矣。今将相大臣之除罢详书于纪者，所以绌僭逾之权，而明威福自天子出也。

西魏二十余年，日寻干戈。其胜负无关兴丧者，纪不书，以其事先于大事表。《北史·文帝纪》书沙苑之捷，而不书邙山之败，义无可讳，今补录之。又西魏臣叛降梁、与东魏臣来降者，皆州郡得失所系，并特书于纪。

日食、星变等异，具见于《纪象考》者纪则不书。《孝武纪》书荧惑入斗，众星北流者，此天变之大，西魏之所由始也。前史纪、志并书虽一载其事，一载事应，义微有别，然其事应率多悠谬附会之说，实为无取。《宋史》不书事应，例甚可法。惜其纪志雷同，尤为无谓矣。

四夷朝贡，前史书之本纪编年之末；其有不庭之讨者，载之列传，今并详《异域表》。以西魏时事迹甚少，不足立传，纪亦不书者，省复文也。

万氏《史表》中，《西魏将相大臣年表》钩稽史传，最为有功。第以《周书·北史》中列传核之，不免尚有阙漏。且表至侍中、领军、将军止，体固应尔，其于效节关中诸臣，自未能一一毕载。故今仿《史记·功臣侯表》，为《封爵表》，差为赅备。其不为世表而为年表者，以始封之人，即多身仕异朝，固不能下合周、隋，而谱其承袭者矣。

西魏历年未久，而典制颇为明备。今参稽往籍，循流讨原（宇文之制，悉本西魏，如六官创自大统，成于恭帝，《通典》乃以六官为周制之类），勒成《四考》。一朝制作，虽不得其全文，而巨目宏纲，略可观览。

魏武、晋宣、景、文、周文、齐神武，虽殁膺帝号，而生则人臣，求之史义，魏武应入汉传，晋宣、景、文应入魏传，周文、齐神武应入后魏传。然《魏志》不载司马，《北魏书》不载高欢，及周、隋书不载李虎、李昞，皆为本朝讳耳。若范蔚宗作《后汉书》，知收《魏志》之荀彧诸人，而不立曹操传；李延寿作《北史》，尊周文、齐神武为本纪；而《魏史》不立宇文泰、高欢二传，斯为无识矣。独《周书》列传载隋武、元，深得史法。故今传西魏诸臣，以宇文泰为首也。至清河王世子善见，孝武臣也；梁王萧詧，魏附庸也，故并立传。魏收则加晋、宋、齐、梁以僭伪岛夷之目，此与小儿之怒骂无异，亦何取乎？

两朝兴丧之交，编纂列传，贵有限断。如陈之袁宪、江总、姚察之属，俱已仕隋，姚思廉载入《陈书》。汉之董卓、陶谦、二袁、刘表、吕布、臧洪、公孙瓒，岂曾臣魏？即荀彧事曹，而终非曹臣，陈寿载入《魏志》，此皆违戾史裁者也。考《周书》所载，斛斯椿、王盟、贺拔胜等，乃卒于周孝闵受禅之先者，其为魏臣明矣。虽苏绰辈效节周文，然周文身以魏臣终，事周文者反为魏臣乎？《北史》取《周书》之贺拔圣、念贤入之《魏传》，义诚允矣。余则因《周书》之误而不改，是其失均也。故今作列传，以孝武入关为始，而以宇文受禅为断。

西魏臣仕周、隋者，若于谨、尉迟迥诸人，虽功名显于魏，义不得立传。然《封爵》、《大事》、《异域》三表，载其爵秩勋纪，是亦可以互见，不嫌阙略矣。若夫名位浅薄，至周、隋而始著者，自与西魏无与焉，可欲封其部帙，而滥入表传邪？

《史记》立《循吏》、《儒林》等传，后之为史者，名益滋多。今仿《三国志》例，人以类从而已，贤否自见。

纪传有论赞，必如刘知幾所谓“事无重出、省文可知”者，方合左氏“君子曰”之旨。若依附本篇，漫为论赞，再述雷同，铭颂重叙，唯觉繁文，诚不免为魏澹所讥矣。是书一以澹书为法。（澹书义例，见本传。）凡列传必有他事足补正书之阙，及有足法戒者，始为论以著之，余则否。

史家摭采群书，若司马之取裁于《世本》、《国语》、《战国策》、《楚汉春秋》，班氏之本《史记》及《新序》、《说苑》、《七略》之类，皆驯雅而可征信。魏、晋以降，国史多讳，稗乘多诬，取之不慎，芜秽贻讥。故尝谓后世作史者，必义例尤严于古；苟人与事无关劝惩者，削之可也。今作是书，于一人之微，一事之细，亦所珍惜采录而不忍遗者，以千余年文献放失之后，考古为难，义各有取，非必以果核药滓为贵也。

李延寿作《南》、《北史》，编次八代之书，并杂史千余卷。其于旧文所安，因而不改，不敢苟以下愚自申管见，诚通人之论。盖史家之体，不以沿袭为嫌。子长、孟坚，具有往例。第南、北各自为书，歧异抵牾处自多，延

寿一手连缀，颇乏折衷，仅事钞录，是所短耳。今参校史文，苟事无可增，义无可正者，即无所改易，亦李氏之义也。（本书卷首）

潘飞声　东魏、西魏论

东、西魏之建国，皆不得其正也，然其间要自有辨。魏永熙二年，高欢反，魏主修奔长安，宇文泰为夏州刺史，以兵迎之，遂都长安。闰十二月，泰弑其君修，立南阳王宝炬，是为西魏。是年十月，欢立清河王子善见为君，都洛阳，是为东魏。其后欢子洋篡东魏而称齐，泰子觉篡西魏而称周。东魏之始终，一高欢为之；西魏之始终，一宇文泰为之，似无足深辨者，不知未尝无辨也。修之主魏二年矣，当善见立时，魏主修尚在长安也。魏主尚在长安，善见恶得而立？且清河王之子，独非魏之臣子乎？国已有君，而复立君，是僭也。僭而立国，恶得为正？然则善见之立已为僭，宝炬之立得为正乎？非也。宝炬既立，而不能讨贼，是忘君之仇而利其位也。忘君之仇而利其位，恶可谓之正？且宝炬之立，宇文泰立之耳。宇文氏立之，恶可谓之正？然则东、西魏之不得为正，将无同欤？亦非也。修已主魏二年矣，其得国虽非正，然固魏之君也，国岂容有二君乎？修被欢所逼奔长安，因而都之，何得谓之不正？迨宝炬之立，则厥罪维均矣。虽然，修以欢而得立，既立，弑其故主恭。修故魏之罪人也，而善见与宝炬亦修之罪人也。嗟乎！五胡之乱，篡弑公然，君臣之义，不明于天下，谁则为得国之正者？然既事之，则君臣之分已定，其得国之正否无论也。苟事之，而复倍之，则后世之乱臣贼子，皆借以为口实矣。天下事尚可为乎？故就当时论之，二国自以西魏为正。（《说剑堂集》）

姚莹　与徐六襄论五代史书

闻有补注欧《五代史》之意，甚善！近时诸贤，多为汉、晋以上之学，足下独从事于此，何哉？窃谓此书体严义精，读者卒难得其要领。考博家漫谓其纪事疏略，不如《薛书》之详为可叹也。盖公未作此书，先为十国志，原亦多取繁载。及与尹师鲁论之，乃大芟削改，并为正史。初与师鲁分撰，后独成之。公在夷陵与尹师鲁书云："开正以来，始以无事，治旧史。前岁作《十国志》，务要卷多。今若变为正史，尽宜芟削，存其大要。至于细小之事，虽有可绝，非干本体，自可存之小说，不足以累正史。数日检旧本，因尽芟去矣。”此可见公载笔之精义。又云：“师鲁所撰，在京师不曾细看。路中细读，乃大好。师鲁素以史笔自负，果然河东一卷大妙，修本所取法。为此传外，亦有繁简未中，愿师鲁亦芟之，则尽妙矣。”是公此书，经与师鲁商榷，从其芟削者也。至云修本所取法，时公以文章自命，上追龙门，而虚心如此。至和二年，与徐无党书云：“《五代史》昨见曾子固议，今从头改换，未有了期。”则又经与南丰商榷而改定之也。又皇祐五年与梅圣俞书云：“闲中不曾作文，只整顿《五代史》，成七十四卷，不敢多令人知。盖是书初成，人见其简，必多疑议之者，故不欲轻以示人。及后始从南丰说，而自改定。然则此书以著五代之得失为本，其事实烦琐、无关法戒者，固非正史之所宜载。若夫典章制度，则有志在，纪传中不必淆入。而五代纷纷，为国日浅，制度盖无可言故，并不立志。世人浅见，喜广异闻以为详备，可谓愦愦矣。”乃谓公学《史记》，故为高简，不顾事实关略，岂非不辨正史载记之各有体裁，而轻议昔贤乎？今注称徐无党撰，或疑其浅陋。然公与徐书已言作注之难，则未必后人之伪撰。世以为浅陋者，亦为其大略，不能旁征博考耳。安知非以公当日意在简严，即注亦无取其繁芜耶？然鄙意作注与著书不同，而注史尤与注经不同。盖注书病在芜杂，注经病在支离。注史者旁引广证，以存事实，正可多引本书所不载，使人得以观其去取之意，抑何害乎？昔刘昭既注《续汉志》之外，以刘昭注蔚宗《后汉书》一百二十卷，仅及《范书》所见，乃更搜广异闻，作《后汉书补注》五十八卷，可云宏富。而刘知幾讥之。《史通·补注篇》云：“蔚宗之芟《后汉》也，简而且周，疏而不漏，盖云备矣。而刘昭采其所捐以为《补注》，言尽非要，事皆不急。”知幾此言，可谓精史体者。世俗纷纷争咎蔚宗、欧公之阙略，当以此说示之。而其责注家不当广引为非体，毋乃过乎？往在杭州刘金门先生学使署中，见彭芸楣尚书有补注欧《五代史》，大约以《薛书》割裂，分系《欧史》每条之下，而于他书少所征引。稿本未竟，金门先生欲卒成之，延长洲王某属其事。因其人轻傲，不暇与论，故未深见其书。金门先生顷在都中，曾见此书否？足下《补注》大意，未审何似云？仿裴世期注《三国》之例，洵美矣！愿更深味欧公命笔之意，以立其本，而于《薛史》外更博考别史载记，如王禹偁《五代史阙文》，陶岳《五代史补》，马令、陆游《南唐书》，龙衮江《南野史》，陈彭年《江南别录》，张唐英《蜀梼杌》，钱俨《吴越备史》之类，参比之以存其事，搜讨于诸家，如司马公《通鉴考异》、吴缜《五代史纂误》、朱子《语类》、胡三省

《通鉴注》、胡一桂《十七史举要》，及近代杭大宗、钱辛楣《廿二史考异》之类，缕析之以证其文，务揭所长，勿讳所短。尝阅袁文《瓮牖闲评》，有议《欧史》二条。其一云："《通鉴》载唐之亡也，杨涉为押国玺使。其子凝式谓涉曰：'大人为唐宰相，而国家至此，不可谓之无罪。况手持天子玺绶典人，虽保富贵，奈千载何?'涉大骇。夫凝式能出此言，可谓贤矣。而欧《五代史》不之及，何哉?"莹谓文之言非也。凝式既知非义，乃不能强谏其必从。卒亦依违历仕五代，徒以心疾致仕。出处之迹如此，何以责善于父？文乃强为之说曰："彼姑托此以全身远害而已，非心疾也。"夫苟欲图远害，则于押玺使何诛？且不全身于唐亡送玺之时，反欲远害于历事五代之后，此何义乎？一时之言，不能自践存之，适见乖盭，欧公削之当矣！文又谓："南唐后主既降宋祖，以其拒守久，封以违命侯。《欧史》凡说后主处，皆书违命侯。按陈寿《三国志》于孙权直称名，至蜀则必曰先主、后主。盖寿本蜀人，以父母之邦故也。欧公吉州人，正属南唐。其祖父皆南唐臣民，而忽斥之曰违命侯乎?"莹谓文此言谬妄尤甚。按公父崇公少孤，以宋真宗咸平三年进士及第，力道州判官，历泗、绵二州推官，又为泰州判官，而卒时公年四岁。崇公仕迹如此，《泷冈阡表》叙之甚明，乃宋臣也。其进士及第在真宗咸平三年，南唐亡在太祖开宝八年，相距已二十五年。崇公卒在祥符三年，公以景德四年生，距南唐亡三十二年矣。崇公之父早卒，未仕。今乃谓公父祖皆南唐之臣，何不详考乃尔！且承祚身亲仕蜀，父又为蜀臣，后主正其故君，而所修之书，则三国各自为史，不书后主而何？欧公既于南唐无君臣之义，而所修之书则五代史也。既周为正统，南唐当日又实已称臣，据周立史，而于僭国仍从其臣子之称，有此史法乎？是皆不可不辩者。凡如此类，幸审择之，勿轻信诸家排击之辞，漫以为是也。著书先观大旨，非有关于是非得失之大，系乎人心世道之防，即文章犹不容轻作，况修史乎！以足下之精鉴，但宽岁月为之，即不刊之业也。胸中所欲论著甚多，一时坌集，转不知何处措手。近惟省察身心，思有以收其放躁。甚思足下辈为我攻其病，勿忘！勿忘！相念岂有极也。(《东溟文集》卷二十六)

陈鳣　续唐书自序

唐受命二百九十年而后唐兴，历三十年，后唐废而南唐兴，又历三十年而亡。此六十九年，唐之统固未绝也。后唐系出朱邪，然本于懿宗，赐姓为李。庄宗既奉天祐年号，至二十年始改元同光，立庙太原，合高祖、懿宗、昭宗为七庙，唐亡而实存焉。欧阳氏《正统论序论》云："伏见太宗皇帝时，常命薛居正等撰梁、后唐、晋、汉、周事为《五代史》，凡一百五十篇。又命李昉等编次前世名号为一篇，藏之秘府。而昉等以梁为伪。梁伪则史不宜为帝纪，而后唐之事，当续刘昫《唐史》为一书，或比二汉离为前后，则无曰五代者，于理不安。"谨按：昉等黜梁，实属大公至正，与前人黜莽黜操正同。乃云于理不安，何欤？《序论》又云："今司天所用崇天历，承天祐至十九年而尽，黜梁所建号。援之于古，惟张轨不用东晋太兴而虚称建兴，非可以为后世法。盖后唐务恶梁而欲黜之，历家不识古义，但用有司之传，遂不复改。"谨按：《崇天历》承后唐书天祐十九年，盖所谓"周德虽衰，天命未改"，且援之于古，亦不独张轨为然。昔周厉王失国，宣王未立，召公与周公行政，号曰共和。共和十四年，上不系于厉王，下不系于宣王。当时固未尝云周之统绝也。以此为例，则《崇天历》所书，不可谓徒然矣。乃云不识古义，抑又何欤？今有人焉，为盗所杀，欲全据其基业。有仆挺身出而御之，艰难辛苦，攘除奸凶，而不改故主之名称，仍奉故主之宗庙，则将与盗乎？与仆乎？夫人而知与仆不与盗也。朱全忠大逆无道，甚于莽、操，人人得而诛之，何可不黜？后唐既系赐姓，收之属籍，又有大勋劳于唐宗，则系于唐可耳。至石敬瑭叛主附敌，父人之父，声实俱丑。将十六州内地割献殊方，肆然称帝，始固鲁仲连而欲蹈海而死者。南唐为宪宗五代孙建王之玄孙，祀唐配天，不失旧物，尤宜大书年号，以临诸国。即如当日契丹儿晋而兄唐，高丽遣使江南入贡称臣，彼尚怀唐之威灵，故尊其后裔，不敢与它国齿。今奈何以晋、汉、周为正，而反以南唐为偏据乎？刘旻本知远母弟，北汉四主，远兼郭、柴。宋太平兴国四年受降，又后于南唐七年。宋统继唐胜于继汉继周矣。薛氏修《五代史》、欧阳氏新修《五代史记》，并称五代，所见俱不及此。马、陆二家《南唐书》欲推尊，然未将南唐上接后唐。戚光《年世总释》始发其凡，终未有专成一书，宁非缺事？又按《薛史》裁制冗长，今兹残阙；《欧史》纷立名目，徒乱章程。且八书十志，马、班相仍，各有撰述，乃误信《史通》，欲废志之言，仅作《司天》、《职方》二考，以致唐季典章法度，无可稽求。马、陆二书，互有得失。胡恢书久已无传，然于烈祖已下，谓之载记，早为苏颂所非，余可概见。蒙窃不自揆，更审其顺逆，著其正偏，上黜朱梁，下摈石晋及汉、周，而以宋继唐，庶几复唐六十九年之祚。为帝纪七、表四、志十、世家十三、列传二十六，凡七十卷。纠薛、欧之体例，正马、陆之乖违；广考群编，兼征实录，以上续刘昫《唐书》。续之名昉乎司马彪《续汉书》，而此更参用萧常、郝经等《续后汉书》例也。其十志则于经籍一类多所收罗。各传则于忠义诸臣，尤深致意。《经籍志》以补薛、欧之缺，而忠佞不别立传者，人以类似，贤否自见也。纪传之后，略缀断辞，不曰论而曰述者，从何法盛《中兴书》例也。凡后述者，多旁采坠典遗闻补本篇未备，所谓事无重出，文省可知也。参用史文，倘义可从、事可据者，即仍其旧，所谓不以下愚，自申管见也。昔习凿齿作《汉晋春秋》，以蜀为正统，力矫陈寿《三国志》之非，世咸推服。后虽日久散佚，而本其意旨，用以纂修者，不一其书。盖天理长存，人心不死，尚论者求其是而已。斯编稿经累易，力殚穷年，因叙兹原委于简端，明非出鄙人之私见，将以质诸通才，纠谬纂误，实所愿望焉。（《清儒学案》卷八十七）

费密 统典论

《尚书》圣绪，肇录二《典》；《十翼》本始，羲、农绍休，太古邃渺，历数绵络。元睿土德，天命垂御，启礼赡器，覆泽蒸黎，开弘渍渐，累代褒宣。尧、舜陟位，哲文恭濬，光格裔海。三王咸享国久远，治化敦淳，承遗谟训。周监二代，王道克茂，风教隆溢。孔子述宪典文，以待后世帝王，有所据依，因时为政，济世安民者也。费经虞曰：后世言道统，徐学谟云："道统之说，孔子未言也。"乃为实论矣。不特孔子未言，七十子亦未言；七十子门人亦未言。百余岁后，孟轲、荀卿诸儒亦未言也。世日以变，道日以消。汉儒始得奉圣人所言，先王成法，尊护守卫。相授有绪，布为政也；安平易行，著为言也。笃实可用，通出处为一，亦何尝有道统之说哉？魏、晋而后，清谈言道，去实而就虚，陋平而喜高。岁迁月改，流传至南宋，遂私立道统。自道统之说行，于是羲、农以来，尧、舜、禹、汤、文、武，裁成天地，周万物而济天下之道，忽焉不属之君上，而属之儒生。致使后之论道者，草野重于朝廷，空言高于实事。世不以帝王系道统者五六百年矣。经文煌煌大训，乃以芜乱，宁可不正哉？古之二帝三王皆在位，伦无弗叙也，政无弗平也，方隅无弗安，而教化无弗行也。其民淳质，以下从上，无所异趋。君师本于一人，故为统。司马迁曰："天下重器，王者大统，传天下若斯之难也!"统止天子名之，诸侯不敢与也，况士乎？后世圣人如孔子，不得在位，列国殊政，多未合于道，各趋嗜好，习久相化而道亡，天下日就沉溺。孔子述往古，以为久远安宁之本。后世听其损益，道始有绪。孔子在下，君师分为二人。君师分，则杂焉乱于道者，其说多矣。孔子道具而统失。道在先王之事，其得存也，系于孔子之言。非事不足以定民志而养天下，非言不足以记典章而教天下，岂先王规程，越品物之外，孔子又欲托空言以为道也。惧先王所以仁天下者，散亡不可收采，一时失之，千万世失之，圣王不兴，天下孰能宗予？其言尚彰彰也。饮食男女，人之大欲存焉，众人如是也，贤哲亦未尝不如是也。先王忧之，谓欲不可纵，亦不可禁者也。不可禁而强禁之，则人不从。遂不禁，任其纵，则风俗日溃。于是因人所欲，而以不禁禁之，制为礼乐，定为章程。其不率者，俟之以刑，使各平心安身而化。孔子欲先王之政教行之于万世而无斁也，乃以为六经传之，而绵绵永存为道脉矣。故上之道，在先王立典以为治，其统则朝廷历代帝王因之，公卿将相辅焉。下之道，在圣门相授受而为脉，其传则胶序后世，师儒弟子守之，前言往行存焉。苟无帝王受天明命，宰育万汇，有磨砺一世之大权，优善惩恶，公卿行之，以动荡九服，取儒生空辞虚说，欲以行教化而淳风俗，必不能矣？王天下者之于道，本也。公卿行焉，师儒言焉，支也。道者何？射之鹄也，大匠之规矩也。入焉而各自有得者也。远射焉而中，近射焉而中，左射焉而中，右射焉而中，取其中不计其他也。规之获圆，矩之获方，求其方圆，不索于规矩之外也。道若此止耳！孔子教一人者，所以教天下；教弟子者，所以教士大夫。习之者易通，教无烦赜也；传之者易晓，学无艰深也。其君子学古入官，体国行政，以诲其族，及于里党；其小人受以谨身，因以善俗，此先王所以为道，孔子之旨则然也。以孔子之道，自治则德修；以孔子之道，治天下国家则政备。宗孔子，则二帝三王之道可明矣！故一于帝王，道则为统；传于孔子，道则为脉。后儒饰虚矜肆，以杳冥不可致诘为道，枝辞争辨为学，袭六经以就其私议。于是性命之说出焉，传心之论起焉。诞浮相尚，圣王修身、安人、开国、承家之实，咸为后儒所坏乱。统也者，道行于当时，薄海内外，莫不化洽也。脉也者，道传于万世，王侯下逮庶人，莫不取则也。合历代帝王公卿，称曰道统，庶可也。无帝王，则不可谓之统矣。上古其气浑噩，天道也。包羲画卦为罟，神农作耒耜立市，地道兴矣。舟楫、弧矢、杵臼、衣裳始于黄帝，人道渐大。尧、舜命官分州，夏后、成汤，礼乐殊别。周兼而文之，人道全矣。东迁以后，日就陵替，孔子当其时，欲以道兴治，天命不与，先王所遗传焉。虽世异政殊，后世修述，尚与道不远。孔子虽位不同于二帝三王，而圣则一。七十子于孔子，犹诸侯之于天子也。松柏始生，核焉耳，櫱之分许，长之寸许，蟠于地而根之。及其丽风日久远也，巨本而苍皮，歧为大柯，枝叶蕃焉。上古，核也。羲、农以来，根也。黄帝、尧、舜、夏、殷、周、秦、两汉而下，历代之君，本也。如汉之高、光，唐之太宗、肃、代，皆与汤、武、中、宣同功，而文、景、明、章，与元魏孝文、宋仁宗、明、宣、孝，皆与太甲、成、康同德。尧、舜之德虽盛，不能安后世之民生；汤、武之功虽高，不能救后世之残暴。故曰：递兴递废，胜者用事，所受于天也。累代帝王，历数归而革命，奠百年之伦纪。贤君继位，德厚庆长，民赖其福。即中材以下之主，咸能安辑一世，于当时何得遂置之耶？孔子修帝王之道，为万世法。本而大柯也，分以为枝，七十子承焉传焉。后世之儒，条叶丰茂而已，非根不深，非本不成，非柯非枝不盛，受雨露而滋养者，条叶也。夫德有大有小，大命殊之，人力异之，可内省以晓也。天命殊之，何也？子贡曰："固天纵之将圣。"有若曰："自生民以来，未有盛于孔子。"人力异之，何也？孟轲曰："冉牛、闵子、颜渊，具体而微。"（东方朔云："颜渊如桂馨一山，孔子如春风至，万物生。"）不能至圣人，颜渊、闵子已然矣。盖千里奉一君，则为王；百里一君，则为侯。君七十、五十、三十里，伯、子、男而已。所得大，所养多，所立者尊，自然之势也。天地之气，钟为数人或数十人，则其德隆，其道远。散而为百千人，末也。已以百千人，而欲至于德隆道远之古人，非愚则倔强焉。先王文谟武略，圣人道全德备，非后世之儒所敢轻拟。守先王之法，不知变通损益，必塞而难施。非法不可久也，行法者未得先王之意云耳。求圣人道德百之一，以自淑学之，修身可也。取经传之言而颠倒之，穿凿之，强谓圣人如此，吾学圣人，遂得之如此，自以为古人与一世皆所未知，而独吾一二人静坐而得之。以吾之学，即至圣人，是孔子所不居，七十子所未信，孟轲、荀卿诸儒所不敢，后世俨然有之，何其厚诬之甚与？昔群弟子以有若似圣人，欲以事孔子者事之，曾子不可。子夏设教西河，曾子责其拟于夫子。有若、子夏，亲传道业，在七十子中彬彬焉。曾子且以为不可拟于圣人；后世之儒，无所忌惮，其见恶于曾子也深矣，而况于帝王之统乎？欲正道统，非合帝王公卿，以事为要，以言为辅不可。（宋则议论为主，实事为末。）盖人主镇抚四海，提挈纲维，士大夫协恭共济，政和化洽。泽之渥者，当世蒙其休；法之善者，后世著为令，皆益治保民之大。当遵经据史，序上古及历代为统典。昔先圣言殷因夏礼，周因殷礼，皆有损益，百世可知。且齐桓、管仲，尚称一匡天下，民受其赐，而许以仁。汉、唐以来，治乱不一，睿帝哲王，救民除暴，因时为政，布惠敷恩，宣褒古经，兴立学校。使先王之典制，不致尽没；黎庶之涂炭，不致久困，一时赖之，数百年享之。追继三代，无疑也。历世久远，诸儒皆无异辞，何为至南宋遂敢杜撰私议，而悉谤毁黜削之？谓秦、汉而下，诏令济得甚事？皆势力把持，牵滞过日。司马迁曰：“帝王者，各殊礼而异务，要以成功为统纪。”汉继五帝末流，接三代统业。晋袁宏云：“汉祖虽不以道胜，御物群下，得尽其忠。萧、曹虽不以三代事主，百姓不失其业。”静乱庇人，抑亦其次，谓亚于尧、舜、禹、汤、文、武，可也，乃遂不许列道统；中承三代之后，则《秦誓》次典、谟、训、诰内，将为大非矣！不思孰甚，恶可以继圣门之旨，而开后世之业？况独尊其党之匹夫，于年湮代隔已久，妄以续二帝三王，假圣贤之言，僭名道统者也！其语播流天下数百年，倘谈道不本于庙堂，何以谓之儒？说不序历代，何以知损益？若不重述旧章，道统还之帝王，而举诸儒公论，后世不得立于圣门，历代不得显加排摈，则亦无当也已。后儒以其僻说强辞，窜入圣人之经，拟圣人之德，上附邹、鲁，此亦尉佗之黄屋左纛也，君子或将许之与？如是而后，固说始可息，偏行始可拨，公论乃伸，吾道乃正，斯诚儒者不易之定论也。先于《统典论》首录之，以为言道之□。

天子道统表

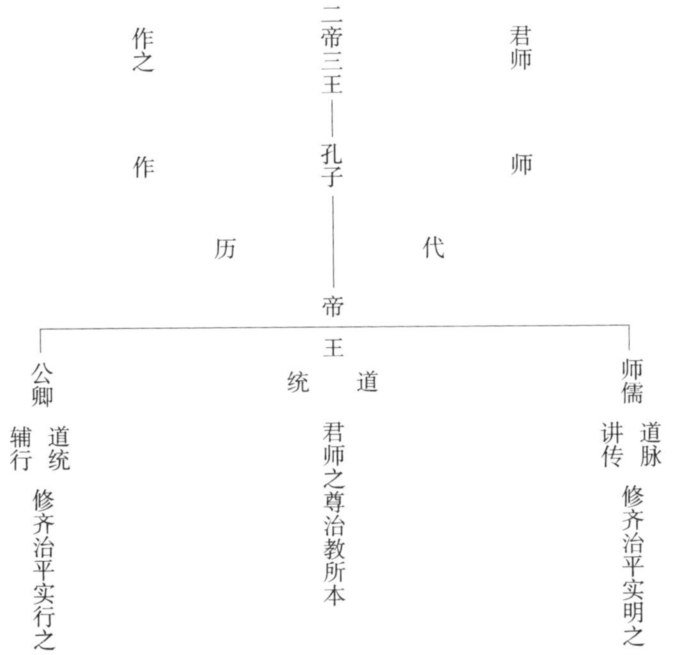

帝王为道之本，行之以公卿，讲之以师儒，此支也。古经旧旨，先子遵奉，画为此图，密受传之。（按：见上“天子道统表”）

李实曰：“儒之道，帝王之道，非韦、布之道也。尧、舜、禹、汤、文、武，行道者也；孔子，明道者也。子曰：‘道其不行矣夫！’以为明之不如行之也。世以宋儒接道统，而以孔子之道，至二程而传，周、程、张、邵之学，至朱晦庵而集大成，吾皆未敢信。”（实，蜀遂宁进士、长洲令。）

大统相继表

上古——包羲氏——神农氏——黄帝氏——唐——虞——夏——商——周——秦——汉——后汉

以上遵二十一史相承历数次序，详统典中。

费密曰：先子言帝王历数皆天所命而兼人谋，非尽人力可致也。宜遵先圣孔子以《秦誓》继典、谟、训、诰之旨，取两汉而下异姓受命之君，接三代之后，方合圣门旧法。自永乐尊显以来，世以宋性理之说为是者数百年，取驳议诸儒之言，谓非圣门之旧，而述古学，恐世未能尽信乎。曰：事久难以卒变，自古而然。昔王安石义训大行，杨时论之，诸生咸以为不可。今之非安石者皆是也。安石、程、朱，小殊而大合，特未尝就数家遗书细求耳。辨曰：痛哉！痛哉！七十子与汉、唐诸儒，伤其久湮矣。然宋儒何为有是说耶？曰：独言孟轲之传，开于唐儒韩愈。至宋蔡京遂以王安石上下孟轲，程颐又以程颢为孟轲后一人，而尚无道统接传之论也。南渡后朱熹与陆九渊争胜门户。熹传洛学，乃倡立道统，自以为曾氏独得其宗，而子思，而孟轲，而程颢、程颐接之。盖杨时事二程而友罗从彦、李侗。熹所从出也，皆与韩愈不合，愈之言曰：“博爱之谓仁，行而宜之之谓义，由是而之焉之谓道，足乎己无待于外之谓德。其文《诗》、《书》、《易》、《春秋》，其法礼、乐、刑、政，其民士、农、工、贾，其位君臣、父子、师友、宾主、昆弟、夫妇，其服麻、丝，其居宫、室，其食粟、米、果、蔬、鱼、肉，其为道易明，其为教易行。尧以是传之舜，舜以是传之禹，禹以是传之汤，汤以是传之文、武、周公，文、武、周公传之孔子，孔子传之孟轲，轲之死，不得其传焉。荀与扬也，择焉而不精，语焉而不详。”夫愈之《原道》，举其实而辟其浮，守其中而贬其杂，未尝及统，略焉耳。苟以传也，孔子传七十子，承以曾申、矫疵、公羊高、穀梁赤、公明仪、公明宣、乐正子春、檀弓，孔伋门人，乃有孟轲。曰：“孔子传之孟轲。”七十子与曾申诸贤，将不堪比数耶？又尝曰：

文、武以是传之周公、孔子，不及孟轲。以其言求之，前则不以七十子为传，后则不以孟轲为传。愈即欲乖悖，未尝敢若斯过甚也。不得其传，谓孟轲门人无能著书者也。继孟轲著书，荀卿、扬雄称善。故曰：荀与扬也，大醇小疵。犹云伯夷圣之清而隘，柳下惠圣之和而不恭。非谓荀、扬不能继孟轲之传也。愈尝语诸生：昔者孟轲好辩，孔道以明；荀卿守正，大论是闳。是二儒者，吐辞为经，举足为法，绝类离伦，优入圣域。又曰：己之道，乃夫子、孟轲、扬雄所传之道。若不胜则无以为道，其挥之进之，取雄为法焉。崇奉荀、扬，其可知矣，韩愈未敢废。秦、汉以来，刘子翚以愈言为孤圣道绝。后学而非之。蔡京乃敢为妄言曰：自先王泽竭，家异国殊，由汉迄唐，源流浸深。宋兴，文物盛矣。然不知道德性命之理，安石奋乎百世之下，追溯尧、舜、三代，通乎昼夜阴阳所不能测，而入于神，初著《杂说》数万言，世谓与孟轲相上下。天下之士，始缘道德之意，窥性命之端。安石以其学术祸众，不为士论所与。程氏绍兴方盛，熹列安石于名臣，别祖程颐，谓传道统，“十室之邑，必有忠信”，“三人行，必有我师”，九州之远，文献相承，七十子皆在所弃。汉、唐千四百余年，都无一人足取，岂情理之平也哉？管志道曰：孟子既没，周、程未生，中间千有余年，人心不死，纲常不移，孰维持是？程、朱谓道统绝于孟子，续于明道，亦属偏陂之说。上古无书契而天地位、万物育，岂以《大学》、《中庸》有无为绝续耶；王文成翻其格物而不翻其道统，何也？遥接之谬既倡，致沙门言邵雍之图得于老氏、陈抟，周敦颐之道妙得于佛氏。林总羲、文、周、孔，至宋乃托二氏，再生于天地之间，吾道受辱至此！百尔君子，欲不愤，得乎？此诸儒不能已于言，四子不能已于述也。性命各正，学业各成，论道者止宜举其大同，听其各致，不得以一己之私，强画之也。孟轲言闻知见知，于夏独称禹。又曰：“启贤能敬承继禹之道。”殷独称汤。又曰：“贤圣之君六七作。”见知不称周公。又曰：“周公、仲尼之道，在彼在此。”文有互见。非谓此皆不足传，止尧、舜至于汤，汤至于文王也。良贾蓄数十年而后殖于财，良工肆数十年而后精于技，几于成也，雄辩至矣。七十子与汉、唐诸儒生，平素履累数十年积学，守卫圣人之道，工苦深厚，泽及后世。取其所传遗经，尽绝其人。从千百年前，加以数语，如亲见之，决然并弃，恐亦未尝详思耶？世之人，于父之言行，则见而知之；祖，则闻而知之；曾祖，则传闻焉；高祖，则传闻无考。百年之内已如此，势所必至，虽圣人不能违也。故孔子作《春秋》，所见异辞，所闻异辞，所传闻异辞，以天下大矣，古今远矣，非父子兄弟，朝闻夕见，可遂直定之也。

子贡问曰："向也赐观于太庙之堂，未既辍，还瞻北，盖皆断焉。"彼将辞说，匠之过也。孔子曰："太庙之堂，官致良工之匠。"匠致良材，尽其工巧，盖贵久矣，尚有说也。圣人不敢以己意定而阙疑，况下者乎？古人相友，尝以为知之未尽。晋平公问羊舌大夫于祁奚，奚辞以不知。强之，乃对。公曰："曩者问子，子奚曰不知也？"祁奚曰："每位改变，未知所止，是以不敢得知也。"魏舒为钟毓长史，毓与参佐射。舒常画筹，后射乏人，以舒备耦，发无不中。毓曰："吾之不足以尽卿才，如此射矣，岂一事哉！"王湛兄弟宗族咸以为痴；兄子济轻之，诣湛。见《易》，请焉。则皆济所未闻。留连弥日，自视缺然。乃叹曰："家有名士，三十年而不知，济之罪也。"与周旋非一日，未知且若此，何以遥断，略不存疑？宁学者所不安？亦非圣门忠恕之旨也。道之定，遗经立其本，七十子传其绪，汉、唐诸儒衍其脉，后儒比七十子，犹滕、薛之于齐、晋也。七十子身事圣人也，见全经也，三代典制存也。自汉至近代诸儒，其德兄弟也。善言美行，皆可补益于世。然汉儒，冢子也；后儒，叔季也。汉儒虽未事七十子，去古未远，初当君子五世之泽，一也。尚传闻先秦古书、故家遗俗，二也。未罹永嘉之乱，旧章散失，三也。故汉政事、风俗、经术、教化、文章，皆非后世可几，何敢与汉儒敌耦哉！魏、晋至唐，多方补葺，犹得六七焉，后儒亦不能及。经文之外，别撰条目，腾口相授，辄立姱辞，互相尊崇，执不少让。《祭义》曰："天子有善，让德于天；诸侯有善，归诸天子；卿大夫有善，荐于诸侯；士庶人有善，本诸父母，存诸长老。禄爵庆贺，成诸宗庙，所以示顺也。""昔者，圣人建阴阳、天地之情，之以为《易》。《易》抱龟南面，天子卷冕北面。"虽有明知之心，必进断其志焉，示不敢专以尊天也。善则称人，过则称己，教不伐，以尊贤也。闵马父谓子服景伯曰："昔正考父校商之名颂十二篇于周太师，以《那》为首，其辑之乱曰：自古在昔，先民有作，温恭朝夕，执事有恪。"先圣王之传，恭犹不敢专，曰自古、曰在昔、曰先民。今吾子之戒吏人曰：陷而入于恭，其满之甚矣。季札观乐，见舞《韶》、《濩》者，曰："圣人之弘也，而犹有惭德。"圣人之难也。子曰："古者言之不出，耻躬之不逮也。"后儒大言而不少疑，内满而不自省。惭德耻躬，弃置不讲。诸儒起而切辨，亦出于万不得已也。密事孙征君于苏门山，述先子平日所论以就正，反覆辨议，征君深以为然。则四子传七十子，序汉、唐诸儒，此为笃论，补葺著之，使世之好古君子、志圣门实学者，有所考焉。

《道统问》（见周汝登《圣学宗传》）

或问曰："韩愈《原道》以道统始于尧，子必始于伏羲者，何也?"曰："伏羲，画八卦，太极开而道可演。神农教耕稼，民生遂而道可明。黄帝制冕服，礼乐兴而道可阐。道统之原，实基于此矣。吾固系三圣于唐、尧之上者，述朱子之意也。"曰："韩愈以孔子传之孟轲，子必增以颜、曾、子思者，何也?"曰："颜子闻博约而见卓尔，曾子闻一贯而悟忠恕，子思绍家学而作《中庸》，授受之真，莫切于此矣。吾固增三子于孟子之上者，补韩愈之缺也。"曰："朱子以二程接孟氏之传，不计其泯；廉学伊川以明道续孟子之后，不嫌于背师教。子必增之以周子者，何也?"曰："道体之契，上接洙、泗之源；图书之旨，下开河、洛之派，继往开来之功，于兹为大，吾固增周子于二程之上者，信诸已也。"曰："程子之后，有龟山杨氏、豫章罗氏、延平李氏诸人也。子遂系以朱、陆者，其意何居? 朱、陆之后，有草庐吴氏、鲁斋许氏、薛文清、胡敬斋诸人也，子遂继以阳明者，其意何在?"曰："吾尝观祀典焉，有大宗之祖，百世不迁者也，有小宗之祖，四世而祧者也。曰杨、曰罗、曰李者，小宗之谓也。朱、陆其大宗乎！曰许、曰薛、曰胡者，是亦小宗之谓也。阳明其大宗乎！"曰："吴、许、薛、胡，一皆精思实践，当不在阳明之下，子必以阳明为大宗者，何也?"曰："良知之教，照耀万古，及门之徒，几至四千。孔子云：'赤也为之小，孰能为之大?'"问者唯唯而退。卷也私志其问答之言，以俟有道统之责者，于是乎采。奉新黄卷谨志。

费密按：黄公卷著是图与问，余览之，见其信阳明笃，叙统系明，非实有所诣者不能，而何其名实之未甚显赫也? 余作《圣学宗传》，此图足相发明，故以冠宗传之端云。剡溪周汝登谨书。

费密曰：宋李元纲作《圣贤事业图》，尧、舜至程颢兄弟，闻道者止得十四人。嘉靖中黄卷《道统》又二十一人，其言曰："大宗百世不祧，小宗四世而祧。朱、陆、阳明，其大宗乎！曰杨、曰罗、曰李、曰吴、曰许、曰胡，小宗之谓也。"以后世窜杂二氏之儒，遂与二帝、三王、周公、孔子并称，僭肆无论，姑不论。七十子传人，不得入小宗。汉、唐于四百年，小宗并无一人，后世敢为妄言，奈之何哉！世之君子，必能辨之。（《弘道书》上）

按：费氏著《弘道书》内有《统典论》，以统为篇名，盖详论道统之专著，世所罕见。其论宋人列举道统，限于数贤，非情理之平，说甚通达，故酌载之。《新唐书·艺文志》杂家有熊执易《化统》五百卷。注云："执易类九经为书，三十年乃成，未及上卒于西川。武元衡将为写进，妻薛藏之不许。"使其书能行世，亦道统之要典也。明人伪书，有钞撮三《传》之文，命其书曰《春秋道统》者。（《四库提要·春秋》存目一）清初刁包纂文章总集，而题名曰《斯文正统》。元明以来，道统观念深入人心，士大夫喜以道统、正统命名，则不免乎滥矣。道统二字钱大昕以为始见李元纲《圣门事业图》，其第一图曰传道正统，以明道、伊川承孟子，其书成于乾道壬辰，与朱文公同时。（《十驾斋养新录》卷十八）此"道统"一名所由昉也。家铉翁《题中州诗集后》云："论道统之所自来，必曰宗于某，言文脉之所从出，必曰派于某……故壤地有南北，而人物无南北，道统文脉无南北，虽在万里外，皆中州也。"（《遗山文集》附录）从文化立场以论道统。此北方文士之道统观，胜于南人之狷狭多矣。关于道统专文，兹录费密及熊锡履二文以示例，余不复及。

熊锡履 学统序例

原序

斯道之在天壤，终古如是也，而率而由之，则存乎其人。人之至者，继天立极，以充其量，斯道统攸属焉。统者，即正宗之谓，亦犹所为真谛之说也，要之不过"天理"二字而已矣。斯理本塞上下、亘古今，而实体备于圣贤之一身。圣贤心心相印，先后一揆，亦安有毫厘之或谬？然而代远人徂，薪传寖蚀，异端曲说，往往起而淆乱之。日浸月淫，有不至大坏极敝不已者。夫道也者，理也；理具于心，存而复之，学也。学有偏全、有得失，而道之显晦屈伸，遂从而出于其间。有志者，是乌可不为之致辨乎？辨其学，所以晰其理，而道以明，而统以尊。呜呼！此固吾儒事功之决不容已者也。三代以前尚矣。鲁、邹而降，历乎洛、闽，以逮近今二千余年，其间道术正邪，与学脉绝续之故，众议纷拏，讫无定论。以至标揭门户，灭裂宗传，波靡沉沦，莫知所底。予不揣猥，起而任之。占毕钻研，罔闻宵昼，务期要归于一是。爰断自洙、泗，暨于有明，为之究其渊源，分其支派，审是非之介，别同异之端。位置论列，宁严毋滥。庶几吾道之正宗，斯文之真谛，开卷了然，洞若观火。计凡十阅寒暑，三易草稿而后成。呜乎！予鄙儒也，粗通章句，辄搦管为此，则夫谫陋之诮，僭逾之辜，极知在所不免。然而生平卫道之苦衷，自谓可以对越往哲，昭示来兹而无愧。故敢梓以问世，因叙言简端，以识区区之鄙志云。康熙乙丑初秋，澴川熊锡履敬书于秣陵之愚斋。（本书卷首）

一、孔子上接尧、舜、禹、汤、文、武、周公之统，集列圣之大成，而为万世宗师者也，故叙统断自孔子。

二、孔子道全德备，为斯道正统之主。若颜、曾、思、孟、周、程、朱八子，皆躬行心得，实接真传，乃孔门之大宗子也。故并列正统焉。

三、正统之外，先贤先儒，有能羽翼经传，表彰绝学者，则吾道之大功臣也。名曰翼统于圣门，得闵子而下六人；秦、汉而后，得董子而下十七人。

四、圣门群贤，历代诸儒，见于传记，言行可考者，君子论其世，想见其为人，皆得与于斯文者也。名曰附统，于圣门得冉伯牛而下十七人，卜、曾、孟三子之门得公羊高而下六人，秦、汉以后得丁宽而下一百五十有五人。其仅存姓氏，无可考见者弗录。（下略）（本书卷首）

释契嵩　传法正宗定祖图叙

与图上进

原夫菩提达摩，实佛氏之教之二十八祖也；与乎大迦叶，乃释迦文如来直下之相承者也。传之中国，年世积远，谱牒差缪。而学者寡识，不能推详其本真。纷然异论，古今颇尔。某平生以此为大患。适考其是非，正其宗祖，其书垂出，会颁《祖师传法授衣之图》，布诸天下，而学佛者虽皆荣之，犹听莹未谕上意。某幸此窃谓识者曰：吾佛以正法要为一大教之宗，以密传受为一大教之祖。其宗乃圣贤之道原，生灵之妙本也。其祖乃万世学定慧之大范，十二部说之真验也。自书传乱之，暧昧漫漶，天下疑之，几千百载矣。今上大圣，特颁图以正其宗祖。然圣人教道，必圣人乃能正之，是岂惟万世佛氏之徒大幸也，亦天地生灵之大幸也！某固不避其僭越愚妄之诛，敢昧死引其书之旧事，推衍上圣之意。仰笺于祖图，亦先所颁祖师传法授衣之谓也。然其始乱吾宗祖、荧惑天下学者，莫若乎《付法藏传》；正其宗祖、断万世之诤者，莫若乎《禅经》。《禅经》之出，乃先乎《付法传》六十二载，始终备载。二十八祖已见于晋之世矣。《付法藏传》乃真君废教之后阙然，但谓二十四世方见魏之时耳。适以《禅经》验，而《付法藏传》果其谬也。若如来独以正法眼藏，密付乎大迦叶者，则见之《大涅槃经》、《智度论》、《禅经》与其序也。以意求之，而佛之微旨存焉。上睿性高妙，独得乎言谓之外，是乃天资佛记也。故其发挥禅祖，雅与经合，宜乎垂之万世，永为定断。三学佛子，遵之仰之，天下不复疑也。其图所列，自释迦文佛大迦叶至于曹溪六祖大鉴禅师，凡三十四位。又以儒释之贤，其言吾宗祖，素有证据者十位，列于诸祖左右。谨随其《传法正宗记》，诣阙上进，尘黩宸眷。不任惶恐震惧之至，谨叙。（《镡津文集》卷十一）

按：释契嵩著《传法正宗记》十卷，《正宗论》二卷，其生平及此书内容，详陈垣《佛籍概论》五。

僧志磐　佛祖统纪序

参天地之才，司万物之化，同功而异位者，其唯人道乎！故自有生以来，蚩蚩群氓，必立大人，为之君牧。是以四轮统乎四洲，粟散占乎异域；而南洲震旦，实为东方君子之国。伏羲称皇，始画八卦，降及三代，文物大明。逮吾世尊，出兴天竺。将施化于此方也，乃先遣三圣，为世良导，以礼乐为前驱，以真道为后教。机成时至，大法可行。于是汉皇致梦感之祥，摩腾应东来之运。魏、晋以降，盛译群经；矫矫诸师，竞登讲席。虽各立义门，取名当世，而尚昧乎如来一代之化意，笃生天台，绍隆法运。以五时八教四种三昧，与夫事理即具境观不二之旨，以为后学入道之本。历代师承，宝兹大训，至于今七百年，守之弗坠。翰林梁子之言曰："言佛法者，以天台为司南，则殊涂异论，往往退息。"诚然哉斯论也。志磐手抱遗编，久从师学。每念佛祖传授之迹，不有纪述，后将何闻？惟昔良渚之著《正统》，虽粗立体法，而义乖文芗。镜庵之撰《宗源》，但列文传，而辞陋事疏。至于遗逸而不收者，则举皆此失。于是并取二家，且删且补，依放史法，用成一家之书。断自释迦大圣，讫于法智，一佛二十九祖，并称本纪，所以明化事而系道统也。至若诸祖旁出为世家，广智以下为列传。名言懿行，皆入此宗。而表、志之述，非一门义，具在通例，可以类知。既又用编年法，起周昭王，至我本朝，别为《法运通塞志》。儒、释、道之立法，禅、教、律之开宗，统而会之，莫不毕录。目之曰《佛祖统纪》，凡之为五十卷。纪传世家，法太史公；

《通塞志》，法司马公。书成即负笈诣白云堂，仰求佛光法师为之考校。而同志之士，共谋锓版，以期流布。将令家藏其本，人观此书，开人心之性灵，资国政之治化，岂不曰大有益于世哉！自宝祐戊午，自事笔削，十阅流年，五誊成稿，夜以继昼，功实倍之。仰报佛恩，上酬帝力，不负所学，其志在兹。宋咸淳五年岁在己巳八月上日，四明福泉沙门志磐，寓东湖月波山，谨序。（《大正藏》册四十九）

按：天台宗所撰佛史，有嘉熙间宗鉴撰之《释门正统》八卷，及咸淳间志磐撰之《佛祖统纪》五十四卷。前者立释迦、龙树为本纪，天台东土诸祖为世家。后者扩大之，释迦以次东、西祖共十七祖均立本纪。《四库提要》讥其虽自尊其教，然僭已甚矣。

后　记

本书排印方半，门人赵令扬博士新著《关于历代正统问题之争论》一书，已由学津出版社刊行，深喜致力之相同，尤忻其先我著鞭。惟赵书仍非全面探讨，且谓正统之论，首倡于邹衍五德之说，似非其实。因德运说主旨在解释朝代更替之原理，而正统问题重点在论继统之正与否。德运乃后人利用邹说，以解释历史者，虽王夫之尝云“正统之论，始于五德”，此谓借德运说以论正统则可，谓邹衍倡为正统之论，则不可也。

本编网罗较富，学者试取赵书比观之，详略正可互参。辑录资料，每著按语，隐义微言，间有抉发，非徒钞胥而已。其本正统观点改写之史籍，若萧、郝、谢之于季汉，柯、王辈之于《宋史》，序例甚繁，兹备录之，一以存原书之真貌，一以见诸家之史见。柯氏例言于《宋史》疏漏，多所指摘，有裨考史；谢书众序，时有胜义，故不避烦滥，附载之以示例，用免翻检之劳。余若有关道统及释氏正统史书，略举一二，不遑多及。

作者于1976年春夏间，在法京数月，曾补辑若干事。时本书正付印，赖阮廷焯博士细为雠校，并检示资料，益我良多。

饶宗颐　1977年5月

附录　宋代有关正统论之史籍摭佚

阮廷焯

《宝历歌》一卷　不题撰人

晁公式《郡斋读书志》卷五（编年类）："《宝历歌》一卷，未详撰人。以开辟太古讫于周世宗，正统帝王世次谥号成七言韵语一通。"

马端临《文献通考》卷一百九十三《经籍》（编年类）："《宝历歌》一卷，未详撰人。"

按此疑为宋初人所撰。

《运历图》六卷　龚颖撰

龚颖字同秀，邵武人，慎仪从子。初仕南唐，归宋为御史大夫。太宗时官至检校司徒，持节营州诸军事。卒谥端。①

《崇文总目》卷二（编年类）："《年历图》八卷，龚颖撰。"

《四库阙书目》（编年类）："龚颖撰《运历图》六卷。"

《秘书省续编到四库阙书目》（编年类）："龚颖撰《运历图》一卷。"

王应麟《玉海》卷五十六引《中兴馆阁书目》："《运历图》三卷，龚颖撰。三代未纪甲子，以秦昭襄王五十一年乙巳灭周为历运之始，至雍熙四年丁亥，计一千二百四十四年。"

---

① 参见罗愿：《新安志》卷九，《龚慎仪传》。

晁公武《郡斋读书志》卷五（编年类）："《运历图》六卷，皇朝龚颖撰。起于秦昭王灭周之岁乙巳，止于国朝雍熙丁亥。以历代兴亡大事附见其下。四年，献于朝，优诏奖之。欧阳公尝据之考正《集古目录》，称其精博。按《晋史》张轨世袭凉州，但称愍帝建兴年号，其间惟张祚篡窃，改建兴四十二年为和平元年，始奉穆帝升平之朔，始末不闻有改元事，惟颖书载张实改元曰永安，张茂改元曰永元，张重华曰永乐曰和平，张元靓曰太始，张天锡曰太清，张大豫曰凤凰，不知颖何所据而言然。或云出崔鸿《十六国春秋》，鸿书久不传于世，莫得而考焉。"

郑樵《通志·艺文略》（编年类）："《运历图》六卷，宋朝龚颖撰，至雍熙。"

马端临《文献通考》卷一百九十三经籍（编年类）："《运历图》六卷，龚颖撰。"

《宋史·艺文志》卷二（编年类）："龚颖《运历图》三卷。"又（别史类）："龚颖《年[①]历图》八卷。"

焦竑《国史·经籍志》卷三（编年类）："《运历图》六卷，龚颖。"按此书诸家著录卷数不一，疑以六卷为是。作三卷者，即六卷之合，作八卷者，殆含图二卷。李焘《续资治通鉴长编》卷二十九："端拱元年正月庚辰，殿中侍御史龚颖编历代年纪为二图来上，优诏褒之。"此二图殆为全书之二卷，以其包括历代年纪，取便阅览，因以为献。[②] 此书纪事讫于宋雍熙丁亥（四年），翌年即端拱元年，晁志谓四年献于朝，《长编》作元年者，虽属不同，亦差相近也。欧阳修《集古录·跋尾》卷四："东魏造石像记，其碑云大魏武定七年岁次己巳，武定孝静年号也。今世所行历谱为龚颖《运历图》与今亳州宋退相《纪年通谱》为最详，而以颖所书推之，武定七年岁当己巳，与此碑合。而武定止于八年，是岁庚午，东魏灭，其事与东魏、北齐书亦合。而《通谱》以七年为戊辰，八年为己巳，又有九年为庚午而东魏灭。按孝静以后魏大统十六年灭，是岁庚午，则知宋公所记甲子不谬，惟武定不当有九年，而七年不得为戊辰，此其失尔。盖孝静始即位，改元天平，尽四年，而五年正月改为元象，今《通谱》天平止于三年，以四年为元象，盖自元象以后递差一年，故以武定七年为戊辰也。苟不见斯碑，则《运历图》与《通谱》二家得失其

① 原注：作运。

② 《玉海》（卷五十六）因误以历代年纪为一书。

所以决，然后知余之集录不为无益也。”王祎《大事记续编》卷三引宋庠《纪年通谱》：“张轨传寔、茂、骏、重华、耀灵、祚、玄靓、天锡，晋传述其始末，皆世袭州牧西平公之位，元帝中兴江左，而凉州但称愍帝建兴年号，其门惟张祚篡僭，改建兴四十二年为和平元年，不及三周而被戕。及玄靓立，去帝制，复称建兴，至四十九年始奉穆帝升平正朔，讫天锡不闻有改元事。近世龚颖作《历运图》，述张氏年号，张寔永安，张茂永元，张骏太元，重华永乐，玄靓太始，天锡太清，颇有伦贯，询之诸儒，或云出崔鸿《十六国春秋》。疑张氏于国则私用己年，通朝廷则明奉王历，而崔书卷帙多散乱，莫得稽证。永安，孙休、晋惠帝，永元、汉和帝，太元、孙权，太始、汉武帝，和平、汉桓帝年号。”司马光《资治通鉴》卷二百八十二《后晋纪》：“延羲自称威武节度使、闽国王，更名曦，改元永隆。”《考异》：“《十国纪年》，通文四年，延羲自称威武节度使，改元永隆，即晋天福四年也。《周世宗实录》、《薛史》、《唐余录》、《南唐列祖实录》、《吴越备史》及《运历图》、《纪年通谱》皆同。”此皆其书佚说之可考者，复据周应合《景定建康志》辑出佚文凡四事，移录下方。

晋孝武太元十年大旱，井渎皆竭，太官供膳皆资天泉池。[①]

开元九年，江宁县瓦棺寺阁西南久倾，因风自正。[②]

齐高帝建元一年幸华林园，褚彦回弹琵琶，王僧虔弹琴，沈文季子夜吟，王俭诵封禅书。帝曰：此盛德事，吾何以堪之。[③]

大同元年幸同泰寺，铸十方银像。二年幸同泰寺，铸十方金像。[④]

《历代年号》一卷　李昉撰

李昉字明远，饶阳人。汉乾祐间进士。入宋，太宗朝拜平章事。端拱初边警益急，诏文武群臣各进策备御，昉引汉唐故事，深以屈己修好弭兵息民为言，时论称之。至道二年薨，年七十二，赠司徒，谥文正。奉敕撰《太平御览》、《文苑英华》、《太平广记》等书。[⑤]

---

① 《景定建康卷》卷十九。

② 同上书，卷二十一。

③ 同上书，卷二十二。

④ 同上书，卷四十六。

⑤ 参见《宋史》卷二百六十五。

《崇文总目》卷二（编年类）：“《历代年号》一卷，李昉撰。”

郑樵《通志·艺文略》（编年类）“《历代年号》一卷，宋朝李昉等奉诏撰。”

《宋史·艺文志》卷二（别史类）：“李昉《历代年号》一卷。”焦竑《国史·经籍志》（编年类）：“《历代年号》一卷，李昉。”

案欧阳修《正统论》：“伏见太宗皇帝时，尝命薛居正等撰梁、唐、晋、汉、周事为《五代史》，凡一百五十篇。又命李昉等编次前世年号为一篇，藏之秘府。而昉等以梁为伪，梁为伪则史不宜为帝纪，而亦无曰五代者，于理不安。今又司天所用崇天历承后唐书天祐至十九年而尽，黜梁所建号，援之于古，惟张轨不用东晋太兴而虚称建兴，非可以为后世法。盖后唐务恶梁而欲黜之，历家不识古义，但用有司之传，遂不复改。至于昉等，初非著书，第采次前世名号，以备有司之求，因旧之失，不尊是正，乃与史官戾不相合，皆非是。”① 此属斥指李昉《历代年号》一书而发，因知其书大旨在黜梁不以为正统。《宋会要辑稿·运历之一》：“太宗太平兴国九年四月，布衣赵垂庆言，皇家当越五代上承唐统为金德，若以梁上继唐传，后唐至国朝亦合为金德。望改正朔易服色，以承天统。下尚书省百官定议，右散骑常侍徐铉等奏议曰：五运相承，国家大事，著于前载，具有明文。顷以唐季丧乱，朱梁篡代，庄宗早编属籍继立，亲雪国雠，天下称庆，即以梁比羿、浞、王莽之徒，不可以为正统也。庄宗中兴唐祚，重新土运，自后数姓相传，晋以金，汉以水，周以木。天造皇宇，运膺火德。况国初便祀火帝，为感生于金二十五年。图邱晨礼，已经六祭，年谷丰登，干戈偃戢，必若圣统未合天心，焉有太平得如今日。岂可辄因献议，便从改易。又云：梁至周不合迭居五运，欲上继唐统为金德，且后唐以下奄宅中区，合该正统。今便废绝，礼实无谓。且五代运迁，皆亲承受，质文相次，间不容发，岂可越数姓之上，继百年之运。上答殊休，从之。”是梁不合上继唐为正统之原因，可以知矣。徐铉所议与李昉之言，可谓一脉相承，殆此书奉诏而撰，徐铉亦与其事者也。司马光《资治通鉴》卷一百八十六《唐纪》：“高开道自称燕王，改元始兴。”《考异》：“实录、唐书皆无开道年号。柳璨注正闰位历年号天成，李昉《历代年号》亦如之。”此即其书佚说之可考者，庶窥厓略焉。

① 《欧阳文忠公文集》卷十六。

《五运甲子编年历》三卷　刘蒙叟撰

刘蒙叟，字道民，宁陵人。乾德中进士甲科，历知庐、濠、滁、汝四州。景德中，拜太常少卿致仕，卒，年七十三。著《五运甲子编年历》三卷。见《宋史》卷二百六十三。

《四库阙书目》(编年类)："刘蒙叟撰《五运甲子编年历》三卷，阙。"

《秘书省续编到四库阙书目》(编年类)："刘蒙叟撰《五运甲子编年历》三卷。"

王应麟《玉海》卷四十七引《中兴馆阁书目》："《甲子编年历》二卷，原注：实录三卷。直史馆刘蒙叟撰。采其父熙古所著《皇王纪要》及《古今帝王年代历》则为《五运甲子编年历》三卷。自唐尧起庚子至太祖建隆元年庚申，凡三千三百十二年，首尾无误。以自唐尧以上至黄帝，逐代皆有子孙，其所书元年甲子及在位年数不可考故也。景德中上之。"

郑樵《通志·艺文略》(编年类)："《五运甲子编年历》三卷，刘蒙叟撰。"

《宋史·艺文志》卷二(编年类)："刘蒙叟甲子编年(历)二卷。"①

王圻《续文献通考经籍》(历家类)："《五运甲子编年历》三卷，刘蒙叟著。"

焦竑《国史·经籍志》卷三(编年类)："《五运甲子编年历》三卷，刘蒙叟。"

按此书惟《中兴馆阁书目》及《宋志》作《甲子编年历》二卷，《甲子编年历》，书名从省称。二卷，当为三卷之讹，《宋史》本传亦可证也。高承《事物纪原》卷一引刘氏历："高阳造浑仪，黄帝为盖天。"未悉即此书之文否？

《正统论》四卷　张君房撰

张君房字尹方，一作允方，安陆人，为著作郎。真宗时，日本遣使入贡，真宗诏本国建寺，夷使乞词臣撰寺记，时直院之文多君房代为之，既宣令撰寺记，夷吏待命，而君房醉饮市楼，索之不得。直院大窘，后杨亿改闲忙令，曰：世上何人最号忙，翰林失却张君房。见王象之《舆地纪胜》卷七十七。

---

① 旧脱历字，以意增。

仕至祠部郎中，集贤校理，年八十余卒。[1]

李焘《续资治通鉴长编》卷七十四："大中祥符三年九月戊戌，开封府工曹参军张君房上疏言：唐土德，五运相承，国家当承唐室正统，用金德王。且朱梁虽受唐禅，而后唐克复，不可谓承正统，晋称金德，而江南李昪时实称唐，汉承晋称水德，止四年而灭，周承汉为木德，止九年而四方分据。太祖以庚申岁受周禅，开宝乙亥岁平江南，及太宗即位，定并汾，自是一统，是国家承金德以受命，其验明矣。并献所著论四卷。上曰：言此者多矣，且国初徇群议为火德，今岂当骤改耶。君房，开封人也。"[2]

按此书史志失载，王铚《默记》卷上："张君房平生喜著书，如《云笈七签》、《乘异记》、《丽情集》、《科名分定录》、《潮说》、《脞说》之类甚众。"亦未及之。《正统论》四卷，仅见《续通鉴》所纪。惟称其开封人，未详所据。《宋史·律历志》卷三复载张君房上言："自唐室下衰，土德隤圮，朱梁氏强称金统，而庄宗旋复旧邦，则朱梁氏不入正统明矣。晋氏又复称金，盖谓乘于唐氏，殊不知李昪建国于江南耳。汉家二主共止三年，绍晋而兴，是为水德。洎广顺革命，二主九年，终于显德。以上三朝七主共止二十四年，行运之间，阴隐而难显。伏自太祖承周木德而王，当于火行，上系于商，开国在宋，自是三朝，迄今以为然矣。愚臣详而辨之，若可疑者。太祖禅周之岁，岁在庚申。夫庚者金也，申亦金位，纳音是木，盖周称木，为二金所胜之象也。太宗登极之后，诏开金明池于金方之上，此谁启之，乃天之灵符也。陛下履极，当疆圉之岁，握符在作噩之春，适宋道之隆兴，得金天之正气。臣试以瑞应言之，则当年丹徒贡白鹿，姑苏进白龟，条支之雀来，颍川之雉至。臣又闻当封禅之时，鲁郊贡白兔，郓上得金龟，皆金符之至验也。愿以臣章下三事大臣参定其事。"所纪亦在大中祥符三年九月，与《续通鉴》所载，详略虽不同，大旨殆无殊，当即此书之佚说也。

《五代开皇记》三十卷　郑向撰

郑向字公明，陈留人。举进士甲科，为大理评事，累迁龙图阁直学士，知杭州，见《宋史》卷三百零一。景祐三年四月庚午，卒于官。[3] 著《开皇纪》三十卷。见《宋史》。

---

① 参见王铚：《默记》卷下。

② 又见《永乐大典》。

③ 参见潜说友：《咸淳临安志》卷四十六。

《崇文总目》卷二（编年类）：“《开皇纪》三十卷，郑向（撰）。五代乱亡，史册多漏失，向摭拾遗事，颇有补焉。”

郑樵《通志·艺文略》（编年类）：“《开皇记》三十卷，郑向撰。”

尤袤《遂初堂书目》（编年类）：“《五代开皇纪》。”

王应麟《玉海》卷四十七：“天禧五年五月己丑，太常博士郑向表进《五代开皇纪》（原注：书目作记），三十卷，起梁讫周，约八十万言。唐明宗祈天愿早生圣人，是五代闰紫实开皇朝也，目曰开皇。”

《宋史·艺文志》卷二（编年类）：“郑向《五代开皇记》三十卷。”

王圻《续文献通考·经籍》（史类）：“《开皇记》三十卷，郑向著。”

焦竑《国史·经籍志》卷三（编年类）：“《开皇记》三十卷，郑向。”

按此书一作《开皇记》者，书名从省称耳。据《玉海》原注，知《中兴馆阁书目》亦有此书也。王明清《挥麈前录》卷一：“五代诸君节名，不见于正史，以郑向《开皇记考》得之。”刘壎《隐居通议》卷二十四：“《五代开皇记》载恭帝禅位诏，与《宋朝太祖实录》所载，无一字同，殆史官改易元本，乃知尽信书不如无书。”施宿嘉泰《会稽志》卷六：“吴越武肃王庙，在府南四里三百二十步，本甚闳壮，岁久堕圮，今仅余四楹。有巨碑，旧在庑下，今乃立荒园中，皮光业之词也，具载唐长兴七年。武肃王实以壬辰岁薨，文穆王袭位，壬辰盖长兴三年，不得云长兴七年矣。吴越王弃宫馆后二年，嗣王建庙于越也。按《五代史》及刘恕《纪年》、《开皇纪》、《吴越备史》皆言武肃王以三年薨，则碑为误，然碑当立时光业为其国丞相，亦不应误缪至此。”此皆其书佚说之可考者，庶窥厓略焉。

《汉春秋》一百卷《问答》一卷　胡旦撰

胡旦字周父，渤海人。博学能文辞，举进士第一，迁左拾遗，直史馆，数上书言时政利弊。以秘书省少监致仕，居襄州，卒。著《汉春秋》、《五代史略》、《将帅要略》、《演圣通论》、《唐乘》、《家传》三百余卷。[1]

《崇文总目》卷二（编年类）：“《汉春秋》一百卷，胡旦撰。《汉春秋问答》一卷，胡旦与门人撰。”

郑樵《通志·艺文略》（编年类）：“《汉春秋》一百卷，宋朝胡旦撰。《汉春秋问卷》一卷，胡旦与门人郄羽问答。”

---

① 参见《宋史》卷四百。

王应麟《玉海》卷四十一：“《国史志》：胡旦《汉春秋》百卷，《问答》一卷，因四百年行事，立褒贬以儗春秋。淳化五年，旦自言愿给借馆吏缮写。帝曰：褒贬出于胸臆，岂得容易流传。祥符三年，谢泌又为言，敕襄州给纸写。仁圣中献之，仁宗称叹，迁旦秘书监。”又：“《实录》：祥符三年十二月丙寅，襄州言通判司封外郎胡旦撰《汉春秋》百卷，诏给札录进。初旦斲大砚方五六尺，既而埋之。旦刻曰：胡旦修汉春秋砚。”见卷四十七。又：“天圣元年九月十六日，中书门下言，胡旦先撰《汉春秋》一百卷，久未进入，诏令本州递进。二年二月癸亥，州以旦书上进，上称叹之，以秘书监致仕，命一子为京官。初旦上所撰《汉春秋》一百卷，上因问旦著书本末，宰臣王钦若曰：旦太宗朝进士第一人，词学精博，尝谓三代之后，唯汉得正统，因四百年行事立褒贬，著此书以儗春秋，上称叹，故有是命。”[①]《宋史·艺文志》卷二（编年类）：“胡旦《汉春秋》一百卷，问答一卷。”

焦竑《国史·经籍志》卷三（编年类）：“《汉春秋》一百卷，宋胡旦。《汉春秋问答》一卷，胡旦。”

按胡旦撰《汉春秋》一百卷，附《问答》一卷，据《通志》知为与门人郄羽同撰。李焘《续资治通鉴长编》卷七十四：“祥符三年十二月，初胡旦编两汉事为春秋，言于太宗，愿给借馆吏缮写。太宗语侍臣曰：吕不韦《春秋》，皆门下名贤所作，尚悬千金咸阳市，曰有能增损一字者与之。如闻旦所课，止用其家书，褒贬出于胸臆，岂得容易流传耶？其功毕，且令史馆参校以闻。旦惧遂止。于是旦通判襄州，书成凡百卷，知州谢泌又为言，乃诏官给笔劄录本进，天圣二年上之。”又：“天圣二年二月，襄州上将作监致仕胡旦所撰《汉春秋》，上因问旦吏历及著书本末，宰臣王钦若对曰：旦词学精博，举进士第一，再知制诰，然不矜细行，数败官，今已退居。尝谓三代之后，独汉得正统，因四百年行事立褒贬之拟春秋。上称叹之。癸亥，命旦为秘书监，仍录其子彬为将作监主簿。”[②] 此书实于天圣二年二月上进，《玉海》原注一云三年九月，非也。一书历三朝，始得识遇人主，不负所期，已云幸矣。与胡旦同时，有梁固者，亦著《汉春秋》[③]，《宋志》失载。

① 原注：一云三年九月。

② 李焘：《续资治通鉴长编》卷一百二。

③ 参见《宋史》卷二百九十六。

《唐余录》六十卷　王皞撰

王皞字子融[1]，益都人。祥符进士及第，累迁太常丞。尝论次国朝以来典礼因革，为《礼阁新编》上之。知河阳，又集五代事，为《唐余录》六十卷以献。英宗即位，进兵部，卒。见《宋史》卷三百一十。

《四库阙书目》（杂史类）："王皞《唐余录》六十卷。"

《秘书省续编到四库阙书目》（杂史类）："王皞撰《唐余录》六十卷。"

王应麟《玉海》卷四十七引《中兴馆阁书目》："《唐余录》六十卷，王皞芟《五代旧史》，旁采诸家小说，仿裴松之《国志》，附见于注。"

晁公武《郡斋读书志》卷六（杂史类）："《唐余录》六十卷，皇朝王皞奉诏撰。皞芟《五代旧史》繁杂之文，采诸家之说，仿裴松之体附注之。以本朝当承汉、唐之盛，五代则闰也，故名之曰《唐余录》。宝元二年上之。温公修《通鉴》间亦采之。"

郑樵《通志·艺文略》（编年类）："《唐余录》六十卷，王皞撰。"

陈振孙《直斋书录解题》卷四（别史类）："《唐余录史》三十卷，直集贤院益都王皞子融撰。宝元二年上，是时惟有薛居正《五代旧史》，欧阳修书未出。此书有纪有志有传，又博采诸家小说，仿裴松之《三国志》注，附其下方，盖五代别史也。其书列韩通于《忠义传》，且表出本朝褒赠之典，新、旧《史》皆不及此。《馆阁书目》以入杂传类，非是。皞，曾之弟，后以元昊反，乞以字为名，仕至集贤院学士。"

马端临《文献通考·经籍》[2]（传记类）："《唐余录》六十卷，王皞撰。"

《宋史·艺文志》卷二（别史类）："王皞《唐余录》六十卷。"又（传记类）："王皞《唐余录》六十卷。"

焦竑《国史·经籍史》卷三（编年类）："《唐余录》六十卷，王皞。"

按此书惟陈志作《唐余录史》三十卷，三十卷当为六十卷之讹，诸家著录可证也。《直斋书录解题》卷四（正史类）："《新五代史》七十四卷，欧阳修撰。其为说曰：昔孔子作《春秋》，因乱世而立法，余为本纪，以治法而正乱君，发论必以'呜呼'，曰此乱世之书也。诸臣止事一朝曰某臣传，其更事历代者曰杂传，尤足以为世训。然不为韩瞠眼立传，诸者有以见作史之难。

---

① 元昊反，以字为名，一字熙仲。

② 马端临：《文献通考》卷一百九十六。

案韩通之死，太祖犹未践极也，其当在周臣传明矣，惟王皞《唐余杂史》以入《忠义传》云。”又以此书为《唐余杂史》，名益歧矣，要之，当以《唐余录》为正也。其书列韩通于《忠义传》，而新、旧《五代史》皆无之，是其史识所在。《通志·艺文略》目录类有：“《唐余录目》[1] 一卷，宋敏求撰。”殆即此书之目也，王应麟《玉海》卷四十七：“宝元二年十一月戊子朔，尚书刑部郎直集贤院王皞上《唐余录》六十卷，诏奖谕。五代闰也，故名《唐余录》。”[2] 此书进上之年与晁志、陈志所载皆合。司马光《资治通鉴》卷二百六十四《唐纪》：“仁恭遣其子守光戍平州，守光伪与之和，设幄犒飨于城外，酒酣，伏兵执之以入。虏众大哭，契丹以重赂请于仁恭，然后归之。”《考异》：“薛居正《五代史》及《庄宗列传》皆云：光启中，守光禽舍利王子，其王钦德以重赂赎之。按是时仁恭犹未得幽州也。今从薛史《萧翰传》及王皞《唐余录》。”又卷二百六十六《后梁纪》：“戊辰，大赦。”《考异》：“《梁实录》、《编遗录》、《薛史》、《唐余录》皆不云大赦，今从《欧阳史》。”又卷二百六十六《考异》：“《唐余录》前云：乾宁中刘仁恭镇幽州，保机入寇，仁恭擒其妻兄述律阿钵，由此十余年不能犯塞，下乃云大顺中与武皇会于云中，按大顺在乾宁前，乾宁二年仁恭方为幽州节度，大顺中未也。又武皇谓曰：‘唐室为贼臣所篡，吾以今冬大举。’此非大顺中事，《唐余录》误也。”又卷二百六十七《后梁纪》：“己亥，以其子周翰为天雄节度副使，知府事。”《考异》：“《唐余录》、《欧阳史》皆同，惟《唐庄宗实录》独异。”又卷二百六十九《考异》：“《汉高祖实录》、《唐余录》皆云：阿保机设策并诸族，遂称帝。在乾宁中刘仁恭镇幽州前，《薛史》在庄宗天祐末。《唐余录》全取《汉高祖实录》契丹事作传，最为差错。”又卷二百七十一《考异》：“《庄宗列传》：上受诸道劝进，将篡帝位。承业以为晋王三代有功于国，先王怒贼臣篡逆，匡复旧邦，贼既未平，不宜轻受推戴。方疾作，肩舆之邺宫，见上力谏。大指皆如《实录》。《薛史》、《唐余录》皆与《庄宗列传》同。”又卷二百八十二：“延羲自称威武节度使、闽国王，更名曦，改元永隆。”《考异》：“《十国纪年》，通文四年，延羲自称威武节度使，改元永隆，即晋天福四年也。《周世宗实录》、《薛史》、《唐余录》、《南唐烈祖实录》、《吴越备史》及《运历图》、

[1] 《秘书省续编到四库阙书目》（卷一）误作《唐余目录》。

[2] 又见卷五十四。李焘《续资治通鉴长编》卷一百二十五又载。

《纪年通谱》皆同。”又卷二百八十四：“雪峰寺僧卓岩明素为众所重。”《考异》：“《闽中实录》、《闽王列传》、《九国志》、《薛史》、《唐余录》、《王审知传》、《吴越备史》作俨明。”王祎《大事续记》卷七十五：“癸亥，唐弑让皇溥。以《十国纪年》、（唐）《余录》修。”此皆其书佚说之可考者。复从司马光《资治通鉴考异》、潜说友《咸淳临安志》、陈景沂《全芳备祖》、《群书类编故事》、胡仔《苕溪渔隐丛话》辑出佚文凡十一事，移录下方。

四月，唐帝御札敕宰臣张文蔚等，备法驾奉迎梁朝。

僖、昭之际，其王邪律阿保机怙强恃勇，距诸族不受代，自号天皇王。后诸族邀之，请用旧制。保机不得已，传旗鼓，且曰：我为长九年，所得汉人颇众，欲以古汉城领本族，率汉人守之，自为一部。诸族诺之。①

天祐五年九月，（王）建自帝于成都，年号武成。②

与汴军遇于平阳，大破之。③

贞明二年十月丁酉，礼部侍郎郑珏为中书侍郎，平章事。④

唐末其国自立王，前王姓高氏、后王王建。⑤

溥禅位逾年以幽卒。⑥

王师征越败于临安，裨将刘宣伤重，卧于死人中。至夜有官吏数人，持簿编阅死者，至宣乃扶起曰：此汉非是。引出数十步，置道左。明日贼退，乃得归。⑦

李德裕于平泉别墅，采天下珍木怪石为园池之玩，有醒酒石，德裕尤所宝惜，醉即踞之。⑧

崔群知贡举归，其妻劝令求田。群曰：予有美庄三十所，榜所放三十人是也。妻曰：君非陆贽门生乎，君掌文柄，约其子简礼，不令就试。如以君为良田，则陆氏一庄荒矣。群无以答。⑨

---

①② 《资治通鉴》卷二百六十六，《考异》。

③ 同上书，卷二百六十八，《考异》。

④ 同上书，卷二百六十九，《考异》。

⑤ 同上书，卷二百七十。

⑥ 同上书，卷二百八十一，《考异》。

⑦ 《咸淳临安志》卷八十九。

⑧ 《群书类编故事》卷三。

⑨ 同上书，卷五。

洛阳梨花（开）时，人多携酒其下，曰梨花洗妆。[①]

张曙击瓯赋云：董双成，青琐鸾惊，啄开珠网。穆天子，细缰马骇，踏碎琼田。[②]

《纪年通谱》十二卷　宋庠撰

宋庠字公序，安陆人，后徙雍丘。天圣初举进士。宝元中，以右谏议大夫参知政事。英宗即位，改封郑国公，出判亳州，以司空致仕。卒，赠太尉兼侍中，谥元献。尝校定《国语》，撰《补音》三卷。又辑《纪年通谱》，区别正闰，为十二卷。《掖垣丛志》三卷，《尊号录》一卷，《别集》四十卷。[③]

王应麟《玉海》卷十三引《中兴馆阁书目》："《纪年通谱》十二卷，参政宋庠撰。以古今运历之书，凡十余家，皆无可采，遂取十七代正史百家杂记，凡正伪年号，括为一书，断自汉文后元之戊寅，下止周恭帝显德之庚申，凡一千二百二十二岁，并本朝建隆之元，至庆历元年之辛巳，合为十二卷。其十八篇曰统元，以甲子贯之，其二为曰类元。"又《玉海》卷四十七引："《纪年通谱》，自汉文帝后元戊寅，止周恭帝显德庚申，为九篇。以本朝建隆之元，至庆历辛巳为一篇，皆曰统元，以甲子贯之，有五号，曰正闰伪贼蛮夷。以王莽十九年系孺子，更始以接建武。东魏十七年附西魏，豫王六年天后十五年系中宗绪神龙，朱梁十六年通济阴天祐续同光，据晋恭帝禅宋之岁对魏明元泰常五年，尊北降南，始主正朔，乃通谱之新意也。别二篇举字为类，各部分为类元。毕仲荀续一卷，起庆历壬午迄徽宗。"

晁公武《郡斋读书志》卷五（编年类）："《纪年通谱》十二卷，皇朝宋庠公序撰。庆历中上之，优诏褒焉。公武按魏景初元年丁巳，当蜀建兴十五年，次年戊午，蜀改元延熙，迄二十年次丁丑，明年改元景耀。今《通谱》载蜀建兴之号止于丙辰，凡十四年，延熙改元在丁巳，且复增至二十一年，岂别有所据耶。欧阳公《集古目录》以《东魏造石像记》证《通谱》武定七年非戊辰，盖自元象以后，递差一岁。公序闻之，以为宜易，遂著其事于谱前。意者编简浩博，不免时有舛误也。"

郑樵《通志·艺文略》（编年类）："《纪年通谱》十二卷，宋庠撰。"

尤袤《遂初堂书目》（编年类）："《纪年通谱》。"

---

① 《全芳备祖·前集》卷九。

② 《苕溪渔隐丛话·后集》卷十五。（误为《康铨余录》）

③ 参见《宋史》卷二百八十四。

陈振孙《直斋书录解题》卷四（编年类）："《纪年通谱》十二卷，丞相宋庠公序撰。自汉文后元有年号之后，以甲子贯之，曰正曰闰曰伪曰贼曰蛮夷，以正为主，而附列其左，号统元为十卷。其二卷曰类元，因文之同，各以汇别。庆历中表上之。宣义郎毕仲荀续补一卷，止元符三年。"

马端临《文献通考》卷一百九十三《经籍》（编年类）："《纪年通谱》十二卷，宋庠撰。"

《宋史·艺文志》卷二（编年类）："宋庠《纪年通谱》十二卷。"

焦竑《国史·经籍志》卷三（编年类）："《纪年通谱》十二卷，宋庠。"

按此书诸家著录，作十二卷，咸无异辞。十二卷中，凡一十篇，其属统元者九篇，属类元者一篇，而每篇复析为上下，此为《中兴馆阁书目》所见之本也。其后各本，皆并上下为一篇，以一十篇统摄于十二卷，此则本书篇卷递变之厓略，可得而述者焉。刘恕《通鉴问疑》："依宋公明《纪年通谱》，以五德相承。晋亡之后，元魏继之。黜宋、齐、梁、陈、北齐、朱梁，皆如诸国，称名称卒。或以朱梁比秦，居木火之间，及比王莽、补无王之际亦可也。"此称其书以五德相承，王祎《大事记续编》卷十六引宋庠《纪年通谱》："（延熹），字说熹火炽也。疑汉火德，义若延其熹盛以冠元。"又："魏以土承火，故改元黄初，以承其运。"（见《大事记续编》卷二十引）是其事矣。又谓晋亡之后元魏继之，即书目所云晋恭帝禅宋之岁对魏明元泰常五年也，可相互参证。此与昔代正闰之说[①]，南北异趣，而以正统属之元魏，为当时创举。[②] 至晁志所条二事，知此书少有差失，固不免矣。[③] 王应麟《玉海》卷四十七："庆历六年七月九日丁亥，参政宋庠上所撰《纪年通谱》，庠取十七代正史并百家杂说，凡正伪年号成一书，诏送史馆。"[④] 是此书进上年，殆其误也。司马光《资治通鉴》卷二百七《唐纪》："神龙元年。"《考异》："《纪年通谱》亦以神龙为武后年号，中宗因之。"又卷二百二十《唐纪》："安庆绪走保

---

① 皇甫湜有东晋元魏正闰论，谓（元）魏闰于北。（见《皇甫持正文集》卷二）

② 王祎《大事记续编》（卷三十六）："欧阳修《正统论》绝晋于建兴，而复不与魏。阮逸作《元经》，绝南于齐之初，进魏于孝文太和五年。司马光《通鉴》以宋、齐、梁、陈为正统，及隋灭陈，然后以统归之。宋庠《纪年通谱》绝南于晋亡，进魏于明元帝泰常五年。朱熹曰：刘聪、石勒诸人皆晋之故臣，故东晋以君临之，宋、齐何可比东晋，自古亦有无统时，南北止当并书。今从朱氏及《纪年通谱》。"是《大事记续编》亦采庠说。

③ 王祎《大事记续编》（卷四十二）引宋庠《纪年通谱》："欧阳修语宋靖国曰：魏武定元年当在大统九年，不当在八年。"已采修说。

④ 又见《宋会要辑稿》崇儒之五、李焘《续资治通鉴长编》卷一百五十九。

郧郡，改元天成。”《考异》：“《唐历》曰改元天和。《蓟门纪乱》曰改元至成，与《实录》年号不同。《纪年通谱》两存之。今从《实录》。”又卷二百二十一《唐纪》：“史思明自称大燕皇帝，改元顺天。”《考异》：“《纪年通谱》：此年即思明顺天元年。”又卷二百二十二《唐纪》：“台州贼帅袁晁攻陷浙东诸州，改元宝胜。”《考异》：“柳璨《正闰位历》、宋庠《纪年通谱》皆改元昇国。今从新书。”又卷二百六十九《后梁纪》：“契丹王阿保机自称皇帝，改元神册。”《考异》：“按《纪年通谱》，阿保机神策元年岁在丙子，乃庄宗天祐十三年，梁贞明二年。”王祎《大事记续编》卷二十一：“吴大皇帝黄龙元年，宋庠《纪年通谱》：改元以协瑞，黄龙本汉宣帝号，再用旧元，始于此。”又卷二十三：“吴会稽王五凤元年，宋庠《纪年通谱》：五凤本汉宣帝年号，吴有大凤五，故改元。《宋书·五行志》：吴人改元五凤。汉桓帝时有五色大鸟，司马彪云：政治衰缺，无以致凤，乃羽孽耳。孙亮殆与桓帝同欤。”又：“魏高贵乡公甘露元年，宋庠《纪年通谱》：甘露本汉宣帝年号。五月，邺上谷并言甘露降，故改元。”又卷二十四：“吴归命侯甘露元年，宋庠《纪年通谱》：甘露汉宣魏高贵乡公年号，蒋陵甘露降，故改元。”又：“八月，吴改元。宋庠《纪年通谱》：八月，所在言得大鼎，故改元。”又：“冬十月，吴改元。宋庠《纪年通谱》：历家以斗杓衡所建为四时之纪，疑取斯义。”又：“吴改明年元，宋庠《纪年通谱》：吴志，前年西苑言凤凰集，故改元。”又：“吴改元，宋庠《纪年通谱》：吴郡言得银上有年月字，故改元，义取天之册命，以为瑞。”又：“吴归命侯天纪元年，宋庠《纪年通谱》：鄱阳言岩文理成字，故改元，义取天命之纪。”又卷二十五：“己酉，帝崩于含章殿，皇太子衷即皇帝位，改元。宋庠《纪年通谱》：不俟逾年改元。”又卷二十六：“晋孝惠皇帝元康元年春正月乙酉朔，改元永平。宋庠《纪年通谱》：永平，汉帝年号。”又：“壬辰改元，宋庠《纪年通谱》：元康，汉宣帝年号。”又：“晋孝惠皇帝永康元年，宋庠《纪年通谱》：永康，汉桓帝年号。”又：“晋孝惠帝太安元年，宋庠《纪年通谱》：诛齐王，故改元。”又：“正月，李特据少城改元。宋庠《纪年通谱》：建初，汉成帝年号。”又：“冬十月，李雄称成都王，改元。宋庠《纪年通谱》：建兴，刘禅、孙亮年号。”又卷二十七：“晋孝怀皇帝永嘉元年，宋庠《纪年通谱》：永嘉，汉冲帝年号。”又：“晋孝怀皇帝永嘉三年春正月，汉徙都平阳，改元。宋庠《纪年通谱》：于汾水中得玉玺，王莽时玺也。乃改元元玺。”又：“七月己卯，汉主渊卒，太子和立，和弟聪弑而代之，改元。宋庠《纪年通谱》：嘉平魏高贵乡公年号。”又：“夏四月壬申，皇太子业即位，改元。宋庠《纪年通谱》：建兴，刘禅、孙亮年号。愍帝虽草创，继世而建元，合前三号，不祥甚矣。”又：“汉昭武皇帝建元元年，宋庠《纪年通谱》：建元，汉武帝年号。”又卷二十八：“南阳王保称晋王，改元建康。宋庠《纪年通谱》：建康本汉顺帝年号。”又卷二十九：“后赵改元，宋庠《纪年通谱》：太和本魏明帝年号。”又：“秋八月，赵王勒即帝位，改元。宋庠《纪年通谱》：建平本汉哀帝年号。”又：“赵帝石弘延熙元年，宋庠《纪年通谱》：延熙本刘禅年号。”又：“赵武皇帝石虎建武年，宋庠《纪年通谱》：建武本汉光武、晋惠帝年号。”又：“晋康皇帝建元元年，宋庠《纪年通谱》：建元本汉武刘聪年号。”又：“汉帝太和元年，宋庠《纪年通谱》：太和本魏明帝石勒年号。”又：“冬，汉大保李奕以晋寿叛，败死，汉改元。宋庠《纪年通谱》：平李奕，因大赦改元。”又卷三十：“魏帝冉闵永兴元年，春正月，赵冉闵更其国号曰卫，改元青龙。闰二月，闵自即帝位，改元，国号魏。宋庠《纪年通谱》：青龙本魏明帝年号。永兴本汉桓帝、惠帝年号。”又：“赵新兴王祗即帝位于襄国，改元。宋庠《纪年通谱》：永宁本汉安帝、晋惠帝年号。”又：“六月，东海王坚弑其主生自称天王，改元。宋庠《纪年通谱》：永兴本汉桓帝、晋惠帝、魏冉闵年号。”又：“秦昭宣皇帝甘露元年，宋庠《纪年通谱》：甘露，汉宣帝、魏高贵乡公、吴孙皓年号，时以甘露降安邑，故改元。”又：“秦宣昭皇帝建元元年，宋庠《纪年通谱》：建元本汉武帝、刘聪、晋康帝年号。”又：“晋海西公太和元年，宋庠《纪年通谱》：太和本魏明帝、石勒、李势年号。”又卷三十一：“晋烈宗孝武皇帝太元元年，宋庠《纪年通谱》：太元本孙权年号。”又卷三十二：“燕成武皇帝慕容垂燕元元年，《燕载记》、杜延业《晋春秋》、宋庠《纪年通谱》皆曰燕元元年。”又：“西燕帝慕容冲更始元年，宋庠《纪年通谱》：更始本刘玄年号。”又：“秦长乐公丕奔晋阳称帝，改元。《载记》、宋庠《纪年通谱》秦改元皆作太安。”又：“魏太祖道武皇帝拓跋珪登国元年，宋庠《纪年通谱》：登，成也，美国政之成以冠元。诗云：登是南邦，此其义也。”又：“二月，燕改元。宋庠《纪年通谱》：建兴本刘禅、孙亮、李雄、晋愍帝年号。”又：“后秦王苌即帝位，改元。宋庠《纪年通谱》：建初本汉章帝、李特年号。”又：“十一月，秦南安王称帝改元。宋庠《纪年通谱》：太初本汉武帝年号。”又：“西秦乞伏乾归太初元年，宋庠《纪年通谱》：太初本汉武帝、苻登年号。”又：“四月壬寅，太子宝即帝位，改元。宋庠《纪年通谱》：永康本汉桓帝、晋惠帝年号。”又：“秋七月，魏王珪改元。宋庠《纪年通谱》：皇始本苻健年号。”又卷三十三：“南凉秃发乌孤太初元年，宋庠《纪年通谱》：太初本汉武帝、苻登、乞伏乾归年号。”又：“五月，燕开封公详称帝，改元。宋庠《纪年通谱》：改元建始，本汉成帝、司马伦年号。”又：“夏四月，宝还，汗弑之，自称昌黎王，改元青龙。宋庠《纪年通谱》：青龙本魏明帝、石鉴年号。”又：“秋七月，燕长乐王盛攻兰，汗斩之，改元。宋庠《纪年通谱》：建平本汉哀帝、石勒、慕容瑶年号。”又：“凉王光传位太子绍，光卒，大司马太原公篡弑绍而代之，改元。宋庠《纪年通谱》：咸宁本晋武帝年号。”又：“南凉秃发利鹿孤建和元年，宋庠《纪年通谱》：建和本汉桓帝年号。”又：“南燕王德即位，改元。宋庠《纪年通谱》：建平本汉哀帝、石勒、慕容瑶、慕容盛年号。”又：“沮渠蒙逊称张掖公，改元。宋庠《纪年通谱》：永安，孙休、晋惠、张寔年号。”又：“河间公熙即天王位，闰月，改元。宋庠《纪年通谱》：建始本汉成帝、司马伦、慕容详年号。”又：“晋安皇帝元兴元年，宋庠《纪年通谱》：元兴本汉和帝、孙皓年号。”又：“冬十二月壬辰，玄自即皇帝位，改元永始。宋庠《纪年通谱》：永始本汉成帝年号。”又卷三十四：“西凉公暠改元，宋庠《纪年通谱》：建初本汉章帝、李特、姚苌年号。”又：“燕高云正始元年，宋庠《纪年通谱》：正始，魏高贵乡公年号。”又：“十一月，秃发傉檀复称凉改元。宋庠《纪年通谱》：嘉平，魏高贵乡公、刘聪年号。”又：“西秦乞伏乾归更始元年，宋庠《纪年通谱》：更始本刘玄、慕容冲年号。”又：“冯跋即天王位于昌黎，改元。宋庠《纪年通谱》：太平本孙亮年号。”又：“炽磐即王位，改元。宋庠《纪年通谱》：永康本汉桓帝、晋惠帝、慕容宝年号。”又卷三十五：“二月，西凉公暠卒，子歆立，改元。宋庠《纪年通谱》：不俟逾年，改元。”又：“晋恭皇帝元熙元年，宋庠《纪年通谱》：元熙本刘渊年号。”又卷三十六：“燉煌人迎前太守李恂为凉州刺史。宋庠《纪年通谱》：时改元永建，本汉顺帝年号。”又：“宋宜都王义隆即皇帝位，改元。宋庠《纪年通谱》：元嘉本汉桓帝年号。”又：“燕冯弘太兴元年，宋庠《纪年通谱》：太兴本晋元帝年号。”又：“程道养改元泰始，宋庠《纪年通谱》：泰始本晋武帝年号。”又：“六月，魏改元。宋庠《纪年通谱》：皇孙生，故大赦改元。”又：“皇孙濬即皇帝位，改元。宋庠《纪年通谱》：不俟逾年而改元。”又卷三十七：“二月甲子，宋太子劭自立改元太初，宋庠《纪年通谱》：太初本汉武帝、苻登、乞伏乾归、秃发乌孤年号。”又：“夏六月壬戌，魏改元。宋庠《纪年通谱》：太安本晋惠帝、苻丕、吕光年号。”又：“春正月乙未朔，宋改元永光。宋庠《纪年通谱》：永光本汉元帝年号。”又：“丙寅，彧即皇帝位，改元。宋庠《纪年通谱》：泰始本晋武帝程道养年号。”又卷三十九：“齐太祖高皇帝萧道成建元元年，宋庠《纪年通谱》：建元本汉武帝、刘聪、晋康帝、苻坚年号。”又卷四十：“丁酉，奉新安王昭文即皇帝位，改元延兴。宋庠《纪年通谱》：延兴本魏孝文年号。”又：“齐宣城王鸾自即皇帝位，改元。宋庠《纪年通谱》：建武本汉光武、晋惠帝、元帝、石虎、慕容忠年号。”又：“三月乙巳，南康王宝融即皇帝位于江陵，改元。宋庠《纪年通谱》：中兴本慕容年号。”又卷四十一：“魏世宗宣武皇帝正始元年，宋庠《纪年通谱》：正始本魏高贵乡公、高云年号。”又：“八月，魏冀州刺史京兆王愉反，宋庠《纪年通谱》：改元建平，本汉哀帝、石勒、慕容盛、慕容德、白亚栗斯、刘义宣年号。”又：“丁卯，魏改元。宋庠《纪年通谱》：永平本汉明帝、晋惠帝年号。”又：“辛卯，魏改元。宋庠《纪年通谱》：加元服，故改元。”又：“甲戌，梁改元（大通）。宋庠《纪年通谱》：梁创同泰寺，开大通门对之，取反语，以协同泰也。改元符寺及门名也。”又卷四十二：“魏尔朱荣立魏长乐王子攸为皇帝，改元建义。宋庠《纪年通谱》：建义本乞伏国仁、杨难当、雍道晞年号。”又：“乙亥，改元。宋庠《纪年通谱》：魏比年三易号，永安本孙休、晋惠、张寔、沮渠蒙逊年号。”又：“丙子，颢入洛阳，改元建武。宋庠《纪年通谱》：建武本汉光武、晋惠帝、元帝、石虎、慕容忠、齐明帝年号。”又：“冬十月己酉，梁改元。宋庠《纪年通谱》：大通加中字也。”又：“魏改元，宋庠《纪年通谱》：永兴本汉桓帝、晋惠帝、冉闵、苻坚、魏元明帝年号。以同元明号，寻改永熙。”又卷四十三：“丁亥，梁改元。宋庠《纪年通谱》：太清本张天锡年号。”又：“十一月己丑侯景称帝，改元。宋庠《纪年通谱》：太始本汉武帝、张玄靓年号。”又：“魏主钦元年，宋庠《纪年通谱》：时魏复周制，但称元年。”又：“乙巳，梁武陵王纪称帝，改元天正。宋庠《纪年通谱》：天正之号，暗与萧栋合，皆未几而灭。”又：“九月壬寅，梁改元。宋庠《纪年通谱》：太平，孙亮、冯跋、柔然豆仑年号。”又卷四十四：“梁永嘉王庄即梁帝位，改元天启。宋庠《纪年通谱》：天启本元法僧年号。”又卷五十二：“唐高宗皇帝显庆元年，宋庠《纪年通谱》：立太子，故改元。”又：“唐高宗皇帝麟德元年，宋庠《纪年通谱》：前岁麟再见，故改元。”又：“唐高宗皇帝乾封元年，宋庠《纪年通谱》：乾字读作乾坤之乾。封以封禅为义。”又：“唐高宗皇帝总章元年，宋庠《纪年通谱》：颁明堂之制，故改元。”又：“唐高宗皇帝上元元年，宋庠《纪年通谱》：追崇祖，帝后自称天帝天后，故改元。”又：“唐高宗皇帝仪凤元年，宋庠《纪年通谱》：凤皇见，故改元。”又：“唐高宗皇帝调露元年，宋庠《纪年通谱》：甘露降，故改元。事见柳芳《唐历》。”又卷五十三：“己未，立豫王旦为皇帝，改元文明。宋庠《纪年通谱》：文明本梁简文帝年号。”又：“唐则天顺圣皇后武氏垂拱元年，宋庠《纪年通谱》：徐敬业平，故改元。”又：“唐则天顺圣皇后武氏永昌元年，宋庠《纪年通谱》：瑞石文云：圣后临人，永昌帝业。故改元。”又：“唐则天顺圣皇后武氏天授元年，宋庠《纪年通谱》：亲享明堂，以建子为月，故改元。天授本刘获年号。”又：“四月丙申，改元如意。宋庠《纪年通谱》：如意本释书语。”又：“唐则天顺圣皇后武氏天册万岁元年，宋庠《纪年通谱》：南郊受天册金轮圣神之号，司饩局人于水际得石函，有玉册云：神皇万忠辅圣母长安，故改元天册万岁，与孙皓天册同义。”又：“九月壬寅，改元。宋庠《纪年通谱》：平契丹，故改元。”又卷五十四：“唐则天顺圣皇后武氏圣历元年，宋庠《纪年通谱》：将复召庐陵王，故改元。”又：“唐则天顺圣皇后武氏久视元年，宋庠《纪年通谱》：疾平，改元。故取老子久视长生之语。”又：“丁丑，改元大足。宋庠《纪年通谱》：成州有大人之迹，故改元大足。”又：“八月丙戌，上帝后尊号。庚子改元。宋庠《纪年通谱》：受尊号即位，涉三年始改元云。”又卷五十六：“丁卯，唐休璟张仁愿罢，改元。宋庠《纪年通谱》：景云见，故改元以协瑞。”又：“己丑，改元太极。宋庠《纪年通谱》：籍田，故改元。”又：“辛巳，改元延和。宋庠《纪年通谱》：延和本魏太武年号。”又卷五十九：“唐肃宗皇帝上元元年，宋庠《纪年通谱》：纪年建号，不能无袭，然必异代他姓。失于详讨，至若本朝旧朔，无容忘误，而帝中兴未几，复用祖宗之年，与晋元帝、魏孝武同弊，实一朝巨失焉。”又卷六十：“唐代宗皇帝永泰元年，宋庠《纪年通谱》：永泰本齐明帝年号。”又卷六十三：“唐宪宗皇帝元和元年，宋庠《纪年通谱》：元和本汉章帝年号。”又卷七十：“唐昭宗皇帝天祐二年，宋庠《纪年通谱》：不敢改元，忌全忠之逼也。”又卷七十一：“蜀高祖皇帝武成元年，宋庠《纪年通谱》：武成本周明帝李希烈年号。”又：“十二月，蜀改明年元，宋庠《纪年通谱》：永平本汉明帝、晋惠帝、魏宣武、李密年号。”又：“秋八月甲子，燕王守光称帝改元。宋庠《纪年通谱》：应天本朱泚年号。”又：“十一月乙丑，梁改元。宋庠《纪年通谱》：即位三年，始改元。夫逾年之规，天下之达礼，况继故诛乱，自当新正朔，以隆王祚，而三年无改，可谓失其旨。”又：“十二月戊申，蜀改明年元，国号汉。宋庠《纪年通谱》：天汉本汉武帝年号。”又：“十二月辛酉，蜀改明年元。宋庠《纪年通谱》：乾德本辅公祏年号。”又卷七十三："甲寅，大赦改元。宋庠《纪年通谱》：天成本萧渊明、操师乞、高开道、安庆绪年号。"又："三月，汉改元。宋庠《纪年通谱》：术者卜祚，得火天大有，故改元大有。"又："壬辰，吴改元。宋庠《纪年通谱》：太和本文宗年号。"又卷七十四："春正月丙申朔，闽改元。宋庠《纪年通谱》：永和本汉顺帝、晋穆帝、姚泓年号。"又卷七十五："延羲自称闽国王，改元。宋庠《纪年通谱》：永隆本梁师都、唐高宗年号。"此皆其书佚说之可考者，复从司马光《资治通鉴考异》、王祎《大事记续编》、高承《事物纪原》辑出佚文凡六十二事，逐录于后。

武德元年，开道年号始兴，云出《历代纪要录》。①

天祐四年秋称帝，次年改元。②

旧史不记保机建元事。今契丹中有历日，通纪百二十年。臣景祐三年冬北使幽蓟，得其历，因阅年次，以乙亥为首，次年始著神策之元，其后复有天赞。按《五代·契丹传》，自耶律德光乃记天显之名，疑当时未得其传，不然虏人耻保机无号，追为之耳。保机，虏中又号天皇王。③

镠虽外勤贡奉，而阴为僭窃，私改年号于其国。其后子孙奉中朝正朔，渐讳改元事。及钱俶纳土，凡其境内有石刻伪号者，悉使人交午凿灭之。惟今杭州西湖落星山塔院中有镠封此山为寿星宝石山伪诏，刻之于石，虽经镵毁，其文尚可读，后题云：宝正六年，岁在辛卯。明宗长兴二年也，其元年即天成元年也。好事者或传曰保正，非也。④

显德二年，崇之乾祐八年冬，崇死。显德三年，承钧改元天会。开宝元年，承钧之天会十三年，死。开宝二年，继元改元广运。兴国四年，继元之广运十一年也。⑤

道书有赤明上皇、无极永寿等年号，莫知是何代也。⑥

武帝虽沿文景故事，复为后元，然始以后元二字加于年上，此为异

---

① 《资治通鉴》卷一百八十六，《考异》。
② 同上书卷二百六十六，《考异》。
③ 同上书卷二百六十九，《考异》。
④ 同上书卷二百七十五，《考异》。
⑤ 同上书，卷二百九十二，《考异》。
⑥ 《事物纪原》卷一。

也，非史官追书之名。[1]

元年诏：甘露降，集京师。四年诏：凤凰甘露。

五凤三年，祠后土，甘露降，神爵集，至此改元（甘露），以协瑞。[2]

（建昭），义取建立昭明之义。[3]

诏王延世隄塞河，辄平，改元（河平）。[4]

（元延），义取元祚而更为延始。[5]

（绥和），绥安也，义取安和以冠元。[6]

按《本纪》诏以建平二年为太初元年，《王莽传》莽自陈符命，前孝哀皇帝下诏书，更为太初元将元年，今官本《哀纪》但称太初元年，太初武帝年号，世代未远，不容更袭旧名，颜氏无训注，非史文之略，盖校雠者不晓其意，又不参考《莽传》，故削去二字，但曰元年，前朝好本皆有元将二字。[7]

（始建国元年）正月乃前年之十二月，用商正建丑之月耳。[8]

疑有凤凰之祥，因以天凤为号。[9]

按《莽传》：莽见盗贼多，乃令大史推三万六千岁历纪，六岁一改元，布告天下。十二月改元地皇，从历纪也。[10]

《本纪》是年改元中元，又案《礼仪志》四月以建武三十二年为建武中元元年。纪、志所载不同，必传写脱误，官书累经校定，学者失于精灵，辄以意删去，斯为谬矣。梁武帝大同大通之号，俱有中字，殆宪章于此。[11]

诏曰是因瑞以章显先德之和，故改元（章和）。[12]

时灾异数见，水旱相仍，故下诏改元阳嘉，意欲阳道嘉体，以消灾眚。又阳以喻君道，亦取君道之美云。[13]

（延熹），字说熹火炽也，疑汉火德，义若延其熹盛以冠元。又谥法

---

① 《大事记续编》卷一。
② 同上书，卷二。
③ 同上书，卷三。
④⑤⑥ 同上书，卷四。
⑦ 同上书，卷五。
⑧⑨⑩ 同上书，卷六。
⑪ 同上书，卷九。
⑫ 同上书，卷十一。
⑬ 同上书，卷十五。

有功安人曰熹，故和熹后为谥。又有熹平、光熹之元，或兼取此义。[①]

（中平），是岁张角反，出兵获其渠帅，义取自中而平乱云。[②]

礼国君即位必逾年然后改元，杜预以谓继父之志者，不思有变于中年也。今追去三号，案除光熹昭宁、永汉三号复为中平，盖悟前失而归正礼。[③]

正月郊祀上帝于安邑，改元建安。[④]

魏以土承火，故改元黄初，以承其运。通王莽更始二汉合四百二十六年。[⑤]

（孙）亮立不俟逾年而改元建兴，本刘禅年号。[⑥]

史官言景星见，故改元（景耀）。[⑦]

（晋）一年三易号。永安，吴孙休年号；建武，汉光武年号；永兴，汉桓帝年号。按惠帝九改元，而六同汉年，一用吴号。纪年颁朔，政之大者，皆事出仓卒，安袭曩名，庸非天厌惠德，趣衰启乱，俾发号施令，皆前王之刍狗。《传》曰：其坏不可支也。斯之谓欤。[⑧]

刘氏五主十五年，盖太子熙不在其数也。[⑨]

按《后魏书》称儁年号元平，今检范亨《燕书·燕载记》无元平之目，元平本汉昭帝年号。[⑩]

《张轨传》寔、茂、骏、重华、耀、灵、祚、玄靓、天锡，《晋·传》述其始末，皆世袭州牧西平公之位，元帝中兴江左，而凉州但称愍帝建兴年号，其门惟张祚篡僭，改建兴四十二年为和平元年，不及三周而被戕，及玄靓立，去帝制，复称建兴，至四十九年始奉穆帝升平正朔，讫天锡不闻有改元事。近世龚颖作《历运图》，述张氏年号，张寔永安，张茂永元，张骏太元，重华永乐，玄靓太始，天赐太清，颇有伦贯，询之诸儒，或云出崔鸿《十六国春秋》。疑张氏于国则私用己年，通朝廷则明奉王历，而崔书卷帙多散乱，莫得稽正。永安，孙休、晋惠帝，永元，

① 《大事记续编》，卷十六。

② 同上书，卷十八。

③ 同上书，卷十九。

④⑤ 同上书，卷二十。

⑥⑦ 同上书，卷二十三。

⑧ 同上书，卷二十六。

⑨⑩ 同上书，卷二十九。

汉和帝，太元，孙权，太始，汉武帝，和平，汉桓帝年号。[①]

慕容氏僭号十二年，通廆、皝八十六年。[②]

（慕容）忠改元建武，本汉光武、晋惠帝、元帝、石勒年号。[③]

时麟见金泽县，（吕）光以为己瑞，乃僭号称王，改元麟嘉，本刘聪年号。[④]

（窦）冲改元元光，本汉武帝年号。[⑤]

（姚兴）时败苻登，故改元皇初。[⑥]

吕超得小鼎于番禾，以为瑞乃纪年。[⑦]

（义熙），熙兴也，意取因义师而天下兴。[⑧]

（拓跋）嗣不俟逾年，改元永兴，本汉桓帝、晋惠帝、冉闵、慕容儁年号。[⑨]

姚泓不俟逾年，改元永和，本汉顺帝、晋穆帝年号。[⑩]

绝南于晋亡，进魏于明元帝泰常五年。[⑪]

乞伏上距国仁通乾归，降姚兴复自立，四十七年矣。[⑫]

（沮渠）蒙逊受魏凉州牧凉王之号，故改元（义和）。[⑬]

（孝建），义取诛灭凶逆，克用孝道。[⑭]

爽改元建平，本汉哀帝、石勒、慕容盛、慕容德、白亚栗斯年号。[⑮]

永泰以疾不瘳，望气者云宜改元永元，本汉和帝、张茂年号。[⑯]

天监，取诗云天之降监。初齐和帝镇荆州，以颜见远为录事参军，及即位，以为治书侍御史，兼中丞。高祖受禅，见远乃不食，发愤数日而卒。帝闻之曰：我自应天从人，何预天下士大夫事，而颜见远乃至于此也。[⑰]

获神龟于九龙殿灵芝池，故改元神龟。[⑱]

欧阳修语宋靖国曰：魏武定元年当在大统九年，不当在八年。[⑲]

① 《大事记续编》，卷三十。

②③④⑤⑥⑦　同上书，卷三十二。

⑧⑨　同上书，卷三十四。

⑩　同上书，卷二十三。

⑪⑫⑬　同上书，卷三十六。

⑭　同上书，卷三十七。

⑮　同上书，卷三十六。

⑯　同上书，卷四十。

⑰⑱　同上书，卷四十一。

⑲　同上书，卷四十二。

保定，其取诗天保定尔之义乎。①

武平乃其本朝武成帝之年，再用之者，将有意耶，抑乱亡之无法耶。②

义宁，取因义师之兴，而天下宁一也。③

古者人君即位，岁中不改元，所以申孝道。逾年必改元，所以正君统。二者国体之本，以礼为界，虽圣哲愚乱皆勉企及，中宗遭罹废黜，中兴唐祚，既逾年而不改武周之朔，非无法之甚欤。④

受开元神武之号，故改元开元。⑤

李泌云：元嘉、麟德、宝庆多以年号为历，陛下即位，用贞元历，年号贞元，而用贞元历则相应矣。皇朝之盛，无若贞观、开元，各取一字以明则效。遂用之。⑥

宣宗制泰边陲乐曲，有海晏咸通之句，及改元（咸通），颇为符协。⑦

通正，盖取四时和为通正之义。⑧

孟昶广政嗣位，涉五年乃改元，虽区区陋邦，理均自郐，然此之不省，其何国之有。⑨

开运，即位三年，始改元。与梁贞元同失。⑩

王延政上距延钧僭号四主十四年，通、延、翰、审知、王潮五主六十年。⑪

汉高祖既有天下，而追用晋氏已往之元，于义则非忠，于礼则非孝，进退无据，其衰季乱制乎。⑫

隐帝即位三年，卒不建元，以至亡国。虽天命之有改，亦人礼之先亡乎。⑬

（周）世宗即位凡六年不改元，恭帝逾岁而亡，亦仍故号，一元三世，古未之闻。兹礼之失，始于唐中宗，厥袭其迹者，真伪八君。而汉、

① 《大事记续编》，卷四十四。
② 同上书，卷四十五。
③ 同上书，卷四十八。
④ 同上书，卷五十五。
⑤ 同上书，卷五十七。
⑥ 同上书，卷六十一。
⑦ 同上书，卷六十七。
⑧ 同上书，卷七十一。
⑨⑩⑪ 同上书，卷七十五。
⑫⑬ 同上书，卷七十六。

周二朝，尤为巨谬，刘以乾祐兴灭，郭柴以显德始终，庸非丧乱荐臻，礼法前坏，天厌其祸，将启圣人。若曰受命，而王者乃能改元布度，为天下焉。此建隆所以承五代之弊，而克复旧章，颁朔之文，于是乎正矣。①

《历代纪元赋》一卷　杨备撰

杨备字修之，建平人。庆历中为尚书虞部员外郎，分司南京。②

《四库阙书目》（编年类）："杨备历代纪元赋一卷。"《秘书省续编到四库阙书目》卷一（编年类）："历年纪元赋一卷，阙。"

王应麟《玉海》卷五十九引《中兴馆阁书目》："《历代纪元赋》一卷，大理丞杨备撰。次汉至五代正统年号为赋一首。又别为宋颂四章。"③

晁公武《郡斋读书志》卷五（编年类）："《历代纪元赋》一卷，皇朝杨备撰。"

马端临《文献通考》卷一百九十三（编年类）："《历代纪元赋》一卷，杨备撰。"

《宋史·艺文志》卷二（编年类）："杨备《历代纪元赋》一卷。"

按此书惟《秘省续编到四库阙书目》作《历年纪元赋》，历年当为历代之讹，诸家著录可证也。

《帝王纪年通录》　李沂撰

沂字从圣，南安人。庆历间荐授国子监丞，迁大理寺丞。④

王圻《续文献通考经籍》（史类）："《帝王纪年通录》，南安李沂集。"

按何乔远《闽书》："是书起自伏羲甲寅，迄太平兴国己卯。其间分别正闰，傅以政治兴坏，名曰《帝王纪年通录》。"⑤ 重篹《福建通志》卷七十三《艺文》载沂有《五运图》⑥，不载之籍。

① 《大事记续编》，卷七十七。
② 参见周应合：《景定建康志》卷四十九。
③ 以《玉海》卷十三所引相校。
④ 参见《福建通纪·艺文志》卷十七。
⑤ 据《福建通纪·艺文志》卷十七引。
⑥ 又参见《福建通纪》。

《古今通系图》　丘与权撰

丘与权，建安人。至和中为昆山主簿，时议修昆山塘。与权陈五利，且言事或不成，请以身塞责，即列其议以闻。塘成，至今为利。后赵抃荐其尝为苏州教授，学者如归。困穷守道，未始陨获。王珪亦荐之曰：艺文优赡，议论纯正，遭时右文，宜见收采。①

廖刚《古今通系图·后序》："古今人常患史牒浩渺，详首罔末，举其中而遗其上下。弊精瘵形，白首铅椠之间，初若泳诸溟海，四无涯涘，恍然莫知所从出；虽明珠大见，异物深错，乌能尽攫而有，于是始为之图录，以提其大要者多矣。最先唐刘轲为《帝王照略》，爰自太古，讫于当世，比声成句，才盈千言，而兴亡世数，历历概见。国朝司马温公亦尝有献于神考皇帝，略虞、夏、商、周之史，世俗所习知者，而断自战国，至周之显德，凡千三百六十有二年，小大之国，存亡兴替，悉系之年，号《历年图》。抑又稍著理乱之由，而更足为世鉴者也。顷年书肆所鬻有四，曰《运统纪》，曰《帝王绍运》，曰《列圣节要》，曰《古今易览》，皆为图焉。虽详略不同，经画小异，要有意于参备，不为苟作。建安丘与权出入经史，为闽闻人，出其己意，为《古今通系图》，莫知与四者之作孰先后，观其编次，纂系连属，上下数千百年，条理辨晰，粲然洞照，略而纪之，盖又非数者比也。然与权初为书帙，刊之未便于览，予因暇日，更图之为五轴，朱画以辨正统，一纵一横，曲折而下，离者卒合，断者复续，列之壁间，连连乎洞视古今，而无有滞碍者矣。复摭传说，稍广其载，国名主号，皆为诗以次之，非敢为劳，姑因丘而善其事耳。"②

按此书仅见廖刚《后序》所纪，史志未见著录。《宋史·艺文志》卷三（谱牒类）有魏予野《古今通系图》一卷，与此同名，殆其类也。

《会统稽元图》　郭纯撰

司马光《答郭长官纯书》："所示《会统稽元图》，贯穿千余载，前贤搜罗所不至者，纤悉尽备，靡有阙遗，非夫好学之勤，用意之精，谁能臻此，钦服钦服。光学疏识浅，于正闰之际，尤所未达，故于所修《通鉴》，叙前世帝

① 参见王鏊：《姑苏志》卷四十一。

② 《高峰文集》卷十一。

王，但以授受相承，借其年以记事尔。亦非有所取舍抑扬也。于汉昭烈之立，尝著论以述其事，今并录呈，可以见其不敢专。夫正闰之论，诚为难晓，近世欧阳公作《正统论》七篇以断之，自谓无以易矣，有章表民者，作《明统论》三篇以难之，则欧阳公之论，似或有所未尽也。欧阳公谓正统不必常相继，有时而绝，斯则善矣。然谓秦得天下，无异禹、汤；又谓始皇如桀、纣，不废夏、商之统。又以魏居汉、晋之间，推其本末，进而正之，此则有以来章子之疑矣。章子补欧阳公思虑之所未至，谓秦、晋、隋不得与二帝、三王并为正统，魏不能兼天下，当为无统，斯则善矣。然五代亦不能兼天下与魏同，乃独不绝而进之，使与秦、晋、隋皆为霸统，亦误矣。足下离之，更为异等，斯又善矣。然则正闰之论，虽为难知，经三君子尽心以求之，愈讲而愈精，庶几或可以臻其极乎。是知古之人，贵于切切偲偲，良有以也。如光者，惷愚冥顽，安足以阈三君子之藩篱，而敢措一辞于正闰之间，窃惟足下录此书以相示，盖亦有切切偲偲之志，非欲光为诺诺之人也，刍荛之言，明者择焉。光辱足下之厚意，岂可逆自鄙薄，不倾胸腹之所有，以尽布于左右而求采择乎。孔子曰：名不正，则言不顺。先儒谓秦为闰者，以其居二代之间，而非正统，如闰居两月之间，而非正月也。夫霸之为言伯也，古者天子立二伯，分治天下诸侯。周衰，方伯之职废，齐桓、晋文能帅诸侯以尊周室，故天子册命使续方伯之职，谓之霸主。而后世学者，乃更以皇帝王霸为德业之差，谓其所行各异道，此乃儒家之末失也。今章子以霸易闰，似未为得，恐不足遵也。夫统者合于一之谓也，今自余以下，皆谓之统，亦恐名之未正也。又蜀先主自言中山靖王之后，而不能举其世系。后唐出于沙陀，姓朱邪氏，唐赐之姓，明宗复非庄宗之族，清泰又非明宗之子。李昪起于厮役，莫知其姓，或云：湖州潘氏子，李神福俘之，以为僮仆，徐温匄之以为子。及称帝，慕唐之盛，始自言姓李，初欲祖吴王恪，嫌其诛死，又欲祖郑王元懿，命有司检讨二王苗裔，有司请为恪十世孙，昪曰：历十九帝，十世何以尽之。有司请以三十年为一世，议然后定。足下云：蒙先世之烈者谓之余，今三家皆谓之余可乎。且余者，岂非谓承王统之余也。今刘知远谓之闰，而刘崇谓之余可乎。又凡不能一天下者，或在中国，或在方隅，所处虽不同，要之不得为真天子。今以曹、魏、刘石二赵、苻姚两秦、元魏、高齐、宇文周、朱梁、石晋、刘汉、郭周，为闰。孙吴、刘宋、二萧、齐、梁、慕容燕、赫连氏，为偏。李蜀、吕、李、秃发、沮渠四凉、乞伏秦、冯燕、杨吴、王孟两蜀、广南汉、王闽，为僭。三者如不相远，然愿更详之。彼苻氏、姚氏与慕容氏，赫连氏与拓跋氏，一据关西，一据山东，与高齐、宇文周，何以异乎。又凡天禄之不终者，传世不传世等耳。王莽虽篡窃天下，尝尽为之臣者十八年，与秦颇相类，非四夷群盗之比也。则天乃唐之母后，临朝称制，与吕后无殊，但不当革命称周耳。其后子孙相继有天下，不得谓之不终其身，今与王莽同谓之伪，亦似未安也。凡此数者，皆愚陋之所见，未必中理，愿足下采其区区之心，而不以为罪。”①

按郭纯所著《会统稽元》一书，史志不载，仅见于此。据光书知其编次历代之元，有正、余、闰、僭、偏、伪之说。尤堪注意者，殆为三国继统之问题，此书以刘蜀为余，以继汉统，曹魏为闰，孙吴为偏也。以蜀汉为正统，非作始于南宋，较然明矣。陈登元《蜀汉后主刘禅评》：“案蜀承汉统之说，实南宋人之陋说也。汉之余，曷尝有丝毫及于蜀哉。盖延祚作《三国志》、温公作《通鉴》，未尝以蜀汉为正统。自朱子《纲目》出后，翻使刘备不得为割据之一人。此固当时小朝廷之背景使然，然以此为正，一若刘禅凭藉炎德，安在其无土不王者。明人推波助澜，于是更有谢少连之《季汉书》矣。”② 陈氏之误，由未见及此，且谓南宋人以蜀汉为正统，作俑于朱子《纲目》，刘壎《隐居通议》卷二十四已辨其非，其未能详稽博考，徒肆长喙，刻意弹射，固知无当于事实者也。

《五代纪元》　杨杰撰

杨杰字次公，无为人。少有名于时，举进士。元丰中官太常者数任，一时礼乐之事，皆预讨论。元祐中，为礼部员外郎，出知润州，除两浙提点刑狱卒，年七十，自号无为子。有文集二十余卷，乐记五卷。③

杨杰《五代纪元·序》：“有唐之衰，五代起于藩镇。梁祖始以奸雄窥窃神器，虽天下畏其强盛，而弑逆之祸在于闺门，君不君，臣不臣，父不父，子不子，于梁氏备之矣，永其世不亦难哉。夫乱臣贼子，人人弃之，乘其所共弃而动之以言，故末帝得以诛友珪而代之。然而唐德深厚，人心未忘，此后唐之所以兴也。武皇征伐屏翰之功，初与梁祖相后先，而梁祖终于取天下，武皇终于藩国。千载而后，梁祖首篡窃之罪，武皇保忠义之名，善恶之致，何其殊如是耶。庄宗克成父志，勇于征讨，平定梁氏，中兴唐祀，议者称之。

① 司马文正公：《传家集》卷六十。

② 《金陵学报》第二卷第一期。

③ 参见《宋史》卷四百四十三。

至于溺惑声伎，吝啬赏赉，此其所以亡也。所谓暴威武者，或困于声色之娱，屯其膏，小贞吉，大贞凶，庄宗有之矣。庄宗、明宗、闵帝、废帝四世三族，姓异号同，同尊唐室，致有唐庙貌，虽石晋之代，亦宗祀之，而不敢废，乃武皇、庄宗之力。晋高祖利建大号，以君父事契丹，及少主嗣位，欲正名分，召徕敌寇，割裂中夏，人主后妃，蒙尘异域，皆高祖之罪也。汉高祖有赴难之迹，惜哉不克成其功，当中原无主之际，徇舆议而即位，不犹愈于僭窃者乎。隐帝不能驾驭英雄，潜行诛戮，倾覆宗社，诚自取之尔。周高祖、世宗可谓英武也已，而其享国不永，恭帝冲幼，讴歌不归，斯盖历数在乎真主，人谋之所及也。五十三年间，生灵困于涂炭，王道衰而不振，史氏荡而无法，秉笔之士，为之叹息。呜呼，十三主有君天下之势，而无君天下之道，君无其道，则赏罚有所不明，君有其势，故纪元之法以托之也。或曰：编年系事，必具四时，在纪元则梁祖不书春，庄宗不书春夏秋冬者何为也。曰：唐历未终，不可以与梁也，梁历未终，不可以与后唐也，不与之，所以正正统也。正统不正，何以正天下哉。治平三年春正月序。”

按杨杰此书，本传不载，史志亦无之。其书于五代正统，不与朱梁，亦不与后唐，盖以其乱世无统也，而重正统之意可窥焉。

《历代帝王年运铨要》十卷　朱绘撰

朱绘，官左朝请大夫[①]，著有《历代帝王年运诠要》十卷[②]，《事原》三十卷。[③]

王应麟《玉海》卷四十七引《中兴馆阁书目》：“《历代帝王年运铨要》十卷，绍兴初，朱绘纂。以欧阳修作《正统图》，黄帝五十六氏，一切采录，乃起自伏羲。”

尤袤《遂初堂书目》(编年类)：“《帝王铨要》。”

陈振孙《直斋书录解题》卷四（编年类)：“《历代帝王年运诠要》十卷，左朝请大夫朱绘撰。绍兴五年序，未详何所人。”

马端临《文献通考》卷一百九十三《经籍》(编年类)：“《历代帝王年运诠要》十卷，朱绘撰。”

《宋史・艺文志》卷二（编年类)：“朱绘《历代帝王年运铨要》十卷。”

---

① 参见陈振孙：《直斋书录解题》卷四。

② 参见《宋史・艺文志》卷二。

③ 同上书，卷六。

按陈元靓《书林广记》丁集卷二："朱绘，宋朝人，左朝奉大夫，撰《历代帝王年运论要》。"当从诸家著录作铨要为是也。

《经世纪年》二卷　张栻撰

张栻字敬夫，绵竹人。浚子，以廕补官，除直秘阁。孝宗即位，召为吏部侍郎，兼侍讲，除左司员外郎。寻除秘阁修撰、荆湖北路转运副使，改知江陵府。栻有公辅之望，卒时年四十有八。所著《论语孟子说》、《太极图说》、《洙泗言仁》、《诸葛忠武侯传》、《经世纪年》，皆行于世。①

陈振孙《直斋书录解题》卷四（编年类）："《经世纪年》二卷，侍讲广汉张栻敬夫撰。用《皇极经世谱》编，有所发明则著之。其言邵氏以数推知去外丙仲壬之年，乃合于《尚书》成汤既没太甲元年之说。今案孔氏《正义》正谓刘歆、班固不见古文谬作《史记》，而章衡《通载》乃云以纪年推之外丙仲壬合于岁次，《尚书》残缺，而《正义》之说误。盖三代而上帝王历年远而难考类如此，刘道原所谓疑年者也。然《孟子》亦有明文，不得云《史记》谬。"

王应麟《玉海》卷五十五："张栻因经世之历，考自尧甲辰至乾道改元之岁，凡三千五百二十二年，列为六图，曰《经世纪年》。"

马端临《文献通考》卷一百九十三《经籍》（编年类）："《经世纪年》二卷，张栻撰。"

焦竑《国史经籍志》卷三（经年类）："《经世纪年》二卷，张栻。"

按张栻《经世纪年·序》："太史迁作《十二国世表》，始纪甲子，起于成周共和庚申之岁，庚申而上则莫纪焉。历世寖远，其事杂见于诸书，靡适折衷，则亦传疑而已。本朝嘉祐中，康节邵先生雍出于河南，穷往知来，精极于数，作《皇极经世书》，上稽唐尧受命甲辰之元，为编年谱。如云外丙仲壬之纪，康节以数知之，乃合于《尚书》。成汤既没，太甲元年之说，成汤之后，盖实传孙。《孟子》所说，特以太丁未立而卒，方是时，外丙生二年，仲壬生四年耳。又正武王伐商之年，盖武王嗣位十一年矣，故书序称十有一年，而复称十有三年者，字之误也。是类皆自史迁以来传习之谬。一旦使学者晓然得其真，万世不可改者也。某不自揆，辄因先生之历，考自尧甲辰至皇上乾道改元之岁，凡三千五百二十有二年，列为六图，命之曰《经世纪年》，以

① 参见《宋史》卷四百二十九。

便观览。间有鄙见，则因而明之。其大节目有六：如《孟子》谓尧、舜三年之丧毕，舜、禹避尧、舜之子而天下归之，然后践天子位，此乃见帝王奉天命之大旨，岂可闇而弗彰。故于甲申书服尧之丧，乙酉书践位之实，丙戌书元载，格于文祖，自乙酉至丁巳，是践位三十有三载也。则书荐禹于天，与《尚书》命禹之辞合，自丁巳至癸酉，是荐禹十有七年也，与《孟子》之说合。于禹受命之际，书法亦然。然而书称舜在位五十载，陟方乃死，则是史官自尧崩之明年通数之耳。夏后相二十有八载，寒浞弑相。明年少康始生于有仍氏，凡四十年而后祀夏，配天不失旧物，寒浞岂可使间有夏之统。故缺此四十载不书，独书少康出处，而纪年载于复国之岁，以见少康四十年经营宗祀绝而复续，足以为万代中兴之冠冕。① 于新莽之篡，缺其年，亦足以表光武之中兴也。汉吕太后称制，既不得系年，而所立他人子，名为少帝者，又安得承统，故复缺此数年，独书曰吕太后临朝称制，亦范太史祖禹系嗣圣纪年之意也。汉献之末，曹丕虽称帝，而昭烈以正义立于蜀，不改汉号，则汉统乌得为绝。故献帝之后，即系昭烈年号，书曰蜀汉。逮后主亡国而始系魏。凡此皆节目之大者，妄意明微扶正，不自知其愚也。其他如夏以上称载，商称祀，周始称年，皆考之书可见，而《周书·洪范》独称祀者，是武王不欲臣箕子，尚存商丘箕子之志也。由魏以降，南北分裂，如元魏、北齐、后周皆夷狄也，故统独系于江南。五代迭揉，则都中原者，不得不系之。嗟乎，世有古今，太极一而已矣。太极立则通万古于一息，会中国为一人，虽自尧而上六，阏逢无纪，然上圣惟微之心，盖未尝不周流该遍，亘乎无穷而贯于一也。是以《春秋》书元以著其妙用，成位乎其中者也。大君明斯义，则首出庶物，天地交泰，极裁成辅相之妙矣。为人臣而明斯义，则有以成身而佐其主矣。若夫《易》、《春秋》之用不明，则经世之旨不几于息乎。乾道三年正月甲子谨序。"② 此序不见《南轩集》，序中按语，魏齐贤《五百家播芳大全文粹》无之，当出于马端临者也。陈振孙《直斋书录解题》卷四："本朝欧阳修论正统而不黜魏，其宾客章望之著《明统论》非之，见于《国史》。近世张栻《经世纪年》直以先主上继献帝为汉，而附魏、吴于下，皆是物也。"③ 周

---

① 原注：今按张氏此序成于乾道间，所谓四十年经营中兴者，盖以少康之所历如此，其久以讽时也，然而事情不同。

② 《文献通考》卷一百九十三，《五百家播芳大全文粹》卷一百二十三又载。

③ 又见周必大：《续后汉书·序》。

密论正闰："张敬夫亦著《经世纪年》直以蜀先主上继汉献帝。"[①] 张栻称其书大节目有六，而最为人注意者乃以昭烈继统，名曰蜀汉一事也。此书《宋史》本传纪之，惟《艺文志》失载，是其疏矣。

《混天帝王五运图古今须知》一卷　李焘撰

李焘字仁甫，丹稜人。绍兴八年擢进士第，博极载籍，成《续通鉴长编》。进秘阁修撰，权礼部侍郎，除敷文阁学士，致仕。卒年七十。赠光禄大夫。《长编》一书用力四十年，叶适以为《春秋》以后才有此书。[②]

《宋史·艺文志》卷二（编年类）："李焘《混天帝王五运图古今须知》一卷。"

《历代帝王纂要谱括》二卷　孙应符撰

孙应符字仲潜，余姚人。介子，著有《历代帝王纂要》二卷，《幼学须知》五卷。[③]

陈振孙《直斋书录解题》卷四（编年类）："《历代帝王纂要谱括》二卷。余姚孙应符仲潜撰。盖绍运图之详者也。"

马端临《文献通考》卷一百九十三《经籍》（编年类）："《历代帝王纂要谱括》二卷，孙应符撰。"

王圻《续文献通考·经籍》（史类）："《历代帝王纂要谱括》，孙应符著。"

焦竑《国史·经籍志》卷三（编年类）："《历代帝王篡要谱括》二卷，孙应符。"

《蜀汉书》　高似孙撰

高似孙字续古，余姚人。登淳熙十一年进士。累官中大夫提举崇禧观，晚家于越，卒赠通议大夫。[④]

高似孙《史略》卷二："自司马氏史至五代史数千百年，正统偏霸与夫僭窃乱贼，甚衰至微之国，虽知夷狄，而史未有不书其国号者。陈寿志三国乃独不然，刘备父子在蜀四十余年，始终号汉，是岂可以蜀名哉！其曰蜀者，

① 《癸辛杂识·后集》，刘壎《隐居通议》卷二十四说同。

② 参见《宋史》卷三百八十八。

③ 参见陆心源：《宋诗纪事诗补遗》卷五十二。

④ 参见陆心源：《宋史翼》卷二十九。

一时流俗之言耳。寿乃黜正号而从流俗。史之公法，国之正统，辄皆失之，则其所书尚可信乎。且是时世称备为蜀者，犹五代称李璟为吴，称刘崇为晋者耳。今《五代史》作南唐、东汉《世家》，未尝以吴、晋称史。荆公曰：五代之事不足书，何足烦公。三国可喜事甚多，率坏于陈寿，公其成之。公虽深然，未暇作也。予遂作《蜀汉书》，系蜀以汉，尚庶几乎。”

按刘壎《隐居通议》卷二十四：“司马文正公作《通鉴》，于三国帝魏而以吴、蜀附之，世病其非，然其说非始于司马公也。朱文公作《纲目》则黜魏，而直以昭烈上继献帝，世许其正，然其说非始于文公也。按陈寿在蜀，仕屡见黜，父又为诸葛武侯所髡，实于刘氏有私憾，其著《三国志》，故以魏为帝，而指汉曰蜀，遂与孙氏俱谓之主，《通鉴》帝魏，因寿史尔。然寿死未几，习凿齿作《汉晋春秋》，起汉光武，终晋愍帝，以蜀为正，以魏为篡，谓汉亡仅一二年，则已为晋，炎兴之名，天实命之[1]，其书五十四卷，徒见于唐《艺文志》，及宋朝《太平御览》之目，逮仁宗时，修《崇文总目》，其书已逸。惟晋史载所著论，千三百余言，大旨昭然。唐刘知幾《史通》云：备王道则曹逆而刘顺。宋朝欧阳公论正统，主于帝魏，其宾客章望之著《明统论》非之，见于《国史》。南渡后张宁公栻作《经世纪年》，直以先主上继献帝为汉，而附魏、吴于下方，《纲目》黜魏，因此诸说尔。”以蜀继汉统，其说习凿齿实启之，高似孙《史略》卷三：“凿齿著《汉晋春秋》起光武终于晋愍帝，三国之时，蜀以宗室为正，魏武虽受汉禅，尚为篡逆，文帝平蜀乃汉亡而晋始兴焉。”此即其撰《蜀汉书》，以蜀继汉统之所本也。惟于朱子《纲目》之说，未尝及之，钱穆撰《朱子之通鉴纲目》谓晚年未成书，今存《纲目》，实成于赵师渊[2]，而史略前有庆元元年自序，朱子卒于庆元六年，年七十一[3]，是其时《通鉴纲目》未出之证也。

《古今年号录》五卷　侯望撰

王应麟《玉海》卷十三：“绍熙五年八月，侯望进《古今年号录》五卷。自汉建元至今一千三百三十五年正伪年号，总八百三十八为字二百三十五。”

按尤袤《遂初堂书目》编年类有《古今年号录》一书，未悉即侯望此书，抑封演所撰，演有《古今年号录》一卷，见《宋志》卷二编年类。

---

① 原注：晋武帝名炎，而后主年号也。

② 参见《寿罗香林先生论文集》。

③ 参见《宋史》卷四百二十九。

《改修三国志》六十七卷　李杞撰

李杞字良仲，号木川，平江人。庆元元年韩侂胄欲逐赵忠定，因以尽除天下之不附己者，名以伪学。朱文公去国，寓西湖灵芝寺，送者渐少，惟杞独从叩请，得穷理之学。有《紫阳正传》校行于世。[①]

《宋史·艺文志》卷二（别史类）："李杞《改修三国志》六十七卷。"

按王应麟《玉海》卷四十七："开禧中，李杞《改修三国志》六十七卷。尊昭烈后主为汉纪，魏、吴次之，复有义例、年谱各一卷。"重修《湖南通志》卷二百四十七《艺文志》："宋有二李杞，一字子材，北宋西川人，官大理寺丞，见《东坡诗集》。有《谦斋书解》及《周易详说》。一南宋人，字良仲，从学朱子，籍隶岳州之平江。史载此书名次郑樵《通志》、萧常《续后学书》，其下乃陈傅良、蔡幼学等，则是南宋之良仲，而非北宋之谦斋明矣。"此书开禧中撰，则属之良仲无疑矣。其中六十五卷，即据《陈志》加以改修，据朱子《纲目》之说，尊蜀为正统。益以义例、年谱各一卷，故为六十七卷者也。

《续后汉书》　郑雄飞撰

郑雄飞字景温，号慥堂，仙居人。端平二年进士，累官秘书少监，户部左侍郎，冰檗有守，刚方不挠。景定中太学生金渭谞请与县尉吴谅同祠，称六贤堂。[②]

周密《癸辛杂识·后集》："近世如郑雄飞亦著《续后汉书》，不过踵萧常之故步，最后翁甫[③]又作《蜀汉书》，又不过拾萧、郑弃之竹马耳。"

按《宋史》不为郑雄飞立传，王棻《光绪仙居志》卷十三有传，可补其阙，然不云著《续后汉书》也。

《蜀汉书》　翁甫撰

翁甫字景山，崇安人。宝庆二年进士，既仕后尤励志读书。荐知西安县，除直讲太常博士。累官太傅少卿，出知江西转运使兼守豫章，改知泉州，未赴卒，以忠悃著声，所著有《蜀汉书》、《浩堂类稿》、《读书壁记》。[④]

---

① 参见全祖望：《宋元学案》卷六十九。

② 参见王梓材：《宋元学案补遗》卷六十九。

③ 按旧误作再。

④ 参见李清馥：《闽中理学渊源考》卷二十五。

王圻《续文献通考》（史类）：“《蜀汉书》，翁甫著。甫字景山，崇安人。孝宗时登进士第，立朝论事切直，出知隆兴府。”

按刘克庄《后村诗话续集》：“《三国志》帝魏而卑吴、蜀，说者谓陈寿蜀人，仕屡见黜，父为诸葛所髡，于刘氏君臣不能无憾而然。翁浦仲山作《蜀汉书》以矫之，游丞相（似）亟称其书，仲山亦求序于余。余观其书大意，是但书后主为安乐公，欲以著其不能负荷之罪，复翁书云：后主不能负荷，史官贬抑之可也，岂可因曹氏贬削之。会仲山仙去，其论未竟。后得庐陵贡士萧常所作《续后汉书》，大纲与仲山同，但萧氏直名其书曰《续后汉》，仲山犹加蜀字耳。萧书后主为少帝，按后主嗣位二十五年，而后播迁，殁时已六十五，似非少帝。周丞相为萧序此书，谓欧公议正统不黜魏，其客章望之著《明统论》以辨之，张南轩《经世纪年》直以先主继献帝，而附魏、吴于下方，又习凿齿《汉晋春秋》以蜀为正，魏为篡，考订详备。惜仲山游公皆未之见，余亦近方见之。”[1] 此称翁甫求序于刘氏，《后村全集》无之，序殆未成也。南宋《馆阁续录》卷六亦云翁甫字景山，与克庄所记名字皆不同，或其别署也。又董斯张《吴兴备志》卷五：“章综字子上，浦城人。枢密楶之子也。第进士，为户部员外郎、中书侍郎。刘逵之妻，综姨也。逵渐复元祐之政，综多赞之。蔡京欲挤逵，且恶综不附己，使其党攻之，出综湖州，及京复相，遂兴制狱，综一门流窜。张商英入相，始辨其冤。仕终龙图阁直学士。所著有《蜀汉书》、《浩堂类稿》，行于世。”[2] 今检《宋史·章综传》卷三百二十八及孙觌《鸿庆居士集》卷三十一《椎居集·序》、又卷三十二《直龙图阁章公墓志铭》，皆不云著有二书，必出于《建宁志》矣。然《建宁志》已佚[3]，无容检核。章综所著二书，与翁甫相同，何其巧合，因疑董斯张误以《建宁志》所载翁甫二书，列为章综所撰。盖《蜀汉书》不难同名，然二人之集亦能同名乎。王圻《续文献通考·经籍》（集部）：“《浩堂类稿》，翁甫著，孝宗时人。”知二书决为翁甫所撰无疑矣。

《季汉正义》　胡从圣撰

林景熙《季汉正义序》：“《通鉴》，鲁史也。《纲目》，《春秋》也。鲁史载二百四十二年行事。至《春秋》，笔削严矣。或问紫阳夫子曰：《通鉴》、《纲目》，

---

① 《后村先生大全集》卷一百七十八。

② 原注：《宋史》，参见《鸿庆集》，《建宁志》。

③ 参见张国淦：《中国古方志考》，426 页。

主意安在？答曰：主正统。每阅其编，如书莽大夫，魏荀攸、晋处士、唐特进，笔削一字间。况老瞒汉盗，玄德汉胄，史不当黜胄而与盗，故以蜀汉系统。上承建安，下接泰始，而正统于是大明。用《春秋》法也。同时文昭朱子作《三国纪年》，亦以蜀汉为正。然而不废前史者，犹鲁史之于《春秋》也。正统在宇宙间，五帝三王之禅传，八卦九章之共主，土广狭、势强弱不与焉。秦山河百二，视江左一隅之晋，广狭强弱，居然不侔。然五胡不得与晋齿，秦虽系年，卒闰也。世无鲁连子，岂惟紫阳悲之。胡君从圣学古笃，任道毅，既重志三国，又为《季汉正义》。于以翼前修而扶正统，意何切也。抑持寸管以诛奸慝，天地鬼神，实与闻之。顾所以自持其身者，必无毫发或愆于正。不然，彼冥冥者，亦将有辞，千古在前，万世在后，从圣其尚谨之哉。”①

按胡从圣《季汉正义》其书撰人虽无考，然此序中称同时文昭朱子作《三国纪年》，亦以蜀汉为正，文昭即朱黻字，黻撰《纪年备遗》，朱彝尊《永嘉朱氏纪年总辨序》：“所著《纪年备遗》百卷，今之存者，特三国、六朝、五代偏安本末二十八卷，目录四卷。开禧丁卯，锦溪吴奂然景仲序之，非足本也。”② 是《三国纪年》，原在《纪年备遗》之内，则从圣殆开禧间人也。沈德符《野获编补遗》卷四：“近年新安人谢少连名陛者，祖朱子《纲目》，尊刘备为正统，作《季汉书》。附魏、吴于蜀汉之后，尽斥陈延祚《三国志》，自为千古卓识，一时巨公，如李本宁，亦为之序，其推许甚至。间有议之者，谓吴中先辈吴尚俭者，已曾为此书。吴为明经不仕，今大参安国之父也。然不知古人又编葺成全帙。”是季汉之名，又为明代吴书、谢书之所祖也。

《历代纪统》　陈著撰

陈著字子微，号本堂，鄞县人。宝祐四年进士，贾似道当国，遂出为安福令。咸淳四年改知嵊县，寻改临安，擢太学博士。宋亡避兵，晚居四明山中。卒年八十四。③

王圻《续文献通考·经籍考》（史部）：“《历代统纪》，陈著撰。著字子微，德刚子也。别号本堂。登文天祥榜进士，咸淳中通判临安，后隐居四川之奉川。撰是书以淑子弟。”

按陈旅《历代纪统序》：“故宋知台州郡监陈公子微之仕于朝也，雅操足

① 《霁山集》卷五。
② 《曝书亭集》卷三十五。
③ 参见陆心源：《宋史翼》卷二十五。

以厉俗，说论足以匡政，而卒扼于枋臣，不得大用，宋亡隐居句章山中，不与世接。叹曰：吾无复有可为者矣，教子犹吾职也。乃日取载籍所存与伊洛儒先绪言，为诸子道之。既又以为韩退之善教子，谓人之所以异于牛马者以其通古今也。乃又取历代史自三皇迄于祥兴，撰为四言，叶以声韵，若胡氏叙古为千文蒙求之类，辞约而事备，笔直而义婉，一目成诵，则数千百年之事，粲然在胸中矣。然名其书曰《历代纪统》者，则以为帝王之统出于天，虽偏弱如蜀汉、东晋，皆天统所在。当时敌国虽强大，据有中土，要不得紊天统也。是统一正则人心之天理可得而言矣，此朱子所以为《纲目》之书，而公之所以教其子也。呜呼，公之意微矣。公幼子泌，蚤受其书而读之，今老矣，尝尊《纪统》为经，而自为之传。其传则又纲挈目张之，至于有关世教之大者，则必具论其是非，以贻鉴于来世，大抵皆所以明其父之意，若史迁述太史公之言以为书，而自为成一家言者乎。昔我先人之教旅兄弟也，亦尝为书述伏羲至赵宋之事曰羲宋，其法大较与《纪统》相类，而旅奔走四方，袖简无复存者，见是书不能不刺然于心也。呜呼，泌其遂为陈氏之贤子哉。公讳著，子微字也。文丞相同年进士，人号之为本堂先生。泌字汝泉，观于是书可以知其学矣。汝泉于旅孰宗盟之好，故属旅序之。”[1] 周伯琦《通鉴续编序》：“子经之大父讳著者，撰《历代纪统》以淑子弟。父讳泌，尝为校官，有名，又传注《纪统》千百言，至子经盖三世矣。”此书陈、周二序皆作《纪统》，惟《续通考》作《统纪》耳。此虽蒙童之书，然义之所归，不忘其统，迄于祥兴，国祚覆亡，犹冀其不绝，谓之天统，孤臣孽子之心，可想见焉。

① 《安雅堂集》卷六。

饶宗颐

二十世纪学术文集

卷六　史学（下）

中国人民大学出版社
· 北京 ·

卷六 史学

目录

史学论丛

卷六

目　录

楚恭王熊审盂跋

1990年5月，余自波士顿于役纽约，读画于大都会博物馆，屈志仁兄捧此器见示，器作扁瓿形。器盖镶四环形耳，耳上有镂空蟠螭交错状，盖顶上捉手及四脚皆作缠绕蟠螭纹饰，极为复杂工致，即采用失蜡法熔模铸制。1978年河南淅川县下寺春秋楚墓出土有用失蜡法铸件，据称为目前所知最早用失蜡法之器，其二号墓墓主为鲁襄王时期楚令尹子庚即公子午。[①]

此盂则为熊审之物，杜预《左》襄十二年注云："子庚，庄王子，午也。"午与审皆庄王之子，为兄弟行。年代实相迩。一说重定器中之倗，其人即午死后第二年出任令尹之薳子冯，墓主年代应推迟至楚康王十年（公元前548）。[②]

盂有铭文六字曰"楚王熊审之盂"，在器底部。此器出土来历未详。

熊原作酓，借为熊无须多说。下一字，以《说文古籀补补》引古鉨审字作及证之，当释审。审本作宷，《说文》云："宷也，从宀釆。篆文从番作审。"此器审字下从甘，从甘与从口无别。五祀卫鼎审字作，汉印作（《汉印文字征》卷二），与器铭此字形构相同，可以为证。

《史记·楚世家》："庄王卒，子共王审立。"《左传·鲁成公七年》记子反

① 参张剑：《从河南淅川春秋楚墓的发掘谈对楚文化的认识》，载《文物》，1980（10）；赵世纲、刘笑春：《王子午鼎铭试释》，载《文物》，1980（10）。

② 李零：《楚叔之孙倗究竟是谁》，载《中原文物》，1981（4）。

事云："及共王即位。"杜预注："楚共王以鲁成公元年即位。"楚王熊审始见于此。审在位三十一年。《史记·十二诸侯年表》记其起讫如下：

楚共王审元年为周定王十七年（辛未）、鲁成公元年、晋景公十年（即公元前590）。

审三十一年为周灵王十二年（辛丑）、鲁襄公十三年、晋悼公十三年。楚共王即卒于是年。

共王行迹，有两事值得书者：一为鄢陵之役丧师伤目，一为终前之议谥，略记如下：

鄢陵为春秋有名之战役，见《左传·成公十六年》、《史记·楚世家·共王十六》与《晋世家·厉公六年》。《左传》云：

六月，晋楚遇于鄢陵。……甲午晦，楚晨压晋军而陈。……楚子登巢车以望晋军，子重使太宰伯州犁侍于王后。……

苗贲皇在晋侯之侧……言于晋侯曰：楚之良在其中军王族而已。请分良以击其左右。公筮之，史曰吉。其卦遇复，曰："南国蹙。射其元，王中厥目。"国蹙王伤，不败何待！……

癸巳，（楚）潘尪之党与养由基蹲甲而射之，彻七札焉，以示王曰：君有二臣如此，何忧于战。……

及战，射共王中目。（楚）王召养由基与之两矢，使射吕锜，中项伏弢。以一矢复命。

楚共王审在此役中目受伤。《晋世家》云：

癸巳，射中楚共王目，楚兵败于鄢陵。子反收余兵拊循，欲复战，晋患之。共王召子反，……子反醉不能见。王怒攘子反。子反死，王遂引兵归。晋由此威诸侯。

晋楚之消长，取决于此一战。熊审伤目，应验于《复卦》之占辞，亦云异矣！《晋世家》共王伤目为癸巳日，可补《左传》。

至于议谥之事，见于《国语·楚语上》：

恭王有疾，召大夫曰："不穀不德，失先君之业，覆楚国之师，不穀之罪也。若得保其首领以没；唯是春秋所以从先君者，请为灵若厉。"大夫许诺。王卒。及葬，子囊（共王弟令尹子贞）议谥。大夫曰：君王有命矣。子囊曰：不可。夫事君者，先其善不从其过。……有是宠也而知其过，可不谓恭乎。若先君善，则请为恭，大夫从之。

熊审临终自谥为灵或厉，其弟子囊改为恭。周制，谥必请于周天子，楚以僭称王，故自为谥，不理请谥之典。论者以为非礼。《谥法》云："既过能改曰恭。"是熊审之谥应作恭。《吕氏春秋》则作龚王。《慎大览·权勋》云：

荆龚王与晋厉公战于鄢陵。荆师败，龚王伤。

《史记》之《年表》、《世家》皆作共王，古共、龚与恭字俱通用。

此器盂字作，形颇特异。考王子申盏盂，盖作，齐良壶作，苏公作王妃盂簋作，省皿。此作声又为变体。此诸字疑增丫旁，丫为羊角，如萑之从隹从，即从丫于声。此字可补《金文编》。盂亦作杅，《仪礼·既夕礼》："两杅"，郑注："杅盛汤浆。"《墨子·兼爱下》："琢于盘盂。"《吕览·慎势》：

夫欲定一世，安黔首之命，功名著乎盘盂，铭篆著乎壶鉴。

此器即著于盘盂之一例。

又熊审异文或作葴。《楚语上》："庄王使士亹傅太子葴。"韦昭解："葴，恭王名。"按葴，草名，训马蓝，职深切。《类篇》诸深切，秦有鍼虎，鍼或作葴。与审二字韵同侵部而声别。故宋庠《国语补音》以为作葴者非。然《楚语》分明作葴，古书假借异写实繁，不必遽断为非。然此器作熊审，与《史记》之《年表》、《世家》均合。

战国楚器出土较多，春秋时器不数数遘。近时《阜阳汉简》十三文云"熊瓀九"[①]，瓀即熊咢。《楚世家》：熊徇十六年，郑桓公初封于郑。二十二年，熊徇卒，子熊咢立；熊咢九年卒，子熊仪立，是为若敖。熊瓀殆即熊咢，与此器之熊审两楚王私名，见于出土文物者，皆近年之新知，故并记之。

① 胡平生：Annals Found at fu-yand 阜阳汉简（*Early China* 14，1989）。

浙川诸器重定墓主为薳子冯，此说果信，则此熊审盂乃恭王时物，年代更在其前，乃为目前所知以失蜡法制作铜器所见实物之最早者。①

楚恭王熊审盂

① 关于失蜡法之铸造，《天工开物·冶铸篇》有详细记载。近时出土实物，若随县曾侯乙墓发掘所得各器，参看《曾侯乙墓报告》上479页谈失蜡法云："一九七九年河南淅川下寺二号墓又发现了失蜡铸件，比曾侯乙墓要早二百多年。"后德俊著《楚国科学技术史稿》第三节《失蜡法的应用》，所论失蜡法铸器实物，亦仅引证淅川材料而止。本文所论，可补其不及。

谈盛君簠

——随州擂鼓墩文物展侧记

湖北省随州擂鼓墩一号墓和二号墓出土的文物此次大规模在香港中国文物馆展出，吸引了许多观众。这次展品最惹人注目的是二号墓的大型编钟全套三十六件，最大的钟高达一公尺，重七十六公斤。一号墓编钟的公开展出，算是首次。前些日子在该馆举办的讨论会中，刘彬徽先生报告二号墓出土的情况，全墓出土物品有文字的只有铜簠一件，铭文云：

盛君萦之御固。[1]

但在一号墓几乎所有的器物，包括大部分的礼器乐器，都镌刻着“曾侯乙乍（作）时（持）甬（用）冬（终）”，兵器则大抵作“曾侯乙之行（或用）戈”等语，说明这些殉葬品都为曾侯乙所有之物。在二号墓则不然，仅有“盛君固”一器，其他都没有铭辞。一号墓的钟磬都刻铸律吕名目，二号墓的编钟全无文字，而且发音不很准确，据说是未经过打磨修治，所以音律不准。可见编钟的铸造，必须经过一番磨治手续，才能正确发音。这批没有铭辞的编钟，具有极高的研究价值。擂鼓墩二号墓是1981年发现的，详细报告，即在1985年第一期的《文物》正式公布。

我对于二号墓所出唯一无二的铭辞中“盛君”一名非常感兴趣，这里试

① 见附图拓本。

提出我的看法。

《穆夫子传》卷六记载有盛姬故事，说“天子[①]赐盛柏为上姬之长，是曰盛门”。郭璞注：“盛，国名。”《世本》云：“盛氏，周同姓国也。”盛是姬姓，《左传》其字作郕。《左传》隐五年、十年的郕字，《公羊传》作盛，《释名·释言语》云：“成，盛也。”盛和成二字通用，清儒已举出许多例证，不欲多论。《公羊》在庄八年说：“师及齐师围成，成降于齐师。成者何？盛也。盛则曷谓之成？讳灭同姓也。”他指出盛字何以作成，是由于灭周的同姓国而有所忌讳。其实是时成并未灭国，《公羊》之说有点不妥，已有些学者为之辨正。在《左传》里，成和郕二字同时出现，略举数例如下：

郕　见隐五年、十年，桓三年，襄十六年，僖二十四年。

成　见桓六年，昭七年、二十六年，战国初其封君尚有可考。先后附齐、奔鲁，然后为楚所灭。

楚国有成之封君，自是意中事。今从随州出土盛君萦匠，可知成为楚灭后，其君必迁居于楚，楚仍以为封君，故战国初期的墓葬有盛君萦匠礼器。

擂鼓墩二号墓，考古家从其出土器物形制定其年代为战国中期。对于盛君萦遗物，可作二种假定说法，一是盛君为周姬姓盛伯之后，和曾国有某种姻媾关系，所以盛君的用器，亦被作为陪葬品；另一是盛君萦或即是墓主，最少和墓主有密切关系。由于墓中只有这一器有铭辞，把它看作墓主用器，似较合适。盛为姬姓国，春秋末期的成桓公，尚为周室卿士，和曾侯乙的地位很相当，可能国灭之后，徙居于楚，所以其封君殁后有大量的礼器乐器作陪葬品，此点正堪耐人寻思。如果把盛君看作楚国的贵族臣属的封邑，葬品不能如是奢侈僭越，何得有这样规模瑰玮的编钟乐器，这是很费解的。一般误认成（盛）在《左》文十二年以后，其国已灭了，如《公羊》所说，那是不对的。定八年尚有成桓公，到战国初期为楚所并吞，其封君犹存，故有周室的卿士。按定十年孔子为相，是孔子时成国犹存。唐宋人都说成后为楚所灭：

《元和姓纂》（十四清）成姓：“周文王第五子郕叔武之后，子孙以国

① 指周穆王。

为氏，后为楚所灭。”

《路史·后纪》九下：“成伯子爵，后附于齐，还奔鲁，而灭于楚，有成氏、郕氏、上成氏……”注云：“战国郕午，仕赵始为成氏，然周鲁皆有成邑云。”

然何时灭于楚，其年不可考。鲁后亦为楚所灭。

清顾栋高《春秋大事表》：“文十二年经：郕伯来奔。传云郕人立君。”则郕尚存也。战国时有城阳君。《括地志》云：“古郕国。”

按成的地望当在山东，其属邑有夫钟。高士奇《地名考略》：“今汶上县北有夫钟里。”《括地志》、《元和志》均以东汉时的郕阳县为古郕伯国。[①]《水经·瓠子水注》引应劭说：“成，其后乃迁于成之阳，故曰成阳。”成迁于山东濮县东南，《路史·国名纪》引“京相璠……廪丘南故郕都”，则似乎是成之迁国。顾栋高言战国有成阳君，即由成阳君推论而得，然清儒不同意此说。[②] 成在春秋两种写法并存。《公羊》则作盛与成，盛即是成，不成问题。

《史记·管蔡世家》亦作成。“成是周文王第五子成叔武之后”。故《左传》僖二十四年引富辰说：“管、蔡、郕、霍……，文之昭也。”《贞松堂》六，三八有伯多父毁铭云：“成姬多母”。1975 年陕西岐山县董家村发现“成伯孙父鬲”。考古家都说是郕国遗物。《左传》文十二年经：“春正月，郕伯来奔。”传云：“十二年春，郕伯卒。郕人立君。大子以夫钟与郕邽来奔。”《公羊》十二年传：“盛伯来奔，盛伯者何？失国之君也。”字仍作“盛”。说者以为“郕国之事此后再无记载，即为鲁国所吞并”。其实成（郕）犹未灭，尚有周室卿士。观下列二事可以知之：

《左传》成十三年有成肃公，定八年有成桓公，其传云：

成肃公会晋侯伐秦。成公受脤于社，不敬。刘子曰：“……今成子惰，弃其命矣。”……成肃公卒于瑕。（瑕，晋地。）

“晋士鞅会成桓公，侵郑，围虫牢。”其时成宰有公敛阳（处父）。杜

---

① 濮州并泽县。

② 梁玉绳疑谓成阳君为韩人，与郕无关。

预注：“桓公，周卿士。”

在春秋末期，成国尚见诸记载，其封君每莅晋境，且为盛君萦其人，这是很说得通的。

楚和赵都有成氏，郕午仕赵为成氏，说已见《路史》注。楚则若敖之后有成得臣、成大心、成熊，但故书未见有异文作盛。鄙见盛君簠之盛，似以盛伯当之，更近情理，仍望方家加以指正。

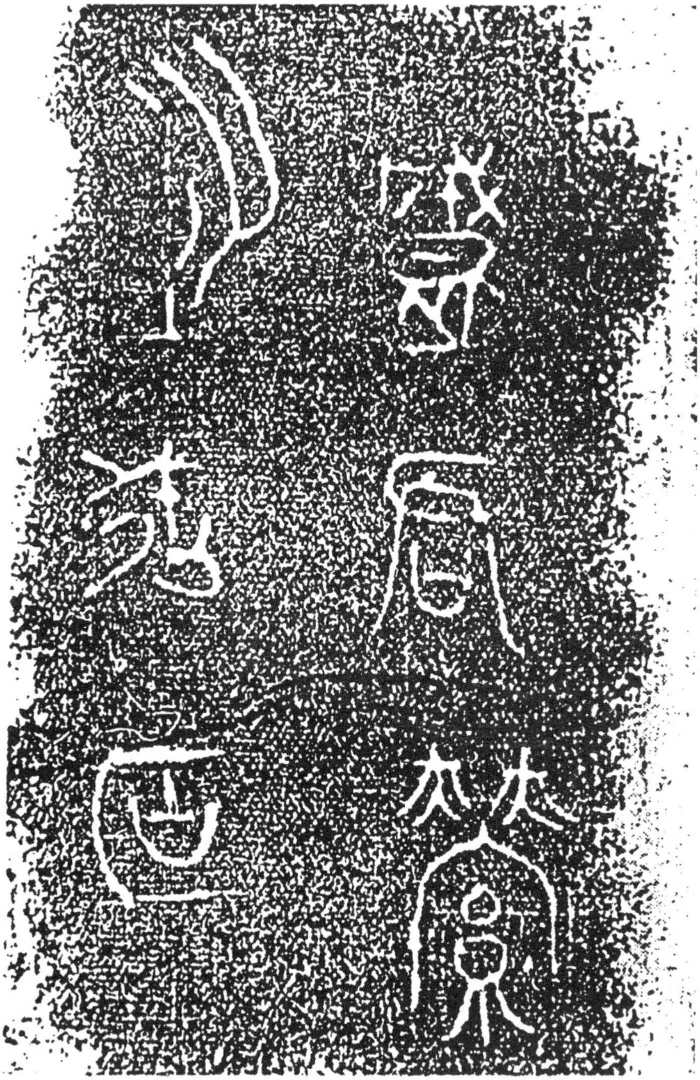

附图　铜簠拓本

中山君譽考略

河北省平山县战国中山王墓出土譽鼎（共四七〇字）、譽壶（四五一字）、盗壶（二〇四字）诸器，长篇铭辞，铿锵可诵，为近年考古学一大收获，诸家著文，讨论至繁。① 唯中山王譽究为何人，犹有待于抉发。譽字不见于字书，或疑是错字。② 古玺有长譽、和譽③凡二见。

出土三器，铭辞皆言及燕王哙及子之事。一则曰：

> 昔者郾（燕）君子徻（哙），觀（睿）弇夫硌（悟），迷（长）为人宗。闬䡴（于）天下之勿（物）矣，犹規（迷）惑于子之，而过（亡）其邦，为天下殍，而皇（况）才（在）于尐（少）君乎?（鼎铭）

再则曰：

> 斁（择）郾（燕）吉金针（铸）为彝壶……以鄉上帝，以祀先王。……诋（诋）郾之讹，以憼嗣王。……佸（适）𧶠（遭）郾君子徻（哙），不顧（顾）大宜（义），不匽（友）诸侯，而臣宗𦞤（易或孛）立（位），以内𢇍（绝）邵公之业，乏其先王之祭祀。……寡人非之。贾曰：为

① 见《故宫博物院刊》一、二；《文物》，1979（1）；《考古学报》，1979（2）。

② 于豪亮说。

③ 罗福颐说。

人臣而彶（反）臣其宗，不羊（祥）莫大焉……赒忎（愿）从在大夫……以诛不顺。……郾旌（故）君子遹。新君子之，不用豊（礼）宜，不顊逆思（顺），旌（故）邦䢅身死，曾亡鼠（一）夫之栽（救）。……（方壶铭）

三则曰：

……𨕖（逢）郾亡道𢼄（易）上，子之大辟不宜（义），彶（反）臣其宗。……佳司马贾……逵师征郾，大启邦𢼄（宇）……（郪䖵壶铭）

称其臣主孛位，力诋燕之错误，警告其嗣王，言之谆谆。譻所以叮咛再四者，必有缘由。

考燕王哙及子之让国在周慎靓王五年（公元前316），又二载，赧王元年，子之遂南面行王者事，故王哙年老不听政，反而为臣。三年而国大乱，将军市被与太子平谋攻子之。（《燕世家·燕策》）齐宣王[①]因乘机伐燕，大胜之，燕将市被战死，燕君哙死之，子之亦亡。中山君譻之伐燕，乃出邦相司马贾之谋，此事史书不载，赖郪䖵壶铭知之：是时孟子适在齐，故有“子哙不得与人燕，子之不得受燕于子哙”之评语。（《公孙丑》下）

各书所记，让位之谋或云出之鹿毛寿，或云出之潘寿，兹比较《燕策》、《史记》、《韩非子》三书异同如下：

《燕策》：鹿毛寿谓燕曰……不如以国让子之。……燕王因举国属子之。“或曰禹授益而以启为吏，及老而以启为不足天下，传之益也。启与支党攻益而夺之天下。”

《史记·燕世家》：鹿毛寿谓燕王不如以国让相子之。“或曰禹荐益已而以启人为吏，及老而以启人为不足任乎天下，传之于益，已而启与支党攻益夺之。”

《韩非子·外储》：潘寿谓燕王曰，王不如以国让子之。“一曰潘寿，阚者，燕使人聘之。潘寿见燕王曰，臣恐子之之如益也。”

考证：此三条前段皆同。后段史公全袭《国策》，只称或曰，韩非则以为

---

① 《史记》作湣王，此据《孟子》。

语出潘寿。

此一席话，可检原书勘校，兹不具录。观其意似向燕王哙说明让位必导致大乱。夏世启与益相争之事，可为殷鉴。故云“今王欲传子之，而吏无非太子之人者，是名传之而实令太子自取之也”（《韩非子》）。观后来太子平果与将军市被共谋而攻子之，足见说者实有先见之明。

寿为何人，向来无考。《外储》右下谓：

> 一曰潘寿，阚者，燕使人聘之。

宋乾道钞本，明韩子迂本、明正统《道藏》本皆同作“阚者”。（赵用贤本及凌瀛初本作“隐者”，疑出臆改。）《燕策》“鹿毛寿”一名，同于今本《史记》，然古本《史记》则异是。刘宋时裴骃《集解》引徐广云：

> 一作“厝毛”，又曰甘陵县本名“厝”。[1]

司马贞《索隐》云：

> 《春秋后语》亦作厝毛寿。

甘陵县本未详。晋孔衍之《春秋后语》亦作“厝”[2]，是晋宋之间凡有三本字皆作“厝”，而不作鹿，故厝字当较鹿为可据，甘陵本只作“厝”。

余疑厝即中山二器之譽也。鲍彪本《国策》补元吴师道引徐广“厝”下有音昔二字。厝与譽皆音昔，中山器字多作繁体，从䀠昔声，与厝可以假借。

考燕王哙三年，子之始相燕，盖苏代为齐使于燕，尝激王哙厚任用子之，子之因赂遗苏代百金。向时史家咸谓厝毛寿之说燕王以国让与子之，出自苏代之所使[3]，是时中山必已复国。[4] 中山王譽所铸钟首记“佳十三年”，据谓即赧王四年（公元前311），赵武灵王之十五年[5]，燕王哙之三年，即中山王譽之

① 南宋绍兴杭州刻本，文学古籍刊行社印本第六册。

② 敦煌写卷《春秋后语》有数卷，惜有赵无燕。

③ 如泷川资言《史记会注》。

④ 参见《六国纪年》。

⑤ 见罗福颐文。

六年也。中山复国，虽自称王，以本身蕞尔小国，不为人所齿，羞与为伍，当日有“犀首立五王而中山后持”① 之说。厝如即䜣，当时必尝说燕，与子哙论让位子之事，其人必周旋于燕齐之间。齐之攻燕，彼亦遣师征燕，启其疆宇，其后终为齐燕所共灭。②

韩非所以称潘寿为阚者，《说文》：“阚，望也。”字与瞰同。《诗·大雅·常武》：“阚如虓虎。”厝先为说客至燕，后见燕势衰，又合齐以攻燕，此事赖中山墓所出新资料得以证明。是其人非阚者而何？韩非之言，得自传闻，亦有足信者也。

《春秋后语》及《史记》古本之厝毛寿，《史》、《策》作鹿毛寿，鲍彪云：“鹿盖钜鹿，寿之所居。”窃疑毛寿或潘寿应为灵寿之讹。灵寿者，中山之都城。《史记·赵世家》：赵献侯十年，中山武公初立。《索隐》引（系）《世本》云：

> 中山武公居顾。桓公徙灵寿，为赵武灵王所灭。

据秦嘉谟辑本，此条盖出于“居篇”。中山武公初立在赵献侯十年（公元前414）。䜣壶所记尚有皇相文、武、趄祖、成考诸代，武即中山武公，趄祖即徙居灵寿之桓公③，中山王墓玉器有“桓子”二字，时尚称子。自桓以降，中山定居于灵寿，《乐毅传》称乐羊葬于灵寿。《汉书·地理志》：“常山郡有灵寿，中山桓公所都。”平山之发掘，正证明其地即古之灵寿。④ 燕人、齐人初不承认中山为王，故称中山䜣为厝灵寿，后讹为厝毛寿，更形讹为鹿毛寿。

䜣所铸之钟彝，所以郑重言及燕哙及子之之事，以为子孙鉴戒者，因彼尝充说客。与燕哙论让国子之，其事易生争端，必如夏启之与益，嗣后果验，故念念不忘其事，至泐之钟铭，以警后人，其事洵非偶然者。

中山鼎铭引古谚语“寡人闻之：蒦其汈于人，宁汈于渊。昔者郾君子徻”云云，《大戴礼》书武王践阼：“武王为戒，书其盥盘之铭曰：与其溺于人也，宁溺于渊。”罗福颐以汈为没字之省。《御览》引此以为随武子士会之语，然韩非《内储说》下六征云：

① 见《国策·中山策》。

② 事在周赧王二十年、燕昭王十八年、齐湣王十九年，见《史记·六国表》。

③ 参薛惠引中山国王世系。

④ 《文物》，1979（1），33页。

势重者，人主之渊也；君者，势重之鱼也。鱼失于渊而不可复得也。人主失其势重于臣，而不可复收也。古之人难正言，故托之于鱼。

此解老子“鱼不可脱于渊”之义。鼎铭引宁没于渊下，即接述燕哙让国事，正讥其失重势于臣，王哙所以失败，韩非之说亦可互参也。

燕王哙让国事，战国以来，似有毁与誉两种不同之说。《淮南子·人间训》：“徐偃王为义而灭，燕子哙行仁而亡。”此正誉之为行仁也。吾人读庄子之《让玉篇》，列举事例，唯未言及燕哙。可想见战国之顷，颇流行此种让国之思想，燕哙即实践此一理论者而招致失败。有如斯巴达王阿基斯四世（Agis Ⅳ，公元前245—前241）因实行犬儒学派Antisthenes思想而牺牲[①]，行仁而亡，东西可相辉映。中山王嚳铭，虽极力反对王哙与子之，然于王哙为人则称其能“闬天下之物”，毁中仍带誉焉。

附 中山王鲳鼎铭“智天若否”及毛公鼎“虩虩许许，上下若否”解——相反义联接词之古成语举例

中山王嚳鼎第二十六、七行有云“智（知）天若否，仑（论）其德，眚（省）其行，亡不怂（顺）道，考厇（度）佳型（刑）”。按“若否”成语已见于毛公鼎，铭云：“王，父厝，今余佳肇巠（经）先王命，命女辥（乂）我邦我家，内外惷于小大政，甹（甹，夹也、辅也，《左传》：‘以夹辅周室’）朕立（位）。虩虩许许，上下若否，雩（越）四方死毋童。”若，顺也；否，则反是。“若否”一词，《诗》、《书》常见。《盘庚》下“若否罔有弗钦”，《诗·烝民》：“邦国若否，仲山甫明之。”郑笺：“若，顺也。顺否犹臧否，谓善恶也。”《释文》：“否音鄙，恶也。”“若否”盖为相反义之联绵字。“虩虩”謰词，两见于《易》，履九四爻辞：“履虎尾虩虩。”震卦辞：“震来虩虩”，《子夏传》云“恐惧貌”。马、郑、王皆同。《说文》虎部虩字引《易·履》亦训恐惧，从虎㝨声，许隙切。《广雅·释训》：“虩虩，惧也。”“虩虩”，《吕氏春秋》引《易》作“愬愬”，《公羊》宣六年传：“灵公望见赵盾，愬而再拜。”何休注：“愬者惊貌，知其欲谏，欲以敬拒之。”故“虩虩”有戒慎恐惧之义，所以敬其事也。东周钟铭尗夷镈云：“虩虩成唐，又敢（有严）在帝所。”晋

① 见希腊史家普鲁塔克（Plutaque）撰：《阿基斯传》。

公簋云："虩虩在（上）。"其单言虩者则曰"虩事"，如秦公𣪘云："保𤔲（业）厥秦，虩事䜌（蛮）夏。"宝鸡新出土秦公钟云："宪公不㒸（坠）于上，邵合皇天，以虩事䜌方。"（《文物》，1978（11））夕惕从事谓之虩事，敬惧之至也。

虩虩重言见于《易》，"许许"语则未之闻，余谓即《庄子》之"顼顼"也。《天地篇》述子贡见汉阴丈人之后，"卑陬（愧惧）失色，顼顼然不自得，行三十里而后愈"。（顼顼亦作旭旭）《说文》页部："顼，头顼顼，谨貌，从页玉声，许玉切。"顼音许玉切，毛公鼎作许许，正与顼顼同音。《风俗通》引书六传训，"顼"云信也，悫也。《白虎通·号篇》解颛顼云"顼者正也"。西周大克鼎："顼于上下，亡敃得屯（纯）。""顼于上下"犹言"谨于上下"，顼顼为谨貌而虩为惊貌。虩许隙切，顼许玉切，互为双声，言虩虩顼顼于上下臧否之务，即敬事而信。西周以敬为宝训，故谆谆告诫如此！"亡敃"者，敃即暋，《书·康诰》："暋不畏死罔弗憝。"《说文》"愍，冒也"，引《周书》此语。（孟子引《康诰》作"闵不畏死"）伪《孔传》"愍，强也，自强为恶而不畏死。"得屯犹言得"纯"，纯谓之备，"不备则神生不定"（《庄子·天地篇》）。得纯则无冒而无违矣，唯顼顼然谨于上下者能之，此《克鼎》之彝训也。

顼于上下，叮咛言之则曰"虩虩许许，上下若否"。许、否二字，篇中协韵。上下一语，《尚书》屡见，《尧典》云："格于上下。"《君奭》云："大弗克恭上下。"大《者减钟》"其登于上下□□，闻于四旁"（即四方）皆其例。《洛诰》云："唯公德明，光于上下，勤施于四方。"德明者明德之倒言，《秦公钟》"冀受德明，以康奠协朕国"是也。

丰台燕王旦墓便房题凑跋

——说“黄熊桅礻□”四字

《左》昭七年传：“晋平公寝疾，梦黄熊入于寝门。郑子产为之解曰：‘鲧之神化为黄熊，以入于羽渊，实为夏郊，三代祀之。’”《史记·夏本纪》：“殛鲧于羽山以死。”张守节《正义》云：“鲧之羽山，化为黄熊，入于羽渊。熊音乃来反。下三点为三足也。”束皙《发蒙记》：“鳖，三足曰熊。”按《尔雅·释鱼》：“鳖三足能，龟三足贲。”《论衡·是应篇》：“龟三足曰能。”此晋束广微说之所本也。至隋唐之际，有径改其字为能者，陆德明《经典释文》十九于“黄能”下注语甚长，文云：

> 能如字，一音奴来反。亦作熊，音雄，兽名。能，三足鳖也。解者云兽非入水之物，故是鳖也。一曰既为神，何妨是兽。《说文》及《字林》皆云：能，熊属，足似鹿。然则能既熊属，又为鳖类，今本作能者胜也。东海人祭禹庙，不用熊白及鳖为膳，斯岂鲧化为二物乎？

陆氏引据繁博，以为今本作“能”者为胜。王引之《经义述闻》十九则力斥其非，历举五证，以明左国古本应作“熊”，作“能”者误，其说甚辩。

近年北京丰台西汉燕王旦墓便房内大漆床周边漆饰出见“黄熊桅礻□”题字。黄熊字下正作四点之“熊”，与《发蒙记》大异，是西汉时实作“熊”，不作“能”，可为高邮王氏增一新证。《北史》三十三《李士谦传》：“鲧为黄熊，杜宇为鶗鴂，……此非佛家变受异形之谓邪？”《隋书·隐逸传》同。士谦为李谧子，奉佛唯谨，引化黄熊事以说轮回之理，是隋本字亦作“熊”，可见不尽如陆德明之说。

燕王便房题“黄熊桅祁”者，盖黄熊入梦，乃鲧之神。《左传正义》云：“神之所化，不可以常而言之。”题凑第四缺字只存“示”旁，以意补之当是“神”字。桅读为诡，异也[1]，怪也[2]。此四字宜合读为“黄熊桅（诡）神”。黄熊，古亦以为献物[3]，视作祯祥。晋平公入梦之动物，《御览·兽部》二十引《琐语》作“赤熊”，其色又异。《琐语》岂即汲冢所出诸国卜梦妖怪之相书者欤。[4]

《海内经》：“帝令祝融杀鲧于羽郊，鲧夏生禹。”郭璞注引开（启）筮“化为黄龙”，刘向《九叹·远游》：“因灵玄于虞渊。”灵玄即玄龟，虞渊乃羽渊之音变，此指鲧事甚明。江陵凤凰山八号汉墓出土龟盾漆画，畏兽作三足一角，与三足之熊形象正合。[5] 此汉时龟盾图绘三足兽之遗迹。

《山海经·中山经》：“青要之山，北望河曲，南坐墠渚，禹父之所化，魋武罗司之。”郭璞注：“鲧化于羽渊为黄熊，《水经·伊水注》作禅渚。”此一传说，传播入于中州。三足之鳖，亦非全属无稽。《中次七经》：“大祁之山，狂水出焉，西南流注于伊水。其中多三足龟，食者无大疾，可以已肿。”又《中次十一经》“从山”、“从水”条云：“其中多三足鳖，枝尾，食之无蛊疫。”郭璞《江赋》：“有鳖三足，有龟六眸。”郭氏注《尔雅》即云：“三足鳖出吴兴阳羡君山池中。”是古确有三足龟、鳖之异种，可以去蛊疫，人用之以为辟邪者。

黄能之作黄熊或黄龙，《晏子春秋·问下》“其竜久乎”，《左传·昭公三年》作“其能久乎”。竜乃龙之俗体，此借龙为能。字书《篇海》有翡字，云虫名，与蟹同。楚鄂君启舟车两节“岁能返”之能字繁形，上正从羽，其所以增益“羽”形于能字之上者，或与鲧事化为黄能入于羽渊有关系，故加羽旁。足见黄能神话在春秋时流行之广。

---

① 《后汉书·班彪传》李贤注。

② 《玉篇》。

③ 白帖引《王会篇》，李善引《六韬》。

④ 《晋书·束皙传》。

⑤ 《文物》，1974（6），64页。

说“瓦”

《说文》十二下：“瓦，土器已烧之总名；象形。”《慧琳音义》卷六瓦字注引《说文》：“土器也；象形，用以盖屋，牝曰瓪，牡曰甋。”按以牝、牡别瓦之说，出自顾野王《玉篇》。其卷十六瓦部云：“瓦，土器也。”周氏藏元本《玉篇》，瓪与甋同训牡瓦，必有一误。据《集韵》应以瓪为牝瓦。何谓已烧？《说文》土部坏下云：“一曰瓦未烧；瓦，谓已烧者也。”瓦字未见于古文字。林义光《文源》云：“瓦象鳞次之形，本义当为屋瓦。”屋瓦之作成，亦经烧制。1975年安阳小屯村于祭坑中，发现人头骨下置一铸有铭辞之铜器盖，铭文云：“王乍（作）娍弄。”（拓本见《考古》，1976（4））此器现藏安阳陈列所，曾摩挲久之。余疑其声符之互，当是瓦字。按娍从女者，殷时子姓有瓦；《路史·国史纪》四云：“黎、比、髦、扐、叚、瓦、铁七国皆子姓，出《世本》。”（雷学淇校辑本。瓦列为子姓，殷汤裔。）此铭谓王为娍国妇女所作之弄器。瓦字从女作娍，乃殷之同姓；王字形则为卜辞习见之晚期书体。1972年，河北藁城发现商代铁刃铜钺，证之殷时子姓有铁，可见殷人对铁已有相当认识，故取以为姓。

瓦另一义为纺砖。《诗·斯干》：“乃生男子……载衣之裳，载弄之璋。”又：“乃生女子……载衣之裼，载弄之瓦。”郑注：“半圭曰璋。”“瓦，纺抟也。”上述小屯遗址发现石制小型艺品有石璋等。段玉裁谓纺抟，瓦中之一也。藁城台西村出土纺砖四种。[1]

《周礼》太卜三兆，二曰瓦兆。郑注引杜子春云："瓦兆，帝尧之兆；原兆，有周之兆。"贾公彦疏引近师及郑说则以瓦兆为殷。[2] 三兆皆有繇辞，其经兆之体皆百有二十，其颂皆千有二百。郑注："繇，体有五色，又重之以墨坼。"今以殷墟出土之卜龟，其坼裂纹理及涂上黄朱墨等色观之，信有五色。则察泥质烧制之物以视兆，可谓之瓦兆。杜甫夔州俳谐体诗："瓦卜传神语。"元稹诗："巫占瓦代龟。"《岳阳风土记》："荆湖民俗，疾病不事医，唯灼龟打瓦。"王洙曰："巫俗击瓦，观其文理分坼，以卜吉凶。"是古来有此习惯。

上述殷遗址耳室附近发现有陶𤭛六件，均泥质，背面交错绳纹，据称为搓洗之用具。[3]《说文》瓦部："𤭛，瑳垢瓦石。从瓦爽声。"此已为实用洗涤之具。烧陶所现之璺兆，谓为瓦兆，其事必甚早，可以推断。

古有昆吾作陶瓦及桀为瓦室之说。《史记·龟策传》引传云：卫平对宋元王曰："桀为瓦室，纣为象郎（廊）。"《集解》："《世本》曰：'昆吾作陶。'"张华《博物记》亦云："'桀作瓦'，盖是昆吾为桀作也。"昆吾为夏时诸侯。《史记·夏本纪》："夏桀为虐，政淫荒，而诸侯昆吾氏为乱，汤乃兴师，率诸侯，伊尹从汤，汤自把钺以伐昆吾，遂伐桀。"《诗·长发》："武王（汤）载旆，有虔秉钺，……韦顾既伐，昆吾夏桀。"此三国同党于桀。《大戴礼·帝系》："陆终……产六子……其一曰樊，是为昆吾。……昆吾者，卫氏也。"《史记·楚世家》："吴回生陆终。陆终生子六人……其长一曰昆吾……。昆吾氏，夏之时尝为侯伯，桀之时汤灭之。"《集解》："虞翻曰：'昆吾名樊，为己姓，封昆吾。'《世本》曰：'昆吾者，卫是也。'"《正义》引《括地志》云："濮阳县，古昆吾国也。昆吾故城在县西三十里，台在县西百步，即昆吾墟也。"说者将夏桀诸侯之昆吾与陆终子之昆吾，合而为一。《史记·天官书》太史公曰"昔之传天数者，……有夏昆吾，殷商巫咸，周室史佚、苌弘"，确认有昆吾其人。

《龟策传》所引之传，《索隐》谓"即太卜所得古占龟之说"，《汉志》有龟书五种，未知属于何书。其以"象廊"与"瓦室"对言，对古者茅茨土阶，而桀所作者，乃以瓦为室，故人以为侈。昆吾为桀时诸侯，佐桀为虐，桀之作瓦室，出于昆吾氏，故世传昆吾作瓦。宋本《御览》七六七杂物部瓦类第

---

① 参王若愚：《纺轮与纺砖》，载《文物》，1980（3）。

② 《周礼正义》卷四十七。

③ 图见《考古》，1976（4），271页。

一条引（谯周）《古史考》云："夏世昆吾氏作屋瓦。"而《史记集解》引张华《博物记（志）》云："桀作瓦盖。"合两条观之，是夏世昆吾氏所作者乃屋瓦，即瓦盖，非"土器已烧总名"之瓦（《说文》）也。《世本》、《尸子》（《御览》八三三）、《吕览》、《说文》均言昆吾作匋，疑当云作"陶瓦"（Tile），方合事实。

传说称桀始作瓦屋。然近年考古学发掘之结果，殷代宫殿遗址，未见屋瓦。至西周客省庄遗址，方出现瓦片。（《沣西发掘报告》）扶风黄堆乡及郿县均出土捏制周瓦。[①] 1954 年在洛阳发掘汉河南故城，于东周及汉代遗址，发现多量板瓦、筒瓦、瓦当及瓦钉，详细记录，具载《洛阳中州路》。

郑州战国城墙乃用铁杵夯筑而成。在战国文化层中出土有板瓦、筒瓦及瓦当等。[②] 西周前后期，铺瓦于屋，已成习惯。

古书所载，《庄子》言"累瓦结绳"（《骈拇》），又佚文云："师旷为晋平公作清角，再奏而风雨堕廊瓦。"（《御览》七六七引。《南齐书》五一《张欣泰传》云："屋瓦坠伤额。"事正同。）《史记》：秦攻韩，军鼓噪，屋瓦尽震。《春秋》隐公八年有地名瓦屋。《左传》云："会于温，盟于瓦屋。"（张穆《㝵齐文集·瓦屋考》）定公八年："会晋师于瓦。"说者谓即河南滑县之瓦冈。春秋时屡见以瓦为地名。故褚先生载古占龟之传，有"世为屋，不成三瓦而陈之"之语，以为出于孔子，固不可信。然战国以来，建筑物之用瓦其普遍可知。日本关野雄氏著《半瓦当研究》，谓中国瓦之起源恐始于春秋时代，而普及于战国，故有半瓦当之出现。（见《半瓦当略说》，载《中国考古学研究》，501 页）证诸近年新发现，瓦非始于春秋明矣。

下至秦世，阿房宫之瓦尤著名。"自咸阳以南，滨渭而东，直抵骊山北麓，废堡垝垣，往往得之，土人目为阿房宫瓦。"（见《秦汉瓦当文字》）宋黄伯思《东观余论》卷上《古瓦辨》言长安民献秦武公羽阳宫瓦十余枚，若今筒瓦，首有"羽阳千岁、万岁"字。王辟之《渑水燕谭录》八亦记其事。秦汉瓦当之夥，今不具论。（1974—1975 年于陕西咸阳市窑店发掘秦都咸阳宫殿遗址，发现极多外细绳纹内素面之板瓦片，及外绳纹内涡点纹筒瓦。各种不同纹饰之瓦当，图版见《文物》，1976（11）。）而最近广州发现秦汉造船工场遗址，出土有云树纹瓦当。（秦汉瓦当之文字与形制，陈直论之已极详尽。

① 图见《考古通讯》，1958（9），73 页。

② 《文物资料丛刊》，47 页，图七六、七七。

《文物》，1963（11））《西京杂记》六："袁盎冢以瓦为棺椁。"《汉武故事》记"武帝起神明殿，砌以文石，用布为瓦，而淳漆其外"。汉时用瓦，已极讲究。献帝之徙长安，董卓议云："武帝时居杜陵南山下有成，瓦窑数千处。"烧瓦必有窑，西汉武帝有故陶处作砖瓦，见《魏志·卓传》裴注。

《吴时外国传》称"大秦国以水精为瓦"，自是益奢侈矣。《格致镜原》十九引《郡国志》："朔方太平城，后魏穆帝治也。太极殿琉璃台及鸱尾悉以琉璃为之。"洛阳阿斗城残瓦据称即琉璃瓦之前身。[①]《魏书·西域传》大月氏条言"其国人商贩京师，自云能铸石为五色琉璃。……乃诏为行殿，容百余人"。由"诏为行殿"语，应是建筑装饰。南齐东昏侯曾诮武帝不巧，其兴光楼何不纯用琉璃？是南方宫室有间用琉璃者。（《南史·齐纪五》）瓦之制作，李诫《营造法式》瓦作制度述之甚详，板瓦有二种，一为重唇板瓦，一为华头瓪瓦，即加饰花纹者。中古形制，可于河南登封嵩岳寺见之。[②] 唐武后时崔融《圣母庙碑》："周施璹瑁之椽，遍复琉璃之瓦。"唐大明宫之瓦，有板瓦、筒瓦两种，而琉璃瓦仅出土两小片，全是绿色釉。（《唐长安大明宫》，39页）可见至唐时用琉璃瓦仍甚矜贵。余于法国南部，见民居多瓦屋，人称罗马瓦。瓦屋古希腊、罗马均盛行之。（Aegina之大理石瓦，Olympia之泥瓦均极有名）至西班牙之Granada，其皇居亦多盖瓦为宇（Roof），颇觉珍异，穆然遥想昆吾氏之遗风，为之流连久之。

昆吾己姓所出，为卫之先。《左》昭十二年："楚灵王曰：'昔我皇祖伯父昆吾，旧许是宅。'（此在河南许昌）哀十七年，卫侯梦见人登昆吾之观。"杜注："卫有观，在古昆吾之墟，今河北濮阳县。"楚灵王称昆吾为皇祖伯父，以芈姓亦同出于陆终，而昆吾则卫之所自出也。（《滑县志》沿革有《昆吾考》论其地望甚详。）《山海经·中山经》阳山（见《伊水注》；《隋书·地理志》陆浑县有阳山）又西二百里曰昆吾之山，其上多铜，郭璞注："以铜作刀，切玉如割泥。周穆王时，西戎献之。《尸子》所谓昆吾之剑也。"又《海内经》有九丘，其一曰昆吾之丘，当即卫侯梦登其地者也。此经郭注又云："此山出名金。"引《尸子》曰昆吾之金。按《尸子·劝学》云："昆吾之剑，可以切玉。"昆吾之地产铜，故有名剑，西戎献之。《列子·汤问篇》："周穆王大征西戎，练钢赤刃，用之切玉如切泥焉。"此郭璞之所本也。字又从金作锟铻。

① 《考古学报》，第九册，123页。

② 《文物》1965年第七期记该寺发现瓦件。

《列子·释文》云：“昆吾，龙剑也。《河图》曰：‘瀛州多积石，名昆吾，可为剑。’”此则以昆吾为矿名。凡出产矿物之锟铻，其地可名昆吾，故西域亦有昆吾，《元和郡县志·伊州》下云：“故称昆吾国，转为伊吾。”昆吾为铜，故冶者亦名昆吾。《墨子·耕柱篇》记“夏后开使蜚廉折金于山川，而陶铸之于昆吾”。王念孙读折字为擿，引《说文》“晳”字解之。《逸周书·大聚解》：“武王乃召昆吾，冶而铭之金版。”孔晁注：“昆吾，古之利冶。”昆吾掌冶，世官。

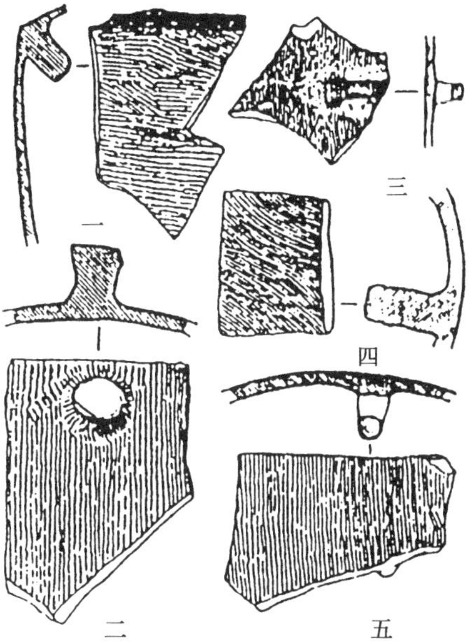

图一　西周的瓦（客省庄）

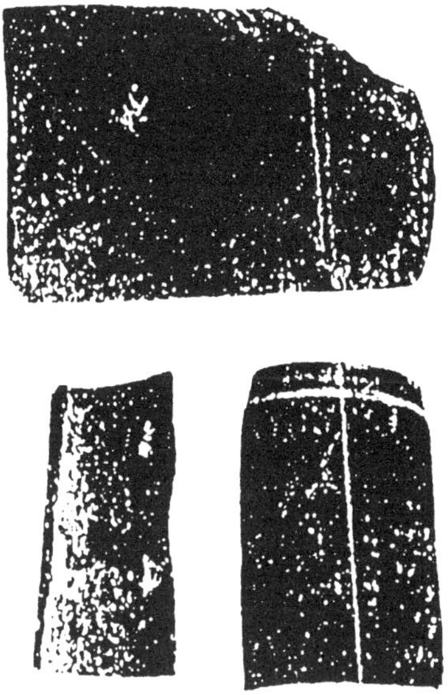
图二　岐山早周之陶瓦

汉魏洛阳城出土板瓦、筒瓦，有文字者甚多，记月日、姓名。有“师郑科”、“吏邓永”铭，即监造瓦削之官吏[①]，制瓦时大抵先作筒坯，再加以修整，故称削瓦，其较长文字有“长久削瓦人王□”，益以吉语。此外刻“昆”字之瓦计十一片，有刻“磨昆”者，昆为名词，必因古有“昆吾作瓦”之说，故省称曰昆，如杜康造酒，故以杜康为酒之代称。黄士斌则谓昆吾为圜器，瓦之制作为圆筒状，可以称作昆吾，人名下单刻“昆”字，则磨昆人之简称，犹瓦削人之省作“削人”。[②] 其说亦通。余在洛阳博物馆见北魏巨瓦，为目睹瓦之最大者。又隋板瓦有镌匠人名，如“匠唐子嵩”、“匠张保贵”是。

① 《考古》，1963（5），281页。

② 《汉魏洛阳城出土的有文字的瓦》，载《考古》，1962（9）。

瓦有以铜为之者，五台山佛寺有之。纪昀《乌鲁木齐杂诗》："春冰片片陶家瓦。"自注："惟神祠以瓦为之，余皆作瓦屋形，而覆以土，岁一圬之。"以砖瓦杂有沙砾，易于碎裂，此则貌为瓦而实用土，则新疆之殊俗也。

日本唐寺庙建筑皆用瓦，有凤凰文砖瓦、五轮塔文瓦，式样甚多；又有鬼面瓦作獠牙状，用以辟邪，盖传自朝鲜。《日本书纪》崇峻天皇时有瓦博士之设。考古家研究瓦之文样，为时已久，近年有辑刊瓦砖图录者。（京都博物馆 1974 年，收瓦七十件，砖十件）中国历代瓦之演变更繁，甚盼有好事者，纂成专著。

本文初稿，尝寄巴黎戴密微教授，承其覆书，对西方"瓦"之历史及琉璃瓦入华，略作考证，兹引述于下：

The most interesting for me was the paper on tiles, because I had occasions in my youth to touch upon such a subject (in my reviews of Chang Hung-chao's Shih-ya, Lapidariun Sinicum, Befeo XXIV, 1924, pp. 276 — 281, and of the Ying-tsao fa-shih, Befeo XXV, 1925, pp. 257—263, the latter is reproduced in Choix d'études sinologiques, 1973, pp. 619—625). In Greece the tiles for roofs seem to be attested as early as the Mycenian period (2nd millenium B. C.) and to owe nothing of their origin to the (Near) East. The word tile (French tuile, Latin tegula, from tegere "cover", thence tectum "roof", Greek stegein "cover" Sanskrit sthago "id.") itself is clearly Indo-European. Cheng Tê-k'un (Archit. in China, Ⅲ, p. 17, 42—43) says there are roof-tiles from the Western Chou, but I suppose Sekino and yourself are right to assign them only to Chan-kuo. I see no reason whatever to establish any connection between Far West and Far East concerning the invention of roof-tiles. But there is undoubtedly such a connection concerning glazed tiles, what you call liu-li wa. Liu-li is an abbreviation of P'i (or fei) -liu-li, which stands for Sanskrit vaidūrya, which was applied originally to the lapis-lazuli, a precious stone from Badakshan, blue-green in colour, which served to make, or was imitated for making roof-tiles in the ancient palaces of the Near Eastern empires, Assyrian, Chaldean (Babylonian) and Persian (2nd and 1st millennia B. C.). From Persia the glazed tiles passed to China (Six Dynasties or T'ang) and later to Europe (Italy during the Renaissance, with the same blue-green tint).

戴教授曩撰章鸿钊《石雅》书评，颇留意及此。唯来书所言犹有未尽处。按长沙汉墓已出深绿釉之瓷珠。[①] 以绿釉施于陶器、明器，汉代十分流行。琉璃为外来品，汉武使人入海市琉璃，魏晋而后，从海市输入璧琉璃，乃借"琉璃"以名绿釉，谓之琉璃釉，而部分用于建筑装饰。后世山西实为琉璃最重要之产地。晋祠在宋崇宁二年重建之圣母殿，尚保留早期之琉璃瓦，上有尹姓押记。[②] 其元代纪年之琉璃器物，陈万里撰《山西琉璃》已详述之。[③] 其以琉璃传家，若太原苏氏、阳城乔氏、河津吕氏，皆其著者。明代琉璃窑成为专业，南京聚宝山，洪武间置琉璃窑烧造板瓦，其事见于《明会典》(卷一九〇)。明十三陵，皆缀以琉璃门，铺以琉璃花砖。北京之琉璃厂，魏坤《倚晴阁杂钞》谓"原为烧殿瓦之用，瓦有碧黄二种，明代各厂俱有内官司之"。琉璃瓦之用，至是最为发达，乾隆间琉璃瓦戳记，并写明窑户配色匠、房头、烧窑匠姓名，此世所共知，不具论云。

近年新发现之陶瓦，若战国中山王墓有绳纹板瓦与筒瓦，瓦当圆形，瓦钉为菱形花式，又有山形瓦脊饰，为中山国特色。[④] 陕西岐山礼村西周遗址出土板瓦与筒瓦及瓦钉，其地说者谓可能即古公亶父所止之岐下。陶瓦之出现，可推前数百年。[⑤] 至于璧琉璃在华出土甚夥，尤以 1975 年宝鸡茹家庄西周早中期墓出土琉璃管珠数近千件，其化学成分为铅钡玻璃，与西方之为钠钙玻璃者，颇有区别。因此令人益信琉璃亦有出于中国自创者。凡此种种新知，惜戴教授已下世，不及细与讨论，附记于此。

附琉璃瓦有关论文如次：

蒋玄怡：《古代的琉璃》(《文物》，1959 (6))

陈万里：《谈山西琉璃》(《文参》，1956 (7))

高寿田：《山西琉璃》(《文物》，1962 (4)、(5))

---

① 图见《文参》，1956 (2)，73 页。

② 参见《文物》，1962 (4)、(5)，74 页。

③ 参见《文参》，1956 (7)。

④ 参见《文物》，1979 (1)。

⑤ 参见《文物资料丛刊》二，39 页。

南京博物院：《明代南京聚宝山琉璃窑》（《文物》，1960（2））
祁英涛：《明陵的琉璃砖刻彩画》（《文物》，1956（9））
史树青：《北京琉璃厂》（《文物》，1959（9））
杨伯达：《关于我国古玻璃史研究的几个问题》（《文物》，1979（5））
又：《西周玻璃的初步研究》（《故宫院刊》，1980（2））

说 鑪

传世铜器名曰“盧”者，容庚《商周彝器通考》，仅录新郑出土一件，春秋时器。[①] 有铭云：“王子婴次之庩盧。”王国维以为《说文》饭器之“盧”。[②] 陈梦家谓即《说文》煎熬器之“鑣”，庩盧即“炒鑣”[③]。审其器四缘有环，用以悬而待炊者，盖烹饪之器，陈说是也。

鑪者，与鑣同为烹饪之用，而为物之形制不同。容书不载。唯《猷氏集古录》（W. P. Yetts，*George Eumorfopoulos Collection*）A81，有一对器，器底以四侏儒为足，身四面雕空，作龙鸟虎龟形，有柄可执，其上无锅。美国芝加哥美术馆藏有与此相同者一对，而上置锅形物，亦有柄。见陈梦家《海外中国铜器图》十五（图一）。陈氏定名为“鑪”，又名其上锅形物为“鍪”。引颜师古注《急就篇》“鍪似釜而反唇”以为证。

余于香港肆上得一器，据云来自长沙。器为长方形四足，高一二公分，长一五公分，宽八·七公分。左右有拱状两屏，屏高四·七公分，透空作蟠龙纹，屏不相连，留空处为门，以进燃料。腹下带空沟一道，为安柄之用（图二）。

友人某君亦藏一长沙出土与上述相同之器。而其腹壁四周有长方形孔，

① 容庚：《商周彝器通考》，370 页。

② 《观堂集林》十八。

③ 《海外中国铜器图录》。

极似隮镉[①]周围之窗，所以出烟。腹下亦有空沟一道，屏顶有耳，以安羽觞式之铜杯，足下有盘承之（图三）。

上诸器年代当为战国至汉。后二器亦“鑪”之类，腹下空沟，俾安木柄；前二器则安上铜柄。芝加哥藏器，鑪上所置之物形制与本文附图三全同，浅而椭圆，平底，两侧有长而平之耳，如鸟之翼，与羽觞形制极肖，当是羽觞之类，不应译作“鍪”。图二无耳，取长沙出土之漆羽觞安放其上，殊为恰当。羽觞漆制、木制、银制、铜制、陶制皆有之，朝鲜乐浪汉墓有铜羽觞出土。是此器当为温酒之具，以放羽觞，殆所谓酒鑪也。汉代明器瓦灶上面浮雕烹煮器具，时有羽觞，亦可为佐证。

《说文·金部》：“鑪，方鑪也。”此器长方形，正合。《广韵》十一模：“鑪，酒盆”。《史记·司马相如传》：“文君当爐。”《汉书》作盧，郭璞云：“盧，酒盧。”《食货志》注引臣瓒曰：“盧，酒瓮也。”[②] 颜师古云：“卖酒之处，累土为盧，以居酒瓮，四边隆起，其一面高形如锻盧，故名盧耳。而俗之学者皆谓‘当盧’为对温酒火盧，失其义矣。”按臣瓒所言酒瓮，即颜所谓“温酒火盧”。今证以此器，为温酒之用，则鑪正为酒盆，臣瓒之说非无根据。李义山诗云：“美酒成都堪送老，当鑪仍是卓文君。”文君所当之鑪，即此种温酒器也。[③]

金文鑪作鑢[④]，从膚不从盧。居簠云：“舍余三鏞。”他辞如云：“玄鏐赤鏞”，则借为“鑪”[⑤]。鑪，《汉书》作“盧”，不从金；盧字以虍为声，而从缶从皿，缶者东楚名缶曰缶，表示置酒缶于另一器皿之上，与此器形亦合。

鑪中空，所以实炭。《左传》定三年谓“邾庄公废于鑪炭”。贾谊《鹏鸟赋》：“且夫天地为鑪，造化为工，阴阳为炭，万物为铜。”故鑪又训“冶”。亦见《广韵》。《苍颉篇》：“炭鑪所以行火销铁。”《一切经音义》二：“鑪，火所居也。”凡盛火之器，可谓之鑪矣。

古代盛器与烹煮之器物不分，如爵、斝、角等，以供饮食，亦兼作烹煮。故烹具每连于炊器，有如上举之镉。及战国以后，灶之应用日广，其制作较

① 见《十二家吉金图录》商承祚藏方镉。

② 朱骏声《说文通训定声》：“盧亦酒缶耳。”

③ 颜说以鑪为壚，则另一义。《史记集解》引韦昭云：“鑪，酒肆也，以土为堕，边高似鑪。”即颜说所本。

④ 邵钟及曾伯簠。

⑤ 《说文》：“鑢，错铜铁也”。又云：“错，金涂也。”乃指铜器上鎏金之事。

镉为进步。① 鑪与灶用途相同，灶有突以通烟，而鑪无之。鑪之形制，最宜安放羽觞，盖专为温酒而设，乃介于镉与灶之间一种温酒之器。颜师古所引“温酒火盧”一说，正为有力证明。有人谓自灶之应用推广，兼作烹煮之爵，因而淘汰，遂有羽觞之盛行。以为羽觞与灶之应用，有密切关系。② 今观上所列酒鑪各器，知铜制羽觞，多与鑪合为一器，其为爵被淘汰以后之制作甚明。得此吾人对羽觞之认识，更进一步矣。

图一　美国芝加哥美术馆藏铜柄酒鑪一对

图二　作者所藏拱屏酒鑪

① 古灶亦有铜制者，罗振玉《古明器图录》有铜灶一具。《颂斋吉金图录》有一器，口三，置镬二，甗、镬各一。

② 杨宽：《酌酒的羽觞》，见上海之《文物周刊》，1946。

图三　某君藏羽觞带承盘之酒鑪

南越王墓墓主及相关问题

1983年10月，广州大北门外象岗山掘出南越王石室大墓，遗物纷陈，举世瞩目，为近年广东考古工作绝大贡献。墓主身着玉缕衣，头下垫以珍珠枕，玉衣面单上覆盖缝缀金箔的素绢。其上下有大玉璧十余事，玉钩玉饰，铺陈左右。墓主腰间佩带铁长剑五把。复有漆盒银盒，盛以珍珠、药丸，其侧玉灯具，由三条银蛇共相衔托，精美绝伦。在墓主之身上发现印章九枚，最大者为龙钮金印，方形，篆书“文帝行玺”四字。另有篆刻“泰子”二文的龟钮金刻，及篆刻“泰子”、“赵眛”、“帝印”等玉印。考古家一致认为墓主人应是南越王国赵佗的第二代文帝的茔墓。

其他随葬品有编钟三组二十七件，上镌有“文帝九年乐府工造”小篆八字。合以“帝印”及“文帝行玺”等印信，充分证明该墓墓主必为南越文帝，绝无疑问。

《史记·南越列传》载：“秦已破灭，（赵）佗即击并桂林、象郡，自立为南越武王。……汉十一年，遣陆贾，因立佗为南越王。……高后时，有司请楚南越关市铁器。……于是佗乃自尊号为‘南越武帝’，发兵攻长沙边邑。……及孝文帝元年……乃召陆贾以为太中大夫，往使。因让佗自立为帝，曾无一介之使报者。……王为书谢。称曰……老臣妄窃帝号，聊以自娱，岂敢以闻天王哉？乃顿首谢，愿长为藩臣，奉贡职。于是下令国中，……自今以后，去帝制黄屋左纛。……至孝景时，称臣，使人朝请。然南越其居国，窃如故号名。其使天子称王，朝命如诸侯。至（武帝）建元四年卒。（按《汉书》无“卒”字）佗孙胡为南越王。”

《汉书》的记载与《史记》一样。汉文帝时，赵佗受汉封为南越王，但在国内仍照旧称帝，佗说是“聊以自娱”，他自称为“武帝”。《史记》又说：“胡薨，谥为文王。婴齐代立，即藏其先武帝玺。”《汉书》作“武帝文帝玺”，多“文帝”二字，梁玉绳云：“两世窃如故号。”他认为《史记》此文缺去“文帝”二字，甚是。今由象岗山墓出土“文帝行玺”一印，可证明两世皆窃用帝号，而文帝正如赵佗在位时之自称武帝，不是死后的谥号。第三代婴齐怕得罪汉廷，故把“武帝”、“文帝”两玺收藏起来，但他一即位，上书请立他在长安时所娶邯郸樛氏女为后，汉廷遂屡遣使者风谕，加以责问。是婴齐既立，起初必亦援前例自称为帝，否则不会请立樛氏女为后，后来樛氏女竟称为太后，可见第三世之婴齐，亦再“窃如故号”。对于汉廷则称王，在国内则自称为帝，从“文帝九年”钟铭及“文帝行玺”、“帝印”的出土，使人可以推想南越当日政制的实际情况。故第三代婴齐未必即除去僭号。《史记》称“婴齐薨，谥为明王”，以胡之事推之，婴齐生前必已自称为明帝。在汉廷立场，对文帝贬称为王，帝号亦不予承认。婴齐的情况正相同。汉史对此事均作为死后的追谥，恐非事实。《史记》、《汉书》都说“佗孙胡为南越王”。“胡薨，谥为文王”。文王是赵胡。由于闽越王郢兴兵击南越边邑，胡上书向汉廷求助。汉派遣庄助[①]南来谕意，胡当然与庄助会过面，其事亦详于《史记》、《汉书》的庄助本传。汉廷对于南越王胡，绝不生疏。《史记》、《汉书》屡屡提到南越王胡，无理由把胡字弄错。但墓中与“文帝行玺”同出有人名的印章，不作赵胡，而作“赵眜”，又有“泰子”二印，与《史记》、《汉书》不合，于是有许多不同的说法。有人认为泰子即太子，墓主应是赵佗之子，有人认为《史记》“赵胡薨谥为文王”，乃系错简；文帝谥号属于赵眜，则作“赵胡”是当日史官之误。[②] 本年一月廿三日，该墓主持发掘者黄展岳先生应中文大学之邀，在中国文化研究所主讲《南越王墓发掘的主要收获》，亦谈及墓主问题。他认为：“文帝行玺与赵眜印同出，二者应是一人。第二代南越王生前曾效其祖故事，自称为南越文帝，似不容置疑。泰子印似为赵佗之子（赵眜之父）的遗物，未及嗣位而亡。印归赵眜，眜死，遂以入葬。”他又说：“墓主头骨经鉴定，判断死亡年龄约为三十五至四十岁，比较符合赵佗孙辈年

---

① 《汉书》避讳作严助。

② 黄文宽说，见《学文》双周刊五十一期，载《华侨日报》，1986-01-09。

岁，与赵佗的子辈年岁不合。”他的推断，极为近理。前此，麦英豪亦谈过墓主是赵佗之孙，还是赵佗之子等问题，他认为：“赵眜身上的两枚泰子印，应该本是赵佗之子的，佗子殁后，归由赵眜接掌。如果佗子确曾立为王，《史记》、《汉书》不可能只字不提。《史记》、《汉书》误眜为胡，可能是所据档案有误，或为传抄之误。应据印文改正，还其本来面目。”[①] 赵眜应是佗之孙，诸家之说皆同，是很符合史实的。但《史记》、《汉书》作“胡”，是否错误，必欲依据出土文物，改订史文，理由尚嫌不够充足。

古代人名，史书记载，时时出现不同之异名。如晋国寺人披，见《左传》僖五年。《史记·晋世家》披作“勃鞮”。《晋语》二称为阉楚。韦昭注“楚谓伯楚，寺人披之字也”。阉是寺人，指其官名。“楚”则其字，略去伯字。楚是字而披是名。披和楚二字声义毫不相关。故黄侃读披为木名之披。[②] 称人每每以字，字与名取义必相关，字可以自证其名，故《白虎通》云：“闻名即知其字，闻字即知其名。”依是言之，汉人记载，称佗之孙曰胡，想是习惯称其字，如披之又称为楚也。出土之印章作眜，则用其名耳。

印文赵眜，其字从目。愚见眜读为“曼”。《吴都赋》：“相与眜潜险，搜瑰奇。”刘逵注：“眜，冒也。”[③] 曼字从又冒声，眜、冒、曼，声同可以通用。“曼”字与“胡”字在先秦古语言上意义有若干关涉之处，举数事以明之：

古谜语有“曼胡”一词。《庄子·说剑篇》：“曼胡之缨。”《周礼·鳖人》：“掌取互物。”郑司农曰：“互物谓有甲𧊒胡，龟鳖之属。”《吕览·孟冬纪》高诱注“介”字云：“象冬闭固，皮漫胡也。”《释名·释饮食》：“胡饼，作之大漫冱也。”毕沅云：“当作𧊒胡”。上列𧊒胡、漫胡、曼胡、漫冱，皆是一语，声义并同。曼之言漫也，胡又借为冱或互，单称则为互，谓之互物。曼与胡同义俱训广大。[④]

《考工记·冶氏》：“倨勾外传。”郑玄注：“博，广也。倨之外，胡之里也。勾之外，胡之表也。……俗谓之‘曼胡’，似此。”孙诒让云：“‘似此’者，证戈横刃本广，故有‘曼胡’之称也。”《方言》九：“戟，楚谓之孑。凡戟而无刃，秦晋之间谓之釨。……东齐秦晋之间，谓其大者曰镘胡，其曲者谓之钩釨镘胡。”《广雅》：“镘胡，戟也。”王念孙《疏证》谓“镘胡者，宽大

① 《广州研究》，1984（4）。
② 《春秋名字解诂补谊》。
③ 段注引此句以解《说文》之“眜”字。
④ 参见孙诒让：《周礼正义·鳖人》疏。

之名”。镘胡，《考工记·注》作“曼胡”。以曼胡原有广大之义。郭璞注镘胡云：“今鸡鸣句孑戟也。”《太平御览》卷三五二《兵部》戟上引张敞《晋东宫旧事》：“东列崇福门，门各羌楯十幡，鸡鸣戟十张。”[①] 鸡鸣即大戟，称之为镘胡者，以其大也。《尔雅·释宫》：“镘谓之杇。”《经典释文》：“镘本或作槾，又作墁。杇音乌，又音胡。”《说文·金部》：“镘，铁杇也。”或体从木。又《木部》：“槾，木杇也。”徐灏《笺》：“杇有‘胡’音，盖戟之垂胡，有与泥镘相似者。”《说文》杇字下云：“秦谓之杇（即‘胡’），关东谓之槾。”秦音为杇，与关东音之槾，原是一物在方言上之异名。杇亦音胡，此又胡与槾（曼）同义异称之证。

从以上各事，可见曼与胡实为一物之异名。如果把眜读作“曼”，看做他的私名，而汉廷称呼其字则为胡，正可自证其取名之义。由是可明赵胡何以亦作赵眜的道理。[②] 古代人名，文献记载与器物所见，每每歧出，彝铭假借之例尤为习见，必借助于训诂方言之学，始能明了。不宜轻易目史书为错误。《史记·南越传》提及南越王胡，自“佗孙胡”一句以下，连续共有八次。断不致如此刺谬，更不可随便说是错简。

文献记载上有关南越之史料，大家基本上都根据《史记》[③] 和《汉书》[④] 为主。清代史学家梁廷枏撰《南越五主传》，所采摭的记事，大抵不出《史》、《汉》以外。其实，在吴、晋之间，还有不少古籍，可供采撷。由于其书亡佚已久，遂为人所忽略，以外试举二三事论之：

（一）《日南传》

《太平御览》卷三四八《兵部》“弩”条引《日南传》云：

> 南越王尉佗攻安阳，安阳王有神人睾通为安阳王治神弩一张，一发万人死，三发杀三万人。他（佗）退遣太子始降安阳。安阳不知通神人，遇无道理，通去。始有姿容端美，安阳王女眉珠，悦其貌而通之。始与珠入库，盗锯截神弩，亡归报佗。佗出其非意，安阳王弩折兵挫，浮海

---

① 《晋东宫旧事》，162 页。

② 《类篇》：“眜，地名。”《春秋传》：“盟于眜。”此出《公羊》。《左传》作蔑。异音假借，此可例彼。

③ 卷一百一十三。

④ 卷九十五。

奔窜。[1]

（二）《交州外域记》

《水经·叶榆河注》：

……南越王尉佗举众攻安阳王。安阳王有神人名皋通，下辅佐，为安阳王治神弩一张，一发杀三百人。南越王知不可战，却军住武宁县。按《晋太康记》，县属交阯。越遣太子名始降服安阳王，称臣事之。安阳王不知通神人，遇之无道，通便去，语王曰：能持此弩者王天下，不能持此弩者亡天下。通去。安阳王有女名曰媚珠，见始端正，珠与始交通，始问珠，令取父弩视之。始见弩便盗，以锯截弩讫，便逃归报南越王。南越进兵攻之，安阳王发弩，弩折遂败。安阳王下船，迳出于海。今平道县后王宫城，见有故处。[2]

（三）刘欣期《交州记》

安阳王者，其城在平[3]道县之东北。林贺周相[4]罼通徐作神弩。赵曲者，南越王佗之孙，屡战不克，矫托行人，因得与安阳王女婿（此字衍）媚珠通，截弦而兵，既重交，一战而霸也。[5]

从前引两书，知赵佗确有太子，其名曰始，曾在安阳王处作过间谍工作。《史记·南越传》但书“佗孙胡为南越王”。泷川资言引王鸣盛《说案》云：“《史》、《汉》皆不书佗子，盖外藩事略。”今《日南传》与《交州外域记》均记尉佗太子之名曰始。故知墓中“泰子”一印，太子当指赵始，必为赵胡之父，早卒未立。其印后归于胡，故并入葬。今观墓中椁盖上和椁外右侧，有成捆的铁剑、铁戟、铁矛、铜弩机、铅弹丸和数以百计的铜铁箭头，必是当时战役的胜利品。南越人工制弩，《类聚》引《南越志》：“龙川当有铜弩牙，

① 宋本，1603页。《艺文类聚》卷六十弩项亦引《日南传》。
② 此文前面引《交州外域记》，疑原出自此书。
③ 原误作“乎”。
④ 此四字恐有误。
⑤ 《北堂书钞》一二五神弩条引。曾钊辑本《交州记》此条失收。

流出水皆以银黄雕镂。取之者祀而后得。父老云：越王弩营处也。”龙川即赵佗为令之地。古寺曾有弩牙出土。今墓中所出亦有弩机。《史记》称：“高后时，有司请禁南越关市铁器，佗曰：高帝立我，通使物。今高后听谗臣，别异蛮夷，隔绝器物，此必长沙王计也。”南越于是发兵攻长沙。当日南越铁器必仰给于他处，故铁器大量作为殉葬品，其珍贵可见。

赵佗的太子始盗锯神弩一事，后世传述者加以神话化。刘欣期书复作佗之孙曲，具见传说之多歧。“胡”之一名，可视作兵器，《方言》云：“戟……大者曰镘胡，其曲者之钩釨镘胡。”佗之孙曲，可能与胡或者本是一人而转讹，亦可能另是一人；观赵佗上书自言“于今抱孙”，知其太子得子之晚。因为只有孤证，无法确定。至于泰子，当然是太子始。《日南传》与墓中所出“泰子”二印，正可证明。难得的是得之于《史记》、《汉书》，又以外之佚史记载。

安阳王遗迹在平道县。毕沅辑《晋太康三年地记》，平道县属交趾郡。①《元和郡县图志》卷三八：“宋平县，本汉日南郡西卷县地。……安阳王故城，在县东北三十一里。”《安南志原》：“越王城……又名可缕城，古安阳王所筑也……故址犹存。”可缕当指羸𨻻故城。亦在宋平县。赵佗太子始的活动地区，远及于交阯。《日南传》一书，《隋书·经籍志》与两《唐书》之《经籍》、《艺文志》都有著录，其书唐时尚存。我在1969年因讨论安阳王问题时，尝写有《日南传之资料》一文，陈荆和先生认为发人所未发，特译成日文，刊于1970年2月庆应大学出版的《史学》第四二卷第三号，可以参考。《三国志·吴志·孙策传》裴注云：“臣松之案：太康八年，广州大中正王范上《交广二州春秋》。”此书惜已佚，否则对南越史事的研讨，必有所裨益。

考《孙策传》裴注又引虞喜《志林》载：“天子六玺者，文曰‘皇帝之玺’、‘皇帝行玺’、‘皇帝信玺’、‘天子之玺’、‘天子行玺’、‘天子信玺’。”今墓中出土只有“文帝行玺”，没有“皇帝之玺”及“信玺”，南越虽称帝，尚无六玺之制。《史记》言“其称制与中国侔”。事实尚有许多距离。

南越是一小型帝国。直至晚期，国中尚有许多封君称王，如苍梧王赵光，其名见于《南越传》。故知第四代仍然私自称帝，否则不当有苍梧王之称号。《庄助传》中引淮南王上书言：“前时南海王反陛下，先臣②使将军间③忌将兵击之，处于上淦。”南海王想亦是出自南越帝国的封号。以后希望继此有新墓

---

① 《经训堂丛书》本。

② 指淮南厉王长。

③ 一作简。

葬发现，对南越史事或可更得到进一步的了解。《南越传》中所见重要人物，兹补列如下，作为附录，以结吾篇。

南越第一代		第二代	第三代	第四代	第五代
				越（长男）	建德 苍梧王赵光立为主（南越至此亡）
				次公 入侍于汉	
赵佗（自称武帝）	太子始（见《日南传》）。未及嗣位。出土有「泰子」印。	胡 出土有“(文帝)行玺”。名亦作眜。佗孙曲（见《交州记》）。	婴齐 随庄助入侍长安，谥明王。（疑生前私自称明帝）其后为樛氏女。（《汉书》作摎）		
				兴 代立为王（樛后所生）疑兴仍私自称帝，故樛氏得称为太后。	

不死（a-mṛta）观念与齐学

——邹衍书别考

丙斋撰辑先秦丙部佚书八家十五种，发扬幽潜，厘正前人之失，其自叙言之详矣。属为弁言，余于邹衍遗文，最感兴趣，浏览其书，喜行世之有日，爰举一二事试论之曰：战国以降，驺子主运之术，披靡一时。秦一统天下，履行其说，以水德王，故咸阳瓦当多云龙之象，盖以水为纪也。①

邹子言五德终始，迹其所自，古纬书云："《河图》，命纪也；图天地帝王终始存亡之期，录代之矩。"② 友人陈槃庵先生，当代治谶纬之巨擘也，谓此处"终始"二字之拈出，《河图》与邹书关系之深，可思过半。③ 余谓"终始"一词，亦子思子遗说，存于马王堆《老子》甲本后之佚书，尤可珍贵。其言曰：

> 德之行五和胃（谓）之德。四行和胃之善。善，人道也；德，天道也。

又云：

> 五行皆刑（型）于阙（厥）内，时行之胃之君子。

① 《文物》，1976（11）。

② 《文选·永明十一年策秀才文》，李注引《尚书璇玑钤》。

③ 见陈槃：《论早期谶纬及其与邹衍书说之关系》。（《史语所集刊》第二十本上册）

君子之为善也，有与始，有与终；言与其膻（体）始，与其膻终也。君子之为德也，有与始无〔与终〕。……无与终者，言舍其体而独其心也。

虽（唯）有德者，然后能金声而玉辰（振）之。[①]

荀子责子思、孟子："案往旧造说，谓之五行。"杨倞注："五行、五常：仁、义、礼、智、信也。"以证佚书，其说正合。其四行屡见，即仁、义、礼、智。又区别善为人道，德为天道，以为为善有始有终，为德则有始不必有终，有德而后能臻于金声玉振之域。合以孟子所谓始条理、终条理之语，则此佚书必思孟遗说，从可知矣。其所言之五行终始，本指五常天道之德，此子思之五德终始说也。邹衍著书，盖睹有国者日益淫侈不能尚德，其终始大圣之篇要其归止于仁义节俭，君臣上下六亲之施（《史记·孟荀传》），故邹子乃因子思"五行和谓之德"之说，推而扩之，定德运、征符应，以成一家之学。若夫《河图》之书，实较晚出，当导源于邹。故马王堆佚书所录，不特可补子思子，且可明邹氏之所本，足以提供新资料，未知丙斋以为何如也？

象教[②]东传，不始于东汉明帝。张衡《西京赋》以展季、桑门并称[③]，实则汉初长安已有浮屠。陶隐居《难均圣论》及沈约答并云："禹迹所至，不及河源；越裳白雉，尚称重译，则天竺罽宾，久与上国殊绝。衰周已后，时或有闻，故邹子以为赤县于宇内，止是九州中之一耳。汉初长安乃有浮图，而经像眇昧。"（《广弘明集》五）谓中印接触，昉自衰周以后，援据邹书，以为佐证；此六朝人之公言也。神州止是九州[④]之一（《初学记》引作"所谓中国者，于天下八十一分居其一分耳"），其大九州之名，今尚存于《淮南子·地形训》、《河图括地象》（《后汉书·张衡传》注引），名称颇悬异。隋初受命，

① 《老子甲本及卷后古佚书释文》，7页，北京，文物出版社，1974。

② 《文选》王简栖《头陀寺碑》："正法既没，象教陵夷。"李善注引昙无谶云："释迦佛正法住世五百年，像法一千年，末法一万年。"

③ 《文选·西京赋》："展季桑门，谁能不营。"李善注："桑门，沙门也。《东观汉记》制楚王曰：以助伊蒲塞桑门之盛馔。《说文》曰：营，惑也。"

④ 《论衡》之《谈天》、《词时》、《难岁》诸篇并述大九州说，《礼记·曲礼》正义引《地统书》、《括地象》亦言九州。

国子祭酒辛彦之议定祀典，以神州、九州入从祀之方位[①]（《隋书·礼仪志》一）；辛氏本传[②]称，著《新礼》一部，语谅在其中。其在道书，称之为昆仑九土，若《道门经法相承次序》[③]，所记最近《隋志》。《太上老君虚无自然本起经》（《续道藏》本，14页），亦记九州名号。此邹说为后代礼制所采用，且为道教徒所吸收，影响之巨，可概见矣。

《晋书·束皙传》记汲冢所出书，其一曰："《大历》二篇，邹子谈天类也。"衍书汪洋无涘，齐人颂曰谈天衍；《大历》早佚，邹子书今亦不可见。史公称其"先列中国名山大川通谷禽兽，水土所殖，物类所珍，因推之及海外，人之所不能睹"。邹子以博学著闻，《北堂书钞》九十七"博学"条两引刘昼[④]《邹衍别传》，称其"博识善叙事，有禹益之鸿才，道深东海，名重西山"，固知北齐时邹书尚存。如昼言，以禹益相况，而许慎《五经异义》："按古《山海经》、邹子书云：驺虞兽。"（《周礼·钟师》疏引）亦以邹子与《山经》骈举，则其书固俨然《山海经》之流亚也。

汉时，邹衍入《方士传》。《御览》五四谷部引刘向《别录》曰："《方士传》言邹衍在燕有谷吹律而温今名黍谷。"[⑤]（《御览》八四二、《艺文类聚》卷九引《别录》文同）《方士传》，《隋志》未著录，古必有其书也。姚振宗《汉书·艺文志拾补》收《方士传》，引刘歆《七略》云："《方士传》言邹子在

① 隋定大九州从祀方位，据《隋书·礼仪志》表之如下：

② 见《隋书》卷七十五，《儒林传》。

③《道门经法相承次序》云："昆仑九土，东信土阳州，南泼土迎州，西坼土拾州，北成土玄州，中面土冀州，东北咸土威州，东南农土神州，西南陷土成州，西北肥土柱州。"见《道藏》太平部"诸"字号上。

④ 昼原作画，误。又引刘昼：《庄周传》。李详《媿生余录》二谓刘昼著《高才不遇》三篇，此疑皆传中人物。

⑤ 阮籍奏记诣蒋公云："邹子居黍谷之阴。"（《文选》卷四十）《北史·文苑传》序："漆园、黍谷、名、法、兵、农之别。"以黍谷与漆园并列。

燕，其游，诸侯畏之，皆郊迎而拥以彗。”且谓“《方士传》当作于战国时，《书钞》引《衍别传》当出是书”，则甚难断言。

《汉书·刘向传》言：“淮南王安有邹衍《重道延命方》。”《抱朴子·遐览篇》著录作《邹生延命经》一卷。《封禅书》称：“自齐威、宣、燕昭，使人入海，盖尝有至者，诸仙人及不死之药皆在。”又言：“宋毋忌等为方仙道形，解销化。”《索隐》：乐产（一作彦）引老子《戒经》[1]云：“月中仙人宋无忌。”《白泽图》云：“火之精曰宋无忌。”《魏志·管辂传》：“辂为王基解卦，占一男儿堕地便走入灶中死事。云：儿生便走，非能自走，直宋无忌之妖将其入灶也。”管辂直以宋无忌为火精。《急就篇》颜注：“古有仙人宋无忌。”战国季世，燕齐海上方士，争传邹衍之术，“延命”必为不死之方。

不死者，印度《梨俱吠陀》谓之 a-mṛta[2]，其句云（Vii63，5）：

yatrā cakrur amṛtā ga-tum asmai，syeno na dīyann anu eti pāthaḥ.

（Where the immortals have made a way for him，like a flying eagle he follows his path.）[3]

《楚辞·远游》：“从羽人于丹丘兮，留不死之旧乡。”梵语 dīyant 训飞，犹羽人也；ca krā，训车（wheel），此颂乃咏日神 Sūrya（cakrur amṛtā 即指日车），辞意与《远游》相仿佛，盖仙人有如飞鸟上天，故谓之升遐。后期《吠陀》，有以死与不死对言。如 x，129，2 云：

na mṛtyur āsīd，amṛtaṃ na tarhi. na rātriā ahna āsīt praketaḥ ānīd avātaṃ. svadhayā tad ekaṃ tasmād dhānyan na paraḥ kiṃ canāsa.

（There was not death nor immortality then. There was not the beacon of night，nor of day. That one breathed，windless，by its own power. Other than that there was not anything beyond.）

---

① 老子《戒经》未知何书。《道藏》有《太上老君戒》经一卷，见《洞神部·戒律类》。无乐产所引文。

② 姊崎正治《上世印度宗教史》谓：“不死即庵摩罗（a-mṛta）。”然《翻译名义集》六庵摩罗，此云清净识。恐非。

③ 《吠陀》英译据 A. A. MacDonell：*A Vedic Reader*，1960，India。

mṛtyur 与 amṛtaṃ，华言即死与不死；此辞为创造之颂，谓泰初之际，未始有始；无死，亦无不死，无阴无阳（辞称无日月之指标），得一（eka）而不假于他（para），不调气而自为呼吸。（a-vata＝windless），庄子所谓“咸其自取”（《齐物论》），“真人”、“其息深深”、“自本自根，未有天地，自古以固存”（《大宗师》），非此意而何耶？《老子》及《古黄帝书》俱云：“谷神不死。”（《列子·天瑞篇》）引《吠陀》之 amṛta 亦指神言。如 i 35，2 nivesayann amṛtaṃ martiam ca 句，amṛtaṃ martam ca 即 gods and men 是其例。故 amṛta 直译即不死或无死（mṛta＋否定词之 a），音译则后代通行《往生咒》之阿密哩哆也。[①]

amṛta 一字佛书每译作“甘露”，义为永生。印度《奥义书》中有 Amṛta-bimdy Up. 亦作 Amṛta-nāda Up. 前者可译为《甘露滴奥义书》，后者可译为《甘露音奥义书》。书中言及吐纳静坐，又言观身如槁木，与《庄子·齐物》之“形固可使如槁木”相近。

殷代已见“不死”之语，卜辞云：

> 贞：不𣦵。（《综类》414 页）
>
> 己酉卜王：弜，隹𣦵。（《前》五、四一、三；《综类》415 页）
>
> 己酉卜王：弜不隹𣦵。（《后》下四、十六）
>
> 不𣦵，子𠃌曰：弜𣦵。（李棪藏甲，字细小，见拙著《殷代贞卜人物通考》卷十四引）

己酉一词为对贞，殆是殷王疾笃而占卜。《易·恒卦》：“疾恒不死。”自殷以来，已有“不死”之成语。弜即弗，“弜死”与不死同义。

毋死一词，见于齐国乐器《𩒨𬶍镈》云：

> 用祈寿老毋死，保虘兄弟，用求考命，弥生……保虘子姓。（杨树达谓即鲍叔之孙所制器）[②]

---

① 沈寐叟《海日楼札丛》五：“《梨俱吠陀》无有之歌云：‘其时无死无不死，无昼（原误作尽）无夜，独一之灵之存在，无息而自呼吸。’无死无不死者，无量寿也。无昼（亦误作尽）无夜者，无量光也。不死之梵音（a-mṛta），则《往生咒》之阿密哩哆也。”所引其时无死无不死，即此数句。

② 详杨树达：《积微居金文说》卷四，及容庚：《商周彝器通考》𩒨𬶍镈条，509 页。

毋死、弥生即长生观念。近出西周《史墙盘》云："黄耇弥生，龕（堪）事厥辟。"又《孟姜𣪘》亦言"弥厥生"，即《诗·卷阿》之"俾尔弥尔性（生）"。《说文》弥字作镾，久长也。故弥生即长生，《老子》所云长生久视之道，其义西周已有之。《左》昭二十年载齐景公问晏子古而无死之乐。《战国策》方士向荆王献不死之药。盖神仙不死之说，久已流行于齐土，不始于威、宣之世矣。

仙人即amṛta；不死之药即甘露，汉人若《淮南子·览冥训》、张衡《灵宪》均称"羿请不死之药于西王母，姮娥窃以奔月"。不死药所以与月有关，说者皆谓缘于印度soma之神话。《梨俱吠陀》viii，48，3云：

> apāma somam；amṛtā abhūma；aganma jyotir；avidāma devān.
> （we have drunk soma；we have became immortal；we have gone to the light；we have found the gods.）

服soma之汁[①]，即可以长生不死。古印度火之精曰agni，月中仙人则为soma，婆罗门经典中soma is identified with the moon god，此尽人皆知之。其仙人（Rishi）有曰somaka，后世王者每取为名；火神宋无忌既为月中仙人，亦如Somaka之比。Soma为不死之药，究为何物，论者颇异其说，或谓为《楚辞》之桂浆。[②] 近时R. Gordon Wasson著"Soma——Divine Mushroom of Immortality"，则确定Soma为菌类[③]，可备一解。"顾兔在腹"语见《天问》，《古诗十九首》"三五蟾兔满"。月中有兔，见于印度之《梨俱吠陀》，梵语所谓śaśa，义即兔也。《本生经》中有《兔王本经》，说者谓其来自印度。（季羡林先生说）

庄子《逍遥游》引《齐谐志》大鹏鸟。《御览》九二七异鸟类引《苻子》曰："齐景公时，晏子言琬琰之外，有鸟曰金翅。"[④] 此金翅鸟亦见《南齐书·

① a-mṛta义为immortal。又一义为nectar，神酒（借用希腊神话）即因soma而来。印度俗语（pk）作amiya，义为very sweet。

② 见藤田丰八：《中国史乘取传二三神话考》，何健民译：《中国南海古代交通丛考》，498页。

③ 此书为*Ethno-Mycological Studies* No. I，意大利出版。

④ 《苻子》，东晋员外郎苻朗撰。《隋志·道家》记《苻子》二十卷，《唐志》作三十卷。朗为苻坚从兄子，事见《晋书·苻坚载记》，严氏《全晋文》辑得五十事，有篇名者二，一曰《方外》，此金翅鸟一条或出于此。

南郡王子夏传》[1]，即 garuda，其神话产生之地域亦在于齐。

颇疑燕齐方士当日与印度思想容有接触。以近日广州掘得船坞观之，秦汉造船业已非常发达，海外交通非如往日想象之困难。延命之方既为邹学之一端，邹书屡推及海外，方士所以向往于海上，而始皇百端以求之者，唯不死之物。《山海经·海内西经》记诸巫操不死之药，又《大荒南经》有不死之国，《梁书·刘杳传》："（沈）约又云：'何承天《纂文》奇博，其书载长颈王事，此何出？'杳曰：'长颈是毗骞王，朱建安《扶南以南记》：古来至今不死。'"朱建安即朱应，此不死王之国指扶南，其地向来习于印度文化。不死观念即来自梵典。《梁书·诸夷传》称其王"亦能作天竺书，书可三千言，说其宿命所由"，可以为证。《吠陀》思想最具诱惑性者无如 a-mṛta（不死）之义，与月神之 soma 息息相关；燕齐方士取名为"宋无忌"，即以月中仙人自号，于此可窥古之齐学，庸有濡染于《吠陀》者，此则有待吾人之寻绎矣。

本文原题为《邹衍书别考——阮廷焯先秦诸子考佚题辞》，首刊于《新亚书院学术年刊》，第十九期，1977 年 9 月。后收入《选堂集林·史林》，122～130 页。

① 《南齐书》卷四十《武十七王·南郡王子夏传》："初世祖梦金翅鸟下殿庭，搏食小龙无数，乃飞上天。永泰元年，子夏诛。年七岁。"

新莽职官考

上篇

汉承秦制，百官之号，因循而不革，以明简易随时宜也。其后颇有所改。至平帝世，王莽以安汉公总政，元始四年冬，更公卿、大夫、元士诸官名位次。（见《汉书·平帝纪》）及即位，慕从古官，大更名号。《书》载羲和四子，莽因置羲仲、羲叔、和仲、和叔为四辅副；《书》载咎陶作士，于是更大理为作士；《书》载垂作共工，于是更少府曰共工；《书》载益作朕虞，于是更水衡曰予虞；《书》载伯夷作秩宗，于是更太常曰秩宗；《书》载夔典乐，于是更大鸿胪曰典乐；《书》载龙作纳言，于是更羲和曰纳言。又《诗》有胥附、奔走、先后、御侮之文，亦取以名太子四友。余如《周官·王制》之言，复采之改易汉名焉。其意殆欲稽经传，法古立制，远系唐虞之德化，而近致周召之太平也。然名号屡更，苛碎烦赜。吏民昏乱，莫知所从。（隗嚣《檄文》）往者班固为《百官公卿表》，记汉承秦置官本末，讫于新室，颇有条贯。（姚振宗《汉书艺文志拾补》，据《续汉书·百官志》序，著录班回为《百官公卿表》，并谓回为孟坚高祖，武宣时人。今按，姚氏盖据误本《续志》，绍兴本、汲古阁本正作班固。固、回形近易讹。）惜其语焉不详，今从两《汉书》传记，举可考者著于篇。

摄皇帝

安汉公代政号位。元始五年，汉平帝崩，莽摄位，南面朝群臣，听政事。车服出入警跸，民臣称臣妾，如天子制。祀宗庙赞曰假皇帝，民臣称之曰摄皇帝，自称曰予。平决朝事，以皇帝之诏称制。朝见太皇太后帝皇后皆复臣节。居摄元年五月甲辰，太后诏安汉公朝见太后称假皇帝。十二月以安汉公庐曰摄省，府曰摄殿，第曰摄宫。（《汉书·莽传》上）

宰衡

古无此官，元始四年，有司奏采伊尹、周公号称，加安汉公为宰衡（见王舜奏），四月甲子，遂拜为宰衡。御史刻印章曰"宰衡太傅大司马"，韨如相国。出从期门二十人、羽林三十人，又直事尚书郎侍御史谒者，前后大车各十乘。常持节，所止，谒者代持之。有掾史，秩六百石（《汉书·莽传》上）。

元始五年，宰衡加九锡，署宗官祝官卜官史官，虎贲三百人，家令丞各一人，宗祝卜史官置啬夫为佐。入则虎贲为门卫，出则城门校尉将骑士以从。（见陈崇奏）居摄元年十二月，益安汉公宫家吏，置率更令庙厩厨长丞中庶子虎贲以下百余人，又置卫士三百人。（以上见《汉书·莽传》上）

上二者，并莽自定，以为篡位之地，非寻常官制，故特著于首。

四辅

太傅、太师、太保、少傅，元始元年二月置，金印紫绶。太傅古官，汉初置，后省，哀帝元寿二年复置，此沿其旧。太师、太保、少傅皆古官（《帛书·周易》卷后佚书有"黄帝四辅"句。《经法》"黄帝问四辅曰"。四辅官名，见《礼记·文王世子》，原指师、保、疑、丞），元始元年初置，位皆上公。时王莽为太傅，干四辅之事（《汉书·莽传》上、《百官表》、《西汉会要》），居摄元年三月，改少傅入四少秩，增太阿。加号曰太傅左辅（安阳侯骠骑将军王舜为之），曰太阿右拂（大司空甄丰为之），曰太保后承（承阳侯甄邯为之）。（疑有太师职，史缺无考。）四少秩曰：少师、少傅、少阿、少保，秩皆二千石（《汉书·莽传》上、《通鉴》胡注）。及即真，更以太傅、太师、国师、国将为四辅，位上公。始建国三年，四辅皆兼称将军。（太傅有戊曹。《汉书·莽传》中，"戊曹士收系仆射"。应劭曰："莽自以土行，故使太傅置戊曹士。"又太保有属臧鸿，见《汉书·莽传》上。）（王先谦云：胡注，汉公府各有掾属。莽置十一公，改掾为士。见《汉书·莽传》中。）

天凤元年，依《虞书》之文，置太师羲仲、太傅羲叔，国师和仲、国将和叔，为四辅属官（《汉书·莽传》中颜注）。疑时已省四少秩。（羲叔亦作"牺"叔，孙星衍《岱南阁集》二有《汉牺叔士孙喜印考》。）

三公

大司马、大司空、大司徒。汉哀帝以前，大司马或谓之太尉，大司空或曰御史大夫，数更易不定。元寿二年五月，始正三公官分职。（见《哀帝纪》）元始初，仍旧，三公皆冠大或兼辅职。（莽为太傅，兼大司马。居摄间，甄丰为大司空，加太阿右拂。）始建国元年，以大司马、大司徒、大司空正其职位为三公，次四辅。三年，三公皆兼称将军。（《汉书·莽传》中）

四将

更始将军、卫将军、立国将军、前将军。始建国元年，初置，称四将。秦汉皆置前、后、左、右将军，位上卿，金印紫绶，掌兵及四夷，或置或省。元始初，犹有左、右将军，至是省。别置四将，位上公，与四辅三公，合十一公。始建国二年，改更始将军为宁始将军，天凤六年，复为更始将军。（《汉书·莽传》、《百官表》。以下材料据此者不注）

二伯

左、右伯。始建国二年十二月，京兆大尹甄寻作符命，言新室宜分陕，如周召故事，因置此官，旋罢。

三公司卿

大司马司允、大司徒司直、大司空司若。始建国元年初置，位皆孤卿，属三公。司直本武帝元狩五年置，掌佐丞相举不法，此乃旧号（元始间，司直有陈崇）。

秩宗

汉太常，掌宗庙礼乐。始建国三年加将军称号，兼带兵（地皇间，秩宗将军陈茂），秩上卿。有太史令，典星历。（汉故官，地皇间，宗宣为令，见《汉书·莽传》下）又有太卜。（《食货志》）有博士，掌通古今，备议论。元始四年，起国学成，五经博士领弟子员三百六十。六经三十博士，弟子万八百人。（《御览》卷五百三十四引《黄图》）又立乐经。益博士员，经各五人。（《汉书·莽传》上）（始建国三年，博士有李充、袁圣，见《汉书·莽传》中。）

食官长丞。（《汉书·莽传》，按食官令见《冯参传》）又汉氏成园丞（《汉印文字征》六十五）为莽时守陵官。王莽称汉为“汉氏”，见本传。

宗伯

汉宗正，掌亲属。元始四年更今名（始建国元年，宗伯忠孝侯刘宏，见《汉书·莽传》中），新并其官于秩宗。（《百官表》）有宗卿师。汉平帝五年郡国置，以主宗室。（《后汉书·李通传》注。地皇四年，李守为宗师。特尊之曰“宗卿师”。）

宗伯属官有都司空，掌督造。（砖瓦有“居摄二年都司空”、“始建国四年保城都司空”、“始建国五年保城都司空”、“天凤四年保城都司空造官瓦”、“始建国天凤四年保城都司空”等瓦片，发现于未央大殿遗址。）

纳言

汉大司农，掌谷货。元始元年，大司农部丞十三人，人部一州，劝课农桑。（《汉书·平帝纪》）（《汉书·卓茂传》注引《东观记》作六部丞，茂为京部丞。）同年二月置羲和官，秩二千石。（《平帝纪》）始建国元年，改大司农为羲和。二年，羲和鲁匡请榷酒酤，郡置酒士一人，乘传督酒利。后改羲和为纳言。三年，加将军称号，秩上卿。属官有掌货大夫。（《汉书·莽传》中、下）（洛阳匡贾、张长叔、薛子仲为纳言士，见《汉书·货殖传》。）

《封泥考略》八有“掌货，中元士”，为大司农属官。

作士

汉廷尉，亦曰大理，掌刑辟。始建国元年更今名。三年，加将军号，秩上卿。有掌寇大夫。（有陈成，见《汉书·莽传》中。）

典乐

汉大鸿胪，掌归义蛮夷。始建国元年更今名。三年，加将军号，秩上卿。有掌乐大夫。（桓谭为此官，见《后汉书》。）

共工

汉少府，掌山海地泽之税以给供养。（《百官表》）元始元年，置海丞、果丞各一人。（《平帝纪》）始建国元年改今名。三年，加将军号，秩上卿。（始建国地皇上戊二年候骑钲铭，有掌共工大夫弘。）有尚方令，分左、右、中三尚方。仍汉制。（《善斋吉金录》五，有始建国四年中尚方铜钟。）汉少府属官有"大官令"，官署设在长乐宫内。乐浪出土漆盘"常乐大官。始建国元年正月受第千四百五十四至三千"。莽改长乐宫为常乐室。《簠斋吉金录》五有铭"常乐卫士上次士"，即常乐宫之属官。

子虞

汉水衡都尉。元鼎二年初置，掌上林苑。始建国元年，改今名。三年，加将军号，秩上卿。（《汉书·莽传》下，有掌牧大夫李棽，不知是否属此官。）

以上与三公司卿凡九卿，分属三公。每一卿置大夫三人，一大夫置士三人。凡二十七大夫，八十一元士，分主中都官职。（《汉书·莽传》中。隗嚣等为七公干士，见《汉书·莽传》下。七公，四辅三公也。）陕西出土有"司徒中士张尚"印。（《文物丛刊》附图）（三公属官亦有士。）

司中

汉光禄勋，掌宿卫宫殿门户。始建国元年改今名。三年，加将军号，秩上卿。有五官中郎将（《汉书·莽传》下，刘叠地皇四年以五官中郎将，左迁中散大夫），中郎将。（可考者，居摄二年有窦况，见《翟义传》。黄显，见《后汉书·李通传》。出征匈奴中郎将，元始元年有韩隆、王昌、王萌，见《匈奴传》。五年，有平宪，见《汉书·莽传》上。始建国二年有蔺苞，见《汉书·莽传》中。）各有中郎（《汉书·莽传》中有中郎区博，《汉书·莽传》下有中郎储夏）。侍郎（《汉书·莽传》中，建国元年有侍郎王盱）。郎中（有李曼卿，见《后汉书·王昌传》），如汉制。又有仆射，主虎贲郎，习射。（《汉书·莽传》中："太傅平晏从吏过侧掖门，仆射苛责不逊。"）虎贲本名期门，武帝（建元三年）置。元始元年更名虎贲，掌执兵送从，戴鹖冠。旧称虎奔，言如虎之奔也。（《续汉百官志》引蔡质《汉仪》）（卢文弨《钟山札记》谓：《周官》有虎贲氏、旅贲氏，皆以趋为言，贲即奔也。《宋书·百官志》以为王莽辅政，以古有勇士孟贲，故以奔为贲。或言奔字形同莽，故避其名，此并不然。）

又有谒者掌宾赞受事。（新末谒者，有薛伯阿，见《论衡·吉验篇》。地皇二年，遣中散大夫谒者各四十五人，分行天下，见《汉书·莽传》中）而骑都尉（掌骑士。居是职者，元始五年有逯并、侯辅，见《恩泽表》。居摄二年有王晏，见《翟义传》。初始元年，有崔发，见《汉书·莽传》上。始建国元年有□嚣，二年，有丁隆，见《汉书·莽传》中。又二年有王飒，见《汉书·匈奴传》）、中散大夫（扬雄为此官，见《文选·剧秦美新》）、中大夫（庐江许子威为此官，见《光武纪》注引《东观记》）、谏大夫（居此职者，居摄二年有桓谭，见《翟义传》。始建国三年有赵襄；天凤元年，有如普，见《汉书·莽传》中）。皆属之。始建国元年，谏大夫四人坐王路门，受言事，而诸刘为郡守者，皆于是年徙为谏大夫焉。（《汉书·莽传》中）

太御

汉太仆，掌舆马。始建国元年更今名。天凤三年，改将军号，秩上卿。

太卫

汉卫尉，掌宫门卫屯兵。新更今名。秩上卿。

奋武

汉执金吾，掌徼循京师。新更今名。秩上卿。

大赘官

始建国元年置，主乘舆服御物，后典兵。秩上卿。

都匠

汉将作大匠，掌治宫室。新更今名。

五司

始建国元年初置，曰司恭，曰司从（原作徒，据齐召南说改），曰司明，曰司聪，曰司中。（与光禄勋不同）各有大夫，主检举过失。（《汉书·莽传》中有五司大夫刘棻，沈钦韩曰：即司恭等大夫是也。）

五威司命

始建国元年冬初置。司上公以下，凡不用命，大奸猾，铸伪金钱，骄奢逾制，漏泄省中与尚书事，及拜爵王廷谢恩私门者，犯此六条，皆得劾之。(莽深畏备大臣，抑夺下权，故置此官，朝臣有敢击大臣者，辄见信任。)居摄间有司威(陈崇为之，居摄二年使监军。初始元年，司威奏劾衍功侯光)，掌举不法(见《汉书·莽传》上)，与此职略同。后罢。

执法

汉御史。居摄元年正月，置柱下五史，秩如御史，听政事，侍旁记疏言行。(《汉书·莽传》上。按《唐六典》，周官有御史，以其在殿柱之间亦谓之柱下史，秦改为御史。)始建国元年更今名。有绣衣执法，如汉绣衣直指，出讨奸猾，治大狱。(李贤《后汉书注》："武帝置绣衣御史，新改御史曰执法，故曰绣衣执法。"莽改绣衣为绣衣执法，见《后汉书·伏湛传》及《金石录》十六《汉金乡守长侯君碑》。《十六金符斋印存》有"绣衣执法"印。又《吉金斋古铜印谱》亦有之，又有"绣衣执法大夫"印。)三年遣中郎绣衣执法各五十五人，分填缘边大郡，督大奸猾擅弄兵者。(《汉书·莽传》中)天凤四年，置执法左右刺奸，选用能吏，分督六尉六队，如汉刺史。与三公士郡一人从事。(《汉书·莽传》下)(天津市藏莽印有"中垒左执奸"。北京故宫博物院有"执法直二十二"铜印鼻纽。)

军正

故中尉，掌督军中不法。秩上卿。(见《汉书·莽传》上，始建国元年。《百官表》，中尉秦官，掌徼循京师。武帝太初元年，更名执金吾，是中尉废已久。又执金吾新时改名奋武，知初始时别有中尉一官，在上卿之列，刘攽以为是中垒校尉，非也。考《汉书·莽传》中，天凤三年下诏曰，内置司命军正，外设军监，诚欲以司不奉命令军人咸正也，此可明军正职位。)

护军

本秦官，武帝元狩四年，属大司马。哀帝元寿元年，更名司寇，比司直。平帝元始元年，更名护军，新仍旧号。大司马、更始将军皆有护军。(元始三年，有大司马护军褒；天凤五年，大司马护军郭兴；地皇三年，更始将军护军王党；又四年，大司马护军王咸。见《汉书·莽传》下。)

五威将

始建国元年置，将十二人，每将各置前、后、左、右、中帅。（可考者陈饶为右帅，见《匈奴传》。始建国二年二月，五威将帅七十二人还奏事，即每将置前、后、左、右、中五帅，合六十帅，与将十二人通七十二人将帅，见《汉书·莽传》中。）衣冠车服驾马，各如其方面色数。（《汉书·莽传》中，有东通灵将刘棻。沈钦韩曰："东通灵将，盖五威将职东方者。"）将持节称太一之使，帅持幢称五帝之使，掌抚四方，颁符命。（可考者，始建国元年五威将有王奇，见《汉书·莽传》中。同年有王骏，及帅甄阜、王飒、陈饶、帛敞、丁业等六人，入匈奴，见《匈奴传》。天凤二年，有伏黯；三年有王骏，见《汉书·莽传》中。）有从事。（李通曾为此职，见《后汉书》本传。考敦煌汉简，有始建国元年十月辛未入西簿书二封，一封文德大尹章诣大使五威将莫府，一封文德长史印诣大使五威将莫府，见王国维《屯戍丛残考释》簿书类。）

五威中将军

始建国元年冬初置，主十二城门屯兵。居摄间，摄皇帝改长安十二城门名，十二城门各置校尉（居摄二年，有城门校尉赵恢，又有春王城门校尉王况，见《翟义传》。春王城门即长安东出北头第一门，汉名宣平门，王况盖领十二城门之一也），而以城门校尉主十二门。中城将军即旧城门校尉。（始建国元年，崔发为此官。宋祁曰：中城或作关城，观其策崔发文有曰"中德既成"，则作中城是。）汉平帝元始五年，陈崇奏城门校尉宜将骑士从安汉公，入有门卫，出有骑士。（《汉书·莽传》上）属官有城门令史，掌文书。（王兴为此官，以符命征为卫将军。）

五威四关将军

始建国元年冬初置。五威前关将军司绕雷，南当荆楚。后关将军司羊头，北当燕赵。左关将军司肴黾，东当郑卫。右关将军司汧陇，西当戎狄。（《汉书·莽传》中）

九祭酒

太子师友祭酒（亦称"保成师友祭酒"），侍中祭酒，谏议祭酒，又六经祭酒各一人（讲《易》、《诗》、《礼》、《书》、《春秋》、《乐》祭酒各一人，合为六祭酒），始建国三年置，秩上卿。有大夫。（《新论》，阳城衡为讲学祭酒。《汉书·莽传》中，孔秉为讲礼大夫。）

大长秋

秦曰将行，汉景帝六年更名大长秋，为皇后卿，掌奉宣中宫命。或用中人，或用士人。新仍旧号。（地皇四年，张邯为此官，见《汉书·莽传》下。）（平帝时莽奏长秋宫未建，《汉书·莽传》上）（广州淘金坑十六号墓出有南越时“长秋居室”印（《考古学报》1974年第一期，170页）则“长秋”一名，景帝以前已有之。）

中少府

旧名长信詹事，掌太后宫。汉景帝时，更名长信少府。平帝元始间，更名长乐少府。（元始三年，有夏侯藩，见《孝平皇后传》。五年有平晏，见《汉书·外戚恩泽侯表》。）居摄时，改今名。（居摄二年，中少府有王昌，见《翟义传》。乐浪漆器，始建国元年有常乐大官，或用旧名。）

太子师友

四师曰师疑、傅丞、阿辅、保拂。四友曰胥附、犇走、先后、御侮。秩大夫，皆始建国三年置。（《汉书·莽传》中。《汉旧仪》云，太傅一人，直二千石。新更为太子师，是太子师友祭酒即太傅。）

中更　翼子　中翼子

皆太子官属。中更，汉率更令，此兼家令，主庶子舍人及仓谷。翼子，汉庶子舍人。中翼子，则汉庶子。新改今名。（《汉旧仪》）

侍中　左右曹　诸吏　散骑　中常侍

皆加官。所加或列侯、将军、列大夫。侍中、中常侍得入禁中，诸曹受尚书事，诸吏得举法，散骑并乘舆。《元后传》及《汉书·莽传》有“长御”，如淳及晋灼注引《汉仪》云“女长御比侍中”。

给事中

亦加官。所加或大夫、博士、议郎，位次中常侍。中黄门有给事黄门。皆汉制。（《百官表》）（《汉书·莽传》中，始建国二年，侍中京兆太尹甄寻，侍中五司大夫刘棻，侍中骑都尉丁隆。始建国四年，有侍中大赘侯辅，侍中讲礼大夫孔秉。又《传》下，地皇元年，有侍中中常侍执法杜林。二年，有侍中掌牧大夫李棽。四年，有侍中王望、王睦，侍中五官中郎将刘叠。《汉书·莽传》中，诸曹有右曹长水校尉刘泳。天凤三年，有诸吏散骑司禄大卫□遵。《汉书·莽传》下，天凤五年，有中常侍䁞恽。地皇四年，有中常侍王参。三年，有中黄门王业。）天凤元年（三月），省侍中诸曹兼官者。（《汉书·莽传》中）

三老五更

居摄元年，正月，养三老五更。（《汉书·莽传》上）三老五更，三代所尊，皆取有道妻男女完具者为之。天子父事三老，兄弟五更。（《通典·职官》。郑玄曰："三老五更，老人更知五事者也。"蔡邕曰，更当为叟之误。汉明帝以李躬为三老，桓荣为五更，新有郡三老。见下）。

风俗使者

掌巡行郡国，采览风谣。不常置，元始四年，王恽等八人初为是官。（《平帝纪》）有风俗大夫。（地皇三年，司国宪为风俗大夫，见《汉书·莽传》下）

诵诗工　彻膳宰

始建国元年初置。

将军

掌征伐背叛。元始初，仍旧置左右将军。始建国元年，始定更始、立国、前卫四将军，称曰四将。三年，令七公八卿号皆兼称将军，亦加大。（地皇元年诏曰："皇初祖黄帝定天下，将兵为上将军，内设大将，外置大司马五人，大将军二十五人，偏将军百二十五人，裨将军二百五十人，校尉万二千五百人，司马三万七千五百人，侯十一万二千五百人，当百二十二万五千人，士吏四十五万人，士千三百五十万人，应协于易，弧矢之利，以威天下。朕受符命之文，稽前人，将条备焉。"于是置前、后、左、右、中大司马之位，赐诸州牧号大将军，郡卒连帅大尹为偏将军，属令长为裨将，县宰为校尉，此可考见当时兵制。）自居摄以来，从征伐者，加号无常，事讫皆罢。其杂号将军可考者，列于下：

大将军　不常置，居摄二年，翟义起兵，以甄邯为大将军，持节领天下兵（《汉书·莽传》上），后罢。（蔡质《汉仪》云：大将军骠骑，位次丞相。）入新，大将军可考者二人。（陈饶，始建国元年使匈奴，还封，见《汉书·莽传》中。阳俊，地皇三年守敖仓，见《汉书·莽传》下。）

骠骑将军　王舜。初始元年拜，后罢。（见《汉书·莽传》上）

轻车将军　孙建。居摄二年，击翟义拜。（见《翟义传》）（下诸是年拜将军者皆同。）

步兵将军　王骏。元始五年，以执金吾拜。（见《百官表》）又王邑，初始元年拜。（见《汉书·莽传》中）

卫将军　甄丰。初始元年（见《汉书·莽传》中），四将之一。

上四将军，疑初始时四将之名。

车骑将军　居摄二年，王恽。（《后汉书·翟义传》）地皇四年，王巡。（《汉书·莽传》下）

虎贲将军　王级，居摄二年拜。（《后汉书·翟义传》）王况，始建国元年拜，击匈奴。（《汉书·莽传》中）戴级，始建国三年使匈奴拜。（《后汉书·匈奴传》）

城门将军　居摄二年，城门校尉王恢。（《后汉书·翟义传》）

折冲将军　居摄二年，阎迁。（《后汉书·翟义传》）

奋武将军　居摄二年，孙建。（《后汉书·翟义传》）始建国元年，王骏击匈奴拜。（《汉书·莽传》中）

虎牙将军　居摄二年，王邑。（《后汉书·翟义传》）始建国三年，蔺苞使匈奴还拜。（《匈奴传》）

强弩将军　元始五年，孙建。（《后汉书·恩泽侯表》）居摄二年，王骏击翟义拜，以无功免。初始元年，城门将军赵恢迁此。（《后汉书·翟义传》）士林故宫有“强弩将军章”五字，龟钮。（《铜器图录》，204 页）

震威将军　居摄二年，王况。（《后汉书·翟义传》）

奋冲将军　刘宏。（《后汉书·翟义传》）（居摄二年拜。下同）

中坚将军　王昌。（《后汉书·翟义传》）

奋威将军　窦况。（如上）

积弩将军　武让。（如上）

横野将军　逯并。（如上）

扬武将军　刘歆。初始元年正月归故官。以王奇继。（《后汉书·翟义传》）

建威将军　王晏。（如上）

厌难将军　李棽。初始元年，击赵萌拜。（《后汉书·翟义传》）陈钦，始建国元年，击匈奴拜，后免。（《汉书·莽传》中）

振武将军　王嘉，始建国元年，击匈奴拜。（《汉书·莽传》中。下同）

五威将军　苗䜣。（如上）

震狄将军　王巡。（如上）

立国将军　孙建。（《汉书·莽传》）有"立国校尉丞"印，见商承祚《契斋古印存序》）。

平狄将军　王萌。（如上）

相威将军　李棽。（如上）

镇远将军　李翁。（如上）

讨秽将军　庄（《汉书》作严，避明帝讳）尤。（如上）

诛貉将军　阳俊。（如上）

定胡将军　王晏。（如上）

平蛮将军　冯茂，天凤三年拜。（《汉书·西南夷传》）

著武将军　赵并，始建国三年，出填名郡拜。（《汉书·莽传》中）

著威将军　田丰。（《后汉书·冯衍传》注引《东观记》）

田禾将军　赵并，始建国三年，使屯田北假助边。（《汉书·莽传》中）

捕盗将军　孔仁，天凤二年拜。（《汉书·莽传》中）

填外将军　郭钦，天凤三年，以戊己校尉击焉耆，还拜。（《汉书·莽传》中）

南城将军　廉丹，天凤二年拜。（《汉书·莽传》中）

北城将军　王匡，地皇元年拜。（《汉书·莽传》下。按《传》原作兆域大将军。刘奉世曰："兆域二字无理，当是北城，衍大字。前有南城将军。"按刘说是；唯各将军多可冠大，如司命大将军、秩宗大将军，大字未必为衍也）

波水将军　窦融，地皇四年拜。（《后汉书·窦融传》）

九虎将军　地皇四年，将九人，以虎为号。可考者有史熊、王况、郭钦、陈翚、成重五人。（《汉书·莽传》下）

军监

始建国二年置，凡十二人。是年十二月，迁立国将军孙建领十二将，分十二部，同时出击匈奴，设此官以监。殆一部一监也。（《汉书·莽传》下）

理军

天凤六年，募有奇技可攻匈奴者，皆拜为此官，赐以车马。（《汉书·莽传》下）

轻车校尉

即汉虎贲校尉，掌轻车。（《汉书·莽传》下。轻车校尉居高庙中）

垒尉

有长人巨无霸，长一丈，大十围，以为垒尉。（《后汉书·光武纪》。敦煌汉简有“长罗侯垒尉史”，王国维《考释》曰：“长罗者常惠所封之侯国，垒尉史者垒尉之史，今长罗侯所属有垒尉史，则垒尉本汉官也。”）

长水校尉

汉旧官。掌长水宣曲胡骑。（为是官者，元始元年王歙，见《匈奴传》。始建国二年，刘泳，见《汉书·莽传》中。）

西域都护

汉宣帝时置（《郑吉传》称神爵中；《百官表》及《吉传赞》作地节二年始置），以骑都尉谏大夫使护西域三十六国，有副校尉。新仍其制。居是职可考者，始建国二年但钦（见《西域》、《匈奴》二传），天凤三年李崇（《汉书·莽传》中及《西域传》。沙雅裕勒都司巴克出土汉铜印一方六字存“□□李崇之印”。见黄文弼《塔里木河盆地考古记》），副校尉，元始元年甄阜、王寻，始建国二年戴级。（见《匈奴传》）

戊己校尉

汉元帝初元年置，处西域。新仍之。（居是官者，元始中有徐普，见《西域传》。始建国二年刁护，天凤三年郭钦，见《汉书·莽传》中。）有史（陈良、终带为史，见《匈奴传》）、司马及丞。（韩玄为丞，见《匈奴传》。）有右曲侯。（任商为此官，见《后汉书·匈奴传》。）

护羌校尉

护金城属国降羌。（居摄二年，窦况居是官。见《汉书·莽传》上）

游击都尉

天凤元年，罢匈奴诸将帅屯兵，但置此。（《匈奴传》。又天凤三

年，是官有任萌，见《汉书·莽传》中）

捕盗都尉

地皇二年置。掌捕除寇盗。（《汉书·莽传》下）

复土校尉

始建国五年，文母太后崩，置。司起坟。（原涉为此官，见《游侠传》。）后罢。

州牧

沿汉旧置牧。平帝元始五年，分天下为十二州，始建国五年，复为九州。天凤元年定制，公氏作牧，见礼如三公，黄金印。（汉制，凡秩比二千石、二千石皆银印；通侯、诸侯王皆金印。按《居延汉简》有“州牧八命黄金印”，知是王莽依《周官》改制为之，当在天凤之后）地皇元年，赐号大将军。二年正月，以州牧位三公，刺举怠懈。更置牧监副，秩元士，冠法冠，行事如汉刺史。（《汉书·莽传》下）

部监

天凤元年，置州牧部监二十五人。（王国维《屯戍丛残考释》簿书类第四简：“牧监之部，其勉于考绩。”第五简“始建国四年五月己丑”下考释云：“始建国四年诏，已有牧监。《汉书·莽传》系之天凤，殆失之。”）监位上大夫，各主五郡。（《汉书·莽传》中。按《后汉书·隗嚣传》注引《汉书》此文同。荀悦《汉纪》三十云：置州牧，其礼如三公，郡监二十五人，位上大夫，各主五郡，皆世其官。王念孙因谓今本《汉书》文有舛错，以部监即郡监之误。今按，《汉书·莽传》下地皇四年有曹部监杜普。又，天凤三年下诏，令百官保灾，有云“东方三州一部，南方二州一部，西方一州二部，北方二州一部”。《隗嚣传》亦云：“告州牧部监郡卒正连率大尹。”古封泥有东部监之印。则新制于州郡之外，确置有部，部确置监，传文原不误，王说非也。谭其骧曰：“所难解者，一监主五郡，百二十五郡便有二十五监，不得与州牧合计才二十五人也，疑州牧下脱‘十二人’三字，《传》中、《传》下有庸部牧史熊、李晔，系部牧，而非部监，岂部于监之外又置牧乎？抑置牧之部与置监之部，二而非一乎？又保灾令四方合计才五部，中央宁得有二十部乎？亦不可解。”按，谭疑极是。《汉书·莽传》部监为杜普，而部牧为史熊，

《后汉书·西南夷传》、《后汉书·廉范传》，均有庸部牧之名。则似部置监外间亦置牧部，有由牧统领故称部牧。未能详也。）二年置监副，秩元士。（《汉书·莽传》）

郡

始建国元年，改郡太守曰大尹。天凤五年，置卒正连率（即帅也），职如太守。卒正侯氏，连率伯氏，无爵曰尹。若连率每掌管二郡，封泥有"豫章南昌连率"（《封泥考略》八、六），虎符有"新与武亭□□连率"（《积古斋款识》十、七）、"新与压戎西镇连率"（《小校经阁金文》十四、九二），六尉六队郡各置大夫。（时分三辅为京尉、师尉、翊尉、光尉、扶尉、列尉为六尉郡。河东、河内、弘农、荥阳、颍川、南阳为六队郡，六队即六遂也，详谭其骧《新莽职方考》）河南大尹曰"保忠信"置卿，职俱如大尹。（《汉书·莽传》、《封泥考略》八、八，有"河南大尹"封泥）又有乐浪大尹。（藤田亮策《乐浪封泥续考》）

郡有贰。（前队贰严说，见《岑彭传》）地皇元年，郡卒正连率大尹拜赐号偏将军。郡守有丞，边郡又有长史。（《汉书·百官公卿表》。敦煌汉简有"文德大尹文德长史"。王国维《屯戍丛残考释》曰："据簿书类第六十简，始建国元年，已改敦煌为文德；又据簿书类第四十二简，则地皇元年又称敦德。"知简文指敦煌太守与敦煌长史。）始建国元年，改郡都尉曰太尉。（《封泥考略》八、十一，有"雁郡大尉"封泥；《续封泥考略》五、五六，有"□武关大尉"封泥。）天凤元年置属令、属长，职如都尉。属令，子氏；属长，男氏，无爵为尉。（丁鸿父琳为莽时颍阳尉，见《后汉书》。）又置属正，六尉六队郡之尉也。（伏湛为后队属正，见《后汉书》本传。）地皇元年，属令长赐号裨将军。缘边又置竟尉，以男为之。（《汉书·莽传》中）汉制，边郡都尉比二千石，下辖若干候官。候官六百石，规模仿县而小，有丞尉（即障塞尉，二百石），令史士吏，下辖若干候长。候长比二百石，有秩候史，下辖若干队长。有秩者，秩百石也。兹摘录汉简数条以见例。"三十井候官塞庶士"（劳榦《居延汉简考释》二烽燧类）。"敦德步广尉曲平望塞有秩候长，敦德亭闲田东武里五士王参，秩庶士"（王国维《屯戍丛残考释》簿书类）。"玉门候造史龙勒周生萌，伉健可为官士吏"（王国维《考释》

烽燧类。以上并参日本藤枝晃《汉简职官表》)。罗振玉《新莽爵跋》云:“符文曰新与广有前精卒正为爵翼。”上文曰“广有郡右”,文字极精。……传世虎符署连率者凡四见,曰河平郡,曰敦德,曰压戎,曰武亭,则均为虎符,而非爵符。(《丁戊稿》)

县

始建国元年,改县令长曰宰。(可考者:《后汉书》,欧阳歙为长社宰,侯霸为随宰,卫飒新时历仕州宰,各见本传。)地皇元年,赐号为校尉(公宾就为都尉,地皇四年,见《汉书·莽传》下),有丞。(《后汉书·李通传》为巫丞。)按《后汉书》刘旷为菑丘长(见《刘平传》)。岑彭为南阳长(本传),苗萌为父城长(《冯异传》),皆在地皇时,则新末长号尚沿旧,未曾改为宰也)尹有丞。(天津藏莽印存“灵武尹丞印”)守分守丞,守右丞。又有掾、令掾史、守令史、护工史、卒吏及卒。(见乐浪漆器)按居摄间,有长安令田终术。(《汉书·莽传》中)居摄元年,有武功长孟通。(《汉书·莽传》上)居摄二年石刻,有上谷府卿,及(东海郡)祝其卿坟坛,卿即丞。见王昶《金石萃编》五、徐森玉《西汉石刻文字初探》(《文物》,1964(5))。(王国维《屯戍丛残考释》云,莽时县以亭名者三百六十,凡县与郡同名者,皆加亭字以别之。)

县有徒丞、马丞。(瞿中溶《集古官印考证》,按《十钟山房印举》有“榦昌县徒丞,雏虑徒丞,和昌县马丞,圜阳马丞”等印。传世有洽平(《汉志》误作治平)马丞印,见《文物》,1963(11),47页)

都

天凤元年,分常安西都为六卿,置帅各一人。分义阳东都为六州,置长各一人,人主五县。(按《汉书·莽传》中,益河南属县满三十,置六郊州长。刘奉世曰:当为六郊,衍州字。何焯曰:州长准《周官》,与前州牧准《虞书》不同,刘说误;下文又称六州,可证。)

乡亭

乡有三老,《后汉书·王景传》,父闳为郡三老,盖新时官(按三老乃周文王时职官。《逸周书·大匡解》:“维周王宅程三年,……王乃召冢卿、三老、三吏、百执事之人朝于大庭。”此亦莽复周制之例），掌教化。又有乡佐，主佐乡收赋税。（《后汉书·张宗传》，新时曾为阳泉乡佐。）平帝元始元年二月，置外史闾师（秩六百石，见《平帝纪》），掌四郊之民，时其征赋（应邵引《周礼说》），疑即是官。亭有亭长，主禁盗贼，并沿汉制。（虞延，地皇末为户牖亭长，见《后汉书》本传。又《汉书·莽传》中，有奉常亭长失名。又《后汉书·皇后纪》下："董卓令帝出奉常亭举哀。"注引华延儁《洛阳记》曰："城内有奉常亭。"此二奉常亭并在帝城，疑与掌宗庙礼仪之奉常官有关，与城内亭谓之都亭者相类似，非地方制之乡亭也。）

又有巨人、从事、祭酒。（《汉书·莽传》下）陶斋藏印有"巨董大年"、"巨高万匹"，巨或指巨人。

官秩

始建国元年，更名秩百石曰庶士，三百石曰下士，四百石曰中士，五百石曰命士，六百石曰元士，千石曰下大夫，比二千石曰中大夫，二千石曰上大夫（河南唐河县冯君画像记郁平大尹秩上大〔夫〕。载《人文杂志》，99页），中二千石曰卿（《汉书·莽传》中）。（陈梦家《汉简所见奉例》引"甲渠侯□□始建国天凤上戊二年年月吏□□至下士秩别名"。二一〇，三四。）新制推行至于边郡（1976年内蒙古〔汉右北平〕出土始建国元年钱范曰"钟官工褒造"）。此时改订秩名，而奉仍以钱。（见《文物》，1963（5））

"黄室私官右丞"印一纽，即始建国二年黄皇室主之食官。（引方清霖：《集古官印谱》一五，载《文物》，1973（12））

官俸

始建国初以国用未足，自公卿以下，一月之禄，十缨布二匹，或帛一匹。（孟康曰，缨八十缕也。韦昭曰，四秉曰营，十营曰缨，十缨为禾，四百秉也。）至天凤三年五月，下吏禄制度，以六月朔庚寅，始赋吏禄。四辅、公、卿、大夫、士，下至舆僚凡十五等，僚禄一岁六十六斛，稍以差增，上至四辅为万斛。（《汉书·莽传》中）天凤四年，诏诸侯侍于帝城者，调都内故钱，予其禄。公，岁八十万，侯、伯，四十万，子、男，二十万。然复不能尽得。（《汉书·莽传》下）汉以钱为俸，莽之最后六年乃以谷为主，此改奉钱为谷斛，即东汉建武制度之所本。

流沙坠简"始建国地皇上戊元年十月乙未，迹尽。二年九月晦，积三百六十日，除月小五日，定三百五十五。以令二日当三日，增劳百七十七日半日为五月二十七日半日……"（簿书四三）功劳以日计，以为赐钱之标准，积劳若干，即可于俸钱之外，多得赐额，谓之增劳。汉简此条，为王莽时边卒候察敌骑踪迹劳赐之实例。（参陈槃《汉简賸义再续》）

居延简释文一，八二"九缨布三匹，匹三百卌五"，陈直云：以九缨布来比价，王莽时公卿以下月禄每月只合六七百钱。（《汉书新证》，204 页）。

下篇

新室百官制度，上已详之。兹据万斯同《新莽大臣年表》，补苴罅漏，系年条贯，谱为宰辅表。自余卿监牧尹，史无记载，仅就旧乘钩索缀录，其不可考者，暂从盖阙。

宰辅(上)

	四辅(上公)				三公			四将			
	太师	太傅	国师	国将	大司马	大司徒	大司空	更始将军	卫将军	立国将军	前将军
始建国元年己巳	正月朔,太傅左辅骠骑将军安阳侯王舜,为太师。(下同日封拜)	大司徒就德侯平晏为太傅。	少阿羲和京兆尹刘秀(歆)为国师。	梓潼哀章为国将。	太保后承承阳侯甄邯为大司马。	丕进侯王寻为大司徒。(地皇四年战死》	步兵将军成都侯王邑为大司空。	大阿右拂大司空卫将军甄丰为更始将军。	京兆王兴为卫将军。	轻车将军成武侯孙建为立国将军。	京兆王盛为前将军。(地皇四年战死)
二年庚午		十二月以符命言,当分陕,拜晏为左伯,未行罢。						十二月以符命言当分陕,丰为右伯,未行为子寻言黄皇室主事自杀。改更始将军为宁始将军,以初睦侯姚恂为宁始将军。			
三年辛未	太师舜病悸死,以舜子裒新侯匡为太师将军。							恂免,以侍中祟禄侯孔永为宁始将军。			

续前表

	四辅（上公）				三公			四将			
	太师	太傅	国师	国将	大司马	大司徒	大司空	更始将军	卫将军	立国将军	前将军
四年壬申					大司马甄邯死，以宁始将军孔永为大司马。			永迁大司马，以侍中大赘侯辅为宁始将军。			
五年癸酉					永乞骸骨，以同风侯逯并为大司马。						
天凤元年甲戌	置四辅副贰，置太师羲仲。	诏太傅晏勿领尚书事。置太傅羲叔。	置国师和仲。	国将哀章不清，为选置国将和叔。	三月壬申，日食，大司马逯并免，以利苗男苗䜣为大司马，明年左迁司命。			侯辅免，以讲易祭酒戴参为宁始将军。			
二年乙亥					二月日中见星，大司马苗䜣免，以延德侯陈茂为大司马。			宁始将军戴参归故官，以南城将军廉丹为宁始将军。		孙建死，以司命赵闳为立国将军。	

续前表

	四辅（上公）				三公			四将			
	太师	太傅	国师	国将	大司马	大司徒	大司空	更始将军	卫将军	立国将军	前将军
三年丙子					七月戊子晦，日食，大司马陈茂免，以武建伯庄尤为大司马。						
四年丁丑											
五年戊寅									卫将军王兴坐妻王妨祝诅姑自杀。以直道侯王涉为卫将军。		
六年己卯		太傅羲叔士孙喜。（胡三省《通鉴注》以士孙为复姓。孙星衍有孙憙印，谓喜憙古同用，士为属官，见《岱南阁集》二）			庄尤以言匈奴事免。以降符伯董忠为大司马。			诏复宁始将军为更始将军，以顺符命。			
地皇元年庚辰		太傅平晏死，以予虞唐尊为太傅。									

续前表

	四辅(上公)				三公			四将			
	太师	太傅	国师	国将	大司马	大司徒	大司空	更始将军	卫将军	立国将军	前将军
二年辛巳	太师羲仲景尚。		国师和仲曹放。								
三年壬午	二月赤眉杀羲仲景尚。							冬,更始将军廉丹战死无盐。			
四年癸未	十月,汉兵拔洛阳,太师匡降汉,被诛。	十月,汉兵入宣平城门,太傅唐尊战死渐台上。	国师刘歆七月谋反诛。以苗䜣为国师,十月,战死渐台上。	十月国将哀章与太师俱降汉军,被诛。	七月,大司马忠谋反,族诛。王邑为大司马,十月,战没。	六月,大司徒寻兵败昆阳战没,以大长秋张邯为大司徒,十月,为汉兵所杀。	六月,大司空邑兵败昆阳,迁大司马。以崔发为大司空,十月降,为汉军申屠建所诛。	三月,以史皇后父和平侯谌为更始将军,十月,降于汉兵,被诛。	七月,卫将军涉谋反,觉自杀。以说德侯林为卫将军,十月,降于汉兵,被诛。	十月,立国将军闳降于汉军,被诛。	十月,前将军盛战死渐台上。

卿监（中）

大司马司允	费兴　天凤五年，任荆州牧，以言事免。（《汉书·莽传》下）
大司徒司直	陈崇　始建国元年冬，迁五威司命。
大司空司若	
五威司命 始建国元年冬初置，司上公以下，可考者四人。	陈崇　始建国元年，以统睦侯司直迁此。
	苗䜣　天凤二年二月，以大司马左迁。（《汉书·莽传》中）
	赵闳　天凤二年，以司命迁立国将军。（同上）
	孔仁　地皇四年，为此官，以征赤眉格死。（《汉书·莽传》下）
纳言（羲和）	刘秀（歆）　居摄间，为羲和。始建国元年任国师。（《汉书·莽传》中）
	鲁匡　始建国二年，任羲和。（《后汉书·鲁恭传》、《汉书·食货志》）
	冯常　天凤四年，任纳言，以谏六莞免官。（《汉书·莽传》下）
	庄尤　地皇三年，任纳言。
作　士	
都　匠	仇延　地皇三年任。（《汉书·莽传》下）
秩　宗	刘宏　始建国元年为宗伯。
	陈茂　地皇三年任。（《汉书·莽传》下）
典　乐	谢侯　（《新论·见征篇》）
共　工	宋弘　（《后汉书》本传）
予　虞	唐尊　地皇元年任，迁太傅。（《汉书·莽传》下）
上诸司卿	
司　中	孙伋　地皇四年任。（《汉书·莽传》下）
	苗䜣　同年七月任。（同上）
太　御	
太　卫	□遵　天凤三年任。（《汉书·莽传》中）
奋　武	
军　正	
大赘官	侯辅　始建国四年任。（《汉书·莽传》中）
	孙伋　地皇四年任。（《汉书·莽传》下）
上六监	
执　法	侯霸　天凤四年，分督六尉六队。（《汉书·莽传》下）
	伏湛　（《后汉书》本传）
	杜林　地皇元年任。（《汉书·莽传》下）
城门校尉 始建国元年改五威中城将军。	赵恢　居摄二年任。（《后汉书·翟义传》）
	崔发　始建国元年任五威中城将军。（《汉书·莽传》中）

牧守（下）

雍州	牧陈庆（《汉书·莽传》下）地皇四年，为隗嚣所杀，见《后汉书·嚣传》。按元始五年并三辅凉州为雍州。	
	西都京兆郡	大尹甄寻（《汉书·莽传》中）始建国二年十二月，有罪诛。王嘉（继寻职。三年迁太子太保）按始建国元年封拜辅臣，有少阿羲和京兆尹红休侯刘歆，见《汉书·莽传》中。
	师尉郡	大夫田况　地皇二年。（《汉书·莽传》下）按郡领多旧冯翊属县。
	前辉光郡	楼护　元始中以广汉太守征为此官。（《游侠传》）谢嚣（《汉书·莽传》上、中）按元始中置前辉光郡，后更为六尉郡之光尉郡。领县东至蓝田，西至武功。
	厌戎郡 （汉陇西）	连率蔡勋（《后汉书·蔡邕传》，未授官逃归。）
	西海郡	太守程永（《汉书·莽传》上）元始年间任。库钧 新末在任属窦融。（《后汉书·窦融传》）按元始中纳羌豪献地置西海郡，见《汉书·莽传》上。
	填戎郡 （汉天水）	大尹原涉（《游侠》本传）
	阿阳郡 （分天水郡置）	治成纪，成纪大尹李育。（《汉书·莽传》下）
	张掖郡 （汉武威）	窦林　融弟（《后汉书·王融传》，《唐书·世系表》）
	安定郡	大尹王向（《后汉书·隗嚣传》）
豫州	元始五年以司隶所部之河南弘农并入豫州。	
	右队郡 （汉弘农）	大夫宋纲　地皇三年，为邓晔所杀。（《汉书·莽传》下）
	左队郡 （汉颍川）	大夫逯并（《后汉书·郅恽传》）王吴　地皇三年（《汉书·莽传》下）
	赏都郡 （分汝南郡置）	大尹王钦　地皇四年降，更始封侯。（《汉书·莽传》下）
	延城郡 （分沛郡置）	大尹黄□（蔡中郎《集西汉交阯都尉胡府君夫人黄氏神诰》）
	陈定郡 （汉梁国）	大尹沈意　地皇四年，为汉兵所杀。（《汉书·莽传》下）

续前表

冀州	元始五年，以司隶所部之河东河内，及并州所部之太原上党并入冀州。	
	后队郡（汉河内）	属正伏湛（《后汉书》本传）
	魏成郡（汉魏郡）	大尹李焉　地皇三年，以谶书下狱死。（《汉书·莽传》下）
	和成郡（分钜鹿郡置）	卒正邳彤（《后汉书》本传）
	上党郡	赵兴（《后汉书·鲍永传》）
	新博郡（汉信都国）	属长李忠（《后汉书》本传）
	平河郡（汉清河）	大尹谷恭　长安人，后仕隗嚣为掌野大夫。（见《后汉书·隗嚣传》）
兖州	牧王闳	地皇四年（《汉书·莽传》下。又《后汉书·张步传》云，及莽篡位，潜忌闳，乃出为东郡太守）
	良寿郡（分东郡置）	卒正王闳　地皇四年（《汉书·莽传》下）
	济平郡（汉济阴）	大尹耿艾（《后汉书·耿纯传》）
青州	牧田况	地皇二年，莽令田况领青徐二州牧事。（《汉书·莽传》下）
	建信郡（汉千乘）	大尹崔篆（《后汉书·崔骃传》）
	翼平郡（分北海郡置）	连率田况　地皇二年（《汉书·莽传》下）
	夙夜郡（分东莱郡置）	连率韩博　天凤六年，言巨无霸事赐死。（《汉书·莽传》下）
徐州	牧宋仲翁（《新论》，亦见《文选》谢灵运诗注）	田况（《汉书·莽传》下）
	沂平郡（汉东海）	大尹□□（《后汉书·刘盆子传》）
	鲁郡	大尹云敞（《后汉书》本传，唐林荐敞可典郡）
	淮平郡（汉临淮）	大尹侯霸（《后汉书》本传，《隶释侯成碑》）

续前表

扬州	牧李棽	赐名圣，地皇二年（《汉书·莽传》下）。马余（《后汉书·马严传》）
	庐江郡	连率李宪（《后汉书》本传）
	九江郡	连率王述（《后汉书·马严传》引《东观记》） 贾萌 地皇四年（《汉书·莽传》下）按《汉书·莽传》载贾萌为莽拒汉，然据《寰宇记》引《安成纪》，《御览》引谢承《后汉书》，萌实谋诛莽，姑系于此。
荆州	牧	陈级京兆杜陵人。陈遵弟，为司直陈崇劾免。（《游侠·陈遵传》）费兴 天凤五年，以所对触莽怒，免官。
	前队郡	大夫范仲公（《颜氏家训·书证篇》引《三辅决录》） 甄阜 又属正梁丘赐，贰严说。（《汉书·莽传》下，《后汉书·岑彭传》）
	填蛮郡	连率冯英 天凤三年（《汉书·莽传》中）。韩福 新末任，建武四、五年降汉（《后汉书·岑彭传》）。
	（汉长沙国）	
	江夏郡	侯登
	九疑郡	田翕
	（汉零陵）	
	南平郡	张隆（《后汉书·安城侯传》）
	（汉桂阳）	
	建平郡	王堂 以上四人俱新末任大尹，建武四年间降汉（《后汉书·岑彭传》）
	（汉武陵）	
益州	新成郡	大尹马援 （《后汉书》本传）
	（汉汉中）	
	就都郡	大尹冯英 天凤三年（《汉书·莽传》中）
	（汉广汉）	
	导江郡	卒正公孙述 天凤中任（《后汉书》本传）
	（汉蜀郡）	
	就新郡	大尹程隆 天凤二年，为蛮夷所杀。（《汉书·莽传》中）文齐 新末据郡自守。（《汉书·西南夷传》、《梓潼士女志》）
	（汉益州郡）	
	子同郡	大尹□播 始建国五年（见乐浪漆器，谭表以子同为就都郡属县，未确）。

续前表

庸部	牧	史熊天凤三年（《汉书・莽传》中）　李晔　天凤六年（《汉书・莽传》中）　宋遵　为公孙述将王岑所杀。（见《后汉书・述传》）
	集嶲郡（汉越嶲）	大尹任贵（《水经・若水注》。越嶲郡治邛都，王莽遣任贵为领戎大尹守之，更名集嶲。）枚根（一作牧根，又根一作稷，一作良）新末任，更始二年为长贵所杀。（《西南夷传》、《广韵》引《风俗通》）
	同亭郡（汉牂牁）	大尹周歆　（《西南夷传》作钦，此本《汉书・莽传》中）始建国四年。
幽州		《论衡・实知篇》有魏都牧淳于仓奏举勃海尹方事。按汉勃海郡，莽改为迎河郡，属幽州。魏都则未详所指，姑附记于此。
	朔调郡（汉上谷）	连率耿况（《后汉书・耿弇传》）副贰景丹　新末任，光武未即位前降汉。（《后汉书》本传）大尹郭伋（《后汉书》本传）
	辽西郡	大尹田谭　始建国四年为高句骊所杀。（《汉书・莽传》中）
并州	牧	宋弘（《汉书・莽传》中）　郭伋　以上谷大尹迁任，至汉建武十一年复任。（《后汉书》本传）
	增山郡（汉上郡）	连率马员　援兄，新末在位，建武初仍。（《后汉书・马援传》、《水经・河水注》）
	获降郡（汉五原）	卒正鲁匡（《汉书・莽传》下）
	厌狄郡（汉代郡）	赵永　新末任，光武未即位前降汉。（《后汉书・耿弇传》）苏竟　建武初迁郡守。（《后汉书》本传）
交州	交阯郡	锡光　自汉平帝时任，历新世，至建武初，奉贡留任。（《后汉书・循吏传》）
	郁平郡（汉郁林）	大尹冯孺（久）　天凤五年十月（1978年出土唐河新店石刻，详《考古学报》，1980（2））。

附元始居摄之际公卿表

汉平帝世，政自大司马王莽出，其时三公九卿，《汉书・百官表》微有论列，兹特为表出，至居摄间公卿黜陟，班书不具，亦揭橥之，以补旧史之缺云。

元始居摄之际公卿表

	四辅				三公		
	太傅	太师	太保	少傅	大司马	大司徒	大司空
元始元年	二月丙辰，太傅孔光为太师大司马，王莽兼太傅封安汉公。(《后汉书·百官表》)(按《汉书·莽传》上书作正月丙辰。以正月为是)	二月丙辰，太傅孔光为太师，至五年四月乙未薨。(《后汉书·百官表》)	二月丙辰，车骑将军王舜为太保车骑将军，居摄元年三月，迁太傅左辅，初始元年，改骠骑将军。(《汉书·莽传》上、中)	左将军光禄勋甄丰为少傅左将军。	王莽 以元寿二年六二月庚申拜大司马。(《后汉书·百官表》、《后汉书·莽传》上)	马宫 自元寿二年二月，以光禄勋迁右将军。九月，代孔光为大司徒，至五年迁。	王崇 自元寿二年八月戊午，以右将军为大司空。
二年	王莽	孔光	王舜		王莽	马宫	二年二月，大司空崇病免，四月丁酉，少傅左将军甄丰为大司空。
三年	同	同	同		同	同	甄丰
四年	同	同	同		四月甲子拜宰衡，刻印曰宰衡太傅大司马。(《后汉书·王莽传》)上	同	同

续前表

	四辅				三公		
	太傅	太师	太保	少傅	大司马	大司徒	大司空
五年	明年称摄皇帝。	四月乙未，太师光蘉，大司徒宫代为太师，(《表》误作代为大司马）兼司徒(《宫传》)，八月壬午免。	同		同	八月壬午，宫免，十二月丙午，长乐少府平晏为大司徒。	同

	上公			四少秩					三公	
	太傅左辅	太阿右拂	太保后承	少师	少傅	少阿	少保	大司空	大司徒	大司马
居摄元年	三月，太保王舜迁太傅左辅，始建国元年，迁太师。(《汉书·莽传》中)(按《汉书·莽传》上，初始元年，莽奏符命有云，臣与太保安阳侯王舜，考舜自居摄元年为太傅左辅，至始建国元年始迁太师，此云太保，误也。)	三月，大司空甄丰加太阿右拂，至始建国元年迁更始将军。(《汉书·莽传》上、中)	三月，轻车将军甄邯为太保后承，至始建国元年正月，迁大司马。(《百官表》，《莽传》上、中)					甄丰 至始建国元年迁更始将军。	平晏 自元始五年十二月，至始建国元年迁太傅。	缺

续前表

	上公			四少秩				三公		
	太傅左辅	太阿右拂	太保后承	少师	少傅	少阿	少保	大司空	大司徒	大司马
二年										
三年						初始元年，羲和刘歆加少阿。明年（始建国元年），迁国师。（《汉书·莽传》上、中）（按《翟义传》羲和红休侯刘歆为扬武将军，则居摄二年未加少阿之号）				

	列将军	
	右将军	左将军
元始元年	孙建 元寿二年六月，以执金吾迁右将军。	甄丰 元寿二年，以光禄勋为左将军。
二年	右将军建为左将军光禄勋，甄邯为右将军光禄勋。	四月丁酉，丰迁右将军，孙建为左将军。

	列将军			
	轻车将军	步兵将军	骠骑将军	卫将军
居摄元年	甄邯（《汉书·莽传》上十二月太后诏），二年，以太保击翟义拜大将军，受钺领天下兵。（《汉书·莽传》上）寻还故职。	孙建（《汉书·莽传》上，十二月太后诏），以强弩将军迁。（按《恩泽表》元始五年，以强弩将军封侯。《原涉传》，居摄中，建为强弩将军。则强弩将军当至居摄元年下半年始迁步兵。）	此二将军元始居摄间所无，疑初始以来始置，与车骑、步兵二将军秩并比公，即为初始时四将，至始建国元年更骠骑、轻车、步兵三号为“更始”、“立国”、“前”将军，合“卫将军”称四将。（考《续汉百官志》，将军不常置，比公者四，第一大将军，次骠骑将军，次车骑将军，次卫将军，又有前、后、左、右将军，性质与此略同，特名称改异耳。）	

续前表

	列将军	
	右将军	左将军
三年	甄邯（见《外戚·孝平王皇后传》）	孙建（《后汉书·王皇后传》）
四年	同（《后汉书·王皇后传》）	同（《后汉书·王皇后传》）
五年	执金吾王骏为步兵将军。 建迁强弩将军（《恩泽表》），至居摄元年。（《原涉传》） （按左、右将军四年以后不见，《平帝纪》元始四年颇更官名位次，必是时所改。五年以降，有步兵、强弩、轻车等号，疑即废左、右将军而更置者。）	

	列将军			
	轻车将军	步兵将军	骠骑将军	卫将军
二年	孙建（《翟义传》，建以轻车将军拜奋武将军，又《汉书·莽传》中，始建国元年有轻车将军，则后还故官。）			
初始元年	孙建，明年以轻车将军拜立国将军，为四将之一。（《汉书·莽传》中）	王邑，明年以步兵将军为大司空。（《汉书·莽传》中）	王舜，明年以太傅左辅骠骑将军为太师。（《汉书·莽传》中）	甄丰，明年以太阿右拂大司空工将军为更始将军。（《汉书·莽传》中）四将之一。

上宰辅。

	太常	光禄勋	卫尉	太仆	大理	大鸿胪	大司农	少府	执金吾	水衡都尉	宗正 将作大匠	京兆尹
元始元年	丙昌 自元寿二年，以博阳侯为太常。	甄丰 元寿二年，以左曹中郎将为光禄勋，是年，丰迁少傅。（《汉书·莽传》中）以侍中奉车都尉甄邯为光禄勋，三年迁。	黄辅 元寿二年，以建成侯为卫尉。	王恽 元寿二年，以长乐卫尉为太仆，五年迁。	梁相 元寿三年，以故廷尉为大理，二年坐除吏不次免。	左咸 元寿三年，以复土将军为大鸿胪。	弘谭 元寿二年，以卫尉为大司农，五年，复以中郎将萧咸为大司农，一年卒。	宗伯凤	任岑 一年免。			金钦 一月，为侍中光禄大夫。

续前表

	太常	光禄勋	卫尉	太仆	大理	大鸿胪	大司农	少府	执金吾	水衡都尉	宗正 将作大匠	京兆尹
二年	张宏 以安昌侯为太常，二年贬越骑校尉。	甄邯	同	同	同	杨仁 （《后汉书·儒林传》）	孙宝 以光禄大夫为大司农，数月免。	同	尹赏 以左辅都尉为执金吾，一年免。	辛茂 以中郎将为水衡都尉。（《后汉书·辛庆忌传》）《表》误作幸成。		
三年	刘岑 以城门校尉为太常，二年，徙宗伯。（按《孝平后传》是年，刘歆以大中大夫行太常事）				钟光 以尚书令为大理。（见《何并传》）			同	尹赏 （《孝平后传》）是年卒。王骏，三年迁。	茂以吕宽案诛死。（后汉书·庆忌传）	刘宏 （《后汉书·孝平皇后传》）	
四年						萧育 征入为大鸿胪，病不到。（《后汉书·育传》）					将作大匠谢逶迁右扶风。 宗正容更为宗伯，一年免。	钟义

续前表

	太常	光禄勋	卫尉	太仆	大理	大鸿胪	大司农	少府	执金吾	水衡都尉	宗正 将作大匠	京兆尹
五年		太仆恽为光禄勋(按《后汉书·翟义传》，居摄二年常乡侯王恽为车骑将军，则其时恽已免光禄勋职。)		恽迁		左咸，阎迁。(《后汉书·恩泽表》)	尹咸(《百官表》)			李翁(《恩泽表》)	太常刘岑为宗伯。	
居摄元年						同	同					
二年		王邑。(《翟义传》)明年迁步兵将军。(《后汉书·莽传》中)	王级(《后汉书·翟义传》)	武让(《后汉书·翟义传》)		同(《后汉书·翟义传》)	同				将作大匠逯并(《后汉书·翟义传》)，宗伯刘宏(《后汉书·翟义传》)	
三年(初始元年)							刘歆为羲和。		窦况九月有罪死。(《汉书·莽传》上)			刘歆是年为尹，明年迁国将。(《汉书·莽传》中)
上诸卿。												

新莽艺文考

新莽有国十五年，代汉持政八年，托古改制，文物大备。其所纂定如百官名秩，地理图簿，及自本符命，孟坚尝附著于《汉书》，其《大诰》一篇，则载之《翟义传》中；刘子骏之《三统历》、《钟律书》，亦为莽作也，则祛其伪辞，撰为律历；又歆之《七略》，成于天凤①，所录载籍，亦新室天禄之旧藏也，则删其要，次为艺文。虽当中兴之世，不以为嫌，盖史料所系，不以讳忌而废置也。自刘歆崇尚古文，至东汉而大行，其时名家，如杜林、贾徽、郑兴之伦，皆新室遗儒，故东京学术，谓出于亡新，固无不可。清常熟曾朴撰《补后汉艺文志》，于新时人著述次为前录，其识甚伟；然著录仅十七种，殊嫌疏略。山阴姚振宗《汉志拾补》，稍详核矣，而分系各类，不足以征一代述作。今为捃拾，纂成此编。若夫子云太玄，草于丁傅用事之时，桓生《新论》，成于新室既亡之后，揆以时代限断，概宜从缺，庶其无滥云。

六艺略

洼丹《易通论》七篇

丹，字子玉，南阳育阳人也。世传孟氏《易》。新时，常避地教授，专志

① 《文选·刘夫人墓志》注引《七略》佚文云："扬雄卒，弟子侯芭，负土作坟。"《汉书》雄卒于天凤五年，《七略》犹记雄之死，则《七略》成书，当在天凤之后。

不仕，徒众数百人。《后汉书·儒林传》丹学义研深，作《易通论》七篇。（《东观记》作七卷）世号洼君通，其所论，盖孟氏《易》也。（张惠言《易义序》；《经典释文序录》）

崔篆《周易林》六十四篇

篆，涿郡安平人也，兄发，仕新为大司空。篆为新建大尹。新亡，客居荥阳，闭门潜思，著《周易林》六十篇，用决吉凶，多应验。《后汉书·崔骃传》孔僖拜临晋令，篆孙骃以其家易林筮之，谓不吉。僖果在县三年卒。《孔僖传》此书或曰"卦林"，或曰"象林"。（《续博物志》六）两《唐志》有《崔氏易林》十六卷（子录五行类），疑后人所合并也。

按此书虽作于建武初，然篆未仕汉，不宜掺入《后汉·艺文》。余嘉锡《四库提要辨证》云，《易林》旧题焦延寿撰，实篆作。

上《易》类孟氏易、杂占各一家，二部。

朱普《尚书欧阳章句》

普字公文，九江人。① 从平当受欧阳《尚书》，为博士，徒众尤盛。（见《汉书·儒林传》）桓荣从普学章句四十万言。② 浮辞繁长，多过其实。及荣入授显宗，减为二十三万言。（见《桓郁传》）初，荣事普及莽即真，乃归。会普卒，荣奔丧九江，负土成坟。（见《范书·桓荣传》）是普当新时卒于家。或曰与荣弃官，同归乡里也。（姚振宗《汉志拾补》）钱大昭《补续汉艺文志》录此书。然普当新时已下世，安得列入东汉乎？

秦恭《小夏侯章句》

恭字延君③，信都人。初，平陵张山拊事小夏侯建为博士，授山阳张无故子儒及恭。无故善修章句，守小夏侯说。恭增师法，至百万言。为城阳内史。（《汉书·儒林传》）其说《尧典》篇目两字，说至十万余言，但说"曰若稽古"三万言。（《新论》）仕新为讲学大夫。亦能言《仓颉篇》文字，盖精于小学者。（《说文》许君自序）

---

① 《东观记》："桓荣事九江朱文刚"，则普又字文刚也。

② 《文心雕龙·论说篇》作三十余万言。

③ 颜注引《新论》作"秦近君"，《说文》序"秦近"。

刘歆《洪范·五行传记》

歆以为宓羲继天而王，受《河图》则而画之，八卦是也。禹治洪水，赐《雒书》法而陈之，《洪范》是也。其父向治榖梁《春秋》，数其祸福，传以《洪范》与董仲舒、错。《汉书·五行志》歆治左氏《传》，其言《春秋》及五行，又甚乖异。（《晋书·五行志》上）如《五行志》引歆貌传、言传、视听传、思心传、皇极传，其不同者，如云庶征之恒寒，刘向以为夏秋无其应。歆以为大雨雪及未当雨雪而雨雪，及大雨雹，陨霜杀叔草，皆常寒之罚也。说视其父为长。[①] 班固即据《大传》采仲舒及向歆父子说，著《五行志》。

杜林所传漆书古文《尚书》一卷

林当新末（按《莽传》下有侍中执法杜林，则曾仕新），曾于西州得漆书古文《尚书》一卷，常自宝爱。东海卫宏，济南徐迴并传之（《范书·杜林传》），林同郡扶风贾逵为作训，马融作传，郑玄注解，由是古文《尚书》遂显于世。（《范书·儒林传》）朱竹垞曰："漆书古文，不详篇数，马、郑所注，实依是书。陆氏释文采马注甚多，惟今文及小序有注，而孔氏增多二十五篇，无一语及焉，然则漆书亦止有今文二十九篇而已。"（《经义考》）

上书类欧阳、小夏侯《尚书》各一家，传注及经本各一家，四部。

《大诰》一篇

居摄二年，东郡太守翟义起兵，立刘信为天子。莽曰：昔成王幼，周公摄政，管、蔡挟禄父以畔，今翟义亦挟刘信作乱，遂依《周书》作《大诰》。（《翟义传》）遣谏大夫桓谭等班行天下，谕以摄位，当反政孺子之意。（《莽传》上）文具《汉书》中。

上拟经一篇。（依《经义考》例，拟经之作收入经部）

《齐诗伏氏章句》　伏黯《齐诗解说》九篇

琅邪伏理斿君，从师丹受齐诗（《汉书·儒林传》），以授汉成帝，为高密

---

① 《汉志拾补》姚振宗说。

太傅，别自名学。子湛传父业，教授数百人（《汉书·伏湛传》），湛弟黯传理家学，复改定《章句》，作《解说》九篇（《范书·儒林传·伏恭传》），湛仕新，至绣衣执法，后队属正。黯天凤间五威将，封为子。

侯苞《韩诗翼要》十卷

《隋志》十卷，汉侯苞传[①]，已佚。《诗正义》数引之。马国翰从《正义》及陈旸《乐书》辑录四节。其说"衣裼弄瓦"与《毛诗》合。其业虽习韩，意欲以毛通韩也。（马国翰《辑本序》）

谢曼卿《毛诗训》

九江陈侠为新讲学大夫，侠传同郡谢曼卿。元始五年公车征说诗（《释文》序录），曼卿为《诗训》，卫宏从其受学。（《范书·儒林传·卫宏传》）[②]

上诗类，齐、韩、毛各一家，四部。

杜子春《周官注》

《周官》前世传其书，未有名家。（《范书·儒林传》）新时，刘歆始置博士。河南缑氏杜子春受业于歆，还家以教门徒。（《释文》序录）子春至永平初尚存，年且九十。家于南山能通其读，颇识其说，郑众、贾逵往，受业焉。（马融《周官传叙》）《周礼》子春注，隋、唐《志》皆不载，其佚已久。马国翰从郑康成注所引，辑为二卷。（马氏《佚书辑本序》）

上礼类传义一家。

阳城衡《乐经》

秦灭乐，《乐经》残亡。元始四年，安汉公立《乐经》，即阳城衡所著。（马国翰《辑本序》）城衡，字子张[③]，蜀郡人。仕新为讲乐祭酒。（桓谭《新论》）王充称其作《乐经》，极窅冥之深，非庶几之才不能成。（《论衡·超奇

---

① 或作芭或作包，《旧唐书·经籍志》误作卜商撰。《唐书·艺文志》不著撰人。侯苞即扬雄弟子侯芭。

② 《隋志》以曼卿为后汉人，或建武间尚存。

③ 《论衡·超奇篇》云："阳城子长作《乐经》"，是字亦作子长。

篇》）书久无传。《周礼·考工记》磬氏疏、《尚书大传》、《续汉志》并引《乐》，王应麟谓即此书。（《困学记闻》）①

桓谭《乐元起》二卷

两《唐志》俱云二卷。君山新时与阳城衡为讲乐祭酒。（《新论》）② 此书必是时作也。③

刘歆《钟律书》五篇

元始中，征天下通知钟律者百余人，使羲和、刘歆典领条奏。《汉书·律历志》其大率有五：一曰备数，一十百千万也；二曰和声，宫商角徵羽也；三曰审度，分寸尺丈引也；四曰嘉量，龠合升斗斛也；五曰权衡，铢两斤钧石也。（《晋书·律历志》）班固取其说为《律历志》。此书《隋书》著录，疑晋后已亡。《玉海》（卷六）载之。略引《隋书·牛弘传》及《风俗通·声音》共二三则。又徐景安《乐书》亦载刘歆说五音，较《汉书·律历志》及《风俗通》又加详。王谟取《班志》及《隋书·牛弘传》辑为一卷。④

扬雄《琴清英》

《汉志》雄所序《乐》四篇，琴清英即其一。（马国翰、王谟说）“清英”，犹言“菁华”。隋、唐《志》均不著录，其佚已久。各家辑录所得，有五条。⑤

上乐凡四家四部。

陈钦《陈氏春秋》

钦，字子佚，苍梧广信人。习《左氏春秋》，事黎阳贾护，与刘歆同时，

---

① 王谟、马国翰、张澍俱辑存七条。《大传》一条，《周礼疏》二条，《续汉志》二条，《白虎通》二条。《隋志》记《乐经》四卷，不详撰人。王、马辈咸谓即阳城衡所著。

② 《范书》本传作“典乐大夫”。

③ 《新论》云：“昔者成帝时，予为乐府令，凡所典倡优技乐且千人。”则谭之掌乐已自汉成帝时。

④ 马国翰有辑本书阙。严氏《全汉文》但录《牛弘传》一条。《晋书·律历志》评云：“歆书序论虽博，而言十二律损益次第。自黄钟长九寸三分，损一下生林钟，长六寸二分，益一上生大蔟，而左旋八八为位，一上一下，终于无射，下生中吕，校其相生所得，与司马迁正同。”

⑤ 《水经注》一、《艺文类聚》一、郭茂倩《乐府》一、《御览》一、《绎史》一，王、严均同；马分其一为二。其说雉朝飞与《琴操》、《古今乐录》不同。

而别自名家。莽曾从问业。自名《陈氏春秋》。（《范书·陈元传》并注）许慎《五经》引其说。

按姚振宗《汉志拾补》作陈钦《左氏春秋传》，又黄佐《广东通志》作陈氏《异义春秋》十卷。

刘歆《春秋左氏传章句》　《春秋左氏传条例》二十卷[1]

歆校秘书，见古文《春秋左氏传》，大好之。略从丞相史尹咸及丞相翟方进受，质问大义。初，《左氏传》多古字古言，学者传训故而已，及歆治左氏引传文以解经，转相发明，由是章句义理备焉。（《歆传》）章句久佚，马国翰从《正义》、《释文》辑二十节，说多与贾逵、颍容、许淑并引，则三家皆祖述刘氏者。（《佚书左氏传章句辑本序》）然《汉书·五行志》引刘歆说六十余条，其间或明著歆左氏说，其不著者，亦歆说左氏之文也。《汉志拾补章句》、《条例》二书，歆门人郑兴为训诂。（《范书·郑兴传》）向、歆父子俱引左氏教授子孙，下至妇女，无不诵读。（《新论》）左氏表彰自歆始，歆又重传文以解经，故人多疑《左传》经歆窜乱。甚者则谓为歆伪造以媚莽，则近于"莫须有"矣。

郑兴《春秋左氏条例训诂》　又《章句训诂》

兴从博士金子严为《左氏春秋》[2]，天凤中将门人从刘歆讲正大义，歆美兴才，使撰条例、章句训诂及校《三统历》，世言左氏者多祖兴（《范书·郑兴传》），据是此书盖天凤中作也。

贾徽《春秋左氏条例》二十一篇

徽从刘歆受《左氏春秋》，兼习《国语》、《周官》，作《左氏条例》二十一篇。（《范书·贾逵传》，《释文》序录作二十一卷）

扬雄《续太史公书》

王充曰："司马子长纪黄帝以至孝武。扬子云录宣帝以至哀平。"（《论

① 据《唐书·经籍志》。

② 《东观记》或曰金子严即刘歆。

衡·须颂篇》)

刘歆等《续太史公书》

刘知幾曰:"《史记》所书,年止汉武,太初以来,缺而不录;其后刘向、向子歆及诸好事者,若冯商、卫衡[①]、扬雄、史岑、梁审、肆仁、晋冯、段肃、金丹、冯衍、韦融、萧奋、刘恂等相次撰续。[②] 迄于哀、平间犹名《史记》。《史通·正史篇》葛稚川言家世有刘子骏《汉书》百卷,无首尾题目,其父传之。歆欲撰《汉书》,编录汉事未缔构而亡,故书止杂事而已。后好事者以意次第之,始甲终癸,为十秩,秩十卷,合为百卷。[③] 洪以校班固所作,殆全取刘书,有小异同耳。固所不取,不过二万许言,抄出为二卷,名曰《西京杂记》。(《西京杂记》序)今所传《杂记》即汇史稿之余也。"[④]

上《左氏春秋》四家、《汉春秋》二家,六部。

《省定五经章句》

元始四年,征天下通一艺教授十一人以上,诣京师,聚槐市论议。(《莽传》上,黄图)以章句繁多[⑤],"省五经章句",皆为二十万言。"博士弟子郭路"[⑥],死于烛下。(《论衡·效力篇》)时羲和、刘歆典儒林之官,省定必出其手。故地皇二年公孙禄征来与议,有国师嘉信公"颠倒五经毁师法"之语。(《莽传》下)

上群经一部。

刘歆《尔雅注》三卷

见《隋志》。梁有三卷,亡。《释文》序录,以为与李巡注同,核诸家所引,实有异也。(见邵晋涵《尔雅正义序》)陆玑《诗疏》、许慎《说文》、徐

---

① 据《范书》录《班彪传》注卫衡当为阳城衡。

② 侯康曰:"晋冯以下皆后汉人。冯京兆祭酒,肃弘农功曹史。见《班固传》。段一作殷,曾朴曰《东观记》肆仁与刘珍等同著作《东观》,则仁亦后汉人。"

③ 以上洪述其父言。

④ 后人疑此为稚川伪记,而陈振孙谓向、歆父子未闻作史。姚振宗辨之至详,见《汉志拾补》。

⑤ 如朱普《尚书》三四十万言,《秦近》百万言之类。

⑥ 《御览》引作"略",兹定旧说。

景安《乐书》、陆氏《释文》及《玉烛宝典》、《大藏音义》并引其说。马国翰、臧庸、黄奭俱有韩本。

甄丰《校定六书》

居摄时，大司空甄丰取《仓颉》、《爰历》、《博学》、《训纂》四篇校定文字。(《封氏闻见记》)以为应制作，颇改定古文。时有六书：一曰古文，孔氏壁中书也；二曰奇字，即古文而异者也；三曰篆书，即小篆；四曰佐书，即秦隶书；五曰缪篆，所以摹印也；六曰鸟虫书，所以书幡信也。(《说文解字序》)汉法，太史试学童，以六体试之。[①](《汉书·艺文志》)丰校定六书，或因六体旧文，有所改易，如《说文》引“曡”字下云：亡新以从三日大盛，改为三田，是其例也。

扬雄《训纂》一篇（三十四章）　《仓颉训纂》一篇（五十五章）

元始中，征天下通小学者爰礼等百余人，各令记字未央庭中，雄取其有用者以作《训纂》(《艺文志·说文序》)三十四章，以顺续《仓颉》。(《书断》)并前《仓颉》等五千三百四十字。(《封氏闻见记》)以奇字纂训，贯练雅颂，总阅音义。(《文心雕龙·炼字篇》)刘棻曾从雄学奇字，或谓即此《训纂》也。(姚振宗《汉书艺文志条理》)

雄又易《仓颉》篇中重复之字，凡八十九章。(《艺文志》序)即取闾里画师所并五十五章[②]旧本，易其复字，别纂成文，加以训诂者(《姚氏条理》)，书久佚，马国翰从《一切经音义》、《说文》引雄说十二条，辑为一卷。(见马氏《佚书》)

又《輶轩使者绝代语释别国方言》十五篇

初，周、秦常以岁八月遣輶轩之使求异代方言，还奏籍之藏于秘宝。秦亡遗弃，无见之者。蜀人严君平有千余言，临邛林闾翁孺有梗概之法。雄好之，始自为郎之岁，常把三寸弱翰，赍油素，从天下上计孝廉，及内郡卫卒，问其异语，积二十七年而具。张竦以为悬诸日月不刊之书也。(扬雄致刘歆

① 《说文序》作“试以八体”。姚振宗谓当是汉初试以八体，其后重定尉律，乃以六体。又《汉志》有八体六技，谢启昆《小学考》谓“六技”即亡新所定“六体书”。姚云：莽前已有六体，故《七略》有“六技”之目。班氏有“六体试之”之言。盖六技即汉初试学童之六体，亦即丰校定六书之所本也。

② 合《仓颉》、《爰历》、《博学》三篇断六十字为一章，凡五十五章。

书，见应劭《风俗通义叙》）雄与刘歆往还书，并称《殊言》十五卷，隋、唐《志》及今传本并十三卷。应劭称《方言》九千字，而今本乃一万一千余字，此殆后人附益省并，故字增于前，而卷减于昔。（见《四库提要》九百）考雄以元延元年奏《羽猎赋》除为郎，其与歆书言雄为郎之岁，始为《方言》，于今二十七年，正当天凤二年，则此书之成，在天凤间也。①

上小学凡三家，五部。

诸子略

刘歆《列女传颂》一卷

颜之推云："《列女传》刘向所造，其子歆又作颂。终于赵悼后。"（《颜氏家训·书证篇》）《隋志·史部·杂传》，《列女传颂》一卷，刘歆撰。《唐日本见在书目》、《通志艺文略》同。任昉《文章缘起》："汉刘歆作《列女传赞》"，即《传颂》也。曾南丰以为向自有《颂》，今存《列女传颂》，非歆作。（按《初学记》二十五引《七略》刘向所序《列女传》：臣向与黄门侍郎歆所校《列女传》，种类相从，为七篇。是向《列女传》歆曾参校也）《汉志》注，《列女传颂图》。是《颂》亦向撰。而《隋志》别出歆《颂》一卷者。《文选·思玄赋》注引刘歆《列女传颂》曰："材女修身，广观善恶"，今本无此文，知别为一书，已久亡矣。②

扬雄《法言》十三篇

雄见诸子各以其知舛驰，是非颇谬于经，故人时有问雄者，常用法应之，撰以为十三卷，象《论语》。（《汉书》本传）《汉志》云："《法言》十三卷与今本同。"《隋志》作十五卷，两《唐志》六卷。《四库提要》谓汉人甚重其书，注家自侯芭以下有宋衷、李轨、辛德源、宋咸、司马光等。（《经义考》二百七十八俱著录）近人汪荣宝有《义疏》。

① 《汉晋学术编年》。《艺文志》有《别字》十三篇，不详撰人，或以为即《方言》，非也。姚振宗述辨之详，见《汉志拾补》。

② 今存文选楼翻宋建安余氏刻本《列女传》有《颂》，终于卷七赵悼后，与颜推之说合。

侯芭《法言注》

芭，钜鹿人，从雄居，受其《太玄法言》。(《雄传》)《隋志》，“梁有《法言》六卷，侯芭注，亡”。《御览》(九百二十二)引《法言》“朱鸟翾翾，肆其归矣”，侯芭注“朱鸟，燕别名；肆，恣肆也”。

又《太玄经注》

扬雄研机索数，创制《玄经》，唯侯芭子常亲承雄学，然其精微独得，章句不传。(王涯《说玄玄例》)侯芭注本，并画首象，为宋衷陆注本所无。[1] 后人从芭注本辑出为释文，芭注本盖雄原定天、地、人三篇，首冲错测摛莹数文挩图告十一篇，凡十四篇。

《诫子孙书》八篇

元始三年，莽子宇坐与卫氏通，有罪诛。莽作书八篇，戒子孙，令学官教授，更能诵者比《孝经》。(《莽传》上，《范书·荀爽传》注)

上儒家者流四家五部。

庄尤《三将军论》三篇

尤非莽攻伐四夷，数谏不从，著古名将乐毅、白起不用之意，及言边事凡三篇，奏以风谏。(《莽传》下)刘勰称其“敷述昭情，善入中史体”(《文心雕龙·论说篇》)。两《唐志》著录一卷(子部杂家)，今亡。严可均《全汉文》有辑本，尤字伯石(《新论》)，始建国时为讨涉将军，天凤三年大司马。(两《汉书》均作严尤。《光武纪》注引《新论》作庄尤，知作“严”者乃避明帝讳改。)

上兵家一部。

---

① 北宋刊范望注本题记注久佚。

室中周书十篇

《姓纂》："《汉书·艺文志》有室中周著书十篇，莽时室中公避地汉中"[1]。

王氏《自本》

莽自造本系也。文见《汉书·元后传》引。

扬雄《自序》

《艺文类聚·人部》、《文选·运命论》注并引扬雄《自序》，文略见《汉书·扬雄传》赞。

又《家谍志录》

《文选》注（王文宪《思集序》注），《类聚》（四十），《御览》（五百五十八）并引扬雄《家谍》（见《全汉文》），刘子玄谓之"家史也"（《史通杂述》）。或以为侯芭诸人所作（姚振宗说）。然《史通》称扬雄《家谍》盖刘氏曾目睹其书，知旧本必题雄自撰也，又文章缘起载扬雄《志录》，未知何书？

刘歆《七略》七卷

《隋志》（史部传录）记《七略》七卷，两《唐志》同。河平中，歆与父向受诏领校秘书，讲六艺传记诸子诗赋数术方技，无所不究。向死，汉哀帝即位，歆复领五经，卒父业，歆于是总群书为《七略》。（《汉书》本传）班固据以撰《艺文志》，书久佚，严可均、姚振宗俱有辑本。[2]

上杂家者流一部，簿录三家，五部。

诗赋略

扬雄《天问解》

王逸曰：《天问》文义不次，又多奇怪之事，自太史公一论道之，多所不

---

① 《广韵》一东、邵思《姓解氏族略》、张澍《风俗通·姓氏篇》辑注并同。

② 《七略》体例详曾运乾《七略释例》。

逮。至刘向、扬雄援引传记以解说之，亦不能详悉，所缺者众。（《楚辞章句·天问》序）

上楚辞类一部。

陈崇等《歌谣三万言》

元始四年四月，遣太仆王恽、大司徒直陈崇等八人，分行天下，览观风俗，五年秋，风俗使者八人[1]还。言天下风俗齐同，诈为郡国造歌谣颂功德凡三万言。（《莽传》上、《平帝纪》）

上总集类一部。

《中散大夫扬雄集》五卷

《汉志》扬雄赋十二篇，《七略》止载《甘泉》、《河东》、《羽猎》、《长杨》四赋，隋、唐《志》皆载雄某五卷，其本久佚。宋谭愈始取《汉书》、《古文苑》所载四十余篇辑为五卷，已非旧本。明万历中，遂州郑朴又取雄所撰《太玄》、《法言》、《方言》及类书所引《蜀王本纪》、《琴清英》诸条与诸文赋合编，厘为六卷，而以逸篇目附。此即《四库》著录之本，《提要》此外有严辑《全汉文》四卷，汪氏《二十名家集》，张氏《百三家集》辑本各一卷。

《十二州箴》

《汉书》本传“雄以为箴莫大于虞箴，作《州箴》”。即此篇。据《交州箴》言：“大汉受命，中国兼该。……遂臻黄支，杭海三万，来牵其犀。”知作于元始二年以后，汉未亡前。莽改州为十二，《平帝纪》在四年，《莽传》在五年，《箴》当为是时作。

《国师刘歆集》五卷

莽为大司马，以歆典文章，时诏令多出其手。隋、唐《志》记《歆集》五卷。盖后人编次，今亡。有张氏《百三家集》辑本一卷附《洪范·五行传》

① 八人见《汉书·恩泽表》。

佚文。又严氏《全汉文》辑本二卷。[1]

《保成师友祭酒唐林集》一卷

《隋志》，梁有《唐林集》一卷，亡。《中兴书目·汉名臣奏》二卷，一卷唐林在莽时奏，篇凡十。（《玉海》六十一）今存文三篇。（严辑《全汉文》）林数上疏有忠直节。《鲍宣传》王充称其与谷子云“章奏百上，笔有余力，极言不讳，文不析乏，非夫才知之人，不能为也”（《论衡·效力篇》）。

薛方《诗赋》数十篇

方西汉末曾为郡掾祭酒，入新，累征不至，居家以经教授，喜属文，著诗赋数十篇。（《鲍宣传》）

《建新大尹崔篆集》一卷

《隋志》：“梁有《崔篆集》一卷，亡（两《唐志》同），今存《慰志赋》一篇。”

《中谒者史岑集》二卷

《隋志》，梁有《史岑集》二卷（两《唐志》同），《范书·文苑》岑著《颂》、《诔》、《复神》、《说疾》四篇。

《代郡中尉苏竟集》

竟新时与刘歆同典校书。是集《隋志》无，今存《与刘龚书》一篇。[2] 凡莽时人入汉有所著述，如王隆为汉新汲令，有汉官小学篇及集二十六篇，桓谭为六安郡丞，有集五卷，夏恭为泰山都尉，有集二十卷。今并不著，详《后汉书·艺文志》各家。

上别集类七家七部，箴一种。

① 第一卷为赋、表、书、议，第二卷为《三统历》、《七略》、《钟律书》佚文。
② 竟入后汉仕至侍中，又著《记诲篇》。

术数

《符命》四十二篇

始建国元年秋，遣五威将李奇等十二人班符命于天下。《德祥》五事，《符命》二十五，《福应》十二，凡四十二篇。其《德祥》言文、宣之世，黄龙见于成纪，新都高祖考王伯（当作伯王）墓门梓柱生枝叶之属；《符命》言井石金匮之属；《福应》言雌鸡化为雄之属（按《汉纪》二十宣帝黄龙元年雌鸡化为雄，毛衣变而不鸣，无距，其冬帝崩，此应孝元后当摄政之兆），其文尔雅依托，皆为作说，大归言新当代汉有天下云。（《莽传》中）

王况《谶书》十余万言

地皇二年，卜者王况为魏成大尹李焉撰。大意言汉家当复兴，李氏为汉辅及新大臣，凶吉日期。①

崔发所录《图谶》

初始元年，发说铜符帛图封说符侯（《莽传》中），又撰《图谶》。至建武初，光武令尹敏校《图谶》，使蠲去发所为新室著录次比者。②

上图谶三家三部。

刘歆《七曜历》

汉、隋《志》所无，见《文选》李善注。③ 歆素知星，卫将军王涉谋反，歆言当待太白星出，乃可。又太子临谋杀莽，临妻愔即歆女也，语临宫中且有白衣会，可见歆雅善天文，女亦能之，盖得之其父也。《曜历》姚振宗以为《七曜历》之类。

---

① 《范书·李通传》以图谶说光武云："刘氏复起，李氏为辅"。在地皇三年，所引谶，岂即况书与？

② 《范书·儒林传·尹敏传》。按《张衡传》，衡上疏云："《图谶》成于哀平之际，《尚书中候》十八篇，《经义考》以为其书专言符命，当为新莽时书。又《汉书·莽传》下引紫阁图文，疑在发所录《图谶》中。"

③ 谢玄晖《齐敬皇后哀策文》"轩曜怀光"，李注：轩辕，星名。曜，星也。刘歆有《曜历》。此据宋本《文选》。姚振宗作引《淮南子》高注，非是。

上天文一家一部。

刘歆《三统历谱》

《隋志》，梁有三卷。（两《唐志》一卷）哀、平间，歆典儒林史卜之官，故考定律历，作《三统历》及谱以说春秋（《汉书》本传），其日法、斗分并与太初术同。盖因洛下闳邓平之法而增修者。（阮元《钱氏三统术衍序》）郑兴、卫宏皆从歆学，校定《三统历》。（《范书·郑兴传》、袁宏《后汉纪》）班孟坚以为推法密要。服子慎、韦玄嗣亦取以解《春秋内外传》（钱大昕《三统术衍》序）。阮元称其术有四善，见《畴人传论》。书今存《汉书·律历志》中。

《三万六千岁历》

天凤六年，春，令太史推三万六千岁历，纪六岁一改元，布天下，明年改元曰"地皇"，从三万六千岁历号也。（《莽传》下）时太史令为宗宣，则此历当为宣作。

上历法二家二部。

地理图簿

始建国四年，定诸国邑采之处，使侍中讲礼大夫孔秉等兴州部众郡晓知地理图籍，共校治于寿成朱鸟堂，以图簿未定，未授国邑。至天凤四年六月，更授诸侯茅土于明堂，乃定其制。（《莽传》中、下）

扬雄《蜀王本纪》

《隋志》一卷。（两《唐志》同）久亡。严辑《全汉文》得二十六则。[①]《史通》固习引《蜀纪》即此书，详朱希祖考证。

桓谭《治河议》

居摄时，征能治河者百数，谭为大司空，掾典其议，曾著其事于《新论·离事篇》，班固亦附著于《沟洫志》中。

上地理类三部。

---

① 姚振宗曰："古逸丛书中《雕玉集》亦引扬雄《蜀王本纪》"，为严氏所未及。

西汉反抗王氏者列传

鄞李杲堂先生，述深宁之遗意，补孟坚之缺略，成《西汉节义传》凡若干人，人各为论；淋漓悲痛，发潜德之幽光。全谢山亟称之，以为其书足以悬诸日月而不刊也。杲堂以明季遗儒，越在草莽，数遘祸难，息机文史，其孤怀怫郁，故托是书以寄其微意。今读其《翟文仲传论》，词旨慷慨，犹令人发指而眦裂也。是书清初开雕，流行未广，寖至失传。光绪丙戌（十二年）间，郭传璞晚香得其传论二卷，刊于《金峨山馆丛书》。[1] 虽传文俱缺，而凡目粗具，原书义例，于焉可睹。予读而悲之。

全氏为是书题词，补缀人物，颇为详核，然亦不无疏漏。考严君平《道德指归论》有谷神子序，称君平于王莽篡位，隐遁炀和，则君平非特抗节孝卿，且亦高蹈于巨君之时矣。李书既采郑朴，不知何以见遗于君平耶？兹增补人物，于李书全目之外，吴章案补敬武公主、薛况二人；忤莽者，据粤黄佐《志》补何丹一人；与翟义之役者，据《儒林传》补高康，据《周书》、《新唐书》补令狐迈，据《抱朴子》补葛某共三人；其他讨莽者，据孙建奏补刘曾、刘贵，又据《寰宇记》补贾萌，共三人；其隐居不仕，或避莽他去者，于庄遵外，据范晔《后汉书》补蔡茂、王良、荀恁、闵贡、任文公、刘宣、刘昆七人；据谢承《后汉书》补陈宣一人；据《华阳国志》补章明、侯刚二人；据《高士传》补韩顺、安丘望之、张仲蔚三人；据《三辅决录》补二仲；

① 光绪二十年刊本，镇海郘氏藏板，又名《望三益斋丛书》。

据《晋书》之《束皙》、《范平传》补踈孟达、范馥；据《广韵》补室中周、丘俊；据《唐书·世系表》补沈靖、韩骞，共二十二人。其莽之同姓兄弟，高节玮行者，据《水经注》补王兴一人，以南阳公主传说附焉。此数十人者，高翔远引，咸能全其高絜，终莽之世，可谓介然特立者也。虽所记一鳞一爪，而吉光片羽，弥觉可珍，亦发扬幽潜者所有事矣。① 往者李审言曾欲足成李书，有志未逮。予少服膺谢山，读其题词，深慨李传之失传，乃发愤补撰，思裨其缺。爰取兴化传稿而苴缀之，厘为五卷。览者取与李氏传论，合而观之，其于西京之遗芬馀烈，亦可得其概矣。昔孟轲氏有言，闻伯夷之风者，贪夫廉，懦夫有立志，然则读斯篇者，倘亦知所激乎！

凡例

一、本编分五卷。第一卷为忠谏之士，不满于王氏揽权者。第二卷为莽所黜戮者。第三卷为举义抗莽而死事者。第四、五卷皆清节之士不仕莽者。

二、凡李杲堂《西汉节义传》原书所载人物，悉据史传辑录。至全祖望题词，暨翁元圻《困学纪闻笺》所补人名，亦为撰传。其他《后汉书》、《华阳国志》、《高士传》尚有节士逸民，为上列诸书所未及者，耳目所见，亦为补入。

三、本编盖祖王应麟、全谢山遗意，而补李杲堂已成而亡之作，故附载《困学纪闻》暨全氏题词，与郭、李诸家传论、序跋，以明吾书述作之所本。

四、《华阳国志》多载及公孙述时抗节之士。其同时不仕莽者，具为论列。余或不仕述而无由见其仕莽与否，则暂从略。

五、传文集录故书雅记，缀比成篇，并揭根底，其有同异，则加考证，以供参考。

六、李氏《节义传》论及两《汉书》、《华阳国志》并有论赞；故兹仅著其事实，不复撰赞，以免繁复。

七、李氏所撰《节义传》已亡，惟传论尚著其凡目，兹并附于后，存原书之内容。

---

① 李氏传论原有而为本书删去者，有冯衍、班彪、郑兴、杜林四人。

目录

卷一

卷二

卷三

卷四

卷五

附录

三、李厚建《西汉节义传论跋》

四、郭传璞《西汉节义传论序》

附《西汉节义传论目》

五、李详《西汉节义传序》

卷一

刘向

刘向，字子政，本名更生，阳城侯德子也。年十二，为辇郎，既冠，以行修饬，擢为谏大夫。宣帝循武帝故事，招选名儒俊材置左右，更生以通达能属文辞，与王褒、张子侨等并进对，献赋颂凡数十篇。后诏受穀粱，迁散骑谏大夫给事中。成帝即位，更名向。数上封事，迁光禄大夫。是时帝元舅阳平侯王凤为大将军秉政，倚太后专国权，兄弟七人皆封为列侯。时数有灾异，向以为外戚贵盛，凤兄弟用事之咎。帝方精于诗书，观古文，诏向领校中五经秘书，向见《洪范》箕子为武王陈五行、阴阳休咎之应，乃集合上古以来历春秋六国至秦、汉符瑞灾异之记，推迹行事，连传祸福，著其占验，比类相从，各有条目，凡十一篇，号曰《洪范五行传论》，奏之。[①] 成帝心知向忠精，故为凤兄弟起此论也；然终不能夺王氏权。时帝无继嗣，政由王氏出，灾异浸甚。向雅奇陈汤知谋，与相亲友，独谓汤曰："灾异如此，而外家日盛，其渐必危刘氏。吾幸得同姓末属，累世蒙汉厚恩，身为宗室遗老，历事三主，上以我先帝旧臣，每进见，常加优礼。吾而不言，孰当言者！"遂上封事极谏曰："臣闻人君莫不欲安，然而常危；莫不欲存，然而常亡，失御臣之术也。夫大臣操权柄持国政，未有不为害者也。汉兴，诸吕无道，擅相尊王，吕产、吕禄席太后之宠，据将相之位，兼南北军之众，拥梁赵王之尊，骄盈无厌，欲危刘氏，赖忠正大臣绛侯、朱虚侯等，竭诚尽节，以诛灭之，然后刘氏复安。今王氏一姓，乘朱轮华毂者二十三人，青紫貂蝉，充盈幄内，鱼鳞左右。大将军秉事用权，王侯骄奢僭盛，并作威福，击断自恣，行污而寄治，自私而托公，依东宫之尊，假甥舅之亲，以为威重。尚书、九卿、州牧、郡守，皆出其门，筦执枢机，朋党比周。称誉者登道，忤恨者诛伤，游

① 向上《洪范五行传》在河平三年。《汉书·艺文志》：向《五行传记》十一卷。班固赞曰：《鸿范论》发明《大传》。晋光禄大夫范乔曾撰《刘（向）扬（雄）优劣论》，见《晋书·范粲传》。

谈者助之说，执政者为之言，排摈宗室，孤弱公族，其有智能者，尤非毁而不进，远绝宗室之任，不令得给事朝省，恐其与己分权。数称燕王、益主以疑上心，避讳吕、霍而弗肯称，内有管、蔡之萌，外假周公之论，兄弟据重，宗族磐互，历上古至秦、汉，外戚僭贵，未有如王氏者也。虽周皇甫，秦穰侯，汉武安、吕、霍、上官之属，皆不及也。物盛必有非常之变，先见为其人征象，孝昭帝时，冠石立于泰山，仆柳起于上林，而孝宣帝即位。今王氏先祖坟墓在济南者，其梓柱生枝叶，扶疏上出屋，根垂地中，虽立石起柳，无以过此之明也。事势不两大，王氏与刘氏亦且不并立，如下有泰山之安，则上有累卵之危。陛下为人子孙，守持宗庙，而令国祚移于外亲，降为皂隶，纵不为身，奈宗庙何？妇人内夫家外父母家，此亦非皇太后之福也。孝宣皇帝不与舅平昌、乐昌侯权，所以全安之也。夫明者起福于无形，销患于未然；宜发明诏，吐德音，援近宗室，亲而纳信，黜远外戚，毋授以政，皆罢令就第，以则效先帝之所行，厚安外戚，全其宗族，诚东宫之意，外家之福也。王氏永存，保其爵禄，刘氏长安，不失社稷。所以褒睦外内之姓，子子孙孙无疆之计也。如不行此策，田氏复见于今，六卿必起于汉，为后嗣忧，昭昭甚明，不可不深图，不可不蚤虑。《易》曰：‘君不密则失臣，臣不密则失身，几事不密则害成。’惟陛下深留圣思，审固几密，览往事之戒以折中取信，居万安之实，用保宗庙，久承皇太后，天下幸甚。”书奏，成帝召见向，叹息悲伤其意，谓曰：“君且休矣，吾将思之。”[①]（《汉书·楚元王附传》）以向为中垒校尉。元延元年春正月，日食。秋七月，有星孛于东井。向上论灾异事，乞指图陈状，上辄入之，然终不能用。[②]（《资治通鉴》）三年正月丙寅，蜀郡岷山崩，雍江、江水逆流三日乃通。向以为周岐山崩、三川竭而幽王亡，岐山者，周所兴也。汉家本起于蜀汉，今所起地山崩川竭，殆必亡矣。（《汉书·五行志》七之一）向每召见，数言：公族者，国之枝叶，枝叶落，则本根无所庇荫，方今同姓疏远，母党专政，禄去公室，权在外家，非所以强汉宗，卑私门，保守社稷，固安后嗣也。向自见得幸，故常显讼宗室，讥刺王氏，其言多痛切，发于至诚。成帝数欲用向为九卿，辄不为王氏居位者所持，故终不迁。年七十一卒。卒后十三岁而王氏代汉。（《汉书》本传）

① 《通鉴》：向上封事在阳朔二年。钱穆《刘向谱》云：时向年五十六。

② 向上论灾异，《通鉴》列在元延元年，荀悦《汉纪》谓在元年四月。按奏中星孛东井，显系七月后事，当从《通鉴》为是。王棻《柔桥文钞》有《书刘向灾异封事后》。

王章

王章，字仲卿，泰山钜平人也。少以文学为官，稍迁至谏大夫，在朝廷名敢直言。成帝立，迁为司隶校尉，大臣贵戚咸敬惮之。王尊免后，代者不能称职，章以选为京兆尹。时成帝舅大将军王凤辅政，章虽为凤所举，非凤专权，不亲附凤。（《汉书·王章传》）会日有蚀之，凤心不便定陶共王久在京师，因言："日蚀阴盛之象，为非常异，定陶王虽亲，于礼当奉藩在国，今留侍京师，诡正非常，故天见戒，宜遣就国。"章刚直敢言，以为凤议非是，乃奏封事。上召见延问，章对曰："天道聪明，佐善而灾恶，以瑞异为符效。今陛下以未有继嗣，引近定陶王，所以承宗庙，重社稷，上顺天心，下安百姓，此正义善事，当有祥瑞，何故致灾异？灾异之发，为大臣颛政者也。今闻大将军猥归日食之咎于定陶王，建遣之国，苟欲使天子孤立于上，颛擅朝事，以便其私，非忠臣也。且日蚀，阴侵阳，臣颛君之咎。今政事大小皆自凤出，天子曾不一举手，凤不内省责，反归咎于善人，推远定陶王。且凤诬罔不忠，非一事也。前丞相乐昌侯商本以先帝外属，内行笃，有威重，位历将相，国家柱石臣也。其人守正，不肯诎节随凤委曲，卒用闺门之事，为凤所罢，身以忧死，众庶愍之。又凤知其小妇弟张美人已尝适人，于礼不宜配御至尊；托以为宜子，内之后宫，苟以私其妻弟，闻张美人未尝任身就馆也。且羌胡尚杀首子以荡肠正世，况于天子而近已出之女也。此三者皆大事，陛下所自见，足以知其余，及它所不见者。凤不可令久典事，宜退使就第，选忠贤以代之。"自凤之白罢王商后遣定陶王也，成帝意不能平；及闻章言，感寤纳之。谓章曰："微京兆尹直言，吾不闻社稷计，且惟贤知贤，君试为朕求可以自辅者。"于是章奏封事，荐中山孝王舅琅邪太守冯野王，先帝时历二卿，忠信质直，知谋有余。野王以王舅出，以贤复入，明圣主乐进贤也。成帝自为太子时，数闻野王先帝名卿，声誉出凤远甚，方倚欲以代凤。凤闻之，称病出就第，上疏乞骸骨，辞指甚哀。太后闻之，为垂涕不御食。成帝少而亲倚凤，不忍废，使尚书劾奏章，知野王前以王舅出补吏而私荐之，欲令在朝阿附诸侯。又知张美人体御至尊，而妄称引羌胡杀子荡肠，非所宜言。遂下章吏。廷尉致其大逆罪，以为比上夷狄，欲绝继嗣之端，背畔天子，私为定陶王。章死狱中。（《汉书·元后传》）自是公卿见凤，侧目而视，郡国守相刺史皆出其门。初章为诸生，学长安，独与妻居。章疾病，无被，卧牛衣中，与妻决涕泣，其妻呵怒之，曰："仲卿，京师尊贵，在朝廷人，谁逾仲卿者？今疾病困厄，不自激昂，何鄙也！”后章仕宦历位，及为京兆，欲上封事，妻又止之，曰：“人当知足，独不念牛衣中涕泣时耶？”章曰：“非女子所知也。”书遂上。果下廷尉狱，妻子皆收系，章小女年可十二，夜起号哭曰：平生狱上呼囚，数常至九，今八而止，我君素刚，先死者必君。明日问之，章果死。妻子皆徙合浦。大将军凤薨后，弟成都侯商复为大将军辅政，白成帝，还章妻子故郡。其家属皆完具，采珠，致产数百万。时萧育为泰山太守，皆令赎还故田宅。章为京兆二岁，死不以其罪，众庶冤纪之。（《汉书·王章传》）

梅福

梅福，字子真，九江寿春人也。少学长安，明《尚书》、穀粱《春秋》，为郡文学，补南昌尉。后去官归寿春，数因县道上言变事，求假轺传，诣行在所，条对急政，辄报罢。是时成帝委任大将军王凤，凤专势擅朝，而京兆尹王章素忠直，讥刺凤，为凤所诛。王氏浸盛，灾异数见，群下莫敢正言。福上书曰：“自阳朔已来，天下以言为讳，朝廷尤甚，群臣皆承顺上指，莫有执正，何以明其然也？取民所上书，陛下之所善，试下之廷尉，廷尉必曰非所宜言，大不敬。以此卜之一矣。故京兆尹王章资质忠直，敢面引廷争，孝元皇帝擢之，以厉具臣，而矫曲朝。及至陛下，戮及妻子，且恶恶止其身，王章非有反畔之辜，而殃及家，折直士之节，结谏臣之舌，群臣皆知其非，然不敢争，天下以言为戒，最国家之大患也。愿陛下循高祖之轨，杜亡秦之路，数御十月之歌，留意亡逸之戒，除不急之法，下亡讳之诏，博览兼听，谋及疏贱，令深者不隐，远者不塞，所谓‘辟四门，明四目’也。且不急之法，诽谤之微者也。往者不可及，来者犹可追。方今君命犯而主威夺，外戚之权日以益隆，陛下不见其形，愿察其影。建始以来，日食地震，以率言之，三倍春秋，水灾亡与比数，阴盛阳微，金铁为飞，此何景也？汉兴以来，社稷三危，吕、霍、上官，皆母后之家也，亲亲之道，全之为右，当与之贤师良傅，教以忠孝之道；今乃尊宠其位，授以魁柄，使之骄逆，至于夷灭，此失亲亲之大者也。自霍光之贤，不能为子孙虑，故权臣易世则危。书曰‘毋若火始庸庸’。势凌于主，权隆于主，然后防之，亦亡及已！”成帝不纳。福居家，常以读书养性为事，至元始中，安汉公莽颛政，福一朝弃妻子去九江，世传以为仙。其后人有见福于会稽，变姓名为吴市门卒云。（《汉书·梅福传》）

朱云

朱云，字游，鲁人也，徙平陵。少时通轻侠，长八尺余，以勇力闻。年四十，乃变节从博士白子友受《易》，又事前将军萧望之受《论语》，皆能传其业，好倜傥大节，当世以是高之。元帝时为博士，迁杜陵令，坐故纵亡命。会赦，举方正，为槐里令。时石显用事，云与御史中丞陈咸抗节不附显，数上疏言事，有司考立其杀人罪，云亡入长安。复与陈咸计议，丞相具发其事，于是下咸、云狱，减死为城旦，云遂废锢，终元帝世。成帝时，丞相故安昌侯张禹以帝师位特进，甚尊重，帝曾以吏民所言王氏专政事示禹，禹度年老，子孙弱，又与曲阳侯王根不平，恐为所怨，乃曰："新学小生，乱道误人，宜无信用。"帝由是不疑王氏。（事见《汉书·张禹传》）云因上书求见，公卿在前，云曰："今朝廷大臣，上不能匡主，下亡以益民，皆尸位素餐，孔子所谓'鄙夫不可与事君，苟患失之，亡所不至者'也。臣愿赐尚方斩马剑，断佞臣一人头，以厉其余。"上问谁也？对曰："安昌侯张禹。"上大怒曰："小臣居下讪上，廷辱师傅，死罪不赦。"御史将云下，云攀槛，槛折。云呼曰："臣得下从龙逢、比干游于地下足矣，未知圣朝何如耳？"御史遂将云去，于是左将军辛庆忌免冠解印绶，叩头殿下曰："此臣素著狂直于世，使其言是，不可诛；其言非，固当容之，臣敢以死争。"庆忌叩头流血，成帝意解，然后得已。及后治槛，帝曰："勿易。"因而葺之，以旌直臣。云自是不复仕，年七十余，终于家。（《汉书·朱云传》）

申屠刚

申屠刚，字巨卿，扶风茂陵人也。七世祖嘉，文帝丞相。刚质性方直，常慕史鳍、汲黯之为人。仕郡功曹。平帝时，安汉公莽专政，朝多猜忌，遂隔绝帝外家冯、卫二族，不得交官，刚常疾之。及举贤良方正，因对策曰："臣闻王事失则，神祇怨怒，奸邪乱正，故阴阳谬错，此天所以谴告王者，欲令失道之君，旷然觉悟，怀邪之臣，惧然自刻者也。今朝廷不考功校德，而虚纳毁誉，数下诏书，张设重法，抑断诽谤，禁割论议。罪之重者，乃至腰斩，伤忠臣之情，挫直士之锐。殆乖建进善之旌，县敢谏之鼓，辟四门之路，明四目之义也。臣闻成王幼少，周公摄政，听言下贤，均权布宠，无旧无新，惟仁是亲，动顺天地，举措不失。然近则召公不悦，远则四国流言。夫子母之性，天道至亲，今圣主幼少，始免襁褓，即位以来，至亲分离，外戚杜隔，恩不得通。且汉家之制，虽任英贤，犹援姻戚，亲疏相错，杜塞间隙，诚所以安宗庙重社稷也。今冯、卫无罪，久废不录，或处穷僻，不若民庶，诚非慈爱忠孝承上之意。夫为人后者，自有正义，至尊至卑，其势不嫌；是以人无贤愚莫不为怨，奸臣贼子，以之为便，不讳之变，诚难其虑。今之保、傅，非古之周公。周公之圣，犹尚有累，何况事失其衷，不合天心者哉？昔周公先遣伯禽守封于鲁，以义割恩，宠不加后，故配天郊祀，三十余世。霍光秉政，辅翼少主，修善进士，名为忠直；而尊崇其宗党，摧抑外戚，结实据权，至坚至固，终没之后，受祸灭门。方今师、傅，皆以伊、周之位，据贤保之任，以此思化，则功何不至！不思其危，则祸何不到？损益之际，孔父攸叹，持满之戒，老氏所慎。盖功冠天下者不安，威震人主者不全。今承衰乱之后，继重敝之世，公家屈竭，赋敛重数，苛吏夺其时，贪夫侵其财，百姓困乏，疾疫夭命，盗贼群辈，且以万数，军行众止，窃号自立，攻犯京师，燔烧县邑；至乃讹言积弩入宫，宿卫惊惧，自汉兴以来，诚未有也。国家微弱，奸谋不禁，六极之效，危于累卵。王者承天顺地，典爵主刑，不敢以天官私其宗，不敢以天罚轻其亲。陛下宜遂圣明之德，昭然觉悟，远述帝王之迹，近遵孝文之业，差五品之属，纳至亲之序，亟遣使者征中山太后置之别宫，令时朝见；又召冯、卫二族裁与冗职，使得执戟，亲奉宿卫，以防未然之符，以抑患祸之端。上安社稷，下全保、傅，内和亲戚，外绝邪谋。”书奏，大司马安汉公莽令太后下诏曰：“刚所言僻经妄说，违背大义，其罢归田里。”[①] 刚避地河西，转入巴蜀，往来二十余年。后汉建武七年诏书征刚，刚与隗嚣书，劝其归汉，后仕至太中大夫。（《后汉书·申屠刚传》）

卷二

彭宣

彭宣，字子佩，淮阳阳夏人也。治《易》，事张禹，举为博士。元寿元年，哀帝召宣为光禄大夫，迁御史大夫，转大司空，封长平侯。会哀帝崩，新都侯为大司马，秉政颛权。宣上书言：“三公鼎足承君，一足不任，则覆乱美实。臣资性浅薄，年齿老眊，数伏疾病，昏乱遗忘，愿上大司空长平侯印绶，乞骸骨归乡里，俟寘沟壑。”莽恨宣求退，故不赐黄金安车驷马。宣居国

① 王益之《西汉年纪》刚对策在元始元年。

数年薨，谥曰顷侯。(《汉书·彭宣传》)子圣嗣。(《汉书·恩泽表》)

王崇

王崇，吉孙，骏之子也。自吉至崇，世名清廉。崇以父任为郎，历郡守刺史，治有能名。建平三年，以河南太守征入为御史大人，数月左迁大司农，后徙卫尉左将军。平帝即位，新都侯莽秉政，大司空彭宣乞骸骨罢，崇代为大司空，封扶平侯。岁余，崇复谢病，乞骸骨，以避王莽，莽遣就国。岁余，为傅婢所毒薨，国除。(《汉书·王吉附传》)

吴章　吕宽　敬武公主　薛况

吴章，字伟君，平陵人也。从许商受大夏侯《尚书》，以言语称。(《汉书·儒林传》)为博士。平帝以中山王即帝位，年幼，安汉公莽秉政，以平帝为成帝后，不得顾私亲，帝母及外家卫氏皆留中山，不得至京师。莽长子宇非莽隔绝卫氏，恐帝长大后见怨。宇从章学，因与章谋，章以为安汉公不可谏而好鬼神，可为变怪以惊惧之。章因推类说令归政于卫氏。宇使吕宽夜持血洒安汉公第门，若鬼神之戒，冀以惧之。事发觉，杀宇，诛灭卫氏，谋所联及死者百余人，章坐腰斩，磔尸东市门。初，章为当世名儒，教授尤盛，弟子千余人。莽以为恶人党，皆当禁锢，不得仕宦，门人咸更名他师。门人同郡云敞时为大司徒掾，自劾吴章弟子，收抱章尸归，棺殓葬之，京师称为。车骑将军王舜高其志节，比之栾布云。(《汉书·云敞传》)

吕宽，宇妻兄也。安汉公既杀其子宇，奏宇为吕宽所诖误，流言惑众，系宇妻焉于狱，焉怀子，俟其产子已，杀之。(《莽传》上)宽亡走，宽父素与齐楼护相知，护时为广汉太守，宽至广汉，遇护，不以事实语，到数日，名捕宽诏书至，护遂执宽。(《汉书·楼护传》)宽家属徙合浦。(《莽传》下)

敬武公主，孝宣帝女也(颜师古《汉书》注)，初下嫁张临，生子放，放嗣侯。[①](《汉书·张汤传》)敬武公主寡居。薛宣封高阳侯，妻死，成帝令宣尚公主。及宣免归故郡，公主留京师。后宣卒，主上书愿还宣葬延陵，奏可。宣子况前以罪徙燉煌，私归长安，会赦，因留与主私乱。[②]哀帝外家丁、傅贵，主附事之而疏王氏。元始中，新都侯莽为安汉公，主出言非莽。而况与

---

① 罗振玉《丁戊稿·武公主家铜铫跋》云："外戚恩泽世系表，载临以初元二年嗣侯，十五年薨。此器署初元五年，疑为主下嫁之年。"

② 周寿昌曰：此因主平日出言非莽，莽恨畏，诬蔑之也。

吕宽相善，及宽事觉，遂并治况，发扬其罪，使使者以太皇太后诏赐主药。主怒曰："刘氏孤弱，王氏擅朝，排挤宗室，且嫂（按指元后）何与取妹披抉其闺门而杀之?"使者迫守主，遂饮药死。况枭首于市。莽白太后云："主暴病薨。"太后欲临其丧，莽固争，乃止。（《汉书·薛宣传》）

何武 诸辛 鲍宣 许绀 二王 彭宏（彭伟） 杜公子

何武，字君公，蜀郡郫县人也。中郎将霸（字翁君）弟。（《华阳国志》十二《士女目录》）成帝时，大司马王根荐武，征为谏大夫，累官至大司空，封汜乡侯。武为人仁厚，好进士奖称人之善。为楚内史厚两龚，在沛厚两唐，世以此多之。哀帝后欲改易大臣，遂策免武罢黜就国，会高安侯董贤荐武，武复征为御史大夫，徙前将军。先是，新都侯莽就国数年，哀帝以太皇太后故，征莽还京师，有诏举太常，新都侯私就武求举，武不敢举。后数月，哀帝崩，太后即日引新都侯入收大司马董贤印绶，诏有司举可大司马者，莽故大司马，辞位避丁、傅，众庶以为贤。又太后近亲，自大司徒孔光以下，举朝皆举之。武为前将军，素与左将军公孙禄相善，二人独谋，以为往时孝惠、孝昭少主之世，外戚吕、霍、上官恃权，几危社稷。今孝成、孝哀比世无嗣，方当选立亲近辅幼主，不宜令异姓大臣特权，亲疏相错，为国计便。于是举公孙禄可大司马，而禄亦举武，太后竟自用新都侯莽为大司马。莽讽有司劾奏武、公孙禄互相称举，皆免。武就国。元始三年，吕宽等事起，时大司空甄丰承安汉公风指，遣使者乘传案治党与，连引诸所欲诛，武在见诬中，大理正槛车征武，武自杀，谥曰剌侯。子况嗣。（《汉书·何武传》、《华阳国志》十上）

左将军辛庆忌长子通为护羌校尉，中子遵，函谷关都尉，少子茂水衡都尉，出为郡守，皆有将帅之风，宗族支属至二千石者十余人。元始中，安汉公秉政，见庆忌本大将军风所成，三子皆能，欲亲厚之。时方立威柄，用二甄以自助，丰、邯新贵，威震朝廷，水衡都尉茂自见名臣子孙，兄弟并列，不甚诎事之。时平帝幼，外家卫氏不得至京师，而护羌都尉通长子次兄素与帝从舅卫子伯相善，两人俱游侠，宾客甚盛。及吕宽事起，安汉公诛卫氏，两甄构言诸辛阴与卫子伯为心腹，有背恩之谋，于是司直陈崇举奏其宗亲陇西辛兴等侵陵百姓，威行州郡，遂按通父子，遵、茂兄弟，及南阳太守辛伯等，皆诛杀之。辛氏由此废。（《汉书·辛庆忌传》）时名捕辛兴，兴与上党鲍

宣[1]、女婿许绀，俱过宣一饭去，宣不知情，坐系狱，自杀。（《汉书·鲍宣传》）

前丞相王商子乐昌侯安，弘农太守王能亦以吕览事见罪，自杀。（《汉书·王商传》、《汉书·百官表》下）彭宏哀帝时为渔阳太守，伟容貌，能饮饭，有威于边。安汉公诛不附己者，宏与何武、鲍宣并遇害。[2]（《后汉书·彭宏传》）又南阳杜公子及郡国豪杰坐死者，数百人（《汉书·何武传》），海内震焉。（《莽传》上）

毋将隆

毋将隆，字君房，东海兰陵人。成帝时，大司马车骑将军王音奏为从事中郎，历冀州牧颍川太守。哀帝即位，入为京兆尹，迁执金吾。忤旨，左迁沛郡都尉，迁南郡太守。王莽少时，慕与隆交，隆不甚附。及为大司马秉政，使大司徒孔光奏隆前为冀州牧，治中山冯太后狱，冤陷无辜，不宜处位在中土。中山之狱，本中谒者令史立、侍御史丁玄自典考之，但与隆连名奏事，莽皆免其官，徙合浦。（《汉书·毋将隆传》）

孙宝

孙宝，字子严，颍川鄢陵人也。以明经为郡吏。御史大夫张忠荐宝经明质直，宜备近臣，为议郎，迁谏大夫。鸿嘉中，广汉群盗起，选为益州刺史。广汉太守扈商者，大司马车骑将军王音姊子，软弱不任职。宝到部，亲入山谷，谕告群盗，非本造意渠率，皆得悔过自出，遣归田里。自劾矫制，奏商为乱首。商亦奏宝所纵或有渠率当坐者。商征下狱，宝坐失死罪免。益州吏民多陈宝功效，言为车骑将军所排。成帝复拜宝为冀州刺史，迁丞相司直。时帝舅红阳侯立使客因南郡太守李尚占垦草田数百顷，颇有民所假少府陂泽，略皆开发，上书愿以入县官。有诏，郡平田与直，钱有贵一万万以上。宝遣丞相史按验，发其奸，尚下狱死。立以故不得代兄商为大司马。后为京兆尹，以附卫尉淳于长，长败，免官。哀帝即位，征谏大夫，迁司隶，后免为庶人。哀帝崩，大司马莽白太后征宝为光禄大夫，与王舜等俱迎中山王。平帝立，宝为大司农。会越嶲郡上黄龙游江中，太

---

① 宣字子都，本渤海高城人，后徙上党之长子田牧。

② 《宏传》云：“莽居摄，诛宏与何武。”按事在元始三年，《范书》误。《后汉书集解》引洪颐煊曰：《何武传》南阳彭伟即宏，按同籍南阳，未必为一人，姑存其说以备考。

师孔光、大司徒马宫等咸称大司马功德比周公，宜告祠宗庙，宝曰："周公上圣，召公大贤，尚犹有不相说，著于经典，两不相损；今风雨未时，百姓不足，每有一事，群臣同声，得无非其美者。"时大臣皆失色。侍中奉车都尉甄邯，即时承制罢议者。会宝遣吏迎母，母道病，留弟家，独遣妻子。司直陈崇以奏宝，事下三公即讯，宝对曰："年七十誖眊，恩衰共养，营妻子，如章。"宝坐免，终于家。(《汉书·孙宝传》)

何丹

何丹字伯张，韶州（今英德）人。成帝鸿嘉初举茂才，为含洭长，累迁中散大夫。（一作中大夫）以言忤莽出为松滋令。慈祥恺弟，爱民如子。卒官，邑人悲恸，择河西胜地葬之。(阮元《广东通志》卷二八八引黄佐《广东通志》)

班穉 公孙闳 高固

班穉，越骑校尉况少子也。兄伯，水衡都尉；斿，右曹中郎将。穉少为黄门郎中常侍，方直自守。哀帝立，出穉为西河属国都尉，迁广平相。王莽少与穉兄弟同列友善，兄事斿而弟蓄穉。斿卒，修缌麻，赙赗甚厚。平帝即位，太后临朝，莽以大司马秉政，方欲文致太平，使使者分行风俗，采颂声，而穉无所上。公孙闳者，琅邪太守也，言灾异于公府，大司空甄丰遣属驰至两郡讽吏民，而劾闳空造不祥，穉绝嘉应，嫉害圣政，皆不道。太后曰："不宣德美，宜与言灾异者异罚；且后宫贤家，我所哀也。"穉惧，上书陈恩谢罪，愿归相印，入补延陵园郎，太后许焉，食旧禄终身。闳独下狱诛。(《汉书·叙传》)

时又有淮阳高固亦以不附莽而死。(全祖望《西汉节义传题词附记》引《陈留风俗传》)

卷三

刘崇 张绍 刘礼

安众侯刘崇，盖长沙定王子安众康侯丹之玄孙子也。(《王子侯表》上)平帝崩，安汉公莽居摄，崇与其相张绍谋曰："莽专制朝政，必危刘氏，天下非之者，乃莫敢先举，此宗室之耻也。吾帅宗族为先，海内必和。"绍等从者百余人。[1] 遂进攻宛，不得入而败。绍者，张竦之从兄也，竦与崇族父刘嘉诣阙自归，莽赦弗罪，嘉因奏言："宜如古制，猪崇宫室，崇社宜如亳社，以赐诸侯。"于是污池崇宅。（《王莽传》上）新亡，建武二年，以崇从父弟宠绍封，复其侯国。（《后汉书·王子侯表》）

刘礼，南阳人，崇同宗也。与崇俱起兵，事泄，死之。子隆年未七岁，得免。建武中封亢父侯，拜诛虏将军。（《后汉书·刘隆传》）

刘信 弟璜 子章 鲔 匡 苏隆 皋丹

庄乡侯信者，东平王云之子也。云诛死，信兄开明嗣为王，薨，无子，而信子匡复立为王。东郡太守翟义举兵，与信弟武平侯刘璜结谋，并东平，立信为天子，义自号为大司马，以东平王傅苏隆为丞相，中尉皋丹为御史大夫，移檄郡国。王莽遣孙建、王邑等击破之，斩刘璜首。初信起兵，信二子穀乡侯章、德广侯鲔皆被捕杀。及破翟义于圉，义与信弃军庸亡，义于固始界中捕得，卒不得信。（《汉书·翟方进附传》）

信子东平王匡，初以居摄元年奉东平王开明嗣，父信起兵，并东平，及败，俱为所灭。（《汉书·诸侯王表》）

翟义 陈丰 刘宇 王翁 王孙庆 高康 令狐迈 赵明 霍鸿 葛□

翟义，字文仲，汝南上蔡人，丞相方进少子也。少以父任为郎，稍迁诸曹，出为南阳都尉。后坐法免，起家为弘农太守，迁河南太守青州牧，所居著名，有父风烈，徙为东郡太守。数岁，平帝崩，王莽居摄，义心恶之，乃谓姊子上蔡陈丰曰："新都侯摄天子位，号令天下，故择宗室幼稚者以为孺子，依托周公辅成王之义，且以观望，必代汉家，其渐可见。方今宗室衰弱，外无强蕃，天下倾首服从，莫能亢扞国难。吾幸得备宰相子，身守大郡，父子受汉厚恩，义当为国讨贼，以安社稷，欲举兵西诛不当摄者，选宗室子孙辅而立之，设令时命不成，死国埋名，犹可以不惭于先帝。今欲发之，乃肯从我乎?"丰年十八，勇壮，许诺。义遂与东郡都尉刘宇，庄乡侯刘信，信弟武平侯刘璜结谋。及东郡王孙庆素有勇略，以明兵法征在京师，义乃诈移书以重罪传逮庆。于是以九月都试日，斩观令，因勒其车骑材官士，募郡中勇敢，部署将帅。立信为天子，义自号大司马柱天大将军，以东平王傅苏隆为

① 荀悦《汉纪》作合党万余人。

丞相，中尉皋丹为御史大夫，移檄郡国，言莽鸩杀孝平皇帝，矫摄尊号，今天子已立，共行天罚，郡国皆震。比至山阳，众十余万。莽闻之，惶惧不能食，昼夜抱孺子祷告郊庙，会群臣而称曰："昔成王幼，周公摄政，而管、蔡挟禄父以畔，今翟义亦挟刘信而作乱，自古大圣犹惧此，况臣莽之斗筲?"群臣皆曰："不遭此变，不章圣德。"于是改《周书》作《大诰》。（文见《汉书·翟方进附传》）遣谏大夫桓谭等班行谕告，当反位孺子之意。遣王邑、孙建等八将军击义，分屯诸关，守厄塞。自择除关西人为校尉军吏，将关东甲卒，发奔命以击义焉。诸将东至陈留、菑，与义会战，破之，斩刘璜首，遂围攻义于圉城，义军大败。与刘信弃军逃亡，至固始界中，捕得义，尸磔陈都市。初，义兄宣居长安，先义未发，家数有怪，夜闻哭声，听之不知所在。宣教授，诸生满堂，有犬从外入，啮其中庭群雁数十，比惊救之，已皆断头，狗走出门，求不知处。宣大恶之。谓后母曰："东郡太守文仲素俶傥，今数有恶怪，恐有妄为而大祸至也。太夫人可归，为弃去宣家者以避害。"母不肯去。后数月，义败。[①] 莽尽坏义第宅，污池之，发父方进及先祖冢在汝南者，烧其棺柩，夷三族，诛及种嗣。义母练，兄宣亲属二十四人，皆磔暴于长安市，至皆同坑，以棘五毒并葬之，下诏，取其鳣鲵，筑武军，封以为大戮，荐树之棘。（《汉书·翟方进附传》、《王莽传》上）义既见害[②]，其门人作歌以怨思之。（《中华古今注》下）其辞曰："平陵东，松柏桐，不知何人劫义公，劫义公在高堂下，交钱百万两走马。两走马，亦诚难，顾见追吏心中恻。心中恻，血出漉。归告我家卖黄犊。"（《乐府诗集》二十八，黄节《汉魏乐府风笺》）

王翁者，东郡聊城人，与义起兵，及义败，余众悉降，翁独守节力战，遂为燔烧。（《后汉书·张酺传》）义党王孙庆逋走，天凤三年捕得，使太医尚方与巧屠共刳剥之，量度其五藏以竹筳导其脉[③]，知所终始，云可以治病。（《莽传》中）

高康者，沛人也。父相，治《易》，其学亡章句，专说阴阳灾异，自言出于丁将军，传至相，相授子康，及兰陵毋将永，由是《易》有高氏学。康以

---

① 《郡国志》："万人聚，王邑破翟义处。"《水经·渠水注》："王莽之篡也，东郡太守翟义兴兵讨莽，莽遣奋威将军孙建击之于圉北，义师大败，尸积万数，血流溢道，号其处为万人散，百姓哀而祠之。"

② 宋范浚《文集》有《翟义传》，管同《因寄轩文集》有《读汉书翟义传》。

③ 俞正燮《癸巳类稿·四十二经脉名义略例》详述古解剖之事例，引《西京杂记》秦咸阳有库方镜，广四尺，高六尺九寸，人以手扪心而来，则见肠胃五藏，历然无碍。

明《易》为郎，永至豫章都尉。居摄二年，翟义谋起兵，事未发，康侯知东郡有兵，私语门人，门人上书言之。后数月，义兵起，莽召问，对受师高康，莽恶之，以为惑众，遂斩康。（《汉书·艺文志》）

又有令狐迈，故汉建威将军，亦与义起兵讨莽，事败，死之。三子伯友、文公、称，皆奔燉煌。伯友入龟兹，文公入疏勒，称为故吏所匿，遂居效穀。（《新唐书·宰相世系表》十五下）或谓称避地河右云。[①]（《周书·令狐整传》）

初，三辅闻翟义兵起，自茂陵以西至汧二十三县，盗贼并发。槐里男子赵明（《通鉴》作用）、霍鸿等自称将军，攻烧官寺，杀右辅都尉及斄令，劫略吏民，众十余万，相与谋曰："诸将悉东，京师空，可攻长安。"火见未央宫前殿，莽恐，遣将军王级、王奇、阎迁与甄邯、王晏西击之。十二月，王邑破翟义于圉。三年春，邑等还京师。二月，复与级等合击明、鸿，皆破灭。（《翟方进附传》，《莽传》上）

葛某，荆州刺史。莽篡位，弃官归，与翟义共起兵，败，遇赦，遂称疾自绝于世。莽以其强宗徙之琅邪，其子浦庐起兵佐光武。（《抱朴子·自叙》）

刘快 刘都 刘曾 刘贵

徐乡侯快[②]，胶东恭王子也。（《王子侯表》）始建国元年四月，结党数千人，起兵于其国。快兄殷，故汉胶东王，时改为扶崇公，快举兵攻即墨，殷闭城门，自系狱，吏民拒快，快败走，至长广死。（《莽传》中）

同年，真定刘都等亦谋举兵，发觉，被诛。（《莽传》中，《汉纪》三十，《畿辅通志·前事》）时诸刘举义者，尚有楚思王子陵乡侯刘曾、扶恩侯[③]刘贵（见《孙建奏废诸刘文》），事迹无考。

张充

虎贲[④]张充等六人，初始元年，谋共劫摄皇帝莽，立楚王纡，发觉，被诛。（《莽传》上）

---

① 《元和姓纂》谓迈避王莽乱，居燉煌，生称。则似未死翟义之难。

② 《王子侯表》作"炔"，字从火。

③ 汉印有"扶恩相徒丞"。徒丞，莽官名。《十钟山房印举》有雏虑徒丞相，此即扶恩侯之相。（《辅仁学志》柯昌泗《汉官印跋》）

④ 元始元年更期门曰"虎贲"。

马适求

马适求[①]，钜鹿人，地皇元年，谋举燕、赵兵以诛莽，大司空士王丹发觉以闻，遣三公大夫逮治党与，连及郡国豪杰数千人，皆诛死。（《莽传》下，《畿辅通志·前事》）

贾萌

贾萌，河东人。（《豫章记》）汉末豫章太守[②]（《莽传》下），与安成侯张普共谋莽，普背约，诣莽反告，萌遂伐普于新淦之野，莽攻萌而杀之。时人感叹，为立庙祀之。[③] 初，萌举兵，有蜂附萌车衡，主簿严丰以为不详，萌果见杀。[④]（《御览》卷九五〇"蜂"下引谢承《后汉书》）

附　张澍撰《贾萌考》

今南昌章江门外，盖有汉贾萌庙云。按谢承《后汉书》贾萌为豫章太守，王莽篡汉，举兵诛莽不克而死。雷次宗《豫章记》：贾萌，河东人，汉更始二年为郡太守，谋王莽师败死，即日显灵于津，人为立祠。郦善长《水经注》：贾萌与安成侯张普争地，为普所害，即日灵见津渚。王孚《安成记》：豫章太守贾萌，与安成侯张普争战于新淦之野。欧阳忞《舆地志》：汉豫章太守贾萌，与安成侯张普兴兵讨莽，普乃诣莽自陈，萌遂伐普于薪淦之野。据谢伟平、雷仲伦记贾萌事，乃汉之忠臣也。而郦道元、王烈之则不言讨莽，以为争地而死。《舆地志》则合两事为一，是从谢氏说矣。然班固《汉书·王莽传》云："传莽首诣更始，县宛市。曹部监杜普、陈定大尹沈意、九江连率贾

① 按"马适"为复姓，见邵思《姓解》，《汉功臣表》有马适育。

② 《莽传》下称："萌，地皇四年九江连帅。"

③ 《寰宇记》卷一〇六南昌县龙沙庙下，同书一〇九安福县新淦山下引王烈之《安成记》，及废安福县条下引《舆地志》，详沈钦韩《汉书疏证》。

④ 案萌事有三记：一谓其讨莽而死，上引诸书是也。一谓与张普争地，《水经·赣水注》云："赣水又迳郡北，为津步，步有故守贾萌庙，萌与安成侯张普争地而死，为普所害，即日灵见津渚，故民为立庙焉。"一谓拒汉而死，《汉书·莽传》下云："九江连帅贾萌，为莽拒汉而死。"全谢山于《困学纪闻三笺》集中《节义传题辞》及集外篇，屡为萌表章，而于《经史问答》，则从《莽传》，而疑同时先后有两贾萌。赵一清本《水经注》，又引全说，疑有二人。李详《窳记》乃据《寰宇记》，考定贾氏为死节，而讥谢山但据《莽传》，非奖善之道。近陈垣复重核《寰宇记》，证谢山所言，《御览》引《安成记》，应作《寰宇记》引，谓萌拒汉与讨莽，虽传闻异词，然同名同时同地被杀，应为一人，其说是也，今为补传于此。

萌，皆守郡不降，为汉兵所诛。”是萌乃莽党也。又谢承《后汉书》：豫章严丰字孟侯，为郡主簿太守，河东贾萌与安成侯张普约举兵欲诛王莽，师兴之日，有飞蜂丛附萌车衡，丰晓占候，谏以为不祥之征，萌进兵不从，会张普负约无援，遂战死。是萌果为王莽所诛也。然汉兵所杀之贾萌，又是何人？核而论之，盖萌初坿王莽，为其连率，见人心不与巨君，因之携贰，乃与张普谋共起兵攻莽。既而普背约，与萌不协，自归于莽，相与争地交攻，萌遂为普所害。方其普初害萌也，则必报于莽，故雷谢诸人以为莽杀之，普旋降汉，心詟于杀萌，又必上闻于汉，诬言萌之不肯反正，因而诛之，此班氏所以言为汉兵所诛也。张普者，乃一反覆谲诈善观时变之小人也。又缘谢书载萌起兵于莽篡国之年，班书载萌死于更始二年，年代有误，或遂以为二人同姓名者矣。在莽言之，则曰九江连率；自汉言之，则曰豫章太守，亦不得以官职有异而疑之。近人金谿王谟，乃以武帝时为豫章太守之苍梧贾雍当之。夫贾雍失首，尚能乘马还营，与士卒胷语，诚为灵响。然《录异传》不纪后人之禋祀也，乌得以鄡侯栾布之社，指为天士栾大之祠哉！（《养素堂文集》卷十二）

按毕亨（道光六年大挑一等）《九水山房文存》上亦有《贾萌考》，与张介侯此篇行文全同，似是剿袭之作，今不录。

卷四

郑朴

郑子真，名朴（《三辅决录》），褒中人也。玄静修道，履至德之行。其教曰：忠、孝、爱、敬，天下之至行也。神中五征，帝王之要道也。（《华阳国志》卷十下）隐于谷口①，修身自保，非其服不服，非其食弗食。成帝时，元舅大将军王凤以礼聘之，子真遂不绌而终。扬雄著书，言当世士，称其人曰：“谷口郑子真，不屈其志，耕于岩石之下，名震京师。”（《汉书·王贡传序》）冯翊人刻石祀之，至今不绝。（皇甫谧《高士传》中）

① 《隶释》卷十五有“故郑子真，地中起舍，一区七万”等语。

庄遵[1]

庄遵，字君平，蜀郡成都人也。姓庄氏，故称庄子。[2]雅性澹泊，专精《老》、《易》，隐居不仕，卖卜于成都市，日得百钱以自给。卜讫，则闭肆下帘，以著书为事。扬雄少从之游，屡称其德，杜陵李彊为益州刺史，喜曰："吾得君平为从事，足矣！"雄曰："君可备礼与相见，其人不可屈也。"王凤请交，不许，恬淡自终，卒年九十。著有《道德指归论》十一卷。[3]（《汉书·王贡传序》，《华阳国志》卷十下）

戴遵

戴遵（《姓氏辨证》作自遵），字子高，汝南慎阳人也。平帝时为侍御史，及莽篡位，称病归乡里。家富，好给施，尚侠气，食客常三四百人，时人为之语曰："关东大豪戴子高。"（《后汉书·逸民·戴良传》）孙伯鸾、叔鸾，有隐德。（《姓氏辨证》卷十九代）

龚胜　龚舍　邴汉　曼容　栗融　禽庆　苏章　曹竟

龚胜，字君宾，楚人也。与同郡龚舍君倩相友善，并著名节，故世谓之楚两龚。少皆好学明经，胜为郡吏，舍不仕。久之，楚王入朝，闻舍高名，聘舍为常侍，不得已随王还国，固辞，愿卒学，复至长安。而胜为郡吏，三举孝廉，又举茂材，为重泉令，病去官。哀帝征为谏大夫，引见，胜荐龚舍，及亢父宁寿，济阴侯嘉，有诏皆征。舍、嘉至，皆为谏大夫，宁寿称疾不至。胜居谏官二岁余，迁丞相司直，徙光禄大夫，出为渤海太守；胜谢病，积六月，免归，复征为光禄大夫。胜常称疾卧，数使子上书乞骸骨。会哀帝崩，初，琅邪邴汉亦以清行征用，至京兆尹，后为太中大夫。安汉公莽秉政，胜与汉俱乞骸骨，自昭帝时涿郡韩福以德行征至京师，赐策书束帛遣归，于是依故事遣胜、汉，二人遂归老于乡里。（《汉书》本传）汉兄子丹，字曼容，

---

① 沈涛《铜熨斗斋随笔》谓有三严遵。

② 据胡震亨《秘册汇函》本严遵《道德真经指归》谷神子序，《道藏》本于君平说经目后，双行小注云：东汉章、和之间，班固作《汉书》，避明帝讳，更之为"严"。《法言问明》："蜀庄沈冥。"李轨注："蜀人。姓庄，名遵。"

③ 胡本载《谷神子序》云：君平生西汉中叶，王莽篡汉，遂隐遁炀和，盖上世之真人也。其所著《道德指归论》若干卷，陈、隋之际，已逸其半。今所存者，止论德篇，猎其舛讹，定为六卷。蒋锡昌《老子校诂》云：此序为后人将注语易为序文。

从同郡鲁伯授施氏《易》。[1] 亦养志自修，为官不肯过六百石，辄自免去，其名过出于汉。初龚舍以龚胜荐，征为谏大夫，病免，复征为博士，又病去。顷之，哀帝遣使者即楚。拜舍为泰山太守。舍家居在武原，使者至县请舍，欲令至廷拜授印绶。舍曰："王者以天下为家，何必县官。"遂于家受诏，便道之官，既至数月，上书乞骸骨，数征不起。舍通五经，以鲁诗教授。舍、胜既归乡里，郡二千石长吏初到官，皆至其家，如师弟子礼。舍年六十八，居摄中卒。莽既篡位，遣五威将帅行天下风俗，将帅亲奉羊酒存问胜。明年，莽遣使者即拜胜为讲学祭酒，胜称疾不应征。后二年，复遣使者奉玺书太子师友祭酒印绶，安车驷马迎胜，即拜秩上卿，先赐六月禄直以办装，使者与郡太守、县长吏、三老官属、行义诸生千人以上，入胜里致诏，使者欲令胜起迎，久立门外，胜称病笃，为床室中户西南牖下，东首，加朝服拕绅，使者入户，西行，南面立，致诏，付玺书，迁延再拜，奉印绶，内安车驷马，进谓胜曰："圣朝未尝忘君，制作未定，待君为政，思闻所欲施行，以安海内。"胜对曰："素愚，加以年老被病，命在朝夕，随使君上道，必死道路，无益万分。"使者要说，至以印绶就加胜身，胜辄推不受。使者即上言，方盛夏暑热，胜病少气，可须秋凉乃发。有诏，许。使者五日一与太守俱问起居，为胜两子及门人高晖等言："朝廷虚心待君以茅土之封，虽疾病，宜动移至传舍，示有行意，必为子孙遗大业。"晖等白使者语，胜自知不见听，即谓晖等曰："吾受汉家厚恩，亡以报；今年老矣，旦暮入地，谊岂以一身事二姓下见故主哉?"胜因敕以棺敛丧事，衣周于身，棺周于衣，勿随俗动吾家，种柏作祠堂。语毕，遂不复开口饮食，积十四日死。死时年七十九矣。[2] 使者，太守临敛，赐复衾，祭祀如法，门人衰绖治丧者百数，有老父来吊，哭甚哀。既而曰："嗟呼！薰以香自烧，膏以明自销，龚生竟夭天年，非吾徒也。"遂趋而出，莫知其谁。胜居彭城廉里，后世刻石表其里门。（《汉书》本传）光武即位，擢胜子为上谷太守。（《后汉书·卓茂传》）时，齐栗融客卿，北海禽庆[3]子夏，苏章游卿，山阳曹竟子期，皆儒生，去官，不仕于莽。新亡，更始征竟以为宰相。[4] 封侯，欲视致贤人，销寇贼，竟不受侯爵。会赤眉入长安，欲降竟，竟手剑格死。（《汉书·鲍宣传》）禽庆与河南向长邀游五岳名山，莫

① 按朱起凤《辞通》二冬误以邴曼容与皮容同人，应订正。

② 汪之昌《青学斋集》十六有《楚二龚论》。

③ 《姓氏辨证》二十一侵作"禽度"，非。

④ 《后汉书·冯异传》，竟为左丞相，子翊为尚书。

知所终。(《后汉书·逸民传》)

杨宝

杨宝，弘农华阴人，后汉太尉杨震父也。习欧阳《尚书》，哀、平之世，隐居教授。居摄二年，与两龚、蒋诩俱征，遂遁逃不知所处。光武高其节，建武中，公车特征，老病不到，卒于家。[①](《后汉书·杨震传》)

孔休

孔休，字子泉。(《后汉书·卓茂传》)宛人也。(《汉书·莽传》上颜注)初，新都侯王莽就国，南阳太守以侯贵重，时休为门下掾，选守新都相。休谒莽，莽尽礼自纳，休亦闻其名，与相答。后莽疾，休候之，莽缘恩意，进其玉具宝剑，欲以为好，休不肯受。莽因曰："诚见君面有瘢，美玉可以灭瘢，欲献其瑑耳。"即解其瑑[②]，休复辞让。莽曰："君嫌其价耶?"遂椎碎之，自裹以进，休乃受。及莽征去，欲见休，休称疾不见。(《汉书·莽传》上)后莽为安汉公，秉权，休弃官归家。及篡位，遣使赍玄纁束帛，请为国师，遂欧血托病，杜门自绝。光武即位，求休子孙，赐谷以旌显之。(《后汉书·卓茂传》)

蔡茂 二郭

蔡茂，字子礼，河内怀人也，哀平间以儒学显，征试博士对策陈灾异，以高等擢拜议郎，迁侍中。安汉公居摄，以疾自免不仕新朝。会天下扰乱，茂素与窦融善，因避难归之，与融俱征，复拜议郎。建武中为司徒。茂官广汉太守，其主簿郭贺字乔卿，洛阳人[③]，贺祖父坚，伯父游君，亦并修清节，不仕莽云。[④](《后汉书·蔡茂传》)

陈咸

陈咸，字子成(《北堂书钞》卷五十五引谢承《后汉书》成一作威)，沛国洨人也。成哀间以律令为尚书。平帝时，安汉公莽辅政，多改汉制，咸心

---

① 宝怀黄雀事，见《续齐谐记》，不录。

② 《证类本草》三玉条，75页孔休事。

③ 贺事迹详《华阳国志》十中。

④ 《华阳国志》十二《士女目录》，坚官乌丸校尉。

非之。及莽因事诛不附己者何武、鲍宣等，咸叹曰：“《易》称君子见几而作，不俟终日。吾可以逝矣。”即乞骸骨去职。及始建国初，召咸为掌寇大夫，谢病不肯应。[①]（《汉书·莽传》中）时，三子参、丰、钦皆在位，乃悉令解官，父子相与归乡里，闭门不出入，犹用汉家祖腊。人问其故，咸曰：“我先人岂知王氏腊乎。”其后复征咸，遂称病笃，于是收敛其家律令书文，皆壁藏之。[②]咸性仁恕，常戒子孙曰：为人议法，当依于轻，虽有百金之利，慎无与人重比。建武初，钦子躬为廷尉监。[③]（《后汉书·陈宠传》）

卓茂

卓茂，字子康，南阳宛人也。元帝时学于长安，事博士江生，习诗、礼及历算，究极师法，称为通儒。初辟丞相府史，事孔光，光称为长者。（《后汉书》本传）茂为人，恬荡乐道，椎实不为华貌，行己在于清浊之间，与人未曾有争竞。（《东观汉记》）以儒术举为侍郎，给事黄门，迁密令，劳心谆谆，视人如子，数年，教化大行，道不拾遗。是时安汉公王莽秉政，置大司农六部丞，劝课农桑，迁茂为京部丞，密人老少皆涕泣随送。及莽居摄，以病免归郡，常为门下掾祭酒，不肯作职吏。更始立，以茂为侍中。光武即位，拜茂为太傅，封褒德侯。[④]（《后汉书·卓茂传》）

蔡勋

蔡勋，字君严（章怀注引谢承《后汉书》），陈留圉人也。好黄老，平帝时为郿令。始建国初，授以厌戎连率，勋对印绶，仰天叹曰：“我策名汉室，死归其正，昔曾子不受季孙之赐，况可事二姓哉?”遂携家属，逃入深山。（《后汉书·蔡邕传》）初，勋与南阳卓茂、孔休、安众刘宣、楚国龚胜、上党

① 《汉书·莽传》中：始建国元年，治者掌寇大夫陈成去官。按“成”为“咸”字误，钱氏《养新录》以《陈宠传》与《莽传》之陈咸各为一人。全祖望《经史问答》曰：《范史》谓咸以莽未篡时已去尚书之任，莽篡，以掌寇大夫召之，不应。《范史》所据殆是《陈宠家传》，或推崇其先世而过美其词，恐是《莽传》为得实。

② 船山《读通鉴论》曰：“咸收汉律令书文壁藏之，岂徒以俟汉氏中兴之求哉，诚有不忍者矣。臣之恋主也，闵其典章，典章者，即先王神爽之所在也，故以知咸有不忍之心也。”

③ 《全汉文》卷五十五严可均云：始建国三年，沛郡陈咸为讲礼，盖即其人。先是别有陈咸沛郡相人，卒于成帝时，见《陈万年传》，非此人。按咸或不应征，如龚胜情形，亦未可知。

④ 按《论衡·感虚篇》云：卓公为缑氏令，蝗不入界。黄晖校释言：传云“为密令”，此云“缑氏令”，因二地并在河南，传闻而误，《类聚》卷五十引司马彪书，与《北堂书钞》卷七十八引彪书作茂陵令，不足据。

鲍宣六人，同志不仕莽，并名重当时。(《后汉书·卓茂传》)

郭钦

郭钦[1]，扶风隃麋人也。哀帝时为丞相司直，奏豫州牧鲍宣举错烦苛，宣坐免，又奏免京兆尹薛修，以忤贤，左迁卢奴令。平帝时，迁南郡太守。莽居摄，去官，卒于家。[2](《后汉书·鲍宣传》,《全汉文》卷五十六)

刘茂

刘茂，字子卫，太原晋阳人也。少孤，独侍母居，家贫，以筋力致养，孝行著于乡里。及长，能习礼经，教授常数百人。哀帝时，察孝廉，再迁五原属国候，遭母忧去官，服除，为沮阳令。会莽篡位，茂弃官，避世弘农山中教授。建武二年，归为郡门下掾。(《后汉书·独行传》,《儆居集·汉孝子传赞》)

谯玄 费贻

谯玄，字君黄，巴郡阆中人也。少好学，能说《易》、《春秋》，成帝永始二年，以敦朴逊让举，拜议郎，后迁太常丞，以弟服去职。元始元年，复举拜议郎，迁中散大夫。继为绣衣使者，侍节与太仆王恽等分行天下，观览风俗，所至专行诛赏。事未及终，而王莽居摄，玄于是纵使者车，变姓名，间窜归家，因以隐遁。后公孙述僭号于蜀，连聘不诣，述乃遣使备礼征之，若玄不肯起，便赐以毒药。太守乃自赍玺书至玄庐曰："君高节已著，朝廷垂意，诚不宜复辞，自招凶祸。"玄仰天叹曰："唐尧大圣，许由耻仕；周武至德，伯夷守饿。彼独何人，我亦何人，保志全高，死亦奚恨。"遂受毒药。玄子瑛泣血叩头于太守曰："方今国家东有严敌，兵帅四出，国用军资，或不常充足，愿奉家钱千万以赎父死。"太守为请，述听许之，玄遂隐藏田野，终述之世。(《后汉书·独行传》)后人为之咏曰："肃肃清节士，执德实固贞。违恶以授命，没世遗合声。"(《华阳国志》)时兵革累年，莫能修尚学业，玄独训诸子，勤习经书。建武十一年卒。明年，天下平定，玄弟庆以状诣阙自陈，光武美之，策诏本郡祠以中牢，敕所在还玄家钱。(《独行传》)时亦有费贻，

---

① 《水经·渭水注》卷十七作"歙"，盖字近而误，注谓其耻王莽之征，遁迹隃麋。

② 《全汉文》严可均按语："《汉书·西域传》下及《莽传》下，别有戊己校尉郭钦封剿胡子。地皇末，拜七虎将军，兵败保京师仓，自莽死，乃降；更始义之，封侯。与此(指隃麋)之郭钦同时，非即其人也。"

字奉君，犍为南安人。（《华阳国志》卷十中）不肯仕述，漆身为厉，阳狂以避之，退藏山薮十余年。述破后，仕至合浦太守。（《独行传》）蜀中歌之曰："节义至仁费奉君，不仕乱世不避恶君"，修身于蜀，纪名亦足，后世为大族。（《华阳国志》卷十中）

锡光

锡光，字长冲，汉中西城人（《华阳国志》卷十二《士女目录》）哀、平间为交州刺史，徙交阯太守。王莽篡位，据郡不附，莽方有事海内，未以为意，寻值所在起兵，遂自守。更始即位，正其本官，光武嘉其忠，征拜为大将军，朝侯祭酒，封盐水侯。（《三国志》二《汉中志》）光为交阯，教人耕犁，便之冠履，为设媒官，始知聘娶。（《三国志·吴志·薛综传》）

李业　王嘉　王皓　任永　冯信

李业，字巨游，广汉梓潼人也。少有志，操行介特，习鲁诗，师博士许晃。元始中举明经，除为郎。会王莽居摄，业以病去官。杜门不应州郡之命，太守刘咸强召之，业乃载病诣门。咸怒，出教曰："贤者不避害，譬犹彀弩射市，薄命者先死，闻业名称，故欲与之为治，而反托疾乎？"令诣狱养病，欲杀之，客有说咸曰："赵杀鸣犊，孔子临河而逝，未闻求贤而胁以牢狱者也。"咸乃出之，因举方正，莽以业为酒士，病不之官，遂隐藏山谷，绝匿名迹，终莽之世。（《后汉书·独行传》）及公孙述僭号，素闻业贤，征之，欲以为博士，业固疾不起。数年，述羞不致之，乃使大鸿胪尹融持毒酒奉诏命以劫业，若起则受公侯之位，不起，赐之以药。融譬旨曰："方今天下分崩，孰知是非，而以区区之身，试于不测之渊乎？朝廷贪慕名德，旷官缺位，于今七年，四时珍御，不以忘君，宜上奉知己，下为子孙，身名俱全，不亦优乎。今数年不起，猜疑寇心，凶祸立加，非计之得者也。"业乃叹曰："危国不入，乱国不居，亲于其身为不善者，义所不从，君子见危授命，何乃诱以高位重饵哉？"融见业辞志不屈，复曰："宜呼室家计之。"业曰："丈夫断之于心久矣，何妻子之为。"遂饮毒而死。述闻业死，大惊，又耻有杀贤之名，乃遣使吊祠，赙赠百匹。（《三国志》作赐钱百万）业子翚逃辞不受。蜀平，光武下诏表其闾，《益部》纪载其高节，图画形像。（《独行传》，《华阳国志》卷十下）

初，平帝时蜀郡江原王皓，字子离，为美阳令；王嘉，字公节，为郎。王莽篡位，俱弃官西归。及公孙述称帝，遣使征皓、嘉，恐不至，遂先系其妻子，使者谓嘉曰："速装，妻子可全。"对曰："犬马犹识主，况于人乎?"王皓先自刎，以首付使者。述怒，遂诛皓家属。王嘉闻而叹曰："后之哉!"乃对使者伏剑而死。(《三国志》卷十上)是时，犍为任永，字君业，僰道人，长历数。同郡冯信，字季诚。(《三国志》云：信郪郡人，三察孝廉，州举茂才，公府十辟不诣。)亦好学博古，公孙述连征命，待以高位，皆托青盲以逃世难。永妻淫于前，匿情无言，见子入井，忍而不救，信侍婢亦对信奸通。及闻述诛，皆盥洗更视，曰："世适平，目即清。"信取纸作书，婢因自杀。光武闻而征之，会并病卒。[①](《独行传》,《华阳国志》卷十上、中，惠栋《后汉书训纂》引《益部耆旧传》)

章明

章明，字公儒，蜀郡新繁人，汉末为太中大夫。莽篡位，叹曰："不以一身事二主。"遂自杀。(《华阳国志》卷十上)

侯刚

侯刚，字直孟，亦新繁人。为尚书郎，见莽窃位，佯狂，负木斗守阙号哭，莽使人问之，对曰：汉祚无穷，吾宁死之，不忍事非主也。莽追杀之。(同上)

文齐

文齐，字子奇，梓潼人。平帝末，以城门校尉为犍为属国，迁益州太守，造开稻田，民咸赖之。王莽、公孙述时，齐据郡不服。述拘其妻子，许以公侯，招之不应。乃遣使由交趾贡献河北。述平，光武嘉之，征拜镇远将军，封成义侯，南中为立祠。[②](《华阳国志》卷十下，又十二《士女目录》)

王丹

王丹，字仲回，京兆下邽人也。哀平时，仕州郡，莽时连征不至。家累千金，隐居养志，好施周急，每岁农时，辄载酒肴于田间，候勤者而劳之，其惰懒者耻不致丹，皆兼功自厉，邑聚相率以致殷富；其轻黠游荡废业为患

① 洪亮吉曰："新津县图载朱遵事，其节较业皓等尤烈，建武初下诏赠官，吴汉复表为置祠，而史略不纪，固知如此类之失传多矣。"

② 赵氏《金石录》十八《汉礼殿记跋尾》引《国志》作文参字子奇，与此同人。

者，辄晓其父兄使黜责之；没者赙给，亲自将护，其有遭丧忧者，辄待丹为办，乡邻以为常，行之十余年，其化大洽，风俗以笃。丹资性方絜，疾恶强豪。时河南太守同郡陈遵，关西大侠也，其友人丧亲，遵为护丧事，赙助甚丰，丹怀缣一匹，陈之于主人前曰："如丹此缣，出自机杼。"遵闻而有惭色，自以知名，欲结交于丹，丹拒不许。（《后汉书》本传）更始时，遵为大司马，出使匈奴，过辞于丹，丹曰："俱遭反覆，惟我二人为天所遣，今子当之绝域，无以相赠，赠子以不拜。"遂揖而别，遵甚悦之。（《东观记》）会前将军邓禹西征，关中军粮乏，丹率宗族上麦二千斛，禹表丹领左冯翊，称疾不视事，免。后征为太子太傅。（《后汉书》本传）

荀恁

荀恁（《姓氏辨证》作郇），字君大，太原广武人。少修清节，资财千万，父越卒，悉散与九族，隐居山泽，以求其志。地皇末，匈奴寇广武，闻恁名节，相约不入荀氏闾。光武征，称病不至。（《后汉书·周燮传序》、《傚居集·汉处士传赞》）

韩顺

韩顺，字子良，天水成纪人也。以经行清白，辟州宰，不诣。地皇末，隐于南山。及汉起兵于南阳，同县隗嚣等起兵，自称上将军，西州大震。惟顺修道山居，执操不回。嚣厚礼聘顺，欲以为师，顺使谢嚣曰："即欲相师，但入深山来。"嚣闻，矍然不敢强屈。其后嚣等诸姓皆灭，惟顺山栖安然，以贫絜自终。（《后汉书·高士传》）

陈宣

陈宣，字子兴（《御览》作子舆），沛国萧人也。刚猛性毅，博学，明鲁诗。遭王莽篡位，隐处不仕。光武即位，征拜谏议大夫。（《续汉书·五行志》刘昭注引谢承《后汉书》，姚之骃辑本）

卷五

王霸

王霸，字儒仲，太原广武人也。少有清节，及莽篡位，遂弃冠带，绝交宦。建武中，征到尚书，拜，称名不称臣。有司问其故，霸曰“天子有所不臣，诸侯有所不友”，以病归。(《后汉书·逸民传》)初，霸与同郡令狐子伯为友，后子伯为楚相而其子为郡功曹，子伯乃令子奉书于霸，车马服从，雍容如也。霸子时方耕于野，闻宾至，投耒而归，见令狐子，沮怍不能仰视。霸目之，有愧容，客去而久卧不起，妻怪问其故，始不肯告，妻请罪而后言曰：“吾与子伯，素不相若，向见其子容服甚光，举措有适，而我儿曹蓬发历齿，未知礼则，见客而有惭色，父子恩深，不觉自失耳。”妻曰：“君少修清节，不顾荣禄，今子伯之贵，孰与若之高，奈何忘宿志，而惭儿女子乎？”霸起笑曰：“有是哉！”遂共终身隐遁。(《后汉书·列女传》)茅屋蓬户，连征不至，以寿终。(《后汉书·逸民传》)

王良

王良，字仲子，东海兰陵人也。少好学，习小夏侯《尚书》，莽时，称病不仕，教授诸生千余人。建武三年，征拜谏议大夫，后为大司徒司直。(《后汉书》本传)

向长

向(《高士传》作尚)长，字子平，河南朝歌人也。隐居不仕，性尚中和，好通老、易，贫无资食，好事者更馈焉，受之取足，而反其余。莽时，大司空王邑辟之，连年乃至，欲荐之，固辞乃止。潜隐于家，读《易》至损、益卦，喟然叹曰：“吾已知富不如贫，贵不如贱，但未知死何如生耳？”建武中，男女嫁娶已毕，敕断家事勿相关，当如我死也。于是遂肆志与同好北海禽庆，俱游五岳名山，竟不知所终。[①](《后汉书·逸民传》)

逢萌　徐房　李昙　王遵

逢萌(《姓解》作逢，惠栋《后汉书补注》逢当作逄)，字子庆(《东观记》、《群辅录》作字子康)，北海都昌人也。家贫，给事县为亭长，时尉行过亭，萌候迎拜谒。既而掷楯叹曰：“大丈夫安能为人役哉！”遂去之长安，学通《春秋》经。时安汉公莽杀其子宇，萌谓友人曰：“三纲绝矣！不去，祸将及人。”即解

① 沈钦韩曰：《后汉书·向长传》，用《高士传》。按《英雄记》载向子平有道术，为县功曹休归入山，担柴卖以供食饮。

冠挂东都城门，归，将家属浮海，客于辽东。萌素明阴阳，知莽必败。有顷，乃首戴瓦盎哭于市曰：新乎！新乎！[①] 因遂潜藏。及光武即位，乃之琅邪劳山，养志修道，人化其德，连征不起，以寿终。（《后汉书·逸民传》）

萌同郡徐房，平原[②]李子云昙，王君公遵[③]，相善，并晓阴阳，怀德秽行，房与子云养徒各千人。君公遭乱，独去，侩牛自隐，时人为之语曰："避世墙东王君公。"[④]（同上）

郭丹

郭丹，字少卿，南阳穰人也。父稚，成帝时为庐江太守，有清名。丹七岁而孤，小心孝顺，后母哀怜之，为鬻衣装买产业。后学长安，从宛人陈洮[⑤]买符入函谷关。乃慨然叹曰："丹不乘使者车，终不出关。"既至京师，常为都讲，诸儒咸敬重之。大司马庄尤请，丹辞病不就；莽又征之，遂与诸生逃入北地。更始二年，征为谏议大夫，仕汉；永平三年为司徒。（《后汉书》本传）

宣秉

宣秉，字巨公，冯翊云阳人也。少修高节，显名三辅。哀、平间，见王氏据权专政，侵削宗室，有逆乱之萌，遂隐遁深山，州郡连召，常称疾不仕。莽为宰衡，辟令不应。及篡位，又遣使者征之。秉固称疾病。更始时，征为侍中，建武中仕至大司徒司直。（《后汉书》本传）

周党　谭贤　殷谟　闵贡

周党，字伯况，太原广武人也。少孤，游学长安。初，乡佐尝众中辱党，党久怀之，后读《春秋》，闻复雠之义，便辍讲而还。与乡佐相闻，期克斗日，既交刃，而党为乡佐所伤，困顿，乡佐服其义，舆归养之，数日方苏。既悟而去。自此敕身修志，州里称其高。莽时，党托疾杜门，自后贼暴纵横，残灭郡县，惟至广武，过城不入。建武中，征为议郎，以病去职，遂隐居黾

---

① 《东观记》云："首戴斋器哭于市曰，辛乎辛乎！沈钦韩曰：此以斋器受辛，借辛为新，于理相合。"

② 《群辅录》误连"平原"属上读，以房字"平原"非也。

③ 据《世说》字应仲，亦见黄式三《儆居集·汉处士传赞》。

④ 《后汉书》章怀注引嵇康《高士传》："君公明易为郎，数言事不用，乃自污与妇通，归诈狂侩牛，口无二价。"又《群辅录》以逢萌、徐房、李昙、王遵号为四子。

⑤ 四字据《东观记》补。按惠栋曰：《御览》、《六帖》引记"洮"作"兆"。

池，著书上下篇而终，邑人贤而祠之。(《风俗通》四、《后汉书·逸民传》)初，党与同郡谭贤（《儆居集》作谭咸）伯升，雁门殷谟君长，俱守节不仕新室。建武中，并征不到。(《逸民传》)其时同郡闵贡字仲叔，亦以清节著称，与党为友，党见其含菽饮水，无菜，遗以生蒜，贡曰："我欲省烦耳，今更作烦耶。"受而不食。建武中，以博士征不至，客居安邑，老病家贫，不能得肉，日买猪肝一片，屠者或不肯与，邑令闻之，敕吏常给焉。贡怪而问知之，乃叹曰：闵贡岂以口腹累安邑耶？遂去，客沛，以寿终。(《后汉书·周燮传序》，《儆居集·汉处士传赞》)

许扬

许扬，字伟君，汝南平舆人也。少好术数，安汉公莽辅政，召为郎，稍迁酒泉都尉。及篡位，扬乃变姓为巫医，逃匿它界。莽败，方还乡里。建武中，太守邓晨署为都水掾，使治鸿郤陂，百姓得其便。卒，吏民为起庙，图画形像以祭祀之。(《后汉书·方术传》上)

任文公

任文公，巴郡阆中人也。父文孙，官侍御史。(据《三国志·士女目录》)明晓天官风角秘要。文公少修父术，为治中从事，后辟司空掾。[1] 平帝即位，称疾还家。莽时，文公推数，知当大乱，乃命家人负物百斤，环舍趋走，日数十，时人莫知其故。后兵寇起，逃亡者少能自脱，惟文公大小负粮捷步，悉得完免。遂奔子公山中，十余年不被兵革。(《后汉书·方术传》上)

郭宪

郭宪，字子横，汝南宋人也。少师事东海王仲子（即横）。时，莽为大司马，召仲子，仲子欲往，宪谏曰："礼有来学，无往教之义；今君贱道畏贵，窃所不取。"仲子曰："王公至重，不敢违之。"宪曰："今正临讲业，且当讫事。"仲子从之。日晏乃往，大司马问君来何迟？仲子具以宪言对，莽阴奇之。及后篡位，拜宪郎中，赐以衣服，宪受衣焚之，逃于东海之滨。莽深忿恚，讨逐不知所在。光武时，求天下有道之人，征宪，拜为博士，后为光禄勋。(《后汉书·方术传》上)

---

① 《三国志·士女目录》以文公为文孙弟，说较可信。

孔子建

孔子建，鲁人。兰台令史僖曾祖父也。少游长安，与崔篆友善，及篆仕新为新建大尹，尝劝子建仕，对曰："吾有布衣之心，子有衮冕之志，各从所好，不亦善乎！道既乖矣，请从此辞。"遂归，终于家。（《后汉书·儒林·孔僖传》）

薛方

薛方，字子容，齐人也。曾为郡掾祭酒，累征不至。莽以安车迎方，方因使者辞谢曰："尧、舜在上，下有巢、由，今明主方隆唐、虞之德，小臣欲守箕山之志。"使者以闻，莽说其言，不强致。方居家，以经教授，喜属文，著诗赋数十篇。光武即位，征方，道病卒。（《汉书·鲍宣传》）

刘宣

刘宣，字子高，安众侯崇之从弟也。知王莽当篡汉，乃变姓名，抱经书，隐避林薮。建武初，乃出。光武以宣袭封安众侯。[①]（《后汉书·卓茂传》）

蒋诩 二仲

蒋诩，字元卿，杜陵人也。哀帝时，为兖州刺史，以廉直名。居摄间，称病，免官，归乡里，卧不出户。（《汉书·鲍宣传》）荆棘塞门，舍前竹下开三径，惟故人羊仲、裘（一作求）仲从之游。二仲以治车为业，皆挫廉逃名不仕者。（《群辅录》、《三辅决录》、嵇康《高士传》）

胡刚

胡刚，南郡人，胡广六世祖也。清高有志节。平帝时，大司农马宫辟之。值莽居摄，刚解其衣冠悬府门而去，遂亡命交阯，隐于屠肆之间。新亡，乃归乡里。（《后汉书·胡广传》）

郑敬 郅恽

郑敬，字次都，汝南人也。闲居不修人伦，新迁都尉（莽改新蔡曰新迁）迁为功曹，厅事前树时有清汁以为甘露，敬曰：明府未能致甘露，此青木汁

---

① 按《汉书·侯表》，建武二年，封安众侯者为刘宠，顾炎武曰：宣或即宠误。

耳，辞病归隐处，精学蛾陂中。阴就、虞延并辟不行，同郡邓敬因折芰为坐，以荷荐肉，瓠瓢盈酒，言谈弥日，蓬庐荜户，琴书自娱。（《后汉书·郅恽传》注引谢承《后汉书》）地皇元年，汝南人郅恽上书说莽令就臣位。莽怒，系恽诏狱。逾冬，会赦，恽与敬南遁苍梧。（《郅恽传》、《通鉴》）后归，敬独隐于弋阳山中，恽从敬宿止，渔钓自娱。恽志在从政，既乃喟然而叹，谓敬曰："天生俊士，以为人也；鸟兽不可与同群，子从我为伊、吕乎？将为巢、许乎？而父老尧、舜也。"敬曰："我足矣。初从生步重华于南野，谓来归为松子，今得幸全躯树类，还奉坟墓，尽问学道，虽不从政，是亦为政也。吾年耄矣，安得从子。"恽告别而去。敬清志高世，光武时，连征不到。（《后汉书·郅恽传》）

安丘望之

安丘望之[1]，字仲都。（嵇康《高山传》）京兆长陵人也。少治老子经，恬静不求进宦，号曰安丘丈人。成帝闻欲见之。望之辞不肯见，上以其道德深重，常宗师焉。望之不以见敬为高，愈自损退，为巫医于民间，著《老子章句》。老氏有安丘之学，扶风耿弇父况及王莽从弟王伋皆师事之，从受《老子》。终身不仕，道家宗焉。（《高士传》、《后汉书·耿弇传》、《姓氏辨证》二十五岁）

张仲蔚

张仲蔚，平陵人也，与同郡魏景卿俱修道德，隐身不仕。明天官博物，善属文，好诗赋，常居穷素，所处蓬蒿没人，闭门养性，不治荣名，时人莫识，惟刘龚知之。（《后汉书·高士传》）

高容 子诩

高容，平原般人也。祖嘉，以鲁诗授元帝，仕至上谷太守。容少传嘉学，哀平间为光禄大夫。子诩，字季回，以父任为郎中，世传鲁诗，以信行清操知名。莽篡位，父子称盲，逃不仕。光武即位，征诩为博士，官至大司农。（《后汉书·儒林·高诩传》）

---

① 《隋志释文叙录》有"毋丘望之注《老子章句》二卷"，字作"毋丘"。

洼丹　桓荣　牟长　包咸　丁恭

洼丹，字子玉，南阳育阳人也。世传孟氏《易》，莽时，常避世教授，专志不仕，徒众数百人。建武初为博士。稍迁为大鸿胪，作《易通论》七篇。（《后汉书·儒林》本传）同时儒者，如桓荣（《后汉书》本传）、牟长、丁恭、包咸（《后汉书·儒林传》），皆专志教授，不仕莽云。

刘昆

刘昆（《论衡·初禀篇》作琨），字桓公，陈留东昏人也。少习容礼，平帝时，受施氏《易》于沛人戴宾，能弹雅琴，知清角之操。新时教授弟子，恒五百余人。每春秋飨射，常备典仪，以素木瓠叶为俎豆，桑弧蒿矢以射菟首。每有行礼，县官辄率吏属而观之。莽以昆多聚众徒，私行大礼，有僭上心，乃系昆及家属于外黄狱。寻莽败，乃免。既而天下大乱，昆避难河南，负犊山中。建武五年，举孝廉，不行，遂逃。教授于江陵，除为江陵令，拜骑都尉。（《后汉书·儒林》本传）

龙丘苌

龙丘苌（《郡国志》注、《元和姓纂》作长），吴人也。隐居太末[①]，志不降辱。莽时，四辅三公，连辟不到。[②] 更始元年，南阳任延为会稽都尉。掾吏白请召之，延曰："龙丘先生，躬德履义，有原宪、伯夷之节，都尉扫洒其门，犹惧辱焉，召之不可。"遣功曹奉谒，修书记，致医药。吏使相望于道，积一岁，乃乘辇诣府门，愿得先死备录，遂署议曹祭酒。寻病卒。[③]（《后汉书·循吏·任延传》）

任永君

任永君，武阳人。王莽篡位不仕，遂托清盲。其妻谓实盲，共人侄于目

---

① 《东观记》：太末有龙丘山，在东，有九石，特秀色丹，远望如莲华。苌之隐处有一岩穴，如窗牖，中有石床可寝处。《南史·徐伯珍传》，九岩山，苌隐处，山多龙须柽柏，望之五采，世呼为妇人岩。

② 《姓纂》称汉时博士，《通志》作高士，博士疑高士之误。

③ 《两浙名贤录》：苌，太末人。《龙游县志》列于人物之首。云：章怀注，太末县属会稽郡，今婺州龙丘县，当时属吴，《汉书》偶用古称。明成化时，以其隐处析隶汤溪，今之龙游即其乡里。

前，永君不言，见堕井者而不救。及莽败，世祖中兴，永君曰："世即平，目即明。"（敦煌卷斯坦因一三三背）

室中周

室中周，莽时避地汉中，著书十篇。（《广韵》一东，《姓氏辨证校勘记》下、《汉志拾补》）洪颐煊《读书丛录》谓"室中周即《高祖功臣表》清简侯室中同，周为同字之讹"。然年代未合，洪说疑非。

踈孟达

踈孟达，汉太子太傅广之曾孙。莽末避难，自东海徙居沙鹿山南。去踈之足，遂改姓氏，为束氏之祖。（《晋书·束皙传》）

丘俊

丘俊，代居扶风。汉末，持节江淮，属莽篡位，遂留江左，居吴兴。（《广韵》十九尤）

沈靖

沈靖，字文光，御史中丞谦子，官汤阴太守。避莽之难，隐居桐柏山。[①]（《唐书·宰相世系表》）

韩骞

韩骞，龙额侯增子，官河南尹，避莽乱，居赭阳。（《唐书·宰相世系表》）

范馥

范馥，本铚侯，避莽乱，适吴，遂家焉。（《晋书·儒林·范平传》）

王兴

王兴，北平侯王谭子，谭不从莽政，子兴。生五子，并避时乱，隐居涿郡故安县阎乡西山，世以为五大夫城。光武即位，封为五侯：元才，北平侯；益才，安憙侯；显才，蒲阴侯；仲才，新市侯；季才，为唐侯。所谓中山五

① 《姓氏辨证》卷四十七寝作"沈静"。

王也。（《水经注》十一《易水注》）

附南阳公主

王氏秉政，公主避乱奔华山，得道仙去，岭上遗一双珠履。（见《檀几丛书》十四，张正茂《龟台琬琰》）

应翊

翊当莽居摄，以病告归。后赤眉攻所居城，粮尽，翊以私谷数十万斛赈城中。于时粟斛钱数万，民莫不称其仁。（《御览》卷三十五又八百四十引应亨撰应翊《像谡序》）

吴羌

吴羌山在（德清）县东一里，吴均《入东记》：昔汉高士吴羌避王莽之乱，隐居于此，后人名焉。（《嘉泰吴兴志》卷四）

附录

王应麟《困学纪闻》

西汉末郭钦、蒋诩、栗融、禽庆、苏章、曹竟，不仕于莽，卓茂与孔休、蔡勋、刘宣、龚胜、鲍宣同志不仕莽，时王皓、王嘉并弃官，《汉史》不能表而扬之为《清节传》，而仅附见其姓名。然诸君子清风肃然，立懦夫于百世之下，不待传而彰。（卷十二《考史》）

按华峤始论班固不叙杀身成仁之美，《通鉴》胡身之注曰："谓不立忠义传。"此与深宁有同慨也。李邺嗣撰《西汉节义传》，万季野撰《宋季忠义录》，皆此说有以发之。

全祖望《西汉节义传题词》

往者吾乡宋大儒深宁王公，尝以班史不叙杀身成仁之美，欲补撰《西京节义传》而不果，发其略于《困学纪闻》。近世长洲何氏义门颇为班史佞臣，反言史臣表节义亦不在立传与否，果尔，则史臣所当立传者，是何等人也。吾乡杲堂李丈，取其中四十二人为一十五传，又附以二十二人为五传，每传为一论，淋漓悲恸，足令百世而下张目，赤符残焰，不觉为之生色。其论

《龚胜传》末载父老语，是不知志士夭年，自足千古，非木石辈之寿。《翟义传》末载黄鹄辞以昭天道，是岂史笔所忍书，今易之以黄犊之谣。于孔子建传大书先圣累世子孙高节，不使见辱于褒成。于郭钦蒋诩传必以其伦不使见辱于纪、唐一辈。此等正议，即令班史复生，无所申其三尺之喙。若其于东郡同义诸公，幸其潜窜不尽遭虎口；期门同义诸公，惜其姓氏之不传；而尤喟然于公孙禄之晚节，斯仅为西汉人言之邪？呜呼！论其世以逆其志，斯其可为太息流涕者也。先生仲孙世法开雕是书，予为之题辞，顾尚有为是书请益者，夫既以王章为首，而附以力讼章冤之梅福为一传，又次之以刘向，又次之以朱云各为一传，则次之者尚有弃三公以避莽之彭宣、王崇应为一传，然后次之以不附莽被杀之何武、鲍宣、王安、辛氏兄弟父子族属，附之以彭伟、杜公子、许绀，而尚有渔阳太守彭宏同死是难（见其子《彭宠传》），应合为一传。何、鲍、王、辛之祸，由于吴章，其欲以灾异胁莽，事虽未善，志则忠矣。应次之以吴章，附之以吕宽为一传。然后次之以避莽死节之龚胜，而合之以龚舍、邴汉为一传。其时尚有少不附莽之毋将隆应为一传。又有不颂莽功德被斥之孙宝应为一传。然后次之以不献莽祥瑞被杀之公孙闳，而附之以班穉为一传。然后次之以避莽之孔休为一传。然后次之以讨莽避莽之安众侯刘崇兄弟，而合之以张绍，而尚有宗室刘礼（见其子《刘隆传》），应合为一传。然后次之以讨莽之严乡侯刘信兄弟父子，而合之以翟义，附之以刘宇，陈丰、王孙庆、苏隆、皋丹、王翁为一传。又次之以赵明、霍鸿为一传。其时宗室讨莽者尚有陵乡侯曾，扶恩侯贲（《汉书》作贵），见莽诏书中，应与徐乡侯快合为一传。然后次之以讨莽之张充，而尚有刘都、马适求应为一传。然后次之以不仕莽之郭钦、蒋诩、薛方、逢萌，附之以向平、禽庆、栗融、苏章、曹竟、周党，而尚有王君公、李子云、徐房、谭贤、殷谟应为一传。然后次之以孔子建为一传。然后次之以陈咸、杨宝、蔡勋、戴遵，而尚有高容（见其子《高诩传》），郭坚、郭游君（见其孙《郭贺传》），胡刚（见其六世孙《胡广传》），应为一传。然后次之以避莽死节之李业、谯玄、王嘉、王皓，而附之以任永、冯信、费贻为一传。于是以龙丘苌终焉。不知先生何以于彭宣、王崇、孙宝、吴章、刘都之徒，有略而勿收者。夫是书，固日月争光之文也。予以晚出，未得侍当日履绚之末，以备商榷，斯为恨事。爰牵连及之，并载诸《困学纪闻注》中，庶以成深宁之志也夫。（《鲒埼亭集》三十一）

李厚建（杲堂七世孙）《传论跋》

杲堂先生《西汉节义传》，详见全谢山太史《题词》，以是书已梓行，屡求之不得，求诸先生子孙，仅于残帙中得目录一纸，继从族人见杲堂杂文缮本，得所系论二十篇，录之，而更求其传，终不可得。既憾是书之不获尽传，尤恐后之并是而亦失传也。仅视所藏目次第之，仍存其故目，冠以谢山题词，署之曰《西汉节义传论》，志实也。当天地晦塞之交，知略无所施，勇力无所用，而此不忍言不可言之隐衷，怦怦然不能已，于是各行其志，以捐顶踵，以夷宗族，或遁迹山林，郁郁以没齿；幸而为故君吐气，臣之幸，宗社之福也；不幸而功无成，丧士卒，涂炭生民，以成其名曰节义，忍乎哉！班氏称古良史，顾不叙杀身成仁之美，以是为班氏罪，固已。然此数十人之意，诚使后世之人竟不知天壤间曾有此数十人者，则此数十人且相慰于地下也。君亡与亡，既不克成其志以底于亡，岂忍复有所存乎？国之已覆，何恤乎身？身之不恤，何论乎身后之名？虽然，陵谷变迁，不知纪数，而人不敝。有所以维之者矣，名之曰节义，岂仅为此数十人而名之者哉！以此数十人之不叙于史氏，而深宁先生憾之，而杲堂先生补之，又岂仅为此数十人而憾之而补之哉！茫茫世宙，治乱相仍，读杲堂先生之书，论其世以逆其志，诚可为太息流涕；推之深宁先生之志，而是杲堂哭者，且将为深宁哭矣，推之诸节义之志，而为深宁哭者，且将为诸节义哭，为西汉列帝哭，抑且为天下后世同此覆辙者哭矣！则甚矣，诸节之不可不传，而是书之不可不作也。独是天之生材，期于有用，既生之而复挫折之，使赍恨以殁，岂诚天道不可知，人力不可恃耶？悲夫！

郭传璞《西汉节义传论序》

同治壬戌，予寓象山王氏翠竹轩，藏书颇富，翻阅之，见有《义阐》一书，纪周、秦以来忠臣孝子、侠客、义士、烈妇、贞女事甚备，肃然起敬，欲抄副本，未遑也。明年归郡，省湖上李笙南丈，斋头见其族祖杲堂先生《西汉节义传论》上下卷。传早散佚，鲒埼全氏言之详矣。而论二十篇，秩然犹存，喜极假钞。逮去冬，余将锓诸版以永其传，丈之文孙约斋上舍，以其尊人孝廉跋并自识请附卷尾。予诺之，询其原本在否？则曰亡矣。后谢吏部廉始同年过我曰，原本固在我处也，覆之良是，爰属约斋合校以授梓焉。光绪十有二年岁次丙戌正月元日里后学郭传璞谨序。

附　西汉节义传论目

卷上

王章梅福传论第一　刘向传论第二　朱云传论第三　龚胜传论第四　翟义传论第五　翟氏三门人传论第六　孔休传论第七　安众侯崇、严乡侯信、徐乡侯快传论第八　何武、鲍宣、王安、辛通传论第九　张充、公孙闳传论第十

卷下

郑朴、逢萌、向长、薛方、杨宝、郑敬、周党、王霸传论第十一　孔子建传论第十二　陈咸、蔡勋、郭钦、蒋诩、戴遵、许扬传论第十三　谯玄、李业、王皓、王嘉、任永、冯信、费贻、曹竟传论第十四　龙丘苌传论第十五　郅恽、冯衍传论第十六　申屠刚、班彪、郑兴、杜林传论第十七　卓茂、郭丹、桓荣、宣秉、郭宪、王丹、刘茂传论第十八　文齐、锡光传论第十九　刘昆、洼丹、牟长、丁恭、高诩、包咸传论第二十

李详《西汉节义传序》

宋四明王厚斋先生《困学纪闻》言："西汉末郭钦、蒋诩、栗融、禽庆、苏章、曹竟不仕于莽，卓茂与孔休、蔡勋、刘宣、龚胜、鲍宣同志不仕莽，时王皓、王嘉并弃官，《汉史》不能表而扬之为《清节传》，而仅附见其姓字。"至本朝，其乡人李邺嗣承厚斋之说，撰《西京忠义传》四卷。（原注云："见全谢山《经史问答》卷十，《鲒埼亭集》卷卅一名《西汉节义传》，余今从之。"）取四十二人为一十五传，附以二十二人为五传，每传为一论。其书仅及班、范二史，不采他书，谢山因欲传之，著其说于《西汉节义传题词》，及《困学纪闻三笺》中，余姚翁氏元圻又推全说，而别举数氏，厚斋之意，于是彰矣。据谢山言，邺嗣仲孙世法已开雕此书，就令此书尚存，亦为不备；盖谢山志在穷源竟委，以著新都之所由起，凡抗王氏者得入焉，此异于厚斋者也。故于邺嗣之后，犹有所待。余以羸病，不复能致精思，暇乃治此以消短晷，编次诠合，率以己意为断，其有所见，归之后论，思与鲒埼老肸蛮质证。若厚斋之言，特以寓其不事异姓，取类相况；所谓略举其凡而自引其切，则邺嗣、谢山与余有不让焉。宣统元年十月兴化李详。（文载《国粹学报》）

按李著不全，仅有刘向、王章、梅福、翟义（附陈丰、刘宇、刘信、刘璜、刘庆、苏隆、皋丹、赵明、霍鸿）、令狐迈（子伯友、文公、称）、何武、鲍宣、两龚、彭宣、王崇、彭宏、孔休、孔子建诸人传而已。

1955 年增订

新史序目

曾谓吾国中古史中以秦、新二代最为特出，嬴秦定制，务在变古；新莽为政，力蕲返古，各行其极，而亡也俱不逾二纪，扬子云有剧秦之叹；予于新室，未曾不谓然也。二国享祚过促，益以苛政烦酷，不为人所喜，后之作史，虽代有撰纪，于此独为抑弃，任其缺如。然秦设史官，犹有秦纪，见采于太史氏；至若新室，则旷乎无有焉。推其缺录之故，良由史官狃惑旧闻，以莽篡窃贼臣，无与于正统，夫此特一己褒贬之私见耳。而推缘其极，至于剟削文献，泯没史实，则诚不可之大者也。

窃以莽于史书，当自列为一代，综其理故，可得而言。自居摄以来，汉祚中斩，时天下一统，胡越宾服，莽遂奄有九州，迹其境宇，侈逾晋、宋，因之据南面，称尊号，虽古帝王有天下，不为过也。顾莽德终凶，底于败亡，而其改正朔，易服色，变牺牲，殊徽识，诚帝王之所为，史家依事直宜为撰录，如温公《通鉴》，于平帝崩后，上无天子，仍以王莽系年，而直书其名，不与其篡。（胡三省注）若谓莽居位太浅，不当目为一代，不悟刘知远之有汉，传三王而仅四年，郭威之有周，衍三世而不盈十祀，视莽不为更促，而彼何得跻诸帝统之列，而录于正史耶？夷考莽有天下，成于元后，窥窃两世，卒遂其欲，适足以自贾祸。是以三纲沦斁，四边为害，朝靡十稔之静，野有空室之痛，及身祸败，其继统承位者，适为卯金疏属，乃谓中兴，复汉旧号，遂使莽上下失据，永沦异类，岂不哀哉！东汉缀文之士，不与莽篡，孟坚责其滔天灭夏。邹伯奇论桀、纣不如亡秦，亡秦不如王莽（《论衡·谢短·案书篇》)，其言尤偏激也。历代纂述，涉于新史，清有万斯同《新莽大臣年表》，李审言述深宁谢山遗意为《西汉节义传》，于汉末抗节之士，为之表阐，而所得亡几。(仅刊数篇于《国粹学报》)晚近谭其骧为《新莽职方考》，颇称详核，然仅及地理而已；钱穆撰《刘向、歆、王莽年谱》，于莽事多所发正，其书偏于纠擿南海康氏，非为莽作，故仍疏略。今欲追录莽事，以备一代，史料匮乏，排比维艰，考之班书，但具元后、王莽二传，其王氏众侯、司马暨新室爪牙大臣，并黜而不录。其两《汉书》无征，而幸于它籍，窥见一二(如甄邯籍中山无极，见《魏志·甄后传》；庄尤号伯石，见《桓谭新论》；侯芭字铺子，见《论衡·子虚》)；其不考者，尚不鲜也。(如甄丰、孙建里籍今俱无征)曩之作史者，或本于旧史，或据乎实录，咸有底本足资要删。今之所述，迥异前辙，徒依摭拾，希存往迹，如此为书，能无踳驳。徒以爬罗剔抉，颇费精理，勉以五载之勤，粗成卅卷之作，故不忍其覆瓿，聊冀藏之名山，俟彼通人，攻其违失。至于崇直笔，发潜幽，存旧史于既亡，昭实事以鉴诫，则固微意所在，尤望知音君子，以览观焉。

新史目录(未定稿)

志五　符瑞
志六　灾异
志七　地理　附河筑
志八　艺文

传

传一　孝睦王皇后　史皇后　四皇子　宇　获　安　临　皇孙功崇公宗　元城孺王贺　阳平顷王禁　功显君　定安公刘婴　定安太后
传二　王凤　子襄　弟崇　王谭　王音
传三　谷永　杜钦　杜邺　楼护
传四　王章　刘向　梅福
传五　王商　子况　王根　王立　子融　杜　丹　王仁　子述　磐
传六　张禹　朱云　淳于长　杜业　董贤
传七　彭宣　王崇　吴章　吕宽　云敞　何武　彭伟　杜公子　二辛　二王　敬武公主　薛况　鲍宣　子永　辛兴　许绀
传八　毋将隆　孙宝　班嗣　公孙闳　公孙禄　申屠刚
传九　王闳　兄去疾　弟向　王舜　王邑　于睦　弟奇　王光　于嘉
传十　孔光　马宫　陈崇　张竦　刘嘉　刘殷
传十一　甄丰　子寻　甄邯　孙达　刘歆　子叠　棻　泳　女愔　兄子龚
传十二　崔发　平晏　孔永　张纯　宗伯凤　哀章　王兴　王武　二唐　林尊　二郇　越相　纪逡　王骏
传十三　庄尤　廉丹　冯英　王寻　王涉　王匡　兄延　弟楫　林董忠　逯并　孔仁　李圣　陈茂　苗䜣
传十四　扬雄　侯芭　桓谭　班嗣　陈钦　子允　崔篆
传十五　鲁匡　田况　费兴　侯霸　甄阜　梁丘赐　史谌　张邯　严诩　伏湛　弟黯　王咸　巨　毋霸
传十六　窦融　马援　兄况　余　员　冯异　苗萌　岑彭　李宪　隗嚣　公孙述
传十七　龚胜　龚舍　禽庆　曼容　苏章　邴汉　曹竟　栗融　郅恽　孔休　卓茂　蔡勋　陈咸　蔡成　郭坚　郭游君　郭钦
传十八　翟义　兄宣　王孙庆　高康　姊子陈丰　刘宇　王翁　令狐迈

赵明　霍鸿　张充　马适求　李守　子通　通弟轶　卜者王况
道士西门君惠

传十九　刘崇　张绍　刘礼　刘信　弟璜　苏隆　皋丹　刘快　刘曾
刘匡　刘贵　刘都　刘秀　兄缜　邓晨　刘敞　子祉　刘玄

传二十　隐遁上　郑朴　严遵　杨宝　王丹　王良　郭丹　宣秉
戴遵　王霸　向长　逢萌　许杨　周党　谭贤
殷谟　任文公　谯玄　李业

传二十一　隐遁下　郭宪　刘茂　孔子建　高容　子诩　薛方　刘宣
蒋诩　韩顺　荀恁　胡刚　郑敬　安丘望之　张仲
蔚　龙丘苌

传二十二　游侠　陈遵　原涉　虞延　李义　刘旷　赵孝　凉于恭

传二十三　儒林　洼丹　刘昆　桓荣　牟长　包咸　苏竟　孔奋
弟奇　汉昌　王璜　郑兴　子众　贾徽　子逵
王隆　史岑　夏恭　杜林

传二十四　寇贼　吕母　瓜田仪　樊崇　刁子都　边裔　匈奴　西南夷

凡新史，纪二卷，表四卷，志八卷，列传二十四卷，共四十卷。

此文发表于齐鲁大学《责善》半月刊，1940（3）

魏玄石白画论

《魏志·张琦传》：青龙四年，张掖出石图，诏书曰：“张掖郡玄川溢涌，激波奋荡，宝石负图，状像灵龟，宅于川西，嶷然磐峙，仓质素章，麟凤龙马，焕炳成形，文字告命，粲然著明。”太史令高堂隆上言：“古皇圣帝所未尝蒙，实有魏之祯命，东序之世宝。”此为魏时所出之宝石负图，高堂隆比之东序世宝，即《周书·顾命》所谓“大玉、夷玉、天球、河图在东序”也，河图与大玉、夷玉同列，故向来以河图为指“玉之有文者”①。

高堂隆以《顾命》之河图与此石图相比，原有媚魏之意，而张琦之说则异是，彼语于绰云：“夫神以知来，不追已往，祯祥先见而后废兴从之。汉已久亡，魏已得之，何所追兴征祥乎！此石，当今之变异而将来之祯瑞也。”按此石图见于《三国志·魏书·明帝纪》，裴注引《魏氏春秋》、《搜神记》、《汉晋春秋》三书，所记尤详。其石至巨，石上所画有十三马、一牛、一鸟，及八卦、玉玦之象，皆隆起，殆如今日之浮雕。其中文字，至晋泰始三年张掖太守焦胜上书所校者，已与《魏氏春秋》所记不符，故裴松之兼存数说。此必为前代石刻，有浮雕动物（类似四灵）者，后淹于水，至魏明帝时始出见，遂被目为符命。《晋书·武帝纪》：泰始三年，“夏四月戊午，张掖太守焦胜上言，氐池县大柳谷口有玄石一所，白画成文，实大晋之休祥，图之以献。诏以制币告于太庙，藏之天府”。此石，晋初有“玄石白画”之目，且已藏之天

① 俞玉吾说。

府矣。《晋书·五行志》上，于“金不从革”项下，对此石图有解释云：

魏时张掖石瑞，虽是晋之符命，而于魏为妖。好攻战，轻百姓，饰城郭，侵边境，魏氏三祖皆有其事。石图发于非常之文，此不从革之异也。晋定大业，多毙曹氏，石瑞文“大讨曹”之应也。案刘歆以《春秋》石言于晋，为金石同类也，是为金不从革，失其性也。刘向以为石白色为主，属白祥。

考《晋书》作者引刘向《五行传》谓石为白色，合以五行所配之色，乃属白色之祥。此石上之文字，计“金”字凡十，如云“述大金，大讨曹”、“金但取之”云云，此处谓金色屡见于石，乃为金不从革之例证，故云失其性。“大讨曹”三字，魏明帝深恶之，使人凿去，改“讨”为“计”，不惜加以窜改。此石图当日太史令高堂隆上言，说为魏之祯祥，又撰有《张掖郡玄石图》一卷，《隋志》及两《唐书》均著录，似其书唐时尚存。杜佑《通典·吉礼》云：“魏尚书薛悌凉州刺史所上《灵命瑞图》，当下洛阳，留台，使太尉醮告太祖庙。”姚振宗云：“即此事也。亦称《灵命瑞图》。由是知《历代名画记》所载《灵命本图》亦即此玄石图也。”按薛悌字孝威，年二十二，以青州从事为泰山太守，后为魏郡及尚书令。[①] 悌与高堂隆交好[②]，悌论此石图，当移至洛阳，盖附和高堂隆者也。

张彦远《历代名画记》述古之秘画珍图九十七种，其最末二种即为《灵命本图》及《辨灵命图》，如姚说，皆与此石图有关者。隋、唐《志》著录，尚有孟众《张掖郡玄石图》一卷，又梁有《晋玄石图》一卷、《晋德易天图》二卷亡，不著撰人。当时因此石图撰文字解释者实繁有徒，高堂隆目之为魏之“河图”，薛悌又称为《灵命瑞图》。至晋开国，焦胜以为晋之休祥。二人均尝作图，传之于世，此诚中古符应之珍闻。余撰《敦煌白画》一书，论及“白画”二字之来历，曾引《晋书》“白画成文”一语，而所述殊略，故复为引申如此。

以石图为符瑞，其事已盛于汉。《西京杂记》四：元后见白燕衔白马，剖之其中有文曰：“母天地后。”《王莽传》上：武功长孟通得井中白石丹书著

① 见《三国志·魏志》卷二十二，《陈矫传》。

② 事附见于《隆传》。

文，其后又得十二瑞，一为茂陵石书，谅必有文。《三国志·吴志》：孙皓天玺元年，湖边获石函，中有小石，刻上作皇帝字。至历阳所出山石文理字，据《三国志·吴志·江表传》，则巫祝所诈以朱书为之者也。此类原属古代迷信，后人加以渲染；玄石白画，特其一例耳。

永宁二年傅宣妇士孙松女墓志跋

傅宣妇士孙松女墓碑（见文末图）1952 年出土于涧河以西，与徐美人墓铭同时发现，拓本刊《考古学报》（1957（1））。永宁二年，即晋惠帝太安元年（302）。先是一年，赵王伦篡位，迁帝于金墉城；是岁十二月，长沙王乂攻齐王冏，大赦，始改元太安。志云"永宁二年夏六月戊午年九月丙申壴"，时未改元，故仍为永宁二年也。

傅宣为傅祗子，事迹具见《晋书·傅玄附传》。傅自称"咸从父弟祗"，盖皆北地泥阳人。宣之祖嘏，《魏志》有传。云"嘏以功进封阳乡侯，薨时年四十七，追赠太常。子祗嗣，咸熙中，开廷五等，以嘏著勋前朝，改封祗泾原子。"裴注引晋诸公赞云："祗字子庄，嘏少子也。晋永嘉中，至司空。祗子宣，字世弘。"又引（郭颁）《世语》称："宣以公正知名，位至御史中丞。宣弟畅，字世道，秘书丞，著晋诸公赞。"即《晋书》卷四十七《畅传》称其作"晋诸公叙赞二十二卷"者也。又《嘏传》裴注引傅玄作傅子云："嘏祖父睿，代郡太守；父充，黄门侍郎。"合上可得傅宣世系如次：

傅睿——傅充——傅嘏——傅祗——傅宣
　　　　　　　　　　　　　　　　傅畅

志称："命妇秦国士孙松字世兰翊军府君之女。"《晋书·地理志》上雍州："惠帝即位，改扶风国为秦国。"士孙氏为扶风大姓，《汉书·梁丘贺传》："平陵有士孙张。”平陵，昭帝置，属右扶风。《王莽传》有太傅牺叔士孙熹。孙星衍《岱南阁集》二有《士孙喜印考》。后汉有士孙奋，献帝时有士孙瑞，其家为扶风巨富。《元和姓纂》士孙姓见六止，其世系如下：

士孙张——	仲御——	苞——	充……	奋——	睦——	瑞——	萌——	贤颖
扬州牧	长安令		郡五官掾		宏农太守	光禄大夫	灌津侯	

瑞与王允谋诛董卓，后为卓部将李傕、郭汜之乱兵所杀。其子萌字文始，追论瑞功，封澹（《姓氏》书作灌）津亭侯。[①] 此士孙松亦扶风人，岂其族人耶？

志但称“前晋尚书郎北地傅宣”。《晋书·傅宣传》云：“赵王伦以为相国掾、尚书郎。”是此职为赵王伦所畀者。《袛传》云：“（赵王）伦篡，又为右光禄、开府，加侍中。……及伦败，齐王冏收侍中刘逵、常侍驺捷杜育、黄门侍郎陆机、右丞周导、王尊等付廷尉。以禅文出中书，复议处袛罪，会赦得原。后以禅文草本非袛所撰，于是诏复光禄大夫。子宣，尚弘农公主。”盖宣及其父袛，旧皆事赵王伦。士孙氏女丧后，宣复尚弘农公主。《太平御览》一五二引臧荣绪《晋书》云：“贾后二女：宣华、女彦，封宣华弘农郡公主。”至是宣乃为惠帝驸马矣。弘农公主即贾后长女宣华也。及洛阳陷没，袛为盟主，遣宣将公主与尚书令和郁赴告方伯，征义兵勤王，事见《晋书》。

傅宣以方正著闻，其遗事散见各传。怀帝即位，每与群臣论众务，考经籍，黄门侍郎傅宣题曰：“今日复见武帝之世矣。”[②] 洛阳令王棱为东海王越所信，……告越云暾与王弥乡亲而欲投之，越严骑将追暾，右史傅宣明暾不然。（见《刘毅传》）东海王越之诛王延也，延爱妾荆氏有音伎，延尚未殓，刘舆骋之，未及迎，为王儁所争夺，御史中丞傅宣劾奏，遂免儁官。[③] 皆其著迹。他若裴绍息猷，尚荣阳长公主，猷不愿婚，闻诏在中书，即娉温峤妹，中丞傅宣奏猷大不敬。[④] 宣之直谅敢言类如此。

徐美人为贾后乳母，以掩护贾氏有功，封为美人。《晋书·惠帝纪》永平元年下漏书“元康元年”。徐义铭则记“永平元年三月九日杨骏伏诛”，后即

① 见《魏志》裴注，及《文选》士孙文始诗李善注引《三辅决录》注。

② 见《怀帝纪》。

③ 见《刘琨附传》。

④ 《太平御览》卷一五二《公主》引臧氏《晋书》。

书“元康元年，拜为美人”。即同一年之事，可以订史之疏。徐氏于元康九年安葬，先于士孙氏之丧三年，时贾后方显赫，故墓制及铭辞皆特隆重。贾后于永康元年四月为赵王伦所废，虽以傅宣续娶后女宣华为继室，其葬士孙氏时，贾氏势已倾圮，故墓制从简，理所当然也。

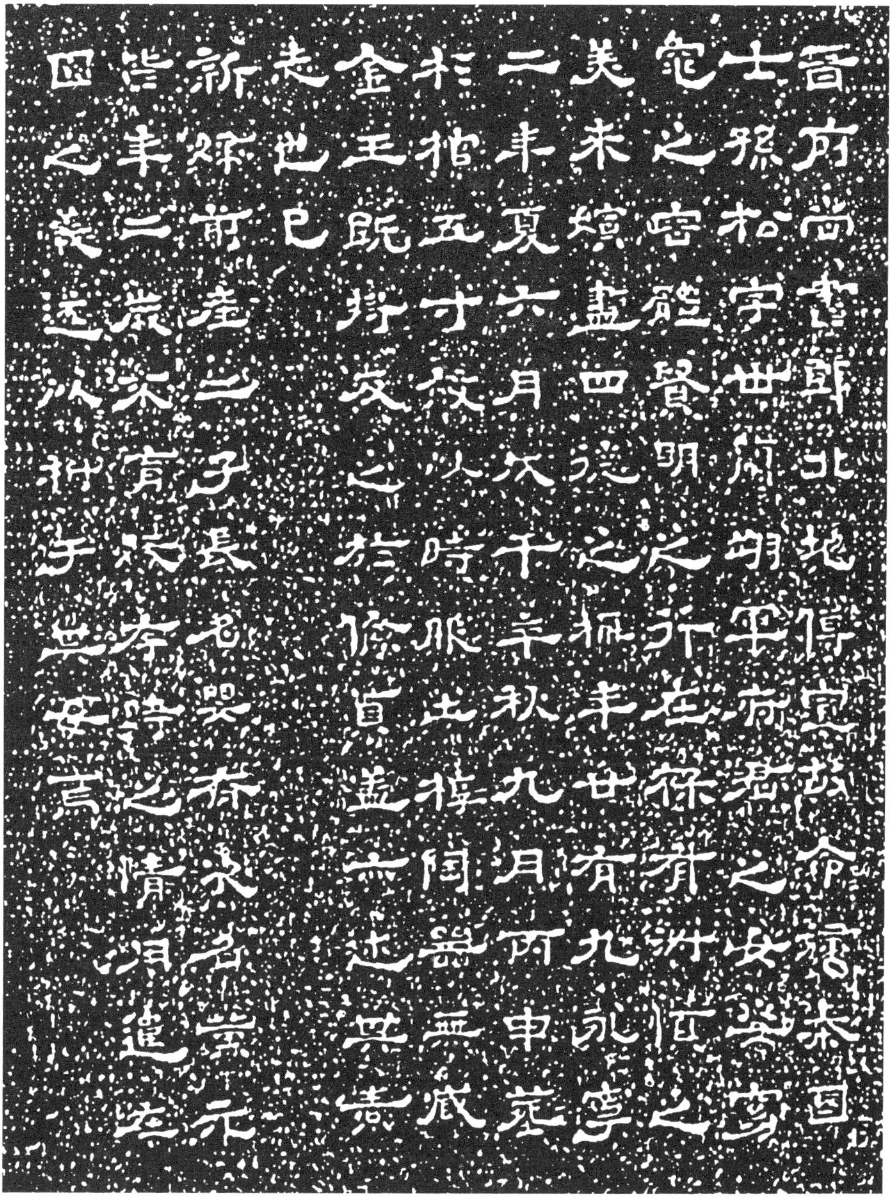

士孙世兰女墓志

乐产及其著述考

《史记·封禅书》宋毋忌下，司马贞《索隐》云："按乐产引老子《戒经》云月中仙人。"（据《史学丛书》印汲古阁本）乐产生平，向来未详。《索隐》除《匈奴传》引乐彦《括地谱》外，其余概作乐产。南宋黄善夫本及嘉靖汪谅本《史记》所见则均作乐彦。近日中华标点本《史记》则全改作乐产，无一作彦者；他本则或称产，或称彦，颇不一致。《索隐》引乐产说，始见于《孝文本纪》。

《律书》"置一而九三之以为法"句下《索隐》引乐产云："一气生于子，至丑而三，是一三也。"惠栋注《后汉书·律历》云："乐产谓之该数。"又《司马相如传》："千金之子，坐不垂堂。"《索隐》引乐产说。此皆其重要者。《孝文本纪》下有一条云："乐产引如淳，以（代）顷王后别封阴安侯。"如淳为魏陈郡丞[①]，知乐氏必三国以后人。又《封禅书索隐》昭明下，乐产引《河图》云："荧惑星散为昭明。"又填星下，《索隐》云："乐产、包恺并作旗星。"恺著《汉书音》十二卷。考《隋书·儒林传》，东海包恺字和乐，大业中为国子助教。小司马次乐产于包恺之前。《唐书·艺文志》子部兵家有乐产《王佐秘书》五卷，列于后周齐王宪《兵书要略》前[②]，又五行类有乐产《神枢灵辖》十卷，在柳彦询、柳世隆《龟经》之前。宋吴曾《能改斋漫录》卷

---

① 《汉书叙例》。

② 《经籍志》列萧吉后。

五云："尝考唐左拾遗李鼎祚所修梁元帝、陈乐产、唐吕才六壬书，名《连珠集》。"则乐产乃陈人，其年代正合。鼎祚即著《周易集解》者，其《连珠集》见《新唐志》所载，原名《连珠明镜式经》十卷，注云："开耀中上之。"李氏引乐产说，必出其《神枢灵辖》也。《宋史·艺文志》五行类有陈乐产《神枢灵辖经》十卷（206页），今标点本以陈乐产为一人名（5255页），盖《宋志》编者，已不知乐产为陈时人而误以陈为姓，不可不订正。日本古籍《诸道勘文》引乐产之《神枢灵辖》五条，见新美宽氏辑本。又藤原明《新猿乐记》有云："君夫者，阴阳先生贺茂道世也。《金匮经》、《枢机经》、《神枢灵辖》等，无不审察。"是乐产此书，早已流入东瀛。宋祝泌《六壬大占》课体九宗门提及曹氏定章与乐产、李淳风，《灵辖》、《连珠集》、《灵肘后》等书，则《灵辖》一书在宋时为言六壬者所必读之书。唐王希明《太乙金镜式经》序末云："若笔削后于孔明，用贤则子房升堂，风后入室，宋琨、乐产、李淳风属，可座廊庑之下。"书中《推太乙所在法》引乐产云："能使日月无光，五纬孛现，山崩地震，川涌江竭者也。"又《推九宫所主法》引乐产曰："太乙寄理以明人事，后王得之以统一天下，故蹉一宫以就乾位。"[①] 此乐产论太乙之遗说，王希明承之，谓太乙知未来，故圣人为之蹉一位以示先知之义。李淳风《乙巳占》自序云："钱乐其末也。"乐即指乐产。卷十《风角书》屡引乐产。又一条引乐产论祭日月以大室少牢。[②]《宋景祐乐髓经》亦引乐产说。乐产为唐以前之太乙家，其说如零玑断璧，尚可考也。（若宋琨撰《太一经》二卷，见《隋志》。《日本见在书目》亦著录，两《唐志》作《式经》一卷。王希明于上元积年，讥宋琨置元，似童儿戏。）

《史记·匈奴传》，《索隐》引乐彦[③]《括地谱》云："夏桀无道，汤放之鸣条，三年而死，其子獯粥妻桀之众妾，避居北野，随畜移徙，中国谓之匈奴。"以证《史记》匈奴为夏后苗裔之说。南宋本、明本并作乐彦著，清王谟《汉唐地理书钞》于《括地图》末记乐彦《括地谱》一条，盖即此也，作者应作乐产为是。《括地谱》一书，《隋志》、《唐志》不收，张其淦《古方志考》不录[④]，似应补入其目。元中统本《史记》乐氏引《老子戒经》作《道德经》，恐误。

---

① 《四库珍本》。

② 原见《封禅书索隐》。

③ 《索隐》惟此条作乐彦，中华本改作乐产是也。

④ 见《括地图》下，52页。

乐产著述，今不可见，各史艺文志著录复多歧讹，而误产作“彦”，又误为“陈乐产”，今一一为之是正。王希明引乐产遗说，必其论式法之语。式本作栻，《史记·日者列传》：“旋式正棋。”《索隐》：“式即栻也。”《龟策列传》：卫平对宋元王“乃援式而起，仰天而视月之光，观斗所指，定日处乡”。安徽阜阳汉文帝时夏侯灶墓近年出土六壬栻盘及大一九宫盘[1]，知太乙九宫之术，渊源甚早。《宋志》及《玉海》所收“式法及六壬”之书，可三数十种，而乐产书在其前列。知乐产盖唐以前斯学之巨擘也。

原载《选堂集林·史林》中，中华书局香港分局，1982年增订

① 《文物》，1978（8）。

说羬羊

《太平广记》卷四百三十九羊属："月氏[①]有羊，大尾，稍割以供宾。……有大秦国，北有羊子……其脐连地。"云出《异物志》。又载："罽宾国出野青羊，尾如罣色，土人食之。"出《酉阳杂俎》。《广记》引书目有《异物志》，厕于《水经》之下，未详撰人。寻《隋书·经籍志》著录，《异物志》为书多种。计有《异物志》一卷，后汉议郎杨孚撰。孚又著《交州异物志》。复有万震《南州异物志》，及失名《凉州异物志》。此月氏羊条但云出《异物志》，必指杨孚所著也。

羊大尾本名羬，《山海经·西山经》："华山之首，曰钱来之山……有兽焉，其状如羊而马尾，名曰羬羊。其脂可以已腊。"郭璞注："今大月氏国有大羊如驴而马尾。《尔雅》云：'羊六尺为羬。'谓此羊也。羬音针。"又已腊郭注"治体皴"。又《西次四经》："白於之山，多牸牛、羬羊，洛水出焉。"《淮南子·地形训》："洛出猎山"。高诱注："猎山在北地西北夷中。"是猎山即白於山矣。《尔雅·释畜》云："羊六尺为羬。"郭注引《尸子》曰："大羊为羬，六尺。"[②]《雅》多采自《尸子》，如《释诂》天帝后皇十有余名，其实一也。原本《尸子·广泽篇》。故释畜羬字当亦取自尸佼。合《西山经》及《尸子》证之，大尾羊本曰羬，战国已有之，其种出自月支。月支入居秦陇，

① 原误为氏。

② 平津馆本辑尸子作五尺，非。《艺文类聚》卷九十四摘录《尔雅注》，作"羬羊马尾，今大月支国有大羊马尾"。

为时甚早。《汉书·地理志》安定郡，武帝元鼎三年置，其县二十一，有月氏道（道谓县有蛮夷杂居），可证《异物志》之月氏大尾羊，必指羬羊。

陆德明《尔雅释文》羬本作麙，五咸反，与郭璞音"针"异。《说文》羊部无羬，见于鹿部作麙云："山羊而大者细角。"胡毚切，其音又异。《玉篇》羬有午咸、渠炎二切，《广韵》巨淹切与鍼同音。扬雄《蜀都赋》："北则有岷山外羌白马，兽则麙羊野麋。"[1] 许慎之作麙，盖据子云，麙羊即羬羊也。

《初学记》卷二十九引郭义恭《广志》曰："大[2]尾羊，细毛薄皮，尾上旁广，重且十斤，出康居。"又引郭璞《山海经图羬羊赞》："月氏之羊，其类在野，厥高六尺，尾亦如马；何以审之？事见《尔雅》。"出康居之大尾羊，即月氏之羬羊也。《太平御览》卷九百二引《凉州异物志》："有羊大尾，车推乃行，用累其身。"当即指羬。

《太平御览》同卷又引《韩诗外传》佚文曰："鲁哀公使人穿井，三月不得泉，得一玉羊焉。公以为玉羊，使祝鼓舞之，欲上于天，羊不能上。孔子见曰：'水之精为玉，土之精为羊，愿无怪之。'"此盖为玉羊出土之最早记载焉。

① 见《古文苑》四。

② 宋本《太平御览》卷九百二亦引此，误大作犬。

说㨾、樣

敦煌所出翟奉达题记有㨾字[①]，文云“敬画新㨾大圣文殊师利□□一躯”。㨾即樣字之异构。今语“花樣”、“樣子”之樣，唐人本作㨾。《广韵》去声四十一漾云：“㨾，式㨾。”

㨾与飏、炀同为余亮切。故词曲中“撇漾”（风光好剧），亦作瞥樣[②]，义谓一齐抛弃。漾、樣盖即飏也。周邦彦《南柯子词》：“飏下扇儿，拍手引流萤。”《乐府·雅词拾遗下》，无名氏《南歌子词》，作“樣下扇儿”。按樣下即飏下，其字实宜从手作“㨾”。

式樣、依樣一语始于隋。《隋书·律历志》及《食货志》均见“依樣”字眼。《北史·艺术·何稠传》：“炀帝时凡有所为，何稠先令黄亘及弟衮立樣。”[③] 唐、五代时有“字樣”、“画樣”之书，皆取榜樣之义。

《说文·木部》：樣本为橡之异形。大徐本云：“樣，栩实，从木，羕声，徐两切。”徐锴云：“今俗书作橡。”又《说文》：“栩，柔也。从木，羽声。其皁一曰樣，况羽切。”“柔”即《庄子·齐物论》所记“朝三暮四，狙公赋芧”之芧。《说文》又云：“芧，栩也，从木，予声，读若杼，直吕切。”故栩与柔二字互训，而“樣”即栩实。又重见于栩字下云：“其皁一曰樣。”栩实之樣，

① 《文物》，1978（12），43页，附图三。

② 张协：《状元戏文》。

③ 钱大昕：《恒言录》，卷二。

乃为植物，今字作橡。《广韵》橡字在上声三十六养，与像同音徐两切，与樣《说文》音徐两切正同。故樣字原即橡也。隋唐人称式樣之樣，可能即借橡为像。《广韵》见摌字，唐人从手作摌，乃为别构。清代文字学家均谓作摌者为俗写。

补宋史邓光荐传

邓光荐，初名剡，字中甫，又字中斋，庐陵人。① 生于绍定五年②，或云景定元年进士。③，咸淳初尝为县尉。④ 德祐二年丙子夏，避地入广，寓家香山之潮居。⑤ 冬，就广东制置使赵溍辟，赴广州。⑥ 溍遁，随承节郎赵时钬居

① 元陶宗仪《辍耕录》卷五已记邓中斋事。黄虞稷《千顷堂书目》卷二九《邓剡中斋集》注云："字光荐，庐陵人，文文山客，景定元年进士。宋亡，以节行著。"按他书多云名光荐。所撰《浮虚山记》亦自名光荐，疑丙子后以字行。

② 刘须溪词《洞仙歌寿》中甫云"但细数齐年几人存"，是二人同岁也，须溪《百字令》自注云"仆生绍定之五年"(1232)。

③ 《千顷堂目》云"景定元年进士"。按文文山《东海集序》但云"自为举子时已大肆力于诗"，杨德恩《文天祥年谱》引《庐陵志》云："屏居山中，屡荐不就，后赞天祥勤王。"皆不言其何年登第。

④ 《文山先生全集》卷五有《回邓县尉中甫》书，杨谱以书中所云"前年足下以书议礼"，为指文山"承心制"事，系于咸淳三年。黄培芳《香山县志》卷一黄杨山条录光荐《至乌岩山赠赵承节诗》云"顾我早师梅子真"，即指曾为县尉，及弃官说。

⑤ 《文文山全集》卷十四为光荐作《东海集序》云："自丧乱后，友人（指光荐）挈其家避地，游宦岭海。"黄培芳《香山县志》卷一浮虚山条，录光荐《浮虚山记》全文，内云："光荐避地三年，崎岖海岸，何所不至。丙子夏携家潮居，冬赴辟于广，尝过其下，……次年（丁丑），随承节客香山数月。……今年（戊寅）既丧家，诣府城，始获一拜殿庑。时暑方剧，……"按此记作于戊寅仲秋，上溯至丙子，故云避地三年。明黄佐《广州人物传》卷二四《邓光荐传》（原注《厓山新志》修）谓：乙亥冬避地于闽，次年景炎阃帅赵总卿辟幹官，丁丑四月驾至，除宣教郎。元兵至，自虏围中度岭入广，广陷，避地香山云云。总与自述不合。

⑥ 《宋史·二王纪》略云："（景炎元年丙子）九月，东莞人熊飞闻赵溍至，即以兵应之，攻（元）雄飞于广州，壬寅雄飞遁。壬子，赵溍入广州。十月熊飞战殁于韶州。十二月辛酉朔，赵溍闻（元）吕师夔将至，弃广州遁。次年丁丑二月，郡人赵若冈以广州降元。"光荐《浮虚山记》所云"冬，赴辟于广"，当指丙子十月十一月溍在广州时。《广州人物传》所谓阃帅赵总卿辟幹官，除宣教郎宗正簿，疑亦指此；但系其地于闽，与光荐自记不合。又《广州人物传》于厓山之后累请为缁黄之前，谓"馆于赵冰壶家教其次子"。按冰壶乃溍号，于时间上尤不合。又"教次子"事，厉鹗《宋诗纪事》属之张弘范。按《元史》弘范只有一子，并无次子，厉说误。

乌岩山。[1] 适强寇至，妻子十二口死之。[2] 景炎戊寅三月，广州都统凌震复广州[3]，光荐因诣府城，过浮虚山，游焉。[4] 后赴厓山随驾，除礼部侍郎。次年春，权直学士院。[5]

二月，厓山溃，光荐蹈海者再，为北军钩致[6]，张弘范命子珪师事之。[7] 自广之北，与文天祥同行，时相唱和，有诗名《东海集》，天祥序而书之[8]，

---

① 即《浮虚山记》"随承节客香山数月"也。香山县《黄志》卷一舆地上黄杨山条云："上为乌岩山，邓光荐避兵于此，赵时钬建金台精舍于山左，与龚竹卿三人隐焉。"又卷七列传云："龚竹卿（原误作行卿，兹据刘须溪词及《广州人物传》改），南昌人，累官大理卿兼秘书监，与邓光荐友善，同避地于邑，会帝在厓山，光荐偕之往，除权吏部侍郎兼侍讲。"

② 即《浮虚山记》"今年（戊寅）既丧家也"。文文山《集杜诗》邓礼部第一百三十七云："及广陷，避地深山，适强寇至，妻子儿女等匿暗室，寇无所睹，焚其居，十二口同时死。"

③ 《宋史·二王纪》：至元十五年（戊寅）三月，广州都统凌震、转运判官王道夫取广州。闰十一月，王道夫、凌震先后遁。十二月，王道夫攻广州被执，凌震兵继至亦败。

④ 见上注与《浮虚山记》。按戊寅五月朔改元祥兴，光荐诣府城时暑方剧，当是未知改元事；《记》末署景炎三年戊寅仲秋朔日，其时祥兴帝已抵厓山三十余日，疑光荐到府城未久即退居山僻，故仍无所闻。《香山县志·寓贤·邓剡传》作"戊寅六月至厓山除秘书丞"，所记时日，与《浮虚山记》抵触。

⑤ 文山《集杜诗》邓礼部一三七云："中甫随驾至厓山，除礼部侍郎，己卯（祥兴二年）春，除学士院权直，未数日，虏至。"按赵溍当祥兴登极硇洲，祭吉天地时，职为亚献，地位仅次于张世杰。光荐初入溍幕，其再赴厓山或与溍有关系。

⑥ 《文山集》卷十四《东海集序》："友人（光荐）仓卒蹈海者再，为北军所钩致，遂不获死，以至于今。"又《集杜诗》卷一七三："中甫赴海，虏舟拔出之，张元帅待以客礼，与余俱出岭，别于建康。"

⑦ 虞集撰《淮阳献武王庙堂之碑》云"在海上得宋礼部侍郎邓光荐，礼之于家塾，以为子师"（《道园学古录》十四）。又蔡国张公志铭："得故宋礼部侍郎邓公光荐而师事之，邓公以《相业》授公曰：熟之后必赖其用矣。"（同上，卷十八）《元史》卷一五六《张弘范传》："获宋礼部侍郎邓光荐，命子珪师事之。"又卷一七五《张珪传》："宋礼部侍郎邓光荐将赴水死，弘范救而礼之，命珪受学。光荐尝遗一编书，目曰《相业》，语珪曰：熟读此，后必赖其用。"《元史》乃采自虞集文。

⑧ 《文山集》卷十四《东海集序》："《东海集》者，友人客海南以来诗也。海南诗而曰《东海集》者何，鲁仲连天下士，友人之志也。……余与友人年相若，又同里闬。……及居楚囚中，而友人在行，同患难者数月。其自五羊至金陵所赋，皆予目击，或相唱和。时余坐金陵驿，无所作为，乃取友人诸诗笔之于书，与相关者并附为（焉），后之览者，因诗以见吾二人之志，其必有感慨于斯。己卯七月壬申文天祥叙。"文山《送行中斋诗》有云："嗟予抱区区，畴昔同里闬。过从三十年，知心不知面。零落忽重逢，家亡市朝变。"知二公相交，在《回中甫县尉书》之十年前矣。又中斋与文山和王昭仪《满江红》，亦疑此行中作。

且嘱弟璧以墓铭托焉。[①] 光荐至金陵，以病留天庆观。[②] 久之，放还。[③] 甲午三月，为浮云山圣寿万年宫道士赵道一（全扬）所著《历世真仙体道通鉴》撰序。[④] 大德七年卒，年七十二。[⑤] 先是，陆秀夫在海上时，记二王事为一书，甚悉，以授光荐，曰：君后死，幸传之。[⑥] 后光荐以其书还庐陵。[⑦]《宋

---

① 《文山集》卷一七《纪年录》辛巳附注："夏，璧与孙氏妹妇，公剪发以寄永诀。与弟书曰……自广达建康，日与中甫邓先生居，具知吾心事，吾铭当以属之。若时未可出，则姑藏之。……"又卷十四《指南录·怀中甫诗》云"死矣烦公传"，又《送行中斋》三首末云："余生谅须臾，孤感横九县。庶几太尉事，万一中丞传。"皆以身后铭传托中甫意。至《送行中斋》第一首云："百年有时尽，千载无余观。明明君臣义，公独为其难。愿持丹一寸，写入青琅玕。会有抚卷人，孤灯起长叹。"则又以记载君臣殉国史期诸中甫也。统计《文山集》卷十四《指南后录》卷之一下为光荐所作诗，有：《和中甫端午韵》一首，《呈中斋》二首，《和中斋韵过吉作》一首，《再和》一首，《怀中甫》一首，《送行中斋》三首；又《东海集序》一首；其《念奴娇·驿中言别友人》，亦指中斋也。吴师道《礼部诗话》载《光荐挽文山诗》，末云："田横老宾客，白发余息假"，"非无中丞传，杀青自谁写？魂归哀江南，千秋俎乡社"，则正针对文山"烦公传"、"中丞传"之所托以挽告故人。尹延高《玉井樵唱》有《阮民望惠东海》诗，自注云："乃文丞相所书邓中甫诗，卷中多酬和之作。"其人亦与中斋相接，《樵唱》有四库珍本。

② 《文山集》卷十七《纪年录》附注引邓光荐撰《文丞相传》："十二日至建康，十三日邓光荐以病迁寓天庆观就医，留不行。"又卷十四《怀中甫》自注云："时中甫以病留天庆观。"

③ 《广州人物传》卷二十四有《邓光荐传》，用《厓山新志》修。嘉靖《香山县志·流寓》亦有邓传。《广州传》云："累请为缁黄，不许。后得放，还庐陵。"案《元史·张珪传》："至元十六年师还，道出江淮，珪年十六，摄管军万户；十七年真拜昭勇大将军管军万户，佩其父虎符治所统军镇建康。""十九年，太平宣徽盗起，行省檄珪讨之。"似张弘范班师时，珪即与所部军留驻建康甚久。迄至元二十九年还朝。是光荐迁天庆观后，仍羁留金陵张氏军中。其以《相业》一书授珪，当在此时。中斋词《烛影摇红》谓程雪楼行台时治金陵，亦此时所作。云：刘须溪词有《摸鱼儿·辛巳冬和中斋梅词》，知光荐放还庐陵之年，最迟在辛巳冬日之前。即羁留之时为己卯、庚辰、辛巳（至元十八年）三年也。须溪《洞仙歌寿》中甫云"六年春易过"，计由临安陷落之丙子至辛巳，亦恰六年。又《须溪词》为中斋作者达十八首，止此一首题年干，其明说"米嘉荣共何戡在"者亦止此一首，似须溪有为中斋放还纪年意。

④ 正统道藏"咸"字号为赵道一《历世真仙体道通鉴》，前邓光荐序，署"阏逢敦牂三月，中斋叟邓光荐书于本一庵"。即甲午年（元世祖至元三十一年，1294），时邓氏六十三岁。

⑤ 程钜夫《雪楼集》卷二十四《书邓中斋名谢氏三子说后》云："至元戊子（二十五年），余官南台时，邓公客于昇。别后十五年，闻讣于武昌。"由至元戊子推后十五年应是大德七年（1303），则光荐当卒于大德七年。此从杨宝霖君说。溯生于绍定五年壬辰，凡七十二岁。《程雪楼文集》二十八《挽中斋诗》云："中斋吾所敬，一别几飞萤。栗里藏名字，欧乡有典刑。龙蛇那起起，鸿雁已冥冥。泪眼河汾述，犹占处士星。"《凤林书院草堂诗馀》收中斋词，次于文文山、刘须溪之间，厉、樊、榭诸词人皆谓此书寓遗民深意，知当时士林之敬重中斋，与文、陆二公并有同见。

⑥ 据《宋史》卷四五一《陆秀夫传》。传又云："厓山平，光荐以其书还庐陵。大德初，光荐卒，其书存亡无所知，故海上之事，莫得其详云。"知修《宋史》者以不见其书为可惜。

⑦ 元黄溍《金华黄先生集》卷三《陆君实传后叙》云："陆公秀夫之死，楚人龚先生开既为立传，且曰：'君实在海上，乃有手书日记，日记藏邓礼部光荐家，数从邓取之，不得。'"是龚开知陆秀夫有手书日记存邓家也。

史》成[①]，其家始以《填海录》(《海上录》) 等书上进。[②] 所著有《续宋书》[③]、《德祐日记》[④]、《祥兴本纪》[⑤]、《文丞相传》、《督府忠义传》[⑥]、《相业》、《中斋集》、《东海集》[⑦] 等。

论曰：中斋先生为文文山客，厓山之溃，蹈海者再，黄虞稷称其以节行著。黄佐撰《广州人物传》，次先生事，取资《厓山志》，颇多龃龉。夫中斋入元著书，犹曰《祥兴本纪》，其不以存亡易节也审矣。爰据文山、须溪、黄文献等集，及《香山县志》录存先生诗文，撰为此篇，以补《宋史》之缺。惜乎明人不能珍存先生遗著，遂使降二帝为广王、卫王之坊本，滋多异说，岂不重可慨也夫。

① 阿鲁图等进《宋史表》为至正五年，光荐卒后几五十年矣。

② 黄溍《陆君实传后叙》题下自注云："(宋) 史既成，而邓氏光荐家始以其《填海录》等书上进。"知所进不止《填海录》一种。《文山集》、《纪年录》附注称中甫所撰《海上录》，疑即《填海录》。

③ 《续宋书》见《千顷堂目·史部》。黄溍《陆传后叙》"陈宝降"下自注，有"《填海录》及其所撰《祥兴本纪》"之语。知《祥兴本纪》是光荐所撰，应是《续宋书》中之一篇；而《填海录》或即据陆秀夫书而撰之一种。宋文文山已以"愿持一寸丹，写入青琅玕"相期，陆君实又嘱以"君后死幸传之"，故《续宋书》之作，乃成二公之志，犹元遗山之欲成《金史》也。

④ 《千顷堂书目·史部》有邓光荐《德裕日记》，"裕"为"祐"之讹。《危素文集》中《昭先小录序》，言及见过邓氏《德祐日记》及《续宋书》。

⑤ 见黄溍:《陆传后叙》自注引。

⑥ 文山《纪年录》附注云："宋礼部侍郎邓光荐中甫所撰《丞相传》、《附传》、《海上录》。"所云《丞相传》，即《纪年录》所引之《邓传》，所云《附传》，即《文山集》卷十九附录之《文丞相督府忠义传》，疑皆《续宋书》中文篇。

⑦ 编授张珪之书曰《相业》，见本书 556 页注⑦。《中斋集》见《千顷目》，详引在本书 555 页注①。《东海集》见本书 556 页注⑧。近人赵万里辑有《中斋词》十二首，见《校辑宋金元人词》第三册。赵跋云："惜《中斋集》久佚，无由考见其行事为可憾。"又《吴礼部诗话》有光荐撰文丞相画像赞及挽文丞相诗，厉鹗《宋诗纪事》七九引《天下同文集》、《青原山志》、《遂昌杂录》等，共存诗八首。

光荐事迹，又详万斯同《宋季忠义录》卷十。陈汝桢《庐陵县志》卷三十、刘绎《吉州府志》卷三十四皆有《邓光荐传》。万氏所撰《传》误谓"邓光荐至燕，张弘范馆之张冰壶家教其次子"。近日唐圭璋先生指出其误，见《读词札记》(《大公报·艺林》新 208 期)。弘范只有一子，见拙撰此传注本书 555 页注⑥，唐氏盖采予说。此文原见《九龙与宋季史料》附录一，兹略有增订。

论《明史·外国传》记张琏之讹

赵翼《廿二史劄记》（卷三四）“明史海外诸番多内地人为通事”条云：

万历中有漳州人王姓者，为浡泥国那督，华言尊官也。又有海澄人李锦及奸商潘秀、郭震，勾荷兰人贿税，使高寀求借澎湖，为互市之地，此皆内地民阑入外番之明据。然犹未至结队聚党也。三佛齐国为爪哇所占，改名旧港，闽粤人多据之，至数千家。有广东大盗张琏，为官军所逐，后商人至旧港，见琏为市舶长，漳泉人多附之，犹中国市舶官云。

自注“见《明史·外国传》”，按此事见《明史》卷三百二十四“三佛齐”条，原文云：

张琏作乱，官军已报克获。万历五年，商人诣旧港者，见琏列肆为蕃舶长，漳泉人多附之，犹中国市舶官云。

G. Schlegel 氏于所作“The Old States in the Island of Sumatra”曾译此文如下：

One of them, a certain Chang—Lien（张琏）had a great factory at Kukang and was master of all the native craft. He had under his orders a great many men from Chang－Chau and Chüan—Chau and he was like a Superintendant of trade in China. But, at the same time, he was a ruthless pirate.（*Toung Pao ser* II. vol II. 1901, p. 182）

对张琏为三佛齐蕃舶长一事，未加辨正。

此说亦见《明史稿》，当是《明史》之所本。① 近世史家多据是谓张琏为殖民之长，梁任公撰《中国殖民八大伟人传》，以张琏为其中之一。② 世多从之。③

考《明史·外国传》，文多取材于何乔远之《名山藏》中《王享记》，《王享记》不书此事。又明世有关南洋载籍，若严从简《殊域周咨录》，郑晓《吾学编·皇明四夷考》，黄省曾《西洋朝贡录》，张燮《东西洋考》以至崇祯间茅瑞徵《皇明象胥录》，各书三佛齐国，均不载张琏事。

惟明王圻《续文献通考》卷二百三十六《四裔考》云：

> 嘉靖四十一年，广东大盗张琏、林朝曦、黄启荐等，筑城纪元，建官攻劫。上以都督刘显，参将俞大猷往剿。显等阴赂琏，以胁从数百人就戮报捷，琏等遁入三佛齐国。万历丁丑，中国人见琏等在三佛齐列肆为蕃舶长，泉漳人多主之，如中国市舶官体统云。

此似即《明史稿》所本之资料，乃当时民间之一种传闻。万历丁丑即五年，查《明实录》是年不载张琏至三佛齐。官书如《世宗实录》，私修明史如何乔远《名山藏》、谈迁《国榷》、傅维鳞《明书》、夏燮《明通鉴》皆记张琏被官军擒戮，傅书《乱贼传》尤为详悉，故于卷十四《世宗纪》书云“四十一年六月广东盗张连伏诛”。（按《明史》无此文。）又卷一六五《四国传·三佛齐传》文字，与《明史》大体相同，惟无张琏遁入三佛齐一段。毛奇龄《后鉴录》记张琏事，似袭自《明书》。兹摘《实

---

① 见《明史稿》卷三百三《列传》一九八《外国传》五，又乾隆钦定《续文献通考·四裔考》卷二百三十八，嘉庆《一统志》卷三百五十六，三佛齐条皆本此。

② 见《饮冰室全集》第三十五册，记述文类传记《中国殖民八大伟人传》，三佛齐国王张琏，276页。

③ 柳诒徵《中国文化史》、《人名大辞典》、刘继宣《中华民族拓殖南洋史》（第五章，73页）、李长傅《中国殖民史》（第四章，140页）、缪凤林《中国通史要略》（第九章，15页），皆据《明史》，谓琏遁至南洋。

录》数种记载如下：

（一）世宗嘉靖实录

嘉靖四十年五月丙戌　总督浙直福建尚书胡宗宪及巡抚福建都御史刘焘言：广东饶平大埔高乡三县贼酋张琏、萧雪峰、林朝曦等，纠众侵越汀漳，为乱日久。乃贼巢在广，兵至则退入巢穴，退则复肆剽掠，必须绝其盗源，然后祸患可息。请（程）敕两广、赣、福建三省抚臣发兵会剿，兵部覆请从之。（卷四百九十六）

嘉靖四十年九月戊子　广西（东?）三饶山贼张琏等袭攻福建南靖县城，陷之，燔烧县学仓库，执县丞金璧等去。（卷五〇一）

嘉靖四十一年二月己卯　提督两广侍郎张臬奏逆贼张琏势甚猖獗，臣已调集狼兵十万，与福建江西会兵进剿，分定信地，臣臬驻惠潮，巡抚福建都御史游震得驻漳州，南赣都御史陆稳驻永定；得旨如拟，仍会协力进兵，克期歼灭，不许延玩。张琏者，本饶平县之乌石村人，以殴死族长惧诛，亡命入窖贼郑八、萧雪峰党，后郑八死，琏与雪峰分部其众，而琏为最强。知县林丛槐，常亲至其巢约降，给以冠带。琏益骄甚，与雪峰兵合，纵掠汀、漳、延、建及江西之宁都、连城、瑞金等处，攻陷云霄镇、海卫、南靖等城，三省骚动。先是，守臣以琏巢介三饶之间，四面皆山，未敢讼言剿之，琏虽叛，犹扬言听抚以缓我师，至是臬等始议大征之。（卷五〇六）

嘉靖四十一年五月辛卯　先是，三月中，广东三饶贼张琏率众攻福建平和县城，府知事胡期亨署县事，与典史谈蕴率乡民出城迎战。时方议剿，调兵未集，贼知平和单虚，故乘间骤发，不虞其能军也。见其鼓行甚锐，则以为有大兵至，惊骇奔溃，蕴麾众疾击之，擒贼五人，斩首二十二级，南赣都御史陆稳以闻。提督两广都御史张臬亦报擒程乡贼首王子云、福宝等二十五人。（卷五〇九）

四十一年五月乙未　提督两广侍郎张臬等以闽、广、江西兵剿三饶贼，平之，贼首张琏、萧雪峰俱就擒，斩首一千二百有奇。（同前卷）

（二）何乔远《名山藏·典谟记》

（世宗）四十年九月，广东贼张琏等袭南靖，入之。（卷二十七）

四十一年，上忧南寇，南赣都御史张稳言：三月中，署平和县者府知事胡期亨、典史谈蕴领乡兵与琏战城下，贼少平和，期亨鼓行甚锐，皆惊谓有大兵将至，蕴麾众疾击之，多所擒获。

（六月）张臬以闽、广、江西兵剿张琏、萧雪峰等，平之。告郊庙社稷，百官表贺。

十月，广东官兵追捕张琏余党贼首林朝曦等，获之，潮寇悉平。

（三）谈迁《国榷》（卷六十三）

嘉靖四十年，敕两广、南赣、福建会讨饶平盗张琏。琏故广东猾胥，盗帑败入贼，伪刻飞龙传国之宝，投入池中，渔出之，众惊异。大埔盗萧晚、林朝美等推琏为长，自号飞龙人主，封晓（晚）等为王，据诏安、和平，使晚据木窖，林赞据南靖，吕细断汀漳道，杨舜、罗袍绝永定、连城，王伯宣入倭，导倭犯潮韶，牵我师，粤东大震。

八月庚辰，饶州贼陷南靖县。

九月，张琏破南靖县。

嘉靖四十一年二月，两广总督张臬请剿山贼张琏，以狼兵十万与福建、江西夹剿，臣驻连县，福建巡抚游震得驻漳州，南赣巡抚陆稳驻永定，从之。琏，饶平之乌石村人，殴族长死，亡命入窖贼郑氏、萧氏党，琏与萧氏分部，而强纵掠汀、漳及宁都、连城、瑞金，陷云霄、镇海卫、南靖等城。

五月壬辰，广东盗张琏、萧晚就擒，斩千二百有奇。

（四）傅维鳞《明书》卷一六三《乱贼传》

……诸寇略平，犹程乡巨寇梁宁、林朝曦、徐东州等，出没赣吉间。久之，陆稳檄参将俞大猷引兵夜袭宁巢，宁惧，先遁东州，走武平，官军设伏擒之。朝曦复约河源贼首黄积山谋大举，我兵乘积山无备，攻巢克之，斩积山首。惟朝曦未擒，御史类奏功次加赏。有广贼张连者，狂恣日甚。连，饶平县之乌石村人，殴死族长惧诛，亡命入窖贼郑八、萧晚党，阴刻石曰“飞龙传国之宝”，投诸池，伪泅水得之以出，众视之，大惊，以为帝王符也。相与歃血推为长。后郑八死，连与晚分部其众，而连为最强。知县林丛槐，尝亲至其巢约降，给冠带，连益横。与晚兵合，纵掠汀、漳、延、建，及江西之宁都、连城、瑞金等处，攻陷云霄、镇海卫、南靖等城。号称改元，开科造历，伪部署王、侯、丞相、总兵等官，所居黄屋、朱城二重，诸贼蜂起，推为盟主，三省骚动。先是，守臣以连巢介三饶之间，四面皆山，未敢讼言剿之。连虽叛，犹扬言听抚以缓我。至是，两广总督张臬疏至，始议大征。连乘间率众攻福建平和县。为署印知事胡期亨，与典史谈蕴，率乡兵出城迎战。鼓行甚锐，贼惊溃。蕴疾击，擒五人，斩首三十二级。广东兵亦擒程乡贼首王子云、陈福宝等二十五人。时上深以南寇为患，闻报大喜，谕兵部曰：“剿贼功殊，荷上元感应，效劳人员，通查请赉，以励众心。”于是自臬、稳而下，赏赉有差。福建都御史游震得，檄指挥王豪，帅三卫军先尝失利，震得执豪笞之，斩队长以下四人。三卫军不服，遂大噪，格杀乡兵，求杀登瀛不得，屯城南，久之乃散。于是张臬兵十万，分五哨驻于潮。游震得以诏安哨驻于漳，江抚松驻建昌，稳兵可六万驻于汀，刻期并进。刘显总兵，俞大猷副之。大猷言连每离巢出劫，其妻子财宝乃在巢，若我以大军迫其巢，彼必悉众自救。譬之虎方捕鹿，熊据穴搏其子，虎安得不置鹿而还。还则奔命气竭，因而蹙之，似拉朽矣。且三省会击，其期已定，岂可以数万之师从一夫团走哉。于是以兵万五千人疾趋柏嵩岭，连果奔还，我兵连破数巢，贼且守且敌。隐独与江西兵逼贼垒而军，止隔四五里许，望其城栅甚丽。周遭小巢，无虑数百。每战辄胜。会颁赏格，诛止首恶，无论官兵贼党，能获连至，予万金，授指挥使；获晚者千金，授千户；余皆不问。能杀别队来降者并赏，咸与惟新。贼党郭玉镜投总兵俞大猷，愿为内应。五月十四，诱连出巢战，斩获二百余，即阵上生擒连，并擒萧晚，及斩获伪封丞相都督萧乐首七十余级。朝曦遁入广东，从银场坑道出攻程乡。知县徐甫宰严兵待之。遣招安，因而说散其党。朝曦穷急，官军追擒于隐那山，并弟朝敬等。[①]

(五) 夏燮《明通鉴》卷六十二《纪》六十二

世宗嘉靖四十年（1561）九月，戊子，广东三饶山贼张琏等袭福建南靖县，入之，燔烧县学、仓库。

嘉靖四十一年（1562）二月，己卯，提督两广侍郎张臬奏："逆贼张琏等势甚猖獗，蔓延三省，请调集狼兵十万，与福建、江西会兵进剿。"从之。

琏本饶平县之乌石村人，以殴死族人惧诛，亡命入窖贼郑八、萧雪峰党。后八死，琏与雪峰分部其众，而琏为最强。知县林丛槐，尝亲至其巢约降，给以冠带。琏益骄甚，与雪峰合兵纵掠汀、漳、延、建及江西之宁都、瑞金等处，又攻陷南靖等城，其巢介三饶之间，四面皆山，有司未敢讼言剿之。琏虽叛，犹扬言听抚以缓我师，至是臬等始议大征之。

五月，乙未，提督两广侍郎张臬奏广东三饶贼平。

初，闽、广讨贼，积年不能平，乃移镇筸参将俞大猷于南赣，会兵进剿。时胡宗宪兼制江西，知张琏远出，檄大猷急击之。大猷谓："宜以潜师捣其巢，攻其必救，奈何以数万众从一夫浪走哉！"乃疾引万五千人登柏嵩岭。

俯瞰贼巢，琏果还救。大猷连破之，斩首千二百有奇，贼惧不出。复用间诱琏出战，从阵后擒之，并擒萧雪峰。散其胁从者二万，不戮一人。是役也，广人攘其功，而大猷不与之校，以是尝独薄云。

六月，庚午，广东捷闻。

兵部请"以贼首张琏、萧雪峰械送京师，献俘正罪"，上谕内阁："献俘一节，祖宗久不行，赵文华以假贼冒功，为此欺饰耳。此等草贼，就地枭之，亦足以泄民愤。"自是遂罢献俘。

---

① 傅维鳞《明书》成于顺治间，自谓搜求明代行藏印钞诸书，与家乘、文集、碑志，聚书三百余种。《四库提要》卷十一《史部》六讥其体例舛杂，节节叶叶，凑合成编，动辄矛盾。惟记张琏事极详尽。

（六）毛奇龄《后鉴录》（《西河合集》第六十四册）

广东贼张琏者，饶平县之乌石村人。杀家长亡命，投窖贼郑八、萧晚，先刻石玺一曰“飞龙传国之宝”，投诸池，诡泅水得之以出，众视大惊，曰此帝王符也，歃血推为长。知县林丛槐亲往抚之，琏笑曰：“尘埃中亦知有天子哉。”僭帝号，改元造历，开科，署王、侯、丞相诸官，所居有黄屋、朱城二重。聚众十万，纵掠汀、漳、延、建，及宁都、连城、瑞金，攻陷云霄、镇海卫、南靖诸城，三省骚动，福抚游震得檄指挥王豪，率三卫军与福州通判彭登瀛领乡兵进剿，败绩。登瀛归罪豪，震得执豪笞之，斩队长以下四人，三卫军不伏……嗣后官军不能剿，即调狼达兵征之，皆不利。上忧之，总督胡宗宪上疏言中风，愿乞骸骨，言官劾宗宪规避，宗宪不顾。先奏以三月十六日进兵，既而改四月廿日，所征狼兵十余万，日费饷给。上召尚书杨博议，博奏遣都督刘显、参将俞大猷剿之。以万五千人乘琏出寇捣其巢，琏环顾失据，乃分贼四队，且守且御，官军逼贼营，望其城栅甚丽，旁环以小寨，无虑数百，遂进逼城栅，而遣别将以火攻左右，焚其寨，贼大溃。乃悬购获琏者万金，官指挥；获晚者千金，官千户。贼党郭玉（镜）诱琏出，擒之，并擒晚。于是逋贼林朝曦、叶槐、李文彪、余大春等，皆前后被获，合计擒斩共二万余级，俘获解散共九万，降者无算。因设平远县于程乡之木平营，而设伸威营于兴宁、程乡、安远、武平四县间。……

据上记载，张琏为其贼党郭玉镜所诱擒，即林朝曦亦被捕获，各书言之凿凿。王圻谓“刘显等阴赂琏，以胁从数百人就戮报捷”，恐未得其实。其他《明史》谭纶、俞大猷等传、《天下郡国利病书》，及地方志乘，皆记张琏事，兹不具引。[①]

张琏在当地为官军擒获，尚有若干旁证：

（一）林大春《循良奇绩诗序》：“先是饶贼张琏既就擒，贼将王伯宣素枭

① 地方志乘如顺治吴颖修《潮州府志》卷三，乾隆周硕勋修《潮州府志》卷三十八《征抚》，康熙《饶平县志》卷十三《寇变》，康熙《惠州府志》卷五《郡事》上，雍正《海阳县志》卷八《事集·兵事》，光绪《嘉庆州志》卷三十一，《重纂福建通志》卷二百六十七，及《江西通志》、《广东通志》等，均记张琏事，详余旧作《张琏考》，兹不备录。

黠难制，闻琏已为官兵所缚，欲生劫以归，乃伪射书城中，从公（按指何镗）乞降，公佯许之，令同数骑入，遂以擒伯宣。”①（《井丹集》卷九）

又大春《贺督府张公平逆奏功序》：“琏以虚文妖书，征礼儒士，以荧惑愚民，民愈摇动，乃督府大司马进贤张公（按指张臬），实奉命往征之。以嘉靖四十一年四月移军潮州，先是，师过潮阳，有上书戏下，言便宜事者，因言贼众，甚未易与状，公笑曰：予奉命从诸将击东南反者，吾知以顺讨逆，众寡非所论矣。闻者惊服，后一月，果得琏及其伪将伯宣、雪峰而下，凡若而人，余党悉平。”（《井丹集》卷十）

（二）陈一松《平寇诗序》：“宾岩何公守潮之再期，为今岁壬戌（即嘉靖四十一年），朝廷命督臣提师十万，会于潮，讨逆贼张琏。……卒诛琏及其渠党，民赖幸有宁宇，而颂声作焉。于是潮邑博刘君，暨学士之能诗者，相与歌之，汇卷谒予言为引。予实与士民共被其休烈者，乃言曰：……自嘉靖戊午，倭寇入我潮，始苦兵。己未、庚申以来，倭数入，户户川血，所在无免者。其箭人之雄琏，乃遂乘我有外侮，起而为乱，辄僭称孤，势张甚。公至按牒刺变，豫为君兴需甚备……比琏就诛，公奏记督府曰：周营洛邑以化殷，齐城楚邱以靖卫，琏已死，为今之计，则为增树县治，而益置戍守，庶可以远无祸患……”②

（三）陈沅《饶平县志补订》卷十七。邑人宜山教谕吴继澄（字少松）有《擒张琏回返车盘驿诗》记其事。

关于张琏事迹，有数事可补充说明者：

张琏私谥　各书皆作琏，《明实录》（卷五百九）作涟。（《韶州府志·陈璘传》亦然）《明书·世宗纪》及《乱贼传》、《潋水志林》、《豫章书》、《香山志·麦挥传》均作“连”。余曾至饶平乌石村访张琏旧居，乌石《张氏族谱》称琏号石琚，私谥英烈。此则方志及各书所未载。

张琏称帝年号　李兆洛《纪元编》，僭窃有“龙飞”年号，注云：“明广州贼张琏”，又有“造历”年号，云“广东贼张琏改元造历”。按“广州”贼应是“广东”之误。据上引《国榷》、《明书》所记，张琏阴刻石曰“飞龙传国之宝”，又自称“飞龙人主”，则“龙飞”宜作“飞龙”。至“造历”一年

---

① 《井丹集》为潮阳林大春撰，有郭泰棣重刊本。详拙纂《潮州志·艺文志》。此序亦见乾隆《潮州府志》卷四十《艺文》，而嘉庆《潮阳县志》卷十八亦载之，漏撰人姓名。

② 宾岩即何镗，浙江丽水进士，事迹详吴颖顺治《潮州志》卷四《官师部》，又邑博名绂，泰和岁贡，时任训道，见乾隆《潮志·职官表》上。

号，据《明书》云“称号改元，开科造历”，造历乃谓颁制历法。而《后鉴录》据傅氏此文，易作“僭帝号改元造历开科”，字句微颠倒，致被误认“造历”为年号，不可不正。故《纪元编》“造历”年号，应据删。①

张琏所建城址　《明书》谓张琏“所居黄屋、朱城二重”，俗传张琏城在上饶笔架山前，距张家祠半里，田野低洼处。陈沅《饶平志补订古迹》谓“该地低狭，前后山高，安能建城。琏陷踞县地，止在县东麒麟岭东，余皆在闽赣之境，《后鉴录》云黄屋、朱城则在漳南山中”。

琏党导引倭寇　《国榷》谓“王伯宣入倭，导倭犯潮、韶，牵我师，粤东大震”。伯宣为张琏党，是曾勾引倭寇以牵掣王师。又如道光《琼州志》卷四十四《杂志》，称“陈在廷被贼林道乾执而鬻之倭，倭主通文墨，官为明通事”。可见当日山盗海寇与倭实多所勾结，赵翼谓海外诸番多内地人为通事，陈在廷事亦一例也。

张琏事迹，近世中外学者又有另一附会焉，即谓澳门葡人代为荡平之海盗 Tchang Si Lao，即张琏也。

日本藤田丰八于《葡萄牙人澳門佔據に至るまでの諸問題》第九章有“Li Ma Hong 及 Chang Si Laoは誰が”，略谓：

> 西班牙史家所传之 Li. Ma Hong 不外林（Lim）、凤（Phong）之讹……此等海贼，可谓皆系张琏之遗孽。此时潮州海盗之元祖系张琏，故吾人疑 Fr. Juan de la Concepcion 之所谓 Chang Si Lao，舍张琏莫属。（《東西交涉史の研究·南海篇》，483～487 页，兹据何健民译本）

何健民译此，于叙言中亦有相似之说。②

考 Henri Cordier 于 L'arrivée des portugais en Chine（《葡萄牙人之入据中国》）文中称为 Tchang Si-Lao。其第六章“Arrivée des portugaisà Macao”（《葡萄牙之到达澳门》）有一段文云：

> Pendant les années Hong-tchi (depiuis l'an 1488 jusqu' en 1491), les Européens faisaient leur commerce à Canton & à Ning-po; dans les

① 见何健民译，日本藤田丰八：《中国南海古代交通丛考》序言。

② 说详同上。

années dites Kia-tsing (elles ont duré depuis l'an 1522jusqu'en 1566), un pirate, appelé Tchang-Si-Lao, qui rodait sur les mers de Canton, s'empara de Macao, et assiègea la capitale de la Province. Les marchands Européens, que les mandarins appellèrent àleur secours, firent lever le siége, et poursuviirent le pirate jusqu'à Macao oùiesle tuèrent. (*Toung Pao* Ser II, Vol XII, 1911, p. 5256)

则谓弘治年间（1488—1491），欧人开始在广州与宁波展开贸易。嘉靖时（1522—1566），有海盗名张西老（Tchang Si-Lao）者，剽掠广州海上，踞澳门为巢，围攻广东省城，当地官吏请欧洲商人援助，遂解其围，海盗遁至澳门，歼之。

Andrew Ljungstedt, "An Historical Sketch of the Portugese Settlements in China"（《葡萄牙人中国殖民史》）1838, Boston, p. 12。亦述张四老事，其言曰：

根据 De Guignes 在其《北京之行》（*Voyage to Pekin*）一书所云，海盗在一五六三年，即葡萄牙人占据澳门后六年，已告绝迹。据其他作者意见，有一名张西老 Chang Si Lao 之强悍海贼，"Kang he" 中，尝入踞广州省府。此张西老 Chang Si Lao 可能为郑成功父郑芝龙（Chan Chi Lung）一名西文拼音之误读，Chin 误作 Chang，Chi 误作 Si，Lung 误作 Lao?[①]

然郑芝龙为海寇，在天启崇祯间，去嘉靖尚远。是说张维华亦持异议。因别推论西人所言之张四老，或即张琏之误传。其说云：

考其时广东海寇为祸最烈者，首推张琏。……明季东南海寇之名其以"老"字称者，凡屡屡见，疑张西老即张琏之别号，"西"字或作"四"。（按见龚柴《中国海岛考略》）……张琏之乱，为祸甚烈，颇为时人所称谈，西人不察，仅就传闻所及，遂以张琏即葡人助讨之海寇，且

① 此段译文参看张维华《明史佛郎机传考释》，58 页。原文"Kang he"年号，疑有误，张维华译作嘉靖，兹仍其旧。

以中国有厚赏夷目之事，遂思葡人据有澳门，亦即此时所让予，实则误矣。（张维华《佛郎机传考释》，58 页）

按海贼张西老攘澳门围困广州，经葡人讨平之，其年代向有二说之不同：

（一）据上引《北京之行》一书，称在 1563 年，即嘉靖四十二年。

（二）据利类思《不得已辩》云："嘉靖年间，广东海贼张西老攘澳门，至围困广州，守官召西客协援，解困赶贼，至澳歼之。是时督臣疏闻，有旨命西客居住澳门，至今一百三十余年矣。"《不得已辩》书成于清康熙四年乙巳，即西历 1665 年，由此上推一百三十年，为西历 1535 年，适当嘉靖十四年。

考张琏作乱，在嘉靖三十八年，而被平定则在四十一年六月，各书所记皆无异词。葡人助平张西老之年，无论在嘉靖四十二年抑十四年，皆与张琏之时乖迕。且张琏巢穴在饶平、平和间，其陷踞县境，在粤、闽、赣交界山地，从未闻侵入广州与澳门，更风马牛不相及。张维华所推测者，亦想当然之论。是知 Tchang-Si-Lao 者，当是别一海寇，与张琏无涉。伯希和在《通报》（1934—1935）"Un ouvrage sur les premiers temps de Macao"（《澳门之最早经营》），注中亦言及 Tchang-Si-Lao，惟引 Antonio Bocarro 所记葡文材料，海盗之名不作 Tchang-Si-Lao，而作 Charempum Litanquiem（78 页），则当是曾一本与林道乾，惜伯希和未之考耳。

附一　龙飞与张琏问题辨正

陈荣照兄寄贻《新社季刊》第五卷第四期（总二十期）载有叶苔痕君著《马六甲甲必丹李君常与青云亭》一文，其中颂德碑竖立的年代一节，涉及"龙飞"二字的解释云：

> 至于"龙飞"两字，有人指明、清朝代并没有这个年号，可能是杜撰的。因为明末清初，许多不愿为清朝顺民的义士，纷纷南渡，因此，他们为拒绝承认清廷之意，所以自创"龙飞"两字，书于颂德碑之上；也有人说，"龙飞"是明代一些人所惯用，常书于年号之下，如"天启龙飞甲子年"等是，因为它是喻帝王御极之意，所以以折衷办法，都不用明、清年号。（见《华人甲必丹》43 页附注）又有人对该颂德碑为什么要

书上“龙飞”两字，却有一些意见，因为明末广东人张琏（或作涟），曾纠集同志，作反清复明运动，尝以“龙飞”二字为年号。（《辞源》有类似的记载）依推测，初期来到马六甲的华人，并不是单为谋生的，其中必有不少知义明节的志士，鉴于“明季国祚沧桑”，同时又同情广东张琏的反清运动，或过去曾加入张琏的组织，所以在李甲的颂德碑上，也用了“龙飞”的年号。惟据饶宗颐教授在他编的《星马华文碑刻系年》书中指出“张琏自称飞龙主人”，是“飞龙”而非“龙飞”，以飞龙为年号实误。

关于这一点有两处错误。第一，张琏生存的时代，是在明朝嘉靖年间。根据官书及石刻，他在嘉靖四十一年六月已被诛了。他是明朝人，绝对不可能组织什么反清运动。第二，他在饶平山地区作乱称帝，是“自号飞龙人主”（见毛奇龄《后鉴录》，载《西河合集》），不是“飞龙主人”，“主人”应作“人主”。

张琏与南洋殖民纠葛的问题，多年以来尝引起许多误会。何健民氏在他翻译日本藤田丰八的《中国南海古代交通丛考序言》有一段谈及《明穆宗实录》卷十四中的海贼张老说：

所言张老，殆指贼首张琏，足证藤田说之不误。再者国人或曰张琏被捕，或曰逃往南洋，莫衷一是。然据上文所载，则知初虽被获，但后污吏索赂，未几又被夺走。近闻马六甲华侨叶华芬，于三宝山西坡发现一古墓，碑上有“龙飞”年号，近人考为广州海贼张琏，流窜南洋，据地为王，以龙飞为记年，三宝井山上用龙飞字号之墓碑甚多。

他所说的马六甲碑上有“龙飞年号”的资料，已详见拙作《星马华文碑刻系年》及叶君文中所引，兹不再述。

海外华人习惯用龙飞来纪年的，不仅见于马六甲青云亭的碑刻，越南河仙屏山鄚天赐一族坟场上的墓碑，共四十五事，其中刻有年号的，共十四碑。据陈荆和先生调查报告云：

屏山四十五件墓碑当中，载有年号者共有十四件，其中用清朝年号（乾隆）者一件，用黎朝年号（景兴）者两件，用“天运”者一件，而用

"龙飞"者则有十件。按"龙飞"与"天运"均是明末遗民因不肯屈奉清朝正朔而擅自制订之尊号，故鄚氏嫡系及其妻室之墓碑都用"龙飞"，由此可知河仙鄚氏由其政治立场虽顺从阮主之法度，但另一方面则仍欲维持其以明遗民自居之传统观念。（《第一届国际华学会议论文提要》，166页）

其实"龙飞"一词，本来用作皇帝登位的通称，自汉代以来便成为"惯语"。张衡《东京赋》云："我世祖龙飞白水。"即指汉光武兴起于南阳白水乡。《魏志》臧洪在慷慨陈词中，亦说："昔高祖取彭越于钜野，光武创基兆于绿林，卒能龙飞中兴，以成帝业。"这一类以"龙飞"代表皇帝登位的词句，史书所记甚多，不能殚举。海外华裔拿"龙飞"来纪年，和"天运"一样，不是正式的年号，所以明清时代越南、马来亚的华侨，都有同样的纪年法，不能够说单独限于明代。好像《李君常颂德碑》上记著"龙飞乙丑"，李甲卒于康熙二十七年戊辰，这个龙飞乙丑，当然应该是康熙二十四年的乙丑，而不会是六十年前明朝天启五年（1625）的乙丑了。（李甲生于万历四十二年（1614）甲寅，天启五年乙丑，他才十一岁，不可能有三十七人为他颂德立碑。）

张琏本自称"飞龙人主"，清李兆洛著《历代纪元编》卷上，载著"龙飞为明嘉靖中广州贼张琏僭号"。按李书既误张琏的名字作"涟"，复倒称"飞龙"为"龙飞"；而且张琏的活动范围，只在广东饶平与福建的平和、云霄等县境，和广州完全没有关系。许多辞书甚至日本人编的《大汉和辞典》（卷十二）都沿袭他的错误，这是应该订正的。

将近三十年前，我在纂修《潮州志》时，尝亲到饶平乌石村张琏的故居作实地调查，所以对张琏的事迹比较清楚。有二件有关张琏极重要的碑刻，应该提出研究：

（1）潮安县金山马公墓前《平潮寇碑》

（2）平和县俞大猷《讨张琏碑》

前者我曾写过一篇跋文，后者门人南华大学刘陶天君亦作有《平和访碑记》。这二篇均载于民国三十六年拙编《方志旬刊》，事隔多载，海外无法见到，现在把它附录于后，以供参考。

张琏逃往南洋一事，见于《明史·外国传》。《外国传》出自诗人尤侗

（西堂）之手。在此以前，似乎王圻的《续文献通考》开始记载此事。最近，我见到明杨一葵所编的《裔乘》一书（有台湾影印本），在《三佛齐国》下亦云：

> 嗣嘉靖四十一年，广东大盗张琏、林朝曦、黄启荐等，筑城纪元建官。上命都督刘显、俞大猷往剿之，以捷闻。万历五年，中国人有到三佛齐者，归言见琏等列肆为番船长，泉漳人多主之，如中国市舶官体统，语具《续文献通考》中。其他自广州发舟南行，半月可到泉州，行月余可至，番舶辐辏，土沃宜稼穑。

《续文献通考》即王圻所著，可见这一说大家是本诸王圻的。

明朝官方的报告都说已把张琏等擒获，并且泐石纪功。但另一传闻，则说他逃往旧港。旧港在印尼苏门答腊的詹卑，去马六甲甚远。如果说马六甲在明季的华人活动和张琏有关系，是很难言的。若硬要把“龙飞”一年号作为证据，那么越南鄚氏的碑刻又将如何说呢？这是讲不通的。

粤、闽有关张琏的石刻，向来不甚为人注意，兹为刊出，作为澄清这一问题的根据，想是留心南洋史事的人们所乐闻的。

附二 平潮寇碑跋

潮安金山马公墓前有石刻，俗讹为马墓碑文，《海阳志金石略》未之载。今岁（民国三十六年）元日，潮安文献会举行文物展览，翁主任子光命石工拓本，悬诸座隅。余细审之，其题目有《平潮寇》三字，末系书者张臬，嘉靖四十一年，潮州知府何镗立石。予谓潮郡兵事，是年有饶平张琏之乱，三省会剿，督府张臬奏调兵七万六千进讨，此碑所纪，当为琏事也。众犹未信，及将全诗辨认，其第二首有“破虏三旬馘四雄”句，下小注张琏、林朝曦、萧晚、王伯宣四人姓名，众乃恍然大明。兹将原文录下：

> 蟒噬鲸吞祸不蠲，势摇坤轴动星躔。堂堂天讨联三省，蹇蹇王臣岂独贤。武出江城遵胜日，神笼海国靖蛮烟。幸从岭表酬明主，稽首惟勤祝万年。
>
> 曾向西川学挂弓，又从东粤激长风。提兵十万披千险，破虏三旬馘

四雄。可信遐荒真盗薮，固应厚禄悯人穷。叨陪名镇诸英杰，得解征袍敢论功。

钦差提督两广军务兼理巡抚兵部右侍郎兼都察院右佥都御史钟陵张臬书。嘉靖四十一年岁次壬戌□月吉日潮州府知府何镗立石。

碑长六尺八寸（英尺），阔三尺一寸五分。考傅维麟《明书》，谓张琏于嘉靖四十一年六月伏诛，《明史·俞大猷传》、《明纪》均书其为官军所获，《天下郡国利病书》、《后鉴录》记之尤详。潮属府县志籍并载其始末，知张琏被捕磔死。惟《明史稿》及《明史·外国传·三佛齐》下，别载“张琏作乱，官军已报克获，万历五年，商人诣旧港者，见琏列肆为番舶长，漳泉人多附之”。近世言南洋史事者，因此孤文，遂谓琏为殖民之长，梁任公始著其事，为八大殖民伟人之一，学者多依以立说。日人藤田丰八，且以占澳门围广州海贼之张四老（利类思《不得已辨》作张西老，西史原文为 Chang Si Lao，一译作张士流），即张琏，然其年代不合，盖张四老为葡人捕获，至迟在嘉靖三十六年，时张琏犹未作乱，故日人矢野仁一以为二者非一人，其说是也。（见《支那近代外国关系研究》）往岁曾至饶平乌石村，访张琏故居，其乡父老犹能道琏当日被戳之事，言之凿凿，而此诗言所馘四雄，琏居其一，知琏实为官军所擒，逃至三佛齐之说，自属无稽。其取与葡人所歼之张四老相混，更为谬妄，今得此碑，可正其误。此碑立石者知府何镗，乾隆《周府志职官表》失载。顺治《吴府志官师部》：何镗，浙江丽水进士。列何宠前，不载居官之年。考陈一松《玉简山堂集》，有《平寇诗序》云宾岩何公守潮之再期，为今岁壬戌，与此碑所系之年相合。宾岩即镗字也。林大春《井丹集》有《循良奇绩诗序》，纪张琏就逮后，复擒王伯宣事，又有贺督府张公《平逆奏功序》，备著张臬平琏始末，皆可与此碑事实相证。国人之治南洋史者，因《明史·外国传》语，多以琏自潮逃出海外，亡命苏岛为可能之事（见李长传《南洋华侨史·中国殖民史》），今此新发见碑，更为张琏当日就戳之坚证，用重加考正，以祛世之惑云。

吴颖顺治《潮州府志》卷七《张琏之变》：“琏与程乡贼林朝曦等僭拟改号，大埔贼萧晚等为之掎角，流毒江西、福建、广东三省。四十年八月，提督侍郎张臬、总兵平江伯陈王谟，调官兵七万六千有余，会同江闽二省官兵，以总兵王宠、参将钟坤秀等统之；参议冯皋谟，佥事皇甫涣、贺湿、张冕监之。贼帅萧晚就馘，琏穷蹙，明年六月，其党郭玉镜缚之以降，斩首六千六百级，收降男妇一万五千余，捷闻琏磔于市，萧晚党罗袍、赖赐等，与小靖贼张公祐皆次第就戮，时潮州知府何镗，帅兵擒海阳贼首王伯宣于城下磔之，海寇遁。”

附三　刘陶天《平和访碑记》

6月13日余往平和考张琏遗迹，途经茂芝，过岭脚，绕饶和公路至岭头，经闽粤交界之柏嵩关，巍柱壁立，碑藓斑翠，古香古色。过关数里面山，相传张琏曾在此地营寨作乱。沿公路前行，又十余里抵平和境。城西有亭，询诸当地乡老，指谓山土大石，有仙人留题字迹云。遂攀藤觅径，直造山岭，上有亭曰义和亭，其山曰径子山，可瞰视平和县城，与第一峰塔遥遥相对。山南面有赭色巨石，围大数十丈，距地约二丈，平面积横可四尺五寸（英尺），直一丈四尺，上镌正楷大字，每字大七英寸，共分四行，每行十五字，文曰：

> 明嘉靖肆拾壹年壬戌孟夏拾捌日，漳州南靖佥事金制都督俞大猷都司谢汝仪，帅师由此进征饶平逆贼张琏等，□□□□首从俱就擒杀，玖月尽班师。

字迹模糊，以手剔去苔藓始得辨认，历三小时许下山，入平和县城，已昏黄矣。城狭小，行道颇整洁，未刻雨下如注。晚宿青年招待所。翌晨往县府，再谒县中林校长，及会氏各祠宇，调查有关张琏史料，旋得县中教导主任曾庆埏之介绍，访服务社主任曾庆忠先生，借家藏县志一阅，据云："平和屡经兵燹后，县志多焚佚，仅存此一部。"查此志为琅邪王相重修，卷之十二《杂览·寇变》内载："庚申年二月被倭寇流劫，四月倭聚峰山纵掠，五月饶贼张琏僭称伪号，众二千余袭陷云霄城……"按当时倭寇流劫，乃从古雷头港由漳江水道而来劫平和，县城距出海口处仅百余里。张琏僭号飞龙，改元造历，已系在嘉靖三十九年五月事。至四十一年六月，朝廷遣都督俞大猷部，率二十万大军讨平之，其事迹闽粤各州府县志俱有载。县志又云"辛酉饶贼张琏夜谋县城，官兵巡逻者疲倦熟睡，贼首自城外望见城上有黄伞官巡城，打板叫呼，遂惊惶宵遁，自杀东山潭没死甚众，盖本县城隍神显灵也。（详见邹人昌《城隍庙碑记》）是年，张琏复来攻城，知县姜遂初协同官兵坚守，兵巡漳南道金坐镇此地，提兵进剿，俞都督大猷屯劄柏崧岭讨平之。"所记与此次发现之碑文事实符合，可证张琏当时为官兵所捉被磔于市无疑。琏当日被戮之事，除志乘所记载外，最近潮安金山马公墓前所发见之《平潮寇》碑文（见饶宗颐先生《平潮寇碑跋》文）第二首有“破虏三旬馘四雄”句，下小注张琏、林朝曦、萧晚、王伯宣四人姓名，可互为比证。惟《明史稿》、《明史·外国传》，别记张琏潜逃三佛齐之说，实不可靠。因此孤文，遂谓琏为殖民之长，梁任公始著其事，为八大殖民伟人之一，致后之学者多依附此说，饶先生于此事曾有文详加辨正，致现在初高中国史课本，均误载张琏为旧港番舶长者，自应修改。而此次新发见之碑，更可为张琏当日就戮之坚证也。

补志

刘陶天《白郇集》据平和九峰曾昭庆家藏札记载：张琏失败后，从云霄坐木船，与数十人逃出海，至三佛齐岛。此即民间传言张琏在三佛齐列肆为番舶长一说的由来。又据乌石村楼棚上奉祀有“飞龙王爷”神像和盘石楼有飞龙庙。另一间名曰“最乐堂”有木牌记“伯太英烈石琚张公，妣太温懿夫人吴氏”，乡人谓张琏居第五代。如果石琚是琏的别号，既讳其名，又称为英烈，则琏以身殉而非外逃。可知民间异说滋多，聊附记之，以供研究。2002年补志。

《说郛》新考

——明嘉靖吴江沈瀚钞本《说郛》记略

自伯希和撰《说郛考》(Quelques remarques sur le chouo-fou)，刊于《通报》(1924)，《说郛》一书遂为世界学人所注意，从事研究者有下列各家：

1927 年　张宗祥为涵芬楼辑刊《说郛》一书，撰有序记。

1938 年　渡边幸三撰《说郛考》(《东方学报》京都 N・三)。

1945 年　景培元撰《说郛板本考》(中法汉学研究所《图书馆馆刊》N・一)。

1950 年　仓田淳之助撰《说郛板本诸说研究》(京都大学人文科学研究所《二十五周年纪念论文集》)。

1962 年　昌彼得撰《说郛考》，分上下二篇：《源流考》及《书目考》，共二七六页。

上列各篇，以昌氏之作最后出，考证《说郛》一百卷，所收各旧籍，自卷一洪迈之《经子法语》，讫卷一百洪迈之《随笔》，逐一纪述，最为详尽。昌氏书目序次所据为张宗祥本，并云“涵芬楼排印，海宁张宗祥校一百卷本，其本则出明钞，颇存南村之旧，故本目悉依涵芬楼本，参校‘中央’图书馆藏明钞本及旧钞残本，每书考其源流存佚”云云。按张氏辑刊此书，当时所见明钞，计有六种。而次序大致乃依涵芬楼之明钞本（残存九十一卷），其目具见于张元济《涵芬楼烬余书录》子部第五十七页。是本张氏亦云“意者其犹为庐山真面目”，向来以此百卷本可能保存南村之旧貌，此说实大有可疑。何则？见于《说郛》卷首之杨维桢序，虽云“纂成一百卷，凡数万条”，但杨氏此序，不载于《东维子集》，及弘治间朱昱所编《铁崖文集》。陶宗仪友人孙作撰小传，亦云："有《说郛》一百卷。"惟据都穆父邛所作《三余赘笔》，则称：

> 《说郛》本七十卷。后三十卷乃松江人取《百川学海》诸书足之。

《四库提要》引此条，因谓其与孙作、杨维桢所说又异，岂邛时原书残阙，仅存七十卷耶？原书本为七十卷，抑为百卷，此一问题，殊难论定。缘《说郛》实为未完成之作，明时藏家钞录多不分卷部（详下），谓其原有百卷，后来散佚，缺去卅卷，殊无证据。

所谓"七十卷"之《说郛》，因乏明钞本可以征信，故说者咸信为百卷之说。昌君研究所得，其结论云：

> 吾人对于《说郛》之源流，似可获得下列之结论：《说郛》原本百卷，宗仪卒后，稿藏其家，后佚三十卷。据叶盛《水东日记》卷六《陶九成说郛》条云："近闻《说郛》百卷尚存其家，九成涂改，去取处不知如何？其亦未成之书欤？"叶氏，淞江之昆山人，正统十年进士，卒于成化十年。《水东日记》纪撰于天顺、成化间，是其时卷尚存，阙佚之时期，当在成化初叶。成化十七年郁文博返乡后，获得其稿，然佚三十卷。于是取《百川学海》等书以足之。

按据叶盛云《说郛》"经九成涂改"，乃"亦未成之书"，至云"闻《说郛》百卷尚存其家"，此仅出于传闻，非曾目睹。百卷之数与孙作及杨维桢之说相同，安知非九成原意初拟编成百卷，后屡经涂改，仅得七十卷。其书本为未完之稿，卷数前后更动，自极寻常之事，谓其殁后佚去三十卷，似为想当然之语。郎瑛《七修类稿》卷十八义理类，言"《说郛》百卷，盖仿曾慥之类说而为者"。此条引及《水东日记》，是其说乃袭诸叶盛也。

一、

香港大学冯平山图书馆所藏善本书，数年前暑假间，曾略加整理，撰为书录初稿。馆藏有明钞《说郛》六十九卷二十四册，沈瀚所钞，为卢氏址抱经楼旧藏，后归南浔刘氏嘉业堂，晚近始为港大所得。

此书叶昌炽曾见之。《缘督庐日记》十六丙辰七月初六日，记阅卢抱经书于抄本《穆伯长集》及钞本《诗话总龟》后，续云：

> 次于二书者，有陶南村《说郛》，据前有陆樵云祥题云共二十五厚册，尚未经坊间增窜。有嘉靖乙未进士沈瀚藏印，则尚是嘉靖以前写本，可谓旧钞矣。

此本每册首题“说郛卷第”，“第”字下多不书数字，疑原有卷第，并未确定。书每半叶十四行，行二十二字，乌丝栏，白棉纸，每叶板心有“沈”字，每册首叶皆镌“嘉靖乙未进士夷齐沈瀚私印”一章（按此印亦见北平图书馆藏《明唐愚士诗钞本》），盖沈氏之钞本也。

沈瀚字原约，吴江人。（见《浙江通志》卷一百一十九，《职官》九；同书卷二百三十五《陵墓门》）《苏州府志》卷六十《选举表》“嘉靖十四年乙未进士，有吴江沈瀚原约，广东副使”，道光《广东通志》卷二十《职官表》十一：“沈瀚，江南吴江人，进士，（嘉靖）三十年任广东（按察司副使）。”其仕履可考如此。

此本第一册卷前有陆樵跋题四篇，兹录如次：

第一跋：“陶九成《说郛》未经镂板，藏书家录本俱不分卷部。此系吴兴氏故物，每帙图记现存，后归姬水氏，今属余家收贮。乃信文史流传，自有分缘。昔刘子骏家传《汉纪》，止甲乙。[①] 此书共廿五帙，以便观览，仅数记面叶。若近日坊间增加芜秽，妄置次第，却愧王维旧图矣。[②] 约计二千三百余叶。”（按跋首有“甫里清风”印，按谓为陆龟蒙之后人，末有“云祥之印”、“嘉卿”二章。）

第二跋：“琴水毛子晋跋《辍耕录》云：‘陶九成著书四种，《说郛》百卷，未能卒业。’据此则当年真本无出兹编外耳。陆樵又跋。”

第三跋：“此书据首行卷第，共得六十九卷，必欲凑足百卷，便续貂矣。又跋。”

第四跋：“此得于吴氏，己丑八月廿三日，索其分授书籍底簿，在五号幮

---

① 《西京杂记》六：“（葛）洪家世有刘子骏（歆）《汉书》一百卷，无首尾题目，但以甲、乙、丙、丁记其卷数。”

② 顾复《平生壮观》卷六云：“王弇洲题惠崇画曰，五代宋初山水之稍清润者，概谓之王摩诘。”知王维山水伪品之多。此借用以讥坊间郁文博重刊之《说郛》，已失本来面目。

内，《说郛》一部，计廿五本，相传无失。”

沈瀚此本，应是钞于嘉靖之间。陆樵跋语以为《说郛》真本，无出兹编之外，其价值可见。此本分六十九卷，与都卭所云“本七十卷”颇合。足见郁氏之说，极堪重视。九成之稿，原未编定，故沈钞不全著卷数。据陆氏跋，此本曾归姬水氏，即黄省曾之子。其第三跋云：“必欲凑足百卷，便续貂尾矣。”即讥郁文博补成百卷之无谓也。

港大所藏只有二十四本，勘其叶数，视陆氏第一跋所记二千三百余叶，尚差若干叶。证以叶昌炽云二十五厚册，则应缺少一册。又知原本实只六十九卷。

二、

郁氏之百卷本，在嘉靖间，亦有传钞本，台湾“中央”图书馆所藏明钞《说郛》卷第一题云：

> 天台南村陶宗仪纂，上海后学都（应作郁）文博校正。

即出自郁本。昌彼得君云：“此本较涵芬楼校印明钞本略少数种，分卷大抵相同，复与培林堂书目所著录之旧钞《说郛》，及‘中央’图书馆所藏旧抄残本《说郛》，无甚差异。”由是可推知百卷钞本之《说郛》，实多出自同源，皆出弘治初郁文博重编之本，即徐秉义之培林堂抄目亦然，均非陶南村原本。百卷本《说郛》，明清之间，藏家所记，册数多不一致：

> 祁承㸁藏本　《澹生堂书目》：“《说郛》六十册一百卷。”
> 钮石溪钞本　新刊《北京图书馆善本书目》：“一百卷存。世学楼抄本，七十册。”
> 季振宜藏本　见《季沧韦书目》，钞本一百卷，四十本。
> 钱曾藏本　见《述古堂书目》，钞本一百卷，三十二本。

惜各原书未获寓目，不审与郁氏百卷本是否相同。

张宗祥重编之《说郛》，所据凡六种明抄本，除涵芬楼所藏者外，出于傅氏增湘之双鉴楼者三种，据《双鉴楼善本书目》所记，其明钞本乃为弘农杨氏本、弘治乙丑（十八年）本、丛书堂本（即吴宽抄本。宽，成化八年进士，此本或较前）。与张氏跋云洪武本不合。所谓弘治本实亦出自郁本也。又一种为前京师图书馆残卷（计存第三、第四、第二十三至三十六），见于《京师图书馆善本目》著录。张氏云"似隆（庆）万（历）间写本"。另一则为孙诒让玉海楼藏本。（《图书馆季刊》第二卷陈准编《玉海楼藏书目》，内有《说郛》残钞本十八册，即此。）《札迻》卷十一《列仙传》，即据其所藏此本入校，而来源未详。

三、

张宗祥所编《说郛》，用力未深，且杂入明人作品。（如卷八十四《钱谱》，卷八十七《格古编》，卷九十七《劝善录》，《效颦集》是，渡边幸三已曾指出。）若干年前，晤黄雨亭君，出示张宗祥自浙江与彼函，内云："彼后来续见之《说郛》不下十二三种，于台州见一汲古阁钞本，引书止二百多种，而以文体分类，尤为特出。"按增订《四库简明目录》标注孙诒让批云："黄岩举人王咏霓得有一部汲古阁《说郛》钞本六十卷，附有毛斧季考证，辛未在京师借读之，完全与寻常本不同，诚罕见之本。"此与张氏所见者，同出自汲古阁，又复不同。凡此足见明时《说郛》传钞本种类之夥。

若沈瀚此六十九卷本，固向来之所未详，今以勘诸张氏《涵芬楼本》，序次尤为乖异，沈钞第一册所收为《学道玄真经》、《感应经》、《养鱼经》、《相鹤经》、《相具（贝）经》、《土牛经》、《打马图经》、《酒经》、《读北山酒经》、《醉乡日月》。涵芬楼本卷一则为《经子法语》，而《感应经》在卷九，《养鱼》、《相鹤》、《相贝》、《土牛》等经在卷十五，《打马图经》在卷十九，《酒经》、《读北山酒经》在卷四十四，《醉乡日月》在卷五十八。沈本末卷为《蟹略》、《诸夷风俗》、《真腊风土记》。而《蟹略》张本在卷三十六，《真腊风土记》张本在卷三十九，两本序次，无从勘对，殆郁氏增补时颇多移置，诚如陆樵所言"增加芜秽，妄置次第"者也。

细审沈钞所收各书次第，颇能以类相从，不如张本之紊乱，如沈本《品茶要录》、《宣和北苑贡茶录》、《北苑别录》、《大观茶论》同在一卷，张本前三种在卷六十，后一种在卷五十二。沈本《墨娥漫录》分为上、下，其上卷皆地记之类，起《风土记》而迄《仇池笔记》，张本大抵相同。沈本第八册《诸子随识》，起《文子》迄《论衡》，凡一二八种，多有重出（如《论衡》

是），而张本卷六为《读子随识》，只有《尹文子》至《淮南子》十一家，其他杂入各卷，如《论衡》竟列于卷一百，即最多之第二种，尤无伦次。沈本第九册题曰“诸传摘玄”，起《高僧传》，而终《无名公传》。张本始《神仙传》而迄《韩诗外传》，以《韩诗外传》入此，殊为乖谬，而沈本无之。故以分类而论，应以沈本较胜，必陶氏原稿大致如此，未经郁氏重编之窜乱，惜乎理董《说郛》诸学者，未睹此本，咸视张本为真，可谓以芜菁而唐突人参矣。

此沈钞本《说郛》，分册题卷，而竟书卷数，足证陶氏原未成稿，诚如陆樵所言，可谓最接近于原书面貌，良为《说郛》板本之无上资料，特为表彰，倘亦留心《说郛》板本源流者之所乐闻欤？

四、

陶宗仪撰《说郛》，以钞书为著述，明人颇援其例，如祁承㸁有《说集》，王志坚有《说删》，成为一时之风尚。志坚（1576—1633），字淑士，亦字闻修，万历进士，官至湖广提学佥事，以编《四六法海》一书闻名于世。（《明史》卷二百八十八有传）此《说删》一书，《千顷堂书目》所无。香港大学冯平山图书馆藏有是书，乃刘氏嘉业堂旧物，明钞稿本共十六册，摘钞自唐至明笔记杂著一百二十种，起《尚书故实》而终《焦氏笔乘》，有乾隆时程穆衡序，略称：“昆山先生《说删》十六册，盖与《表异录》同纂者，今《表异录》已刊行，而是书未也。……余名之曰王氏说删。”知此亦未定之稿，说删之名，则程氏所号者，序中所言之《表异录》，当即《千顷堂书目》（卷十二）之《名句文身表异录》二十卷。日本内阁文库有其书，康熙间序刊。此《说删》原未成书，与《说郛》情形相似。其书世所罕闻，因附记之以备好书者之稽览。原稿分十六册，以“无念尔祖，聿修厥德，永言配命，自求多福”四句，每字按册标题，盖出后人所铨次，非其朔云。

附　列仙传序《说郛》本校记

沈钞	张宗祥本	孙诒让《札迻》引本。
淮南王安	同	无“安”字，孙校《御览》有“安亦”二字。
鸿宝秘密	误作“密秘”	“密秘”孙校《御览》

		无此二字。
神仙相见	无“相见”二字	无。
先是安谋反	下多“伏诛”二字	有“伏诛”二字。
向父德	作“向以文德”，误“父”为“文”	
向幼而从之	“幼”误作“纫”	“从”作“好”。
向与王褒张褒张子乔（按“张褒”二字误衍）	不衍	
有俊才俊侍左右（“俊”字误）	进侍左右	进侍。
及见淮南王	无“王”字	无“王”字。
兄隐为安成侯上书乞入国户半	同沈钞	“兄安成侯安民乞入国户半”，有误字。
复征为黄门侍郎	同沈钞	征下多一“诏”字。
乃知铸金	同沈钞	作“及知”；“及”字恐误。

此篇原用法文发表，为戴密微教授七十颂寿而作。刊于1966年巴黎出版之*Mélanges de Sinologie offerts a Monsieur Paul Demiéville*，87～104页，略去王氏《说删》目录。

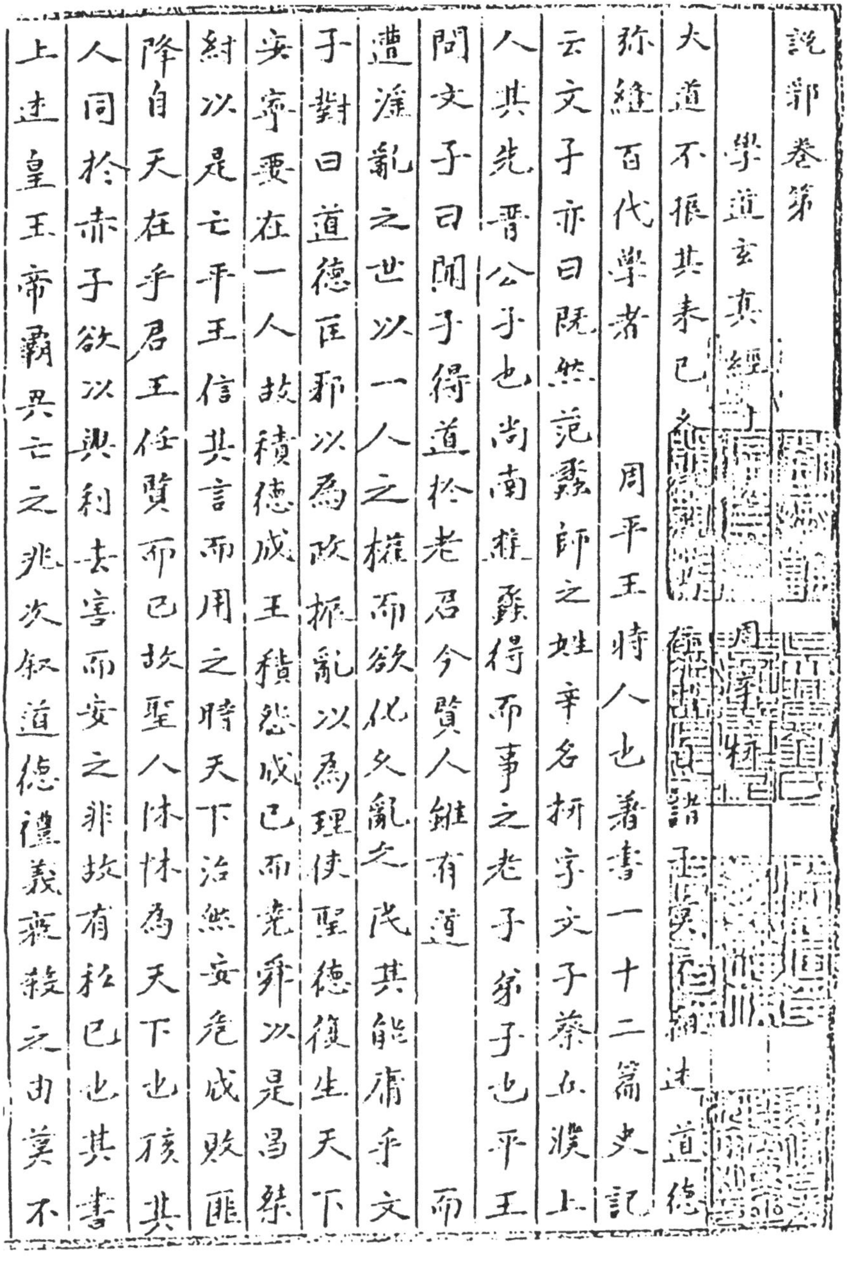

説郛卷第

學道玄真經

大道不振其來已久[illegible]諸子[illegible]紬述道德弥縫百代學者　周平王時人也著書一十二篇史記云文子亦曰既然范蠡師之姓辛名折字文子葵丘濮上人其先晉公子也尚南游蘇得而事之老子弟子也平王問文子曰聞子得道於老君今賢人雖有道而遭淫亂之世以一人之權而欲化久亂之民其能有乎文子對曰道德匡邪以爲正振亂以爲理使聖德復生天下安寧要在一人故積德成王積怨成亡而堯舜以是昌桀紂以是亡平王信其言而用之時天下治然安危成敗匪降自天在乎君王任賢而已故聖人怵怵爲天下也孩其人同於赤子欲以興利去害而安之非故有私已也其書上述皇王帝霸興亡之兆次叙道德禮義賞殺之由莫不

图一

上極玄機，傍通庶品，其旨博而奥，其詞文而真。故有國者雖淫敗之俗可返至樸於太素，有身者雖愚魯之質可使至命於自然，大矣哉！君子不可不刳心焉。洎我唐十有一葉皇帝垂衣布化，均和育物，柔懷庶邦，殊俗一軌。故在顯位者咸盡其忠，蓄幽居者亦安其業。默希子以元和四載拔迹衡峯之表，考室華蓋之前，遊經八稔，夙熟樸素之風，竊味希微之旨。今未能樸默，強爲注釋，况量天漢之高邈，挹滄溟之淺深者，亦自以爲難矣。默希子序并注

道原

老子曰：有物混成，先天地生，惟象無形，窈冥寂寥，淡漠不聞其聲，吾強爲之名，字之曰道。夫道者，高不可極，深不可測，苞裹天地，稟受無形，源流泏泏，沖而不盈，濁以靜之徐清，施之無窮，無所朝夕，表之不盈一握，約而能張，幽而能明，柔而能剛，含陰吐陽，而章三光。山以之高，淵以之深

图二

记李贽《李氏纪传》

李贽（1527—1602）的著作很多，以《藏书》及《续藏书》最著名。李氏在万历、天启间，迭遭疏劾，被目为怪诞不经、惑乱人心。顾炎武《日知录》在卷二十“李贽”条，尽攻击之能事，至目之为人痾。若干年来，李贽的地位逐渐为人所重视；时移代异，评价与前大相径庭。他的《藏书》原取“藏诸名山”之义，其初是不预备付印的。万历十八年（1590），李贽将《焚书》在麻城刊成，于自序中已提及《藏书》。又其《续焚书》卷二《老人行》的叙言道及将该书稿本交与焦竑，一任付梓，托为序引以传；迟至万历二十七年（1599），《藏书》始得在南京刊行。

可是《藏书》的具体写作情况，向来不很清楚；近人研究，亦未掌握到基本材料。[①] 近日于香港获见一部二十四册明精钞本的书，名叫《李氏纪传》，原为盛宣怀家中藏籍，书上钤有“愚斋图书馆藏”一印记，并标签。文云：

> 《李氏纪传》，史部载记类。不分卷，二十四本。第三十号，明钞本。

第一册目录起“南北兵争、南朝立国”，终“元华夷一统”。书上无撰人名姓，不知出于谁氏。冯平山图书馆从私家（卫汉先生藏）取来，属为鉴定。细观卷前《纪传总目论》起句云：“李生曰：人之是非，初无定质；人之是非人

---

① 包遵信：《明代著名的法家代表李贽——读藏书笔记》，载《文物》，1974（5）。

也，亦无定论。无定质则此是彼非，并育而不相害；无定论则是此非彼，亦并行而不相悖矣。”文中又有云：“起自战国讫于宋元，分类别目，用以自怡，名曰《李氏藏书》。”初疑李氏即李贽，及取《藏书世纪列传书目》前论勘之，正为同一篇，然后知此《李氏纪传》实即《藏书》的未刊刻以前稿本之一种，可惜缺少卷一至卷四共四卷。这一钞本，并未编上卷数，目录和内容有时不统一，像《近臣传·方士》下，目有“伶人”二字，但传则无之，今本则缺“伶人”一目。中华书局标点本的《藏书》，主要是根据万历二十七年本。卷三十七《词学儒臣》内目录记著“东汉张衡，传见”，附注云“原阙”。故中华本633页《刘向传》以下，即接崔骃等传。检《李氏纪传》抄本，则《张衡传》完整无缺。又钞本《列女》（今本卷六十四）多出董祀妻、吕母，吴孙翊妻徐氏，晋姚氏妇杨氏、杨烈妇、李新声各传，今本无之，必是删去。又钞本邹阳在二枚之前；钞本司马相如、王褒之间并无伍被，而今本有之，疑是后增。又抄本曹植之下接张华，而无王粲；最奇者华后附有《梁陆澄传》。钞本第十四册目录上有“曹子建、左思及魏王仲宣”，刘公幹附语：目有王粲而书却无之，今本不见《陆澄传》，当是后来删去。

本书终卷于《吏隐冯道传》，钞本文字“其视丧君亡国未尝属意”句下，即接“卒时年七十三”句，全书至此已完；但并无“当是时”以下各句及“卓吾曰”一段。钞本视今本为简略，姑举《直节名臣传》为例，钞本原目如下：

楚屈原　赵蔺相如　齐鲁仲连　魏公子无忌　赵虞卿
汉鲁朱家　汲黯　苏武　霍光　盖宽饶　龚胜
东汉严光　井丹　梁鸿　李固　陈蕃　李膺　范滂　李善　范武　王允　田畴　孔融
晋周处　祖逖　刘琨　嵇康　陶潜
唐安金藏　颜真卿　辛谠　刘蕡
宋刘安世　陈东　陈瓘　胡铨　洪皓　汪立信　陆秀夫　文天祥　谢枋得

今本《直节名臣》包括卷二十七、二十八、二十九、三十、三十一，共五卷之多，增入人物甚夥，于此可见《李氏纪传》一书钞本还是未定稿，而且其时还未确定书名称为《藏书》。因为是一家之言，本名《李氏藏书》。钞本每有朱批，未详何人。如《蔺相如传》批云：

言有重于泰山，相如是矣。

一夫决死，万乘莫当。秦王爱璧，而相如欲碎璧，故入其许也。

相如真丈夫、真男子、真大圣人、真阿罗汉、真菩萨、真佛祖，千载如是也。

《蔺相如传》，今本《藏书》列入《忠诚大臣传》（中华本，186 页），传末“卓吾曰”即系结合“言有重于泰山”及“相如真丈夫”二段文字，而“一夫决死”一段则删去。可见钞本上朱批，即是李贽加批的，可能还是他自己的手笔呢！

万历本《藏书》未见，仅就《文物》（1974 年 6 月，28 页）刊出书影，和钞本卷前的《纪传总目论》比勘，仅是这一篇便有许多不同，兹列举如下：

钞本	万历二十七年刊本
《纪传总目论》	《衡鉴纪传总目论》
李生曰	李氏曰
予一己之是非	予李卓吾一人之是非
谓千万世之公是非	谓为千万世大贤大人之公是非
颠倒古人之是非	颠倒千万世之是非
是亦可也	是焉亦可也
千有余年	千百余年
虽孔子	虽使孔夫子
老来多暇，爰集前人	老来无事，爰览前目
起自战国	起自春秋
分类别目	分为纪传总类别目
名曰《李氏藏书》	名之曰《藏书》
恐儒者惊骇，以为不当，欲杀老儒，无益于身，故欲谨藏之耳。	藏书者何？言此书但可自怡，不可示人，故名曰藏书也。
而一二好事者索观	而无奈一二好事友朋索览
戒曰观则任君观之	戒曰览则一任诸君览观
慎勿以	但无以
行罚赏也	行罚赏也则善矣

最值得注意的是钞本“起自战国”，而万历本云“起自春秋”。今观原书卷一《世纪》，分明起于“九国兵争”；九国是指东周、西周、燕、田齐、魏、赵、韩、楚、秦，则以作“起于战国”为是。万历本此篇题名称《衡鉴纪传总目

论》，而钞本原但作《纪传总目论》；万历本云：“名之曰《藏书》。”藏书之上无“李氏”二字，显然是后来删去的。

李贽的《藏书》，本名《李氏藏书》，书中只有纪与传二部分，故目录家称之为《李氏纪传》。这一明钞本，应该是《藏书》初次写定本，后来复有删益，许多朱批还可追查出李氏评语的真面目。关于传目的互见与删并，在研究《藏书》写成的经过详细情形，这一明钞本应算是无上的第一手资料。该书匆匆阅过，未能详细比勘，谨举其大略，作初步介绍，以供他人作深入研究的参考。

《藏书》有清初粤刻本，共六十八卷，白纸，每半叶十行，行二十二字，有圈点，行间偶附一二评语，是康熙戊子（1708）满洲图尔泰所镌刊。卷首《图氏序略》云：

重镌《藏书》

按卓吾先生立品放逸，赋性奇奥。凡所著作，其构思撰格，独辟流俗，能发人所未发，是非衡量，任其胸臆，自成一家，特出新裁。宜乎当世之所推，迄于今日数十年犹有耳熟其名者。尤取《藏书》六十八卷，能于二十一史中，略其繁，撮其要，准其轻重端委，……诚古今之一大鉴也。余甚爱之，赖有家传，披阅已久。数十年来，衔命驰驱，过都越国，舆中马上，则其书无不携焉。第以字多鲁鱼，蠹啮破缺，欲校对一新，而愿不遂。丁亥夏，奉简粤鹾，至值政事之暇，再为开卷，顾安所得原板校正以归至当。……是以进诸史列传于案前……校其所以疑，正其所以似。……兹特于穷宦涩囊，勉力措资而重锓之。……时康熙岁在戊子仲秋两粤鹾御史兼佐领长白山郎图尔泰书于五仙官署。

（有“图尔泰印”、“履吉父”二巨印。）

次为旧序（即万历己亥焦竑、同年沁水刘东星、同年豫章祝世禄三篇），卷前李氏曰题作《藏书纪传总目前编》，亦与他本不同。

是本法国国家图书馆所藏，未为人所注意，故乐为之介，以见李氏书在清初已有人加以欣赏，为之重刊，且为满洲人，尤属难得者。

1977 年 6 月

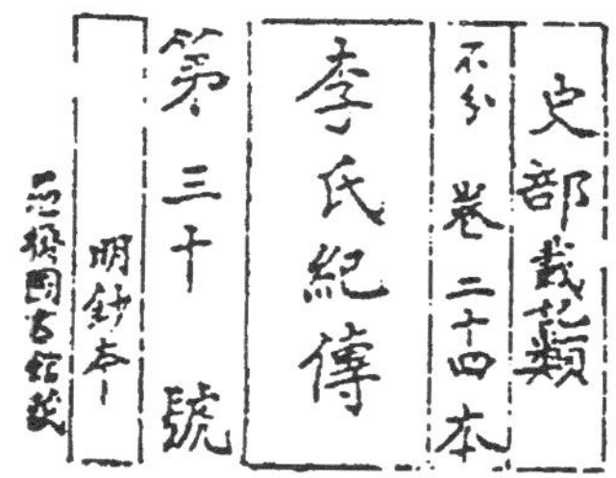
史部載類
不分　卷　二十四本
李氏紀傳
第三十　號
明鈔本

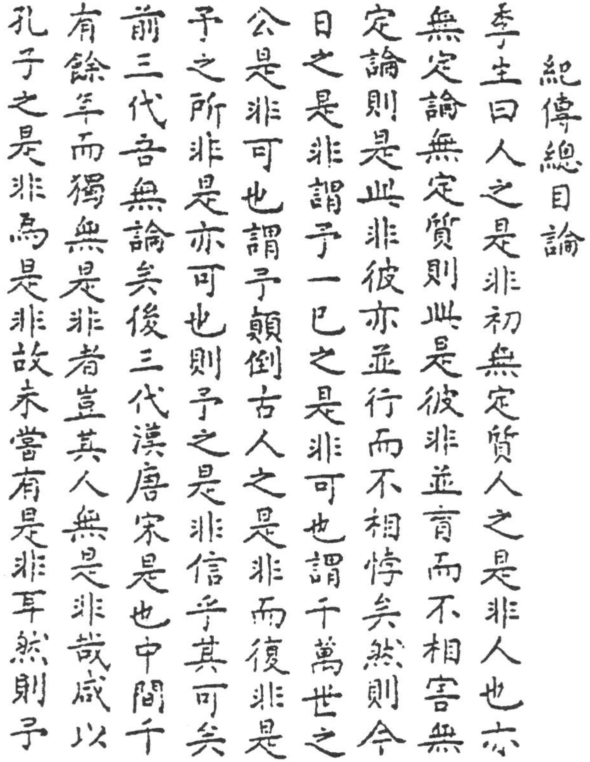
紀傳總目論
李生曰人之是非初無定質人之是非人也亦
無定論無定質則此是彼非並育而不相害無
定論則是此非彼亦並行而不相悖矣然則今
日之是非謂予一己之是非可也謂千萬世之
公是非可也謂予顛倒古人之是非而復非是
予之所非是亦可也則予之是非信乎其可矣
前三代吾無論矣後三代漢唐宋是也中間千
有餘年而獨無是非者豈其人無是非哉咸以
孔子之是非為是非故未嘗有是非耳然則予

图一

之是非人也又安能已夫是非之爭也如歲時
然晝夜更迭不相一也昨日是而今日非矣今
日非而後日又是矣雖孔子生于今又不知作
如何非是也而可遽以定本行罰賞哉老來多
暇妄集前人起自戰國訖于宋元分類別日用
以自怡名曰李氏藏書恐儒者鶩駭以為不當
欲殺老醜無益於身故欲謹藏之耳而一二好
事者索觀不已予又安能以已耶但戒曰觀則
任諸君觀之慎勿以孔子之定本行罰賞也

图二

南朝五國
晉牛氏　共九十八年
宋劉氏　共六十二年
齊蕭氏　共二十三年
梁蕭氏　共五十四年
陳陳氏　共十九年
北朝十二國
漢劉淵
後趙石勒

討逆正位
後唐莊宗　賢主明宗附
借兵臣虜
後晉石敬塘
乘便竊位
後漢劉暠
因時援立
後周郭威　聖主柴世宗附
聖主推戴
宋太祖皇帝
継統人主
太宗　真宗附
守成賢主
仁宗皇帝　英宗附
求治真主
神宗　哲徽欽附
偏安一隅
高宗　孝宗以下附
附載
遼

图三

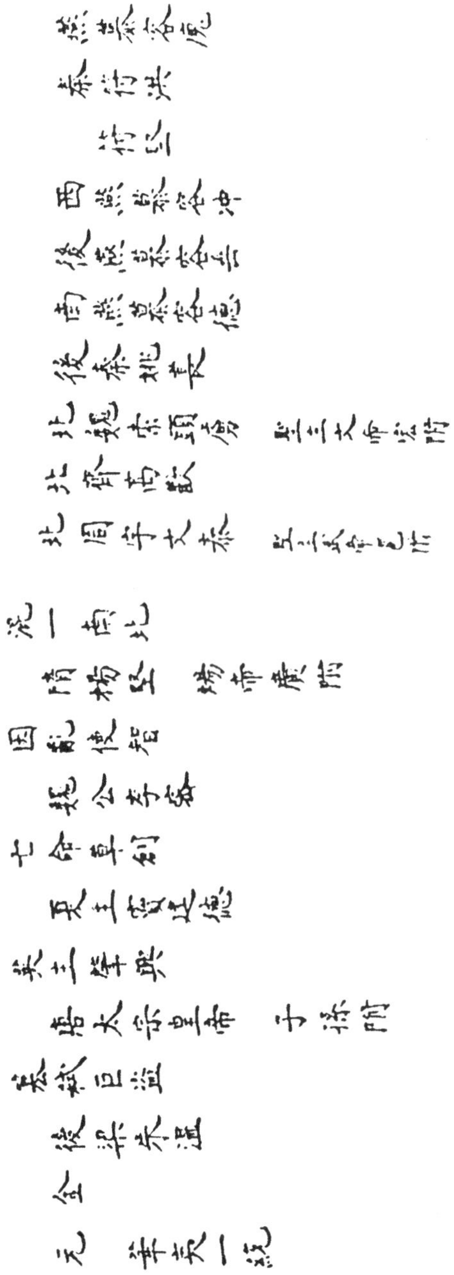
燕慕容廆
秦苻洪
苻堅
西燕慕容沖
後燕慕容垂
南燕慕容德
後秦姚萇
北魏索頭虜 堅三文帝宏附
北齊高歡
北周宇文泰 堅三武帝邕附
混一南北
隋楊堅 煬帝廣附
因亂使智
魏公李密
亡命草創
夏主竇建德
英主肇興
唐太宗皇帝 子孫附
篡弑巨盜
後梁朱溫
全
元 華夷一統

图四

南北兵争

南朝晋牛氏

元帝宣帝曾孫琅琊恭王之子也初用王導計出鎮建鄴以顧榮為軍司馬賀循為參佐王敦王導周顗刁協等侍左右懷帝被虜愍帝嗣立進位丞相都督中外諸軍事及西都不守群臣固請即帝位既而王敦內叛四方貢獻多入其府將相岳牧皆出其門帝遂憂憤成疾崩在位六年初玄石圖有牛繼馬後故宣帝深忌牛氏為二榼共一口以貯酒帝先飲佳者而以毒酒鴆其將牛金而恭王

图五

西藏与中国古代哲学文法后记

读王尧先生大作，受益良多，然细绎文中所论，似可作如下补充：

河图、洛书的起源，近时出土新资料，若安徽含山凌家滩的玉龟夹带钻孔之数与大圆及小圆之间，八个箭头和四隅四箭，正示周天四方、八极之象，说者咸谓即历术所肇始，证明五千年前汉人祖先已有河图、洛书与八风、八索的观念。[①] 王先生以为经刘歆的推衍，把河、洛与阴阳、八卦范畴统一起来，其说似较为保守。

文中引张克强绘制之九宫贵神坛图，其实王溥《唐会要》已有详细记载，敦煌写卷中大小《九宫图》有多件（如S·二四〇四、二七六、八六一、九五、六一二、一四七三，P·二六二三、三四〇三、三五〇七），以九方九种颜色配星辰神宿以定方向，以占休咎，上利兴功，乃为紫（位九之天一），白（位一之太一）两方。[②] 唐代其术十分盛行，濡染及于藏土，理所当然。

王文据藏文《五部遗教》证明摩诃衍入藏传授汉地医药及干支历法。余于1964年尝发现S·二六七二即为王锡《顿悟大乘正理要诀》之第二写本，写有《神会门下摩诃衍之入藏兼论禅门南北宗之调和问题》（载《香港大学五十周年纪念论文集》，又收入《选堂集林》中册，697～770页，兼述摩诃衍与

① 参看《陈久金集》98页及其他有关论文，不复列举。

② 见耿昇译：《法国学者敦煌学论文选粹》，北京，中华书局，1993年，301～311页。

南诏禅灯系统），与王锡是卷校记[①]，王君未及拙作，故为补述。

王文引吐蕃P·T·一二九一号谓为《战国策·魏策》，沿法京今枝由郎、石泰安二氏之说，今按核实应是东晋孔衍的《春秋后语·魏语》，藏文T·一二九一号与P·二五八九号之《魏语》记载多相同。法京《春秋后语》唐写卷多件，故易被翻成藏文，此事早经马明达君考出[②]，宜加改正。

本文第三章的五姓说，大量采用高田时雄之论文。细溯其源，《汉书·艺文志》有《五音奇胲用兵》二十三卷，说者引《左传·哀公九年》，史龟云："利以伐姜，不利子商。"姓之有五音，已见于此。王符《潜夫论·卜列篇》记宅有宫商之第，在王充之前。著《五行大义》之隋人萧吉，亦有《五姓宅经》（见《通志·艺文略》），先于吕才。高田所录藏文，如第二十五行（ywuzhestgyi 羽 bani 称做"sie"者）句，羽字误，应作徵。至于所列诸姓，有无舛错，尚待细校。此项材料甚多，宋谢维新《古今合璧事类备要》、《排韵增广事类氏族大全》（四库全书本）等类书及拙作《李卫公兵要望江南》皆有五音姓氏，可资比勘。

① 此文被收入台湾《大藏经补编》第三十五册，1987；又上山大峻：《敦煌佛教の研究》，1990，法藏馆；《佛学新书》第二七，台湾，新文丰，1993。

② 《P·T·一二九一号敦煌藏文文书译解订误》，载《敦煌学辑刊》，1984年第二辑。

中国明器略说

明器名称

明器之兴，可能在殷商以前。《礼记·檀弓》上："夏后氏用明器，示民无知也。""明器，鬼器也。"又《檀弓》下："孔子谓为明器者，知丧道矣。""其曰'明器'，神明之也，涂车刍灵，自古有之，明器之道也"。《后汉书·范冉传》注："礼，送死者，衣曰明衣，器曰明器"。此即明器一名取义之由来。

广义之明器，本指陪葬之物，则凡墓葬出土之物品，无非明器。古时殉葬，每以日用品及死者生前爱好之物为殉，故墓葬出品，日用物与明器多杂然并陈，不易辨别。狭义的明器乃指陶制而小者，若偶人、器具、动物瓦像等。中国第一部明器著作为罗振玉之《古明器图录》，所取明器，即限于俑，及用具、家畜，是其显例。

先秦明器

现存明器，可追溯至殷代，1937 年殷虚第十五次发掘，于墓葬遗址，发见陶囚俑，双手加梏，是为最古之俑。殷虚又发见石刻半截抱腿人像，李济谓为托柱石础；侯家庄有大理石雕刻立体神话动物，安阳四盘磨村有石造人像[①]；又商代玉器亦有人像者[②]，此类当与明器有关。

---

① 见《金匮论古初集》。

② 见梅原末治：《河南安阳遗物研究》图版第二四之殷商晚期玉人物像。

1927年，洛阳金村出土有银俑、铜俑，及铜制马、犬、猴、龙之属，皆为明器。俑之服饰，华服、胡服皆有，或垂耳环，或佩小刀，大小自七至二十四公分不等。[①] 日本藏晚周银制胡俑，其上并有文字，纤细如发。[②]

1936年间，长沙楚墓汉墓群，出土明器尤夥，以木俑及木雕龙、蛇、凤、虎、蝠、猪、怪兽神座为特色。[③] 1951、1952年间，长沙附近发掘古墓一百六十二座，就中以五里牌出土战国时完整墓椁，最有研究价值。椁分四层，墓内有木俑、竹简（有文字）、玉璧、竹、绢等殉葬品，报告尚未发表。

战国时又有冥币，安徽凤台所出印子金块，有文曰“郢爯”（锊）。长沙古墓亦出“郢爯”泥版，商承祚谓即冥币。[④] 盖古瘗钱之类。

以上为汉以前明器出土情形。

历代明器制度

汉代明器，种类繁多，其时厚葬之风盛行[⑤]，并置官专司其事。[⑥] 其明器制度，《续汉书·礼仪志》记之甚详。据现代考古学者汉墓发掘报告[⑦]，对于墓中明器种类及布置情形，可窥梗概。晋代明器制度，据贺循所述：瓦制者有瓦唾壶、瓦罇、瓦杯盘、瓦烛盘、瓦奁、瓦灶、瓦香炉、瓦甑、瓦炉、瓦盥盘[⑧]，其殉葬品物，略可指数。[⑨]

唐代明器之制有定规，大抵三品以上九十事，五品以上七十事，九品以上四十事。偶人高各一尺，其余音乐队仆从之属，威仪服玩，视其生前之品秩。开元后略有减省，皆以素瓦为之，朝令禁不得用金、银、铜、锡。[⑩] 故今

① 详梅原末治《洛阳金村古墓聚英》及怀履光（W. Charles White）著《洛阳故都古墓考》（*Tombs of Old Lo-Yang*）。

② 见原田淑人《周汉遗宝》、容庚《海外吉金图录》。

③ 见梅原末治《传长沙出土之木雕圣兽像》、水野清一《长沙出土之木偶》及蒋玄怡《长沙》专集。

④ 见《长江古物闻见记》。

⑤ 如《汉书·贡禹传》记武帝崩后，霍光专事，举财物鸟、兽、鱼、鳖、牛、马、虎、豹、生禽，凡百九十物，尽瘗藏之。《潜夫论·浮侈篇》：“京师贵戚，郡县豪家，生不极养，死乃崇丧，多埋珍宝偶人车马。”

⑥ 《汉书·百官表》，东园匠令丞，颜师古注“主作陵内器物”。

⑦ 如日人记录东北牧城驿东西坟中之陶器，朝鲜乐浪王盱墓中之漆器。

⑧ 《通典》八十六，《礼》四十六。

⑨ 《文选》谢惠连《祭古冢文序》云：“明器之属，材瓦铜漆，有数十种，刻木为人，长三尺。”可见刘宋时所得明器情形。

⑩ 见《通典》。

所发现唐代明器以陶制特多。宋代明器用木刻[①]，陶制间亦有之。[②] 因木刻盛行，陶制明器至是渐见衰落。后又有纸糊明器。《元史·塔本传》："遗命葬以纸衣瓦棺。"元顺帝时定丧事体例，除纸币外，禁用纸糊人马房屋及衣物。[③] 可见纸糊明器，元时盛行，几取瓦制木制明器而代之矣。[④]。往日北平附近曾出土成队明将士骑马俑，披黄金甲，遗物现藏上海博物馆。是明代陶俑，犹有存者。

汉、六朝、唐明器

汉俑塑制，或不用模型，手法古拙，多着长袖衫，或两手下垂，脚部时作喇叭状，滨田耕作谓汉土偶多合前背两面而成，有痕迹可见。汉俑普通高数寸，小者三寸，大成二尺。又有木俑，长沙小吴门外所出汉代木制女舞俑，折腰巨袖，转缇覆于后裙，与《西京杂记》所写戚夫人善为翘袖折腰之舞，形状正合。[⑤]

六朝立俑，已有型制，但非两半相合，制作已大进步。身多细长，衣纹皱襞，每以重叠并行线条制成，不似汉俑之粗拙。有戴圆帽，著阔衣，裳缠于裙上者，其作风与龙门、巩县石刻浮雕人物风格相似。

唐俑种类最繁，以女俑为多，普通高七寸左右，最小者三寸；衣冠男俑，或大至二三尺者。女俑多着绿花蓝裳，肩披红帛，涂三彩轴，短裳无领，胸部裸袒。韩偓诗云"粉著阑胸雪压梅"，正其写照。又有襟袖窄小戴帷帽为胡妆，与拨管转弦、舞蹈及马上吹笛之女俑，此类洛阳唐墓出土多见之。男俑衣冠，习见者为文武官式，阔袖衣，穿裤，服饰与六朝异。或戴乌形冠，持笏；又有甲胄武装，戴鍪披甲，似金刚者。而胡帽胡服之男俑，状类侏儒（当日优伶），及深眼高鼻之胡俑，更常见之。此外唐代动物像，尤为丰富，而以骆驼及马最为特色。有骑马人像，女子及武士均有之，为唐代明器之精华。张祜诗所谓："虢国夫人承主恩，平明上马入宫门。"[⑥] 《旧唐书·舆服

---

① 《续通典》引司马光《司仪》云："明器刻木为车马仆从侍女，各执奉养之物，多少之数依官品。"

② 如 1903 年 F. H. Chalfant 在潍县发掘宋墓，多为陶器。

③ 见《续通典》。

④ 以纸为冥币，据洪善庆《杜诗辨证》："齐东昏侯好鬼神之事，剪纸为钱，以代束帛。至唐盛行其事。"按见《唐书·王玙传》。

⑤ 见《长沙古物闻见记》。

⑥ 一作杜甫诗。

志》："开元初，从驾宫人骑马者，皆著胡帽，靓妆露面，无复障蔽。俄又露髻驰骋，或有著丈夫衣服靴衫。"今从唐俑，可见当日女子骑马之习俗。[1]

唐明器均为模型制，人物为一面一背，动物则多半制出后，合为一器，不似六朝之单型而呈扁平性。六朝土俑多接头，唐像除甲胄武士外，无接头痕迹。人物、动物像巨大者，腹部多空，底下开口，烧制较前进步。其塑造方法，系出陶人手指之修饰，线条优美，富于浪漫作风，马、骆驼之筋骨肌肉，咸有力的表现，足见唐代陶人之艺术手腕。[2]

汉代明器，以家常用器为多，有瓦灶、屋舍、陶仓、畜圈、瓦井、杵臼、车舆、瓶、壶、杯、鼎、罐之属。瓦灶有时且配备各种治馔之具，旁及家畜，或图绘于其间。鄢陵出土汉住宅明器，其中庭院门窗具备，并有主人、婢仆、家畜、服用器物之模型。此次展览灵宝出土之汉瓦银釉碉楼，凡分数层，崇闳壮丽，上有守卫士卒，可称巨制。[3]

唐代明器，则用具较少，以人像及动物为夥，飞禽走兽，各极奇观。汉重实用，而唐人夸饰，足见时代风尚之不同。

南唐明器

1950年南京博物院发掘南京南郊牛首山南唐开国皇帝李昪陵墓，及中主李璟陵寝，所出陶俑陶动物像不少；兼有玉哀册石哀册，为极重要之发现。男俑有戴高帻著褒衣之文吏，披甲执盾之武士，手执卷轴之内臣，及戴风帽长髟之仆从，与献伎之优伶；女俑有盛装宫嫔、舞姬，拱立及持物之侍女。最特别者，为李昪墓中出土之人首蛇身及人首鸡冠之鱼身俑[4]，此类或用以压胜。其他动物像有陶马、骆驼、狮、狗、鸡、蛙等。各遗物以带砂泥制成，灰色，有时施朱粉。[5]

明器文字

明器间著文字，晚周银俑上有文字，铭云：十四平分＝□卅＝夋灊，见

---

① 参看原田淑人作《关于唐代女子骑马土偶》一文。

② 参看郑德坤《中国明器》中《唐代明器的特征》。

③ Boston Museum of Fine Arts，Cambridge Fogg Museum 俱有三四层之汉银釉碉楼；The Art Institute of Chicago 藏有六朝绘画多层瓦屋，可与参照。

④ 考《山海经》上有人鱼，其人首蛇身者，查1940年4月成都东门发见土俑十一件，其一亦为人首蛇身之女俑，武梁祠石刻之女娲形象如此。

⑤ 见曾昭燏等：《南唐二陵发掘简略报告》，载《文物参考资料》二卷七期。

《海外吉金图录》。长沙五里牌战国古墓所出木俑，胸前有文字。王国维曾记汉灶有隶书阳识，文云“用此灶者，后世子孙富贵长乐未央□□万岁毋凶”等语。长沙汉陶屋上刻“死人居此屋者大吉”，文尤奇怪。唐女婢俑或以毛笔醮墨写名其上。

明器釉彩

汉代明器重要彩饰为绿釉或黄釉。六朝、唐代之色釉已大进步。唐代釉彩尤妍丽，有“唐三彩”之目。以质地论，唐代泥土多为白色或红色，六朝以前，多黝黑色。唐代红色土俑，多不带彩釉，其白色者，则施“多彩釉”，故极为美观。

广东明器

此次展览出品有寅圃所藏广州茶树岗出土之汉素地陶簋（无耳）、陶钟、陶屋等。查历次广州汉、晋墓群出土明器不少，而城东龟岗南越文王胡冢墓遗物，尤值得一述。兹分别记之于下：

(1) 南越文王墓明器　1916年5月发见。冢中一堂三房，堂深一丈四尺，广一丈二尺。冢堂有铺地木条，得十四章，上刻文字如“甫五”、“甫六”以至“甫廿”，甫即“铺”之省[①]，铺地以木，并著数目作为记号。古代厚葬，堆聚片段木材以筑墓室，所谓“题凑”是也。[②] 其他遗物有陶盘、鼎、尊、罍等及谷璧、铜镜，而瘗钱多为秦大半两，吕后八铢之半两，而汉文帝四铢小半两多至千余，又汉武五铢数枚。以此定冢墓年代为汉武未灭南越，其时五铢初流布，即以是墓为南越文王胡之冢。[③] 邹安曾将遗物辑为《南越文王冢黄肠木刻字及明器》一卷，刊于《艺术丛编》。

(2) 广州近郊古墓明器　1931年间，广州考古学界正式发掘共三次。为：A. 东郊木塘岗汉冢。出土品铜器有弩机、戟、瓮；陶器有陶屋、洗、铛、觯、壶杯、盌、陶凫、陶牛、博山炉等，上涂深黄釉。B. 猫儿岗汉冢，出品有瓦屋、陶井、壶、棓、簠、勺、陶铺首，及陶、牛、豕、鸡、凫等。（报告

① 详《广东文物》，马小进：《西汉黄肠木刻考》。

② “题凑”一名，始见《吕氏春秋・节葬篇》。《史记・滑稽列传》“楩枫豫章为题凑”。亦有用柏木者，《汉书・霍光传》“黄肠题凑”。注引苏林曰：“以柏木黄心致累棺外，故云‘黄肠’；木头向内，故云‘题凑’。”参看驹井和爱《汉代坟墓之砖壁与题凑》及岑家梧《题凑考》。

③ 详谭镳呈文。

见黄花《考古学杂志》创刊号）C. 大刀山晋冢，有东晋明帝大宁二年砖；出土遗物：铜器有建安十年人物镜、弩机、鎏金之带板；陶器有碧釉洗、盂、盌、缶等。（报告并见上书）此外，1932 年广州北郊黎庄六朝墓，东郊坟头岗汉、晋墓群，均曾被盗掘，叠有遗物出土。[1] 1949 年文化大学史学系，发掘黄花岗永泰村后岗，出土古物有瓦屋、陶壶、陶奁、陶奴俑，及陶制海船等。1953 年，西村石头岗发见木椁及土圹汉墓与晋碑墓等共十座。有晋成帝“咸和七年刘猛陵家立”字砖。其一汉墓有戈墓剑、陶器、漆器、玉器三四十件。另一汉墓有陶制博山炉、陶罐、铜铎、铜鼎等。以上为历次广东古墓出土情形。

广东古墓出土遗物，其属于明器值得叙述者，为猫儿岗之陶屋，四角有楼，内楼殿二座，并人物妇女，可考见汉代人生活状况。另谢英伯得一番坊，四围碉楼，内有街道。[2] 土俑中以谢氏所得及黄花岗出土昆仑奴俑为特色。俑以红土制，浑身肥裸，突乳短鼻，首承巨缸，似南洋群岛土人。[3] 陶船惟黄花岗出土有之，他处罕见[4]，因广州为中外交通港口，海舶辐辏，故造船以为殉葬品。广东出土陶屋、陶鸡、陶壶，与福建漳州发现唐武则天时代武吕墓所出明器，大致相同，极有比较研究价值。[5]

闽粤交界潮州附近曾有宋代陶俑出土，背有墨书云“柏人堂堂，口食天仓。墓中有事，柏人抵当”十六字[6]，广东出土陶俑，有长篇文字者仅此。

---

① 以上详《广东文物》卷十，胡肇椿：《广州古物发掘追记》。

② 谢氏有《番坊考》一文记之。

③ 详罗香林君作《广州之奴俑》。

④ 长沙市郊西汉墓出土有木制舟车模型，但非陶制。

⑤ 1939 年发现，详包树棠编《唐武吕墓发掘报告》。

⑥ 图片见《广东文物特辑》。

海南岛之石器

海南岛为中国发现石器最早之地，远在五、六世纪已有关于石器之记载。唐人笔记小说如沈既济之《俚民传》①、刘恂《岭表录异》均有关于雷斧、霹雳楔、雷公墨之神话。是时，一般人多将其当作压胜工具及药品使用，至今海南人仍保存此种习俗。故虽甚早有史前材料发现，但未认识其为史前遗物而加以研究。

及至晚近，各地史前遗物逐渐为考古学者所注意。据说谢英伯氏藏有石斧一具，即出自雷州，海南石器，就现所知，出土地点有二：

(1) 陵水县：十余年前，陵水某乡曾发见"肩形斧"，日人金子（Kaneko）写有简报一文，载台湾地学协会杂志。②

(2) 文昌县凤鸣村：1950年8月，韩槐准君于此采集得石器六十余件，打磨均匀，为新石器时代遗物。自韩君发见后，复有人再往拾捡，续有所得。《文物参考资料》第二卷第十一期中南专号有一段消息云："海南岛文昌县东凤鸣村的周围十余里，都有新石器时代遗址，最近在该村附近四处遗址中采集得新石器八十余件，陶片数件。石器包括带肩石斧三件，舟形石斧一件，扁平式石斧一件，圆形石器一件，细型石斧二十七件，石锛十六件，石凿七件，石镞四件。"（1950年12月版）

---

① 《唐代丛书》第九集。

② 原文未见，据友人金关丈夫教授函告。

一、

韩槐准君所发现石器，仅在地面采集，据云：遗址在文昌县东北之凤鸣村附近（当北纬十九度五十三分东经一百一十度五十五分），距文昌县治五十里，去旧琼州府治约一百五十里，离东部海岸三十五华里。遗址在环绕凤鸣村之近郊倾斜山坡上。经雨水冲刷，遗物多呈现地表之赤色泥土层，其附近之白色土层则甚少见。有肩斧与石镞发见于距本村约二里许濯濯之无草木低洼多山地带；土特干燥，呈赤褐色。其地低凹原因，乃缘经相当年代之风力，将砂土吹散。附近高陂视低凹处约高三十英尺，低凹处广达九平方英里，相信此一带遗址，或为史前时代居民住处之村落。

韩君于 1950 年 9 月间自海南来港，将返星洲。余于旅舍中获观其所采集石器，摩挲竟日。复邀郑德坤博士为之鉴定，余遂将其稍加整理，摄成图片五幅。是年 12 月 8 日余应香港中英学会之邀请演讲（中国文化讲坛第五次），即以“广东最近发现新石器”为讲题，并将韩君所得石器之相片展出。

后韩君将各石器带回新加坡，曾请莱佛士博物院院长 M. W. F. Tweedie 氏研究，复自写成短文《在海南岛蒐得的石器》一篇。刊新加坡《星期六周刊》八五期。旋 M. W. F. Tweedie 亦作短文一篇，“Stone Implement from Hainan”，载于《南洋学报》第七卷第一辑，文中采用石器仅得十二件，至为简略。

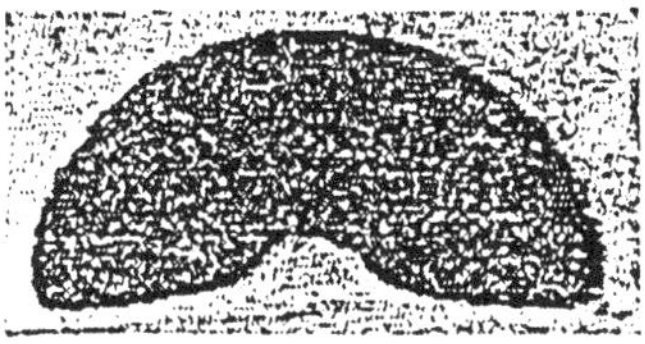

余察此若干石器中，有可值得研究之问题：(1) 半璧形石器形制之特异。(2) 小型靴形斧之丰富。(3) 此类细巧石器之用途。此数点实有重行研讨之必要，兹不殚繁琐，将各石器分类依次论之：

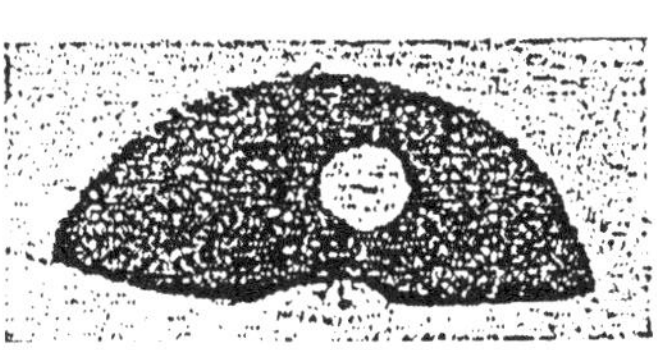

(一) 半璧形石器计二件，一大一较小

大者轴一〇公分，厚一公分，自边缘至“好”处四公分两面磨光。小者轴长九·五公分，厚九公厘，自边缘至“好”处四公分，一面磨光，一面打磨，其主要部分在“好”，呈半圆形，即锋刃所在。郑德坤云：There are two semi-lunar knives with a rough cutting curve at the center of cutting edge. Mr. Han is of the opinion that these are ancient saws for cutting bamboo. They are a type unknown yet from other site in the Far East.[①] 余初据韩君来信 M. W. F. Tweedie 意认为："远东在新石器时代，广泛使用石环，但以二器吻合，并非环状，且中央凹陷处，再磨成小弯，而加工制成锯齿状，用以截竹，适而且速，似可名之为石锯。"然细审原器，锯形乃系风化崩蚀，定为石锯，实所未安。嗣读 M. W. F. Tweedie 文云：This appears to be a fragment of a stone ring or quoit，a type also widely associated with the Far Eastern Neolithic。但言为石环断片而不名为锯，知其取消前说。窃谓此乃石璜，《说文・玉部》："璜，半璧也。"《淮南子・精神训》云"夏后氏之璜"，高诱注："半璧曰璜。"《周礼・大宗伯》以玄璜礼北方，注"璜象冬闭藏地上无物，唯天半见"。璧由环状石斧演变而来，璜为璧之半，此石器正像半璧形，虽为石环断片，应即璜之所由变，故定名石璜。石璜他处未发现，只见于此。此种石璜，即玉璜之前身，初为饰物，后用作祭器。[②]

（二）石镞

仅一件，长四・七公分，阔二・三公分，厚四公厘，赭黄色。石质为砂岩。扁平式，无棱，磨制。与揭阳崇光岩石镞相类。（Sumatra N Lake Kcrinchi 亦有此扁平式石镞，长度较长。）

（三）肩斧

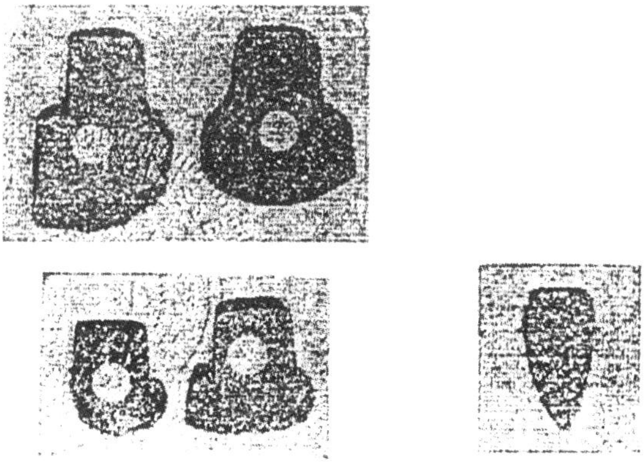

得四件，大者全长七・八公分，柄长三公分，肩阔五公分，刃部倾侧，厚一・一公分。小者肩部不完整，全长四・二公分，柄长二公分，厚八公厘，均磨制。或呈黑灰色，或赤褐色。一为钟角形，余皆直角形，与安南 Luang Prabang 及台湾基隆社寮岛与剑潭贝冢附近出土之肩斧最相近。惟香港舶寮洲及海丰肩斧，柄均较长，且磨光作椭圆形，海

---

① "Chinese Art &Archaeology in Singapore"，载《南洋学报》，七卷二辑。

② 可参照《伦敦中国出品图说》第四册玉类五玉璜。

南肩斧则为矩形柄，属于安南、台湾一类。

（四）矩形斧

仅见一件，小塑薄式，厚不及三公厘，纵六・五公分，阔三・五公分，黛色，石质为板岩，磨制。

（五）靴形斧

靴形斧亦称足形斧，为近于斧形之有刃石器，其刃线对器轴，每形成倾斜，而呈左右不相称，致力端形成尖头，一如靴形，为古越族特有文化。其分布之广，自杭州东南至台湾，更南至印度支那、爪哇等地，更东传播至韩国及日本九州；为东南亚细亚先史时代环中国海共用之工具。近年以来，台湾发现尤富。海南所得石器，亦以此类为最多，共二十八件。

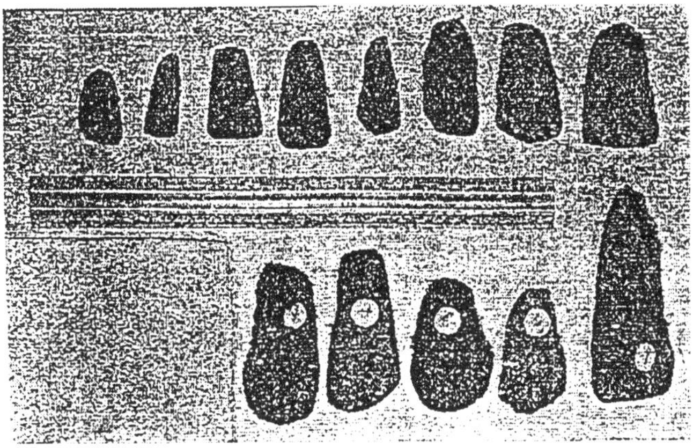

靴形斧之类型，据日人金关丈夫分析，可分三类：

（1）纵长型——全体较长，刃部倾侧。

（2）巨刃型——刃部特发达，刃线对器轴，形成锐角，往往无显明柄部。

（3）弯曲形——刃部略大，而上端歪曲。[①]

海南靴形斧，三类均有之。大致有厚扁式、薄扁式二种。刃部则侧刃与圆刃均有。（1）类具斜锐刃部者，形近浙江良渚；其圆刃者，多与台湾圆山相近。（2）类具肥硕刃部，微作椭圆形者，一如台湾社寮岛所得。其小型纵式靴斧，海丰所见亦夥，盖属同类文化。（3）类尤近 Nord Annam 所得者。海

① 详《台湾先史时代靴形石器考》一文。

南靴形斧，A类厚扁式，大者纵一二公分，厚一·六公分，刃部四·五公分，打磨。其薄扁式最小者，纵四·五公分，厚六公厘，刃部一·五公分。最薄者纵五至八公分，厚上端约一公厘。腹部凸起，不过二公厘，刃部二·三公厘，概为磨制。B类厚扁式，打制、磨制均有。大者纵九公分，厚三公分，刃椭圆形。薄扁式有纵六·五公分，而厚不及一公分者，惟皆磨制，极为细巧；而刃部略呈对称，较厚式者有显著进步。

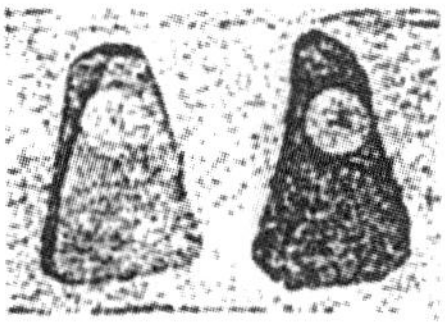

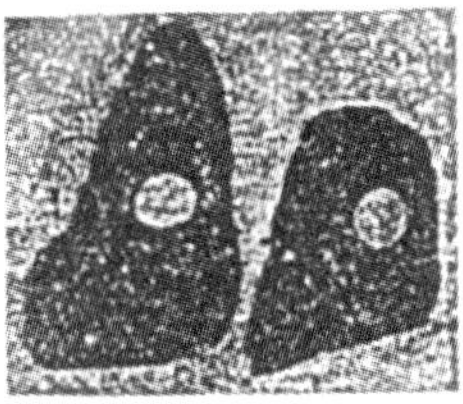

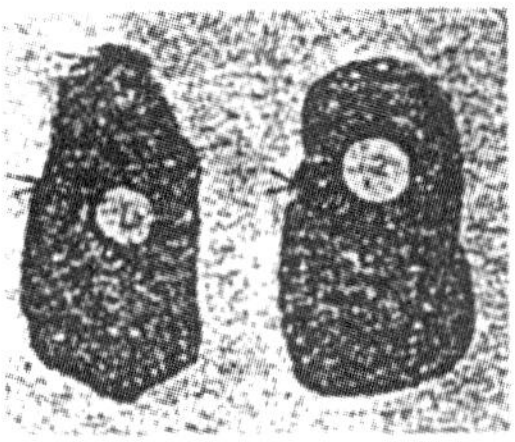

靴形斧用途，其打造或磨造较粗者，乃用为除草工具，在原始农作上作“耨”之用；其小型者，则施于巫术。靴斧近世发见，亦有金属制品，安南清化州东山（Dong-Son）村落，及东京之Dai河畔出土，为青铜造品。台湾东海岸之Paiwan族使用小型铁器靴斧，仍然是施行咒术时的压胜具，是为靴形斧之另一用途。日人称真正志曾论云南以及爪哇发现之小型靴形器，非系实用品，而是祭品，其说至确。海南靴形小斧有薄仅一公厘者，决不能充切断之用，必施之压胜。唐人所撰《俚民传》，记雷州出土雷斧、霹雳楔，小儿佩带，可以辟邪，即其例证；故今海南犹保存此种遗俗。

（六）楔形斧

此类海丰常见，上端略狭，刃面稍大，即所谓Cuneiform者。文昌采集者，多呈舌状（Tongue-Shaped）。刃部可分二种，一类刃平锐，两面对称；

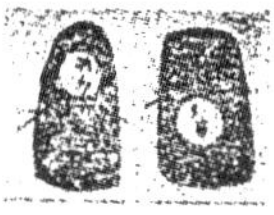

一类刃作椭圆形，刃略对称。俚民所传称霹雳楔，当即此类。平刃式，大者纵九公分，刃部四·五公分，厚一公分。最薄者纵六·二公分，厚五公厘，刃部长三·五公分，概属磨制。其余均厚在一公分之间。圆刃式，大者纵八·二公分，厚七公厘，刃部四·五公分，最小者纵四公分，厚仅三公厘，刃长二·五公分，皆磨制。

（七）石锛

均属小型，薄扁式，磨制。最大者纵四·三公分，厚度自一公厘至五公厘不等。即所谓扁豆状斧（lentoid）。或一面微凸，或两面凸；刃部有椭圆形与矩形之别，或锐或钝。海丰与福建武平、厦门及 Nord Annam，皆常见之。

二、

雷州半岛，在唐代已有石斧发现，因出土时呈黛黑色，土人呼曰雷公墨。唐沈既济《俚民传》云：

> 雷州为海康郡，南濒大海……时有雷火发于野中。每雨霁，得黑石或圆或方，号雷公墨。……又如霹雳处或土木中得楔如斧者，谓之霹雳楔。小儿佩带，皆辟惊邪；孕妇磨服，为催生药，必验。[①]

刘恂《岭表录异》云：

> 雷州……每当雨后，多于野中得黳石，谓之雷公墨，叩之铨然，光莹可爱。

考晋人已用霹雳楔为药，《抱朴子·内篇·杂应》云：

> 历览诸方书，有月三服薏苡子和用三五阴丹……或以夏至日霹雳楔。

又《太平广记》三九四雷公庙条云：

① 《唐代丛书》第九集。

霹雳或土木中得楔如斧者，谓之霹雳楔。

封氏《闻见记》述霹雳斧云：

人间往往见细石赤色，形如小斧，云被霹雳处，皆得此物。

宋沈括《梦溪笔谈》云：

凡雷斧以铜铁为之，楔乃石耳，似斧而无孔。世传雷州多雷，其间多雷斧、雷楔。①

宋曹孝忠《政和证类本草》称为霹雳砧（卷三玉石部）云："此物伺候震处，掘地三尺得之，其形非一……今得之亦有似斧刃者，亦有如剉刃者，亦有安二孔者，一用间石作也。注出雷州并河东山泽间，因雷震后时多似斧，色青黑斑纹，至硬如玉，作枕除梦，解不祥，名霹雳溪也。"此即所谓雷公墨（有人称为雷公屎），即特指该类以黑曜石磨成者。

明李时珍《本草纲目》云：

雷书云："……雷州每雷雨大作，飞下如砂石，大者如块，小者如指，坚硬如石，黑色光艳。"李氏名之曰霹雳砧。

雷楔，大体上即楔形斧。其小如指者，殆小锛之类。由上引诸书，知唐以来，其地之石斧、石楔，经雷雨冲去泥土砂砾后，时被人发现，且数量甚多。雷州去文昌仅隔海一衣带水，当史前时代，其人民可互相往来，故文化亦同。海南岛黎地，古为雒越一部分，肩斧、靴形斧之使用，遍布于云南、安南及海南一带，正当雒越之地，是使用此种石器，雒越之先民也。据上记载，雷州之石斧、石楔，可用以辟邪，此类小型之石斧、石锛，既不可以供劈削，其唯一用途，只有施于巫术。使患者将石器佩带，磨服或煎服，以镇惊安神。海南现俗以此为初生儿压惊，自唐代以来，至于今行之不替。以此例彼，则此种小型石器用为辟邪压胜之工具，自原始时代已然，殆为不容置疑之事实。

① 《梦溪笔谈》卷二十，神奇条。

又麦兆良神父前于海丰拾得磨光细型精致石器、玉器，有薄式三角形小斧，只可作佩带之用，即神符之滥觞。今粤俗孩童所佩神符，用红布或黄纸制成者，犹保存此种遗型。是新石器时代之石符、玉符，诚民俗学上之珍贵资料，亦海南细型石器用为压胜辟邪工具之佐证也。

1951 年 1 月稿

南方民族学论丛

卷六

饶宗颐二十世纪学术文集·史学

目　录

荆楚文化

楚在春秋战国时是南方大国，东方有齐，西方有秦，鼎足而三，楚地最大。“及周之衰，楚地方五千里。”“秦灭诸侯，惟楚尚有滇王。”（《汉书·西南夷传》）其疆域之广，远及云南。汉代的南郡、江夏、零陵、桂阳、武陵、长沙及汉中汝南诸郡，尽楚分也。（《汉书·地理志》）其地有江汉川泽山林之饶，出产丰富；而俗信巫鬼，重淫祀；歌舞与神话流行，人民想象力既强，故宗教文学艺术，均有特殊的成就。若屈原、宋玉的作品，“书楚语、作楚声、纪楚地、名楚物”（黄伯思《翼骚序》）。奇文郁起，蔚为异采，与北方文学，遥相辉映。

春秋百国史书中，本有《楚书》，见于《大学》征引①，孟子亦举楚《梼杌》之名。②（《楚梼杌》有一新资料，《楚书》见《介庵经说》）现存楚国史料，若《史记·楚世家》、《春秋三传》、《国语·楚语》、《春秋后语》③、《楚策》、《楚辞》及《世本》、《纪年》、《大戴礼·帝系姓》等篇，都是重要文献。

① 《楚书》，《礼记》第四十二《大学》篇引《楚书》云：“楚国无以为宝，唯善以为宝。”郑玄注云：“《楚书》，楚昭王时书也。”颖达疏引《楚语》、《新序》、《战国义》（此书未详）及《史记》为说。按《楚书》应为百国宝书之一种，《楚语》“王孙圉聘晋”一段论楚国所宝的在人不在物。朱子《大学章句》直谓《楚书》即《楚语》。

② 《梼杌》异说甚多，苏洵《史论》上云：“楚之史曰梼杌。梼杌，四凶之一也。”见《嘉祐集》八，说本《左传》。参日本藤枝了英：《楚の檮杌について》，载《东洋史研究》，1943（6）。

③ 巴黎敦煌卷伯希和目二五六九有《春秋后语楚语》略出本第八。见罗振玉《鸣沙石室佚书》第二册，《雪堂校刊群书叙录》下。

《永乐大典》一万九百三十四“六姥”中楚字号，辑录有关楚国史事，颇为赅备，只限于纸上材料。地不爱宝，数十年来，安徽寿县、湖南长沙、河南信阳、湖北江陵等地墓葬，不断有极重要之文物出土。[①] 而铜器铭文，涉及楚国者亦提供不少新知。楚文化由是灿然大明，对于这一地区文化的认识，较之王逸、洪兴祖，又推进一步。

一、楚族的迁移及拓展

殷甲骨文中有帚楚之名；又有楚字，是地名，不止一见。一条记舞雩事，下言“于楚于盂”，一条记祭岳于三门于楚。[②] 三门如果是晋邑底柱的三门，楚在卜辞中和盂对举，都应该在河南境内。[③] 春秋时有两楚丘，其一在河南滑县（僖公二年），或即其地。周原发见晚殷卜辞有“楚子来告”语，足见楚与周文王已有来往。周初器季娸（郥）《鼎》铭称：“王在成周，王徙于楚禁（麓），命小臣夌先省楚应。”[④] 这个地方亦名曰楚，去周不远，可能是楚人住过的地方。以上是甲骨金文中所见的楚地名，大抵都在河南。

---

① 古代发见楚国之文物，有下列各处记载：

（一）汲冢：

太康元年，汲县魏襄王冢，所得策书，其一卷论楚事者，最为工妙，详《晋书·卫恒传》。

（二）衡山重黎墓：

出九头图，见盛弘之《荆州记》。《广阳杂记》五引颜鲁公《吴兴地记》：乌程县有颛顼冢，《图经》曰：“晋初衡山见颛顼冢，有营丘图。衡山在州之东南。”此误楚之衡山为吴兴也。

（三）汝南楚武王熊通冢：

在汝南郡鲖阳，出铜鼎，见《楚世家》徐广注引《皇览》。

（四）襄阳古冢：

《南齐书·文惠太子传》云：“时襄阳有盗发古冢者，相传云是楚王冢，有竹简书，青丝编，王僧虔云是科斗书《考工记》。”

至于近年出土楚文物，请参看本篇附录一“楚境内重要遗物、遗址发见简表”。

② 骨臼刻辞有“帚（妇）楚”一名，见明义士《殷虚卜辞》二八六四片。

董彦堂先生《帚矛说》附篇四六云：“帚楚或说是武丁配。”《粹编》七三《卜辞》云：“岳于南单，岳于三门，岳于楚。”又《粹》一五四七：“舞于箟，其雨。于楚，有雨。〔于〕盂，〔有〕雨?”所见各楚字，均是地名。（参李孝定：《甲骨文字集释》第六，2041页）

③ 三门见《左传》僖二年：“入自寘軨，伐鄍三门。”《说文》：“鄍，晋邑也。”杜注：“鄍，虞邑。”按《汉志》，沛国有鄍聚，是古鄍有二地。《卜辞》之三门，如果是底柱之三门，则此楚地当在中原。又一条于楚、于盂并列，应在河南滑县，即僖二年城楚丘。疑所见《卜辞》田猎地区之楚，当在河南。

④ 参看徐中舒：《殷周之际史迹之检讨》。

楚人的始祖是炎帝和祝融①，本居于中原，长沙《缯书》上："炎帝乃命祝融，𢀳四神恪奠。"和《大戴礼·帝系》及《楚世家》所说相同。祝融神话传说的地域，《左传》上言"郑，祝融之墟也"（昭十二年）。《国语·郑语》叙述祝融的后裔分为八，自己姓昆吾至芈姓②季连共八姓。（《帝系》、《楚世家》作六姓）《左传》楚灵王说："昔我皇祖伯父昆吾，旧许是宅。"《北史·崔仲方传》："楚，祝融后也，为火正，故复灭陈。"可见祝融族姓原来活动于河南一带。《缯书》的周围绘着十二月神像，五月的神名叫做"䖘"（《尔雅》作皋），神像作三首牛蹄之状。《山海经》言"祝融兽身人面"。五月属夏，《礼记·月令》："仲夏之月，其帝炎帝，其神祝融。"照月分来讲，这个神可能代表着祝融，《山海经·中山经》："苦山少室太室皆冢也……其神状皆人面三首。"可见古代中岳多三首的神。《周语》云："融降于崇山。"融即是祝融，新郑是他的故墟，从这一点看来，三首神是代表祝融，可知楚族原来便活动于河南的。后来祝融的传说向南传播，及于湘水流域。《楚辞·远游》说："指炎神（帝）而直驰兮，吾将往乎南疑。祝融戒而还衡兮……"故衡山有祝融峰。楚灵王时，衡山的祝融墓亦出现营丘九头图了。③

楚族早年活动可能及于陕西，熊绎当周成王之时，封于丹水之阳，即丹淅入汉之处，地在汉中。"尧战于丹水之浦，以服南蛮。"（《吕氏春秋》）熊绎始封，如果在此地，那么原是三苗的旧疆。《墨子·非攻》下云："昔者楚熊丽始封此睢山之间。"睢和漳为楚望祭的地方，可见楚熊绎始封不在枝江南郡的丹阳。④ 周季历葬于楚山之尾。《括地志》："终南山，一名楚山，秦有地名新楚。"（《左传》成十二年秦迓晋侯于此）这些地方所以名楚，当和楚人迁徙

① 楚之先，又一说见于《史记·楚世家》云："楚之先祖出自帝颛顼高阳。"而屈原《离骚》首言"帝高阳之苗裔"。高阳乂为天帝，详顾颉刚：《史林杂识》初编"颛顼"条。

② 芈姓向来有误解处。《小屯》甲二六二"戊戌卜，又伐𢀛。"董氏《新获写本后记》三五八释为芈姓，叶玉森《前编集释》一一三六释𢀛为岳之省文（参《综述》，342页）。屈释从陈说是也。按金文芈姓字作嬭，唐米国原出西域康居昭武九姓，而米芾自称楚国芈氏之后，自署偶作芈黻，或楚国米黻，又号鬻熊后人。以米为芈，尤好奇之甚。

③ 楚先公先王以熊为名，罗泌以为封于熊即熊耳，虽姓为芈，而氏则熊。金文熊作芈，古音一[iam]。《五帝纪》黄帝为少典子（号有熊），皇甫谧谓今河南新郑。楚先原应为炎帝系统，而以熊为氏，则又与黄帝"有熊"同氏。然"有熊"在新郑，新郑是祝融之墟。楚人以熊为氏，亦可为楚人先世起于河南之一证，祝融墓出九头图事，见《文选》张衡《思玄赋》注，参拙作《楚缯书之摹本及图像》，载《故宫季刊》第三卷第二期。

④ 丹阳所在，共有数说：（一）谓在南郡枝江（《史记正义》据颖容引《左传例》）；（二）谓在归州秭归（《舆地志》）；（三）谓在丹扬郡之丹阳，即今安徽当涂（《汉书·地理志》）。参陈槃《楚都丹阳考》，及徐炳昶《中国古史的传说时代》。

有关。

丹水由湖北光化北六十里入汉，顺流至鄢郢，水道不过三百里。楚人国于丹水之阳而启荆山。[①] 楚灵王说："昔我先王熊绎，辟在荆山，筚路蓝缕，以处草莽。"此荆山地不易确指，《榖梁传》："荆者，楚也。何为谓之荆？狄之也。"《说文》："楚，丛木；一名荆，从林疋声。"卜辞楚从足，字从㷀以林兼见，荆与楚是一名，俱训丛林，在西周是泛指森林丛薄未开发的地区。楚在熊渠以前，犹称为荆，春秋改荆用楚，在僖公元年。[②] 西周金文屡言伐荆：

> 㝬駿从王南征，伐楚荆。（《㝬毁》）
>
> 过(过)伯从王伐反荆，孚金。（《过伯毁》）
>
> 鼒从王伐荆，孚。用作餴毁。（《鼒毁》）
>
> 弦鲁（旅）卲（昭）王，广㪔（惩）楚荆，惟寏南行。（《史墙盘》）

这应该是《左传》所说："昭王南征不复。"和《天问》"昭后成游，南土爰底"的故事。《古本纪年》昭王十六年伐楚荆，涉汉，遇大兕。又昭王十九年，天大曀，雉兔皆震，丧六师于汉。故知上列为昭王南征之器，𢓊或释过，可读为骨或滑。《左》庄三年，次于滑，杜注郑地。《诗》言："大赂南金。"金是荆扬二州的特产。（《禹贡》）

武王克商，"巴、濮、楚、邓"都属南土。（《左传·昭公九年》）西周东

---

① 荆山所在，向不一说。《水经·淮水注》："出于荆山之左，当涂之右。"此以为濠梁古迹。《明文衡》二十九宋濂《游荆涂二山记》论之云："昭王始迁郢；郢即今江陵，其地有荆山，一名景山。荆故楚号也，有之诚宜。"则主景山说。

② 楚字异形及荆楚之联称：

《说文》："楚，丛木，一名荆也。"荆与楚联称，《诗·殷武》已云："挞彼殷武，奋伐荆楚。维汝荆楚，居国南向。"又称楚荆，《古本纪年》（《初学记》七引）昭王十六年，伐楚荆，涉汉。金文《㝬毁》："伐楚荆"是也。

楚字甲骨金文诸多异形，略见陈槃《春秋晋楚两国别记》。

荆改号楚：

《春秋经》僖公元年楚人伐郑。杜注："荆始改号曰楚。"故《春秋经》于庄公之时皆称楚为荆。改荆为楚在僖公元年。《左》庄末年，杜注："荆、楚本号；后改为楚，楚僻陋在夷，于此始通上国。"孔疏："荆、楚一木二名，终庄公之世，经皆书荆。僖之元年，乃书楚人伐郑，盖于尔时始改为楚。"《榖梁》庄传十年云："荆者，楚也。何为谓之荆？狄之也。"以称荆为贬词。按之金文，屡言从王伐荆，其说不合。《史记·秦本纪》称楚曰荆。《索隐》云："楚称荆者，以庄襄王名子楚，避讳故言荆也。"战国楚铜器无称"荆"者。《秦纪》易楚字为荆，自是出于避讳。

方有楚，为周封建之国，史称周公居东奔楚。[1] 至春秋时曹县有地名楚丘，在今山东。金文云：

> 惟王于伐楚伯在炎。[2]（《令毁》）
>
> 唯九月在炎𠂤，甲午白懋父赐召白马。（《召尊》）

炎即春秋郯子来朝之郯，地在山东郯城县。《汉书·地理志》东海郡："郯，故国，少昊后，盈姓。"《逸周书·作雒解》记"周公立，三叔及殷东徐奄及熊盈以略"。当日"凡所征熊盈族十有七国"。熊族指楚，炎应是盈[3]姓之一。知楚伯之居，必和郯相近。伯有"长"的意思，侯国的领袖可称为伯，不是爵名，蛮夷首长亦称"子"，故楚亦被称为楚子。殷晚期卜辞云："余其从多田（甸）多白（伯）正（征）盂方白炎。"这伯炎与《令毁》的"炎"可能是同一个邦方。《晋语》八说成王盟诸侯于岐阳，而楚为荆蛮，和东夷的鲜卑，都不参加会盟。周初的楚，有一支东迁，即《令毁》所见的楚伯，和荆楚熊氏是否同族，则很难说。

《大戴礼·帝系》："季连是为芈姓。"又云："季连者，楚氏也。"芈姓来源

① 见《左传》昭七年、《史记·鲁世家》、《蒙恬》、《论衡·感类篇》；汪中《述学》内篇《周公居东证》，俞正燮《癸巳类稿》。陈槃先生案：案胡厚宣已有此说。槃亦尝论之，以为胡氏提出今山东之曹、河南之滑，二县并有楚丘，此事值得注意，谓楚国曾有若干部族旧居此地，当可能。至若周公奔楚，此南州之楚，以鲁襄公尝适荆楚而梦周公祖导之（昭七年《左传》），则必周公亦尝适荆楚矣，此固不争之史实也（别详《春秋大事表列国爵姓及存灭表譔异》，增订本册二，111页）。

② 参白川静：《金文通释》十四。《禽毁》："王伐𣚦厍，周公某禽祝。"字作林，从厺。与《令毁》楚伯《䟠毁》楚荆字形不同。陈梦家改释为䓣，以为非"楚"字，谓即商奄。

陈槃先生审阅报告以为：案侯国之长固称"伯"。然邦君为邦长，亦得有"伯"称，《周书·酒诰》"越在外服，侯、甸、男、卫邦伯"；《召诰》"命庶殷侯、甸、男、邦伯"；《立政》"立民长伯"；《白虎通》爵篇"侯、甸、任（同男）、卫作国伯"之等，是也。（别详拙《春秋表譔异》增订本册一——《后叙》，8页下～9页上）以此例之，则卜辞之"从多田（甸）多白（伯）正盂方"之"多白"，亦其类矣。复次荆楚之有"伯"称，早在上世，《越绝书·吴内传》"汤献牛荆之伯"是也。窃以为此之所谓"楚伯"、"荆伯"究为侯伯？邦伯？未可定也。

复次侯伯之伯，即《周礼·春官·大宗伯》所谓"八命作牧"之州牧，亦通称"州伯"（详孙诒让《周礼正义》），齐桓、晋文之等是也。以为此"不得爵名"，亦未安。只可曰非五等之伯耳。

作者以为：荆伯，按《越绝书·吴人内传》（据钱培名《越绝书札记》补"人"字）"汤献牛荆之伯，之伯者，荆之君也"（张宗祥本），此伯即君长，俞樾《札记》云"此即葛伯事，而传闻异辞"。

③ 《汉书·地理志》东海郡："郯，故国，少昊后，盈姓。"

陈槃先生审阅报告以为："案'盈'、'嬴'古通。《秦本纪》：'秦之先为嬴姓，其后分封，以国为姓有徐氏、郯氏、莒氏。'"

始此。楚之年数，可一千六百载。[1] 在熊绎受封以后，熊通[2]僭称王号以前，楚人重要的活动，有下列二事：

（一）周夷王时伸展至鄂

熊渠三子分封，根据《楚世家》记载，长名康，为勾亶王；仲名红，为鄂王；少名执疵，为越章王。《大戴礼·帝系》所记颇有异同（长作“无康”；季作“疵”，为戚章王。据明嘉趣堂本）。《吴越春秋》（卷九）称为“楚三侯，所谓勾亶、鄂、章，人号麋侯、翼侯、魏侯。”在武昌附近嘉鱼出土的楚公钟逆，或谓即是鄂（《观堂集林》十八）。熊渠甚得江汉间民和，兴兵伐庸、扬、越，至于鄂。鄂为武昌地，熊渠的势力已伸展至江汉流域。

（二）周宣王、平王时开发汉濮地

是时楚的东面有吴，西南有濮，楚的向南拓展，主要是开发濮地。《楚世家》言“熊霜六年卒，三弟争立，叔堪（《郑语》作叔熊）亡，避难于濮”。这当在周宣王时候。至平王之世，蚡冒（即熊眴）于是始启濮。（《郑语》）故《左》宣（十二年）称“若敖蚡冒，筚路蓝缕，以启山林”。《左》文十六年传：“庸人帅群蛮以叛楚，麇人帅百濮聚于选，将伐楚。”时帅群蛮的是庸，率百濮的是麇。昭十九年传“楚子为舟师以伐濮”，可见濮的周围，必有水道之便，选地有谓在今枝江之南境[3]，其地正当大江和清江之交会。熊挚之自窜，叔堪之逃难，必沿江西北行，而一国于夔，而一处于枝江之南。楚的经营百濮，即是向西南拓展的前奏。

从熊盈与殷东的徐奄共同叛周的一件事看来，熊氏的楚，在周初是殷商

① 楚之年数，应劭《风俗通义·六国》：“楚之先出自帝颛顼，其裔孙曰陆终，娶于鬼方氏，是谓女溃（隤）……其六曰季连，是为芊（芈）。……至王负刍，遂为秦所灭。自颛顼至负刍六十四世，凡千六百二十六载。”此楚之总年数，出于汉人之统计者。

② 陈槃先生审阅报告以为：熊通，据《史记志疑》云，各本皆作熊达，盖今本误。此虽可知，然似当附注。又作者此处似谓，楚之称王，始于熊通（达）之僭。按桓二年《左传》杜解：“楚武王始僭号称王。”武王即熊通（达）。作者盖据此为说。今按杜氏误。熊通以上若熊渠、渠长子康、中子红、少子执疵，暨渠七世孙称蚡冒（厉王），并称王；即熊绎，昭十二年《左传》亦称之曰“先王”。楚之称王，旧矣。（别详拙《春秋表课异》增订本册二，100页下）《礼记·曲礼》曰：“其在东夷、北狄、西戎、南蛮，虽大曰子；于外，自称曰王老。”王国维曰：“古者天泽之分未严，诸国在其国，自有称王之俗。”（《观堂别集补遗·古诸侯称王说》）真通方之说也。

作者以为：熊达，《困学纪闻》十一引《史记》作熊达，梁玉绳说可从。惟古达与通二字每通用（如《顾命》用克达殷集大命，《汉石经》达作通可证）。未可据谓“通”为误字。

③ 参顾颉刚：《史林杂识》初编，3页，牧誓八国濮条。

的盟国，它自然继承着商的文化，在南方发展。近年考古学的发见，安徽的阜南嘉山及江苏地区有许多商代的遗物，即湖南一带亦掘出不少商的铜器，足以证明这一说。[①] 宗周钟记南国入侵周境，周王派兵迎伐，“南夷、东夷具见，凡二十六邦”，可见当时荆楚的势力，周室要和东南国家联盟，方能够跟它对抗。楚国版图的奠定，即始于成王，周天子且赐胙给他呢。[②]

楚在周初被贬为南蛮，应像南朝为北方讥为岛夷一样。所谓“楚虽大，非吾族也”。楚人亦自称为“我蛮夷也”。这是从文化程度而言的。其实它是发迹中原，逐渐南移后，一面承接商的文化，一面在江汉流域兴盛起来，把周人建立的姬姓国和与国陆续吃掉了。这说明了它复不断地吸收周人的文化。[③] 另外楚的疆界，西南有群蛮、百濮，东面有群舒，这些少数落后民族都来依附，亦次第给以消融。南方及西南的落后区域，地大物博，楚人凭着军事力量，力征经营，使楚成为一极大的强国。《淮南子·兵略训》说：“昔者楚人地，南卷沅湘，北绕颍泗，西包巴蜀，东裹郯淮。颍汝以为洫，江汉以为池，垣之以邓林，绵之以方城。山高寻云，谿肆无景。地利形便，卒民勇敢。蛟革犀兕，以为甲胄，修铩短鏦，齐马前行，积弩陪后，错车卫旁，疾如锥矢，合如雷电，解如风雨。”当日诸雄中，楚地算是最广大的。

---

① 参看王玉哲：《楚族故地及其迁徙路线》（周叔弢《六十纪念论文集》，35页）。

陈槃先生审阅报告以为：楚于西周末期，亦尝拓殖至闽与东越，而向来治春秋史地之学者，似并未予措意。考《国语·郑语》，史伯对郑桓公曰：“（祝）融之兴者，其在芊（当作芈，下同）姓乎？芈姓蝨（夔）、越，不足命也。蛮芊，蛮矣。唯荆实有昭德。”此越盖即东越（或曰南越，盖误），故《世本》、《潜夫论·志氏姓》与韦昭《吴语注》、《路史·国名纪》，并有越为芊姓之说（别详拙《春秋表课异》增订本册五，395页；又《孔孟学报》八期，159页）。“蛮芊”则当从《周礼·职方氏》，郑注引作“闽芊”。《世本》亦云“东越、闽君，亦皆芈姓”（《玉海王会篇补注》引），可互证也。按秦汉间之所谓东越、闽越，其中心为今福建之闽侯。盖先秦时代，今绍兴之越，其别有为芈姓者；闽越亦然。此芊姓之越、闽，即楚之分族矣。周惠王赐胙于楚越王，曰：“镇尔南方夷、越之乱，无侵中国”（《楚世家》）；楚子囊请谥楚子审为共王，曰：“抚有蛮夷，奄征南海”（襄十三年《左传》）。楚与闽、越国关系，不同寻常，即此亦可想而知之矣（别详拙《不见于春秋大事之春秋方国闽芈》篇）。

② 《楚世家》成王恽元年：“周天子赐胙曰：镇南方夷、越之乱，无侵中国。于是楚地千里。”楚国版图的奠定，霸业的展开，始于此时。

③ 顾栋高《春秋大事表》云：“楚王春秋，吞并诸国，凡四十有二。”详本文附录二《楚吞灭各国及置县简表》。陈槃先生审阅报告以为：《楚世家》熊渠欲立其三子皆为王，故作此无赖而“强辞夺理”，自诬其身耳。其实荆楚土著固是蛮夷，而其统治层则固华夏旧族。（古代之所谓蛮、夷、戎、狄，多此类，别详拙《春秋时代的教育》篇下五，《附论四夷的教育迹象》。）华夏旧族而经典传记辄目之曰蛮夷者，丑之，故从所治土著言之也。分别观之可也。

至于楚的国都，由郢（湖北江陵）而鄀（宜城东南）①，而陈（河南淮阳），复至钜阳（安徽太和），后迁寿春（安徽寿县）。文化中心由湖北西部经鄂北、豫南，最后达于皖西。酓忎鼎腹上镌“三楚”两字②，三楚是西楚、东楚、南楚。西楚一名亦见金文“西楚乍其妹靳障钴”（见《考古》，1960（3））。《史记·货殖传》说：

越楚则有三俗。夫自淮北、沛、陈、汝南、南郡，此西楚也。③ 其俗剽，轻易发怒，地薄，寡于积聚。江陵，故郢都，西通巫巴、东有云梦之饶。陈在楚夏之交，通鱼盐之货。其民多贾。徐、僮、取虑，则清刻矜已诺。彭城以东，东海、吴、广陵，此东楚也。其俗类徐、僮。朐、缯以北，俗则齐。浙江南则越，夫吴自阖庐、春申、王濞三人，招致天下之喜游子弟，东有海盐之饶、章山之铜、三江五湖之利，亦江东一都会也。衡山、九江、江南、豫章、长沙，是南楚也。其俗大类西楚。郢之后徙寿春，亦一都会也。而合肥受南北潮，皮革、鲍木输会也。与闽中于越杂俗，故南楚好辞巧说，少信。江南卑湿，丈夫早夭，多竹木。豫章出黄金，长沙出连锡，然堇堇。物之所有，取之不足以更费。九疑、苍梧以南至儋耳者，与江南大同俗，而扬、越多焉。

楚自并吞吴越以后，广大的土境，可划分为三个部分，地理颇殊，风俗亦异。史公所说虽是汉初的三楚④，但战国时的三楚，由这可推想而知了。

---

① 楚王酓章钟铭云：“隹王五十又六祀，这自西𬩽。”林春溥《战国纪年》引此为惠王时器。是器出自湖北安陆（薛尚功说），阮元称西阳，《汉志》属江夏郡。安陆与西阳在汉正同属江夏郡；西阳故城在湖北黄冈县东。据此铭文，楚曾一度徙西阳，至惠王五十六年再自西阳迁还郢。西𬩽向来说者不认为即《汉志》黄冈之西阳，因为昭王畏吴，由南而北，迁郢于宜城，所谓鄢郢是也。《史记·六国表》言秦拔鄢西陵，故有人以西𬩽即西陵东南之城，属于鄢都。见童书业：《楚王酓章钟铭西𬩽解》。（载上海市博物馆《文物周刊》73期，又收入《中国古代地理考证论文集》，100页）可参拙作：《楚辞地理考·释鄢郢》；程发轫：《楚国建都考》。

② 三楚二字作三𣚨，刻于楚王酓忎鼎之腹间，见商承祚：《十二家吉金图录》。

③ 1968年江苏邳县火石埠刘林出土战国器，铭云：“西楚作其妹靳障钴（簠）。”西楚一名见此。（见《江苏省出土文物图录》九八）或谓“西楚”是人名，恐非。

④ 《汉书·高帝纪》颜注：“孟康曰：旧名江陵为南楚、吴为东楚、彭城为西楚。”

陈槃先生审阅报告以为：“干”，今《史记》各本并作“于”。刘宝楠据《荀子·劝学》、《墨子·兼爱》、《淮南子·道应》、《文选·吴都赋》暨扬倞《荀子注》，高诱《淮南子注》，并作“干、越”，因《货殖传》之“于、越”，“于”亦应作“干”（《愈愚录》卷四“干越”条），干即吴。此确不可易。（干即吴，王念孙《读书杂志》亦有说；拙著《春秋表课异》增订本册一，72、73页亦可参考）然径改史文而又未附注释，盖未可也。

二、楚国的财富及工商业的发展

荆地方五千里，地大物博，出产极丰，有云梦犀兕，麋鹿盈之江、汉，鱼鳖鼋鼍，为天下饶。又有长松文梓，梗、楠豫章之富。（《中山策·墨子说楚王》）。有薮曰云连徒洲（即云梦），金木竹箭之所生，龟珠角齿，皮革羽毛之产物（《楚语》下），原料丰富，对于工业发展有极大之关系。

楚国手工业的发达，凡读过《招魂篇》“秦篝齐缕，侈陈室中之观，多珍怪些”一段，已有深刻的印象。从长沙、信阳、江陵各地楚墓出土品物的工巧，更可为有力证明。《左传·成公二年》云：

> 楚师伐齐，侵及鲁之阳桥，鲁人赂以执斲、执针、织纴各百人以请盟，楚人许平。

楚从鲁国吸收了三百个工匠。可见当日列国对于工艺的重视，及对工艺人才争取的情形。

在楚国地带发见的战国遗存，像平江县瓮江的墓葬，除带豆黄色釉的陶豆、陶尊形器以外，又有铜铲、铜熔块及铁䦆[①]，这说明平江是青铜铸造业或烧陶业之所。铸制使用工具，在寿县楚墓，曾发见直锯和弯锯。[②] 楚之陶工亦有迁至他国的，如《季木藏陶》所记：“楚城迁蕈里賹”等印。写明楚字的有四十一器。[③] 冶金的成就，像鋈锡的技术，寿县“丘家花园”所出嵌错白金的铜牛，可以见之[④]，《周礼·职方》：“扬州之利，有金锡竹箭。”《史记》称江南金锡（《李斯传》）。因为金锡的出产，冶金业随之发达。战国时楚有冶铜工师的专业，像寿县所出“铸客”所制之器。有为“脰官”（《广雅》脰训馔，王室司饮食之官）、“七府”、“六室”（《周礼·天官内宰》：“以阴礼教六宫。”疑即六室）而作的鼎、簠、豆等。[⑤] 安徽寿县所出器屡言“伫师”（义如工

---

① 见《湖南古墓战国遗存》，载《文物》，1958年。1956年平江发见楚墓有铁䦆（斧头）双刃，背有方孔，又铜熔块。从此物可推测这一地区可能是古熔铸金属或烧制陶器之所。

② 见《寿县楚器图释》。

③ 他若《梦庵藏陶》、《德九藏陶》等书著录，皆有楚陶。

④ 见郭宝钧：《中国青铜器时代》，47页。

⑤ 《楚文物展览图录》四，匝有“铸客为御（官名）跮（人名）为之”。同书六，罍“铸客为王后六室为之”。参《三代吉金文存》三，李学勤：《战国题铭概述》下。

师）、或“佀吏为之”[①]，即政府专司冶铜工业之官。漆器工业，亦归工师督造。[②]

近年楚国铁器的发见，像信阳出铁带钩（五件）。有错玉嵌金者二[③]，极为精致。湖南有铁足铜鼎[④]，颇为重要。

角器有施于墓葬压胜的，信阳楚墓的镇墓兽卷耳突目，长舌下垂，顶竖两角。长沙墓中镇墓兽座，亦竖两鹿角（现在伦敦大英博物院），这些是用原有之角稍有修削，安上作为装饰。亦有彩绘双头歧出的镇墓兽，江陵出土。[⑤]

楚的皮革品向来很有名，《荀子·议兵篇》说：“楚人鲛革犀兕以为甲，鞈如金石。”长沙楚墓屡有小革制的囊橐出土，如今的小提包。又有革履，《左》昭二十年传记（楚）王皮冠、翠被、豹舄。舄即是履的一种。[⑥]

楚绢织物，如长沙所出丝织缥带及网络残片，可窥一斑。[⑦] 麻丝织业在长沙遗物所见，尤具高度技术。战国墓出土的，有褐紫色菱形纹绸片，有闪光的缥带，绣花的绢，可见当日针黹功夫的熟练。在仰天湖竹简所记，殉葬品物有纻、缟、缋（组）、纺衣、结衣等名目。第二简云：“䌌纯纻缟之𦈡。”（䌌可读为紬，《说文》：“紬，大丝缯也。”）故《招魂》云“纂组绮缟，结琦璜些”。江陵望山二号墓出土刺绣，框内绣四组卷曲纹图案，功夫颇为精巧。[⑧] 长沙木俑，上绘有花边衣服，可考见衣服制度。[⑨]

关于竹木器，长沙有竹席、竹篮、木梳之发现，如仰天墓之雕刻花板或名笭床，是承尸之板，檀弓名之曰椑。[⑩]

---

① 刘节（寿县）：《楚器图释》；朱德熙：《寿县出土楚器铭文研究》（《历史研究》，1954）。

② 长沙出土银错饰朱彩木胎筒形奁，有文云“廿九年”，谭旦冏推定为楚怀王二十九年（公元前300年），李学勤谓旧金山亚洲艺术博物馆漆卮：廿九年大（太）后口告（臣）……李学勤云：“从太后的存在和师字写法看来，此器当制于秦昭王廿五年（公元前287年），时楚未抵长沙，太后乃秦昭王之母宣太后，宣太后是楚人。”卮上左侧有横书长字，是长沙之省，此为秦国制造，睡虎地内有制造漆器之法律可证（《文物》，1979（12））。

③ 见《河南信阳楚墓文物图录》。

④ 现藏湖南省博物馆，樋井隆康教授见告。

⑤ 见《文物》，1966（5），48页。望山一号墓出土。

⑥ 见童书业：《从长沙楚墓出土的“革屦”说到“履”、“屦”、“舄”的区别》（载《文物周刊》第十四期，上海市博物馆研究室辑）。

⑦ 见《长沙发掘报告》，图版三二至三三；三三甲，据长沙四〇六号墓所出织物，原料为平纹组织，质料是苎麻纤维，经纬密度较今之棉布尤为紧密（《长沙发掘报告》，64页）。参佐藤武敏：《中國古代工業史の研究》。

⑧ 《文物》，1966（5），39页有图。

⑨ 《考古学报》，1957（1），95页。

⑩ 叶定侯：《长沙楚墓出土雕刻花板名称的商讨》，载《文物》，1956（12）。

漆器在长沙古物中最为生色。[①] 漆绘图案特见技巧，漆奁有针刻凤纹，漆羽觞有画鹿作驰逐状，亦有外绘黑花，其中图写各种动物的。仰天湖简记“龙觞一墨”，即《招魂》所言的“实羽觞些”，可为印证。又左家公山出土之毛笔，轴用竹制，外面敷漆，亦极美观。长沙黄土岭战国墓之朱绘人物车马漆奁，尤为精彩。[②] 战国墓四〇六号出漆盾两件，形似葫芦，内外施黑漆，彩绘作龙凤花纹。[③] 大抵漆器制造方法，其胎有用夹纻（如美 Freer 美术院之长沙彩绘漆盘）、篮胎、陶胎（1954 年《楚文物展览目录》之彩漆陶钫）、皮胎（如上述长沙漆皮甲漆盾）等。楚地漆器制作之绚美，精巧程度，真令人心惊目眩。

由于手工制成品的发达，经商贩卖，更是普遍。《左传・成公三年》记晋大将荀罃因邲之役，为楚所俘，但被一个在楚国经商的郑贾人把他放在绵絮制成的褚衣中（由长沙出土丝绵被，可证当时用绵之情况，这即是“褚”），预备把他拯救出来。这贾人的生意活动地区，由楚至齐，可见规模之大。又《左传・宣公十二年》记晋将伐楚，随武子以为不可，其中一个理由是楚国的“商农工贾不败其业”，可见楚国经济状况的优越。

楚国使用的通货，共有三种：

（一）郢爰

即泥饼金。郢为楚都，“爰”是重量名。（如《禽彝》云“王锡金百爰”，详加藤繁《郢爰考》）楚为战国时唯一将黄金铸成特定货币的国家。黄金郢爰出土

① 各地所出漆器物名及其类别，大略如下：
（甲）长沙：左家山、杨家湾、颜家岭、紫檀铺、广济桥、仰天湖、陈家大山
武器：漆剑鞘、漆箭杆、漆矢箙、漆竹弓、漆矛柲、漆盾。
用器：漆羽觞、漆奁、漆盒、盘、壶、案。
葬品：漆木棺、漆雕花板。
（乙）信阳长台关
家具：彩绘卧榻床。
乐器：大型木漆瑟、精绘锦瑟、大小鼓之伏虎（鼓架）。
祭器：彩绘木俎、鸟首漆豆、木勺。
葬器：漆绘镇墓木兽、雕刻彩绘墓兽。
（丙）江陵
乐器：木雕漆瑟大小二件。
② 见谭旦冏：《楚漆器》（《大陆杂志》六卷一期）。
③ 见《长沙发掘报告》，57～58 页。

之地，除安徽郢都的寿春及凤台之外，江苏南北及湖南、山东多有之。[1] 西安六林堡西南汉城，亦发现金郢爰一枚，可见秦楚的接触情形。上海外冈发现彩绘陶瓿及陶质冥币十余，其中有郢爰。上海为春申君封邑，故有郢爰出土。

（二）殊布当十斤

此为大型布币，楚国所铸，江苏丹阳及杭州均有出土。[2]

（三）蚁鼻钱

《抱朴子·论仙篇》提及："以蚁鼻之缺损。"蚁鼻一名见此。币为极小之铜贝，作阴文形，文不可识，或谓是"贝"字，有人释为"巽"字。或谓乃"当半两"三字之省。河南固始、湖北宜城、湖南长沙、江苏邳县，以及山东、安徽均有出土。湖北孝感有一次出现达四七四五枚，重量有一克至二·五克、三·五克不等。但湖南早期墓葬很少发现。[3]

天平砝码，长沙出土甚多，普遍为成套，第一个重四市两，第九个最小的重〇·〇二六市两，重量各差一倍。[4]

三、巫风下的舞与乐

"楚信巫鬼，重淫祀。"（《汉书·地理志》）《吕氏春秋·异宝》谓"楚人信鬼"。故向来言"楚人鬼，越人鬾"（《淮南子·人间训》及《列子说符》）。楚灵王最信巫祝。桓谭《新论》说他"躬执羽绂，起舞坛前"。《楚语》史老谓灵王曰："若谏，君则曰：余左执鬼中，右执殇宫，凡有箴谏，吾尽闻之矣。"灵王谓执鬼中殇宫（王念孙说："宫读为躬，中躬皆身也。"），言能役使

---

① 郢爰出土新资料，见汪庆正：《十五年以来古代货币资料的发现和研究中的若干问题》（载《文物》，1965（1），30页）。王献唐：《济南铸钱的三个阶段》（载《考古》，1963（11））。《西安汉城发现一枚金"郢爰"》（载《文物》，1965（1））。尹焕章等：《淮阴地区考古调查》（载《考古》，1963（1））。张浦生：《江苏郢爰》（载《文物》，1959（4））。

② 殊布当十斤大型布币，见《江苏文物图录》102页及尹焕章《南京博物馆十年来的考古工作》（载《文物》，1959（4））。

③ 蚁鼻钱，参郑家相：《古代的贝货》（载《文物》，1959（3），166页）；《江苏邳海地区考古调查》（载《考古》1964（1），24页）；《湖北宜城楚皇城遗址调查》（载《考古》1965（8），377页）；程欣人：《孝感县发现的楚贝整理完毕》（载《文物》1965，（12））。

④ 《文物》1954年12期4页，记长沙左家公山战国墓发现的天平放在竹筐内，杠杆两端系有两铜盘，砝码共九个，可作为例证。

鬼神。观湖北荆门出土“大武闢兵”铜戚，正反两面的图案，铸着一人像，身作龙鳞，首插长羽，作舞蹈状。双手分执怪兽，一似蜥蜴，一为双鱼头形动物，胯下有四足之龙。戚铭四字曰“大武闢兵”[①]。大武是周乐舞名。（《礼记·明堂位》说：“朱干玉戚，冕而舞大武。”）舞士左右所执，自然是某种神物。由此类图案之出现于楚域，可以明了“舞干戚而服有苗”这一传说很早已流传于南方的缘故。从这图案可以看出二种意义：一是用于征伐，代表成功的意义；一是用于压胜，代表辟邪的意义。巫觋能见鬼，能役使神物；图中首插长羽，即是羽绂鹭翿，可见这人像是应指神巫，《诅楚文》言大神巫咸，《离骚》言巫咸夕降，未知是否就是这类的形状。[②]

在男为觋，在女为巫（《楚语》），《九歌》中的山鬼是一个窈窕善笑的女神，《晋书》（九十四）《夏统传》描写女巫章丹、陈珠能隐形匿影、吞刀吐火。当她歌舞的时候，“在中庭轻步佪舞，灵谈鬼笑，飞触挑柈，酬酢翩翻”，是多么动人啊！可见《九歌》山鬼的典型人物，是指女巫。长沙陈家大山出土的帛画上绘一妇女，上有夔龙及凤鸟。夔只有一足，乃指山精，《甘泉赋》：“精夔魖而抶獝狂。”用以驱逐魑魅；另外图绘凤鸟，以迎祥祉。一面祈福，一面禳灾。[③] 古时“裁好缯，令工采画，雇人书祝，欲邀多福”（《潜夫论·浮侈篇》）。缯帛上的图绘，意义想是不外如此。

《隋书·地理志》谓：“荆州率敬鬼，尤重祠祀之事，昔屈原为制《九歌》，盖由此也。”“又有牵钩之戏，云从讲武所出。楚将伐吴，以为教战，流迁不改，习以相传。钩初发动，皆有鼓节，群噪歌谣，振惊远近。俗云以此压胜，用致丰穰。”这一风俗，是从兵制产生出来的。

傩在楚境很盛行，一直到明代尚然。顾景星《蕲州志》云：“楚俗而尚鬼，而傩尤甚，蕲有七十二家。”

---

① 闢字，马承源释从门舁即共，读为哄，假作栱。陈槃先生审阅报告以为《太平御览》五二六引作“灵王简贤务鬼，信巫觋，祀群神，躬执羽帔舞坛下。吴师来攻，国人告急，王鼓舞自若，曰：寡人方乐神，明当蒙福祐，不敢救。吴兵遂至，获太子、后妃以下”。灵王“最信巫祝”，此亦其一事矣。备引之，可以广旧闻也。

② 关于铜戚有关论文如下：

王毓彤：《荆门出土的一件铜戈》（载《文物》，1959（1））。

俞伟超：《大武闢兵铜戚与巴人大武舞》（载《考古》，1963（3））；《大武舞戚续记》（载《考古》，1964（1））。

马承源：《论大武舞戚》（载《考古》，1963（10））；《再论大武舞戚的图像》（载《考古》，1965（8））。

③ 拙作《长沙楚墓帛画山鬼图跋》。（《金匮论古综合刊》一）

楚人亦举行万舞，《左传·庄公二十八年》：

“楚令尹子元欲蛊文夫人，为馆于其宫侧而振万焉。”夫人闻之，泣曰：“先君以是舞也，习戎备也。……”

即其证明。

“万”即是舞干戚；荆门出土的“大武闢兵”上面的图案，有两个特征：

（一）脚踏日月

《华阳国志》记巫画：夷人图谱，先画天地，日月君长，次画神龙等。《山海经·大荒东经》：“司日月长短之神有鳧。”苗人祖先伏羲、女娲，亦是手擎日月的。《缯书》上说：“日月夋（帝俊）生。”可见日月崇拜观念，在荆、楚、苗、蛮意识上的重要。

（二）珥蛇与操蛇

信阳锦瑟所绘有朱衣神人，两手各操一龙。又信阳镇墓兽，作两爪攫蛇方啖食状。啖蛇之象亦见《海内经》。《山海经》习见践蛇，把蛇（《大荒北经》之夸父）乘龙，或腰部饰蛇，胯下御龙。此类珥蛇饰蛇之风尚，见于艺术品的，荆楚之外，尚有新郑及三晋。（参马承源说，载《考古》，1965（8））可见这一类日月和龙蛇的图像，在荆楚地区是广泛流行的。

长沙漆器有盾。其皮胎内外施黑漆，上用赭石藤黄两色绘成龙凤成纹，敷彩绾艳，制作精致，自然不是用作武器，故一般认为这类的干（盾牌）戚（板斧），即为万舞时的舞器。长沙的漆盾，正是作为舞蹈之用，是一种舞蹈中的仪仗及装饰品，而非实用的兵器。[①] 荆门的“大武闢兵”是一把铜戚，可能是施于万舞的。

《山海经·中山经》言：“干舞用兵以禳。”郭注云：“舞者，持盾武舞也。”郭又云：“干舞，万舞；干，盾也。”《夏小正传》：“万也者，干戚舞也。”“干舞曰万；小舞以干配戈，大舞以干配戚。”荆门的戚是大舞所用的。盾为干，则无论大舞小舞都配用之。

楚声于中国音乐史上谓之“南音”，《诗·鼓钟》：“以雅以南，以籥不

① 万舞与盾，见《长沙发掘报告》，58页。

僭。”《礼记·文王世子》：“胥鼓南。”（注：《周礼》旄人教国子夷乐时，大胥击鼓以节其音曲。）南乐与雅乐对比，有时并奏或独奏，可见南音在周时之重要。故晋侯见所献楚囚钟仪，以琴操南音。（《左传·成公九年》）吴季札观周乐，见有舞象箾南籥者。（《左传·襄公二十九年》）以乐器论，楚笙为中国冠。（《七国考》引《阚子》，又《列子》言墨子往见荆人，衣锦吹笙。）诸子记吴伐楚，子胥入郢，毁十龙之钟。（《淮南子》、《贾子耳痺》，许慎云：楚为九龙之簴）传世楚国铜器以钟镈乐器一类为多。《左》僖十八年：“楚与郑盟曰：无以铸兵，故以铸三钟。”西周之后，铸造铜器的意义似乎有极大的转变。以前国家在大一统局面之下，宗庙祭祀，故重视鼎。鼎是定的意思。自楚子问鼎轻重，鼎的作用已告丧失。（楚末期的熊忎、熊肯鼎，是用作食器而非祭器。）加以音乐之发达，促成乐器制作的发展。在一统时代，铸鼎象征底定的局面；在动乱时代，铸钟象征和平的祈求。[①] 信阳长台关出土的编钟，其文云：“隹翟篙屈栾，晋人救戎，于楚竞。”军事的胜利，亦铸钟以垂纪念。楚王歙章钟背更缀以穆商商三字，又一器缀“卜（外）翆（羽）反宫反”五字，具备宫、商、羽三音。[②] 信阳楚墓一套编钟共十三枚[③]，悬在长二四二公分的架上，从无射（b′）起算，代表当时通用的“自然音阶”[④]。

传说“帝俊作瑟”，楚《缯书》言及帝夋。帝夋乃楚人心目中的上帝，瑟即上帝所造。长沙杨家弯墓有木瑟出土，信阳长台关所出大型木漆瑟三件，精绘敷彩。锦瑟一件，图绘着射猎、舞蹈、奏乐、烹调、饮宴各种生活享乐的场面，极为珍贵。江陵亦有木雕漆瑟大小二件。有二五弦孔，轸四柱，长一一六，宽四五，高七·三公分。日本天理大学博物馆亦藏楚瑟一件，为陈家大山所出土，可见瑟是楚人的传统乐器。[⑤]《大招》云：“二八接舞，投诗赋只。”王逸注：“诗赋，雅乐也。古者以琴瑟歌诗赋为雅乐，《关雎》、《鹿鸣》是也。言有美女十六人联接而舞，发声举足，与诗雅相合，且有节度也。”则

---

① 参拙文《鼎与钟铸作的意义及其演变》。

② 参唐兰：《古乐器小记》。

③ 见《信阳长台关发掘战国大墓》，载《文物》，1957（9）。

④ 王光祈《中国音乐史》根据宋玉所说“引商”、“刻羽”、“清角”、“流徵”四名，而推测楚国音乐有用四言音阶之可能，尚待证明。

⑤ 楚瑟详商承祚《长沙古物闻见记》，及《考古学报》，1957（1）。天理的木瑟，余曾目见之。瑟身由上下两块整木板合成，两板相距凡两吋许，长凡三、四呎，广一·四呎。《仪礼·乡饮酒礼》：“挎越内（纳）弦。”越即指下板上之两个椭圆孔穴。上板左右两端，各有弦孔二十五，弦孔里部有残存之弦，瑟柱已失去。此与信阳长台战国墓出土残存不及三分一之木瑟相较，更为完整。见徐梗生：《楚瑟考略》（《珠海校刊》，二卷七期）。

楚瑟亦施用于雅乐的。《楚辞》篇末有“乱曰”，是乐的卒章。《论语》“《关雎》之乱”，知楚仍是沿用周的法子。[①]

四、楚制度的特点

从制度上观察楚国文化，最突出的无如官制和兵制，而兵制尤为春秋人士所称道。兹分述之：

（一）官制

楚国官制命名的特色，除莫敖为楚的语言外，最多是用“尹”为名。重要有令尹、右尹、连尹，见于近年出土的鄂君启节，有大工尹、集尹、箴尹（即箴尹）。卜官曰卜尹，乐官曰乐尹；其他地区之官，有县尹、郊尹；宫廷之官有寝尹、门尹、宫厩尹。又有以草为号的，如莠尹、芋尹。（疑心像《周礼》的草人稻人之类）考西周官名称尹的，有诸尹（见矢令方彝）、庶尹（《皋陶谟》）、百尹（《顾命》）等，《左》襄十四年传谓楚能官人，引《诗》“置彼周行”为说。其他大宰、少宰同于《周官》；大师、少师见于《微子》。可见楚的官制，是来自周制，而有所更张的。

（二）兵制

楚自武王初为军政，他所设的行阵谓之“荆尸”[②]。又善用短兵的孑，立为阵法。孑是枪属，《方言》：“戟，楚谓之釨。”楚兵器的制造，最重要的算是弩弓，长沙（南郊扫把塘、东南郊左家塘）、常德、德山战国墓所出弩机三件，形制和成都羊子山所出的相似。韩、魏的弓弩，在当日最有名。（《战国策》：“天下之强弓劲弩，皆自韩出。”《荀子·议兵》记魏之武卒，有十二石之弩。）他们可能是用蹶张的方法（即用足踏机）。楚墓出土的弓弩，大概主要是用臂张的。（图见《文物》，1964（6））

栾武子论楚军制云：“其君之戎，分为二广；在广初驾，数及曰中，左则受之，以至于昏，内官序当其夜。”广是横阵的车，即君的亲兵，时

---

① 田边尚雄《日本雅乐大系唱片解说》：“日本雅乐有‘乱声’，其奏法为‘音头’奏一句，‘助管’继吹同一旋律，于是产生一种错杂之和声。”这可和秦以前流行音乐之“乱声”作比较。

② 荆尸为楚之旧法，楚武王伐随，仍用荆旧法，以治其行阵。参俞樾：《茶香室经说》十四荆尸条。

常保护，而轮值换班，使敌兵不能掩袭。又有环列之尹。作为巡卫，可谓严密。其军阵分左右二拒（相当于晋之上下军）。调卒之法，“凡兵车有甲，士有步卒。甲士在车，不供碎役”。分步卒为马前、左、右三处，兵车一辕，服马夹之。行军时，右辕扶车服马，以备不虞；左则离道求草为蓐，以备止宿之用。行军之翌日，则辎重至。又有游兵，不系行伍，随时可以补缺。凡此皆楚军政之善者。[①]《汉书·艺文志》有《楚兵法》七篇，图四卷，惜已不传。楚军编制：

两广：马队分左右二组，轮值更换。

两甄：田猎时用之为两翼。

环列之尹：巡卫兵，保护王宫。

游兵：不系步伍，随时补给。

调卒：右辕扶车服马，左辕求草为蓐，以备止宿。

可见楚兵制的特色，在于重补与轮班，则士卒不致因疲劳而失其效用。

（三）交通与关税驿传之制

楚国方城为城，汉水为池。（楚长城起自河南泌阳，经方城叶县鲁山内乡，而终于湖北竹山）楚国的交通情形，通四川的航线，自“蜀方船积粟，起于汶山，循江而下，至郢三千余里”（《楚策》）。通江淮有吴的邗沟，在两湖地区则“上洞庭而下江”，极为方便。当日往来，且设有通行证，如楚怀王六年的鄂君启舟、车两节铭文记载[②]，用车五十辆，或屯三舟为一舿，共

---

① 《永乐大典》一〇九三五“楚”字号楚征伐，论楚军政之善甚详。

② 有关鄂君启论文如下：

殷涤非、罗长铭：《寿县出土的鄂君启金节》（《文参》，1958（4））。

商承祚：《鄂君启节考》（《文物精华》，1963（2））。

谭其骧：《鄂君启节铭释地》（《中华文史》，二）。

黄盛璋：《关于鄂君启节交通路线的复原问题》（《中华文史》，五）。

谭其骧：《再论鄂君启节地理》（《中华文史》，五）。

于省吾：《鄂君启节考释》（《考古》，1963（8））。

商承祚：《谈鄂君启节铭中几个文字和地名》（《中华文史》，六）。

殷涤非：《鄂君启节两个地名简》（《中华文史》，六）。

鄂君启金节：铜制，共四枚；上有错金字，铭文一五六字，乃楚怀王六年（公元前323年）为宗室鄂君启所铸（《文物精华》第三册图片最佳）。

五十腙，有效期间一年。[①] 可通行于湖北、湖南、安徽、河南各地。车节地理自鄂出发，北往阳丘，经邡城，东循下蔡，居鄵（巢）而至郢。舟节亦起自鄂，逾沽（湖）上汉，经彭蠡松（枞）阳，由湖灅（耒）入澬、沅、澧、澮、庚木关[②]以至郢，终点皆同。当日驿传甚通行，如《左传》记楚子自勾澨乘传车的驲，会师于临品（《左》文十六年传）。自琐以驿至于罗汭（《左》昭五年），可见驿传情况。《铜龙节牌》有文云："王命，命𨔶（传），赁一棓飤之。"[③] 鄂君启节言："毋舍桴飤。不见其金节，则政（征）。"可见当时征赋状况。《周礼·小行人》言门关用符节，鄂君"节"改用铜制，环五而成规，腰部隆起如竹节，有合符之作用，可以考见当日制度。

五、楚人的宗教观念

（一）九天及东西皇

《左传·宣公十五年》伯宗曰："天方授楚，未可与事。虽晋之强，能违天乎？"天是支配一切的，楚人对于天的信仰，亦不能例外。[④] 战国以来，乃有"九天"的称谓。《离骚》说"指九天以为正。"《九歌·大司命》："登九天兮抚彗星。"《天问》说："九天之际，安放安属？"又"圆则九重，孰营度之？"《新书·耳痺篇》："大夫种……割白马而为牺，指九天而为证。"大夫种原亦楚人，故袭用屈原之言，贾谊述之。长沙《缯书》上言"三天"，又见"九天"一名。

按《天问》云："地方九则。"又云："九州安错？"有九州、九地必有九天。九天与九地相配，这是战国的宇宙观念。《楚辞》中"天"亦称为"皇"。《离骚》云："陟升皇之赫戏兮。"王逸注："皇，皇天也。"又云："诏西皇使涉予。"《九歌》之神有东皇太一，西皇及东皇对举。东皇太一又谓之"上皇"

---

① 佐藤武敏：《先秦時代の關と關税》（日本《甲骨学》第十号）。

② 木关当在江陵，《江水注》："楚船官地，春秋之渚宫矣。"

③ 张振林：《棓徒与一棓飤之新诠》（《文物》，1963（3））。王命传赁之"龙"节，及"虎"节（《尊古斋初集》四，四六至四七）1946年9月湖南省长沙市东郊黄泥坑发见一个龙铜节。（《流火铜龙节》，载《文物》，1960（8）～（9）；石志廉：《对铜龙节一文的商榷》，载《文物》，1961（1），可资参考。）

④ 许倬云：《先秦诸子对天的看法》（《大陆杂志》一五，二、三）。

(秦简有上皇之名)，以“皇”为“天”的别名；上皇即是上帝的变称，很值得注意的。[1]

（二）绝地天通——神民异业

《潜夫论·卜列篇》云：“天地开辟有神民，民神异业，精气通行。”此说来源甚远，实出于楚之先代。《缯书》中屡屡言及神民关系，如云：

> 民勿用𣥺，□罡百神。山川澫（万）浴（谷），不钦之行，民祀不𤖯（庄）。帝牐（将）䌛以乱□之行。民则又穀，亡有相扰。不见陵实，是则荒至。[2]

楚祖先重和黎，世叙天地，分别负责上天之神及下地之民，使民、神异业。《周书·吕刑》云：“乃命重黎，绝地天通，罔有降格。”《楚语》记观射父答昭王问，有极明白的解释，其语云：

> 民神异业，敬而不渎，故神降之嘉生。民以物享，祸灾不至，求用不匮。乃少皞之衰也，九黎乱德，民神杂糅，不可方物。夫人作享，家为巫史，无有要质。民匮于祀，而不知其福。烝享无度，民神同位，民渎齐盟，无有严威。神狎民则不蠲其为，嘉生不降，无物以享，祸灾荐臻，莫尽其气。颛顼受之，乃命南正重司天以属神，命火正黎司地以属民，使复旧常，无相侵渎，是谓绝地天通。其后三苗复九黎之德，尧复育重黎之后，不忘旧者，使复典之。以至于夏商，故重黎氏世叙天地，而别其分主者也。其在周，程伯休父其后也。当宣王时，失其官守，而为司马氏，宠神其祖，以取威于民。曰重实上天，黎实下地。

---

① 皇字本是形容词，金文如《毛公鼎》、《克鼎》之称“皇天”，《宗周钟》：“隹皇上帝百神。”“我隹司配皇天王。”都是形容词；《楚辞》以“皇”为帝神，又称“后皇”（《橘颂》），是将“皇”字用作名词。参顾颉刚：《三皇考·名词的皇的出现》。

② 参拙作《楚缯书疏证》，见《史语所四十周年纪念刊》。

试图如下：

神：	上天
	南正重
	火（北）正黎
民：	下地

《山海经·大荒西经》亦云："帝令重献上天，令黎功下地。"可见神民分开，神属天而民属地，各司其职，使"司民及司神之官各异"。此种观念原是楚国传统思想，后世言历数者多引据它。《太史公自序》："昔在颛顼，命南正重以司天，北正黎以司地。"又见《楚世家》、王符《潜夫论·志氏姓》、徐幹《中论·历数篇》。在《缯书》中，神和民的相互关系、是一尊一卑的。最堪注意者为群神之外，加上一个"帝"，帝之地位在百神之上。《缯书》中所见之帝，有"帝夋"、"炎帝"，如云："炎帝乃命祝融，以四神格奠。三天绍思，敔奠四罕。"又云："帝夋乃为日月之行。"凡此所指必为最高主宰，其非人帝可知。帝是上天之主，可以驱使日月，可以乱天之行，此与殷代之帝及上帝，无甚差异。

（三）"敬"与殷教

由于神民地位上下之悬殊，民对于神必持敬的态度。《缯书》上说：

> 毋弗或敬，隹天作福，神则各之；隹天作宎（祆），神则惠之。弘敬佳俵，天像是恻。成隹天□，下民之戚。敬之毋戈（忒）。

"福"与"祆"皆由天作，一是祥而一是灾。此两者对立化的思想，在殷代已甚完备。《吕览·召类篇》引《商箴》云：

> 天降灾布祥，并有其职。以言祸福，人或召之也。

《尚书·盘庚》亦云：

> 兹予大享于先王庙，尔祖其从与享之。作福作灾，余亦不敢动用非德。

可见这一观念，实肇于殷。

《楚语》云“敬恭明神者以为之祝……天地……各司其序不相乱也，民是以能有忠信，神是以能有明德。民神异业，敬而不渎。”民的主敬，所以与神保持距离。《论语》：“务民之义，敬鬼神而远之。”虽远乎鬼神，而仍须持敬。《缯书》云“毋弗或敬”，告诫尤为殷切，是知“敬”之观念，原与事神有莫大关系。

“敬”是殷道，春秋以来的学者，区别夏、商、周三代在文化上的特征，每每将“敬”代表殷的文化。像《子思子》佚文云：

> 夏之政忠，忠之敝，小人以野；故殷人承之以敬，敬之敝，小人以鬼；故周人承之以文，文之敝，小人以僿。①

这一说法，对于周季汉代学术界影响最深，许多地方沿袭它，像：

(1)《礼记·表记》。
(2) 董仲舒对策云：“夏上忠，殷上敬，周上文。”
(3)《史记·高祖本纪赞》太史公曰。
(4)《说苑·修文篇》。
(5) 纬书《元命苞》。(《表记》疏引)
(6)《论衡·齐世篇》。

东汉白虎观儒者讨论，特辟《三教》篇，申述忠、敬、文三者为夏、殷、周三王之教。敬是殷教的重心，从《缯书》可以看出楚人亦以“毋弗或敬”立教，是本于殷，可无问题的。

六、楚学术与儒家思想兼论楚人才之盛

楚人本居中原，又徙陕西，颇受到周文化的熏陶，“汉阳诸姬，楚实尽之”。自早奄有江汉流域，即《诗经》二南文化的地区。从《楚语》及《楚

① 见《史记·高祖本纪》，《索隐》云：“此语本出子思子。”僿一作薄。

辞》观之，楚国涵濡于文、武、周、孔之教甚深。信阳简册“犹芑蕙（兰）与”？以兰喻人，屈赋多言纫兰。信阳竹简中有“三代”、“先王”、“周公”、“君子”一类的字汇，《离骚》称道“三后”、“尧舜禹汤”。陈澧说：“屈原之文虽诗赋，其学则儒家也。”[①] 其说良是。

楚人向来是熟读经典的。自王子朝以典籍奔楚，左史倚相能读“三坟五典、八索九丘之书”（《左传·昭公十三年》）。子革对楚灵王诵逸诗的《祈招》；《国语》所记申叔时对楚庄王论九教；史老对楚灵王引《尚书·说命》；伍举对答则引《诗灵台》；灵王为申之会，问礼于左师与子产；楚昭王问观射父，引《周书》重黎绝地天通。以上一类故事，可见楚人文化受到经书极大的影响。楚人的传统思思，与儒家关系至深，在屈原以前似乎已是根深柢固了。在《楚语》里面，保存着不少的珍贵资料。我个人一向以为《大学》里面三纲领的观念，楚国先贤都时时讲论过的。先说“明德”，《楚语》上云：

> 申叔时曰：“教之《春秋》，而为之耸善而抑恶焉，以戒劝其心；教之《世》，而为之昭明德而废幽昏焉，以休惧其动；教之《诗》，而为之导广显德，以耀明其志；……教之《语》，使明其德，而知先王之务用明德于民也。”

可见申氏的设教，是以明德为主。如何明德呢？他接着说：

> 明施舍以尊以“忠”，明久长以导之“信”，明度量以导之“义”，明等级以导之“礼”，明恭俭以导之“孝”，明敬戒以导之“事”，明慈爱以导之“仁”，明昭利以导之“文”，明除害以导之“武”，明精意以导之“罚”，明正德以导之“赏”，明齐肃以耀之“临”。

这若干德目，都用“明”字统摄它。这里的明德是讲人事的。

再看观射父对楚昭王讨论民神不杂的大道理。他说：

---

① 见《东塾读书记》。

上下之神祇氏姓之所出，而心率旧典者为方宗，于是乎有天地神明类物之官，是谓五官各司其序，不相乱也。民是以能有忠信，神是以能有明德，民神异业，敬而不渎。

又说：

明德以昭之，和声以听之。以告偏至，则无不受休。

他的明德说，是指神的降福。把民和神对待而论；在祭祀类物的安定制度下，民乃有忠信而神有明德。这里的明德是属于礼制的。“德”和“民”的相互关系，是在宗教的秩序中建立起来，这又是一套的说法。伍举的持论则是：

吾闻国君服宠以为美，安民以为乐，听德以为聪，致远以为明。

他反对淫侈的设施，而主行“德义”，故云：

私欲弘侈则德义鲜少，德义不行则迩者骚离而远者距违。……其有美名也，唯其施令德于远近，而小大安之也。若敛民利以成其私欲，使民蒿焉忘其安乐而有远心，其为恶也甚矣。……夫美也者，上下内外大小远近皆无害焉，故曰美。

后来屈原在《离骚》中言“内美”、言“皇天亡私阿，览民德焉错辅”，正是承袭着这一套理论。伍举对于“美”的解释，比屈原所说，含义更为详远。

次说亲民。“德”和“民”的关系。上面已经说明了。《楚语》中对于“民”的重要性，亦有许多发挥。其论天与民的关系则云：“民，天之生也；知天，必知民矣。”（此楚大夫子革语。子革故郑大夫子然之子。）论神与民则云：“神降之嘉生，民以物享。”“宠神其祖，以取威于民。”楚国注重祀典，用祭祀的精神来联结百姓。观射父的理论是这样的：

祀所以昭孝息民，抚国家，定百姓也，不可以已。夫民气纵则底，底则滞，滞久不衰，生乃不殖，其用不从。……国于是乎烝尝，家于是乎尝祀。……于是乎合其州乡朋友婚姻，比尔兄弟亲戚，于是乎弭其百苛，殄其谗慝，合其嘉好，结其亲慝，亿其上下，以申固其姓，上所以教民虔也，下所以昭事上也。

这正是“亲民”的政策，可说是一种宗教的政治，寓教育于祭祀，我疑心原来的亲民主义可能和此很有关系。观射父是楚国传统文化的柱石，所以后人说：“楚之所宝者曰观射父。”（王孙圉语）可以想见他的地位。关于“民”的观念之重视，在屈原赋中亦屡屡提及，如“民生各有所乐”，“相观民之计极”，“哀民生之多艰”，这亦是楚国的遗教。又云：“哀民生之长勤”，按勤即瘽病，《楚语》“是勤民以自封也”，义亦同此。

再论“至善”。《大学》引《楚书》云：“楚国无以为宝，唯善以为宝。”欲推行善，必有赖于善人。《楚语》庄王使士亹傅太子葴，王曰：“赖子之善善之也。”对曰：“夫善在太子，太子欲善，善人将至；若不欲善，善则不用。”王孙圉论楚之白珩未尝为宝，楚人所宝者为观射父。正言以善人为宝。《左传》襄三十年：申无宇曰善人，国之主也。从自《老子》说：“善人者，不善人之师；不善人者，善人之资。”“善人之宝，不善人之所宝。”下至屈原谓“孰非义而可用兮，孰非善而可服”，都是一脉相承的道理。（和《论语》“善人为邦百年”，及《后汉书·郎𫖮传》引《易》“天道无亲，常与善人”的儒家观念相衔接。）所以我说《大学》三纲领的主张，和楚学应该是有相当渊源。他如斗且廷见令尹子常论“积货滋多，蓄怨滋厚，不亡何待，以民心之愠也”。这和《大学》责备聚敛之说正相同。蓝尹亹对子西论“君子唯独居，思念前世之崇替……同宴思乐，在乐思善”。这和《大学》君子慎独似乎很是接近。（《淮南子·缪称训》引《易》曰：“含章可贞动于近，成文于远。夫察所夜行，周公惭乎景，故君子慎其独也。”亦言及慎独，可与《大学》参证。）可见楚学的精神是和儒家相通。不止屈原为然，这点颇值得阐发和注意的。

尚有进者，楚文化之发达，由于人才之众。[①] 自楚先世鬻熊为文王师，著《鬻子》二十二篇。后来诸子百家大半出于楚。试看下表：

---

① 详洪亮吉：《春秋时楚国人文最盛论》（《更生斋文》甲集卷二《春秋十论》）。

道家

老子	楚苦县厉乡曲仁里人。	著《道德经》二篇。
老莱子	楚人。	《汉志》："道家《老莱子》十六篇，楚人。"
文子	老子弟子，与楚平王问答。	周氏《涉笔》及洪亮吉说。
蜎子	老子弟子。	《史记·孟荀列传》："环渊，楚人，著书上下篇。"
鹖冠子		《汉志》注云："楚人，居深山。"
长卢子		《长卢》九篇。《史记·孟荀列传》："楚有长卢。"

农家

许行		楚人。

天文家

唐昧		《史记·天官书》："传天数者有楚唐昧。"

兵家

范蠡	楚宛三户人。	见《吴越春秋》。
大夫种	楚人。	

阴阳家

南公	著书三十一篇，楚南公云："楚虽三户，亡秦必楚。"	见《史记·项羽本纪》。

杂家

伍子胥	八篇。	
尸子		《史记·孟荀列传》、刘向《别录》："楚有尸子。"
陈良		孟子："陈良，楚产也。悦周公、仲尼之道。"

至于他国人入仕于楚的，像荀卿为楚兰陵令。孔子、墨子皆曾适楚，庄子足迹多在楚。至于楚材晋用，蔡声子言之已详。宛人百里奚（《新序》）之霸秦，即其一例。是故楚文化学术之盛，人才辈出，亦是主要原因。

七、楚文化来源的探讨

楚文化的来源，近贤所讨论，意见颇不一致。我们看楚的疆域逐渐向东南拓展，一面控制三苗的旧疆，一面吞灭汉阳诸姬姓国。它的文化成分应该是多元的；殷、周、三苗、百濮、羌及吴、越都和它发生密切的关系。① 楚文化受到殷商的影响，有许多的事实可以证明。从近年考古的结果，楚地区内发见殷代遗物有下列各处：

湖北

当阳季家湖、赵家湖春秋战国墓，出土殷代遗物，文云："邗之造戈"、"著中乍白皇之造戈"。（《文物》，1982（4））

武汉盘龙城有殷中期"二里冈"式铜器②及殷代遗址。（《考古》1964（8）；《文物》，1976（2））

湖南

宁乡　殷人面方鼎。1959 年出土。③

---

① 近贤对楚文化的来源有各种不同看法，归纳起来大致有：（一）东夷说；（二）西南说；（三）外来说三类。第一说如胡厚宣的《楚民族源于东方考》（《潜社史学论丛》一），岑仲勉为《楚为东方民族辨》（《两周文史论丛》，55 页），已深加论难。第二说则 W. Eberhand 在他的 *Kulture und Sidelung der Randvölker China* 及 *Lokal Kulture in Alter China*（都是 1942 年荷兰莱顿出版）主张楚出于巴。按秦穆公时代巴人曾来致贡。（《史记·商君传》）巴后来属于楚，《史记·西南夷传》："会秦夺楚巴黔中。"据《秦本纪》秦昭襄三十年拔楚巫黔中郡。在此以前，巴曾属楚，巴只是楚文化之一成员，但不能轻易说楚出于巴。《左传》言"巴、濮、楚、邓，吾南土也。"巴和楚本是并列的。外来说如岑仲勉认为祝融是火神，尽量拾取拜火教的名词，用对音方法来和楚人比附，甚至谓熊姓之熊是Ahura，莫敖是火教教士的 Mogu，芈姓即 Media 的音变，都没有坚强的证据。兹举一例论之，岑氏谓 Agni-dagdha 一词，训为火葬，相当于义渠登遐。按此字见于 Rigveda（《梨俱吠陀》卷十，一五，一四；卷十，一〇三），义为火葬。然梵语火为 agni，而古伊兰文（A-vesta）火作 ātar-，岑氏云冠首元音不写出。意谓省"a"只作 gni，实无此例。拉丁语火作 ignis，即源出 agni 也。印度古文字学家如 Sākap ūni 以为 agni-一字语根有三：

（1）从 $\sqrt{i}$ 义为 to go。

（2）从 $\sqrt{g}$，此从语根 añz 来，义为 to shine；从 dah 而来，则义为 to burn。

（3）从 ri 而来，则义为 to bead（见 Nirukta 引）。

近代学者则谓 agni 之语根为 $\sqrt{ag}$，义为动；或出 $\sqrt{ang}$，义为 to go。具见元音之"a"不能省去。岑说以吠陀文与古伊兰文合为一字，似嫌不伦。其以 agni-dagdha 比附"义渠登遐"，作为对音，是说殊不可信。"burn"梵语根为 $\sqrt{dah\text{-}}$，古伊文语根 $\sqrt{dag\text{-}}$，亦同一源。陈槃先生审阅报告以为：《路史》，中土之濮，舜后姚姓之封。盖厥后南迁，故有南中之百濮。（别详拙《春秋表譔异》增订本册六，549~-554 页）至于羌，盖与姜戎同祖姓，即四岳后姜姓。（别详拙《不见于春秋大事表之春秋方国》氏羌篇。又姜、羌同源，傅孟真师有说，详所著《姜原》）今以百濮为羌，未详所据。

② 见夏鼐在京都大学考古学系讲演书。

③《文物》，1960（10）；又《考古》，1963（12）。插图及说明参唐兰：《从郑州出土商代前期青铜器谈起》，载《文物》，1973（7）。

常宁　兽面纹方尊。1963年出土。(《文物》，1966 (4))

石门皂市　殷式陶器、骨器。[①]

醴陵　出商铜像尊。1975年出土。(《文物》，1976 (7))

安徽

阜南（朱砦常庙乡）　殷青铜器包括有尊、斝、觚、爵各二件，鬲十二件。[②]

嘉山县泊岗　殷铜器四件。[③]

可见殷代铜器，在荆楚各地传播之广。以安徽所出铜器而论，有人尝取与郑州商代墓葬的铜器比较，认为它的年代属于安阳早期或较早。安徽商器出土地点，都在淮河流域：特别是泊岗，接近洪泽湖，古时应为淮夷活动的地带。(参葛治功文)

江西

清江兴城（古干越地）　商代遗址及陶文。(《文物》，1973 (7)；《考古》，1976 (4))

其次，殷遗物足以证明殷与楚在文化上的关系，试举数事论之：

孔雀

李济之先生见告殷墟出土有孔雀脚骨。[④] 按孔雀即翡翠，本南方产。《逸周书·王会》言："仓吾（苍梧）翡翠。"《说文》："翠为青羽雀，翡为赤羽雀，俱出郁林。"《楚辞》言及翡翠的，不一而足。《招魂》："翡翠珠被。"《九歌·少司命》："孔盖兮翠旍。"洪注："以孔雀之翅为车盖。"楚人喜欢用孔雀作装饰品[⑤]，殷墟已有孔雀腿骨，可见南服的出产，早和中原发生交往。《盐铁论》(南越）以孔雀珥门户。

肥遗

侯家庄一〇〇一号大墓木室顶面，所放置的一首二身交尾的蛇形器遗迹[⑥]，即《山海经·北山经》的"肥遗"之蛇，《西山经》字作肥𧕒，有六足四翼。郭璞注："汤时此蛇见于阳山下，复有肥遗蛇，疑是同名。"长沙《缯书》上神像，四月的余月，正绘着一首交尾四翼的蛇，当是商汤时肥𧕒蛇形

① 《考古》，1962 (3)。

② 葛介屏：《安徽阜南发现殷商时代的青铜器》，载《文物》，1959 (1)。

③ 葛治功文，载《文物》，1965 (7)。

④ 李济：《安阳发掘与中国古史》，该书注七二谓安阳鸟骨中有孔雀 pavo 的眼骨。

⑤ 朱季海：《楚辞解故》，234页论孔雀甚详。

⑥ 李济：*The Beginnings of Chinese Civilization*，26页，1957；又参芮逸夫：《三苗与饕餮》。

状的演变。

再从制度上言，楚灭国而立为县，这和殷人的大邑似不无关系。① 《楚世家》八姓之彭，殷时为侯伯，屈原最所向往的彭咸，原是商的贤大夫。② 《楚语》上复引用《商书·说命》③，凡此种种，均可看出殷的文化如何被楚人接

① 卜辞称商为大邑商，屡言大邑受禾（《佚存》六五三，文武丁卜辞）；卜辞屡言多尹，又云："㞢族尹（《前》七，一，四）。"楚官名用尹，此亦其远源。

洪亮吉《更生斋文》甲集卷二《春秋十论》有《春秋时以大邑为县始于楚论》，最初指出春秋时已行郡县制，楚始以大邑为县，秦、晋继之。（1～2页）H. G. Creel 于所著 The Beginnings of Bureaucracy in China 一文中，论及中国官僚政治之起源，楚在制度史的大贡献是"县制"的建立。又指出楚与北方国家在文化上的差异。由于氏族（Kinship）结构之不同，彼引《论语》十三《子路》叶公语孔子："吾党有直躬者，其父攘羊，而子证之。"孔子反对之，谓鲁俗则父为子隐，子为父隐，以此证楚鲁风俗之异。按此春秋"亲亲之义"，"为亲者讳为贤者讳"之习惯。叶公但言："吾党有直躬者。"只是少数直道之士，并非楚俗都如此。（叶公为楚地之公爵，庄子记叶公子高之好龙，雕文画之。《战国策》七十四《楚策》："叶公子高食田六百畛。"即此人也。）Creel 氏谓：That there was less kinship solidarity in Chü，又云：that the institution of the shih（氏）may originally not have existed in Chü at all。彼引若敖氏名称，谓与汉氏族不同。（按顾颉刚谓《楚世家》中，号王为敖者凡四。敖有二义，一以敖为陵，一以敖即豪。）

氏又谓：As in Chü，they were held by aristocrats but were not hereditary（世袭），these officers were selected on the basis of ability…。

按以楚为任贤而非世袭，《老子》不尚贤之论或为此而发乎？惟楚实有公族。三闾之昭、屈、景，即其著者。《左传》记苗贲皇曰："楚之良，在其中军，王族而已。"盖以王族将兵，不能谓无"宗族"观念。楚之大族有斗、蒍、屈等姓。战国时楚王子：昭鱼（《史记》、《国策》）、昭子（《韩非》十），参看《永乐大典》"《楚·公族传》"及《潜夫论·志氏姓》，记楚公族甚详。许倬云氏据此云知春秋世族遗风仍存于楚。杨宽《战国史》论秦楚政制之异，秦型为王权强化而世族弱化，楚型则旧家世族在军事政治上握权。按楚自吴起变法失败，其后军政大权，实掌于屈、昭、景三闾之手。是不特楚有世族，且占极重要地位。又参日本宇部木章《戰國時代の楚の世族》，论析甚详。（《中國古代の社會文化》，东京，179页，1957）

《楚语》上：申叔时曰"教之'世'而为之昭明德而废幽昏焉"。"世"为《周礼》小史辨昭穆之系世。可见楚人之有谱牒，是不成问题的！（顾颉刚：《浪口村随笔》七，歌诵谱牒条。）

陈槃先生审阅报告以为洪说未的。春秋时虽有县、有郡，然县大、郡小，郡统于县。（参《日知录》二二郡县条、《日知录集释》引姚鼐说、管礼耕《操敠斋遗书》三《上大夫受县下大夫受郡考》、严耕望《中国地方行政制度史》上编《郡县制度渊源论略》叶四、许倬云《战国的统治机构与治术》（台大《文史学报》十四期））。至如战国中叶以后所谓郡县，则县统于郡。此其制，不知起于何世。若秦皇之废封建为郡县，则晚矣。

《国语·晋语》二，公子夷吾私于（秦）公子絷曰："亡人何国之与有？君实有郡县。"此言"郡县"，先郡而后县，颇疑秦于此时，即已以郡统县（参拙《战国的统治机构与治术读记》。同上集刊三七本，754页）。果尔则战国中叶以后之设郡县，盖亦有取于秦制；而始皇之为，则直是本其"家法"矣。

② 《离骚》王逸注："彭咸，殷贤大夫，谏君不听，自投水而死。"

③ 《楚语》上灵王对白公言武丁于是作书，引"若金用女作砺"至"若跣不视地，厥足用伤"一段，即古文《尚书·说命》。

受的程度了。

姬周文化，楚人接受尤多，鬻熊为文王师，很早便沐周的教化，汉阳诸姬，楚实尽之，自然与周逐渐同化。近人许同莘《周典籍入楚说》云：

> 周景王二十五年，有王子朝之乱。其后五年，敬王起师于滑，子朝及召氏之族、毛氏得、尹氏固、商宫嚚奉周之典籍奔楚，此古今一大公案。……楚之先筚路蓝缕，僻陋在夷，殆无书可读。迨中叶以后，与中夏通问往还，而亡国之君臣，避难之士族，卒以此为栖迟之地。其尽室偕行，必有挟重器故书而至者，故观射父、左史倚相、令尹子革之徒，皆能诵述古训，博物多闻。及子朝载周之典籍，挈其名族来奔，则宗周数百年之文献，萃于是矣。[①]

楚亦行周礼，晋："重（耳），如楚，成王（文王子熊頵）以《周礼》享之，九献，庭实旅百。"正是例证。《左传·僖公五年》引《周书》："皇天无亲，惟德是辅。"语同《离骚》。可见楚人接受周文化之情形。

楚的版图，原是古代九黎三苗的旧疆，故楚文化中有"九黎三苗"的成分。张衡《思玄赋》言"衡阿（山）有重黎之圮坟"；《水经·湘水注》楚灵王时发现祝融墓，内有营丘《九头图》。是楚有重黎墓在湖南衡阳。《南岳总胜集》上祝融峰条："昔楚灵王时融顶崩，获人皇九首之图。"[②] 祝融见于楚

① 见《东北丛刊》第十八期，1931。

陈槃先生审阅报告以为许氏此说，当辩。楚本殷周间旧族，汤之时有"荆之伯"（已见上引）；周初有鬻子，为文、武、成王师；成王时，熊绎更以文、武勤劳之后嗣分封，爰宅南土。所谓"辟在荆山，筚路蓝缕，以处草莽"者，特言封地之恶，部民之落后耳。何至"无书可读"，必待"中叶""与中夏通问往还"以后？且楚已为中夏族姓，厥初本居中土，则与中夏通问往还旧矣，亦何必待至中叶以后耶！许氏偵耳。

② 《南岳总胜集》，见《大正藏》五一册。

陈槃先生审阅报告：此说过于简略。《后汉书·西羌传》："西羌之本，出自三苗，姜姓之别也"。其国近南岳。(《注》："衡山"。《集解》："惠栋曰：《左传》云：晋范宣子亲数戎子驹支曰：姜戎氏！昔秦人迫逐乃祖吾离于瓜州。杜预云：四岳之后皆姜姓，又别为允姓。瓜州，地在今敦煌。《左传》又云：先王《梼杌》，略举四凶之一。下言四裔，则三苗在其中。允姓与三苗，俱放三危者。及舜流四凶，徙之三危〔注：三危山，在今沙州敦煌县。东南有三峰，故曰三危也〕，河关之西南姜地是也。"蔚宗此文及《注》，均可全引，或作为注释而附之篇后。）然蔚宗此说，不无可商。《注解》亦然。姜戎尝居瓜州，而羌非也。此其一。瓜州当在今豫西渭南之中，非敦煌。此其二。三苗所放之三危是否在敦煌，亦不无问题。此其三。三者各为一事，互不相关群山。三危即使在敦煌，然三危非即瓜州。三苗自窜三危，姜戎自居瓜州，亦与姜无涉。混为一谈，盖未可也。（别详拙《春秋表撰异》增订本佰陆拾陆浑之戎〔册六，531页下～533页上〕，又壹陆参姜戎〔册六，538页下～539页上〕）

《缯书》，正是神话中楚的祖先。《山海经·海内经》云：“南方有人曰苗民，有神焉，人首蛇身……名曰延维。”这和人首蛇身的肥遗、蛇身交尾的伏羲很相似。南方苗族神话，奉伏羲、女娲为人类鼻祖。苗民之神为延维，都是蛇身。古代苗和羌有着密切的关系。《山海经·海内经》：“苗民生羌龙。”《后汉书·西羌传》：“西羌之本，出自三苗。”故《穆天子传》言：“重䰞氏之先，三苗之口。”《尚书》言窜三苗于三危，远古时候，南方之苗，一部分迁至甘肃，和羌人混化。故西藏文化，像“诅”的习惯①与傩舞，与楚有若干类似之处。苗自称为“果雄”②，越南祖先神话的《鸿庞传》称：“其国西抵巴蜀，北至洞庭湖，南至狐孙精国（占城）……世世相传皆号‘雄王’。”“果雄”和“雄王”的“雄”，当出一源。“雄”与“熊”二字古通用③，雄应即是“熊”；至于“果”字，乃发语词，音“ko″”，很像句吴的句。苗语另一发语词的“o″”，亦写作“禾”，则很像扬越的“扬”。“雄王”是“熊王”，“雄”，原是“雒”字之误，后来取义于熊。④ 这些地方都可以看出苗越和楚人文化的关系。

八、楚文化的辐射

战国时，楚版图极大，文化影响所及，光芒四照，对于邻邦，具有辐射力。

（一）东——朝鲜

朝鲜祖先神话，谓夫馀祖朱蒙，即河伯之女。（见《好大王碑》及《魏书·高句丽传》）《楚辞·九歌》中有河伯，《天问》亦提到：“胡射夫河伯，而妻彼雒滨?”（《竹书纪年》云：“洛伯用与河伯冯夷斗。”即此。）这故事本来产生于黄河流域，但传入东北，变为高丽人的祖先，像牟头娄冢《墓志》便说“河伯之孙，日月之子，邹牟圣王”了。殷时已有祭河的祀典，见于《卜辞》，楚文化和殷关系甚深。“河伯”故事，向东发展，播及朝鲜，在南方

---

① 参 R. A. Stein：*La Civilisation tibetaine*，166 页。

② 苗自称“果雄”，见严如熤《苗防备览·风俗考》，及凌纯声等撰《红苗自称为果雄试释》（见《湘西苗族调查报告》）。

③ 《左传·文公十八年》。“仲熊”，《潜夫论》熊作雄。《诗·无羊正月》及襄十年卫卜御寇之繇，皆以“熊”韵“陵”。王劭云：“古文读雄与熊者，皆于陵反。”此雄、熊同音之证。

④ 参看拙作另文《吴越文化》。

流传于楚国，可能是出于一源的。[1]

春秋时，朝鲜和中国已有密切的交通，《管子·轻重》申说“发朝鲜不朝”，便是很好的证明。[2] 东北的支石墓文化，在其邻接地区之山东的淄川县、荣成县及沿海浙江的瑞安县均曾发见，而湖南零陵县黄田铺的巨石亦有类似之处[3]，此亦可为古时朝鲜地区和楚越文化交流的一例。

（二）西——巴蜀

从祖先神话而言，蜀帝是荆人鳖灵尸体的化身。《华阳国志》序志云：“荆人鳖灵死尸化西上，后为蜀帝。”这蜀帝即是开明。扬雄《蜀王本纪》云：

> 荆有一人名鳖灵，其尸亡去，荆人求之不得。鳖灵尸随江水上，至郫，遂活。……望帝（杜宇）以鳖灵为相。时玉山出水，若尧之洪水，望帝不能治，使鳖灵决玉山，民得安处……（望帝）乃委国授之而去，如尧之禅舜。鳖灵即位，号曰开明帝。[4]

张华《禽经注》引（李膺）《蜀志》，亦称：“鳖灵于楚身死，尸反溯上至汶山之阳，忽复生。”这一鳖灵流尸复活的故事，盛行于汉晋，扬雄、李膺、常璩皆著之于书，成为蜀国古史的一桩公案，原来是从荆楚传入的。这一故事，和《山海经》“禹为鲧尸所化”很相像。鲧的化身有很多花样，《中山经》：“青要之山，实惟帝之密都。北望河曲……南望墠渚，禹父之所化。”郭璞注：“鲧化于羽渊为黄熊，今复云在此；然则一已有变怪之性者，亦无往而不化也。”《海内经》郭引《启筮》：“鲧死三岁不腐，剖以吴刀，化为黄熊。”[5]

“化为黄熊”的“熊”字，《史记·夏本纪》，《正义》作“化为黄熊”，其字下作三点。张守节引束皙《发蒙记》云：“鳖，三足曰熊。”所谓鳖灵，当和鲧化为鳖的神话不无关系。

春秋时，楚和巴交往频繁。《左传》庄十八年，楚武王克权，迁权于那

---

① 文崇一：《九歌中河伯之研究》（《民族集刊》九）。

② 陈槃：《春秋列国的交通》。

③ 三上次男：《滿鮮原始墳墓の研究》，128～136页。吴铭生：《零陵黄田铺石棚建筑》，载《文物参考资料》，1954（11），145～147页。

④ 芮逸夫：《苗族的洪水故事与伏羲女娲的传说·后记》，202页（《人类学集刊》一，一）。及杨向奎：《杜宇开明的故事》（责善二，九）。

⑤ 顾颉刚：《夏史三论》，《鲧禹的传说》。

处。及楚文王即位，与巴人伐申而惊其师，巴人叛楚。又桓九年《传》，楚巴围鄾；哀十八年《传》，巴人伐楚围鄾。可见春秋以来，巴变为楚的附庸，而时叛时服，那处一地，《水经注》谓即那口城，在荆门州东南。（《方舆纪要》）荆门近年出土的“大武闢兵”，伴出品物有巴式的柳叶形剑。[①] 而郘并果之造戈，上面刻有巴蜀纹饰的虎纹，而文字近寿县出土铭文的风格。显然是原有巴国的兵器，经楚人增刻上铭词[②]，凡此均足见巴和楚文化交流的情况。

蜀和楚的交涉，像楚肃王四年，蜀代楚取兹方，于是楚人乃建扞关以拒之。（《楚世家》）由蜀至楚，水路最便，所以张仪说：“蜀地之甲，轻舟涉于汶，乘夏水而下江，五日而至郢。”（《战国策·秦策》）《华阳国志》言乐曰“荆人”，可见荆的音乐，盛行于蜀了。再从近年出土文物来看，四川忠县的黑陶，与湖北宜昌、京山、天门等处出土的黑陶，在地域上正是密迩。可以看出蜀文化许多是受到荆楚的影响，特别是黑陶鬶、陶豆的分布，传播道路，主要是沿江西上的。[③]

（三）西南——滇

《荀子·议兵》，举出善用兵的人物，有楚之庄跻，又言：“庄跻起，楚分而为三四。”《史记》：“庄跻者，楚庄之苗裔，楚威王使将，将兵循江而上，略蜀黔中以西，跻至滇池，地方三百里，旁平地肥饶数千里，以兵威定属楚……会秦击夺楚巴黔中郡，道塞不通，因还。以其众王滇，变服从其俗以长之。”[④] 乐史《太平寰宇记·昆弥国》称：“其数十姓，以杨、李、赵、董为名家，各擅一州，不相统摄。自云先本汉人，自夜郎滇池以西，皆云庄跻之余种也。”（《四夷徼内》南蛮条）说者以为庄跻开滇，楚公族多从行，故今爨蛮，咸自以为楚令尹子文之后。由于庄跻之故，楚国文化经贵州输入大理。伊尹生于空桑，《天问》所谓“水滨之末，得彼小子”的神话，和贵州花苗洪水神话颇相似。徐嘉瑞调查大理本主庙十一余所，主祭者一概为巫，其神与《九歌》所祀者亦相类，认为楚国祀神之俗，今仍保存于滇中，乃大理文化受楚文化影响之明征。[⑤]

---

① 马承源文，载《考古》，1965（8）。

② 《郘并果戈》，载《文物》，1963（4）。

③ 徐中舒：《巴蜀文化初论》，载《四川大学学报》，1959（2），23页。

④ 杨志玖：《庄跻王滇考》，载《治史杂志》一。

⑤ 徐嘉瑞：《大理古代文化史》第三章，《大理神话与楚辞》。

附论　楚文化在世界文化上之地位

由于近年考古的丰富收获，楚器纹样的多姿多彩，引起国际学人的注意。取与太平洋地区各民族的艺术品互相比较，极多类似之处。最显著的，加长舌（Long tongue）、齐像（Simultaneous image）、祭坛（Alter ego）、动物头饰（Monster-mask headgear）、腰罩（Rump mask）、Sisiutl motif 等。以长舌一项而论，哥伦比亚大学考古美术系曾汇集各地资料，辑成专册，详细说明①。即楚墓所出，与婆罗州、苏门答腊、峇里、新西兰、夏威夷北面海岸、中南美洲、印第安文化、秘鲁，皆有共同之形态（Similarities）。② 复次美洲秘鲁冶铜术（Metallurgy），似取自安南之 Dongson 文化，实受周人的影响。

R. Heine-Geldern 氏强调说：

> The sudden appearance of highclass metal work in Peru and at the same time of very specific art motifs found in China at precisely the same date i. e. ca. 8th century B. C.. ③
>
> Chinese influence of the Late Chou period is conspicuous in Mesoamerica. It may have begun around the 7th century B. C..

此一假说，尚待多方面有力的证明。Fraser 氏亦谓：

> Numerous ceramics of Han date have come to light in Borneo where they appear to have played a part in the developing commodity-trade... These trade-wares show that the transfer of the motifs from China to Borneo could easily have taken place in Han times or perhaps even earlier.

---

① 参看 Columbia University 出版之 *Early Chinese Art and The Pacific Basin*，1967 年 8 月。是书为该展览会之特别说明书。

② 长舌形像又详凌纯声：《台东的吐舌人像及其在太平洋区的类缘》。（《民族学集刊》，1956（2），137 页）又陈奇禄："The Aborginal Art of Taiwan and its implication for the cultural history of the Pacific"（论文稿）。

③ 见 R. Heine-Geldern 氏著"American Metallurgy and the old world"论文稿（"Early Chinese Art and its Possible Influence in the Pacific Basin"讨论会宣读）举出 Chavin Style 之艺术品，与周器极多相似，材料极为充实。

The art of the Chü state is crucial because it shows how little we know of perishable Chinese art forms and of early "non-classical" Chinese art in general. Moreover while Ch'ang-sha art can hardly be the direct source of our Pacific Basin motifs, its resemblances to the overseas examples indicates that the complex is probably of late Chou date. ①

从艺术品的主题而论，楚艺术几乎被承认为太平洋地区美术的温床。彼此混合的时代，可能早在晚周。至于传播的路线，婆罗州或即汉土与美洲交通之一地缘媒介。这一说法的成立与否，牵涉到当日交通工具的问题。目前一般人类学者、民族学者，皆极感兴趣，尚待于努力研究。可见楚文化在世界文化史上的重要性，已成为不可否认的事实了。

附录一　楚境内重要遗物、遗址发见简表

江水流域　江陵记南城凤凰山八号墓　竹简（《文物》，1976（6））

湖南省

（1）湘水流域

长沙	子弹库	1942	《缯书》	安志敏等：《长沙缯书及其有关问题》，载《文物》，1963（9）。商承祚：《战国帛书述略》，载《文物》，1964（9）。
	伍家岭	1951—1952	战国墓二五座	《长沙发掘报告》。
	陈家大山	1951—1952	战国墓十三座	张中一：《湖南长沙陈家大山战国墓葬清理简报》，载《考古通讯》，1958（9）。
	五里牌	1951—1952	战国墓一座，竹简三七板，漆盾	罗张：《长沙五里牌古墓葬清理》，载《文物》，1960（3）。
	识字岭	1951—1952	战国墓三四座	《长沙发掘报告》。

① Douglas Fraser 氏著 "Early Chinese Artistic influences in Melanesia" (Summary)。

仰天湖	1952	竹简四二枚	戴亚东：《长沙仰天湖第二五号木椁墓》，载《考古学报》，1957（2）。
扫把塘	1952	弩机	
左家公山	1952—1956	毛笔与笔筒，无枰铜剑与木椟箭箙	吴铭生：《长沙左家公山的战国木椁墓》，载《文参》，1954（12）。
杨家湾	1954	竹简七二枚	杨桦：《长沙杨家湾M〇〇六号墓清理简报》，载《文参》，1954（12）。
黄泥坑	1956		《长沙黄泥坑第二十号墓（大型战国墓）清理简报》，载《文参》（19）。
左家塘	1957	弩机	高至喜：《记长沙常德土弩机的战国墓》，载《文物》，1964（6）。
沙湖桥	1957		彭青野：《长沙沙湖桥一带古墓发掘报告》，载《考古学报》，1957（4）。
紫檀铺	1957		吴铭生：《湖南长沙紫檀铺战国墓清理简报》，载《考古通讯》，1957。
黄土岭	1957		周世荣：《长沙黄土岭战国墓的清理》，载《考古通讯》，1957（7）。
小林子冲	1958		张鑫如：《清理简报》，载《考古通讯》，1958（2）。
太子冲	1960		周世荣：《长沙太子冲文化遗存》，载《文物》，1960（3）。

（2）沅水流域

常德	德仙镇	1956	东周墓四四座	《湖南德山出土楚文物》，载《考古》，1959（4），207～208页。

		1958—1959	战国墓八四座	《湖南常德德山楚墓发掘报告》，载《考古》，1963（9）；文道义：《湖南常德德山战国墓》，载《考古》，1959（12）。

（3）澧水流域

石门	维新公社	1960	城墙遗址	周世荣：《湖南石门县古城堤址试掘》，载《考古》，1964（2），8页。

（4）株洲

		1959	战国墓八四座	高至喜：《湖南株洲战国墓清理》，载《考古》1959（12）。

湖北省

（1）㳂水流域

松滋	大岩嘴	1960	东周墓二七座	王富国：《湖北松滋县大岩嘴东周土坑墓的清理》，载《考古》，1966（3）。

（2）长江流域

江陵	纪南城	1961—1966		《湖北江陵三座楚墓出土大批重要文物》，载《文物》，1966（5）。
	望山	1961—1966	竹简二三枚，越王勾践剑。	
	万城	1963	西周铜器	李健：《湖北江陵万城出土西周铜器》，载《考古》，1963（4）。
荆门		1963	铜戚文曰“大武闢兵”	王毓彤文，载《文物》，1963（1），63～65页。
宜城		1965		王善才：《湖北宜城楚皇城遗址调查》，载《考古》，1965（8）。

随县	1959		《湖北随县东周遗址的发见》，载《考古》，1959（11），635～636页。
孝感 野猪湖	1964—1965	（楚）铜贝	程欣人：《孝感县发见的楚贝整理完毕》，载《文物》，1963（12）。
鄂城 七里界	1958		熊亚云：《湖北鄂城七里界战国木椁墓清理》，载《考古通讯》，1958（8）。
大冶	1959		
安徽省			
淮河流域			
信阳 长台关	1957—1958	巨大椁墓（比长沙墓大二八倍）分七室，共用方形椁木五百根。随葬品多至八百余件。	《河南信阳楚墓出土文物图录》，1959。
寿县 朱家集	1934		李景聃：《寿县楚墓调查报告》，1936；《田野考古》一，213～279页。
	1956	蔡侯墓	《寿县蔡侯墓出土遗物》，1965。

参考

张光直：Major Aspects of Chü Archaeology（稿本）。

郑德坤：Chou China。

文道义：《长沙楚墓》（《考古学报》，1959（1），41～58页）。

《长沙发掘报告》。此为1951年10月于长沙陈家大山、伍家岭、识字岭、五里牌及杨家湾五处发掘之正式报告；1957年出版，包括战国、西汉、东汉墓葬。汉以后资料，本篇从略。

附录二　楚吞灭各国及置县略表

楚武王	克权（阎敖尹之）	《左传·庄公十八年》
文王	灭申　县申、息	《左传·哀公十七年》
文王十二年	灭邓	《史记·十二诸侯表》
	灭弦	鲁僖公五年
成王二十六年	灭黄	《楚世家》作“灭英”，乃字误。（说详刘文淇《左传》疏证。）
成王三十九年	灭夔	《左传·僖公二十六年》
穆王三年	灭江（汝南安阳县）	
穆王四年	灭六、蓼（杜注：六国今庐江六县，蓼国今安丰蓼县。）	
庄王三年	灭庸	《左传·文公十五年》：“楚人秦人巴人灭庸”。
庄王十三年	灭舒蓼	《十二年表》
庄王十六年	灭陈　遂县陈	
庄王十七年	灭萧	《左传·宣公十二年》
楚共王十六年	灭舒庸	《左传·成公十六年》
平王十二年	灭舒鸠	《左传·襄公二十五年》
昭王二十年	灭顿（汝南顿县）、胡（汝阴西北）	
惠王四十二年	灭蔡	《六国表》
惠王四十四年	灭杞	《六国表》
简王元年	灭莒	《六国表》
宣王十七—十八年	取睢、涉之间	
怀王二十三年	灭越	
怀王二十八年	庄跻入滇	

引用书目

1. 胡厚宣：《楚民族源于东方考》，见《史学论丛》。

2. 陈槃：《楚都丹阳考》，见《第二届亚洲历史会议论文集》。

3. 王玉哲：《楚族故地及其迁移路线》，见《周叔弢先生六十生日纪念论文集》。

4. 岑仲勉：《楚为东方民族辨》，见《两周文史论丛》。

5. 商承祚：《长沙古物闻见记》。

6. 蒋玄怡：《长沙》。
7. 《长沙发掘报告》。
8. 《河南信阳楚墓出土文物图录》，1959。
9. 《常德楚墓》，载《考古》，1963（9）。
10. 《楚文物展览图录》。
11. 《长沙楚墓出土的漆器》，载《文物》，1957（7）。
12. 《战国漆器花纹与绘画》，载《文物》，1957（7）。
13. 《长沙出土古代漆器图案选集》。
14. 刘节：《寿县楚器考释》，见：《古史考存》。
15. 《湖南出土铜镜图录》（湖南省博物馆，1960）。
16. 《湖北江陆三座楚墓出土大批重要文物》，载《文物》，1966（5）。
17. 《长沙仰天湖第25号木椁墓》（附竹简图片），载《考古学报》，1957（2）。
18. 史树青：《长沙仰天湖出土楚简研究》。
19. 罗福颐：《战国竹简摹本并附录》。
20. 陈直：《楚简解要》，载《西北大学学报》，第四期。
21. 《江苏六合桥东周墓》，载《考古》，1965（3）。
22. 《湖南省首次发见战国文化遗存》，载《文物》，1958（1）。
23. 《长沙左家公战国木椁墓》、《长沙杨家湾M〇〇六号清理简报》，载《文物》，1954（12）。
24. 朱德熙：《寿县出土楚器铭文研究》，载《历史研究》，1954（1）。
25. 李学勤：《战国题铭概述》下，载《文物》，1959（9）。
26. 杨宽：《论长沙出土的木雕怪神像》，载《文物周刊》第十三期（上海市博物馆研究室辑）。
27. 饶宗颐：《楚缯书疏证》，见《史语所四十周年纪念刊》。
28. 何锜章：《楚世家疏证》（稿本）。
29. 《永乐大典》一〇九三五，“楚”字号。
30. 《尚书》，《盘庚》、《吕刑》。
31. 顾栋高：《春秋大事表》。
32. 刘文淇：《春秋左氏传旧注疏证》。
33. 《逸周书·作雒解》。
34. 《帝王世纪》。

35. 徐元诰：《国语集解》。
36. 《潜夫论》，《浮侈篇》、《卜列篇》。
37. 《荀子》，《议兵篇》、《非相篇》。
38. 《战国策》，《秦策》、《楚策》。
39. 《列子·说符》。
40. 《山海经》。
41. 《吕氏春秋》。
42. 《管子·轻重》。
43. 《子思子》（佚文）。
44. 《淮南子》，《缪称训》、《兵略训》。
45. 《吴越春秋》，《勾践阴谋外传》。
46. 贾谊：《新书·耳痺篇》。
47. 应劭：《风俗通义·六国篇》。
48. 《华阳国志》。
49. 《白虎通·三教篇》。
50. 《抱朴子·论仙篇》。
51. 《水经注》。
52. 扬雄：《蜀王本纪》。
53. 《竹书纪年》。
54. 盛弘之：《荆州记》。
55. 《南齐书·文惠太子传》。
56. 罗泌：《路史》。
57. 《南岳总胜集》（《大正藏》本）。
58. 《太平寰宇记·南蛮》。
59. 宋濂：《游荆涂二山记》，见《明文衡》二九。
60. 林春溥：《战国纪年》。
61. 刘献廷：《广阳杂记》。
62. 汪中：《述学》，《周公居东证》。
63. 俞正燮：《癸巳类稿》。
64. 洪亮吉：《更生斋文甲集》。
65. 宋翔凤：《过庭录》。
66. 俞樾：《茶香室经说》。

67. 陈澧：《东塾读书记》。
68. 明义士：《殷虚卜辞》
69. 郭沫若：《殷契粹编》。
70. 屈万里：《殷虚文字甲编考释》。
71. 陈梦家：《殷虚卜辞综述》。
72. 李孝定：《甲骨文字集释》第六。
73. 董作宾：《帚矛说》。
74. 董作宾：《新获卜辞写本后记》。
75. 叶玉森：《殷虚书契前编集释》。
76. 商承祚：《十二家吉金图录》。
77. 王国维：《观堂集林》。
78. 唐兰：《古代乐器小记》，载《燕京学报》。
79. 《江苏省出土文物图录》。
80. 《金匮论古综合刊》(第一册)。
81. 芮逸夫：《苗族的洪水故事与伏羲女娲的传说》，载《人类学集刊》一。
82. 芮逸夫：《三苗与饕餮》。
83. 徐梗生：《楚瑟考略》，载《珠海校刊》二，七。
84. 朱希祖：《汲冢书考》。
85. 徐中舒：《殷周之际史迹之检讨》，载《史语所集刊》。
86. 徐中舒：《殷人服象及象之南迁》。
87. 徐中舒：《巴蜀文化初论》，载《川大学报》，1959。
88. 陈槃：《春秋晋楚两国别记》。
89. 陈槃：《春秋列国的交通》。
90. 郭宝钧：《中国青铜器时代》。
91. 徐炳昶：《中国古史的传说时代》。
92. 顾颉刚：《三皇考》。
93. 顾颉刚：《夏史三论》。
94. 顾颉刚：《史林杂识》(初编)。
95. 朱季海：《楚辞解故》。
96. 文崇一：《九歌中河伯之研究》，载《民族学集刊》九。
97. 杨志玖：《庄跻王滇考》，载《治史杂志》。

98. 徐嘉瑞：《大理古代文化史》。

99. 凌纯声：《国殇礼魂与馘首祭枭》，载《民族集刊》九。

100. 唐美君：《台湾土著民族之弩及弩之分布与起源》，载《台大考古人类学刊》十一。

101. 藤枝了英：《楚の檮杌について》，载《东洋史研究》，1943（6）。

102. 佐藤武敏：《先秦時代の關と關税》（《甲骨学》十）；《中國古代工業史の研究》。

103. 白川静：《金文通释》十四。

104. 关野雄：《中國考古學の研究》。

105. 水野清一：《長沙の木偶について》，载《东方学报》八，京都，1937。

106. 樋口隆康：《西周銅器の研究》。

107. 加藤繁：《郢爰考》见：《中国经济史考证》。

108. 三上次男：《滿鮮原始墳墓の研究》。

109. 宇津木章：《戰國時代の楚の世族》见：《中國古代の社會上文化》，东京，1957。

110. 李济：*The Beginning of Chinese Civilization*，1957。

111. 张光直：Major Aspects of Chu Archaeology（稿本）。

112. H. G. Creel：The Beginning of Bureaucracy in China.

113. *Early Chinese Art in the Pacific Basin*，New York，Columbia University Press，1967.

114. R. Heine Geldern：American Metallurgy and the Old World.

此文刊行于1969年，其时楚地考古工作刚在发轫阶段。1973年，出土御切云冠骑龙人物绘画，1978年随县出编钟，均在本文之后。"楚文化"此一学术名词之提出，本文颇有促进作用。今不作改订，存原貌以留其真。文中论楚人与儒家思想之关系而征引《大学》之作，当受《楚书》之影响，请参考本文集。

2002年作者补记

吴越文化

一、引言

长江以南，原有住民的情况，一向是茫然无知的。太伯仲雍南奔江苏，开创吴国，这一地区，后人称为荆蛮。《史记·周本纪》云："二人亡如荆蛮，文身断发，以让季历。"又云："荆蛮义之，从而归之千余家。"《吴世家》说相同。[①] 荆蛮即中原人士所指的楚族。江汉流域原有扬越（粤），周夷王时，熊渠伐之，封其中子红为鄂王，少子执疵为越章王。[②]《史记》谓皆在"江上楚蛮之地"。可见未有吴、越以前，这一地区，原曾被目为荆蛮和楚蛮的。

《国语·郑语》史伯对郑桓公说："芈姓夔越，不足命也。蛮芈蛮矣，唯荆实有昭德。"此处蛮芈，《周礼·职方》郑注引作"闽芈"。《世本》云："东越闽君，亦皆芈姓。"史伯所称的蛮芈，是指闽侯的越地。西周末年，福建亦

---

① 《史记索隐》："荆者楚之旧号。以州而言之曰荆；蛮者闽也。南夷之名，蛮亦称越。此言自号勾吴，吴名起于太伯，地在楚越之界，故称荆蛮。"陈槃云："吴地有荆称。《汉书·高帝纪》以故东阳郡、鄣郡、吴郡五十三县，立刘贾以为荆王"。见《春秋大事表列国爵姓及存灭表譔异》增订本册一，75页。

② 此据《楚世家》说。《大戴礼·帝系》"越章王"作"戚章王"。可见"越"即"戉"，故与戚字同义。《索隐》引系本"越"字作"就"字，恐误。

在楚人势力范围之内，故有闽芈的称号，由是言之，闽之中亦有出于芈姓的。[①]

吴越地区，后来有荆楚之称，起于晚周。[②] 太史公以吴地为荆蛮，似取当时人之习称以为名。至于越的种姓，或曰姒姓，或曰芈姓，以其烦杂，故总称为百越。芈出于楚，而姒则夏后，春秋战国以来，越为夏后之说，已极流行，故会稽之越，号为禹后，史公独取是说，采入《越世家》，其由来甚远。

《楚世家》言：周天子命楚成王："镇尔南方夷越之乱，无侵中国，于是楚地千里。"这里"夷越"一名，所指的范围很广，常璩《华阳国志·南中志》云："南中在昔盖夷越之地：滇、濮、句町、夜郎……以十数。"是所谓"夷越"，不专指吴、越之越，可视为东南民族的大共名了。

战国时，又有"大吴"一名，和瓯越对举，《史记·赵世家》：（赵）公子成云："夫剪发文身，错臂左衽，瓯越之民也；黑齿雕题，却冠秫绌，大吴之国也。"这里的"大吴"，包括黑齿雕题在内，自然亦是作为统称，和荆蛮没有什么不同。《管子·小匡篇》云："南至吴、越、巴、牂牁、瓜、不庾、雕题、黑齿，荆夷之国。"荆夷就是荆蛮，可见《管子》成书的时代，已有人把"荆夷"一名作为南方地区民族的代称，和"夷越"一样。在这类的记载中，无论是荆、吴、越，加在蛮、夷通称之上，都是指南方民族，和吴、越的专称，涵义有些不同。

春秋时，吴越两国的势力逐渐向北方发展，吴会诸侯于黄池，而越北破齐于徐州，致贡于周。为了互相争霸，使得南北文化有频繁的接触。后来楚灭越，继之，秦又灭楚。然南方的越人，在东越和南越地带，都有他们的特殊力量，非中原所能控制。故秦人一统天下，实行徙民政策，于浙则"徙大越亡民置余杭"（《越绝书》卷八）。于岭南则置桂林、南海、象郡，以谪徙民与粤杂处。（《汉书·两粤传》）然尉屠睢将五十万人击越，越人皆入丛薄中，莫肯为秦虏。（《淮南子·人间训》）越有他的强悍民族性和自己的生活习惯，构成他在文化上的特征。越的种类不一，分布极广，《汉书·地理志》臣瓒

---

① 参陈槃：《不见于春秋大事表之春秋方国》，参"闽芈"。

② 《十驾斋养新录》六"吴楚通称"条，及《谍异》册一，75页。

云："自交阯至会稽七八千里，百粤杂处。"人们给以"百越"的名称，这些百越民族，应该是中国南方的土著。民族学家认为"百越"即现代南洋群岛印度尼西亚系民族的来源。①

二、吴越地区的土著及其文化

"吴越文化"一词的使用，由于江浙一带有几何印纹陶的大量发现，因此有人标揭"吴越文化"的名目。② 惟据近年江苏、浙江、福建、广东各地古物出土的结果，已有若干新的看法：

(1) 江苏最早原始文化是青莲岗文化。

(2) 属于荆蛮区居民的是湖熟文化。

(3) 真正代表越族的是良渚文化。

(4) 代表几何形印纹陶文化，是以福建为中心，有人主张改称为昙石山文化。③

这些说法，仍有待于论定。古时所谓荆蛮，原不限于吴地，《楚世家》熊渠兴兵伐庸、扬越至于鄂，应该包括江汉流域。而湖熟文化的分布，只在宁镇山脉和秦淮河地区，大抵以太湖为中心，间亦及于皖北淮水地带④，不能代表整个荆蛮。青莲岗文化遗址，分布遍于全吴。发掘所得，浙江吴兴丘城、皖北曹庄、皖南蒋公山遗址都具有这一文化的特色，此外河南信阳（三里店）亦有相似的遗存。最特别的是四川巫山县大溪出土遗物，和南京北阴阳营非常相似，论者认为这说明青莲岗文化曾溯江而上，到达三峡地

① 参见凌纯声：《南洋土著与中国古代百越民族》(《学术季刊》第二卷第三期)，按此可备一说。

② 参见卫聚贤等编：《吴越文化论丛》，1937。

③ 参见《江苏省出土文物选集》，曾昭燏等：《古代江苏历史上的两个问题》，对这四种不同文化有详细而综合的解说。

④ 参见尹焕章等：《宁镇山脉及秦淮河地区新石器时代遗址普查报告》(《考古学报》，1959 (1))；曾昭燏等：《试论湖熟文化》(《考古学报》，1959 (4))。

区①。我们的解释，越的分布甚广，在夔国地方有夔越，于此可见古时越族文物流播的情形。

良渚文化最重要的特点是出现一些农具的石钺。大抵有两大类：垂肩的作凸形，斜柄宽刃的作⊿形。（上海青浦亦见之，广东清远的铜钺，作⨅状，仍有相似的形态。）殷器的戉，像上海博物馆藏的透雕夔纹钺作⊏状，尚可见其演化的痕迹。越族的名称，有人以为即起源于习用这种工具。戉本为农具，后来用作兵器，也许示军权的意思。《诗经》上说："有虔秉钺。"《虢季子白盘》："赐用戉，用征蛮方。"戉已成为指挥的武器，作为权力的象征了。这一推测，或可说明越字的取义。② 良渚文化在江苏和浙江是以太湖平原和杭州湾一带为中心。吴兴钱山漾遗址，发现灰坑建筑残迹，家畜的圈栏、木桨、稻壳、果实和大批竹器，可以想象这地区人民的生活状况。这一地方，战国时越王建国于此，所以良渚的居民应该属于古代的越族。③

湖熟文化，分布苏南宁镇山脉和秦淮河地区，遗址多散处河流及湖沼沿岸的台形地带。石器以石镰为多，可见当时的农业已发展到相当的程度。骨器有矛、镞、锥、针等。又有冶铜工具及小件铜器；卜骨卜甲的发现，知殷人遗俗若冶铜、占卜亦流行于此一地区。江苏原即吴太伯及仲雍南奔之地，其土著为荆蛮。湖熟文化既为一种江南的土著文化，论者谓其居民也许即古代的荆蛮族。

① 参见《四川巫山大溪新石器时代遗址发掘记略》。(《文物》，1961 (11))

② 近人或训王字为斧形，与戉、钺有关，参见林沄：《说"王"》(《考古》，1965 (6)，311页)。浙江石钺及重要遗物，可参考《浙江新石器时代文物图录》，1958。

③ 关于良渚文化及江浙文化，可详下列各书：

何天行：《杭县良渚镇之石器与黑陶》，上海，1937。

施昕更：《良渚》，见《杭县第二区黑陶文化遗址初步报告》，杭州，民国二十七年。

《青浦考古报：嵩泽遗址》(《考古学报》，1962 (2))。

《青浦孝古报：千步松遗址》(《考古》，1963 (3))。

《江苏吴江梅堰新石器时代遗址》(《考古》，1963 (6))。

《吴兴钱山漾遗址第一、二次发掘报告》(《考古学报》，1960 (2))。关于江浙新石器时代遗物，有两个类型：一是典型的青莲岗文化，一是典型的良渚文化。详张翔：《试论江浙新石器时代遗址的类型》(《考古》，1964 (9))。

几何形印纹陶文化遗址，密集于东南沿海地区，以福建、广东及浙江南部一带为中心①，再向南传播至香港及海南岛，又向东达于台湾，更及南洋群岛。且又向北传播，郑州二里冈殷代文化层曾发现少量印纹硬陶，论者谓似即由南方输入。② 印陶文化的特征为陶器主要为灰色，轮制与模制兼施，印纹以编织为主，间有云雷纹及波浪纹。广东春秋战国遗物，已受铜器花纹

---

① （1）福建主要考古文献：

《闽侯昙石山新石器时代遗址探掘报告》（《考古学报》，1955（10））；又同地区第二至第四次发掘简报（《考古》，1961（1））。

《福建福清东张新石器时代遗址发掘报告》（《考古》，1965（2））。

曾凡：《闽东新石器时代遗址调查》（《考古》，1959（11））。

《闽南石器遗址调查》（《考古》1961（5））。

（2）台湾史前文化及其所受大陆的影响，可参下列各文：

金关丈夫：《臺灣先史時代に於ける北方文化の影響》。

国分直一：《有肩石斧有段石斧及び黑陶文化》（《台湾文化论丛》，1943）。

石璋如：《先史時代的臺灣與大陸》（《第二届历史学家会议论文集》，37页）。

张光直（Kwang-chih chang）：*Fengpitou*，*Tapenkeng*，*and the Prehistory of Taiwan*，Yale University，1969。

（3）广东新石器时代遗址调查：

东部：《考古》，1961（12）。南部：《考古》，1961（11）。

北部：山地区，《考古》，1961（11）；中部低地区，《考古学报》，1960（2）。

海南岛：《考古学报》，1960（2）。

拙著《韩江流域史前遗址及其文化》。

莫稚：《广东考古调查发掘的新收获》（《考古》，1961（12））

（4）印陶文化：

尹焕章：《我国东南地区苏、浙、闽新石器时代文化概述》（夏鼐编：《中国原始社会史文集》，315～330页，天津，1964）。又《关于东南地区几何印纹陶时代初步探测》（《考古学报》1958（1））。

饶惠元：《也谈印纹陶的几个问题》（《考古》，1961（3））。

关野雄编：《世界考古学大系》（第五卷）内，水野清一：《長江中下流域の農耕文化》；及关野雄：《東南地區の印文陶文化》。

② 史前考古学上的几何印纹陶，和远古吴越文化是一个极有关联的问题。向来对印陶的产生，有二种看法：一是认为是中国东南地区独立发展的，一是以为中原的土著文化。关于后一说，石璋如先生在《新石器时代的中国》一文中分析豫东西及淮寿区域，商代国都如商丘西亳小屯各处，都是拍纹陶遗址。文饰除辊拍外，还有少数用压印方法。因而推断拍纹陶可能是商代早期文化。近年学者又有不同的看法：像郑州商代中期遗址中发现几何印纹陶，及釉陶在屯溪西周墓中大量的出土，研究结果，应属江南的烧制而后流入北方。郑州早期遗址，发现有少数的釉陶和印纹陶，其质地及纹饰都和长江以南的印纹硬陶极其相似。有人说；“这些迹象，表明商殷遗址中所出釉陶和印纹硬陶都有可能是通过交换或其他方式由南方传入中原的。正因这个缘故，所以这类遗物数量极少，往往只占陶片总数百分之几，甚至千分之几。”（《考古收获》，48页）

影响。部分发展为双 F 纹[①]（亦称为夔纹）。石器则以有段石斧及石镞为主，兼有肩斧。福建地区曾经过发掘的，像闽侯的昙石山遗址，有软陶层与硬陶层之分，年代有先后之区别，其顶层为蛤螺堆积及网坠石镞等物，可以推知此一地区居民生活情形，聚族而居，应属古之闽越族。[②] 若浙南为（东）瓯越，广东为南越，前人统称为百越；几何印陶就其分布地域而论，正为古百越地区，以之代表百越文化，似不成问题。但从近年发掘所知，长江以南文化层次及文化性质，亦相当复杂；吴越文化本身所由构成，并不如一般想象那样简单，应有土著的多型越族文化与外来的华夏文化，互相渗透。所谓“百越”，只是一个笼统的名称而已。

吴越地区，早期石器时代文化发掘的结果，增加了新的认识。在南京北阴阳营墓地出土了三百件左右的玉和玛瑙饰物。[③] 浙江良渚亦发现成批的玦、璜、璧、镯等物。广东海丰及香港出土半玉质的环玦甚多。我们更从山东日照两城镇有半成品的玉材，成坑发现，可知当时制玉事业的发达。从山东迤海而南，至于百越，无不喜欢这种装饰品的。

吴兴钱山漾出土有二百余件竹编物和芦席。这一地区编织业很发达，同时亦出产平纹细麻布。原料是苎麻，密度高至每英吋一百二十根丝。[④] 《荀子·礼论》称“越席床笫”（杨注：越席，剪蒲席也）。《西京杂记》“会稽岁时献竹簟供御”，吴人谓簟为笙，《吴都赋》所谓“桃笙象簟”，是吴越的编织品，自有它的渊源和历史。越布亦名“白越”，至汉时仍用为赏赐物品。（《后汉书·马皇后传》）

《史记·货殖列传》云：“楚越之地，地广人希，饭稻羹鱼，或火耕而火

① 双 F 纹硬陶为南越陶器文化的特征，香港首次发现。“双重 F 纹”为芬神父（Father Finn）所命名。其后海丰及广州附近皆发现之。麦兆良神父在五华所得到陶罐为最完整而具有双 F 纹的陶器。（见饶宗颐：《华南史前遗存与殷虚文化》）近年发掘北江区的清远，韩江区的潮安梅林湖（《考古》，1965（2）），潮阳金溪水库（《考古》，1956（12）），出土少数灰色双 F 纹，极为恣肆，近似香港万角咀。粤北翁源西北遗址几乎全属于此类双 F 纹及云雷纹。（《考古》，1961（11））广东南路沙丘遗址如东兴白龙台，此类纹样较齐整（《考古》，1961（11）），与香港大异，此种特殊拍印花纹，近人改名为夔纹，以其模仿商周铜器纹样。殷器武官大墓虎形磬上的[illegible]纹，侯家庄一〇〇一号大墓的漆器之作[illegible]形（《侯家庄》，58 页），颇有相似之处。无锡荣巷漳山战国陶瓮纹样，颇似五华所出一半网纹一半工整夔纹者。此纹样的演变仍需要详细研究。

② 关于印纹陶与越族关系问题，有人主张福建应该为印纹陶发生地。参见吕荣芳：《中国东南区新石器文化特征之一：印纹陶》。（《厦大学报》，1959（2））。又饶惠元：《也谈印纹陶几个问题》（《考古》，1960（3））等文。

③ 《南京市北阴阳营第一、二次的发掘》（《考古学报》，1958（1））。

④ 《吴兴钱山漾遗址第一、二次发掘报告》（《考古学报》，1960（2））。

耨。果隋（蓏）蠃蛤，不待贾而足。”近年的发掘，证知吴越一带新石器时代的人们，已晓得吃稻谷，钱山漾稻粒，经鉴定有粳稻和秈稻两种。良渚的居民且使用三角形的石耜，而穿孔的石铲与石锄的大量发现，可见他们耕耨（除草）的工具，对于耘田除草，有极大的帮助。

福建地区，石器时代遗址分布极广，以闽江下游河谷平原的闽侯昙石山而论，上层多属蛤螺壳堆积，网坠石镞甚多，广东潮安梅林湖有贝丘遗址，可推知这一地区多以水族生物为生活之资。所以《逸周书·王会篇》说：“东越海盒”。《盐铁论·论甾》“越人善蠃蚌而简太牢”。不为无因。[①]

由上所论，古代吴越土著的生活用品中以玉饰、编织物和螺蛤三者最为特色。

三、吴越与中原文化的交流

近年考古学的发现，知道徐淮地区在殷商前期已有商人居住。江苏之商代遗址所发见者，不少为商前期遗物，如蚌刀、长条形石刀、鹿角器、骨笄、小铜刀、粗糙卜骨卜甲等。湖熟文化遗址有冶铸青铜遗存，如南京北阴阳营所出之炼铜陶钵、挹铜液陶勺；郑州出土大量铜箭头陶范；湖熟亦出铜镞，形制相同；湖熟所出铜鼎耳鼎足，样式尤与郑州安阳相类，可推测古代荆蛮族曾从商人学得冶铜技术，故湖熟文化中，实包有不少商人文化因素。溧阳社渚的石戈又是仿制周代有胡的铜戈。江苏吴江梅堰新石器时代遗址骨器共七百余件，骨上有极精者（图见《考古》，1963（6）），此与湖熟地区同为吴太伯封地，可推想生活于此台形遗址的人们可能即荆蛮土著，很早就受到商周文化的熏陶。在邳县（火石棹）的刘林文化，最特色的是穿孔龟甲，用以保护阳具及两膝与腿旁。葬制则大人小孩合葬，墓葬中有兽牙勾形器，又发上有骨约，这和原有荆蛮断发的习惯截然不同；刘林文化只有山东宁阳大汶口相同，这似是东夷的一支，和荆吴文化似应分开的。[②]

以陶器论，江苏南京锁金村、北阴阳营文化，所受中原之影响甚深，如陶鬲陶豆皆殷周式。即以彩陶南下分布的情形而言，自江苏淮安县青莲岗有带彩画陶片出土；其后福建陆续发见，闽侯昙石山、福清东张，都有彩陶片

---

① 参见《闽侯昙石山新石器时代遗址探掘报告》（《考古学报》，1955（10））。

② 参见《江苏邳县刘林新石器时代遗址第一次发掘》（《考古学报》，1962（1））；《江苏邳县四户镇大墩子遗址探掘报告》（《考古学报》，1955（2））。

与印纹硬陶并存的遗址。先是，台湾的澎湖良文港及高雄社脚等处，曾有彩陶片出土，当是从福建渡海而来。①

再以铜器向南传播而言，吴江浪打川圩出土的铜戈，纯为周戈的式样。浙江长兴出土有早期青铜角形器，具有南方独特风格，而纹饰颇近商器。福建省的福清东张遗址上层，都有青铜器残片②；广东清远出土的铜钟罍等器，惠阳获东周铜鼎，潮阳金溪出云雷纹青铜剑，都是重要的例证。

长江以南，物质文化亦有传往北方，最重要的有下列两事：

(1) 稻米

江汉平原新石器文化遗址，如湖北京山的屈家岭、朱家嘴，天门县石家河，武昌放鹰台四处发现稻谷，证明距今三四千年，此处已有粳稻栽培。江南则南京庙山、无锡仙蠡墩都出土有石制农具和稻壳的残迹。浙江吴兴钱山漾、杭州水田畈亦发现大批农具及粳壳。一般推测，江南稻米发见之多，可以证明南方稻米的原产地，由江淮传入华北。③

(2) 烧釉

江南烧瓷事业甚早，安徽屯溪和江苏丹徒的西周墓，发见有釉陶，以施姜黄绿釉、灰青色釉为特征。屯溪所出有系统而又完整，计釉陶碗、盂、豆等共七十一件。这充分说明这个地方已是以釉陶为主体。说者谓殷虚的釉陶即从南方输入。长安张家坡西周遗址带釉陶片，据专家化验分析结果，和南方带釉早期越窑青瓷在成分上比较接近，其间必有密切关系。因推断它们是

---

① 彩陶在南方发现，计有青莲岗（见《考古学报》，1955（9）），福建闽侯昙石山（《考古学报》，1955（10））又福建东张之彩陶，加黑色彩绘，与印纹硬陶共存。（《考古》，1965（2））闽东北的福安、寿宁，亦有彩陶。（曾凡：《闽东新石器时代遗址调查》，载《考古》，1959（11））台湾澎湖良文港发现彩陶十六片，又高雄社脚彩陶片作条纹。由于近年淮安及福建彩陶片的发现，知台湾的彩陶当由福建所传播，福建新发见资料，可补石璋如《中国彩陶文化的解剖》（《大陆杂志》一卷二期）之略。

② 参看下列各篇：

《浙江长兴县出土青铜角》（载《文物》，1960（7））。

《福建福清东张上层出青铜器残片》（载《考古》，1965（2））。

《广东翁源江头山出铜斧一件》（载《考古》，1961（11），593页，图六）。

《潮阳金溪得云雷纹青铜剑》（载《考古》，1956（12））。

③ 讨论稻米的有关资料：

丁颖：《江汉平原新石器时代红烧土中的稻谷壳考查》（载《考古学报》，1955（9））。

《京山屈家岭》，1955。

《江苏无锡仙蠡墩新石器时代遗址清理简报》（载《文物参考资料》，1955（8））。

蒋缵初：《关于江苏原始文化遗址》（载《考古学报》，1959（4））。

夏鼐：《长江流域考古问题》（载《考古》，1960（2））。

何炳棣：《黄土与中国农业的起源》，140～159页。

由南方烧制而后输往中原的外来货，而且证明渭水流域和吴越很早已有交通的可能。[①]

四、历史文献上的吴、越

（一）吴

（1）吴与干

春秋时代每以荆楚与吴越连称在一起，泛指南方半开化的民族。《墨子·兼爱》中云：“以利荆楚干、越与南夷之民。”（据孙氏《闲诂》）干与越以同产剑著名。《庄子·刻意》：“夫有干越之剑。”《释文》司马彪云：“干为吴所灭，吴乃城邗江，以沟通江、淮。”（《左》哀九年传）《说文·邑部》：“邗，国也，今属临淮。一曰邗本属吴。”可知江淮间原有邗国，后并入吴，故吴亦称为邗。铜器有《禺邗王壶》，文云：“禺邗王于黄池。为赵孟疥邗王之惖金，以为祠器。”[②] 黄池之会，在鲁哀公十三年《传》。知吴王夫差的时候，犹自称为“邗王”。

（2）西周的吴与虞

《㚤毁》记其从王南征伐楚荆，铭徽作，显然是吴字，似㚤乃吴姓。《班毁》记：“王令毛公伐东或（国）㾓戎，咸。王令吴伯曰，以乃𠂤（师），左比毛父。”毛父其人，可以《穆天子传》的毛班证之，穆王时佐毛班伐东国有吴伯，可见吴在西周已为封建之国。《逸周书·世俘》，太王王季之下有虞公，即吴仲雍，虞、吴通作。早期金文所见之吴，如《周毁》有吴大父。（《西清古鉴》）《师酉毁》称：“王在吴，各（格）吴大庙。”又有吴《彩（龙）父毁》，这些器物都是言及吴。吴本有二，《史记·吴世家》云：“自太伯作吴，五世而武王克殷，封其后为二，其一虞在中国，其一吴在夷蛮。”《史

---

① 南方烧釉问题：

可参《安徽屯溪西周墓葬发掘报告》（《考古学报》，1959（4））。

郭宝钧《中国青铜器时代》，57页“瓷的萌生”一节，讨论小屯的带釉陶片，二里岗的釉陶尊，普渡寺的釉陶豆，张家坡的瓷豆罐，洛阳的釉陶豆，这些都是由交换输入的。由于安徽屯溪釉陶器巨量的发现，知道北方少数釉陶，形制作风相同，可认为由南方传来的。

② 禺邗王壶，辉县出土。“禺”字，刘节读如地名之嵎夷。（见《古史考存》，153页，《说攻吴与禺邗》）容庚云：“禺或读如遇。此为吴王夫差与晋定公、鲁哀公会于黄池（公元前482年）后所作器。”黄池之会，见《左传·哀公十三年》。山西代州出土有《夫差鉴》，铭文云：“攻吴王大𢓊（夫差）𢍰𢍰吉金，自作御监。”（《周金文存》一，八〇）这可能是吴晋会于黄池，吴馈晋的制器。（见王国维《跋》）

记·吴世家赞》："余读《春秋》古文，乃知中国之虞，与荆蛮勾吴，兄弟也。"周器的吴，当是在中国之虞。仲雍之后，虞仲国于周之北故夏虚。（徐广曰在河东太阳县）《齐语》有西吴（齐桓公服流沙西吴，《管子·小匡》作西虞），《潜夫论·志氏姓》有北吴（《太康地记》作北虞），西周的吴，应属于虞。（参《谍异》册三，230页虞条）

（3）封太伯于东吴之目的

《穆天子传》言："大王亶父之始作西土，封其元子吴太伯于东吴，诏以金刃之刑。贿用周室之璧。封丌（其）璧（嬖）臣长季绰于春山（地近昆仑）之虱，妻以元女，诏以玉石之刑，以为周室主。"这说似近夸张，然可见大王在豳地立国，似乎有经略南国及西域的雄图。一以取南方的铜锡，一以取西方的宝玉（参郭璞注），有他的经济目的。《史记》说"太伯之奔荆蛮，自号勾吴，荆蛮义之，从而归者千余家，立为吴太伯"。太伯的南迁，是至东吴。东吴和西吴、北吴分封，异其方向，正如虢之有东西一样。江南古为产铜锡之地，春秋时器《曾伯霥簠铭》亦说："克狄淮夷，印燮罾（繁）汤，金衜（道）鐊（锡）行。"金道锡行即指金锡入贡或交易的道路[①]，可见周人自立国以来经营南土，伐荆蛮，克淮夷，主要似乎在采取江南的金锡，为铸铜的原料。封太伯于东吴，诏以金刃之刑一语，正说明大王的经略和物质资源不无关系。那么太伯封于东吴，很显然是殖民的企图的。

（4）周初政治势力达于吴地

《楚辞·天问》言："吴获迄古，南岳是止。"王逸用吴太伯的故事解说之。[②]《吴越春秋》言太伯采药于南岳。陕西汧县的吴山，安徽的霍山，都有岳的称谓。《石鼓》文第十"吴人憖亟"，即指狩于吴岳。太伯所居的南岳，应在何处，尚难确指。但南方的吴，传统都谓太伯仲雍南来之后，和土著的荆蛮起城郭，建立世袭制的国家。证以一九五四年丹徒县出土的一组铜器，有长达一二六字的宜侯夨殷，铭文云："珷王成王伐商图，遂省东或图。王立于图宗土（社），南乡（向），王令虞（虔）侯什曰：繇！侯于图。"此西周早期东征封侯国于宜所制。丹徒在春秋是吴地的朱方，乃有和《令殷》、《令彝》同名的作册夨的器物，夨本来被封在畿内为侯，后改封于宜，周王锡予土地人民，包括有宜地的土著王人十七姓。由王人的称谓，可见周的政治势力在成

---

① 参屈万里：《曾伯霥簠考释》。（《史语所集刊》三三本）

② 方诗铭：《吴获迄古解》，载《文史杂志》六卷二期。

王时候，已远达吴疆。[1] 太伯坟墓据说在无锡梅里，虽不可信，然太伯仲雍南来之传说，亦非尽属无稽之谈了。

（二）越

殷卜辞屡见戉之方名，其字作[illegible]，亦称戉方：

> ☐巳卜，☐戉方☐𢦏？弜又，叀小宰？（《续编》二，二一，一一）

《逸周书·世俘解》："吕他命伐越、戏、方……侯来，命伐縻，集于陈。"孔晁注以越、戏、方及靡、陈皆为纣邑名，皆殷畿内之国。卜辞之戉方，说者以此越邑当之。

卜辞又有"西戉"之称，《综述》所引哲庵三一六"伐西戉"一条，未见原拓；而《小屯甲编》二二三九，原辞云：

> ☐娃自西，戉☐。

屈氏释文谓宜于西字断句，非是西戉。《春秋》桓元年"公及郑伯盟于越"。杜解："越，近垂（犬丘），地名。"说者谓在今山东曹县，此春秋卫地之越，和《世俘》纣邑之越，可能都由殷时戉方而得名。这些方邑名之越，和吴越会稽的越，关系如何？就很难质言了。

（1）越与越同为芈姓

《国语·郑语》云："芈姓夔越。"韦昭注云："勾践，祝融之后，允常之子，芈姓也。"又引《世本》言"越为芈姓，与楚同祖"（《汉志》注臣瓒引）。越和楚的关系，见于《史记·楚世家》，言熊渠兴兵伐庸扬粤，至于鄂，分封其三子为勾亶、鄂、越章三王，居江上楚蛮之地。从"至于鄂"一语，知扬粤地区当去鄂不远。《大戴礼·帝系》：芈姓季连产付祖氏，付祖氏产穴熊，九世至于渠娄鲧，出自熊渠，有子三人，其长子康为勾亶王，中子红为鄂王，少子执疵为越章王。鄂国见于殷卜辞（字作噩），西周铜器有鄂叔簋（上海博

---

① 汪志敏、韩益之：《介绍江苏仪征过去发现的几件西周青铜器》（《文物参考资料》，1956（12））；唐兰：《宜侯夨毁考释》（《考古学报》，1956（2））。

物馆在废铜检出），文云：“鄂叔乍宝尊彝。”称曰鄂叔；西周鄂地在楚西，即熊渠所到之地。《夜雨钟》之鄂，即今武昌。（《观堂集林》十八）

《墨子·非攻》下云：昔者楚熊丽始封此睢山之间。越王翳亏，出自有遽，始邦于越。（一说渠与遽声近，有遽即是熊渠，见孙诒让《闲诂》。）有人以为春秋的越国即是熊渠后裔，是留在东方的部分①，那么越可说是楚裔了。故《世本》且言“东越闽君亦芈姓”。

（2）西周的夔越与扬越

《史记·越世家》记越事，始于春秋末年的允常，允常以前全是空白，故臣瓒说：“百越杂处，各有种姓，不得尽云少康之后。”《越世家·正义》引《舆地志》：“越侯传国三十余叶，历殷至周敬王时，有越侯夫谭子曰允常，拓土始大称王。”越为夏后的说法，清人多辨其非。② 《潜夫论·氏姓篇》云：“粥熊四子，季紃嗣为荆子，或封于夔，或封于越。”分开夔与越为两处，似取自《郑语》“芈姓夔越”一语，加以厘别。西周《𠩺伯簋》云：“二月，眉敖至贝献𧶠。己未，王命中（仲）到归。”下文有人名归夆，归即《汉书·地理志》的归子国，地在秭归。归即是夔。③

熊渠所伐的扬粤，当同后来的扬越。《史记·南越传》：秦略定扬越。《索隐》引《战国策》谓吴起为楚牧扬越。这处扬越乃是大名，按其地分，似乎《禹贡》荆州而南的地方，都可称为扬越。④ 今本《竹书纪年》云：“周穆王三十七年，大起九师，至九江，伐越至纡。”《太平御览》三〇五引作“四十七年伐纡，大起九师，至于九江”。此越地在九江，徐文靖《竹书统笺》，以熊渠所伐的扬越，即《纪年》的纡，在九江附近。以上所记的夔越和扬越，是允常以前西周时代的越。

（3）越为夏后之说

越为夏后之说，只见于《史记·越世家》，谓：“其先禹之苗裔，而夏后帝少康之庶子也。封于会稽，以奉守禹之祀。”会稽与禹传说之关系，春秋时已有许多类似的记载。《墨子·节葬下》：“禹东教乎九夷，道死葬会稽之山。”

---

① 王玉哲：《楚族故地及其迁移路线》（《周叔弢纪念论文集》）。

② 梁玉绳：《史记志疑》卷廿二。

③ 《𠩺伯簋》见《上海博物馆藏青铜器》。安州出土六器，其一南宫中鼎，见《博古图》，文云“隹王令南宫，伐反虎方之年，王令中先省南国，𠂤行。𢦏王应，在夔𨻰旨”。此处的夔𨻰，地在南国，亦应即归。（参白川静：《安川六器通释》，载《甲骨金文学论丛》十集）

④ 吕思勉：《燕石札记》，“越之姓”及“扬越”二条。

《鲁语》：吴伐越，堕会稽获骨。仲尼曰：丘闻之：昔禹致群臣于会稽之山，防风氏后至，禹杀而戮之，其骨节专车。这二事都是重要的例证。越勾践兴于会稽，奉禹之祀，故认为禹之后。《吴越春秋·越王无余外传》谓："越之前君无余者，夏禹之末封也。……禹以下六世而得帝少康。少康恐禹祭之绝祀，乃封其庶子于越，号曰无余。"《左》哀元年传，伍员有"吴不如过，越大于少康"之语。汪中据此证明越为少康后。这些可见越为夏后之说，已流行于先秦之世，汉史家因之。不特会稽之越为禹后，即东越亦云出于禹。（《史记·东越传》）至若封国之始，或云夏封或谓周封，则殊属难言。①

五、吴越专名所见语言之特征

吴越语言，有她的特色，《汉书·地理志》："太伯初封荆蛮，荆蛮归之，号曰勾吴。"太伯所封，本来只名为吴，呼为"勾吴"者，乃荆蛮称之，增益发声词的"勾"。吴人自称其国号，见于铜器有下列诸名：

攻吴（《攻吴王夫差鉴》）

攻敔（《攻敔王光戈》，《攻敔王夫差剑》）

工 （工 王皮 之子者减自 钟）

《左》宣八年传，《正义》：（杜）谱云"勾或为工，夷言发声也"。金文工亦作攻，可证勾或为工之说。勾、工、攻都是夷言的发声，放在吴字之前。这种例子，好像苗语，红苗自称为果雄（Ko^{v}Gioŋ^{v}），苗呼雷公曰果叟（Ko^{x}So^{y}），亦叫果本（Ko^{y}Peŋ^{y}）。"果"为字头和勾吴的"勾"，工 的"工"，应是一样。②《淮南子·缪称训》云"艾陵"之战也，夫差曰夷声阳，勾吴其庶乎？高诱注："夷谓吴，阳吉也，勾吴夷语不正。言吴加勾也。"可见勾字分明是加上去，没有疑问的。

除去加发声词外，还用数语合成一音，《左传疏》引服虔云："寿梦，发声。吴蛮夷、言多发声，数语共成一言。寿梦，一言也，经言乘，传言寿

① 参陈槃：《课异》专刊本册五，395～401页。

② 凌纯声：《湘西苗族调查报告》第十二章"语言"词头所举Ko^{y}在名词前各例。（446页）

梦。”长孙讷言谓“吴楚则伤轻浅，惟轻浅，故多发音，数语合为一言。犹今之三合声，四合声”。这是从语言学来说明数语一言的现象。铜器所见吴越人名，尤可证明，凡是用两字为名，或两字以上的称号，中原人士翻译时，往往任意删取其中一二字作为译音[①]，例如：

姑发腎反
‖　　‖
诸　　樊

安徽出土剑文云“工𫑡太子姑发𦣻反自作元用”。此处原名共四个音，翻译者只取“诸”字对“姑”，“樊”字对“反”，中间发𦣻二音从略，又如：

姑㵂昏同
　‖　‖
　逢　同
　‖　‖
　冯　同

姑㵂昏同之子勾镭，即勾践之大夫冯同，《越绝书》称冯同，《史记·越世家》作逢同。以逢、冯对㵂，略去姑、昏二音。

越亦习用发声，有时用“勾”一音，像勾亶王及越王勾践的“勾”，即是显例。越又称于越。《春秋》定公五年“于越入吴”杜注：“于发声也。”《公羊传》定公五年：“于越者何？未能以其名通也；越者，能以其名通也。”何休注“越人自名越。君子名之曰越”。其实“于”字即是发声词，宣八年《左传正义》引杜氏《谱》云：“自号于越，于者，夷言发声也。”

下面是越的世系表，从各人名中，亦可见到多用发声语助的例子：无余……无王……无瞫……夫谭……允常。

① 用商承祚说，见所著《姑发腎反即吴王诸樊别议》（《中山大学学报》，1963）。

〔《史记·越世家》〕	〔《越绝书》〕	〔《吴越春秋》〕	〔《竹书纪年》〕（《史记索隐》引）	〔彝铭〕（出处详下“冶剑条”）
允常	允常	元常		
勾践	勾践	勾践	勾践（菼执）	鸠浅
鼫与	与夷	兴夷	鹿郢	者旨于旸
石寿			不寿（盲姑）	丌北古
翁	子翁	翁	朱句	州句
翳	不扬	不扬	翳	
			诸咎（诸咎粤滑）	
			孚错枝	
之侯	（之侯）	王践（王之侯）	无余之（莽安）	无余（文钟）
			无颛（菼蠋卯）	
无彊	无彊	无彊	无彊	
		尊时亲	对亲	

《史记·索隐》引乐资云：“越语谓鹿郢为鼫兴也”。表鼫即硕鼠专字，音常只切，旸音施只切，所以“鼫”字和“旸”音同正相对。兴夷是与夷的误字，《史记》的“鼫鼠”，以“与夷”证之，应作“鼠鼫”为是。“与鼫”和金文的“于旸”，音正符合。①

由上表可以看出越王的名号，都有发声词，用在其名之前，或在其后，兹试加分析：

（1）加句字，如勾践、州勾，这正如勾吴之例。吴王颇高之子亦名勾卑，越先王有勾亶，例同。

（2）加无字，如无王、无彊、无睪、无颛。越先原有无余，后来有闽君无诸，皆其例。

（3）加之字，如之侯、无余之。

（4）加诸字，如诸咎，越器有者沪钟②，者沪即《越世家》的“柘稽”，

① 参马承源：《越王剑》（《文物》，1963（12））。林沄《越王者旨于赐考》《考古》，1963（8）认为，缓言之，为者旨于赐，急言之，则为鼫与。

② 者沪钟，近人或释为者汈，读作“诸咎”，为王翳之子。《上海博物馆藏器考释》七八。参拙作《者沪编钟释》。（《金匮论古综合刊》）

《吴语》作诸稽郢，者即诸。吴有者减。[①]

(5) 加其字，如其龙，亓（其）北古。

(6) 加姑字，如姑𩰈昏同（即逢同）。

(7) 加不字，如不寿，不扬。

吴的名号，用发词的，如：

(8) 加夫字，如夫槩（阖庐弟），夫差，勾践父名夫谭，又地名有夫椒。

(9) 加哉字，如孰哉。[②]

(10) 加于字，如州于（吴子僚）。

统观以上这些例子，只能说是一种“语多发音”的现象。诚如长孙讷言所论，乃是吴越语言的特色。[③]

六、吴越的风俗与技术

生活习尚

(一) 断发文身

《史记·吴世家》记太伯、仲雍奔荆蛮，断发文身，示不可用。《左传》（哀十年）引子贡语已言他们“断发文身，臝以为饰”为非礼。《论衡·四讳篇》云：（昔太伯）“入吴采药，断发文身，以随吴俗。”（《言毒》篇亦云“药非一地，太伯辞之吴”）又《书虚篇》：“周时旧名吴越也。……禹时，吴为裸国，断发文身，考之无用，会计为何?”正言禹的时候，吴尚为裸国。《越世家》：“越王勾践，其先禹之苗裔。……文身断发，披草莱而邑焉。”《庄子·

---

① 者减钟现藏台北，见《故宫铜器图录》，170页。者减皮鹳即吴世家之颇高。吴王名有作四字者，如馀桥疑吾，亦其一例。

② 孰哉，《史记索隐》引《系本》作熟。解者云雍是熟食，故曰“雍字熟哉”。则读孰为“熟”。

③ 向来对吴越王名，是有若干不同的说法：

（一）认为越有父子连名制。凌纯声在《南洋土著与中国古代百越民族》文中有家谱一项，谓越世系其连名及排名制的痕迹仍灼然可见，故以罗工的父子连名制解释之。今仔细观察，吴越人名上面所加的夫、无、勾等，应是词头，即语助或形容词。和连名制是没有关系的。

（二）认为谥号。顾颉刚《史林杂识初编》“楚吴越王之名号谥”条，疑吴寿梦又称孰姑，越勾践之为菼执，不寿之为盲姑，无余之为莽安，无颛之为菼蠋卯。前者皆生时之名，后者皆死后之谥。惟无法提出证据。

（三）认为越语之“无”，可训为王，罗香林于《古代越族方言考》中“形容词倒置之文法”项，谓无字可读如歹语训王之“法”或“发”。（《百越源流文化》，165页）无余、无壬，犹言王余、王壬。按苗语在形容词之前，有时加词头的 $maŋ^y$ 或 may^y，未必有义。又《方言》“东齐海岱呼大曰怃”，怃与无一音。夫差在鉴文作大𢁒，以大为夫，“无”和“夫”似都可能训大。惟统观越世系，勾践以下王号称无的，只有无彊、无余、无颛三人，并非概冠以无字。故以“无”训王，尚极难言。

逍遥游》："宋人资章甫适诸越，越人断发文身无所用之。"《汉书·地理志》："粤地……文身断发，以避蛟龙之害。"这些亦是以断发文身来形容越人的文化。什么是断发？他书颇多不同的异文：

(1) 翦发：《史记·赵世家》："夫翦发文身，错臂左衽，瓯越之民也。"《墨子·公孟篇》："勾践剪发文身，以治其国。"

(2) 祝发：《战国策》六语同《赵世家》，翦发作"祝发"。《穀梁传》哀十三年："吴，夷狄之国也，祝发女身。"范宁《集解》："祝，断也。"

(3) 鬋发：《逸周书·王会》："越沤鬋发文身。"

(4) 剃发：《淮南子·齐俗训》："三苗髽首，姜人括领。中国冠笄，越人剃发，其于服一也。"高诱注："鬋，断也。"又云："越王勾践，剃发文身，无皮弁搢笏之风。"

(5) 敦发：《庄子·逍遥游》，《释文》："司马本作敦发，云：敦，断也。"

(6) 被发：《淮南子·人间训》："九疑之南，陆事寡而水事众。于是民人被发文身，以像鳞虫，短绻不绔，以便涉游。短袂攘卷，以便刺舟。"高注："'被'，翦也。"韩非子《说林》："屦为履之也，而越人跣行；缟为冠久也，而越人被发。"《列子·汤问》："南国之人，被发而裸。"

上举诸例，剃是古翦字，敦和断是一义。被，高诱亦释剪，虽然有六种异文，其实都同训断发。剃发谓剪短头发。留极短二三寸，披于头上，截去全部的发而留短寸余，故亦称断发。[1]《左传》哀十一年，公孙挥曰"人寻约，吴发短"可以为证。

至于文身，《越世家索隐》云："错臂亦文身，谓以丹青错画其身。"所谓错画，正如《说文》解释"文"字，为"交遣画"，证以金文的"文"字，有、、等形，可见"文"字本来即有文身的意思[2]，高诱注《原道训》谓："文身刻画其体内，点其中为蛟龙之状，以入水，蛟不害，故曰以像鳞虫也。"文身以像龙子，人潜入水中，使蛟龙以为同类，不加吞噬。李调元在《南越笔记》中，解释南海的龙户，即采是说。后来安南军士，仍有刺龙文于髀上的习惯，谓之"采龙"。《大越史记全书外纪》及《越史通鉴纲目》卷一"雄王"条，都说其"王教人以水墨画水怪于身，自是始

---

① 李思纯《江村十论·说民族发式》以为《汉书》言越人剪发、韩非子言越人披发二说不相违反。谓：就其去者说，谓之剪发，就其留者说，谓之披发。(58页) 然高诱注《淮南子·原道训》，仍是释"被"为"剪"。

② 释"文"字为文身，参钱坫《说文斠诠》，白川静《释"文"》(《甲骨金文论丛》初集)。

免其害，百越文身之俗，盖始此”[①]。这些正可说明《汉书·地理志》“文身以避蛟龙”的道理。

文身文化，有绘身（Painting the Body）、鲸涅（Tattooing）、瘢纹（Scarification）三种方法。这种习惯，分布广及整个东南亚。西南民族亦有雕题、绣面。近年民族学家调查，如海南岛、台湾的文身习俗，当然属于越文化范围，已有专家作详细研究。[②] 这里不再多赘。

（二）契臂为盟

《淮南子·齐俗训》：“胡人弹骨，越人契臂，中国歃血也。所由各异，其于信一也。”庄逵吉校云：“按《太平御览》引契作啮。”《列子·释文》仍作契，引许慎注云：“契，剋臂出血也。”《史记·吴起传》：“东出卫郭门，与其母诀，啮臂而盟。”起是卫人，所行同于越俗。啮臂是发誓的一种简单方式，高诱注契臂为刻臂出血。

（三）同川而浴

《孔子集语》下引《尚书大传》：“子曰：吴越之俗，男女同川而浴，其刑重而不胜，由无礼也。”《汉书·贾捐之传》：“骆越之人，父子同川而浴，相习以鼻饮。”应劭《风俗通》：“君臣同川同浴，极为简慢，蛮者，慢也。”《后汉书·南蛮传》：“《礼记》称南方曰蛮，雕题、交趾，其俗男女同川而浴，故曰交阯。”

（四）禨

《淮南子·人间训》“荆人鬼，越人禨”（亦见《列子·说符》）。《说文·鬼部》：“魕，鬼俗也。《淮南传》曰：吴人鬼，越人魕。”《史记·封禅书》：“是时既灭两越，越人勇之乃言：越人俗鬼，而其祠皆见鬼，数有效。昔东瓯王敬鬼，寿百六十寿。后世怠慢，故衰耗。乃令越巫立越祝祠。”东瓯王即闽君摇，本为东海王。（见《史记·东越传》）他敬鬼，所以活至百余岁，这是越人魕的著名例证。《始安记》：“吴越之境，其人好巫鬼，重淫祀。”《论衡·言毒篇》：“巫咸能以祝延口人之疾，愈人之祸者，生于江南，含烈气也。”如

---

① 越南采龙的习俗，见于《大越史记全书》卷六陈英宗兴隆七年（1299）条。《海内南经》雕题国郭璞注：“黥涅其面，画体为采，即鲛人也。”采龙于身上，即沿古代鲛人的风俗。参陈荆和：《交阯名称考》（《台大文史哲学报》四期，120页）。

② 关于文身的论文：

海南岛：刘咸：《海南黎人文身之研究》（《民族学集刊》，1936（1））。

台湾：何廷瑞：《台湾土著诸族文身习俗之研究》（台大《考古人类学刊》，十五、十六合期，1950）。宫内悦藏：《所謂臺灣蕃族の體變工》（《人类先史学讲座》第十九卷，45页，1940）。

余杭妫皓祝愈母疾（七家《后汉书》），江南诸巫，能为祝延之术，当即魖之一种。

工艺技术

(一) 冶剑

剑器不是吴越的发明。最早的剑作柳叶式，长安张家坡出土，为西周初期物。但吴越对冶剑术的推进，有特殊的贡献①，特别表现在兵器的制造上。《周礼·考工记》说“吴粤之剑”，他书又称：“干、越之剑”（《庄子·刻意》）或“吴、干之剑”（《赵策》）。吴戈吴刀，向来是很有名的。《九歌·国殇》云“操吴戈兮被犀甲”，古传说言“鲧死，剖之以吴刀”（《海内经》注引《开（启）筮》），皆其明证。越人对于剑术有一套理论，详《吴越春秋》及《越绝书》风胡子记宝剑，《勾践阴谋外传》南林处女论剑道与阴阳顺逆，是重要的例子。这和战国的《行氣剑珌铭》上“行氣完则畜，畜则神，……顺则生，逆则死”，是当时有名的剑气哲学。②

吴剑见于古籍所记的有鱼肠、属镂、湛卢、磐郢、钜阙、辟闾、步光、扁诸等个别的名，以工冶铸的有欧冶子、干将、莫邪等。

附出土的吴、越王所用剑：

吴

(1) 季札　吴季子之子逞之元用剑。(《周金文存》)

(2) 诸樊一　攻敔王元讶，自作其元用。(《小校经阁金文拓本》卷十，100 页，共有八处著录。)

(3) 又二　“工虘太子姑发䦈反自乍元用。才（在）行之先，目用百只，莫敢敔（御）余。余处江之阳，至于（二字合文）南行西行”③（安徽淮南蔡家冈赵家孤堆出土，《考古》，1963 (4)）。

---

① 周纬《亚洲古兵器与文化艺术之关系》(民国二十九年) 谓“周代以前中国民族不用剑，直至周代下半期，剑始盛行”。顾颉刚《史林杂识》吴越兵器条亦称剑为后起武器，前此携戈。谓《左传》自襄公以降，则兼用戈用剑；时吴已通上国，遂流入中原。(169 页) 按江苏高淳出土春秋铜兵器，共三十件，主要是戈矛 (《考古》，1966 (2)，62 页)，是吴、越剑器亦春秋后期方盛行。惟剑非吴、越所发明，详林寿晋《东周式铜剑初论》(《考古学报》，1962 (2))；及同氏《论周代铜剑的渊源》(《文物》，1963 (11)，50 页)。

② 《行氣剑铭》，见《三代吉金文存》卷二十，49 页，参王季星：《行氣剑珌铭释》(《学原》二卷二期)。

③ 据商承祚释，元讶为元讶，即吴诸樊之名，《左传》诸樊作遏，公、谷作谒。

此剑释文，据商氏《姑发䦈反剑补说》(《中山大学学报》，1964)。

(4) 夫差　攻吴王夫差自乍其元用。(于省吾:《双剑誃古器物图录》上)

越

(1) 勾践　“越王鸠浅自用鐱”(湖北江陵楚墓出土。《文物》,1966(5))。

(2) 戉王、王戉者旨于晹(与夷)剑。(传世之剑有三,又有者旨于晹戈,出于安徽蔡声侯墓。)(《上海博物馆铜器图》九二)

(3)“戉王丌北古”(盲姑)剑。(上海博物馆藏九二。马承源《越王剑》,图见《文物》,1962(12))

(4) 戉王州勾自作用佥(剑)。(法国 Cernuschi 博物馆藏。《鸟书考》、《六国纪年》著录)

(5) 越王石矛　1957年绍兴出土。全长二二公分,末段左右刻戉字,中段刻“戉王”二字,鸟虫书,乃明器。(《考古》,1965(5))

(二) 用舟

吴越人水居,习于用舟,勾践曰:“夫越性脆而愚,水行而山处,以船为车,以楫为马,往若飘风,去则难从,锐兵任死,越之常性也。”(《越绝书》八)故舟师水战,尤为他国所不及。

一九五七年,武进奄城遗址,发见两铁器,一刀一镰,出见于泥炭层下,与几何形印纹陶同出,有独木船一条,据说为春秋末年遗物。[①]

吴越人之船,各有特别名称。吴称船为“艑”(《通俗文》)又曰“艅艎”。(《左传》昭十七年;《抱朴子》云“艅艎鹢首”。)越人名船为“须虑”(《越绝书》卷三云:“越往如江也,治须虑者,越人谓船为须虑”),Lolo 语呼舟为 slé,与须虑音颇相近。[②] 小船则称为“舲”。《淮南子·俶真训》称:“越舲蜀艇,不能无水而浮。”高诱注:“舲,小船也。蜀艇一版之舟,若今豫章是也。”(又《主术训》:“汤武圣主也,不能与越人乘舲舟而于江湖。”高诱注:“舲舟,小船也。”)

越人习水战之兵谓之“习流”。《史记·越世家》称:“夫差十八年,越再

---

① 奄城独木船记载,见《江苏省出土文物选集》图九七,印纹陶礶说明。

② 船的名称,洪亮吉有《释舟》(《更生斋文集》)。又参松本信广:《古代東亞に於ける南方語の影響》。

大举伐吴，乃发习流二千。”习流即是习惯水战的兵士。①

吴越有一套水战术，据说是出自伍子胥。《太平御览》三百一十五引《越绝书》云：“伍子胥《水战法》：大翼一艘广丈六尺，长十二丈，容战士二十六人。櫂五十人，舳舻三人，操长钩戈矛，四吏仆射各一人，九十一人当用长钩矛长斧各四，弩各三十二、矢三千三百，甲兜鍪各三十二。”这是伍子胥所著《水战法》，《汉志》兵技巧家有《伍子胥》十篇，图二卷，《水战法》或在其中。《越绝书》卷八：“勾践伐吴，霸关东，从瑯邪起观台，台周七里，以望东海。死士八千人，戈船三百艘。”戈船而有三百艘之多，可见越军备力量之大。

又《御览》七百七十引《越绝书》“阖闾见子胥，问船运之备。对谓船名大翼、小翼、突冒、楼舡、桥舡”。又把船军和陆军比较，兹列出如下：

舡军　　陆军

大翼：车

小翼：轻车

突冒：冲车

楼舡：行楼车

桥舡：轻足剽定骑

这亦是伍子胥水战的工具，楼舡即是其中之一。越亦有楼船，《越绝书》八：“种山者，勾践所葬大夫种也。楼船卒二千人，钧足羡。（《吴越春秋》作‘造鼎足之羡’）葬之三蓬之下。”葬大夫种而动员了楼船卒二千人之多。又云：“木客大冢者，勾践父允常冢也。初徙瑯邪，使楼船卒二千八百人，伐松柏以为桴，故曰木客。”楼船卒亦兼造船的任务，所以伐木为桴。当日楼船士卒，除水战之外，仍担任一些劳役。越的楼船制度，详细已不可知。《文选·七命》云“浮三翼”。李善注引《越绝书》伍子胥《水战兵法内经》云“大翼一艘长十丈，中翼一艘长九丈六尺，小翼一艘长九丈”。据上引《御览》，舡军有大小翼，这处则又有中翼，合称三翼，楼舡复在三翼之外。大翼人数甚多，

① “习流”一词，《史记索隐》云“流放之罪人，使之习战”。以流为放流。按此说非是，《吴越春秋》徐天祐注云：“笠泽之战，越以三军潜涉，盖以舟师胜。此所谓习流，是即习水战之兵。”《越绝书》卷三：“习之于夷。夷，海也。”习夷即是习流，习流犹言习海。越方言呼海为夷。

且操长钩戈矛，那么三翼应是属于"戈船"之属甚明。①

七、南方越族的扩展

《史记》称越为楚灭，宗支散处，而后有百越之称。全祖望不信其说，著《百粤分地录》一文，略谓：闽越、扬越、瓯越、骆越之名甚古，不自七国后始也。《周礼·夏官》有七闽，则闽越之自为一种旧矣；当周夷王之时，楚熊渠举兵伐扬越，则扬越之自为一种旧矣；永嘉为东瓯，郁林为西瓯，故《舆地志》曰东南有二越，则瓯越之种不同又可知矣。《吕览》"越骆之菌"，则骆越又一种矣。安得如太史公之言以为"越亡之后所分乎"（《鲒埼亭集外编》四九）。《吕氏春秋·恃君览》："扬汉之南，百越之际，敝凯诸夫风余靡之地，缚娄、阳禺、驩兜之国多无君"。这些地名，多不可考。惟以近年考古所得，合以史书传说，南方越族的扩展，有可得而言者，闽侯昙石山的发掘，其中以印纹陶为主，它和浙江老和山、广东海丰、香港的印陶完全相同。福州浮村发现细小精致的石器，和武平海丰一样，福州（闽侯）这个地区，正是古时闽越。

（一）闽越、于越与扬越

《史记·东越列传》闽越王无诸，及越东海王摇，其先皆勾践之后，摇都东瓯，世号东瓯王。《史记·东越传》："姓驺氏。"《索隐》："《说文》云：闽

---

① 戈船之义，凌纯声最近有《中国古代与印度太平两洋的戈船考》（《民族学研究所集刊》二六，1968），主张戈船即边架艇。按戈船见于《史记·南越传》及《汉书·武帝纪》，实为官名。所谓戈船将军、与楼船将军、下濑将军，性质相同。包遵彭于《汉代船考》5页已详之。惟戈船的意义，有二种说法：（一）张晏曰："越人于水中负人船又有蛟龙之害，故置戈于船下。因以为名也。"虞喜《志林》记南方有鳄鱼，故人持戈于船侧而御之。颜师古于《武纪》越侯严下注云："以楼船之例言之，则为载干戈也。此盖船下安戈戟，以御蛟鼍水虫之害，张说近之。"（二）臣瓒曰："《伍子胥书》有戈船，以载干戈因谓之戈船也。"张晏及臣瓒二说，皆赖裴骃《史记集解》而保存。臣瓒引《伍子胥书》即出《汉书·艺文志》著录的《伍子胥》十篇之中。可见戈船、楼船的船军制，是出自伍子胥的兵法，不是越人所首创，而应是吴人的兵制，越沿用之。臣瓒既谓《伍子胥书》有戈船，又于下濑将军下云"《伍子胥书》有下濑船"，可见武帝时所用戈船、下濑等名，乃采自伍子胥《水战法》。刘攽谓"船下安戈，既难措置，又不可以行；因讥颜北人，不知行船"。主张瓒说为是。凌纯声谓"至于以载干戈，水战两船必有距离，不用长兵，反用戈戟短兵相接，亦不近理。"不知《御览》引伍子胥《水战法》正言操长钩戈矛。所以对于戈船的了解，最要是《御览》三一五引《越绝书》所述一段记载。可见戈船与楼船同为水军有装备的战船，与"边架艇"全不相干。至伍子胥《水战法》，清人如洪颐煊辈认各书所引伍子胥都是冠以《越绝》之名，疑周时的《越绝》即伍子胥书，详余嘉锡：《四库提要辨证》卷七，377页。

东越蛇种，徐广曰：一作骆，是。上云瓯骆，不姓驺。”按《逸周书·王会》有东瓯，这里瓯骆，乃指东瓯，而不是西瓯。徐广谓驺作骆，然《汉书》亦作驺，与《史记》同，下文有将军驺力，乃其同姓，故东瓯之越姓驺，西瓯之越才姓骆。（吕氏《燕石札记》）《史记·货殖列传》：“合肥受南北潮，皮革鲍木输会也，与闽中于越杂俗。”此处作于越，清刘宝楠谓是干、越之误。但闽中是一名，于越亦当是一名，这和干、越之兼指吴与越，其例不同。同传又云：“九疑苍梧以南至儋耳，与江南大同俗，而扬越多焉，番禺亦其一都会也，珠玑、犀、瑇瑁、果布之凑。”可这里扬越和于越是截然二个不同的地方。于越与合肥、闽中同俗，而扬越即是南越，故以番禺为其都会。《淮南子·人间训》秦之发卒五十万守五岭，目的在“利越之犀角象齿翡翠珠玑”。而当日的番禺，则为绾毂之地，九龙李郑屋村汉墓发现“番禺大吉”、“番禺大治历”砖，可见新安滨海之区，亦番禺所辖。《货殖列传》所言的于越和扬越，所指较为广泛，这说明越族向南方扩展后，至于汉初地名涵义，稍有演变的。

（二）南越

广东清远发见的东周墓葬，有许多铜器出土，其中包括乐器的钲及钟，兵器有钺、戚、矛等。钺的形制，极近广东的有肩石斧和有段石器，尤以人形为饰物最为特出。车具上的黥首贯耳的人像，匕首上的饰以女奴裸像，和云南石寨山滇人墓葬所出铜器，以奴隶为饰物作风甚为接近，陶器上之双F印纹（夔纹）为广泛特征，论者谓属于西周至春秋时期，其花纹实自铜器夔纹所演变。[①] 增城始兴战国墓所出陶器，都有记号划在底部或腹肩部，共有四十余种。香港大角咀陶器亦有此类记号。香港青山附近离岛又曾发见石戈（长三〇·五公分有余），中有圆孔一，与福建漳浦下宫乡所出石戈相似。[②] 始兴且有铁斧铁锄出土。《汉书·南粤传》称“高后出令曰：毋予蛮夷外粤金铁田器”。那么这些铜铁还是中原所输入的。昔年广州曾发见南越文王墓有

① 广东发见的东周墓葬及其遗物，可参看下列等篇：
《广东清远发见周代青铜器》，载《考古》，1963（2），图九。
《广东清远的东周墓葬》，载《考古》，1964（3），图四。
《广东增城始兴的战国遗址》，1964（3），图四。
《广东始兴白石坪山战国遗址》，载《考古》，1963（4）。
② 《福建漳浦新石器时代遗址调查》，载《考古》，1959（6），图五。

“甫”字黄肠①，近年广州华侨新村的古墓群，据说是赵佗南越时代的葬地，这些都是研究南越历史的新资料。

（三）雒越

雒越一名，见于《吕氏春秋·本味篇》云：“越骆之菌。”有时和瓯联称瓯越，见《战国策·赵策》及《赵世家》。（文云“翦发文身，错臂左衽，瓯越之民也”。）有时呼为越沤（《逸周书·王会》）。《史记·赵佗传》称“西瓯骆”，又曰瓯骆。这是以瓯代替越，再加上骆的称号。骆越在汉以后因贾捐之及马援而著名。（马援得骆越铜鼓，尤为人所称道。②）《水经注·叶榆水注》引《交州外域记》云：“交阯未有郡县之时，有雒王雒侯雒将，其田曰雒田。后蜀王子将兵三万讨雒王征服之，蜀王子因称安阳王。”后来南越王尉佗又击败安阳王。《史记索隐》有姚察按语，知此说又见于《广州记》，一作出《益州传》。考安阳王事，最早出于《日南传》（此书《隋志》及《旧唐书·经籍志》俱著录。《太平御览》三四八《弩部》引之），又见《晋太康地记》及刘欣期《交州记》。安阳王有神弩，其女眉珠与赵佗太子名始者相通，始盗锯神弩，安阳王遂弩折兵败，这一有名故事，为雒越及南越交争史上著名的神话。③ 自沈怀远《南越志》把雒王雒田误写作雄王雄母，唐宋地理书皆沿袭之，称雒越之王为雄王。后来安南史籍，像成于1272年黎文休的《大越史记》，据之称为雄王，黎崱《安南志略》及吴士连《大越史记》全书都作雄王，而且在古代神话部分的《鸿庞纪》中造为雄王十八世的名称。《岭南摭怪传》亦同，兹举《鸿庞传》为例，其文云：

> 炎帝神农氏三世孙帝明，生帝宜，南巡五岭。……生禄续……帝明奇之，使嗣帝位，禄续固让于兄，明帝立帝宜为嗣，以治北方，封禄续为泾阳王，以治南方，号其国为赤鬼国。泾阳能入水府，娶洞庭君女，曰龙女，生崇揽，是貉龙君。……貉龙君教民衣食，始有君臣尊卑之序。……帝宜传帝来以治北方，天下无事，因念及祖帝明南巡狩，接得

---

① 《汉书·霍光传》云：“黄肠题凑。”《吕览·节葬》称“题凑之室”，参《考古社刊》四期，岑家梧《题凑考》及和田清：《南越建國の始末》（《史林》二六，一，1941）。

② 参杉本直治郎：《東南アジア史研究》一，《西欧骆的分析》。

③ 另有拙著《安南古史上安阳王与雄王问题》（《南洋学报》二三卷，1969），其中有关于中文及安南史料所见雄王与雒王之异文表。

仙女之事，乃命蚩尤作守国事，而南巡赤鬼国。……帝来北还，传于帝榆罔，与黄帝战于板泉，不克而死，神农遂亡。……龙君久居水府……思归北国……黄帝闻之，分兵御塞，母子不得北归。……生得百男……将五十男归水府，分治各处，五十男……居地上分国而治。……妪姬与五十男居于峰州，自推尊其雄长为王，号曰雄王，国号文郎国。其国东夹南海，西抵巴蜀，北至洞庭，南至狐孙精国。（自注：今占城）……世相传，皆号雄王而不易。……乃命以墨刺为水怪之状，自是蛟龙无咬伤之患，百越文身之俗，实始于此。……盖百男乃百越之始祖也。①

这一神话，加以分析：禄续让兄，类似虞仲与吴太伯故事；帝明南巡狩而接仙女，似帝舜之与湘夫人。雄王世世以雄为号，如楚国世系皆以熊为名；百男即附会百越。中国古史分为炎、黄两大系统，越南神话托始于神农氏，乃属于炎帝系统，故知越南古史乃杂糅楚与吴、越传说加以捏造而成。雄王之“雄”，安南史书给以新的解释云“自尊推其雄长为王，号曰雄王”。照《交州外域记》，“雄”乃“雒”之讹。可是越南史家却造出十八世的雄王，都称雄某，我疑心雄与熊同音，湘西红苗自称曰果雄（$Ko^{v}Gion^{v}$），果是字头，像勾吴之勾。楚历代之君，自熊绎以下皆称熊，雄王之称曰雄，实即是熊，疑受楚熊氏的影响，故雒越的雄王十八世，皆称为雄某者，乃仿效楚国世系，甚为显然。《南越志》谓蜀王将兵三万讨雄王而灭之。考战国时蜀为西方大国，故其王能统兵远征交阯，此似因秦人破郢，系先入蜀，然后出兵取楚巫黔中郡，卒以灭楚。所以交趾说以蜀王灭取雄王，亦以雄王影射楚王。至蜀安阳王的神弩，亦应与楚有密切关系，弩的产生，原出楚国，近年长沙发现弩机极多，可为证明。而《吴越春秋》（《勾践阴谋外传》）记弩的起源，出自楚之弧父，传至楚琴氏，再传至楚之勾亶、鄂、章三侯。骆越关于弩的神话②，当亦从楚所传来。是知雒越文化，和楚文化正是一脉相承的。

引用书目（举要）

1.《史记》:《吴世家》、《越世家》、《赵世家》、《东越传》、《货殖列传》、

① 《岭南摭怪列传》，近有开智书局排印本，余所见者，为 Paul Demié ville 教授藏旧钞本。

② 唐美君:《台湾土著民族之弩及弩之分布与起源》（《台大考古人类学刊》十一期，1958，台北）。

《封禅书》。

2.《汉书》:《两粤》、《贾捐之传》、《地理志》。

3.《逸周书·王会解》;何秋涛:《王会篇笺释》。

4.《吴越春秋》(《四部丛刊》本)。

5.《越绝书》(张宗祥校注本,商务版,1956)。

6.《世本》(《世本八种》本)。

7.《竹书纪年》(王国维《疏证》本)。

8.《国语·郑语》,徐元诰《集解》本。

9.《墨子》:《兼爱篇》、《非攻篇》、《公孟篇》,孙诒让《闲诂》本。

10.《吕氏春秋》:《本味》、《恃君览》,许维通《集释》本。

11.《淮南子》:《人间训》、《齐俗训》、《缪称训》。

12.《穆天子传》(《四部丛刊》本)。

13.《潜夫论》　同上。

14.《论衡》:《四讳篇》、《书虚篇》、《言毒篇》,黄晖《集释》本。

15.《孔子集语》。

16.《水经·叶榆水注》,杨守敬《注疏》本。

17.《太平御览》:《弩部》。

18.《史记索隐》(《广雅丛书》本)。

19.《史记·吴世家注》又《越世家注》　卫聚贤　(《说文月刊》第二卷)。

20.《吴越文化论丛》　吴越史地研究会编,民国二十六年。

21. 罗香林:《百越源流与文化》(《中华丛书》本)。

22. 刘节:《古史考存》。

23. 顾颉刚:《史林杂识初编》。

24. 吕思勉:《燕石札记》。

25. 何炳棣:《中国农业的起源》。

26. 李思纯:《江村十论》。

27. 凌纯声等:《湘西苗族调查报告》。

28. 全祖望:《鲒埼亭集》(《百越分地录》)。

29. 洪亮吉:《更生斋文集》(《说舟》)。

30. 陈梦家:《六国纪年》。

31. 陈梦家:《禺邗王壶考释》,载《燕京学报》二十一期。

32. 齐思和：《燕吴非周封国说》，载《燕京学报》二十八期。
33. 白川静：《安州六器通释》，见《甲骨金文学论丛》十册。
34. 于省吾：《双剑診古器物图录》。
35. 《故宫铜器图录》。
36. 《三代吉金文存》。
37. 上海博物馆藏铜器。
38. 《江苏省出土文物选集》，1963。
39. 《浙江新石器时代文物图录》，1958。
40. 樋口隆康：《西周銅器の研究》（京都大学《文学部研究纪要》No. 7）。
41. 《大越史记全书》。
42. 《越史通鉴目》。
43. 《安南志略》。
44. 《岭南摭怪列传》。
45. 包遵彭：《汉代楼船考》。
46. 《考古社刊》。（以下各杂志征引论文，详见附注）
47. 《史语所集刊》。
48. 《考古人类学刊》。
49. 《民族学研究所集刊》。
50. 台大《文史哲学报》。
51. 《台湾文化论丛》。
52. 《学术季刊》。
53. 《考古学报》。
54. 《考古》。
55. 《文物》。
56. 《周叔弢六十纪念论文集》。
57. 松本信广：《古代東亞における南方語の影響》。
58. 杉本直治郎：《東南アジア史研究》Ⅰ。

西南文化

《史记》有《西南夷传》。西南夷的地区，包括今之四川、云南、贵州、广西一带。[①] 这些地方，先秦时代，除了四川古史，尚留下一些零星记载；云南方面，则有庄跻王滇的故事。[②] 其余则文献难征。

近年考古发掘的结果，四川在旧石器时代晚期，已有资阳人头骨化石的发现。[③] 其他较重要的遗址，像四川成都羊子山、巴县冬笋坝、昭化宝轮院、涪陵小田溪等处的战国墓葬，又云南的晋宁石寨山、祥云大波那、江川李家山各地汉代及先汉的遗址；这些地区的发掘，对先秦时代的文化状况，提供

---

① 日本久村因在他的《古代西南支那の歴史地理研究法に關する一試論》一文中，对《史记·西南夷传》有深入的分析。(见《南方史研究Ⅰ》，1959，日本南方史研究会出版)。特别注意当日越嶲郡与益州郡之交通路线。又有潮田富贵藏氏之《漢代西南支那の歴史地理》(大阪大学《南北校研究集录人文科学》No. 2) 亦可参考。

关于西南地区民族论文资料，竹村卓二著《南、西南シナ（支那）非汉民族に關する中國民族學の貢獻》(《社会人类学》No. 1，1957) 列举甚备。

② 庄跻故事，有疑其不可信据者，如和田清《滇王庄跻的故事》(见羽田享：《颂寿东洋史论丛》，995 页)。

③ 裴文中、吴汝康：《资阳人》，北京，科学出版社，1957。资阳人在四川资阳县黄鳝溪发见，其人头骨化石，与山顶洞人的一〇一号及一〇二号，有类似之处。1965 年，云南发现两只猿人上门齿化石，在中国西南为首次发现。与资阳人同层所出木头，经放射性碳素测定年代距今 7500±130 年 (B. C. 5535±130 年)。参安志敏《讨论原始文化年代》一文（《考古》，1972（1））。

了一些线索。[1]

关于秦以前巴蜀的历史，现存文籍，以常璩的《华阳国志》为最重要。其他较早的著作，若王褒的《益州记》，孙盛的《蜀世谱》，以及已佚的《先蜀记》、《益州传》等[2]，都已失传。扬雄作《蜀都赋》，又有《蜀王本纪》，只存一鳞半爪。[3] 明人所撰的《蜀中广记》、《蜀中名胜记》，虽出自杂纂[4]，亦保存许多珍贵掌故，足为考证之助。

本文之作，希望能利用现有的考古及文献两方面的资料，作一综述。目前对西南文化在先秦时代的概况，所能得到的认识，可说是非常贫乏。至于进一步的研究，仍有待于他日地下遗物更多的发现。

一、西南民族的神话及其独特的古史传说

中原的古代帝皇传说，多集中于蜀。颛顼、夏禹、盘瓠等神话，似从他处传播而来；而蚕丛、开明，则为蜀人本土的古史。

（一）颛项

《史记·五帝纪》及《大戴礼·帝系》并云：

① 有关四川考古发掘论文，略举如下：

《四川省长江三峡水库考古调查简报》（《考古》，1959（8））。

《四川巫山大溪新石器时代遗址发掘记略》（《文物》，1961（11））。

《川东长江沿岸新石器时代遗址调查简报》（《考古》，1959（8））。

《长江西陵峡考古调查与试掘》（《考古》，1961（5））。

《四川新繁县水观音遗址试掘简报》（《考古》，1959（8））。

《成都羊子山第一七二号墓发掘报告》（《考古学报》，1956（4））。

《成都羊子山土台遗址清理报告》（《考古学报》，1957（4））。

《四川古代的船棺葬》（《考古学报》，1957（4））。

《四川涪陵地区小田溪战国土坑墓清理简报》（《文物》，1974（5））。

有关云南重要考古报告，属于石寨山者，略举如下：

《云南晋宁石寨山古墓群发掘报告》。

《云南晋宁石寨山古遗址及墓葬》（《考古学报》，1956（1））。

《云南晋宁石寨山古墓第四次发掘简报》（《考古》，1963（9））。

《云南晋宁石寨山古墓群出土铜器补遗》（《文物》，1964（12））。

② 孙盛：《蜀世谱》，见《后汉书·西南夷传》注引。《益州传》，见《史记索隐》引。《先蜀记》，见《古文苑》章樵注。

③ 朱希祖：《蜀王本纪考》，见《说文月刊巴蜀专号》。《蜀王本纪》有严可均《全汉文》，及王谟《汉唐地理书钞》辑本。王书序录论谯周《蜀本纪》，又据《水经注》附来敏本《蜀论》。

④ 《蜀中广记》有《四库全书》本，《蜀中名胜记》有《粤雅堂丛书》本。《华阳国志》异文，可参顾观光《校勘记》。关于《华阳国志》以前的四川史志的佚籍，可参看张其淦：《古方志考》，641～652页，不具举。

黄帝娶于西陵氏之子曰嫘祖，产青阳及昌意。青阳降居江水（一作泜水）。

昌意降居若水。昌意娶于蜀山氏之子曰昌濮，产颛顼。

是颛顼的母系，出自蜀山氏。乐资《九州要记》谓昌意降居之若水，即嶲州台登县的奴诺川。（《御览》一六六嶲州）若水据说即黑水。麽些人呼黑为 na，凉山彝族称为 no，故若水译义是黑水[①]，《论衡·解除篇》："昔颛顼氏有子三人，生而皆亡。一居江水为虐鬼，一居若水为魍魉，一居欧隅之间。"《大荒北经》有"叔歜国，颛顼子。"这些正说明颛顼的传说，和蜀地发生密切关系。[②]《爨龙颜碑》谓其先世为"颛顼之玄胄，祝融之眇胤"。盖西南民族，亦尊颛顼及祝融为其共祖。

（二）夏禹

《蜀王本纪》谓禹本汶山郡广柔县人，生于石纽，其地名痢儿畔。此说起于西汉，似由《荀子》"禹学于西王国"，及陆贾《新语》"禹兴于西羌"一说而附会。[③] 四川有李冰治水故事，故大禹治水神话，亦复盛行。[④]

（三）盘瓠

《蛮书》卷十记："黔、泾、巴、夏四邑苗众，……乃盘瓠之后。其蛮贼杨羌等云：〔绽〕盘古之后。"又引王通明《广异记》言："高辛氏时，小犬以

---

① 向达《南诏史论》主是说。清李荣陛有《黑水考证》，《豫章丛书》本。

② 颛顼本为天帝，故传播甚广。详顾颉刚《史林杂识》颛顼条。大荒中六国，皆颛顼之所产。章太炎《序种姓》引公孙尼子舜牧羊于潢阳，谓宜作汉阳。因言舜、禹皆兴蜀汉，与项、喾同地。

③ 禹生石纽一说，近人讨论，至为热烈。其说最早只能追溯至扬雄的《蜀王本纪》，稍后则有《吴越春秋》及谯周的《蜀本纪》、《三国志·秦宓传》、常璩《华阳国志》。这说的不可靠，明陆深在《蜀都杂抄》中已辨之。近人冯汉骥有极明确的辨论，以为古有禹兴于西羌之说，加上《淮南子·修务训》有禹生于石，焦氏《易林》有禹生石夷之说，遂附会为"禹生石纽"。《蜀王本纪》始言"禹生于汶山郡，广柔县人，生于石纽"。汉之广柔，应是唐之石泉县（嘉陵江支流的北川县）。故《锦里新编》卷十四称：刳儿坪在石泉县南石纽山下。山有"禹穴"二字。近人谈这一问题的，又误把石纽附会到汶川县。冯氏亲至汶川考察，其地有石无土，不宜居住。彼谓禹生石纽全系出于蜀人乡土观念所附会，说甚精当。所有资料，实出后人的踵事增华。有关禹生石纽之论文，略举如下：

陈志良：《禹生石纽考》（《说文月刊》一卷十二期）。

孔令穀：《禹生石纽与禹为上帝辨》（《说文月刊》二，二又二，四）。

冈崎精郎：《石紐林と禹の誕生》（《古代学》一，四）。

冯汉骥：《禹生石纽辨》（《说文月刊》第四卷，《吴稚晖八十纪念号》）。

④ 杨明照：《四川治水神话中的夏禹》（《四川大学学报》）。

盘瓠为名。后啮得戎寇吴将军头，帝妻以公主，封盘瓠为定边侯，生七男，巴东姓田、雷、冉、向、蒙、旻、淑孙氏也。其后苗裔炽盛，从黔南逾昆湘高丽之地，自为一国，幽王为犬戎所杀，即其后也。盘瓠皮骨今见在黔中，田、雷等家祀之。"《魏略·西戎传》言氐人，"其种非一，称盘瓠之后，或号青氐，或号白氐，或号蚺氐"。此称氐人出于盘瓠。盘瓠故事原见《风俗通》，为武陵蛮之祖。干宝《晋纪》："武陵、长沙、庐江郡夷，盘瓠之后也，杂处五溪之内。"后世畲民祖先传说相同，所谓狗头皇是。魏贾岱《大狗赋》云："盘瓠受之于蛮都。"[①] 字又作盘瓠。骆宾王姚州《露布》云："俗通盘瓠，声不辍于吠尧。"[②] 亦目为犬属。

盘瓠传说，本起于南蛮，后移殖至川、黔，疑古三苗一支西徙者入于渭水流域，南方盘瓠神话，传播至西戎，故氐之种人亦自称盘瓠之后。[③] 唐《益州学馆庙堂记》及《益州名画录》所载，汉献帝兴平元年，高朕在成都石室绘上古盘古李老等神。据我的研究，这是盘古见于绘画最早的记录，而出现于成都，比吴徐整的《三五历记》还更早。[④]《蜀中名胜记》五：盘古祠在四川双流县。罗泌《路史》亦言"于广都得盘古之祀矣"。其实盘古在汉末已为蜀人所熟悉了。

(四) 蚕丛——开明

可见蜀人有他们的古史系统，见于扬雄的《蜀王本纪》，及常璩的《华阳国志》，杂有很浓厚的神话，大致如下：

> 蜀之先，称王者有蚕丛、柏濩（常璩作柏灌）、鱼凫、蒲泽、开明。是时人萌（民）椎髻左衽，不晓文字，未有礼乐。从开明已上至蚕丛，积三万四千岁。（《御览》州郡十二引）
>
> 后有一男子名曰杜宇，从天堕止朱提。……自立为蜀王，号曰望帝，治汶山下邑曰郫。……（乐资《九州要记》："蜀王杜宇自号望帝。"王谟辑本）望帝积百余岁。……以鳖灵为相。……委国授之而去，如尧之禅

---

① 贾岱宗文见《初学记》廿九引。严可均列于傅玄之前。

② 见《骆宾王文集》，《姚州道破逆贼柳诺设弄杨虔露布》。

③ 参黄烈文：《论三苗和氐》（《历史研究》，1965（2））。

④ 拙文《古西南夷之故事画》（《故宫季刊》六，四）：《益州学馆庙堂记》，唐永徽元年泐石，见《八琼室金石》卷三十五。

舜。鳖灵即位，号曰开明帝，帝生卢保，亦号开明。（常璩作开明号丛帝，丛帝生卢帝。）

开明帝下至五代，有开明尚，始去帝号，复称王也。（常璩云："开明氏……凡王蜀十二世。"）

关于《蜀王本纪》一书，所录固多不经之言，而其价值正在其能保存蜀地真实的神话传说。[①] 最堪注意的是蜀史的年代，有三万四千岁之久，李白《蜀道难》竟说为"尔来四万八千岁"。黄帝迄今尚不及五千年，蜀史乃伸展至九倍之多[②]，此为蜀地古史最特色之处。

二、古代西南民族之系统

西南一带，从民族的成分观察，自古以来，即是各种民族分布非常复杂的地区。

（一）牧誓八国

周武王在牧野誓师说："逖矣西土之人。"下称"庸、蜀、羌、髳、微、卢、彭、濮人"。伪《孔传》谓蜀、髳、微在蜀。孔颖达疏云：此八国皆西南夷也。又推论羌、庐、彭皆在蜀。近人据《左传》所见地名，楚国北部有庸、卢、彭，其西有濮，四国都在汉水流域；羌、微、髳则在渭水及河水流域。[③] 武王伐纣，率领这八国之师，乃是周人势力向东扩展的结果。近年四川彭县出土有殷代二觯，埋藏年代去周初开国不远，或疑为蜀人参加伐纣战役的物证，或周人颁赐的掳获物。[④]

---

① 朱希祖《蜀王本纪考》，疑《本纪》原非一本，举《御览》八八八所引《蜀王本纪》，文辞鄙陋，以为非扬雄作。《史通·杂说篇》亦讥其好奇。顾颉刚撰《蜀王本纪与华阳国志所记蜀国史事》一文（《史林杂识》初编），比较二书异同，指出扬氏为古典学家，所录固多不经，而皆为蜀地真实之神话传说。常氏为地方掌故专家，竟忍摒弃地方资料。分别扬、常二家之作史态度，可谓有识。

② 各书所述蜀年代颇有异同，表之如次：

（1）三四〇〇〇年（《文选·蜀都赋》注引扬雄：《蜀王纪》）。

（2）八〇〇〇〇年（《路史》蜀山氏注引《蜀记》）。

（3）四八〇〇〇年（李白：《蜀道难》）。

③ 参顾颉刚：《史林杂识》牧誓八国条。

④ 据徐中舒：《四川彭县蒙阳镇出土的殷代二觯》（《文物》，1962（6））。

八国名称，在卜辞见到的有羌与蜀①，铜器所见的眉即是微。𠬝即是濮。《𠬝白簋》言及他的祖先为文武建立功勋，有一段记载云："隹王九年甲寅，王命益公征[illegible]（眉）敖……王若曰：[illegible]白，朕丕显且（祖）玟、珷，膺受大命。"② [illegible]是眉字，从文、武征伐有功。称为敖者，敖是蛮夷称君之号。《书·立政》："夷微卢烝，三亳阪尹。"微即是眉，其地去周不远。故周公立政建官及之，眉敖可能即《牧誓》的微国。《宗周钟》云："南国𠬝子，敢臽虐我土。"说者皆以𠬝为濮。《郑语》：楚蚡冒始启濮。《左传》记麇人率百濮聚于选。其地仍在湖北。𠬝借作濮，《卜辞》有云："戊辰卜：方□自南，不其征𠬝？戊卜：方□自南，其征𠬝？"（《小屯乙》一五一）则此𠬝自即是濮了。眉与濮仍在汉水及其附近，《牧誓》八国不得全以西南夷说之。

（二）《周书·王会》、《管子》、《吕览》所记的西南夷地名

《逸周书·王会》伊尹受四方命云："正南：欧、邓、桂国、损子、产里、百濮、九菌。成周之会……巴人以比翼鸟，方炀以皇鸟，蜀人以文翰，……卜人以丹沙。"卢云："卜即濮也。"

《管子·小匡》："南至吴、越、巴、牂牁、𡯁、不庾、雕题、黑齿，荆夷之国。"房玄龄注："皆南九国号。"

《吕览·求人》："（禹）南至交阯。孙朴、续樠之国，丹粟漆树沸水，漂漂九阳之山，羽人裸民之处，不死之乡。"

又《恃君览》："氐、羌、呼唐，离水之西，僰人野人，篇笮之川，舟人送龙，突人之乡，多无君。"（《史记·司马相如传》："邛、筰之君长。"文颖曰："笮者，今为定笮县，属越巂郡。"）这一系列的西南国族地名，《王会篇》已有何秋涛的《笺释》。《小匡篇》作成年代，虽不易确定，必为先秦时人之说。齐桓公时牂牁已建国，故与巴同列。汉武元鼎六年，牂牁始置郡，然立国则在其前五百余年。《史记·西南夷传》记"唐蒙自僰道指牂牁江，……独置南夷、夜郎两县一都尉。……遂平南夷牂牁郡，夜郎始倚南越"。可见牂牁江一带，亦属夜郎之地。夜郎为楚时国名，据《后汉书·南蛮》等传，"楚顷襄王时，遣将庄豪（蹻）从沅水伐夜郎，军至且兰，椓船于岸而步战。既灭夜郎，因留王滇池。以且兰椓船牂牁处，乃改其名为牂牁"。是夜郎一名先秦

① 董作宾：《殷代的羌与蜀》，卜辞羌字参岛邦男：《卜辞综类》，14～19页。

② 《上海博物馆青铜器》，五四。

亦已有之。夜郎国的疆域，约当今贵州全省及川南、滇东、桂北之地。应劭注汉犍为郡云“故夜郎国”，则夜郎国境，又达今川南矣。①

《王会》以白濮与九菌并列。百濮见于《左传》，九菌应即《禹贡》荆州，“惟箘簬楛三邦底贡。”菌即箘邦，地在荆南。

《恃君览》以氐羌与僰人同举。氐羌之名亦见同书《首时篇》（氐羌之民）、《商颂》、《王会》、《荀子·大略》、《海内经》。汉人纪载，往往合称羌僰（如《汉书·伍被传》：“羌、僰宾服。”《严安传》：“朝夜郎，降羌僰”），亦合称氐僰。（《盐铁论·备胡篇》：“氐、僰人、冉駹、嶲唐、昆明之属，扰陇西、巴、蜀。”《后汉书·杜笃传》：“捶驱氐、僰。”）古时有僰国，《汉书·地理志》僰道县，应劭注：“故僰侯国也。”《华阳国志·蜀志》：“高后六年城僰道，开青衣。”又云：“卢帝攻秦，至雍，生保子帝，帝攻青衣，雄张僰、僚。”青衣即今大渡河，这是秦末取巴蜀以前的事。其时已有僰僚。《史记·西南夷传》：“秦时常頞略通五尺道。”五尺道在今庆符县南（沈钦韩说），正在古时僰国境内。秦、汉之际，汉族对西南逐渐开辟，对于僰道之经略，迫使僰人不得不由蜀南迁。②

不庾、孙朴、续樠、呼唐，地望均不详。离水即漓水，《汉书·地理志》白石县下：“漓水出西塞外。”《水经·河水注》：“漓水导源于塞外羌中。”为氐、羌所在。篇筰之川，指邛、筰。《广韵》：“筰，筊也。西南夷之以渡水。”筰训竹索，即竹筰也。

（三）巴蜀以南之蛮夷

司马迁曾“奉使西征巴蜀以南，南略邛、筰、昆明”。据实地调查所得，写成《西南夷传》，至为翔实。他从文化观点区别西南夷数十国为三大类：

---

① 此处略采芮逸夫《僚人考》说。《小匡篇》牂牁下为“瓟”，其字不可晓。郭氏《管子集校》引尹桐阳说，析为长瓜二字，谓是长沙声转，说恐无据。

② 参尤中：《汉晋时期的西南夷族系问题》（《历史研究》，1957（12））。

关于僰人，可参下列各文：

芮逸夫：《僰人考》（《史语所集刊》二三上）。

郑德坤：《僰人考》（《说文月刊》第四卷合订本）。

王叔武：《关于白族族源问题》（《历史研究》1975（4））。

周泳先：《有关白族历史的几个问题》。（此文收入《云南白族的起源和形成论文集》内，论文集共载二十一篇。1957年云南出版，为研究白族种属语文极重要之文献。）

（1）夜郎、靡莫、滇、邛都：魋结，耕田，有邑聚。

（2）巂、昆明：编发，随畜迁徙，毋常处，毋君长。

（3）徙、筰都、冉駹：或土著，或移徙。

这三大类中，第一类盘发于顶，是农业文化；第二类编发为辫，是游牧文化；第三类是农、牧兼营的文化。

云南晋宁石寨山滇王墓铜器上刻塑人物，有二三百之众，依其发式及衣饰，可区为三种。一类为编发，即为昆明、巂。《新唐书·南蛮传》云："昆明蛮人辫首左袒。"唐时又称昆弥或洱蛮，石寨山铜片图形文字有垂辫反缚之奴隶，即汉之昆明人，唐之白蛮（今之白夷）。又一类为椎髻之民，头或缠帕，或戴冠，或着帔肩，可能即靡莫，此辈椎结鬊首。（《淮南子》："三苗鬊首。"《说文》："鬊，丧结也。"故鬊即结发。）另一种男女束发，以示别于其他之编发及椎髻者（《释名》：总，束发也。其异名亦称鬠、括、髻。），颇具汉族风格，此则为滇族，在晋宁遗物中属于主人文化。[①]《史记》庄蹻王滇，变服从其俗以长之，又以兵威临之，士卒留居，带来束发习俗。观湖南陈家大山帛画上之女巫，发髻式样，与滇族女子头发均以条组束发，辉县战国墓铜器上人物，有束发于顶使两端翘起，滇族男子乃束发于顶，以两带拖于后，可见滇族发式近于汉人，必受庄蹻所影响，这说明滇文化中含有楚文化的成分。[②] 西汉时辫发的昆明人，被滇人所奴役。《西南夷传》云："取其筰马、僰僮、髦牛，以此巴蜀致富。"蜀人利用僰僮为奴隶，这和滇人以编发的昆明人为奴役对象，情形相同。

《史记·西南夷传》记其族属最后一句话说："冉駹以东北，君长以什数，白马最大，皆氐类也。"所谓氐类，应是专指白马国而言，而不是统指各西南蛮夷都是氐类。据《后汉书·西南夷传》末段云："自冉駹东北，有白马国，氐种是也。"可见氐种显然单指白马。《魏略》把氐列于西戎。氐的分布，据《汉书·地理志》上的地名，有陇西郡氐道（今甘肃清水县境）、广汉郡甸氐道（甘肃文县）、蜀郡湔氐道（今川西北松潘）、刚氐道（川北平武一带），是西起陇西，东至略阳，南迄岷山以北，是古氐人的住区。白马地名，见《水经·漾水注》，即广汉北部，白马水出焉。所谓白马国氐种，即指此区域。有人误会《史记》"白马最大皆氐类

① 冯汉骥：《云南晋宁石寨山出土文物的族属问题试探》（《考古》，1961（9））。分析其民族为七种及不同的发型，其拟绘各族人物形状。（参图三，采自《考古》本期，475页）

② 此据冯汉骥说。参林声：《试释云南晋宁石寨山出土铜片上的图画文字》（《文物》，1964（5））。

也”一句，以为氐可概括全部西南夷，这是不对的。[①]

（四）僚与赍

僚：

三国蜀时有僚种之名，其种人居牂牁的兴古郡。（《蜀志·张嶷传》裴注引陈寿的《益部耆旧传》云：“牂牁兴古獠种后反……嶷内招降得二千人。”）兴古郡为后主建兴三年诸葛亮南征四郡所置之一，当日分建宁牂牁以立兴古郡（《蜀志·后主传》）治温县。据常璩《华阳国志·南中志》所记，此四郡多有僚：

> 晋宁郡……谈槁县有濮僚，伶邱县有主僚。
> 永昌郡……有闽、濮、鸠僚。
> 兴古郡……多鸠僚、濮。

可见三国晋时的僚种，大抵麇集在这四郡一带。《隋书·梁睿传》记其“威振西川，夷僚归附，唯南宁爨震恃远不宾。睿上疏言：‘南宁州，汉世牂牁之地，近代已来，分置兴古、云南、建宁、朱提四郡’”。可见南宁州所属兴古四郡，本来即古牂牁之地。常璩于《蜀志》又记：“卢帝攻秦至雍，生保子帝，帝攻青衣，雄张僰、僚。”此条僚与僰连称，可见秦未灭蜀以前，青衣一带（今雅安南大渡河流域）已有僰、僚二种存在。后来四郡之僚，即是其苗裔，原为散居于川滇之间的古牂牁国的属民（芮逸夫《僚人考》）。到东晋时期，有大批的牂牁僚入蜀。《太平寰宇记》七五引梁李膺《益州记》：“李雄据蜀，李寿从牂牁引獠入蜀境。”又同书一三九引《四夷县道记》则云：“李特孙寿时，有郡僚十余万，从南越入蜀汉，间散居山谷。”《晋书》一二一《李寿载记》：“初，蜀土无僚，至此始从山而出，北至犍为、梓潼，布在山谷十余万落。”诸僚原出牂牁土著，后来陆续迁入蜀境。张华《博物志》：“荆州极

---

① 向达在《南诏史略论》中提出唐代的白蛮是氐族，滇即是氐，乌蛮及六诏是羌族。这一说法，已为马长寿从语言各方面加以辨难，认为不能成立。见马著《南诏国内的部族组成和奴隶制度》（1961年刊，18～22页）。

氐的问题，可参下列各文：

顾颉刚：《史林杂识》“氐”条。

胡昭曦：《论汉晋的氐羌和隋唐以后的羌族》（《历史研究》，1963（2））。

黄烈：《有关氐族来源和形成的一些问题》（《历史研究》，1956（2））。

西南界至蜀，诸民曰僚子。”由张华之语，参以《蜀志》，知第三世纪时，荆、蜀间的少数民族，有所谓“僚子”，在当日已很著名。《御览》引书目中有《南蛮獠民志》，正是谈僚族的专籍，可惜已失传了。

賨：

左思《蜀都赋》：“若乃刚悍生其方，风谣尚其武，奋之则賨放，玩之则渝舞。”常璩云：“李特……祖。《世本》：巴宕賨氏。”又云：“长老言宕渠盖故賨国，今有賨城。”（四川大竹县北）李善《注》引《风俗通》：“巴有賨人剽勇。……阆中人范目说高祖募取賨人，定三秦。……目所发賨人：卢、朴、沓（日本古钞《文选集注》引作‘督’）、鄂、度、夕、袭七姓，不供租赋。”《华阳国志》七姓作罗、朴、昝、鄂、度、夕、龚，《后汉书·南蛮传》七姓同，惟昝作督。《巴志》又云：“阆中有渝水，賨民多居水左右，天性劲勇，初为汉前锋陷阵，锐气喜武。帝善之，曰：此武王伐纣之歌也。乃令乐人习学之，今所谓巴渝舞也。”《路史后纪》引《高阳记》：“濮、罗、越、賨……皆芈分也。”又云：“归是夔，賨是宗。”果尔，賨即宗，为高阳后芈姓国，证以七姓之中有鄂，当与楚族有关。①

《魏都赋》：“賨幏积墆。”张载注引《风俗通》：“槃瓠之后，输布一匹二丈，是谓賨布。廪君之巴氏以幏布八丈。”《蛮书》卷十：“（秦）惠王并巴、蜀，以巴夷为蛮夷君，尚女。其人有罪，得以爵除，出赋二千一十六钱，三岁一出义赋一千八百钱，人出幏布八丈二尺。”是幏布之制，秦惠王时已有之。《晋书·李特载记》：“秦并天下，以为黔中郡，得赋敛之。口岁出钱四十。巴人呼赋为賨，因谓之賨人焉。”则賨为巴方言。賨本为宗氏，以有布赋，其字遂从贝作賨。秦时先有賨人，至汉初佐高祖，又有“賨旅”之称。

---

① 关于僚人的文章：王文才《僚族杂考》（《中国文化研究所》汇刊九，1950）主张僚族是賨人，即巴族的板楯蛮。缪钺驳正之，撰《巴蜀文化初论商榷》（《四川大学学报》，1959年。又收入《读史存稿》），主僚是越族。芮逸夫先生旧撰《僚人考》指出僚是先秦南夷古国，牂牁的属民（参见芮著《中国民族及其文化论稿》上册），今用其说。賨人说与《风俗通》同。唐张楚金《翰苑》：“賨布申诫，武陵之部爰置。”雍公叡注引《后汉书》：“秦昭王使白起伐楚，略取蛮夷，始置黔中郡。汉兴改为武陵，岁令大人输布一匹，小曰（口）二尺，是谓賨布。”武陵即因秦之黔中郡而置也。《隋书·地理志·豫州》：“汉高发巴蜀人定三秦，迁巴渠帅七姓居于商洛之地。”七姓即賨人朴、罗等，是賨人曾被迁入中原。

《三国志·刘表传》：“江南宗贼。”何义门谓：“宗恐与賨同义。”吕思勉《燕石札记》“賨、叟、蜀、骆”条，认为汉季的宗贼即是賨民。唐长孺查出宗部分布广及鄂、赣、两广、安南，故宗字意义仍应以《范书》李贤注为“宗党共为贼”为是。（见《魏晋南北朝史论丛》）

三、四川的大石文化与石棺文化

四川新繁出土的陶鬹、陶豆，和豫、鄂、皖各省出土的后期黑陶（即受彩陶影响过的黑陶），形制上可说是一系，像忠县的黑陶，与湖北宜昌、京山、天门所出的，正是地域毗连。可见巴蜀与荆楚，很早就有了密切关系：

（一）大石文化

蜀地大石遗迹普遍存在着。有名的石笋传说，谓开明氏“每王薨，辄立大石，长三丈，重千钧，为墓志，今石笋是也，是曰笋里”（《华阳国志·蜀志》），《蜀王本纪》、李膺《蜀纪》中又有方石及石镜的记载，这些都是巨石文化的证据。一般研究，分为下列各类：

独石（**Menhir**）　如成都西门外南北对立之石笋，五丁担（《国志》、《石笋记》，杜甫诗有《石笋行》）支机石（《博物志》、《蜀中名胜记》引《道教灵验记》）。

列石（**Aligment**）　如白帝城之八阵图。（盛弘之《荆州记》、《成都图经》）

墓石（**Dolmen**）　如大竹县之无际石。（一盘石架二石）

四川的大石文化是盛行于蜀王开明时代。[1]

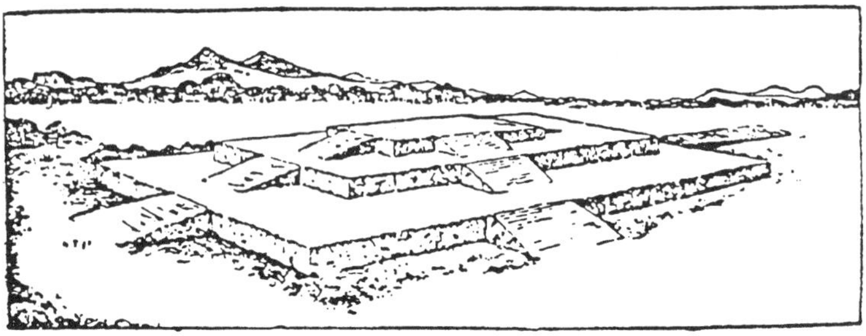

图一　羊子山土台复原示意图

---

① 关于石笋之名，见于陈寿之《益部耆旧传》，《寰宇记》七二华阳县，唐杜光庭《石笋记》，宋姚宽《西汉丛语》之记石笋，何宇度《益部谈资》，明陆深《蜀郡杂抄》（《广百川学海》本）。又榎一雄：《成都之石笱と大秦寺》（《东洋学报》三一，二，107页）。

四川大石文化，参陶希圣：《周代诸大族的信仰和组织》（《清华学报》十卷三期，583页）。

冯汉骥：《成都平原的大石遗存》（*Journal of the West Chinese Border Research Society* Vol. XVI, pp. 15-22）。

鲍文熙：《川康史前大石文化遗址之检讨》（《中国考古》No.1，1950）。

郑德坤在《四川考古学导论》中，假定大石文化年代为公元前700～前500年。

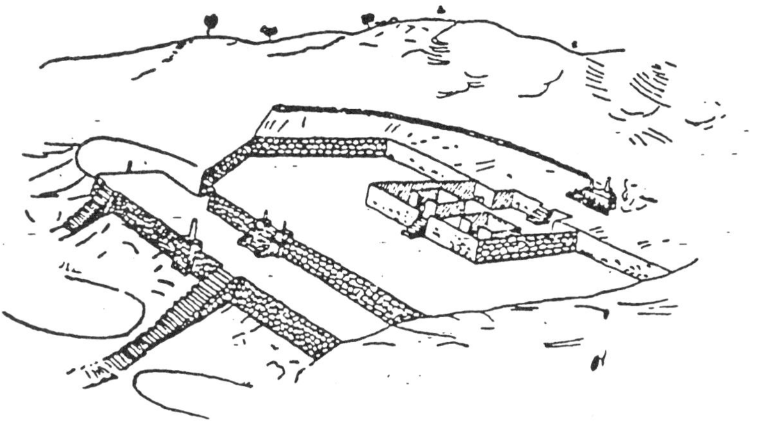

图二

Megalithic structure consisting of 3 terraces. On the slopes of the Yang mountain in East Java. After H. G. Quaritch Wales The Making of Greater India. Front page.

成都羊子山发见土台建筑，经复原后（图一），实为一种 terraced pyramid，这和印尼大石时代（megalithic period）的台地遗址很相像。图二示东爪哇 Yang 山的三成台地与羊子山古台的类似。Heine-Geldern 在解释婆罗浮屠（Borobudur）十层的形成，乃为 another develpment of the terraced pyramid，而 terraced pyramid 乃源于大石文化（参看 R. M. Sutjipto Wirjosuparto: *Glimpses of Cultural History of Indonesia*. p. 53），照这样看来，羊子山之土台出于战国遗址，虽然不是大石构造，但台地的年代，却属于鳖灵的开明时期，正是蜀国大石文化最流行的时代（《考古学报》，1957（4），31 页），是很可注意的。

（二）冉駹先代及其石棺文化

四川西北部松潘、理番县、茂县、汶川一带，在汉代为汶山郡，其史前遗址概属板岩墓葬，地形为台地，草原千里，为历来匈奴、羌戎、西番角逐之区。出土金属物百余件，其铜柄铁剑、盔甲等，与河套铜器文化遗物相似，有铜带钩本为东胡或匈奴之物。又有大量珠贝琉璃，为中亚游牧民族所传入。此地后为羌人所居，据羌族“端公”口诵经咒传说，其中有一折完全讲述其祖先与羌人争斗情形，云此地原住民名曰戈（一作郭）人，羌族战胜之，戈人西遁，遂据其地。羌人因称此类板岩（Slate）为戈人墓，又另有其他不同的说法。现在在茂县、汶川、理县境内分布甚为密集的石棺葬，其石棺墓的构造很简单，大抵有二类：一类挖长方形竖穴，石棺侧面用二至三块石板，两端各一块，棺上盖以石块，以一块压住一块，往上盖着，如建屋盖瓦方法，通常是四块至六块不等；第二类是用四块不同石料，大小厚薄不等的石块砌成。砌棺方法不用泥浆粘合，但拼凑异常紧密。此种石棺墓，据说有“傜人洞”、“矮子坟”、“嘎尔布”（似藏语的 Jelbo）等名称。墓中随葬品最普遍，又与辽宁西岔沟代表匈奴文化的一批铜柄剑制作技术大体是相同的。又一些铜牌饰和铜连珠钮，则与内蒙古所出土者同一风格。另一方面，铜柄及铁剑的样式和云南晋宁石寨山、安宁太极山所出的完全一样，可见此类铜柄铁剑可能即由此地种人的传播而传入云南。总之，根据石棺文化所表现，他们可能原系青海、甘肃东南部的一种部族，初受到北方草原文化的影响，南下之后，又杂有川西汉文化濡染。（伴出品有“半两钱”）此类民族生活方式是畜牧兼农耕的。

这一地区，本为汉冉駹国所在地。《括地志》：“蜀西徼外羌，茂州、冉州本冉駹国地也。”（《史记·西南夷传》，《正义》引）《后汉书·西南夷》：“冉駹夷者，武帝所开。元鼎六年，以为汶山郡。……其山有六夷、七羌、九氐，各有部落。”可见其种姓之杂。又云：“土地刚卤，不生谷粟麻菽，唯以麦为资，而宜畜牧。”亦和他们的生活习惯相符。又云：“夷人冬则避寒，入蜀为佣。……皆依山居止，累石为室，高十丈，为‘邛笼’。”至今，羌族地区犹可见各砦的巨大碉楼，自半山高插云表，即“邛笼”也。其民人砌石棺不用泥浆，砌石墙亦用此法，以石块砌成屋宇碉楼。司马相如《难蜀父老》“因朝冉从駹，定笮存邛”，把冉与駹分开，李善注引应劭：“蜀郡岷江，本冉駹也。”此一带石棺墓葬，正是古代冉駹的文化。①

此外，广汉太平场真武村在 1928 年出石璧、石圭、玉琮甚夥，1953 年成都羊子山发现石璧制作工场，属于同一系统之遗物。时代据谓是在战国秦灭

① 理番文化，参 Cheng Te-Kun：The Slate Tomb Culture of Li-fan（*H. J. A. S.* 9，63～80 页），凌曼立：《四川理番县佳山寨史前拾遗》（台湾大学《考古人类学刊》，二一、二二，1963）。

戈人之戈，或注音作 Ko，又作 Ga 或 Gua，又作郭人。胡昭曦《论汉晋的氐羌和隋唐以后的羌族》文中引蒙文通说云：“今茂汶羌族传说，谓其先代初来，其地有歌基人，或称歌人、葛人；羌人逐之而居其地。”歌基人即吐谷浑人。（《历史研究》，1963（2））李绍明《关于羌族古代史的几个问题》，则以此说为非。（《历史研究》，1963（5））冯汉骥言此墓出土有四铢钱而无五铢钱，其年代应在汉初文帝五年稍后，不可能下至吐谷浑之时。又谓歌基人墓葬中有铜带钩，本为东胡或匈奴之物（冯著《岷江上游》，1973（2）），叙述最为详尽，兹多用其说。疑羌人之先，其土著或非汉族。

蜀以后，亦以使用石制美术品为其特征。[1]

四、巴、蜀、滇的历史

(一) 巴

巴国传说，据《山海经·海内经》云："西南有巴国，太皞生咸鸟，咸鸟生乘釐，乘釐生后照，后照是始为巴人。"以巴出自太皞。巴不止一姓，有姬姓者，《华阳国志·巴志》："武王既克殷，以其宗姬于巴，爵之以子。"武王克商，巴、濮、楚、邓，是其南土。(《左》昭十三年传)殷武丁《卜辞》中有伐巴方的记载。(《丙编》二一，二五，又《卜辞综类》，42页)说者谓即巴方，尚待论定。《潜夫论·志氏姓》：嬴姓有巴公，则巴又有嬴姓者。

春秋时巴属楚。《秦本纪》云"楚自汉中南有巴、黔中"，楚共王时，有巴姬。(《左》昭十三年传)楚之伐申伐庸，巴人都从出师。(《左》庄十八、十九年传，文十六年传)楚与巴的交往，见于《春秋》桓九年传。(巴子使韩服告于楚，请与邓为好。)秦和巴的关系，始于穆公时，"五羖大夫发教封内，而巴人致贡"(《史记·商君传》)。"秦惠王并巴中，以巴氏为蛮夷君长，世尚秦女"(《后汉书·南郡蛮传》说出《世本》)。巴为秦灭，在秦惠前元九年。(参钟凤年《论秦灭巴蜀之年代》，载《禹贡》四卷三期)

秦以巴氏为蛮夷君长，《世本》云："巴郡南郡蛮本有五姓：巴氏、樊氏、瞫氏、相氏、郑氏，皆出于武落钟离山，其山有赤黑二穴。巴氏之子生于赤穴，四姓之子皆生黑穴，未有君长，俱事鬼神，乃共掷剑于石穴，约能中者为君，巴氏之子务相乃独中之。……又令各乘土船，约能浮者当以为君，余姓悉沉，惟务相独浮，因共立之，是为廪君。……廪君死，魂魄化为白虎。巴人以虎饮人血，遂以人祠焉。"(出《后汉书·南蛮传》，章怀注云见《代本》。又记"廪君使人操青缕以遗盐神，廪君即立阳石上应青缕而射之，中盐神，盐神死，天乃大开"。四川产盐，这是有关盐的神话。其言四姓，三出于黑穴，惟巴氏生于赤穴，故得立为君，赤与黑二色即代表光明与黑暗，赤为光明，故巴氏得被推为君长。《代本》即《世本》，这段文字以秦嘉谟所辑补

---

① 广汉遗址文化，可参下列各文：

林名均：《广汉古代遗物之发现及其发掘》(《说文月刊》三，七，93页)。

郑德坤《四川古代史》，论广汉土坑为晚周祭山埋玉旧迹。参《成都羊子山土台遗址清理报告》(《考古学报》，1957(4))。

的《世本》最为详备。）关于廪君神话，其他记载，补述如下：

《风俗通》：廪君死，魂魄世为白虎，巴氏以虎饮人血。

樊绰《蛮书》：廪君方定居于夷水，三姓皆臣事之，廪君死，魂魄化为白虎。及（秦）惠王并巴蜀，以巴夷为蛮夷君。

又云：巴氏祭其祖，击鼓而祭，白虎之后也。

又引《夔城图经》云：……初丧，鼙鼓以为道哀，其歌必号，其众必跳，此乃盘瓠白虎之勇也。[①]

廪君年代，在秦惠以前，死而化为白虎，故川东盛行虎之崇拜，若昭化宝轮院巴县冬笋坝之戈，涪陵小田溪的剑，都喜欢用虎来作纹饰，必和廪君传说有密切关系。《后汉书》分南蛮为三系，即盘瓠、巴郡南蛮与板楯蛮三族，巴郡蛮与板楯蛮姓氏不同，神话亦异。巴郡廪君死为白虎，板楯蛮则射死白虎，恰为仇敌。故卢求《成都记序》云："昭襄王时白虎为患，盖廪君之魄也。"（《全唐文》七四四）汉时尚有白虎夷王之号。（洪适《隶续》一《新繁长张禅等题名刻石》）巴地戈矛，其上镌刻虎纹，得此可以获得合理的说明。

章怀注引《代（世）本》云：廪君之先，故出巫诞也。《太平寰宇记》（卷一四七）引作巫蜑。《通鉴·隋纪》开皇九年记巴蜑千人乘五牙四艘，破吕忠肃事。又《通鉴》二〇四武后欲发梁凤巴蜑，自雅州开山通道，出击生羌。胡三省注云："蜑亦蛮也。居巴中者曰巴蜑，此水蜑之习于用舟者也。"巴蜑以用舟著名。《世本》纪巴郡五姓约立君之例云："以土为船，雕文画之，而浮水中，其船浮，因立为君。"[②] 近岁四川巴县冬笋坝与广元宝轮院发现数十座船棺葬，以楠木凿成独木舟状，以为葬具。这是巴人特有之葬式。[③] 巴、蜀造船业在战国时相当发达，《史记·张仪》："秦西有巴蜀大船，积粟，起于汶山，浮江而下，至楚三千余里；舫船载卒五十人与三月之食，下水而浮，一日行三百余里，不十日而拒扞关。"《华阳国志》记"司马错率巴蜀众十万，

① 详向达《蛮书校注》。

② 参拙作《说蜑》文中，蜑人舟居与廪君神话关系之推测。（《联合书院学报》五）

③ 冯汉骥等：《四川古代的船棺葬》（《考古学报》，1958（2））。四川博物馆《四川船棺发掘报告》，1960。

大舶船万艘，米六百斛，浮江伐楚”。可见巴地行舟之法，及其对于运输的贡献。其船有舫、舶等称。舫，《广雅》作“艕，船也”。舶[①]，司马彪《庄子注》云：“海中大船曰舶。”《埤仓》：舶，大船也，长二十丈，载六七百人者是也。《淮南子·叔真训》：“越舲蜀艇。”高诱注：蜀艇，一版之舟，则为小船。巴地船业，可与吴越媲美。江陵凤凰山八号墓遗册有云：“大舟皆廿三桨”《史记·淮南王安传》说“取江陵木以为船，一船之载，当中国数十两车”。这一地区有悠久的造船历史。[②]

(二) 蜀

殷及周初地名有蜀，在于鲁境。[③]《逸周书·王会》：“蜀人以文翰。”《竹书》：“夷王二年，蜀人、吕人来献琼玉。”这些蜀可能是西南国名。《史记·货殖传》：“及秦文、孝、缪居雍隙，陇、蜀之货物而多贾。”这是秦、蜀交通贸易的最早资料。《史记》书蜀事，有年可考列如下：

公元前475（周元王二年）	蜀人来赂（《六国表》）。
前387	秦伐蜀，取南郑（《秦本纪》）。
前377（周安王二五年）	蜀伐楚取兹方，楚为扞关以拒之（《楚世家》）。兹方在今湖北松滋县。扞关即今长阳县。在此以前，蜀属于楚。
前316	司马错伐蜀，灭之。自此以后，蜀属于秦。
前314（周赧王元年）	公子通封于蜀。
前311	丹、犁二戎臣服于蜀，蜀相壮杀蜀侯降秦。
前310	秦诛蜀相壮。
前308	封子烊为蜀侯。司马错率巴、蜀众十万伐楚。

① P. Pelliot据万震《南州异物志》，外域人名船曰舶，谓舶为外来语。今以《华阳国志》观之，舶字先秦已见。朝鲜语船曰Par，Mon语船曰Kbang，似同一语源，参松木信广：《舶と云文字に就いて》（《东亚民族文化论考》，771页）。

② 江陵汉简上贩字从舟作“舨”，可见这一带向来船运的发达。参见《江陵凤凰山西汉墓发掘》等文（《文物》1974（6））。

③ 卜辞每言蜀受年，地在殷畿（《卜辞综类》，106页）《春秋》成二年盟于蜀，杜注：“蜀，鲁地。泰山博县西北有蜀亭”），《逸周书·世俘》：“新荒命伐蜀。”《国语·楚语》：“启疆请于鲁侯，惧之以蜀之役。”韦注：“蜀，鲁地。”《续汉郡国志》颍川郡长社县注云：“有蜀城、蜀津。”注补引《史记》“魏惠王元年，伐魏蜀津”。《魏世家》作“浊泽”。是为魏地。这些东方的蜀地名，和巴、蜀关系如何？殊属难言。

前 301　　　　　　　　蜀反。司马错诛蜀侯烨，定蜀。
前 285　　　　　　　　蜀守张若取笮及其江南地。
前 280　　　　　　　　司马错发陇西，因蜀攻楚黔中，拔之。
前 277　　　　　　　　蜀守若伐楚，取巫郡及江南，为黔中郡。
前 250　　　　　　　　李冰为蜀守。

以上各大事，互见《史记》之《秦本纪》、《六国表》及《华阳国志·蜀志》。[①]可以看出秦灭蜀以前蜀和楚与秦两国间的关系。

左思《蜀都赋》刘逵注引扬雄《蜀王本纪》云："是时人萌（民）椎髻左衽，不晓文字，未有礼乐。"是蜀土著为椎髻而非编发，故"耕田而邑居"，非"随畜移徙，亡常处，亡君长"者可比。蜀不晓文字。而巴县冬笋坝、涪陵小田溪等所出古印及兵器则有图形文字。如錞于、铜钲之上有"王"字。又有编钟，可能是巴国遗物。其实蜀与巴原是两个不同的文化族系。秦未并蜀之前，巴与蜀是截然二地，畛域分开，据《华阳国志》所记：

巴："其地东至鱼复，西至僰道，北接汉中，南极黔、涪。"

蜀："其地东接于巴，南指于越，北与秦分，西奄峨、嶓。"

杜宇疆域："以褒斜为前门，熊耳、灵关为后户，玉垒、峨嵋为城郭，江、潜、绵、洛为池泽。"

蜀王："本治广都、樊乡，徙居成都。"

可见巴与蜀各保有不同的疆域。

《世本》说蜀无姓，而巴郡南郡蛮却有五姓，又板楯蛮有七姓，则其社会组织亦复不同。《蜀王本纪》说："蜀先代，人椎髻左衽，不晓文字。"而巴人有大武舞，湖北荆门出土有"大武闢兵"铜戚，同墓又出有巴人船棺葬中之柳叶形铜剑，此戚即巴人之物，施于大武舞者，故上镌"大武"二字。周代的大武乐舞，变而为巴渝舞。[②] 可见巴、蜀二国的文化，本来就有高下之悬殊，秦并巴、蜀，即采取用巴制蜀的离间手段。到了后来，两地依旧表现着不同

① 《吕氏春秋·简选》记吴师伐荆西至巴蜀云："吴阖卢与荆战。……遂有郢。……西伐至于巴蜀。"其说未详所据。孙次舟：《读古蜀国为蚕国说的献疑》（《齐鲁学报》第一期）。陈槃《春秋蜀国》（《大陆杂志》卷三二，六期）于秦蜀交涉事考证甚详。

② 参《大武闢兵铜戚与巴人的大武舞》（《考古》，1963（3）），又《再论大武舞戚的图像》（《考古》，1965（8））二文。

的民族性。故东汉永兴二年（154），巴郡太守但望建议，分巴为二郡，“江州（今巴县）以东，滨江山险，其人半楚，姿态敦重”；“垫江（今合江）以西，土地平敞，精敏轻疾”。地理不同，影响到人民的性格，亦有差别。[①]

巴人神话有“巴蛇食象三岁乃出其骨”（《山海经·海内南经》）之特有传说。《大武戚》上的图案，正铸有巨神双耳珥蛇，双手操龙蛇，又复胯下御龙，处处表现对龙蛇的信仰。

蜀地则流行洪水神话，杜宇称帝，会有水灾，其相开明决玉垒山以除水害，后遂受禅[②]，仿佛禹的故事。其后“李冰又凿离碓，以避沫之患，穿二江成都之中”（《史记·河渠书》），也在今灌县的岷江中流，建筑大堰，开了两口，使水向左右分流，即《水经·江水注》所谓“壅江作堋，堋有左右口，谓之湔堋”。《华阳国志》谓他“于玉女房下白沙邮作三石人，立三水中”。这个中流作堰的水利工程，由李冰所开创，对水利建设，有很大的贡献。

秦灭蜀以后，建侯置相，其时，“常頞略通五尺道，诸滇国颇置吏。十余岁秦灭，及汉兴，皆弃此国，而开蜀故徼”。秦人致力于蜀滇的交通，因国亡而中辍，我们看近年云南发现许多蜀郡的铁器，则汉时蜀、滇仍有不断交往。赵佗时候，有“蜀王子将兵三万，讨雒越，服诸雒将，蜀王子因称安阳王”[③]。可见蜀亡国后，尚有王子率众远征交阯以立国。可见当日巴、蜀与徼外往来的情形。

（三）滇

滇池、夜郎战国时已有其名。近年在晋宁石寨山、安宁太极山、祥云大波那，及距晋宁仅四十余里的江川县李家山，进行大规模发掘以后，对滇池秦汉时的生活状况已极明了。

滇王自称为楚庄蹻之后。关于庄蹻的故事[④]，《史记·西南夷传》云：“始

---

① 《全后汉文》六六，但望：《请分巴为二郡议》。

② 《华阳国志·蜀志》，芮逸夫：《苗族洪水故事与伏羲女娲的传说》（见史语所《人类学集刊》一卷一期，1938），又有鳖灵化尸传说（《太平御览》八八八引），参拙作《荆楚文化》。

③ 《水经·叶榆水注》引《交州外域记》，参拙作《安阳王与日南传》（庆应大学《史学》四二，三）。向达云：“越南古代史上还有蜀王子建国，称安阳王的一段历史。这里蜀王子，当即司马错所灭的蜀王后人，率其种人南奔，至于越南北部。意像虬髯客自王海外扶馀一样，建国称王。”（《南诏史略论》）

④ 杨志玖：《庄蹻王滇考》（《治史杂志》）。

楚威王时（公元前339—329）使将军庄跻将兵循江，上略巴、蜀、黔中以西。庄跻者，旧楚庄王苗裔也。跻至滇池，地方三百里。……会秦击夺楚巴黔中郡，道塞不通，因还以其众王滇，变服从其俗以长之。”（《汉书·西南夷传》略同）《华阳国志·南中志》云：“周季世，楚威王遣将军庄跻溯沅水，出且兰，以伐夜郎，植牂牁系船。于是且兰既克，夜郎又降，而秦夺楚黔中地，无路得反，遂留王滇池。跻，楚庄王苗裔也。以牂牁系船，因名且兰为牂牁国，分侯支党，传数百年。”《后汉书》文略同。惟在《滇王传》作庄跻，而于《夜郎国传》则作庄豪。《史记》、《汉书》作“楚威王时”，《后汉书》改为“顷襄王时”。秦夺黔中郡是在公元前280年，顷襄王立，在公元前299年，距离秦取黔中地十九年，跻奉使至滇，值楚道不通，当在此时（参张澍《续黔书》卷二庄豪条）。

关于庄跻遗迹：（一）《蛮书》六“柘东城——其地汉巂昆州，故谓昆池。东北有井邑城隍，城西有汉城，土俗相传，云是为庄跻故城”。（二）《唐会要》九十八《昆弥国条》：“有数十姓，以杨、李、赵、董为名家，各擅一州，不相统摄，自云其先本汉人，有城郭村邑，自夜郎、滇池以西，皆庄跻之余地。”《爨龙颜碑》称：系出于楚，别氏为班。云南各十姓，皆附会为庄跻后裔。《蛮书》六：“晋宁州，汉滇池故址也。”1956年，晋宁县石寨山发现大批古物，其中有金质白文“滇王之印”，《后汉书·西南夷传》：“滇王者，庄跻之后也。”同地第四次发掘，有“王罕私印”及“胜西”等汉文玺印。石寨山墓葬，死者盖为西汉滇王及其臣属。此外，祥云大波那、安宁太极山，江川李家山发掘，皆战国至汉代的文化。即江川古墓所出铜器，即有八百余件之多。特出之制作，如人形柄小铜剑，牛虎连缀的铜案，猎鹿铜扣饰，五牛盖铜贮贝器，精致绝伦。而玛瑙、软石、绿松石制成的各种装饰品，尤不一而足。可见这一地区，文化酝积之久[①]，庄跻自楚传来的中原风俗习惯，已渐和

---

① 关于云南考古材料：

《剑川海门口古文化遗址清理简报》（《考古通讯》，1963（6）），此为1957年发现。

《安宁太极山墓》（《考古》，1965（9））。

《祥云大波那铜棺墓》《考古》，1958（6）；1964（12）；1956（9）；1966（1），各期。

《云南江川李家山古墓群发掘简报》（《文物》，1972（8））。

Magdalene Von Dewall：“ The Tien Culture of South-West China”（*Antiquity* XLI，1967）有综合叙述。

E. C. Bunker：“ The Tien Culture & some Aspects of Its Relationship to the Dong-son Cultures”，见 *Early Chinese Art and Its Possible Influence in the Pacific Basin*.

当地土著文化融合起来了。

滇池汉以前的文化遗址，有两个重要地方：

(1) 战国前期：剑川海口门

此为铜石并用时代。因与石器并存，故宜在前，论者谓其属于战国前期。出土有建筑遗址之桩木横梁，又有石纺轮、角器、陶器。有十四件铜器，与大波那出土者部分相同。铜器除斧、钺、刀凿外，又有铜鱼钩。有几个地方发现谷物（稻、麦、稗穗、小粟壳）。可见当时经济生活，已是定居而有屋宇，以农业为主，渔猎为辅，不像昆明人是以游牧为生。

(2) 战国后期：祥云大波那

遗址是木椁墓，椁室以长条巨木叠架而成，且用铜棺，铜棺两端壁板刻铸两虎相向及豹鹿马野猪飞鹰翔鸟之状，随葬品以铜器为主，无铁器，故其年代应早于石寨山。出土有一骑马人像，脑部有髻，知其与滇族之梳髻、跣足习惯相同的靡莫之属为一系，而不属于编发的昆明族。又有干栏房屋模型一件，作状，分上下二层。是此地区，战国以来，人民已定居。至于乐器，则有无晕而止四道光芒的雏形铜鼓，及插管的葫芦笙。

庄跻“以其众王滇”，所辖地区，可能西达洱海的附近，祥云属汉代益州郡云南县。《旧唐书·地理志》：姚州，汉益州郡云南县，古滇王国。是祥云县境，战国以来必属庄跻之滇国。此处出土铜棺之华贵，必非土著之墓葬，而木椁墓制与长沙习惯相同，墓主可能为庄跻部属的贵族人物。大波那北距剑川海门口二百公里，南去石寨山三百余公里，三处同在滇西至滇中交通干线，可见彼此文化上的关联。石寨山文化因有滇王印出土，墓主为西汉滇王及其臣属，太极山墓亦为西汉时滇国中下层人物所葬，已在先秦史范围之外，故不详述。

五、巫鬼、诅盟与铜鼓

西南夷人尚巫鬼，至于汉唐，犹保持这种习俗。《后汉书·西南夷传》：“牂牁地雨潦，俗好巫鬼禁忌，寡畜生，又无蚕桑，故其郡最贫。”这是汉代的情形。《唐书·南蛮传》描写洱海以东乌蛮大鬼主的风俗云：“夷人尚鬼，谓主祭为鬼主。每岁户出一牛或一羊，就其家祭之。送鬼迎鬼必有兵，因以复仇云。”《蛮书》记入滇的北路（即自今宜宾取道昭通的大路）上诸族的信仰和社会组织是这样的：“大部落则有大鬼主，百家二百家，小部落亦有小鬼主。一切信鬼巫，用相服制。”当日主祭者即握有政治宗教的无上权力，鬼主即其领袖，以其信使鬼巫，故号鬼主。有人谓这即是天师道的鬼道。（向达《南诏史略论》）所谓送鬼迎鬼必有兵，据《隶续》三米巫祭酒张普题字：“熹平二年三月一日，天未鬼兵胡九□□仙……召祭酒张普、萌生……，诣受微经十二卷，祭酒约施天师道法无极才。”（《全后汉文》一〇二）这足证明鬼兵和天师道的关系。（后出的资料由鬼兵附会到佛教，《益州山川图》云：阿育王使鬼兵造八万四千塔，广都有其一。见《蜀中名胜记》五引，虽不可信，但鬼兵一名确存在于西南地区。）自四川至云南，人们都信仰巫教，鬼主的名号颇多，像商巴（松潘）、端公（维州）、希老子朵兮薄（大理）、兮波（昆明）、大奚婆（黑倮倮）等，皆巫师的异名。大理文化与羌人渊源甚深（参徐嘉瑞《大理文化史》），故鬼道实出于羌。古时所谓鬼方，已被用作西南地区远夷的统称。如鬼亲（《逸周书·王会篇》）、鬼区（班固《典引》，指蛮夷远国也）、猦方（汉益州《太守碑》）诸号，都作为广泛称谓。《后汉书·西羌传》引《易》谓武丁征西羌鬼方，三年乃克。即目鬼方为西羌。（卜辞中鬼方一见，与羌不同部族）“鬼”一名称在西南地区似乎有其特殊的意义，后来固和鬼教鬼道联在一起，但必有其远源。至今贵州水家的巫术文字，谓为鬼书，“鬼”字大有神圣（如 Holy）的意味。《水经·河水注·洮水》：“俗人不悟其仙者，乃谓之神鬼，彼羌目鬼曰唐述，复因名之为唐述山，指其堂密之居谓之唐述窟。”唐述一名，应即大理的朵希薄，唐与朵都训大，梁益间呼大曰朵，述乃希薄的急言，故唐述窟犹大鬼窟。唐述、朵希薄其源出自羌语。《后汉书·西羌传》载冉駹依山居止，累石为室，高十余丈，为邛笼。（《舆地纪胜》谓为笼鸡）《古文苑》注引《先蜀记》：“蚕丛居岷山石室中”，仍是羌俗。至今四川岩洞于葬处旁凿石龛放死者偶像，穿以生前衣服，号曰鬼堂（李瑾《棺葬式疏略》），都和鬼离不了关系。

《华阳国志·南中志》，记太康三年天水李毅镇南中，统五十八部夷族，夷俗“速征巫鬼，好诅盟，投石结草，官常以盟诅要之”。前此秦人统治巴国，除使廪君一系，世尚秦女（《路史》引《世本》），以婚姻作羁縻。同时，亦用誓盟作约束良策。《后汉书·南蛮传》记板楯蛮云：“秦乃刻石盟要，复夷人，顷田不租，十妻不算，伤人者论，杀人者得以倓（何承天《纂文》云：

‘倓，蛮夷赎罪货也。’）钱赎死。”（《蛮书》十引《华阳国志》文略异）正是通过盟要的方式，并且刻石作为证明。在汉人的习惯，盟誓手续，有载书，凿地为坎，用牲、歃血，昭告大神等步骤。① 石寨山所出铜器，其一上面铸人物一百二十余，楼宇上面有主祭者，下有刑牲，一人右手击铜鼓，左手击錞于。平台之间，又有若干不同发式之人，即滇王所统治的各族。这幅图画，说者谓是表示举行诅盟的仪式。② 这位主祭的人，应该相当于后来的鬼主。古代夷俗诅盟的仪式，可在此得到真切的了解。

最可注意的是铜鼓和錞于二者，同时手敲击，用为诅盟时儆戒的乐器。关于铜鼓起源的新说，有人认为铜鼓形制由錞于转化而来。③ 由石寨山此器证之，汉初二者是并存的。向来以为铜鼓是骆越文化的特征。《后汉书·马援传》，于交阯得骆越铜鼓，《水经·温水注》引《林邑记》：“（官塞浦）通铜鼓外，越安定黄冈心口，盖借度铜鼓，即骆越也。有铜鼓，因得其名。”这是文献上铜鼓最早的记载。安南东山文化即以出土成群的铜鼓而著名。④ 故一般都认为铜鼓起源于东山文化。自云南晋宁石寨山于1955至1957年间，屡次发掘，共出十七具铜鼓及三十一具鼓形贮贝器，有人辑成专书。去石寨山不远的江川县李家山，亦于1966年发现大小铜鼓八件，器身布有羽人、木船等图案。云南广南县南乡阿章寨，于1919年出土的精美铜鼓，据说亦属于古滇族早期形式，其羽人木船图饰及银锭发髻与石寨山相同。石寨山文化的年代，可确定为汉文帝时。晋宁铜鼓最晚者当西汉早期，较早者至战国晚期。铜鼓类型一般皆知以具有细致雷纹的为第一期物，铸造年代可推至汉以前。1964年，云南祥云大波那木椁墓出土的铜鼓一件，鼓面只作四道光芒，外周无晕纹，胴部、腰部无纹饰，被认为早期铜鼓的雏形。其时代属于战国，比石寨山遗物更早。

铜鼓的使用，后代遍及西南六省，初步统计共有一百三十二处。以铜鼓

---

① 参陈梦家：《东周盟誓与出土载书》（《考古》，1966（5））。顾炎武《日知录》卷二“以覆诅盟”条，论苗民诅盟之习惯。秦《诅楚文》，列举楚王熊相的倍盟犯诅。㑩㑩巫师之“笔母”，在战争中亦以魔术来向敌人祝诅，犹保存着好诅祝的习惯。

② 见冯汉骥：《云南晋宁石寨山出土铜器》（《考古》，1963（4））。

③ 徐中舒有此说，见《巴蜀文化初论》。他以为錞于起源于蜀。然近年出土，安徽宿县有錞于与无（邘）诸俞钲同出，春秋时物。（《文物》，1964（7），31页有插图）最近冯汉骥提出铜鼓系由铜釜发展而来的新说。（《文物》，1974（1），《云南晋宁出土铜鼓研究》）

④ 东山文化：参祢津正志：《印度支那の原始文明》，第八章，及上举E. C. Bunker文。

作为地名，云、贵、四川占最多数。① 广西在唐、宋以后铜鼓的制作和发现，向以丰富著称。然近年贵县发掘二十五座西汉墓及一〇四座东汉墓，只在东汉早期墓中得铜鼓一具而已。② 远不如云南洱海区域之多，而祥云所得年代尤属最早。是以吾人认为向来以铜鼓代表骆越文化一说，宜加以修正。不如谓铜鼓为西南文化共同因素，更为妥当。（作者在撰《吴越文化》时，于骆越部分，所以不谈及铜鼓者，此为重要原因。）

铜鼓的用途，广西花山崖壁图画所见，以㊉形表示之，似表示战斗时鸣鼓以助声威。③ 僰人习尚，击铜鼓以送丧④；雅州风俗，击铜鼓以祈祷。⑤ 而石寨山滇国，则诅盟用铜鼓，更使我们对于古代铜鼓，增加一些新的认识。

关于铜鼓起源问题，滇族使用特多，而年代又最早。在云南所见的铜鼓不仅是一种乐器，而普遍施之于陈设。铜鼓亦可叠置而成铜柱，其他实用器物，亦有铸成鼓形，据称屋宇上亦饰以铜鼓形物，可见铜鼓在滇族生活习俗上受到重视的情形。原因何在？尚有待于继续的探讨。

六、秦对西南地区的开发与中原人士的迁徙

《史记·货殖列传》云："及秦文、孝、缪居雍隙，陇蜀之货物而多贾。""南则巴、蜀，巴、蜀亦沃野，地饶卮（烟支）姜丹沙铜铁竹木之器。南御滇僰，僰僮；西近邛、笮，笮马旄牛。然四塞栈道千里，无所不通。"秦和巴、蜀很早就有贸易，很多天然资源，亦赖蜀人加以开拓。巴、蜀的寡妇清其先得丹穴，擅其利数世，秦皇帝至，为筑女怀清台以礼遇之，蜀卓氏迁至临邛，倾滇、蜀之民，即铁山鼓铸，富至僮千人。晋宁山滇王墓出有铜犁铁斧，可知中原的犁耕铁冶技术，久已传入蜀、滇。

四川西北汉川等地，发现遗物有与仰韶文化及马家窑文化相同的彩陶片，

---

① 云南出版有《云南省博物馆铜鼓图录》，1959年印行，其书海外未见。铜鼓的分布，此据何纪生在《古代铜鼓分布地域》一文中的统计（《考古》，1965（9））。又江川李家山古墓出铜鼓八件，器身布有羽人木船等刻纹，分大、中、小三型（《文物》，1972（8））。

② 贵县的一面铜鼓，见《考古学报》，1951（1），159页；参黄增庆：《广西出土铜鼓初探》（《考古》，1964（11））；洪声：《广西古代铜鼓研究》（《考古学报》，1974（1））。

③ 参陈汉流：《广西宁明花山崖壁上的僮族史迹》（《文物参考》，1956（12））。

④ 见元李京：《云南志略》诸夷风俗。

⑤ 《太平寰宇记》七七，雅州风俗。

其分布范围，即后来羌戎群居之地。四川理县岷山区的原始遗物，有与甘肃仰韶期相似的彩陶；大巫山溪遗物，其彩绘风格，亦与西北地区的陶器相类。足见马家窑文化与蜀地原始文化，已发生密切关系[①]，这说明陇、蜀之间，接触频繁，不自秦时，在彩陶时代，早已如此。

四川板岩葬及船棺葬出土遗物中，有不少的秦半两钱，这种半两钱是秦惠文王二年（公元前336）初颁行的，可以推知船棺葬年代，应在秦举巴、蜀以后。蜀为秦灭，其地成为秦人的政治经济试验区，又屡徙民以实之，故秦钱之流入四川，及四川使用秦货币，自属必然之事。涪陵发见秦昭王廿六年戈，时蜀已为秦所灭了。[②]

秦对巴的开发，一向甚为积极，司马错谋之于前，张若继之以后，至秦昭襄三十年（公元前277）蜀守若伐取巫郡及江南，以为黔中郡，秦人的势力，从四川伸展，截断楚的后路，迫使楚向东撤退，保于陈城。而楚从此遂一蹶不振，秦乃逐渐经营蜀地，发展交通事业并大举移民，加以开拓。司马错论伐蜀时说道："得蜀则得楚，得楚天下并矣。"可谓巨眼若烛，这是一句极有远见的话。秦人的一统事业，可谓是植基于此的。

秦、蜀的关系，在文化交流上，有两件事很可注意：一是秦与蜀的通婚，是秦灭蜀后强迫执行。"世尚秦女"的同化政策，已见上述。一是蜀国采用五色帝为庙号，似乎亦取自秦人。《华阳国志·蜀志》记第九世的开明帝，始立宗庙，"未有谥列，但以五色为主，故其庙称青、赤、黑、黄、白帝也"。五方帝的逐渐形成，据《封禅书》所说，在秦国是缓缓建立起来的。先由秦襄公作西畤，祠白帝；次秦宣公作密畤，祭青帝；秦灵公作吴阳上畤，祠黄帝；作下畤，祠炎帝；惟尚缺黑帝。而蜀的开明，则五色帝具备，以为宗庙之号。这是很值得研究的。楚《缯书》上载五色木，有云："青木、赤木、黄木、白木、黑木之精。"以五木配五色，但只有炎帝，而未见五色帝。《通典》古梁州曰："巴蜀之人，少愁苦而轻淫佚。周初，从武王胜殷，东迁之后，楚子强大，而役属之。暨于战国，又为秦有。资其财力，国以丰赡。"是巴蜀先接受楚文化的濡染，继又得秦的影响，在未为秦吞并以前，蜀文化和秦已屡有接

---

① 石兴邦：《有关马家窑文化的一些问题》（《考古》，1962（6），328页）。

② 王家祐：《半两钱年代问题》（《考古》，1962（10），544页）涪陵小田溪出戈，上有铭略云："武。廿六年蜀□造。"笔画纤细，与秦昭四年相邦冉戈字体相似，故知为秦昭廿六年戈。（公元前281）时魏冉复相，蜀则张若为守。

触，开明立宗庙而有五色帝，正可说明这一事实。（L. C. Damais 曾论爪哇宗教思想中五色及四方问题，颇引用中国及印度资料，以作比较，见 Études Javanaises III，B. E. F. E. O. Tome IV，1969，75 页，蜀史宗庙以五色为主，为极早记载，可补其缺略。）

蜀地的交通孔道，在秦时已开辟的有三条路线：

（一）金牛道

此后来所谓南栈，自沔县而西南至蜀之大剑关口，秦惠王入蜀之路。传说谓蜀王负力，令五丁引之成道（见《水经·沔水注》），或称为石牛道（《通典》一七六利州古剑阁道），以金牛县为中心咽喉，故名金牛道[①]张仪入蜀之道，与今日横过大巴山之道无异。（林超《蜀道考》）

（二）青衣道

这条路向来称为古道，《史记·司马相如传》云："邛、筰、冉駹者近蜀，道亦易通，秦尝通为郡县。"是为秦时所筑，路线是从今雅安（汉青衣县）经青溪（汉旄牛）、西昌（汉邛都）、会理（汉会无）以达益州郡。汉时因从青衣县始，故称青衣路。

（三）僰道路

这即秦常颏所开的五尺道。《十道志》：秦惠王破滇，始通五尺道。（《御览》一六六戎州）《史记正义》引《括地志》：五尺道在郎州，郎州治曲靖味县。僰道在今四川宜宾。此路从僰道开始，故名僰道路。路线自宜宾以达云南的曲靖。汉武帝时曾发动巴、蜀四郡人民重加增筑。

金牛道是由秦通蜀。青衣、僰道二路是由蜀通滇。唐时入云南的通道，《蛮书》所记一是经宜宾入滇，称为石门路，谓之北路；一是从清溪关出邛都过会通至云南，称为青溪关路，谓之南路。北路即旧的五尺道，南路即青衣道，都是秦时已经开辟的。

秦代施行徙民政策，昭襄王二十二年，张若灭蜀，徙民万家实之。（《华阳国志》）卓氏自赵徙居葭萌，后至临邛。程、郑亦山东迁虏，居临邛，以冶铸致

---

① 严耕望：《唐金牛成都道驿程考》（《史语所集刊》四〇上册）；《秦会要》卷二六。

富。（《货殖传》）始皇时，嫪毐舍人都被籍没，迁蜀者四千家。吕不韦与家属徙处蜀。（《始皇本纪》、《吕不韦传》）始皇二十五年灭楚，徙严（庄）王之族于蜀以实之，故曰严道。严道汉属蜀郡，今邛徕县。取名严道，正由于徙民而来。[1]司马迁有云："巴、蜀道险，秦之迁人皆居蜀。"（《项羽本纪》）洵非虚语。

《史记·三代世表》后褚先生云："蜀王，黄帝后世也。至今在汉西南五千里，常来朝降，输献于汉。"张守节《正义》："先，称王者蚕丛，国破，子孙居姚、嶲等处。"是蜀之后裔，曾远窜云南。料秦灭蜀后，蜀之统治阶级迁滇者，必大有其人。汉时的孟琁，他的曾祖即在严道作官，琁随父亲在武阳（汉属犍为郡），受韩《诗》、《孝经》，这是滇东人受蜀文风影响的著例。古书中的传说，许多中原人士很早即迁居于蜀。扬雄的先世扬侯逃于巫山（《汉书·扬雄传》），尸子亡之蜀[2]，苌弘死于蜀。（《庄子·外物》）历史上有些名人，据说是蜀人，像许由之友严僖是蜀郡严道人（《升庵外集》十二引《蜀本纪》，楚昭王时隐士陆通隐居于峨嵋（《御览》五〇九引《高士传》），孔子弟子商瞿为双流人（宋祁《成都先贤传赞》），虽所记不十分可靠，但可看出中原人士很早就和巴、蜀发生密切关系。[3] 加以秦灭蜀后，大量移民，使四川文化极度提高。无怪到了汉代，西南地区，文学经术上有特殊的贡献，人才辈出，这并非偶然的。

七、余论

《明史·土司传》云："西南诸蛮，有虞氏之苗，商之鬼方，西汉之夜郎、靡莫、邛、笮、僰、爨之属皆是也。自巴夔以东，及湖、湘岭峤，盘踞数千里，种类特殊，历代以来，自相君长。……楚庄跻王滇，而秦开五尺道，置吏；沿及汉武，置都尉县属，仍令自保，此即土官土吏之所始欤。"（《明史》卷三百十）自古边区设官，一向本着以夷制夷的策略，故因本土强有力的特殊势力，为自行统治，即所谓"自相君长"，明代的土司制度，即由是而生。

先秦记载缺少，对土著及土官情形，不能十分明了，然就零星资料，可

① 施之勉：《秦之迁人说》（《东方杂志》四〇）。

② 见《蜀州名胜记》十四雅州条。

③ 久村因《古代四川土著世爲漢民族の來歴について》（《历史学研究》二〇四号）对中原人士入蜀事，有详细讨论。

推知其大概。

(一) 古代西南的土著巨姓,《世本》记巴郡南蛮五姓。

巴氏、樊氏、瞫氏、相氏、郑氏①,皆出武落钟离山(《通典》注云在夷陵郡巴山县),《风俗通》记赍人有“罗(卢)、朴、督(又作沓、昝、昝)、鄂、度、夕、龚(又作袭)”七姓,这是板楯蛮的七姓。② 汉时夜郎的大姓有龙、傅、尹、董氏(《后汉书·南蛮传》),不知即先秦时旧姓否?《周书·异域传》云:“蛮者,盘瓠之后,族类蕃衍。……有冉氏、向氏、田氏,陬落尤盛。”③ 这些巨姓,有的从汉代至六朝,尚有可考。

(二) 置官与西南开发

《南齐书·州郡志》益州云:“开拓夷荒,稍成郡县,如汉之晋宁,晋之云山之类。”近年晋宁石寨山出土文物之富,足以证明此说。西南地区,自秦以后,逐渐建置郡县,使成为经济及文化的枢纽。如僰道县,汉世为西南夷中一大都会,而其繁荣实在秦时已是如此。《水经·江水注》云:“本僰人居之。(应劭)《地理风俗记》(据《温水注》引,此书乃应劭作)曰:夷中最仁者,有人道,故字从人。《秦纪》所谓僰,僮之富者也。”此书引用《秦纪》,可见自秦以来,僰道一地为僰僮贩卖之中心。久之,为夜郎与滇国往来的孔道,遂成为西南一重镇。

汉世用人之法,地方掾属,皆用郡人。④ 西汉云南边郡长吏,则多用蜀郡人,如永昌太守,几乎都来自蜀郡。⑤ 蜀郡自秦至汉,治于成都,西汉末,成

---

① 巴郡诸姓,巴氏外,《后汉书》作四姓,《蛮书》作繁、陈、郑三姓。《太平广记》四八一引《录异记》作出于黑穴者凡四姓:为鄿氏、樊氏、柏氏、郑氏,与他书略异。繁、樊音近。瞫音审,《蛮书》作陈。宋本《御览》三十七号瞫氏作晖氏,误。

② 《魏书·武帝纪》:建安二十年,巴七姓夷王朴明、赍邑侯杜护。朴明亦作朴胡。(陈琳《檄吴将校部曲文》称巴夷王朴胡)

③ 《蛮书》载唐时盘瓠七姓,以公主分娩七块肉,长大各认一姓,巴东有田、雷、冉(原误作再)、向、蒙、旻、叔孙诸氏。东汉建武时南郡潳山蛮有雷迁。(《后汉书·南蛮传》)南齐时蜑有田健。(《南齐书·祥瑞志》)周时信州蛮酋有冉令贤、冉戈、冉西梨、向宝胜、向天王等(《周书·司马裔传》)。

④ 见《古文苑》章樵注,王延寿《桐柏庙碑人名》。参《日知录》卷十一“掾属”条。

⑤ 云南永昌郡守,多蜀郡人。例如郑纯、张化、常员,皆蜀郡人。沈稚、黎彪为巴郡人。三国时蜀有永昌郡守王伉,亦蜀郡人。(见《华阳国志》)参拙作《蜀布与Cinapaṭṭa》(《集刊》四五,四)。

都有户七万二千二百五十六，和汉首都长安人口相伯仲，而占蜀郡户数三分之一，人口密度之高，当然由于商业的发达。（据《食货志》，成都为西汉末全国五大都市之一）故人才辈出，益都长吏，多以蜀郡人充任，并非偶然之事。又其官吏时时更换，似乎已懂得如后世用流官的办法。为施政上的方便，设置流动官吏，惟以邻郡（蜀郡与滇接近）人士为主，以其熟悉地方状况，易于施行统治。后代西南地方官司制度，宋采用羁縻方法，而鞭长莫及，元、明则为宣慰、招讨。以后尽量改土官为流官。然追溯其来历，在秦汉时，流官办法，想已老早实行了。

引用书目

1.《尚书·牧誓》。

2.《逸周书·王会篇》（何秋涛《笺释》）。

3.《大戴礼·帝系姓》。

4.《世本》八种:王谟、孙冯翼、陈其荣等辑本。

5.《史记》,《西南夷传》、《货殖列传》、《三代世表》褚先生语、《商君传》、《河渠书》、《吕不韦传》、《始皇纪》、《项羽纪》。

6.《汉书》,《伍被传》、《严安传》、《地理志》、《扬雄传》。

7.《后汉书》,《南蛮西南夷列传》、《西羌传》、《杜笃传》。

8.《三国志》,《蜀志·后主传》、《张嶷传》、《季汉辅臣赞》。

9.《晋书》,《李特载记》、《李寿载记》。

10.《魏书·赍李雄传》。

11.《周书·司马裔传》。

12.《南齐书·州郡志》（益州）。

13.《隋书》,《梁睿传》、《地理志》。

14.《新唐书·南蛮传》。

15.《明史·土司传》。

16. 常璩:《华阳国志》。

17. 郦道元:《水经注》,《河水注》、《江水注》、《叶榆水注》、《漾水注》、《沔水注》、《温水注》。

18.《山海经·海内经》。

19. 罗泌：《路史》。

20. 应劭：《风俗通》。

21. 王充：《论衡·解除篇》。

22. 《盐铁论·备胡篇》。

23. 《管子·小匡篇》。

24. 《吕氏春秋》，《求人篇》、《恃君览》、《首时篇》、《简选篇》。

25. 司马相如：《难蜀父老》。

26. 扬雄：《蜀都赋》（《古文苑》章樵注），又《蜀王本纪》。

27. 左思：《蜀都赋》（日本钞本《文选集注》）、《魏都赋》（《文选》）。

28. 张华：《博物志》。

29. （唐）张楚金：《翰苑·蕃夷部》（京都大学影印旧钞本）。

30. 杜佑：《通典·边防》。

31. 《唐会要·昆弥国》。

32. 乐史：《太平寰宇记》引李膺《益州记》、《四夷县道记》。

33. 向达：《蛮书校注》，又《南诏史论》。

34. 《太平御览》：乐资《九州要记》（卷一六六引）、《十道志》（卷一六六引），《高士传》（卷五〇九引）。

35. 黄休复：《益州名画录》。

36. 《八琼室金石补正·益州学馆庙碑记》。

37. 《金石萃编·爨龙颜碑》。

38. 《隶续》，《新繁长张禅题名》、《张普题字》。

39. 《全唐文》，卢求《成都记序》。

40. 《全后汉文》，但望：《请分巴为二郡议》（卷六六）。

41. 姚宽：《西溪丛语》。

42. 顾炎武：《日知录》。

43. 张澍：《续黔书》。

44. 章太炎：《序种姓》。

45. 陈寅恪：《魏书司马叡传江东民族条释及其推论》。

46. 凌纯声、芮逸夫：《湘西苗族调查报告》。

47. 芮逸夫：《僚人考》（《集刊》二十八本）、《僰人考》（《集刊二三上》）、《苗人考》（《港大五十周年纪念集》二）、《僮人来源初探》（《集刊》三十九本）。俱见芮氏：《中国民族及其文化论稿》上册。

48. 顾颉刚：《史林杂识》（初编）。

49. 郑德坤：《四川古代史》、《四川考古学导论》。

50. 徐嘉瑞：《大理古代文化史》。

51. 《云南白族的起源和形成论文集》。

52. 马长寿：《南诏国内的部族组成和奴隶制度》。

53. 尤中：《汉晋时期的西南夷族系问题》（《历史研究》，1957（2））。

54. 黄烈：《有关氐族来源和形成的一些问题》（《历史研究》，1965（2））。

55. 林超、孙承烈：《蜀道考》（《文史杂志》，三卷五、六期）。

56. 杨明照：《四川治水神话中的夏禹》（《四川大学学报》）。

57. 唐长孺：《魏晋南北朝史论丛》。

58. 缪钺：《读史存稿》。

59. 凌曼立：《四川理番县佳山寨史前拾遗》。

60. 孙次舟：《读古蜀国为蚕国说献疑》（《齐鲁学报》一）。

61. 徐中舒：《巴蜀文化初论》（《四川学报》，1959）。

62. 李瑾：《棺葬式疏略》。

63. 王文才：《东汉李冰石像与都江堰水则》（《文物》，1974（7））。

64. 黄盛璋：《江陵凤凰山汉墓简牍及其在历史地理研究上的价值》（《文物》，1974（6）），又《四川涪陵小田溪出土的虎钮錞于》（《文物》，1974（5），81页）。

《禹贡》半月刊。

《说文》月刊。

《考古学报》。

《文物》。

《考古》。

（以上诸杂志有关论文，已见附注，不备列。）

附识：本文为《中国上古史》待定稿第五本第十九章，审阅人：陈槃、芮逸夫二先生。原载1974年《史语所集刊》四十六本第一分册。

图三　巴蜀以南之七种民族及其发型、人物形状

附　对《西南文化》之管见与补充

童恩正

（一）盘瓠传说，本起南蛮，后移殖至川黔，疑古三苗一支西徙者入于渭水流域，南方盘瓠神话，传播至西戎。

正按：此言甚确。蒙文通先生遗著《周秦少数民族研究拾遗》（载四川大学学报丛刊第二十辑，《中国历史论丛》）“瓜州与三危”一节，引《后汉书·西羌传》“西羌之本，出自三苗。……及舜流四凶，徙之三危”，又引《史记·夏本纪》，《索隐》载郑玄引《河图》及《地说》。《太平御览·地部》引《河图括地象》、《通典·州郡典·梁州》诸条，证明三危不在敦煌，而在陇西。与渭水流域近之。

（二）𠬝借作濮。

正按：极是。𠬝（服）读如濮，古无轻唇音也。

（三）恃君览以氐羌与僰人同举。……汉人记载，往往合称羌僰。

正按：氐、羌虽与僰人同举，但僰并非氐或羌，《淮南子·齐俗训》云："羌、氐、僰、翟，婴儿生皆同声。及其长也，虽重象，狄鞮，不能通其言，教俗殊也。"蒙默教授曾撰《僰为僚说》（载《凉山彝族奴隶制研究》，1977（1）、1978（1）），其说甚精辟，可以参考。

（四）《史记》庄跻王滇，变服从其俗以长之。

正按：《史记》庄跻王滇事，如以荀悦《汉纪》、《后汉书·西南夷列传》、常璩《华阳国志·南中志》诸书对勘，则于进军时代、进军路线诸点，矛盾百出，似应提及。但滇文化后期，曾受楚文化较深影响，亦是事实。愚意以为不必拘泥于庄跻（或庄豪）是否实有其人，但以此传说看成楚人影响曾于战国后期到达南中的一种象征，即可解释。

（五）"（保子）帝汶青衣，雄张僚、僰。"此条僚与僰连称。可见秦未灭蜀以前，青衣一带（今雅安南大渡河流域）已有僰、僚二种存在。

正按：此条与《晋书·李寿载记》"蜀土无僚"之记载相矛盾。且考古发现亦从未在今青衣江流域见僰僚文化之遗迹。愚意此青衣非川西之青衣，乃川南之青衣也。明曹学佺《蜀中名胜记》卷十五《南溪县》引《郡国志》："犍为郡故城，在青衣江十里。"引《旧经》："青衣江，在南溪县南十五里。古有青衣国。"曹氏又云："按青衣，蜀中见者凡三。其一在汉嘉者，即大渡河所经。……其一在青神者，以蚕丛衣青，而教民农事，人皆神之，是也。其一在当县，以古有青衣国，慕义来宾云。"

（六）四川新繁出土的陶鬶、陶豆，和豫、鄂、皖各省出土的后期黑陶（即受彩陶影响过的黑陶），形制上可说是一系，像忠县的黑陶，与湖北宜昌、京山、天门所出的，正是地域毗连。可见巴蜀与荆楚，很早就有了密切关系。

正按：此处所引用的资料，是五十年代某些学者的推测。近三十年来的考古新发现，已经对此作了修正的补充。

四川新繁水观音遗址发现黑片甚少，且不能分辨器形。文中所举鬹、豆等，均是属于灰陶系，且与豫、鄂、皖等地黑陶文化（现称龙山文化）没有关系。如新繁出之高柄豆，形制特殊，为蜀文化特征之一，绝不见于其他地区的新石器文化之中。（参考四川省博物馆《四川新繁县水观音遗址试掘简报》，载《考古》，1959（8））

迄今为止，忠县也未发现过足可与湖北宜昌、京山、天门之遗物对比的黑陶。但川东、鄂西南和湘北，同属大溪文化分布的范围；大溪文化以后发展成屈家岭文化，有学者认为这是先楚文化。（参考俞伟超《先楚与三苗文化的考古学推测》，《文物》，1980（10））所以“巴蜀与荆楚，很早就发生了关系”的结论，仍然是正确的。

（七）冉駹先代及石棺文化。

正按：1985 年 10 月，在四川渡口市曾召开“中国石棺葬学术讨论会”，总结了近年来新的考古发掘成果及研究成果，使中国学术界对此问题有了进一步的认识，概括而言，石棺葬的主人（戈人或戈基人）乃是岷江上游的一种土著，最早的考古发现可早到春秋时代。其文化中有西北草原文化的影响，亦有蜀文化的因素。以后羌人迁入其地，经激烈斗争后始取而代之。

石棺葬中之珠、贝、琉璃，也不一定是“中亚游牧民族所传入”，即以琉璃珠而言，1946 年郑德坤先生虽曾发现了不含钡的琉璃珠，推测其来自中亚，但 1986 年四川大学原子核技术研究所又测定出茂汶出土的含钡的琉璃珠，证明其产自中土。可见其来源是多方面的。

冉駹出土的外来品（包括不含钡的琉璃珠及海贝），愚意以为来自南亚的可能性较大，即由印度、缅甸，经古滇缅道、旄牛道而达冉駹。唯其如此，汉武帝令张骞探索从南方通中亚的道路时，才“因蜀、犍为发间使，四道并出：出駹、出冉……”，以此作为出发的基地。

（八）蜀不晓文字，而巴县冬笋坝、涪陵小田溪等所出古印及兵器则有图形文字。

正按：巴、蜀两地铜器均出图形文字，即李学勤氏称为“巴蜀文字甲”者。另两地铜器上有一种更成熟的文字，李氏称为“巴蜀文字乙”。（参考李学勤《论新都出土的蜀国青铜器》，《文物》，1982（1））

（九）可见巴、蜀二国的文化，本来就有高下之悬殊。

正按：综合巴、蜀之考古发现、文献记载来看，蜀之文化高于巴。巴之农业即从蜀引进，故《华阳国志·蜀志》记“杜宇教民务农，巴亦化其教而力农务”。至战国时，蜀以一个农业民族的文化，甚至瞧不起保留夷狄之风较多的秦，故嘲笑秦为“东方牧犊儿”，事见常志。

（十）巫鬼、诅盟与铜鼓。

正按：古代西南之民族，名目繁多，演变亦剧，难以详考。但大致包括今藏缅语族、苗瑶语族、僮侗语族，孟—高棉语族之先民，则无疑义。信巫鬼为一切原始民族之共性，但笃好鬼巫，使用铜鼓者则以濮僚系统的民族、苗蛮系统的民族最为突出。此点似应于文中点出。

从西南民族调查情况来看，羌族的敬鬼仪式反而是较简单的一种。

（十一）是以吾人认为向来以铜鼓代表骆越文化一说，宜加修正。

正按：先生于十余年前，即能断定铜鼓源于云南之滇族，至为精辟。楚雄万家坝发现最原始之铜鼓，碳十四测定年代为春秋，足为先生添一旁证。（童恩正《试论早期铜鼓》，载《考古学报》，1983（3））。

（十二）置官与西南开发。

正按：武帝开西南夷后，实际上是采取郡县与王侯并举，即一国两制之法。如灭滇后，置益州郡，但又“赐滇王印，复长其民”（《史记·西南夷列传》）；灭夜郎后，亦封夜郎王；其余句町、冉駹，亦各有王侯。故《汉书·王莽传》云：“天无二日，土无二王，百王不易之道也。汉氏诸侯或称王，至于四夷亦如之。”

铜鼓余论

一、说錞于与铜鼓

铜器錞于之名，见于《周礼·地官·鼓人》："掌教六鼓四金之音声，以节声乐，四金者，錞、镯、铙、铎也。以金錞和鼓，以金镯节鼓，以金铙止鼓，以金铎通鼓。"郑玄注云："錞，錞于也。圜如椎头，大上小下。乐作鸣之，与鼓相和。"贾公彦疏："錞于之名，出于汉之大予乐官。"《国语·晋语》："赵宣子曰：战以錞于，丁宁（即钲），儆其民也。"又《吴语》记黄池之会："吴王夫差乃秉枹，亲就鸣钟、鼓、丁宁、錞于。"韦注："錞于形如碓头，与鼓[①]相和。"韦说与郑相同。

沈约《宋书·乐志》："錞，錞于也。圜如碓头，大上小下，今民间犹时有其器。"下记镯、铙、铎，盖依《周礼》为说。萧子显《南齐书》三十五《始兴简王鉴传》："广汉什邡民段祖，以錞于献鉴，古礼器也。高三尺六寸六分，围三尺四寸，圆如筩。铜色黑如漆，甚薄。上有铜马，以绳悬马，令去地尺余，灌之以水。又以器盛水于下。以芒茎当心跪注淳于，以手振芒，则声如雷，清响良久乃绝，古所以节乐也。"[②]

---

① 吴骞谓俗刊本"鼓"下脱"角"字，宋明道本有。

② 《南史》四十五文同，惟作"淳于"。此为錞于最详细之描述，宋以来屡称引之。《说文》十四上，镈云："大钟淳于之属，所以应钟磬也。"字作"淳于"，与《南史》同。

令狐德棻《周书》二十六《斛斯徵传》："乐有錞于者，近代绝无此器。或有自蜀得之，皆莫之识。徵见之曰：此錞于也。众弗之信，徵遂依干宝《周礼注》，以芒筒捋之，其声极振，众乃叹服。徵乃取以合乐焉。"是六朝人已多不识錞于为何物矣。

唐杜佑《通典》一百四十四引上列各条以说錞于。《太平御览》五百七十五亦引《周礼》、《宋史》[①]、《周书》、《乐书》四条。

宋黄伯思始作《汉金錞说》，引《南史·鉴传》云："今此器上有蹲兽，可系以绠，与《南史》之说同。但錞首巨而圜，下乃寖小，非若筩也。及舂之于地，则声自上发，回旋镏磕于錞之首，磅礴不散，甚大而宏，亦若雷然，清响良久，不必注以水而振以芒也。此器本六，长短相弟。其三已归内府，制作尤工，皆周器也。……今此三器，其一有汉泉文，盖汉器耳。"[②] 据此，周錞于有六，长短相弟，则以编钟，殆可谓之编錞也。赵彦卫《云麓漫钞》二解以金錞和鼓之义，谓"释氏击小铜铮，即錞和鼓之余意。"吴骞《周虎錞说》谓尝得周虎錞一，上有"十"字，錞和鼓非一器。引陈祥道《礼书》宋太常乐设金錞十有二，今此錞亦当第十也。"[③] 则宋制錞于有十二可知。

《御览·乐部》引《乐书》云："錞于者，以铜为之，其形像钟，顶大腹揳口弇，上以伏兽为鼻，内悬子铃铜舌。凡作乐，振而鸣之，与鼓相和。"则有舌可摇动。

上引数条，人所习知。宋洪迈《容斋续笔》卷十一古錞于条已引用之。清陈鳣撰《金錞考》[④]，容庚《殷周青铜器通论》[⑤]，仅援此数事说明，殊为简略，《图书集成·乐律典》九十八，颇录有关錞于之文献。

《南齐书·祥瑞志》："建元元年，涪（原误作浩）陵郡蜑民田健，所住岩间，常留云气。……四月二十七日，岩数里夜忽有双光，至明往，获古钟一枚，又有一器名錞于，蜑人以为神物，奉祠之。"涪陵郡为天门蜑居地，亦发见錞于。古书记载，錞于多出于蜀，故梁简文帝撰《金錞赋》，有"采赤鋈于蜀垒，求铜精于灌滨"之语。

《会稽记》："涂山庙中有周时乐器名錞于，以铜为之，形似钟，有钟映

① 史字应作"书"。
② 《东观余论》上。
③ 《愚谷文存》卷九。
④ 《简庄缀文》卷四。
⑤ 第五章四九，錞于类。

水，用芒槲则鸣。”是錞于亦出于越地。隋时舞分文，武，《隋书·音乐志》记：“武舞六十四人……左执朱干，右执大戚，依朱干、大戚之文。二人执旌居前。二人执鼗，二人执铎、金錞，二四人舆，二人作。二人执铙次之。二人执相在左，二人执雅在右，各一人作。自旌以下夹引，并在舞人数，外衣冠同舞人。《周官》所谓以金錞和鼓，金镯节鼓，金铙止鼓，金铎通鼓也。”是隋时以铎配金錞，在武舞之列。

董逌《广川书跋》三虢州古钟铭条云：“虢州所上古钟，其高三尺二寸有奇，口径八寸三厘，其顶径一尺六寸。铭曰：王叔伯高作。其字摩灭，不可复识。……今考其制，在上无枚，其击无隧，铣、甬虽备，而袪、鼓不辨，有舞外承，有衡上列。……此殆周人所谓錞于者耶。……”（《考工记》：凫氏为钟，两栾谓之铣〔钟口两角〕，铣间谓之于，于上谓之鼓，鼓上谓之钲，钲上谓之舞。）郑众云：“于，钟臀之上袪也，鼓所击处。”是为有铭文之錞于。按周懋琦、刘瀚合著《荆南萃古编》中，收商錞一件，有铭文云：“唯王元祀十有二月辰在乙丑，父丁作虎宝。”据称得自湖南石门县。邹适庐谓此实为楚器。[①] 疑是伪品。

方以智《通雅》三十：“将于，淳于之类也。北海郡有淳于县，春秋淳于公国在此县，因以为氏。其实本乐器名……与鼓相和。淳因作錞。《周礼》鼓人以金錞和鼓即此……。五代后周有将于，其錞于之类乎？形似瓦缶，以虡悬之。宋时虢州上古钟，董逌以为淳于。”方氏谓淳于国即由乐器得名。近人亦有此说。按《山海经》亦记錞于之名。《中山经》：“婴梁之山，上多苍玉錞于玄石。”郭璞注：“言苍玉依黑石而生也。或曰錞于乐器石，形似椎头。”郝懿行引《西山经》騩山是錞于西海句，《玉篇》作“埻于西海”，錞同埻，在此用作动词，故郭注训錞为依，惟《北山经》另有錞于毋逢之山，则明为地名。可见古地以淳于、錞于为名者，不一而足，是否因制作乐器之錞于而得名，则殊乏旁证，难以质言。《正字通》“淳于”字作“錞釪”。

宋初学人，对錞于形制，尚诸多误解。《宣和博古图》“錞”总说云：“近代窦俨撰为礼图，当时未睹前制而臆度；如杯盂之状，仰而系其两傍，以属于簨虡，吁可笑已。”周氏梦坡室藏有宋虎錞一，其器改盘为盖，而下有底。与古制全乖[②]，令人发噱。其《三礼图》、《景祐大乐图》所绘錞于形制之误，洪迈已辨正之。

---

① 《梦坡室获古丛编》。

② 见《梦坡室获古丛编》；此錞上有篆书按语，谓叩之则鸣，攴（如）钟类耳。器上附有说明，亦属罕见。

《宣和博古图》列錞一十九件。皆无铭字，而名目甚多。计有龙虎錞（此錞身上有两虎相向，兽钮）、山纹錞、圜花錞（此二器皆柄钮作及状），絷马錞[①]、龟渔錞、鱼錞（此二器为兽钮）、双鱼錞（此为虎钮旁镌鱼纹）各一；凤錞一，虎錞七，蜼錞四（此钮作蜼形）。图概目各錞为周器，似有问题。亦政堂重修本吕大临《考古图》卷七，以钟、磬、錞为一类，其秘阁所藏之錞有二器，皆得于豫章，悉为柄钮者（作状）。大抵錞于形制以钮为区别，可分为兽形钮（少数为禽）、柄状钮二大类。凤钮甚少见，马钮亦然，惟虎钮特多，故向来被以“虎錞”之名。金石书著录錞于者不如他器之夥。《西清古鉴》卷卅七錞类，收周虎錞一，周素錞二（其一为柄纽作状）。《求古精舍金石图》有虎錞一，椭圆形。李泰棻《痴盦藏金》，图七为虎錞，质重无钱范，或是周器。日本住友氏藏虎錞，有虾蟆斑，见《泉屋清赏》图一二九及容庚《海外吉金图录》一四五。陆增祥《八琼室金石札记》：“虎錞椭圆，下角如幢，盘上立虎形，里俗呼为瓮钟。”又记其收弆七事：“大者高今尺二尺四寸五分，小者高一尺三寸一分。盘底作双鱼，与汉洗无稍异。有等作凤皇兽首者，形制均同立虎。”是则为凤錞，与《宣和博古图》所记相同。

汉代錞于多于虎纽足登处，附有鱼形或钱范与文字。清吴骞拜经楼所藏虎錞，见于张燕昌《金石契》著录，其虎钮旁右鱼纹一，左弓一戈一，上“十”字，下“宜”字，皆阳文。吴氏释云：“和鼓之錞非一，是以大小轻重各有不同，此其第十錞。宜下缺文，当为子孙也。”因目之为周器。而吴云非之。谓此錞宜字作圁，乃汉器笔法。彼所藏者器面字有货泉，殆为莽时所铸。其《两罍轩彝器图释》卷九有汉錞一，兽钮上有货泉并鱼藻弓矢文。《二百兰亭斋金石记》（第四册）汉錞，形制与之相同，陆增祥记其錞于有一泉形四字，漫灭难辨，似是“大泉五十”。又记：“光绪辛巳，（潘）伯寅寄虎錞拓墨一纸。左作一鱼形，右作一弓二矢及箙形，前作一圆二直，似古器中所谓室形者，又有三横后作二折，似是己字反文。”花纹及文字更为复杂，亦属汉器。

《小校经阁金文拓本》卷一《錞于类》有三：

（一）题为三己錞于，花纹文字为鱼形，及三（船）等。（见图一）

（二）题为甲己錞于，有鱼形及十九诸字。亦见《善斋吉金录·乐器》著录。

---

① 王黼引《始兴王传》段祚所献淳于上有铜马为证。

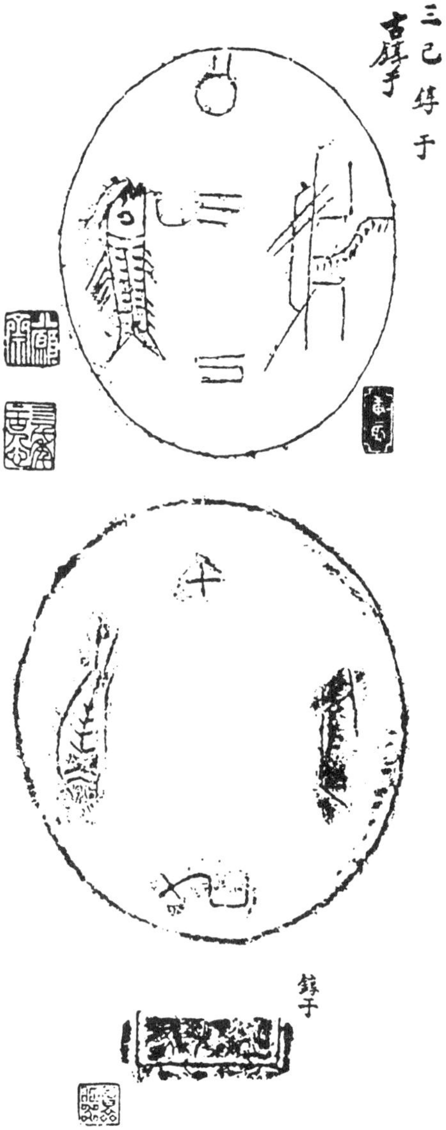

图一　《小校经阁金文拓本》——三錞于铭文

（三）题为乂家錞于，器上文字不可辨认。

四川大学博物馆及重庆博物馆藏有文字之錞于各一，前者据谓万县出土，后者出于成都，两錞于上之图形文字，徐中舒摹录之，与冬笋坝船棺葬兵品上之图文及麽些文比较，颇多相似者，尤以川大錞于之与冬笋坝矛上之相同，定为巴人所造。又川大錞于之形与上列《小校经阁》一之图文当是船字，其间亦必有关系。錞于上多镌奇字，南齐时涪陵蜑区亦出錞于，殆在巴蜑区域制作者，则被镂刻地方性之夷人文字。陆增祥记湘阴张氏藏錞，盘内题“己丑”二篆文。邹安记见一大錞旁范“[illegible]叔作”，在新安程氏，又释此奇字为“祜”，未确。又谓此“錞于铭曰祜叔作障钟。知錞于古亦名钟。《说文》镈下云：大钟錞于之属，知镈、钟、錞于，一也。”是皆有铭识之錞于。惜未睹拓本，附记之以备考。

余目击者有四川虎纽錞于，咸阳塔儿坡出土战国錞于，螭纽极精；在咸阳博物馆及上海青瓷錞于；贵州编錞凡卅年；湖南湖北錞于见熊氏专文。《陆氏札记》云：“錞于出多近苗蛮之区，殆蛮人所作乐器，如铜鼓之类。”近年徐中舒于《巴蜀文化初论》一文中，提出新说，谓錞于起源于蜀，铜鼓即由錞于器形所蜕变。[①] 今试按之錞于出土地区，如《考古图》二器得于豫章，董逌所记古钟，出于虢州。《容斋续笔》记淳熙十四年，澧州慈利县周赧王墓旁五里山得錞于。绍熙三年亦于陕州长杨县得錞于。《会稽记》涂山亦有錞于。近年新出土者有：

安徽宿县　与《无（邚）诸俞》钲同出有铜錞于，两侧有方形穿，为系绳之用，春秋时物。[②]

江西修水县　出土战国錞于，带蟠夔纹，有钟套于錞于腹腔内。修水古艾侯国。[③] 陕西亦有周虎錞。[④] 四川涪陵亦出虎纽錞于。[⑤] 湖南博物馆藏湘西采集之錞于，上为蛇纽，尤为仅见。

由此知錞于所出，遍及陕、赣、皖、湘各处，非专为蜀产，亦非普遍镌刻奇字。此其一。

錞于之用途，据《吴语》云：“王乃秉枹，亲就鸣钟、鼓、丁宁、錞于，振铎。”《淮南子·兵略训》：“两军相对，鼓、錞相望。”验诸出土遗物：

(1) 河南山彪镇出战国水陆攻战纹鉴，图案所见，丁宁、錞于乐器并置于鼓跗之上边，指挥者一手执枹近鼓，一手执枹近錞于，便于军旅进退之部署，对方亦然。正是鼓与錞相望之状。[⑥]

---

① 《四川大学学报》，1959（2）。

② 《文物》，1964（7），第31页插图。

③ 《考古》，1965（6），第285页并附图。

④ 见《陕西博物馆青铜器图释》，图一二九。

⑤ 《文物》，1974（5）。

⑥ 郭宝钧：《山彪镇与琉璃阁》，23页。

（2）云南晋宁石寨山出土汉滇王时代铜器，其一上面表现诅盟之大场合，刻铸人物一百二十余人，在楼宇上者为主祭，下有刑牲者。又有一人右手击铜鼓，左手击錞于。据冯汉骥观察所记，平台有若干不同髻式之人群。平台间有乐器四组，仅存其一为铜鼓与錞于，其演奏之法立两桩于地，而上架一横木，贯于铜鼓及錞于之耳而悬之。一挽顶髻拖后幅之男子，右手击铜鼓，左手击錞于。[①]

上举两事足为《周礼》以金錞和鼓一说提供有力证据。《泗城府瑶人献岁碑》称："每岁正月首，偕诸寨瑶人诣府行献岁礼，击铜鼓、錞于，一唱百和。"[②] 此亦錞与鼓并用之证，明瑶俗时尚如此。施之典礼及战争，并无不可。昔吴骞著《金錞錞于辨》谓金錞与錞于，形虽同而所用不同。必须区别金錞为乐中和鼓之器，而錞于为军中和鼓角之器（文载《金石契》），辨析虽微，实则不达一间。由战纹鉴知战国之世錞于与鼓，实同时并存，不易断定铜鼓形制即出自錞于，此其二。惟铜鼓之产生，清朱彝尊论之云：

> 金錞和鼓，亦名錞于，掌之鼓人，见于《春秋内外传》，先铜鼓有之。……窃錞本以和鼓，度其形亦略似。第鼓穹其腰，而錞削其下，鼓蒙两面，而錞去其底。（铜）鼓初铸必取二器折衷之，蜀人所以名錞于鼓云，……（《曝书亭集》四十六）

朱氏以为铜鼓之制作，乃斟酌錞于与鼓二者而为之，其说较徐氏以铜鼓出自錞于，更近情理。朱说罕见征引，故备记之。[③] 梅原末治记出土有陶制錞于，上有素纽[④]，或谓即铜錞于之所由昉；惜陶錞只此一见，他处未闻发现。

二、般鼓、晋鼓与唐鼓

容庚《彝器通考》著录铜鼓二件[⑤]，一为日本泉屋之双鸟人首长口鼓，一

---

① 参冯氏《晋宁石寨山出土铜器研究》及所附图版之七之二，载《考古》，1963（6），325页。

② 汪宁生文引。

③ 吴云在《两罍轩彝器图释》引朱竹垞《铜鼓考》，按《曝书亭集》卷五六至五八为考类，无关铜鼓者，当是指此文，即《南海二铜鼓跋》。

④ 《支那考古学论考》，《明器新资料》图八七。

⑤ 容庚：《彝器通考》，512页。

为陕西凤翔所出蟠虺纹鼓，状如箫，顶平而底空，福开森据以著《周铜鼓考》者也。1977年6月，湖北崇阳县出土商鼓一件，鼓呈椭圆形，直径三九·二公分，两面可以敲击，侧饰云雷纹与乳钉纹，鼓身上铸盖纽，有孔可悬，下部以方座为足，形制奇伟，实为立鼓。可知铸铜为巨鼓，商代已有之。[①] 以形制论，此类双面之鼓，即《周礼·韗人》之鼖。《说文》云：大鼓谓之鼖，八尺而两面，以鼓军事。《诗·灵台》："贲鼓维镛。"《释文》字亦作鼖。此应是铜制之鼖鼓。

铜鼓向来认为乃骆越文化之特征。文献上最早记载为《后汉书·马援传》："于交趾得骆越铜鼓，乃铸为马式。"[②] 《水经·温水注》引《林邑记》："浦通铜鼓外，越安定黄岗心口，盖藉度铜鼓，即骆越地，有铜鼓因得其名，马援取其鼓以铸铜马。"安定即今都安县地，此以铜鼓为地名之始。又《夷水注》引《林邑记》："其水东径安定县，北带长江，江中有越王所铸铜船，潮水退时，人有见之者。"是安定之间，不特铸铜为鼓，且铸铜为船。《广东新语》十六：粤处有铜鼓，多从掘地而得。廉州有铜鼓塘，钦州有铜鼓村。又博白县北有铜鼓潭。《郑和航海图》铜鼓山有二，一在文昌县东，一在（越南）灵山南，以曾出铜鼓得名。以此例彼，《林邑记》之言信矣。

近年发掘所得，云南铜鼓，若1961年祥云大波那木椁铜棺墓所出者，据炭素测定为公元前465±75年，约为春秋末战国时物。大波那今为汉族与白（僰）族杂居之村落，据该墓报告云：

> 铜鼓一件，鼓面作四角光芒✧，外周无晕纹，胴部腰部无纹饰。胴部特别膨胀，超过鼓面，腰部骤然收细，至足部入向外发展。双耳位于胴部与腰部之间，通高二八公分，面二三公分，足径三八公分。铜鼓造型比较原始。鼓面上还没有十二角光芒。双耳也不作绳辫纹，显然属于早期铜鼓的雏形。

此为现时所知最早之铜鼓。冯汉骥尝就祥云铜鼓与并出之铜釜形状之近似一

① 崇阳铜鼓见《人民画报》，1978年9月份；又《文物》，1978（4），图版八。

② 清曾钊谓："《东观汉记》载援奏以所得骆越铜，铸以为马。范书云得铜鼓，或当时之误，或后刻之讹。鼓字疑连铸字读，谓乃鼓铸为马式。"读铜鼓之"鼓"字为动词，根本否认此说。然与《林邑记》不合。

点观察，以明铜鼓可能由铜釜发展而来，既作炊器，翻转即成敲击乐器。[①] 考《魏书》一〇一《獠传》云："铸铜为器，大口寡腹，名曰铜爨。"铜炊器应是铜爨，未必是铜鼓之前身也。至石寨山所出西汉时期各式铜鼓，只 1955 至 1957 年最初两次发掘，即出十七具铜鼓及十九具铜鼓形贮贝器，详见《石寨山发掘报告》。江川李家山于 1972 年出铜鼓八具，相当西汉时期。云南所出之铜鼓，闻已编成专书，曰《云南省博物馆铜鼓图录》(1959 年云南出版)。

近日海南岛陵水县出土有云雷纹四铜鼓，据谓可属战国之世。《广东新语》记雷州英灵冈雷庙有铜鼓二，一在庑下，雷人辄击之以享雷神，亦号之为雷鼓，可知铜鼓与雷有密切之关系。又广西曾于贵县发掘二五座西汉墓及一〇四座东汉墓，仅在东汉早期墓中，获得一具铜鼓而已。[②] 可见铜鼓在战国西汉已出现于滇池区域，是使用者不限于骆越民族，亦非始于马伏波时期[③]，所谓"马援鼓"一说，实为无稽[④]，《水经·河水注》离石县下记赫连龙昇年间，在统万城铸铜为大鼓，其详莫悉。

《太平御览》五百八十二引晋会稽虞喜《志林》云："建武二十四年，南郡男子献铜鼓，有铭。"宋方信孺《南海百咏》曾引此，以驳铜鼓始出《隋书·地理志》之误。然习见铜鼓多无文字。金石书著录，间记一二有款识者，《八琼室金石札记》："铜鼓围圆今尺四尺八寸，高八寸五分，叶东卿故物也。甲戌四月厄于火，蹩扁不可整理矣。有款识云：大王庚午季六月十八日造，小篆十一字，盖苗蛮长所为也。"恐出后刻。

晋时广州夷人采汉钱以铸鼓。《晋书·食货志》云："孝武太元三年，诏曰：钱，国之重宝。小人贪利，销坏无已，监司当以为意。广州夷人宝贵铜鼓，而州境素不出铜，闻官私贾人皆于此下贪比输钱斤两差重，以入广州，货与夷人铸败作鼓，其重为禁制，得者科罪。"[⑤] 是粤中夷人以汉钱为铸鼓之原料，故晋时定为禁令。由此知粤夷能自铸铜，由来已远。至若为汉人所铸造者，《琼州府志》四十三《金石》：海口市发现之铜鼓，其上分明铸刻姓名，文云"大明成化十二年广州府番禺客人李福通铸造"。(鼓藏于天宁寺) 至于广西出土铸"永世家财万代进宝"八字楷书之晚期铜鼓，当亦汉人所铸以输

① 《文物》，1974 (1)。

② 图见《考古学报》，1957 (1)，159 页。

③ 《陶斋吉金录》七载铜鼓一，文曰"建武六年伏波造"，字出伪刻。

④ 铜鼓非马伏波作，曾钊已详辨之。见其《面城楼集钞》卷三，《广州总督军门铜鼓记》。

⑤ 郑师许《铜鼓考略》已引此条。

入苗疆者。有文字之铜鼓，罗振玉于《金泥石屑》中著录一条铜鼓铭文，“大甲申辛卯岁十一月五日造”（太仓钱氏藏）。又称“杨州李氏藏晋铜鼓有义熙年月，楷书阴刻，决为真物，予求其拓本，不可得也”。李氏之晋鼓，汪鋆《十二砚斋金石过眼录》三谓为虞庙之鼓。但徐树钧《宝鸭斋题跋》释为虞候，以为即军中之鼓，其说云：“刘聚卿观察出示义熙铜鼓拓本，……其文曰：‘义熙四年十月虞军官鼓，广三尺五寸，前锋宁远率行铠曹杜茏’二十五字。按隋有左右虞候，宋每军有都虞侯，分掌马步军。晋有铠曹参军，齐有左右铠曹各一人，隋左右卫府有铠曹行参军事一人。晋武帝置卫率，泰始五年分为左右率，又加前后二率，又置中卫率，是为五率。晋有宁远将军，此铜鼓文曰虞军，是晋时已有虞军之名；曰前锋宁远，是宁远将军之率；曰行铠曹，与晋铠曹参正同。”按此晋鼓为军鼓，与西南夷之铜鼓，未必有关系，惟可证明虞喜《志林》铜鼓有铭之说。罗士琳撰《晋义熙铜鼓考》记其形状，此器经鉴定为真，实为唯一晋鼓之存于今者。《唐六典》云：“凡军鼓之制有三：一曰铜鼓，二曰战鼓，三曰铙鼓。”此铜鼓为军鼓之制。

《大周正乐》（《御览》乐部引）云：“铜鼓，铸铜为之，虚其一面，覆而击其上。南蛮、扶南、天竺类皆如此。”屈大均谓“凡为铜鼓以红铜为上，黄铜次之。其声在脐。广州炼铜鼓师不过十余人，其法绝秘，传子而不传女”[①] 云。

有关铜鼓出土之文献，唐刘恂《岭表录异》记唐僖宗时，郑絪镇番禺日，高州太守林蔼于蛮酋塚得铸蛙黾之铜鼓。又记咸通末幽州刺史张方直于龚州（今广西平南）掘土得一铜鼓。列郑絪事于张方直之后。按朱彝尊跋广州南海庙二铜鼓，谓：“波罗江上南海神庙铜鼓二。大者，唐岭南节度郑絪出镇时，高州守林蔼得之峒户以献絪，纳诸庙前，面阔五尺，脐隐起罗布海鱼虾蟆等纹，旁设两耳。通体色微青，杂以丹砂瘢。从浔州滩水涌出，色纯绿，杂以鹧鸪斑。”[②]《西清古鉴》卅七亦引郑絪事谓得之春州。高州与春州固相迩也。考絪于宪宗元和五年三月癸丑出为岭南节度使[③]，是作“僖宗时”者误。《唐语林》一郑阳武絪欲为《易比》，其人盖以儒学有重名，与张参、常衮并称。（《旧唐书》）又《南海百咏》“铜鼓”条言：“南海东西庙皆有铜鼓，东庙者径至五尺五寸，高有其半。俗谓洪圣王旧物。”又谓“府之武库亦有其二，其一

① 《新语》十六。

② 《曝书亭集》四六。

③ 《旧唐书·宪宗纪》。

盖唐僖宗朝郑续镇番禺日，高州太守林蔼所献。云事见《岭表异录》”。此则误“郑絪”字作“郑续”，其后黄佐、阮元两《广东通志》并踵其误，至杨霁光绪《高州府志》五十五始订正之。惟方信孺将南海东庙大鼓与郑絪所得之高州鼓，判为二事，复与朱彝尊说异。① 南海神庙大鼓，面径阔至五尺五寸，故竹垞目为最大之鼓。然晋裴渊《广州记》：“俚僚铸铜为鼓，鼓唯高大为贵，面阔丈余，方以为奇。”则南海大鼓，远非其匹矣。粤各地出土之铜鼓，屈大均记之甚详。谢启昆《铜鼓考》所记北流县郁林州之鼓，皆径二尺余，不及弥甚。据说最大且重之鼓，为民国二年广西柳城所发见者，重七百斤，见《柳城县志·金石》。

《陈书·欧阳頠传》：“兰钦南征夷獠，擒陈文彻，所获不可胜数，献大铜鼓，累代所无，頠预其功。”又云：“頠弟盛为交州刺史，次弟邃为衡州刺史，合门显贵，名振南土。又多致铜鼓生口，献奉珍异。”② 按长沙欧阳氏自頠至纥，其族鼎盛，称霸一方。③ 其势力所及湘、桂、交、广等地，正是铜鼓产区，故当时得铜鼓特多，史称其大铜鼓，惜无详细记录。惟说者每谓頠所献铜鼓，乃从战阵得之，则不可信。《新唐书·冯盎传》“子猷击铜鼓，蒙排执御史许瓘”，同书二百二十下西爨：“会聚击铜鼓吹角。”《太平广记》二〇五：“唐贞元中，南蛮酋首之家皆有此鼓。”盖南人以铜鼓为权力之象征，又会众必击鼓以为乐。

李家瑞撰《汉晋以来铜鼓分布地图》④，据铜鼓发现较多地区推断，铜鼓原为彝、苗、僮、瑶四族所共有；然彝族有铜鼓，迄今惟有云南石寨山一处。即唐代乌蛮亦无使用铜鼓之记载，故说者认为彝族不一定是使用铜鼓之民族。⑤ 何纪生重撰《古代铜鼓分布地域》⑥，资料较丰，举出西南六省出铜鼓共一百三十二处，益可证明铜鼓应为西南民族共有之文化，非专属于雒越一系。1974 年，洪声刊其《广西古代铜鼓研究》，统计广西壮族自治区博物馆所

① 今本《岭表录异》为乾隆四十年四库馆臣自《永乐大典》辑出；方氏《南海百咏》，《四库》未收，道光间始从江藩藏钞本刊行。此二书朱竹垞疑均未见。竹垞曾亲履羊城，二鼓皆所目睹。翁方纲题铜鼓歌拓本长古亦言“十登南海庙，殿庭絙索东西垂。东者最大西次小”。与竹垞说合。

② 又见《南史·頠传》文略同。

③ 参《欧阳氏世次碑》，载魏锡曾《非见斋碑录》，台湾“中央”图书馆藏稿本。

④ 《考古》，1961（9）。

⑤ 杜杉文，载《考古》，1962（8）。

⑥ 《考古》，1965（1）。

采集之铜鼓编号竟有三二五之数目，自以广西一省为最夥。[①] 盖自汉晋以后，俚僚始以铸铜鼓相尚。但观广西平乐银山岭战国墓发掘所得，只有兵器之铜矛铜剑，而未见一铜鼓，则其铸鼓之俗，不如滇地之早。故近时论者以为滇地之西南夷方为铜鼓之最早制作者。[②]

铜鼓之起源，清王澍《世本粹集补注》谓杜佑《通典》云："《世本》：巫咸作铜鼓。"《殷本纪》巫咸为大戊臣，治王家有成，作《咸乂》。湖北出土商代有座双面之鼖状铜鼓，则《世本》说亦非绝无所本。按《通典》卷一百四十四："铜鼓，铸铜为之，虚其一面，覆而击其上，南夷、扶南、天竺类皆如此，岭南豪家则有之。大者广丈余。"又《革类》云"鼓，《世本》云：夷作鼓"。则通指革类之鼓。王澍加以演绎，谓诸葛亮作铜鼓，即本诸巫咸。据实物考察，铜鼓年代可以上推至殷。惟具有细致雷纹为早期之物，则行于战国之世，其带五铢钱范者，或下至汉季。[③]《西清古鉴》著录所有铜鼓，一概目为汉鼓，盖前人深为伏波鼓一说所囿故耳。唐昭宗时刘恂描绘所见铜鼓，"其身遍有虫鱼花草之状"。自隋以来，汉人势力，渐深入夷僚蛮蜑之境，工艺技术，亦逐渐为彼辈所吸收，日见精致。铜鼓铸造，竟有用汉钱为质料者，如贵州遵义杨粲墓出铜鼓，即以宋"元祐通宝"铜钱铸造之。[④]《明史·刘显传》，记万历九年间四川巡抚在兴文县九丝山获铜鼓九十三面，此为历史上铜鼓数量最多之记录，可见后期铸造之滥。李光庭辑《吉金存》四收铜鼓二，其一中晕竟有"酉"字纹，用汉字作图案；又一其第二晕镌绘动物及仿佛"汉画"之花枝，是否赝品不可知，但均为晚出，深受汉化后之现象。

三、记海外铜鼓兼论"出口鼓"

松本信广教授在著《古代インドシナ稻作民宗教思想の研究》一书中，对各地所藏铜鼓，论列甚详。惟海外尚有若干地区之铜鼓，犹略焉未及。

《西清古鉴》卷卅七收铜鼓十四事。第一鼓面径二尺五寸三分，作骑士科洗乘而驰，旁挟一马，据谓旧所未有（图二）。商承祚《十二家吉金图录》收孙壮雪园之铜鼓，其花纹有乘骑四，鼓侧六人舞蹈，颇相类似。《西清古鉴》

① 《考古学报》，1974（1）。

② 汪宁生：《试论中国古代铜鼓》，载《考古学报》，1978（2）。

③ 参黄增庆：《商西出土铜鼓初探》，载《考古》，1964（11）。

④ 《文物》，1965（3）。

第二、三、四、六鼓有四蛙。余鼓有钱纹、旗旃纹、鸟纹、电纹等，无如第一鼓之特色。《续鉴甲编》著录四鼓，皆无蛙；第一鼓面径二尺五寸许，余皆小鼓，第三、四有旗旃纹。《西清续鉴乙编》有鼓五，其一有四蛙，面径二尺四寸许，余为小鼓，面径尺许，并无蛙。《西清古鉴》著录各铜鼓均存国内，《续鉴》著录各鼓有部分在台湾，即下述“中央”博物院所接收者。

图二　《西清古鉴》第一鼓图

士林“故宫”博物院现藏之铜鼓，乃前中央博物院所接收奉天行宫之古物，计大鼓一，旧列四五一号。径面七七公分，有绳纹四耳。鼓面四蛙外，又鼓缘有立鸾鸟各一只，不作对称。广西所采集三百面铜鼓有蛙饰，无一见立鸾者，故此最为特色（图三）。其他四鼓晕上皆作旗旃纹，有之微异，就中有一晕作人面纹。其一鼓面纹理已漫灭殆尽。

图三　《四蛙立鸾铜鼓》（台湾“中央”博物院藏）

星马地区出土铜鼓为一般所习知者，马来亚有下列等处：

（一）为彭亨淡柏河畔盐沙岩出土之鼓，现存新加坡博物馆，鼓心有光芒十道。

（二）为1964年雪兰莪巴生发见之铜鼓残片，此残片晕中有四飞鸟，略同四川大学历史博物馆之鼓（见闻宥《古铜鼓图录》第二十七，图十七）及《西清古鉴》之第十鼓，此类型之鼓，疑自中国传入者。

又巴生出铜钟一件，说者谓属于东山文化遗物。察其形制，与云南祥云大波那铜棺墓出土之铜钟[①]皆属于上大下小横断面作椭圜形，近于錞于一类，甚可作进一步研究。

星洲私人所藏铜鼓，经眼者有两处：

（一）林徐典博士家藏二鼓

甲鼓　鼓心光芒六道，胴部有晕十九，以云雷纹及麻布纹相间，耳作绳纹，鼓缘有四蛙，已残破。

乙鼓　鼓心光芒十二道，晕凡九。第五晕作纹，鼓高二八公分，面径四八公分许，有四耳绳纹，极完整。有一晕作人面纹与中博同。

（二）陈之初君香雪斋藏三鼓

甲、乙鼓各有光芒十二道，有蛙不止一叠，丙鼓亦同，惟一边有象两只，一边缺之。皆黑格尔之第三型，必来自缅甸。

林氏藏鼓，据其家中记录，甲鼓乃其尊人购自砂朥越；乙鼓（图四）则先由海南林姓从官广西者带至文昌，后经其尊人亲携来星洲。此乙鼓分明出自广西，其旗斿纹与闻氏《铜鼓图录》之第四〇图贵阳私人藏者图案相同。闻氏云："所见实物与此相近者在五十具以上。"《西清古鉴》铜鼓之八、十二、十三及"中央"博物院之三小鼓，花纹皆与此接近。《广西铜鼓初探》图十在柳州采集者亦相同。可知此种图纹在广西极为普遍，故此鼓为中国所制之鼓传入南洋者，绝无疑问。鄙见在东南亚出土或庋藏之铜鼓，严格区别，应分为二大类，一为本地自制之鼓，一为自华传入之鼓，后者实为中国之"出口鼓"，正如瓷器之有出口瓷，林君之乙鼓，是其显例。故研究南洋各地之铜鼓，辨别何者为"出口鼓"，实不可忽。

旗斿纹之兴较晚，冯汉骥略加分析，举出云南藏鼓有以斿旗与"寿"字结合之纹样。清桂馥于昆明曾跋旗斿纹之铜镜，称镜鼻有篆文曰："五月初吉□王子子孙孙永用"，其文左行，其字皆反，器得自定远，纹样与铜鼓无异。桂氏定为南诏器，不奉唐正朔，但记月份而已[②]，虽未必果为南诏之物，然用

① 《考古》，1964（12）。

② 图及桂氏跋见《河北第一博物院半月刊》五十七期，《古董录》。

图四　铜鼓乙（星洲林徐典家藏）

铜鼓纹样以入镜，斯亦罕见之例。

台湾现存铜鼓，除台大二鼓已有凌纯声记录外，耳目所及，略记如下：

台北南海路历史博物馆藏巨鼓，为第二次世界大战时，在云南保山县获得，此为黄强所赠者。鼓心阳光八道，面晕六重，有六蛙。为黑格尔之第二式鼓。绳纹双耳，花纹简单。鼓高六二·五五公分，径一〇四·七八公分，底径一一五·五七公分；蛙高三·一八公分，长六·六七公分，宽三·八一公分（图五）。

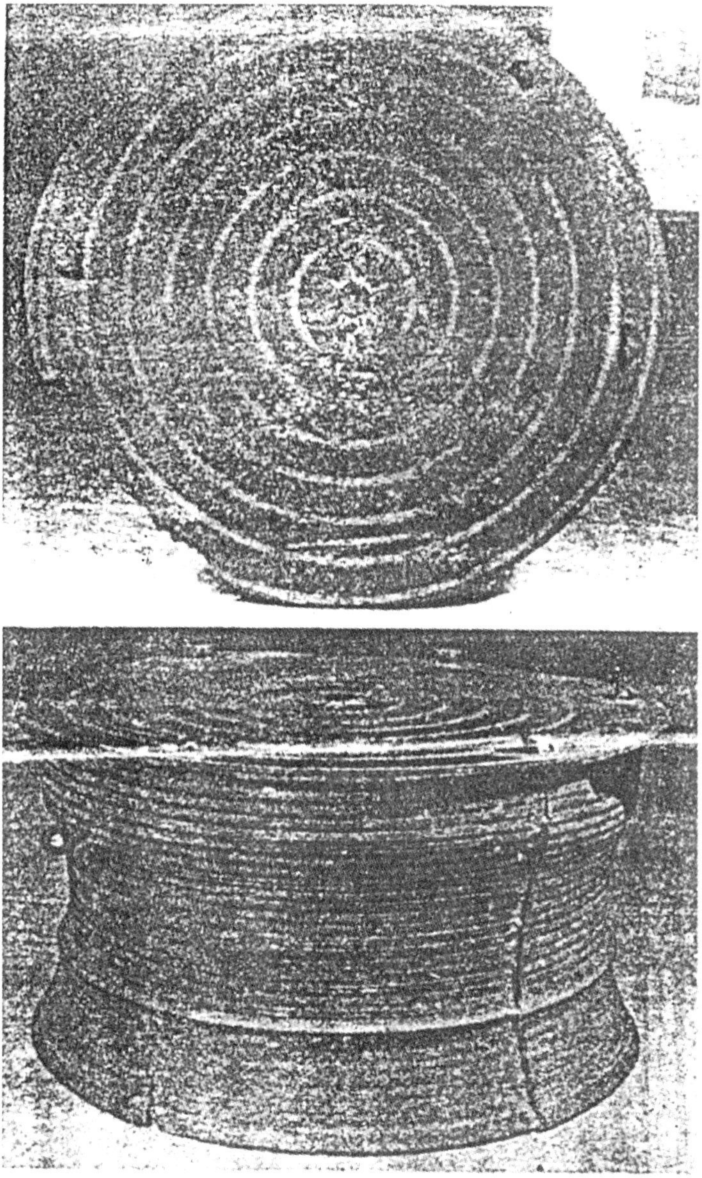

图五　云南保山铜鼓

该馆又藏小鼓二：一鼓面有六蛙，光芒八道，花纹为席纹及波浪纹。一鼓面有四小蛙，光芒六道，上有钱纹。

保山，《明史·地理志》，属永昌府。县东有哀牢山。天启《滇志古迹》有“诸葛井，在哀牢，其山上一巨石”。又：“保山断脉，昔武侯过此地。”又：“腾越州西南十里曰擂鼓山，孔明驻兵击鼓其上。”① 保山地区，向来有诸葛鼓传说甚多，虽不可信，其地出有铜鼓，亦非偶然。

台北省立博物馆藏铜鼓六件，据登记册，乃日人旧物，自广东地区蒐购者，值得注意者有二鼓：

甲鼓　该馆原编号为一七一三。鼓高三八·五八公分，面径五九·二一公分，底径五八·一公分，鼓面边缘有三蛙三牛，光芒七道，每道有A式日纹。面晕四重，近边缘一重如上式日纹，其余三重为方格纹。鼓身花纹亦如之。耳部不作绳纹。此为黑氏第二式鼓，制作年代较晚。

乙鼓　原编列南九六〇号。鼓高二六·六七公分，面径四七·六三公分，底径四六·三六公分。鼓面光芒十二道，内作蝉纹，耳作绳纹，为黑格尔第四型式鼓。面有晕八道，杂以凸纹、乳纹等图案。在第五晕内镌以龙纹，并铸汉字二行，阳款一曰“万代进宝”，一曰“永世家财”。另六字横行加以外框，似是？光六年？□造，不甚清晰，当出后刻。黄增庆《广西铜鼓初探》云：“在巴马县采集的一件上有‘道光二年建立’的铭文。”可与此参照。成都四川博物馆（闻宥《图录》第四十九图）、维也纳宫廷博物馆（黑格尔《书》二十八图）及黄增庆文图一六柳州采集黑格尔第四类型之鼓，皆有龙纹及“万代进宝、永世家财”等八字，此类铜鼓，可知者合此共有四件。此种有文字之鼓，年代甚晚，乃出汉人之仿造，非西南夷之工艺品。

馆中尚有四鼓，多为常见之旗旃纹，其一原列九五八号，光芒十二道，与星洲林氏鼓同，其一光芒亦十二道，为细旃纹，并是第四式鼓。余不具记。

台北李成发君家藏，鼓面径六八公分，高五一公分，腹围一五五公分，底径五一公分，有三叠式四蛙在四隅，双耳上下作绳纹，下部胴体为圆筒状，乃黑格尔之第三型式鼓。鼓面光芒十二道。晕之中间凡二重，绕以鱼藻，缛丽可观，甚为精巧。《遵义府志·金石》载：铜鼓四周花草虫黾纹，古致斑驳。嘉庆十九年土人掘得，殆此一类之鼓。李君又有一小鼓，带旗旃纹，为第四式鼓。

---

① 据李根源编《永昌府文征》摘引。

汪宁生文中讨论西盟鼓一类型，在黑格尔列为第三型，流行于缅甸、泰国，据称此类鼓云南博物馆已收藏数十器，应是西南流行一种晚期铜鼓，彼引用《缅甸百科全书》铜纹条资料，谓此型制作中心在克耶邦，他邦多来此购买，开始制作在五百年前，直至近代尚有铸造，盖由壮族传入缅甸者。余于暹罗博物院见一铜鼓残片上不用立蛙，而以螺为饰，颇与华异，又有干栏之纹样，与西盟佤族之屋十分相似（见图八），自有其特色。

友人传言印尼博物馆藏铜鼓镌有汉字，余尝亲至雅加达与馆中人士勘验，实为花纹讹误。

印尼雅加达甘蜜埔博物馆陈列室所藏铜鼓，最大者凡四鼓（据说以巴厘之 Pedejang 所出土者为最大，直径达二公尺），中型者八鼓，小型者五鼓，出土地主要者包括下列各处。①

Sangeang 岛（在 Sumbawa 海岸）　松本（五四）

Semarang（三宝垅）　松本（四六）馆号列一八三一

Pekalongan（在中爪哇）　松本（四四）

Banjoemas（在中爪哇 Desa Messi 出土）　松本（四三）馆号一八三〇

别有 Bantan 所出一鼓，即为第四型式，双耳，平面矮身，作状。颇近似星洲林氏之鼓型。按 Bantan，由雅加达乘车前往，需二小时半。华人称为万丹，旧系小镇，与华交往最早。其地今存古庙名曰“万丹观音佛祖”，创于 1566 年。② 原称万德院。庙内铜磬铸“陈展成敬奉万丹佛祖台前，光绪二十四年戊戌……立”字样。附近又有乾隆十九年“南靖高彩官墓”，华人遗迹甚多。此鼓形制，极近于中国出口鼓，甚可注意。张燮《东西洋考》下港物产条云：“铜鼓即今华人所用者，诸国以爪哇为最。振响遏云，价值可数十金。”可见爪哇之铜鼓，向来与中国即有密切关系。

星洲铜鼓，Raffles Museum 藏之鼓，为 1926 年彭亨之 Tembeling（单马令）河所出土。松本（四〇），为黑格尔之第二型式鼓。论者谓为汉代罐鼓，与《郁林州志》所载者类似。③

---

① 其见于松本信广《古代インドシナ稲作民宗教思想の研究》文中所载者，兼为注出该文所记之号数，以供参考。

② 庙前废墟即葡萄牙人码头遗址。

③ 邱新民：《东南亚古代史地论丛》，75 页。

马来西亚 Sélangor（雪兰莪）Klang 郊外所出残鼓。松本（四一）引《东洋学报》有详细描述，鼓面光芒十道，第五晕为四飞鸟纹，与广西贵县汉墓发见唯一之铜鼓鼓面纹极相似。贵县鼓面光芒作八道，见松本（一一）；其余栉齿纹、有心小圆纹、四飞鸟纹；形状、位置皆无异。故知雪兰莪此鼓可确定为汉代骆越之鼓，盖早期由广西传入马来半岛者。

近年马来新出土之铜鼓，又有雪兰莪与东海岸丁加奴两处。

A. Selangor 之 Kampong Sungai Lang，1964 年出土共二件，一为有累叠纹之大鼓，一为颈耳部有小方孔绳纹之小鼓，据使用碳检验结果，年代为公元前 485，约当汉稍前。

两鼓说明见 B. A. V. Peacock：The Drums at Kampong Sungai Lang。图见 *Malaysia in History* Vol. 10，1965. No. 1，小鼓亦见 *Malaysia in History* Vol. 11，1967 No. 1-2。大鼓光芒十二道，四蛙。较之黄增庆文中图三、图四，第二类型（中期）在广西中部大瑶山及桂平县所采集者花纹颇相似，各晕宽窄不等，第五、六饰以飞鹭纹及羽人纹与相连之圈形纹、栉目纹，无甚差异。此又与闻宥书第二十五图之四川大学历史博物馆藏所谓乙式后期者亦接近。故此大鼓疑亦由广西输入者。小鼓鼓面作四飞鸟纹，特色为颈耳部皆有方孔。两鼓出土时，均安放在木板之上，可见原器极受收藏者所珍视。

B. Kuala Trengganu1964 年 6 月出土两鼓，皆黑格尔第一型鼓。在马来西亚东海岸为首次发见。说明及图片见 Peacock：Two Dong So'n Drums from Kuala Trengganu，*Malaysia in History* Vol. 10，1967. No. 2。其一鼓面作双叠鸟纹，刻纹部分则镌船形带桨，上边图案作相连回形纹及锯齿纹。

安南河内费诺博物院（Museé Lauis Finot）所藏铜鼓甚多，法国友人 L. Vandermeersch（汪德迈）博士著有“Bronze Kattle-drums of Southeast Asia”（*Journal of Oriental Studies* 3，1956，p. 291，Hong Kong），所附图片足供参考。其中第四类型之小鼓，为 Long-Lôi-són，Há-nam，及中国境 Pinh Schiang 所出者，皆有旗斿纹，及两晕间之凸出圆粒纹，图片原见该文（Plate XII-XV），与星洲林氏鼓花纹相同。郑师许《铜鼓考略》所附上海博物馆藏鼓（原书第一图）亦完全相同。黑格尔第四型之鼓，据其研究结果，此种铜鼓显与汉人有关系，而出土地多在中国南部地带，接壤湘黔之广西北部苗族，至今尚有使用之者。河内此第四型鼓，亦有来自中国者。此类鼓因细小易于携带，故流通较易，以之出口，甚为便利云。广西在宋横州与宾州有不少铜鼓出土。《宋史·五行志》载熙宁、元丰间，横州获铜鼓一十七，宾州获古铜鼓一。可见横县及宾阳自来即有铜鼓出土，传入安南，甚为容易。

四、铜鼓文学

历代文人对铜鼓之题咏甚多，唐人如杜牧、许浑之诗，温庭筠、孙光宪之词，皆言及铜鼓赛神之事，为众所皆知。

（一）南海神庙鼓

广州南海神庙之铜鼓，自宋方信孺《南海百咏》而后，屡见于诗赋。明黎遂球撰《波罗铜鼓赋》，其序有云："波罗庙有一铜鼓，面缀两蛙。云是马伏波将军所铸，向埋地中，其处每闻蛙声，因掘起得之。蛙形尚存其一。共奉鼓于庙，时鸣以祀祝融。"① 所记虽属谬妄，惟称粤人鸣铜鼓，以祀火神，知其俗由来已久。《蛮书》称巴氏祭其祖击鼓而祭。清时岭南诗家梁佩兰亦作《南海神庙铜鼓歌》，略云："南海庙神广利王，割据四海南海方。铜鼓置在王庙左，庄严鼓悬四小锁。大巫一扣潮水平，小巫一扣江水清。二月望日王生日，鼓声掌人拜出入。"② 可见清初南海庙神巫扣鼓祷祀之习俗。他省文士莅粤，于铜鼓均感兴趣。赵执信过南海庙，以晚不及登，呈同舟王明府诗云："波罗古庙昏自扃，昌黎文光闪列星。骆越铜鼓寒有声，祝融此时朝百灵。海风飒飒云冥冥，扶胥龙渔纷送迎。"③ 彼未见铜鼓，亦形诸歌诗。李锴有《三器歌》，其一即咏神庙铜鼓，句云："深腔洞底面纸薄，四兽蹲伏如盘螭。鱼海天马重隐起，宝网细界金蚕丝。斑淹丹碧古色湛，玄冰凝结灵鼍皮。"④ 于鼓之花纹，描绘入微。乾隆乙卯间，大兴朱珪至南海祭于神庙，有《铜鼓歌》，略云："载观铜鼓模范奇，径盈五尺围丈五，面平空腹蟠蛟夔，叩之铿鍧更鞺鞳，体恢制古谁所遗？夸言发声震十里，惊走番舶波罗师！……丁宁右媵撞已亏。（原注：'殿西亚鼓'径小五分之一，鍧已撞裂。）《志》云元和节度郑，得自高守供诸祠。（原注：《通志》唐高州守林蔼得于蛮家，节度使郑絪以献庙。）每当夏歊疫疠作，移置狴犴禳凶魑，……"⑤ 夏之蓉有《南海

---

①《莲须阁集》一。
②《六莹堂集》卷三。
③《饴山诗集》卷八。
④《睫巢集》五。
⑤《知足斋集》卷十。

铜鼓考略》称："嘉靖间，海寇曾一本曾谋移之，铁索忽断不可举。"又有《神庙铜鼓歌》（《半舫斋编年诗》）东吴吴慈鹤亦有《南海神庙伏波铜鼓歌》，略云："祝融祠中伏波鼓，犹是征蛮九真铸。血斑绣涩藓花露，落落中边百星布。双枚俱有甲兵声，半死虾蟆吐黄雾。"[①] 文辞绚美，惟此鼓与伏波绝无关系。舁铜鼓于狱以逐疫，此一风俗，至清末尚然。尝于新加坡大学中文图书馆检读《叻报》，光绪戊子六月十一日载《铜鼓逐疫》一条云："二月十三日为祝融生日，岁时报赛，粤人击之以乐神。声噌吰以鞺鞳，色斑驳而陆离。番禺杨大令饬差请鼓于神，舁至狱中，击以驱邪辟疫。"按此文乃钞袭屈大均《广东新语》。铜鼓之另一用途，犹见于清代诗歌及新闻之记载。

（二）广东廉州、化州铜鼓

鼓悬于神殿。明初史迁著《青金集》，有《铜鼓歌》，句云："上圆镜面未应拭，下垂铜彻连中空。高余二尺阔复倍，铁索互纽当垣墉。"其序云："于廉州孔庙东南梓潼帝君殿悬铜鼓，款识花纹特异。……又铜柱当州南二百余里分茅岭上。"迁字良臣，元季隐君，与杨维桢辈唱和，洪武初官廉州。此其目睹之明初铜鼓，悬以铁索。何纪生《铜鼓分布地域表》，广东廉江县出铜鼓共六次，均为清时物，此可补其缺。《化州志》卷四彭传祖《铜鼓歌》："髯苏意气何拳拳（注谓州监生苏廷瑞）……为言此鼓出石湾村外野……蟾蜍怒目四隅列，斤权六十围七尺。"同志《金石略》称："光绪丙戌，石湾人于墟塘得铜鼓，大径二尺许，高一尺有五。"

（三）有关雅州、龙州之《铜鼓歌》

清曹寅《铜鼓歌》："雅州铜鼓鸟羽青，四蟾蜍纽镂虺形，岂堪悬注肆考击，或疑烹饪充蛮廷。又云丞相渡泸时，铸以张军留模型。前贤遗迹不可测，语患怪诞多离经。……"自注："鼓面若仪器，四纽峙立，疑可测验水土。"[②] 所谓四纽可测验水土，说实无稽。鸟羽青者，即指晕中之飞鸟纹。上举马来西亚雪兰莪之大小鼓，花纹即此类。四川边境向来出铜鼓甚夥，且多以铜鼓为地名[③]，惟雅州铜鼓则未见方志著录。

清大兴李维寅有《（龙州）铜鼓歌》云："我官宣化获铜鼓，……虚中顽

---

① 《岑华居士兰鲸录》一。

② 《楝亭诗钞》二。

③ 见何纪生文引《四川通志》。

下微束腰，径二尺强高尺许。规平镜面突麢脐，十三蟾蜍余六五。上文云云下雷回，雕刻龙蛇杂亚斧。”描述铜鼓形制，极为细致。又云：“我闻苗民守重器，犵鸟獞花都老主。婚丧盟会置酒羊，庭前敲折金钗股。流传礼器讹兵器，纪代标名无乃鲁。大曰伏波小诸葛，凿空何异周庭鼙。伏波马式传骆越，不闻铸鼓配铜柱。诸葛行军未到粤，败鼓宁遗鱼腹浦。丝丝记载辞无根，灵鼍一吼喑不语。”[①] 于旧说一一加以纠正，尤见卓识。

（四）有关播州之《铜鼓歌》

张之洞《铜鼓歌》云：“咸丰四年黔始乱，播州首祸连群苗……俘其子女赦不杀，授之畬田使耕耨。清酒一钟亦不饮，独取一物深于丁宁短于鼛。降夷稽首述故事，传自汉相安僮瑶。呜呼汉相信神武，拜表讨贼先不毛。……范铜为鼓赐酋长，坎地宝护埋山坳。岁时祀鬼乃敢击，芦笙巫唱纷嗷嘈；不然战斗合徒众，花鬘赤脚奔相招。一面足可直百牸，擅一为富擅十为酋豪。鼓亡苗灭古记语，以威报虐将焉逃。……围径四尺修八寸，四耳无当约其腰。文褵蟠拏朱鹭翯，细乳三百有二相周遭。仿佛篆文不可辨，屡烦画肚终牙孳。土花绀碧沁肌理，雷纹宛转环皋陶。中心莹滑不留手，恰受二尺栖推敲。良辰会客风日美，水面考击鸣蒲牢。如观溪峒跳明月，宰牛呷酒欢相邀。忽然蛮风卷瘴雨，中有铁马声萧萧。一击再击转激楚，战场万鬼皆啼嗥。不用趣战用行酒，铜龙悲愤发长号。……”[②] 以韵语述铜鼓之来历及用途，可谓详尽。冯登府《铜鼓歌为马小眉赋》云：“此鼓一面千牛直，千八百口争豪雄，彭亨豕腹气煜煜，瞪突鱼目光熊熊。”（《拜竹诗龛诗存》）李宗瀚（春湖）《铜鼓歌》：“土人掘得炫奇货，湔剔藓斑高市估，面平若镜腰若篮，若鼎有耳贯堪举。周遭镂刻形状殊，方簟圆钱俨规矩。”[③] 《宋史》四百九十六《西南诸夷》：“大中祥符七年，夷人诸军首服纳牛羊、铜鼓器械。”西南夷向以铜鼓献纳。鸟居龙藏《苗族调查报告》记载贵州苗族用铜鼓情形，正可与此诗考证。苗人好吹芦笙，打铜鼓，跳舞为乐，即诗所谓“芦笙巫唱，观溪峒，跳明月”，均是写实。朱鹭翯即飞鸟纹，三百二细乳当是像黑氏第四式鼓晕中之凸起细圆点纹，故乳数有如是之多。至云“一面足可直百牸”，田汝成《行边纪闻》云：“土人或掘地得鼓，即诪张言诸葛武侯所藏者，富家争购，即百牛不

---

① 《晚晴簃清诗汇》九十六。

② 《广雅堂诗集》，亦见《近代诗钞》。

③ 《静娱室偶存稿》上。

惜也。”可为佐证。铜鼓价值，在康藏高原尤极昂贵。清周蔼联于乾隆五十六年廓尔喀军兴，尝驻节打箭炉。著《竺国纪游》一书：云：“打箭炉一带番人重诸葛鼓，凡鼓体剥蚀，其声碹碹者，可易牛千头。”较贵州价高，更为惊人。张诗云：“一击再击转激楚，战场万儿皆啼嗥。”铜鼓施于战阵。观广西僮人在明江左江两岸区域镵刻摩崖壁画七处，有人物拳击骑马者，武器有铜鼓、刀、剑、箭镞。是铜鼓表现在崖壁上正为战斗工具[①]，与是诗所述相合。

诗歌上铜鼓之描述，正可作为史料。谢启昆《粤西金石志·铜鼓考》所收录者至为贫乏。兹就涉猎所及，略为举似，盼有人能广事稽考，以补方志不及，并为他日作铜鼓史者提供可靠之记载。

五、小结

近代古器物学之发达，迈越前古，对于器物之资料、型态，已尽分析之能事。惟器物见诸历史记载者，类多似是而非之论，有待钩稽，为之辨正。[②]前者为叙述的器物学，后者为历史的器物学，二者正宜相辅，如骖与靳。作者非专治古器物，于錞于及铜鼓资料，知见有限，因徐中舒新说，连类所及，略为诠次，并提出“出口鼓”之浅见，藉供美术史家之讨论。

铜鼓既为人所珍重，虽为器笨重，仍时被移动，由甲地搬贩至乙地。广东《吴川县志》四《金石》记载：“康王庙铜鼓乃光绪间邑人威宁镇总兵曾敏行自贵州携归。”四川《江津县志》一五《金石》，亦载两具从贵州搬来之铜鼓。黔地之铜鼓，可以入蜀入粤。台湾现存之鼓，近则或购自广东（省立博物院藏鼓），远则来自云南保山（历史博物馆巨鼓），星州林氏之乙鼓则自广西携来。铜鼓已被视作古董，随时转手稗贩，即出土之物，亦当作如是观，不可遽断为原有之出产地。

黑格尔第四型式之鼓，在广西贵州所出者，旗斿纹最为普遍。黄增庆谓“根据贵州遵义县南宋墓出土以旗斿纹为主之铜鼓，宋代是它的盛行时期”。是此类鼓之年代前限，可推至宋代。此种第四式旗斿纹鼓，既系小鼓，流通容易，而数量极多，故余认为是出口鼓之典型。星洲林君之乙鼓，倘非其家中确实记载，隔若干年以后如在地下发见，自然极易被误会为东山文化之遗

① 《文物参考》，1957（4），59页；《文参》，1956（12），3页。

② 清人所著，如吴骞、陈鳣、陆增祥之考金錞，朱彝尊、谢启昆、曾钊之说铜鼓，均为片段之论述。

图六　有旗斿纹之铜镜拓本（桂馥目为南诏镜）

存。故东南亚地区出土之铜鼓，由于目前在华铜器出现之丰富，正当取与黔、桂、滇、粤各地之铜鼓，详加比较，以定其是否即为出口鼓，此点不宜忽视。松本氏论铜鼓专文，侧重于黑格尔第一型式鼓之采讨，作者则特留意于黑氏之第四式鼓，尚望同好者更进一步加以研究。

癸丑八月于星洲　1979 年改订

附　近刊铜鼓论文（收至 1978 年）

（一）冯汉骥：《云南晋宁出土铜鼓研究》（《文物》，1974（1））。分析云南铜鼓纹样上舞人、翔鹭、竞渡之来历，并推测铜鼓源于铜釜。

（二）洪声：《广西古代铜鼓研究》（《考古学报》，1974（1））。列出广西全省铜鼓之类型、纹饰及其分期研究，仍照黑格尔四型加以分析。附有两表：一为《建国以来广西发现铜鼓表》，共二七〇件，一为《广西历史上发现铜鼓纪录》共一三六号。

图七　印尼铜鼓之一

图八　暹罗铜鼓花纹中之干栏

（三）《试论中国古代铜鼓》（《考古学报》，1978（2））。分铜鼓为 A—F 六类型，并举出各地出土之标准器，论铜鼓之起源，假定其出于木制之象脚鼓。

（四）M. Pirazzoli-t' Serstevens：Les Tambours de Bronze（见 *La Civili-*

sation Du Royaume De Dina A l'Epoque Han，53～62页)。此为所作论滇文化之一章，略采汉籍有关铜鼓资料。最有趣者为列举云南边境 Assam，Kachin，Karen，Nagas 等各族使用铜鼓之葬俗。按《蛮书》引《夔城图经》云："夷事道，蛮事鬼，初丧鼙鼓，以为道哀。"可以印证。同书 109～117页，将东山与石寨山文化作一比较。

（五）H. H. E. Loofs：*Dongson Drums and Heavenly Bodies*，*The Proceedings of a Symposium on Scientific Methods of Research in the Study of Asian Metal and Other Archaeological Artifacts*，pp. 441-467，1975，澳洲。主要说明铜鼓纹样中心之光芒，为星（Star）形，于汉籍只引用洪声一文。作者颇昧于中文资料，故未敢确定祥云铜鼓为先秦之物。

铜鼓三题

——蛙鼓、土鼓与军鼓

一、蛙鼓与 manduka

铜鼓研究，近二十年来有极大之进展。对于铜鼓之类型及其使用者族属之分析，至为精细。其第一类型之早期无蛙饰铜鼓，童恩正教授已讨论至再。其第二类型具有蛙饰之铜鼓，近人从民族学方面作实地调查，提供了极有趣的资料。汪宁生说：

> 铜鼓上蛙饰，佤族说他们象征雨水，这应本源于铜鼓制作者古老的信仰。因为缅甸吉耶族至今还是每逢祈雨，即敲铜鼓，拜唱着这样的歌谣：蛙鸣阁阁雨水落，雨水落时鱼欢跃，鱼欢跃时河水涨……木漂浮时国富饶。他们还称铜鼓为蛙鼓。[①]

胡振东更作总结说道：

> 对西盟式鼓作了专题研究，认为应以“蛙鼓”命名为妥。因此式鼓

① 《佤族铜鼓》，见《铜鼓论文集》，209 页。

并非产自西盟，……分布范围较广，越南、泰国、老挝、柬埔寨、缅甸和中国的云南省均有分布，而其分布中心在中缅交界处。在云南的傣族、佤族中均称为蛙鼓；在缅甸、泰国也有类似的称呼。[①]

我们细察“蛙鼓”分布的地区，自古以来，即为印度化的国家，他们的语言文字是巴利文的系统。即滇西边境，东汉初置永昌郡，常璩的《华阳国志·南中志》也说：其地“有户六万”，“有闽濮、鸠僚、僄越、裸濮、身毒之民。”[②] 可知在明帝永平十二年以前，这里已有不少的印度人与诸濮杂居。蛙字梵语称 manduka，巴利俗语，大蛙叫作 mango，《梨俱吠陀》（Rigveda）第七篇第一〇三首即是蛙颂[③]，试译数章如下：

（1）蛙之寝息，又一年矣。雨师（Parjanya）惊起，力振其音。如彼梵志，敬礼不替。

（2）如彼革囊，枯卧于沼；天霖沃之，蛙鸣旋集。如牝牛之低首，以舐其犊。

（3）迨天之下雨，如忍久渴。雨季至矣！阁阁欢声，语笑之亲，如父之与子。

（4）雨相敬恭，与共欢喜，得水之沾，如释重负，斑驳群蛙，雨中跳跃，喧聒其音，与簧者相若。

……

（7）如彼婆罗门，夜以继日，事苏摩祭。望乳之赐，安得如湖水，溢于四隅，一年兹日，滋足念兮，嗟尔蛙兮，俾滂沱兮。

……

（9）于十二月，虔守其序。一岁之中，季节不愆。雨季莅止，热甚其浆，奉献亦喜。

（10）如牝牛之低首，如羊之咩，给我财富，斑点诸蛙，厚赐于余，簧者亦尔。蛙兮蛙兮，畀我千犊兮，以延我之生，俾捣苏摩，历千遍兮。（参附录梵文原文）

① 《二次论文集》，5 页。

② 刘琳：《校注》，430 页。

③ Thesdor Aufrecht 本《梨俱吠陀》第二册，75～76 页。

Maṇḍala VII

103

Saṃvatsarấṃ ṣaṣayānă brāhmaṇă vratacărínah | văcam parjánya jinvitāmprá maṇḍákā nvādishuḥ || I || divyă ăpo abhi yád enam áyan dṛ́tiṃ ná ṣúshkaṃ sarasĭ ṣáyānam | gávām àha ná màyúr vatsínĭnām maṇḍŭkānāṃ vagnúr átrā sám eti || 2 || yád īm cnāň uṣató abhy àvarshīt tṛishyăvataḥ

prāvṛíshy ăgatāyām | akhkhalīkṛ ítyā pitàraṃ nà putró anyó anyàm úpavàdantam eti || 3 || anyó anyàm ànu gṛibhṇāty enor apăm prasargé yád àmandishātām | maṃḍŭko yàd ab hívṛishṭaḥ kànishkan pṛ́ṣnih sampṛiñktékh háritena văcam || 4 || yàd eshām auyó anyàsya vàcaṃ ṣāktàsyeva vàdati ṣíkshamaṇăḥ | sàrvaṃ eshāṃ tàd samṛidheva pàrva yăt suvăco vàdathanădhy apsŭ || 5 || · ||

gómāyur éko ajàmāyur ékaḥ pṛiṣnir éko hàrita éka eshām | samānàṃ năma bíbhrato vírūpāḥ purutră vàcam pipiṣur vàdantaḥ || 6 || brāhmaṇăso atirātré nà sóme sàro nà pūrṇàm abhíto vàdantaḥ | saṃvatsaràsya tàd àhaḥ pàri shṭha yàn maṇḍūkāḥ prāvṛishĭṇam babhŭva || 7 || brahmaṇăsaḥ somíno văcam akrata bràhma kṛiṇvantaḥ parivatsaríṇam | adhvaryàvo gharmínaḥ sishvidànă āvir bhavanti gúhyā nà ké cit || 8 || devàhitiṃ jugupur dvādaṣàsya ṛitúṃ nàro ná prà minanty eté | saṃvatsaré prāvṛishy ăgatāyāṃ taptă gharmă aṣnuvate visargém || 9 || gómāyur adād ajámāyur adāt pṛ́ṣnir adād dhàrito no vàsūni | gàvām maṇḍūkā dàdataḥ ṣatăni sahasrasāvé pràtiranta āyuḥ || 10 || · ||

缅甸人视蛙为雨之象征，佤族铜鼓，上饰牛头，视作财富。此种观念分明是自印度文化吸收的。其俗歌曲谓蛙鸣而雨水落，国家亦富饶起来，这与吠陀之《蛙颂》，命意如出一辙，故知彼所谓古老的信仰，即从印度的 rsi 而来。吠陀中雨师名 panjanya，有如中国古代以玄冥（水神）为雨师。[1] 印度一年分为六季，《太平御览》卷十一引《扶南日南传》："金陈国入四月便雨，六月乃

① 应劭《风俗通》："雨师为玄冥。"《御览》十引。

止，常有晴日。”金陈国在今泰国一带，其雨季乃仿效印度。以蛙祈雨，梵俗如此。中国古代祈雨，如汤祷于桑林及暴尪，作土龙[1]，均与蛙无关。周人且除蛙，视为有害，《周礼·秋官》有蝈氏，与蒋氏、赤犮氏骈列，以“掌去蛙黾，焚牡鞠以灰洒之则死，以其烟被之，则凡水蛊无声”。以蛙声嚣聒，视同水蛊。则去蛙乃庶蛊之事。[2] 蝈字殆象其国之声，是北方很忌蛙之噪音，必欲除去之，故有蝈氏官之设。周人对蛙的厌恶，和印度思想大相径庭。

近时海南岛陵水县出土有云雷纹四蛙铜鼓，据称属战国时代。然云南早期Ⅰ型铜鼓则无蛙饰，惟在呈贡天子庙战国中期滇墓出土的铜扣，则带有蛙饰及二蛇盘蜷于其间。伴出之铜鼓其中央作三角形光芒十道。[3] 唐代南方视蛙为“铜鼓精”，《岭表录异》记高川蛮酋冢中所得铜鼓，多铸蛙黾之状。[4] 即其一例。然则南方古代之铜鼓亦有蛙饰，却由来已久。

二、土鼓与田祖

铜鼓的来源，近时新说，有出于土鼓之议。由于山西襄汾县陶寺遗址（龙山文化）与特磬并出的蒙鳄鱼皮的成对木鼓，此种可能即所谓鼍鼓。《吕氏春秋》说：“颛顼之乐承云，令飞龙作，效八风之音，以祭上帝，乃令鳝先为乐倡。”鳝即是鼍。福建闽侯县黄土㟝遗址出土的与湖北崇阳的殷代铜鼓造型相似的灰陶鼓形器，以及湖北房县七星河遗址所出的土鼓，为鼓的历史提供了崭新史料。载籍上所言的“土鼓”得到实物的佐证。关于土鼓，在《周礼·春官》记载中，为籥师所掌，其言如下：

> 籥师，掌教国子舞羽、吹籥。……籥章；掌土鼓、豳籥。中春昼击土鼓，吹豳诗以迎暑。中秋夜迎寒，亦如之。
>
> 凡国，祈年于田祖，吹豳雅，击土鼓，以乐田畯。

这是周代礼制。土鼓用于季节交替，以之迎寒、暑及祈年于田祖等之祭祀典礼。《周礼》所记，非常清楚。关于舞羽及祈年的情状，在石寨山的贮贝器和

---

① 《淮南子》“土龙致雨”，许慎注：“汤遭旱作土龙”。

② 郑玄注：“齐鲁之间谓蛙为蝈黾”。

③ 《考古学报》，1985（4），525页，图十八。

④ 《御览》九四九引。

铜鼓面的装饰图像，都有很具体的描绘，亦有人作过详细研究。[①] 最令人注意的是祈年于田祖之事，西南民族在使用铜鼓的礼仪场面，实际可说是古代祭田祖的具体反映。交广交界的乌浒人，其击铜鼓，实际即为祭田神。《御览》卷七八六四夷部引吴万震的《南州异物志》云：

……出得人，归家合聚邻里，悬死人当中，四面向坐。击铜鼓、歌舞饮酒，稍就割食之。春日方田，好出索人，贪得之，以祭田神也。

乌浒人有猎头的习惯，春日出外猎头，以祭田神。田神当然即是田祖。虽然乌浒人用的是铜鼓而不是土鼓，但祭祀的对象，还是田祖。根据甲骨文记载，殷代𦔳田之礼为的正是祈年和祀四方，和周人一样。《诗·小雅·甫田》云："琴瑟击鼓，以御田祖，以祈甘雨。"故祈年之祭，可追溯到殷周之世。周的蜡祭在年终举行，《诗经·毛传》说："田祖，先啬也。"啬即稼穑之穑，后代称为先农。祭先啬之礼，《礼记·郊特牲》一文描写非常清楚：

夫子大蜡八（谓八神），伊耆氏始为蜡。蜡也者，索也。岁十二月，会聚万物而索飨之也。蜡之祭也，主先啬而祭司啬也。祭百种以报啬也。飨农及邮表畷禽兽，仁之至义之尽也。……八蜡以记四方，四方年不顺成，八蜡不通，以谨民财也。

蜡祭到唐代还照样举行。《唐六典》曰：

季冬腊日前实蜡百神于南郊，大明、夜明、神农、后稷、伊耆五官、五星、二十八宿、十二辰……四渎五岳、田畯、青龙、朱雀、麒麟、驺虞、玄武及五尚山林川泽……共一百八十七座。

这真是所谓"祭百种以报啬也"。故所祀的神明共有一百八十七座之多。彝族的火把节至今在一年之终举行，尚是古代大蜡祈年之遗风。伊耆氏在唐代和神农分开，被视作二人，然孔颖达疏却说："伊耆氏，神农也。以其初为田事，故为蜡祭以报天也。"则视伊耆氏即神农的另一称号。至于《礼记》上

① 参庄礼伦等论著。

“八蜡以说四方”一句，郑玄引此文以解《周礼·大宗伯》，而误作“祀四方”，贾公彦疏云：“祀字误也”。今观甲骨刻辞关于大㔭田的记载，都和四方有密切联系，作“祀”字甚合事实，故为举出，以补治契学者之不及。[①]

八蜡之神是什么?《汉书·郊祀志》说是指诸布、诸严、诸逐之属。章太炎有专文讨论，认为诸逐一作诸逑，即所谓邮表畷，他引阮元说凡表缀处必悬裘，而谓裘当读作球。[②] 如是祭的对象又有玉器，其他如言“迎猫，为其食田鼠也”，“迎虎，为其食山豕也”。这是兽之属。因为蜡是每岁一次的大祭，故聚万物而索飨之。晋宁石寨山出土铜片（M13：67）上面，图刻牛马、虎豹、孔雀、贝、蛇、织物、兕觥（牛角作为酒器）、石环镯玦等等，虽然表示其财富，事实正是大蜡祭聚万物而索飨的写真，可说是“礼失而求诸野”。附表如下：

（神农）	殷代	（汉）	（吴）
伊耆氏		滇国	乌浒
击土鼓，	㔭田、	击铜鼓、	击铜鼓，
祭田祖，	朩年，	錞于，	祭田祖。
以祈年、	记四	祈年，	
求甘雨。	方名，	聚万物	
	卜雨。	以索飨。	

三、铜鼓与军鼓

古代汉土本部，鼓的制作甚为发达，《周礼·鼓人》所记甚备。凡手鼓（摇之鼗）、身鼓（背负者）、立鼓、悬鼓、一面鼓以至多面鼓均有之。《礼记·明堂位》载三代“夏后氏之鼓足，殷楹鼓，周悬鼓”。观湖北崇阳的商鼓及楚地出土鼓座之美，可见古代鼓乐制度的完善。

事实上铜鼓非西南民族所独有。《水经注·离石县》下记赫连氏在统万城铸铜为鼓云：

---

① 参看张政烺：《殷契㔭田解》。

② 用《淮南子·说林训》作证据，见《太炎全集》（四），《文录》，36页。

> 龙昇七年三月……又铸铜为大鼓及飞廉、翁仲、铜驼、龙虎，皆以黄金饰之，列于宫殿之前。

盖军鼓之制，内有铜鼓，为三者之一。《唐六典·十六·武库令》云：

> 凡军鼓之制有三：一曰铜鼓，二曰战鼓，三曰铙鼓。注云：铜鼓盖南中所置。《太平御览·乐部》引《大周正乐》云：铜鼓，铸铜为之，虚其一面。覆而击其上。南蛮、扶南、天竺类皆如此。

此类即覆釜式之铜鼓。童恩正的新说，以为由敲打倒转之铜锅发展而为铜鼓，简单说即覆釜为鼓，与《大周正乐》所说正相符合。《大周正乐》一书，共一百二十卷，是五代周世宗显德六年（959）太常窦俨所编，可惜原书已佚了。

铜鼓有铭文纪年者绝少，有之，惟仪征阮元之晋铜鼓，洪声在《考古学报》（1974）曾加以讨论。近人引用罗振玉《俑庐日札》所记及容庚校本实皆有错字，兹据徐树钧《宝鸭斋题跋》勘正如次，文云：

> 义熙四年十月，虞军官鼓，广三尺五寸，前锋宁远（将军）率行，铠曹杜茏。

共二十五字。（如误虞军为虞“庙”、虞“运”，前锋为前“键”，杜字人名一字缺。）

另据罗士琳《晋义熙铜鼓考》描写是鼓之纹样云：

> ……中心有脐，四角有小蟾蜍……

知其鼓面有蛙且有羽人。……徐树钧考证云：“隋有左右虞候。”按“虞候”一官名，相沿至五代尚有之，敦煌所见资料甚多。此义熙四年之铜鼓应是“军鼓”，其上所刻杜茏官衔，疑是取自西南夷所制之鼓，而补刻上此款以示夸耀者。

因历来镇压南方少数民族每致铜鼓作为虏获品。《陈书》卷二十《华皎传》言“征伐川洞，多致铜鼓生口，并送于京师”。《南史·兰钦传》：“南征夷僚，大献铜鼓。”① 即其著例。

此类事迹，至明时尚然，应槚《苍梧总督军门志》记云：

> 苍梧总督军门府藏铜鼓大小一十四面，梧州府所藏二十一面。

据获铜鼓夸其军功，所以铜鼓藏之于军门作为军鼓，到了明代尚有这样的记录。

① 参见周一良：《南史札记》，426 页。

说　蜑

——早期蜑民史料之检讨

蜑民之调查与研究，近数十年学者致力已有极大之成果。何格恩氏撰《蜑族事迹年表》[①]，于史书记载一鳞一爪，搜集至勤，且按其资料先后，胪列甚悉，足供考证之用。作者惭非民族学者，惟浏读史籍，涉猎所及，别楮存记，间有时彦所未措意者，爰略加整比，缀为短篇。

一、《晋书》中有关岭南资料及后人之牵附蜑民

(一)《晋书》卷五十七《陶璜传》述其上疏言："广州南岸，周旋六千余里，不宾服者乃五万余户；及桂林不羁之辈，复当万户。至于服从官役，才五千余家。"（据《晋书斠注》本）此晋时岭南人口之约略数字，可以概见。顾炎武《天下郡国利病书》一零四引璜此疏于"五万余户"一句下，增"皆蛮蜑杂处"五字（据《四部丛刊》三编影写本），当是亭林引用陶疏后加以申说之辞，其非陶璜原文可知。论者或视为陶疏中语，据以讨论晋时广州附近蜑民情形（如陈序经《蛋民研究》），未免失当。

(二)《晋书》卷一百《卢循传》，记循为刘裕所败，"单舸而走，收散卒得千余人。还保广州，裕先遣孙处从海道据番禺城，循攻之不下，……循乃

① 何格恩君此文有油印本（冯平山图书馆藏），又刊于《岭南学报》第六卷第四期。何君研究蜑族史事凡三十年，最后写成《蜑族之研究》一文，刊于香港大学《东方文化》Vol. V，1959～1960。

袭合浦，克之”。因卢循之事，后人遂造为卢亭之古迹，即所谓卢循城也。《方舆纪要》一〇一：卢循城在广州府南十里，遗址隐然，往往有断砖败瓦。引（宋沈怀远）《南越志》云：

河南之州，状如方壶，乃循旧居。

《太平御览》九四二引刘恂《岭表录异》云：

卢亭（武英殿本下有“者”字），卢循背（殿本作昔）据广州，既败，余党奔于海岛，野居，唯食蠔蛎，叠壳为墙壁。

《元和郡县图志》三十四云：

卢循故城在南海县南六里。……（参《晋书斠注》卷一百）

以上为宋以前之记载，可见刘恂所言之卢亭，即指卢循故居。嗣演为卢亭人乃卢循遗裔之说，盖出于后人之踵事增华，不足凭信。而卢亭二字，宋人异写滋多，兹列举如次：

卢亭（《永乐大典》引《广州府图经志》）
卢停（《岭外代答》）
户停（嘉靖钞本《说郛》）、芦淳（张宗祥本《说郛》）

原文具见下《龙户与蜑户》一章，兹不另记。

二、见于图绘之建平蜑、天门蛮与隋唐之巴蜑及东晋之天门蜑

唐贞观间，阎立德绘《王会图》，画蛮夷二十六国。开端部分残缺，第二为波斯国，其末诸图据吴升《大观录》十一所述云：

……高昌国、天门蛮、建平蜑、临江蛮诸番客，则以次而绘而采录焉。

先是梁太清间，萧绎镇荆州，曾绘职贡图（《艺文类聚》五十五载有序文），宋熙宁十年（1077）又有摹写之本。此图现残存一部分（图片见《文物》，1970（7），日本《世界美术大系中国美术》第一册），中外学人，已屡有文讨论[①]，以阎立德《王会图》比勘之，内容多符合，图中每绘一蛮夷即附一段说明，惜至"末国"以下残缺，"建平蜑"一篇，适在残缺之列，殊为可惜，否则有图可供省览。建平者，《隋书·地理志·巴东郡巫山县》下云："旧置建平郡。开皇初，郡废。有巫山。"沈约《宋书·州郡志》"荆州"下云：

> 建平太守，吴孙休永安三年分宜都立。……晋又有建平都尉，领巫、北井、泰昌、建始四县。晋武帝咸宁元年，改都尉为郡，于是吴、晋各有建平郡。

梁时建平为王国，《梁书》四十四《太宗十一王传》：

> 建平王大球，字仁珽，大宝元年封建平郡王。

萧绎《职贡图》中之建平蜑，其建平即在今四川之巫山。隋开皇初废建平郡，而巫山属巴东郡，则隋唐所谓巴蜑，实则梁之建平蜑也。《隋书》四十八《杨素传》云：

> 开皇四年拜御史大夫。……未几，拜信州总管。……陈南康内史吕仲肃……复据荆门之延州，素遣巴蜑千人乘五牙四艘，以柏樯碎贼十余舰，遂大破之。俘甲士二千余人，仲肃仅以身免。陈主遣其信州刺史顾觉镇安蜀城，荆州刺史陈纪镇公安，皆惧而退走，巴陵以东无敢守者。

信州，梁置，陈因之。北周亦设总管府，隋亦仍之，后为巴东郡。杨素之前有王长述、叱李长义，相继为信州总管。（参岑仲勉《隋书求是》，187页）素总管于巴东，故发其土人佐战，巴蜑即信州土著矣。

① 见金维诺：《职贡图的时代与作者》，载《文物》，1960（7）；榎一雄：《梁职贡图にフりて》，载《东方学》二六辑。宋摹绘年代，《大观录》苏颂题记年号为熙宁丁巳。金氏以为向来误题作阎立德绘，实即梁元帝作品。职贡与王会二图，史绳祖《学斋占毕》已讨论之。

《周书》二十八《陆腾传》：

> 天和初，信州蛮蜑据江硖反叛，连结二千余里，自称王侯。

《北史》九十五《蛮獠传》亦记周武帝天和元年，开府陆腾大破蛮众于水逻城。“积其骸骨为京观，蛮蜑望见辄大哭”。时蛮帅诸向攻陷信州，至是悉擒斩之。本传云：

> 信州旧居白帝，腾更于刘备故宫城南八陈（八阵图）之北，临江岸筑城，移置信州，又以巫县、信陵、秭归并筑城置防，以为衿带焉。

是《传》所言之蛮蜑，亦即指信州之巴蜑也。

武后时，将有事于雅州，讨生羌。陈子昂上书称其“欲发梁凤巴蜒兵以狗之”（《旧唐书·文苑中·陈子昂传》）。梁指梁州，凤指凤州（西魏置，隋改置河池郡，唐复为凤州，今陕西凤县）。南宋绍兴本《旧唐书》字作“巴蜒”，当亦指建平蜑也。刘禹锡《竹枝序》云“余来建平”，即建平蜑旧地，故知所采之竹枝，亦如后来之蜑歌。

天门蛮晋时亦称为天门蜑，《晋书》九《孝武帝纪》云：

> 宁康二年十一月己酉，天门蜑贼攻郡，太守王匪死之，征西将军桓豁遣师讨平之。

晋天门郡即汉武陵郡，此为荆州之蜑，见于史书最早之记载。

三、《华阳国志》之纪巴蜑及蜑名之来历

晋常璩《华阳国志》卷一《巴志·总述》称：“其属有濮、宾、苴、共、奴、獽、夷、蜑之蛮。”其于所属各郡分记有蜑民者如下：

巴东郡：

> 吴平巴东后，省羊渠置南浦。晋太康初，将巫、北井还建平。但（按此处疑有脱文）五县，去洛二千五百里，东接建平，南接武陵巴蜑，

北接房陵奴、獽、夷、蜑之蛮民。

涪陵郡：

巴之南鄙……旧属县五，去洛五千一百七十里，东接巴东，南接武陵，西接牂柯，北接巴郡。土地山险水滩，人多戆勇，多獽、蜑之民。

又于汉平县、万宁县、汉发县下云：

诸县北有獽、蜑，又有蟾夷也。（钱叔宝钞本）

是晋时巴蜑多聚居于巴东郡及涪陵郡。今考《南齐书·祥瑞志》：

建元元年十月，〔涪〕陵郡蜑民田健所住岩间，……获古钟一枚，又有一器名淳于，蜑人以为神物奉祠之。

又同书《州郡志》巴州所领诸郡如次：

巴东郡　按所领县有南浦、巴渠。
建平郡　按领巫、秭归、北井、秦昌、沙渠、新乡等县。
巴　郡　按所领县有枳、临江。
涪陵郡　按领汉平、涪陵、汉玫三县。

《志》云："巴州三峡险隘，山蛮寇贼。"此地即蜑蛮出没之地。阎立德《王会图》中最末诸图为"天门蛮、建平蜑、临江蛮"。天门郡亦属荆州，《南齐书·州郡志》载：天门领零阳、澧阳、临澧、溇中四县。而临江为巴郡之一县，《华阳国志》称："临江、枳县东西百里接朐肕。"此天门、建平、临江三处之蛮，其所在地大致如此。建平为蜑集中地带，故特有建平蜑之目。《华阳国志》所记蜑民，载在《巴志》。《南齐书·州郡志》巴东、建平、涪陵诸郡，咸隶巴州，可知隋唐人所称之巴蜑，自即常璩所言之蜑民也。（张说《马府君碑》："归次葭萌，江溢毁道。……蜑人哀之，葺栈而济。"（《文集》十九）利州葭萌有蜑人，亦在蜀地。）

《华阳国志·蜀志·广都县》下又云：

汉时县民朱辰，字元燕，为巴郡太守，甚著德惠。辰卒官，郡獽民北送及墓。獽蜑鼓刀辟踊，感动路人。

此条可注意者有三事：其一为獽与蜑二名联称；一为蜑民之居处于巴郡；一则朱辰为汉时人。如常璩所言，是“蜑”一名，汉时可能有之，此则考证蜑名之来历者，不可不注意及之也。

四、“蜑”字见于字书之始

论蜑民者，多以北宋徐铉校定《说文》，收“蜑”字于“新附”之中，遂认为“蜑”字收入字书，以此为最早。然余所知，字书录“蜑”字，已见于梁阮孝绪之《文字集略》，唐何超《晋书音义》[①] 云：

天门蜑，蛮属，见《文字集略》。

《隋书·经籍志》：《文字集略》六卷，梁文贞处士阮孝绪撰。此书已佚，马国翰《玉函山房辑佚书》、任大椿《小学钩沉》有辑本。《晋书音义》引《文字集略》计三十五条，是“蜑”梁时字书已见之。阎立德仿萧绎《职贡图》中有天门蛮、建平蜑。梁时“蜑”名颇通行，故收入字书。其后徐铉补入“新附”，陈彭年等又收入《广韵》（上声二十三旱），乃晚出之事，不足以语其朔也。

向来论蜑之起源者有二误：

（一）误以《淮南子·说林训》之“但”为蜑。

按《淮南》原文云：使但吹竽，使氐厌窍，虽中节而不可听。[②]

《文子·上德篇》作：

使倡吹竽，使工捻窍。

① 何超《晋书音义》共三卷，清钦定二十四史本《晋书》附。

② 参刘叔雅：《淮南鸿烈集解》卷十七。

俞樾《诸子平议》据上引二文互勘，断言“但”、“氏”二字乃“倡”、“工”之误。王念孙又据高诱注“但读燕言钽同”，谓其字当从且，不当从旦。《说文》：“伹，拙也，从人，且声。”则以“但”为“伹”之讹，古书转写沿讹滋多，如此“但”字即其一例，论者以“但”同音，说为蜑字，实不可从。

（二）误以《三国志·吴志》之亶州为蜑。

清钮树玉《说文新附考》云：“蜑疑亶之俗字。”又引《吴志》云：“黄龙二年，浮海求夷洲及亶洲。疑蜑名本此。”今按钮氏作此说者，谅因蜑与蜒本一字，蜿蜒亦作“宛蟺”[1]，故以蜑通用亶，然此地见于《后汉书·东夷传》，亦作澶洲，文云：

> 会稽东冶县人有入海行遭风流，移至澶洲者，所在绝远，不可往来。

而韩愈《送郑尚书序》云：

> 其海外杂国若躭浮罗、流求、毛人、夷亶之州；林邑、扶南、真腊、于陀利之属。

足见夷州、亶州，地属东夷，与蜑民无涉。郑珍《说文新附考》，讥钮说之不经是也。

宋史炤《通鉴释文·隋纪》，巴蜑下注“徒旱切，南方夷也”。与徐铉“新附”同。

五、六朝至五代“蛮蜑”之泛称及其异名

南朝文士，喜以蛮、蜑二字联称，金石文字及史书恒见之。梁《始兴忠武王（萧憺）碑》云：

> 天监元年四月，封始兴郡王，食邑二千户。江汉之纪，实惟南国。形胜之要，〔作〕镇西楚。苞含蛮蜒，控接巴巫。（吴兴贝义渊书）

① 参《说文假借义证》，《说文诂林补遗》，910页。

此文载《金石萃编》卷二十六，严可均《全梁文》卷五十。原物今在南京，有碑亭，末题“侍中尚书右仆射宣惠将军东海徐勉造”。勉字修仁，东海郯人。《梁书》二十五有传。罗振玉谓由题名可证出徐勉之手。（见罗氏《面城精舍杂文》乙23页及其《眼学偶得》）此一资料，向来治蜑民史者未曾援引。严铁桥据碑拓本过录字作“蛮埏”，目审原文实从虫，从土者误。二玄社印本释文误蜒为蜓，应正。

萧子显《南齐书·州郡志》下《荆州总论》言“蛮蜑”者凡两见，文云：

（1）桓温平蜀，治江陵，以临沮西界，水陆纡险，行迳裁通。南通巴巫，东南出州治。道带蛮蜑，田土肥美，立为汶阳郡，以处流民。

（2）（州）境域之内，含带蛮蜑，土地辽落，称为殷旷。江左大镇，莫过荆、扬。（绍兴江南重刊监本）

文中一云：“道带蛮蜑。”又云：“含带蛮蜑。”宋本字均作蜑，句法与萧憺碑“苞含蛮蜑”完全相同。〔《萃编》作“蛮埏”，埏本训竟（《方言》），又训“八方之地”（《说文新附》），与“蜑”异义。〕萧子显于梁天监中奏上《齐书》（见《史通·正史篇》），与徐勉同时，故知“苞含蛮蜑”一类语句，乃梁人之恒言也。其言以“道带蛮蜑”立为汶阳郡，汶阳郡，据《南齐书·州郡志》，领僮阳、沮阳、高安三县。郡治在湖北远安县。

《南齐书》二二《豫章王嶷传》：

嶷以荆州邻接蛮蜑。

又同书五四《高逸明僧绍传》：

子惠照……建元元年为巴州刺史，绥怀蛮蜑，上许为益州，未迁卒。（绍兴刊监本）

《梁书》十一《张齐传》云：

（天监七年）齐迁武旅将军巴西太守……十年，郡人姚景和聚合蛮蜒，抄断江路，攻破金井。齐讨景和于平昌，破之。

《陈书》一三《徐世谱传》：

巴东鱼复人，世居荆州为主帅。征伐蛮蜒，至世谱尤敢勇，有膂力，善水战。

可见巴州巴西郡一带向即蛮蜑聚集之地。《隋书·地理志·梁州总论》云：

又有獽𨻰蛮賨。

其居处、风俗、衣服、饮食，颇同于獠，而亦与蜀人相类。獽、𨻰联称，此语似本之《华阳国志》，而蜒字作“𨻰”。又《隋书·地理志·荆州总论》云：

长沙郡又杂有夷蜒，名曰莫徭。自云其先祖有功，常免徭役，故以为名。（元饶州路学本）

《梁书·张瓒传》有“荆州莫徭蛮”之记载，早于《隋书》。

《晋书·孝武纪》有天门郡。天门郡汉为武陵郡，与长沙郡同属荆州，此荆州之蜑民也。《隋书》记盘瓠故事之后，接记夷蜒，是盘瓠种人亦可有夷蜒之号。考《旧五代史》十七《雷满传》云：

雷满，武陵洞蛮也。……尝于府署浚一深潭，构大亭于其上。每邻道使车经由，必召讌于中，且言此水府也，中有蛟龙，奇怪万态，唯余能游焉。或酒酣对客，即取筵中宝器，乱掷于潭中，因自褫其衣，裸露其文身，遽跃入水底，遍取所掷宝器，戏弄于水面，久之方出，复整衣就座，其诡诞如此。及死，子彦恭继之。蛮蜑狡狯，深有父风，烧墟落、榜舟楫，上下于南郡、武昌之间，殆无人矣。

雷满之姓，正为盘瓠族盘、蓝、雷三姓之一，本为武陵洞蛮，则其出身为畲民，显而易见。亦复被蛮蜑之目，可证《隋志》莫徭可号“夷蜒”之说。[①] 五

① 何氏《蜑族之研究》注九，引《通典·边防典序》“潭衡州蜑人取死者骨”一条，以证明湖南亦有蜑人。

代武陵之蛮蜑，盖晋时天门蜑之后。《太平寰宇记》“黔川”条谓“五溪蛮古谓之蛮蜑”。足以为证。此曰夷蜑，他处亦曰戎蜑。张说《赠吏部尚书萧公神道碑》云：“历佐之邦，心僻陋知方，戎蜑变俗。”（《文集》二十五）实属泛称。贞元以后，文人称岭南不宾服之民曰蛮蜑，何氏《蜑族年表》举之已详，兹不复赘。[①] 宋人又有称为“蜑獠”（薛季宣《浪语集》），元人或称为“猺蜑”（朱德润《存复斋集》五，《送顾定之序》“湖广地接猺蜑”）。关于“蛮蜑”一名之异文，表列如次：

蛮蜑（《萧憺碑》）	獽蜒（《隋志·梁州》）	
夷蜑（《隋志·荆州》）	夷蜑（《蛮书》）	蛮蜑（习见）
戎蜑（《张说集》）	蜑獠（《浪语集》）	猺蜑（《存复斋集》）

此类并联称之例，柳宗元文有“胡夷蜑蛮”句（《岭南节度使飨军堂记》），则兼用四个夷蛮族号，更属罕见。

向以蛮蜑、夷蜑之名，纯为泛称，然究其实，六朝之蜑应分巴州及荆州二系，要不出《职贡图》之建平蜑与天门蛮（蜑）两种。

六、北宋南迁诗人之述蜑户

文人南来述及蜑人，最有名者无如东坡诗，屡见于征引。苏辙撰《子瞻墓志铭》言：

> 公以侍从齿岭南编户，独以少子过自随，瘴疠所侵，蛮蜑所侮，胸中泊然无所蒂芥。（《四部丛刊》本《栾城后集》卷二十二）

其字仍作“蛮蜑”，颇沿唐人之旧。

东坡于宋哲宗绍圣元年（1094）谪惠州，其《追饯正辅表兄至博罗赋诗为别》有“舣舟蜑户龙冈窟”句，龙冈盖惠州江之处所也，说者以此为蜑字

---

① 蛮蜑为南蛮别名，最重要者为《蛮书》卷十“论蕃夷国名”条，自注“蜒即蛮之别名”。何文于此点，讨论最为详尽，参看该文注一三、一四、一五、一六文条。（本文所举若《萧憺碑》、《梁书·张齐传》、《旧五代史·雷满传》，俱为何氏所未知之新材料。）

入诗之始。[1] 唐庚以政和元年（1111）南迁惠州，后于东坡十七年，亦有诗咏蜑户云：

> 夜闻蜑户叩舡作长江礌，欣然乐之，殊觉有起予之兴。
>
> 晚落夹州磨岁月，欲从诸蜑丐烟波；与君共作长江礌，况我能为南海歌。（《眉山唐先生集》卷三）

《集韵》引《埤苍》："礌，推石自高而下也。"又训击也。当指蜑户扣舷为歌。此诗前四首有壬辰九月年份，即政和二年，必为同年所作。南方滨海渔民捕鱼，有扣罛之法，以木板或竹筒敲击作声，鱼物闻响晕愕，奔集一处，然后举网而捕之。亦有用竹筏一只，张网扣木传声，使鱼入网，名曰扣青舷。（参看《潮州志·渔业》）所谓叩舡作长江礌，殆即扣青舷一类之法。

东坡自昌化军移廉州，乘蜑船渡海，《与秦少游书》曾言及之。（《东坡续集》七）而少游谪雷州，其《海康书事》十首之一二：

> 合浦石珠池，一熟胎如山。试问池边蜑，云今累年闲。岂无明月珍，转徙溟渤间。何关二千石，时至自当还。

即咏雷州之蜑民以采珠为业也。范成大《桂海虫鱼志》云："珠出合浦，海中有珠池，蜑户投水采蚌取之。"可作少游此诗注脚。清初吴历寓居澳门，其《澳中杂咏》有句云：

> 黄沙白屋黑人居，杨柳当门秋不疏。夜半蜑船来泊此，斋厨午饭有鲜鱼。
>
> 晚堤收网树头腥，蛮蜑群沽酒满瓶。（《三巴集》）

则咏澳门之蜑，附记于此。其言收网，指其捕鱼既毕也。阮元《广东通志》称蜑户以舟楫为家，捕鱼为业，其户以罾、箔、网、箩等为别，凡十九名，最为详悉。

---

① 何文谓《后山丛谈》所以有"舟居谓之蜑人"之说，乃受苏轼诗之影响，不知同时唐庚、秦观俱有诗咏蜑户。

七、蜑户与龙户、卢亭

宋人每以龙户即蜑户。淳熙中曾三异撰《因话录》，言之至详。此书见于《说郛》钞引，兹据冯平山图书馆藏明嘉靖间沈瀚钞本《说郛》第二十册所引，录之如次：

> 昌黎广州诗：衙时龙户集，上日马人来。马人乃马援所畜（张宗祥本作"留"）人种也。若龙户往往为（张本为上有"以"字）蜑户，而无明据（张本作"明文"）。近闻广父（张本作"人"）云有一种"户停人"（商务张本作"卢淳人"，显为字误），在海中（此字衍）岸石窟中居止，初无定处，三四口共一小舡（张本作"舟"），能没入水数丈，过半日乃浮出，形骸饮食衣着皆人也（张本作"衣服非人也"，二字误）。能食生鱼，取蚬蛤海物，从舶（张本作"舡"）易少米及旧衣以蔽风浪（张本作"蔽体，风浪作"），即挽舡置岸上而身居水中，无风浪则居舡中。只有三姓：曰杜、曰伍、曰陈，相为婚姻，意此乃龙户之类。

沈本称《因话录》僧三异撰，误曾为"僧"。《培林堂书目》题作《冈南因话录》，明钞有作《司话录》者，张宗祥重编《说郛》本作《同话录》，列在卷十九，其异文附记如此。曾氏此文，考蜑族者亦未之采用，余觉颇为重要，举其要点如下：

（一）指出韩愈《送郑尚书赴南海诗》"龙户"即"蜑户"。

（二）援引卢亭以说蜑户，同于周去非之说。

（三）卢亭一名诸多异文。

（四）蜑姓只有杜、伍、陈三姓。

此可代表南宋人之一种意见。蜑户之名，始见于《太平寰宇记》一五七《岭南·广州新会县》下，蜑户与卢亭户分为二项。其卢亭一则，似采自《岭表录异》。考宋初赞宁《宋高僧传》八《慧能传》"厥考讳行瑫，略述家系，避卢亭岛夷之不敏也"。卢氏规避岛夷之卢亭，唐时已有此俗。至淳熙五年，周去非撰《岭外代答》，于卷三"蜑蛮"条下云：

> 以舟为室，视水如陆，浮生江海者，蜑也。……蜑舟泊岸，群儿聚

戏沙中，冬夏身无一缕。……广州有一种，名曰卢停，善水战。(《知不足斋本》)

始以卢亭为蜑族。曾三异，临江人，为淳熙中乡贡，与周氏同时，而谓“近闻广人云”，则南宋时广人颇盛行此说。《永乐大典》一一九〇七广字号引《广州府图经志》云：

> 蜑民以渔钓为主，或居于（中缺），为蓬屋以居，谓之水栏。卢亭旧传卢循遗种。在州东南，……男女皆椎结于顶，妇女许婚及已嫁者，始结胸带。

又同卷引《番禺续志》云：

> □渔有二种，内海港汊千百渔者曰蜑，犹习衣冠。韩（愈）诗所谓马人龙户也。海外浩渺无边，渔者曰卢亭，椎髻犊鼻而已，相传晋寇卢循之遗种也。

据《直斋书录解题》，《广州图经》二卷，教授王中行撰，《广州府图经志》疑即此书。是条张氏《中国古方志考》（597页）未及征引，可补其缺。《番禺续志》疑即王象之《舆地纪胜》八十《广州古迹·卢循城》下所引之《番禺新志》。此二种皆出宋人之记载。

桐乡朱翌（政和进士，绍兴中书舍人），谪居韶州，著《猗觉寮杂记》，卷上云：“退之送马总南云：‘衙前龙户集，上日马人来。’马人见佛书毗舍离国。……龙户即蜑户也。”（《知不足斋》本）又解马人为马鸣（Asvaghosa），说甚荒谬；谓龙户即蜑户，则同于曾三异之说。此书前有庆元三年洪迈序（《知不足斋丛书》本），成书年代谅在南宋初，或与曾氏相若，近人多谓以龙户为蜑民，只见于明清人记载，不悟朱翌即为宋人也。

至卢亭之名，刘恂《岭表录异》凡三见。其一同于《御览》九百四十二，已见上引，其余二条录之如下：

> 瑇瑁……兼云解邪，广南卢亭（原注：“海岛夷人也。”）获活瑇瑁龟一枚，以献连帅……复遣卢亭，送于海畔。……蠔即牡蛎也。……海夷

卢亭往往以斧楔取壳，烧以烈火，蠔即启房，挑取其肉，贮以小竹筐，赴墟市以易酒。（原注："卢亭好酒，以蠔肉换酒也。"）……（武英殿聚珍本）

斧楔即雷公斧，知唐时广南海夷食蠔，仍使用石器。《录异》卷中于"莿竹笋"条云：

其笋丛生，转复牢密，邕州旧以为城，蛮蜑来侵，竟不能入。

刘恂于唐昭宗时出为广州司马，居于南海，其作《岭表录异》，多由目验。其书明分蛮蜑与卢亭为二事，《太平寰宇记》因之，此条所言之蛮蜑，又似指南诏，非海上之蜑户也。[①]

兴化方信孺为周必大、杨万里所器重。以父嵩卿荫，补番禺县尉（《宋史》三百九十五有传），作《南海百咏》（光绪八年学海堂重刊），内有《卢循河南故城诗序》。可见卢循古迹，在南宋时已极脍炙人口。

元初吴莱因东阳李生自海上回，为言南越事，撰《南海山水人物古迹记》，中有一条云：

卢循故城，在番禺南城南小洲，状如方壶，盖循故居处。今卢亭夷人，男女椎髻，俗采鱼蛎、藤竹。又有龙户，一曰蜑户。旧传循字元龙，此恐循遗种。五月一日禁水，蜑户不设网罟。（元本《渊颖吴先生文集》卷九）

细审此文，卢循故处一段钞自《南越志》，卢亭椎髻一段似取诸《番禺续志》。龙户一曰蜑户，则沿朱翌、曾三异说。至解释龙种，用卢循之字，恐出附会。（按《晋书·卢循传》，循字于先，小名元龙，非字也。）

《广志》蜑人居住水栏之说，明代记载亦颇沿用之，兹举二例。邝露《赤

---

① 《太平寰宇记》一百五十七"新会"条谓蜑户似江东泉郎也，元稹《送岭南崔侍御诗》："黄家贼用镰刀利，白水郎行旱地稀。"（元氏《长庆集》，卷十七）白水郎一名见此。顾祖禹《方舆纪要》二百九十五谓"卢循党入闽"，"泉州有户曰泉郎者，亦曰游艇子"。泉郎即白水郎之讹。王象之《舆地纪胜》，"梅州"下蜑字注："即江淮所谓鱼蛮子。"《太平寰宇记》又称："东海上有野人，名康定子……音讹亦谓之卢亭。"凡此种种有关材料，尚待作进一步之研究。

雅》云（恬淡山堂本）：

> 蜑人神宫，书蛇以祭。自云龙种，浮家泛宅，或往（一本作住）水浒，或住水澜（一本作栏）。捕鱼而食，不事耕种，不与土人通婚。能辨水色，知龙所在，自称龙神（一本有人字），籍称龙户，莫登庸其产也。

蜑人除祀蛇外，而天妃更为滨海所崇祀。故全祖望《鲒埼亭集》卅五《天妃庙记》云："天妃乃鲛人蜑户之遗。"查继佐《罪惟录·传》三十四《蛮苗列传》：

> 两广蛮瑶传……多瑶人、僮人、黎人、蛋人、马人、山子、野人之属。
>
> 蛋人，以舟为宅，或编蓬水浒，谓之水拦。辨水色、知龙居，故又曰龙人。善汆水，以绳引石縋人下，手一刀以拒鲛龙之触，得珠螺，则以力去绳疾起之。
>
> 马人本称为蜑……以采藤捕蛎为业。或曰卢循遗种也，故又曰卢亭云。[1]（《四部丛刊》三编影钞本）

《赤雅》以蜑人与马人分叙，依韩愈诗一为龙户，一为马人，截然二事，《罪惟录》亦然。惟以卢亭属之马人，恐出混误。[2] 而蜑字则作"蛋"，林大春隆庆本《潮阳县志》亦刻作"蛋"，不作"蜑"，知明时"蜑民"写作"蛋民"已甚通行。何格思谓柳宗元作"蛋"，然元本《柳先生集》卷二十六，原文云："卉裳罽衣，胡夷蜑蛮，睢盱就列。"仍作"蜑"也。《新安县志·山水略》："南亭竹没山，在老万山南，四周数十里，内有卢亭，俗传卢循之后。"今未详所在。

唐时南海有龙户，其族水居，自称龙人。龙之传说，在港九一带颇盛行。新安有龙穴洲（《舆地纪胜》引《旧志》："在新安县西北四十里三门海中。"），南佛堂有石壁画龙（《新安县志古迹略》），摩崖镵刻，双钩异兽，巨首似弯尾卷起，如古器之螭纹，可能即古时龙户水上土人之艺术品。（见拙作《九龙与

① 明清人笔记以蜑户为龙户者，详见何文注三十五所列举。《罪惟录》一段则彼未引用。

② 韩愈诗龙户与马人对句，明为二事，说者混卢亭为马人。于是蜑民出于马来人之说，实不可据。

宋季史料》插图）

卢亭近贤或谓即马来语之“Orang Laoetan”。按马来语 Orang＝people，Laoetan 乃 Lant（＝sea）＋suffix 之 an 为 Collective noun 之语尾，故 Lant-an 义为 far-stretching sea i. e. ocean。（参 M. B. Lewis：*Malay*，205 页）《罪惟录》以卢亭属之马人，原为混误。清人之说，更无足论，如以卢亭为马人，而牵涉马来语，亦嫌证据不足。

“卢亭”一名见于《岭外代答》者作“卢停”（《知不足斋丛书》本），《大典》作“卢亭”，曾三异《因话录》一本作“芦淳”，一本作“户停”。“户”疑是“芦”字之简写，如以卢停读作“芦停”，谓其人即居停于芦苇之间者，说亦可通。此辈本只有杜、伍、陈三姓。查南丫岛有村落名“芦须城”，附近芦荻湾。而近榕树湾处有村，其中有祖祠，陈姓族人聚居，当地一老人谓其族居于岛上有七百多年云。按其附近北角旧村及大湾新村，居民皆姓陈。环港九村落之称“城”者，只有此处。其曰“芦须城”，音与“卢循城”类相近。卢循传说，在广南极盛行，宋时咸谓水上之卢停人即卢循遗种，疑“芦须城”之得名，或因卢循故事曾传播及此，音讹为芦须，故居民取以为号。陈姓居此有七百年，而曾三异所记三姓，其一正为陈姓，此一问题，至感兴味，在考察早期水上龙户之史事，或可提供一线索，为研究之资也。

八、蜑人舟居与廪君神话关系之推测

唐后之蜑，由通名变为舟居蜑人之专称，迹其远因，似与巴蜑不无关系。《通鉴》一百七十七《隋纪》开皇九年，记杨素道巴蜑千人乘五牙四艘破吕忠肃事，胡三省注云：

> 蜑亦蛮也。居巴中者曰巴蜑，此水蜑之习于用舟者也。

考巴蛮一向有用舟之传说，《后汉书·南蛮传》，分南蛮为盘瓠蛮、巴郡南郡蛮、板楯蛮三大系。其记巴郡南郡蛮、巴氏之子务相立为君之传说云：

> 巴郡南郡蛮本有五姓，巴氏、樊氏、瞫氏、相氏、郑氏。……令各乘土船，约能浮者当以为君。（《太平御览》三十七引《世本》云“以土为船，雕文画之，而浮水中，其船浮，因立为君”。）余姓悉沉，惟务相独浮，因

共立之，是为廪君。乃乘土船从夷水至盐阳……廪君于是君乎夷城，四姓皆臣之。廪君死，魂魄世为白虎，巴氏以龙饮人血，遂以人祠焉。

章怀注引《代本》（即《世本》）云：

廪君之先，故出巫诞也。

《寰宇记》卷一四七《长阳县》引作“巫蜑”。廪君故事，雷学淇与茆泮林两家所辑《世本》较为完备。皆据章怀注作“巫诞”。《山海经·海内西经》神医六巫，《大荒西经》灵山十巫，均不见巫诞。巫诞之“诞”，当是人名，与“蜑”族恐无何关涉。[1] 廪君，《御览》三十一引《世本》作禀君，其事出于《世本》，先秦巴中均盛行其说，故巴人多谓为廪君苗裔，若李特，巴西宕渠人，《晋书》卷百二十《载记》称其先出于廪君，即其例也。

四川近岁（1954 年）在巴县冬笋坝与广元宝轮院发见数十座船棺葬，以楠木凿成独木舟状，以为葬具。此为巴人特有之葬式。廪君能乘土船而浮，得立为君，其民又习以舟为棺，可见巴人与舟关系之深切。而船棺葬所发见之铜兵器，上有符号多不可识。其一习见者有形，似作水上浮舟之状。其矛上镌刻虎纹，当出自廪君神话，近世考古学者意见略同。[2]

杜佑《通典》一百八十七《边防·板循蛮》注：“其在硖中巴梁间，则为廪君之后。”巴蜑活动之地区与巴郡蛮、板循蛮相似，则其先世亦可能出于廪君。巴蜑习用水舟，又以舟为葬具，后世以“蜑”名舟居之人，似非无因。唐时蛮蜑已成为南蛮之另一种泛称，武陵蛮、南诏蛮均可称为蛮蜑。其后变为舟居人民之专称，观宋时对于蜑民之利用，皆以其擅操船之故。

若陈尧叟之令琼州，遣蜑兵具舟取米（《宋史》二百八十四《尧叟传》），《太平寰宇记》一百六十九，琼州户有蕃、蜓二坊。蜓坊之人“以捕鱼为业，官司亦差为水工驾船”。东坡《与秦少游书》论：“泉人许九船即牢稳可恃，余蜓舟多不堪。”（《续集》七）周去非《岭外代答》“钦州五民”条亦称：“五曰蜑人，以舟为生，浮海而生。”宝庆间赵适于《诸蕃志》记琼州舶船分三

---

① 桑田六郎《蜑族の源流に關する文献的考察》（《南亚细亚学报》，第一号，1943 年）以为《世本》之“巫诞”，即蜑名之最初记载。

② 见冯汉冀等：《四川古代的船棺葬》（《考古学报》，1958（2））；四川博物馆《四川船棺发掘报告》（北京，文物出版社，1960）。

等，其下等名蜑船。是知以“蜑”称舟居之人，当由巴蜑之习于用舟，故借用其名。海上之蜑人与陆上之巴蜑，其种属关系如何？向来未能质言。考《太平御览》一六八《巴州》引《四夷县道记》云：

李特孙寿时，有群獠十余万，从南入蜀汉间，散居山谷，因斯流布在此地，后遂为獠所据。

此条极为重要。知中古时代，南与巴蜀间，有一次大量移民。巴蜑与越蜑之关系，由于民族迁徙，可得到合理之解释。

九、韩江流域之蜑民

潮州滨海之地，其乡村多存蜑名，如：

潮阳县廓都　蜑家宫，县北五里。　　又贵山都　蜑家岐，县西北七十里。

澄海县蓬州都　蜑家园，县南十五里。

丰顺县　蜑家湾，石狗溪傍，去天东三十里。

揭阳县官溪都　蜑家山（见吴颖《潮州府志》）

知其地旧为蜑人所居，今已无蜑人，仅可推知其分布厓略耳。《郡国利病书》云：“潮州蜑人，有姓麦、濮、吴、苏。”（《图书集成》同，《饶平志》作有五姓：麦、濮、吴、苏、何。）俞蛟《潮嘉风月记》：“潮嘉曲部中，半皆蜑户女郎，而蜑户惟麦、濮、苏、吴、何、顾、曾七姓，以舟为家，互相配偶。”（《说蛮》、光绪《惠州志》所载蜑户姓同。）此潮州蜑民氏姓之可考者也。

《广东通志》云，蜑人自唐以来计丁输粮。明洪武初编户立里长，属河泊所，岁收渔课，惠潮尤多。（《旧府志》所记载甚详悉）吴颖《潮州府志》云：“蜑人，程乡旧立一户。明初，置河泊所辖之，岁输鱼课米。洪武二十四年，籍其户为南厢里，甲输之外，惟供船差，不事他役。”此蜑户之编籍纳赋也。张士琏《海阳志》：“卫所屯军，概龙丁蜑户充当名数。”此蜑户之当兵也。刘忭《饶平志》云：“蜑人世世以舟为居，无土著，不事耕织，惟捕鱼装载以供食，不通土人婚姻。岭南河海，在在有之。本县（饶平）旧立户。”考同志成化十八年有蜑户一，嘉靖五年蜑户一，四十二年蜑户三。《惠来志》万历三十一年蜑家一，《吴府志》程乡县，“蜑户小口，例不编差”。此明及清初潮州蜑户之数。迨康熙二年，科尔坤勘潮州近海六厅县，悉徙沿海蜑户于内地。（见《南海百咏》“移民市”条。）刘业勤《揭阳志》云：“户悉隶潮阳，利揭无风涛之险，时来捕取。雍正八年，许蜑民村居编户。”则雍正时，揭阳尚有蜑户也。今潮已无蜑民，惠属海丰犹有之，盖广州徙来者。按《揭阳志》言：“元泰定元年，罢蜑户为民。”考《元史·泰定帝纪》，是年所罢为广州、福建等处采珠蜑户。《廉州府志·纪事》亦言，秋月放廉雷等蜑户为民，罢采珠，则所罢蜑户与潮州无关。以上为潮属蜑民户籍概况。

蜑人之生活，林大春隆庆修《潮阳县志》八《风俗志》注云：“其（指邑）西南江上又有曰‘蛋’户者，岸无室庐，耕凿不事。男妇皆以舟楫为居，捕鱼为业，旧时生齿颇众，课隶河泊，近或苦于诛求，逼于盗贼，辄稍稍散去，或有弃舟，入民间为佣保者矣。”（冯平山图书馆藏明本）按明时潮之蜑人，已多散居各处。潮人呼水上动物有曰蜑家姨者，以其随水漂荡，如蜑家妇女之水上生活也。蜑户以舟楫为家，捕鱼为业，朝夕惟跼蹐舟中，所得鱼仅充一饱，男女衣不盖肤。蛋家有男未聘，则置盆草于梢，妇未受聘，则置盆花于梢，以致媒妁，婚时以蛮歌相还。其女大曰鱼姊，小曰蚬妹也。（见阮《通志》）胡曦《西河龙户录》云：“乾隆以后，西河倡蜑家，俱无业渔者……六篷船屋皆置盆花盆草，则尚是龙户当日遗俗。”按清时韩江六篷船颇盛。林大川《韩江记》云：“韩江一带六篷船皆花林也，近年游艇花样翻新，悉仿珠江格式。”《簷曝杂记》云：“闻韩江之绿篷船较佳，女郎未及笄多扮作僮奴侍侧，有状元夫人者，尤为绝出。”《粟香二笔》云：“湘子桥下之六篷船，比于珠江之紫桐横楼也。所谓六篷船者，往来官商皆乘之，如钱塘江中之江山船，即九姓渔船，舍此无他船可乘。”俞蛟《潮嘉风月记》言之尤详悉，此正如珠江蜑户之艇仔，盖清中叶时，蜑人多集中韩江上游，殆迁海时北徙者，今亦绝遗迹矣。

何格恩文于韩江流域之蜑族，另附记资料，但采《图书集成·职方典·潮州府》部杂录而已，兹补其缺略。若隆庆本《潮阳志》一条，向仅见于吴颖《潮州府志》转引。兹据原刻本，其蜑字作“蛋”，尤有裨于考证。

十、结语

综上所述，可得结论如次：

（一）见于记载之蜑，依常璩所记獽蜑感朱辰德惠之事，似汉时已有其名，《世本》廪君出于巫诞，诞与蜑尚难证明为一事。《晋书》宁康二年之天门蜑，乃荆蜑见于正史之最早记载。字书所见，则以阮孝绪之《文字集略》为最早。

（二）六朝时，蜑有二系：萧绎《职贡图》中有天门蛮、建平蜑，前者即荆州之蜑，后者即所谓巴蜑。蛮蜑，往往即指上列二地之蜑。其后演为泛称，以指南方不宾服之蛮人，若畲民之莫徭亦得称为“夷蜒”（如《隋书》），故武陵蛮雷满亦可有“蛮蜒”之称，盖即梁时天门蜑之裔也。其蜑字每与其他夷蛮名联称者，晋为獽蜑，梁有蛮蜑，唐有戎蜑，宋有蜑獠，元有瑶蜑，皆其著例。蜑字异文亦作“蜒”，《萧憺碑》正从“虫”。

（三）海上居民之蜑，依宋朱翌、曾三异等之书，即唐韩愈诗之龙户，宋人已持此说。巴蜑习于用舟，有土舟神话及船棺风俗；故南海舟居之人，亦被以蜑名，谓即巴蜑、荆蜑之播迁，自有可能，《四夷县道记》所述，可为佐证。周去非始谓卢亭即蜑之一种。宋代粤方志（《大典》所引）则仍沿唐刘恂、北宋乐史之说，分蛮蜑与卢亭为二事。以卢亭名海岛夷人，始见于《岭表录异》。卢循故城古迹，宋元人颇称道之，故其地名亦传播至海外。

向来从事蜑民之考证者，对于史料审订之工夫似未臻细密，多从清代方志及笔记入手，不知此等多属第二手资料，倘只作平面的整比，未知穷究其因袭之迹，贸然置信，极易受其贻误。其次正史碑刻及文集涉及蛮蜑者，尚有不少新资料，如《梁书·张齐传》、《五代史·雷满传》、萧憺之碑、唐庚之诗等是。而《说郛》中曾三异《因话录》，尤可珍贵。

本文所论，限于早期资料之考释及审订，故题曰《说蜑》，其他时贤论之已详，不拟多所牵涉。香港中文大学近方进行蜑民调查工作，偶与日本可兒弘明君谈及①，因撰此文，借供采择。涓流细壤，冀得他山之助云。

1967 年 3 月，于香港大学中文系

原载《选堂集林·史林》，香港，中华书局，1982 年

① 本文成后，以初稿出示可兒弘明君，承以《南亚细亚学报》第一期桑田六郎氏之论文，及羽原又吉之《漂海民》（岩波书店本）一书假读，特此志谢。

潮州畲民之历史及其传说

畲民初聚居闽、粤、赣三省之交。唐宋以来，屡与新入之民族抗争。唐高宗时，其酋苗自成、雷万兴、蓝奉高等攻陷城邑，陈政、元光父子卒为所戕。德宗兴元间漳州刺史陈谟平广寇蓝老鸥于揭阳。事载《东里志》，他无之。惟该志作“兴元十二年”，然兴元仅一年耳，或系贞元之误。昭宗时犯汀州之蛮，数且二万，其族之盛可知，以其慓悍善斗，每征为兵。文相国之抗元，实倚畲兵为助（《宋季三朝政要》），诸畲军皆骚动，寻为大兵所败，文天祥出会州赴循州（《长汀志·武功》）。景炎二年（至元十四年）文天祥取汀州，兵出兴国，张世杰亦会师，讨蒲寿庚于泉州，汀、漳诸路剧盗陈吊眼及许夫人，所统诸峒畲军皆会（按许夫人为畲妇，事载毕氏《通鉴》，其率军援张世杰至百丈埔（今饶平浮山），遇元兵，战死，其节烈尤为后人称道），其后复降复否，当达春兵进潮阳，都统陈懿兄弟五人，以畲兵七千人降[1]，惟畲既历悛不服，自宋即置屯戍，严保伍，为堵御之计，粤书记潮与漳、汀、梅接壤，盐寇畲民，群聚剽劫，历任州兵单弱，山径多蹊不能讨。宋宝祐九年，洪天骥知潮州，应变设奇，降者相属；又于梅境置屯，多者三百人，少者二百人，用以为援，且严保伍之令以澄其源；元时梅州畲陈满乱，招讨使陈梅平之。吴颖《潮州府志》：至正十一年，梅州畲贼陈满啸聚梅塘，攻陷城邑，

① 见《元史·哈剌斛传》。其不敌者，或入畲峒，如陈桂龙是也，见《元史·世祖纪》。十七年十二月漳州陈桂龙据漳州叛，行省左丞唆都讨平之，桂龙亡入畲峒，及其兄弟陈吊眼，有众数万，劫掠汀、漳间。

几达十年，招讨陈梅至克之。至明永乐，畲长雷文用等百四十九户来归，因设畲官以治之，而畲患以平。此岭东畲民之历史也。自是畲民匿居壑峒；寖与汉人通婚，而客家逐渐南来，与畲杂处山地，而畲民日与同化，迄今惟饶平凤凰山，潮安溪尾村，丰顺风吹磜尚有极少畲族，其余皆汉化矣。

畲盘踞浙闽间，为数綦伙，在浙江者约二十余县，凡十万人；止于八闽者，亦近三十县，详何联奎《畲民地理分布》。岭东畲民向乏统计，今已同化于汉人，未由调查。兹就各县乡村有畲名者，据周硕勋《潮州府志》各《县志》，表而出之，以觇其旧日分布厓略：

潮安　饶潮交界、南武崃、河内塔山、归湖内山黎、碗窖、大坪，均有畲，旧时登荣都有畲岭，东山有畲客乡。①

潮阳　旧竹山都有内畲（县北三十五里），外畲（县北三十里），今无畲民。

揭阳　旧蓝田都有后畲（县北三十里），磐溪都有南畲（县西三十里），霖田都有茅畲寨（县西九十里），清时尚有畲户，今无之。

饶平　饶平刘志云，畲居于本县深山中白沙塘、杨梅山、凤凰山、平溪、柘林、葵塘等处，旧有新畲（县西南一百一十五里），有头畲、桃仔畲（离合溪墟十余里）等乡均以畲名，又有钟处岭（在石鼓坪十里，后为尤姓所据）。今惟石鼓坪待诏山存有畲民。（今名古平村，属凤凰乡唐美社第六保，去合溪墟十二里，全村分二甲）

澄海　《说蛮》、《南越记》、《广东新语》并云，澄海山中有畲户，今无闻。

大埔　其小乡村以畲名者极夥，在城甲有畲里，维新甲有上黄畲、下黄畲，保安甲有黄峯角（附近有窖碗祟），岭上甲有下畲，永兴甲有棉畲（在郑石寮），长富甲有彭公畲，长治甲有岩背畲，三河甲有山客畲、桃子畲，大麻甲有锅子畲（在胜坑）、李子畲、曾子畲（在回龙乡）、湖畲（在径里），同仁甲有丘家畲、余水畲，百侯甲有留壶畲，白寨甲有新林畲，沙兰甲有五家畲（作吴家畲）、将军畲，源高甲有澄大畲、夏畲、九子社（一作畲），又有雷封村，其他以坪、磜、畲名者尤多不胜举。

普宁　旧黄坑都有北畲（县西五十八里，在和安乡），铁山都有下溪畲（县东南七十五里），今马四乡有明畲等村，均存其名。

① 明末薛学参居此，见《海阳张志》。

丰顺　旧潘田社有桔畲（县东五十里），石坑乡有后畲（县南六十里），东里乡有畲洋树（县南六十里），迳心堡有凹头畲（县西六十里）、白芒社（大埔县分割，旧属清远都）有下畲子（县东八十五里）、白芒畲（县东北一百里），又黄畲宋、雷公坪、雷姑山，亦旧畲民所居，今惟风吹磜有少数畲民。（共百余人，今丰顺第三区小胜乡第八保，距小胜六十里。）

南山　山内旧有红口畲、大畲（旧属潮阳洋乌都）、蚁仔畲等乡，今无畲民。

畲民祀狗之俗，闽、浙、粤均同。其余除夕祭祖，悬其祖像，子孙罗拜于前，主祭者手足着地，作狗行状，跨过祭床。《丰顺志》云，除夕举家必席地而食，以为狗吃必在地也；有祖遗匹绫画像一幅，长三尺许，画其祖人身狗头，自出生时及狩猎为山羊困死各情事甚详，岁之元旦，横挂老屋厅堂，翌早辄收蔽之。按畲民祖先图，浙、闽各地均有之。潮州畲区，除丰顺风吹磜畲有此图外，潮安山犁之畲亦有之。山犁之图有二帧，一为康熙戊戌十二月，绘者雷郁美；其一道光辛丑二十一年重修，无绘者姓名。康熙图绘其祖先世系：一，天皇氏龙形；二，地皇氏虎形，三，人皇氏人形；四，盘古氏三首六臂；五，神农氏执穗；六，量天氏手执长棍；七，高辛皇帝；八，大耳婆娘；后并有护王出身图说。道光图于人皇氏上多一有巢氏（赤身），高辛字作新。饶平石鼓坪亦有驸王出身图，长数丈，阔尺许，首画盘古氏、天皇氏、地皇氏、人皇高辛，与山犁康熙图帝皇次序不同，惟图说则大致无异。兹录山犁所传护王出身图说原文于下：

> 护王[1]原东海苍龙出世，生于大耳婆左耳，请医医出耳卵，放于殿角，百鸟俱朝。取与医生剖之，出一狗子，养八个月，身长八尺，高四尺，身有五色斑文毛，行至大路中心，超群拔异，号名盘瓠。高辛帝治天下时，有滨夷房突[2]王作乱，杀死良民无数，官兵不能收服。高辛帝出榜，有能收服房突王者，愿将三公主任选为妻。榜出三日，无人收得，龙狗见之，遂收其榜。丞相郭子英带狗见帝，帝大喜，问狗有何能。犬对丞相[3]，有阳战之形，变化无穷，即辞帝过海，至滨夷[4]之国，见房

① 石鼓坪图作驸马。
② 石鼓图作夷滨。
③ 石鼓图多一我字。
④ 石鼓图作夷滨之国。

王。王大喜，赐狗酒肉[1]召诸军会饮，不意酒醉。三更时龙狗将番王头咬断，军士追赶。感龙王，差河伯、水官、六丁六界神将护送过海，军士等接，丞相带见帝。帝大喜，又恐不是。时有乡里老人，年九十岁，识房之面目，召而视之，果是真。帝封狗重职，狗不愿，只要公主为妻。帝思一言已出，驷马难追，问狗能变身否，狗曰能。遂许七日与之变。不料至五日，大王闻听，狗头不能变。选日成亲。二十年生子三女一，带见帝，赐姓盘、蓝、雷、钟，男女自嫁娶，永世无异。又分天地，狗王奏帝，我不要平洋田地，□帝百姓耕纳粮供国，分深山，离田三尺，离水三尺三分，□禾分子孙永远耕种，不许军民人等混争，如坟只留中心一十六步，亦不许员子弟争阻，如有此情，送官治罪。又奏不要京城大屋居住，帝准奏，差军兵护送出。后学法茅山，不意被山羊触落，于身中各树丫，归御葬后，三子一婿遂散处，各给路引，于福建、广东四处，且炤旨施行，其后子孙于汉、唐、明，累朝护国不能胜记，仅记其出身图，以便览云。

石鼓坪传说，谓驸王至茅山学法游猎，为山羊触伤，在树上攀住一藤，卒以藤断跌死，由猴舁葬于南海山中，故凤凰各村流行畲歌，有“石鼓坪恶畲客藤断石压”之语。今石鼓坪村蓝氏祖祠，其龛下有箱二，有长约三四尺之藤，据传为驸王之遗物也。考图中所载传说，始见应劭《风俗通》，《后汉书·南蛮传》亦载高辛所畜五采毛之狗曰盘瓠，衔与将军首，今长沙武陵蛮也。余如《搜神记》、《三才图会》并署其事。石鼓坪图称驸王，而山犁图作护王，考广西板猺榜文作盘护王，盘护为盘瓠音转，护王是盘瓠王之简称耳，盘瓠一名，取义于狗。《辰州图经》记武陵夷石窟有石狗形，蛮俗云盘瓠之象，《三才图会》则谓高辛氏宫中老妇耳疾，挑之有物如茧，以瓠盛之，以盘覆之，顷犬为化，是则以盘瓠二字得名，由于瓠及盘，二种用具。惟窃疑瓠或为犬之对音，犬原始音当如狠，像犬斗而吠声，粤语音 hu 可证也。或谓盘瓠即盘古，考南部边民多有盘古传说，惟盘古仅盘古徭及板徭所崇奉，盘瓠则为诸徭所共祀，此其别也。[2] 今观山犁之图，盘古氏列于神农氏上，明与盘瓠有异，不当目为一事矣。尚有足资研究者，即畲民与道教之关系是也。此

---

① 石鼓图作房突王酒肉下多三杯二字。

② 见马长寿：《苗徭之起源神话》。

图列神农在三皇之外，与汉人书《白虎通》、《帝王世纪》均不合，可见其说之牵强及杂糅。图说谓盘瓠学道茅山，则知南部之畲，实曾受道教思想之熏染。证以浙江畲民图①，首为开天皇、地皇、人皇，赤身披树叶，次为天皇、地皇、人皇，并戴冕旒，又其次为高辛皇，有二三皇。考道书中有初三皇及中三皇②，与此图略同，可证畲民确曾濡染于道家之符录也。

山犁图中有量天氏，为他书所无，附论之。考盘瓠事属之高辛氏者，以楚之先为高辛火正，盘瓠本长沙武陵蛮，故亦杂有楚祖先传说。道书中如《云笈七签》所次古帝系，神农之后每为祝融。此量天氏执棍，疑是重黎，重黎为高辛火正，世序天地，相传为司天地之官③，故讹传为量天，顾名思义，此图之量天氏殆指重黎也。

原载《大光报·方志周刊》第一〇〇、一〇一期，汕头，1948

① 何联奎所摄光绪元年重修者。
② 详顾颉刚：《三皇考》。
③ 事见《楚世家》、《国语》、《史记·太史公自序》。

The Shê Settlements in the Han River Basin, Kwangtung (韩江流域之畲民)

Ⅰ. Introduction

The Shê 畲 are one of the many ethnic groups living in the mountainous regions of Kwangsi, Chekiang, Fukien, Kwangtung and Anbwei. According to recent investigations there are now about 230, 000 Shê people. ①

The Shê people are known under several different names in the Chinese historical records. In the Ming period they were called "Shê Yao" 畲徭 or "畲蛮", who claimed descent from P'an-hu 盘瓠. In the Han dynasty they were known as the "Wuling Man" of Ch'angsha 长沙武陵蛮; and in the T'ang dynasty as "Mo Yao" 莫徭 or simply "Yao" 徭.

We have reason to believe that they long ago migrated southwards, crossing the Nanling-shan into the southern provinces of Kwangtung and Kwangsi-and then separated into two branches. The eastern branch, which moved from Kwangtung into fukien and Chekiang, was known as "Shê", and the western

---

① *Wên-wu* 文物, 6 (1960: 78 with 5 plates) gives the results of a survey made by the Museum of Anthropological Studies, Amoy University.

branch which continued through Kwangsi to the borders of Yünan and Tongking have retained the name of "Man" 蛮 to this day. The tribes which remained in Hunan and Kiangsi still call themselves "Yao".

According to the various genealogical records of the Shê in Chekiang they came from Kwangtung and in particular from Ch'aochou 潮洲 and Chiehyang-hsien 揭阳县. This seems confirmed by the traditional "Song of the Dog King", *Kou-huang ko* 狗皇歌, where it is said that the ancestors of the P'an, Lan (or Nan) and Lei families 盘蓝雷三姓① of Chekiang were originally natives of Fên ghuang-shan (Phoenix Hill) in Ch'aochou 潮州凤凰山. In Kwangsi, we find similar information in the historical records about the Ta-pan Man 大板蛮.②

In 1939 I visited the Shê settlements in Jaop'ing-hsien, Kwangtung 广东饶平县, where I gathered much data of value on them. As editor-in-chief of the *Ch'aochou Gazetteer* 潮州志 (1947), I am using part of my material in the still unpublished chapter of "Ethnographical records" 民族志. The present paper is based on my field notes and data collected in 1939.

Ⅱ. The Historical Records on the Shê

As said, the Shê people were early settlers in the Fukine and Kwangtung border lands, where in the T'ang and Sung dynasties they were often in contact and conflict with the Han Chinese migrating southwards. They were finally subdued in the Yung-lo period (A. D. 1403-1424).

Here are some important references to the Shê in the dynastic records:

1. During the reign of T'ang Kao-tsung 唐高宗 (A. D. 650-683) various local gazetteers report that Shê Man 畲蛮, led by Lei Wan-hsing 雷万兴, ravaged Ch'aoyang in Kwangtung.

2. During the reign of T'ang Tê-tsung 唐德宗 (A. D. 780-804) Ch'ên Mo,

---

① *Lan* 蓝 (Na in Ch'aochou dialect) is one of the three surnames of the Shê people; in the Ch'aochou area, unlike Chekiang and Fukien, it is popularly regarded as equivalent to *Lan* 篮, a basket.

② See MS HM. 2235 of H. Maspero collection, Société Asiatique, Paris. Also see the essay on the Ta-pan Man by professor Yamamoto (1955).

governor of Changchou 漳州 in Fukien defeated Lan (or Nan) Lao-ch'ih 蓝老鸱, military leader of the Shê at Chieh-yang, Kwangtung.

3. Towards the end of the Sung dynasty, Prime Ministers Wên T'ien-hsiang 文天祥 and Chang Shih-chieh 张世杰 fought P'u Shou-Kêng 蒲寿庚. Who had the support of many Shê tribesmen. in Ch'üanchou 泉州, Fukien.

4. When the Sung military officer Ch'ên Yi 陈懿 surrendered to the Yüan or Mongol army in Ch'aochou, among his troops were several thousand Shê tribesmen. The rest took refuge in the mountainous regions.

5. Towards the end of the Yüan dynasty (A. D. 1260-1367) there were several uprising of the Shê under Ch'ên Man 陈满.

6. According to the Shun-chih 顺治 Ch'aochou Gazetteer, Lei Wên-yung 雷文用, leader of the Shê tribes at phoenix Hill, in the Yung-lo period (A. D. 1403-1424) paid tribute to the local Chinese commander.

From the above six references, it is obvious that the Shê people originally lived in the mountainous regions, apart from the Han Chinese. By paying tribute in the early Ming period they eventually mingled with the Han Chinese and thus became sinicized.

Ⅲ. The Shê People and the Three Families of P'an, Lan, and Lei

Ku Yen-wu 顾炎武 in his *T'ien-hsia chün-kuo li-ping shu* 天下郡国利病书 (A. D. 1662) in a description of the Shê people, says:

In Ch'aochou county dwell a tribe of the Shê people, called the Shan Shê 山畲 or "Hill Shê", forming two groups, viz. the P'ing Tusng 平鬃 and the Ch'i Tsung 崎鬃. Altogether there are three families: the P'an, Lei and Lan (or Nan). They occupy the mountains and are hunters.

In the above quotation *Tsung* 鬃 refers to the women's hair decorations. *Ch'i* 崎 (pronounced *κia* in Ch'achou dialect) means "high" as opposed to *p'ing* 平 "Level" or "plain". The Shê people in former days were regarded as forming two different groups, according to the two different ways in which their women styled their hair. The *Yung-lo ta-tien* 永乐大典, chüan 5343, under the entry 潮, gives a description of the women's hair-style in the Sung period; it says they like to pile their hair into high tresses, which they call "Man style" [barbaric style] 蛮妆. They seem to have retained this style as late as the Chia-ting 嘉定 period (A. D. 1208-1224). But thereafter this style was fobidden by Tsang Ê. governor of Ch'aochou.

As to the three families P'an, Lan (or Nan) and Lei, they still survive today in the Han River Basin which I investigated in 1939. So far as I know the P'an family is only found today at Nanwut'ung 南武峒, although extant genealogical records show that members of the family also lived in the northern part of Ch'aochou and Jaop'ing-hsien.

The Lan or Nan family, numbering about 110, in 1939 occupied the entire village of Wangyao-ts'un of Ch'aoan 潮安碗窖村. There were about ten or more Lan families, numbering about 30 persons, in Nanwutêung and the Lan (Nan) were in a majority in Shihku'ping 石鼓坪, a village of about 250 people in Jaop'ing-hsien.

The Lei family occupied the whole village of Shanli-ts'un 山黎村 of Ch'aoan-hsien, and scattered families were also found in Nanwut'ung and neighbouring villages.

The Shê people in Chekiang province sing a folk-song called *Kou-huang ko* 狗皇歌, or Song of the Dog King, which recounts how their ancestors came to be called P'an, Lan (or Nan), and Lei.

Long ago there lived an emperor called Kao-hsin 高辛 whose wife had an ear-ache for three years. When a cure was finally effected, out of her ear was taken a golden larva. The larva was put on a golden plate, and kept in a basket. it grew and, having grown, changed into a Dragon Dog 龙狗: Finally this in turn took on a human shape and became a man. The man begot three sons, who one day went to court to ask the Emperor to give each of them a suitable family name. the Emperor honoured them with the family names of P'an, Lan (or Nan) 蓝 refers to the basket (篮) in which the plate was kept, and Lei 雷 is the rumble of thunder, which the Dragon rules. In the Ch'aoan dialect *Lan* is pronounced ṅa (basket) and *Lei* pronounced *Lui* is the roll of thunder. In this strange and perhaps ridiculous story survives a Shê tradition connecting them with the three families P'an, Lan (Nan) and Lei, in this *Ch'a* ochou district, far south of Chekiang province.

Ⅳ. The Old Shê Settlement in the Han River Basin

Without going into detail about the various Shê settlements in this area today, may I simply recall the traditional records of their early settlements in the district.

From the various local gazetteers, *hsien-chih* 县志, we know that already by the early Ming period (15th century) the Shê had mingled with the Han Chinese and become sinicized. In this particular area they were probbly aborigines with a cultural background of hillmen, lagging far behind the Han Chinese, particularly the Hoklo and Hakka immigrants, who pushed them into cave and mountain retreats. Some nevertheless maintained their foothold in the plains (坪), where today they retain some of their ethnic traits, particularly in the following three localities.

1. Taichao-shan of Shihkup'ing, Jaop'ing-hsien (石鼓坪待诏山)
2. Ch'iwei-ts'un of Ch'aoan-hsien (潮安县溪尾村)
3. Fêngch'uichih of Fêngshun-hsien (丰顺县风吹磜)

Ⅴ. Ancestral Portraits and Beliefs of the Shê

The most distinctive cultural feature of the Shê people is dog worship. Dr Ling shun-sheng 凌纯声, the noted ethnologist, has pointed out that Shê women still retain in their hair-style the tradition of putting on what they call the "crown of the Dog King" .

In the course of the Shê ancestor-worship ceremonies on New Year's eve in the Ch'aochou area, the leading worshipper crawls on the "worshipping board", kike a dog. These practices are common to the Shê people in the provinces of Fukine, Chekiang, and Kwangtung.

Most Shê families have ancestor-portraits painted on long strips of paper which are stored away rolled up. These portraits are done in series, usually recalling the traditional story of the life of their common ancestor P'an-hu. Several late Ch'ing reproductions were found in Chekiang by Professor Ho Line-k'uei 何联奎 and Professor Ling Shun-sheng who have published reproductions of them.

In Ch'aochou I found several picture-scrolls, one of which I reproduce on Plates here.

The legend of P'an-hu among the Chinese people goes back to the Later Han dynasty. Different versions exist among the South China people, but there are two features which are unique in the Ch'aochou pictures, which I should like to call attention to.

1. Among the earliest portraits found, one is of the K'ang-hsin period (A. D. 1662-1722) depicting Liang T'ine Shih 量天氏 (surveyor of celestial bodies) who holds some sort of measuring instrument. According to Ssŭ-ma Ch'ien, *Shih-chi* 史记, in the Biographies of the Ch'u 楚 people, Emperor Kao-hsin had two officers, Chung 重 and Li 黎, who were in charge of the Board governing Celestial Bodies and the Great Earth. Now these officers were both in fact manifestations of P'an-hu, the common ancestor of the Shê people, and particularly of the Wuling Man 武陵蛮 of Ch'u.

2. The pictures show Taoist associations. For instance in the notes to the pictures there is a reference to P'an-hu's visit to the Mao Mountain 茅山 to be initiated in Taoist practices. Among the P'an-hu illustrations found in Chekiang and also in Ch'aochou, Kwangtung, there are two sets of pictures representing the Three Ancient Emperors: T'ien huang 天皇 (Heaven), Ti Huang 地皇 (Earth) and Jên Huang 人皇 (Mankind). In the pictures of the first set they are primitive people wearing clothes made of leaves; in the second they are in full imperial dress. in the Taoist compendium *Tao Tsang* 道藏 there is a reference to two sets of Ancient Emperors ① that make an interesting parallel.

Ⅵ. Is Ch'aochou the Original Home of the Shê People?

Despite the traditional belief that Shê people of southern Chekiang and the

① See Ku Chieh-kang 顾颉刚 and Yang Hsiang—k'uei 杨向奎 (1936). *San Huang K'ao* 三皇考, Harvard Yenching Institute, Peiping.

Ta-pan Man 大板蛮 of Kwangsi came from Ch'aochou, I do not think this is necessarily the case. In the various local gazetteers I found six instances where the Shê people say they came from Loshui-hsien 洛水县 or Ch'ihsien-tung 七贤洞 in Kueichi-shan 会稽山, within the Ch'aochou area. I, who come from that county, find no such places there. Among others, Professor Ya-mamoto insists that Ch'ihisen-tung is in Ch'aochou, in the neighbourhood of Phoenix Hill. I have checked all the references and made local investigations but find nothing to convince me that it is so.

In my opinion Kueichi-shan is, as stated in most of the Chinese records, in Chekiang, and Ch'aochou in Kwangtung was not the original habitat of the Shê before they migrated.

Ⅶ. The Shê Songs and Folk Literature of Ch'aochou

As I have already remarked, the Shê have left cultural influences in Ch'aochou, as in the women's hair style. it is also reflected in their songs and folk literature.

The Ch'aochou people readily compose, when it strikes their fancy, folk-songs which they call *Tou Shê κo* 斗畲歌. *Tou* refers to singing in alternating parts, "challenging one another" in the manner of the Shê people. The words of the songs are often a bit vulgar, and yet the melodies have a grand and soothing effect well suited to their subject matter.

Ⅷ. The Meaning of the character Shê 畲

According to the *Shuo-wên* 说文, Shê 畲 means "digging the fields", but is read *yü*.[①] In the *Kuang-yün* 广韵, *Shê* is read 式车切, *shih ch' ê=shê*, and means "destroying the vegetation by fire and using sticks to dig the fields". This would indicate that the Shê in their mountains and forests were users of the primitive "slash and burn" methods of agriculture, besides being hunters

① Cf. Karlgren: Grammata Serica Recensa (Stockholm 1957): No. 82f.

for food.

By living in the remote mountains the Shê people avoided taxes and military service. they thus came to be nicknamed the Mo Yao 莫徭（no corvée people）. The *Kuang-yün* added the radical dog 犬 to their name 獏猺，a not infrequent practice among Chinese writers to imply contempt，just as they also use the radical 虫 *Wei*（vermin）in the names of the Man 蛮，the Min 闽，etc.

Many scholars have studied the aborigines of South China，among whom Dr H. Stübel，Professors Yamamoto，Ling Shun-sheng，Ho Line-K'uei，Messrs Li Hua-min，Hsü I-t'ang 徐益棠，but their writings are mostly on the Shê of Fukien and Chekiang；little has been written on the Shê in Kwangtung，particularly the Shê settlements in the Han River Basin. I therefore hope this paper will add something to our knowledge about the Shê people.

References

Works in Western Languages

FROTUNE，R. F.，editor（1939）. Yao society，a study of a group of pimitives in China，Lingnan Science Journal（Canton），18（3-4）. Introduction by R. F. F.：343-356. Local history，social organization and warfare，by C. B. Lee 李智文：357-370. The Yao family in birth，marriage and death，by K. K. Lee 李季琼：371-382. Yao religion and education，by W. C. Wang 宏永就：397-408. The economics of Yao life，by K. Y. Lin 林敬隅：409-423. Phonetics and phonology of the Yao language，by S. L. Wong 黄锡凌：425-455.

KOPPERS，W.（1930）. Der Hund in der Mythologie der zircumpazifischen Völker，wiener Beiträge *zur Kulturgesch.*

u. Linguistik，1：359-399. Reviewed by paul pelliot in T'oung Pao，28（1931）：463-470.

LING ZENG SENG [SHUN SHêNG] 凌纯声（1929）. Recherches ethnographiques sur les Yao de la Chine du sud. Paris. 151 pages，map.

LIU CHUNGSHEE HSINE（1932）. The dog ancestor story of the aboriginal tribes of southern China，Journal of the Royal Anthorpological Institute，62：361-368，illustrations.

LOI (1906). A visit to the yao-tze, the Far East, 1: 193-208.

PELLIOT, P. (1931). See under Koppers, above.

SAVINA, F. M. (1924). *Histoire des Miao* (Dog ancestor of the Hiaiao of Hainan), 103-4. Hong Kong (2nd ed. 1930).

SEIDENFADEN ERIK (1943). Un ancêtre de tribu le Chien. Institut Indo-chinois pour I'Etude de I'Homme (Hanoi), Bulletin et Travaux, 6: 367-368.

STüBEL, H. (1938). The Yao of the province of Kwangtung, Monumenta Serica, 3: 345-384, 23 plates, map.

WIST, HANS (1938). Die Yao im Südchina nach berichten neuer chinesischer Feldforschungen. Berlin, 73+135 pp., ill.

In Japanese

YAMAMOTO TATSURö (1955). *Man-zoku no sankanbo-tokuni kodensetsu to ijū keiro ni tsuite*ーマン族の山關簿——特に古傳説と移住經路に就いそ("Charters of Man People" Shan-kuan-pu), Tökyö bunka kenkyū-jo kiyö 东洋文化研究所纪要, 7: 191-269.

APPENDIX

护王出身为记

护王原东海苍龙出世，生予（于）大耳婆左耳；请医，医出耳卵放予（于）殿角，百鸟具朝，取与医生剖之，出一狗子，养八个月，身长八尺，高四尺，身有五色斑文毛，行至大路中心，超群拔异，号（残缺数字）（高）辛帝治天下，时有滨夷房奕（?）王作乱，杀死良民无数，官兵得（?）能收复，辛帝出榜，有能收服房突（?）王者，愿将三公主任选为妻。榜挂，无人收得，龙狗见之，遂收其榜。丞相郭子英带狗见帝，帝大喜，问狗何能，犬对丞相，有阳战之形，变化无穷，即辞帝过海，至滨夷之国，见番王，王大喜，赐狗酒肉，召诸军会饮，不意酒醉，三更时，龙狗将番王头咬断，军兵追赶，感龙王，差河伯水官六丁六甲护送过海，军士等接，丞相带见帝，帝大喜，又沼（诏）不是。时有乡里老人，年九十岁，识房之面目，召而视之，果是真。帝封狗重职，狗不愿，另要公主为妻，帝思一言已出，驷马难追，问狗能变身否？狗曰：能。遂许七日与之变，不料至五日，大王闻听狗头不能变，选日成亲。二十年，生三子一女，带见帝，赐姓盘、蓝、雷、钟，男女自相嫁娶，永世（?）各异，又分天地，狗王奏帝：亏（?）不要平洋田地芬（券）?

帝百姓耕纳供国，分深山，离田三尺，离水三尺三分年秎鍚（季）子孙永远耕种，不许军民人等混争。如坟林，只留中二十八步，亦不许官员子弟争阻，如有此情，送官治罪，又奏不要京城大屋一居住，要深山空谷居住。帝准奏，差军兵护送出城。后学法茅山，不意被山洋触落于身中各树，了归御葬，后三子一婿，遂散处，各领"路引"于福建广东四处，具炤旨施行，其后子孙予（于）汉、唐、宋、明累朝护国，不能胜记，谨记其身图，以便览云。

岁次道光辛丑二十一年秋月　日重修同（?）画祖像吉旦遗后。

THE OPENING INSCRIPTION ON THE SCROLL

English translation by Mr P. K. Leug

(The following is a fairly free translation of a folktale poorly witten in the vernacular. Some of the words can be made out only with difficulty for the photostatic copy. Its writer had little education and it is not always easy to see what he originally meant to convey.)

THE STORY OF THE GREAT PROTECTOR, THE DOG KING

The Protector originally came into the world as the Azure Dragon of the Eastern Sea. he was born from the left ear of a large eared woman. A surgeon who been summoned immediately removed from the woman's ear some sort of larva. This he placed in a corner of the Great Hall; whereupon hundreds of birds flocked round, drawn by the next operation they knew was about to be performed. From the larva the surgeon brought forth a dog, which, after eight months of care and nourishment, grew to be eight feet long from nose to tail, and four feet tall, Its body was covered with a coat of variegated colours and markings. Even in the concourse of the market-place it was a dog that stood out as quite extraordinary. ①...

All this took place in the reign of Emperor Kao-hsin. It happened that at that time King Fang-i of the Maritime Regions had raised a rebellion, during which many innocent people were killed. As the imperial army failed to suppress it, the Emperor in an edict announced that whosoever should subdue the rebellious King② might choose for wife one of the three imperial princesses. but even such an offer met with no response.

When the Dragon Dog, however saw the edict, he volunteered his services. Thereupon the prime minister, Kuo Tsŭ-ying, brought the Dog to the Emperor, who was vastly pleased. He asked in what ways the Dog was particularly gifted, and the Dog replied through the prime minister, that beside being brave in battle he could also assume an infinite number of forms. [permission being granted him to withdraw] the Dog departed, and crossed the seas to the Maritime Regions, where he sought and obtained an audience with King Fang (baharian king).

King Fang, greatly pleased by such an unusual visit, provided the Dog with meat and wine, and assembled his soldiers to join in the drinking. Forgetting all caution, the King became tipsy, and at the third watch the Dragon Dog snapped off his head. The soldiers immediately pursued the Dog, but the dragon King much stirred by the event, dispatched the River Duke to escort the Dog safely back across the sea. ③ The imperial troops were already watching for his return and the prime minster in person at once took him into the Emperor's presence.

However great was the Emperor's satisfaction on seeing the Dog and the head which had been brought back, it could not be complete until proof was obtained that the head was none other than that of King Fang-i himself. When, however, and old countryman of over ninety years who knew King Fang was brought forward, he recognized the head as truly that of the King. Thereupon

---

① A few characters are missing here. See p. 106, Pelliot (1931:465).

② King Fang-t'u in the original text.

③ "Liu-ting liu-chia" 六丁六甲 is a Taoist term.

the Emperor commanded the appointment of the Dog to a position of great eminence. This, however, the Dog declined insisting only on marrying the princess of his choice.

The Emperor, unwilling to withdraw a command once uttered, asked the Dog if he had the ability to change himself into a man. The Dog replied that he was indeed able to do so, and seven days were granted within which the transformation was to take place. On the fifth day the Emperor learnt that though a partial metamorphosis had taken place the head was still dog-like. Regardless of this bad new, a day was chosen for the marriage, which accordingly took place.

Twenty years thereafter couple had become the parents of three sons and a daughter. The Emperor himself bestowed on them the names of P'an, Lan, Lei and Chung① and commanded that henceforth they were married only amongst themselves. ② He divided land among them, and the Dog, true to his nature, chose land in the mountains③, where his descendants could plough and harvest and pay their taxes to the national treasury in grain. Disputes between civilians and the military were forbidden, and the retainers of government officials were not permitted to interfere in public affairs. Offenders against these rules were liable to arrest. The Dog declined to spend his life in the capital, and chose instead to live deep in the mountains. ④ With the Emperor's permission, the Dog departed from the capital, escorted by an imperial guard.

some time thereafter the Dog set out for Mao-shan, intending to follow the Tao. ⑤ On his way in the mountains, he suddenly slipped and fell to a tragic death in the valley below.

At the funeral the Dog received imperial honours. Thereafter, by imperial command, the families of his descendants dispersed, migrating to Fukien and

---

① The names in Ch'aochou dialect are pronounced Pūa, Nā, Lui and Chêng.

② The meaning here is rather vague, and a translation is not attempted.

③ Their arable land was to be three feet from the field, and three feet and three-tenths from the water.

④ Hilly country and uninhabited valleys.

⑤ Mao Mountain.

Kwangtung. During the Han, T'ang, Sung and Ming dynasties they were granted the title of protector. Since not everything can be put down in words, herewith follows a series of illustrations of the Dog's story.

Autumn, in the twenty-first year of Tao-kuang of the Ch'ing dynasty [1841].

畲瑶关系新证

——暹罗《徭人文书》的《游梅山书》与宋代之开梅山

日本国白鸟芳郎教授在泰国清迈发现的汉文《徭人文书》，其中有《游梅山书》一本，末记“抄书人董胜利，在广西来太吐地坊（方）”，时间记著是“民国六十二年癸丑岁十一月抄成”。虽然年代甚晚，但该文书分明是从广西传入泰国北部的。

《游梅山书》内记载梅山三十六洞及梅山十殿。其十殿之一殿为太广冥王殿，三殿为宋帝冥王殿。很明显它是受到《十王经》一类经典的影响。这一文书是以梅山为主题。

另外在其他的文书中谈及梅山亦不少，例如在《超度书》中有“开山法”和“关山法”，录之如下：

> 谨请祖师……征变东方征梅山岭，南方征梅山岭，西方征梅山岭，北方征梅山岭，中央征梅山岭……（开山法）
>
> 谨请祖师……东方青帝征梅山岭，南方赤帝征梅山岭，西方白帝征梅山岭，北方黑帝征梅山岭，中央黄帝征梅山岭，五方五面山河江水关来押下梅山岭却下倒藏速变速化准我王奉太上老君急急令敕。（关山法）

这里言及梅山岭的五方五面，又在“女人唱歌”中的“盘古歌”说道：

初世声：郎在湖南，妹在京州，郎在湖南松柏院，妹在桂州来听声。京（景）定元年四月八，逢作圣王改换天。改换山源向水口，淹死凡间天底人。重有伏仪（羲）两姊妹，结为妻对合双双。先直徭人直百姓，百姓徭人自结双。……立有梅山学堂院，读书执笔写文章。……立有连州行平庙，立有香竹圣王前。交过红（洪）武年间专，败了凡间无一人。改换君王在圣殿，徭人退下圣王前，流落广东海南岸。……十二姓徭人无记内，飘飘过海向东京。……盘古圣王开金口，……船行到岸马行乡，流落广东朝（潮）州府，乐昌安札直田塘。……

这一首“盘古歌”和所谓“狗皇歌”很相似，描写明以后徭人尝从湖南播迁到了广东朝（潮）州，从下句“乐昌安札”，“朝州”亦可能是“韶州”的音讹。歌中的“京定”，必是“景定”。泰国《徭人文书》最宝贵的文献是《评皇券牒》，上面题署《正忠景定元禄（祀）十二月二十一日给》，即当南宋理宗时（1206）。这一重要文书是从泰国北部的徭村村长盘思文氏取得的。

徭人从湖南到广西，再向西山走出国境，可入越南及泰国，以前在河内，法国人远东学院马伯乐采集的徭人文集，有“世代源流刀耕火种，评皇券牒”（见日本《东洋文化研究所纪要》第七册，山本达郎文），这与泰国北部所出《评皇券牒》相同，评皇即指盘皇（盘瓠），徭人当是畲民，可无疑问。

关于梅山，白鸟教授没有考证。考宋神宗熙宁五年有开梅山之举，是北宋对付徭蛮的一桩大事，《宋史》卷一五《神宗纪》云：

五年……十一月癸丑，……章惇开梅山，置安化县。（282 页）

又卷四九四云：

梅山峒蛮，旧不与中国通，其地东接潭，南接邵，其西则辰，其北则鼎、澧，而梅山居其中。……嘉祐末，知益阳县张颉收捕其桀黠符三等，遂经营开拓。……熙宁五年，乃诏之潭州潘夙、湖南转运副使蔡烨、判官乔执中同经制章惇招纳之。……于是遂檄谕开梅山，蛮徭争辟道路，……籍其民，得主、客万四千八百九户，万六千八十九丁。……诏以山地置新化县……（14197 页）

又卷四七一云：

……辰州布衣张翘亦言南、北江群蛮归化朝廷，遂以事属惇。……惇竟以三路兵平懿、洽、鼎州。以蛮方据潭之梅山，遂乘势而南。……（13710 页）

《宋会要辑稿》云：

五年……十月章惇发檄喻告开梅山道而蛮徭争辟道路，以候得其地。（《蕃夷》五，卷四二三〇，7809 页）

章惇同时人魏泰在《东轩笔录》有两处记及开梅山的佚闻，特别是僧愿成入辰州峒被捕之事。晁补之的《鸡肋集》卷九有《开梅山》一长诗云：

开梅山，梅山开自熙宁之五年，其初连峰上参天，峦崖盘嵚阕群蛮，南北之帝凿混元，此山不圮藏云烟，跻攀鸟道出荟蔚，下视袥脊相夤缘。相夤缘，穷南山。南山石室大如屋，黄闵之记盘瓠行迹今依然。高辛氏时北有犬戎寇国中，下令购头首，妻以少女金盈斗，遍国无人有畜狗。厥初得之病耳妇，以盘覆瓠化而走。堪嗟吴将军，屈死猘狾口。帝皇下令万国同，事成违信道不容，竟以女妻之，盘瓠乃负走逃山中。山崖幽绝不复人迹通。帝虽悲思深，往求辄遇雨与风。更为独力之衣短后裙，六男六女相婚姻。木皮草实五色文，武溪赤髀皆子孙。侏离其声异言语，情黠貌痴喜安土。自以吾父有功母帝女，凌夷夏商间，稍稍病侵侮。周宣昔中兴，方叔几振旅。春秋绝笔逮战国，一负一胜安可数。迩来梅山恃险阻，黄茅竹箭霾雾雨。南人颠踣毙溪弩，据关守隘类安鼠。一夫当其厄，万众莫能武。欲知梅山开，谁施神禹斧。大使身服儒，宾客盈幕府。檄传徭初疑，叩马卒欢舞。坦然无障塞，土石填溪渚。伊川被发祭，一变卒为虏。今虽关梁通，失制后谁御。开梅山，开山易，防僚难，不如昔人闭玉关。

梅山是湖南五溪蛮徭的主要根据地，开梅山的原委，在《宋史·蛮夷传》之一，记传最详。大抵辰州地区自昔为五溪蛮所据。《元和郡县志》卷三〇《辰州》：

开元九年改为辰州，取辰溪为名。（吉甫）谨按辰州蛮戎所居也，其人皆盘瓠子孙。

观晁氏此诗，可见梅山一带民人都是盘瓠的后裔。宋时其民多内附，有人仕朝廷者，北江之彭氏，南江之舒氏，梅山之苏氏，诚州之杨氏，均纳土创立城砦，与向氏、田氏等，皆为巨姓。向氏有名曰“通汉”的，仕宋官富州刺史，曾上《五溪地理图》，即当时内附的重要人物。《暹罗文书》“盘古歌”云：“立有梅山学堂院”，据《铁围山丛谈》卷二云：“大观、政和之间，……广州、泉南请建番学。”大观中，赵企所填词有“傜人北面朝天子”之句。梅山开放之后，设有番学，亦有可能。

畲民的来源，至今学者有出自“南蛮”和越族后裔的两种说法，《畲族简史》认为“除了盘瓠传说外，史书中找不到畲族是武陵的一支或从湖南迁来的其他线索”。但从各处傜人文书看来，傜人南迁路线可以从湖南向各地迁播，本文引用的泰国《傜人文书》，分明记载由梅山（湖南）到连州（广东）、潮州。另外，在潮州地区的畲族文书，如惠东县陈湖村《黎氏族谱》所记该族人的迁移路线是：河（湖）南潭州永康县鹅塘都——连州（六祖）（宋淳熙二年）。又一支从鹅塘东（乡）——广东高腰（要）——罗浮，以后到博罗、归善（海丰）（嘉熙元年）。① 正是由潭州向东迁入广东，这可与暹罗《傜人文书》互相印证。《黎氏族谱》中所称六姓人丁为盆家、蓝家、盘家、雷家、栏家、黎家。六姓之中有黎，而通称之曰“傜人”，称其远祖为平皇，亦即该文书“评皇”，故知傜与畲自是一家。“畲民”一名出现较晚，说者以刘克庄的《后村先生大全集》中《漳州谕畲》所见“畲字为族名之最早记录”。（按“刀耕火耘”为畲，然畲田之咏，唐刘禹锡有《畲田行》，北宋王禹偁有《畲田词》五首，见《小畜集》卷八，13～14 页）刘禹锡在连州有《腊日观莫傜猎西山》及《莫傜歌》二首，《蛮子歌》内云“时节祠盘瓠”，皆有关畲俗之重要文献。

南朝至隋，湖南的傜人称曰“莫傜”，一般学人无不以《隋书·地理志》下卷三一“长沙郡又杂有夷蜑，名曰莫傜，自云其先祖有功，常免傜役”一

① 广东省民族研究所编印：《广东省畲族社会历史调查资料汇编》，1983 年，63～66 页。

段视为最初记载。杜甫五十七岁于大历三年冬至湖南岳阳长沙，作《岁晏行》，有“莫徭射雁鸣霜弓”诗句。这两条资料人所习知。其实在《梁书·张缵传》卷三四中云：

(湘) 州界零陵、衡阳等郡，有莫徭蛮者，依山险为居。

据此，“莫徭”一名在梁时已出现了。

《后汉书·南蛮传》卷八六记盘瓠事云：“今长沙武陵蛮是也。”《太平御览》卷七八五《南蛮》引用诸书，大都称武陵长沙郡夷为盘瓠之后。（干宝《晋纪》）“杷东蛮帅与田、李、向、邓各分盘瓠一礼（体）”（《唐书》）。固知向氏正为盘瓠之后。

南齐黄闵《武陵记》云：“山半有盘瓠石室，可容万人，中有石床，盘瓠行迹……遥见一石……，蛮俗相传，云是盘瓠像也。”（《太平御览》卷七八五引），本文在上面引晁诗所说“黄闵之记盘瓠行迹今依然”一句，即指此事。

《后汉书·南蛮传》卷八六记，帝以女配盘瓠，生子一十二人，六男六女。樊绰《蛮书》卷一〇引王通明《广异记》则言“盘瓠啮得戎寇吴将军头，帝妻以公主，封盘瓠为定边侯，公主分娩七块肉，割之有七男。长大各认一姓，今巴东姓田、雷、再（冉）、向、蒙、文、叔孙氏也。……盘瓠皮骨今见在黔中，田、雷等家时祀之”。这一条最有趣味，知唐时一般认为巴东七姓亦是出于盘瓠之后，此向氏必与上述宋代辰州之向氏为一系。

兹将有关盘瓠早期记载，表之如下：

(1) 应劭：《风俗通义》，佚文见《后汉书》李贤注及《太平御览》卷七八五引。

(2) 鱼豢：《魏略》，《太平御览》卷七八五四，夷部六“盘瓠”条。

(3) 干宝：《晋纪》，《太平御览》上引。又《文献通考·四裔考》引。《搜神记》，《太平御览》卷七五八，器物部三“盘”，又同书卷九〇五“狗”下。

(4) 郭璞：《玄中记》，《太平御览》卷九〇“狗”下记“狗氏国”，列于干宝前。《崇文总目》称郭景纯著。

(5) 范晔：《后汉书·南蛮传》，亦见《蛮书》引。

(6) 郦道元：《水经·沅水注》，道元以太和中从孝文北巡，见《漾水注》。太和元年为宋顺帝升明元年，三年入南齐。故《水经注》成书，必后于范晔。

（7）沈约：《宋书》卷九七《夷貊考》："荆、雍州蛮，盘瓠之后也。"

（8）黄闵：《武陵记》（一作《沅陵记》），《太平御览》卷七八五，四夷部六引。

（9）王通明：《广异记》，唐樊绰《蛮书》引。

沈约撰《宋书》卷九七，已承认"荆、雍州蛮，是盘瓠之后也"，所以他们的祖先神话都要追溯到盘瓠。鱼豢《魏略》卷二一云："高辛氏有老妇人居王室，得奇疾，医为挑之，得物大如茧，妇人盛瓠中覆之以盘，俄顷化为大瓠，其文五色，因名盘瓠。"豢为三国时魏侍中，这是相当早的大耳婆传说所出。后来畲民祖图中的始祖盘瓠传说故事，即由此而来。始祖盘瓠图卷在浙、闽、粤各地流传非常普遍。至今尚未有一完整的统计，但已被画家看成艺术作品而加以记录。在晁氏《开梅山》诗末云："开山易，防僚难。"宋时也通称徭人曰僚，僚音转作老。在潮州地方，元代方志中出现"不老"一名，殊属罕见。《永乐大典》卷五三四三引《元三阳志》卷三《风俗形胜》云：

> 郡以东，其地曰白瓷窑、曰水南，去城不五七里，乃外操一音，俗谓之"不老"，或曰韩公出刺之时，以正音为郡人诲，一失其真，遂不复变。市井间六七十载以前，犹有操是音者，今不闻矣。惟白瓷窑、水南之人相习犹故。
>
> 州之旧俗，妇女往来城市者，皆好高髻，与中州异，或以为椎结之遗风。嘉定间，曾侯噩下令谕之，旧俗为之一变，今无复有蛮妆者矣。

按畲民有平鬃、崎鬃之分，所谓高髻，实是畲俗。至于"不老"一名，老自是僚、佬。黎人自称，常加唇音读，如 b'li、b'loi、b'lay、bloy 等。（刘咸所记 1938 年文）梁剑韬谓贵州仲家至今称雷为巴来[①]，畲民每被以黎之称，凤凰山之山黎（犁）村为畲落，山黎犹言山畲，黎人自称 b'loi，b'li，b'lay。疑《三阳志》之"不老"，则 b'lay，乃畲民自称之号。畲语今与潮语、客语大体相类，只有若干词汇微有小异，久已同化[②]，在南宋时潮中土著必使用畲语为主要语言，故与中原之正音大相径庭。

---

① 《百越民族史论集》，北京，中国社会科学出版社，1982 年，26 页。

② 《潮安畲话概述》，载《中山大学学报》，1963 年第一、二期合刊，15 页。

《开梅山》是宋代武陵“猺”、“蛮”汉化的大事。梅山居潭、邵、辰、鼎、澧诸州的中间，其地即“五溪蛮”所聚居，其民皆盘瓠的后裔。唐及北宋尚无“畲民”之名，这些猺蛮应该即是该地“畲民”之先代。故开梅山一事宜补入畲民史。暹罗《猺人文书》中所言的梅山，当然即指这个梅山，可无问题。

曩岁在法国巴黎，曾读明嘉靖十四年序刊之戴璟修纂的《广东通志稿》共四十卷，字大如钱，此书在广东未易见到。其卷一八《风俗》潮州、饶平云：

> 山居顽犷，恒革斗以倡乱，名曰斗老。

革斗当是“格鬥”的借音，所谓“斗老”，应解作鬥老，昔时潮俗人喜械鬥，犹有余风。

同书卷三八《猺僮》章记各府县猺山之数，如清远猺山凡一百有六，阳春县猺山凡九十四，都是民族学的珍贵资料。其论猺云：

> 猺本盘瓠之种，产于湖广溪峒间，即古长沙、黔中五溪之蛮，其后生息蕃衍，南接二广，右引巴蜀，绵亘若（数）千里。

戴璟书是广东的第一部省志，他认为猺即盘瓠之种，这一说法，是很有见地的。

从暹罗《猺人文书》中提到其民人曾流落到广东的朝（潮）州，这正说明广东北江、东江的畲民和湖南梅山的“猺”、“蛮”存在着某种关系。向来对于畲族是否为“武陵蛮”的支裔及其迁徙路线诸疑难问题，现在从暹罗的《猺人文书》似乎可以找到一点答案。

关于瑶与畲在历史上的关系问题，有两桩事应该进行探讨：一是全国南方各地现存“始祖盘瓠图卷”的调查统计。二是对川、湘、闽、粤各瑶、畲大姓的谱牒作广泛的调查，再和历史上记载结合作比较研究。本文即是第二项工作的一种尝试。

本文的初步看法不知是否有当，希望研究畲族史的专家给以批评及指正。

原载《畲族研究论文集》，北京，民族出版社，1987

岭南考古论题

广东省博物馆杨式挺先生近日裒集他若干年来著述、论文汇为一编，以余早岁从事方志工作，不以衰朽冥顽见弃，嘱为喤引，不辞固陋，谨缀数言弁于其端。杨君从事考古专业多年，多所创获，细读此书，其特色有三：(1)每涉一专题必作综合性的全面考察；(2)必引证文献史料，故所论皆信而有征；(3)必原始要终，细加辨析，以求其是。综此三长，信足为来学典范。

窃有二、三问题，久梗胸中，愿借此拈出，以供讨论：

(一)出合浦县西汉大墓的"劳邑执封"一印，杨君据《汉书·地理志》断为朱卢县应在合浦。[①] 按《水经·郁水注》："郁水又东迳高要县，牢水注之，水南出交州合浦郡治合浦县，汉武帝元鼎六年平越所置也。……牢水自北流迳高要县入于郁水。"

《汉志》合浦郡临允下云："牢水北至高要入郁。"杨守敬谓牢水今曰罗银水。出新兴县西南东北流至高要县南入西江。[②] 余谓劳、牢同音，劳邑可能因牢水而得名，劳邑所在，可提供一线索。

(二)《水经·浪水注》："水……又迳博罗县西界龙川，左思所谓'目龙川而带坰'者也。赵佗乘此县而跨据南越矣。"左思语出《吴都赋》，佗秦时曾为龙川令。《浪水注》记尉佗墓甚详悉，引裴渊《广州记》："城北有尉佗

① 见该集《"朱庐执封"银印考释——兼论朱卢、朱崖问题》一文。

② 参看《水经注疏》卷六，江苏古籍出版社印本，2993页。

墓，吴黄武五年，孙权使治中从事吕瑜访凿佗墓，自天井至北山，……卒不能得。”《御览》五三引裴渊同记：“城西北五里连续大岗直上百寻，名为越王冢。吴朝掘尉佗墓竟无所见，于天井岗得六玉玺。”是佗墓吴时发掘实况如此。考《元和郡县志·岭南道南海县》下云：赵佗故城。……尉佗墓在县东北八里。又言：佗葬在禺山，葬与此相连接耳。

又《郡县志》十七《河北道真定县》下云：赵佗墓，在县北十三里。……文帝为先人置守冢，昆弟在者存问之。

此叙唐时佗原籍真定有佗之墓，当是后来衣冠冢，佗无由返乡立冢也。而禺山之冢，亦复扑朔迷离。近日广州市忠佑大街掘出南越宫署遗址，有斗大“蕃”字大篆，刻于铺砌石板之上。是否属佗时物，尚未能定。论者谓是南越国宫署遗址之一部分。按《御览》一七二引《广州记》，尉佗筑朝台以朝天子。又引《南越记》：“朝台下有赵佗故城。朝台西二十里即岗旁江，构越华馆以送陆贾，因称朝亭。”带“蕃”字铺砌，与朝台有无关系，正有待于寻证。

（三）刻划于陶器上之符号，为江南地区有百越史前文化之共同因素，广东亦然。始兴白石坪、饶平浮滨、曲江石峡、佛山河宕等处皆有刻划陶片。杨君撰《试考古发现探索百越文化源流的若干问题》一文中，提出肩斧、段斧（锛）、石钺诸器流布及于海外印支半岛。此事日本及菲律宾考古家讨论至繁，孰先孰后，目前仍难遽下断语。所谓百越，实不限于两广，（四川）宜宾亦出肩斧、段斧（锛）。远至西南云贵高原，亦有越人足迹。[①] 1963 年，我在印度蒲那（Poona）研究 Indus Valley 的图形符号，涉猎印度地区考古书籍，始知肩斧、段斧亦密布于印度东部 Assam 及 Bengal 山区地带，考古学者 Bridget 辈都承认在新石器时代受到中、缅的影响。余曾举出印度 Rangpum 出土陶文与（广州）华侨新村陶符雷同之例[②]，百越常见之 ||、川、╳、⊠、→诸符号均见于印度等地。《华阳国志·南中志》记“永昌有闽濮、鸠僚、骠越、裸濮、身毒之民”，印度人久已侨居于滇越，僄越即缅甸。故余认为古代越族文化传入印东，似为不争之事实。所谓“越”者，其分布至广，可能远及于南亚，此一崭新主题，有需要继续深入探讨，一向未有人注意及之，故为提出，以质正于高明。

---

① 参看汪宁生文，载《百越民族史论集》，231 页；拙作《选堂集林·史林》，1399 页。

② 参看拙著《梵学集》，上海古籍出版社印，353～370 页。

以上三点，略据所见，幸垂教焉。

附　词一首：

夜飞鹊

绸缪岭南事，稽古年年。石峡稻粒依然。西樵踯躅贝丘地，拔牙证俗开先。低徊牛围墓葬，更杏花河畔、鹿尾村前。象岗废畹，起嵯峨、南越新阡。

无数新知收获，足锄经订史，苴缀陈编。犹记尉佗逾岭，上书求女，为卒补毡。兰珠余韵，抚铜弩、意极缠绵。愿从君问故，花间量屐，酒后摊笺。

附注

近时香港重要发见，有拔牙头骨，足证其先民为古越人。尉佗上书“求女无夫家者三万人以为士卒衣补”[①]。蛮王女兰珠精制弩，佗遣子赘其家。[②]

吾粤西汉末叶，有经学家陈钦父子。开封遗物出土，方悟其文化渊源之远。拙句杏花河，因其字面甚雅，用之倚声亦自恰当。弟近著《符号初文与字母》（商务印书馆出版），其中论越系陶文，仍坚信印度东部 Rampur 之符号应属百越一系，望兄有以论定之。

1995 年 12 月香港

① 见《淮南传》。

② 见《粤峤志》。

九龙与宋季史料

卷六

饶宗颐二十世纪学术文集·史学

目　录

简　序

两年半以前，余撰《宋末二帝南迁辇路考》，曾以初稿示挚友饶教授固庵。饶子阅竟，对于硇洲所在地问题表示异见，谓其应为化州之碙洲而非广州之大屿山，余则坚主在广而不在化之说，斤斤讨论，相持不决。余力请其撰为驳议，引出凭据，发挥所见，藉共商榷，且出以幽默语调，含笑向其挑战，声言倘提出充分证据，足以折服拙见者，当悬白旗而向真理投降。盖彼此治学一本科学精神与方法，虚己从事，至诚相待，同奉真理为至高至尊之标准与鹄的，而不固执私见成见，尤不以意气用事，妄为口舌之争也。

饶子闻而嘉许此为豁达大度与客观的治学精神，欣然诺焉。时，王世昭君亦在座，亟鼓掌称善，并谓此种友谊的、善意的、积极求真的论辩，毋意、必、固、我的研究，足以开文化学术界之风气，当拭目观之云。未几，饶子果以万言长篇抵余，余亦以长篇答之。自是以后，彼此往复辩论，辞达三万言，统载余主编之《宋皇台纪念集》。迨该集付梓，讨论结束，而饶子之心灵活动与知识兴味，一发难收，继续发掘史料，虚心研究，卒成《九龙与宋季史料》一书。余初聆此消息，不禁为之愕然惊奇焉。

日者，饶子出其新著全稿见示，且曰："余本无心研究九龙史迹，自前岁拜读尊著，始措意及之，乃相与为硇洲所在地问题作详尽公允之商讨，彼此同意之断论虽未得，而于搜索古籍中，再得见其他史料多种，不忍舍弃，因汇编为一集，将梓以问世，冀为学术界研究此一时期与地区的历史之补助焉。

君为最初激发此新兴味与新努力者，乃有此成果，盍为之序，以明此书撰写之由来?”余有感于其处己之谦抑，求真之热诚，与乎治学之勤恳，复钦迟其忠于所忠、信其所信之真学者的精神，遂不辞而接受其稿本以归。顾余于斯时，别有会心，顿起自私之念，盖亟欲借助于其新得之史料，以补充或修正个人关于二帝辇路之考证也。

在余初时信口沿用“挑战”成语，原含有挑之激之邀之期之共事论辩以阐明真理之意（照英文 challenge 一字实有此义），冀各能不断发见新史料，不断陈出新见解，终有以解决困难问题。今也何幸，因此一激，而得收此意外奇效！新书在手，且喜先睹为快。既穷一周之力，细读两遍，深觉其搜罗之广博，内容之宏富，分析研核之精微，与立论诠释之新颖，足令后之研究者，坐收参考之便利与启迪之实益，善莫大焉。余首拜嘉惠，即采摭数条，以作拙著（已印就多时）之补志（一一注明出处与来源），不敢掠美，先行走笔致谢。

一般言之，除个人兴味所及实收其益之外，余相信此书将必大有贡献于宋季史事之研究。兹就管见所及，试约为二大范畴以表出之：一曰难得罕见的史料之发见，一曰特殊重要的问题之提出。

（一）本书所蒐集之史料中，有几种是极为难得罕见而由饶子发掘出来公之于众者，列举其尤著者如下：

（1）陈仲微之《二王本末》，为治南宋史者所必读之书，据饶子考出，在元时已刻印两次，明清至少复有四次。元朝版本，一在仁宗皇庆元年（1312），一在英宗至治三年（1323），从此可证实是书确于元世祖至元十九年（1282）戊午之秋（即文信国就义前数月），由安南贡使携归燕京，良以其后三十年及四十一年，即有上言两版本相继印行也。抑为难得者，饶子不惮烦而远从台湾“中央”图书馆查得有邓邦述所藏旧钞本，经照元刻本校勘，已有“碙川属广之东莞县……”句语。凡此二点，固对于余前所断定者大有助力，而且对于该书内容真伪之判别，亦大有分量，此或非辛勤搜集之饶子意料所及者，然既发见之，且发表之，此其重真理的是非过于私人的利害之大公至诚的精神，不尤足钦佩乎？

（2）饶子于周密（宋末元初）所著之《浩然斋雅谈》及《癸辛杂识续集》两书录出有关于宋末史事之特载，如杨亮节殉节于厓山，慈元杨太后之父为杨缵而非杨镇，碙洲在雷州境界，帝昰御容锐下（即面尖）而眇一目等，均有助于历史研究。（饶子早经录示诸条，予曾发表杨亮节死事于1958年12月27日《自由人》，又采用杨缵事以修正拙著《辇路考》，均注明来源，独碙洲在雷州界一点，仍未置信。）

（3）《填海录》佚书，为邓光荐遗著所以上进元廷者，此饶子根据另行发见之黄溍一文（详后）而确定之，而且断定其内容之大部分是录自陆秀夫之《海上日记》者。后一点，余虽未敢信为绝对真实，固亦认为大有可能者也。

（4）元人黄溍之《番禺客语》——即《陆丞相传后叙》一文，《厓山集》（即明人南海张诩所著《厓山志》残本）尝数引之，惟原文人所罕睹，甚至阮元之《广东通志》亦云“未见”。饶子竟以全文录出，姑无论其内容如何，吾人今乃得读，宁非快事？

（5）宋人徐度之《却扫篇》，说明宋室帝女之改称为“帝姬”，始于徽宗政和间，但南渡后，高宗即复“公主”之称，此足证明《赵氏族谱》以南宋沿称“帝姬”之误。

（6）黄安涛《高州志》载，有文昌令陈惟中运饷至井澳，将趋碙洲，遇元将刘深来追，张世杰前锋稍却，惟中力战，深卒败逃。此事，古今人论宋末史事者鲜加注意，今得饶子引出，至可感也。曷言可感？良以其大有利于余主张碙洲在广之说也。

（7）“碙”、“硇”二字之字形，异文、训诂，与“碙洲”名称之由来，均经饶子一一举出，诚发前人所未发者。

（8）宋代官富场——盐场——之地理及行政制度，与大屿山禁私盐事，饶子亦多所表出，兹不赘述。

（9）对于九龙年前新发见之李郑屋村古墓砖文“大治历”三字，饶子亦附有崭新的见解，余于此问题无精细研究，不敢置喙矣。

（10）关于九龙侯王庙之来历，余在《辇路考》已断定其非祀帝昺母舅杨亮节者，今再得饶子旁征博引，另行列举史料多条，殊堪证实其神确非杨亮节，而昔年陈伯陶所提倡之说，复经此一击，完全粉碎了。泰山可移，铁定之案不可动，此又饶子之功欤。

（11）近代研究广东文献者，多奉阮元之《广东通志》为权威，即如戴肇宸之《广州府志》辄引用之。然细考其内容，亦不无舛讹之处。饶子于此书，揭发其有关九龙史迹之讹误数条（例如：“司盐都尉”误作“司监都尉”。一字之差，又足订正监本宋书之讹）。自是有补助于将来之修志与研究者。

以上十一条，为本书对史学贡献之荦荦大端，至在琳琅满目、范围甚广之史料中，其他特色尚夥，兹弗及。

（二）此书提出有三个半问题，皆与宋末二帝所经地点有关者，殊值得史学界之注意，复为分述如次：

（1）“梅蔚”现在何处，未能确定，此饶子与余之结论相同，但饶子附加一语云：“梅蔚所在地，属惠抑属广，尚难确定。”考历来学人虽未知其地，但率以为属广州（余亦云然），即屈大均《广东新语》中，及嘉庆《新安县志》地图上，亦以其在香港附近为一小岛（今名未知）。然自惠州之甲子门沿海岸西行数百里以至广州之新安，中途经过惠州陆丰、海丰两县，又安知当年二帝所驻跸之梅蔚，非其间隶属惠州之一岛屿耶！若然，则屈著与《新安县志》地图等均误矣。饶子此问，颇为合理，亟宜研究。

（2）根据黄溍之《陆丞相传后叙》帝昰“四月次官富场，六月次古墐”。饶子遂断定他籍之作“古塔”者为“古墐”之形讹。此说完全推翻最近几经研究考察而后获得之古塔即南佛堂之论断。考官富场近海处昔有古瑾围，即古瑾村，在今之马头围地方，为帝昰到官富场登陆处（亦犹到九龙在尖沙咀登岸）。今以“古塔”为“古墐”之形讹，是极大胆之假定，余虽未敢苟同，仍不得不认为新提出之问题。

（3）“井澳”、“谢女峡”，饶子详考地理，断定为中山县南之大横琴、小横琴两岛，此与拙见相同。然考之各志书及地图，则见两岛位置，或作一东一西，或作一南一北，完全相反，殊可诧异。今饶子虽知两岛“相连”，而未明言其位置如何——是东西抑南北相连，是故吾以为其留下——不是提出——半条问题，仍有待解决者。（按：余在《辇路考》之十九、二十，考证两岛均在今澳门之南，谢女峡即小横琴在北，井澳即大横琴在南。饶君早已看过此稿，想未注意此小点，故不言之耳。）

（4）碙洲在化而非在广之说，饶子向主之，余则坚信其在广。此书汇刊与余讨论之前后两篇（载《宋皇台纪念集》，另有余之答辩，本书未编入），而末则附加“质疑”九条，均针对余之辩辞作为总答覆，但仍未能折服拙论，将于《纪念集》编后记再略抒意见。于兹不辩，礼也。然饶子之总答覆，亦可视为重新提出此碙洲所在地问题，而有待于史学界之考究与判断者。至其所网罗有关此问题之史料，姑无论诠释如何，结论如何，殆已大备，足为深邃透彻研究之用，此其功也。

昔章实斋（学诚）之论史也，揭橥一大原则：以史家于“史才”、“史学”、“史识”三大条件之外，尤须有“史德”。今饶子新著，成绩辉煌，四美具备，而“自然之公”与“中平正直”之“史德”，特别昭著，誉为良史良书，倘非溢美欤！是用掬敬诚之心，书真实之见，成此序文，聊当桂冠之奉云。

1959年中秋前一日驭繁简又文撰于九龙猛进书屋

引　言

近时，因鲤鱼门外北佛堂门，南宋咸淳年间官富场盐官严益彰碑刻之踏勘，引起学术界普遍注意，此为港九有年号之最古刻石，颇有裨宋季香港史之探讨。如碑中言及“南堂古塔”，论者每取以解释帝昰舟所次之“古塔”，说似是矣；然细究之，实不尽然。鄙见纸上资料之发见，较之实物资料，其价值正宜等量齐观。以帝昰帝昺有关史料而论，一般所采用者，除宋史外，多取资百粤方志及族谱，惟此种书籍，类出于钞撮，不可尽信，率尔援用，易蹈错误。

是故史料之审订，乃治史第一步工夫，不可忽也。宋季史料，学者习用者，又有陈仲微《二王本末》及《厓山志》，然仲微书已经后人增窜，《厓山志》亦出明人纂辑，严格言之，均非第一手资料。今欲尚论二王史迹，惟有求之宋元人记载，比勘推证，庶几能获较可信之史实。以余所知，邓光荐《填海录》，黄溍撰《陆君实传后序》，周密之《二王入闽大略》，并其重要篇翰，而黄序尤有名，钱牧斋至称其可上继班、马。惟粤东方志谈二王史事者，曾未征引及之，故立说多疏，未克收批却导窾之效，为可惜也。（阮元《广东通志》一九三《艺文略》著录《番禺客语》一卷，元黄溍撰。注云：“未见。”戴肇辰《广州志》亦未引用，香山东莞各志皆然，盖当日修志诸公，未注意黄溍此篇，全文详本书“附录”。）

百粤史事，余曩者稍曾究心。民国二十六年，任中山大学广东通志馆专任纂修，其后总纂《潮州志》，于宋帝海上播迁史迹，妄有著论。十载以来，此调久已不弹。比岁朋侪中，若罗香林、简又文两先生对此问题，均有专文考证，淹贯殚洽，贡献至巨；浅陋如余，无庸多所置喙。惟拙文屡蒙征引，频年涉猎宋元人集部较多，见解稍异于前。所见宋季二帝资料，间有越两君以外者，未敢自秘。去冬以硇洲问题，与简君往覆商榷，文字累万言。简君复时以电话，与余讨论，恒至丙夜，不能自休，以此为乐；但胸中所欲倾吐者，非顷刻数语所能尽，故于暇日草成是篇，珠玉在前，只惭浅拙，聊向二君沐手请益，非敢自信为是耳。旧学商量，或加邃密，想当莞尔一笑，不以余之觇缕，为多事也。犹念往日穗垣文献馆之役，吾三人者于地方文献，皆有同嗜，考论今古，纫兰非远，盍簪可亲。今则播迁海隅，天假之缘，犹得聚首，孜孜蠹简之中；风雨如晦，共此寂寥，笔研未焚，缟纻弥笃。重拾坠盟，不知何日，兴言及此，不禁感慨系之矣。

宋元间人所记海上行朝史料评述

考证史事，以资料之蒐集及审定为先务，宋季二帝播迁闽广，宋元人记载已多歧异，方志之属，更无论矣。兹就所知见，列举而评隲如下：

一、《宋史·二王纪》

《宋史》所记，与《经世大典》颇有出入。史既修成，邓光荐家始将其根据陆秀夫日记写成之《填海录》上进，已不及采入。（事见黄溍撰《陆君实传后序》)。故帝昰在官富场一带之行踪，《宋史》未能详载。祥符王惟俭《宋史记》（冯平山图书馆藏钞本）卷十三《帝昰端宗帝昺本纪》，与《宋史》此纪几全同。柯维骐《宋史新编》钱士升《度宗三帝本纪》则采自《厓山志》，所记较详。并于梅蔚、官富场、浅湾诸地名，皆冠以“广之”两字，惟不采“次古塔”一条。①

二、《元经世大典·征伐平宋篇》

载《元文类》卷四十一。文中有云“福建宣慰使唆都言：南剑州安抚司

① 维骐，嘉靖二年进士；惟俭，万历二十三年进士。王氏成书在柯氏之后，可参《蛾术编》卷十“改修宋史”条。

达鲁花赤马良佐，遣人于福泉等处，密探得残宋建都广州，改咸熙元年”云云。知所记多出自当日官方情报，不能尽得实。“咸熙”乃“景炎”之误，黄溍已辨正之。[1]

三、邓光荐《填海录》(据陆秀夫日记而作)、《续宋书》

《填海录》出自邓光荐家。黄溍撰《陆君实传后序》云：“（宋）史既成，而邓光荐家，始以其《填海录》等书上进。”又于“陈宝降”句下云“而《填海录》及其所撰《祥兴本纪》”云云，则邓氏又著有《祥兴本纪》一篇。《宋史》成于至正五年，邓氏此书始出，去宋亡已六十余年矣。溍于此序自注，每引《填海录》语，弘治《厓山集》亦屡引之。[2]。《文山纪年录》云“杂取宋礼部侍郎邓光荐中甫所撰丞相传、附传、海上录”，则此书亦名《海上录》也。邓氏记二王事，乃得自陆秀夫。《宋史·秀夫传》：“方秀夫海上时，记二王事为一书甚悉，以授礼部侍郎邓光荐。曰：君后死，幸传之。其后厓山平，光荐以书还庐陵。大德初，光荐卒，其书存亡无所知。”然龚开为秀夫传，则谓：“君实在海上，乃有手书日记；日记藏邓礼部光荐家，数从邓取之不得。故传所登载，殊弗能详。”盖龚开深以不获见秀夫日记为憾，秀夫日记存于光荐处，原本亡佚也，故邓氏得藉以成《填海录》。黄溍云“其家以《填海录》等上进”，是《填海录》一书，即以陆秀夫日记为蓝本也。光荐留心宋季史迹，《千顷堂书目》五光荐有《续宋书》、《德祐日记》二种，钱氏《补元史艺文志》、倪氏《宋史艺文志补》据之著录。又光荐所作《文丞相传》及《文丞相督府忠义传》[3]，皆在《续宋书》中，据危素《西台恸哭记》跋云：“文丞相忠义明白，世多为之纪载，礼部侍郎邓公光荐作《续宋书》，最为详备，文公之将校名姓，往往在焉。”是其明证。[4] 又黄溍引其《祥兴本纪》，当亦《续宋书》之一篇。文文山送光荐诗云“愿持丹一寸，写入青琅玕”，盖望其传述宋史，文、陆两公同此志也。光荐史学名家，故所记宋季行朝事，实最为可信云。

---

① 《经世大典》乃天历二年，命赵世延、虞集等修。苏天爵《元文类》仅选载数篇。

② 清王邦采注吴莱诗，亦数引《填海录》。

③ 载入《文山全集》十九。

④ 危素有《宋史稿》五十卷，其书不传。

四、陈仲微《广王卫王本末》

此书四库著录（卷十一），乃浙江汪启淑家藏本，为《宋季三朝政要》卷六附录。前有题记言："丙子，从二王入广，目击当时之事，逐日抄录。厓山败，流落安南。壬午岁，安南国使入觐，因言仲微之事，而得仲微所著《二王首末》，重加编次，以广其传。"壬午为元世祖十九年，是岁文天祥就义。此书多经元人增窜，不少钞袭文文山《集杜诗》句。又记文山之死，显非仲微所及知，其言苏、刘义事尤乖异。书中前后相违伐者，如记世杰拥祥兴帝及杨太后脱去，继又云丞相陆秀夫抱卫王赴海死，多所矛盾。观邓光荐所著题曰《祥兴本纪》，仲微为宋贞臣，对端宗尤不应称"广王"，对祥兴帝不应称"卫王"。最可异者，即误广王昺作广王昰，故知此书题名，显亦出元人所改，非其朔也。

《二王本末》向附《三朝政要》以行，在卷六中。《政要》不著撰人名氏，《四库提要》言"卷首题词，称理宗国史为元载入北都，无复可考；故纂集理、度二朝及幼主本末，附以广、益二王事。其体亦编年之流，盖宋之遗老所为也。然理宗以后国史，修《宋史》者实见之，故《本纪》所载，反详于是书。又是书得于传闻，不无舛误"云云。今观《二王本末》所纪，实较《宋史·二王纪》为疏略，四库评语，颇为允当，盖其资料，多为修《宋史》者所不取。

（一）元仁宗皇庆（元年）壬子建安陈氏余庆堂刊本

钱大昕《补元史艺文志》云："六卷，起宝庆，终祥兴。"仪顾堂《续跋》六云：书五卷，附录一卷。目录前有"陈氏余庆刊"一行，目后有"皇庆壬子"四字。附录题"广王本末，陈仲微录"[①]。

按罗振玉曾覆影皇庆此本，收入《宸翰楼丛书》。

（二）元英宗至治（三年）癸亥云衢张氏新刊本

日本《经籍访古志》三云：卷首载目，有行书识语。卷六广王，不题撰人名氏。卷端页头，题"云衢张鼎新绣梓"。目录末有"至治癸亥张氏新刊木

① 建安陈氏余庆堂事，详《书林清话》卷四。

记”。日本静嘉堂文库今藏有一部。

（三）明张萱刊本

见邵氏《四库总目标注》。（《经籍访古志》谓《三朝政要》，又明刊本体例行款与至治本同。未知视张本如何。）

（四）清乾隆张海鹏《学津讨原》本

卷六《广王本末》下，不题“陈仲微述”，卷末至“舍生而取义信哉”止，而缺“盖死者人之所难”以下三百余字。有屈振镛、张海鹏跋。屈跋云：“第六卷首叙陈仲微抄录二王事，得自安南使人，是亦当时野史而已。”

（五）录熙祚《守山阁丛书》本

以赵、魏校本付梓。有吴焯跋谓：“作者不传姓氏，此元初人有心于旧闻者。”仪顾堂跋谓其“又有据别本妄增者，盖与张本伯仲间耳，均非善本”。

（六）咸丰间伍崇曜《粤雅堂丛书》本

书题《宋季三朝政要附录》，无“卷六”二字。伍跋谓“此编为吴荷屋（荣光）中丞藏本，袁寿阶五研楼中物”。按袁氏名廷梼，其钞本有嘉庆十五年陈鳣手记，后归丁氏善本书室[①]，伍氏即据此本付刊。

至其他钞本，善本书室有嘉靖壬戌周文鼎（约耕）钞本，日本静嘉堂有黄丕烈校钞本，台湾“中央”图书馆有邓邦述（群碧楼）朱蓝二色手校本，惜莫由汇集，为之详校。考《宋史》成于至正间，在此书刊行后多年，而此书自皇庆迄于至治，十年之间，镂版再者，在当日必甚流行。时《宋史》尚未成书，诚如《四库提要》所言，当时修《宋史》诸公，对仲微《二王本末》当曾寓目。而邓光荐书行世较晚，最为可信。故黄溍据之以校订《宋史》及《经世大典》。仲微此书，谅以其习见，又多经坊肆改窜，故不为人重视欤。

五、文天祥《集杜诗》

载《文山全集》卷十六。自“景炎拥立”第二十八以下，至“曾渊子”

① 见《藏书志》卷七。

第四十四若干首，与“陆枢密秀夫”第五十二等篇，皆赋景炎、祥兴及海上诸臣事；其小序尤具史料价值。其“景炎宾天”第三十一、“祥兴”第三十六序，与《二王本末》所记全同，盖元时重编仲微书者钞袭之也。

六、周密《二王入闽大略》

见《癸辛杂识续集上》。草窗自注云：“姜大成云。”盖出姜氏所述，其中颇多珍闻，如注明“硇洲属雷州界”，足正《二王本末》之讹。言杨亮节与陆秀夫皆溺海而死，可匡正陈伯陶之说。又言“益王锐下，一目几眇”，《赵氏谱》载有二王画像，容貌端正，与草窗所记殊不类。

七、郑思肖《心史》

《心史》下卷有文丞相叙、祭大宋忠臣文，又《大义略叙》长篇，末题德祐八年著述，德祐九年重修，尤为重要。其书于海上行朝史迹，虽未详尽，亦足资参证。如谓“景炎皇帝以病崩于南恩州界”及“欑葬硇洲”，他书皆言景炎崩于化之硇洲，黄溍则云殂于舟中，盖化之硇洲与南恩州正相近也。文于陈宜中及逃亡诸臣颇多责难，大义凛然。谓宜中初奔占城，又遁而奔阇婆等，足补史乘所不及。又言世杰奉祥兴帝奔遁，与《宋史》不合。所南又于《中兴集》卷二少保张世杰一首序，谓少保实未死，亦与《昭忠录》及黄溍注引《填海录》说所记大异，实不可信，故《四库提要》斥为无稽之谈也。

八、龚开《宋陆君实传》

文载程敏政《宋遗民录》卷十。[1] 记己卯二月六日癸未，厓山之败，君实抱幼君，以匹练束如一体，用黄金硾腰间，君臣赴水而死。足正《心史》言世杰奉祥兴帝奔之误传。《传》又言：“君实在海上，与青原人邓中甫光荐善，尝手书日记授中甫曰：足下若后死，以此册传故人。仆尝托黄君佐圭从中甫取册，不得，姑以所闻，辑为此传”。具见秀夫日记，实在光荐家。开字圣

① 敏政之前，尚有无名氏编《宋遗民录》一卷，洪武间钞本，《四库》十三著录。

予，号翠岩，淮阴人。以画马名（传世有《骏骨图》），少与秀夫同居广陵幕府。[1] 此《传》又载于《陆右丞蹈海录》。初，吴莱曾取开所作天祥、秀夫两传，附以杂记，题曰《桑海遗录》。[2] 钱牧斋读吴莱此序，复录此二传，益以黄溍君实传后序，题曰《重辑桑海遗录》。有序作于万历四十七年四月，文载《初学集》卷二十八。

九、黄溍《陆丞相传后叙》（并自注）

文载《金华黄先生集》卷三。[3] 初，溍憾龚开所记陆秀夫事未能详悉。及在金陵，客有来自番禺者，颇能道厓山事，因为之记。明人所辑《厓山集》，每引“客语”，即溍此文也。阮元《广东志》据黄佐志著录元黄溍《番禺客语》一卷，即此文，而注云“未见”，故言二王事，不能详备。溍此篇成于至大二年春，又以客语不敢尽信，及至京师，见新史（按指《宋史》）《本纪》与《皇朝经世大典》有不尽合；《宋史》既成，邓光荐家始以其《填海录》等书上进，复不无差异。溍乃摭取其书附注本文之下，考校綦详，言二王事迹者，此篇实为无上资料，注语尤为矜贵。《宋遗民录》原无此文，鲍廷博据《蹈海录》补，乃不采入注语，殊为可惜。邓光荐《填海录》原书，今不可睹，赖溍此篇自注存其厓略，更可宝也。

此篇分两部分，一为传后序，末自题“至大二年春东阳布衣”，时溍尚未出仕；一为注语，则作于《宋史》既成之后，相去垂四十年。据宋濂撰《金华黄先生行状》，溍兼国史院编修在至顺二年，《宋史》成书则在至正五年（见阿鲁图表），《经世大典》成于至顺二年，自注语乃取新修《宋史》，《经世大典》与《填海录》校勘，则作于至正五年以后。考《宋史》书成，溍已六十有九[4]，则去至大二年已三十七年矣。注语为晚岁所作，足见昔贤治史之不苟，诚为不可及者。故钱牧斋称：“溍作《陆君实传后序》，补圣予（龚开）

① 见吴莱：《桑海遗录序》。

② 有序见《渊颖先生文集》十二。

③ 是集共四十三卷。初稿三卷，危素所编；续稿四十卷，则门人王祎、宋濂所编。板本颇多，《金华丛书》本称《黄文献公集》，《四部丛刊》初印用影写元本，后张菊生于日本岩崎氏访得元刊本，乃合常熟瞿氏、上元宗氏所藏元刊本汇影之，最称足本。缩本《四部丛刊》，即用元刊本，足以窥见元刻真貌。

④ 《行状》称“至正三年春，先生始六十有七。”。

之阙逸，订新史之同异，其文亦迁固俦也。”[①] 可谓知言。

十、吴莱《南海山水人物古迹记》

载《渊颖吴先生文集》卷九。凡三十三条，涉及宋季行朝者仅“仙女湾”、“厓山”二条。又“大奚山”一条，但云“一曰硇洲”，不及二王事。吴莱未至广东，所记乃据东阳李生口述。莱又辑有《桑海遗录》，书亡，仅存序，见《文集》十二。

十一、《昭忠录》

无名氏撰，今有《粤雅堂丛书》第二集本、《守山阁丛书》本。记南宋忠节事迹，其中文天祥、陆秀夫、苏刘义各传，皆极重要。《四库提要》十二著录，谓书中“张世杰在厓山，及谢枋得被征事，所载比诸书为详”，是也。

其他有关之佚籍，如失名之《广王事迹》一卷（见《宋史·艺文志》），《行朝录》、《方舆纪要》一百一《新安县》下屡引之。《千顷堂书目》五有宋端仪《宋行朝录》，或即此。他若张枢之《宋季逸事》[②]，惜其书均不可见。

十二、姚燧《中书丞李公家庙碑》、《平章政事史公神道碑》

上二篇俱载《牧庵集》。李恒碑述厓山事，史格碑述雷州事，均有裨于考证。

此外如元刘敏中《平宋录》[③]，及明丁元吉《陆右丞蹈海录》（书作于成化年间），或与帝昰无关，或成于元、明以降，非属本文范围，兹不具论。

---

① 《重辑桑海遗录序》。

② 见《金华黄先生集》三十；《张子长墓表》。

③ 作者题名从《四库提要》十一。记元兵下临安，及宋幼主北迁事。

《宋史》、《元经世大典》、《填海录》、《二王本末》、《厓山集》五种史料所记二帝行踪撰异

二帝事迹，明人所编《厓山志》，记载甚备，柯维骐《宋史新编》、钱士升《南宋书》及地方志乘，多采其说。成化间，张诩撰《厓山志》十八卷，原书未见。今《涵芬楼秘笈》第四集，收有佚名弘治刊《厓山集》残帙，似即张诩之书。又万历庚辰进士黄淳，有重修《厓山新志》五卷（万历三十九年辛亥刊本），视张志又有增改，清季粤乘排比前事，据黄淳志者尤多。

一、史料比较表

今取弘治《厓山集》所记二帝行踪，与《宋史》、《元经世大典》，及《填海录》、《二王本末》诸书，比勘如下：

《宋史》	《元经世大典》	《填海录》	《二王本末》	《厓山集》
丙子（景炎元年，至元十三年，公元1276年）十一年乙巳，昰入海，十二月辛酉朔，赵潜弃广州。乙酉：昰次甲子门。	丙子，遁海外硇洲。	丙子十一月，入海。十二月，次甲子门。	丙子十一月乙巳，奉景炎帝等登舟。……至泉州……趋潮州，至惠州之甲子门驻焉。十二月，景炎帝至广州，守臣薛应龙等迎入州治，作行宫。（《厓志》作刘应龙）景炎帝趋于富场。	丙子十一月乙巳，奉帝登舟。十二月乙酉，帝舟次于惠州之甲子门。帝至广州，迎入州治，作行宫。
丁丑（景炎二年，至元十四年，公元1277年）十月，元帅刘深以舟师攻昰于浅湾，昰走秀山。十二月丙子，昰至井澳，飓风坏舟。旬余，诸兵始稍集。丁丑，刘深追昰至七州洋，执俞如珪。	丁丑九月，福建宣慰使探得残宋建都广州，改咸熙元年。又闻：师至港口，为广州官军杀退，回在海内，有一山名秀山，又名武空山，山上民万余家，昰买富人宅作殿阙。十二月中旬，宋张镇孙降，昰等走香山。十八日，塔出遣谕，昰等惊溃不知所之，又追袭之，遇于香山。俘李茂等，茂对：船至虎头山，为风坏船。二十三日，追昰至广州七洲洋，获俞如珪。	丁丑正月，次梅蔚。四月，移广州境，次官富场。六月，次古墐。九月，次浅湾。十二月，驻秀山，一名武山，一名虎头山。入海至井澳，一名仙女澳。风大作，舟败。复入海至七州洋，欲往占城，不果，遂驻硇洲镇，隶化州。	丁丑十一月，广州城陷，张镇孙死之。大军至，次仙澳，与战得利，寻望南去，止硇洲。硇洲属广之东莞县，与州治相对。十二月，景炎帝舟迁于谢女峡，陈宜中之占城。	丁丑正月，帝舟次于广之梅蔚。四月，帝舟次于广之官富场。六月，帝舟次于广之古塔。九月，帝舟次于广之浅湾。十一月，元刘深袭浅湾，张世杰败绩。十二月，退保秀山，寻移井澳。丙子飓作，旬余诸兵始集。刘深复袭井澳，世杰却之。宜中如占城，帝舟次谢女峡。丁丑，刘深追至七星洋，执俞如珪。

续前表

《宋史》	《元经世大典》	《填海录》	《二王本末》	《厓山集》
戊寅（宋景炎三年、祥兴元年，元至元十五年，公元1278年）正月，大军夷广州城。三月，昰欲往居占城，不果，遂驻硐洲。遣兵取雷州，曾渊子自雷州来。四月戊辰，昰殂于硐洲，庚午，立卫王，五月癸未朔，改元祥兴。乙酉，升硐洲为翔龙县。六月己未，昺徙居厓山，升广州为翔龙府。	戊寅五月二十九，王用来降，言昰已死，硐洲无粮，闻琼州守臣欲给粮，止有水磊浦通舟，宜以兵守之。	戊寅四月戊辰，昰殂于舟中。自井澳遇风，惊悸成疾，以至大渐。（遇风之日，新史以为丙子，《填海录》以为丙寅）庚午，卫王袭位。升其地为翔龙县。（《填海录》以为祥龙，又以为龙兴。）上庙号，以四月辛巳。梓宫发引，以八月乙亥。殡宫复土，以九月壬午。	戊寅二月，大军檄成。景炎帝由海道再回广州。四月戊辰，景炎帝崩于硐洲。四月庚午，卫王即位于硐洲。改元祥兴。（无月日）六月，祥兴帝迁于厓山。（十二月）丁未，葬景炎帝于厓山。	戊寅正月，吕师夔夷广州城。二月，师夔退，帝舟还广州。三月，帝舟次于化之硐洲。四月戊辰，帝崩于硐洲。辛巳，上尊号曰端宗。庚申，立卫王。五月癸未朔，改元祥兴。乙酉，升硐洲为翔龙县。六月王用叛。丁巳，张应科战死。世杰以雷州已失，六军泊居雷化犬牙处非善计，不如厓山在大海中，遂以己未发硐洲。乙亥，至厓门。庚辰，升广州为翔龙府。九月壬午朔，葬端宗于厓山。

二、史料歧点

上举五项史料，第一、第二为元人之官书；第三、第四为从亡海上宋臣之记录，均为较原始之资料。第五之《厓山集》，则明初人编纂之作，兹举各书歧异之处列后：

（一）《厓山集》杂缀第一、第三、第四各资料而成

观其系帝次硐洲，在景炎二年，同于《宋史·二王纪》；同年二月记帝舟还广，则同于《二王本末》；其景炎二年舟次广属各地年月，皆与《填海录》相符，足见此书编书，曾综合《宋史》、《填海录》、《二王本末》诸书而成。[①] 惟间有取舍，若仲微误记苏刘义之死在丁丑四月，此则削去。又后人增窜之《二王本末》，于硇洲下有“属东莞县”数语，而《厓山集》则仍称化之硇洲，与邓光荐、黄溍所记相同，斯又足证硇洲下增入“属东莞”句，未必出仲微原书；仲微目击身历，必不讹误如此，故其说为张诩辈所不取也。

（二）《厓山集》所记，同于《二王本末》，而为他书所无者。举其荦荦大端，计有三事：

（1）记自福州入海时，正军十七万，民兵三十万，内淮兵一万等语，两书文字悉同。

（2）记端宗两次入广，他书俱不载。

（3）记帝舟迁谢女峡，此一地名，黄溍引《填海录》不见。[②]

（三）《厓山集》记帝次甲子门，及至广州州治，日期有矛盾。

《厓山集》记十二月朔，赵溍闻师夔至，辛酉，弃广州遁。（按此文不顺，据《宋史》“辛酉”乃在“朔”字之上。）方兴委郡人赵若冈御之，后五日（按即乙丑）亦遁。越八日，若冈降元。癸未师夔入城。（按此段辛酉、乙丑两日俱见《宋史》。）乙酉，帝舟次惠州之甲子门，以张镇孙为广东经略使，集乡兵分二路图复城，师夔退。帝至广州，迎入州治作行宫。

按辛酉之后二十三日为癸未，又后二日为乙酉；设帝于乙酉日（即十二月廿五日）次甲子，其时正当吕师夔入广州城后之三日，此际必不能越广州，纵赴广州，亦不能于本十二月到达。

又《厓山集》言次年四月，张镇孙复广州，此条与此十二月镇孙分路图复广州应是一事；疑上年十二月帝至广州一说乃误撮。又《集》记帝次甲子，以张镇孙为广东经略，帝至广州，经略使刘应龙迎入州治，是同时有张与刘两经略使，于事理亦不合。考《宋史》四百二十五《刘应龙传》，应龙实于德祐以前知广州，广东经略安抚使，德祐元年迁兵部尚书，后隐九峰。《二王本

① 其“白鹇奋击”一条注引《二王本末》，尤为曾睹仲微书之佐证。

② 惟见文天祥《集杜诗》。

末》谓此时任广州经略使，疑有误。《二王本末》记帝入州治与《厓山集》同；惟于“入州治”之次条，始记除张镇孙为广东经略使，更为可异。具见辗转钞袭，致多讹误。

从上三项，知《厓山集》非第一手资料，非尽可信；而《二王本末》与之亦多有抵牾处。

（四）论《宋史新编》及《东莞志》之误

明柯维麒《宋史新编》云：“帝舟次惠之海丰，图复广州，吕师夔等以军饷不继退走，以梁雄飞守之，时经略使刘应龙导帝舟至广州港口，转运使姚良臣作行宫，迎帝入州治，元兵守江者拒之，不果入，帝舟还大海，驻师秀山，寻次于惠之甲子门。”

按此段《宋史·二王纪》不载，卷四二五《刘应龙传》，应龙官广东经略使，实在德祐以前，《二王本末》称“守臣薛应龙”，与《宋史》不合，陈伯陶《东莞志》三十列此条于景炎二年之前，并引《厓山志》云“来驻秀山，山上有民万余家，择富室为殿居之，师多病死”。又同书于景炎二年十一月云：“刘深攻帝于浅湾，张世杰战败，奉帝秀山。”是以帝昰两度驻秀山，今核之《填海录》，帝实于丁丑十二月驻秀山，仅此一次，不应在丙子十二月次甲子门之前先驻秀山也。考陈志所引《厓山志》此段，原袭《经世大典》文，《大典》明列于至元十四年（即景炎二年丁丑）九月以后[①]，安得次于丙子十二月。故知纂次史文，当取原料细心核对，否则不免纰缪参出也。

（五）论《经世大典》之误

《经世大典》记丙子昰遁海外硇洲，丁丑九月宋建都广州，改元咸熙。此据福建宣慰使报，不甚确实。所言广州，应指广州境而非广州城，咸熙乃景炎之误。至谓丙子岁“昰遁海外硇洲”，尤为混误，此时端宗方在闽广，未至化州，此殆后来追书，指其最后所止之地言之耳。

三、论《填海录》记载之详确，兼论邓光荐两度居广州事

帝播迁梅蔚、官富、古墐、浅湾各地，惟《填海录》所记最详。《厓山

① 参看附录。

集》据之，而误古墐为古塔；《宋史》则但书浅湾，《二王本末》仅记趋于官富场，尤为疏略。故比勘各书，应以《填海录》最为详确可信，因《填海录》乃据陆秀夫日记写成，最为直接可靠。

或疑邓光荐在行朝迁厓山前，匿居香山，于海上事未必能详悉。查香山县西七十里有黄杨山，其上为乌岩山。黄佐《广东通志》云："邓光荐祥兴中避兵于此。"《香山县志·山川》载光荐书《乌岩山哀歌》云：

岁云暮矣可奈何！云愁雨湿阴风多，林壑摧残海惊波，惨淡一色无山河。哀鸿嗸嗸旧枝柯，飞矢不容愁虞罗，深山短景一鸟过，会看明午风日和。

诗云"岁云暮"、"海惊波"，当指丁丑冬十二月井澳溃败之役。

景炎丙子、戊寅间，光荐曾两度至广州，其《浮虚山记》云："光荐避地三年，崎岖海岸，何所不至。丙子夏携家潮居[①]，冬赴辟于广，尝过其下。……次年随承节（按指赵时鈢）客香山数月……今年（按指戊寅）既丧家，诣府城，始获一拜殿庑，时暑方剧……"[②] 考《宋史·二王纪》："丙子夏五月立帝昰于福州，冬十一月乙巳，昰入海，移潮州。十二月，昰次甲子门。"又云："九月壬子，赵溍入广州，赵溍遣曾逢龙就熊飞御大（元）军于南雄。十二月辛酉朔，赵溍弃广州遁。"盖自景炎元年（丙子）九月壬子至十二月辛酉，赵溍制置广州，光荐是年赴辟于广，即入溍幕[③]，《广州人物传》谓阃帅赵总卿以书币辟光荐幹官，即指此事。《二王本末》、《厓山集》记是年十二月景炎帝至广州，此十二月初，光荐正在广州也，邓氏于《填海录》不书此事，足见其不确。

光荐《浮虚山记》末题"景炎三年戊寅仲秋朔日"，文中又云："今年诣府城"，即再莅广州。《宋史·二王纪》，是年三月文天祥取惠州，广州都统凌震、转运判官王道夫取广州，光荐诣府，或与广州恢复有关。《二王本末》言戊寅二月景炎帝由海道再回广，《厓山集》亦云戊寅二月师夔退，帝舟还广州。按戊寅夏光荐正在广府，倘帝舟于二月回广，光荐必有所闻，于《填海录》应大书特书，今乃一语不提，足证必无此事。景炎崩于戊寅四月，同年

① 《香山县志·都里》云："潮居乡黄梁都在城西南一百五十里。"

② 《香山县志·山川》。

③ 溍号冰壶，潭州人。

五月改祥兴，而光荐此文作于仲秋朔，仍题景炎年号，则是时彼尚未至厓山也。

附　　　　　　　　**宋季广州争夺得失各书所记对照表**

《宋史·二王纪》	《二王本末》	《厓山集》
丙子（德祐二年，景炎元年，至元十三年。）	丙子	丙子
五月，广州经略使徐直谅遣梁雄飞请降于隆兴，帅府乃假雄飞招讨使徇广州。既而直谅闻昰立，命李性道、黄俊拒雄飞于石门，性道不战，俊败还，直谅弃城遁。	五月，广王登极于福州。	五月，益王即帝位于福州。命赵溍、方兴等分道出兵兴复。（徐直谅先降后守事同《宋史》）
六月，梁雄飞入广州。	六月，以赵溍为江西制置使。	六月，元吕师夔遣黄世雄与梁雄飞徇广州，丙子入广州。熊飞复广州，后十日制置使赵溍至；次日安抚方兴至。（不记月）（熊飞义死韶州同《宋史》）
九月，熊飞先为元人守潮惠，闻赵溍至，即以兵应，攻梁雄飞于广州，雄飞遁，熊飞遂复韶州。壬子赵溍入广州，元吕师夔入梅岭。		
十月，赵溍遣曾逢龙就熊飞御元军于南雄，逢龙战死，飞返韶州，战败，赴水死。		
	十一月，次甲子门。	
十二月辛酉朔，赵溍弃广州遁。乙丑方兴遁。乙酉昰次甲子门。	十二月，景炎帝至广州，守臣薛应龙迎入州治作行宫。张镇孙除广东经略使。徐直谅遁。景炎帝趋于富场。	十二月朔，闻师夔将至，辛酉，弃广州遁。（朔与辛酉分书，是笔误。）方兴委郡人赵若冈御之，后五日亦遁。后八日若冈降。（廿三日）癸未，师夔入城。乙酉（廿五日）帝舟次于惠州之甲子门，以张镇孙为广东经略使。镇孙及凌震集乡兵分二路图复城。师夔饷不继，退走，帝至广州，经略使刘应龙迎入州治作行宫。

续前表

《宋史·二王纪》	《二王本末》	《厓山集》
丁丑（景炎二年，至元十四年）二月，元军至广州，赵若冈降。 四月，广东制置使张镇孙袭广州，梁雄飞等弃城走韶州。 九月塔出入大庾岭。 十月，塔出围广州，庚寅张镇孙降。元刘深攻昰于浅湾，昰走秀山，陈宜中入占城。	丁丑 十一月，唆都与吕师夔会攻广州，城陷，张镇孙死之，大军至，次仙澳，与战得利。寻望南去，止硇洲。	丁丑 四月，帝舟次广之官富场。广东经略使张镇孙复广州，逐雄飞。 十月，元唆都与塔出，吕师夔合袭广州，庚寅，张镇孙降。
十二月丙子，昰至井澳。飓风坏舟，旬余，诸兵稍集。丁丑，刘深追昰至七州洋，执俞如珪以归。	十二月，景炎帝迁谢女峡。	十二月，帝退保秀山，寻移井澳。丙子，飓作，舟败，帝得疾，旬余，兵稍集。刘深复袭井澳，世杰战却之。宜中如占城。帝舟次于谢女峡。丁丑，刘深追至七星洋，执俞如珪。
戊寅（祥兴元年，至元十五年）正月，元军夷广州城。 三月，广州都统凌震、转运官王道夫取广州。昰欲往占城，不果，遂驻硇洲 四月戊辰，昰殂于硇洲。 庚午，立卫王昺为主。	戊寅 二月，景炎帝由海道再回广。	戊寅正月，元塔出、吕师夔夷广州城。 二月，吕师夔复退走，以张镇孙归。帝舟还广州。 三月，广州都统凌震、转运判官王道夫复广州。帝舟次于化之硇洲。（注引元新史及《填海录》云，井澳风作，复入海至十洲洋，欲往占城，不果，遂驻硇洲。） 四月戊辰，帝崩于硇洲。 庚申，立卫王。

续前表

《宋史·二王纪》	《二王本末》	《厓山集》
五月癸未朔，改元祥兴。		五月癸未朔，改元祥兴。
乙酉，改硇洲为翔龙县。		乙酉，升硇洲为龙翔县。
六月己未，昺徙居厓山，升广州为翔龙府。	六月祥兴帝迁于崖山。	六月己未，发硇洲，乙亥，至厓门。庚辰，升广州为翔龙府。
		十月，蒙古汉军数路并进。
闰十一月，王道夫弃广州遁。壬戌，凌震遁。癸亥，元军入广州。		闰十一月庚戌，王道夫弃广州遁；壬戌，凌震逃；癸亥，元复陷广州。
十二月壬午，王道夫攻广州，被执。凌震兵继至，又败于茭塘。		十二月壬午，王道夫取广州，兵败被执。凌震继至亦败，退战于茭唐，又败。

按自景炎元年至三年间，广州之争夺战至烈，观上表便明。《二王本末》及《厓山集》记丙子十二月景炎帝至广州，守臣迎入州治，此必不可能之事。故柯维骐《宋史新编》言“帝入州治，元兵拒之，不果入”。是此事纯属子虚。又《二王本末》、《厓山集》记戊寅二月帝舟回广，《宋史新编》亦同，《南宋书》亦于此时言帝舟次广州，此“广”字或指广州境而非指广州城；惟此事《填海录》、《宋史·经世大典》皆不载，亦极可疑。《厓山集》乃抄撮《二王本末》，《宋史新编》及《南宋书》则袭《厓山集》，原不足论。惟《二王本末》所记多疏略，帝昰自丁丑冬在井澳遇风溺水，惊悸得疾，是时乃阻滞“沙洲”之间[①]，即令回广属，亦不过舟泊澳岸而已。盖自井澳、七洲洋败后，帝目的欲如占城，故前往北之硇洲镇，惟中间以疾濡滞，至翌年戊寅三月始到达硇洲。书其事在丁丑十二月者，指其出发前往硇洲而非言到达之时耳。

附论雷州陷落期间

黄溍撰《陆君实传后叙》：“明年，南迁化之硇洲。又明年四月殂于

① 陆秀夫草景炎遗诏所云“海桴浮避，澳岸栖存”，“沙洲何所，垂阅十旬，气候不齐，积成今疾”是其证。

舟中。三日庚午，卫王袭位，……会雷州失守，而六军所泊，居雷化犬牙处，乃稍北徙广州之境。五月，寓梓宫于香山县，寻葬其地。”

是失雷州在景炎帝三年四月、五月间，与《史格传》世祖十五年五月，格进兵攻雷州曾渊子以前，雷州尚为宋有，正相符合。足证南迁化之硇洲时，雷州犹为宋土。

至王用降元之时间，据《经世大典》云：

十五年五月二十九日，昰将王用来降。言昰已死，世杰等立昺，改元祥兴。士卒止万人，而硇洲无粮储，闻琼州守臣欲给粮二万石，海道滩水浅急，难于转运，止有杏磊浦可通舟楫，宜急以兵守之。雷州总管忙兀解等得其说，即命请将进军，为战守之计。

柯劭忞《新元史·忙兀台传》，即采录此段文字，盖是时初失雷州也。

行朝所经九龙半岛附近地理考证

端宗于景炎元年丙子十二月，在惠州甲子门，此后播迁，即入广州境。所经九龙半岛之地，《二王本末》但举“富场”一地名，《宋史·二王纪》则仅言及浅湾以后事，《经世大典》举秀山，已属香山县境。惟《填海录》所记为详，兹依据之，考证于下：

一、梅蔚

《填海录》云：“丁丑正月，次梅蔚，四月，移广州境，次官富场。”如此语，梅蔚似不属广州境。《厓山集》始言“广之梅蔚”，冠以“广”字。《宋史新编》及《南宋书》系此事于丁丑二月，云：“元兵略广州，广东诸郡皆降，帝舟次广之梅蔚。”

梅蔚，他书谓是山名。《厓山志》：“梅蔚山在东莞西南二百十八里，山巅有宋帝石殿尚存。”[1]《广东新语》三亦言：“官富山……建有行宫，……其前有山曰梅蔚，亦有行宫。”新安舒志《山水略》：“梅蔚山在县南一百里，前护县治，后障重洋，丛生林木，宋景炎帝尝驻跸于此。”又《胜迹略》云：“景炎行宫在梅蔚山，宋景炎二年，帝舟抵此，作行宫居焉。”新安舒志木刻本“新安县图”，梅蔚山位置在大埗头官富山之东，长洲山之北。梅蔚山为今何

① 东莞陈志引。

地，尚难确指。[①] 陈伯陶《侯王古庙圣史牌记》石刻“梅蔚”作“蓝蔚”，又其《瓜庐文滕》中《九龙宋王台新筑石垣记》引《南宋书》言“（帝）二月次蓝蔚”，实俱误。

端宗离甲子门之时间，宋季传闻，尚有异说，据陈纪（东莞人，领咸淳九年乡荐，元至元三十一年卒，年五十）撰叶刚墓志云：“刚妻，熊飞妹也。景炎元年，刚与二弟判钊从飞起兵。……元兵围韶，飞与判死战，刚与钊遁归。二年二月，复偕钊觐端宗于惠州甲子门。随文天祥恢复江西，至空坑力战死。”[②] 是端宗于景炎二年丁酉二月仍在甲子门，参以《填海录》所记，四月始移广州境，则梅蔚所在地，属惠抑属广，尚难遽定。

二、官富场

《填海录》：“帝四月，次官富场。”《厓山志》、《宋史新编》、《南宋书》皆同在丁丑四月，惟《二王本末》列于丙子十二月，云“景炎帝趋于富场”，时间有误。又省去“官”字，但称“富场”[③]。

官富场乃因官富山得名。《清一统志》“山川”条云：“官富山在新安县东南七十里，又东十里有马鞍山，脉皆出自大帽。”又“关隘”条：“官富巡司在新安县东南八十里古官富场，明洪武三年置。”《宋史》：“景炎二年，帝舟次于官富场，即此。”此两条最为简明，盖山在县治东南七十里，而巡司又在山之东南麓，故云八十里也。新安舒志“九龙迳在官富山侧”。又云：“官富山在佛堂门内，急水门之东。”《方舆纪要》一百一“佛堂门海”条，下引旧志云：“牂牁水经官富山西南入海，分为二门，佛堂门海在其左，急水门海在其右，凡潮自东南大洋西流，经官富山而入急水门，番舶至此，无漂泊之恐，故曰佛堂。”是舒志所记官富山，与《方舆纪要》同在佛堂门与急水门之间也。《图书集成·职方典》云：“官富山即官富场，在东莞县西南二百十八里，有巡检司，今地隶新安。”以地图按之，自今日东莞城向西南二百八十里作一直线，又自今日宝安城向东南七十里作一直线，则其交叉点即官富山也，亦即在佛堂门与急水门之间。

官富场乃宋东莞四大盐场之一。北宋元丰时，东莞有海南、黄田、归

---

① 或谓为大屿山之梅窝，或疑为青衣岛，均乏明证。

② 文据东莞陈志五四人物引。

③ 《元史·唆都传》亦称“富场”。

德三盐栅，是《元丰九域志》，未有官富场也。官富场设于何年，今不可确知；惟隆兴二年十一月，提举广东茶盐司奏言：官富场拨附叠福场（在今大鹏湾城附近），事见《宋会要》。是南宋孝宗以前，已有官富场，至是裁撤，又不知何时复置。考宁宗庆元三年，提举徐安国捕大奚山私盐，知广州钱之望遣兵入大奚山①，“请于朝，岁季拨摧锋水军三百以戍，季一更之。庆元六年，复请减戍卒之半，屯于官富场，后悉罢之。”② 则庆元间又复官富场矣。（按庆元四年尚书省牒云：“大奚山小丑，阻兵陆梁……分遣摧锋水军，前去会合。”）至其辖境，应是：北接叠福场境，西北接黄田栅境（元改官富场为巡司，其盐课附入黄田场，见新安舒志）。南宋初设大奚山之海南栅，即奄有整个九龙半岛（及新界），香港、大屿山及附近岛屿皆属之。③

官富场辖境虽广，然除涉及盐政之外，普通称为“官富场”者，多指盐官场署所在地言之，犹到五羊城者谓之到广州，不必包举广府所领十余县也。宋季官富场治所，据上引《一统志·关隘》及《职方典》所述，已指明其方向及距离里数，且并叙明为景炎帝舟所次。故《元史》一二九《唆都传》：“塔出会唆都取道泉州，泛海会于广之富场。”《宋史》四五四《忠义·杜浒传》：“空坑兵败，天祥移屯潮州，杜浒议趋海道，天祥不听，使护海舟至官富。”皆同此地。新安舒志《盐政》云：“元改官富场为巡司。”《建置略》云：“官富检司署在赤尾村，原署在县治东南八十里为官富寨。”《山水略》云：“虎头山在官富九龙寨之北。”又阮《通志·海防略》二“新安县”下云：“官富巡司在县东南八十里，古官富场。宋景炎二年帝舟次此，后改为砦。明洪武三年置巡司，今迁赤尾村。”由上所引之“官富场”、“官富寨”、“官富九龙寨”及言“后改为砦”，观其沿革，与距东、宝两县城之方向里数，实即太平洋战争前之“九龙城砦”。

据北佛堂摩崖题记，“古汴严益彰官是场，同三山何天觉来游两山”，末署“咸淳甲戌六月十五日书”，即度宗十年。是时严益彰任官富场盐官，距离

① 《宋史·宁宗纪》。

② 见东莞陈志引《苍梧军门志》。按史载广东之有摧锋军，在庆元前者如《宋会要》载淳熙二年“辛弃疾平茶寇”条云：广东提刑林光朝躬督摧锋军以追贼锋。在庆元后者如《宋史·崔与之传》云：广州摧锋军远戍建康四年，留守江西四年，遂倡乱纵火惠阳郡。此处云“拨”，指临时派遣原有部队言，非特设也。

③ 观《新安志·舆地略》“都里”官富司所辖村庄，可推知其梗概。

景炎二年四月，帝昰舟次官富场，仅先二年又十月。官富场盐官可考者惟此人耳。

三、古堽与古塔

弘治《厓山残集》云："四月，帝舟次于广之官富场。六月，帝舟次于广之古塔。九月，帝舟次于广之浅湾。"《二王本末》言："景炎帝趋于富场"，不记次"古塔"事。古塔所在，向来未详。陈伯陶《东莞志》谓"疑在官富场左右"，许地山亦言"待考"。自北佛堂门咸淳甲戌严益彰摩崖发见，论者遂持以考释古塔地址，简又文先生以严碑言及"南堂石塔"，因谓：

> 昔宋端宗由官富至浅湾所经之"古塔"，即今南佛堂门东龙岛之北端。当时船队驶至此狭窄之海峡，泊于岸边，惟以"古石塔"标志显著，或有土人告以"古塔"之名，故记事者遂大书"次于古塔"。但南望两堂，皆荒山野岭，不便驻居，端宗等登岸休憩行走则有之，未必弃舟移居陆上也。(《辇路考》)

然南北佛堂门一带，皆荒山蔓草，来舟由官富场至浅湾，何以不沿九龙半岛北趋，而绕道南佛堂之古塔，此事颇难解释，即简君亦无以自解。且南佛堂之"古塔"乃指建筑物，尤不得谓为地名也。

今考元人记载，六月帝舟实次于"古堽"，而非"古塔"。黄溍《陆君实传后序》自注云：

> (景炎改元）明年正月，次梅蔚。四月移广州境。次官富场，六月，次古堽。九月，次浅湾。……

黄氏此文见《金华黄先生文集》卷三，《四部丛刊》覆元刊本及景元写本字均作"古堽"，又《金华丛书·黄文献公集》卷三亦同作"古堽"。《厓山残集》刻于明弘治间，在黄氏之后，故当以"古堽"一地名为可信。《说文》："堽，涂也。"《周语》："陆伴陵堽。"韦注："沟上道也。"其作"古塔"者，如非别有所据，必"古堽"之形讹。

查嘉庆《新安县志·舆地略》“都里”官富司管属村庄有：

……九龙寨　衙前村　蒲冈村　牛眠村　牛池湾　古瑾村　九龙仔　长沙湾　尖沙头　芒角村　土瓜湾　深水莆　二黄店村……

古瑾村位置在牛池湾、九龙仔之间。其字从玉作“瑾”①。据宋学鹏先生《劄记》云：

（九龙）马头围，即古瑾围，昔名古瑾村，亦属官富司，南宋时宗室赵氏居此，后迁今东莞县。其地改市区后，村废，村入口处原有石额，额曰“古瑾围”，彼童年尝往游，犹及见之。

今据《填海录》，实宜作“古墐”，作槿及瑾者，皆后来音讹。简先生又云：

据村老言，距村不远，旧有大石突出于山之一角，名曰马头角。山角下复有村，土人称为马头角村，而别称“古瑾围”为“马头围”，改市区后，马头角村亦废。

另据某君言：今大屿山石壁围有冯姓，祖先原居马头围，宋端宗移跸他处，后即迁居于此，以避元兵。

马头围即古瑾围，乃《填海录》记载端宗舟次之古墐。由某君言，大屿山冯姓自端宗移跸他处，即由古墐迁居石壁，足见马头围地端宗实曾驻跸。自《厓山志》流行，粤东志乘家，但知宋帝驻古塔，而不复知驻“古墐”者矣，今得发正，亦一快事。

简先生近因考证北佛堂咸淳严氏石刻，得见林姓族谱，内载林柏坚等立蓬宫于“南塘石榻”下，是为天后庙之始。简君据此谓族谱之“南塘石榻”，乃南堂石塔，亦即严益彰碑中所记“建于大中祥符五年”之南堂石塔，因断言此南佛堂，即《厓山志》帝驻舟次之“古塔”。然严碑、林谱，“石塔”均次于地名“南堂”之下，则石塔乃建筑物，而非地名明甚。今知《填海录》

① 此据叶林丰先生藏嘉庆刊本，另一钞本作“古槿”，从木。

原作“古墐”，而“古墐村”、“古墐围”皆有实地可指，又有故老传说可证，则不必目建筑物为地名。由此观之，纸上材料之重要，固不在实物资料之下也。

陈伯陶侯王庙碑文后附记言：“《新安县志》则云：土人因其址建上帝庙，今宋王台之东南，村名二王殿，旁有上帝庙，后石址犹存，即其地也。”按此为《新安志·胜迹略》引行朝录文，原作“土人因其址建北帝庙”（今北帝街有北帝庙，乃后来所建者，详简氏《辇路考》），然今九龙露明道（原称梨云道）有“上帝古庙”（即太子道法国医院之背），遗址堂构已毁，而门额尚存，即陈伯陶所言之上帝庙也。据云：此庙内壁间碑刻有“光绪二十二年丙申仲冬吉旦重修古墐围信士某捐银”字样（今被拆毁）。所可知者，此上帝庙在古墐围内，宋时古墐地当在此一带，即帝昰驻跸之所至也。故土瓜湾有迎圣驾之传说，谭公庙（谭公道）内有宋王殿之匾额，而古墐村向时传言，宋季宗室赵氏居此，后迁东莞，凡此皆古墐有关之掌故。今据《填海录》所记，古墐自是宋时地名，后人聚居于此，遂成古墐村，亦称为古墐围耳。

如上所述，官富场即旧九龙城砦，古墐应即宋王台遗址及露明道马头围一带，两地连接，相距不远。何以《填海录》谓四月次官富场，六月次古墐乎？以情势论，疑行朝移动，初以政府设官之地为目标，故四月全部集于官富。但人员众多，场地狭隘，房舍水汲，皆极不便，经过一二月之艰困，于是二帝及大臣乃分领一部移驻古墐，其大部战斗员兵则仍扼守官富，两地呼吸相通，措置裕如，而帝舟则移次古墐矣。然则海滨宋王台遗址，原与古墐接连，当系于六月次古墐之后，而非四月次官富场时也。

四、浅湾

《填海录》云“九月次浅湾”，《厓山集》、《宋史新编》、《南宋书》均同。《宋史》：“丁丑十月元帅刘深以舟师攻昰于浅湾，昰走秀山。”

此浅湾据新安舒志云：“浅湾在县南九十余里。”又官富司所辖客籍村庄有浅湾之名。

……城门　穿龙　浅湾　长沙涌　葵涌子　青衣……

浅湾即今荃湾地。宋学鹏记此地明末清初为“荃湾约”，后人改作“全湾约”。至浅湾附近有城门村，故老传言宋末刘深来攻，乡人筑石城于此，以抗元兵。[①] 清初，李万荣奉南明永历年号，于针山据石城抗清。城门村遗址余曾往踏勘，即城门水塘所在地。从前为山谷，称曰城门谷，城门村即在城门河之上游，现已辟为水塘，旧迹不可考矣。（参看附图八）

旧说或以浅湾为潮州南澳之钱澳（见乾隆潮州周志及南澳齐志），实误。因是时泉、漳、潮、惠已陷，元刘深且拥蒲寿庚之舟师来会于官富场，安得再北航千里，自投危险之地耶？[②]

自刘深舟师南下，帝迁秀山，从此以后，驻跸所至，若秀山则在虎门，井澳则在香山，碙洲则在化州，并与九龙半岛无关。

五、秀山

黄溍云：“十二月驻秀山，一名武山，一名虎头山。”按“武山”名见《舆地纪胜》，余靖尝候潮此处。《广东舆图》云：“突起海中，前立虎门寨。”《厓山集》云：“十一月元刘深袭浅湾，张世杰讨之，败绩，十二月世杰奉帝退保秀山。”《清一统志》：“秀山在东莞县西南海中，接新安县界，张世杰奉帝退保秀山，《明统志》谓之虎头山，有大虎、小虎二山，俗号虎头门。”《元经世大典》云：“又闻舟师至港口，为广州官军杀退，回在海内，有一山名秀山，又名武空山，山上民万余家，有一巨富者，昰买此人宅宇作殿阙，屯驻其兵，病死者甚多。”[③]《大典》记十二月十八日世杰战败事甚悉，又记其舟八百艘至虎头山，中流坏溺。虎头山即秀山也。东莞陈志卷六“虎头山”条引证甚详。

六、井澳　谢女峡

《宋史·二王纪》云：“十二月丙子，昰至井澳，飓风坏舟，几溺死，遂成疾，旬余，诸兵士始稍稍来集，死者十四五。丁丑，刘深追昰至七州洋，执俞如珪以归。”黄溍自注云：“遇风之日，新史以为丙子，《填海录》以为丙

---

① 参看简又文先生所撰《二帝莘路考》。

② 详拙纂《潮州志·大事志》。

③ 《厓山志》言：“帝驻秀山，山上有民万余家”，即钞《大典》语。

寅。”按《元经世大典》纪获俞如珪为廿三日，知丁丑为廿三，丙子为廿二，丙寅为十二。《二王纪》已云“旬余兵始来集”，则十二日遇风散乱，其陆续来集者，经过逾旬始能收容也。《大典》又载十八日后廿三日前“与世杰军遇于香山，俘其将吏李茂等，茂对：比至虎头山，中流为风坏船”。可证遇风之时在廿二日丙子之前，而其地尚在中流；所谓遇世杰军于香山，乃香山县境，疑即飓后之收容地也。如云廿二日丙子飓作，则两军皆同遇飓，何以刘深能于翌日即追入七洲洋，而昰又安得有旬日以集诸兵士耶？故遇飓为一事，应以《填海录》所记丙寅十二日为正，其后帝昰于丙子至井澳为又一事，《宋史·二王纪》于此两事似有误混。《厓山集》云：

> 十二月，世杰奉帝退保秀山，寻移井澳。丙子，飓风大作，舟败几溺，帝遂得惊悸疾。……刘深复袭井澳，张世杰战却之，陈宜中次占城，帝舟次于谢女峡。丁丑，刘深追至七星洋。

《二王本末》云：

> 十一月……大军至，次仙澳，与战得利，寻望南去，止碙洲。……十二月，景炎帝舟迁于谢女峡，陈宜中捩舵之占城。

然丙子与丁丑相隔只一日，如《厓山集》所言：丁丑至七星洋，而丙子在井澳，又次谢女峡，是为同日之事。乃黄淳重修《厓山志》既于十二月记“帝舟迁于谢女峡，刘深追至七洲洋”，又于戊寅景炎三年春正月书“帝在谢女峡”，此条各书所无，《南宋书》亦不载，殆黄淳所增。[①] 井澳即仙女澳，如与谢女峡为两地，则不宜相去太远。

考《方舆纪要》一百一“井澳”条下云“景炎二年元将袭井澳，帝至谢女峡，复入海至七洲洋，欲往占城，不果……”，又云：“谢女峡，一名女澳，亦在（香山）县境。”《通鉴辑览》于“谢女峡”下亦言“一名仙女澳”，《清一统志》“横琴山”下云：“在香山县南二百里海中，二山相连，东曰小横琴，西曰大横琴。下有井澳，亦名仙女澳。《宋史》景炎二年，帝舟入海至仙女澳，风飓，舟败几溺，又马南宝起兵井澳，即此。”是谢女峡

① 《广东方志》据之而未细察其与《厓山集》不合。

即仙女澳之别名，亦与井澳为同一地也。仙女澳亦称仙女湾，吴莱诗云“置阵移官港，惟宫泊女湾”是也。

仙女澳所以得名，乃因陈仁娇事，《香山志》七《仙释》云：

> 唐陈仁娇，汉廷尉临之后也，……尝梦为逍遥游，餐丹霞，饮玉液，至八月十五日丙夜，忽有神仙数百从空招之，……有俦侣五人，……相与飞至深井，踏石而歌明月，渔人见之，须臾凌空而去，石上留屐痕焉，人号其地为“仙女澳”。

香山黄志《山川略》则分仙女澳与双女坑为二地，其言云：

> 小横琴山下有双女坑（原注，案疑即谢女峡。）旧志：樵夫见二女溪上，就视之化双鲤。深井山即仙女澳也，亦名井澳，在横琴下，宋端宗御舟尝至此。

又按语云：

> 双女坑在小横琴山，仙女澳在大横琴下之深井山，事迹不同（注仙女谓陈仁娇）；大小横琴虽曰相连，实东西相距也。

是井澳与谢女峡虽异地而实相连，故同日可达，一在大横琴，一在小横琴，故易混而为一。

井　澳——仙女澳			谢女峡
‖	‖		‖
深井山	仙女湾——女湾		双女坑
在大横琴下			在小横琴山

《二王本末》“大军至，次井澳”一段，钞自文文山《集杜诗》；乃插入十一月间，又置于“帝舟迁于谢女峡”之前；勘诸黄溍自注[1]，时地未合，殆重

① 引《填海录》。

编者所乱。

知谢女峡与仙女澳地实相连，观文文山《集杜诗》陈宜中第四十“丁丑冬御舟自谢女峡归硇川”句，乃可获证实；衡之黄溍自注，即指帝自仙女澳至七洲洋，欲往占城不果，遂驻硇洲镇之事也。

七、硇洲及宋王村

硇洲所在，宋元以后，均言地在化州。邓光荐《文丞相传》云：“化州之硇洲”。周密《癸辛杂识》注云“硇洲在雷州”，足证其地应在雷化间，非如陈伯陶、许地山等谓在香港之大屿山也。黄溍《陆君实传后叙》（即《番禺客语》）亦云：

> 明年，南迁化之硇洲。

其自注云：

> （御舟）入海，至七洲洋，欲往占城，不果，遂驻硇洲镇。硇洲屹立海中，当南北道，隶化州，见新史（按指《宋史》）及《填海录》。

此则称之曰硇洲镇，与《太平寰宇记》所载硇洲，宋置水寨于此，正相符合。

又郑所南《心史》，谓景炎崩于南恩州界。王邦采注吴莱《渊颖集》，引《填海录》云：“端宗避元，舟次硇洲而崩。”硇洲与南恩州地正相近。余前论硇洲非大屿山，应在化州，曾举八事为证，今复得《填海录》及《客语》，又获两证矣。盖宋元人之书，除被窜改之《二王本末》外，无不主在化州者。总括而言，有三种不同来源：一为海上遗臣邓光荐之《续宋书·祥兴本纪》、《文丞相传》及《填海录》，盖本陆秀夫日记；一为周密之据姜大成说，又一为黄溍之据《番禺客语》，众说皆符合。若《二王本末》自元皇庆以来，流传颇广，顾其书不为人所重，故《厓山志》不取其说，仍依黄溍，大书“化之硇洲”，明人仍之无异辞。至清黄培芳再摭拾《二王本末》，以非成说，殊乏史识，可谓昧其渊源，而失于别择者矣。

赵氏宗亲会理事赵民治先生语余云：彼曩者长湛江航政，尝南至硇州，该小岛属湛江市治，位于海口，波涛凶恶，航海戒心。现有人口不满二万，因宋帝曾驻跸于此，至今犹有“宋王村”之名，民间尚流传宋帝播迁之故事云。按硇州岛之有“宋王村”，与九龙之有“二王村”、“宋王台”，同因宋帝行在所而得名；若大屿山未闻有此类遗迹，且地理书记“大奚山”者，绝未见言及二王行踪，以此具见碙洲应即化州之硇州，为不可易之事实。

论官富场原属海南盐栅兼论其宋以前之地理沿革

一、官富场在北宋时属海南盐栅

官富场创置年代，向来未能质言。《宋史》九十《地理志》六广南东路东莞县下云："有桂角等二银场，静康等三盐场，海南、黄田等三盐栅。"《元丰九域志》九云："东莞县一乡有静康、大宁、东莞三盐场，海南、黄田、归德三盐栅。"是北宋元丰间尚未有官富场之名。《清一统志》福德盐场下云："海南场在大奚山，今废。"则未设官富场之前，大奚山至九龙一带原属海南场，或有一部分属东莞场也。

《宋会要·食货盐法篇》于广南东路各盐场颇有珍贵记载，兹辑其有关资料如下：

(1) 东莞县一千三十七贯一百九十五文。①

(2) 静康、大宁、海南场三万三千五百二十八石三斗四升，东莞场三万一千二百四十八石，香山、金斗场一万一千五百石，广田场七千石，归德场二万四千九百十八石，叠福场一万五千石，都斛场五千六百石，

① 《会要辑稿》，一三二册，5175页。

　　矬峒场八千五百石，海晏、怀宁场一万八千八百三十石。[①]

（3）绍兴十二年五月六日户部言两广盐事，……其逐州盐仓，并广州静康、大宁、海南栅、归德栅、潮、惠、南恩州盐场，专系支遣客钞。[②]

（4）绍兴三十年五月二十八日广东提盐司言：秉义郎（官名）高立前监广州静康、大宁、海南三盐场任内专典，宋初招置到盐户莫演等六十二名，灶六十二眼，乞推赏事。[③]

（5）隆兴二年十一月十五日提举广东茶盐司言：广州博劳场、官富场、潮州惠来场，南恩州海陵场，各系僻远，所产盐货皆微薄，所收课利不足以充盐官俸给；今欲将四场废罢，拨附邻近盐场所管；广州博劳场拨附海晏，官富拨附叠福场，……从之。[④]

按《宋会要》中"官富场"名首见于是，据此，当孝宗隆兴二年前已有官富场之设，至是乃拨附叠福场。惟考上举《中兴会要》所记广南各盐场甚备，除海南场外有叠福场（大鹏城附近今犹有叠福地名），尚无官富场，可以推知官富场之增设，必在高宗绍兴晚期，不过隆兴以前十余年间事耳。

又据《会要》，绍兴三十年书前监静康、海南盐官名，有高立其人，此则严益彰以前盐官之可考者。

附论大奚山禁私盐之始

大奚山盐产，北宋以来原为海南盐栅所辖，南宋时私枭日炽，淳熙间屡申禁令，《宋会要》云：（淳熙）十年五月二十九诏：大奚山私盐大盛，令广东帅臣遵依节次已降指挥，常切督责弹压官并澳长等，严行禁约，毋得依前停著逃亡等人贩卖私盐，如有违犯，除犯人依条施行外，仰本司将弹压官并澳长船主，具申尚书省，取旨施行，仍出榜晓谕，以

① 《辑稿》一三二册，5182 页，此条自注云："以上《中兴会要》则为高宗南渡后之数字。据《九域志》，海晏、怀宁、都斛、矬洞、金斗各场，属新会县。"

② 《辑稿》一三四册，5247 页。

③ 《辑稿》一三四册，5257 页。

④ 《辑稿》一三四册，5263 页。

广州市布衣客寅上书吉（告）大奚山私贩之弊，故有是命。[①]

十二年二月十二日诏：广东次军统领兼以巡察海道私盐带衔，每考批书，必会盐司，有无透漏纵容大奚山私贩事节，方与放行，如有捕获私盐数目，却与依格推赏，从臣僚请也。[②]

由上列资料，南宋臣僚注意大屿山私枭之始，应在十年，其颁禁之由，乃缘广州布衣客寅上书陈言，此段故实，人所忽略，故为揭出。

大奚山著名事迹见于正史，为庆元三年徐安国平盐枭事，载在《宁宗本纪》，王象之《舆地纪胜》述之尤详。又云见《建炎朝野杂记》，然细查原书甲、乙集，均无此条。又阮《通志》二一二《金石略》，有庆元四年尚书省牒，即书摧锋水军平大奚山寇事，可补史乘之不足。

二、南宋以前官富场之地理沿革

九龙半岛一带，南宋时称官富场。官富场之名，初见于《宋会要》，自宋端宗驻跸而名益著，其后或谓之官富镇，官富砦。[③] 赵宋以前，隶属宝安县，其地理沿革，向无专文考证，新安舒志沿革颇嫌简略，东莞陈志则加详矣。兹则取其与九龙有关者，及清以来学者补撰之地理志，重为考论如次：

秦　属南海郡

汉　属南海郡番禺县

按宝安置县，始于晋咸和六年。至未分出时，属于何县？向有三说：

（一）属南海县　《太平寰宇记》一五七东莞县下引《南越志》云："水东流入海，帆道二日至东莞，汉顺帝时，属南海县地。"[④]《舆地纪胜》八十九引亦作"属南海县地"，然东汉有南海郡无南海县，故东莞陈志引此作"属南海郡"是也。

（二）属博罗县　《元和郡县志》三十五："东莞县本汉博罗县地，晋成帝咸和六年于此置宝安县，属东莞郡。"嘉庆《一统志》、《新安志》、道光

---

① 《辑稿》一三五册，5288页。

② 《辑稿》一三五册，5291页。

③ 《方舆纪要》一百一："官富镇即官富场也，今有官富巡司，《志》云：本官富寨，洪武三年改。"

④ 此《南越志》为刘宋吴兴沈怀远撰，见《书录解题》。

《广东通志·沿革》、《广州府志·古迹》，皆采是说。清陈芳绩《东晋南北朝舆地表》（年表卷二）云："咸和六年分广州南海之博罗置宝安。"同书（郡县表卷一二）博罗下云："东晋成帝咸和六年，改置宝安县，立东官郡，领宝安等，……"亦用《元和志》说。

（三）属番禺县　明《一统志》七十九东莞县下云："本番禺县地，晋成帝始置宝安县，属东官郡。"《方舆纪要》一百一："东莞县，本番禺县地。晋咸和六年，析置宝安县。"洪齮孙《补梁疆域志》并从是说，东莞陈志引张志云："汉南海郡领县六，邑于时地属番禺。"又云："彭志，莞地汉属番禺，盖本之旧志"。

汉时南海郡番禺六县之置，始于武帝元鼎六年，《汉书·地理志》言番禺有盐官，《文献通考》纪武帝元封元年置盐官凡二十八郡，其一为南海郡番禺，故吴因之有司盐都尉之设。陈伯陶云："汉时番禺盐官即设于今之莞地，云汉属番禺，亦自有据，盖莞之西北为汉博罗地，而其东南则汉番禺地也。"（《东莞志·沿革》）故从"盐官"论之，九龙一带汉时可属番禺，自李郑屋村发现古墓，其墓砖有"大吉番禺"四字，又正可为此地汉时属番禺县之证。又杜佑《通典》一八四云："增城，汉番禺县地，吴置东莞郡于此。"是三国已有东莞郡，乃分汉番禺县地而置者，此殆明《一统志》及《方舆纪要》之所本也，则东莞汉为番禺县地，可无疑焉。

三国　吴　黄武中　属东莞郡

见前引《通典》。《寰宇记》云："增城县，汉番禺县地，吴黄武中于此置东郡，而立增城县。"王象之《舆地纪胜》以为"东郡即东莞郡"。陈伯陶言：乐史此文，盖出于《通典》，东郡当作东莞郡，钞写者脱"莞"字也。则东莞之名郡，实始于吴矣，旧志以为晋始置东官郡，非也。由是言之，三国、晋以前，九龙地原属番禺。今观李郑屋村发见古墓，据墓中明器形制，及墓制砖文字体，俱可定其年代为汉。[①] 其墓砖不称"宝安"，不称"东官"，而云"番禺"，可断在吴、晋以前。砖文又有"大治历"三字，窃谓"治历"即尔雅之"艾历"，方言之"裔历"，亦汉代之成语也，说见附篇《大治曆试解》。

附　古墓砖文"大治曆"试解

李郑屋村古墓发见砖文，一曰"大吉番禺"，一曰"大治曆"。"大治曆"

---

① 林仰山教授有详细发掘报告。

意义向不易解。“治曆”二字，原见《易·革卦·象传》“君子以治厤明时”，《汉书·律曆志》云“募治曆者，更造密度”，“选治曆邓平”，治曆乃指治理曆法而言；今乃见之墓葬中，除非墓中人乃治曆之官，然上冠“大”字，仍不甚可解。

余谓“治曆”二字应从假借以通其义。曆与歷、厤诸字皆通[1]，《说文》厂部：“厤，治也。”秝部：“秝，稀疏适秝也，读若歷。”段注厤下云：“调也，凡均调谓之适歷。”朱骏声谓“适秝者，叠韵连语，均匀之貌”。是厤有调和之义。厤本训治，则治厤乃同义链辞也。

治与乂、艾古亦通。《尔雅·释诂》：“乂，治也。”《周书·谥法》：“乂，治也。”故《尧典》“俾乂”《史记》作“使治”，《封禅书》“天下乂安”，一作艾安，即治安也。古成语有“艾歷”一辞，《尔雅释诂》一：“艾歷、覛胥，相也。”“艾歷”又作“裔歷”，《方言》十三：“裔歷，相也。”相本训“治”，《小尔雅》云：“相，治也。”[2] 艾与歷亦互训，故《尔雅释诂》：“艾，歷也。”艾即乂，“乂”训“治”，“相”亦训“治”，“艾歷”训“相”，亦即治也。是知砖文之“治曆”，即《尔雅》之“艾歷”，《方言》之“裔歷”，实一语而异文，此汉代成语之存于边裔者也。[3]

是知“治曆”与“艾歷”相同，乃古联绵字，与“裔歷”、“适厤”并同一语源，上益“大”字曰“大治曆”者，如言“大吉利”、“大吉年”之类。古砖上文字多祝福之辞，祝子孙吉利，则曰“大吉利，长寿贵安乐”，祝世平安者则如“（太康九年）岁戊申，世安平”。此李郑屋村墓砖文曰“大治曆”，取义于长治久安，亦祝世太平之语也。

甘露元年 属司盐都尉。

东莞张志：“吴甘露间，始置司盐都尉于东官场。”

金兆丰校补《三国疆域志》：“番禺下有宝安城云：本东官盐场，吴甘露二年，置司盐都尉于此。”按《太平寰宇记》一百五七东莞县下云：“吴孙皓以甘露元年置始兴郡，以其地置司盐都尉，晋立东莞郡。隋为宝安县。”又一百五十七东官郡故城条：“《郡国志》云：东官郡有芜城，即吴时司监[4]都尉垒。”

---

① 参《辞通》十二，《锡》。

② 《左》昭九年传“楚所相也”，相亦训“治”。

③ 郝懿行云：《尔雅》：艾，长也，长率治理，亦艾训“相”之证。

④ 《舆地纪胜》八九引作“司盐”。

《清一统志》：东莞盐场在新安县东，《县志》：东莞场旧在县南门外，即晋初司盐都尉治也。

按《三国志·吴志》：交州刺史陆胤，以“州治临海，海流秋咸，胤又畜水，民乃得甘食”。（卷六十一《陆凯附传》）其所引甘水，即所谓蒲涧水也。盖海水咸，晒盐至便，其番禺自汉以来设有盐官，吴因之立司盐都尉，犹后来之盐场大使也。

惟司盐都尉或作“司监”，两字形近易误，《宋书·州郡志》云“东官太守，何志；故司监[①]都尉，晋成帝立为郡”。洪亮吉《东晋疆域志》径从《寰宇记》改作“司盐”。阮《通志》二一六《古迹略》东莞故城条下云“当作司监”，《广州府志》从之。按《宋书》州郡所记司盐都尉非一处，如南沙令下亦云：“本吴司盐都尉署，晋咸康七年，罢盐署立以为南沙县。”以是为例，故知当作“司盐都尉”为是，阮志说非。至沈约所据书之何志，即指何承天所著者。考《宋书·州郡志》、《南齐书·百官志》屡引何志、徐志，即谓何承天及徐爰所著《宋书》，何书作于元嘉中，徐书则成于大明六年也。[②]

西晋　属南海郡。

《晋书·地理志》：南海郡统县六，有番禺、博罗，此未知属于何县。

东晋　属东官郡宝安县。

《宋书·州郡志》：东官郡下引《广州记》：“晋咸和六年，分南海立。”有宝安县。王隐《晋书地道记》称“广州东官郡”（毕沅辑本）。

《太平寰宇记》：“东官故城，晋义熙置，以保安县属焉。多蚶蛎石蛤海目香螺龟。”此则“宝安”字作“保安”。明《一统志》：“东官城在东莞县。晋义熙中置东官郡，以宝安县属焉。”按东官郡已在咸和六年立，此称义熙中置，似误以建城之年为立郡之年。

元祐李岩《东莞县令题名记》云：“晋成帝析南海置东莞郡，其地在东莞场公宇东二百步，颓垣断堑，犹有存者。”

按《岭海见闻》，记大奚山三十六屿，在莞邑海中，水边岩穴居民，系晋海盗卢循遗种，则似卢循逃众，曾至大屿山也。

宋　属东官郡宝安县。[③]

---

① 北宋监本《宋书》亦作“司监”，此条成孺《宋书·州郡志校记》未勘正。

② 参《史通·正史》及章宗源《隋书经籍志考证》。

③ 见《宋书·郡州志》。

武帝永初时，曾置“宝安男相”（汪士铎《南北史补志》作“宝安男国”），九龙疑属其地。

齐 属东官郡宝安县。①

梁 属广州东官郡宝安县。

见洪氏《补梁疆域志》。

陈 属广州东官郡宝安县。

臧氏《补陈疆域志》：“宝安，《方舆纪要》，晋咸和六年分番禺县地置。《陈书·到仲举传》：（文帝）天嘉元年封宝安县侯。”（按见《列传》十四）

隋 属广州宝安县。②

《元和郡县图志》三十四：“（晋）置宝安县，属东莞郡。开皇十年，废郡，以（宝安）县属广州。”则开皇间废去东莞郡。

《隋书·地理志》：南海郡统县十五，下有“宝安”。按《元和志》：“大业三年，罢州为南海郡。”则此属南海郡者，乃大业以后之事。至元寿元年置番州，盖避太子广之讳。③

唐 唐初属广州宝安县。

武德四年平萧铣，置广州总管府，领县五，有宝安。

《新唐书·地理志》上南海郡下云：“有府二：曰绥南、番禺。（此即折冲府）有经略军，屯门镇兵。”又引贞元宰相贾耽《考方域道里》云：“广州东南海行二百里，至屯门山。乃帆风西行二日，至九州石。……”

顾祖禹《方舆纪要》一百一杯渡山条下引《纪事》云：“东莞南头城，古之屯门镇，乃中路也。一云：南头城东南路二百里，至屯门。唐置屯门镇兵，以防海寇。天宝二载，海贼吴令光作乱，南海群守刘巨麟，以屯门镇兵讨平之。宋亦置营垒于此。”

按南头即今宝安县，去屯门不远。《纪要》“三海门”条引旧志：“县境海道之备有南头、屯门、鸡栖、佛堂门……澳，皆有哨兵戍守。”则南头与屯门应为两地。天宝时，平海寇征用屯门兵，足见屯门设镇，早在其前。刘巨麟应作“刘巨鳞”，《册府元龟》作“刘鳞”。其平吴令光事盖在天宝三载，见

① 见《南齐书·州郡志》。

② 广州于仁寿元年改称番州，大业三年罢州，属南海郡。

③ 见《舆地纪胜》。

新、旧《唐书·玄宗纪》及《通鉴》二一五。[①] 屯门事，罗香林先生有详细考证，兹不赘。

屯门山即杯渡山。明《一统志》七八："杯渡山在东莞县南一百九十里，上有滴水岩，一名屯门山。唐韩愈诗'屯门虽云高，亦映波浪没'即此。"滴水岩为青山，枕近大海，自唐以来即为海舶必经之地。唐人诗记屯门者，昌黎以外，又有刘梦得之《踏潮歌》。（见《文集》卷九《乐府》，其句云："屯门积日无回飙，沧波不归成踏潮。"考"踏潮"亦作"沓潮"，《岭南丛述》引王德琏《番禺记》云："晨潮下，晚潮上。两水相合，谓之沓潮。"又《粤中见闻》云："番禺之乡，朝潮未消，暮潮未消，暮潮乘之，驾以终风，前后相蹙，海水为之沸溢，是曰沓潮——水重沓也。"此即"沓潮"之义。）

肃宗至德二载，取旧郡名，改宝安为东莞。

《新唐书·地理志》："东莞本宝安，至德二载更名。有盐，有黄岭山。"

《元和郡县图志》："（宝安），至德二年，改为东莞县，取旧郡名也。"

五代　南汉　属兴王府东莞县。

《南汉·地理志》云：兴王府本广州，（刘岩）乾亨元年，改为兴王府。领县十三，有东莞。大宝元年，于东莞县置屯门镇。[②]

十二年（宋开宝二年）二月十八日，封屯门山为瑞应山，有碑。

宋蒋之奇《杯渡山诗序》："屯门即杯渡山也，旧有军寨，在北之麓，今捕盗廨之东，有伪大宝十二年己巳岁二月二十八伪封瑞应山勒碑在焉，榜文刻汉乾和十二年岁次甲寅，关翊卫副指挥同知屯门镇，检点防遏右靖海都巡陈延……"此为九龙最古之石刻，惜不可见。

南汉又置媚川都于此。

清《一统志》："媚川都在新安县南。《舆地纪胜》：东莞县有媚川都，南汉置，凡隶三千人，入海采珠，开宝元年诏废之。"

《宋会要辑稿》一四二册禁珠玉条：诏废媚川都，籍其少壮者千余人，立为静江军，事在开宝五年五月。又言：先是刘鋹据岭南，于其管内海门镇招置兵士二千余人，目为媚川都。此事又见北宋王辟之《渑水燕谈录》[③]，作"置兵八千人"，人数略异。按媚川二字出陆机《文赋》"水怀珠而川媚"。

---

① 鏻于天宝八载坐赃诛死，见《玄宗纪》，及阮《通志》前书略。《新唐书·地理志》南海下云："山峻水深，民不井汲，都督刘巨鏻始凿井四。"字又作"麟"。

② 东莞陈志。

③ 卷九，《杂录》。

北宋　开宝五年，属增城县；六年，复属东莞。

李攸《宋朝事实》十九："广州开宝五年，省东莞县入增城县。六年复置东莞。"①

王中行淳熙（十二年）《东莞县令旧题名记》云："（县），宋开宝五年废，隶增城，六年复置。……卤地邑有八，曩兼提举盐场公事，继曰管斡，今不复系，惟番舶仍护之。"②

① 又《舆地纪胜》引《国朝会要》。

② 东莞陈志九十。

论碙洲非大屿山

碙洲为赵宋于厓山覆灭前最后之行都，端宗驾崩于是，祥兴帝登极于是，其地去雷州不远，向来史家，皆谓在化州吴川县南海中，元明以来，相承无异辞。惟粤人志乘若黄培芳（道光二一年）《新会县志》（《事略》上），（道光八年）《香山县志》（卷八《事略》），戴肇辰（光绪五年）《广州府志》，谭镳（光绪三四年）《新会县乡土志》，陈伯陶（宣统三年）《东莞县志》（卷三十《前事略》二），乃据陈仲微《二王本末》及吴莱语，谓碙洲即香港之大屿山。

日人伊东忠太（关于厓山演讲见《史学杂志》二十四卷第九号，大正二年九月）及许地山先生（《香港与九龙租借地史探略》，见《广东文物》卷六）并从是说。谈香港史多据以立论，余窃疑之。比者简又文教授辑《宋皇台纪念集》，撰《宋末二帝南迁辇路考》，亦主碙洲为大屿山说。去年八月中旬，余自意大利东归，访君于寅圃，余语碙洲仍以旧说在化州为正，因吴莱未至广东，陈仲微书多经窜乱，俱不足信。君曰盍为文论究其实，以免相沿讹误。余感君虚怀若谷，遂忘其疏陋，尽数日之力，钩稽史志，撰为此篇，藉酬君之雅意焉。

一、碙洲应在化州证

碙洲应在化州吴川海中，其证有八：

(一) 硇洲地名见于北宋

论者谓化州所属，仅有碙州而无硇洲，硇与碙异字，非同一地名。按化州之硇洲，北宋初已有之。《太平寰宇记》[①] 云：

(化州) 东南至硇洲，抵大海二百二十里。[②]

(雷州) 东至海岸二十里，渡小海抵化洲界，地名硇洲，泛海通恩、广等州。(又) 东南一百四十里至海，泛海入琼。[③]

明天顺修《一统志》(高州府) 下 (据万寿堂刊本)，记硇洲有关地名，至为详悉。

硇洲　在吴川县南一百四十里，屹立海中，当南北道，乃雷化犬牙处，宋末端宗尝驻此。

硇洲寨　在吴川县南四都。

硇洲塔　在吴川县南一百二十里，元大德中建。[④]

废翔龙县　在硇洲，宋末益王迁广，为元兵所追，驻于此。又明年崩，卫王袭位，是日黄龙见海上，群臣皆贺，乃升其地为翔龙县。[⑤]

《读史方舆纪要》[⑥] 吴川县下云：

硇洲在县南大海中，宋置硇洲寨，后为翔龙县。

翔龙废县，在县南四百十里硇洲上。洲屹立海中，当南北道，为雷化犬牙处。宋景炎二年，帝自七洲洋还，驻硇洲，旋崩。弟卫王昺立，硇洲为翔龙县，即此。

---

① 乾隆南昌万廷兰校刊本。
② 卷一百六十七。
③ 卷一百六十九。
④ 元刘耿阳有《碙洲塔诗》，见《高州志》十六。
⑤ 《高州府志》卷三《古迹》略同。
⑥ 卷一百四。

故《清一统志》云："硇洲在吴川县南一百里。硇一作碙，当海中南北道，乃雷化犬牙相错处。"引《寰宇记》，又引《通鉴纲目》："景炎二年，帝往居占城，不果，遂驻硇洲。"① 又同书关隘条云：

碙洲营，在吴川县南一百里海中，宋置硇洲寨。

碙洲镇巡司下云"碙"作硇，在吴川县南一百里硇洲上，明初置。

证之《寰宇记》，宋时于硇洲设镇，其地为海防要塞，原非荒岛，宋帝移驻此间，正有其军事意义，非偶然也。（参看黄安涛《高州府志》卷六《海防》）

（二）邓光荐记化州之硇洲升祥龙县说实可信

邓氏撰《文丞相传》云：

五月，公始闻端宗皇帝晏驾于化州之硇洲。今上即位，初三日，硇洲神龙见祥，臣庶咸睹，合议优异，硇洲可升为祥龙县，置令丞簿尉，隶化州，免租税诸色和籴五年。②

邓氏此《传》，初则曰"化州之硇洲"，再则曰"升为祥龙县，隶化州"，则此硇洲在化州明甚。考帝昰自井澳移驻硇洲，本欲往占城而不果。《宋史·二王纪》云：

昰欲往居占城，不果，遂驻硇洲。

明弘治刊本《厓山集》"少帝"条云：

帝舟次于化之硇洲。

亦明载化之硇洲，《厓山集》为《涵芬楼秘笈》（第四集）本，此语下注

① 《高州府志》"山川"条。

② 《文山集·纪年录》引。

引《填海录》云：

井澳风大作，舟败几溺，复入海至七洲洋，欲往占城，不果，遂驻碙洲。

《填海录》一书，乃邓光荐家中所传。光荐书二帝事，乃本之陆秀夫日记，《填海录》即采自陆秀夫所记者也。

按帝昺自碙洲移厓山，光荐既随驾至厓山，亦身历海上之役，又得陆秀夫所记二王事实，不应于碙洲所在，芒昧无所知，其为《文丞相传》，称帝昺为今上，其书升化州之碙洲为翔龙县事甚详悉，自属第一手材料，最为可信。

（三）由王用语，证碙洲地近雷州

《新元史》一六〇《忙兀台传》云：

降将王用言："宋主昰已死，张世杰等复立其弟昺于碙洲，其地无粮储，闻琼州宋将欲运粮一万石，海道滩水浅急难运，止有杏磊浦可通舟。"忙兀台闻其言，即命诸将以兵守之，由是世杰众饥困，遂败死。[1]

按《厓山集》"少帝"条云：

四月戊辰，帝崩于碙洲。……庚申（陆秀夫）乃与张世杰等立卫王为皇帝。……五月癸未朔，改元祥兴。乙酉，升碙洲为翔龙县。元史格（字晋明）袭雷州，曾渊子还碙洲。遣琼州安抚张应科及王用取雷州，应科三战皆不利，用叛降于元。六月丁巳，应科再战（雷州），遂死之，知高州李象祖叛降元。张世杰以雷州既失守，而六军所泊居雷化犬牙处，非善计，厓山在大海中，……中有一港可以藏舟，遂以己未发碙洲，乙亥至厓门驻跸。

由上知初移驻碙洲时，高州、琼州、雷州尚为宋有，至五月始失雷州，

---

① 《元史·忙兀台传》所无，此盖钞《经世大典》。

展开争夺战而不利，王用即于是月降元。是王用乃亲身参与战役，其言硇洲通琼州，赖杏磊浦可以运粮供给，此语最可注意。[①] 杏磊浦者，本称沓磊浦。《清一统志》云：

> 沓磊驿在徐闻县东南二十里，海安所城中，其南有沓磊浦。[②]

又于雷州“海”条引《府志》云：

> 南至踏磊海岸二百里，接琼州府琼山县界。

《图书集成·雷州·山川》条：

> 观涛岭在城东南十里踏磊驿背，山高三丈，周围一里。
>
> 元范德机有《登沓磊驿楼自此度海诗》云：“半生长以客为家，罢直初来翰海查。始信人间行不尽，天涯更复有天涯。”[③]

其“踏”字作“沓”，知《新元史》“杏磊”即“沓磊”形讹。[④]

沓磊浦为硇洲与琼州交通要害，地在徐闻东南，则硇洲正在雷化犬牙处，毫无疑者。

（四）由曾渊子督府雷州，证硇洲应在化州

文天祥《集杜》“曾渊子”第四十四云：“曾渊子，元贬雷州，御舟南巡，复与政事。厓山之败，曾欲赴水。……”《图书集成·雷州纪事》：

> 祥兴元年，元将史格克雷州，据之。曾渊子自雷奔行在，时宋帝舟泊硇洲。……张世杰遣师讨雷，不克。

弘治本《厓山集》“少帝”条云：

---

① 《厓山集》言硇洲在“雷化犬牙处”一语，盖用黄溍《客语》，详下。

② 《雷州府志·关隘》条。

③ 《四部丛刊》影钞本《范德机诗集》六。

④ 毕沅《续通鉴》亦作“杏磊”，《新会志事略》据《经世大典》订正作“沓磊”是也。

帝舟次于化之硇洲，曾渊子自谪籍来，以为观文阁学士、参知政事、广西宣谕使，开督府于雷州。……五月，……元史格袭雷州，曾渊子还硇洲。

姚燧《牧庵集》十六《平章政事史公（格）神道碑》云：

……曾渊子以参政开督雷州，公再谕降不可，进兵逼之，渊子奔硇洲。

所记与《厓山集》合。知史格未进兵雷州之前，曾渊子实开督府于雷州，渊子先在雷州，故得奔硇洲之行在，及雷州失守，遂即退还硇洲，知此硇洲非在雷化犬牙处莫属，若在香港之大奚山，千里而遥，渊子何从而至行在参与政事耶？

（五）由井澳迁硇洲，乃欲往占城，证硇洲当在化州

《宋史·陈宜中传》[①] 云：

……益王立，复以为左丞相。井澳之败，宜中欲奉王走占城，乃先为占城谕意，度事不可为，遂不反。二王累使召之，终不至。

文山《集杜诗》“陈宜中”第四十云：

丁丑冬，御舟自谢女峡归硇洲，陈宜中船相失，莫知所之。

黄佐《广州人物传·苏刘义传》云：

帝在井澳，元刘深来袭，陈宜中如占城，刘义不以为是，擢舟追之，不及而返。

按《填海录》亦言：“井澳风大作，舟败几溺，复入海，至十（七）洲

① 《列传》卷一七七。

洋，欲往占城不果，遂驻硇洲。"《宋史·二王纪》云：

元帅刘深以舟师攻昰于浅湾，昰走秀山，陈宜中入占城，遂不反。十二月丙子，昰至井澳，飓风坏舟，几溺死，遂成疾。旬余，诸兵士始稍稍来集，死者十四五。丁丑，刘深追昰至七洲洋，执俞如珪以归。十五年，大军夷广州城。……三月，文天祥取惠州。广州都统凌震、转运判官王道夫取广州。昰欲居占城不果，遂驻硇洲。遣兵取雷州，曾渊子自雷州来，以为参知政事、广西宣谕使。

又《宋史·忠义·张世杰传》：

刘深攻浅湾，世杰兵败，移王居井澳。深复来攻井，世杰战却之，因徙硇洲。至元十四年正月，遣将王用攻雷州，用败绩。

《世杰传》记徙硇洲，在至元十四年正月前，则当为十三年十二月事。

再据上引各条比勘，《宋史》以井澳之败遇风，在丁丑十二月丙子，翌日丁丑，俞如珪复于七洲洋被执。此时帝舟自官富移秀山移井澳，逐渐南移，决无向东折回大屿山之理。其进驻硇洲，原意在往占城，硇洲正为往占城必经之地。[①] 其退兵步骤，为继续南撤，况刘深兵梗七洲洋，只有前走南路之雷化，若东回官富附近之大屿山，无异自寻死路矣。

又帝舟驻硇洲时日，《宋史》所记含混，据文山《集杜》，帝往硇洲，在丁丑冬事，指其出发之时，若戊寅三月，殆指到达之时耳。[②]

（六）由文文山诗记方向字证之

《集杜诗》"景炎宾天"（第三十一）云：

御舟离三山（福州），至惠州之甲子门，驻焉。已而迁官富场。丁丑冬，虏舟来，移次仙澳，与战得利，寻望南去，止硇洲。

---

① 陈宜中《如占城道经吴川极浦亭诗》有"颠风吹雨过吴川"句。

② 《厓山志》则云："景炎三年正月，帝在谢女峡，三月，帝舟迁于硇洲。"与文山《集杜诗》陈宜中诗有出入。

此条“移次仙澳”句下所记，与《二王本末》同。又“祥兴”（第三十三）云：

六月世杰自硇洲北还，至厓山止焉。

按文山所记，多确实可从。如上二条记自仙澳往硇洲，则曰“南去”，记自硇洲往厓山，则曰“北还”，所用方向字，极可玩味，可见硇洲在仙澳南，自在化州，若往大屿山，则不当云“南去”，应云“东还”矣。

（七）由硇洲北还厓山路途证之

《厓山集》云：

张世杰以雷州既失守，而六军所泊雷化犬牙处，非善计。厓山在大海中，去新会县八十里，与奇石山对峙，势颇宽广，中有一港，其口如门，可以藏舟。遂以己未发硇洲，乙亥至厓门驻跸。

《广州人物传·张世杰》所记亦同。盖自六月己未发硇洲，乙亥至厓山，行程凡十七日，以当时交通情形论，由九龙之大屿山至厓山，无需十七日，若由化州之碙洲至厓山，大约十余日，正相吻合。

（八）由吴川进士陈惟中事证之

黄安涛《高州志》四《事记》云：

景炎二年，元将刘深追帝于井澳，吴川进士陈惟中会司户何时力战，却之。三年春二月，帝舟次于碙洲，夏四月崩。

元至元十五年，西道宣慰司遣管军总管崔永、千户刘潭、王德用招降雷、化、高三州。

同书卷十《列传》云：

陈惟中，字子敬，吴川人，宝祐四年进士，任文昌县。景炎中，端宗迁硇洲。惟中转饷，艘至井澳，将趋硇洲，元将刘深帅水兵来追，张世杰前锋稍却，深纵火焚舰，惟中与吴川司户何时方朝食，投箸而起，冒矢石，俱被创力战，值天反风，我艘乘上流，亦纵火，深兵始逃。[①]

惟中，吴川人，硇洲在吴川，帝自井澳趋硇洲，故惟中转饷相助。若硇洲在九龙大屿山，惟中何从而至耶？

由上八项，知硇洲应在化州，与九龙大屿山无涉。

二、评陈仲微及吴莱说

（一）论陈仲微说

陈氏《广王本末》“丁丑”岁事下云：

十一月丙申，唆都元帅大兵至福州。……至潮州，守臣马发坚守不下，唆都元帅弃而之惠州，与西省吕师夔军会合，攻广州，城陷，张镇孙死之。大军至，次仙澳，与战得利，寻望南去，止硇川。硇川属广之东莞县，与州治相对，但隔一水。

十二月，景炎帝舟迁于谢女峡，陈宜中捩舵之占城。[②]

按仲微以宋臣，而称唆都曰元帅，元军曰大兵，当非出其亲笔，此《二王本末》一书，最少必经后人窜乱。考《宋史·仲微传》[③] 云：

德祐元年，迁秘书监，寻拜右正言、左司谏、殿中侍御史。益王即位海上，拜吏部尚书、给事中。厓山兵败，走安南，越四年卒，年七十有二。其子文孙与安南王族人益稷出降，乡导我师南征，安南王愤，伐仲微墓，斧其棺。

是仲微子复降元。此书记宋事，宜有所忌讳，此本末《降元史论》一篇，

① 据旧志《乡贤传》。

② 据粤雅堂丛书本《宋季三朝政要·附录》。

③ 《列传》卷一百八十一。

有“今大元混一，识天时而归附者，固皇帝之所嘉”云云，显出元人之手。此书前题记云“壬午岁，安南国使入觐，因言仲微之事，而得仲微所著《二王本末》，重加编次，以广其传”。此仲微书传入中土之经过，其言“重加编次”，则非原书面目可知矣。

余考仲微此书，资料多钞撮文山《集杜》小序，上举“硇洲”条，即其例也。文山集十六《集杜诗》“景帝宾天”第三十一有数句云：

丁丑冬，虏舟来，移次仙澳，与战得利，寻望南去，止硇川。

此语与仲微书：“大军至，次仙澳，与战得利，寻望南去，止硇川”语比较，除改“虏舟来”三字为“大军至”外，其余完全雷同，其袭自文山《集杜》小序，证迹显然。

不特此也，仲微书称“行都”者三见，皆指福州；称“行朝”者一见，即纪己卯正月辛酉厓山战事，此文长达八十余字，与文山《集杜》“祥兴”第三十四、第三十六雷同，惟改文山序之“正月十三日”为“正月辛酉”，文山序“虏入山门”，则易“虏”字为“大军”，文山序“行朝有船千余艘”，此则改“行朝”为“厓山”，此亦袭自文山者。

按文山《集杜诗》作于幽燕狱中，前有小序，末题壬午正月元日，厓山之败在己卯二月，在壬午前三岁，仲微传言其厓山兵败后，走安南，越四年卒。彼时仲微播迁交阯，何由得读文山《集杜》诸作，而采入其书，此理之难通者，足知其出后人增窜也。

黄培芳、陈伯陶辈过于重视仲微此书，谓仲微从二王海上，目击时事，逐日钞录，至为可信，不知其书已经元人所乱，非尽本来面目。其与《宋史》多所抵牾，最为失实者有二事：

(1) 记帝昰行踪之可疑

陈仲微书记帝昰至广州者二条。一为丙子“十二月，景炎帝至广州，守臣薛应龙、运使姚良臣迎入州治作行宫”。按《宋史·二王纪》“丙子十二月辛酉朔，赵溍弃广州遁。乙丑，制置方兴亦遁”，至次年丁丑“四月张镇孙袭取广州”，始为宋守。可知丙子十二月后四个月中，帝昰不能至广州，更无以州治作行宫之事。

其次为戊寅“二月，景炎帝由海道再回广”。按《宋史·二王纪》，“十五年正月，大军夷广州城”。“三月广州都统凌震、转运判官王道夫取广州。”是二月间，帝昰亦无再回广之可能。[1] 假如二王曾入广州，《填海录》、《文山集》不应无一语道及。

(2) 记苏刘义卒于丁丑四月之失实

文山《集杜》"苏刘义"第四十三云："厓山（苏刘义）与其子俱得脱，亦不知所终。"又"曾渊子"第四十四："曾欲赴水，为苏父子所留。"又戊寅帝昺登极硇洲祭社稷时，苏刘义为初献，具见（文山）《纪年录》，何得谓前卒于丁丑。更可异者，仲微书述苏刘义生平凡五十字，全与文山《集杜》雷同。

今传所谓仲微之《二王本末》，尚有令人惊叹者，书之前半题曰"广王本末"，记载帝昰景炎间事；后半题曰"卫王本末"，记载帝昺祥兴间事。开端曰："广王昰为兵马元帅，益王昺为副。"继曰"广王登极于福州"，"封弟益王昺为卫王"。是始终以广王属帝昰，益王属帝昺也。所见学津讨原本、粤雅堂本皆如此。守山阁本目录，题曰"广王，景炎本末"，"益王，祥兴本末"。按《宋史》：元兵迫临安，徙封昰为益王，昺为广王；至福州，立昰为主，改元景炎，昺封卫王。文文山《集杜》"景炎拥立第二十八"云："益王登极，改元景炎。"黄溍《陆君实传后叙》云："宋益王之践帝位，不逾年而称景炎。"[2] 是福州登极，改元景炎者，乃益王昰，并非广王也。而广王、卫王则帝昺一人之前封，并未曾封益王也。今随驾目击逐日抄录之书，竟不识主人，颠倒混乱，非稗贩谬瞀者之所编，何以至此？无怪自皇庆刊行以来，修《宋史》者视若无睹也。

凡上所辨证各点，具见今本《二王本末》，已为后人羼乱，其记南止硇川一段，既采自文山《集杜》，而下文忽言"硇洲属广之东莞"云云，此疑出元人批注语，误入正文中。因陈书于二王所经各地，若"官富场"、"仙澳"、"谢女峡"，皆不注所在何地，独硇洲下注县属，于例不伦，可能系后人混入。此书道光癸未赵魏跋语，谓旧本多阙，又有鲁鱼之讹，其中窜乱增益可疑之处正多，不能概信为真，援用时，自应加以比勘鉴别也。[3]

（二）论吴莱说

黄培芳《新会县志·事略》硇洲下考异，引《太平寰宇记》化州之硇洲，

---

① 《广州人物传·王道夫传》谓"元吕师夔退兵，道夫捣虚复广州"，亦在三月。

② 《南宋书》亦云"封帝昰为益王"，又"帝昺封卫王"。

③ 《仲微传》称其"涵饫六经，精研理致"，此书如全出其手，不应芜乱如此。

又引吴渊颖《南海人物古迹记》，并云："大奚山在东莞南，一曰碙洲。据此则有两碙洲，第到州路经者，本名黎碙洲，后人省文称碙洲耳。"

陈伯陶《东莞县志》："驻碙洲"句下按云："吴莱《南海人物古迹记》：大奚山在东莞南，一曰碙洲。陈仲微《二王本末》云：'碙洲属广之东莞县，与州治相对，第隔一水。'吴渊颖，元人，其游粤时，去宋亡未远，而陈仲微从二王海上，目击时事，其纪载尤为有征也。"

陈氏盖据《新会志》加以推证。是说也，后人多懵然置信。日人伊东忠太据之，谓碙洲即今之香港，尤为武断。许地山复依伊东说，谓史家误认碙洲为化州之硇洲，一差就差几百里。今按吴莱所撰此文，乃一短篇杂记，原题曰《南海山水人物古迹记》，凡三十三条，载于《渊颖吴先生文集》卷九。（四部丛刊景萧山朱氏元本）近人黄任恒重印于信古阁小丛书，篇末三条，其二有关宋季行朝事，其最末一条即记大奚山，兹悉录于下：

仙女湾　在香山南海中。宋益王昰南迁仙女湾，丞相陈宜中欲奉昰奔占城，飓作，昰殂，葬香山。宜中遁，殿帅苏刘义追宜中不及。夜有火烧仙女湾，舟橹几尽。

厓山　在新会南，山有两崖对峙，海潮出入。宋绍兴间，尝置戍。卫王昺南迁，结营厓山海中。海水咸，级道断，天狗堕海声隆隆如雷。丞相陆秀夫朝服抱卫王沉海，文武嫔御，死者万数。

大奚山　在东莞南大海中，一曰碙洲。山有三十六屿，山民业鱼盐不农。宋绍兴间，招其少壮，置水军啸聚，遂墟其地。今有数百家徙来，种薯芋，射麋鹿，时载所有至城，易醯米去。

吴文又云："为说者曰：东阳李生自海上回，为言南越事，山川风土，悉有可考者。"足见莱记岭南事，乃得之李生，非由身历，陈氏谓其游粤，纯出臆测。其记"仙女湾"、"厓山"，并详志二王事，而大奚山则但云"一曰碙洲"，下不书帝昰驾崩及帝昺即位，可见此大奚山与宋末二王无关。至他书之言大奚山者，条举于下，以资比较：

《舆地纪胜》　大奚山下引《南海志》："在东莞县海中，有三十六屿，居民以鱼盐为生。"又引《朝野杂记》徐安国捕岛民事。[1]（文繁不录）

明（天顺修）《一统志》　大奚山：在东莞县南四百里，海中有三十六

① 卷八十九。

屿，周回三百余里。居民以鱼盐为生，庆元间尝作乱，提举徐安国讨灭之，地遂丘墟。①

按《读史方舆纪要》（卷一百一）大奚山条文略同，惟又云“明初有万姓者统其众，今亦呼为老万山”。

《清一统志》云　大奚山，在新安县南，一名大渔山。引《舆地纪胜》及旧志。又言“有老万山在大奚西南大洋中”②。

《图书集成·广州府·山川考》新安县下：“大奚山，按县志在县南一百余里，一名大渔山，为急水、佛堂二门之障，有三十六屿，周回二百余里。有异鸟见，则大风生，山下有村，余多盐田，宋以为李文简食邑。”按嘉庆二十四年舒懋官修《新安县志·山水略》“大奚山”条，文全同。

上列记大奚山各书全文如上，并无一语道及宋帝驻跸。亦不称“一名硇洲”，与吴所记异。

又吴莱《渊颖集》卷九（金华丛书有王邦采注）有一诗题曰“新得《南海志》观宋季厓山事”中有句云：

故国今安在，新营忽此山。藩王收末烬，义将扞边关。典礼存周法，威仪复汉班。开衙旗帜动，结寨舳舻环。节制通江逻，枪牌集洞蛮。泷涛多击碶，岭峤半榛菅。置阵移官港，惟宫泊女湾。狗流疑尾扫，龙殒莫髯攀。……

此诗人鲜引及，故摘录于此。官港指官富场；女湾即仙女湾，龙陨句谓端宗崩硇洲，帝昺立时有龙攀空而上，事见《填海录》；狗尾句指崖山道断天狗堕海事，见上引《南海山水人物古迹记》崖山条。

《渊颖集》九有“岁初喜大人回自岭南，遂携男谔北行送之二首”。盖莱之父直方，曾至岭南，有二子士谔、士谧，谔即士谔也，详莱门人宋濂所撰渊颖先生碑，但渊颖本人则未来粤耳。

由上知莱所记南海事，非身历其境，而出于他人之报导，故所记未必尽确。

志乘于大奚山，均不云一名硇洲，吴莱所记或另有依据，即令大奚山别有硇洲之称，不过偶尔同名，实与宋帝行朝无关。

---

① 卷七十八，《广州府》。

② 卷四百四十一。

三、论《元史·世祖纪》说

《元史·世祖纪》：

至元十五年乙未三月，宋广王昺，遣倪坚以表来。

乙巳，广南西道宣慰司，遣管军总管崔永、千户刘潭、王德用招降雷、化、高三州，即以永等镇守之。宋张世杰、苏刘义，挟广王昺奔碙洲。

四月，广州张镇孙叛犯广州，守将张（按宜作“梁”）雄飞弃城走，出兵临之。镇孙乞降，命遣镇孙及其妻赴京师。

五月乙酉，行中书言进讨邵武、建昌、吉抚等岩洞山寨。……独张世杰据碙洲，攻傍郡未易平，拟遣宣慰使史格进讨，诏以也速海牙总制之。

按上举三月乙巳崔永招降雷、化、高三州一事，粤志乘家每据以为说，谓据此条化州已为元所得，则宋帝不应奔化之碙洲。黄培芳《新会志》、《香山志》，戴肇辰《广州府志》，陈伯陶《东莞县志》皆主此说，近人亦沿用之而不加考虑。不知《元史》本纪所载时有讹处，如谓张世杰挟广王昺，实为大误，三月乙巳时帝昰尚未驾崩，安得云广王昺耶？故柯劭忞《新元史》十《世祖纪》于此文颇有更正，改作：

乙巳，广南西道宣慰司招降雷、化、高三州，宋张世杰以宋主昰奔碙洲。

复于四月增入一条云：

甲子，宋主昰殂于碙洲。庚午，张世杰等立其弟卫王昺。

又于五月乙酉条改作：

乙酉，福建宣慰使《史格》以兵讨张世杰。

考《元史》卷一五五《格传》云：

诏听格节度，陛广西宣抚使，改镇国上将军广南西道宣慰使。宋亡，陈宜中、张世杰扶益王昰、广王昺据福州，立益王，传檄岭海，欲复其地。……益王死，卫王立，趣广州，壁海中厓山。遣曾渊子据雷州，谕之降不听，进兵攻之，渊子奔硇洲，世杰将兵数万，欲复取雷州，戍将刘仲海击走之。后悉众来围，城中绝粮，士以草为食，格漕钦、廉、高、化诸州粮以给之，世杰解围去，诏格戍雷州。

《新元史》卷一三八《史秉直附格传》云：

……擢昭勇大将军广西宣抚使，寻罢宣抚改镇国上将军广南西道宣慰使。宋将张世杰据福州传檄岭南。……世杰分兵破浔州，又遣其将罗飞围永州。……格率所部援之，殄其众。进攻宋都督曾渊子于雷州，渊子走硇洲，世杰将兵数万，欲复取雷州，万户刘仲海击败之。……

按两《元史》所记史格事，实取材于姚燧撰之《史公神道碑》[1]，姚燧记卫王壁厓山，及曾渊子奔硇川事，时间含混不明，两传皆仍之未有改正。惟由《史格传》记，确知世祖十五年五月格进讨曾渊子以前，雷州尚为宋有，姚撰碑言之凿凿。可见同年三月乙巳，雷州尚未入元人之手，不得据《世祖纪》此笼统语句，遂谓宋主不得南至化州也。[2]

复由格戍雷州一事，足见当日雷州一地之重要性。硇洲与雷州地迩，故曾渊子失雷州，即奔硇洲，足见硇洲非化州莫属。黄培芳等昧于当日宋元兵争形势，偶摭一二语，即欲推翻旧说，真通人之蔽也。[3]

四、硇洲异文考

硇洲　见《宋史·二王纪》、《太平寰宇记》、《厓山集》、《元史·世祖纪》及《史格传》。

硇州　见《填海录》、《癸辛杂识》、黄漕《客语》。

---

① 见《牧庵集》，十六。

② 又据姚氏碑，史格时官广南西道宣慰使，《新元史·世祖纪》作福建宣慰使，与《格传》不合，盖误。

③ 用《高州府志》按语。

碙川　见《文山集·集杜》“祥兴登极”（第三十二）、“祥兴”（第三十三）、“陈宜中”（第四十）各条，姚燧撰《史公神道碑》，邓光荐撰《文丞相传》，元皇庆本《二王本末》。

⿰石⿵冂夕洲　见《经世大典》。

⿰石冈州　见《宋史·张世杰传》、《明一统志》。

⿰石罔洲　见《元史·世祖纪》七。

硐州　见《图书集成·高州府·山川考·古迹考》。

硇洲　《清一统志》“关隘”条硇洲镇，硇一作碙。

⿰石匈洲　见重修《匡山志·良宝传》。《清一统志》高州府：“碙洲在吴川县南百里，碙一作⿰石匈。”

冈洲　明隆兴间高州知府吴国伦有《冈洲吊古诗》。

考碙字字书所无，遍查《广韵》、《集韵》七阳十一唐等部及《龙龛手鉴》，俱无“碙”字。文文山、邓光荐、姚燧文均作“碙川”，不作“碙洲”。《宋史》、天顺《一统志》亦作“⿰石冈”（《张世杰传》），《元史·世祖纪》又作“⿰石罔”，《匡山志》作“⿰石冈”，又作“⿰石匈”。按宋元史同书歧异过甚，惟《明一统志》概作“⿰石冈”，与硇实一字也。

兹再列字书中碙字异形如下：

《玉篇》石部：“碙，女交切。硇沙，药也。”

《广韵》五肴：“⿰石⿵冂夕，硇沙，药名。⿰石農，上同。”

《集韵》五爻：“囟、⿰氵囟、硇、⿰石農、囟沙，药名。或作⿰石⿵冂夕、⿰氵囟、⿰石農。”

六书故有“⿰石冈”字。按与《宋史·张世杰传》，《明一统志》同。

《康熙字典》石部作硇，又《午集备考》石部有“⿰石⿵冂夕”字，引《奚韵》“同⿰石匈”①。

《佩文韵府拾遗》三肴作“⿰石匈”，引《玉篇》女交切，《集韵》尺交切，音铙。字书⿰石⿵冂夕字资料略如上列，今南路化州无论识字与否，皆读此地名之碙洲音“铙”，并不音“冈”。疑此地名本为“⿰石⿵冂夕洲”，后写作⿰石冈，更书作碙作⿰石⿵冂夕，又讹作“硐”（此字在一东见《广韵》）耳。试表其演变如下表：

（碙）

⿰石⿵冂夕——⿰石⿵冂夕——⿰石冈——碙——硐
硇——⿰石匈

---

① 《奚韵》乃一书名，与《龙龛手鉴》、《五音篇海》并列，其他部首均引其书。

碙洲地望，应在化州，邓光荐《文丞相传》已明言之。邓氏身经厓山之役，又得陆秀夫记二王事稿本，故所记最得其实。明天顺间修《一统志》，载碉州及翔龙废县，俱在吴川，时去宋二王仅百年左右，说自可据。至弘治间刊《厓山集》，亦言"化之碙洲"，故嘉靖时柯维麒《宋史新编》，万历间钱士升《南宋书》，及黄淳重修《厓山志·马南宝传》，俱于碙州上有"化之"两字。①

其他地理书若《方舆纪要》，《清一统志》，碙洲具在化州。道光七年黄安涛修潘眉纂之《高州府志》（《古迹事纪》），亦载碙洲废翔龙县在吴川。道光二年阮元修陈昌齐纂之《广东通志》，于《山川略》"大奚山"条，既据《南海古迹记》增"一曰碙洲"四字，然于前事略六仍言"升碙洲为翔龙县，隶化州"，即本邓光荐语；又《马南宝传》引黄佐《通志》言"帝舟次于化之碙州"，与《厓山集》同。盖自道光以前之史乘，无不以碙洲地在化州也。

自陈仲微《二王本末》在粤流行，粤人乃摭其书中数语，以推翻成案，不知陈书多经后人窜乱，其记"南去止碙川"数语，乃袭自文文山《集杜》"景炎宾天"句，其下"碙川属广之东莞县"，已甚可疑，未必仲微原书之旧。黄培芳于道光八年纂《香山县志》（《事略》），始采仲微此语，以驳旧说，力主碙洲应在东莞大奚山。迨道光二一年，培芳纂《新会县志》，又著此说于《事略》上。厥后光绪五年，戴肇辰纂《广州府志》，亦循黄培芳新说②，而宣统三年陈伯陶纂《东莞县志》，于《前事略》所引全出戴府志按语，亦主碙洲在大屿山，虽论据未充，然此新说已深入人心，近世谈香港史，多采用之。

今知仲微之书，多经后人窜乱，而吴莱实未至粤，宋明以来地志言大奚山者，从不及二王事，即吴莱所记亦然。由此可知东莞大奚山，实与二王无关。再从当时雷化附近交战形势论之，碙洲应在雷州毗接之化州为是，邓光荐所记正为实情，黄氏、戴氏过信陈书，而抑邓传，盖未深考。

碙洲地望问题，就国史而论，似无关重要，然以香港史论之，则关系至巨。近人多采新说碙洲在大屿山，于是二王部分史迹，遂被搬迁至港九矣。爰不辞固陋，重为考索，冀存其真，并以质世之治百粤史乘者。

戊戌九月初稿，己亥七月改定

---

① 陈伯陶《东莞志》讥柯、钱二书误增"化之"二字，不知其远有所本也。

② 戴志引黄佐《通志》"寻次于冈州"句下附按语云云，或引戴府志此段按语，谓出自黄佐《通志》，大误。

续 论

余既列举八证，以明祥兴登极之碙洲，应在化州，不在九龙之大屿山。简君驭繁，复为文申辨，洋洋万言；其结语以为“在广”、“在化”皆是推论，两说有同等价值，而深信《二王本末》与邓光荐之《文丞相传》同为第一手资料。鄙见仍不谓然，兹续辨之如次：

一、论《二王本末》非第一手史料

余既提出《二王本末》一书，曾经后人增窜，复揭发书中不少与文山《集杜诗》完全相同，盖重编者钞袭文山句。简君则以为可能文山曾见仲微此书而袭用之，鄙见适与相左，何以故?

（一）仲微书前小引言：“壬午岁，安南国使入觐，因言仲微之事，而得仲微所著《二王本末》，重加编次，以广其传。”此“壬午”未系年号，简君谓是“至元壬午”。考仲微书于《卫王本末》，记文天祥事甚悉，且云及“留燕经年，至至元壬午，朝廷赐死。……张毅甫负公骨殖归葬，至之日，母夫人之柩同日至自广州，人谓忠孝所感”云云。《文文山纪年录》：“至元二十年癸未岁，公柩归自故里，时弟璧……遣家人至广，迁奉母曾夫人灵柩，是日适与公柩舟会于江浒，人咸惊叹，以为孝念所感。”此事在至元二十年癸未；而《宋史·仲微本传》，记厓山兵败，走安南，越四年卒。厓山亡于至元十六年己卯，至二十年癸未，恰为四年，恐仲微已不在人世，知此非出仲微所录，而为后人增入者。

（二）据文山《集杜诗》自序，此二百首《集杜诗》，乃在幽燕狱中作。序后又有题记云：“是编作于前年，不自意流落余生，至今不得死也。”并题“壬午正月元日，文天祥书”。壬午之前年为庚辰（即至元十七年），据《纪年录》，辛巳岁下云：“公手编其诗，尽辛巳岁，为五卷。自谱其平生行事一卷，集杜甫五言句为绝句二百首，且为之叙。”可见《集杜诗》诸作乃辛巳以前所撰。壬午春，文山作赞拟于临终时书之衣带，题曰绝笔，故壬午岁即不复有诗。如谓《集杜》之与《二王本末》相同者，乃文山取材于陈仲微书，未免厚诬古人；不知《集杜》诸作，早在壬午以前已写成也。

（三）《二王本末》内言：“文山为文章，未尝属稿，引笔滔滔不竭，尤长于诗，有《指南》、《吟啸集》行。”（行下似夺“世”字）具见《二王本末》之重编者，曾参用文山诗。其记迁碙洲一段，与文山《集杜》完全相同，兹再征引如下，以作对照。

> 集杜小序云：御舟离三山，至惠州之甲子门，驻焉。已而迁官富场。丁丑冬，虏舟来，“移次仙澳，与战得利。寻望南去，止碙川”。景炎宾天，盖戊寅四月望日也。

而《二王本末》云：

> （丁丑十一月）……大军至，“次仙澳，与战得利，寻望南去，止碙川”。碙川属广之东莞县，与州治相对，但隔一水。

此显然为《二王本末》袭自文山小序，故改“虏舟”为“大军”，铁证昭著。[①]

由上三事，知《集杜》作于壬午以前，应是《二王本末》重编者钞自文山诗序。文山时在囚中，何由得读仲微所记且曾被改窜之书？揆之事理，实不可能。《二王本末》重编者，既杂采文山之语，可能于其下文补叙“碙洲所在地”一句，是此书经后人窜乱，自不得目为第一手资料。

---

① 此条上半之“至福州”、“至泉州”，记事皆以唆都为主体；迨“大军至”以下，忽又以宋为主体，如属一人手笔，必不如此混乱。

二、宋周密明记硇洲在雷州界与邓光荐所言符合

硇洲所在地，宋人所记，为同时同等之资料者，向仅知有邓光荐《文丞相传》及《二王本末》（不言陈仲微者，因此书已经后人增窜）而已。简君于结论中，深慨“绝对可靠史料之不足，及同等史料之矛盾，如陈、邓两说为同时同等之第一手资料，互不相容，亦无第三可靠资料，藉以鉴定孰真孰伪”。然宋末周密之《癸辛杂识续集》上，有《二王入闽大略》一则，自注云：“硇洲属雷州界。”兹录其文如下：

（上略）丁丑五月朔，于福州治立益王。（原注云：“即吉王，方八岁。”）改元景炎，立之日，众方立班，忽有声若兵马至者，众惊，甚久乃止。益王锐下，一目几眇。是岁大军至，遂入广州，至香山县海中，大战而胜，夺船数十艘。继而北军再至，遂至败绩。益王坠水死，陈宜中自此逃去，竟莫知所之。继又至雷州，驻硇洲（原注：“属雷州界”），立广王（原注：“后封卫王，俞妃所生”），貌类理宗。……（原注“姜大成云”）

此即简君所期待之第三可靠史料矣。查百粤志乘及诸家讨论二王事迹者，于此俱未征引。文中明云“至雷州，驻硇洲”。于硇洲下，复自注云：“属雷州界。”凡两言之，与邓光荐云在“化州”正合。其言“至香山县海中大战”，“北军再至，遂至败绩”，“继又至雷州，驻硇洲”，时间层次分明；与文山诗序“移次仙澳，与战得利，寻望南去，止硇川”，亦复相符。参以《宋史·二王纪》及《张世杰传》所述，可证增改本之《二王本末》谓“景炎帝于戊寅二月，由海道再回广”一说，为不可信。其因《二王本末》所引起之误会，——即谓帝昰于硇洲来往两次，亦可涣然冰释矣。复由此条足证祥兴登极，乃在雷州界之硇洲，决非九龙大屿山，可为最直接之证明。[①]《癸辛杂识续集》下，尚记“张世杰忠死”一事，皆宋季珍闻。周草窗于宋亡后，久居

---

① 惟言益王坠水死，则语欠清晰。据陆秀夫所草景炎皇帝遗诏云：“海桴浮避，澳岸栖存，虽国步之如斯，意时机之有待。乃季冬之月，忽大雾以风，舟楫为之一摧，神明拔于既溺。”则昰坠水，自为事实；惟至迁硇洲之后，景炎三年四月始驾崩耳。

杭州，《二王大略》文末注曰“姜大成云”，乃出姜氏所述。[1] 此姜大成为何人，惜未考出。文中两言硇洲在雷州界，自为宋人确凿之说，有不容置疑者。

三、评两硇洲说

在若干史料提及硇洲者，皆在雷州附近，简君于此，只得解释为张世杰舟师活动所至，而非行朝所在。故于《厓山集》所载，“己未发硇洲，乙亥至厓门”一语，简君解云：“大概是指世杰舟师由化之碙州经十七日之航程而到厓门，即止于此；而帝昺及行朝百官兵勇全部船只，则另由广之硇洲陆续西趋厓山。”如是说法，分硇洲为二地，则行朝与世杰水军脱节，失却联络矣。姑勿论《宋史·张世杰传》及各书不合，试问如无世杰水师为掩护，祥兴帝及文武百官，孤悬于大屿山，其不为元军俘虏者几希！关于此问题，余得更引宋人之记载，以证其非。《癸辛杂识续集》下“张世杰忠死”条云：

> 张世杰之战海上也，尝与祥兴之主约曰：万一事不可为，则老臣必死于战。有沉香一株，重千余两，是时当焚此香为验，或者烟及御舟，可即遣援兵；或不然，宜速为之所，无堕其计中也。及厓山之败，张俨然立船首，焚香拜天，曰：臣死罪无以报国，不能翊运辅主，惟天鉴之。尚有将佐三十余人，亦立其后，如此者凡一昼夜，从者亦耸立不少动。既而北军拥至，篙师皆以小舟逃去，风起浪涌，舟遂沉溺。……

《昭忠录》云：

> 厓山在广州新会，盖东之海门也……水势如牛角，然殊非地利，而张世杰乃奉御舟自硇洲驻此，识者惑之。……（《粤雅堂丛书》第二集）

上明言世杰奉御舟至自硇洲来厓山，又世杰海上作战，惧与帝相失，以焚香为验，足见与帝未曾分离，凡此宋人所记，自属所信，可证世杰与祥兴帝俱在雷州界之硇洲，不得分为两处也。

硇洲在雷化犬牙处，宋人最可靠资料而同样记载者，有邓光荐、周密二

---

① 《杂识》所记，每注明来历，最为可靠。如“姨夫”条云：“伯机”，即鲜于枢。

人。衡之当日战争形势，正吻合无间。故专记二王事之《厓山志》，亦明言化之硇洲，天顺修之《一统志》亦然。若后人增窜之《二王本末》，谓在广之东莞，自出传讹。余于前文论证，仅举邓传，今更得《癸辛续识》，以相羽翼，诚如简君所谓同时同等之第一手资料，益证二王所驻之硇洲，宜在化州，乃铁的事实。

又曾渊子事，厉鹗《宋诗纪事》（六十六）云：

> （渊子）……拜同知枢密院事，罢知雷州。端宗在硇洲，自雷来观，拜参知政事、广西宣谕使。元兵至，走安南卒。

渊子有《客安南口占》诗，彼于硇洲祥兴登极时，为初献[①]，后拜广西宣谕使，足见硇洲在雷化。如在大屿山，彼不应官宣谕广西，更何由西奔安南耶？

其力贬邓传者，以邓氏未至硇洲，不知邓氏亲得陆秀夫所记二王史料。其自厓山为元所俘，与文山同北行，文山敬重之笃，与弟璧书云："自广达建康，日与中甫邓先生居，具知吾心事，吾铭当以属之。"故邓氏为《文丞相传》，备极翔实，足为信史。文山虽未躬与硇洲厓山之役，然《集杜诗》所记二王事甚详悉，疑即得自光荐。《宋史》谓光荐以秀夫记二王事还卢陵。[②] 是秀夫所录者，文山或曾寓目，故所述二王事，亦足深信。今简君于邓传及文山《集杜》所记，多所非议，倘宋人所述，犹不可信，尚有何种资料可作依据？不知于周草窗之言，亦将何所置喙乎？

或谓硇洲升为翔龙县，而广州升为翔龙府，顾名思义，硇洲应在广不在化。今按《宋史·二王纪》，升硇洲为翔龙县，在五月乙酉，时祥兴初改元；至升广州为翔龙府，乃六月己未徙厓山时。相去逾一月，前后异时异地，了不相涉。

简君对硇洲再研究文中，多属推论，其所举重要佐证，有马南宝劳军事。考《南宝传》，碙州上明有"化之"二字，盖自香山至化之硇洲，海上尚可转饷，陈惟中事正其明证。至东莞人李佳实从祥兴帝于厓山，并非硇洲。（《东莞志》五十四《李佳传》引《琴轩集》云："祥兴中，幼主驻厓山，邑人应募

---

① 见《文山纪年录》。

② 简君谓光荐所记二王事于投水时失去，殊属武断，其人纵投水，行李衣物未尝不可保存。简君又谓"硇洲在化"，乃邓氏得自传闻，考自迁硇洲至厓山登位，相距不过数月，邓氏未必健忘如此。况有陆秀夫所亲授二王事迹，又乌得以道听途说目之耶？

勤王，佳慷慨请行。”是其证。《琴轩集》为明初陈琏撰，说自可信）安见其不能自东莞至厓山耶？又焉得以佳为东莞人，而连带谓碙洲应在东莞耶？

鄙见与其依据经后人增窜及钞袭文山《集杜诗》序已非陈仲微原书之《二王本末》，不若依据以陆秀夫直接记录为根柢之邓光荐《文丞相传》，何况又得周密所记姜大成之报导，三占从二，则碙洲应属雷化，亦即《寰宇记》所言之碙洲，实与九龙大屿山无关，可以论定。质之治《宋史》者，谅不以余言为河汉也。戊戌十二月。

上论碙洲非大屿山二篇，曾由简又文先生采入《宋皇台纪念论文集》中，兹略有删订，再为刊出。简先生于《宋末二帝南迁辇路考》文中，力主碙洲即大屿山，并举出九证；兹复质疑如次：

（一）谓陈仲微《二王本末》为信而有征，邓光荐虽身历厓山之役，但前此未从二王海上，故其《文丞相传》记在化州，可信价值较低。今按邓氏《填海录》亦云碙洲在化州，其《填海录》盖据陆秀夫日记写成，决无有误。

（二）谓吴莱记大奚山又名碙洲，亦是可信。今按吴莱于大奚山条，未记二王行踪。纵大奚山别名“碙洲”，只是与宋帝驻跸化州之碙洲偶尔同名而已。

（三）谓因硇、碙两字形近，乃误以化之硇误为广之碙。今按元刊本《黄溍集》及自注，俱作“碙洲”及“碙洲镇”，作碙与硇只是异文，并非形近互误。

（四）谓硇州为小岛，何能成为翔龙县。今按《客语》及《填海录》、《文丞相传》，均言化之碙洲，升为翔龙县，众说佥同，无庸置疑。

（五）（六）谓由大屿山迁厓山，相距甚近，断无由化州远涉洋海，而东回厓山之理。又谓化州此时已在元军占据下，帝昺断不投入虎口。今按黄溍《客语》明谓：“明年南迁化之碙洲。四月戊辰，（端宗）殂于舟中。庚午，卫王袭任。会雷州失守，而六军所泊居雷化犬牙处，乃稍北徙广州之境。六月世杰等遂奉御舟抵厓山。”此即当日由化北迁厓山之经过，正因雷州失守，故不得不北徙广州境也。

（七）引东莞人李佳从帝碙洲事，以证碙洲应在东莞。不知据《琴轩集》，李佳实从帝于厓山，并非碙洲，说已详前。

（八）（九）引《客语》及《填海录》等书为证。今按《客语》及其自注引《填海录》，明言碙洲在化。简君未睹《黄溍集》，所言多属揣测之语。

综上论之，碙洲在广不在化之说，与宋元人记载不符，自不足信。

附论 硇洲因产硇砂而得名

硇砂，本草属药石名，原为产于火山旁及烧过之石灰坑中之矿物。化州之硇洲，有谓其地昔有火山，则因产硇砂而得名，故称“硇洲”。又硇砂，唐宋以来，边裔以为贡品。伯希和在敦煌所得文件，有归义军节度兵马留后守沙州长史曹仁贵状，中云：“玉壹团羚羊角伍角硇砂伍斤。”[①]《宋史》四九〇《沙州传》言：“天圣初，贡硇砂玉团。”[②]《五代史记·吐蕃传》：“所供有碙砂羚羊角。”[③] 别本作“硇砂”。硇砂之硇字，亦作碙、硇，殊体至多；地名之硇洲，异文繁杂，情形正相似。

① 《笺经室遗集》六，沙州石室文字记引。

② 元杭州路本。

③ 庆元刊本。

杨太后家世与九龙杨侯王庙

杨太后家世考

帝昰母为杨淑妃。《赵氏族谱》称：

> 度宗二配杨氏，讳巨良，枢密使杨镇长女也。生于理宗淳祐四年四月廿七日卯时。初封淑妃，皇子昰生身母也。……厓山败绩，赴海死……寿三十六。

论者据此以杨镇为帝昰之外祖父，实误也。

考《宋史》(卷二百四十三)《后妃》下："杨淑妃初选入宫为美人。咸淳二年，进封淑妃，推恩亲属幼节等三十四人，进秩有差。生建国公昰。宋亡，昰走温州，又走福州，众推为主，册妃为太后。……"无名氏《咸淳遗事》下："四年戊辰春正月，闰月戊辰，大风雷雨，是日杨淑妃降生皇子。""五月己巳正月，皇子赐名昰。"七年，"皇子昰进封建国公"。《宋史》及《遗事》俱不言淑妃父名，惟周密《浩然斋雅谈》云：

> 杨缵字继翁，号守斋，又称紫霞，本鄱阳洪氏，恭圣太后侄杨石之子麟孙早夭，遂祀为嗣。时数岁，往谢史卫王（即史弥远）。王戏命对

云："小官人当上小学"，即答曰："大丞相已立大功"。卫王大惊喜，以为远器。公廉介自将，一时贵戚无不敬惮，气习为之一变。洞晓律吕，尝自制琴曲二百操，……近世知音无出其右者。任至司农卿、浙东帅，以女选进淑妃，赠少师。……

草窗为守斋门下客，所言最为可信。元夏文彦《图绘宝鉴》四作杨瓒，与杨镇并列，兹录如下：

杨瓒字继翁，恭仁皇后侄孙，太师次山之孙，度宗朝女为淑妃，官列卿。好古博雅，善琴，倚调制曲，有《紫霞洞谱》传世，时作墨竹，自号守斋。

杨镇字之仁，严陵人，自号中斋，节度使蕃孙之子，尚理宗周汉国公主。书学张即之，工丹青墨竹，……卷轴所记用驸马都尉印。

《宋史》二百四十八《周汉国公主传》云：

周汉国公主，理宗女也，……初封瑞国公主，改昇国。……景定二年四月帝以杨太后拥立功，乃选太后侄孙镇尚主，擢镇右领军卫将军驸马都统，进封公主为周国公主。帝欲时时见之，乃为主起第嘉会门，飞楼阁道，密迩宫苑。帝常御小辇，从宫人过公主第，特赐董役官减三年磨勘，工匠犒赏有差。明年进封周汉国公主，拜镇庆远军承宣使。镇宗族娣姒，皆推官加封，宠异甚渥。七月主病，有乌九，首大如箕，集主家捣衣石上，是夕卒。年二十二，无子，帝哭之甚哀，谥端孝。镇，官节度使云。

《宋史·后妃传·杨皇后传》云：

次山官至少保，封永阳郡王。次山二子，谷封新安郡王，石永宁郡王。（各有传）侄孙镇，尚理宗女周汉国公主，官至左领军卫将军驸马都统。宗族凤孙等皆任通显云。

按杨石子名麟孙，早夭，以缵为嗣，而镇父蕃孙，当与麟孙同辈行，则镇乃缵之侄，实与淑妃同辈，赵氏谱误缵为镇。《宋史·宁宗恭圣仁烈杨皇后传》云：

少以姿容选入宫，忘其姓氏，或云会稽人。庆元元年三月，封平乐郡夫人，三年四月，进封婕妤。有杨次山者，亦会稽人，后自谓其兄也，遂姓杨氏。……绍定五年十二月壬午，崩于慈明殿，寿七十有一。

又卷四百六十五《外戚·杨次山传》云：

次山字仲甫，恭圣仁烈皇后兄也，其先开封人，曾祖全以材武奋，靖康末，捍京城死事。祖渐以遗泽补官，仕东南，家于越之上虞。

此次山之先世也。弘治《厓山集》残本谓：

元将伯颜入临安府，杨淑妃与其弟杨冕负帝（昰）与广王昺如温州，航海至福州。

黄淳《重修厓山志》则云：

伯颜入临安，杨淑妃与弟杨亮节、驸马都尉杨镇等，负帝及广王昺出走，如温州。[①]

杨亮节与杨冕不知是否一人，惟确为淑妃弟，与《妃传》所言亲属幼节，当亦兄弟行，疑皆缵之子也。周密《二王入闽大略》云：

德祐丙子正月十二日之事，陈丞相宜中与张世杰先一日逃往永嘉，次日苏刘义、张亮节、张全挟二王及杨、俞二妃行，自渔浦渡江，继而杨驸马（即杨镇）亦追及之，至婺，驸马先还，二王遂入括。[②]

所言之张亮节，当是杨亮节之误。

---

① 此据《宋史·二王纪》。
② 学津讨原本。

兹据上举记载，杨太后外家之世系，可略谱后。至诸杨事迹，次山及其二子谷、石，《宋史》均有传，而麟孙、缵、蕃孙、凤孙、镇、亮节、冕、幼节等，亦略考如次：

杨太后外家之世系：

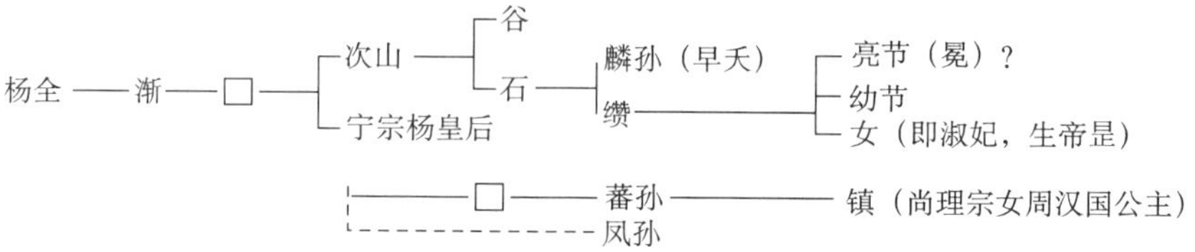

杨次山 仕至安德军昭庆军节度使，改封会稽郡王。嘉定十二年卒，年八十一，赠太师，追封冀王。

杨　谷 仕至太傅保宁军节度使，充万寿观使，永宁郡王。

杨　石 仕至彰德集庆节度使，进封魏郡王。卒年七十一，赠太师。（以上三人皆见《宋史·外戚传》）

杨麟孙 早夭，见《浩然斋雅谈》。

杨　缵 《宋史》无传，事迹见前引《浩然斋雅谈》及《图绘宝鉴》。

杨蕃孙 名见《图绘宝鉴》，镇父，殆与麟孙同辈。

杨凤孙 名见《宋史·宁宗杨后传》，疑亦与麟孙同辈。

杨　镇 驸马都尉，事略见前，奉益王、广王及杨淑妃渡江。《宋史·二王纪》“元兵迫临安，以驸马都尉杨镇及杨亮节、俞如珪为提举。元兵至高亭山，镇等奉之走婺州。伯颜入临安，遣范文虎将兵趣婺，召镇以王还，镇得报，即去曰：我将就死于彼，以缓追兵。亮节等遂负王徙之，匿山中七日，其将张全以兵数十追及之，遂同走温州。”按郑所南《心史》下书杨镇事云：“十八日行在陷，叛臣范文虎首入犯大内，太皇病不肯出，逆臣驸马杨镇术给太皇，迁过别小御床，就床舁太皇出授伯颜。”又云：“逆臣杨镇使臣夏若水，尽逼取福王及子侄辈并北狩。”疑所南所记系出传闻之误。（毕沅《续通鉴》记杨镇随帝㬎赴北。）

杨亮节 为淑妃弟，事具见《宋史·二王纪》。考《癸辛杂识》记厓山之败“枢密使陆秀夫、杨亮节皆溺海而死焉”，则亮节乃死于厓山之役。[1]

---

① 《宋史》卷四百五十《忠义·赵与檡传》：“益王之立，舅杨亮节居中秉权。”

杨　冕　疑即亮节，弘治《厓山集》言杨冕负二王如温州，重修《厓山集》作亮节，是冕与亮节似为一人。

杨幼节　名见《宋史·杨淑妃传》，幼节与亮节似同辈行。

新安舒志《胜迹略》："金夫人墓在耿（迎禄）墓侧，相传慈元后女晋国公主溺死，铁金身以葬，镕铁锢之。"陈伯陶有《宋晋国公主墓诗》。[①] 晋国公主即帝昺之妹，《二王本末》云："（景炎元年）进册母淑妃为皇太妃，封弟益王（应作广王，此误），昺为卫王，妹寿和公主为晋国公主。"

《赵氏族谱》每称公主为"帝姬"，于晋国公主亦称"晋国帝姬"。按宋徐度《却扫编》卷二："帝者之女谓之公主，盖因汉之旧，历代循焉；故政和间始改公主曰帝姬，郡主曰宗姬，县主曰族姬。议者谓国家赵氏，乃当曰帝赵。……公主之号，建炎初已复之。"此为徐度自述官司封时所经见，与《宋史》纪传相符，盖政和三年改号，自太祖妹秦国大长公主以下悉追改为某某帝姬。然南渡之初，即复公主旧号，如徽宗幼女恭福帝姬，北迁时生才周晬，建炎三年薨，封隋国公主，以此四岁殇女之前后称号，即可为证。至理宗女周汉国公主，本传绝无帝姬之名，不知《赵谱》何以犹眷恋于政宣之衰制，此亦谱牒不尽可信之一例也。

杨侯王庙

九龙宋皇台旧址西北白鹤山上有侯王庙，门左有陈伯陶民国六年丁巳撰《侯王古庙圣史牌记》云："侯王庙甚灵异，相传杨姓，佚其名。南宋末忠臣，始封侯，晋封王，故称为侯王。余曰，此殆杨亮节也。……疑亮节道病卒，葬于斯土，土人哀之，立庙以祀。"按陈说非也。周密明记亮节与陆秀夫同死厓山之役，自非道死九龙，陈氏未睹《癸辛杂识》，故有此臆测。

陈碑记载与史事乖忤者，如书"梅蔚"为"蓝蔚"，又记秀王赵与檡出兵浙东，被贬而死事。考《宋史·二王纪》："秀王与檡，逆战于瑞安，及其弟与虑，子孟备，监军赵由璛，察访使林温被执，皆死。"《宋史》卷四五〇《忠义传》特为与檡立传，陈氏谓其贬死，殊非事实。

杨侯王庙早建于道光以前。现存清代碑刻有三：一为道光二年壬午罗世

① 见《宋台秋唱》。

常之“重修杨侯王宫碑记”，有云：“余客九龙之五年，道光二年也，适杨侯王庙榱桷朽腐，众议重修。”又云：“……自宋迄今，数百年如一日，又安知非侯王助法护宋，……而能起后人诚敬之心若此乎。”似宋时已有庙，惟土人传说，其初仅为一茅寮耳。又有咸丰九年己未“重修杨侯王宫碑记”文俱残泐，及光绪五年己卯“重修杨侯王古庙碑记”，俱不详史迹，而称曰“杨侯王宫”则同。

“侯王”之义，陈伯陶谓指杨亮节生封侯殁封王，友人简又文先生极力反对谓：“侯王之为一名辞，最难置信，在文字上及口语中，是侯则侯，是王则王，从未有连其前后两爵叠称为侯王也。”因另推测“杨其姓，而侯其名”。窃按“侯王”一词，已见于老子《道德经》三十九章云“侯王得一以为天下贞”，“侯王无以贵高将恐蹶”，“侯王自谓孤寡不谷”。《齐策》四亦引老子“侯王称孤寡”一语，“侯王”为现成通名，二字自当连读。盖春秋战国，周室弱，诸侯称王已是常事。老子《道德经》称“侯王”，自必有据。汉初侯国封王则为常制，“诸侯王”于《史记》、《汉书》乃为习见之辞。屈大均撰《番禺沙亭侯王庙碑》言：“广之州，多有侯王庙，盖祀秦将军任嚣。”足见“侯王庙”是一通称，故无定祀。九龙侯王庙，上系杨姓者，以杨氏为宋季外戚，累代轩冕，自杨次山以下封王者不止一人，此庙上必冠以杨姓者，示为杨氏侯王之宫，自杨淑妃、杨亮节播越海裔，后之杨姓不忘先德，立庙以祀，不敢指名，但取“侯王”二字颜曰“杨侯王庙”，相沿不替，所祀或非一人一代，犹言“杨氏家庙”耳，其不指亮节，则昭然若揭也。

杨侯王庙向以灵应著称，当地驻防军官，对此庙信仰至深，九龙半岛各地皆为立庙，新界之新田大埔墟、元朗旧墟俱有“杨侯王庙”，屏山村亦有之；又大屿山东涌海滨亦有杨侯王庙①，俱冠以“杨姓”字样，足见杨氏此庙在九龙居民宗教信仰中，曾支配一长久时间。惟杨氏史迹，世莫能详，故为稽考如上，以俟他日之论定云。

附记清末大鹏协副将张玉堂事迹

侯王庙现存古物，庙前有铁香炉，为道光丁未仲秋九龙司信官许文深所立。此外有匾额多件，其中最具史料价值者，为同治五年署大鹏协副将张玉

① 参看简又文《宋皇台遗址考证》，吴灞陵君调查九龙共有侯王庙六，除九龙城外，新界有三，大屿山有二。

堂木匾。匾已残损，题曰："口荷帡幪。"有跋记云："道光廿年春二月，督师官涌。""迄今二十余载矣，逮咸丰四年春，捧檄九龙，瞬十三载"，"皆蒙神灵庇佑，默授机宜，一带地方，均获安静，铭篆五中"云云。[①] 玉堂字翰生，广东归善人，由前山参将，调升大鹏协，曾代理水师提督，修虎门炮台，七十二岁退休，卒年七十六。此匾跋言"年逾古稀，功成告退"，盖同治五年，玉堂已七十二岁矣。玉堂擅拳书，侯王庙内露天壁间，犹有"寿"字行书遗迹，著有《公余闲咏》二册，《公余日记》一册，藏于家。其诗有云："拨墨自从投笔后，拳书挥在督军前。"《日记》谓拳书以棉花裹手书之。今澳门妈宫庙旁有玉堂拳书"海镜"二大字盈丈。清季大鹏协公署在九龙城寨镇衙门，于日占前仍存，后为天主堂老人院。[②] 玉堂官此职，前后四任，历十三年，为当日九龙租借与英时最高地方长官。许文深则首任九龙巡检也。其行迹为言港九史者所宜知，故附记于此。

① 匾文罗香林先生《大地胜游记》161页已录出，有一二缺文，兹为补录。

② 九龙寨城东门内，原有张玉堂建敬惜字纸亭一座，有碑记，今亦不存。

附录一　宋季行朝史料摭遗

宋　周密《二王入闽大略》

德祐丙子正月十二日之事，陈丞相宜中与张世杰皆先一日逃往永嘉。次日，苏刘义、张亮节、张全挟二王及杨、俞二妃行，自渔浦渡江，继而杨驸马亦追及之。至婺，驸马先还，二王遂入括。既而陈丞相遣人迎二王，竟入福州。丁丑五月朔，于福州治立益王（原注：即吉王，方八岁），改元景炎。立之日，众方立班，忽有声若兵马至者，众惊，甚久乃止。益王锐下，一目几眇。

是岁，大军至，遂入广州，至香山县海中，大战而胜，夺船数十艘。继而北军至，遂至败绩。益王坠水死，陈宜中自此逃去，竟莫知所之。继又至雷州，驻碙洲（原注：属雷州界）。立广王（原注：后封卫王，俞妃所生），貌类理宗。即位之日，有黑龙见两足一尾，改号祥兴。至己卯岁二月，北军大至，战于厓山。初以乏粮，遣心腹赍银上岸籴米，至是众船出海口迎战，而所遣者未还。张世杰云：若叶之而去，后来何以用人？遂决计不动。遂决战，自晓至午，南北皆倦欲罢。平日潮信，凡两时即退，适此日潮终夕不退，北军虽欲小退，而潮势不可，遂死战。南军大溃，王及枢密使陆秀夫（原注：君实）、杨亮节皆溺海而死焉，时二月六日也。此役也，皆谓苏刘义实著忠劳云。（原注：姜大成云，见《癸辛杂识续集》上）

按：余首揭此材料，简又文先生援引之，近有沿用而忽略其记碙洲事，似亦未检原书也。

《元经世大典·征伐平宋篇》注

十三年正月十九日，大军至临安北五十里，陈宜中、张世杰、苏刘义、刘师勇等挟宋宗室广王昺、益王昰遁去，宋主寻归命。五月一日，文天祥、宜中、世杰等立昰于福州，收集溃兵，大假闽人爵赏，于是闽中亦变为昰用，昰发兵五万取邵武诸城。六月，命彭都统征广州，李恒救邵武，至建昌，民心少安，又破吴浚兵于南丰。九月，江西兵与东省阿剌罕、董文炳会征昰，招讨也的迷失，会东省兵于福州，右副元帅吕师夔、左副元帅张荣实将兵越梅岭，与昰兵遇，败之，昰遁海外碙洲。十四年九月五日，福建宣慰使唆都言：南剑州安抚司达鲁花赤马良佐遣人于福泉等处，密探得残宋建都广州，改咸熙元年。又闻：舟师至港口，为广州官兵杀退，回。在海内有一山名秀山，又名武空山，山上民万余家，有一巨富者，昰买此人宅宇作殿阙，屯驻其兵，病死者甚多。十一月十五日，千户教化孙获南人，言宜中奔广州。十二月九日，塔出围广州，宜中遁。十二日，宋将张镇孙以广州降，宜中寻与昰、昺、世杰、刘义等走香山。十八日，塔出会哈剌䚟，言唆都遣人持书喻世杰，昰等惊溃，不知所之；塔出复遣哈剌䚟与宣抚梁雄飞、招讨王天禄将兵追袭之，与世杰军遇于香山，夺战舰、符印，俘其将吏李茂等。诘问之，茂对：世杰攻泉州，宜中众尚数千人，船八百艘，比至虎头山中流，为风坏船，众溺死，宜中以身免。二十三日，沿海经略使行征南左副都元帅府兵追昰、昺、世杰等，至广州七洲洋，及之，战海洋中，夺船二百艘，获昰母舅俞如珪等。十五年五月二十九日，昰将王用来降，言昰已死，世杰等立昺，改元祥兴，士卒止万人，而碙洲无粮储，闻琼州守臣欲给粮二万石，海道滩水浅急，难以转运，止有沓磊浦可通舟楫，宜急以兵守之。雷州总管忙兀䚟等得其说，即命诸将进军为战守之计。

元　黄溍《陆君实传后叙》[1]

陆君秀夫之死，楚人龚开既为立传，且曰：君实死事，得之里人尹应许，

---

① 黄溍《陆君实传后叙》原注："仆为此叙时，固已不敢悉从《客语》为信。及来京师，将取正于太史氏，而新史所记二王事，与《皇朝经世大典》自有不尽合者。史既成，而邓氏光荐家始以其《填海录》等书上进，又不能无所见所闻之异辞。谨摭其一二附注于旧文之下，以订其讹舛，补其阙逸云。"

尹得之翟招讨国秀，翟得之辛侍郎来莘；而君实在海上，乃有手书日记，日记藏邓礼部光荐家，数从邓取之不得，故传所登载，殊弗能详，至公之官位，为丞相？为枢密使？亦且贰其传而莫能定，因字称之曰君实而不爵，盖阙疑也。仆往在金陵，客有来自番禺者，颇能道厓山事，云：宋益王之践帝位也，不逾年而改称景炎。①

明年南迁化之硇洲。②

又明年四月戊辰，殂于舟中。③

越三日庚午，卫王袭位，是日，黄龙见海上，群臣皆贺，乃升其地为翔龙县。④

拜张世杰少傅枢密使、苏刘义开府仪同三司殿前都指挥使、陆秀夫端明殿学士签书枢密院事，余进官有差。⑤

会雷州失守，而六军所泊居雷化犬牙处，乃稍北徙广州之境。五月，寓梓宫于香山县，寻葬其地，上庙号曰端宗，陈宜中以宰相为山陵使。事毕，宜中一夕浮海去，莫知所之。⑥

六月，世杰等遂奉御舟抵厓山。厓山者，在新会县南八十里巨海中，与奇石山相对立如两扉，潮汐之所出入也。山故有镇戍，世杰以为此天险，可扼以自固，始不复事转徙矣。⑦

---

① 岁丙子五月乙未朔，宋丞相陈宜中等立益王于福州，以为宋王，改元景炎，升福州为福安府。新史所书，无非其实；而《大典》据传闻之辞，误以景炎为咸熙云。

② （以下同）景炎改元之十一月，御舟入海，自泉而潮。十二月次甲子门。明年正月次梅蔚。四月移广州境，次官富场。六月次古墐。九月次浅湾。十二月驻秀山，一名武山，一名虎头山。入海至井澳，一名仙女澳。风大作，舟败几溺。复入海，至七州洋，欲往占城，不果，遂驻硇洲镇。硇洲屹立海中，当南北道，隶化州。见新史及《填海录》。

③ 自井澳遇风，惊悸成疾，以至大渐。遇风之日，新史以为丙子，《填海录》以为丙寅。

④ 庚午，龙见海中，书于新史；而《填海录》以为：是日午登坛，礼毕还宫，御辇所向，有龙拏空而上，身首角目俱全，暨入宫，云阴不见，非见于海中也。翔龙县，《填海录》以为祥龙，又以为龙兴。

⑤ 景炎新造之初，世杰为检校少傅两镇节度使枢密副使兼福建广南宣抚大使，刘义为检校少保节度使主管殿前司公事兼诸路经制镇抚大使广东西策应大使，秀夫为中书舍人兼直学士院，累迁权尚书加端明殿学士，寻谪潮州。明年七月，刘义罢经制等使免兼殿司，十月，秀夫还行朝，除同签书枢密院事。祥兴嗣位，世杰以枢副秉国政，秀夫以签枢裨助之，皆未尝进拜，惟刘义以闲官累加开府仪同三司。《填海录》所载视新史为详，而秀夫之官位与新史为异。

⑥ 上庙号以四月辛巳，梓宫发引以八月乙亥，永福陵攒宫复土以九月壬午朔，皆非五月，亦非先寓于香山。先是，宜中辞相位，而以枢密使都督诸路军马。御舟次硇洲，众舟皆来会，惟宜中自南蕃洋转柂往占城，累召竟不至。山陵使乃观文殿学士曾渊子，非宜中也。见《填海录》，而新史不书。

⑦ 六月己未，御舟发硇洲；乙亥，至新会县潮居里之厓山，起行殿；庚辰升广州为祥兴府，见《填海录》。而新史谓升广州为翔龙府。

宜中之去，刘义追之不能及。夜泊仙女湾，俄有天火飞集其舟，延烧众舟几尽。①

八月庚申，月贯南斗。己巳夜，复有星大如缶，众小星千百随之，自西北流堕东南海水中，声隆隆如雷，盖天狗云。②

其年十月，蒙古汉军数路并进，江东宣慰使张弘范以舟师由海道出漳、潮，江西行省参知政事李恒以步骑出梅岭。③

明年正月己酉朔，宋改年祥兴，行元会礼。丁巳，登海舟。④

己未，弘范兵至厓山。庚午，恒亦以兵来会。乃先遣断其汲道，舟人茹干粮余十日，渴甚，则下掬海水饮之，海咸不可饮，饮者亦辄病呕泄，军中大困。⑤

二月戊寅朔，世杰部将陈宝降。⑥

癸未大战，恒南向随潮下，弘范北向随潮上，夹攻之。⑦

自朝至日中，战未决，会日暮，雨暴作，昏雾四塞，宋师部伍大乱，秀夫朝服抱宋主赴水死。⑧

后宫及百官吏士从死者万数，国秀等文武班行之降者犹百余人，是岁实至元之十六年也。⑨

世杰知大事已去，乃挟斗舰十八溃围奔南恩州。五月庚戌，还至海陵港，遇飓风，舟败死焉。余众尽没，自是岭海间无复宋军旗帜矣。⑩

其事往往传所不书，窃尝有志论录，附传而行，以备本事，然恨其不能

---

① 刘义追宜中事无可考。

② 己巳星坠海中，书于新史，而《填海录》以为：癸亥夜一鼓后，坠广州南，初陨红大如箕，中爆裂为五，既堕地，声如鸣鼓，一时顷止。非堕落海中也。

③ 弘范拜蒙古汉军都元帅，恒为副元帅，《大典》所书可考。而恒庙碑谓恒为都元帅，江淮省亦遣弘范至自漳、潮。

④ 世杰就厓山巷棋结巨舰千余艘为方阵，中舻外舳，贯以大索，四围起楼橹如城堞以待敌，见《大典》、新史及《填海录》。

⑤ 事见《大典》及《填海录》，新史不书。

⑥ 陈宝以二月戊寅朔降，见新史；而《填海录》及其所撰《祥兴本纪》，于正月乙丑书：统制陈宝与拨发张达忿争而降，又书：统制陈忠与拨发张成不协而降，其实一事，而月日亦与新史不同。

⑦ 恒乘早潮退，攻其北；至午潮上，弘范攻其南，见新史。恒庙碑不书，而弘范碑详书之，但误以癸未为癸未之明日云。

⑧ 世杰命小舟取幼主入己舟，秀夫惧世杰舟或不免，或反为人所卖被执辱，于是拥之负玺绶自沉。

⑨ 国秀官承宣使，见《大典》。其父贵以复州迎降，而国秀在海上为龙神卫四厢都指挥使沿江招抚使，时贵已死，《填海录》所载已详，至叙国秀时，乃多误书其名曰贵云。

⑩ 世杰、刘义等三十余艘斩缆乘潮而遁，世杰出仙女澳，得风入洋，退兵不及而还，舟至山东，欲向占城，土豪强之回广东，乃回舟，舣南恩之海陵山，散溃稍集，谋入广，择宗室子立之。六月庚辰，飓风大作，将士劝世杰登岸，世杰虑为人所图，即登柂楼露香以祝，风涛愈甚，堕水溺死，诸将焚其尸，函骨葬潮居里赤坎村。刘义出海洋后为其下所杀，见《填海录》云。

记陆公终何官。[1]

又虑所谈三十年前事，道里时日，不容无小失谬，故久未敢称述。后游宣城，有苏宝章者，县小吏也，仆邂逅见之。戏谓曰：前朝贴职乃有宝章，谁以是字汝，县吏亦带职耶？其人无所对，旁一人曰：是人乃苏刘义之子，以恩补官，尝直宝章阁，人习呼之而莫能变，非字也。[2]

仆为之矍然起，将以向所记《客语》质之，其人故为不闻者，径去，仆嗟惋久之。因念，杞宋大国也，其不足征久矣，它何讥焉。姑叙《客语》传末，庶几传疑之义云尔。至大二年春二月东阳布衣黄溍谨叙。

按：钱牧斋极赏此文，以为迁、固之俦。明亡后，曾"书《广宋遗民录》后"，有云"黄晋卿《陆君实传后序》，可以方驾千古，非时人所能辨"。（《有学集》卷四十九）是此篇之价值，早有定评。而后代方志家，竟视若罔闻，不能援证，何耶？因并著之，系于拙考之后。

元　姚燧《中书左丞李公（恒）家庙碑》（节录）

……会幼主出降，其将相张世杰、陈宜中扶益王昰、卫王昺浮海趋福，立益王，元以景炎；闽广诸州应者十五郡县，豪杰亦争起兵。……益王殂，庙以端宗。世杰后立卫王，元以祥兴，移栅海中厓山，近去广治四百里。授蒙古汉军都元帅，经略广东，进复梅循英德与广之清远。走王道夫，击凌震海上，获船三百艘，擒宋将吏宋迈以下二百人，又破其余军茭塘。江淮省亦遣都元帅张弘范至自漳，与共围厓山。势计穷蹙，度不能国，资政陆秀夫抱卫王蹈海死，获其金玺；其将吏焚溺者十万余人，翟国秀、凌震皆降；世杰遁去，风坏舟，死海凌港。南海平。（《元文类》卷二十一）

按：《元史·李恒传》云："凌震等复抵广州，恒击败之，皆弃舟走，赴水死。"下文又云："其大将翟国秀、凌震等降。"近凌氏裔孙鹤书撰

---

① 秀夫终于端明殿学士同签书枢密院事，见《填海录》。新史书秀夫景炎之初为签书枢密院事，祥兴之初为左丞相，而《大典》于秀夫之死第称之曰端明殿学士，盖丞相文天祥家传谓秀夫以枢密兼相者，言其以签枢行相事耳，恒庙碑又误以端明为资政云。

② 刘义次子景由直宝章阁，见《填海录》。

《宋广东制置使凌公死事本末》，大要据恒传上文，称震大节已著。惟《宋史·二王纪》有“翟国秀及团练使刘俊等降”等语，因刘俊音讹，遂架为凌震。又谓《新宁县志》载《灵湖山水记》残碑有“至元廿五祀中奉大夫海北海南道宣慰使凌震篆额”之文，乃元初不知公已死，致有此虚授。至东圃有公洗马潭，乃公纠合义军之处，而非隐居之迹云。凌氏书尚未付印，余先见其稿本，因附记于此。

前人《平章政事史公（格）神道碑》（节录）

……宋既亡也，其将相张世杰、陈宜中，扶益王昰、卫王昺浮海至福州，立益王，传檄海岭之州。……后益王死，卫王继立。趋广州，壁海中厓山。曾渊子以参政，开督府雷州，公再谕降不可，进兵逼之，渊子奔硇川。获其两都统驿送京师。遣万户刘仲海戍雷。世杰将万众至，仲海出奇击走，后羞堕其诈计，悉众来围，城中绝食，士皆煮草为粮，公抽兵漕谷钦、廉、高、化诸州，再破走之。用兵海南，诏公亲戍雷，式遏西突。会卫王蹈海死。……（《牧庵集》卷十六）

附录二　元皇庆刊本《二王本末》书后

《宋季三朝政要》第六卷题陈仲微录之《二王本末》，前已略举其重要误点，疑为后人窜乱；顷得见罗氏影刊元皇庆本，获窥此书初刊庐山面目，乃恍然于此书纯出元人杂滞成编，而嫁名于陈仲微者。兹略去其体例不纯文义欠通之处，而撮列其纰谬如次：

（一）钞袭："次仙澳"条乃袭录文文山《集杜》（说见本书）。他如"泊清澳门……同趋三山"、"文天祥除右丞相"、"通州降矣"、"厓山形势及两方兵力"、"陆秀夫赴海"各条，皆钞袭文山《集杜》第二十八、第六十二、第六十三、第三十四、第三十六、第五十二各小序。剽窃之多，令人骇愕！苟取原书对勘，即见此书乃杂撮而成。《集杜诗》成于狱中，仲微时在安南，何从获见耶！

（二）失实：如书景炎帝二次入广，及苏刘义卒于丁丑事（说俱见本书）。

（三）自相违伐：如前行书"祥兴帝脱去"，次行接书"宋卫王赴海"（说见本书）。其"宋卫王"一名，尤非从二王入广之陈仲微所应下笔。

（四）自暴其伪：如纪文信国归葬，据《纪年录》乃癸未年事，而此书小引谓壬午岁得之安南国使，是仲微先一年预书文信国葬事也。如谓文信国《集杜》乃录自陈书，尤为匪夷所思。

（五）不识主人：书中始终以广王为景炎帝，以益王为祥兴帝（详本书）。书前小引称陈仲微为侍"左"郎官，与《宋史·陈仲微传》之"右"字不合；又称乙亥除兵部侍郎，修国史，亦为《宋史》本传所无。（说见本书）此种万不宜误之误，竟至于大误而不一误，详其源委，实与《三朝政要》所纪相同。

《三朝政要》于咸淳德祐间纪二王事者，有下列四条：

(1) 甲戌咸淳十年七月：上崩，议立长益王昰，宰相请立嫡，遂以长子昰即位。

(2) 丙子德祐二年正月：十二日，秀王与梓奉皇兄广王昰、皇弟益王昺出宫航海。

(3) 同年：李庭芝守扬州，广王登极，除庭芝以为右相。

(4) 戊辰咸淳四年：闰正月，杨美人降生皇子（按：即景炎帝昰）。冬十月，夫人俞氏降生太子（按：即祥兴帝昺）。十一月，皇后全氏降生皇子（按：即少帝㬎）。

上举四端，知此书亦始终以景炎帝昰为广王，祥兴帝昺为益王，其谬误已无可推诿；至长、嫡、庶之间，皇子、子之异，上列各条，无一不互相违伐。

又编中咸淳七年书陈仲微为侍左郎官，"左"字虽与《宋史》不合，而实与《二王本末》小引相同。以全书主人及执笔主名两疵谬点之相同，已可证明此二书实为同人所编。复次，《三朝政要》之纰漏，有与《二王本末》类似者：

钞袭：如纪入洛师溃、景定公田、二张援襄诸条，皆从周密《齐东野语》卷五、卷十七、卷十八剪裁而成；其不应雷同之论断语及语助词，则一一照录；其应沿旧之年月，乃偏予变更，遂使为南宋亡国开端之入洛巨变，移前九年。

失实：如《四库提要》（卷四七）所摘全子才入洛事。

自伐：自景定元年八月已云"丁大全谪贵州，舟过藤州，挤之于水而死"，而十月乃云"斩丁大全"。又如上列三皇子长幼之次，皆不能自圆其说。

此外尚有名号不一者，如称元为"蒙古国"或"韃靼国"，前后错杂。又有书事重复者，如方回降元凡两见，一云："循浙东，至严州，知州方回降。"一云："建德府陷，方回降。"盖照录旧本，不知有内元内宋之分，而又不知合并也。凡此之类，不一一赘举。

此书记科举事，最为留意；大抵元皇庆以前，历世祖、成宗、武宗三朝尚未设科取士，南人难于仕进，故三家村学究尤眷恋于此种旧制耳。罗振玉《续宋中兴编年资治通鉴跋》云："此书原与宋季《三朝政要》合刊。"《四库提要》四七"续宋编年资治通鉴十五卷"条云："刘时举撰。是书始高宗建炎元年，迄宁宗嘉定十七年。书末附论，乃出于宋亡以后。”又云：“旧本目录后书坊题识一则，称是编系年有考据，载事有本末，增入诸儒集议，三复校正，一新刊行云云。”知《三朝政要》始于理宗宝庆元年，实欲与刘时举书之嘉定十七年衔接，殆拟完成南宋全史，故以两书合刊也。《盋山书影》有元陈余庆堂刊《续宋中兴编年资治通鉴目录》末叶，柳诒徵订为麻沙坊刻，其木记五行，即《提要》所引书坊题识。所谓诸儒集议者，其于刘时举书如何增校，暂置不论。若不著撰人之《三朝政要》六卷，必皆出此“诸儒”之手；使同为一人所纂，何致自相违伐如此。加以上举同混二王名号，以及种种类似纰漏，可以断言前五卷与第六卷同出“诸儒”所编。“诸儒”所以不自署撰名者，恐姓字不足以动人，于是第六卷所附之《二王本末》，乃嫁名于随驾入广之陈仲微；尚恐陈仲微非史学名家，于是又加以修国史之职；似此无知妄作，恐所谓“诸儒”者，乃当时之“诸坊贾”耳。

朱彝尊《曝书亭集》五四跋刘时举书，称其有条理。又跋李氏《续通鉴长编》云：“陈氏、王氏、薛氏目不睹是书，辄续《通鉴》行世，柯氏（维骐）、王氏（维俭）之改修《宋史》亦然，此犹夏虫不可语以冰。”又跋《九朝编年备要》云：“编年自司马温公《通鉴》成书，即纲目改裁，未见其当；今传所辑书，类皆谬误疏略。”故陈余庆堂之合刊刘书与《政要》，志虽可嘉，独惜所集诸儒，学力不足，其为谬误，竟远越柯氏诸人以上。《越缦堂日记》同治癸酉正月《读宋季三朝政要》记云：“书中颇颂元德，所纪既简略，而叙次俚俗，全无义法。”故修方志者，苟欲断章取义，以此书为立论根据，恐不免为竹垞、越缦之所讥也。十月五日。

附录三　南佛堂门古迹记

南佛堂门在鲤鱼门东南，与北佛堂相望，今谓之东龙岛。两山耸峙，天险之阨，潮汐急湍，风涛鼓作，《方舆纪要》所谓佛堂门海者也。据咸淳石刻，先是，宋大中祥符五年有人建石塔于此。而蒲江林氏谱称：理宗时，莆田林姓松坚、柏坚兄弟，业艚，往来闽粤海上，至堂门，飓作舟覆，舟中祀林夫人神像，赖神庥庇，得生还。于是松坚始建林夫人庙于南佛堂石塔之下。故老相传，铸钟庙内，击之，而北佛堂隔海遥应有声。松坚之子道义，遂复建庙于北堂，即今大庙之前身也。咸淳十年六月，官富场盐官严益彰来游南北两山，因道义与三山（福州）念法明之请，泐石为记。其碑在北堂庙后，杂树交荫，希见曦日；惟拨蒙密，乃得觏之。新安舒志言："有石刻数行，字如碗大。岁久漫灭，内有'咸淳二年'四字尚可识。"当是另一碑矣。

余于本年（1959）1 月 18 日游北佛堂，9 月 23 日复与诸生来游南佛堂门，求所谓石塔遗址，邈不可问，山巅丛莽间，但见叠石磊块，或谓即石塔所在，尤不类。缘岸坡陀起伏，居民六七家，以捕鱼采药为业。有洪圣大王庙，云是清季水师提督李准所建。其西数十武，与北堂大庙相望，土人谓即宋天后庙旧迹，片瓦无遗，仅可指认。自此迤东，陟登山巅，越林穿涧，大海在其前，有方形废垒，雄踞山上，乱榛縈亘，草长没膝，无从进入，而日已西颓，遂怅然而返。

10 月 11 日（即重阳后一日），复为南佛堂之游，诸生七人俱。既至，倩乡人先于废垒处，刊木通道，乃放舟遵海而行，寻《新安志》所谓"石壁画龙”[1] 者。稍转西北角，怪石嶙峋，离列海畔，冲涛旋濑，锵然有声，其侧有穴，窅不可窥。船上看山，去如奔马，赵君东成举望远镜讶曰：“绝壁上有镵刻纹理，岂画龙者乎!”因系缆而前，履巉岩，至摩崖之下，石壁方广约丈余，去水仅二丈，面极平整，刻纹以双钩线作异兽状，巨首似夔，张口有角，尾卷如钩，仿佛古器物螭纹。与寻常图绘之龙形颇异，而更饶奇趣。惜苔藓斑驳，吴君铭森乃系绳腰间，攀登其上，涂以白垩，遂得摄影。既而返舟，再访古垒，时已亭午，土人方焚去茅茷，而爝火未息，乃相与扑灭以进。至则颓垣四壁，高可丈余，围墙以碎石砌成矩形，广约千余方尺。步入谛视，泥土掩蔽，残砖偶见，余无所有。墙外约二三尺，地面微露拱形砖门，似是守围者之交通道（见附图一二)。砖门旧为丛薄所掩，经焚烧后始发现。此地俯瞰大海，尤擅形胜，风樯浪舸，经佛堂门出入者，了然在望。乡民谓清武官曾驻此。《新安志》云：“南佛堂之山乃孤岛也。康熙间设炮台一座，以御海氛。嘉庆庚午（十五年)，知县李维榆详请移建此炮台于九龙寨海旁。”则此废垒，即炮台旧址，未可知也。

古称南海龙之都会，此间海澨，本蛋人之所居，龙之神话尤富。说者谓其民绣面文身，以象蛟龙，行水中数十里，不遭物害，号曰龙户。意此龙形摩崖，殆古蛋人之所镌刻，以镇压水怪。吾闻新安有龙穴洲，每风雨即有龙起。(见《舆地纪胜》。旧志云：“在新安县西北四十里三门海中。”）新会有龙窟，传为神龙出入之地。（亦见《舆地纪胜》）此刻石旁有窟穴，殆亦其类。或谓宋端宗舟次古塔，土人加刻龙形于壁间，是不然矣。

余又考大屿山南石笋东湾，亦有古摩崖，刻回纹其上。自吴之金山，浙之良渚，赣之清江以南，至于大屿山石壁村，其史前古陶器，多拍印雷纹，或圆或方，此石刻以方形回文六缀成一字（见附图一三)。与《说文》古文雷字之[illegible]为近，金文之[illegible]，《古文尚书》中“中畾”（即仲虺)，俱为雷字。疑居民即以此图形为雷之象，故石笋附近犹有巨雷劈开石壁之传说。广语云：“龙与雷同类，雷出则龙出，雷入则龙入。”海中苦龙气，龙气而雷随之。（参《岭南丛述》卷四十五《鳞介》上）凡此龙雷图绘刻石，疑皆出古蛋民之手，不特有助于滨海初民宗教意识之探究，而于地方原始艺术，价值尤巨，因连类纪之，以发同游一笑。同游者，盖吴君铭深、赵君东成、陈君炜良、林君佐瀚、周君鸿翔、黄君继持、李君直方云。时民国己亥旧历重阳后一日也。越三日，饶宗颐记。

---

① 卷十八，《古迹略》。

《九龙与宋季史料》跋

罗香林

友人饶宗颐先生，顷著《九龙与宋季史料》一书，于宋季帝昰、帝昺等所驻碙洲地址问题，勾稽至富，厥功伟矣。其所引元黄溍《陆丞相传后叙》与自注等，为前此粤中修志诸君子未及举以参订史实者。饶先生于治甲骨文余暇，冒暑为此，而超迈已如是，欲不敬佩，讵可得耶！

惟是史实研究，非必即随史籍种目增加，而可即为论定。元时，在野学者，言宋季海上史实，非得自行朝诸遗臣记录，即得之自粤归客，所为传述。其据归客所述为文者，如黄氏《后叙》，原称《番禺客语》（黄氏自署为东阳布衣）。吴莱《南海山水人物古迹记》，亦言东阳李生，自海上归，为言如此，是其例也。此类归客告述，虽或偏而不全，然亦有其真实所在，要视学者取舍如何耳。

至行朝之遗臣记录，则莫如陈仲微之《二王本末》，与邓光荐之《文丞相传》及《填海录》与《祥兴本纪》等。仲微所记，曾为人窜乱，多可议者。而光荐则与行朝关系较轻，且入元尝为张弘范宾客（弘范命其子师事之），于自身出处，及交织有关事迹，或不无隐讳与饰语。自史料之分析言之，亦容有可置疑者。当龚开为陆秀夫撰传，即以陆氏手书日记，藏光荐家中，数从之索取不得。迄《宋史》修成，而光荐后人，乃以《填海录》等上进。则其有意隐讳，亦可知矣。黄氏以《填海录》所记，与《宋史》有异，乃于《后叙》缀为注语实之，用意亦良苦矣。然亦考订未尽者，如书景炎二年四月，帝昰次官富场，六月次古墐。虽古墐一名，或可正前此诸书所记帝昰曾次古塔之误。然古堽旧址，与官富场二王殿旧址相接。既次官富场矣，则于古堽，只宜书幸。不然，则如书某帝于四月次长安，六月次雁塔，终必为识者所议，以雁塔即在长安也。光荐虽亦撰述甚富，然得失究未易言。如黄氏《后叙》自注，引《填海录》与《祥兴本纪》，书祥兴二年正月，统制陈宝与拨发张达，忿争而降。又书统制陈忠，与拨发张成，不协而降。黄氏谓实为一事，是矣。而光荐复书，不为核实。古之良史，果如是乎？

黄氏《后叙》与自注，虽甚为钱谦益牧斋所重，至誉之为迁、固之俦。夫牧斋词翰淹雅，然不以史名。未足以黄氏自注曾引光荐《填海录》等，见重牧斋，遂谓光荐所言碙洲为化州所属，事非孤证，而即为与大屿山昔时一曰碙洲者，乃了不相涉也。

然此鄙见，亦只谓余治史观点与饶先生不同而已。于其新著之精深博大，无所掩也。余学殖荒落，不足以云造述。重承饶先生以排印样稿相示，且嘱略抒所见，以志同于地方文献，喜为勾稽，感怀高谊，期共岁寒。则信夫幸读高朋雄文，与有大乐及大荣焉。

1959年8月30日罗香林敬跋于九龙寓楼

补记一

本书第三次校稿，得台北吴守礼先生9月1日惠书，寄来台中“中央”图书馆特藏组主任昌彼得先生录示，馆藏邓邦述群碧楼旧抄本《宋季三朝政要》题记云：

《宋季三朝政要》，历来堇见钞本。此本虽属旧钞，而讹缪太多，不可卒读。旋南后，见君闳内兄藏有元刻本，为世罕有，因乞归校之。连年饥驱，时时阁笔，迄今始得卒业，其足以为此书之益者，可得十余处。校者愈劳，而心愈喜。然此书写手虽劣，亦有胜于元本者，不知昔日据何本移录也。……癸亥十二月初二日指下正闇居士校毕记。

赵晋齐（魏）得元刻本以校钞本，其钞本之讹夺，与此本正同，而其所增出者亦同，是知从前钞本，面目皆如此也。钱氏据赵校本刻入守山阁，至为矜慎，而仍不免有讹漏之处。蒋生《沐东湖丛记》已举出之，是知校刻古书之非易也。……甲子五月，群碧。

复录示邓校本陈仲微《广王本末》一段：

丁丑十一月……唆都元帅弃之而（邓校作“而之”）惠州，与西省吕师夔军会合攻广州，城陷，张振（邓校作镇）孙死之。大军至仙澳（邓校“仙”上有“次”字），与战得利，寻望南去，止碉川。碉川属广之东莞县，与州相对，但隔一水。十二月，舟迁景炎帝（邓校作景炎帝舟迁）于谢女峡。陈宜中挟桅之占城。

邓本世所未见，故为刊出。邓氏曾据元刻参校，知元本《二王本末》已有“硇川属东莞县”一句。当日修《宋史》者如黄溍辈，不取其说，殆以其为坊贾之书也，说详本书卷一及卷五。

罗振玉丁戊稿《续宋中兴编年资治通鉴跋》云：“《续宋编年资治通鉴》十五卷，曩有张氏照旷阁刻本，乃从屈云峰写本上版。屈氏跋称：乾隆甲寅春，借自任阳浦氏，系元人刻本。余二十年前于广州孔氏，得明钞本，缮写甚工。……此书原与《宋季三朝政要》合刊。余往岁既影印元刊《政要》，因取此书写本付印。……并记此本之胜于张刻者，俾来者考焉。”按《续宋编年通鉴》，为东方学会排印本。台中“中央”图书馆藏有元时不著撰人明初刊黑口本《宋史全文续通鉴》凡三十六卷。据昌彼得先生代查，该书目录卷第卅六载理宗开庆元年，迄景定五年，度宗咸淳元年迄十年，少帝德祐元年至二年，并注附益王、广王。惟书仅载至景定五年止，度宗以下俱缺。

关于“中央”图书馆藏善本之抽查，承友人方杰人、吴守礼及昌彼得、梁子涵诸先生费神协助，又蒙日本静嘉堂文库长米山寅太郎先生告知库藏《二王本末》版本，嘉谊足感，谨识不谖。宗颐附记。

补记二

邓光荐《填海录》，迄《宋史》修成后，其家始上进者，即文文山所谓“若时未可出，则姑藏之”之意。盖光荐为宋臣，且以续宋书自任，自不愿以资料供给史局，以自贾祸，观所为篇，称《祥兴本纪》，其意深矣。光荐殁后，遗书始出，其《德祐日记》、《续宋书》，危素曾见之，深致叹服。若黄溍指其陈宝、陈忠一事之复出，则其书本非尽定稿也。

黄氏与修《宋史》，于宋季行朝事，考索不遗余力，而于陆丞相终于何官，未能明悉，深引为恨；其治史严谨，有足多者。若硇洲为二帝行都所在，万无不知之理，其屡明言化之硇洲，所以示别他处同名之地[1]，而无取于坊刻《二王本末》之说，正具深识。设其不然，彼必有以辨正化州说之非，一如他条之考核同异，何待今日之考证。且注明系硇洲镇，隶化州；若大奚山，据吴莱所记虽一名硇洲，然其地未闻设镇，则硇洲镇自指在化州者，无庸置疑。

余曾以此书校样出示简又文先生，承惠赐序，指出拙作在史料上若干新发见，雅意足感。简君复据拙书所述，提出综合意见，再作《宋皇台纪念集编后记》，其中曾举出三事作为硇洲在广之补证：

（一）据余考出《二王本末》元刊本已有“硇川属广之东莞县”一句，深信此语为仲微原文。

（二）据《厓山集》张氏自注引《填海录》“井澳风大作，舟败几溺，复

① 如吴莱记大奚山一曰硇洲。

入海至十洲洋，欲往占城，不果，遂驻硇洲”一语，谓硇洲应在十洲洋。又以《厓山集》所引《填海录》有二句言及硇洲者，无明文谓为属“化州”，遂疑《填海录》本无“硇洲在化”之说。

（三）又据《厓山集》“世杰复还，收兵厓山，刘自立追至硇洲，世杰败绩，部将方、叶、章等被执”语，参合世杰出仙女澳，……遇飓，在海陵山平章港死事，以证硇洲应在海陵山附近，在广而不在化。

承简君出示原稿，盥诵之后，又有不能已于言者，兹再申拙见如次：

关于第一点：元皇庆本于硇洲三见，均作硇川，同《集杜诗》，又“属广之东筦”句，东莞作东筦，清刊本有仍之者，如《学津讨原》是也。按东莞县名见旧城砖，有作莞及蓉者，如“东莞县修城砖知县□”、“东菅县”、“东菅第六”等砖（见汪兆镛《广州城残砖录》），不见作“东筦”者。《二王本末》元时刊本非一，然不为修《宋史》者所重视。纂《厓山志》张、黄先后两家，均采邓光荐、黄溍语称化之硇洲。又于丁丑十一月下，不用《二王本末》此条材料。他若景炎帝于丁丑四月次官富场，而《二王本末》仍误系于丙子十二月，诸家均弃其说不取，因其所记时日事迹多不正确，固无足采者。此书舛误之处，及袭取文天祥诗句等，余论之已详。虽有元刊本，究属坊本，不得遂谓此条为十足可信也。

《厓山集》所以主硇洲在化者，必有其坚强论据，今集中言硇洲亦名硇川，注云：“见前景致类下”，惜全书今不可见。余意硇洲所在，黄溍、张诩等所论定，已足深信。《二王本末》乃元人杂撮文山《集杜诗》等而成，实非出仲微之手者，若据抚此伪书中一二语，而遽欲为翻案之论，窃期期以为不可也。

关于第二点：张诩所引《填海录》，为其书中“帝舟次于化之硇洲”一句之注文，乃钞自黄溍《陆丞相传后序》注语，“十洲洋”应是“七洲洋”之误（参看附图一）。张志多袭自黄氏，而《填海录》则出自邓光荐，彼三人者，皆主硇洲在化州，又何必故为曲解。且黄氏原文称硇洲镇，自非化州莫属。若《厓山集》所引《填海录》两条，亦皆钞自黄溍注，彼已明言“硇洲屹立海中，隶化州，见《新史》及《填海录》。”则溍所见之《填海录》，当有明确记载，读者试取黄溍文与《厓山集》对勘便明。“新史”一名，《厓山集》作“元新史”①。

---

① 黄溍所谓新史，乃指元时新修之《宋史》也。

关于第三点：《厓山集》记刘自立追至事，乃本之《宋史·张世杰传》，加以剪裁。[①] 而增“追至硇洲”一地名。《厓山集》固主化州说者，此谓元追兵已逾厓山，而西及化之硇洲，焉得以此遂谓硇洲地望近于世杰赴海之平章港，而证其必在大屿山耶？盖海陵山在阳江县南，《清一统志·肇庆府》“山川”条云：“海陵山旧名罗洲，又名罗岛，有数峰，其中峰名草黄山，东峰为平章山，下为平章港。受山中涨潦以达于海，即宋张世杰舟遇飓风祝天赴海处。”阳江县宋初为恩州治，庆历八年曰南恩州，南恩州直属广南东路，故海陵山乃属南恩州境，与大屿山属广州，风马牛不相及。今欲取其地以证硇洲在广之说，则弥纠缠而愈不清矣。[②] 质之简先生，未知以为然否？

① 《世杰传》云：“世杰夺港去后，还收兵厓山，刘自立击败之，降其将方遇龙、叶若荣、章文秀等四十余人。”

② 《厓山集》引《填海录》言：“世杰与苏刘义等三十余艘……出仙女澳，得风入洋，追兵不及而返。舟至山东，欲向占城……舣舟南恩海陵山”云云，乃钞自黄溍注语。此世杰当日在海上活动情形，乃先向东趋至仙女澳，旋复反舟欲西向占城，遂舣舟于途中之海陵山，航路先后甚明。且与刘自立追（世杰）至硇洲，亦非同时之事，不能牵引为说。

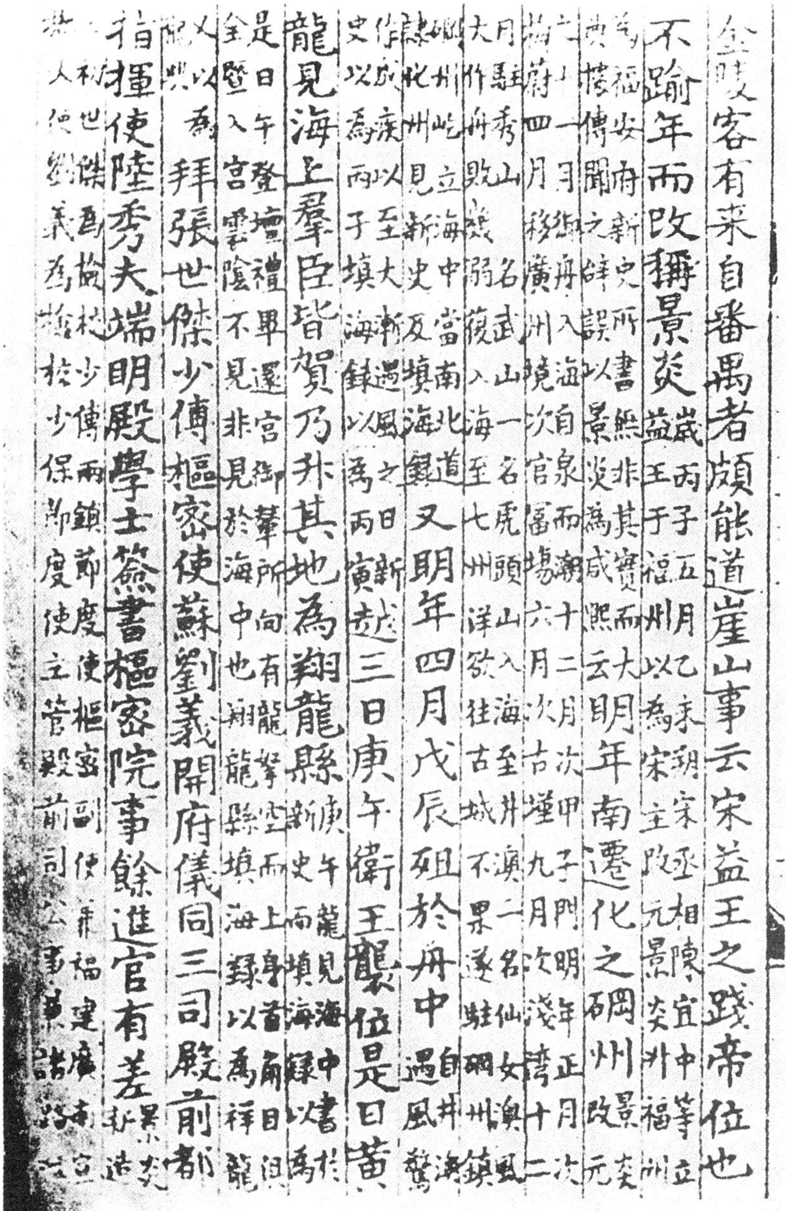

全時又客有來自番禺者頗能道崖山事云宋益王之踐帝位也
不踰年而改稱景炎歲丙子五月乙未朔宋丞相陳宜中等立益王于福州以爲宋主改元景炎升福州
爲福安府新史所書然非其實而大興樓傳聞之辭誤以景炎爲咸熙云明年南遷化之硇州景炎改元
十一月移御舟入海自泉而潮十二月次甲子門明年正月次甲蔚四月移廣州境次官富場六月次古墐九月次淺灣十月二
月駐秀山名武山一名虎頭山入海至井澳一名仙女澳風大作舟敗幾溺後入海至七州洋欲往古城不果遂駐硇州鎮
硇州屹立海中當南北道隸化州見新史及塡海録又明年四月戊辰殂於舟中自井澳遇風驚
作疾以至大漸遇風之日新史以爲丙子塡海録以爲丙寅越三日庚午衛王嗣位是日黄
龍見海上羣臣皆賀乃升其地爲翔龍縣庚午龍見海中書於新史而塡海録以爲
是日午登壇禮畢還宮御輦所向有龍拏空而上身首角目俱全盤入宮雲陰不見非見於海中也翔龍縣塡海録以爲祥龍
又以陳爲拜張世傑少傅樞密使蘇劉義開府儀同三司殿前都
指揮使陸秀夫端明殿學士簽書樞密院事餘進官有差景炎詔
之秘世傑爲檢校少傅兩鎮節度使樞密副使兼福建廣南宣樊人使劉義爲檢校少保節度使主管殿前司公事兼諸路

附图一　景写元本黄溍集《番禺客语》

宋季三朝政要附録卷之六

廣王本末　　　陳　仲微　録

陳仲微咸淳爲侍左郎官以言事切直罷乙亥除兵部侍郎修國史丙子從二王入廣目擊當時之事逃日抄録崖山敗流落安南臨歿有詩曰死爲異國他鄉鬼生是江南直諫臣安南國主以詩挽之曰痛哭江南老鉅鄉春風揾淚爲傷情無端天上編年月不管人間有死生萬疊白雲遮故國一堆黄壤覆香名回天力量隨流水流水灘頭共不平壬午歲安南國使入覲因言仲微之事而得仲微所著二王首末重加編次以廣其傳

丙子正月戊寅廣王益王航海○二月廣王益王由海道趨温州二王駐温州之江心寺蘇劉義陸秀夫來會時陳

附图二　元皇庆元年建安陈馀庆堂刊《二王本末》

（据罗氏《宸翰楼丛书》覆影）

宜中海舡泊清澳門諸人往見之共議興復張世傑自定
海至同趨三山。三月甲戌二王至福州宣太皇太后手
詔廣王昰爲天下兵馬都元帥益王昺爲副元帥檄召天
下諸路忠義同奬王室。五月一日廣王登極于福州升
福州爲福安府改威武軍爲行都之門大都督府爲垂拱
殿便廳爲延和殿。詔改元以德祐二年爲景炎元年。
遙上尊號太皇太后曰聖壽和福至仁太皇太后全太后
曰仁安皇太后少帝曰孝恭懿聖皇帝進册母淑妃爲皇
太妃封弟益王昺爲衛王封壽和公主爲晉國公主以九
月二十八日爲天熙節。陳宜中左丞相張世傑少保樞
密副使陳文龍劉黼參知政事蘇劉義開府儀同三司殿
前指揮使司馬王剛中知福安府事是日百官待漏門外
門未啓有物哮吼聲朝士有驚仆者。黄萬石以北命諭

附图三　元皇庆刊本《二王本末》（首行袭文山《集杜》第二十八）

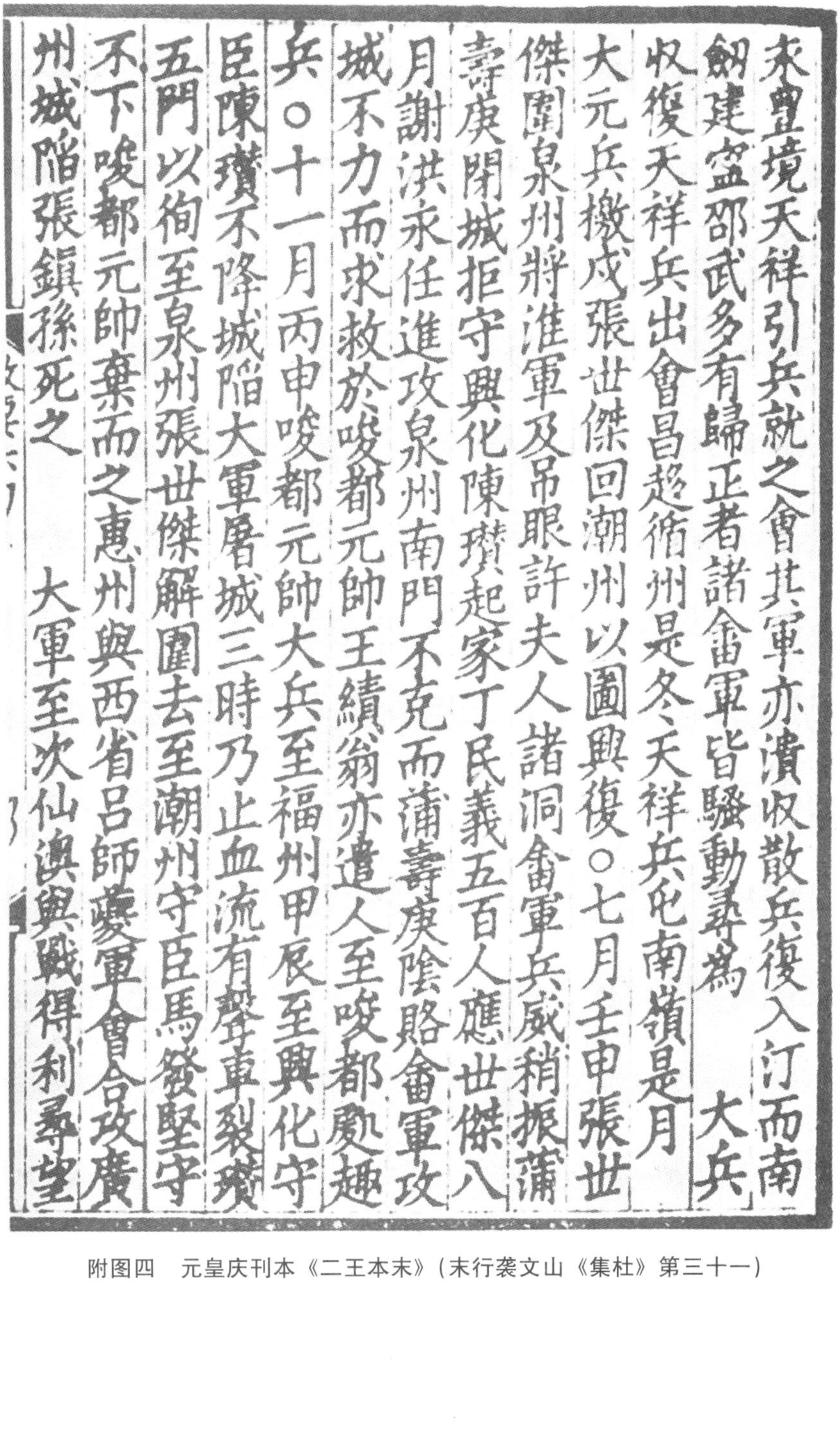
永豐境天祥引兵就之會其軍亦潰收散兵復入汀而南
劍建寧邵武多有歸正者諸畲軍皆騷動尋爲　大兵
收復天祥兵出會昌趨循州是冬天祥兵屯南嶺是月
大元兵撤戍張世傑回潮州以圖興復○七月壬申張世
傑圍泉州將淮軍及吊眼許夫人諸洞畲軍兵威稍振蒲
壽庚閉城拒守興化陳瓚起家丁民義五百人應世傑八
月謝洪永任進攻泉州南門不克而蒲壽庚陰賂畲軍攻
城不力而求救於唆都元帥王績翁亦遣人至唆都處趣
兵○十一月丙申唆都元帥大兵至福州甲辰至興化守
臣陳瓚不降城陷大軍屠城三時乃止血流有聲車裂瓚
五門以徇至泉州張世傑解圍去至潮州守臣馬發堅守
不下唆都元帥棄而之惠州與西省呂師夔軍會合攻廣
州城陷張鎮孫死之　大軍至次仙澳與戰得利尋望

附图四　元皇庆刊本《二王本末》（末行袭文山《集杜》第三十一）

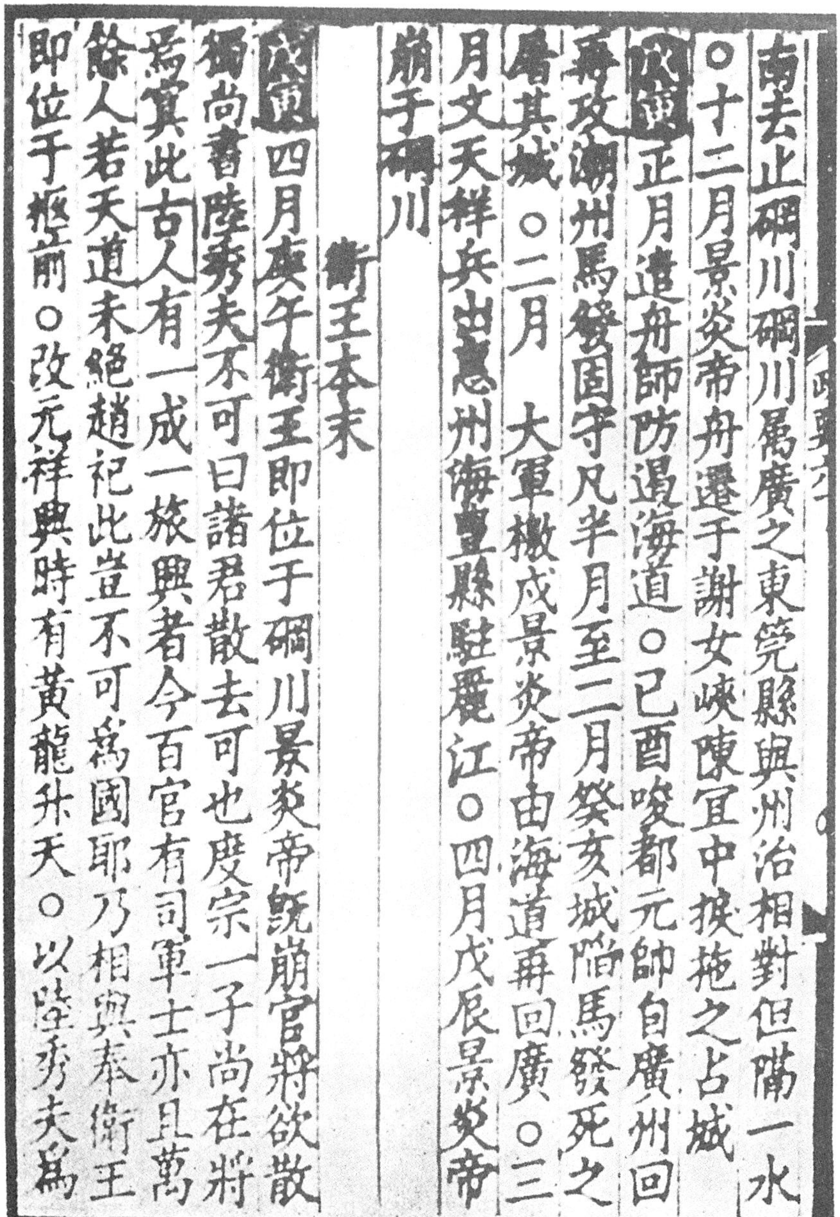

南去止碙川碙川屬廣之東莞縣與州治相對但隔一水
○十二月景炎帝舟遷于謝女峽陳宜中挾拖之占城
戊寅正月遣舟師防遏海道○己酉唆都元帥自廣州回
舟攻潮州馬發固守凡半月至二月癸亥城陷馬發死之
屠其城○二月　大軍徹戍景炎帝由海道再回廣○三
月文天祥兵出惠州海豐縣駐麗江○四月戊辰景炎帝
崩于碙川

衛王本末

戊寅四月庚午衛王即位于碙川景炎帝既崩官將欲散
獨尚書陸秀夫不可曰諸君散去可也度宗一子尚在將
爲置此古人有一成一旅興者今百官有司軍士亦且萬
餘人若天道未絕趙祀此豈不可爲國耶乃相與奉衛王
即位于柩前○改元祥興時有黃龍升天○以陸秀夫爲

附图五　元皇庆刊本《二王本末》（卫王本末）

附图六　南宁咸淳十年摩崖题记全景（吴铭深摄）

附图七　本书作者摄于北佛堂门咸淳摩崖之下
（右为林仰山教授，中为简又文先生）

附图八 荃湾城门水塘

（城门村遗址，相传乡人于此筑石城以抗元兵）

附图九　南佛堂门西北龙纹刻石

（《新安县志》云：“石壁画龙，在佛堂门，有龙形刻于石侧。”即此）

附图一〇　南佛堂龙纹石壁及附近之洞穴

附图一一　南佛堂门山巅废垒遗址

附图一二　南佛堂山巅废垒侧新发现之砖门

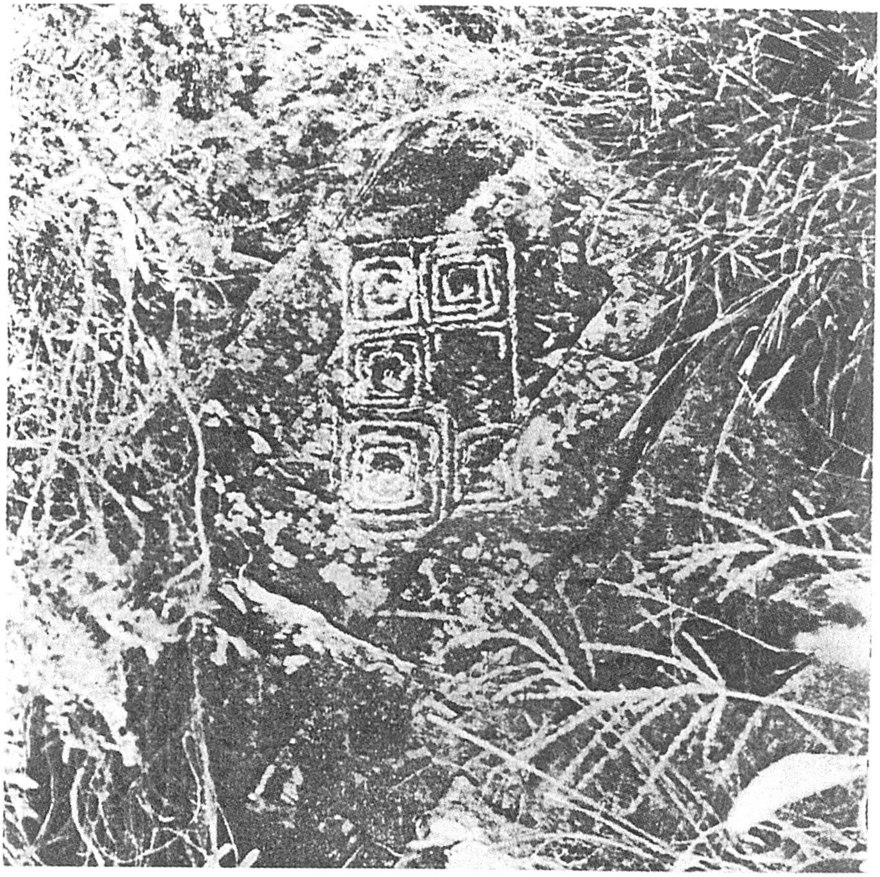

附图一三　大屿山南石笋东湾之雷纹摩崖（吴铭深摄）

附图一四　石笋附近相传巨雷劈石之处

附一　香港考古话由来

香港回归在即，再过三十几天便重返祖国的怀抱。香港久已是中西文化的交叉点，多年以来受到现代化、国际化的洗炼，7 月 1 日以后香港成为祖国门槛的卫星，将会展开一条更加壮阔、光辉的历史道路。

香港在前代是香市贸易的港口，万历时郭棐著的《粤大记》书上海图出现“香港”的名字。元代东莞的白木香价值和银相等，莞香每年输出的贸易额值银锭数万两以上。白木香亦名香仔树，种植可追溯到元代，所以香仔树的由来也许不始于明。有人说香港原来只是一个渔村，是不符合事实的。

记得段成式的《酉阳杂俎》续集有一条记载，说道：“东官郡，汉顺帝时属南海，西接高凉郡，汉以其地为司谏都尉，东有芜地，西邻大海，有长洲。”

这里司谏可能是司监的音误，而司监则又为司盐之形误。“顺帝时属南海”一句乃是根据《南越志》的记载：汉时番禺有盐官，三国吴因之有司盐都尉之设。金兆丰《校补三国疆域志》云：“番禺下有宝安城，本东官盐场，吴甘露二年置司盐都尉于此。”《太平寰宇记》卷一五七之“东官故城”引《郡国志》“东官郡芜城即吴时司盐都尉垒”，这即是《酉阳杂俎》东官郡芜城的来历。港九在地理沿革上东晋时原隶东官郡（宝安县），段成式这条记载和早期香港不无关系。近时长沙走马楼出土大量吴时简册，东官亦属吴，希望其中在将来整理之后，能够发现一些有关的材料。

孙吴以前，港九可能受番禺管辖，李郑屋村东汉墓出土砖又有“大吉番禺”的铭记可以为证。吴司盐都尉辖地必甚广，后来官富盐场即其一部分。北宋《元丰九域志》记东莞县有静康、大宁、东莞三盐场。《宋会要辑稿》，东莞场三万一千二百四十八石，叠福场一万五千石（5182页）。隆兴二年，提举广东茶盐司言及“官富场”之名且云：“官富场拨附叠福场。”今大鹏城附近犹保存有叠福地名。官富场即九龙地，宋端宗景炎元年南来，十二月在甲子门，翌年四月次官富场。（见《填海录》）稍前些时候，本港考古发现度宗十年咸淳甲戌，古汴严益彰充任官富场盐官时，倡建之天妃大庙宇北佛堂门。今尚有摩崖石刻，斑斑可考。

港地最古老的石雕要算青山寺滴水岩南汉时的杯渡禅师石像。此为南汉中宗乾和十二年，同知屯门镇检点防遏右靖海都巡简陈延命工所刻。其后刘𬬮大宝二年封屯门山为瑞应山。屯门山自唐以来为广州航海所必经，又为军事要地。《唐书·兵志》云：“置岭南节度兵守屯门镇。”葡萄牙史家称TAMAO即是屯门。明正德十一年，佛郎机（即葡萄牙）犯屯门，为汪𬭎所败。屯门的历史地位在中外交通史上至为显赫。

九龙的大埔墟元时名为大步海（见《元史·张珪传》），自来为采珠胜地，南汉置媚川都于此。北宋王辟之《渑水燕谈录》称：“刘𬬮据岭南，置兵八千人专以采珠为事。”故方信孺的《南海百咏》有“漭漭愁云吊媚川，蚌胎光彩夜连天”之句。元泰定元年，张惟寅上书言采珠不便，遂罢采珠之蛋户为民。据《元史》所记：“广州东莞大步海及惠州珠池，始自大德元年，分蛋户七百余家，官给之粮，三年一采。”这是元代采珠的实况。

大湾牙璋的出土为香港考古一大事。一九九二年法国远东学院重获返河内举办九十周年学术会议。院长汪德迈君要我参加，作第一个学术报告，我趁机会谈到香港出土牙璋和越南的牙璋应该有某种关系，由邓聪提供实物图片资料，由此取得越南考古界的合作，得于前年在香港举行大型的有关全国牙璋的讨论会，引出全面性研究，了解这一器物制作的广泛分布，远及南中国海边裔地区，打破以往在封闭状况下视为各自割据的独立文化的误解，意义非常重大。神木、三星堆的牙璋，发轫于夏殷之世，渊源殊远，具见汉文化在周、秦以前与南海、交阯已有密切之交往为不可否认的事实。

我以前在印度旅行，眼见有段、有肩石斧在印度东部ASSAM及BENGAL山区的广泛分布，而在GUJARAT（胡茶辣）的RANGPUR地方出土陶文与吴城广东华侨新村及百越地区的相同现象，至堪注意。汉籍所记之滇越，《大宛传》称之为乘象国。其地亦作僄越，即《南中八郡志》京永昌郡的剽国。《华阳国志》记永昌郡有鸠僚、僄越、裸濮、身毒之民。知印度人久已入居云南，而百越之民亦远征及于缅甸、阿萨蜜各地。蜀布亦即越布与广藤之竹杖自蜀邛地输入大夏（任乃强说），知东印度亦古蜀贾人拓殖所至。此类陶文记号，我认为即百越人民随其肩斧、段斧远道传播至印，此一假说，仍有待双方考古家进一步之证实。

香港是古代百越地区滨海一港口，英国人未来之前自有经济价值，盐业、采珠、香市、陶瓷业都有重要地位，明代窑址之发现，证明大量生产，具见详细发掘报告。考古工作多年来在香港地区有不少收获，众所共悉。回归以后，有许多问题需要合作探讨，尤以滇越人种问题海外扩散和交流的实际情况亟待展开研究。朱启新先生来书叮嘱为《中国文物报》庆祝回归写几句话，为破除过去的隔阂，促进今后的关系，不揣固陋，略陈所见，以待贤者的匡正。

1997 年 5 月于香港

附二　李郑屋村古墓砖文考释

九龙李郑屋村古墓砖文，除龙形、鱼形之图纹外，其余文字约有三类：

（一）记墓葬所在地县名及吉祥语，“大吉番禺”、“番禺大治曆”是。

（二）造砖者题名，“蕯师”，在拱门左侧及左室，仅二见。

（三）墓砖记数，“六十五”在中室屋顶有一砖，侧刻“六十五”三字，弊书，疑是造砖时偶记数字。

一、记墓葬所在地县名及吉祥语

“大吉番禺”及“番禺大治曆”两头砖文，墓中屡见。广州秦墓所出漆盒上书“蕃禺”二字，番字从草，而此则否。“大治曆”三字在“番禺”之下，中间以花纹；以“番禺大吉”为例，“大治曆”三字亦是吉祥语也。古器古砖所见吉语，如“大治曆”三字语例者，略举如次：

大富昌（宜侯王）（汉扑满文，见《金泥石屑》卷下，2 页）

大吉利（汉陶灶范）

大毋伤（汉铜镜）

（宜牛犊）大利吉（铃，见《贞松堂集古遗文》卷十五，18 页）

大富贵（勺，见《奇觚室金文述》卷十一，16 页）

大吉年 大吉羊（例多不举）

可见“大治曆 ”三字应与“大吉利”等相类，曆字即曆之省体，《刘曜碑》云“曆三县令”，曆义为歷。又《蔡湛碑》“厤世卿尹”，则以厤为歷。汉碑曆与厤并借作歷，三字通用。《说文》厂部：“厤，治也。”又秝部：“秝，稀疏适秝也，读若歷。”厤本训治，则治、暦二字乃同义谜辞也。古“治”与“乂”、“艾”亦通。《尔雅·释诂》及《周书·谥法》：“乂，治也。”《封禅书》：“天下乂安”一作“艾安”。古成语有“艾歷”、“裔歷”一词：

艾歷　《尔雅·释诂》一：“艾歷，覛胥，相也。”

裔歷　《方言》十三：“裔歷，相也。”

按相亦训治，《小尔雅》：“相，治也。”艾亦训歷，《尔雅·释诂》：“艾，歷也。”是“艾歷”训相，义亦即“治”。砖文之“治暦”与“艾歷”、“裔歷”，可能是同语异文，俱古联绵字，为汉代之成语。由此言之，砖文言“番禺大治暦”，即谓番禺一地大艾歷，“艾歷”，“相”也，“相”又训“治”，则“番禺大艾歷”犹言“番禺大治”是矣。

《水经·泿水注》：“泿水东别迳番禺，《山海经》谓之贲禺者也。交州治中合浦。姚文式问云：何以名为番禺？答曰：南海郡昔治在今州城中，与番禺县连接。……闻此县人，名之为番山。县名番禺，倘谓番山之禺也。”如姚说，番禺乃以番山得名。秦墓漆盒字作蕃，从草首。

至砖文上番禺一地名，亦大有研究价值。九龙原属宝安，宝安置县，盖始于东晋咸和六年。在未置宝安之前，其地属于何县，向有属南海县（《太平寰宇记》引《南越志》）、属博罗县①、属番禺县。②《汉书·地理志》番禺有盐官，三国吴时有司盐都尉之设。故陈伯陶《东莞县志·沿革》谓，汉时番禺盐官即设于今之莞地，云“汉属番禺”，亦自有据。自番禺盐官论之，九龙一带，汉时可属番禺。今观李郑屋村古墓砖不称宝安，不称东官，而云“番禺大治暦”、“大吉番禺”，可推知自晋以前，其地实属番禺所辖，则三说之中，以属番禺为是。

二、造砖匠题名　薛师

墓砖见此两字者，共二片，一在拱门左侧，一在左室。第一字作薛，与

---

① 《元和郡县志》三十五，《嘉庆一统志》，《新安县志》，道光《广东通志·沿革》、《广州志·古迹》皆同。

② 明代《东莞志》、《明一统志·东莞县》，《方舆纪要》一百一，洪䕫孙《补梁疆域志》三说。

汉《平舆令薛君碑》“迺侯于蔢”形略近。《说文》辥篆作辥，从辛，𠂤声。汉碑惟《薛刘二君断碑》作薛，他多隶变作从卝从𠂤从辛。（《繁阳令阳君碑》阴薛字如此）《群经正字》云：“平舆令薛君碑从阝，故经典亦时有作此。”今李郑屋村墓砖，亦从阝，形正相同，所异者惟辛字作亲耳。考汉隶及六朝碑从辛与从𣎆相同，举例如下：

新作 新（见《鲁峻碑》阴）“南阳新野”

新（见魏《皇甫驎墓志》）

薪作 薪（见魏《温泉颂》）

辛作 亲（见《吊比干文》）

故知此蔢字，右旁即从辛，特写作“末”。考地皇二年《新莽候钲》，所见“新”字作“新”①，偏旁正合。综上论之，此蔢字即“薛”，可以无误。

第二字作师，即師字。汉《衡方碑》“处六師之□”，師作师，《武荣碑》“外□師旅”，字作师。孟郁《修尧庙碑》（桓帝永康元年）作师，《成阳灵台碑》（灵帝建宁五年）同。武梁祠画像作师（据《汉隶字原》）。顾霭吉《隶辨》云：“碑变𠂤作阝，阝乃𠂤之异文。”此不从𠂤而从阝，与上举诸汉碑同。

由两字形体，可审为汉隶，对古墓年代之确定，亦大有裨益。師之作师，习见于东汉碑刻，以此知李郑屋村当为东汉墓，可从墓砖字体，得一有力佐证。

薛、师二字当是造砖者题其姓及职名。广州西村大刀山晋墓永嘉六年砖，左侧每见“陈仁”篆书二字，孙诒让《温州古甓记》载建元、永和、升平砖，均有“陈氏”二字，皆识造砖工匠名氏。惟此砖称薛师，师则为职名，如汉代铜器，阳嘉三年扶侯钟云“雷师作”②，又“都尉师”勾兵③并其例证。“薛师”即工师之薛姓者也。

李郑屋村古墓发见至今多年，其拱门左室砖文，向为人所忽略，而“薛师”两字，尤为字体断代关键性之所在。此一问题，予曩于香港大会堂考古学会演讲，曾发其端倪。1965年，在日本大阪大学史学会，亦曾作一专题演讲，兹撮其要，草成是篇。

原载《选堂集林·史林》下，中华书局香港分局，1982

---

① 见《汉隶字原》。

② 《小校经阁金文卷》卷十二，14页。

③ 《小校经阁》卷十四，6页。

番禺

大治晋

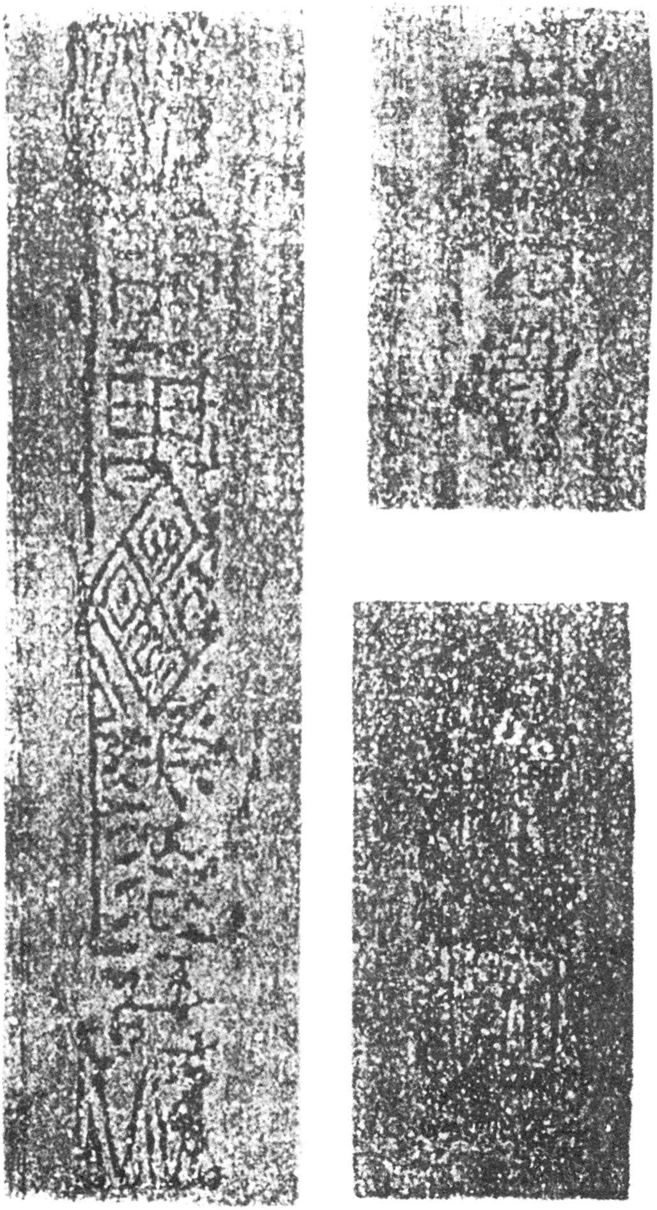

薛师

图一 李郑屋村古墓砖文拓本

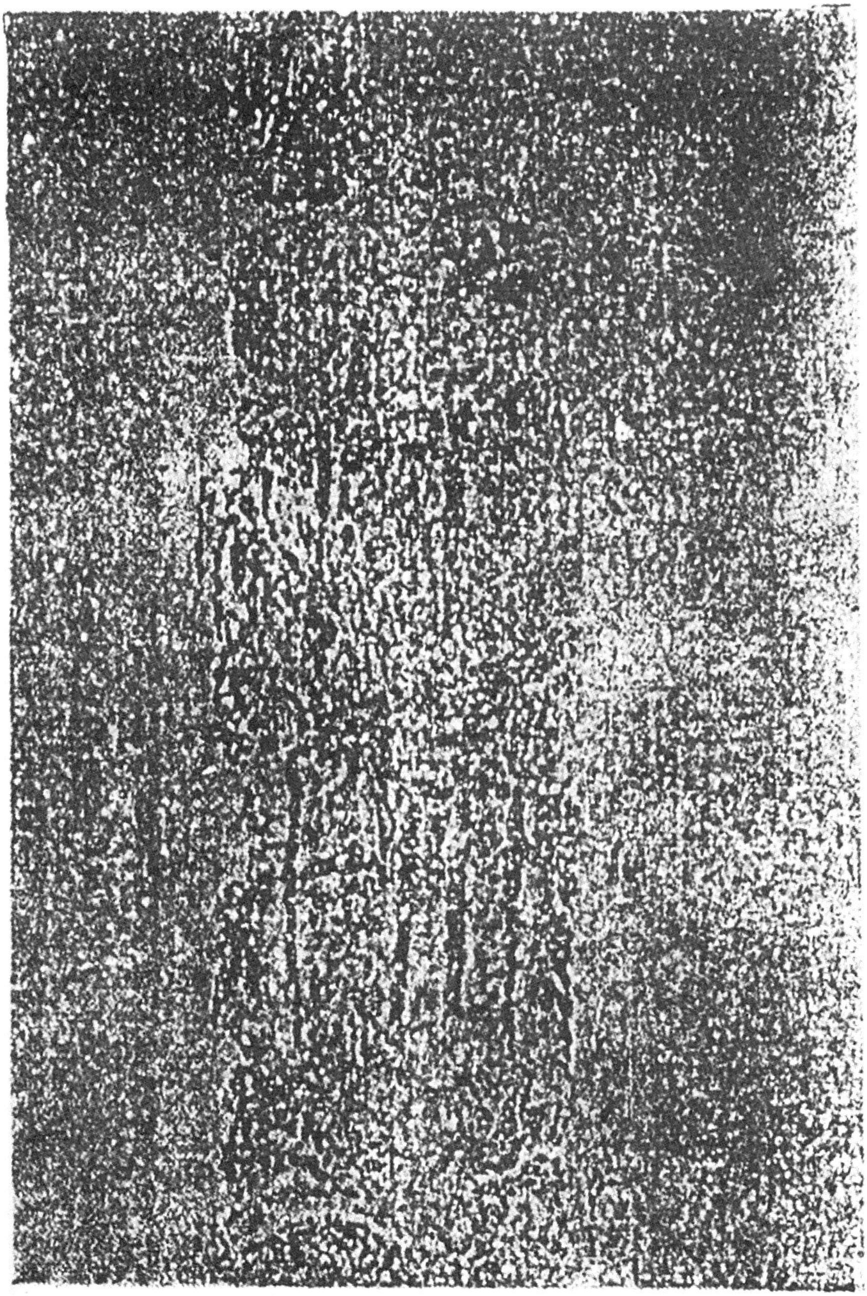

图二　薛师拓本

附三　港、九前代考古杂录

一、杯渡禅师、杯渡山、杯渡井

《僧史》屡载杯渡禅师事。《高僧传》（卷十）、《神僧传》（卷三）、《太平广记》（卷九十《异僧》四）略同，颇夸诞恢怪。《法苑珠林》（卷卅一）亦有传，系其事于西晋佛图澄之前。谓杯渡“永嘉初中卒”。永嘉当是元嘉之讹也。杯渡与鸠摩罗什有一段因缘。《高僧传·什公传》云：

> 杯渡比丘在彭城，闻什在长安，乃叹曰：吾与此子戏别三百余年，杳然未期，迟有遇于来生耳。俄而什公遂觉四大不愈，因卒。

《酉阳杂俎》（《续集》四）：“俗说沙门杯渡入梁，武帝召之，方弈棋，呼杀，闻者误听杀之。”（下引浮休子说）此亦奇闻，人罕言及。《神僧传》（兹据香港大学藏明永乐刊本）记其自言：“贫道当向交广之间，不复来也。”未云至屯门也。为杯渡立碑，似始于唐时。陈思《宝刻丛编》十五著录有大和三年（829）立杯渡禅师影堂碑，仅存其目。

自南汉中宗（刘晟）乾和十二年甲寅，同知屯门镇检点防遏右靖海都巡简陈延，命工镌杯渡禅师石像于屯门山。后主铱大宝二年己巳二月十八日，封屯门山为瑞应山，勒碑。屯门山自唐以来为广州航海必经之路，其名已见于贾耽《四夷述》及周去非《岭外代答》。天顺《明一统志》七九："杯渡山在东莞县南一百九十里，上有滴水岩，一名屯门山。"嘉靖黄佐修《广东通志》卷十三："（东莞县）又南九十里曰杯渡山，上有瑞应，下滨于海。宋元嘉中，杯渡禅师来居屯门山，因易今名。"《清一统志》："杯渡山，东莞旧志：山在县南二百八十里，即屯门山也。枕居大海，远望黄木湾正相对。南汉大宝二年，封为瑞应山。"（参梁廷枏《南汉书》、《南汉丛录》）宋元祐间，广帅蒋之奇撰《杯渡山记》刻于石，今已湮泯不复存。（文载《新安县志》。之奇序称："《广州图经》：杯渡之山在东莞屯门界三百八十里。耆旧相传，昔有杯渡师来居屯门，因以为名。"所据《广州图经》，殆为宋时王中行所纂者〔《直斋书录解题》八著录〕）而屯门之山，因蒙杯渡之号，迄今弗替。

考"杯渡"之义，原出《庄子》。《逍遥游》云："置杯焉则胶，水浅而舟大也。"而禅师竟能以杯渡海。本传称其"浮木杯于水，惟荷一芦圌子，更无余物。"（圌字见《玉篇》，圜也。《集韵》篅或作圌。《说文》竹部：篅以判竹，圜以盛谷者。）故世播为美谈。六朝以来，杯渡之名，恒见于诗人之歌咏。庾信云："飞锡遥来，渡杯远至。"（《麦积崖佛岩铭》）李白句云："门深杯渡松。"（《送禅师还南陵隐静寺诗》）杜甫诗："杯渡不惊鸥。"（《题玄武禅师屋壁诗》）其尤著者矣。

禅师遗迹，方志所载，有杯渡山。云："海上胜境也。昔宋杯渡禅师驻锡于此，因名。山麓石柱二，相距四十步，高五丈，今半折，府志谓昔鲸入海触折。山腰为杯渡寺，前有虎跑泉，其左则鹿湖、桃花涧、滴水岩、瑞应岩、莺哥石。后有石佛岩，杯渡石像在焉。佛座后有洞，深不可测。"（嘉庆《新安县志·古迹》）此指今之青山也。志又云："灵渡山在（新安）县南三十里，与杯渡山对峙，旧有杯渡井，亦禅师卓锡处。"（《山水略》）此山今呼为大头山。志又称："禅师自言当往交广之间，遂以木杯渡海，憩邑屯门山，后人因名曰杯渡山。后驻锡于灵渡山，山有寺亦名灵渡寺。"（《新安志·人物·仙释》。明黄佐《广东通志·外志·杯渡传》亦言"复驻锡灵渡山，有寺亦名灵渡"。）方志所记禅师事迹如此。是禅师南来初隐于青山，继又移居灵渡山，故论港九佛教史迹，自以屯门与灵渡两山为最古者。

灵渡寺传为唐时肇建。今寺则重建于道光庚子（二十年），寺内悬钟，铭识犹存，可为佐证。咸丰辛酉复重修之。门额"灵渡寺"三字，出张玉堂笔。玉堂，清末大鹏副将，时驻九龙也。寺内有陈澧书联，文云："云动山移，泉飞石立；池平树古，水曲花回。"题辛亥十月试茅笔。辛亥即咸丰元年。知英人未至九龙以前，灵渡山实为当地胜迹。今寺本为道光时罗浮道士所创，开山祖黄姓，失其名云。

二、大奚山、大姨山、大崳山、大鱼山

前本港专任官学生教师宋学鹏老先生，熟识港九掌故，尝谓：

> 大屿山凡四名：一即大屿山，即今日所通称。二为大渔山，或即大屿山音转。三为大奚山。四为大移山，本与大陆相连接，盖为今日宝安梧桐山相连，后以地层变化乃自成岛屿，有若梧桐山所移出者，故曰大移山。宝安竹枝词称“移山解石捉青龙”，盖即指此（罗香林《香港前代史论丛》引，香港大学文学会会刊，1965）。

按宋氏取自民间传说，所言大渔山及大移山二名，清人记载复有不同。清初杜臻记：“大奚山在合连海中，俗曰大姨。又有小姨山与俱峙，中环三十六屿，周围三百余里……后有万姓者，据之呼为老万山。”（《粤闽巡视纪略》）是大移乃大姨之音讹也。郭棐《粤大记·海图》则“大、小姨”在内伶仃、外伶仃之间，居大澳之东，与鸡公头毗连。清代曾名此山曰大崳山。阮元为两广总督，道光丁丑年间，巡海经此山有诗，录之如下：

> 登沙角炮台，阅水师毕，即乘水师提督之兵船，过零丁洋，看大崳山，望老万山，回澳门，阅香山兵，因题船额曰“瀛舟”。茫茫沙角外，巡海一登台。潮向虎门落，舟从龙穴回。瀛帆乘夜月，火炮动晴雷。回棹澳门外，西夷迎节来。（《揅经室四集诗》卷十一，丁巳）

诗题之大崳山即今大屿山。乾隆庚戌（五十五）晚香堂重校本《边海全图》正作大崳山（原图藏联邦德国联邦图书馆）。知大渔山乃大崳山之音讹。现时呼大屿山音如大渔山，然屿字《广韵》在上声八语，只有一音，与叙、序用徐吕切（古不读 yü），其曰“大渔”者，盖沿清人大崳山之旧称。崳字在《广韵》平声十虞，羊朱切。

大屿山宋时称为大奚山，为私盐出没之地。《宋会要》：淳熙十年及十二年，禁大奚山私盐。（《辑稿》二八之一九、二四）《宋史·宁宗纪》：“庆元三

年夏，广东提举茶盐徐安国遣人捕私盐于大奚山。八月，知广州钱之望遣兵入大奚山，尽杀岛民。”叶适撰《钱公墓志铭》云：

> 大奚山盗起，改除秘阁修撰，知广州。大奚孤峙海中，去州一潮汐，民煮盐，自业渔采。亡命群聚，吏兵容之非一日。提刑绳之急，怨而为变，诸司诏捕。……公麾诸军奋击，一战殄灭。列栅山上，分兵戍之。微公决策，广东几乱。（《水心文集》十八《华文阁特制知庐州钱公墓志铭》）

文中提刑，指提举徐安国，李心传《建炎以来朝野杂记》及王象之《舆地纪胜》八十九《广州古迹》“大奚山”条亦记其事。盖取自嘉定时永嘉陈岘所修之《南海志》。嘉靖间黄佐修《广东通志》卷六十七《外志·峒獠》引《苍梧军门志》云：

> 东莞县大奚山，在县南大海中，有三十六屿，周三百余里。居民不事农桑，不隶征徭，以鱼盐为生。宋绍兴间，招降其人来祐等，选其少壮者为水军立寨，水军使臣一员，弹压官一员，无供亿，宽鱼盐之禁，谓之腌造盐。庆元三年，盐司峻禁，遂聚为乱，遣兵讨捕，徐绍夔等就擒，遂据其地。经略钱之望与诸司请于朝，岁拨摧锋水军三百以戍，岁一更之。庆元六年，复请减戍卒之半，屯于官富场，后悉罢之。今有万姓者为酋长，因名老万山。过其境者悉与鱼盐云。（大东图书公司影印本）

此于南宋置水军屯于九龙（官富场）事记之甚悉，道光阮元修《广东通志·前事略》亦转录之。考应槚于嘉靖三十年，以兵部右侍郎总督两广军务，著《苍梧总督军门志》，其后刘尧诲重修之，郭棐撰后序。万历九年（辛巳）广东布政司刊行，共三十四卷十五册。台湾“中央”图书馆，有其书，今有学生书局影印本，有关两广及安南文献之要籍也。细查该书，实无此条。黄佐志修于嘉靖三十七年，必及见应槚原本。疑万历间刘尧诲重修，于应书大有更张，此条谅在刊削之列。今传万历本《苍梧军门志》已非应书原貌矣。自陈伯陶《东莞县志》卷三十《前事略》二引用此书误作“仓格军门志”，近日治香港史者辗转从之（如罗氏《香港前代史》，84 页）。“仓格”实为“仓梧”之形误，亟宜订正。

元朱思本《广舆图》，在东莞鸡笼之下有大溪一名，大溪即大奚。以宋庞元英《谈薮》记广州境大溪山证之，可信。

考大嵛山原为海岛之通名，福建沿海亦有是称。在福宁卫所上二站即为俞山，一名大喻山。《筹海图编》沿海图分作“大嵛山”及“小嵛山”。

《武备志》海图，官富寨下有大奚山、小奚山，分而为二，疑即如大嵛山、小嵛山之比。《粤大记》海图有大小官富，均分为大小，其例相同。

明代大奚山名仍极著称，地理志书屡言及之：李贤《明一统志》为天顺五年间官修之书，卷七十五《广州府》，记大奚山云：

> 大奚山在东莞县南四百里海中，有三十六屿，周回三百余里，居民以鱼盐为生。

陆应阳之《广舆记》，卷十九云：

> 大奚山，东莞海滨有三十六屿。

大抵皆钞袭旧志。东莞人祁顺有《大奚山诗》云：

> 沧海波涛阔，奚山岛屿多。空中排玉笋，镜面点青螺。洞古云迷路，岩深鸟占窝。昔人屯戍处，遗迹遍烟萝。

祁顺（1434—1497），字致和，天顺四年进士，官至江西左布政使，弘治十年卒官。有《巽川集》，嘉靖三十六年刊本。其诗见《粤东诗海》卷十六，未选此首，此大奚山之见于吟咏者也。（《新安志·艺文》收此诗，作者姓误作“祈”。）

嘉庆时三水人范端昂著《粤中见闻》，卷十二《地部》云：“新安有人在大鱼山海滨获一海女。今大鱼山与南亭、竹没、老万山常有。”此即大屿山又名大鱼山之来历。

清时之大屿山，其有关文献，不遑缕述。袁永纶《靖海氛记》言：

> （广东）提督孙全谋舟师与贼（指张保仔）战于赤沥角、大屿山，又败。十一月，孙全谋令此记嘉庆十三、四年间清军与张保仔交战经过。大屿山亦其巢穴所在。

道光时，英人东来，其轮船即停于大屿山附近，其事屡见于清廷官吏奏折。如道光十四年八月初六日，总督卢坤咨：

> 暎咭利人："其省城内不及澳门一带，大屿山炮台等处，务须密汛弁兵，加意巡逻。"

其年九月初二日咨：

> 又东上谕有人奏，近闻暎咭利国大船终岁在零丁洋及大屿山等处停泊，名曰趸船。（俱见《粤海关志》引）

并举一例，以见其余。

大屿山名称，自宋以来，由于形音传讹，即有不同写法，兹据上述文献，试表之如下：

宋	明	清
大奚山（《宋会要》） 大溪山（《谈薮》）	大、小奚山（《武备志》海图） 大、小姨山（《粤大记》海图）	大奚山（杜臻《纪略》）大鱼山（《粤中见闻》）大崳山（阮元诗）大移山（宋学鹏说） 大屿山（清吏奏折）

三、南头与 Lantaw Island

今西人称大屿曰 Lantaw Island。近代僧明慧著《大屿山志》谓"英文译意为烂头岛"。余则疑其与南头有关，恐是译音，而非译意也。

元时南头为市。《南海志》墟市，东筦县：有宝潭、思、土瓜、马溪头、南头布（《永乐大典》广字号），可证。

明置卫所，据《筹海图编》所载：

> 南海卫：(1) 东莞所　旗军三二八名
>
> (2) 大鹏所　旗军二二三名
>
> 沿海巡检，广州府官富弓兵五十名。
>
> 沿海卫所中路东莞县南头、屯门等澳，大战船八，乌艚船十二。

此为港九地区明时海防兵员之实况。广东全省有所四十五，惟东莞、大鸡二所与港九有统属关系。乌艚船即粤人称之曰大眼鸡船者也。（参《新安志》下“寨船”）

南头寨所在，本即今宝安之南头。《苍梧总督军门志》云：

> 南头寨，自大鹏、鹿角洲起，至广海三洲山止，为本寨信地。分哨鹅公澳、东山、下官富、柳渡等处。
>
> 南头海防参将一员，嘉靖四十五年设，驻扎南头，兼理惠潮。（下略）
>
> 该寨兵船驻屯门，分二官哨，一出佛堂门，东至大鹏；……一出须白、横琴、三灶，西至大金……

黄佐嘉靖《广东通志》六十六：

> 故东莞南头城，古之屯门镇。县有乌艚船领子弟兵者东西二路。

按《唐书·兵志》，置岭南节度兵守屯门镇。元设屯门寨。元贞二年有屯门寨巡检刘进程。（《永乐大典》一九九册广字号，79页）南头之前身，即属屯门镇也。

《新安县志·海防略》称：“万历十四年，总督吴、御史汪（鋐）会题：南头即全广门户，控制蛮倭，请以总兵移镇。（番舶）水浅不能行，必须由大屿山经南头，迫入虎头门，此南头所以为全广门户也。”南头形势之重要如此。（明尹瑾：敷陈海防要务，疏论南头寨尤详，可参看。）杜臻《粤闽巡视纪略》：

> 南头戍地，古之屯门镇。嘉靖四十五年议设参将一员，驻扎南头，兼理惠潮。万历四年，题定止防广州，统兵二千余艘，艘艎八十艘，常驻新安。

至清世集防兵于碣石、虎门，此后南头遂不复置戍矣。

后世南头音讹为“烂头”，犹存“烂头营”之称。《大屿山志》云：“烂头营在大东山，又名大洞山。副峰下即烂头营。由东涌东行，或由梅窝西行，均可至其处。”

清废所，设大鹏营，九龙及大屿山一带即辖属于大鹏协镇。《粤海关志》

卷二十云：

> 大鹏营驻广州府东南五百里。……分防五汛，一、盐田，二、沱泞炮台，三、九龙炮台，四、红香炉水汛，五、大屿山炮台。水师标左营，驻新安县城，东至大鹏营……分防五汛：一、莲花迳，二、南头炮台，三、茅洲墩台，四、屯门，五、深圳。

是时水师提标，分中营、左营及右营，港九部分属左营。梁廷枏云："左营原大鹏营，因管辖大屿山东涌地方，山势宽广，查察难周，兼商夷船只，经由寄泊之道，防范最宜严密。于道光十一年将大鹏营分作左右二营。"

《大屿山志》"鸡翼角"条下云："在大屿山西南尖端，形如鸡翼伸出。东边即东湾，西边即西湾，东湾山上有炮台废址，周围二十余丈，高一丈，墙厚五六尺。从前有门，现全座湮没在蔓草丛中。西湾旧有观音庙，庙侧有石笋，高约二丈，大约数围，此地又名石笋村。"僧人修志，只能描写现状，未遑检读志乘。考《粤海关志》（二十）记九龙及大屿山炮台如下：

> 九龙寨炮台，嘉庆五十年建。在新安县，属大鹏左营。案佛堂门原有炮台，大鹏所辖，年久圮坏，提督钱梦虎议将该台移建九龙。
>
> 大屿山石笋炮台，嘉庆二十二年建。在新安县，属大鹏右营，梁氏云："新安县属大屿山，孤悬海外，四面皆水，为各夷船必经之处，内惟大澳口、东涌口二处，可以收泊。其东涌口向无汛房，惟大澳口额设守兵十三名，山上向有鸡翼炮台，系大鹏营千总驻守，但与东涌、大澳相距遥远，不能兼顾。嘉庆二十二年，总督蒋攸铦、阮元准部咨，于东涌口建汛房八间，又于东涌口狮山脚建炮台二座，兵房七间，火药局一间，大澳口杨侯庙后建垛墙十丈。"

此清时营建炮台之经过。

光绪十五年，两广总督张之洞撰《广东海图说》，其中记载：香港、九龙寨、汲水门、大屿山各地，时属大鹏协右营所管辖。又记绿营驻兵，计：

> 石笋炮台，外委千总一员，兵三十名。沙螺湾汛兵五名。
>
> 大濠汛兵五名。

上列建置皆在大屿山之上。大濠，明时称为大蠔，说见下文。

应檟《军门志·海图·南头寨》说明云："凡西洋船由此出入。"于老万山云："海寇每每停此。惟南头西乡捕鱼柴船知消息。"大屿山所以有一"烂头"之名，疑因明时南头设寨，其地即古之屯门镇，大屿山周围皆在其控制之内。清于大屿山设炮台，驻汛兵于此，遂得蒙烂头营之称，"烂头"其即旧时"南头"之音讹乎。

四、大步海与张珪

九龙大埔墟自南汉至元为采珠重镇，其地名曰大步海。《元史》卷一七五《张珪传》云："广州东筦大步海及惠州珠池，始自大德元年。奸民刘进程、连言利，分蜑户七百余家，官给之粮，三年一采，仅获小珠五两、六两，入水为虫鱼伤死者众，遂罢珠户为民。"《永乐大典》广字号引元时方志：

> 布珠来自舶上，土产不多，刘汉时置媚川都以采之，至宋而废。归附后，元贞元年，屯门寨巡检刘进程、张珪建言：东筦县地面大步海，内生产鸦螺珍珠。又张珪续言，本县地名后海、龙歧，及清螺角、荔枝庄共二十三处，亦有珠母螺出产。（《大典》卷一一九〇七）

大步海属东筦。东莞，《宋史》、《元史·地理志》、《大典》均从竹头，《珪传》亦同；惟邑中元至正七年钟款始改从草作"东莞"。张珪即弘范之子，而曾从邓光荐受学者也。《明史》九《宣宗纪》：宣德三年冬十一月癸酉，锦衣指挥钟法保请采珠东莞，帝曰："是欲扰民以求利也。"下之狱。此处东莞之莞字已从草作莞。

宋方信孺《南海百咏·媚川郡诗》有"漭漭愁云吊媚川，蚌胎光彩夜连天"之句。南汉时，大步海一带属媚川都。《南汉书·后主纪》云："于海镇募兵能采珠者二千人，号媚川都，每以石缒索系兵足，入海五七百尺，多溺死。久之，珠充积内府；焚爇之后，尚余美珠四十六瓮。"（见《续通鉴》；北宋王辟之《渑水燕谈录》称："刘鋹据岭南，置兵八千人，专以采珠为事。"语更夸大。）《永乐大典》广字号引此作眉川都，"眉"字误。（卷一一九〇七）

步者，柳宗元《永州铁炉步志》云："江之浒，凡舟可縻而上下曰步。"韩愈《罗池庙碑》："宅有新屋，步有新船。"又《孔戣墓志》："蕃舶至步，有下碇税。”任昉《述异记》：“上虞县有鱼驰步，吴中有瓜步，江中有鱼步，湘中有灵妃步。按吴、楚谓浦为步，盖语讹耳。”杨慎《丹铅总录》云：“《青箱杂记》：岭南谓村市为墟，水津为步；罾步，即渔人施罾处也。”张勃《吴录》：“地名有龟步、鱼步，扬州有瓜步。”是浦者，六朝人谓之步。后人又增土旁作埗。（杨慎《谭苑醍醐》）《东莞县志》十二《方言》：“津谓之步。”方以智《通雅》谓后人遂作“埠”；《宋史·度宗纪》有武阳埠；《熊本传》有铜佛埠，通用作埠，始见于此。步字后人复作埔；大埔于粤东地名习见。明时，饶平县澁洲都又有村名曰大埔，嘉靖五年以置县。杨缵烈《大埔音义考》云：“俗呼平旷高原仅宜果蓏蔬麻者曰埔，有音无字，盖即圃也。”此云以埔为圃，恐未必然；惟由步、埗同音可转为埔，则无疑也。

今之大埔墟，方志实作“大步”，与《元史》同。万历《粤大记》海图有“大步头”。嘉庆《新安县志》卷上“都里”项官富司管属村庄，有“大步头、大步墟”；又“山”项有“大步迳，在县东六十里，通九龙乌鸡沙等处”是也。又卷十八《胜迹略》：“媚川都在城南大步海。南汉时采珠于此，后遂相沿，重为民害，邑人张惟寅上书罢之。”惟寅字儒宾，东莞人。父登辰，号恕斋，与其兄元吉，当元兵至东莞时，张弘范委元吉摄邑宰，登辰摄丞，邑赖以安。登辰与赵必瑑尤交契；惟寅即登辰长子也。曾上宣慰司陈采珠不便状，略云：

> 广州府东莞县媚川池，前代载籍所不纪，独宋太学生陈均著《宋朝编年》，载宋赵太祖开宝五年五月，即废刘铱所置媚川都。……珠池本处蜑蛮，日与珠居，有饥寒蓝缕，特甚于他处贫民。其不肯采珠以自给者，畏法故也。……海门之地，控接诸番，又有深山绝岛，如大奚山，大、小蕉峒，皆宋时海贼卢循子孙，今皆名为卢亭。……此刘铱所以置三千兵立为都，翼以相统摄者，正虑其逃散为患故也。名之曰募之为兵，实驱之死地，不得不丰给衣食，羁縻其妻子。窃计一岁取珠之利，不足以偿养兵之费也。（《东莞县志》卷五十四）

惟寅当日目击采珠对蜑户贻害之深，故极言其不便，此文实为重要文献。《宋会要辑 》一四二册，诏废媚川都，籍其少壮者千余人，立为静江军，事在宋太祖开宝五年五月。入元以后，世祖至元十七年诏广东采珠。至泰定元年，张惟寅乃上言采珠不便，遂罢广州采珠蜑户为民，仍免差税一年（《元史·泰定帝纪》），惟寅之力为多。惟寅父登辰，与张珪父弘范有旧，故其条陈能得朝廷采纳，良非偶然。张珪能诗，黄庭坚《松风阁诗》卷后有中书平章政事张珪题绝句，其文采风流，犹可想见云。

五、元、明海图所见港九地名

现存元、明地理志书，间附有海图。在广东沿海部分，不少涉及东莞地名，兹举目睹者，记其大要如下：

元

《广舆图》　此书原为元时朱思本所著。其广东沿海地图在东筦范围，鸡笼之下有“大溪”一名。鸡笼即鸡笼湾（Kellet Bay），明季锦田邓氏十六世祖合墓文有“择地土名香港、鸡笼湾”语。宋庞元英《谈薮》：“大溪山在广州境，石壁有罅隙若镌刻者。”大溪山当即大奚山，则大溪应是大奚（山）矣。

《南海志》　《永乐大典》广字号（卷一一九〇五）为元时《南海志》，其广州府境之图，有大奚山、佛堂门。又广州府东莞县图，内有官富巡检，及伕堂门。伕堂门当是佛堂门。杜臻《粤闽巡视纪略》云：“佛门堂，海中孤屿也，周围百余里。溯自东洋大海，溢而西行，至独鳌洋，左入（原误作八）佛堂门，右入急水门，二山皆两山峡峙，而右水尤驶。番舶得入左门者为已去危而即安，故有佛堂之名。”此“佛堂”一名之由来也。佛堂为南中国海重要犄角，番舶必经之处。嘉庆《新安志·山水略》载“（佛堂门）北庙创于宋。古有税关，今废”。北佛堂天后庙后面有南宋咸淳甲戌（十年）盐官古汴严益彰摩崖题刻记“南堂石塔建于大中祥符五年”。盖自北宋以来舟人祷祀于此，市舶设关，佛堂门遂为海上重镇，为舆图所必载矣。《粤大记》海图南佛堂与北佛堂分为二地，而北佛堂上有天妃官，即指今之大庙。佛堂门自明以后为南头寨所辖六汛地之一。

明

茅元仪《武备志》所载《郑和航海图》

胡宗宪、郑若曾《筹海图编》沿海图

应槚、刘尧诲《苍梧军门志》

郭棐《粤大记》

以上四种明人所作关于海防及粤省军事、人文专著，均有海图。郭棐之书成于万历间，尤为考证清以前港九地理之无上资料。此书海外只有显微影本，流传未广。故兹记之特详。并比勘各书中所见港九岛屿地名，列示于下：

《武备志》	《筹海图编》	《苍梧军门志》	《粤大记》
官富寨	官富山	九龙 官富巡司	九龙山 官富巡司 大小官富
大奚山 小奚山	大奚山	老万山	大小姨、鸡公头 大澳、石壁、沙螺湾、塘埂 螺杯澳、东、西涌 大蠔山、梅窠村
佛堂门		佛堂门	南佛堂、北佛堂
蒲胎山（今称蒲台）			蒲笞
翁鞋山（《东西洋考》九，称名曰鞋洲，亦作弓鞋山）			翁鞋 长洲
泠汀山（文天祥诗作零丁洋）	泠汀山	伶仃洋	内伶仃 外伶仃
南停山	南停山 杯渡山 梅蔚山（宋帝所经） 急水旗角洲	急水门 屯门澳	急水门 屯门、扫秆郁（即今扫管笏）、琵琶洲、槛涌 军营、浅湾（宋帝所经，即今荃湾） 葵涌、尖沙嘴

《粤大记》图中岛屿且出现“香港”一名，在其周围之地名计有：

博寮（即舶寮洲）　　仰船洲（即今昂船洲）

铁坑　　春硙　　赤柱　　黄泥浦

大潭　　鲤鱼门　　稍箕湾（今艄箕湾）

在尖沙嘴之上，有“春花落”，今所未闻。其他如：

将军澳　　榕树澳（当即榕树湾）

沥源村　　大步头（即大埔）

鹿颈　　　赤澳　　交塘村　　荔枝窝

盐田村……　　以下从略

各图中之地名，其值得研究者，略举如次：

塘𡋯　今称唐福，即大屿山之唐福村。按𡋯字见《广韵》入声一屋，义为地室。与《诗·绵》“陶寝陶穴”之寝字同。

梅窠　今作梅窝。宋时为李昂英食采地。今在梅窝登岸涌口处有界石，上镌“李府”、“食邑税山”等字。

大蠔山　按僧明惠《大屿山志·形势》云：“由主山起，东连大东山、白望山、大蠔山、鹿颈山、大肘山。”是大蠔山乃大屿山主峰之一。清时置大濠泛兵于此，又作大濠。（《粤大记》鹿颈在大步头之下，当是另一山名，非大屿山之鹿颈。）

梅蔚山　见《筹海图编》，位在官富山、杯渡山之下方，其西即为合兰洲。据此图梅蔚应属广而不属惠。合兰洲即合连海。陈琏诗云：“弥漫合兰海，南与沧溟通。”杜臻云：“自急水角迳官富场，又西南二百里曰合连海，盖合深澳、桑洲、零丁诸处之潮而会合于此，故名。”宋帝行朝自惠州先至广之梅蔚，再次官富场。梅蔚山所在，可依此图求之，断非梅窝可知。疑梅蔚为“马湾”之同音雅名。

浅湾　《粤大记》图，浅湾居于葵涌、榄涌之间，当即今之荃湾，绝无疑问。《新安志·山水略》：“浅湾山在县南九十余里”，又官富司所辖客籍村庄：“城门、穿龙、浅湾、长沙涌、葵涌子、青衣……”地望正合。荃湾，乾隆九年（1744）天后庙内大钟作“浅湾”，不作荃湾，宋以来地名如此，荃又浅之音变也。

屯门澳　《苍梧军门志》“屯门澳”下云：“此澳大可泊，东南风至老万山二潮水。”《新安志·山水略》：“九迳山，下临屯门澳。明海道汪鋐帅土人歼佛郎机于此。”《志》又云：“正德十一年，番彝佛郎机入寇屯门海澳。”按葡萄牙史家称 Tamao 即屯门澳。

琵琶洲　《粤大记》海图，琵琶洲在屯门及扫秆郁之上方。扫秆郁即今扫管笏，出土石器，为古时村落。《宋史·外国传》注辇国（Cola）传称：“娑里三文离本国，至广州之琵琶洲。离本国凡千一百五十日，至广州焉。”琵琶洲名实已见于《宋史》。

军营葵涌　《粤大记》海图有此名。明陈文辅撰《都宪汪公（鋐）遗爱祠记》称："海之关隘实在屯门澳口，而南头则切近之。正德改元，佛郎机与诸狡猃凑杂屯门、葵涌等处海澳，设立营寨，大造火铳。"观此足证葵涌为明代村名。"军营"所在，当与葡人在屯门设置营寨有关。《新安志·山水》上"葵涌山在县东百余里，多生水葵"。

鲤鱼门　《粤大记》海图已见此名。屈大均《广东新语》"海门"条有"鲤鱼"，属海门东路。清初郑成功将领郑建之余裔郑连福及其弟连昌分据大屿山及鲤鱼门。鲤鱼门今滨海处有天后庙，其碑镌："天后宫，郑连昌立庙，日后子孙管业，乾隆十八年春立石。"即其遗物。

急水门　《筹海图编》有急水旗角洲。《粤大记》图亦有急水门关隘。《广东新语》"海门"条急水门属东路。急水门亦称汲水门。附近马湾有天后庙，建于清嘉庆间。

稍箕湾　今作筲箕湾。据《粤大记》图，明时已有此村矣。旧有天后庙，在今东大街，乃同治十一年重修者。

老万山　《军门志》："老万山，海寇每每停此。"《新安志·山水略》："老万山在大奚山西南海洋中，海面属香山，其西炮台系大鹏营。昔万贼窠此，故名。"又云："南亭竹没山在老万山南，周数十里。"又《海防略》："万历年间，老万山贼肆动。"

南亭山　《筹海图编》有南亭山，亦名南亭门，为出海处。向祀都公庙，即指都纲。《东南洋考》卷九称都公从郑中贵卒于南亭门者也。黄衷《海语》上记："往暹罗、满剌加皆由东莞县南亭门放洋。"即此。

蒲台　《武备志》作蒲胎山，《粤大记》作蒲笞，笞乃"苔"之误书，《新安志·山水略》："蒲苔山在县南洋海中"，正作蒲苔，今亦作蒲台。其地南边有雷纹石刻摩崖遗存。

石壁　《粤大记》图有石壁，在大澳之下。明时已有此地名。前据某君言："大屿山石壁有冯姓，其祖先原居九龙马头图（即古墐围），宋帝移跸它处，后即迁居于此，以避元兵。"则石壁有宋末居民，冯姓即其一也。

赤柱　《粤大记》图，赤柱在黄泥涌之上。《新安志·山水略》："赤柱山在县南洋海中，延袤数十里。诸山环拱，为海外藩篱，有兵防守。"则明、清以来之海防重镇。赤柱有天后庙，内旧铜钟有"乾隆二十三年"数字可辨。

大潭并盐田　名见《粤大记》图。罗书引锦田邓氏道光呈文内云："祖遗新安土名香港、群大路、大潭、覆潭、横沥、洛子珑、大捞下、盐田……田税八顷零。"内诸村名若香港、大潭、盐田均见《粤大记》海图。《新安志·山川》

上："盐田迳在梧桐山腰。元季邑人萧观庇造石砌，有碑记。"今已无存。

尖沙嘴　与今之称尖沙咀相同。《新安志》有"芒角"（即旺角）与"尖沙头"二村，不称嘴而称曰"头"。惟据《粤大记》，知尖沙嘴原是明代村名。

旧式海图所绘岛屿位置，往往不甚符合实况，但所记地名，对于探究地理沿革极有帮助。明清舆图资料尚多，如台湾"中央"图书馆即藏有雍正绢本各省沿海口隘图，惜尚未见。如有人能进一步将各种不同海图作集合研究，或可理出头绪，本文但提供初步看法而已。

六、清初迁界时之九龙地理

顺治三年，东莞张家玉举兵抗清，败死。其参将李万荣奉永历年号，据新安大鹏所，并占领鸡婆山，于针山（沙田围之西）筑城扼守，至顺治十三年，始为清总兵黄应杰所困降（《东莞县志·前事略》四）。是时九龙地区属于南明李万荣所占领将近十年。清制，九龙地区属大鹏管辖，自顺治十八年，新安始执行迁界。详细具见罗氏《前代史》（131页），兹不复述。黄梧于顺治十四年献海禁之议，至十八年八月始实行，事具见《东华录》。及康熙二十二年八月，施琅入台湾，郑克塽降，台湾平。十月乙丑，诏沿海迁民归复田里（《清史稿》七《圣祖本纪》），同年十一月工部尚书杜臻奉诏与内阁学士石柱（《清史稿·杜臻传》作席柱）往粤闽抚视，画定疆界，至二十三年五月竣事。臻述所经历，著《粤闽巡视纪略》一书，向仅有《四库》本，又有孔氏岳雪楼影抄本（冯平山图书馆藏），不易见到，近年经已影印流通。兹录其有关九龙半岛之记载如下：

> 至大鹏所为新安边界以外，距海二十五里，洪田二十里，岭下、点鱼溪、螺湖、玉勒、上寮、白沙、燕村十五里，粉壁岭、龙跃头、谷丰岭、石冈、田寮、白水、邓家蒴十三里，黎峒十二里，上水十里半，天云、小坑、上下屯门、汉塘、高莆、锦田、丰园黎、阿妈田、平山园、山下村、大井、田心、纲井、石祖庙、新桥、丙冈，及附海六七里、至一二里河上乡等。（张屋村、鸡雉、上下步、赤尾、隔田、新英村、江下谷、田龙塘、东山、流塘、坜心、臣田、北灶山、猪凹、西乡、鳌湾、固戍、大坑村、龙骑、大对山、横冈、大岭下、碧州、屯村花山、犬眠地、鹤薮、南蛇、牛栏山、西贡、西洋尾、王母涧、沙冈、下沙、欧阳、水

背、叠福、关湖、溪涌、奇埇、上下埇梅大湾、盐田、麻雀岭、大步头、涖涌、锭角村、大梨园、牛骑龙蛟塘、大浪、马鞍山、蠔涌、天妃庙、旧官富司、衙前、九龙、古墐、浅湾、黄泥铺、横洲冈下村、竹园、官埇、米步、饭箩洲、新田、洲头、勒马洲、蛟洲、白冈、桥头、小横冈、石下、新灶、沙头、沙尾、西涌、榕树角、白石山、禾蛉冈、石园塘、黄田、茭塘、福永司、灶下、嘴头角、归德场、白头冈、大步涌、渔涡、大田、茅州山、茅州墟、东煮铺、潭头、港口、上下山门、上头田、莆尾、黄松冈、石冈、溪头、沙浦、刘冈涌头塘、周山、碧头村)暨佛堂门、大奚山、鹅公澳、榕树澳、白沙澳、鸡栖澳、南头、香港、塘福、梅窝、石壁、螺杯澳、大澳、沙螺湾诸海岛。皆移并续迁,共豁田地一千三百五十九顷有奇。于大鹏所置重兵,又因界设守,屏界稍复。今从新安营拨守碧头诸汛候阅定。

书中所记乡村及海岛,十分详悉,为考究清初九龙地理之极有价值资料,叙述迁界恢复各村,历历如绘,尤足珍视。其中不少地名如螺湖(当即罗湖)、上水、上下屯门、锦田、榕树澳(即榕树湾)诸名称,今犹斑斑可考。其村名可与《新安志·墟市》互勘,计有十分之六,互见《新安志》。

在迁界期间,海上活动见于记载者,举一二事如下:

濠涌　康熙十一年九月,台湾李奇游移濠涌登岸,知县李可成督兵搜捕。(《新安县志》十三《寇盗》)

官富　康熙三年八月,抚目袁四都不迁入界,潜于官富、沥源为巢,四出流劫。(同上)

清初迁界经过,罗书引云间王沄著《粤游纪略》,及王崇熙《新安县志》十二《海防略》“迁复”条。而屈大均《新语》卷二“迁海”条记其原委尤详,谓“民既尽迁,于是毁屋庐以作长城,掘坟茔而为深堑,五里一墩,十里一台”。《新安志》十一载清初因迁界而设立之墩台,如大步头、麻雀岭,其名均见于杜氏之书,当日新界自上水至河上乡皆在被迁之列,杜臻所记足以补正罗书。

七、古墐与古墐围

杜臻所记村名有“旧官富司、衙前、九龙、古墐、浅湾”。古墐与浅湾均在九龙范围之内。地名作古墐，与元人记载相符。《新安志》作古瑾，乃写讹。

宋季行朝所经记载，现所知者，以元《黄溍集》中《陆君实传后叙》自注引《填海录》为最早。《填海录》盖邓光荐据陆秀夫《海上日记》写成。其注称："（景炎二年）正月次梅蔚，四月移广州境，次官富场，六月次古墐，九月次浅湾。"（《四部丛刊》景写元本）宋时官富场所辖甚广，古墐与浅湾皆属官富场之小地名，与杜臻所记正合。古墐，明弘治《崖山集》及嘉靖《广东通志》则作"古塔"，说者或谓在南佛堂门，并举大庙宋咸淳十年盐官严益彰石刻题记"考南堂石塔建于大中祥符五年"当之，殊为不当，应从黄溍作古墐为是。古墐村即今九龙马头围之地，又名古墐围，清属官富司所辖（《新安县志》二《都里》）。乾隆间，土人改建北帝庙。至马头围之名，则因古墐村不远处有一大石，形如马头，因名马头角，其村遂名曰马头围。马头围上帝庙遗址，港府尝辟为公园，1962 年 9 月落成，余为撰记勒于石。

附　九龙古墐围上帝古庙遗址辟建公园记

宋景炎二年春，端宗自惠州甲子门，次于梅蔚，四月，幸官富场。嘉庆《新安县志》云："官富山在佛堂门内，急水门之东，帝舟曾幸此，殿址尚存。"又"官富驻跸"条引《行朝录》称："丁丑四月，帝舟次于此，即其地营宫殿，基址柱石犹存。"土人将其址改建北帝庙。今去嘉庆又百余年，陵谷屡迁，旧日殿址，已不知所在。陈伯陶谓庙右有村名二王殿，其地亦难确指。[①] 勘以旧图，似在圣山之西南[②]，而北帝庙者，营构徙建，复非一次，今惟此上帝古庙之存耳。是庙曩有碑记，题乾隆重修马头围北帝庙[③]，盖自马头围村迁来者。马头围，即昔之古墐围。或以《新安县志》北帝庙与此为一址，虽难论定；惟此古庙相传已久，且为古墐围耆老所崇祀。其地东面旧宋皇台，横亘一二里内，皆平畴田野，溪流浸灌，足为胥宇之处，意当日君臣仓黄之顷，乃慰乃止，其行在不难于附近求之。则此庙之有助于九龙史迹之研考可知矣。庙久倾圮，只剩

---

① 见陈伯陶《九龙宋王台麓新筑石垣记》，及其手书侯王庙碑按语。

② 参 1903 年工部局九龙分区测量地图（S. D. I. Sheet Three），有地名 Un Wan Tun，在圣山西马头涌村之南。简又文先生以为即"二王殿"音讹。按元人修《宋史》，次帝昰、帝昺事附瀛国公后为《二王纪》，"二王"一词，乃元人贬称，则此村名必出于元以后。

③ 彭德先生于 1945 年前，曾见上帝古庙有碑记题曰"乾隆重修马头围北帝庙"。

门额，香港政府念旧构之就湮，即此仅存者，恐归泯灭，谋所以永之。乃即其地，缭以甃垣，植以卉木，辟公园以为游憩之所，与宋皇台公园相丽，俾登临者，得以咨嗟咏慕于其间，其扢扬文化史迹之功，岂不懿欤。抑予闻之，端宗自闽入广，行宫凡三十余所。[1] 厓门而外，若秀山殿阙，《元经世大典》所记尤备。惟此与彼，胥当日荒陬穷海之际，其君臣流离奔迸，固知不可为而为之，虽事过境迁，其遗闻轶响，犹播传于吊古欷歔者之口；而敬慕之者，更千年而未有已。乃知是非之心，历今古而罔替，斯又辟是园者有关教化之深意，夫岂游赏而已耶。园于一九六二年九月落成。启用之日，市政局议员李有璇医生实司其典礼。倡建园之议于政府者，新会简又文，而潮安饶宗颐为之记。香港政府立石。

八、香港与元明以来之香市

杜臻书中所记九龙村落，最可注意者，如出现香港一地名，厕于南头之下，塘福、梅窝、石壁之上。万历年间为刘尧诲《苍梧军门志》作后序之郭棐，著有《粤大记》，其书海图上已见“香港”岛屿名。是香港一号，明时已有之，不自清始也。罗氏《前代史》据《新安志·舆地略》都里内有“香港村”，又引锦田邓清道光间所制“税亩总呈”中所载族人武生邓致祥原禀，述及“康熙三十三年垦复原迁，土名大潭、横沥、香港、大捞下、洛子垄等处税三顷三十二亩”。内有香港名称。罗氏因之有“香港一名早见于康熙时代文书说”（《前代史》增订本，120 页）。今按邓家恳复原迁田地在康熙三十二年，正当杜臻查勘恢复迁界后十年，杜氏书实为官方记录，尤为可据。

香港一向以贩香得名，《广东新语》香语称为莞香，陈伯陶《东莞志·物产》谓：“莞香至明代始重于世。”（罗氏沿其说，称朱明以前似未见莞香一名）其实不然。案《永乐大典》广字号云：

> 榄香，东莞县茶园所产白木香，亦名青桂头。其水浸渍而腐者，谓之水盘头。雨浸经年凝结而坚者，谓之铁面。惟榄香为上，即白木香珠，上有蛀孔如针眼，剔白木留其坚实。小如鼠粪，大或如指，如榄核，故

① 详《嘉庆重修一统志》，卷四四二，《广州府》二，“宋行宫”条。

名。其价旧与银等。（《大典》卷一一九〇七，第二百册）

此乃出于元代方志。其言榄香价与银相等，知元时莞香已为人所重视如此。屈大均《广东新语》二十六香语“莞香条”谓：“香在根而不在干，干纯木而色白，故曰白木香。”又“诸香”条云：“有橄榄香，橄榄之脂也，如黑饴状。以黄连木及枫胶和之，有清烈出尘之意。”明时粤东有四市，其一即为香市（余为药市、花市、珠市），市在东莞之寥步，凡莞香生熟诸品皆聚焉（《新语》卷二）。东莞以香市为输出大宗，人称为莞香，每年贸易额值银锭数万两以上。香港之得名，由于其村为运香贩香之港口。白木香或名香仔树，属于乔木之双子叶植物，新界大埔、林村、粉岭各地，旧尚有野生香木遗存。

由上所考，香港一名明时已见于记载，而香木之种植可追溯至元，非始于明也审矣。

香港村一名肇于何时，是否起于明代，尚难质言。因白木香之成市，元已有之。考东莞之有志书，元至大间郭应木修、陈庚纂之《宝安志》，其书刻板毁于兵燹。黄佐《通志》著录有刘存业《东莞志》十五卷，其书久佚。（存业为明弘治二年进士。锦田邓氏《师俭堂家谱》八世祖“惟汲家传”下附载存业撰之《宋赠税院郡马纪略》一文）明人所修《东莞志》，现只存卢祥所修志，北京图书馆藏有重刻天顺本存卷一至卷三，其书未见。其中乡村都里名称或有载录，亦未可知，附记之以待它日之稽考。（清初郭文炳重修《东莞志》则太简略）

九、小结

港九前代史事，向以嘉庆王崇熙修之《新安县志》及宣统间陈伯陶纂之《东莞县志》为主要依据资料，罗香林先生著《香港前代史》，即以二书为本，参以《新界族谱》演衍成篇。窃以方志及谱牒往往不大可信任，必须追其史源，方免贻辗转剿袭之讥。本文之作，所以继曩日所著《九龙与宋季史料》并补其缺遗。如论大奚山又称大姨及大嵛，即俗传大移山、大渔山之来历；勘仓格为苍梧之形讹，以溯黄佐《通志》引用应槚书之由来；述康熙时杜臻勘界，以见清初港九被迁村落之真相；据《永乐大典》元时白木香之记录，以订陈伯陶、朱明以前不闻莞香之误。又香港一名，已见于万历间郭棐之《粤大记》。区区一得，或可补罗著之不逮云。

以上若干事，久蓄疑于胸中，未遑写出。近时香港电台嘱谈港九史事；

而日本学人若友好白岛芳郎教授辈莅港探讨当地人文史迹，屡承明问，遂忘其谫陋，用以暇日，缀成斯篇以报之。作者并记。

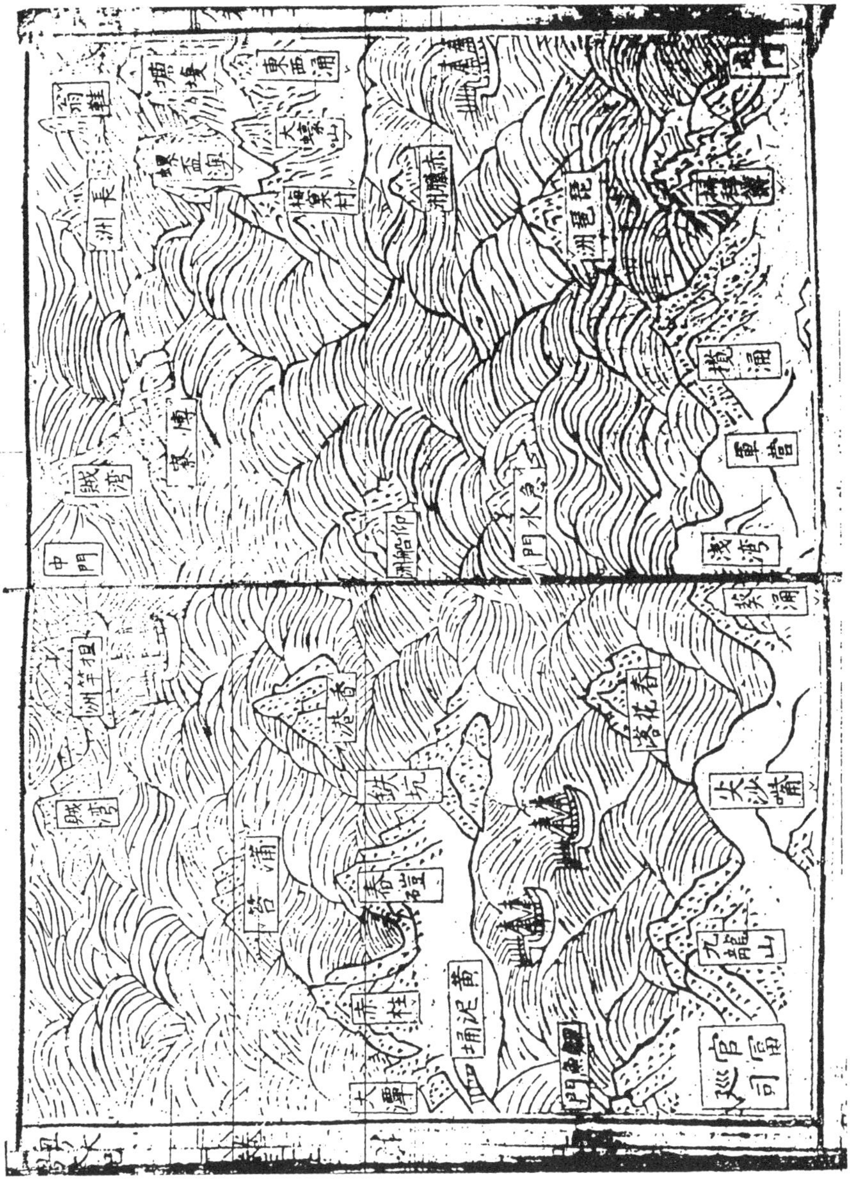

郭棐《粤大记》之一

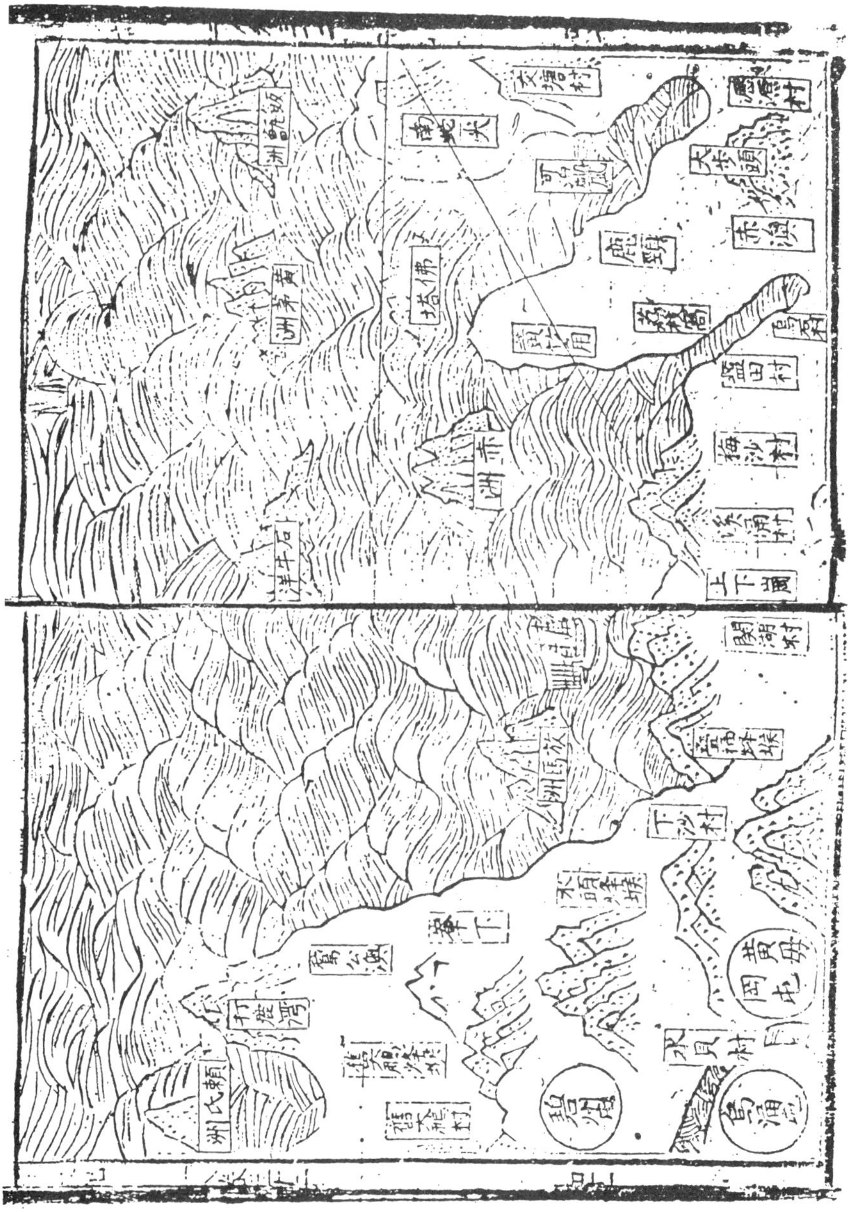

郭棐《粤大记》之二

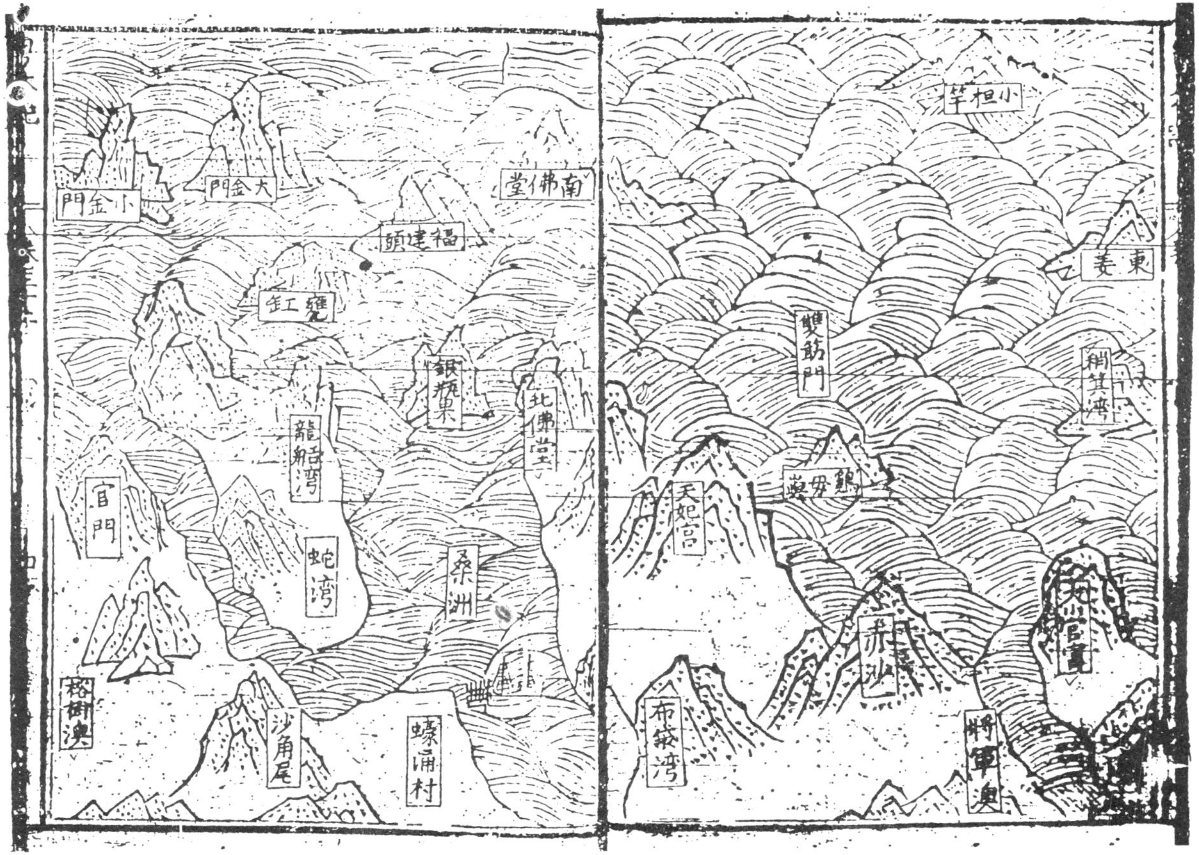

郭棐《粤大记》之三

饶宗颐

二十世纪学术文集

卷七　中外关系史

中国人民大学出版社
· 北京 ·

目录

中外关系史论集

卷七

饶宗颐二十世纪学术文集·中外关系史

目　录

总　类

《太清金液神丹经》（卷下）与南海地理

一、天一阁钞本《太清金液神丹经》

香港大学冯平山图书馆藏有明皮纸蓝丝栏钞《道藏》零本《太清金液神丹经》三卷，合《太清修丹秘诀》，共二册。天一阁旧钞，原为嘉业堂刘氏所藏，现归港大。是册《天一阁书目》子部著录。卷上首行题“兴一”，即记《道藏》号数。查正统《道藏》现列“洞神部众术类”第五八二册（民国十三年八月涵芬楼印本），持与天一阁钞本校勘，钞本多有误字及误次。① 其文字微异者，如“叶波”钞作“菜波”，“幽简”钞作“幽蘭”，“或枝”钞作“或支”，余无甚差错。

二、《太清金液神丹经》之作者及时代

白云霁《道藏目录详注》云：

> 《上（太）清金液神丹经》，上卷言《金液神丹经》，文本上古书，义

---

① 天一阁钞本与正统《道藏》本之异文，列举如下：

因旅南行（钞作“难行”）。大柰（大“秦”之误，二本皆同）。诸导仙服、有所导引（钞两“导”字皆误为“遵”）。尚罔（钞误作“冈”）。薰陆（钞误作“董”）。

不可解，阴君作汉字显出之，合有五百四字，言神丹。中卷长生阴真人撰炼丹各法。下卷抱朴子述四海之内，八荒之外，殊方异域，考记异同，详而辨之。

此书卷上题“正一天师张道陵序”，卷中题“长生阴真人撰”。考张君房《云笈七籤》卷六十五为《金丹诀》，内载“《太清金液神丹经》（并序）”，附“作六一泥法”、“合丹法”、“祭受法”，即《道藏》本此经卷上，惟不题“张道陵序”；又下为“太清金液神丹阴君歌”，至“诸有道者，可揽以进志也”止，不题阴长生撰，即此经卷中之上半。《道藏》本卷中于“以进志也”下接有“弟子葛洪曰：晋太兴元年岁在戊寅十月六日，前南海太守鲍靓向洪曰”云云一段。又记“鲍氏乃表元帝陈国祚始终之要，厌禳预防之势”，盖出伪托葛洪者所补记。[①] 似张君房所见之《太清金液神丹经》与正统《道藏》本不同，否则自“弟子葛洪曰”以下，乃经君房所删削者也。《崇文总目》道书类有《金液神丹经》三卷，《通志·艺文略》诸子类道家有《金液神丹经》三卷，《宋史·艺文志》神仙类亦有《太清金液神丹经》三卷，书名卷数则与正统《道藏》本相符。《道藏》本此经卷下题“抱朴子序述”，其文云：

葛洪曰：洪曾见人撰南方之异同，记外域之奇生，虽粗该近实，而所履盖浅，甚不足甄四遐之妖逸，铭殊方于内目哉。洪既因而敷之。……

又邹阳书曰：今之九州，非天下之州，所谓九之一耳，四极之中，复有其八。世之学者，盖以为虚。余少欲学道，志游遐外，昔以少暇，因旅南行，初谓观交岭而已，有缘之便，遂到扶南。扶南者，方千余里，众以亿计……考其国俗，乃云自天竺、月支以来，名邦大国若扶南考十有几焉。且自大柰（秦）、拂林地各方三万里，其间细国往往而处者，不可称数也……至于邹子所云，陋而非实。但余所闻，自彼诸国，已什九州，其余所传闻而未详者，岂可复量。浩汗荡漫，孰识其极，乃限其数云有八哉。……

① 《抱朴子》卷四《金丹》篇云：“汉末新野阴君（长生）合此太清丹得仙，著诗及《丹经赞》并序。”卷三《对俗》篇：“昔安期先生……阴长生皆服金液半剂者也。”此《神丹经》卷中托言阴长生撰者，当与此说有关。阴长生及鲍靓事，可参与大渊忍尔著《鲍靓传考》，《东方学》第十八辑。

所言邹阳书当是邹衍，钞本及《道藏》本皆误。此可谓葛洪之“大‘大九州’说”。彼认“古圣人以中国神州配八卦，上当辰极，下正地心，故九州在此，其余虽广，非此列云”，解释古代以天下为九州八柱之由，而对邹子之九大州说仍觉其隘。此缘自汉至吴，海外交通日盛，眼界大开，“世界观”自宜修正，固非前此可比拟也。其言“见人撰南方之异同”者，盖汉议郎杨孚著《异物志》，其后吴中郎康泰、宣化从事朱应出使扶南归国，康著《吴时外国传》，称《扶南土俗传》，朱应著《扶南异物志》，而万震亦撰《南州异物志》[①]，当为《神丹经》作者所寓目并取材者（详下）。是经屡见葛洪自述之语，如云“今撰生丹之国，纪识外邦，并申愚心，附于金液之后；常藏宝秘，则洪辞永全”云云。又如“人视我如狂，洪眄彼如虫”，于大秦国云“洪谓唯当躬行仁义”，罽宾国苜蓿山下“洪按此山必是长生之丘阜也”皆是。

关于葛洪《丹经》之来源，见于《抱朴子·金丹》篇云：

> 余考览养性之书，鸠集久视之方，曾所披涉篇卷以千计矣，莫不以还丹金液为大要焉……余从祖仙公（葛玄）又从元放（左慈）受之，凡受《太清丹经》三卷，及《九鼎丹经》一卷，《金液丹经》一卷，余师郑君则余从祖仙公子弟子也。……[②]

是葛玄所传《丹经》原分为《太清》及《金液》两种，今《道藏》本之《太清金液神丹经》合而为一。《太清丹经》一类见于著录者，《隋书·经籍志》子部医方类仅有《太清神丹中经》一卷，陶弘景《真诰》卷五引有《金液神丹太极隐芝》，又卷十二云“乞丹砂合九华丹是太清中经中经法”，似即指《隋志》著录之书。甄鸾《笑道论》引《道书》有《神仙金液经》，未知视此如何。后人踵事增华，造述日繁，亦有取《抱朴子》割裂演衍为书者。《御览》六六九道部十一引《西极明科》云“《上清金液丹经九鼎神圆太一九转大丹》等凡一百四十卷”。《道藏》第五九三册（斯字下）《抱朴子神仙金汋经》卷中卷下，即《抱朴子内篇》卷四《金丹》篇全文，又第五九八册（松字上）题葛稚川撰《金木万灵论》亦即《金丹》篇前段，同册《大丹问答》记晋道

① 参看侯康《补三国艺文志》、姚振宗《三国艺文志》。又沈莹、薛珝（薛琮子）并有《异物志》之作，皆吴人也。小川博有《南州异物志辑本稿》，《安田学园研究纪要》第二、三号。

② 大渊忍尔所作《葛洪传考》（冈山大学《法文学部学术纪要》第一〇号），未引证此《神丹经》材料，于此问题未曾论及。

士郑思远授入室弟子葛洪事，凡此皆其著例。

陈国符《中国外丹黄白术考论略稿》云："葛洪《神仙传》亦未述此经。《太微灵书紫文琅玕华丹神真上经》曰：'此（神）泥法既省约于金液九转之（土）釜。'按《抱朴子·金丹》篇据《金液经》述金液作法，但不用土釜。故此《金液》为《太清金液神丹经》之金液。又东晋华侨撰《紫阳真人周君内传》曰：紫阳真人周义山'乃登鹤鸣山……受《金液丹经》……'。按诸真传记载多系伪造，不必实有其事。但至迟东晋时，此经业已出世……又唐贾嵩《华阳陶隐居内传》卷中引梁陶弘景纂《登真隐诀》云有'《泰清金液》，此乃安期所传'。据此，是经至迟已于梁代出世。至葛洪在世时已有此书否，疑不能决。"[①] 然又云："葛洪，光熙元年（二十四岁），往广州，遂停南土，尝由日南往扶南。（其后因所闻见，记晋代南洋产砂之国，附于《太清通液神丹经》之后。）后返里。"今按此三卷本之《神丹经》，始见于《崇文总目》，张君房所见则无卷下全文，《政和证类本草》所出经史方书，亦未征引此经。遍考葛洪自序及隋、唐志洪之著作，亦无此书，是其出现甚晚。此经言葛洪曾到扶南，然《抱朴子·金丹》篇自道其足迹所至，有云"往者上国丧乱，莫不奔播四出，余周旋徐、豫、荆、襄、江、广数州之间"，仅言中国本土而已，是不能使人无疑。考《晋书》（列传四十二）《葛洪传》云：

> 从祖玄，吴时学道得仙，号曰葛仙公，以其铸丹秘术授弟子郑隐。洪就隐学，悉得其法焉。后以师事南海太守上党鲍玄，玄亦内学逆占将来，见洪深重之，以女妻洪。洪传玄业，兼综医术。……至洛阳欲搜求异书以广其学。洪见天下已乱，欲避地南土，乃参广州刺史嵇含军事。及含遇害，遂停南土多年，征镇檄命一无所就，后还乡里。……元帝为丞相辟为掾……咸和初……（干宝）荐洪才堪国史，选为散骑常侍领大著作。洪固辞不就，以年老欲炼丹以祈遐寿，闻交阯出丹，求为勾漏令。帝以洪资高，不许。洪曰："非欲为荣，以有丹耳。"帝从之。洪遂将子侄俱行。至广州，刺史邓岳留不听去，洪乃止罗浮炼丹。岳表补东官太守，又辞不就。……

洪南来广州，前后共两次。初次为参嵇含幕，次则欲为勾漏令，然洪实未赴

① 关于《金液丹经》，可参吉冈义丰氏《道藏编纂史》，73页。

勾漏任。[①]《晋书》本传多取材于《抱朴子外篇·自叙》（卷五十），《叙》云：

> 正遇上国大乱，北道不通，而陈敏又反于江东，归涂隔塞。会有故人谯国嵇居道，见用为广州刺史，乃表请洪为参军，虽非所乐，然利可避地于南，故黾勉就焉。见遣先行催兵，而居道于后遇害，遂停广州……

本传《自叙》俱不载洪曾至扶南。嵇含继王毅为广州刺史，未至广而遇害[②]，事在晋惠帝光熙元年（公元306），洪来广州亦在是年，时约二十四岁。[③]《神丹经》谓“少欲学道，志游遐外”，“因旅南行，初谓观交岭而已，有缘之便，遂到扶南”，使此书可信，则洪之游扶南乃值光熙间南来就广州参军任之后，本传所谓“停南土多年”时也。

《抱朴子》一书，据其自叙云“至建武中，乃定凡著内篇二十卷，外篇五十卷”。盖当晋元帝之世。然《神丹经》中卷论及太兴元年鲍靓之预言，又记太宁二年甲申有王敦之变，三年乙酉二月元帝崩，四年丙戌明帝崩，及（成帝）咸和三年苏峻之乱。考邓岳于咸和五年（公元330）始领广州刺史，至康帝建元二年岳卒，其弟逸代之。[④] 葛洪再至广州，为邓岳所留，旋忽卒，邓岳驰至已不及见。[⑤] 是洪至迟当卒于建元以前。《神丹经》中言及咸和间苏峻事，似当作于晚岁，其记产丹诸国地理可能作于再度南来之时，则在《抱朴子》成书之后矣。证以《神丹经》下云：“昔经眼校，实已分明也。余今年已及西，虽复咀嚼草木，要须丹液之功，而荏苒止足，显死将切近，小县之爵，岂贪荣耶？洪所以不辞者，欲结以民力，求其通路耳。将欲盘桓于丹砂之郊，而修于潜藏之事，此之宿情，禄愿俱集，永辞坟柏，吾其去矣。”如系洪手

---

① 明湛若水于正德七年二月奉命往封安南王，作《交南赋》（文见《广东文征》卷七十四），有句云：“仍葛洪之丹砂兮，将博访乎勾漏，逢鲍靓于南海兮，余亦与之幽遘。”然洪实未赴任；详邝露《赤雅》卷三“葛洪未至勾漏”条。

② 参余嘉锡《四库提要辨证》“南方草木状”条。

③ 参陈国符《道藏源流考》（增订版），96页。

④ 吴廷燮《东晋方镇年表》。

⑤《太平御览》卷六六四道部六引《晋中兴书》记洪卒前与邓岱书事。

笔，当作于咸和六年求为勾漏令之后。[①]

葛洪著作不知名者，如《自叙》记其抄五经七史百家之言，兵事方伎短杂奇要三百一十卷；《黄白》篇记其外篇及杂文二百余处。[②] 此经下卷关于外国丹砂药物，系自他书钞撮者，安知不在其列，惟极难确定。此经中记大秦一章言“昔老君以周衰，将入化大秦，故号扶南使者为周人矣”。又云“今四夷皆呼中国作汉人，呼作晋人者”，似出晋人撮录而托名于抱朴子，且必在王浮撰《老子化胡经》之后。

按用韵可以推定写作时代。《神丹经》卷下文字间有用韵处，兹录二段如次：

> 行迈靡靡，泛舟洪川。发自象林，迎箕背辰。乘风因流，电迈星奔，宵明莫停。积日倍旬，乃及扶南，有王有君。厥国悠悠，万里为垠。北款林邑，南函典逊。左牵杜薄，右接无伦。民物无数，其会如云。忽尔尚罔，界此无前。谓已天际，丹穴之间。逮于仲夏，月纪之宾。凯风北迈，南旅来臻，怪问无由，各有乡邻。我谓南极，攸号朔边。乃说邦国，厥数无原：句稚、歌营，林扬、加陈，师汉、扈犁，斯调、大秦，古奴、察牢，弃（叶）波、罽宾，天竺、月支，安息、优钱。大方累万，小规数千。过此以往，莫识其根。

另末段云：

> 众香杂类，各自有原。木之沉浮，出于日南。都梁青灵，出于典逊。鸡舌芬萝，出于杜薄；幽兰茹来，出于无伦。青木天竺，郁金罽宾，苏合安息，薰陆大秦。咸自草木，各有所珍。或华或胶，或心或枝。唯夫甲香、螺蚌之伦，生于歌营、句稚之渊。萎蕤月支，硫黄都昆，白附师汉，光鼻加陈，兰艾斯调，幽穆优钱。余各妙气，无及震檀也。

---

① 大渊忍尔《葛洪传考》附《葛洪年谱》：“成帝咸和六年（公元 331）：年四十九，求为勾漏令炼丹，南来为广州刺史邓岳所留。康帝建元元年（公元 343）：六十一岁，殁于罗浮，尸解。”是洪第二度南来栖迟粤地有十年之久。余嘉锡《疑年录稽疑》反对钱大昕说，以葛洪卒于咸和时，谓“洪求为勾漏令，本传不著年月，安知不在咸康以后”。

② 参《晋书斠注》卷七十二《葛洪传》“自号抱朴子，因以名书”下注。

观上文四字韵语，与万震《南州异物志赞》文体略同（《异物志赞》严氏《全三国文》七十四辑存贝、犀、象三篇）[①]，而用韵颇近"元、魂、痕、先、仙、删、寒、桓同用"之例，若何承天《上白鸠颂》、谢灵运《山居赋》、张融《海赋》、陶弘景《水仙赋》，大体即如此。[②] "众香杂类"句以下协韵有"南"、"枝"，"南"覃部字，是除阳声-ng、-n、-m通协外，又协阴声支部字[③]；疑有方音字存于其间，惟从用韵观察，此书决不晚至宋、梁以后，可以断言。

三、《太清金液神丹经》所记外国地理

象林　西图国

《太清金液神丹经》（下简称《神丹经》）云："象林，今日南县也。昔马援为汉开南境，立象林县，过日南四五百里，立两铜柱，为汉南界。后汉衰微，外夷内侵，没取象林国。铜柱所在海边，在林邑南可三里，今则别为西图国。国至多丹砂如土。"

按：《后汉书》卷一一六记"日南象林蛮夷二千余人，寇掠百姓。因置象林长史，以防其患"。《晋书·地理志》，日南郡统县五，首为象林。是所云"今日南县"者，"今"即晋时，象林为属于日南郡之一县也。象林今难确指为何地，大致属承天府日南界隘云山（《皇越地舆志》卷一。据马伯乐（Georges Maspero）《占婆史》，冯承钧译本，21页）。

日南，汉武帝置郡。《晋书》六十七《四夷》："林邑国本汉时象林县，则马援铸柱之处也，去南海三千里。其俗皆开北户以向日。"又卷十五《地理志》："日南郡，秦置象郡，汉武帝改名焉。统县五：象林、卢容、朱吾、西卷、比景。"象林（县）下注云："自此南有四国，其人皆云汉人子孙，今有铜柱，亦是汉置此为界。贡金供税也。"《梁书》卷五十四："林邑国者，本汉日南郡象林县，古越裳之界也。伏波将军马援开

① 万震《南州异物志赞》一类韵语，侯康辑录，尚有"合浦之人，习水善游"（《御览》卷三九五），"扶南海隅，有人如兽"（《御览》卷七九〇），可补严辑之缺。

② 参王力《汉语史论文集》，《南北朝诗人用韵考》，36页。

③ 东汉《薛君碑》以南与尘、叹、君、营等叶，详《汉魏晋南北朝韵部演变研究》第一分册，62页。

汉南境，置此县。其地纵广可六百里，城去海百二十里，去日南界四百余里，其南界，水步道二百余里，有西国（按国字应作图。说见下）夷亦称王。”此数条记象林事比《神丹经》为详，故录之以供参证。经云：“后汉衰微，外夷内侵，没取象林国”，是时象林县已部分成为林邑，晋成帝咸康三年林邑国统治者范逸死，其奴范文篡立，葛洪之时林邑范文应尚未控制其地。

日南一名之取义，有须说明者。《水经·温水注》云：“林邑兵器战具，悉在区粟，多城垒，自林邑王范胡达始。……区粟建八尺表，日影度南八寸，自此影以南，在日之南，故以名郡。望北辰星，落在天际，日在北，故开北户以向日，此其大较也。”范泰（晔父）《古今善言》曰：“日南张重举计入洛，正旦大会，明帝问：‘日南郡北向视日邪?’金郡有云：‘中金城者，不必皆有其实，日亦俱出于东耳。’”此条叙日南命名之由甚悉。林邑于区粟地方建表测日影，如郦注说，似始于范胡达（公元380—413），李约瑟《科技史》第四卷据《文献通考》三三一以为更早之观测为九真太守灌邃攻范文时，事在349年。（该书275页，按灌邃名见《南史·林邑国传》不载此事。）然据《隋书·天文志上》：“案宋元嘉十九年壬午（公元442）使使往交州测影，夏至之日，影出表南三寸二分。何承天遥取阳城，云夏至一尺五寸。计阳城去交州，路当万里，而影实差一尺八寸二分。是六百里而差一寸也。”《隋书》之言如此。（李约瑟谓445年，何承天在交州与林邑进行实测，年次不符，承天以元嘉二十四年（公元447）免官，卒年七十八，445年承天已七十五岁，决无至日南之理。）可知日南一地，向来以之作为测晷影之实验地方。（观婆罗洲土人至今尚有树表竿测日影之俗，见李约瑟同书附图111。）

西图，他书作西屠。《水经注》三十六《温水注》引《林邑记》：“建武十九年（公元43）马援树两铜柱于象林，南界与西屠国分汉之南疆也。”[1]《初学记》六引张勃《吴录》：“象林海中有小洲，自北南行三十

① 樊绰《蛮书》：“安宁城，后汉元鼎二年，伏波将军马援立铜柱定疆界之所，去交阯城池四十八日程，汉时城壁尚存，碑铭并在。”此应是建武十九年事，樊氏误记。唐马总又建两铜柱，见《岭外代答》卷十“铜柱”条。

里，有西屠国人，自称汉子孙，有铜柱云汉之疆埸之表。”[1] 左思《吴都赋》：“乌浒、浪𧈐、夫（扶）南、西屠、儋耳、黑齿之酋，金邻、象郡之渠。”刘渊林（逵）注引《异物志》云：“西屠以草染齿，染白作黑。”《太平御览》卷七九〇引《异物志》文略同：“西屠国在海水，以草漆齿，用白作黑，一染则历年不复变，一号黑齿。”[2] 同上引《交州以南外国传》：“有铜柱表为汉之南极界，左右十余国，悉属西屠，有夷民所在二千余家。”又引《外国传》：“从西图南去百余里，到波辽十余国，皆在海边。”《梁书·林邑传》：“其南界水步道二百余里，有西国夷，马援植两铜柱表汉界处也。”则作“西国”，藤田丰八据《御览》所引《南史》，改正作“西图”，是也。《通典》卷一八八林邑国文略同。而作“有西屠夷亦称王焉，马援所植两铜柱表汉界柱处”。又注引《林邑国记》：“马援树两铜柱于象林南界与西屠国分汉之南境。”合以上各条观之，西屠在晋时日南郡象林县南境。汉之南极界有十余国，悉属西屠，则西屠亦非蕞尔之国。其俗为黑齿。至产丹砂，则《神丹经》所独载，他书未言及。

丁谦《梁书地理志考注》：“西屠北距林邑二百余里，在今中圻平定(Binh dinh)。西屠、西图，同音异字。或云今 Chaudoe（朱笃）。”陈荆和云：“朱笃今南圻地，位置近越棉边境，坐落后江江口 180 公里之上游。”西屠所在，以此说较合理。

寿灵浦

《神丹经》云：“出日南寿灵浦，由海正南行，故背辰星而向箕星也。昼夜不住，十余日乃到扶南。”又云：“舶船发寿灵浦口，调风昼夜不解帆，十五日乃到典逊，一日一夕，帆行二千里。”

按：寿灵浦，他书作寿泠浦。《水经·温水注》：“究水北流，左会卢容、寿泠二水。……又东，右与寿泠二水合。水出寿泠县界。魏正始九

① 《七修类稿》卷二三“辨证类”，《天下郡国利病书》第二八册，并有《铜柱考》。《玄览堂丛书》本《海国广记》“安南古迹”项，《安南志原》“铜柱”条（1931 年河内远东学院印本）记铜柱事，可参看。

② 《山海经·海外东经》有黑齿国。《淮南子·地形训》有黑齿民。此处《御览》，概据中华书局影本宋本（第四册），下同。

年，林邑进侵，至寿泠县，以为疆界，即此县也。”[①] 又云：“（永和）七年，（滕）畯与交州刺史杨平复进军寿泠浦，入顿郎湖，讨（范）佛于日南故治。”并引康泰《扶南记》：“从林邑至日南卢容浦口，可二百余里。从日南发扶南诸国，常从此口出也。”“灵”、“泠”同音。其地在今沱瀼河地区。陈荆和云：“寿灵即寿泠。越读前者为 Tho-linh，后者为 Tho-lanh，两者与沱瀼（Da-nang＝大南）之欧名 Tourane 甚近。”[②]

典逊

《神丹经》云：“典逊在扶南南去五千里，本别为国。扶南先王范蔓有勇略，讨服之。今属扶南。其地土出铁。其南又有都昆、比嵩、句稚诸国。范蔓时皆跨讨服，故曰名函典逊。典逊去日南二万里。……舶船发寿灵浦口……十五日乃到典逊。”

按《御览》卷七八八引《南州异物志》：“典逊在扶南三千余里，本为别国，扶南先王范蔓有勇略，讨服之，今属扶南。”当为《神丹经》所本。而《神丹经》作南去五千里。疑“五”字为“三”之讹，《香要抄本》霍香条，及《香药抄》“里书”并引《南州异物志》：“藿香出典逊，海边国也。属扶南。香形如都梁，可以着衣服中。”[③]

《洛阳伽蓝记》卷四：“菩（原误‘善’）提拔陀自云，北行一月日至句稚国，北行十一日至孙典国。从孙典国北行，三十日至扶南国。”按“孙典”当为“典孙”之倒。典孙即典逊也。

典逊他书多作“顿逊”，兹辑录如次：

---

① 朱谋玮《水经注笺》谓寿泠即《汉书·地理志》交阯郡之麊泠县。《晋书斠注》同，实误。辨详杨守敬《水经注疏》卷三十六，46 页。

② 周钰森《郑和航路考》谓：“寿泠浦在今沱瀼河及河口地区，《武备志》所附《外国诸蕃国》交阯界之大灵胡山，《海国广记》作大琅瑚山，俱为‘沱瀼’之对音，而寿泠则其原音云。”按《水经注》之“顿郎湖”与大琅瑚亦应同为一名。

③ 《香要抄本》及《香药抄·里书》见日本《续群书类从》第三十一辑。《南州异物志》此条，宋本《御览》九八二引作“霍香生曲逊国，属扶风”，有误字。宋本《类聚》卷八一引作“藿香出海边国”。通行本“海边国”作“海辽国”。各书互勘，知《御览》夺“海边”二字，《类聚》夺“典逊”二字及“属扶南”一句。“海辽”则明为“海边”之讹。《法苑珠林》卷四十九《华香》篇第三十三引《南州异物志》“藿香出典逊，海边国也。属扶满”，不误作曲逊与海辽，可据校正。参小川博《南州异物志辑本稿》（七）顿逊国条。《神丹经》于典逊之前，有记“扶南在林邑西南三千余里”一段。扶南事迹，伯希和有《扶南考》，陈序经有《扶南史初探》专著，考证已详，故今从略。

《梁书》卷五四《扶南传》："其南界三千余里有顿逊国，在海崎上，地方千里，城去海十里。有五王，并羁扶南。顿逊之东界通交州，其西界接天竺、安息徼外诸国，往还交市。所以然者，顿逊回入海中千余里，涨海无崖岸，船舶未曾得经过也。其市东西交会，日有万余人，珍物宝货，无所不有。又有酒树，似安石榴，采其花汁，停瓮中数日成酒。……（范蔓）自号扶南大王，乃治作大船穷涨海，攻屈都昆、九稚、典孙等十余国，开地五六千里。"①

《御览》卷五五六引《扶南传》："顿逊国人或鸟葬或火葬。鸟葬者，病困便歌舞送郊外，有鸟如鹅，绿色，飞来万计，琢食都尽，敛骨焚之，沉之于海，此上行，必升天。鸟若不食，自悲伤，乃就火葬，取骨埋之，是次行也。"（卷三七五引同）

又卷七一九引同上云："顿逊国有磨夷花，末之为粉，大香。"卷九八一引同上书："顿逊人恒以香花事天神。香有多种：区拔、叶逆花、途致、各遂花、摩夷花。冬夏不衰，日载数十车于市卖之。燥乃益香，亦可为粉，以傅身体。"（《北户录》卷三引《扶南传》："顿逊有区拔花、叶逆花、致祭花、名遂花、摩夷花，燥而合香末以为粉"可以参校。）《御览》卷七八八引宋竺芝《扶南记》："顿逊国属扶南，国主名昆仑。国有天竺胡五百家，两佛图、天竺婆罗门千余人。顿逊敬奉其道，嫁女与之，故多不去，唯读天神经。以香花自洗，精进不舍昼夜，疾困便发愿鸟葬，歌舞送之邑外，有鸟啄食，余骨作灰，罂盛沉海。鸟若不食，乃蓝盛火葬者投火，余灰函盛埋之，祭祠无年限。又酒树，有似安石榴，取花与汁停瓮中，数日乃成酒，美而醉人。"《艺文类聚》卷七十六所引略同，惟不及鸟葬并酿酒事。而云"香有区拔摩（夷）花，冬夏不衰，日载数千车货之，糁更香好"。与《御览》略同。

《通典》卷一八八与上引各书相同，次于扶南之下。惟述鸟葬较详云："顿逊国，梁时闻焉。（原注：一曰典逊）在海崎山上。……其俗又多鸟葬。"文同《梁书》，惟谓"若不能生入火，又不被鸟食，以为下行也"。《太平广记》卷四八二引《穷神秘苑》："顿逊国，梁武朝时贡方国，其国在海岛上，地方千里，属扶南北三千里，其俗人死后鸟葬。"又《御

① 此段文字，西方学者迻译及研究者颇多，有 Groeneveldt，W. P.（1879），Schlegel，G.（1889），Pelliot，P.（1903），Laufer，B.（1918），Luce，G. H.（1925），Braddell，Dato Sir Roland（1939）等，而以 Paul Wheatley 之"Tun-Sun"（*Jras*，1956）后出最精。

览》卷七八八引《唐书》："顿逊国出霍香，插枝便生，叶如都梁，以裛衣。国有区拨等花十余种。"① 典逊地望，向多异说。② 惟谓于今日马来半岛，学者无异词。Schlegel 考定为下缅甸南端之答那思里（Tenasserim），费瑯说亦相同，颇为一般学者所接受。③ P. Wheatley 谓顿逊为猛族（Mons）之国，建都于 Phong Tüh 与 Phra Pathom 之间。④《梁书》称顿逊有五王。近年 H. L. Shorto 新说，谓 Mon 语，ḍuṅ＝Capital，汉名或表示 Proto-mon "đuŋ Sun" -Sun đuŋ＝five cities（五城）。⑤ 其说是。典逊，《武备志·郑和航海图》作"典那沙冷"⑥。《诸蕃志》："注辇国，北至顿田三千里。"冯承钧疑"顿田"为顿逊之讹。

都昆　比嵩

《神丹经》云："（典逊）其南又有都昆、比嵩、句稚诸国，范蔓时皆跨讨服，故曰名函典逊。"又云："硫黄都昆。"

按：《梁书》卷五四《扶南传》："（蔓）自号扶南大王，乃治作大船，穷涨海，攻屈都昆、九稚、典孙等十余国，开地五六千里。次当伐金邻国。"（《南史》卷七八文略同）屈都昆乃暹罗湾四国之一。《神丹经》引范蔓事略同此。范蔓事在康泰以前，扶南之古史也。《御览》卷七八八引《隋书》："边斗国（原注一云'班斗'）、都昆国（一作'都雅'，按鲍崇

① B. Laufer（*Ja* xii，1918）谓此节出自宋孙甫之《唐史论断》，Wheatley 亦从其说（*Golden Khersonese*，18 页，注三）。按《唐史论断》凡三卷，有《粤雅堂丛书》、《艺海珠尘》、《学津讨原》、《学海类编》各本，实无此条，及《御览》所引《唐书》诸条。

② 顿逊所在，有若干异说：

（1）马六甲说 ——《明史》三二五《满剌加传》："或云即古顿逊，唐哥罗富沙。"黄佐嘉靖《广东通志》卷六〇外志三夷情上"番夷"蒲剌加国条："顿逊在海崎山上……东界通交州，即古哥罗富沙也。"哥罗即泰南之 Kra，此说实误。

（2）暹罗说 —— 黄省曾《西洋朝贡录》暹罗条及魏源《海国图志》均主之。

（3）旧柔佛说 —— 今人韩槐准《旧柔佛之研究》（《南洋学报》五卷二辑）。

（4）淡马锡说 —— 方豪《中国交通史》第一册（210 页）。

③ 岑仲勉《中外史地考证》谓"里诸今地，假定由 Pakchan 河口北至 Tenasserim 行十二日则由 Tenasserim 东北行至大湖附近应约三十日，与《（洛阳）伽蓝记》文恰符，此亦 Schlegel 说之有力佐证"（127 页）。

④ 见 *The Golden Khersonese*，pp. 17—30，286，292。

⑤ 见 H. L. Shorto："The 32 Myos in the Nedieval Mon Kingdom"（*Bsoas*，vol. XXVI，p. 583，London）。此条承陈荆和先生指出，谨谢。

⑥ 见向达校《郑和航海图》（中华本）1961，53、54 页。

城本作‘都军’)、拘利国(一作‘九稚’)、比嵩国，并扶南、度金邻大湾，南行三千里有此国。其农作与金邻同。其人多白色。都昆出好栈香、藿香及硫黄。其藿香树生千岁，根本甚大，伐之四五年，木皆朽败，惟中节坚贞，芬香独存，取为香。”[①]《通典》卷一八八文字同。惟云：“边斗国(一云‘班斗’)、都昆国(一云‘都军’)、拘利国(一云‘九离’)、比嵩国，并隋时闻焉。”

都昆异名，除上举注语，亦作都稚、都军，一云都君(《太平寰宇记》卷三七七)。或作屈都昆、屈都乾及屈都。都昆出硫黄及藿香。《艺文类聚》卷八一引《吴时外国传》：“都昆在扶南南三千余里。出藿香。”《御览》卷九八二引《吴时外国传》：“硫黄香出都昆国，在扶南南三千余里。”注云：“《南州异物志》同。”按《法苑珠林》卷四九，《政和证类本草》三“流黄香”条俱引《吴时外国传》文同。又《御览》卷九八一，引《吴时外国传》：“都昆在扶南，山有藿香。”又引《南方草木状》：“栈蜜香出都昆，不知栈蜜香树，若为但见香耳。”

屈都昆即屈都乾。其国史事，据《水经·温水注》引王隐《晋书·地道记》云：“朱吾县属日南郡，去郡二百里，此县民，汉时不堪二千石长吏调求，引屈都乾为国。”又引《林邑记》云：“屈都，夷也。”屈都一名则为省称。《晋书》卷九七《林邑国传》云：“(范文)于是乃攻大歧界、小歧界、式仆、徐狼、屈都乾、鲁扶、单等诸国，并之。”(冯承钧译马伯乐《占婆史》及标点本《晋书》皆读屈都、乾鲁、扶单各二字为一国名。)《御览》卷七九〇引(《交州以南》)《外国传》云：“从波辽国南去，乘船可三千里，到屈都乾国，土地有人民可二千余家，皆曰朱吾县叛民居其中。”又云：“从屈都乾国东去，舡行可千余里，到波延州，有民人二百余家，专采金，卖与屈都乾国。”朱吾夥叛民人处都昆，其国必在日南郡隔岸。

屈都昆有关基本资料，不出上列各条，伯希和《扶南考》谓“都昆应在马来半岛”，其说甚是。日本藤田丰八谓在苏门答腊，山本达郎、桑田六郎、杉本直治郎诸氏均有异说，详见太田常藏之《屈都昆考》文中引述，兹不备列。《神丹经》云“硫黄都昆”，其地以产流黄香著名。“流

① 今《隋书·南蛮传》无此文，岑仲勉云：“或是张大素之《隋书》。”《通典》文同；惟作“有此四国”，多一“四”字。

黄”一名原出自巫语之 Lawang（梵语丁香 Lvanga 同一语源）。马来出肉桂，流黄香即其属类。以香药而论，都昆地在马来是也。屈都昆亦省称曰都昆。关于“屈”字，向有两说，一谓“屈”如巫语河口之 Kuala（太田氏说）。一谓“屈”如梵语训地之 Ku（岑仲勉说）。至于地望，有 Trenggnu、Dungun 等说，皆以对音求之。其地当在马来亚东海岸，可以论定，殆即《汉书·地理志》之都元国，众家多同意此说。①

比嵩，他书或作北嵩。金刊本《政和本草》卷十二引《通典》云：“次不沉者曰栈香，海南北嵩国出好栈香、藿香及硫黄。”按栈香《岭外代答》作笺香，一名煎香，为沉香别种。马来为肉桂产地，以香药言，比嵩当亦在今之马来半岛。《顺风相送》误昆为昆（作崑宋屿）云：“正路有三个小屿，仔细行船，外有高下泥地。”自来为针路所必经。

《汉书·地理志》：“自黄支行可八月到皮宗。”藤田丰八、费瑯皆以皮宗当满剌加附近之 Pulau Pisang（甘蕉岛），即《郑和航海图》之昆宋屿，许云樵、Wheatley 俱谓皮宗即比嵩，惟甘蕉屿仅一小岛，比嵩为国名，应指马来半岛之南端。②

句稚国

《神丹经》云：“句稚国去典逊八百里，有江日（按应作口），西南向，东北入，正东北行。大崎头出涨海中，水浅而多慈石，外徼人乘舶船皆铁叶，至此崎头，慈石不得过，皆止句稚，货易而还也。”

按《御览》卷七九〇引《南州异物志》：“句稚去典游八百里，有江口西南向。东北行极大崎头。出涨海中，浅而多磁石。”又卷九八八引同上书：“涨海崎头，水浅而多磁石，外徼人乘大舶，皆以铁锞锞之。

---

① 伯希和《扶南考》（*Le Fou-nan*，冯承钧译《史地丛考续编》，31 页），日本太田常藏氏之《屈都昆考》，见昭和三六年东京学艺大学《研究报告》一二，彼已在年前谢世，承其胤子 Koki Ota 君邮赠此文，附此致谢。太田氏以丁加奴（Trenggnu）比对都昆，似嫌纡曲。岑仲勉云：“中亚语言 d 与 l 可互变，则都昆可为卢昆，今马来半岛有 Laccn，地在 Bandon（万仑）之南，以拟古之都昆，并无不协。”（《中外史地考证》，118 页）许云樵则从藤田丰八以都昆即《汉书·地理志》对都元国，以马来亚东海岸丁加奴属之 Kuala Dungun（俗称龙运）当之（《马来亚史》，77 页）。太田常藏《屈都昆考》亦以都元国即都昆是也。

② 见向达校本，50 页。岑仲勉又以比嵩拟 Pakchan（《中外史地考证》，126 页）音殊不近。许说见《马来亚史》，78 页。

至此关以磁石不得过。”合此二条观之，即《神丹经》所本也。句稚去典游八百里句，“典游”，或作“与游”。（如陈运溶《麓山精舍》辑本《南州异物志》。）P. Wheatley译作Yü-yu，以为不可考。岑仲勉引《林邑记》“渡便州至与由”为证，然地望不合。今据《神丹经》，如“与游”乃“典逊”形近之误。

《御览》引《隋书》拘利国一作“九雅”。《通典》卷一八八云：“拘利国一云九离。”《梁书》范蔓所攻克者有九稚，稚、离、雅，三字形近，“雅”必“稚”之讹，而“九离”又“拘利”之音转，“句稚”即“九稚”之异译。

句稚去典逊不远，《洛阳伽蓝记》曰：“南中有歌营国……北行一月，至句稚国，北行十一日，至孙典国（即典逊）。”是句稚在典逊稍南，路程相距十一日，当在今马来半岛。《梁书·中天竺传》：“吴时扶南王范旃遣亲人苏勿使其国，从扶南发，投拘利口，循海大湾中，正西北入，历湾边数国，可一年余，到天竺江口，逆水行七千里乃至焉。”（《南史》卷七十八同）拘利口当即《南州异物志》及《神丹经》之“句稚”，江口也。烈维（S. Lèvi）读《梁书》“投拘利”为一地名，以为即希腊Ptolemy地志书之Takkola（此地名亦见巴利文大藏《那先比丘经》Milindapanha中）。按《水经·河水注》引《扶南传》云：

发拘利口，入大湾中，正西北入，可一年余，得天竺江口，名恒水。

拘利一名，初见于此。原作“拘利”，《梁书》即本康泰说。杨守敬《水经注疏》以为《梁书》“投”字衍文，并云《南史》亦衍“投”字，《寰宇记》“南蛮二”“南蛮四”并无“投”字。许云樵则读作“从扶南发，投拘利口”，以投字为动词。伯希和后悟烈维说为非。谓“据《水经注》卷一引康泰《扶南土俗传》作‘拘利’而非‘投拘利’。此拘利国已见前考，应以拘利为是”（《扶南考》附录三冯译本，44页）。

拘利所在，许云樵以为即Ptolemy地图中之Coli（或Kole），即今甘马挽河（Kemaman River）口之朱垓（Chu Kai），岑仲勉则以为拘利即《通典》之哥罗，贾耽之个罗，今之Kra海峡[1]，均尚难确定；惟拘利当在马来半岛，则不成问题。

---

① 许云樵说见《马来亚史》第三篇第五章，62—69页。岑说见《中外史地考证》，121—125页。按此实藤田丰八旧说，见其《前汉时代西南海上交通之记录》。

杜薄

《神丹经》云，“杜薄，阇婆国名也。在扶南东涨海中洲。从扶南船行，直截海度，可数十日，乃到其土。人民众多，稻田耕种，女子织作白叠花布，男女白色，皆着衣服。土地饶金及锡铁，丹砂如土，以金为钱货。出五色鹦鹉、豕、鹿，豢水牛、犬、羊、鸡、鸭，无犀、象及虎、豹。男女温谨，风俗似广州人也。”

按《御览》卷七八八有杜薄国，引《唐书》云：“杜薄国在扶南东涨海中，直渡海数十日至。其人色白皙，皆有衣服。国有稻田，女子作白叠花布。出金银铁，以金为钱。出鸡舌香，可含，以香不入服。鸡舌其为水（木）也、气辛而性厉，禽兽不能至，故未可识其树者。花熟自零，随水而出方得之。杜薄洲有十余国，城皆称王。”《通典》卷一八八文略同。此段文字与《神丹经》前半同。

《梁书·扶南传》：“又传扶南东界即大涨海，海中有火洲，洲上有诸薄国，日东有马五洲。”《御览》卷八二〇引《吴时外国传》：“诸簿国，安（女）子织作白叠花布。”又引《广志》：“白叠毛织出诸薄洲”。是诸薄与诸簿，亦即杜薄。

《御览》卷七八七引康泰《扶南土俗云》：

诸薄之东有（马）五洲，出鸡舌香，树木多花少实。诸薄之东南有北攎洲，出锡，转卖与外徼。

诸〔转〕薄之东北有巨迹洲，人民无田，种芋。浮船海中，截大蚶螺杯往扶南。（按《艺文类聚》卷八四引徐衷《南方记》：“……大贝出诸薄巨延州土地，采卖之。”“巨延”即“巨迹”，同名异称。）

诸薄之西北有薄叹州，土地出金，常以采金为业，转卖与诸贾人，易粮米杂物。（按《御览》卷七九〇“波延洲”引《外国传》：“从屈都乾东去，舡行可千余里到波延洲。……专采金卖与屈都乾国。”“波延（诞）”与“薄叹”音近，地皆出金。或传译易名。）

诸薄之西北有耽兰之洲，出铁。

伯希和谓杜薄只能视为爪哇，则诸薄国东之马五洲，应求诸于今之 Bali。[1]

---

① 伯希和《交广印度两道考》冯译本，90 页。谓“马五”应是“马立”或“马里”之讹。《新唐书》婆利亦号马礼。

今《神丹经》云："杜薄，阇婆国也。"而《新唐书·南蛮传》："诃陵，亦曰社婆，曰阇婆，在南海中。"《岛夷志略》："爪哇，即古阇婆国。"《唐书·诃陵传》作社婆。《神丹经》、《通典》、《御览》引《唐书》均作杜薄，冯承钧于《阇婆传》注称"杜薄"应是"社薄"之讹，说似可从（《南洋交通史》，132页）。则社薄当在爪哇岛上，而社薄、社婆，一音之转，皆Java之古译也。古爪哇实包有苏岛，《马可·波罗游记》即称爪哇为大爪哇，苏岛为小爪哇，杜薄为唐以前爪哇古名，其所辖境必更广。

《北户录》崔龟图注引《南方异物志》："鹦鹉有三种。青者大如鸟臼，白者大如鹅，五色者大于青者，五色者出杜薄州也。"又《御览》卷九二四引《南方异物志》："鹦鹉鸟……白及五色出杜薄州。"[①] 同卷引《唐书》："元和十年诃陵国遣使献五色鹦鹉。"亦可为杜薄即唐诃陵国之旁证。

又鸡舌即丁香，产爪哇翠蓝屿，见《马可·波罗游记》。《唐书》杜薄出鸡舌香，《法苑珠林》卷四九《华香》篇："五马州出鸡舌香"，亦可见杜薄之即爪哇也。藤田丰八云："Moluccas诸岛其土人呼鸡舌香为Gaumedi，音近'五马州'，则五马州之义即鸡舌香岛，以其出产名之。"《御览》引《扶南土俗》称"马五洲"，《法苑珠林》引《吴时外国传》作"五马州"，"马五"乃"五马"之倒。[②] 其说较伯希和之改"马五"为"马立"较胜。

陈序经云："诸薄若为苏门答腊与爪哇一带，在方位上，北攎州与马五洲是在小巽他群岛或是西利伯诸岛，薄叹洲既在西北，应在马来半岛，至于巨延洲在诸薄东北，应是婆罗洲。"[③] 按薄叹又作波延，以产金著，薄叹殆为邦项（Pahang）乎？[④]（《海录》："邦项，古志多作彭亨……亦产金，而麻姑所产为最。"邦项亦作湓亨〔《明实录》永乐五年十月〕、蓬丰〔《诸蕃志》〕、彭杭〔《岛夷志略》〕，与薄叹音相近。）

无伦国

《神丹经》云："无伦国，在扶南西二千余里，有大道，左右种桄榔及诸花果。白日行其下，阴凉蔽热，千余里一亭，亭皆有井水。食菱饭、蒲桃酒，木实如胶，若饮时以水沃之，其酒甘美。其地人多考寿，或有得二百年者。"

---

① 小川博《南方异物志辑本稿》，以为此条乃出唐房千里之《南方异物志》，非出万震书。
② 藤田丰八之《叶调斯调及私诃条考》，何健民译本，58—569页。又杉本直治郎书，481页。
③ 陈序经《扶南史初探》，148—150页。
④ 岑仲勉亦以波延为彭亨，见《中外史地考证》，120页。

按《御览》卷七九〇有“无论国”，引《南州异物志》：“无论有大道，左右种桃、枇杷及诸花果。白日行其下，阴凉蔽热。十余里一亭，皆有井水。食菱饭，饮蒲桃酒，如胶，若欲饮，以水和之，其味甘美。”《通典》卷一八八文略同。惟多“隋时闻焉”一句，在“扶南西二千余里”之上。《神丹经》当据《异物志》，惟易枇杷作桄榔。《通典》亦作枇杷树，而菱饭作麦饭。无伦地望未详。《神丹经》云：“（扶南）北款林邑，南函典逊，左牵杜薄，右接无伦。”又云：“自扶南顿（典）逊逮于林邑杜薄无伦五国之中”，其地在扶南之西，介于典逊、林邑间，不当远至天竺。或以无伦为缅甸之Promc。① 此即有名之卑谬，八世纪骠国毗讫罗摩（Vikrama）王朝建都于此。谓其地在缅甸，似较合。有以印度贵霜王朝号茂伦者持相比拟，恐不可据。②

歌营国　蒲罗州

《神丹经》云：“歌营国，在句稚南，可一月行乃到其国。又湾中有大山林，迄海边，名曰蒲罗，中有殊民，尾长六寸，而好啖人。论体处类人兽之间。言纯为人，则有尾且啖人；言纯为兽，则载头而倚行，尾同于兽，而行同于人。由形言之，则在人兽之间。末（按《淮南子·地形训》‘其人面末偻’。《高注》：‘末犹脊也。’）黑如漆，齿正白银，眼正赤。男女裸形无衣服，父子兄弟姊妹，露身对面同卧，此是歌营国夷人耳。”

又赞云：“唯夫甲香螺蚌之伦，生于歌营句稚之渊。”

按《御览》卷七九〇歌营国，引《南州异物志》：“歌营在句稚南，

① G. Goede's “Histoire ancienne des Etats hindouisés d' Extrême-Orient”, p. 94. 山本达郎书评《セデス氏極東の印度化した諸國の古代史》（《东洋学报》三一卷三号）。

② 杉本直治郎曾辨《梁书·中天竺传》“其王号茂论”，与贵霜王号之Murunda及大月氏王“波调”之为Vāsudeva诸对音问题。茂论乃当时王号之固有名词（杉本《アジア史研究》Ⅰ，511—514页）。太田常藏撰《撣、無論、陀洹就りて》（《和田博士古稀纪念东洋史论丛》，223页），主无论国即乾陀罗国，无论即王号之茂伦。不知乾陀罗即叶波之改名，《神丹经》自有叶波国，故无论不得为乾陀罗国，且茂伦为王号，与无伦之为国名，显然二事，不得遽以牵合比附也。

太田氏以为《通典》言“食麦饭”，而《新唐书》骠条云“无麻麦”。故不从山本达郎说以无论为Prome。

按《神丹经》原作“菱饭”，《异物志》写作“麦”，是不应作“麦”，故其说不可从。

许云樵以无论为Bolor，即《高僧传·智猛传》之波仑（《南洋史》，108页，注一），地在Kashmir。然《神丹经》自有罽宾国，且其地不应产桄榔，故“无论”地望，以缅甸说较为近是。

可一月行到，其南大湾，中有洲名蒲类，上有居人，皆黑如漆，齿正白，眼赤，男女皆裸形。”（注引康泰《扶南土俗》，称其“大载而去。常望海，过则遮舡，将鸡猪山菜易铁器”。）当为《神丹经》所本。今以“中有洲名蒲类”一语证之，《神丹经》应于“名曰蒲罗”断句。

《洛阳伽蓝记》卷四：“南中有歌营国，去京师甚远，风土隔绝，世不与中国交通，虽二汉及魏，亦未曾至也。今始有沙门菩提拔陁至焉。自云：北行一月，至句稚国，北行十一曰，至孙典（即典逊）国，从孙典国北行三十日，至扶南国。方五千里，南夷之国，最为强大，民户殷多，出明珠金玉及木精珍异，饶槟榔。”（《御览》卷九七一引《洛阳伽蓝记》作“南方歌营国最为强大，民户殷多”。盖误扶南为歌营。）

《御览》卷三五九引康泰《吴时外国传》：“加营国王好马，月支贾人常以舶载马到加营国，国王悉为售之。若于路失羁绊，但将头皮示王，王亦售其半价。”加营即歌营。《御览》卷七八七有“蒲罗中国”，下云：“吴时康泰为中郎，表上《扶南土俗》曰：拘利正东行极崎头，海边有居人，人皆有尾五六寸，名曰蒲罗中国，其俗食人。”又卷七九一《尾濮下》：“《扶南土俗传》曰：拘（原作构）利东有蒲罗中，人人皆有尾，长五六寸，其俗食人。按其地并西南，蒲罗盖尾濮之地名。”（此按语非出康泰原书）亦《神丹经》之所本，拘利即句稚也。

按《通典》卷一八七云《南尾濮下》小注引《扶南土俗传》云：“拘利东有蒲罗中，人人皆有尾……按其地并西南。蒲罗盖尾濮之地名。”是《御览》卷七九一此段文字乃袭自《通典·边防三·南蛮上》。其按语仅云：其地并西南，蒲罗下无“中”字。以《通典》同卷所见若附国、黑僰濮诸条按语为例，明“按其地并西南”句以下，乃杜佑之语。郑樵《通志》卷一九七亦有尾濮并注语，亦是钞自《通典》。所引《扶南土俗》但作“拘利东南，有蒲罗，人皆有尾，长五六寸”，蒲罗下无“中”字，而按语作“按其地并在西南，蒲罗盖尾濮之地名”，比《通典》多一“在”字，语意较明。

从各类书所引观之，康泰《扶南土俗传》所言之“蒲罗中国”，虽《御览》两见，《通典》、《通志》皆复载，实际仅为同一来源，杜、郑按语皆称“拘利东有蒲罗，人皆有尾”，分明无“中”字，康泰原书今不可见，或原本无“中”字，但作“蒲罗”亦未可知。《御览》卷七八七始为标题作“蒲罗中国”。《神丹经》与《异物志》行文，多相类似，《异物志》云“有洲名蒲类，上有居人”。而《神丹经》云“名曰蒲罗，中有殊民”。其“中有殊民”句，与“上有居人”，及上文之“中有大山林”，正为同一句法。故《神丹经》原文，可从“名曰蒲罗”断句，将“中”字连下读。所云“中有殊民”者，谓其中有殊异之民，以其有尾故也。《神丹经》既言“歌营国在句稚南，可一月行乃到其国。其湾中有大山林，迤海边，名曰蒲罗，中有殊民，尾长五六寸，而好啖人。……此歌营国夷人耳”，可见蒲罗之殊民，宜在歌营国境内。再勘以《异物志》云“歌营国在句稚南，可一月行到。其南文（大）潜有洲名蒲类”，是蒲类之即蒲罗，不成疑问。至于殊民，《异物志》云：“皆黑如漆，齿正白，眼赤，男女皆裸形。”《神丹经》云：“末黑如漆，齿正白〔如〕银，眼正赤。男女裸形无衣服。”则蒲类洲上之裸民，自即蒲罗之殊民也。

加营国所在，藤田丰八《叶调斯调及私诃条考》谓即《岭外代答》之故临（Kulam），因该书有“大食贩马，前来此国货卖”之语，苏继庼以为故临之开发在唐中叶，且与故书所记斯谓之方位不合。曾举四事以驳藤田氏，而主张其地为南印度西部内陆之加因八多（Koimbatur）区域，其附近之地，有名 Koyampadi，或 Koyammuturu 者，歌营或加营即 Koyam，乃上举二名之省译。[①] 伯希和则以为歌营决不可能在印度，否则月支马可以遵陆，无须舶载。谓加营当在马来半岛之南，并疑加营一名与诃陵（Kalinga）不无关系。[②] 冯承钧颇从其说，谓歌营得为爪哇。[③] 岑仲勉以《南州异物志》记歌营有州名蒲头[④]，其上居人，男女皆裸形，谓此歌营即今 Nicobar 群岛（明代载籍称为翠蓝屿）。最重要之证有二：

（一）义净《大唐西域求法高僧传》：“从羯茶北行十日余，至裸人国。……彼此舶至，争乘小艇，有盈百数，皆将椰子芭蕉及籐竹器来求市易，其所爱者但唯铁焉。”与康泰《扶南土俗》记裸人“将鸡猪山果易铁器”相同。

（二）《通典》卷一八八引《扶南土俗传》：“加营国在诸薄国西。山周三百里，从四月火生，正月火灭。……人以三月至此山取木皮，绩为大浣布。”诸薄即今爪哇，曰在其西，则宜在爪哇之西明矣。《海录》：“呢咕吧

---

① 《加营国考》（《南洋学报》，七卷一辑）。

② 《关于越南半岛的几条中国史文》（冯承钧译《南海史地考证译丛》，178 页）。

③ 《中国南洋交通史》，7 页。

④ 《南州异物志》之蒲类，岑仲勉引《御览》卷七九〇歌营国条作“蒲头”。头字实“类”字之误。

拉（Nicobar）北行约半日许，有牛头马面山……山顶似有火焰。”此《土俗传》所以有火山之说。按薄剌州所以又名“勃焚”者，殆以此故。

是歌营不宜在印度，亦不在爪哇；以在爪哇西之群岛较为近是。

歌营国资料，除上述之《南州异物志》、《神丹经》、《洛阳伽蓝记》，《御览》引《吴时外国传》数条而外，尚有下列：

（一）与斯调及姑奴之距离。《御览》卷七八〇引《南州异物志》：“斯调，海中洲也，在歌营东南可三千里。”《御览》卷十九〇引《南州异物志》：“姑奴，去歌营可八千里，民人万余户。”

（二）与火山之距离。《艺文类聚》卷八〇引《玄中记》：“南方有炎山焉，在扶南国之东，加营国之北，诸薄国之西。”（《通典》卷一八八火山条：“……又有加营国北，诸薄国西，山周二百里，从四月火生，正月火灭。”与此文略同，已见上引。）

按斯调当在爪哇（说详下斯调条）。姑奴即是古奴斯调，地在印度境内。斯调在歌营东南三千里，可见歌营应在爪哇西北，可能指今苏门答腊群岛西北部地带。又火山在加营国之北，诸薄之西；诸薄亦即爪哇（阇婆）之异译，当苏岛之东南端，则在其西之加营，自指苏岛西北甚明。

加营国地位，既可确定在今苏岛西北部，而其更北诸岛，正与今翠兰屿及晏达蛮群岛相接。疑吴、晋、六朝之加营国，其范围应包有呢咕吧拉（即翠兰屿）一带，故裸国之薄类洲，地属于歌营。《南州异物志》、《神丹经》所言，为不虚矣。

《太平御览》卷七八八“薄剌洲”条引《唐书》云：“薄剌洲，隋时闻焉。在拘利南海湾中。其人色黑而齿白，眼正赤，男女并无衣服。一名勃焚洲。”所记亦与《南州异物志》相同，是薄剌州亦即蒲类州矣。

《通典》卷一八八有：“薄剌国，隋时闻焉。在拘利南海湾中。其人色黑而齿白，眼睛赤，男女并无衣服。”又《册府元龟》卷九五七《外臣部》：“薄剌洲在拘利南海中，一名勃焚洲。”记载皆同。藤田丰八谓“薄剌洲似即 Balus 之对音。义净《求法高僧传》之裸人国亦即指此”[1]。上举各书关于蒲类、

① 藤田氏谓：“此蒲剌似 Barusae，Balus 之对著音。义净之裸人国，阿剌伯人谓之 Lanjabalus。”（何健民译《南海交通丛考》，90 页）

蒲罗、蒲剌一名之异称，可列表如次：

蒲类洲	《南州异物志》，一引误作“蒲头”
蒲罗（中有殊民）	《神丹经》
蒲浪中国	《御览》引《扶南土俗》
蒲罗	《通典》按语，《通志》卷一九七引只作“蒲罗，人皆有尾”。
蒲剌洲	《通典》引《唐书》、《册府元龟》
蒲剌国	《通典》

观于上举异文，可见蒲罗地望为裸人国，殆无问题，康泰之蒲罗中国，亦即指此。《通典》、《通志》按语云：“其地并在西南，蒲罗盖尾濮之地名。”此条原列于云南与古郡尾濮间，因同属于有尾而兼食人之殊民，故引以为证，其意若谓蒲罗及云南兴古郡之尾濮，同在西方地方。蒲罗亦有尾之族，故认为即尾濮之地名。裴渊《广州记》永昌郡西南一千五百里有缴濮国，其人有尾，欲坐辄先穿地作穴，以安其尾，汉唐地理书钞辑本引《（太平）广记》（卷四百八十二），亦作缴濮。此处之蒲罗，自属地名。许云樵、岑仲勉谓蒲罗即巫语“岛”之 Pulau，与杜佑等说不合。许氏更进而称《御览》卷七八七引《扶南土俗》“拘利正东行极崎头海边有居人”，训“极崎头”为地之极端，相当于巫语之 Pulau Ujong，谓其地即今之新加坡。然崎字有二义，闽、潮人音崎如 Kia，俗指陡峭之高地；而《集韵》“崎，曲岸也”。岑仲勉训“崎头”指海湾之突出者。《扶南土俗》称：“极崎头海边。”《南州异物志》拘利条则称曰：“极大崎头，出涨海中。”此自属通名，与马来、闽、潮语无关，应以岑说为是。至于巫语之 Pulau Ujong，据巫语专家称只有一小地名，位于马来半岛以北，与新加坡相去数百英里，宜许说之不为人所信也。

《御览》卷七八七《四夷部》八列目有“蒲罗中国”，又卷七八八国名又有“薄剌洲”，实为重出。许云樵《马来亚史》于“蒲罗中国”下标其别名曰“梁祚”。按《御览》卷七九一“尾濮”下有三条：一引《永昌郡传》，一引《扶南土俗传》（文见上引），一引“梁祚”。《魏国统》曰：“西南有夷，名曰尾濮。”是梁祚乃作者名，《魏国统》则书名也。《隋书·经籍志》史部杂史类有《魏国统》二十卷，梁祚撰。祚北地泥阳人，卒于太和二年，事迹详《魏书·儒林传》。宋本《御览》（中华本，3508 页），三书俱提行分段。许书或据误本又读为“盖尾濮之地，名梁祚魏国，统曰西南”。句读及标点均非（原书86页），附为订正。许君解蒲罗之人有尾，其俗食人，引吕宋岛山中，高山省三底村之Bontok人，今尚为有尾民族①，而苏岛之峇沓人（Batak），犹存吃人风俗，则极为有趣。

《瀛涯胜览》裸形国条云：“自帽山（pulo weh）南放洋，好风向东北行三日，见翠蓝山（Nicobar）在海中，其山三四座，惟一山最高大，番名桉笃蛮②（Andaman）山，彼处之人，巢居穴处，男女赤体，皆无寸丝，如兽畜之形。”（冯承钧《校注》本，34页）岑仲勉以歌营即义净之裸人国，自羯茶（=吉打Kedah）北行至此约十日余，《海录》言闽人居吉德（即吉打）者，常偕吉德土番至此，此地与马来半岛交通情形，可以概见。《海录》又云：“由此又北行，约半日许有牛头马面山，其人多人身马面，嗜食人，海艘经过，俱不敢近。”牛头马面山或指桉笃蛮群岛，是其地向来有食人之传说，与蒲罗之殊民好啖人之习俗亦合。

林杨

《神丹经》云：“林杨在扶南西二千余里，男女白易多仁和，皆奉道。用金银为钱，多丹砂、硫黄、曾青、空青、紫石英，好用绛绢、白珠，处地所服也。”

按：《御览》卷七八七“林阳国”引《南州异（物）志》：“林阳，在扶南西七千余里，地皆平博，民十余万家，男女行仁善，皆侍佛。”又引康泰《扶南土俗》：“扶南之西南有林阳国，去扶南七千里，土地奉佛，有数千沙门，持戒六齐（斋）日，鱼肉不得入国。一日再市，朝市诸杂米甘果石密（蜜），暮中但货香花。”《神丹经》取材于《南州异物志》，而改“奉佛”为“奉道”。“林阳”则作“林杨”。

《水经·河水注》引竺枝《扶南记》：“林杨国去金陈国步道二千里，车马行无水道，举国事佛……”杨守敬《疏》：“《外国传》称从扶南西二千余里到金陈，林阳则在扶南西七千余里，是金陈在扶南之西，林杨又在金陈之西也。”《神丹经》称林杨在扶南西二千余里，据《南州异物志》

① 许氏据故菲律宾大学Beyer教授供给资料，有尾人之图片，载氏著《马来亚丛谈》，139页。

② 桉笃蛮，《诸蕃志》作晏陀蛮，《武备志·航海图》作安得蛮。

及《扶南土俗》，知“二”为“七”之讹。《神丹经》谓无伦国在扶南西二千余里，林杨故不能亦在扶南西二千余里也。

《水经·河水注》引康泰《扶南传》：“昔范旃时，有嘾阳国人家翔梨，尝从其本国到天竺，辗转流贾至扶南，为旃说天竺土俗。”说者或以嘾阳为林阳之异译。[1] 然嘾音徒感切，与林声母不近。林阳一名，亦见《御览》卷七九〇引《交州以南外国传》：“从林阳西去二千里，奴后国，可二万余户，与永昌接界。”奴后国未详所在，以此条观之，其地接近云南，则林阳非在今之缅甸暹罗莫属矣。（太田常藏《屈都昆考》以奴后比拟缅甸附近之 Tagaung。）

陈序经撰《猛族诸国考》，引康泰资料，谓林阳即猛族所立之 Rammannadcca 或作 Rammanyadesa，desa 义为国或城，Rammanya 即林阳（或嘾阳）之对音，林阳在扶南之西，即指今暹罗或其一部分以至缅甸与马来半岛北都一带之地。[2] 陈孺性引宇巴信氏说缅甸中部之毘湿奴城遗址地区，即古之林阳国，亦以林阳即 Ramanna 之音译，为猛族古国，其说是。粤音“林”读为收闭口之 m，与 Ram 正合。

加陈国

《神丹经》云：“加陈国，在歌营西南海边国。海水涨浅，有诸国梁人，常伺行人劫掠财物，贾人当须辈旅乃敢行。”

又云：“林杨加陈。”又云：“光鼻加陈。”

按《御览》卷七九〇加陈国引《南州异物志》：“加陈，在歌营西南。”《神丹经》所言较详。

“梁人”二字以下文推之，或指强梁之人。

---

① 冯承钧以嘾阳与堂明为同名异译（《中国南洋交通史》，14 页）。杉本直治郎因以《元史》之毯阳，《岛夷志略》之淡洋比附嘾阳，然淡洋在苏门答腊，去扶南过远（484—487 页），兹不从其说。

② 陈序经文，见《中山大学学报》（社会科学）1958，2 期，74 页。又同氏著《扶南史初探》第十八章《扶南与林阳》，161 页。

岑仲勉谓依马来语 t 与 l 转读之理，则嘾阳可转为林阳。今克老地峡北有地名 Htayan 或即其地（《中外史地考证》，128 页）。尚乏确证。

太田常藏氏《屈都昆考》中对林阳国有详细考证，列举 G. H. Luce、D. G. E. Hall 等说。又谓林阳为缅甸 Telingana 之略音，由 g 变 j 复变为 y，说颇牵强。

加陈今地未详。[1]

师汉国

《神丹经》云："师汉国，在句稚西南。从句稚去船行可十四五日乃到其国，国称王，皆奉大道，清洁修法。度汉家威仪，是以名之曰师汉国。上有神仙人，及出明月珠。但行仁善，不忍杀生，土地平博，民万余家。多金玉硫黄之物。"

按：《御览》卷七九〇有师汉国，引《南州异物志》："师汉国，在句稚西。从〔句〕稚去，行可十四五日乃到其国，亦称王，上有神人及明月珠，但仁善不忍杀生。土地平博，民有万余家。"《神丹经》文字全同，盖据此。

师汉国皆奉大道，必为佛教国家。《神丹经》谓以有度汉家威仪，故名曰师汉国。如以对音言之，"师汉"与"Siha"音最相近，故"师汉国"即 Sihadípa，乃古锡兰之异译，支娄迦谶译《杂譬喻经》作"私诃叠"云："海中有一国，名私诃叠，中多出珍宝。"是也。亦作"私诃絜"、"私呵条"，伯希和考订为锡兰，精确无疑。"师汉"与"私诃"、"私呵"，亦是一音之变。《神丹经》称自句稚船行十四五日可到师汉国，揆以道里，亦复相合。

扈犁国

《神丹经》云："扈犁国，古奴斯调西南，入大湾中七八百里，有大江，源出昆仑，西北流东南注大海，自江口西行，距大秦国万余里，乘大舶载五六百人，张七帆，时风一月乃到大秦国大道以中。"

按此条乃合下列诸记载缀成：

（一）《水经·河水注》引康泰《扶南传》："从迦那调洲西南入大湾中七百里，乃到枝扈黎大江口，渡江口径西行，极大秦也。"

（二）《御览》卷七七一引《吴时外国传》："从加那调州乘大（伯）

---

① 苏继庼《加营国考》定加营为南印之加因八多之略称，遂谓加陈应在没来海岸，并假定为古里港南之 Kodunrilun。惟就《神丹经》所言道里次第，加陈不宜在南印。

舶，张七帆，时风一月余日乃入〔秦〕大秦国也。”（《北堂书钞》卷一三八引，略同。）

（三）《御览》卷七九〇有扈利国，引《南州异物志》：“扈利国在奴调洲西南边海。”枝扈黎亦作拔扈利，《史记·大宛传正义》引《括地志》：“昆仑山，水出，一名拔扈利水，一名恒伽河。”《河水注》引康泰《扶南传》：“恒水之源，乃极西北，出昆仑山中，有五大源，诸水分流，皆由此五源。枝扈黎大江出山西，北流，东南注大海，枝扈黎即恒水也。”按恒河(Ganges)别名称 Bhāgīrathī，“拔扈利”即其对音，如枝扈利之“枝”，乃“拔”之写误。杉本直治郎谓：拔扈利可读作 Bat-gu-di，孟加拉传说于恒河地区呼为 Bāgdi，pāla 王朝铭文有 Vyāghratatī，Prākrit，（俗）语作 Vagghaädi，Bengali 语 Bāgdi，语作 Bāgdī，汉译作“拔扈利”。Bhāgīrthī 今称 Hughli，H＝B 之转化。其说是。《神丹经》省称拔扈利为“扈犁”，与 Hughli 音尤相近。所言之大湾，即指孟加拉湾矣。[①]

《神丹经》谓“扈犁国，古奴斯调西南”。“斯”字因下文“斯调国”而衍。当作“古奴调”，与“迦那调洲”及“加那调洲”为一名之异译，详下“古奴斯调国”条。

斯调国　炎（火）洲

《神丹经》云：“斯调国，海中洲名也。在歌营国东南可三千里。其上有国王，居民专奉大道，似中国人。言语风俗亦然。治城郭市里街巷，土地沃美，人士济济。多出珍奇，金银、白珠、琉璃、水精及马珂。又有火珠，大如鹅鸭子，视之如冰，着手中洞洞如月光照人掌，夜视亦然，以火珠白日向日，以布艾属之承其下，须臾见光火从珠中直下。……斯调洲土东南望，夜视常见有火光照天，如作大冶，冥夜望其火光之照也，云是炎洲所在也。有火山，冬夏有火光。”

又赞云：“兰艾斯调。”

按《御览》卷七八七有斯调国，引《南州异物志》：“斯调，海中洲名也。在歌营东南可三千里，上有王国城市街巷，土地洓（沃）美。”与

---

① 黄楙材《西辅日记》：“进扈枝黎江口，向东北行，曲折百余里，二点钟到卡里格达（Calcutta）。”又《印度劄记》“其南港口曰固支黎”，亦即扈枝黎之异译。

《神丹经》前半相同。

斯调有火山及火浣布，屡见于记载。略举如次：

（一）《御览》卷七八七引万震《南州异物志》："斯调国又有中〔火〕洲焉。春夏生火，秋冬枯死。有木生于火中，秋冬枯死，以皮为布。"

（二）《史记·大宛传正义》引万震《南州志》："海中斯调州，上有木，冬月往剥取其皮，绩以为布极细……世谓之火浣布。"

（三）《魏志》卷三《少帝纪》裴注引《异物志》："斯调国有火州，在南海中。……有木……采其皮以为布……投火中，则更鲜明也。"（《御览》卷八二〇引《异物志》略同。）

（四）《洛阳伽蓝记》卷四："斯调国出火浣布，以树皮为之，其树入火不燃。"

（五）《通典》卷一一八引《扶南土俗传》："加营国北，诸薄国西，山周三百里……取木皮绩为火浣布。""火洲在马五洲之东可千余里，春月霖雨，雨止则火燃。洲上林木得雨则皮黑，得火则皮白。诸左右洲人，以春月取其木皮，绩以为布。"

（六）《御览》卷七八六引《外国传》："扶南之东，涨海中有大火洲。洲上有树，得春雨时皮正黑，得火燃树皮正白，纺绩以作手巾，或作灯注，用不知尽。"

（七）《艺文类聚》卷八〇引郭氏《玄中记》："南方有炎山焉。在扶南国之东，加营国之北，诸薄国之西。……取柴以为薪，燃之无尽时，取其皮绩之为火浣布。"（《御览》卷八六八引略同）

（八）《梁书·扶南传》："洲上有诸薄国，国东有马五洲，复东行涨海千余里，至自然火洲。其上有树生火中，洲左近人，剥取其皮，纺绩作布。"

（九）《山海经·大荒西经》郭璞注："今去扶南东万里有耆（者）薄国，东五千里有火山国……"

（一〇）《列子·汤问释文》引《异物志》："新调国有火州，有木及鼠，取其皮毛为布，名曰火浣。""新"字乃"斯"之音讹。

（一一）刘欣期《交州记》："波斯王以金钏聘斯调王女也。"（《御览》卷七一八引，《岭南遗书》曾钊辑本。）所谓火洲、大火洲、炎山、自然火洲、火山国，即《神丹经》所言斯调国东南之炎洲。

斯调国所产，除火浣布外，尚有盐、摩厨木、白珠、金床、染毡、琉璃等。

盐：《御览》卷七八七引康泰《扶南土俗》："斯调洲湾中有自然监（盐），累如细石子，国人取之，一车输王，余自入。"

又八六五引《吴时外国传》："涨海州有湾，湾中常出自然白盐，峄峄如细石子。"

摩厨：《御览》卷九六〇引《异物志》："木有摩厨，生于斯调……彼州之民，仰为嘉肴。"（《齐民要术》卷十、《证类本草》卷二三引略同。）

白珠、金床：《御览》卷六九九引《吴时外国传》："斯调王作白珠交结帐，金床上天竺佛精舍。……"又卷八一一引《吴时外国传》："斯调国作金床。"《北堂书钞》卷一三二引（朱）应《志》："斯调国王作白珠交结帐，遗遗天竺之佛神。"

琉璃：《御览》卷八〇八引《广志》："琉璃出黄支、斯调、大秦、日南诸国。"

染毡：《御览》卷七〇八引《（扶）南传》：斯调国有青石染毡，绛染毡也。

斯调之地望，学者讨论至繁。要以费瑯及藤田丰八两家之说，最具影响。费瑯以为斯调即叶调（Yavadvipa），亦即爪哇。藤田丰八撰《叶调斯调及私诃条考》，以为斯调乃私诃条、私诃叠之省略，亦即锡兰（Sihadipa）。冯承钧不韪藤田之说，谓以斯调为私诃条之省称，未免牵强。以为叶调与斯调，非指一地，各书所记斯调，核其方位（按宜近诸薄国），与锡兰岛并不相合。东汉永建六年（公元131）叶调国王入贡，自指爪哇，而斯调殆指爪哇东南之一岛。冯氏之说如此（《中国南洋交通史》，6页）。今考《神丹经》言，诸薄为阇婆国，已指爪哇，则斯调当别为一地，应在今日东印度群岛，其地今日尚多火山也。如万丹国（Bantam）有火焰山（《海录》卷中），南海多火山，其地名Gonung Api（义为火山）或Tanjung Api（义为火岬）者不一而足，诸薄东五千里之火山国，可以万丹之火焰山当之。火浣布之传说[1]，已肇于汉

---

[1] 参B. Laufer, "Asbestos and Salamander, essay in Chinese and Hellenistic Folk-lore", *Toung Pao*, 1915。

谓火浣布起源在马来。

爱宕松男《馬哥孛羅遊記中の火浣布》（《东方学》二八辑），于景让译（《大陆杂志》三四卷八期）。

(如《三辅黄图》"连昌宫"),其来源有西域(《华阳国志》,《搜神记》十三)南海(万震《异物志》)之异。鱼豢《魏略》谓出于大秦,张勃《吴录》则称日南之火鼠。魏文帝以为天下无火浣之布,著之《典论》。然晋泰康二年,殷巨于广州牧滕侯处,见大秦所进火布,因撰《奇布赋》(《艺文类聚》卷八五)以纪其事。[1] 火浣布本为石棉(Asbestos),乃矿物性纤维,张勃称为火鼠,乃误为动物性,犹之西方谓为火蛇(Salamander)也。若斯调国所产,诸书皆谓火山树木,则误为植物性矣。《御览》卷八二〇布帛部"火浣布"仅引《异物志》"斯调国出火木"一条。据上所考,斯调火山火布相同之记载,不止十事,咸称"斯调",无一作叶调或私诃条者,足证藤田氏以斯调为锡兰即"私诃条"之省称一说之不确。且以火山所在观之,斯调宜在今东印度群岛明矣。斯调异文,仅《列子》释文作"新调"而已。

再《异物志》言"木有摩厨,生于斯调"[2],费瑯以为"摩厨"即爪哇语之 Maja。《神丹经》记斯调所产有火珠,《御览》卷八〇三引《唐书》:"婆利东有罗刹国……其国出火珠,状如水精,日午时以珠承影,取艾依之即火出。"婆利即爪哇东之 Bali,此亦斯调地望当近爪哇之证。

隐章国

《神丹经》云:"隐章国,去斯调当三四万里,希有至其处者。数十年中,炎洲人时乘舶船往斯调耳。云火珠是此国之所卖有也。故斯调人买得之耳。又有丘陵水田,鱼肉果稼,粢粱豆芋等。又有麻厨木,其木如松,煮其皮叶,取汁以作饵,煎而食之,其味甜香绝美,食之如饴。又使人养气,殆食物也。"

按隐章国一名仅见于此。其地与斯调通商,又产火珠,《唐书》称罗刹国出火珠,不及隐章国。

---

① 殷巨系于吴。祖殷礼吴零陵太守。父殷兴亦仕吴。巨事吴为偏将军。入晋,历苍梧、交阯二郡太守。

② 石声汉《齐民要术今译》(第四分册)"摩厨"条,论摩厨非 Maja。又谓斯调不在太海,恐误。盖《南州异物志》明言"斯调,海中洲名也"。至《扶南土俗》之言"斯调州湾中"云云,亦可视为海湾,不得如石氏说为内陆海岸。斯调之必在南海,最要论证为斯调及杜薄附近皆有产火浣布之火洲;而杜薄之为爪哇,则诚不刊之事实。

大秦国　拂林

《神丹经》云："大泰国在古奴斯调西可四万余里，地方三万里，最大国也。人士炜烨，角巾塞路，风俗如长安人。此国是大道之所出。谈虚说妙，唇理绝殊，非中国诸人辈作，一云妄语也。道士比肩，有上古之风。……始于大秦国人，宗道以示八遐矣，亦如老君入流沙化胡也。从海济入大江，七千余里乃到其国。天下珍宝所出。家居皆以珊瑚为棁欐，琉璃为墙壁，水精为阶戺。昔中国人往扶南，复从扶南乘船，船入海，欲至古奴国，而风转不得达，乃他去，昼夜帆行不得息，经六十日乃到岸边，不知何处也，上岸索人而问之，云是大秦国。"

按《神丹经》大秦此段资料，略同于《晋书》卷九七《四夷传》之《大秦传》。《晋书》云："大秦一名犁鞬……居宇皆以珊瑚为棁栭，琉璃为墙壁，水精为柱础。"《史记·大宛传正义》引万震《南州志》，亦称"居舍以珊瑚为柱，琉璃为墙壁，水精为础舄。"《初学记》卷二四引《南州异物志》："大秦国以榴璃为墙〔则〕也。"《御览》卷一八八引《南州异物志》："大秦国以水精为舄"，皆出自万震之书。《神丹经》此段所言之大秦，指海西罗马之大秦，可以无疑。故云"大秦在古奴斯调（即印度之迦那调州）西可四万余里"，夸言道里之远。又《神丹经》云："自天竺月支以来，名邦大国若扶南者，十有几焉，且自大秦、拂林地各方三万里。"拂林所在，世所熟悉，无待考证。拂林一名，隋裴矩《西域图记》序言："北道从伊吾经铁勒部、突厥可汗庭，度北流河水，至拂菻国达于西海。"说者以为拂林见于史籍之始。隋西域僧伽佛陀绘有《弗林图人物器样》一卷，见《佩文斋画谱》（卷九十五）。元朱德润《存复斋集》有《异域说》，言佛琛国"其域当日没之处，土地甚广。有七十二酋长，地有水银，海周围可四五十里"。《神丹经》以大秦与拂林连称，在天竺月支之外，此处之大秦，非指印度甚明。又赞云："青木天竺，郁金罽宾。苏合安息，薰陆大秦。"以大秦与安息并列，其指罗马明矣。杉本直治郎氏以为《御览》卷七七一引《吴时外国传》"时风一月余日，从迦那调州可至大秦"，疑里数未合，因谓大秦与南印度之Dakshiṇa音近。[①] 冯承钧辈亦有相同说法，以大秦即《佛国记》之达嚫。今观《神丹经》本

---

① 见杉本直治郎《東南アジア研究》I，494页，岑仲勉于《水经注卷一笺校》亦有是说。

文云“地方三万里”，可以知其不然。况达嚫（Dakshināpatha）之境域，见于《大战书》（Mahābhārata），原且不包括南印 Pāndyas 国，据 R. G. Bhandarkar 所考证，仅指说 Marāthi 语之区域（见氏著 *Early History of the Dakkan*）。所指甚狭，安能与大秦地方三万里相比拟乎？达嚫与大秦牵混问题，说详余另文《达嚫考》。

《神丹经》此段文字，1937 年，Henri Maspero 尝译成法文，并附考证，谓此经乃伪托葛洪撰，间亦抄袭万震书，其记大秦事多不确，仍以其指海西东罗马之大秦也。①

《南史》卷六十八《中天竺国传》云：“汉桓帝延熹九年，大秦王安敦遣使自日南徼外来献，汉世唯一通焉。其国人行贾往往至扶南、日南、交阯。其南徼诸国人少有到大秦者。孙权黄武五年，有大秦贾人字秦论来到交阯，太守吴邈遣送诣权，权问论方土风俗，论具以事对。时诸葛恪讨丹杨，获黝、歙短人。论见之曰：‘大秦希见此人。’权以男女各十人送论。”此条每见征引，认为大秦早期与华来往之史实，主要由于商人之关系，孙权以黝、歙之短人赠秦论，短人即所谓僬侥（《说文·人部》：“南方有僬侥人，人长三尺。”）。诸葛恪领丹阳太守，讨平山越，在嘉禾三年（《吴志·陈表传》及《权传》）黝、歙二县俱属丹阳都。于此二县获得僬侥矮人，而以赠与大秦商贾者，因大秦一向传言有小人国，唐太宗子魏王泰《括地志》云：“小人国在大秦南，人才三尺，其耕稼之时，惧鹤所食，大秦卫助之，即僬侥国，其人穴居也。”（王谟辑本）疑系权时已有此说，故权以短人示秦论，而论答云“大秦希见此种人”。此亦大秦故事之趣闻也。

古奴斯调国

《神丹经》云：“古奴斯调国，去歌营可万余里，土地人民有万余家，皆多白皙易长大。民皆乘四轮车，车驾二马或四马，四会所集也。舶船常有百余艘，市会万余人，昼夜作市。船行皆幡号鸣鼓吹角，人民衣服如中国无异。土地有金玉如瓦石，此国亦奉大道焉。”

---

① “Un texte chinois sur le pays de Ta-t'sin (Orient romain)”, *M'elanges Maspero*, vol. II (Le Caire, 1937).

后改题“Un texte taoiste sur l'Orient Romain”，收入氏之遗书第三集 *Etudes Historique* (Paris, 1950)。

按《御览》卷七九〇有姑奴国，引《南州异物志》："姑奴去歌营可八千里。民人万余户，皆乘四辕车，驾二马或四马，四会所集也。舶船常有百余艘，市会万余人。昼夜作市。船皆鸣鼓吹角，人民衣被中国。"《异物志》但称姑奴国，里数作八千。《神丹经》云："扈犁国，古奴斯调西南。"而《御览》引《南州异物志》："扈利国在奴调州西南边海。"《水经·河水注》引康泰曰："安息、月支、天竺至伽那调洲，皆仰此（石）盐。"是其地宜在印度扈利之东。康泰云："从迦那调洲西南入大湾可七八百里，乃到枝扈黎大江口。"故其地似在缅甸西南沿岸。①

《神丹经》言"古奴调国"，除上引二条外，尚云："大秦在古奴斯调西，可四万余里。"②

亦有但称"古奴"者，如云：

师汉、扈黎、斯调、大秦、古奴、察牢、叶波、罽宾。

昔中国人往扶南，后从扶南乘船，船入海，欲至古奴国。

古奴，自即《南州异物志》之"姑奴"。

《洛阳伽蓝记》卷四："（菩提）拔陁云：'古有奴调者，乘四轮马为车。斯调国出火浣布，以树皮为之，其树入火不燃。'"苏继庼谓："今本《伽蓝记》有倒植，应作'有古奴调国'。"古奴调可还原为梵文 Kurndvipa，"调"字为梵文 dvipa 之省译，其义为洲，亦可训国。今按"古奴调国"一名，既揭有"国"字，仍存"调"字者，亦如康泰之"伽那调洲"，既称"调"而又呼"洲"也。《伽蓝记》自以作"有古奴调国"为是。

是知"古奴调国"，即"迦那调洲"或"加那调洲"，而"姑奴国"及"奴调洲"则为其省译（参扈犁国条引文）。《神丹经》之"古奴调国"与 Kurndvipa 不合，斯字当为衍文，盖因"斯调"一名而衍也，表之如次：

---

① 岑仲勉又以迦那调为 Kra，可备一说。许云樵云："迦那调洲较拘利为近。"既言西南入大湾，似在今缅甸西南隅。《正法念处经》有 Kanadvipa 一洲，为阎浮提旁五百小洲之一（《南洋史》，105 页）。

② 古奴斯调，Maspero 译作两国："des royaumes de Kou-onu et de Sseu-t'iao (Ceylon)"（Etudes Historique，p. 102）。

古奴（斯）　　调国　　（《神丹经》）
‖　　　　　　‖
古奴　　　　调国　　（《伽蓝记》）
‖　　　　　　‖
姑奴　　　　国　　（《异物志》）　　《神丹经》亦作“古奴国”
‖　　　　　　‖
伽那/加那　　调洲　　（康泰《扶南传》）
‖　　　　　　‖
奴　　　　　调洲　　（《异物志》“扈利国”条）
　　　　　　‖
　　　　　　Dvipa

察牢国

《神丹经》云：“察牢国，在安息，大秦中间，大国也。去天竺五千余里，人民勇健，举一国人自称王种，国无常王，国人常选耆老有德望者立为王。三年一更，举国尊之，土地所出，与天竺同，尤多珍物，不可名字。察牢国人，自慕其地土，生不出国远行。人民安乐，国无刑杀，惟修仁义福德为业，甚雍雍然也。”

按《御览》卷七九〇有察牢国，引《南州异物志》：“察牢在安息中间，大国也。去天竺五千里，人民勇健，举国人皆称王种。国无常王，国人常选耆老有德者立为王。三岁一更举。土地所〔出〕，与天竺同。慕其土地，不出国远行。”盖即《神丹经》所本。《御览》引“察牢在安息中间”，似当据《神丹经》于“安息”下补“大秦”二字。察牢令地不可考。以音求之，疑是车离国，见《后汉书》卷九八《魏略·西戎传》，“车离”作“东离”，云：“其国沙奇城，在天竺东南三千余里，大国也。其士气物类，与天竺同。列城数十，皆称王，大月氏伐之，遂臣服焉。”

叶波国

《神丹经》云：“叶波国去天竺三千里，人民土地有无，与天竺同。”

按叶波一名，见《宋书》及《梁书》。《宋书·南夷传》：“呵罗单国治阇婆洲，元嘉七年，遣使献金刚指镮，赤鹦鹉鸟，天竺国白叠古贝、叶波国古贝等物。”《梁书·中天竺国传》：“（天竺）左右嘉维、舍卫、叶波等十六大国，去天竺或二三千里，共尊奉之，以为在天地之中。”此条据原文，应是康泰出使扶南时，面询陈宋二人天竺土俗，而陈等回答如此，为三国时之记录。时天竺自以为居世界之中心，其左右十六大国，叶波即其一也，叶波之名，与《神丹经》相同。亦有作“业波”者，《魏书·西域传》：“乾陀（Gandhwa）国在乌苌西，本名叶波，为哌哒（Hephthalites）所破，因改焉。其王本是敕勒（Tegin），临国已二世矣。”（《北史》卷九十七同）《宋云行纪》：“入乾陀罗国，土地亦与乌场国相似，本名业波罗国，为哌哒所灭，遂立勑懃为王，治国以来，已经二世。”则又作“业波罗”，实为 Yopāla 之对音。业波则其略也。[1] 哌哒侵乾陀罗，约当五世纪下半，此书仍称叶波国，则其资料写成应在此之前。沙畹于《行纪笺注》称：《太子须太拏经》谓太子为叶波国湿波王之子，业波、叶波似为同国之名是也。[2]

叶波既改称乾陀罗，《法显行传》作犍陀罗，《水经注》作犍陀卫，所引《释氏西域记》作犍陀越，玄奘《西域记》作健驮逻。其国包有今巴基斯坦白沙瓦（Peshawar）附近之地。

罽宾国

《神丹经》云：“罽宾国在月支西北，大国也。……外地人有石彦章者，久居扶南。数往来外国。云曾至罽宾，见苜蓿山，不能高大也。……洪按此山，必是长生之丘阜也。”

按罽宾，汉武时始通中国。《汉书·西域传》：“其地西北与大月支，西南与乌弋山离接壤。”说者谓其地即今印度北部之 Kāsmira。烈维与沙畹合著《罽宾考》，谓“罽宾”之原音，应为 Kapil（a）或 Kapir（a）。据希腊学者 Ptolémée 之地理著作，克什米尔名 Kaspêria，汉名以为罽宾，

---

① 参周祖谟《洛阳伽蓝记校释》，1963，209—210 页。

② 沙畹《宋云行纪笺注》，冯承钧译本（《西域南海史地考证译丛》第六篇），42 页。

亦不足异。[1]

惟藤田丰八说以为汉之罽宾应在唐之建驮罗迤西，约与“迦毕试”(Kapis）相当（说见慧超《往五天竺国传笺释》)。《神丹经》：“罽宾次于叶波（即健驮罗）之后，云在月支西北。”而月支在天竺北可七千里，此罽宾又在月支之西，是此罽宾不得为克什米尔，似可为藤田说张目矣。

扶南与罽宾之交通，他书不载，此条足补其缺略。

月支

《神丹经》云：“月支在天竺北可七千里。駞马珍物如天竺。土地高凉，皆乘四轮车，驾四五或六七，轭之在车无小大，车有容二十人。有国王称天子。都邑人乘常数十万，域郭宫室与大秦相似。人形胡而绝洁白，被服礼仪，父慈子孝，法度恭卑，坐不蹲踞。如此，天竺不及也。或有奉大道者。中分地亦方二万里。多寒饶霜雪，种姜不生，仰天竺姜耳。无蚕桑，皆织毛而为纱縠也。犬羊毛有长二三尺者，男女通续用之。”

又赞云：“萎蕤月支。”

按《史记·大宛传》大月氏国条《正义》引万震《南州志》：“在天竺北可七千里。地高燥而远，国王称天子。国中乘骑常数十万匹。城郭宫殿与大秦国同。人民赤白色，便习弓马，土地所出，及奇玮珍物，被服鲜好，天竺不及也。”《御览》卷七九三引《异物志》：“月氏俗乘四轮车，或四牛或八牛，可容二十人，王称天子。”凡此皆《神丹经》所本。万震《南州异物志》诸种辑本[2]，皆不及类书所引之“异物志”。今按《神丹经》多据万震书，疑此条《异物志》即《南州异物志》，如是则《南州异物志》辑本，可补者多矣。《汉书》卷九十六大月氏国治监氏城，《后汉书》作蓝氏城，在巴达克山（Badakhshān）地域。自张骞还汉后，大月氏逾妫水（Oxus）取蓝氏为都。此后大月氏则为吐火罗（Tokhares）

① 《罽宾考》，见 *Journal Asiatique*，1895。冯承钧译本（《史地丛考》，108—112 页）。

其他罽宾有关重要之论著如下：

P. C. Bagchi，“Ki-ipn and Kashmir”，*Sino-Indian Studies*，II (1946-7)，pp. 42—53.

L. Petech，“Chi-Pin”，*Northern India According to the Shui-Ching-Chu* 之附录 pp. 63—80，1950，Roma。

② 有陈运溶辑本，《麓山精舍丛书》第二集；小川博《南州异物志辑本稿》(《安田学园研究纪要》第二、三号)。

矣。公元450年，其王南侵北天竺，乾陀罗以北五国，尽役属之。《神丹经》仍分叶波国与月支为二，所记资料，应在此以前。

安息

《神丹经》云："安息在月支西八千里，国土风俗，尽与月支同，人马精勇，土方五千里，金玉如石，用为钱。国王死，辄与铸钱。有犬马，有大爵。其国左有土地，百余王治别住，不属月支也。"

又赞云："苏合安息。"

按《汉书·西域传》："安息国，王死辄更铸钱。有大马爵。[①] 其属大小数百城，地方数千里。……"当为《神丹经》所本。

古安息即指Parhia之Arsacides，安息国名首见于《史记·大宛传》。赵汝适《诸蕃志》安息香条云："《通典》叙西戎有安息国。"仅引《通典》，不及此经。《梁书·中天竺传》："其西与大秦安息交市海中……苏合是合诸香汁煎之。"（即Storax，产于小亚细亚。）《隋书·波斯传》载波斯产苏合。按安息当周隋之时为波斯萨珊王朝，故《隋书》称"波斯产苏合"，《神丹经》成书在前，故云"苏合安息"也。

优钱

《神丹经》云："优钱在天竺东南七千里。土地人民举止，并与天竺同。珍玩所出，奇玮之物，胜诸月支。""乃说邦国，厥数无原。句稚歌营，林扬加陈。师汉扈犁，斯调大秦。古奴察牢，叶波罽宾。天竺月支，安息优钱，大方累万，小规数千。过此以往，莫识其根。"

又赞云："兰艾斯调，幽穆优钱；余各妙气，无及震檀也。"

按优钱他书作优钹。《御览》卷七八七引康泰《扶南土俗》："优钹国者，在天竺之东南可五千里。国土炽盛，城郭珍玩谣俗与竺司。"（按当作"天竺同"）又云："横跌（鲍本作横跌）国在优钹之东南。城郭饶乐，不及优钹也。"《神丹经》似本诸康泰书，而三处并作优钱。且以"优钱"与"千、根"为韵，又一以"优钱"与"震檀"协韵，鄙见由用韵知其

① 《御览》卷七九三引作"有大马大爵"是。《汉纪·孝武纪》、《通典·边防》并同。

作“钱”，应较《御览》两处所引之作“钹”，更为可据。宋本《御览》于优钹国下接记横趺国，字并从金作“钹”，殆由“钱”转写为“钹”。他书引《御览》或作“优跋”，乃更误“钹”为“跋”矣。

横趺（跌）国，在优钱之东南，经考证与担袂、摸趺实同一地，即 Tamatipti（＝Tamlūk）。[①] 优钱在天竺东南，与天竺同俗，必在印度境内，可能即乌爹（《岛夷志略》），即乌荼（《大唐西域记》）。汉译梵文，每以忧、乌译 u，如乌苌国（uddiyana）亦作“忧长”（梁宝唱《名僧传》）是其例。今吴语仍读“钱”字如 di，故优钱之为乌荼，似有可能。乌荼，梵文 Udra、Odra，Pakrit 作 Oḍḍa，乌荼必为 Oḍḍa 之对音。印度东海岸 Orissa 之古名也。

伯希和谓“摸趺”、“优钹”二名，似其原地名中有 Mahadelupat 之可能，但不知在何处。设所言之天竺系指印度，则其东南五千里之优钹国[②]，应在恒河以东，混慎出发之摸趺（指《御览》卷三四七引《吴时外国传》记扶南之先，有摸趺国人混慎得神弓事），既在优钹东南，则宜在马来半岛东岸。[③] 对于“优钹”一名无从复原。今《神丹经》三处作“优钱”，可资比勘之助，故余敢断言“钹”乃“钱”之误也。

《神丹经》所记诸国里程：

象林县过日南四五百里，立两铜柱为汉南界。

林邑南可三百里，为西图国。

出日南寿灵浦，由海正南行，昼夜不住十余日乃到扶南。扶南在林邑西南三千余里。

典逊，在扶南南去五千里。

典逊去日南二万里，扶南去林邑似不过三千七八百里。

（舶船发寿灵浦口，调风昼夜不解帆十五日，乃到典逊〔高张四帆〕，

---

① 《水经·河水注》引康泰《扶南传》：“……恒水江口有国，号担袂，属天竺，遣黄门字兴为檐袂王。”

杉本直治郎考证担袂、横趺皆一名之异写，即《西域记》之耽摩栗底国。

② 杉本氏论“优钹”即印度之“羯罗拏苏伐剌那国”，以其在耽摩栗底西北七百余里。其地梵名 Karna（耳）Suvarna（金），谓优钹＝Su-Var，乃苏伐剌那之略称，说甚迂回（杉本氏书，501—511 页），今所不取。

③ 见氏著《关于越南半岛的几条中国史文》，冯承钧《西域南海史地考证译丛》，171 页。

一日一夕，行二千里。）

杜薄，阇婆国名也。在扶南东涨海中洲，从扶南船行，直截海度，可数十日乃到。

无伦国，在扶南西二千余里。

林阳国，在扶南西二（七）千余里。

句稚国，去典逊八百里有江口。

歌营国，在句稚南可一月行，乃到其国。湾中有大山林迮海边，名曰蒲罗，中有殊民，尾长六寸。……是歌营国夷人耳。

加陈国，在歌营西南，海边国。

师汉国，在句稚西南，从句稚去，船行可十四五日乃到国。

扈犁国，古奴斯调西南，入大湾中七八百里，有大江。自江口西行，距大秦国万余里，乘大舶载五六百人，张七帆，时风一时乃到大秦国。

斯调国，海中洲名，在歌营国东南可三千里。

隐章国，去斯调当三四万里。

大秦国，在古奴斯调西可四万余里。

古奴斯调国，去歌营可万余里。

察牢国，在安息大秦中间，去天竺五千余里。

叶波国，去天竺三千里。

罽宾国，在月支西北。

月支，在天竺北可七千里。

安息，在月支西八千里。

优钱，在天竺东南七千里。

按《通典》卷一百八十八海南序略，言“朱应康泰使诸国，其所经及传闻则有百数十国，因立记传。晋代通中国者盖鲜”。是未采及《神丹经》资料可知。其称隋时闻焉之国，计有投和、丹丹、边斗、都昆、拘利、比嵩、杜薄、薄剌、火山、无论等国，除投和、丹丹而外，均见于《神丹经》。《太平御览》卷七九〇南蛮诸国名与《神丹经》相同者，有无论、句稚、歌营、加陈、师汉、扈利、姑奴、察牢、西屠，均见《异物志》。卷七八七有蒲罗中国、优钹、斯调、林阳诸国，多见康泰《扶南土俗》，两书所列各国先后，不加伦次，不若《神丹经》之条秩有序，故略揭其书中所记诸国里程，列举以供参考。

四、丹经赞之香药资料

香药自海舶输入，盛于唐世。（《唐阙史》记兰陵崔公统戍番禺，而夷占辐辏；至于长安宝货药肆，咸丰衍于南方之物，即其一证。）唐人因作《南海药谱》，词人李珣亦撰《海药本草》，而论香药贸易史者，追溯原初，仅及李唐而止。（如日人山田宪太郎所作《东西香药史》是。）此经之末有赞，载众香产地，乃极重要之香药文献，而未见引用。兹录原文如次，并略为注释。范晔撰《和香方序》，已云“苏合安息”（《宋书》卷六九），与此赞文同。众香杂类，各自有原。

木之沉浮，出于日南。

《御览》卷九八二引《南州异物志》：“沉木香出日南，欲取当先斫坏树，着地积久，外皮朽烂，其心至坚者，置水则沉，名沉香；其次在心白之间，不甚坚精，置之水中，不沉不浮，与水面平者，名曰栈香；其最少粗白者，名曰系香。”《香要抄本》引略同。又《梁书·林邑传》：“林邑国者，本汉日南郡象林县……出瑇瑁、贝齿、吉贝、沉木香……置水中则沉，故名曰沉香，次不沉不浮者，曰籛香也。”《政和证类本草》卷一二沉香条：《通典》“海南林邑国，秦象郡林邑县。出沉香沉木”。《本草纲目》卷三四引宋苏颂《图经本草》：“沉香青桂等香，出海南诸国及交广崖州。沉怀远《南越志》云：交趾蜜香树，彼人取之，先断其积年老木根，经年其外皮干俱朽烂，木心与枝节不坏，坚黑沉水者，即沉香也；半浮半沉，与水面平者，为鸡骨香……”沉香，学名为 Aguilaria agallocha。

都梁青灵，出于典逊。

《香要抄本》引《南州异物志》：“藿香出典逊，海边国也，属扶南，香形如都梁，可以着衣服中。”《香药抄·里书》引《本草纲目》卷十四引《嘉祐本草》略同。《艺文类聚》及《太平御览》亦引，然多讹夺；详前“典逊”条。又《御览》卷七八八引《唐书》：“顿逊国出霍香，插枝便生，叶如都梁，以裛衣。”按都梁乃兰之别名，《御览》卷九八二引盛弘之《荆州记》：“都梁县有小山，山水清浅，其中生兰草。俗谓兰为都梁，即以号县。”此言都梁出典逊，因藿香形似兰，故称为都梁也。石户谷勉《中国北部之药草》谓藿香似为印度之 Pogostemon purpurascens（沐绍良译本，100 页）。

鸡舌芬萝，生于杜薄。

《香要抄本》引《南州异物志》："鸡舌香出杜薄州，云是草花，可含香口。"《香药抄》引同。《御览》卷九八一引《南州异物志》作："鸡舌出在苏州，云是草花，可含香口。""在苏"自是"杜薄"之讹。同卷又引《吴时外国传》："五马洲出鸡舌香。"卷七八七"马五洲"条引康泰《扶南土俗》："诸薄之东有五洲，出鸡舌香，多华少实。"诸薄即杜薄也。《本草纲目》卷三四引唐陈藏器《本草拾遗》："鸡舌香与丁香同种，花实丛生，其中心最大者为鸡舌，击破有顺理而解为两向，如鸡舌，故名；乃是母丁香也。"又引苏恭《唐本草》："鸡舌香……出昆仑及交州爱州以南。"又引李珣《海药本草》："丁香生东海及昆仑国。"石户谷勉谓丁香即 Eugenia aromatica 之干制花蕾，鸡舌香则为其未熟之果实。

幽兰茹来，出于无伦。

无伦国见前。幽兰茹来，不详。

青木天竺。

《御览》卷九八二引《南州异物志》："青木香出天竺，是草根，状如甘草。"《重修政和证类本草》引同，《香字抄》、《香要抄本》、《香药抄》引略异。《御览》又引《广志》："青木出交州天竺。"徐里（衷）《南方记》："青木香出天竺国，不知其形。"《南夷志》："南诏青木香，永昌所出，其山名青木山，在永昌南三月日程。"[①]《本草纲目》卷一四引《名医别录》："木香生永昌山谷。（陶）宏景曰：此即青木香也，永昌不复贡，今皆从外国舶上来，乃云出大秦国，今皆以合香，不入药用。"《唐本草》："此有二种，当以昆仑来者为佳，西胡来者不善。"《图经本草》："木香生永昌山谷，今惟广州舶上有来者，他无所出。"按青木香盖 Saussurea laffa 之根也，原为 Kashmir 之土产。[②]

---

① 日本《续群书类丛》第三十辑卷八九四为《香字抄》。在第三十一辑之卷八九五为《香要抄》，卷八九六本为《香药抄》，卷八九六末为《香药抄・里书》，共四种。《南夷志》即唐樊绰《蛮书》，今本文字略异，参向达《蛮书校注》（1962），196 页。

② 参冯承钧《诸蕃志校注》（1940），125 页；《中国北部之药草》，沐译本，12 页。

郁金罽宾。

《香要抄本》引《南州异物志》："郁金香，出罽宾国。国人种之，先取上佛，积日萎熇，乃弃去之。然后贾人取之。（《南史·中天竺国传》：郁金独出罽宾国，文亦相同。）郁金色正黄而细，与扶容（按：《御览》作芙蓉）华里披莲者相似。可以香酒，故天子有郁酒也。"《香药抄》引同。《御览》卷九八一引有夺文。《本草纲目》卷十四引作杨孚《南州异物志》。又《香药抄》引《遁麟记》："郁金者，是树名，出罽宾国。其花丛取花安置一处，待烂，压取汁，介物和之为香，花稻犹有香气，亦用为香也。"郁金香，学名 Cureuma Ionga Macrophylla。鱼豢《魏略》云大秦出郁金，《周书·异域传》称波斯国出郁金。证之《旧唐书·西戎传》，郁金出于天竺，通于大秦，此云"郁金罽宾"正合事实。

苏合安息。

《御览》卷九八二引《续汉书》："大秦国合诸香，煎其汁，谓之苏合。"《广志》："苏合出大秦；或云苏合国人采之，笮其汁以为香膏，卖滓与贾客；或云合诸香草煎为苏合，非自然一种也。"《政和证类本草》卷一二引陶隐居云："俗传云是师子屎，外国说不尔；今皆从西域来。"又引《唐本草》："此香从西域及昆仑来。"冯承钧《诸蕃志校注》引 Hirth 及 Rockhill 说："今苏合香油乃 storax 油，产于小亚细亚之 Liquidambar orientalis 中。古代中国所识之苏合，出大秦国。按希腊语名此物曰 sturaz，汉名苏合，殆其对音，盖西利亚 styrax officinalis 之产物也。"《隋书》卷八三《波斯传》载波斯产苏合。（按：《周书》五十《波斯传》同。波斯即安息。）《梁书》卷五四与《南史·中天竺国传》云："其西与大秦安息交市海中，多大秦珍物。……苏合是合诸香汁煎之，非自然一物也。"又云："大秦人采苏合，先笮其汁以为香膏，乃卖其滓与诸国贾人，是以展转来达中国，不大香也。""苏合安息"一语，刘宋范晔已言之。

薰陆大秦。

《本草纲目》卷三四引掌禹锡《嘉祐本草》："按《南州异物志》云：'薰陆出大秦国，在海边有大树，枝叶正如古松，生于沙中，盛夏木胶流出沙上，状如桃胶，夷人采取，卖与商贾，无贾则自食之。'"《御览》卷九八二引《南方草木状》："薰陆香出大秦，云在海边，自有大树生于沙中，盛夏树胶流出沙上，夷人采取，卖与贾人。”[1] 注：“《南州异物志》同，其异香（按：为‘者’字之讹）惟云：状如桃胶。”《香要抄本·香药抄·里书》引略同。《御览》又引《魏略》：“大秦出薰陆。”《广志》：“寄六出交州，又大秦海边人采与贾人易谷，若无贾人，取食之。”《政和证类本草》卷十二引《唐本草》：“薰陆香形似白胶香，出天竺单于国。”《本草纲目》引宋陈承《本草别说》：“西出天竺，南出波斯等国。……薰陆是总名，乳是薰陆之乳头也。”《梦溪笔谈》卷二六亦云：“薰陆即乳香也，本名薰陆，以其滴下如乳头者谓之乳头香。”冯承钧《诸蕃志校注》：“释注[2]以乳香为华语 olibanum（frankincense）之通称，阿剌壁语名香药曰 luban，犹言乳。又以薰陆为译名，出阿剌壁语之 kundur，或梵语之 kunduru，末引《本草纲目》卷三四，摩勒香、杜噜香、多伽罗香三名。伯希和以为薰陆是华名，纵为译语，所本语言尚未详，要与阿剌壁语名无关系也。摩勒对音未详；杜噜如为梵语咄鲁瑟剑 turuska 之省译，然为苏合，而非薰陆；多伽罗对音是 tagara，乃为零陵香，亦非薰陆也。”

咸自草木，各自所珍。或华或胶，或心或枝。

唯夫甲香、螺蚌之伦，生于歌营、句稚之渊。

《御览》卷九八二引《南州异物志》：“甲香，螺属也。大者如瓯，面前一边，直挠长数寸，围壳岨峿有刺。其掩可合众香烧之，皆使益芳，独烧则臭。甲香一名流螺，谓〔诸螺〕（原脱，据《香要抄》末补）之中流最厚味。”《香要抄》末及重修《政和证类本草》卷二二引略异。《御览》又引《广志》：“甲香出南方。”《西京杂记》述赵飞燕女弟遗飞燕三十五物，有“青木香、沉水香、香螺卮”。香螺卮下原注：“出南海，一名丹螺。”香螺卮当亦即甲香。

萎蕤月支。

《本草纲目》卷十二引《名医别录》：“萎蕤生太山山谷及丘陵。宏景曰：今处处有之，根似黄精，小异，服食家用之。”李时珍亦云：“处处山中有之。”不悉《神丹经》作者因何而谓萎蕤出月支也。

---

① 今本《南方草木状》作：“薰陆香，出大秦，在海边有大树，枝叶正如古松，生于沙中，盛夏树胶流出沙上，方采之。”各书转引徐表《南州异物记》，或作徐里。按徐表、徐里，均为徐衷之讹。参和田久德《徐衷の南方草木状について》（《岩井博士古稀纪念典籍论集》）。

② 按指 Hirth 及 Rockhill 之 *Chau Ju-Kua: His Work on the Chinese and Arab Trade in the Twelfth and Thirteenth Centuries, entitled Chu-fan-chi*。

硫黄都昆。

重修《政和证类本草》卷三引《南州异物志》："流黄香出南海边诸国。今中国用者从西戎来。"《御览》卷九八二引《吴时外国传》："流黄香出都昆国，在扶南南三千余里。"注："《南州异物志》同。"又引《广志》："流黄香出南海边国。"（《齐民要术》卷十引《南方草木状》："都昆树，野生，二月花色仍连着实，八九月熟如鸡卵，出九真交阯。"都昆树当以产于都昆得名。）

白附师汉。

《证类本草》卷十一白附子条引陶隐居云"此物乃言出芮芮"，按即蠕蠕。又引唐《本草》："本出高丽，今出凉州以西，蜀郡不复有。"《本草纲目》卷十七引《海药本草》：徐表（衷）《南州异物记》云："生东海新罗国，及辽东。苗与附子相似。"白附子究为何物，学者意见不一。[①] 惟高丽新罗与师汉，东西遥遥，不知《神丹经》作者何以系合一谈也。

光鼻加陈。

加陈国见前。光鼻，不详。

兰艾斯调。

兰艾，不详，疑为兰草及艾纳之合称。《御览》卷九八二引《乐府歌》："行胡从何来？列国持何来？氍毹五味香，迷送（按为'迭'之讹）艾纳及都梁。"都梁即兰。

幽穆优钱。

优钱国见前。幽穆，不详。

余各妙气，无及震檀也。

震檀，即真檀，梵名 Candana，参《诸蕃志》檀香条。

计《神丹经》末述及香药一十五种：除四种不详（幽兰茹来、光鼻、兰艾、幽穆），二种疑记载有误（萎蕤、白附），一种已见《宋书·范晔传》（苏合），余八种见《南州异物志》。

---

① 参《中国北部之药草》，沐译本，43—44 页。

五、结论

（一）《神丹经》所据

昔 Henri Maspero 尝选译《神丹经》记大秦国事，并谓经文多出万震《南州异物志》；所言是也，惟未加阐述。本文三、四两节于《神丹经》各条所据，已有考释，因眉目未清，兹汇录如次：

(1)《神丹经》文与《南州异物志》相同者：

“扶南在林邑西南三千余里，自立为王，诸属国皆君长。王号炮到，大国次王者号为鄱叹，小国君长及王之左右大臣皆号为昆仑也。”——《御览》卷七八六引《南州异物志》，较略。

“典逊在扶南南去五千里……今属扶南。”——《御览》卷七八八引《南州异物志》，五千里作三千余里。

“（无伦国）有大道……其酒甘美。”——《御览》卷七九〇引《南州异物志》，无伦作无论，“种桄榔食菱饭”作“种枇杷食麦饭”。“句稚国去典孙八百里……水浅而多慈石。”——《御览》卷七九〇引《南州异物志》，“典逊”误作“典游”。

“大崎头出涨海中……慈石不得过。”——《御览》卷九八八引《南州异物志》，少异。

“歌营国在句稚南……男女裸形。”——《御览》卷七九〇《南州异物志》，较略。

“林杨在扶南西二千余里……皆奉道。”——《御览》卷七八七引《南州异物志》，略同。

“加陈国在歌营西南。”——《御览》卷七九〇引《南州异物志》，同。

“师汉国在句稚西南……民万余家。”——《御览》卷七九〇《南州异物志》，同，惟不及师汉之命名。

“扈犁国，古奴斯调西南。”——《御览》卷七九〇引《南州异物志》：“扈利国，在奴调洲西南边海。”

“斯调国，海中洲名也……土地沃美。”——《御览》卷七八七引《南州异物志》，同，惟不及“奉大道”事。

“（大秦国）家居皆以珊瑚为棁櫺……水精为阶苑。”——《史记·大宛列传正义》引万震《南州志》，同。《初学记》卷二四及《御览》卷一八八引

《南州异物志》，不全。

“古奴斯调国，去歌营可万余里……衣被中国。”——《御览》卷七九〇引《南州异物志》，同，惟“古奴斯调”作“姑奴”，“万余里”作“八千里”。

“察牢国在安息大秦中间……不出国远行。”——《御览》卷七九〇引《南州异物志》，同。

“月支……土地高凉。”“国王称天子……天竺不及也。”——《史记·大宛列传正义》引万震《南州志》，同。

“（月支）皆乘四轮车……车容二十人。有国王称天子。”——《御览》卷七九三引《异物志》，同。

（2）《神丹经》文采取《南州异物志》者：

“木之沉浮，出于日南。”“都梁青灵，出于典逊。”“鸡舌芬萝，生于杜薄。”“青木天竺。”“郁金罽宾。”“薰陆大秦。”“唯夫甲香、螺蚌之伦，生于歌营、句稚之渊。”“硫黄都昆。”——详“丹经赞之香药资料”。

“又有麻厨木……殆食物也。”——《齐民要术》卷十引《南州异物志》：“木有摩厨，生于斯调国，其汁肥润，其泽如脂膏，馨香馥郁，可以煎熬食物，香美如中国用油。”《御览》卷九六〇引，及《本草纲目》卷三一引《本草拾遗》转引，文字略异，一作《异物志》，一作陈祈畅《异物志赞》。未悉确为万震书否。

（3）《神丹经》文与康泰书相同者：

“（杜薄）女子织作白叠花布。”——《御览》卷八二〇引《吴时外国传》，同。

“蒲罗中有殊民……而好啖人。”——《御览》卷七八九引康泰《扶南土俗》、卷七九一《扶南土俗传》，略同。

“扈犁国，古奴斯调西南，入大湾中卷七八百里……时风一月乃到大秦国。”——《水经·河水注》引康泰《扶南传》，《北堂书钞》卷一三八、《御览》卷七七一引《吴时外国传》，略同。

“优钱在天竺东南七千里，土地人民举止，并与天竺同。”——《御览》卷七八七引康泰《扶南土俗》，“优钱”作“优钹”，“七千里”作“可五千里”。

（4）《神丹经》文与《唐书》相同者：

“杜薄，阇婆国名也，在扶南东涨海中洲……皆着衣服。”“以金为钱货。”——《御览》卷七八八引《唐书》，少异。

（5）《神丹经》文与《汉书》相同者：

“（安息）国王死……不属月支也。”——《汉书·西域传》，略同。

是《神丹经》作者于《南州异物志》取材独多，亦尝参据康泰书。又自附录之《地名异译表》，可知《神丹经》之地名，除见《南州异物志》及康泰书外，又多同于《洛阳伽蓝记》及《梁书》(《梁书·海南诸国传》颇多原出康泰书)。

(二)《神丹经》在古地理研究上之价值

释道二藏，卷帙浩繁，今人虽知其为学界鸿宝，读者终鲜，而研习《道藏》者尤鲜。故《神丹经》一书，自法儒马伯乐于1937年将其中大秦国节译成法文，并附考证，谓此经乃伪托葛洪撰，其记大秦事诸多不确，且断为六世纪之作品；治域外地理者于此经鲜见引证。然此经记外国地理之重要，乃在于记载西南诸国里程，并排比其先后得一条贯。康泰、万震之书，既非完帙，类书所引，一鳞一爪，莫由审其经纬。此经大半钞自万震，其资料之素材，可信为依据三世纪之记录，不容忽视。此其价值一也。此经记扶南、典逊、林邑、杜（社）薄、无伦五国，而不及诃罗陁（宋元嘉七年入贡)、婆皇（元嘉二十六年献方物)、婆达（元嘉二十六年入贡)、槃槃（元嘉入贡)、丹丹（梁中大通二年入贡)、狼牙修（天监十四年遣使奉表）诸国，可见并无羼入刘宋以来之南海事迹，且从书中用韵观察，决不能迟至六世纪。此其价值二也。域外地理，古书记载简略，方向既多约略之辞，文献复稠叠，类相因袭，故莫切于鸠集相同之记载，互为校核，以定其从违。此经取材多自康泰万震，持与类书征引者参校，颇多可厘正者，如句稚国条可明宋本《御览》"与游"乃"典逊"之讹。又由扈犁国条，可证传本《洛阳伽蓝记》"古有奴调国"应作"有古奴调国"。此其价值三也。经末述赞众香产地，为早期香药史之重要文献。此其价值四也。于叶波国不称乾陀或乾陀罗，与《北史》所记本名业波正合。叶波为本名，因为𠺕哒所破，遂改焉，此事亦见《宋云行纪》，云于正光元年（公元520）至乾陀罗国，可证《神丹经》写成年代，应前于此。其价值五也。由此五端，具见此经之值得重视。虽马伯乐曾论述于前，而探究未周，不妨再事研索。比年整理港大冯平山图书馆善本书，对此经发生兴趣，浏读《太平御览》，采辑益多，其东西学者对各地名曾论列者，略为引证推勘。以此经可提供当代南洋史家未用之资料，故不自量力，掇为斯篇。惜南海地理非所夙习，于地望所在，但取成说，加以评骘，而不敢妄断，徒有纂文之劳，实蔑释地之功。踳谬之处，俟鸿博之匡正云。

1961年初稿，1969年重录改定

附录　地名异译表

《太清金液神丹经》	《南州异物志》	《异物志》	康泰所撰书	《交州以南外国传》	《外国传》	竺芝《扶南记》	《林邑记》	郭氏《玄中记》
西图		西屠		西屠	西图		西屠	
典逊	典逊(又讹作与游)		顿逊(扶南传)			顿逊		
都昆			都昆(吴时外国传)		屈都乾		屈都	
比嵩								
句稚	句稚		拘利(扶南土俗、扶南传)					
杜薄	杜薄(又讹作在苏)		诸薄(吴时外国传扶南土俗)	(诸簿)(诸转)				诸薄
无论	无伦							
歌营	歌营		加营(吴时外国传扶南土俗)					加营
蒲罗	蒲类		蒲罗中(扶南土俗)					
林杨	林阳		林阳(扶南土俗)			林阳	林杨	
加陈	加陈							
师汉	师汉							
扈犁	扈利		枝扈黎(扶南传)					
斯调	斯调	斯调	斯调(扶南土俗、吴时外国传)					
隐章								
古奴(斯)调古奴	奴调洲姑女		加那调州(吴时外国传)					
察牢	察牢							
叶波								
优钱			优钹(扶南土俗)					

续前表

杨衒之《洛阳伽蓝记》	姚思廉《梁书》	《隋书》(《御览》引)	《唐书》(《御览》引)	杜佑《通典》	《广志》	其他
	西图(今本讹作西国)					西屠(吴录、吴都赋)
典孙(原讹作孙典)	典孙顿逊		顿逊	典逊顿逊		顿逊(穷神秘苑)
	屈都昆	都昆都雅(都军)		都昆都军		都昆(南方草木状)都君(太平寰宇记)屈都昆(晋书地道记)
		比嵩		比嵩北嵩		
句稚	九稚拘利	九稚拘利	拘利	九离拘利		
	诸薄		杜薄社婆(唐书南蛮传)	杜薄诸薄	诸薄	耆薄(大荒西经郭注)诸薄(徐衷南方记)
				无论		
歌营				加营		
			蒲刺洲 勃焚洲	蒲刺 勃焚洲		勃焚洲(抱朴子)
						拔扈利(括地志)固支黎(印度劄记)
斯调					斯调	斯调(应志)
古奴调(据范氏校本)						
业波罗	叶波					叶波(宋书、太子须擘经)业波(魏书)

说明：常见地名而诸书少异者，若扶南、林邑、大秦、天竺、罽宾、月支、安息，未列入此表。

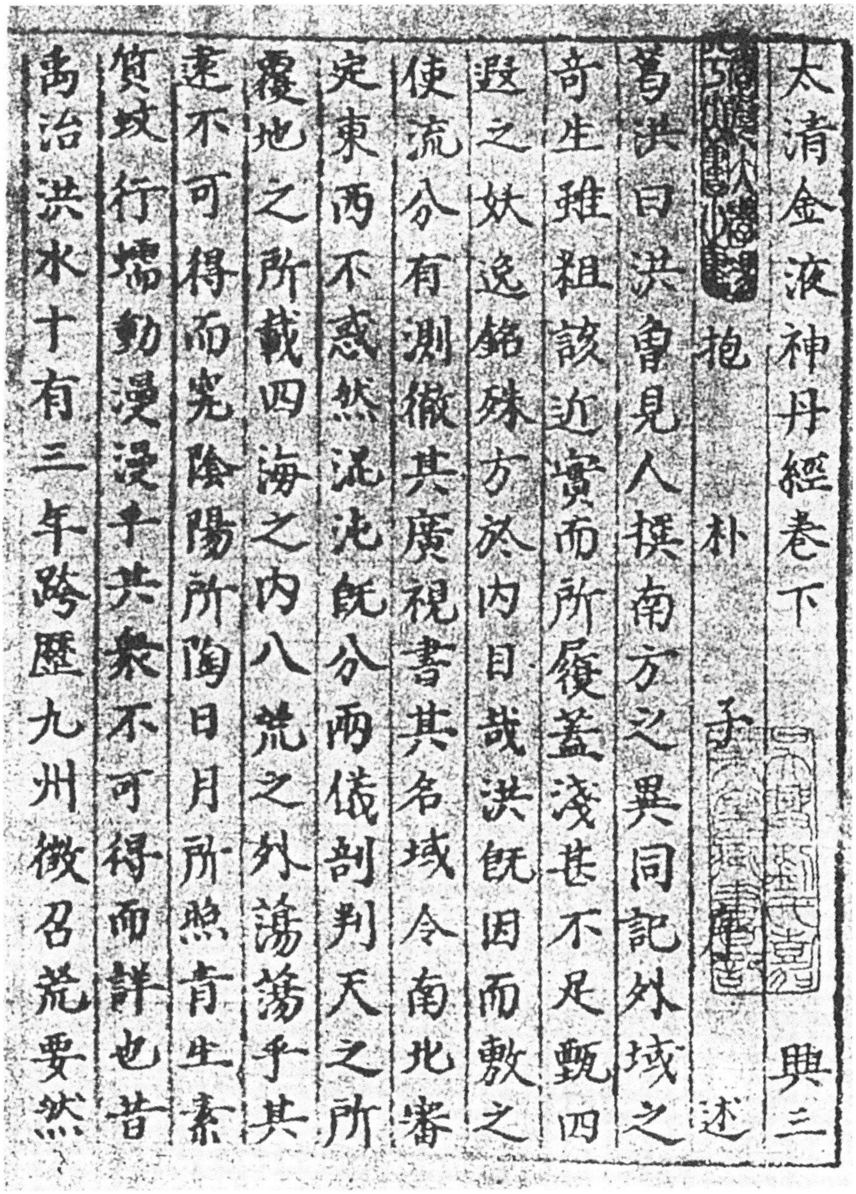

太清金液神丹經卷下　　　　興三

抱朴子述

葛洪曰洪曾見人撰南方之異同記外域之奇生雖粗該近實而所履蓋淺甚不足甄四遐之妖逸銘殊方於內目哉洪既因而敷之使流分有測微其廣視書其名域令南北審定東西不惑然混沌既分兩儀剖判天之所覆地之所載四海之內八荒之外蕩蕩乎其遠不可得而究陰陽所陶日月所照青生素質蚑行蠕動漫浸乎其衆不可得而詳也昔禹治洪水十有三年跨歷九州徵召荒要然

天一阁旧藏明钞道藏零本

后记

日本学人颇怀疑《神丹经》为晚出伪书。

近日冯汉镛著《葛洪曾去印支考》（见《文史》三十九期，1994），列举葛氏书中言及印支特产与扶南土俗等，则力证其到过印支。谓其《仙药》篇言及日南卢容水中玉，卢容近灵寿浦，可能彼曾逗留过一段时间，且考出其航行路线系取道琼州、儋州线，可以参看。

宋帝播迁七洲洋地望考实兼论其与占城交通路线

宋季帝昰播迁海裔，由潮而惠、而广，转徙于官富场及其附近（即九龙新界辖境）者凡九阅月，然后南走秀山，舟次井澳。元军追至七洲洋，帝欲奔占城不果，遂驻于化之硇洲。无何，驾崩。帝以弱龄，自井澳惊悸得疾，遂乃“海桴浮避，澳岸栖存”①。虽凌震有复广之讯，马南宝曾赋诗志喜，时帝舟实次于硇洲②，故遗诏谓“沙洲何所，垂阅十旬”。盖帝仍泊舟中，有谓其至广，如《二王本末》说，盖谰言也。

帝昰自浅湾（《新安县志山水略》：“浅湾山在县南九十余里。”）走秀山，旋至七洲洋，盖欲往占城未果，故驻于化之硇州。秀山亦名虎头山，《筹海图编·广东沿海山沙图》有大小虎头山，俗又名虎头门。③ 自宋至明，船舶南往诸蕃，出虎头门，乃入大海。由粤航海，向分中路及东西路。

明王在晋《海防纂要》记广东中路云：

> 日本诸岛入寇，多自闽趋广。柘林为东路第一关锁，使先会兵守此，则可以遏其冲，而不得泊矣。其势必越于中路之屯门、鸡栖、佛堂门、冷水角、老万山（按即大屿山）、虎头门等澳，而南头为甚，或泊以寄潮，或据为窠穴，乃其所必由者；附海有东莞大鹏戍守之兵，使添置往

① 陆秀夫《景炎帝遗诏》语。

② 参黄佐《香山县志·马南宝传》。

③ 见陈伯陶《东莞志·山川》。

来，预为巡哨，遇警辄敌，则必不敢以泊矣。其势必历峡门、望门、大小横瑟山（按即横琴山）、零丁洋、仙女澳、九灶山（按应作三灶）、九星洋等处而西，而浪白澳为甚，乃番舶等候接济之所也，附海有香山所戍守之兵，使添置往来，预为巡哨，遇警辄敌，则亦不敢以泊此矣。其势必历厓门、寨门海、万斛山、硐州（按即砜州）等处而西，而望峒澳为甚，乃番舶停留避风之门户也，附海有广海卫、新宁、海朗所戍守之兵，使添置往来，预为巡哨，遇警辄敌，则又不敢以泊此矣。[①]

此记广东沿海险要戍所甚详，盖本胡宗宪《筹海图编》卷三《广东事宜》中路条。《方舆纪要》（卷一〇一）广东“海”条引《海防考》文略同，而字作“硐洲”，当是“砜州”之误。关于香山线之仙女澳等处，宋帝自秀山南奔，曾经其地。

黄佐嘉靖《香山县志·山川》云：

九星洲山，九峰分峙，多石岩石屋，灵草石上，溜水甘美，为番舶往来所汲，曰天塘水。

零丁山，下有零丁洋。

小横琴山，下有双女坑。大横琴山，幽峻，为寇所伏。

深井山，即仙女澳也，亦名井澳，在横琴下。宋端宗御舟尝至此。（注云：“景炎二年十二月，帝舟入海，至仙山澳；丙寅，风大作，舟败几溺，帝惊悸得疾，曾一却元兵于此。”）

三灶山，三石形似名。与横琴相对，皆抵南番大洋。

考《筹海图编·广东沿海总图》，东莞县虎头山南有九星洋，而吴川县南有七星洋，实为二地。又同书《沿海山沙图》，九星洋在官富山东南，大小虎头山之北。检罗洪先《广舆图》一“广东舆图”，东莞以南，香山之北，有“七星”及“虎头”二名并列，“七星”当是《山沙图》之“九星”。以“九星洋”与“七星洋”，自明以来即易淆混，故元将刘深追帝昰所至之七洲洋，向来因有二说：

① 日本蓬左文库藏修德堂万历刊本。

（1）以为“七星洋”

《厓山志》云：“丁丑，刘深追（帝）至七星洋，大战洋中，夺船二百艘。”黄佐《粤志》同。广东《阮通志·海防略图》说“七星洋在遂溪县南，与硇洲为犄角之势”。《明一统志》卷八十二《琼州府山川》：“七星山在文昌县东滨海，山有七峰，状如七星连珠，亦名‘七洲洋山’。”《文昌县志》因谓：“七洲洋山在县东百余里大海中，七峰连峙，与铜鼓山相属，俱有石门，上有山，下有泉，航海者皆于此樵汲。元刘深追宋端宗获俞如圭（珪）于此。”[①] 张燮《东西洋考》考卷九《西洋针路》乌猪山，下条为七州山七州洋，引《琼州志》亦云：“在文昌东一百里，海中有山，连起七峰。内有泉，甘洌可食。元兵刘深追宋端宗执其亲属俞廷珪之地也。”此《琼州志》乃万历以前所修者。

（2）以为“九星洋”

《读史方舆纪要》香山县井澳条云：“九星洋在县西南，宋景炎二年，元将刘深袭井澳，帝至谢女峡，复入海至九星洋，欲往占城不果。《一统志》‘海中有九曜山罗列如九星’，洋因以名。”按明《一统志》卷七八：“九曜山在（广州）府城西海中，罗列如九星。宋郭祥正诗：番禺城西偏，九石名九曜。”此九曜山实在番禺西，若香山县乃有“九星洲山”（见黄佐《香山志》），顾祖禹引番禺九曜山以附会“九星洋”，实误。

按九星洲山在香山县，近仙女澳，具见上引黄佐嘉靖《香山志》。然黄氏于此条不书宋帝事。“七星洋”与“九星洲山”至易相混。“七洲洋山”据《明统志》地在文昌县，然元《经世大典》云：“二十三日，沿海经略使行征南左副都元帅府丘追昰昺世杰等至广州七洲洋，及之，战海洋中，夺船二百艘，获昰母舅俞如珪等。”则以此七洲洋在广州，然《经世大典》所记时地，多极虚泛，如谓昰遁海外硇洲，即接言十四年九月五日福建宣慰使唆都言“南剑州安抚司达鲁花赤马良佐，遣人于福泉等处密探得，残宋建都广州改咸熙元年”云云。咸熙年号之误，自不待论，至谓其建都广州，亦非事实。寻彼所谓“广州”可能泛指广东境，故谓“广州七洲洋”一语。“广州”二字亦极空泛，恐不能执此以定七洲洋必属广州境也。

---

① 道光《琼州府志》卷四上“山川”引。

又考帝昰自井澳至七洲洋，各书所记，时地亦复多歧。

《宋史·二王纪》云："十二月丙子，昰至井澳，飓风坏舟，几溺死，遂成疾。旬余，诸兵士始稍稍来集，死者十四五。丁丑，刘深追至七洲洋，执俞如珪以归。"

黄溍《番禺客语》自注云："遇风之日，新史（指《宋史》）以为丙子，《填海录》以为丙寅。"余考遇飓事，应以《填海录》所记"丙寅"为正，黄佐《香山志》深井山条亦以为"丙寅"（参看拙作《九龙与宋季史料》，33页），如是与《宋史》经旬余兵士稍集正相符合。《客语》自注又云：

> （御舟）入海，至七洲洋，欲往占城不果，遂驻硇洲镇。硇洲屹立海中，当南北道，隶化洲。

此云入海，至七洲洋，则此七洲洋当远在海外，非香山县在井澳附近之九星洲山。黄培芳《新会县志》卷一三《事纪》据《方舆纪要》改作"九星洲"，而云：

> 此云"九星洋"不知所本。……《纪要》引《一统志》海中有九曜山，罗列如九星，洋因以名。又云九星洋在香山县。据此，则九星洋与《经世大典》所云七洲洋之地正同，或因七九形近，故作七洲洋耳。

案《宋史·二王纪》、《经世大典》均作"七洲洋"，《厓山志》、黄《通志》则俱作"七星洋"。黄培芳之说实不可信。九星与七洲实为两地，《方舆纪要》之九星洋，误以为番禺之九曜山当之，自不待论。至据其改"七洲洋"为"九星洋"，殊属不必。

考"七洲洋"向来为往占城之要道。黄佐《通志》"海寇"条云"中路自东莞县南头城山佛堂、十字门、冷水角诸海澳"，其子注引（黄衷）《海语》云："自东莞之南亭门放洋，至乌潴、独潴、七洲三洋。星盘坤未针；至外罗坤申针，入占城。"《真腊风土记》总叙云："自温州开洋，行丁未针，历闽广海外诸州港口，通七洲洋，经交趾洋到占城。"

自粤泛海至占城，明正统间行人吴惠有日记（惠字孟仁，东吴人）书其事，见《震泽纪闻》及严从简《殊域周咨录》卷七"占城"条，而黄《通志》亦载其日记略云：

正统六年七月，奉使占城立嗣王。十二月，某日，发东莞，次日过乌猪洋；又次日过七洲洋，瞭见铜鼓山；次至独猪洋，见大周山；次至交趾洋，有巨洲横截海中，怪石廉利，风横舟碍之即糜碎，舟人不胜恐。须臾，风急过之，次日至占城外罗洋、校杯墅口。廿九日，王遣头目迎诏宝船象驾，笳鼓填咽。……五月六日回洋。十五日，瞭见广海诸山，遂收南门，以还广东。……①

此七洲洋可望见铜鼓山，当在文昌县。明《一统志》七星山亦名“七洲洋山”，次条即为铜鼓山，云：“在文昌县东一百里，俗传民尝于此山得铜鼓，因名。”吴惠所言之七洲洋，以铜鼓山证之，自即文昌县之七洲洋，亦即黄衷《海语》所谓乌潴、独潴、七洲三洋之一也。前人于“七洲”与“九星”两地，不能详辨；最可笑者，如陈伯陶《东莞志前事略》云：

按文昌东海有七洲洋，然刘深追宋师，必无舍广州而直抵琼州之理。惟《方舆纪要》引《一统志》云：“九星洋在香山县南。”又云：“海中有九曜山罗列如九星，洋因以名。”然则亦广州地也。今考《方舆纪要》：“东莞县西南有乌猪海洋。”吴惠《日记》：“正统六年，奉诏使占城，放东莞，次日过乌猪洋，又次日过七洲洋，瞭见铜鼓山。”则七洲洋去东莞不远。

此条有二大错：一是不知明《统志》九曜山乃在番禺，与九星洋无关。一是既引吴惠日记，则此已过乌潴之七洲洋，且可望见铜鼓山，自不能属于东莞，应在文昌。彼盖昧于西洋航路，亦不能深责矣。

考现存可据而较早之航海图，应推茅元仪《武备志》卷二百四十所附之“自宝船厂开船从龙江关出水直抵外国诸番图”，近人考证为郑和舟师集体之作，制成于洪熙元年至宣德五年间（见周钰森著《郑和航路考》），乃明初航海图。图中“九星”与“七洲”，明为两处（详看插图），不容混乱。今再综合言之：余所以断刘深追至七洲洋之地望应在文昌者，其理由有五：

（1）《宋史》、《经世大典》称“七洲洋”，《厓山志》、黄佐《通志》称“七星洋”，正与七星山及七洲洋山名称形状符合。

---

① 亦见《方舆纪要》一百一“三门海”条。

（2）香山之“九星洋”绝无“七洲”之名，郑和航图但称“九星”，可证。

（3）黄佐嘉靖《香山志》于九星洲山下不书刘深追帝昰事。

（4）《东西洋考》引万历以前《琼州志》，记刘深此事于文昌七洲洋下，可见万历以前，说者咸认为帝昰到过七洲洋。（可见顾祖禹之说为后出，且误九曜山为九星，故不可信。）

（5）帝昰意欲往占城，故经七洲洋。

有此五大理由，七洲洋应在文昌，可成定谳。

一般疑七洲洋不宜在文昌者，因其路途太远，此则不明当日针路里程，有以使然。考北宋时自屯门南至占城为时仅十日，《武经总要》前集卷二十一《广南东路》云：

> 从屯门山用东风西南行，七日至九乳螺州，又三日至不劳山（在环州国界。按即《唐书》之占不劳山，在占城），又南三日至陵山东。

再按之针路，《海国广记》所载：

> 自东莞南亭“用坤未针，五更，取乌猪山”。
>
> 自广州往暹罗针路。自乌猪山“用坤未针，十三更，平七洲山”。又广州往爪哇，自乌猪山“用坤未针，亦十三更，取七洲洋山”。

十三更合31小时12分，五更合12小时，是自东莞南亭起航，至七洲洋山，需时共43小时12分（参看周钰森《郑和航路考》）。循针路而行，不过三日而已。

证以自琼州与广来往时间，据牛天宿康熙十五年修《琼州府志》云：

> 外路：徐闻可半日到。若达广州，由里海行者，顺风五六日，大海放洋者，三四日。福建则七八日，浙江则十三日，西至廉州四日。自儋州西行，二日可达交趾万宁县；三日可抵断山云屯县。崖州南行，二日接占城国。[1]

---

① 道光《琼州志》卷三《疆域》引。

是琼州至广放洋者，三四日可达，与吴惠所记发东莞，越两日可抵七洲洋，日程正合。牛津藏旧钞本《顺风相送》有1639年（崇祯十二年）大主教（Arch. Laud）题赠款，盖明人航海针经，次七洲山七洲洋，次于乌猪山、独猪山之中间。其福建往交趾针路："坤未针五更平乌猪山，用单坤针十三更平七洲山。"浯屿（即金门岛）往大泥（Patani）吉兰丹（Kelantan）针："用单坤五更取乌猪山，用单坤及坤未针十三更平七洲洋，用坤未七更平独猪山。"此七洲洋以七洲得名，即今海南岛以南之西沙群岛，为赴南洋必经之险地。吴自牧《梦粱录》所云"去怕七洲，回怕昆仑"者也。帝昰于景炎二年十二月丙寅，移井澳遇飓，是月陈宜中先往占城。丁丑，元将刘深追至七洲洋，是时帝殆欲往占城，故南趋七洲洋，则此七洲洋当为铜鼓山附近之七星山，可无疑义。硇洲去七洲洋不远，黄溍称："至七洲洋，欲往占城，不果，遂驻硇洲镇。"此由七洲洋可确定硇洲应即化州之硇洲，或当时闻王道夫入广，遂中止前往占城而留居硇洲耶？《厓山志》云："帝欲往居占城不果，遂驻次于化之硇洲。遣兵取雷州，曾渊子自雷州来。"又云："雷州既失守，而六军所泊居雷化犬牙处，非善计……遂以己未发硇洲，乙亥至厓门驻跸。"其自硇洲迁厓门，正因雷州失守，南往占城，有所不便。时士卒方散处雷、化二州之间。综观是时人地种种情形，硇洲自非在化州莫属矣。《武经总要》前卷二十一记宋时硇洲形势，谓："自化州下水至海口四日程。从州东至海三十里，渡小海，抵化州界，地名硇洲。入思广州，通江浙福建等路。"硇洲地形之重要于此可见。帝昰所以暂次于此岛者，意存观望，进而可回广州，退则可往占城。迨王用降元，沓磊浦为元兵控制，雷州又告陷落，供给路断，遂东折往厓门。诚如《新会志》云"取给于广石诸郡"，形势渐迫，不得不尔也。

余论

（一）硇洲异文

明罗洪先《广舆图》卷一《广东舆图》吴川对岸有小岛曰"碙洲"，当是"硇洲"之误。隆庆刊本《筹海图编》称"万斛山纲州"，《海防纂要》作"硐州"，《方舆纪要》又作"硐州"，皆误。

（二）杨太后帝昺图像

南薰殿所藏宋代帝后图像有轴及册多种，自宣祖至度宗，自宣祖后至宁宗后。弘治刊《历代古人像赞》，但至宁宗。万历刊王圻《三才图会》亦至度宗而止。苦茶庵主人藏有碧江赵冕玉家传《赵宋一代帝后遗像》，内有帝昺，作僧像；又杨淑妃像，为各书所无，惟帝昰像缺。未审果如周密所言：“锐下，一目几眇，未由勘验，是可惜也。”

（三）广州湾杨侯王庙

由黄佐《广东通志》观之，大屿山非宋帝驻跸之地，明儒已有定论。故今大屿山地区，西至昂坪，东极梅窝，绝无宋室遗迹，非若九龙之有二王殿，可以稽考。若东涌有杨侯王庙，建自清乾隆时（见《大屿山志·名胜》）。盖“侯王庙”广地多有之，而以广州湾之“杨侯王庙”建筑最为瑰伟。周密记厓山之败，陆秀夫、杨亮节皆溺海死焉，谓亮节道卒九龙，此乃陈伯陶之臆测，了不足信。广州湾亦有杨侯王庙，殆因二帝曾播迁化之硇洲，非偶然也。

附　宋王事迹略谈

九龙有宋王台，关于宋季史迹，兹分（1）宋季三幼主（帝㬎、帝昰、帝昺）及其外戚，（2）宋帝行宫论述之。

三幼主年岁相若。帝㬎即位仅四岁，失位时年六岁。帝昰在福州即位，年九岁，崩于硇州，时十一岁。帝昺在硇州登极，年八岁，厓门坠海时，年九岁。（《三朝政要》则以昰、昺同年所生，似不可信。）此三幼帝向来每被人混误，如《二王本末》一书即误称“广王昺”作“广王”（按昰应称益王）。后人图绘帝后遗像，或以帝昺作僧服，疑因帝㬎而误。《元史·世祖纪》：“二十五年，赵㬎学佛法于土番。”宋旧宫人郑惠真诗云“唐僧三藏入天西”，即指其事。三帝皆不同母所生。帝㬎为全皇后出，故贾似道主立嫡，得嗣度宗为帝。昰则杨淑妃所生。昺乃俞修容所生。淑妃即琴学大家杨守斋之女，赵氏族谱谓淑妃为杨镇长女，非是。守斋子杨亮节，原为福州观察使，帝㬎之立，亮节以母舅居中秉权（《宋史》卷四五〇）。厓山败，亮节与陆秀夫皆溺海死（见《癸辛杂识》）。陈伯陶作侯王庙圣史牌记，谓九龙杨侯王庙即祀道病卒之杨亮节，余曾证其误，已得学人之同意。若帝昺舅即俞如珪，井澳之败，于七洲洋为元将刘深所俘。

《嘉庆一统志》卷四四二：“端宗（即帝昰）自闽入广，行宫凡三十余所。”其详不可悉考。据《厓山志》及《新安县志》胜迹，“梅蔚山有景炎行宫”。官富场（今九龙一带）旧有二王殿村，后人于其附近建为宋王台。《新安志》宋王台条称“昔帝昺驻跸于此”，实误“昰”为“昺”。九龙旧有宋街、帝昺、昺昺。其实当端宗驻今九龙之时，昺只得称为“卫王”而已。又“二王”之号，因元人所修宋史，在《瀛国公本纪》之下附“二王”之事，可知“二王”乃沿元人之贬称。据《填海录》所载，端宋于景炎二年四月次官富场，六月次古墐（《厓山志》作“古塔”），至十二月，自浅湾移秀山，前后居九龙一带约有九个月，所经各地行宫，今亦莫考。其至秀山，元《经世大典》书中云：“山上民万余家，有一巨富者，是买此人宅作殿阙，屯驻其兵。”此出于当日探报，行宫在何处，亦不可知。自是帝遂入海，至井澳，因元兵南下追迫，唆多既大会师于官富（《元史·唆都传》），刘深又于井澳进袭，帝复因飓风，惊悸成疾。先是井澳之败，丞相陈宜中欲奉帝走占城，乃先往占城谕意，知事不可为，遂不复归（《宋史·宜中传》），帝因此不得往占城，乃留驻于硇州。无何，复薨于硇州。硇州所在，宋元人记载，如黄溍之《陆君实传后叙》、邓光荐之《文丞相传》、周密之《癸辛杂识》等书所记，乃在化州与雷州犬牙相错之处。其他孤悬海外，帝滞于此小岛者，目的欲往占城也（惟陈仲微《二王本末》作“硇川”，谓属广东之东莞县，与众说异）。硇州今属湛江市，1918 年，法人 H. Imbert 曾在该地调查，发表一文曰《宋末二王驻跸硇州之研究》，载于印度支那书评（*Revue Indochinoise*）第二一卷第三号。据云该地有宋王村、宋王井及宋王碑，是其古迹之多，正可与九龙之二王村宋王台互相媲美。对于硇州一地望，可作最后之论定。卫王昺在硇州继位，改元祥兴，遂升硇州为翔龙县。其年宋将王用叛降元，硇州乏粮，时雷州又失守，张世杰以为泊居雷化犬牙处，非善后之计，遂自硇州徙居新会崖山。崖山地属广州，因升广州为翔龙府。在厓山之行宫，据《二王本末》一书所记，起行宫三十间，内正殿以杨太妃故立名慈元殿。以上即二帝在沿海播迁，经过各地建立行宫及其遗迹之可考者。

1962 年在香港西区扶轮社讲

按拙作《九龙与宋季史料》，主硇州不在大屿山应在吴川说。嗣见清吴宣崇亦撰《碙州即硇洲考》，末段云：“《元史·世祖纪》（十五年）行中书言张世杰据硇州，攻旁郡未易平。”盖世杰时攻雷州，惟在吴川之硇州，故攻雷最近。且六军泊居雷化犬牙处，非吴川之硇洲又何处乎？《香山新会志》乃执陈仲微吴莱之误说，力争硇州属广州之东莞县，与州治相对第隔一水，真通人之蔽也（文献《广东文征》卷三六）。宣崇吴川人，为懋清之孙，著有《友松居文集》。

法人在硇州调查所得，译述如下：

> 在硇洲岛赤麻村之前门，犹存宋王碑。不幸因千载之风雨青苔剥蚀之故，碑上文字已不可辨。[①]

宋末二王驻跸于硇洲之地在马鞍山之下，此地今犹称曰宋皇村。

于赤麻村之附近，有井曰宋王井，其水甚甘。

土人谓有于田地底掘获巨大之木梁（poutre en bois），相传即宋室遗物。

又安南史籍有关南宋夫人事迹，兹附录二则：

（1）《大越史记全书》黎正和十八年岁在丁丑仲冬刊本（1697·12·13——1698·1·11）《本纪》，陈英宗兴隆二十年，元皇庆元年（公元 1312），卷六，二九 b—三〇a：

> 六月帝还自占城。……加尊先帝先后徽号，及加封各处名神。立芹海门神祠。先是帝亲征，至芹海门（注：前曰乾。避讳改为芹）。〔仲侠按：李仁宗（1072—1128）讳乾德是也。〕驻营，夜梦神女泣曰："妾赵宋妃子，为贼所逼困于风涛至此，上帝敕为海神久矣。今陛下师行，愿翼赞立功。"帝觉，召故老问事实，祭然后发，海为无波，直到阇槃（即占城），克获而归。至是命有司立祠，时祭焉。

（2）《大南一统志》（维新三年：1909 年，印本），卷十五，《义安省下·祠庙》：

> 芹海神祠在琼琉县香芹社。宋祥兴年间师溃于崖山，杨太后与公主三人赴海，忽飓风大作，漂泊于乾海门，颜色如生，土人为之立祠。陈《史记》兴隆二十年英宗亲征占城，舟抵乾海门，夜梦神人曰……〔仲侠按：后与《史记全书》同〕……大捷，及还命加封赠国家南海大乾圣娘，

---

① H. Imbert："Recherches sur le se'jour a l'ile de Nao-tchesus des Jeruiers empereurs de la Dynastie des Song"，*Revue Indochinoise*，XXI（1918，Mars），n. 3.

A Nao-tcheou，il y a devant le village de 赤麻 une stèle nommée 宋王碑，que la plinè. les cmbruns salins.

增广祠宇。

黎洪德元年（公元1470），圣宗亲征占城，舟过乾海门，诣祠密祷，风恬浪帖，直抵占境，克之。师还帝舟已过汴海，忽东风回帆，舟复至祠下，遂命登秩，增建祠宇，因名回舟处为东回村。

此后屡著灵应，递年腊月有竞舟会，观者如堵。本朝加封。今通国多有祠祀之。

杨淑妃像

宋帝昺像

（杨淑妃、帝昺两像俱见碧江赵冕玉家传“赵宋一代帝后遗像”，黄绳曾先生藏）

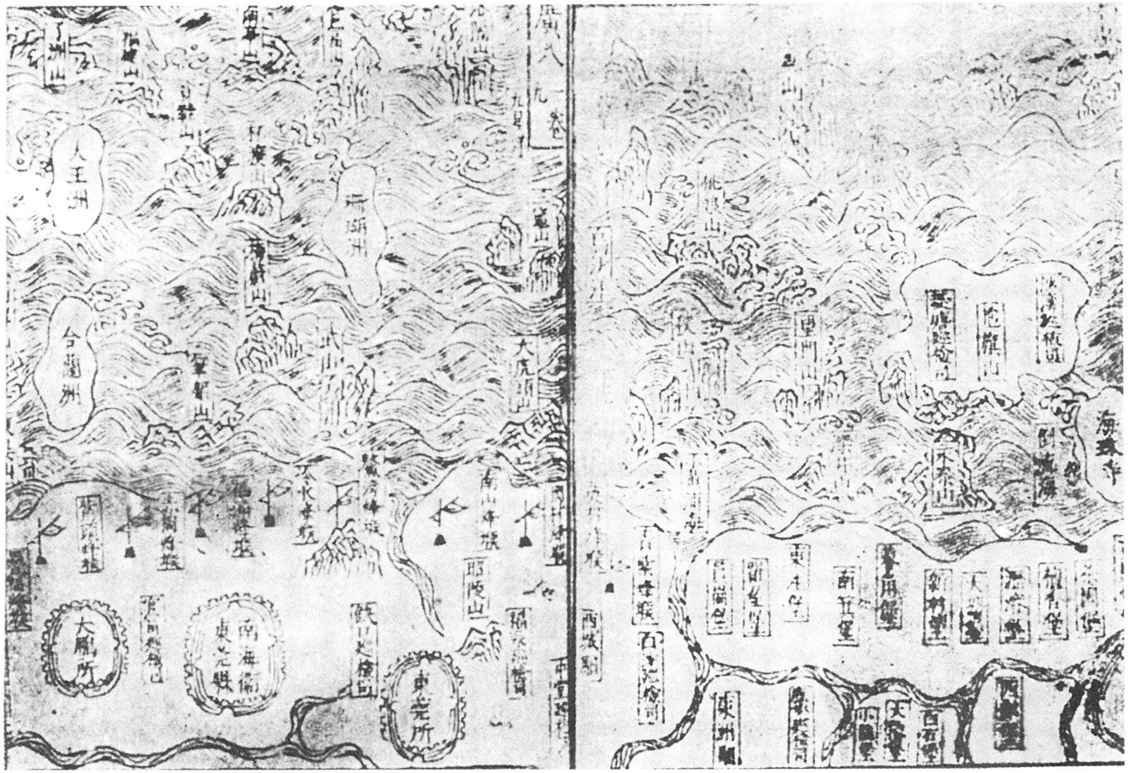

明刊《筹海图编》广东沿海山沙图之一

《筹海图编》广东沿海总图

黄佐嘉靖《粤通志》所记宋季二帝由官富场南迁路线示意图

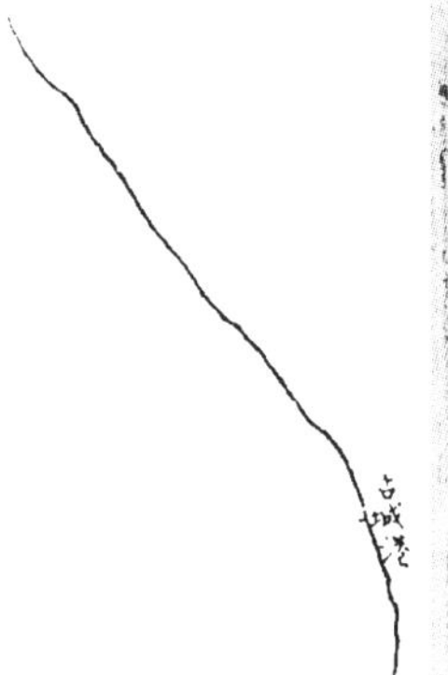

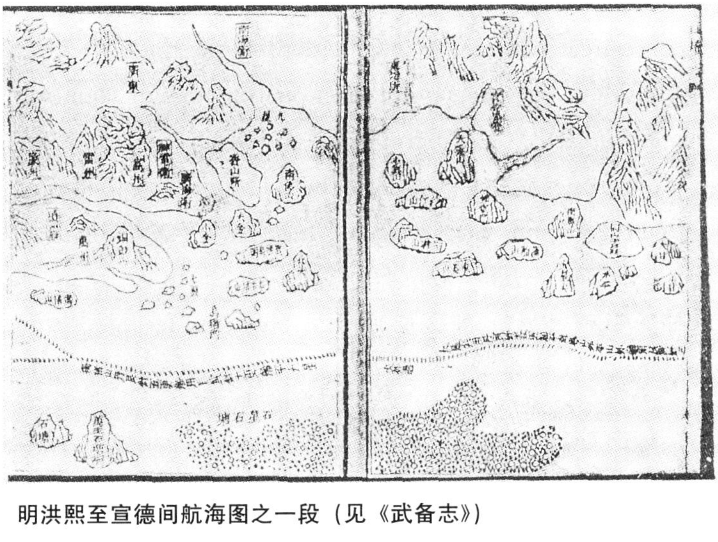

明洪熙至宣德间航海图之一段（见《武备志》）

SOME PLACE-NAMES IN THE SOUTH SEAS IN THE *YUNG-LO TA-TIEN* (《永乐大典》中之南海地名)

Early Literature

Previous to the voyages of the Ming admirals Chêng Ho 郑和 and others (1403—1431) to the countries in the Western Oceans (Hsi-yang 西洋), the main sources of Chinese information on the South Sea regions (Nan-yang 南洋) were in the monograph sections on foreign countries (外国传) of the *Sung-shih* 宋史 (1345) and *Yüan-shih* 元史, the *Ling-wai tai-ta* 领外代答 of Chou Ch'ü-fei 周去非 (1178), the *Chu-fan chih* 诸蕃志 of Chao Ju-kua 赵汝适[1] (1225) and the *Tao-i chih-lüeh*[2] 岛夷志略 by Wang Ta-yüan 汪大渊 (1349—1350). The *Sung Hui-yao* 宋会要, in its chapters on Foreign Barbarians (*Fan-i chuan* 蕃夷传)[3] and tribute offerings during various dynasties

---

① Chao Ju-kua, according to its foreword, would spend hours in studying maps of various countries, which shows the interest among the Chinese of those days in foreign lands and voyages. It is true that Chao was Superintendent of the Fukien provincial customs.

② See Hirth and Rockhill (1991: 61—69); also notes (*chiao-chu* 校注) by Fujita Toyohachi 藤田丰八 (1915) on *Tao-i chih-lüeh* 岛夷志略 by Wang Ta-yüan 汪大渊.

③ The *Fan-i chuan* 蕃夷传 (Biographical notes on Foreign Barbarians) in the *Sung Hui-yao* is further proof of the popular interest in foreign affairs in China at that time.

(*Li-tai ch'ao-kung* 历代朝贡), contained valuable information. Fragmentary data on China's foreign relations were also found in the *T'ang Hui-yao* 唐会要, the *T'ai-p'ing kuang-chi* 太平广记, *T'ai-p'ing huan-yü chi* 太平寰宇记 (c. 976—983) and *T'ai-p'ing yü-lan* 太平御览.

Ch'ên Yüan-ching 陈元靓 collected the Sung data on foreign countries from various sources in his *Shih-lin kuang-chi*[①] 事林广记, and Chou Chih-chung 周致中 did the same for the Yüan data, in his *I-yü chih* 异域志.

The chapter on Barbarians (*Fan-i* 蕃夷) in the Yüan work *Ching-shih ta-tiem* 经世大典 (*Yüan wên-lei* 元文类, ch. 41) only mentions the places which the Imperial envoy Yang T'ing-pi 杨庭璧 visited. A similar chapter in the *Huan-yü t'ung-chih* 寰宇通志 (*Wai-i* 外夷, ch. 118) in its record of political events and products of various countries, contains a few errors[②] which are left uncorrected in the *Ta-ming i-t'ung chih* 大明一统志, which simply repeats the same information.

There are four other books, no longer extant today, which according to their titles must have contained information on China's foreign relations. These were the *Hai-wai san-shih-liu kuo chi* 海外三十六国记 (Records of 36 countries) by Ta hsi Hung-t'ung[③] 达奚洪通; the *Tai-tou*[④] *chu-fan chi* 戴斗诸蕃记 (Records of countries) by Chang Chien-chang 张建章; the *Hai-shih-ch'êng kuang-chi* 海使程广记 (Reports of envoys sent on overseas missions) by Chang Lai 章僚. (The above three are listed in the bibliographical section of the *Sung-shih* 宋史.) The fourth is *Chan-ch'êng kuo lu* 占城国录 (Records

① Several Yüan and Ming editions exist with variants in their texts. In the so-called new edition (新编) of 1325 it is said there are 21 countries between Champa and Djabirsa 茶弼茶. See also Wada (1954).

② Errors such as taking 古里 for 班卒 or taking 忽鲁谟思 and 忽鲁母思 (Ormuz) for two different countries due to a minor difference in transliterating the name.

③ About the year A. D. 760 the author visited the thirty-six countries between ch'ih-t'u 赤土 (Red Earth) and Ch'ien-na 虔那. His book must have contained data of exceptional interest, some of which however seem to have been used in chapters 2 and 3 of the *Ling-wai tai-ta* 岭外代答.

④ Fêng Ch'êng-chün 冯承钧 (1937) and other geographers have mistaken *Tai-tou* for a personal name. I find in the *Ta-fa-sung* 大法颂 of Liang Chien-wên-ti 梁简文帝 (A. D. 503—551) the following couplet 戴日戴斗，靡不来王: "Sooner or later under the Sun and under the Bushel constellation, all come to the King's Court", where *Tai-tou* is simply a metaphor for the world.

of the Champa kingdom) by author unknown (失名); its title is found in the *Chih-chai shu-lu chieh-t'i* 直斋书录解题.

Yung-lo Ta-tien 永乐大典

Chüan 卷 11, 907 of the *Yung-lo Encyclopaedia*, which was compiled by Imperial order and completed in A. D. 1407, is based as we shall see on the *Nan-hai chih* 南海志, and lists the products of various countries, followed by the name of the country where they were found. It is an important source of information, as we may gather from the following extract taken from the *Nan-hai chih*:

> Canton is where foreign ships assemble, with an abundance of valuable products from various countries... When our August Court covered all the countries within the four seas 圣朝奄有四海 envoys came with tribute from... far more countries than were ever recorded in previous gazetteers 前志. Their tribute with their names follow...

The name *Nan-hai* 南海 (South Sea regions) occurs in the titles of the following five monographs, the last one of which, as I shall show, is certainly the *Nan-hai chih* from which the *Yung-lo Ta-tien* (YLTT) copied its information. They are:

(i) *Nan-hai chün-lüeh* 南海郡略, anonymous (失名), about which see the *Yü-ti chi-shêng* 舆地纪胜, a Southern Sung geography completed in 1227 by Wang Hsiang-chih 王象之 and reprinted in 1855—1860 by Wu ch'ung-yüeh 伍崇曜.

(ii) *Nan-hai t'u ching* 南海图经 (1209) in 5 chüan by Li Mu 李木.

(iii) *Nan-hai hsien-chih* 南海县志 (1299) by Ch'ên Hsien 陈岘.

(iv) *Nan-hai hsien-chih* 南海县志 (c. 1247) by Fang Ta-tsung 方大琮.

(v) *Nan-hai hsien-chih* 南海县志 (1304) by Ch'ên Ta-chên 陈大震.

The classical expression *Yen-yu ssŭ-hai* 奄有四海 (*Shu-ching* or Book of History II, 2, iv) could only refer to the Mongol world domination and not to the Sung period (993—1278) and therefore the first four titles above are to be eliminated as too early, leaving the last one as the only possible "*Nan-hai chih*" of *chüan* 11, 907 in the *Yung-lo Ta-tien*. Moreover the reference to the "previous gazetteers" (前志) in the quotation given above can only have originated in (iii)、(iv) or (v) as we have no further gazetteers (*chih* 志) until we come to A. D. 1609, and this would point again to Ch'ên Ta-chên's as being the YLTT *Nan-hai chih*. ①

Customs offices. Much of the information on foreign countries and their products must have been originally compiled in the customs revenue offices of Fukien province② and of Canton. ③ It is practically certain that the lists of foreign countries in the *Nan-hai chih*, *Ling-wai tai-ta*, and *Fan-i* (番夷) chapters in the *Kuang-tung t'ung-chih* 广东通志 (edited by Huang Tso 黄佐 in 1558) are from the Canton Customs House. The place-names as recorded by the Fukien provincial customs are often transcribed with different characters, following the Fukienese reading instead of the Cantonese or Northern readings.

The data on foreign countries are not well arranged in either the *Chu-fan chih* or *Tao-i chih-lüeh*. Several ambiguous passages occur in the later work *Hsing-ch'a shêng*-lan 星槎胜览, allowing different interpretations.

Place-Names

The foreign countries (*kuo* 国) in the *Nan-hai chih* are listed in the following order:

---

① The Peking National Library has 2 *chüan* which from part of a work entitled *Nan-hai chih* 南海志, about which see P'an Tsung-chou 潘宗周 (1939), *Pao-li-t'ang Sung-pên shu-lu* 宝礼堂宋本书录 Appendix, *Nan-hai P'an shih p'ai-yin pên* 南海潘氏排印本, and the *Chung-kuo li-tai pan-t'u-lu* 中国历代版刻图录.

② In his *Yün-lu man-ch'ao* 云麓漫钞, Chao Yen-wei 赵彦卫 (Sung dynasty) says that the Superintendent of the Fukien Customs often went overseas to offer his merchandise in different countries.

③ In the annotations to his book *Tao-i tsa-chih* 岛夷杂思, Ch'ên Yüan-ching 陈元靓 (Sung dynasty) states that it is a copy of the official original in the Canton Customs House 此本符广舶官本. Chêng Ch'ia 郑樵 (1104—1162) in his *T'ung-chih-lüeh* 通志略, mentioned that Chao Hsieh 赵勰 wrote a book entitled *Kuang-chou-shih po-lu* 广州市舶录 (Canton Customs Records) — a pity that it was lost.

1. 交趾国	Chiao-chih	Cochin，Tongking
2. 占城国	Chan-ch'êng	Champa
3. 真腊国	Chên-la	Kamboja（Khmer）
4. 罗斛国，暹国	Lo-hu，Hsien	Lavo（Lopburi-Uthong），（Sukhothai）
5. 单马令国	Tan-ma-ling	Tāmbralinga
6. 三佛齐国	San-fo-ch'i	Çrīvijaya（Sumatra）
7. 东洋佛坭国	Tung-yang Fo-ni	
8. 单重布啰国	Tan-chung-pu-lo	Tanjongpura（S. Borneo）
9. 阇婆国	Shê-p'o	Java

（The above nine are in the Nan-yang archipelago 南洋群岛）

10. From Nan-pi 南毗（Namburi）Ma-pa-erh 马八儿国（Ma'abar）to Hu-ch'a-la 胡茶辣国（Guzarat）are place-names in South India.

11. The remaining place-names go from Persia to Chi-tz'ŭ-ni 吉慈尼（Ghazni，in present-day Afghanistan）grouped by geographical propinquity.

Countries under the suzerainty of others are listed under the suzerain power，for instance under Java come，fist，Sun-t'ao 孙条（Sunda in West Java），then Pa-li 琶离（Bali Island），and at the end Ti-man 地漫（Timor Island）to the east（in Malay east=*timur*）.

The place-names in the *Nan-hai chih* correspond，nearly all，with those in the *Tao-i chih-lüeh*；though written with different characters they are however near-to homophones.

The preface of the *Tao-i chih-lüeh* by Wu Chien 吴鉴 is dated 1349 and indicates that the work was written later than the *Nan-hai chih*（1304），but as this list is no copy of the latter it must have been taken from another source.

Tung-hsi-yang 东西洋（East and West Oceans）. According to Fêng Ch'êng-chün 冯承钧："The name Tung-hsi-yang first appears in the *Tao-i chih-lüeh*；it was not currently used until the Ming period，and probably designated the west coast of the Malay Peninsula and Sumatra—that is to say the eastern part of the Indian（*Hsi-yang*）ocean."

But according to the *Yung-lo Ta-tien* it had been used earlier. The

Tāmbralińga, Malay peninsula and Çrīvijaya (Palembang, Sumatra) regions were already known as the Hsiao Hsi-yang 小西洋 (Smaller West Ocean), whereas the Fo-ni region was called Tung-yang or Hsiao Tung-yang 小东洋 (Smaller East Ocean). The region between Tanjongpura (Kendawanga) and Java was called Ta Tung-yang 大东洋 (Greater East Ocean).

The Yüan date of the YLTT list. As the YLTT list of foreign countries is *pre-Ta-tê* (1297—1307) *of Yüan* — when Sukhóthai (Su-ku-ti 速孤底) in Thailand was under the jurisdiction of the two principalities of Lavo (Lo-hu 罗斛) and Siam (Hsien 暹) — the latter two countries are listed separately for they were not united until A. D. 1349. Another indication of a Yüan date (and not Sung) for the YLTT list is that the San-fo-ch'i 三佛齐 kingdom is given as separate from Java, whereas Wang Hsiang-chih (1227) gives it as and independent country.

P'u-tuan. In YLTT, P'u-tuan 蒲端 comes after Maït (麻叶 Ma-yeh)① and before Sulu 苏录. It has often been confused with P'u-kan 蒲甘 (Pagan). Though not mentioned in the *Chu-fan chih*, it occurs in the *Sung Hui-yao*, in a passage which says: "From Champa kingdom to Çrīvijaya (the sea voyage) takes 5 days, to Maït 2 days, and to P'u-tuan 7 days." Maspero (1925) places P'u-tuan in the Philippine Archipelago, but in the YLTT it comes under Tung-yang Fo-ni (north-cast coast of Borneo), while P'u-kan comes under Champa kingdom — showing that P'u-tuan and P'u-kan are really quite distinct places. Wang Hsiang-chih (1227) places P'u-tan also under Fo-ni. There is a Fo-ni ko 佛坭国 in the *Sung Hui-yao* (p. 7764 iv, 8), where it is transcribed Po-ni kuo 渤泥国 in the *Chu-fan chih*. This Fo-ni or Po-ni is present day Brunei in Borneo②, from the YLTT list. Brunei in those days ruled Manila (Ma-li-lu 麻里噜=Maliru) and the Sulu Archipelago. ③

---

① Also written 麻逸 (Ma-i). In Cantonese 逸 is read *yat* as in Sun Yat-sen. See Wada Sei 和田清 (1942): 明代以前の支那人に知うれたるフイリッピン諸島, *Tōashi ronsō* 东亚史论薮.

② Brunei and Borneo are dialectal pronunciations of the same region, in part due to Arabic script which does not always indicate the vowels of a word. Brunei of today is a small state in the big island of Borneo.

③ The Philippine Government now claims sovereignty over North-East Borneo, which by an appeal to an earlier jurisdiction might therefore claim sovereignty over Manila.

P'u-kan 蒲甘（*Pagan*）. China in 1004（Ching-tê 景德，1st year）received tribute from Pagan，Çrīvijaya and Ta-shih 大食（general term for the Arab countries）according to the *Chu-fan chih*，whereas the *Sung-shih* gives P'u-tuan instead of P'u-kan. Fêng Ch'êng-chün（1937）unnecessarily argues that this is due to a clerical slip of writing the place-name with a 甘（*kan*）instead of a 端（*tuan*）. In fact they are quite different localities.

Tan-chung-pu-lo 单重布啰. In the first half of the 13th century，under the Singhasari dynasty，the Javanese overran southern Borneo to which they gave the name Tan-chung-pu-lo，according to the *Chu-fan chih*. In his description of Sukadana（Su-chi-tan 苏吉丹），the author of the *Chu-fan chih* refers to it as Tan-jung-wu-lo 丹戎武罗，which he says is a State of Robbers（Tsei-kuo 贼国）.① According to the YLTT，Tanjongpura — written Tan-chung-pu-lo 单重布啰— unlike Brunei，ruled over the Ta Tung-yang. The *Tao-i chih-lüeh*，under the entry Janggala（Chung-chia-lo 重伽啰）spells Tanjongpulo 单重布啰（Tan-chung 丹重）and lists it in the same line（Shiba 1914），or rather column，with Sunda（Sun-t'o 孙陀）and Bali（P'êng-li 彭里）. Though we do not know exactly where Tanjongpulo was，there is a place-name Tanjong，according to the Chinese map of the Indonesian archipelago，in east Borneo where it may well have been located in the south-east corner of the island.

Dr P. Wheatley（1961：12）says that Tan-jung-wu-lo（Tan-chung-pu-lo）is Chao Ju-kua's transliteration of Tanjongpura in the Majapahit chronicles；he gives the opinion of Prof J. O. M. Brock，who would locate the town or district in south-west Borneo，and adds that Dr Gibson-Hill still adhered to his earlier identification of Tanjongpura with the region of modern Banjermasin in the south- east corner of Borneo. This leaves the question still open.

Banjermassin（Wên-lang-ma-shên 文郎马神）. Tanjongpulo ruled over Pien-nu-hsin 遍奴忻 which might well be Banjermassin：*Pien-nu* could be *Banjer-*，with *-ma-* omitted.

A Question of Punctuation. There is a passage in the *Chu-fan chih* which

① Could he be referring to the Dyak pirates along this south Borneo coast，or is he venting a private grudge against the native traders who in their dealings had the better of the Chinese superintendent of customs?

poses a problem in punctuation. The unpunctuated passage is 西龙宫什庙日丽胡芦蔓头苏勿里马胆逾马喏居海岛中用小船来往. From the *Nan-hai chih*, I would say the place-names in that passage are:

Chu-fan chih	*Nan-hai chih*
(1) Hsi-lung-kung	=Sha-lo-kou
(2) Jih-li	=Chih-li
(3) Hu-lu-man-t'ou	=Hu-lu-mat-t'ou
(4) Su-wu-li	=Wu-li-sin (but should read Hsin-wu-li)

Though none of the above place-names can be identified, they nevertheless help to correct the following errors in Hirth and Rockhill's translation of the *Chu-fan chih*, due to their wrong punctuation of that passage. For example, while Hu-lu-man-t'ou is obviously a place-name, the translators (pp. 157—158) made out of it three places: Jih-li-hu 日丽胡, Lu-man 芦蔓, and T'ou-su 头苏.

Marco Polo. Though many place-names in Marco Polo's travels agree with the YLTT list, some in the YLTT list have been rather oddly rendered. Some YLTT place-names not given in the *Chu-fan chih* and *Tao-i chih-lüeh* are found in Marco Polo. For instance:

Pu-ssŭ-ma 不斯麻 under Çrīvijaya corresponds to Basma in Java Minor
Tan-na 靼拿 = Tana
Chia-la-tu 加剌都 = Calatu
T'u-fu 涂拂= Dufar (Djofar)

Ming writers transcribe this as Tso-fa-erh 佐法儿 or Tsu-fa-erh 祖法儿, the Zhafar in Ibn Baṭṭūta, *Yüan- shih*. Here are a few correspondences between the YLTT and Mongol history:

Yung-lo ta-tien	*Yüan-shih*
Su-ku-ti 速孤底 (Sukhothai)	Su-ku-t'ai 速古台 (*Annals of Ch'êng-tsung* 成宗纪)

Hu-lu man-t'ou 呼芦蔓头（Karimata）	Chia-li ma-ta 假马里答（*Biography of Shih Pi* 史弼）
Pu-chih-kan 不直干（with 干 not 千）(Pachekan）	Pa-chieh-chien 八节涧（间）（*Monograph on Java*）
Pin-t'o-lan-na 宾陀兰纳（Fandaraina）	Fan-ta-la-i-na 梵答剌亦纳（*Economic Section* 食货）
Chia-i-wu 伽一勿（Calicut）	Chia-i 加一（*Monograph of Ma'abar*）. Ming writers transcribed Calicut in the *Tao-I chih-lüeh* as 古里佛（Ku-li-fo）

Chu-fan chih and *Tao-I chih-lüeh*. Here are a few of the YLTT transcriptions written differently in the *Chu-fan chih* and *Tao-i Chih-lüeh* transcriptions.

P'an-t'an 盘檀（Banda islands）	Wên-tan 文诞［*Tao-i*］
Wên-lu-ku 文鲁古（Moluku）	Wu-nu-ku 勿奴孤［*Chu-fan*］, Wên-lao-ku 文老古［*Tao-i*］
Hsi-li fu-tan 禧里弗丹（Salipatam）	Sha-li-pa-tan 沙里八丹［*Tao-i*］

The following reflect transcriptions influenced by Cantonese dialectal readings.

Shên-mo-t'o-lo 深没陀罗（Sumatra）. In Cantonese 深 is read *sam*.

Pin-ts'o 宾撮 which corresponds to Pan-tsu 班卒（Panchur or Fançur）. In Cantonese 宾 and 班 are pronounced alike *pan*.

K'uo-li-mo-ssŭ 阔里抹思（Ormuz）corresponds to Hu-lu-mo-ssŭ 忽鲁谟思 of the Ming writers, who speak of Chêng Ho's calling there.

Copying mistakes also occur, for example with 间 *chien* instead of 干 *kan*. This is a YLTT trans cription for Pa-chieh-chien 八节间 which in the *Tao-i* is written 八节那间 Pa-chieh-na-chien（那 is an unnecessary insertion）. In Cantonese 间 is read kan and 干 kong, in Ch'aochou dialect they are read alike.

In the YLTT list, most of the places between Guzarat and Ghazni 吉慈尼 are given, whereas only the tail-end of the sequence of names is given in the *Chu-fan chih*. Hirth (1911) and Duyvendak (1932) have already established the concordance of Chinese names with the places in Arabia, so I need not repeat this here.

References

CHAO JU-KUA 赵汝适（1225）. *Chu-fan chih* 诸蕃志. See HIRTH and ROCKHILL（1911）.

DUYVENDAK, J. J. L.（1932）. Ma Huan re-axamined, *Verhandelingen d. Koninklijke（Nedert.）Akad. v. Weten-schappen te Amsterdam*（adf. letterkunde）, 32（3）. See critical review by P. Pelliot（1993）.

——（1939）. Voyages de Tcheng Houo, in Youssouf Kamal, *Monumenta Cartographica*, 4.

FĔNG CH'END-CHÜN 冯承钧（1934）. *Hsi-yü nan-hai shih-ti k'ao-chêng i-ts'ung* 西域南海史地考证释丛. Commercial Press, Shanghai. Includes a translation of G. Maspero's study of the Kingdoms of the Indo-China peninsula at the beginning of the Sung period 宋初越南半岛诸国考（pp. 137—188）.

——（1935）. *Chêng Ho hsia hsi-yang k'ao* 郑和下西洋考. Being a Chinese translation of Pelliot's article in *T'oung Pao*, 30（1933）. See Pelliot's review in *Toung Pao*（TP）, 33（1936）: 210-223.

——（1937）. *Chung-kuo ana-yang chiao-t'ung shih* 中国南洋交通史. Shanghai. [See p. 208]

——（1940）. *Chu-fan chih chiao-chu* 诸蕃志校注. Shin-ti hsiao ts'ung-shu 史地小丛书, Commercial Press, Shanghai.

FUIJTA TOYOHACHI 藤田丰八（1915）. *Tao-i chih-lüeh chiao-chu* 岛夷志略校注. *Hsüeh-t'ang ts'ung- k'o* 雪堂丛刻 edited by Lo Chên-yü 罗振玉.

HIRTH F. and ROCKHILL, trans.（1911）. *Chau-Ju-Kua: his work on the Chinese and Arab trade in the 12th and 13th centuries, entitled Chu-Fan-Chi'*. St. Petersburg.

MASPERO, G.（1925）. La géographie politique de l'Indochine aux environs de 960 A. D.. *Études Asiatiques*（25e Anniversaire de l'Ecole Française d'Extrême-Orient）, 2: 79—126, maps. Paris.

PELLIOT, P.（1933）. Les grands voyages maritimes chinois au début du XVe siècle, *TP*, 30: 237—455.

—— (1935). Notes additionnelles aur Tcheng Ho et sur ses voyages, *TP*, 31: 274-314.
—— (1936). Encore à propos des voyages de Tcheng Ho, *TP*, 33: 210—333.
SHIBA KENTARŌ柴谦太郎 (1914). 重迦羅の位置に就いて吾人の見解 (Our view about the site of Chung-shia-lo, is location), Tóyó gakuhó, 4 (1): 93-113.
WADA HISANORI 和田久德 (1954). *Sōdai nankai shiryō to shite no tōizasshi* 宋代南海史料島夷としての雜誌 (*Tao-i tsa-chih*, a new Chinese source of the history of the Eastern Archipelago and the coast of the Indian Ocean during the Sung dynasty [960—1279]). *Ocha-no-mizu Joshi Daigaku jimbun kagaku kiyo* お茶の水女子大學人文科學記要, 5 (Sept. 1954): 27-43, with English summary.
WHEATLEY, P. (1961). Geographical notes on some commodities involved in Sung maritime trade, *Journal of the Malay Brach of the Royal Asiatic Society*, 32 (2).

The above paper was published in "Proceeding of the symposium on Historical, Archaeological and Linqustic Studies in Southern China, S. E. Asia and the Hong Kong Region" University of Hong Kong, Golden Jubilee Congress, September, 1961.

附记

此文作于1961年。据《永乐大典》广字号所引《南海志》，加以考证。此《南海志》即元大德八年陈大震所辑《南海志》。《南海志》残本，藏北京图书馆。原书现有广州市史志丛书本（广东人民出版社印行），并附杨宝霖辑佚。

拙文为研究是书诸蕃国之首篇文字，不无开创之劳。其中暹国管上水速孤底一条，丛书标点本误读上水速孤底为一名，应正。速孤底即速可台，上水所在亦见马欢《瀛涯胜览》，黎道纲有详考，见泰京《泰中学刊》1996年号。

说䑠及海船的相关问题

一、䑠与海䑠

新加坡的清代石刻木牌题记，上面记着一些船的名目，对于太平洋航海历史的探讨，提供相当重要的资料。碑记上捐款人题名，有的用船舶作为店户来看待。在拙作《星马华文碑刻系年》的引言中[①]，曾略述之云：

> 闽有下列诸名：船，如陈合益船，金益顺船；䑠，如沈成仁䑠，广德䑠，瑞鹏䑠；双层，如协利双层；甲板，如澄源甲板。以上据道光三十年（公元1850）《天福宫碑》。琼则称为装，如沈成泰装，同利装史文开，益盛装黄学弼。以上据光绪六年庚辰（公元1880）《琼州会馆碑》。

《天福宫碑》所见各“䑠”字，所从的“舟”，下无一点，不见于字书。上年陈荆鸿博士来星洲，调查当地文物，与笔者相值，曾询及“䑠”字有何根据，一时不能置答。后来见到更早的道光二十七年（公元1847）峨嶆（星洲地名）《大伯公庙碑》，其中一行云“吗岽金长发䑠捐银五大元”。其字分明从鸟从舟，方敢确定“䑠”字亦即“䑠”，只是俗写欠了一点。

① 新加坡大学中文学会《年刊》第十期。

䑼字用作船名，已出见于南朝时代。《梁书·王僧辩传》云：

侯子鉴等率步骑万余人于岸挑战。又以䑼䑼千艘并载士，两边悉八十棹。棹手皆越人，去来辄袭，捷过风电。

此事又见《通鉴》卷一六四《梁纪》承圣元年（公元552），作“以䑼䑼千艘载战士”。《通鉴考异》引《典略》作“乌鹊舫千艘”①。

越人长于水战，舟师有“习流”之称②。这一传统，下至六朝，相沿未替，故《王僧辩传》的䑼䑼，棹手都是越人。宋曾慥《类说》云：

越人用海鹘于水军。

《老学庵笔记》：“建炎中造船四艕海鹘船，长四丈五尺，为钱三百二十九贯。”《格致镜原》战船门引《海物异名记》：

越人水战，有舟名海鹘，急流俗浪不溺。

茅元仪《武备志》、《三才图会》、《四库全书》中，都有海鹘图③，宋时的海鹘，必是梁时䑼䑼的演变，从文字学上加以解释，䳄即是鹘。《说文·鸟部》：“䳄，鹘䳄也。”又鹘字下注云：“鹘，鹘䳄也。”《玉篇·鸟部》：“䳄，止遥、丁交二切，鹘䳄。”《尔雅·释鸟》：“鷗鸠，鹘䳄。”舍人注：“鷗鸠一名鹘䳄，今之斑鸠。”张揖《广雅》：“鹘䳄，鷁鸠也。”鸟名的鹘䳄，即庄子《逍遥游》的鸴鸠，《经典释文》引崔谍云：“鸴读为滑鸠，一名滑雕。”字书像《说文》把鹘与䳄二字分开解说，单言鹘时，可指鹘䳄，单言䳄时，亦即指鹘。可见海鹘即是䑼䑼。所以称船为海鹘者，以其船头低尾高，前大后小，如鹘之形，舷上左右置浮板，形如鹘的翼翅（《三才图会》四器用）。这是以象形来定名，那么䑼之名䳄，取义亦有同然，故䑼与海鹘应是一物。

《类篇》亦云：“䑼䑼，船长貌。”宋丁度《集韵》上声二十九条：“䑼，䑼䑼，船长貌。”以前的字书不说䑼是船名，这里才见䑼䑼一词，乃是采自

① 胡三省《通鉴注》䑼䑼云：“盖今之水哨马，即其类。”

② 《吴越春秋》徐天祐注。

③ 各图均载凌纯声先生《中国古代与印度太平两洋的戈船考》（《民族学研究所集刊》二六）。

《梁书》。《玉篇》又有舠字，训“小船也”。《正字通》云：“船小而长者艄舠。”显然是合《玉篇》的小船及《集韵》、《类篇》的“船长”二义以立训。许多船名往往是联绵字，像艒䑡、舴艋、舭艢、艕艞之类，越的艄舠正属同样的词性。安南人称舟曰 thuyê n-luó'n，依松本说，也许即是艄舠，艄舠可能是古的越语。[1]

自明以来，战船的制度，有广、福之分。郑若曾的《筹海图编》卷十三兵船类，有广东船及大福船。福船高大如楼，可容百人，底尖上阔，尾设柁楼三重。广船视福船尤大，且以铁为之，福船不过松杉而已。[2] 清时行走太平洋的福州帆船，高桅，船头图绘鹢首。[3]《厦门志》卷五《船政》：其桅高篷大者利于走风，谓之“舑仔头”。各省船只，本以颜色为识别。雍正五年（公元1727）从高其倬奏，允开南洋贸易，九年，着各省船涂色，规定福建用绿色，广东用红色，浙江用白色。闽船绿色；峨嶆大伯公庙及天福宫碑文的艄，是福建人商号航行闽海的船只，自然是绿头船了。

陈铁凡先生于1975年前后在马来亚一带访古，承知告曾得一木雕饰物，悬于庙门之前，初不知其名，后于其他碑刻见到其中有“善信祈福制仙艄捐缘”事，因联想此饰物或为艄。兹附他所赠此船状饰物图片，以供参考。

新加坡福建人坟山最早团体的恒山亭，有道光丙申年（公元1836）该亭“重议规约五条”木牌记，有一段云：

> 恒山亭之香资，和尚于每月朔望日落坡捐化，而逐年唐船、暹船、安南船及外州郡舲舨船、双层船等，平安抵叻者，公议唐船凡漳、泉者，每只捐香资宋（吕宋）银四大员。其船中人客募化多寡，随其发心。如暹船、安南船及外州郡之舢舨船、双层船暨各号等船，不论船之大小，但属漳、泉者，议定每只船捐香资宋银二大元。若属本坡之船，每年捐化香资一次……

这里所见的船名，又有舲舨船、舢舨船等。详见下文。

---

① 松本信广《东亚民族文化论考》，355页。

② 广船及福船插图，见凌纯声《中国古代与太平洋区的方舟与楼船》（《民族学研究所集刊》二八）。

③ 图见田汝康《一七——九世纪中叶中国帆船在东南亚洲》。

图一

图二　马来亚仙舸（木雕）

二、中国船名与太平洋语系

清洪亮吉在《卷施阁甲集》卷三有《释舟》一篇，网罗宏富，从语意观点来看，正是一篇有关船名研究的重要文献，可惜自来学人甚少注意。友人松本信广老教授对于船的历史研治多年，著有《船名及其传说》、《古代之船》、《论舶》、《论舢板名义》等文，收入《东亚民族文化论考》中。松本先生之说有略可补充者，兹述如次：

舶——舶字之出现，《御览》卷七六九引《南州异物志》“外域人名船曰船”，伯希和订正作“外域人名舶曰船”。按《北堂书钞》引此实作“外域人名船曰艉”。《庄子逸文》“以木为舟称卫舟大白”，司马彪注“大白，亦船名也”。《一切经音义》引彪注“海中大舩曰舶”。舶字亦省借作白。《华阳国志》记司马错率巴、蜀众十万，大舶船万艘（伐楚）。《一切经音义》二大舶注云：“音白。《埤苍》：大船也，大者长二十丈，载六七百人者是也。”《华严》第五十卷船舶注云：“音白。《埤苍》：舶大船也。《通俗文》：吴船曰艑，晋船曰舶。”《埤苍》为魏张揖所作，《通俗文》则晋李虔作。（《颜氏家训·书证》篇引阮孝绪、李虔，《初学记》亦引李虔《通俗文》，两《唐志》有李虔《续通俗文》二卷，洪亮吉《复臧镛书》辨李虔与伏虔同作《通俗文》事甚详。《华严经》此处所引《通俗文》晋船曰舶，自是李虔而非伏虔。）可见这里所谓晋船是指晋时的船名，但“舶”字的出现，远在其前。《日本书纪》皇极天皇纪元年，仍赐大舶与同（即舸，见《广雅》）。扶桑亦用“舶”字。

艒䑩——《三国志·吴志·吕蒙传》卷：“蒙至寻阳，尽伏其精兵艒舻中，使白衣摇橹作商贾人服，昼夜兼行至羽所。”（宋本《御览》卷七七〇引《吴志》作“䑩艑”。）张揖《广雅》：舸䑩，舟也。《集韵》：舸䑩，大艑也。吴杨泉《物理论》云：“夫工匠经涉河海，为舸䑩以浮大川。”舸䑩、诃䑩与艒舻字通。这一名出现自吴地，南印度 Tamil 语呼船曰 kalam 或 kalan。[①] 马来语舟小亦名 kōlek，特指独木舟，可能由 kalan 稍变。艒舻、舸䑩和 kalan 语音或者有关系。元阿拉伯人拔都他记当日所有印度和中国间的交通，皆操于中国之手，中国船舶共分三等，大者曰镇克（junk），中者曰曹（zao），第三等曰 kakam。[②] 按 junk 即艅，曹即艚，而 kakam 向不知为何译名，疑是 kalam 之转音。

帛兰——《后汉书·公孙述传》：“聚名甲数十万人积粮汉中。又造十层赤楼帛兰船。”章怀太子注：“盖以帛饰其兰槛。”似乎望文生义。《真腊风土记》小舟以巨木凿成槽，两头尖无篷，可载数人，名为“皮阑”。[③] 安南话称船为 plong、pluk，可能即是皮阑。梵语 plova-为 raft（筏），音亦相近。

八橹—— 八橹一名始于赵宋。（徐玉虎君谓八橹为西晋之制，所据为《御

① 参 S. Singaravalu 氏 *Social Life of the Tamils*，p. 65 Means of transport。

② 注释家或谓 Zao 为舟之转音，Kakam 为货航之讹。

③ 《古今图书集成·考工典》卷一七八引《真腊风土记》。

览》引《义熙起居注》：卢循作八橹船。[1] 今按宋本《御览》卷七七〇舟部三舰条引《义熙起居注》实称：“卢循新作八槽舰九枚，起四层，高十余丈。”《宋书》卷一《武帝纪》亦云：“别有八艚舰九枚，起四层，高二十丈。”洪亮吉《释舟》亦同，惟作八艚舰，又引大艚及方艚，加以解释。是卢循所作者实是“八槽舰”，不是“八橹船”，徐君引误。）《梦粱录》称大小八橹或六橹，每船可载百余人。《宋会要辑稿》：四百料（一料即一石）八橹战船每只通长八丈（《食货》五〇之一一）。祝允明《前闻记》有大八橹、二八橹，又详《东西洋考》。《老学庵笔记》：“建炎中平江造战船，八艕战船长八丈，为钱一千一百五十九贯。”亦作八艕，可见八橹名称之晚出。马来语船曰 pĕrahu，说者或谓是八橹的对音，恐未确。[2]

舥舨——舥舶船一名，见新加坡《恒山亭木牌记》，亦作甲板。（《玉篇》：舥，船动貌，字又作舨。《广雅》：艑，舟也。）佤语船曰 kebang，印尼语曰 kabang，都和舥舨是一音。

舲——《楚辞・九歌》：乘舲船余上沅兮。《淮南子・俶真训》之越舲蜀艇，舲又作艑，见《广雅》、《玉篇》。又《玉篇》：“艆，海船也。”缅甸语呼舟曰 lai，泰语曰 lu'a，long。

须虑—— 古越语船曰须虑，松本谓即僆僆语之 s'le。[3]

兹将汉语船名，和太平洋各地语言中可比对的，表列如下，以待进一步的研究。

	Th	K	K. p	pl	l	s
太平洋语系	Thuyen-Luo'n	Kalam Kalan Kōlek	Kebang Kabang	plong pluk plova-	lai lu'a long	s'le
古汉语	艒艔	艕舻，舸艑	舥舨	帛兰，皮兰	舲，艆	须虑

印度人对行船的知识，在 pāṇini 的文法书中所记，有 nau，udavāhana，Kāśika pañcha nau（五船），dasā-nāu。[4]

尚有 Bhastra（inflated 膨胀 skins）、Pitaka（coracle）、Utsanga（cumba）、

---

① 徐玉虎《郑和时代航海术语与名词之诠释》“八橹船”条（辅仁大学《人文学报》第一期，259 页）。

② 日人《马来语辞典》认为 pĕrahu＝prahn，源于梵语 bahtĕra。

③ 邱新民君改《越绝书》“须虑”，谓为“颁虑”之误，以“颁虑”当马来语 Perahu，谓即“八橹”（《东南亚古代史地论丛》，94 页）。按《越绝书》不误。

④ 有关印度古代船名，参 V. S. Agrawala：*India as Known to Pānini*，pp. 156—157。

Bharata（float of wood）等。见图三。[1]

图三

Types of Boats：Bhastra（inflated skins）、Pitaka（coracle）、Utsanga（cumba）、Bharata（float of wood）

按 Bhastra 乃所谓皮筏，中国记载用革囊渡水的故事颇多。

《水经·叶榆水注》："不韦县（今云南保山县）故九隆哀牢之国也。……汉建武二十三年，王遣兵乘革船南下水，攻汉鹿茤民。"这些最早乘革船的，乃是哀牢人。《北史·附国传》："用皮为舟而济。"（附国，今四川、青海间）《旧唐书·女国传》："其王所居，名康延川，中有弱水，南流用牛皮为船以渡。"东女国在今昌都地区，此种用皮为船之习惯，通行于西南。其后元世祖征大理至金沙江乘革囊与筏以渡江（《元史·世祖纪》）。颇疑此俗先行于印度，西南边民沿袭之。黄河流域兰州至今尚以牛羊皮筏为渡河工具，谓之吹牛皮，顾颉刚详为记载[2]，不知此俗在古印度及阿富汗、古波斯均有之。（此种 floats-of-skin，亦称 mashkākhuvā，大流士时代〔Darius〕已用之。）

---

① Coracle 为一种圆形舟，外面蒙兽皮或油布，Wales，Trcland 有之。参 Hornell：*Primitive Types of Water Transport in Asia*，F. R. A. S. 1946，pp. 124—142。

② 顾颉刚《史林杂谈初编》"吹牛拍马"条，及兰州皮筏国。按清黎士弘《仁恕堂笔记》（《古学丛书刊本》）已言之。

Bharata 即桴，古谓之箄，中国周秦时习用之。《后汉书·哀牢夷传》："建武二十三年，其王贤栗，遣兵乘军船南下江汉（应作之澜沧）。"李贤注："箄缚竹木为箄，以当船也。"《水经注》作"革船"。

三、船与考古学

近岁考古发掘及研究，对于船的知识，颇多增益。史语所之战国水上战迹图像鉴，人所熟知。以中国本土东南及西南各地区而论，有若干新资料，可供讨论，兹分域略记于下：

吴　武进奄城遗址，1957 年发见刀、镰两铁器在泥炭层之下，与几何形印文陶罐同出，有独木舟一只，长 11 公尺，乃春秋时物。见《江苏省出土文物选集》图九七说明。现藏北京历史博物馆。

越　浙江河姆渡漆器有刻花木桨，则七千年前已有船。鄞县甲村石秃头，1976 年出青铜钺，上有羽人划船纹样。二物均藏杭州博物馆。

湘　长江发掘第 203 号汉墓中有十六桨船模，船之两侧边沿平板上皆有钉眼。

鄂　1974 年，湖北江陵凤凰山西汉墓发现船模长 71 公分，宽 10.5 公分，有五桨。又竹简上书"大舟皆□廿三桨"。

粤　广州皇帝岗西汉木椁墓发掘所得。陶船模型舱船左右两边各有走道。自前舱至后舱两侧，有木板两块，左右对称。包遵彭在《汉代楼船考》中曾加以讨论。Joseph Needham 在 Science and China's Influence on the World 中有实物摄影两张。[①]

广州汉代城砖，划绘楼船形状。其船头低尾高，船尾有一大舵，与汉墓陶船相同。船身左边，连底舱有多层，为楼船极重要材料。[②]

蜀　四川于 1954 年在巴县冬笋坝及广元宝轮院发见数十座船棺葬，以楠木凿成独木舟状，以为葬具。冬笋坝戈纹所见舟形作形。[③]

滇　云南石寨山发见铜器（鼓）残片，上有划船羽人。棹手排坐船上，头戴长羽，耳带圆环，左右两边，操桨而进，每排如图四已不止七人。惜残

① *The Legacy of China*, pp. 294—299, pl. 27.

② 汉广州城砖楼船拓本，罗香林先生藏，见凌纯声氏《中国古代与太平洋区的方舟与楼船》图版五。

③ 冯汉骥《四川古代的船棺葬》（《考古学报》1958 年第二期），四川博物馆《四川船棺发掘报告》1960 年。

缺无法知其棹手总数。越的艒艒，两边有棹子，可于是图想象其情状。附拓本如图四、五。[1]

图四　羽人划船铜器残片（拓片之一约1/3）

图五　羽人划船铜器残片（拓片之二约1/3）

古文字学上的舟字，像殷墟甲骨文字中所见舟及从舟之字甚多，和舟字连在一起意义比较明显的，有“来舟”（《屯》乙七二〇三）、“得舟”（《缀合》一二三）、“矢（叓）舟”（《屯乙》七七四六，义是陈舟）、“王其□舟于滴”（《后嗣》上一五，八）等记载，舟的字形皆作□。

四川大学博物馆所藏万县发见的錞于，及《小校经阁金文》拓本的“三巳錞于”，其上都有船纹，其形如图六[2]：

川大錞于　　錞于

图六　《小校经阁》

① 《云南晋宁石寨山古墓群出土铜铁器补遗》（《文物》1964年第十二期，44页）。
② 川大錞于，载1936年《华西学报》五期，此据徐中舒摹写。

其一很像绘人操楫，悬有风帆等形状，和 Wādi Hamniāmat 石壁的船形很相像。甲骨文有、等字[1]：

庚午卜𠂤贞，弜衣，河，亡若？十月。（《京都》三二二〇）

贞勿令，，取舟，不若。（《缀合》三〇三）

这些动词，都是驾舟的意思，从字形可以看出来。《盘庚》中说："若乘舟汝弗济，臭厥载。尔忱不属，惟胥以沈。"殷人对于行舟，是多么小心的啊！

西亚在公元前三千年已使用船，苏末印章及其图形文字与楔形文，见于 Uruk 各地的泥板，字形有如图七、图八。[2]

图七

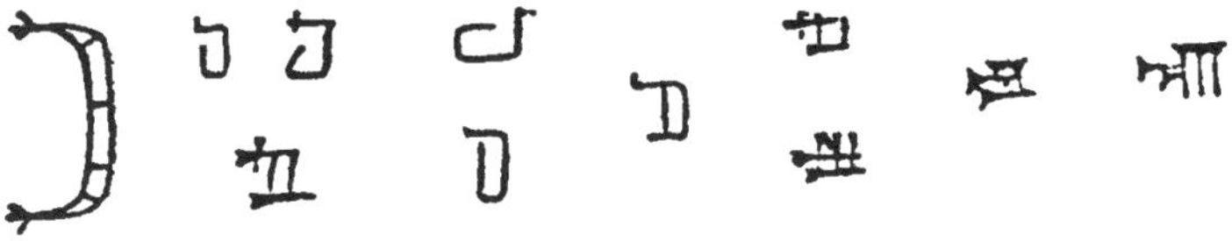

A ship on a Sumerian seal c 3200 B. C. and the cuneiform sign for "ship"

图八

苏末古文献的 Gilgamesh 诗中有云：

After the Magan-boat had sunk,

① 岛邦男《卜辞综类》，462 页。

② 采自 G. Q. Driver：*Semitic Writing*，p. 48。

After the boat "The Might of Magilum" had sunk.[①]

苏末楔形文记录言及大 mgilum 船自黑种人之 Me-luh-ha 国，运货物至 Akkad guay。又言及 man of meluhha ship，据近人考证 meluhha＝meleecha（梵文）、milāca，milakka（巴利文），在 Satapathabrāhmaṇa 书中，meleccha 乃指南印度黑种之 Dravidian 族。[②]

这是西亚与印度航海船舶往来的最早记录。

四、伍子胥水战法之战船与后来海舶之进步

楚有水师，《左传·昭十九年》云："楚为水师以伐濮。"楚《缯书》六月云："曰虞，不可出乖（师）。水乖（师）不衔（率），元（其）吱。"可见楚国已有水军，相传伍子胥有一套水战法，《太平御览》卷三百一十五引《越绝书》云：

> 伍子胥《水战法》。大翼一艘，广丈六尺，长十二丈，容战士二十六人，棹五十人，舳舻三人，操长钩戈矛四吏仆射长各一人。九十一人当用长钩矛长斧各四，弩各三十二，矢三千三百，甲兜鍪各三十二。

又七百七十引《越绝书》云：

> 阖闾见子胥："敢问船运之备何如?"对曰："船名大翼、小翼、突胃、楼舡、桥舡，今舡军之教，比陵军之法，乃可用之。大翼者当陵军之车，小翼者当陵军之轻车，突胃者当陵军之冲车，楼舡者当陵军之行楼车也，桥舡当陵军之轻足剽定骑也。"

《文选·七命》"浮三翼"句，李善注引《越绝书》伍子胥《水战兵法内经》云：

---

① S. N. Kramer：*The Sumesiens* p. 227. 此根据他的英译。

② 参 Asko Paropla 等：*Decipherment of the Proto-Dravidian Inscriptions of the Indus Civilization*（first announcement，1969）。

大翼一艘长十丈，中翼一艘长九丈六尺，小翼一艘长九丈。

《汉书·艺文志》兵技巧家，有伍子胥十篇，图二卷，其《水战法》必在其中。从这些记载，可以推知春秋时战船的构造和设备的情形。

自汉以后，船舶的制造，日益进步，以下是历史上的重要文献：

汉："越欲与汉用船战逐，乃大修昆明池，列观环之，治楼船高十余丈，旗帜加其上，甚壮。"（《史记·平准书》、《汉书·食货志》同）

东汉：（公孙述）"造十层赤楼帛兰船"。（《后汉书·公孙述传》）

吴："扶南国伐木为船，长者十二寻，广肘六尺，头尾似鱼。……大者载百人，人有长短桡及篙各一，从头到尾，约有五十人作或四十二人。……"（《御览》卷七六九引《吴时外国传》）外域人名舡曰舡，大者长二十余丈，高去水三二丈，望之如阁道，载六七百人。（《御览》卷七六九引《南州异物志》）

晋：王濬伐吴，"乃作大船连舫，方百二十步，受二千余人，以木为城，起楼橹，开四出门，其上皆得驰马来往，又画鹢首怪兽于船首"。（《晋书》濬传）。"晋船曰舶，长二十丈，载六七百人。"（《华严》，第五十引《通俗文》）

宋：卢循"新作八槽舰九枚，起四层，高十余丈"。（《御览》引《义熙起居注》）"（宋）公还东府，大治水军，皆大舰重楼高者十余丈。"（《宋书·武帝纪》）

陈："湘州贼陆纳造大舰，一名三王舰。……又造二舰，一青龙，一白虎，衣以牛皮，并高十五丈。"（《南史·王僧辩传》）

隋："杨索居永安，造大舰，名曰五牙，上起楼五层。高百余尺，左右前后，置六拍竿，并高五十尺，容战士八百人，旗帜加于上。"（《隋书·杨素传》）

唐："贞观廿年六月，于剑南道伐木造舟舰，大者或长百尺，其广半之。"（《资治通鉴》卷一九九）

宋："国（宋）初，两浙献龙船，长二十余丈。……岁久腹败欲修治，而水中不可施工。熙宁中，宦官黄怀信献计，于金明池北凿大澳，可容龙船，其下置柱，以大木梁其上，乃决水入澳，引船当梁上。即车出澳中水，船乃笐于空中，完补讫，复以水浮船。"（《梦溪补笔谈》二权智类）

近年在长江流域发现一些唐、宋、明船只的实物。

扬州施桥镇，在 1960 年 3 月，发现古代木船及独木船各一只，约为宋时物。木船以楠木制成，长 24 公尺，有五个大舱，船舷由四根大木以铁钉成排钉合而成。又唐独木船全长 13.65 公尺，存扬州博物馆（《文物》1961 年第六期）。又郑和宝船舵杆，在中保村发现，地点即是明朝宝船厂旧址（《文物参考资料》1957 年第十二期）。此杆全长 11.07 公尺，有人引用《明史》推测郑和宝船的长度为 44 丈，宽 18 丈。又据江苏外海沙船身长及落舱深度的比例，证明宝船厂柁杆所配合的船舶长应为 48 丈至 53 丈 6 尺（见周世德所拟郑和宝船示意图）[①]。然据《南京静海寺碑》，郑和下西洋的船，应是二千料海船和一千五百料海船，比《明史》记载较为合理，陈高华等即主是说。

由以上记载，可列成一表如下：

时代	船名	船长	船宽	船高	可容人数	棹手
楚	大翼	12 丈	1.6 丈			50 人
汉	楼船			10 丈余		
东汉	帛兰			10 层		
吴		20 丈	2 至 3 丈		600 人	50 人
晋	八槽舶	20 丈	方 120 步	四层 10 丈余	2 000 人	
隋	五牙艦			100 余尺	800 人	

按以人数论，晋船可容 2 000 人实为最多。长度则晋舶有长至 20 丈者，与宋木船长 20 余丈者相仿佛。从上表观察，当西晋时候，造船业已有飞跃的进步。

J. Needham 先生曾寄贻所著 Abstract of Material Presented to The International Maritime History Commission at Beirut 一文，对于海上交通史论述至详。然近年新发见之材料，若泉州湾宋代海船之发掘及复原（《文物》1975 年第十期），广州秦汉造船工厂遗址之发现（《文物》1977 年第四期），使过去对船舶的看法，为之改观。从广州秦汉造船遗址之两个船台、滑板中心间距，推知当日常用船之长度为 20 公尺左右，载重约 500 斛至 600 斛（合 25 至 30 吨）（《文物》1977 年第四期）。泉州宋船则全船残长 24.20 公尺，残宽 9.15 公尺，残深 1.98 公尺，而推知本船之排水量为 374.40 吨上下，估计此船水手在 50 人以上，与《宣和奉使高丽图经》所记每舟篙师水手可 60 人，最为接近（《文物》1975 年第十期，30 页）。可能即福船类型之前身。

余尝旅行印尼各地，登 Borobudur 佛庙，壁间雕刻 Ramayana 故事，描写帆船破浪渡海，船上复杂构造，可据以考察 9 世纪之船舶制度。又 Jogjakata

---

① 周世德《从宝船厂舵杆的鉴定推论郑和宝船》（《文物》1962 年第三期）。

博物馆中，陈列古代船筏遗型甚多，对于研究太平洋古代船舶的形制[①]，尤有重大之帮助。

唐代海运，已极发达。唐刻石中，如《轻车都尉强伟墓志》，记“贞观十年将作大匠阎立德江南造船，召为判佐。廿一年，副处部员外郎唐逊造海舷一千艘”。《新唐书·阎让传》：“字立德，复为大匠，即洪州造浮海大航五百艘，遂从征辽。”可见唐初造船术之情形。敦煌所出有《水部式》残卷，罗振玉撰跋，举出十一事，论唐代海师拖师水手之制，可补史志之缺（见《永丰乡人乙稿》，新印本《雪堂全集》初编一，283页）。《钦定福建省外海战船图则例》一书，述后期之战船甚为详悉。又日本平户松浦史料博物馆藏唐船之图，为江户时代关于中国商船之资料，所有广东、福州、广南、厦各船图像，及暹罗船、咬嵧吧船等，均有详细说明（大庭修有专文研究，见关西大学东西学术研究所《纪要》五）。作者对此一问题，愧未能作深入研究，谨举出涉猎所及之零星材料，借供同好作进一步之参考。

---

① C. Edwards：“New World Perspectives on Pre-European Voyaging in the Pacific.” 见 *Early Chinese Art and Its Possible Influence in the Pacific Basin*，vol. III，pp. 843—887。

古代香药之路

姜伯勤君谈敦煌与香药之路，举出莫高石窟文书之乾元寺科香帖（P·三〇四三号）及香药方（S·四三二九号）二事，进而谈及香料入华历史应推前：香药之路虽以南宋及元代为极盛，但应追溯到汉代与月氏人的交往。

余之看法更有不同。五千年前之红山文化，已发见有香炉一件，似国人对“香”的使用，施于祭祀，在古代已相当普遍。

香料入华之历史应再推前。香料来自印度及海外诸国，如《金液神丹经》言及香药产地，所记大致如下：

郁金——罽宾　　白附——师汉

苏合——安息　　鸡舌——社薄

薰陆——大秦　　沉木——日南

荽蕤——月支　　青木——天竺

又，《翻译名义大集》卷二四三，载有诸香名目共十三种：

(1) 草河草　Vayanam

(2) 零陵香（松香、甘松）　Tagaraṃ

(3) 栴檀（檀香）　Candanaṃ

(4) 丁香（沉香）　Agaruḥ

(5) 苏合香（兜罗香） Turuṣkaḥ（后汉时已有苏合香输入）

(6) 沉香 Krsnāgaruh

(7) 翟叶香（多磨罗叶） Tamālā pattram

(8) 蛇心檀 Uragovsāra-Candanam

(9) 随时檀 Kālānusāri-Candanam

(10) 龙脑香（樟脑） Karpūram

(11) 郁金香（红花） Kmikuman

(12) 薰陆香 Kundüruḥ

(13) 白胶香 Sarjarasah

围绕古代香药之路问题，我在本文试提出两个问题来讨论。

一、郁方与郁金香

郁金香为外来贡品，《说文·鬯部》郁字下云：

> 郁，芳草也。十叶为贯，百廿贯，筑以煮之为郁。……一曰：郁鬯，百草之华，远方郁人所贡芳草，合酿之以降神。郁，今郁林部也。

《周礼·肆师》郑注："筑郁金煮之，以和鬯酒。"《水经·温水注》云：

> 又东至郁林广郁县，为郁水。
>
> 秦桂林郡也。汉武帝元鼎六年，更名郁林郡。

郁水即古西江之名。郦注引应劭《地理风俗记》曰：

> 周礼郁人掌祼器，凡祭醊宾客之祼事，和郁鬯以实樽彝。郁，芳草也，百草之华，煮之合酿黑黍，以降神者也。或说今郁金香是也。（一曰郁人所贡，因氏郡矣。[1]）

① 《水经注疏》本，2982 页。

《御览》卷九八一香部引应说至“是也”，文同。应说乃杂采《周礼》及许慎语。汉儒都说郁金香是远方郁人所贡。

周初彝铭像《叔卣》说：“赏叔郁鬯。”小子生尊说：“易（赐）金、郁鬯。”即是郁鬯。九锡之赏赐，秬鬯一卣为其中之一。鬯是以“秬酿郁草芬芳攸服以降神”（《说文》许慎语）。《礼记·郊特牲》言：“周人尚臭，灌用鬯臭，郁合鬯，臭阴达于渊泉。”这样用郁草和酒来灌祭，殷人已如此。卜辞鬯字多见，繁形有合匕（柶）鬯为一字作𩰪的，有从示作𥛑的，像两手奉鬯以祭。而郁字亦见于卜辞，于省吾已指出甲文郁字作𩰪，同于《叔卣》，证明即是郁字，其说可信。东汉武梁祠石刻山左次一兽只存后二足，右题一行云：“皇帝时南夷乘鹿来此巨畼。”证之《宋书·符瑞志》：“黄帝时，南夷乘白鹿来献鬯。”皇帝即黄帝，巨畼即秬鬯，指郁鬯。则南夷进郁金香由来已久，且见之汉代画像石上。卜辞所见郁字异形甚多，最可贵的是出现郁方一地，兹录其文如下：

> 乙丑，王𩰪方（《合》二〇六二四）
>
> ……方……㓝……郁方（《合》一一二五二）
>
> 𩰪方……一月（《合》二〇六二六）

又有往郁之文：

> 戊午卜㱿贞　呼雀往于郁，戊午〔卜〕㱿贞；勿乎雀往于郁（六九四六正大龟）
>
> 贞：王勿往于𣡕（《合》八一八五正）
>
> 贞：……令往郁（《合》五四二六）
>
> 贞：令往郁（《合》八一八二）
>
> 贞：令往𨸏（寻）
>
> 贞：令往郁（《东》六三七）

据说近时研究，证明殷代铜器原料不少取自云南，详细报告，尚待公布。而英国所藏龟甲，实为缅甸龟（详《英国甲骨录》下册）。殷人与西南地区关系，有如此密切。如果这郁方是指汉的郁林郡，则殷人的足迹已及西南出产郁草的地区了。

《宋书》记范晔撰《和香方》，其序有云：“苏合安息，郁金、奈多和罗之属，并被称于外国。”吴万震《南州异物志》：“郁金者，出罽宾国，国人种之。”殷代已有郁方的地名，可推知郁金的传入甚早。盖从西南路线，由印度（身毒）输进吾国，证之殷墟出土龟甲，杂有棉布即土卢布，相当榜葛剌所谓兜罗棉。西南中印交通路线之陆道，既是古代丝绸之路，亦是古代的香药之路。乳香药物主要产于红海沿岸。广州南越文王墓及广西贵县汉墓均有出土遗物。《贵县罗泊湾汉墓》一书中从器志木棱详著其事，其器物上刻画“布山”二字地名，布山即今之贵县。

二、香炉原始

美国莱恩（Ellen Johnston Laing）氏曾研究敦煌壁画和画幡中的多件香炉。莱恩氏以为中国以外的地方很少有香炉的实例。又以为佛教徒借用了道教徒礼拜仪式用的博山炉，更换纹饰，直到魏隋时代，又流行矮脚香炉。[①]

其实，人类使用香炉，在西亚先史时代已甚流行。近东的诗颂有云：

> He hath prepared his spell for my mouth with a censer for those Seven, for clean dicision.... A hawk, to flutter in thine evil face.

他们惯用一个香炉和七字的咒文来赶除邪魅。西亚咒语诗中言及右手执鹰隼（hawk），又有神鸦（raven）作为 god 之助手，以驱邪魅。庙底沟出黑陶鸮尊，殷墟出土有石鸮，阜新县出土有玉鸮有羽，此类鸮鸟，殆亦神鸟相佐辟邪之意。raven 亦如金鸟，西亚之俗或燃火执炬致祭。而殷人亦用[illegible]，像人执火炬之形。西亚诗颂咸称神鸟、香炉及火炬（torch）之属，皆大神所赐贻我等者。

吾国红山文化有坛、庙、冢，祭器有豆形缕孔薰炉（如图一），是中国熏炉最早资料可推至五千年前。且当时已使用薰香。《广雅·释天》：“天子祭以鬯，诸侯以郁，卿大夫以茝兰，士以萧，庶人〔以〕艾。”这是古逸礼《王度记》的佚文，见《白虎通》卷五《考黜》及《周礼·郁人》贾疏。《正义》

---

① 参见莱恩《中国的供佛香炉和有关的供案陈设》，载敦煌研究院 1990 年《敦煌学国际学术讨论会论文缩写文》。

称："礼祎有秬鬯之草，《中候》有'鬯草生郊'，皆谓郁金之草也。"《左传·僖四年》记晋献公卜娶骊姬，其繇有云："一薰一莸，十年尚犹有臭。"薰即香草，《陈藏器本草》谓即零陵香。《御览》卷九八三香部薰香下引《魏略》："大秦出薰草。"又引《苏子》："薰以芳自烧。"以薰香焚烧，故有熏炉之制。马王堆出西汉熏炉，透雕孔，灰陶敷色加彩。[1] 南越文王墓出土豆形陶熏炉，形制略相近。

佛经中亦见有香炉。梁扶南僧伽婆罗译《孔雀王咒经》，后有"结咒界法"，言及五尺刀五口、五色幡五枚、镜五面、安息香、薰陆香等，并附有坛法图（见图二）。坛法图之中央即香炉。考印度火祭，神坛以砖砌成飞鸟形状，又以苏摩（Soma）酒致祭，正如周人用郁鬯，均富有刺激性，意正相似。

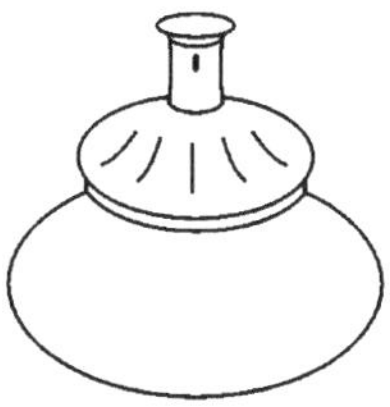

图一

图二

连云港尹湾汉简，其（成帝）《永始四年（公元前13）车器杂簿》中，木牍的反面第四栏记载着：

薰毒八斗

又甘肃敦煌悬泉置遗址出土大量文书，内记药名的有编号T·○二一二四，一书"付子"，一书"薰力"，一书"细辛"。

薰力应译为薰陆（Kundürut），不成问题。薰毒之"毒"为"毒"之省笔。亦宜释"薰陆"。[2]

以上二事，可证薰陆香之东来，有陆路及海道二途。薰陆香亦称乳香，

① 见《世界陶瓷全集》。

② 参看张显成《西汉遗址发掘所见"薰毒"、"薰力"考释》，长沙吴简国际学术论文。

宋掌禹锡《嘉祐本草》："薰陆出大秦国。"《南方草木状》上言："薰陆出大秦国，其木生海边沙上，盛夏木胶出沙土，夷人取得，卖与贾客"。乳香药物，在南越文王墓及贵县汉墓均有出土。

西汉皇室宫中，大量使用乳香，且有专人司其职。汉宣帝时，有披香博士淖方成者。当赵飞燕入宫，成帝悦其歌舞，召入宫大幸，其女弟复召入。淖在帝后，唾曰："此祸水也，灭火必矣。"《通鉴》著其事于成帝鸿嘉三年（标点本，996页）。胡三省注："披香博士，后宫女职也。"

汉世学人，且有关于宫方著述，如经师郑玄即有《汉宫方注》（见《墨庄漫录》），宋洪驹父曾集古今香法。

上述郁鬯及薰陆等香之传入，古代中外香料，往来甚早，西汉时已极为普遍，滨海之尹湾木简有"薰毒"之记录，至于悬泉与西域之关系，更不必论矣。

附　《回回药方》题辞

《回回药方》之受世界学人瞩目，由于其书对中外文化交流具有独特之意义。本书编者江润祥教授此一研究成果，必受到学术界高度重视，无待余之揄扬。江君以余喜谈中外琐事，嘱题数语，试拈一事论之。

《回回药方》卷三十"杂证门"谈及先贤札里奴西所造药物，据考证即指《医典》第五卷第一章所记伽里奴斯制之"郁金药膏方"，札氏即罗马帝国希腊医生盖仑（Galen，约129—200）。回回方中有两个与郁金膏药有关之禄其方剂（Lakki，指松香树胶）。郁金，梵音为Künkuman，题葛洪撰之《金液神丹经》称"郁金出罽宾国"。其实中国西南亦产之。广西郁林郡，汉武时置，本秦之桂林郡。《说文》："郁，芳草也。远方郁人所贡，今郁林郡也。"即以郁金得名，其水曰郁水，即今之西江也。东汉应劭《地理风俗记》："（周礼）郁人所贡，因氏郡矣。"（见《水经·温水注》）殷卜辞有地名曰郁方，字作[illegible]，余年前著《谈古代香药之路—— 郁方与古熏香器》一文已细论之。广西贵县罗泊湾汉墓出土漆杯，题识勒"布山"二字，布山即郁林郡治所在，今之贵县，足见其地久属汉郡管辖之内。今检马王堆出土之《五十二病方》，中有一则云：

> 用郁，求□三物治胻炙伤

是汉初已使用郁香制药以治伤口。《本草》谓郁金主血渍，下气生肌止血。从长沙病方证知以郁金制药，远在罗马盖仑以前。《吐鲁番文书》：高昌国粟特康姓人买郁金。是原为汉产，回回药方更瞠乎后矣。

因知中外医学史药剂问题，仍有待于考古新资料之佐证，不易贸然定其先后。唐段成式记唐玄宗颁赐安禄山品物名单，内有“金石凌汤一剂及药量就宅煎”，赐药且可就宅煎吃，亦云奇矣。汉土文献丰富，好学深思之士如江君者，可致力者尚多。牢笼今古，发微阐幽，企予望之。

丙子重阳，饶宗颐

海道之丝路与昆仑舶

近年西北新疆地带，考古发见之资料甚夥，对于丝路在汉唐以来交通情形，已有丰富实物可为证明，世所共悉。如高昌县残纸有“在弓月举取二百七十五匹绢向龟（兹）”之语（《文物》1972年第三期），尤觉有趣。

沙畹于《西突厥史料》中云：“丝路有陆、海二道：北道出康居，南道为通印度诸港之海道，以婆庐羯泚（Broach 据冯承钧译本采用义净《大孔雀咒王经》译名）为要港。”又称罗马 JustinII 谋与印度诸港通市，而不经由波斯，曾于531年（梁中大通三年）遣使至阿剌伯西南 Yémen 与 Himyarites 人约，命其往印度购丝，而转售之于罗马人，缘其地常有舟航至印度（冯译本，167页，据注云，见 Procope 著 *de bello Persice*，I）。从波斯的史料，可看出六朝时候，罗马与中东国家，对中国丝织品贸易的竞争，而且特别开辟海道作为丝路运输的航线。

《南齐书·南蛮传》赞说：“商舶远届，委输南州，故交、广富实，牣积王府”，只言及商舶自远而至的事。自三国以后，海路交通发达，王室及官吏，掌握特殊的权利，喜欢从事这种厚利的海外贸易。像东晋义阳成王司马望的孙奇，“遣三部使，到交、广商货”（《晋书》卷三七《宗室》），即是较早的例子。《南齐书》广陵人《荀伯玉传》云：

世祖（齐武帝萧赜）在东宫，（伯玉）任左右。张景真使领东宫，主衣食官谷帛，赏赐什物，皆御所服用……又度丝锦与昆仑舶营货，辄使令防送过南州津。

这条极重要。费瑯（Gabriel Ferrand）所作《昆仑及南海古代航行考》征引汉籍四十二条，未尝及此（冯承钧译及近年陆峻岭《补注本》）。印度 Mysore 曾发现汉铜钱，足证黄支国即印度西汉与华已有往来。[①] 昆仑舶一名，向来止采用唐代的记载，像武后时的《王綝传》，“迁广州都督，南海岁有昆仑舶，市外区琛琲”（《新唐书》卷一一六《王綝传》）。又《王方庆传》：“广州每岁有昆仑乘舶，以珍物与中国交市。”（《旧唐书》卷八九）这二事屡见称引。但从《荀伯玉传》，可知南齐时已有昆仑舶在海上行走，且以丝锦为主要商品，由皇室的亲信兼营这种海上贸易。《梁书·王僧孺传》：

天监初……出为南海太守。郡常有高凉生口及海舶，每岁数至，外国贾人以通贸易。旧时州郡以半价就市，又买而即卖，其利数倍。僧孺乃叹曰：“昔人为蜀郡长史，终身无蜀物，吾欲遗子孙者，不在越装。”

可见当日海舶与外国贾人交易情形，及蜀货向来为人垂涎的程度。越装之与蜀物，都是与外国互市的物品，才有这样厚利可图。越装的“装”，后来亦用作船只的名称，如琼州人的货船，都叫作“装”（参拙作《说鵃及海船的相关问题》，《民族学集刊》三三期）。南齐时期，昆仑舶载丝锦出口，这和罗马人于 531 年由海路输入丝物，年代完全符合。中西史事，正可以互相印证。昆仑舶中有黑种的骨伦人充当水手。慧琳《一切经音义》：“海中大船曰舶……入水六尺，驱使运载千余人除货物，亦曰昆仑舶。运动此船多骨伦为水匠。”骨伦即昆仑的音转，人皆知之。慧超《往五天竺传》记波斯国，“亦泛舶汉地，直至广州取绫绢丝锦之类”。则唐时波斯人亦循海道从事丝绢贸易了。日僧元开撰《唐大和尚（鉴真）东征记》，（天宝八年至广州，）“江中有婆罗门、波斯、昆仑等舶，不知其数，并载香药珍宝，积载如山，舶深六七丈。狮子国、大石国、骨唐国、白蛮、赤蛮等，往来居住”。当日船舶之盛，可以

① 参 *Mysore Archaeological Report*，1910，p. 44。又“A Chinese coin Sirpur”，见 J. Numismatic *Society of India*，1956，vol. XVIII，p. 66。Nilakanta Sastri 在他的 *A History of South India*：“Intercourse between China and South India by sea as early as the second Century B. C is attested to by the record of Chinese embassy to Kanchi（黄支）and the discovery of a Chinese coin of about the same date from Chandravalli in Mysore.”（1958，p. 27）

概见。

海道的丝路是以广州为转口中心。近可至交州，远则及印度。南路的合浦，亦是一重要据点，近年合浦发掘西汉墓，遗物有人形足的铜盘。有陶器提筒，其上竟有朱书写着“九真府”的字样（《考古》1972，5）。九真为汉武时置的九真郡。东汉建武十九年十月马援入九真，至无切县，渠帅朱伯弃郡亡入深林巨薮，时见象数十百为群。援又分兵入无编县至居风县，斩级数十百，九真乃靖（《水经·叶榆河注》）。无切、无编、居风都是九真郡的属县，皆马援士卒足迹之所及。这个陶筒必是九真郡所制的，而在合浦出土，可见交、广二地往来的密切。合浦汉以来是采珠的地区，《汉书·王章传》称章死狱中，“妻子皆徙合浦。其后王商白成帝，还章妻子故郡。其家采珠，致产数百万”。《梁书·诸夷传》：（晋）简文咸安元年，“交州合浦人董宗之采珠，没水于底，得佛光艳”。佛的金身，沉在海底，竟为采珠人所获得，中、印海上往来，合浦当然是必经之地。而广州自来为众舶所凑，至德宗贞元间，海舶珍异，始多就安南市易（《通鉴》卷二三四）。

蜀布中细布的黄润，在汉代很出名，亦作为贡品。扬雄《蜀都赋》谓“绵茧成衽……筒中黄润，一端数重”，它是很精细，而需要盛以筒来保护的。司马相如的《凡将篇》且说“黄润纤美宜制禅”，《说文》：“禅，衣不重也。”《释名·释衣服》：“禅衣，言无里（裏）也。”长沙马王堆一号墓出土单衣三件，极为纤细精美，即是所谓禅。该墓所出遣策竹简，有二处言及闰字。一是第二七六号，文云：“瑟一越。闰绵衣一赤掾（缘）。”一是第二七七号，文云：“竽一越。闰锦衣，素掾（缘）。”其字作“闰”，“王”上有一横笔，释者谓是黄润的润之变体。细布的闰，可以制为内衣的禅，亦可作乐器竽、瑟的绵套。马王堆瑟衣，系以两重三枚经线提花方法织成图案（见该墓《报告》，51页，图四四）。长沙的黄润细布，是否出自巴、蜀，尚无法证明。但长沙和广州乃咫尺之地，这样精美的丝锦，在汉以后一定是外国人采购的目标，成为昆仑舶和越装经营的货品，自然不成问题。由于马王堆墓所出丝织品的繁复及精致，令人想到扬子云《蜀都赋》所描写的蜀地丝织品质料之美，倍觉可信。难怪罗马人要开辟海道的丝路辗转往印度输入彼土。当日昆仑舶之为海上重要交通工具，从六朝到唐，一直是负起运输的任务，可想而知。

印度海上船舶形状，见于 Ajantā 第二石窟所绘者，为 6 世纪物（见附图）。又吴哥窟壁画所见船舶，图样至夥。P. Paris 著 Les Bateaux Des Bas-reliefs Khmèrs(见 Bulletin De I'École Française D'Extrême-Orient，Tome XLI-

1941. pp. 355—361)，所收图版，不一而足。Khmer 人之船，即是昆仑舶，此类实物资料，更足珍视。

印度：海上船舶形状，见 **Ajantā** 壁画

中、印海上交通，Basham 已有详细讨论，兹不复赘。[①]

原载《历史语言研究所集刊》四十五本四分册，1974 年 6 月

① 参看 A. L. Basham: *The Wonder that was India*, p. 226, “Sea Trade and Overseas Contacts”。

波　斯

塞种与Soma（须摩）

——不死药的来源探索

一

嫦娥偷灵药是唐人诗常用的典故，灵药指不死之药，来头甚大，不是汉家独有可居的奇货，而是世界性的美丽而广泛传播的宗教上的佳话。

新出土的湖北王家台的秦简记录之殷易《归藏》，久已对学术界起了相当的震撼。就中有一卦说：

> 《归妹》曰：昔者恒我（娥）窃毋死之▨〔奔〕月而与〔枚〕占□□（原列第四一）

传世的《归藏》佚文，马国翰辑本云：

> 昔嫦娥以不死之药奔月。

《淮南子·览冥训》好像取自《归藏》。文云：

> 羿请不死之药于西王母，嫦娥窃以奔月。

依据这相同的说法，加以推勘，可以补足简本《归藏》的缺文。东汉天文学家张衡在他的《灵宪》书中亦说：

羿请不死之药于西王母，羿妻嫦娥窃以奔月，托身于月，是为蟾蜍。（《太平御览》天部四引）

以前大家都认为这一故事是出于汉人的编造，实则殷易《归藏》的繇词已有之，足见其来源之远，在先秦很流行。《文物》2002年第一期，刚公布的四川三台郪江崖墓有石刻的蟾蜍座，背托棺底，说明蟾蜍正是嫦娥的化身，可以长生不老，有起死回生的神力，可证张衡之说。蜀地出土文物，不少与蟾蜍有关，近时成都金沙遗址出土金器有蟾蜍形金饰片二件，为晚殷西周之物。更可推前，证明月中虾蟆的传说，殷代已在蜀地流行，与《归藏》可相印证。金沙村蟾蜍形金饰甚薄，发掘者推测可能是嵌贴于漆器上的饰物（图形见《金沙淘珍》，33页）。不死药要取自西王母。《穆天子传》记周穆王宾于西王母，王母为天子谣曰“将子毋死，尚能复来”，亦使用“毋死”一词。西王母的地区，西北汧陇多有其遗迹。泾川回山有王母宫，在泾、渭、洛三河的交会处，其地古称为回中。秦始皇二十七年，巡陇西北地，至鸡头山，西过回中。东汉画像石，陕西米脂1981年发见的墓室竖柱有西王母、东王公及玉兔、羽人。山东嘉祥武梁祠石像西王母两肩有翼，身边羽人围绕，又有玉兔，可证《楚辞·远游》“从羽人于丹丘兮，留不死之旧乡”之说。西王母所在地即是不死的旧乡。我在1977年曾写过一篇《不死（amṛtā）观念与齐学》（《梵学集》），只引证吠陀梵语，举出《梨俱吠陀》第十，129，2《创造之歌》，以mṛtyum与a-mṛtam即死与不死相对而言，而未能追溯到波斯文献，现在再加以补充。

二

古波斯建国，在碑铭上每每提到Sakà族，即所谓塞种。在大流士一世的Susă铭文，E第24、25行，和大流士一世的Naqš-i-Rostam铭文A第25、26行都记着二种Sakà族，列于Hidus（印度）之后。

一是Saka hauma-vargà；

二是Saka tigraxaudà；

另一是 Saka paradraiga（指海边塞种）。

在薛西斯（Xerxes）一世的碑铭 H 第 26、27 行，亦把 hauma Saka 与 tigraxaudà saka 分而为二，列于印度 Dahà 族之后。

Tigraxaudà 是一种戴尖帽的习俗，尽人皆知，至于 hauma-vargà 是指什么呢，塞种史家，在译述上列碑铭，只译作“崇拜 hauma 的 Saka 族”，没有加以说明。

我们如果细心读 R. G. Kant 的《古波斯文文法》原书，在字汇（Lexicon）221 页 hauma-varga 条有如下的解说：

> hauma-varga-，adj. “hauma-drinking” or “hauma-preparing”: Elam. u-mu-mar-ga，Akk. ú-mu-ur-ga-'，Gk. ' Auvpyiol. From hauma-，Av. haoma-，Skt. sòma-name of a plant，also a drink prepared from the juice of its crushed stems，to root Av. hau-，Skt. su-“press”，+ varga-，of unknown connections.

便可以明白波斯《火教经》的 haoma，即是梵文《吠陀》的 Soma。从字根来讲，Av. 的 hau-，梵文作 su-，是榨（汁）（press）的意思。因为 Soma 是从植物榨出的汁，饮之令人精神旺盛，是一种兴奋剂，可以长生不死。南朝陈时，真谛译《数论》经典《金七十论》，其第一偈注云：“四违陀中说言：我昔饮须摩味故成不死，得入光天。”（原出 Rig-veda 8，48）这是最早出现的汉译，称为“须摩”，饮之不死。在波斯的世界里，haoma 的神圣地位比印度的 Soma 来得更高。就是至圣查拉图斯特拉（Zarathuštra）之所创造的 haoma，又称为 Hom。《火教经》的赞颂说 Hom 在世界创造过程之中，是由教主查拉图斯特拉缔造的，又是月桂树（Laurel）Gŏkarn 的象征符号，因为他能显示新生的不死力量（Immortalité）。[①]

《火教经》中致日神 Mithra（密多）的颂赞，有时提到 haomayōgava，即是 haoma-milk，文法上用不同的格，语尾略有变化，亦即是 Soma。又屡次言及我们要崇拜那仁慈行善的 Aməša Spentas，有时称 hapta（seven）Aməša Spentas，可译为七圣。Aməša = Amṛtā，义即不死，亦指不朽，Spenta 谓有

---

① 关于波斯时代 haoma 的功能和宗教上的地位，及其与吠陀的关系，请参看 M. Molé 的《古代伊兰的祭祀、神话及宇宙论》（《集美博物馆丛刊》）。通过索引 Hom 一条，便可检得极多的材料。

分量的人物，后来演变为官名的萨宝（Spàta）。①

梵文 Soma 有时亦写作 Sauma，由\o 变\\ au。印度 Soma 的神力，由 eagle（鹰）把 Soma 送给最上神 Indra。在《梨俱吠陀》之中，几乎接近一百二十篇颂来赞美 Soma 神，Soma 又名曰 indu，意思是 the bright drop（灿烂的点滴），汉译亦称为甘露。在 *Avesta* 经，haoma 有许多地方简直是代表月亮。印度吠陀吸收波斯《火教经》的 Hom 和 haoma，演变为 Soma，代表一股不死的神力。Soma 是液体乳汁型之物，汉语所谓“一滴如甘露”。Hauma 既象征月亮，是从月亮取来具有不死神力的甘露。故此，我说所谓不死药，应该就是代表不死的 hauma 或 Soma。

Saka 族既有一支称为饮不死汁的 Saka，在波斯大流士的时代（公元前 521—前 486），相当于《通鉴》开始编年的周威烈王之前一百年左右光景。这时候的塞种人应尚居住于印度地区。但塞种人分明曾入居中国西北，《水经·河水注》：“河水又西径罽宾国北，月氏之破，西君大夏，塞王南君罽宾，治循鲜城。”此说钞自《汉书·西域传》，“循鲜”应据《御览》引作“修鲜”。罽宾在今阿富汗喀布尔，河水安得西径之？《西域传》谓匈奴破大月氏，大月氏西君大夏，而塞王南君罽宾，塞种分散，往往为数国。自疏勒（今喀什）以西北，休循、捐毒之属皆故塞种也。又《乌孙国传》云：“本塞地也。乌孙民有塞种、大月氏种。”乌孙故地在敦煌以西，天山以东，伊犁附近。乌孙既本为塞地，则塞种人足迹自可及于西北，正是西王母的地区，故有 amṛtā（不死）兼与奔月神话的产生，岂当时入居此地的塞种人即是波斯所称的 hauma Saka？西南夷有另一称为“附塞夷”者，是否即附属于塞种的夷人？《后汉书·西南夷传》哀牢夷王于光武建武二十三年，南下击附塞夷鹿茤，鹿茤人弱，为水所溺。附塞夷与其分散为数国的塞种有无关系？不可得知，全无资料，可以不论。惟四川三星堆和金沙遗址，出土大量金人面罩和金杖、金带，与 Uruk 文化女神像上带有金箔，及埃及王陵葬殓面具，上笼金面罩，形制完全相同。说者因谓西亚古文化曾为蜀人所吸收。如是，“附塞夷”亦可能即是塞种人南下之一支，尚待证实。

至于乌孙塞地，与从希腊人手中夺取的 Bactria 的 Asii 等四族的实际情况，应为今日的什么地方，因资料不足，而 Bactria 在古波斯文称 Baxtri，Akk. 作 ba-ah-tar，Av. bàxδā 与 Tochari，无从对音，其地自属今阿富汗，不欲详论。

---

① 参看 Ilya Gersheviteh，*The Avestan Hymn to Mithra*，163—165 页的注释。

三

1978年，我发表《穆护歌考》，指出吐鲁番所出《金光明经》题记的庚午岁是公元430年，文中的胡天即指祆神，又引《晋书·载记》慕容廆曾祖名莫护跋，可能出自波斯。这些说法已经逐渐为学人所证实，荣新江在他的近著《中古中国与外来文明》屡有引述，所论只限于粟特的材料。其实莫护跋的名称，应追溯到《火教经》和《梨俱吠陀》时代。从《火教经》可知 moγu 来源的长远。

傅斯年在其《夷夏东西说》中，曾举出慕容廆以大棘城为颛顼之墟，作为东夷历史的佐证，不知慕容氏源出自东胡，其曾祖名莫护跋，即《火教经》习见 magavan 的音译。古波斯文后置语惯用-van，音译为“跋”。如有名之 aša-van、aṛtà-van 诸例。aša 即梵文之 rta，表示正义，与 druga 之为邪恶相反。Aṛtà 表示战斗，波斯王者每以此为称号。由莫护跋一名，令人推想慕容氏祖先必是波斯语系人种。近年中外讨论昭武九姓之安姓，甚为热烈，大都引证唐代碑志，以论其先世有攀附汉族之嫌。其实，更前之史料如陶弘景《真诰》之《稽神枢》，已明言颛顼父居于弱水。改《帝系》之若水为弱水，以配合外来安息之安氏。可知此说不自唐始。慕容氏地区正为唐代营州，故慕容廆及其家族可视为晋代之营州杂胡。我故谓此项史事应再推前，不限于粟特史料，当可有更多的收获。

所谓祆教僧侣（mages）一向被认为是 Zoroaste 之弟子。在 Avesta 即称为 moγu、magu。其神职主祭祀及赞唱解说 gàtha（圣诗），亦得称为 magavan（详上举 Mol 书，70 页）。印度《梨俱吠陀》中称为 magha 及 maghavan，如，RV. 1. 11. 3：Pårvir indrasya ràtayo na ri dasyaüti åtayah/yadi vàjasya gomatap stotçbhyo maühate magham // 因陀罗所赠予，其恩惠不同于寻常之歌赞，而是一家畜组成之胜利品之馈赠。

《梨俱》中每言 Soma，促使大神因陀罗以 magha 给予人类（参上引书，158 页），故 magha 亦与 Soma 有深切关系。

四

Saka 又称塞西亚（Scythian），原住黑海，种族不一，自归属波斯为二十三邦之列，与东方似多有往来。考古学上的证据，最令人惊讶的，无如齐景公墓，环绕着超过六百匹马的马阵，排列齐整，其方式恰如高加索山的 Kostroraskajia 的墓葬。罗森以为齐制即仿自塞西亚的丧葬习俗。刘向《别录》称齐威王用兵，大放穰苴之法，穰苴为景公时大将，败燕晋之师。威王兵法，即取自穰苴兵法（《史记·穰苴传》及《七国考订补》"田齐兵制"条）。岂穰苴时有塞种人参与军事行动？又临淄郎家庄春秋墓出土的角形水晶佩饰，也是模仿自塞西亚式。西亚带翼的半狮半鹫的畏兽型的金器，公元前 6 世纪已流行于秦、晋地带，说明西方胡人文化久已被人采用。[①]

波斯文化的东来，西域丝路之外，还有海路一道。我曾指出汉初临淄齐王墓的银器上泐刻"三十三年"字样，西汉无三十三年，当是秦始皇时代，说明秦及其更前时代早与波斯已有交通。

由海上漂流来的外国船舶[②]，带来了方仙道的灵药。《史记·封禅书》谓"自齐威、宣、燕昭使人入海，盖尝有至者，诸仙人及不死之药皆在。秦始皇东游海上，因有不死药之求，船交海中，因风不得而至"。塞种既有 hauma 的塞人，以"不死"为种族之号，影响所及，不死药的追求，愈为人所乐道，观齐景公问晏子古而无死之乐（《左传·昭二十年》）。齐鲍氏之制器的《黔镈》有"用祈寿老毋死"之语，合齐景公墓葬之制，齐人久已濡染波斯文化之点滴。

尚有进者，汉武帝元鼎年间，由于栾大的大言不惭，自谓外来海中，见安期、羡门之属，不死之药可得，仙人可致，于是重新掀起求仙之事。及五年，始郊拜泰一，朝朝日，夕夕月则揖。其祠列火满坛。有司云"祠上有光"（《通鉴》卷二十）。这俨然是琐罗亚斯德教崇拜 Mithra 的情状。马小鹤在《摩尼教朝拜日夜拜月研究》文中有详细分析。他没有想到汉武郊拜泰一的礼仪，列火而且有光，光即是粟特语的 Roxšan。我疑心栾大可能在海上曾从塞种人学到一点火教的智识，为汉武说法。臣瓒引《汉仪注》云："郊泰时，皇帝平旦出竹宫，东向揖日，其夕西南向揖月，便用郊日，不用春秋也。"颜师古曰："春朝朝日，秋暮夕月，盖常礼；郊泰畤而揖日月，此又别仪。"把这样简便的别仪，作为郊礼，当另有所本。《国语·周语》内史过说：

① 见《远望集》下册。罗森《中国的统一》（453—490 页）。

② 见拙著《由出土银器论中国与波斯、大秦早期之交通》。

古者先王既有天下，又崇立于上帝明神而敬事之，于是乎朝日夕月以教民事君，诸侯春秋受职于王，以协其辰。

匈奴亦有朝日夕月之事。西周以朝夕日月，配春秋二祭，这一礼制与波斯火教有些相似。

殷易《归藏》已有嫦娥奔月的故事。蜀地殷代流行金蟾蜍的信仰，蟾蜍可能即代表不死永生的标记。

屈原曾使齐，他的宇宙观可能受到齐学的影响。他说："与天地兮比寿，与日月兮齐光。"他在《天问》中屡次提到"不死"的问题：

夜光何德？死则又育？

何所不死，长人何守？

黑水玄阯，三危安在？延年不死，寿何所止？

第一是言月有死生，问月何得而能死而复生。闻一多谓尝得不死之药。第二是言东方的不死之乡，第三是问西方黑水之间的不死地区。三危山三青鸟居之，为西王母取食，见《西山经》。又《海内经》，流沙之中黑水之间，有山名三危之山，这即西王母所居的地方。屈原问三危在何处，何以有不死之方，正是《𬭚镈》所言的"寿老毋死"的问题，所以我说屈原的思想与齐国有一些因缘。

《𬭚镈》言"用祈侯氏，永命万年。𬭚仲皇母用祈寿老毋死，保𠭯兄弟用求考命弥生"①。器铭作长生不死的祈求。是器于同治庚午（公元1870）出土于山西荣河县后土祠旁河岸（《攀古斋款识》）。考汉元鼎四年，武帝自夏阳东幸汾阴。十一月庚午，立后土祠于汾阴脽上。可能在汉时流传至晋地，必供奉于后土祠，故得于其地出土。

波斯与印度在宗教及语文，有密切渊源，治印度史者对于《火教经》与《梨俱吠陀》二者间之联系，本已耳熟能详，今之讨论，了无新意可言。haoma（Soma）之与月亦然，毋庸多作赘论。以不死相等于 amasa 与 amṛtā，在言语学上亦属老生常谈，故本文不欲多所引证，但指出塞种有善饮 haoma（Soma）之一族，且以此命名，其散居入处吾西北边裔西王母居地既是事实，

① 《金文集成释文》，239、240页。

而古代齐地葬俗，侈用马阵，同于高加索地之塞种。是自大流士以来，华与胡两种文化，接触自不寻常，未可等闲视之。谈中古时代中外文明之交流，正宜上推至更前时代。兹所揭论之“不死药”，仅是其中一个例子而已。

2002 年 2 月　于香港

补记一

Haoma 一名，有人汉译作“豪摩”[①]，在北周萨保安伽墓刻在墓门额上的图像，作璀璨辉煌的圣火坛，祭桌上面，瓶中有豪摩叶及豪摩，盛以豪摩汁。这是 Haoma 表现于石刻上的见证。

《火教经》中致 Mithra 上神的颂赞，有时用代名词的“Whom”来代替 Haoma。求长生不老的祭司作 Haoma 祭时，唱诵音声，上彻三光，下绕九地，遍于七候（Seven times）。（八九号颂）

由于 Haoma 是第一位上穷碧落星辰的祭司，他从最高处，率先制造 Haoma 茎实（stalks），使 Ahura mazda（最高圣神）已得不死永生的颂赞，亦要从他那遥远驰马似的阳光取得无上的庄严。（九〇号颂）

远古波斯人的信仰中，Haoma 神力的威灵，不可思议。我从 ILYA 氏所译的 Mithra hymns 中试取两篇，撷其大意，以供参考。

安伽墓简报，见《文物》2001 年第一期，517 页，图八——一六。亦见荣新江《中古中国与外来文明》，161 页。

补记二

贞观二十二年，王玄策破天竺，得方士那罗迩娑婆寐以归。自言有长生之术。太宗颇信之，令娑婆寐于金飙门合延年药，又发使诣婆罗门诸国采药。药竟不就，乃放还。及高宗即位，复诣长安，又遣归。玄策时为道王元庆之友（掌陪侍规讽之职）于显庆二年（公元 657）七月辛亥奏言：“此婆罗门实能合长年药，自诡必成。今遣归，可惜失之。”高宗因李勣对，终不能（《通鉴》卷二〇〇，高宗显庆二年；标点本，6303 页）。娑婆寐既是婆罗门，必娴

① 姜伯勤《西安北周萨保安伽墓图像研究》，《华学》第五辑，14—36 页。

习吠陀，深明 Soma 之义，故敢以长生不死药进。观王玄策之推举，谓“此婆罗门真能合长年药”，可见唐初一般人确有承认婆罗门的 Soma 为不死药之事。西印度与罽宾、波斯接壤。胡三省注引杜佑曰：“天竺，塞种也。”颜师古曰：“塞，释也。”按《通典》卷一九三边防九、西戎五，天竺列于哌哒之后。其注语甚长，有云：“捐毒国……南与葱岭相连，北与乌孙接，衣服类乌孙，随水草，故塞种也。”又引颜师古云：“塞种即释种也，盖语音有轻重也。”印度古属波斯辖境，见于碑铭。故唐代学人以印度为塞种，其说很值得研究。

印度吠陀专家，近期研究结论，在公元前 2500 年至前 400 年期间，雅利安先民已写成一些吠陀颂赞，从其原居地在乌浒河（Qxus）的 Balkh 区域，施行宗教上简单的圣火和 Soma 崇拜，发展至于阿富汗邻近及 Panjab（参 R. N. Dandekar：Vedic literature：a quick overview，Bhandarkar 东方研究所 2000，1）。Balkh 地应即 Bukhārā，《新唐书·西域传》称为“布豁”，又名“捕喝”（《大唐西域记》）。慧超以为在安国境。《梨俱吠陀》颂偈及雅利安族群之起源，即在塞种居地，Soma 崇拜之与 Saka- hauma 的密切关系，不言而喻。唐人视天竺为塞种，自有它的充分历史根据。

近闻 Dandekar 教授遽归道山，教授著《吠陀目录学》若干巨册，贡献至巨。余受聘至 Bhandarkar 东方研究所，得君之延揽。又同于 1980 年，被法京最古老的 Asiatique 学会选举为永久荣誉会员，深感殊遇。谨以此文为君纪念，识吾哀悼之忱。

2003 年 6 月饶宗颐附记

成都金沙出土蟾蜍形金饰（2001 CQJC：215）
（晚殷遗物）

蟾蜍形金饰（2001 CQJC：217）

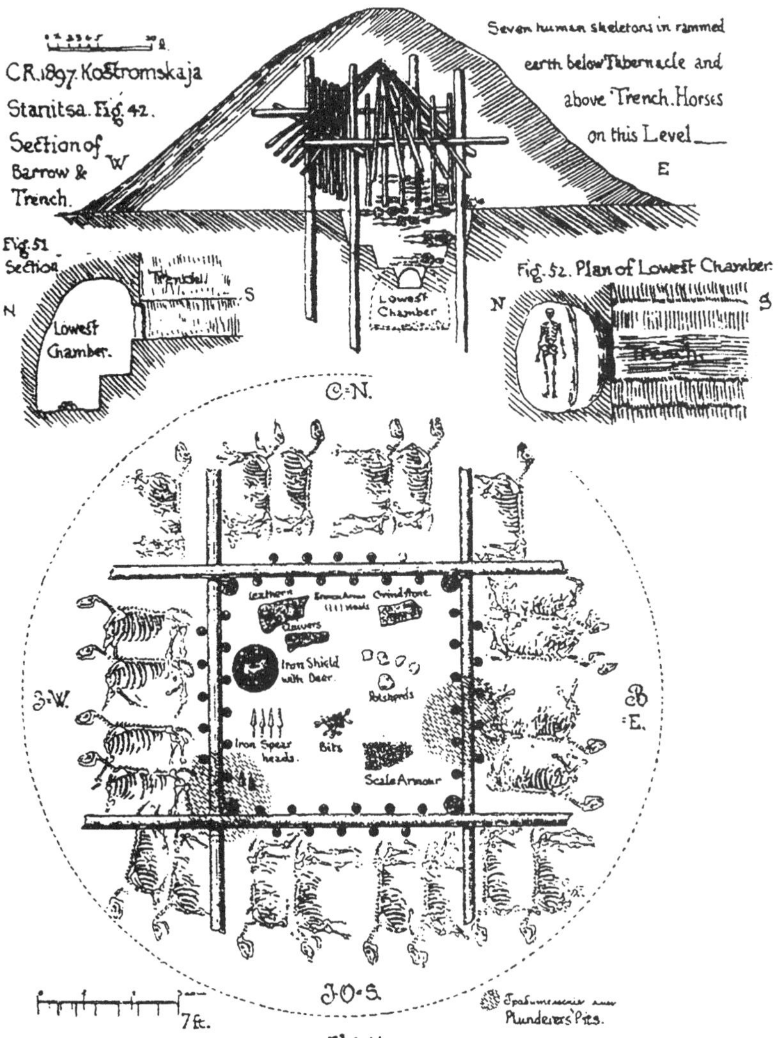

Fig. 44.

高加索山卡斯同卡加地区塞西亚墓平面及构造图

（《远望集》下册，陕西省考古研究所华诞四十周年纪念文集，陕西人民美术出版社，1998，477 页）

五号齐景公墓殉马坑西面南段（自南向北）

（《齐故城五号东周墓及大型殉马坑的发掘》，《文物》1984 年第九期，18 页）

由出土银器论中国与波斯、大秦早期之交通

由银器（Phialear）以论东西交通问题，著论者不乏其人①，惟考索汉文史科，仍多疏略，未能深入。尚须继续研究，有下列两项：古代华南与中东往来的历史背景，海上出入口岸有关文献的实际情况。以上二者，均有待于考释说明。诸家援引资料，各就其所知举出，未能作综合的叙述。今之著论，企图彻底作全面的检讨。

至于波斯金银器制作原委与对外流通，详细记录，中外学人著论甚多，已十分详备。现存美国的 Darius I 与 Xerxer I 的金碗及 Artaxerse I 的银碗，都作凹凸或水滴纹、叶瓣式，且有楔形文题识，在伊朗 Hamadan 出土刻有 Artaxerse I 名号的金银器皿，都是最早的波斯金银器。谈波斯银器的由来，必须追溯到这一时期。其实，三千年前西亚 Ur 遗址，已出瓣式金碗，璀璨夺目（Philadelphie M. 藏）。（图见 A. Parrot，*Sumer*，160 页。）波斯艺术亦有它的远源。

中国方面，先是 1979 年山东临淄富把村西汉齐王墓出土瓣形银碗。其后

---

① M. Pirazzoli-Sersterens：“Cultural Contribution of the Outside World to China：Interaction and Assimilation”已举出齐地及南越银器（北京大学考古学系编《迎接二十一世纪中国考古学国际学术讨论会论文集》，403 页，科学出版社，1998）。孙机《中国圣火》，辽宁教育出版社，1996。林梅村在 1998 年他的《汉唐西域与中国文明》书中《中国境内出土带铭文的波斯和中亚银器》注译一列举有关文献，十分详尽，可以参看，今不缕述。

齐银盒见《考古学报》1983 年二期。孙机《凸瓣纹银器》（《中国圣火》，139 页），齐东方《唐代以前的外来金银器》（《考古学报》），皆是重要论文。

1983年广东番禺南越王第二代赵眜墓亦出同样银盒，引起考古学家的注意，有许多论文予以报道。[①] 1984年9月，在广东遂溪边湾村南朝窖藏出土一件分瓣银碗，在其口沿之外，刻有一行近似 Aramaic 铭记，已经多方研究，大家同意是粟特文。还有伴出一件鎏金的银钵，外部有精细动物和花卉的花纹。有人认为遂溪银碗口沿铭文，类似焉耆银碗上的文字，未确。银钵上纹样与韩国庆州皇南大冢北坟出土银钵相同（见东潮等《韓國の古代遺跡·新羅篇》1985，东京）。

去岁12月，余于役法京，曾持赵眜墓所出银盒照片，出示罗浮宫 Louvze Annie Canbet 女士，蒙其见告赵眜墓所出银盒，实际系由两个银盘组合而成。遂溪银碗口沿照片和拓本，亦经罗马史家认为是粟特文，已详日本吉田丰的论著。孙机书中亦有摹本，可以参考，见《中国圣火》，162页。

孙机认为此类凸瓣纹银器是伊朗之安息朝的舶来品。遂溪银碗的粟特文，重42个币，属于九姓石国 sp 之物，已有姜伯勤先生的精细考证。（见所著《广州与海上丝绸之路》（1991），广东社科院。及荣新江 China e Tran 书评，《唐研究》卷三，54页。）

一、先秦汉地与波斯关系之推测

最值得研究的是齐王墓所出银盘之一，其上刻有“三十三年”字样，考秦、汉帝王年号有三十三年之数者，只有秦始皇一人，故可推断这一银盘必是始皇三十三年以前外国所制，传入山东。

成书于秦世的《吕氏春秋》提及“大夏”之名，《古乐》云“大夏之西”，《本味》云“大夏之盐”，可能是指渴石山（Miyan-Kiss）的红盐。秦时人们对大夏想必已有相当认识。

始皇三十三年（公元前214）相当于波斯 Artahanus 时代。《淮南子·人间训》：是年秦人利越之犀角、象齿、翡翠、珠玑，发动五十万人戍五岭，又北斥逐匈奴，既略取南越地，置桂林、南海、象郡。其辖境已达《汉书·地理志》所言的大秦入贡的日南障塞。秦人在南越地区大开拓疆土，《通鉴》胡

---

① 朱非素《南海丝绸之路考古发现浅析》（北京大学考古学系编《迎接二十一世纪中国考古学国际学术讨论会论文集》，409页，科学出版社，1998）。邓炳权《广州与海上丝绸之路》（《广东省博物馆开馆四十周年纪念文集》，145页）。王贵枕、王大文《从古代中外货币交流看广州海上丝绸之路》（同上书，155页，广东人民出版社，2000）。

注引《茂陵书》："象郡治临尘，去长安七千五百里。"韦昭注云："今日南也。"《汉书·地理志》："郁林郡有临尘。"《高帝纪》颜注引臣瓒说与《茂陵书》相同。似秦时象郡治设在广西，尚未远及柬埔寨之象林。但西汉则日南郡象林已设有"候长"。尹湾汉墓出木牍四第二栏记"建陵侯家丞梁国蒙孟迁，故象林候长以功迁"（94 页），出现"象林候长"一名，可为佐证。《续汉郡国志》刘昭注："象林，今之林邑国。"是武帝以后，在今越南地区设有候长，可见当日对边徼之重视。

《水经·河水注》引古《纪年》："魏襄王七年四月，越王使公孙隅来献乘舟三百，箭五百万，犀角，象齿"。魏襄王七年为周赧王二年（公元前 313），是时越人已利用犀牛、象牙为贡物，秦人之南征，垂涎此类异品，由来久矣。

以前我在《中国古代胁生神话》一文中，曾指出秦改称人民为黔首，好像是取名于 Dark-headed，似乎受到波斯流传西亚史诗中 Salmat qaqqadi 的影响。始皇二十六年更名民曰黔首（黔首之称，见二十六年诏版，及云梦龙岗秦简，为统一以后之事），故三十一年（公元前 216）使黔首自实田（《通鉴》标点本，241 页）。秦分天下为三十六郡，这样的行政区划，好像借鉴于波斯大流士一世灭巴比伦后，创立二十行省。二十是神秘数字，古波斯文作$\substack{<\\<}$，即重叠二个"十"字，相当于梵文的 vinsatim。波斯喜欢刻石记功，始皇亦屡屡出巡，立石以颂功德（此文见《燕京学报》新第三期，北京，1997）。我的看法，在周、秦之世，国际活动，中外必有互相影响的地方。波斯器物，已经海路入华，加工制造，并刻上"三十三年"（公元前 214）字样，此时波斯正进入 Parthian（安息）的 Antahanus 时代。

释氏传说，始皇时有外国沙门室利防一十八人来秦，见《广弘明集》卷十一法琳说及《历代三宝纪》。始皇与印度阿育王同时，阿育王收拾佛舍利，起八万四千宝塔。唐时傅奕说"塔经周世，终十二王，至秦始皇三十四年，焚烧典籍，育王塔遂废"。周时是否有佛塔，尚无明证，室利是梵文 Sri 的译音，佛教经过阿育王的倡导，传播入秦，亦非无可能之事。

佛教入华年代，现在研究成果，可以推前。如季羡林教授《再论浮屠与佛》文中，证知"浮屠"一名是取自大夏文的 bodo，boddo。鱼豢《魏略》中的《西戎传》谈到汉哀帝元寿元年（公元前 2）景卢受大月氏王使伊存口授《浮屠经》，这里不称"佛经"而称"浮屠经"，再参证《牟子理惑论》说："于是上（指汉武帝）悟，遣使者张骞羽林郎中秦景，博士弟子王遵等二十人，于大月支写佛经四十二章。"及魏收《魏书·释老志》言及"开西域，遣张骞使大夏，还，传其旁有身毒国，一名天竺，始开浮屠之教”等记载。可推知初期译佛经乃在大月氏地区，“浮屠”之出自大夏语bodo，与张骞之使大夏亦有缘由。佛教的传入，至少应该推前至西汉时期。袁宏《后汉纪》卷十五引身毒《本传》曰“西域郭俗造浮图，本佛道”，其书佛与浮屠二名兼用。可见东汉时，浮屠与佛二名，同时使用。

关于化人（幻人）来华的年代，自来认为肇于西汉武帝元封六年，汉使抵安息，安息以大鸟卵及黎轩善幻人献于汉。故太初元年（公元前104）起建章宫，太液池内有条支大鸟之属。

但袁宏《后汉纪》云：

> 大秦一名犁轩，在海西。汉使皆自乌弋还，莫能通。……
>
> 及安帝元初中，日南塞外檀国献幻人，能变化吐火，自支解，又善跳丸，能跳十丸。其人曰我海西人，则是大秦也。自交州外塞檀国诸蛮夷相通也。又有一道与益州塞外通。（《四部丛刊》本）

《后汉书·大秦传》则檀国作掸国，指今之缅甸。此为再一次之幻人东来记录。

《列子》向来是被目为伪书，在卷三《周穆王》篇开头便说：

> 周穆王时，西极之国有化人来。

其书异文，西极有作“西域”或“西胡”，把幻人写作化人。如是幻化人东来时代，可追到周穆王时，文中言及穆王西征，至于巨蒐氏之国，巨蒐献白鹄之血以饮王。

穆王西征事，详见《穆天子传》，从来被视为小说家言。近时王家台秦简出土《归藏》，谈到周穆王，文云“……师卦曰：昔者穆天子卜出师而枚占……”(429)。

证之传本《归藏》，言及穆王曰：

> 昔穆王天子筮卦于禺疆。
>
> 昔穆王天子筮于西征，不吉。
>
> 曰：龙降于天，而道里辽远，飞而冲天，苍苍其□。

可见战国以来，穆王西征之事，绝非无稽之谈，故《归藏》亦举其事，作为占卜的繇词。

穆传中的巨蒐氏，即《禹贡》“织皮、西戎渠搜”。其名亦见《周书·王书》篇，《大戴礼》之《五帝德》及《少闲》，《史纪·五帝纪》作渠度。贾谊《新书·修政语上》云：“（尧）西见王母，训及大夏、渠搜。”

武梁祠画像“来庭者”前题榜云：“渠搜来。”《宋书·符瑞志》：“渠搜禹时来献裘。”前人把渠搜属之夏代。《隋书·西域传》：“钹汗国，都葱岭之西五百余里，故渠搜国也。”《御览》卷一六五引《凉土异物志》：“古渠搜国当大宛北界。”其地望后来越传越远。

汉时朔方郡有渠搜县，这和张掖郡有骊轩县，安定郡有月氏道，上郡有龟兹县，都是因其族曾聚居而得名。佉卢文的 Kosava 即氍毹，织皮之一种，巨蒐、渠搜，即因出 Kosava 而闻名（见马雍，《新疆佉卢文中之 Kosava 即氍毹考》）。巨搜古国族，得佉卢文证明，其事实既存在，幻人东来之事，亦非子虚乌有。《列子》之穆王说，是有根据的。西域丝路交通，更早可推前至周穆王时代。

江上波夫曾从华佗使用麻醉药，推论幻人之事。引《魏书·西域传》“悦般国，于太平真君九年（公元 448）献幻人”，见石田乾之助博士《古稀纪念东洋史论丛》（1965，75—93 页），今由《周穆王篇》所载，与秦简《归藏》参证，幻人入华年代，可能更提前一些。

二、波斯大秦与汉交往之文献正确记录

正史及其他文献记载大秦与中国交往共有下列各次：

（1）前 128　西汉武帝元朔元年

张骞使大夏来，言通身毒国（印度）之利。

按《史记·西南夷传》云：“元狩元年（前 122），张骞使大夏来。”《通鉴考异》云：“按年表，骞以元朔六年二月甲辰封博望侯，必非元狩元年始归也。”兹从《通鉴·汉纪》卷十。

（2）前 105　西汉武帝元封六年

汉使西逾葱岭抵安息。安息发使，以大鸟卵及黎轩善幻人献于汉（《通

鉴》，696页）。

按郭宪《洞冥记》云："元封三年（前108）大秦国贡花牛"。此误以安息为大秦。

（3）前115　武帝元鼎二年

张骞分遣副使通大夏、安息、身毒、大宛、康居、大月氏等国（《通鉴·汉纪》卷一二，657页）。

（4）公元87　东汉章帝章和元年

安息国遣使献狮子符拔（《后汉书·西域传》）。

（5）公元97　和帝永元九年

甘英使大秦，抵条支，临大海，至安息西界（《后汉书·西域传安息国》）。

（6）公元100　和帝永元十二年

冬十一月，西域蒙奇、兜勒遣使内附，赐金印（《后汉书·和帝纪》、《后汉书·西域传》序）。

（7）公元101　永元十三年

安息王满屈复献狮子及条支大鸟，时谓之安息雀（《后汉书·西域传·安息国》）。

（8）公元120　安帝永宁元年（袁宏《后汉纪》作安帝元初中）

十二月，掸国献乐及幻人（《后汉书·西南夷传》）。

幻人自言我海西人，海西人即大秦人。

（9）公元166　桓帝延熹九年

大秦王安敦贡象牙、犀角（《后汉书·西域传·大秦国》）。

（10）公元173　灵帝熹平二年

日南徼外国，重译来献（《后汉书》）。

（11）公元183　灵帝光和六年

日南徼外国，重译贡献（《后汉书》）。

（12）公元226　吴黄武五年

大秦贾人秦论来交趾，交州太守吴邈遣送诣（孙）权（《梁书》卷五四）。

（13）公元281　晋武帝太康二年

大秦使至广州，于滕侯献火浣布。

(14) 公元455　北魏太安元年

冬十月，波斯、疏勒并遣使朝贡（《魏书》卷五）。

(15) 公元476　承明元年

二月，库莫奚、波斯诸国遣使朝贡（《魏书》卷五）。

(16) 公元507　世宗正始四年十月辛未

𡁷哒、波斯遣使朝贡（《魏书》）。

(17) 公元517　肃宗熙平二年

四月，波斯、疏勒、𡁷哒朝献（《魏书》）。

(18) 公元521　正光二年

四月乙酉，乌苌国朝贡。

闰月丁巳，居密、波斯国朝贡（《魏书》）。

北魏时波斯遣使朝献，据《魏书·本纪》统计，自文成帝太安元年（公元455）至孝明帝正光三年（公元522）共有十次，皆当五世纪下半（见《文物》1983，八期，马雍《北魏封和突墓及其出土的波斯银盘》一文），今不复述。

安息、大秦的王名，见于汉籍为一般学者所提到的，有《后汉书·西域传》公元101（和帝永元十三年）的安息王满屈（复）及同书《大秦传》的166（桓帝延熹九年）的大秦王安敦，这二位屡屡见于中西交通史记载，为人所乐道。勘以波斯史籍，公元51—75年，为安息（Parthian）王Vologeses一世，77年薨，安息发生内乱。由钱币得知，由其子Pacorus二世嗣位，Pacorus死于106年左右，可见101年在位的安息王当为Pacorus二世。《后汉书》的“满屈”即是Pacorus的译音。Pacorus亦称为Pakor，即译音的略词。

安息人来华最早而在历史上闻名的人物是安清，亦称安世高，事迹见于康僧会所著的《安般守意经序》，他是安息王嫡后之子，让位于其叔父。马雍在所著《东汉后期中亚人来华考》有详细考辨，他指出冯承钧《历代求经翻经录：汉录》书中的安世高传所言不符事实之处。冯氏以安世高是安息王满屈二世（Pakor之太子），他不甚赞同，另从罗马所见史实，论证世高不当是满屈二世之子。《阿育王传》由西晋“安息三藏”安法钦译（《大正》，50册），“安息三藏”一名，说明安氏与译经工作有关。近时中外学人，对昭武九姓研究，诸多创获，粟特胡的安氏，更为讨论的焦点。《唐书世系表》云：“后汉末（安息国）遣子世高入朝，因居洛阳”。出土安氏有关墓志，多数攀附汉俗姓氏书，拉上黄帝的关系，把汉地的姬水和西域的妫水（Oxus）连在一起，像《史诃耽墓志》所说“分轩丘而吐胃”、“掩妫水而疏疆”，大作其文章，又把安息与安国混淆，这大概是出于后代的附会，已有学人加以疏理，不用多费唇舌。（如 Antomiso Forte，*The Hostage an Shigao and His Offsping*，京都，1995；及荣新江《安世高与武威安氏》，收入黄时鉴编《东方与西方》第一集，上海；吴玉贵《凉州粟特胡人安氏家族研究》，《唐研究》第三卷，1997，295—338 页。）

至于安敦的年代是公元 166 年，查波斯史表 148—192 年在位者为 Vologeses II（二世），其时尚未进入萨珊王朝。萨珊王朝第一代是 Ardaser 大帝。

晋袁宏《后汉纪》卷一五《殇帝纪》末有一段关于大秦文字云：

> 其王常欲通使于汉，奉贡献，而安息欲以汉缯彩与之交市，故遮不得令通。及桓帝建初中。
>
> 王安都遣使者奉献象牙犀角、玳瑁，始一通焉。（《四部丛刊》宋王铚刊本）

大秦王安敦写作安都。查建初是章帝年号（公元 76—83），不当属于桓帝，二者必有一误。无论作安敦或安都，皆是 Antoninus 的对音。《后汉书》作延熹九年即西元 166 年。是时应是 Marcus 在位的第六年，Antoninus Pius 是 Marcus 大帝的义父，Marcus 在位时，受到义父安敦的陶冶，倡导容忍政术，有声于时。（参 M. Schofield：*The Cambridge History of Greek and Rome Political Thoughts*，2000 年。）《南史·蛮貊传》把大秦事系于桓帝延熹三四年。汉土史籍年代殊不一致，范晔《大秦传》之外，袁宏《后汉纪·南史》复有出入。袁宏一书，未见人引用，故提出讨论。

近时治中外交通史家，意见亦多歧出。林梅村说《后汉书》大秦王安敦当时的罗马皇帝是 Trajan（公元 97—117）（林著《西域文明》，13 页），与 166 年代不合。汶江及刘迎胜说大秦王安敦即 161 年至 180 年在位之罗马帝 Marcus Aurelius Antoninus，似较合理（《古代中国与亚非地区的海上交通》，36 页），安敦、安都，均是 Anton 的音译。Marcus 连署其父之名（《丝路文化海上卷》，27 页）。

公元 224 年，安息已进入萨珊王朝，为 Ardashir I。孙权黄武五年（公元 226）正值这时期。《梁书》记有大秦贾人秦论来交趾。权差会稽刘咸送论，论乃送还本国。这说明在萨珊王朝初期，大秦与华商贸，已密切派人来往。是年孙权复遣朱应、康泰出使扶南。宋本《御览》卷七七一《舟部》引《吴时外国传》云："从伽那调州乘大（伯）舶，张七帆，时风一月余日乃入秦，大秦国也。"《水经·河水注》引康泰《扶南传》作"从伽那调洲西南，入大湾七八里乃到扶扈黎大江"，又引《吴时外国传》："从加那调洲乘大船张七帆，时风，一月余日乃入大秦国。"

扶扈黎江口是印度恒河口，当日船行海上，印度是必经一个站。《水经·河水注》又引竺芝《扶南记》云："安息国去私诃条国二万里。"

扶南的记录亦提到安息国，可见吴遣使至扶南，正因为扶南与印度至大秦，海上大舶往来已久，行程需一月以上，至公元281年即晋武帝太康二年，是时值萨珊 Bahnam II（二世）大秦国来献琛，道经广州，安南将军滕侯作镇于此。吴零陵太守殷兴之子殷巨，入晋，官苍梧、交趾二郡太守，适为滕的僚属，目睹贡品，火浣布尤奇，撰有《奇布赋》及《鲸鱼灯赋》二篇，流传至今，为大秦贸易史上留下宝贵的记录（文见《艺文类聚》八〇及八五，收入严可均《全晋文》卷八一）。《列子·汤问》："周穆王大征西戎，献锟铻之剑、火浣之布。"

5世纪以后，银器出土，有北魏时代景明二年（公元501）之银盘（《文物》1983，8）、银碗（《文物》1992，8），以上原物存大同博物馆。

1983年，固原李贤墓所出天和四年（公元569）银壶（见《文物》1985，11）。1988年甘肃靖远出银盘（《文物》1990，5）。1976年赞皇李希宗墓所出武平六年（公元575）银碗（《考古》1977，6）。以上材料，均详齐东方《唐以前的外来金银器》文中，可以参考，不再缕述。

1981年，山西大同市区郊出土北魏封和突墓志及波斯银盘，盘中人物据马雍考证，与萨珊朝第四代王 Bahram 一世相近。他列出北魏时，波斯遣使朝献于北魏凡十次之多，文中有详细考证。

现藏南京博物院题梁元帝萧绎的《职贡图》残卷（《文物》1960，7）已有许多人考证，可与《梁书·西北诸戎传》对勘。现存图迹有波斯国使图及题记。记中引释道安《西域诸国志》残文，十分可贵，末记："北万里即沉壥禀国。（中）大通二年，遣中经犍陀越奉表献佛牙。"据《释迦方志》下引梁图作拂懔，应是拂菻。在同卷滑国使下有云：

波斯□子锦玉妻□□，亦遣使康符真同贡物。其使人革头剪发，着波斯褶、锦袴、朱麋及长靿鞾（靴）。其语言则河南人重译而通焉。

波斯使臣康符真，当是康国人。北魏曾遣韩羊皮使波斯，波斯王遣使献驯象及珍物（《魏书·西域传》）。隋虞弘仕茹茹，亦曾出使波斯（见《虞弘墓志》）。此并为使波斯名字之可考见者。《后汉书·大秦传》称"其王常欲通使于汉，而安息欲以汉缯丝与之交市，故遮阂不得自达"。大秦通汉，屡为安息所阻挡，正如魏通波斯，屡为于阗国所格，情形相似。近年来对昭武九姓在华之活动概况，如安氏、史氏等等，已有多家作专文探讨，见《唐研究》卷三、《北大国学研究》卷七，对粟特人来华史迹更加明了，今不复述。

三、外国贡品的象牙、犀牛与桂林郡的"封中"及交趾郡的"封溪"路线

文献上最早贡品的犀角、象牙是《竹书纪年》载魏襄王（前引二）七年，即周赧王三年，越使公孙隅贡犀角、象牙。《战国策·楚策》楚王曰：黄金、珠玑、犀牛、象出于楚。实际这些品物有的还是远道的舶来品。公元前312年于波斯为Seleucid王朝，仍属Parthian Arsacids时代。《淮南子·人间训》记秦所以戍兵五岭，正为垂涎于越的犀角、象牙、珠玑等物。以公孙隅事观之，这些外来贡品可能在先秦时候，已有往来了。

南越王墓西耳室出大象牙五支，成堆叠放，被确认为非洲产。漆盒内的乳香，为红海之物（《西汉南越王墓》上，346页及附录14）。犀角则1960年广州三元里马鹏岗一号墓出犀角十五支。其他南越地区，陶制犀角板型有1955年广州东山梅花村二号墓出四支陶犀角、五支陶象牙，最长者49厘米，而广西贵县、梧州及长沙都有之，贵县秦时为桂林郡治，长沙贵族亦从南越引进海外珍品。赵佗上汉文帝书明言："附贡白璧一双、翠鸟千、犀角十、紫贝五百、桂蠹一器、生翠四十双、孔雀二双。"这张贡单里面有"犀角十"，可见当日如何珍视。一直到东汉季年，士燮为交趾太守四十年，经常派人进奉珠宝犀、象、蕉、龙眼，无岁不至。

沈怀远《南越志》云："象牙长一丈"（《御览》卷八九〇引），似有点夸大。

《东观汉记》："章帝元和元年（公元84）日南献白雉白犀。"（《御览》）

魏文帝黄初二年（公元221）魏向吴求雀头香、大贝、明珠、象牙、犀

角、玳瑁、孔雀、翡翠、斗鸭、长鸣鸡（《通鉴》，2197 页）。

明帝青龙三年（公元 235），帝使人以马易珠玑、翡翠、玳瑁于吴，可见魏吴之间，这类珍异外来品物，还有极高的交换价值。然《江表传》云："魏文帝遣使于吴求象牙，群臣以为非礼。"

云南晋宁古滇国一一号与一二号墓，各出一件镀锡凸瓣纹铜盒，形制与赵眜墓十分相似。该地博物馆负责人承认这两件都是外来银盒的仿制物。滇王降汉事在公元前 109 年，即汉武帝元封二年，郭昌、卫广发巴蜀兵灭靡莫以临滇，滇王举国降，于是以为益州郡，赐"滇王"王印（《通鉴》，686 页）。晋宁出土有滇王印。滇墓这一凸瓣纹铜盒必制于元封以前，与南越墓之物，相距为时不会太远，这说明波斯银器可从日南徼外传入，早在张骞使大夏以前，已有贾人来往。同时，证明《后汉纪》所说"又有一道与益州塞外通大秦"一说之正确。《三国志》卷引裴注引《魏略》言"大秦既从海北陆路，又循海而南，与交阯七郡外夷北。又有水道通益州永昌，故永昌出异物"。当日四川的出产，可至永昌，再由此出口以至大秦。

马王堆出土的驻军图与地形图，标有"封中"二字，位于贺江流域地带，据考证该图当作于赵佗发兵攻长沙边邑之后。佗出阳山关，攻破桂阳，攻入九疑山区。显示桂阳是争夺要地。秦人所以要设置桂林郡。《淮南子·人间训》记秦人进军五路。一路塞镡城之岭，是从湘桂交界的越城岭南下，一军守九疑之塞，即沿湖南潇水经萌渚山岭，贺江以进入越人腹地。封中当在封水区域，汉属苍梧郡，在封水之阳有封阳县。又广信原为封川县，俱因封水得名（参陈乃良《封中史话》，广州地图出版社，2001）。《水经·温水注》："郁水又东迳苍梧广信县，漓水注之，又东封水注之。"又云："封水出冯乘县广西谢沐县东界牛屯山，亦谓之临水，其地为临贺县。"封中当在此一带。前汉置交州，其交趾刺史治交趾郡之羸𨻻。元封五年，移治于苍梧之广信（见《水经注》引《交广春秋》）。东汉时一度移治交趾郡之龙编。建武十六年（公元 40）麊泠县雒将之女徵侧，与妹徵通反，九真、日南、合浦（俚）皆应之，凡略六十五城。马援出征，缘海而进，自九真以南，随山刊木，千余里至浪海上，大破之。浪海一地，据《通鉴》胡注云"其地在交趾封溪县界"，是则交趾郡之封溪地。

向来谓马援平交趾，奏分西里置封溪、望海二县。东汉于此置封溪，乃由马援所奏而增设。

考封溪县实为蜀安阳王南来治所。《广州记》云：

蜀王子将兵讨骆侯，自称安阳王，治封溪县。后尉佗攻破安阳王，令二使典主交趾九真二郡人。(《史记·南越传》引)

由此一事观之，尉佗势力亦曾远及于此封溪地；马援兵之所至，赵佗早已奄有其境，故与外国接触较易，观南越王昧出土及广西罗泊湾一号墓出土的铜提筒，其带羽人船纹者，与东山文化骆越地区的铜提筒，几无二致。其乳香、象牙已证验为非洲由海路输入，以及银盒与金花泡饰等物之为舶来品。汉武帝征和三年（公元前90）西胡月支献香四两，死者未三日者，熏之即活(《海内十洲记》)。已详南越墓《报告》，不必缕述，今另试就封中、封溪二地历史背景作一探讨。

耿舒谓"马援类西域贾胡，到一处辄止"。援卒后，谮者谓其交趾时载还皆明珠文犀。交、广之间，向来官吏无不垂涎贡品，况援为征伐胜利者，自不必须此类之贿赂，特越地进奉之品必多，以贾胡比之，可谓讽刺之甚。

《续汉书·礼仪志》引吴人（丁孚）《汉仪》云："大鸿胪食邑九真、交趾、日南者，用犀角长九寸以上，郁林用象牙长三尺以上。"象牙、犀角之用途，在掌诸侯及四夷归义蛮夷，交广远人受其统辖，所以使用犀角象牙独多，料皆出自贡物。《御览》卷九八〇引范氏《计然》云："犀角出日南郡，上价八千，中价三千，下一千。"可见当时之价值。

班固论汉武之事业云："开七郡故能……睹犀布、玳瑁则建珠崖七郡；感蒟酱竹杖别开牂牁、越嶲；闻天马、葡萄，则通大宛、安息。"指出开疆拓土，完全因异珍奇货的诱惑，可谓一语中的。

沈约《宋书》卷九七《蛮夷列传》云："若夫大秦、天竺，迥出西溟，二汉衔役，特艰斯路。而关货所资，或出交部，泛海凌波，因风远至。……通犀翠羽之珍，蛇珠、火布之异，千名万品，并世主之虚心，故舟舶继路，商使交属。"海上交通的盛况，所记全符合事实。

远至海南岛振州，犀角、象牙至唐代仍为海贾商品，《太平广记》卷二八六幻术部引《投荒杂录》："海南振州，袭掠海贾犀角、象牙、玳瑁仓库数百。"《通典》一八四："延德郡振州（理宁远县）土地与珠崖郡同。隋置临振郡，大唐置振州。"

四、日南徼外与日南障塞

《后汉书》记大秦王安敦自"日南徼外"来献贡物。《汉书·地理志》云：

自日南障塞徐闻合浦，船行五月有都元国……自武帝以来，皆献贝。有译长属黄门。以应募者，俱入海市明珠、壁琉璃、奇石异物、赍黄金杂物前往。

远自大秦（罗马），近则印度，从南方进入汉土，日南是最重要的门户。由于日南在汉代是交州刺史所辖最南的一郡，在今越南境内，东汉末年，交州成为中亚胡商聚居移植的地方。"康僧会先世是康居人，世居天竺，其父因商贾移家于交趾。"魏甘露初（公元256），月氏僧支疆梁，从内地到交趾，译出《法华三昧经》。交州成为佛教输入基地之一，聚集了不少的胡人。《三国志·士燮传》记"燮兄弟并为列郡，雄长一州，偏在万里，威尊无上，出入鸣钟磬，备具威仪，笳箫鼓吹，车骑满道，胡人夹毂焚香者常有数十"。士燮的父亲士赐为日南太守，燮为交趾太守、卫将军、龙编侯。兄弟壹为合浦太守，䵋为九真太守，武为海南太守。士氏一家族控制着整个交州的冲要，政治经济都在其掌握中，西来的胡人想必定要和他们通关节，是很自然的事。黄初七年（公元226）士燮卒，吕岱南下，把士氏一家铲除，是有他的政治目的。吴黄武五年，分交州置广州，虽然为期甚短，这样措施，分明是为了分薄交州的力量。《通鉴》卷五八："交趾土多珍贵，前后刺史无清行，财计盈给，辄求迁代，故吏民怨叛，执刺史及合浦太守来达。三府选京令东郡贾琮为交趾（州）刺史，加以招抚。"（东汉灵帝中平元年（公元184））可见向来交趾、合浦太守，被视为肥缺，以其与国际贸易有关，利之所在故也。

《汉书》称"日南障塞徐闻、合浦"。何以谓之障塞？障塞是边徼设防的所在，西北通西域设有障塞，西南的海路亦然。障与塞同义。《说文·阜部》：阸，塞也。隔，塞也。障，隔也。三字互训。西北丝绸之路，设塞多至不可胜数。《汉书·地理志》敦煌郡广至县有昆仑障。延光二年，敦煌太守张珰上书作昆仑塞。法显《佛国》记载所经敦煌有塞，东西可八十里。障可称曰塞，合称则曰障塞。是徐闻、合浦在武汉帝时，被看作日南的障塞，其地必有设防及关口。汉志称"有译长属黄门"，是其地又设有翻译人员，隶属中央的黄门所管辖。黄门属少府。颜师古注："黄门之署，职任亲近，以供天子，百物在焉。"唐人所载，汉置左右候官，在徐闻县南七里。

遂溪与徐闻

广东遂溪的边湾村于1984年9月20日出土陶罐，内有波斯银币二十个及银盒等物。据称出土时不少一二百个。在此之前，广东地区亦两度出土波斯萨珊朝银币。

（1）英德浛洸镇出土破银币三枚，属卑路斯（Prouz）（公元457—483）时期，伴出墓砖文云："武帝齐永明元年大岁已卯（公元483），明帝建武四年（公元497）大国。"

（2）曲江南华寺山坡出九片剪开的波斯银币。

从遂溪北上至英德、曲江，何以有这些波斯币出土？主要是由于东汉章帝时新开了陆道，大司农郑弘奏开零陵桂阳峤道。因汉时交趾七郡转运多循海道，七郡是南海、苍梧、郁林、合浦、交趾、九真、日南。七郡入贡转运，皆从福建东治（泉州）泛海而至，有风波之险阻，郑弘乃奏开峤道，此出《后汉书》卷一三郑弘传（《通鉴》）系其事于章帝建初八年（公元83）。自是遂成陆路上入贡之孔道，如临武长唐羌奏交趾七郡献生龙眼之贡道，即走此一路线。南朝时，由遂溪北上，当即取峤道北进。乃取陆运而非海运。今据郑弘所奏，交趾七郡入贡，在章帝之前，乃从东冶泛海而至（洛阳）。东冶，胡注引《太康地理志》："后汉为东侯官，今泉州闽县。"近时考古所得，冶城旧址在福州城北冶山，出有绳纹砖瓦及瓦当（见《闽越冶城地理的历史考古问题》，载《考古》2000年一一期）。东冶是汉时海路一个中间转口站。

遂溪在今湛江市西南，隋开皇十年置铁把县。唐天宝元年（公元742）改名遂溪。古代应属徐闻所辖。《元和郡县图志》："雷州徐闻本汉旧县。"又云："海康、遂溪二县亦徐闻县地。汉置左右候官，在县南七里，积货物于此。备其所求，与交易有利。故谚曰：'欲拔贫，诣徐闻'。"《舆地纪胜》卷一一八引作"至徐闻，可致富"。向来此一说，足见其在国际贸易上的地位。《通典》卷一〇四："雷州，秦象郡地，二汉以后并属合浦郡地。梁分置合州。大唐置雷州，或为海康郡。领县三：海康，遂溪，徐闻。"唐时，遂溪与徐闻分而为二县。在雷州徐闻五里乡二桥村，采集汉代遗物有"万岁"二字瓦当。1988年发掘面积有八千余平方米的城址，据考证即西汉徐闻县治遗址。

郦道元《水经·温水注》描写徐闻情状云：

> 大海中，南极之外，对合浦、徐闻县。清朗无风之日，遥望朱崖州，如囷廪大。从徐闻对渡，北风举帆，一日一夜而至，周回二千里，径度八百里，人民可十万余家，皆殊种异类……

历历如亲履其境。

朱庐与朱师

1984年海南岛乐东县出土“朱庐执封”银印，蛇钮。已有许多学人著文讨论。执封即执圭，为楚爵名。朱庐为《汉书·地理志》合浦五县之一。详杨式挺《朱庐执封银印考释》（《岭南文物考古论集》，357页）。

广西合浦望牛领汉墓，亦出土“劳邑执封”蛇钮印，琥珀制（广西壮族自治区博物馆藏）。

1980年在珠海市外伶仃石涌湾采集遗物，这陶罐口沿肩部刻有“朱师所治”四字。见邓聪著《珠海文物集萃》，256页。考《晋书·地理志》：“交州合浦郡汉置，统县六：合浦、南平、荡昌、徐闻、毒质（瑁）、珠官。”《宋书·州郡志》：“合浦县，孙权黄武七年（公元228），更名珠官郡，所统县有合浦长、徐闻长、朱官长、荡昌长、朱庐长（吴立）等。”

刘宋泰始七年（公元471）春二月，宋分交广置越州，治临漳。刘昫云：“宋分珠官郡置临漳郡，及越州，领郡三。”沈约《宋志》作临障，宋白《续通典》作临瘴，萧子显云：“临漳郡本合浦之北界也。”

是时朱官应属越州所管。

南越地区，屡有古玺印出土，如越南出土的“胥浦候印”即其著例。胥浦是汉代九真郡的治所。

查南交候长可考者，表列如下：

合浦郡	徐闻	汉置左右候官
苍梧郡		有苍梧候丞印
九真郡	胥浦	有“胥浦候印”，鱼钮，越南清化 Thanh Hoa 出土。(Brussels 博物馆藏)
日南郡	象林	象林候长，见西汉尹湾简牍。

以上现存交广印信带“候”官名者34例。“候”的取义，日本吉开将人有文详细讨论（见所著《岭南古玺印考》，前、中、后三篇。《东洋文化研究所记要》136册、137册、139册）。

合浦郡朱官，汉志作“朱庐”，续志作“朱厓”，银印作“朱庐”。“朱师”可能指合浦的朱官，朱官县地方官师所制陶器，故刻上“朱师所治”款识，其器流传至珠江口，尚待证实。

朱官一名，有时亦作珠官。

《晋志》“毒质”乃瑇（玳）瑁的异写，“珠”和“瑇”都是以特产为地名。

遂溪银碗口沿确是粟特文。考粟特从北魏以来屡次入贡，见于《魏书》本纪，计有下列记载：

世祖太平真君五年冬十二月（公元444）粟特国来朝。

高祖皇兴元年（公元467）、四年（公元470）粟特朝献。

遂溪银器是南齐时之物。这一时期，粟特人入贡频繁，在南方自然亦有交往贸易。

五、青州与海外交往

法显于晋义熙八年（公元412）七月十五日由耶婆提（印尼）船飘至青州长广郡登陆。和他约略同时的另一僧人佛驮跋陀，亦从交趾附舶循海风飘至青州东莱郡。最可注意的是宋元帝元嘉中（公元424—453）有僧启奏文帝资给遣沙门道普，将书吏十人西行寻经，至长广郡舶破，道普伤足而卒（见《高僧传卷二》)。《高僧传》作者慧皎说：“道普本高昌人，经游西域遍历诸国……善梵书备诸国语，游履异域，别有《大传》。”（《大正》50页，三三七上）道普是高昌人，他先已曾游历各国，故派他西行寻觅《涅槃经》后部分。可惜他的传记没流传下来。但从这一件事看来，有很重要的认识：

（1）南方政权可以在魏人统治下进行海外活动。

（2）刘宋时，青州长广郡似乎是一个出海往来的关口，故可从此附舶上船西行。

（3）佛驮跋陀从交趾来此，法显亦在此登陆，可见当时的商舶，经常来往。

南方的交趾和东面的青州都有口岸设备，为商舶出入管理机构，我们从另外一条史料，可透露其中消息，《魏书》郦道元的父亲《郦范传》说青州镇将伊利，表告他造船市玉，与外贼交通。外贼必指外国人，郦范官青州刺史，以地方官仗权力与外勾结，从事贸易走私，而且造船舶，被人控制贪污罪，可见青州和交阯遥相呼应，自来是外国船舶必经的海口。

结语

本论文主要重点，总结史志上的波斯、大秦与华早期交往的记录，通过出土银器的所在地说明古代彼此往来的时空关系，在不完整的记录下，推究出一些实际情况，主要的看法有下面数事：

（1）撇开陆上丝绸之路不必去详细讨论，专从海上交通来看问题，南北有两个地方，交州与青州在早期是很重要的站口。印度的商船在南朝时代经常来往，已是司空见惯的事。

（2）齐王墓出土银盘有秦始皇“三十三年”文字，说明先秦已有海上交通，与外国往来年代应该推前。

（3）日南郡的设置，成为南海对外的障塞，和西域上的障塞设备同等重要，是对外的关防。有翻译官隶属帝室私人机构的黄门所辖，可能交易出入有奇异珍品，中央必要加以管制。故此在交州任职的官吏往往是个肥缺，自东汉以来屡有贪污事件发生，如合浦太守来达，即其一例。青州亦然。北魏郦范被人控告“造船市玉，与外贼交通”即其明证。当时地方官吏可以制造船舶，必从事走私贸易可知。

（4）遂溪银器铭文，经中、日、西方学人辨认确是粟特文。在南北朝时候，粟特商人充满西北市场。高昌文书的《高昌内藏奏得称价钱帐》（七三TAM 五一四）正可说明一切（残帐见钱伯泉文（《西北史地》1992 年第三期，46 页），荣新江文见《欧亚学刊》第二期）。买卖双方都是粟特人。遂溪银器是粟特文，可见南方日南障塞，亦是粟特人从事贸易的地方。

陆路上的交通路线，当以高昌国为一关口，是必经之路，近时我看到荣新江写的《高昌王国与中西交通》一文，提供不少西北地区出土的残帐和名册，可以看到当日中外来往的实际情况和输入舶来品的名目，最重要的是当地对外来客的供应、约束、管理、接待制度。我在上面引道普在长广郡出海，慧皎的《高僧传》引用他的《大传》的记载，可惜新江没有注意到，其重要性有三项：

（1）可知高昌人与南方政权亦时有交往。

（2）高昌僧人久已习知印度的宗教学术情况讯息。

（3）南方皇室由于宗教上的宽容，亦可通过商舶出海的关口去进行文化交流而没有外交上的限制。

这一条材料是高昌人在4世纪中扮演东西交通的角色，道普的《大传》没有流传下来，是对外交通史料极大的损失。

附 谈大秦与琉璃、璧琊

上引《汉书·地理志》记日南障塞："应募者，俱入海市明珠、璧琉璃、奇石异物"。据鱼豢《魏略》云：

> 大秦国：赤、白、黑、黄、青、绿、绀、缥、红、紫十种琉璃。（《御览》八〇八珍宝部七）

《吴历》云：

> 黄龙、扶南诸外国来献琉璃。（同上引）

《广志》云：

> 琉璃出黄支、斯调、大秦、日南诸国。（同上引）

《玄中记》云：

> 大秦国有五色颇黎（玻璃），红色最贵。（如上）

颇黎与琉璃自是一物，汉代以来，主要出产以大秦为大宗，经印度（黄支）扶南海道以入华。《梁四公子记》载有扶南大船从天竺国来卖碧颇钟的故事。《说文·玉部》琊字下云："石之有光者，璧琊也，出西胡中。"璧琊即是璧琉璃。一般谈古代出土玻璃，都说璧琉璃出自梵语的 vaidurya，几无异议。惟关善明在他所著的《中国古代玻璃》中《琉璃与费昂斯（faience）》一节提出异议。认为公元前1世纪罗马建筑家 Vitruvius Pollio 在他的记述中，称玻璃物质为"色流离琳"cacruleum，或许即是璧琉璃的对音，很有见地。从《魏略》诸佚书所载，琉璃主要出产于大秦，从海路经印度、越南传入。武梁祠壁题记有璧琉璃。琉璃一名，又见于扬雄《羽猎赋》。《吴国山碑》且以璧琉璃为符瑞。璧琉璃自是外来胡语。与罗马的关系，值得再进一步的研究。

附记

池田温在《东亚细亚文化交流史》书中第三部《前近代东亚纸的国际流通》一章言及晋太康五年（公元 284）大秦以三万幅蜜香纸入贡，说见嵇含《南方草木状》（《百川学海》本）。门人马泰来曾撰《南方草木状辨伪》，指出此条屡为西儒夏德等所征引，乃由《拾遗记》卷九张华造《博物志》，武帝赐“侧理纸”万番所讹传，不足为据（文见《香港大学中文系集刊》一卷二期，1987）。

安　南

安南古史上安阳王与雄王问题

安南古史，与中国载籍，颇可互证，而大体相符，鄂卢梭（L. Aurouseau）论之详矣。[①] 顾其古代传说，史料缺乏，令人感到棘手。其中有两个异文歧出极不易解决之问题：一为雒王与雄王之异文，一为伐雒越之蜀王子安阳王，是否为实录。关于前者，法儒 E. Caspardone 曾撰“Champs Lo（雒）et Champs Hiong（雄）”一文，刊于 1955 年《亚细亚学报》（*J. A.* p. 462），所论容有未尽。关于后者，日本藤原利一郎氏有《安阳王与西呕》一文，主张蜀王之蜀字，可能为“呕”字之讹，蜀之征骆，实为西呕之征骆，此说既出，颇博得东南亚史专家之同意[②]；惟细核之，实难凭信。因汉籍言及安阳王者不一而足，而《日南传》尤为重要。《日南传》为向来谈安南古史者所未征引，不可不详论。又“雄”王之称，在安南后出史书，别有其意义，不可概目为“雒”王之讹。因撰此篇，为治东南亚古代史者进一新解焉。

---

① 见鄂氏《秦代初平南越考》*La Premjere Conquete chinoise des Pays annamiles*（冯承钧译本）。鄂氏文章，引起不少讨论，除法儒马伯乐于 1924 年通报为撰书评外，中国学人有下列各文：

（1）吕思勉《秦代初平南越商榷》，见《国学论衡》第四期，又见《燕石札记·秦平南越》上下。

（2）岑仲勉《评秦代初平南越考》，见中山大学《史学专刊》第一卷第三期，1936，后收入《中外史地考证》。

（3）饶宗颐《秦代初平南越辨》，见《南洋学报》第六卷第二辑，1950。

② 见许云樵主编《东南亚研究》第三卷，27 页，1967。

一、史源之检讨

向来讨论雒越问题，仅知利用两处材料，作为研究之依据。

（一）《水经注》卷三十七《叶榆河注》："水自麊泠县东迳封溪县北。"《交州外域记》曰：

> 交阯昔未有郡县之时，土地有雒田，其田从潮水上下，民垦食其田，因名为雒民，设雒王，雒侯，主诸郡县，县多为雒将，雒将铜印青绶。后蜀王子将兵三万来讨雒王、雒侯，服诸雒将，蜀王子因称为安阳王。后南越王尉佗举众攻安阳王。（中略，文见后。）越遂服诸雒将。

（二）《史记·南越传》"索隐"姚氏按语引《广州记》：

> 交阯有骆田，仰潮水上下，人食其田，名为骆人。有骆王、骆侯，诸县自名为骆将，铜印青绶，即今之令长也。后蜀王子将兵讨骆侯，自称为安阳王，治封溪县。后南越王尉佗攻破安阳王，令二使典主交阯、九真二郡人。寻此骆，即瓯骆也。（《广雅丛书》本《史记索隐》卷二十五）

此两书所引，鄂卢梭于《秦代初平南越考》注云："可参照黄恭《交广记》及《安南志异》所引的《交阯城记》。姚氏所引之《广州记》，撰者未详。"考晋裴渊、顾徵，宋刘澄之俱著有《广州记》，不知属于何家。王谟辑《汉唐地理书钞》，列为裴渊之书，其谓安阳王治封溪县，前汉志交阯郡无封溪。《续汉郡国志》封溪建武十九年置。《旧唐书·地理志》："武平下云：吴置武平郡。本汉封溪县。后汉初，麊泠县女子徵侧叛，攻陷交阯，马援率师讨之，三年方平。光武乃增置望海、封溪二县，即此也。"封溪，东汉初马援始请置县，非南越时所有。曾钊跋刘欣期《交州记》，谓"封溪，晋志属武平郡，宋志无，则刘欣期当为晋时人"。不知封溪建县于马援平越之后，《宋志》武平太守领县六，文缺，只存三名，不必无封溪也。

《索隐》引《广州记》末有"令二使典主交阯、九真二郡人"一句，勘之《叶榆河注》麊泠县下云：

《交州外域记》曰：越王令二使者，典主交阯、九真二郡民。后汉遣伏波将军路博德讨越王，路将军到合浦，越王令二使者赍牛百头、酒千钟及二郡民户口簿诣路将军，乃拜二使者为交阯、九真太守，诸雒将主民如故，交趾郡及州，本治于此也。

如是“二使”一语亦见于《交州外域记》，足见其与《广州记》有互钞复出之处。《汉书·地理志》交趾郡麊泠县下云“都尉治”，盖麊泠即汉时交趾郡治之所在。

又《索隐》所引《广州记》，别本《索隐》或作“姚氏按《益州传》”。关于《交州外域记》及《益州记》二书之来历，有加以检讨之必要，试详论之：

（一）《交州外域记》

此书作者不明，《水经注》曾引用多次：

《温 水 注》	九德县下	见杨守敬《注疏》卷三十六，52 页下
《叶榆河注》	麊泠县下	同书卷三十七，12 页上
	封溪县下	同书卷三十七，14 页上
	羸陵县下	同书卷三十七，17 页下
	九德县下	同书卷三十七，18 页下

再查《太平御览》征引交州有关各史籍，未见《交州外域记》一名，是其亡佚已久。张燮《东西洋考》卷十二逸事考引作《交阯外域记》，“交州”作“交阯”；又同书卷一《形胜名迹·雒王宫下》，引作《交州异域记》，此据惜阴轩本“外”字作“异”，书名微有不同。《安南志略》越王城条引作《交州外域记》，此据陈荆和校本。陈校引内阁文库本作《交阯外城记》，静嘉堂本及大英博物院钞本间有异文。知鄂卢梭所谓“交阯城记”，即出于此，“城”乃“域”字形近之误，非别有一史源也。

章宗源《隋书经籍志考证》史部著录有《交州外域记》，作者未详。其撰写年代据《水经注》九德县下云《交州外域记》曰：“交阯郡界有扶严究。”究者，竺枝《扶南记》云：“山溪濑中谓之究。”究即川也。按《宋书·州郡志》武平郡吴建衡三年讨扶严夷，以其地立。此书言及扶严事，是应作于吴建衡以后，殆为晋人所撰。

（二）姚氏按语引《益州传》

《史记索隐》中引用各注家之说，有“姚氏云”及“姚氏按”等注，如：

落下闳下“姚氏按《益部耆旧传》”（《天官书》）。

公玉带下“姚氏按云云”（《武帝纪》）。

《高帝纪》“鸿门”下“按姚察云”，《孝文帝纪》“元元”下“按姚察云”，可见姚氏乃指姚察。《隋书·经籍志》有姚察《汉书训纂》三十卷，《索隐》即采自此书。察仕梁陈至隋，卒于大业二年，事见《陈书》本传。[①]

有关益州之著述，姚察之前，实有多家[②]，详张氏之《古方志考》。《蜀中广记》卷九十六李膺《益州记》条，先是谯周、任豫、刘欣期各有《益州记》。查刘欣期又著《交州记》，言及安阳王事。《吴都赋》注引其一条“一岁八茧蚕出日南”。其人颇熟悉南中及交广事迹，疑姚氏所引之《益州传》即刘欣期之《益州记》，但称“记”为“传”耳。地书名曰“传”者，如燕盖泓撰之《珠崖传》，是其例。

二、早期汉籍中之安阳王史料——《日南传》及其他[③]

有关安阳王事迹之汉籍，鄂卢梭谓《交州外域记》一书乃最古之记录。又谓与此相近之文，又有《安南志略》引之《交阯城记》。[④] 其所知资料，至为贫乏，其实“交阯城记”即“交州外域记”，非为二书，说已见前。余考上述诸书外，又有《日南传》、刘欣期《交州记》、宋沈怀远《南越志》、梁刘昭《续汉郡国志注》、李石《续博物志》等书。其中《南越志》为人所悉知，E. Gaspardone 曾加讨论，其余较少人注意，尤以《日南传》为新发见资料，兹分述如次：

---

① 鄂卢梭以“姚氏按”之姚氏，即撰《交州记》之姚文咸，实误。岑仲勉已辨之，详岑著《中外史地考证》，56 页。

② 有关益州著述，参何守度《益州谈资》，《学海类编》本。

③ 本节内容曾以“《日南传》考 —— 安南古史上安阳王资料”为题，由陈荆和译成日文，载于庆应大学《史学》，1970 年 2 月。又载《选堂集林·史林》，中华书局香港分局，1982 年。

④ 见鄂氏《秦代初平南越考》注八九。

（一）《日南传》文云：

南越王尉佗攻安阳王。安阳王有神人睾通，为安阳王治神弩一张，一发万人死，三发杀三万人。他（佗）退遣太子始降安阳，安阳不知通神人，遇无道理，通去。始有姿容端美，安阳王女眉珠悦其貌而通之。始与珠入库，盗锯截神弩，亡归报佗。佗出其非意。安阳王弩折兵挫，浮海奔窜。

此文见《太平御览》卷三四八兵部弩所引，陈禹谟刊本《北堂书钞》卷一二五神弩亦引用之。考《隋书·经籍志》，两唐书《经籍志》、《艺文志》著录均有《日南传》一卷，撰人未详。《御览》卷八九〇引有万震之《南洲日南传》。（文云“扶南王善射猎，每乘象三百头，从者四五千人”。）又同书卷十一天部引《扶南日南传》（文云“金陈国入四月便雨……”），一于《日南传》前益“南洲”二字，一益“扶南”二字。万震吴人，丹阳太守，著有《南州异物志》，近年小川博有辑本。[①]《日南传》如为万震所作，则为吴时作品，是时吴与扶南通使，康泰朱膺并有撰记。《日南传》之载安阳王事，盖吴时传入中土者。有关安南史籍源流，法人考核至详[②]，惟对《日南传》则未之及。

（二）《水经·叶榆河注》云：

……后南越王尉佗举众攻安阳王，安阳王有神人名皋通，下辅佐为安阳王治神弩一张，一发杀三百人。南越王知不可战，却军住武宁县。按《晋太康记》，县属交趾。越遣太子名始降服安阳王称臣事之，安阳王不知通神人，遇之无道，通便去，语王曰：“能持此弩王天下，不能持此弩者亡天下。”通去，安阳王有女，名曰媚珠，见始端正，珠与始交通。始问珠，令取父弩视之，始见弩便盗，以锯截弩讫，便逃归报南越王。南越进兵攻之，安阳王发弩，弩折遂败。安阳王下船，迳出于海。今平道县后王宫城，见有故处。《晋太康地记》县属交趾。越遂服诸雒将。马援以西南治远，路遥千里，分置斯县治。

① 小川博《南州异物志》辑本稿，在《安田学园研究纪要》第二、三号。

② 关于安南史籍源流，可参 E. Gaspardone 著 *Le Ngan-Nan Tche-yuan et son Auteur*，见《安南志原》卷首，该书 1931 年河内远东医院版。

此文前引《交州外域记》，记雒王、雒侯、雒将，而接书安阳王故事，终以“越遂服诸雒将”句，似全文皆出自《交州外域记》。惟中间插入按语二条，两引《晋太康记》以说明武宁县、平道县皆属交趾郡。王先谦《合校本水经注》引全氏（祖望）按语云“九字注中注”，以此为《水经注》中之夹注。兹因原文起讫难明，故但题其出处为郦注。《东西洋考》十二逸事考引此亦作《水经注》文。按前汉《地理志》交趾郡县十，无武宁及平道二县。《水经注》引《太康地记》谓两县并属交趾，然《晋书·地理志》交趾郡有武宁而无平道。《宋书·州郡志》交趾太守下武宁令，吴立。又九真太守下亦有武宁令，云吴立，何志：武帝立。《太康地志》无此县而交趾有。总之，武宁乃吴时所置县，晋初属交阯郡，与《太康地记》合。毕沅于《经训堂丛书》辑《晋太康三年地记》，采“平道县属交阯郡”一条，即据郦注。

《南齐书·州郡志》平道县在武平郡，武宁县在交阯郡。《旧唐书·地理志》云贞观初，以武宁入龙编，又云：“平道，汉封溪地。”故知郦注所记安阳王宫城在今平道县，实即后汉之封溪也。

郦注此条，记安阳王故事，比《日南传》为详。倘其材料果出于《交州外域记》，则与刘欣期之《交州记》同属于晋时人之作。

神弩之神话，在印度支那一带，自昔已颇盛行，如Ramayana颂所记十车王子能折湿婆（Siva）之巨弓，即其一例。

安阳王故事涉及南越王赵佗，《史记·南越传》但记赵佗之孙名“胡”，《日南传》等则载其太子名“始”，《交州记》又称赵曲为佗之孙。凡此均不见于《史记》，尤可珍异。

（三）刘欣期《交州记》文云：

> 安阳王者，其城在乎（平）道县之东北。林贺周相罣通徐作神弩。赵曲者，南越王佗之孙，屡战不克，矫托行人，因得与安阳王女婿媚珠通，截弦而兵，既重交一战而霸也。

此见《北堂书钞》卷一二五神弩条引。孔广陶校注云《水经注》卷三十七《叶榆水注》引刘《交州记》其城十三字作“有神人名”四字。“罣”作“皋”，“徐”作“治”，无“赵曲”以下。陈本改引《日南传》，事同而文异。按刘欣期《交州记》有曾钊辑本，刊于《岭南遗书》，此条失收，可补其缺。欣期书中言及李逊征朱厓事，当为东晋太元以后人所作（详曾钊跋文）。

（四）梁刘昭《续汉郡国志注》文云：

交阯郡，武帝置，即安阳王国，雒阳南一万一千里。

按《安南志原》城郭故址引此。文云："越王城……又名可缕城，古安阳王所筑也。……故址犹存。"刘昭云"交阯即安阳王国"是也。

（五）李石《续博物志》文云：

交州安阳王有神人名皋通，为安阳王治弩一张，一发杀三百人。[1]

（六）元王恽《秋涧大全集》卷十《下濑舡歌》自注引《南越志》：

尉佗时安阳王治交趾，有神人曰皋通造神弩事。

由上知安阳王事，始见于《日南传》。各书均有明确记载，安阳王实有其人，不成问题。姚氏（察）之按语，非采用《广州记》，即引自《益州传》，安阳王为蜀王子，故《益州传》得记其事，是蜀王之"蜀"原自无误。

太史公《南越传》赞云："隆虑离湿疫，佗得以益骄；瓯骆相攻，南越动摇，汉兵临境，婴齐入朝。"此段为韵语。"瓯骆相攻"乃赵佗以后之事，故南越只得系颈俯首，盖言其内乱也。藤原氏说蜀王原为句王，句即西区，按篆文蜀字与句字形相去甚远，既无异本可资佐证，且对《史记》本文殊觉难解，故其说不易成立。

三、雄王及其有关问题

《交州外域记》言雒田、雒王，《索隐》引《广州记》及《益州传》其字略异，作骆田、骆王。至刘宋沈怀远《南越志》乃作雄田、雄王。

① 《古今图书集成·边裔典》卷九五亦引《续博物志》此条。

《南越志》共八卷，《隋书·经籍志》著录，原书久佚。[1] 见于他籍征引，言及雄王事者，有《旧唐书》、《太平广记》、《太平寰宇记》。

（一）《旧唐书》卷四十一《地理志》安南都护府平道县下引《南越志》云：

交阯之地，最为膏腴，旧有君长曰雄王，其佐曰雄侯，后蜀王将兵三万讨雄王灭之。蜀以其子为安阳王，治交阯。其国地在今平道县东，其城九重，周九里，士庶蕃阜。尉佗在番禺，遣兵攻之。王有神弩，一发杀越军万人。赵佗乃与之和，仍以其子始为质。安阳王以媚珠妻之，子始得弩毁之。越兵至，乃杀安阳王，兼其地。

（二）《太平广记》卷四八二交阯条：

交阯之地，颇为膏腴，徙民居之，始知播植。厥土惟黑壤，厥气惟雄。故今称其田为雄田，其民为雄民，有君长亦曰雄王，有辅佐焉，亦曰雄侯。分其地以为雄将。（自注出《南越志》）

（三）《太平寰宇记》卷一七〇《岭南道平道县下》引《南越志》与《旧唐书》，所引全同。惟多“以其田曰雄田”一句，又作“后蜀王之子将兵三万讨雄王灭之”（据乾隆万廷兰刻本）。同书同卷交阯县下安阳故城下引《南越志》云：

交阯之地，最为膏腴，有君长曰雄王，其佐曰雄侯，其地为雄田。后蜀王将兵讨之，因为安阳王，治交阯。尉佗兴兵攻之。安阳王有神人曰皋通佐之。（中略）安阳王御生文犀入水走，水为之开。《抱朴子》云通天犀一尺以上刻为鱼形，御以入水，水当开三尺。故神弩之事出于南越也。

---

① 沈怀远见《宋书·沈怀文传》，前废帝时为武康令，后坐事徙广州，所著《南越志》，原八卷，见《隋书·经籍志》著录，久佚。商务印《说郛》本，只收二条，王仁俊《玉函山房辑佚书补编》、叶昌炽《鄦淡庐丛稿》皆有辑本，马伯乐（Maspero）著有《论沈怀远南越志》，见河内《远东校刊》1916（1）及1918（3）。

按安阳王御生犀入水事，亦见《越史略》卷一“国初沿革”。《御览》卷八九〇犀部引《抱朴子》云“通天犀角南人名为骇鸡”，不及安阳王事。惟《大南一统志》卷一五乂安下，“安阳王庙”引《越史外纪》云：“王讳泮，巴蜀人，在位五十年，因失龟爪神弩，为赵佗所败，南奔持七尺文犀入海。世传高含社暮夜山，是其处也。”犹能确指其地，此种古迹，殆出后人所假造。

《南越志》诸书所引均称雄王雄田，且对雄田二字，予以特别解释。

按古书“雒”与“雄”二字混淆，由来已久，如吴王孙雒，亦作王孙雄，清人考证多认“雄”为“雒”之误，《墨子·所染》篇即其一例。卢文弨云：“今外传吴语王孙雄，旧宋本作王孙雒，《墨子·所染》同。”孙诒让《闲诂》云：

> 隶书“雄”字或作“雄”，与“雒”相似，故“雒”讹为“雄”……《韩子·说疑》篇有吴王孙颔，“颔”即“雄”之讹，则其字本作雒，益明矣。

此与雒田雒王之作雄田雄王，正同一情形。

越南史籍，记述此事，大都作雄王；亦有作雒王者。《大越史记全书》卷一《鸿庞纪》云：

> 貉龙君……封其长为雄王。

《雄王纪》云：

> 雄王之立也，建国号文郎国。……文郎王所都也。置相曰貉侯，将曰貉将。……世主皆号雄王。

《蜀纪》安阳王云：

> （安阳）王既并文郎国，改国号曰瓯貉国。初，王屡兴兵攻雄王……雄王谓王曰：或有神助，蜀不畏乎。……

又《徵纪》：

（王）姓徵，讳侧，本姓雒。峰州麊泠县雒将之女。

又卷四前《李纪》，夜泽王附注："世传雄王时，王女仙容媚娘事。"（据日本明治一七年埴山堂翻印本）

吴士连《大越史记》于"雄王"概作"雄"，与《南越志》同；于雒侯雒将，则不作"雄"，而作"貉"，且附注云：

貉将后讹为雄将。

但于雄王，则如旧，不云有误。

其他越南史籍，如潘清简《钦定越史通鉴纲目》，黎崱《安南志略》、《越甸幽灵集》等均称雄王。亦有作貉王雒田者。《安南志原》：

雒王宫，交阯有貉王，筑文郎城。

同书引《西越外纪》云：

交州土地古称雒田，其实沃壤（原作坏误）。

"雄"与"雒"并见，说者咸谓"雄"字即"雒"之讹，"雒"字他处异文尚有作额、碓及雌者，实亦形近之误，附辨如下。

各书所引"雒"字，计有三误：

（一）误作"额"

陈荆和《交阯名称考》，谓《东西洋考》卷一形胜名迹及金溪究两条所引"雒"字均作"额"，"额"字非"雒"之转误。彼力证"额"与"鳄"通，主张雒民即额民，亦即鳄民，古所谓鲛人也。① 查陈先生所依据者，乃《丛书集成》排印本，《集成》所据则为惜阴轩本，余检李锡龄校刊之《东西洋考》（即惜阴堂丛书本）雒王宫条引《交州异域记》各字均作"雒"，又金溪究条下引《水经注》并作"雒"，无作"额"者，此《丛书集成》排印时，刻字错误，不

① 《交阯名称考》，见《台湾大学文史哲学报》第四期，79—130页。按额字同额，五陌切，与雒无关。

足为据。

（二）误作“碓”

《大越史略》于雄王作碓工（《守山阁丛书》本，《皇朝舆地丛书》本），碓为雒之误，杉本直治郎已详辨之。[①]

（三）误作“雌”

戴裔煊《僚族研究》引《太平寰宇记》卷一七〇平道县下，误雄侯为雌侯，按余所见乾隆刊本《太平寰宇记》，原作雄侯，无误。[②]

以上为显而易见者，雒之作额，作碓，及雄之作雌，均为一误再误。

附表：

雒田，雒民，雒王，雒侯，雒将	《水经注》引《交州外域记》
骆田，骆人，骆王，骆侯，骆将	《史记·南越传索隐》姚氏引《广州记》，及《益州传》
雄田，雄王，雄侯	沈怀远《南越志》（《旧唐书·地理志》引，《太平广记》卷四八二引，《太平寰宇记》卷一七〇平道县引）
（以上中文史料）	
雄王	黎文休《大越史记》（1272）
雄王	黎崱《安南志略》（1307—1339）
碓王	《大越史略》（1380）
雄王貉侯，貉将	吴士连《大越史记全书》（1479）按此处“雄”、“貉”并见
雄王	《岭南摭怪鸿庞传》（1492）[③]
雄王	潘清简《钦定越史通鉴纲目》（1844）
（以上安南史料）[④]	

① 碓王为雄王之误，杉本直治郎氏有详辨，见《东南亚细亚史研究》，713页。

② 戴裔煊《僚族研究》，见《民族学研究集刊》第六期。

③ 《岭南摭怪列传》，前者黎朝洪德二十三年（公元1429）序，余于法京所见者，为P. Demiéville教授藏旧钞本，近有开智书局排印本。

④ 关于安南后出史书、沿革，可参杉本直治郎《东南亚细亚史研究》（增订本），89页，《安南正史系统表》。

自《南越志》将雒王、雒侯、雒将，写作雄王，其后越南史籍及神话著述似本诸《南越志》，大都称推其长者为雄王，故相传十八世皆称为雄王，其名有如下列：

泾阳王（陆阳王）	雄贤王（貉龙君）	雄国王（雄麒）
雄晔王	雄牺王	雄晖王
雄昭王	雄玮王	雄定王
雄曦王	雄桢王	雄武王
雄越王	雄英王	雄朝王
雄造王	雄毅王	雄璿王

（共十八世，至璿王为蜀所灭）

此一系列雄王之名，见于《鸿庞纪》，当出于假托，不成疑问。然考《岭南摭怪》记其祖先所自出之《鸿庞传》云：

炎帝神农氏三世孙帝明，生帝宜，南迳五岭……生禄续……帝明奇之，使嗣帝位，禄续固让于兄，明帝立帝宜为嗣，以治北方，封禄续为泾阳王，以治南方，号其国为赤鬼国。泾阳能入水府，娶洞庭君女，曰龙女，生崇揽，是貉龙君。……貉龙君教民衣食，始有君臣尊卑之序。……帝宜传帝来以治北方，天下无事，因念及祖帝明南巡狩，接得仙女之事，乃命蚩尤作守国事，而南巡赤鬼国。……帝来北还，传帝榆罔，与黄帝战于板（阪）泉，不克而死，神农遂亡。……龙君久居水府……思归北国……黄帝闻之惧，分兵御塞，母子不得北归……生得百男……将五十男归水府，分治各处，五十男……居地上分国而治……妪姬与五十男居于峰州，自推尊其雄长为王，号曰雄王，国号文郎国[①]。其国东夹南海，西抵巴蜀，北至洞庭，南至狐孙精国（自注今占城）……世相传皆号雄王而不易……乃令以墨刺为水怪之状；自是蛟龙无咬伤之患。百越文身之俗，实始于此。……盖百男乃百越之始祖也。

---

① 文郎国，《太平寰宇记》作文狼国，见卷一〇七峰州条云："峰州古文狼国，有文狼水。秦属象郡。"《水经注》三六："朱吾以南，有文狼人，野居无室宅。"文郎当即文狼。《越史略》卷一称越有十五部落，文郎九真居其一。

此段神话，杂糅中国古史各方面传说而构成。13 世纪黎文休所编，15 世纪（1479）潘孚先、吴士连等补修之《大越史记外纪全书》卷一鸿庞氏，19 世纪（1844）阮朝《钦定越史通鉴纲日》，并存此说。据称吴士连即依《岭南摭怪》编写《鸿庞纪》。兹就此一传说，试加以分析如下：第一，禄续让兄，类似虞仲与吴太伯故事。第二，帝明南巡狩而接仙女，类似帝舜与湘夫人。第三，雄王世世以雄为号，有如楚人世系皆以熊为号，雄即是熊。第四，其国境北届洞庭，正是古三苗氏的地区。第五，百男即附会百越之百。考中国古史分为炎黄二大系统，越南神话托始于神农氏，属于炎帝系统，一如楚与吴越，故其古史乃袭楚吴越旧说加以改易捏造而成。其龙君神话，则以越人崇拜蛟龙之故。《淮南子·主术训》云："昔者神农氏之治天下也……其地南至交阯。"中国古史已言交阯在神农氏版图之内。

由是言之，安南史家所以据《南越志》称曰雄王、雄田，一因《南越志》言"厥土惟黑壤，厥气惟雄。故今称其田为雄田"。既给予雄字以新颖之解释，而《鸿庞传》则云"自推尊其雄长为王，号曰雄王"。故十八世皆以雄为号。楚国历代之君，自熊绎以下皆称熊，熊与雄同音。苗人自称曰雄，疑受楚熊氏之影响，如湘西红苗自称曰果雄（Ko ɓioŋ）[①]，严如煜《苗防备览》云："呼苗曰果雄。"果为字头，如句吴之句，乃语词，雄即是熊也。越南先代史家疑以雄王比附楚之熊氏，楚人世世称熊，彼亦世世（十八世）称为雄某，仿效楚国历史，将雄王与楚史混而为一。雄王世系之构成，疑越南史家受到楚世系之暗示。

尚有进者，《岭南摭怪》企龟传，记欧貉国安阳王为巴蜀人，命其臣作弩。以安阳王属于欧貉国，弩之文化与越发生甚密切之关系。沈怀远《南越志》又载："（粤）龙川有营涧，有铜弩牙流出……父老云越王弩营处。"（《御览》卷三四八弩部引）弩之产生源于楚国，楚人陈音述弩的故事云："楚有弧父，生于楚之荆由，习用弓矢，以其道传于羿，羿传逢蒙，逢蒙传于楚琴氏。琴氏传之楚三侯，所谓勾亶，鄂，章，人号麋侯，翼侯，魏侯也。"（《吴越春秋》卷九《勾践阴谋外传》）是楚弩之兴，已在熊渠时代。近年长沙发见弩机极多，一般人已相信弩起源于楚的说法之可靠。[②] 故欧貉之神弩，亦属楚所传来。雄王若干代之名称，既仿楚之熊氏，由是可见古代雒越文化，和楚文化

---

① 见凌纯声《湘西苗族调查报告》。

② 神弩问题，参唐美君《台湾土著之弩及弩之分布与起源》（台大《考古人类学刊》第一一期，5—34 页，1958）。又楚弩详高至喜《记长沙常德出土弩机的战国墓》（《文物》1964 年六期）。

关系之深。

四、骆越考

（一）骆（雒）越一名之始

骆的名称，说者每举《史记·南越尉佗传》为初见资料。[①] 然《吕览·本味》已言“越骆之菌”。

高诱注云：“越骆，国名；菌，竹笋也。”《史记·南越传》言赵佗事云：“财务赂遗，闽越西瓯骆役属焉。”（《汉书》卷九五《南粤传》同）

旧注如《史记》裴骃《集解》云：“案《汉书音义》曰骆越也。”

司马贞《索隐》云：“邹氏云又有骆越。”按邹氏即指邹诞生。

颜师古《汉书》注：“西瓯即骆越，言西者以别于东瓯也。”

《后汉书·马援传》：“自后骆越奉行马将军故事。”又云：“得骆越铜鼓。”李贤注：“骆者，越别名。”

《舆地志》（《国策·赵策》高诱注引）：“交阯周为骆越。”

故《安南志略》十一谓“骆即交趾”，即本是说。《吕览》称“越骆”以越字居前，汉时则习称骆越，以越字列后。

《汉书·贾捐之传》“骆越之人，父子同川而浴”，与《马援传》同称为骆越。

（二）瓯越联称

《国策·赵策》：“夫翦发文身，错臂左衽，瓯越之民也。”此语亦见《史记·赵世家》。《索隐》引刘氏（伯庄）云：“今珠崖，儋耳谓之瓯人，是有瓯越。”此以瓯在今之海南岛。《山海经·海内南经》：“瓯居海中。”《周书·王会》：“正南瓯、邓、桂国、损子、产里、百濮、九菌。”

又有倒称越沤者。《周书·王会》：“越沤鬋发文身。”字又作“沤”。

（三）西瓯骆与瓯骆

《尉佗传》称“西瓯骆”，依颜注即为骆越，佗与汉文帝书云：“其西瓯骆裸国亦称王。”（按裸国为通称。如《吕览》谓禹南至裸国之乡，即其例。）

---

① 杉本直治郎《东南亚细亚史研究》一，28 页，《西瓯骆的分析》。

《汉书》则作："蛮夷中西有西瓯，其众半羸（羸），南而称王。"不再加"骆"字，是西瓯骆亦即西瓯。《淮南子·人间训》言秦兵杀西呕君译吁宋，西呕自即西瓯。高诱注："西呕，越人；译于宋，西呕君名也。"

西瓯骆又称瓯骆。《史记·南越传》："越桂林监居翁谕瓯骆属汉。"《汉书·南粤传》称"粤桂林监居翁，谕告瓯骆四十余万口降，为湘成侯"。又《建元以来侯表》："湘成侯监居翁以南越桂林监，闻汉兵破番禺，谕瓯骆民四十余万降侯。"（《汉书》卷十七《侯表》同）

《汉书·景武等功臣表》："下鄜侯左将黄同，以故瓯骆左将斩西于王功侯"（亦见《史记·侯表》）。此若干条仅称曰"瓯骆"。

（四）小结

兹析言之，瓯骆越之名称，由上讨论结果，可得要点如下：

（1）称西瓯者以别于东瓯，西瓯亦作西呕。（《淮南子》）

（2）汉时称骆越，秦称越貉。骆越一地，以贾捐之、马援著名。

（3）越为大名。

加瓯于前后曰瓯越（《国策》）或越瓯（《王会》）。

加骆于前后曰骆越或越骆（《吕览》）。

以瓯代越，再加骆号，则曰瓯骆（《南越传》），或西瓯骆（《史记·赵佗传》）。

联二名则称西瓯骆越（《旧唐书·地理志》）。

东汉时骆越一名，似泛指越南地，可视为交阯之别名。《水经·叶榆河注》称朱鸢（县）雒将子名诗索，麊泠（县）雒将女名徵侧为妻……攻破州郡，服诸雒将。此指徵侧夫妇原为雒将也。又同书记安阳王（蜀王子）来讨雒王、雒侯，服诸雒将。雒于此处皆作为大共名；《广州记》字作骆。故《索隐》云"寻此骆，即瓯骆"也。《资治通鉴》卷四十三记马援平徵侧事云："峤南悉平。援与越人申明旧制以约束之，自后骆越奉行马将军故事。"此数语即本《后汉书·马援传》。胡注引《林邑记》曰："日南、卢容浦通铜鼓外，越铜鼓即骆越也。"此条勘以《水经·温水注》引《林邑记》原文应是："浦通铜鼓外，越安定黄冈心口，盖借度铜鼓，即骆越也。"胡注删节，几不成语，标点本《通鉴》亦有错误（1394页），安定乃汉晋交阯郡所统之一县。《郡国志》作"定安"，吴将吕兴督交阯军事封定安侯，即此"越安定"句，越应训跨越与通字均是动词，非地名之越。卢容称浦者，《交州记》云有采金浦温水注引康泰《扶南记》曰："从林邑至日南卢容浦口可二百余里。"卢容乃汉晋日南郡所辖之一县（《晋志》云"象郡所居"）。此处《林邑记》指铜鼓一地亦为骆越之所在。《马援传》云"善别名马于交阯，得骆越铜鼓，乃铸为马式"可证。建武十九年马援上言："往麓泠出贲古，击益州，臣所将骆越万余人，使习战斗者二千兵以上。"（《水经·叶榆水注》）此非通指交阯内民族不可，与《马援传》、《通鉴》"自后骆越"句用法正同。《水经·夷水注》引此文正作"马援上书臣谨与交趾精兵万二千人"，足见骆越即交阯之异称。故知东汉时骆越一名，与原来雒田、雒将之雒，固无二致也。

西瓯，有人认为即"西于"，杉本直治郎及陈荆和皆持此说。惟有可疑者，黄同以瓯骆左将斩西于王，西于自当别于西瓯骆，因西瓯骆即瓯骆，乃一大名，西于则为一小区域也。西于在《汉书·地理志》为交阯郡十县之一，见《水经·叶榆水注》云"西南迳西于县"。《马援传》援奏言西于县户有三万三千。李贤注："西于县属交阯郡，故城在今交州龙编县东北。"黄同之时，西于王所辖，当与汉之西于相等。是"西于"不能同于西瓯，毋庸深论。

结语

从上文研究结果，可得要点如下：

（1）《史记索隐》姚氏按引《广州记》一文，又作"见《益州传》"。

（2）鄂卢梭所言之《交阯外城记》，即《交阯外域记》，亦见《交州外域记》，非别有一史源。

（3）安阳王事迹，以《日南传》所记为最早，其次又有《水经注》（引《交州外域记》）及刘欣期《交州记》。

（4）安阳王事，见于《益州传》、《日南传》，不得以蜀王之蜀乃区（呕或瓯）字之讹。

（5）刘宋沈怀远《南越志》开始将雒田雒王写成雄田雄王，其说甚早，故唐宋地理志书皆沿之，作雄王。

（6）安南史籍最早如《大越史记》，成于1272年，据《南越志》作雄王，其后《安南志略》、《大越史记全书》均从之，其《鸿庞纪》且造为雄王十八世之名称。

（7）汉籍于雒王之雒字，有误雒为额（如《丛书集成》本之《东西洋考》），为碓（如《守山阁丛书》本之《大越史略》），俱为一误再误。

（8）雒越为百越之一，越为楚灭，故吸收楚文化。十八世俱称雄王，实受楚世系名熊所影响。又弩为楚文化特征，雒越有神弩，亦受楚文化濡染之证。

（9）骆越名称，非始见于《尉佗传》，最早出《吕氏春秋·本味》篇，惟称为越骆。

（10）加瓯字于越之前后，可称瓯越，字亦作沤，倒称曰越沤。以瓯代越，再加貉号，则曰瓯骆，或西瓯骆。

骆田、骆王见于《交州外域记》为较早史料，当然为瓯骆之骆。自《南越志》误作雄王以后，安南史家已视如楚国之熊王，以熊与雄同音故也。

《南越志》言蜀王将兵三万讨雄王而灭之，战国时蜀为西方大国，故其王能统兵三万远征交阯（参徐中舒《巴蜀文化初论》），此似因秦人破郢，系先入蜀，然后由蜀出兵取巫黔中郡，卒以灭楚，故交阯传说，以为蜀王灭取雄王，此雄王正为影射楚熊王，从可知矣。故越南古史传说，部分取自楚国历史，加以渲染。由是言之，谓越南古文化，亦即楚文化之旁流支裔，自无不可也。

本年六月杪，余在香港，与陈荆和先生谈及安阳王问题，曾举出《日南传》一书资料，陈先生谓此发前人所未发。返星以后，因将早期汉籍中安阳王记录，撰一短文寄之。彼即译成日文，于1970年2月份庆应大学《史学》第四十二卷第三号刊出，读者可取本文与之互参。

1969年10月下旬，附识于星洲。1978年9月改定

附一　论安阳王与西于、西瓯

陈荆和先生于庆应大学《史学》第四十三号发表《安陽王の出自について》一文，论安阳王来历，谓可能由西亏讹写作蜀。甚感兴趣。经细心寻绎，仍觉有难通之处，兹再缕陈如次。

（一）西亏与蜀

藤原教授之说，主张西句→西呕→西瓯，由蜀讹作蜀。今陈博士新说易西句为西于，以为西于→西亏→雩→蜀，亦从形讹立论。按蜀字见于晚期金

文如蜀巠戟字作𢀖（《三代吉金文存》二〇，二上），上部从横目，谓其上半从西，殊乏证据。

（二）西瓯不等于西于

陈先生往年在《交阯名称考》（《文史哲学报》第四期）中，从杉本直治郎教授之说，谓西瓯相当于汉代交阯郡所属之西于县，以"于"与"瓯"音相近故也。按《汉书·地理志》西于县仅为交阯郡十县之一。至若西瓯即为瓯骆，《史记索隐》引姚氏（察）按语《广州记》："后有南越王尉陀攻破安阳王，令二使典主交阯、九真二郡人，寻此骆即瓯骆也。"是安阳王瓯骆地区，最少应包有汉交阯、九真二郡之地，与西于仅为交趾郡之县，大小不侔。

《旧唐书·地理志》贵州条云："党州，古西瓯所居。"郁平县云："古西瓯骆越所居。"潘州茂名云："古西瓯骆越地。"可见广东西江南部贵县茂名一带，尚为瓯雒杂居之地，则西瓯何得只为狭小之西于？

西于一名，最早见于《史记·建元以来侯者年表》：

> 下鄜侯。元封元年四月丁酉侯左将黄同。元年，以故瓯骆左将，斩西于王功，侯。

《汉书·景武等功臣表》略同。

由上文黄同原为瓯骆故将，因征伐西于王有功，可见西于之异于瓯骆。西于乃南荒一小国，黄同既斩其王，汉遂以之置西于县。《后汉书·马援传》奏言西于县户三万二千请分为封溪望海二县，许之。黄同当（武帝）之时，西于王所辖，宜与西汉置郡后之西于县及马援所言之西于县相若。西于，《晋书·地理志》属交阯郡（汉置）十四县之一，在赢陵之下，武宁之上。《宋书·州郡志》西于令属交阯太守十二县之一。然《旧唐书·地理志》爱州，"无编，汉旧县，属九真郡。又有汉'西于县'，故城在今县东所置也"。是汉之"西于县"，乃在无编县之东境。

章怀注谓西于故城，在龙编县东。据《郡国志》，龙编、西于二县俱属交阯郡，无编则属九真郡。当以李贤说在龙编东为是。东汉初，交阯郡共十二城，据马援上表，时西于一县，户已有三万二千。顾西于只是一县，其疆域当不同于拥有四十余万兵之西瓯甚明。

（三）西瓯之区域及其历史

颜师古《汉书》注云："西瓯即骆越，言西者以别于东瓯也。"观《史记·南越传》赵佗称："其东闽越千人众，号称王，其西瓯骆裸国亦称王。"其东其西相对为文。方言："西瓯毒屋黄石野之间曰穆。"郭璞注："西瓯，骆越别种也。"又："东瓯之间谓之蔘绥。"可见西汉时，西瓯与东瓯厘然有别。故西瓯正所以别于东瓯，颜说甚是。

西瓯之众甚盛。《史记·建元以来侯者年表》："湘成侯居翁，以南越桂林监，闻汉兵破番禺，论瓯骆兵四十余万降，侯。"其封在武帝元鼎六年五月壬申，《史记·南越传》记：

（元鼎五年）使驰义侯，因巴蜀罪人，发夜郎兵，下牂牁江，咸会番禺。

（元鼎六年冬）楼船（杨仆）居前，至番禺。……会暮，楼船攻败越人，纵火烧城。……城中皆降伏波（路博德）。……苍梧王赵光者，越王同姓，闻汉兵至，及越揭阳令定，自定属汉。越桂林监居翁谕瓯骆属汉，皆得为侯。……驰义侯所发夜郎兵未下，南越已平矣，遂为九郡。

居翁本为南越之桂林监，番禺既破，遂晓谕瓯骆降汉，时瓯骆拥有兵四十余万众（《汉书》作"三十余万口降汉"）。西瓯在南越降汉后，即相继投降，俱在元鼎六年。若西于王一名，至武帝元封元年始出现，在瓯骆降汉之后若干年。西于在建武时仅有户三万二千。而瓯骆当南越末期有兵四十余万，故从名称出见之先后，及户数之多寡、地域之广狭观之，西于之非西瓯，其事固甚显然也。

方赵佗之盛，"闽越、西瓯、骆皆投属，东西万余里"。此为《史记·南越传》语。佗攻破安阳王，必在此时。故《索隐》钞姚氏（察）按语，引《广州记》"后南越王尉佗攻破安阳王"，即系于此语之下。安阳王之灭亡年代，安南史家列于秦二世二年（公元前208），似出于推测。然《南越传》"西瓯役属"，次于吕后崩后，则未必在二世时。又"其东闽越，其西瓯骆裸国皆称王"二句，乃为孝文帝元年后事。陆贾使南越，赵佗上书与文帝，原文如下：

且南方卑湿，蛮夷中间，其东闽越千人众号称王；其西瓯骆裸国亦称王，老臣妄窃帝号，聊以自娱。

此际安阳王已为赵佗破灭，佗亦窃称帝号，南越王国遗物近年已有发现，若广州华侨新村、淘金坑西汉墓所出，有赵安玛瑙印、赵望之铜印，李嘉孙熹玉印，其人必南越之臣僚。又有“食官第一”之陶鼎、刻“常御第廿”之陶罐，赵氏僭号后之制度，可窥见一斑。今由赵佗此书，知西瓯骆在佗灭安阳王之后，盘踞于番禺之西，势力强大，为一大国，与东之闽越遥遥相对。赵佗全盛时且役属之，但西瓯骆仍是一独立国。安阳王之破灭，在赵佗上书文帝之前，故赵佗书中所举之西瓯，与安阳王了不相涉，自不得谓安阳王即西瓯之王或其王子也。《汉书·赵佗传》作“蛮夷中，西有西瓯，其众半羸（裸），南面称王”，少一“骆”字，西瓯即是西瓯骆，自无问题。

近年广西平乐银山岭出土战国墓葬，考古学家谓其地即属西瓯（《考古》1980，2）。随葬品有成套兵器，以铜扁茎短剑集中最多，为其特色，可证越俗之“好相攻击”（《汉书·高祖纪》），故“其民好剑，轻死易发”。《汉书·地理志》谓银山岭于战国属楚与百越交界之境，秦为桂林郡地（见《通典》卷一八四）。长沙汉墓出土有洮阳长印，楚怀王时之鄂君启金节作郷阳，《汉书·地理志》谓洮阳属零陵郡，观金节所载交通路线，楚人之驿传关卡，已达桂林，即西瓯部落，早已在楚控制范围。秦灭六国，置桂林郡，此地必为西呕君译吁宋所领，故监禄凿灵渠与越人战，越人皆入丛薄中。《淮南子》记其杀西呕君译吁宋，而秦尉屠睢亦被杀，两败俱伤。银山岭所出兵器有刻江（江国）鱼（鱼复）铭文之戈，及孱陵（《汉书·地理志》属武陵郡）铜矛，说者谓此一戈一矛乃秦军往楚地带至岭南之兵器，可能是西瓯之战利品（详《从银山岭战国墓看西瓯》一文），此即秦与西瓯交战之物证。秦亡后，桂林又属南越，故居翁为南越之桂林监，监即沿秦之官号，史称是时西瓯役属于赵佗，说自可信。

（四）安阳王与瓯骆

安阳王与蜀之关系，《水经·叶榆水注》引《交州外域记》称为“蜀王子将兵三万讨雒”。《史记索隐》姚氏（察）按语引《广州记》或《益州传》字作骆，有断语云：

寻此骆，即瓯骆也。

蜀王子讨服骆王、骆将，据有其地，因自称为安阳王。如姚察说，雒等十骆，亦即瓯骆，亦即西瓯骆，是此讨服西瓯骆之安阳王，其原必非西瓯王子可知，否则何必将兵来讨西瓯，自己攻击自己，于理难通。骆即骆越，秦以前已有其国。《吕氏春秋·本味》篇云“越骆之菌”是也。(《逸周书·王会》作“越沤，鬋发文身”。)《淮南子·人间训》：“秦尉屠睢所杀之西呕君译吁宋。”其事在始皇三十三年（公元前214），亦在赵佗破安阳王之前。谓安阳王为西呕君译吁宋之后嗣，殊无明证。[①] 安阳王所攻之骆，即是骆越，当即《吕览》及《淮南子》之越骆及西呕，《王会》之“越沤”。况《交州外域记》、《益州传》、《广州记》及沈怀远《南越志》均称安阳王原为蜀王子，皆无异说，虽后世安南史家为立《蜀纪》，又言安阳王姓蜀讳泮，不知何据；然蜀为秦灭，安知无余裔负隅于西南，如楚既灭，尚有庄蹻之留在滇池者乎？

依上辨证，可得结论如下：

（1）以蜀为西亏之合文，在字形上缺乏根据。

（2）西于一名，始出见于武帝元封元年，已在安阳王破灭之后。

（3）西于王故地，汉置西于县，为交阯郡十县之一，与西瓯之广大地区不合。

（4）“西瓯骆裸国亦称王”一语，出于赵佗致汉文帝书，知安阳王灭后，西瓯仍是一王国。

（5）安阳王攻骆（西瓯），据有其地，可见彼必非西瓯王子。

由是言之，西瓯不等于西于，安阳王亦不可能是西瓯王子。如是，谓“蜀王子”之安阳王，即“西于王子”，其说恐难成立。从《史记·南越传》史实观之，既多违异，不敢苟同，故不殚覼缕，再为申辨如上。

附表：

周	越沤（名见《王会》）广西平乐银山岭战国墓应即其遗址之一。
秦	越骆之菌（名见《吕览》）

① 藤原氏云：“如曰蜀为西呕之误，《交州外域记》所载的征骆，就当成西呕之征骆，与《史记》‘瓯骆相攻’一句相符。”径以安阳王谅系译吁宋之子。按蜀征骆须在赵陀称霸以前，而瓯骆相攻乃在南越垂亡之际，时代不合。

	始皇三十三年	西呕君译吁宋为监禄所杀，秦尉屠睢亦被越人所杀。(《淮南子·人间训》)
汉		秦灭后，赵佗自立为南越武王。高后崩后，佗以财物遣闽越、西瓯骆役属，东西万余里。佗攻破安阳王当在此时，与“瓯骆役属”语相符。
	孝文帝元年	是时越南之西瓯骆裸国亦称王（见《赵佗与文帝书》)。西瓯亦为一王国。
	武帝元鼎六年	南越桂林监居翁谕瓯骆兵四十万降汉。
	元封元年	故瓯骆左将黄同斩西于王，“西于”一名出见始此。

1980 年改订

附二　秦代初平南越辩

法人鄂卢梭（Aurouseau）撰《秦代初平南越考》(冯承钧译本)，谓秦人初次用兵南越之年代，在公元前 221 年，即始皇二十六年，平定天下之岁，首命尉屠睢略取越地。此事初见《淮南子·人间训》，为中原与岭南交涉最早之记载。关于尉屠睢伐越之年，百粤方志皆冠于前事略之首，与各书系年略有出入。兹就诸书所载，加以评释如下：

(一) 异说

(1) 始皇二十六年

此说法人鄂卢梭主之，他书所未载，辩详下。

(2) 始皇二十九年

郭棐万历《广东通志》，系屠睢攻越于是年，系越人杀屠睢于始皇三十二年。(原书未见，据光绪《广州府志·前事略》转述)

(3) 始皇三十二年

张镜心《驭交记》云：“始皇三十二年，秦师及南越人战，秦师败绩。后遣赵佗任嚣击平之，置三郡。《淮南子·人间训》：尉屠睢将楼船之士，攻越，监禄凿渠运粮，深入越地，越人击之，秦兵大败。至是遣嚣等略取陆梁地，为桂林，南海，象郡。”(《粤雅堂丛书》本)

（4）始皇三十三年

《大越史记外纪》卷一："丁亥，始皇三十三年，秦发诸道逋亡人赘婿贾人为兵，使校尉屠睢将楼船之士，使监史禄凿渠运粮，深入岭南，杀西瓯君译吁宋。略取陆林地，置桂林，南海，象郡。越人皆入丛薄中，莫肯为秦虏，相置桀骏以为将，而夜攻秦人，大破之，杀尉屠睢，秦乃以任嚣为南海尉，赵佗为龙川令，领谪徒五十万人戍五岭，嚣佗因谋侵我。"

（5）始皇三十四年

光绪《广州府志·前事略》，案云："屠睢事不知在何年，而系《淮南子·人间训》文于始皇三十四年，筑长城及南越地语之下。"

（二）评议

屠睢事，《淮南子·人间训》载之最详，原文云：

> 秦皇挟录图，见其传曰："亡秦者，胡也。"因发卒五十万，使蒙公扬翁子将修城，西属流沙，北击辽水，东结朝鲜，中国内郡，挽车而饷之。又利越之犀角象齿，翡翠珠玑，乃使尉屠睢发卒五十万，为五军，一军塞镡城之岭，一军守九疑之塞，一军处番禺之都，一军守南野之界，一军结余干之水。三年不解甲弛弩，使监禄无以转饷。又以卒凿渠而通运粮，以与越人战，杀西呕君译吁宋。而越人皆入丛薄中，与禽兽处，莫肯为秦虏，相置桀骏以为将，而夜攻秦人，大破之，杀尉屠睢，伏尸流血数十万。乃发适戍以备之。

此事亦载《史记·主父偃传》，文云：

> 使蒙恬将兵，以北攻胡，辟地进境，戍于北河，蜚刍挽粟，以随其后。又使尉佗屠睢，将楼船之士，南攻百越，使监禄凿渠运粮，深入越，越人遁逃，旷日持久，粮食绝乏，越人击之，秦兵大败。秦乃使尉佗将卒以戍越。当是时，秦祸北构于胡，南挂于越，宿兵无用之地，进而不得退行十余年。（《汉书·严安传》文同）

《汉书·严助传》云：

臣闻长老言，秦之时，尝使尉屠睢击越，又使监禄凿渠通道，越人逃入深山林丛，不可得攻，留军屯守空地，旷日持久，士卒劳倦，越乃出击之，秦兵大破，乃发适戍以备之。

《淮南子》所记事，《史记·始皇本纪》不载。伐越年代，诸书均出臆测，人各一说，纷纭难究。窃谓淮南虽未明言其年，然有一事足为考证之关键者，即伐越与伐胡，其事并提在“见河图亡秦者胡”一语之后。考《始皇纪》，“三十二年始皇从上郡入。卢生奏录图书曰：‘亡秦者胡也。’乃使蒙恬发兵三十万人，北击胡”。录图为三十二年事，以勘《人间训》，则屠睢伐越，决不能在是年以前所云二十六年及二十九年，两说可不攻自破。至蒙恬击胡事，《史记·蒙恬传》、《史记·匈奴列传》，俱未明言何年。《始皇纪》于奏录图书下云“使蒙恬发兵三十万人北击胡”，似为三十二年事。然《六国表》三十三年叙略取陆梁为岭南三郡下，即书“筑长城河上，蒙恬将三十万”，是知伐胡伐越，同为三十三年事，《始皇纪》因河图语连带叙及耳。即令三十二年始皇见河图遂有伐胡伐越之令，部署出兵，必经相当时间之准备，可能迟至明岁三十三年。《驭交记》系屠睢事，于三十二年，据《淮南子》立说。《大越史记》系于三十三年，则参《史记》立论，二说较近是，而所差一年，何者为确，惜书缺简脱，故记不书月日，一时难以证实。惟屠睢伐越，必与伐胡同时，则可以断定。《广州府志·番禺县志》前事略据《史记·主父偃传》严安上书，谓“蒙恬攻胡，事在始皇三十三年，则屠睢攻越似亦三十三年事”，殊为有见。则屠睢伐越不能为三十二年以前事，可无疑义。乃引据淮南语者，截去上文，言其果而置其因于不顾，难怪于年代诸多悖谬，如鄂卢梭之说，即其一例也。

鄂氏之言云：

《淮南》此文，是中国初平安南最古记录，此次远征，分为五军，应为公元前221（始皇二十六年）始皇派往平服百越。统领主将，名称屠睢，秦兵开始胜利，后停顿三年。此三年是221至219（始皇二十八年）。屠睢以粮道不通，进取不易，所以三年不解甲弛弩，凿兴安渠。……据史汉记载，适戍为逋亡人赘婿贾人，其事在214年（始皇三十三年），而于同年设置三郡，如是第一次远征期间，从221年至214年。（二十六年至三十三年）（据冯承钧译本删节）

鄂氏所提证据，有二事值得讨论者。

(1)《始皇纪》:“二十六年，地东至海，暨朝鲜。西至临洮羌中，南至北向户。”鄂氏据沙畹《史记译注》说，北向户即日南，因谓秦对五岭以南至安南之侵略，于二十六年至二十八年，已在进行。

(2)《史记·尉佗传》云:“秦时已并天下，略定扬越，置桂林南海象郡，以谪徙民，与越杂处，十三岁。”此表示始皇在221年(二十六年)时，已开始略取南越，并谪徙民，在214年(三十三年)设置三郡。

鄂氏执此二事，为二十六年屠睢已南来攻越之证，至214年(三十三年)始设置三郡。苟如是说，则秦兵自二十六年伐南越，至三十三年置郡，前后经略凡八年。无论《史记·始皇记》绝不载二十六年屠睢南来事，而《淮南子·人间训》明言伐越为始皇于览河图之后，且与蒙恬伐胡同时。鄂氏据《淮南子》为证，而未细察原书上下文，割裂其语，殊为失考。至《尉佗传》秦并天下略定扬越置岭南三郡事，乃史文简略，将定扬越与置三郡两事一笔带叙。前人曾误据此，谓岭南三郡置于二十六年，说见附辩。抑此扬越乃会稽，非岭南之陆梁地。《史记·王翦传》云:“秦因乘胜，略定荆地城邑。岁余，虏荆王负刍，竟平荆地为郡县。因南征百越之君。”下文接言“二十六年尽并天下”。《始皇纪》云:“二十五年，王翦遂定荆江南地，降越君，置会稽郡。”是秦并天下时所定之扬越，即王翦平荆江南地所降之越，其地后为会稽郡，与南海绝无关系。诚如鄂氏之说，以秦并天下所定之扬越为屠睢所略之南越，然伐扬越之主帅，为王翦，而非屠睢。且扬越之君已降，故得以其地为会稽郡，非如南越之桀骜不驯，至杀屠睢，流血漂卤，其非一事彰彰明矣。吕思勉曾驳正鄂氏说，亦谓“《尉佗传》略定扬越，乃指秦灭楚后平江南地”，其说是也(吕驳文见《国学论衡》第四期)。至北向户之说，则更不可为据，古人每侈陈疆界之广博，声教之远被，如《尧典》云“羲叔宅南交”，《五帝纪》言“南至于交阯”，所谓北向户，亦作如是观，不足为始皇于二十六年时已经略岭南之证。

综上论之，鄂氏定秦初平南越在始皇灭六国之年，其误自不待论。秦击越，《吕成公大事记》亦言在始皇三十三年，与鄙说合。郭棐万历《广东通志》系其事于二十九年，当是据《淮南子》“三年不解中弛弩”一语，加以推测，以三十三年平南越置三郡，假定越人杀屠睢在其前一年，如是再上推三年即为二十九年。不悟依《淮南子》定说，则击越当在三十二年见河图之后，自身矛盾，无怪《广州府志》讥郭氏为臆断之词也；而《广州府志》系于三十四年，比三十三年迟一载。考阮元《广东通志》，虽录《淮南子》文于三十四年下，然于三十三年已书赵佗与屠睢同来攻越，则三十三年是，而三十四年非也。

《史记·始皇纪》："三十三年，发诸尝逋亡赘婿贾人，略取陆梁地，为桂林象郡南海，以适遣戍。"《六国表》、《通鉴·秦纪》同。又云："三十四年，适治狱吏不直筑长城及南越地。"《集解》引徐广曰："五十万人守五岭。"按《淮南子·人间训》，尉屠睢发卒五十万，分五路以攻越。徐广引屠睢五军之数，以说谪戍之数，徐氏之意，盖以两者为同一事也。按《汉书·严助传》，淮南王谏伐闽越书载此事，而无发卒五十万之语。《人间训》发卒攻越与攻胡，人数均为五十万，然《始皇纪》称蒙恬发兵三十万，相差二十万，以彼例此，伐越五十万之数当为溢辞甚明。

《晋书·地理志》："交州，禹贡扬州之城，是为南越之土。秦始皇既略定扬越，以谪戍卒五十万人守五岭，后使任嚣赵佗攻越，略取陆梁地，遂定南越以为桂林南海象郡等三郡，非三十六郡之限，乃置南海尉以典之，所谓东南一尉也。"按此条以谪戍卒五十万人，符屠睢所领之数，又以五岭即五路兵，盖用徐广说，惟将谪戍与使任、赵攻越分为二事，则因《淮南子》记屠睢败后，有"乃使尉佗将卒戍越"一语，从为之辞耳。

又伐越将帅，各书所记，有三说：

（1）尉佗屠睢——《主父偃传》："秦使尉佗、屠睢攻越。"

（2）尉屠睢——《淮南子·人间训》、《汉书·严安传》："使尉屠睢攻越，使监禄凿渠……秦兵大败，使尉佗将卒以戍越。"

（3）任嚣赵佗——《晋书·地理志》："秦使任嚣、赵佗攻越。"

诸说颇有出入。注家有谓《主父偃传》"尉佗屠睢"佗字衍文，如钱大昕《考异》是也。（王先谦《汉书补注》及《番禺志》从之。）有谓《严安传》"尉佗将卒戍越"尉佗为任嚣之误，使嚣戍越，因为南海尉，佗应以偏裨与行。如沈钦韩《汉书疏证》是也。有据《主父偃传》，谓攻越乃赵佗与屠睢，而非任嚣与佗，如阮元《广东通志》是也。考赵佗虽真定人，然来粤已久。（《番禺志》云："汉文帝元年佗上书云'老夫处粤四十九年'，自文帝元年上数四十九年，为始皇二十年。"则屠睢攻越，佗或曾与其役。《史记·主父偃传索隐》，佗及屠睢二人分注，则《史记》文无误，谓佗字为衍文，尚无的证。梁玉绳《史记志疑》云"南越无尉佗攻越事，乃尉屠睢"，说亦未可信。屠睢败，乃以佗将卒戍越，佗来粤已久，时盖以佗代将耳，非睢死后始遣其南来也。）吕思勉云："《尉佗传》，佗秦时仅为龙川令，及任嚣病且死，召佗，被佗书行南海尉事，佗因以自王，安得有将兵攻戍越之事，更安得当始皇时，即止王不来?"按吕氏徒依佗本传，以佗官南海龙川令，必在南海置郡后，故有是说。不悟据佗上书，佗来粤已久，攻越自为可能之事。吕氏又谓"略地遣戍同在一年，即适筑亦在明年，安得有所谓三年不解甲弛弩者乎？淮南谏书，自言闻诸长老，明非信史"。（按《严安传》但云"旷日持久"，则《人间训》所云"三年"三者仍约辞耳。）

附论　南海置郡之年

南海置郡之年有二说：

（一）始皇三十三年。

（二）始皇二十六年。

《始皇本纪》、《通鉴》并云："始皇三十三年，略取陆梁地，置桂林南海象郡。"是此三郡置于始皇三十三年，史有明文。钱大昕乃云："前所置之三十余郡，与后置之三郡，统以三十六郡该之，因谓南海三郡，亦在二十六年始并天下时置。"引《尉佗传》"与越杂处十三年"，及《王翦传》"南征百越"语为证。广东志书如郭棐万历《广东通志》亦以南海置郡在始皇二十六年，光绪《广州县志》、《番禺县志》前事略为之解云："《尉佗传》言秦并天下略定扬越，不言某年，但云与越杂处十三岁。其下文云'至二世时，南越（按应作南海）尉任嚣死'云云，自二世元年上数十三岁，为始皇二十六年，正合秦并天下之岁，故旧志以为始皇二十六年置南海郡也。"

按以二十六年置南海郡，说殊难成立。故洪亮吉《与钱少詹书》，早持异议，谓"秦分三十六郡，在始皇二十六年；而岭南三郡之置，则在三十三年，相距尚八年，必不预为计及"（《卷施阁甲集》）。而钱氏所引《王翦传》南征百越，谈氏阶平云乃指会稽郡，其说甚确。故知南海三郡实置于始皇三十三年，不独非二十六年所置，且亦不列于二十六年所置三十六郡之数也（参看刘师培《秦四十郡考》）。

钱穆曰："三十五年除直道，道九原，抵云阳，堑山堙谷，直通之。九原之名，始见。然蒙恬于三十二年取河南，三十三年斥逐匈奴，而九原置郡，盖有待于三十四年，或迟至三十五年。可知九原之置郡既然，桂林象郡南海，亦无不然。史言三十三年，略取陆梁地，为桂林象郡南海三郡者，特终言其事，未必其事之竟于是年也。三十四年谪戍南越，即继略地而来，然则此桂林象郡南海三郡者，抑或陆续置，在三十四年，乃竟迟至三十五年。”（《秦三十六郡考补》）此说亦无的据。考明黄佐《广东通志》以屠睢为南海尉，史禄为南海监，列于职官。吴颖顺治《潮州府志》亦云“南海尉屠睢”。然《淮南子》及《汉书·严助传》但称曰尉屠睢，曰监禄，仅著官名。故阮元《通志》驳之云：“《汉书》但云尉屠睢监禄，不知为何郡之尉监，但引《淮南子》屠睢为越人所杀，则置南海郡时，屠睢已死，焉得有为海南尉之事乎?”今按，屠睢攻越，是否以他郡之尉，领衔前来？抑三十三年攻越时，越虽未平，然时已置郡，而以屠睢即行南海尉事？惜书阙有间，难以遽断，姑阙疑。

越南出土"归义叟王"印跋

1936年越南北部Thanh-hoa（清化）之Tât-ngo地方发现金印一，高2.5公分，广2.2公分，文曰："晋归义叟王。"P. Daudin君尝为文考证①（《越南发见金印考》，载《印度支那研究会集刊》卷十一之二，1936）。余在法京，Piragzoli-t'serstevenes夫人以抽印本见遗，文中于"归义"一词举证甚详，惟于"叟"字仅据《辞源》为说，试为补证。

叟者，《后汉书·光武纪》建武十九年章怀注引《华阳国志》云："武帝元封二年，叟夷反，将军郭昌讨平之，因开为益州郡。"又《华阳国志》四："谷昌县，汉武将军郭昌讨夷平之，因名郭昌，孝章帝改为谷昌也。"《晋书·地理志》谷昌县属宁州建宁郡，西汉叟夷根据地盖在此。

赵彦卫《云麓漫钞》云："古印文有汉叟邑长。"《说文》叟作宎。《书·牧誓》注："西蜀，叟。"孔颖达曰："叟者蜀夷别名。"宋人已获睹叟长汉印，且为考证矣。1963年云南昭通洒鱼河古墓出土"汉叟邑长"铜印，正方，驼钮。②《三国志·蜀志·诸葛亮传》裴注引《汉晋春秋》载《后出师表》云："賨、叟、青羌散骑、武骑一千余人，此皆数十年之内所纠合四方之精锐……"是叟与賨及青羌俱为蜀军成员。三国时将叟兵者，则有刘焉（《后汉书·刘焉传》："遣叟兵五千助之。"）、吕布（《董卓传》："布军有叟兵内反"）。

① "Notes sur un cachet en or dicouvent en Annam"，载于*Bulletin de la Socie' te' des Etudes Indochinoises Nouvelle Se'rie*，Tome XI，No. 2，ze trimestre 1936。

② 《凉山地区古代民族资料汇编》，23页。

《蜀志·张嶷传》云："初，越嶲郡自丞相亮讨高定之后，叟夷数反，杀太守龚禄、焦璜。"又《李恢传》："……恢案道向建宁。诸县大相纠合，围恢军于昆明。……后军还，南夷复叛，杀害守将，恢身往扑讨，锄尽恶类，徙其豪帅于成都，赋出叟、濮耕牛战马金银犀革，充继军资。"据嶷传所载，叟夷以北徼捉马最骁劲，其种落至三千余户。魏蜀之世，叟与賨、濮并为南中劲旅，以骁勇善战闻。汉高募賨人平定三秦，叟亦賨之比也，而服叛靡常，晋氏安抚之，故授以"归义叟王"之印。

晋时，叟之种落未详，惟宁州乃于晋武帝泰始七年分益州初置。至太康三年又废宁州入益州，立南夷校尉以护之（见《晋书·地理志》）。叟之归义，或在此时乎？惠帝太安二年复置宁州，又以建宁以西六县别立为益州郡。《晋书·李特载记》："惠帝以梁州刺史罗尚为平西将军，领护西夷校尉、益州刺史，督……广汉太守辛冉等七千余人入蜀，李特甚惧。其后，冉购募特兄弟，特与弟骧改其购云：'能送六郡之豪李、任、阎、赵、杨、上官及氐、叟侯王一首，赏百匹。'流人咸往归特。"叟王名称复见于此。厥后宁州为李氏所据，李寿且分六郡为汉州，故知叟王之归义于晋，当在武帝时也。《华阳国志》云："太宁元年（东晋明帝，公元323）越嶲斯叟（叟）反，攻围任回及太守李谦，遣其征南费黑救之。咸和元年夏，斯叟破"。斯叟以叟为名，必为叟之种人。同书又称"夷人大种曰昆，小种曰叟，皆曲头木耳环铁裹结"。后代谓之木耳夷（《太平寰宇记》卷八〇嶲州，《酉阳杂俎》卷四）。

新疆1954年在沙雅县什格提汉代遗址，出土有"汉归义羌长"印篆文卧羊钮一个，《金石索》载有"晋归义羌王"一印，与"归义叟王"印文例正相同。《史记·建元以来侯者年表》壮及众利侯下俱云："以匈奴归义。"西汉以来，四夷归服者，俱得称"归义"，赐以印绶，晋人盖袭其制也。[1]

① 图见《新疆出土文物》，7页。

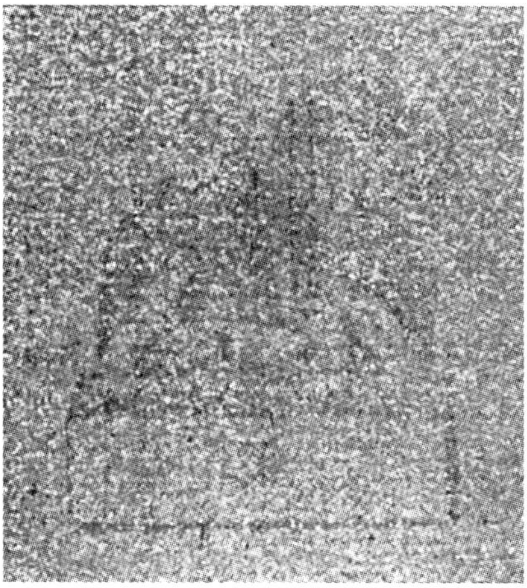

Cachet grossi trios fois

Empreinte du cachet

(grandeur naturelle)

阮荷亭《往津日记》钞本跋

阮荷亭《往津日记》稿本一册，原为戴密微教授家藏，后以赠余。书中所记，起（翼宗）嗣德三十五年（公元1882，即清光绪八年）十二月八日，讫三十六年（公元1883）十二月二十九日。一年之间，自香港至天津途中所闻见，逐日为记。时法越纠纷，荷亭衔命，至清廷谒李鸿章，请求代为伸理。书中记李合肥于1883年4月22日抵金陵，不日于沪驻节，与法使德理固折冲尊俎，即为此事。

当日所往来之人物，若广西唐景崧、广东伍廷芳，在中越外交史，均甚重要。他如当时香港、广州、天津、烟台各地实况①，与海上交通②及招商局船政，足为近代史提供重要资料。至于记官吏之酬酢，天津洋枪队之操演，广州之机器局（同治十二年设），谀闻佚事，尤能引人兴趣，皆由目击，洵为实录。而行文之条畅雅洁，犹其余事也。

七月二十九日（8月31日）记马铁崖递交上海电报，内叙“顺安汛炮台已为法兵船攻克，我国与他讲和等语，余等不胜愤恨。我国与法之事，原由中朝来文，愿为调停，又召余等至津询问，乃讲说既不能成，又畏缩趑趄，不肯以兵船相授。……中朝不能保护藩封，不知何辞以自解于天下也?”可见其时清廷对越南已无能为力，读此不胜慨叹。

---

① 记香港开埠四十年后之设备及物价。

② 记上海旅馆长发栈上下二层共百二十四房，住客常数百人。

阮荷亭即阮述，其名见于唐景崧之《请缨日记》中。景崧于光绪八年壬午七月，以吏部候补主事上书言越事，八月被派往云南，著有《请缨日记》。日记起光绪八年壬午七月初九日，至十二年丙戌二月。书中记（八年）十二月初八日：

往拜陈叔讱、阮述、陶登进及船政衙门。[①]

又云：

至阮述衙，则陈设稍华，去岁曾充贡使入都者也。

十二月初九日记云：

阮述送肉桂、豆蔻、碑榻、妙莲、苇野诗集。妙莲为国王女弟，曰梅庵公主……苇野为宗室，曰仓山公。〔颐按此误。苇野乃阮绵寅，仓山为阮绵审，非是一人。〕古文骈体诗词俱可观。[②]

十二月初七日，唐景崧作《上（曾）沅帅交阮述带呈书》云：

窃景崧于十二月初四日行抵富春。初六日经越南王派其礼部侍郎兼机密院陈叔讱、内阁参知阮述前来探慰。据云派出阮述赍国书三本，随马大使赴广东投递。一呈台辕，一祈转咨礼部理奏，一祈转达合肥傅相。[③]

此唐景崧自记光绪八年十二月初八日与阮述交往之经过。证以阮氏此日记开端云：

嗣德三十五年（即光绪八年）腊月八日……同机密院员外黎登贞（碧峰）、内阁侍讲阮借（梦仙）、笔帖式杜富肃。偕清官唐景崧、马复贲

---

① 《请缨日记》卷一，20 页下，据文海本，下同。

② 《请缨日记》卷一，201 页上。

③ 《请缨日记》卷一，20 页上。

往香港、广东公干。(19页)

人物时间均吻合。马大使即马复贲。荷亭《日记》自注:“马复贲铁崖。安徽人。即用大使衔充办广东机器局。”(19页)又于唐景崧名下注云:“薇卿,广西人。翰林散馆,分派云南。年前述奉使至燕,曾与相识。”(19页)文中作者自称名曰“述”,可见荷亭《日记》即阮述所作。时述正官内阁参知。《日记》云:

初七日,海关署幕客李佩之过访。询称南阳人。(33页)

又:

初三日,李佩之以《荷亭图》并怀庆所出大元山药二物送赠。佩之工绘事,近日住在馆中,为周观察〔馥,官至山海关道〕绘我国地图,稍暇则过余笔谈。闻余有《家山图》,故仿其意,画之以赠。(40—41页)

自注:“奉使日,湖北伴送陈蓝洲所绘,即画余‘千里荷风香不断,板桥西畔是吾家’诗句也。”(41页)蓝洲为陈豪之字,仁和人,又号迈庵,自署墨翁,山水近戴醇士,事迹见《寒松阁谈艺琐录》卷三。阮述自号荷亭,盖由此诗句而得名。又《日记》:“初七日,黄琴沧借观《每怀吟草诗集》。”(44页)自注:“余年前奉使诗。”(44页)又十五日记:“黄琴沧以所作诸集题词[①]遗余,余以尺牍谢之。”(45页)二十四日:“(梅小树)谓余诗于岳阳、晴川诸作,寄托遥深,令人折服。”(36页)是述自作诗集名曰《每怀吟草》,其作品亦有足观者。

书中屡言以苍山、苇野诗文集赠送清朝人士,而《日记》卷端有同庆(公元1887)丁亥苇野老人序文。苇野即阮绵寊,苍山即阮绵审。明命十九年,封皇十子绵审为从国公,皇十一子绵寊为绥国公。绵审、绵寊,俱以汉文学名。而绵审之词,清季大词家若谭献、况周颐并加推许。谭著《箧中词》,既选录其作品;况著《蕙风词话》称:“绵审号白眉子,有《鼓枻词》一卷。咸丰四年,越使过粤,遂传入华,善化梁莘畬在粤督幕,曾录存之。”

① 自注:“苍山、苇野、妙莲诸集,并《每怀吟草》拙习,均有题跋。”

其后郭则沄著《清词玉屑》，亦书其事（见卷五）。越南倚声家享誉于中土者，仅此一人。绵审之《苍山诗集》，有王先谦评，日本内阁文库有其书。余考况蕙风之推重阮氏，实由其同乡状元龙启瑞所影响。龙氏《汉南春柳词》有《庆清朝》：

> 序云：今年冬，越南贡使道出武昌，其副使王有光以使国六臣诗集来献，且求删订。余以试事有期，未之暇，略展阅数卷而封还之，其中有越国公绵审及潘俇，诗笔之妙，不减唐人。如“茶江春水印山云”，“画屏围枕看春山”，皆两人集中佳句也。乃录其数十首，并制此词，以寓輶轩采风之意，因见我朝文教之遐敷焉。
>
> 蝇楷书成，乌丝界就，天南几帙琼瑶。茶江印水，殢人佳景偏饶。曾记画屏围枕、春山淡冶似南朝。风流甚，锦囊待縢，采笔能描。
>
> 摹到盛唐韵远，但宋元人后，比拟都超。知音绝久，今番采入星轺。一自淡云句邈，使臣风雅总寥寥。同文远，试登靺乐，聊佐咸韶。①

苍山之词，极为清隽，得龙氏之表彰，非偶然也。至绵贲之《苇野合集》，1966 年余于法国国家图书馆得读之。卷一有“诗词合乐疏”，略云：“臣尝受业于礼臣故申文权，与臣兄绵审，乃知宫商有一定之音，而制辞与合乐二者各别。制辞者不必知宫商，而合乐者必不可不知官商。”按申文权事迹，《大南列传》二集有传（《诸臣传》十八）。《疏》又云：“填词者，诗之苗裔；诗词即乐之表里。”又卷三有《词选跋》：“言其于词家不必尽废，亦不敢滥。”又与仲恭《论填词书》云：“闻君言子裕著《词话》，间及仆词，加以评语。”具见越南词学渊源之一斑。苇野词尚未之见，其诗则循香山、梅村、渔洋一路②，七绝颇有风神云③。

《苇野合集》前有王先谦序。先谦《虚受堂诗》卷十三有“越南国贡使阮思僩书卷，为李幼梅题”④。按阮文富北宁东岸人，御赐名思僩，1868 年如清。著有《如清日记》，《大南实录》乙编列传卷二有传。郭嵩焘“赠越南使

① 自注：淡云微雨小姑祠，康熙朝高丽使臣诗也。《清名家词》龙启瑞《汉南春柳词》，10 页，香港太平书局版。

② 集中如“南琴曲”学长庆体。

③ 其《新岁书感示同人》百韵，尤见工力。

④ 注云：“阮早过长沙，与幼梅相得。”

臣阮懦夫侍郎”二绝句，其一云：“群阮风流笔粲花，年年使节走天涯。纵横王会图中见，天下车书自一家。注：去岁阮君思僩奉使过湖南，于君为宗人，诗笔绝高。”（《养知书屋诗集》卷十一）于思僩倾服尤深至焉。

越人书法，亦为汉土所珍重。今观荷亭《日记》，所至每为人书写楹联。曾从“贡生张逖先就访笔谈”（46页）。逖生即名书家张祖翼也。在天津致饯之候补知县劳乃宣，即《等韵一得》作者，德人 R. Wilhelm 之所从受《易》也。[①] 其往来酬唱者，津门则有梅宝璐小树[②]，香港则王韬紫诠[③]，皆一时名士。小树称苇野诗文气息甚厚，又盛称荷亭岳阳、晴川诸作，寄托遥深，则洵乎越人之多才也。故楬櫫以备研究中越文学关系者之参考云。

上跋属稿在十年前。记1966年春在法京，时余治敦煌曲，且留心清词。偶于国家图书馆见《苇野合集》而悦之。一日，于戴密微教授家插架上，检得阮述此书写本，爱不释手，戴先生慨然相赠，余乃携归，故卷首钤有余“固庵所读书”一印。无何，余离香港迁居星洲，此册久鐍闭于箧衍。暇日细读，因撰是跋，略考阮述生平，并与唐景崧《请缨日记》互勘，余文旨在论越南人之语业，兼及中越文学交流，他非所及。以稿远寄戴先生，深蒙激赏，为之译成法文，并著其事于《远东学报》。[④] 邮筒往返，每谓此书宜加以骑译。1976年春，余三莅巴黎，乃携此册诣戴先生。行前戴先生贻书叮嘱，敦请越南史专家陈荆和教授译出，以饷法国学界，而陈君事冗，逊谢未遑。1977年秋，余始将拙跋大意，草成论文，宣读于第七届亚洲史学家会议，而英文稿迄无暇整理发表。此书旋经陈教授细心注释，勠成今著，蔚为巨观，曩跋疏陋，直可覆瓿，陈君必欲附载于卷后，因记戴先生重视此书之颠末，并盼他日有人迻译，不负其殷殷之深意。惜戴先生墓木已拱，不及睹此书之刊成。抚卷思旧，为之泫然。

1979年8月

原载陈荆和编注《往津日记》附录，香港中文大学出版社1980年

① 见德译《周易》序。

② 字韵山，著《退学斋诗文集》。梅小树父梅树，著有《津门诗钞》。子元捷，字子骏，亦与阮述交好。

③ 王韬时已自牛津返香港，主《循环日报》笔政。

④ *BEFEO*, Tome LXIII, p. 465, Travaux de Jao Tsung-yi, 1976.

印度、缅甸

达嚓国考

法显《佛国记》中所涉及地理，各家考证，问题尚多。兹举达嚓国为例。显师自言："达嚓国以道路阻难未往。"是彼未亲履其地。惟印度人撰 daccan 史，即靠显师所记为汉土惟一史料，实则汉籍中仍有不少关于达嚓之记载。

（一）道宣《释迦方志·中边篇》言"水"部分，谓："此洲中心有一大池，名阿那陁答多，唐言无热恼也，即经所谓阿耨达池，在香山南，大雪山北。……此一池分出四河，各随地势而注一海，故葱岭以东，水注东海，达傑（一作嚓）以南，水注南海，雪山以西，水注西海，大秦以北，水注北海。"所记达傑与大秦，分明一南一北，不容淆混。按此为四河说之引申。四河说出《长阿含经》、《世纪经》、《起世经》等。阿耨达池（Anavatapta）之位置，世亲《俱舍论》以为在大雪山北，香醉山（Gandhamādava）间，香醉山已被认为西藏喜马拉雅山脉中之 Kailasa 山系，唐人即本世亲之说加以演绎，而以阿耨达池（按即今 Wanasarawar 湖）为宇宙之中心，道宣资以成立其地理学之中边说。《阿含经》原谓阿耨达池南有新头（Sindū）河，即狮子口，以入南海。道宣则云达傑以南，水注南海。盖以达傑为南印度之总称也。[①]

（二）又《释迦方志·游履篇》（第五）搜括传记，列十六事，其第三云："后汉献帝建元（应作建安）十年，秦州刺史遣成光子从乌鼠山度铁桥而入，

① 另参拙作《论释氏之昆仑说》。

穷于达嚓。旋归之日，还践前途，自出《别传》。”① 方志引成光子云“中天竺国东至振旦国五高八千里，南至金地国五万八千里”，疑即出所著《别传》。所谓《别传》，未谛何书。此说果可信，则东汉末自蜀至印，即后来所谓牂牁天竺道，实已畅通，故可从秦州，以至南印度之达嚓。《史记·大宛传》张骞上书云：“今身毒国又居大夏东南，数千里有蜀物，此其去蜀不远矣。”又言：“闻其西可千余里有乘象国，名曰滇越，而蜀贾奸出物者或至焉。”是汉时蜀贾人足迹已至天竺，当取永昌道。征之《高僧传》慧叡西行纪：“慧叡（刘宋时人）尝游方而学，经行蜀之西界，为人抄掠，游历诸国，乃至南天竺界。”其经行所至，必循永昌道可知。义净《大唐西域求法高僧传》云：“有唐僧二十许人从蜀川牂牁道出白莫诃菩提礼拜。”此即自蜀经永昌道至南天竺。慧琳《一切经音义》卷八十一已详说之。可参李根源所编《永昌府文征》记载卷一。故汉末成光子由秦州至达嚓，必由蜀出永昌，以入南印度，可以推想而知。

（三）敦煌卷中亦言及达嚓。伦敦大英博物院敦煌经卷斯坦因目二一一三号为一长卷，内书白佛瑞像记，略云：“中印度有寺，佛高二丈，额上悬珠。……此像经憍赏弥（按即拘睒弥）飞往于阗。”又云：“释迦牟尼佛真容，白檀身，从国王舍城腾空来于阗海眼寺。”此文为有关印度佛像记录之珍贵资料。另有一段文云：

> 南天竺建嚓国，北有迦叶佛寺，五香盘石为之。今见在山中。
>
> 北天竺国泥婆罗国有弥冠柜，在水中。

泥婆罗即尼泊尔，建嚓当是达嚓（见附图）。同卷下文“大目楗连”之“楗”字，所从之建，与“嚓”上一字相同，是敦煌卷乃误写达嚓为建嚓，以达与建二字形近故也。此卷后段为《宕泉创修功德记》，末署“唐乾宁三年丙辰岁四月八日毕功”。则其前段文字，当写于乾宁以前。

史语所藏拓片一四九三六号，为《旃檀瑞像》及《题记》，略记：“佛成道后，尝升忉利（天）为母氏说法，数月未还。时优填王以久阔瞻依，乃刻旃檀像佛圣表以伫翘想之怀。……自填王像刻之初，至今泰定乙丑，凡二千三百余岁矣。……昭文馆大学士紫禄大夫宣徽使大都护脱因，以积善深余庆

① 《大正》卷五一，969页。

慕上乘……恭就丽正门西观音堂内模刻于石。……泰定丁卯至万历己丑又二百六十四年，今圣安寺钦依僧录司左觉义通月号印空重刻于石。越山阴弟子诸臣表斋沐书，秦应瑞画。”佛像向来以檀像为贵。于阗佛像，莫高窟C〇四七＝T二三一号龛顶周围西题“于阗故城瑞像”，又龛顶南释迦瑞像，题“于阗嫓摩城中雕檀瑞像”，玄奘作媲摩城，俱见普林斯顿大学美术史系藏罗寄梅所摄照片。可与二一一三卷所记互相参证。

（四）《初学记》二十三“寺”条引《佛游天竺本记》曰：“达亲国有迦叶佛伽蓝，穿大石山作之。有五重，最下为雁形，第二层作狮子形，第三层作马形，第四层作牛形，第五层作鸽形，名为波罗越。”注：“波罗越，盖彼国名鸽。”

金赵城藏《法显传》第三十二张至第三十四张云：“伽蓝悉有僧住。自鹿野苑精舍西北行十三由旬，有国名拘睒弥。其精舍名瞿师罗园，佛昔住处。今故有众僧，多小乘学。从是东行八由延，佛本于此度恶鬼处。亦常在此住。经行、坐处，皆起塔，亦有僧伽蓝，可百余僧。从此南行二百由延，有国名达嚫。是过去迦叶佛僧伽蓝，穿大石山作之，凡有五重，最下重作象形，有五百间石室。第二层作狮子形，有四百间。第三层作马形，有三百间。第四层作牛形，有二百间。第五层作鸽形，有百间。最上有泉水循石室前，绕房而流，周圆回曲，如是乃至下重。顺房流从户而出，诸僧室中，处处穿一石作窗牖，通明室中朗然，都无幽暗。其室四角穿石，作蹀蹬上处。今人形小，缘蹀上，正得至昔一脚蹑处。因名此寺为波罗越者，天竺名鸽也。其寺中常有罗汉住。此土丘荒，无人民居。去山极远方有村，皆是邪见不识佛法，沙门婆罗门及诸异学。彼国人民常见飞人来入此寺。于时诸国道人欲来礼此寺者，彼村人则言：汝何以不飞耶？我见此间道人皆飞。道人方便答言：翅未成耳。达嚫国崄道艰难，难知处，欲往者要当赍钱货施彼国王，王然后遣人送，展转相付，示其径路。法显竟不得往。承彼土人言，故说之耳。”

《法显传》所述，比《佛游天竺本记》为详。金藏本穿字一作穿，与高丽本同，穿为穿别体，日本延喜写本《河渠书》穿正作穿。又蹀蹬，他本作梯。波罗越者句，他本多“婆罗越”三字。法显描写达嚫国之伽蓝，乃根据传闻，颇有失实。玄奘《西域记》十憍萨罗国（Kosala）云：“国西南三百余里，至跋逻末罗耆厘（唐言黑峰）岌然特起，峰岩峭险。既无崖谷，宛如全石，引正王（Sadvaha）为龙猛菩萨凿此山中建立伽蓝。”《敦煌遗书慧超往五天竺国》传，中南天竺国有云：“于彼山中有一大寺，是龙树菩萨便（使）夜叉神造，非人所作，并凿山为柱，三重作楼，四面方圆三百余步。”藤田丰八《笺释》谓：“龙猛即龙树，《法显传》以为伽叶（Kāsyapa），盖传闻之误。《高僧传·玄奘》条云：‘至憍萨罗国即南印度之正境也，王都西南三百余里有黑蜂山，昔古大王为龙猛菩萨造立斯寺。’Beal 氏云：‘《西域记》注黑峰，殆蜂之讹。’黑蜂即 Bhrāmara，乃 Durgā 若 Pawati 之异名，国都为 Bhadak。诸丘为 Durgā 足迹所印，殆是引正王造寺之山也。《法显传》波罗越（Paravata）解云‘鸽’，亦系传闻。”①

按：达嚫为梵语 dakṣiṇa 之音译，义指南方，亦训为右。《西域记》称“达嚫拏者，右也。”《内法传》则云：“特崎拏即是右。……故时人名右手为特畸拏手。”按“特崎拏”应是印度俗书（Prakrit）之 dakkipṇa，巴利文变 Ksin 为 kkiṇ，故达嚫拏写作特崎拏。

达嚫国现指南印度之 Deccan 高原，余于 1963 年读书于蒲那（Poona）之“班达伽东方研究所”（Bhandankar Oriental Research Institute），参谒达嚫附近佛教圣地，若 Kanheri、Karli 等石窟，显师所未到者，多曾履及。班达伽为印度大儒，著有 Early History of the Dakkan，收载于其论文集，第三版则于 1928 年印行于加尔各答（Calcutta）。其书开首即引及《佛国记》，文云：

> Since in the beginning of the fifth century of the Christian era, Fah-hian, the Chinese traveller, was told at Benares that there was a country to the south called Ta-Fhsin which corresponds to the Sanskrit Dakshina.

《佛国记》自 1836 年有 Abel Rémusat 之法译，1869 年有 Samuel Beal 之英译，其后 H. A. Giles（1877）、James Legge（1886）皆有修订英译本，班达伽得从英译本采摭其说。然汉籍有关达嚫之记载，《法显传》外，尚有上列数条，因为举出，以备他日印人续撰 Dakkan 史者之参考。

梵语“达嚫拏”，汉译亦作“多瑳那”。Lalitavistara 经中列举各国文字，其第十四为 Daksinya-lipi。西晋法护及唐时地婆诃罗（Divākara）皆有汉译。②法护译《普曜经》作“施与书”③，地婆译作“多瑳那书”，均是译音。考《普

① 参藤田书，19 页。

② 唐译称《方广大庄严经》。

③ 似略去 Dā 音，参日本山田龙藏《梵语佛典之诸文献》，10 页。

曜经》中别有大秦书，列于第七，此大秦乃是东罗马。可见 Dāksin 与大秦分明为二地。“多瑳那书”应是指南印 Deccan 地区流行之文字，即达嚓国文字是也。

达嚓与大秦，史家每混淆为一，实宜细加厘别。伯希和《交广印度两道》考云：“大秦指地中海东部，又因音类之关系，佛教徒有时以大秦为昔之 Daksinapatha，今之 Deccan 之对音。”是说也，东南亚史家多受其影响，冯承钧《中国南洋交通史》、岑仲勉《水经注卷一笺校》[①]、日本杉本直治郎[②]皆采是说。

《后汉书·哀牢夷传》说西域幻人“能变化吐火自支解，易牛马头。又善跳丸，数乃至千。自言我海西人，海西即大秦也。掸国西南通大秦”。此处大秦，《通鉴》胡注谓即拂菻。近年宫崎市定撰《條支と大秦と西海》一文[③]，以大秦即罗马，西海即地中海，跳丸之技艺，古罗马之折绘（diptych）尚可见之，图中作玩七丸之状，拉丁语称为 pilarius。[④]

罗马与南印度及扶南之交通，近岁考古发掘所知，早在公元初期，越南南部 Go Oc Oe 所出古物，不少为罗马时代银币。南印度 Pondicherry 河边，1939 年发掘亦获罗马 August 时代遗物。[⑤] 可证《后汉书·西域大秦传》桓帝延熹九年（公元 166）大秦王《安敦》（即 Antonius 公元 121—180）遣使自日南徼外，献象牙犀角等之说为可靠。《梁书·中天竺传》孙权黄武五年（公元 226）有大秦贾人字秦论来到交阯，交阯太守吴邈遣送诸权，权问方土风俗。此为罗马贾人至吴交往之事实。

唐人碑刻每言大秦：南诏《德化碑》云：“爰有寻传，畴壤沃饶，人物殷凑，南通北海，西近大秦。”按寻传即《蛮书》中之寻传蛮。《新唐书》一二〇《张柬之传》，其论姚州云：“姚州古哀牢国，域土荒外，山阻水深。汉世未与中国通。……光武末始请内属，置永昌郡统之，赋其盐、布、毡、罽，以利中土，其国西大秦，南交趾，奇珍之贡不阙。”此二条之大秦，向来说者均以指远道之东罗马之大秦。

惟唐时别有“大秦婆罗门国”之称，樊绰《蛮书》云：“乃西渡弥诺江水

① 《中外史地考证》，218 页。

② 《東南アヅア研究》，494 页。

③ 《史林》二四之一。

④ 见 Rich：*Dictionary of koman and Greek Antiquities*，Iqoo。

⑤ 1963 年，曾于该地法国印度学研究所见之。

(Chindwin) 千里至大秦婆罗门国。又西渡大岭三百里，至天竺比界个没卢国 (Kamarāpa)。”个没卢为今之 Gauhati，8 世纪其地在东孟加拉（Bengal）与阿萨密（Assam）之间。[①] 吴承志撰《唐贾耽记边州入四夷道里考实》卷四有极详尽考证，谓：“《大唐西域记》迦摩缕波（即个没卢）周万余里国，东山阜连接，无大国都。境接西南夷，详问土俗，可两月行入蜀西南之境，即大秦婆罗门道。蜀西南境，谓会川。”（《求恕斋丛书本》）按此大秦婆罗门，与西海之大秦，含义不同。

元张道宗《记古滇说》原传云，“唐册王（皮罗阁）为特进云南王越国公。……自唐进封之后，永昌诸郡，缅罗、暹罗、大秦皆西通之国；交阯、八百、真腊、占城、挝国，此皆南通之国，俱以奇珍重宝……岁进于王不缺。”（《玄览堂丛书》本）此条大秦与暹罗、缅罗等骈列，应指大秦波罗门国，即东印度之 Assam 地方为是。

至若道书言大秦者，若《楼观本纪》言化胡所至地名云：“道君令下化西域，条支、安息、昆吾、大秦、罽宾、天竺，周流八十一国，作浮屠之术，以化胡人。”[②]《太清金液神丹经》：“自天竺月支以来，名邦大国，若扶南者十有几焉。且自大秦、拂林地各方三万里。”又赞曰：“青木天竺，郁金罽宾，苏合安息，薰陆大秦。”以大秦与拂林、安息、天竺等并列。《神丹经》中记大秦国一段，文字最长，间有与《晋书·大秦传》记载相同。此大秦则当非达嚫国。故宜细加辨别。

由于道宣将达嚫与大秦，区为南北。《普曜经》中各种书，其多瑳那书与大秦书亦有绝对分别，则达嚫与大秦，实不容混而为一。伯希和谓释氏未加区别，亦不尽然也。

炳灵寺第一六九窟内有法显题名及愿文。此法显称恒州道人似另是一人。

结论

(1) 达嚫国一名，除《佛国记》所载外，汉籍资料，尚有《释迦方志》及《方志》引《别传》，敦煌卷 S·二一一三号，与《初学记》引《佛游天竺本记》等条。

---

① 参 Anthong Chriatre《大秦婆罗门国》，*B. S. O. A. S.* 1957，vol 20，p. 160。

② 《一切道经音义》“妙门由起”引，《道藏》仪字上，七六〇册。

（2）梵语 Dāksina 之音译，除“达嚫拏”外，又有译作“多瑳那”者。其作“特崎拏”，乃从巴利文译出。释氏书中，如《释迦方志》所记，达嚫与大秦，方向截然不同。

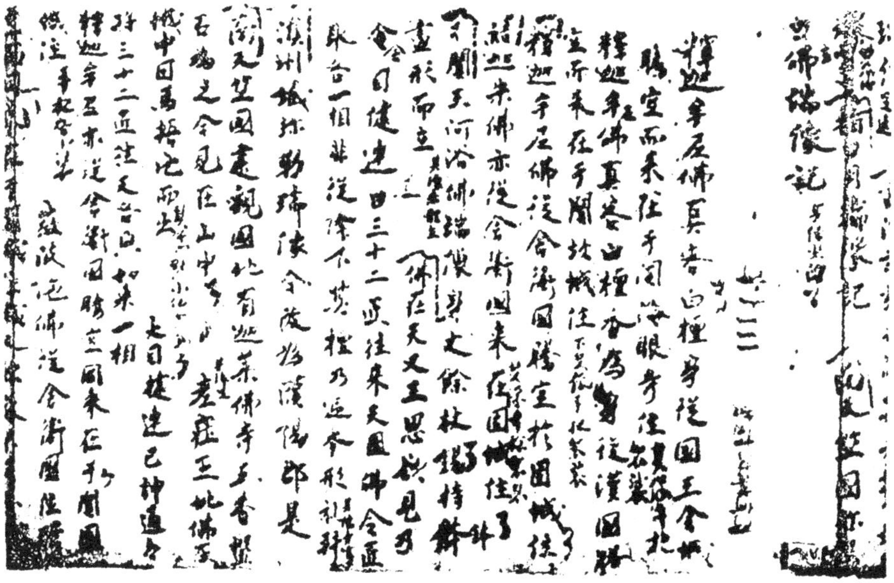

S·二一一三　敦煌卷所见达嚫国

蜀布与 Cīnapaṭṭa

——论早期中、印、缅之交通

近读桑秀云女士《蜀布邛竹传至大夏路径的蠡测》一文[1]，主张当日交通路线是取途于云南经缅甸以入孟加拉。这一说法，向来中西学人意见多相同。伯希和谓缅甸路乃由大理出发，经永昌渡高黎贡江入缅，至 Irrawaddy 地区。国人夏光南颇申其说。[2] 1956 年，Walter Liebenthal 撰 "The Ancient Burama Road—a Legend?" 指出 "This commerce passed along the route, which led from Shu（蜀）to Lhasa（拉萨）Kāmarūpa"[3]，则主中、印早期交通，乃循牂牁路入藏，以至阿萨姆（Assam）之迦摩波（Kāmarūpa），极力反对伯氏之说。同年 Buddha Prakash 别撰 Pūrvavideha 以调停之。[4] 诸家于汉文资料，考索未周，兹不揣固陋，重为研讨如次。

一、僄越与盘越、剽国

常璩《华阳国志·南中志》永昌郡下云：

---

① 《汉代西南国际交通路线》，载《史语所集刊》41，10。

② *Befeo*, IV, 1904, p. 143；冯承钧译《交广印度两道考》；夏光南《中印缅道交通史》，15—24 页；季羡林《中国蚕丝输入印度问题的初步研究：缅甸道》（《中、印文化关系史论丛》，176—178 页）。

③ W. Liebenthal, *Journal of Greater India Society*, vol. XV, no. 1, 1951.

④ B. Prakash 之 Pūrvavideha 刊于上举 *J. G. I. S.* 杂志，1956，no. 2，pp. 93—110。后收入所著 *India and the World*，1964，Hoshiarpur。按 Pūrvavideha 汉译弗婆提，即四大部洲之东胜神洲。详玄应《一切经音义》一二，冯承钧译 S. Levy《正法念处经阎浮提洲地志校勘录》。

明帝乃置郡，以蜀郡郑纯为太守。属县八，户六万，去洛六千九百里，宁州之极西南也。有闽濮、鸠獠、僄越、裸濮、身毒之民。

僄越一名始见于此。异本或作漂越。身毒即印度，这说明东汉明帝时新置的永昌郡境内，杂处的种民，其中有印度人及僄越人。

同书《南中志》宁州下云：

武帝使张骞至大夏国，见邛竹、蜀布，问所从来。曰：吾贾人从身毒国得之。身毒国，蜀之西国，今永昌是也。

这条最可注意的是说张骞所言的身毒国，即指汉的永昌郡。鱼豢《魏略》称："盘越国一名汉越王，在天竺东南数千里，与益部相近。蜀人贾似至焉。"（《魏志》三十《裴注》引，易培基《补注》本）《后汉书·西域传》作"磐起国"，《梁书》卷五十四文同，惟作"槃越"。兹比较其文于下。

《后汉书》：

天竺国……从月氏高附国以西，南至西海，东起磐起国，皆身毒之地。

《梁书》：

中天竺国……从月支高附以西，南至西海，东至槃越。列国数十……皆身毒也。

两文全同，《梁书》之槃越，同于《魏略》，而范蔚宗独作盘起，起与越形近易讹。证以常璩之作僄越，三占从二，则"起"字自是"越"之误。沈曾植云："《唐书》骠国即常璩《华阳国志》永昌所通之僄越，今之缅甸。"（《海日楼文集》上《蛮书校本跋》据王蘧常撰《沈寐叟年谱》引）

向达《蛮书校注》以为槃越或汉越，即《华阳国志》的僄越，亦即《广志》之剽国。剽国为公元后四世纪时缅甸古国之名，至唐代汉译作骠（234页）。其说甚是。伯希和《交广印度两道考》云：《御览》卷一七七引魏晋人撰之《西南异方志》及《南中八郡志》谓传闻永昌西南三千里有骠国（据冯承钧译本，34页）。冯氏《诸蕃志校注》蒲甘国注一亦云骠国，见《太平御览》一七七引上列二书。惟覆查《御览》卷一七七为居处部“台”上，并无此条。又检《太平御览引得》亦无《西南异方志》一书。按骠国此条实出《御览》卷三五三兵部，其文详下。伯氏误记。向达引其说（《校注》十，237页）而未辨，故为纠正于此。

考《广志》言及剽国，计有下列各条：

(1)《后汉书》卷一六六哀牢国“梧桐木华”下，章怀太子注引《广志》云：“梧桐有白者，剽国有桐木，其华有白毳，取其毳淹渍缉织以为布也。”

(2)《太平御览》三五九兵部引郭义恭《广志》：“剽刃国出桐华布、珂珠贝、艾香、鸡舌香。”（宋本，下同）

(3)《御览》九八一香部引《广志》曰：“鸡舌出南海中及剽国，蔓生，实熟贯之。”

(4)《御览》九五六桐下引《广志》：“剽国有白桐木。其叶有白毳，取其毳，淹渍缉绩，织以为布。”（按与李贤引同）

(5)《法苑珠林》三六引《广志》：“艾纳香剽国。”（此条据伯希和引）

《广志》各条皆作剽国，又有作剽刃国者，马国翰《佚书》辑本亦然，必是刃字因与剽字偏旁相似而误衍。《御览》兵部引称郭义恭《广志》。义恭晋时人，《隋书·经籍志》子部，杂家类著录《广志》二卷，郭义恭撰，次于张华《杂记》之后。《御览引用书目》郭义恭《广志》列于魏张揖《广雅》之下。《广志》马国翰辑存二百六十余条。《水经·河水注》引郭义恭《广志》记甘水石盐及乌秅西悬度，知其人颇谙熟印度地理。

又《御览》三五三兵部引《南中八郡志》云：

> 永（原误作宋）昌郡西南三千里有剽国，以金为刀戟。（据宋本）

按缅甸产金，此剽国自即骠国，伯希和误引者，即是此条。《马可·波罗游记》卷一一九，离大理西向骑行五日，抵Zardandan州，即波斯语之金齿，其都会名为永昌（Yochan），民以金饰齿，其货币用金。以《元史·地理志》所载曲靖路岁输金达3 550两一事观之，元时产金之丰富如此。故汉时永昌地区，以金为兵器，自属可信，殆指所含金的成分特多。

《南中八郡志》一书，《太平御览》、《北堂书钞》屡引之。如记南安县出好枇杷（《御览》卷九七一引。南安县，汉置，《晋书·地理志》属犍为郡），永昌不韦县之禁水（《御览》卷八八四），云南之银窟。（《御览》卷八一三云："云南旧有银窟数十，刘禅时岁常纳贡，亡破以来，时往采取，银化为铜。"）文廷式《补晋书艺文志》云："详其文，当是晋人作。"言及刘禅亡破，殆成书于晋初。《后汉书·哀牢夷传》貊兽下章怀注引《南中八郡志》云："貊大如驴，状颇似熊，多力食铁。"左思《蜀都赋》："戟食铁之兽，射噬毒之鹿。"刘逵注云："此二事魏宏《南中志》所记也。"则《南中志》即是《南中八郡志》矣。（汪师韩《文选理学权舆》上分《南中八志》与魏完《南中志》为两书，张国淦《古方志考》716页亦然，恐不可据。）章宗源《隋书经籍志考证》及王谟《汉唐地理书钞》重订本目录，均谓魏宏《南中志》即《南中八郡志》。高步瀛《文选李注义疏》亦谓当即一书。作者魏宏始末不详。《文选》袁褧本作魏宏，尤袤本作魏完。其人当在常璩之前。常璩书叙事终于晋永和三年，其《华阳国志》之《南中志》必根据魏宏之资料。刘逵《蜀都赋注》既引其《南中志》，逵为晋侍中，与张载、卫权同注《三都赋》（《隋书·经籍志》总集类）。逵欲奉梁王肜，以诛赵王伦（事在伦传），其人与左思同时。则《南中八郡志》成书，更在逵之前，可见晋初剽国名称早已存在。Liebenthal疑骠国一名之晚出，此处考证，可释其疑，且亦可补苴向达之忽略。

《御览》卷七九七引《魏书》云："盘越国一名汉越王，在天竺东南数千里，与益部相近。"（《魏书》即《魏略》）是其地与云南相接。《魏略》云："盘越国一名汉越王……蜀人贾似至焉。"考《史记·大宛传》："昆明之属无君长。……然闻西可千余里，有乘象国，名曰滇越，而蜀贾奸出物者或至焉。"而《华阳国志》二《汉中志》云："张骞特以蒙险，远为孝武帝开缘边之地，宾沙越之国，致大苑之马，入南海之象。"寻勘数文，滇越、汉越、沙越，字皆从水，自是一名之异写。张守节《正义》云："昆、郎等州，皆滇国也。其西南滇越、越嶲，则通号越。"西南夷人都以越为通号，远至云南边境尚且如此。《魏略》作汉越。《华阳国志》作沙越，书较晚出，或有误写，而《史记》实作"滇越"为乘象之国。晋宁石寨山发现有金质"滇王之印"，疑汉时所谓"滇越"（即滇王国），其势力范围远达徼外乘象之国，今之缅甸当在其统属之内。盘越，既即剽越，而盘越一名汉越（疑当作滇越）为乘象国，则其包有缅甸，自不待言。

张星烺以盘起为孟加拉之对音①，然孟加拉明时称榜葛剌（《瀛涯胜览》）。印度古地志称为 Vaṅga。② 此国文字，在《普曜经》中谓写 Vaṅga-lipi，唐时《方广大庄严经》汉译，其对音实作"央瞿书"，以央瞿译 Vanga，未闻译作"盘起"者。"央瞿"乃孟加拉在唐代的汉译名称。

Liebenthal 氏以为骠国名称始于唐，引《南诏野史》中王号有骠苴低（公元 167—242），传说谓为阿育王（Asoka）的第三子，显然受到佛教的影响。认为在此以前，缅甸道的交通实无确证，故强调宜由牂牁路，经西藏以入印度。按西藏道，见《释迦方志》所述甚详，足立喜六在其所著《大唐西域记之研究》下卷后编"唐代之吐蕃道"绘有精细地图，此路山岭稠叠，实不如缅甸出阿萨姆之方便。关于骠苴低一名的梵化，伯希和已详论之（《两道考》上南诏王父子联名制）。骠为种族之称，藏缅族系中有 Pyū，缅甸文或作 Prū。唐时汉籍所记之骠国，指缅北民族，有时兼谓南韶。③ 而云南境内之东蛮，亦有以骠为人名的，如《蛮书》四丰巴部落贞元中大鬼主骠傍，即《唐书·韦皋传》谓唐封骠旁为和义王者也。④ 南诏王自称曰骠信。寻阁劝立自称骠信（事在公元 808 年），《新唐书·南蛮传》云："骠信，夷语君也。"亦书作　信，加汉名的皇帝合称曰"皇帝　信"。大理国张胜温画梵像卷上分标题字，有"奉为皇帝　信画"一款。日本有邻馆藏《南诏国传题记》有"　信蒙隆昊"。美国加州 San Diego 美术馆藏云南观音像铭文云"皇帝　信段政兴"⑤。　信据谓即缅语的 Pyū-shin，写作 Prū-rhang。今知晋初已有剽国之号，又称僄越。《唐书·骠国传》凡属国十八，其一曰渠论。考《御览》卷七九〇引吴万震《南州异物志》有无伦国，《道藏太清金液神丹经》称无论国在扶南西二千余里，《通典》一八八无论国文相同。以对音来之，可能即缅甸之

---

① 张星烺《中西交通史料汇篇》第六册，41 页钞《后汉书》注二云：磐起国，据古音考之，似即孟加拉（Bengal）。又同册 43 页钞《三国志》卷三十（按当作裴注引《魏略》，非陈寿本文也）。盘越国，注云：原作越字，据《后汉书》更正，欲径改为盘起，尤为武断。丁谦谓盘越其国当在东印度，今孟加拉地。张氏盖因袭其说。

② D. C. Sircar: *Studies in the Geography of Ancient & Medieval India*, p. 84. 参 Raj Bali Pandey: *Indian Paleography*, p. 27。

③ G. H. Lace: "Note on the Peoples of Burma in the 12th-13th Century A. D." (*Journal of the Burma Research Society*, vol. XLII, Part I, 1959, p. 55)

④ 事在唐德宗贞元四年（公元 788），云南王异牟寻时，亦见《通鉴》卷二三三，《唐纪》四九。

⑤ 唐徐云虔所著《南诏录》记其至善阐城遇骠信事甚详，见《通鉴》二五二。参李霖灿《南诏大理国新资料的综合研究》附载各图。

Prome。[1] 渠论国疑即无论国。伯希和谓骠国名称之来历，有取于 Pyū 的译音之说，是即为蒲甘建都以前，以 Prome 为都城时统治缅甸种族之名称。如是无论又为吴人自扶南所传来的古骠国之译名，可见以 Pyū 作为缅甸之古称，由来已久，真是渊远而流长。附表如下：

Prū Pyū Prome	盘越国	魏　鱼豢《魏略》[2]
	无论国	吴　万震《南州异物志》，晋·葛洪《神丹经》、《通典》。
	剽国	晋　郭义恭《广志》
	剽国	魏宏（完）《南中八郡志》
	僄越	常璩《华阳国志·南中志》
	磐起	宋　范晔《后汉书》
	槃越	唐　姚思廉《梁书》
	骠国	唐　樊绰《蛮书》，贾耽《边州入四夷道里》

二、Kauṭilya 书中之 Cīna 及其年代

印度文献，许多地方提及脂那（Cīna）。《法苑珠林》一一九《翻译部》云：“梵称此方，或曰脂那，或曰震旦，或曰真丹。”最早言及 Cīna 的书，要算 Kauṭilya 的《国事论》（Arthaśāstra），其中有云：

> Kauséyam（蚕丝）[3] Cīna（脂那）Paṭṭās（丝）ca（及）
> cīnaṁ bhuṁi（脂那地）jah（出产）。（chapter XI，81）

同章七九又言及 Cīna si 的 skin（织皮），色为红黑或黑而带白，和 Sāmūra、Sāmūlī 的皮，都从 Bāhlava 一地所取得。Bāhlava 为喜马拉雅山边境的国名。

---

① 参拙作《〈太清金液神丹经〉（卷下）与南海地理》。日本山本达郎说，亦主张无论国＝Prome。见太田常藏《撣、無論、陀洹は就いて》（《和田古稀东洋史论丛》，223 页）。

② 鱼豢，魏郎中。《史通·正史》篇云：魏时京兆鱼豢私撰《魏略》，事止明帝。

③ 玄奘《大唐西域记》：“憍奢耶者，野蚕丝也。”憍奢耶即 Kauśeya 的译音，可参 Pāniaī 书 IV. 3. 42。见 V. S. Agrawaia：*Indis as known to Pāninī*，p. 137。

由上可知在 Kauṭilya 书中言及脂那的物产，有丝及织皮二种。[①]

大诗圣 Kālidāsa 亦用 Cīnaṃśuka（脂那丝衣）一词设喻，作为词藻。[②] 在 Manusmṛti 法典 X，44 中，以脂那人（Cīnas）与希腊人（Yavanā）、塞种人（Sakās）及印度境内之异种民族，若 Odra、Draviḍās、Kāmbōjā Kirātā 等并列，其律曰："以其忽于神圣祭祀，不得与于婆罗门之列，此辈常服兵役，已渐由刹帝利（Kṣatriya）而沦为贱民（Vṛṣala）。"[③]

两大史诗皆言及脂那，在《大战书》（Mahabharata）中，所见尤为频数[④]，脂那（Cīna）人每与 Kirātās 书同时出见，被目为蛮族，其人盖为 Prāgjyotisa（在今阿萨姆）王 Bhagadatta 之军队。在 Sabbāparvan26.9 载是王为 Kirātās 及 Cīnas 人与无数居于海滨之兵士所围绕。同书谓 Cīna 人及群夷住于林中，与 Himalayam（喜马拉雅）人 Haimavatas 人 Nipas（尼泊尔）人最为亲近。在Bhiṣmaparvan书 V，亦谓 Bhagadatta 王之军士有黄种之 Kirātās 及 Cīnas 人。在 Vanaparvan 书中，据谓 Panḍava 兄弟越过 Cīna 国，以其牛车经艰阻之喜马拉雅山（Himalaya—— 雪山）地，Badri 之北而抵 Kiratā 王 Subāhu 之区域。Kirātas 者，为印度蒙古人种居于藏缅交界喜马拉雅山与印度东部地带之狩猎民族。Kirāta 一字乃源 Kirānti 或 Kirati，实为东尼泊尔种人之名称[⑤]，他们有自己的文字，在汉译的《方广大庄严经》称为臋罗多书（梵言 Kirattā-lipi）。

Virapurusadatta 之 Nāgārjuṇikoṇḍā 碑文亦称 Cīna 位于 Himalayas，在 Kirata 之侧。据巴利文史料 Mahāvaṁsa XII，6，Haimavatas（即 Himalaya）

---

① Arthaśāstra，据 R. Shamasastry 的译注本，此数句英译云："The fabrics known as kauśaya, silk-cloth and chīnapaṭṭa, fabrics, of China manufacture."1961，Mysore，p. 83。同章七九译文见上书，83 页。

② 此诗见 Abhijnānasākuntalam 31，据 M. R. Kale 校本，原句英译云："Forward moves my body backward runs the restless heart, like the China-silk cloth of banner borne against the wind."（Bombay, 1961，p. 55）兹试译为汉诗如下："进移我体兮，退驰我不止之心。如脂那丝衣之旖施兮，迎风而飘举。"（《说文》段《注》：旖施，旗貌。《上林赋》作旎施，张揖曰：犹阿那也。）

③ Vṛṣala 义为 mean fellow，后来称为 Sūdra，印度之第四阶级，此据 Nārānan 校订本，*The Manusmṛti*，p. 434，1946，Bombay。

④《大战书》可参 Pratan Chandra Roy 之英译本，Calcutta。书中言及 Cīna 人者，略举如次 Vol. I p. 403，V. II p. 64，p. 115，p. 118，V. III p. 378，V. IV p. 32，p. 165，p. 182，V. V p. 24，V. VIII p. 146，V. X p. 499 重要资料，可看 *Pūrvavideha* 文 pp. 101—104。

⑤ 见 S. K. Chatterji，Kirāta-jana-kṛti，*Journal of Roval Asiatic Society of Bengale*（Letters），vol. XVI，1953，p. 169。

地相当于西藏或尼泊尔，故其人与 Cīna 人甚接近，印度史诗中所言之 Cīna，其地正在藏缅交界之印度东部，由此可至华界。

Ramayana 史颂在胪列各国族名中，Cīna 之外，又有 apara-cīna 一名，可说是“外脂那”，似乎已认识中国版图之广，故分为内外脂那。[①]

印度极东部 Assam[②] 地方，在史诗及《古事纪》（Purāṇās），其原始住民即是 Niṣādas，Kirātas；Cīnas 通常被称为 Mlecchas 和 Asūras。他们操着一种蒙语系的印度支那语。在古 Assam 的军队里有 Cīna 人，史诗记载至为详悉。Assam 与不丹国毗邻，史诗时代称为 Prāgjyotisa，在诗人 Kālidāsa 作品中称为 Kāmarūapa（即《蛮书》中之个没卢国）。

Assam 地区，唐时有大秦婆罗门国。《蛮书》十云：

> 大秦婆罗门国界永昌北，与弥诺国江西正东。
>
> 乃西渡弥诺江水千里。至大秦婆罗门国。又西渡大岭，至天竺北界个没卢国。[③]

《御览》七八九引《南夷志》云：

> 小“婆罗门国”在永昌北七十四日程（按《南夷志》即《蛮书》别名）。

此婆罗门国[④]与云南永昌接壤，又近 Kāmarūpa（今 Gauhati 地），地正在 Assam 间。这一地区，印度史诗所载，即 Cīna 人居住之所，秦即 Cīna，唐人习惯称呼中国帝京曰摩诃脂那[⑤]，在秦之前冠以大字，摩诃脂那义即大秦。《蛮书》称此地名大秦婆罗门，以梵语书之，犹言 Mahā CīnaBrahman，以史诗时代原属 Cīna 人所居故也。

---

① 此据 Hippolyte Fanche 之法文译本 Rāmayāna p. 285。

② Sahitya Akadenri，*History of Assamese Literature*（pp. 1—2）谓 Assam 之名起于 13 世纪，Assam 古文作 Acham ＝ a＋cham，cham 字义为 to be vanquished（征服），故 Acham 的意思是 Peerless 或 unequalled，犹言无敌，无比。参 B. K. Barua：*Early Geography of Assam*，*Nowgong*，1951。

③ 向达《蛮书校注》疑大秦婆罗门国的“秦”字为衍文。

④ 参 A. Christre《大秦婆罗门国》（*B. S. O. A. S.* vol. 20，1957，p. 160）。

⑤ 赞宁《宋高僧传》，广州制止寺极量传自注云：“印度俗呼广府为支那，名帝京为摩诃支那也。”

梵文地理文献有Ṣatpañcāśddeśavibhāga 残卷，凡记五十六国，在印度边境有 Cīna 及 Mahā Cīna 两地名，据 D. C. Sircar 氏研究，Cīna-deśa 位于喜马拉雅北部 Mānasesaeśa 之南东，Maha Cīna 则从 Kailāsa-giri（山名，在喜马拉雅山脉）Sarayu 河（今 Ghogra）远至 Moṇga（蒙古），则指中国本部。[①] 又引 AbulFazl 的 *Ain-i-Akbori* 说，缅甸都城的 Pegu〔白古〕亦称曰 Cheen，以证 Cīna 可能包括缅甸之地。按《蛮书》记西渡弥诺江，便到大秦婆罗门国，弥诺江（R. Miro）即缅甸的 Chind win。Chind win 的意思是 Hole of the Chins。Chins 为缅甸民族的一支，系缅人专指居于缅甸与 Assam 间一带区域的人民。据 G. H. Luce 调查 Chin Hill 山地的语言，谓 Chins 与 Chind win 之名，始见于 13 世纪的蒲甘碑铭，又云 Chin 是缅甸字，义为 fellow，companion，friend。今按 Chin 的音义，与汉语“亲”字完全相同，又 Chin 语中借字如 Skin 音 pé，当即汉语之“皮”，足见 Chin 地语言，自昔即与汉语有密切关系。[②]

Chin 人自称为 Lai。[③] 这一地区与永昌郡为邻，汉时可能属于哀牢国范围。“哀牢部落甚繁，在在有之，皆号曰‘牢’。”[④] 故疑 Lai 为牢的音变。而 Cheen、Chin 也许是“秦”，虽 Chin 一名在碑铭上出现较晚，但必有其远源。又据郭义恭《广志》称剽国有白桐木，《后汉书·哀牢传》亦言永昌出桐木，永昌与缅甸接壤，所以印度文献中的 Cīna，似可兼指汉时的永昌郡而言。

Cīna 一字所代表的意义，向来被认为是“秦”的对音。B. Laufer 辈却持异议，伯希和和他们辩驳，指出 Martini 的旧说，以 Cīna 指“秦”最为可据，又引用佛典后汉录《报恩经》译支那为秦地，及《汉书》颜师古注，秦时有人亡入匈奴者，今其子孙尚号秦人等例，以为佐证。[⑤] 1963 年，我在印度 Poona 的 Bhandarkar 研究所，见印人 Manomohan Ghosh 君发表《支那名称稽古》一文，重新讨论这一问题，认为 Cīna 自当指“秦”无疑。惟始皇帝统

---

① D. C. Sircar：*Srnbies in the Geography of Ancient and Medieval India*，1960.

② G. H. Luce：“Chin Hills-Linguistic Tour”（*Journal of The Burma Research Society*，vol. XLII，1959）.

③ 姚枬 G. E. Harvey《缅甸史道言》注四。

④ 松本信广《哀牢夷の所屬は就いて》引阮荐《舆地志》。

⑤ Laufer 文见《通报》，1912 年，719—726 页。Pelliot 说见《交广印度两道考》中《支那名称之起源》，列出其他异说，如 Von Richtfon，以 Cina 为日南，Lacouperie 以 Cina 对滇，而读滇为真，均不可从。Pelliot 又有一文，冯承钧译出，收入《西域南海史地考证译丛》，41—55 页。B. Laufer 后于 *Sino-Iranica* p. 588 The Name China 章，对波斯古文字所见 China 一名，及中国古代与希腊关系之事，有详细讨论。惟主张秦字汉音 initial 当为 dž，始与伊兰语无声腭音（palatal）之č可以对音。

一只三十三年，而秦立国甚早，故梵文 Cīna 一字不会迟过公元前 625 年[①]，惜彼于中国史事，仅据马伯乐的《古代中国》一书，所知至为贫乏。

佛典 Mahāavastu 中列举世界各种文字，第十五为 Cīna，第十六为 Hūna（匈奴）。4 世纪初西晋法护译的《普曜经》（*Lalitavistara*），其中《太子答师问》有六十四种异书[②]，其第二十为秦书，第二十一为匈奴书（《大正》三，498 页）。秦书梵文即是 Cīna-lipi。7 世纪唐地婆诃罗译是经称为《方广大庄严经》，共六十五种书，其第十九为支那书，二十为护那书；支那为秦，护那则为匈奴，这是唐时人的音译。但西晋时却称之曰秦，可见 Cīna 正是秦的对音，Professor V. G. Paranjpc 在他的 Kālīdasa《诗剧选本》道言中，论及 Kālīdasa 诗中出见 Cīna 一名，乃谓 "The name is probably to be derived from the word Ta Tsin（大秦）"。但我们看西晋法护所译六十四种书中，其第七为大秦书，和第二十的秦书，截然分开（唐译则第七为叶半尼书，即 Yāvanī，乃指希腊文）。可见《普曜经》的作者，对于秦（＝Cīna）与大秦，分别十分清楚。Prof. Paranjpc 之说非是。《普曜经》三国时已有蜀译本，其书东汉末已流入中国了。

《大战史诗》及《Manu 法典》的著作年代相当晚出，故 Cīna 一名之出现，自以 Kautalya 之书为最早。Kautalya 的时代，向来不能十分确定，据 Damodar Dharmanand Kosambi 说："Cīna（Chin）was the name of a kingdom centuries earlier, which controlled the land trade-route to India, and traded in silk"[③]。但彼不知此 Chin 究为何国。近年 Romila Thapar 专研究阿育王及印度孔雀王朝的历史，在他所著 The Date of the Arthaśastra 云[④]：

> that the Arthaśastra was originally written by Kautalya, the Minister of Candragupta.
>
> The original text was written at the end of the fourth century B. C.

① M. Chosh："Origin and Antiquity of the Sanskrit Word Cīna as the Name of China."（*Annual of the Bhandarkar Oriental Research Institute*, vol. XLII, 1961, Poona）可参陈登原《国史旧闻》v. 10 "秦与支那"。

② 关于六十四种书异名，可参山田龙城《梵語佛典の諸文獻》，10—11 页。

③ Kosambi: *An Introduction to the Study of Indian History*, p. 202.

④ R. Thapar: *Asoka and the Decline of the Mauryas*, 1961，附录一。

他又说：

The cīna of the term cīnapaṭṭ a is generally believed to refer to the Ch'in Empire（秦），which came into existence later than the Mauryan empire.

按司马错灭蜀，在秦惠王时（公元前316）。是时蜀已归秦，故蜀产之布，自可被目为秦布，故得以Cīna-paṭṭa称之。至张骞使西域时，秦王朝已为汉所代替，故秦布一名，不复存在。《国事论》撰成于公元前4世纪，是时周室已东迁，秦襄公尽取周岐之地，至秦穆公称霸西戎，在西北边裔民族的心目中只有秦，故以秦为中国的代称。以此推知中印之交往，早在《国事论》成书之前。

Cīna一名，唐以后东南亚印度化的国家，亦习惯用来称呼中国。见于碑刻者，像10世纪Khmer碑言及"Cīna之境，与柬埔寨相接"[①]，此处之Cīna，乃指南诏。又锡兰10至11世纪在Anurādhapura之Abhayagiri庙中发见碑铭[②]有云"Jīna-rajas（脂那大王）及Prādatsa jina-dūtasya navam"（以船献与脂那使者）等语，是时之脂那，应指宋主。苏门答腊有地名Kota Cīna，去棉兰不远，说者谓即义净书中之Bokkasin（Mohosin），其地出宋元瓷片甚多。华人曾居于此，故有Cina-Kota之号，犹今之称China Town。

三、氐罽、蜀细布与哀牢桐花布

《国事论》所记又有Cīna所出之皮。《大战书》中言及赠以鹿皮千，购自Cīna（vol. IV，p. 183）。

按古梁州产织皮，见于《禹贡》，说者谓即罽之属。四川的氐罽，亦很有名，屡见于记载。《说文》："纰，氐人罽也。"《纂文》："纰，氐罽也。"《周书·王会》伊尹四方献令："正西……以丹青白旄纰罽为献。"梁州的织皮，氐罽之纰，自在其列。《后汉书·西南夷传》，记汶山郡冉駹夷云："其人能作

① 原见G. Coedés：*L'inscription de Baksei Chamkron*（*J. A.* 1909），兹据Jean Rispand：*Contribution ā Ia Geographie Historique de Ia Haute Birmanie* 文中引用。（*Essays Offered to G. H. Luce*，vol. I.）

② 见S. Paranavitana：*Ceylon and Snī Vijaya*（*Essays Offered to G. H. Luce*，vol. I，p. 205）.

旄毡、斑罽、青顿、毞毲、羊羧（《华阳国志》作羖）之属。”毞字即纰，羌人及藏族使用的毡皮之属，即是此类。在《说文》书中，纰、𦅾与絣三字列为一组，都是氐人的出产。

《说文》：“絣，氐人殊缕布也。”

《华阳国志》：“武都郡有氐傁殊缕布者，盖殊其色而相间织之。”

《魏略·西戎传》：“氐人……其衣服尚青绛，俗能织布。”（《三国志·魏志》注引）

这种用不同颜色相间织成的丝布，其名曰絣。所谓缕者，缫丝将四五根丝绾在一起，合为一缕曰糸，二糸再合成一缕曰丝（《说文系传》系字）。氐人殊缕布之絣，有他们的特殊织造方法，且加以炼染，配上颜色，故很出名。氐居武都郡，在蜀的北部，氐人的絣当然亦是蜀布的一种。

张骞在大夏所见的蜀布，据颜师古注，引服虔云：“布，细布也。”蜀地的细布，汉人所记，又有䌘、繐、緆等名目。

《说文》：“䌘，蜀细布也。从糸彗声。”《一切经音义》八引《说文》：“䌘，蜀白细布也。”多一白字。

《御览》八二〇引《说文》：“繐，蜀布也。”

《说文》：“緆，细布也。”字又作𪎭，从麻。《淮南子·齐俗训》：“弱緆罗纨。”高诱注：“弱緆，细布。”

緆是细布的通名，而䌘则是蜀细布的专名。张骞所见的蜀布，如是细布，当即是䌘。汉时人又称蜀布为黄润。

司马相如《凡将》篇：“黄润纤美宜制禅。”

扬雄《蜀都赋》：“尔乃其人，自造奇锦，紌繏緷缜，缕缘庐中。发文扬采，转代无穷。其布则细都弱折，绵茧成衽。……筒中黄润，一端数重。”（《古文苑》章樵注：蜀锦名件不一，此其尤奇者。）

左思《蜀都赋》：“黄润比筒。”《文选》刘逵注：“黄润谓筒中细布也。”

常璩《华阳国志·巴志》：“黄润细粉，皆纳贡之物。”

又《蜀志》：“蜀郡安汉，上下朱色，出好麻黄润细布。有姜筒盛。”

所谓细布，是指十升以上的细薄布。凡八十缕叫做一升，升亦曰緵或稯。汉代最细密的布可达三十升，即 30×80＝2 400 缕。这种细布，可用以制弁冕。长沙出土的楚国麻布，经专家鉴定为平纹组织，每平方厘米经线二十八缕，纬线二十四缕，细度超过十五升。汉蜀地的细布，究有若干升，尚待研究。据扬雄赋，西汉蜀地纺织业的发达，蜀锦名件的繁多，尤为特色。[①]

汉代哀牢地方亦出细布。《后汉书·哀牢传》云：

> 土地沃美，宜五谷蚕桑，知染采文绣。罽毲、帛叠、兰干细布，织成文章，如绫锦。有梧桐木华，绩以为布，幅广五尺，洁白不受污。

《御览》卷七八六哀牢下引乐资《九州记》（高似孙《史略》：资，晋著作郎，有《春秋后传》）：

> 哀牢人皆儋耳穿鼻，其渠帅自谓王者，耳皆下肩三寸。……土地沃美，宜五谷蚕桑，知染彩文绣。有兰干细布。（原注：僚言纻也。）织文章如绫锦。有梧桐木华，绩以为布，幅广五尺。洁白不受垢污，先以覆亡人然后服之。……地出……水精、琉璃、轲虫、蚌珠……

文与范蔚宗书相同。《御览》卷八二〇布下引华峤《后汉书》云：

> 哀牢夷知染彩细布，织成文苇，如绞绢。有梧木华，绩以为布。……

与《九州记》相同。[②] 桐华布亦作橦华布。《文选》左思《蜀都赋》云：

> 布有橦华，面有桄榔。邛杖传节于大夏之邑，蒟酱流味于番禺之乡。

刘逵注云："橦华者树名橦，其花柔毳，可绩为布，出永昌郡。"郭义恭《广志》、常璩《华阳国志》称述尤多，见于《御览》征引者。

---

① 楚麻布见《长沙发掘报告》。蜀布遗物唐代文书像吐鲁番所出，有记着来自四川的丝织品，如"益州半臂"、"梓州小练"等名目，见日本《正仓院宝物》，染织下图版三三、三四。

② 参藤田丰八《古代华人关于棉花布之知识》（何健民译《中国南海古代交通丛考》，450 页）。清俞正燮《癸巳类稿》卷十四《木棉考》，已极详尽。一般认为波斯湾植棉历史最早，东传入亚洲。或谓梧桐即 Kutun 的音译。梧桐木、橦木意指棉株。

《广志》：“黑僰濮，在永昌西南山居。……妇人以幅巾为裙，或以贯头。……其境出白蹄牛、犀、象、武魄、金、钢（一作桐）华布。”（《御览》卷七九一引）

又：“木棉濮，土有木棉树，多叶。又房甚繁，房中绳如蚕所作，其大如捲。”（《御览》卷七九一引）

又：“梧桐有白者，剽国有白桐木。其叶有白毳，取其毳，淹渍缉绩织以为布。”（《御览》卷九五六桐下引）

又：“木绵树，赤华，为房甚繁。……出交州永昌。”（《御览》卷九六〇引）

《华阳国志》：“益州有梧桐木，其华彩如丝，人绩以为布，名曰华布。”（《御览》卷九五六桐下引）

又：“永昌郡博南县，出橦花布。”

刘逵之说同于郭义恭，谓橦（桐）华出于永昌郡，而《广志》所记则永昌附近诸濮及剽国皆产之，即哀牢的地区。哀牢人能养蚕，而且晓得炼染，其出名兰干细布，乃指古代僚族语的纻，乐资、常璩都有此说。以苧麻（Boehmeria nivea）织成的东西名曰纻，纤维长而细，韧性甚强，极适宜用作衣着原料。哀牢的桐布，特出的地方是“幅广五尺”。《说文》：“幅，布帛广也。”敦煌出土汉代任城亢父所制的残缣，上面写着“幅广二尺二寸，长四丈”。《汉书·食货志》上：“布帛广二尺二寸为幅，长四丈为匹。”郑玄注《礼记》说：“令官布幅广二尺二寸。”这是汉代布帛的通例。[①] 而哀牢的桐布，幅广五尺，阔度倍之，其织造技术，良有足称。我们看云南晋宁山出土铜钺和铜戈的纹饰一类复杂的图案，很像织锦一般（见图一）。汉初以来，滇地的织造工艺已有相当的造诣。

哀牢的织造物，有罽氎、帛叠、兰干细布等，桐华布只是其中的一种。晋乐资谓其俗桐华布先以覆亡人。藤田丰八曾取东晋之《佛说泥洹经》及《河水注》引支僧载《外国事》，佛涅槃后，以新白緤（《泥洹经》作新劫波＝吉贝）裹佛缠身一事以说之。[②] 谓为佛在世时的印度风俗。若然，则哀牢在汉

① 孙毓棠《战国秦汉时代纺织技术的进步》（《历史研究》1963，3）。

② 参松本信广《木綿の古名について》（《东亚民族文化论考》，659 页）。《史记·货殖传》有榻布一名，注引《汉书音义》云：“白叠也。”此为最早之记载。高昌称细棉曰白叠子（《梁书》五十四）。清曹籀有《释罽》一文，载《石屋文字》籀书续一。近年新疆阿斯塔那唐墓出土文书有“叠布袋”的记录。参沙比提《从考古资料看新疆古代的棉花种植和纺织》（《文物》1973，10）。

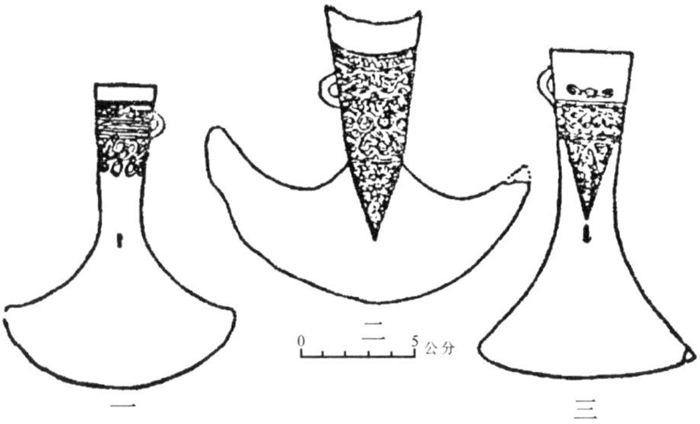

图一　云南晋宁石寨山出土铜钺和铜戈

时已受到印度文化的濡染了。又帛叠一名，应是 Patta 的音译。根据方国瑜的看法，蜀布即《后汉书·哀牢传》之帛叠，问题在何以会称之为蜀布，他说：这是由于汉初蜀贾们从哀牢区购出，然后贩运往各地，人只知为蜀贾所卖，故称之为蜀布。[①] 其实四川自昔即以产布出名，西汉时书《盐铁论·本议》云“非独齐陶之缣，蜀汉之布也”。自秦惠王并巴中，巴氏纳赋，岁户出幏市八丈二尺。汉兴，仍依秦时故事（《后汉书·南蛮传》）。《说文》：“幏，南蛮夷布也。”《隶释》冯绲碑：“南征五溪蛮夷……收逋賨布卅万匹。”这是征收夷布的一项重要记录。巴地的幏布、賨布、氐人之紕，蜀细布之缯，都是汉代四川的出产，安知当日不会流到国外？所谓蜀布乃是极广泛的名词，后来绵州巴歌亦有“织得绢，二丈五”之句。不必一定是哀牢的白叠。四川麻织业在汉代已极驰名，云南的纺织技术向来是要向蜀人学习的，《蛮书》七：“自太和三年寇西川，掳掠巧儿及女工非少，如今悉解织绫罗也。”这是南韶吸收蜀工经验的一例。滇地许多东西来自四川，近年云南发掘汉代铁器，上面镌有蜀郡、蜀郡成都等标记，正是从四川输入的物品。所以汉代的蜀布，自然亦可指蜀郡的细布。

哀牢出产又有铜、铁、锡、铅、金银、光珠、琥珀、水精、琉璃等物。Schayler Van R. Cammanu 氏论及合金白铜之出自永昌一事，认为乃汉代中、印交通的物证。惟氏以为蜀布邛杖乃是贱物，何劳远贩，疑张骞所言不是事

① 尤中《汉晋时期的西南夷》文中引方氏说（《历史研究》1957，12，25 页）。又方国瑜《云南与印度缅甸之古代交通》（《西南边疆》，12）。

实。[1] 然观 Cīnapaṭṭa 在印度之被珍视，而“秦布”且成为一美名，则蜀布及永昌细布之远至印度，自不成问题。无论蜀布之意义，是指蜀地之细布，抑为永昌之细布，但必经过蜀贩之手。《魏略》言：“盘越国，蜀人贾似至焉。”《史记・大宛传》云：“蜀贾奸出。”《梁书》中天竺国：“汉世张骞使大夏，见邛竹杖、蜀布，国人云：市之身毒。”（《诸夷传》）是蜀之商贾，足迹远至缅甸，遂及中亚；印度东部为必经之地，事至明显。

常璩《南中志》记汉武时通博南山，渡兰仓水、澅溪，取哀牢夷地，置嶲唐、不韦二县。行人作歌云：“汉德广，开不宾。渡博南，越兰津。渡兰仓，为他人。”班固《东都赋》云：“遂绥哀牢，开永昌。”李善注引《东观汉记》云：“以益州徼外哀牢率众慕化，地旷远置永昌郡也。”《后汉书・哀牢传》：“显宗以其地置哀牢、博南二县，割益州西部都尉所领六县，合为永昌郡。”又同书《郡国志》永昌郡嶲唐县下引《古今注》云：“永平十年置益州西部都尉，治嶲唐。”《郡国志》永昌郡八城为不韦、嶲唐、比苏、楪榆、邪龙、云南、哀牢、博南。有户二十三万一千八百九十七，口一百八十九万七千三百四十四。八城人口近二百万。《华阳国志》称永昌郡内有僄越之民。产于永昌之桐木，《广志》谓出于剽国，常璩且目身毒即永昌。盖云南与缅甸及阿萨姆一带，地相毗接，民复杂居，汉晋以来，载事之书，遂亦混淆，可以互指。汉时永昌太守几乎都是巴蜀人士。（《华阳国志》所记太守，蜀郡郑纯，其后有蜀郡张化、常员，巴郡沈稚、黎彪。蜀章武时太守为蜀郡王伉。）第一部西南夷史籍《哀牢传》，作者杨终，是蜀郡成都人。（终字子山，永元十二年拜郎中。《论衡・佚文》篇：“杨子山为郡上计吏，见三府为《哀牢传》不能成，归郡作上。孝明奇之，征在兰台。”尝删《太史公书》。）作《华阳国志》的常璩，亦是蜀郡人。汉代云南的统治阶层多为蜀人，故蜀人对于云南的智识，特为丰富，域外地理，可能出于蜀贾报道。蜀郡汉时治成都，成都人口和首都长安相等。据《食货志》，成都在西汉末年，为全国五大商业都市之一，王莽以为西市，贸易之盛，当然与域外有密切的交通关系，可想而知。

四、杂论中、印、缅古代交通

以物产论，中、印古代交通，尚有可得而言者。印度一向被误认为米的

[1] S. Van R. Cammanu: *Archaeological Evidence for Chinese Contacts with India during the Han Dynasty*, Sinologica (Switzerland), vol. 5, no. 1, 1956.

原产地，然后传入中国，许多植物史家，多如是说。可是一般认为梵语稻字vrīhi最初出现于《阿闼婆吠陀》（Athavaveda），时代甚晚。据近年考古发掘智识，华北在仰韶期已种稻。印度最早种稻的考古学资料，只相当于中国史前晚期的吴兴钱山漾与杭州水田畈[①]，故中国稻米的种植，实早于印度。近岁云南剑川海门口战国初期遗址，据说有四处发现谷物带芒的稻、麦、稗穗及小粟壳，可见洱海附近的居民，很早就从事种植了。又梵文小米一名是Cīnaka或Cīnna，孟加拉语小米的异名是Bhutta，反映着传自不丹国。印度小米的命名，或谓即表示由脂那传入。梵语桃称“至那你”＝Cīnani（义为脂那持来）。梨称“至那罗阇弗呾逻”，Cīna-rājaputa（义为脂那王子）。虽然近年的研究，知道桃和梨原为印度的土产，但玄奘《西域记》中卷四至那仆底国（玄奘自注此名唐言汉封）所载，唐时有此二物译名，系由汉土移植之传说。所谓“至那”即是Cīna（参看足立喜六《大唐西域記の研究》，300页）。

A. H. Dani氏在*Prehistory and Protohistory of Eastern India*书中，指出有肩石锛及尖柄磨制石斧，在印度东部分布的情况，前者似由华南沿海以达阿萨姆、孟加拉，后者乃由四川云南经缅甸以至阿萨姆等地。这说明在史前时代，中国与东部印度地区已有密切的交往。

以海道论，巴利文《那先比丘经》（Milindapañha）记弥邻陀王（希腊名Menandros，公元前125—前95）和龙军（Nāgasana）和尚问答，龙军曾举一个例说到运货船远至支那等地[②]，这是公元前1世纪的事情。1963年我到过南印度Mysore，得悉该地曾出土中国古钱，地点在Cand ravallii地方，据印人考古报告，最古汉钱为公元前138年即西汉时代，这可与《汉书·地理志》

① N. I. Vavilor：*Phytogeographic Basis of Plant Breeding in Bot*，Chron. vol. 15，p. 29：“Even though tropical India may stand second to China in the number of species，its rice，which was introduced to China.”但近年所得考古资料，已否定此说，详何炳棣《黄土与中国农业的起源》，147页。按印度《梨俱吠陀》中anna指熟米（cooked rice），见R. L. Turner之*Indo-Aryan Languages*，p. 395。则“米”非始见于《阿闼婆吠陀》，仍须详考。

② 此巴利文资料据季羡林书167页。参P. Demiéville：*Les Versions Chinoises du Milindapañha*，Befeo，XXIV，Hanoi，1924。

王莽于元始间与黄支国海上交通之记录，互相印证。[①]

东汉时掸国王雍由调受安帝封，为汉大都尉，赐印绶金银彩缯（见《后汉书·西南夷传》）。按云南晋宁石寨山发见滇王印章，则掸国之有印，谅无疑问。掸族至1229年，建阿洪（Ahom）王国于东印度之阿萨姆（Assam），势力及于顿逊（Tenasserin）。1294年袭Arakan北部，广及全缅，代蒲甘国为王，统治阿瓦（Ava）凡二百年。但当东汉时，已受汉封。

至于缅甸与Assam之关系，后来史事，值得叙述者，如上述之阿洪掸邦国境，沿雅鲁藏布江而伸展，缅王孟陨（Bodawpaya）于1816年间，缅军两度进入阿萨姆境，故八莫附近，有五百Assam侨民。而Assam境内之Lakhimpur及Sihsagar两县，至今尚有缅甸村落。[②]

《后汉书·哀牢夷传》记永元六年（公元94）永昌郡徼外敦忍乙王莫（官本作慕）延慕义遣使译献犀牛大象。夏光南《中缅印交通史》云："上缅甸太公城发现古碑铭，年代为公元46年，并有梵文，志太公为诃斯帝那补罗（Hastinapura即Delhi）移民所建。故方国瑜氏以为敦忍乙系太公城（Tagaung）附近旧蒲甘王国之王名"。[③] 按敦忍乙一名他处无征，莫由比对。据G. E. Harvey《缅甸史》第一章注七四谓1894年Führer考证，称其曾在太公发现一石版，上镌年月为公元416年，并有梵文碑铭。又谓此碑未曾公开发表，是不甚可信，且系公元416年，夏氏误为公元46年，应正。

缅文碑铭，最古者可上溯至1053年，为阿奴律陀（Anawratha）征克直通之后一年（见1913年《碑铭汇辑》）。字体为得楞文（Telingana）之一种。[④] G. H. Luce谓骠国碑铭有三：存于蒲甘者，一为自Halingyi移至Shwebo县之残片，为7世纪蒲甘国以前物。一为Myazedi宝塔石柱碑铭，建于公元1113年（当北宋政和三年。1115年蒲甘曾入贡南韶，见《南诏野史》），

---

① 参 *Mysore Archaeological Report*，1910，p. 44。又"A Chinese coin from Sirpur"见J. Numismatic：*Society of India*，1956，vol. XVIII，p. 66。Nilakanta Sastri在他的*A History of South India*："Intercourse between China and South India by sea as early as the second Century B. C. is attested to by the record of Chinese embassy to Kānchi（黄支）and the discovery of a Chinese coin of about the same date from Chandravalli in Mysore."（1958，p. 27）可参藤田丰八《前汉时代西南海上交通记录》。

② 见Harvey《缅甸史》第七章注二一八引E. A. Gait之*A History of Assam*。

③ 夏光南书，23页。

④ 见Harvey《缅甸史》，姚译本，14、36页。

为开辛他（Kyanzitha）王晚岁所立。[1] 一在蒲甘博物院内，碑具两面，一为骠文，一为汉文，年代约为 1287 年至 1298 年之间。时元蒙古相答吾儿（Asän-tämür）已占领蒲甘矣。[2] Luce 氏近著 *Old Burma-Early Pagán* 三巨册，现已问世，关于蒲甘兴起历史，论述至为详尽。谓 7 世纪 Srī Keṣetra，Pyu Script，乃取自西印度之北 Canarese 文（见 96 页）。其所引汉籍，止溯至《岭外代答》及《诸蕃志》，间涉及《蛮书》，未能远稽《华阳国志》等资料。

宋赵汝适《诸蕃志》蒲甘国条，称其“国有诸葛武侯庙。皇朝景德元年来贡”。作者于 1963 年游蒲甘国（Pagan），未闻其地有武侯祠。在 Nyaug-u 地方，曾瞻仰 Kyanzitha 王（1084—1112）所建之 Nathtaung 庙，庙为砖砌成，壁间绘有蒙古贵族及武士，盖元兵于 1287 年曾据此城。又凭吊蒲甘末帝 Narathihapate（1254—1287）于 1284 年落成费时六载所建之 Mingalazcdi 塔。（帝于至元二十二年〔公元 1285 〕诣云南纳款乞降。）又在缅北孟德勒见华人所建之观音寺，有道光二十三年（公元 1843）匾额，题曰：“汉朝商贾熏沐敬献。”复有咸丰四年（公元 1854）甲寅“华藏庄严”匾，据庙祝云，有老尼自滇腾冲来此始建庙宇。此处有云南同乡会，华人为数不少。印滇缅交界地方，人民杂居，由来已久，我人可想象东汉时永昌郡内僄越、身毒群居之情形。或谓常璩所言之身毒，即指阿拉干民族（Arakanese），尚乏明证。[3]

或疑蜀布传至大夏，道途辽远，恐无可能。然以近年考古所得资料而论，如长沙木椁墓出土刺绣二件，黏在外棺内壁东端及南壁板上，作连环状的龙凤图案（图二），与苏联西伯利亚乌拉尔河流域公元前 5 世纪的巴泽雷克五号墓所出刺绣，作风相同（图三）。[4] 云南石寨山发见之银带钩，镶嵌绿松石珠饰，为西汉遗物，纹饰作翼虎握树，与内蒙古之汉带钩相同。说者举出汉将军郭昌，曾驻朔方，后至昆明，作为佐证。[5] 凤凰连蜷的图案，在楚墓的漆奁，时常见到，长沙出土的绣缎，原产地可能出自楚国，但在春秋时代却已

---

① 摩耶齐提柱铭已译成汉文，见姚枏译《缅甸史》，47 页。

骠文碑详 A. H. Dani：*Indian Palaeolography*，pp. 241—250。

② Chen Yi-sein：*The Chinese Inscription at Pagan*（Bbhc vol. I，ii，1960，p. 153）.

③ 夏光南说，《中印缅交通史》，22 页。

④ 高至喜《长沙烈士公园三号木椁墓清理简报》，又鲁金科《论中国与阿尔泰部落的古代关系》（《考古学报》1957 年第二期）。

⑤ 参 E. C. Bunker：“The Tien Culture and Some Aspects of Its Relationship to the Dongson Culture”，图一七，*Early Chinese Art and It's Possible Influence in the Pacific Basin*。

输入阿尔泰族区域，在古代属于北狄的地带；而内蒙古式样的带钩，在西汉时，远道输入滇池。可以看出南北与域外交通的情形，以此例彼，蜀布的输入大夏，自然不成问题了。

图二 A　长沙：木椁墓外棺东向挡板上刺绣摹本

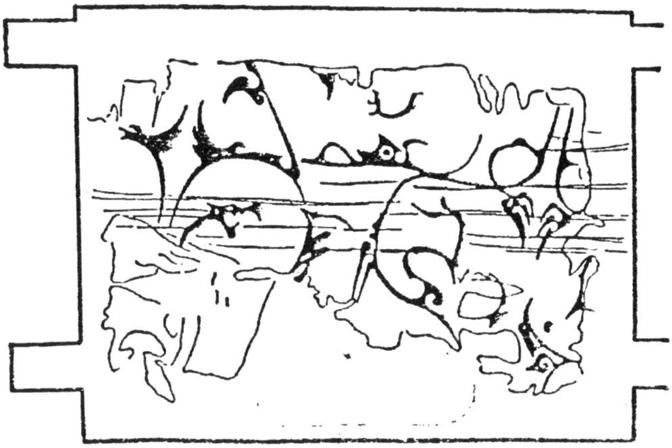

图二 B　长沙：外棺南向壁板上刺绣摹本

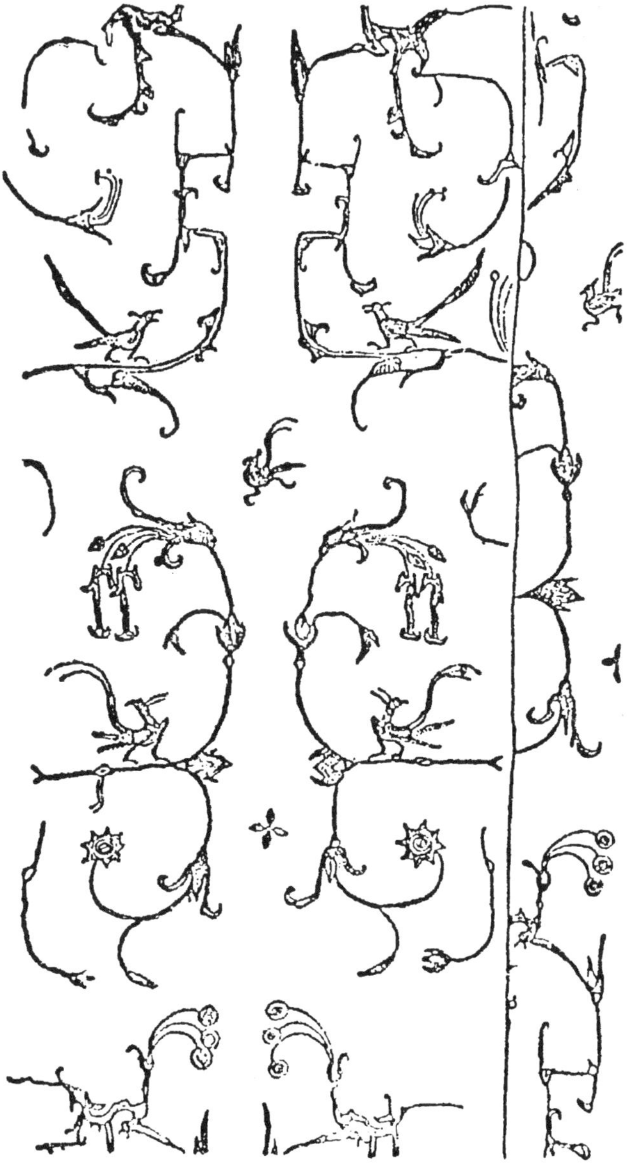

图三　西伯利亚巴泽雷克第五号墓出土的刺绣花纹结构

补记

沙畹于《魏略西戎传笺注》（通报，1905 年）“盘越国下与益部相近”句下云：“益部疑为益郡之讹。”（冯译本 97 页）按《续汉郡国志》，永昌郡为属益州刺史部十二郡国之一，原文作“益部”无误。

岑仲勉于《上古中印交通考》“盘越”条，主丁谦、张星烺说，而以盘越为 Pun（dra）vard（dhana）＝《西域记》之“奔那伐弹那”之略译（《西周社会制度问题》附录二，174 页），但从对音立说，又未征引《华阳国志》细加比勘，说不可从。兹仍依沙畹说，定此盘越国应在今之阿萨姆（Assam）与缅甸之间。

日本杉本直治郎著《魏略に見えんる盤越國》（《东方学》二九），又以盘越国为“越の盤の國”，谓盘即 Brahma 之音译＝梵＝婆罗门，犹言 Brahmadesá，盘之国，犹言梵土，即指身毒之地，以其地久已梵化。然割裂“越”字，于对音未甚吻合。

杉本氏又著《西南异方志与南中八郡志》一文（《东洋学报》四七，三，1964），盖已先我著论，彼对《南中八郡志》成书年代，据《御览》八一三引银窟条，有“刘禅亡破以来”之语，定其书为晋始初之作，盖本文廷式补《晋书・艺文志》之说，仍未稽及张氏《古方志考》。余则据刘逵年代，定其成书当在梁王肜、赵王伦以前。知《南中志》为晋初史书，彼此意见均合。故骠国之名，在晋初实已出现，可无疑问。按《唐会要》一〇〇骠国条云“魏晋间有著《西南异方志》及《南中八郡志》者云：‘永昌，古哀牢国也。传闻永昌西南三千里，有骠国。君臣父子长幼有序，然无见史传者。’今闻南诏异牟归附，心慕之，乃因南诏重译，遣子朝贡”云云（乐史《太平寰宇记》卷一七七骠国文同）。则王溥早已确定《南中八郡志》为魏晋间书，左思《三都赋》序所称：“其鸟兽草木，则验之方志。”此即太冲所引用方志之一种也。伯希和谓《御览》卷一七七引魏晋人《西南异方志》及《南中八郡志》，实则出于《唐会要》。杉村指出所谓“《太平御览》卷一七七”应是“《太平寰宇记》卷一七七”之误，其说是也。

近日王叔武辑著《云南古佚书钞》已刊行（1978，昆明），其第二种即为《南中八郡志》，考定《南中志》与《南中八郡志》确为一书。称作者魏完，不知完亦作宏，又不能证明其成书应在晋初。惟采辑颇备，足供参考。

蒲甘国史事零拾

——Gordon H. Luce's *Old Burma —Early Pagán* 书后

缅甸唐代为骠国（Pyu），建都于室利悉坦罗（Sri Ksetra），居 Irrawaddy 河流域。宋初，复建国于蒲甘（Pagán），其地与大理毗邻，有蒲甘国之号。宋时屡缘大理以入贡，《宋史》特为蒲甘立传（卷四八九），但仅记徽宗崇宁五年致贡一事，诏礼秩视大食、交阯，如是而已。

余于 1963 年，自锡兰漫游缅甸，尝踯躅于蒲甘之故墟，其地林木伐尽，为建庙之用。虽烈日丽天，酷热中人，而丛塔数十所，僧皆黄衣[①]，令人发怀古之幽思，徘徊而不忍去。既返，发箧寻绎旧籍，颇有弋获。

近世宇内治缅甸史者，以 Gordon H. Luce 教授最为巨擘。彼既译缅甸史籍《琉璃宫史》（*The Glass Palace Chronicle of the Kings of Burma*，London，1923）及樊绰《蛮书》为英文，且撰有巨著《古缅甸——早期蒲甘》（*Old Burma—Early Pagan*）三大册，于 1969 年由纽约大学为《亚洲美术研究》（Artibus Asiae）出版。上册分 History，Iconography，Architecture 三部分，共 422 页；中册为图版目录说明，及书目索引，与缅甸古历，共 337 页；下册为图版，共有 455 页。是书利用诸庙残铭，重建新史，发扬幽潜，足叹观止。惟其征证汉籍，除偶及《蛮书》而外，只援引周去非《岭外代答》、赵汝适《诸蕃志》而已。（如 8 页 First mention 引《诸蕃志》景德元年

① 见《岭外代答》。

（公元 1004）入贡，27 页 Ta-li Kingdom 引《蛮书》卷六神农河栅。52 页引《蛮书》说 Man̄ 为王。58 页 Embassy to Kai-Feng（1106）提出蒲甘入贡于宋之原因。95 页 Sung References to Pū-Kan 但转录《岭外代答》及《诸蕃志》两段关于蒲甘国之译文。）Luce 教授不谙汉语，余于古 Mon、Pyu 文字又非夙习，难尽沟通之效。惟汉籍资料，尚有点滴可为涓埃之助者，请略陈之。

近人治缅甸史事可称述者，有李根源、方国瑜二氏。李氏著《永昌府文征》，民国三十年六月印行于昆明。其记载部分卷一为三代至宋：辑录有关蒲甘之史科，有龚鼎臣《东原录》蒲甘进表、《南诏野史》中缅贡大理国二则、《岭外代答》之蒲甘国、赵汝适《诸蕃志》之蒲甘传、《宋史·蒲甘传》、《宋会要辑稿》蒲甘入贡、周致中《异域志》等条。方氏著《宋史蒲甘传补》，载《文史杂志》第二卷第十一、十二期（南洋专号）。正文外附注二十三条，民国三十二年重庆出版，资料大致袭取李书。（此文作于民国三十一年十月，在李书之后，又引龚鼎臣《东原录》，可以知之。）实际只增《玉海》一则而已。李、方二氏有一重要共同错误，即误引《东原录》。按《东原录》作者龚鼎臣[①]，景祐元年进士。没于元祐，生年不可能下及绍兴之世。余检《东原录》各本，若宝颜堂秘笈本、函海本、艺海珠尘本、十万卷楼丛书本、涵芬楼印本（有夏敬观跋），皆无此条。而绍兴丙辰大理蒲甘入贡一事，实见于《可书》十万卷楼本。《可书》与《东原录》同在第十九册，知李氏迻录时，误记其书名。方氏又未覆检，故沿其讹。《可书》者，据叶寘《爱日斋丛钞》[②] 引司马光与文彦博论僧换道流事，称为张知甫《可书》，其作者即张知甫。陆心源重刊《可书》序称，此从穴砚斋抄本传录，较《大典》多六十余条，犹是宋时原本。按《可书》蒲甘入贡条原文甚长，李氏、方氏只摘前段，又有抄失。于贡品悉略去。兹具录于下，全文云：

绍兴丙辰夏，大理国遣使杨贤明彦贲，赐色绣礼衣、金装剑，亲侍内官副使王兴诚。蒲甘国遣使俄托莱摩诃菩，进表两匣，及寄信藤织两个，并系大理国王封号。金银书《金刚经》三卷，金书《大威德经》三卷，金装犀皮头牟一副、犀皮甲一副，细白毡一十六番，金银装安边剑一张，内有小刀一张，素装剑五张，象牙五株，犀角二株，青白毡一百

① 《宋史》有传（卷三四七）。
② 此书作者，本余嘉锡《四库提要辨证》说。

二十番，麝香二百九十八脐，牛黄七十八毬，象一头，马五百匹及鞍。安南差武翼郎充特进使范镇，著作郎充特进副使周公明，送到章表一匣，金厮罗三面，银厮罗二十面，象牙五十株，犀角五十株，笺香五十斤。

李书所引夺去大理国遣使“杨贤明”以下十七字，漏去正使杨贤明名。按《可书》又有《守山阁丛书》本，惟无此条，盖为不全本。

绍兴丙辰即六年也。《玉海》卷百五十三，蕃夷奉朝贡者四十二国，列太祖以下各朝入贡蕃名，神宗朝有大理，徽宗朝有蒲甘，中兴以来有大理、蒲甘。又云：

绍兴六年九月癸巳，翰林学士朱震言：大理国本唐南诏，艺祖鉴唐之祸，弃越巂诸郡，以大渡河为界，欲寇不能，欲臣不得，最得御戎上策。今南市战马，通道远夷，其王和誉，遣清平官入献方物，陛下诏还其直，却驯象，赐敕书，即桂林遣之，亦艺祖之意也。

证之《宋会要》卷一九九蕃夷云：

（绍兴）六年七月二十七日，大理、蒲甘国表贡方物。是日，诏大理、蒲甘国所进方物，除更不收受外，余令广西经略司差人押赴行在。其回赐令本路转运提刑司，于应管钱内取拨付本司。依日来体例计价，优与回赐，内章表等，先次入递投进，令学士院降敕书回答。

盖当时诏还其直，却驯象而赐敕书，其经过如此。《会要》又记：

政和六年十二月二十三日，大理国遣使李紫琮、杨苛祥，坦绰李百祥，来贡方物。（蕃夷七之四四）

又《会要辑稿》第八册云：

政和七年，大理国进奉使天驷爽彦贲李子琮、副使坦绰李伯祥，见于紫宸殿。

是徽宗时，大理正副使均蒙召见。大理与宋交往颇密，时大理国为段氏时代，蒲甘屡入贡于大理，不啻为大理国之附庸。故绍兴六年，蒲甘与大理共入贡于宋；贡物“并系大理国王封号”，其故可知。大理正使曰杨贤明彦贲，按彦贲乃官衔。政和七年使彦贲李子琮，大理石刻墓幢均见此号。明政（段素顺）三年（宋开宝四年）之三十七部盟碑文下方小字，有“彦贲〔段〕宇览，杨连永，杨求（永）彦”①。元亨十一年，“大理圀措□揄郡彦贲赵兴明为亡母造尊胜幢”②，均著“彦贲”一官衔（元杜昌海幢亦叙其八世祖杜青为大理国彦贲），此“彦贲”官号之可考者也。

《宋史·艺文志》有檀林《甄治舍遗》一卷，又《大理国行程》一卷，宋《秘书省续四库书目》地理类著录檀林《大理国行程》一卷，下有《蒲甘国行程略》一卷，阙。宋神宗以崇文院为秘书省，徽宗更《崇文总目》之号为《秘书总目》，广求书籍。《玉海》云：“绍兴初改定《崇文总目》，有续编四库阙书。”《直斋书录解题》：“《秘书省四库书目》一卷，亦绍兴改定。其阙者注‘阙’字于逐书之下。”今观是目于《蒲甘国行程》下注云阙，则绍兴时已无此书，惟《大理国行程》则有之。崇宁间蒲甘尝入贡，则此《蒲甘国行程》当是徽宗时秘书省所收之书。

徽宗崇宁共五年，继之为大观四年，政和八年，此时蒲甘王朝先为Kyanzitha（1084—1113，即宋之元丰七年至政和三年），继为Cañsu第一（1113—1155或1160，政和三年至绍兴二十五年或三十年）；大理王朝则先为后理国第一皇帝段正淳（1096—1108，即绍圣三年至大观二年），继为第二代段和誉（又名正严）。崇宁五年（公元1106），蒲甘入贡者当为Kyanzitha王，而大理则尚为段正淳时代。Luce书中解说蒲甘于1106年入贡开封之原因云：

> What was the “Object” of the embassy? —Perhaps Nan-Chao, jealous of Aniruddha's success in Upper Burma, was planning a counter raid on the plains of Burma after his death—to sack the Burmese Capital as it had sacked the Pyu in 832 A. D.; and so Kyanzitha to win allies in its rear, sent this embassy (probably by sea) to Káifêng in 1106. The Sung however, under their Artist-emperor Hui Tsung, must have been too

① 拓本见李家瑞《大理国与三十七部会盟碑》，载《考古》1962年六期。

② 拓本见《考古》1963年第六期孙太初文。元亨为大理段智兴第四个年号，元亨十一年相当南宋庆元元年（公元1195）。

busy with their northern invaders to give any help in the south.

所谓832年之役，即《蛮书》卷十所记："蛮贼太和六年（832唐文宗时），劫掠骠国，虏其众三千余人，隶记柘东，令之自给。"Luce因见在Taungbyors之塔Hlédauk碑铭——碑去孟德勒（Mandalay）之北六里——称其时有Taruk（指Chinese）之兵入侵："... in the battle, the son of the Taruk General was killed."Hlédauk之年代为1111，Luce以为入贡开封在1106，故牵连为说。[①] 按1111为宋徽宗政和元年，于大理国为段正严嗣位之三年（即文治二年），时高泰明为相。据王崧《大理世家》，高氏第四代泰明（升泰子），于崇宁政和中，立段氏正淳，自为相，讨平三十七蛮部，使四子明清镇守。[②] 时政出高氏，征讨诸夷，侵及蒲甘，自有可能，而Luce氏谓求援于宋，则鞭长其何能及？据杨慎《南诏野史》1103年（崇宁二年），"缅人波斯昆仑三国进白象及香物"（《段正淳传》）。波斯即下缅甸之勃生，昆仑应在今那悉林Tenass-erim。[③] 按《蛮书》卷十，昆仑国正北去蛮界西洱河八十一日程，乃与大理为毗邻之国。又1115年（政和五年），缅人进金花犀象（《段正严传》）。如上所述，则在1111年前后，蒲甘屡入贡于大理，仍时求好于大理也。《南诏野史》上记南泰升之《大中国》云："宋哲宗绍圣三年，泰升在位二年。寝疾，遗命必返政于段氏。及卒，其子高泰明遵其遗言，求段氏正明之弟正淳立之。段氏复兴，号曰后理国。高氏世为相，政令皆出其门，国人称为高国主。波斯、昆仑诸国来贡大理者，皆先谒相国焉。"可见其时高氏当权，蒲甘入贡亦必通过"高国主"焉。[④] 高氏事迹，大理有碑数种，为重要史料，详徐嘉瑞《大理古代文化史》（366页）、《高氏世系表》，今不具论。

当日大理入贡，乃取陆道，先是熙宁九年（公元1076），遣使贡金装碧玕山、毡罽、刀剑、犀皮甲、鞍辔。自后不常来，亦不领于鸿胪（《宋史》卷四八八《大理传》）。至政和三年，又有重议入贡于宋之计划。当时入贡之情形，《宋史·大理传》记之甚详，摘录如下：

政和五年（1115乙未），广州观察使黄璘奏："南诏大理国慕义怀徕，

① Luce书，58页，注六三。

② 据《大理文化史》，367页。

③ 方国瑜《宋史蒲甘传补》附注一九，并参向达《蛮书校注》，241页。

④ 参《金石萃编》一六〇《护法明公德运碑赞》王昶考证。

愿为臣妾，欲听其入贡。”诏璘设局于宾州，凡有奏请，皆俟进止。

六年（1116丙申），遣进奉使天驷爽彦贲李紫琮、副使坦绰李伯祥来。诏璘与广东转运副使徐惕偕诣阙。其所经行，令监司一人主之，道出荆、湖南，当由邵州新化县至鼎州。而璘家潭之湘乡，转运判官乔方欲媚璘，乃排比由邵至潭，由潭至鼎一路。御史劾其当农事之际，而观望劳民，诏罢。方紫琮等过鼎，闻学校文物之盛，请于押伴，求诣学瞻拜宣圣像。邵守张察许之。遂往遍谒，见诸生。又乞观御书阁，举笏扣首。

七年（1117）二月至京师，贡马三百八十匹，及麝香、牛黄、南毡、碧玕山诸物。制以其王段和誉为金紫光禄大夫、检校司空、云南节度使，上柱国，大理国王。朝廷以为璘功，并其子晖、昨皆迁官。少子晪为阁门宣赞舍人。已而知桂州。周穜劾璘诈冒，璘得罪。自是大理不复通于中国，间一至黎州互市。

黄璘事件，可谓大理入贡之一插曲。其使者道经鼎州，谒孔庙，可证大理之入贡宋国，乃由内地经湖南而北上，绍兴时入贡有象一头，马五百匹，如此架重贡物，绝不可能经海道，Luce疑由海路入贡，恐非事实。关于贡象道路，详见李元阳《云南通志》卷十六。又宋时宋如愚《剑南须知》[1] 记熙宁七年买马事，兼叙大理国四境；大理与宋交涉，马政为极有关系之事，不可不知。

绍兴六年，大理、蒲甘贡物。又有金银书《金刚经》三卷，金书《大威德经》三卷。按《大威德经》，疑即《大威仪经》之形讹。[2] 大理写经多为厚纸墨书，就中释道常之《荐举七代先亡写疏》末有题记一行署保天八年，即绍兴六年。此与《可书》所记大理使者杨贤明致贡正为同一年之事。大理、蒲甘均为佛国，故以写经卷入贡。纽约都会博物馆藏有大理国之《维摩经》卷，为紫色绢地金书，上题：“大理囯相囯公高泰明，致心为大宋国奉使钟〔震，黄渐〕造此《维摩经》一部。……（段正严）文治九年戊戌季冬旦日记

① 见《蜀中广记》九三，嘉庆《四川通志》一八四引，张国淦《古方志考》，663页。

② 敦煌佛经P·三九一九有《大威仪经请问说》；S·五六四九有《大威仪经请问经》一卷，Giles目五三七九号之（二）；文见《大正》卷八五，一五二六，录自S·一〇三二。

佛顶寺主僧尹辉富监造。”[1] 其金书经卷，亦施于馈赠使臣，此《维摩经》卷即宋徽宗重和元年（即段正严文治九年，公元1118），高国主之遗物。自1004年至1136年，蒲甘与宋之交往，附表如下页。[2]

大理时期写经，目前所知，最早者为《智觊之护国司南抄》（即仁王经疏）残卷，有崇圣寺主密教主赐紫沙门玄鉴集一叙，题云“时安国圣治六载甲寅岁末夏之季月抄”，据考相当于唐昭宗乾宁元年（公元894）。大理佛法盛行，段氏有国用僧为相。僧复读儒书，一时有释儒之目（《文物》1979，12）。

台湾士林“故宫”藏大理国描工张胜温画梵像长卷，纸本，末有释妙光题记署盛德五年（公元1180），为段智兴之第二年号，即南宋孝宗淳熙七年。记云：“大理国描工张胜温挽诸圣容。”挽即 挽（貌）字，俗书从手，敦煌图像习见，挽为貌真之貌，《秘殿珠林》续编著录作挽，恐误。

公元	宋	蒲甘王朝	大理王朝	事迹	来历
1004	真宗景德元年	Aniruddha (1004—1077)	段素英广明十九年	蒲甘遣使同三佛齐大食来贡于宋。	《诸蕃志》（按《代答》无此条）
1052	仁宗皇祐四年		段思廉保安八年	僧扬义隆写经，背钤大理国□□□印。	现藏云南省图书馆（《文物》1979，12）
1076	神宗熙宁九年	Sawlu（—1084）	段连义上德元年	大理来贡于宋。	《宋史·大理传》
1103	徽宗崇宁二年	Kyanzittha (1084—1113)	段正淳天正元年使高泰运奉表入宋求	缅人、波斯、昆仑三国进白象、香物于大理。	《南诏野史·段正淳传》
1106	徽宗崇宁五年二月		段安淳文安二年	蒲甘入贡于宋。	《宋史》四八九《蒲甘传》，《岭外代答》;《诸蕃志》
1115	徽宗政和五年	Cañsū I (1113—1155/1160)	段正严（和誉）文治六年	缅人进金花犀象于大理。	《南诏野史·段和誉（正严）传》

① 参罗振玉《松翁近稿·大理相国高泰明写经跋》，云：“绀纸，泥金书。”又李霖灿《南诏大理国新资料的综合研究》。

② 本表段氏年号，请参李家瑞《用文物补正南诏及大理国的纪年》（《历史研究》1958年第七期）。

续前表

公元	宋	蒲甘王朝	大理王朝	事迹	来历
1116	徽宗政和六年十二月		文治七年	大理遣使李子琮入贡于宋。	《宋会要》
1118	徽宗重和元年冬		文治九年	大理高泰明赠宋使钟震黄渐金书《维摩经》卷。	纽约都会博物馆藏原卷
1136	高宗绍兴六年七月		段正严保天八年	大理蒲甘国表贡方物；大理正使杨贤明、副使王兴诚，蒲甘使为俄托莱摩诃菩。	《可书》,《宋会要·蕃夷》
1173	孝宗乾道九年冬			大理人李观音得、董六斤黑、张般若师二十二人至广西横山寨议市马，邕宁人得到大悲经写卷，有为坦绰赵般若祈禳目疾题记。	李孝友大理写本佛经引《桂海虞衡志》（检原书未见此文）

抗战期间，吴乾就在大理发现太和龙关赵氏族谱，其背有题记云："大理国灌顶大阿左（阇）梨赵泰升敬造大般若经一部，天开十九年癸未岁中秋望日大师段清奇识。"天开为段智祥年号，此当南宋宁宗嘉定十六年（公元1223）。此皆现存宋代大理国写卷之足记者。

缅人本呼大理为 Gandhālarāj（犍陀罗王）。《琉璃宫史》卷一三四载 Anawrahta 王遣使至 Gandhala 求佛牙故事，即云：

In the Tarop country of the Kingdom of Gandhala, there is an holy tooth. If I ask that holy tooth from the Tarop Utibwa and make it an object of worship to all being, the religion will shine exceedingly…so he gathered his elephants, horses, and fighting men throughout the Kingdom, and marched to the Tarop country…（p. 80）

此处称曰 Tarop 国，又称为 Tarop Utibwa。Utibwa 一名，据伯希和考证，即梵语 Udaya，为 sunrise 之意，即因汉语翻译吐蕃赐豫南诏王号之“日东王”而来。关于 Tarop 之记载，Luce 在其书中论 Pagan founded 章引缅甸史家 Shin Sīlananics（1455—1520）之说云：

… The kingdom of Pagán was established for 1128 years. The kings were 50, beginning from Pyumandhī, i. e. Pyusawhti, down to Taruppreñmaṅ.（Tarok-pyemin, the king who fled from the Turks.）

由此处 Taruppreñman 一名 Tarup-Turks，以指唐土似无问题。至于 Pyumandhī，Pyusawhti，汉史实作骠苴低。试就此名加以分析，Pyu 即骠国，maṅ与 saw 皆指王。缅人兼用之，其语源并见《蛮书》，谓“茫是其君之号”。“呼其君长为寿”，寿即诏也。[1]

案蒲甘国诸王名号，见于 Luce 书所引碑铭。若 Aniruddha 以前，其王曰 Caw Rohan。Caw 即诏也，Rohan 疑即由汉语“罗汉”转来。南诏人名，多以“观音”为号，如高观音、李观音得是。[2] 据《白古通纪》其地流行观音七化之神话。Saw lu 号曰 man Lulan（King Young），Kyanzittha 号曰 Tilum（＝Htilaing）maṅ。樊绰称“蛮呼茫诏”，即合 maṅ与 chao 为一名。在蒲甘国王号中，maṅ与 chao 可以互用，故骠苴低之苴在《琉璃宫史》中，既作 maṅ，间又作 saw，称曰 Pyusawhti。

《蛮书》十称：“骠国〔蛮〕在永昌城南七十五日程，阁罗凤所通也。”是南诏与缅交往始于阁罗凤。盖在唐玄宗时（公元 748 即玄宗三十七年，时阁罗凤初立），自骠国与南诏交通，南诏文化多被其吸收。南诏古史祖先神话，以阮元声之《南诏野史》所记最有系统，其说实取自元代本为僰文之《白古通纪》。试列其名如下表：

---

① 见《蛮书》卷四各类，及卷一〇弥诺国向达注《校注》，231 页。

② 大理李观音得来求《文选》，以马交换，见《宋史·兵志》一九八。

阿育王——第三子——缺蒙亏(妻)
　　　　　　　　　　　嘌苴低　　——低蒙苴——(九子)名九龙氏

- 蒙苴闪“白夷祖”
- 蒙苴颂“白崖张乐迫求祖”
- 蒙苴林“交阯祖”
- 蒙苴托“居狮子国”
- 蒙苴笃“蒙氏祖”
- 阿辅罗“十六国祖”
- 蒙苴兼“吐蕃祖”
- 蒙苴诺“汉人祖”
- 蒙苴酬“东蛮祖”

南诏因信仰佛教，故其祖先托始于印度之阿育王（Asoka）。[①] 嘌苴低＝Pyusawhti 方算为其真正之始祖。由其诞生九子所代表之地区论之，几乎即是东亚人类之共同始祖。在缅甸《琉璃宫史》中，其祖先乃有 Pyusawhti 者，正为糅合南诏神话之事实。嘌苴低之子名低蒙苴，此为父子连名制；然蒙苴二字连称，又即 mȧn 与 saw 合用之证，《蛮书》所谓“蛮呼茫诏”者是矣。

尚有进者，元平蒲甘后，于其地置邦牙宣慰司。元人征缅，其事详《至元征缅录》。至元十四年三月，其主帅有大理路总管信苴日。前此宪宗三年平大理，以段氏为大理都元帅府总管，第一任即信苴日段实（见《滇载记》，《纪录汇编》本）。《南诏野史》云：“信苴日即段实”。李京《云南志略》白人风俗条：“其称国主曰骠信，诸王曰信苴。”[②] 元代段氏十一代总管皆称信苴。以“信”为王，盖南诏之方言也。《元史》有《信苴日传》。其时蒲甘与元对垒之大将名曰释多罗。赵子元《赛平章德政碑》云：“（至元）十四年春，蒲甘遣大将释多罗伯，副以裨将五人，士卒象马以万计，剽掠金齿。飞书求救，公命万户忽都总管段信苴等释围，而蒲兵始解。自后蒲甘不敢犯风。”（康熙范承勋《云南府志》卷十九）又李源道《崇圣碑》亦云：“武定公破释多罗十余万众于洱水之滨。”（见《永昌府文征》卷二引）此虽为汉籍史料，或可供治蒲甘史之参证。前文论列《可书》记绍兴蒲甘入贡一事，Luce 书所未载。此资料极为重要，望他日能加以迻译，作为补充。

---

① 此说道光《云南通志》驳之，辨其不足信，沈曾植录此，自云：“喜寻古文神话，比于宋均《纬书》、罗泌《路史》。”见《海日楼札丛》卷二“白国为阿育王后”条。惟沈氏误谓蒲甘即曼谷，不可不订正。近年南诏考古新资料，可参《云南巍县巄屿山南诏遗址的发掘》（《考古》1959 年第三期）。《白古通纪》为白族古史，自杨慎删订译为《滇载记》书，志乘多采之。近王叔武辑《云南古佚书钞》（昆明印，1978）列为第十种，谓其成书不能早于元初，九龙氏名号，各书颇多异文，参看王辑校语。

② 段政兴自称“皇帝嘌信”。见 Helen B. Chapin：“Yünnane Images of Aualokites'vara”（*H. J. A. S.* 1944，8，pp. 131—186）。

又缅人与师子国之关系，Luce 尝撰“Some Old Reference to the South of Burma and Ceylon”①。仅记其事始于 11 世纪，惟汉籍记录有唐大中十二年（公元 858）丰佑遣段宗牓救缅，败师子国。牓，阳（云南宜良县地）人，佑之勇将。事见《南诏野史》上《丰佑传》（胡蔚本）。此为最早中缅与锡兰关涉史事，似尚可补述也。

此文 1975 年在东京东南亚史学会宣读，后印入《東南アジア歷史と文化》第五期。1980 年据新出大理写经资料，略作校订。

附　引用书目

《宋史》卷四八九《蒲甘传》，卷一九八《兵志》。
《宋会要辑稿》卷一九九册蕃夷。
《玉海》卷一五四。
樊绰《蛮书》向达校注本。
周去非《岭外代答》。
赵汝适《诸蕃志》冯承钧校注本。
杨慎《南诏野史》乾隆四〇年胡蔚增订本。
　又《滇载记》《纪录汇编》本。
《元文类》四一，《经世大典序录》。
李元阳《云南通志》。
康熙范承勋《云南府志》卷一九。
佚名《至元征缅录》《守山阁丛书》本。
《元史·缅甸传》。
屠述濂等光绪二三年《腾越州志》“师命”部。
王昶《征缅纪闻》单刊本。
李根源《永昌府文征》民国三〇年昆明印本。
夏光南《元代云南史地丛考》。
马长寿《南诏国内的部族组成和奴隶制度》。

① 见 *Felicitation Volumes of Southeast Asian Studies*, pp. 269—282。

龚鼎臣《东原录》《艺海珠尘》本。

张知甫《可书》《十万卷楼丛书》本、《守山阁丛书》本。

宋《秘书省续四库书目》。

范成大《桂海虞衡志》。

赵与时《宾退录》。

郭松年《大理行纪》。

王昶《金石萃编》卷一六〇《护法明公德运碑赞》。

沈曾植《海日楼札丛》。

罗振玉《大理相国高泰明写经跋》(《松翁近稿》)。

《缅甸诸夷考略》台北“中央图书馆”藏乾隆金笺精写本。

徐嘉瑞《大理古代文化史》,《高氏世系表》。

李家瑞《用文物补正南诏及大理国的纪年》(《历史研究》1958年七期)。

又《大理国与三十七部会盟碑》(《考古》1962年六期)。

李霖灿《南诏大理国新资料的综合研究》。

孙太初《大理國措□揄郡彦贲赵兴明为亡母造尊胜幢》(《考古》1963年第六期)。

又《云南古代官印集释》(《考古学会第二次年会会刊》1980年)。

《云南巍县巄屿山南诏遗址的发掘》(《考古》1959年第三期,157—160页)。

张增祺《大理国纪年资料的新发现》(《考古》1977年第三期)。

冶秋《大理访古记》(《文物》1961年第八期)。

王叔武《云南古佚书钞》。

王家祐《巍山祠庙记》。

李孝友《南诏大理的写本佛经》(《文物》1979年第十二期)。

Helen B. Chapin:“Yünnane Images of Aualokites'vara” (*H. J. A. S.* pp. 131—186).

(注二五、三四引骠信。南诏图卷中言及骠信蒙隆昊(署中兴二年)观音像上铭“皇帝𠿈信段政典……”。)

罗常培“The Genealogical Patrongnies Linkage System of the Tibet-burman Speaking Tribes”(*H. J. A. S.* pp. 349—363)。

原载《选堂集林·史林》中,中华书局香港分局,1982年

说“诏”

缅甸《琉璃宫史》，其先祖有名 Pyusawhti 者，即《南诏史》之骠苴低。蒲甘国碑铭用骠文镌刻，于诸帝或称 maṅ，或称 char，樊绰《蛮书》谓“茫”是其君之号，又云呼其君曰“寿”，又称蛮呼“茫诏”，则合 maṅ与 char 为连称。[①]“寿”之即“诏”，自无疑义。寻以诏称王，早见于氐羌之俗。

《晋书》载记：“苻坚强盛之时，国有童谣云：‘河水清复清，苻诏死新城。’”称苻氏为诏，坚先世蒲洪，本略阳临渭之氐人，亦为西戎酋长，此氐之首领得称曰诏也。[②] 傣族民间故事“松帕敏”，屡见召勐，义为一地之主。又有名“召片领”者，义为广土之主。召字训主，召实即诏也。此又后来之音讹。苻坚时，“鄯善王、车师前部王来朝，大宛献汗血马，天竺献火浣布；康居、于阗及海东诸国凡六十二王，皆遣使贡方物”。与西域往来尤密。近见 Dašte Nāwur 新出土大月氏史料，其铭文乃用古希腊字母，G. Fussman 已有专文考证[③]，此为继 Surkh kotal 之后一大发见。铭辞所见 Kusāna（贵霜）诸王，有曰 Kuju（la）kad（phises）者，以音求之，可相当于《后汉书·西域传》贵霜翎侯之丘就却（年八十余），有曰 Wim（a）ka（phises）者，可相当于其子阎膏珍。[④] 惟呼之为 Sao＝ šoa，实即诏也。论者谓 Sao 出古伊兰语之

---

① 有如汉语之称“皇帝”。

② 《魏明帝纪》：景初二年烧当羌王曰“芒中”，疑“芒”亦即“茫”＝man。

③ Documents Èpigrapiques Kouchan，法国《远东学院专刊》LXI，1974。

④ 《范书》称其代丘就却为王，后灭天竺。

Xša-wan[1]，Xša-wan或同于汉语之“诏王”乎？月氏自汉以来，与中国接触频繁。《汉书·赵充国传》记“长水校尉富昌、酒泉侯（呜）将（羌）月氏兵四千人”。《魏志·明帝纪》：“太和三年，大月氏王波调奉献，以调为亲魏大月氏王。”《诸葛亮集》记载：“刘禅下诏凉州诸国王，各遣月支、康国、胡侯支富、康植等二十余人诣受节度。”凡此均月氏入华重要之史实。月氏自亚历山大东征后，通用希腊文字。近日陕西风县姜嫄发现有书希腊字母之铅饼，时代为西汉至东汉初[2]，其为月氏人所传入，可断言也。

① 参Balley文*BSOAS*，XII，1948，327页。

② 见《考古》1976年四期。

泰　国

华人入暹年代史实的探索

一

1985年友人南洋史专家姚楠教授在朱拉隆功大学亚洲研究院演讲《中泰友好关系史话》，原稿已被译为泰文，载于中泰友好纪念册上，其中文本则刊于复旦大学中文系主编的《选堂文史论苑》中。①

本人对于中泰关系问题，向来没有作过专门研究，但在中外交通史上涉猎所及，亦不无一些认识，于浩如烟海的华文史料中，有时偶尔摭拾，亦有点滴材料，可供谈助，有不少为姚先生所未注意到的，现在试提出二三件事，来向各位请教。

自1970年日本白鸟芳郎（Shirotori Yoshiro）等在泰北Chiengrai、Lampang各地瑶村发现汉文书写的瑶人文书以后，1975年出版《瑶人文书》一巨册，为中泰关系的研究开一新境，本人过去于国际瑶族首届会议，曾发表"Some Remarks in the Yao Documents"一长文，中文本亦曾刊于四川出版的《西南民族考古》第一号。②《瑶人文书》里面的《评皇券牒》上题记云：

---

① 1994年12月上海古籍出版社印行，此书为本人担任上海复旦大学顾问教授纪念论文集。

② 拙文详附件参考资料一。

正忠景定元禩十二月二十一日给，招抚瑶人一十二姓……

白鸟原书误禩字作禩，不可解，我已加以订正。评皇券牒亦称过山榜，一向以来，瑶人视为迁移过山的证明文件。近时国内民族学家采集所得，过山榜为数一百余件，其中有八十九件全文收入《广西瑶族社会历史调查》第八册，其分布地区，以湖南、粤北、广西为主，远及于云南，又有安南和泰国二件，过山榜题“景定元年”计数十件，称“元禩”的有七件，“禩”是古文“祀”字，义训为年。① 过山榜何以一概以宋理宗的景定元年为断限，泰国文书中《盘古歌》云“京（景）定元年四月八，逢作圣主改换天”，即是瑶族大举移徙的主要年代。泰北瑶人文书内又有《游梅山书》一本，记明从广西流入泰国，并有抄书人姓名。梅山在北宋时为五溪瑶人根据地。晁补之的《鸡肋集》卷九有《开梅山》一长诗，记载其事，宋神宗熙宁五年（公元1072）章惇招抚梅山诸蛮，泰北瑶人文书有游梅山，可见他们的族源可追溯到湖南的梅山峒蛮，我有详细考证。

查宋理宗景定元年（公元1260）即蒙元忽必烈汗中统元年，是时蒙古人已灭云南大理国，中统元年六月以石长不为大理国总管。二年（公元1261）六月，赐大理国段实虎符。这一时期恰好是泰国素可泰始祖室利因陀罗提（Sri Int' arat' itya）在位之顷（1328—?）。据W. A. R. Wood《暹罗史》因陀罗提在世之时，暹罗之傣族移民一时大增，此时移民乃忽必烈灭南诏之后由云南方面移来者。当日移民其实不止傣族人，瑶人亦在这一时候大量移徙。泰北瑶人文书分明说道“逢作圣主改换天”，正指改朝换代。瑶人的过山榜所以选定宋理宗景定元年（公元1260），一向不明白它的道理，实际是由于元兵大举入云南的缘故，瑶人似乎忠于宋室，仍奉理宗的正朔，入居泰国的瑶人，其文书追溯到公元1260年，书写“景定元祀”，正可耐人去寻思。

复次，元人于1287年（至元二十四年）大破蒲甘，缅甸王朝解体，不少缅人投奔暹国（像Alienma是）。是时正值素可泰蓝甘杏大帝统治时期（1275—1317），其西北独立国有兰那泰王国（Kingdom Lanna t'ai），所谓百万稻田国，即华人所称“八百媳妇国”，明史载入《云南土司传》，谓“世传部长有妻八百，各领一寨，因名八百媳妇”。即今清迈之地，瑶人文书即在此间发现。

① 出于广西者五件，湖南二件。

元世与八百媳妇国争斗有一极长时期，大德四年（公元1300）遣刘深、合剌䚟、郑祐将二万人征八百媳妇。五年春，给征八百媳妇钞总计九万二千余锭。二月，立征八百媳妇万户府二，设户四员，发四川云南囚徒从军。这一战役，消耗人力极大，发动湖广、江西、河南、陕西、浙江五省兵二万远征，举国骚动，反对者亦多。哈剌哈孙云："山峤水夷，辽绝万里，可谕之使来，不足以烦中国。"[①] 郭贯曰："令四省军马以数万计，征八百媳妇国，深入炎瘴万里不毛之地，无益于国。"[②] 与主战派争议不休。兵至贵川水东，遭遇地方势力宋隆济反抗；弘纲死亡[③]。事后刘深受到处分，遂罢出兵。而八百与车里争杀不已，后来才受到招抚。顺帝元统初（公元1333）遂设置八百等处宣慰司，受中国羁縻。明代因之，成为西南土司之一。据明代景泰《云南通志》卷六，八百宣慰司的疆域，东至老挝，南至波勒（即彭世洛），西至木邦，北至孟良。刘深伐八百之役为时三年，造成西南地区人民的大流徙，所以元人入云南、缅甸之后，为各处移民史写下一新页，瑶人的南徙入暹只是一例而已。

二

长期以来，研究陶瓷史的人们，一谈到 Sukhothai 窑时，每每说是13世纪末期，延请中国陶工来暹建窑，因为该窑出品作釉下单色的简单彩绘，和磁川窑的风格颇接近。但关于华工入暹的记载，中、暹文献，均无可征。暹素可泰朝又于宋加洛（Sawankalok）地方建窑，大量生产类似（处州）龙泉窑风格的瓷器。宋加洛瓷远销印尼、菲律宾各地，成为东南亚重要出口瓷之一。1971年我在新加坡大学任教，同事博物馆瓷器专家 Willian Willetts 君举行出口瓷展览，指出素可泰瓷的釉下单色彩绘与越南白底釉下黑绘方法相同，乃受越南影响，非来自华工。从此以后，诸多异说。友人金荣华教授于1974年来泰专研泰瓷，后来结集论文成《中暹交通史事论丛》一专书，涉及暹窑与华关系不止一篇，颇有新见，如提出素可泰罐有上绘人物骑驴马面头戴鞑靼帽，和菲律宾出土的侈口青花碗所绘者相同，极饶趣味。他提出汪大渊三游南洋于1349年（元至正九年）返国，其书丝毫未涉及华瓷入暹的记录，可

① 见《元史·哈剌哈孙传》。
② 见本传。
③ 本传云"与叛蛮宋隆济等力战而没"。

证宋加洛兴建窑业必在至正九年以后。他指出元季浙江处州各地即龙泉窑盛行各县，其时均有灾荒兵祸，浙江陶工可能于是时奔亡流落海外，宋加洛的龙泉型瓷器即兴于此时，这仅仅是一种揣测，没有其他坚实的证据。

我在《皇元风雅》书中，找到一首天历初年写的《暹国回使歌》，前有小序，兹录之如下：

> 暹赤眉遗种。天历初，尝遣使入贡。今天子嗣位，继进金字表章，九尾龟一，象、孔雀、鹦鹉各二。朝廷以马十匹赐其国王，授使者武略将军、顺昌知州。使者钱唐人。江东罗徼作歌，仆遂和之。
>
> 江东先生远叩门，口诵暹国回使歌。高秋夜静客不寐，歌辞激烈声滂沱。东南岛夷三百六，大者只数暹与倭。暹人云是赤眉种，自昔奔窜来海阿。先皇在位历五载，风清孤屿无扬波。方今圣代沾德化，继进壤贡朝銮和。紫金为泥写凤表，灵龟驯象悬鸣珂。彤廷怀远何所赐，黄骊白骆兼青騧，卉裳使者钱塘客，能以朔易通南讹，遥授将军领卅牧，拜舞双颊生微涡。楼船归指西洋路，向国夜夜瞻星河。金鸡啁哳火龙出，三山宫阙高嵯峨。番阳驿吏亲为说，今年回使重经过，先生作歌既有以，却念黎獠频惊吪。田横乘传嗟已矣，徐市求仙胡尔诧。岂如暹国效忠义，动名万古同不磨。

这是一篇对中暹关系极重要的文学作品，希望以后有人能加以注释并译成暹文。《皇元风雅》为至元三年建阳蒋易所编，起刘因讫陈梓卿，共收一百五十五家。《文渊阁书目》云四册，焦竑《经籍志》均著录，有天一阁写本。现存有二种本子，诗的次序不同。一是《四部丛刊》影元刊本，中有缺字，一是《宛委别藏》收的精钞本，只缺一“胡”字，今据元刊补足。二本均收在卷第二十二。作者题名有出入。元刊本题王尚川，临川人；钞本上题王尚志，下题庐陵王东，又有《阿圆曲》一首，为元刊所无。以诗中“鄱阳驿吏亲为说”句乃作者自述，则以作临川人为是。其言“先皇在位历五载”指泰定帝；泰定在位共五年（1324—1328），其五年，为元文宗天历元年，诗序所谓天历初当指 1328 年。《元史·英宗纪》：“英宗至治三年（1323）春正月癸巳朔，暹国及八番洞蛮酋长各遣使来贡。泰定二年（1325）秋七月大小车里来献驯象，己未置车里军民总管府。三年（1326）五月八百媳妇蛮招南通遣其子招三听（一作斤）奉方物来朝。四年（1327）九月甲午，八百媳妇请官置蒙庆宣慰司元帅府及木安、孟杰二府于其地。以招南通之子招三斤知木安府，侄混盆知孟杰府，赐钞币各有差。致和元年（即泰定五年 1328）五月己巳，八百媳妇蛮遣子哀招献驯象。”在泰定五年之中，元人与八百媳妇和好，没有兵戈冲突，故此诗云“风清孤屿无扬波”，完全符合史实。序所谓天历初尝遣使入贡，或指致和时八百献象事，今天子嗣位谓文宗初登极，同在一年（1328）之事。此诗序文所载可补《元史·文宗纪》的缺略。天历初，在泰国正当蓝甘杏之子吕泰皇时代。甘杏帝崩于 1317 年。

诗与序言“暹人云是赤眉种”。“赤眉”二字似应作“赤土”。《明史·暹罗传》云“暹罗即隋、唐赤土国，后分为罗斛、暹二国”是也。

此诗所记，最有趣的是这位暹国的使者，竟是钱塘人，可见当日暹方的使臣，可用华人充任，诗云：“卉裳使者钱塘客，能以朔易通南讹。”这位原籍钱唐的暹使能精通中暹二种语文，在当时诚属难得。《明史·暹罗传》记“成化时汀州人谢文彬以贩盐下海，飘入其国仕至坤岳”。暹国用华人为官，自来有之。使臣既为浙江人，令人推想浙江人应有不少南来营商。证之《明史·暹罗传》，有一段明太祖的说话：

> 洪武十六年，时温州民有市其沉香诸物者，所司坐以通番，当弃市。帝曰：“温州乃暹罗必经之地，因其往来而市之，非通番也。”乃获宥。

以皇帝之尊，竟为他们说情，足见温州自元以来，久成为海上暹与华交往的中间站。温州人最善于海外拓殖，至今尚然。龙泉瓷的大量输入，与元时浙江钱塘人在暹廷任官及温州人营商手法，必有分不开的关系。宋加洛所以有龙泉型瓷器的烧制，如是可得到合理解释。不必如金荣华之说认为因元季处州灾荒陶工逃亡而南下为理由。近年的沉船考古工作，如在卡姆岛捞出海中文物宋加洛瓷器之为龙泉型的共有 1636 件之多，而素可泰釉下黑彩瓷只得 185 件而已。这些也许可迟到 15 世纪的出品，但正说明浙江与暹国向来两地关系之深，殊非偶然！

这首暹国回使歌的重要性已如上述，可惜王尚志此诗，乃是和作，江东罗儆的原制已佚。这位浙江暹使，既被元朝授以武略将军之号，复遥领州牧，序言授以“顺昌知州”，只是虚衔。元时于南诏牛睒置顺州。至元十五年改牛睒为顺州，《元史·地理志》属“丽江路”，顺州在丽江之东。元只有顺州，未见顺昌府。

元代中暹双方使者，姓名可考见者，《元史·本纪》所记元世祖时有万户何子志（至元十九年即 1282 年），暹使仅见延祐元年（公元 1314）之爱耽，为暹名译音，可惜天历时越籍的暹使，诗序不记其名字，莫由征考。

三

这首“暹国回使歌”称曰暹国，不称暹罗，或暹罗斛。考之《元史·本纪》亦概称曰暹国，与罗斛分开为二，列出如下：

暹国

1282 年（至元十九年）六月己亥，命何子志使为管军万户使暹国。

1292 年（至元二十九年）冬十月，广东道宣慰司遣人以暹国主所上金册诣京师。

1297 年（大德元年）四月，赐暹国、罗斛来朝者衣服有差。

1300 年（大德四年）六月，吊吉而、爪哇、暹国、蘸八（占婆?）等国二十二人来往，赐衣遣之。

1314 年（延祐元年）三月癸卯，暹国王遣其臣爱耽入贡。

1319 年（延祐六年）正月丁巳朔，暹国遣使奉表来贡方物。

1323 年（至治三年）春正月癸巳朔，暹国及八番洞蛮酋长各遣使来贡。

罗斛（Lavo Lopburi）

1289 年（世祖至元二十六年）闰十月辛丑，罗斛、女人二国遣使来贡方物。

1296 年（元贞二年）十二月癸亥，赐金齿、罗斛来朝人衣。

1297 年（大德元年）四月，赐暹国、罗斛来朝者衣服有差。

1299 年（大德三年）春正月，暹番、没刺由、罗斛诸国各以方物来贡，赐暹番世子虎符。

罗斛一名，到大德三年以后即不复见。今存大德时陈大震纂修的《南海志》，在舶货诸蕃国项下说：

> 罗斛国，
> 暹国管
> 上水速孤底。

这是在天历以前所修仅存的地方志，原书藏北京，原文亦见于《永乐大典》广字号。“速孤底”《元史·本纪》作“速古台”，《元史·成宗纪》云：

> 大德三年（1299），五月丙申，海南速古台、速龙探、奔奚里诸番以虎象及桫罗木舟来贡。

速龙探、奔奚里两地无考。海南速古台即《广州志》的上水速孤底，二名都是 Sukhot'ai 的异译。陈大震云“罗斛国，暹国管”，大德修志时，罗斛为暹国所管辖。此暹国应指素可泰朝。

元时暹人上金册入贡，必通过广东地方政府，故《世祖纪》说：“广东道宣慰司遣人以暹国主所上金册诣京师。”金册即上举《回使歌》所云“紫金为泥写凤表”也。是时诸蕃国从海道来华，从广东入境，盖因宋置市舶司旧例，故陈大震称之为舶货诸蕃，自是十分确实的记录。明初洪武七年使臣沙里拔来贡，言“去年舟次乌猪洋，连风坏舟，广东省臣以闻”。可见暹国与广东关系之密切。

《明史·暹罗传》：

> 元时，暹常入贡。其后罗斛强，并有暹地，遂称暹罗斛国。
>
> ……洪武十年（1377），命礼部员外郎王恒等赍诏及印赐之，文曰暹罗国王之印，自是其国始称暹罗。

按洪武十年九月，太祖下暹国王哆啰禄诏，全文载新印《全明文》卷一。哆啰禄即波隆摩罗阇（Boromaraja）一世皇，是时则已入阿瑜陀耶皇朝矣。

云南傣族与暹罗接境，中国方面保存傣文史料不多，据方国瑜引述，有傣文的《麓川思氏可法记》，为孟定土司藏本，记思可法事，有一段文云：

> 后至元六年（1340）思可法得位，在职四年，迁居者阑。
>
> 又四年（至正七年，1347），中缅来攻，不能克。邻近诸国，相率纳贡者有曼谷（暹）、景线（小八百）、景老（老挝）、整迈（八百大甸）、整东（孟艮）、车里（孟泐）、仰光（古剌）诸土司。

这条材料相当可贵，在元、缅交战之下，泰国附近各小邦情况，约略可见一斑；但所谓土司，用明代地名，似出于后来追记。

朱明亡国，桂王西奔入缅，《明史·诸王传》五："顺治十六年，大兵入云南，由榔走腾越。李定国败于潞江，又走南甸，二十六日，抵囊木河，是为缅境。……陆行者自故岷王子而下九百余人，期会于缅甸……惟岷王子八十余人流入暹罗。十八年十二月，大兵临缅，白文选自木邦降，定国走景线。"景线即小八百，今泰北清盛，李定国遁居于此，及缅人杀任国玺等十八[①]，定国幸而不及于难。岷王者，明太祖第十八子楩，洪武二十四年封国于岷州，后改云南。是时流入暹罗之岷王子，即其后人也。此一事向所未知，亦值得一记。

明代厉行海禁，动以通番论罪，使节往来，事实以陆路为主。《皇朝政典类纂》一类政书所载：顺治十一年（公元1654）谕旨，暹罗贡使货运愿至京师者，听其自便。康熙四年（公元1665）暹罗贡使可直抵京师。是时郑成功方在海上活动之际，沿海各省有"迁界"之举，海上交通完全断绝，只得遵陆，别无他途。元大德间，八百媳妇与元廷媾和，屡次进贡驯象，与大小车里相同；献象以为贡品，如此笨重之物，非陆路运输不可。因知当日天历暹使之莅华，贡物有二驯象，仍是从陆路往来，故元廷以马十匹赐之。

根据上述诸事实，可得下面几点结论：

（一）泰北清迈地区发现前代瑶人使用华文书写的各种文件，明白记载系从广西来暹。其中游梅山书显与北宋时期开发湖南的瑶蛮同一族源，有流传《开梅山》一长诗足而佐证。在泰北流行的瑶人过山榜上面记着宋理宗"景定元祀"的年号，可以推证景定元年即是他们族群人迁移的历史性日期。景定元年亦即蒙元忽必烈汗的中统元年，是时蒙古人已长驱入云南，造成了大量傣族流亡入暹，暹罗史家久有定论；其实不特傣族为然，瑶人、汉人亦在同一情况之下，故华人入暹，可以这一时期视为重要开端。况且，元大德间清迈北部Lannathai的八百媳妇国与元兵抗争历时三载，元人调动湖广、江西、河南、陕西、浙江五省兵，以及四川、云南的囚徒，大举南下，引起骚动，人民奔走离徙，自属必然之事；后来招抚授以官职，八百媳妇成为元朝辖下的宣慰司，明代因之"八百宣慰司"作为西南主要土司之一，竟列入明代版图之内。故知12世纪末期至13世纪初，蒙古人攻下云南、缅甸，造成华人（包括少数民族的瑶人）向外奔亡，是为早期华人入暹一个很重要的时代。

---

① 详《明史》卷二七九《任氏传》。

（二）元代天历初年，蒙古经与八百媳妇国修好，兵戈寝息，海不扬波，暹使入贡回归，有人写了一篇《暹国回使歌》，咏颂其事。其时这位暹罗来华使臣，竟是浙江钱塘（今杭州市）人。这首长歌词藻富丽，为极重要的文学作品，我已详为解说，希望以后有人再作注解，翻为暹文，以供人们研究。从这首诗证明1328年，暹国已派用能够通晓两国语文的华人充当使节，方便与华沟通。当日且以“紫金为泥写凤表”作为进贡的金册，证明《元史》所言通过广东宣慰司以暹国所上金册送诣京师之说为十分可靠的记录。《明史·暹罗传》载温州人带运沉香犯法，太祖朱元璋说出“温州乃暹罗必经之路”，可见元、明之际海上温州商人必有不少来暹进行贸易，由此可以解释宋加洛瓷器何以仿制龙泉型及其盛行的缘故。从元代已有杭州人在暹供职并充当来华使节，可能招致浙江陶工之南来，龙泉窑对泰国的影响，正是顺理成章之事。

（三）这首诗名曰“暹国回使歌”，《元史·本纪》记与泰国往来之事，把暹国与罗斛二名，分别甚清楚。现存大德朝纂修的《南海志》，上面记着：“罗斛国，暹国管，上水速孤底。”速孤底为Sukhot'ai的另一异译名称。其时正值素可泰皇朝，故记罗斛为暹国所管。元代方志存者极少，这一译名出自元人，亦该给以重视。

明亡最后一代的永历帝投奔缅甸，据《明史·桂王传》所记，其时岷王子八十余人流入暹罗。李定国走景线（即今清盛）。这是明室最后挣扎的一批贵族人物，竟流落至泰国，亦是中泰移民史上的一桩大事。这一记载，向所未知，故为举出。

1995年12月9日在曼谷京华银行大礼堂演讲，同日在曼谷《星暹日报》全文刊登。

《泰国华文铭刻汇编》序

华人何时入暹，此一问题，牵涉至多，一时难下断语。1975 年东友白鸟芳郎教授取其于清迈所得大量汉文资料，辑成《瑶人文书》出版，世乃方知泰北久已有华人居住。其中《评皇券牒》明记“正忠景定元禩十二月给”，寻所有瑶族过山榜，无不以景定元年题记，共数十件之多，向来未明其故。余近始悟出是年恰为忽必烈汗灭大理国之岁，可能引起西南民族之大迁徙，故牒中著其年以彰其事。元天历初，蒙古与八百媳妇修好，暹使入华致贡回归，王尚志和作《暹国回使歌》，其序称暹使为钱塘人，惜失其名。是时暹方已利用华人为官吏。由是观之，元时已有大量华人来暹，可断言也（说详拙作《华人入暹年代史实的探索》）。

旅外华人所至，必建祠庙、茔墓，往往立碑以述祖德，久成惯例，暹地亦然。以余所知，曼谷石刻，以澄海高学能阡表最为巨擘，碑文出自清季名宦夏同龢手笔。余撰《新加坡古事记》已采摭之。忆 1970 年在星洲，余首倡缀录星、马地区华人碑刻，以备考史之资，傅吾康教授颇韪之，继起有作，既网罗马来西亚所有华文碑碣，复遍及印尼、泰京，孜孜矻矻，殚心力于此事，锲而不懈，历二十余载，集东南亚华碑研究之大成，本书特记泰国者耳。共收巨细约千品，载录周详，图文并茂，补泰地华文《语石》之缺，有裨史学者多矣。余忝主圣大研究院事，为言于郑董事长午楼先生，列为本院华文研究丛书之一，力促其付梓，顷者全书刊成。傅教授来书嘱序其端，爰不辞谫陋，略识数言，述其缘起，以当喤引。

1996 年 6 月

泰国《瑶人文书》读记

一、评皇券牒与过山榜

瑶族自古以来，迁徙频繁，不特“过山”，而且越国。邻邦的安南和泰国，都有瑶人文书的发现。以前马伯乐（H. Maspero）在谅山省禄平州采集有谣人的“评皇券牒”，上面写着“世代源流刀耕火种”。刀耕火种即指烧畲之事。此一文书，人称为“蛮族山关簿”。1970 年 12 月，日本上智大学白鸟芳郎教授等在泰国东部访得若干书写汉文之瑶人文书，于 1975 年（昭和五十年）由讲谈社（Kodansha）印行。其中最重要者为《评皇券牒》，极受重视，有图绘及朱批，写明“过山防身永远”，开头记载如下：

> 正忠景定元禩十二月十二（二字朱笔）日，招抚猺（瑶）人一十二姓，照仍前朝评皇券牒，更新出给一十二姓名述于后。
>
> 评皇券牒，其来远矣。猺人根骨，即系龙犬出身，自混沌禩间。

禩即禩字之俗写，《说文・示部》：祀字或从异作禩。景定元禩（祀）即宋理宗景定元年（公元 1260 年），白鸟书误作“禩”，应正。[1] 倘如此文所云

---

① 见《瑶人文书》，296 页。

"照仍前朝"，是此类"评皇券牒"之发给，在南宋理宗以前已有先例。其实评王文书，亦称"过山榜"，长期以来瑶人视为汉族统治阶层所给予的证明文件，故每每题上"过山防身永远"字样。据称，国内已发现的"过山榜"为数共一百余件，有八十九件全文已收入《广西瑶族社会历史调查》第八册，若干有代表性者又刊载于《瑶族过山榜选编》。此类文献的集中整理，使人对于瑶族历史，获得充分之认识。以前讨论盘瓠传说偶尔摭拾一二件，已觉得十分可贵，今则可见者逾百。"过山榜"分布之广，以湖南、粤北、广西为主，且远及于云南。（"评皇券牒"，云南河口有一件①）安南及泰国二件，以上两书均未收，宜补入附录。

泰国是牒题"景定元禩"，不作"元年"而称"元禩"，为其特征。国内之"过山榜"题"景定元年"者数十事，称"景定元禩"者计有七件，出广西龙胜者三、出览桂者二、出湖南城步及新宁者各一。龙胜白水地区之"评皇券牒"为道光十年黄家传钞②，与泰国本的文字几乎完全一样，只有月、日及十二姓次序略异耳。龙胜第二本复流传于资源县，末又记唐皇帝及明、清两代年号，下讫于宣统。③ 龙胜第三本出赵凤俊誊抄。④ 凡此三本，俱不如泰国此本之早。览桂宛田地区之"评皇券牒榜书"为折叠式抄件，长二丈六尺，末绘有盘王像，旁有一犬，又绘六男六女与乐队，其券末书"顺治二年……依古腾（誊）抄"，首有道光十三年题记。⑤ 泰国此本"评皇券牒"之末亦图绘盘王像及犬与乐队六人，内容与顺治览桂本最为接近。泰国"瑶人文书"中其一题"抄书人董胜利在广西来泰国地坊（方）"。其资料俱从广西而来，此"评皇券牒"与览桂及龙胜流传之本相同，自是意中事。

《选编》第一件的"过山榜"，末题"初平□年"，"保举盘皇子孙……往广东、广西、福建、潮州、潮广、潮北"等语。查潮州，开皇十一年始置。初平为汉献帝年号，其时未有"潮州"之名，当称揭阳县，故此件所系年号，殊不足信。

此外，江西贵县畲民的《盘王敕赐开山公据》称楚平王出敕，年号为"大隋五年"。另在广西原存百色龙川地区的《白篆敕牒》亦记"大隋五

① 《广西瑶族社会历史调查》第八册，258 页。

② 《广西瑶族社会历史调查》第八册，71 页。

③ 《广西瑶族社会历史调查》第八册，1 页；《瑶族过山榜选编》，13—16 页。

④ 《广西瑶族社会历史调查》第八册，74 页。

⑤ 《广西瑶族社会历史调查》第八册，99 页。

年……楚平皇敕盘族子孙”事[①]，未有“咸京（亨）二年”记年，此为别一不同资料，但附会评皇为楚平王。其他又有题“真（贞）观二年、三年”各一件，有题“代隋二年”[②]，兼记“右榜付与瑶人郑广通”。按“郑广通”之名，屡见于景定元年之券牒，为十二姓中之郑姓人名，一本作“郑广道”，故“代隋”一年号亦不可信。所有“过山榜”除上述极少数之例外，大抵皆为题“景定元年”之券牒，而以十二姓为主要内容。

券牒所记十二姓，大抵有二大系：

（1）甲：十二姓为盘、沈、郑、黄、李、邓、周、赵、胡、冯、雷、蒋。

（2）乙：盘、沈、包、黄、李、邓、周、赵、胡、唐、雷、冯。

十二姓中有郑、蒋二姓者，泰国券牒即属此系。别一种则易此二姓为包与唐，安南之“山关薄”属之。广西田林县之“盘古瑶榜牒”无包姓，而以唐代郑。[③] 其他歧异处，有待仔细比较。

“过山榜”何以一概以宋理宗之景定元年为断限？泰国文书《盘古歌》云：“京（景）定元年四月八，逢作圣主改换天。改换山源向水口，淹死凡间天底人。”“过山榜”云：“景定元年，十二姓王瑶子孙商议要过南海，渡以彼岸。”[④] 似是瑶人大举移徙之岁，且改换圣主，故以此景定元年作为宋主发给券牒之年。惜无文献可征，尚待研究。

此次正在展出的连县瑶安地区的“过山榜”，写于布上面，文字工整，开首云“大明景定元年”，末行年号亦题“景定元年”，此榜文较为简化，似是明时所书，误加“大明”二字于景定之上。瑶人智识水平不高，自无足怪！[⑤] 所有“过山榜”题“景定元年”者，触目皆是，此特其一例耳。

二、《游梅山书》与宋代之开梅山

瑶人文书中有《迮（游）梅山书》一本，末亦记“抄书人董胜利，在广西来太吐（泰国）地坊（方）”，时间记着是“1973年癸丑岁十一月抄成”，虽然年代甚晚，但该文书分明是从广西传入泰国北部的。

---

① 《广西瑶族社会历史调查》第八册，136页。

② 《瑶族过山榜选编》，8页。

③ 《广西瑶族社会历史调查》第八册，30页。

④ 《瑶族过山榜选编》，29页。

⑤ 《广西瑶族社会历史调查》第八册，251页。

《游梅山书》内记载梅山三十六洞及梅山殿三殿为宋帝冥王。十王之名，与《十王经》大致相同，广西宜山及宜宾县的“过山榜”，开头即列出十三殿阎王的名称。这很明显是受到《十王经》一类经典的影响。这一文书是以梅山为主题的。

另外在其他的文书中谈及梅山亦不少，例如在《超度书》中有“开山法”和“关山法”，录之如下：

又到开山法

谨请祖师……敕变东方征梅山岭，南方征梅山岭，西方征梅山岭，北方征梅山岭，中央征梅山岭……

又到关山法

谨请祖师……东方青帝征梅山岭，南方赤帝征梅山岭，西方白帝征梅山岭，北方黑帝征梅山岭，中央黄帝征梅山岭，五方五面，山河江水，关来押下征山岭，却下例藏，速变速化。准我五奉太上老君，急急令敕。

这里言及梅山岭的五方五面。“五方神”的来历甚远，兹将唐代资料与瑶人文书作一比较。

唐代吐鲁番阿斯塔那三三二号墓出土祭五方五土神文书	瑶人文书中的超度书
谨启东〔方〕……开青门出……	谨请东方青帝旗青旗……
〔谨〕启南方赤帝土公……开赤门出……	谨请南方赤帝旗赤旗……
谨启西方白帝土公驾白车乘白龙白公曹白……开白门出白户盖堂	谨请西方白帝旗白旗……
〔谨启北〕方黑帝土公驾黑〔车〕……右五土解……	谨请北方黑帝旗黑旗……
……敢告北方黑帝缬纲纪、桓山之神兽玄武　神玄冥……	谨请中央黄帝旗黄旗[①]

① 《瑶人文书》四，82—83页。

……赤對……其神咒𧌒（融）[①]

瑶人的祀典，邝露《赤雅》上记其时节祀盘瓠，其乐五合，其旗五方，其衣五彩，是谓“五参”（一作“参五”），瑶人亦是重视五行的！

关于梅山，白鸟教授没有考证。考宋神宗熙宁五年有开梅山之举，是北宋对付瑶蛮的一桩大事。《宋史》卷十六《神宗纪》云：

熙宁五年十一月……章惇开梅山，置安化县。

又卷四九四梅山峒蛮条云：

其地东接潭（州），南接邵，其西则辰，其北则鼎、澧，而梅山居其中。……嘉祐末，知益阳县张颉收捕其桀黠符三等，遂经营开拓。……熙宁五年，乃诏湖南转运副使蔡烨、判官乔执中同经制章惇招纳之。……于是遂檄谕开梅山，蛮瑶争辟道路。……籍其民，得主客万四千九百九户，万九千八十九丁。……诏以山地置新化县。

又卷四七一《章惇传》云：

辰州布衣张翘言：南北江群蛮归化朝廷，遂以事属惇。……惇竟以三路平懿、洽、鼎州，以蛮方据潭之梅山，遂乘势而南。……

《宋会要辑稿》卷四二三〇云：

熙宁五年十月章惇发檄喻告开梅山道而蛮瑶争辟道路，以候得其地。

章惇同时人魏泰在《东轩笔录》有两处记及开梅山的佚闻。晁补之的《鸡肋集》卷九有《开梅山》一长诗，文云：

开梅山。梅山开自熙宁之五年，其初连峰上参天，峦崖盘崄阂群蛮，

① 《吐鲁番文书》，第六册，285、288、290页。

南北之帝凿混元。此山不圮藏云烟。跻攀鸟道出荟蔚，下视蛇脊相夤缘。相夤缘，穷南山。南山石室大如屋，黄闵之记盘瓠行迹今依然。高辛氏时北有犬戎冠国中，下令购头首。妻以少女金盈斗。遍国无人有畜狗。厥初得之病耳妇，以盘覆瓠化而走。堪嗟吴将军，屈死猘犷口。帝皇下令万国同，事成违信道不容，竟以女妻之，狗乃负走逃山中。山崖幽绝不复人迹通。帝虽悲思深，往求辄遇雨与风。更为独立之衣短后裾，六男六女相婚姻。木皮草实五色文。武溪赤髀皆子孙。侏离其声异言语，情黠貌痴喜安土。……迩来梅山恃险阻。黄茅竹箭淫雾雨。南人颠踣毙溪弩。据关守隘类穴鼠。一夫当其厄，万众莫能武。欲知梅山开，谁施神禹斧？大使身服儒，宾客盈幕府。檄传瑶初疑，叩马卒欢舞，坦然无障塞，土石填溪渚。伊川被发祭，一变卒为虏。今虽关梁通，失制后谁御。开梅山。开山易，防獠谁。不如昔人闭玉关。

梅山是湖南五溪蛮瑶的主要根据地，开梅山的原委，在《宋史·蛮夷传》之一，记载最详。大抵辰州地区自昔为五溪蛮所据。《元和郡县图志》卷三十辰州条云：

开元九年改为辰州，取辰溪为名。（李吉甫）谨按辰州蛮戎所居也，其人皆盘瓠子孙。

观晁氏此刻，可见梅山一带民人都是盘瓠的后裔。宋时其民多内附，有人任朝廷者，北江之彭氏、南江之舒氏、梅山之苏氏、诚州之杨氏，均纳土创立城寨，与向氏、田氏等，皆为巨姓。向氏有名曰“通汉”的，仕宋官富州刺史，曾上《五溪地理图》，即当时内附的重要人物。暹罗文书《盘古歌》云：“立有梅山学堂院，读书执笔写文章。”据《铁围山丛谈》云：“大观、政和之间，广州、泉州请建番学。”大观中赵企所填词有“猺山北面朝天子”之句。梅山开放之后，当设有番学。《宋史·孝宗本纪》“淳熙元年，许桂阳军溪洞子弟，入州学听读”，即允许瑶人受教育的事实。梅山蛮纳土，遂以置新化、安化二县。可能在瑶人心目中，梅山是一圣地，梅山之开发与办学，乃有以上各种措施。

三、由移住经路谈正蛮、莫瑶

白鸟芳郎在《瑶人文书解说》第二部分讨论“瑶族移住经路问题”，甚为简略，兹提供一重要资料。据惠东县多祝地区陈湖村所出《黎氏族谱》下书盆、盘、蓝、雷、黎、栏族谱云：

> 原是河南潭州永康县鹅塘都居住。……五祖公分住黎明岗，六祖公分住连州，叫卢乡，七祖公分在增城县居住，□淳熙二年十月日绘（给）。

此段文字，本名“敕赐胜牒”，详细见《广东省畲族社会历史调查》，又载入《广西瑶族社会历史调查》第八册，其中有错字。刻正在香港展览的《蓝氏族谱》与此文几乎完全相同。录之如下：

> 原是湖南潭州府永康县鹅塘乡居住。……五祖公分住黎明山岗，六祖公分住连外卢乡，七祖连州上县洞里，乡唐看。淳熙二年十月□日给。

今按潭州应在湖南，“河”字当是“湖”之误。《黎氏族谱》所记的六姓，实在是三姓的分化。盘姓分为盆与盘，在该族谱中“盘古”亦写作“盆古大王”，可证。蓝分为蓝与兰，亦写作栏。雷则分为雷与黎，都是同音借用。在连州旧俗对瑶有真、假之分。《连州志》说：“盘姓为真瑶，异姓为赝瑶，真瑶驯，膺瑶诈。”[①] 考此说实起于北宋，《欧阳修文集》卷一〇五《再论湖南蛮贼宜早招降劄子》中指出“蛮所依山在衡州、永州、道州、桂阳之间，四面皆可出寇……今盘氏正蛮已为邓和尚、黄捉鬼兄弟所诱，其余山民、莫瑶之类，亦皆起而为盗”。又云：“莫徭之俗，衣服言语，一类正蛮。”他把瑶人区别为盘氏正蛮一类，山民、莫瑶又为一类，似即后来盘姓为真瑶、异姓为赝瑶之所自出。其实隋唐时候，并无此种区别。《隋书·地理志》记“长沙郡杂有夷蜒，名曰，莫瑶。自云：其先祖有功常免徭役故名。……武陵、巴陵、零陵、桂阳、灌阳、衡山、熙平皆同焉”。欧阳修所言湖南诸蛮活动之地，即

① 《广东瑶族资料》上册，第73页作“膺瑶”，必是字误失校。

隋志所言莫瑶分布的地区。《梁书》卷三十四记，梁张缵为湘州刺史，“州界零陵、衡阳等郡有莫瑶蛮，依山险为居”。是梁时，零陵衡阳有莫瑶。入唐，其地属湖南观察使所辖。《元和郡县图志》卷二十九记：“灌阳、零陵属永州，桂阳、连山属连州。隋开皇。十年置连州，因黄连岭为名。大业初，改为熙平郡。武德四年，复为连州。”隋的熙平即是连州。刘禹锡诗有《连州腊日观莫瑶猎西山》及《莫瑶歌》二首，统称其族曰莫瑶，与隋志所言正合。长沙有莫徭，已见杜甫于大历三年冬在岳阳所作的《岁晏行》：“莫徭射雁鸣霜刀。”

灌阳今存康熙时碑，为对付瑶人之禁令，见《广西少数民族地区石刻碑文集》，其地向来有瑶人居住。连县《蓝氏族谱》和《惠东黎氏族谱》都说他们的祖先原住潭州。唐时潭州有莫徭村。最近我在禅宗史籍中检得一条不为注意的资料。《五灯会元》卷九记沩山灵祐禅师及其门人仰山慧寂与香严智闲在一起的故事云：

> 李军容来，具公裳，直至师背后，端笏而立。师（灵祐）回首见，便侧泥盘作接泥势。李便转笏作进泥势，师便抛下泥盘，同归方丈（室）。僧问：“不作沩山一顶笠，无由得到莫徭村。”①

沩山是百丈怀海的门徒，他在湖南潭州觅得一山名曰大沩。据《佛祖通载》十六记：“长沙郡西北名大沩，蟠木穷谷。为罴豹虎兕之宅，虽夷人射猎、虞迹樵夫，不敢往也。”沩山是非常荒僻的地方，虽夷蜒亦不敢前往畋猎，而其村乃有“莫徭”之名，必是莫徭居住的地方，连县蓝氏之瑶，其祖先来自潭州，与唐时沩山莫徭村的莫徭当有渊源。宋人把盘姓视为瑶的正宗，余姓如蓝氏雷氏黎氏等，呼为莫徭，后来看成赝瑶。大概因为盘姓人口较多，尤与盘古名字符合，故被目为嫡系。但在隋、唐之间，只是统称为莫徭而已。《元和郡县图志》卷二十九在潭州下云：

> 其俗有夷人名猺，自言先祖有功，免徭役也。②

从下句“免徭役”观之，猺当是莫徭。今瑶人所有“过山榜”都叙述其

① 见该书中华本，526页。
② 见该书中华本，701页。

先民耕作不交税纳粮及官方颁给山居耕作种种权利。简单说一句，便是免除徭役的证明文件。“莫徭”是瑶族向来最重视的事情。他们之称为“莫徭”，事实上应是所有瑶族的统称。宋以来以盘姓为正蛮，为嫡系，与莫徭之间，乃是后人强作不必要的区别。

以上三点初步看法，不知是否有当，希望瑶族专家给予批评及指正。

原载《南方民族参古》第一辑，成都，1987年

汶　莱

汶莱发见宋代华文墓碑跋

1972年6月初旬，我去印尼旅行。行前马大陈铁凡先生寄示傅吾康教授最近在汶莱访获一石碑影本，嘱为鉴定。文云："有宋泉州判院蒲公之墓·景定甲子男应（?）甲立。"我即去信询问出土情形。近接来函，得悉该碑发见的经过。据称本年5月，汶莱博物馆在汶莱市爱丁堡桥头路旁一马来人坟山中，首先发现华文古碑。《汶莱周报》（*Brunei Bulletin* vol. 20 No. 20，13th May，1972）曾有报道。[1] 后来傅吾康教授与陈铁凡先生至东马访古，调查当地文物，由该博物馆馆长夏日富丁氏等引道考察，加以证实。嗣后陈氏复至该地，亲为椎拓，以拓本一份赠送汶莱博物馆，并以影本分贻同好。可惜碑文上边款"男"下某甲立"甲"上一字，模糊不清。陈氏暂定为"应甲"，惟未敢十分确定。甚盼他日能获得精拓，借释此疑。

一

在东南亚各处知见的华文古碑碣文物，就目前而论，星加坡有明达濠程朝元墓碑，现已无存。槟城以乾隆壬子（五十七年）大伯公香炉石刻，马六甲以明天启壬戌（二年）黄维弘墓碑为最早。爪哇古物除三宝垅的三宝公庙

① 《汶莱周报》，星大图书馆无之，此据陈铁凡先生所寄示新闻稿转引。此碑发见地点应为 Mile l，Jalan Tutong，Bandar，Sri Begawan。

内传说的船碇之外，以笔者近日初步调查，似以雅加达太史庙（即凤山庙）乾隆壬申（十七年）“灵溢海疆”长春县会首立一匾额，年代较古。苏门答腊阿齐则有明成化七年钟（俗讹为狄青钟）。惟汶莱此碑为南宋末年之物，故其价值最高。

汶莱这碑年代，为景定甲子，即南宋理宗五年，公元1264年。宋汶莱为勃泥国，服属于三佛齐。理宗时，三佛齐国势已衰落，爪哇东南部新柯沙里（Singasari）王朝方崛起，1254年格达拿迦拉（Kertanagara）建国，是碑立于1264年，约在其即位后十载。泉州方面，则蒲寿庚自淳祐五、六年（公元1245）起以至德祐间（公元1275），任宋市舶使前后共三十年（寿庚以战功在宋末升任福建安抚沿海都制置使）。是碑正立于蒲寿庚泉州任内，时寿庚尚未降元。[①]

碑上墓主题名“有宋泉州判院蒲公”，何以称为判院？考泉州置市舶司在北宋哲宗元祐二年（《宋会要》记在是年十月六日）由福建转运使兼任提举。南宋绍兴二年（公元1132）福建市舶则由福建提刑司兼领。据《宋会要》，宋广州市舶司设立，“以知州为使，通判为判官，及转运使司掌其事”。盖当时知州，通判及使臣均得称为管勾市舶司。故《会要》云：“景祐五年九月……任中师言臣在广州奉敕管勾市舶司，使臣三人，通判二人，亦是管勾市舶司。”《会要》又云：“通判兼监而罢判官之名，每岁止三班内侍专掌转运使亦总领其事。”藤田丰八考证宋舶官制，谓是时“知州失市舶司长官之实，通判改为监官隶商舶临监，以转运使总领之，为一路市舶之长”。按通判即为副知州，由中书省任命。原得兼掌市舶事，其后市舶官制屡改。[②] 此墓主官衔为泉州判院，其人虽未必是官泉州通判，但必是华化的阿拉伯人而且为回教徒，故为蒲姓。惟是否为蒲寿庚族人，则不可得知。以年代推之，当是蒲寿庚为泉州市舶使时曾任泉州官职。[③]

唐宋时，勃泥及三佛齐人多蒲姓，且与华屡有交往，（唐哀宗）“天祐元

---

① 《宋史·瀛国公本纪》景炎元年（1276）条“蒲寿庚提举泉州舶司，擅蕃舶利者三十年”。参陈裕菁译订桑原骘藏著《蒲寿庚考》，第四章注二十一，据《宋史》景炎元年十二月“蒲寿庚知泉州田真子以城降”，定其降元在1276年。

② 参藤田丰八《宋代市舶司及市舶条例》（何健民译，《中国南海古代交通丛考》，291—299页），论宋舶司设有监官，通判兼之。

③ 罗香林《蒲寿庚传》六《蒲寿庚与泉州提举市舶使司关系考》，据同治《泉州府志》职官，列宋代泉州提举市舶使者表，共八十五人。通判泉州而提举市舶者，如明阳思谦《泉州府志》卷十之林孝渊，即其一例。

年（904），授福建道三佛齐国入朝进奉使都蕃长蒲诃粟宁远将军”（《唐会要》卷一百）。[①] 宋太平兴国二年（公元977）勃泥入贡龙脑，其副使名蒲亚里（《宋史》四八九《勃泥传》）。绍兴二六年（公元1156）十二月壬戌，三佛齐国使者蒲晋入见。癸亥，以三佛齐国首领悉利麻霞啰唵（Sri-maharaja）为保顺慕化大将军三佛齐国王，以蒲晋为归德郎将，副使蒲遐为怀德郎将，判官蒲押咤啰为安化司候（《建炎以来系年要录》卷一百七十五）。[②] 这是唐宋两代到过中国的蒲姓著名人物。此蒲晋即曾在广州久住。《宋会要·蕃夷七》云：“（绍兴二十六年十二月）二十八日诏：昨知广州折彦质奏：蒲晋久在广州居住，已依汉官保奏承信郎，今来进奉，可特与转五官，补授忠训郎。”是其明证。南宋又有大食人巨商蒲亚里留居广州之事[③]，其名与北宋初勃泥副使蒲亚里相同，可见此诸蒲当为大食（阿拉伯）人无疑。广州回教怀圣寺即宋时广州蒲姓之礼拜堂[④]，广州观音山东北的知府山有蒲姓坟山，去回教坟场不远，有题名宋讳揑古柏蒲公墓及元讳里翰字文渊蒲公墓，明讳阿噜嘔蒲公墓及明讳噜嗯号柏庭蒲公墓，既有汉名，又兼著阿拉伯名，此为蒲氏墓发现于广州者。可是碑石乃是光绪十六年远孙所重立。根据族谱题名，并非正式宋碑。[⑤]

海南岛南端三亚港回教徒甚多，有清真寺四处。《宋史·占城传》称：“雍熙三年，儋州（海南）上言：占城人蒲罗遏为交州所迫，牵其族百口来附。”这是蒲姓自宋初由占城传至琼崖的记录。[⑥] 南海甘蕉《蒲氏家谱》所载蒲姓源流考，亦谓其“先世占城贵人以舶事入中国”，可见宋时蒲姓分布于广州、琼州，多从占城（安南）而来者。蒲寿庚先世的由来，德化《蒲氏谱》与南海甘蕉《蒲氏家谱》，所记不同。前者谓寿庚之父自四川迁入，

---

① 桑原书第三章注十四《三佛齐之蒲姓》列举例证甚多。自《宋史·三佛齐传》以外，元汪大渊《岛夷志略》、元陈元靓《事林广记》辛集八、《大明一统志》九十均谓三佛齐人多姓蒲。桑原书（中华本）误天祐作“元祐”，冯攸译本云：“或作蒲诃栗。”按《宋史·外国传》，周世宗显德间，占城使者有蒲诃散。又见《册府元龟》九七二。蒲诃散亦阿拉伯人，为 Abu HaSSan 的音译。

② 参 O. W. Wolters：A Notes on the Capital of Srivijaya during the Eleventh Century，*Essays Offered to G. H. Luce*，vol. I，p. 235。

③ 见《建炎以来系年要录》一一六绍兴七年条。及《宋会要》绍兴七年，“大商蒲亚里，曾讷以妹嫁之，亚里因留不归”。桑原谓蒲亚里的阿拉伯名是 Abu Ali，见该书第二章注二十四。

④ 宋岳珂《桯史》、宋方信孺《南海百咏》，及白寿彝《读桑原藏蒲寿庚考札记》。

⑤ 罗香林《广州蒲氏源流考》及《广州蒲氏宋元二代祖坟发见记》。蒲里翰曾官溧阳州，见光绪《溧阳州志·名宦》。

⑥ 岑家梧《三亚港的回教》（《西南民族文化论丛》，128页）、罗香林《海南岛蒲氏回教徒考》。

后者则谓寿庚之父终居广州，寿庚子孙则居福建泉州。[①] 按德化《谱》谓一世祖为蒲孟宗，既误宗孟作孟宗，显然出于攀附，故从四川迁来一说，恐不可信。[②]

《宋会要》历代朝贡，记“（绍兴）六年八月，提举福建路市舶司言，大食蕃客蒲啰辛状，谓自就蕃造船一只，广载迤逦，入泉州市舶”。此又另一泉州阿拉伯番商姓蒲的，和蒲寿庚一家，应该没有什么关系。

此碑出于马来人坟山丛密墓碣之中，惟用华文书写，字体浑厚雄肆，想是出自宋季福建书法名家之手。其为宋碑，绝无疑问。墓主生前官职是泉州判官，而有墓在汶莱，可见其人或先代必兼营海舶，子孙则在汶莱。如彼卸官后，尝随舶返勃泥，殁而葬于此，则其长男立墓碑，何以不书其讳？此墓碑只署年代及立碑者长男某甲之名，于墓主但记官衔而名字则略去，比之广州蒲氏墓，既题其汉名，兼著阿拉伯名的具体办法完全不同。颇疑心这是衣冠冢。即其人殁时仍在泉州，而由留居汶莱的后人立墓碑，以垂纪念，亦有可能。赵彦卫于宋宁宗开禧二年（公元 1206）任新安郡守时，著《云麓漫钞》，在书中卷五记述福建市舶司常到的诸国船舶，勃泥三佛齐皆在其列。勃泥以出产脑版著名。周密《癸辛杂志》续集下，记“泉南巨贾南蕃国回回佛莲者，蒲氏之婿，其家富甚，凡有海舶八十艘”。癸巳（公元 1293）岁殂。此事在蒲寿庚没后九年[③]，泉州蒲姓有关系的贾人，尚拥有海舶如是之多。这位曾任职泉州判院的蒲公，很可能直接来自勃泥，和宋初的蒲亚里一样。惟因入仕于宋，故用华人题墓碑，又因其为回教徒，故葬于马来人的坟山。

《汶莱周报》谓：“由于是碑的发见，可以证明华人到达汶莱较前人推测可以提早一百年。汶莱历史将为之而改观。”足见此碑之重要性。据向来记载，汶莱的华人多数为福建厦门人，15、16 世纪开始移植该地。可是勃泥一名早已见于 9 世纪樊绰的《蛮书》（卷六《云南城镇》）。10 世纪宋初，汶莱已到过中国朝贡。勃泥国王麻那惹加那乃于永乐六年（公元 1408）卒于会同馆，

---

① 参罗香林《蒲寿庚传》。

② 拙作《词籍考》，261 页蒲寿宬《心泉诗馀》附《清初举人蒲奇成所修蒲氏谱稽疑》，谱谓寿宬于至元二十三年状元及第。时无科举，安得中状元？足见其说多不可靠。

③ 桑原书第五章注十八“南蕃回回佛莲”条，蒲寿庚亲戚佛莲之外又有乔平章，其女即嫁与寿庚之次子，详《金氏族谱》。参 L. G. Goodrich: Recent Discoveries at Zayton（《刺桐的新发见》），*J. A. O. S.*，vol 77，3，1957。

墓葬南京雨花台。可见与中国往来的密切。[1] 在蒲寿庚之前，理宗时任福建提举市舶的赵汝适，在所著的《诸蕃志》中评述勃泥贸易状态，并说勃泥仍崇信佛教。明初洪武二年（公元 1369）沈秩等出使勃泥国，宋濂述其事为作《勃泥国入贡记》（《芝园后集》），亦谓其国事佛甚严。向来中国史家多据此谓是时回教势力尚未传入汶莱。[2] 今观华文景定蒲氏墓碑，乃出现于马来人坟山上，可见 13 世纪的勃泥，事实应该已有回教徒了。[3]

过去仅知碑刻上记载蒲氏的文献，只有泉州出土的明永乐十五年五月镇抚蒲和日为郑和往西洋忽鲁谟斯诸国所立的碑石（吴文良《泉州宗教石刻》图五七）。今海外汶莱又出宋末的蒲氏墓碑，时代更在其前，尤为难得，这不能不说是很重要的发现。

近年新发见宋碑，有关中外交通者，若莆田之绍兴八年戊午（公元 1138）《兴化军祥应庙记》，其中有云：

> 往时游商海贾，冒风涛，历险阻，以牟利于他郡外番者，未尝不至祠下。……泉州纲首朱纺，舟往三佛齐国，亦请神之香火，而虔奉之。舟行迅速，无有艰阻，往返曾不期年，获利百倍。前后之贾于外番者，未尝有是，咸皆归德于神（此碑拓本，见《文物参考资料》1957 年第九期）。

此文可为三佛齐与泉州在南宋初期船舶往来之史实增一例证。《宋史·三佛齐传》云："泛海便风二十日至广州，其王号曰詹卑。其国居人多蒲姓。唐天祐元年贡物，授其使都蕃长蒲诃栗立宁远将军。建隆二年（公元 961）夏，又遣蒲蔑贡方物。……（开宝）八年，又遣使蒲陁汉等贡方物……"早期唐末宋初，三佛齐贡使姓蒲者甚多，而蒲诃栗立为最先使唐人物。《唐会要》作蒲诃粟，元刊《宋史》此卷黄安写本亦作蒲诃栗立，与《唐会要》异。前论未备，故复补识于末。

---

① 《明实录》永乐六年（卷五九），又胡广撰《勃泥国恭顺王墓碑》。1968 年南京发现《勃泥王碑》。

② 余炜《婆罗洲汶莱古国之变迁》，载《中国学人》第二期，103 页。

③ 桑原书引 Crawfund 于 *A Descriptive Dictionary of the Indian Islands* 谓苏门答腊之回教徒，始于 1200 年，苏岛情形如此，汶莱自然在 13 世纪以前必有回教徒。

二

汶莱宋碑之发现，拙作及陈铁凡、傅吾康诸先生报道与讨论已详。[①] 在泉州的蒲姓石刻，除永乐十五年蒲和日为郑和往忽鲁谟厮所立者以外，我曾于台湾“中央图书馆”得见清魏锡曾的《非见斋碑目稿本》，其中有蒲力目的石香炉题字，该炉立于泉州承天寺中门外，其铭略云：

> 泉城县府前保信士蒲力目偕室李二娘仔，与十方檀信，同发诚心。……时大元至正丁未年四月吉日，化主实裕。住山实和敬题。[②]

这是元至正（公元1367）间所立的。其年代在蒲和日之前。这位蒲力目当然亦是阿拉伯人，他的太太李二娘仔则是华人。自宋以来，蒲家喜欢与华人通婚，像绍兴七年巨商蒲亚里至广州，有武臣曾纳利其财，以女适之，亚里遂留不归[③]，即是很有趣的例子。当日且有“贾胡蒲姓，求婚宗邸”之事[④]，可见海上蕃商恃其财富，且和赵宋皇室联秦晋之好，已是很寻常的事了。

在泉州，永乐中又有蒲妈奴，晋江人。以功升泉州卫前所试百户，子清，袭职调福州右卫后所。万历间，孙国柱又袭位。[⑤] 此则入明为官，可见泉州蒲家之夥，不仅蒲寿庚一系而已。刘铭恕撰《蒲家杂事》，稍有论列。[⑥] 泉州判院的蒲公，和蒲和日、蒲力目、蒲妈奴，都是泉州的蒲氏，时代由宋末至明初，差不多是同时的人。

在广州的诸蒲，除前文所举蒲晋之外，零星记载所见到的，尚有“广州蕃商蒲琚，献名珠香药”（《建炎以来系年要录》一九三绍兴三十一年八月）。蒲延秀尝依蒲晋例，补承信郎（《宋会要》蕃夷七绍兴二十六年十二月知广州折彦质奏）。又胡妇蒲为子求官。（《杨诚斋集》卷一二五《林运使孝泽墓志

① 参拙作《汶莱发现宋代华文墓碑的意义》，载《新社季刊》第四卷第四期；陈铁凡、傅吾康：《东南亚最古的华文史料：汶莱宋碑》（1972年11月26日马来西亚《星洲日报》第四版）等篇。

② 此条可补吴文良《泉州宗教石刻》之缺。

③ 《建炎以来系年要录》卷一百十六。

④ 刘克庄《后村大全集》卷一百五十五《礼部王郎中墓志》。

⑤ 《图书集成・氏族典》卷九十八引《福州府志》，有《蒲国柱传》。

⑥ 刘文见《宋代海上通商史杂考》，见《中国文化研究所汇刊》第五卷（1945年9月版）。

铭》记其提举广南路市舶事。）这些都是南宋的事情。

勃泥国第一个到中国的使臣名蒲某的是北宋初太平兴国二年（公元977）的蒲亚里。《宋史》外国《勃泥传》记其王向打遣使施弩、使副蒲亚里判官哥心等赍表致贡，据表中言及，乃是商人名叫蒲卢歇道达入贡的。这桩事亦载于《宋会要·蕃夷七》，名作蒲亚利。惟《宋会要·佛泥国》条称："神宗元丰四年八月二十八日，佛泥国遣使来朝。佛泥不与中国通者九百余年，至是方入贡。"如果佛泥国即是勃泥国，则分明在宋太宗时其王向打已尝遣人入贡。这样似乎有点矛盾。

《殊域周咨录》卷九在《苏门答腊国》提及："淳化四年（993），广州蕃长以书招谕，舶主蒲希密遂至南海。……自是广州至今多蒲姓者皆其裔。"顾炎武于《天下郡国利病书》一一九亦云："蒲希密……至南海……今色目蒲姓者是其裔也。"这一说是很有问题的。我们细阅《宋会要》蕃夷部历代朝贡中的记录，大食国王珂黎拂遣使舶主蒲希密来贡，在淳化四年三月十日。大食入贡，实肇于开宝元年。太平兴国二年，大食国来华使有蒲思那。在此之前，宋太祖建隆二年正月，占城王释利因陀盘遣使蒲诃散等来朝。乾德五年三月，其王波美税遣使蒲诃散来贡（见《宋会要·蕃夷四》之六一《占城国》）。占城之蒲，来华入贡，比大食蒲希密更早了一些时候。又《阇婆国》："太宗淳化三年十二月，其使陁湛、副使蒲蘸里、判官季陀那假澄等至阙下。"其时副使名蒲蘸里，亦先蒲希密一年来华。又在淳化之前，唐末天祐，北宋初太平兴国、雍熙等朝，来华使者名蒲的甚多，略为列举如次：

唐哀宗　天祐元年（公元904）　三佛齐使都蕃长蒲陁汉（见《唐会要》）

宋太祖　建隆二年（公元961）　三佛齐使蒲蔑

乾德五年（公元967）　占城使蒲诃散

开宝八年（公元975）　三佛齐使蒲陁汉

太　宗　太平兴国二年（公元977）　勃泥副使蒲亚里

二年　大食国使蒲思那（四月）

八年（公元983）　三佛齐使蒲押陀罗（十一月二十一日又十二月二十九日）

雍熙二年（公元985）　占城国人蒲罗遏

淳化元年（公元990）　　占城新王杨陀排遣使李臻、副使蒲诃散
三年（公元992）　　阇婆副使蒲蘸里

可见淳化四年以前，东南亚诸国使臣名蒲之多。而以三佛齐使华的为最早。上举的人物都早过蒲希密，何得谓所有“色目蒲姓”都是蒲希密的后裔呢？

《宋会要·蕃夷四·占城国》有长篇小注引《中兴书》云：“（绍兴二十五年十一月一日）客言潮梅州巡辖马递铺押伴占城奉使韩全状：今月十三日押伴进奉人到建州，约十一月六日到阙，及会问使副以下职位姓名称呼等第项下，其中占城的蕃首有一判官，姓蒲名都纲，呼大盘是官资。”（同书《蕃夷七·历代朝贡》作十月，亦记判官蒲翁都纲，一为蒲翁团翁等八名。）这位来自占城的判官蒲翁都纲，是欲往临安朝贡的。他姓蒲而名都纲，当是回教海上商旅的舶主。海外各国使臣来华的正副使之下，都有判官同行。北宋以来，屡见于记载，就《宋会要》所见，分国略记如下：

勃泥国—— 使施弩、副使蒲亚利、判官哥心。（太平兴国二年九月二十日）

阇婆国—— 使陀湛、副使蒲蘸里、判官季陀那假澄。（淳化三年十二月）

占城国——太使陈尧、副使蒲萨陁婆、判官黎姑伦。（真宗咸平二年二月二十八日）

进奉使蒲萨连琶、副使古论思唐、判官力占琶。（哲宗元祐四年六月十一日，占城国条列于徽宗崇宁三年。）

奉使杨卜萨达麻翁、付使教领离力星翁、判官霞罗日加。（孝宗淳熙元年七月三日）

大食国—— 使蒲思那、副使摩呵末、判官蒲罗。（太平兴国二年四月）

蕃客蒲押提黎、判官文成。（真宗咸平二年六月二十七日）

使蒲麻勿陁婆离、副使蒲加心。（天禧二年五月二日）

三佛齐国—— 使李眉地、使副蒲婆蓝、判官麻诃勿。（大中祥符元年七月十九日）

注辇国——使娑里三文、副使蒲加心、判官翁勿。（大中祥符八年九月二日）

上列诸入贡国家正副使以外，都有判官，判官是使臣的佐贰，判官一名显然是借用中国判官的名称。

上列各国使臣中不少名曰蒲某。此外涉猎所及北宋诸蕃国以蒲为名的人物，尚有一些可以列举的如：

大食国—— 舶主蒲押陀黎。（至道元年二月一日，又二年六月二十七日）
使蒲麻勿陁离、副使蒲加心。（天禧三年五月）
首领蒲沙乙。（嘉祐元年）
使蒲啰诜。（神宗熙宁六年十二月）
大食勿巡国—— 舶主蒲加心。（大中祥符四年）
占城国—— 使蒲思马应。（皇祐五年四月）
使蒲息陁琶。（嘉祐元年闰二月）
使蒲麻勿。（熙宁元年六月四日）
使蒲萨连琶。（崇宁四年六月十一日）
蒲端国—— 使亚蒲罗为奉化郎。（大中祥符四年六月）
真里富国—— 番书译语人蒲德修。（南宋庆元二十年十月一日）（见《宋会要·蕃夷》）

以上只是随手摘录，可见“蒲姓”的分布，且远至南印度的注辇（Cola）。其实所谓“蒲姓”，是译自阿拉伯语 Abu，义为父亲，用作尊称。阿拉伯人原只有名而无姓，其名之前冠以 Abu 字，但表示为“某某之父”的意思。凡“蒲某”的名称，既非姓蒲，自然却是同一宗族，而却是同一民族，即表示均是阿拉伯人，当然亦是回教徒了。[①]

蒲氏在东南亚诸大国，若占城、三佛齐、勃泥、阇婆已为一般所习知。其他像蒲端、真里富诸小国，亦无不有蒲姓的足迹。自唐末宋初以来，阿拉伯人挟其商业力量，贸易所至，整个东南亚几乎都有“蒲姓”寄居。从蒲某

① 参傅吾康等《汶莱古碑注》中引用马来亚大学伊斯兰系 Maktari 博士之说。

名称的分布看来，回教势力从10世纪初已逐渐侵入东南亚各国。汶莱有宋季景定甲子（公元1264）的蒲公墓碑，我在前文提出13世纪该地应有回教徒存在。实则三佛齐、勃泥在唐末天祐至北宋太平兴国（公元904—984）一段时间已不断有蒲某一类的人物充任入贡中国的使者，可见阿拉伯人的向东移植必从唐代开始。一般谈印尼历史的人，认为印度河口 Guzerat（《诸蕃志》之《胡茶辣国》）人善于经商，14世纪初，始将回教传至苏岛北部的 Perlak 等地。[①] 其实从三佛齐、勃泥各地人名曰蒲某的出现之早，回教徒在唐末已在印尼苏岛及汶莱立足了。我所以将这些所谓蒲姓的名字及其时代，不殚烦地举出，正为提供资料以便懂得阿拉伯文的学者，可以把它们的回名复原，作为研究阿拉伯海上通商问题的参考。再从空间来论，“蒲姓”在东南亚各国分布之广，可见不能像顾炎武那样轻易地说他们都是大食国蒲希密的后裔；亦可见以前史家凡看到有姓蒲的，便派入蒲寿庚世系的队伍中，这种说法之武断，正可不言而喻的。

以上是从汶莱宋碑所引起的对于蒲家历史背景的重新认识，我觉得它的重要性，似乎比较对该碑文本身的考释工作，应该更饶有意义。

《泉州府志》卷二十六职官类，知州以下有通判军州事、添差通判军州事、命书判官三种。引《宋史·职官志》：望州：知州事一员，通判军州事一员，签书判官厅公事一员。如是，属于州判的官职，应包括通判、添差通判、签书判官三者。《宋史·职官志八》河南应天府下云：“通判一人，以朝官充，判官、推官各一人，或以京朝官签书。”按通判之下又有判官之职。诸蕃国入贡正副使之外，都有判官一名，大概必为负责公文书者，故借汉职名“判官”称呼之。

汶莱宋碑上镌“泉州判院蒲公”数字。“判院”一名，在宋代含义甚为复杂。[②] 有时判院只是虚衔，宋人诗文上使用判院，或作为雅称。[③] 陆游诗稿中有《简苏训直判院》一首，证之《渭南文集》中《郎中苏君墓志》，称他“讳玭，字训直，泉州同安人……通判明州”。则这处判院很可能即指苏氏为明州通判而言。至若签书判官一衔，因为是签书判官厅公事，似乎应该称为判厅更为恰当。

---

① 如吴世璜《印尼史话》一七《回教东来》。

② 陈铁凡先生有《判院探原》一文，载《大陆杂志》第四十七卷第二期。

③ 如《南涧甲乙稿》卷五《故提点判院魏公挽词》，《朱子文集》卷三《次判院丈雪意韵》等题目。

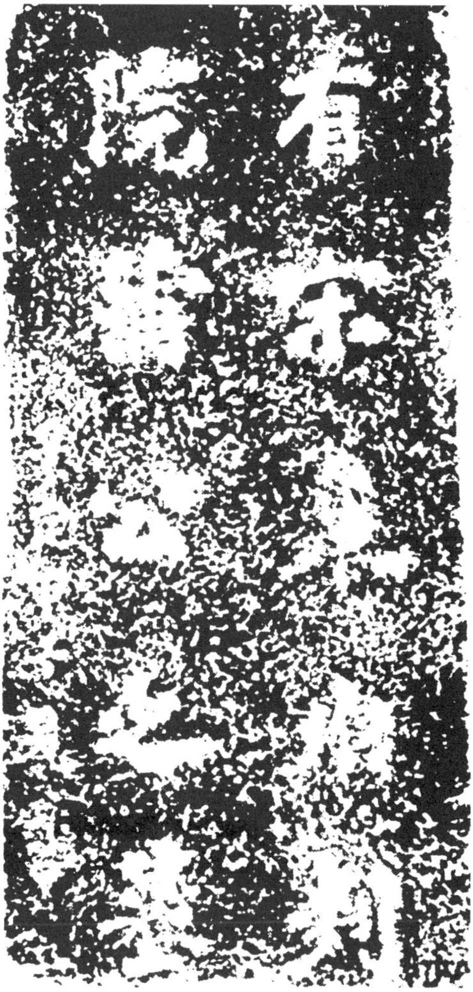

图一 泉州判院蒲公碑拓本

汶莱这碑的判院，我以前认为可解作通判。现在细想起来，似可以作两种读法，一是任泉州府判院职的蒲公，一是泉州籍曾任判院官职的蒲公。前者的判院，不妨以泉州府下属官的通判说之。后者的判院，可能是一个虚衔，或者其人曾任过掌文书的判官，其后裔立碑，遂为加上美称的“判院”。由于该碑文措词过简，一时无法加以判断，资料所限，只有留待他日有新材料的出现，再行论定。至于该碑所引起的蒲家在泉州及东南亚地区分布问题，对中外交通史的探讨，提供一些较为客观的看法，连类所及，不惮覙缕，重为考索如此。

苏门答腊

苏门答腊岛北部发现汉钱古物记

苏门答腊和中国往来，在唐宋时候已有官方的记录。这一地区，唐、宋属于室利佛逝所管辖。武则天时代，佛逝屡尝入贡。在南部渤淋邦（Palimbang）一带，向称占卑国，唐时亦曾朝贡。《唐会要》卷一百《杂录》载：

武后证圣元年（695）九月五日，敕蕃国使入朝，其粮料各分等弟给。……尸利佛誓、真腊、诃陵等国使，给五个月粮；林邑国使，给三个月粮。

是时南海诸国入贡的，有给粮五个月至三个月不等。同书占卑国条云：

宣宗大中六年（852）十二月，占卑国佛邪葛等六人来朝兼戏象。

懿宗咸通十二年（871）二月，复遣使朝贡。按段公路的《北户录》，记詹卑国出扁核桃。宋时三佛齐[①]贡物亦有扁桃。唐朝占卑即宋时的三佛齐；三佛齐《两唐书》、《五代史》俱无传，惟《宋史》云：

---

① 三佛齐唐代阿拉伯人称为 Serboza 或 Sarbaza，故宋以来遂有“三佛齐”之名。其国都大体即在渤淋邦。参考桑田六郎之《三佛齐考》（《台北帝大文政学部年报》三，五，1936—1938）。

三佛齐……其王号詹卑，人多蒲姓。

唐末王审知割据福建，和三佛齐货舶来往频繁。《五代史·闽世家》记云：

招来海中蛮夷商贾，海上黄崎一夕风雨，雷电震击，开以为港，闽人以为审知德政所致，号为甘棠港。

这是当日开辟海港的神话。"佛齐"一名，出现于王审知的"德政碑"，碑在福州芝山闽王庙内，立于唐昭宗天祐三年，文为于兢所撰。费瑯在《苏门答剌古国考》征引史籍，甚为浩博，惟此碑则为彼所未注意。兹录于后，以补其缺略。碑文云：

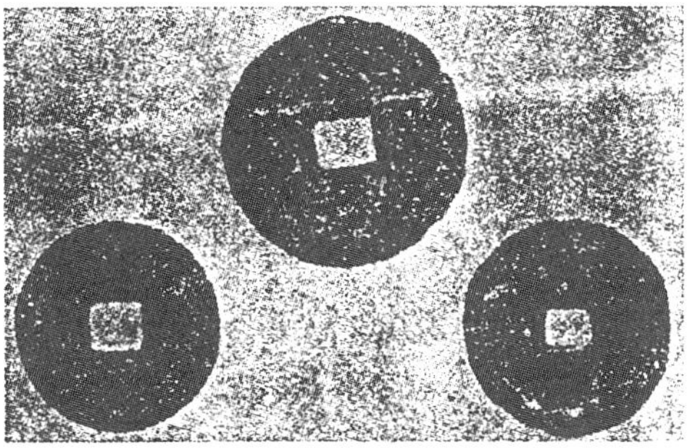

上为建炎通宝，左为皇宋通宝，右为大观通宝，皆汉钱古物。

佛齐（国）虽同临照，靡袭冠裳，舟车罕通，琛赆罔献。□者亦逾沧海，来集鸿胪。此乃公示以中孚，致其内附。

（《金石萃编》："此碑有缺字。兹据吴任臣《十国春秋》补之。"）又铭云：

佛齐之国，绥之以德，架浪自东，骤山拱北。

（参陈衍《福建通记·福建金石志》（石三）。）《宋会要·职官》四四市舶司条云：

（元丰）五年（1082）十月十七日，广东转运副使兼市舶司孙迥言，南蕃纲首持三佛齐詹卑国主及主管国事国主之女唐字书。……

是詹卑在宋时与华来往，已用唐文。《诸蕃志·三佛齐国》云："国中文字用番书，以其王指环为印，亦有中国文字，上章表则用焉。"番书必指马来文，然对华公文，则以汉字撰写，已成惯例。明宣宗有《遣使谕西洋古理、苏门答剌诸国诗》云：“似闻溟海息鲸波，近岁诸蕃入觐多。杂遝象胥呈土贡，微茫岛屿类星罗。朝廷怀远须均及，使者敷恩合遍过。莫惮驱驰向辽远，张骞犹说到天河。”这是见于内府手抄红格纸黄绫裱本的《宣宗皇帝御制集》卷四三，现珍藏于士林“故宫”博物院，外间不易见到，涉览所及，附记于此。从这首诗看来，苏岛和中国的关系，在明初接触更是频繁了。

苏岛北部的棉兰（Medan），目前是印尼的第三个大城市，华人足迹甚早。在老武汉（Labuhan）地区，有华人建的寿山宫，祀观音佛祖。该庙乃光绪十六年庚寅（公元1890）所立，有碑文略云：“窃我唐人到幼里，至今三十有年矣。庙宇佛像未尚建筑，幸董事等集谋□捐敬造。案□观音菩萨，所有捐题芳名支用录于左。……总理人谢应莱仝立石。天运庚寅年冬腊月吉旦。”（原碑华文不甚通顺，照原文录出。碑有摄影，见于Wolfgang Franke所著 *Chinese Epigraphy-West Malaysia & Adjacent Areas*，见南洋大学《文物汇刊》，172页，图一七。）这是棉兰现存最古的华人庙宇。

棉兰又有天后庙，碑为《醵资小引》，题“宣统三年春月日丽华商立”。有香炉一，款曰“光绪三十三年孟秋粤东省天平街”。钟一，铭曰“风调雨顺”，“光绪三十三年丁未敬酬”。在巴烟（Pulubrajan）又有武帝庙，内有光绪辛卯（公元1891）匾额二，“福建安溪陈妈肴酬”。又有光绪壬辰楹联，其侧为福建公司，乃闽人所建。日丽亦作日里，即棉兰之别名。棉兰华人所建庙宇，可记者如此。

老武汉地方的哥打支那区，在1973年7月间曾发现砖砌古城遗址。据当地村长说，这座古城是在室利佛逝王朝时代所建。此地原是室利佛逝王朝，为巡视苏岛的一个海舶港口。该古城有长约二百公尺的隧道，中有四个古墓，出土一些中国古钱和一个用大理石制成的石马，石马高六十公分。又发现一艘古船，长约七十公尺，埋于沼泽中，只有龙头形鹢首露出水面。又在古井中发现佛像二尊。报载（附棉兰华文报的图照）：“古城中出品，有小铜像、清朝钱币及东印度公司1804年的钱币，和中国陶瓷与武器。”

在出土的中国古钱中，据说有唐开元通宝及元丰铜钱，为亲弟锡权收购得；曾以若干枚见赠，皆为宋钱。细加观察，计有下列诸年号：

皇宋通宝	淳化元宝
天圣元宝	大观通宝

建炎通宝

俱见插图。闻说当时出土古钱不可计数，都被西人收购，囊括而去。这里几个钱币，只可算是沧海一粟，微不足道。它的年代，上自北宋太宗的淳化（公元 990—994），仁宗的天圣（公元 1023—1031），徽宗的大观（公元 1107—1110），下至南宋高宗的建炎（公元 1127—1130），包括整个北宋及南宋初年。这个时期，中国和三佛齐的贸易关系，更为密切。O. W. Walters 著《十一世纪室利佛逝首都考》（A Note on the Capital of Sirivijaya during the Eleventh Century），对三佛齐的詹卑在北宋时与华交往事迹，有详细考证。[①] 拙作《汶莱宋碑跋》二篇，亦对唐末（天祐元年，公元 904）至北宋太宗淳化间三佛齐来华使臣，有详细的描写。[②]

本来宋钱在东南亚一带，屡次曾经发现。为人所注意的，像 1822 年 John Crawford 在新加坡升旗山上，发现宋真宗、仁宗、神宗年号的铜钱[③]；1860 年在印尼日惹，发现宋钱（见 1899 年通报）。爪哇在明初交易的通货，行使汉钱，亦见诸记载（《瀛涯胜览》）。故在苏门答腊北部有宋钱出土，是不足为奇的。这件事已成明日黄花，可是知道的人不多，所以将这几个宋钱印出，以供留心东南亚文物的人士参考。

11 世纪初，三佛齐一带有“金洲室利佛逝城”之称，尝一度为东南亚大乘佛教的重镇，法称似即当日佛教的首脑。以前一些高僧到此留学，唐时义净于佛逝滞留十余年。西藏的燃灯吉祥智（Diparikara-Srijnana）即阿提沙（Atisa），亦尝在金洲留学十二年，从法称问学。金洲法称的著作，尚保存于藏文《大藏经》的《丹殊尔》部。三佛齐国内佛学的发达，是很重要而值得注意的。[④]

三佛寺建寺用汉名及铸钟，肇于宋时。北宋咸平六年（公元 1003），三佛齐王入贡，诏以“承天万寿”为寺额，并铸钟以赐（见《宋史》卷四八九《三佛齐传》），遗迹现不可考。

---

① *Essays Offered to G. H. Luce* 第一册（pp. 225—239）。

② 拙文见新加坡出版：《新社季刊》第四卷第四期，又同刊第五卷第三期。

③ John Crawford's Description of the Ruins of Ancient Singapore（*Journal of an Embassy from the Governor—General of India to the Courts of Siam & Cochin China*，London，1828“道光八年” p. 447）。

④ 见静谷正雄《三佛齐佛教史》關すさ西藏文の一新资料，《石滨还历论文集》第一册。

老武汉古井中出土的佛像，作风有点和暹罗的差耶（此地一说是曾为室利佛逝的故都）所出的很相似。在印尼中部婆罗浮屠（Borobudur）的佛像，亦可以作比较。可惜古物一出土，便被人取去。

皇宋通宝

又那艘古船，亦没有好好地保存下来，不然对于研究宋代海船制度，将是一件极宝贵的材料。在三宝垄郑和庙内，保存有古船桅一件，用红布包裹。庙有联一对，文云："泊铠以锚坚如铁，古物维尊表其诚。"庙内另有"船舡公"、"船舡节"等匾额，别有所祀。这艘古船，比起三宝垄的船桅重要多矣！印尼人对出土文物，不能珍惜保护，让它为人盗宝掠夺，这是一桩不可补偿的损失。

天圣元宝

在这里我将附带略谈棉兰附近的山水、古迹、人物。在附近的亚齐州①，有明宪宗成化七年（公元1471）的铜钟，土人讹称为"狄青钟"。福建林小眉的《摩达山咏古诗》有句云："象军遥渡阿尼里（原注：'亚齐海峡'），牛火宵燔克拉屯（自注：'亚齐城'）。"又云："一代遗钟秋草没（原注：明颁赐亚齐王之钟尚存），千年古币土花斑（自注：土人治井获古元宝二颗，现存外舅耀轩先生家）。"小眉为林景仁的别号。景仁字健人，别署蟫窟，为福建巨室林维源长孙，台湾有名的林家花园的主人之一。他在新婚时期，与妇张馥瑛居于棉兰的Battak山张家别墅，写成一部诗集②，名曰《摩达山漫草》（大抵民国六年以前所作），对该地的物产、人文都有题咏，是极有价值的苏北文献。林小眉的外舅张耀轩先生，即张鸿南，梅县人，棉兰首富。荷兰政府时代，任棉兰地方自治会议员。清朝季年，由知府擢至代理考察南洋商务大臣，尝和其兄榕轩建造潮汕铁路，创设日里银行，人号"张百万"。余尝至其宅第，俗称大厝，在沙湾大

淳化元宝

① 亚齐与华贸易甚早。清陈寿祺在《福建通志》卷二七〇《国朝洋市》云："亚齐在西南海中，土产西洋布丁香……之属。"

② 《林小眉诗集》，在《台湾风物》第二十卷第二期曾印出《林健人小眉诗作汇辑》；又同杂志第二十二卷第三期有舒州月作《林小眉诗的研究》，颇详其生平。

古城出土的佛像二尊

街（Kesawan），见历年来政府褒赠的匾额，都保存得很完好。承馥瑛女士惠赠《张耀轩博士拓殖南洋卅年纪念录》一巨册，永远留为纪念。张家富收藏，蒙出示宋湘手写《杜诗》六册，殊为矜贵。

摩达山位于 Toba 湖边，以居民为 Batak 族著名。今译写作峇达。峇达女子能自织自染，平日只围沙笼，以青布缠成一三角形的头包，戴上以银或铜制成的耳环，重可数斤，以耳环连于头包之上。峇达人所居房屋，大都离地二公尺以上，是东亚民族共同的“干阑”式，只有门一扇而无窗牖。酋长屋宇现多保存，成为有名的古迹。峇达族的语言有二大系统：南部为 Toba-Batak，包括 Angkola、Mandailing 语；北部为 Karo-Batak，包括 Alas、Dairi Batak 语。[1]

“峇达”一名，在中国宋代文献中叫作“拔沓”。赵汝适《诸蕃志》：“三佛齐国所属十五国中有拔沓。”说者皆谓即是苏岛的 Batak。《永乐大典》卷二百《南海志》中诸蕃国名，三佛齐国，小西洋中有“榄邦”，即“淋邦”，但不见“拔沓”。《马可·波罗游记》第三卷一六五章记 Samudra 国（即苏门答腊），后即云入一别国，名称 Dagroian。冯承钧译作淡洋（冯译用 A. J. H. Charignon 法文本），张星烺谓即《明史》的花面国，故又译作大花脸王国。马可·波罗记其国以魔术疗病的习俗甚详。元汪大渊《岛夷志略》称

① 参看 *Bibliographical Series I*，*Languages of Sumatra*。

拔沓为花面，谓："其山逶迤，其地沮洳。男子以墨汁刺于其面，故谓之花面，国名因之。"随郑和征西洋的马欢，在《瀛涯胜览·苏门答剌国》云："其山连小国二处：先至那孤儿王界，又至黎代王界。"又云："那孤儿王又名花面王，在苏门答剌西，地里之界相连。"费信《星槎胜览》所记略同。清初诗人尤侗在《外国竹枝词咏苏门答剌》句云："孩儿不敢跳西洋。"《咏花面》云："旁人莫笑侬花面，只恐君心花更多。"自注："那孩儿男女大小皆于面上刺三尖青花为号。"（见《尤西堂集》）"那孩儿"应是"那孤儿"之误。《纪录汇编》本《胜览》云："那姑儿一山产硫黄，我朝海船驻扎苏门答剌，差人船于其山，采取硫黄，货用段帛、磁器之属。其酋长感恭恩赐，常贡方物。"此处又作"那姑儿"，与"那孤儿"同音，是明人对 Batak 的另一称呼。按其地多火山，如 Sibajak 火山，高达海拔二千多公尺，即其一著名者，故出产硫黄特多。

作者旅行印度尼西亚时，对火山非常感兴趣，尤其万隆的覆舟山更为奇迹，有词一首附录于下：

念奴娇

万隆覆舟山，印尼最高火山。用王半塘韵。

危栏百转，对苍崖万丈，风满罗袖。试抚当年盘古顶，真见烛龙嘘阜。薄海沧桑，漫山烟雨，折戟沉沙久。岩浆喷处，巨灵时作狮吼。只见古木萧条，断槎横地，遮遏行人走。苍狗寒云多幻化，长共夕阳厮守。野雾苍茫，阵鸦乱舞，衣薄还须酒。世间犹热，火云烧出高岫。

我们回想明初郑和下西洋宝船制度的完美，当时中国海军称霸一时，可是从此以后一蹶不振；至于今日，中国竟变成没有海军的国家。我在三宝垄晋谒三保洞、三保庙，看到章太炎在庙内题篆书一联云："寻公千载后，而我一能无。"（旁题记："民国三年十月游三保洞书此，神君有灵，庶共昭鉴。勋二前东三省筹备使章炳麟。"）可见他仍未能忘怀于轩冕，但于此一联可以知他对三宝公景仰推崇的程度。我尝慨叹中国清季数百年没有海军，很对不起郑和，因依朱彝尊谒张良祠韵，作《水龙吟》一阕，录之以殿吾篇。

水龙吟

三宝垄吊郑和庙。自公去后，中国遂无海军，以至今日，为之慨叹。用朱竹垞韵。

当年巡海水师，威棱直拟秦皇帝。旌旗所至，邻邦臣服，乘风良易。百卉摇春，七洲戴日，全无冬季。使艨艟针路，都纲尚在，谁敢有、窥墙意。　自断长城万里。任西来、寇氛横地。衣冠旧典，祠堂乔木，神鸦流水。襟带江山，海权永失，关门长闭。算鞭长、只付沙鸥出没，向惊涛里。

1973 年初稿于星洲

新加坡古事记

卷七

饶宗颐二十世纪学术文集·中外关系史

目　录

Foreword

A common history is one of the basic elements for the building of a nation. Therefore in the heyday of Western nationalism during the nineteenth century leading public and scholarly institutions were most eager to collect and to edit the historical sources relevant to their people and their country. Historical sources, of course, are not the same as national historiography. Thus in the case of Germany the main sources for her earlier history are the reports of Roman writers and Latin documents. And the famous modern edition of sources for the early and mediaeval history of Germany has even a Latin name, *Monumenta Germaniae Historica*. The publication of this work started in the first part of the nineteenth century before there was a unified political entity of Germany and contributed to the common historical consciousness of the German nation. Publication of the work still continues today in Germany.

Singapore, a very young nation, is just about to find her own identity and to discover her own history. Due to her former status as a British colony Singapore's historical development has so far been seen almost exclusively through the eyes of the former colonial overlord and the records of the former colonial administrators have been considered as almost the only relevant historical sources. The impact of this view, of course, cannot change automatically—almost overnight—with independence. A new conception of national history can only be gradually acquired. Much patience and scholarly work are necessary to achieve such gain. The basic requirement for the writing of history is the collection of all relevant sources. So far, primarily English sources have been collected whereas those in other languages have been only occasionally paid attention to.

Since the major part of Singapore's two million population is of Chinese extraction it should have been expected that Chinese sources on Singapore were well known and widely noticed. Surprisingly, however, this is not the case—notwithstanding a few exceptions such as the *Hsing-chia-p'o f'eng-t'u-chi* 新加坡风土记 by Li Chung-kuo 李钟珏 of 1895. Whereas the relevance of Chinese sources for the study of the history of Southeast Asia prior to the period of Western dominance, i. e. up to the early sixteenth century, is common knowledge since almost a century, only in recent years some pioneer scholars such as Tan Yeok Seong 陈育崧 (Ch'en Yü-sung), Hsü Yün-ch'iao 许云樵, and others have stressed the importance of and drawn the attention to Chinese sources on the modern history of Southeast Asia in general, and of Singapore in particular too. So far, however, no systematical collection of the relevant materials has been endeavoured. The first effort of this kind is Professor Jao Tsung-i's "A Chronological Survey of Chinese Inscriptions in Singapore and Malaya", published in the *Journal of the Chinese Society*, University of Singapore, No. 10 (1969) . Whereas this survey is merely an annotated list of existing stone inscriptions in Singapore and Malaya which the author has been himself, the present work is a collection of the complete texts of references to Singapore drawn from more than a hundred and fifty different kinds of Chinese writings, such as various historical records, works on politics, memorials, encyclopaedias, literary collections, local gazetteers, family records, miscellaneous notes, diaries, travel records, stone inscriptions, poetry, etc. , up to the end of the Imperial era in 1911. Some of these references are well known to scholars in the field, such as the relevant passages in the *Hai-lu* 海录 of 1820, or in the *Nan-yang li-ts'e* 南洋蠡测 by Yen Ssu-tsung 颜斯综 of 1830 (?), but many others not. It requires the wide reading and the scholarly experience owned by Professor Jao to find out references such as the passages in the *Ch'i-*

min ssu-shu 齐民四术 by Pao Shin-ch'en 包世臣 of 1828, reflecting the author's view on the importance of Singapore in the context of Sino-Western relations, or in the *Ting Tso hai-fang -kao* 丁左海防稿, a manuscript collection of memorials by Ting Jih-ch'ang 丁日昌（1823—1882）and Tso Tsung-t'ang 左宗棠（1812—1885）suggesting for the first time the commission of a Chinese consul to Singapore. The so far unknown manuscript of a travel record by Wang Ch'eng-jung, *Wang Ch'eng-jung yu-li-chi* 王承荣游历记, who visited Singapore in 1875 is of particular interest. Moreover, Professor Jao has added some bibliographical and biographical notes on the sources and their authors as well as a scholarly introduction discussing among other topics the different Chinese names for Singapore.

The present collection is a pioneer work in the unfolding of Chinese sources for the history of Singapore which is going to have its impact on the rewriting of Singapore's national history and on the future school textbooks, all the more, since henceforth history will be taught in Chinese not only in the Chinese-medium schools, but in most English-medium schools too. Some of the more important texts would have to be translated into the other languages used in Singapore. Thus, not only in the field of academic scholarship, but also in the field of nation building Professor Jao's present work is a major contribution to the new nation of Singapore.

WOLFGANG FRANKE

Early in April 1970

at Nanyang University, Singapore

Almost two decades have elapsed since the above lines have been written. By that time it could be expected that Singapore authorities would give more consideration to Chinese cultural traditions. But just the reverse actually happened. A few years later, Chinese-medium Nanyang University was closed down to be integrated into the University of Singapore which became the new English-medium National University. Another important work, *A Collection of Chinese Inscriptions in Singapore* 新加坡华文碑铭集录 by Chen Ching-hao 陈荆和 and Tan Yeok Seong 陈育崧 had to be published outside of Singapore by The Chinese University Press in Hong Kong in 1973. There was no possibility to have Professor Jao's collection be brought out in Singapore. All the more, I am happy to learn that again The Chinese University Press is going to publish this work too. In this way, some Singaporeans, at least, manifest their concern for the badly neglected Chinese aspect of their county's history. Scholars interested in East and Southeast Asian history will greatly appreciate the eventual, for such a long time delayed, publication of Professor Jao's collection.

WOLFGANG FRANKE

October 1988

at Sun Yatsen University, Guangzhou

新加坡古事记引

自古华人于海外立国，而能厕于强国之林，不以幅员之小而降其声威，不以人口之少而减其盛美，孰有如今日之新加坡国乎？

夫河山有表里，文化亦有表里。今人之所追逐者，唯富是求，然富之至义，非资财货殖之为富也；有内富焉，犹人之有内美也。内美惟何？立国之道，有不可动摇者，以文字历史为其长久之根柢，国之灵魂系焉。文字，非语言之谓也；必循其声音形体，反复其义，进焉以究其道。乃世有外尊语言而内黜其文义者，有貌崇义理而徒绣其鞶帨者，是存皮而去其骨，买椟而还其珠也。顾体国经野，其途多端，有好为长久之远虑者，亦有喜求一时之炫耀者，神而明之，存乎其人，是在智者自择而已。

1968年之秋，余自香港于役星洲。未至之初，尝致力于民国肇建以前华人莅星荜路蓝缕以启山林之史迹。窃以立国之本必以史植基，惟不忘其祖祢之所自出者，终将获致长远之道。故所萅录，不啻史前之史；凡文献典籍、杂记之言及国名者，间亦为之条列，以其资料之可珍，不以等闲视之，示不敢遗弃也。良以善治史者，贵乎寻其根株，而无务摭其枝叶。今之学者辄反是，往往套取外人之理论，肆为连犿之言，臃肿成篇，而迷其分寸。余书命名曰古事记，虽假扶桑之名号，亦犹印度之有 Purāṇa，意止此耳。欲为读史者，启其户牖，但直说事状，提供原料，视为史钞也可，非敢侈言史学，以自炫也。

1989年元旦日于香港

新加坡名称华文异译表

新加坡一名，出自梵文 Singapura，义为狮城。称新埔及新州府者，始于嘉庆、道光间。包世臣《齐民四术·致广东姚中丞书》称："粤东外洋，有封禁地名新埔，距省垣千里而遥。"是时初开辟，故曰新埔。王芝《海客日谭》自注云："星加坡一名星架坡，一名新嘉坡，一名星格坡耳，一名星格伯儿，一名星奇坡，一名息力，一名柔佛，一名新州府。"然他书所见，异译甚繁，兹表列如下：

新甲埔	1796 年	《海国图志》引《察世俗每月统纪传》。
新加波	1883 年	郑官应《南游日记》。
生嘉波	1883 年	徐继畬《瀛环考略》。
生架坡	1820 年	王之春《使俄草》。
新忌利坡	约 1830 年	颜斯综《南洋蠡测》——记英人据岛以后，即 1819 以后事。
新加步（峡）	1836 年	道光十六年以前。(《盾墨》四)
新奇坡	1839 年	道光十九年林则徐、邓廷桢奏以新奇坡与新埠分为二。又《瀛环考略》。
新寄坡	1842 年	道光二十二年两广总督祁埙奏。
噺呢哺		《宣宗实录》卷三七一。
新祈波	1842 年	道光二十二年台湾道姚莹奏。《筹夷》五十九以新祈波与唊叻分为二。
新地波	1842 年	同年姚莹奏，《筹夷》六十二。

续前表

新歧坡	1859年	咸丰九年毕承昭奏，《筹夷》四十一。
新嘉陂	1866年	同治五年蒋益澧奏，《筹夷》四十三。
星驾坡	1866年	张荫垣《三洲日记》八。
星架坡	1866年	《海客日谭》。
星格坡耳		同上。
星格伯儿		同上。
星奇坡		同上。
星加坡		《宣宗实录》，《海客日谭》，黄楙材《西輶日记》。
新嘉坡		《海国图志》引英国马礼逊《外国史略》。（亦见《小方壶斋舆地丛钞再补编》十五）
新实力坡		同上。
昔里		《岛夷志略》。
新架坡		丘逢甲《寄邱菽园诗》，蒋玉棱《蕃女怨词》。
息辣		《海录》，《使俄草》，《宣宗实录》三七一。
撒里		万历三十三年《温州府志》。
息竦	1865年	同治四年英国照会（《筹夷》三十五）。按竦乃辣之误。
息力		《海国图志》引《每月统纪传》。
石叻		《海唇福德祠钟铭》。
呸叻		李钟珏《新嘉坡风土记》。
实力		《厦门志》。
嗘叻		姚莹奏。
啫叻坡		《西輶日记》。
寔叻		陈乃玉《噶喇吧赋》。
尸牙波儿		《吴泽庵诗》。
星洲		邱菽园《天南新报》。

清时翻译外文地名，汉字往往多歧。琦善（静庵）者，鸦片战争主割香港者也，道光二十三年，充驻藏大臣，其丙午十二月丁丑疏谓“披楞即英吉利”，平步青于《霞外捃屑》卷二据姚莹（石甫）《东溟文后集》（卷八《候林制军书》），“廓夷东接缅甸，西接毗楞，毗楞即英夷所得东印度地”，以勘琦善之误（卷二，151页），不知毗楞、披楞即槟城之庇能，《清宣宗实录》作庇呤。区区一地名耳，而纷糅至是，译事之难，即此可见，因并附记于末。

壹　实录类

一、《宣宗成皇帝实录》

卷三七一　道光二十二年四月

乙巳　扬威将军奕经等奏：查讯白人供称，该国至广东，风顺不过三个月，至迟六个月；所过地方，如佛囒机、囒欲罨、土唧、噶吖喇沙、姑路、庇呤、噶勒格、星加坡等处，皆该国所属，其经过别国，均难指实名目……（36页下—37页上）

两广总督祁𡋣等奏：遵查曾到暎咭唎贸易人朱京玉，据称息辣，又名噺啯哺，即新寄坡，乃暎人埠头……（37页下—38页上）

按：庇呤即庇能（槟城），噶勒格即马六甲。

附　《圣祖实录》卷二七九

康熙五十七年戊戌五月辛未，兵部议覆广东广西总督杨琳疏，言柔佛等国番人喇哈等五十三名、噶啰吧番人吧甘等三名，乘船被风飘至新安等县击碎，随令各地方官给与口粮，养赡抚恤。但查南洋柔佛等国，俱系应禁地方，无内地商船到彼，闽粤二省又无彼国船只前来，原船已遭风击碎，是喇哈等永无还乡之日，请给内地船一只，令难番附合驾归。（华文影本，3725页）

按同年二月，碣石总兵官陈昂条奏，东南番族最多，如文莱等数十国，尽皆小国，惟噶喽吧、吕宋最强。……（同上书，3699 页）

二、《德宗景皇帝实录》

卷五八　光绪三年九月

丁丑　先是出使美（英?）国大臣兵部左侍郎郭嵩焘奏各口通商事宜，应纂成通商则例一书，并请设新加坡领事，暨派员赴万国监牢会。下总理各国事务衙门议。至是奏……至新加坡应设领事官，遴委道员胡璇泽承充，应如所请办理……（12 页上—12 页下）

卷七一　光绪四年四月

乙酉　谕军机大臣等，丁日昌奏：劝办潮州并香港各埠捐务，集有成数，及捐款分解晋、豫；南洋捐户，一律给奖；英国总督捐赈，应否致谢各折片。丁日昌督饬通员张铣等，劝捐赈银，绅民人等，急公好义，踊跃乐输。潮州一府，已捐者业有二十余万之多；其香港及南洋各埠，经绅董梁云汉等实力劝办，起解三万余两，新加坡、小吕宋等处华商，亦经该绅士等切劝。已捐定者其三万余圆，将来尚可扩充，所办甚属认真。丁日昌以豫省灾荒，与晋省相等，拟将潮州捐款，专解山西，将香港及南洋各埠捐款，专解河南，均汇至天津，由李鸿章转购米粮，分别起运。即着照所请行。所有潮州及香港等处捐生，业由丁日昌查照新章，先行给予实收，以示招来。其劝捐出力绅董及各埠管事头目，并准于事竣后，由丁日昌知照李鸿章核明请旨奖叙，前发部照不敷，着李鸿章于天津局所存部照内，随时拨给，以资便捷。至巫来由国王捐银千圆，以为华商之倡，该国向无与中国交涉事件，应如何办理之处，着李鸿章与丁日昌斟酌妥办。香港驻埠之英国总督燕轩尼士约翰捐赈银五千圆，亦属好义，已谕令总理各国事务衙门知悉，应否酬答，并着该督等酌度具奏，将此各谕令知之。寻直隶总督李鸿章奏，各国商民捐助银米，请缮给乐善好施扁额，并饬总理各国事务衙门函致该国驻京使臣，传旨嘉奖，以慰远人。从之。（7 页上—8 页上）

按：张铣字寿荃，宁乡人。光绪二年重任惠潮嘉道。

卷七六　光绪四年七月

丙寅　总理各国事务衙门奏，新加坡领事官胡璇泽发给文凭，嗣后照办，允之。（10 页上—10 页下）

卷一百二十　光绪六年九月

庚寅　予故新加坡领事官胡璇泽议恤。（8 页下）

卷二百一　光绪十一年正月

戊申　谕军机大臣等，电寄刘铭传：据李鸿章电称，接新嘉坡电，法到大战船一、运兵船三，装黑兵四千，并粮铳分往东京、台湾等语。……（10 页上）

卷二百四　光绪十一年二月

丁亥　又谕，电寄苏元春等，据张之洞电陈，左育接仗各情，并称黄守忠骁勇等语，黄守忠着准其随同唐景崧助剿，现在谅山已克，法受大创，必图报复；新加坡电报，有法船运水陆兵往东京之信，我军必应稳扎稳守，苏元春等不得恃胜轻进，致有挫失。……（2 页上—2 页下）

卷二百十七　光绪十一年十月

丙子　又奏（谕?），张之洞奏：外洋各埠如新嘉坡等处，华商甚多，若劝令捐赀，购造护商兵船，分赴周巡，有事时调集相助，养船经费，由各埠抽捐，另设外洋海军统领一员，归粤省调度等语。所陈各节，虽不仅为护商起见，惟此事创始非易，至经久之计，尤须详慎豫筹。着张荫桓抵粤后，与张之洞先行会商，再于经过处所，体察情形，能否照办，悉心妥筹具奏。原片着钞给张荫桓阅看，将此各谕令知之。（11 页上）

卷二百二十一　光绪十一年十二月

戊寅　谕军机大臣等，翰林院代奏：编修钟德祥条陈时务一折……至所称南洋各岛，应请特派使臣遴员分驻一节，前据张之洞奏，外洋各埠另设海军统领一员，归粤省调度，当经谕令该督与张荫桓会商奏覆。此次该编修所陈，拊循岛埠保卫华商办法，是否可行，并着张之洞、张荫桓归入前奏，一并会议具奏。原折着分别钞给阅看，将此由四百里谕知张之洞、张荫桓，并

传谕李秉衡知之。(14 页上—14 页下)

卷二百四十八　光绪十三年十月

辛丑　出使英、法、义、比国大臣刘瑞芬奏，新嘉坡领事官左秉隆二次任满，恳仍留洋接办。从之。(13 页下)

卷二百五十二　光绪十四年二月

壬寅　出使英、法、义、比国大臣刘瑞芬奏。新加坡领事官分省补用直隶州知州左秉隆等四员，出洋期满，请援案奖励……允之。(13 页上)

卷二百九十二　光绪十六年十二月

庚申　出使英、法、义、比国大臣薛福成奏请筹设英、法、荷、日所属南洋各埠领事官，保护华民。下所司知之。(11 页上)

卷二百九十四　光绪十七年二月

甲辰　予出使俄、德随员知府塔克什讷、新嘉坡领事左秉隆等，奖叙。(5 页下)

卷二百九十五　光绪十七年三月

戊子　颁新加坡等处领事关防，从出使大臣薛福成请也。(9 页上)

卷二百九十九　光绪十七年七月

甲申 总理各国事务衙门奏……新加坡改设总领事，其关防应援案由出使大臣就近刊给。香港领事俟设立后，照此办理。并从之。(13 页下—14 页上)

卷三百二十一　光绪十九年二月

己巳　以英国新嘉坡总督施密司、伦敦府尹威德海，募捐苏皖赈款，命出使大臣薛福成传旨嘉奖。(7 页下)

卷三百二十二　光绪十九年三月

甲申　以出洋三年期满……赏新加坡总领事黄遵宪，三代从一品封典。(1 页上)

卷三百三十八　光绪二十年四月

甲寅　谕军机大臣等，总理各国事务衙门、户部会奏，议驳吴大澂奏湘茶亏折拟设局销运请拨出使经费及息借洋款一折。据称茶市价值，时有涨落，而其价之高下，实亦随制法为转移，英商购买茶叶，类皆径运西国，香港、新嘉坡为过路埠头，并非运销之地；吴大澂设局销运，拟向汇丰洋行息借银五六十万两，即使运销稍有利益，恐亦不敌借款之折耗，出使经费现存无几，碍难借拨，均应毋庸议等语。吴大澂所奏设局销茶，既据该衙门筹商，实无把握，其所请借拨出使经费及息借洋款各节，均着毋庸置议，原折著钞给阅看，将此谕令知之。（9 页上—9 页下）

卷三百四十　光绪二十年五月

辛巳　以神灵显应，颁南洋槟榔屿华商公所关帝庙扁额曰“威震南溟”。以募助赈捐，南洋槟榔屿等处华商郑嗣文等，传旨嘉奖。（3 页上）

卷三百五十一　光绪二十年十月

丙辰　又谕电寄张之洞，据电奏调员差委等语。朱采、黄遵宪均着准其调用，其新加坡总领事，即由该督电知龚照瑗改派。（25 页下）

卷三百五十三　光绪二十年十一月

乙亥　又谕李鸿章……前闻德船运送枪械，有在新加坡被敌查出扣留之说。有无其事，并着据实覆奏。（6 页上—6 页下）

卷四百三十五　光绪二十四年十二月

癸巳　谕内阁，李鸿章、刘坤一、张汝梅奏：出洋华人报效工赈巨款，恳恩给奖一折。本年山东、江苏地方，连被灾歉，需款浩繁，据道员李徵庸等，禀据南洋各埠华人李戴清等电称，约集出洋经商华人，报效山东、江苏工赈银各二十万两，共银四十万两等语。李戴清等身在外洋，心存乡国，慨捐巨款，实属深明大义，有裨时局，着准其按照银数，奖给实官，以示优异。此外别项赈捐，均不得援以为例。（19 页下）

卷四百四十三　光绪二十五年四月

丙午　以潮洲（州）侨民捐助东赈，颁新嘉坡天后庙扁额曰“曙海祥

云”。（20 页上）

按：此匾现存“粤海清庙”左殿天后宫。（见《石叻古迹》图五十四）

卷四百八十五　光绪二十七年七月

庚午　以捐款助赈，予补用道代理新嘉坡总领事官刘玉麟等十三员，分别议叙。（9 页上）

卷四百八十六　光绪二十七年八月

丁酉　又谕，张之洞奏：出洋华商表明心迹，请准销案免累并予褒奖一折。据称福建举人内阁中书衔邱炜萲，向在南洋新嘉坡一带经商，素为华商之望。上年唐才常在汉口破案，供有邱炜萲资助康逆钱财之语，经该督通缉查拿。兹据该举人禀称，初与康、梁二逆往还，嗣闻其借会敛财，煽党谋逆，立即痛恨绝交，冤被株连，恳予自新，奏明销案免累，并报效赈银一万两等语。康、梁二逆逋逃海外，煽惑人心，借会敛财，似此被其诳诱者，必所不免。既据该举人输诚悔悟，具见天良，殊堪嘉尚；邱炜萲着加恩赏给主事，并加四品衔，准其销案，以为去逆效顺者劝。（6 页下—7 页上）

己未　前出使德和国大臣吕海寰奏，遵旨派员前赴南洋各岛，晓谕侨寓华民，切勿轻听摇惑，得旨，现在和约大定，着即将议设领事一节，切实磋商，务期必成。（19 页上—19 页下）

卷四百八十七　光绪二十七年九月

甲子　以出洋期满……赏代理新嘉坡总领事官前驻英参赞罗忠尧从一品封典。（1 页下）

卷四百九十六　光绪二十八年二月

丁巳　出使英、义、比国大臣罗丰禄奏：义、比两国参赞，责任较重，现调派驻比参赞林桂芳充驻义二等参赞官，新嘉坡总领事刘玉麟充驻比二等参赞官，并责成林桂芳赴义设馆，遴派翻译随员，随同驻扎，以资办公。下部知之。（8 页下）

以保护侨黎出力，予代理槟榔屿副领事知府谢荣光等，升叙加衔有差。（8 页下—9 页上）

卷五百十六　光绪二十九年五月

壬申　以劝谕南洋各埠华商创兴孔教，消弭邪说，予同知吴桐林以知府选用。（4页下）

卷五百五十八　光绪三十二年四月

癸丑　以苛待华商，玩视要工，候选同知余文爚、广东道员邱炜萲，均降五级调用。（9页上）

卷五百七十一　光绪三十三年三月

癸丑　颁南洋新嘉坡天后庙扁额曰"波靖南溟"。（12页上）

按：此匾现存天福宫。（见《石叻古迹》图十一）

卷五百七十六　光绪三十三年七月

壬寅　又谕，朕钦奉皇太后懿旨，农工商部奏：南洋华侨商会成立，请派员考察奖励一折。南洋各埠，华侨居多，类以商业自谋生聚，现在商会渐次成立，朝廷时深注念，甚为嘉许。着派杨士琦前往各该埠考察情形，剀切宣布德意，优加抚慰，如有慨集巨资回华振兴大宗商务者，除从优予以爵赏外，定饬地方官妥为保护，以重实业而惠侨民。（10页下—11页上）

卷五百八十八　光绪三十四年三月

癸巳　农工商部右侍郎杨士琦奏：南洋闽商胡国廉集赀创兴琼崖地利办法，定为一纲，曰开银行；十目，曰筑马路、广种植、清荒地、兴矿业、讲畜牧、重渔业、设轮船、长森林、兴盐务、开商埠。下部议。

又奏，请饬各省督抚，勿派员前往南洋各埠劝捐，下部知之。（8页下）

三、《大清宣统政纪》

卷十一　宣统元年三月

壬子　御史叶芾棠奏：和属爪哇各岛，华民侨民者，不下数十万人。始设中华会馆，继设中华学堂、中华商会，现泗水又倡立补助祖国海军会。然华侨爱国之心愈切，外人之忌亦愈深；近来苛政叠兴，于我华民，不以平等相待。其最不平者：抽收人税，则比和之上等人；至偶涉词讼，辄以爪哇下等人律之，不问是非曲直，稍拂和官之意，即酷禁三月，然后讯案，虽辩护士不能干涉。他如身后遗产，必追入官；过境越界，必请路字；购房置器，必征重税；种种苛待，无所底告。光绪三十三年，曾蒙简命大臣，遍历南洋抚慰。今年春间，又派员乘舰前往，侨民无限欢迎。第为日无多，非设领事常驻是邦，不足以资保护。南洋新嘉坡、仰光各埠，中国已设领事；爪哇事同一律，请饬下外务部与和使交涉，于该埠派领事官驻扎，抚驭华侨，并商除一切苛政，俾得各安生业。下外务部知之。（4 页下—5 页下）

卷六十　宣统三年八月

壬寅　出使英国大臣刘玉麟奏：上年赴英时，途经新嘉坡、槟榔屿等处，见华侨商业甚盛，出品以南洋植物居多。然运往欧洲，未可决其获利者，以仰欧人鼻息故也。（17 页下）

卷六十二　宣统三年九月

癸酉　海军部奏：据闽浙总督电称，传闻革党在新加坡制舰，又闻革舰已抵澳门，请速派兵舰驻泊福州、厦门，以备不虞，亦系要着。惟现在各兵舰俱已派赴长江各省，一时无可抽拨；其开赴闽省日期，似应视长江军情之缓急以为断。报闻。（58 页上—58 页下）

贰　政书类

一、《东华续录》

道光二十一年

……再据驻藏大臣孟保等奏：廓尔喀国王禀称，披楞与京属汗争战，被京属烧毁洋船，情愿去打披楞等语。经该大臣等饬驳旋查得披楞，为英吉利所属。该国人常在广东贸易，其与京属打仗，据称在聂噶金那地方，因在外洋不能指实界址，惟知披楞之东，系噶哩噶达地方，直达广东。又称第哩巴察为西南一大国，噶哩噶达及披楞皆其所属，而该夷向呼英吉利为第哩等语，披楞是否即英所属？与广东相去远近若何？并着祁𡐤查访具奏。寻奏，查加尔格打系孟牙拉地方之内城，为英吉利属国，因夷人呼加为噶，呼尔为哩，故亦名噶哩噶达。其地计水程二十余日可到广东，披楞在噶哩噶达之西，亦英吉利所属。英人呼官长为第哩，未闻有第哩巴察之名，聂噶金那即聂噶钗那倒，译作在中国海岸五字。报闻。

二、朱寿朋《光绪东华录》

光绪二年九月

总理各国事务衙门奏：钦差大臣署礼部左侍郎郭嵩焘等奏，出使英国酌带随员折一件、单一件。光绪二年九月十五日，军机大臣面奉谕旨，着该衙门议奏，钦此。钦遵。由军机处抄交到臣衙门，据原奏内称：此次遣派公使，实为创行之典，请酌定参赞二员、翻译四员，其余文案、武弁、医生，均应分别调派。谨开清单，恭呈御览，并请饬下江苏、河南各抚臣分别知照各该员，赶速料理，随同出洋。英国三岛并无华商贸易，无从设立领事；而所辖南洋沿海地方如新嘉坡、孟加拉、槟榔屿、锡兰等处，华民流寓至数十万人，应否设立领事，须俟察看情形。所带参赞文案各员，皆可斟酌委派，奏明请旨，其应用工役并由公使携带，不别开支经费等语。臣等伏查本年八月十三日臣衙门于具奏出使各国经费分别酌定数目折内声明，头等参赞官月给俸薪五百两，二等月给四百两，三等月给三百两；头等翻译官月给俸薪四百两，二等月给三百两，三等月给二百两；随员医官月给俸薪二百两，其余武弁供事学生每月每人约百两以内，由出使大臣届时酌定准数，作正开销。又于九月十二日臣衙门奏陈出使章程十二条内声明，出使各国大臣所带参赞领事翻译等官，应酌定人数，开列姓名等项，知照臣衙门查核。各该员亦随同出使大臣以三年为期，年满奏奖；倘不能得力，亦必随时撤回。其月给俸薪，自到某国之日起，各按应得银数支给，扣足三年为期，期满停支俸薪；由中国起程及由差次回华行装归装，均按三个月俸薪银数支给等因，先后奏准行知各该大臣遵照在案。今据出使英国大臣郭嵩焘奏请酌定参赞翻译等员名数，并声明给发薪水应否分别等第等因，臣等公同商酌，请将该大臣等派充参赞之布政使衔贵州候补道张自牧作为二等参赞官，江苏候补知州黎庶昌作为三等参赞官，派充翻译之兵部候补员外郎德明户部候补员外郎凤仪作为三等翻译官。此外如有应用外国翻译，应由该大臣等随时酌定；连中国翻译在内，不得过该大臣所定四员之数，以示限制。至该大臣所请将刑部主事汪树堂、候补通判张斯栒、广东候补知县李荆门、候选县丞罗世琨等四员派充文案。臣等查臣衙门前奏出使经费折内只有随员医官，并无文案名目。因请将该大臣等随带之文案四员作为随员，各按月给俸薪二百两之数支给，此外自无须另行咨调人员，以节糜费。至该大臣等奏称英国三岛无从设立领事，而所辖南洋新嘉坡等处，华民流寓数十万人。倘应设立领事，所携参赞等员内皆可斟酌委派，奏明请旨等因，应如所议办理。届时人数或有不敷，再由该大臣等酌度奏咨调往。如蒙俞允，即由臣衙门行知该大臣等遵照，并咨令在京各衙门及该督抚等转饬各该员即日束装起程。（总298—299页）

按：以上又见《皇朝掌故汇编·外编》卷十八；又见王彦威《清季外交史料》使英郭嵩焘奏新加坡设立领事片，惟其内容略有不同。

光绪四年十一月

癸丑　总理各国事务衙门奏：新嘉坡设立中国领事，应给俸薪援照章程成案酌核办理。查上年出使英法大臣郭嵩焘奏定设立新嘉坡领事，谕知胡璇泽允发开办经费，旋准胡璇泽具报，已于本年二月十九日开办。其领事薪俸应照奏定出使章程内开工领事月给薪俸银五百两之例，按月由郭嵩焘发给新嘉坡领事胡璇泽照数支领。胡璇泽通晓西洋语言，即毋庸添设翻译，以归节省。至领事官需用文案委员之处，查臣衙门前议复郭嵩焘等奏随带人员折内声明，出使章程只有随员医官，并无文案名目。请将该大臣等随带之文案作为随员，按月照俸薪银二百两之数支给。现在新嘉坡领事处需用人员，未便创立文案名目，应令查照奏案，将文案委员作为领事随员，照出使大臣随员月给俸薪银二百两之数酌减，每月给予俸薪一百六十两，稍示等差。该领事应用随员名数，仍由该大臣核定后咨报臣衙门查核。所有领事及随员等俸薪等项，均自开办之日起支，统于该大臣出使经费内发给，仍汇入一年期满奏销册内，一并列款请销。至该处所收身格纸费等项，臣衙门前咨复郭嵩焘，以现与日国有议订招工章程，华人前往新嘉坡可按此章程商办，所有出洋身格纸费，毋庸另议，以归一律。惟出洋船牌费一项，各国征收有无异同，转饬胡璇泽详细禀复，应令该大臣查照前咨，即饬胡璇泽将船牌费一节迅即查明，禀由该大臣咨复臣衙门核办。并令该大臣饬将该处每年所收船牌费若干，抵支开办薪俸等项不敷若干，再（有）〔由〕出使经费内拨给，以昭核实，得旨。如所议行。（总656—657页）

按：参《皇朝掌故汇编·外编》卷十八“遣使”，16、17页（16页之前仍涉及此事；文缺）。

光绪五年二月

查陈国芬系广东香山县人，已在该岛贸易有年，华洋夙著声望，可否变通酌办？或由南洋大臣，或由两广总督，或由该大臣发给商董谕帖，饬令陈国芬随时稽查约束，即将该处华民人数若干，作何生业，有何章程料理，限于一年之内禀报。如所办实合机宜，随后即可接办，否则即将谕帖撤销各等语。臣等查泰西有约各国，业经请派出使大臣前往驻扎，且于英国新嘉坡、美国旧金山各处设立领事官，原为保护华民在外贸易佣工起见。檀香山与中国并未立约，原未便按照各国在于该处设立领事，惟现据该大臣查明，该岛华民聚至七八千人之多，若不妥筹保护，时加约束，诚恐华民愈聚愈多；该岛之人渐生忌嫉，他日更难办理。该大臣现拟发给商董谕帖，交由陈国芬稽查约束，并拟嗣后或办或撤，再行随时酌度，原于保护之中，仍作权宜之计。今若由南洋大臣或两广总督发给谕帖，地在万里以外，未免遥制为难，自以由出使大臣就近办理较为合宜，得旨。如所议行。（总 704 页）

光绪七年二月

庚戌　总理各国事务衙门奏：臣衙门前于光绪五年二月间据出使美、日、秘国大臣陈兰彬函请，拟发现驻山域治埃兰即檀香山国商董陈国芬谕帖，约束在彼华民等情。当经据情具奏，请旨办理，并声明檀香山与中国并未立约，即由出使大臣陈兰彬饬令商董陈国芬，随时稽查该处华民若干，有何章程，限一年内禀由陈兰彬酌核办理等因，奉旨。依议，钦此，咨行该大臣钦遵办理在案。兹据出使大臣陈兰彬、容闳咨称，转据驻檀香山国商董同知衔陈国芬禀报，试办一年期满，请派委员接替。又据陈兰彬致臣衙门另函内称：檀香山国虽未与中国立约，但未与该国立约之俄罗斯等国皆有领事在彼驻扎，今陈国芬试办一年，尚无贻误，人地亦觉相宜，似应奏改领事，即以该商董承充。至该商董试办期内原有翻译文案各一人所需用费，委系自行捐给，嗣后可否由出使美国经费项下定明，每年酌拨银二三千两，以资办公各等语。臣等查泰西有约各国，如英国之新嘉坡、美国之旧金山各处，现经设有领事官，原为保护华民在外贸易佣工起见。檀香山虽与中国未立和约，而该处本为华民出洋要冲，又为美国金山后路，且系秘鲁来华中站，华民往彼谋生者日多一日，近又有中国招商局和众轮船在彼常川，往来华商方可陆续赁船赴彼贸易，若不设领事官妥为保护，诚恐华民聚集该处，土人浸滋疑忌。既据陈兰彬函称俄罗斯等国皆有领事在彼驻扎，可否将现驻檀香山国商董同知衔陈国芬改为领事官，以资约束。如蒙俞允，即由臣衙门咨行该大臣转饬遵照。至该领事官应需薪俸等项，应由出使大臣陈兰彬在出使美国经费项下每年酌拨银二三千两，归出使美国经费案内造报臣衙门核销，以凭查核。得旨，如所议行。（总 1054—1055 页）

光绪七年九月

诸国不欲斐夷者，凡以屏蔽山海，捍卫神京也。诸国修贡奉职，世为不侵不叛之臣，亲莫如朝鲜，顺莫如琉球，恭莫如越南。朝鲜为盛京之门户；越南为滇、粤之唇齿；视琉球之远在海南，形势更重。泰西诸国，自印度及新嘉坡、槟榔屿设立埠头以来，法国之垂涎越南久矣，开市西贡，据其要害。同治十一年，复通贼将黄崇英，规取越南之东京，聚兵合谋，思渡洪江以侵谅山诸处，又欲割越南、广西边界地六百里为驻兵之所。臣时任广西巡抚，虽兵疲饷绌，余盗未平，即遣将弁出关往援。法人不悦，讦告通商衙门，谓臣包藏祸心，有意败盟。赖毅皇帝圣明洞鉴，察臣愚忠，乃得出助剿之师，内外夹击。越南招用刘永福以折法将沙酋之锋，广西两军，左路则提督刘玉成趋太原、北宁；右路则道员赵沃由兴化、宣光分击贼党，直抵安边、河阳，破崇英巢穴，歼其渠魁，故法人寝谋，不敢遽肆吞并者，将逮一纪。（总1187—1188页）

光绪九年十二月

遢罗极东边境为英国所辟者，曰新嘉坡；地极富庶，粤人居此者十余万。中国设有招商分局，即西贡现亦有招商分局，均系郑官应所司。拟悬重赏密约两处壮士，俟暹国兵到时，举火内应，先夺其兵船，焚其军火，以期聚歼，此二端似有把握，惟未奉朝旨，未敢举动，私相叹息而已。今叠奉谕旨，明示决裂，与法夷决战，郑官应恰有信来，求为奏调由沪回粤，亲赴暹罗、西贡、新嘉坡等处密约布置，机有可乘等语。臣查越南所都曰富春，而以广南嘉定为西京，即西贡也。距富春千余里，法酋图越，以此地为根本，壤接暹罗。遍考图志，雍正、乾隆两朝，先后赐御书匾额于暹罗，曰“天南乐国”，曰“炎服屏藩”。乾隆三十六年，暹罗为缅甸所灭，遗臣郑昭，粤人也，复土报仇，众推为主。昭卒，子华嗣，五十一年锡封暹罗国王，十年一贡。其人止尊中国而不知有他国，用汉人为官属。理国事，掌财赋，皆粤人为多。与郑官应之言皆相吻合，则其言可信矣。又考明万历中平秀吉破朝鲜时，暹罗自请出兵捣日本以牵其后。滇抚陈用宾约暹罗夹攻缅甸，缅疲于奔命，遂不复内犯，永历困于缅，暹罗复起兵攻缅以援李定国之师，其忠于明若是。乾隆中缅甸不臣，得暹罗夹攻而缅始纳贡。阮光平篡黎氏，养海盗、寇重洋，及暹罗助阮福映灭新阮，俘献海盗，而南洋始肃清。其忠于本朝又若是，然则暹罗之能助顺可信矣。今越南事急，滇兵未到，刘永福独力难支，北圻万分吃紧，臣拟密饬郑官应潜往各该处妥为结约，告以封豕长蛇之患，辅车唇齿之依。该国又夙称忠顺，乡谊素敦，倘另出奇军，内应外合，西贡必可潜师而得。惟是言易行难，其中有无窒碍，先令密速探明，俟有端倪，臣拟再派王之春改装易服同往密筹，届期密催在越各军同时并举，而不明言其故。西贡失，则河内、海防无根；法人皆可驱除，越南或可保耳。昔陈汤用西域以破康居，王元策用吐番以捣印度，皆决机徼外，不由中制，用能建非常之功。我国家厚泽深仁，自应有此得道之助，惟此举若成，则西贡六府自应归并暹罗，庶能取亦复能守。盖西贡为越之南圻，系嘉庆初阮福映兼并占城及真腊北境，非安南故土，志称安南南北三千七百里，东西一千五百里，系专指北圻言也。阮氏有西贡而不能守，被法人夺占二十余年，暹罗能得之阮氏，岂能复问？倾覆栽培，在圣朝亦因材而笃而已。臣现附片奏调郑官应，伏乞饬用电报传知，以免南北洋大臣奏留，致稽时日。除俟办有端倪，再行密报，并预筹越南善后事宜届时密奏外，所有暗结外援，乘虚袭捣西贡各缘由，理合先行密陈。伏乞皇太后、皇上圣鉴。再，此举惟臣与王之春、郑官应等数人知之，其余军中将领、粤中督抚，概未与闻，以昭慎密，合并声明。上谕军机大臣等。彭玉麟密奏暗结暹罗袭取西贡一折，具见筹划苦心，未始非出奇制胜之策。然兵家用间，贵有所因，暹罗国势本弱，自新嘉坡、满加剌等处为英所据，受其挟制，朝贡不通，岂能更出偏师，自挑强敌？道员郑官应，虽与其国君臣有乡人之谊，恐难以口舌游说，趣令兴师。且西贡、新嘉坡皆贸易之场，商贾者流，必无固志；悬赏募勇，需款尤巨，亦虑接济难筹。法人于西贡经营二十余年，根柢甚固；中国无坚轮巨炮，故未能渡海出师，捣其巢穴。即使暹罗出力，而无援兵以继其后，法人回救，势必不支。况英、法迹虽相忌，实则相资。彼见暹罗助我用兵，则猜刻之心益萌，并吞之计益急，恐西贡未能集事，而湄南先已虑亡。以上各节，皆宜层层虑及。阅该尚书所奏多采近人魏源成说，移其所以制英者转而图法。兵事百变，未可徇臆度之空谈，启无穷之边衅。倘机事不密，先传播于新闻纸中，为害尤巨。该尚书原奏所称言易行难者，谅亦见及于此。除郑官应一员业经由电寄谕南北洋大臣准其调粤差遣外，着将所指各节迅速覆奏。（总 1650—1651 页）

光绪十三年十月

张之洞奏：臣于光绪十二年二月二十五日遵旨，会同出使大臣张荫桓具奏筹议外洋各埠捐船护商情形。当经奏派总兵衔两江尽先副将王荣和、盐运使衔候选知府余瓗先赴南洋有名诸岛详慎周历，饬将设官造船两事一并密加商度，以凭筹定切实办法等因。奉旨。该衙门知道。钦此。当经总理衙门电致驻英、荷、日使臣转告该国外部去后，该委员王荣和等于十二年七月二十七日由粤起程，先后往查各岛埠情形，均经随时禀报，颇为谙悉。本年七月各回粤东。臣复面加考询，大抵设立领事一节，事甚切要，势亦可行。谨撮其大要为我皇太后、皇上陈之。查该委员等所历南洋计二十余埠，先至小吕宋，为日斯巴尼亚国属。次新嘉坡，次麻六甲，次槟榔屿，次仰江，皆英国属。次日里，次日里各附埠；次加拉巴，次加拉巴各附埠；次三宝垅，次三宝垅各附埠，次泗里末，皆荷兰国属。次新金山之鉢打稳，次雪梨，次美利滨，次亚都律省各附埠；次衮可伦，次衮可伦各附埠，皆英国属。其抵小吕宋也，华民分诉日人虐害情形，恳请派官保护，自筹经费。缘该处华民五万余人，贸易最盛，受害亦最深。该委员等详查被害各案，或挟嫌故杀，或图抢故烧，甚至官兵徇私，巡差讹诈，暴敛横征，显违条约。当经择要照会日官查办，时值土人联名拟逐内地华工，该委员等到吕，其议遂寝。总核情形，非设总领事不可。其分设工副各领事暨驻劄处所，由总领事因地制宜，择员禀委，以期妥洽。其抵新嘉坡也，与原设领事左秉隆往见坡督各官，礼意尚洽。该处华民十五万人，富甲各处。除衙舍公产外，所有实业，华人居其八，洋人仅得其二，每年往来华工又最多。英设华民政务司专理其事，立法尚称公允。惟不向中国领事衙门报名，情意既不联络，而目击招工客馆，作奸欺瞒，无从禁止，亦失保护之旨，似应并由中国领事官稽查，以重事权而免流弊。至麻六甲、槟榔屿两处，与新嘉坡相连，华商居多，生意繁盛。又附属石郎阿国之吉隆埠，卑力国之罅埠，均尚知保护华工。华人开采锡矿者十余万众，富至百万者数人。服饰礼仪，一如故乡，无所改换。槟榔屿一埠，人才聪明为诸埠之冠，宜添设副领事一员，与驻坡领事相助为理，益可以收后效。其抵缅甸之仰江也，该处华人三万余众，设有宁阳会馆及各公司。该员加访察，出产以米石为大宗，宝石牛皮等物次之。自英据其地，收饷设戍，密迩腾越，为中国隐患。此处宜设副领事，联络商情，必于边事有益。其抵日里也，该处为原奏所未及，华工亦万余众，来自汕头等处。先由汕头带至新嘉坡槟榔屿，经英官查过自愿佣工者，订立华文合同往日里为佣。所业种烟扎烟，勤奋者年中可余番银百余元，否则不足糊口。工头以赌倾其资，继以称贷，第二年复须留工，则返乡无日。查荷官洋文章程内载：工人有过，准园工送官讯办，不得私自鞭挞。做工不得过三年之限，限满后无论有无亏欠，园主皆应给予川资，不得再留等语。而园主阳奉阴违，于华文合同内并不叙明，任意虐待，经该委员等告知荷官，始允为设法整顿，此处宜设副领事以资保护。其抵加拉巴也，该处华民七万余众，荷人捐税繁多，赌风尤炽，甚至迫令入彼国籍。其附近之波哥内埠、文丁内埠皆有华人聚处。又有三宝垅与疏罗及麦里芬及泗里末及惹加等处，皆荷兰国属地，华人二十余万众。荷官横肆暴虐，该委员等接见华商，备言其苦。中国如筹保护，小吕宋而外，当以加拉巴为先。该处宜设总领事，兼办三宝垅等处事务。于荷属各埠华人加以恩义，数十万之众皆可内附。其分设副领事，一切与小吕宋同。其抵新金山之鉢打稳埠也，华工三万余众；雪梨附近华人万余众，美利滨埠、旺加拉打埠、必治活埠、叭拉辣埠、纽加士埠、市丹塔埠，均属新金山外埠。惟庇厘市槟埠系衮司伦之省城，又有汤市嘁路埠、波得忌利士埠及谷当埠，每处华人自数百至千余不等。该委员皆勤加抚慰。查新金山即英属澳士地利，为五大洲之一，地方辽阔，物产繁富，多五金矿产。华人至者颇多，英欲阻之，特立收人税之法。每人纳英金十镑，方准登岸，间有收至三十镑者。似可援照美国总领事章程，在雪梨大埠派设总领事一员，总理雪梨及美利滨、亚都律、衮可伦各埠。并纽讨兰岛华人商务，则华工得所庇倚，谋生益觉有资。其各埠副领事，可即令商人兼办，无须发给薪费。此该委员等先后禀报筹办及回粤后面加考询之大略情形也。臣查委员王荣和等于役南洋，海程五万余里，各埠商民睹汉官之威仪，仰尧天之覆帱，莫不欢呼迎谒，感颂皇仁，其恳求保护之情，极为迫切。查出洋华民数逾百万，中国生齿日繁，借此消纳不少。近年各国渐知妒忌，苛虐驱迫，接踵效尤。若海上不安其居，即归内地，沿海骤增此无数游民，何以处之？故保护之举，实所以弭近忧，而非以勤其远略也。倘蒙朝廷设立领事，加以拊循，则人心自然固结，为南洋无形之保障，所益匪浅。该委员等所到之处，各该国洋官款接照料，礼意甚优，英属尤为周至。商及保护等事，亦俱和平承允。其议设领事一节，英属最为欣然，力劝速办，俾资约束；荷、日限于公法，亦皆无辞相距。查小吕宋距中国最近，华民望切倒悬，必须先设总领事驻劄其地，以收远近之心，以伸华商之气。经臣电商张荫桓，拟派总兵衔两江尽先补用副将王荣和为驻劄小吕宋总领事。缘该处闽人最多，王荣和籍隶福建，稳练精详，究心洋务，素为闽人所信服。此次出差南洋，亲历小吕宋各埠，熟习情形，深得窾要，以之充当总领事，人地实属相宜。应由该大臣先向日国商定发给凭照事宜，再行奏明办理。随准该大臣咨称，业经照会外部，概允照办。而藩部以工人畸龁为词，惧设官之后，喧宾夺主，碍其溢征，是以至今延宕。臣查各国通例，凡立约通使之后，即可派领事驻劄其地，保护商人。古巴等处，中国早经设官，小吕宋同为日属，何独不可？应请旨饬下总理衙门与日使会商，催令该国速发凭照，不容推宕，一面由臣咨会张荫桓催促外部速办。此外商务较繁之埠，应如何添设正副领事，应俟小吕宋办有规模，再行推广。至英、荷各属，或苛待华工，或暴征身税，亦应次第设官申理，容俟般鸟各岛一律访查之后，由臣分别咨商驻英、荷、法使臣酌度奏明办理。所有总领事翻译随员等官薪俸，前经奏明请由中朝筹给。本年六月十二日承准总理衙门咨开，此次小吕宋新设领事，薪俸经费应由何项拨给，应给若干，由臣妥筹办法等因。臣体察所禀情形，各该岛甚愿自筹，力亦能办。将来小吕宋总领事派定后，应在出使经费项下，将第一年经费先行核给，较为得体。并照总理衙门奏覆新嘉坡成案，饬令该领事将岁收册照各费报明抵还，第二年后更不费公帑，余者作为造船公款禀俟拨用。其总领事等署中一切办公杂用，应准于所收册照等费内动支开报，毋庸另请公款，一年后禀报核定数目。其设领事之处，就其余款酌拨若干，量设书院一所，亦先从小吕宋办起，由臣捐资倡助，并购置经书，发给存储，令各该领事绅董选择流寓儒士以为之师，随时为华人子弟讲授，使其习闻圣人之教，中国礼义彝伦之正，则聪明志气之用，得以扩充而愈开，水源木本之思，益将深固而不解。从此辗转传播，凡有血气，未必无观感之恩。查各年入款，以每年注册及进出口船牌之费最为名正言顺，诚使事机顺利，不致别有阻碍，屈计该处此两项所入不少，除抵支领事公费外，尚可逐渐积存巨款，备购置护商兵船之用。一切收拨章程，应俟设官之后再行饬令核拟。如所收册照、船牌等费不敷开销，拟恳恩准由粤省劝谕各该埠商量力捐资，奖以虚衔封典翎枝，专充领事经费，永不提用。各埠旺淡不等，挹彼注兹，必可敷用。得旨。该衙门议奏。（总 2368—2371 页）

按：亦见《皇朝掌故汇编·外编》卷十八“遣使”。

光绪二十一年十二月

总理各国事务衙门奏：光绪二十一年十一月十七日军机处片交御史王鹏运奏请讲求商务一折。军机大臣面奉谕旨，着总理各国事务衙门议奏。钦此。臣等查该御史所陈，无非欲官商一气，力顾利权。此周官保富之法，行之今日，尤为切要。如所称沿海各省会应各设商务局一所，责令督抚专政，局中派提调一员，驻局办事。将该省各项商业，悉令公举董事一人，随时来局，将该省商况利病情形与提调妥商补救整顿之法，禀督抚而行之，事关重大者督抚即行具奏一节。查通商为致富之原，必令上下相维，始克推求利弊。泰西各国，首务富强，或专设商部大臣，其他公司商会，随地经营，不遗余力。中国各省商行，自为风气，间有公所会馆，章程不一，地方官吏更不关痒痛；公事则派捐，讼事则拖累，商之视官，政猛如虎，其能收上下相维之益乎？自立约互市以来，洋商运货只完正子两税，华商则逢关纳税，遇卡抽厘。于是不肖华商，贿买牌照，假托洋商之名，洋商出售报单，坐收华商之利，流弊遂不可究诘。要之欧美各洲，商民之捐，名目繁多，如田房捐、存款捐、进项捐、印花捐，较中国厘金加重倍蓰。即香港、新嘉坡诸岛，何莫不然，此皆华商习闻习见者也。至于洋商仅完正半两税便可畅行无阻，利权较华商为优。然华商食毛践土，当能仰体国家立约通商之故，不应自外生成。何以假冒牌照之风年来愈炽？良由官商隔阂，官既不恤商艰，商复何知官法？该御史请于各省设立商务局，俾得维护华商，渐收利权，诚为当务之急。惟请派设专员作为提调，以官府之体而亲阛阓之业，终难透辟。不如官为设局，一切仍听商办以联其情。拟请饬下各督抚，于省会设立商务局，由各商公举一殷实稳练素有声望之绅商，派充局董，驻局办事。将该省物产行情，综其损益，逐细讲求。其与洋商关涉者，丝、茶为大宗，近则织布、纺纱、制糖、造纸、自来火、洋胰子诸业，考其利病，何者可以敌洋商，何者可以广销路，如能实有见地，确有把握，准其径禀督抚为之提倡，再出各府州县于水陆通衢设立通商公所，各举分董以联指臂。所有各该处物产价值涨落，市面消长盈虚，即由各分董按季具报省局，汇总造册，仿照总税务司贸易总册式样，年终由督抚咨送臣衙门以备参考。其华商互相贸贩不与洋商相涉之货，亦应按照市价公平交易，不准任意高抬，或故为跌价以累同业。设经局董查确，应即明为告诫，若复怙恶，即由局董禀官，将该行店劣迹榜示通衢，以儆效尤。该局所遇有禀官之事，无论大小衙门，均不得勒索规费，各局所地方长吏，月或一二至，轻骑简从，实心咨访，盖必有恤商之诚，乃能行护商之政，非徒借势位之尊也。各直省果能实力奉行，商情可期踊跃，商利可冀扩充，即华洋交涉亦可得其要领矣。又如原奏所称招商局开办多年并无起色，请特派督办招商局大员一人驻局办事，将招商之务分为闽广、三江、两湖、四川四大股。每股各令公举殷实公正之商董一二人，专办该股一切商务，由各商董议定办法，禀督抚而行之。别置提调一员，专管局中一切章程一节。查招商局为南北洋轮船总汇，同治十一年前北洋大臣李鸿章奏明设局，商为承办，官为维持。自光绪二年买并旗昌船栈后，官帑积付一百九十万八千两，逮今拨还，现已不存官款，尚非并无起色。即就每年完税而论，各省关所收招商局船税，岁约三百余万，搭载水脚，自开局至今，几逾万万。若无局船，则此利尽属洋商，是该局收回利权，实明效大验，更能力祛中饱，切实经理，则为益较多。该御史请整顿招商局，诚非无见。惟整顿之法，实分两端，一在局之弊，一在船之弊。查该局所以能自立者，实赖官为维持，故虽怡和、太古多方排挤，该局犹能支柱，盖岁运苏浙漕米又带免二成税课，皆该局独擅之利。其于江西、两湖漕米，则代买代运，尤操奇赢。若概属之局中，不由一二人专利，则公积愈增，此在局之弊所应整顿者也。各船买办，半由夤缘而得，每船货脚，容有舱口簿可查，而搭客则以多报少，影射隐瞒，难为究办。外洋轮船，责在船主，事无巨细，悉听船主指挥；每搭客登舟则验票，船至半途则查票，登岸则缴票，此皆大副专责，而船主总其成，不致挤杂朦混。招商局船主，但管驾驶，船中一切，买办主之；故长江买办之缺为最肥美，此在船之弊所应整顿者也。凡兹积弊，临以贵而无位之督办，公私未彻，呼应不灵，徒拥虚名，恐无实际。该局向隶南北洋辖理，以局船起卸口岸均有关道可以稽查，而受成于南北洋较为切近。光绪七年李鸿章议覆王先谦一疏，声明该局缴清官款，不过商本盈亏，与官无涉，并非一缴公帑，官即不应过问，听其漫无钤制，盖豫言之矣。拟请饬下南北洋大臣，将招商局历年积弊认真整顿，该局总办及掣票登账管理船头司事，与夫江海各船买办能否得人，经办之事有无自私自利，为商贾所指摘，并申明旧章，每年结算，由津沪两关道稽核。该局岁刊告白，设被商股诋驳有据，则津沪两关道亦应任咎。至于每船到岸如何稽查客载，应饬各关道委员经理，无分昼夜，与税关船头官公同查验，以杜弊混。其未设关道之地，如江南下关；安徽大通、安庆；湖北武穴等处，由南洋大臣檄委地方官办理，按月径禀南北洋商署存查。能否如该御史所陈分闽广、两湖、三江、四川为四大股，应由南北洋大臣体察情形酌办。该局船曾驶赴旧金山、檀香山、新嘉坡各岛，道远费煤，船小载轻，为利无几。现求扩充之法，宜就中国各口岸有可为该局增益以敌洋商者，统由南北洋大臣随时规划，请旨遵行。至通商时务，向由臣衙门办理。该御史请在京师设立商务公所，与臣衙门无甚表异，自应毋庸置议。得旨。如所议行。（总3722—3725页）

光绪二十二年二月

户部奏：臣衙门准署南洋大臣张之洞咨钞拟请设立邮政请饬议章程一片。光绪二十一年十二月初三日。钦奉电传谕旨，邮政一节，业经总署筹议，粗有头绪矣。钦此。钦遵。仰见圣主周恤商旅通志类情之至意。查原奏内称，泰西各国邮政，重同铁路，特设大臣综理，取资甚微，获利甚巨，权有统一，商民并和。近来英、法、美、德、日本在上海及各口设局，实背万国通例。曾经前南洋大臣曾国荃据通员薛福成、委员李圭、税务司葛显礼等往复条议，咨由总理衙门饬总税务司赫德详议，谓此举裕国便民，为办得到之事。至税关所办邮递，因与国家所设体制不向，故推广每多窒碍，现复与葛显礼面加筹议，知其情形熟悉，各关税务司熟谙办法者当亦不乏。请饬总理衙门转饬赫德妥议章程开办，即推行沿江沿海各省及内地水陆各路，务令各国将所设信局全撤，并与各国联会，彼此传递文函等语。臣等查光绪二年间，赫德因议滇案，请设送信官局，为邮政发端之始。经臣衙门函商北洋大臣李鸿章，于四年间覆称，拟开设京城、天津、烟台、牛庄、上海五处，略仿泰西邮政办法，交赫德管理。嗣因各国纷纷在上海暨各口设立邮局，虑占华民生计。九年间德国使臣巴兰德来请派员赴会。十一年，曾国荃咨称，州同李圭条陈邮政利益各节，并据宁海关税务司葛显礼申称，香港英监督有愿将上海英局改归华关自办之语。经臣衙门先后饬据江海关道总税务司筹议，咨行南北洋大臣查核。十六年三月劄行赫德，以所拟办法既于民局无损，即就通商各口推广办理，拟俟办有规模，再行请旨定设。此该大臣张之洞所称各税关试办邮递之权舆也。臣等复查宁海、江海各关道来禀，每谓税关邮局未经奏定，外人得以借口。十八年冬，赫德亦以数年来创办艰难，若再不奏请设立官邮政局，恐将另生枝节。十九年五月，迭接李鸿章、刘坤一咨，据江海关道聂缉槼禀称，上海英、美工部局现议增设各口信局，异日中国再议推广，必更维艰各等语。是原奏所称体制不同，推广每虞窒碍，诚为洞见症结之论。至各国通行岁收巨帑一节，考泰西邮政，自乾隆初年，普国始议代民经理，统以大臣，位齐卿贰。各国以为上下交便，仿而效之。光绪十九年，葛显礼呈送万国邮政条例，联约者六十余国，大端以先购图记纸粘贴信面送局以抵信资，其费每封口信重五钱者，取银四分；道远酌加。其取资既微，又有定期而无遗拆，百货腾跌，万里起居，随时径达。至有事时，并可查禁敌国私函，诚如原奏所称，权有统一，为利商利民即以利国之要政也。又查十八年以来美国一国邮局清单一纸，所收银圆至六十四兆二十万九千四百九十圆之多。

张之洞所举英国收数，当中银三四千万两，尚系约略之辞。利侔铁路，诚为不虚。且西国邮政与电局相辅，以火车轮船为递送，近年法国设立公司轮船十艘，通名曰信船，遇口停泊，信包未到不得开碇，其郑重如此。中国工商，旅居新旧金山、檀香山、新嘉坡、槟榔屿、古巴、秘鲁者，不下数百万人。据李圭禀称，该工等有一纸家书十年不达者，缘邮会有扣阻无约国文函之例也。中国邮政若行，即以获资置备轮船出洋，借递信以流通商货，其挽回利权，所关尤巨。臣等博访周咨，知为当务之急，爰于十九年劄饬赫德详加讨论，是否确于小民生计无碍。上年六月至十二月，复与该总税务司面商屡屡，先后据其递到四项章程，计四十四款，臣等详加披阅，大致厘然，自应及时开办。应请旨敕下臣衙门，转饬总税务司赫德专司其事，仍由臣衙门总其成。略加各口新关规制，即照赫德现拟章程定期开办。应制单纸，亦由赫德一手经理。遇有应行酌改增添之处，随时呈由臣衙门核定，务期有利无弊。至赫德呈内称万国联约邮政公会系在瑞士国，应备照会寄由出使大臣转交该国执政大臣为入会之据，自可援万国通例转告各国，将在华所设信局一律撤回。按咸丰八年俄约、光绪十三年法约，本载明两国公文信件互相递送，中国既经入会，各国当无从借口。以上所议，如蒙俞允，即由臣衙门钦遵分别咨照劄饬办理，俟办有头绪，即推行内地水陆各路，克期兴办。一面咨行沿江沿海及内地各直省将军督抚知照，届期即将简要办法饬地方州县晓谕商民，咸知利便。凡有民局，仍旧开设，不夺小民之利，并准赴官局报明领单，照章帮同递送，期与各电局相为表里。其江海轮船及将来铁路所通处所应如何交寄文信，由该总税务司与各该局员会商办理。官邮政局岁入暨开支款目，由总税务司按结申报臣衙门汇核奏报。得旨。如所议行。（总 3748—3749 页）

光绪二十七年八月

谕。张之洞奏：出洋华商表明心迹，请准销案免究并予褒奖一折。据称福建举人内阁中书衔邱炜萲向在南洋新嘉坡一带经商，素为华商之望。上年唐才常在汉口破案，供有邱炜萲佽助该逆钱财之语。经该督通缉查拿。兹据该举人禀称，初与康、梁二逆往还，嗣闻其借端敛财，煽党谋逆，立即痛恨绝交。冤被株连，恳予自新。奏明销案免究，并报効赈捐银一万两等语。康、梁二逆逋逃海外，煽惑人心，借会敛财，似此被其诳诱者必所不免。既据该举人输诚悔悟，具见天良，殊堪嘉尚。邱炜萲，着加恩赏给主事，并加四品衔，准其销案，以为去逆效顺者劝。（总 4720 页）

光绪二十七年十二月

……许景澄等迭经函商总理衙门暨北洋大臣两广总督，筹商保护之法，均以设立领事，为最要关键。惟中国与各国订立通商条约，当时未悉洋情，又视设立领事为无足重轻，故约内只载各国可于中国各通商口岸设立领事，未载中国可在各国口岸设立领事明文，以致中国欲在各国口岸添设领事，无不多方阻止。虽俄续约有中国欲在俄罗斯京城或别处设立领事官，亦听中国之便。德续约有凡德国各处准各国领事官驻扎者，中国亦可派员驻扎。中法越南条约有中国可在河内、海防二处设立领事官各等语，乃至今未能设立。惟秘鲁、巴西、日本、墨西哥条约，有彼此均可设立领事一款。中国业已择要举行，而中国与和兰所订之约，未经声明，和外部即以此阻挠。噶罗巴各岛添设领事，屡议未成。职是之故，臣充总理各国事务衙门章京时，即习闻之。嗣于光绪二十三年钦承简命，出使德、和两国，时以此事为念。迨放洋后，至新嘉坡，其时驻扎新嘉坡总领事候选道张振勋，通船谒见，臣以该道熟悉南洋各岛情形，即询以侨寓和属噶罗巴等处之华民，和人相待如何。据称和国国家尚无恶意，惟噶罗巴等处之地方官，擅立苛政，待我侨寓之华民，奴隶不若，不与各国人一律看待。华民之独受凌虐，皆因中国未设领事之故等语。臣查档案。光绪十三字两广总督臣张之洞，曾派员借查访商务为名，探苛待华民之实。尔时和廷颇萌疑忌，经许景澄力为剖白，只以推广商务为词，始免饶舌，是领事之设，彼不乐从，情节显然。旋有寓和职商陈仕林公禀，详陈和属虐待各情。臣到任后，亦接有噶罗巴华商等密禀近来苛虐情形，更甚于昔，急迫控诉，并声明不敢露出姓名，恐彼族闻之，以后即难在该处经商云云。臣查前后各禀内称，有所谓玛腰者、甲必丹者、雷珍兰者，俱系管理华人之名目，和官以华人之生长于此者充之。该玛腰等，仰承和官鼻息，初不过承命行事，继且擅作威福，甘为厉阶，设禁敛钱，无所不至；种种不法，皆玛腰等主之。以中国之人，欺中国之民，可谓丧心昧良。然其人和籍已久，渐不知为我天朝之百姓，固无足怪。其所设苛政，如华人初到和地，概入公堂，问过口供，报明注册，或赴各乡营生，须和官批准，方许前往。嗣忽下不准华民居乡之例，限二十四点钟，立将生意产业，贱售于土番，逾期则罚银，后仍行逐出，将平日之产业，片刻即消归乌有，一时华民扶老携幼，哀声动地，而和人毫无怜惜之意，此其一也。又华人到和属地，向来须有和官凭照，方准登岸。有此凭照，即可前往无阻。近又变立新例，凡登岸者无论有无凭照，登岸后地方官带至衙门，用绳圈归一处，挨为查点。其老客有原日出口凭照者即放行，若新客，则统饬差役，驱入绳圈内，一体带入玛腰公馆，逼令映像。有人担保者，始为放出；如觅不得担保，则带至地方官衙门，上镣刑具，俟有轮船，再驱出境。华民奔走数十万里，以谋衣食，甫到境，无辜被刑，川资用罄，依赖无门，殒身异域，为之惨然，此又其一也。又华人在此处贸易，必须先由此处领一路（粟）〔票〕。除使费不计外，应缴印花银若干，既到彼处，又须在彼处挂号，再缴银若干。如一日到三处五处贸易，则两头缴费，亦须三次五次。万一挂漏，查出后，从重加罚，必使其亏本而后已。而多方留难耽延时刻，尤其小焉者也，此又其一也。又华人遇有词讼之事，审费照西人至多之例核算，科罪又照土番至重之例办理，纵令理可得直，而追回银数，往往不敷状师之费，因此含冤负屈者，不可胜计，此又其一也。又华人经商和属地，所有家资产业，虽妻子儿女，不得私相授受。如遇身故者，资产即归入公所，当初设此公所，其章程由华人订定，事务由华人经理，必俟其子孙前来领取，均有桑梓之谊，故无不竭力经营也。今则权归和政府，华人之子孙执遗嘱，援照章程，向公所领取者，和官必多方挑剔，反复延宕；如无遗嘱，或抱病不及遗嘱于亲属者，则所有产业概没入官，虽叔侄亲串，不能过问，此又其一也。又华人在日里地方，承种烟叶，往往有奸败，诱惑无知愚民，出洋贩卖。强壮者身价五六十元，或八九十元不等；少弱者或三四十元。订立字据以三年为期，即以种烟之息，偿其身价。入园后不准擅自出入，虽父兄子弟不能晤面，于是克扣工资、盘剥重利，诸弊丛生，工人莫不垂头丧志，忍气吞声，呼吁无门。且升科辟地，各国人民皆得购地种烟，独华人不能。此又其一也。以上苛虐各节，已令人惨不忍闻。正拟设法，向和外部论理间，忽新嘉坡商人寄呈英文报一纸，内载班喀地方华人，在锡矿各厂作工，苦不可言。矿厂大半在山洼，山水下流。厂主不设抽水机，华工日在水中，既患潮湿，又系枵腹，故染病最易；况天气炎热异常，时症不息，死者枕藉。厂主开设店铺，逼勒华工在此购买什物，质极劣，价值极昂，所得蝇利，日用不敷；偶有急需支借工资，按月纳息。支借一两纳五钱，故若辈虽勤，不免籹食。华工积愤已久，遂聚集三百余人，名曰三指会，猝然起事，厂主先知消息，遂开枪轰击，死伤者不计其数，登时逃散。地方官拿获多名，穷诘再三，实因不堪厂主及监工人苛待所致。允为申理，始照旧作工。华工素循规矩，若非所待太苛，必不至于启衅等语。臣展阅之下，恕然心伤。窃思华民侨寓南洋各岛，向以作工为业，平日已不胜其苦，兹复任意凌虐，其情形与古巴之夏湾拿招工，同一惨忍。是领事之设，断难再缓。臣迭与和外部大臣朴福尔再三申论，并译录商禀及新报苛待情形，详细述之，并备文照会，请其允设领事，以保我侨氓生计。乃该外部以事属藩部，不能作主为词，并云华工在彼处相安已久，决无苛待情事，不可听信一面之辞。且拟设领事，必须先立专约，才能商办。意在延宕。又经臣反覆开道，始允商之藩部，派员往查，再为徐议。嗣闻和藩部派香港总领事得罗在信前往查看，臣当即致函该总领事，请其相助，俾偿和属各岛华工之愿。乃日久无信，迭经臣函催和外部速覆，延缓数月，始于去年二月间据和外部大臣照覆，声称华民禀诉各节，多有不实不尽之处。凡各国设立领事，应管分内之事，稽查本国商务，至词讼等事，不能径达国家，须由驻和使臣与和政府商办，各领事无干预之权。华民首领虽有协理地方之责，向由该处总督自行选派。现藩部所查，各处寓居华人，共四十七万余人，且大半已入和籍。查雅瓦地方所有华民入和籍者，较之不入和籍华民，多至十倍等因前来。臣接此照覆后，又经照会和外部，以华民流寓和属南洋各岛，挟巨资为商者，固不乏人，而穷无所依游手好闲者，亦所在多有。若设领事在彼，亦可随时弹压排解，不致贻地方以隐患，于和属亦属有益。新嘉坡、小吕宋等处，中国早经设有领事。既和属之噶罗巴一岛而论，欧美各大国无不设有领事，而中国尚未设立。中国在别国已设有领事，而和属尚在阙如。且和国既准别国设立领事，亦应准中国设立。况中国早经准和国在中国设立，揆诸施报之常，似不应拒绝中国。况中与和通商最早，修好已数百年，若不准中国在和属设立领事，按之公法，殊欠平允。若允中国在噶罗巴一带设立领事，自应按照各国通例，适如领事之分际而行，毋庸多虑等语。与之反复辩论，嗣因延宕日久，去年夏初，本拟专赴和都，与该外部再行面商。和外部大臣朴福尔人尚和平，与臣亦属浃洽，其覆文内并无不准设立字样，正可相机因应，拟先派员游历，以专查商务为名，俟查覆得实，彼自无可置喙，而后领事之设可成。不意五月以后，变故迭出，彼此隔阂，事遂中止，殊为可惜。迨公约议成后，和外部大臣朴福尔告退，新任外部大臣尚未接洽，臣已奉命内渡。此臣与和外部屡次商设领事已有端绪之实在情形也。伏念我国家保赤为怀，侨寓和属华氓，既受苛虐，亟应设法保护，以救此无告之穷民。而保护之法，非先设领事，无从下手。查和属岛屿林立，应设领事之处有七，如噶罗巴、三宝垅、泗里歪、望加锡、勿里洞、日里、文岛各处，均关紧要。为今之计，万难各处遍设，惟噶罗巴一岛，设立总领事一员，为万不可缓之图。但既设领事，必须宽筹经费，又必择清廉公正者往任其事，方能声势联络，于事有济。有所谓就地筹款，华民乐于输将者，臣恐不得其人，借端勒索，其害更甚于玛腰。则华民之冤屈仍不得伸，且贻外人以口实矣。说者谓现在库款支绌，经费何从筹措？臣以为若仿照新嘉坡章程办理，一年不过万余金，足可布置。在朝廷国帑虽绌，似乎区区之数，尚不难筹。查南洋侨居之华民，大半闽广之人居多，或令闽广督抚另筹的款，拨充噶罗巴总领事经费之用。在各督抚饥溺为怀，当亦哀此部下之穷黎，为之援手一救也。近来侨寓南洋各岛之华民，因中国水旱偏灾，捐集巨款，踊跃乐输，其急公好义，实有尊君亲上之忱，又何忍其颠连困苦，坐视数十万人之性命，而漠不关心哉？查泰西各国，无论其商务多寡，无不以设立领事为急务。不但寓居之氓，得领事之保卫，而民气益壮，并可坐探事机，密报本国。其有关于商务大局，实非浅鲜。臣现将交卸使篆，念我华民流寓于和属之南洋各岛者，六十余万人，徒受和人苛虐而不能拯之于水深火热之中，寤寐难安，臣心实为抱疚。现在各国重订商约，正可及时预为声明。凡各国通商口岸及各岛屿，华民华工萃集之处，中国查看情形，随时均可商设领事，庶不至临事掣肘。可否请旨饬下商约大臣会商外务部，趁此与和兰修订条约之时，与和兰驻京使臣商量，增入中国可在噶罗巴等处设立领事之条，一面由出使和国大臣与和外部妥议办法，内外通力合筹。彼见我志已坚，当可就我范围，而侨寓华氓远被圣泽，其欢欣鼓舞，有非可以言语形容者也。（总 4810—4811 页）

光绪二十八年二月

外务部奏：臣部筹备出使经费，系由各关所收六成洋税项下，酌提一成半，存储候拨，每年约共收银一百余万两。从前支款，岁有常经，出入尚足相抵。近年来，各处分馆，日益繁多，外洋使用金镑，展转汇兑，每多折耗，以致渐形支绌。加以屡次特简专使出洋，交际所关，需款尤巨。上年臣部改章，奏明堂司各官养廉，如三成钞不敷支给，亦从使费内拨用。而近日义、奥两国使臣，又迭向臣部商请奏派使臣专驻彼国，亦恐难于坚拒。此外不时之需，更难预计。臣等通盘筹划，转瞬已有竭蹶之虞。惟际兹时艰孔亟，亦未敢另行请款，上烦宸廑。计惟有就原定岁收经费之数，明定限制，力求撙节，庶可稍资补苴。现经督饬司员，就近数年各国使臣报销各册，详加酌核。凡有可以节省之款，均一律切实裁减，以慎度支。谨拟章程四条，缮单恭呈御览。如蒙俞允，应由臣部分别行知各出使大臣，自接到部文之日起，一律遵照章程办理。如此后报销有与本届所定章程未符者，即由臣部随时咨驳。得旨。允行。出使章程：一、出使随员人数。光绪十四年经臣衙门酌定，使臣馆中准设参赞二员、翻译二三员、随员二三员、供事二员、武弁学生各一员；其设有分馆者，准添参赞或领事一员、翻译随员供事各一员，作为定额，奏准通行在案。惟近年使臣随带人数，仍间有逾于定额者，拟请饬下出使各大臣，嗣后统计奏调咨调随员，务必遵照定章。如有逾额，即由臣部奏咨核减。其使署中有延用洋员者，应令并入随带人数内核计。至出使西洋各大臣俸薪，系按九成支给。近因镑价日昂，颇受折耗，应自本年起毋庸减成，以示体恤。出使东洋各大臣俸薪，均照章八成支给。参随等员俸薪，查近数年各使臣咨报销册内，所开银两成数不一，此后各馆随使人数既少，参赞以下俸薪亦宜量从优厚，借资鼓励，统由各该使臣随时酌定咨报臣部查核。一、使费内俸薪等项约略可以预计，嗣后应明定岁支总数，以示限制。臣等公同商酌，所有驻扎美、日、秘使馆及纽约等处领事署经费，每年准支银二十万两；驻扎英、义、比使馆及新嘉坡等处领事署经费，每年准支银十二万两。……臣等覆查南洋各岛，如英属之新嘉坡、美属之小吕宋，皆已设立总领事。朝廷一视同仁，必不忍和属侨氓，独抱向隅之憾。惟该国以各岛为外府，因我设立领事，恐不免以猜忌之心，仍作宕延之计，必须援据公法，查照成案，再三与之申辩，始可渐就范围。原奏所称。现在重订商约，正可及时声明。凡各国通商口岸及各岛屿，华民华工萃集之处，中国查看情形，随时均可商设领事。请饬商约大臣会商外务部，趁此订约之时，与和兰增入中国可在噶罗巴岛等处设立领事之条各节，原以补从前条约所未备。前据盛宣怀来电，拟交英使各款，已有英国允中国可派领事驻扎英国属地一条。英国如能商允，和兰亦易援办。吕海寰现经奉旨留沪会办商约，自可与盛宣怀随时相机筹议。其和外部既经议有端绪，应即责成接任出使大臣廕昌与该外部申理前说，切实磋商，内外坚持，力辩此事，务期得当。至所需经费，应俟添设领事议定后，再出臣部酌照章程奏明办理。得旨：如所议行。（总 4837 及 4842 页）

光绪二十九年十一月

商部奏：臣部接据槟榔屿、新嘉坡、小吕宋商董联名禀称，商等散处南洋各埠，多系籍隶漳泉两府之人。福建商务之兴衰，尤为关切。前闽浙总督许应骙奏设保商局于厦门。遵奉上谕，遴选公正绅董，妥为筹办，不准关津胥吏，借端勒索。嗣竟仅以委员司其事，奉行不力，上下情离。凡闽人由南洋归来，按人抽收局费，并无遴选公正绅董设法保护之实际，致令怨声载道。拟请奏派公正绅董，驻扎厦门，办理保商局务，以联商情而苏民困，并将保商局积弊，如绅董以市侩混充，有名无实；委员司事人等，半支干修；商人被人欺凌，投诉不理；添募勇丁，尤多虚额；商人行李往来，未尝护送；出入款目，从未造报；商人往来，任意勒捐；请领执照，多方留难；敛取商民之资财，有名无实，半归靡费，南洋华商，至以勒捐局目之等情，刊单呈递前来。臣等查福建保商局，办理不善，弊窦滋多。先经御史叶题雁奏参，奉旨饬查。前据兼署闽浙总督崇善据实查覆，请将督办不力之道员延年等，分别惩处。并声明现奉谕旨设立商部，饬令各省分设商务局，厦门保商局，既与商民隔阂，应即裁撤，附入拟设之商务局。专选士商信服之公正绅董，认真督饬，实力整顿。将进出款目、绅董衔名，按月通报查察等语。本年十月十六日钦奉上谕，着照所拟办理等因。钦此。是福建保商章程，业由闽浙总督遵旨妥为厘订，以后闽省回籍华商，当可实受保护之益。该商董所请奏派绅士驻扎厦门一节，自可毋庸置议，仍由臣部咨行该督，迅将改定章程并所派绅董衔名，咨报臣部查核。惟臣等伏查华商出洋贸易，不下百数十万人；南洋各埠，略分闽粤两帮。若欧美各洲，尤以粤商为多。光绪二十六年正月间，兼署两广总督德寿奏明，先在省城设立广东保商总局，派公正绅管理。省外沿海各处，俟办有成效，再行体察推广。奉旨允准在案。该局自开办以来，有无成效？商民往来，是否称便？省外各处，曾否推广？事越数年，未据奏咨有案，应由臣部咨行该省，确查声覆，并将章程送部备案，以防日久懈弛。此外沿海省份，亦不乏出洋经商之人。本年二月二十三日奉上谕。现在振兴庶政，讲求商务。一切应办事宜，全在得人。尤应体恤商情，加意护恤……（总 5115 页）

光绪三十二年十一月

岑春煊奏：南洋为欧亚往来孔道；广东、南洋隔一衣带水，密迩如户庭。南洋各岛，虽隶英荷两国，而各埠经商，吾华人十居八九，约计不下四五百万人。臣到任以来，留意怀来，于上年奏派两广学务处查学员广西知县刘士骥前往视学，今年六月回省，当经将该员禀覆查视情形，先后奏明，咨部在案。兹据荷兰属爪哇岛泗水埠华商张济安等禀请在该埠建立孔子庙堂前来。臣查南洋各埠，于不在祀典之祠宇，迷信尤甚。槟榔屿新建极乐寺，费三四十万金；新嘉坡重修粤海庙，费十数万。坝崖大伯公庙，迎神赛会，糜费辄以数万计。近且闻有一富人捐赀二十余万，在附近叨坡建佛寺者。至如吉隆之议立尊孔学堂、星洲之议建孔子学堂，提议在五六年以前，迄未成立。吉隆尊孔学堂，经臣前派视学员劝集三四万金，克期开办。星洲孔子学堂，尚无头绪。从前香山教谕张克诚禀准前督臣陶模，往南洋开明遵书社，提倡孔教。惜势力尚微，民智不开，听命淫祀，良堪浩叹。今泗水张济安等独知以立孔子庙堂，示华侨信仰之则；崇正黜邪，斯为本务。查泗水商业，为爪哇全岛冠。华商富庶，亦出全岛诸埠之上。该商等不为淫祀所惑，集成巨款，筹建孔子庙堂，识远量宏，有功圣教；吾道南行，此为先路。子思子所称声名洋溢中国，施及蛮貊，凡有血气，莫不尊亲，于斯益信。当经臣批饬仿照内地圜桥壁泮规模，遵式建造，复经臣专派荷属华侨总视学员常川驻岛，整顿学务。并咨驻荷使臣，酌派荷属爪哇总领事保护华氓。一俟孔庙落成，再由后任督臣将张济安等奏请特奖。一面由视学员及总领事训习礼仪，率诸华学董学生，春秋致祭，以隆祀典而宏圣教。各埠可于是取法，华侨可于是观感。其为裨益，实非浅鲜。下部知之。（总5603页）

光绪三十四年二月

壬申，杨士琦奏：臣奉命前往南洋考察商务，于上年九月二十日，乘海圻、海容两兵舰由上海放洋。历经美属之飞猎滨，法属之西贡，暹罗之曼谷都城，和属爪哇之巴达维亚、三宝垄、泗水、日惹、梭罗及附近苏门答腊之汶岛。英属之新嘉坡、槟榔屿及附近之大小霹雳等埠。所有考察大概情形，业经先后电奏在案。伏查南洋各埠，为神州之外府，瀛海之奥区。唐宋以来，始通中国，航舶互市，琛赆偕来，昔人所谓海外杂国，东南际天地以万数，时候风潮入贡者也。自西人航海东来。逐渐占据，始则通商建埠，久而屯戍设官，豆剖瓜分，夷为领土者有之。蛮酋岛长，仅有存者。而中国海疆多事，亦萌芽于此。然地当赤道，炎瘴最深，西人以水土不宜，居留甚少。土人则性情乔野，呰窳偷生。惟我国闽粤之人，生长南纪，耐劳冒险；所到之地，类能剪除榛莽，手辟利源，其流寓久者已数百年，拥赀巨者或数千万。而衣冠礼俗，仍守华风；廛市规模，犹同内地。敦本思源之念，有足多者。臣舟车所至，广布皇仁，博咨民隐；举凡工商消长之原，物产盈虚之故，与夫疆域户口政令风俗之宜，谨就考察所及，为我皇太后、皇上陈之：飞猕滨群岛大小千余，以小吕宋为最巨；其地西连闽、粤，北枕台澎，距香港、厦门均不过二千余里。土产以烟、糖、麻、米为大宗，转售行销，皆操自华人之手。贸易则闽南最盛，粤商次之。商会学堂、医院、银行规模具备。惟商税既重，工禁又严，来者日形减少。前此华侨不下十余万人，现在统计户口不满四万，而市面亦因之减色。美官绅渐知非策，始议设法招徕。本年正月间在该埠特开赛会，凡华人来埠者，一律优免进口税。名为赛会，意在招商。臣晤美督时，亦彼此推诚商榷，以期互收利益，业经函知臣部酌核办理。西贡为越南沿海巨埠，上通澜沧江，内通南圻；各省水陆辐辏，商货流通，华侨约五六万人，其散处各省者，共二十余万。距海口十二里有巨市，曰隄岸，系华人贸易旧街，尤为富商所萃；土沃宜稻，播种于田，不烦耘耨，故产米之富，甲于海南；运销出口者，岁约一千二百余万石；未经垦辟者尚多。碾米公司九家，而华商居其七；米市利权，几尽归掌握。惟人心涣散，因省县之异，分为五帮：曰闽帮、广帮、潮帮、琼帮、客帮。各立公所，互分畛域。经臣邀集各帮商人，劝令联络一气，迅设商会学堂，并助法币二千为之提倡。该商等咸感激乐从，不久可期成立。暹罗为南洋大国，北接滇徼，东西介越南、缅甸之间。越躏于法，缅剪于英，独暹罗尚能自立。近岁采用西法，外交内政均极讲求，惟民贫财殚，于海陆军备尚未能扩充整顿。其都城曰曼谷，居湄南河下游；民物殷阜，产米丰贱，埒于越南。象牙、犀角、瑇瑁、燕窝尤称珍品。全国华侨约三百万人，气谊团结，过于西贡。暹政府间岁课华民身税一次，恃为入款大宗。此外尚无苛待情事。现闽、粤各商正在筹设商会，复经臣手札劝谕，商情益形鼓舞，俟订定章程后，即呈报臣部奏明立案。爪哇全岛，大于和兰本国四倍，分为二十三府，环海而治，西部五府，以巴达维亚为都会；中部九府，以三宝垄为都会；东部九府，以泗水为都会，日惹、梭罗则为内地著名都会。某地在赤道以南，与澳洲相近，气候炎燠，土脉膏腴，物产最富。东部以糖业为大宗，西部以米业为大宗，濒海则擅鱼盐，近山则饶林矿。华侨散居全岛，约六七十万人。和官选其才者为马腰、甲必丹等官，专理华民事务。各埠现已设立商会七处，学堂四十余所，颇能讲明大义，爱戴君亲；民气最为纯朴，惟和官税重政苛，事事箝制华人，不以平等相待。汶岛属苏门答腊，在爪哇之西北，地富锡矿，矿工五万余人，均系粤籍。华工入境后即受和人束缚，食以粗粝，居以茅茨。臣道经该岛，停轮抚慰，并派员往视。附近矿场华工数百人，环求拯拔，情殊可悯，亟宜设法保护，以卫民生。暹罗之西南海岸，有地如股，斗入海中。内多巫来由部落，昔皆羁属暹罗，称为地股，今归英人保护，统名曰海门属部。地股之极南，有岛曰新嘉坡，幅员甚小，农产亦稀。自英人开埠后，免税以广招徕。由此商舶云集，百货汇输，遂为海南第一巨埠。华侨十二余万人，工商而外，擅陂沼园林之利；商会成立最早，势力甚雄。英官颇假以事权，而海外各商会亦以此为枢纽。学堂四所，课程规则，悉遵学部定章，宗旨纯正。英人法令颇为宽简，商民尚得自由。惟五方杂处，良莠不齐，奸宄之萌，尚难尽绝。地股之西岸，有岛曰槟榔屿，商务亚于新嘉坡，而农产过之；果品海产，尤为出口大宗，华侨二千余万人。自商会成立以来，公订规条，自相约束。游惰者资之回籍，贫窭者教以营生。英官颁行新例，有不便商民者，商会得援律驳阻。故华人权限，以此埠为最宽。中华学校一所，为前太仆寺卿张振勋等所设。经臣部奏明立案，蒙恩赏给匾额一方，《图书集成》一部，宸翰褒题，规模遂为各校冠。从前商人子弟肄业英校者，仅以律师医士起家。今则讲求政学，研究中文，商智渐形发达。由槟榔屿东渡海峡，登大陆逾山南行，而至大小霹雳，亦海门属部之一。四山皆矿，产锡最饶，华人来此，往往以赤手致富。所产之锡，岁值九千余万元，由槟榔屿出口，运销东西洋。近岁锡价低贱，年甚一年，业此者颇多折阅。若矿业一停，则华工二十万人皆虞失所；而新槟两埠商务，亦视此为盛衰，关系至为巨要。以上所历，皆系通都大埠、华侨荟萃之区。商务以新嘉坡、槟榔屿为最繁，物产以小吕宋、爪哇、西贡、暹罗为最富；而经营垦辟，全恃华人。故论南洋者辄谓西人虽握其政权，而华人实擅其利柄，其中不乏开敏通达豪杰有志之士，徒以悬隔海外，不睹中国礼乐衣冠之盛者几数百年，忠爱之忱，末由自达。此次蒙朝廷特派专使，抚慰商民，以为奇荣，使车所至，衢市阗溢，家设香案，户悬国徽，结彩张灯，恭迎恩命。臣每抵一埠，即赴商会学堂公所等处演说，敬谨宣布皇太后、皇上德意。万众圜听，额手嵩呼，欢声雷动，外人旁睹，亦为改容。观民心爱戴之深，可知圣化涵濡之远。所到各学堂，均酌给奖赏，以资鼓励。总期为朝廷多布一分膏泽，即为侨氓多添一分感情。至奖励保护及一切应办事宜，另折陆续奏明办理。报闻。（总 5863 页）

三、《筹办夷务始末》

卷八　道光十九年己亥八月庚辰

钦差大臣两江总督林则徐、两广总督邓廷桢奏……惟其贸易夷商，向在他国，往往争占码头，虽无国主之命亦可私约兵船前往攻夺。得一新地，则许出赀之人取利三十年，乃归其主；故于贸易之处，辄起并吞之心，如夷洋所谓新埠新奇坡等处，皆其数十年来侵据之地，距广东海程不过旬日。占得一处则以夷目镇之，蚕食之心由是日肆，而畏强欺弱又其秉性所成。（7页下—8页上）

卷八　道光十九年己亥十月甲申

钦差大臣两江总督林则徐、两广总督邓廷桢奏……经臣等查知大船已去六只，小船约十余只，其为将烟载回夷埠确凿无疑，是以近日情愿搜查，明因烟已离船，得以无恐。惟思夷洋之新奇坡新埠等处，距粤不过半月海程，安知狡狯奸夷不将鸦片暂行寄顿，俟此次搜查毕后，再图偷运而回？（25页—26页上）

卷十一　道光二十年庚子七月丙申

闽浙总督邓廷桢奏……并钞录广东澳门文武禀稿，内称五月十七日，据西洋夷目遣番通向该处文武禀称，英夷有兵船四十只，于四月十九日自新奇坡开行来粤，约一二日可到，大兵头所驾兵船，约迟数日始为开行等语。（35页下）

卷十九　道光二十年庚子十二月丙子

钦差大臣大学士署两广总督琦善奏……并风闻有闽浙奸商私载茶叶，由外洋径赴英夷码头新奇坡地方售卖者。是茶叶既未断绝，不足制其死命。（13页下）

卷四十三　道光二十二年壬寅正月癸亥

靖逆将军奕山、参赞大臣齐慎、两广总督祁𡎴、广东巡抚梁宝常奏……祁𡎴、梁宝常又奏……据周彦才口称，本年八月伊甫自越南起身回家，越南现因英夷滋事，亦随时警备，约造有战船七八只……又另有仿造𠸄咭唎之属国新洲货船约十余号，亦硬木制造，皆坚重有余而灵动不足。（21页上）

卷四十九　道光二十二年壬寅四月乙巳

扬威将军奕经、参赞大臣特依顺、齐慎奏……据该白夷等供称，自𠸄咭唎国城至内地广东地方，总视风信，遇顺风时不过三个月即至香港，迟则四月五月不等，至迟亦不过六月即可以到。所过地方，若佛嘣机、嗯欲罷、土啷、嗎吖喇吵、姑路、庇昤、嗎勒格、星加坡等处，皆暎咭唎所属。（6 页上）

卷五十九　道光二十二年壬寅七月癸亥

提督衔台湾镇总兵官达洪阿、按察使衔台湾道姚莹奏……据夷目颠林、同管船大夥长律比、二夥长巴底时、三夥长科因谏垠供，系暎咭唎国闲你地方人，颠林管驾三桅夹板船一只，系夷人烟治跛本钱，以颠林为呷哔呐，向在广东售卖货物烟土。道光十九年间，在望迈地方闻知广东严禁烟土，令大少夷船将所带烟土全行缴销，领事头目义律报知本国女王，以夷商置货多领国主本钱，年收税利一旦乌有，又不准通市，遂传谕各码头新祈波、骂叻格、槟榔屿、孟加辣、望结仔、唉叻即息辣勿多力时、望迈即孟菰等各处，调遣兵船，派义律为大总管、伯麦为副总管，到广东打仗。（12 页下—13 页上）

卷六十二　道光二十二年壬寅十月己丑

提督衔台湾镇总兵达洪阿、按察使衔姚莹奏，窃臣遵旨督同道衔知府熊一本、同知仝卜年及众委员，复提夷俘颠林等，逐层隔别究诘，据供该国工城地名兰邻，在大地极西北隅海中，其国本甚大，王城东西南北周六十里，后枕大山名哀邻，近兰邻之西海中，一地名埃伦。自王城东南陆行半日许，即海，登舟南行十五昼夜至弼爹喇，更南五十昼夜至急卜碌，转东北行五十昼夜至望迈，再自望迈东行二十五昼夜至新地波，其地东北即安南，更东行七昼夜即至广东，复三昼夜而至浙江，凡一百五十余日；极顺风，一百二三十日夜亦可至；不顺风，有迟至半年以上者。兰邻外自西北而西南，更转东北，而至广东。海中所属岛二十六处，皆其埠头，多他国地，据为贸易聚集之所：一曰埃伦，二曰弼爹喇，三曰急时烟土，四曰那古士哥沙，五曰间拏吖，六曰的赊士，七曰散打哋，八曰金山，九曰士娇也，十曰急卜碌，十一曰骂利加时架，十二曰骂哩询，十三曰息赊厘，十四曰士葛打喇，十五曰烟，十六曰望迈，十七曰士啷，十八曰袜打喇沙，十九曰孟呀喇即孟加剌，二十曰磨面，二十一曰槟榔屿，二十二曰骂叻格，二十三曰新地波，二十四曰路士伦，二十五曰班地文，二十六曰幞士爹厘耶。以上皆岛皆暎咭唎埠头，设官主之，海中相去或一二千里不等，遥相联络。诸岛左右复有别岛，或自为国，或为贺兰利国埠头，非其所属，亦有不能详者。前供唉叻即息辣，同望

结系二处，皆贺兰埠头。（15 页下—16 页下）

……又南为槟榔屿，一名新埠；又东名为骂叻格，即《明史》所云麻六甲也，前明本满剌加国，为佛郎机所灭，后归贺兰；暎咭唎有一地在其南，名孟姑伦，与贺兰互易而有之，乃于其地之西，新开槟榔屿为大埠头；又东为新地波。自急卜碌至此，本皆黑鬼地，而暎咭唎据之，总称吽朥油，华言无来由是也。自望迈至新地波，舟行二十五日夜，其东北即近安南；更舟行向东，七日夜即广东。《明史》西洋利玛窦言其国至中国九万里，暎咭唎又在其北，海道可知矣。骂哩询之极南，又有路士伦，又东北有班地文，又东北有幞士爹厘耶，皆暎咭唎属岛，占自他国，以为聚积贸易之所，谓之埠头，盖华言也。自埃伦至新地波凡二十六岛，皆设官主之。诸岛在海中，相去或千里，或二三千里，势相联络，其左右复有别岛，或自为国，或为贺兰及他国所属者尚数千，而以暎咭唎为最。此其海路之形势也。（21 页下—22 页上）

按：此条《东溟奏稿》所未载。

卷七十一　道光二十四年甲辰五月己巳

山西道监察御史曹履泰奏……暎咭唎以海舶商贾为生涯，海内有利之区咸欲争之，以明呀喇、曼哒、喇萨、孟买为外府，强兵十余万，海外诸国多惧之。嘉庆年间，暎夷新辟旧柔佛土地，番人称其地为息辣，闽粤人谓之新州府。近闻有《万国地理图书》一部，乃暎夷自侈疆域富强所作，并将我国新给通市码头编立名号，统为新州府，殊堪痛恨，应请饬下闽浙督抚饬委干员购求此书，以知其夜郎自大之心，以鼓我率土向仇之气。（28 页上—28 页下）

卷七十二　道光二十四年甲辰八月庚子

两广总督耆英、广东巡抚程矞采奏……耆英又奏……惟所称暎夷将新给通市码头编立新州府名号，载入夷书一节，亟须查明酌办。奴才当委即选道潘仕成，向素识夷商等，慎密访购去后，兹据该道购获夷书三本，即系《万国地理图》，亲赍面呈前来。检阅书内皆系夷字，无从辨认究竟其书始自何年及何人所作，现在通市码头有无编号载入均难查考；遂又谕令该道密饬能认夷字之人，将书中涉及内地各条，译出汉字呈缴。奴才细心检查，无非载及内地山川草木，出产货物，与沿海乡俗服食情形，其间挂漏甚多，并无将通市码头编立新州府名号之处，其余所载均系外洋各国舆图，与中国无涉。惟访闻粤省琼州西南外洋，相距数千里，有一小洲名新奇坡，本属越南洋界之外，暎夷先于乾隆年间在此占据，设立码头，多有各国商民前往贸易，粤东出海商船每呼为新洲，亦呼为新埠，并有呼为新洲埠者。该御史或得诸传闻，因新洲埠而讹为新州府，亦未可知；惟外夷好为矜夸，窃恐此外另有其书，亦难意料。奴才仍饬该道潘仕成再加广询购求。（32 页下—33 页下）

谕军机大臣等，耆英等奏，体察澳夷实在情形，并访获夷书……暎夷夷书内，查无将通市码头编立新州府名号之事，或系传闻之误。（38 页上）

卷七十二　道光二十四年甲辰九月壬午

两广总督耆英奏……窃前承准军机大臣密寄，道光二十四年五月初三日，奉上谕，御史曹履泰奏，抚局既定后患颇多一折，内称浙江镇海等处夷妇闯入衙署拜会，并将新给通市码头编立名号，统谓新州府，载入夷书。着耆英确切查明具奏等因，钦此。前经奴才恭折覆奏。（49 页下）

卷七十四　道光二十五年乙巳十一月庚辰

两广总督耆英广东巡抚黄恩彤奏……耆英又奏，遵查暎夷驶到火轮巡船，自八月间奏报以后，续又驶到火轮船三只，大小巡船八只，连前共计一十七只。当经密饬沿海各营严密防范。旋据探报前泊夷船，内有三只驶往闽浙海口，有四只尚在尖沙觜寄泊，其余十只均由老万山驶出，不知去向。奴才与嚕唲吋面议各事之便，向其查询，据称驶往闽浙及现泊尖沙觜船数，与各营探报相符，诘以其余十只究竟驶往何处，据称该船往来并无一定，或驶往新嘉坡或驶往小吕宋等国，或驶还本国，总与中国包无扰累等语……该酋力陈所言俱系实情，并非别有主见，察其情词似尚可信。至尖沙觜现泊火轮船、兵船尚有四只，为近年夷船最少之数，惟驶至新嘉坡等处船只，是否不复驶还，难以预料。仍应遵旨督饬水师各营将弁留心侦探，持以静镇，相机严防，以昭重而免事端。（32 页下—33 页下）

卷三十四　咸丰九年己未正月戊戌

钦差大臣大学士桂良、吏部尚书花沙纳、两江总督何桂清、五品卿衔刑部员外郎段承实奏……嘞（咘唵）酋果否回沪，尚在未定，其弟噆噜斯迟三四十日可到广东，拟至上海一转，即往天津，定欲进京互换和约，意见甚坚……现在新闻纸载，由香港派火轮船一只前往新加坡，迎接嚐噜斯。新加坡水程到沪不过十日，计往返总在一月之内。（29页上—31页上）

卷四十一　咸丰九年己未七月丁丑

署广东巡抚毕承昭奏……旋据署南海县知县朱爕，亲往洋船将叶名琛棺柩验收，移至大东门外斗姥宫内妥为停放，并将带回所遗银物逐一点明，封存县库。讯据随行家人许庆、胡福同供，咸丰八年正月初三日，小的们与武巡捕蓝镔，跟随叶主人由省坐火轮船到香港，并厨子刘喜薙、头匠刘四一同携带食物随行，初七日由香港开船，十六日到吗喇国，即新歧坡，十八日由新歧坡到嗌喀喇，即五印度……（27页下）

卷五十一　咸丰十年庚申四月癸酉

巡抚衔江宁布政使薛焕奏……又据候选知县黄仲畬钞闰三月新闻纸，及各夷信，译书暎咈两夷船数兵数清单，具禀到臣（11页上）暎咈两夷停泊各海口船只兵丁数目清单。

香港泊暎国兵船十九只……定海泊暎国兵船十二只……其暎国尚欠兵船八只未到，近闻已抵新加坡，十日前后可到香港。（18页上—21页上）

卷二十五　同治三年甲子五月丁未

日斯巴尼亚国照覆　为照覆事，接得照会，切述各海口通商之处，宜派真正领事官，不得以商人兼充。定约后本国大君主于各海口通商之区，必然特简真正领事官管理通商事务，定不以商人兼充。如现时在贵国通商之广省、厦门、上海三口外，有澳门香港安南新加坡等港口，均须钦派之真正领事官，专司本国通商事务，从不准商人兼充。为此照覆。（23页上—23页下）

卷三十五　同治四年乙丑八月壬戌

恭亲王等又奏，再本年八月二十四日，接准英国使臣威妥玛照会内称，现据住札汕头坚领事详报，华商曾源成行计欠英商银二万四千二十圆七角一分，屡次照会惠潮道请为追办，道台惟以业经奉到总理衙门咨文，饬令速为办理，亦经转饬该地方官迅速追缴，俟详覆到日再行照会等语。本大臣查此等耽延推诿情事，惜与广州省城不准洋人入城之地方官所行似乎相近，目下潮州似与本国颇有欺辱情形，必待领事进地，常与潮州各官相晤，始可望其更改。至于追还欠项，该道员若肯认真代追，窃意总可必行，此项取偿案件，如该官执意推诿不办，深虑终使外国忍耐不堪，徒向地方官屡屡照会，置若罔闻，必致自出妥速之法，为其人民随时讨补所亏等因。照会前来。臣等查华商曾源成行所欠英商洋银一案，前于上年十二月初一日，本年四月初九等日，臣衙门叠准英国照会，请饬速清欠款。经臣衙门叠次行文两广总督、广东巡抚，饬属查明，迅速办理，并叠次照覆该公使在案。嗣于本年四月十一日，准广东巡抚咨覆，以此案已行惠潮嘉道，檄饬海阳县查提，讯明速办等语。兹复接该公使照会，臣等细阅照会之意，实为坚领事欲进潮州府城，不过借追偿欠款一案，为发端辩难之据……臣等公同商酌，相应奏请钦派该省督抚一员，或邻省督抚一员，亲赴潮州，督饬该地方官晓谕绅民人等，使知外国照约入城，系奉谕旨允行之事，断难阻止。务须极力开导，毋为浮言所惑，俾该领事得以按约进城，军民彼此相安，以了此事。并将华商曾源成行所欠英商洋银迅速办结，免致有所借口。（34 页上—37 页上）

谕军机大臣等……至华商曾源成亏欠英商银二万四千余圆之多，即使内地民人交易，亦当按律严追，讵得以事属英商转存歧视？从来地方官办理中外事件，俱存此意，以致口实愈多，不思其理本短，何以使人心服？并着瑞麟查明，按照条约将曾源成欠项严追归款，倘再迁延不交，即着按律治罪，以昭平允。（37 页上—38 页上）

英国照会　为照会事，近据住札汕头领事官坚详报内称，壬戌年间息竦即新嘉坡华商曾源成行，生意衰败，不能归账，计欠英商洋银二万四千零二十圆七角一分。该行曾文才、曾昌老逃往潮州所属地方，不肯清还欠账。该债主等转托德记行赴敝领事署内禀请追缴，敝领事屡经照会惠潮嘉道查办追究。道员虽知该二人现在汕头来源行内，合伙贸易，实欠英商巨款，并不认真按约追还，迄今毫无定法等因前来。查条约内载，潮州等府城口皆准英商买卖，各口设立领事官，与道台同品，凡视公务应需衙署相见会晤等语。潮州一处领事官不许入城，实系违背条约，无从面晤，事事止得行文咨覆。此案二年之余，该领事屡以照会催办，该道覆文或以经劄该口官员查覆，或待数月再以该口官员未能报覆，往复咨催，不过如是，该领事止得详报前来。理合先将汇送各件，钞录并送贵亲王查阅，务望咨会该省严饬该道各等官，赶紧尽力速行办结为要。为此照会。（38 页上—39 页上）

给英国照会　为照覆事，准贵大臣照会内称，华商曾源成行欠英商洋银等因，本爵查此案，曾文才在暎叻地方合伙开设曾源成行，因生意衰败，积欠各洋商银两，共计洋银二万四千零。据曾文才房族呈称，曾文才曾出赀本与曾胶走等伙开洋行，一切贸易皆付曾胶走掌管；胶走患病，临终付伊子侄曾兴广、曾玉龙承接；该行生理素非曾文才经手；今曾兴广虽故，倘有掌办生理之曾玉龙、管账之蔡松，均在该处，一切数目，应追应还，应就近查办。又云唊叻有信云及，行内货物并账簿十九本，均被商人封吊，曾玉龙检出照钞底簿，会同查核，计行内被该处各行店船只共欠银三万七千余圆，积欠各洋商计银二万四千余圆，通盘核抵，有盈无绌。被欠各项，业经洋商缎如亚宫缎美景向各店收去货物连银共六千八百余圆。以上各层均应由地方官讯明定断，分别追缴。本衙门已照录来文，咨行广东督抚迅饬各地方官速行照办，除办结咨覆到日再行照会外，相应先行照覆贵大臣查照可也。（39 页上—40 页上）

英国照会　为照会事，前本大臣以华商曾源成行欠英商银，照会贵亲王在案。旋准来文内开，以上各层均应由地方官讯明定断，分别追缴。贵衙门已照录原文咨行广东，迅饬各该地方官速行照办前来。查此案为日已久，未知咨覆业经到否，希即见覆可也。为此照会。（40 页上）

给英国照会　为照覆事，接准贵大臣来文内开，华商曾源成行欠英商银两，咨行广东照办，为日已久，未知咨覆到否等因。查此案于本年三月十四日接到广东咨覆，内称奉到本衙门上年去文，已行知惠潮嘉道，檄饬海阳县查提讯明，迅速办理等语。惟究竟如何迅追办理完案之处，尚未据广东省咨覆到来。兹准贵大臣来文，本爵当再行文广东省，转饬该地方官赶即提集人证讯追完案。一俟覆文到日，再行照覆贵大臣查照可也。为此照覆。（40 页上—40 页下）

英国照会　为照会事，华商曾源成行欠英商银一案，现据住札汕头领事官坚详报内称，曾源成行一案经敝职屡次照会惠潮嘉道，请为追办。道台惟以业经奉到总理衙门咨文，饬令速为办理。亦经转饬该地方官迅速追缴，俟详覆到日再行照会等词相覆。潮州府城距汕头不过一日之路，其七月初六日最后照覆敝职文移，迟至十六日十日之久，始行接获等情前来，本大臣查此等耽延推诿情事，惜与广州省城不准洋人入城之地方官所行似乎相近。目下潮州似于本国颇有欺辱情事，必待领事官按约能进城中，常与潮州各官相晤，始可望其更改。至于追还此次欠项，该道员若肯认真代追，窃意总可必行。本大臣鄙见，凡遇此项追还取偿案件，各该官执意推诿不办，深虑终使外国忍耐不堪，徒向地方官屡屡照会，置若罔闻，必致自出妥速之法，为其民人

随事讨补所亏也。本大臣合为陈明贵亲王查照可也。为此照会。(40 页下—41 页)

卷四十三　同治五年丙寅七月甲子

广东巡抚蒋益澧奏……内地闽、粤等省，赴外洋经商者非不多，如新嘉陂约有内地十余万人，新老金山约有内地二千余万人，槟榔士伽拉巴约有内地数万人。和约中原载彼此遣使通好，若得忠义使臣前往各处联络羁维，居恒固可窥彼腹心，缓急亦可借资指臂。(16 页下)

卷五十　同治六年丁卯九月乙丑

总理衙门信函……溯我朝议开海禁之初，天威震叠，外洋慑服。其时西人之来者甚少，轮船轮车之制未备，至印度、新嘉坡、香港、上海、烟台等处之要路未据，不能联络声势，诸凡有备，故尚帖然。及至今日，彼之势已合而不能遽离，彼之势已强而不能遽弱。(29 页上—29 页下)

卷五十五　同治六年丁卯十二月乙酉

李鸿章附呈藩司丁日昌条款……一、设立市舶司，赴各国有华人所处，管理华人。夫泰西之于商人，皆官为之调剂，翼助国家，攻战之事，商亦时辅其不及，是以上下之情通，而内外之气聚。查闽粤之人，其赴外洋经商佣工者，于暹罗约有三余万人，吕宋约有二三万人，加拉巴约有二万余人，新加坡约有十数万人，槟榔屿约有八九万人，新老金山约有二三十万人。若中国精选忠勇才干官员，如彼国之领事，至该处妥为经理，凡海外贸易皆官为之扶持维系，商之害官为厘剔，商之利官不与闻，则中国出洋之人必系恋故乡，不忍为外国之用，而中国之气日振。仍令该员于该处华人，访其有奇技异能，能制造船械及驾驶轮船，并精习洋枪兵法之人，给资送回中国，以收指臂之用。现在新加坡俄国所用领事，即中国番禺人胡姓，新加坡十数万华人皆听胡姓号令指挥。计外国通商码头，如胡姓之类定亦不少。我中国使臣若能联络鼓舞，定可欣然效命。盖中国多得一助，即外国多树一敌，况本系中国之民，而中国自用之，有不如水之赴壑者乎？(21 页下—22 页上)

……一俟中国自强之后，不惟可以闭关绝市，且可通海外如新加坡、槟榔屿、新老金山各处华人，以耀威于西土矣。(24 页下)

李福泰覆信并附条说……一、遣使一节，为目前急务。西方诸国远隔重洋，历朝声气不通，故从无遣使之事。近年各国以贸易来者，麇集海口，我闽粤商民赴新加坡等处交易者，更复不少。时异势殊，不得不量为变通。（34 页上）

卷八十七　同治十一年壬申八月甲戌

大学士两广总督瑞麟、广东巡抚张兆栋奏……窃查海禁固贵严防，定罪尤期平允。前因沿海匪徒略诱乡愚出洋工作，经前抚臣蒋益澧会同臣瑞麟奏请，嗣后内地奸民及在洋行充当通事买办，设计诱骗愚民，雇与洋人承工，其受雇之人并非情甘出口，不论所拐系男妇子女，及良人奴婢，已卖未卖、曾否上船，但系诱拐已成，为首斩立决，为从绞立决。其华民情甘出口，在英法等国所属各处承工者，仍准其立约赴通商各口下船，毫无禁阻，以符条约等因。奉旨：允准转行钦遵在案。窃思奏定前例之时，原为被拐之华民并非情甘出口而设。若华民情甘出口系由匪人和诱带引出洋，亦非赴英法等国所属各处承工，则出口之人既出自情甘，而和诱之罪宜略为区别。粤东自兵燹之后，近年商贾日稀，工艺歇业，游手好闲之辈往往迫于饥寒，不遑顾及后患。有人道以出海，止图受雇承工，苟延残喘，无不惟命是听。匪类既借此渔利，愚民即中其奸谋。近据缉捕文武陆续获解拐犯郭亚求等，发交广州府会督谳局委员逐一研讯，情甘出口者实不乏人。若照并非情甘出口之例，概拟骈诛，未免情轻法重，自应酌量定拟，期得情法之平。兹据兼署臬司钟谦钧核议具详前来，臣等伏查定例，和诱知情为首者发极边足四千里充军，为从减等满徒，又断罪无正条者，援引他律比附加减定拟各等语。今被诱之人情甘出口，其诱拐之犯应如何治罪，律例内并无专条。核其情节实与和诱知情无异，惟诱拐出洋较诸在内地转卖者为重，应请嗣后诱拐人口出洋，无论已成未成，被诱之人如非情甘出口者，仍照定例为首斩立决，为从绞立决。若和诱华民出洋雇与洋人承工，不分男女良贱、已卖未卖、曾否上船，但系诱拐已成，被诱之人实系情甘出口者，为首发极边足四千里充军，先于犯事地方枷号一个月，左面刺诱拐匪犯四字，到配杖一百，折责安置；为从拟以满徒。惟广东地处海疆，发配充徙，难保不复萌故智，应请酌量在籍锁系铁杆石墩，三年限满开释，以示惩儆而重海防。再，广东省自通商以来，贸易小民多往外洋金山新加坡各处营生，络绎不绝，与别省情形不同，应请听从民便。所有前项情甘出口之人，无非此等贸易小民。其被匪徒引诱，情节不无可原，并请免其置议。（39 页下—41 页上）

卷九十一　同治十二年癸酉八月己卯

总理船政前江西巡抚沈葆桢奏……其建威练船，去年乘风北驶，历浙江上海烟台天津至牛庄，始折而南。本年二月，教习洋员德勒塞驾船南行，先厦门，次香港，次新加坡，次槟榔屿，六月始回工次，计四阅月。除各码头停泊外，实在洋面七十五日。(34 页上)

卷九十九　同治十三年甲戌十一月庚戌

福建巡抚王凯泰奏……一、调护华商，华人之在外洋者，闻暹罗约有二三十万人，吕宋约有二三万人，新加坡约有十数万人，槟榔屿约有八九万人，新老金山约有二三十万人，长崎亦不下万余人，此系经商佣工并计之。若于遣使之外，更选才干官员分往各处，如彼国之领事，妥为经理，其重大事情仍由使臣核办，凡经商贸易皆官为之扶持调护，商之害官为厘剔，商之利官不与闻，则中外出洋之人，孰不愿为中国用？其有奇技异能者，送回中国，优给薪资，酌予奖励。行见海外华人争思自奋，况中国殷商知外洋有官护持，丝茶大贾皆可广为招徕，自行运销，不受洋人抑勒，是又暗收利权也。洋人之在中国者，福州一口，每月查报，自领事以及教士商人，男女统计不过百余名口；即上海香港汇聚之所，或以千计，或以万计，终不敌华人在洋之数。果能官为联络，中国多得一助，即外国多树一敌，而中国之气日振，外国之气日弱矣。(49 页上—50 页上)

卷一百　同治十三年甲戌十一月辛亥

两江总督李宗羲奏。……抑臣周咨博采，觉事之可行者尚有三端。查沿海各岛大都土瘠产薄，惟台湾一岛形势雄胜，与福州、厦门相为犄角，东南俯瞰噶啰巴吕宋，西南遥制越南暹罗缅甸新加坡，北遏日本之路，东阻泰西之往来，实为中国第一门户，此倭人所以垂涎也。且其地物产繁富，有山木可采以成舟航，有煤铁可开以资制造，其客民多漳泉潮嘉刚猛耐苦之人，足备水师之选。乘此倭事初定，番民感激国恩之时，如得干略大员假以便宜，俾之辑和民番，兼用西人机器，采取煤铁山木之利，迟之数年，该处便可自开制造之局，自练防海之师，为沿海各省之声援，绝泰西各国之窥伺，此中国防海之要略也。惟创办之始，得人颇难，需费亦巨，其中节目繁多，应请饬下闽浙督臣李鹤年、船政大臣沈葆桢妥筹议奏，以期必成。此事之可行者一也。

海外新加坡、槟榔屿、旧金山、新金山各埔头，均有闽广等处之人在彼贸易，每处不下数万人，造有会馆，举有头人名为领首，类能知其姓名。此皆世沐圣恩，萦怀故土，每遇中国人至，款接甚殷。凡为领首之人，必有干济之才，足以提唱全埔。如从泰西原请派领事出洋之议，物色人才，不论官阶文武大小，有能任此事者给以虚衔，使其前往各埔，结纳首领，婉转劝导，发其同雠之念，示以加秩之荣，由各督抚咨请总理衙门奏给官职，派为练首，令其团练壮丁，随时操演，每年酌赏银牌宝星，以示鼓励。约计经费有限，而获益无穷。此事之可行者二也。（8页下—10页上）

四、《清文献通考》

柔佛

《皇清通考》四裔门柔佛在西南海中，背出而国，前临大海，历海洋九千里，达广东界，经七洲大洋，到鲁万山，由虎门入口。国中无城郭宫室，王府即建于海滨，支以竹木，盖以茅叶，民皆环山而居。崇山峻岭，树木丛杂，野兽纵横，天时虽秋冬亦暖。王以柳叶为衣，左衽下裳，密缀小花为之；佩刀，首蓄发长二三寸，蒙以金花帕，跣足。民人冠用铜线为胎，幔以白布，衣短衫，或裸而以裳围其下体。妇女织席，挽椎髻，肩披锦；父母丧则薙发，衣黑衣为丧服。夫皆赘于妇，相见以合掌拱上为礼。俗轻生好杀，尚佛教，喜斗鸡，伐乌木，拾海菜，时出海劫掠。饮食用手，忌猪肉，嗜烟，岁斋一月，举国绝食，见星乃食，历三十日始止。土产降香、乌木、西国米、冰片、海参、胡椒、燕窝之属。亦产沙金，铸花小金钱为币。康熙初，严南洋诸国商贩之禁，故闽粤无柔佛之船，而内地商船亦无往其国者。迨雍正七年弛禁后，其国通市不绝，距厦门水程一百八十更。七洲洋中有神鸟，状如海雁而小，长喙色红，脚短而禄尾，羽如箭，长二尺许，能导人水程，呼是，则飞去，曰否，则仍飞而来。献纸谢神，翱翔不知所之矣。柔佛属国，有丁葛奴、单咀、彭亨，皆雍正七年后通市。丁葛奴亦濒南海，四时皆暖，无霜雪，崇山峻岭，蜿蜒相望，风俗略同。柔佛土产胡椒之美，甲于他番，余则沙金、冰片、沙藤、速香等物。其国人终身不出境，无航海而来中国者。每岁冬春间，粤东本港商人，以茶叶、瓷器、色纸诸物，往其国互市。乾隆二十九年，以两广总督苏昌奏准带土丝及二蚕湖丝。浙闽人亦间有往者，及夏秋乃归。……又曰：吉德国在新埠西北，又名计达，由新埠顺东南风，日余可到。

后山与宋卡相连，疆域风俗，亦与宋卡略同。土旷民稀，米价平减，土产锡、胡椒、椰子，闽粤人亦有至此贸易者。由此陆路西北行二三日，海道日余，到养西岭，陆路又行三四日，水路约一日，到蓬呀，俱暹罗所辖地。自宋卡至此，皆无来由种类，性多凶暴，出入必怀短刀，以花铁为之，长六寸有奇，镶以金海马牙为柄。其刀末有花纹者，持以相斗；刀头有纹者，则佩之以为吉。庆王及酋长皆然。

五、刘锦藻《清朝续文献通考》

卷二百三十七　外交考一

〔光绪元年总理衙门〕又奏：略称钦差大臣署礼部左侍郎郭嵩焘等奏称：此次遣派公使，实为创行之典，请酌定参赞二员，翻译四员，其余文案、武弁、医生，均应分别调派。英国三岛，并无华商贸易，无从设立领事。而所辖南洋沿海地方，如新加坡、孟加拉、槟榔屿、锡兰等处，华民流寓至数十万人，应否设立领事，须俟察看情形。所带参赞、文案各员，皆可斟酌委派，奏明请旨，其应用工役，并由公使携带，不别开支经费等语，臣等公同商酌。（……至英国三岛，无从设立领事，而所辖南洋，新加坡等处，华民流寓数十万人，倘应设立领事所携参赞等员，皆可斟酌委派，应加所拟办理……）

〔四年总理衙门〕又奏：前据出使英国大臣郭嵩焘奏称，英国属地新嘉坡，拟设领事官，委道员胡璇泽充当。据英国外部照覆，以按向派领事之例，于派充领事之时，发给该领事派充敕书一道，并由英国君主应给识认领事敕书一道。查中国办理此等事件，向未定有章程，无凭查照。当由郭嵩焘照录臣衙门具奏奉旨之案，作为文凭，知照英国外部发给执照。兹又据郭嵩焘咨，准外部覆，已将来文转咨属部，劄饬新加坡总督，暂认胡璇泽为中国驻扎新加坡领事官，一面仍应等候该员文凭，本国君主敕书须待本部接到胡领事文凭之后，方能给发。查出使东西洋各国，该处有应添设领事官者，发给文凭，均须一律办理。此次新加坡设立领事官，英国外部须以文凭为领事官之信守，所有胡璇泽文凭自应由臣衙门奏明，缮办颁发，并请嗣后于外国设立领事官，如须缮给文凭者，一并援照办理。又奏：出使章程，内开一拟由礼部铸造铜关防颁发出使各国大臣各一颗，以昭信守。其未颁发以前，先刊木质关防行用，除崇厚已由礼部铸造关防外，查出使英、法国大臣曾纪泽，尚未前往接任。前次臣衙门刊给郭嵩焘等木质关防，业经奏明销毁，自应照章另行刊给铜质关防，以资行用。俟该大臣行抵伦敦接任后，即将此项木质关防缴销。至英国新嘉坡领事官，前派胡璇泽承充，并由臣衙门给予文凭。其需用关防，据郭嵩焘咨商，候臣衙门颁给。当经咨复，以该处应办事件，悉由使臣主裁，此项关防亦应由使刊给。查日本新设中国理事官，经使臣何如璋等咨明刊给钤记行用，似可一律办理。旋据郭嵩焘咨复，以新嘉坡距英国程途较远，与日本各口理事官情形不同。西洋公例，一切取信国家，若由使臣刊给，关防不足以昭慎重，仍请查照前咨办理，自应由臣衙门刊刻颁发。兹已仿照日本理事官钤记式样刊就，发交曾纪泽转给行用。

又奏：据出使英、法大臣郭嵩焘奏，新嘉坡设立领事，恳给俸薪。据原折称：准总理衙门咨覆。查上年奏请设立领事折内，有在新嘉坡谕知胡璇泽，但允发给开办经费，其应支薪水听从筹划等语。今准咨称：领事、翻译等俸薪，由江海关道归入出使经费内汇拨，自系变通前奏办理，应由臣专折奏明。臣自受命出洋以来，实见开支出使经费，岁益繁多，领事保护民商，尚有身格纸费足资筹划，是以举胡璇泽以为例，非谓各国选派领事，皆应开支经费，独新嘉坡一处，可以责成筹办也。国家所定经制，须归一例，不能以胡璇泽一人独示区别。至该处所收经费，自应责成按年开报，抵消所支薪俸。其需用人员，文案委员，亦不可少；翻译之设，专取传达语言，领事能通知该处言语，翻译一节，即可从省。乞饬总理衙门，仍照定章发给新嘉坡领事及委员等俸薪，从开办之日为始，均归出使经费内开支。所用委员，亦责成使臣酌核名数咨报总理衙门，以昭画一。查上年郭嵩焘片奏领事之名，可立领事之费不可多，各口民商盼望保护，皆愿凑集领事经费。在新嘉坡谕知胡璇泽，但允发给开办经费，其应支薪水，听从筹划报销，胡璇泽亦欣然允从。南洋各埠，应令胡璇泽切实考求，即饬作为南洋总领事，仍统归南北洋大臣及两广总督就近经理等因。当经臣等以新嘉坡须设领事，该大臣拟委胡璇泽承充，应即作为新嘉坡领事官。南洋各埠，相隔甚远，南北洋大臣等势不能节制该大臣，拟饬胡璇泽作为南洋总领事，应请从缓妥筹议给开办经费，不给薪水，即就中国流寓民商愿出户口年貌等费内报销开支，系为力求节省起见，各处情形有与新嘉坡相似者，即照此一律办理。嗣据北洋大臣咨准郭嵩焘咨：胡璇泽驻劄新嘉坡领事所需经费，未据总理衙门核定，似应照奏定出使经费通行章程。正领事官月给薪俸五百两，领事处翻译官月给薪俸三百两，即由报明开办之日起，饬江海关道就近汇交。其中国流寓民商愿出户口年貌等费，每年若干，令该领事据实详细开报，酌核抵消。经臣衙门咨令详细察核咨复：

据郭嵩焘咨新嘉坡领事经费，应自胡璇泽具报开办之日起，支所收商民船牌及身格资费，饬由领事据实阅报扣抵。臣衙门复咨令专折奏明：今郭嵩焘奏请，仍照定章发给新嘉坡领事及委员等俸薪，应请查照定章照数支领。胡璇泽通晓西洋语言，即毋庸添设翻译，以归节省。至领事官需用文案委员之处，查臣衙门前让复郭嵩焘等奏，随带人员折内声明出使章程，只有随员、医官，并无文案名目。请将该大臣等随带之文案，作为随员按月照俸薪二百两之数支给。见在新嘉坡领事处需用人员，未便创立文案名目，应令查照奏案。将文案委员作为领事随员，照使臣随员酌减月给一百六十两，稍示等差。该领事应用随员名数，仍由该大臣核定后，咨报臣衙门查核。所有领事及随员等俸薪等项，均自开办之日超支，统于出使经费内发给，仍汇入一年期满奏销册内列款请销。至该处所收身格纸费等项，臣衙门前咨复郭嵩焘，以见与日国有议订招工章程，华人前往新嘉坡，可按此章程商办。所有出洋身格纸费，毋庸另议，以归一律。惟出洋船牌费一项，各国征收有无异同，转饬胡璇泽详细禀复，应令该大臣查照前咨，即饬胡璇泽将船牌费查明，禀由该大臣咨复，并将年收船牌费若干，抵支开办薪俸等项，不敷若干，再由出使经费内拨给，以昭核实。

五年，出使英法大臣郭咨北洋大臣，兹准英国外部，将英君主颁给识认敕书连同送验文凭一并函答前来。除劄发胡领事只领外，合将英君主敕书照译粘呈。英国大君主维多里亚奉上帝意旨，为大英及爱尔兰合国君主维多里亚诚心保护晓谕忠爱百姓事。中国国家颁发文凭一道，派胡璇泽为驻扎新嘉坡领事官，本君主允胡璇泽为中国国家领事。今特申谕新嘉坡百姓遵照。从此，尔等应接认胡璇泽为领事官，其任内事务应即优为协助，并应享权利，一切得以自主。一千八百七十八年，本君主在位之第四十二年，于贤真穆宫颁发。

卷三百三十八　外交考二　交际

十三年，两广总督张之洞奏：臣于上年遵旨，会同使臣张荫桓具奏筹议外洋各埠捐船护商情形，当派总兵衔两江尽先副将王荣和、盐运使衔候选知府余瓗先赴南洋有名诸岛，详慎周历，饬将设官、造船两事密加商度，以凭筹定切实办法。当经总理衙门电致驻英、荷、日使臣，禀报颇为谙悉。本年回粤，面加考询，大抵设立领事事甚切要，势亦可行，谨撮其大要陈之。查该员等所历南洋，计二十余埠。先至小吕宋，为日斯巴尼亚国属；次新加坡，次麻六甲，次槟榔屿，次仰江，皆英国属；次日里，次日里各附埠，次加拉巴各附埠，次加拉巴，次三宝垄，次三宝垄各附埠，次泗里末，皆荷兰属；次金山之钵打稳，次雪黎，次美利滨，次亚都律省各附埠，次衮司伦，次衮司伦各附埠，皆英国属。及其抵小吕宋也，华民分诉日人虐害情形，恳请派官保护，自筹经费。缘该处华民五万余人，贸易最盛，受害亦最深，该员等详查被害各案，或挟嫌故杀，或图枪故烧，甚至官兵徇私，巡差讹诈，暴敛横征，显违条约，当经择要照会日官查办。时值土人联名拟逐内地华工，该员等到吕，其议遂寝。综核情形，非设总领事不可，其分设正副各领事暨驻扎处所，由总领事因地制宜，择员禀委，以期妥协。其抵新加坡也，与原设领事左秉隆往见坡督各员，礼意尚洽。该处华民十五万人，富甲各处，除衙舍公产外，所有实业，华人居其八，洋人仅得其二。每年往来华工又最多，英设华民政务司，专理其事，立法尚称公允。惟不向中国领事衙门报名，情意既不联络，而目击招工客馆作奸欺瞒，无从禁止，亦失保护之旨。似应由中国领事官稽查，以重事权，而免流弊。至麻六甲、槟榔屿两处，与新加坡相连，华商居多，生意繁盛，又附属石郎阿国之吉隆埠、卑力国之罅埠，均尚知保护华工，华人开采锡矿者十余万，富至百万者数人，服饰礼仪一如故乡，无所改换。槟榔屿一埠，人材聪敏，尤为诸埠之冠，宜添设副领事一员，与驻坡领事相助为理，益可以收后效。……其抵日里也，该处为原奏所未及，华工亦万余众，来自汕头等处。先由客头带至新加坡、槟榔屿，经英官查过，自愿佣工者，订立华文合同，往日里为佣，所业种烟扎烟，勤奋者年可余番银百余圆，工头以赌倾其资，则不足糊口，继以称贷，第二年复须留工，则返乡无日。查荷官洋文章程内载，工人有过，准园主送官讯办，不得私自鞭挞。做工不得过三年之限，限满后无论有无亏欠，园主皆应给予川资，不得再留等语。而园主阳奉阴违，于华文合同内，并不叙明，任意虐待，经该员等告知荷官，始允为设法整顿。此处宜设副领事，以资保护。其抵加拉巴也，该处华民七万余众，荷人捐税繁多，赌风尤炽，甚至迫令入彼国籍。其附近之波哥内埠，文丁内埠，皆有华人聚处。又有三宝垄，与疏罗，及麦里芬，及泗里末，及惹加等处，皆荷兰国属地。华人二十余万众，荷官横肆暴虐，该员等接见华商，备言其苦。中国如筹保护，小吕宋而外，当以加拉巴为先。该处宜设总领事，兼三宝垄等处事务，于荷兰各埠华人，加以恩义，数十万之众，皆可内附。其分设副领事，一切与小吕宋同。……此该员等先后禀报筹办之大略情形也。臣查王荣和等，于役南洋海程五万余里，各埠商民睹汉官之威仪，仰尧天之覆帱，莫不欢呼迎谒，感颂皇仁，其恳求保护之情，极为迫切。查出洋华民数百余万，中国生齿日繁，借此消纳不少；近年各国渐知妒忌，苛虐驱迫，接踵效尤。若海上不安其居，即归内地，沿海骤增此无数游民，何以处之？故保护之举，实所以弭近忧，而非以勤远略也。倘蒙朝廷设立领事，加以抚循，则人心自然固结。为南洋无形之保障，所益匪浅。该员等所到之处，各国洋官款接照料，礼意甚优，英属尤为周至。商及保护等事，亦俱和平；承允议设领事，英最欣然，力劝速办。俾知约束荷、日，限于公法，亦皆无辞相拒。查小吕宋距中国最近，华民望切倒悬，必须先设总领事，驻扎其地，以收远人之心，以伸华商之气。经臣电商张荫桓，拟派副将王荣和为驻扎小吕宋总领事。缘该处闽人最多，王荣和籍隶福建，稳练精详，研究洋务，素为闽人所信服。此次出差南洋，亲历小吕宋各埠，熟习情形，深得窾要，以之充当总领事，人地实属相宜。应由该大臣先向日国商定，发给凭照事宜。随准咨称，业经照会外部，概允照办，而藩部以土人齮龁为词，怯设官之后，喧宾夺主，碍其溢征，是以至今延宕。查各国通例，凡立约通使之后，即可派领事驻扎某地，保护商人。古巴等处，中国早经设官；小吕宋同为日属，何独不可？请旨饬总理衙门，与日使会商，催令该国速发凭照，不容推宕；一面由臣咨张荫桓催促外部速办。此外商务较繁之埠，应如何添设正副领事，俟小吕宋办有规模，再行推广。至英荷各属，或苛待华工，或苛征身税，亦应次第设官申理，容待般鸟各岛一律访查之后，由臣分别咨商驻英荷法使臣，酌度奏明办理。所有总领事、翻译、随员等官薪俸，准总理衙门咨开：此次小吕宋设新领事，薪俸经费应由何项拨给若干，由臣妥筹办法。臣体察情形，各该岛甚愿自筹，力亦能办，将来小吕宋总领事派定后，应在出使经费项下，将第一年经费先行核给较为得体，并照总理衙门奏复新加坡成案，饬令该领事将岁收册照各费报明抵还。第二年起，便可不费公帑，余者作为造船公款，禀俟拨用。其总领事等署中一切办公杂用，应准于所收册照等费内动支开报，毋庸另请公款，一年后禀报核定数目。其设领事之处，就其余款酌拨若干，量设书院一所，亦先从小吕宋办起，由臣捐资倡助，并购置经书，发给存储，令各该领事、绅董选择流寓儒士，以为之师，随时为华人子弟讲授，使其习闻圣人之教，中国礼义彝伦之正，则聪明志气之用，得以扩充而愈开，水源木本之思，益将保固而不解。从此辗转传播，凡有血气，未必无观感之思。查各埠入款，以每年注册及进出口船牌之费最为名正言顺，诚使事机顺利，不致别有阻碍。屈计该处两项所入不少，除抵支领事公费外，尚可逐渐积存一款，以备购致（置）护商兵船之用。一切收拨章程，应俟设官之后再行饬令核议。如所收册照船牌等费不敷开销，恳恩准其由粤省劝谕各埠华商量力捐资，奖以虚衔，封典翎枝，专充领事经费，永不提用。各埠旺淡不等，挹彼注兹，必可敷用……

十四年，总理衙门奏略称：准军机处抄交两广督臣张之洞奏派员访查南洋华民商务情形一折，臣等随时参稽博访，其中利害节目，殊非一端可尽。兹据奏报该委员等访查事竣议办情形。查闽粤生齿最繁，率倚外海为衣食，散在各国属埠，古巴、新旧金山、新加坡、西贡、暹逻、缅甸、海口等处，经商佣工，何止百万。节经臣衙门与南北洋大臣、出使大臣商度累年，舌敝唇焦，择其尤为紧要之区，次第奏设领事，均就近归使臣管辖，以专责成。该督所奏自系为广树藩篱，联结众志起见，惟其中商埠形势，设官枢纽，实有与历办已设领事之区成案不能相同者，通筹利病，约有数难，何以言之？该委员王荣和等之赴荷国属岛也，该国以系彼久辖之境，不允访查，经前使臣许景澄向荷外部再三缓颊，以游历为名，彼始允行。上年接许景澄密函称，加拉巴让设领事一节，查兵舰巨款非商力所能凑办，设官之说揆彼族猜忌为心，难保不从中掣肘，且势必先与荷外部订立保护专条，并建驻荷使馆，否则笔舌空言，终归无补。又迭准兼使日国大臣张荫桓密称，小吕宋议设领事，面商日国外部，始而慨允，既而以藩部齮龁不允为辞。该大臣责其苛虐滥征，该国颇允革除，而设官一层，绝不松口。臣等惟此议倡于张荫桓，乃该大臣亦已心知其难，迭次函牍，未敢固执前说，此发端之难也。原奏称各岛华民，愿自筹领事等薪俸经费，俟派定后，请在出使经费项下，将第一年先行核给，第二年后便可不费公帑。臣等惟苟设华官，事事索之商民，既非政体，复滋流弊，且该埠之可收身格船费能否充裕，尚无把握。若如古巴领事署之始而踊跃输纳，继而群情涣懈，岁收日绌，遂致不敷支用，又将奈何？查光绪四年，新加坡请设领事官时，前出使大臣郭嵩焘亦请只给开办经费，以后一切自筹，嗣因入款不敷，复请发给历年出使报销册。新加坡每年入款只数百两，而支销至七八千两之多，是当日未克自坚其说，今之所请，亦恐类然。设事已举行，势难中止，见在使费支绌万分，何以应之？此筹费之难也。小吕宋于闽粤较近，然已远隔重溟。至新金山，地分三省，雪梨等埠，往返动需三四月，在他国荒远之地治，为人服役之民，该国既非情愿照设，将事事妒忌掣肘，倘设官而权不我操，彼凌虐者如故，该领事远既不能呼吁使臣，近亦难以咨白，粤中大吏，势成孤立，与不设同，此管辖稽查之难也。尤可虑者，华商屡诉甲必丹苛敛，不恤商情，然粤省鞭长莫及，既于领事一举一动耳目难周，倘有不肖领事习染外洋服食居处之奢靡，动以该署经费为名，事事苛派，无疑是使华民重受其困，反为国家敛怨。转不如饬使臣责问外部，申明约束，转可使华民实受其福，此恤商除弊之难也。臣等计此数难，深惟古今筹边事者惟是，谨筦钥于近圉，而忌敝精神于荒远。观于汉之轮台罢屯，宋之玉斧画河，孙吴以跨海通辽为失策，唐人以不纳维州降众为老谋，相度目前事势，正宜急近圉而缓远图，似不宜徒建空名，反滋口实。况缅暹南掌西贡等处，腹内之地已虞他人鼾睡，而我转图羁縻其腹外零星之小岛，似恐未获实济，先启嫌疑。该督公忠体国，规划经年，此次奏称，先行试办一处，余俟次第推广，似亦心知其难。与其后日悔发端之太广，收束为难，曷若先事不轻于举办，审量较易？此臣等所为长虑却顾，未敢臆决者也。……

按：此条见张之洞派员周历南洋各埠筹议保护折（光绪十三年十月二十四日）。

六、王彦威辑《清季外交史料》

使英郭嵩焘奏新嘉坡设立领事片

再，臣奉准总理衙门光绪二年八月十三日具奏出使经费一折，内开总领事及工副领事名目，诚以各口设立领事官与出使事例同条共贯，臣随查明英国属地新嘉坡等处，中国流寓经商人民共计数十万人，应分别设立领事，以资弹压，于是年九月十五日具奏。旋于十月二十八日道出新嘉坡，见广东人道员胡璇泽为其地人民所推服，数年前广属人民与各属互斗，亦经胡璇泽解散，英国官商皆倚信之。臣以新嘉坡领事非胡璇泽无可充承者。经照会英国外部，计逾五月之久，至六月初始得覆文，臣即劄知胡璇泽妥议章程。窃查中国设立领事，情形与各国绝异，其本末利病有须一详陈者：西洋各国以通商为制国之本，广开口岸，设立领事，保护商民，与国政相为经纬，官商之意常亲。中国通商之利一无经营，其民人经商各国或逾数世或历数年，与中国声息全隔，派员经理，其势尤格而不入。窃揆所以设立领事之义约有二端，一曰保护商民，远如秘鲁、古巴之招工，近如南洋日国所辖之吕宋，荷兰所辖之婆罗洲、噶罗巴、苏门答腊，本无定立章程，其政又近于苛虐，商民间有屈抑，常苦无所控诉，是以各处民商闻有遣派公使之信，延首跂望，深盼得一领事与为维持，揆之民情，实所心愿，此一端也；一曰弹压稽查，如日本之横滨、大阪各口，中国流寓民商本出有户口、年貌等费，改归中国派员办理，事理更顺。美国之金山，英国之南洋各埠头，接待中国人民视同一例。美国则盼中国自行管辖；英国则务使中国人民归其管辖，用心稍异，而相待一皆从优。领事照约稍联中国之谊，稽查弹压。别无繁难，准之事势，亦所易为，此一端也。臣愚以为此时设立领事，取从民愿而已，毫无当于国计，是以领事之名可立，领事之费必不可多。因查各口民商盼望保护，皆愿凑集领事经费。英国古巴领事吉乐福乞假回国，言闻中国工民筹办领事经费无不乐从，吕宋等处人言略同。其专恃以弹压者，但择其地绅商有资望者为之，于户口、年貌、册费内筹备需用款目，由使臣假以事权，俾得尽其调处之益，一切开支应从减省。近年来遣使各国需用浩繁，就臣所处言之，糜费实多，而求可以裨益国家实少，徒使福建船政局、上海机器局需用经费无从拨给，几至停工。若更听从各使臣设立领事开报薪水，以有用之经费资无名之支销，于国计无裨丝毫，于经理各国事宜亦万不能持久。是今日多一豪举，更历数年，亦必多一贻累，诚惧公私交困，进退两穷，在臣谋国之愚忧尤不能不长虑却顾，以为经久之计者也，应恳敕下总理衙门另行察议。臣之愚虑实早及此，是以在新嘉坡谕知胡璇泽，但允发给开办经费，应知薪水听从筹划报销，胡璇泽亦欣然允从。惟交涉东西两洋事宜，必应明定章程，俾归画一，尤不宜有畸轻畸重之分，听令彼此参差，丰约互形，以资口实，则所损尤大。至所派胡璇泽充当新嘉坡领事，其南洋各埠头应否分段领事，臣皆未能自悉，应令胡璇泽切实考求，报明办理。即饬作为南洋总领事，一切事宜分别申报各国使臣，仍统归南北洋大臣及两广总督臣就近经理，并乞恩准施行。所有设立新嘉坡领事情形，因经费艰难，另行察议之处，谨附片陈明。谨奏，光绪三年八月二十七日。奉旨：该衙门议奏。（卷一一，13 页上—15 页下）

总署奏议覆郭嵩焘奏请于新嘉坡设立领事片

再，光绪三年八月二十七日出使英国大臣郭嵩焘片奏英国属地星嘉坡拟设领事，委通员胡璇泽充当作为南洋总领事，并因经费艰难，应另察议等因。查臣衙门原议出使经费兼及总领事及正副领事，本因美国之金山、日斯巴尼亚国之古巴、秘鲁国之利马，及日本国之长崎等处，中国人民在彼实繁有徒，须设领事以资钤束保护之处，其是否设立，仍由出使大臣自行酌度，或无须设立，以免糜费；或如该大臣所称：酌给开办经费，不给薪水，期得节省之益；出使大臣自当各就所至各国地方情形核实，详筹办理，本非令凡出使大臣皆设领事于其国也。今以星嘉坡须设领事，该大臣拟遴委员胡璇泽承充，即作为星嘉坡领事官，所办各事申报出使大臣主裁，其所称南洋各埠头应否分设领事，该大臣未能深悉，拟令胡璇泽切实考求，报明办理，即饬作为南洋总领事，一切事宜分别申报各国使臣，仍统归南北洋大臣及两广督臣就近经理等情。查中国领事官事经创设，南洋各埠头相隔甚遥，胡璇泽甫令任事，才具即堪胜任，耳目亦难遽周，出使各国大臣及南北洋大臣、两广总督势亦不能节制，应请从缓妥筹，此时毋庸置议。该大臣以领事之费必不可多，让给开办经费，不给薪水，即就中国流寓民商愿出户口、年貌等费内报销开支，系为力求节省起见。至若出使各国须设领事，应归划一之处，臣等公同商簌，除不必设立领事各国仍毋庸议外，其有各处情形与新嘉坡相似者，即照此一律办理，或设处口岸另有疑难照办情形，由出使大臣查察，另行奏明核办，仍应力求撙节，以期事归实际，用无虚糜。谨奏。光绪三年九月二十五日。奉旨：依议。（卷一一，30 页下—32 页上）

总署奏新加坡设总领事经费薪俸办法折

总理各国事务恭亲王奕䜣等奏，为新加坡设立中国领事应给俸薪等项，查照章程成案酌核办理事。出使英法大臣郭嵩焘奏新加坡设立领事恳给俸薪一折，光绪四年十一月初一日，奉旨：该衙门知道。钦此。钦遵于初二日由军机处钞交到臣衙门，据原折内称：准总理衙门咨覆。查上年奏请设立领事折内有，在新加坡谕知胡璇泽，但允发给开办经费，其应支薪水听从筹划等语。今准咨称：领事、翻译等俸薪由江海关道归入出使经费内汇拨，自系变通前奏办理，应由臣等专折奏明等因。臣自受命出洋以来，实见开支出使经费岁益繁多，领事保护民商，尚有身格纸费足资筹划，是以举胡璇泽以为例，非谓各国选派领事皆应开支经费，独新加坡一处可以责成筹办也。国家所定经制须归一例，不能以胡璇泽一人独示区别，至该处所收经费，自应责成按年开报，抵消所支薪俸，其需用人员文案委员亦不可少，翻译之设，专取传达语言，领事能通知该处语言，翻译一节即可从省。伏乞饬下总理衙门，仍照通定章程发给新加坡领事及委员等薪俸，从开办之日为始，均归出使经费内开支，所用委员亦责成使臣酌核名数，咨报总理衙门，以昭划一等语。臣等伏查上年八月间，据郭嵩焘片奏领事之名可立，领事之费不可多，各口民商盼望保护，皆愿凑集领事经费，在新加坡谕知胡璇泽，但允发给开办经费，其应支薪水听从筹划报销，胡璇泽亦欣然允从，南洋各埠应令胡璇泽切实考求，即饬作为南洋总领事，仍统归南北洋大臣及两广总督就近经理等因。当经臣等以新加坡须设领事，该大臣拟委胡璇泽承充，应即作为新加坡领事官，南洋各埠相隔甚远，南北洋大臣等势不能节制，该大臣拟饬胡璇泽作南洋总领事等情，应请从缓妥筹。该大臣议给开办经费不能给薪水，即就中国流寓民商愿出户口、年貌等费内报销开支，系为力求节省起见，各处情形有与新加坡相似者，即照此一律办理等因，奏准行知各该大臣遵照。嗣于本年二月间据北洋大臣咨准郭嵩焘咨胡璇泽驻扎新加坡领事所需经费未据总理衙门核定，似应照奏定出使经费通行章程：正领事官月给薪俸五百两；领事翻译官月给薪俸三百两，即由报准开办之日起，饬江海关道就近汇支。其中国流寓商民愿出身格、年貌等费每年若干，令该领事据实详细开报，酌核抵消等因，经臣衙门咨令详细察核咨覆。六月间据郭嵩焘咨新加坡领事经费应自胡璇泽具报二月十九开办之日起支，所收商民船牌及身格等费，饬由领事据实开报扣抵，臣衙门覆咨，令专折奏明等因，各在案。今准郭嵩焘奏请，仍照奏定章程发给新加坡领事及委员等俸薪等语，既据该大臣查明据实奏请。查照臣衙门奏定出使章程，内开正领事月给薪俸银五百两之例，按月由郭嵩焘发给新加坡胡璇泽照数支领；胡璇泽通晓西洋语言，即毋庸添设翻译，以归节省；至领事官需用文案委员之处，查臣衙门前议复郭嵩焘等奏随带人员折，内声明出使章程只有随员、医官，并无文案名目，请将该大臣等随带之文案作为随员，按月照俸薪二百两之数支给。现在新加坡领事处需用人员未便创立文案名目，应令查照奏案，将文案委员作为领事随员，照出使大臣随员月给俸薪银二百两之数酌减，每月给予俸薪银一百六十两，稍示等差；该领事应用随员名数，仍由该大臣核定后咨报臣衙门查核。所有领事及随员等俸薪等项均自开办之日起支，统于该大臣出使经费内发给，仍汇入一年期满奏销册内一并列款请销。至该处所收身格纸费等项，臣衙门前咨覆郭嵩焘，以现与日国有议订招工章程，华人前往新加坡可按此章程商办，所有出洋身格纸费毋庸另议，以归一律；惟出洋船牌费一项，各国征收有无异同，转饬胡璇泽详细禀复。应令该大臣查照前咨，即饬胡璇泽将船牌费一节迅即查明禀由该大臣咨复臣衙门核办，并令该大臣饬将该处每年所收船牌费若干抵支开办薪俸等费，不敷若干，再由出使经费内拨给，以昭核实。谨奏。光绪四年十一月初八日。奉旨：依议。（卷十四，20 页上—22 页下）

按：以上三篇奏折内容亦见《东华录》，惟彼所载不及此数篇详尽。

总署奏遵议添设香港领事改设新嘉坡总领事折

总理各国事务庆亲王奕劻等奏：为遵旨议奏事，窃臣衙门准军机处钞交出使大臣薛福成奏濒海要区添设领事一折，本年三月二十四日奉朱批：该衙门议奏，钦此。臣等查此案前于光绪八年六月间，经前出使大臣曾纪泽以照交逃犯一节，照商英外部于香港设立领事；十二年三月，前两广总督臣张之洞亦经奏请催设香港领事，谓此举有通商、保民、交犯、巡缉、防海之益者五；又前出使大臣郭嵩焘暨总税务司赫德先后筹议香港情形，亦谓该处设官实多裨益；近年来均因英外部支展迟延，迄未有成。惟新嘉坡一处经郭嵩焘于光绪四年六月商准英外部设立领事，经该国给与准照，作为暂认；薛福成知事为国体民生所系，曾于上年十二月间就该国属埠统筹全局，专折缕陈宸鉴，各在案，兹复据奏称前因。臣等查南洋各岛华民商旅佣工数逾百万，转徙之利亦倍于前，前年因晋、豫偏灾，新嘉坡华商等尤能以铢寸之余输将巨款，虽属过都越国，依然心向皇仁，慕义急公，不忘中土。近来益增繁盛，其未设领事之区，凌弱逐强，在所不免，呼吁所通，息息均关，廑念今薛福成拟以黄遵宪充新嘉坡总领事，既与英国商定，应如所请办理；至香港近接粤垣，华洋交涉尤非外岛可比，若果设立领事，自于交涉之事有益。惟英国使臣华尔身曾来臣衙门，言及香港设领事只宜以税务司兼充，臣等以其语涉含糊，与薛福成原奏商准外部以左秉降调充各节迥异，因即电薛福成以凭核办。嗣据覆称：港坡之议，英外部实允试办一年。查从前新嘉坡亦属试办，后为常驻，并据外部面称，一年之内香港华民不致与领事为难，领事不侵英民之权，即为长局。又据外部文称，俟奉到大皇帝谕旨，即发与该二员准照，并已电告驻华使臣，及由藩部函知港督，勿稍梗阻别生波折等语。臣等公同商酌，以香港新设领事与新嘉坡本有领事情势稍异。英于香港领事仅允试办一年，日后有无异言尚未可定。且近时洋报传闻，又有香港领事作为罢论之说，虚实无从悬揣。应请旨饬下薛福成察探情形究竟，英廷之意是否不至反复，或明告以试办一年之议，中国未能满意，略作停顿，看其如何答复，再行商办，悉由该大臣妥慎筹议，请旨定夺。惟新嘉坡系由正领事改为总领事，非香港新设可比。若因香港试办一年之说，并新嘉坡固有之权利而亦限一年，似非胜算，亦应由该大臣与英外部妥订准照为要，坡港两岛宜有区别也。至经费数目及增派随员各节，应由臣衙门按照奏定出使章程酌核办理。谨奏。

光绪十七年七月二十二日。奉朱批，依议。（卷八四，28 页下—30 页下）

按：此篇未见，所剪录之《东华录》有载。

七、黄鸿寿撰《清史纪事本末》

卷五十八　通使及选派留学

十七年，春正月，驻英使臣薛福成奏设南洋各岛领事，从之。上年七月，海军提督丁汝昌巡历南洋群岛。其未设领事各地，华民约三十万，备受土人虐待，因而环诉于汝昌，请求奏设领事。汝昌归言于总署，咨令福成酌夺办理。至是，福成请于香港设一正领事，以新加坡领事知府左秉隆派充。新加坡原设领事，改为新嘉坡兼辖海门等处总领事，以驻英二等参赞道员黄遵宪调充，驻劄新加坡，兼辖麻六甲（即《明史》满剌加国）、丹徒斯群岛槲屿、威利司雷省，暨其属部科科斯群岛（以上皆英属土，英人定其总名曰海门，共计华民十七万四千二百二十七）及白蜡（即卑方国，计华民六万余）、石兰莪（即石郎阿国，计华民二万八千）、松盖芙蓉（计华民一万）、柔佛，以上皆小邦，归英保护者。英人联合各地，定其名曰海门属都。

按：此条见载于《皇朝掌故汇编·外编》卷十八，1572 页，文字与此稍异。

叁　公牍类

一、《李侍尧奏折》

宫中档二七七三箱　二九五二四号

乾隆三十九年八月初四日，据南海县知县常德禀称，有船商陈福成前往佛柔（原文将柔佛两字倒置）贸易，被风飘入暹罗，附搭该国番使一名前来投文，并呈缴公文一角到臣，当经拆阅，系郑昭禀臣之件。据称欲为故主复雠，数年积粮训士未尝少怠。今春有前被花肚掳掠之民逃回，知花肚绝贡天朝，现抗天兵，议于来春加兵阿哇城。因海隅之地军需未足，乞买硫黄五十担，锅头五百口等情。

二、包世臣《齐民四术》

同上　答萧枚生书（时客粤海关署）

枚生一弟足下：……足下前次回江，曾言英夷占夺新埔，招闽粤逃人，事深可虑，欲著《粤榷志储》一书，以发其机括。仆入都，就潮惠漳泉计偕解事者问之，多言新埔夷人近改名新嘉坡，广刊汉文书籍；兹询墨农尤详备……道光丙戌正月，世臣顿首。（1 页上—1 页下）

卷十一　致广东按察姚中丞书

亮甫先生大公祖阁下……粤海通商夷国十数，以英吉利为最强。闻乾隆四十年间，粤东外洋有封禁地名新埔，距省垣千里而遥，粤之惠潮，闽之漳泉，无业贫民私逃开垦，英夷回帆过彼，欲占其地，为闽粤客民所败。数年后，英夷以兵船至，客民降服，英夷遂踞其地，每来粤市，舶返辄留人三分之一在彼建置城郭房室，迄今几五十年。并招嘉应州之贫士，至彼教其子弟，又召粤中书匠，刊刻汉文书籍。又闻鸦片毒烟亦以其时始入，粤东并不行销，十数年后省垣及惠潮漳泉居人渐染其毒。嘉庆纪年，吴越人亦吸食，比及其末，烟毒遂遍天下。此物向在例禁，各小国所产不敢显售，必附英夷与匪徒为市，是以粤海夷商亦以英夷为最饶，洋商但与英夷交好者，无不立致不赀，而沿海大户皆以囤烟土为生，至以囤土之多寡计家产厚薄。夷以土入，华以银出，以致银价踊贵，公私交病，于是议严纹银出洋之禁，而禁后银价益长，是禁之不行可知也。夷舶通市，止粤海一关，而厦门、兰台、宁波、乍浦、上海各关，皆有闽广鸟船抵关转输洋货。新埔客民虽降服英夷，并未改从服色，是到各关之鸟船未必无新埔客民在其中，以分散烟土于各省，而交结其匪民，是英夷虽未至江浙，其党羽实已钩盘牢固。再阅数年，银长无已，公私更行困惫，不得不筹塞漏卮。漏卮之塞必在厉禁烟土，烟禁真行，则粤闽之富人分业，而洋商尤不便此，势必怂恿英夷出头恫喝。又闻粤中水师皆食土规，一旦有事，情必外向。然英夷去国五六万里，与中华争，势难相及；而新埔则近在肘腋，易为进退，况内地既有谋主，沿海复多胁从，英夷亦难保其不生歹心……新埔地向封禁，客民私逃本应重科，似宜选胆识俱优之员，密至新埔，查看得实，或宥各容民之前愆，悉徙之内地，仍前封禁；或驱逐英夷而设重镇郡县如台湾，所可销逆萌以弭边衅也。说者必谓英夷占踞日久，聚众已多，与之理谕势必不从，怵以兵威或至构怨，目前无事正可苟安，一官如传舍，安能远虑百年，轻犯祸始，是则非世臣所敢知也。举此诚非易事，然事之难者必有人举之，君子为其难者，是不得不望之于阁下也。十数年后，虽求如目前之苟安而不能，必至以忧患贻君父，夫岂君子之所忍出哉。世臣游历，未至粤东，所陈五事，皆访之粤人，其说一口，故属虹舫附递上渎，以虹舫行速，灯下草创，语无诠次，字杂行草，伏唯涵察。道光八年四月日故民包世臣谨再拜状上。(3页下—5页下)

同上　职思图记为陈军门（阶平）作

……十数年前，姚亮甫中丞陈臬粤东，世臣移书二千言，为言英夷据粤洋之新埠，逼肘腋，意殊叵测，固早知有今日之事也……（6页上）

三、姚莹《东溟奏稿》

遵旨严讯夷供覆奏

奏为钦遵谕旨、严讯夷供、据实覆奏、仰祈圣鉴事。

窃臣等上年八月具奏淡水鸡笼海口擒获夷犯多名，声明委员提郡查讯在案……正在筹商办理间，接到抚臣饬知：奉二十一年十月十五日上谕：御史福珠隆阿奏请暂留罪夷以便讯究一折，台湾擒获逆夷多名，如果尚未正法，即着刘鸿翱饬令达洪阿等按照该御史折内所陈，除千里镜一节，毋庸查究外，其余逐层究诘，明白晓谕，务得实情，密筹办理，冀有裨益于攻剿机宜。钦此。并由抚臣照抄该御史原奏，咨行臣等查照办理。

遵查原奏所称应讯各条，俱系案中紧要关键，先经该府厅县悉心推鞫；所问款目，亦与原奏大略相同。兹于钦奉谕旨之后，臣等复加研讯。据黑夷头目明莉啌等供称：伊等驾船三只，同到台洋，均系红毛望结仔、吽朥油地方夹板夷船，向属唤夷管辖。唤夷所辖各岛，每年俱系进纳鸦片烟土，作为贡税。前年中国查禁鸦片，王不能销售，遂向各岛索要金银。各岛夷亦因鸦片难销，无有金银供应，仍未收纳烟土。唤王即于槟榔屿、望结仔、实叻等处，雇调兵船七千余只，在孟加剌地方会齐……令大头目带领各船至中国，与领事义律恳求通商……据称火药、船只俱在本国及息辣地方制造……据供硝磺、米石俱由息辣、孟加剌等处运来，也有各处汉奸接济……臣等复以槟榔屿、望结仔、息辣、孟加剌、唉叻等处，是否国名……向其究问。据称：孟加剌、唉叻是唤夷属岛；槟榔屿、望结仔、息辣三处俱是唤夷大码头，在噶喇吧一带。遇有顺风，亦须四五个月方能驶到中国……（《台湾文献丛刊》本，64—66页）

二次生擒逆夷奸民讯供进呈夷信图书奏（夹片）

覆讯夷供分别斩决留禁绘呈图说奏

按：上二件已见《筹办夷务始末》。

四、《黄爵滋奏疏》

片奏

再，臣闻英吉利占据海岛有三：一名新埠，距粤海大屿山十日程，驻有夷兵；一名新嘉坡，距大屿山六七日程，徙夷众居之，建有坚夏书院；一名码硃格，距大屿山十一日程，建有英华书院。臣前过浙省，会见其书名《东西史记和合》，上叙中国年代，下系彼国年代，系道光十年前所刻，题曰"英华书院藏版"。此书自系汉奸所为。是其包藏祸心，已非一日。若乘此机会，竟与绝市，则从〔彼〕以汉奸为无所用，互相疑忌，其势可不攻而自溃矣。至定海收复，必须乘南风未作，夷势尚分，勒限进攻，必能奏捷。谨将所访定海县图附折恭呈御览。谨奏。

按：黄氏所言之《东西史记和合》原书名 *Comparative Chronology of East and West*，共四十页，麦都思（Walter H. Medhurst）撰，原刊于印尼巴达维亚（Bataoria），道光十三年（1833）重刊于马六甲之英华书院，文中之码硃格即马六甲也。

五、薛福成《筹洋刍议》

船政……扬武练船游阅东南洋各岛，而吕宋旅居华民喜色相庆，至于感泣，以为百年未有之光宠；一埠如此，他埠可知。间尝取海外华人之数，合佣工商贾并计之，吕宋一岛约四五万人，新加坡及槟榔屿诸岛约十万，美国旧金山及其近埠约十四万，流寓越南及西贡等处约三十万，古巴、秘鲁各十余万，其他若日本、若新金山、若太平洋之檀香岛，厥数或逾万或不及万。凡华人聚居之处，莫不有会馆有经董，彼皆自愿集赀，引领以望华官之至也久矣，而兵船抑无论也。盖养一兵船，岁费不过二万两，以一埠六万人计之，每三人而斸费一两尚易为力，况其中必有殷实商人为之倡者，彼略有所费，而借华船保护，稍张声势便足与洋人齿，偶有交涉，隐受无穷之益，此必华民所乐闻者也。为今之计，宜告驻劄各国公使，如各埠华民有愿得中国兵船以壮声威者，自筹岁费报明领事，领事请公使咨船政，船政酌度拨遣，或一年调还，或半年调还，再选他船更番前往，借资游练。如一埠不能养一船者，或数埠共养一船，使之往来于其间，中国有事，则悉数召归以备调遣。夫如是，船厂无养船之费，而获捍御之资；兵船无坐食之名，有历练之实；商贾佣工蠲费不多，颇沾利益；公使领事权力虽弱，亦倚声援：盖一举而数善备焉。而中国商船之远适他邦，未始不以此为之嚆矢，是又振兴商务之要端也夫。（《薛福成全集》，13 页上—13 页下）

六、薛福成《海外文编》

请豁除旧禁招徕华民疏（癸巳）

……臣于光绪十七年奏派通员黄遵宪为新嘉坡总领事官，属令到任后详察流寓华民情形，核实禀报。兹据称南洋各岛华民不下百余万人，约计沿海贸易落地产业所有利权，欧洲、阿剌伯、巫来由各居十之一，而华人乃占十之七；华人中如广、琼、惠、嘉各籍约居七之二，粤之潮洲、闽之漳泉乃占七之五，粤人多来往自如，潮人则去留各半，闽人最称殷富，惟土著多而流寓少，皆置田园，长子孙，虽居外洋已百余年，正朔服色仍守华风，婚丧宾祭亦沿旧俗，近年各省筹赈筹防多捐巨款，竞邀封衔翎顶，以志荣幸。观其拳拳本国之心，知圣泽之浃洽者深矣。惟筹及归计，则皆蹙额相告，以为官长之查究、胥吏之侵扰、宗党邻里之讹索，种种贻累，不可胜言。凡挟赀回国之人有指为逋盗者，有斥为通番者，有谓为偷运军火接济海盗者，有谓其贩卖猪仔要结洋匪者，有强取其箱箧肆行瓜分者，有拆毁其屋宇不许建造者，有伪造积年契券借索逋欠者。海外羁氓，孤行孑立，一遭诬陷，控诉无门，因是不欲回国。间有以商贾至者，不称英人，则称荷人，反倚势挟威干犯法纪，地方有司莫敢谁何。今欲扫除积弊，必当大张晓谕申明，旧例既停，新章早定，俾民间耳目一新，庶有裨益。盖黄遵宪体察既深，见闻较熟，故言之详切如此。臣窃惟保富之法肇于周官，怀远之谟陈于管子，民性何常，惟能安彼身家者是趋是附。中国出洋之民数百万，粤人以佣工为较多，其俗虽贱视之，尚能听其自便，衣食之外，颇积余财，至今滨海郡县称稍殷阜，未始不借乎此。闽人多富商巨贾，其俗则待之甚苛，拒之过峻，往往拥赀百万，羁栖海外，十无一还。且华民非无依恋故土之思也，国家亦本非行驱禁之政也，特以约章初立之时，未及广布明文，家喻户晓，遂使累朝深仁厚意泽不下究，化不远被，奸胥劣绅且得窥其罅以滋扰累，为渊驱鱼，为丛驱爵，甚非计也。夫英、荷诸国招致华民开荒岛为巨埠，是彼能借资于我也。华民擅干才、操利柄，不思联为指臂，又从而摈绝之，是我不能借资于彼也。及今而早为之图，尚可收桑榆之收，及今而不为之，计必至忧杼柚之空。查前督臣沈葆桢奏请将不准偷渡台湾旧例一概豁除，曾奉特旨俞允省具文，裨实政莫善于此，迄今海内交口称便。出洋华民事同一律，可否吁恳天恩，俯念民生凋敝，敕下总理各国事务衙门核议保护出洋华民良法，并声明旧例已改，以杜吏民诈扰之端，由沿海各省督抚及出使大臣分途切实晓谕，奉宣德意，俾众周知，并准各口领事官访其平日声名素称良善，核给护照。如是则不事纷更，不滋烦扰，可以收将涣之人心，可以振积玩之大局，可以融中外之畛域，可以通官民之隔阂。怀旧国者源源而至，细民无轻去其乡之心；适乐土者熙熙而来，朝廷获藏富于民之益。一旦有事，缓急足倚，枝荣本固，厥效非浅。所有拟请申明新章，豁除旧禁，以护商民，而广招徕缘由，理合，恭折沥陈伏乞皇上圣鉴训示，谨奏。

是疏于光绪十九年五月十六日由英伦使馆发递，七月初十日奉朱批：该衙门议奏，钦此。总理衙门于八月初四日覆奏，应如所请，敕下刑部将私出外境之例酌拟删改，并由沿海督抚出示晓谕，凡良善商民无论在洋久暂，婚娶生息，一概准由出使大臣或领事官给与护照，任其回国治生置业，与内地人民一律看待，毋得仍前借端讹索，违者按律惩治。奉朱批：依议。钦此。（卷一，18 页下—20 页上）

附　陈派拨兵船保护商民片（癸巳）

再，臣闻流寓外洋华民，往往以势孤气馁为他国人所轻侮。西洋通例，莫不派拨兵船保护商民，俾旅居者增气以自壮。近者中国海军各舰亦尝巡历新嘉坡诸埠，华民喜色相庆，以手加额，谓为从前未有之光宠。惟海军船数不多，经费不裕，势难分拨兵轮久驻；海外华民集赀，积少成多，未尝不愿供给船费，禀请酌派军舰稍张声势。从前两广督臣张之洞曾议劝办此事，未及就绪。设令果有成效，则海军省养船之费而有历练之资，兵船无坐食之名而著保护之绩，商贾佣工捐费不多，颇沾利益；使臣领事权力虽弱，亦倚声援：一举而数善备焉。臣属总领事黄遵宪相机利导，据称闽南未有出力，事难必成，臣是以有招护华民之请。盖华商有力者之在外埠，商务之旺衰系之，军实之强弱系之，即西人亦视之颇重也。理合附片密陈，伏乞圣鉴，谨奏。

（卷二，20页上—20页下）

南洋诸岛致富强说（壬辰）

南洋诸大岛星列棋置，固有千余年前入贡中国，自齿外藩，迄今转式微者；亦有亘古荒秽，广莫无垠，人迹不到者。自西人相继南来，占踞诸岛，仅阅一二百年而疆理恢辟，民物蕃昌，无不有蒸蒸日上之势。将谓恃西人之经理乎，则离其本国数万里，究竟来者不甚多也；谓借土人之奋兴乎，则狉榛之俗，囿于方隅，风气未大开，智慧未尽牖也；然则其所以渐树富强之基者，不外招致华民以为之质干而已矣。大抵古今谋国之经，强由于富，富生于庶，所以昔人有生聚教训之说，然谋庶富而欲自生之自教之，已觉其迂矣。今彼乘中国之患人满而鸠我们民辟彼旷土，数十万人无难骤集也，不待生也。中国之人，秀者、良者、精敏者、勤苦耐劳者，无不有之，稍以西法部勒之而成效自著矣，非若土人之颛蒙难教也。西人所留意经营者，惟聚之之法而已矣。泰西诸国用此术者，独英人为最精，自香港、新加坡，以及北般岛、澳大利亚，皆能骤变荒岛为巨埠。荷兰、西班牙亦知华民之可用，始则勉招之，继则虐待之，甚有羁禁之使为奴、诱胁之使入籍者，而其功效乃终逊于英远甚；然所以能自立于南洋者，莫非借华民力也。余尝考越南、暹罗、柬埔寨等国，虽往往多管西人约束，而贸易开矿诸利权，华人操之者六七，西人操之者二三，土人则阒然无与焉。至若吕宋、噶罗巴、婆罗洲、苏门答腊、澳大利亚等处，商矿种植之利华人约占其大半，惜乎受人统辖，中国又无领事官以保护之，以至失势被侮。若使中国仿西人之法，早为设官保护，则南洋诸岛之利权未尝不隐分之。惜乎失机者数十年，一旦觉悟已多牵制。惟英之属岛已允我设领事官，而当事者犹以费绌为辞，不愿多设。是中国有可富可强之机而不知用也，亦终于贫弱而已矣，谓之何哉！（卷三，10页下—11页下）

论不勤远略之误（癸巳）

……夫惟不动远略，是故香港、西贡、小吕宋、噶罗巴等处各有数十万华民而不能设一领事，美属之三藩谢司戈、英属之澳大利亚华民皆自辟利源而无端失之，反受他人驱逐。夫惟不勤远略，是故商务无一船越新加坡而西、小吕宋而南者，而兵船游历亦不逾此。出使大臣或懵然于条约之利病而不知久远之计，封疆大吏或惘然于边防之得失而惟偷旦夕之安，以此应敌，以此

立国，其不至召寇纳侮者几人……（卷三，15页上）

海关出入货价叙略（癸巳）

是年，货由英国运到者值银二千八百八十七万余两，香港运到者值银六千九百八十一万余两，印度运到者值银一千二百八十六万余两，新嘉坡运到者值银一百九十一万余两，澳大利亚、大浪山、加那大运到者值银一百零一万余两，以上英国及英属地来货都值银一万一千五百四十八万余两。由中国运之英国、之香港、之印度、之新嘉坡、之澳大利亚、大浪山、加那大者，都值银五千五百七十八万余两。出入相较，中国亏银五千九百七十万两。（卷三，19页下）

七、丁日昌《抚闽奏稿》卷三

现探小吕宋已到兵船二号情形片

再，日国因索伯拉那船遭风旧案，声称欲派兵船来台一事，前阅新闻报纸……又云此案经德国使臣说妥，日使业已回京等语，惟昨据管带扬武、练船记名提督蔡国祥文称：扬武自新加坡游历至小吕宋，探闻日国内乱未靖，帑乏兵疲，举国兵船约有四十号，与台湾毗连之小吕宋，只有旧坏兵船一号，现在修葺，迨扬武回轮时，见其有兵轮船二号，由大吕宋驶来……据说来年春夏间要到中国云云……

按：此为光绪元年以前事，不记年号。

八、彭玉麐《彭刚直公奏稿》

暗结暹罗袭取西贡折（光绪九年十二月初十日）卷二

奏为密筹暗结暹罗袭取西贡以拯越南而维大局恭折仰祈圣鉴事，窃照法夷吞噬越南、占踞西贡已二十年，现复由河内夺占宣泰、山西。北圻势颇危急，其逼迫越人立约，欲中国不预红河南界之地，及许在云南蒙自县通商，显系图我滇疆，冀专五金之利，不特滇越边境不能解严，即广东天津亦未知撤防何日。彼以虚声，我以实应，数年之后，疲以奔命，必至财力俱穷。臣早夜思维，寝不安席。叠奉寄谕饬各军坚守北圻，以固滇粤门户，然自唐炯无故退兵，刘永福大受其累，旋至山西不守。前奉寄谕，饬总理衙门照会各国，告以法如侵及我驻扎军之地，即不能坐视等语；然昨准广西抚臣徐延旭来函，前月十七日法夷攻犯山西，正官军驻扎地也，旗号满布，竟敢直前进攻，是彼族业已明目张胆，无所顾惜。刻下滇、粤官军分途进取，皆是正面文章，必须用间出奇，别开生面，以假虞伐虢之谋，为围魏救赵之举，大局庶有转机，鼻端生赘，脑后下针，此之谓也。据臣军营务处候补道王之春密禀，现有三品衔候补道郑官应，广东香山人，自幼从海舶遍历越南、暹罗、新加坡等处，熟悉洋务，现办上海招商局及织布机器局、南北电报局，与王之春共事有年，每谈及法酋蹴越，寻衅广东，同深义愤。据云：暹罗王郑姓，广东人，尊敬中国，用汉人为官属，现有掌兵政者六人，如中国之总督，皆粤人也，其人夙重乡谊，与郑官应熟识，谈及法越之事，亦为不平，且引为伊国切肤之患。伊国与越之西贡毗连，尝欲出其不意，攻其不备，由暹罗袭师以潜西贡，先覆法酋之老巢；又暹罗极东边境为英国所辟者曰新嘉坡，地极富庶，粤人居此者十余万，中国设有招商分局，即西贡现亦有招商分局，均系郑官应所司，拟悬重赏密约两处壮士，俟暹国兵到时，举火内应，先夺其兵船，焚其军火，以期聚歼；此二端似有把握，惟未奉朝旨，未敢举动，私相叹息而已。今叠奉谕旨，明示决裂，与法夷决战，郑官应恰有信来求为奏调由沪回粤，亲赴暹罗、西贡、新嘉坡等处，密约布置，机有可乘等语。臣查越南所都曰富春，而以广南嘉定为西京，即西贡也。距富春千余里，法酋图越以此地为根本，壤接暹罗。遍考图志，雍正、乾隆两朝，先后赐御书匾额于暹罗，曰天南乐国，曰久服屏藩。乾隆三十六年，暹罗为缅甸所灭，遗臣郑昭，粤人也，复土报仇，众推为主。昭卒，子华嗣，五十一年赐封暹罗国王，十年一贡，其人只尊中国而不知有他国，用汉人为官属，理国事，掌财赋，皆粤人为多，与郑官应之言皆相吻合，则其言可信矣。又考明万历中，平秀吉破朝鲜时，暹罗自请出兵捣日本以牵其后。滇抚陈用宾约暹罗夹攻缅甸，缅疲于奔命，遂不复内犯。永历困于缅，暹罗复起兵攻缅以援李定国之师，其忠于明若是。乾隆中，缅甸不臣，得暹罗夹攻而缅始纳贡。阮光平篡黎氏，养海盗寇重洋，及暹罗助阮福映灭新阮，俘献海盗，而南洋始肃清，其忠于本朝又若是。然则暹罗之能助顺可信矣。今越南事棘，滇兵未到，刘永福独力难支，北圻万分吃紧。臣拟密饬郑官应潜往各该处，妥为结约，告以封豕长蛇之患，辅车唇齿之依，该国又夙称忠顺，乡谊素敦，倘另出奇军，内应外合，西贡必可潜师而得。惟是言易行难，其中有无窒碍，先令密速探明，事有端倪，臣再派王之春改装易服，同往密筹，届期密催在越各军同时并举而不明言其故。西贡失，则河内、海防无根，法人皆可驱除，越南或可保耳。昔陈阳用西域以破康居，王元策用吐番以捣印度，皆决机徼外不由中制，用能逮非常之功。我国家厚泽深仁，自应有此得道之助。惟此举若成，则西贡六府自应归并暹罗，庶能取亦复能守。盖西贡为越南之南圻，系嘉庆初阮福映兼并占城及真腊北境，非安南故土；志称安南南北三千七百里，东西一千五百里，系专指北圻言也。阮氏有西贡而不能守，被法人夺占二十余年，暹罗能得之，阮氏岂能复问，倾覆栽培，在圣朝亦因材而笃而已。臣现附片奏调郑官应，应伏乞饬用电报传知，以免南北洋大臣奏留，致稽时日。除俟办有端绪再行密报，并预筹越南善后事宜届时密奏外，所有暗结外援，乘虚袭捣西贡各缘由，理台先行密陈，伏乞皇太后、皇上圣鉴。再，此举惟臣与王之春、郑官应等数人知之，其余军中将领、粤中督抚概未与闻，以昭慎密，合并声明，谨密奏。（卷二，22 页上—23 页上）

遵覆所指各节片（光绪十年正月二十二日）

再，臣于本年正月十六日，承准军机大臣密寄光绪九年十二月二十六日奉上谕：彭玉麟密奏暗结暹罗袭取西贡一折，具见筹划苦心，未始非出奇制胜之策。然兵家用间，贵有所因，暹罗国势本弱，自新加坡、满加利等处为英所据，受其挟制，朝贡不通，岂能更出偏师，自挑强敌。道员郑官应虽与其国君臣有乡人之谊，恐难以口舌游说趣令兴师。且西贡、新加坡皆贸易之场，商贾者流必无固志，悬赏募勇，需款尤巨，亦虑接济难筹。法人于西贡经营二十余年，根柢甚固，中国无坚轮巨炮，故未能渡海出师，捣其巢穴；即使暹罗出力，而无援兵以继，其后法人回救，势必不支。况英法迹虽相忌，实则相资，彼见暹罗助我用兵，则精刻之心益萌，并吞之计益急，恐西贡未能集事，而湄南先已虑亡。以上各节，皆宜层层虑及。该尚书所奏者，多采近人魏源成说，移其所以制英者转而图法。兵事百变，未可徇臆度之空谈，启无穷之边衅；倘机事不密，先传播于新闻纸中，为害尤巨。该尚书原奏所称言易行难者，谅亦见及于此。除郑官应一员业经由电寄谕南北洋大臣准其调粤差遣外，着将所指各节迅速覆奏各等因，钦此。仰见圣虑精详，洞见本末，跪聆之下，钦悚难名。臣不谙洋务节经陈明在案，徒以蒿目时艰，忘其迂谬，今渥蒙训示，昭君发矇。道员郑官应昨已到营，经臣密为传谕，毋庸造次，尤不敢稍有泄漏，致干咎戾，请释宸廑。该员血性机警，留心时艰，于洋务尚称熟悉。臣现札委会营办务处，当亦可期得力。所有遵旨覆奏，缘由理合附片密陈，伏乞圣鉴，谨奏。（卷二，23页下—24页上）

九、曾纪泽《曾惠敏公遗集》

《曾惠敏公奏疏》

请奖期满人员疏（光绪五年己卯十二月十九日）卷一

奏为出洋参赞、翻译等员三年期满，援案吁恳恩施恭折具陈仰祈圣鉴事。窃臣承准总理各国事务衙门钞咨奏定出使章程，内开：出使各国大臣所带参赞、领事、翻译等员，随同出洋以三年为期，期满奏奖。嗣又咨准吏部文开：核议出使外洋随带人员保奖，厘定章程，仍照异常劳绩，准保免补免选以应升之阶，选用补用不得越级等因。于光绪三年九月十八日奉旨：依议。钦此。……新加坡领事候选道胡璇泽、领事随员盐提举衔候选布经历苏溎清二员，于光绪四年二月设立开办，应俟该员等三年期满之时，再付核办……（19页上—20页上）

请恤新加坡病故领事片（光绪六年庚辰七月二十四日）卷二

再，臣于本年三月二十一日，接据新加坡领事随员苏溎清禀报，新加坡领事官选用道胡璇泽于二月十七日在坡因病身故，请派员接办等情。臣当以海洋窎远，遴员接充尚需时日，即饬苏溎清暂行代理领事官事务，一面函商总理衙门王大臣拣员充补，尚未接准该衙门函覆。除俟拟派定人再行陈请奏补外，伏查选用道胡璇泽流寓新洲多年，商民望洽，经前出使英国大臣郭嵩焘奏充新加坡领事官，规模创始，颇著辛勤，当差两年，因病出缺，似应陈请赐恤，以奖微劳，且使该处流寓华民向慕皇仁，知所观感。惟该故员保报捐道员派充领事，现应如何议恤，无案可循，可否请旨饬下总理衙门，酌议恤典之处，恭候圣裁。谨附片陈明，伏乞圣鉴，谨奏。（24页上—24页下）

拣员补领事疏（光绪七年辛巳二月二十六日）卷三

奏为拣员充补领事官恭折驰陈仰祈望鉴事。窃臣于光绪六年七月二十四日，附片陈明驻扎英国属地新嘉坡领事官候选道胡璇泽因病出缺，并派委领事随员盐提举衔布政司经历苏溎清暂行代理，仰蒙圣慈垂鉴。查该埠万国通衢，五方杂处，英人既竭力经营，而华民之经商寄寓于该处者，辐辏往来，日臻繁盛，该处领事官实有联络邦交、保护商民之责，必得精明强干之员，方足以膺兹剧任。臣与总理衙门往返函商，查有五品衔都察院学习都事左秉隆，驻防广州正黄旗汉军忠山佐领下人，由同文馆学生派充英文副教习，历保今职。光绪四年十月随臣出洋，派充英文三等翻译官。该员年力正当，学识俱优，通达和平，有为有守，熟悉英国情形，通晓西洋律例，以之充补新嘉坡领事官，实属人地相宜，合无仰恳天恩俯准，以五品衔都察院学习都事左秉隆充补新嘉坡领事官之处，出自高厚鸿慈所有。微臣与总理衙门函商拣员充补领事官缘由，理合恭折陈明，伏乞皇太后、皇上圣鉴，谨奏。（10 页上—10 页下）

请奖期满人员疏（光绪七年辛巳八月初八日）卷三

……盐提举衔候选布政司经历苏溎清，经前出使英国大臣郭嵩焘饬委充当新加坡领事随员，于光绪四年三月二十三日到差，均经先后咨明总理各国事务衙门查核在案。伏查……苏溎清于光绪七年三月二十三日……先后扣足三年期满，该员等在洋当差均能尽力宣勤，毫无贻误，实属异常出力。臣前因户部郎中凤仪等分别查明请奖之案未奉谕旨，故将该员等奖案暂缓具奏。兹准部咨前因，所有庆常、苏溎清、联芳三员应得奖叙，自应由臣按照吏部新定申明章程，分别核奖，以昭激劝，合无仰恳圣恩俯准，将……盐提举衔候选布政司经历苏溎清，免选本班以应升之通判，不论双单月归部即选，以示鼓励。……（20 页下—21 页上）

拣员补参赞各缺疏（光绪八年壬午七月二十七日）卷四

奏为拣员充补参赞随员各缺恭折具陈仰祈圣鉴事。窃臣随带出洋人员，前因三年期满纷纷禀请销差，旋因总理衙门奏定给假章程，各员弁感荷朝廷体恤之恩，大半留洋供职。惟驻俄二等参赞官刘翰清衰年多病，力恳回华就医，驻法随员杨文会、驻英三等翻译官陈志尹二员，均因亲老，急切思归。经臣先后准令销差回华，并有驻英之三等翻译官左秉隆，经臣先期奏补新加坡领事官，于上年八月赴任，分别咨呈总理各国事务衙门查核在案，计英法俄三国使署大出参赞官一缺、随员……（19 页上—19 页下）

恳留新嘉坡领事疏（光绪十年甲申七月十三日）卷五

奏为领事官任期届满，恳恩留洋接办以资熟手，恭折仰祈圣鉴事。窃据新嘉坡领事官四品衔分省尽先补用通判左秉隆禀称：自光绪七年八月初三日领凭到任，至本年八月初三日已届三年任满，理合先期禀报，恳请派员接办等情前来。查英属新嘉坡一岛，地当南洋冲要，东接香港西贡，西连印度锡兰，声息相连，各国商舶兵轮往来会集，英人既竭力经营，华民之经商寄寓者，亦日臻繁盛，该处领事有联络邦交、保护民商之责，非谙练洋务，深悉地方情形之员，不足以资镇抚。左秉隆在坡三年，竭力整顿，于前任领事胡璇泽之积弊补救多端，清理华洋讼案，劝谕富商捐资设立义塾，奖掖绅民，因应得宜，操持不苟，不惟华民爱戴，即各国驻彼官绅皆敬佩之。伏查中国初设新嘉坡领事官，派胡璇泽充补之时，颇有迁就英人之意。臣前于光绪七年春间，与英外部面商多次，派左秉隆由使署官员前往充补，乃始收得中国自派领事之权。此次左秉隆三年期满，例应由臣拣员充补。臣再四思维，求如左秉隆之熟悉该洲情形，能自树立者，一时实难其选。该员原系随臣出洋，充当英文翻译，能通英国语言文字、律例规条，又系驻防广东汉军，于新州流寓闽粤人民言语性情易于通晓，以之留任领事，实属人地相宜，合无仰恳天恩，俯念员缺紧要，仍准以左秉隆留充新嘉坡领事官，以资熟手之处出自高厚鸿慈，除咨呈总理各国事务衙门查照外，谨恭折陈请，伏乞皇太后、皇上圣鉴训示，谨奏。（15 页上—16 页上）

请奖续调期满人员疏（光绪十一年乙酉十月初六日）卷六

……又，候选八品笔帖式驻防广州正黄旗汉军文生员左棠，经臣咨商前任广州将军长善饬赴新嘉坡，随同驻扎该洲领事官左秉隆帮办公务，光绪八年秋间，饬委代理领事随员，于九月初九日奉文到差，十年七月初三曰奏请充补斯缺，钦奉谕旨：该衙门知道，钦此。……左棠于本年九月初八日……先后均届三年期满。前据该员等禀请销差，经臣批饬暂留差遣，俟接任大臣刘瑞芬行抵西洋，再定去留。臣查……左棠文理优长，办事谨慎……该员等在洋三年，均属异常出力，自应由臣按照吏部奏定章程，分别核奖，以昭激劝，合无仰恳圣恩俯准，将……候选八品笔帖式驻防广州正黄旗汉军文生员左棠免选笔帖式，以县丞不论双单月归部即选，并赏加州同衔……（3 页下—4 页下）

按：以上奏疏。

《曾惠敏公文集》

巴黎致总署总办论事七条（戊寅十二月十九日）卷三

一、纪泽此番所历海程，与筠仙丈微有不同。筠翁系搭附英国公司轮船径至英国，纪泽则搭附法国公司轮船至法国马赛登陆；英船经槟榔屿而不至西贡，法船泊西贡而不过槟榔屿。计自上海展轮至本月初八日行抵马赛，凡四十日，共海程三万一千七百余里，其间停泊之埠九处，曰香港、曰西贡、曰新加坡、曰锡兰马之巴德峡、曰锡兰岛之格仑坡、曰亚丁、曰苏威士、曰波耳寨、曰拿波里。惟香港、西贡、新加坡三处耽搁稍久，得与该处总督及各国领事等官往还接待，其余各埠停泊不过数时，未及与之酬酢……（1页上—1页下）

伦敦致总署总办（光绪五年己卯七月十二日）卷三

六月二十八日寄上一函，想尘台览。台湾轮船洋药一案，昨于七月初五日照会英国外部，另牍咨呈察核沙侯来文所称律例大臣意见，盖系托词，实则仍系沙侯一人之意，并未商之律例大臣。是以此次答文并不提律例大臣名目。俟接覆文，再行奉闻。以愚意揣之，此案争辩犹未有艾也。粤商李梗光等吁求设立领事，昨准丹崖来文，历述摩利豥岛原起，及商贩出产，意在请设领事，以资弹压。查阿非利加洲，归美国管辖之地颇多，流寓华民亦必不少，若处处皆请添设领事，不惟经费难筹，亦且无事生扰。英国属境皆有豪吏、健将，以镇压之，吾华领事不能干预政务，木强负气者，将启口舌之争，柔儒无能者，适招轻侮之渐，有损无益，不如已也。前据温宗彦来禀，欲于葛罗巴岛添设领事，纪泽即以此意答之。且小洲孤屿，与新加坡、西贡等处地当冲道，流寓十数万人，数十万人者，情形究竟有间。（7页下—8页上）

巴黎致总署总办（光绪五年己卯十月二十二日）卷三

顷于十七日接奉堂宪八月十九日钧谕，敬承壹是。丝捐之事，纪泽于晤外部各侍郎时，作为闲谈，略叙原委。而于晤瓦定敦时，却仍不敢骤然提及，其故有三：此事本系法昌洋行无理取闹，白罗呢据禀行文，明知中国断不允许，又不便自松前说，故以询问外部之词终焉。若由纪泽先向外部论及，恐转致扬已息之波，一也。瓦尚书深沉而多疑，纪泽若明与辩论，渠必应曰此事相隔太远，本部不能深知其详，俟寄函驻华公使，令其查明见覆云云。其实未必致函，但疑此事必系中国执理不甚圆足，故命驻法公使设计支吾，是吾以堂堂正正之事，而反使人妄生疑惑，二也。法外部断无干预中国税饷捐厘之权，若吾中国本可自主，而忽以商之他人，是为示之以弱，将使英法人从此生出无数觊觎之心，三也。纪泽来欧一年，确见西洋彼此交接之道，如此等事，直可付之不理，即有答函，不过曰吾国定章如此，不能因贵大臣之言遽然更变，深用歉然云云而已。前此南洋咨复以海塘为词，已与西洋公牍稍异，西洋诸外部如遇此事，渠等并不言明作何用费，但告以实系公捐公用，并非经手之人，私收捐项云尔。盖指明用作某事，犹恐将来某事或有改章之时，后致哓渎，故常以囫囵之词，悍然而拒绝之，所以豫断纠缠也。吾华亦宜即以其人之道，还治其人之身。(9 页下—10 页上)

巴黎致总署总办论事三条（光绪五年己卯十二月初五日）卷三

一、新加坡英辅政司文阻领事给牌一案，冬月初九日始据胡领事呈报，当即照案议驳，已于前月念一日咨呈冰案。堂宪垂询作何归结一节，纪泽愚见，欲俟胡领事将英国在别埠设立领事、发给英商船牌之例钞录章程呈送以后，纪泽可据之以与外部争论，衙门中亦可据之以与威使辩驳；所谓援彼之矛，陷彼之盾，在我持理既正，即可坚定不移。如胡领事所抄章程实与现在办理情形不同，自当饬该领事相机转圜，以省口舌。刻下威使如向衙门争论，似可以业已咨询出使大臣，未据答覆之语搪塞之也。(11 页下—12 页上)

伦敦致总署总办（庚辰四月十九日）卷四

三月二十九日肃泐一函，举左都事秉隆充新加坡领事，附论俄事二纸，计可如期达览。使我国书敕书已于四月初五日由轮船公司交来，弟初拟恭奉国书，即星速启程赴俄，嗣于三月二十六日接奉堂宪二月三日钧函，拟将约章各条，分别可准、不可准及应商三端酌议办法，奏请圣明裁定，再行函寄，嘱纪泽预为布置，整理行装及一切事宜，届时再赴彼都云云。(1 页上)

按：以上书牍。

十、李鸿章《李文忠公全集》

《李文忠公电稿》

粤督来电（光绪十二年十月十四日未刻到）卷七

王荣和、余瓗两员，八月初三日抵小吕宋，先经张樵使属外部电知吕督，敝署惟给护照。……王、余九月初二日由吕起程赴新嘉坡，已到埠矣。

十一、张之洞《张文襄公全集》

会筹保护侨商事宜折（光绪十二年二月二十五日）

……至钟德祥所称南洋各岛特派使臣，遴员分驻，自为办事得手起见。查原奏内称小吕宋为日斯巴弥亚属岛，而距日国都城几二万里；新嘉坡为英属岛，而距英国都城辽远，亦复相等，仅设领事，名微权轻，遇有机变，必株待使臣，商办往返，动逾四五十日，阻误可虞。请特派使臣办事，仍由使臣遴择妥员为领事官，分驻各岛，益昭慎重。……查南洋各岛，小吕宋闽人最多，余岛则粤人较众。现拟派委两员同往，诸事可资商酌。查有记名总兵王荣和，籍隶福建龙溪县，明慎精详，久居外洋，情形极熟，各埠华商亦甚信服。又前内阁侍读盐运使衔候选知府余瓗，籍隶广东新宁县，曾充日本长崎领事官，勤能稳练，洋务透晰。两员均现在粤省，拟即委该两员先赴南洋有名诸岛，详慎周历，宣布德意，联络商量，访查情形，将设官造船两事，一并密加商度。如皆乐从，即筹定切实办法。行程自小吕宋起，并及该埠附近之苏禄、衣琅、禄奈三岛，次新嘉坡，次麻六甲，次槟榔屿，次仰江，次卑力，次新金山，次雪梨，次加拉巴，次泗里末，次三宝陇，次般鸟，至暹罗止。其余若孟米，若苏门答腊，若加吉打，若乌施令，若谷当，若井里汶诸岛，或水土荒恶，或华人无多，不在此列。归途拟即顺道至西贡等处，一律体察，回粤时详细禀陈。……（卷十五，8—13页。文见《清朝续文献通考》外交考二：交际）

派员周历南洋各埠筹议保护折（光绪十三年十月二十四日）

臣于光绪十二年二月二十五日，遵旨会同出使大臣张荫桓具奏筹议外洋各埠捐船护商情形，当经奏派总兵衔两江尽先副将王荣和、盐运使衔候选知府余瓗，先赴南洋有名诸岛，详慎周历，饬将设官、造船两事，一并密加商度，以凭筹定切实办法。……该委员王荣和等，于十二年七月二十七日由粤起程。……所历南洋计二十余埠，先至小吕宋，为日斯巴尼亚国（Espagne）属；次新加坡，次麻六甲，次槟榔屿（Hispania），次仰江，皆英国属。次日里各附埠。……其抵新加坡也，与原设领事左秉隆往见坡督各官，礼意尚洽。该处华民十五万人，富甲各处，除衙舍公产外，所有实业，华人民其八，洋人仅得其二。每年往来华工又最多，英设华民政务司，专理其事，立法尚称公允；惟不向中国领事衙门报名，情意既不联络，而目击招工，客馆作奸欺瞒，无从禁止，亦失保护之旨。似应并由中国领事官稽查，以重事权，而免流弊。至麻六甲、槟榔屿两处，与新加坡相连，华商居多，生意繁盛。又附属石郎阿国之吉隆埠，卑力国之鏬埠，均尚知保护华工；华人开采锡矿者十余万众，富至百万者数人，服饰礼仪，一如故乡，无所改换。槟榔屿一埠，人材聪敏，为诸埠之冠，宜添设副领事一员，与驻坡领事相助为理，益可以收后效。……（卷二十三）

十二、《吴客斋先生年谱》

陈湘茶连年亏折请设局督销奏折（光绪二十年甲午三月十八日）（谱主六十岁）

现拟奏派湖南候补道庄唐良前往汉口，设立湘茶督销局，访一茶帮中熟悉行市办事公正之人，派为居中公估。凡茶箱运至汉口，除搀和陈茶，成色太低者不估外，其余按箱估计，各给公估单，交商人手执。如英商来汉开盘论价，长于公估之数，官周不复与闻；即稍有折耗，华商愿售与洋商者，亦听其便。万一英商仍有勒掯之意，所议茶价不敷商本者，官为收买，分运香港、新加坡一带各口岸，照本出销。由局先给茶本三四成，其余六七成俟销售完竣，除去局费运脚，通盘核计：盈余则按本公分，亏耗则按成摊扣。臣窃思外洋茶市长落，亦有定价，随时电报可通，不能掩人耳目。洋商运茶回国，苟有余利可图；华员运茶出洋，不致大亏成本。中外既有通商条约，洋货运至中国口岸，湘茶亦可运至外洋口岸，彼此往来，本无窒碍难行之事。惟湘茶向未出洋，恐受洋人抑勒，非得官为倡道，不能开此风气。臣查有候选道陈金钟，原籍福建海澄县人，久居新加坡，熟悉洋情。华人出洋贸易佣工，该道力为保护。平日居心行事，有豪侠之风。此次由臣派员出洋，拟委该道陈金钟会办湘茶督销局。所有新加坡、香港一带外洋地面，由陈金钟包运包销，庶不受英商之挟制，与茶市必有裨益。臣与该道虽未谋面，深知其公正无私，有识有胆；又能力顾中外大局，必可为臣效指臂之力。至外洋茶价长落，亦有出入，臣不能保茶商之无折耗；但期公估公价，华商不致吃此巨亏，未始非维持茶市，体恤商情之一法也。但事属创始，不能不参错众论，郑重周详。如蒙谕允，吁请饬下总理各国事务衙门照会英国公使，俾知臣之用意，不与洋商争利，专为华商保本。各国公使向以保护商人为富强之要，中国茶商运茶至异国口岸，亦必告知英国公使照会香港、新加坡各处管理商务之员，妥为照料，以敦和谊，而洽商情。臣为保商保民起见，函商督臣张之洞，意见相同，是否有当，谨会同湖广督臣张之洞合无恭折具奏，伏乞皇上圣鉴训示。按湘产红茶，每岁出口，为额甚巨。以制法粗劣，遂为印锡所夺，民商交困。先生于是锐意整顿，有借款运销之议。二三月间筹划其事，与李鸿章、翁同龢、汪鸣銮、盛宣怀等函电磋商甚密，卒以所请未准而罢。其与汪鸣銮书云：湘中茶市今年大有转机，惜乎所议不成，失此机会。译署不知鄙人之用意，虑其与洋面角胜，贻人口实。贩运出洋一节，本系备而不用之策，洋人知我有此一举，少退茶割价之弊（茶质本佳，而故意挑剔，已定之茶而忽退，已议之价而忽割去数两，大半经纪从中舞弊耳。若茶本不佳，洋商不出善价，官局定能包收包运）。设局督销，与华商有益，与洋商亦未始无益也。今年茶质既佳，获利甚厚。明年湘人趋之若鹜，必有借本图利之徒，收买低茶，掺杂陈货，争先抢卖，必将茶市搅坏。此必华商知之，洋商亦极虑之；总须奏行茶票，示以限制，可保中国之利权。此外考究采摘烘制之法为第一要图。茶质果佳，洋人真出善价。（安化茶本不过二十余两，今年售至四十七八两及五十余两，茶利如此之厚，何至一蹶不振?）今春清明至谷雨前后，畅晴二十余日，茶未受病，此乃得之天助，非人力所能强致也。

肆　日记类

一、斌椿《乘槎笔记》

同治五年丙寅

（二月）十八日，卯刻向西行，辰刻至新嘉坡，巳初泊舟，计行六百八十四里。登岸买车作竟日游。英国炮台在其麓，周历一周，形势雄壮。午间坐客舍，洋楼颇宏整，饮茶小憩，晚归。查新嘉坡古名息力，与麻六甲旧皆番部属暹罗，今则咸称为新嘉坡。小船刳木为之，锐其两端。小儿鼓棹啁啾，客皆以银钱掷海中，则群跃没入；少顷，握钱出。盖洋艘至，必以此为戏，故儿童见舟皆拍手笑乐，如拾韩嫣弹丸也。车制与安南小异，御者亦皆麻六甲人。肌黑如漆，唇红如血，首缠红花布则皆同。十余里至市廛，屋宇稠密，仿洋制，极高敞壮丽，市肆百货皆集，咸中华人闽广人也。归舟，有顶帽补服来谒者，都司职衔，闽人陈鸿勋，贸易居此。云此间较本乡易于谋生，故近年中土人有七八万之多，不惮险远也。山多虎，每出觅人食，且有渡水者。援猴小者不盈尺，珍禽尤夥，五色俱备。舟人购畜著，以数百计，大可悦目。惟土人则黑肉红牙，獉獉狉狉，殊堪骇人。使柳子厚至此，必曰：异哉！造物灵秀之气不钟于人而钟于鸟。（有售西国金银钱者，各种皆布地上，舟人多以番银交易。）（《小方壶斋舆地丛钞》，第十一秩，42 页下）

（八月）十一日……申正，始到新嘉坡。十二日，登岸往客舍一游。忆二

月中旬过此，凭栏啜茗，观海中远景。甫及半年而往返八万余里，已帆归天外矣。酉刻回船，即开。（同上书，56页上）

二、张德彝《航海述奇》

同治五年丙寅

（二月）十八日戊申，早抵新嘉坡，地系暹罗国界也，现属于英。其地中国人贸易者以万计。天气酷热，地多山冈花树，又有英人建造楼房。土人房屋极陋，面色极黑，深目高鼻，妆饰服色不一，有薙（剃）秃者、缠首者。男子以蓝白红黄四色涂面，有自额前画至准头一条者；有涂在眉间者；人之贵贱，即以此分。耳坠双环，女子七孔饰以白点，手十指戴环，足大指戴一金环。男女皆赤身光脚，腰围红白洋布一条，一头搭于肩上。鸟兽新奇者最多。是日上岸乘马车，亦如安南者。四轮一马，四面玻璃窗，御者黑身，腰围红布，面涂蓝点，耳有小环。车行六七里，见高山开辟，路途平坦，街市气味与房屋皆似安南。先至一法国旅店，名大罗卜，入内上楼，前有厂厅，卷帘四望，见百花争艳，群鸟鸣晴；左右洋楼林立，正面前临大海，舳舻艇艘萃集某处。是日天朗气清，熏风徐拂，波澜不惊，神怡心旷，宠辱顿忘。把酒临风，为之一快。已而酒醒茶罢，去楼登车。复驰驱十余里，至英国炮台，环绕而上，铁阑三道，两边壕沟，铁锁甚固。后至一门如城，入内四围高垒。数十里，列大炮三十余尊，炸炮数堆，药库四座。登高而望见山海接连，直抵天涯，下面沟壑极深，多洋楼，皆英人驻房。上有仙鹤、火鸡等。炮旁有千里眼，长八尺许。把守兵丁皆红衣白裤。去此又行数里，见土人在溪边洗衣，皆晒于草上；盖洋船隔三五日至一处，客人衣服皆交于嘎拉桑，自有土人取去洗涤，开船之时送回。又至一花园，名酷地阔园，亦英人创造者，其广百里，内极清雅，并无一人。花草树木，能识者少；中有平原，在树下皆设立床椅。盘桓少许，登车而回，一路村市多似安南国，土音如中华之北方人。又有坟墓前一石碣上凿字云某处诰封其某之墓，旁有年月。此地平原少，高阜多，坑壑满水，内长杂树。马小善走。其地无煤，煤皆是英、法国公司所运来者。从英法国一路至中华，所用煤块无算，而船不能尽载，故寄囤于各口码头，以备轮船至时，供其一路之烧用耳。（同上书，第十一帙，64页）

（八月）十一日丁卯，晴，申初抵新嘉坡，见海水澄清，山峰竞秀。是晚停泊下货。十二日戊辰，早饮后上岸，乘车至前所去之店吃茶。后在街市中见有十余人穿孝服，头戴无缨凉帽，系华人打扮。又六人各持乐器、小鼓、小锣、喇叭等，二人扛一横细条，红色，上有"永远行"三大金字，却似送殡者。又有许多鸦片烟馆。又闻有六万余华人在此贸易；中有黄浦者，系华人，乃为英国管理华人之官。又见岸上有土人售卖藤子、蕉子、小猴、小鱼、五色花鸟、八哥、鹦鹉等。酉初开船，北行，稍热。（同上书，100页上）

十三日晓雨薄凉。舟人指示士冷阿诸山，盖已入麻六甲境。麻六甲旧隶暹罗，与新嘉坡地势接连。前明时，葡萄牙据之，旋为荷兰所夺，今则英人尽有。其地滨海，多武吃种人。按武吃刚猛好武，技击最精，西人称为南海之杰，得此辈数万，可以固圉，可以创霸，而惜其不合亚齐土人同御外侮耳。

三、张德彝《随使日记》

光绪二年丙子

（十月）二十八日，乙卯，早大雨，辰正微止，先南行，后转西，左见小山一带，碧树葱茏，后则左右山冈苍翠入画。巳正，见左山冈前一孤岛上立灯楼，名曰瓦斯寇，系四百年前始觅地来华之葡萄牙人名也。午正，行七百二十里至新嘉坡，在赤道北一度二十分。傍岸有中国带扬武火轮炮船，提督蔡瑞庵（国祥）偕其弟副将蔡悦卿（国喜）及黄浦人现充俄国领事官、英国议事官胡琼轩（璇泽）来拜。后英国总督卓威斯遣副将德格利、中军巴屯投刺来拜，言午后命车来迎。未初，黎莼斋、马清臣与彝随二星使乘双马车，行二十余里至胡公园，又名黄浦园。入内灯楼所储珍禽怪兽颇多。见玻璃匣函羚羊头，一双角并存，皆向下三盘乃伸而上。鱼须一，长七八尺，色如象牙，盘结坚固。野牛角、犀角、鹿角各二。鱼鳃一。白蚁二，以玻璃瓶盛水养之，长约二寸，初藏于两石卵，上凿一孔通饮食，很剖卵得之，谓之白蚁王也。鸵鸟卵十余。蛇卵如鹅卵者四。石刻日本富姿山一座，周不及尺，工极精细。瓷造果品数种。中外书籍画轴，及华人赠送匾额对联无数。茶后下楼，旁有铁网小房，内养鸵鸟、袋鼠、彩鸾各二；六脚龟一，长三尺余；白壳龟二，紫花斑文，背中高如峰，头足色俱白；又狗熊、豪狗各一。去此复行数里，登山至总督署，未下车，升十五炮，礼也。楼三层，宽敞整洁。卓公年约六旬，言语温和；后见其夫人及二女，并按察司费力朴。少谈，辞去。乘车绕行二十余里，至前次所游之堪宁炮台。入门有管台副将尼车斯、参将李荫池迎出，引看各处；兵共一百三十名；带队千总莫拉的延入官厅少坐饮茶。酉正，回船。一路房舍虽增，鲜有华丽者。此地居民西人二千余，华人十万众。

二十九日，丙辰，晴，热。早有英国管带朱努、兵船千总蒲阑、管带麻格派、兵船把总安逊，差帖来拜。辰初，黎莼斋约游，遂同乘车，行十八九里，在粤人所设新远香楼早餐。后游酷地阔园，熏风拂面，花影迎眸，莺声燕语，红绿参差，与前三次所游无异。回船后，遣人持刺答拜二武官。申初，大雨雷。申正，禧在明与翻译官必麒麟随卓威斯冒雨来拜，坐谈良久。卓公兼辖槟榔屿、马六甲、卫拉奚里三处，巡行时及之，而以新嘉坡为常驻之地。酉初，开行出口，向南少西，入夜转北，因英国公司轮船取道槟榔屿，故改道而行。（同上书，第十一帙第三册，213 页下—214 页上）

四、张德彝《使英杂记》

新嘉坡岛，在赤道北一度，北京西十二度，长八十一里，宽四十二里，计二千零十六方里。居民九万九千五百八十名口。原属暹罗国，距麻蕾一里，中隔长江；后于西历一千八百一十九年（即嘉庆二十四年）英买得之。土产：铅、胶、烟、米、胡椒、加非、槟榔、豆蔻、皮革、儿茶、树胶、潮脑、沙谷米、甘蔗、榛子等。（同上书，第十一帙第四册，306 页上）

五、张德彝《使还日记》

光绪六年庚辰

七月初一日，丁卯，晴平，水绿色。申正一刻抵新嘉坡，住船，傍岸后，乘车至唐城漆木街叙仙楼晚餐，颇佳。戌平，回船，入夜热。初二日，戊辰，晴，终日上下货物，装载煤水。此地果品甚多，有一种邦卜当者，大如荔，色红，有冗刺，内一核，肉白色，味如杏；又有杜果者，大如龙眼，色黄皮薄，内四小核，肉粉红，味如橘；又有罐果者，大如菜瓜，外有楞，色浅黄，皮如鳄鱼，厚盈寸，内分三格，每格肉四五块，白色，闻之如葱蒜，食之似蜜糖。初三日，己巳，早阴。辰初，启碇出口，细雨。未刻，西风起水微波。申正，晴。（同上书，358 页上）

六、志刚丁卯《初使泰西记》（同治六年）

（九月）初七日至新加坡，其地去赤道一度。至宵，望南斗在顶上，顾寻北斗，只见魁星，南极之小斗仍未之能见也。

初八日进口，泊于码头，自西阑行三千六百四十里。新加坡为暹罗南尽头，与苏门达拉北角相错为峡。

七、谢希傅《皇华临要》

使欧行程由西贡经波罗峤山至新嘉坡，两日二小时，六百三十七里，为第三埠。

按：指香港、西贡为第一、第二埠。

八、王韬《漫游随录》

同治六年丁卯

（十一月）二十七日辰正抵新嘉坡，泊舟正埠，距廛市尚十许里。赁车登岸，觅寓于海滨一酒楼，园囿宽广，楼台轩敞，丛树杂花，风景清绮；晚餐肴馔精美，器具雅洁，丹荔黄蕉，盈盘璀璨，座客皆供以冰。时序正当严寒，而其地热如盛夏，黄赤道气候之异如此。持友人书往访宋佛俭，同乘马车环游一周，为言余旧识邱天生亦在此。走询其家，妻孥团聚，其二女木屐桶裙作马来妆，见余仍操上海土音，各喜海外相逢，出于意外；邱嫂略知上海烹炰法，杀鸡为黍以款余，久不尝乡味，食之殊美。夕留余宿。小屋三椽，云是新筑，自上海回，出囊赀所购者。清晨，天生偕其子为余入市售食物，余问此间阛阓热闹，可往观乎？曰可，乃以车代步。市中亦有酒垆茗寮，仿佛粤垣，登楼买醉，所饮无算。地多潮郡女子，多作异样装束，衣履与粤垣迥殊。新嘉坡古名息力，华人之贸易往来者不下十余万，多有自明代来此购田园长子孙者，虽居处已二百余年，而仍服我衣冠，守我正朔。岁时祭祀，仍用汉腊，亦足见我中朝帝德之长涵，皇威之远播矣。闻前时斌京卿椿持节过此，曾有顶帽补服前来谒见者，其念念不忘名器之尊、故土之乐，有可知已。使我朝能以一介之使式临其地，宣扬恩惠，凭借声灵，俾其心悦诚服，归而向我，乐为我用，岂非于海外树一屏藩哉？新埠疆域广袤，华人多居平地，深山邃谷，多为足迹之所未到，层峦叠嶂之间，树木丛茂，林箐深密，皆土番所处，结庐种地，自乐其天。即其地之古民焉，善符咒，咒物能生致之，咒林中飞鸟立堕，咒虎能使之驯，伏牵入市中售之于人，初不虞其噬也，其擅异术如此。每日必雨以润生物，雨过日出，晴晦之状顷刻万变。多产果实，结子累累于树间，翠绿红黄，绚烂可观。土人日必一浴，生长于其地者，亦必以冷水灌顶，否则必患热病。米谷既饶，鸡豚亦贱。居者易于谋生，终年一袭单衣可卒岁矣。产鹤鹅，白羽翠毛，红咮黄距，其色不一。余购二头，笼归船上，阅日偶疏羁靮即飞去。（同上书，第十一帙第八册，536 页下—537 页上）

九、宜垕《初使泰西记》

同治九年庚午

（九月）初七日至新加坡，其地去赤道一度。至宵，望南斗在顶上，顾寻北斗，只见魁四星，南极之小斗仍未之能见也。初八日，进口，泊于码头。自西阑行三千六百四十里。新加坡为暹罗南尽头，与苏门达拉北角相错为峡。暹罗南半率为英有。印度洋与中国南洋适中之要地也。（同上书，第十一帙第二册，142 页下）

十、王芝《海客日谭》卷五

同治十一年戊寅

（二月）二十四日　晓日晴明，春潮澹滟，舟行甚适，得畅观海景。自入海峡，数百里中，岛如星辰罗错，远近蔽亏，参差有致。又属春浓时候，花木繁生，诸岛咸葱绮如画，使人双目应接不周。迤北一带斜矼，可千余里。其南峰嶂巑岏，楼台辉烂，则星架坡也。

坡滨海处为步市，东北大山连抃，云林烟霭，妖娜可亲，笔妙未易曲状。坡之西南，深谷小峦，水环树绕，大似神仙境界，而罗刹踞焉矣。泊舟已近黄昏，步市楼台，灯火竞发，激射晚潮，如碎璧明珠，散光流采，峰嶂高处，亦有灯火，掩映丛绿中；故虽纤月未升，疏星错落，而星架坡海滨仍焜煌如昼也。

同治十一年己卯

（二月）二十五日　初晓，将乘潮买划载行李，渡星架坡，访朱广兰。盖吉里对（船名）虽轮船，而无码头，不得泊近坡，仅下碇海港中，距星架坡犹数里，必赖划以通，而港中卖桡者多无赖，少不谨，辄为所贼。曩有李正广者，尝商于海，甲子春由漾贡附轮船至此；将渡坡，以行李入划而身随之，未至数武耳，买桡者遽绝划难去。海国茫茫，不谋所向矣。李正广遂永流于星架坡死焉。正广广东人，商于海者多识之。子石子素闻其事戒于心，故于买划星架坡时，先以身入划，坐待仆辈运行李，自恃可无虞，顾虑不可以周防，所买划仅以朽索维吉里对轮船铁槛上，晓潮起甚威，划大荡不止，索不能驭，格然中绝，子石子故不娴踏桡板，惟以两手坚握桡柄而蹲，而任划所如，恍惚之际，已出海港，临汪洋矣。……已仍附吉里对轮船，仆辈与卖桡者持行李急跃入划矣，相与庆更生，而皆昧更生之繇。迨至星架坡，饮朱广兰楼中，问甚繇于老海商，而后知凡潮起落之时之地皆有定，未尝或爽也。子石子之更生，潮之信也。潮信潮信，于我尤信哉？（原注：老商姓钟名东发，年七十矣，广东人。）

星架坡南里许海港中，有大蟹壳，径欲四丈，十脚色赭，以绿壳上有黑斑如云，疑即所谓螃蜞也。右脚钳一物，如蛇如鳝，亦赭绿色而黑斑，其长欲二丈，又如生于蟹脚者然。

星架坡北十字街，有红鹦鹉十二架，尾甚短而圆润如鹰，翅上间有翠羽，子石子坐车中捎之甚驯，能作英吉利满剌加语。

星架坡中华海商多至数万，广东居其六七，朱广兰为广东海商之最。

星架坡，旧柔佛国，今英吉利步头，中华海商所谓新州府，西南洋扼要岛也。四至皆约五百余里，北连满剌加、彭亨诸国；余三面皆濒海，而东望婆罗洲，西对苏门答腊，大小亚齐、葛罗巴，遥峙其南冈甲（即丁机宜）、龙牙、柔佛三岛，亦层互海南，若相屏障。岛中产石炭、五金之矿甚茂，又产犀角、象牙、燕窝、翡翠、胡椒、玉果、嘉木、文席诸香之属，土人皆巫来由族。前明为海滨强国。欧罗巴诸国东来窥其岛之势，当海道之冲，咸竭力经营。嘉庆二十三年，英吉利竟据为己有，以戈温洛帅重兵为镇，立步头招聚诸国商船。中华海商来者既众，步头繁盛，遂为南洋第一。近世西南洋诸国莫不知有星加坡而盛称之。闽粤人特重谓之新州府。若不知其初为弹丸岛国，于中华甚无足重轻也者，盖星加坡距闽粤都不过五千里，海船来最便。闽粤人流寓岛中，纳巫来由土女为室者不下数万人，其中殷羡者颇不乏，顾胥兢兢焉，常恐英吉利公司之忌之也。先是西南洋步头无中华商，多不繁盛，故欧罗巴诸国所至，辄招聚之。中华商最灵，虽不多财，亦皆善商。星加坡所产已多美物，诸国商船争来交市，致富尤匪甚难。然中华官商势相阂，虽我朝海禁宏开，而远商海国者仍无所倚仗，不似欧罗巴国皆以商为急务，官商一气，其肆据海中步头，类出公司之力之谋。公司者，总商也。一曰公班衙。星加坡步头既繁盛，公司益强，又有戈温洛帅兵为之捍护，故得专意年利，盖无孔不搜矣。今见闽粤海商多分其利，势不能不相忌。呜呼！其免于吕宋之坑者几希哉！（明万历三十三年，西班牙忌中华商，借言将乱，坑数万人。）子石子曰：旧柔佛国为英吉利诈劫矫虔以来，臣仆巫来由族，搂榷岛中物产，薄商船之税，以徕诸国交市，其计诱闽粤海商，尤无所弗臻。岛中珍货山积，楼馆云缦，南洋诸步头几莫与侪其繁盛。英吉利视为东道主者，五十五年于兹矣。夫自前明迄今，南洋岛国多为欧罗巴诸国攘建步头，英吉利近有独掠称雄之意，故特遴沉桀善权之酋，为戈温洛帅兵镇星加坡，以总满剌加诸岛事，而伺诸国之隙。子石子游欧罗巴东归，道星加坡，既略访星加坡变岛国为步头始末于闽粤海商，又得观星加坡图，星加坡诚海道冲要哉！宜乎闽粤海商无不思中华亦使大官来镇，以总扼其岛之势，盖诸商咸得所倚仗捍护者，而于海道亦甚得关防也。欧罗巴航海东来有三道：西曰红毛浅，南曰巽他峡，东曰西里伯。朝廷既使大官帅重兵镇星加坡，然后布泊兵船于海三面，东泊婆罗洲以扼西里伯（西里伯东犹有小道，在诸岛国间，皆易扼），南泊葛罗巴，西泊苏门答腊以扼巽他峡。又西泊大小亚齐，且以兵驻满剌加以扼红毛浅，以增星加坡势。复常驾轻船，载精锐，轮流游逻于彭亨、冈甲、龙牙、柔佛诸岛国间，则西南洋数万里海道，皆于镇星加坡者一人之掌扼之。即吕宋诸岛，亦不能漏其握，操之纵之，惟意所如，岛国虽众，曾有不服羁驭者乎？则星加坡真为我新州府矣。世之论海务者，动曰防沿海，或曰防沿海势远而兵分，不若防江河势虽近而兵聚。以子石子观之，不若扼星加坡之为得纲领，势既远兵且聚也。上则张国家之威，下则闽粤海商常恃无恐，庶使中华赤子之流寓海滨及诸岛国者，不致久外生成，又足张其仁也。然则方之穷矫计殚诈力，以区区于争据步头，搂榷物产，攘掠人之岛之利而夷人国者，相去岂不霄壤乎哉！（星加坡一名星架坡，一名新嘉坡，一名星格坡耳，一名星格伯儿，一名星奇坡，一名息力，一名柔佛，一名新州府。）

巫来由容服，略如缅甸人，息力岛土著也。马中又有车地繁与满剌加人，或髡其头，或缀珠串于耳鼻间，或涂金朱于面额，作日月光则贵人也。其服尚白，容则墨。

十一、王承荣《游历记》（选堂藏钞本）

光绪元年乙亥

（三月）初九日，申刻至印度新加坡，英之属地，此系印度大码头也。士农工商，亦皆闽广人居多，约有五六十万，与本地妇女成家者甚多。所出土产：硬木、檀香、沙藤果等物。各国皆有领事官，如有名商人由英人保举，能至公堂议事管理中华人等。（钞本，1 页下）

附记："光绪元年二月，金陵机器局派通判王承荣赴英法德各国考察炮厂。"（《清季兵工业的兴起》，176 页）

十二、郭嵩焘《使西纪程》

光绪二年丙子

（十月）二十八日。雨。午初，行七百二十里至新嘉坡，在赤道北一度二十分。早过一岛曰"浩斯白尔"，有灯楼；浩斯白尔，大西洋始寻地来中土者也。马格里告言扬武轮船已前至新嘉坡。甫至而蔡提督国祥与其弟国喜偕黄浦人胡璇泽来见，黎召民有信教胡君，遂以交之。英国总督哲威里遣兵官以二马车来迎，且请稍迟至四点钟以凭传令各营列队。乃约先诣胡氏园，奇花异草，珍禽怪兽及所陈设多未经见。玻璃巨匣函羚羊头，一双角并存，皆向下三盘乃伸而上。野牛角、犀牛角、鹿角各二，鹿角长三尺许；鱼须一，长七尺许，色如象牙，盘结坚瘦。鱼鳃一。白蚁二，用玻璃瓶贮水养之，长约二寸，有两石卵藏之，上凿一孔，通饮食，剖卵乃得之，谓之白蚁王也。鸵鸟卵十余，大如斗。蛇卵如鹅卵者四。鸵鸟二，彩鸾二。六脚龟一，长逾三尺。白壳龟二，紫花斑文，背中高加峰，头足色俱白。狗熊一，豪狗一。袋鼠一，头及前二足似兔，自腹至后二足则大逾数倍，后足膝后折，着地不能伸，然视前足犹高逾倍，尾长二尺，行则跃起如飞，腹下有袋，故谓之袋鼠。京师德国公使署曾见鸟兽异种图有此。随偕刘副使黎参赞至总督署，见哲威里与其夫人并其二女，其意气视铿尔狄尤相亲也，夫人亦贤明，慰问甚勤。其领队兵官名摩里雅斯，归过其炮台，盖因山为垒，凡二重，其中将台一、兵房四，每房可容百余人，家眷房二列以处官及兵之有家眷者。兵房后为厨房，藏兵器房二、饭堂一、习书堂一、治养病兵房一。大炮十尊皆有炮台、有火药库，小炮置之墙端，皆有架。大千里镜一具，将台前墙最高处别为一屋以便瞭望。其制度规模与中国炮台绝异。兵有炮兵、有步队。步队习洋枪以辅炮兵。带炮兵者曰米噶尔斯，带步队者曰林芝，其职皆视游击。兵分二等，上者三日一洋元，合银二钱四分；次者四日一洋元，合银一钱八分。将官有家眷者，俸薪足以养之。兵人家眷洗衣缝纫自食其力。此为山北炮台，下临市肆。山南尚有炮台一。

二十九日，雨雷。哲总督又遣马车来迎，并派其翻译必麒麟陪同游历。先至扬武，船兵皆升桅声炮。比登舟，司教习英官拉克斯摩指示一切甚详，并引至其学堂，训练学生二十人又为演试炮兵指授阵法，仍升桅开炮以相送。必麒麟导至洪家花园，闽广人公地也。花木成林，有水一溪，极清幽之致。有虎圈一、豹圈二，并张铁网为外障。狗熊二，山狗三。猿九，有灰色者、有红面者，身臂或长或短，其种各异，其一甚巨而狞，用铁圈笼之，黄毛长四寸许，则所谓金丝狨也。其豺狸、黄鼠、山獭之属，则制铁网为屋，周环约三十余所与雀鸟相间，中植花木，五色缤纷。鹦鹉四种：一白、一灰色、一红、一绿，又有绿色而两羽红者。鹰三种：一白、一苍、一灰色。鸡三种：一彩文、一苍、一棕黑色相间。鸽种甚繁，最奇者翠鸽。异鸟如青鸾山雀水雀。一种山鸡彩文而头蓝色或红色，善鸣。一种似水凫，头有毛一丛甚长而细。而吾于其中得奇景三：一罗汉松高数丈，覆地如钟，披视其中松身合抱，枝皆盘曲而中空，条叶外护乃极繁密；一藤罗障天如巨屏，凡数所，有曲折如九叠屏风者，皆拔地直起高数仞，四无凭倚，花叶周环扫地；一长松高入云际，凡十余株，距地尺许，横出五枝，悬针周匝如盘，每尺许辄出数小枝，远望如数十级浮图罗列深林中，皆奇景也。又制铁盘如伞，引藤络其上，盖新种者，十年后必复成一奇景。始知以上数者，皆人力为之，究不知何以能然也。至蒲葵张叶如巨扇植立，则此间所在有之。其诸花木来自各国及诸番者，皆插牌标记，足见此园魄力之大矣。前至香港有导游花园者，谓当观览，其实政不以游赏为娱，今无意中得此奇景，亦殊惬心。回过按察司署，任是官者棐里布，方踞堂皇听事，吾与云生列坐其旁。堂高五尺如月台，其下列长案如弓曲抱，两造讼师及录供者、传语者环坐向上，两旁设木栏二，云为词证者立，中设小几八，待讯者坐候，外施阑干，待人观听。无刑扑之威，而规模整齐严肃，不闻喧嚣。尚有大学馆一、小学馆五，内有女学馆一。以总督哲威里约三点钟答拜，不及往观。新嘉坡约二十万人，西洋人二千，番人及印度人盈万，余皆闽广人也，而粤人较多。据胡璇泽云：广属人已至七万之多。总督所管凡三处，西为麻剌甲，再西为槟榔屿，则海中之一岛也。麻剌甲之西，与槟榔屿隔海相望为威诺斯里，并归其所辖属。新嘉坡有英国兵船二：一名儒那，总兵波兰管带，一名马古裨，副将安生管带。哲总督申初枉过，即时开行。三十日，新嘉坡西北行二百一十里过麻剌甲，即西行出印度海。（同上书，147 页下—148 页下）

十三、刘锡鸿《英轺日记》

光绪二年丙子

（十月）十八日，午刻至新嘉坡，水程凡四千三百一十一里，途间蒸热，不能重衣。坡与香港皆群山环抱一水，船可放碇避风，故洋人利之港。山高峻，入口出口处较狭；坡则冈阜连延，或起或伏，长八十一里，广五十二里，不如港之收束两地势舒展，物产丰盈则过之（十月犹有波罗蜜、枇杷、檬果、茄瓠、黄瓜诸物）。至之日，坡督哲威斯（总督兼辖槟榔屿、马拉甲、卫丽斯厘三处，巡行时及之，而以新嘉坡为常驻之地）遣其副德格力暨中军巴屯以马车来迎。时福建船政厂之扬武兵船亦巡洋至此，带兵官蔡国祥、国喜两提督。（国祥号瑞庵，国喜号月卿。兄弟皆以船勇转战江南有功，洊升今职。广东香山人也。洋烟癖疾形于面。）偕本坡客长胡璇泽来见（璇泽号琼轩，年六十，携眷经商于此三十余年，番禺黄埔乡人。洋人呼之曰黄埔，以其秉性忠直，咸崇信之。俄罗斯封以男爵，英亦赐以四等宝星）。璇泽请先憩于其圃，然后往拜坡督。盖其客居积产殊富，园中所畜珍禽异物多目所未经睹也。（物之尤异者：一曰鸵鸟，鸟甚巨，而首如骆驼；一曰袋鼠，鼠面而形如小狗，前两足长仅二三寸，后两足长尺余；一曰六足大龟，背径尺五六寸，其足缩于内，如栗子缀成；一曰鱼头，锥长七八尺，锐其末，海中巨鱼，头戴之如人之插雉尾，通兵船则以此相刺。其所谓鸾鸟者，羽毛浅绀色，遍身白点如碎花，而红爪，雄者曳长尾，雌则否，风雨至乃鸣，开屏时彩色焜燿，逾孔雀也。）坡督鸣炮列队，率其刑司费力朴等相接，仪如香港，并见其妻及二女出。是处垦荒六十年，洋人寓此者不及二千（多由印度锡兰来），华人则不下十万（广东五大县及新宁人共二三万，潮嘉等属共五六万，其余则闽产）。岁征税课英金钱三十六万镑。（合总督所辖四处言之，每镑时价值洋银三两三钱有奇，盖银实百余万矣。）询之坡督，类皆茫然；请观于其学馆监狱，则谓监狱整肃不如香港，无可寓目，学馆须俟料理，明日乃游览也。地处偏僻，不生戒心，亦无属耳目之众，故官此者乐养庸福，诸事辄不经意，虽以英人之喜炫才力亦不免颓废焉，岂非势使之然哉？炮台因山为之，布置殊疏略，台下栋宇云连，绝碍施炮。守台兵一百三十名，头等月饷洋银十元，二等七元，列二等者状貌龌龊，委琐不堪用。有豪杰者出，以众数百泛渔舟，循山麓上，借屋宇自障蔽，直突其垒，断非其炮所能抵御；由是别筑炮垒于水口及沿岸以守，英人得毋有南顾之忧乎！廿九日，哲威斯与其翻译官必麒麟到轮舟报拜，送客毕，遂启行。（同上书，161 页下—162 页上）

上年广东委员赴新嘉坡办洋枪，并水脚盘费计之，每枪需银一两零四分，而报价则以三元半。（同上书，208 页下）

新嘉坡西北约二百余里为马拉甲，对面有岛，不知其名。马拉甲先属葡萄牙，乾隆间荷兰夺之，嘉庆元年英吉利又夺之，计中尺五百七十六里，土民五万八千名，华民一万三千四百五十六名。

（十一月）初一日年至槟榔屿，广二十七里，长四十二里，距新嘉坡凡一千一百四十三里，其民六万一千七百九十七名，华产实十之七八焉。山色葱秀，瀑布长十八丈。对岸为卫丽斯厘，地广二百一十二里，旧称格大国。乾隆五十二年，英人得之，谓是格大国王所让也。其民七万一千四百三十三名，华产惟二万。与马拉甲、槟榔屿，均辖于新嘉坡，酋有协尉段熙奕驻守于此。是日适其请假回国，附载于余所乘舟，华民制“忠勤正直”四字旗以颂功德，鼓乐送之行。

十四、黎庶昌《奉使伦敦记》

光绪二年丙子

（十月）余在江南通州花布厘金局，蒙钦差大臣礼部侍郎郭公嵩焘檄调出洋，于是有奉使英国伦敦之役，至上海始知其为驻扎三年也。十七日，乘英国公司轮船自上海出吴淞放大洋，指南行约二千一百六十里可四日程而得香港，经过浙江、福建、广东三省境地。福建以东，台湾障之，西人谓其海为中国海，尝有大风，又多暗礁，船人以为戒。又自香港指南行经七洲洋，约四千三百一十里可六日程而得新加坡；从雨中过越南，群山连延隐约可辨。新加坡为亚细亚斗入海中处，最近赤道，以图经索之，盖距二百四十里，而遥迤西为马纳甲，对峙者苏门答腊，别自一岛不相连属，舟行有时望见。某地炎热卑湿，有春夏无秋冬；山中奇花异卉，冬至前后号为繁盛。往游粤黄浦人胡璇泽园，园皆西式，有池沼而无亭台，蓄养虎、豹、熊、猿、袋鼠、鸾鸟之属甚众。胡君固富人，英、俄二国皆假以驭民职之，而郭公欲于此建设领事以之充补者也。（1页上）

十五、李圭《东行日记》

光绪二年丙子

十一月十五日清晨，舟折向东南，左右有山，或远或近，或隐或现，络绎不断，询知左为麻六甲，右为苏门答腊，中间海道由西北而东南，宽处三四百里，狭处仅三四十里，入口偏左有岛名槟榔屿，俗称新埠，亦属英；右为亚齐，属荷兰。内多高峰，山水清胜，闻槟榔、亚齐两处寄居华人，实繁有徒。

十六日晚，见左岸灯塔二；一距新加坡七八百里，一距约五百里。

十七日巳刻，见左岸诸山绵亘百余里如列屏，右有十数小山浮海中，郁然若碧芙蓉。山内多虎，能于海之窄处浮游往来。午正二刻抵新加坡。按新加坡为麻六甲极南海口，今亦属英。进口行一刻许，就本船码头停泊。由锡兰至此计五千七百里。码头东南为英国城，有教堂，塔亦高耸。未刻上岸，雇马车每半时洋钱五角，先游中国街，大小店铺、庙宇、会馆、戏馆、酒楼、娼寮咸备，闻有八九万人，闽人十七，粤人十三，有在此间娶土人女生子，数世不归者。土人色黑，喜食槟榔，故齿牙甚红，以花布缠首，衫而不袴；女亦黑丑，挽髻额贴花钿，以铜环穿右鼻孔，两耳轮各穿五六孔，满嵌铜花，富者或用金银，手腕足胫戴银钏，腰裹短幅，亦衫而不袴，赤足奔走若男子，沿途嬉笑不知耻。闻此等人服役甚勤谨，西人眷属喜雇用之。是日值西人元日，土人就敞地陈百戏、打秋千、抛球、跳舞为乐，观者数万人。酉刻至富南楼酒馆晚餐，皆中土物，不甚佳。戌正回船。此处居人共三十余万，中华及本土人最多，地产胡椒蔗糖。天气极热，每日晴雨参半。其地极南距赤道仅三百零四里，当日驭所正照，宜其四时俱夏也，然多树木，无瘴气，故居人亦少疾疫。英就各要隘建炮台，戍以兵，设有税关，榷税颇轻，寄居界内华人亦无他费，仅按月稍取巡捕资；惟土人桓与华人冰炭，稍有睚眦即思报复，华人每为其杀害，幸英官尚能拘究严禁之。

十八日，瓜洼接客货轮船未到，再停一日，故复上岸游花园数处，有黄浦（音近王波）加登（译即花园 garden）者，为粤人胡璇泽所筑，住眷其中，花木甚繁，珍禽异兽亦颇具。胡为粤之黄浦人，久居新加坡，隶英籍，南洋各埠贸易甚大，现充俄国领事官，西人多称之曰黄浦，几不知为胡姓矣。英人以其练达，甚敬礼之，凡华人犯案到官，非此君至不讯断焉。（第十二帙第二册，123 页下—124 页上）

十六、李圭《环游地球新录》

新加坡为麻六甲极南海口，今亦属英……此处居人其三十余万，中华及本土人最多，地产胡椒、糖，天气极热，距赤道仅二百零四里，然多树木，无瘴气，故居人亦少疾疫。英就各要隘建炮台，戍以兵，设有税关，榷税颇轻，寄居界内，华人亦无他费，仅按月稍取巡捕费。

十七、张荫桓《三洲游记》

光绪二年丙子

（二月）二十三日，巳正，抵新加坡，停轮傍埠。麦君登岸往拜英领事色肋及驻扎新加坡各国领事。未刻，各西员均来回拜，晤谈片刻而去。按新加坡系海岛，在印度东南，孤悬海中，亦一大埠也，向属于英，为英国管辖，其地生意繁兴，商贾辐辏。当未经通市之时，土地荒凉，人民寥落，并无城郭房屋。嘉庆二十四年己卯，即西历一千八百十九年，英官名拉弗肋者始筑城垣于此，竭力招徕，遂成巨市，有天主堂及耶稣堂各一座，居民约十万人，商贾之盛为东邦所罕者。

二十四日，阴，午后大雨，及暮而止，黄昏大风忽起，重棉犹寒。晨兴招薙匠梳洗，静坐片刻，朝膳后作家书，并办西洋各物寄回家中。领事色肋遣人招饮署中，巳刻，同麦领事仲和乘车而往，一路街衢洁净，人物喧哗，中西之人杂居列肆，甚热闹也。余等入署时已在午后，色领事偕其夫人出会，按泰西风俗，男女并重，略不避嫌，凡有燕会等事，妇女亦得相与在座，执手以为敬，习俗成风不以为异也。少顷又来西客四人，一为法领事，一为西学士富敉及其夫人，一为天主教主教忒楞塞。诸客同入一厅，厅中庋以长桌，上铺布单，洁白如雪，长桌四围团设坐椅，铺以五彩绒裀。每座前置玻璃杯数具、白瓷大盆二、白洋布小袱一、长柄纹银大汤勺一、小汤勺一、银叉一、纯钢解手小刀一，旁列小几，几上设有五色花草及树枝。其列坐则从西礼，主人之夫人坐第一位，主人在其对面，客依次列坐，共相入席：第一位主人之夫人，第二位主教忒楞塞，第三麦领事，第四法领事，第五巴仲和，第六余坐，第七、第八乃西学士富敉及其夫人。先是仆人置各人名字于座次，客认名字就坐，不必辞让也。定席之后，侍者进食……席既撤，分坐各位，主人引余等游历一回，麦君乃告辞偕余等回舟。作书与升之、玉堂、曼卿三人。次日无所事事，与仲和乘车同游观西剧……其戏遂毕，时已半夜，余始回。倦极即卧。

二十六日，晴，晨五下钟启轮开船。（同上书，132页上—134页上）

十八、张荫桓《三洲日记》卷八

光绪十五年己丑

（十一月）初五日，丁未，晴。未正，入星驾坡口，两岸极狭而不能自守，可惜也。英人所置暗炮台若无所见，曾为俄人图其要妙，至今遂不准外人往观，备敌之意深矣。船主为悬国旗，其岸上公司望楼亦悬旗相答，尖角旧式。三点钟登岸，车行里许，遇衣冠来迓者，知为领事左子兴。闻刘芝使先已函告矣。热甚，偕参赞各员同至华人酒肆小憩。电达广东省城毕，即访领事署；胡璇泽之子心泉道往，遂同游胡氏园，结构平平，惟池荷叶圆径五六尺，又并头猪，皆异种也；荷叶软浮水面，花则重台高瓣，亦不见茎。主人以莲米赠子豫回粤试种，不知迁地能良否。并头猪略如小兔，用药水浸灌，以玻璃瓶储之。镫后，子兴约饮酒肆，复回领事署，子兴谈曾劼侯前办俄约，劾者纷然，其棘手甚于余之办美约，劼侯深谋远虑，尚复如是，诚出意外。一点钟，子兴送余回船，又赠干荔枝、吕宋烟卷。星驾坡终岁衣葛，镫后急风暴雨，几以为例，雨后仍闷热。奉使各国，无冬夏，均暖帽，边沿或呢，或羽纱，略如行营式，惟星驾坡则葛纱袍挂万丝冠。

初六日，戊申，晴。自渡星驾坡口，西人名为中国海，意必曾属中国外洋岛屿，记载逸之耳。泰西船主以能走此水者为好手，风雾靡常，又多礁石也。早六点钟启碇，船略北行，气候仍热，多见小岛，均不知名。华人旋居星驾坡约六七十万，皆闽粤籍，会馆颇多，坟墓碑识却不忘本，惟人品不一，地方官幸禁赌，而售鸦片者月饷仍十一万金。本巫来由土地，亦有回回教堂，其岛主极能和众，厚结英廷，岁往伦敦一次，英不夺其自主之权，而要以若与他国立约，须先关白。（88页上—89页上）

初八日，庚戌，晴。……（在西贡），晚饮（李）佑宗楼，有星驾坡华商陈某来述星驾坡拐贩人口及舟中谋财害命各事，为之愤懑，子兴曾为言之，特不如是之详，归日当与粤督筹商办法。（90页下—91页上）

十三日，乙卯，晴。……港官系巡抚，新架坡乃总督耳，而华人每误以港官为总督，未深考也。英自得占不那惰山，已握地中海之要。过此为苏彝士河，本法人篱石所凿，法国股子较多，英相威令士潜向土人搜罗股票，至今英国股多于法。西例此等公司股多者当事，则苏彝士河之利英亦垄断矣。格兰忒谓环球三宰相，曰李鸿章，曰毕斯默，曰威令士，即指此也。过红海即为亚丁，英之属土，英船屯煤之地，各国公司亦有煤栈，然英实主之；此地六年不雨，寸草不生，英船入印度洋中国海恃此为中站，不惜百计经营，特人力不能回天叹耳。过此而印度，而新架坡，而香港，英船游驶无可阻碍之者。中英不同洲，而海道若连接，以形势论之，尤不可忽。（93页下—94页上）

十九、钱德培《欧游随笔》

光绪三年丁丑

（十一月）初一日，午抵新加坡，泊船处距市陆路四五里，马车价约英洋六角。其时船上装煤，炭屑尘飞，刻不能支，埠头又无憩息之所，不得不至内市一游。人物市肆与西贡略同，惟多山岭，遍地棕葵，道旁玉兰树尤多，西湖柳有高数丈大数围者。土人肤黑唇红，披红花袈裟，耳鼻皆系以环，能英语者甚少。土籍者并不及闽广客产之多。夏令所食之豇豆茄蒲王瓜诸蔬，虽在仲冬，无不悉备。土产为佳纹席、粗藤、波罗蜜、蕉、鹦鹉、芙蓉鸟，各种螺壳。（《小方壶斋舆地丛钞》，第十一帙第五册，280页下，总9332页）

光绪九年癸未

（九月）廿二日抵槟榔屿，地属英，有炮台两座，土人不及华人之多，建有庙宇、会馆，分粤、闽两帮。长街数里，尽属华肆。……有瀑布流泉，英人设闸，置一管以资吸饮。土人产业以椰蕉渔捕为大宗。……英官之长者出有华文告示，自称巡抚，以地论之，则吾华之一州县耳。

廿五日，向东偏北廿度入新加坡，泊船于煤栈码头。新加坡亦属英国，建有炮台，泊有兵艘，设官以治理之。其地山多而不高，华民约万余，几十倍于土人，间有富商文士，然大半俚俗。称欧洲曰祖家，中国曰唐山，每称英国则必加一大字，鄙陋可笑，其受制于彼族则又可悯。自数年前，我国派领事驻扎，亦无权利可得。盛衰得失，固事理之常，然甘居人下而不知自振，亦无怪人之见侮也。新加坡东洋手车甚多，御者尽华人，每点钟约洋银一角。马车则系土人驾驶，计里而不计时，约合每点钟洋银五角。土人籍隶没来由，言语不通，往往任其溢取，故西人之待土人亦颇严酷。（同上书，431 页上）

二十、曾纪泽《曾惠敏公手写日记》

光绪四年戊寅

（十一月）十二日。早八十四度，夜八十三度。雨甚大，夜晴。

辰初起，登楼一坐，茶食后陪医士诊视銮儿。辰正，舟行九百三十八里，抵新嘉坡。总督罗斌松遣其中军奥克勒来迎一谈。法领事林恩来一坐。新设新嘉坡领事胡璇泽号琼轩、副领事苏溎清号玉川者，来谒一谈。饭后偕松生、仁山、子兴、子振、莘耕、兰亭乘马车至领事署，小坐。至胡琼轩家，观其花园，雨甚，不能游，但观其室厅中陈设，兼于窗间窥视鸟笼、兽圈、龟池而已。坐极久。未初，至总督署。总督罗公与其夫人同见；谈二刻许，入席小宴。席散后，谈良久，出磁器暨所装暹罗诸像以示余。申正，至法领事，谈甚久而饮酒茗。酉初，回船，偕兰亭、松生、仁山同游市肆；夜归，饭后写一函寄李季泉，登楼一坐。子正睡。

十三日。早八十二度，夜八十五度。早雨，辰后晴。

辰初起，胡琼轩来，久谈。茶食后，登楼一坐。辰正二刻，展轮复行。饭后登楼，因銮儿疾尚未愈，抚视极久。申初，銮儿服法医士之蓖麻油，泄去积滞恶物似龙须菜，小愈，与法兰亭久谈。夜饭后登楼久坐，与内人仲妹牵孩幼辈在大餐间坐极久，登楼一坐，子正睡。

十四日。早八十五度，夜八十五度。晴，巳刻遇雨。辰初起，抚视銮儿。茶食后，复登楼久坐，小睡良久。饭后抚视銮儿。未初，与兰亭久谈，学法语数句，看英语良久，登楼久坐。剃头，登楼久坐。夜饭后陪法医诊视銮儿，与兰亭一谈。抚视銮儿极久，子正睡。是日午正，牌示行一千零一十五里。

十五日。早八十四度，夜八十六度。辰初遇雨，余时晴。

卯正起，抚视銮儿。茶食后，登楼坐极久，小睡成寐。饭后登楼久坐，除未时与法兰亭一谈，学法语数句外，余时皆抚视銮儿。

光绪十二年丙戌

（十月）初九日，晴，遇雨。

晨起，即办理奖帖之事。未刻，写一函寄梦霨堂。酉初三刻，船抵新嘉坡，泊。会左子兴奉其母姜太恭人率其侄棠，暨胡前领事璇泽之次子来舟迎候，留子兴、树南同饭。戌正，偕内人率儿女往领事署，子兴迎入一谈。更衣后，阅文报局寄到函牍，甚多。子兴请夜宴，席散坐谈片刻，归室阅《申报》，仅读谕旨而已。盥濯，丑初睡。是日，先祖考竹亭大夫九十七岁冥诞。

初十日，晴，遇雨。

慈禧端佑康颐昭豫庄诚皇太后万寿圣节，遣人至舟取衣，衣至，率僚属向阙行礼。更衣后与子兴一谈。至上房一谈，写楹联五副，复与子兴谈。入上房清检送礼之物。潮商陈从熙等十三人来谒，坐谈片刻，饭后与子兴久谈。

未正，更衣偕子兴赴英之驻坡巡抚卫尔德处，晤其夫妇一谈。饭后亦谈片刻，辞出，回领事署，与子兴久谈。酉初，茶食，乘车回舟，子兴送来一谈。饭后在船面乘凉，良久，茶食。盥濯，写日记。子初睡。

十一日，晴，遇雨。

辰初，起。茶食后，因本埠华商将来呈递颂词，草应答之。语以示从官，子兴来久谈。饭后复谈良久。年初，闽、粤华商邱松龄等三十五人来递颂词，在船面接见。客去，复与子兴久谈。本日，阿瓦船元拟午初启碇，有戈达维利轮船自噶喢巴开至本埠，本船候其到后接取信囊，然后启行。戈达维利行甚缓，申初三刻乃到。本船申正乃行，子兴、树南俟船将开，乃登岸也。茶食后小睡。晚饭夜茶如常，日夜看小说，抚视鍚儿，或船面乘凉。子初睡。是日先考文正公七十六岁冥诞。

十二日，阴晴半，遇雨。

辰初起。辰初、亥初茶食，巳正、酉正之饭皆入座。申正茶，未入座。于申初先啖食物，看小说最久，或抚视鍚儿。亥正二刻睡。

十三日，阴雨，下午晴。

辰初起，茶食后，偃卧看小说。浪大船摇，巳正强起用饭，未终席复卧。

未初复啖食物而卧，申正乃起。舟入西贡澜沧江口，泊而候潮。茶食后栉沐，看小说；饭后复看良久。亥正，潮至，舟行，子初睡。

十四日，晴。

辰初起，华商张霈霖（沃水）、招商局委员钟国亨、李沛来谒一谈。西贡总督遣其属官帕尔来迎，与之立谈数来语，至上房久座。饭后复坐良久，年初偕春卿登岸。

二十一、黄楙材《西辖日记》

光绪四年戊寅

（九月）十三日，由孟加拉乘坐轮船，三日至唉家屿，为阿拉干海口，有华人在此贸易。又三日到漾贡，寓胜茂店；五日旋上本号之轮船，名碧芭得刀，惟舵工、管机用五洋人，其余司事悉系华人，一切饮食言语较之洋船为便多矣。出海口向正南行，所称印度洋是也。……望东南一带山岛，断续隐约，浮青历五昼夜。抵槟榔屿，寓永裕店，主人姓颜，亦闽人。此屿幅员五六十里，本巫来由族（一名麻拉），为暹罗所属，今隶于英国。山林秀雅，水泉甘美，四序温和……广潮二郡之人多在山谷耕种。土产椰子、槟榔、豆蔻。全岛华人共有十数万众。……值里社赛会（土地神称曰太伯公），扮演台阁故事，鱼龙灯彩，备极华丽。有戏园一所，男女合串，粤东班也。

（十月）初一日，搭英人轮船，日昳……见右旁麻六甲诸山。

初三日，见苏门塔拉山岛横亘于前，于是折向东行，薄暮停轮。翌早九点钟至星加坡，登岸寓恒广和客栈。星加坡一名嘈叻坡，本旧柔佛国，亦巫来由族。道光末为英人所踞，日增繁盛，为海道咽喉，商船往来所必经，四方电线文报悉萃于此，屹然为南洋重镇。英国设个温那一员，统辖星加坡、麻六甲、槟榔屿三埠。中国新设领事一员：胡璇泽，广州人。英国赠以宝星，兼充俄国领事。是时个温那他适，楙材偕胡领事拜会辅政司暨法国领事。（《小方壶斋舆地丛钞》，第十帙第六册，430页下，总8372页）

二十二、黄楙材《游历刍言》

旧时泰西诸国之商船来中国者，必绕阿非利加之南，经好望角，由巽他峡以入七洲洋。自后凿开苏彝士运河，地中海与红海相通，轮船往来，皆舍彼而就此，捷近二万里；而星加坡一埠遂为海道咽喉，四方电线文报悉萃于此。英国镇以巨酋，戍以重兵，屹然为南洋巨镇。

亟宜添设领事以资保护，特遣大臣一员驻扎星加坡，统辖南洋一带事务；并添置兵船，散布各岛。轮流游弋，以壮声威。如此则声势联络，人心固结，不必与诸国据地争城，而南洋数十岛之形胜利权已归我掌握，更足以上崇国体，纲纪万邦，节制东西两洋而无难矣。（同上书，436 页下，总 8384 页）

二十三、黄楙材《印度劄记》

窃思运河既开之后，英人实受其益，如亚丁、毛栗、锡兰诸岛，印度缅甸濒海诸市埠，与夫南洋之槟榔屿、麻六甲、星加坡皆轮船所必经，添煤寄碇，商货流通，贸易兴隆。（同上书，446 页下，总 8404 页）

二十四、徐建寅《欧游杂录》

光绪五年己卯

（九月）二十四日，六点到新加坡，船靠海边码头。七点，装煤小工抬筐蚁附而上。中国领事官胡璇泽号琼轩派委员苏玉庭名湝清来船谒见。时天气热甚，因上煤不得开窗。终夜人声喧闹，煤屑污船，苦不可耐。

二十五日，八点胡领事派家人以马车来迎。十一点，同苏委员、陈翻译号敬甫往观英国炮台，其制与所译攻守制宜所载相同，有外斜坡子墙外墙。一点回至胡领事花园赴宴，肴甚丰，同席者胡领事昆仲、苏委员、陈翻译并教读。三点，领事令苏委员、陈翻译以马车送回轮船。四点半，开船，天气甚热，换穿纱葛尚挥汗不止。

新加坡系巫来由土番旧地土，六十年前英国租得之，每年缴租价洋银一千圆，至今不改。所收地税、房捐与香港、西贡相似，官制与香港亦同，鸦片与酒亦归一公司包税承办，每年收捐银四十二万两。所过香港、西贡、新加坡三处，鸦片与酒均用公司包办之法，由公司自行缉私，欲其便于纳重课也。今镇江洋药捐尚未有一家独揽之实据，而英国达领事惟恐如此，负气与沪道呶呶争辩，甚可怪也。平心论之，中国即仿香港、西贡、新加坡之法以一公司包办，亦与英国无干，安能阻止？惟据英国派驻牛庄领事雅妥马云，该三处因不收进口税，故可如此办理。

新加坡之英国炮台俱用六十八磅弹之生铁前膛光炮共十余尊，另有一百四十磅之田鸡炮四尊。其炮台之制，即以山坡为外斜坡，在半山挖沟为濠，濠内就山为土墙，内再挖低为子墙以置炮，再上又留山坡为内层，墙内又挖低作子墙以置炮，内外二墙相距十余丈，内高外低，俱依山坡之势作外斜坡。炮台之周围约二里余，再于内墙之内将山顶挖平，上造官房及兵房，俱极宽大整洁，又有藏军器及大轮小炮房数座，房内各件均排列整齐。每二三炮有藏火药之小库一座，近于炮处，库内地面低于库外地面四尺，四周作沟，宽六尺，深五尺，库顶以石作穹盖，厚三尺，上加土，厚五尺，筑实，四旁之墙亦如之，上面涂以柏油，以防雨水渗漏。山顶铲平成一大平地，除房屋外，尚留空地作操场，植花木。各路纵横，俱甚宽平，四通八达，便于往来应敌。炮台内住兵一百五十名，内有携眷者十五人。英国去年于旧台西十里新造一台，因其时英俄稍有违言，而新加坡地为东来一线之枢纽，故预修战备，现尚造未完工。计其工程告成，需款十万镑，炮与器械不在内。此炮台俱用新式来福炮。旧炮台中新竖一空心铁旗杆，中空如桶，能容一椅，人坐此椅，可用机器升至杆顶之望楼，旁有一小房，内置大千里镜；有二人常川在内瞭望海面。

二十五、马建忠《南行记》

光绪七年辛巳

（七月）二十三日……晚十一点钟抵新加坡，天气阴晦，待潮，不能进口。

二十四日，晨晴，黎明进口，栉洗毕，登岸至旅店，卸装后即乘车往谒本埠英抚味尔德，则已赴槟榔屿矣。顺道访中国苏领事。午后访代理本埠抚军市米德，坐谈良久，问答另详，节略。（余询以新加坡运载鸦片出入口例，彼答以该埠例不征税，而入口鸦片专销本口者则运入煮烟公司，其余箱只，不得私卸，亦在暂趸。埠内转运南洋各岛者，计去岁该埠共入鸦片八千七百七十四箱，其间姑烟八千三百五十二箱，公烟三百三十五箱，金花八十八箱，转运于南洋各岛：苏门答喇、亚哇、吕宋者七千三百七十五箱；运往香港、西贡者不在此数，是本埠尽销一千三百九十九箱，倘中国禁止鸦片，令出必行，要无虑本埠之私偷。进出船只各有舱口单，照单卸货，必不能于单外偷单分毫也。）晚餐后，办发公事禀件。

二十五日，晨晴，封发上傅相禀函等件。苏领事湝清来答拜，接晤少坐，苏邀下午往游前领事胡君璇泽花园，遂饮于是，却焉不可，诺之。胡君久负盛名，为此埠中西人望，前为我国领事，并兼领俄奥两国事，今已物故，故园仅存。年后乘车至汇丰银行嘱买船票，顺道访苏君小坐，遂游公家花园，野花杂树无足观者。寻访汇丰行主，于其家晤谈。天欲暮矣，遂赴胡园晚餐，同席者为苏文案、张翻译，及船政局购买木料委员余姓者，园主人胡君之子亦与焉，席散回寓。

二十六日，晨晴，检点行装，早餐后至苏君处辞行，遂登舟，舟窄隘殊甚，炎热异常。三点钟开行，舟向西北行，颇稳。（《小方壶斋舆地丛钞再补编》第八册，6页）

（八月）十四日，晨七点钟至新加坡。早餐毕闻左子兴自伦敦至，遂往访焉。坐谈良久，因悉黎莼斋与左君同返，留书致余，往来相左仅及半月，不觉怅然。旋偕子兴往谒埠内抚军，少谈而别。晚左君固留晚膳，膳毕回舟。夜间月色迷蒙，水面无风，蚊雷隐隐，不可假寐。

十五日，晨六点钟左君复来送别，八点钟起碇，向东北行，风微海静，午后微雨。（同上书，14页下—15页上）

二十六、吴广霈《南行日记》

光绪七年辛巳

（七月）二十三口，南洋舟中。风平浪息。眉叔云明日可至新嘉坡矣。自去香港后，舟行逐渐而南，去赤道日近，夜视北斗沉水、箕尾高悬，昼则火云丽空，蛮烟覆地。水不波而自涌，风徐至而如薰，解愠无琴，驱愁有管。何术排遣？自嘲以诗。亥初，抵新嘉坡，待潮不能进口。披衣起视远灯排列，灿如明星，夜气阴沉，钩月未上。

二十四日，黎明舟进港口，自香港至此水程约四千三百余里。早餐毕，偕眉叔登陆，卸装客邸。出访中国领事署理者为苏姓，衙署猥狭，与华人市铺杂处，门扃不启，问之，盖苏家居时未至也。归发公事函件。申刻，眉叔谒英国代理抚军士米德回，因与出游。怒马一鞭，绿阴十里，街道平广，林木蓊森，厦屋嵯峨，人烟稠密，倚山抱海，巨舰连樯，虽精洁不及沪上，而景趣疏散则似过之，洵南洋一大埠也。至物产之丰庶，地势之展舒，则又过香港远甚。侨寓华民闻约十万余，坐于斯老于斯，诡异侏离，半成异族。土人种类不一，率皆面目黝黑，男则上衣下幔，首帽如低桶，女则衣幔，外复加一长衫，色喜深红及彩绘者，不裤不履，以首戴物，无假手扶。有披发者，有薙发而不辫者，有翦发如西俗者。大抵白帽者为回种，虬发而耳金环者为印度种，桶帽而披红衣者为西藏种，又有马兰种，服奇状诡，难以枚举。眉叔谓日人出自马兰，观其不裤不履，殆颇类之，其说或近似。多以白土涂额为美观者，郢人垩鼻无乃类是，惜无成军之斤以削之耳。回车大雨以风，登寓楼望而眺海，胸怀为开。英兵戍此者三千人。岁征税约百万余。地出狙猴鹦鹉，又产木林箐弥望果，多橙柚、柠檬、波罗蜜、椰林、槟榔、橘柚，水蕉高数丈，多榕树，盘根十围，垂阴覆亩。惟肿拥卷曲不中绳墨，工师置焉，庄叟谓物无所用者亦无所害，不诚然与？晚作书，录前诗邮寄紫诠。

二十五日，新嘉坡寓中。晴。早餐后封发公事函件。苏领事溎清来访，拨冗接谈。苏约晚间饮胡璇泽花园，诺之。午后小眠，醒偕眉叔乘车出过汇丰银行买票，顺道过苏领事，少谈，已与眉叔驱车往游英国公园，寥廓无可观，惟长池通舫，高树摩云，蓄鸟数笼，鸳鸯、孔雀外亦无异禽。出园迂道访汇丰银行主，主人适归，相留晚餐，以有约辞，小坐，观其夫妇为打毬之戏，寻别去赴胡园。车驰碧树中迢迢十许里乃至，园址颇广，楼阁焕丽，惟门阈列陶器二金鱼及彩绘双狮，俗劣无赖。楼中悬扁对无隙地，率谀词鲜一韵语，至比之于异国王侯，亦何可哂。余耳胡名已非一日，乃未能于生前接其謦欬，而尽于身后入其室观其所布置如此然，亦可以见一斑矣。是日苏君为盛设，同席苏君族弟现办文案、张姓翻译、余君某船政局差购木料者也。向询召民星使年伯状，知足疾愈，欣慰。宴罢驱车回寓，偕眉叔登楼纳凉，夜深乃寝。

二十六日，寓中，晴。检点行装，早餐毕赴苏君处辞行，遂由是登舟。舟属怡和，窄小异常。未刻开行，离埠复折而西北指，盖行经新嘉坡西界及苏门答腊马之海峡中也。晚立舵楼闲眺，见北斗在水，南箕高张，风浪甚静，虽小舟未觉摇荡。舟中有马兰人携猴雏甚多，小仅如拳，即新嘉坡产。归途购数头，置之书案使吞墨汁，殊不恶也。（同上书，5 页下—6 页上）

（八月）十三日，夜抵新嘉坡，自锡兰至此计水程约五千七百里。

十四日，晨起，急偕眉叔登岸。时已中秋，天气炎熇，无异夏伏。絺衣挥扇，汗雨不干，盖地处极南，距赤道仅一度二十分，故炎威特甚也。寻访中华领事署，则实授领事左君秉隆已至，左字子卿，旗籍驻防广东。习谙洋文洋语，年少俊爽，故特膺曾侯之选来驻斯土。眉叔与有旧，相见甚欢，坚留作尽日谈，徐出曾侯赠行诗笺见示，余欲和之，而饥肠轫辘，构思不属，遂止。午后同乘马车出游，过余氏园亭，闽人之巨富者也，竹木水石极佳，惜布置多俗致。主人他出，啜茗而去。更至一大泽，周约五六里，平波耀绿，水净沙澄，盖本山泉水所汇之处，西人益深广之以储清水，备通埠食用之需，故不许游钓于其中也。坐憩良久而返，左君盛设晚膳，出广东酒，作紫色，香味甘冽，为之畅饮几醉，乃罢。席散纳凉于露台，天气阴晦，月轮匿彩，西北流电送紫，大雨将至，乃辞左君回舟。左君殷殷不忍别，坚送余等至船始返。

十五日，余体中不适，寒热大作，盖昨午伏热，晚又过饮，以至猝发。清晨左君复登舟来送；余强起应之，然头涔面热，几不自持。有顷左去，启轮。（同上书，16 页下—17 页上）

二十七、郑官应《南游日记》

光绪十年甲申

（五月）二十六日，申刻，大雨。

午正，抵新加坡登岸。入招商局，晤总办陈呟音（名金钟伊，祖福建漳州人，居此地三世，现为暹罗领事）。叙寒暄毕，余以来意告呟音，怃然。曰："越南亡矣，中国败矣，和议成矣，吾何知焉，吾何知焉?"余曰："君不必为是悻悻之言也，君虽为暹罗之官，实中国之人也。中国受辱于西人，平心论之，君独不受辱乎？官应破浪乘风，不远万里而来，以为君识大体，力任时艰，今法人逞其强悍，据安南，灭金边；英人肆其阴鸷，踞印度，夺缅甸，并侵海疆南洋各岛，此皆假通商传教为名，实则心怀叵测。越南已受其愚，须早合从以御暴，若暹罗犹迟疑瞻顾，不联缅甸以事中国，将来必蹈越南覆辙，不为英乱，定为法灭。况中国现已励精图治，数年来练水师，制铁舰，王师英武，何难远近交攻，四讨不庭。且计暹罗之罪有三：暹本中国藩属，多年不贡，其罪一；别国之人在暹不收身税，专收华商之税，其罪二；昔年暹王郑昭，系中国人，已受中国敕封，今暹王之祖，系其相臣，郑王误服蛊毒，不能保护，反弑以自立，其罪三。似此藐视中国，现宜兴师问罪，按照公法，有谁敢保护乎？君既食其禄，而不分其忧，乃如是悻悻以拒人哉？且君不有函以相召乎？曾几何时，而前言之顿弃也。"呟音见余色厉，乃改容谢曰："吾不知尊中国也，但恨君民之气不达耳，富强之策不兴耳，如必欲图之，则吾有术也。然必蓄三年之艾，而后可起沉疴，且必有破格之酬，而后可共大事。”余曰：“其术若何?”曰：“即与暹罗通商，而已诚能通商，则奇谋秘计可得而措矣。”余曰：“愿闻其详。”因屏左右，属耳约数百言，余心乃沛然莫御矣。余曰：“然则余其暹罗一行乎?”曰：“可，但不可以是告暹王也。告则吾计破矣。明日有轮可即行乎?”余曰：“君速具书，为官应先达来意，余即往矣。”呟音即援笔草奏一通，余亦料理行装，嘱宇弥将一切情形禀达宫保。子正就寝，汗出不息。

二十七日，午间，大雨。

晨起封发各处信函，检点旧稿，属宇弥校订缮写一帙，寄呈新莅粤督张香帅，满腔心事，尽在数稿中。清检礼物，致送暹罗君臣。未正登舟，舟名希翘巴，系英商蓝烟通公司船，专载货物往来孟角、新加坡两埠，其制小，益时一半。该公司共有轮船四十余号，来往中西各埠，获利甚厚云。戌初启轮，傍斜仔六坤而进。

二十八日。

横风大作，舟极震撼，寝馈不安。有同舟德人布郎同曰：“贵国鸦片，每箱捐税若干?”余曰：“每箱不过数十两。”布曰：“西洋鸦片税则，最重每箱捐至千余元。西贡月销六十四箱，月征膏银十万元。新加坡月销五十二箱，征银八万元，较之贵国所征约加十倍。查印度所出鸦片，由官收卖，凡民欲种莺粟者，报官丈地，由官发本辟种，一俟收成，尽数缴官，官为扣除领本，并征税额，余则悉归种户，旋将莺粟发官厂制成鸦片，运口拍卖，每以五箱一拍，书价最昂者得，一时之久可拍卖五千箱，诚关印度度支巨款。然欲禁鸦片来华，似非彼此推诚，筹办归官收卖，每岁递减不可。欲禁吸食者，必须请朝廷颁示天下；已吸者宽以年限，如逾限尚吸者，则视为下人，不在衣冠之列，或冀畏而不吸也。”余曰：“论予旧作易言，已详及之。无如当道不能认真严办耳。”

（闰五月）十二日

……暹罗在越南之西，向为中国藩属。与缅甸接界。数十年前，国本贫弱，较诸越南尤甚。自泰西通商中国之后，复在东路南洋各岛渐次开辟，暹王急与各国订约通商，又遣使臣往泰西修聘，欲联邦交，借为援繄。今王尤笃好西法，亲驾兵船巡视南洋、叻屿、东印度诸处以扩识见……（51页）

暹罗南洋中所属之部，直接新加坡，其部名有甲力、有六坤。法人前与暹约从甲力开通土腰，以便轮船驶行西贡。近又改议，以甲力、土腰太宽，必多经费，不如六坤地形仄狭，易于开通。暹罗又允其议，但不知何时兴工。果尔，则法往来西贡东京，较由新加坡又近四五日路程，此虽不及苏彝士河擅地中海红海之要，而南洋有埠，不买英煤，其利益正复不少矣。(53—54 页)

十六日

酉初，抵石叻，开闻法事又将决裂，借端要挟，果能如愿，当出其不意，毁其老巢，使无驻足也。复将所虑，开仗愚见，具一节略，寄禀宫保采择。一、各处绅商，怨恨神甫、牧师、教民久矣。此时与法开仗，尤恐教民倚势作奸，绅民不辨何教认属，人人尽拘而杀之，则传教之国，如英、德、美必与中国理论，谓中国不能保护，彼借口调兵保护为名，踞我内地，侵我利权，以为索赔地步。各省督抚，宜通饬地方官，照会各国公使领事，传谕各国神甫、牧师等，即日一律同居租界，各国洋商，亦不得任意游行，诚恐内地绅民怨恨法人，不辨何国之人，诛杀无辜，如违，被杀不究，勿谓言之不先也。一、中国与法开仗，各国商务未便停止，则各国轮船仍然往来直、奉、江、浙、闽、粤各处口岸，深入内港，法船见其有瑕可蹈，或于早晚张别国旗帜，俟飞过炮台，即易本旗以掩人耳目，或于黑夜偃灯下旗，鼓轮前进，外无铁舰拦截，内无电灯远照，不辨真伪，未敢轰击，即使放一空炮止之，彼已潜越炮台之后，内外夹攻，势难立足，是我之所以制敌者，反为敌所制矣。今亟宜照会各国往来船只，止准停泊海口，或设栈驳运，客货或用华船过载，不得闯入内河，误受水雷火炮之击。一、法船来自西贡，所带煤炭、粮食不多，势必随时采办，如我省禁令森严，奸商未敢贩卖，彼必往香港、澳门、新加坡、槟榔屿、麻六甲、小吕宋、日本等处置办。闻香港、澳门、日本均有法船招人当兵，运子药、粮食等事。今总署亟宜关照各国，饬谕商民，毋得私相接济，故违公法，免事后移文责难，致伤国体。一、华商所设各处旱电报之处，宜归华官办理，不准传递商报，泄漏军情，如上海吴淞福州英丹电线公司可照公法，委通晓中外文字可靠之员，常川在报房掌管，凡有往来之报，必须看过，如无碍军情，方准传递。

二十二日

卯正，抵槟榔屿，许心美、胡紫珊以小舟来迎。登岸，寓中国招商局(即开源栈，系胡紫珊管理)，略为料理，拟往小叭喇访富商郑嗣文。是晚，即坐太平船前去。

二十三日

辰刻，抵叭喇，登岸寓嗣文宅，午后邀往游锡矿一游。厂约五千人，悉以机器吸水，工人掘土，一二丈始见沙石，锡质即杂其中，取沙倾入水沟，用锄淘汰，沙随流水漾去，锡质尽沉于底，将锡质入火炉熔炼成条，于是有锡可售矣。郑云："叭喇本巫来由属地，因华人到此开矿，为水界互相争斗，土酋无力压伏，驻石叻之英督说曰：'我子民在叭喇不相安，理应设官治理。'遂设官于此，自是叭喇归英属，不归巫来由矣。"

二十六日

拟即返新加坡，是日无轮舶开行，改订明晨。承各友再三挽留，余以军务倥偬，非吾人流连之日。又拟往西贡一行，深恐法人禁止上岸，即以询之张沃生。

二十七日

早起，郑嗣文偕胡紫珊驾车遨游片时，至其公馆，具酒以待，饮后即行登舟。郑嗣文、许心美、刘世钰、陈荔琴均送至舟中，须臾别去。午刻，启轮，未刻出口，引水过船去。

二十八日

早膳，同舟者排坐，互相问答，均属英籍华商。余此来欲劝南洋华商，急公好义，出奇制胜，无如富者皆入英籍数世，不思故乡，间有心者无力，有力者无心，未能遂我志愿，帚（扫）此妖氛，愤懑无已。未刻，舟泊麻六甲，登岸一游该埠，出西米，多华商，家居有城址一所，询系荷兰所建。盖麻六甲本荷兰所属，因该地与孟加拉相通，英吉利羡之，以亚齐一岛相换，故此岛今已属英云。

二十九日

辰刻，抵新加坡，属宇弥书信四通：一致心美问所商之事；一致嗣文道谢程仪；一致荔琴问沃生回电如何；一致暹罗亲王利云王沙，询其能否相助剿法。晚间与宇弥商往西贡、金边等事。

（六月）初一日

决计往西贡一行，买定法公司船票，船名米江，午刻登舟，酉初启行。阅《叻报》所论法事，辄深感慨。当考法兰西本古奥卢地，民有三种，曰伊伯尔、曰塞耳通达、曰白耳时，皆北狄野蛮之部居多。自克鲁米以权诈创业，中易姓六七君，或君主，或民主，或君民共主，各奉共党，自相拥立，政亦屡改……

十三日，晴，申刻，微雨。

晨兴谓宇弥曰："此去新加坡不远，吾侪当可免祸，君且出舱面呼吸凉风，宣达清气。午正抵坡，仍寓招商局，与金钟细谈。金钟曰如此如此，可以设施。余即以电音禀宫保，电费虽昂，而神速无比，军务倥偬之时，万勿能废此也。"

十四日

早膳后同金钟评论时事。金曰："中国如欲整顿边防，缅甸、暹罗二者不可偏废。缅君无道，杀戮兄弟，前王子奔入印度，英人畜之，将欲效秦伯纳公子重耳故事，则缅全国皆归英辖矣。缅君深患之，近已召法人立约通商，借以牵制英人，而条约所立，法人拟由河内开铁路直走阿瓦都城。夫一英在缅甸，已不支，再加之以法，缅之亡在旦夕矣。缅亡则中国云南恐不可收拾矣。君为中国计，当熟筹而深计也。"金钟此论，虽为中国计，亦为暹罗计，缅亡而暹亦亡。惟中国不及早绸缪，而滇粤亦危矣。午刻出拜领事左子兴，谈顷即邀出游，观英炮台一周，真有形势天然之概。大炮约三十余尊，分列两层，上层子可击五十里，下层子可击二十余里。台中穴土为房，以储火药，门户洞开，兵士皆可由地中往来。台中竖空心铁桅，高七八丈，以为升旗之用。桅内有铁梯，梯尽处四围环以铁网，名曰望楼，置上等千里镜，时常以兵士瞭望各国往来船帜，百里之外，一览而知，故某国之船未至，而某国之旗已高竖矣。若骤以兵舶乘之，亦无能逃其远鉴。舟未抵岸，而炮已碎其舟矣。西人之扼要守险，吾中华固未能及之者。子兴又言："新加坡新开山、开垦荒土者，悉皆华人，太半被骗而来，俗谓之猪仔，佣工之苦，惨不忍言。每早卯正起，至戌初止，不得稍有休息。或有违者，监工人见之即杖以木棍，每年毙棍下者，殆近千人。吾痛恶之。前年初到时，接有此案，即为行文柔佛斯旦（巫来由人谓其王曰斯旦）、英波利士（波利士犹中国之州县），请其惩办，而二处率以含糊了之，以故杖者自杖也，毙者自毙也。吾心恻恻而莫可如何。"余曰："吾华设立领事，按照和约，凡属华事，自归华官办理，何为展转移文，以资轇轕?"曰："领事之设，约有三等：上者有独断之权，人不得而问焉；中者有会审之权，人不得而欺焉；下者不过遇事调和而已。吾华领事则遇事调和者，人许我听之，不许我亦听之，无独断会审之权，是以莫可如何。当日订约之时，秉政诸公，竟未顾念及此，使小子适逢其厄，不得援手，斯民予怀，甚为负疚。"余曰："君既有此隐恨，何以不达之劼侯?"曰："某前曾具禀，谓不更约不能行。惟查此单之来由，皆由厦门汕头香港贩载而来。君为粤东人，又办粤东防务，何不面陈地方官，榜示通衢，告以猪仔之苦，毋得妄听人言，以遭拐骗？贩猪仔者许人告讦，严密查拿，似可稍绝来源。”余曰：“昔年已将猪仔拐贩情形沥陈当道，请为严禁，不意此风仍未绝也。余手中无权，何能禁止？意所欲为者，不止此一事也。”相与感叹而别。

十五日

陈仲哲备马车邀游柔佛。骏马双驰，雕轮四转，两点钟已抵柔佛境。中阻小江，适万恒成先以小艇相待，渡后即入恒成小息。柔佛酋前年道经上海时，余曾设宴款洽，今来其部，礼当修谒。使人探之，则已出游他处矣。遂留荔枝二桶，候函一通，托恒成代为致意。绕山一观，归来已暮。忽西南递来电音云：法人已调集水师，限中国二十四点钟定议，否则即行攻犯福州。余闻之刻不安怀。窃恐法人如此猖逆，倘不与战，何以立国？然默度吾华水师战舰，难以对敌，倘有疏虞，而要挟更无穷矣。可若何顾后瞻前，终宵不寐，只得归去，再作良图也。

查新加坡一岛，周方约一百七十华里，本巫来由斯旦柔佛所辖。道光间，有英官男爵者，航海东来，道经此岛，见山川秀茂，系泰西轮船往来必经之地，形胜可守，甚欲得之，故向斯旦租地，岁纳饷银，设官治事。斯旦亡，徙其酋于内地，自此不纳租，极意经营，招徕闽粤人，辟荒锄秽，修平道路，疏浚内江，轮舶马车，四通八达，中西商贾云集于此，三十年来已成海外一大部落。聚居华民，合坡埠山内计约二十三四万人，福建籍居十之七，广东籍居十之三。商贾家资上者二三百万，中者五六十万，下者亦数万。而发逆余党，联盟拜会者亦有数万人；有犯法者，英官拘其会首究之；赤贫无依者，悉入内山开垦。华民之外，有土人，有西洋各国人，有暹罗、缅甸人，要皆不及华人之众。土人名巫来由（一名牧拉由），浑身黧黑，自顶至踵，无半寸白肤。男女皆裸体赤脚，腰间围以花布，名曰水幔帷维。男子剃发，多光头，或裹以红白巾；女子披发或蓬首，或挽髻维。吉宁女子鼻梁穿孔，系以铜环，两耳亦穿三四孔，饰以金银钿花。华民贫者，亦多纳土女为室，中国礼教，不可得而闻焉。游玩之所，有博物院，有公家花园，有自来水井，宏富美丽，珍奇异巧，莫不各炫其长。其富商自造园亭，若兰生园、恒春园，其结构之工，亦与公家相敌，而其所列之物，间有胜于公家者。园中所植之果，若绿铃、山枣、波罗，皆甘酸而味美，内地橙梨，无以过之。英国所设，有总督、臬司、知县、兵官各署，有英兵、土兵，各房炮台三，升旗桅二。全坡守兵八百名。自英辟土以来，从无匹夫揭竿为乱者，盖其法制禁令，有足以慑服之矣。驻坡领事，凡十五国，署前各竖国帜，华则龙旗招展，黄色飞扬，华民深羡之。土产燕窝、海参、降香、胡椒、绀蜜，若金锡亦间有之。进口货税，以鸦片、洋酒为大宗，每岁额征银一百二十四万元，全坡制用，胥恃乎此。该坡天气四时炎热，去赤道北仅一度二十分（合华里三百零四里），故终年无寒凉之时，着衣不过单夹而已。地虽炎燠，而三四日必沛以甘雨，故树木阴森，花果繁郁，四季不凋，华人称为海外乐土，良不诬也。

柔佛酋本巫来由种类，始居新加坡。道光间，英吉利夺据新加坡，遂率众渡江而北，都于江边，去坡约六十里，名为新山。其地方约三四百里，计有小港七十八处，时有浅水轮船往来，贩运货物。该处土产以绀蜜、胡椒为大宗。山内辟荒者多粤东人，其数不下十万，土人不过几千而已。其酋新所入税款，烟酒约五十万元，椒蜜约十二万元，合诸杂税共有百万元。兵刑不设，官职不修，每岁享此巨款，任意遨游，不谓海外竟有无事之君也。

十六日，酉刻，大雨。

晨起嘱友觅船回粤，致函金钟，邀其同往。金钟覆云：中法既已开仗，暹罗通商之事，南北洋大臣必无暇谋。及俟两国和议成后，再行来华。至相商之事，君以诚心相委，自必以诚心相报，余深感之。惟十三日电报，宫保拟邀金钟同来，今既从缓图，恐劳宫保悬望。又前电传之，意语未详悉，不得不再禀报，使宫保早为筹防，因又以二十三字，由电局飞达粤省，适仲哲来告，现有英公司船过本坡，专往香港，可速整束行李。余心绪茫茫，百端交集，各友处均不辞行。申刻径行登舟，酉刻启轮。

二十八、蔡钧《出洋琐记》

光绪十年甲申

三月初一日，舟行倍捷，机鸣甚厉，询诸舟人，曰期以明日下午必抵新嘉坡。初二日，遥见山地一片，林树丛杂，乃马来所居处也。午正，已见新嘉坡岛。申正，入口泊舟，自锡兰至此计五千七百里，行五昼夜二时。其地为英国属土。酉初，偕刘观察登陆，乘车至领事署，访左子兴司马，询以北宁事，均无确音。清谈既久，司马邀往观剧，优人皆粤产。热甚不能久坐，仍回署中，借宿焉。初三日，辰正，左司马以马车来偕游恒心园，陈氏之别墅也。外则洋式，而其中屋宇皆华制，鸟革翚飞，异常焕丽。园主人甚豪爽，惜已逝世，没时执绋送葬者不下二万余人，皆经其提携蒙恩而受惠者也。今其子亦极慷慨，昔日家赀数百万，今则止六七十万而已。所有华人约十万，闽人居七，粤人居三。殷实富盛之家，如潮人陈姓黄姓，闽人佘姓，皆拥赀三四百万，席丰履厚，他处所未有也。所产甘蔗、黑白胡椒为大宗。出园游览各处，所见贸易于市廛负贩于道路者，皆中土人。街衢整洁，房屋华盛远逊香港，惟多平壤，一望延袤，或有计之者，纵约三十八里，横约七十里。乡间耕植者亦皆中土人也。风俗习尚，仿佛如粤东。天气四时皆热，早晚如中土夏初，正午直若中土三伏。佣工者得单衣一袭可供一年之用，故喜于此处旅居也。游兴既尽，遂回署。途中所见夏屋渠渠，书大夫第朝议第者，则陈黄两家之居宅也。虽远隔数万里之外，旅居百十年之远，而仍复奉正朔遵服制，不忘官阀之荣，皇灵之震叠不既远矣哉。回署后，左司马出感怀诗见示，缠绵跌宕，情韵斐然。司马既精英文，而汉文又如此卓超，殊令人钦羡无已。年初，司马特设盛筵，悉以华法烹煮，久不尝此味，觉食指为之大动。未正，回舟，司马亦偕行远送焉，殊可感也。（同上书，440 页下—441 页上）

二十九、邹代钧《西征纪程》

光绪十二年丙戌

（二月）二十四日，壬午。船向西南行，入新嘉坡海夹（峡），即海录所谓白石口；口门广约四十里，北岸为罗马尼亚觜，柔佛之东南境也，南岸为本定岛，岛东西八十余里，南北七千余里，而阙其西南隅为海湾，甚便停泊，有市埠曰里俄，亦商务繁盛之区。又西行过柔佛河口之南，巴丹岛之北。柔佛河北出柔佛国内地之琛门冬山，南流至新嘉坡岛之东北入海，口内水深至三十尺。巴丹岛在本定岛之西，广狭约方四十里。又西北行至新嘉坡埠，泊焉。自昨午至此行二百三十六海里。马来隅与苏门答剌岛间海夹（即新嘉坡海夹），其东南口（即白石口）群岛丛列，而以本定、巴甘二岛为大。二岛间曰里俄海夹，盖东南达里俄埠者。巴甘西南为布林岛，其间曰狭海夹。布林西南为占波尔岛，其间曰占波尔海夹。占波尔西为苏齐岛，其间曰苏齐海夹。苏齐西南为谋罗岛，其间曰谋罗海夹。谋罗西为萨邦岛，其间曰都林海夹。萨邦西为苏门答剌岛岸，其间为浅沙，巨舰不能通行。诸海夹以里俄、都林为最广；里俄约广十六七里，都林约广二十五六里。凡此均由新嘉坡南达苏门答剌东海之路，诸岛外小岛尚多，以琐屑不详纪。诸岛均属荷兰，隶于苏门答剌长官。新嘉坡旧本柔佛国南海中小岛，柔佛仅见于明史，盖亦占顿逊之地。颜斯综《南洋蠡测》云：新嘉坡有华人坟墓碑载梁朝年号及宋代淳熙，是华人之旅居此者实始六朝。嘉庆二十四年，英吉利人以新嘉坡为南洋西北门户，因入赀于柔佛以购之，立廛肆、开船埠、减货税，以招商旅，西南两洋之估船麇集，渐成闤阓。然其时仅为印度通南洋必由之路，泰西船东来者，率绕道于阿非利加州之好望角，经印度洋之南，入苏门答剌岛与噶留巴岛间之巽他夹（《唐书·地理志·海道》所谓海硖南北百里，北岸则罗越国，南岸则佛逝国，即指此夹）。即分诣各处，不必尽至新嘉坡也。自同治中法兰西人沟通红海、地中海之水道，于是泰西商船多北由新嘉坡，不复迂道于巽他夹，而新嘉坡之垄断，遂为西南洋第一。岛东西七十二里，南北四十里，为方里者二千三百又七，东西南三面环海，东北隅对柔佛河入海之口，口门有三小岛东西列。自口门之西有港，绕新嘉坡岛北，西北去复转而西南至岛西达海，名曰老港，广约三四里，水深能行巨舰，所以隔岛与柔佛大地相绝也。柔佛王所居南临老港，英吉利廛肆在岛之南稍东临海，街衢绵亘，自东北至西南约七八里。以廛肆为定处，在赤道北一度十八分，京师偏西十二度三十四分。气候暑甚，而茂林罨霭，海风荡漾，尚不至蕴隆。民口十五万，华人约十万为最多，马来隅种人二万余，印的亚种人一万余，欧罗巴人仅二三千；印的亚种人，土人也，其状貌知识略同马来隅种。英吉利置长官驻此，兼辖满剌加、槟榔屿，守兵不满千，有兵官统之，又置刑官。光绪十年，三处进口货值英金二百六十三万二千八百七十二镑，出口货值英金四百六十一万二千四百一十四镑。华人居此者，闽籍居其七，粤籍居其三，多拥厚赀为富贾，置业传子孙，英人岁税之，其衣冠语言礼仪风俗尚守华制，惜文教未兴，子弟之聪俊者皆入西塾通西文，圣经贤传竟不与目。光绪三年，吾华置领事官治华商事，遥隶于驻英使者，而华领事之权未能牟于他国领事，以他国领事实兼满剌加、槟榔屿两埠事，华领事则仅及新嘉坡本埠，且多窒碍。盖华民既多，英人忌华官号令之，故每多阻挠。窃谓权之有无，领事官势难与争，若纠集吾民之富者，谕以大义，劝之出赀以广义学，置经史有用书，延名师教子弟，使明圣贤大道及古今利病，然后分别性情所近，遣就西学以取西人之长，领事官岁时课其勤惰艺学，果精进或博通时务学有专门者，均请于上官予以出身，迨人才既众，则尺寸之地虽为英据，而庶富且教之民皆吾有也。自强之基胥在于是，何暇与争区区之权哉？且教学之事必不至启英人之疑，要在有心者为之也。旋登岸往游胡氏英园，园为胡植所辟，广方数里，亭榭树木均精雅，奇禽异兽，琼花瑶草，多生平所未睹。胡植，广东人，本富商，吾华初置领事官，即以植充之。植死，始易今领事左秉隆也。游览未遍，以解缆在即，遂疾驰归船。道旁多槟榔、椰树，槟榔树高五六丈，直干无旁枝，叶附干生，大如扇，其实作房，从心中出一房，数百，实如鸡子，有壳，肉满壳中，色正白，土人咀之，口流赤沫如血。椰树高数丈，亦无枝条，叶在其末，如束蒲，实如瓠，系树头，如挂物也，外皮如胡桃，核里有肤，肤理坚密，白如雪，厚半寸，嚼之味略似胡桃，肤中裹汁升余，清如水，甘美如荸荠，饮之愈渴，名为椰浆。取肤与汁，使尽外皮如匏中作饮器。《吴都赋》谓：槟榔无柯，椰叶无阴。信然。俄见群儿乘刳木小舟环轮船仰呼，若有所求者，舟人以小银钱掷水中，群儿随钱入水，取钱出无或遗。苏长公赠吴彦律序云：南方多没人，日与水居也。七岁而能涉，十岁而能洋，十五而能没矣。今群儿玩水若鱼龟，殆所谓“没人”者欤？晚钟五下，舟发新嘉坡，展轮向南行。（第十一帙第六册，缺页数）

三十、潘飞声《西海纪行卷》

光绪十三年丁亥

（七月）十九日，寅刻，泊新嘉坡。序东将别，复邀余同竹君登岸，坐马车往游其族人豆蔻园。一路树耸遥青，山皴浅绛，园亭敞朗，花木幽深。斌友松郎中（斌桩）、郭筠仙中丞（嵩焘）皆有留题，主人（一名昌亭，一名绮山）出酒饮，客为书楹联云：四时共醉荷筒酒，一雨遥闻豆蔻香。（园四时皆莲，有花小而叶如芋者，有花大而叶数尺者。）日晡，序东偕其从兄弟三四辈送回轮舟，临别凄恋不可言状。余自香港登船与序东、竹君相遇，又有商人吴理卿赠陈酿作华馔，日夕谈笑，不知航海之苦，今序东、理卿别去，舟中相对只竹君一人，而余身自此域外矣。（同上，1页上）

三十一、潘飞声《天外归槎录》

光绪十六年庚寅

（七月）二十五日……余计由亚洲以趋大西洋，沿海埔头俱为英所占据，自香港而外，曰新嘉坡，曰槟榔屿，曰锡兰，曰亚丁，曰马尔他，曰直布陀

罗，皆建炮台，屯重兵，储煤蓄粮，为东来之逆旅，其富强甲于欧洲各国有由来也噫！（《再补编》第十一册，2 页下）

（八月）十四日，将抵新嘉坡，岛屿起伏海面者不可纪数。新嘉坡口外两山高峙，中辟海门，真可扼守形险者。南洋一水汪洋，其中大岛数十小岛数百，即除澳大利亚广阔自为一洲外，如婆罗洲、苏门答腊、噶罗巴以及新嘉坡、麻六甲各部，使能联络为一大国，何难拒绝欧罗守此天堑。近时西班牙、荷兰已衰弱，为土酋所逐，而英吉利则假恩恤以笼络其土人，高掌远蹠，几欲席卷无遗，天道好还，其能久恃耶？吾恐百年后必有虬髯者崛起于其间也。是夜因待带水至，故子刻始泊舟。余偕竹君、君迪登岸饮于酒楼，有校书名阿喜邀归其家，相与酣饮达旦。

十五日，余送竹君、君迪回船，再登岸至南生店，适胡叙东（佩义）由日本来，一见诧奇缘。其族昆弟子铭、子承款接殷勤，招至豆蔻园饭酌，荷花烟水犹是昔年情景，不禁流连久之。叙东谈及中国兵船游历来南洋，此间华人乍睹大为忻忭，余谓往岁在西洋，拙撰有请派兵轮分驻金山南洋等处保护华人议，所论旅居外洋华人必乐输经费一节，言之甚详，曾上之星使，颇蒙嘉许，他日必有采及刍荛者。惟专派人游历南洋各岛，察其人情风土，则无倡此议者，使余拥千金不难酬此愿，著书绘图或可补注〔汪〕大渊《岛夷志略》、杨炳南《海录》所未备也。叙东留余作中秋，余恐夜半开船因辞，酒后赋诗书叙东扇，即以志别。（同上，4 页下）

三十二、洪勋《游历闻见总略》

光绪十四年戊子

夏四月，泰西水师会操于南洋之新嘉坡，俄军几驾英法之上……（《再补编》第十册，17 页上）

中国自开海禁、立市埠以来，洋人得通商之实，华人仅通商之名。虽人与货互有往来，而洋人之来华者，上海一埠不过四千人，通计南北市埠不过二万人，其间殷富商人约五分之一，余俱南洋诸岛国人佣于商人为钞胥者也。以华人之往外者较之，其数之多何止百倍！东洋如日本各岛，南洋如新嘉坡、新金山、锡兰、吕宋、暹罗、越南等处，西洋如旧金山、檀香山、秘鲁、古巴等处，通计无虑数百万，然皆为辛苦工役，仅免冻馁，无有为商人者。即或贩中国之货物以往，亦仍售于寄居之华人，与洋人无涉焉。（17 页下）

三十三、洪勋《游历闻见拾遗》

泰西以华人之业农工者，勤操作耐艰苦而尤廉于取偿也，乐用之。新嘉坡多粤人，附公司轮船还香港者常四五百人，开往数亦如之。近来外洋拐骗工役、贩卖人口之风已戢，而新嘉坡固有承揽华工之行家，凡各国于险恶之地，劳苦之役本籍人所不能任者，辄任之华人，需佣若干向行家议价立限招募。华人以工资稍胜归期可待，不惮远去；既去之后，其督责驱策能任与否不遑计矣。（1页下）

三十四、崔国因《出使美、日、秘国日记》

光绪十六年庚寅

（二月）初一日，晴，夜大雨。闻新嘉坡埃白金矿出金甚旺，曾以矿石三百五十顿炼之，得金八百七十两云。（因以每顿一千六百斤乘之，为五十六万斤，再以八百七十两折之，为矿石六百四十斤零得金一两，尚不如奉天之金矿、台湾之金沙也。）（26页下）

初七日　按婆罗洲正当赤道之中，与新加坡同纬线；其地极热，草木畅茂。凡极热之地，瘴气必多，故欧人至今始辟之，华人即趋之。

（四月）初七日，晴。暹罗素多金矿……又距曼谷（暹罗京城名）之东七十五英里名凯平者，亦为著名出金之处。今英国新加坡某公司于彼得一地有二百五十见方英里云。（《再补编》第十二册，36页上）

（八月）初四日，晴……俄太子亲带水师兵舰四艘由欧洲往新金山、新加坡、西贡以及中国各通商口岸云。（同上，49页下）

二十三日，雨。新嘉坡来电云：现尔埃白金矿以三百五十顿矿石化炀，获净金八百七十两。核之每顿计得金二两五钱云。（51页）

（九月）初一日　我国家自新加坡初设领事时，其议即以船牌之费为领事之费；及其既设，则又不然。朝廷重违其意，委曲从之，自此以后成为领事之费，由国筹之。……于是各处求设领事者，均作罢论矣。

光绪十七年辛卯

（正月）初七日，晴……同舟美人言欧洲之电线通至锡兰已增成双线，又自印度至中国、越南、新金山、小吕宋、新加坡修补电杆电线，以期一律整齐，共费银四百余万云。（同上，73页下）

十三日，晴，此数日中波平似镜，舟行砥平。俄太子奉俄皇之命亲带兵舰四艘，由欧洲展轮游新金山新加坡西贡以至中国各通商口岸以广见识。冬初当可抵沪矣。（同上，74页下）

（四月）初一日，元吉，晴……英人闻德人欲于槟榔屿之北，暹罗与巫来由之间，请暹罗给一地屯煤，谓缅甸与新加坡等处皆属英国。今德人所欲之地横亘在英国属地之中，英人当与彼处土人来往亲睦，以免他人鼾睡其间云云。（因按英国国都在中国之西北，而所辖槟榔屿、新加坡诸地在中国之南，前此侵犯中国其兵舰皆自南至者，时有接济水煤之地也。查新加坡各处中国人数倍于英人而皆为英人所制……）（同上，89页上）

光绪十八年壬辰

（二月）廿一日：广东自铸银钱，近日流通渐广，有达至新加坡者，商民均以为便，入市日多，新加坡总督主例禁止，自本年始不准行。

三十五、薛福成《出使英、法、义、比四国日记》

光绪十六年庚寅

（正月）二十二日记　丑正，到新嘉坡，停轮候潮；卯正，进口泊码头。在赤道北一度二十分，北京西十二度二十分。自昨日午正至此，行二百海里，距西贡六百三十七海里。领事官盐运使衔分省知府左秉隆子兴，率其侄随员即选知县左棠树南来谒，御亮纱袍挂纬帽领扇，据云终岁衣服如此。左君在此为领事九年，精明干练，熟谙洋语，与英官皆浃洽，办事颇称稳惬，盖领事中之出色者。巳初，以马车迎余及参随各员，登岸行四五里到领事府，宴叙。午正，余率领事及翻译那华祝往拜英巡抚施密司。未刻，施君带一武官来领事府答拜。施君在广东多年，熟悉中国之事，人亦练达，颇致殷勤，云须于出口时声炮相送，有顷辞去。英国官制：驻香港、新嘉坡等处者谓之“獩物纳”，犹中国巡抚也；驻印度者曰“獩物纳萃乃兰”，犹中国总督也。巡抚管理新嘉坡、槟榔屿、麻六甲全境；其下有按察司、辅政司管理民事；水陆兵房二所，约有兵丁三千；有机器厂大小五所；书院三所，而中国亦有一所，曰萃英书院者，商人陈金钟所创也。设领事于此者凡十六国，中、法、荷、意、德、美、日本、西班牙八国系特派，俄、奥、比、葡、瑞典、挪威、巴西、暹罗八国系商人兼充。新嘉坡南北十四洋里，东西倍之，旧名息力，本柔佛国地。嘉庆二十三年，英以兵船夺据之，其王退居近岛；今国王颇有能名，通英、法语言文字，善于酬应，常游欧洲，广交英国名公巨卿及各国领事。所以英不废之，认为自主之国，然与他国交涉仍须听英之命。英人不税进出口货物以示招徕，由是商舶云集。十五六年前，华民居此者八九万，今则十五六万矣。此间人民最杂，约有十数种，如闽粤、琼州、嘉应州、印度暨噶罗巴所辖诸岛，如西里百、爪哇（今亦称爪华）、吉宁，言语格不相入。除华民外，巫来由族及印度人约有十万，英人三千。巫来由土著最旧，其人黧黑，蠢陋如鹿豕，男女同蓄发，赤足，腰短裈而被红袯，右鼻孔恒穿一铜环，耳轮则穿六七，负物皆以顶戴，无肩荷者，运重以双牛挽车。英人于山南山北皆设兵房炮台，因山叠垒，绝居形胜。今只抽洋药税、酒税，每月可得八十五万圆；贸易之盛，岁值至千余万圆。土产锡、铅、蔗糖、槟榔、胡椒、椰子、沙籐、紫菜、甘蜜（《瀛环志略》谓之甘沥，即槟榔膏用入药品）、犀角、象牙、降香、苏木、江珧柱、燕窝、翠羽、螺蚌文贝之属，不生五谷棉花，俱由他埠运来。地气极旺，最宜养生，为南洋群岛之冠。余偕子兴等往游胡家花园，前领事黄埔胡璇泽故园也。园中多蓄珍禽异物，郭侍郎《使西纪程》已略志之，故不复赘。新嘉坡、麻六甲、槟榔屿全境，英总名司曲来脱舍脱门此。司曲来脱译言海峡，舍脱门此译言埠也。各国领事皆兼三埠，中国则专司新嘉坡，事缘设领事之初，忘叙及两埠，然麻六甲、槟榔屿华人有事亦有来告领事者，但与英官辨论较多周折耳。此事当俟机会更正之。英巡抚近奉本国政府檄，以新嘉坡出款浮于入款，欲筹养兵之费，俾商民任四之三，本国任四之一。巡抚举华商之公正者为董事，福建五人，广州二人，潮州四人，琼州一人，欲令商办筹饷事，闻商民尚未允也。闽商候选道兼暹罗领事官陈金钟来谒。金钟字呟音，原籍海澄，居新嘉坡数世矣，以商致富数百万金，其祖若父并受暹罗显职。金钟颇疏财好义，即创萃英书院者也。丁丑晋赈捐银十余万，系丁雨生中丞派人来劝者；及左文襄公劝办海防，复捐万金。年六十余，有十子，尚中国衣冠，惟言语不通，须用人传话，自称不忘中国，日后有事极愿效力，余颇奖励之，以备他日之用。酉初一刻，启碇。炮台相距较远，遥望见冒白烟，风又不顺，谛听似有十数声。是日晴，

午后雨即止，寒暑表九十二度。（页数缺）

二十五日记　……余与同人谈及昨所经之香港、新嘉坡等埠，五六十年前皆荒岛也，洋人借经营商务辟荒岛为巨埠，而英人尤擅能事，以英人于商务最精也。当缔造之初，必审其地为水陆要冲，又有泊船避风之澳，有险要可以扼守，有平地可以建屋，于是招致商民创辟市廛，未几而街衢、桥梁、阛阓、园林无不毕具，又未几而电线、铁路、炮台、船坞无不毕具，浸至商税之旺，民物之殷，辄与中国之上海、汉口相颉颃。……

二十七日记　晴，风小，舟平。丑正，过包恩得葛拉，印度之东南境也。卯初，舟右见来无灯塔灯，盖锡兰东南境，山峦起伏，障海而西。午正，抵锡兰岛之克伦伯。自昨午至此，行三百五十三海里；寒暑表八十七度。埠无码头，舣舟海中。锡兰一岛长二百五十英里，阔百五十英里，周围得二万五千方英里，人丁二百五十万，克伦伯其大埠也，距新嘉坡一千五百九十七海里。人丁二万有奇，种类约有六（按：应作“五”等）等：英吉利人、新格里人、印度人、新嘉坡人、荷兰人；惟新格里人最旧。昔有新格里王居开殿城，初为葡萄牙所吞并，继属荷兰。嘉庆元年，英又夺踞之，垦筑招徕，迄今克伦伯有炮台、兵房、教堂、书院、铁厂、医馆、监狱、关署、花园、博物院，铁路自山顶至开殿城之中间。自开殿至克伦伯埠南椰野止，计程二百英里，居民本崇佛教，近则天方、耶稣、天主各教皆有之。英、法、德、荷、奥、阿剌伯、巫来由各种人皆备，而印度人尤多，其人民粗陋与新嘉坡等。克伦伯海面宽阔，水势湍激，英人以西门土筑堤，约长一里，以障洪涛，始能泊舟，渡船抵岸，亦臻平稳。土产洋药为大宗，及宝石、象牙、玳瑁、加非、桂皮、柠檬、香蕉、波罗蜜、椰子油，出米亦多，近兼种茶，西北海湾麦那儿尤饶蜃蛤。英有官驻克伦伯，职视知府，其大酋驻开殿，即《使西纪程》所谓高诺者也。英人称其大酋曰“格浮男”，译之犹曰管理人，中外人称之总督，或曰巡抚；皆以意会之云尔，其香港、新嘉坡等处亦然。……

二十八日记　……自过香港以后，历观西贡、新嘉坡、锡兰岛诸埠，虽经洋人垦辟经营，阛阓云连，瑰货山积，而其土民，皆形状丑陋，与鹿豕无异，仍有榛狉气象，即所见越南、缅甸之人及印度巫来由、阿剌伯各种之人，无不面目黝黑，短小粗蠢，以视中国人民之文秀，与欧洲各国人之白皙魁健者，相去奚啻霄壤。……

（二月）初八日记　……偶与黄公度谈及美国限制华民之事，公度言前为旧金山领事时，查银行汇票总簿，华民每年汇洋银至广东者，多则一千五六百万圆，少则一千余万圆，四年扯算每年洋银入中国者可一千二百万圆。然此仅就旧金山言之耳。他如古巴、秘鲁、西贡、新嘉坡及南洋诸巨岛，华民不下数十百万，其商佣所得之银输回中华者，奚啻数倍于是。盖近年通商以出入货相准，华银每岁流出外洋者约二千余万两，惟出洋华民商佣所得以之相抵，尚觉有赢无绌。近闻新金山有华民四五万，英人援英国之例，亦有限制苛待之意。此事终恐棘手，必不得已，只可另筹抵制之法。

（四月）初七日记　自中国航海至欧洲，凡海口紧要之地，若香港、新嘉坡、锡兰、亚丁等岛，无不为英人所扼据，盖英人以通商为性命，而又善审地势，有水师以为之先道，数十年间濒海要害之区，几无不入其囊括者。……

（六月）十一日记　前闻英人与美人拟合制气船，可从空中来往。兹阅《新报》称该公司会议数日，须凑集资本英金二万镑，兴工制造该船，但用两人驾驶，其底与洋船一式，船身用矾石之类，质虽轻而坚韧，价又便宜者。船旁张两翼如气球伞，以防不测；翼角有叶如火船上之车叶，可升可降；船头有拨，以主进退；船尾有舵，以主前后；另有小舵一具，可左可右。坐人房舱前有空地，为引路人坐处，有轨置弹弓打电，气船上舵及拨，俱用电气行使，脱有不测，立即拆散舵，还舵拨，还拨敛翼，如气球伞下坠，并无窒碍；即使坠落洋海，亦可飘浮水面，如在陆地更为平稳。该船考究多年，因欲觅得矾石之类制练，始能成功，其第一诀窍在此。此外新式俱属轻巧，加以电气之力控御由人，第一号竣工之日，先须邀同友人试游，然后由太平洋面行五日可以周行天下。以后陆续制造，每六十日可成一号。《新报》之言如此。余谓此次气船公司，或集议而未必遽成，或勉造而尚难尽善，俱未可知。要之就此法而精思之，合群力而互营之，则奇肱氏之飞车，必有乘云御风之一日，其在百年或数百年之后乎！

二十二日记　查旧卷光绪十二年六月，准两广总督张芗帅咨开：南洋各埠华民商务情形，现经奏派记名总兵王荣和、内阁侍读候选知府余瓗前往小吕宋、苏禄衣、琅禄奈、新嘉坡、麻六甲、槟榔屿、仰江、卑力、新金山、雪梨、噶罗巴、泗里末、三宝陇、般鸟、西贡等处访查体察，详细禀陈等因。兹将王、余两委员先后所禀闻见实情，摘录如下：新嘉坡铺户、房产、田园，足称饶富，除英官衙廨公产之外，华人实业八成，洋人不过二成。闽省漳、泉帮贸易甚大，粤省潮帮次之，广帮又次之。通埠华众有十五万人，近年英设华民政务司，专理出入华工事宜，定章尚称公允，而华人招工客馆作奸欺骗之事尚难杜绝。由此西北至麻六甲，轮船十二点钟海程，又至槟榔屿，轮船三十六点钟海程，三埠相连，华人商业房产居多。槟榔屿繁盛足与新嘉坡相埒，麻六甲生意不多，不过商人住宅田园而已。十一年前附英之巫来由种，如石郎国之吉珑埠，卑力国之罅律埠，华工采锡矿者十余万，因其国王贪诈，屡启战争，被华众削平土地，英官入而伐之，拔山通道，保护华人，征收锡烟酒税，华工均利赖之。今吉珑、罅律等埠，商务亦与三埠相表里，至屿埠巨贾甚多，兼通仰江米货生意，就近各小埠物产，亦皆汇集于此，即坡埠市面亦听屿埠号商信息也。又罅律埠锡矿甚旺，开矿华人约有三万，而属粤人郑贵者三分之一。

二十三日记　仰光即仰江，亦谓之南缅甸。出口货物甚富，米为大宗，去年出口九万余吨，值价洋银四五百万元。每包纳税银一钱八分，纳十一包方足一吨，每吨税银二两零，此外玉石、棉花、柚木、牛皮类甚多，收税更重，田税亦重于新嘉坡等处。每年入项除本埠支用外，闻尚溢出金钱三十万镑，解送伦敦。此地一望平阳，可英里二百余至三百迈，现垦熟田未及三分之一，足称沃壤。英乘其无备而取之经营，三十五年竟灭缅甸。今驻英兵由华城至新街、密迩、腾越，大为近忧。仰光缅人尚守旧历朔望，颇宗唐风衣服，与中国无异。……

二十六日记　……南洋诸岛各埠林立，商务、工务均赖华人为骨干，合英、荷、日斯巴尼亚各属埠、暹罗埠所在华民，或经商，或佣工，或种植园圃，或开采锡矿，统计约有三百余万，而尤以新嘉坡、槟榔屿为要冲。其荷属苏门答腊之日里埠，每岁所到华工以八九千计，皆从英属埠华人“猪仔馆”分雇前往。“猪仔馆”之人半由拐卖；荷之园主虐待华工，往往终身为奴，非英属地华人雇用华工可比。园主弊端有四：一、违例虐殴；二、令工头纵赌，诱工人输银；三、纵赌为害，年年借欠，永无脱工之日；四、官定条例亦尚平允，园主不肯张挂。华工出口，每岁十余万人，由汕头来者十居七八，由厦门来者十居二三，而总会之区，实在香港。然关系南洋地方利源不浅，所以英人在新嘉坡特设护工司衙门，以卫护华工。

（七月）初四日记　柔佛一国，居麻剌甲之西南，与新嘉坡仅隔一水。由坡至佛仅两点钟，地颇寥阔，华民在彼贸易种植者十余万。

（八月）初六日记　英国海部兵船测量定章，自船主以及生徒，每日早五点钟起工，晚六点钟止工，凡距海岸三十里外者则驶大船，同行若近在二十里以内，只派小轮前往，或测远角，必开路刊林，或验潮汐，必厉深树表，或占日星，以定针度，或循沙脉，以探伏礁。每遇风急浪涌，不但保护仪器，恐稍遗失，亦必详志涨痕，以备比较。盖小轮时有掀翻，尤极艰险，晚间作为说帖，更费研求，全年甄别一次，或荐调，或留学，或撤退，示赏罚焉。北洋定远兵船大副陈恩焘，光绪十二年出洋，毅然请学海图，由英海部派上依纪理亚兵船学习，由地中海驶入印度海，测出前图未载礁石两处，又驶入亚洲南洋各岛，由噶罗巴测至太平洋，得一新岛，岛中无土番，无大兽，林木蓊翳，禽鸟喁伏，持械裹粮，随山刊木，因陟其巅，苦搜山泉不得，绕岛一周约二百里，行经马达加斯加尔岛，折而东循赤道南四十度，行至四十二度五十四分，伦敦东一百四十七度二十一分，始望见河北镇山，中国谓之新金山，《坤舆图》所称澳大里亚洲也。自新加坡开行至此凡历三十七昼夜，海程一万三千余里，不见一山，不遇一船，悉凭纬度，以定罗盘，凡遇狂风大雹十有二次。陈恩焘自用大索缚身桅柱间，随同船主占针揆度测海驶风，从容料量，不爽毫厘，蒇事而返。期满甄别出考给照，竟列上等，派赴海图房观刻图等法，学成回华。

十一日记　总理衙门五月十四日咨开：准北洋大臣咨：据北洋海军提督丁汝昌文称：去冬奉令巡洋，抵新嘉坡各岛，目击流寓华民交涉懋迁，尚称安谧。惟未设领事之处，多受洋人欺凌剥削，环求保护未便，壅不以闻。查新嘉坡附近英属各岛，曰槟榔屿、曰麻六甲、曰柔佛、曰芙蓉、曰石兰莪（即石郎国）、曰白蜡（即卑力国），华商亦颇繁多，新嘉坡领事既无兼管各埠明文，亦遂无遥制各埠权势。拟请以新嘉坡领事改为总领事，其余各岛设立副领事一员，即以华民公正殷实者摄之，统辖于总领事，每年经费若干由总领事查明撙节，议章禀办，仰祈咨商核办等因。本衙门查外洋各属境添设领事，均须先与彼国外部商定，核给准照，方能次第筹议，相应摘叙原文，咨行贵大臣酌度情形，试与英国外部商议，如能办到，实于华民有裨，须至咨者。

十二日记　余查中国从前与各国订立和约，但有彼在中国设领事之语，而无我在外洋设领事之文，盖因未悉洋情，受彼欺蒙。郭前大臣初设新嘉坡领事时，与英国外部文牍往来，互相辩诘，殆费周折。曾惠敏公拟设香港领事，行文数次英国外部，以咨商藩部为辞，藩部以官民不便为说，管秃唇焦，终无成议。余与参赞等筹商，以新嘉坡旁近各岛华民固须保护，而香港一区尤为中外往来咽喉，凡华洋各商货物均先至香港，然后转运各省，而交涉事务之紧要者：一曰逃犯、一曰走私、一曰海界。粤省每出巨案，派员至港，只以未设领事，声气隔绝，动多扞格，所以粤东全省政务往往为香港一隅所牵掣。此处添设领事，万不可缓……

十三日记　马参赞呈送英文照会稿……其文曰：为照会事。照得华民寓居英属各地者极多，中英往来交情日加，友睦日增紧要，而中国领事官仍仅新嘉坡一处。本大臣欲告知贵爵部堂渐除此等立异之见，稍合各国亲睦之道，并体我中国朝廷惠顾寓居外国华民之意，本大臣是以奉总理衙门来文，属与贵爵部堂相商中国设领事官于英地之事。从前议设中国领事官于新嘉坡之时，一千八百七十八年四月十六日，贵爵部堂致郭前大臣照会内曾云：中国与各国往来，系照特定和约之章，非遵各国通好之道，况中国尚未尽准洋人入内地各处，洋人商务亦未处处开办，是以不能援引别国之式，准派领事官分驻英国之地……

十六日记　……（马）清臣曰："新嘉坡领事左秉隆初到埠时，与英国官员不甚浃洽，今则熟习华洋情事，办理恰如分量，远近均无间言。若香港设中国领事官，当调左秉隆任之，开办一切，必可如法。"……

二十七日记　英属新嘉坡炮台因山建筑，有外斜坡以护垒墙避敌弹之击。垒墙与外斜坡皆用泥土，不用三合土，始可任击不坏，与中国沿海各炮台以三合土作太平面之墙显露于外者不同，此法沪局所译之书已详言之。英台规模极大，墙有三重，台内兵房宽敞精洁，火药库七八座，军械库数座，共费银三十余万两；此旧台也。光绪五六年间，又于西面添建新台，其工程更巨更坚，凡四五年而后蒇事，共用经费银七八千万两云。

（九月）十一日记　今外洋各国设中国领事官者，英国有新嘉坡领事官一，美国有旧金山总领事官一，纽约有领事官一，日斯巴尼亚国有古巴总领事官一，马丹萨领事官一，秘鲁有嘉里约领事官一，嘉里约领事暂驻利马，并居驻秘参赞署中，俟中秘议有招工善章，再令专驻海口，稽查拐贩。日本有长崎、横滨、神户领事官各一，箱馆等处副领事官一。

（十月）初七日记　新嘉坡领事左秉隆禀称：南洋英属各地，除香港、仰光、萨拉瓦、北慕娘纳闽、文莱暨澳大利亚外埠暂置不论外，其归新嘉坡巡抚统辖者，若槟榔屿、麻六甲，皆全属英者也。若白蜡、石兰莪、芙蓉、彭亨，皆归英保护者也。柔佛名为自主之国，实阴受英约束者也。其距新嘉坡道里，柔佛不及一迈，麻六甲约一百十迈，芙蓉一百六十迈，石兰莪二百三十迈，白蜡三百二十迈，槟榔屿三百八十迈，彭亨二百迈。各处华民之数：新嘉坡约十四万，槟榔屿及其附近属地共约十万，麻六甲约三万，白蜡约八万，石兰莪约十一万，芙蓉、彭亨各约二万，柔佛约十万，通共约六十万人。如欲设官统辖，宜先与英外部议，请以新嘉坡领事为新嘉坡、槟榔屿、麻六甲暨其附近保护诸国之总领事，并准其酌派领事或副领事等官。大约槟榔屿、麻六甲应作一起办法；白蜡、石兰莪、芙蓉应作一起办法；柔佛作一起办法；彭亨新归英国保护，生理尚不甚旺，似可从缓。槟埠宜派正领事，麻埠可派副领事；至白蜡等国半属英国半属土酋，须两国允准，方能派员。该国各有华商一人充当“甲必丹”，既为华民素所仰望，如饬兼充领事，或可允从。

二十日记 ……余乃照复外部，称其办事之公道，且告以中国应派之领事官，首在香港及新嘉坡附近之地，今已选得二员，候总理衙门核定。此二员者，历练有识，持己谨严，接物和平，允堪胜任。驻香港者，拟调新加坡领事左秉隆任之；驻新嘉坡者，拟派使署二等参赞黄遵宪任之。非仅为新嘉坡一处之领事官，并为槟榔屿、麻六甲及附近各处之总领事官；其槟榔屿各处有应选派副领事者，俟审定后再当奏闻。越数日，外部照会称已领悉，并无异言，此事大局遂定矣。

（十一月）十八日记 ……即如新加坡一埠，设立领事已十三年，支领经费未满十万金，然各省赈捐、海防捐所收之款实已倍之，而商佣十四五万人，其前后携寄回华者，当亦不下一二千万两。然则保护华民之事，顾可缓乎？

二十九日记 拜发保奖期满人员一折，新加坡领事盐运使衔分省补用知府左秉隆，请以道员分省补用并加布政使衔，吏部主事承厚请以员外郎补用并加四品衔，又附一片陈明，拟由伦敦移驻巴黎。

（十二月）丙申朔记 英国新加坡附近各岛，于光绪十一年定其总名曰海门。凡海门所统辖之地曰新加坡岛，曰麻六甲省与城；麻六甲即《明史》满剌加国也；曰丹定斯群岛，曰槟榔屿，曰威利司雷省，暨其属部曰科科斯群岛（内分二十小岛）。以上各地共有四十二万三千余人，内有华民十七万四千三百二十七名。其归海门保护各邦曰白蜡，共十一万人，内华民六万余；曰石兰莪，共四万六千余人，内华民二万八千；曰松盖芙蓉，共一万四千余人，内华民一万；此皆五年前之民数也。

十五日记 新加坡《太晤士日报》云：荷兰领事开列华人先为佣于坡埠，而后就鬻于别埠者之总数，前年共有十六万四千余人，去年共约十五万人。所以较少于前年者，缘近日荷兰驻华之领事知会华官，准由汕头装载华佣直往日里埠，不必如前者，到坡之后而始折往也。由斯以观荷兰南洋各岛之不能不招华佣明矣。抑闻荷人苛待华工，甚于英法等国。华人往往不得其所，且迫之入籍，所以多去而少还，而荷人之不愿中国设领事官者，亦实由此。然领事之设，实为要着；倘彼不允我设领事，我亦不准彼招工，彼断无不就范之理，若但用文牍往商，口舌辩论，殆无益也。

二十四日记　法人斯各赖脱新出《舆地图》，说以缅甸、暹罗、越南二国谓之中国印度；而柬埔寨（一译作甘孛智）、南掌（即老挝之转音）各国掸人、野人各种亦包在内。其地虽非悉属中国，而地势与中国相连，故以别于英属之五印度也。兹撮录其梗概如下：据所考史事云：安南之属中国始于秦始皇三十三年（耶稣降生以前二百十四年），印度之佛教亦同时而入；迨齐明帝永元二年（耶稣降生五百年），当时佛教自锡兰传至白古、下缅甸（即仰光），渐入缅甸、暹罗、柬埔寨，又百年即至南掌国。盖安南之佛教本自中国来，然未尝盛行也。柬埔寨者，古称真腊国，唐德宗贞元十六年（西八百年）真腊始强大，循海以至南掌，皆为属土，立国亦最久。康熙三十九年（西一千七百年）以后真腊始衰，其改国号曰柬埔寨或在已衰之后。嘉庆年间（西一千八百年后）南境各省皆被安南侵夺，即今法属之下安南也（即西贡等六省）。西面各省亦被暹罗据而有之，渐削渐弱至今，乃归法保护矣。西人之至中国印度，据有其地，在近百年间。道光四年（西一千八百二十四年）英人据新嘉坡，明年据麻剌甲，明年入阿拉冈及台讷蒐力母。咸丰二年取白古及下缅甸；光绪十一年（西一千八百八十五年）遂灭缅甸。暹罗于康熙年间遣使至法国通好，法人自同治元年夺据下安南三省；六年又夺得三省，为今西贡等六省；光绪十一年越南归法国为属国。

光绪十七年辛卯

（正月）二十日记　总理各国事务衙门来书云：英使华尔身来议华民入英籍一节，缘闽商蔡得喜，住居海澄，未经出籍，而领事谓其生长新嘉坡，已入英籍，应照英商纳税厦门道，未经允许，因此华使来署，请定华民入籍章程，本处以约章所无拒之。嗣蔡得喜案外间亦已通融了结，英使亦不再提矣。商设领事之议，缘近年华各岛乐华工之贱价，而又患其不法，旋招旋禁，无所依归。我欲合此数十万之华民约束而保护之，舍此别无他计。前年本处议复香涛折，请先由切要之小吕宋，由使臣与日国熟商，该外部始允终宕，迄无成议。现延律师与小吕宋辩论，重收华人身税之事，法属西贡亦应议及。

二十六日记　拜发缅甸分界通商事宜，并拟催英员呈进方物一折、一片；

香港、新嘉坡添设领事总领事官调员充补暨拟刊给关防一折、一片。巴西国政改为民主，法、美二国已先认之，因其皆系民主；且巴西曾许以分界利益也。惟欧洲君主各国未肯遽认，今闻英、德二国亦有将认之意。

出使英、法、义、比四国日记跋（节录）

昔征夫、原隰，诗咏夫《皇华》，使者、輶轩，语传夫《绝代》。盖咨以四方之故，定以八月之行，诹谋则远而有光，谣俗则采而还奏，述征纪事由来尚矣。余历聘四国，已逾一年，凡舟车之程途，中外之交涉，大而富强立国之要，细而器械利用之原，莫不笔之于书，以为日记，总其大略，可得而言焉。夫习之来南，永叔于役，爰有述造，此其权舆；然只涉历于寰中，尚非驰观于域外。若乃香港孤峙，今为百粤之门；西贡始通，古属九真之郡；寻海崎于顿逊，则有新嘉之坡；望山屿于翠蓝，则有锡兰之岛。于是日当天而正赤，水沸海而微红，矗矗童山，浪浪暑雨，遂过亚丁之岸，复经埃及之河；大食荒沙，鸵鸟能走，拂菻濒水，鳐鱼善飞，其间苦热于印度之洋，遇风于地中之海；鸢跕跕而下坠，飓隆隆以上盘，盖行三万五千程，历三十有四日始至法国，继驻英京。巴黎繁华，则瑰货山积；伦敦富庶，则巨赀川流；义大利之通使最先，申其旧谊；比利时之置君差后，洽此新邦。举凡飙轮电轨之驰驱，俱入夕课晨书之记载，此行程之可记者也。……

三十六、薛福成《出使日记》

柔佛国在巫来由土股极南，北界彭亨，南界萨赖；当博罗海峡过此峡，即为新加坡岛。明正德七年，有麻六甲苏丹名煞者，被葡萄牙人所逐，至此建城，名曰柔佛，因为国号焉。……柔佛居民十一万五千人，内有华民七万五千人，巫来由四万人。柔佛王今居兰嘎，已归英国保护矣。

（四月）初四日记　余前檄派直隶，先用知府姚文栋乘游历印度之便，查看仰光商务。兹据禀称：印度各埠，均有旅居华人，为数不少，而华人在仰光设立行栈，仅三四十年；开埠最后，且迭经兵燹，生理艰辛，非印度各埠可比。近来义举善会，次第举行，宣讲圣谕，开设公塾，实他埠所未闻。又据禀称：印度一区，地当热带，物产之富，甲于五洲。埠之大者有三：在东曰甲谷他（即加尔各答），在西曰孟买，在南曰马搭剌（即麻特拉萨），皆濒海繁盛之区，为亚欧两洲通商之枢纽。孟买及马搭剌驻有英国大员，本两大省会；甲谷他乃孟加拉省之会城，其大员驻此者，有统辖全印度之权。体制之尊，拟于王者。凡印度行销四远之货，俱从此三埠出口。华人之商于印度者，亦以此三埠为多。西洋人称亚洲大埠，以甲谷他为第一，而上海次之。然孟买一埠，亦足与甲谷他相埒。查华商出洋，开埠最早者，惟甲谷他及孟买两埠，远在新嘉坡开埠之先。今新嘉坡设领事已逾十年，而此两埠尚未议及，盖因其地为使节所未经，故商情无由上达耳。且印度北通西藏，东逼云南，由甲谷他至西藏边外之大吉岭，火车一昼夜可达；由甲谷他至云南边外之新街，轮舟十余日可达。昔年英人北取锡金，东灭缅甸，调兵调饷，均以甲谷他为总汇，若于此埠设一领事，不但维持商务，亦可裨益边防。查甲谷他西至孟买，轮船绕道甚迂，而陆路有火车可通，不过九百余英里。甲谷他南至马搭剌，火车略须绕道，而沿海有轮船可通，不过七十余海里，苟使甲谷他有一领事驻扎，即可以一埠遥控两埠，不必再议添设，以节糜费。

初五日记　姚文栋又禀请在仰光设立文报局一处，在八募设立分局一处，俾云南与外洋往来文书，得一捷径。英国信船自大西洋入孟加拉海湾者，或从槟榔屿经过，并无径达仰光之线路。查仰光华商，闽帮最大；闽帮商家，胜茂号最大。现举其经手人监生林作秉经理文报事宜。凡递文报，由仰光西达英京，北通八募，轮舟火车俱有定程，不致迟亦不能速。惟野人山须候商队带过，颇费踌躇；然遇有紧要公文，亦可雇用猓夷专送（费亦甚轻），猓夷之于野人，犹生番之于熟番也。计自英京至仰光，轮舟二十余日；仰光至阿瓦，火车一昼夜，轮舟须行六七日。

十二日记　客秋英国，稽核南洋各岛民数，麻六甲八万五千余人，槟榔屿二十二万八千五百余人，白蜡十七万五千人，惟内有五千人系在乡闲居住，新嘉坡十八万四千五百余人。追溯前十年，男妇仅有十三万九千余人；前二十年仅有九万七千余人。台湾基隆金矿每年出口过关之金，约值英金一万五千三百三十余镑。英领事向巡抚言出口渐多，应定收税章程。前议洗金之人，不必纳税，上山开金之人，必须收税。今思最好之法，莫若视出金多少，照数抽税，并照洗金之人数而收之。

十三日记　《泰晤士报》录仰光电述《新报》确信云："中国现拟与英国商办划分中缅界限，中国拟自太平河起流入厄勒瓦谛（一译作伊罗倭的）江，离蛮暮北约十五英里，作为两国交界。"若果以太平河为分界，则附近该处之地南北长约一百五十英里，宽二十五英里，现归英国管辖者，势将让还中国矣。

二十一日记　《叻报》云："防海之法，宜筑炮台于平地，炮在地面之界线下与水面之界线平，就地挖坑，使炮弹由坑内冲出，直击敌船；炮上用太平盖，以避田鸡弹，其盖与地面平，炮后与墙，相距数尺，以通风气，取其易散火药之烟。虽今船内康邦机器，均在水线之下，平击不能坏其机器，然船可毁坏，人必痍伤。"敌如击我，高则弹子飞空，低则入地；我击敌，遥则仰炮，近则平炮。凡从高击低，难以命中；从下击上，易得炮线。平原旷野宜用克鲁伯八生后膛，及五管哈乞开司车轮炮。大毛瑟枪，可以击远，若山路崎岖，宜用火箭及呍啫士打快枪；单管哈乞开司炮，改用单轮以行山径，倘守营垒隘口，宜用鱼雷及四管拿腾飞炮。

（五月）初一日记　石兰莪亦曰吉隆。去年核计民数，西人、巫来由人、华人、印度人、杂种人，共男女八万一千四百有奇，内华人五万一千一百名。白蜡民数二十一万四千七百有奇，内华人九万四千四百有奇。又统新嘉坡、槟榔屿、麻六甲三府民数，男女共五十万二千有奇。中俄商务，以茶为大宗，近日华茶之在俄销流者，较昔为盛。盖华茶虽减销于英属，仍倍售于俄邦，然絜长补短，有绌无盈。

（八月）壬辰朔记　余前与英外部商定香港设领事，新嘉坡领事改为总领事官，于正日间具折陈奏。奉旨：交总理衙门议奏。会有沮之者，总理衙门遂久搁不覆，而外部亦乘机稍有翻异，谓香港领事先给试办一年准照，如不侵英官之权，不违华民之意，即可换给常年准照；而沮之者因得益以为辞，欲罢此事。余屡发电争之，相持未决。至是适因新嘉坡领事左秉隆以亲老多病，告假回籍，左即拟调香港领事者也。余乃为调停之法，电致总理衙门云："拟暂缓港事，请先议准新嘉坡总领事，并发凭，以便请外部给准照。此事关系南洋全局，亦不牵涉他事，且为英待中国与他国一律之据，似应受之。"旋接回电云："新嘉坡总领事已奏准，以黄遵宪充补，香港领事暂缓，可告以一年之议未惬，看其答复如何，再由尊处请旨。"

十四日记　今年香港稽核户口，欧美两洲人及水陆军兵，共得八千五百四十五人，较十年前多五百五十五人，华人及附近村民蛋户，共得二十一万零九百九十五人，较十年前多六万零三百零五名。此外各国旅寓之民，共一千九百零一人，较前多一百七十九名。总而计之，十年前共十六万零四百余人，今岁共约二十二万一千余人。

十七日记　南洋群岛中有白蜡者，一名卑力国，又译作霹雳，近接槟榔屿，由屿对岸陆路可通，绵亘数百里，层峦叠嶂，向为巫来由（一件穆拉油）

人所居，洪荒初辟，近属于英。同治间华佣始来采锡，苗旺产多，英人设关征税，岁得数十万金。通岛分大白蜡、小白蜡二境，以一河为界。草创之初，民多茅舍，今始有灰泥版筑者。土产槟榔、椰、山竹、榴连、婆罗诸果。此岛产锡最多，惟彭亨兼产金；白蜡亦偶产翡翠、玉石。土番无部落，不相统属，间有强酋，亦自君其地，不能兼辖他境。其地无官、无兵，故其酋与民无所区别；性悍戾好斗，亦常劫杀过客。英人得白蜡后，虽有轮船往来，不能驶入内河，近拟造车路，以便行旅。

二十七日记　马来斯之地（马来斯一作巫来由），印度佛经称为苏佛尔那波米，译言金地，盖佛教来此最先也。宋宁宗庆元六年，暹罗人至其北面，同时苏门答腊之马来斯人，亦至其南面。其地以麻剌甲一城为最古，故称全境亦曰麻剌甲。而兵政商务所荟萃之处则在新嘉坡，新嘉坡译言狮子城，在马来斯土股极南，与柔佛隔一萨赖当博罗海峡，亦称旧峡，屹然为南洋重地。地据两大洋中间，又在土股尽处，遂成印度极东总汇之所。光绪十一年，英政府联合新嘉坡附近各地，定其名曰海门属部，而设一总督以统辖之。先是明正德六年，葡萄牙人始据麻剌甲，其时号称极盛，为泰西人极东最大商埠；崇祯十四年荷兰人夺之。

本朝乾隆五十年，英人从吉德购得槟榔屿；道光四年，与荷兰立约，以苏门答腊之万古累，易麻剌甲；而新嘉坡一岛则嘉庆二十三年向柔佛购得之。此岛当中国海印度洋之冲，为诸海国之中市。英人据以通商屯兵，称天下要口，盖百年之间，垦辟经营；几全有马来斯之地矣。

二十八日记　马来斯即巫来由之转音，南洋之人，多巫来由种也，因以名其地焉。实即《梁书·海南诸夷传》所称扶南海崎上之顿逊国、《元史·外夷传》所称之麻里予儿国。按曲岸曰崎，《泰西地志》称马来斯，或谓之土股，或谓之地嘴，以其三面临海，一面濒岸也，则《梁书》所谓海崎者是已。《元史》言麻里予儿与暹人旧相仇杀，后渐归顺。今马来斯诸国虽多属英，然昔固属暹也。则《西志》所谓马来斯，以音求之，盖麻里予儿是已。至《明史·外国传》之满剌加，只据今麻六甲一城言之，非马来斯全境也。某地狭而长，斗入海中，海水环其三面，惟北面接暹罗。东有迟罗海湾及中国海，西有秘古海湾及麻六甲海峡，与苏门答腊隔海相望。自赤道北十三度三十一分，暹罗海湾起，至赤道北一度二十二分三十秒阿罗马尼角及新嘉坡岛止，共长一千五百三十启罗迈当（合中国三千余里）。地形自北趋南，又自南斜伸稍向东，其极狭处曰克老，在赤道北七度，宽只七十启罗迈当，其极宽处曰卑剌克，在赤道北五度，自北京西十二度零七分至十八度零七分，宽约三百三十启罗迈当。马来斯诸地，有旧属暹罗或进贡之国；有新属英吉利或保护之国；有马来斯苏丹自主之国。暹罗所属之地，自赤道北三十度三十分起至四度止，约长一千一百四十五启罗迈当。克老以北各部，其民多暹罗人，其酋皆由暹罗派之。六昆以南各部，其民与酋多马来斯人，皆进贡暹罗，为其属国。至吉德、大呢、古兰丹诸国则系自主，虽亦入贡暹罗，然一年一次，不过金花银瓶而已。若英国属部，则有威利斯雷省、麻六甲、丹定斯、槟榔屿、新嘉坡诸地；归其保护者则有白蜡、石兰莪、芙蓉诸国。昔时以印度总督辖之，今则别立海门属部，复设一总督治其事焉。

二十九日记　马来斯自主之国凡三：曰柔佛，二万零七百二十启罗迈当方里，居民十万；曰彭亨，二万五千九百启罗迈当方里，居民五万；曰尼格利桑比郎，先有合众九国，今只有五国，曰绕阿尔（或曰爪诃拉），曰泗里忙打尼（或曰美囊底），曰宗波尔，曰质赖（或曰遮利），曰乌鲁茅（合赛嘎麻为一国），五千一百八十启罗迈当方里，居民三万。暹罗属国及进贡之国凡五：曰六昆，四万四千零三十启罗迈当方里，居民五万；曰吉德，九千三百二十四启罗迈当方里，居民三万；曰大呢，一万二千九百五十启罗迈当方里，居民三万；曰吉兰丹，一万八千一百三十启罗迈当方里，居民二万；曰丁葛奴，一万五千五百四十启罗迈当方里，居民五万。英国保护之国凡三：曰白蜡，二万零七百二十启罗迈当方里，居民十一万；曰石兰莪，一万二千九百五十启罗迈当方里，居民五万；曰芙蓉，一千二百九十五启罗迈当方里，居民一万四千。英国海门属部凡五：曰新嘉坡，五百八十启罗迈当方里，居民十三万九千二百；曰槟榔屿，二百七十七启罗迈当方里，居民九万九百五十一；威利斯雷省，六百七十八启罗迈当方里，居民九万七千九百五十；麻六甲，一千六百五十七启罗迈当方里，居民九万三千五百七十九；丹定斯，五百五十启罗迈当方里，居民二千。以上统共十九万零四百八十一启罗迈当方里，居民九十五万七千六百八十九人。

（十月）初八日记　《叻报》述教会中所出报章云："西历今正核计中国各省传教堂共有四百十处，另有土人传教而受薪水者，一百八十七人，不受薪水者五十四人，各堂同食圣餐会友三千零三十八人，去年内新奉西教者四百二十四人。自内地传教会兴办以来，奉教者四千六百余人，按此盖专指耶稣教言之，似非天主教也。"

二十二日记　新嘉坡《新报》录有造雨奇闻一则，而《华盛顿报》则云美国人有名知邻科者，亦能酿雨，其术尤精。近来密兰地方天时亢旱，农民延之往试，制一气球，载轻养（氢氧）二气，使之上腾，约至一英里之高，球忽自炸，轰然大震，远近四十里皆闻其声。斯时赤日行空，天无片云，风雨针亦不降下。复以纸鸢数具，系以炸炮，乘风而起，俾轰散空中霰气，又以火药布于地中，计有数里之遥，未几炸炮在空中轰发。知君从下焚其火药，烟焰焰腾起，有二百余尺之高，于是阳气消除，约十分钟之久，黑云满天，风雨针为之陡降，俄而巨雨倾盆，被其泽者计有数百里之遥，平地水深尺余，人皆拍手称奇，以为得未曾有。

二十三日记　香港、新嘉坡两地均为英属东南洋要埠。据核本年税饷，香港可收至二百零三万九千员，新嘉坡可收至三百八十九万七千员。港税加于去岁二万七千员，坡税减于去岁三十七万二千员，观其一增一减，而两地之衰旺情形可见矣。西人以商务为重，以工艺见长，无论攻金攻石攻木，悉以机器运之。其大端不外水运、火运、水火运三法。水运者，顺水之性以注之，水流而轮动；火运者，拂火之性以迫之，焰急而轮奔；水火运者，以火蒸水，积气以激之，而其力更巨。其制则大都设平竖二轮，纵横相加，各环之以齿，承之以机，机动则轮齿相啮以转，而用著焉。此外又有金运、石运、人运、牛马运四法。金运以钢拨轮；石运以重物引机；凡机之小者，金石皆可用，盖水运之余事也。机之大者莫若汽机，如轮船、轮车及耕田、开矿、引水，皆以汽运之，有不能设汽机者，以人与牛马代之。究之水、火、汽运，皆不外发机转轮，无机则轮不动，无轮则机不行也。然其质至重，其力至宏，有一触即坏之虞，故必时加拂拭，使尘锈不生，枢纽不窒；苟或不慎，机捩一松，则其力不能适均，其机即不能流动，故其坏亦易也。盖尝考之：机器之制，肇自三皇，庖牺制浑仪，轩辕作刻漏；书言璇玑玉衡，说者谓玑为转运，衡为玉箫，运机使动，以箫规之。汉张衡以漏水转铜仪；唐僧一行尝为木人，每刻击鼓，每时击钟；张思训更为摇铃撞钟击鼓之制，木偶按时而奏，分秒不忒，即自鸣钟之权舆也。后泰西有俄汝者，始造水自鸣钟，或谓得思训之遗法。而金运、石运之钟表继出焉。又周偃师作傀儡，不手而自舞；公输子作木鸢，不翼而自飞；诸葛亮作木牛流马，不胫而自走。其巧思洵出西人之上。至水火《既济》、火水《未济》两卦爻辞，皆曰“曳其轮”，是隐言以水火曳之矣。《周官》挈壶氏有以火爨鼎水而沸之之法，是又汽运之嚆矢也。昔人言火轮船为木牛流马遗法，岂虚语哉！丁韪良尝言周公作指南车，盖用磁石定方向也；磁石吸力同于电气，其法似由中国流入西洋。人谓丁君是言不忘本云。

光绪十八年壬辰

（四月）二十七日记　麻六甲开辟独早，本属暹罗，后归葡萄牙，旋隶荷兰，嘉庆年间乃归于英。华人有居此二百余年者，豪富多置田园于此。然其地只宜稻麦，绝无矿产，出入口货物仅及新嘉坡之什一；第为耆老退居之所，非商贾所萃也。槟榔屿四面环海，山水清秀，虽土产无多，各埠所产铅、锡、象牙、胡椒、苏木、甘蜜之类，多转输于此。十余年来，贸易日盛，高阁连云，颇有泰西景象。其归英保护者，曰石兰莪之吉隆，本巫来由地，华人得之，力不能自庇，乃求庇于英，归英保护，不过二十余年。而其地产锡甚旺，岁出息二百余万元，华人麇集，日增月盛。曰芙蓉，地亦产锡，户口不过一小都邑；曰大小白蜡，均产锡，华工云集，颇有因此暴富者。小白蜡近海，由此乘火车，一二时可至大白蜡。凡此各埠，英政崇尚宽大，进出口货皆不课税。惟出产最旺之锡，课落地税，无过什一。其归商承饷，征收较重者，曰鸦片烟，曰酒，曰当，曰赌四者而已。此外则照欧洲通例，课门税、车税、马税以供修道塗、点街灯、养巡差之用。各地利权归于华人者十之七八，欧人与巫来由人仅得十之二三而已。华人中如漳、泉、广、惠、潮、嘉人，均有豪富。每岁由华来者约有万人，近年户口日增盛矣。

（六月）二十六日记　去年英属南洋户口总册，新嘉坡男女共十八万四千五百余人；槟榔屿及邻宁一带共二十五万三千余人；麻六甲共九万二千余人。其归英保护者，白蜡共男女二十一万四千余人；石兰莪共八万一千余人；芙蓉二万三千六百余人；拿吉里士美兰（即尼格利桑比郎）四万一千六百余人；彭亨六万四千余人，以上总数共有九十三万七千九百七十人，较之十年前增多八万八千九百五十八人。本年北京王大臣盘查户部银库，实存正项银一千一百三十四万两，库平银七万一千余两。

（十二月）初十日记　电致总理衙门云："印度恃强尝试，恐渐侵滇。事机紧要，已赴外部争论，告以中国众议，须派兵赴野人山地，保护华商，以符公法。"外部允与印度部妥商，如欧使来探，请免答辞两歧。《叻报》云："暹京《邮信》言沙路云（或即萨尔温）之疆界，前日已经议定。暹国将新地一带多山之地约长八百西里，广二十西里，让与缅甸管辖；缅人则将江镇（或即江骁）一地，归之暹国，其他处毗连之区，亦陆续查勘，以期早日妥协。"

光绪十九年癸巳

（二月）十九日记　柔佛国在巫来由土股极南，北界彭亨，南界萨赖当博罗海峡（亦名旧峡）。过此峡即为新嘉坡岛。明正德七年，有麻六甲苏丹名煞者，被葡萄牙人所逐，至此建城，名曰柔佛，因为国号焉。城距海岸三十二启罗迈当，中跨大河，在新嘉坡东北五十六启罗迈当。柔佛居民十一万五千人，内有华民七万五千人，巫来由四万人，柔佛王今居兰嘎（南临老港即旧峡也），已归英国保护矣。彭亨者，巫来由自主之国也。在东南海岸，赤道北二度四十分至四度五十分，京师西十二度五十七分至二十四度零七分。北界丁噶奴、吉兰丹，南界柔佛，西北界白蜡，西界石兰莪、尼格利桑比郎，长一百五十启罗迈当，共有二万五千九百启罗迈当方里。彭亨江流贯其中，入于中国海，居民五万人，华民不过二三百人，皆作矿工。彭亨诸部落，其酋皆得自主，不相统辖，其会城曰贝儿，在彭亨江口，回王居焉，颇受英国节制。又有一王尚认暹罗为上国，岁有金花银瓶之贡。

二十日记　白蜡在巫来由土股西海岸，赤道北五度五十分至三度四十五分，巴黎东九十八度二分至九十九度二十分。北界吉德、大呢，东界吉兰丹、彭亨，南界石兰莪，西界麻六甲海峡及英属威利司雷、丹定斯两省，长二百二十五启罗迈当，宽一百五十启罗迈当，共有二万零七百二十启罗迈当方里，居民二十一万四千余人，内有华民九万四千余人，而西人只六百余。会城曰挂拉冈煞，白蜡江至此城，其流始大，此江亦名松盖白腊，白腊译言银，松盖译言江也。其地有佳矿，以锡为大宗，进口货岁值洋银八百万元，出口货值一千三百万元，亦以锡为大宗。白蜡本苏丹自主之国，昔有拉鲁总督蒙得利者，监查矿政，所有苏丹税饷皆归经理，渐招华人开矿，已立一城曰太平。矿工渐多，屡有争战，拉鲁总督不能制，苏丹不得已，求英国总督相助，英船既到，海岸肃清。英亦派大酋驻其国，弹压华人。苏丹割濒海丹定一地及邦哥尔岛，酬谢英国，英兵始退。然巫来由人与英驻扎大臣不和，光绪元年刺杀之。英督大怒，派兵迁苏丹与其大臣于印度洋之荒岛，拉鲁总督蒙得利亦与焉。英人遂立阿拉喳摩德由素夫为摄政苏丹，归英保护。光绪十三年，阿拉喳意得利士继之。国中政事，悉归海门总督管理，设立议事院，以苏丹为首；而英驻扎大臣监之。申刻，遣马格里赴外部，与山特生贝雷议滇事，稍有就绪。

二十一日记　酉刻，复遣马格里赴外部，与山特生言野人山事。石兰莪

（即《地理备考》之北剌克；《瀛环志略》之沙剌我），英国保护部落也。在巫来由土股西南海岸，北界白蜡，南界松盖芙蓉，东界彭亨，西濒麻六甲海峡，自赤道北二度四十五分至三度五十八分，伦敦东一百度四十二分至一百一度五十六分，地二千九百启罗迈当方里。昔系土番，事迹荒略，其酋称苏丹，奉回教，性狠嗜战。同治六年，吉德苏丹之弟为石酋女婿，总庶政，国人不服，石酋之孙兴兵来攻，连战不息。十二年，华人为矿丁者助酋孙逐酋婿，彭亨苏丹借英兵来平乱，遂归英国保护，遣官驻扎。虽至今尚有苏丹，仅拥虚位，为议院之长而已，一切听命于海门总督。居民九万七千有奇，内华民七万三千有奇，巫来由人二万一千有奇，西人百五十余而已。所出之锡，岁值法银约二千九百万方。巫来由海崎平原之地，东以彭亨为大，西以石兰莪为大，中亘大岭以为之界。地分六府。挂拉郎布者，石兰莪之会城也，在赤道北三度十分，伦敦东一百零一度四十九分，其海口要埠曰吉垅，在赤道北三度三分，巴黎东九十九度九分。此地自归英保护以后，矿政商务，蒸蒸日上矣。去年上海湖丝销路，颇有起色，由沪出口者约五万包；芜湖米市亦甚起色，出口者约三百万石，运粤者十之八九。

二十二日记　松盖芙蓉，亦英国保护部落也，在巫来由土股西南海岸，壤地褊小，西北界石兰莪，东南界麻六甲，东界拿吉里士美郎（即尼格利桑比郎），西濒麻六甲海峡，自赤道北二度二十四分至五十四分，巴黎东九十度二十分至四十四分，地得一千七百启罗迈当方里，本尼格利桑比郎九部落之一。因与邻部阿伦波争兰惹河道，辄有战事，英人为之定界通路。同治十三年，遂自立为国，归英保护，由海门总督遣官驻扎，经理锡矿诸事。光绪十一年复以遮尔布部益之，有议院，苏丹为首领，英官副之，居民二万五千有奇，内华人一万八千，余皆巫来由人。出口货岁值法银四百二十二万七千方，锡居四分之三，进口货值三百五十九万七千余方，鸦片居六分之一。濒海之地有五十启罗迈当，兰惹河中贯全境，自北而南，入麻六甲海峡上游，山中矿场大开，会城曰赛郎邦，在新嘉坡西北二百五十五启罗迈当。

二十三日记　新嘉坡番言狮子城也，或作息辣，或作息力，又作实得力，为英国海门属部之都会，海门总督驻焉。巫来由土股极南之岛，与柔佛隔萨赖当博罗海峡，通岛地方五百三十四启罗迈当，自赤道北一度十五分十二秒至一度二十八分三十四秒，巴黎东一百零一度十七分至一百零一度四十分。宋绍兴二十年，巫来由王始筑城建国于此，附近各酋及印度洋各岛皆属焉。及麻六甲始盛而新嘉坡遂衰。

国朝嘉庆二十三年，英印度公司始至其地，道光四年，乃购此岛于柔佛王，价洋银六万元，每年复偿租费二千四百元。维时英方归爪哇诸岛于荷兰，得此兵政商务，足与荷兰相敌，且驾爪哇之上矣。英始竖旗，此岛居民仅二百人，期年乃至一万，今户口十八万四千有奇，而华人得十二万二千，西人五千二百有奇。进口货岁值洋银一万零八百十一万二千余元，出口货值八千七百十四万三千余元。

二十五日记　槟榔屿（英文译音碧澜）一名布路槟榔，布路译言岛，近又称勃兰斯特嘎勒岛，勃兰斯，译言王，嘎勃（勒），今英太子名也。在赤道北五度十五分至三十分，巴黎东九十七度五十二分至九十八度十一分，其地共有二百七十八启罗迈当方里，为英海门属部之一。此岛初称吉德国，乾隆五十年，英有甲必丹利斯者，娶德吉王女，因以岛为赠，遂归入英印度属部。其会城曰打尚。巫来由人居之；海岸之城曰柔尔日敦，各国之人贸易于此，皆在岛之东北。西面多山，此岛天气既佳，土脉尤肥，盖胜于新嘉坡，自山下观之，皆系槟榔树云。一千八百七十一年，华民有四万五千余人，约得全岛居民之半，泰西人有六百，此岛与威利可雷省隔一海峡，自南至北，长二十五启罗迈当，北面宽三启罗迈当，中间约十一启罗迈当，水深十拓至十二拓合十八迈至二十迈。

二十六日记　申刻，赴外部，晤劳斯伯里，理论野人山地事。麻六甲即《明史》满剌加国也，为巫来由土股最古之国，在西海岸，旧属暹罗。宋德祐元年，其酋自立为国，明正德六年，为葡萄牙人所据，崇祯十四年，荷兰夺之，失而复得。国朝道光四年，让与英国，英人以苏门答腊之万古累易之。英人考求东方之事，实自麻六甲始，今为海门属部之一，合尼格利桑比郎之那宁为一地，计有一千六百五十七启罗迈当方里。居民九万三千五百余人，北有兰嘎河，与松盖芙蓉为界，南有几桑河，与尼格利桑比郎之茅国为界，东有阿非尔、阿伦邦、太平诸山，与尼格利桑比郎合众国为界。城濒海岸傍海峡，在赤道北二度十一分二十四秒，巴黎东九十九度五十四分二十六秒。城中居民二万人，自英开槟榔屿新嘉坡两埠，麻六甲商务遂衰，然交易粮食，犹极繁盛。光绪六年，进口货值二千零三十万余佛郎，出口货值一千九百二十六万余佛郎，麻六甲自赤道北五度起，至一度新嘉坡止，西北向东南，共长七百七十八启罗迈当。

二十八日记　威利司雷省在巫来由土股西海岸，昔为白蜡地，介于吉德、白蜡之间，与槟榔屿隔一海峡，英海门属部之一，共有六百七十八英方里。

地无城垣，居民九万七千九百余人，有华人、印度人、巫来由各种。丹定斯群岛，亦海门属部之一，在赤道北四度二十分，伦敦东一百度三十五分，近傍巫来由土股西海岸，麻六甲海峡之内，北距槟榔屿一百启罗迈当。其大岛曰布路丹定，布路译言岛也，正对白蜡之拉鲁江口入海处，故稍割白蜡濒海地以益之。其小岛曰桑比郎，曰遮拉。科科斯群岛亦名启令，在印度洋偏东巽他海峡口西南一千启罗迈当，自赤道南十一度四十九分至十二度十二分三十秒，巴黎东九十四度三十五分，总凡二十三岛，地面二十二启罗迈当方里。明万历三十七年，英人启令寻地得此，见岛中大半椰树，故以科科斯名之。（科科亦作可可，译言椰子也。）道光三年，英国哈尔始居于极南岛中，八年苏格兰人阿罗斯率众自爪哇岛来，造屋招工，商务渐兴，今有居民四百户，皆南洋土番。光绪四年，遥隶锡兰，十一年改隶海门，盖壤地虽不相接，而势实联络也。

（五月）初六日记　光绪元年，英国运到中国之货，值银二千一百十三万余两；香港运到中国之货，值银二千七百五十二万余两；印度来货，值银一千四百八十五万余两；新嘉坡来货，值银六十九万余两；新金山来货，值银五十五万余两；加那大来货，值银六万余两。以上英国及英属地来货，共值银六千四百三十一万余两。中国运往英国之货，值银二千九百十六万余两，往香港之货，值银一千二百七十四万余两，往印度之货，值银二十四万余两，往新嘉坡之货，值银七十九万余两，往新金山之货，值银二百四万余两，往钮西兰之货，值银十七万余两，往大浪山之货，值银九万余两，往加那大之货，值银四万余两。以上运往英国及英属地货，共值银四千五百三十万余两。出入相抵，中国亏银一千九百零一万余两。美国运到中国之货，值银一百零五万余两，中国往美之货，值银七百六十七万余两，出入相抵，中国赢银六百六十二万余两。欧罗巴（除英、俄二国外）运到中国之货，值银七十六万余两，中国往欧罗巴之货，值银八百五十七万余两，出入相抵，中国赢银七百八十一万余两。俄国运到中国之货，值银十万余两，中国往俄之货，值银四百四十六万余两，出入相抵，中国赢银四百三十六万余两。

（六月）初六日记　新嘉坡总领事黄遵宪禀称：大小白腊及石兰莪之吉隆一地，产锡最旺。华人日增，气象方兴未艾，拟请大小白蜡共设副领事一员，吉隆设副领事一员。去岁吉隆出锡益多，集工益众，商贾麇集，货物云屯，英官方于大小白蜡之间建火车路以资转运。数年之后，将成一大都会。华人之商于大小白蜡吉隆者多获厚利，一年之中，大小白蜡增工役数万；吉隆增工役二万有余；今岁佣工由闽、越（粤）至新嘉坡者已有三万六千。大抵散居于白蜡、吉隆者为多，流寓日众，良莠不齐。举凡财产钱债赌博斗殴之事，虑其轻于犯法，易于启争，必设领事，可资约束，而筹保护。此虽系英人保护之土，各国尚未设官，然此处寄寓只有华民，并无他族，是中国设官，更属名正言顺。先是总督施密司谓白蜡、石兰莪等处皆华民，系英国保护之邦，不必尽用英律。因嘱将《大清律例·财产》各条钞出，已为钞户律、户役门凡八条，施督即译英文，札交各处承审官一体遵办，为英人绝无仅有之事。施督于华民保护甚周，其行政时有将就华民之处，趁其在位，赶设领事，此亦事机之不可失者也。

二十六日记　《叻报》云：西人多借日食以精测验。梁大同二年，唐武德九年至贞观元年，明嘉靖二十六年，日光大减，皆因日面有黑斑为之掩也。日面斑多，其年地球热度大而五谷丰；日面斑少，其年热度小而五谷歉。太阳光体之外，必有最清之气包之，日为月掩则食。道光二十二年日食，天文士以远镜窥之，见月体外发光，或云如火焰，或云如山。咸丰元年，日食既，玫瑰色峰自日面发出，光体之外皆有云状，太阳光包四围必有空气，其光成为条缕，有若光球内之大浪。同治七年，日食既，甚久，测望之士皆见日边有发出之峰，及四周光带，因以照相最精之器照得之。太阳中亦有云，与地球之云相似，其形状若羊毛棉花，此为太阳格致之创闻，非由日食则不能测得也。日体必最热，恐亦猛火或光热在外，中间隔以云气，令外之热不得入，则日非热体转为冷体，亦未可知。总之日以光热化生万汇，风雷雨露，飞潜动植，川泽消长，河海流行，皆日气所为也。日之功用大矣哉！

二十九日记　《叻报》客有谈边防者，兹摘其大略云：黑龙江真塞外天堑也，其源出自西域，不入中原，经行边界，东入于海，盘旋曲折，劈分南北，界乎中央。江之北为俄地，崇峦叠岭，人迹罕至，荒山旷土，不知几千万里；江之南山川秀发，林木葱蔚，栋梁之材，取之不竭，五金矿产，棋布星罗；沿江居民或耕或渔，亦鱼米之乡也，惜开垦成田者不及十之二耳。乾隆初年划江为界，沿江设卡伦，置台站，黑龙江形胜，我独踞之。厥后俄人窃踞江之出海口岸，今称之为尼格兰斯，于是俄界渡江而南，自乌子江（疑即乌苏里江）以下，南北两岸数千里，尽为俄有。虽乌子江上游，界限崭然，俄人未敢侵越，然江中险要，我已与俄共之。俄自踞尼格兰斯，经营商务，因海轮不能行江，乃创造小轮船公司，以资转输。西人旅居者各国咸集，而德人尤多。自尼格兰斯迄于红土洼，沿江而北，直至俄之金沙厂为止。金厂大者四座，分设尤众，出金之盛，胜于我南岸漠河金矿数十倍。彼又过江而南，迫令土酋薙发易服，均隶俄籍。其地多貂皮、鹿茸、麝香、东珠、人参等贵重之物，且土脉衍沃，宜乎耕植，乃设兵屯垦其中，其地日见殷富矣。

（十月）十一日记　新嘉坡总领事黄遵宪禀称：槟榔屿商务日微，局势大变。盖屿本一岛，素无土产，全赖他处转输。从前盛时，英属大小白蜡之锡，荷属阿齐伊里之胡椒，劳匿之甘蜜，日里之吕宋烟、加非，商人营运，多得厚利。近因荷兰征阿齐，不克，每封禁各海港，商人遂多耗折。小白蜡出锡极微，大白蜡锡虽极旺，而径运新嘉坡，故华商报穷倒闭之案甚多。去年嘉应商李姓倒闭，欠债数十万；本年闽商王姓倒亏六七十万，闽商李姓倒亏一百六七十万；此皆华人最著名之富家，一经倒闭，牵连俱败者数十家。商务江河日下，殆将与麻六甲相等。当葡人得麻六甲时，贸易推南州冠冕，虽其后稍衰，巫来由诸部犹以此为总汇之区。乾隆五十一年，英人得屿，遂以屿为总汇。道光六年，屿与新嘉坡合而为一，近则以坡为总汇而屿亦衰矣。屿之对面有小岛，名曰吉德者，一小国也。英人初得槟榔屿，每岁以一万元向吉德王赁其地，后改六千员永归英辖。近屿之威烈斯省，亦向吉德划来，吉德虽极微小，内政仍得自主；流寓华民约有万人，多以种植为生。惟吉德毫无纲纪，每遭荼毒，无可申诉。柔佛国有华人数万，开荒垦种，国赖以富，该国方广为招徕，故政稍宽大。

二十三日记　槟榔屿在赤道北五度十六分至三十分，英京东百度□分至二十五分，循麻六甲海峡西上，出麻六甲苏门答腊之间，为海门各岛，散布如星如棋，最大者槟榔屿，距对岸吉打大山不远。乾隆五十一年，为屿开埠之期，盖是年吉德酋长既以屿让英，后十四年又以威烈斯雷省畀英，两次皆□奏闻暹王。暹王怒，道光元年，伐之，夺其疆土，吉酋惧，逃往槟榔屿。六年，屿与坡甲两埠合而为一，仍以屿为总汇，而麻六甲益衰，新嘉坡渐兴。未几南洋各埠以坡为总汇，而屿亦衰。光绪十一年，联合坡、屿、甲及颠顶群岛、威烈斯雷省、科科斯群岛暨归英保护之。硕兰莪、大小白蜡、彭亨诸国，定其名曰实得力塞多尔曼士，译即海门属部，而总督则驻新嘉坡。

二十四日记　嘉庆十年，东印度公司始在屿埠设大酋，与麻打拉萨、孟买两处大酋并行。道光九年，始裁屿酋，而以他员代之。十七年，英始改建总汇于坡埠，而屿次之。槟榔屿所设之官，则有参政司、议政局、地租司、山林司、库务司兼印务司、营造司、兼量地司、华民副护卫司、参事局、船政司、机器测量司、邮政司、按察司、律政司、钱债司、教师监、院医官、巡理厅、巡捕厅、司狱、统兵官、工部局员。其各国所设领事官，除中国新设副领事外，则有荷国领事、暹国正领事、德国副领事、奥国正领事、比国副领事、丹国、葡国副领事、法国委办领事、美国、意国委办领事。其户口于同治辛未，屿则十三万三千有奇，坡九万一千有奇，甲七万七千有奇。光绪辛巳，屿十九万五百有奇，坡十三万九十有奇，甲九万三千有奇；辛卯，屿二十二万七千有奇，坡十八万二千有奇，甲九万九百有奇。

二十五日记　槟榔屿城建屿之东北，英人名卓耳治城。前临海峡，水阔而深；屿中有高山，名蛇莓子，怪石人立，古树参天，石磴泻泉。英人引自来水于此，有海珠屿，一名宝珠，距城五六里，境幽深，有宝树岩，径皆羊肠，亦幽境也。其为官商别墅者，曰长春坞，曰友石庐，曰竹上居，又天香山上有石磴千二百级。有平章会馆，闽粤人合建，有南华医院，闽粤人施医地。屿中义塾借平章会馆为之者，闽塾、粤塾各一，在会馆左右。英设义学四十二所，教华文者一，教英文者五，教巫来由者三十二。此埠人才聪敏，为南岛冠。藏书家以林培元为最，谢增煜次之，余如温震东、林振琦、林汝舟、吴春程、林载阳，皆有储蓄。有波知滑冢亭，闽人公建；有百年适成亭，闽人新购丛葬处也。风俗则中华流寓既多，颇重风雅，喜逢迎，善褒奖，童子见客，揖让为礼，人情古厚，甲于海南群岛。守家礼，重文教，昏则六体俱备，无不亲迎。新妇入门，合卺毕皆谒家庙，丧不停柩，逾月而葬；亲执绋，必素冠，妇女亦徒跣；虞祭仍凶服，或用墓志，祭典极丰。

光绪二十年甲午

（五月）十六日记　申初，到新嘉坡，总领事黄公度率随员那三等来见，旋以马车接余至领事府憩息。夜设筵席，至十一点钟始回船。

三十七、王之春《使俄草》

光绪二十年甲午

（十二月）二十日，阴。午正，行三百三十三海里，合中国一千一百十里。寒暑表八十八度。未初后行二十二海里，抵新嘉坡。总领事候选知府张振勋弼士、翻译知府那三华祝、直隶州刘玉麟葆生、随员刑部主事王树善杉绿、教谕陈国经锄圃、笔帖式沈铭鼎之、县丞金维林石声、供事州同衔叶卓林吾庄来谒，并备马车迎余及参随各员。行三四里至领事府宴叙，便至博物院一观。当门置象头骨一具，甚巨。既入。则虎、豹、犀、熊、腥腥、猿、鼠之属为一室，鹳鹊、孔雀、鸺鹠、鸵鸟之属为一室，各种水族鳞介之属为一室。鼍龙、蟒蛇、蜈蚣并大逾寻丈，玳瑁、螺蚌各种奇形怪状，不能一一悉数，均各用药水傅之，完其皮革，实之以草，植立如生，牌示其名，并注所出之地。其他若中国船橹、水车、纺具之属，群依式制一小者以资考究。盖西人留心格致，非仅用为观玩之具已也。询胡家花园，云琼轩殁后家骤落，今已售去。命车往游，则山花夹道，杉柏、棕榈、桄枫、葵扇各种，嫩绿柔青，争妍贡媚，并如中土仲春时候；所蓄猿熊、鸵鸟各物亦间有之，未能一一备俱也。复询陈金钟，云已前年殁，其家今亦中衰。询柔佛国王，云去此二十余里渡海峡即王居，国王善英法语言文字，雅善酬应，故英人喜之，国中政务尚能自主。此地本柔佛属地（译音亦云息力），嘉庆二十三年，英人夺踞之，名曰新加坡，又作生架坡，又名息辣。英人不收身税，故华人趋之若鹜，遂成巨埠。薛叔耘出使时云：闽、广人约十四五万，今且二十一万余人矣，此外英人二千余，土著阿剌伯、印度、巫来各种亦止共数万人，然英税华货独苛，洋货每百不过抽五，华货则每值百抽至十余元不等，此殊未足以持平也。又云暹罗之滨角各属地华人近已二百余万（此地应设领事），麻六甲百五六万，槟榔屿约十八万余人。去新嘉坡千二百余里，又荷兰属地若婆罗洲、噶留巴、西里百、爪哇、苏门答腊、涧子底、摩鹿加各岛共四十余埠，计百六七十万人，土产白糖约六千万余石，加非约二万万石，及各色呢羽。昔海禁甚严，华人出洋者犹若此。其甚，今自薛叔耘星使奏除此禁，计英、法、俄、德、荷、日诸埠当日盛一日。禹迹神皋生产实繁，得此为尾闾之泄，正不可谓西人之无造于我中国也。弼士居此间三十年，人极练达，与华洋交涉皆能持平。今自本籍大埔莅此甫及二旬，云由此自新山一百里，华人十四万余，今设副领事一人。新加坡、麻六甲、槟榔屿全境英总名司典来脱（译言海峡）舍脱门此（译言埠也）。土产锡、铅、白铁、蔗糖、胡椒、椰子、沙藤、紫菜、甘蜜（《瀛环志略》作甘蜜，薛叔耘谓即槟榔膏，以今考之实即染绸之著莨也，一名孩儿茶）、降香、苏木、香茅油、犀角、象牙、江珧柱、燕窝、翠羽、文贝、螺蚌之属，五谷棉花皆自他埠贩来。地距赤道北一度廿分，北京偏西十二度三十九分（巴黎东一百零十一度二分），由西贡至此六百三十七海里，合中国二千四百二十一里。土著人黝黑，蠢陋如鹿豕，男女并蓄发跣足，上披红袱，下围红布数尺，不着裈，左鼻皆穿孔着环，女则耳轮穿孔至六七，皆饰以金银。负物旧止用顶，近亦有肩荷者，运重以双牛挽车，牛角锐上而长，群饰以金碧，若双塔然，以为美观。西里百吉宁诸色人并巫来由种族言语侏离，闽、粤人来此贸易者，非习其土音不可，然语殊简略，三月便可熟谙也。夜三鼓登舟，张君以次来送行，小顷即展轮。（《再补编》第五册，9 页）

光绪二十一年乙未

（闰五月）初二日……英属则新嘉坡乃总汇之区，土产无多……（同上书，51 页下）

初五日，晴。早九点钟抵新嘉坡，总领事张弼士太守率同翻译、随员迎至舟次，当邀同从官乘马车至署宴叙，谭及中外各事甚悉，并赠译出南洋各岛详细地图各件。晚四点钟随送至舟，候船开行乃别去。青莲诗有云：桃花潭水深千尺，不及汪伦送我情。今日思之，乃益信然。弼士熟悉南洋各岛情形，与西人交涉极称契洽，前已言之。今莅任半载，措置果能裕如。寓居华人亦颂声大起，始信余言固不诬也。（卷八，总 660 页）

初六日，晴。新嘉坡炮台因山建筑，有外斜坡以护垒墙，避敌弹之击。垒墙与外斜坡皆用泥土，不用三合土，始可任击不坏，与中国沿海各炮台以三合土作，太平面之墙显露于外者不同。规模极大，墙有三重，台内兵房宽敞清洁，火药库七八座，军械库数座，共费银三十万两。光绪五六年间，又于西面添建新台，更称巨固，凡五年而后蒇事，计费银共七十余万云。（同上，52 页）

附　王之春《（国朝）通商始末记》

卷二　西南洋诸国来互市条云：转西即旧柔佛，有地曰息力（一作息辣），一名乌丁焦林，一名星架坡。往时丁噶奴、单咀、彭亨皆柔佛所属，后番部徙别岛，遂为大西洋东来四达扼要之地（嘉庆中英吉利据其地，名新嘉坡为第一埠头，闽、粤人谓之新州府）。诸国地各尽百里。……

王之春《国朝柔远记》

卷十九　瀛海各国统考

苏门答腊之东北有大岛，为新嘉坡、麻喇甲，稍西别一小岛，曰槟榔屿。明以前诸岛皆称朝贡，同列藩服，迨欧罗巴人航海远来，其始以重币购片土为埠，舣舟立市，盘踞既久，渐而劫其君、夺其地，百余年间，翦灭殆尽，

惟苏禄以弹丸仅存。（8 页下）

三十八、载振《英轺日记》

光绪二十八年壬寅

（三月）二十四日，辰正，舟抵新嘉坡，泊公司码头。自香港至此，水程六日，去国日远。

舢棱弥深轸辖。先是舟抵香港，得上海道袁树勋来电，称驻坡代理领事吴世奇，电禀坡督，预订设宴款待，请电覆等语。余复电诺之，至是吴世奇并新派领事风仪以小轮来迎，且称众商备行台于振裕园，请往少憩。己（巳）刻，遂率参随翻译各员，至官码头登岸，英兵排队奏乐以迎，应接如礼，登车莅行台，接见粤省所派保商委员吴桐林，并绅商李清榭等，众商呈颂词二，颇极藻饰，爰告以国家深仁厚泽，二百数十年声教所讫，莫不尊亲，矧方今皇太后、皇上轸念海外侨黎，屡颁温谕，若辈宜矢志忠贞，遇事力图报效，毋忘厚恩，是所切望。诸商佥唯唯。午正，遂赴督署拜晤。署去振裕园不远，居土冈之上，嵩构崔巍，轩敞寥朗，文石铺地，清洁无尘。坡督史惠忒南迓于门，握手偕入。其中军、参赞及法领事介史惠通名谒见。坐谭片刻，史谓中国大局粗定，以目前情形而论，五年之内可保无事，然必及此闲暇，明政刑，讲义理，修武备，始足为长治久安计，深望中国及早振兴，庶使列邦刮目相视，中英方睦，敢为肺腑之谈，幸恕唐突。余谨谢昌言，告以此次莅英，即拟考求贵国政治学术，且游法、美诸国，咨询咨度，以备国家采择，有所则效。史毽之少顷就宴，马来王披而阿来同席，史告余此君居毕喇，明日登舟同行，至英贺加冕，联坐移时，席散辞归行台，华商佘勉然请赴其花园游览。园为前领事广东胡璇泽所建，今归佘氏，一名蔚园，琪花瑶草，万紫千红，陂塘逶迤，竹树萦拂。时甫暮春，池荷著花，虫声唧唧，绝似故园秋景。有感得句云："白华补入皇华咏，总是庭闱眷念时。"盖纪实也。佘，闽人，居此三十余年，以商务起家，急公好义，颇不忘本。近与吴世奇等，议捐巨赀，欲集群力，建立孔圣学堂，以教寓坡华民子弟。具呈坡督，准转英藩部核议，有章程呈递驻英使臣张德彝，俟与英外部商定，即为入告。余嘉之，为奖励数言。归时众商请游华民街市，俾遂瞻仰。余允之，周历数里，观者如堵，举欣欣有喜色，门前悬龙旗，结彩绸，榔（栉）比鳞次，旖旎生风，始叹比户可封，岂特尧民。即此海隅，苍生咸知回面内向，眷怀中国，源远流长，其来固有所自，由兹以往，所以培养而保护之者，宜何如耶？览毕返行台，赴众商宴。查坡埠地居越南之南，其西北为麻喇甲，西南为苏门答腊，东北为婆罗洲，英人据此八十余年。其地东西九千里，南北差狭，内山及附近各岛，茂材木，富铅锡；植物有胡椒、蔗糖、椰子、槟榔；动物有文贝、象牙、犀角。华商旅此，约三十万人，大都以矿业起家。其居累世，生兹土者，皆辫缀红纬，俗称为哇哇，犹言童子，虽髦不改，盖其系恋故国，虽壮不归，犹自托于童稚，其敦本思原之念有足多者，惟不如香港民气之聚。睦姻任恤之谊薄，游民衣食不足，偷惰无俚，驯至行止失检，时见轻于他族。佘勉然等思有以格之，而未得速化之术，英例初不准华民练团自保，比以盗贼渐炽，许以百人为限，或者出入相友，守望相助，浇风庶几可革也。土民为巫来由种，约二十余万人，黧黑野鄙，椎发跣足，性情尤惰，所营皆佣工贱业，土音戛黠鸠州，殊难索解。近虽有华英官设小学数区，而土人亦不与，鹿豕蠢蠢，其何能淑？英官治此有辅政司、按察司，以理民事；有水陆兵官，以治军政。兵三千人，山南北皆有炮台，守备严密，而警务稍弛，竟日行捕，兵甚罕见，良不可解。宴毕时已戌正，兴辞归舟。

二十五日，辰初。坡督来答拜送行，领事吴世奇凤仪，华商佘勉然等皆麇集，分别款劳。辰正解维，坡督及领事商董，犹立河干，余再三辞却，久之始退，时马来王已登舟，王冠绒冠，前后锐有脊亘，其上缀以金络，短衣窄袖有领，遍体金缕，两缕间杂以彩色，衣以下如西服。其始至也，家人从官送行者甚夥，位尊者握手为礼，卑者则跪一膝，嗅王之足以示亲近。妃妾以巾蔽面，有二孔露其目，衣亦饰金黄，以红袱裹体为裙，行李用杏黄包，有椟一轴一，从官散仍携之归，或曰此册宝也。按马来即柔佛国，古亦称息力。今译为巫来由，或作马来隅，审其音马来为近。新嘉坡、槟榔屿、麻六甲等处本皆其国土地，别有文字与埃及古文略相似，是其初非尽无文化者。今其国君有能名游历欧西，广结纳，英人颇善视之。今且许以练兵之权，虽属藩封，不干预内政，近因南洋华民人众，聘请华商专理其事，措置秩如，亦暹罗之亚也。

二十六日，午刻，舟抵槟榔屿口外，山势平衍，对岸北连大陆，本马来属地，明时为荷兰所据。嘉庆时，英人与荷国立约，议租岁出租银十万元，以九十九年为限，其开辟在新嘉坡之先，不数年间，市舶云集，为南洋巨埠。洎坡埠既开，更得地势，商货转运停蓄，遂移于坡。而此岛天气清淑，林木茂盛，故商民乐居之，有华民二十八万，西人仅数百人，治事之官，系由坡督转派，职分稍卑，故例不拜晤迎送。全屿无炮台，无守兵，盖与各国约，不以此地作战场，视坡埠胜负为存亡，所以省防费也。华民权限以此埠为最宽，有华议院，议员所议可者，十居八九视他埠相径庭。华民自相约束，至为严密，有公所，有公积之款，有游民入境，则拘之教一技，令自营生，俾足自给而止，有废业者，集资使归里，终身不许再至。法良意美其不为他人所挠，而终能持久者有以也。未刻下碇，副领事道员谢荣光等来谒，此间领事向由商人兼充，驻英使臣派定后，知照英官月给薪水百金，并无公费，仅以保旅民通情意而已。无文牍往来，非使臣有所询问，则亦并无册报云。余于未正登岸一游，申正返舟，戌正启碇开行。

三十九、戴鸿慈《出使九国日记》

光绪三十二年丙午

（五月）二十日，到槟榔屿，槟埠领事梁廷芳璧如等来见。……余与午（桥）帅绕行街市，遂至梁家，延见商人胡国廉子春，张僖光舜卿（弼士光仆之弟）、谢春生梦池、林花鐕汝舟，及黄学文、伍连德等。……华民寓此者十二万人，大约皆闽、广籍，而闽较产巨，广较人众。广帮又以潮属为多；富商皆各建第宅，有祠堂衡宇相望。……

二十一日，午后二时到新加坡港口，是处山明水秀，夹峰树阴，商舶往来，货物盈积。总领事孙士鼎及随员、众商家来见，因偕同拜英驻坡总督。五时赴振裕园公宴。园主人李清棡接待甚殷。此为本埠佳胜之处，前醇亲王、伦贝子、振贝子道经时，皆尝至此。席未毕，复往中华商务总会华商公宴。商会以前月开办，规模宏壮，正总理吴世奇转珍、副总理陈景仁云秋，主席宣颂词，在坐有广西道罗乃馨游历至此，余皆商人也。……本埠华人凡二十八万人，广人居百之五十，闽人居百之四十五，其余则各省人也。……有广益银行，粤人所设，资本四十余万元。有报馆二：曰《南洋总汇报》，曰《叻报》，日出共八百余纸。有学堂二：曰华英学堂，其来已久，专教英文，曰应新学堂，乃本年广东客籍所设，生徒五十人。商会近又倡办广肇养正学堂，尚未成立也。……当一千八百七十七年英人设华民政务司，翌年（光绪四年）吾国乃设领事。光绪十九年改为总领事，兼辖槟榔屿、麻六甲各岛。

二十二日，领事孙士鼎及众商来送行；医生林文庆来见。

四十、何藻翔《藏语》

光绪三十二年丙午

（六月）二十八日，附芝鸭加轮船放洋，罗瘿公徐电庵来送行。（第 5 页）七月初四日，到星加坡，因港疫入禁海；四日方进口。初七日，船泊星加坡，见猪奴头目押领五百余人登岸，转贩荷兰各埠，为之酸恻。午后登岸见孙领事鸣仲，孙询我国与外国历年所订招工条约，余条举英、法初订未定之招工章程，及近年南斐招工办法告之。荷兰现已派驻使，应向外部妥订章程，派华官监视出口，到埠后，派领事保护，庶免苛虐。孙领事招饮。孙仁和人，生长粤，能粤语，有干才。（第 7 页）星埠华侨三十万，苦力居多，甚嚣尘上。同船英商某向余云：吾不敢以星加坡华人为中国人代表，中国亦有文明上等人，现大梦渐醒，派大臣考察政治，进步未可量云。盖星埠华侨见贱西人已久矣。暹罗喇嘛詹地玛登船请见，年二十一，能英、暹、巫来由语，甚明敏。原籍福建谢姓，因道游其家园，园后即庇能植物园也。规模极大，惜三钟开始，所游未竟十一。（第 8 页）十三日由庇能放印度洋，连日大风雨，十七晚到恒河口，水浑浊，停轮以待带水舢板，是夜风浪极大。寅初进口，计七百里。（第 9 页）十八日未刻，到加拉吉打，寓大客栈，颇清洁，寒暑针九十四度。张使云，六月时，几案均热也。（见吴天任著《何翙高年谱》）

伍　游记类

一、李钟珏《新嘉坡风土记》

新嘉坡风土记校注序

《新嘉坡风土记》一卷，清上海李钟珏著，原木刻本，光绪二十一年仲夏乙未刊于长沙使院。钟珏始末不详，惟知其与新嘉坡首任领事左秉隆子兴有通谱之谊。左秉隆为驻防广州正黄旗汉军忠山佐领下人，同文馆高材生，精英文，为曾纪泽所赏识。光绪四年十月随纪泽出洋，为三等英文翻译官，五品衔，都察院学习都事。纪泽倚畀甚殷。至光绪六年七月，驻新嘉坡名誉领事胡璇泽亚基（一号黄埔）因病出缺，由随员盐提举衔布政司经历苏湝清署理，纪泽遂疏荐秉隆补之，遂于光绪七年八月初三日领凭赴任，为首任正式领事。时领事额少，官阶颇高，其薪俸月给五六百两，今总领事所不及也。三年期满，纪泽更疏留之。钟珏于光绪十三年闰四月往访之时，秉隆在任已将六年矣。钟珏居星匝月，杂记风土，刊为此书。文词雅典，记叙信实，六十年前之风光，跃然见于字里行间。陈育崧先生藏有原刊本，余读而好之，因商借制版重刊，列《南洋珍本文献》第一种问世，并为加眉注，略校其失，而补不足，为读者之助，若责以佛头着粪，则不敢辩。兹值杀青，为志数语如上。

中华民国三十六年二月二十二日古吴许□钰云樵序于新嘉坡南洋编译所。

新嘉坡风土记叙言

光绪二年丙子六月，钟珏始游京师，识青浦席涂翰伯，因翰伯识元和汪凤池药阶、凤藻芝房昆仲，暨汉军左秉隆子兴。药阶以乙亥举人，供职内翰。三子者皆外省同文馆生，学成上贡，充总署天文馆副教习。时钟珏寓居崇文门内，晨夕过从，亲若骨肉。阅三月，束装南归，临歧握别，情各难遣，佥谓聚散不常，嘉会难再，盍效世俗通谱之谊，以为他日左券。于是翰伯齿最长，药阶次之，子兴、芝房又次之，钟珏最后。盖衣带束帛之赠，古人有不能已者，朋友以齿相叙，比于兄弟之伦，事虽非古，其情均也。越二年戊寅，子兴以奉使英、法大臣奏调出洋，充翻译官，旋任新嘉坡领事。壬午芝房举京兆第二，明年癸未入词林，翰伯、药阶亦已晋级，独钟珏侘傺如故，每以青云难致，良朋相见无期，用怀惭愤。丙戌以优贡北上，恭应廷试，获与翰伯、药阶、芝房重话旧好，中酒，辄言曰："今日欢乐不减畴昔，顾安得飞身天南，复与子兴把臂乎？"八月出都，家居无憀，时动南游之念，请于吾母，曰："可十二月航海至粤，先以书达子兴，约来岁二月赴新嘉坡。"丁亥正月杪至香港，得吾母病耗，折而归，疾已痊，可居一月，母将成子之志，促装戎行。三月中旬，重至粤东，游澳门旬日。四月下旬，始自香港乘轮船南发，行九日而至，盖后四月朔也。昔张敏与高惠友，每相思不能得见，敏于梦中往寻，但行至半途即迷，不知路故。沈约诗曰："梦中不识路，何以慰相思？"今钟珏一岁之中，南北万余里，外寻旧盟敦夙好，十年之思，一旦尽慰，以视张敏，其乐何如？盖梦虚境也，游实迹也，虚者之不若实，天下事大抵然矣。既与子兴见，下榻公署，谈论不辍，如班、尹之永夕，并乘遨游，如郭、李之同舟，视昨岁京中与翰伯诸子欢乐，不更有加耶？居币月，杂记风土若干则，录而存之，以志鸿爪，叙其缘起如此，亦以见斯游之非偶焉尔。上海李钟珏。

新嘉坡风土记

自暹罗直南伸如舌，长如股，中有山如脊，斗入于海，皆巫来由种人居之，西人统名之曰下暹罗。其国有十：曰斜仔，曰大（六）坤，曰宋卡，曰大年，曰吉连丹，曰丁噶奴，曰彭亨，曰柔佛，在山之东曰吉德，曰沙刺我，在山之西，地至柔佛尽处，谽谺一水，隔二三里而得一岛，西以苏门答腊为蔽，南以爪亚为屏，东以婆罗洲为障，四面环水，如骊龙颔下珠，即英人所谓新嘉坡也。旧名息力，又称叻，华人或称新州府，其地南距赤道三百零四里。

自香港乘轮船，指西南行，计程三千四百七十七里，至越南之西贡。自西贡指南偏西，行二千四百二十一里，至新嘉坡。风顺六日可到，风逆或至七八日，如湾泊琼州、西贡各口又需时日。

考之古册，斜仔以下，皆顿逊地。其后析为列国，而柔佛处极南，叻地属焉。然百年前榛莽未启，一荒岛耳。华人之懋迁南洋者，既乏问津，即欧洲诸邦，如荷兰，如葡萄牙，争据群岛，亦未厝意及此。嘉庆二十三年，英人名士淡不公者始得之，以为海道四达之区，上于政府，伐木开道，遂设商埠，是为开辟新嘉坡之祖。西人尝铸铜像，以志勿谖。

全坡之地，南北十四英里，得中国四十六里有差；东西二十七英里，得中国八十九里有差；中有河，自东达西，划分南北，居人名其北曰小坡，南曰大坡。

苏门答腊、爪亚、婆罗洲一岛，遴为屏蔽，皆在数百里、千余里外。对坡一岛，绵亘东西，东曰廖屿，西曰吉德门，天然近障也。吉德门十余小岛，若断若续，直与坡接。窄处不过数丈，宽处不及一里，轮船自西南来者从此入。其东自柔佛之罗汉屿，与廖屿之马案山相对处。中间海道阔十里，而罗汉屿如髻如拳，错列海中，下有礁石，舟不能近，论其形势，兜裹层层，南洋各岛皆不能及。

海口炮台，西南二座俱在山巅，最得形势。其东一座，在罗汉屿西二十里椰林中，平地高四五尺，台面细草茸茸，自海中闲望，仓促不可辨认，是处海面不及三里。

居民册籍，约分五种：曰中国，曰欧罗巴，统英、法、俄、德各国；曰巫来由，统南洋各岛国；曰亚墨利加，统南北花旗各国；曰东方诸国，统五印度以上诸小国，及缅甸、暹罗等国。五种人数以中国为最多，其次巫来由。

华人住坡，户口最难详确。查光绪七年，英人所刊户口册云：福建男女二万四千九百八十一人；广州一万四千八百五十三人；潮州二万二千六百四十四人；嘉应州六千一百七十人；琼州八千三百十九人。三州府生长之华人，九千五百二十七人，不列籍之华人，二百七十二名，统计八万六千六十六人。近五六年来，虽少有参差，总在八九万之间，而历来居叻游叻者，动称十余万，皆约略之词。虽西人所报未必尽确，不列籍者，不止此数，然总不过十万人。

巫来由人，通谓之土人，有书作穆拉油者，闽、广人读无为莫之去声，故巫亦读穆。其自印度一带来者，谓之吉灵人，又有波斯一带者，谓之齐智人。土人有黑有白，吉灵、齐智俱肤黝如墨。其以布蔽下体，不衫不袴，三种人大略相同。

巫来由，柔佛国王都城，在坡北岸，一衣带水，相望可接，坡中有行宫，时往来其间。其民之在坡者，皆贫无生计，西人役以工作，几若牛马，华人亦有用之服役者。

叻西北三百余里，柔佛之上，沙剌我之下，有埠曰麻六甲，本暹罗属国，葡与荷尝迭据之。道光初，归于英。麻六甲西北九百里，海中有岛，曰槟榔屿，亦属英。两处华人共十余万，英设总督于叻，统辖三埠（按英人以此三埠统言之曰三州府）。

驻叻英官，总督而下，曰辅政使司，曰按察司，曰参政司，曰正副经历司，曰户口司，曰库务司，曰地理司，曰营造司，曰巡理府，曰护卫司，曰船头官。巡理有三堂，分理坡中各案件，略别大小轻重；护卫司专管华人一切事，名为护卫华人，实则事事与华人为难。

英国驻叻军额，计英炮手一队二百四十八人外，兵总六员，修理军械匠十八人，步兵一队八百九十三人。又印度炮队并修理军械匠共二百七十五人，管理炮队粮道官二员，炮队绘师一名，营医十四名，统共一千三百五十七人，较香港少三百五十七人，其水师兵船，则游泊无定云。

兵房二处，一在升旗山，一在公家花园，对面山坡上，平时不见一人，逢操演齐出，至临海抛球□□。

各国驻坡领事，中国外，曰美、英、德，曰俄，曰法，曰奥，曰意大利，曰丹，曰荷兰，曰葡萄牙，曰西班牙，曰巴西，曰比利时，曰哈华亚，曰暹罗，曰瑞典、那威，二国并一领事，共十有六。

中国领事之设，始于光绪三年郭侍郎使西过叻，体察情形，奏请设南洋总领事，兼新嘉坡领事官。经总署议，以总领事事宜姑缓筹办，准设新嘉坡领事一员，随员一员。

初设领事时，议以华人户口、年貌、身格费及船牌费抵俸薪各项。后户口、身格费未行，船牌费不足抵用。光绪五年，始定仿照出使美国、日本章程，领事、随员俸薪，由出使经费内支给，而船牌费，仍收取抵用。查船牌费，每重一吨，收洋四占半，合银三分有奇，此项岁入不过数百金，仅抵一月经费，而船户涉险犯难，获利无多，似当议除，以示体恤。

泰西各国，凡属通商埠头，他国领事不预听断之权，而洋人之在中国不然，如上海租界，所设公廨，华洋会审已非西例。西官又好揽事权，必欲华官仰其鼻息，志士愤焉，驻叻各国领事，概从西例，不预审断，而华人生聚既繁，事端日出，亦有领事可办之件，皆为护卫司侵夺，动多掣肘，故除给发船牌外，惟劝兴义学，讲圣谕，开文会，以行教化而已。

居民犯事，统归巡理府审断，轻者判罚，重者监禁。监在西南山坡上，周以垣墉，巡差负枪，昼夜逻察。查西历上年底止，狱中重罪，经臬司判禁一年以上者，华人共存四百八十三名，巫来由人七十五名，吉灵人四十三名。其所犯轻罪，经巡理府判以罚款，或不能完缴，以监禁抵消者。一年之中，华人入监共二千八百九十人，此中期满出狱者，二千六百七十九人，入狱后具赀赎出者，一百五人，巫来由人一年共入一百九十七人，吉灵共入一百八十八人。狱中宽敞洁净，每犯日食两餐，荤素菜各一肴，虽曰拘禁，实则徜徉自在，胜于在外作苦，故犯事人往往不愿纳锾，甘住狱。近西官察知其弊，议裁荤菜云。

叻自开埠以来，进出口各项货物，一概免税，惟烟酒重征，由华商设立公司包纳，烟公司月包税八万六千元，酒公司二万一千元，二项为入款大宗。地租估屋值十取一，其他抽捐名目尚多，惟皆不苟取。

西人每至年终，预将来岁一年进出款目核议，登诸日报，是亦量入为出之道。查本年叻中进款应有三百六十七万元，出款三百六十三万五千四百四十四元，举此可得历年进出款大略。又按槟榔屿上年入赋税一百二十一万六千六百八十八元，支款九十七万七千五百二十九元，计余存二十三万九千一百五十九元。

坡中用钱不用银，同洋钱不用中国制钱。自一镙至一元凡四等，最小为镙，合制钱二文五六毫，四镙为一占，又名先士，十占为一角，十角为一元。角与元以银为之，镙与占以红铜为之。

通用之一元洋钱，铸自日本，轻重与英洋同，英洋光者可用，然甚少。其一二角之小洋钱，皆伦敦及香港所铸，占镙铜饼则港与坡并铸之。

叻地商务以胡椒、甘蜜为大宗，岁必售销数千万元。然皆出自他岛，叻盖聚货不产货者也。叻所出者，惟榴连、槟榔、椰实、波罗、杧果、山竹、波罗蜜、甘蔗、洋桃、香蕉、生姜等，果食有人参果者，形如龙眼，味若鸡心（柿名），最称美品。

胡椒始种于印度之锡兰，运往欧洲，西人以制油佐食，既而苏门答腊亦种之，今则南洋大小各岛无不种植，而运售皆在叻地，商人设公局以主之。

甘蜜树高与人齐，其叶长三寸，两端锐，中宽寸余，采而捣之，其浆成蜜，甘与蜂蜜相埒，欧洲各药中多用之，销行甚广，与胡椒二项，同一公局主其事者，由华商公举，经柔佛国王谕允。

自柔佛以上各国，港口繁多，俱产椒蜜。华人之散处各港者，实数十万，大都占地为园，雇工种树，名曰园主，每一港推园之最大者为港主。叻中富商，设号各港，以收椒蜜，如中国花、米、丝、茶等项，坐庄者然。

潮商多业椒蜜，闽商以各项海货，及往来各埠之轮船为宗。资本俱巨，他商不能及。

各货价目，涨落不定，择其大者记之，以备留心商务者参考。乌椒每担二十一元，白椒四十一元。甘蜜四等，自十一元至六元，上甲锡每担三十八元。乳红白十有四种，自九十元至十七元。牛皮八种，自十七元至十元。藤七种，自七元至三元。椰肉六种，自四元至三元。犀角三等，每斤自四十元至二十六元。鱼肚每担一百二十元。白鱼翅三等，每担一百一十元至四十三元。乌鱼翅三等，三十九元至十五元。海参二十余种，自六十元至四五元。玳瑁七等，自一千元至一百六十元。白燕每斤十七八元；毛燕上每担三百二十元；毛燕中一百八十元。其他杂货不载。

叻中华人最多，亦最富，有拥赀称千万者，有数百万者，若十万八万之户，但云小康，不足齿于富人也。然究其发迹，多在三四十年前，近则鲜有暴富者矣。

土人最贫，吉灵人亦鲜充裕，惟齐智及阿剌伯人，不少殷实。齐智人专以放债为生，重利盘剥，如中国印子钱之类，华商资本缺乏，或向告贷，一时济急，久则剥肤，时有涉讼不了者。居民生死，每月有册刊报查。西历二月册载，居民生育男女一百五十七，死三百五十；三月生二百一，死五百十六；四月生二百十五，死五百二十五；五月生一百九十五，死五百三十二，观此亦可参知民数矣。

生死报册俱有限，生育者三礼拜内不报，查出罚洋五元，死者逾一昼夜二十四点钟不报，即议重罚，盖恐有别故隐匿，故特重其罚也。

在坡生长之华人，一经报册，即隶英籍。其质性良者，恒讳而不言，桀者且以自大，入耶稣教者尤甚，竟有父子不相能如陌路者，风俗人心之坏，不待言已。

年来赈捐防捐，富商乐输巨款，核奖得虚衔，封典者比比，其门前牓大夫第，中宪第，朝议第，一如内地。至顶戴冠服，则惟岁首及婚嫁用之，寻常酬应往来，或穿单长衣一领，已不多靓，居恒短衣跣足坦率。习惯冠履，忽华忽洋，出门必戴帽，或洋帽，或巫来由人帽，戴中国小帽者甚少，惟御长衣，必戴小帽，虽甚热不露顶，亦风俗使然也。

闽人发辫俱用红线为辔，虽老不改，亦其风俗使然，故见红辫者，望而知为漳，泉二府人也。

土人所操巫来由语，通行南洋各岛，华人久居坡中，及在坡生长者，无不习之，又多习英语，同侪往来，时而巫语，时而英语，时而闽、广土语，他省初到人，往往对之如木偶。

久居叻之华人，多娶土人女为室，其装饰与安南女子略同，窄袖宽衣，其长没足，因而所生之女，亦从土装。闻闽人、潮人家中，竟无一汉装妇女者，不若男子尚有一辫，存其本真也。闽、广士子在叻授徒者，颇不乏人，叻中子弟读书，图回籍考试著亦不少，然叻地无书，又无明师友切磋琢磨，大都专务制艺，而所习亦非上中乘文字。近年领事官倡立文社制艺外，兼课策论，稍稍有文风矣。

地近赤道，有热无寒，然热不过八十度，广厦深居，时有凉风习习，此候拟之江南。在梅子黄时，枇杷熟后，惟日中行路，则杲杲之势，甚于内地炎歊，彼工作负贩挽车辈，日必冲凉数次，或有身涂土人所制一种油以避烈日者，幸时晴时雨，且多树木，故少触热路毙之人。

冲凉之法，自首至足以水䃺濯，如醍醐灌顶，透入心中，立解烦热，久居此地者，日必一二次，亦习惯使然，非是不适。初到者往往不敢轻试，然当日中行路后，亦不可不一冲也。

坡中时有风而无飓风，时有雨而无淫雨，卯初日出，酉末日入，终岁不改。日中则热，夜分则凉，四时皆然。居民单衣一领，若将终身，故甚利穷人。

西人之记晴雨者，云近岁最多雨之年，共一百四十日，最少之岁，年一百十二日，然晴雨甚调，五日中三日晴两日雨，从无久旱不雨，一雨经旬者。

叻地一年内有元旦三：华人元旦，一定者也；西人用西历，无定而有定者也；若巫来由人元旦，则有定而实无定。其将近元旦之前数日夜半，彼教中牧师，登高处望日出，见天际一线日光出地，即欣然曰明日元旦矣，于是集众教堂中，立誓以为实见日出。每年元旦在中国六月初，设遇风雨连朝，阴晦无日，有迟至中旬者。今年中历有闰，故五月初二日为其元旦，是日乘车贺年，亦纷纷不绝于道。

坡中平阳多而山少，山亦不高，惟居全坡适中之一山，高五十余丈，英总督署即建其上，轮船入口，首先望见此为最高，他如大、小坡分界处之王家山，及迤西濒海一带诸山，俱高不过十余丈。王家山有石磴可登，磴止三十余级。

轮船入口，王家山及迤西一山，俱升旗帜以报，各商瞻其旗号，可识何国，何行，何船，从何处来，二山因俱名升旗山。两升旗山俱有炮台，王家山每日十二点钟放炮一响，以准钟表；礼拜日改一点钟放，黎明五点钟，黄昏九点钟，各放炮一响，以定昼夜。

凡遇火警，传电至王家山，即放炮放火箭，日则悬旗，夜则悬灯，炮之响数，箭与旗灯之颜色，分出地段，使人一望而知，救火车闻炮即出，沿途皆有水门，浇灌甚便，故无大火。

坡中庙宇寥寥，会馆亦少宏壮，而教堂林立，有天主、耶稣、大方各教之别，若大若小，或崇或陴，不下二十余处。

市廛繁盛，莫若大坡。洋行、银行、信馆、海关均在大坡海滨。小坡虽有市集，皆土人所设，土货及各项食物，无一巨肆。其迤北一带多园林树木，境最幽静，有地名牛车水者，在大坡中，酒楼戏园妓寮毕集，人最稠密，藏垢纳污，莫此为甚。

煤气灯彻夜不熄，各铺户门首，俱悬神灯，初二十六之夜，家家点灯，至九点钟方熄。

牛车水一带，妓馆栉比，闻注籍于护卫司之妓女，共三千数百人，而此外之私娼女伶，尚不计其数，皆广州府人，或自幼卖出洋，或在坡生长者。

频年香港贩幼女来坡，卖入妓院者，踵相接，领事悯之，率同华绅言于英总督允下，护卫司议章保护，投保良局，以时查察，于是此风小息。

戏园有男班，有女班，大坡共四五处，小坡一二处，皆演粤剧，间有演闽剧、潮剧者，惟彼乡人往观之，戏价最贱，每人不过三四占，合银二三分，并无两等价目。

叻中酒楼无多，广菜、番菜各一二家，凡宴客在各家园林者，多菜兼中西，酒饮白兰地、威四猗、香槟等番酿，饮粤东糯米等酒者已少，绍兴酒则如琼浆玉液矣。

客寓亦寥寥无多，不如香港、粤垣、上海远甚。轮船到埠，亦无接客之人，必须自雇小艇运行李至岸，另唤脚夫，或雇马车装载。然脚夫多闽人，马夫多土人，言语不通，易受需索，故孤客远临，极形不便。

南洋鸦片烟贵于中国数倍，以其税重也。叻中每钱需洋二角，闻加拉巴、亚齐等处，每钱五角云。然吸烟者并不见少，且穷人尤多，彼拉手车者，日夜可得洋一元，缴租四角，可余六角，苟无烟癖，度日有余。乃十人中无烟瘾者，不得一二，炎蒸汗血，博得之蝇头，尽入烟斗，殊可怜已。

英人赌禁綦严，然叻中赌风甚盛，有一局名天师公司，专诱人赌，党羽极多，无法禁绝。前年有华人，上条陈于议政局，请照荷兰办法，尽弛禁令，重征其饷，岁可入数十万元。当时颇有韪其议者，而辅政使司谓，英国不能如荷兰办法，致伤政体，屏置不议，仍求禁绝之法，此亦可谓能识大体者矣。

十年前，途中但有马车载人，牛车载物，后有东洋手车，近又有火车，虽曰并行不害，究之火车兴，而手车牌额截止，旧者汰，而新者不得增，往时有四千辆者，今不通二千余矣。贫民失业无以糊口，往往流为盗贼，劫掠抢窃之案，层见叠出，西官不究其源，但遇案治之，获犯惩之而已。

居民食米，来自安南、暹罗、缅甸。每百斤约洋三元，食物中鱼最鲜美，价亦廉。其他豕、羊、鸡、凫之类，均视粤省昂贵，而菜蔬尤甚。

西人于西北山高处，寻泉源，凿池蓄水，用沙滤清，以铁管引至人烟稠密处。复于山上凿池，激而上之，再用沙滤，散入支管，便民取用，居民多通管入屋，量出水口门多少取值，不限用度，惟数日不雨，则受之以节云。

叻地树木繁盛，尤多椰林，其次槟榔、榴连、菩提等树最多，然皆不甚高大，欲求一百尺之材，十围之木无有也。或曰故多乔柯，六十年前，西人开山，被伐殆尽云。

松有孤干挺特，高八九丈者，枝叶层层，皆圆其下，宽二三围，渐上渐小，多至数十重，其形似塔，因名塔松。初见疑经翦扎，后知自然生成；又有扇蕉，形似扇，其根出地四五尺，两旁各茁叶七八瓣，排列甚匀，远望宛然一扇：此二种皆不多觏。

椰实有大如斗者，其汁甚清，微有酒味，土人多食之。按《南方草木状》云，昔林邑王与越王有故怨，遣侠客刺得其首，悬之于树，俄化为椰子。林邑王愤之，命剖之以为饮器，南人至今效之。当客刺时，越王大醉，故其浆犹如酒云，嘻其信然耶。

叻中向多虎患，西官悬捕虎之赏，岁有所获。近年开路愈多，人烟日密，虎敛迹矣。然闻西北山深林密处，犹有虎穴在。

鳄鱼形似守宫，自首至尾，大者长十余丈，自昌黎驱后，中国海面罕或见矣。而近叻一带甚多，每于夜间游泳，傍舟掉尾，掠人落海吞噬，闻每岁中辄有被其害者。

坡中道途宽坦，修治之工终年不辍，桥梁多以精铁为之，较之上海租界各桥更形坚固。马车路四通八达，无往不利，每于申、酉之交，驰车骋游沿海滨以入山内，浓阴深树，细草疏花，不绝于目，时或一溪一桥，两三茅屋，或层楼杰阁，隐约林间，昔人所谓入山阴道，应接不暇，殆亦似之。夕阳将下，闻猩猩喔喔声，恍惚峰泖景象，几忘其置身万里外也。

西人所谓花园，与中国异，并无楼台廊榭，惟扩地一区，多植树木，其中罗列名花奇卉，供人清赏，豢养珍禽异兽，广人眼界，而花径纵横，亦颇引人入胜，坡中之公家花园，即此类也。然草多花少，有禽无兽，尚不如香港之园。此外富商巨贾，购地为园，则略有楼台，以时宴客，亦颇饶幽致。

叻中无名胜地，然一草一木，无不向日似笑，禽言鸟语，尽含欢声。日晡时濒海远望，帆樯林立，中浮峦数叠，隐隐送青，此景不可多得。至如公家花园，虽无足观，亦甚幽旷，而两处出水之山，一泓清水，周以铁阑，旁莳花草，别饶佳趣。

西国于大小书院外，别有博物院，所以考平日之耳闻，征诸日见，实与书院相辅而行，于学问一道，大有裨益者也。叻中博物院，规制甚隘，储物无多。然裸之旅有巨人全体之骨焉；毛之族有虎豹、犀象及马牛种种焉；羽之族有射屏之孔雀焉；鳞介之族有鳄鱼、巨鼋焉：皆习闻而罕见者。至如猕之类十有余，鹛之类二十有余，蝶之类百有余，鹦鹉绿者正色，而或朱或黄或白或黑。猬之毫如刺，西人取以为笔，而其形如狼而无尾，豕与羊有一首而二身者，鱼之首有如人面者，蟒之长有十余丈者。又若各国古衣冠、古战具、古钱，奇奇怪怪，莫殚其数；然闻伦敦博物院，百倍于此，殊兴望洋之叹矣。

西人医院之设，所以惠济穷黎非浅，其治法有与中国不同者，故华人每震骇不敢入，然其规制之善，固可仿行。尝见澳门华商所创之镜湖医院，其中养病所，分内症、外症、疯症。男女各别，一切皆如西医院，而医生则华人为之，仍用刀圭方药，此仿西人规制而能通其变者，宜乎仁寿一方也。坡中医院为英人所设，地宽广，病房洁净透风，人设一榻外，又具长桌凳，以时食息。病者或偃，或立，或坐，或行，无拘苦状。因思中国各城邑，施医施药，不乏善政，其大都会，善堂林立，亦有留养病民者，然房舍偪仄，秽气熏蒸，无病人入之难免生病，病者其何能瘳？如西医院，不过拓地数亩，增屋数楹，雇打扫夫数名，而惠不大且实乎？

闽、广沿海人民，至南洋各岛谋生，虽已日久，然皆贸易之商贾，或以负贩营生，一廛受处，即佣工之辈，往时航海而来，亦多有依托。二十年来，西人开垦招工，佣值顿贵，于是贩卖人口出洋者，名曰卖猪仔，设馆于澳门，公然买卖。沿海人民，或被骗或被劫，一入番舶，如载豚豕，西人以卖者贱视之，即亦虐役之，其惨有不可言状者。迭经查禁，一时稍戢，日久网疏，此风渐长。近来厦门、香港，每一轮船开行，搭客多至千人，少至四五百，其中自愿出洋者固多，被拐者当亦不少，去岁竟有拐同母兄及从兄来坡者。经粤省大宪访闻行查递籍，其由领事就地访确，超拔遣回者，近岁较多。

华人来南洋做工者，抵坡先投客馆，客馆老奸商所设，即猪仔馆也。客或自备舟资，稍有旅费者，不敢虐视，若迫于生计，仓促出洋，身无长物，一投客馆，则此身非己有矣，固不必被拐而来始落陷阱也。在叻华官绅，屡欲清其源，而为英官所持，卒不得行。

中国犯罪之徒，皆以南洋为逋逃薮，地方官访查得确，移文领事请提，皆以约章未载，为西人所持，此例不通，关系政令非小。

生齿日繁，莠民杂糅，结党立会，争立名目，西官迭次严禁，现存一会，名目有五，西人统谓之危险会。凡入会有册，每年报护卫司，据报上年新入者，六千三百五十人，其历年入会总册，共有五万六千二百余人，诚可云危险矣。

坡中开埠伊始，西人政尚宽大，以广招徕，闽、广人接踵而至，懋迁有无，日新月异。当道光末、咸丰初，已成巨埠；同治间称极盛，踵事增华，至今日而发泄已极。近年商务虽未减色，然风气之开，害多利少，奸伪变诈，情状百出，殆亦运会将下之机也。蚩蚩者氓，方谓蒸蒸日上，不知保泰持盈，微识者代用隐忧。

附　高伯雨《李钟珏轶事》

著《新加坡风土记》的李钟珏，字平书，自署上海人，其实是青浦高桥人，大概他久居上海，而高桥也在上海附近，故所称如是。他于光绪十三年（公元1887）四月到新加坡的，当时左秉隆做新加坡领事，平书与秉隆有通谱之雅，所以特往新加坡探望义兄。他在新加坡住了一个短期，写成这部书，后来江标收入他的《灵鹣阁丛书》中。前几年，似乎是新加坡的南洋历史研究会曾将此书影印。1959年该会影印左秉隆遗作《勤勉堂诗钞》。陈育崧先生所作的《左子兴领事对新加坡华侨的贡献》一文，曾提到《新加坡风土记》，有云："此书所记都是他耳濡目染的事，所以记载翔实，观察正确。"这几句话是说得很对的。

李平书是值得介绍给各界人士认识的一个伟大人物，他以小小的一个七品县官居然敢对抗法国侵略者的陆海军，因此被革职。三十年前上海的人，没有一个不知李平书，提到李平书三字，无人不翘起大拇指赞他是了不起的好人。《勤勉堂诗钞》有“李君平书知遂溪县以法人被戕夺职赋此赠别”五律二首，有“直思支大局，遑恤弃微官。恩感民心热，威加敌胆寒。甘棠余荫在，碧映遂溪澜”等句。可见李平书在遂溪任中是怎样尽到守土之责和怎样爱民如子了。

李平书于光绪二十四年十二月二十七日到遂溪履任。这一年的四月，法国海军因强租广州湾事情未定界，就派军舰驶到遂溪县的海口，登陆到达海头汛炮台，将炮台占据了。法国水师提督居然打电报给北京的法公使，要求将吴川、遂溪二县及硇川、东海两岛为租借地。双方交涉，迁延到十月，还议不出一个办法。法海军在海头炮台，时与居民冲突，两广总督谭钟麟知道李平书能干，就派他做遂溪县台。他到任后，一面作军事准备，组织民团，日夜操练，以防法军进攻；一方面又秉承上司训示，亲到海头炮台和法国提督会议。结果法方肯让出吴川县黄坡一墟，至于遂溪县就不止不肯让，还要求增加近石城县安铺埠的罗海口，其时得寸进尺的无厌要求，使得人民更为愤恨。

光绪二十五年（公元 1899）七月，雷琼道周炳勋与法提督议界不成，民气愈张，操练日勤。那时候有汉奸向法国人献计，教他非击散民团不能成功，民团一日存在，画界事情就有阻碍。法国居然于九月初五日派兵百余人进攻黄略村，邻近各民团纷纷出击，将对方包围，法兵人少，大败而退。各乡人民相约不准以粮食卖给法国兵，法提督电请李平书令人民与法兵交易，誓言以后不再犯。到十月初三日，法军突然开炮攻击麻章墟，自早晨至下午三时，法兵舰放炮二百六十余发，陆上军队和民团英勇抵抗，法军终于退回舰上。此役民团伤者九人，墟内击毁民房五间，当铺高墙一角，压伤三人。初七日平明，法军又攻平石村，民团一见对方渡海来攻，立即鸣锣召集民众抗拒，当场将法军二人击毙。

这个消息传到海头炮台法军耳里，他们立即电北京法公使向清廷交涉，大意说有法国工程师二人到遂溪游玩，被乡民杀死，县令赏五十元，将首级示众，现在首级不翼而飞云云。同时，法军又将周炳勋道台移居法兵船，派兵看守，大有要胁之意。十四日法国派大兵突攻黄略村，乡民正往割禾，卒不及防，民团应战，死伤甚多，法军早已派兵把守各路，阻止援军开至。由早晨七时战至下午三时，乡民不支，纷向村外逃命。

十月二十日以后，苏元春以钦差大臣和法国兵头莅界会勘，李平书没有随同前往，人民也杜门不出。十一月初一日画界完毕，界线到赤坎福建村上，黄略、麻章幸获保存，不画入广州湾租界中。1938 年冬天，我因事到遂溪、徐闻，从广州湾乘汽车入麻章，此处没有中国海关，当检查行李时，我下车凭吊一番，真是一寸山河一寸金，土地不能轻易失一寸的。

李平书于十一月初三日交卸后，正要回广州向两广总督报告此案一切情形，那时候广州谣言四起，有一说法人出花红三万元买他的头颅，又一说各口岸的法国兵船正守候着，要将他活捉。初三日李平书已接总督密电，教他从内陆回广州，勿为歹人所算。初五日清晨，李平书动身，全城居民都燃放鞭炮欢送，绅士民团都送到岸边，他上木船到阳江县，转轮船回广州。

光绪二十六年（公元 1900）李鸿章来广州就总督之职，先到香港，广州大小官员都到香港欢迎，雷琼道周炳勋见李鸿章时说："职道此次被法国人拘禁受辱，完全是因遂溪李县令妄为所效。"鸿章闻之大怒，厉声曰："中国的州县官个个都好像李钟珏大令，洋人敢欺侮中国强要土地吗?"周道台面红过耳不敢作声。同见的人后来忙打电报到广州，叫李平书快些来见李鸿章，必有好处，但李氏没有听从，直到他收到李鸿章叫他去的电报，他才去香港进见。见后，李平书即回上海，后来入武昌，在张之洞幕中为文案。（《南洋商报》）

二、阙名《槟榔屿游记》

至槟榔屿数月，散步河干，临流北望，山峦重叠，烟雾迷濛，以为滨海蛮荒，未作往游之想。一日薄暮，偕友郊行，一客遥指以告，曰越此鸿沟，即亚细亚洲极南之界，直向北行，过暹罗屿南可达中国之云南，惜其路未通，不能作安车故土之适也。余叩之曰：彼境主者为谁?今目力所及者，有村市人物也乎。客曰：此皆隶于英国，设公堂，立捕房以治其事，中多沃壤，土客之民，让畔以耕，其东西北三面皆为吉打国之疆界，而吉打又称藩于暹罗，比诸附庸之列，是亦天南之弱部耳。余念地接中国，又有景物之胜，不可不一往游观，借审形势。因于中秋前一日未初，约导师孙君偕至官码头，登渡客小轮船，展轮东驰。时值风逆潮涌，该船汽机微小，力不足敌，行甚缓。

纵观屿港，共泊有大小火船十二艘，夹板帆船两号，其余华民所乘，土番所置，来往各近埠之船又数百艘，帆樯林立，足征商贩之盛。少刻，船傍北岸行。孙君曰：过海一带英之属境，统归屿辖，共设公堂五，一在北海，一在笨仔牙，一在高淹，一在大山脚，一在武吉淡门。承审官额，设如知府者一员，会同屿府三堂两官，分期就各堂听鞫，重案则解由屿臬科判，其各村落适中之处分，置捕房弹压，是皆英国之所以安良也。言次，舟入对港内河口门左岸，设有船坞为修理轮舶之区，口内有水巡捕船一艘，横泊为镇。再前行百十丈，小船停轮依岸，众皆舍舟登陆。沿岸有村店数家，售卖茶果。孙君为雇定印度人所御之马车一乘，车制四方，式如小亭，仅容二人并坐，车轻马快，驰行最捷。余就道旁小憩，即起乘车东驰。路为公家所筑，极平坦。向内行里许，举目四望，一绿千顷，非蔗即稻，畦陇井井，种植有方，不负沃壤之称。又行数里，见道旁楼舍，高矗云际，询知为英商机器制糖公司，是日为西礼拜日，照例停工。过此前行，又换一番气象，桑麻铺菜，荷锸成云，颇类中国苏杭乡景，不复知身在万里外矣。诸土民男女老幼莫不有事于田间，拔秧分种者有之，俯身栽插者有之，方知中国先农遗法竟有不约而同者也。而道旁活水潺潺，分流润泽，诸农人但有播种之劳，而无灌溉之苦，坐待收成，此诚千百世不变之利。余询停车饮马之际，呼问出畔老农，一岁几作，农曰每年七八月之间雨多水足，播种一次，收获之后，业有余粮，不劳再作，至明年夏就芟其草，引水灌之，日晒草腐，力足肥田，然后再种之，此古传之法也。余又询其为何部之民，农曰：吾世奉回教，为穆勝优人，现隶治于槟榔屿，盖亦不自知其为何国之人矣。葛天欤？无怀欤？为之神往。登车再前至一镇，依于小山之麓，店铺数十家，居民百余户，印度土著各半，余皆中国之赤子。镇中建有捕房，内置炮械，以资弹压。至此换车取路，再前一路，田少园多，各园非蔗即椰，几无旷土。酉初又至一村镇，名曰新邦安拔，译以华音即十字路口也。其处有河可达于海，河下泊帆船数艘，乃用以载运出入者也。市中店铺数十家，日用之物莫不粗备。捕房建于通衢，再前则无官路，乃取道承顺兴公司园路而入，约行三四里，至承顺兴公司糖厂，业已钟报六点，暮色迷离，游兴虽勇，不复能进，乃就其司事谢君借宿。主人出盘餐款客，食讫出步园中，仰见月色满林，烟迷远树，余独信步出园，捉萤为戏。数十步外，忽闻有击鼓而歌者，其声悲怆，不忍卒听。寻声觅之，见有茅舍数间，印度男妇十余人，聚歌树下。忽睹余至，拍手来迎，强拉至其屋前，出片席，掖余坐，有姬奉苦酒于前。众咸停歌操土音，就余问讯，余未解方言，而视其意颇不恶，坐久遥闻有相呼之声，乃别众而行，方知为牧童叱牛夜归者也。余亦信步回园，遍览其制糖机器，盖皆购从泰西。汽鑢一副，日可制白糖五千斤，若红糖则可日成万斤，另有压蔗机器，用二牛轮转以行，蔗过其下，汁流于前，渣出于后，法至捷也。闻该公司有田千顷，通种蔗、椰二物，雇用园工数百人，印民十之一，华民十之六七，皆有工头管领，虽众不乱，方可谓之巨制矣。入夜苦蚊，与孙君清谈不寐，俟至黎明，即共踏露遄归，行至十字路口镇，天方大明，乃就车循故道而回。余至南洋五年，以此游为最胜，固知民勤耕植，大得以食为天之道也。彼营营扰扰，日出机心者，方兹褊矣。

三、阙名《白蜡游记》

南洋群岛中有名白蜡者，或译作霹雳，声相似也。近接槟榔屿，由槟榔屿对岸，陆路可通，其地绵亘数百里，层峦叠嶂，林密山深，向为穆拉油人所居，今则属于英国。洪荒以来，未经开辟。同治间，南洋佣工日众，始有至白蜡采锡者。其地锡苗甚旺，出产极多，英人设关征收税项，每年不下数十万金。通岛分大白蜡、小白蜡二境，以一河为界。自司马墩起，溯流而上，由是而笃亚兰、务边、夹版、巴罗巴门、密里洞、剌克沙沥。又由务边而南，至米棚织鹅绒、彭亨、大泥金山，均大白蜡境也。又由沙沥、绫罗口过河，则葫芦江、素太平、新港，均小白蜡境也。从前草创，民舍多结茅为之，近亦有灰泥版筑者。土产槟榔、椰、山竹、榴莲、波罗诸果，此外往往有不识名者。通岛产锡，惟彭亨兼产金，顾天气不时，岚瘴甚盛，故名人亦所罕到。锡米形如碎砂，而黑沙沥所产有重至数百斤者，有巨石一方，岿然危立，土人名曰锡米王，见者必死，行人避途，相戒不敢视，前后死者不知凡几，十年前为天雷所殛，今则无矣。岛产五金，煤炭、玉石亦间有之，然不常见。数年前有粤人某流落其地，采锡糊口，一日于土中掘得巨石，五色斑驳，少去其角，则满中皆翡翠也，邮回粤垣，得值数千金。土番无部落不相统属，间有强酋，亦自君其地，不能兼辖他境，国无官制，亦无兵，其酋与民一体，无所区别。居深山穷谷中，凿井耕田，迁徙无常，性悍戾好斗，一言不合，拼死相持，往往在僻处谋杀过客。英人以其地鸳远，东西梗阻，虽有轮船往来，不能驶入内河，近拟开造车路，俾东西南北，四达同行矣。

四、阙名《游婆罗洲记》

其进口货物皆由星架坡、剌们二埠运来，颇能获利。（同上，477 页下）

五、阙名《南洋述遇》

自吕宋附帆船渡叻（即新嘉坡）……由此开行，数日抵叻。（同上，491 页上—501 页上）

六、阙名《游历笔记》

离缅甸遵海而南至新加坡岛，在暹罗之极南，长四十五里，阔四十二里，户口共九万七千一百十一人，土人三万七千，华人五万四千，余为各国人，与苏门答腊一水相隔，为欧罗巴东来之门户。英人设总督以资镇抚，筑坚固炮一台。海口有二，湾泊最佳，闽广暨西南二洋各国之船帆樯林立，轴轳相接，东西之货毕萃，为西南洋第一埠头。华人皆闽广人，善贸易，绅商富户甚多，有中华街，大小店铺、庙宇、会馆、戏园、酒楼、茶店咸备。其间闽人十之七，广人十之三，亦有与土人通嫁娶，数世不归者。离赤道仅三百零四里，天气极热，四时若夏季，树林荫翳，北人之初至其地者，见之极为奇异，以别处无此繁密也。椰树既长且大，每子一颗，着地即生。藤蔓粗于人身，有长至二三十丈者，缠绕于大树之身，猿猴以为家，千百成群，见人于树下行走，必于树上跟随为乐。性灵敏，常至瓜园偷果，必设四猴于四隅守望之，见人则呼啸以去，小猴之不能奔者，则背负之，人东至则西去，南至则北去，无乱窜者，土人获得卖与外国人者，价一二元或半元不等，性畏冷，携至北方则不能存活。海口多小山，矮如土墩，西人喜建屋于上，绕山皆马路，四通八达。土人面色红紫，与美国土人相仿佛，喜食槟榔，尝患口臭。首缠花布，身穿短白布，袴亦花布为之，腰束短裙长及膝。妇女美姿容，睫毛甚长，首挽髻，额贴花钿，耳鼻穿铜环，手腕足胫带银钏，富者或用金。少女束裙于两胁，外罩长领衣，赤足，奔走若男子。男女俱善泅水，客以银钱掷水中，能没水掘钱而出。其谱系不甚可考，有言其始祖本二白猿，后其苗裔之灵敏者渐成为人，而愚蠢者则仍为猿。有言太初神造一男名拔顿，又造一女甚美为其配偶，至其地居住，今之人皆为其后嗣。有言地球本空心有水，古时球皮碎裂，水即冒出，是为混沌。后水中有山拥出，即现在岛中之山。神造一舟中置男女各一，闭于舱中，随风飘荡，行抵是山，男女啮破其舟登山即以为家。其后女怀孕，破右足之胫生一男，又破左足之胫生一女，故至今男女之系出一族者不许联姻焉。亦有言其始祖本自天而降，乘大舟而至是岛，其舟至今犹。尤不经之言，殊堪捧腹。婚姻之礼，先款通女之父母，父母若允，命女乘小舟荡桨先行，男亦乘小舟追之，女若有意必舣舟以待，不愿则棹舟他往，不知所之矣。无水之区，则先奔走于陆地，所行一如前法。屋宇极朴陋，或架于大树，或以四木柱撑之，防毒蛇猛兽也。人性刚直，受恩必报。所食惟谷果为多，设遇仇人为势所不敌者，即迁居以避之，亦有其仇悔过而请其回居者，尚有太古之风焉。喜聚族而居，每村约四五十家，守望相助，疾病相扶持，死则掘地置尸，或坐或立而葬之。地多猛虎，遇浅水亦能渡过，人之被其所伤者，日有一人，虎患之烈可知已。但虽食人亦畏人，一日夕阳在山，有土人抱子归家，至丛莽间忽遇虎迎面而来，土人无可奈何，姑俟之，虎亦不敢近，乃逐渐退至大树边，将其子置于树上，而挺身与之对立，相离约十五丈，人逼近虎渐退，后见其无能为鼓勇直前，虎即大吼遁去。然此法惟对面时可用之，若于背后鲜克免者。虎食人必先以掌扑击，俟人昏晕，然后啮破其颈而食之。牝者生子置于树林中，日夜守之，恐被雄虎见而食之也。土产：蜜蜡、豆蔻、燕窝、槟榔、牛皮、木料。猴之小者不盈尺，禽鸟则五色备俱云。（《小方壶斋舆地丛钞》，573 页下—574 页上）

陆　地志、杂述类

一、班固《汉书·地理志》

自黄支船行可八月到皮宗，船行可二月到日南、象林界云。

按：皮宗，藤田丰八指为柔佛西南隅海中小岛，而许云樵则认为乃柔佛、星洲一带之总称，且可能为柔佛一地见载于中国史籍之首次者。

二、贾耽《四夷路程》(《新唐书》卷四十三引)

……又三日行至文单外城，又一日行至内城，一曰陆真腊，其南水真腊。又南至小海，其南罗越国，又南至大海。

又卷二二二下《单单国传》后云："罗越者，北拒海五千里，西南哥谷罗，商贾往来所凑集，俗与堕罗钵底同。岁乘舶至广州，州必以闻。"

按：罗越国之地望，正与柔佛相称。罗越亦作罗卫。汪大渊称："罗卫……实加罗山即故名也。"Rockhill 谓："实加罗即 Singa，指 Singapura."日本杉本直次郎撰《罗越国考》谓实加罗乃 Bukit Jugra，而 Jugra 即马六甲。

三、（唐）贾耽《皇华四达记》（见《新唐书·地理志》）

质

……又两日行至军突弄山（Pulo Condore），又五日行至海硖，蕃人谓之"质"，南北百里，北岸罗越国，南岸则佛逝国，东水行四五日，至诃陵国，南中洲之最大者。

按：法国 Ferrend 以"质"即新加坡及满剌加峡（见《昆仑及南海古代航行考》，16 页）。G. Maspero 谓"质"即马来语之 selet 海峡之对音（见《宋初越南半岛诸国考》，170 页）。回教徒称为 Salahit。

藤田丰八《狼牙修国考》云："所谓海峡，即今之 Singapore Strait；质即马来语 selet 之译音，此云海峡。至罗越，夏德氏考位马来半岛之南或称 Ligot，罗越为末罗越之略，即指今之 Singapore。此虽尚待研究，然一言以蔽之，此国实位马来半岛之南端，当属正确。"（何健民译本，16 页）

四、杜佑《通典》卷一八八　边防四

多摩长国居于海岛。……大唐显庆中遣使贡献。……从其国经萨卢都、思诃卢、君那卢、林邑等国，连于交州。

按：通典之思诃罗，日本学人谓即 Singapura（Skt. Simhapura）之对音。详东友荻原弘明所著《唐代新嘉玻名称考》（鹿儿岛大学文科报告第二号别册。昭和三十八年三月）。

五、（宋）赵汝适《诸蕃志》

三佛齐国

三佛齐间于真腊、阇婆之间，管州十有五，在泉（州）之正南，冬月顺风月余方至凌牙门。……

六、（元）陈大震《南海志》

三佛齐国小西洋　龙牙山　龙牙门

按：《永乐大典》卷一一九〇七“广”字号引《南海志》中诸蕃国名引陈氏此志文同。

七、（元）陈元靓《新编事林广记》卷八

岛夷杂志　《广舶》官本

三佛齐自广州发舡取正南去，冬日乘北风半夜至凌牙门，五日方入三佛齐国，以木作栅为城，别无产物，国人俱姓蒲。

佛啰安自凌牙、苏家风帆，四昼夜可到，亦可遵陆。有地主亦系三佛齐、差来其国。

八、（元）汪大渊《岛夷志略》

（龙牙门）以单马锡番，两山相交若龙牙门，中有水道以间之。田瘠稻少，天气候热，四五月多淫雨。俗好劫掠。昔酋长掘地而得王冠。岁之始以见月为正初，酋长戴冠披服受贺，今亦递相传授，男女兼中国人居之，多椎髻，穿短布衫，系青布梢。产粗降真斗锡。贸易之货：赤金、青缎、花布、处（处州）磁器、铁鼎之类。盖以山无美材，贡无异货，以通泉州之贸易，皆剽窃之物也。舶往西洋，本番置之不问，回船之际，至吉利门，舶人须驾箭棚，张布幕，利器械以防之。贼舟二三百只，必默来迎战数日，若侥幸顺风，或不遇之，否则人为所戮，货为所有。

又同书：

罗卫，南真骆（腊）之南，实加罗山即故名也。

又同书暹条：

自新门台（Song Vinh-te）入港，外山崎岖，内岭深邃，土瘠不宜耕种，谷米岁仰罗斛。气候不正，尚侵掠。每他国乱，辄驾百十艘，以沙湖（Sagu）满载，舍生而往，务在必取。近年以七十余艘来侵单马锡，攻打城池，一月不下。本处闭关而守，不敢与争，遇爪哇使臣经过，暹人开之，乃遁，遂掠昔里（Selat）而归。

九、《元史》

卷二十七　英宗纪

延祐七年（1320）九月，遣马札蛮等使占城、真腊、龙牙门，索驯象。

卷二十九　泰定帝纪

泰定二年五月癸丑，龙牙门蛮遣使奉表贡方物。

十、《郑和航海图》

吉利门五更船用乙辰及丹辰针，取长腰屿，出龙牙门，龙牙门用甲卯针五更船取白礁。

十一、《顺风相送》（《两种海道针经》中华本）

白礁

正近港打水三五托，礁与水相对，离浅有三十托水。若过浅，仔细。草屿，外遇三十托水，见长腰屿，内过淡马锡门。又礁与港平对换一边船对白礁进，或礁在帆铺边。（注：白礁西名 Pedroblanca，在新加坡东，为进出新加坡港所必经之地。）

淡马锡门

打水三十托，夜不可行船。（注：淡马锡，《岛夷志略》龙牙门条作单马锡，即新加坡古名 Tumasik 之对音。）

长腰屿

打水三十托，龙牙门防南边凉伞礁，是正边正路二十托。又有一沙将北屿泻，有龙牙门。

龙牙门

中央有三十托见长沙浅，北边二十托，南边八九托。（注：托字原本作路，据《东西洋考》卷九《西洋针路》龙牙门条改正。）石礁多，流水紧，夜间切记不可行船。（注：此处之龙牙门即指今新加坡海峡。）

满喇咖回广东针路

浯屿门放洋，用辰巽五更船平射箭山。打水十九托，用辰巽五更船取昆宋屿。打水十二托。对门南有泥浅，北边坤身尾有老古石浅。单巽针三更取吉里闷山，沿山使北边坤身尾谨防。单辰并乙辰，二更取长腰屿不可行，南，恐犯凉伞礁及沙塘浅。出龙牙门，夜间不可行船。单卯针取官屿，防北边牛屎礁。甲卯针五更船取白礁北边遇行船，打水十五托正路，防北边罗汉屿，有礁，打水六七托正路，要防礁浅，方出门离白礁远。用丑癸十更船平苎盘山外，东西竹在东边内过。用子癸针及单癸四十五更船取昆仑山，照前取浯屿为妙。

暹罗往大泥、彭亨、磨六甲

……丙午七更取罗汉屿，有浅，仔细，浅上打水八九托，往来须寻白礁为准，打水十五托。礁在帆铺边马户边，亦不可近屿，防浅，打水八九托正路。用庚酉五更入龙牙门，流水急，夜不可行。出门了又过淡马锡门，用庚酉并辛戌针三更取吉里闷山。乾亥三更取昆宋屿，打水廿五托。单乾五更取射箭山。乾戌五更取五屿，打水廿五托。前去昆宰，一更即磨六甲港口也。

十二、《指南正法》（《海道针经》乙本）

浯屿往咬嵧吧

依前针取昆仑，单未并丁未二十五更、单未二十四更取地盘。用丙午三更取东竹。用丙午十更取长腰。用丁未十更取龙牙大山。单午三更取馒头屿。丁未三更取七星。丁未七更取彭家大山，即牛腿琴，舡取西边南边第二山头对峡门。丙巳沿昆身便取三更屿南打水四五托，东西竹打水七八托，东边是正路。丙午四更见昆身，打水六七托是高下地。单丁五更打水十托，单子五更取罗山制览傍大山，离罗牙十里之地一条老古线是沙地。丁未见头，丁未五更取咬嵧吧为妙。

咬嵧吧澳回唐

……龙牙山用壬子十更取长腰屿。

十三、（明）马欢《瀛涯胜览》

满剌加国

自占城向正南，好风船行八日到龙牙门（星加坡海峡），入门往西行，二日可到。此处旧不称国，因海有五屿之名，遂名曰五屿，无国王，止有头目掌管，此地属暹罗所辖。

十四、（明）巩珍《西洋番国志》

满剌加国

自占城开舡向西南行，好风八日到牙门。入门西行二日可到。

按：原本牙门上夺“龙”字，中华本据《瀛涯胜览》补。

十五、（明）费信《星槎胜览》

龙牙门（Governador str.）

在三佛齐之西北也。（上八字景本附注在条首地名下。）山门相对（《岛夷志略》云：门以单马锡番，两山相交。案单马锡乃 Tumasik 之对音，新嘉坡（Singapore）之旧名也。番字上下疑有脱文。殆指龙牙（Linga）岛，则龙牙门似指 Governador 峡），若龙牙（三本皆作角，从《岛夷志略》及四卷本改）状，中通过船，山涂田瘠，米穀（原作谷。从朱本、景本改）甚厚（四卷本作薄。《岛夷志略》作稻少），气候常热，四五月间淫（三本皆作淊。从《岛夷志略》及四卷本改）雨，男女椎（三本皆作堆。从《岛夷志略》及四卷本改）髻，穿短衫，围梢布，掳掠为豪，遇有番船则驾小船百只（《岛夷志略》作二三百只），迎敌数日，若得顺风，侥幸而脱，否则被其截，财被所劫，泛海（原脱海字。从朱本、景本补）之客，宜当谨防。（此条亦尽采自《岛夷志略》而删节其文。）

诗曰：山竣龙牙状，中通水激湍，居人为掳易（原误摅。从朱本、景本改），番舶往来难。入夏常多雨，经秋且不寒，从容陪使节，到此得游观。

〔《纪录汇编》本〕其处在三佛齐西北，山门相对，若龙牙状，中通船过，山田瘠，米谷甚薄，气候常暑。四五月淫雨，男女椎髻，穿短衫，围梢布，掳掠为豪，遇番舶则以小舟百数迎敌，若顺风，侥幸而脱，否则被其劫杀，舟客于此防之。

十六、吴调阳校《东南洋针路》

又从昆仑山取真屿，用辛酉针二十八更取六坤——暹罗属国也，与大泥连。

又从昆仑山用坤未针二十更取斗屿；用丁午针五更取彭亨国；用单午针五更取地盘山，在彭亨港外，打水二十八托，内四十四托；三更至东西竺，为柔佛界；用丁未针十更取罗汉屿，即柔佛港口。柔佛一名乌丁礁林（今属英吉利，名新嘉坡），罗汉屿有浅宜防，往来寻白礁为准（今名白石口）；往满剌加从北边过，船用庚酉针五更入龙牙门（其南为龙牙国地），山门相对，如龙牙状，中通船，多盗；南有凉伞礁，中打水三十托，北二十托，南八九托；又过淡马锡门；用庚酉及辛戌针三更取吉里问山（此与噶剌巴东北马神西南之吉里问大山名同地异），打水二十七托，两边有浅；用乾亥针三更取昆宋屿，取水二十五托……（《小方壶斋舆地丛钞》第十帙第六册，465页上）

十七、张燮《东西洋考》

镇国山

永乐中诏封其国之西山为镇国山，御制碑文，赐之勒石其上，五屿未称国时酋镇于此。龙雅山在蒲剌加港外，其山甚高。

柔佛

柔佛一名乌丁礁林。男子削发徒跣，围幔，佩刀；妇人蓄发椎结。王服与下无别，第带双刀耳。酋见王，弃刀于地，和南而立，各有尊卑位次。字用茭蕈以刀刺之，又置乌簿，书浩大及秘密事情，外以绳缚之，涂泥封固，印识其上。宫室覆茅，插木为城，其外有池环之。港外多列沙垓（犹中华蚕户），无事以船载货国外，有警或出征战，则募召为兵，称强国焉。婚姻：王与邻国王家自相配偶，余人缔结，亦论门阀相宜。王用金银器盛食，民家磁器，都无匕箸，以手拈之而已。持斋，见星方食。节序以四月为岁首。居丧妇人方加剃，男子则再削发。逝者火葬也。其酋好斗，屡开疆隙，彭亨、丁机宜之间迄无宁日。先年有大库吉宁仁忠于王，王大信用。二王以兄疏己，谋杀吉宁仁，其后二王出骑马，堕地死。从者皆见吉宁仁为祟，至今人家祀之，竞传灵应，盖夷俗尚鬼，其固然矣。

丁机宜

丁机宜，爪哇属国也。幅员最狭，酋众仅千余。柔佛黠而雄，丁机宜境相接也，柔佛狡焉，有启疆之思，动为国患，悉索敝赋无宁日。近始求通姻好，然安忍无亲？善事之，犹恐其不得当也。其国以木为城，王居，旁列钟鼓楼，出入骑象。以十月为岁首。性好洁，食啖所须，手自操割，民俗都类爪哇。大率爪哇一带，酒税甚广，而酒禁乃甚严，民间携酒具，取水酿酒，国有常赋，然上族之家辄不复御酒，惟细民无赖者，时时阑入醉乡，则曹偶笑之。上族客至，以扶留藤、槟榔代茗。若开宴，则人具一大盘，盘有足，置地上，杂贮肴核。每进一物，客甫尝毕，则客之从人径从后取食之，曰不敢留残，溷主翁也。婚者男往女家，为持门户，故生女胜男。丧用火葬。

地盘山

在彭亨港外，外打水二十八托，内四十四托，三更至东西竺，东西竺此柔佛地界也，用丁未针，十更取罗汉屿即柔佛港口。柔佛国一名乌丁礁林。罗汉屿有浅，宜防，往来寻白礁为准。往满剌加从北边过船，用庚西，五更，入龙牙门。龙牙门《星槎胜览》曰：山门相对，如龙牙状，中通船。田瘠谷薄，男女穿短衫，围稍布。掳掠为豪，番舶于此防之。今人夜舶不敢行，以其多盗，且南有凉伞礁也。中打水三十托，北二十托，南入九托，又过淡马锡门用庚酉及辛戌针，三更，取吉里问山。吉里问山打水二十七托，两边有浅，用乾亥针，三更，取昆宋屿，昆宋屿打水二十五托，用单亥针，五更，取箭屿，箭屿打水三十四托，用乾戌针，五更，取五屿，五屿先时酋开镇于此，此中有真五屿假五屿，沿山而入为麻六甲，麻六甲即蒲剌加国也，船人音讹耳，在古为……

十八、《明史》

卷二百二十五　外国六

满剌加在占城南，顺风八日至龙牙门，又西行二日即至。……

柔佛，近彭亨，一名乌丁礁林。永乐中，郑和遍历西洋，无柔佛名。或言和曾经东西竺山，今此山正在其地，疑即东西竺。万历间，其酋好构兵，邻国丁机宜、彭亨屡被其患。华人贩他国者多就之贸易，时或邀至其国。

国中覆茅为屋，列木为城，环以池。无事通商于外，有事则召募为兵，称强国焉。地不产谷，常易米于邻壤。男子薙发徒跣，佩刀，女子蓄发椎结，其酋则佩双刀。字用茭蔁叶，以刀刺之。婚姻亦论门阀。王用金银为食器，群下则用磁。无匕箸。俗好持斋，见星方食。节序以四月为岁首。居丧，妇人薙发，男子则重薙，死者皆火葬。所产有犀、象、玳瑁、片脑、没药、血竭、锡、蜡、嘉文簟、木棉花、槟榔、海菜、燕窝、西国米、蓋吉柿之属。

始其国吉宁仁为大库，忠于王，为王所倚信。王弟以兄疏己，潜杀之。后出行坠马死，左右咸见吉宁仁为祟，自是家家祀之。

丁机宜，爪哇属国也，幅员甚狭，仅千余家。柔佛黠而雄，丁机宜与接壤，时被其患。后以厚币求婚，稍获宁处。其国以木为城。酋所居，旁列钟鼓楼，出入乘象。以十月为岁首。性好洁，酋所食啖，皆躬自割烹。民俗类爪哇，物产悉如柔佛。酒禁甚严，有常税。然大家皆不饮，维细民无籍者饮之，其曹偶咸非笑。婚者，男往女家持其门户，故生女胜男。丧用火葬。华人往商，交易甚平。自为柔佛所破，往者亦鲜。

十九、《温州府志》卷十八（万历三十三年）

元延祐四年六月……有无舵小船在永嘉县海岛中海山地名燕宫漂流，内有十四人……询问得系海外婆罗公管下密牙古人氏，凡六十余人乘大小船只二艘，欲往撒里，即地面博易货物。

按：据藤田考证密牙古即日语之miyako，义为宫古，即琉球之宫古岛；撒里即为salat（海峡）之对音，“撒里”即“昔里”。（藤田《琉球人南洋通商最古之纪录》，《南海丛考》，349页）

二十、（明）陈仁锡《潜确类书》

卷十三　区宇八四夷

龙牙门在三佛齐之西北，山门相对，若龙角状，中通过船，吉里地闷，居连伽罗之东，其地多瘴气。

二十一、何乔远《名山藏》

彭亨国

万历中，而其国中有柔佛之事。柔佛，彭亨邻国也；其国有副王，为人强悍斗狠。副王子娶彭亨王女，将婚，副王送子之彭亨。彭亨王副王，为置宴戚属。而有婆罗王子者，彭亨王妹之婿也，赘于彭亨。酒半，婆罗王子举觞为寿，其手指有巨珠甚美，副王心欲之，且许以重赀。王子固靳不与，副王恚甚，归而起兵攻彭亨。彭亨、柔佛两国相婚媾，柔佛人猝至，莫为防，不战自废。王与婆罗王子奔金山。彭亨王妃，渤泥王之妹也，率众来援，副王大焚掠其城郭宫室以归。是时也，彭亨国中鬼哭三日。渤泥王迎其妹还渤泥，彭亨王随之，命其长子拥（摄）国。

二十二、（清）宋福玩、杨文珠辑《暹罗国路程集录》

自毒缭向申，长沙海渚，水程二日至龙牙海门，有囮回官镇守。自龙牙海门向庚，长沙海渚，林山丛茂，水程一日半至咽嗜海门，囮回官镇守。

二十三、王大海《海岛逸志》

英圭黎

英圭黎华人呼为红毛……在巴贸易者皆处以土库。其交关亦遵巴国约束。而和兰待之甚厚，无敢有失。近有新垦之地，在麻六甲之西，吉醮之南，与

大年相邻，地名槟榔屿。但其立法苛刻寡恩，华人有在其地者，皆迁徙他处，不能堪焉。（《小方壶斋舆地丛钞·海岛逸志》）

二十四、陈伦炯《海国闻见录》

由暹罗而南，斜仔、六坤、宋脚，皆为暹罗属国。大哖、吉连丹、丁噶呶、彭亨诸国，沿山相续，俱由小真屿向西分往，水程均一百五六十更不等。土产铅、锡、翠毛、佳文席、燕窝、海参、科藤、冰片等，类相同；惟丁噶呶胡椒甲于诸番为美。番皆无来由族类，不识义礼，裸体挟刃，下围幅幔，槟榔夹烟嚼，谷米和水吞，贸易难容多艘。

而柔佛一国，山虽联于彭亨，其势在下，水程应到昆仑，用未针取茶盘转西，至柔佛，计厦门水程一百七十三更。番情与上诸国相似，而所产相同，较之略美而倍。多年经商，可容三四舶，就舟交易。产沙金。国以铸花小金钱为币，重四五分；银币不行。（此条亦见《粤海关志》卷三十“杂识”）

二十五、陈寿祺《福建通志》卷二百七十

国朝洋市

柔佛距厦门水程一百八十更。雍正七年后通市不绝，其属国有丁机奴。

按：以上新加坡开埠前地名质、龙（凌）牙门、昔里（撒里）及柔佛、乌丁礁林等资料。

二十六、谢清高《海录》

溜哩国（Riau）在柔佛西南中，别峙一大山，不与柔佛相连，由柔佛渡海西南行，约日余可到。疆域约数百里……潮州人多贸易于此，海东北为琴山径。

旧柔佛在邦项（Pahang）之后，陆路约四五日可到。疆域亦数百里，民情风俗略与上同。土番为无来由种类，本柔佛旧都，后徙去，故名旧柔佛。嘉庆年间，噗咭利于此辟展土地，招集各国商民，在此贸易耕种，而薄其赋

税，以其为东西南北海道四达之区也。数年以来，商贾云集，舟船辐辏，楼阁连亘，车马载道，遂为胜地矣。番人称其地为息辣（Selat），闽粤人谓之新州府（《海国图志》引此句下有抑或作新嘉坡一句）。土产胡椒、槟榔膏、沙藤、紫菜，槟榔膏，即甘沥，可入药。

按：冯承钧《海录注》："《明史·柔佛传》无此岛名。案英人占领新加坡事在嘉庆二十四年（或西历1819年），下距（谢）清高之死仅二年，而所记晚及数年后新埠发达事，似笔受者有所增益。"

麻六呷在旧柔佛西少北，东北与邦项后出毗连，陆路通行，由旧柔佛水陆顺东南风半日通琴山径口，又日余到此。土番亦无来由种类，疆域数百里。……属荷嘣管辖，初小西洋各国番舶往来中国，经此必停泊，采买货物，本为繁盛之区。自暎咭利开新州府，而此处浸衰息矣。闽粤人至此采锡及贸易者甚众。

二十七、颜斯综《南洋蠡测》

南洋之间，有万里石塘，俗名万里长沙，向无人居。塘之南为外大洋，塘之东为闽洋。夷船由外大洋向东，望见台湾山，转而北入粤洋，历老万山，由澳门入虎门，皆以此塘分华夷中外之界。唐船单蒲，舵工不谙天文，惟凭吊铊验海底泥色，定为何地，故不能走外大洋。塘之北为七洲洋，夷人知七洲多暗石，虽小船亦不乐走。塘之西为白石口，附近有一埠，四面皆山，一峡通进，平原旷野，颇有土人，并无酋长。产胡椒、沙藤，有唐人坟墓，碑记梁朝年号，及宋代咸淳。或云此暹罗极东边境。十余年前，英吉利据此岛，名之曰星忌利坡，招募开垦。近闻已聚唐人、杂番数万，闽粤之轻生往海外者，冒风涛，蹈覆溺而不顾。良田生齿日众，地狭民稠，故无室无家之人，一往海外，鲜回乡者。此岛由外洋至粤十余日，由七洲洋至粤仅七八日。近来英吉利甘心留粤，一则恃南洋港脚诸番，沿途俱有停泊；二则恃星忌利坡离粤不远，彼国虽隔数万里之遥，今则无异邻境。此外海岸土瘠产稀，如飞头蛮等处，虽常到不屑顾。其志盖欲扼此东西要津，独擅中华之利，而制诸国之咽喉。古今以兵力行商贾，以割据为垄断，未有如英夷之甚者。（《海国图志》卷六引，又见《小方壶斋舆地丛钞再补编》第八册）

二十八、阙名《柔佛略述》

柔佛一部，滨海而立，其陆地北越彭亨六坤等七部即入暹境，由暹达华，是与中国同一疆土，而为亚洲极南，地尽处之一隅，遥与中国云南、四川、甘肃同一经线，在赤道北二三度之间，向事暹罗，自比于附庸之列。今则自立，其国中有地名新山者，柔王之宫室在焉。官府狱禁皆备，境内别无分治，王宫左偏有小街衢，华国商民与土人相错而居，综其大略有类中国一小村市，新山与新嘉坡一河之隔。由坡陆路往，相距十五西里，策马驱车半日即可往还。若棹舟往游，共得水程三十西里，彼境户口土人约共五万名，中国人民种植于其土者十万众。至于西人之旅居其土者，刻仅寥寥数人，彼境原有土民，皆深居内山，敛迹不出，新山市中之土民，则皆由新嘉坡或他处迁往，颇自矜异，而呼原有地主为山人焉。山人深藏于幽谷之中，居无定所，衣无布帛，食无谷粱，其所资以为生者独异乎众，有上古巢居穴处之风，有时就树为屋，猱升栖止；有时依山为穴，洞处如仙。其人不分男女，皆科头赤足，缚蕉叶树皮之类于腰腹下，即蔽体装也。其食也，不耕不植，专事采果猎兽，用以资生，盖其心思鲁钝，知觉未开，天地清明之气至此杳矣。然其人不忮不争，得无怀氏之妙谛，未可以愚鲁而非之，此内山土人之大略也。另有一种人呼之为海民，小舟一叶，家人父子咸集其中，生生世世不谙陆居，出没洪波巨浪之中，而不知惧，常泊青山绿水之旁，而不知乐，以渔为食，迹类浮鸥。其人因食鱼过多，受湿热之毒，故皮肤多生疮疾，身无点瑕者，百无一二。斯二者乃柔境原有之民也。彼族无文，无从考其肇始之由来。至土民猎兽之法，不用火器，专以标枪毒矢吹筒之类为械，而獐鹿是获，盖其人善驰，可与猛兽齐驱，故能期于必得。其地虽近赤道，而天气温和，不觉炎热，因其处树木丛茂，苍翠横空，赤日之炎威，被所遮蔽，而夜露散凉，足消酷暑，故其天气宜人。其土产有藤条、竹木、羔丕、硕莪、甘蜜、胡椒、打马之属，垦殖之工，率皆借资华人力。甘蜜乃染红色之用，运销于欧洲者甚夥。胡椒乌色者，由新嘉坡每年商贩出口；柔椒占三分之二，可见其收产之丰。打马乃以火炙树流出之精液结成，除然以照夜之外，可作下料之漆，运往美洲、中国两地为多。其地尚产一种红木树皮，可用以染牛皮，新嘉坡之柴薪皆取资于此。刻下华人之在彼种植者，其法先纵火烧山，焚其林木，然后垦以植物，一圈成熟则遽易去，另垦新地，盖缘其地虽肥沃，而无再添之肥，恐地力不能久持，故累易以丰其获耳。

二十九、方东树《粤海关志》

市舶

噶喇巴国

噶喇巴本爪哇故地，巫来由种也。后属荷兰国，在南海中，由万山、外罗、新州，绕陆耐国后，向南行约四日至昆仑山，为安南境，又南行约五日至柔佛国，又南行一日至网甲峡口，又过三洲洋，正南行三日为噶喇巴，山名头峙山，又南行二十余里，至海峙山，过此为噶喇巴，大山广袤，二百余里有城郭。荷兰番在此约三四千人，别有乌番兵二三千人，明时诸番互市，其国未尝一至。其地产燕窝、麝香、丁香、沉香、落花生、蔗糖、咖哒，流连子形如柚而小，盂始生，形似柿，有核，其味清美。

谨按：噶喇巴为巫来由种，巫来由者，莽均达老国也。地在东南海中，雍正七年以后，尝入中国通市。恭载《皇朝通考》，而《海国闻见录》以噶喇巴有土番，无来由种，谓俗以外番之无可考者为巫来由，其误甚矣。

国朝初年，噶喇巴始与吕宋、苏禄等通商。闽海、闽广间人浮海为业者，利其土产，率潜处番地，逗留不返。康熙五十六年，以噶喇巴口岸多聚汉人，恐浸长海盗，禁止南洋往来，其在外人民不得复归故土。嗣奉恩旨，凡五十六年以前出洋民人，限三年回籍，然亦尚有留者。雍正五年，弛海禁，嗣后通市不绝。乾隆元年，闽督郝玉麟复奏准：自康熙五十六年例禁后私去者，不准归国，其例前之民愿归者应听自便。初噶喇巴为荷兰人所占，委夷目镇守更代，皆听荷兰之命。汉人居之者以数万计，生长其地，曰上生仔司；汉人贸易者，曰甲必丹人。有罪则徙之西陇。西陇在西洋中距噶喇巴远甚，荷兰旧国所属地也。六年闰六月，为群番所扰，荷兰力不胜，遣罪人御之，许立功后令还噶喇巴。罪人奋勇效命战屡捷，群番为之退却，荷兰即有立功赎罪之令。又虑遣还罪人，则西陇孤弱，一再令噶喇巴调无辜汉人往代。时有甲必丹连富者，以汉人在此贸易，惟领票输银，无调取之例，不受命。番目拘之，被获者先后不胜计。于是汉人大恐，鸣金罢市，番目怒举火鸣炮相攻，杀伤颇多。署福建总督策楞、提督王郡闻于朝，策楞又奏言：被害汉人，久居番地，屡邀宽宥之恩，而自弃王化，按之国法，皆干严谴。今被其戮杀多人，事属可伤，实则孽由自作。但噶喇巴以地隔重洋，恃其荒远，罔知顾忌，肆行残害，恐嗣后扰及商舶，请禁止南洋商贩，俾知畏惧，俟革心向化，再为请旨施恩。又，广东道监察御史李清芳奏言，商人往东洋者十之一，南洋者十之九。江浙、闽广税银多出于此，一加禁遏，则四省海关税额必至于缺。每年统计，不下数十万，其有损于国帑，一也。大凡民间贸易，皆先时而买，及时而卖；预为蓄积，流通不穷。今若一旦禁止商旅，必至大困，二也。应暂停噶喇巴贸易，俟其哀求，然后再往。至南产各道，不宜尽禁。奏入，高宗纯皇帝令：江浙、闽广督抚详查议奏。嗣两江总督德沛、浙闽总督那苏图、署福建总督策楞、两广总督庆复皆遵旨议奏，王大臣会同兵部奏言：臣等查各督抚所议，或请毋庸禁止南洋商贩，或请暂禁噶喇巴往来，虽所议不同，其大意皆以仰体皇上怀柔无外之盛心，令海外远夷悔过自新，均沾德泽，即议令：暂禁噶喇巴者，原欲使其畏惧，今闻噶喇巴已将夷目黜责于我船，返棹时加意抚慰护送，嘱令再往，并无扰及商客之意，宜仍准其通商为便。奏入得旨俞允。

乾隆十五年四月，闽督喀尔吉善等奏言：龙溪县民陈怡老，久居噶喇巴贸易，娶梦噶适番女高冷为妾，贿通夷目，谋充甲必丹，于十四年五月，潜回厦门，为地方官访获。以闻照例远遣。乾隆二十四年禁丝斤出洋；二十七年复弛暎咭唎、瑞噠诸国之禁，而南洋噶喇巴诸国，饬禁如故；二十九年十二月，广督李侍尧等奏言：噶喇巴诸国仰望殊恩，恳将上丝及二蚕粗丝准一体酌带，其数应以一千六百斤为率。时江南督抚亦以为请，恳严立限制，不使外番求售无厌，或致市价加昂，奏入，报可。由是南洋诸国皆得衣被圣朝章采，奉职弥谨云。

杂识

自柬埔寨大山绕至西南为暹罗。由暹罗沿山海而南，为斜仔、六坤、大哞、丁噶呶、彭亨，山联中国，生向正南，至此而止。又沿海绕山之背，过西，与彭亨隔山而背坐，为柔佛。由柔佛而西为麻喇甲，即丁噶呶之后山也。由麻喇甲而西，出云南、天竺诸国之西南，为小西洋，戈什哒、暹罗沿山海至柔佛诸国，各皆有王，均受于暹罗国所辖。古分罗、暹二国，后合为暹罗国。俗崇佛。王衣文彩，佛像肉贴飞金，用金皿。陆乘象亭、象辇；舟驾龙凤，分官属曰招夸。以裸体、跣足、俯腰、蹲踞见尊贵，不衣裈，而围水幔。尊敬中国，理国政，掌财赋，城郭轩豁，沿溪楼阁，群居。水多鳄鱼，从海口至国城，溪长二千四百里，水深阔，容洋舶，随流出入，通黄河支流。夹岸大树茂林，猿猴采雀，上下呼鸣。番村错落，田畴饶广，农时阖家棹舟耕种，事毕而回，无俟锄芸，谷熟仍棹收获而归。粟蒿长二丈许，以为入贡土物，因播秧毕，而黄河水至，苗随水以长相同，惟丁噶呶、胡椒甲于诸番为美。番皆无来由族，类不识义礼，裸体挟刃，下围幅幔，槟榔夹烟嚼，谷米和水吞，贸易难容多艘。而柔佛一国，山虽联于彭亨，其势在下，水程应到昆仑用未针取茶盘转西至柔佛，计厦门水程一百七十三更。番情与上诸国相似，而所产相同，较之略美而倍。多年经商，可容三四舶，就舟交易。产沙金，国以铸花小金钱为币，重四五分，银币不行。

三十、邵星岩《薄海番域录》

柔佛在广东琼州府东南，丁机宜、满剌加之西，彭亨之东，一名乌丁礁林。王服带双刀，诸酋望见王弃刀于地，和南序立（《东西洋考》作“而”字）。宇用茭草（作葦字）以刀刻（作刺字）之。岁首四月，地不产谷，椎洗喜兵，彭亨、丁机宜之间绝无宁日。

按：此条内容大致与张燮《东西洋考》卷四柔佛条相同。

三十一、管榦珍《职方志》

乌丁礁林产血竭吉柿，海西南采芭蕉实代粮。

嘆咭唎海西极远，工匠巧，能制三折桅；船极大，乾隆五十八年入贡。（《松崖文钞》，卷六）

按：以上新加坡开埠前地名质、龙（凌）牙门、若里（撒里）及柔佛、乌丁礁林等资料。

三十二、清代英国海图

新州大山

新州大山简图三页：第一页（图一）上绘新州大山，有“此山生带新州”

数字在右上方；右下方绘三小岛屿，称之为“校杯”。岛屿下并有说明如下：“内打水十八托，外打水卅五托。近用丙己，开用单丙。五更取烟筌，头又用午及丁。三更取土佛，送彩船或烟筌。送彩回塘时在此处，一更开用单子及子癸，七更取外罗。”新州大山对下绘有外山，其下有说明：“顺山寻港。此山系竹竿屿，平平似堤样。内打水十七八托，外打水卅托。内外具可行，下有羊角屿，远看似五六张船舤样。”外山尖端处，其下有“此处系新州港”数字。

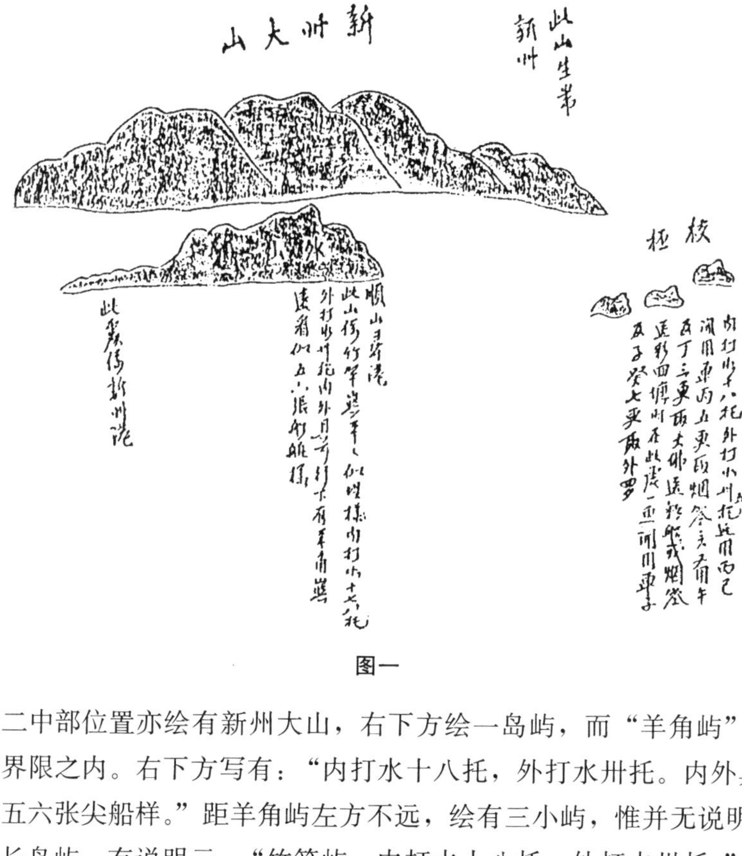

图一

图二中部位置亦绘有新州大山，右下方绘一岛屿，而“羊角屿”三字写在岛屿界限之内。右下方写有：“内打水十八托，外打水卅托。内外具可行。远看似五六张尖船样。”距羊角屿左方不远，绘有三小屿，惟并无说明。中下方有一长岛屿，有说明云：“竹竿屿，内打水十八托，外打水卅托。”左下隅绘有四尖峰小岛一，亦称为羊角屿，其上有说明云：“远看似船舤样，驶至过尾，看做三四只船𦨴（?）。竹竿屿不远，内亦可过。”

图三甚简单，上绘一大岛屿，其上有“新州下势山生连烟筒”九字。中下部分亦有一岛屿，写有“此山赤色”，在界限内，并无其他说明。另有小岛屿三，二在右，一在左，亦无说明。

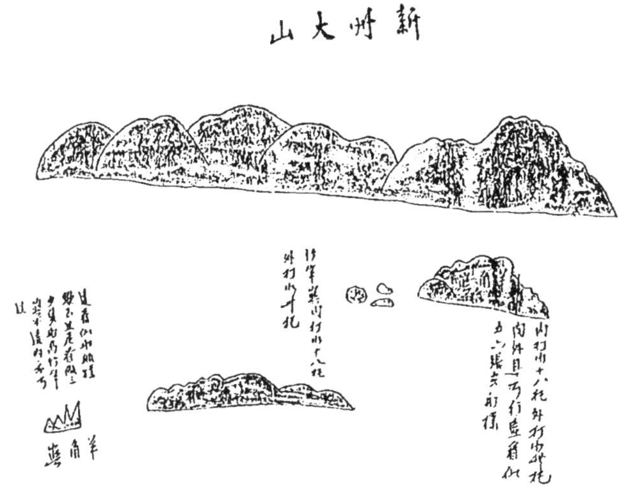

图二

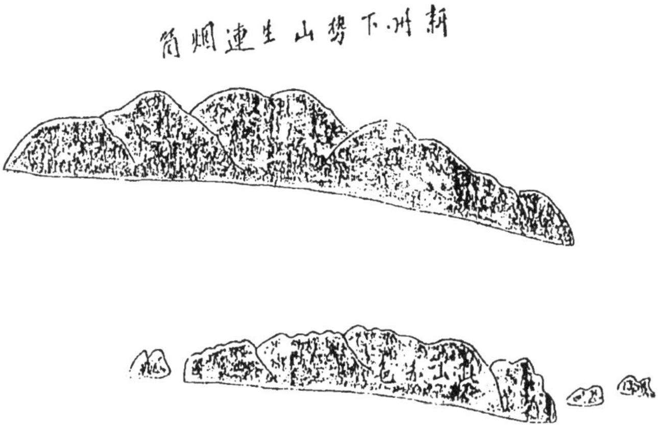

图三

按：以上三页简图，据英文笔记所指乃 1840 至 1843 年（道光二十至二十三年）间，中国船只往来新加坡海峡所习用。惟自鸦片战争以后，中国船员渐采用英国较精密之航海图也。然而图中所记文字，有类郑和《航海图》、《两种海道针经》所载，可见此种航海图，实为明清期间海员所经常使用也。

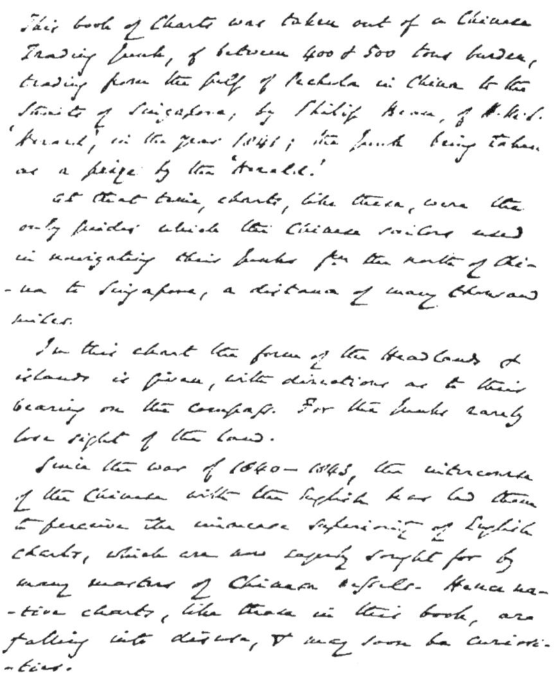

This book of Charts was taken out of a Chinese Trading Junk, of between 400 & 500 tons burden, trading from the Gulf of Pechele in China to the Straits of Singapore, by Philip Home, of H.M.S. 'Herald,' in the year 1841; the Junk being taken as a prize by the 'Herald.'

At that time, charts, like these, were the only guides which the Chinese sailors used in navigating their Junks from the north of China to Singapore, a distance of many thousand miles.

In this chart the forms of the Headlands & islands is given, with directions as to their bearing on the compass. For the Junks rarely lose sight of the land.

Since the war of 1840–1843, the intercourse of the Chinese with the English has led them to perceive the immense superiority of English charts, which are now eagerly sought for by many masters of Chinese vessels. Hence native charts, like those in this book, are falling into disuse, & may soon be curiosities.

图四

三十三、徐继畬《瀛环考略》

由七州洋过昆仑，越柬埔寨之烂泥尾，趋暹罗内海之西岸，地形如股，由西北伸于东南，中有连山如脊。山之东有小国七：极北界暹罗者曰斜仔，其南为六坤，再南为宋脚，皆暹罗属国。宋脚之南为大哖，再南为吉连丹，再南为丁噶奴，极南为彭亨，俱由小真屿向西分往，至厦门水程一百五六十更不等。诸国皆巫来由旧族，裸体操刃，下围幅幔。所产者铅、锡、翠毛、佳纹席、燕窝、海参、藤条、冰片，惟丁噶奴胡椒最良，贸易难容多艘。闽广贩洋之船时有至者。（节录《海国闻见录》）

过昆仑用未针取茶盘转而西北即彭亨，至斜仔，一山之背与苏门答腊隔港，地形如带，北抵暹罗之西南境，旧本一国，总名麻呐甲，其极南尽头之地，与彭亨隔山相对者，旧名柔佛，一名息力，或称实力，本巫来由番族，国俗与暹罗相仿。所产者金、银、犀角、象牙、铅、锡、胡椒、降香、苏木、燕窝、翠毛、佳纹席之类。厦门至柔佛水程一百七十三更，以息力为大埔头，更名曰新奇坡（或书为生嘉波）。欧罗巴诸国市舶东来，多萃集于此，闽广贩洋之船亦时至，帆樯林立，而货所聚，华夷流寓，成邑成都，埔头之盛过于噶罗巴，与前此之柔佛迥不侔矣。迤北约千里为麻喇甲，英夷亦建立埔头，而不如息力之富盛。麻喇甲之西北，海中有岛曰槟榔屿，亦英夷小埔头，中国商船，至此而止，过此即印度诸部，中国称为小西洋，舟楫不能往矣。

由麻喇甲沿海北行，为缅甸之西界，英夷尝谋其地，不能胜也，仅得其滨海片土，立埔头曰阿喀喇，一称新埠。

息力之南，噶罗巴之西，有大岛曰苏门答腊，中有大山曰万古屡，即《海国闻见录》之所谓亚齐也。地极广阔，巫来由番部所居。荷兰谋取其地，已得数城，番人攻陷之，竟不能有。仅于其东界海滨，建立埔头。欧罗巴诸国东来不至息力者，必取道于此，收帆抛碇，添备水食，故苏门答腊、噶罗巴两岛中间，为南洋之总门户，乃欧罗巴诸国东道通衢，若由息力转折而来，则间道也。

（按南洋诸岛，皆巫来由番部，蠢蠢如豕鹿。唐宋以后，岭南市舶渐通，其物产如胡椒、补骨脂、丁香、苏木之类，乃流播中土。自前明中叶，欧罗巴诸国航海东来，蓄谋袭夺，番族愚懦，不敢与校，于是大小吕宋，遂为西班牙所据，而苏门答腊以东大小数十岛，处处有荷兰埔头。观其城池坚壮，楼阁华好，市廛繁富，舟楫精良，与前此番岛之荒陋，气象固殊，而中土之多事，亦遂萌芽于此。英吉利诸埔头，在息力以西，南洋诸岛，非其有也。然国势既强，西班牙、荷兰非其匹敌，莫敢逆视，其视南洋诸岛若已有。）

三十四、周凯《道光厦门志》

准内地之船往南洋贸易，其地为噶喇吧、三宝垅、实力、马辰、赤仔、暹罗、柔佛、六坤、宋居胜、丁家屡……诸国，其出洋货物，则漳之丝绸纱绢，永春窑之瓷器，及各处所出雨伞、木屐、布匹、纸劄等物。（卷五，《洋船》）

服贾者以贩海为利薮，视汪洋臣浸如妊席……外至吕宋、苏禄、实力、噶喇巴，冬去夏回，一年一次。初则获利数倍至数十倍不等，故有倾产造船者，然骤富骤贫，容易起落，舵水人等借此为活者以万计。（卷十五，《俗尚》）

三十五、《夷情备采》(《海国图志》卷五七引)

新奇坡新闻纸云：暹罗国王闻我等攻敌中国之事，甚非笑轻忽我等，以一撮之多，而攻打天朝无数之兵丁。现在暹罗国王将所有赴中国贸易之船，尽收回船厂，而在曼果（暹罗国都）贸易之中国人与新奇坡贸易之中国人，亦皆戏笑我等，可见中国人如何恃其人民之众。又曰国中新得作飞炮之法，可与佛兰西人斗胜。盖佛兰西人初用飞炮之时，英吉利人即十分留心学之，而佛兰西人于打仗时用兵船少而能胜英人者，皆因其火药胜于英吉利之火药。现在喏付厘亦说英吉利飞炮与佛兰西飞炮一样，在英国试飞炮之法，乃建一只大坚固之船，无论船只相距远近，俱可施及，直飞至大船上，炮即裂开，将此船打成碎片，仅剩船底未坏，而片刻即沉海矣。用火药不过十一二棒，弹子内又包藏火药两棒半，亦少有烟，落下时亦无声，而远力闻之如放八十棒火药之大炮。此亦国家之新鲜强勇，故国家封密，不令人知，惟佛兰西有此。

三十六、魏源《海国图志》

圣祖仁皇帝谓：中国西洋俱在赤道北四十度内。海洋行船，中国论更次，西洋论度数，自彼国南行八十度，至大浪山始复北行，入广东界。《东华录》又谓西洋至中土有陆路可通，为鄂罗斯诸国所遮，改由中路而行者是矣。天时寒暖，与北方诸国略同，地多田少，驾马以耕，多种豆麦（按：此条又见萧令裕《记英吉利》），国俗急功尚利，以海贾为生。凡海口埔头有利之地，咸欲争之，于是精修船炮，所向加兵，其极西之墨利加边地，与佛兰西争战屡年始得。又若西南洋之印度及南洋濒海诸市埠，与南海中岛屿，向为西洋各国所据者，英夷皆以兵争之，而分其利。乾隆末，已雄海外，嘉庆中益强人，凡所夺之地，曰彻第缸，曰茫咕噜，曰唵门，曰旧柔佛，曰麻六甲，此二地今为新嘉坡，此皆南洋濒海之市埠也。曰新埠，曰亚英，曰旧港国之文都，曰苏门达拉，曰彼古达里，曰美洛居，曰葛留巴，此皆海中岛屿也。曰孟呀剌，曰孟买，曰曼达剌萨，曰马喇他，曰盎几里，曰即肚，此皆印度之地也。分兵镇守，岁收其贡税，若唐时西突厥之于西域，回鹘之于奚契丹，各有吐屯监使之官，以督其征赋焉。

按：以上又见《皇朝掌故汇编》卷十。

……英吉利商粤久，效慕华风，多通汉文、书汉字。盖自顺治来，钦天监用西洋历法，西士如汤若望、南怀仁之属皆入仕于朝，百数十年，渐染同文之治矣。（考旧档，乾隆二十四年，广督李侍尧奏，夷商于内地土音官话无不通晓，即汉字文义，亦能明晰。嘉庆中，广州府知府杨健详定英吉利国夷禀，许用汉字。）麻六甲者，明史之满剌加也。不知何年建华英书院，凡英夷学汉字者居之，又于新嘉坡建坚夏书院，凡弥利坚东学汉字者居之。经史子集备聚其中；才秀者入院渐业，以闽粤人为导师，月刊书一种，谓之《每月统纪传》；或录古语；或记邻藩；或述新闻；或论天度地球，词义不甚可晓，而每月皆有市价篇，取入口出口各货，分别等差，而详其价目焉。盖善贾市争分铢，而王之俸饷经费，一皆于此取办，尤所措意也。凡他国互市，皆船商自主，独英吉利统于大班，名曰公司，其国中殷富，咸入赀居货，虽王亦然。岁终会计，收其余羡，公司限三十年期满，续三十年，近闻来粤之大班多所干没，国人咸怨，限满将散公司矣。（粤中采访）……普鲁社船，所运茶叶，皆不甚多。其印度各埠，销用之茶，每年有英国六七船前去售卖。其阿支比拉俄各岛中茶叶，系中国福建商人装出贩卖，中国人海船放到苏禄、文莱、路哥尼阿、新奇坡附近各处，系顺西北风驶去。英吉利人亦有在新奇坡买中国茶回国者，其茶均是上等。现在各岛每年销茶之数，年增一年，总而计之，中国每年出口之茶叶有七千余万俸，与鸦片贸易可以抵对。

三十七、梁廷枏《粤道贡国说》

噗咭唎自创设公司，使专贸易之事，凡海洋要道，辄据而守之，如孟阿腊、孟买新埠之属，皆以次据焉。然相隔每万里，至数万里，合算之，虽辽广而不能联属也。

三十八、夏燮（江上蹇叟）《中西纪事》

卷之三　互市档案

澳门者，各洋贸易来往之所聚，而葡萄亚实主之。乾隆间定制，归并粤东，暂泊黄埔，交市事竣，仍回澳门住。冬，转向澳夷赁屋栖止，限满则驱之归国。又澳夷但输船钞，不似诸番船货并税。英人自通市于粤，设四班公司，经理贸易，欲得中国一岛之地，如新嘉坡、麻六甲，以为逆旅，其形便无过澳门，而为葡萄亚所先，已积不能平。又见澳中官吏与之为援，尤阴期之。迨乾隆之末，入贡要求，请令澳门寄住之洋商，得出入自便，意欲效澳夷事例，得以轻赋，自立码头，而未敢讼言。

卷之九　白门原约（道光二十二年）

壬寅白门之抚，是时所议各条，钞传在外，予答友人书论其事，兹核以后来之事多亿中者，因撮其大略于下：

一抚议内称通商码头，一广东、一福州、一厦门、一宁波、一上海，凡五口。查粤东之香港，已于上年奏给在先，此时正宜与之说明，作为粤东码头，不许牵及广州省会，乃该夷竟以香港为已得之码头，辄欲得陇望蜀。且五口通商，彼寄居之，而我取其税，固犹然中国之版图，主客之势界焉。若香港一岛，已与割地无异，将来一切地租杂税，皆输之于英，夷求如澳门之岁租五百，并无其实而犹存其名者，且不可得。予窃虑汶阳之田之不复返也。既给香港，又准在粤东通商，是二口也。闽省异以厦门，又索福州省会，奉谕饬以泉州换给，卒不行，是闽中亦二口也。浙之定海，孤悬海外，无险要之可守。乾隆年间，夷人屡请在舟山建立码头，奉旨驳回。迨伯麦攻陷定海，遽欲在此通商，浙抚刘韵珂胪陈八弊。今因索宁波不复言定海，而浙抚向争定海，今却不争宁波。予谓既得宁波，则定海是其出入之汇，何待于索江苏？既得上海，则吴淞亦然，是江浙名为一口，实亦二口也。通商码头东南四省，一气联络，向则开门揖盗，今且入室操戈矣。（此壬寅私议之原稿，而后来应验，遂不出意料中，如香港码头，近见西人月报，已隶英国埠下，与麻六甲、新嘉坡无异，又核其所收地租杂税各款，每岁可得十余万，居然中国大关一岁之矣。福州通商意在武夷山茶，见第三条中。后见梁中丞《归田琐记》有致刘中丞鸿翱一书，中云执事，亦知该夷所以必住福州之故乎。该夷所必需者，中国之茶叶，而崇安所产尤该夷所醉心，既得福州，则可以渐达崇安。此间早传该夷欲买武夷山之说，诚非无因。若果福州已得码头，则延建一带必至往来无忌。某记得道光乙未年春夏之交，该夷某国，曾有两大船停泊台江，别驾一小船，由洪山桥直上水口时，郑梦白方伯以乞假回籍，在竹崎江中与之相遇，令所过塘汛各兵开炮击回，则彼时已有到崇安相度茶山之意，其垂涎武夷可知，又言以福建而论，必不能富强于江南、浙江、广东也。乃江南、浙江、广东每省止准设一码头，而福建一省，独必添一码头以媚之，此所不解。况中原滨海各省不一而足，倘援福州之例，于山东索登州码头，于直隶索天津码头，于辽东索锦州码头，则概将唯命是听乎？况外番如英夷者，亦不一而足，倘各援英夷之例，亦于滨海各省，请分设码头，亦将唯命是听乎？且福州省城外距海尚有百十里之遥，苏省城外，距常熟海口不过百里，浙江城外，距龛赭海门亦不过百里，广州省城则外距澳门不过数十里，若皆以海道可通之故，各援福州之例，于各省会城并请分设码头，将何词以拒之？按以上云云核以后来之事，无不亿中，附识于此，以证予说之合。）

三十九、汤彝《盾墨》

西洋各岛至中国海道："西蕃从欧逻巴各国起程，约一年之内，皆聚于边海，春发入大洋。……又逾赤道，至小西洋，南印度卧亚城，在赤道北十六度。风有顺逆，大率亦一年之内，可抵小西洋，至此则海中多岛，道险窄难行，乃换中舶，亦乘春月而行，抵则意兰，经榜葛剌海，从苏门答腊与满剌加之中，又经新加步峡迤北，过占城暹罗界，阅三年，方抵广州，此从西达中国之路也。"（《鸦片战争资料》，231 页）

四十、龚柴《五洲图考》

暹罗

云南之南，越南之西，有暹罗国，南临大海，西南毗连各番部，西接英属部，西北与英属缅甸错壤，本暹罗及罗斛二国地。暹土硗瘠不宜耕艺，罗斛平衍而多稼，夙称沃壤，暹人岁仰给焉。逮元至正间，并合为一。明洪武初年，遣使朝贡，进金叶表，七年九年二十年皆入贡。二十八年，朝廷遣内臣赵达、宋福等使暹罗，立嗣王文绮。永乐元年遣使来京，贺登极。十七年遣使赍诏，谕其国王，俾与麻六甲平。十九年遣使贡方物，谢侵麻六甲罪。自正统至嘉靖，贡使络绎于道。国朝定鼎后，修贡职尤谨。康熙六十一年，上谕暹罗国贡使言其地米甚饶裕，银二三钱，可买稻米一石，谕令分运米三十万石，至闽广浙江，于地方甚有裨益，不必收税。雍正七年，御书"天南乐国"匾额赐之。十四年，又赐御书"炎服屏藩"匾额。乾隆三十六年，国为缅甸所灭，旋恢复，故王无后，众推大酋郑昭中华人为长。子华嗣立，诰封暹罗国王，至今缵绳弗替。五十五年，遣使贺八旬万寿，受封爵，定十年一贡例。嘉庆十年，上表言攻缅得胜，颁敕谕解之。初西南沿海属部众多，著者曰六坤，曰吉德，曰大年，曰吉连丹，曰丁噶奴。此数部者，虽旋叛旋复，至今仍隶版图。南数部曰彭亨，曰旧柔佛，曰麻六甲等，则久怀叛志，自立酋长，不复纳贡于暹。至旧柔佛部之新嘉坡岛，麻六甲部之内埠，吉德部之槟榔屿，延袤数百里，皆为英人割据。综计居民约得九百万，国分郡邑，县隶于府，府隶大库司。大库司者，规制略似中朝布政使司，犹地亚为其故都，在湄南河上游，新都曰曼谷，在湄南河淤岛上，周十六里，城中有小河，可通舟楫，房屋富丽，楼台雄壮，足为海南各国冠。庙宇更形奢靡，穷极工巧。都城中复建王城，周二里有奇，宫殿用金装彩绘，覆以铜瓦，室用锡瓦；街以美石砌成，规制极为整饬。通国之富裕，由是可见一斑。

四十一、卢蔚猷《海阳县志》七《舆地略》六

康雍时，服贾极远，止及苏、松、乍浦、汀、赣、广、惠之间。近数十载，则海邦遍历，而新嘉坡、暹罗，尤多列肆而居。

按：以上记息力及早期新加坡。

四十二、沈敦和《英吉利国志略》

英吉利本国地只三大岛，其藩属及屯煤扼守之地，多在数千万里之外……在亚细亚洲有九：五印度……锡兰岛……麻喇甲……威尔斯雷省……槟榔屿……新嘉坡（古名息力，在印度洋东南英设总督，驻重兵筑炮垒屯煤）、北灵岛……亚丁……塞伯罗岛……（《补编》第十一帙，2 页下）

四十三、刘启彤《英藩政概》

司突来突色得门次（Straits），首邑曰新加坡，地面二百六方英里，居民十五万有奇，内欧洲人二千七百六十九，巫来由人二万二千一百二十五，华人八万六千七百六十六，印度人一万二千五十八；次曰麻六格，地面六百五

十九方英里，居民十万，内欧洲人四十；次曰槟榔屿，巨镇曰交治汤，地面一百七方英里，居民十万，内欧洲人六百一十二；次曰维尔司里，地面二百七十方英里，居民十万五千，内欧洲人七十六；又有地在丁丁岛对岸劈克来境；又有吉令岛亦归统辖。总督岁俸五千镑，其下有麻六格、槟榔屿总管及统兵官理财官机器官税务官，议院除各官外有绅七人，皆由官选。新加坡有审事官一长一佐，槟榔屿有副审事官二人，麻六格有审事官一人。学校之费，每岁议拨入款六十三万镑，国责四万八千五百镑。（同上，10页下）

四十四、何大庚《英夷说》

英吉利者，昔以其国在西北数万里外，距粤海极远，似非中国切肤之患。今则骎骎而南，凡南洋濒海各国，远若明呀喇、曼哒喇萨、孟买等国，近若吉兰丹、丁加罗、柔佛、乌士国，以及海中三佛齐、葛留巴、婆罗诸岛，皆为其所胁服，而供其赋税，其势日南，其心日侈，岂有餍足之心哉！（据《大陆杂志》第三十八卷第六期）

四十五、萧令裕《记英吉利》

道光十二年

……国俗急功尚利，以海贾为生，凡海口埔头有利之地，咸欲争之，于是精修船炮，所向加兵。其极西之墨利加边地，与佛兰西争战屡年始得。又若西南洋之印度，及南洋濒海诸市埠，与南海中岛屿，向为西洋各国所据者，英夷皆以兵争之而分其利。乾隆末已雄海外，嘉庆中益强大。凡所夺之地曰彻第缸、曰茫咕噜、曰唵门、曰旧柔佛、曰麻六甲，此二地今为新嘉坡，此皆南洋濒海之市埠也。曰新埠、曰亚英、曰旧港国之文都、曰苏门达拉、曰彼古达里、曰美洛居、曰葛留巴，此皆海中岛屿也。曰孟呀剌、曰孟买、曰曼达喇萨、曰马喇他、曰盎几里、曰即肚，此皆印度之地也。分兵镇守，岁收其贡税，若唐时西突阙之于西域，回鹘之于实契丹，各有吐屯监使之官，以督其征赋焉。惟大海之南曰印度海，唐天竺国，居葱岭南，幅员三万里，分东、西、南、北、中五天竺。南天竺濒海，北天竺距雪山，东天竺际海，与扶南、林邑接，西天竺与罽宾、波斯接，中天竺在四天竺之会。都城曰茶馎和罗城，英夷在粤自称：辖天竺国五印度地，其东印度之来粤懋迁者，又名为港脚国（即唧肚也），粤人知港脚，不知即东印度也。印度与后藏、缅甸相邻，距英吉利之本国绝远，而奉其命令惟谨。若新埠（沃野五百里）、新嘉坡，与麻六甲相连（广袤二千数百里），则海道顺风，至广东之老万山，或六七日程，或十余日云。

……麻六甲者，《明史》之满剌加也。不知何年建华英书院，凡英夷学汉字者居之。又于新嘉坡建坚夏书院，凡弥利坚夷学汉字者居之。经史子集，备聚其中。才秀者入院渐业，以闽粤人为导师。月刊书一种，谓之《每月统纪传》，或录古语，或记邻藩，或述新闻，或论天度地球，词义不甚可晓，而每月皆有市价，遍取入口出口各货，分别等差，而详其价目焉。盖善贾市，争分铢，而王之俸饷经费，一皆于此取办，尤所措意也。（又见《小方壶斋舆地丛钞再补编》第九册）

按：《海国图志》卷三十五已载此。

四十六、叶钟进《英吉利夷情记略》下

其在东印度各国采买，亦设大班。诸人遇有可乘隙，即用大炮兵舶占踞海口，设夷目为监督，以收出入税。先后得有孟剌甲、新埠及新加坡等处，即葛剌巴本荷兰在前明所踞者，英夷亦曾夺之，近始仍归荷兰。其兵饷费出于公司，各港所征税，公司得收三十年，期满始归其国王。凡用兵只禀命而自备资粮，以故到处窥伺，所恃惟枪炮，炮子用生铁铸，重者至三十斤，故所向无不披靡。至东印度皆回民，仍各有酋长，其夷虽踞其海口，亦未深入其内地。其回夷贸易中国者，所驾舶亦需英夷测度以行，故用英夷旗号，名曰“港脚”。

嘉庆十一二年间，有大班喇佛者，约孟剌甲兵头，以兵船十艘窥伺安南，为安南所烬，无颜返国，以所余三艘顺抵粤洋。喇佛又与内奸说合，欲占澳门不果，喇佛不能回覆兵头，遂潜匿不出，不能开舱，此十三年秋冬间事也。其兵头竟趋澳，占踞炮台，西夷仅保守大炮台，发禀告急，时总督吴熊光、巡抚孙玉庭调兵戒严，饬澳门文武驱逐，夷兵虽回舶，然不去也。直待十四年春，喇佛给与金银带归，以恤死难，方回。喇佛以此被革，改用四班益华成为大班。盖议欲占澳时，惟伊不肯署名，嘉其有识也。喇佛旋以忧死于澳。

益华成之后，有大班吐丹东者，冀我大屿山为居止，寄信回国，求寄异物入贡，自粤趋天津口，天津监政以闻，奉准入都朝见。该夷使等不能行跪拜礼，诏将贡物发还，即饬盐政护送回粤，此嘉庆二十二年秋事也。

四十七、汪文泰《红毛番英吉利考略》

又与荷兰分据无来由息力大山（许宗彦《鉴止水斋集》）由吕宋正南而视，有一大山总名无来由息力大山，山之东为苏禄，西邻吉里问，又西沿文莱即古婆罗国，再绕西朱葛礁喇大山之正南，为马神（《海国闻见录》）。

又有海岛名新加坡者，距大屿山五六日程，平野数百里，英夷亦据之，建集英书院（案刑侍《黄爵滋奏折》英作贤），选国之俊秀，肄业其中，经史子集毕备（《英夷说》）。又建英华书院于马喇格，距大屿山十一日程。

道光十年，英华书院刊有《东西史记和合》一书，上叙中国年代，下叙英夷年代（出《刑侍黄奏折》）。案明天启时，西人艾儒略《职方外记》言：欧逻巴都会大邑皆官设书院，积书至数十万卷，日开门二次，听士子入内抄写诵读，但不许携出，则西夷之建立书院亦久矣。（《海外番夷录》汪文泰《红毛番英吉利考略》）

四十八、阙名《义火可握国记》

义火可握国在马来半岛南端，盖王国也。英属新加坡在其南边，距今前八十年英国购此属地于该王国，价六万圆。此边一带之地多为英属保护国，该国独保其自主特立，环国四面皆为英属地而此一小独立国在其中也，抑英国取此等四邻之地以为己属，独不及此一小国虽似可惊讶，盖有理存焉。（《小方壶斋舆地丛钞》）

四十九、袁祖志《瀛海采问纪实》

新嘉坡，英属；由西贡至此计程二千四百二十一里，一名唊叻。初为巫乃由人所居，獉獉狉狉，不成人境，又为寇盗逋逃薮。嘉庆二十三年，英人踞而有之，辟草莱而立码头，日盛一日，渐成乐土。巫乃由主退居柔佛，英予以俸而不灭之，亦难得也。

英置总督一，设关榷税，置巡捕厅，设巡逻差，十户一人，稽查民间争斗赌博及一切违禁为事。鸦片烟廊暨酒店甚多，两种生理日纳税银二千元；妓寮极夥，税亦甚巨；置屋产者，利十税一，其他称是，一年所入不知凡几。惟不容民耕种，平畴沃野任其荒芜，不似西贡一带之成阡成陌也；其意谓地方多粟则民易为乱，故禁令独严。近年中国亦设有领事官一员，现膺是秩者为左君秉隆，号子兴，广州驻防汉军人，府衙租于民间，颜其门曰“大清国领事府”，所以保护华人，诚善政也。

土民分为两种：一为巫乃由人，一为吉林人，皆黑如漆。吉林人尤陋，所居亦卑污特甚，大概从事工役及御车牧马等务者居多，亦间有贸易开肆者。此外皆中土闽、广人，约计有十余万，闽居其七，广居其三，半属富家巨室，类皆高其闬闳，额曰“中宪第”、“中议第”、“大夫第”者甚多，以皆膺有职衔故也。开筵宴宾亦极丰腆，中西之俗参半。更有极富者，皆置花园启广厦，车马精良，陈设珍异，莫不以为此间乐，而无还乡之志焉。至于贫者亦易于谋生，故趋之如鹜云。滨海皆山，形势最胜，东西宽广计六十余里，南北计四十余里，大倍于香港者三。为欧洲各国入中国必由之境，盖中外之咽喉也。毗连暹罗、喀叻吧，土谚初有一暹二巴三唊叻之语，近则此地日势一日，彼二处皆远不能及矣。海口创置炮台有二，一在山南，一在山北，因山为垒，凡二重，制度规模极称雄壮。兵分炮兵步队为二，纪律亦极严明。

土亦赤壤，亦甚肥沃，与西贡相仿佛，因不种禾黍故旷废甚多。所产：胡椒、蔗糖、槟榔、椰子、白藤、红木、点锡、牛皮。

有电报局，有自来火，有自来水，其水于山下凿池为二，第一池犹浊，至二池则已清矣。二池之旁为井，井通机器房，火引轮车旋转，则其水自由筒中逆行而上，上及山巅，亦凿二池，其水皆清，从此由管中散布下山，凡街衢要道处皆立有铁筒，任人启机取水，挑运不竭。（同上，453 页下—454 页上）

五十、袁祖志《出洋须知》

由上海至香港二千一百三十九里，为中土内洋。由香港至西贡三千四百七十七里，为外洋，乃出界第一码头（英公司不泊西贡，以新加坡为第一码头，槟榔屿为第二码头）。再向西北行至新加坡二千四百二十一里，乃第二码头。再向北行五千七百里入印度洋至锡兰，乃第三码头。再向西北行八千一百十三里至亚丁，为第四码头。再向北行四千七百里入红海至苏彝士河，为第五码头。舍海入河，计三百四里，出口至钵碎，为第六码头。再向西行入地中海，三千八百八十二里至义大利国拏波利城，为第七码头。向东南行一千七百二里至法国马塞（赛）海口，从此舍舟登陆，火轮车道遍及欧洲各国，惟至南北阿墨利加洲及阿非利加洲乃顺涉大西洋耳。（479 页）

谚云无钱不出门，然带钱亦有诀，中外情形不同处，不在大项，而在零用。盖巨款总以汇票为妥，若随身使用之款，仍须筹备得法。香港地方与上海亦已不一，再历一二码头，若西贡、新加坡则英法两国之洋尚可通用，自锡兰起，越亚丁、钵碎、拏波利、马塞（赛）直抵法都，只用法国之洋（货币），不用英国之洋……

泰西各国语言文字颇不相同，中土之人莫不以英国语言为泰西官话，谓到处可以通行，故习外国语言者皆务学英语，于是此授彼传，家弦户诵，近年来几于举国若狂。乃航海数万余里，除香港、新加坡历十数口岸并抵义大利、瑞士国、德意志、荷兰、比利时等国，皆不晓英语……（480 页上）

气候须知

春夏秋冬四时成序，寒来暑往更迭有常。乃出大洋，历西贡、新加坡等处，则竟四时皆夏，草木不凋，其土人生平不知霜雪为何物，不但裘可不披，即絮亦可不拥，故人皆常年披单衣赤双足，虽深冬犹盛暑。（同上，480 页上）

土产须知

金刚钻则产于巴西、新加坡。

五十一、张自牧《瀛海论》

南印度之南海中大岛曰锡兰，古狼牙修地，嘉庆时英人灭之，循海而东，阿喀剌郎谷两埠取之缅甸，在东据有新嘉坡（即息力柔佛也）、麻剌甲（即满剌加）、槟榔屿（即新埠）三埠，其地逼近暹罗。（同上书，第十一帙第七册，485 页上）

明时欧罗巴人航大西洋海，绕阿非利加之南过大浪山（即岌仆，一称好望角），东泛南洋诸岛而趋澳门，水程约三万里。道光中，由直布罗陀海口东驶入地中海，至埃及之苏尔士登陆，易火轮车至红海，复浮舟出亚丁入印度海，泛南洋入巽他峡至新嘉坡，经安南达香港，计程可减其半。同治季年，法兰西与埃及凿苏尔士开新河至亚勒散得，由是三万里海面一苇可杭。光绪初，英人购买此河，遂专归英辖。由伦敦四十日可达津门，则火轮之神速也。南洋地近闽广，华人流寓日众。迩年吕宋亚齐之人逐西班牙荷兰所置吏，自立为国，由是南洋岛国骎有胜广求六国后之势，而欧罗东道渐有戒心，竞请中国于新嘉坡金山等处设立领事，保卫华人，亦所以羁縻之，防其揭竿而起也。（同上，487 页上）

五十二、郑观应《盛世危言》

卷五“商务”四论新加坡之形势云：

两海相夹，形如箕舌，南洋锁钥，东西咽喉，新加坡是也。

卷六“海防”上

崇明、舟山、南台、台湾、南澳、雷琼等，处即用舟师扎为水营，不得上岸，建造衙门，安居而逸，处及嫖赌冶游。每岁三洋兵船交巡互哨，所到之处，务以测沙线、礁石、水潮深浅为考绩。每岁于三洋所辖兵轮中，各抽一船出探南洋各埠，如越南、暹罗、小吕宋、新加坡等处。由近及远，徐及于印度洋、波斯海，水道沙线，风潮礁石，绘图具说，坐言起行，夫而后逐渐前进于红海地中海大西洋太平洋，皆无不可到之理。一旦海上有警，则调南洋各海船，以扼新加坡及苏门答腊之海峡，迎击于海中，次调中洋台湾南澳之舟师，为接应包抄之举，再次则调北洋坚舰，除留守大沽口及旅威二口外，余船方可徐进中洋，弥缝其阙，坐镇而遥为声援，此寇自南来之说也。

卷八“招工”云：

英人华利言西历一千八百九十一年，即光绪十七年，华人被拐经新加坡，分往各埠者，多至十六万余人。其中有少壮者，有中年者，俱由中国口岸引诱出洋。其至新加坡庇能等埠者，尚不至过于困苦。若至秘鲁、渣华、般鸟、昆士兰、岑匆他剌租阿，或东海各小埠，则备受酷虐，呼吁无门。谁非人子，能不为之流涕而太息哉！或谓猪仔登舟，皆经番官讯问，不愿者遣回；其飘然长往、绝无顾虑者，皆自愿出洋者耳。不知拐匪奸谋百出，上下交通，当番官审讯时，皆拐匪冒名自称情愿，并非本人，即一二号呼哀求释遣者，亦系有意装点，欺饰庸愚鬼蜮心肠，险幻至此。华官番官，纵公正明察，亦安能不堕其术中！夫贩人为奴，本干例禁，今则名为招工，实与贩奴无异，原西律所不容。昔有贩阿洲黑人为奴者，英国上下议院集商禁止，出赀千百万赎还遣释，严申条约，诸国至今称之。

五十三、郑观应《盛世危言增订新编》

通便（卷三）

……曩者法、越多事，彭刚直檄委潜赴越南、金边、暹罗、新加坡等处侦探敌情。返粤后，上书当道，略谓：法兰西侵占越南，其国危亡，已同朝露；然越南亡而暹罗缅甸未即亡也。现在缅王暴虐，昆弟失和，英萌废立之心，缅不自安，转倚法援，为英所忌，恐愈速其亡。向闻暹、缅二国素称恭顺，附近各岛，如英法和西等国之属土，华民流寓其间者不下数百万人，亟宜简派公使驻扎南洋，所有南洋各国如越南、缅甸、暹罗、小吕宋，及英法各国属土之华民悉归统辖，即选各埠殷商或已举为甲必丹中外信服者为领事，联络声气，力求自强，仍仿西人在华训练民团，以资保护，令各埠商民捐资购置一二兵船，公使乘之出巡各埠，庶信息灵通，邦交益固，声威既壮，藩属不敢有外向之心，以兵卫民，即以民养兵，一举两得，无逾于此。或疑各埠华人多借洋人以自重，董事亦各树党援，不肯受约束于华官，持节南行，动多掣肘，可奈何？此则兵力之不逮而权势所由不行也。非有水师出洋巡缉，不能折外人凌侮之心；非有老成练达精明强干之才，难以胜公使领事之任……（21 页上—22 页上）

某为马来半岛中部王国一长官，驻在义火可握国，英人以为奇货可居，说之曰："今半岛情形有如乱麻，英雄割据，互为其长，而无能统一者，贵官独奉王命逡巡在此，不亦愚乎？贵官若有雄心称王之意，则我英国请先承认上义火可握国王尊号于贵官。"于是该长官心为之动，遂从其言，创兴一王国，英人从容谓王曰："新加坡僻在国之南端一小岛耳，请王卖于英国以酬英人尊立贵王之劳，不亦善乎？"王以为然，乃许诺焉。英人遂出六万圆购之，且该王在世时每年出二万四千圆为其汤沐之赀焉。英人购得新加坡如是，故其后虽并吞四邻，不复染指于该国，以至于今矣。然其政度简朴，不类朝鲜、暹罗等受诸强国之干涉；其王或出游伦敦而为英皇所优遇，又或宴于新加坡别墅；常住义火可握国宫殿，宫女数人拥侍左右，风流洒落以自娱焉。宫殿

为二层楼，后园纡绕，庭前广阔，前控海峡，与新加坡指呼相应……（同上，1页上）

按：以上记新加坡为英属地。

五十四、《东山薛氏家谱》（陈育崧椰阴馆藏）

薛佛记乃新加坡福建帮之开山祖，原籍福建漳州东山人。东山于清代属漳浦县，故薛氏题名喜用“漳郡清邑”，以示不忘本源。乃父中衍（1751—1804）死于马六甲，有子三人，而佛记居长。佛记字文舟；次弟明记字文仲；季弟佛世早死。女子五人：长曰田娘，适永春李节；次曰和娘，适龙溪王彩凤；三女世娘，适南安梁美吉；四女文娘，适海澄邱双林；五女瑞娘，适海澄翁如水。佛记生于乾隆五十八年（1793），卒于道光二十七年（1847），其生卒地俱在马六甲。

薛氏家族对华人与新加坡之贡献，值得至为重视。1879年恒山亭重修，主其事者乃公四子茂元（亦作源）。公次子荣樾，经商新、厦之间，而1884年卒于厦门。荣樾季子有福，于同治十三年（1874）在上海应出洋留学考试，名列优等，赏给官费留美，进波时顿大书院学习工艺。光绪七年，奉调回华，入福州船政衙门学习水师；八年派赴扬武轮船学习；十年七月初三日傍午为法人寇福垣马江，见危授命，尽忠殉难，没于王事，仅廿三岁。……（据陈育崧《新加坡华文碑铭集录》绪论引）

五十五、《陵海吴氏族谱》卷五

庆达公号熙台，家银湖。广业公三子。少孤，世业农，家贫，季侍母，自往新嘉坡购地，种胡椒、甘蜜，历十三年。

作霖公字精臣，家曲溪。芦篚公之父。明典公少时，家贫，附人往外洋，至槟榔屿佣耕。

五十六、《杨氏宗谱》

十五世孙杨汝公，道光十五年间梯航南来星洲，就佣于勿拉江吗底兵营，胼手胝足，开辟勿拉江吗底。康美乡宗人，相率南来勿拉江吗底佣工，遂家焉。后嗣繁衍繁多，俱业该岛，来往星洲船务，已为星洲公民，而以勿拉江吗底为第一故乡矣。

按：康美乡杨姓来自福建东山县。

五十七、夏同龢《高学能阡表》

（皇考）既冠，辞亲游，徒步千余里，沿嘉惠趋省会，附商航远达暹罗，遂枝栖宗人元盛公家。公伟视皇考，俾司市舶事。……皇考遇事有先识，其在新加坡也，利市三倍，知共事者不可与长处乐，风方顺，帆遽收，是以不遭波累。……皇考为善不近名，穗城创八邑会馆，香江创东华医院，均竭力规措赞成。……皇考讳廷楷，字宗实，号楚香，生道光庚辰（庚辰应是嘉庆廿五年）十二月廿四日，终光绪壬午正月十日。

按：阡表原刻在曼谷。

五十八、陈达《南洋华侨与闽粤社会》

曾祖考讳仆，字仁灼。……再向亲友借贷造船，航往南北两洋，惜所运仅木材树皮诸贱物，不能获利，晏如也。会星洲烟土跌价，勉办多少回国，运往上海，船次崖门，吏以此船向运贱货，免查挥击。抵上海，烟土获利甚丰。（道光时事）

按：以上族谱及移植记载。

五十九、《翁同龢日记》

光绪二十二年十月十八日

英使说：黄道在新嘉坡有扣商人四万元欲入己，今留在新嘉坡总督署，坚拒不接待。

按：此为英使中伤黄遵宪之言。陈育崧曾据1897年二月二十四日《叻报》，为之平反。（详《南洋学报》十九卷一辑，及吴天任《黄公度先生传稿》）

六十、徐润《徐愚斋自叙年谱》

《上合肥相国遵谕陈明前办商局各节事略》（光绪二十三年丁酉）

敬禀者：窃维天下之事，不见功于创始之日，而见功于成事之后，必先致功于创事之日。职道一介凡材，知识卑陋，经商沪上，粗晓洋情。同治十一年李爵相奏准设立招商局，运漕揽儎，所以分洋商独擅之利，而收回中国自有之利也。创始之时，札委朱故道其昂经办。十二年六月札委职道与唐故道廷枢入局办事，夙夜兢兢，惧弗胜任。深惟上宪培植之恩，股东付托之重，勉竭愚忱，冀图报效。规模宜扩，不敢存因陋就简之心；风气初开，急思为蒂固根深之计。自同治十二年入局，至光绪九年因病请假离局，先后常州驻局效力者十一年。所有办理实在情形，似不能谓为无功者，谨胪陈其大端……

三曰码头栈房。初时仅有天津紫竹林、上海浦东二处，嗣后逐年营造，至光绪十年共有牛庄、烟台、福州、厦门、广州、香港、汕头、宁波、镇江、九江、汉口，以及外洋之长崎、横滨、神户、星加坡、槟榔屿、安南、吕宋十九处，连前共二十一处。到处设立仁和保险公司，担保商货，堆积货物，以便商旅。岁入租项不下十余万两。此不能谓为无功者三也。

四曰保险。光绪元年冬、二年夏，另招股分设仁和保险公司，续设济和保险公司，保客货兼保船险。推及于中国各埠暨外洋星加坡、吕宋等埠，凡二十一处，系职道与李积善堂创其始……此不能谓为无功者四也。（《洋务运动》第八册，175—177页）

拟兴滦州卞凉订商务公司节略（光绪二十三年丁酉春）

……润自光绪十七年驻办开平矿务，次年创办建平金矿，往来口外者六七年于兹矣。热河后府围场蒙古暨承德、永平两府所属十四州县足迹殆遍，凡其地势物产有关于商务者，随时访查，粗知崖略。计其大宗，厥有九利……

一曰高粱酒。天津广兴居、东丰玉所制高粱酒，并五茄皮、玫瑰露等酒，装运出口，售于南洋新加坡各埠，获利颇厚。麦子、高粱口外出产最广，价比别处为贱，若就近开设机器烧锅，本地销场既广，又能运出口岸，此可获利者三也。（180—181页）

六十一、严复《海军大事记序》

不佞年十有五则应募为海军生。当是时，马江船司空草创未就，借城南定光寺为学舍，同学仅百人，学旁行书算，其中晨夜伊毗之声与梵呗相答。距今五十许年，当时同学略尽，屈指殆无一二存者。回首前尘，塔影山光，时犹呈现于吾梦寐间也。已而移居马江之后学堂，卒业，旋登建威帆船、扬武轮船为实习，北逾辽勃，东环日本，南暨马来、息叻、吕宋，中间又被檄赴台湾之背旂、莱苏澳，咸与绘图以归……

六十二、池仲祐《海军大事记》

（同治）十年辛未。……船政派学生严宗光（后改名复）、刘步蟾、林泰曾、何心川、叶祖珪、蒋超英、方伯谦、林承谟、沈有恒、林永升、邱宝仁、郑溥泉、叶伯鋆、黄建勋、许寿山、陈毓淞、柴卓群、陈锦荣等十八人并外学堂各生登建威练船练习，巡历南至新加坡、槟榔屿各口岸，北至直隶湾、辽东湾各口岸。（481页）

光绪元年乙亥。……以扬武兵船作为练船，将建威所有练生移入。复添派萨镇冰、林颖启、吴开泰、江懋祉、叶琛、林履中、蓝建枢、戴伯康、许济川、陈英、林森林、韦振声、史建中等登船见习，航行外海，游历新加坡、小吕宋、槟榔屿各埠，至日本而还。（482页）

三十三年丁未。……北洋大臣奏派何品璋为队长，率海筹、海容两舰赴西贡、新加坡等处巡视。抵粤，值粤城革命事起，留资镇摄，事平乃赴西贡。西贡长官欢悦，举三事以表优待：一、不问华侨刑事十日；一、兵舰员兵得以随处游玩；一、兵船员兵登岸不谙禁俗者为之指引。中外商民来船参观者日以千计，侨商额手相庆，三江闽粤之商分日开宴欢迎，谓中国军舰自光绪元年建威练船抵埠后，久无继至者，相隔三十余年，于兹复睹，甚盛事也。嗣以国内需船，北洋大臣袁世凯电调两舰赴赣。秋，农商部奏南洋华侨商会成立，请派员考察奖励。廷旨派杨士琦乘海圻、海容两舰由上海航行，历美属之飞猎滨，法属之西贡、暹罗之曼谷都城，和属爪哇之巴达维亚、三宝垄、泗水、日惹、梭罗及附近苏门答蜡之汶岛，英属之新加坡、槟榔屿及附近之大小霹雳等埠。(501—502 页)

宣统元年己酉。二月，部派海圻、海容两舰巡视南洋，商部派员外郎王大贞随同抚慰华侨。圻、容由吴淞起轮，过香港，历赴新加坡、巴达维亚、三宝垄、泗水、巴里、坤甸、日惹、望加锡、西贡等埠，至四月先后回华。(503 页)

三年辛亥。正月，派海琛军舰巡视南洋，兼赴西贡并荷属各埠，而商部亦派郎中赵从蕃同往抚慰华侨。(504 页)

六十三、薛福成《庸盦笔记》

一定海某茂才为粤寇所虏，逃出后，改业为贾，尝赁船之新加坡，遭风飘至爪华（哇）岛。尝言爪华南境，有刘庄者，其民皆刘氏，约数千家，聚族而居，盖前汉惠帝之苗裔也。

六十四、李勋《说映》

以手攫食（卷三）

暹罗息力诸土番，凡食皆以手搦之，见者莫不嗤其秽鄙。《困学纪闻》引《理道要诀》云，周人尚以手搏食，故记云共饭不泽手，盖弊俗渐改未尽；今夷狄及海南诸国，五岭外人皆以手搏食。然则岭南旧有此俗，至宋尚未尽改正，不得妄嗤海外人矣。(1949 年澄海莲阳兰芳居刊本，47 页)

六十五、冒澄《潮牍偶存》

大概潮属积弊，潮阳无不有之，如纠结全乡械斗、抢掳、抗粮、拒捕等事，相沿已久，竟成锢习。夫莠民何处蔑有？而潮民倍觉强梁，军械则人有所藏，战斗则视为儿戏，心粗胆大，每易生端。乡村聚族而居，丁男动以万计，而且互相勾结，各树党扰益。凡一乡一族之中，必有烂匪数名主谋领袖，专与官法作梗，而良弱者亦即为其胁制，或且相率效尤，全在公正绅耆□□

约束缅送，为免滋生事端，无如绅士中明白正派者，指不多屈，而恃符藐法者实繁有徒，甚或与烂匪暗相连络，庇纵分肥。地方官非不实力查拿，而若辈党众势强，往往不能缉获，若带兵勇诣办，动辄负隅抗拒，恣逞凶狂，办理稍不得宜，即恐酿成巨患。

卑职抵任之初，接阅民词，检查案牍，每有衅起无端，而控情极为重大，或称拜会劫杀，或称掳掠焚烧，或初词本属细故，而续控忽起巨端，或原控不过数人，而催呈动牵十百，控绅耆则无不主纵，控坟山则无不迁骸，虚实混淆，词出一面，及细加考核，则其中疑窦正多，人命而无尸可验，抢劫而无赃可开，一事而涉及多人，一案而歧分数起，狡者以健讼为能事，愚者听讼棍之主唆，每喜隐匿真情，架虚耸听，或知将被控告，而先发以制人，或以被控有名，而饰词以互抵，支离闪烁，证词难凭。至于拘传犯证到案寥寥，强者藏匿蛮乡，差人不能往捕，弱者虑被拖累，先已外出无踪，又有在籍犯事，不敢到官，辄赴汕头海舶远遁暹罗、实叻（新嘉坡）等处，逋逃不返。在原籍方比差勒缉，而其人已遥隔重洋，此亦事所常有。案内之人证不集，则控情之虚实莫分，是以州县自理词讼，例限二十日完结，而能依限办理者十不得一。（卷一）

六十六、星洲寓公《述南洋群岛猪仔之历史》

文岛一埠，在和岛为小岛，中有八港，皆筑场圃种植，约计华工数万人。在林八记者，利官授以专利之权，与坡（新加坡）客馆联合，势力最大，为全埠商人所侧目。查猪仔由香港、汕、厦来坡，每名客馆约费十二元，客馆卖与林八记可得利金四十盾，核坡银约三十元。林再卖于工头，可得八十盾。该岛必选取青年或强于气力者，方为及格，故其价亦较他埠为优，而凌虐情形亦较他埠为更酷。每岁往者凡数万计，地亩有常，罕闻侥幸生还。

以南洋群岛而言，香港、汕、厦为贩卖猪仔之区；坡埠实转运猪仔之地也。渣甸鸭容洋行轮船七日一至，一舱搭客多者千余人，少亦七八百人不等，折中计算，每船约一千二百人，其余直放厦门、汕头、海口者，以年计数亦相等，核计每年大舱客来者约十数万人，而以此项猪仔居十之七。

附　高永光《关于华工出洋问题》

1860 年（咸丰十年），广东巡抚耆龄设立广州和汕头苦力收容所，及出洋船舶的检查制度。1872年（同治十一年）乃有汕头洋务公所之设，由曾昭茂任委员，继任者为郭溶、张澯、葛肇兰等人。到1884年（光绪十年）改为稽查汕头海口洋务局，由朱炳华、廖维杰等人任委员。1888年（光绪十四年），廖维杰任内进行和荷兰代表议定华民出洋佣工章程。过去华民到荷属的皆绕道新嘉坡，定章以后可径赴日里了，但在这个时候有客贩曾将华工数名拐至香港再往新嘉坡，而转赴苏门答腊。两广总督张之洞闻知这个消息，立命拘捕客贩斩首于汕头示警。禁令虽严，而诱拐之风并不曾因此而绝迹，正至反由是供猪仔市场价格更为提高。

六十七、邱炜萲《五百石洞天挥麈》

福州多山，山多嫩石，五色备具，状类珷玞；琢而磨之，可供玩好，其材尤任私家印章之用。有名田黄者，质泽秀腻，华贵异常，价值兼金，前人罗掘，坑产殆尽。其视端州石洞，紫绿二类，可资砚材，为世所宝者，殆无以尚。虽所用异宜而难得，尤过之常品，通号寿山，质地色泽居田黄之次，易得而价不昂。今京师琉璃厂肆，罗列五色印章，索价居奇，皆吾闽之寿山一种也。外省不易得此，亦不恒见，一若天特蕴是以私吾闽之人者。余性喜石交，两度福州访旧采新，不遗余力，平时游箧，每以自随。丙申携之渡海来南，拟辟一阁，命名五百石洞天，以藏畀之。既而丁忧奉榇回帆，中途遇风，石受颠簸，毁其数十，旧时篆刻，以漫漶不可辨识。遂举而瘗诸荒圃，与历年弃稿秃豪，合为一丘。丁酉再至海外，闻人言星洲大野，有菜佣某锄地，见嫩石盈坑，不辨何用，趣往观之，紫光莹目，则寿山材也。意为大慰，以车轰归，使工治之，拔其殊尤，罗列几案，日夕把玩，为之忘倦。乃蹶然起曰，今而后石交为可久矣。因补书斋额曰“五百石洞天”纪实也。自时厥后，星洲之人竞相采取，而地不爱宝，方日泄其奇，与吾乡寿山若相雄长，以名于天下，又无不自五百石主人发其凡云。

新嘉坡本巫来由部落，其地浮洲，自成小国，古称柔佛，狉狉獉獉，莫可详已。归英保护，不满百年。欧亚二洲，轮舶往来，华人流寓，商务繁兴，因民之力，遂成巨镇，在南洋各岛中称巨擘焉。内地稍入，仍听巫来由土酋自治，故柔佛之号不改，沿海埔头政治一禀英人，英人因称为新嘉坡；新嘉坡犹云泊船口岸也。然余尝登高阜而望，每当夕阳西匿，明月未升，隔岸帆樯，满山楼阁，忽而繁镫遍缀，芒射于波光树影间者，缭曲回环，蜿蜒绵亘，殆不可以数计。及与驰孔道，驾轻车，则又灯火万家，平原十里，与顷者相薄激，明月为之韬彩，牛斗为之敛芒，若是者街鼓统如，东方发白，犹未阑也。乃顾而嘻曰："岛人尝称新嘉坡为星嘉坡，向以为译音之偶异耳，今而后知星字之为美，其在斯乎？况是坡也，一岛滢洄，下临无地，混然中处，气象万千。既以星嘉是坡，为之表异，何不以洲名是坡为即纪实耶？乃号之曰星洲，而以星洲寓公自号。"嗟夫，星坡一弹丸岛耳，容华人至廿余万有奇，其来作寓公者，固不只余一人；而余亦既偶然而为此廿余万寓公之一人。江风山月，式好毋尤，其遂乐此而自足也耶？抑非斯人之徒与而谁与耶？

丙申，余来星坡，蒙内地流寓诸君子，委校文艺，继左、黄二领事（会贤图南）社，后创兴丽泽一社，以便讲习。无论诗、古文辞、时文、试帖、策论、杂体皆可分课，各自成卷，仿粤东学海堂例也。凡期月而一课之，冀可蝉联不辍。余初颇难其成，窃意南荒僻陋，岛屿林立，流寓文士，散而不聚，声气难通，土著人材，童则失于正蒙，壮且溺于货利，求有一二心通其意思，能洽我同源，响我宗教者，已戛戛难之，况求其干城我、金兰我耶？而诸君子文兴正豪，坚持必行之说，乃以季秋举办初课，一时闻风奔辏，得卷千四百有奇，揭晓流寓十之九，土著十之一，亦云盛矣。

星洲明丽名园，即胡家花园故址，俗呼南生园，从胡京卿璇泽所设肆额名之耳。历任使欧大臣，邮舶往来，必趋星洲，郭筠仙中丞、曾劼刚袭侯皆为载入日记。予友独立山人《西海纪行》卷则称为豆蔻园。其实豆蔻园别为小区，附缀园右，不足以尽兹园也。初胡在粤籍，与英商稔习，嗣贾星洲，操奇倍蓰，名日以著。华商得英勋章，亦惟君始。或传其微时，事颇无稽，不足信也。晚辟兹园，有异乡菟裘之志，使臣鸿雪留题，游客海山雅会，文字藻饰，遂为天南第一胜地。谈瀛者恒著录焉，其嗣不能终保。潮人佘姓，购以二万白金有奇，探胜重来，每起园是主、人人是客之感，夫亦可观世变矣。园之结构，兼中西式，风廊水阁，点缀颇幽。平地数十亩，树木扶疏，禽声上下，殊快眩瞩，绝无岛上林园臃肿陋习。（叻屿甲三州府，华人林园俗呼山巴，其意不在适体，率丛杂阴森，冀收林木之利，借代耕佃而已。）去市不远，凡有供馈，咄嗟立办。余尝以星洲名园，除回回商人，名栖逸摩诃未者，所居园而外无能相尚，盖有见而云然也。去秋主人蔚园观察（蔚园名勉然，充星洲议政局员），樽酒见邀，饱览其胜。曾题长句，铭其柱云："明丽著南方，乐圣长看依日月；名园开绿水，飞仙真个住蓬莱。"格用冠首，徇所请也。明丽名园，本译音，为英京胜迹，前任三州府督施公移以题赠斯园者，亦主人为余言。

余尝以南洋岛屿，不下百余，华人流寓土著数百万，以无志书，尽附湮没为可惜。各钦使随员日记，择焉不详，徒滋疑惑；内地秉笔者无所征信，则亦等诸化外而已。《瀛环志略》一书，创于数十年前，所称南洋岛屿，不无详略脱节，而沿革大端，门户形势，颇有合者，是书志括寰瀛，不专重一隅，且身未亲其地，随事条载，无怪其略。然以视各钦使随员之身亲其地，贸贸然于食顷客谈，逞臆下笔，以欺饰人耳目者，则有间也。倘以志略为基，复博考近时西人纪载以实之不足，且由采访正名别类，咨考印证，期以十年，或有济乎。

中国驻扎外洋领事，历来悉由使臣派其私人，是以更一任使臣必更一次领事，几类古藩镇之自辟掾者。欧洲不尔也，此等处急当改归总署题补为是。（使臣联邦交，领事保商民，各有职任，不宜随意更置。）

左子兴都转任星洲领事时，以其暇博考周诹，创为《星洲小识》，属稿未毕，恒秘枕中，故外间无副本。永福力轩举孝康钧以医术游南洋，见文献之无征，慨然起著述之念。其间足迹所及，槟屿为久，因先成《槟榔屿志略》一稿，舆图沿革，军政户籍等条，多得诸都转。虽以客官谈人国政，岁月无多，考求未至，不无详略脱节，然都转善英文，随事翻译，率有所本，较近人之凭空捉摸，其得失必有间。闻孝廉辑志略时，请得附刊于各类中不可，因暂假其稿，命钞胥摘其要者，录于别纸。越日遂被索回，未几都转俸满还粤东原籍。名山之藏，正不知何日方得见诸鸡林市上耳。（子兴名秉隆，汉军人，诸生，曾袭侯奏派坡领事者。）

《槟榔屿志略·艺文志》著录凡十数种，据称皆流寓诸子笔墨。余尝欲致之一室，冀有采录，以广其传，使人入市求之不得，始知皆未刊行本也。《人物志》闽、粤散见，且多时人，不足以云论定。此书似宜改题游记笔谈为合。异时晤轩举当与商之。

轩举孝廉才足著书，泽古之功亦深，观其文集可见。《志略》一稿，不过率徇友人之请，偶尔试笔，非完书也。……心纵无亏已半灰，休叹遭逢多缺憾，从来造物忌全材（右焦琴），几载诗筒赖汝传，何堪重话酒炉边。鹧鸪枝上非当日，蟋蟀声中忆去年。驱策岂皆如我拙，短长休要说人前。还思故主深情否，一度相逢一黯然。（右旧仆）后查悉乃叶君季允之作。（季允字懋斌，自号惺噩生。广东人，徽州籍，旅星洲几二十年，尚无田可归也。）

予闻季允名久矣，丙申之秋，蒙先过我五百石洞天，修相见礼，气宇潇洒，其腹内才华，固可于眉睫间得之。有《赠友谭彪》诗云：“万里逍遥志，千秋著述身。襟怀狭瀛海，踪迹悔风尘。吟兴老逾健，辨才穷始新。传衣图画在，吾欲补斯人。”又云：“我亦栖栖才，昂藏一丈夫。不堪论事业，兀自误头颅。奇说喜相沃，斯文终不孤。知君多抱负，世事有心无?”即君之自命可想。

星洲丽泽社丁酉十月十一月十二月三课揭晓，冠军天宝堂梁宝衡咏梅仙馆，其实皆谭兰滨一人前后之作。兰滨名锡澧，番禺诸生，时文笔意，老当可喜，凝构处极似吾乡赵又铭太史稿。原作三篇，具存《丽泽社诗文初编》。骈体学《陈检讨集》，敷词妥帖，不蔓不支，微不足者，诗古文词之学耳。社例殿军，意取后劲，得预是选者，其文必与前茅五卷相伯仲。谭既连掇冠军，复托名戬谷轩寄疏慵馆而分殿十一月十二月之课。十二月课次题是《星洲丽泽社记》。殿军原作骈文云：窃以梗楠杞梓，成材必本乎蒿莱；棫朴菁莪，擢秀每基乎阿沚。箘簬虽美，非省括而弗成；长镖之铦，经炉锤而始就。是故汉崇经术，开虎观以萃儒生；唐重词章，辟凤池以优文士。薪错楚而俟刈，金在沙而待披，扩宇聿修，着治闽之常衮，胶庠肇辟，纪莅蜀之文翁，莫不乐育为功，甄陶待化，然而造士之雅，归诸有司。

卷中所录丽泽社诗友，多粤东人之流寓星洲者，其或以游客而入斯社，亦惟粤东人为多。如前得嘉应黎香荪磋尹经张琴柯别驾骧皆是也。今夏六月间，有棉兰（南洋小岛又名日里）归客道出星洲，慕名来访，出所自作诗三卷请质，似学吾闽林芗谿一派者，惟不及其老苍耳。余既为加墨其上，复摘其《四秋》腹联云秋色：“两岸荻花迷钓艇，半江芦絮扑溪桥。”《秋碪》：“战士干戈家万里，美人刀尺夜三更。”《秋茄》：“吹圆塞月三秋冷，响彻荒营万马鸣。”《秋阴》：“鸥眠浅渚寒生梦，雁入遥空淡接烟。”又七绝《舟夜》云：“拍堤烟水白茫茫，一片闲情写更长。睡起却看凉月坠，引人清梦到潇湘。”《赠妓》云：“不待歌台试舞腰，举杯相酌已魂销，知卿好似江头柳，长共离人作絮飘。”《马烈女墓》云：“一抔黄土旧埋香，匝地酸风啸白杨，漫道贞魂寻不见，月痕如水怨昏黄。”《越冈怀古》云：“木棉飞尽野花开，旧日朝台馆已颓，賸有任嚣坟畔草，年年新绿遍江隈。”《赵佗古冢》云：“故国河山賸夕阳，墓门秋老石苔荒，劳人别有兴亡感，不上朝台已断肠。”《月夜有怀子怡叔于江东桥赋此却寄》云：“此去江桥路几千，坐看明月各心悬，依人作嫁曾何补，回首春风又一年。”客张姓，名汉祥，字燕卿，又字药秋，亦粤东嘉应州人。

光绪十三年丁亥七月，王锦堂军门荣和、余元眉都转瓗，奉粤督南皮张香涛尚书之洞奏派南洋游历。由英、荷各属地而暹罗、孟咯、安南、西贡、小吕宋、孟尼拿，凡两载而游毕。王为槟榔屿土著，颇熟西语。发逆之乱，投效水师，以克复金陵，积功至显职。其于撰述一道，自属门外汉。余为粤之新宁县人，虽由科目，而懵于西事。其游星洲也，同因公出而并不同寓。王善土著，余暱粤人，意气之间，若不相谋。愚时犹髦，从先府君后，得见二君，每以未获畅聆高谈为歉。意二君行箧中，必有游记，会须迟之后出者，久乃寂然，仅见合词返报粤督书稿。惜限于程式，语多未详，殊为恨事。近日沔阳刘君彤轩以《小桑园诗草》寄愚，并俪以《南瀛日记》一帙，始知君前者实与余都转偕行，《南瀛》之记，幕中草也。记载虽不免简略，要自是词人本色，亦惟有此一记，方以补王、余二君之阙如耳。

或曰张尚书派员游历，意在知南洋之商务。其各岛中不乏商家豪杰，未闻王、余二君返报大府，同升诸公而收指臂之效者，即如署星洲领事，大埔张弼士观察振勋，署槟城领事嘉应谢梦池太守荣光，亦皆俟其自奋于功名之路，而非由士府之提拔……（卷三）

六十八、邱炜萲《菽园赘谈》七卷本

卷三　沧桑三变

惟同治甲戌，余生于海澄属之惠佐里。甫六月，家君匆匆出门，服贾海外；先期偕生慈襁余附海舶走千里，依中表于濠镜以居（今澳门）。濠镜地本粤东香山县辖，自前明西洋人（即葡国）来租地，自设兵房衙署，以卫居人。政令渐从西俗，虽数百年，然犹香山辖也。数年前，葡人肆其要请，总署不察，遽行奏准，举而畀诸西洋，视同瓯脱。沧桑之变，今之视昔，正不知如何耳。少长，家君自海外归，尽室而南，遂居息力（今新嘉坡也），是为英属，政令较他国为宽。盖其地为亚欧之冲，往来轮舶，皆出其途，所以优待客民，本如是也。欧洲六七大国，英为首，法次之，英以商务雄，法以武事著而不废商务；法之口岸在越南西贡，实偪我国滇桂，故英人轮舶以息力为第一码头，法则以西贡为第一码头，要之均在亚洲洲内。越南本我籓〔藩〕属，西贡安在法有，法乃利而据之，此光绪甲申年事，余犹在息力塾中，儿时闻之，不甚了了，及长读当世名人撰述，始知其详，未尝不叹沧桑之变，能见微而知著，防患于未然之少也。戊子春，侍堂上二老返闽，出应岁试，连诎有司；癸巳乡科，作南游之行，过马尾江，见昔年法越起衅，事机决裂，扰及我之腹地，感愤久之；不谓甲午难突发于日高，其焰炽于明秋而未已，台湾复从此弃也。沧桑之变，竟至是哉。当高事孔亟，日焰方张，游舰出没不时。春秋两闱，咸有戒心，余则以乘此机会，正好冒险长途，藉资阅历。半肩行李，一个苍头，往返万四千里，萧然无恙，自觉此行所得甚多，人亦莫我信也。呜呼！我生之初，则亦有然；我生之后，未知奚若。身世苍茫，桑田易变，只觉百端之交集耳。（12 页下—13 页下）

卷三　《醒报》

中朝自前明已有《邸报》，仅载官牍，不及民间清议琐事。泰西近代始为报纸，中国自通商后，始踵行之，创始香港，推及上海、广东及南洋等处。去年日本乱平，《福报》、《苏报》、《时务报》、《知新报》复相继起，存庶人清议之权，通寰瀛万国之故，意甚善也。惟内地动多忌讳，如昔年《广报》指斥疆吏李某纵赌殃民，其主笔即因此系狱；《强学会报》康工部立论昂激，常熟杨莘伯侍御崇伊即据风闻奏禁；近且有请禁苏沪各报者，坐使志士箝口，其弊不至率天下而尽为聋瞽之人不止，吁可哀已。吾友林文庆医师（在英京考授大学医师职照，现归星州售技兼充义政局人员）有见及此，慨然而兴，念南洋为亚欧之冲，见闻颇广。又内地疆臣权力所不及之处，可无避忌，似当创设一有益报纸，集天下之公言，新吾民之耳目。乃嘱闽清徐季钧秀才亮铨草其节目，命名曰《醒》，取曾劼刚袭侯先睡后醒之意，所以冀中国也；集资用股，仿西国有限公司之例，所以通声气也。持以示余，余曰：有是哉！林君之热肠也。宗旨既佳，章程既正，文章何患不美？惜余奉讳返闽，匆匆不暇商办，又以规模太大，股本甚宏，自非一手一足之烈可以旦夕几，事之成否，尚在不决。然南洋之众，不乏英才，当有闻风而起者，余拭目俟之。（24 页下—25 页上）

卷三　辛达士

英员辛达士，以字行。少游粤东，尝读中国书，见客能操粤语，无事舌人也。本任新嘉坡巡理府，犹我华之太守者焉，故华人竟以太守呼之。为人谨饬廉干，饶有政声。每逢七日假期退处私衙，不妄出户；私衙与制军第为邻，亦公家业也。孑然一身，了无梅鹤之累。日惟展阅中西书籍报纸，以销永昼，客至则瀹茗清谈，移时忘倦。余在星洲，屡相过从，见其暖暖姝姝，

无西人习气，未尝不心焉爱之。未几槟榔屿华民政务司遗缺，调君往署，遂别去。（29页上）

卷三　奚尔智

星嘉坡之有华民政务司，何以称也？英吉利政府知数十年来商埠广开，中国内地，如粤如潮如厦，穷檐妇女，被奸民诱掠出洋，转展抑勒者，不可指屈，乃特置司官一职，以重保护，故又称护政司，辖各一员，不独星洲。星洲之始任此职者曰毕麒麟，继之者曰奚尔智，皆勤厥职。奚尤长于干济，除保护妇女外，解散会党以十数万计，会党非他，即内地历年滋事漏网奸徒，私立名目，迫胁善良，小则贻害民生，大则阻挠国计者也；君以只手薙而去之，不张皇，不姑息，而民起安居乐业之思矣，宜彼都人士之所亟许也。保护妇女之政不一，最著者则有保良局，局员以华人为之，君时接见会员，周诹民隐，而犹有未尽善者，则以中西法律不能从同，男女之际为尤甚云。余与君有一日之雅，尝抗论当世时事，颇得要领，始悉君足迹几遍东方，其知之也稔，故其言之也详，盖亦有心人也。（29页上—29页下）

卷三　林文庆

林文庆医师者，余同年友，三山黄嶽臣孝廉（乃裳）之快婿也。少日读书英伦大书院，学成考授一等职照，归而售技，即以字行，一时声名藉甚，咸谓林氏有子矣。君居英久，改从西装，及返星洲，见夫文献遗徽，慨然有用世之志，遂弃西服，仍服汉制，然犹未有室家也。或造之谋，则曰："蓬矢桑弧，某将为东西南北之人矣，何以家为？"强之，则又曰："世无孟光，谁可配梁鸿者？于环岛之中而求《家人》之卦，吾终咏《雉朝飞》乎？"友人知其意有在，阴代物色，久之始得，即黄公之女公子也，籍隶榕垣，生而不俗，幼随美国教会女塾师诵习，能通欧西语言文字，熟精医学，平生游踪几环地球之半，李傅相使俄返命，与之邂逅太平洋邮船舱面，手书褒嘉为中国奇女子云。今冬行将南下成合卺礼，适余归舟相左，不及见。闻君夫妇虽俱谙西学，然无西人习气，此尤足多者，故特表而出之。（29页下—30页上）

卷四　倡影道人

星嘉坡之有丽泽社，余主其政，开课得《倡影道人卷》，亟赏之。他日徐季钧秀才偕其来谒，年可五十许而太瘦生，与之谈甚辩，滔滔不竭，如泻百川，益奇之。询以何事来岛，始悉素居台湾，去夏使者李经方割台，台众内渡，与其居停均从兵燹中而出，所有荡然，来岛呼将伯也。文人遇苦，可为浩叹。索观吟稿，欣然首肯，归寓即录一册来，余既检付《星报》手民排登报牍矣，兹再择其尤雅者附录于此。代人存诗，生平一乐，原不嫌其屡见也……道人姓李，名季琛，字汝衍，吾闽闽县人，候选巡检。（1页上—1页下）

卷六　徐季钧

去年小住星洲，文字之交绝少，初以为苦，及识徐季钧茂才，聆其言论，宛一解人，意颇善之。越日辱以四诗相投，中有"小楼一夜拜诗人，见说梅花是故身"，又"中原此地求文献，大雅于今属寓公"之句，奖借逾量，愧不敢当，始知其能诗也；由是每来必酬之谈，漏三下，恒无去。且因君以识君友，如卢季舫秀才等，皆海外一时文字契也，谬以余为知言，诿校社卷，殆无虚日，会吟、丽泽二社盖因是起，迄今邮筒络绎，万里神交，落月屋梁，相思颜色，犹仿佛寓楼话雨时矣。（20页下—21页上）

六十九、曾昭琴刊刻《答粤督书》

缘起

光绪二十七年辛丑二月，新任两广总督秀水陶子方制军（模）寄札新嘉坡中国总领事府罗忠尧，查明流寓闽士邱、林两人近日情形，乃罗领事得札后并未知会邱、林两君。事阅半月，粤港报馆自向督署录出原札底稿刊印于外，邱时见之，即行电覆，并作答书一通凡三千言，大意将年来维新党人心术行径磊落写出，而己之事迹附焉，以告天下，固不仅为答粤督之问而发也。此书自行刊登《天南新报》而后，即由津、沪、闽、广、港、澳、南洋、日本、新旧金山、檀香山，各华字报馆纷纷选登，而外洋诸西文报馆亦辗转翻译，不胫之驰遍九万里。天下之士得观原稿者，咸谓陶督善能下士，得大臣体；而邱君之披露胆肝，词无隐遁，有以见英雄本色，不受人欺亦从不欺人云。若林君者，少即游学英京，壮年仕于英国，现为星洲政局议员及预官中医师之选，与邱志行相合，雅相引重，每将欧美良法输灌宗邦，冀臻盛治，暇则共译中国古史及时事论说播刊西报，冀通东西之驿骑。时人每两贤而两称之，其在西人则曰林文庆、邱菽园，其在华人复曰邱菽园、林文庆，如车之辅，如骖之靳，莫能轩轾也。邱既答书，心迹大白，林以所志不替代言，遂不复有词，闻将以英文知禀肃谢陶督而已。邱、林之言曰：某等读书问政，本非淡然忘世者，不幸而所怀久蕴，欲达无门，又不幸而世处泯棼，动辄得咎，甚至蜚语之来，乱其影响，而使人猝无自解，固惟学寒蝉之噤声已耳。吾生有涯，人事无着，伤哉时也，其何能忍与终古。故自陶督寄札之来，二君感其知己惬于五中。又尝言曰：陶公盛意某非不喻，特经此次险阻而后所谓时危出处难者，盖已窥之至微验之至切，功名二字于我浮云然。即淡然忘世，又非初心所安，会有不耻下问之个臣，终当尽吾一得以作刍荛也。邱林之言如此，邱林之志不亦远哉，故此之答书殆其一斑之先见乎。于时邱君适有重订旧著《菽园赘谈》之役，视原稿删汰十之一，而新增十之二，由十四卷改为七卷，卷帙独厚，虽以《庚寅偶存》、《壬辰冬兴》两卷仍附于后，篇数尚憾畸零，乃取此文刊之而附益焉。蒙谓当得题其端曰《菽园著书四种》，邱君以偶然写意之文，非求问世，谢不愿也。世之获此卷而读者，当知《偶存》、《冬兴》为邱君少日之春华；《赘谈》、《答书》为邱君壮年之秋实。行藏出处，落落大方，用世之殷，立志之洁，本末灿然可信于友，而一生逆境危疑谤毁，独复忧患备尝。邱君不以韦脂取客，不以和光入世，卒能诚孚上下，郁久愈彰，而以见履道坦坦幽人贞吉之言之足味矣。

光绪二十有七年岁次辛丑首夏犹清和之吉龙山曾昭琴谨序于新嘉坡旅次

答粤督书

（电稿辛丑二月十九日自新嘉坡发） 两广制台陶大人鉴，敬禀者：窃职近读香港《华字报》，恭录宪台札谕新嘉坡领事，查明邱菽园、林文庆情形等因，祗诵之余，仰见宪台仁明公恕，爱人以德，所以督责之者甚至，而期许之者甚厚，钦佩曷极。职少读书，颇知义命，傥来毁誉，漠不关心；况复素懔失言失人之训，平生不妄以文字干请，亟亟自明。兹遇宪台谦谦下问，相见以天，不图空谷，闻此金玉，敢不披沥腹心，以答宪台之盛意。谨先具电奉闻，上慰仁廑；所有委曲之忱，当缮长禀邮呈宪辕耳，惟冀俯恕不备。内阁中书衔福建举人邱炜萲叩禀。再：菽园系职别号，合并禀明。

秀水督部大人钧鉴，敬禀者：窃职昨从港报，得读宪台谕饬坡领事罗君，查明职与林文庆有无植党图粤一札。职，维新中人也，十载江湖，颇闻爱国之略，恭逢天子仁圣，维新布治，佑保国民，方自与众欢虞，讴歌帝德，翳独何心而忍倡乱，且亦不敢；道路谣传，言过其实，重劳宪念，赐之话言，职以负罪之深，自顾藐躬，忽丛疑谤，容亦有故，既承明问，督责期望两者兼资，忠爱名言尤慑寤寐，职不自量，窃幸有略迹原心之知己，大君子其人，苟安缄默，益惧失人；谨由十九日电覆外，再缮长禀，沥叙悃忱，惟宪台之明加垂察焉。职生及三十年矣，栖迟海外，何刻忘乡，宗国之亲，维恭敬止。徒以身丁世难，外族凭凌，旅洋华商，时闻厄状，私忧过计，以为中国不更新百度，大变旧风，则立见其危，苟委蛇狐惑，待变无期，则危至亦且不旋踵；常以维新大政，企望廊庙间有能操吾民生命者，庶一举行，将凌欧美而福中国也。戊戌四月，天子下令，咸与维新，海外望风，欢喜无量，继捧明诏，遍立学堂，及于海外。前任领事香山刘君，造庐请谒，共草章程，属稿未定，即闻以职偕林文庆名详禀驻英使臣，欲以中西总校使分任之，辞不获命，时拟别荐能者，自为之佐；不谓急电传来，皇躬称疾，凡百新政，一切反汗，学堂诸董，云散风流，至今为梗。己亥三月，职乃与林就其近者先成一女童学堂，兼课中西，培本姆教，入禀英人，旋蒙批准，并承今署督瑞公夫人允充名誉校长，开议之日，领事刘君翩然来会，愿偕职等同充倡董，众情踊跃。以次而及荷属望加锡埠，则有李商连喜等之中华学堂，又葛留吧埠邱商鸾馨等之中西小学堂，其仰光埠李商鸣凤等之辅仁学社，则仍英属也：南洋闭塞渐见开明，中有华裔土著，传世六七而未一履中土者，亦能讲求爱国。念所自出，饮食颂祷，首唱敬皇，西人许为知礼。其秋九月七日，复有恭请圣安之举，先是西报传疑，宫禁新闻，都无确耗，旅民惶惑，意绪尤歧，职于其时，不揣愚戆，传单会馆，联以群情，首率电达，署名商众，五百余人；各岛效之，接武而起。越时旬日，邮到京抄，恭悉九月八日，内阁钦奉上谕一道：有华民出洋，其心恒不忘中土，忠爱之忱殊堪嘉尚，谕令沿海各省，于华民回籍设法保护，其旅居海外商民，并着各出使大臣妥筹保护等因，钦此。伏读终篇，感激涕零，既有以窥见湛恩之厚，在远不遗，而即以忭庆圣体大安，万畿待理，永慰霖望矣。此事原委，具详闽人曾昭琴所辑《星洲上书记》中。职复谨飏末议，广坐陈词，冀以稍定民志，率直之见，方谓逞臆抒诚，可告无罪，而抑知草野言高，疑谤之乘，已基于此。虽然，职以时艰之故，无暇粉饰，惊眠唤寐，口不择言，间于报纸中好为愤谈激论，则亦有矣，如戊戌训政，极言捕党起嫌，迁怒新法之非；己亥庚子，事变尤多，忽而建储，大背祖制，以贻列邦之责难，浸淫而及朝贵通拳袒匪之事，此数大端也。今日内变猝乘，宗社几危，乘舆西狩，四百兆众莫不疾首某王以下，罪魁祸首不可胜诛，职顾于难端未发之始，过抱先忧，心所为危，不容终闷，尝正言曰："如端庄刚董，妄挟天子，孤注国家，萧墙之忧万一而有，则海邦男子邱炜萲其人者，铁血未寒，有不臣而已矣。"嗟乎，区区之愚，以为所欲言者，天下之公言，亦国民公愤中不敢自逸之本义耳，何图用此大获咎戾。然而中国深知顺逆，感念国恩之志士，即以此故过加存拂。职所为僻居岛上，闭户穷愁，而君子至斯未尝不见者，抑亦怜其愚忠，乐通悃愫也。星坡为南洋总汇之区，锁钥欧亚，轮舶鳞萃，往来过客，何止楚粤一流。职以幼长濠镜，喜亲粤人，平居撰述，如《菽园赘谈》、《五百石洞天挥麈》、笔记五六种，皆尝乐述粤闻，以资谈助。庚子正月及闰八月，粤人康有为、梁启超两者先后道坡，使人将意，职重忆为今上所识拔之人，又自故国政变中来，必知朝事，因开阁见之。文人相聚，结习未忘，考古校经，盘桓旬日，因从问变政始末，我皇圣度，临风慨慷，涕如縻绠，瞻依北阙，图报皇皇，中间谈及时务，指陈得失，英雄所见，虽曰略同，而沉几观变，豪杰各不相下；旁观不察，拟议滋多，猥以康党，妄相附和，庸众目论，汹汹何值一哂；或又以职本闽产，凡所延揽胡独粤亲，疑必有图以快其利，且因粤旅而及楚湘，辗转传讹，骈拇枝指，其说愈凿，而不知有以上诸情实在也。溯自庚子之前，职与康梁了不相识，而戊戌己亥间，侧闻朝政新旧汹汹，因心发词，早伤嫠纬，每与同人匡坐筹议共思补苴，或撰报论公诸天下，或驰书四出劝建学堂以励实学，或合舆情上叩宫门吁圣安而请亲政，凡此种种，谅在宪台洞鉴之中，每烦絮述。倘虑为康梁所煽惑，则士各有志，无能相强，况即电禀一事，日中辟门，联名商众五百余人，其与职素无杯酒欢者，且居大半矣；职之愚戆，自问不惯煽人，亦不愿为他人所煽，康梁何人，而可以煽邱炜萲哉！至若楚人唐才常、才中者，绝未谋面，闻亦未涉南洋；职于丁酉来坡，纡道香港，尝从友人案头获《湘学报》数册观之，始知才常在彼主笔，贻笺辨学，中凡数次；亦越庚子春初，才常以所著《觉颠冥斋内言》刻本四卷由楚邮赠。职见其留心西史，穿穴异同，颇加珍护，然函信往还不及杂事，究不知其兄弟几人，且有弟名为才中也。汉口事起，鄂督张公电咨英伦使馆转饬坡领事罗君，首举才中供词为言向职诘难，职觉波澜太远，有如天外飞来，又如一部《十七史》，知从何处说起？甚欲诠述原委，面恳领事，托其代陈，亦以罗君为职夙友，已亥履任而后，花筵舞席，时共听歌，此际位秩纵判云泥，而短衣怒马挟弹少年之故人，讵便翻手不识，乃自鄂电之来，藺廉避面，欲语形惺，职尝卑词通使，约会寓楼，而罗君必欲呼职使前，辕门听命，职未知所以对也。爱职者言曰：吾子罪未分明，揆之西律，万毋自向领署之理，职亦内忖张公之意，本属无猜，惟受委者不察，误承风旨，执才中一偏之词，要求成谳，则辕门以内不难瞬涌惊波，藐尔微躯，曾何足重？他日因沉冤而交涉起，牵连外局，当非所以上慰张公，且亦悖张公意矣。用是引嫌未赴，罗君终不肯来，区区之忱，初心竟左。忽于是月晦夕，岛人传说，海澄邱族已为闽吏围捕，祖兆宗祠刬焚殆尽，职骤闻耗，痛不欲生，连发家电，三问不答，昏垫之余，辄觉我罪伊何，胡畀余毒？九阍日远，生既不能求谅于人。曷亦仇彼谮人，一举大名而死耳，南邦诸节钺，其有乐购吾头者，吾当戴吾头来。于斯时也，北方拳焰日夕正张，估客贾胡，眷念留鹂，救灾心切，尝有署名某某二国商人某氏投函职寓，力加怂恿，谓用白衣摇橹故智，上溯黄河，建议诛拳，当必悉索以助。职终未纳其言，妄有举动者，诚以觚棱在望，不违天威，丈夫欲建勋名，不敢先处嫌疑之地也。况其形拘势逼，又有近于自残同种，为彼驱除者耶？职是之故，不胜迟回，每念时艰家难萃于一时，独坐腐心，风云惨黯，宇内芸芸四百兆众，当以职身为苦人第一矣。未几，恭闻行在晋、陕之信，禹汤罪己，政无私门，凡戴帡幪，天日再睹；而职亦于其际始得家人确耗，自言初闻围捕之风雪，阖族狼窜，巷无居人，以致坡电来询，久沉消息也。呜呼！前事往矣，来日方长，和议迁延，回銮有待，天下想望维新之士，诚共系念圣皇，亦重望在皇所者之能以教养嘉谟，为民请命矣。前读宪台奏更科举学校之折，维新大政亟唯此先，絜领振裘，国民禔福，欧美芳躅，兴也勃然；凡职怀所欲陈，皆为宪台之素裕。即如近日，东省俄约关系隆重，非首严俄人之请，则援例纷前，他不暇论；职家漳、厦定复辙覆台、澎，无国鲜民思之疾首，而宪台复上海、杭州、澳门绅士之电，即允驰章入告，力任回天，逖听之下，尤以仰见中兴硕画，经纬万端之量，令人钦怿靡穷焉。兹之细绎谕札，休休有容，爱人以德，知道路之言不足成信，则饬查以明之；以维新中人有不得已之苦衷，则巽语相求，不啻自其口出，驽骀如职无足齿称，宪台犹复如此，而况天下之大，英绝领袖，伏处草野，伯伯于职者哉。职容为宪台披沥一言曰：维新变法者，天下之公理公言也，无所用其禁，而亦非刑禁所能穷。求行新政，至不得不思去此蠹国背君之权臣；草野微贱似过言高，然君国代谋，思未出位。论皇上，为中国待治之圣君，而中国存亡，实志士之生死以之已。今于忠君爱国之人，概目为祖于康梁之党，康梁身份诚日加增，而志士皇皇，进无以为自解之路，其激昂者，心伤蜚语，击剑悲歌，次之披发佯狂，引维新为大戒，于斯二者，过犹不及，岂身逢圣明而宜有此？比年以往，职尝与十闽百粤间故旧，笺素通辞，语及此意，相对慨然，郁郁久之，如天之福，瞬盼春夏，和议底成，两全权大臣收京迎主，捧日再中，前之要君祸国诸人，既因此次尽服其辜，道少豺狼，舆情不壅，君臣合体，万国来同，取法维新，与民乐利。不徒楚粤诸党会，本非生而好乱，一旦名义无出，闻而戢其他心，想彼康梁亦犹人耳，望风解散之不暇，否则流离琐尾，今更越在远岛之中，有不烟消灰灭者哉？若夫复辟难期，不闻新政，沉沉此局，坐俟瓜分，是天未欲平治中国也。以职之无知，犹决桑梓为墟，剥床肤切，虽即空山撰述，百篇千策，为着谁来，迹熄诗亡，亦当死不瞑目。旷观古史，大乱之生，多有枭雄崛起，冀附高才疾足之列者，四百兆众，可胜防耶？职投荒海外，忧患百经，情知贝锦织成，几于人皆欲杀，久安义命，有听诸天，倘必亟亟自陈，妄相干渎，亦适取见笑而自点耳。暗然无闷，两岁观心。忽拜金玉之音，若再匿情不告，将有与浮言倒置而长终者，甚非维新始愿所宜出也，故敢述其委曲，藉邮附呈，万里海天，铃辕渊肃，临楮曷胜屏营之至意，祗请崇安不罄，某谨呈。

七十、冼江《尤列事略》

手定“中华民国”国号

公与孙先生同寓于日本横滨山下町前田桥第百二十一番馆时，由公手定“中华民国”之国号，刊“中华民国万岁”圆形象牙国玺一个，于公历1901年元旦约我国留学界，宣布于东京即日启用国玺。又定两大计以实行其革命宗旨：一沟通学界；一开导华侨。尤公于东京留学界首先接洽者，文学生则为张继、王宠惠、戢翼翚、程家柽等君；武学生则为吴禄祯、刘伯刚、吴念兹、蔡锷等君。迨至南洋群岛之首先接洽者，则为邝艺良、黄康衢、何德如、胡伯骧、张永福、陈楚楠等君。是年秋，往新加坡埠悬壶行医，其医馆设于牛车水单边街，以医学鼓吹革命，其门如市。时南洋各埠保皇党声势鼎盛，闽商邱菽园及粤商七家头朱子佩等，咸为康、梁张目。尤公初至，不敢公然向商界谈革命，乃渐以国医术受知工界及下层社会，且常深入社会下层以鼓吹革命排满，久而久之，收效渐宏。继在吉隆坡、槟榔屿、霹雳、柔佛诸埠组织中和堂分部（公历1901年），从之者日众；其会所高悬青天白日旗，随风招展。青天白日旗之实用于海内外公共建筑物者，当以吉隆坡中和堂为最早。自是英属各小埠亦陆续有中和堂之设。会员中有黄耀、黄世仲、康荫田三人，皆湛通国学之文士，以绌于家计出洋谋生，暇时辄投稿于新加坡之《天南日报》，畅论时事。及与公结识，公乃先后推荐三人于香港《中国日报》及新加坡《图南日报》充任记者。黄世仲字小配，又号禺山世次郎，即香港各报之名记者，尝以撰作《洪秀全演义》及《二十载繁华梦》二说部见称于时者也。

扩大中和堂组织

兴中会于南洋始终并无组织，在壬寅、癸卯以前，南洋马来亚各埠势力几为保皇党徒独占，及尤公创立中和堂后，革命思潮始渐传播。时有闽籍富商陈楚楠、潮籍张永福等，夙醉心民族主义，知公系兴中会员，特登门请谒，一见如故。陈张等向与少数侨商组织小桃园俱乐部，为研究革命聚谈所，自是该俱乐部有公之足迹。旋至坝罗、怡保、芙蓉各埠，组织中和堂分部。同志益众，公思永久维系之法，在新加坡之北山亭地方辟一宏伟公冢，亲题其碑曰“正原总坟”，中和堂人心之固结者，亦一因也。

1903 年，上海《苏报》案起，陈楚楠等乃用小桃园俱乐部名义致电驻沪英领事，请援保护国事犯条例，勿引渡邹容、章炳麟二人于清吏，复集资翻印《革命军》五千册，改名《图存篇》，分送南洋各埠及闽粤各县，以广宣传，公与有力焉。

是岁秋冬间，陈楚楠等集资筹备《图南日报》于新加坡福建街二十一号，筹备数月，至甲辰春始出版。初由尤公介绍郑贯公任总编辑，郑以事辞，乃改聘陈诗仲，郑陈二氏皆前任香港《中国日报》记者也。此外，更聘公为名誉总编辑；黄伯耀、何德如、康荫田、胡伯骧、邱焕文分任撰述译务。黄、何、康、胡等多属中和党会员。出版第一日，尤公作发刊辞，署名吴兴季子者是也。

推倒清朝完成革命　介绍孙先生参加洪门

光绪三十年甲辰〔1904 年〕，孙先生由日再至檀香山。公知孙先生未经列籍洪门，不足以联络多数同志（海外各埠华侨多属洪门籍。丙申之岁，孙先生渡美鼓吹革命，洪门人士以其非同盟手足，无助之者），始毅然介绍孙先生加入致公堂。因乙未之前，兴中会要人加入洪门者，仅郑士良与尤公二人之故也。是日拜盟者六十余人，由主盟员封孙先生为洪棍（洪门隐语称首领曰洪棍），孙先生既入洪门籍，且被举为洪棍，遂与丙申到美时情形迥异，此时孙先生始与尤公声誉并驾齐驱于海外洪门也。

中和堂与同盟会之混合

星洲《图商报》出版后数月，孙先生在檀香山见之，知南洋向无革命派报纸，乃移书尤公，探询此报创立经过，公具以告之，孙先生深为喜慰。未几，孙先生自欧洲东归，先期函电尤公及余力山等，嘱于舟过新加坡时，引诸同志相见。时新加坡禁止孙先生五年入境之期未满，故未便上陆，仅由尤公领陈楚楠、林义顺等登轮晋谒。孙先生谓欧洲留学界已成立革命团体，此行到日本，即可组织革命党总机关，嘱尤公等预为布置，以利进行。尤公唯唯。是年冬，孙先生复由日抵新加坡，适英政府禁止其入境期限已满，尤公遂以晚晴园为招待所。孙先生报告中国同盟会已于八月二十日在东京成立本部，此来目的，乃举公主盟于南方，及组织新加坡分会，革命同志遂举楚楠为分会长；是日摄影纪念。自兹而后，各埠中和堂会员多加入同盟会，然其旧有之俱乐部仍旧存在。是则中和堂发源于兴中会，以济兴中会之不逮；而混合于同盟会，实促革命之成功者也。

救济党人被牵入狱

光绪卅三年七月，中和同志革命军西路都督关仁甫、南路都督王和顺，随孙先生举义于钦州及防城。廿七日王和顺克防城，八月一日仁甫克东兴，遂乘战胜余威，直逼钦州。因在日本购械接济之计划失败，武器无从接济，事遂败。同年十月，关、王暨黄明堂再随孙先生发动进攻广西镇南关要塞。因需款孔亟，尤公即分赴南洋各地，策动捐输接济，士气正盛，筹措就绪，遂于廿六日举事。先后占领镇南、镇中、镇北三炮台。清援军涌至，双方血战七昼夜，卒以弹药告罄，粮食垂尽，于十一月四日突围撤退。翌年关、王、黄三同志又再攻云南河口，三月廿九日举事，克之。黄明堂、关仁甫以云、贵正副都督名义布告安民，仁甫即进攻蒙自，拟会合临安周云祥之兵以捣昆明，历时一周，克地数百里，声威煊赫，大有饮马滇池之势。惟以孤军深入，粮尽援绝，而清军增援，众寡悬殊，迫得撤退，而退入越境者六百余人。越南当局，旋遣送至新加坡，孙先生乃命陈楚楠、林受之、沈联芳等设法收容，且在蔡厝港筹办中兴石山，及介绍于各埠矿山农场以安置之。然败兵多出身游勇，颇不受约束，有声言给养不良而聚众滋事者，有闹事殴人而招警吏干涉者，亦有劫掠行旅而妨害治安者。尤公以孙先生穷于应付，乃出而排解，败兵亦渐次就范。然尤公竟在此辈殴人嫌疑案被牵，于三月初三日入狱。两月后，孙先生致书英吏保证，五月初六省释。公出狱后，即赴暹罗，进行愈力，继续奔走，联络华侨，孙先生则赴欧洲，因之新加坡党务大受影响。新加坡同盟会支部迁槟榔屿，宣传机关之《中兴报》亦以经费支绌而停版，幸中和同人多属工界，宗旨纯一，以维革命事业之推进。宣统二年（1910 年）尤公回星，继续主持党务。因南洋为中和堂基地，会员众多，且富有牺牲性者，尤公以时机急迫，乃策动同志，潜回祖国，伺机起义。

七十一、《光绪二十四年中外大事汇记》

华人之旅于是间，约有千人之谱。其最有体面者：一为闽人黄君，一为潮人陈君。见该督罗织乱党，华人亦在其中，黄君乃往诣督辕，求为缓办，且分别良歹焉。讵该督斥之，转谓黄君通同煽惑，乃大肆杀戮，惨不忍言。土人以骑虎势成，始相率拒捕。惟军械不足，多有手持大棍，随众喧哗者。其有军器之人，则向兵营攻击，一鼓作气，其势甚凶，营兵避之，多为乱党所殪。该督则与神甫等权避于炮台，土人往攻，苦不能下。随有班国之战舰，闻警驶至，以开花炮照击，土人乱奔，营兵乃乘势逞威，水师亦相继登岸，分头放火，甚于咸阳。所有华人所居，不论贵贱若何，俱付诸一炬，逢人便杀。华人之死于乱者，殆大半焉。各国商人群往本国之领事署避乱，借其保护之力，无一遇难者。而华人则走投无路，无处非死地危机。当日情形，恰似蝼蚁之在沸鼎边乱缘乱走也。其幸免于死者，则伏于山林僻处，路宿风餐；一道西班牙之兵，又算此生已了矣。如是者数日，该督亦略有悔心，乃禁止军兵不必多戕人命，然后华人方有望活之路。惟尸骸遍地，臭气熏蒸。该督檄令华人充作仵作，将尸搬运而藁葬之。兔死狐伤，未免下泪。营兵之督工者，以其泣也，每执而毒挞，镇日辛苦，腹中已饥，始粗饭一盂、清水一碗相饷，复命起运兵船火食，有欲遁者，则毙之以枪。华人受苦不堪，屡欲他徙，争奈望洋空叹，欲渡无由。缘该督日命营兵四周巡守，凡轮船抵彼，必以兵守舱。如有华人私自附搭者，即击杀勿论，故脱出虎口者，寥寥无几。而两客之得以脱险者，则缘预避于素所熟识之驳艇中。伴凡四人，蜷伏板舱之下，听岸上哭声震地，炮声如雷，不觉肝胆俱摧，心肠欲碎。以呆伏非计，不如舍此逃生，乃共驾小舟，拟往某轮求载。比至，则有西班牙之兵紧守舱口，且拔枪欲击，因返棹急行，讵四桨才飞，一炮横过，船遂覆溺。二人已中炮而亡，乃泅于水中，偷视轮上，见守舱之兵已去，乃缘柱而登轮上。有一同籍之木工，慨然相救，藏于一黑房之内，仅容一人，乃叠股同伏，计历五夜，然后启轮。今之生入玉门，该木匠之力也。夫以此等惨虐，独于华人施之，谁无宗邦，而乃视同无事？此真可为痛恨者矣。故欲秉国者，一念及此，设法以维持之，使华人不至过于被欺，或者人心尚思汉也。（闰三月《中外新报》）

闰三月《维新日报》云：中国未设领事驻小吕宋，今值小吕宋内讧纷起，外侮频仍，华人经商此邦，迭遭危险，而受苛残，岂海外黔黎，非犹是赤子乎？香港、小吕宋生理商家，特禀请省督谭宫保电咨总理衙门请为保护，经总署电致驻英星使罗稷臣往见英外部，托其电往小吕宋英领事，着保护该埠华人，英外部大臣已允所请。想此埠华人托英庇护，可无受外人凌虐，伤残财货之害，然阅宿务西军待华人之残酷，真出情理外矣。

三月《知新报》载：新加坡某君致本馆书云：伏诵高义之日久矣，异国阻绝，末由迩谒，徒深钦挹。每披读贵报见指陈时病，动中窾要，为四百兆苍生请命，可谓不惜歌者苦矣，然谓君子置身内地，于西人横暴无状，虽甚洞悉，而未尝身受其毒，较旅于外者，幸与不幸，犹如北极之与南冰洋，相去不可以道里计。仆粤人也，旅叻二十余年，见华人为他族所虐者，每下愈况，辱无可拟，请痛哭为诸君子道之。方仆初抵叻也，见华人之事西人，奉令惟谨，唯唯诺诺，奔走恐后，如事严父，仆已有戒心，然其时有所谓干犯彼例者，提捉辫发，势将下狱，试与辨论，亦有半途宽释者，至舟车往来，虽万事皆落人后，然亦未尝任意诃斥，横加鞭挞，白黑不计，惟威令之是行。至越南一役，弃藩于法，于是西人藐我遂甚矣，揶揄华人，无所不至，编为歌语，使儿童讽唱，沿途为戏。我人之操工于彼族，与夫失业而游行者，稍不如意，即加扑责。其酗酒恶少，尤可畏怖，道路相逢，辟易不及，动见枪毙；被杀之案，偻指难数。天高路远，返诉莫由，惟有饮泣吞声，鸠赀棺殓而已。迨夫甲午之役，割全台，偿巨款，俯首帖耳，为城下盟。南洋华商闻之，皆握腕太息，悼痛斯举，废餐辍寝，如丧二亲，何者？盖念和议成后，外国寓公，受辱必无已时，身命且不可保，其无事奔走谋衣食者，至相戒累月不敢出户，偶见倭人，必讪辱备至，跋扈飞扬，借端寻衅，务使华人沮气噤声，抱头鼠窜而后止。西人由是不惟牛马我，且草芥我矣，税则议加，不加于他国之货者，独加于中国之货，苛例之所及，不行于诸国之民者，独行于中国之民。且谓中国土宇辽广，故包羞丛垢，而亦绰有余地，谓我人肩膊力厚，故备受万国压力，而无所弗胜，嗟乎！非犹是逐什一，权子母，手行箧，足重洋之商人也哉？胡为他国之商，所至如归，而我人荆天棘地，动获重戾，无所逃于五洲之内也，而失教无耻之尤，又复自戕其同种。阴为发踪指示，导洋蠹以噬其种之肥者，以视日人之互为手足，一夫遇难，万众均心，力图雪耻者，又如北极之与南冰洋，相去不可以道里计也，岂不重召外人之虐哉？瞻我华旅五内如焚，眷念乡关，魂魄飞越。自余一切情事，尚非楮墨所能罄，望大君子登之报末，俾斯世之有心者，知南洋百数万人，惴惴乎偷息以求活也，幸甚。

《论说汇》　卷首之三

问英人倡买奴之禁，设护工之司（新加坡有护工司衙门，以保卫华工），待我华人尚无极虐，而荷之属埠，园主不仁，役中人如牛马，苦猪仔以鞭（荷属苏门答腊日里埠，每岁从英属埠华人猪仔馆分雇华工约八九千人，违例荷待非英属埠可比）。神州贵种，不能列于人类，数十万流民受殃，其事既遂而有损华商数百万之名望，其患方长（马关议约日本谓华人旅外国者，皆非上等人，不能授相待最优之例），为之奈何？

答曰：是中国无保种之教也。昨年檀香山（太平洋中群岛之一）刻待羁民，禁倭人登岸，拘留轮船，倭海部外部，会议保全，不留余力，或派兵舰前往（见《时务报》第三十四册），或请比国公断（见《时务报》第三十七册），何其愤激也。而华工五百遭管理人之虐（见《时务报》第四十册），不闻有遣一船、飞一檄向檀政府让之者，自弃其民，而欲他人爱之，不可得也。通商以来，见侮于人，实由于此。今欲夺斯人于虎口，持之过猛，恐兆干戈无已。则有二策焉。考西国民风，健于远略。其行者皆富豪，故无受苦役于外人者，其贫民则只于本国各工厂各耕地，庸工以糊其口（按英人食于工者约一万万人，上工日三先令，次工日二先令，下工日一先令）。我华制造未兴，荒芜不治，愚贱无业，走而之他，亦势迫之也。今请于东北各省，广立垦荒公司，畜牧公司，毡绒公司，各种矿务公司，以安置北人。于东南各省，广立纱布公司，蚕桑公司，水利公司，各种矿务公司，以安置南人，犹患人多，则于沿海，广立渔利公司（按嗹属哀尔兰岛，在英三岛之北，土人多捕鲸者。英属北美洲英法捕鲸船有二百余艘；卑冷海峡，俄人渔业最旺）。风气一开，百废俱举，万物增饶，一公司之内，容魁杰不过数十人，容力役可至数千百人。贫民内徙以作业，富贾远出以求销，猪仔馆无复华人，洋市中定多华肆矣，此治本之策也。若欲治标，则在公使领事之得人耳，于华商成聚之区，立商会以维涣散，练防兵以资捍御，讲圣学以植根本，束无赖以正声名，我进于文明，彼焉得野蛮之？我进于教化，彼焉得土番之？（西俗最重文明教化。罗马旧律，凡与文教之国战争者皆有公法，虽攻城入邑，无得肆扰，野蛮不在此例。）愿建节诸公，毋褦襶斯言也。

论说汇　卷三　论出洋华民必须设法保护

上古之世，民至老死不相往来。盖以其时风俗淳厚，士食旧德，农服先畴，不必远涉异地，而仰事俯畜，绰有余裕。三五以降，风气既开，工贸迁任力役者，时或见异思迁，远赴他国，愿受一廛而为氓。然所历仍不逾中国之地，且人数亦必不多从，未有数逾百万，涉历重瀛，以谋生计，如今日出洋华民之多者。考中国与泰西各国通商，以闽、广为最早。故国初之时，两省之人，已有至南洋各岛者。其后海禁大开，轮舶往来，益无所阻，如新、旧金山、古巴、秘鲁、西贡、日里、新嘉坡、槟榔屿、葛罗巴、檀香山，以及日本之长崎、神户、大阪、横滨、东京、箱馆、新潟、夷港等处，华人所在麇集，其初或因故乡无可谋生，不得不放海外别求生业，迨后去者渐多，或经商，或佣工，或种植，或开矿，辗转援引，如水赴壑。华人又起居俭啬，辛苦耐劳，铢积寸累，往往有因以致富者。夫中国人数之多，甲于地球，迩者休养生息，生齿益繁，骎骎乎有土满人稠之患，苟于海外得一谋生之地，是不啻于中国之外，又辟一中国，其利益良非浅鲜。所难者聚数百万人之众，而无领事以镇摄之，其强者恃众滋事，取恶外人，弱者遇有争讼等事，控诉无门，种种苛例，受人挟制，且不特此也。流寓之地，一遇变乱，苟无领事保护，则事起仓促，束手待毙。如本年三月间，施务土民肇乱，先向华人铺户搜掠银物，旋有西班牙兵船到埠，挥兵登岸，击退乱党，班总督饬兵纵火，凡土人屋宇，与华人铺户，焚毁一空。是时，各国商人，皆有领事护卫，独华人以护卫无人，颇觉手足无措，东奔西荡，各自逃生。有死于炮者，有死于火者，又有死于兵者，合埠华人九百余名，逃出者只有两人，残惨情形，几于不忍卒读。

一八九八年（光绪二十四年）华人抵新加坡之统计

七月《博闻报》登新加坡华民政务司报政公文内，有将西去年间由华来新加坡之人列出，兹特译登，以供众览。

由香港来者，男子三万八千三百二十七名，妇女六千零四十一口，小孩一千九百八十五口，共计四万六千三百五十三人。由汕头来者，男子三万三千一百十四名，妇女五百七十三口，小孩七百六十七口，共计三万四千四百五十四人。由厦门来者，男子三万四千零八十六名，妇女一千六百四十六口，小孩三千零三十口，共计三万七千七百六十二人。由海南来者，男子六千一百九十五名，妇女十一口，小孩二百零三口，共计六千四百零九人。合共四处计男子十万零一千七百二十二名，其中自偿船税者，共七万三千零六十名，赊单来坡者，八千八百五十九名，妇女共五千四百二十七口，童子三千四百八十二口。

华民立约为佣数列　兹将去年内赴坡华民政务司署立约往各埠为佣之数，列登如下：往麻六甲为佣者计九十二名，往英芙蓉及拿吉里士美兰即日里雾等处一百七十一名，实兰莪吉隆二百二十二名，彭亨四百十五名，实laboratory勝钺三百十八名，北慕娘之根那峇东颜及仙港那二百五十八名，柔佛一千五百三十三名。

《学术汇》第一之三　总署谨覆令旅洋华人开设学堂折

臣等查华民流寓外洋日众，如英之新嘉坡、槟榔屿，美之旧金山、纽约，日斯巴尼亚之古巴、小吕宋，秘鲁之嘉里约，日本之横滨、神户、长崎等埠，统计侨寓华民，垂数百万，群居错处，其中当不乏可造就之材，特无以鼓舞而教导之，遂令沉沦异域，无由自见。臣荫桓前出使美、日、秘三国时，曾经奏请在金山、古巴、秘鲁等处，设立中、西学堂，奏定章程，规模已具，果能奉行至今，当有成效可睹。遽尔中辍，深为惜之。溯自同治、光绪年间，叠经派幼童学生出洋肄业，无非为储材御侮计。复屡奉谕旨，饬各省建立学堂，讲求经济，凡属簿海臣民，莫不争自濯磨，以冀仰副皇上造就人才之至意。今廖寿丰所请，各就寓洋华人一体建立学堂，兼肄中西文字，洵为切中时务之谕。诚以此等华民生长外洋，或浮家寄寓，凡语言文字，以及船炮工艺等学，习见习闻，不难得其门径，若再泽以诗书之气，晓以尊亲之义，则收效之捷，实较出洋肄业学生，事半功倍。惟在各使臣认真设学，公明孝课，庶可就地取材。查臣衙门奏定京师大学堂章程，内载府州县设立小学堂，省会设立中学堂，京师设立大学堂。由小学堂领有卒业文凭者，作为经济科生员，本此意推之外洋各埠，情事略同。如有学业已成，应如廖寿丰条奏，准由使臣考校，择尤进取，作为经济料商籍生员，咨明礼部原籍，以资奖劝，其或才学优长，品望卓著，由各使臣随时保荐，因材器使，量予参随领事等差，并将该员事迹，咨送臣衙门考察，以备录用。除俄法德诸国，流寓华民、未经设立领事，暂缓办理，相应请旨饬下出使英、美、日本等国大臣，体察情形，妥筹办理，并将开设学堂章程，取录人数，详细妥议，先行奏明备案，庶几名实相副，群材奋兴矣。所有臣等遵议缘由，理合恭折具陈，伏乞皇上圣鉴，谨奏。

星洲考略

星嘉坡本巫来由部落，古称柔佛国，狉狉獉獉，莫可详已，归英保护，不满百年。欧、亚二洲轮舶往来，华人流寓商务繁兴，因民之力，遂成巨镇，在南洋各岛中，称极盛焉。内地仍听巫来由自主，故柔佛之名不改，沿海埠头政治，一禀英人。英人因称为星嘉坡，亦曰实叻。星嘉坡犹云泊船口岸，实叻犹云海门也。然余尝登高而望，每当夕阳西匿，明月未升，隔岸帆樯，满山楼阁，忽而繁灯遍缀，芒射于波光树影间者，缭曲回环，蜿蜒绵亘，殆不可以数计，及与驰孔道，驾轻车，则又灯火万家，平原十里，与顷者相薄激，明月为之韬彩，牛斗为之敛芒，若是者街鼓统如，东方发白，犹未阑也。乃顾而喜曰，岛人尝称新嘉坡为星嘉坡，向以为译音之偶异耳，今而后知星之为美，其在斯乎。然是坡也，一岛潆洄，下临无地，混然中处，气象万千。既以星嘉是坡为表异，何不以洲名星坡为纪实耶？（按：此条已见邱炜萲《五百石洞天挥麈》）星洲都人士知星洲为表异也，亦群而和曰星洲，载述于此，为新嘉坡得号所自。至星洲受廛之十，华人居其九，流寓者八，土著者一，间有六七传，而乡音冠履，尽弃华制者，问其先，固自麻六甲来也。英属近称三洲，府曰星嘉坡、麻六甲、槟榔屿。星槟二岛，皆孤峙海滨，独麻埠与亚洲大地毗连，壤土尤广，故垦荒为久。我国初，沿海居民谋食南洋者，虽取海道，星槟未开，咸以为麻归宿。其时海禁严，犯无赦，既饥驱而作孑身远出之计，故知故乡永弃，亦复无可如何。求偶于斯，滋族于斯，华巫通种，由来久矣。亦越道咸同光，先因欧美数大国之请，始通商舶。继得使臣薛福成之奏，始弛海禁，相距盖二百余年。此二百余年中，流寓而土著，而巫籍，而英籍，上无家学师承，下囿故乡曲说，朝不闻汉京明诏，野不见夫子宫墙，非中非西，惟俗是师，是故不通巫言，无以浃岛上戚里之欢，即言光裕，亦第安下泽款段之素，求能自拔于二百余年中，如东亚西欧所称闻人者盖寡，其尤失先着者，在于妇女之妆饰，语言习尚，尽从巫俗，而于我华犹有一斑之似，则仅佞神及称谓间耳。辄从故老闻华人初来，多吾闽漳泉乡人，其从麻埠求妇也，男俾从父，女俾从母，由麻埠以迄星槟南洋各岛，一遵往昔，莫之或越云云。余既因流竟委，意当日流寓诸君，必多拘于乡俗，重男轻女，有以致是，而不知日后改归西人保护，有男女平权之利益也。其子幼与母习，天性少成，与母亲，即与父疏，久而久之，女与母殊，子与母习，易华而巫，尽变种质，理有固然，势成难挽。试思自华人流寓，至今生养休息，不知几何。为问某也女，某也妇，某也母，能通中文或西文之意理者乎？无有也。安在而能善其后耶？目下沪上有创设女学堂之举，效西学教法，若在沪上延聘数人来岛，使之聚学一堂，其渐移默化，必自可睹。星洲诸君，如有意乎，奈敢左袒以示。

按：此段则未知从何处引录。

《商业汇》第七之二　和兰商务

和兰属地，有海岛曰斯马太剌洲，在赤道下，长六百英里，广百数十英里，地极低，居民不多，而出产颇厚。中央有山绵延南北山麓一带，种植珈非，每年约十五万余吨，西北遍栽烟草，每年约四千万吨，所产煤炭油，近时价昂，运往新加坡，压倒俄美两国炭油。岛中有白端地方，所出白理绿煤炭，较英产相伯仲。又有真珠，介贝亦最精。中有两港，一曰势俱利，一曰马雄保土。西历一月新定为贸易通港，从新加坡展轮驶到该洲，来往亦多定期云。

兹将俄国东来商船所到各埠列下：一日本海及鄂霍次克海俄境各口，曰尼可拉崖甫斯克（即黑龙江出口处），曰窝尔嘎（在日本海），曰撇得罗把勿罚斯克（在康槎喀得海），曰阿烈克三得罗夫斯克（在库页岛）。至别处海口无常期间或到之。一英属各海口，曰格拉斯阔浦；曰盖棚；曰喀郎姆朋；曰婆得萨意特；曰新嘉坡；曰香港。

南洋流用日本银圆

据驻新嘉坡领事报告。明治二十二年至卅年三月，日本输入海峡（新嘉坡地）殖民地银货六千三百五十七万八千六百六十八弗，海峡殖民地输出至日本者五百五万四千七百五十弗，输入多于输出五千八百五十二万三千九百十八弗。然本邦所输入皆银圆，输出至本邦者皆墨银，然则本邦银圆流通于海峡殖民者，乃有六千三百五十七万余圆，加之由香港、上海至其地者尚不少，如此则本邦银圆，非常信用矣。尚有流布至附近诸国，如小亚细亚、阿剌伯及印度诸地，其区域之广大，如何变迁，可得而知矣。又金融社会据此地书记官长之信：海峡殖民地及英属马诸国，本邦银货流通者，千六百万弗云。（七月《知新报》译东京《日日新闻》）

《医理汇》第十二　同济医院招考医生事

星坡医院考医

昨日为同济医院招考医生之期，钟报十响，各值董齐集院中，颇形严肃；与试医士，皆自带笔砚，陆续而至。计建帮四名，广帮十名，潮帮三名，客帮四名，通共二十一名。时至亭午，诸董事乃当堂拈题面试。首题脉经论，次题营卫生会论，三题问元胡索药性，主治何病，行何经。限下午四点钟缴卷，不许继烛。迨一下钟暂停，吃鸭丝面以当午餐，取其便也。闻其最先完卷者，为李君维桢，系泉州人。所缴各卷，该院董亲自弥封盖印，藏之箧中，十分慎重。闻将汇寄本坡总领事署，托其转送评阅，拔取二名，以补院中医席之缺。鄙意既经此番考取之后，尤当另立章程，分功过而定赏罚。其有医学渊博、医品端纯、为坡众所景仰者，每届年终，除例额修脯外，不妨酌给奖款，以资鼓励。其有荡检逾闲、败坏院规，如夏蔚南其人者，则当禀请地方官为之核办，毋稍宽恕。抑又闻之，院内医生每遇贫民就诊，辄不经意，三指按下，一言不发，旋即援笔开方，给之而去。望闻问切之谓何？惟愿膺斯任者，以实心行实事，有则改之，无则加勉，将见谣啄不作，自能感召天庥，此固阖坡之幸也。（五月《南新报》）

长老会演说保卫生命法

林文庆在竹仔脚长老会礼拜堂总论保护生命受伤急救之法。无论跌打、刀伤、火烧，紧急之时，未及聘医，可以先行自治，其论甚长，拟分数夜演说。当时听者颇多，有华人及印度各色之人，约有三十名之谱，每人捐银一元，以为购买牲畜剖验之费；本馆以其说理新真，有益于生人不少，爰照录之，以供公览。林君之言曰：叻地之人，大抵只知谋利治财，而不知谋身治生，即有为身谋者，亦不过其衣食，免受饥寒而已；至于如何可以治生，则无有出其本然之心性。夫使但知为口腹谋生活，则彼獉狉之生番，蠢顽之禽兽，亦何尝不自顾其饥寒哉？若称为教化之人，则较之生番禽兽，似当讲求善治其生。盖能自治其生，方能为一家之人治生；能治一家之生，方能治乡邑以及都国天下人之生，使其生齿日繁，康强逢吉，如是方成为真教化之国，可使林林总总之俦胥受其福也。而其原则自人人能自治其生，始所以必须考究吾人之骨骸、筋脉、气血，及牲畜之身躯等类，而后始可了然于胸次也。统观地球上之物，只有生与死者两等。自人观之，生物与死物相去，何啻天渊，而静言思之，实则相去不远。即吾人一身而论，全体皆为活动，而至如指甲、毛发，及脚底皮，岂非死物，何以知其为死物也？试取指甲、毛发、脚底皮等类，以刀割之，殊不知有痛苦，一至生肌之处，即能知之。此即活体有死物之据。若太死物中有生机之据者，如米麦、蔬果及鱼肉之类，经人烹饪成熟，固一死而又死之物也，乃一入吾人之脏腑，竟能化为活血精液，岂非死物有生机者乎？不过不能知其入至何处，始可化此活血及精液耳。而其生物中有死物，死物中有生机，夫固相去不甚远也。且即以生物而论，亦有分为两途，两途者何？即如草木与鸟兽虫鱼是也。夫鸟兽虫鱼与草木对较，自人观之，又不知其相去几何。盖以为鸟兽虫鱼，能飞能走，能跃能鸣，能运动，而较之草木镇定不移，岂不远甚？而不知一经细心详察，则又见其近而不见其远也。试观海水之中有一物焉，即俗呼为海绒是也。其为物界于鸟兽虫鱼与草木范文，正以良相良医并论。是医也者固为济人济世而设，非徒为牟利起见也。业医者诚能精其术，而无谬误之失，即借此谋衣谋食，而润身家，谁曰不宜？今则不然，其自欺而欺人者，以为吾固窥青囊之秘，而备肘后之方者，如属寒暑时疫之疾，几于千百人，可共一方药物未尝增损。一遇病之疑难者，则必张皇其辞，耻言其术未精；第谓其疾不治，诚恐治而不效，预为推诿之计耳。或日出而求医，日入而医始至，此其心岂尚有济人利物之见存哉？甚或药石误用，攻补失宜，因医而转促其年者，人即觉谬误，从而詈之辱之，彼仍脱然无累，不妨高驾笋舆，招摇而过市矣。夫人之所以迎医者，非其父母，即其亲属也。一人有疾，举家为之不安，医而未至，屏息以待之；医而既至，神明以奉之，是举生死存亡之机而决之于医矣。为之医疾者，应感其意之诚切，宜如何殚心毕虑，以期速愈乎？乃或切脉未审，遽为立方，或第询病者所苦以为治疾之据，不求病源与夫医治之要，疾安得而愈哉？如此医而实良，不能必其无误；医而不良，其差谬更不待言矣。世亦何贵有此医术乎？今日欲除其弊，则宜请于大府，以课士之法，集群医而考试之；其考试之要，必立方立说，胪举古人之法，而与为变通；其有学优而识卓者，始给凭而售其术。其医术未明，则必勒令改业。其有凭而或误者，

亦核其致误之由而追缴其凭，不使贻害于人，将见精于医术者多，庸医不能厕其间矣。（五月《星报》）

倡言据地

法人谋据海南一事，久已传说纷如，兹有英人参以所见，登之某西报，云法之欲得海南，已无疑义，但为期之迟速，尚未可知。如果发难于先，则我英亦可趁此机缘以索取西江河一带。试将中国之舆图详细审察，可见海南之地势与西江相埒，英法各占其一，事甚均平。想法人亦必以为是，可无烦言也。况西江所有货物，大都来自香港，其间创业者又以英商为最多。海南商务，亦由港叻而来，该埠商人，居于英属新嘉坡等处者数逾大半，海南既为法人所有，即以西江一带属英，不亦宜乎？法人于海南扼要之地，得之每恨其迟，窥其积虑处心，殆谓中法交仗时，胆取其地隶于法国。今果见之实事，则是法为倡首，我英更为有词，并可施其权力于扬子江一带。此后英国在东方之商务，可决其并无掣肘，惟率由英国之法令，各行其是而已。迩日中国虽有迁都南京之说，亦可毋庸顾虑，不妨毅然行之也。然而西江之外，尚有一要区，我英亦当留意，其地在海南之西南境，名汝陵洞，距中国之南仅六十西里，其险要实居于旅顺之次。而尤有要于旅顺者，各国商人互市，皆以此为经由孔道，独美国则不重在此，法据海南之后，应不准其兼有此土，纵或委曲将就，亦不准在该处建筑炮台等物，始免受其牵制，如法人坚持不允，则英人又当另择善地，庶可与之颉颃。查汝陵洞海面各舟船多往避风，向来失事沉溺者不知凡几，其辖内尚有好港口二处，一名镇澜，一名香浦。镇澜在东北境，香浦在西境，若将全岛通商，此两处亦甚有用。镇澜港口，向有新嘉坡渡船驶往下碇，香浦虽无大宗生意，而一经开埠，自可日骤繁庶，远胜于前，又尝审察统核汝陵洞大概情形，必须与海南相表里，始得或为通商重地，否则无甚吃要云云。（一月《叻报》）

七十二、香港新嘉坡帮

香港潮人经营叻帮商业，有新嘉坡帮协进会之组织。该会为旅港侨胞南郊商号集团之巨擘。溯南郊创设，远在一千八百八十余年间，其初为广府郊朱、罗等号共七家经营。迨清光绪中叶，始有潮商荣泰、南成发等号。同时林俭臣、林璧臣两君昆季亦创林裕美；继林裕美而设者，有林美利、怡利。

旋沈湘波、洪鹤友两君创合顺庄；杨甲初君创致和成，后改公栈，既又改为公同栈。吴君重君则有公和成之设。所有各号，俱营南北国产粮食暨海味、洋杂等货为大宗，运销新嘉坡，转售马来亚及南洋群岛，为数颇巨。（《旅港潮州商会三十周年纪念刊》）

按：以上杂记。

附　译文类

一、魏源《海国图志》卷九

暹罗东南属国，今为英吉利、新嘉坡沿革（即满剌加、旧柔佛等国。新嘉坡，一作新州府，一作星忌利波，皆字音相近）。

郭实腊《贸易通志》：东南洋贸易之盛者，莫如暹罗及新嘉坡。暹罗与安南、缅甸相接，而通商最广，中国买米买货之船赴其国者，岁百余号。所驻中国人五万有余。英吉利、亚默利加等国互市，每年货价约银五百万余元。新嘉坡本非国，乃斗圆入南海中一大峡，地方二千里，距澳门水程十更，向为闽广客民流寓，约二万余人。英吉利屡以兵船争夺。嘉庆二十三年袭而据之，置城戍兵；营肆货招商估，设英华书院，凡国中书籍，皆镂板翻译，延华人教其子弟，屹然为巨镇。计闽广船岁往者八九十艘，安南三十六艘，暹罗四十艘，各南洋小船千三百余艘，夹板船四百七十四艘；货物出入，约计银各八百余万圆。其地近中国，故凡红毛船之自澳门归与自西洋至者，均以此为总汇。此外麻剌甲、槟榔屿等处，亦英吉利公司所据，而贸易有限，不及新嘉坡三分之一。

按：《贸易通志》（*Treaties on Commerce*）为郭实腊（K. F. Gutzlaff）著，道光二十年（1840）刊，共63页。《小方壶斋舆地丛钞再补编》十二帙。

吉连丹、宋脚诸国。沿大山相续，土番为马莱由族类，《每月统纪传》曰：麻剌甲地方昆连于柔佛，丁葛奴大年不识义理，裸体挟刀，下围幅幔，槟榔夹烟嚼；贸易难容多艘，土产铅、锡、翠毛、佳纹席、燕窝、海参、藤、胡椒等货，诸国相似，所产相同（马莱由一作无来由）。麻剌甲在明朝时，有马莱西之王，因暹罗侵地，麻剌甲遣贡使至北京控诉。永乐三年，诏暹罗国王勿开兵隙，暹罗王遣使谢罪，然阳遵阴违，竟侵服之。嘉靖年间，葡萄牙兵船往麻剌甲，尽力征服，设官治之。天启崇祯年间，荷兰又战胜葡萄牙而有其地。至嘉庆年间，英吉利以万古累易之，于是麻剌甲为英吉利新藩，开英华院以教唐人与土人，且义学甚多，男女不论土番汉人，皆知读书。故广东与福建人居此，种园耕田，与实力屿、槟榔屿贸易。柔佛为阿细亚大山诸国，极南入海之山，副马莱西王管之，彭亨有金沙锡甚盛。福建船希往彼，以柔佛、彭亨性悍好斗，正是马莱西族类之习。此外海滨国属于暹罗者，皆地小不足比数。

麦都思《察世俗每月统纪传》又曰：新甲埔，一名息力。此小岛旧是马莱西土君所辖，为海贼之薮，近归英国所管。地虽极小，其生理为南海至盛，不但西洋夹板断续往来，且武吉及马莱西之船，安南暹罗各国之船，皆无数出入。英国之官不纳饷税，任人贸易，商贾辐辏，福建、广东人在此为商匠士农者无数。英吉利有营汛炮台。（19 页下）

玛吉士《地里备考》曰……又新埠岛一名布路槟榔，在马拉加海峡之间，长六十里，宽三十里，地多肥饶，草木茂盛。

又息辣岛，一名新嘉坡，在马拉加海峡口，田土肰腴，果木丰茂，贸易昌盛，商贾云集。其马拉加旧国，近日人烟反少，贸易萧疏。以上各处，于道光十年皆受驻榜加剌之兵帅节制。

按：即《外国地理备考》（*Geography of Foreign Nations*）十卷，葡人玛吉士（...Machis）撰，道光二十七年（1847）刊，潘氏《海山仙馆丛书》第二十四—二十八册。

马礼逊《外国史略》曰……新嘉坡，或称新实力坡，或称新埠头，海峡中之屿，北极出地一度十五分，偏东一百零四度。土甚硗，大林多虎，出胡椒、槟榔膏，为印度绕至中国之路。海由西转东，此峡为所夷经，故英国公班衙于嘉庆二十三年买以开埠。其始居民仅百五十口，顿增至二万余，中多唐人，尽免税饷。道光十四年（1834），各西国及他国之甲板四百七十二船、中国之商二十七船、越南四十九船、暹罗二十四船、芜来由七十二船、婆罗岛一百三十八船、西里白岛五十五船、巴里屿六十三船、牙瓦岛七十二船、苏门他拉岛五百一十四船、槟榔屿八船、马六加六十船、西边芜来由族类四十六船、料屿二百五十一船、附近之列屿二百二十船，各国所运入货物，约共一千万元，而运出之物有加于此，各方云集，遂为亚西亚之大市。（21 页上—22 页上）

《外国史略》曰……暹罗土产之丰，与旁葛拉相等，但暹罗米谷价更贱，高地亦能种麦；其木最坚美，宜于造船，且料多而价贱，较中国造船费惟值半价，又多红木，或运出新埠，或载广州、上海、天津、宁波等港……唐人之船，亦载米糖卖与南洋各岛，最多在新埠各港海……（卷七，15 页下—16 页上）

魏源曰……于柔佛故地改名新嘉坡，其入寇之兵皆恃新嘉坡接济。暹罗军栅坚壁，同于缅甸；战舰狭长，同于安南；专尊中国，藐英夷，英夷究不能患。诚使用明季夹攻日本之议，令暹罗出兵恢复满剌加、柔佛故地，而安南以扎船助之，则英夷有内顾巢穴之忧，与驱策廓夷鄂夷攻印度之策并行不悖。（卷八，5 页上）

按：《外国史略》为英人马礼逊（John Robert Morrison）著，道光二十七年（1847）刊，又载《小方壶钞再补编》十二帙（共 56 页）。

郭实腊《万国地理全图集》曰：麻海峡之东口有新嘉坡埠，北极出地一度十五分，偏东一百零四度。屿地不大，独出胡椒、槟榔膏。嘉庆二十三年，英国官宪买其屿，以后广开商路，不论何国船只赴市，概免税饷，遂为南海各岛贸易之中市。中国船只每年几十巨舰，常驾闽粤客数十人到此买卖耕作，所居汉人，其一万有余丁。此外列西国夹板，每年几百只，运进布帛器皿，以南洋物产易之。居民早夜奔驰，日无宁晷。芜吉（Bugis）、芜来由等人住其海滨，皆属英人管辖。每年运进载出之货，价共计银八千九百万元。（24 页上—24 页下）

按：此亦郭实腊撰原名 *Universal Geography*，道光十三年至十七年刊于《东西洋考》、《每月统纪传》，文见《小方壶斋舆地丛钞再补编》十二帙，共 60 页。

祎理哲《地球图说》……又麻六申（甲）国之南，有一地名新嘉坡，与中国人通商之处。产鹿角、象牙、白豆蔻、胡椒、各样香料、米、盐、锡、藤、木料、牛虎等皮，所进入之货大抵购自中国。（卷七，11 页下）

按：此文在《地球说略》（*Illustrated Geography*）中，全书三卷，美国祎理哲（Richard Quarterman Way）撰，咸丰六年（1856）宁波刊《小方壶钞重刊再补编》十二帙。

（魏源）曰：英夷开辟新嘉坡，富庶闻于中国，已数十年，皆不知为古时何国。阅《海录》及英夷海图，始知即柔佛、满剌加故墟。盖明以前，满剌加为南洋之都会，英夷始移其贸易于柔佛。（新嘉坡有坚夏书院，弥利坚国人所建；麻六甲有英华书院，英吉利所建，皆外夷习学汉文，及翻刻汉字书籍之所，故所刻书皆署此两书院藏版。）皆暹罗之东南境，海岸相连，并非岛屿，距大屿山仅五六日程，平衍数百里，斗出海中，形如箕舌，扼南洋之要冲。乾隆以前，多为闽粤人流寓。自英夷以兵夺据，建洋楼，广阛市，又多选国中良工技艺，徙实其中，有铸炮之局，有造船之厂，并建英华书院，延华人为师，教汉文汉语，刊中国经史子集、图经地志，更无语言文字之隔，故洞悉中国情形虚实，而中国反无一人了彼情伪，无一事师彼长技，喟矣哉！方康熙初定台湾时，廷议欲迁其人，弃其地，专守澎湖，独施琅力争之，谓不归中国，必归于荷兰。圣祖从之，设官置戍，海外有截，使当日执捐珠崖之议，台湾今日不为新嘉坡者几希！使后世有人焉，日翻夷书，刺夷事，筹夷情，如外夷之侦我虚实，其不转罪以多事甚坐以通番者几希！彭亨、柔佛等国，明以前不见于史。盖即《梁书》之丹丹（广书作单单，在振州东南），而隋唐书并言往婆利州者，先由赤士、丹丹而至其国，赤士为扶南，则丹丹必其相连之东南境，故有唐人墓及梁宋碑记云。

二、法国晃西士加尼（Francis Garnier）撰《柬埔寨以北探路记》

陶梦伦（即缅甸之“猛壈”）邑距此二十里……水船载货者多郎境之盐，陆道载货系槟榔花树果；两种皆掌人所嗜，花树果味涩，脂从叶中挤出。近

年欧人用为染料，故新加坡独此货出口每年约三万三千担，而中国人早知用染黑色，麻六甲人嗜此更多。（册五）

按：书中南掌，即指 Luang Pra Bang，见陈荆和《暹罗国路程注释》，112 页。《清史稿》卷五二八有《南掌传》。

三、《小方壶斋舆地丛钞》

（英国）慕维廉《地理全志》

马来……海滨有岛曰息力，又名新加坡，树木稠密，薮泽相间，溪水混浊，贸易兴隆。其地当南洋西洋之冲，为诸海国之中市，英人免税以聚商船，西洋夹板、闽粤岛船、南洋诸国之船时至，帆樯林立，东西之货毕萃，为南洋西畔第一埔头。英人筑楼馆以居，建书院，设学堂。其户口大英所属马来隅及所属缅甸之地，共二十六万口。内有高峰，山水清胜。土产金、锡、蜜蜡、燕窝、豆蔻、槟榔、血竭、儿茶、象牙、牛皮、木料、巴马油等。（同上，5 页下）

（美国）袆理哲《地球说略》

暹罗……其南界麻六甲小国，即大英所属之国，内有一地名新嘉坡，今大英立为埔头，中国人往来通商亦在此也。（同上，4 页下）

（美国）戴德江《地理志略》

麻喇甲在暹罗南，约三十万方里，有一带山南北接连，河道狭小，天气极热，地土丰肥……论政事分数小邦，有两处归英国所属，内有一大城名星嘎波，买卖丰盛，人类日见增多。（《再补编》第十六册，5 页上）

（美国）林乐知《中西关系略论》

中俄交界之处，由高丽之北暨满洲、蒙古、天山以北、天山以南，计程一万余里。以中国之南而论，有英国之在印度与缅甸、新加坡、香港也。又有法国在安南与广东、广西相近也。（《小方壶斋舆地丛钞》第十一帙第一册，36 页下）

按：林乐知（Young John AIlen，1836—1907），美国人，咸丰九年来华，在上海尝从王韬游。同治二年任上海广方言馆掌教。光绪三年创《大同公报》，十三年任广学会发行之《万国公报》主笔。（事迹见《戊戌变法人物传稿》卷九）

四、莱佛士与德门公订约条文（英译）

移花接木割星洲

旧首相王朝苏丹妈末，于1812年在廖内逝世时，长子登孤隆（Tengku Long）正在彭亨和首相之妹完婚。按马来习俗，储君在登位前，必须参预先王的丧礼。登孤隆未能及时奔丧，武吉斯副王便册立他的弟弟押杜剌曼为苏丹。登孤隆回来，虽母后因支持他而保留着御用宝器，可是朝政握在跋扈的武吉斯副王之手，登孤隆竟一筹莫展。这时正想在新加坡立脚的英国东印度公司代表莱佛士（Thomas Stamford Raffles）便想利用他。柔佛苏丹在名义上兼任彭亨和龙牙的王，但内政既为副王所操纵，外交也受荷人所控制，不要说彭亨和龙牙管不到，连在咫尺的星洲和柔佛，也任它荒芜下去，只派一名德门公（Temenggong）在星洲驻守。这时的德门公，名叫押杜剌曼（Abdul Rahman）。莱佛士认为英国人不欲东来则已，要不然，必须在马来半岛南端找一据点，以与荷人抗衡。而这地点，他以为新加坡最为适当。

于是他于1819年1月28日在新加坡河口登陆，便和德门公谈判，1月30日签订草约，租借星洲为商埠。并与德门公计划，把登孤隆自廖内请到星洲，莱佛士立刻册封他星洲苏丹，然后和他正式签约，租借星洲为商埠，莱佛士与德门公所订条约全文如下：

（订条约人）新加坡统治者那督德门公室利摩诃罗阇押杜剌曼，代表本人名下，并柔佛王室利苏丹胡仙谟罕默德沙名下，所统治之新加坡及其附属岛屿，与孟古彝及其属地之副总督汤玛士实登福莱佛士爵士，兼孟加拉大总督大堂代办。由于英国公司与新加坡及柔佛治下地区间之长久友谊及贸易关系，因建议订立一公平条约，以维永好：

第一条　英国公司得于新加坡或柔佛及新加坡统治下之任何地方设立商站。

第二条　因此英国愿付津贴予那督德门公室利摩诃罗阇。

第三条　为补偿因公司设立商站而征用之土地，公司每年须付三千元予那督德门公室利摩诃罗阇。

第四条　那督德门公同意，英国公司得任意长期居留之，惟不得转让其居留地予其他民族。

第五条　一俟首途来此之苏丹驾临，本条约之其他一切问题，均可解决。英国公司宜择定其军队及器材登陆地点及升旗地点。双方同意，谨此签名盖章。时维回历 1234 年 4 月 4 日。

东印度公司印　莱佛士签名

德门公印

2 月 6 日，册封手续完毕后，莱佛士便和苏丹胡仙（Hussien）正式签约如下：

订立友好联盟条约，甲方为统治麻尔婆罗堡（Fort Marbo Rough）及其属地之副总督汤玛士实登福莱佛士爵士阁下，代表英国东印度等地大总督、至贵之法兰西侯爵哈士亭氏阁下（Most Noble Francis Marquess of Hastings），乙方为柔佛苏丹胡仙谟罕默德沙殿下，与统治新加坡及其属地之那督德门公室利摩诃罗阇押杜剌曼殿下：

第一条　1819 年 1 月 30 日，实登福莱佛士爵士阁下，代表英国东印度公司，与统治新加坡及其属地之那督德门公室利摩诃罗阇押杜剌曼，代表其本人及柔佛苏丹胡仙谟摩诃默德沙，所订立之初步协定诸条款，现经上述之苏丹谟罕默德沙殿下全部核准认可。

第二条　进一步考虑初步协定诸条款，为补偿目前及今后柔佛苏丹胡仙谟罕默德沙由于订立本条约所致之一切利益上之损失，英国东印度公司愿按年付予殿下西班牙币五千币。在此时期内，公司得凭约在苏丹殿下领土任何地方建立商站。公司亦愿对苏丹殿下尽保护之责，如殿下继续驻跸于公司势力范围之内诸地。但须声明者，苏丹殿下须明了，英国政府参加此联盟，旨在保护殿下之安全，决不干涉其内政，或以武力侵犯殿下之政权。

第三条　根据 1819 年 1 月 30 日初步协定诸条款，新加坡及其属地之统治者，那督德门公室利摩诃罗阇押杜剌曼，全部应允英国东印度公司，得在新加坡或其领土之设立商站，公司方面为答报其盛情，按年馈赠西班牙币三千元，并接受其入联盟，予以保护，初步协定诸条款，亦全部认可。

第四条　柔佛苏丹胡仙谟罕默德沙殿下，与新加坡统治者那督德门公室利摩诃罗阇押杜剌曼殿下，许愿协助英国东印度公司抗拒侵犯该公司在殿下等之领土内所建或将建诸商站之敌人。

第五条　柔佛苏丹胡仙谟罕默德沙殿下，与新加坡统治者那督德门公室利摩诃罗阇押杜剌曼殿下，同意许诺与彼等之后裔及承继人，当英国东印度公司在彼等领土内没有商站时期内，将永受支持及保护。殿下等决不与其他国家订立任何条约，并不得准许任何欧美国家，在殿下等之领土内设立殖民地。

第六条　凡属英国商站人员，或将被置于其旗帜下欲予以保护者，均当登记，认为英国籍民。

第七条　至于对当地居民之司法行政制度，订约双方将另行从长计议。事关各民族之习俗与法律，尺度宜宽，盖彼等将居留于英国商站之内地。

第八条　新加坡将从速接受英国之保护，并遵守其规则。

第九条　至于货物商品，大小船只之税负，今后或将考虑征敛之。那督德门公室利摩诃罗阇押杜剌曼殿下应享有由土著船只所征得之半数。港务及征税费用，由英国政府拨付。

吾主降生后 1819 年 2 月 6 日，亦即回历 1234 年 4 月 11 日订立。

至贵之大总督驻区内龙牙及柔佛代办

东印度公司印　　莱佛士签

柔佛苏印

德门公印

这样移花接木地订了条约，英国便踏进了星洲，干预了柔佛的朝政，使荷兰人大为愤慨，要和英人交涉。事实上，莱佛士确也违背了总督的命令，因为哈士亭只吩咐他在苏丹不受荷人控制之下，始可与柔佛订约。荷人向英国东印度公司提出抗议，理由是廖内苏丹自 1785 年订约后，即在荷人控制之下；1818 年，荷人又与苏丹押杜剌曼再度签订过。荷人声势汹汹，大有自马六甲或吧城调兵前来，用武力解决纠纷。那时所委任的驻劄官法夸尔少校（Major R. T. Farquhar），兵力单薄，难以抵抗，只得向槟城太守彭纳曼上校（Colonel Bannerman）乞援。彭纳曼以未得总督指令，不便擅自行动。荷兰人在欧洲方面，也由政府提出抗议。原来荷兰东印度公司那时已破产，自 1803 年由皇家政府接管一切。伦敦东印度公司，在未得印度总督意见之前，暂不向荷人让步。哈士亭以前一直犹豫不决，这时却坚决起来，支持莱佛士的行动。他为缓和局势起见，向荷印总督解释，如果荷人能证实确有占领权，英人可以把新加坡放弃；不过他同时指出，当马六甲在1795年托付英人时，荷人曾说，廖内是一个独立邦，柔佛和彭亨都不是它的一部分，所以当将廖内交还他们时，自然也没有这些附庸在内。同时，他命令槟城太守调兵声援莱佛士。紧张的空气因此缓和，在德门公控制下的柔佛，也就和廖内脱离关系。同年6月，莱佛士再来星洲，偕法夸尔少校，再和苏丹及德门公签一协定如下：

着诸色人等一体知悉：苏丹胡仙谟罕默德沙、翁孤德门公押杜剌曼（Ungko Tumungong Abdool Rahman），总督莱佛士及威廉法夸尔少校，今共同订立下列协定及规程，俾本殖民地之人民，得有较佳之看护，指示社会各阶层，分别家庭与村长居住其地。

第一条　英人统治地之疆界如下：西自丹戎马冷（Tanjong Malang），东至丹戎加东（Tanjong Katong）；在陆地上，则自商站向四周发炮，所及之地皆属之。凡人民居留于上述疆界内，而不在苏丹及德门公之村落内者，皆受驻扎官之统治。至于目前所有以及将辟之各园圃，当由德门公处理如前，但均须呈报驻扎官。

第二条　兹指定全部华人迁往河之一边，自大桥至河口成一村落，隶属德门公之人民并其他巫人，亦全部迁往河之一边，自大桥上溯至河源成一村落。

第三条　本殖民地所发生之一切事件须评议者，应交上述三者考虑之，一经决议，当即鸣锣或布告，俾居民周知。

第四条　每周月曜日晨十时，苏丹、德门公及驻扎官，应会集于公堂（Rooma Bechara），倘前两人中有不能出席者，得遣派一代表。

第五条　各甲必丹或某阶层领袖，与各村镇酋长（Panghulus），均须于每月曜日出席公堂，将殖民地内所发生之事件递呈报告；并代表人民提出申诉，俾议会考虑之。

第六条　如甲必丹或阶层领袖或村长，不尽厥职，人民得直入公堂，同驻扎官申诉之，因彼乃负有全权审理之者。

第七条　未得苏丹、德门公及威廉法夸尔少校之同意，不得征抽赋税，或设免税制，因未得上述三人之同意，不得实施任何措施。

时维1819年6月26日，亦即回历1234年9月2日，吾等谨此签名盖章，以肯定上述各条文。

苏丹之印　莱佛士签

德门公印　法夸尔签

在此同时，莱佛士曾于书信中述及当时新加坡已有人口五千，大约都在其商站附近，岛上其他地区，还是很荒凉，因此他可以开炮定界。即使如此，英人商站的范围，还只在沿海一带。当时他要把小坡留给欧洲人，所以令华人迁往大坡海滨，马来人则迁往今和瑞山（Bukit Ho Swee）一带河边。德门公的村落在今巴丝班让（Pasir Panjang）浮白山（Mount Faber）下。苏门胡仙的王宫则在小坡苏丹门（Sultan Gate，俗称王府口）。1823 年 6 月 7 日，莱佛士为进一步笼络苏丹及德门公，再订条约，改他们的年俸为月俸，以换取更多的土地权。其条文如下：

苏丹殿下与德门公殿下，于副总督离此之前，征得其同意，制定下列各条款，予以指示，以造福新加坡，同时肯定各界人士之权利，以免日后争执。下列各条款，均由副总督所制定，殿下等一致同意，以奠定未来友善之基础。

第一条　为谋对殿下等之尊敬及其安适起见，同时亦为补偿其由于英国政府之种种措施而蒙受或将受之诸多权益上之损失，如因抵触其条例之码头税、贡献或专利权益，自本月一日起，殿下等将按月领受款项，苏丹殿下一千五百元，德门公殿下八百元，办法如下：

第二条　殿下等应放弃其对新加坡及其附近岛上之格兰芝木（Kranji）与峇卢木（Baloo Wood）之专利权要求，并放弃抽取来往华人及华人船舶之关税及其馈遗之要求。

第三条　除属于殿下等主权之土地外，新加坡及其附近各岛之一切土地，全在英国政府控制之下。

第四条　对殿下等之新居所，驻扎官将受权再拨款项，足以在苏丹殿下行宫附近建一回教堂，并赞助德门公迁居其最近所选定之地。

第五条　经此安排后，殿下等不必于每〔周〕月曜日亲莅公堂，惟彼等如认为有必要时，仍得莅临就座判事席如常仪。

第六条　凡有关宗教仪式、婚礼及承继法等，均须尊重马来法律及习俗，不致与人性、公道、常理相背驰。至于其他事件，得考虑人民之习俗而按英国法律处理之。

第七条　英国政府在新加坡及其附近岛屿之外，目前决不干涉殿下等在其国土及属岛内之当地设备，且仍将予以保护如昔。

苏丹之印　莱佛士签

德门公印

这么一来，英国便把整个新加坡及附属小岛全部控制下来了。胡仙在名义上是柔佛苏丹，却长住在星洲；德门公虽为柔佛的实际统治者，却也常住在星洲。英政府觉得，除非将苏丹及德门公请出新加坡，英国对新加坡的控制便不能算全面完成，因此在1824年8月2日，印度大总督便令新加坡驻劄官约翰·克劳馥（John Crawfurd）再和柔佛苏丹与德门公订约如下：

时维1824年8月2日，亦即回历1239年12月6日，英国东印度公司与美佛苏丹殿下、德门公殿下，订立联盟友好条约。柔佛苏丹胡仙谟罕默德沙殿下，与柔佛那督德门公押杜剌曼室利摩诃罗阇殿下，亲自出面。英国东印度公司方面，则由孟加拉之威廉堡（Fort William）大总督庵赫斯德勋爵威廉毕德钧座大人（Right Honourable William Pitt，Lord Amherst）赋予全权之代表，新加坡英国驻劄官约翰·克劳馥阁下（John Crawfurd）订立之。

第一条　英国东印度公司与柔佛苏丹殿下及德门公殿下，以及彼等之子嗣，双方均须严守和平、友好，并互相谅解。

第二条　苏丹胡仙谟罕默德沙与那督德门公押杜剌曼室利摩诃罗阇两殿下，从此永远让渡其在马六甲海峡中之新加坡岛上，以及其周围沿海十哩内邻接之海面、海峡与岛屿上之一切主权及产业，并承继权，予英国东印度公司。

第三条　英国东印度公司因上述之让渡，当按约付予苏丹胡仙谟罕默德沙殿下西班牙币三万三千二百元，并按月津贴西班牙币一千二百元，以尽其天年止；另付那督德门公押杜剌曼室利摩诃罗阇殿下西班牙币二万六千八百元，另按月津贴西班牙币七百元，以尽其天年止。

第四条　苏丹胡仙谟罕默德沙殿下，谨此声明：自英国东印度公司收到由以上两条文规定之西班牙币三万三千二百元，及首期按月津贴西班牙币一千二百元。那督德门公押杜剌曼室利摩诃罗阇殿下，亦谨声明，自英国东印度公司收到以上两条文所规定之西班牙币二万六千八百元，及首期按月津贴西班牙币七百元。

第五条　英国东印度公司必守约，按其身份以上宾之礼，款待苏丹胡仙谟罕默德沙殿下，与那督德门公押杜剌曼室利摩诃罗阇殿下，如彼等居留或访问新加坡岛时。

第六条　苏丹殿下与德门公殿下，以及彼等之子嗣或承继人，如欲自新加坡迁出，永久居留于其本人领土内任何地方时，英国东印度公司当守约一次付迄其津贴，即予苏丹胡仙谟罕默德沙殿下及其子嗣或承继人西班牙币二万元，并予那督德门公押杜剌曼室利摩诃罗阇殿下及其子嗣或承继人西班牙币一万五千元。

第七条　苏丹胡仙谟罕默德沙殿下，与那督德门公押杜剌曼室利摩诃罗阇殿下，并彼等之后嗣或承继人，应放弃彼等在新加坡岛上，及其附属地之一切权益、尊号、不动产，不论其为土地、房屋、花园、果圃，或木材林等，而迁离本岛，永久居留于其本国领土内。惟此条文所规定诸点，双方应彻底明了，不得推及殿下等扈从及雇员所拥有之产业，而此等产业并不在目前所拨给两殿下居住之范围内者。

第八条　苏丹胡仙谟罕默德沙殿下，与那督德门公押杜剌曼室利摩诃罗阇殿下，如按约欲长期居留于新加坡岛上，并领取其津贴，必须遵守条约，不得与任何外国势力或元首交往，而订立同盟，除非获得英国东印度公司及其后嗣或承继人之同意允准。

第九条　当苏丹胡仙谟罕默德沙殿下，与那督德门公押杜剌曼室利摩诃罗阇殿下，如第六条所规定，自新加坡岛迁出后，在其领土内遇灾殃时，英国东印度公司必守约将新加坡或威尔斯太子岛（Prince of Wales Island）供其私人作为避难所，而予以保护。

第十条　订约双方同意，任何一方，不得干预对方政府之内政，或其他政治斗争，或发生于其国内之战争，亦不得互相以武力支持任何第三方面之对抗。

第十一条　订约双方必须守约，各凭实力，镇压出现于马六甲海峡以及其国土内或边境其他狭小海面、海峡与河流内之盗匪与海贼，盖此举亦有关殿下等之领土及直接权益者也。

第十二条　苏丹胡仙谟罕默德沙殿下，与那督德门公押杜剌曼室利摩诃罗阇殿下应守约，在其国内各地维持一自由而安定之贸易；并须以最公平之态度，在柔佛王国及其属地内各港各埠，对待英国人之交易与交通。

第十三条　英国东印度公司当守约，在苏丹胡仙谟罕默德沙殿下，与那督德门公押杜剌曼室利摩诃罗阇殿下，继续居留于新加坡岛之日，决不准许殿下等之雇员及扈从擅离职守者，居留于新加坡岛上及其附属地区。惟此条文须明确意会：此等雇员及扈从，限于生而为殿下等之子民者，且其出生地之政权，亦仍为殿下等所保持者；而彼等之名字，在初入仕时，经已甘愿按例登录典籍，而为其时职官所收藏者。

第十四条　立约双方同意，以前英国东印度公司与柔佛苏丹殿下及德门公殿下所订立诸合同、条约及协定等，将凭此约一概作废。惟此等文件，虽已废止，若因此而损及英国东印度公司之权益者，则不在此例。

本条约订立于新加坡，年日如上。

苏丹胡仙谟罕默德沙（签） J. 克劳馥（签）

那督德门公押杜剌曼室利摩诃罗阇（签）

此约一签，新加坡的主权便完全落在英国人手中了，德门公想要保留一块土地，也得另行向英政府申请，而于1862年12月19日重订新约时，声明愿意放弃上约第六、第七两条所规定的一万五千元，而要求获得土锅湾（Telloh Blangah）的土地完全所有权（Fee Simple），但划出浮白山一块升旗地及其通路，与沿海马路，以及若干小块土地予英政府。

柒　散文、诗、词类

一、许宗彦《鉴止水斋集》

《海国闻见录跋》："自欧逻巴通中国以来，恃其兵力火器，东南洋小邦多为吞噬。如无来由、息力大山，已为暎咭利、荷兰所分据；而丁机宜为荷兰易名为新息伦。近岁贸易中国，皆西洋人，其自本国来者称祖家船，自各岛来者称港角船，而更不闻有东南洋旧时国名，盖此书所记诸国，已非其始矣。"（卷十一）

二、王韬《弢园文录外编》

设官泰西

……况其出乎数万里之外哉？既无名分之相系，又无势力之相维，一旦交涉事起，殊难措办。至于新嘉坡、槟榔屿、噶罗巴东、南洋诸岛，虽多闽、粤之人寄居，顾其人类皆购田园、长子孙，数世相承，有在其地二百余年而不归者，率入英籍为其管辖，所异者不过衣服、饮食、文字、语言尚如其旧耳。今我国设有领事以临之……近如新嘉坡之黄君（指黄公度）、越南之张君、旧金山之刘君，皆其卓卓者也。……（卷二上）

至其谋生海外，寄处于遐陬绝峤者，更不知凡几。大抵近日东南洋各海

岛，如越南、暹罗、新嘉坡、槟榔屿等处……统计之，不下数百余万，而每岁附蕃舶以往者，犹络绎不绝于道。……（卷二下）

保远民

……远旅东南洋海岛之人，何莫非圣代之苍生、盛朝之赤子，而乃一离版籍，遽昧本来，于何见之？于郭筠仙侍郎衔命出使英京，道经新嘉坡、槟榔屿而知之。当星使旌节之遥临也，闽、粤诸商人，择其耆硕公正者，恭迓于江干。……时有一人，彼众之所推为巨擘者也，起而对曰：我侪托处于兹，受庇于英国宇下，英之官吏，保护有加，我侪固安之久矣，今中朝欲设领事，窃谓徒多此一举也。……（卷三）

三、陈乃玉《噶喇吧赋》

……彼文岛（指 Muntok）无文之可羡；实叻（原注国名）少实以堪扬。庆磐石之安，落落山居，亚齐文身而跣足；收鱼盐之利，鳞鳞水厝，暹罗亚答（Attap 叶）与胶章（Kuchang 即茭蕈，可作席）。

四、胡荫荣《恭上卸新嘉坡领事府左公秉隆屏叙》

(1891 年 11 月 13 日)

国家龙兴辽沈，奄有寰区，声教所临，戎夏慑服。三百年深仁厚泽，早已弥纶宇宙之间；异域之士，知中国有圣人，于是不远重洋，莫不航海梯山而至，献赆而来王者千百国，罗琛而列肆者亿万人。我朝廷志切怀柔，德敷绥辑，谱寰宇大同之盛治，开古今未有之宏规，遣使西洋，以通聘问。惟英吉利属东南洋各埠，向无中国领事官之设。岁丙子郭筠仙侍郎衔出使英、法、俄邦之命，持节欧西，道出新洲耳。先太仆名爰命轻车过访，咨以时事，相与慷慨悲歌，用是托先太仆以腹心，抵英即入告彤廷，表先太仆为新洲领事，拜命之下，即矢以身许国，宵旰图治，以冀仰答朝廷高厚之恩。不意过于忧勤，甫越三年，竟以积劳见背，终以赍志未酬为憾。于时遗差需人接办，即蒙曾惠敏公奏派我子兴世伯夫子大人，以承斯乏，盖惠敏素重我夫子才品，知叻地向居化外，民多顽梗，非夫子不足以布化宣猷也。辛巳之秋，轺旌莅上，荣仰瞻慈宇，已一望而知为有道之人，而公亦青眼特加引荣，列诸门下，公余有暇，常招荣到署，谆谆勖勉，以道义相期。荣因得追随杖履者十年，久坐春风，故感公者最深，而知公者亦最切。公之善政，久已昭昭在人耳目，又何待荣赘陈，而荣所以拳拳服膺者，则曰知大体，别彝伦，振文风，敦礼让也。初叻民习于洋俗，不知帝力，公莅叻后，身为表率，宣播朝廷威德，于是叻民知汉家仪制自有不同，乃渐知心恋宗邦。公复于恭逢万寿，以及岁时朔望之辰，莫不肃整衣冠，率领众绅商，望阙叩头，以申嵩祝，居恒不忘忠爱，虽屋漏俨对神明。其办理交涉也，悉以尊国体、利民生为主。叻民初不知学，未免伦纪攸乖，于是邀集各绅商，慷慨输将，选循谨之士，使宣讲圣谕训诸书，道民于轨，民乃渐知礼义，而以叻地文风为未足，爰创会贤之社，每月以诗文课士，红氍绛帐，教泽日新。自爱之士，争拜门墙，故治叻十年，民俗翕然以适，不必稍事勉强，而遂就我范围，虽刑政出自洋官，而教化之功，则悉资公任也。盖公学术纯粹，品行端和，寓严于宽，镇哗以静，故自能使异邦臣庶，咸知朝廷大一统之尊者，公之力焉。此外一切善政，叻中父老，自能言之，抑亦公之余事耳。荣随侍有年，见闻最确，窃幸先太仆未竟之志，而公竟之，先太仆未成之功，而公成之，更得贤竹林、树南大兄，能仰体公之心，以为心赞勷罔懈，俾无遗憾。荣方冀常依函丈，进德有资；不意公以任满锦旋，未克长遂瞻依之愿，情难自已。爰将私意所及，发而为词，敬上我公，庶使昭示来兹，垂诸永久云。

花翎同知衔候选州判荫生世谱受业侄胡荫荣顿首拜撰同知衔世谱侄罗乃馨顿首拜书

五、陈宜敏《旅叻潮商联送卸新嘉坡领事府左公屏叙》

（1891年11月12日）

钦加布政使衔赏戴花翎即补道新嘉坡领事府左子兴方伯，以辛卯之冬，任满荣旋，治等托庇有年，攀留莫遂，因有不能已于言者，谨为我公陈舆颂焉。夫四诫设而民知礼义，五教敷而俗变宽和，故荀藐为政，颂起神明，王隐临民，歌传江海。陆云去而人争图像，延鲁迁而民切攀辕，瑞莲披朱守之图，杨柳著辛公之号，斯固循良遗爱，政绩堪传者也。而我公之治叻，则犹有过之者，盖其难有甚焉。亲王者而衣冠有度，近圣人而教化易行。是以畿甸之内，集凤同歌，狉獉之间，鸣鸠有格。化行自迩，命出维新。叻地去中国者六千里，辟草莱者七十年。俗尚犷獉，人多浑噩，所谓劝惩弗至，痛痒无闻者。我公独能齐之以德礼，绳之以范围，怀之以宽柔，孚之以信义，而使圜中之士，翕然以从，化外之民，于焉以变者，一难也。威者所以行恩，刑者所以弼教，赏之不可徒劝也，则申之以惩；宽之不能滥施也，则济之以猛。故宰治不除法令，齐民犹贵庄严，独是理事一官，本从洋法，责但尽乎保护，谋不预乎诛锄，官虽主而实宾，民有怀而无畏。我公独能敷朝廷之德泽，格草野之浇漓，化顽劣于无形，任存移而有术，政似因而实创，治以卧而益行，二难也。从来为政之道，径行则易，兼顾则难，况入虎穴以牧群羊，拔狼尾以除诸蠹，驱鱼有戒，惟恐潜渊，投鼠虽能，犹当忌器，肘欲伸而辄掣，心有愿而多违。我公独能推异类以腹心，导侨民于矩矱，雍容坛坫，隐寓尊攘，磨错锋棱，不烦辞气，致令异服异言之辈，都怀无虞无诈之诚。用能阻措，无人设施，由我而公。又每行善政，常协惧舆情，一蹶之难兴，必三思而后举，故得一木而支颓厦，片叶以蔽重山，卒使蛮貊之邦，亦秉圣贤之教，三难也。公能因难思慎，因慎思勤，座有铭而法语常新，炉有香而贞心可表，故得名通黼座，秩晋台司，寄阃外之股肱，为邦家之柱石，清如杜密，瓦器何嫌，洁比张陵，玉壶可碎。盖非斯才不足以胜斯任，亦非斯任不足以见斯才也。又岂意十年蒙教养，隶帡幪者寄托方殷，而一旦赋归，来沐膏泽者，瞻依奚自治等。素蒙抚字，久荷提携，指觉路于愚蒙，开利源于苍赤，岑熙治郡，枳棘兴歌，召伯巡郊，甘棠留咏，岂期依刘有愿，借寇无从，桥可毁而莫挽袁公，金可铸而难留陆令，用特敬陈微物，借表愚诚，聊贡乌私，谨成骈语，进赵登之三篮，意有难周。馈刘宠以一钱，心犹多歉，所望元纁，晋秩丹陛扬庥，设清宴于披云，洗浊流于化雨，怅此日挂帆归去，愿少尝父老杯羹，卜他年持节重临，当再遣儿童竹马。

钦加布政使衔赏戴花翎即补道新嘉坡领事府左公秉隆德政颂

公有德泽，我民是施。工有庇宇，我民是依。公有雨露，我民是私。公有诰诫，我民是规。公有训迪，我民是师。贤哉我公，民莫敢欺。

花翎二品封职治愚弟陈宜敏顿首拜撰花翎同知治愚弟黄江永顿首拜书光绪十七年岁次辛卯孟冬吉旦。

六、潘飞声《说剑堂集·老剑文稿》

上许竹筼（景澄）星使书

往年飞声到柏林，敬谒台阶，荷蒙辱存，以飞声为粤人，垂询南洋情状，并勉以著录海志，补汪大渊、陈炯伦之遗。飞声海滨野人，无所学识，得大君子甄陶而奖诱之，遂忘其贱且愚，竟欲贡言左右，惟深惧冒昧，故出诸口而嗫嚅，方思再谒，而大人衔恤东还。阅三年，星轺重莅德都，飞声已先一月返里，迄今将逾十稔，而勖励之语耿耿不忘，譬诸怀碔砆之石，不陈于波斯贾胡之肆，其意犹不自安也。乃不忖暗陋，谨陈于大君子之前，幸垂采而教正焉。按南洋溟渤汪洋，与中土虽距数千里而岛屿罗布，实遥与中土犄角。康熙时戡定台湾，未移兵舰南定诸岛，遂致今日有门户之失。西人占东来之逆旅，设我军与彼国战，兵舶西下，彼已握重溟之筦钥矣。昔者，日本人以国初失机惜之，而中人之阅地图者亦惜之。然此皆既往之咎，中国虽有南洋，今日恐未能保守也，则就近时之大势酌提其要。踌躇满志，创始为难，当事巨公，谋国艰难，筹款补苴，几经竭蹶；迩者又创银行、开铁路，议论纷如。有人焉忽语以国外经营难图速效，纵不笑为迂谈，即谓留作缓办，不知天下事有关大局者以轻易视之，即后日失机之始，中国百余年来所办交涉屡坐此患也。南洋各岛华民流寓不下数十万，其经商安南暹罗缅甸亦将十余万人，各岛民受制于人，若安南西贡苛敛烦征，尤不堪其苦。今除新嘉坡设领事外，他岛都付阙如，而华民之思慕中朝，若不得事汉而寝食不安者，是以富商大贾远自外域纳粟捐衔，其意以必得朝廷名器为宠荣。又凡遇水患洊饥巨灾，电报一传，绅董相告，无不乐输巨款以赒恤桑梓，其心悬家国一本于至诚若此。窃维西国之善政在保商而爱民，彼国人之贸易中土者，必设领事以治之，又设兵船为护卫。稍闻某埠有警，立调兵船驻泊其间，故商民之财业有恃无恐，而向朝廷之心日益固结，此即孟子所谓保民而王莫之能御者也。南洋流寓华民，既少领事扼其利权，又无兵船为之保护，较衡外国得毋令其寒心欤。侧闻朝廷谋复海军，在德购造大轮，革故鼎新，兴利除弊，四万万之黎民，莫不翘首而观中兴之治业。飞声拟请大人条陈总署，增设兵轮数艘驻泊南洋，设领事等处，以收商民之望，无事则轮派往他埠游历，借壮声援，而每次出使大臣及派至外国学习员弁学生皆附此等兵轮护送，至一切经费，若筹款不敷，即由出使大臣与领事婉谕商董鼎力劝捐，吾知必有踊跃欢呼，抒诚恐后者矣。飞声东归时，重抵新嘉坡，闻人语前日有北洋兵舰数艘游历至此，华人乍见大为欣忭，不减重睹汉官仪，众情趋向不可见耶。大人国家柱石，谋画公忠，方公皇上侧席以待咨询，王公荐剡而资倚畀，安危大计策出万全，非草野所能忖测也。南洋地图承伯纯观察在柏林时曾请一日本人照和兰音将岛名译出，惜未蒇事，不知后来有足成者否。兹乘杨部郎往德之便，肃启上

叩起居，外附一得刍言稿本，恭呈钧诲，不尽惶恐至意，潘飞声顿首。（56页上—57页下）

马拉语类序

南洋，中国之门户也。其间万岛环列，野番杂处，西汉时始通贡献，唐以后市舶麇聚粤东，明初诏郑和等遍历各岛，诸番喁喁内向，如吕宋、婆罗川、噶罗巴、苏门答腊等处效共球者数十族，即苏禄三岛其力能拒西人，国朝雍正间遣使入闽贡方物求内附，盖各岛慕义抒诚，无不欲朝宗中国焉。自西班牙、荷兰、英吉利东来，占据各岛，营立埔头，贸易百货，修船备粮，为欧罗之逆旅，而中土之多事亦遂萌芽于此。盖门户一失未有不害及堂奥者，故尝谓中国欲固守边圉经略西洋，则必先经略南洋，驱逐鲸鲵，封溟渤之锁钥。近时已有兵船往来量测海道，异日且将有派游历，以察其扼塞险要人情风土，如黄楙材之作《西輶日记》者，然而游历非谙习彼土言语不能，按各岛自为部落，其种统名巫来由，其语则通用马拉；闽广流寓数十万人无不习此，而惜无译书。冯君遂知曾游南洋，独取其语逐类分门，译以广音，使游者挟卷而行，无须舌人从事也。记余前秋由欧洲东归，泊新嘉坡，登岸雇车访胡氏昆仲，车夫操马拉音，啁啾莫可辨，任其需索而去，益叹游者可不通语乎？此书刻成将见不胫而走也。（68页上—68页下）

邱菽园孝廉《五百石洞天挥麈》序

……南洋之外有大岛曰息力，古之柔佛国也。其俗狉榛，其人椎鲁，泰西垦治其地，惟务通商，交易而退，鲜所薅栉。闽中邱孝廉炜萲客游其间，语人曰：开荒革俗，其吾儒之责乎？为设丽泽社以课商子孙之能读书者，又著书数十种以昌明诗之奥义。夫輶轩采风莫先于诗，士人专经亦莫先于诗；以诗乐道性情之正，乃能继之以书礼；学文者必能讽咏字句，乃可发挥为文章。于是知中原之诗殆浩浩其已穷也，外洋之诗方郁郁其独造也……（77页上—77页下）

七、黄遵宪《皇清特授荣禄大夫盐运使衔候选道章公墓志铭》

诰援资政大夫　钦命驻劄新嘉坡兼辖海门等处总领事官二品□□补班前先补□道丙子科举人癸酉科拔贡黄遵宪撰。

例授文林郎拣选知县己丑恩科举人□酉科拔贡梁居实书。

公讳桂苑，通称芳琳，字明云，又字熙□。章氏自始祖二舍家于闽，世为长泰县人，及公之父服贾南洋，又为新嘉坡人。曾祖义，祖雨水，父潮，皆以公贵，诰赠荣禄大夫。曾祖妣陈氏，祖妣王氏，妣颜氏，均诰赠一品夫人。自公父南来以财雄边，门闾始大；子四人，公居长，遂世其业。英国通例：凡卖烟酤酒，皆严禁私贩；令富豪纳巨饷以充商，如中国盐引然。前后业此者，多设侦骑，张密网，搜牢摘覆，以网市利；即残膏賸馥，客途所余，捕获亦置之法，甚则举平生仇怨，引绳批根，嫁祸以中伤之；轻则罚锾，重则监禁，赭衣之民，充塞囹圄。公任事十五年，一处以宽大之法，许卖戒烟丸，非私贩得赃均勿罪，即踪迹得私，犹或亲造其庐告之曰："汝事已败露，所藏匿者幸即交余，余不汝疵瑕也。"故人人感愧，私贩几绝，而获利反优于人。公闻望日茂，群情翕服，国家屡试以事，而公亦髦髦竭思，忠以事上。其在英国，初举为海门新疆甲必丹，继充街弹司审判，继充参事局局员，继又充按察司会审监狱所巡察。公于检非违议，庶政皆无徇无隐，无枉无纵，华民倚以为重。隶闽籍者，联名上书，公推为一乡祭酒，总督益优礼之。其在中国，则同治八年福州筹防，公既输军实，复精购枪炮，凡旧式新法皆绘图具说，以上当道。光绪十年，法人构衅，今北洋大臣傅相李公饬令侦伺。公密设逻卒，遇敌船过境，辄短衣台笠，审其船之广狭，入水之浅深，马力之虚实，炮之大小多寡，煤之容积，兵之数目，以时电达。又请于英官，守局外中立之例，严杜蠹民，毋得以军用资敌，傅相手书褒勉，有忠勤可嘉之语。频年顺、直、山东水灾，前山东巡抚宫保张公，会津海关前登、莱、青道盛公，皆委令筹赈，公多方奖劝，涓滴一以归公，筹赈者咸愧谢弗及。公既拥厚资，性又好施，善举无不与。凡施医院、给孤独园、恤嫠会，自一族之义庄、同县之会馆，以及他国之礼拜堂、博物馆、植物园，求者踵门，濡笔立应，义浆仁粟，络绎在道，至不可以数计。而其所尤乐为者：一为义学，槟榔屿公校，和兰女塾、葡萄牙幼学，皆赖公以成；近年又设养正书院，延华、英名师六人，兼治中西学生徒数百，公与公子壬宪，独任其费。一为赈济，十数年来，晋、豫、苏、皖各行省告灾，公无役不从，即埃及洪水、印度大旱，公亦助巨款。其既达于朝者，则光绪七年，傅相李公奏给"乐善好施"字于原籍建坊，十四年郑州河决，又奏赏戴花翎。十五年山东水灾，宫保张公奏称其好义急公，公初以捐助海防，闽督奖叙以道员选用，既迭次助赈，累加三级随带一级给二品封典，又特旨赏盐运使衔，给予三代从一品封典。夫人杨氏麦氏，先后封赠一品夫人。子十一人皆以公助赈移奖得衔：壬宪花翎郎中加五级，壬全员外郎，均麦氏出；壬庆都察院都事，壬寿光禄寺署正，壬和大理寺评事，壬松太常博士，壬荣銮仪卫经历，壬焕中书科中书，壬光翰林院孔目，壬乾布政司都事，壬坤按察司知事；养子二，曰沧辉、曰耀堂。女三：招莲，杨夫人出，适同安候选同知林癸荣；次癸莲、赛莲，均未字；养女曰清莲，适同安候选同知刘壬寅；孙一人炳谟。公生于道光二十一年五月二十五日，卒于光绪十八年十二月二十五日，春秋五十有二。其明年四月，卜葬于新嘉坡之全昌园。孤子壬宪等以状乞余铭。余自奉使外国，由日本往美洲，所见如古巴、秘鲁，往泰西所历如印度、亚丁，多有华民及总领事；南洋则群岛流寓，不下数百万，远者四五世，近者数十年，正朔服色，仍守华风，婚丧宾祭，各沿旧习，余私心窃喜。然其中渐染异俗，或解辫易服，蔑弃礼教，视其亲族姻连，若秦越人之视肥瘠者，亦颇有其人。自公少时，居父母丧，即哀毁尽礼，所著明云家训，一以忠厚孝友为本，处己接物，恂恂如不能言。平生菲衣蔬食，有过儒素，而分人以财，教人以善，自一乡一邑推而至于四海，达于五部，博施济众，曾无倦色，两国朝廷深相引重，乃至印度、阿剌伯、巫来由诸族，闻公名无不额手起敬者，岂非传所谓“质直好义，在家必达，在邦必达”者与！余来新嘉坡，始获交于公，公才吏用，正资臂助，曾不一载，遽泚笔铭公，能无慨然！铭曰：禹域人众，居万国首。散居四海，无地不有。南虽文明，毓秀钟灵。笃生贤豪，超出群英。拳拳一心，眷念宗国。为郑弦高，为汉卜式。得如公者，百数十人，如百足虫，足以威邻。凡我华民，视此阡隧。谁欤铭者？为总领事。

广东省城□湖街梁文□□

八、汤寿潜《南洋张公耀轩从政三十年纪念录序》

……君自少开敏，长而阔达大度，与其兄煜南京卿齐名。弃书就贾，侍封翁积居废著，大通货殖之术。维时海禁既开，粤东濒海，距南洋群岛较近，君兄弟以为欲成大事、立大名，非经商海外，不能副其志愿。请命封君，先后出洋，始至新嘉坡、槟榔屿。知英吉利于海门属部，治具张，难表见，则赶至苏门答腊日里埠。地当岛之东北岸，见其山水交会，草木繁殖，遂与和人官斯土者，议开辟，任佐理，创设万永昌号，以为海内贸易之所。既习荷兰语文，又熟于巫来由人方言，高掌远蹠，期年而获大利。和人进略棉兰，定为都会，凡事倚君兄弟以办，由是京卿与君相继为雷珍兰。时中朝光绪丙申夏，君年甫二十有四，为政明大体，顺舆情，地方称治。嗣是任甲必丹，擢玛腰，益得发摅抱负，兴利除弊，规定市政，消弭讼争，抚流寓而睦种族，侨民归之如父母，奉之如神明。先是和人辟园种烟，雇劳动者任工作，待之稍虐，郁极而发，则起与为难，加以乡土异宜，性情不一，偶有抵触，动辄械斗。君诚以结和官，公以驭侨众，烟园总会，举君领袖其事，遂得久而相安，其为中外所敬服如此。赤道热带，植物滋繁，君乃广购园地，试种树胶，袤延几及千里。盖投赀数百万，用工数千人始克举之。复念我国茶种胜于锡兰，采苗分植，购机焙制，南洋之有华茶，盖自此始。（《南洋张公耀轩从政三十年纪念录》）

按：以上文。

九、尤侗《外国竹枝词》

龙牙犀角　龙牙门　龙涎屿

龙牙犀角可耕田，相对龙门恰过船；更有龙涎香万里，苏门市上换金钱。

十、斌椿《海国胜游草》

至新嘉坡

小儿刳木为舟，见商舶掷银钱海中，则没水取出。

瓜皮艇子小于舟，荡桨儿童水上浮；自古南蛮称鴂舌，果然群作语啁啾。

新加坡多闽粤人，市廛门贴桃符，书汉字中原景。余历十五国回至此，喜而有作。

片帆天际认归途，入峡旋收十幅蒲；异域也如回故里，中华风景记桃符。

楼阁参差映夕阳，百年几度阅兴亡（始为葡、荷两国所据，今为英有）；龙涎虎迹愁行旅（注：西有岛，龙遗涎其上，可采为香。新加坡，洋艘过此，皆停泊上薪水糗粮，乃东西洋必由之埔头。英亦立炮台守之；地产五色彩鸟、大小猿猴，山多虎），何待闻猿始断肠。

平分时刻定朝昏，不爽莲花刻漏痕；可惜从无霜雪降，素娥青女暗销魂。

十一、王芝《海客日谭》

月中望南洋诸岛国　二首

东望星奇夜色开，春帆新自泰西回。红毛浅外风初陡，白石门前潮正来。鱼蹴晶毬银世界，蜃吹珠气玉楼台。一声长笛姮娥笑，快挹清光入酒杯。

龙牙雷里隐烟霏，古达文莱望裹（里）微。山赆难名明草木，航珍争贡宋珠玑（南洋诸岛自宋明已通贡中华）。如芦岛树撑云短，似塔风帆带月飞（塔飞见《老学庵笔记》）。欲访虬髯问奇事，春潮声佐海天威。

晚泊星架坡

两山中断一帆拖，春树斜阳星架坡。满壑烟云藏墨豹（坡中多炭），层峦灯火点青螺。魑魅狡黠含沙毒，鱼鸟贪馋近市多。潮挟海风催月上，鲸声蟾影壮诗魔。

雨后望柔佛（时有青鸟群飞海上如鹜）

过雨望柔佛，重云隐伯儿。赤蛇天末战，青鸟镜中飞。荇锁蛮洲绿，花藏岛国绯。春光已强半，嗟我未言归。（卷五）

白雉吟

庚辰子夜，大雨中登查颠轮船，发星加坡。右揽马神，左挟罗斛，北望越裳，故国远在云霭缥缈中，因立轮船高楼北向，作《白雉吟》。

今时清时，海波不扬。中国毓圣，凤鸣朝阳。蕞尔南国，爰号越裳。尔雉尔雊，网罗斯张。罹尔白雉，羽仪文章。人物向风，重译来王。指南有车，毋或傍偟。毋坿鬼蜮，自速灭亡。为国藩卫，慎尔海疆。世修航贡，俾尔炽昌。（卷五）

十二、曾纪泽《归朴斋诗集》

送左子兴之官新嘉坡领事（己集上卷）

花萼初春日未中，左郎夭矫气成虹，藏身人海鸡群鹤，展足天衢凤勒骢。

涵养生机宜守朴，指挥能事莫矜功。旅亭无物装行箧，赠汝箴言备药笼。

外阪盐车岂足多，骅骝屏不与同科，苦瓜鹳垤赓零雨，酸枣龙渊塞溃河。顾我自嗟还自笑，喜君能饮又能歌，三年欢会驹过隙，不尽深杯奈别何。（10页上—10页下）

次韵答左子兴二首（己集下卷）

暮堂蝙蝠室伊威，庐舍就荒今始归。云近东瀛增瑞彩，山环中夏渐清晖。浮槎下碇劳迎候，故节无旄愧指挥，相庆沧溟鲸浪息，敷天尧德颂巍巍。

蔗竿如柱藕如船，此味不尝经八年，蔬果饱餐除腐滞，笑谈豪纵脱拘缠。鸟力出谷已迁木，龙未跃渊犹在田，事业无穷贤者勉，期君处处着先鞭。（17页上—17页下）

十三、左秉隆《勤勉堂诗钞》

息力（卷三）

息力新开岛，帆樯集四方，左襟中国海，西接九州乡。野竹冬仍翠，幽花夜更香，谁怜云水里，孤鹤一身藏。（86页）

客息力作（卷三）

南去亚洲尽，苍茫孤岛间，游踪羁旧吏，隔岸是新山（柔佛俗称新山）。竹径清风扫，柴门白昼关，数珠生老蚌，相对一开颜。

中国新购铁舰抵坡喜而赋此（卷四）

喜见天家神武恢，新从海外接船回，龙旗四面摇云日，鱼艇中心伏水雷。自古成功多用众，由来豪举总轻财，圣朝自称防边策，分付鲸鲵莫妄猜。（113页）

别新嘉坡（卷四）

几度陈情未许归，今朝喜气动慈闱。鱼冲波浪群争跃，鸟恋山林自退飞。海上罢传苏武节，箧中检点老莱衣。从今且叙天伦乐，世事撄心合渐稀。

十载经营荒岛间，不堪双鬓已成斑。有心精卫思填海，无力蚊虻惧负山。

圣主恩深多未报，使君辕去不须攀。汉家循吏事黄霸，看取声威慑百峦。（继予任者为黄君公度）（179页）

舟过息力（卷四）

故部重游感易生，无穷诗思写难成。邮船不为人留住，使节徒劳客送迎。杯酒才联合旧雨，河梁又话别离情。经过冷署频回首，蝶去楼空樽半倾。（内人卒于领署，弥留之际，蝶集波楼，须臾散去。）（167页）

重领新洲七律四首（卷四）　录一首

十七年前乞退休，岂知今日又回头。人呼旧吏作新吏，我视新洲成旧洲；四海有缘真此地，万般如梦是兹游。漫云老马途应识，任重能无颠蹶忧？（168页）

劼侯奉召还朝舟过新洲恭送以诗

圣朝欲振海军威，特召崆峒使节归。舟过百峦花竞秀，旌摇群岛日增辉。相如已抱连城返（侯曾索还伊犁），诸葛仍烦羽扇挥。闻道紫光添画像，论功谁继老侯巍。

久别才逢又解船，茫茫后会定何年？戴公德似鳌山重，顾我身如茧绪缠。驽钝深惭犹恋栈，乌私未遂欲归田。不嫌他日门生老，愿与吾师再执鞭。

柔佛王御极之辰有作

佛座云开香满庭，百官稽首祝遐龄。彩悬门巷千重锦，灯缀楼船万点星。莺语随风歌细细，蛮腰带月舞娉娉。太平民乐无愁叹，我亦吟诗酌绿醽。

次匀奉和张樵野星使

可忧天下百方多，莫向临歧唤奈何。汉节送归张博望，商霖期作傅岩阿。备边君自有长策，颂德吾能赓载歌。圣教由来南朔暨，小儒宣布幸无讹。

柔佛工宫早眺

清晓倚高楼，云烟四望收。山容环阙秀，海色映帘幽。此地通华夏，何人务远谋。大旗遥对处，指点是新洲。（卷三）

夜宴柔佛王宫

绮席开珠阙，金灯照玉宾。杯盘星月皎（王用各器均铸星月为识），酒玉海山陈。乐奏彤阶细，花铺宝座匀。醉余携手去，满户拥朱轮。

归来夜正中，山径踏玲珑。报晓鸡啼月，知途马御风。乍经村树绿，遥见海灯红。回首追欢会，华胥一梦空。（卷三）

谢事后隐居息力作

名利脱缰锁，妻孥割赘瘤。市从三岛入，舟向五湖游。招隐来松鹤，忘机狎海鸥。故园回望处，斜日满林丘。（卷三）

送黎莼斋星使入觐

诏书昨日下枫宸，虎视龙骧夙志伸。岂有贾生空涕泪，应无季子老风尘。云移使节来天上，月涌仙槎到海滨。自是圣朝多雨露，十洲三岛一家春。（卷四）

次匀酬黄公度观察见寄

平生意气销磨尽，只此诗情未许无。头白自愁窥玉镜，心清差可比冰壶。每思马援犹招谤，拟学虞卿早著书。已是秋风凉冷候，迟君不至益悽如。

十四、郑观应《新加坡》（自注又名石叻）

势扼南洋九道分，石坡高下遍芳芸。层峦耸翠藏朱阁，瀑布悬崖界白云。树盛槟榔称乐土，民多闽粤各联群。中华若早筹先著，守此何愁靖海氛。

十五、袁祖志《海外吟》

新嘉坡原名呫叻，为柔弗人所居。英人利其地，踞而有之。其中流寓华人极夥，闽居其七，粤居其三，皆能温饱，诚乐土也。

郁郁葱葱气实佳，天留海外好生涯；多他开辟蚕丛力，补斡功堪媲女娲。

不必移民民自至，不须移粟粟常盈；四时雨露无霜雪，草木欣欣总向荣。

家家营得好菟裘，高驾骅骝任意游；银烛两行宾四座，居然南面小诸侯。

不堪前泚溯荒芜，六十年来景象殊；实为吾民开乐国，漫矜他族展舆图。

（《谈瀛录》卷五）

十六、黄遵宪《人境庐诗草》

新嘉坡杂诗十二首（卷七）

天到珠崖尽，波涛势欲奔。地犹中国海，人唤九边门。南北天难限，东西帝并尊。万山排戟险，嗟尔故雄藩。

本为南道主，翻拜小诸侯。巧夺盟牛耳，横行看马头。黑甜奴善睡，黄教佛能柔。遂划芒芒迹，难分禹画州。

华离不成国，黔首尚遗黎。家蓄獠奴段，官尊鸭姓奚。（英官护卫司用华文译其姓为奚，最贪秽。）神差来却要，天号改撑犁。益地图王母，诸蛮尽向西。

王屋沉沉者，群官剑佩磨。开衙尊鸟了，检历籍娄罗。巢幕红鹰集，街弹白鹭多。独无关吏暴，来去莫谁何。

裸国原狼种，初生赖豕嘘。吒吒通鸟语，袅袅学虫书。吉贝张官伞，干兰当佛庐。人奴甘十等，只愿饱朱儒。

纣绝阴天所，梨鞑善眩人。偶题木居士，便拜竹王神。飞蛊民头落，迎猫鬼眼嗔。一经簪笔问，语怪总非真。

化外成都会，迁流或百年。土音晓鸩舌，火色杂鸢肩。马粪犹余臭，牛医亦值钱。奴星翻上座，舐鼎半成仙。

不着红蕖袜，先夸白足霜。平头拖宝靸，约指眩金钢。一扣能千万，单衫但襕裆。未须医带下，药在女儿箱。

绝好留连地，留连味细尝。侧生饶荔子，偕老祝槟榔。红熟桃花饭，黄封椰酒浆。都缦都典尽，三日口留香。（留连，果最美者。谚云：典都缦，买留连；留连红，衣箱空。）

舍影摇红豆，墙阴覆绿蕉。问山名漆树，计斛蓄胡椒。黄熟寻香木，青曾探锡苗。豪农衣短后，遍野筑团焦。

会饮黄龙去，驮经白马来。国旗扬万舶，海市幻重台。宝藏诸天集，关门四扇开。红髯定何物，骄子复雄才。

远拓东西极，论功纪十全。如何伸足地，不到尽头天。宝盖缝花网，金函护叶笺。当时图职贡，重检帝尧篇。

己亥杂诗　选六首（卷九）

浮沉飘泊年年事，偶寄闲鸥安乐窝。急雨打窗浪摇壁，无端平地又风波。(到新嘉坡二年，因患疟久病，初养疴章园，园在小岛，屋据海石上，风定月明，洁无纤翳，惟狂风一吼，则飞浪往往溅入窗户间，如泛舟大海中也。)

云为四壁水为家，分付名山改姓佘。瘦菊清莲艳桃李，一瓶同供四时花。(潮州富豪佘家，于新嘉坡之潴水池边，筑一楼，三面皆水，余借居养疴，主人索楼名，余因江南有佘山，名之曰佘山楼。杂花满树，无冬无夏，余手摘莲菊桃李同供瓶中，亦奇观也。)

上山如画重累人，结屋绝无东西邻。襟间海上一丸月，屐底人间万斛尘。(余养疴至槟榔屿，有谢姓者，邀余住竹士居，居在万山顶，初用土人舁篮舆而往，至峻绝处，则引手攀援而上，如猿猱然，再用一人护余足到山顶，绝巘俯海，一无所见，惟月初出时，若在我襟带间矣。)

甑蒸汗雨郁如珠，两腋清风习习俱。浴过凉波三百斗，才知灌顶妙醍醐。(客南洋群岛者，每晨起，辄灌顶，用水数十斛。考《北史·徐之才传》，曾以此法治伏热病。盖以水制汗，使不敢出，久之，则并所受郁热滂沛而出，觉意体清凉矣。)

三年团扇在怀袖，六月重裘仍带围。万里归槎北风急，经旬却换五时衣。(余客旧金山四年，全用夹衣；居英伦一年，未脱棉衣，庚寅六月间，曾御裘。住新嘉坡三年，仅一单衣，正二月或用薄纱，惟甲午十一月中旬，由坡回华，十日间炎风朔雪，每日更换，到上海乃重裘矣。)

蟹行草字画佉卢，蜡印红鹰两翼舒，君主花名民主押，箧中留得两除书。(官领事者，其主国例有文凭，日本名曰认可状，余官旧金山、新嘉坡总领事，存英君主美民主签押官文各一纸，上有花字，末作一蜡印，印作巨鹰，舒翼独立，大如盘。)

十七、许南英《窥园留草》

新嘉坡竹枝词　六首（录其三）

海山雄镇水之涯，商贾云屯十万家；三岛千洲人萃处，此坡合好号新嘉。

傍晚齐辉万点灯，牛车水里闹奔腾；笙歌一派闻天乐，人在高楼第几层?

花布红衫浅绿裤，鞋拖鸭舌步温存；金刚钻石簪螺髻，不着胭脂也断魂。(编年在丙申)

十八、丘逢甲《岭云海日楼诗钞》

寄家菽园孝廉炜萲新架坡　二首（录其一）

韩、苏笔力不到处，石破天惊自著书。未悔居夷从凤鸟，真看横海掣鲸鱼。河山烟点齐州外，文字雷屯草昧初。闻说鸡林争购集，百蛮齐拜孝廉车。（卷三）

饮新嘉坡觞咏楼，次菽园韵　二首

春风海上客征歌，消受群花眼福多；我比石斋尤豁达，不妨坐抱顾横波。

风云万里郁神州，人醉天南第一楼；唱遍南朝新乐府，最难天子是无愁。

天南第一楼放歌

亚洲一片云头恶，群花摧折雌风虐。护花幡立海东南，裼裘公子方行乐。千红万紫开春中，团圆月照何王宫。粗豪莫笑虬髯客，妩媚全胜羊鼻公。第一楼头人第一，天女散花香满室。中宵醉卧海云红，梦遣黄人捧朝日。

星洲喜晤容纯甫副使（闳），即送西行　三首

吾国有爹亚，将为欧美游。艰危天下局，慷慨老成谋。新运开三世，雄心遍五洲。南华楼上话，一夕定千秋。

七十尚如此，吾徒愧壮年。排云叩阊阖，救日出虞渊。异域扶公义，神州复主权。柬之原未老，终仗力回天。

廿载知名久，相逢瘴海春。亚洲数先达，岭表有奇人。南出终张楚，西行更哭秦。风云看勃郁，万里送飞轮。

答叶季允（懋斌）见赠　四首

平生风义柳堂门，雄直依然粤派存。谁料南荒柔佛国，听松庐更有诗孙。（季允为柳堂弟子，有私印曰听松庐诗孙。）

万里飞腾志未乖，海山苍莽遣吟怀，他年岛国传流寓，诗屋人寻豆腐街（季允所居）。

廿载风尘粤客装，皖公山远郁苍苍。自来海外称诗老，更望佗城作故乡。

劳赠才人绝妙词，天涯有客遍搜奇。独怜荒峤来相语，绝少韩陵一片碑。

舟过麻六甲（即满剌加国） 三首

南风吹雨片帆斜，万叠山青满剌加；欲问前朝封贡事，更无人说故王家。

碧眼胡儿拜武皇，贡书犹托岛中王；直陈藩国流离状，曾有吾家侍御章。（明武宗时，满剌加已为西人所占，犹托故王名入贡，族祖御史公道隆力陈其伪。）

荒山中尚有遗民，一死居然与古邻；赢得盖棺遮短发，四方平定铁崖巾。（闽人流寓在明代，今相传殓尚以明衣冠。）

由星嘉坡抵槟榔屿舟中口号

柔佛国中逢上巳，槟榔屿里作清明；匆匆雾鬓风鬟影，饱看春山两日程。

游阿易意淡观音阁，次壁间韵（阿易译言水，意淡，黑也）

不使南荒劫火燃，流沙黑水且安禅。六时梵呗潮音静，千眼灵光宝相圆。出洞猿携山果献，归巢鹤抱海云眠。诸天也借黄金力，变现西方九品莲。

槟榔屿杂诗 五首

谷绣林香万树花，青崖飞爆落硌砑；谁知地下潜流出，散作春泉十万家。

海外居然谱学通，衣冠休笑少唐风；黄金遍铸门楣字，不数崔卢郡望崇。（门首皆榜郡望）

一轮月照万花娇，歌管声中长夜潮；宝马香车春似海，打毬场外看元宵。

走马交衢碾白沙，椰阴十里绿云遮；晓风吹出山蜂语，开遍春园豆蔻花。

雾阁云窗启道场，不须极乐数西方；山僧指引频夸客，顶礼曾来白象王。

十九、康有为《明夷阁诗集》

邱菽园孝廉未相识哀我流离自星坡以千金远赠赋谢

天下谁能怜范府？余生聊欲托朱家。英雄末路黄金感，稽首南天一片霞。

菽园投书邀往星坡答谢

飘泊寰瀛九万程，苍茫天地賸余生。狐裘琐尾泥中叹，羊节凄凉海上行。梦绕尧台波缥缈，神惊禹域割纵横。九州横睨呼谁救？只有天南龙啸声。

二十、康有为《大庇阁诗集》

己亥十二月廿七日，偕梁铁君、汤觉顿、同富侄赴星坡，海舟，除夕听西女鼓琴，时有伪嗣之变，震荡余怀，君国身世，忧心惨惨，百感咸集。

天荒地老哀龙战，去国离家又岁终。起视北辰星暗暗，徙图南溟夜蒙蒙。乱云遥接中原气，黑浪惊回大海风。肠断胡琴歌变徵，怒涛竟夕打艨艟。

星坡元夕，乡人张灯燃爆，繁闹过于故国，触绪伤怀，与铁君、觉顿、同富侄追思乡国。

海月团团又上元，波桥影静市声喧。刺天珠爆争星丽，照水银灯夹岸繁。旧国烟花重此见，新亭风景泣何言？忽忆前年燕市夜，酒酣击筑梦中原。

寓星坡邱菽园，客云庐三层楼上，凭窗览眺，环水千家，有如吾故乡淡如楼风景，感甚。

小桥通海枕波流，两岸千家数百舟。廿载银塘旧山梦，忘情忽倚淡如楼。

庚子二月四十三岁初度。寓星坡之恒春园居一楼，名曰南华，梁铁君、汤觉顿为吾置酒话旧，慰余琐尾。

四十三年现化身，五千里外托逋臣。南华楼上环花气，上野场中旧酒痕（去年梁任公偕同门三十余人祝我饮予于日本东京上野园）。天惜残躯经万死，生为大事岂前因。红氍绿叶凭栏话，北望尧台总怆神。

题邱菽园风月琴尊图

天风浩浩引飞舸，海月茫茫照醉歌。别造清凉新世界，遥伤破碎旧山河。变声浪吼灵鼍舞，汗漫天游仙鹤过。我识鸥夷心寄远，五湖预儗泛烟波。

正月廿五日迁居恒春园，二月廿六日离去，凡居一月。楼亭花木未免有情。得四绝句。写付菽园主人。（后十年庚戌两居星坡之憩园在恒春旁每过辄黯然）

恒春楼阁最徘徊，舍宅周瑜亦侠哉。一月南华楼上梦，槟榔过雨记登台。

饮冰池上树阴阴，恻井泉清恻我心。浴发日须三斛水，几忘天地会飞沉。（有二池井：吾一名为恻泉；一名为饮冰。）

幽欣亭上罥丝横，击剑飞拳更论兵。惊破如如心忽动，风吹高树落椰声。（有亭，吾名曰幽欣，铁君神于拳技，辟易百人。）

秋千飞上转如轮，欲入青云绝世尘。三丈树身花满顶，飞花片片着吾身。

正月二日，避地到星坡，菽园为东道主。二月廿六，迁出之日，于架上乃读菽园所著《赘谈全录》。余公车上书，而加跋语过承存，叹沧桑易感，亡人多伤，得三绝句，示菽园并邱仙根。

忧时曾上万言书，十死残生亿劫余。海雨离居读君作，凄凉旧恨集公车。

平生浪有回天志，忧患空余避地身。最恨邱迟伤故国，题名记上少斯人。（今日乃知菽园本联名龙华会上恨少君耳。）

圣主维新变法时，当年狂论颇行之。与君北洒尧台涕。剩我南题孔庙碑。（君创孔庙学堂于南中后，余贻书陆祐，卒成之。今为尊孔学堂。）

遣人入北寻幼博墓，携骸南归

茫茫漠北何山寺，青山埋骨尚无处。清明节到雨纷纷，一尺断石三尺坟。纸钱麦饭送无人，大仇不报负英魂。星坡北望泪沄沄，杜鹃啼血断燕云。鲸鲵横波斜日曛，誓起义师救圣君，魂兮杀贼张吾军。报汝仇愤开维新，吁嗟伤季肝酸辛。

与梁铁君在星坡追话梧州旧游

白月四更冰井寺，与君踏月记曾来。万松兰若崎岖路，几树梅花上下台。绿水夕阳移画舫，银灯雪夜照深杯。可怜鸳水东流尽，又历华严劫一回。

皇上三十万寿时，大乱，京津消息多绝，幸圣躬无恙，小臣在星坡与梁尔煦、汤叡设香案龙牌，望阙叩祝。时邱炜萲鼓舞星坡人全市祝篝，极闹，前此未有也，恭记。

圣躬历险犹无恙，天意存华庶可知。两载房州书帝在，八荒寿域动民思。漫愁蛇豕斗宫阙，梦想龙鳞落海湄。小臣虽乏朝衣拜，喜见黄龙遍地旗。

久不见菽园，以诗代书

我与君居星架坡，日饱郇厨腹其皤。缅邈经月不相见，有似牛女隔天河。重垣闭关绝宾客，竟日枯坐如禅和。捧花洗叶作功课，午鸡一鸣清睡过。翻思京华人事沓，忽得化身坐维摩。太阴雷雨翳白日，光明大放镜相磨。长天一月夜来隳，龙蛇斗血海生波。鼠啮犬吠有摇杌，鸟鸣花放独婆娑。更从多难得至乐，触处随顺履无跛。众香合沓万花舞，虚空音乐闻清歌。地狱天宫皆净土，华严流转现刹那。如是南华真实境，浩浩天风吹大罗。哀此众生来浊世，烦恼障碍无拣呵。八千往返亦何厌，与子灵会亦已多。海云邈邈春雨暗，楼阁离离隔山阿。垂帘匝地飞絮搓，魂梦从之路若何？

庚子七月十五日，泊丹将敦，泛轮来庇。今日又辛丑七月十五，已经年矣。追思壬寅七月望在印度，癸卯七月望在爪哇，甲辰七月望在那威，乙巳在纽约，丙午在意之美兰那，丁未在瑞典，戊申在瑞士，己酉复归槟屿，庚戌过丹将敦，到星坡，再读之俯仰陈迹，益兴怀也。

去年丹将敦，明月照海雪。今年槟榔屿，又复见明月。我生多去住，明月几圆缺。人生若飞鸟，太空自飞没。踪迹皆偶留，长久同仓促。岁岁客迁次，年年老甲乙。一任大化迁，岂与人间绝。举以问明月，明月不能说。

二十一、潘飞声《说剑堂集》

游豆蔻园喜晤胡叙东赋赠　（二首）

名园负郭出楼台，半日清游得暂陪。四载忽惊为客久，重来真喜对花开。池塘指点疑寻梦，鱼鸟亲人不我猜。多谢故人相慰问，劳薪飘泊愧非才。

萍踪偶合更欣然，天为归人巧结缘。不信相逢仍海外，敢辞烂醉在花前。当年题壁诗应续，今夜开帆月正圆。可惜匆匆负佳节，未能借榻竹窗眠。

二十二、何藻翔《邹崖诗集》

星坡船上见赴荷兰华工恻然口占（丙午六月）

瓦盆草席苎衣单，腌菜干鱼饭一箪；莫纂《黑奴吁天录》，牧猪儿有甲必丹。（某京卿微时鬻身猪奴擢甲必丹。）

使节初闻到荷兰（新派荷使陆徵祥），百年喜见汉衣冠；输边百万咄嗟办，海外于今觅食难。（18页）

槟榔屿杂咏

五月星洲舶趠归，开春（以阴历五六月为开春，雨最多）天气雨霏霏。

胡椒椰叶江干路，芒果熟黄鱼正肥。（芒果鱼以芒果熟时登市最肥嫩，味似鲥鱼而少刺。）（录第一首，19页）

二十三、陈宝琛《沧趣楼诗》卷四

息力杂诗　八首

半旬凉吹换炎曦，地缩天移不自知；谁分穷冬搜箧笥，秋纨犹有报恩时。

日日从人冷水浇，寸丹余热那能消；笕泉偏近征夫枕，无雨无风响彻宵。

格林印度马来由，织路班兰各自求；老懒无心知四国，况能从汝学咿嚘。

等闲一雨变炎凉，廛市园林本不常；奴价山中犹倍婢，新来椰子傲槟榔。

女闾东国连樯至，利析秋毫信霸图；海外幸留邹鲁泽，吾宗雄杰一时无。（陈金钟为甲必丹时，不许闽人为娼，至今赖之。）

千户家家货殖雄，斯人忍独坐诗穷；杜鹃北望年年拜，长剩风怀付酒中。（邱菽园近甚贫。）

按：以下二首不录。

槟城鹤山石刻

龙象真成小鼓山，廿年及见请经还；何期五十陈居士，听水椰林海色间。

二十四、尤列《星洲秋夜书怀柬天南叟》

每说神州恨有余，况当携手论交初，十年交友无鲍叔，千古怀人即楚胥。机已陆沉埋组织，势难天问混车书。与君倾盖欣投分，壶碎今犹兴勃如。

南荒秋气扑人来，白壁红楼遍碧埃。今日鼓旗专将阃，旧时弓剑使君台。笳吹月上生寒籁，叶战风鸣彻夜哀。独茧天涯倚惆怅，枕屏残烛更徘徊。

羊石星洲一样秋，怯凉争似海珠头。早齐物我忘生死，敢为飘零怨病愁。急雨乍闻千瀑泻，好风刚恋半衾留。年来自笑真蓬梗，北海南溟尽泛舟。

网轩珠缀昨歌场，翠袖殷勤劝客觞。我发狂吟惟变徵，君腾绮思夹清商。山桐摇落风天撼，江柳扶疏烟水茫。试听沙头叫孤雁，羽毛零乱傍重洋。

二十五、梁启超《饮冰室文集》之四十五（下）

奉酬星洲寓公见怀一首次原韵

莽莽欧风卷亚雨，棱棱侠魄裹儒魂。田横迹遁心逾壮，温雪神交道已存。（吾与寓公交一年，尚未识面。）诗界有权行棒喝，中原无地着琴尊。（寓公有《风月琴尊图》，图为一孤舟，盖先圣浮海之志也。）横流沧海非难渡，欲向文殊叩法门。

书感四首寄星洲寓公仍用首韵

青史古多不平事，修门今有未招魂。西风易送残年尽（隐语），东市难为直道存。王气欲沉山鬼啸，女权无限井蛙尊。瀛台一掬维新泪，愁向斜阳望国门。

难呼精卫仇天演（天演学者，泰西最近学派也。此名侯官严氏定之），欲遣巫阳篮国魂。医未成名肱已折，法无可说舌犹存。（《华严经》云："知法无可说而常乐说法。"吾以此二语自铭其论学之牍。）玄黄血里养生主，魑魅峰头不动尊。更有麟兮感迟暮，与君和泪拜端门。

万千心事凭谁诉，诉向同胞未死魂。凌弱媚强天梦梦，自由平等性存存。每惊国耻何时雪，系辞吾契易之门。（《乾》上九之龙，即《坤》上六之龙也。坤本无龙象，因干之亢，故不得不战。既战而天地相交，群龙无首，一切众生皆有干德，所谓人人有自主之权也。故曰乾元用九，天下治也。此大易之微言，吾夙受持之。）

欲教一国培元气，要使人人解重魂。佛即众生因不昧，相还四大我何存。君今避地为蛮长，我劝随缘礼世尊。且学度他且自度，大同界即大乘门。

次韵酬星洲寓公见怀二首并示遁庵

万里投荒何日见，九原不作与谁归。酬君驼泪和鹃血，老我蓉裳与芰衣。漫有挥戈回夕照，故应尝胆疗朝饥。人间惜别徒多事，洴澼于今遇壮飞。

我所思兮在何处，卢（卢梭）孟（孟德斯鸠）高文我本师。铁血买权惭米佛，昆仑传种泣黄羲。宁关才大难为用，却悔情多不自持。来者未来古人往，非君谁矣喻余悲。

奉怀南海先生星加坡兼敦请东渡

近闻作计又图南，渺渺离思孰可堪。自是鹍鹏辞斥鷃，不关蝼蚁制鳣鱏。一冬霜雪萧萧鬓，满地烟尘肃肃骖。遥相卜居间詹尹，揭来诗句遍江潭。

共有千秋万古情，为谁岁岁客边城。谗言苦妒齐三士，世务宁劳鲁两生。汉月依微连海气，蛮花悱恻吐冬荣。相逢莫话中原事，恐负当年约耦耕。

不道桃源许再来，旧时鱼鸟费疑猜。风吹弱水蓬莱近，春逐先生杖履回。万事忘怀惟酒可（先生惠书，有"万事不挂眼，终身常避人"语），十年有约及樱开。（先生以己亥二月去日本，有诗云："樱花开罢我来迟，我正去时花满枝，半岁看花住三岛，盈盈春色最相思。"）何时一舸能相即，已剔沉枪扫绿苔。

二十六、卫铸生（常熟）《寿荣华酒楼即句》八首

五花骢马七香车，辘辘声中月正华。灯火层楼明似昼，一竿挑出酒帘斜。
花枝历乱映瑶台，玳瑁长筵烂漫开。十八云鬟随列坐，胜他刘阮入天台。
楚楚丰姿辫髻鸦，勾栏第一是儿家。叮咛记取门前柳，吹遍东风未放花。
铜琶弹彻郁轮袍，色舞眉飞格调高。一串清歌珠十斛，天然声价冠花曹。
清丝脆竹奏宫商，小令新翻旧教坊。我自浅斟尔低唱，倩谁窄袖舞郎当。
泊肩两小最妖娆，忍笑佯嗔未易描。兜惹惊鸿抛妒眼，司空见惯也魂销。
衣香鬓影杂钗光，歌扇摇风纵酒狂。老去樊川真艳绝，醉围红袖赌飞觞。
片言喋喋君难解，私语喃喃我未谙。妙到会心皆不远，何妨箝口两情含。

二十七、杨圻《江山万里楼诗词钞》卷三

新嘉坡感怀

〔……新嘉坡为柔佛国旧都，英商来福司（即莱佛士）者，以数千金购地贸易，英舶继至，渐侵据全岛，其得之不以兵力也。迁其王沙丹于柔佛之新山，在新嘉坡渡江北一里；其新王少年，余曾谒之。自明王三宝来是，为南荒使臣之祖，其间华人割地据众，称王称霸，如髯虬、赵佗者流，更仆难数。当时目为海盗，未得朝贡，声气不通，遂无文字记载。今各岛华人共五百万

人，直至哥伦布（坡），始无我人踪迹，亦云伟矣。光绪初，曾侯纪泽出使英国，始设新加坡领事官。庚子后，朝廷顾念侨民劳苦，命侍郎杨士琦遍历存问，恩礼有加，庚戌辛亥，遣郎中王大贞，赵从蕃相继抚慰，而槟榔、仰光、拔泰维亚、巴东、泗水诸地，先后添设领事官矣。〕

北户通舟楫，南州洗甲兵。过秋山更绿，入夕海生明。绝岛花争发，殊方鸟乱鸣。黄门来载宝，踪迹亦堪惊。（录一）

游佘氏水源园

北峰新雨绿，车马入秋芜。飞鸟不可见，青山淡到无。听泉诗境寂，望日壮心孤。归路东陵翠，终年总不殊。

醇王前岁道出星洲，存问华侨，主闽人李清渊家，洵邸今岁来，主潮人佘氏园林，洞庭张乐，其事幽胜。

春色来天上，银河泛客星。云霞连夜赤，岛屿入冬青，胡客观仙仗，蛮娥舞翠屏。争看牛斗气，剑佩在南溟。（录一）

附 《哀南溟诗长序》:

尝考明洪武中，南海梁明道（按：应作道明）据三佛齐称王。永乐时，王顺塔国于爪哇之北；万历初，王连据旧港称王，同时林道乾据勃泥称王。后闽人某复王勃泥，同时张琏复王三佛齐，李马奔亦王小吕宋。清高宗时，澄海人郑昭逐缅人而称王暹罗，其子郑华助饷征缅，清封为王。嘉应人吴元盛商于坤甸之戴燕，因其国乱据而王之。同时罗方伯亦嘉应人，据喃巴哇称王百余年；光绪十年，荷人夺之。嘉庆时，嘉应人叶来与柔佛王战八年，王之，复攻取槟榔屿，英人忌之。时我国方禁出洋，英人乃迫官吏严治其家族，叶来不得已以政权让之。同安洪某据呇眼，地近新加坡，叶来族人某王婆罗洲之沙胜（朥）越，嘉应人某王萨拉瓦，地五万方里，人口三十万，在婆罗洲西北，嗟乎！我人之割据称雄握海外霸权者，已非一人一日，其人类皆豪杰不得志于中国，乃亡命入海，卒能驱策异族，南面称孤，不亦壮哉！……余承乏七州海门等处领事馆者六年，考之旧闻，仅得约略，无记载之可寻……私心痛之，作《哀南溟》。（《江山万里楼诗词钞》卷三）

又二首有关星洲掌故者：

辛亥五月朝命赵从蕃京卿赴南洋存问诸岛华侨，留宿星洲两旬，张乐海山，绕行竟夕。

双林寺落成，美洲无柳，寺僧植两株，竟活。

二十八、谢云声《金门诗人林豪南游诗》

林豪《殆哉行》(录一)

〔余昔闻南洋山中土蕃，有习蛊术，能变为虎者，初时取水浇之，仍复人形，不然，则终其身虎矣。番俗诨号“榛仔渠”云。岁丁未（1907年），余游新加坡，询之犹信。又外洋各港多鮢鱼，即鳄鱼之种类，受害者，求诸暹罗番僧，能拘伤人之鳄抵罪，盖暹僧蛊术尤神已。然则我华民之营利山海者，可不慎欤！爰成长歌两首以示诫。〕

吁嗟乎殆哉！炎荒何来榛仔渠？尔渠缩首芭中居。豺豕为群猩为友，越崖一嚼腥风俱。番中累世习巫蛊，操此怪术胡为乎？尔形虽人心则兽，何怪一变为於菟。於菟变态欲逐逐，幻出蚩狞恶作剧。或传枕秘试所长，或为寻仇噬彼肉。我闻大芭深处产珍宝，沉檀冰麝藤桍栳。重洋万里来华民，入山深恐恣搜讨。逐臭真同蚁慕羶，忘身绝似蛾趋火。踵而至者知不知，九死一生寻危机。逐队番寮萃渊薮，薰心贱价谋居奇。利未可知害必至，顷刻变相思朵颐。惟当徐行尾其后，前途有变能防之。不然死作糊涂鬼，但说虎口还仇谁。嗟尔於菟善变异，所使之术蛊而已。惟将白水浇顽躯，少焉黑头能复始。不然终身为畜世所訾，设阱张弧群待尔。嗟我华人何太愚，迷龙场中经迷途。重以金樽檀板傒女闾，甘心陷险图欢娱。殆哉殆哉难须臾，履尾不已将噬肤，咥人之凶因捋须。贵货那堪易身命，丰财拚忍酬头颅。变端早避应如避，怪术可诛不胜诛。虽然华民底事来遐陬，只为家山亦有榛仔渠。殆哉患气无时无，何处远避榛仔渠？（录第一首。谢云声按语谓：土番习蛊术（即降头），能变为虎，谓之榛仔渠。）

林豪《咏榴梿》(八首)

未食不敢尝，既尝方知味。士女剧流连，人情有同嗜。

树高刺如蜚，墙角凭杂植。佳果能避人，夜深方落实。

住久始闻香，大嚼不能罢。臭味本差池，习乃与俱化。

厚貌饰顽皮，中心藏热脑。有刺欲砭人，负腹无乃可。

气味杂薰莸，闻根为之异。俨同剖如何，随刀能变味。

吾闻换心山，住久不言旋。世上心能换，何止一流连。

坠地当残夜，知无阿世心。朵颐为谁使，汝自系情深。

谏果甘徐回，蔗境善其后。人情亦宜然，馨闻重末路。

林豪《金兰寺》(两首)

祇园幽处竹成林，况有安禅清净心；此是天花香乍放，更闻直节史流音。

苍苍古色神如在，节节流香瑞可稽；料得散花还结实，竿头定有凤来栖。(自注：竹能生花，世所罕见。)

二十九、彭国栋编纂《中越缅泰诗史》

程芝僊《送三女佐新赴新加坡应聘南洋女校一年》(四首)

有女有女远别将登途，使我欲留不得，欲送不可，徒搔首而踌躇。(一解)

痴欤？梦欤？偏促我上归车，汽笛呜呜兮忍泪分裾。车轮转辗兮似我回肠；极目怅望兮云海茫茫。(二解)

登汝小阁兮坐汝案傍，书籍凌乱兮令我感伤。食不甘味兮卧不安神，日居月诸兮似失奇珍。(三解)

离情缱绻兮海波不平，苍茫万里兮星稀月明。如期归国兮一载悠长，时势如斯兮我实徬徨。(四解，244页)

按：以上诗。

三十、《全清词钞》

蒋玉棱《蕃女怨》

新加坡观西乐，亦乙未南归时事也。

白题胡舞融汗粉，春绽香吻。玉衣翻，珠络褪。乳酥双嫩。万枝灯影照沧波，拥天魔。(卷二十五，1311页)

三十一、杨圻《江山万里楼海山词》卷三

如梦令

〔戊申季冬，冒风雪浮家，南渡星洲，气候温和，花木如春夏。家居山中，遂疑世外，杂兴二阕，记家室清暇之乐。〕

帘外□阶花静，帘里一炉香烬。午睡觉来时，烈日烘烘深径。苏醒，苏醒，玉腕双抬撩鬓。（录一）

南乡子

〔五代李珣有《南乡子》数阕，纪炎方风景，其词甚美。余居南溟久乐之，为填二十二阕，以继其声。〕

花满路，是嘉东，沙登宫殿浪花中。海上艳阳三月里，车如水，十万绿椰青草地。（录一）

菩萨蛮（新加坡暑夜山园即事）

莲房露冷开残半，星河淡点银屏乱。灯影水西楼，冰肌玉骨秋。秋情人不见，花影和帘卷。中有卷帘人，梳头月满身。

按：以上词。

三十二、《新客过番歌》

唉叻景致真正好，也有牛车共马驼，也有番仔讨番婆，也有火车相似雷。……作人龟里（指苦力）真天长，太阳似火实难当；亦无树脚通宿影，一日趁（赵）兄三十铛。……大家行到牛马水，看见马九真正水。身穿苏衣乌绸裤，相似托拐弄仙姑……

按：此歌册题南安江湖客辑，厦门会文堂发行。

按：以上歌册。

引用书录解题（择要）

一、实录类

清朝实录

《圣祖实录》（卷二七九）康熙五十七年（1718）五月，载柔佛国番人喇哈等乘船漂至广东新安一事。《清宣宗成皇帝、德宗景皇帝实录》及《宣统政纪》皆有记及新加坡事，共录得三十七则。

二、政书、公牍类

朱寿朋光绪朝《东华录》

王先谦《东华续录》道光二十一年条记披楞。惟由第56册至101册，即自道光元年正月至同治十三年十二月，皆无新加坡事。光绪以降则有之，据朱寿朋之光绪《东华录》共录十六条。北京中华书局1958年印本。

《筹办夷务始末》

道光、咸丰、同治三朝，涉及新加坡事件者，共录二十四条。

《清文献通考》

录柔佛一条。

刘锦藻《清朝续文献通考》

卷三三七《外交考》光绪元年至五年共得五条；卷三三八《外交考》二，自光绪十三年至十四年，得两条，均记新加坡事件者。

王彦威《清季外交史料》

此书由黄岩、王彦威（弢夫）所辑，今录郭嵩焘奏设新加坡领事四则。王氏于清光绪中供职军机处，手录光绪间外交文件，辑成此书，初名《光绪朝洋务始末记》。

黄鸿寿《清史纪事本末》

卷五十八通使及选派留学条记黄遵宪领事辖境。1959年三民书局印本。

《清季各国照会目录》

书中著录光绪六年三月二十五日署理钦差大臣、事务参赞大臣威妥玛知照新嘉坡中国领事官胡璇泽患病身故。光绪八年九月二十三日署理钦差大臣头等参赞格继纳知照福州厘局，附译录福州盛道与星领事面谈节略单一件。又光绪八年六月二十七日，格氏知照新嘉坡总督，已将华民在槟榔屿行凶致毙人命一案卷宗赍送厦门以作讯办之据。此书原为台湾“故宫博物院”藏，今有影刊本。

宫中档

李侍尧于乾隆三十九年八月初四日奏折提及柔佛国。福州总督崇善于光绪二十九年九月二十二曰查保商局事提及新加坡、槟榔屿各地。俱见宫中档。李氏奏折见宫档二七七三箱二九五二四号，尚未刊印。

包世臣《齐民四术》、《靖海十二札》

世臣字慎伯，号倦翁，安徽泾县人；嘉庆十三年举人，咸丰五年卒。此书卷十一《致广东按察姚中丞书》作于道光八年，及《与陈阶平、萧枚生书》，均论英人占据新埔，改名新嘉坡事。“中央研究院”藏善本有旧钞

《靖海十二札》，题泾上老人著；述祖德堂本，有“钱泳曾观”印。除《致姚中丞书》外，又有《职思图记为陈军门阶平作》。（阶平号雨峰，安徽泗洲人，道光间官福建水师提督。《齐民四术》言及广东事，邓之诚《桑园读书记》有考证。）

姚莹《东溟奏稿》

姚莹字石甫，安徽桐城人；嘉庆十三年进士，台湾兵备道。《清史稿·邦交志》称：“道光二十一年八月，英人攻鸡笼，为台湾道姚莹所败。是年姚氏奏章言及英人火药在本国及息辣所制；息辣即嘆叻也。”莹著有《中复堂全集》，其《东溟奏稿》有《台湾文献丛刊》本。

黄爵滋《仙屏书屋初集》（《清末民初史料丛书》本）

爵滋（1793—1853）字德成，号树斋，江西宜黄人（孙衣言《逊学斋文钞》有行状）。丁晏称丙申间树斋示以（禁洋烟疏稿），以为不当扰夷；洋烟禁而边衅大开（《颐志斋丛书》十五《石亭纪事》）。爵滋于道光二十一年任刑部侍郎，有奏折新英华书院刊书事。此集十六卷，道光二十八年刊，现有《中华文史丛书》本（第六辑），又齐思和整理之《黄爵滋奏疏》本。

薛福成《薛福成全集》（台湾印本）

《筹洋刍议》录船政一段，《海外文编》中载《请豁除旧禁招练华民》，附陈《派拨兵船保护商民事》、《南洋诸岛致富强说》，均涉及新加坡。其《出使公牍》又《续刻》，见《中华文史丛书》本（第四辑）。

丁日昌《丁日昌奏稿》

选堂藏钞本丁、左《海防稿》内，“代陈丁日昌议覆总署原奏海防事宜六条，折中筹饷一奏，言及中国人商于外国者，以老金山、新加坡为多”。

丁日昌《抚闽奏稿》

内卷三记杨武至新加坡游历。此书为丁中丞政书，题门人刘瑞芬、陆润庠校，大埔温廷敬编次，钞本现藏耶鲁大学图书馆。

彭玉麟《彭刚直公奏稿》

有文言及结合暹罗袭取西贡折。又《华随人圣盦摭忆》据湘潭罗正谊奏彭玉麟记新加坡人口十四万（296页）。

曾纪泽《曾惠敏公遗集》

奏疏卷二有《请恤新加坡病故领事片》、《恳留新加坡领事疏》。其有关曾氏之外交，请参近史所《近代史研究专刊》十五李恩涵大著。

李鸿章《李文忠公全集》

合肥《李鸿章全集》，桐城吴汝纶辑。全集电稿卷七（48页）云："粤督张来电，光绪十二年十月十四日未刻到。""九月初二日，（王、余二员）由吕（宋）起程赴新嘉坡。"按王即福建龙溪王荣和，余即广东新宁余瓗。二人于光绪十二年领率南洋访查团。

张之洞《张文襄公全集》

卷九十五公牍十照会汕头英领事，华民出洋仍应禁用赊单。光绪十五年三月十九日言及赊给船单一张，便可前往新嘉坡或槟榔屿等处。卷十五（7—14页）有《会筹保护华侨商事宜折》；卷二十三（8—23页）有光绪十三年十月《派员周历南洋各埠筹议保护折》。

三、日记、游记类

斌椿《乘槎笔记》

斌椿字友松，正白旗汉军，官内务府庆丰司郎中；斌桐弟。（《八旗艺文编目》史部著录此书作《乘查笔记》一卷，又有《海内胜游草》。）总税务司赫德（R. Hart）尝从椿读中文。同治三年，同赫德至英。同治五年二月十八日，椿到新加坡；同年八月十一日自欧归，再经新加坡，有留题豆蔻园句。（见潘飞声《西海纪行》卷。）此书有同治刻本，首为同治戊辰徐继畬序，及同治八年己巳杨能格序。另一为明治壬申日本修文塾藏本；首为明治辛未宫城县冈修序，松井畔书。卷前题："成斋重野安译阅，东阳大槻诚之训点。"余所见此二种，皆耶鲁大学图书馆藏本。另有《各国日记汇编》本，光绪戊戌（二十四年）上海印小字本，现有《中华文史丛书》本（第十二辑）。

张德彝《航海述奇》

德彝原名德明，字在初，镶黄旗汉军，原籍铁岭。同治乙丑冬总理衙门派汉军斌椿（前山西襄陵知县副护车参领衔）赴泰西考察，德明同行，与英人税务司赫德号乐彬者同往。同治五年二月到新加坡，光绪二年充郭嵩焘随员。光绪二十七年任出使英、义、比大臣；二十八年专任驻英，三十一年召回（见钱实甫《清季新设职官年表》）。三十二年偕夫人经新加坡返国。《八旗艺文志》著录有《八述奇》二十卷。其《航海述奇》共四卷，有同治丁卯自序，法国国家图书馆所藏者，乃上海申报馆仿聚珍版。

又《随使日记》、《使英日记》、《使还日记》。

志刚《丁卯初使泰西记》

同治六年丁卯　以志刚（记名海关道总办章京）派充使臣与孙家谷偕同美国蒲安臣（A. Burlingame）、英国柏卓安（J. M. Brown）、陆德善等前往西洋，办理中外交涉。此书题避热主人编，乃光绪丁丑镌本，法国国家图书馆藏。

王韬《漫游随录》、《瀛壖杂志》、《弢园尺牍》

《弢园文录外编》，癸未仲春香港刻本一册，光绪九年，天南遁叟王韬序。卷二设官泰西及保远民二事提及新嘉坡。又《瀛壖杂志》见载于《中华文史丛书》本（第十二辑）；《弢园尺牍》则收入在《史料丛书汇编》（第一册）。

宜垕（厚）《初使泰西记》

曾与美大使蒲安臣放洋，同治七年九月抵新加坡。按《八旗艺文编目》史部游记有《初使泰西纪要》一书，志刚著。“志刚字克庵，氏绥芳瓜尔佳，出使太（泰）西，官库伦办事大臣。”复云：“又一种名《初使太西记》，文字无多出入。”当即宜垕之书。

今有《洋务运动》节印本（第八册，248—270 页）。

王芝《海客日谭》红杏山房刊，光绪二年王含校刊本

王芝号子石子，幼军腾越。同治十年（1871）十月，自仰光乘轮游欧；十一年二月二十四日泊星架坡；二十六日离去，有《晚泊星架坡》七律。（诗后记广东海商朱广兰来星经过，及星架坡地形、历史与异名甚详。）此书原名

《渔瀛胪志》，王含校刊本改称《海客日谭》。张礼千曾摘钞载《南洋杂志》第一卷第五期（1947 年 3 月印行）。

王承荣《游历记》

王承荣，光绪元年二月官通判，金陵机器局派赴英、法、德考察炮厂（见《清季兵工业的兴起》，176 页）。是年三月初九日到新加坡，此《游历记》为饶氏选堂所藏钞本。书中称："至印度、新加坡，英之属地，此系印度大码头也。"以是时新加坡属印度孟加拉政府直辖故也。

郭嵩焘《使西纪程》

郭嵩焘，湖南湘阴人。记自丙午十月十七日于上海出洋，至十二月八日抵伦敦止。李慈铭云："此书出而通商衙门为之刊行，凡有血气者无不切齿。"（见《越缦堂读书记》，483 页）盖深恶其媚外也。

刘锡鸿《英轺日记》

刘锡鸿字云生，广东番禺人；光绪二年刑部员外郎，任驻英副使，为郭嵩焘副半载。三年改使德国；四年召回，《清史稿》有传。此书李慈铭有评骘（见《越缦堂读书记》，476 页）。书原为二卷；光绪二十二年丙申上海书局石印本小册，法国国家图书馆藏。另有《小方壶斋舆地丛钞》本（第十一帙），又有《英轺私记》一卷，有《灵鹣阁丛书》本（第二集）。

黎庶昌《奉使伦敦记》

《拙尊园丛稿》卷五收《奉使伦敦记》，称光绪丙子抵达新加坡。

李圭《东行日记》

李圭字小池，江苏江宁人。光绪二年丙子以东海关税务司德璀琳之荐，赴美参加美国立国百年大会，十一月抵新加坡，故日记中述及胡璇泽黄埔花园。（原作浦，误。）所著书数卷，总名曰《环游地球新录》四卷，前有光绪四年李鸿章序；光绪三年李圭自序。（圭又著《鸦片事略》一书，光绪二十一年海宁州署刊行。）

张荫桓《三洲日记》

荫桓字樵野，广东南海县人。光绪十一年充出使美、日、秘三国大臣。光绪十五年十一月回国到星加坡。事迹见张祖廉撰神道碑（《碑传集补》卷六），及《戊戌变法人物传稿》上（168页）。

此书共八卷，光绪二十二年刊，又有《洋务运动》节本。

钱德培《欧游随笔》

德培字琴斋，大兴人，光绪三年十一月初一日抵新加坡，著《欧游随笔》二卷，晚清刻本，法国国家图书馆藏。

曾纪泽《手写日记》

曾纪泽于光绪四年（1878）任出使英法大臣；自九月初四启程，十一月十二日抵新加坡。详见影印本《曾惠敏公手写日记》第四、五册。见吴相湘主编《中国史学丛书》，台湾学生书局1965年版。

黄楙材《西輶日记》、《印度劄记》、《游历刍言》

楙材字豪伯，江西上高人，贡生，同文馆学习，光绪四年五月奉四川总督丁宝桢委派游三藏五印度，于是年十月到新加坡，著有《西輶日记》五卷及《游历刍言》等在《得一斋杂著》四种本（江标题）、光绪十二年十月《梦花轩》重校刊本，法国国家图书馆有藏。文廷式屡引其书，见《纯常子枝语》二十四。《刍言》中《南洋形势》一文，论星加坡埠头为南洋重镇之由，极有远见。

徐建寅《欧游杂录》

建寅江苏无锡人，原任直隶候补道福建船政局总办。著《欧游杂录》，光绪五年九月经新加坡。

（传见李法章《梁溪旅稿》卷上及《戊戌变法人物传稿》附录。）

马达忠《南行记》

马氏于光绪七年七月到达新加坡，近刊有《马建忠集》。

吴广霈《南行日记》

光绪七年七月，吴氏与马达忠同抵新加坡。

郑官应《南游日记》

郑氏号陶斋，广东中山人。原任上海轮船、电报、织布三局总办，兼办神机营采办军械及侦探军情。光绪十年春，以法国欲并越南，奉命赴南洋，搜集有关情报，《南游日记》即记此行。自光绪十年（1884）五月十八日起至六月二十二日止；郑氏于五月廿九日抵新加坡。

蔡钧《出洋琐记》

蔡钧字和甫，浙江仁和人。光绪二十七年，前苏松太道以四品京侯任出使日本大臣；光绪二十九年，召回。（钱实甫《清季新设职官年表》，91 页）

邹代钧《西征纪程》

邹代钧字沅帆，新化人。候选知县，《湘学报·舆地编》撰有题名。（见《戊戌人物传》，366 页）

潘飞声《西海纪行卷》、《天外归槎录》、《老剑文稿》

潘氏于光绪十三年七月中旬游星豆蔻园，有诗，《说剑堂集》载录。十六年七月再南游，记新嘉坡附近地理形势。又《老剑文稿》收有《上许竹筼（景澄）星使书》，请求增设兵轮数艘驻泊南洋事。此外尚有《马拉语类序》、邱菽园孝廉《五百石洞天挥麈序》二文，俱与新嘉坡文献有关焉。

崔国因《出使美、日、秘国日记》

崔国因字惠人，安徽太平人。光绪十五年出使美日秘大臣，十八年召回。所著《日记》凡十六卷，光绪甲午本共十二册。首有光绪十九年八月二十六日崔氏于太平洋舟中自序。所记起于光绪十五年九月初一，至十九年八月初四日止。内记有关新加坡者，光绪十六年二月初一日，同月初七日，又十六年四月初七日、八月二十三日、九月初一日，十七年正月初七日、四月初一日，及十八年二月二十二日等条。光绪甲午印本，美国耶鲁大学藏。

薛福成《出使英法义比四国日记》六卷，光绪甲午孙谿校经堂校刊本

薛福成字叔耘，无锡人。于光绪十六年出使英、法、义、比四国。所著《出使日记》起自光绪十六年正月十一日；卷一，四月二十二日记抵新加坡所睹状况，及与人谈香港、新加坡开埠事。六月间，记王荣和、余瓗调查南洋

各地报告；卷四，十六年八月十一日亦记新加坡。至若新加坡、英属各地人口之分布、佣工转鬻别埠之人数、附近岛屿海门所辖之地域，与华人入英籍事，俱见载于《日记》。

薛福成《出使日记续刻》十卷光绪戊戌季夏刊本

《续刻》在光绪十八年正月初二日记婆罗洲；卷十，光绪二十年四月十六日记返程到新加坡总领事，黄公度来见。

卷首载薛氏自序及凡例；凡例云："前编以辛卯二月终卷，是编自辛卯三月朔起，至甲午五月止。并闰计之，得月四十；每卷四月，总凡十卷。日记中文字有已见《庸盦文外编》、《海外文编》者，兹不复录。"其光绪十七年三月初四日记印度甲谷他（注：即加尔各答）一条，可略窥近代中印关系之一斑。兹录其原文以备参考："查华商出洋开埠最早者，惟甲谷他及孟买两埠，远在新嘉坡开埠之先。今新嘉坡设领事已逾十年，而此两埠尚未议及。盖因其地为使节所未经，故商情无由上达耳。"

王之春《使俄草》

王之春字爵堂，又作芍棠，清湖南衡阳人，一作清泉人。官至安徽巡抚，尝以湖北布政使使俄。著有《国朝柔远记》共二十卷（又名《通商始末记》），现有《中华文史丛书》本（第一辑）及《使俄草》。之春于光绪二十年十二月到新加坡；《柔远记》卷十九《瀛海各国统考》，述及新嘉坡及槟榔屿。此书题："彭玉麟敬生，光绪壬寅上海书局石印本。"前有彭玉麟、谭钧培、李元度、俞樾等序及光绪六年王之春自序。

载振《英轺日记》

载振，庆亲王奕劻子，使英大臣，官至农工商部尚书，《清史稿》有传。

是书共十二卷，前有使英大臣载振贝勒自序。振于光绪二十八年（1902）三月二十四日抵新加坡。

此书有光绪二十九年上海文明书局印本（中文大学图书馆藏），又有文海出版社翻印本。普林斯顿大学藏有光绪二十九年清写进呈本，精写朱丝阑，十二册。

戴鸿慈《出使九国日记》

鸿慈南海人，光绪三十一年六月以礼部尚书与端方奉派赴东西洋各国考察，著有《出使九国日记》。书中卷十二载五月二十日到槟榔屿，二十一日记抵新加坡。书前有光绪三十二年六月自序。法国国家图书馆所藏者为光绪丙午印本。

何藻翔《藏语》

藻翔字翙高，晚号邹崖逋客，广东顺德人。光绪三十二年，调为议藏印商约大臣参赞，著有《藏语》。第5页记光绪三十二年六月二十八日自香港乘轮放洋；七月初四日到星加坡、庇能所见情形。（何氏事迹详吴天任著《何翙高先生年谱》）

青浦席裕琨编《星轺日记类编》

光绪壬寅丽泽学会印（小字本），前有光绪二十八年壬寅长洲陈开骥序。所采书凡十八种，兹记录如下：（1）斌椿《乘槎笔记》，（2）郭嵩焘《使西纪程》，（3）刘锡鸿《英轺日记》，（4）何如璋《使东述略》，（5）李圭《环游地球新录》，（6）黎庶昌《拙尊园丛稿》，（7）黄楙材《西辖日记》四种，（8）曾纪泽《使西日记》，（9）李凤苞《使德日记》，（10）徐建寅《欧游杂录》，（11）邹代钧《西征记程》，（12）缪祐孙《俄游汇编》，（13）崔国因《美、日、秘日记》，（14）薛福成《四国日记》，（15）黄庆澄《东游日记》，（16）吴宗濂《随轺游记》，（17）《泰西各国采风记》，（18）谢希傅《归槎丛刻》等。此书卷六“方舆”二，有记新加坡六条：斌椿一、李圭一、徐建寅一、薛福成二、王之春一，均见本书收录。

《各国日记汇编》

光绪上海印小字本；书前有秣陵李廷爵序，收录斌椿《乘槎笔记》二卷，郭嵩焘《使西纪程》，及曾纪泽《曾侯日记》。

按：以上两种皆法国国家图书馆所藏。

李钟珏《新嘉坡风土记》（光绪乙未长沙刊《灵鹣阁丛书》本；1947年南洋书局重影本，许云樵加眉注）

李钟珏字平书，自署上海人，实籍青浦高桥。此书前有自序，称光绪戊寅左秉隆子兴任新加坡领事，丙戌以子兴约，十二月航海至粤；丁亥（光绪十三年）正月杪至香港，四月下旬乘轮南行，九日而至新加坡，居匝月，杂记风土云云。钟珏另著有《庆历五年内府覆刻淳化阁帖十卷考》，民国七年所作。书共十册，余所见者为澄海高蕴琴氏旧藏，现归港大冯平山图书馆。

阙名《槟榔屿游记》
阙名《白蜡游记》
阙名《游婆罗洲记》
阙名《南洋述遇》
阙名《游历笔记》

按：以上五种均在《小方壶斋舆地丛钞》第十帙。

四、地志、杂述类

贾耽《皇华四达记》

文见《新唐书·地理志》，记军突弄山（Pulo Condore），又五日行至海峡，蕃人谓之质。向来说者谓质即“唉叻”之切音。

赵汝适《诸蕃志》

汝适，宋太祖八世孙，官福建路市舶提举。此书卷上记凌牙门。

陈元靓《岛夷杂志》

见《事林广记》卷八，盖据广舶官本所记有凌牙门。

文廷式尝取与赵彦卫《云麓漫钞》所记福建市舶司常到诸国舶船名比较，谓是宋时闽、粤之异译（《纯常子枝语》二十八）。

《永乐大典》卷一一九〇七

“广”字号引《南海志》诸蕃国名，有龙牙山、龙牙门在小西洋下（93页）。

汪大渊《岛夷志略》

大渊字焕章，南昌人。元顺帝至正中，附贾舶浮海历数十国。内记单马锡、龙牙门。又暹罗国条言及:“侵单马锡……掠昔里而归。”藤田谓昔里即吱叻。

此书有三山人吴鉴(字明之)后序。元至正十年泉守偰玉立聘鉴修《清源续志》二十卷。何乔远《闽书》(卷一四六)称其友家得一本曰《岛夷志》凡百国,知此书亦名《岛夷志》。吴鉴以之作《清源续志》之附录(参丹羽友三郎《岛夷志略成立年代》,三重大学《学艺评论》,昭和二十八年四月)。

《元史》卷二十七《英宗纪》

记龙牙门条在延祐七年、泰定二年。

郑和《航海图》

《武备志》无柔佛,只有答那溪屿;又有淡马锡条。

《两种海道针经》(《顺风相送》、《指南正法》)

是书记录东西洋各国之间山形水势及往回针路;今本乃自英国牛津大学鲍德林图书馆钞写,由向达校注,然其原有作者尚无可稽考。一说为漳郡吴氏所撰。1961年中华有新印本。

马欢《瀛涯胜览》

马欢,会稽人,于永乐十一年随郑和往西洋,归志其事,撰有《瀛涯胜览》。今所习见者,有中华书局冯承钧校注本及吉川弘文馆小川博译注本。本书引用冯承钧校注本。

巩珍《西洋番国志》

巩珍,应天人,尝与马欢、费信随郑和同时往海外,所至番邦二十余处。将目及耳闻之事,记录无遗,遂序集成编,传于后世。今有知圣道斋钞校本。

费信《星槎胜览》

费信字公晓,吴郡昆山人。自永乐至宣德间,四次随郑和远征海外,因撰有《星槎胜览》。中华版冯承钧校注本。

吴调阳校《东南洋䃮路》

记柔佛一名乌丁礁林,及龙牙门、淡马锡门。《小方壶斋舆地丛钞》第十帙第六册收此。

张燮《东西洋考》

燮，漳州人，刻书甚多，如《唐四杰集》即其一种也。《东西洋考》有淡马锡条，又卷四记柔佛一名乌丁礁林。新加坡国家图书馆藏万历刊本。正中书局1962年据万历戊午刻本影印。

《明史·列传》卷三二五

书中有《柔佛传》，盖录自《东西洋考》。

陈仁锡《潜确类书》

是书卷十三区宇第八“四夷”有龙牙门条。新加坡大学藏有明刊本。

何乔远《名山藏》

乔远字稚孝，福建晋江人。万历十四年进士，以持正敢言立于朝，尝辑录明季十三朝遗事而成此书，颇行于世。

宋福玩、杨文珠辑《暹罗国路程集录》

安南嘉隆八年（公元1809）十二月命宋福玩、范景讲、杨文珠等出使暹罗，此为宋、杨二氏纪行之作。书中提及龙牙、海门及峋崂棒（即庇能）。陈荆和、木村宗吉解说本，新亚研究所印行。

王大海《海岛逸志》

王大海字碧卿，福建漳州人。乾隆四十八年（公元1783）至南洋，为葛剌巴加必丹女婿，归著是书。嘉庆十一年（公元1806）刊行共六卷，记英圭黎新垦地之槟榔屿。又有《舟车所至》本、《小方壶斋舆地丛钞》本。

陈伦炯《海国闻见录》、《南洋记》

伦炯为陈昴之子，泉州人，有《海国闻见录》，内有实力一名。昴尝贾海上，往来东西洋，尽识其风土；官碣石总兵，擢广东副都统，方苞志其墓（《望溪全集》卷十）。昴以议天主教闻名（王重民撰《陈昴传》，见《图书季刊》新七卷一、二期）。《南洋记》文中亦述及柔佛。此书王赓武有详细研究

（马来亚大学历史学会会刊，1963）。

陈寿祺《福建通志》

卷二百七十“国朝洋布”条，记柔佛距厦门之水程。

谢清高《海录》

清高（1765—1821），广东嘉应州金盘堡人，年十八随舶出洋，航海十四载；杨炳南于澳门见之，记其口述，而成《海录》一书。炳南字秋衡，亦嘉应州人，道光十九年举人，嘉庆二十五年（公元1820），笔录成书。书中记旧柔佛言及息辣，闽、粤人谓之新州府；又麻六呷条亦言英吉利开新州府事。

李兆洛于道光元年九月，尝从吴兰修处取阅《海录》，加以整比，列图于首，题曰《海国纪闻》（见《养一斋文集》一）；此书汪文台尝引用之。

颜斯综《南洋蠡测》

颜斯综，广东南海人，事迹无考。谢景卿《云隐印稿》内有“颜斯综”印（见冼玉清《广东印谱考》，37页）。书中尝云：“十余年前英吉利据此岛，名之曰星忌利坡。”按英人得新加坡在嘉庆二十四年（公元1819），知是书作于道光十年左右。又记云：“有唐人坟墓碑记，梁朝年号及宋代咸淳。”梁启超于《世界史上广东之位置》一文中，据此文谓：“新加坡华人坟墓碑载梁朝年，是华人旅此者始于六朝。”按此梁朝亦可为五代后梁。此文已载入《海国图志》；《小方壶斋舆地丛钞再补编》第八册亦有收录。斯综他著尚有《海防余论》。

按：陈颙《秋梦庐诗话稿本》收：“颜斯总，字诒铨，一字君猷，南海人；嘉庆庚午顺大举人，有《听秋草堂诗稿》。”不知与此颜斯综有关否？书以俟考。

阙名《柔佛略述》

文中提及新山与新加坡乃一河之隔，华人种植于其间者十万众；见《小方壶斋舆地丛钞》第十帙第六册。

方东树《粤海关志》

东树（1772—1851）字植之，晚号仪卫老人，安徽桐城人。道光间，粤海关监督豫堃延修是志，十七年入粤督邓廷桢幕。《市舶门》噶喇巴国记及柔佛国事。

邵星岩《薄海番域录》

邵星岩字大伟，清渤海人。此书卷八以下，为重译之国，多从他处钞辑；录其柔佛一条，又龙牙门、满剌加不录。是书为京都书业堂刊本，法国国家图书馆有藏本。

管榦珍《松厓文钞》

管榦珍，阳湖人，总督淮扬提督漕运海防军务。此书有《职方志》，卷六《环海部》分记乌丁礁林；中研院史语所藏。

徐继畬《瀛环考略》

继畬字健男，号牧田，山西五台人，同治六年以太仆寺卿为管理同文馆大臣。其书见于《清代稿本百种汇刊》本，文海出版社印行，又《中华文史丛书》本（第一辑）。

周凯《厦门志》

卷十五记与海外及新嘉坡来往事，书为道光十二年版。

魏源《海国图志》

书中言新甲埔一名息力；又引下列各书言及新加坡，多为外人著作：一、《每月统纪传》；二、《地理备考》；三、《外国史略》；四、《贸易通志》；五、《万国地理全图》；六《南洋蠡测》；七、叶钟进《夷情纪略》。卷五记英吉利创设公司使专贸易之事，亦提及新埠一名，而“公司”即指东印度公司也。卷五十一引《英国论略》，撰者为新加坡人；此文亦收入《小方壶斋舆地丛钞》初编第十一帙，是为新加坡人最早汉文著作。

梁廷枏《粤道贡图说》

廷枏（1796—1861）晚号藤花亭主人，广东顺德人，尝官澄海县训道，曾入林则徐幕，著书甚多，有《粤道贡图说》六卷，道光二十四年刊行。书中卷五提及“新埠”一名。现有《中华文史丛书》本（第七辑）。

夏燮《中西纪事》

是书卷三《互市档案》谓英商自通市于粤后，欲得中国一岛之地如新嘉坡者，盖欲效葡之事例也。又卷之九《白门原约》后附有小注，内容亦与新嘉坡有关焉。书凡二十四卷，为同治四年六月刊本。

汤彝《盾墨》

汤彝字幼尊，湖南善化人，尝佐两广总督卢坤幕。所著《盾墨》，卷四为《市舶考》，文谓："西洋各岛至中国海道……新加步峡。"所提及新加步峡，即新加坡海峡也。彝又著《柚村诗文集》，内有《嘆咭唎兵船记》、《绝嘆咭唎互市论》，皆道光间言洋务之名篇。原书刊于道光十六年，今收入《鸦片战争资料》。

龚柴《暹罗考略》、《五洲图考》

柴字古愚，光绪己卯徐家汇创办。柴记所闻见，著有《五洲图考》，总论暹罗条记旧柔佛属之新加坡岛；《小方壶斋舆地丛钞》第十帙第四册即录自此。《五洲图考》有光绪二十八年徐家汇印书馆本（港大冯平山图书馆藏）。

卢蔚猷光绪《海阳县志》

卷七《舆地略》记新加坡。

刘启彤《英藩政概》

刘启彤字石琴，清山东宁阳人，道光六年进士，道光二十年任江宁布政使，二十五年任广东巡抚，著有《知止堂集》。《英藩政概》见《小方壶斋舆地丛钞》（第十一帙）收录。

何大庚《英夷说》

何氏未详，所著《英夷说》约嘉、道年间所撰（据《大陆杂志》第三十八卷第六期）。

萧令裕《英吉利记》

萧令裕字梅生，清江苏清河（今淮阴）人，居阮元幕，兼办粤海关署事务。所著《英吉利记》于道光十二年成书，载魏源《海国图志》卷五十三。

书中提及麻六甲出版之华文新闻《每月统纪传》。此篇又收入《小方壶斋舆地丛钞再补编》及近刊《鸦片战争资料》第一册。令裕又著《粤东市舶论》，鉴于英人占领新埔，招闽粤人前往开垦，深怀隐忧；道光初屡屡著论，于时艰三致意焉。

叶钟进《英吉利国夷情记略》

钟进字蓉塘，安徽歙县人，尝客粤中。道光十一年著此篇上下，所著《寄味山房杂记》即收有此篇。下篇记英国在南洋活动情形。文载入《海国图志》卷五十二；方东树附于所撰《病榻罪言》（道光二十二年作），又载入《小方壶斋舆地丛钞》初编第十一帙。

汪文泰《红毛番英吉利考略》

文泰（1796—1844）又名文台，字南士，又号碧山学士，安徽黟县人，卒于道光二十四年。尝于道光二十年前后辑录各书之记载英国事，纂为是篇，黄彭年为之刊行。所引有李兆洛之《海国纪闻》，何大庚《英夷说》，见《海外番夷录》第二册。

阙名《义火可握国记》

《小方壶斋舆地丛钞》收入。

《陵海吴氏族谱》

记吴庆逢至新加坡事。

《杨氏宗谱》

书中记勿拉干吗底岛（Pulau Blakang Mati），1965 年新加坡杨氏公会出版。1971 年 7 月 7 日，《南洋商报》副刊史旺《圣陶沙绝后岛》一文引用之。

夏同龢《高学能阡表》

原刻完好在曼谷，此据拓本录入。

陈达《南洋华侨与闽粤社会》

书中资料颇为可贵，如记光绪初年，新安邱忠波购汽船，航行新加坡、香港、汕头、厦门各地一段，相当重要。此书又有日文译本，昭和十四年八月满铁东亚经济调查局译，见《南洋华侨丛书》第六卷。

徐润《徐愚斋自叙年谱》

徐氏为广东香山人，其年谱历记中西闻见之事，与洋务之重要设施。书为民国十六年刊本。

薛福成《庸盦笔记》

卷四记定海某茂才运货至新加坡，触礁漂至爪华（哇）事。

李动《说映》

是书卷三载息力土蕃以手搏食，而岭南人亦旧有此俗，不得妄嗤海外人之秽鄙也。书为民国三十八年澄海莲阳兰芳居刊本。

星洲寓公（邱炜萲）著《述南洋群岛猪仔之历史》

文载宣统二年《南洋群岛商坵研究会杂志》第三期；广州中山图书馆有钞本，记文岛华工事。有林八记者获有专权，与新加坡客馆联合，势力最大。据《五百石洞天挥麈》卷二云："乃号之曰星洲，而以星洲寓公自号。"知星洲寓公即邱炜萲也。

清《揭阳湖山罗氏族谱》

旧钞本，高永光君摘录。《湖山罗氏族谱》所记最早出洋人物有罗用歧，康熙甲午年生，雍正十二年（公元1734）至吧城；次为罗上葵，乾隆十年（公元1745）至吧城，均卒于旅所。其至吉隆坡者，有罗乐英（咸丰八年）、罗来馨（光绪七年）；至星加坡者，有罗雍鼎、罗宽容、罗德阶、罗源阶诸人。

邱炜萲《五百石洞天挥麈》、《菽园赘谈》

炜萲字菽园，福建海澄人。此书中言及将新加坡译为星洲事。邱氏于1898太密年主编《天南新报》。其著作在谢国桢《明清笔记谈丛》有论述。炜萲尝从谭炳轩太守得朱九江论史口说，于光绪庚子为之刊行。

潘飞声序云："……南洋之外，有大岛曰息力，古之柔佛国也。……泰西人垦治其地，惟务通商，交易而退，尠所薅栉，闽中邱淑源孝廉客游其间，语人曰：‘开荒革俗，其吾儒之责乎？为设丽泽社以课商子孙之能读书者。……五百石洞天者，孝廉渡海，得五百奇石，即以名地，并以名书。’”菽园自序谓：“是集初名《蔌樊琐缀》，后乃改今名，为《五百石洞天挥麈》云。”

《菽园赘谈》七卷、《五百石洞天挥麈》十二卷，今有光绪二十五年（公元1899）广州刻本。

冼江《尤列事略》

冼江所编《尤列事略》记尤氏于光绪二十六年庚子（公元1900）至新加坡行医，继于吉隆坡、柔佛诸埠组织中和堂分部（1901年事），三十四年尤公为安置镇南关败兵被新加坡政府逮捕入狱事皆与革命事迹有关。此书有香港中国文化学院排印本。

倚剑生选《光绪二十四年中外大事汇记》

戊戌广智报局印本，《中华文史丛书》本（第四辑）。

《旅港潮州商会卅周年纪念刊·香港新嘉坡帮》

是书为旅港潮州商会在1951年7月出版之特刊。潮人商业概况一栏，有记新嘉坡帮在香港经商之事。

《察世俗每月统纪传》(*Chinese Monthly Magazine*)

英国伦敦布道会马礼逊（Robert Morrison）在马六甲创办第一部用中文编印之期刊。起西历1815年（清嘉庆二十年乙亥）至1821年（道光元年辛巳）停刊。凡七卷五百七十四页（见戈公振《中国报学史》），内数期由马礼逊、麦都思及梁发三人编辑，其余均出米怜（William Milne）之手。梁发，广东高明人，卒于咸丰五年（公元1855），原为广州雕版印刷工人。嘉庆二十年来为六甲，继受洗为基督徒（详张静庐著《察世俗和梁发》，见《图书馆》，1961年第三期）。魏源《海国图志》引此书一条记新甲埔事。

阙名《星洲溯源谈》

尹梓鉴（腾）著《缅甸史略》内引有此书（见李根源《永昌府文征·记载》二十九）。

郭廷以《郭嵩焘先生年谱》

是书由郭廷以编定，尹仲容创稿，陆宝千补辑。“中央研究院”近代史研究所，1971 年专刊。

《大南洋展览会图录》

南洋团体联会会编。所记自昭和十六年十月十七日至十一月二日，内有关于新加坡资料。展览会场为东京日本桥三越。耶鲁大学图书馆藏。

《海峡殖民地概览》

大正七年（公元 1918）九月印行，日本外务省通商局编纂，为研究 1918 年以前新、日关系之史料。全书分十七章，记五十年前之新加坡，自地理至医务俱有记载，为极重要之新加坡史。其第二章《沿革》，附有新加坡附近略图。耶鲁大学图书馆藏。

五、散文、诗、词类

王韬《弢园文录外编》(《漫游随录》)

书为癸未仲春《香港》刻本一册，前有光绪九年天南遁叟王韬序。卷二《设官泰西》、《保远民》二事俱提及新嘉坡。此外，王氏又有《瀛壖杂志》及《弢园尺牍》；前者有《中华文史丛书》本（第十二辑），后者载在《近代史料丛书》汇编（第一集）。

陈乃玉《噶喇吧赋》

文见《开吧历代史记》(《南洋学报》第九卷第一辑)。

潘飞声《说剑堂集·老剑文稿》

潘氏南游事见《西海纪行卷》及《天外归槎录》，其《说剑堂集》收有《游豆蔻园喜晤胡叙东赋赠》二首，为七律之作。

《张耀轩博士拓殖南洋卅年纪念录》

纪念录有汤寿潜撰序，记张氏购机焙制茶叶事，于是南洋华人始有中国茶。是书在民国九年梓于上海之商务印书馆。

尤侗《外国竹枝词》

尤侗修《明史·外国传》，有《外国竹枝词》，内《龙牙门》诸诗。

斌椿《海国胜游草》

书为同治戊辰刻本，内有关新加坡诗，曾摘载于《南洋学报》第九卷第二辑。

曾纪泽《归朴斋诗集》

己集上有《送左子兴之官新嘉坡领事》诗二首。

左秉隆《勤勉堂诗钞》

秉隆字子兴，正黄旗汉军，同文馆高材生。光绪四年十月，随曾纪泽出洋，为三等英文翻译，官五品衔，都察院学习都事。光绪六年七月，驻新嘉坡名誉领事胡璇泽亚基因病出缺，由随员（盐提举衔布政司经历）苏溎清署理；纪泽荐秉隆补之。七年八月初三日赴任，为首任正式领事，月俸五六百两。三年期满，纪泽更疏留之。邱菽园称子兴拟撰《星洲小识》，属稿未毕。所著《勤勉堂诗钞》，1959年南洋学会影印行世。

袁志祖《海外吟》

是书有光绪十年上海葛其龙（隐耕）序。袁氏所著之《谈瀛录》卷五亦载《海外吟》绝句四首，并系小序；而同书卷六（海上吟）有戏拟《望江南》三十调。（分上下平韵，则咏上海之繁华也。）

黄遵宪《人境庐诗草》

卷七有《新嘉坡杂志》十二首；《饮冰室诗话》录其“以莲菊花杂供一瓶作歌”一长古，即作于新嘉坡佘有进家。人境于星所作不见于集中者，有《章芳琳墓志》，又亲笔书琼州会馆联，现尚存。又其任新加坡总领事时《与女婿实君书》，及光绪十七年将之星洲任《致胡曦书》，两函现藏罗香林处。（参《书目季刊》第二卷第四期程光裕撰《关于黄遵宪研究的新资料》，及吴天任著《黄公度先生传稿》。）

许南英《窥园留草》

许南英号蕴白，或作允白，台南人。清光绪十六年由会魁授兵部车驾司主事，嗣中日（甲午）战起，筹办台南团练局。光绪二十二年丙申，自暹罗至新加坡；丁酉归国，有《新加坡竹枝词》六首，及《述怀客新嘉坡除夕作》。《窥园留草》有民国二十二年北京重印本。许南英事迹，参其子地山所撰《窥园先生诗传》。

丘逢甲《岭云海日楼诗钞》

丘逢甲字仙根，自署仓海君，号南武山人，籍广东镇平，曾祖始迁台，定居彰化；清季名诗人。此集为乃弟瑞甲辑于民国二年；集中有寄邱菽园及新架坡多首，今有粤东编译公司印本。

康有为《明夷阁诗集》、《大庇阁诗集》

前者有邱菽园自星加坡以千金为赠，又投书邀往星加坡二诗。

何藻翔《邹崖诗集》

集中有《星加坡船上见赴荷兰华工恻然口占》，注丙午六月，即光绪三十二年也；又有《槟榔屿杂咏》并自注。

陈宝琛《沧趣楼诗集》

卷四有《息力杂诗》八首，是集有戊寅文楷斋写刊本。

梁启超《饮冰室诗集》

是集编在中华本《饮冰室文集》之四十五下，有《奉酬星洲寓公（邱菽园）见怀一首次原韵》、《书感四首寄星洲寓公》、《次韵酬星洲寓公见怀二首并示遁庵》、《奉怀南海先生星加坡兼敦请东渡》三首。

卫铸生

铸生，苏州人，号破山冷丐，光绪十五年九月来星与左秉隆唱和（见《叻报》）。

杨圻《江山万里楼诗词钞》

杨圻，吴人，号云史，字野王。所著《江山万里楼诗词钞》，文海出版社有影印本梓行。其卷二、卷三《壮年集》皆旅星洲作品；卷二为丁未迄庚戌，卷三为庚戌迄辛亥。诗中如《戊申之秋外舅李公伯行奉使英国奏调司书记新嘉坡留别王啸龙、章一山同年》，又《南溟哀》十三篇序云“岁次戊申，不乐居京曹，随轺海外，司书记，寄迹岛国，屏息穷谷，去人滋远，怀人滋深”云云，又《西溪行》序云：“柔佛西南山中，菹洳十里，草木蓬勃……中国人数百业农长林美草间……问之皆闽、广人。先人避乱入海，今不知其几世矣。”皆有关星洲掌故也。

林豪《南游诗》

豪字嘉卓，一字卓人，号次逋，福建金门人。咸丰己未科举人，曾至台湾创修《淡水厅志》，丁未九月，由厦门南渡新加坡，著有《瀛海客谈》四卷、《星洲见闻录》二卷（未见）。生于道光十一年（公元1831），卒于民国七年（一九一八），年八十八。又有《诵清堂诗集》。

程蘅

程蘅字芝僊女史，休宁人，尝从易实甫问学，通杭县邵幼棠。

蒋玉棱《蕃女怨词》

玉棱字公颇，江苏江阴人。此词为乙未（光绪二十一年，公元1895）在新架坡观西乐作。玉棱著有《冰红集词》，此阕载《全清词钞》卷二十五。

南安江湖客辑《过番歌》

书名《新客过番歌》，厦门会文堂发行，法京施博尔藏，一册。

附录一　清季来往新加坡人物表

人名	抵星日期	事迹	资料
斌　椿	同治五年丙寅（1866）	过境。	《乘槎笔记》
志　刚	同治六年丁卯（1867）	赴西洋办理中外交涉，途经星洲。	《初使泰西记》
王　韬	同上		《弢园文录外编》、《漫游随录》
宜　垕	同治七年戊辰（1868）	过境赴泰西。	《初使泰西记》
王　芝	同上		《海客日谭》
严宗光	同治十年辛未（1871）	时为船政学生，被遣派巡历至星洲。	《海军大事记》
王承荣	光绪元年乙亥（1875）	赴英、法、德考察炮厂，途经星加坡。	《游历记》（钞本）
萨镇冰	同上	登船见习，游历至星洲。	《海军大事记》
郭嵩焘	光绪二年丙子（1876）	任驻英大使，十月二十八日经星加坡。	《随使日记》、《使西纪程》
刘锡鸿	同上	随郭氏赴英。	《英轺日记》
张德彝	同上	经星洲赴英上任。	《航海述奇》
李　圭	同上	赴美参加美国立国百年大会，行经星洲。	《东行日记》、《环游地球新录》
钱德培	光绪三年丁丑（1877）	十一月初一抵星，日记中载该地风物。	《欧游随笔》

续前表

人名	抵星日期	事迹	资料
黄楙材	光绪四年戊寅（1878）	游三藏五印度后，十月间抵星。	《西輶日记》
曾纪泽	同上	曾氏出使英、法大臣，十一月十三日过新加坡。	《使西日记》
徐建寅	光绪五年己卯（1879）	九月间抵星，领事胡璇泽派员上船谒见。	《欧游杂录》
马建忠	光绪七年辛巳（1881）	七月至星洲。	《南行记》
吴广霈	同上	与马建忠同抵星加坡。	《南行日记》
蔡　钧	光绪十年甲申（1884）	三月抵叻，杂记该地华人生活情况。	《出洋琐记》
邹代钧	光绪十二年丙戌（1886）		《西征纪程》
王荣和	同上	访查南洋华民商务。	《李文忠公全集》（电稿七）
余　瓗			
邓世昌	光绪十三年丁亥（1887）	抵星洲购买粮煤。	《叻报》
洪　钧	丁亥九月二十一日	洪钧（文卿）使欧经叻。	《叻报》
许景澄（竹筼）	光绪十四年戊子（1888）	出使俄、德及义、荷、奥各国大臣自欧返国，途经星加坡。	《叻报》
洪　勋	同上	目睹泰西水师会操于星。	《游历闻见总略》
张荫桓	光绪十五年己丑（1889）	出使美国兼苏秘大臣自欧洲返国，经星洲时，左秉隆尝作东道，因撰诗奉寄。	《三洲日记》
卫铸生	同上	九月卫氏抵星，与左秉隆领事唱和。	《叻报》
潘飞声	光绪十六年庚寅（1890）	游豆蔻园赋诗。	《天外归槎录》
梁逢云	同上	过境。	《叻报》
薛福成	同上	偕夫人及随员二十余人乘法国邮船抵叻。	《出使四国日记》
丁汝昌	同上	率领北洋舰队于四月抵星，宣扬清廷德化。	《叻报》

续前表

人名	抵星日期	事迹	资料
刘芝田	同上	卸公使职，自欧返国经星。	《叻报》
陶渠林	光绪十七年	过境返国。	《叻报》
王芷帆	辛卯（1891）		
丁汝昌	光绪二十年甲午（1894）	率舰队抵星，顺道抚慰侨民。	《叻报》
王之春	同上		《使俄草》
李鸿章	光绪二十二年丙申（1896）	赴俄参加庆典，路过星洲，稍作逗留。	《叻报》
吕海寰（镜宇）	光绪二十三年丁酉（1897）	使德大臣经星洲登程赴德就职。	《叻报》
康有为	光绪二十六年庚子（1990）	应邱菽园之邀，避地星洲。（其《中庸注》即撰于槟榔屿之明夷阁）	
载　沣	光绪二十七年辛丑（1902）	八国联军之翌年，衔命赴德请罪，途经叻埠。	《叻报》
张德彝	光绪二十八年壬寅（1902）	出任为驻英公使，过境赴欧履新。	《叻报》
载　振	同上	过境赴英参加英皇加冕大典。	《英轺日记》、《清史稿》
罗丰禄（稷臣）	同上	出使英兼义、比；自欧经星返国述职。	《叻报》
杨诚之（兆鋆）	同上	出任为比国公使，路经星洲，再赴欧履新。	《叻报》
载　伦	光绪三十年甲辰（1904）	出洋考察后，自欧抵星，再返回中国。	《叻报》
张振勋	光绪三十一年乙巳（1905）	往南洋查察商务，兼宣慰侨民。	《叻报》、《槟城散记》
载　泽	光绪三十二年（1906）	经星洲返国。	《叻报》、《清史稿》
尚其亨	丙午（1906）		
戴鸿慈	同上	差往俄国，事毕经叻返国。	《出使九国日记》
端　方			
陈宝琛	同上	专程赴星推销漳厦铁路股票。	《叻报》

续前表

人名	抵星日期	事迹	资料
钱　恂	同上	稽查华侨工商业务实况。	《叻报》
董鸿祎			
何品璋	光绪三十三年丁未（1907）	奉北洋大臣命赴星巡视。	《海军大事记》
杨士琦	同上	侍郎乘坐海圻军舰巡视南洋各岛，旅次星洲。	《叻报》、《清季外交史料》、杨圻《新嘉坡诗序》
王大贞	宣统元年己酉（1909）	以郎中赴星宣慰侨民。	《叻报》。杨圻《诗序》称庚戌。
赵从蕃	宣统三年辛亥（1911）	以郎中在星洲考察侨民商务。	（星洲）《中华总商会会议记录》
刘玉麟	是年八月	出使英国大臣赴英途经新嘉坡。	《宣统实录》

附录二　清后期西方史地书刊纪略（参译文类）

嘉庆二十四年己卯（1819）

马礼逊撰《西游地球闻见略传》（*Tour of the World*），29 页，刊于马六甲。

同年，麦都思（Walter H. Medhurst）撰《地理使童略传》（*Geographical Catechism*），20 页，刊于马六甲。

道光二年壬午（1822）

米怜之《全地万国纪略》（*Sketch of the World*），30 页，于马六甲出版。由米怜主编之《察世俗每月统纪传》亦因其逝世而停刊。

道光三年癸未（1823）

麦都思于巴达维亚主编《特选撮要》（*A Monthly Magazine*），此刊物为《察世俗每月统纪传》之续编。

英教士马礼逊出版《英华字典》（*Dictionary of the Chinese Language*）。

道光六年丙戌（1826）

麦都思所主编之《特选撮要》，自道光三年至六年期间，合共刊行四卷，惜于是年停刊。

道光七年丁亥（1827）

英美传教士在广东合力出版《广东纪录》（*Canton Registor*）。

道光八年戊子（1828）

麦都思于马六甲主编《天下新闻》（*Universal Gazette*），于道光八年至九年（1829）间停刊。

道光十三年癸巳（1833）

麦都思于巴达维亚刊行《东西史记和合》（*Comparative Chronology of East and West*），是书共40页。

郭实腊（K. F. A. Gutzlaff）撰《万国史传》（*General History*），共53页，刊于马六甲。又于广东主编《东西洋考》，并在该刊发表《万国地理全集》（*Universal Geography*），合计60页，至道光十七年丁酉（1837）始全部刊完。

道光十四年甲午（1834）

郭实腊刊《大英国统志》（*History of England*）。

广州英国教士组织益智会（Diffusion of Useful Knowledge in China），并从事编印适合中国情况之书籍。

道光十五年乙未（1835）

广州英美教士创设马礼逊教育会（Morrison Education Society），并创设马公书院（Morrison School），教授华童英文西学教义。

道光十八年戊戌（1838）

郭实腊于《东西洋考每月统纪传》撰《古今万国纲鉴》（*Universal History*）。

高理文（E. C. Bridgeman）之《美理哥合省国志略》即《亚美理格合省志略》（*A Brief Geography of the United States of America*），刊于新嘉坡坚夏书院。

道光十九年己亥（1839）

郭实腊主编之《东西洋考每月统纪传》由广东迁往新嘉坡。至道光二十二年壬寅（1842）迁返香港。

道光二十年庚子（1840）

郭实腊出版《贸易通志》（*Treaties on Commerce*），63 页，《海国图志》引用之。

道光二十一年辛丑（1841）

林则徐在广东出版《四洲志》。

魏源撰《英吉利小记》。

陈逢衡撰《嘆咭唎记略》。

汪文泰撰《红毛番英吉利考略》。

道光二十二年壬寅（1842）

魏源于扬州刊《海国图志》五十卷。

姚莹撰《英吉利国志》。

道光二十四年甲辰（1844）

高理文于香港重刊《美理哥合省国志略》（*A Brief Geography of the United States of America*），易名为《亚墨理格合众国志略》。

王蕴香刊《海外番夷录》。

梁廷枏撰《粤道贡国说》及《合省国说》。

道光二十七年丁未（1847）

英人小马礼逊（John Robert Morrison）所撰《外国史略》出版。《海国图志》采用之。

葡人玛吉士（Machis）刊《外国地理备考》（*Geography of Foreign Nations*）十卷；广东潘氏刊入《海山仙馆丛书》。

姚莹刊《康辅纪行》。

魏源《海国图志》增补为六十卷，重刊于扬州。

道光二十八年戊申（1848）

美人袆理哲（Richard Way）于宁波出版《地理说略》。

徐继畬《瀛环志略》书成。

道光三十年庚戌（1850）

郭实腊于宁波重刊《古今万国纲鉴》。

美人培瑞出版《万国纲鉴》。

夏燮始撰《中西纪事》。

咸丰元年辛亥（1851）

包世臣刊《安吴四种》。

咸丰二年壬子（1852）

Chinese Repositor 停刊，共刊行二十卷。

魏源《海国图志》增补为百卷，刊于高邮。

咸丰三年癸丑（1853）

美人玛高温（D. J. Macgowan）编译之《航海金针》三卷出版。

麦都思等于香港主编《遐尔贯珍》（*Chinese Serial*）出版。

咸丰四年甲寅（1854）

美人玛高温于宁波主编《中外新报》（*Chinese Ang Gazette*）出版，是报于咸丰十年庚申（一八六〇）年停刊。

咸丰六年丙辰（1856）

英人慕维廉（William Muirhead）《大英国志》四册刊于上海。

咸丰七年丁巳（1857）

英人伟烈亚力（Alexander Wylie）主编《六合丛谈》在上海出版。

咸丰八年戊午（1858）。

英人慕维廉《地理全志》出版。

咸丰十一年辛酉（1861）

高理文于上海刊《大美联邦志略》。

按：参考王家俭《十九世纪西方史地知识的介绍及其影响》（1807—1861），《大陆杂志》（三八，六）；许云樵《新加坡一百五十年大事记》（青年书局印，1969）。

附录三　星加坡华文碑刻系年表

碑刻	年代
恒山亭碑	道光十年庚寅（1830）　薛佛记立，文载《集录》221 页，《古迹》42 页。
恒山亭重议规约五条	道光十六年丙申（1836）　董事总理会同炉主头家、漳泉诸商人公白。本为木牌，现移藏凤山寺；文见《集录》225 页，《古迹》42 页。
金兰醵资碑	道光十九年己亥（1839）　陈治生、杨清海立，文见《集录》53 页，《古迹》67 页。
广东省永定县重修冢山碑记	道光二十年庚子（1840）　大总理胡南生等立，在绿野亭；文载《集录》231 页。
重建应和会馆碑	道光二十四年甲辰（1844）　总理叶光辉等立，《集录》171 页，《古迹》181 页。
陈笃生医院缘起	道光二十五年乙巳（1845）　陈笃生立，《集录》300 页。
恒山亭重开新冢布告事碑	道光二十六年丙午（1846）　董事薛佛记立，《集录》225 页。
重修梧槽大伯公庙题捐碑文	道光二十七年丁未（1847）　王闽律等立，《集录》56 页，《古迹》109 页。
重建宁阳会馆石碑	道光二十八年戊申（1848）　温道柏等人立，余廷润撰文，《集录》184 页，《馆志》47 页。
建立天福宫碑记	道光三十年庚戌（1850）　陈笃生等立，《集录》63 页，《古迹》50 页。
望噶叻王莅星碑	道光三十年庚戌　新加坡众唐民，《集录》321 页。
陈笃生医院碑记	咸丰四年甲寅（1854）　医院董事所立，《集录》301 页。

续前表

碑刻	年代
陈笃生医院增建翼屋碑文	咸丰四年甲寅　陈笃生医院，《集录》301 页。
重修大伯公庙众信捐题芳名碑记	咸丰四年甲寅　刘恒兴、陈嘉云等，《集录》70 页。
建立茶阳会馆碑记	咸丰八年戊午（1858）　萧贤舞立，《集录》194 页，《馆志》70 页。
茶阳馆当众面议	咸丰十年庚申（1860）　茶阳公司，《集录》201 页，《馆志》70 页。
重修坍嗒吧嗝大伯公祠字碑	咸丰十一年辛酉（1861）　刘恒兴立，刘纫芳撰文，《集录》94 页。
重修新山利济桥碑记	同治元年壬戌（1862）　怡怡店等立，《集录》235 页。
茶阳会馆碑记	同治三年甲子（1864）　曹顺兴立，《集录》202 页，《馆志》70 页。
兴建崇文阁碑记	同治六年丁卯（1867）　陈巨川立，《集录》283 页，《古迹》61 页。
续上崇文阁碑记	同治六年丁卯　陈巨川立，《集录》285 页，《古迹》61 页。
紫云建庙碑	同治七年戊辰（1868）　林应端立，《集录》99 页。
新嘉坡重修凤山寺序	同治七年戊辰　蔡鹏南立，《集录》102 页，《古迹》75 页。
福德祠大伯公碑记	同治八年己巳（1869）　广成当立，《集录》84 页。
建筑福德祠前地台园墙序	同治九年庚午（1870）　杨奕高立，《集录》85 页。
建修应和会馆碑	光绪元年己亥（1875）　罗翰成立，《集录》176 页，《古迹》183 页，《馆志》51 页。
浯江孚济庙碑记	光绪二年丙子（1876）　黄英伟等立，林衡南撰文，《集录》107 页，《古迹》94 页，《馆志》80 页。
保赤宫碑记	光绪四年戊寅（1878）　保赤宫董事立，《集录》267 页，《古迹》102 页。
重修恒山亭碑	光绪五年己卯（1879）　薛茂元立，《集录》226 页。
重修恒山亭续上碑	光绪五年己卯　永春林一枝撰文，《集录》229 页。
重建北极宫序	光绪五年己卯　北极宫董事立，《集录》1114 页。
新建番禺会馆碑记	光绪五年己卯　胡南生号立，《集录》205 页，《馆志》84 页。
重新迁建广福古庙捐题工金碑记	光绪六年庚辰（1880）　梅南乐等立石，林桂芳书，《集录》115 页，《古迹》155 页。
新建万寿山观音堂壬辰年重修两次碑记	光绪六年庚辰　吴明复、王元德立，《集录》144 页。

续前表

碑刻	年代
琼州会馆序	光绪六年庚辰　邱对欣立，《集录》206 页，《馆志》65 页。
重建琼州会馆碑	光绪六年庚辰　阖郡董事同众立，《集录》207 页，《馆志》65 页。
重建金兰庙碑记	光绪七年辛巳（1881）　章明云勒，《集录》55 页。
保赤宫碑	光绪九年壬寅（1883）　潮郡总理，《集录》272 页。
广惠肇重修利济桥道碑	光绪十年甲申（1884）　值理梁孔等立，《集录》238 页。
嘉应州五属重修绿野亭利济桥芳名碑	光绪十年甲申　汤广生等立，《集录》243 页。
福德祠二司祝讼公碑	光绪十二年丙戌（1886）　广惠肇立，《集录》92 页，《古迹》204 页。
重修崇文阁碑记	光绪十三年丁亥（1887）　黄蓬山书，《集录》288 页，《古迹》219 页。
丰顺公司碑	光绪十三年丁亥　刘成章立，《集录》211 页。
玉皇殿碑记	光绪十三年丁亥　章芳琳立，《集录》142 页，《古迹》118 页。
清元真君庙碑记	光绪十三年丁亥　章芳琳立，《集录》143 页，《古迹》86 页。
双龙山嘉应五属义祠碑记	光绪十三年丁亥　源裕昌等立，《集录》247 页。
新建番禺副会馆碑记	光绪十五年己丑（1889）　胡南生等立，《集录》206 页，《馆志》85 页。
清元真君庙条规	光绪十七年辛卯（1891）　章桂苑立，《集录》143 页，《古迹》86 页。
金兰庙条规碑	光绪十七年辛卯　章桂苑立，《集录》56 页，《古迹》67 页。
章芳琳墓志铭	光绪十九年癸巳（1893）　黄遵宪撰，梁居实书，《集录》305 页。
同善堂碑	光绪二十年甲午（1894）　马纯清立，《集录》148 页。
萃英书院募捐芳名碑记	光绪二十二年丙申（1896）　萃英书院董事，《集录》294 页。
重修应和会馆碑	光绪二十四年戊戌（1898）　（《馆志》并无只字提改）
重修大伯公庙碑	光绪二十六年庚子（1900）　重修三十一年立石，《集录》160 页。
新建广福古庙戏台石碑记	光绪二十七年辛丑（1901）　广肇二府众纶盛号等立，《集录》133 页。
重建三邑（丰永大）祠碑记	光绪二十七年辛丑　前星嘉坡总领事埔邑张振勋撰，《集录》151 页。
重建顺天宫碑记	光绪二十八年壬寅（1902）　王道宗撰，《集录》152 页。
惠州会馆碑	光绪二十九年癸卯（1903）　叶唐生等立，《集录》213 页。
开山圣侯庙碑	光绪三十年甲辰（1904）　王水宣等人立，《集录》158 页。

续前表

碑刻	年代
永春会馆碑	光绪三十一年乙巳（1905）　周腾飞撰，《集录》211页，《馆志》72页。
重修天福宫碑	光绪三十二年丙午（1906）　陈武烈等立，《集录》69页。
惠州会馆石碑	光绪三十二年丙午　《集录》215页，《馆志》77页。
符氏社勒碑	光绪三十三年丁未（1907）　符愈贵立，《集录》275页。
丁未年重修广福古庙捐签碑记	宣统元年己酉（1909）　吴耀南刻并书，《集录》138页。
芋菜园圣王庙碑	天运己酉　林推千等立，《集录》161页。
募建莲山双林寺碑记威镇广泽尊王碑	宣统元年　邱菽园，《古迹》136页。

按：《新嘉坡华族会馆志》，南洋学会出版，简作《馆志》；《新加坡碑铭集录》，中文大学出版社出版，简作《集录》。

附录四 《叻报》举例

《叻报》资料1887—1911年，共二十四年，现存于星大图书馆。

起自《叻报》一七二四号（光绪十三年丁亥七月初一日），每期必有社论一篇，如《论中西医学之异》。内有《京报选录》，亦引《广报》，又有《闽中纪事》、《澳事余读》、《闽垣杂志》等。八月二十五日《京报选录》载金陵获会匪正法事，记载秘密社会资料颇多。又丁亥七月十九日刊拟增领事：

出使美、日、秘钦差大臣张樵野星使……因南洋各岛华民流寓日多，拟添设领事，以资保护。（即指张荫桓）

《开叻实公事略并序》，为之志曰：

公讳实点毕（即Stanford），英国人也。……一千八百零五年，印度公司之董事人员，至槟城经营。……命公作副随员，偕同往屿。……公在船中，究习穆拉油语。……遂往麻六甲，时甲埠尚为荷属，犹未入英版图。而该处居民五方杂处，如爪亚人、暗文人、苏禄人、巴不安人、越南人及华人等，种类不一。……后乃回印度都城谒见总督棉多制军，详论爪亚各地如何丰腴，如何险要，劝制军取之。……至一千八百一十九年，乃又至欧洲总理事员处，详论叻地情形，谓此地可为都会之区，为东西往来之孔道，必须取之为贵。时英国公爵哈士甸充当总理，乃听公言。越三年，遂取叻地，时西一千八百二十二年也。公得叻后，居约一年之久，大加整顿，区为大小二坡……规模大备。时吧城已由印度还于荷兰，而茫古鲁亦与荷人换易麻六甲地方矣。至一千八百二十四年，公始由帆船复回欧洲。……（丁亥七月二十一日）

《叻报》丁亥九月二十五日载：

华使洪文卿阁学侍郎奉使欧洲，乘坐德国萨仙邮船，于丁亥（九月）廿一日道经叻海。

其有关中国战船者，九月二十九日《叻报》载云：

英厂所制二船曰致远、靖远，德厂所制二船曰经远、来远，皆在欧洲交割，升竖中国龙旗，并有鱼雷快船一艘随驶而来。四船在叻暂泊约至十月朔日。

此段文字记各船甚详。又记四船驾驶官员人名，谓诸船统带官为北洋水师统领丁禹廷军门。又云刘芝田廷尉使在英、俄曾派随员常州余易斋思诒水部为之护送。《叻报》又载：

廿九日晚，中国驻叻领事官左子兴太守设宴款待。

余氏语华绅新嘉坡甲必丹兼充暹罗驻叻领事官陈金钟云："……今在案头所见会贤社课卷数十本，实不意叻地文风如此之盛！"

丁亥十月初九日，《叻报》载傅云龙记中国自明代以来与西洋交涉大略。傅云龙号懋元，清德人，此为曾侯所取试艺。十月十一日云：

中国过叻游员有兵部候补主事程绍祖、礼部学习主事李秉端。

十月十五日社论有《论中国派员游历事》一篇。十月二十日载：

王锦堂军门、余元眉都转，去岁奉粤督张香帅委派，南来查探，由新金山返粤。近又于十七日抵叻，不日赴北慕娘地方查核。

丁亥十二月二十一日，记方耀及刘渊亭车门进京陛见情形。戊子二月十一日刊登之消息云：

本坡《出入口人丁总册》：去岁来坡结册，谓是岁诸新客由华来叻者，计共一十六万八千二百三十三名；其中由香港来者，六万四千一百九十四名；由汕头来者，四万五千零七十六名；由厦门及上海来者，四万九千五百九十三名；由琼州来者，九千三百七十名。而所到船只，计共四百二十八艘；其中诸新客留叻者，有一万一千零一十六名；其余诸人系往槟榔屿、麻六甲、爪亚、新金山、毛里屿及暹罗诸处。……

二月十二日，刊有梯云居士林会同《拟苏武复李陵书》，又十七日林会同有《福州南台竹枝词》。戊子二月二十七日奏疏照登，刊出张之洞原稿。张之洞疏云：

光绪十二年二月廿五日，遵旨会同出使大臣张荫桓具奏筹议外洋各埠捐船护商情形……其抵新嘉坡也，与原设领事左秉隆往见坡督各官，礼意尚洽。该处华民十五万人，富甲各处。……（全文载戊子二月二十六日、二十八日《叻报》。）

三月初二日，《叻报》因张之洞此奏议有社论《设领事不如求新地说》。三月初三日载有《海邦游记》云：

……由香海鼓轮，阅八日而舟抵新洲，遂在本坡稍为游览。……自新嘉坡至珊摩朗海中岛屿，旗布星罗，大小错峙。……按珊摩朗属于加膀巴，为荷兰藩部，一名刹末伦，乃其海口也，距雪里朋二百四十六里。……

三月初四日，亦为《续海邦游记》。戊子四月二十六日，载有《德源园题襟记》：

戊子犹清和，月二旬有二日，吴翼鼎观察设宴于德源园中，铭恩遇也。……是日所延诸宾，为左子兴都转、邱忠波观察、吴淡如、夔甫两太守、黄古亭司马、左树南通尹、莫翰卿上舍、陈必达守戎，暨家叔彬三兄，以余习礼，特以驾车相迓焉。……使叻地渐成衣冠文物之邦，而观察道引之功岂鲜也哉。……悍噩生记。

戊子六月十一日《叻报》云：

中国派驻新嘉坡理事官左子兴都转，莅叻至今，已逾七载。三年前曾奉谕留任以迄去腊，又届三年期满。经中国驻英公使刘芝田大司允……特奏保推升知府并加盐运使衔。

七月初六日载：

新嘉坡领事示为招商开垦事，准办理台湾招垦事宜，张道李府移开……计淡属内山等处。

又载飘零客刘楚楠《画竹七律》。

光绪庚寅十六年（1890），晚霞生田蓄岳称己丑秋八月南游新嘉坡，邂逅悍噩生叶君季允，谈诗沧波浩淼间，雅相契合，临别蒙以长古赠行，冬仲返沪滨次韵却寄，有“银涛如马从空下，枯槎上天海客诧；中有搜奇倜傥人，破荒来说炎洲话”之句。

庚寅正月十九日：

新简出使英、法、义、比等国大臣薛叔耘京卿……搭法公司伊朥华底轮船抵港，即于十六日中午由港动轮，取道西贡来叻，计期二十二日早可抵埠。

正月二十四日载古梅罗炳南《登竹篙山》二律并序：

此山是叻埠王家之山也，距叻二十余里。“独压群山一洞悬，登临欲访大罗天。……”

同日又载：

（薛星使）于廿二日早抵叻，领事左子兴都转率同随员左树楠明府，恭诣码头迎接……旋往胡氏花园游憩。半刻随即回船，于五点钟再由叻启节赴欧……六月中旬可抵伦敦，而刘芝田中丞当即交卸，到粤履新（任广东抚军）。

庚寅闰二月十五日社论《本坡闽籍义冢事》云：

闽籍义地，以恒山亭为最久，即今人呼为旧冢者。……绅商乃共兴善举，鸠资购买施排埔之山地，以为新冢。嗣于十余年前，复经葬满，由是不得不再求新地。于是义绅陈君明水、谢君安祥二人，乃共送武吉智马之吉地一所……计其地之广阔，约及二百余希葛之多。……

光绪十六年庚寅正月十日记香江人数，谓去岁底曾核算港地居民计共有十九万四千八百四十二人之多，其中有西人及他国人共一万〇八百三十二名，其余均属华人。庚寅闰二月十五日刊有《中国战船抵叻情形登录》。又闰二月十九日社论载《观中国巡叻战船有说》，按丁禹廷军门为舰领道者北洋统领。闰二月二十六日刊：

本坡华绅刘金榜、司马元勋吴夔甫、太守丕球罗子珍、司马乃馨胡心存、州别驾荫荣李冠、常侍诏绍仁等，联上颂词，以扬威德。……

戊子六月十一日《叻报·铜鼓逐疫》条：

二月十三日，为祝融生日。岁时报赛，粤人击之以乐神。声唅呟以鞺鞳，色斑驳而陆离……番禺杨大令饬差请鼓于神，舁至狱中，击以驱邪辟疫。……

庚寅三月十四日社论：

据护卫司所报，叻中之妓，计二千零二十一人；槟城之妓，计一千三百五十六人；甲地之妓，计一百二十三人；过港之妓，计五十五人。……

庚寅四月十二日刊有：

刘芝田大中丞于初十日抵叻，陈金钟观察、吴进卿观察、邱忠波观察、陈秩园通奉、吴淡如都转、吴夔甫太守等进颂词。

四月十三日：

暹王车驾于十二日下午抵叻，即在陈金钟第宅内，暂驻行旌。

又十五日消息：

暹王来叻，乃以万武刺直游船为御舰。查该船大有四百五十三墩……水手共一百二十六名。扈从之轮，一曰不刺打望，一曰武吉丁牙，一曰牙刺里士，一曰押下刺耶急。并有小兵船二艘：一曰西宾罗，一曰高罗尼申……

庚寅五月十一日载叻地义学亟宜创设说：

近阅本坡遂和号梅君炜贤刊有布启，欲劝善人集款，将广肇会馆改为义塾，所言甚为有识。……

按：兹摘录数段以示例。

新加坡古事记跋

1966年夏，余在法京，忽接已故星洲大学校长林大波先生函，以该校中文系首任讲座教授见邀，心许之而未敢遽应也，迟延至1968年8月杪始莅星洲。未赴任前，尝以半载之力，搜罗清季以来史籍有关星洲记录者，辑为一册，以备省览，即本书之初稿也。历年以来，于役东西，橐笔所至，若巴黎国家图书馆、耶鲁大学图书馆、南港历史语言研究所，浏览奇书，辄为摘记于椠，排纂诠次，早已成帙，而踵事增益，至再至三，顷始勒成稿本。向在星洲，尝出示德国傅吾康教授（Prof. Wolfgang Franke），承其推许，欣为弁言，日月易得，及今亦将六载矣。涉览既丰，虑多讹失，未敢造次刊布。尝于星大图书馆欲遍检《叻报》，凡数十册，而纸质朽脆，卒卒未能毕事，仅摘录一二，以为附录。至星洲碑刻，曩日已为论次编年，而世人谬称不佞为南中金石之学，导其先路，马前之卒，何敢居其功焉。此书所辑史料，以1911年为限断，民国以前，新加坡早期华文所记事迹，咸具于斯，因题其书曰《新加坡古事记》。自1973年10月远去星洲，虽复把弱翰、赍油素，而车轨远隔，已无可畴咨之人。愧洽见之滋难，虑杀青之无日，燕石琐细，宁足观采？惟虚耗精力，已逾十年，不忍弃掷，聊复构缀成编，以供治海外华人史者之搴择。若云将以广寤多闻，则吾岂敢。

1976年8月于香港

补　记

本书印成之后，续有新知。有三事须补记者：

(一) 唐宣宗大中年间，真如亲王渡唐归国于南海过狮子州，遇虎被害。

真如亲王为平城天皇第三皇子，皈依佛门，法名真如，于清和天皇贞观四年（公元 862）渡唐，六年到长安。苏鹗《杜阳杂编》记其弈棋事。关于真如亲王遇虎之记载，日本方面有《三代实录》、《撰集抄》卷二、《弘法大师弟子谱》卷二、《本朝高僧传》卷六十七等书，遇虎地点则有罗越国及狮子州二说。杉本直治郎著《真如亲王传研究》考证颇详。宫崎市定亦撰《真如亲王二题》。据隋大业三年常骏发南海郡航海便风昼夜二旬抵陵伽钵拔多洲，必通过师子石，即新嘉坡地方，以此比定。亲王死去之罗越国即师子州，新加坡义为狮子城，实为其地，故认为亲王遇虎应在马来半岛今新加坡地方（见《学海》第一卷第五号，1944 年 10 月，收入《宫崎市定全集》）。

本条系清水茂教授提供。

(二) 新加坡加冷河（Kalang River）峨嘈区 Lavender Street 社公庙（又名五虎祠）义士神主牌位记录。

日本东京大学教授田仲一成在该庙亲作实地调查，所得资料，十分珍贵，全部开列如下：

A 列

1. 明恩义士讳泽远李府君禄位（生于天运戊子年□月初五日巳时，世居广东潮郡澄邑蓬州都乌汀乡）

2. 乐明义士讳领号云侯陈公府君之神位（没有文字）

3. 皇明义士讳连校吴府君神位（世居广东潮郡海邑上埔都彩塘市）

4. 志明义士讳阿贵字紫光吴公府君神位（没有文字）

5. 待明义士讳名教曾府君神位（没有文字）

6. 教铎义士讳美生简府君神位（享寿五十有二岁，终于道光二十五年五月二十八日亥时）。[乾隆五十九年（1794）生，道光二十五年（1845）卒]

7. 创建功勋讳姚兰瑞才富梅府君神位（打不开）

8. 扶明护卫将军讳阿细谥作宏钟府君神位（钟公阿细生于天运辛酉年，终于戊午年八月初三日，天运辛酉年二月念六甲申日立）〔嘉庆六年（1801）生，咸丰八年（1858）卒〕〔咸丰一年（1861）建立〕

9. 祧基义士号符义曹府君神位（有文字，不能卒读）〔乾隆四十七年（1782）生，道光十一年（1831）卒〕

10. 诛寇义士讳辉郁先锋陈公府君神主位（没有文字）

11. 复明义士谥兰芳号戊芝许府君之神位（打不开）

12. 创建功勋讳号符成才富曹府君神主位（生于嘉庆二年十二月十二日亥时，终于咸丰六年八月廿五日子时大吉，天运九年正月廿五日吉日立）〔嘉庆二年（1797）生，咸丰六年（1856）卒〕〔咸丰九年（1859）建立〕

13. 复明义士讳陈来盛府君之神位（没有文字）

14. 祧基义士讳安字庆联麦公府君神位（咸丰九年卒，七十三岁）〔乾隆五十二年（1787）生，咸丰九年（1859）卒〕

15. 待明义士讳壮彝谥宣敏韩府君之神位（生于天运壬午年八月十四日，卒于天运戊辰年二月十八日）〔道光二年（1822）生，同治七年（1868）卒〕

16. 忠烈义士号昆岗陈府君神位（没有文字）

17. 卓立义士、辉亭陈府君神位（没有文字）

18. 神位文字不明（打不开）

19. 神位文字不明（打不开）

B 列

20. 皇明义士谥文炳字自丰赵府君神主位（打不开）

21. 志明义士谥文蔚号贤奕曾府君之神位（住居广东省潮州府海阳县上埔都骊塘乡，生于乾隆壬子年十月初七日申时降诞，终于咸丰癸丑年正月十三日亥时正寝，吉穴葬南夷嗹叻泰山亭虒红毛厝百余步）〔乾隆五十七年（1792）生，咸丰三年（1853）卒〕

22. 诛寇车骑先锋郑六府君神位（没有文字）

23. 卓立义士讳声实谥称宏陈府君之神位（生于天运丁酉年十月廿一日寅时，终于天运甲子年二月廿七日寅时，享寿七十五岁，世居广东潮郡海邑龙溪都）〔乾隆五十六年（1791）生，同治三年（1864）卒〕

24. 皇明义士讳□□敦琠黄府君之神位（打不开）

25. 皇明义士讳应科陈府君神位（生于壬午正月初八日巳时，终于庚午年七月初六日申时，享寿四十有九岁，世居广东潮郡海邑龙溪都茂陇〔龙〕乡二巷内）〔道光二年（1822）生，同治九年（1870）卒〕

26. 皇明义士谥纯睦号馨华讳族昌张府君之神位（没有文字）

27. 皇明义士谥刚毅讳秤长李府君之神位（没有文字）

28. 明赠义士讳钦元黄府君禄位（生于天运丙戌年正月十八日丑时，享寿不明，世居广东潮郡海邑江东都独树乡）〔道光六年（1826）生，□□□□（18□□）卒〕

29. 皇明义士谥敦毅号习英谥其员先生梁府君神位（没有文字）

30. 明赠义士号亚泰林府君禄位（生于天运癸未年三月廿六日辰时，终于天运辛巳年九月廿一日申时，享寿五十九岁，世居广东潮郡澄邑蓴浦都月埔〔乡〕儒林乡〔里〕）〔道光三年（1823）生，光绪七年（1881）卒〕

31. 皇明义士讳德财陈府君神位（生卒不明，四十二岁，世居广东潮郡澄邑履露湖芦市）

32. 明勤义士号文坞刘府君禄位（终于天运壬申年四月廿四日，享寿六十有九岁，世居潮郡揭邑）〔嘉庆九年（1804）生，同治十一年（1872）卒〕

33. 待明义士讳如璞杨府君神主（没有文字）

34. 候明义士讳乙卯吴府君神位（广东潮郡海邑上埔都彩塘市）

35. 明赐义士讳其然杨府君禄位（没有文字）

C列

36. 候明义士讳卢惜谥殿定陈府君之神位（寿七十九岁，世居广东潮州府海阳县陈里乡〔东浦都〕）

37. 皇明义士讳子炅吴府君之神位（生于天运戊辰年八月十五日未时，终于天运庚申年五月初五日子时，享寿五十有一〔三〕岁，世居广东潮郡饶邑深村）〔嘉庆十三年（1808）生，咸丰十年（1860）卒〕

38. 皇明义士讳永定郭府君神位（没有文字）

39. 皇明义士谥笃志讳万元字连□李府君禄位（没有文字）

40. 皇明义士讳登道张府君神主（没有文字）

41. 明恩义士号学文讳红记陈府君之神位（生于天运癸酉年□月□日，终于天运丙寅年十二月十四日，享寿五十有四岁。世居广东潮郡澄邑蓬州都所内）〔嘉庆十八年（1813）生，同治五年（1866）卒〕

42. 候明义士号上超字宗贤先锋卓府君之禄位（没有文字）

43. 皇明义士讳嘉利陈府君神位（南桂都，辛未年十月二十四日申时）〔1811 年生，1871 年卒?〕

44. 皇明义士讳沛黄府君禄位（生于天运乙酉年九月廿四日，世居广东潮郡海邑上埔都新华桥乡）〔道光五年（1825）生，□□□□（18□□卒）〕

45. 明勋义士讳长茂蔡府君禄位（世居广东潮郡潮阳县达豪埠〔招收都〕）

46. 辅明义士讳意宁李府君禄位（原籍福建台湾府嘉义县向须公潭保五间厝庄人，生于大英 1817 年岁次戊寅正月初八日辰时，天运辛未年三月初五日，即大英 1871 年吉立）〔嘉庆二十二年（1817）生，同治十年（1871）卒〕

47. 辅明义士讳源国苏府君禄位（没有文字）

48. 候明义士讳御胜许府君神主（仙命生于乙亥年十一月初六日亥时，归终于丙子年正月初十日子时。陆府）〔嘉庆二十年（1815）生，同治六年（1867）卒〕

49. 扶明义士讳睦毅讳碧亭、炳绥余府君禄位（没有文字）

50. 候明义士讳乙卯吴府君神位（没有文字）

51. 明赐义士讳其然杨府君禄位（没有文字）

52. 待明义士讳如璞杨府君神主（没有文字）

D 列

53. 祧基义士讳旭进号瑞宗邓府君神主位（生于戊午年五月十九日未时，终于庚申年八月十四日酉时，大吉昌。天运九年正月廿五日建立）〔乾隆三年（1738）生，嘉庆五年（1800）卒〕

54. 明赠义士号大总理讳锡禧阮府君禄位（没有文字）

55. 创建功勋讳阿敬何公之神主（天运辛酉年二月念六甲申日立）〔咸丰十一年（1861）建〕

56. 明赐义士号如玉卢府君神位（打不开）

57. 明勋义士讳勉旺佘府君禄位（世居广东潮郡澄邑莕浦都月埔乡）

58. 皇明义士讳孝德林府君禄位（没有文字）

59. 明赐义士号国香许府君禄位（天运生于己卯年八月初十日午时，终于癸酉年九月廿六日子时，享寿五十有五岁，世居海邑阁州乡〔登隆都〕）〔嘉庆二十四年（1819）生，同治十二年（1873）卒〕

60. 候明义士讳开顺号贞国陈府君之神主（生于天运癸亥年十一月初一日申时，终于天运丁巳年正月初七日卯时，享寿五十有七岁，世居广东潮郡海邑南桂都东凤乡）〔嘉庆八年（1803）生，咸丰七年（1857）卒〕

61. 拔华义士号锦惜陈府君神位（没有文字）

62. 明赐义士号大进沈府君禄位（世居广东潮郡海邑……）

63. 教铎义士讳头先生号锡盔郭府君禄位（生于天运癸亥七月十三日亥时，终于天运辛未年十二月二十日戌时，享寿六十九岁，世居广东潮郡海邑龙溪都凤廓乡）〔嘉庆八年（1803）生，同治十年（1871）卒〕

64. 皇明义士号天曜王府君神主（没有文字）

65. 皇明义士讳开先杨府君神主（有文字，不能卒读）

66. 皇明义士号诚杆沈府君神主（生于嘉庆□年□月□日□时，终于咸丰辛酉十月初一日申时）〔嘉庆□年（179?）生，咸丰十一年（1861）卒〕

67. 明勋义士号立成刘府君神位（世居广东潮郡海邑……）

68. 皇明义士讳其亭郭府君神位（没有文字）

69. 明恩义士讳景山郑府君禄位（打不开）

70. 恩勋义士讳典生范府君神位（打不开）

E列

71. 皇明义士讳必蟾陈府君神位（没有文字）

72. 候明义士谥睦群号临江讳赠涌佘府君之神位（没有文字）

73. 候明义士讳如坤洪公府君神主（生于癸未年十二月十四日，终于己巳年十二月廿九日，世居于塘山澄邑吴沟桥，葬于太山亭，坐东南向西北）〔道光三年（1823）生，同治八年（1869）卒〕

74. 皇明义士讳起丰陈府君禄位（生于道光乙酉年六月廿九日卯时生，卒

于光绪丁丑年二月初七日未时己）〔道光五年（1825）生，光绪三年（1877）卒〕

75. 明赠义士谥顺喜吴府君禄位（世居广东潮郡海邑上埔都彩唐市……）

田仲教授依据上列记载，加以分析，其说如下：

(1) 年代

首先研讨这些义士的生卒年代。神位内部所写的年号，除了少数用清朝年号之外，差不多都用“天运”年号来表示。间或有只用干支文字的。可见他们尽量避忌清朝年号。“天运”这一种年号是清代天地会会党创造而使用的。例如，广东海康县天地会会党林添申嘉庆六年结拜时，在表文后，书明“天运辛酉”字样。江西信豊县三点会会党，道光八年，符书札付尾有“周四年”等字，注明“顺天、天运年号”。如此可见，“天运”是天地会会党最爱用的特别年号。上列神主差不多都用“天运”年号，以足以证明他们属于天地会会党反清复明之党徒。神位里记有生卒年的，一共有二十七人。依据生年前后排列如后（表一）。

据后表所列生卒年，生于1790年以前的年长者（表一中1至8），除了表一中4陈声实之外，都用清朝年号，而没有用过“天运”。其中一人只用干支（表一中1）。但有两位，虽然生卒年没有用“天运”，但建立神主年代却用“天运”（表一中1和8）。由此观之，这一代年长的领袖们，不一定有“反清复明”倾向。只是他们死去以后，后人把天运年号用在于建立年号而已。他们本身似乎并不是反清人士。他们的神位称号也是以“祧基”、“卓立”、“创建功勋”、“教铎”等等表示创基者的意义为主的。只有两件表示“志明”、“皇明”等“复明”意谓。尤其是没于嘉庆元年的邓旭进以及陈育崧先生看作曹亚珠的曹符义，他们两人在世之年，是否标榜反清态度，就是可以置疑的。

相反的，比上述长老领袖小十岁至三十岁的年青一代的十九个人（表一中9至27），除了表一中14、16、20、23四名之外，都用“天运”来表示生卒年。这一类的人差不多都是1860年以后亡故的。咸丰初年（1851）年前后，他们大多都很年轻，处于二十岁至三十岁上下。道光咸丰间，闽粤地区天地会系反清起义非常活跃，这些年轻义士们大概受到天地会的影响而投入于起义活动。他们的神主牌上，都刻写着“明”字，可以推想他们一生抱怀着“反清复明”大志，至死不渝。他们之中，享寿最晚的是林亚泰（表一中23），他活到1881年，大概一直从事反清活动。

表一　五虎祠神位生卒年分布表〔姓名后附前出号码，* 表示笔者所推定〕

	称号	姓名	籍贯	生年	卒年	备考
1	祧基义士	邓旭进 53	潮州海阳县龙溪都	戊午年（1738 年）	庚申年（1800 年）	天运九年（1861 年）立
2	祧基义士	曹符义 9		* 乾隆壬寅（1782 年）	* 道光庚寅（1831 年）	* 据陈育崧论文
3	祧基义士	参　安 14		* 乾隆五十二年（1787 年）	* 咸丰九年（1859 年）	* 生年推定（七十三岁）
4	卓立义士	陈声实 23		* 天运丁酉（1791 年）	天运甲子（1864 年）	
5	志明义士	曾文蔚 21		乾隆壬子（1792 年）	咸丰癸丑（1853 年）	葬于泰山亭
6	皇明义士	沈□□66		嘉庆□□（179？年）	咸丰辛酉（1861 年）	
7	教铎义士	简美生 6		* 乾隆五十九年（1794 年）	道光二十五年（1845 年）	* 生年推定
8	创建功勋	曹符成 12		嘉庆二年（1797 年）	咸丰六年（1856 年）	* 天运九年立
9	扶明护卫将军	钟阿细 8		天运辛酉（1801 年）	戊午（1858 年）	天运辛酉年立
10	教铎义士	郭□□（锡盔）63	潮州海阳县龙溪都凤廓乡	天运癸亥（1803 年）	天运辛未（1871 年）	享年六十九岁
11	候明义士	陈开顺 60	潮州海阳县南桂都东凤乡	天运癸亥（1803 年）	天运丁巳（1857 年）	享年五十七岁
12	明勤义士	刘□□（文坞）32	潮州揭阳县	* （1804 年）	天运壬申（1872 年）	* 推定享年六十九岁
13	皇明义士	吴子炅 37	潮州饶平县深村	天运戊辰（1808 年）	天运庚申（1860 年）	享年五十一岁
14	皇明义士	陈嘉利 43	潮州海阳县南桂都	* 辛未（1811 年）	辛未年（1871 年）	* 推定
15	明恩义士	陈红记 41	潮州澄海县蓬州都	天运癸酉（1813 年）	天运丙寅（1866 年）	享年五十四岁
16	候明义士	许御胜 48	惠州陆丰县	* （1815 年）	乙亥（1867 年）	* 推定
17	辅明义士	李意宁 46	台湾嘉义县向须公潭保	大英（1817 年）	？	天运辛未（1871 年）立

续前表

	称号	姓名	籍贯	生年	卒年	备考
18	明赐义士	许□□（国香）59	潮州海阳县阁州都	天运己卯（1819年）	天运癸酉（1873年）	享寿五十五岁
19	待明义士	韩壮彝15		天运壬午（1822年）	天运戊辰（1868年）	
20	皇明义士	陈应科25	潮州海阳县龙溪都茂龙乡	壬午（1822年）	＊（1870年）	＊推定享年四十九岁
21	候明义士	洪如坤73	潮州澄海县塘山吴沟桥	癸未（1823年）	己巳（1869年）	葬于太山亭
22	明赠义士	林□□（亚泰）30	潮州澄海县莕浦都儒林乡	天运癸未（1823年）	天运辛巳（1881年）	
23	皇明义士	陈起丰74		道光乙酉（1825年）	光绪丁丑（1877年）	
24	明赠义士	黄饮元28	潮州海阳县江东都独树乡	天运丙戌（1826年）	？	享寿不明
25	皇明义士	黄　沛44	潮州海阳系上埔都新华桥乡	天运乙酉（1825年）	？	
26	明恩义士	李泽远1	潮州澄海县蓬州都乌汀乡	天运戊子（1828年）	？	
27	创建功勋	何阿敬55				天运辛酉（1861年）立

（2）籍贯

接着，将分析义士的籍贯。据陈育崧先生所论，义士们很可能多为曹亚珠手下的曹氏族人或他的同乡人（台山县人或四邑人）。但是，从上表来看，除了曹符义、曹符成之外，找不到曹姓之人或四邑之人。在可以知道籍贯的二十五名之中，潮州系人士达二十三名之多。所以这些反清复明义士，可以说是潮州系会党集团。这一事实是前人所未提及的。为了证明这一点，特将由神主文字可知籍贯的义士，全部排列如下（表二）：

表二　五虎祠义士籍贯分布表〔姓名后附前出号码〕

	府	县	都	乡	里	姓名	称号	生卒年
1	潮州府	海阳县	上埔都	骊塘乡		曾文蔚 21	志明义士	1792—1853
2	潮州府	海阳县	上埔都	新华桥乡		黄　沛 44	皇明义士	1825—?
3	潮州府	海阳县	上埔都	彩塘市		吴连校 3	皇明义士	? —?
4	潮州府	海阳县	上埔都	彩塘市		吴乙卯 34	候明义士	? —?
5	潮州府	海阳县	龙溪都	?		陈声实 23	卓立义士	1791—1864
6	潮州府	海阳县	龙溪都	凤廓乡		郭锡盔 63	教铎义士	1803—1871
7	潮州府	海阳县	龙溪都	茂龙乡	二巷	陈应科 25	皇明义士	1822—1870
8	潮州府	海阳县	南桂都	东凤乡		陈开顺 60	候明义士	1803—1857
9	潮州府	海阳县	南桂都	?		陈嘉利 43	皇明义士	1811—1871?
10	潮州府	海阳县	江东都	独树乡		黄钦元 28	明赠义士	1826—?
11	潮州府	海阳县	东浦都	陈里乡		陈卢惜 36	候明义士	? —?
12	潮州府	海阳县	登隆都	阁州乡		许国香 59	明赐义士	1819—1873
13	潮州府	海阳县	?	?		沈大进 62	明赐义士	? —?
14	潮州府	海阳县	?	?		刘立成 67	明勋义士	? —?
15	潮州府	澄海县	蓬州都	?		陈红记 41	明恩义士	1813—1866
16	潮州府	澄海县	蓬州都	乌汀乡		李泽远 1	明恩义士	1828—?
17	潮州府	澄海县	蓴浦都	月埔乡	儒林里	林亚泰 30	明赠义士	1823—1881
18	潮州府	澄海县	蓴浦都	月埔乡	儒林里	佘勉旺 57	明勋义士	? —?
19	潮州府	澄海县	?	?	塘山吴沟桥	洪如坤 73	候明义士	1823—1869
20	潮州府	澄海县	?		履露湖芦市	陈德财 31	皇明义士	? —?
21	潮州府	潮阳县	招收都	达豪埠	?	蔡长茂 45	明勋义士	? —?
22	潮州府	揭阳县	?	?		刘文坞 32	明勤义士	1804—1872

续前表

	府	县	都	乡	里	姓名	称号	生卒年
23	潮州府	饶平县	?	?	深村	吴子炅 37	皇明义士	1808—1860
24	惠州府	陆丰县	?	?	?	许御胜 48	候明义士	1815—1867
25	台湾府	嘉义县	?	向须公潭保	五间厝庄	李意宁 46	辅明义士	1817—?

据表二来看，二十三名潮籍人士之中，海阳县（潮安县）人十四名，澄海县人六名，其他潮阳、揭阳、饶平县人各一名。如此可见，这一集团主要是以潮安、澄海两县人组成的。

他们家乡集中在潮安南部、汕头以北的地区。就是说，由潮安县城到汕头市一贯通道的韩江下游沿江地区，是市镇最多、经济最发达的地方。住在这一地区的人有很多机会跟外面社会交流，出外到厦门或南洋皆方便。他们趁着地利，容易作些反清活动，而且容易出外求援。因此，这一带（韩江三角洲）的潮籍义士大概是有一些条件从事反清复明活动的。(以上录自田仲论文)

田仲氏考证咸丰年间海阳有吴忠恕之变，忠恕为彩塘市人，五虎祠义士其中有吴连校、吴乙卯二人与忠恕同籍同姓，可能即忠恕之徒党，故疑五虎祠义士，应是道咸年间亡命来星之潮帮会党人士。详见所著《新加坡“五虎祠”义士考 —— 潮州天地会会党与新加坡义兴公司的关系》，文载《庆祝饶宗颐教授七十五岁论文集》（香港中文大学中国文化研究所，1993）。

（三）朱杰勤著《新加坡风土记的作者李钟珏》节录其文如下：

李钟珏，清咸丰三年（1853）癸丑十二月十六日生于上海宝山县高桥镇，民国十六年（1927）丁卯十二月十三日卒于江苏省昆山县。原名安，字平书，三十岁改名钟珏，号瑟斋，六十岁，自号且顽。

钟珏生于小康之家，祖父芗（香）琳，习医，年未三十卒。父少琳亦精研医学，颇有时名，是一个廪生（秀才），工于书画，其事迹略载宝山县新旧志书。钟珏的岳父赵少耕，家世业医。尤精于外科，与李氏有中表之亲。钟珏既有家学渊源，亦善于医学。

钟珏九岁时，值太平天国起义，全家在清军与太平军在上海交战的时候，不免颠沛流离，但终于合家平安。他十二岁，从师学习经典和制艺（八股文），十五至十六岁，因家贫弃读习商，后因病回家，病愈后，又再读书。十七岁，应院试入县庠第十九名，为县学生。他于是一方面授徒，一方面参加书院月课，即由院长出诗文题应征考试，入选的获膏义费（奖学金）来补助生活。此外，还与同学友朋结社论文，互相切磋，诗文大有进步。二十二岁，由龙门书院学生李伯埙介绍晋谒山长（院长）兴化刘融斋先生，得补缺住院，为肄业生。刘融斋名熙载（1813—1881），道光二十四年（公元1844）进士，官至广东提学使，晚年在上海龙门书院主讲。刘氏以治经为主，著述颇富。《艺概》是他论文谈艺的代表作。钟珏在他指导下，更留意古诗文辞。二十四岁赴北京应壮闱试，寓崇文门内苏州胡同三元寺，因与同文馆算学助教席翰伯、肄业生左子兴（秉隆）和汪药阶（凤池）、汪芝房（凤藻）二兄弟相识，情投意合，并与上述四人及同来的翟鼎卿结金兰谊。同文馆教授西学，左子兴和汪氏兄弟均为同文馆的高材生，钟珏的学术方向不能不受他们的影响。关于左氏和汪氏事迹，拙作《左秉隆与曾纪泽》一文（已收入拙作《中外关系史论文集》）稍有提及。

光绪三年（公元1877），当代经师俞樾（荫甫）主讲于诂经精舍，月试经解一篇。钟珏加入弟子之列。同年，赴郡应岁试（经学和古文），取列正取第五名，王场一等第二名。补廪生缺，俗称“秀才”。从此以后，他不理举业，专求经世之学。他首先研究地理学。对于中国地理沿革方面，就阅读顾亭林的《天下郡国利病书》、顾祖禹的《读史方舆纪要》等书；研究外国地理，就潜心魏源的《海国图志》及徐继畬的《瀛环志略》诸书。并经常与葛子源、姚文楠及张经甫三友讲求中外地理和掌故之学。葛子源有《拟续海国图志说》一文，可见他对于外国史地及中外关系颇有研究。张经甫是上海松江最有学问的人，知名之士。姚文楠留心时务，《江左校士录》收入他的《江防海防策》，钟珏同时亦有一篇入选。可见他们早有密切关系。

钟珏既识时务，留心国事，三十一岁时，他就任字林沪报馆副主笔，日著时事论文一篇，使他不能不追求更多的中外关系的知识。光绪十年（公元1884），新学使瑞安黄漱兰（体芳）侍郎抵任，出题观风。钟珏呈上所拟大秦王安敦遣使自日南徼外献象牙犀角玳瑁表一篇，合意，置前列。自汉以来，文人学士，用诗文的形式，借古人之口，代古人立言，发挥自己的思想和情感，并练磨自己的文笔，故有拟作。曾纪泽有《拟扬子云解嘲》、《拟太常博士答刘歆书》、《拟陆士衡吊魏武帝文》及《拟陈伯之答邱迟书》（均见《曾纪泽遗集》）。可见，“拟作”是历来书生习作的文体，试场中亦有出现这种题目的。钟珏所拟之题目是根据《后汉书·西域传》所载：“桓帝延熹九年大秦王安敦遣使自日南徼外献象牙、犀角、玳瑁”之事。按延熹九年（公元166）为汉桓帝刘志在位期间，当时罗马皇帝就是安敦（M. Aurelius Antoninus），在位期间由公元161年至180年。中外关系史专家认为大秦国就是罗马帝国，但这次来华使节是安敦派遣抑或西方来华的商人冒充，还是一个难以核实的问题。这个使者自日南（日南郡，汉置，地当今越南中部）边界而来，赠送的东西如象牙、犀角、玳瑁，都是东南亚的产物。所以《后汉书·西域传》又说：“其所表贡，并无珍异，疑传者过焉。”钟珏这篇拟作，内容有所根据，而且写得很好。兹录如下：

海西国臣安敦稽首顿首，谨奉表大汉皇帝陛下：臣闻百川有朝宗之势，四裔有享王之义。臣僻处西海，立国数百年矣，侧闻大汉德应炎火，祥征卯金，除暴秦之苛政，启天下之文明。臣先世数思修贡，辄闻龙堆葱岭之险，身热头痛之厄。又自高皇帝六年（公元前201），臣国有迦大其（Carthage）之役，越百余年，兵甲未顿，道路多阻，是以贡献缺如。（谨案：迦大其之役指罗马与迦大其（合译迦太基）争夺西西里岛（Sicily）而引起的战争。即布匿战争。迦大其本为腓尼基人Phoenicians的殖民地。Phoenician拉丁文作Poeni，而布匿Punicus又是溯源于Poeni一字的形容词。布匿战争共有三次，第一次由公元前264年到公元前241年；第二次由公元前218年到公元前201年；第三次由公元前149年到公元前146年。以迦大其毁灭告终。确有“越百余年”。但战争开始的年份不是如作者所说，“自高皇帝六年”吧。）考成皇帝建始三年（公元前30），臣先王奥古士都（Augustus，公元前63—公元14）始销兵罢战，亲闭“仍纳”庙门。（谨案：布匿战争结束在公元前146年，此处误为公元前30年。不过拟作是一篇文艺作品而不是历史考证文章。而且在试场仓促执笔，记忆可能误。年代对照有所出入，不足为怪。至于文中“亲闭仍纳庙门”这一典故，我读之不得其解。后检阅了几本僻书，才知道仍纳（Janus）是一个希腊神，专司一切起源和结局、开放和关闭。神庙在罗马公所附近，庙有两面，和平时期关闭，战争时期开放。在罗马史上此庙只关闭过三次。今说“亲闭仍纳庙门”，就是表示息兵和平了。钟珏能用此僻典，可见熟于西史，博闻强记，而清末世界史的研究水平亦不容忽视。）其时世值隆平，非不思遣一介以通于汉，而臣国东境安息人（今伊朗人）辄遮隔不得达。往者孝和皇帝永元九年（公元97）闻西域都护遣掾来通臣国，又止于安息人之诞说。

臣之嗣位，在孝顺皇帝永和二年（公元 137）。（谨案：罗马有两个称安敦的皇帝。即前后相承的 Antoninus Pius，公元 138—161 和 M. Aurelius Antoninus，公元 161—180。如果根据《后汉书》，桓帝延熹九年遣使中国的大秦王安敦，就是后者。如果根据本文作者所说，在孝顺皇帝永和二年嗣位的安敦，反而又是前者。这可能是作者误记年代，或因同名而致误。）臣数闻孝武皇帝时通西域三十六国，又南建珠崖七郡。明珠文甲通犀翠羽之珍盈于后宫，蒲梢龙文鱼目汗血之马充于黄门，巨象狮子猛犬大雀之群食于外囿。殊方异物，四面而至。又闻天子设酒池肉林以飨四夷之客，作巴俞都虏、海中砀极、漫行鱼龙、角抵之戏，以观视之，诚盛举也。

臣在位三十余载，未尝一日忘汉，徒以东阻安息，北为匈奴别部所隔，计可以通汉者惟南路耳。然从陆路则天竺以西仍属安息国境。且自天竺至日南中部历数十番部，使币往来，安知无遮隔如安息者。故臣谨遣陪臣某泛西海至南海以达于日南徼外，敬献象牙犀角玳瑁各数事，庶少慰下邦积年之悃忱。幸大国鉴其诚而纳之。谨拜表以闻。

《拟大秦王安敦遣使自日南徼外献象牙犀角玳瑁表》虽然是一篇数百字的文章，但作者能够完全掌握《汉书·西域传》及《后汉书·西域传》全部资料，并具有罗马史的基本知识，下笔就能片言居要，淋漓尽致。在一百多年前，中西交通史研究尚未在国内开展的时候，尤为难得，钟珏不愧为前驱者之一。钟珏还撰有《拟官军进抵宣光谕安南檄》，亦应古学（经、史、诗、文）考试而作。虽纸上谈兵，无裨实际，但审度形势，为越南上下出谋划策，与中国联合起来，共同反抗法国侵略者，辞气凛然，流露出钟珏支援友邦、反对侵略的思想。此文亦载《江圣校士录》，此书本有六册，木刻本，流传极少。“文化大革命”中，藏书散失殆尽。今只存一本，即第六册杂著。其余五册可能还有钟珏的作品，已经无从查考。

钟珏三十三岁时，赴南京应考，获优贡第五名。优贡在科名中相当于举人，但这次江苏全省的举人名额有百名以外，而优贡名额只有六名。其难度高于考取举人。凡新取优技贡均须赴京考试。翌年钟珏应太和殿考试、写作俱合格，榜发列正取第十名，引见以知县用。正如钟珏自称：“从此脚靴手版，无复玉堂金马之梦矣。”

钟珏交游甚广，胜侣如云，结拜（亦称结金兰谊）的兄弟很多，左秉隆（子兴）是其中之一，相互称谱兄弟。左秉隆（1850—1942），广州人，毕生从事外交工作。他十五岁就入广州同文馆学习英语及地理、数学。十八岁到十九岁，总理各国事务衙门调其进京考试，奏保他为翻译生员并充翻译官，准其一体乡试，仍咨回粤在同文馆肄业兼充将军衙门翻译官，三年后又由广东省宪送到北京同文馆深造。二十七岁时充任北京同文馆英文兼数学副教习。二十九岁，总理衙门奏保都察院都事，加五品衔。曾纪泽任出使英法大臣，派充驻英使署翻译官。三十岁，他由曾纪泽的力荐，派充新加坡正领事官，换四品衔。在任九年辞职。由于工作需要，他五十八岁，复任驻新加坡兼辖海门等处总领事官。六十一岁就告老辞职。秉隆前后迭任新加坡领事官，都由曾纪泽一手提拔。纪泽是秉隆的老上司，对于秉隆极为了解和器重。秉隆当出发任领事时，纪泽写了两首诗送行。录其一首《送左子兴之官新加坡领事》：

花萼初春日未中，左郎夭矫气成虹。藏身人海鸡群鹤，展足天衢凤勒骢。涵养生机宜守朴，指挥能事莫矜功。旅亭无物装行箧，赠汝箴言备药笼。

左秉隆著《勤勉堂诗钞》中有《次韵留别曾劼刚通侯》一首，即和上面的诗。

萧萧风雨卧庐中，只有精诚贯白虹。讵意南山藏雾豹，却来西域逐云骢。酬知不易姑言志，寡过犹难况论功。一字千金仁者赠，书绅仍合碧纱笼。

曾左二人交情之厚，于上述二诗可见一斑。所以曾氏死后，左秉隆有“茫茫四海谁知己”之叹。

我们说到左秉隆，不能不提到曾纪泽，正如评述《新加坡风土记》作者李钟珏，不能不涉及当时新加坡领事左秉隆一样。钟珏通过朝考以知县用，在未受职前，他就赴新加坡访他的谱兄左秉隆，二人相见甚欢，谈论不休，在坡两月，写成《新加坡风土记》一卷，后由其谱弟江建霞收入《灵鹣阁丛书》中出版。钟珏这次南行有两大收获：第一，通过调查研究，撰成《新加坡风土记》一书，开创研究新加坡的风气，对于东南亚和华侨史研究有推动作用。第二，正如他自己所说："一岁之中，南北万余里，寻旧盟，敦夙好，十年之思，一旦尽慰。"又享受良朋相见之乐，精神上得到极大的满足。

《新加坡风土记》有一最大的优点，就是如实地反映当时当地华侨社会及殖民政府剥削和压迫华侨的情况，对于"苦力贸易"或"猪仔贸易"言之尤详。例如关于华侨从事农业和商业：

> 叻地（新加坡）商务以胡椒、甘蜜为大宗，岁必售销数千万元，然皆出自他岛，叻盖聚货不产货者也。……
>
> 甘蜜树高与人齐，其叶长三寸，两端锐，中宽寸余，采而捣之，其浆成蜜，甘与蜂蜜相埒。欧洲各药中多用之，销行甚广。与胡椒二项同一公局，主其事者，由华商公举，经柔佛国王谕充。……
>
> 自柔佛以上，各国港口繁多，俱产椒蜜。华人之散处各港者实数十万，大都占地为园，雇工种树。名曰园主，每一港推园之最大者为港主。叻中富商设号各港，以收椒蜜，如中国花、米、丝、茶等项坐庄者然。潮商多业椒蜜，闽商以各项海货及往来各埠之轮船为宗，资本俱巨，他商不能及。……
>
> 叻中华人最多亦最富，有拥资称千万者，有数百万者，若十万八万之户，但云小康，不足齿于富人也。……

当地老华侨还能保存中国文化和风俗习惯，向往祖国，敬重桑梓，不愿入英籍。例如说：

> 年来赈捐防捐，富商乐输巨款，核奖得虚衔封典者比比。其门前榜大夫第、中宪第、朝议第，一如内地。至顶戴冠服，则惟岁首及婚嫁用之。……闽人发辫俱用红线为绺，虽老不改，亦其风俗使然。故见红辫者，望而知为漳、泉二府人也。……
>
> 在坡生长之华人，一经报册，即隶英籍，其质性良者恒讳而不言。……
>
> 闽广士子在叻授徒者颇不乏人。叻中子弟读书回籍考试者亦不少。然叻地无书，又无师友切磋琢磨。大都专务制艺，而所习又非上中乘文

字。近年领事官倡立文位，制艺外兼课策论，稍稍有文风矣。……

钟珏是南方人，对于“苦力贸易”，耳闻目睹，他在新加坡流寓期间，曾作过调查研究，有所揭发。他说：

闽广沿海人民，至南洋各岛谋生，虽已日久，然皆贸易之商贾，或以负贩营生，一廛受处，即佣工之辈，往时航海而来，亦多有依托。二十年来，西人开垦招工，佣值顿增。于是贩卖人口出洋者，名曰卖猪仔。设馆于澳门，公然买卖。沿海人民，或被骗，或被劫，一入番舶，如载豚豕。西人以卖者贱视之，即亦虐役之。其惨有不可言者。迭经查禁，一时稍戢，日久纲疏，此风渐长。近来厦门、香港，每一轮船开行，搭客多至千人，少至四五百，其中自愿出洋者固多，被拐者当亦不少。去岁竟有拐同母兄及从兄来坡者。经粤省大宪访闻行查递籍，其由领事就地访确超拔遣回者，近岁较多。……

华人来南洋佣工者，抵坡先投客馆。客馆者，奸商所设，即猪仔馆也。客或自备舟资稍有旅费者，不敢虐视。若迫于生计，仓促出洋，身无长物，一投客馆，则此身非己有矣。固不必被拐而来始落陷阱也。在叻华官绅屡欲清其源，而为英官所持，卒不得行。……

苦力贸易的罪恶勾当，人尽知晓，但无法禁绝。一则中国当局怕得罪洋人，不敢阻挠；二则殖民地当局为维护资产阶级的利益起见，只有牺牲华人，甚至共同作恶，坐地分肥。正如钟珏指出：“为英官所持，卒不得行。”

同时亦有中国妇女被拐卖到东南亚各地，称为“猪花”。钟珏又说：

牛车水一带，妓馆栉比。闻注籍于护卫司之妓女，共有三千数百人，而此外之私娼女伶，尚不计其数。皆广州府人，或自幼卖出洋，或在坡生长者。

频年香港贩幼女来坡，卖入妓院者踵相接。领事悯之，率同华绅言于英总督，允下护卫司议章保护，设保良局，以时查察。于是此风少息。

左秉隆身为新加坡领事，对于禁止贩卖人口出洋曾经尽了最大的努力。

李钟珏有《禁猪仔议》一文详载其事：

> 前年中国驻坡领事官设法议禁。英员不允。后经移请潮惠嘉道出示查禁，以为清源之策，而示悬旬日，卒为驻粤英领事断斯于大府，檄令收回。于是拐贩之徒，知中国禁令不行，益复肆行无忌。（此段资料见友人陈育崧先生《左子兴领事对新加坡华侨的贡献》一文。）

英国政府本来不希望中国直接委任能员任新加坡领事的，但因国际法有互派领事的规定，而且各国驻坡领事除中国外共有十六个，就不能不接受中国派驻领事之举。但又要求中国把拟派的领事名字送交英国政府征求意见，这对中国主权有不尊重之处。中国委派驻新加坡领事始于1877年（光绪三年）十月五日，同年殖民地政府设置华民护卫司。第一任护卫司毕麒麟（W. A. Pickering）于六月一日视事。这决不是偶然的。这是殖民主义者对付中国在新加坡设领事的一种紧急措施。中国设领事，殖民政府早已知道，于是在中国领事未到任前，赶快成立一个管理华侨的机构，来夺取中国领事之权。钟珏在《新加坡风土记》中慨乎言之：

> 护卫司专管华人一切事，名为护卫华人，实则事事与华人为难。
>
> 泰西各国，凡属通商埠头，他国领事不预听断之权。乃洋人在中国不然。如上海租界所设公廨，华洋会审，已非西例。西官又好事权，必欲华官仰其鼻息。志士愤焉。驻叻各国领事概从西例，不预审断。而华又生聚既繁，事端日出，亦有领事可办之件，皆为护卫司侵夺，动多掣肘，故给发船牌外，惟劝兴义学，宣讲圣谕，开文会以行教化而已。

在这种情况下，左秉隆虽有宏大的抱负和才干，但有职无权，不能实现他改善侨胞生活的计划，只有振兴文教，传授知识，培养华侨热爱祖国的思想。于是提倡设立书院和义塾，设立文会（如会贤社）和学会（如英语雄辩会），均收到很好的效果。

钟珏《新加坡风土记》一书，所记都是耳闻目睹的事，观察入微，叙事翔实，大有参考价值。此书有《灵鹣阁丛书》本，商务印书馆据以排印，收入《丛书集成》初编。东南亚史地学家故友许云樵先生曾把木刻本复制，稍加注释，附上一序，由新加坡南洋书局出版。许序有云：“钟珏始末不详，惟知其与新加坡首任领事左秉隆子兴有通谱之谊。”我特写此文加以补充介绍，以弥其憾，并请读者指正。（下略）

文载中国东南亚研究会编《东南亚史论文集》，河南人民出版社，1987年6月

星马华文碑刻系年

卷七

饶宗颐二十世纪学术文集·中外关系史

目　录

引　言

有可据之史料，而后有翔实之史书。碑刻者，史料之最足征信者也。碑之为体，所以昭纪鸿懿，镌诸贞珉，小则封墓著姓，大则勒石赞勋。自东汉以来，碑碣云起（《文心雕龙·诔碑》篇），流风所被，广及域外。东南亚地区，华裔足迹殆遍。朱明而降，闽广之士，鼓棹扬帆，接踵以至，或列肆为蕃舶长[①]，或被命为甲必丹。[②] 显赫者每立冢树碑，吧城之苏鸣岗，其尤著者也。[③] 麻六甲之甲必丹，肇自明季郑芳扬，至李为经辈，多泐碑颂德，至今墓石俱存。风烈流播，亦考史者所必取资矣。[④]

---

① 见《明史·外国传·三佛齐》，称（张琏）“列肆为番舶长”。

② 清王大海《海岛逸志》：“华人自明宣德时，王三保郑和等下西洋，采买宝物，至今通商……连衢设肆……富商大贾，获利无穷。因而纳贿和兰，其推举有甲必丹大、雷珍、武直迷、朱葛礁诸名目，俱通称甲必丹。”（《舟车所至》本）清时称官吏曰老爹，故甲必丹后裔受封，或呼曰老爹。林介伦《丁加奴华人垦殖史话》云：“丁州首任甲必丹是高玉成，高氏死后，由其子得利继任。之后受封甲必丹勋衔者有刘建治、黄德修二氏。受封‘老爹’是高玉成之后裔高瑞龄。老爹似乎等于太平局绅。”（《南洋文摘》四卷二期）

③ 苏氏名见《开吧历代史记》称“苏明公”。1929 年，发见其墓，有碑文云：“明同邑甲必丹苏鸣岗墓，时崇祯甲申岁孟夏月，奉祀男承娘锡娘立。”（《南洋学报》一卷第二期）

④ 马六甲之甲必丹，张礼千撰《马六甲史》略有采摭。叶华芬著 *Historical Guide of Malacca*（1936），又载入《新加坡中国学会年刊》（1959）。黄存燊撰 *A Gallery of Chinese Kapitans*，1994（张清江华文译本，1965），及 V. Purcell：*The Chinese in Malaya*，皆利用马六甲资料。日比野丈夫作《马六甲华人甲必丹之系谱》，实地调查，较为详尽（《东南亚细亚研究》六卷，四号，1969）。

新嘉坡河口，旧有残石，其文字不可详考。[1] 而华文墓碑，据南海颜斯综《南洋蠡测》云：

（万里石）塘之西为白石口，附近有一埠，四面皆山，一峡通进平原旷野，颇有土人，并无酋长，产胡椒沙藤。有唐人坟墓，碑记梁朝年号及宋代咸淳。或云此暹罗极东边境，十余年前英吉利据此岛，名之曰星忌利坡，招募开垦，近闻已聚唐人杂番数万。

此段魏源《海国图志》亦转录之。英人来星，在清嘉庆二十四年己卯（公元 1819）。文云“十余年前”，知《蠡测》一书，约成于道光十年左右（约公元 1830）。梁任公据此谓，华人南边，始于六朝[2]，顾颜氏所谓梁，究指萧梁抑五代后梁，无法得知。惟其确指咸淳，则有可得而言者。印度南部 Nagapattinam 有咸淳三年（1267）佛塔碑[3]，九龙南佛堂门，有咸淳十年（公元 1274）刻石。[4] 谓古之单马锡，有咸淳墓碑，非不可能之事也。南海各地，自宋初即与闽粤海运交通频数，试举二事证之。

王禹称《小畜集》卷一四《记孝》：

占城大食之民，岁航海而来贾于中国者多矣。有父子同载至福州而丧其父者，其子擗踊……庐于墓侧三年。徒跣，既终丧，行有日矣；又绕坟号墓，几绝者数四。然后登舟而去。……进士池文质，闽人也，目睹其事，为予说云。[5]

《宋史》卷四八九《三佛齐传》：

---

① 张礼千《马六甲史》及 M. W. F. Tweedie：*Prehistoric Malaya* 并谓为满者伯夷遗物。参 P. Wheatley：*Malay Peninsula in Ancient Times*，p. 106 及阿难《关于新加坡河口古碑的故事》二文（《南洋文摘》八卷，264、408 页）。

② 见梁启超《世界史上广东之地位》，可参和田久德《东南亚细亚初期之华侨社会》，《东洋学报》八四卷一号，89 页。

③ 见《马可·波罗游记》及藤田丰八《岛夷志略校注》“土塔”条，1963 年，余曾亲历其地，又可参 T. N. Ramachandran：“The Nagapattinam and other Buddhist Bronzes in the Madras Museum”（*Bulletin of the Madras Government Museum*，vol. VII，no. 1，1954，Madras）。

④ 详拙作《九龙与宋季史料》。南佛堂门为东莞到南洋必经之地。《郑和航海图》：“佛堂门在官富寨、大奚山之南。”

⑤ 王禹称由五代北周入宋，《小畜集》前有宋咸三年自序。

> 太平兴国五年（980），潮州言：三佛齐国蕃商李甫诲，乘船舶载香药犀角象牙至海口，会风势不便，飘船六十日至潮州。其香药悉送广州。

此为北宋开国之初，占城三佛齐与福州及潮州贸易交往之事实。John Crawford记其1822年（道光二年）考察古代新嘉坡遗址，谓该地有汉人及中国铜钱（brass coins）发现，属于10至11世纪之宋代，有Ching-Chung（967，即真宗）、Jin-Chung（1067，即仁宗）、Shin-Chung（1085，即神宗）诸年号。① 今细审真宗诸译语，实近闽潮方音，可推知J. Crawford所言，1822年新嘉坡之汉人，不少必为福潮属人。既有北宋钱币出土，则谓有宋季咸淳墓碑，殆属可信，惜乎湮没无存。

明代马来亚与中国交往，以满剌加（马六甲）最为密切。永乐初，内官尹庆赍诏往满剌加柯枝等国。永乐三年（公元1405），事毕，自古里经满剌加返国。是年十月，成祖赐满剌加《镇国山碑铭》。《罪惟录》（卷五）及《殊域周咨录》（卷八）云："御制碑文拟就时，成祖以蹇义善书，手授金龙文笺，命书诏文。"七年（公元1409）郑和莅满剌加。《星槎胜览》称："郑和等赍捧诏敕，赐以双台银印，冠带袍服，建碑封城，为满剌加国。"成祖此碑，未知当时有无上石，其文俱载《明实录》（卷三八）。郑和则今马六甲遗迹甚多，有三宝井，且有郑和像存博物馆中。

成化间，琼州人林荣出使满剌加，归途溺死。② 是时华人流居海外者已日众，其至马六甲、暹罗者，亦多见于记载，试举数例：

> （1）《闽都记》："明永乐时，福州商人赴麻喇国（即马六甲）者，有姓阮、芮、朴、樊、郝等，娶番妇生子，率之返国，改姓为远飘哮盆裔等。"③
>
> （2）《明实录》（成化）卷九七："福建龙溪民丘弘敏，与其党泛海通蕃，至满剌加及各国贸易，复至暹罗国。"

---

① 见 *Description of the Ruins of Ancient Singapore*，London，1958。原文又转录于 Paul Wheatley：*The Golden Khersonese*，p. 120 附录五。此处庙号、纪年疑有误。

② 张奕善《明代中国与马来亚的关系》35页，《明实录》二百十七：成化十七年（公元1481）遣礼部给事中林荣满剌加充正使。丘濬《文庄公集》卷三有"送林黄使满剌加序"，荣为琼州人。

③ 刘强《福州与南洋关系之点滴》（《南洋学报》二卷一，108页），费信随郑和出使，《星槎胜览》满剌加条，记男女中有"唐人种"。

(3) 成化时，汀州谢文彬，因贩盐下海，为风飘至暹罗，官至坤岳（慎懋赏《海国广记》暹罗条）。

(4) 葡萄牙人（Gaspar da Cruz）之1556年（嘉靖三十五年）《中国旅行记》云："任何中国人不许出海至国外贸易；其出国外者不再归中国矣。此等出国者，一部分住于满剌加，一部分住于暹罗或大泥，亦多散布于南洋各地。"①

是时正厉行海禁，至外洋者谓之"通番"：

郭春震嘉靖《潮州府志》云：通番谓闽粤滨海诸郡人，驾双桅挟私货百十为群，来往东西洋，（售）诸番奇货，因而不靖肆劫掠。②

《明实录》卷五四："嘉靖四年八月，浙江巡按潘仿言：漳、泉等府黠滑军民，私造双桅大舡下海，名为商贩，时出剽劫，请一切捕获治之。"

虽悬为厉禁，利之所在，闽粤人南来者，仍络绎于道。当日广东至满剌加之针路，"自东莞南亭门放洋至龙牙门港，西行二日程至其国。又满剌加陆行可达暹罗"③，故至满剌加者，可适暹罗，而龙牙门为必经之路。龙牙门峡，即今新加坡海峡是矣。

自元以来，龙牙门之贸易，瓷器占其大宗。元汪大渊《岛夷志略》"龙牙门"条云："贸易之货：赤金、青缎、花布、处磁器、铁鼎之类。……以通泉州之贸易……舶往西洋，本番置之不问。"本番谓单马锡。处磁器指处州出之龙泉窑青瓷。大渊于元顺帝至正间（公元1341）附海舶浮海历数十国，所记皆由目击。《瀛涯胜览》则记满剌加龙牙犀角等处流通者为青白瓷器。此类瓷器在当日为主要贸易品。永乐二年，琉球山南王使人私赍白金诣处州市瓷器（《明通鉴》卷一四）龙泉瓷亦为琉球争购之物。明季中国瓷器输出，曾操纵于荷兰东印度公司之手，主要向万丹（Bantam）、北大年（Patani）及中国沿海各地采购，暹罗南部及满剌加皆为转口地区。据该公司日记簿资讯正式统

---

① 张美惠《明代中国人在暹罗之贸易》（台大《文史哲学报》三期，167页，引自冈本良知《十六世纪日欧交通史之研究》）。

② 见拙辑《潮州志汇编》，70页，"拓林澳"条。

③ 《海国广记》（《玄览堂丛书续集》一〇一册）。

计，自 1602（万历三十年）至 1682 年（清康熙二十一年）八十年间，华瓷输出额，竟达一千六百万件以上。其后改销日本瓷，1660 年（清顺治十七年）十一月，有船四艘从日本运瓷器五万七千余件至满剌加与印度。[①] 足见明末清初，马六甲在瓷器贸易上地位之重要。

清开海禁，在康熙二十三年（一六八四）四月，翌年，粤巡抚李士祯颁发分别住行货税条例，鼓励出海贸易货物，分为行税，牙行官行之制（即十三行）遂兴（《广州文史资料选辑》□关于十三行）。至雍正五年（公元 1727）清廷始从高其倬奏，正式开放南洋贸易。明人所作针经《顺风相送》所记谈马锡、长腰屿（Pulo Ponjong）、龙牙门往来航线凡八九处，盖针路之所必经也。

华人南迁，有出于避难者，如曾其禄之称"避难义士"。又有自他处再徙者，如丁加奴林建绍之先代阖蚕公，原居安南，乾隆癸巳（1773），因安南大乱，举家乘木筏，迁往丁加奴（参林介伦文）。

华人之至马六甲，明世实繁有徒。故 1913 年，葡人尹里德所绘之马六甲城市图，中有中国村及漳州门二名（张礼千《马六甲史》）。其最有名之华人团体，则为青云亭。青云亭列碑如林，其中题龙飞者，不一而足：

郑甲必丹墓碑	龙飞岁次戊午
李甲必丹颂德碑	时龙飞乙丑
曾其禄颂碑	龙飞丙戌
（蔡士章）重兴青云亭记	时龙飞辛酉

龙飞之义，说者纷如，有谓为年号者。[②] 按张琏自称"飞龙人生"，见毛奇龄《后鉴录》，是飞龙而非龙飞。李兆洛《纪元编》以飞龙为年号实误。琏被戮于潮，未至南洋，潮州金山有平寇诗石刻可以为证。[③] 有谓明遗民避用清纪年，故称龙飞，陈达及 V. Purcell 皆主是说。[④] 然青云亭所见碑，如嘉庆辛

① 陈万里《宋一清初中国对贸易中的瓷器》，载《文物》，1963（1）；《再谈》，载《文物》，1964（10）。龙泉所出青瓷，其分布情况，详陈万里《中国青瓷史略》，23—26 页。东印度公司瓷器贸易详 T. Volker：Porcelain and the Dutch East India Company，1954。

② 何建民译藤田丰八《中国南海古代交通丛考》序言云："龙飞年号，近人考为广州海贼张琏流窜南洋，据地为王，以龙飞为纪年。"

③ 参拙作《论明史外国传张琏逃往南洋之讹》，载香港大学《历史学会年刊》二。

④ 见巴素《马来亚华侨史》（刘前度译本），15 页。

酉甲必丹大蔡士章所立者，既题“龙飞”；而蔡氏于“灵山第一”匾额则题“时大清嘉庆陆年岁次辛酉桐月，知六甲政事特授甲必丹大蔡士章立。”同年之物，何以一题嘉庆，而一作龙飞，足见其并非不用清朝纪年。余谓龙飞为皇帝登极通称，刘知幾《史通·叙事》篇云“帝王兆迹，必号龙飞”。《贾子新书·容经》篇：“龙也者人主之譬。”盖取《易》飞龙在天之义。《四库提要》史部杂史类有题宋赵普之《龙飞记》书太祖受禅事。刘祁《归潜志》载有金章宗《飞龙记》。明吴朴撰《龙飞纪略》一书，纪太祖成祖创业继统之事。[①] 龙飞某年即谓皇帝御极之第几年，未必有何寓意，毋庸深求也。

碑碣又有不书年号，但题“天运”者，马六甲《三宝井告示》即其例证。此石用华、巫、淡美尔三种文字刊刻，实为多种语言见于同一石刻之重要例证。巫文末署一一，七，〇六，回历当为1906年7月11日，而华文署“天运丙午五月廿日”，1906年为光绪三十二年恰为丙午。天运谓“奉天承运”，是时仍在英人统治下，故不题光绪年号，但称天运，与龙飞之命意，正相似也。（邱菽园于1920年为住持普亮撰之《募建莲山双林禅寺碑记》亦署“天运庚申年”，碑现在双林寺内。）

日比野丈夫君记马六甲之历届甲必丹，据《青云亭碑志》神主缀录，考证甚核；间有缺漏，如书李为经之画像，曾有亮为之题赞，而赞文失录，兹补记如下：

> 闻其……将十世……人几百年，幸而得之邂逅之间。即而视之，有威可畏；趋而就之，有仪可象。容貌庄严，虽善绘事乎图中，然其玄冕素服，轻文尚质，已烛见其肺腑。则余所闻：其行已恭，其事上敬，其养民惠，脍炙讴歌，相传勿替。噫！斯人也，有是德而宜有是福也。善夫！
>
> 书赠
>
> 季方君翁老先生寿图之庆
>
> 年家后学曾有亮拜题

---

① 此书《千顷堂书目》著录。河内远东学校图书馆所藏《汉籍目录》，第一二六九四号，为《龙飞纪略》，明吴杪撰。吴朴作吴杪。南港“中央研究院”藏有吴朴此书，嘉靖刊本。《龙飞纪略》初名《圣朝征伐礼乐书》，林希元为改今名，见林氏序。明世宗有御撰《大狩龙飞录》二卷，明华亭钱福印章自称“皇明第七叶龙飞第一科第一甲进士”，见双溪“故宫”藏沈周山水卷题跋。明人习尚如此（《故宫书画录》卷四，158页）。

君翁为李君常，而上称季方，以李为经行二也。有亮嘉庆十四年知马六甲政事授甲必丹（见“观世自在”匾额），此赞殆作于嘉庆时。

又日比野氏载甲必丹制度废除后，第二代亭主薛文舟于道光二十五年重修青云亭，然其碑记实题“道光二十六年丙午”，圭海陈俊卿撰文。文舟即薛佛记，先是道光十年于新加坡构恒山亭，立碑为记，道光二十六年十二月又为恒山亭布告泐石。道光三十年复于新加坡，与陈笃生等建天福宫立碑，是其人在当时之星马亦福建系之重要人物，活动遍及马六甲、新加坡两地，不可不书。

海外会馆之设，何炳棣于《会馆史论》只云“新加坡宁阳会馆为台山曹亚志所创”一语（98页）。洪锦棠谓：“曹亚志以功得莱佛士准许，创曹家馆，嗣请地一段于山仔顶，建宁阳馆，后称会馆有碑。（第一次修为道光二十八年，第二次为光绪二十年。）内设亚志神主。”按曹家馆现尚存，在新加坡火城广福古庙对面。余尝往访，空无所有。内惟《馆史备忘录》一纸，文略云：“曹家馆为咸丰三年癸丑（1853）岁十二月初五日兴建。”又称“符义曹公，生于乾隆壬寅三月廿七日，终于庚寅五月廿七日，享寿四十九岁。”曹符义有墓在碧山亭第三亭，又社公庙内有“姚基义士号符义曹府君神位”。符义即曹亚志，乃后来曹家族人所传言。其人似为当日秘密会党领袖[1]。其卒在庚寅，即道光十年（公元1830），是曹家馆之设，在符义殁后二十三载。宁阳会馆旧址在大坡大马路（四十二号），其光绪二十年甲午重修碑记，称该馆创始于嘉庆年间，现已改建他徙。又考客属应和会馆道光碑文云：“本馆于道光三年创建。”时去莱佛士莅星仅四年，而其馆史[2]云：“道光元年，马六甲嘉应五属（指嘉应州、镇平、长乐、兴宁、平远等五县）同乡会馆初设，名曰梅州众记公司，由州人郑泰嵩、朱亚宁等组织，馆址在今鸡场街。”又云：“道光四年：郑泰嵩等于麻六甲三宝山东麓，建立嘉应义冢。五年，郑等组织亡魂公司，又名老人会，以保护会员坟墓为宗旨。复规定入公司者，须先要将坟墓做好，并立碑志。”潮侨则自嘉庆十五年（公元1810），黄亚佛之父黄亚兴，已侨居

① 洪锦堂《开辟星加坡之先锋——木匠曹亚志》，载《南洋学报》第五卷第二辑，63页。陈育崧曾翻地契，寻出曹亚珠签署文件，谓亚志即亚珠，可存一说，见其近作《新加坡开埠元勋曹亚珠考》。

② 见《星洲应和会馆一百四十二周年纪念特刊》。黄富荣《新加坡应和会馆史略》，载《南洋文摘》四卷八期。

马六甲。[①] 马六甲潮人社团，初名潮州公司。据云："碑石可查者，为清道光二年。"（见《马六甲潮州会馆史略》）澄海佘有进于1823年（道光三年）南来。初任帆船财副，航行马六甲海峡及暹罗湾各地。谢清高《海录》称"露哩国在柔佛西南海中，风俗土产与柔佛同，土番较强盛，潮州人多贸易于此"。露哩即今Riau岛，宋旺相《华人百年史》记最早华籍商人陈叔送，即先到廖岛，后至槟城，再迁马六甲，晚年始卜居新加坡。[②] 恒山亭之建，陈叔送以大董事捐资五百二十元，仅次于薛佛记。凡此记录，均可见华人先在马六甲立足，然后迁徙来星。华人会社若青云亭及梅州、潮州公司均发轫于甲邦，可为证也。

会馆最初组织，辄号曰"公司"。客属曰梅州众记公司，曰丰永大公司[③]，潮属曰潮州公司，广属于新加坡有南顺公司（以南海、顺德两县为首）。[④] 于吉打有"广东大公司"，皆其著例。公司任务，以旅客茔墓之处理，最为迫切。故华人社团，实发轫于公冢，由公冢而组织会馆。槟城现存最早义冢墓道碑，建于清嘉庆六年辛酉（公元1801）在槟城开辟后之第十六年。其后居吉打之粤人，亦于咸丰间（公元1851），创立"广东大公司"及"武帝庙"，辟义山曰"广东列位义冢总坟墓"，石碑犹存。[⑤] 其在新加坡，墓地概以亭为名，盖沿马六甲宝山亭之制。福帮之恒山亭，其碑勒石于道光十年，为新加坡现存最古石刻，后来莱佛士莅星仅十二年。碑为大董事薛佛记所立，署名捐款者共百人。其碑云："夫叻州者，包络山川，控制武垄，商贾于兹，千仓万箱。"当日之繁荣，可概见矣。《恒山亭碑》，至今诵之，如读王阳明瘗旅之文，令人坠泪。孤客远征，归葬无所，惟赖乡亲，为收拾骸骨，故各帮皆有义山之设。广惠肇等七属有青山亭、绿野亭，广惠肇有碧山亭[⑥]，永丰大有毓

① 黄亚兴于1810年，落业于马六甲，有货船数艘，往返于雪兰莪新加坡间。详《新加坡中华总商会的老会所》(《南洋文摘》二卷十二期)。

② 许云樵《新加坡最早之侨领陈志生》，称其于1826年4月20日，尝由新加坡政府取得地契五份，时则新加坡开辟才七年（《南洋学报》二卷第一辑，114页）。

③ "丰永大公司"，系一管理坟山机构，创办至今，垂八十四载，特联三邑（指丰顺、永定、大埔）人士建立坟山一座，名曰毓山亭（《南洋客属总会第卅五六周年纪念刊》，A130页）。

④ 梁元浩《南顺会馆史略》云："本馆实成立于道光初年，时址在本坡马车街。其始有顺德沙滘陈某，税居马港街五号，后迁福建街七号，即改为南顺公司。""自1889年，注册为南顺会馆。"

⑤ 参《雪兰莪广东会馆纪念刊》，130、139页槟榔屿及吉打之《广东暨汀州会馆史略》。

⑥ 《新加坡惠州会馆沿革史略》云："吾惠州会馆历史悠久。联合广、肇、嘉、丰、永、大七属人士，始建福德祠于直落亚逸岸边，时约乾嘉间。进而设青山亭葬山于今之柏城街。历三四十年，山坟告满，七属协议择中峇鲁原野亭葬山。同治年间，广惠肇设碧山于汤申律。原有之福德祠，绿野亭仍为七属公有。"（《客属总刊》，A123页）今福德祠犹存道光四年匾，此谓始建在乾嘉间，殆非虚语。

山亭，潮帮有泰山亭[1]，三江帮有静山亭[2]，一时蔚为风尚。当日众帮发挥互助之精神，诚如薛文舟记谓“效文正公之妙举”，此范仲淹义田义冢之用心，固华人传统之美德也。

福、琼、潮、客、广诸属，皆有义山，咸镌碑刻，惟潮属无存，会馆亦无碑记。[3] 粤海清庙据谓创建于乾隆末年或1830年（道光十年）。闻旧有碑，现已无存。唯庙内铜钟为道光十八年（公元1838）潮府海邑人士，供奉玄天上帝所铸。潮人之来此邦，潘醒农君据该故庙祝郭永福口述，谓：“莱佛士未抵星以前，有海阳人十余名，由暹招集潮侨前来，居住于山仔顶，即今粤海清庙宫地。嗣有庵埠（东）仙溪人王钦（十八万胜之后）及王丰顺两人，首先航海来星，为潮侨领袖，建粤海清庙创义安郡。此后凡潮人南来至星者，红头船舣于老爷官前，宿于庙内。”（庙存旧簿，记初南来有十姓）至义安公司为佘有进于1845年（道光二十五年）创立。前此档案，惜无可考，惟义安郡者即义安公司之前身，此潮属最初会所，即附设于粤海清庙；亦如最初福建会馆（陈金钟时代）附设在天福宫内，琼州会馆原为天后宫，古晋潮州公会，其前身为顺丰公司，而顺丰公司又滥觞于老爷宫（即玄天上帝庙），早期地方性之庙与会馆有不可分者矣。

宋旺相《新加坡华人百年史》谓1831年（道光十一年）有三十六华商合组庆德会（Keng Teek Whay）在恒山亭立碑后一年，此为土生华人（峇峇）之组织。庆德会会址尚存，在天福宫之畔，其神坛有石牌泐三十六先贤禄位，其人名见于《恒山亭碑》者十人，见于《天福宫碑》者十六人，见于《马六甲三宝山木牌》者多人，惜此石不署年号不能系年；要其创会诸公皆开埠福帮之重要人物也。

庙宇之建，每随所属移民，从家乡带来原有不同之宗教信仰。漳州人之祀开漳圣王陈元光，陈氏之保赤宫是也。永春人祀宋（陈）普足之清水祖师（陈氏原籍永春县石古村，出家于大云院，坐化于安溪清水岩，故称清水祖

---

① 潮属公墓泰山亭，旧位于东陵乌节律，兼地七十二英亩。于道光二十五年（公元1845）十月二十日，由东印度公司给契，现已拆毁。

② 新加坡各帮皆有公冢，详《星洲十年》第五编《坟墓附表》，1114页。

③ 潮属各处会馆皆立碑。上海有同治二年潮州会馆告示碑，同治五年陆徵祥书《创建潮惠会馆记》，光绪二十七年吴大澂书《潮惠会馆二次迁建记》（见《学林》第十辑泽人《上海金石录》）。广州有光绪二年《创建省垣潮州八邑会馆碑记》（见《旅港潮州商会三十周年纪念特刊》，1951）。古晋有许芳兰撰《光绪十五年立之〈重修玄天上帝庙碑记〉》（见朱伯闻《古晋潮州会馆史略》，《砂朥越潮州公会百周年纪念特刊》，86页）。马六甲潮州会馆有捐款题名碑二，惟新加坡潮州会馆无碑记。

师）。道光十年杨清海倡建金兰庙，槟城之清云岩，即祀清水祖师也。金门人祀圣侯恩主陈渊（开辟金门岛有功），光绪二年，金门建浯江孚济庙，即祀陈渊也。福建南安人祀晋天福时孝子郭忠福，历朝封广泽尊王。丁加奴猪莪许姓，其先世于二百年前南来，即携广泽王之金身与俱（林介伦文）。故星州南安人士于道光间建凤山寺，即祀广泽王。其在古晋，于道光十九年（公元1839）建保安宫，亦祀此王。[①] 潮人敬奉玄天上帝，亦称北帝爷。粤海清庙分“上帝宫”及“天后宫”二庙，相与毗连，上帝即玄上帝省称。潮人之在槟城，亦祀玄天上帝。[②] 其移植于古晋也，同治二年（公元1863）亦于亚峇街肇建上帝庙，而庙祝且规定必潮人充任，泐碑为据。[③] 闽人之在吉隆坡、新加坡，或建三教庙祀其教主林兆恩。[④] 故观所祀之神，即可知其人里贯之所属；至于妈祖、大伯公之崇祝，则南来闽粤华人之所共同者，不待论矣。[⑤] 碑记可以考见旧时习俗制度，如金兰庙肇建于道光十年，匾额犹存，下题“金兰雅禊众弟子敬奉”。捐款人有哥与合之号，而庙有道光十九年捐款题名碑，光绪七年重建碑记，及光绪十七年立庙条规，可为考证秘密结社之助。由青云亭各碑可考“亭主”之制。由薛佛记道光十二年恒山亭布告，及光绪十二年海唇福德祠章程，知亭与庙皆有炉主之制。至于道光二十九年（公元1849）创建，咸丰二年（公元1852）落成之崇文阁，同治六年（公元1867）立有碑记，及咸丰十一年（公元1861）《萃英书院碑》，皆为初期教育重要资料，此阁及书院建筑，至今巍然无恙；自教育制度改革以后，旧时书院罕有存者，此则典型犹昔，可谓海外之鲁殿灵光者矣。庙宇匾额，马六甲以曾其禄之“青云古迹”为最早，康熙四十四年置。新加坡则以海唇福德祠匾“赖及遐

① 古晋祀广泽王事，详《南洋文摘》五卷五期，62页。

② 许崇知《槟榔屿潮州会馆史略》，记许武安于光绪十四年（公元1888）建韩江家庙，奉祀北极玄天上帝（《南洋文摘》五卷七期，36页）。

③ 见光绪十五年义安郡司事立之《重修玄天上帝庙碑记》。

④ 林三教兆恩，在星马流行有《林子本行实录》一书，凡六十七页，前有莆田蔡瑄序。星洲奉祀三一教主林龙江之庙不止一处，一在小坡九鲤洞，内有三十七年立莆阳关琼开撰书之《公建九鲤洞碑记》，亦称《瑶法教史碑》。略称：“海之东南岛莆羲有卢士元，仙长谢王陈诸师，同修琼瑶仙道。又立县莆田，自古九鲤湖山天然仙景。更有宋明两朝，林孝女敕封天后圣母，至卓万春真人，林龙江教主，皈依三教为一焉。”此碑极有裨于宗教史，故摘录于此，以见龙江教泽南传之概况。另一为四十三年立之《九鲤洞甲午第二届逢甲大普度纪念碑》，其庙又一在后港天性祠，均祀林三教主及卓万春。

⑤ 天福宫庑之东堂，祀关圣帝君，西堂祀保生大帝，后厅祀观音大士，此为闽俗。越南中圻港口，如顺化陀瀼（蚬港）等地华侨区域，其共同特色，即为天后宫、关帝庙、城隍庙、保生大帝庙之存在（见陈荆和讲《十七八世纪南越华侨史略》）。按客属应和馆祀关帝，有取于义气之结合，琼帮专祀天后，在求渔舶之安谧。各处习俗不同。

陬”为最古，道光四年甲申，广惠肇三府信士所送，时去开辟只数载耳。

碑记之有佐于史事者，若吉隆坡之《四师爷宫碑》，所以纪念叶德来、叶致英、叶观盛、陈秀连诸甲必丹。其碑先镌于森美兰，吉城此碑，则立于民国二十一年十二月，略称本庙之立，乃于光绪初元，距今将六十载矣。四公均于咸同光中叶，先后止是邦。维时各州土酋，日相争杀，乱靡有定。叶公德来率众奋起，事既平息，益致力于开辟事业。其后与叶致英、叶盛观及陈秀莲皆司甲政。此碑叙四公之勋望，虽立于民国，亦重要之文献也。他如太平甘文珍冢山于光绪七年（公元1881）所立之“皇清广东四府义勇总坟”，则与拿律矿区事件有关，尤不可不书。（参梅玉灿《古冈州六邑先侨在马活动史》，1964年马来亚《古冈州六邑总会特刊》。）

碑记文字，对于语言学又有裨益者：闽人称人为官，马六甲乾隆六十年建造祀坛德碑记皆称官，如唐船主蔡栋官、张佛官、邱猛官（此碑无作“观”者）。道光十一年三宝山墓地捐金木牌记亦均作官（惟一称“舍”，蔡士章之孙称蔡延龄舍）。而嘉庆六年重兴《青云亭碑》则官字全写作觀。觀或简写作观。《恒山亭碑》、《峨嶆大伯公庙碑》、《天福宫碑》，捐款人有称观者，如陈送观、张续观、陈驱观、蔡九观、陈砧观、郭爚观、周鮡观、龚锸观、魏蛹观等，陈送观当即陈送叔也。道光《厦门府志》卷十五云：“闽俗呼人曰郎，呼公子公孙曰舍，呼有体面者曰官，讹官为观，遂多以观为名者。”此俗尚见于星马碑刻，而人名间保存俗制之字，殊觉有趣。《恒山亭道光十六年木牌规约》第五条称：“亭之香资，和尚于每月朔望日落坡捐化，而逐年唐船、暹船、安南船及外州郡之舢板船、双层船等平安抵叻者，公议唐船凡漳、泉者每只捐香资宋（吕宋）银四大员。”

可见初期华人船舶之种类。至若捐款人单位，以船舶分计者，闽有下列诸名：

船	如陈合益船	金益顺船		
舟鸟	如沈成仁舟鸟	广　德舟鸟	瑞鸱（鹏）舟鸟	鸱麟舟鸟
双层	如协利双层			
甲坂	如澄源甲坂（以上据天福宫碑）			

琼则称为装，如：

沈成泰装同利装史文开　　益盛装黄学弼

（据《琼州会馆光绪庚辰碑》云“今将迁建会馆船装捐题芳名开列”，知装即船装。）

䑩字殆即䑩（《峨嶆伯公庙碑》此字从舟，可证）。《广韵·宵韵》：“䑩正遥切。鹪䑩鸟也，又竹交切。”又一字见肴韵，陟交切，亦为鸟名。碑中用作船之䑩字，六朝已有之。《梁书·王僧辩传》：“又以䑩舠千艘并载士，两边悉八十棹，棹手皆越人。”《玉篇·鸟部》有䑩（止遥丁交二切，鹪䑩），《舟部》有舠（力鸟切，小船）。洪亮吉《释舟》云：“玉篇无䑩字，当作鸟了。”（《卷施阁文甲集》）《集韵》上声二十九筿：“䑩，䑩舠，船长貌。”按宋曾慥《类说》称“越人用海鹘于水军”。《格致镜原》引《海物异名记》：“越人水战有舟名海鹘，急流浴浪不溺。”海鹘构造详见《武经总要》前集卷十一。茅元仪《武备志》一一六有海鹘船图，与福州帆船形甚相近。《说文》“鹘，鹘䑩也”。是䑩应即海鹘船矣。又各碑间或开列工料用途，及其工值细项，如光绪五年重修恒山亭碑，即其一例。此则作为经济史料观之，无不可也。

余向有历史癖，南来一载，古刹荒丘，时劳登顿。橐笔怀椠，苦无余晷。马来亚地广，行踪难遍，凡所载录，以青云亭为主，他处未遑遍考。稍为排比年月，断自清季，借备研讨南域华人史事之参考。他日有撰“星马金石志”者，吾文敢谓为其嚆矢。抛砖引玉，企予望之。

原载《选堂集林·史林》下，中华书局香港分局，1982年

碑　文

明

公元 1622 年　　明天启二年壬戌　　黄维弘墓碑

墓在马六甲 Bukit China 西麓路旁。碑文云：

皇明显考维弘黄公妣寿姐谢氏墓。壬戌年仲冬谷旦，孝男黄子、辰同立。

许山林重修，为立墓道，树碑记之云：

皇明黄先生维弘暨淑配寿姐谢氏墓道。

本秋，青云亭诸执事，为黄先生维弘暨淑配寿姐谢氏建竖墓道，系鉴于原有古墓，自前明壬戌冬，由其嗣男黄子、辰建造，距今已三百余年之久，其墓碑破损剥蚀，诸执事恐久而湮没，末由瞻仰，爰举行重修之。勒石于右，以存古迹，而供后人之凭吊焉。

民国二十二年癸酉八月二十日，青云亭主席许山林立。英乙仟九百三十三年十月九日，永春刘深书。

图一　明黄维弘墓碑

郁达夫“马六甲游”曾志此墓（《南洋学报》一卷一期）。又马六甲宝山亭后山坡有另一明墓。碑文云：“明故妣　氏夫人之墓”，附记于此。

明程朝元墓碑。

新加坡明墓，现无存者。惟1949年12月有巫人于乌鲁加郎（Mukin ulu Klang义顺村附近）发现一明墓。文云：

达豪赤港乡

义
明考朝元程公之墓
叙

达豪今称达濠，在潮州潮阳县。《顺治潮州志》云“潮阳县招收都所统有豪浦、踏头埔”，即此。（碑载《南洋学报》六卷一期，刊有拓本。）

丁加奴据称曾发现明永历华人古墓（林介伦《丁加奴华人垦殖史话》，《南洋文摘》四卷二期），今不可考。

清

公元 1678 年　　康熙十七年戊午　　郑甲必丹明弘墓碑

龙飞岁次戊午年仲春吉旦立

文山　显考甲必丹明弘郑公之墓

孝男文玄奉祀

青云亭所安神主，关于郑甲必丹者，有下列：

（1）大明显考芳扬郑府君神主，不孝子玄奉祀（面）。大明甲必丹郑公启基，葬在三宝山。生于壬申四月，卒于丁巳年五月。（坟墓座向及生卒日时从略）

（2）显妣孺人吕氏神主，不孝男文玄奉祀（面）。甲必丹雉吕氏葬在三宝山。生于吉年，卒于辛酉年十月。妣吴氏尾娘，生于万历丁亥年十一月，卒于雍政三年四月。

（3）显考贞淑郑公府君神主，不肖男启基奉祀（面）。生于万历丙戌年二月，葬在麻六甲三宝井山殿下。卒于隆武戊子年闰三月。

（4）龙溪考文贤郑公神主，不孝男授孟奉祀（面）。公讳贤，葬在三宝井山殿。生于顺治丙申年五月，卒于康熙庚午年五月。

由上可知，甲必丹郑明弘，原名启基，又号芳扬。其父名贞淑，其子名文玄，又作贤或玄。其孙名授孟。原籍为龙溪，即今漳州。神主书其父贞淑，卒于隆武戊子，隆武为唐王年号仅二载（1645—1646）。戊子应为永历二年，即清顺治五年（公元 1648）。时南服遗民，仍用唐王正朔也。若尾娘神主之书雍政即雍正，文贤神主之书康熙，则奉清帝年号矣。

1685 年　康熙二十四年乙丑　甲必丹李公济博懋勋颂德碑（见图二）

公讳为经，别号君常，银同之鹭江人也。因明季国祚沧桑，航海而南行。悬车此国，领袖澄清。保障著勋，斯土是庆。抚缓宽慈，饥溺是兢。捐金置地，泽及幽冥。休又（休）有容，荡又（荡）无名。用勒片石，垂芳永永。

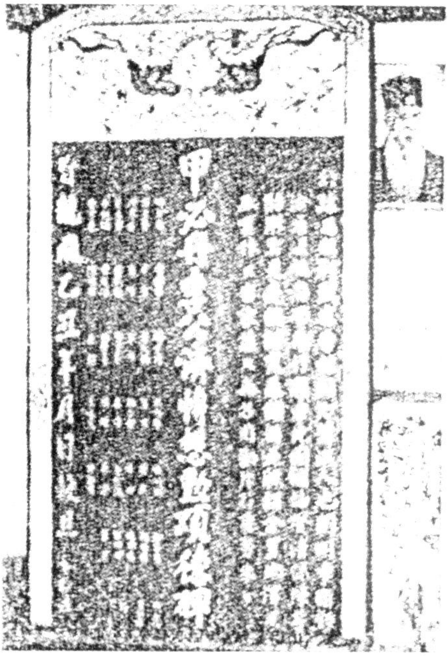

图二　甲必丹李为经颂德碑

林芳开	黄显春	谢士俊	丘兆奇	陈元魁	郑金吉	林　惠
陈王豪	吴　宝	黄光福	曾　寅	陈　鉴	林瑞墀	曾继荣
洪盘庚	龚　伟	周　冬	郑士杰	陈　珀	陈瑞鸿	
曾是贤	曾新颖	郑登贡	康　待	曾钦让	陈敬瑞	
李弘锡	曾廷锦	郑伟萼	张　沛	王　全	黄　士	
林中秀	徐德胜	曾　朝	李长茂	黄国珠		

时龙飞乙丑年月日谷旦同勒石。

按李君常有墓在 Bukit Tempurong 之东，墓石镌云：

考君常李公
妣孺人宋氏　域

似是后来所重建。又其禄位额云：

孝男肇域奉祀。父讳为经，字宏纶，号君常，行二。生于万历四十二年甲寅八月，车于康熙二十七年戊辰七月。

又夫人神主题云：

显妣慈慎太孺人宋氏神主，孝男正壕奉祀（面）。……卒于戊寅年二月。

又李正壕神位题云：

显考甲必丹仲坚李公神主。考讳正壕，字仲坚，乳讳芳，行二。生于壬寅十一月，卒于戊子葭月。享年四十有七。

由上史料，李君常原名为经，又字宏纶，泉州同安县人。鹭江即今厦门之雅称。有子二，长名肇域，次正壕，字仲坚，乳名芳。为经继郑芳扬为甲必丹，正壕又继父为甲必丹。今青云亭内安置郑芳扬、李为经两禄位，实肇于道光二十六年亭主薛佛记。

又为经像赞，已详前言。此颂德碑为韵语。自行、清、庆、兢、冥、名、永俱协韵。文字典重可诵。

1706年　康熙四十五年丙戌　曾公（其禄）德颂碑

大功德主曾公颂祝碑

闻之，乾父坤母，人生其间，胞与相属，所谓仁也。世之乘权利济者无论已，次则轻财乐施，拯危救国，苟存心于爱物，于事必有所济，又何间乎州闾与四裔也。挽近世风少偷矣；以余所闻，曾公有足称者。公讳其禄，号耀及，吾同之鹭岛曾家湾人也。邑距岛尚一水，余未熟悉公之生平。客自甲来者，沐其惠，思垂永久，求所以文之，因具为余言。公少有大志，卓荦不群，遭沧桑故，避地甲邦，解纷息争，咸取平焉，以故华裔乐就之。遂秉甲政，章程规划，动有成绩，未易更仆数。请言其加惠我人者：我人之流寓于甲邦也，或善贾而囊空，则资之财；或务农而室罄，则劝之力；或赌博而忘反，则设禁为之防；或死丧而无依，则买山为之葬。至于甲为西洋所经，舟楫往来，不苛其征，商旅说而出其涂，东西朔南暨矣，宁特吾乡戚属为然哉。余闻之，瞿然曰：有是哉！公之仁也。夫仁者必有寿。客从而祝曰：愿公饮食宴衎，万寿无疆。且仁者必有后，客又祝曰：愿公芝兰挺秀，奕叶蝉貂。余笑而应之曰：此皆公之仁所取之若券者，何足以颂公。然吾得子之言，而知公之德之入人深矣。因纪之付于贞珉，以传于后，俾旅于斯土者，咸以为劝云。

赐进士吏部观政年家眷弟陈大宾顿首拜撰。

蔡期昌　郭士俊　林中萃　赵　时　郭天杜　吴维聪　辛廷机

林元仁　黄肇瑞　张惠连　陈瑞完　吴廷麟　曾以忠　黄　愈

陈开霁　郭维城　吴协观　谢鸿渐　吴时恩　曾立博　僧真辉

郑际龙　曾继荣　曾文定　杨廷撰　陈世相　曾经国　陈恋玉

龙飞岁在丙戌腊月谷旦。

青云亭中曾氏神主有二：

（1）故明显考避难义士伯中曾公神主。男应蕺、应葵、应菊、应芸同承重孙开祖奉祀（面）。原籍福建银同禾浦。生于崇祯癸未年十月。公讳其禄，字伯中，行六神位，避难麻六甲，卒于戊戌年二月。（其夫人李氏及意娘神位，不录。）

（2）皇清故考仲植曾公之神主，孝男继祖孝女英娘同奉祀。君名诩，字仲植，讳应芸，行第五。生于康熙癸未年正月，卒于雍正辛亥年十二月。

仲植即其禄之第五子。曾其禄神主题曰“故明”，曰“避难义士”，又曰“避难麻六甲”，则其忠于明室可见。曾原籍福建同安厦门之曾家湾。夫人李氏讳成金，盖李为经之第二女。青云亭 1963 年住持释金明重修碑记云“继秉甲政者曾其禄居士，乃李公快婿”。是其任甲政，乃席岳父之荫；然其神主、颂德碑均不题甲必丹，青云古迹匾则自称“信士”，设无碑中“遂秉甲政”一语，几疑其为素士也。其禄号耀及，又号曾六官，以其行六。官则闽人对男子之尊称。颂祝碑撰者陈大宾，据民国《同安县志》十五选举，乃“康熙廿九年进士。号敬庵，官山人，住铜鱼馆”云。（日比野丈夫考证）碑云“客自甲来者，求所以文之”，则大宾实未至六甲，乃隔海乞其撰文，足见康熙四十五年间，海禁大开，舟楫来往，已无困难矣。

1779年 乾隆四十四年 陈承阳墓石

霞沧显考甲政承阳陈公寿域

时乾隆四十四年端月吉旦

男 次房振德
　 三房振世

长房孙明珠等同立石

霞沧乃厦门别名。此墓规模宏伟，前有两圆柱，镌联云：“金狮振出挺旗鼓，五虎向归朝福神。”次男振德，名见道光十一年三宝山墓地复兴捐金者牌记。三男振世，有乾隆丙午匾题“道济生灵”自署布政使司官科。

1792年 乾隆五十七年壬子 槟城大伯公香炉石刻

乾隆壬子，六甲弟子李赐答谢。葭月吉日立。

此石刻香炉，据谓原在海珠镇大伯公庙前古榕树下。嗣移置庙内，原物尚存，敷饰金漆，供之神前。此为槟城有纪年之最早石刻。“六甲”果何取义？向有三说。蓝渭桥撰《海珠屿大伯公考查记》，疑麻六甲人所奉献。邝国祥则谓乾隆壬子在槟城开辟后七年，时交通不便。而麻六甲一名，《明史》作麻剌甲或满剌加，古籍似未见作麻六甲者，故从温梓川说，训六甲为恰满六十周甲；而以此炉乃槟城六十岁老人所献（《槟城散记》）。许云樵谓“六甲应是地名，乃指六坤（《南洋三神考》，《文摘》卷二，41页）”。窃谓明张燮《东西洋考》卷九称“麻六甲，即满剌加国也（《惜阴轩丛书》本）”。此名称已出现于万历时。青云亭早在碑铭匾额及神主，均作麻六甲，晚期亦作嘛呅呷（三宝井山义冢碑）。或作“六甲”，又省称曰甲与呷，举例如下：

麻六甲 见郑贞淑神主云：“葬在麻六甲三宝井山。”曾其禄神主云：“避难麻六甲。”

嘛六呷　（光绪保三宝山义冢记）亦称呷国，见邱兴隆木牌。

六甲　曾有亮、陈起厚、蔡士章三甲必丹题匾，皆自署曰“知六甲政事”。

甲邦　康熙四十五年曾其禄颂祝碑云：“避地甲邦”，“遂秉甲政”，“至于甲为西洋所经”。

甲州　乾隆六十年蔡士章建造祀坛记云：“滨海而城，环廓而市者，甲州也。”

呷中　嘉庆六年蔡士章宝山亭记：“幸呷中父老”，“预备呷钱”。

可见“六甲”一省称，康熙时已通行之。则六甲弟子指麻六甲人，不成问题；则李赐乃自麻六甲来槟城者。

1795 年　乾隆六十年乙卯　甲必丹蔡士章建造祀坛功德碑（见图三）

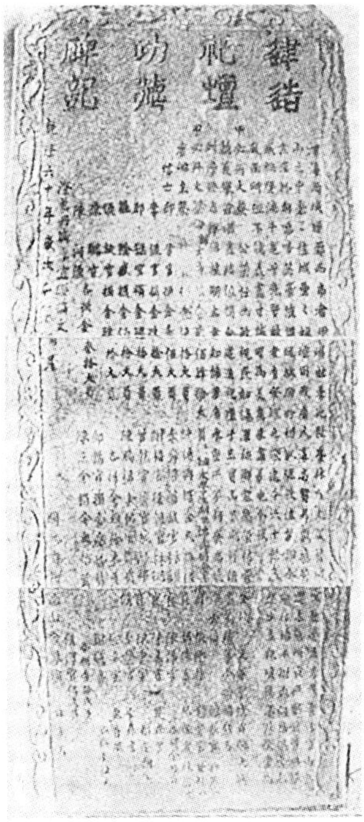

图三　甲必丹蔡士章倡建祀坛功德碑

建造祀坛功德碑记

滨海而城，环廓而市者，甲州也。东北数峰，林壑尤美，背城突起，丰盈秀茂者，三宝山也。山之中，叠叠佳城，垒垒丘墟，因我唐人远志，贸易羁旅，营谋未遂，殒丧厥躯，骸骨难归，尽瘗于斯。噫嘻！英豪俊杰魄欤？脂粉裙钗魂欤？值禁烟令节，片褚不挂，杯酒无供，令人感慨坠泪。于是乎先贤故老，有祭冢之举，迄今六十余载。然少立祀坛，逐年致祭，常为风雨所阻，不能表尽寸诚，可为美矣，未尽善也。今我

甲必丹大蔡公，荣任为政，视民如伤，泽被群黎，恩荣枯骨，全故老之善举，造百世之鸿勋。义举首倡，爰诸位捐金，建造祀坛于三宝山下，此可谓尽美尽善。今将诸姓名列序于左，俾得旅斯土者，知诸芳名，永垂不朽，余为之序云尔。

陈长官许笋官

甲必丹大蔡公讳士章捐金二百四十大元　广东太学生胡讳德寿捐金一百元

张伴林　钟营官二十五

唐船主蔡　栋金捐金七十大元　许德兴捐金二十五元　张佛官　杨从官

林语官

信士邱　赏官捐金一百大元　李舜官叶抵官林显官　陈沛官　各捐金十元

李　侃官捐金九十大元　谢权官徐朝官林仍官　陈夏官　曾森官

邱　猛官捐金六十大元　曾干官黄官庇陈邱官　陈中官　捐金八文

苏　隆盛捐金五十大元　陈赐福余苗官郑有侯　李华官　李昴官

侯　旋官捐金四十大元　各捐金二十大元　何要官　严育斌

陈　配官　各捐金三十大元　邱诰官捐金三十元　谢通喜　各捐金五文

陈　何源　陈三全捐金二十元　各捐金十二元

澄邑丹屿李宜缨撰文　侯泽官五大元

乾隆六十年岁次乙卯桐月　开元寿僧昆山同募建　日立石

青云亭内有蔡氏神主题云：

显考特授甲必丹谥笃平蔡府君神位。

孝男仓山、明、杰、浪、海，女銮，美娘同奉祀。（面）

父讳乔，号士章，字端甫，享寿五十三，行第三。生于乾隆十五年庚午十月，卒于嘉庆七年壬戌七月。

知士章名乔，又字端甫，谥笃平。其宝山亭记自署圭海谢仓蔡士章，圭海乃福建海澄县别名，谢仓则海澄县中地名。以嘉庆六年青云亭碑记对勘，

邱诰、李侃、邱赏、邱猛、何要、陈赐福辈同属海关公司。此之唐船主蔡栋，在彼则列在厦门合成洋行进来舺之名下。此祀坛实即坟山。

1800年　嘉庆五年庚申　槟城创建广福宫碑记

创建广福宫碑记

昔先王以神道设教，其有功斯世者，虽山陬海澨，舟车所至者，莫不立庙以祀其神。今我槟榔屿开基以来，日新月盛，商贾云集，得非地灵人杰，神之惠欤？于是萃议创建广福宫，而名商巨贾侨旅诸人，咸欣喜悦，相即启库解囊，争先乐助。卜吉迎祥，鸠工兴建，不数月而落成，庙貌焕然可观，胥赖

神灵默助。其德泽宏敷，遐迩同沾乐利，广福攸归。遂谨其始肇，记诸芳名，以垂不巧焉。

董事 黄金銮 曾青云

嘉庆五年岁次庚申一阳吉旦立石

1801年　嘉庆六年辛酉　重兴青云亭碑记

青云亭何为而作也？盖自吾侨行货为商，不惮逾河蹈海，来游此邦，争希陶、猗，其志可谓高矣。而所赖清晏呈祥，得占大川利涉者，莫非神佛有默佑焉，此亭之兴，所由来矣。且夫亭之兴，以表佛之灵；而亭之名，以励人之志。吾想夫通货积财，应自始有，而臻富有莫大之崇高，有凌霄直上之势，如青云之得路焉，获利固无慊于得名也。故额斯亭曰青云亭。独是作于前者，既有吉士；而修于后者，宁无伟人？历岁月之久远，蠹朽堪虞，经风雨之飘飖，倾颓可虑。览斯亭也，未始不触目兴怀，徘徊而浩叹者矣。幸也而有甲必丹大蔡讳士章在，慨然首倡，爰督同海关诸同人等，议举重修，择吉兴工，不数旬而告竣。噫！微斯人，而青云亭何由俨然巨观也哉！甲必丹大诚哉其英伟人也！不惜重赀鼎力议举，劳心神以董劝，而经始成终。后之览斯亭者，能不幸然高望，追念旧宇之所由新，而相与仰慕夫甲必丹大蔡君等之共乐修此亭耶！宜乎神默而佑之，人颂而美之。自此议问宣昭，将与青云亭并垂不朽也已。

于是乎记。

海关公司开列芳名：

甲必丹大蔡讳士章　邱诰观　李侃观　苏隆盛　邱赏观　何要观

邱猛观　陈赐福

厦门合成洋行题进来舶　蔡栋观交金一百元　船主叶和观捐金一百元

叶底观捐金三十元

陈沛观　陈三全　陈长观各捐金二十元　张佛观捐金十二元

板主林柱观捐金十大元

曾壹观　邱允漏　蔡瑞富　邱俊明　谢通喜　许士观　李管观　蔡梅观

曾规观　李昂观各捐金十元

时龙飞辛酉年月日信士邱士邱华金敬撰　　　　僧倪成

按道光《厦门志》卷五洋船附洋行云："洋船始于雍正五年，盛于乾隆初年。至嘉庆元年尚有洋行八家，大小商行三十余家，洋船商船千余号。至嘉庆十八年，仅存和合成洋行一家。"此碑称"合成洋行"，进来舶乃船名。《厦门志》云道光元年，厦防同知麦祥详称："洋行和合成陈班观年老资竭，举薛元亨自代。"陈班观一名，是碑不见。是碑捐款人与乾隆六十年祀坛碑多同。叶底官一名见恒山亭碑及道光十一年三宝山木牌。

同年　蔡士章建宝山亭记

宝山亭之建，所以奠幽冥而重祭祀者也。余故开扩丕基，缔造颇备，以视向之冒历风雨，寸诚难表者，较然殊矣。虽然，亭之兴，由我首倡，亦赖诸商民努力捐资，共成其事。兹幸呷中耆老，及众庶等归功于余，立禄位于亭之石，此事诚为美举！第思创于始者，恐难继于终，予是以为长久之计，预备呷钱一千文置厝壹座，于把虱街，配于冢亭，作禄位私业，将来我亲属及外人不得典卖变易，致负前功。全年该收厝税，议定二十五文，付本亭和尚为香资；二十文交逐年炉主祭冢日另设壹席于禄位之前，其余所剩（剩）钱额，仍然留存，以防修葺之费。庶几百载后，可以陈俎豆、荐馨香，相承于勿替。因此勒石而为之志云尔。

嘉庆六年岁次辛酉季春　　　　圭海谢仓蔡士章立

同年 槟屿义冢墓道志

槟屿之西北嵎，有义冢焉。其地买受广阔，凡粤东之客，贸易斯埠，有不幸而物故者，埋葬于此。其墓曰义冢，乃前人创置。第其溪水环绕，路道崎岖，登山涉水，是于复筑墓道桥梁，以便祭扫行人，此义冢墓道桥梁，以继前人之未备也。辛酉之春，工始告竣。董事王义德托舍侄东长，旋述于余索记。余欣然爰曰：自古圣贤，首及掩骼埋胔，而西伯有溥柏骸之泽，昌黎有著旅衬之文，至今传之，其盛德也。槟屿有此义举，阴骘之事，孰有大于此哉？阳则可以存乡亲睦姻任恤之谊，阴者可以安死者异地羁旅之魂；此一劳而永逸者也。我粤东东南距海，民之航海以为营生，层帆巨舰以稛载而归者，大率于洋货者居多。然而利之所在，众则共趋，一遇死亡，若不相识，尚何赖乎乡亲乎？有此义冢路桥，勒以碑记，而骨骸不至暴露，既可以表亲友之情，子孙易于跟寻，复可以成孝子仁人之隐，所谓睦姻任恤者，将于过义冢得之。且夫聚首则可以言欢，离群必至于索处，人道鬼道，其理一也，况其远适异域，为昔人之悲乎！得一义冢以聚之，而生前则为腹心之朋，死后则为义祭之友，何异于生前之握手以盟心，眷眷乎（桑）梓之亲，怡怡乎客旅之爱，何殊故土之群居而族处？茫茫长夜，郁郁佳城，或亦乐异地如故园矣，是则所以安羁旅之魂者此也。然其事属艰巨，非一木所能支；赖有董事如王义德张群邓绪乡诸公倡议，沿佥而高义者乐助，共计得白金四百元。如不敷者，王义德包成其美。不越月而功成，俾广东之义冢墓道桥梁，岿然于异域之垄，而有志君子，亦将留阴骘而永垂不朽已。于是为记。

广东会邑沙田侯月池应嘱谨识。

董事 王义德 张群 邓绪乡

嘉庆六年岁次辛酉腊月吉旦 立石

按槟榔屿广东暨汀州会馆史略云：“本会起源于公冢，由公冢而组织会馆。据本属最早义冢墓道碑，设立于嘉庆六年辛酉，时为本城开辟后第十六

年。义冢之设，在开埠后数年。其时任职者皆称董事。”（《雪兰莪广东会馆纪念刊》，1960）

1809 年　嘉庆十四年己丑　马福春墓石

永定福春马府君墓　嘉庆十四年春月立（碑在槟海珠屿）。

附《槟榔屿海珠屿大伯公庙重修碑记》（邝国祥等撰）

海珠屿大伯公，吾客族先贤张、丘、马，三公也。张公居长，丘公居次，马公年最少，三公于前清乾隆（18 世纪中叶）南来槟榔屿，或为教读，或业铁匠，或营炭窑，而契合金兰，义同兄弟。居常聚则论道励志，出则讲信修睦，厚德高风，群伦共仰。一夕，张公忽坐化石岩中，即今庙址也。丘马二公因葬张公于岩石之侧，碑书“开山地主张公”。丘公殁，马公葬丘公于张公坟之旁，碑书：“大埔清兆进丘公墓”。嗣后英人莱特少校经营是邦，移居之民渐众，感受张丘二公流风遗泽之化者日广。嘉庆四年己未，公元 1799 年，胡靖公以张公羽化之岩起为庙。嘉庆六年辛酉冬，乡先辈陈泽生等，以公庙香火鼎盛，而交通未畅，顶礼不易，因就市区向政府领得地段九千九百九十六方尺，建筑分祠，以便市民瞻拜，此即大伯公街福德祠也。嘉庆十四年马公殁，吾族人士复葬马公于张丘二公坟下，碑书：“永定福春马府君之墓”，居民感念三公之德之义，俱以神祀之，并尊为大伯公。

按张公即张理，大埔人。俗传张理即大伯公（参邝国祥《槟榔屿海珠屿大伯公》，《南洋学报》十三卷一期）。然乾隆壬子已有李赐造香炉，则槟城大伯公崇祀之习，疑应在张理之前。

1824 年　道光四年甲申　重建广福宫碑记

槟榔屿之麓，有广福宫者，闽、粤人贩商此地，建祀观音佛祖者也，以故宫名广福。初之时，相阴阳，立基址，美轮美奂，前落庆成，亦见经营缔造已，而规模未广也。夫临上质旁，非洁清不足显慈光之普照，非宏敞不足尊神圣之庄严。甲申岁，乃募众劝题，各捐所愿，运材琢石，不惜资费，重建后进一座告成后，载祀列圣之像于中，旁筑舍以住僧而整顿之。当斯时也，来祷祝者，庭阶雾霭，壮观瞻者，栋宇云连，明禋永奠，肃然穆然，非重建者之与有劳也哉。且夫前人乐建斯宫，今增而丽之，则慕乎今而更恢其量者，亦事之有必然也，可无预以动之与？故列叙捐题诸姓名，泐之于石；非炫美也，以俟将来同心者相观而感劝云尔。诚如是，广福宫历万古而长新矣。

道光四年岁次甲申腊月吉旦

董事 邱明山 梁美吉 林嵩泮 甘时雨 何道 邱埈整 谢岁 谢清恩 同立

按梁美吉即青云亭第一代亭主。其名又见道光十一年三宝山墓地捐金木牌（列第一名）。道光二十八年福建会馆主徐炎泉所立颂德碑文，记美吉功绩尤详。美吉盖薛文舟（佛记）之三妹婿。槟城广福宫，首建于嘉庆五年，此为重修。盖广东与福建两省人士合资，故名广福宫。梁美吉，籍泉州南安，则林嵩泮必为粤人也。此庙祀观音佛祖。若新加坡光绪六年迁建之广福古庙，则改祀齐天大圣云。

1825 年　道光五年乙酉　槟城甲必丹辜礼欢墓碑

降地青龙翻水口

大清国道（光）五年岁次乙酉葭月谷旦置

峰　祖考甲必丹礼欢辜公之茔位

祖妣孺人忆娘辜门苏氏之墓

山　孝男　安平　国良　雨水　国珍　国彩　龙池　国忠　应雷　孙　指四　登春　夏莲　建熏　繁正　壬辰　紫云　女　莅娘　彩莺　谦娘　同立

下山金虎抱堂前

按此墓碑之下有（CHEWAN 1826）字样。墓亭前柱楹联云：

帐里孩儿变作螺蛳吐肉
堂前玉机反为白虎争珠

后柱联云：

一世勋劳怀道德
千秋卧冢守仁义

此墓在槟城苔都兰章辜氏家墓，参黄存燊《华人甲必丹》插图第二。

1826年　道光六年丙戌　李士坚配享青云亭木牌记

盖闻尊祖敬宗，原属孙子之分，创业垂统，贵为远大之图。惟我考妣谥士坚，经营栉沐，振作家声，贻谋燕翼，灿乎昭垂；则罔极深恩，生前既无涓埃之报，而明禋巨典，身后或少追远之诚。致使岁时伏腊之祭，间或有缺。微特子职多亏，抑且人伦有变，千载之下，犹留余憾焉。第思华夷远隔，往来莫续。虽有志也而未逮焉。兹立蔡文清宫，承内室邱宁娘，前年嘱托父母之禋祀，怀报追远之竦。迩者爰请年长眷戚，公议遵循旧典，原有配享之事，议将考妣神位，配入青云亭内，与曾六官同龛祭祀，拨出厝壹座，并公班衙厝字一纸，交值年炉主充公为业。住址和兰街，将逐年所收厝税，抽出呷钱□□文，以供壹年祭费，所剩若干，交逐年炉主收存，以为修举之资。上承下接，相延罔替，则东隅已逝，桑榆非晚。庶几亲心可亦慰于九京，而子职可少补于万一。是为序。

道光丙戌年五月初一日　　吉置

按丙戌为道光六年，文志季士坚考妣配享青云亭，与曾其禄同龛祭祀，盖士坚之子所立，原物为木牌。

1830年　道光十年庚寅　薛文舟立恒山亭碑

夫叻州者，包络山川，控引武垒，商贾于兹，千仓万箱，是皆地之钟灵，水之毓秀者也。爰有人众之盛如此，然而托足异国，昔人所悲，犹未旋返，莫可以期，存则荣归，没则旅瘗。眼见恒山之左，叠叠佳城，垒垒丘墟。或家乡远阻，吊祭不至；或单形只影，精魄何依，饮露餐风，诚无已时。每值禁烟令节，一滴之到，夫谁与主？令人不胜感慨系之矣。是以会诸同人，效文正公之妙举，建亭于恒山之麓，以备逐年祭祀，少表寸诚。今将芳名共列于左，以垂不朽，为之序云尔。

	陈送观		张续观
	高福元		王猜老
大董事	薛佛记	总理	高修词
	瑞茂号		周正春
	振源号		陈篆观

薛佛记共捐金七百六十四元二角正　陈送观捐金五百二十元

蔡沧郎捐金四百大元	高福源捐金三百大元	龚光傅捐金二百大元
陈有郎捐金二百大元	林涩观捐金一百六十元	曾青山捐金一百二十六元
杨佛应捐金一百二十元	陈果能捐金一百二十元	蔡延龄捐金一百二十元
林秉麟捐金一百大元	杨金水捐金一百大元	徐钦源捐金一百大元
陈卓生捐金八十大元	王精老捐金八十大元	张续观捐金八十大元
周正春捐金八十大元	陈篆麟捐金八十大元	杨清海捐金八十大元
刘沛良捐金八十大元	叶抵观捐金六十大元	薛文仲捐金六十大元
陈文源捐金四十大元	杨铁观捐金四十大元	胡魁元捐金四十大元
高梓是捐金三十大元	李映观捐金三十大元	陈三柔捐金三十大元
林在观捐金三十大元	梁壬癸捐金三十大元	王瑱观捐金三十大元
高修词捐金二十四元	许芳隆捐金二十四元	高福章捐金二十四元
周智观捐金二十四元	郑荣华捐金二十四元	薛荣山捐金二十四元
汤赫观捐金二十四元	陈应策捐金二十四元	曾位珍捐金二十四元
郑登州捐金二十四元	黄竟成捐金二十四元	陈周南捐金二十元二木
陈合意捐金二十大元	邱瑞鹏捐金二十大元	周梅观捐金二十大元

林叶华捐金二十大元	陈振记捐金二十大元	王伯梅捐金二十大元
黄乙观捐金二十大元	翁如水捐金二十大元	陈振旭捐金二十五元
蔡其卿捐金一十五元	蔡相甫捐金一十五元	曾福星捐金一十五元
何文信捐金一十五元	刘沛静捐金一十五元	蔡沧明捐金一十二元
陈国朝捐金一十二元	曾安成捐金一十二元	余贺生捐金一十二元
林光宿捐金一十二元	谢宝泉捐金一十二元	何栋梁捐金一十二元
黄朱薇捐金一十二元	陈天泉捐金一十二元	曾梅生捐金一十二元
蔡禾观捐金一十二元	高银河捐金一十二元	魏三杰捐金一十二元
龚盾观捐金一十二元	郑元生捐金一十二元	庄永观捐金一十二元
陈知生捐金一十二元	曾利泗捐金一十二元	谢宝荣捐金一十二元
陈武略捐金一十二元	陈振观捐金一十二元	王傅观捐金一十二元
梁天成捐金一十二元	谢玉田捐金一十二元	曾佳生捐金一十二元
周陶观捐金一十二元	蔡沧山捐金一十二元	何达知捐金一十二元
沈允观捐金一十二元	林沛传捐金一十二元	戴玄黄捐金一十二元
周定国捐金一十二元	蔡边珠捐金一十二元	陈活泼捐金一十二元
杨马观捐金一十二元	黄光渊捐金一十二元	徐天来捐金一十二元
陈阳观捐金一十二元	郭梓华捐金一十二元	杨西观捐金一十二元
陈天成捐金一十二元	黄奏凯捐金一十二元	邱长观捐金灰计二车

时道光十年岁次庚寅蒲月　　　　日薛文舟勒石

恒山亭在新加坡石叻路，此为新加坡现存最早之碑记。额题“恒山亭”三字。捐款人物共108位，若蔡沧郎、沧明、沧山，皆蔡士章之子。薛文仲则佛记之弟也。大董事薛佛记原籍闽漳州东山，继蔡美吉为青云亭主，事迹详见《东山薛氏家谱》（钞本）。上碑捐款人物，若干可于天福宫、崇文阁、萃英书院碑见之，大都福建帮人士，如总理张续观，亦见道光三十年天福宫碑。

1831年　道光十一年辛卯　三宝山墓地捐金木牌

牌序

大凡天地之生物不测，夫山之生于天地，亦犹草木之生于山焉。然天地既有盈虚，草木岂无培覆？故昔圣王体天行道，随山刊木，平水土也；火烈山泽，除禽兽也。即如今兹兰城，荒芜山冢，草木畅茂，鸟兽繁兴。不有削伐之功，未免率兽而食人者也。爰集众士，各出缘资，非为沽名而计，正为仓（苍）生除害者此也。

次名开列于下

梁美吉官四十盾	高福源官三十盾	薛佛记官三十盾
蔡延龄舍二十三盾	曾青山官十五盾	杨　旦官十五盾
许荣科官十一盾	陈天福官一十盾	陈振德官一十盾
蔡顺和官一十盾	王　猜　官二十盾	陈果生官一十盾
徐　朝　官九　盾	曾佛霖官八　盾	余朝洗官八　盾
陈长源官八　盾	王　升　官八　盾	黄障元官七　盾
陈　忠　官六　盾	李赞美官六　盾	陈　策　官六　盾
叶　底　官五　盾	李珍元官五　盾	邱　降　官五　盾
王双梅官五　盾	王谦益官五　盾	陈　盆　官五　盾
蔡有力官五　盾	黄光恺官五　盾	洪俊成官五　盾
陈江海官五　盾	许祈佛官五　盾	吴屿山官五　盾
钟　贤　官五　盾	郑荣华官五　盾	曾安然官四盾八方
陈宜南官四　盾	周源流官四　盾	邱　株　官三　盾
陈坤水官三　盾	梁赞元官三　盾	陈国朝官三　盾
林深英官三　盾	何栋梁官三　盾	邱肯荣官三　盾
杨青山官三　盾	颜元珍官三　盾	李建安官二盾十方
黄齐山官二　盾	郑　升　官二　盾	林光报官二　盾
邱　田　官五　盾	陈文贤官二　盾	陈三录官二　盾
林仕智官二　盾	吴江汉官盾半	

一开三宝山去工钱三百三十盾

计五十六条总收来捐钱四〇八盾四方　一开山仔后去工钱七十盾

一开做牌去工钱一盾半

道光十一年岁次辛卯菊月既望二日吉置。

按上列二牌记捐款人有观、老、舍等称谓，为闽人习惯，参道光《厦门府志》卷十五“俗尚”。此牌人名与嘉庆六年青云亭碑及恒山亭碑人名不少相同。洪俊成为建崇文阁副董事，其名见于此。又持较《庆德会石碑》三十六人名，相同者计有蔡延龄、梁赞元、郑荣华、杨青山、钟贤（元）、颜元珍、洪俊成、李建安等。此三宝山在马六甲，可知新加坡开埠之顷，福帮商界人士多来自马六甲，恒山亭捐金者亦复如是。与道光三十年《天福宫碑记》人名尤多相同。

1836年　道光十六年丙申　潮州义冢公司墓碑

碑在马六甲潮上义冢山上，文云："潮州义冢公司之墓，道光丙申十六年仲春月吉立，众姓等同立石。"按马六甲潮州会馆史略云，清朝中叶，潮人谋生于此者更多，乃组织同乡团体。定名为潮州之公司，会址即今鸡场街一百一十四号。惟碑石可查者为清道光二年，已有潮州公司之存在。嗣有陈罗合君捐地，至光绪八年（公元1822）乃建馆宇，定名韩江会馆。所谓道光二年碑，未见踪迹。会馆尚存二碑，叠置于石匠工场，无法掀开，据称上镌捐款人名。

同年，恒山亭立"重议规约五条木牌"，末题，由"董事总理会工炉主头家及漳泉诸商人等公白"。牌现移存南安会馆。

1839年　道光十九年己亥　金兰庙醵资碑

庙在新加坡那施士街，题云"道光十九年岁次己亥荔月初一日吉旦"。额曰"金兰庙"三字，下列捐款人名，共七十四人。首二人"陈治生观喜捐大银三百六十元"，"杨清海观喜捐地壹座"等，余从略。此碑左端镌"道光十年"字样，庙内有道光十年匾，似碑原立于道光十年，此为覆刻。杨清海名亦见于恒山亭碑，仅捐八十元，于此则捐二百二十元。人名多用哥、合字样，与恒山亭碑之称观、三宝山碑之称官截然不同，知捐款者必多为秘密会社之人物。

1843年　道光二十三年癸卯　兴隆邱公木碑记

公，邱府之苗裔也，讳兴隆，世居榕城新安。少倜傥有远志，贾于呷国，遂族焉。以为源远流长之计，讵意偕妻王氏讳三娘弃世，不得兰孙桂子。绵绵葛垂，森森竹立，竟成伯道之痛，伤如之何。幸有生下三女，长曰莺娘，次曰凤娘，三曰养娘，即余之母亲也。余虽属外孙，宁不目击心悲？欲从祖袝食，议非其伦，欲等祝以孝告，后恐难继。第为此事，寸衷耿耿，莫可明言。爰请呷中列位诸耆老，仝同公议配享之事，蒙其许诺，而外祖考妣之神，有所凭依，实余之厚幸也。今将外祖二位神主配入青云亭内，与曾讳六官同龛。即备出呷钱一千文银盾，充公为业，以便上下相承，代为生息，聊备四时祭祀之需。庶乎笾豆铏羹，世世得充其实，禴祀蒸尝，时时勿替其典。因为之序，勒牌以冀崇祀，永垂不朽云尔。

道光廿三年岁次癸卯端月十三日漳郡浦邑东山营社　　　薛佛记谨立

佛记之母即邱兴隆之第三女，彼系其外孙，故为配享于青云亭内，与曾其禄同龛。

1844年　道光二十四年　重建应和馆碑

旧闻君子将□宫室，宗庙为先，远适异国，馆舍为重。兹我梅州为邑，设立馆于嘈地。屋建三重，既美神安得所……于当日，谋胜于在斯。道光三年经营创造，年来年去，物换星移。今者我同人义倾山海，气协芝兰，睹远基之有感，发善念而无私。谓之安兹芜旅□□再接其鸿规，扣臂……呼，劝……捐金五邑，卜筑三时。在昔择吉兴工，重建经始；而今收工告竣，落成克终。仰圣殿之辉煌，共奉一龛香火；抚旅邸之宽广，咸叨十笏容居……往……长居夏屋；抑或单寒困苦；得上春台。以利济为心，不必计功计德，而捐题不等，自当列姓列名。

捐题芳名开列于后

总理　刘德馨　叶春辉　朱盘谷

经理　李友清　刘富馨　杨义盛　钟七合　（下略）

道光二十四年甲辰岁孟冬月吉旦重建立石

客属在马来亚创设会馆，以槟城为最早。现存1955年“槟城屿嘉应会馆”重建落成纪念碑云：“考本馆成立于公元1801年（嘉庆六年），往昔名称不一。曰嘉应馆，曰仁和公司等，数名并用。……1938年11月兴工，至1941年7月，全部落成。”是其草创会馆，在槟屿开埠后之第十五年，比应和会馆为先。是碑文近骈体，曾细心校录；惜残泐过甚，不可卒读。

应和会馆为嘉应州五属（梅县、蕉岭、五华、兴宁、平远）同乡会所，位于新加坡直落亚逸街九十八号。门额榜“应和馆”三字，创于道光三年（公元 1823），实为星洲最早之会馆。奉祀关帝。（有道光辛丑罗德文敬奉联云：“兄玄德弟翼德，德兄德弟。师卧龙友子龙，龙师龙友。”）道光二十四年刘德馨叶春辉等重修，此碑即记此事。（详《新加坡应和会馆史略》，《南洋客属总会第三十五六周年纪念刊》）

1845 年　道光二十五年乙巳　修青云亭碑

敬修青云亭序

窃惟鸿基垂世，先哲之弘谟堪称；纬业咸新，后生之素抱有在。粤稽我亭，自明季间，郑李二公南行，悬车于斯，德尊望重，为世所钦，上人推为民牧。于龙飞癸丑岁，始建此亭，香花顶盛，冠于别州。民丰物阜，共仰神灵之所庇，猗欤休哉！皆赖先代之善作者也。厥后曾、陈诸公，相踵莅任，仁义居心，化行俗美，芳声丕著，政绩可嘉。兼不惮劳，捐金鸠工，营盖兰若，尊崇佛国，此诚美举，效之固宜。第人以代迁，物于日敝，青云景色，只见榛棘含烟；禅舍僧堂，惟有鼯鼠栖栋而已。幸有甲必丹大蔡君，卓尔迈众，继秉呷政，广发善心，不惜重赀，义举首倡，爰督海关诸同人，重兴斯亭。于嘉庆辛酉岁，告厥成功，美轮美奂，令人敬仰。计今道光廿五年，将有四十余载矣，历多年所，瓦木废颓。舟既推为主治，往来于斯，巡檐趋阶，睹此香界，几化荒庭，触目关心，不能忘怀，舍我谁咎！感佛光之普照攸远，念先贤之创造维艰，一旦任其自倾，深负前哲之功，欲行捐题，殊费周章。舟不忍坐视，愿为仔肩之任，鸠匠仍贯，虽无画栋雕甍之巨观，却免栋折榱崩之贻患，不特舟一人实受其福，定见阖呷降福孔多于无疆耳，特此敬序。

圭海陈俊卿撰文

道光廿五岁乙巳季冬吉旦，漳郡浦邑亭主薛文舟谨志。

按碑言“郑李二公南行”，于“龙飞癸丑岁，始建此亭”，其事在曾其禄之前，则此癸丑当为康熙十二年（公元 1673）。同治六年（公元 1867）重修青云亭碑记谓“青云亭之建，积于今二百有余岁”。自 1673 年 1867，恰为二百年左右。

1846年　道光二十六年丙午　青云亭奉李为经禄位碑

古之所谓豪杰之士者，必有过人之节？方其少也，既有超世之高才，及其壮也，又有避世之远见，展如之人兮，拜之彦也。粤稽李公讳为经，别号君常，银同之鹭江人也。因明季国祚沧桑，遂航海而南，悬车于兰城间，尝有族焉，然不自知其容貌端严温良俭让，言可为表行可为坊，阖呷之人，咸钦其雅度，堪继郑公之任而主持风化者也。自郑公天禄永终，上人推为民牧，别无可旁贷，道德齐礼，慈祥恺恻，宏功既创造于前，伟业自垂统于后，故行商坐贾，共荣升平之庆，民胞物与，咸仰雍和之风，猗欤休哉！皆赖李公之承宣布化者也。所谓不竞不绒，不刚不柔，敷政优优，百禄是遒，殆可为斯人咏欤。噫！公有是德，宜有是福，则当箕裘罔坠，兰桂联芳，此天之所占善者然也。孰意承祧延继，绳绳渐征，春露秋霜，左昭右穆，其谁与归？千载下公有余憾焉。舟偶任亭主，概闻政绩，深慕高风，幸得寿图于邂逅，宛见仪型之在目，第考其富有日新，迄今未泯，诚令人感慨系之矣。佥向其盛族佥议，已皆欣然，奉公之禄位，配入青云亭内，与列位先甲同龛。舟愿备元黄二百大元，充公为业，上承下接，代为生息，聊备禴祠蒸尝之需，庶乎勿替长引，乃为之序云尔。

道光二十六年岁丙午葭月谷旦

漳郡浦邑亭主薛文舟谨志

圭海陈俊卿拜撰

同年　立郑芳扬禄位碑

舟于丙午冬，谨诹良辰，奉请

李公禄位，配享　　　青云亭内。

郑公讳芳扬，乃先代之英贤，实传世之豪俊也。故能开基呷国，始莅兰城，善政早播于闾阎，芳名久载于史册，斯诚亘古之高风，足慰当今之雅望，则公之禄位，入于祀典，宜矣。惜乎祭业无征，虽有禘尝之义，岂足令公快于九泉乎？然舟既任亭主，睹此哲人已往，典型犹在，于心有戚戚焉。爰是因此达彼，再备白金二百大元，充为公业，上承下接，代为生息，以示春秋匪解，享祀不忒，永垂不朽云尔。

道光丙午岁季冬吉旦

亭主薛文舟甫谨志

同年　恒山亭布告碑

（恒山亭）布告

为重开新冢具白布告事：窃谓冢山之建，盖系仁人恻隐之心，欲俾死者所赖以安也。今观夫恒山旧冢，因山地狭隘，历年久远，是故坟堆累匕，叠成鱼鳞，东西界限之内，别无罅隙可寻。仁人君子，一经触目，宁不中心忉怛哉！爰是公议，再建一山，地名柑仔园。涓此十月十二日吉辰，预备牲牷，祷告山灵，厥后凡系福建人，倘有不测，可从此而葬焉。务依旧冢条例，仍向恒山亭炉主给字，然后举行。兹已各事完竣，合应具白布告。

本亭公议：凡有葬新冢山者，定限每穴二丈二尺四方为准，不得多占公司之地。又白。

道光二十六年葭月十二日立

董事人漳郡浦邑薛佛记谨立

同年　薛文舟纪梦碑（青云亭）（见图四）

舟因昼梦，而序其略。

予方昼而寝，梦见一儒雅之士，玄冠缟衣，轻文尚质，恂恂朴实，威仪堪仰，昂然直入，向予而叹曰：嗟呼！世风之不古也，子其知之乎？予应之曰：未也。今将语汝。夫郑李二公之初莅呷政也，化行俗美，家室和平，讴歌弗厌，讼狱无闻，实前辈所不能语，后进靡得而言。故其丰功盛烈，足以垂休光、照后世者，莫不由此始矣。弟年历悠远，踵想之人，其绩屡迁，遂至泯灭，耿介之意莫伸，抑郁之怀靡愬，斯亦九原之遗憾者也。幸子之任于斯，则有慈祥恺恻，欲稽古而记今，以成一世之美，故郑李二公，政绩丕显，是皆子之力也。虽冥冥之中，亦有少补焉，子其勉之。予恍然问其姓，则曰李，问其名，则俛而不答，飘然顾笑。将束整衣冠，若虚左以待，渺无踪迹。予亦惊悟，但见斜红将坠，凭几而坐，遂有深思远虑，彷佛予怀，未易形言，殊有结绳系之矣。忽焉，予姻翁李义育官，偶刊（到）门庭，陈乃李为经公令嗣二舍讳芳号

图四　薛文舟纪梦碑

仲坚之事，若符所梦。噫！予知之，盖为郑李二公之祀典有征，而仲坚公之神碑，独点点不语，故托予梦而将为之安乎？予抚膺自问，诚哉英伟人也。询其来由，亦职授甲必丹。然宏懿明敏，世载其英，故得任理呷政，循声远播，为国所器，舟亦概闻其作述咸者，缵绪并驱，盖亦寥寥罕睹矣。故修德行仁之事既设，温恭允塞之道尤备，所以德隆业广，令人揄扬不置，岂虚语哉？而今而后，乃知公桥梓，明德惟馨，咸在于此。应其神位，再入祀典，同为经公配享，使神各有所凭依，庶乎典祀无荒于昵，是或一道也。舟是以再备一百大元，充为公业，仍依前规，上下相承，如贯珠可也，因梦并记云尔。

漳郡蒲邑亭主薛文舟再志

澄邑　　陈廷选敬撰

道光廿六年岁丙午腊月　　　　吉旦

此记薛文舟为李为经次子李仲坚安禄位以配享事。

1847年　道光二十七年丁未　峨嶆大伯公庙碑

峨嶆大伯公，显赫灵感，护国庇民，神恩浩荡，黎庶沾泽。原自昔年，有福德堂古庙，历年以久，栋宇倾颓，墙壁毁坏，故诸善男信士，同心义唱，捐金鸠集，择地起盖，梁栋焕新，以壮雅观，经已告竣。合

应芳名勒石，永垂不朽于万世矣。

大董事总理王闽律观　　协理陈驱观

蔡九观、陈坤水观捐银二十大元　　谁立号捐银十五大元又庙地一所

王闽律观捐银十八大元　　大埔余荫师捐银十五大元

曾举荐捐银一十大元　　章潮观捐银五大元

洪振盛号捐银一十大元　　胡生记捐银五大元

王大讲捐银五大元　　吗啯金长发鸻捐银五大元

林成家观捐银五大元　　南旺陈德祥观捐银五大元

李珍元观捐银五大元　　李建安观捐银五大元

道光二七年丁未岁桂月董事等公立

按庙内又有民国九年、民国十七年梧槽宫重修碑记二石，兹不录。捐款人陈坤水、李珍元、李建安观，俱见道光十一年马六甲三宝山木牌，章潮疑是章芳琳之父章三潮，漳州长泰人。

1848年　道光二十八年戊申　青云亭主梁美吉碑

言水者必探沧海，言山者必陟岱宗，言人者必究动绩。粤稽开基亭主梁公讳美吉，生而岐嶷，素抱大志，殖货财而追猗顿，数分金以效叔牙。拯弱扶孱，令闻久钦于昔日；排难解纷，仗义夙称乎当时。是以伟望孔彰，嘉猷丕著，童叟怀其豪侠，士商服其才干，咸以亭主推之。而公犹卑以自牧，无如众议已定，因是而受其任也。且自下车以来，革奸除弊，劝善戒恶，俗有仁让之风，世无夸诈之习。虽有一二狡猾不法之辈，亦自敛其迹而不敢肆其为，岂非公之盛德以化之乎？然不但此也，更有累次动猷之可考者，犹在吾人耳目所共见。青云亭原为吾侪保障之灵刹，墙围有度，历年久远，突闻上令欲毁垣广道，而公力能挽回其议；三宝山亦是华人瘗玉之古冢，原隰得宜，抔土连络，忽见隶后曾掘土伤坟，而公躬亲遏止其锋。夫若是，较古人之作风，其功不更伟哉？至其修葺宝山亭，与夫捐题不吝者，则又公所乐为矣。碑文之作，恶可已也？俾后之览者，知名识氏，亦将有感于斯文。是为序。

姻眷弟黄位卿拜撰

大清道光岁次戊申年仲秋月谷旦
福建会馆徐炎泉同耆老等谨立

同年　重建宁阳会馆石碑

宁阳阖邑庶姓，来集于新州者，实繁有徒，或为工匠，或为商贾，亦各安分呈能，有干有年于兹土矣。但思远适异乡，散不合之而聚，疏不联之使亲，得毋离志解体，休切不相关乎。赖我圣朝天子，泽普祥和之化，仁义经济，布教于天下。窃以谓人众固贵齐于一心，而能一之具尤捷见于公馆。夫是馆也，岂曰小须哉？乃借前谟之烈，肇启其宇，第岁月既深，渐就倾圮，是以阖邑同心酌议，乐开劝捐之规，重建宁阳会馆。增图式新，依址仍旧，精工几列，规制咸宜，道光戊申岁冬十一月而馆告成。适以时和会，群分者于斯，类聚者亦于斯，敬建神灵而奉祀之，以介眉寿，以迓鸿庥。正堂广大高明，武帝诸神坐焉，附祠清静幽闲，先主位焉。盖以上答神恩，下以妥先灵者，须在是矣。至于祭毕而宴，毋分族姓之强弱，毋论人数之多寡，相视当如一家，四海之内皆兄弟，况生同厥邑者乎？间有情事不均，众从公馆理处，以正纲常，以息怨怒。由是在家者可以安心而无忧，羁栖者亦听得所而无患，而可久可大之规模，由此基矣。是为序，甲辰恩科举人余廷润拜题。

大	总理	温道柏	（捐款名从略）
副		梁德环	

道光二十八年岁次戊申仲冬谷旦立。

曹亚志草创是馆时，称“宁阳公会”，继号宁阳馆。此碑现存新加坡博物院，文中称新加坡为“新州”。

1849 年　道光二十九年己酉　吉礁港口王辜君碑

道光二十九年岁次己酉阳月吉
峰　　特　　港
显考　　吉礁口谥勤辜府君之墓

山	授	王							
孝男	登科 夏连 登春 登元	女	良英 玉英 金凤	男孙	上士 上达 上□	女孙	百碧 百宁		

按辜国材为礼欢长男，1821年至1841年吉打受暹罗保护时，国材被任吉打港口府尹，故有“吉礁港口王”之称。

1850年　道光三十年庚戌　吉打广东列位义冢总坟墓碑

《吉打广东暨汀州会馆史略》云：“1850年（即道光三十年），留居北吉打之广东同乡，发起创立‘广东大公司’及‘武帝庙’。开辟义山，名曰广东列位义冢总坟墓，石碑尚存。”（《雪兰峨广东会馆纪念刊》，1960）

同年　望噶叻王莅星碑

今春，望噶叻大王驾临斯土，仁义兼施，德化丕著，万民欢庆，市井讴歌。壮山川之秀色，开天地之和风，洵千载之嘉会，际太平之景运者也。而惠吾唐人，德泽尤觉有加。惟兹大驾回旌之余，民生受赐之多，悦服之诚，感念无已。爰集坡中各色人众，共建斯塔，齐颂恩德，昭其不忘。其足以勒金石、播诗歌，以耀后世而垂无穷者，良由上有善政也云尔。

道光三十年岁次庚戌端月

暎吉黎一千八百五十年卑不哇里月。

新加坡众唐民敬识

碑在新加坡 Anderson 桥北边石塔，分四面分镌英巫华印四种文字，此为华文，在塔之西面卵形框内，文已载入《星洲十年》。望噶叻即印度 Bengel，明史译作榜葛剌。卑不哇里月，即 February 也。

同年　建立天福宫碑记

新加坡天福宫，崇祀圣母神像，我唐人所共建也。自嘉庆二十三年，英吏斯临，新辟是地，相其山川，度其形势，谓可为商贾聚集之区，剪荆除棘，开通道涂，疏达港汉，于是舟樯云集，梯航毕臻，贸迁化居，日新月盛，数年之间，遂成一大都会。我唐人由内地帆海而来，经商兹土，惟赖圣母慈航，利涉大川，得以安居乐业，物阜民康，皆神庥之保护也。我唐人食德思报，公议于新加坡以南直隶亚翼之地，创建天福宫，背戌面辰，为崇祀

圣母庙宇。遂佥举总理董事劝捐，随缘乐助，集腋成裘，共襄盛事，卜日兴筑，鸠工庀材，于道光二十年告成，宫殿巍峨，蔚为壮观。即以中殿祀圣母神像，特表尊崇，于殿之东堂，祀关圣帝君，于殿之西堂，祀保生大帝，复于殿之后寝堂，祀观音大士，为我唐人会馆议事之所。规模宏敞，栋宇聿新，神人以和，众庶悦豫。颜其宫曰天福者，盖谓

神灵默佑，如天之福也。共庆落成，爰勒贞石，志其创始之由，并将捐题姓氏，列于碑阴，以垂永久，俾后之好义者，得所考稽，以广其祀于无穷焉，是为记。

	陈笃生		梁赞元	蔡光禾	陈坤水
大董事	龚光传	大总理	苏源泉	曾青山	陈楚观
	薛佛记		周柏梅	周陶观	谢宝荣

（以下人名款项二十五行从略）

时道光三十岁次庚戌年荔月

吉日大董事总理等同立石

庙在新加坡直落亚逸街。大董事龚光传名亦见恒山亭碑，捐二百元，仅次于大董事之高福源。大总理如曾青山、梁赞元、陈坤水等并见于道光十一年三宝山木牌，其余人名同于恒山亭者尤夥。

同年　建立天福宫碑记

大信士陈金钟，于庚戌年造地岸，并修理宫埕，捐添缘金一千七百十九元乙角乙占（下略）三大条共银三万七千一百八十九角八占半，计七十条合共开出大银三万七千（下略）

时道光三十庚戌年荔月日大董事总理再立石。

陈金钟即陈笃生之子，笃生于是年任建天福宫首名大董事，是捐金三千为最巨之额。是时捐款者以船号为多，可考见当日之船名。

1851 年　咸丰元年辛亥　槟城龙山堂碑

外国与中华殊俗，所谓槟榔屿，则尤远隔重洋，风教迥别；闻客兹土者，典礼缛节，恪守诸夏常仪，亦可见来此之多君子，故能随处振励，以不失文采风流也。然羁旅之乡，创造尚阙，遇有盛典胜会，必先期择地而后行礼，扫除劳瘁，冗杂非宜，有心者欲建一所，仿内地会馆之制，阅历多年，未得其便。去秋，邱氏族来自海澄新江者，相准其地买得之。是地本英商某肇创基域，外环沧海，面对崇山，栋宇宏敞，规模壮大，因而开拓修葺，高下合制，爰改造而更张之。门高庭辟，植桂种树，遂蔚然成荫而茂盛，颜其额曰龙山堂。凡族之神福赛会，以及新婚诸事，概于是堂以序长幼、敦敬让、修和睦，盖是堂之关于风化匪少也。

龙山堂邱氏，祖原出于泉郡龙山。曾氏诸载家乘取以名堂，不忘本也。且别有曾氏者，其出龙山匪龙山堂海澄新江之邱者，虽不借其出输赀而岁时祭享，有事于堂醵饮者，为亲亲谊也。堂之中，奉大使爷香火，盖新江本有祀，而客地亦多被神庥，所以出资成堂者，新江原蓄有本社众公业，因而谋之不别捐题也。成其事者固非一人，而阖族鸠集，用昌于异国，爰为之记。后之人，可以知此堂为新江邱氏之堂，是为记。

大清咸丰元年岁次辛亥阳月谷旦。

	华栋 石泉		心菊			
	埈文 江水		柳幼		光绪壬寅重新，	
家长	埈对 台品	董事	埈文	同立	生员邱曾铭书。	
	埈乞 四方		天德			
	心美 肇邦					

碑在槟城丘氏龙山堂。碑额题“龙山堂”。侧有联语云“龙学恩湛雨渥，山仰德荫云礽”。

同年 录野亭总坟碑

墓碑题云：“显考仁义大兄讳领子世贤谥云佳陈公之墓，辛亥季冬吉日阳居众兄弟立。”（见梁元浼南顺公馆史略）碑在新加坡。

1852 年 咸丰二年壬子 青云亭许永占立碑

（一）

窃思求而必应，神之灵也，沐而必报，人之心也。今青云亭大众爷，固我唐人阴灵之所聚也。中间英雄俊杰之魄，聪明知略之魂，累累叠叠，赫赫明明；而其威灵响应，笔难赘举，阖甲蒙恩，通埠赖庇，故往来之祈祷无穷，春秋之享祀不忒。占商斯土，屡沐恩风，时沾化雨，但无以记之。不见神迹灵显，不有以彰之。切占初承锡商，往祷佛祖，联游坛前，见香灯寂寥，触目有感。遂议同人乐从，许以荫份。厥后果获奇利，此皆神力默佑焉。兹值锡佀更易会算。计得利银五百大元。即交亭主收管生息，以为供奉香灯，永垂久远之需。愿后之人，守而勿替。庶神只之威灵永著，而吾等亦得少以伸其报答之志，是为序。

咸丰二年岁次壬子孟夏吉旦信商许永占敬立

（二）

窃思锡祥降福，群载英灵之恩，崇德报功，用著明禋之典，既沐庥于昔日，宜报德于今朝。恭惟佛祖，宝筏宏施，商贾咸沾化日，慈帆广布，士女共沐光天。前因弟子许永占初承锡商，经在案前许下荫分，议知同人，俱皆忻从。数年前获得美利，实赖灵庇，际兹锡佀更易，爰集同人会计，自丙午年至壬子春，合得利大银一千六百元，即将此银建置厝屋，交亭主逐年收税，以为佛前香灯之需，愿后之司事，恪守而勿替，则佛祖之威灵永著，而占等亦得无愧于厥衷云尔。

计计

一置鸠场街厝一间银四百九十大元

一置宝锡街厝一间银四百九十大元

一置武望篮厝五间银五百十大元

一置厝扣外尚伸银一百十大元

即日将厝字共参纸并银交亭主收管一百一十元交过

咸丰二年岁次壬子孟夏吉旦　　　　沐恩弟子许永占敬立

按上二碑有误刻。前碑误“窃”为“切”，后碑“恪守”误作“恰”。录此以见经营锡业在马来亚之重要性。

1854 年　咸丰四年　西滨禅师墓石

开元顺寂沙弥西滨禅师，咸丰四年七月立

《槟城散记》云：“道光年间，有和尚法名西滨禅师，曾留海珠屿大伯公庙，祀奉大伯公。咸丰初圆寂，附葬大伯公坟下。”

1856 年　咸丰六年　槟城福建义冢碑记

自谢惠连有祭古之作，王阳明有瘗旅之文，仁人用心，昭然若揭矣。而槟榔屿旧有义冢，鱼鳞叠叠，几无隙地，后之死者，将何以埋骨哉？爰集诸同志，勉力劝捐，共成义举。遂别创一义冢，而设墓亭焉，俾死者无暴露之虞，岂不懿甚？谨将助缘姓名，开列于后，以勒贞珉，垂不朽云。

咸丰六年岁次丙辰桂月吉旦

此为槟城福建第一公冢。其后又有清翰林院庶吉士张藻翔于光绪十八年重修撰波池滑公冢序，及光绪庚寅年解元南安县郑怀陔撰序。又有诗二首云：

“青青原上冢，有客吊遗坟。回首斜阳里，高峰起暮云。”“浮生如大梦，来去证前因。多少英雄事，谁能脱此津。”辛卯年廖廷璋题。又有“公议条规”碑石，立于光绪庚寅年。

1860 年　咸丰十年庚申　槟城广东暨汀洲众信士新建槟屿福德祠并义冢凉亭碑记

义冢之设，所以联类聚之众心，妥羁旅之孤骸，生顺死安，谊美恩明，□典□也。我粤东暨汀洲人，自国朝乾隆末间，游新埠者，陆续辐辏，营生理者，渐次豫大，因筹义冢，卜吉于升旗山之左。自西南耸起，绵亘数十里，走至东北隅，迤逦下垂，著倒地木形，两株叠接，虽肩膀护峰不起，而珠海前潮，于斯为聚，遂以始葬，名大伯公坟。崇其窀穸，广其坛壝，为之宗主。后来挨次附葬，初在上株，今葬于下，弥觉藏风聚气，此同以人之和，得地之胜矣。惟祭扫人众斯叙，饮筵多旧，亭虽广犹未能容。

咸丰庚申，倡捐再建，上下略相连，更于其间立一大伯公庙，历壬戌岁告成，设司祝，奉明禋，俾看守山坟有专任，意至深且远也。而从此肆筵设几，酣饮合欢，绰有余地，易此谓可以酬酢，可以佑神者，此物此志也。爰立祭扫定期，以敦和睦。每逢清明之日，则义兴馆，前期一日或二日，则海山馆，前期三日或四日，则宁阳馆。凡各府州县及各族姓，随便订期，同祭分祭，总不离清明前十日之后十日者。是展同心之欢娱，慰旅魂之零落，纵彼不得归葬故乡，当亦无憾于异地，于野之庆何如也。且尤有可喜者，居蛮地而举乡风，声名文物，不随俗变。当其祭扫出行，远十有余里，而仪仗灿著，陈设炜煌，钟鼓喧天，衣冠耀日，较省垣摆游，有过之无不及者，不独乐奏八音，礼行三献，情至而文生已也。繁华观美，中有太和洋溢之概，盖地虽夷也而亦华，人虽涣也而亦萃。睹是举也，类皆仁人君子之用心，其芳名允垂不朽，而兴发更未可量矣。仆适于是年两游斯埠，备知始末，爰详叙之以弁其首焉。

宁邑庠生梅明两敬撰

总理	林启发 黄进德 梅远湛 黄百龄	劝捐人	孙广林 梅耀广 阮仁备 吴百福（下略）

大清咸丰十年岁次庚申十三月吉日

1861年 咸丰十一年辛酉 萃英书院碑文

我国家治隆于古，以教化为先，设为庠序，其由来久矣。然地有宽严之异，才有上下之殊，立教虽属无方，而讲学尤宜得所，信乎士林之攸归，在乎黉宇之轮奂也。新加坡自开创以来，土俗民风，虽英酋之管辖，而懋迁有无，实唐人之寄旅，迄于今越四十有余年矣。山川钟灵，文物华美，我闽省之人，生于斯，聚于斯，亦实繁有徒矣。苟不教之以学，则圣域贤关之正途，何由知所向往乎。于是陈君巨川，存兴贤劝学之盛心，捐金买地，愿充为党序之基，欲以造就诸俊秀，无论贫富家子弟，咸使之入学。故复举十二同人，共勷董建，且又继派诸君，以乐成其美。择日兴工，就地卜筑，中建一祠书院，崇祀

文昌帝君，紫阳夫子神位，东西前屋，建为院中公业，经于咸丰甲寅年，工成告竣。因颜其院曰萃英，盖萃者聚也，英者才也，谓乐得英才而教育之。每岁延师，设绛帐于左右，中堂讲授，植桃李于门墙。夫莫为之前，虽美弗彰，莫为之后，虽盛弗传。今者陈君巨川能首行义举，倡建学宫，不惜重金。买地为址，而十二君曾举荐、陈振生、杨佛生、林生财、许行云、陈俊睦、梁添发、薛荣樾、曾德璋、洪锦雀、陈明水、薛茂元，又能同心好善，鸠工经始，乐观厥成。且也都人士亦皆能接踵其美，输财以助讲贯之需，其好善之心，上行下效，若影之随行，如响之和答，诚有不期然而然者，岂非一举而三善备哉？他日斯文蔚起，人人知周孔之道，使荒陬遐域，化为礼仪之邦，是皆巨川君与十二君以及都人士之所贻也。后之问俗者，亦将有感于斯举之高风，故为之序；且复列买地筑舍以并捐金诸芳名于贞石，以共垂于不朽云耳。

咸丰十一年岁次辛酉荔月乙未谷旦。

又　萃英书院捐题石碑

陈君巨川捐献基地一所所值银一千七百一十元正

	陈振生	许行云	薛荣樾	陈明水	
董　事　十　二　君	曾举荐	林生财	陈俊睦	洪锦雀	同
	杨佛生	梁添发	曾德璋	薛茂元	

捐资建成书院
暨东西屋等费　银六千三百四十五元正

诸位捐题膏火公银芳名列左（中略）

咸丰十一年岁次辛酉荔月乙未谷旦

按巨川即陈金声。董事中之曾举荐，名见道光二十七年大伯公庙碑及道光二十七年大伯公碑。薛茂元即佛记之子，陈明水则金声之子，佛记之女婿也。

同年

芙蓉惠府甲必丹盛明利碑（按见《芙蓉史话》，《南洋文摘》第四卷第十期）。

1862 年　同治元年壬戌　重修广福宫碑记

槟屿之有广福宫者，固两省都人士所建，于以宁旅人而供香火也，其所由来旧矣。乃年代久远，日就倾颓，岁在辛酉，欲从而更新之，爰集家长宣众议。佥曰：有基勿坏，宜仍其旧；但榱桷之挠折废坏者，从而易之，砖瓦之漫漶不鲜者，因而辑之，毋侈前人，因废后观。众皆曰善。于是劝题议捐，因集腋以成裘，鸠工庀材，借和衷以济事，阅十二月而宫成。是役也，取材多，用物繁，使非都人士之捐金恐后，何以克倡美举，以共成厥功。因欲志其事于贞珉，以垂永久，遂属其序于予。予曰：指囷解囊，斯人之高谊也，增华踵事，家长之良图也，其阴为辅翼，使之踊跃捐输者，则列圣之声灵赫濯，有以诱其衷而观厥成也。是宫既成，商民乐业，居常则祈福延禧，共遂家庭之乐；有事则解纷排难，同消雀角之争；将见忠信笃敬，可行于蛮貊，睦姻任恤，旋睹于他邦，其所系者，又岂止宁旅人而供香火也。是为序。

嗱唧郡主 许泗漳捐银一千大元正（下略）

同知 胡宗哼　　三百大元（下略）

都司 黄进德　　一百五十元（下略）

国学 涂继昌　　一百二十元（下略）

贡元 黄百龄　　一百大元正（下略）

	杨一潜	梅远湛	冯登桂	林墀郡	
董事	黄道德	谢昭聆	梅耀广	陈玉貌	同立
	邱石泉	黄百龄	林启发	杜宏谟	

同治元年岁次壬戌腊月吉旦

1865年　同治四年乙丑　槟城　重修海珠屿大伯公宫碑记

“同治四年岁次乙丑冬月谷旦　总理冯登觉胡泰兴”等立。碑多脱落，不录。

1867年　同治六年丁卯　重修青云亭碑记

盖闻青云亭之建也，积于今二百有余岁，原其始，经营者有人，结构者有人，亦可谓同寅协泰，后先济美，肇启其宇矣。自是以来，轮奂聿新，神灵永妥，观音佛祖，列圣尊神，赫厥声而濯厥呷。俾我呷人，春秋享祀，朝夕祈求，农安陇亩，贾安市廛，千祥云集，百福骈臻，此青云亭之所由昉也。夫莫为之前，虽美弗彰，莫为之后，虽盛弗传。今斯亭也，历年多而为日久，风摇雨漂，势将使前人之所经营结构者，几欲中坠，苟非及早重修，何以免倾颓之患哉！第费用浩繁，其事虽修，而工则倍于作，作者难而修者尤难，从可知纂修之功，不在始作之下也。幸有陈君巨川，继为亭主，首董厥事。于是酌议通坡，再为润饰，爰佥举董事总理人等，自捐多金，以励众志，莫不齐坚奉佛之诚，并效敬神之笃，于壬戌年肆月兴工，至甲子年正月落成。椎轮为辂，集腋成裘；外而规模，较之前人为尤固，内而节目，合诸旧制益加详，向所谓倾颓之患，吾知免矣。且斯亭之建，固借乎人为，而亦有资于地势也，前有平原，后有大海，左挹曝希水，右延升旗山，有此胜地，自有灵神，将见云行雨施，渡苦海而沾甘霖，革故鼎新，蒙慈光而被圣德，孰不从此重修青云亭来哉？后列捐资诸芳名，以垂不朽。

大董事
徐炎泉捐金二千有大元
陈巨川捐金三千二百元
蔡延发捐金一千二百元
薛茂元捐金八百大元
曾佛霖捐金八百大元
许永占捐金一千二百元
薛文仲捐金八百大元
许升云捐金八百大元（下略）

时同治六年岁次丁卯季夏月谷旦吉立

是时陈金声为青云亭主，重行修葺，始于同治元年壬戌，至三年春落成。大董事蔡延发，疑与蔡沧浪子蔡延龄为兄弟行，薛茂元则佛记之子。徐炎泉见道光二八年为梁美吉立碑，时主福建会馆。

同年　又重修青云亭续上碑记（见图五，不录）

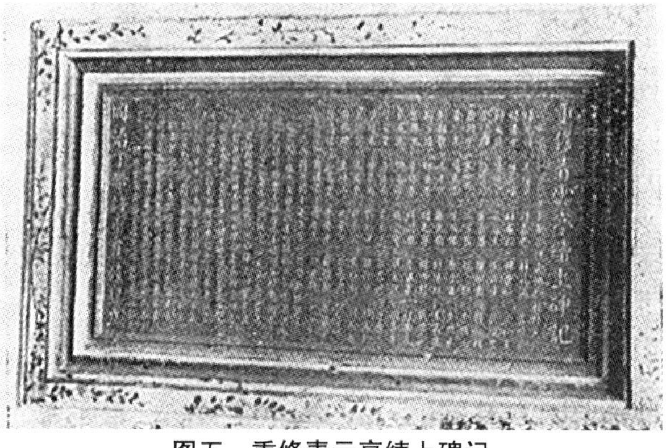
图五　重修青云亭续上碑记

同年　新加坡　兴建崇文阁碑记

今夫道之大原出于天，其实体备于圣，而其流传则赖乎文；文之所在，即道之所在，亦即圣与天之所在也。盖天生圣，间世独出。能及其身，以范围一时；不能留其身，以曲成万世，故立说著书，垂诸久远，则文实天之元气，而为人之所共钦者也。今圣天子崇儒重道。稽古右文，六宇承风，咸遵圣教，虽山陬海澨，各自别其土疆；而户诵家弦，亦兴起于学问焉。况新加坡为西洋之名胜，蛮徼之咽喉。商贾贸易，行旅往来，我中国民多生长于斯者哉！于是陈君巨川，鸠众力而勷盛举，光前烈以示来兹。卜地于鸦翼之西偏，于道光己酉年兴建，至咸丰壬子年落成。其巍然在上者，所以崇祀梓潼帝君也，其翼然在下者，所以为师生讲受也，侧为小亭，以备焚化字纸。每岁仲春，济济多士，齐明盛服，以承祭祀，祭毕，并送文灰而赴于江，因颜之曰崇文〔阁〕，所以宏正道，息邪□而开圣域也。虽僻陋在夷，与文物之邦异，然人杰地灵，古今一理。斯阁也，背冈峦，面江渚，左连凤寺，右接龙门，山川既已毓秀，文运遂卜咸亨；从兹成人小子，读孔孟之书，究洛闽之奥，优柔德性，培养天真，化固陋以为文章，变鄙俗而为风雅，则斯阁之建，其有裨于世道人心，岂鲜浅哉？谨将捐资姓名，共勒贞珉，俾后来知所本云。

副董事洪俊成捐金四百四十元

大董事陈巨川捐金八百八十元

副董事黄崇山捐金四百四十元

许丝绵捐金二百二十元

曾举荐捐金三百元

总经章三潮捐金三百元（下略）

陈振荣捐金二百四十六元

佘有进捐金二百元（下略）

时同治六年岁次丁卯腊月谷日立

碑在新加坡源顺街。文中已酉即道光二十九年（公元1849），壬子即咸丰二年（公元1852）。此崇文阁之建，实在萃英书院之前。鸦翼地名，今称直落亚逸，此其省称。

副董事洪俊成名见庆德会石碑及三宝山木牌，章三潮即章芳琳之父，漳州长泰借，佘有进则潮人，籍澄海。两书院皆陈金声所倡建。

1868年　同治七年　紫云建庙碑记

尝闻山不在高，有仙则名，山之足重，由来久矣。顾人知山之足重，犹未知所以重，即知所以重，谁能营立其宫，俾凭依不远，降福无疆哉！夫仙者，超形声之谓也。想其修身炼性，服气炼形，道应六匡，职司二籍，天上人间，须臾以往，山陬海澨，顷刻而来，此其尽心竭力，皆以普济众生耳。是故考其平昔之所居，不曰蕊珠阆苑，则曰紫府瑶台，此中之微妙无穷，固难为俗缘未脱者道也。兹幸神仙之下降，自卜胜地于亚翼之西偏，前临大海，后丽文屏。又有龙井甘泉，在之左右，随时涌出，而无不逢其源，诚所谓爰得我所矣。又赖董事，询谋佥同，自捐多金，以励众志，而总理诸君，亦踊跃欢欣，共襄其事，爰涓日晨（辰），乃召工匠，于甲子年创造，丙寅年落成，颜曰（原误田）紫云建庙，义取义气东来，青云得路也。从兹栋宇巍峨，声灵赫濯，感而遂通，求则必应，庇祐我民，无远弗届，则斯宫之构，其有裨于新加（坡）者，良非浅鲜也。后列捐资诸芳名，共勒贞珉，以垂久远。

座酉向卯兼辛乙，谢德修始建理

董事林应端观捐银二百六十六元，

（下略）

信士振成公司……（略）

时同治七年岁次戊辰桂月日董事总理等同立碑

碑在新加坡厦门街六十六号。碑中颇有误字，如以晨为辰，误田为曰是。陈录舛误，不可卒读。此言甲子年创建，即同治三年（公元 1864），至丙寅落成，即同治五年（公元 1866），捐款人有振成公司，乃陈金钟之商号。庙祀吕祖，有匾曰“仙机妙应”，同治五年立。

1868 年　同治七年戊辰　新加坡重修凤山寺序

原夫广泽尊王之于中国也，时当晋代，地在诗山。一凤遥着，结成丹穴；全牛不见，化就道身。溯古迹犹彰彰可考，闻前言每念念不忘，此凤山寺之所由昉也。自是以来，雍在宫而肃在庙，赫厥声而濯厥灵，广泽纷纭，湛恩洋洌，上下沾濡，无分内外。而且永言孝思，使斋明盛服，以承祭祀者，并及乎其先；则非特千秋颂明神，亦万古称孝子也。而新加坡我建人，尤思之深，慕之切。道光丙申，梁君壬癸，爰募众商营立寺室，塑绘像形，仍名之曰凤山寺，不忘本也。俾我建人，敬奉朝夕，享祀春秋，并受其福；始作之功，岂不伟哉！然而历年多，为日久，风摇雨漂，势将倾颓，若不及早绸缪，则栋折榱崩，覆压是惧；欲以尊神，反以慢神，虽有寺亦与无寺等，其何以引馨香于勿替乎？从可知重修之功，不在始作之于下也，第费用浩繁，非一人之力所能获理，幸赖富户巨商，捐资成美，外而规模较前为尤大，内而节目视昔益加详；则轮奂常新，光浮俎豆，神灵永妥，庆衍民人，千祥云集，百福骈臻，安在外域尊王，不可匹休于中国耶？谨将芳名勒石，以垂不朽。

大董事 蔡鹏南 洪协发 傅成源 洪藏兴　大总理 宋麒麟 江锦兴 洪丰安 王协泰　（下略）

大清同治七年岁次戊辰秋桂月谷旦南邑董事总理人谨勒石

按诗山以唐欧阳詹读书得名，其地有凤山寺，祀孝子郭忠福，世居南安郭山下，即今之龙山宫，是其故居。忠福生于后唐同光初，事母以孝闻，里人祀之，有求辄应，乃建庙颜曰郭山庙，即今之凤山寺。宋时屡著灵应，至庆元开庆间，敕封“威武英烈广泽尊王”。南安人来星甚早，道光九年，青山亭有三十一位不知姓名之南安人合葬坟墓。乃道光十六年（丙甲），始由梁壬癸等募捐，倡建凤山寺于该墓附近，同治七年蔡鹏南等重修之，即此碑记也（参《新加坡南安会馆三十周年纪念特刊》，1956）。梁壬癸名，见恒山亭碑。

1869 年　同治八年己巳　海唇福德祠碑

尝思美于前者，固宜美于后，成于始者，尤贵成于终，兹我大伯公之有此祠也，固既历历有年矣。恩泽所敷，同沾大道之化，威赫所至，共沐公正之灵。凡士商之往来，及工贾之出入，莫不交相喜焉。特以栋梁式焕，内既壮其观瞻；堤岸攸关，外当昭其巩固。使定中莫作，则陇畔未凝，恐难保无唇齿之患也。是以合嘉属而连三邑，酌议捐修，勷成美举。庶几度此土工，筑斯垣墉，则祠宇长经于万载，俎豆永享于千秋。故将乐助芳名，尽列于麟序之碑云。

嘉应州五属公司喜题银二百九十二大元

大丰永三邑公司喜题银二百九十二大元

福建章芳琳、元乐助边地一片凑方　同治八年己巳岁孟秋月值年正、副首事广成当、汤广生等同立按上碑楷书，近欧阳率更，极为秀整。另有《重修大伯公庙罢信捐题芳名碑记》称“啫叻坡之有福德祠，由来已久”。末人名为“总理信贡刘恒兴陈嘉云”等。年代未明，不录。章芳元即芳琳之弟。

1870 年　同治九年庚午　新加坡福德祠前砌筑地台捐缘勒石碑记

砌筑福德祠前地台围墙序

惠州

尝思福缘善庆，德种心田。兹我广州府士民黎庶，云集于斯土，商贾工匠，营业于嘉坡，神灵庇

肇庆

佑，共沐鸿庥。是以春祀秋尝，峻崇典礼，梨园歌舞，庆颂神恩。惟是祠前之地，乃为演戏酬颂之场，而地附海隅，窃恐波涛汹涌，日久倾颓，必须筑砌土石，以坚垣墉，斯为久远之计。但祠尝无多，难以作事，故爰集公议，开劝捐之规，载册佥题，庶几集裓（腋）可以成裘，众擎乃能易举。所谓善继者必须善承，善作者还期善述。今既蒙神灵式凭，筑砌告竣，磐石巩固，以永千秋勿替之业；颁祷酬恩，以成万年钟鼎之基。是以将芳名姓氏捐资次第者，勒石以垂不朽焉。

值事芳名杨奕高、梅浩耀、李松泰、朱广兰、周益枝、郭洪、潘奕昌、永发厂、曹顺兴、汤五（下略）同治九年仲秋吉日立。

福建长泰县章芳琳章芳源捐地两段。

1871 年　同治十年辛未　琼州会馆“海国观光碑”

今夫会馆者，固所以会众而管事也，亦所以安圣娘之位，祈求平安出入亨通者也。自古今来，即宗邦而经商，犹且必立其馆以敬祀，而况此过都越国？可无此馆，可乎？故庚午年间，集众以造此馆，盖以一木难支，所幸同人有益，以共成此美举也，可不志之？从此落成之后，凡我同人，得彼圣娘之荫，或者即地而成家，其昌五世，或者阜财而还乡，存名万年。此为序。

同治十年三月吉立　　　　主事龙家传

马六甲琼州会馆馆主黄仕进墓碑，立于同治八年。而龙家传此碑则云庚午年间（即同治九年，公元1870），集众造馆，在其卒后一年。若王国宪于民国二十五年撰之《马六甲琼州会馆碑记》，云“创建始于同治十三年，龙君家传为主事”，实应作同治九年，此碑可证也。（详《马六甲琼州会馆九十一周年纪念特刊》，1960）

同年　暹罗王莅星碑

暹罗国大王三列、勃蚋、巴捞万捞、吗霞、朱捞弄郡，于英咭唎乙千八百七十乙年吗只月十六日，御驾外游，初临新嘉坡。自开国以来，游览远邦者，由斯王始，特刻石以记，永垂不朽。

按此碑在谐街国会大厦前公园，凡分四面，分镌华、暹、英、马来四种文字。此暹王即Somdech Phra Paramindr Maha Chulalonkorn，自三列至朱捞弄郡十四字，即此译名。吗只月盖March也。

1873年　同治十二年癸酉　槟城青云岩蛇庙门口石狮题字
文云：“同治十二年旦岁次癸酉葭月，通唦坡再㑊号陈于陈普叩答。”

同年　槟城　宗德堂谢家庙碑记

古者宗庙之设，所以报本追源，以示不忘也，自天子公卿大夫，以及士庶人，莫不立庙，图谋久远。至于祭祀，则有烝尝，以荐馨香，上下相承，永守弗怠，血食赖以不绝焉。岂好为是虚文云尔哉！谢姓家世，流传久远，昔平王东迁，封其舅申伯于谢，后即以为氏。其间人文之萃，衣冠之盛，至晋尤足称焉。先祖东山仕晋，名高一世，功及百年，当日子孙，仕宦不绝，冠盖相望，时人遂有阶前玉树之誉，此宝树所由名也。石塘谢氏，世居漳郡澄邑三都地方，派出自澄城西门外度凤里，簪缨继起，人丁日盛，素为圭海望族；祖庙之建，由来旧矣。无如境狭稠，衣食不充，间有谋食远方，以致身留异国地名槟城者，积有岁年。今于其处婚姻嫁娶，生聚愈繁，不啻千人矣，非所谓生于斯，哭于斯，聚国族于斯者乎？由是其贤而好义者，追本溯源，不忘所自，遂于咸丰八年，鸠集宗人，捐赀择吉，合议以福侯公租屋之所，以定庙基。复以旧存租项有余者，为之田计，縻费白金一万二千三百六十七元有奇，始足告成，名之曰宗德，以福侯二公配焉。今则庙貌峥嵘，俎豆维新矣，凡我子孙，由是而报本，由是而追远，由是而亲亲长长，即敦谊修睦之道，亦于是乎在。人同此心，心同此理，然后知外国与中华，本无异情，亦无异理也，岂不懿哉！爰是乐为之叙。

同治十二年癸酉岁次阳月立石

《槟岛春秋》云："槟城社团，最早成立为谢氏宗祠，成立于清嘉庆六年辛酉。"

1875年　光绪元年乙亥　建修应和会馆碑记

尝思朝廷筑城浚池，特为下民之计；豳风亟茅乘屋，稍备补葺之谋。此昔之所以筑城乘屋，事固有不容缓者也。□即世之经□葺□□宫□□□尝以告厥成功者也。□叻邦为□□络绎之□境，各邦往来之……馆，诚以格神灵之默佑，而□人之居安，奈因世远年湮，栋宇墙垣，均经破损。况迩年以来，境胜人繁，栖身狭窄。每欲□□恢廓修葺，旧□□□独力之难，特恒怀众擎之易举。是以庚午春爰集同人曾举董理谢玉郎，发簿各埠捐题，□□□者心怀虎狼，借影侵吞，遂至修废。嗣是辛未八月，举董理刘恒兴等再行发簿各埠捐金，于壬申三月鬻成公司□□之店，于七月中浣，始兴土木，□为义祀之祠，兼修公司栋宇等项，迄今□□告竣。□异灵□□供游观之咏，□□赋□……歌。虽不能与古先王之制度相与较论，而造作之规模有所拟述者焉。顾甚趾宏宽，如松之茂；垣墉巩固，如竹之苞。□构上出乎重霄，如鸟斯革；藩篱辉映乎云物，如翚斯飞。四面青峦秀耸，满江潾水文澜，惟是□□□□称□□□诚称……之五城福地云尔哉。盖斯福地也，幸获诸公司开财用之源，仅得功成之美。是以谨诹吉日，先登牌位之隆，爰处□方，□免□乌之叹。捐题者录姓氏于碑铭，昭昭可览，以垂千古不朽之功。将见人文蔚起，龙运□□□家□□□□□抑或稛俩荣旋于桑梓，岂非福地之所致，猗欤休哉！是为志。总理罗翰诚（下略）

陇西堂李姓题银五十大元　　　　京兆堂黎氏题大银五十元

吻哩洞陈泰六题三十元　　李子堂题大银十元
李华合题大银十元　　邱灶生题大银十元
颍川堂钟氏题大银五十元　　李细四题大银十元……
光绪元年岁次乙亥阳月九日

碑在新加坡应和会馆内，残泐过多。

1876 年　光绪二年丙子　浯江孚济庙碑记

浯江即金门旧名，曰浯洲。庙在牛车水士敏街，祀圣侯恩主陈渊。(唐贞元牧马监，开拓金门。)

1878 年　光绪四年戊寅　众造琼州流芳碑

自古来天下之间，人为百物之首，木有根即叶茂，人有心而事成，要以身心为本，忠正为先也。亦有功有德，有仁有义，作善者天降以福。观宇宙之内，人人皆由名利两途，虽观乎气运，而实乎人为。视我良朋益友，过都越国，有千万之数，如何依托？如何仰望？鸟无枝不能宿栖，人无室又何安居，将何如也？而今众人等同陈桂琳邀集，卒众人同心协力，于此戊寅年间(1878)，设造琼州公司会馆。一连安其神位，保佑平安，神欣人乐，各位兄弟，亦得安身住迹，出入亨通。且望异日财利蕃昌，回其本乡贵国，即此芳名流传万世，岂不昌前裕后也耶。

马六甲琼州会馆，尚有下列二碑：民国九年文邑林孟传记《琼崖公司山碑息鸿亭记》，民国二十七年王国宪撰《马六甲琼州会馆碑记》。文载该馆九十一周年特刊，不具录。

同年　保赤宫碑记

1879 年　光绪五年己卯　重修恒山亭碑志

恒山亭者，为安冢山诸幽魂而作也。道光十年，文舟薛公董其事，暨同志诸公筹赀创建于星加坡旧冢山之麓。去坡三里许，枕山襟海，虎踞龙蟠，右则新山雾列，左则荒冢星罗，虽非山水形胜之区，颇负灵秀钟毓之异，祀福德正神于亭中，复募僧以奉香火。自是以来，闽之商旅是邦者，弥觉富有日新，而祈祷斯亭者，亦见熙穰辐辏，信乎地之灵人斯杰也。迄今四十余载矣，日征月迈，雨蚀风残，山川如故，庙宇改容。幸茂元君为文舟公令嗣，有志修葺，遂以重新义举，商于诸君，佥曰善善。乃相与捐金诹吉，革故鼎新，规模概依旧制，气象不减当年。又见新冢山路径崎岖，往来甚苦，竟不惜浩工巨费，修筑坦平，以便行者。是役也，喜文舟公之有象贤子，而又喜诸君之有同善心焉。愿后世登斯亭者，顾名思义，景仰前徽，俾斯亭日新又新，恒久不已，则当年名斯亭之深意，庶乎得矣。兹者重修事竣，捐题芳名，宜备泐石，爰志数言，以垂不朽云尔。

大董事薛茂元捐金八百元　陈明水捐金六百元　谁如号捐金四百元（下略）

大总理高自得捐金二百四十元（下略）

总共计收捐金一万二千〇九禾三元

时光绪五年岁次己卯孟夏月谷旦

重修恒山亭续上碑

承首碑共收捐金一万二千〇九十五元

（下略）

总共：计收捐金一万二千五百三十五元

承七碑计收捐金二百九十二元五角正

贰大条合共收大银一万二千九百二十四元五角

开买楹柴枋桷什柴共去大银九百七十乙元〇七占

开买砖瓦灰石沙涂共去大银一千五百六十乙元〇乙占

开还途水柴工包工共去大银三千四百七十四元五角五占

开还各税件费等项共去大银六百九十元〇五角四占

开还花木包工漆料共去大银二百〇八元三角八占

开还诸辛金并什工共去大银一千二百七十二元乙角五占

开修理新冢路并桥共去大银一千八百廿一元二角六占

开做庆成建醮各费共去大银一千三百十三元一角四占

开做石碑横碑工资共去大银一百二十乙元九角五占

总共开费去大银一万一千四百四十四元〇五占

时光绪五年己卯孟夏谷旦

同年　重建城隍庙碑记

夫槟城据西南之障，峥嵘数仞，蜿蜒千里，枕列岛而带长江，室壁分野，华夷交冲，为西洋之上流，作海邦之砥柱，而蓝缕启宇，王化不及，官礼未颁，不无山精水怪之为害矣。厥后英夷更张，楼阁虽新，而妖魂未除，常出以为民害者，蒙　神农大帝降乩指示，筑聚魂室以安之，而妖魂之祟遂绝。越数年而风雨飘摇梁栋倾颓，势有不能不重兴者。幸逢董事　诸君诚善信士也，素怀义举，喜逢阴功，窃思自古神道设教，有城市以育人民，必有城隍以理阴阳。于是出而劝捐诸善信踊跃乐施，即处请　大帝择日经始，将聚魂室，增其旧制，而以己亥己巳分金，亢曰浮池荷花，森筑大殿，外盖拜亭，中案崇祀　地藏王，东案崇祀　都城隍，西案崇祀　福德正神暨列位　尊神，咸在其中。左筑回廊，以存聚魂室，右造青塔，以押诸妖邪，前则岗陵环列，如排队伍，后则岚蛮拥耸，以障青屏，而且潮水旋流，俨然绅带，涛声砰湃，宛若鼓钟；而庙貌巍峨，飞翚羽啄，堂堂煌煌，诚哉巨观也。故改额曰城隍庙，以尊主宰之名，则神灵倍加赫濯，人民愈增康泰，是所谓社稷之神也。兹当告竣，适余绛帐此邦，谨书以彰神道之灵，亦以表诸人之功，并勒诸善信之芳名于下，是为记。

特授儒学教谕海澄杨鹤鸣汉臣谨识

信士　　　　　　　　　　　　总理人邱天根

邱天德捐银三百六十大元

邱家　捐银二百六十大元

谢家　捐银二百六十大元

邱忠波捐银二百大元

胡丰文、王文庆、邱金盾以上捐银一百六十大元

杨家捐一百四十大元　王明德捐银一百二十八大元

陈家林花鐕以上捐银一百大元

邱事成捐银六十四大元

邱裕发、许高源，以上捐银六十六大元

万源亚片公司捐银六十元

光绪五年岁次己卯荔月董事人	王文庆　　林仁德 邱如磋　　邱天德 杨宇宙　　谢有荣 陈祖看同立

按碑文颇多误刊，如祟误作崇，队之作坠，又别体字如穴作亢，巨作臣，竣作竣。庙中匾额其一题云“光绪己卯年季冬，泉郡同邑白礁社弟子王元清敬谢”。

1880 年　光绪六年庚辰　（新加坡）琼州会馆序

琼南与新州相界，吾乡懋迁此地者，货易辐辏，商旅云集。旧有会馆，祀天后圣母，因岁久倾圮，字向不合，签议重建于兹。澜水回环，壮襟连之体格，秀峰耸拔，卓笔势于云霄，焕然重新，规模式廓，以今冬落成。不远千里，驰书乞序于余，余以吾乡质朴，颇为近古，风俗茂美，不侈繁华。所愿服贾来兹者，岁时荐馨，郭崇乡谊，谨身节用，以养父母。每当会集时，与亲旧叙离阔，陈说桑梓故事，以为抚掌之质，致足乐也。喜其大工告竣，书此以勖之。是为序。

赐进士出身特用知府前知柏乡县事乡人邱对欣拜撰。

光绪六年岁次庚辰季春月十三日辰时重建会馆立碑。

琼州会馆（捐额碑）

（1）今将重建会馆捐题芳名开列于下：韩则准（下略）

（2）今将迁建会馆船装捐题芳名开列于后：翁明合……沈成泰装……同利装史文开　益盛装黄学弼

（3）今将重建会馆捐题芳名进支账项开列于后　锦源号捐银七十元（下略）

光绪庚辰年春月十三日阖郡董事同众等

邱对欣文见于《泛马琼侨史略》（67 页）。碑额上题“永远流芳”四字。会馆史略云“新加坡开埠后三十七年（即 1856 年，咸丰六年），有琼侨韩阿二王志德购屋（人名见地契）作为聚会之所。嗣于小坡美芝律购地，建设会馆，祀天后宫圣母。因当时侨星琼侨多操航业，为求海上安全，故天后宫香火颇盛。至光绪六年，乃集资重修，邱对欣撰记”。（永远留芳碑照片，见《新加坡琼州天后宫琼州会馆大厦落成纪念特刊》。）

同年　重建清云岩碑记

清云岩，祀清水祖师也，原曰福兴宫，踞岩之左，溯厥由兴，盖福建之筑为公所，已数十年矣。时至今日，祖师倍加显赫，故自为择地，更易坐以五庚五酉，向以五甲五卯，串缝针己酉己卯为分金，于是孟夏兴工，越仲冬告竣。噫！曾几何月而岩成。睹斯岩也，非特中殿之高大，轩豁堂皇，即两边翼室，亦开拓华美；况岩以外，而又有回向戏台，凉屋居左，舍亭在右，莫不各尽其美，而焕然可观耶！宜乎神灵益显，无世长兴，则阖坡士女，默受神恩于无既耳。谨将向义芳名，胪列于左，是为序。

大清光绪庚辰年仲冬　　董事子 王文庆 邱天德 同立

碑在槟城蛇庙。末行董事“子”上漏一“弟”字。

1881年　光绪七年辛巳　重建金兰庙碑记

尝谓天下有不可知之祸福，断无不可敬之神明；神明者，所以御灾捍患，为万民造福者也。使其庙宇倾颓，漠然不顾，则妥神灵之谓何！不几以崇而奉之者，转为狎而玩之耶？兹者金兰庙　清水祖师神殿，创于道光十年，迄今日久岁深，栋宇崩颓，垣墉废坏；每当风雨交作，不无倒塌之虞　明云托庇宇下，素沐神庥，睹削落之情形，动寸衷之恺恻。独行己志，敢云一木难支，聊尽此心，不必众擎易举。于是庀材攀石，择吉鸠工，革故鼎新，观成指日。从此规模壮彩，益增聪明正直之灵，庙貌重新，永享黍稷馨香之奉，则庶几神安人乐，患殄灾消，人不敢借此邀福于神者，而神亦必锡之以福矣。是为引。

诰封三代通奉大夫晋秋二品衔中宪大夫章明云敬勒。

清光绪七年岁次辛巳八月中秋日　　重建告成石碑

碑在新加坡金兰庙内。此由福帮章芳琳主理，越数年，重订庙规。

同年　皇清广东四府义勇总坟

此为太平拿律矿区矿工死难葬所，在太平甘文珍冢山。1957年太平古冈会馆重修，改镌“六邑先烈义勇总坟”。（图见《马来亚古冈州六邑总会馆特刊》，75页）

1882年　光绪八年壬午　粤东古庙捐款题名碑

碑在新港门，未见。

1883年　光绪九年癸未　保赤宫碑记

1886年　光绪十二年丙戌　（槟城）创建平章公馆碑记

广福两省公建平章公馆落成捐缘序

闽省梅山王寿春拜撰文

福建同邑厦门七十三叟许嗣黄敬书

天开海宇，地拓要荒，鬼神斧凿之奇，蜃气楼台之幻，忽忽如睹神州。而镜水屏山，蔚然列峙者，则槟屿也。山楼水阁，俨然都会者，则槟城也。繄维杭南引壮，航海梯山，尤为闽粤商贾窟宅，昔也瞳风扑鼻，今也奇气荡胸；文物之邦，计日可睹，邹鲁之风，尚常戴励。故各府州县，创建公馆，无事则悬规植矩，有事则排难解纷，诚举也，而我两省之经始，尤当亟亟焉。英藩司牧，适莅兹土，本心向义，生性疏财，闻斯公举，怂恿勷成，遂于六达交衢观音亭侧，捐地一轴，俾建公馆。相土既合，阴阳威仪，蔼如松栗，入此室处，因以锡名，名曰平章，盖取诸典史，曰平章百姓，曰同章平事。他如平则不鸣，章可明义。所愿一堂坐论，睚眦胥蠲，百代祥和，界疆匆限，从此衣冠蔚起，羽仪萃万国之休，弦诵兴歌，文教臻中朝之盛，固不特海外奇观，天南胜概也。为序。

公班衙捐银并地计一万元　　福建公司捐银二千元　　潮州府捐银一千八百元（下略）

	邱心美	邱天德	谢允协	许武安	朱昌怀	
董事人	林花鐕	陈锦庆	黄进聪	胡泰兴	伍积齐	同立
	杨章柳	叶合吉	周兴扬	黄秉文		

大清光绪十二年岁次丙戌仲秋谷旦

同年　海唇福德祠章程碑

立合约人广惠肇
嘉庆丰永大等，缘因海唇福德祠内二司祝人争闹哓哓不休，致讼公庭，蒙

总巡捕护衙司二位大人提讯在案。随转谕两造绅商秉公妥办，兹已平允，各无异词。此后共敦和睦，永相亲爱，特立明字存据。

谨将章程列下：

一议：所有入庙参神宝烛香油等项，及内外题福潮、海南帮所捐签之银，一既归入庙尝，不许投充，以免滋事。

一议：众请司祝四人，广帮二名，嘉应丰永大帮二名，其人归值年炉主酌请。

一议：庙内出息或不敷用，由两籍均派，各沾一半。

一议：司祝工食，俱由庙内出息支给，倘有借端滋事，值年炉主集众处革。

大英一千八百八十七年然花里（January）十二号。

清光绪十二年十二月十九日

广惠肇　梅照　李书祥
何柱　陈立厚

嘉　应　汤璋会　欧阳虞廷　等　同立

丰永大　余宰兆　梁福来
张族昌　陈欢保

1887年　光绪十三年丁亥　重修崇文阁碑记

盖自三光分而天文启，六经出而人文开者，所以载道亦即道之显者也，我朝列圣相承，首重文德，次尚武功，海澨山陬，皆从文教，故叻之有崇文阁，由来久矣。道光己酉年，陈公巨川综其事，暨同志诸公捐资兴筑于星加坡天后宫之侧，至咸丰壬子告成。前襟沧海，后枕云山，阛阓鳞比，庙宇蝉联，形势纵非廓大之观，山川颇负钟灵之胜，崇祀梓

潼帝君于阁中。每岁仲春朔日，济济多士，肃整衣冠，而诣阁致祭，必竭其诚，广收遗字以化灰，恭送率由乎旧。自是以来，闽之为行商坐贾者，既觉富有日新，即经文纬武者，亦因方以类聚，信乎斯文崇而人才辈出矣。嗣缘岁远年深，风飘雨濯，瓦木毁坏，覆压堪虞。陈君宪章目睹心恻，因商之诸公，爰集资鸠工，于庚辰年，重兴土木，八阅月而厥工告竣。规模咸尊古式，栋宇不让当年，将见文学兴而彼都不陋，大道显而体统自崇。此一举也，巨川公有克家之冢子，且赖诸君有乐善之同心，此文运又一开也。后有作者，登斯阁而景仰前徽，留翰墨而芬扬丽藻，则前人之深幸，亦斯阁所由崇也。谨将捐题芳名，勒彼贞珉，以垂厥后焉。是为记。

南海黄蓬山敬撰并书

陈宪章公捐金四百元正（下略）

时光绪十三年岁次丁亥四月十二日　　立石

1888年　光绪十四年戊子　保三宝井山义冢资助公班衙碑记

冢何以义名？因其以地葬人而义之也。曷义乎尔？人之死莫不欲速葬，无其地则葬且不能，奚能速？于是有急人之急者，君子即以其能急人许之，故义焉。此中国之俗，先王之教，仁人君子之用心，虽远适异国亦然。顾其势其力，能使未葬者便一日之相需，不能必已葬者历千劫而不变，此前人义举所以不能不俟保护于后人也。嘛吭呷三宝井山，有华人义冢久矣，先是其地属荷兰，既乃归英，符契不行。西人殊俗，不特无钟生樵采之禁，反于山麓间取土修路，刬削频施，地脉动摇，势必至坟陇有所损坏，死者有知，其不能旦夕之安于窀穸也明矣。陈公宪章，华人之巨擘也。谋于众，敛赀一千八百，于同治丙寅年，助公班衙为修葺之费，并购送武格咨汝山一所，与公班衙立约，不得妄取此山一抔土，以永妥华人义冢焉。於戏！公之心若比，公之功不将与此山并传不朽欤！夫前人悲其不能葬而葬之，而使一日之旅魄有归，今公悯其不能安而安之，且使千载之精魂长慰，是公今月之盛举，乃与前人后先辉映也，泽及枯骨，公之谓欤。公平日有长者之称，义举甚多，遐迩传颂。余生也晚，不获亲公杖履，意其为人必恻隐慷慨，如于廷尉范文正之流。虽其他轶事，著作未遇传人，观于斯举，亦可知公之生平矣。华人惧公湮没，将勒碑以示后，谓余有心世道，不可无言以记之。余谓公之高义，能使顽廉而懦立，百世后闻而兴起，必有踵公之志，以维持斯冢于不敝者。独今日之义声云尔哉！爰为志其颠末，以寿于石，同事诸公，例得备书。闽汀举人范绍森敬撰。

时光绪十四年岁次戊子吉月

董事人立石

碑载陈宪章捐六百元。其余捐款人，不具记。

1889年　光绪十五年己丑　（古晋）玄天上帝庙重修碑记

窃维宫庙之设，所以妥侑神灵，锡兹祉福，典至巨也。我商等别邹鲁之乡，入荆越之地，则见赫赫上帝，骏德达于遐方，濯濯厥灵，鸿功振于殊俗，感神德之帡幪，愧庙垣之未立。心伤目击，未免黩神抱痛耳。众乃愿而起曰：吾闻神聪明正直，福仁祸淫，夫仁处之安宅也有神在；苟无庙宅以立之，其何以无贻神明羞？由是人心雀跃，皆萌作庙之思；众志豚诚，愿怀筑宫之意。同治癸亥葭月间，遂卜其地于亚沓街处，即颜其额曰上帝庙焉。斯时，辱在羁人，借俎豆以求祐，何知妇女，习跪拜以告虔，求亥市之金，卜符乎满，来丁男之问，吉叶象轧，无不感之人心，无不神之灵应。窃谓乃寝既歌，即极之百世，百年应无怀宗子之城耳。讵料癸未间被遭回禄，庙城乌有之乡；时当祝融，宇皆不毛之地。濯濯若彼洁已比于童山，烈烈如焚容已灭于火帝。时有过而见之者，莫不踊跃争先，出其言以示我邦众曰：我上帝巨镇海邦，声灵赫濯，历古如昭矣。况乎商等到廛肆以鸠居，屡蒙神祐；寄异方而燕处，共荷神庥；倘当此火灭之秋，不复起再造之想，将地成白壤，适攫神怒之加；土皆菁芜，何堪馨香之祝？丁亥，众再捐其项，购宇买基，以为上帝庙所在，己丑春庆落成。新庙奕奕，屋无叹夫瞻乌；聿宇皇皇，居已安夫息燕。我商人缔造有志，既集腋以成裘；彼上帝灵爽式凭，定降祥于旅客。是为序。

大清光绪十五年岁次己丑孟冬月吉日

义安郡司事等同立

按据朱伯闻《古晋潮州公会史略》，此庙在古晋亚峇街。同治二年（公元1863）癸亥冬始建，至光绪九年癸未大火焚毁。十三年丁亥，众倡重修，至光绪十五年己丑落成，此碑文盖出潮人许应时（兰芳）手笔。末署义安郡司事，后来改为古晋潮州公会，潮州隋时称义安郡云。

同年　上帝庙规定庙祝碑

兹为上帝庙祝事，从前系用潮州人。以后如欲轮流庙祝者，亦惟用潮州人，别人不得相争，立此为据。

光绪十五年岁次己丑元月元旦　　粤海公司　　司事等立

按此碑立者为粤海公司，必为顺丰公司之前身。古晋潮侨公会于1934年曾重修粤海亭神庙。新加坡有粤海清庙，此其支庙也。（以上两碑图片，俱载砂朥越《古晋潮州公会百周年纪念特刊》。）

1890年　光绪十六年庚寅　重修波池滑公冢序

金碗玉鱼，肠断冬青之曲，白杨衰草，心伤夜碧之燐。况乎七洲远客，重译孤魂，莫正狐邱，谁封马鬣。迢遥故国，空瞻万里枌榆，凄怆夜台，孰奠一盂麦饭？阅沧海桑田之变，切沟池道路之忧。爰有仁人，情深桑梓，建兹义冢，荫满松楸。波池滑冢，我闽人之客槟榔屿所购，以周棺而公其同里也。创自咸丰之代，规画未周，迨今光绪之朝，荒芜遽甚！于是募赀修葺，蠲吉兴工，拾其残骸，无使暴露，芟其灌莽，无使蟠根。除旧亭之积秽，会葬可憩宾朋，化仄径为康庄，祭扫尽容车马。择人守冢，器皿俱全，编篱为垣，牛羊勿践，驾双桥以通流水，春潮无泛溢之忧，植嘉木以广浓阴，夏暍有招凉之快。凡兹缔构，具见周详，复有羡余，留为工款。是役也，经始于丁亥年，告蒇于庚寅年，计用银一万六千有奇。李君丕耀为之倡，而诸董等赞其成。夫西伯掩胔，能作游魂之主，文成瘗旅，同为中土之人。今死者无非闽产，何妨聚魂魄以相依，而生者笃念乡情，宜其获鬼神之默报。爰因友人邮寄，而乐为记之，以垂不朽云。

大清光绪戊子科解元南安县郑怀陔拜撰

光绪庚寅年小春福建众董事

林百剑　许心广　杨清江

柯汝梅　陈瑞吉　叶合吉　谢德顺

李丕耀　陈锦江　王文德　杨青德　同立

庄允粒　胡渊衡　颜金水　陈锦庆

邱天德　林花镫　王明德　胡清赞

1891年　光绪十七年辛卯　重修宝山亭碑记

闻之，古圣王所重，民食丧祭，可知祭亦圣王所重，而后人所当继述者也。粤稽呷地，依古以来，历有年所，养生送死，实繁有徒。其祭磨灭而不兴者，擢发难数。或鱼沉雁杳，子孙不知其何之，或亲远戚分，桑梓莫得其所考，此祭之所以磨灭不兴者所由来也。洎乎清初年间，幸有仁人君子李君，发出一片慈悲，乃对众布告献其葬地，名曰三宝井山，尚难如愿。迨后蔡君竭力捐赀，建其祭所名曰宝山亭，斯时也，自西自东，自南自北，无思不服，此之谓也。流及戊子年，蔡锡胤往往过此，见夫宝山亭瓦桷就萎，墙壁将坏，四顾尽是凄凉景，目击心伤，究思古人，既有始创之巨功，后人何无再造之微力也。爰请亭主陈笃恭之命，同堂参议，佥举董事李桂林蔡锡胤鼎力捐题，重新修葺。则熙来攘往，斯人有地可焚香；而八节四时，灵魂亦得所以享祀矣。自是生者安而死者宁，佑启我后人，咸以正无缺。捐赀芳名，勒碑刻石，别为序次，千古不磨。

亭　主陈笃恭捐金大银三百大元　　　王步月捐金大银廿四元

姚元章捐金大银五元

副亭主曾廷琳捐金大银二百二十元

大董事李桂林捐金大银一百五十元

大董事蔡锡胤捐金大银一百五十元

副董事王庆云捐金大银一百二十二元

副董事陈温昌捐金大银七十五大元

大总理杨金镶捐金大银三十大元

副总理曾西聘捐金大银一百二十元

信士首李庆烈捐金大银一百二十元

曾馆主徐云梦捐金五十大元（下略）

计一百零九名合收捐大银二千六百五十七元

对除以外尚侵去大银四百九十二元，二角三占

此项四百九十二元二角三占，董事蔡锡胤官添补足额，两讫明白。

时光绪十七年辛卯岁吉月吉日　　董事等立

同年　（新加坡）　金兰庙条规

一庙内香火，举一司祝并副杂相助为理。务必时时打扫洁净，以壮观瞻。

一庙中琉璃灯，须日夜光明，案上香火不离，朔望更宜斋餮，以昭诚敬。

一司祝人等，不得少违王家法律，以干例禁。

一庙内静室，不许司祝人等聚赌聚饮，及设鸦片烟具，邀集骨聚，引诱匪人，以蹈不法。

一司祝之过路亲朋，或游方僧道，偶欲投宿房舍，须本号批许字样方准，毋许擅专。

一无论僧道人等，凡得本号许以渐（暂）时寄住者，亦宜恪诸一切规约。住日满必须及早告行，不得迟延，以昭一体。

一司祝人等，规矩必遵，善信必敬，不可偷闲。自误犯规，违者饬退，决不恕宽。

时光绪十七年岁次辛卯五月　　谷旦

钦加一品衔赏花戴翎盐运使司派驻新北洋委员筹办南洋等处柬账事务章桂苑立

章桂苑即章芳琳，此条规亦见于清元真君碑文全同。

1892 年　光绪十八年壬辰　槟城波池滑福建义冢碑

嗟乎！幽崖阴窒，伤心读瘗旅之文；旷宇流沙，触目下招魂之涕。诚以羁人长卧，谁卜牛眠？名士投荒，只余蝇吊。听残邻苗，路远隔乎家乡，和少挽歌，魂久羁于屿岛，此射声馆里，曹褒所以奠遗棺，广汉

城隅，陈麾特先营幽舍也。槟城波池滑冢，为吾闽旅葬地也。岁时绵邈，陵谷变迁。既雨塌而风摧，遂狸窥而狐掮，残碑半仆，溁水啮及前和，妖穴旁穿，野火烧其残骨。蒿京魄痛，梓里神伤，仁人君子，所以望而生叹也。越至丁亥年，蒙诸君子倡首捐资，培厥初基，成兹善举。于是解其草莱，既戒牛羊之勿践，封其马鬣，可免蛇蝎以为窠。则夜壘（台）之安，当陨首于地下，枯骨得所，岂伤心乎露暴？首丘既正，心坎方安，然是后之举，佥谓为山九仞，始一篑而获成，缀裘百金，集千腋而克举。赖兹仁人仗义，争倾运麦之舟，长者婆心，不吝栽芦之地。企见檀龛翥鸽，影现须弥，蒿里飞燐，光依忉利。慈云普庇，既辟精舍于一丘，法宇同皈，共安幽宅于午夜，众力扛鼎，幸借善施之青蚨；大德渡津，定有衔恩之黄雀。则千鳞青陇，岂仅作美备大观，而一抔黄土，允堪妥九京魂魄。谨将纪实，以作传闻，后之览者，亦将有感而修葺之乎。

翰林院庶吉士张藻翔拜撰

	陈瑞吉	王文德	黄学文	吴有才	
	陈锦江	许心广	李丕渊	谢增煜	
董　事	柯汝梅	林百剑	杨青德	胡清赞	同启
	李丕耀	叶百吉	谢德顺	邱有用	
	林花钻	邱天保	陈锦庆	洪添庆	

光绪十八年岁次壬辰孟春　　月　　日谷旦

1893年　光绪十九年癸巳

皇清特授荣禄大夫盐运使衔候选道章公墓志铭　黄遵宪撰　梁居实书

公讳桂苑，通称芳琳，字明云，又字熙□。章氏自始祖二舍家于闽，世为长泰县人，及公之父服贾南洋，又为新嘉坡人。曾祖义，祖雨水，父潮，皆以公贵，诰赠荣禄大夫。曾祖妣陈氏，祖妣王氏，妣颜氏，均诰赠一品夫人。自公父南来以财雄边，门闾始大；子四人，公居长，遂世其业。英国通例：凡卖烟酤酒，皆严禁私贩；令富豪纳巨饷以充商，如中国盐引然。前后业此者，多设侦骑，张密网，搜牢摘覆，以网市利；即残膏賸馥、客途所余，捕获亦置之法，甚则举平生仇怨，引绳批根，嫁祸以中伤之；轻则罚锾，重则监禁，赭衣之民，充塞囹圄。公任事十五年，一处以宽大之法，许卖戒烟丸，非私贩得赃均勿罪，即踪迹得私，犹或亲造其庐告之曰："汝事已败露，所藏匿者幸即交余，余不汝疵瑕也。"故人人感愧，私贩几绝，而获利反优于人。公闻望日茂，群情翕服，国家屡试以事，而公亦髦髦竭思，忠以事上。其在英国，初举为海门新疆甲必丹，继充街弹司审判，继充参事局局员，继又充按察司会审监狱所巡察。公于检非违议，庶政皆无徇无隐，无枉无纵，华民倚以为重。隶闽籍者，联名上书，公推为一乡祭酒，总督益优礼之。其在中国，则同治八年福州筹防，公既输军实，复精购枪炮，凡旧式新法皆绘图具说，以上当道。光绪十年，法人构衅，今北洋大臣傅相李公饬令侦伺。公密设逻卒，遇敌船过境，辄短衣台笠，审其船之广狭，入水之浅深，马力之虚实，炮之大小多寡，煤之容积，兵之数目，以时电达。又请于英官，守局外中立之例，严杜蠹民，毋得以军用资敌，傅相手书褒勉，有忠勤可嘉之语。频年顺、直、山东水灾，前山东巡抚宫保张公，会津、海关前登、莱、青道盛公，皆委令筹赈，公多方奖劝，涓滴一以归公，筹赈者咸愧谢弗及。公既拥厚资，性又好施，善举无不与。凡施医院、给孤独园、恤嫠会，自一族之义庄，同县之会馆，以及他国之礼拜堂、博物馆、植物园，求者踵门，濡笔立应，义浆仁粟，络绎在道，至不可以数计。而其所尤乐为者：一为义学，槟榔屿公校，和兰女塾、葡萄牙幼学，皆赖公以成；近年又设养正书院，延华、英名师六人，兼治中西学生徒数百，公与公子壬宪，独任其费。一为赈济，十数年来，晋、豫、苏、皖各行省告灾，公无役不从，即埃及洪水、印度大旱，公亦助巨款。其既达于朝者，则光绪七年，傅相李公奏给"乐善好施"字于原籍建坊，十四年郑州河决，又奏赏戴花翎。十五年山东水灾，宫保张公奏称其好义急公，公初以捐助海防，闽督奖叙以道员选用，既迭次助赈，累加三级随带一级给二品封典，又特旨赏盐运使衔，给予三代从一品封典。夫人杨氏麦氏，先后封赠一品夫人。子十一人皆以公助赈移奖得衔：壬宪花翎郎中加五级，壬全员外郎，均麦氏出；壬庆都察院都事，壬寿光禄寺署正，壬和大理寺评事，壬松太常博士，壬荣銮仪卫经历，壬焕中书科中书，壬光翰林院孔目，壬乾布政司都事，壬坤按察司知事；养子二，曰沧辉，曰耀堂。女三：招莲，杨夫人出，适同安候选同知林癸荣；次癸莲、赛莲，均未字；养女曰清莲，适同安候选同知刘壬寅；孙一人炳谟。公生于道光二十一年五月二十五日，卒于光绪十八年十二月二十五日，春秋五十有二。其明年四月，卜葬于新嘉坡之全昌园。孤子壬宪等以状乞余铭。余自奉使外国，由日本往美洲，所见如古巴、秘鲁，往泰西所历如印度、亚丁，多有华民及总领事；南洋则群岛流寓，不下数百万，远者四五世，近者数十年，正朔服色，仍守华风，婚丧宾祭，各沿旧习，余私心窃喜。然其中渐染异俗，或解辫易服，蔑弃礼教，视其亲族姻连，若秦越人之视肥瘠者，亦颇有其人。自公少时，居父母丧即哀毁尽礼，所著明云家训，一以忠厚孝友为本，处己接物，恂恂如不能言。平生菲衣蔬食，有过儒素，而分人以财，教人以善，自一乡一邑推而至于四海，达于五部，博施济众，曾无倦色，两国朝廷深相引重，乃至印度、阿剌伯、巫来由诸族，闻公名无不额手起敬者，岂非传所谓“质直好义，在家必达，在邦必达”者与！余来新嘉坡，始获交于公，公才吏用，正资臂助，曾不一载，遽泚笔铭公，能无慨然！铭曰：

禹域人众，居万国首，散居四海，无地不有。南虽文明，毓秀钟灵。笃生贤豪，超出群英。拳拳一心，眷念宗国。为郑弦高，为汉卜式。得如公者，百数十人，如百足虫，足以威邻。凡我华民，视此阡隧。谁欤铭者？为总领事。

此墓铭据称埋于咖啡山坟场。为新加坡唯一华人墓志，出于黄公度，诚大手笔也。

1894 年　光绪二十年甲午　重修青云亭碑记

亭以青云名，意有在也，想其青眼旷观，随在寻声救苦，慈云远被，到处极（拯）厄扶危，而因以取之乎。夫自南海飞来，寺亭创建；莲炬长辉，香烟弗替。微论水旱凶荒，有求必应，即疠疫困苦，无祷不灵。猗欤休哉！何神光之浩荡欤。不谓年湮世远，风雨飘摇、楹桷之丹刻已废，节棁之山藻无存。栋折榱崩，垣颓瓦毁、非兴修焉不可。我亭主陈公笃恭翁，字明岩，号奉玉，念乃父巨川公乃兄宪章公，均受秉钧之任，咸建补葺之动，继述心诚，经营念切。遂不惜重赀，倡首登捐。举凡甲中善信，外埠商人，闻之靡不争先向募。爰大兴土木，斯佛寺重修，而禅房新筹焉，两稔之外，告厥成功，微夫人之力不及此。谨将同志喜捐诸芳名，勒之白石，以垂不朽云。

泉郡银同李鸿儒敬撰

大董事陈笃恭　副董事曾德璋、徐云梦　大理事李庆烈　大总理蔡锡胤

亭主陈笃恭捐金三千二百元（下略）

大清光绪甲午年小阳谷旦　　　　　　　　董事暨理事等立

1896年　光绪二十二年丙申　（陈若锦倡修）　萃英书院碑

萃英书院创自巨川陈公，于咸丰辛酉，献地经始，首立规模，嘉惠后学。既而宪章公敬承先志，再加整顿，文教日兴，迄今三十六年矣，造就人才，历见成效。近岁师徒增席，诸费浩繁，自非广筹资用，无以垂诸久远。乃宪章公之哲嗣陈君若锦，祖述前人，集诸董事，于去秋再倡义举，而叻中乐善诸君，作育为怀，竞尔踊跃捐题，爰能宏济本院修膏之需。似此培植维殷，定卜人才思奋，以为海国之光。顾诸君乐助之诚，宜乎贞珉永泐也。谨将芳名胪列如左（下略）

大清光绪二十有二年岁次丙申秋八月谷旦　　萃英书院诸董事等公立

1897年　光绪二十三年丁酉　青云亭主陈宪章颂德碑

亭主陈公宪章德政碑

古来凡有功德道义之美者，惧后世之不知，必以碑铭传之。然歌颂于生前，或谓其谀，而追维于死后，益征其实，斯美名方得与斗山同垂不朽也。溯夫亭主陈公宪章，字明水，号如玉，幼承庭训，孝亲睦族，志趣言行，为邻里乡党所钦。迨　先亭主巨川封翁捐馆，众失依归，佥议非公莫属，遂举焉。公闻，自谦才德弗胜，坚辞再四，奈群论翕然，万难固却，不得已从之。由是公修业承志之忱，昕夕无间矣。念公生平，积德累公，仁民爱物，披心腹，见情愫，孚众望，施厚德，诚难仆数。姑就荣膺乡祭酒以来，恩膏德惠，覃敷甲人者，撮要而识之。南洋各岛，惟麻六甲埠最先，华人之旅居流寓，日增月盛，生齿既繁，贫富不一。如席丰履厚，则易延师置塾，依然中国遗风。细屋穷檐，尚忧粗食牛衣，爰暇培植子弟，虽有一目十行之聪颖，究竟终辱于泥涂。文教不兴，英才从何杰出？公有鉴于此，实为世道深忧，当即创设丰顺义学，以恤寒畯，培千百年后之始基，实他人所不能及也。泰西风俗，凿山填海，有

以为常，吾甲有三宝山，乃华人丛葬之地，英人砌路取土，挖伤墓道，物议沸腾；公智量过人，胸有成竹，立谒英官，婉陈枯骨摧残之惨，欲请易地取土，因道远费巨见辞，复坚持不拔之志，亟捐资津贴，并购一山，以听英人取用，立约为据，卒底于成。非公极力周旋，则许多坟茔，何堪设想，西伯深仁，惟公继之。麻六甲地方，虽商贾充斥，民风尚称质朴，廿年前家置时钟盖鲜，每有问夜待旦之苦。公于是不惜重资，筑台置钟，俾远近共闻，受益无穷，公之仁义大矣哉。青云亭为阖甲崇奉香火，神灵显赫，凡捍灾御患，有感遂通，故酬答演剧时有，然支搭篷棚，微特无以壮观瞻，而且最足兆火患。公时时语及，弥留之际，尚谆嘱其哲嗣，深以戏台未建为念。厥后　若锦少君，即善承父志，鸠工庀材，起造完妥，公之心血可想见矣。外给孤独，恤孀嫠，惨贫苦，赈灾黎，勇于为善，惟恐人知。民胞物与之怀，诚为不世出之人也。总之，两大间虽有如公之智量，不能如公之德泽；有公之德泽，不能如公之始终不懈，公其可谓完人矣。于是题碑。

光绪廿三年丁酉岁冬吉旦

办理拱北口通商税务广东即补同知魏建勋敬撰

间曾试论：星马一衣带水，树碑者或为置禄位，或为颂功德，大抵以青云亭、恒山亭为中心，捐款者人名多相同，皆闽商之翘楚者也。溯自李为经为甲必丹，传其子李正壕，继之者其婿曾其禄，此三人者，皆漳州之同安人也，李、曾皆有颂德碑。继之者蔡士章，乾隆六十年立祀坛碑，嘉庆六年首为青云亭树碑，又建宝山亭碑，其人则漳之海澄人也。嗣是以后，梁美吉、薛佛记接踵为青云亭主，梁盖薛之三妹婿，泉州南安人，薛则漳州漳浦人，立碑最多，且拓殖自呷至叻，创恒山亭，立碑叻中，闽帮势力于以确立。佛记子茂元光绪五年重修恒山亭。立碑继佛记为青云亭主者，为泉州永春陈氏陈金声、宪章父子，继轨扬徽，宪章盖佛记之婿也。金声于同治六年创崇文阁，咸丰间，构萃英书院，广敷文教，皆有碑。又重修青云亭立碑，宪章之弟笃恭其子若锦均立碑亭上，颂扬先芬。盖薛氏而后陈氏发迹为亭主，蝉联三代。自李为经以来，海上经济咸操于漳、泉人之手，梁薛诸陈，结为姻亲，无异一家眷属。论者每以社会学眼光看之，不曰地缘，即曰血缘，余谓不若视为戚缘，更合事实。兹将各重要人物、籍贯及婚戚关系表之如次：

漳州府同安	李为经	子正壕 婿曾其禄		
漳州府海澄	蔡士章	子沧浪　沧浪子延龄		
漳州府漳浦	薛佛记 （次舟）	子茂元 弟文仲		
漳州府海澄	陈笃生	子金钟		
漳州府长泰	章三潮	子芳琳、芳元		
泉州府南安	梁美吉	薛佛记之三妹婿		
漳州府永春	陈金声 （巨川）	子陈慧章 （明水） 弟陈笃恭 （明若）	（佛记女婿）	宪章子若锦

可见立碑颂德，不特为同乡之地缘关系，而亲族之戚缘关系，更为重要，观于上表，可以见其梗概矣。

1898年　光绪二十四年戊戌　重修五福书院碑记

重修五福书院小引

原夫帝宫烛照，高明即正直之神，阳德鉴临，托庇皆远游之子。客有咏故园于明日，醉新酒于黄花，岂仅重阳令节之称哉，抑亦九重帝君之谓也。溯我五福堂者，崇奉　重阳帝君。咸丰年间之所建、槟屿志内之所载者也。昔日古朴无文，规模略隘，今日届诸久历，风会摧残。为此邀集同人，询谋大众，佥谓旧址既慎翁承去，新基宜慎翁送来。人如希父，竟捐吉地，世无康节，谁筑行窝？前为马枥之场，门楼较近，此际鸠工之地，舍馆增辉，信迁地之能良，遂庀材而具举。但成裘必须集腋，而众志乃易成城，席厚者固宜多捐，腰缠勿吝；受工者犹期踊跃，臂助何难？将见燕贺落成，大雅登堂而畅叙，且喜蜗居旁列，旅人得所以养和。十二县人叙同乡，不有此地周旋，那得恭桑敬梓；数千里客游新埠，勿问何时至止，自然义笃仁联。是为引。

光绪二十四年秋八月吉旦立石

《槟岛春秋》云："五福书院成立于嘉庆二十年，与莱佛士开辟新加坡同时。其原日地址即义兴街郑景贵慎之学塾。"（《槟城散记》，7页）文中慎翁即指郑也。

1901年　光绪二十七年辛丑　槟城广东暨汀州重修凉亭并修理山坟撷草石碑

重修旧山凉亭水圳序

旗山之阴，珠海之曲，有亚士槿一地，固粤汀旧公冢之故址也。前则银河为带，环聚宽平，真有上下天光，一碧万顷，沙鸥翔集，锦鳞游泳之胜。后则翠嶂如屏，嵩峙云际，则见美木菁葱，四时阴翳，竹篁风韵，蝉琴莺□，悠然而不绝于耳，左右园林秀茂，溪水潆洄，隐约秀峰，旷览无尽，此古志士仁人，睹山川之形胜，所以卜为公冢者也。越后伍君积齐，因省其先君墓，值风雨之淋漓，慨燕毛之无所，乃独捐多金，建亭于斯山之右畔。几筵祭器，俱备于中，凡瘗旅省墓，黄童白叟，咸称得所焉。惟亭畔临川，客秋大潦沸腾，决堤破岸。亭之外廓遭崩颓，因求得伍家园余地，集赀而修复之，使顺水势。父老乃嘱余以为之序曰：始则平冈抔土，地偏一隅，今乃带水环山，亭榭屏列，固有可见前后诸君子之用心。然而绕亭上下，皆程君世帝之所捐者，尤不可或忘也。夫程君寄迹槟城，非有陶朱猗顿之富也，能开辟成园，近我大众之公冢，而不借以居奇，乃自出其意而割送之，此其豁达大度，求诸世而有不易得者。今程已故，其地已营穴无余矣，近又得新宁伍氏兄弟积贺积齐二君，以五千余金购得一地，于是亭之南，相去仅隔一臂。惟是福地灵钟，寿茔价重，群情钦慕，佥议购求。事因公款非饶，众谋将沮，幸其兄若弟，轻财重义，不取分文，慨然将新山全园，捐作广东暨汀州之冢地，故今名其地曰义冢。义冢甫开仅十余年，而鱼鳞砌葬，窀穸又将遍山矣。是故卜葬地者，犹孳孳放旧山寻求，顿使星罗棋布，更无隙地之可下。兹复幸郑君景贵，与其令嫒庚娘，购得后山挨连之园圃，仅先各择二穴，余悉全送与我广众，以合为公冢焉。善哉数君者，皆好义可风者。然非程伍诸君开其先，落落寰区，孰得有如是之豪举者。今郑氏父女又续捐于后矣，岂非后先济美，乐善具有同心乎！不然，粤汀人众，远涉重洋，安得马鬣牛眠，共仰发祥于异地哉。是为序。

时大清光绪二十七年岁次辛丑九月吉旦　新宁籍生长槟城人五百年撰

同年　五福书院创建千益银会碑记序

五福书院，我十二县梓里联情之地也。光绪廿四年，重修该院，曾与增城郑嗣文翁，揭到洋银二万元，落成后，各梓里以未得归还揭款为恨。迨王君纬卿李君荫池李君葵甫暨诸值理辈，日夜焦思，创建一会名曰千益，盖仿庞公遗制，将会本以求息，将息以还揭款者也。其会例议，每月每份供银三毫，供以三十六个月为满。会满后，陆续开投，使彼此均沾其益。询之同人，皆曰善。于是集众商议。又举林君玉衡为总理，林君少年英发，信义素孚于人，所有该会银两出入，彼皆总其成，真所谓得人而理者矣。不料该会未完，而林君遽然溘逝。是以变通办理，将各会友所供出之本银，每百元扣出八元，作为义捐，并将该会所收之息，合同而算，得银二万元。随即将此款如数清还郑嗣文翁，使无拖累之苦，夫有功当赏者，朝廷之大典也；有劳当录者，天下之公理也。今各会友不吝资财，从公踊跃如此，宜如何以为报乎。爰将各友占会二十份者，酬以长生禄位一尊，并将创建该会原委，勒之于石，以垂不朽焉。

总理　林玉衡　副理　元炳培　许炳康　岑伯棠　蔡奇逢

值理　麦次云　温崇德（下略）

光绪二十七年岁次辛丑秋八月吉日立石

1902 年　光绪二十八年壬寅　莲山双林禅寺缘起（碑）

余泉州惠邑（惠安）人也。俗姓萧，一家团圞，颇裕田园之乐，缘吾二字觉悟浮生如梦，劝请弃素从缁。于壬辰年（光绪十八年），率合家男女一十有二人，航海到高浪雾，在楞伽山岩栖六载。至戊戌季春下山，遍游佛国后，由槟过叻，拟回故国。蒙刘姓施主喜舍此山，故吾长子贤慧在此创建双林禅寺，并拟于大殿之后，结构珠琳庵一区，以为余并吾长女尼禅慧及吾甥女孙尼月光三人栖身之所。讵意吾子贤慧于辛丑季夏顿舍幻化之躯，进入涅槃之藏，致此工程未能告竣。浮生如梦，固如是乎！但吾母子在此数年，满望大功克竣，上报佛恩，今既如此，复何言哉！今吾子贤慧既已归真，吾三女尼未便居此，故将后事咐嘱我次子性慧之徒明光大师管理，唯冀克承先志，不堕宗风，是余所厚望焉。兹因将次附航返国，未免感慨系之。特叙数言，勒之贞石，庶游览诸君知其缘起，并知此珠琳庵即法堂，法堂即珠琳庵也。光绪壬寅年孟秋吉旦比丘尼慈妙立。

此碑对面另有一碑上勒“福建漳州南靖刘金榜建，光绪二十八年壬寅季冬吉旦立。莲山双林禅寺法堂住持僧明光同立”。

1903年　光绪二十九年癸卯　诒谷堂碑记

槟城诒谷堂者，经始于道光乙未之秋也。初，我族之捐赀，不过数百金，上下继承，兢兢业业，分毫不敢涉私，至是遂成一大基础。念祖泽遗徽，窃恐或泯，谨将原捐芳名勒石，以垂不朽，后之览斯碑者，其知创守之难焉。是为记。

光绪二十九年岁次癸卯仲夏之月新江哲卿邱曾浚谨记并书

同年　双林寺刘金榜立功德堂碑

光绪癸卯年元月吉旦

功　福建漳州府南靖县人

德　大檀樾刘金榜　大功德颜仕份　同建

堂　福建泉州府同安县金门住持僧明光敬立

1904年　光绪三十年甲辰　（青云亭）绍兰会大伯公碑记（见图六）

盖闻神鬼为德，圣赞其盛，君子之祭也，七戒三斋，用是以照其敬者，正所以邀遐福也。矧中元乃地官赦罪之秋，超度孤幽，脱离苦海，共登彼岸，种种皆福缘善庆，犹宜虔诚普施。故吾先辈昔有设立童子普，后改为咨咨普，曾有捐集公项生息，以为普度之需。第因公项无多，所入不足以供所出，致至十年前已被尽用其公项。嗣每逢普度之际，值年炉主虽有捐资，亦不得以足费需。则每年常被侵用　佛祖多少公项。此乃实未尽善，然今宜其更者，必须有可开费之机。爰此我同人竭力捐集公项，交与　佛祖坐还利息，每年所得之利，以为普度之需，庶几相承，以垂永远于勿替，后列同志捐资诸芳名，以垂不朽云。

大清光绪三十年岁次甲辰孟春谷旦立

图六　青云亭绍兰会大伯公碑

1905 年　光绪三十一年乙巳　（金兰庙）倡建地藏王庙碑记

不录。捐款者有刘金榜等。

1906 年　光绪三十二年丙午　重修龙山堂碑记

槟城龙山堂落成，族长属菱为记，敬陈六事以记之。首曰正名称：据旧碑载龙山堂为新江邱氏之堂，则知自始至终，不捐华宗分毫，凡非吾新江族人皆不得相混，则名称正矣。次曰详沿革：雍、道时，吾族侨寓屿中者百余人，醵金五百元；迨咸丰辛亥，而堂室始立，阅五十年光绪甲午重修。从事八年至辛丑除岁前夕，忽遭回禄，全座焚如，复于壬寅致工重建，阅四年大功克竣。计两役各縻金十余万，知历险夷，以底今日，则沿革详矣。三曰明祀典：吾乡旧祀　王孙大使，今欲无改乡风，堂中额沿正顺宫，以妥　英灵。左福德祠，妥　福德正神，右诒谷堂，妥新江历代　祖考。盖诒谷堂即吾新江大宗题额，观此者如观于乡，则祀曲明矣。四曰备形胜：旧堂外环沧海，面对崇山，仍之不易；今更轮奂增辉，金石刻画也，则形胜备矣。五曰通礼俗：吾族冠婚庆典，咸于斯观礼，而神福赛会，亦于此举行，又安知不因此智识交换，改良之事以起乎？则礼俗通矣。六曰重继述：堂之旁有崇议所焉，年月之出入，世事之大小，咸于此议之，必如是乃足以维持永久，不失其堂构箕裘之思，则继述重矣。若夫时贤所谓族制进化之理，崇拜英雄之由，此六事中或分统或互见，已萌朕焉，尤望吾族人能光大其主义也。是为记。

花翎二品顶戴派充京师正阳门工程监理官广东试用道乡进士（丘）炜萲撰

大清光绪三十二年岁次丙午仲冬之月朔后二日

董事有用等同立

同上　重修天福宫记

兹将大修本宫工料，并建造戏台后厝七座，置地建筑，并重修丹戎吧葛旧厝三座，所有开费列于下。

一置本宫戏台后空地七间大七千三百五十一脚具，去银一万二千六百六十元零三角九占。

（下略）

李清渊（下略）

大董事　陈武烈　同立

吴寿珍

大清光绪丙午卅二年
大英一千九百〇六年　二月十六日同立石碑

按陈武烈即陈金钟之子。

同上　（槟城）五福书院创建总坟碑记

原夫五福书院之建坟也，溯自重修院宇，增长堂基，再造神碑，焚烧木主，虽则规模壮丽，然而灰烬荒凉，塔已储乎数年，俨尸骸之暴露，土未归于三尺，恐魂魄之飘零。爰集同人，特倡义举，合十二邑而举事，愿摅桑梓之诚，借数百金以筑茔，克遂幽冥之志。由是封开马鬣，地结龙蟠，水绕沙环，峰藏气聚；将见春秋奉祀，群瞻有象之辉，窀穸安宁，共获无疆之福。用是原情纪事，粗成纪念之词，颂德歌功，肃泐镌名之石，是为序。

总理　广安号

总理　万盛号
　　　锦祥栈（下略）

光绪三十二年岁次丙午仲夏吉旦五福书院立石

同上　听水翁极乐寺题壁（见图七）

龙象真成小鼓山，廿年及见请经还，何期六十陈居士，听水椰林海色间。光绪丙午十月留诒妙莲长老，听水翁。

释宝慈《极乐寺志》卷三石刻已著录，并云听水翁下有“伯潜题”三字。听水翁即陈宝琛号，此诗已收入《沧趣楼集》卷四。

寺志石刻著录有年月者，自光绪二十六年庚子“小蓬莱”题字以下，尚有多家，兹不具记。

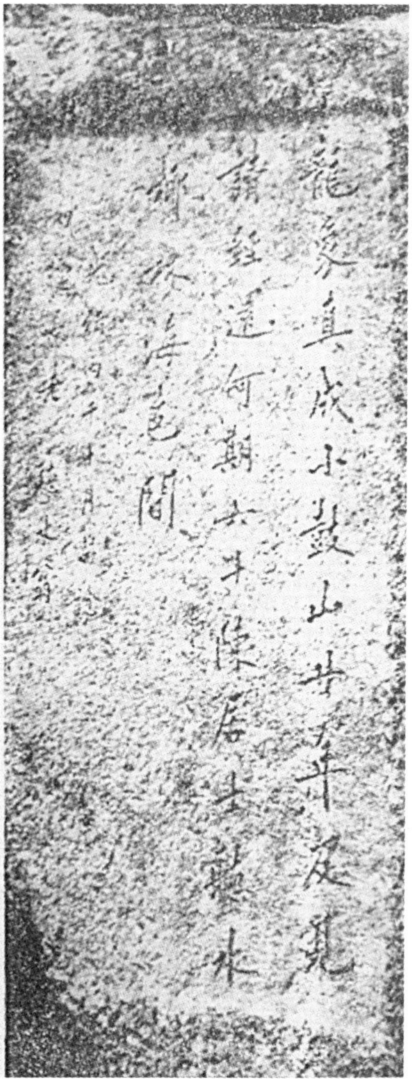

图七　陈宝琛极乐寺题句

1907年　光绪三十三年　重建香山会馆捐题小引

盖闻桑梓联情，踵前型而增式廓，枌榆萃聚，怀硕德以焕新猷。我香山会馆乃前贤创建，代远年湮，风雨飘摇，栋宇深虞倾塌，神灵显赫，帡幪自可常依。迩来公班衙屡次谕令更新，我邑人士岂得仍观其旧。爰乃亟集同人妥议。美举同襄，务祈踊跃签题，共蒇厥事，诹吉鸠工庀材，鸿基丕焕。惟是工程浩大，似非一木能支；但求协力匡襄，自能万蚨立办。伏愿阖邑梓里，名流硕彦，当仁不让，事在留名，乐解腰缠，咸舒臂助。从此俎豆常新，蒸尝弗替，美轮美奂，允称闾里之光，肯构肯堂，永赖荣施之赐矣。是为序。

光绪岁次庚子吉月吉日立

重修会馆总理	郑义安	郑颖南	张荫棠
	郑士三	马英荃	黄焕成
	郑士凤	詹仁良	陈辛酉
	黄仁波	官永昌	谭和韶
	谭和康	林天吉	岑　富
	万安隆	麦　发	张丽棠

光绪三十三年岁次丁未孟冬泐石

本文之作，访录及摄影工作，多得梁荣基之助。星洲则陈荣照、陈真爱两君，槟城则黄晚香先生，蔴坡则陈蕾士君，间为缮录及覆勘原碑。又金兰庙条规，承李业霖君录示，崇文阁碑，亦荷其见告。良朋佳贶，附此致谢，作者并志。

附录一　碑目

马来亚

明

1622	天启二年壬戌	黄维弘墓碑（马六甲） 附明故妣□氏墓（马六甲）

清

1678	康熙十七年戊午	郑甲必丹明弘墓碑
1685	康熙二十四年乙丑	郑甲必丹济博颂德碑
1706	康熙四十五年丙戌	曾其禄颂德碑　同安陈大宾撰
1779	乾隆四十四年己亥	甲政陈承阳墓碑（以上皆在马六甲）
1792	乾隆五十七年壬子	六甲弟子李赐答谢（大伯公）香炉石刻（在槟城）
1795	乾隆六十年乙卯	三宝山建造祀坛功德碑记　李宜缨撰（在马六甲）蔡士章立
1800	嘉庆五年庚申	槟城创建广福宫碑记　黄金銮等立
1801	嘉庆六年辛酉	建宝山亭碑记　甲必丹蔡士章立（在马六甲）
同上		重兴青云亭碑记　邱华金撰僧悦成立（在马六甲）
同上		槟屿（广东）暨汀州义冢墓道志　侯月池记

1809　嘉庆十四年己巳　　槟城永定马福春墓碑
1824　道光四年甲申　　槟城重建广福宫碑记　梁美吉、林高泮等立
1825　道光五年乙酉　　槟城甲必丹辜礼欢墓碑（在峇都兰章）
1826　道光六年丙戌　　李士坚配青云亭木牌记
1831　道光十一年辛卯　　三宝山墓地复兴捐金木牌记（在马六甲）梁美吉立
1836　道光十六年丙申　　马六甲潮州义冢公司墓碑
　　　　　　　　　　兴隆邱公配享牌记（在马六甲）
1843　道光二十三年癸卯　　青云亭序　薛文舟立　陈俊卿撰（在马六甲）
1845　道光二十五年乙巳
1846　道光二十六年丙午　　青云亭奉祀李为经禄位碑　薛文舟立
同上　　（青云亭）立郑芳扬禄位碑　薛文舟撰
同上　　薛文舟青云亭纪梦碑　陈延选撰
1848　道光二十八年戊申　　青云亭主梁美吉碑　福建会馆主徐炎泉立　黄位卿撰
1849　道光二十九年己酉　　（槟城）吉礁港口王辜勤烈墓碑
1850　道光三十年庚戌　　吉打广东列位义冢墓碑[①]
1851　咸丰元年辛亥　　槟城（丘氏）龙山堂碑
1852　咸丰二年壬子　　青云亭大众爷碑
同上　　青云亭许永占碑
1854　咸丰四年甲寅　　（僧）顺寂墓碑（在槟城）
1856　咸丰六年丙辰　　（槟城）福建义冢碑记
1860　咸丰十年庚申　　广东汀洲众信士新建槟屿福德祠并义冢凉亭碑记　梅明两撰
1861　咸丰十一年辛酉　　芙蓉　惠府甲必丹盛明利碑[②]
1862　同治元年壬戌　　（槟城）重修广福宫碑记　嶙唧郡主许泗漳捐
1865　同治四年乙丑　　（槟城）重修海珠屿大伯公宫碑记总理冯登觉胡泰兴等立
　　　　　　　　　　（文多脱落不录）

① 吉打广东义冢碑，详《雪兰莪广东会馆纪念刊》，139页，1960。
② 芙蓉甲必丹盛明利碑，详《芙蓉史话》，载《文摘》六卷第十期，42页。

1867	同治六年丁卯	重修青云亭碑　亭主陈巨川（金声）等立
同上		重修青云亭续上碑
1871	同治十年辛未	海国观光碑　马六甲琼州会馆主事龙家传立
1873	同治十二年癸酉	槟城青云岩门口石狮题字
同上		（槟城）宗德堂谢家庙碑记
1878	光绪四年戊寅	众造琼州流芳碑（在马六甲）
1879	光绪五年己卯	（槟城）重建城隍庙碑记
1880	光绪六年庚辰	重建清云岩碑记　王文庆等立（在槟城蛇庙）
1881	光绪七年辛巳	太平甘文珍广东四府义勇总坟碑
1882	光绪八年壬午	粤东古庙捐款题名碑　在新港门（未见）[①]
1886	光绪十二年丙戌	（槟城）广福平章公馆碑记　王寿春撰
1888	光绪十四年戊子	保三宝井山义冢资助公班衙记，陈宪章亭主（明水）立
1889	光绪十五年己丑	（古晋）重修玄天上帝庙碑记
同上		粤海公司立上帝庙规定庙祝碑
1890	光绪十六年庚寅	槟城福建义冢碑记　光绪戊子科解元南安郑怀陔撰
1891	光绪十七年辛卯	重修宝山亭记　亭主陈笃恭（明玉）副亭主曾廷珪立
1892	光绪十八年壬辰	槟城建义冢碑　翰林庶吉士张藻翔撰
1893	光绪十九年癸巳	绥靖伯庙捐款题名碑（在马丹，未见）[②]
1894	光绪二十年甲午	重修青云亭碑记　亭主陈笃恭等立
同上		青云亭礼佛捐缘记（不录）
同上		张煜南极乐寺题诗识云："光绪甲午冬与极乐寺方丈妙莲谈佛经，说因果，不觉俗虑顿清，赋此以志鸿爪。"（诗见《极乐寺志》，不录。）
1897	光绪二十三年丁酉	（青云）亭主陈宪章（明水）颂德碑　魏建勋撰
1898	光绪二十四年戊戌	（槟城）重修五福书院碑记

① 新港门粤东古庙碑，见黄存燊《华人甲必丹》，87页，注十四。

② 丹绥靖伯庙碑，见上书，87页，同前注。

1899	光绪二十五年己亥	太平甲必丹陈亚炎墓碑（在太平广东墓场）[1]
1901	光绪二十七年辛丑	槟城甲必丹郑亚贵墓碑
同上		（槟城）重修旧山凉亭水圳序　新宁伍百年撰
同上		（槟城）五福书院创建千益银会碑记　总理林玉衡等立
同上		（槟城）琼州会馆碑　周衡山等立[2]
1903	光绪二十九年癸卯	槟城诒谷堂碑
同上		康有为"勿忘故国"题字（在极乐寺寿佛石上。署"光绪二十九年癸卯夏六月"）
1904	光绪三十年甲辰	绍兰会大伯公碑记（在马六甲）
同上		（槟城）重修龙山堂碑　丘炜萲撰
1905	光绪三十一年乙巳	张公煜南纪德碑　槟城极乐寺主持妙莲、监院得如、本忠等立（碑有二载于《极乐寺志》卷三者，多删节）
1906	光绪三十二年丙午	槟城五福书院创建总坟碑记（陈宝琛）听水翁极乐寺题壁诗　三宝井立示
1907	光绪三十三年丁未	（槟城）创建白鹤山极乐寺碑大总理张振勋、张煜南、谢荣光、郑嗣文、张鸿南、戴春荣等立　韦宝慈撰文（文见《极乐寺志》卷三）
同上		（槟城）重建香山会馆捐题小引碑
1908	光绪三十四年戊申	雪兰莪琼州会馆碑[3]
1909	宣统元年己酉	青云亭捐款碑　副亭主陈温源立（不录）
1910	宣统二年庚戌	青云亭主陈敬政主碑（不录）

星加坡

明

1622	天启二年壬戌	达豪亦港乡义叙　朝元程公墓碑

① 太平甲必丹陈亚炎墓碑，见上书，78页。
② 槟城琼州会馆碑，见邝国祥文，载《文摘》六卷七期，36页。
③ 雪兰莪琼州会馆碑，见林峻雄《雪兰莪琼州会馆史略》，载《文摘》六卷十一期，43页。

清

1830	道光十年庚寅	恒山亭碑　薛佛记立
1836	道光十六年丙申	恒山亭重议规约五条　移存南安会馆
1839	道光十九年己亥	金兰醵资碑　陈治生、杨清海立
1840	道光二十年庚子	广东省永定县重建冢山碑记　在绿野亭[①]
1844	道光二十四年甲辰	重建应和会馆碑　总理叶光辉立
1845	道光二十五年乙巳	陈笃生医院缘起　陈笃生立
1846	道光二十六年丙午	恒山亭重开新冢布告事碑　薛佛记立
1847	道光二十七年丁未	重修梧槽大伯公庙题捐碑文　王闽律等立
1848	道光二十八年戊申	重建宁阳会馆石碑　温道柏立　余廷润撰文
1850	道光三十年庚戌	建立天福宫碑记　陈笃生、薛佛记等立
同上		望噶叻王莅星碑
1854	咸丰四年甲寅	陈笃生医院碑记　该院董事立
同上		陈笃生医院增建翼屋碑文
同上		重修大伯公庙众信捐题芳名碑记
1858	咸丰八年戊午	建立茶阳会馆碑记　萧贤舞立
1860	咸丰十年庚申	茶阳馆当众面议
1861	咸丰十一年辛酉	萃英书院碑　陈金声等立
同上		萃英书院捐题石碑　曾举荐等立
同上		重修坍嵱吧嗝大伯公祠字碑　刘纫芳撰文刘恒兴立
1862	同治元年壬戌	重修新山利济桥碑记
1864	同治三年甲子	茶阳会馆碑记　曹顺兴立
1867	同治六年丁卯	兴建崇文阁碑记　陈巨川（金声）立
同上		续上崇文阁碑记　陈巨川立
1868	同治七年戊辰	新加坡重修凤山寺序　蔡鹏南立
同上		紫云建庙碑　林应端立
1869	同治八年己巳	福德祠大伯公碑记
1870	同治九年庚午	建筑福德祠前地台围墙碑记　杨奕高等立
1871	同治十年辛未	暹罗王莅星碑
1875	光绪元年乙亥	建修应和会馆碑　罗翰成立

① 绿野亭总坟碑，见梁元浩《南顺会馆史略》，参1964年该馆纪念刊。

1876	光绪二年丙子	浯江孚济庙碑记　林衡南撰
1878	光绪四年戊寅	保赤宫碑记　保赤宫董事立
1879	光绪五年己卯	重修恒山亭碑　薛茂元立
同上		重修恒山亭续上碑　永春林一枝撰
同上		重建北极宫序　北极宫董事立
同上		新建番禺会馆碑记　胡南生号立
1880	光绪六年庚辰	重新迁建广福古庙捐题工金碑记　梅南乐等立石　林桂芳书
同上		新建万寿山观音堂壬辰重修两次碑记　吴明复、王元德立
同上		琼州会馆序　邱对欣立
同上		重建琼州会馆碑
1881	光绪七年辛巳	重建金兰庙碑号　章明云立
1883	光绪九年壬寅	保赤宫碑　总理陈永锡立
1884	光绪十年甲申	广惠肇重修利济桥道碑
同上		嘉应州五属重修绿野亭利济桥芳名碑　汤广生等立
1886	光绪十二年丙戌	福德祠二司祝讼公碑
1887	光绪十三年丁亥	重修崇文阁碑记　黄莲山书
同上		丰顺公司碑　刘成章立
同上		玉皇殿碑记　章芳琳立
同上		清元真君庙碑记　章芳琳立
同上		双龙山应五属义祠碑记　源裕昌等立
1889	光绪十五年乙丑	新建番禺副会馆碑记　胡南生立
1890	光绪十六年庚寅	劝捐碧山亭小引碑
1891	光绪十七年辛卯	清元真君庙条规　章桂苑（芳琳）立
同上		金兰庙条规碑　章桂苑立
1893	光绪十九年癸巳	章芳琳墓志铭　黄遵宪撰　梁居实书
1894	光绪二十年甲午	宁阳会馆重修碑记　同善堂碑　马纯清立
1896	光绪二十二年丙申	萃英书院募捐芳名碑记　陈若锦倡修
1898	光绪二十四年戊戌	重修应和会馆碑
1900	光绪二十六年庚子	重修大伯公庙碑　（三十一年立石）
1901	光绪二十七年辛丑	新建广福古庙戏台石碑　广肇二府众纶盛号

		等立
同上		重建三邑（丰永大）祠碑记　前星嘉坡总领事埔邑张振勋撰
1902	光绪二十八年壬寅	重建顺天宫碑记　王道宗撰
同上		莲山双林禅寺缘起　比丘尼慈妙立
1903	光绪二十九年癸卯	惠州会馆碑　叶唐生等立
同上		双林寺漳州南靖刘金榜功德堂碑
1904	光绪三十年甲辰	开山圣侯庙碑　王水宣等立
1905	光绪三十一年乙巳	永春会馆碑　周腾飞撰
1906	光绪三十二年丙午	重修天福宫碑　陈武烈等立
同上		惠州会馆石碑　叶唐生等立
1907	光绪三十三年丁未	符氏社勒碑　符愈贵立新加坡华人捐建义勇军演武厅征信碑
1909	宣统元年己酉	丁未年重修广福古庙捐签碑记　吴耀南刻并书
1909	天运己酉	芋菜园圣王庙碑　林推千等立

1968年，余初莅星洲，主新加坡大学中文系，翌年游马来亚，以暇晷访碑，遂有系年之作。初意但欲利用当地资料，为南中金石学开拓新领域。嗣是学人闻风兴起，傅吾康教授致力马来亚，浸及汶莱，而年轻学人若李业霖、吴华，且以全力为之。李君在星所得资料，后悉汇入于陈氏《新加坡碑文集录》，吴华专心为社团之调查。叻地古迹，有林孝胜等，亦纂集成书。近年吴君刊其《新加坡华族会馆志》三巨册，可谓盛矣，拙作仅为大辂椎轮。星洲诸碑，今另为目于附录，其详请参阅各家书，不复覼缕及之。

1978年秋谨记

附录二　钟、炉目

1792	乾隆五十七年壬子	槟城海珠屿大伯公庙前石刻香炉，款云："乾隆壬子六甲弟子李赐答谢，葭月吉立。"按六甲即六甲省称。青云亭曾有亮、陈起厚、蔡士章皆自署"知六甲政事"，可证。
1801	嘉庆六年辛酉	丁加奴和安宫，泉州府同安县古浦乡张过铸铁钟。（《南洋学报》四卷一期，11页）
1813	嘉庆十八年癸酉	槟城大伯公庙香炉题"五方父老"四字，"嘉庆十八年首夏吉旦，沐恩众弟子敬立"。
1837	道光十七年丁酉	新加坡粤海清庙天后宫钟，款文云："风调雨顺。道光十七年吉日陈仁合敬奉天后圣母座前。万全炉造。"凤山寺有木香炉，款云："道光丁酉吉旦。"
1838	道光十八年戊戌	粤海清庙上帝宫钟，款文云："玄天上帝，道光十八年仲夏月十一日立。潮庥沐恩弟子海邑。（下残）"
1856	咸丰六年丙辰	星福德祠铜钟，款云："广东番邑沐恩弟子湖本新敬□铜钟一座，虔奉大伯公案前千秋。咸丰六年岁次丙辰吉旦，石叻顺口号造。"

1876	光绪二年丙子	琼州会馆钟，款云："天后圣母琼州府会馆，众信士中和堂等敬酬。丙子年四月吉日谷旦。"
1881	光绪七年辛巳	槟城青云岩门前香炉，款云："福兴宫。光绪辛巳年吉旦，田头社杨荣树叩谢。"

附录三　匾额纪要

秦书八体有署书，萧何题阙，实为权舆。历代制度日繁，扁署嘉名，民间庙宇辄复行之。元至顺东平王士点有《禁扁》之作，蒐集颇备。海外寺院多效华俗，马六甲青云亭题额尤夥，汇而观之，亦足为考史之助。兹记其有年月而较重要者，以见其概。凡括号内，皆匾额原文。

1705	康熙四十四年乙酉	曾其禄题“青云古迹”匾。“时乙酉岁仲秋谷旦信士曾其禄立”。 青云亭始建于康熙癸丑（十二年），此匾之立，在其后三十二年。
1735	雍正十三年乙卯	王宗典立“普照祥光”匾于青云亭。“时雍正乙卯年瓜月谷旦，鹜江弟子王宗典敬立”。
1786	乾隆五十一年丙午	陈振世立“道济生灵”匾。“乾隆丙午小阳春谷旦，布政使司官科陈振世敬立”。 知六甲政陈起厚立“慧眼观世”匾。“乾隆丙午小阳春谷旦，知六甲政事陈起厚立”。 黄毓秀题“海国安澜”匾。“乾隆丙午岁小阳月吉旦，现候补分县黄毓秀敬立”。三匾皆在青云亭。
1798	嘉庆三年戊午	蔡士章立“保障幽明”匾。“戊午菊月甲政

		蔡士章”。在宝山亭。
1801	嘉庆六年辛酉	甲政蔡士章题青云亭，匾曰“云山第一”。“时大清嘉庆六年岁次辛酉桐月谷旦，知六甲政事特授甲必丹大蔡士章敬立”。
1803	嘉庆八年癸亥	“钦崇福泽”，“嘉庆八年岁次癸亥仲冬谷旦，槟榔屿甲必丹胡始明皆男臻麒麟动沐叩”。在槟城广福宫。
1804	嘉庆九年甲子	甲政曾有亮题青云亭，匾曰“慈悲普济”，“嘉庆甲子桂月吉旦，特授甲政曾有亮立”。
1809	嘉庆十四年己巳	是年，青云亭有下列各匾： 曾有亮题“观世自在”。“时大清嘉庆十年岁次己巳葭月，知六甲政事特授甲必丹大曾有亮敬立”。又题宝山亭匾曰：“以承祭祀”，“嘉庆己巳花月，甲政曾有亮题”。 漳郡陈遐伯题“母德永昭”。“时嘉庆岁次己巳葭月，漳郡溪邑龙美陈遐伯敬立”。 邱若惠题“慈悲永现”。“嘉庆己巳年仲冬，滋邑新江太学生邱若惠立”。
1816	嘉庆二十一年丙子	青云亭有以下二匾：澄邑何大章题“参赞化育”。“大清嘉庆丙子岁葭月谷旦，澄邑鹏程太学生何大章立”。谢希明题“水德配天”。“大清嘉庆丙子岁葭月谷旦，漳郡澄邑石塘谢希明敬立”。
1824	道光四年甲申	新加坡福德祠匾：“赖及遐陬”。“广惠肇三府沐恩众信士敬送，道光岁次甲申年仲春吉日立”。按此为星洲最古之文物。
1826	道光六年丙戌	甲政曾世芳题青云亭，匾曰“法界时春”。“道光岁次丙戌端月谷旦，知甲政曾世芳敬立”。又曾谋匾曰：“万夷钦服”。“道光丙戌年孟春月吉旦厦岛弟子曾谋敬立”。苏起时匾：“义冠千秋”。“道光丙戌年孟春月吉旦，

		同邑弟子苏起时立”。
1828	道光八年戊子	薛佛记为恒山亭题匾：“福弥春秋”。“道光八年岁次戊子桂月谷旦，漳郡浦邑东山上营社大董事薛佛记敬立”。
1830	道光十年庚寅	金兰庙立“德被生民”匾。“大清道光十年庚寅岁梅月吉旦书，金兰雅禊众弟子敬奉”。
1840	道光二十年庚子	天福宫匾：“光被四表”，“道光庚子年嘉平月谷旦，闽中鹭江源丰行许礼敦敬立”。（又有……）
1849	道光二十九年己酉	青云亭章士溥匾：“保民参天”。“时己酉岁月谷旦弟子章士溥立”。
1863	同治二年癸亥	峨嶆伯公庙匾“灵通镜海”。“同治二年仲春吉立，弟子陈金火黄聚财同敬”。
1865	同治四年	丹戎葛福德祠殿内悬有“永沾伯佑”。
1876	光绪二年丙子	应和会馆立“五福堂”，“光绪二年丙子孟秋吉旦嘉应五属同立”。
1891	光绪十七年辛卯	恒山亭黄辉明立“山岳钟灵”匾。“光绪辛卯年秋吉旦，前署延安海防督捕鱼理巡海粮饷黄辉明敬”。二十三年光绪御笔“曙海祥云”匾题粤海清庙。后来天福宫有光绪三十三年“波靖南溟”匾。清帝赠匾只有此二处。
1902	光绪二十八年壬寅	协德宫“崇德尊王”额，吴天赏立。
1910	宣统二年庚戌	陈温源立“显化慈悲”匾。“时大清宣统二年庚戌年月吉旦，知六甲政事特授副亭主陈温源敬立”。

饶宗颐

二十世纪学术文集

卷八 敦煌学（上）

中国人民大学出版社
· 北京 ·

卷八

敦煌学

目录

敦煌学散论

卷八

饶宗颐二十世纪学术文集·敦煌学

目　录

巴黎藏最早之敦煌写卷《金光明经》（P·四五〇六）跋

法京所藏敦煌卷子，以伯希和目四五〇六号之《金光明经》卷二为最早。写本原物为黄绢，墨色晶莹，卷颇长，整洁可喜，最难得者，为卷后长篇题记，盖写于北魏献文帝皇兴五年（471）。兹录其文如下：

> 皇兴五年，岁在辛亥，大魏定州中山郡卢奴县城内西坊里住，原乡凉州武威郡租厉县梁泽北乡武训里方亭南苇亭北，张壜主，父宜曹讳昺，息张保兴。自慨多难，父母恩育，无以仰报。又感乡援，靡托思恋。是以在此单城，竭家建福，兴造素经法华一部、金光明一部、维摩一部、无量寿一部，欲令流通本乡，道俗异玩。愿使福钟皇家，祚隆万代祐例（列）。
>
> 亡父亡母，托生莲华，受悟无生。润及现存，普济一切，群生之类。咸同斯愿。若有读诵者，常为流通。

造素经之张壜主[1]，原籍乡为凉州武威郡租厉县。租厉即汉时之祖厉，《汉书·地理志》，祖厉属安定郡二十一县之一。《续汉书·郡国志》武威郡十四城，其一为租厉，注“故属安定”。与此题记合，字亦从禾作租。《晋书·地

① 人名，张壜主之“壜”字，疑为“璅”之别体，从土从玉每不分，如堂亦作瑺，（《六朝别字记》），此又从衣，未敢定，顷见南朝（萧齐）胡桥吴家村及建山金家村墓砖，有大、中、小鸭舌之名，又有大宽鸭舌、壜鸭舌，其字形一作𡑞，又一作墷，并从土。参见《文物》，1980（2）。故知墷即璅，同琐，细小也，与宽相反。张壜主，或即细主之意。

理志》，凉州武威郡统县七，无租厉县，时或省罢。《水经·河水注》："河水东北流迳安定祖厉县故城西北，汉武帝元鼎三年，幸雍，遂逾陇，登空同，西临祖厉河而还，即于此也。王莽更名之曰乡礼也。李斐曰：'音赖。'又东北祖厉川水注之。水出祖厉南山，北流迳祖厉县而西北流，注于河。"案《汉书·武帝纪》，临祖厉河事在元鼎五年冬十月，戴震校郦注云："近刻讹作五年"，则以不误为误。李斐曰音"嗟赖"，郦氏引脱"嗟"字。地名每异读，祖厉盖音如"嗟赖"也[①]。祖厉之山川，以武帝登陟而著名。沈钦韩云：《玉篇》，袓，子邪切，县名，字从衣，不从示。所引《水经注》祖字皆从衣。此题记则从禾不从衣，与刘昭志同。《明史·地理志》：靖虏卫西南（今宁夏）有租厉河。明胡汝砺《宁夏新志》："靖虏堡属右屯卫。"《清一统志》："祖厉河在巩昌县会宁县南，本名庲岔河，又西北迳靖远县界为祖厉河，下流入黄河。"《魏书·地形志》："泾州陇东郡，领三县，其一为祖居县。"下云："前汉属，罢，后复，属武威，晋罢，后复属。"齐召南谓："祖居即二汉之祖厉县也。前属安定，后属武威，此注'前汉属'下似脱'安定'二字，衍'罢'字。"中华标点本《魏书》校记云："两汉或曾罢县，魏收别有所据，不一定衍讹。"今据此《金光明经》题记，北魏皇兴初，租厉县实属于凉州武威郡。岂魏收撰志时，改属陇东郡，且易名为"祖居"乎。《清一统志》："祖厉故城在今靖远县西南。"

张氏造此经时，籍贯已改属定州中山郡卢奴县。《地形志》："定州原为安州，天兴三年改，领郡五，首即中山郡，有卢奴县，为州郡治。"定州之名始此，以平定天下为名也。《水经·滱水注》："（定州）治水南卢奴之故城。……卢奴城西北隅有水渊而不流，俗名黑水池，或曰水黑曰卢，不流曰奴，故此城借水以取名。"《元和郡县图志》十八定州安喜县下"后燕慕容垂都中山，故改卢奴为弗违县。后魏平燕，又改为卢奴。"与此题记合。清赵东潜有《卢奴水考》谓由《水经注》城内有泉一语推之，卢奴城在今州治西北，隔越唐河。

---

① 《玉篇·衣部》："袓，似与切，好也。又子邪切，县名。"按子邪切同于《汉书·武帝纪》李斐音"祖厉县"为"嗟赖"，子邪切，音嗟。然北魏写本明作租，与《续汉志》同。顾野王作袓，从衣，盖南朝人借袓字为之。《广韵》从衣之袓有二，一入上声语，又一入平声麻，即子邪切。从衣之袓，字见《说文》云："事好也。"《广雅·释诂》："袓，好也"，又《方言》"珇，好也"，珇与袓皆训好，同意同义。

清惠栋《后汉书补注》卷二十三云："案司农夫人碑祖字作租，今误租。"以租为祖之误，恐未必然。《魏书·刑法志》：太武帝太延五年（439），"魏虏西凉之人，没入名为隶户。魏武入关，隶户皆在东魏。后齐因之，仍供厮役"。《周书》：武帝"建德六年，诏……凡诸杂户，悉放为民"。吴其昱兄举示，谓张氏当日或被没为隶户。

（《东潜文稿》）题记云："自慨多难"，其时敕勒屡叛，军旅旁午，百姓多被迫迁徙。《魏书·显祖纪》："（皇兴五年）夏四月，西部敕勒叛，诏汝阴王天赐给事中罗云讨之，云为敕勒所袭杀，死者十五六。"又《高祖纪》："是年十月丁亥，沃野、统万二镇敕勒叛，诏太尉陇西王源贺追击至枹罕。（《地形志》：'河州治此，领金城临洮四郡。'）斩首三万余级，徙其遗迸于冀、定、相三州为营户。"《源贺传》云："是岁河西敕勒叛，遣贺率众讨之，降二千余落，……虏男女万余口，杂畜三万余头。后追统万、勇平、上邽三镇叛敕勒，至于金城。"多难云云，殆指敕勒为患也。《定州志》卷三"历纪"书北魏时大事略如下：

> 神䴥元年闰十月，定州丁零叛。
> 神䴥三年，诏定州及冀相二州造船。
> 同四年，赈定州饥民。
> 太平真君五年，徙北部民于定及冀相二州。
> 同七年，发定州及冀相二州兵屯长安，发定司四州兵筑塞围。

《世祖纪》："太延二年八月丁亥，遣使六辈使西域。帝校猎于河西。诏广平公张黎发定州七郡一万二千人，通莎泉道。"《张黎传》云："世祖诏黎领兵一万二千人，通莎泉道。"此又定州人民被征调至西北筑路之事实。张壤主《题记》："在此单城"，自指卢奴县，而云"兴造素经，流通本乡"，必指武威祖厉县。定州当北魏时饥馑荐臻，徭役繁兴，其民或自河西迁徙至定，或被征发服役于河西，流转沟壑。张氏之亡父昺，死于何地不可得知，其子写经求托生于净土，并为群生祈脱苦难，陈词哀戚，即今读之，有不胜乱离瘼矣之感。

敦煌经卷写于定州者，尚有S·二一〇六之《维摩义记嘱累品》。其题记云："景明原年二月廿日比丘昙兴于定州丰乐寺写讫。"即宣武帝元年（500）。今存《维摩经义记》，写于北魏者尚有释琼许大统三年正月十九日写[①]，大统十四年十月五日普济寺僧清鸾写[②]。据《魏书·世宗纪》："永平二年（509）冬十月己丑，帝于式乾殿，为诸僧、朝臣讲《维摩诘经》。"由于在上之提倡，故此经义记写者独多。其一写于定州丰乐寺，此与《金光明经》皆非敦煌当地所写者。丰乐寺在定县七帝寺左近，曾出土武定五年"丰乐七帝二寺造象记"，其中僧人以昙为号者有昙斑、昙秀、昙哲、昙灵、昙端等，独不见昙

---

① 北京辰字三十二号。

② 法京P·二二七三《维摩诘义记》卷第一。

兴。丰乐寺造象拓本见《定县志》卷十八《志余金石上》。(原石存众春园)《定县志·古迹篇》寺塔，于七帝寺叙述至详，七帝寺为定城最古之刹，北魏时丰乐与七帝二寺并称，见《武定五年造象记》，此记出土与七宝瓶同地，今得此卷题记，关于北魏丰乐寺，又添一资料。定州于宣武帝正始二年(505)刺史城阳王元鸾以赤金三十六万斤造大佛像①，缮起佛寺，释教更盛②，昙兴所写经在城阳王铸像前五年耳。

《魏书·地形志》序称："今录武定之世以为志，州郡创改，随而注之，不知则阙。"钱大昕云："伯起志州郡，不述太和全盛之规，转录武定分裂之制；至秦雍以西，不在东魏疆域之内，乃据永熙绾籍以足之，未免自乱其例。"《地形志》之作，向颇为人诟病，温曰鉴因撰《地形志校录》，惟可援据之新资料殊不多觏。若《水经注》引《魏土地记》及《大魏诸州记》，只寥寥数语。今此题记于武威郡及陇东郡所属之租厉县问题，提供一答案，可补伯起之缺。至租厉县属下乡里名称尤向所未闻。题记有裨于史学，更不可忽，爰不辞觍缕，为考证如上。

附录

(一) S·六二六四戒牒，《西域文化研究》第一册附《敦煌佛教史年表》系于公元409年，即(北魏)天兴十二年。按道武帝天兴只六年而已，公元409年乃明元帝永兴元年。细审原件戒文甚长，首题"南阎浮提大宝于阗国迎摩寺八关戒牒，受戒弟子曹清净牒"，署"天兴十二年正月八日"，末行"授戒师左街内殿讲经谈论兴教法律大师赐紫沙门道圆☐"。考《五代史》七十四《四裔附录》晋天福三年，高居诲为判官，册李圣天为大宝于阗国王。沙州曹氏与于阗结为婚媾，于阗事摩尼教，故其寺名曰"迎摩寺"。③ 此牒署"大宝于阗国"，必在居诲册封之后，《居诲记》称圣天年号"同庆二十九年"，此作"天兴"，然则此天兴乃于阗李圣天年号，不应系于北魏。伯希和目三〇一六纸背有天兴七年、九年牒两件，及天福十年牒两件，为沙州致回鹘者，此天兴亦于阗年号也。

据J. Hamilton考证天兴年号共十三年(986—999)，于阗文thyina-hini即天兴，见所著"Les Bègnes Khotanais entre 851 et 1001"。

---

① 定县料敌塔前出土《七宝塔铭》。

② 元鸾有墓志，见赵万里：《集释》，144页。

③ 王国维撰《于阗公主绘地藏菩萨题记》颇考其史事。

（二）S·六二五一为一入葬衣物遗册，中间一行书“玄始九年十一月一日良▨”。玄始二字甚明，《西域文化研究》第一册附《敦煌佛教年表》误作“永安”，又题为“墓表”，非是。玄始盖沮渠蒙逊年号，玄始九年为公元420年，即魏明元帝泰常五年。《魏书》九十九：“永兴中，蒙逊克姑臧，迁居之，改号玄始元年，自称河西王，置百官丞郎以下。泰常中，蒙逊克李歆，寻灭敦煌。”《魏书·太宗纪》：“泰常五年，是岁李歆为沮渠蒙逊所灭，歆弟恂自立于敦煌。”即是年之事。

此一遗册书法甚佳，末言“随身衣裳棺木如左。见左清（青）龙右白虎前（朱雀）……物数胡僧受……”云云，胡僧不知何所指，蒙逊统治下是时胡僧著者有昙摩谶，惜墓主名字不明。一九七五年新疆吐鲁番出土北凉文书，有玄始十一年马受条呈出酒事，载《文物》，1976（6），与此册为同时之物，敦煌资料中有沮渠蒙逊年号者极少见。

附　北魏敦煌写经简目

公元435年	魏太武太缘（延）二年	《楞严三昧经》令狐廉于酒泉为优婆塞史良奴写	见《吐鲁番考古记》“北凉石塔”
公元454年	兴安三年	谭胜写“大慈如来十月二十四日告疏”	敦煌研究所目〇〇七
公元455年	文成帝太安元年	伊吾南祠比丘申宗写经	S·二九二五
公元458年	（安太）太安四年	比丘□七月三日唐儿祠中写经	北京地字七六
公元461年	孝武帝和平二年	唐丰国写孝经残页	敦煌文物所目三六六号
公元467年	献文帝天安二年	令狐㻪儿字课	敦煌研究所目一一三
公元468年	皇兴二年	康那造幡发愿文	敦煌研究所目三四三
公元471年	皇兴五年	《金光明经》卷二原武威郡租厉县张氏写黄绢本	P·四五〇六
公元479年	孝文帝太和三年	《杂阿毗昙心经》太师冯熙晋国写于洛州	S·九九六

公元479年	孝文帝 太和三年	《金光明经》卷四除病品 为亡比丘龙泉窟主永保写	S·六一六
公元488年	太和十一年	佛经灌顶章句……经	敦煌研究 所目〇〇九
公元489年	太和十二年	《金光明经上》 张宁安写	敦煌研究 所目〇〇六二
公元500年	宣武帝 景明元年	《维摩义记》 比丘昙兴于定州丰乐寺写	S·二一〇六
公元512年	永平五年	《大般涅槃经》卷三十二 李季翼为亡姊写	P·二九〇七

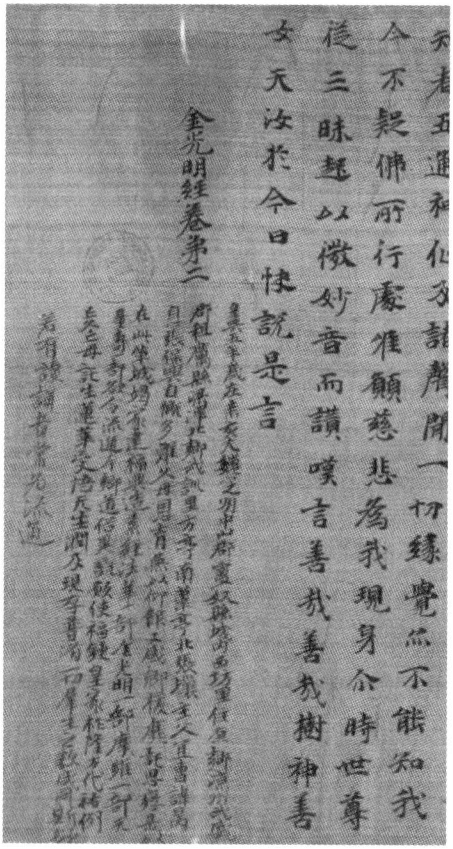

巴黎藏最早之敦煌写卷《金光明经》(P·四五〇六)

北魏冯熙与敦煌写经

——魏太和写杂阿毗昙心经跋

北魏皇室与敦煌莫高窟之关系，向来史家每提及东阳王元荣。史称永安二年（529）八月，封元太荣（即元荣）为东阳王（《魏书·孝庄纪》）。[①] 元荣在瓜州，曾广写佛经。日本中村不折藏《律藏分》第十四卷题记："普泰二年，瓜州刺史东阳王元荣敬造无量寿经一百部……。"英伦S·四四一五号《大般涅槃经》卷第三十一题记为"永熙二年（533）瓜州刺史东阳王元太荣"[②]，又S·四五二八号《般若波罗蜜经》题记："大代建明二年（530）佛弟子元荣[③]。"北京图书馆华字五十号《大智度论》卷尾题记："普泰二年……□阳王元荣。"合以上各卷题记，知元荣任瓜州下限可至永熙二年以降。谢启昆《西魏书》卷十二有《东阳王荣传》，称其大统十一年，为瓜州刺史。

据《周书·申徽传》："十年，迁给事黄门侍郎。先是东阳王元荣为瓜州刺史，其婿刘（邓）彦随焉。"谢氏盖误读《徽传》，元荣为瓜州刺史当在永安二年。至大统十一年，应指徽谋取彦事，时瓜州刺史当是邓彦。敦煌莫高窟第八十三窟有"大代大魏大统四年戊午发愿文"[④]，当即元荣所开之大窟。

---

① 宿白《敦煌莫高窟早期洞窟杂考》称："孝昌元年（525）九月之前，北魏明元帝四世孙元荣出任瓜州刺史，从洛阳到敦煌。"考《魏书·孝庄纪》，"永安元年六月癸卯以高昌王子光为平西将军瓜州刺史，袭爵泰临县开国伯高昌王"。而同《纪》云翌年"八月丁卯封瓜州刺史元太荣为东阳王"，则元太荣之前一年高昌王光实为瓜州刺史。

② 东阳王元太荣，刘铭恕录误作"王氏太粲"（《敦煌遗书总目索引》，200页）。

③ 刘铭恕"元荣"误作"元集"（同前注，203页）。清人修《敦煌县志》有《元荣传》。

④ 见谢稚柳：《敦煌艺术叙录》，153～155页。

证以伯希和二五五一号残《道经》背之《李义修佛龛碑文》有云："复有刺史建平公、东阳王等各修一大窟。"此东阳王即元荣也。元荣事迹，贺昌群、向达均曾考证[1]，及赵万里撰《魏宗室东阳王与敦煌写经》[2] 备论其生平，世所共悉。然魏在孝文未迁洛以前，写经之事业已甚盛，冯熙（？—495）之写《一切经》，即其一例。冯氏当日写经亦有流入敦煌，而保存于莫高窟者。

英伦斯坦因九九六号《维阿毗昙心经》卷第六末有题记甚长，共十一行，字极佳。此卷部分现印入二玄社《六朝写经集》列第十八。[3] 曩曾摩挲原物，兹重录如下：

> 杂阿毗昙心者，法盛大士之所说，以法相理，玄籍浩博，憘昏流迷，于广文乃略微以现约，瞻四有之啬见，通三界之差别，以识同至味，名曰毗昙。是以使持节侍中驸马都尉、羽真、太师、中书监领秘书事、车骑大将军、都督诸军事、启府洛州刺史、昌梨王冯晋国，仰感恩遇，撰写十"一切经"，一经一千四百六十四弓（卷），用荅皇施，愿皇帝陛下、太皇太后，德苞九元，明同三曜，振恩阐以熙宁，协淳气而养寿。乃作赞曰：丽丽毗昙，厥名无比，文约义丰，总演天地。盛尊延剖，声类斯视。理无不彰，根无不利。卷云斯苞，见云亦谛。帝修后玩，是聪是備（备）[4]。大代太和三年（479）岁次己未十月己巳廿八日丙申于洛州所书写成讫。

卷背又有文云：

> "杂阿毗昙心经卷。大代太和三年十月廿八日，洛州刺史昌黎（王）冯晋国书于洛州"题记。

此题记出于昌梨王冯晋国，盖即冯熙。《魏书·显祖记》：和平六年夏即位，

① 贺昌群文见《东方杂志》第二十八卷十七号；向达：《莫高、榆林二窟杂考》，见《文物参考资料》第二卷第五期。塚本善隆：《敦煌佛教史概说》（见《西域文化研究》第一）。

② 载《中德学志》五卷三期，1945。

③ 见《敦煌总目索引》，129 页。

④ 按原文作"谛修"，应是帝修，亦"帝"应作"谛"，二字颠倒，细看有乙号，已自更正。

六月封征东大将军冯熙为昌黎王。又皇兴二年六月，以昌黎王冯熙为太傅。[①]《魏书》卷八十三《外戚传》："冯熙字晋昌，长乐信都人，文明太后之兄也。""熙尚恭宗女博陵长公主，拜驸马都尉。出为定州刺史，进爵昌黎王。"知昌梨王应是昌黎王。题记作冯晋国，与《魏书》之作"晋昌"异，写卷当较可信。《熙传》又称："高祖（孝文帝）即位，文明太后临朝，以熙为侍中、太师、中书监领秘书事。乞转外任，于是除车骑大将军开府都督，洛州刺史侍中太师如故。"官衔悉合。其太师之上有羽真一号者，《南齐书》卷五十七《魏虏传》："国中呼内左右为直真，外左右为乌矮真"。《康熙字典》谓北魏呼官吏为"真"，白鸟库吉以为拓跋语之真，即蒙古语之Čin[②]。"羽真"一名不见于《南齐书》，疑乌矮急读为羽，"羽真"可能即外左右之"乌矮真"。本传又谓其"信佛法，自出家财，在诸州镇建佛图精舍，合七十二处，写一十六部《一切经》。延致名德沙门，日与讲论，精勤不倦，所费亦不赀。"题记称"仰感恩遇，撰写十《一切经》"，《传》则言写一十六部《一切经》，盖写十部《一切经》事在太和三年，其后必再续写六部，故得十六之数。此事《释老志》不载；由此题记知北魏写经事业之盛。帝舅昌黎王冯熙提倡之功独多。《南齐书·魏虏传》云："伪太后冯氏兄昌黎王冯莎二女，大冯美而有疾为尼，小冯为宏（即孝文帝）皇后"，是冯熙又名冯莎也。冯氏系出北燕；熙之父朗，朗之父弘，与冯跋俱王燕。《魏书·海夷冯跋传》，称跋父安，东徙昌黎，家于长谷，此熙所以得封为昌黎王也。朗有女入宫为文成帝皇后，即文明太后也，承明元年尊曰太皇太后，临朝听政，高祖为立报德佛寺。太后以高祖富于春秋，乃作《劝戒歌》三百余章，又作《皇诰》十八篇[③]，左仆射李思冲为之注解[④]，孝文之喜华化，似得力于母教；而魏世宫廷佛法复盛，燕之冯氏，与有力焉。[⑤]

冯朗既追赠燕宣王，太后为立庙长安，又立思燕佛图于龙城，皆刊石立碑。[⑥] 冯熙一门显贵，其二女并为孝文皇后，姊即幽皇后，尝出家为尼；妹即废后，为练行尼，终于瑶光寺。[⑦] 太和二年春正月，封昌黎王冯熙第二子始兴

① 冯熙曾为定州刺史，民国《定州志》列熙入《人物鉴戒篇》。

② 《东胡民族考》。

③ 《魏书·皇后传》。

④ 《南齐书》卷五十七。

⑤ 北方佛法兴隆之地，莫如凉燕，参汤用彤：《汉魏两晋南北朝佛教史》，505页。

⑥ 《魏书》后本传。

⑦ 《魏书》卷十三《皇后传》及《洛阳伽蓝记》瑶光寺条。

为北平王，太和五年七月，封昌黎王冯熙世子诞为南平王。① 是年，诏昌黎王冯熙为西道都督，击破萧道成豫州刺史垣崇祖于下蔡。② 题记所称皇帝陛下，乃指孝文帝；太皇太后，指文明太后。其赞曰“帝修后玩，是聪是备”。有训诰之意，后谓其女也。开端云：“《杂阿毗昙心》者，法盛大士之所说。”法盛即法胜（Dharmasri），《阿毗昙心论》四卷③，东晋初已由罽宾三藏瞿昙僧伽提婆译出，风行一时。僧伽提婆又译《增一阿含经》，甘肃酒泉发见承玄元年，高善穆所立石塔，其经柱即刻《阿含经》卷四十二之《结禁品》（第四十六）。④ 可见提婆译本为人重视之情形。

《水经·㶟水注》记平城云：“魏天兴二年迁都于此。……（其水）又南迳皇舅寺西，是太师昌黎王冯晋国所造，有五层浮图，其神图像，皆合青石为之，加以金银火齐，众绿之上，炜炜有精光。”⑤《魏书》熙《传》称其“建图精舍，合七十二处”，“在诸州营塔寺多在高山秀阜”。此即其一。熙二女为孝文帝皇后，故称曰皇舅寺，其所造浮图可考者仅此。《魏书·外戚传》熙字“晋昌”，《水经注》作“冯晋国”，与英伦《阿毗昙心》题记两称昌梨王冯晋国正合，可以订史。并补标点本《魏书》校勘记之缺。明朱谋㙔《水经注笺》校本引《后魏书》：“冯熙字晋国。”杨守敬《水经注疏》云：“《魏书·冯熙传》字晋昌。”但朱氏所见本《魏书》实作“晋国”。

冯熙于太和三年在洛阳州任内，写《一切经》十部；《一切经》每部一千四百六十四卷，共一万四千六百四十卷，此《杂阿毗昙心卷》第六，只是万分之一。书于洛阳而流入敦煌，可谓沧海一粟耳。时孝文尚未迁洛也。麦积山石窟，其开凿约在北魏恢复佛法至太和迁洛前后。麦积石窟造像风格颇近莫高之早期魏窟，《释老志》云：“凉州平，徙其国人于京邑，沙门佛事皆俱东。”沙门与佛事每随政权而迁移，莫高之开窟，北魏东阳王实为一重要角色；王及其戚属自洛至敦煌，写经之传播自意中事，前此冯熙在洛阳所写之

---

① 《魏书·高祖纪》。

② 《魏书》卷九十八。

③ I. Armelin 近著法译《阿毗昙心论》，其前言论述此经原委甚详，惟未及冯熙事。

④ 此新资料见王毅：《北凉石塔》（载《文物资料丛刊》），1～179 页。

⑤ 皇舅寺，熊会贞《水经注疏》：“寺在今大同县东南。”《析津志》有《大金西京武州山重修大石窟寺碑》，称“寺中遗刻有一云：‘安西大将军宕昌钳耳庆时镌，大代太和八年建十三年毕。’庆时即宦官王遇，后进爵宕昌公。《水经·㶟水注》（平城）东郭外太和中阉人宕昌公钳耳庆时立祇洹舍于东皋”。宕昌公亦见《魏书·冯熙传》。长广敏雄以为云冈石窟，有为王遇在冯熙支持下建造者。（《东方学》六十期）

《阿毗昙心》残卷在莫高窟发见，正可说明此一史实。此事对于早期写经习尚及其发展极有关系，故发其端倪，以俟他日进一步之探讨云。

附　魏邓彦妻写经跋

法京伯希和目列三三一二号为《贤愚经》卷第一，仅存经文二行，及书名卷数一行，末题记云：

> 燉煌太守邓　彦妻
> 元法英供养。为一切

似未写完，妻字形习见于北魏碑志。王重民《目录》作“邓季彦”，然原文实无“季”字。（见附图）

邓彦者，东阳王元荣之婿也。赵万里尝录所见邓彦夫妇写《摩诃衍经》卷第八题记称：

> 大魏大统八年十一月十五日，佛弟子瓜州刺史邓彦妻
> 昌乐公主元敬写《摩诃衍经》一百弓。[①]

彦妻为东阳王荣之女，封昌乐公主。据是跋，大统八年邓彦已代东阳王为瓜州刺史矣。[②] 伯卷三三一二号则称曰：“燉煌太守”，似彦在窃瓜州之前，尝官敦煌太守，其妻为东阳王女，故姓元，法英殆其法号，此可补史传及历来考元荣生平之缺。

《周书·令狐整传》云：“刺史魏东阳王元荣辟为主簿。”“孝武西迁，河右扰乱，荣仗整防扞，州境获宁。及邓彦窃瓜州，拒不受代，整与开府张穆等密应，使者申徽，执彦送京师。”又《申徽传》记之较详云：“先是东阳王元荣为瓜州刺史，其婿刘彦随焉。及荣死，瓜州首望表荣子康为刺史，彦遂

① 据赵万里著《魏宗室东阳王荣与敦煌写经》（载《中德学志》）引。赵氏读“元敬”为姓名，谓“敬殆荣之女”。余疑当读作“敬写”为是。

② 《敦煌遗书散录》〇六〇七李木斋藏《无量寿经》卷下题“瓜州刺史元太荣所供养经”，“比丘僧保写”。李氏引《通鉴》“大统十一年东阳王荣为瓜州刺史”。然据《摩诃衍经题记》，《通鉴》之说实不可信。

杀康而取其位。属四方多难，朝廷不遑问罪，因授彦刺史，频征不奉诏。……（文帝）乃以徽为河西大使，使密令图彦。……徽先与瓜州豪右密谋执彦，遂叱而缚之。”豪右即指令狐整也。邓彦之姓，《周书》两《传》前后乖异，《申徽传》作刘彦与整《传》不同。张林楷校记云：“《通鉴》卷一五九作邓，《册府元龟》卷六五七作刘，未知孰是。”中华标点本据张校而依违未决。近人论元荣事多作刘彦。今据此《贤愚经》，寥寥数行，可断必从《令狐整传》作邓彦为是，一字千金，非此之谓欤？

附元荣世系表：

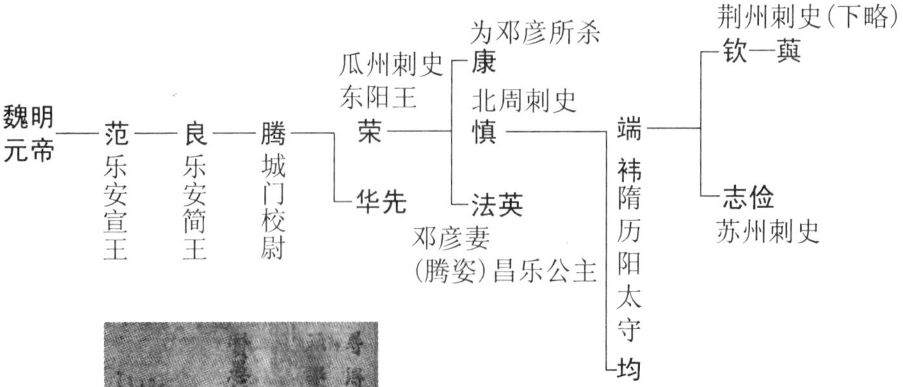

魏邓彦妻写经（P·三三一二）

神玺三年光世音赞跋

——柏林印度艺术博物馆（Museum für Indische Kunst）藏经卷题识

戴仁（J. P. Drege）先生出示柏林经卷二种照片，其一为神玺三年，光（观）世音赞并题记，卷中书观世音作光世音，系以赞云：

魏隆大道，玄通无津。

庪[1]廓幽微，眺睹叵闻。

至人精感，跳然发真。

三光俱威，乾巡（坤）改新。

□□无际，含气现民。

显矣世尊，明德感神。

神玺三年七月十七日张施于寘（冥）安县中写讫。手拙，具字而已，见者莫叹也。若脱漏，望垂珊（删）定。

三光驰像，机运回度。大夫失计，志意错寞（误）。一计不成，亦为百寞。

共存三十九行。

神玺为北凉段业年号（397）。《晋书·载记》二十九：（沮渠蒙逊）推（吕）光建康太守，段业为使持节大都督、龙骧大将军、凉州牧、建康公，改

① 庪，丘支切，宫室高邃貌，见《类编》。

吕光龙飞二年为神玺元年。业以蒙逊为张掖太守。

洪亮吉《十六国疆域志》卷九：晋昌郡，《晋书》："神玺二年，吕光太守王德以郡降，杀业。"晋昌领县七，内有伊吾、冥安。《元和郡县图志》："瓜州晋昌县，本汉冥安县，属敦煌郡，因县界冥水为名也。晋元康中，改属晋昌郡。周武帝省入凉兴郡。"按冥安本为汉县。西晋置晋昌郡，冥安为郡治。《元和志》考证云："冥，晋志作宜，旧志作寘，皆形近之讹。"[1] 杨守敬《隋书地理志考证》亦云："《通典》作宜安，误。"此写卷字形极近旧《志》；作寘，实即寘字之异形。张施于冥安县写此《观音赞》，时在神玺三年七月。唐代蓝谷沙门惠详著《弘赞法华传》，僧祥著《法华传记》各十卷，均有"书写"一门，但述齐隋以来，未能上溯北凉之世，兹可补其不及。

梵译 Avalokiteśvara 之魏菩提流支作"观自在"，其字由"观者"（avalabitṛ），"自在者"（Iśvara）合成。自什公以来译作观世音，相沿至今。在此以前，竺法护译《正法华》、《光赞般若》诸经，常作"光世音"。此《赞》写于北凉段业之时，仍采竺法护之译，法护别出《光世音经》，可以参证。

《赞》前文字，大书菩萨化身，示现像。其言曰："或梵天像，或天帝……大像、或转轮圣皇，凡四▨域像，或殊持像，或复示现，更足罗烈（列）形像，或现将军像，或现沙门、梵志之像，或现金刚神、隐士、独处仙人、童儒像。光世音菩萨游诣佛土，而并示现若干种形像在所变化，开度一切。"此一化身之思想，来自印度教，其湿婆（Siva）派谓之变形（veṣa）或变出（sṛj），而毗湿奴（viṣnu）派谓之权化（avatārā），其义一也。

敦煌藏经洞所出《观音经变》绢本，纸本画件甚夥，就中以 S·五六四二号之白描卷子最为特出，莫高窟壁画以《普门品》为主题，起于隋代，已有人详细考述[2]，兹不复赘。此神玺三年写卷，散在德国，为早期之物，至为可宝，亟宜著录，以供同好之研讨云。

① 中华标点本，1041 页。

② 见罗善庆：《敦煌艺术中的观音普门品和观音经变》，载《敦煌研究》，1987（3）。

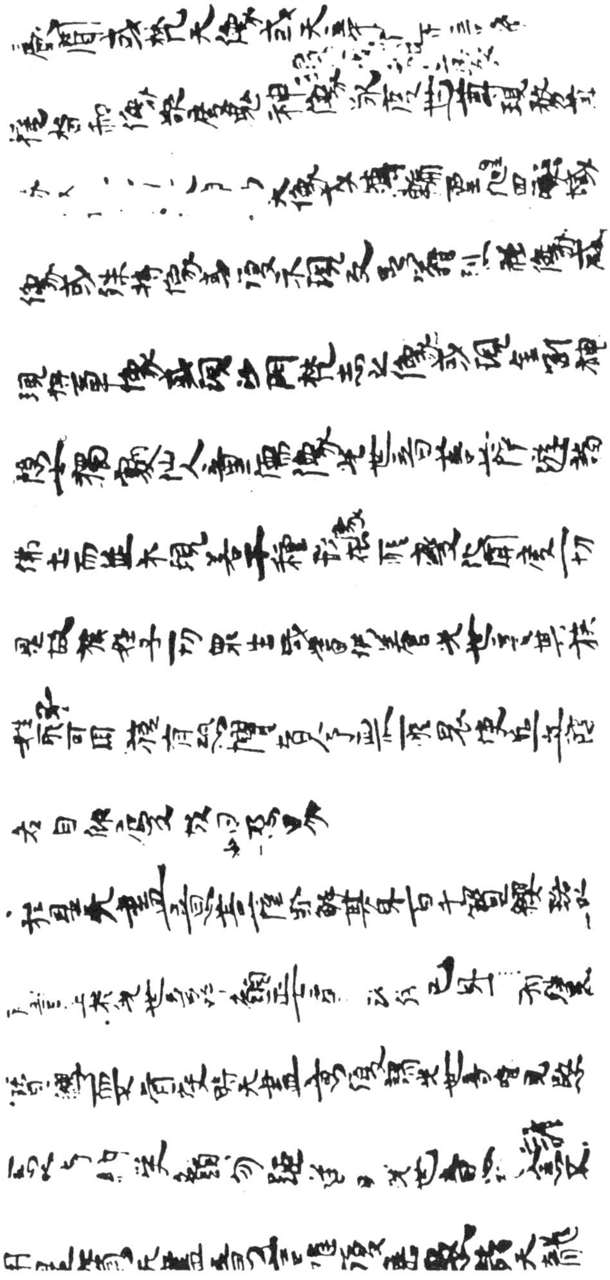

神玺三年光世音赞（一）

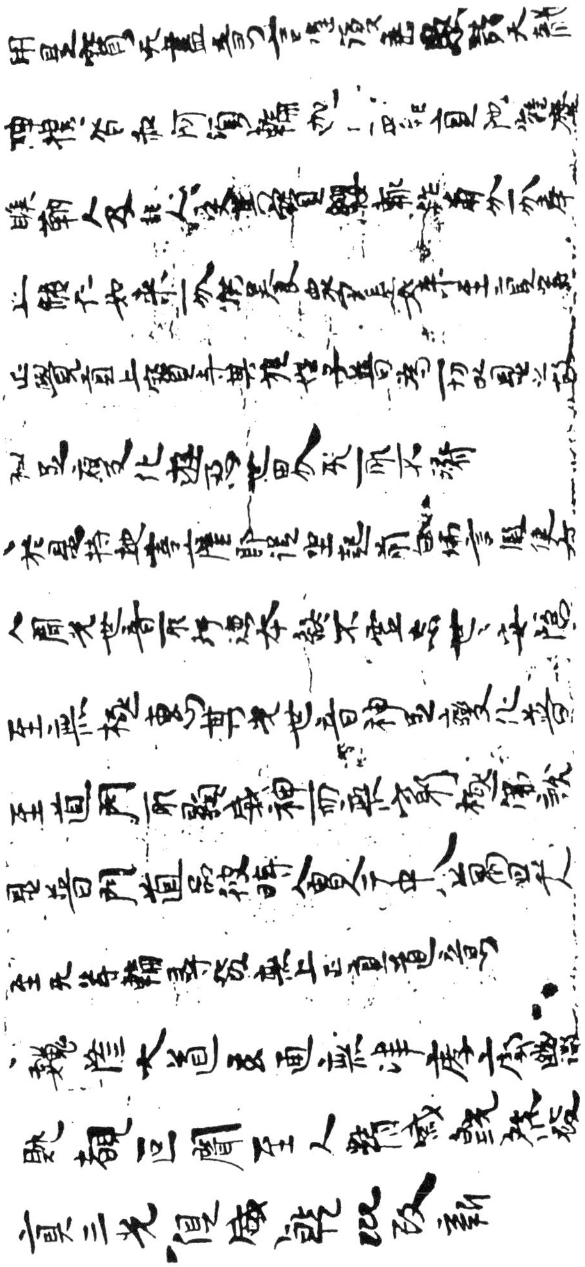

神玺三年光世音赞（二）

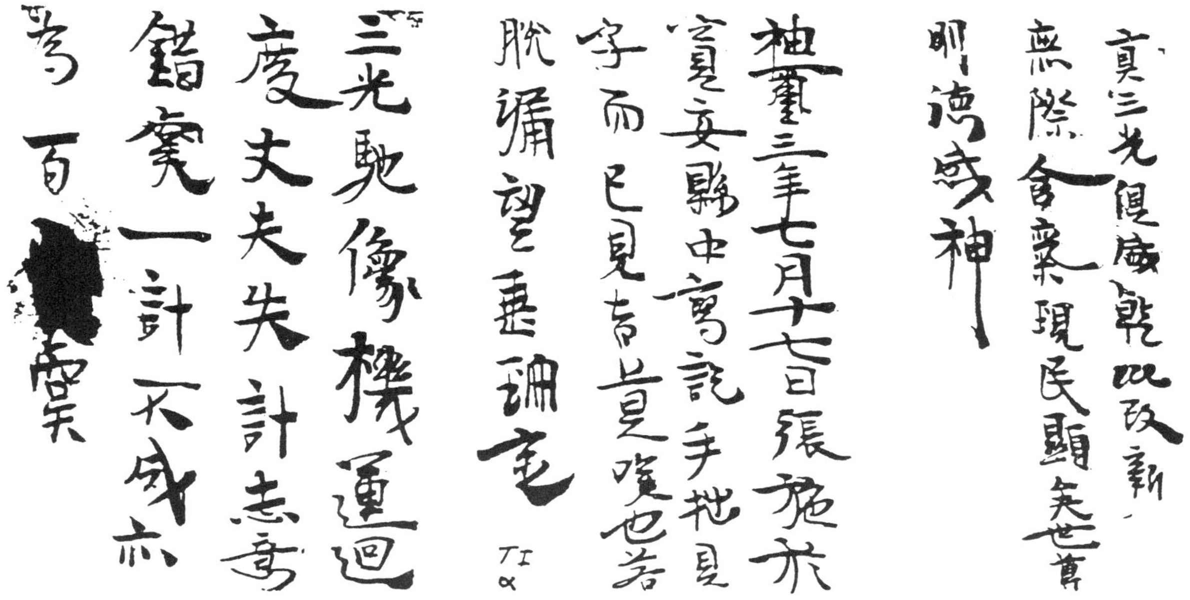

神玺三年光世音赞(三)

敦煌与吐鲁番写本孙盛《晋春秋》及其“传之外国”考

关于唐初所存之晋史，在《晋书》未修以前，遗编尚在。《隋书·经籍志》所记诸家，即据当时现存之书加以著录。赵翼《廿二史札记》卷七略有考证，惟多疏误。[①]

诸家晋史以孙盛之《晋春秋》一书最具代表性。梁元帝《金楼子·聚书篇》云：“孔昂使写得《前汉》、《后汉》、《史记》、《晋春秋》。”六朝时，以孙盛之《晋春秋》代表晋史，与四史相配，其地位之重要可以想见。盛书本称《晋春秋》，以避晋简文宣郑太后讳阿春，故改称《晋阳秋》。[②]《晋书·后妃下》：“郑太后讳阿春，河南荥阳人也……后生简文帝。（成帝）咸和元年薨。追号后曰会稽太妃。”至孝武帝太元十九年（394）夏六月，追尊会稽王太妃郑氏为简文宣太后（《晋书》卷九，标点本，240页）。时下诏有“依《阳秋》、二《汉》、《孝怀皇帝故事》”语，而徐邈言亦云：“臣案《阳秋》之义，母以子贵”。至是俱讳“春秋”作“阳秋”。孙盛书记及桓温枋头之役，事在海西公太和四年（369），在此之前二十五年，原书当称《晋春秋》，避阿春讳作《阳秋》当在孝武时。

盛书生前已有别本，传之外国。《通鉴》卷一〇二《晋纪》海西公太和四年（369）条：

① 陈垣：《〈廿二史札记〉七〈晋书〉条末引唐艺文志订误》。（见《史源学杂文》，28页）

② 《元和郡县图志》卷一三鹅城条引《晋春秋》记事一条考证。

大司马温发徐兖……州民筑广陵城，徙镇之。时征役既频，加以疫疠，死者什四五。……秘书监孙盛作《晋春秋》，直书时事。大司马温见之怒。谓盛子曰：枋头诚失利，何至如尊君所言。……诸子改之。盛先已写别本，传之外国。及孝武帝购求异书，得之于辽东人，与见本不同，遂两存之。（标点本，3227页）

《晋书》卷八十《本传》云：

著《魏氏春秋》、《晋阳秋》。《晋阳秋》词直而理正，咸称良史焉。既已桓温见之……怒谓盛子曰：枋头诚失利，何至乃如尊君所说。……诸子遂尔改之。盛写两定本寄慕容儁。太元中，孝武帝博求异闻，始于辽东得之，以相考校，多有不同，书遂两存。（2148页）

刘知幾《史通·直书篇》："孙盛不平，窃撰辽东之本，以兹避祸，幸获两全。"亦谓其有辽东之本。考《周书·异域·高丽传》：

书籍有五经、三史、《三国志》、《晋阳秋》。（885页）

是唐以前其书分明流入高丽。韩国弘文馆所辑《文献备考·艺文考》列出书单如下：

宣宗八年，户部尚书李资义等还自宋。奏言传写附书凡一百二十八种，其中有阮孝绪《七录》、孙盛《晋阳秋》三十三卷、《魏氏春秋》二十卷。

盛所著史籍二种，皆在表中。考东晋后期，中、韩屡有来往：

成帝咸康二年二月庚申，高句骊遣使贡方物。（180页）
简文帝咸安二年正月，百济、林邑王各遣使贡方物。（221页）
二年六月，遣使拜百济王馀句为镇东将军，领乐浪太守。（223页）
孝武帝太元七年九月，东夷五国遣使来贡方物。（231页）

十一年四月，以百济王世子馀晖为使持节都督镇东将军百济王。（235 页）

孝武时，百济王受晋封，故得钞回孙盛之书于辽东。高丽有《晋春秋》一书，自是事实。

《通鉴》称盛先已写别本传之外国。《晋书·本传》作“盛写两定本寄慕容儁”。故说者有异议。标点本《晋书校勘记》引《考异》云：

枋头之役在慕容暐时，儁已先死久矣。

此条实出钱大昕《廿二史考异》卷二二，非《通鉴考异》。《晋书》卷八：“海西公太和四年九月，戊子，温至枋头。丙申，以粮运不继，焚舟而归。辛丑，慕容垂追败温军于襄邑。”是时晋与燕对垒，孙盛何敢以所著通燕？《通鉴》“先已写别本”云云，明在枋头一役之前。《晋书》卷一百十载记：

慕容儁好文籍，自初即位至末年，讲论不倦，览政之暇，唯与侍臣错综义理。凡所著述四十余篇。

儁卒于穆帝升平四年（360）年仅四十二，在位十一年。孙盛寄书与儁，殆以其好文籍故，必在升平四年以前可知。

敦煌写卷列伯希和目二五八六号，记晋代史事，罗振玉定为长沙邓粲之《晋纪》[①]。据《世说·豪爽》等篇刘孝标注引《粲纪》，以校此卷，多有未合。《晋书》粲本传称：“粲以父骞有忠信言，而世无知者，乃著《元明（帝）纪》十篇”（标点本，2151 页），是粲乃承其父业。刘勰《史传》称“至邓璨《晋纪》，始立条例……虽湘川曲学，亦有心典谟；及安国（孙盛）立例，乃邓氏之规焉。”《史通·序例篇》：“令升（干宝）先觉，远述丘明，重立凡例，勒成《晋纪》，邓、孙已下，遂蹑其踪。”又称“邓粲、道鸾，词烦而寡要”。邓史立例，词烦寡要，故刘氏以“湘川曲学”讥之，以邓粲为长沙人也。今观敦煌此卷，无例可观，明其非邓粲之《元帝纪》。

《世说·豪爽篇》“王大将军自目高朗疎率”句下刘注引孙盛《晋阳秋》

① 罗振玉《鸣沙石室佚书》二册，《雪堂校刊群书叙录》卷下。

云："敦少称高率通朗。"今敦煌卷云："故世目以高师朗素。"钞者误"帅"字为"师"，帅即"率"之借字，故知此卷应是孙盛之书。周一良于所著《乞活考》一文中提出此卷宜改属孙安国，订正罗说，明确可从。① 拙编《敦煌书法丛刊》即用其说。②

孙盛此书，刘勰已见之，《文心雕龙·史传》云："孙盛《阳秋》，以约举为能。"彼所见写本，避讳作"阳秋"。《隋书·经籍志·史部》："《晋阳秋》三十二卷，讫哀帝，孙盛撰。"宋司马光撰《通鉴》时，盛书具存。《通鉴考异》卷四、五《晋纪》上下引《晋春秋》，不作"阳秋"，胪列人名、年代之异同，不可胜数。盛书今虽已亡，然从《通鉴考异》征引，可窥其书之梗概。光所引最后一条，录之如下：

哀帝兴宁元年闰八月，《帝纪》：天锡杀玄靓自立在七月，今从《晋春秋》。

海西公太和二年五月，《晋春秋》：在建熙十年八月，恐皆非是。

五年（370）八月慕容评将兵三十万拒秦。《考异》："《载记》云四十万，今从《晋春秋》。"

此后即不见引用。似太和五年八月为司马光引用《晋春秋》之最后一则。以是观之，盛书实不终于哀帝。海西公太和五年慕容评拒秦事，盛犹及记之，故其书非写至太和四年枋头之役而止。桓温见此书有所责难以后，盛仍照旧执笔。考盛书亦传至日本，《日本国见在书目》作三十卷讫哀帝止，同于《隋志》，而卷数又复不同，计有三十卷、三十二卷、三十三卷之歧异。隋唐以来，盛书流传写本有讫于哀帝，而题名多避讳作"晋阳秋"者，其写至海西公五年不避讳仍作"晋春秋"者，即司马光所见本，似是足本。

孙盛此书，《世说》刘注所引逾百事。③ 清马国翰、黄奭俱有辑本。黟县汤球辑本三卷。汤辑以海西公以下，属檀道鸾之书列入《续晋春秋》辑本之内④，盖汤氏未检《通鉴考异》，故所述不确。《旧唐书·经籍志》：《晋阳春秋》三十二卷，邓粲撰，衍一"春"字。《新唐书·艺文志》："邓粲《晋阳

① 见周一良：《魏晋南北朝史论集》，18页。

② 《敦煌书法丛刊》第一一卷，《经史》（九），东京二玄社印。

③ 参余嘉锡：《世说新语笺疏》引书索引七五《晋阳秋》，115页。

④ 《九家旧晋书》，《史学丛书》本。

秋》三十二卷”，俱误作者为邓粲。王应麟《玉海·艺文类》引《中兴书目》：“《晋阳秋》孙盛撰。《隋志》本三十二卷，今止存宣帝一卷，怀帝一卷，唐人所书，康帝一卷，余亡。”则南渡以后，此书已多亡失，仅存三卷耳。

吐鲁番阿斯塔那一五一号墓出土唐以前文书，有残本记西晋惠帝永康元年（300）三月至四月，详叙贾后废太子遹之后，赵王伦、孙秀等废贾后杀朝臣事。存八十六行，约千余字。与《晋书》不类，而叙述较详。写本有《宣（太）子与王妃书》及赵王伦颁之《甲午诏》，皆《晋书》所无。《吐鲁番文书》第四册收入此篇①，定为孙盛之《晋阳秋》，其说可从。为之作专文讨论者，已有两家。② 最明显之证据，如记张华一事，吐鲁番写本云：

> 华博学洽闻，图籍无不贯综。世祖尝问汉事□□□□□（中缺五字）万户，华画地成图，应对如流，虽张安世□□□□□（中缺五字）之，迁中书令，加散骑……

《世说·言语篇》引孙盛《晋阳秋》文云：

> 华博学洽闻，无不贯综。世祖尝问汉事及建章千门万户，华画地成图，应对如流，张安世不能过也。

两文比较，如出一辙。“吐本”缺文，正可据刘注引补之。“汉事”句下所缺五字，正是“及建章千门”下接万户二字。“虽张安世”句下所缺，应是“不能过也，久”五字。“久”字臆补，下接“之。迁中书令”句，文字畅顺，完全一致。以此观之，吐鲁番此本必为孙盛书，可以证实。

今结合敦煌及吐鲁番两写本，知孙盛之《晋春秋》，在晋唐以来，不仅传之辽东，且播及西陲。观两写本多用北朝书体，虽无书写年代，意东晋时，流传于晋本土以外，传钞已不止一种，且多有不同。枋头一役经其家人羼改，详细惜不可考。至其先时写寄慕容儁者，自不及枋头之事。盛书当时有别本传之外国，征诸《周书·高丽传》，正可与《本传》参证，而西陲且有两本。

① 《吐鲁番文书》第四册，34页。

② 王素：《吐鲁番所出晋阳秋残卷中史实考证及拟补》，载《中华文史论丛》，1984（2），25～47页。陈国灿、李征：《吐鲁番出土的东晋（?）写本〈晋阳秋〉残卷》，载《出土文献研究》，152页，北京，文物出版社，1985。

吾人不能专据西陲写本而疑辽东本一说为无稽，因除《晋书》已明确记载晋孝武得之辽东，《韩国文献备考》之书单且确凿载有孙盛二书，在在足证《晋书》所言之可信。[①]

至于北传本之原委，今亦不必多作忖测，如谓苻坚建元之末，徙江汉人万户于敦煌，置会稽郡（《晋书·载记》），是时故书雅记自可大量随之西徙。然孙盛此书已先时入燕，燕与苻秦在当日遣使来往频繁，孙氏之书自可由燕入秦，何必迟至会稽设郡，南北始有交流之机会乎？且燕自慕容暐不久已为秦所灭。

《通鉴》卷一〇二云：

> 太和五年（370）十二月，秦王坚迁慕容暐及燕后妃王公百官并鲜卑四万余户于长安。

苻坚自邺如枋头，改枋头曰永昌，复之经世。此一纪念性之地名，不免遭更改之命运。甲寅，坚至长安，封慕容暐为新兴侯。燕之人口文籍必随之入秦。孙盛曩时送慕容儁此书之写本，当亦可流入长安，揆之情理，自合事实。是时孙盛尚健在[②]，其书已不胫而走，传写四方，何止北传本而已耶？

① 陈国灿君过信出土文物，反疑文献为错误，且误钱氏《考异》为《通鉴考异》，故论断不免于卤莽，谨为订正。

② 盛卒于孝武宁康元年（373）二月。

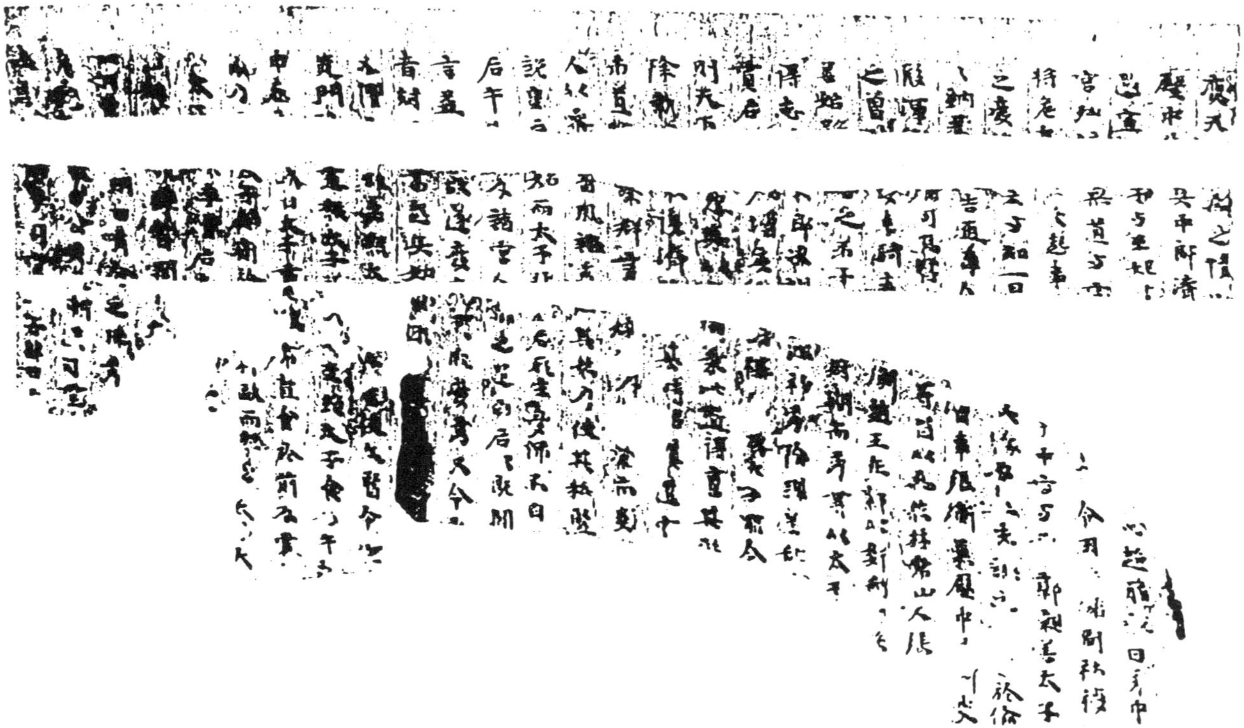

图一 晋阳秋残卷,吐鲁番写本

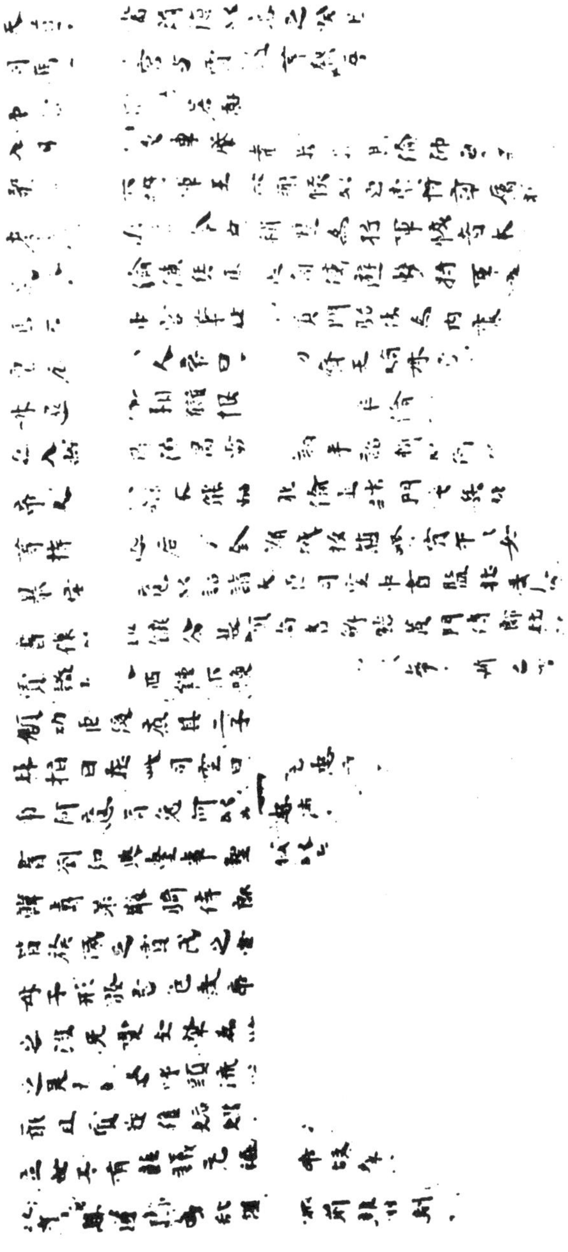

图二 晋阳秋残卷，吐魯番写本

拔邉衛桀傲轝滅之川大惧以淩儀叛周拯
之滅也論功劉遐弟一徐龕白以會拯怨陛是
月白稱兖州刺史叛掠兖土五月王敦讓荆
州牧侍中欲受刺史而已敦内體豺狼之性而
氷餝誅爲以眩惑當世自少及長終不以財任
爲言布衣疏食車服廉素語輯以簡約爲首
故世曰以高師朗奏既爲江州刺史復弄頤荆
州恐時猜嫌乃上疏曰自昔已来王命地專柒
戍殭侯往以威鎔未振回而即之故令遠官分
職未允彝倫今聖朝肇建宜漸損絲纏制
御四方請所加授自臣已下皆除之州牧之号
所不敢當輒送所加侍中貂蝉并官省職人
居儉約以塞群小矜功之望庚戌告使持節侍
中都督江陽荆湘交廣六州諸軍事大將
軍荆州牧領江州刺史漢安侯潯表所陳聞
之公德爲世表勲桀与載故特加授以崇國典
怟復沖讓遣送貂蝉又辭牧号覩攬之曰
情用悵然昔伊不辭阿衡之号吕望不讓

图三　敦煌所出，伯希和二五八六号

维州在唐代蕃汉交涉史上之地位

维州地在今四川理县西。[①] 自开元以来，吐蕃势盛，至德后，河西陇右尽陷于蕃，只维州独存。州在岷山之孤峰，为蜀地险要，吐蕃窥西川，必先攫取维州，故在当日为必争之地。牛李党争之龃龉，维州亦为问题之一，于中唐汉藏史上政治军事关系甚巨。惜向来少有论及之者，去岁在巴黎，承石泰安教授（R. A. Stein）以开元十五年维州刺史焦淑平蕃《题记》拓本（图一）见贻。拓本乃故马季明（鉴）教授赠与石教授者，更荷转赠，至纫厚谊。因为撰考释，草成此篇。李方桂先生邃于西藏语文历史，谨以求教，并为先生六十五荣寿之庆。

一、维州亦名无忧城

维州因姜维城得名。据《旧唐书》卷四十一《地理志》：维州以唐高祖武德元年白苟羌（邓贤佐）降附，乃于姜维故城置维州。领金川、定廉二县。（太宗）贞观元年，贤佐叛，州县俱罢。三年，生羌董屈占等内附，复置维州。始属茂州都督府，为羁縻州。麟德二年进为正州。嗣降为羁縻州。垂拱三年，又为正州。玄宗天宝元年改为“维川郡”，乾元元年复为维州。此即本

① 理县即旧理蕃县，近年其地有史前遗物发现，参看《四川理县汶川县考古调查简报》，载《考古》，1965（12）。

州唐初以来沿革之大概。州属于茂州都督府，有时降为羁縻州，有时升为正州。《旧唐书·地理志》又云：

> 上元元年（760）后，河西陇右州县皆陷吐蕃，赞普更欲图蜀川，累急攻维州不下，乃以妇人嫁维州门者。二十年中生二子，及蕃兵攻城，二子内应，城遂陷；吐蕃得之，号无忧城。累入兵寇扰西川，韦皋在蜀二十年，收复不遂。至大中末，杜悰镇蜀，维州首领内附，方复隶西川。

维州为入蜀咽喉，赞普谋为夺取，不惜使用女间谍，积二十年之苦心始取得之，故改名曰“无忧城”。无忧二字，以汉语解之，是高枕无忧。亦可能由梵语“无忧王”（Asoka）而来。[①] 无忧王在西藏神话中为世主（Roi Universal），一如海龙王（Nāga dan un lac）、关老爷，后来杂糅成说。[②] 维州城之号“无忧”，设非为汉名，则疑与无忧王不无关涉也。

乐史《太平寰宇记》卷七十八剑南西道维州条，及欧阳忞《舆地广记》成都府路威州条，并钞《旧唐书》吐蕃以妇人嫁维州门者一段。宋景德三年，改维州为威州，明仍是称。王象之《舆地纪胜》卷一四八《威州景物下》，无忧城下注“李德裕”三字，殆以其原出于德裕之报告也。顾祖禹《读史方舆纪要》卷六十七《威州下》云：

> 州凭恃险阻，控扼要冲。唐史神龙中，州没于吐蕃，吐蕃号曰无忧城。开元二十八年复取之。李林甫等表贺言维州正当冲要，吐蕃凭险自固，恃以窥蜀。

按此条有二误。吐蕃号维州曰无忧城，其事在上元以后，非在神龙间。又开元二十八年，李林甫贺表，文见《旧唐书·吐蕃传》，原作“伏以吐蕃此城正当冲要”，乃指安戎城。[③] 当日安戎城之收复，乃出自益州司马章仇兼琼之策，又令中使李思敬晓谕羌族。顾氏误以安戎城为维州，此则不可不辨。

---

① 《翻译名义大集》三六五三，梵文 Acokah；藏文 Mya nanmed-pa，汉译无忧，阿育。

② 见 R. A. Stein：*Recherches sur L Èpopèe et le Barde au Tibet*，230～232 页。

③ 亦见《全唐文》卷三四五，题称《贺克吐蕃安戎城请宣示百寮表》。

二、焦淑平蕃题记及玄宗、代宗时之维州

此碑拓本文云：

> 朝散大夫检校维州刺史上
> 柱国焦淑，为吐蕃贼候援
> 并董敦义投蕃聚结逆
> 徒数千骑。淑领羌汉兵
> 及健儿等三千余人讨除。
> 其贼应时败散。
> 开元十五年九月十九日记
> 典施恩书（参图一）

文共八行，原碑在茂汶杂谷脑镇西之朴头梁子山上，已载入同治《理番厅志》。字体近爨龙颜与郑文公碑，古朴劲健，书写者典施恩，未详何人。此事《两唐书·吐蕃传》不载。《旧唐书·玄宗纪》："开元十五年九月丙子，吐蕃寇瓜州，执刺史田元献及王君㚟父寿，杀掠人吏。"又《旧唐书·吐蕃传》上云：

> 其年九月，吐蕃大将悉诺逻恭禄[1]及烛龙莽布支攻陷瓜州城，执刺史田元献及王君㚟之父寿，尽取城中军资及仓粮，仍毁其城而去。又进攻玉门军，及常乐县，县令贾师顺婴城固守，凡八十日，贼遂引退。

董敦义于是时投蕃而史不书，此题记可补其阙。[2] 维州旧领县三，户二千一百四十二。天宝间领县二，户一千一百七十九，口三千一百九十八。[3] 观此

---

① 悉诺逻恭禄即开元十五年（727）任首相之巴·打札恭禄（dhás-stag-sgra-khon-lod）《吐蕃历史文书》，其人以龙年（戊辰，728）夏被诛。参王忠：《新唐书吐蕃传笺证》，69、70页。

② 董敦义似是羌人。贞观三年，维州内附者有生羌董屈占，开元二十八年，维州别驾有董承宴（《旧唐书·吐蕃传》）。韦皋所遣困维州之部将有董振（《新唐书·皋传》），可见董氏为维州当地之巨姓。《旧唐书·东女国传》哥邻国王董卧庭，弱水国王董辟和，又大首领董卧卿，诸董皆羌人也。参R. A. Stein：*Les Tribus Ancients des Marches Sino-Tibétaines*，45页。

③ 《旧唐书·地理志》。

题记，开元十五年，刺史焦淑领羌汉兵及健儿三千余人讨贼。人数逾三千，天宝时户数减少一半，当与此战役有关。《旧唐书·吐蕃传》云：

> 开元二十七年七月，吐蕃寇白草安人等军。……（益州司马）兼琼令知益州长史事，代张宥节度，仍为之亲画取城之计。二十八年春，兼琼密与安戎城中吐蕃翟都局及维州别驾董承宴等通谋，都局等遂翻城归款，因引官军入城，尽杀吐蕃将士。……其年十月吐蕃又引众寇安戎城及维州，章仇兼琼遣裨将率众御之。

此为焦淑以后至开元末年，维州与吐蕃关涉之史实。李白《蜀道难》诗，北宋本有一注云："讽章仇兼琼。"黄山谷在宜州，以鸡毛笔为周维书《蜀道难》，下亦注曰"讽章仇兼琼也"。沈括[①]、洪刍[②]、洪迈[③]均同是说。按兼琼于开元二十七、二十八年讨吐蕃，收复安戎城，李林甫有贺表[④]。盖自开元十五年以来，吐蕃窥伺益州日亟，而维州有一长时期，吐蕃尚无法得手也。《旧唐书·地理志》不记维州陷蕃之年，《新唐书·地理志》则云：

> 广德元年没吐蕃，大和五年收复，寻弃其地。

按广德元年，京师失守，降将高辉引吐蕃入上都，皇帝车驾幸陕州，吐蕃居城十五日退，郭子仪收回上都。当是时，吐蕃之势最盛，唐室几遭倾覆之虞，维州之失，自意中事。《旧唐书》卷十《代宗纪》云：

> 广德元年十二月吐蕃陷松州、维州、云山城、笼城。

广德元年，去上元元年只三岁，而《旧唐书·地理志》云："以妇人嫁维州门者二十年"，其事当远在天宝之际，足见吐蕃之深谋远虑，对于四川之进犯，竟使用女间谍，而维州在当日军事上地位之重要，兹可见矣。

---

① 《梦溪笔谈》四。
② 《驹父诗话》。
③ 《容斋随笔》六。
④ 《全唐文》三四五。

三、敦煌卷所见之维州

伯希和取去敦煌卷子列 P·二五二二号，存残纸二叶，叶四行，双面书写，共十六行，其文略记如次（参图二、三）：

页一（上）：

下急州　归城郡……　按归城应作“归诚”，“急州”，乃“悉”州之误，参《旧唐书·地理志》

下柘州　蓬山郡……

下静州　静永郡……

页一（下）：

下保州　大保郡

下霸州　静戎郡

页二（上）：

下维州　维川郡　上三千七百四十
东三千九百四十　废　薛城二下　小封二下　姜维城

下直（真）州　上三千六百
东三千八百　真符一下　维川（《旧志》作鸡川）一下　照（昭）德一下　照（昭）远一下　废

下恭州　恭化郡……

下翼州　临翼郡……

页二（下）：

当恙（悉）、拓（柘）、静、直、恭、翼、保、霸、维等十州并废。

下姚州　云南郡　姚诚　长城　长明　泸南

下协州……

下曲州……

此二叶，罗振玉影入《鸣沙石室佚书》（第三册），罗氏与刘师培均据《元和郡县志》，定当州至维州等十州并废，盖在代宗以后宪宗以前之地志，谓当即《贞元十道录》之属。惟因未见原纸，以“当悉柘……等十州并废”语为首行[①]，实则非是。《旧唐书·代宗纪》：“大历五年（770）徙置当、悉、柘、静、恭五州于山险要塞，备吐蕃也。”《通鉴》卷二二三广德元年（763）记：

吐蕃陷松维保三州，及云山新筑二城。西川节度使高适不能救，于是剑南西山诸州，亦入于吐蕃矣。

胡三省注：“开元二十八年，以维州之定廉，置奉州云山郡，天宝八年徙治天保军，更名天保郡，是年没吐蕃。至乾元元年（758），嗣归诚王董嘉俊以来归，始更名保州。”[②] 保州改郡置州，在肃宗乾元元年。至广德元年陷吐蕃，在五年之后。此二叶略记十州之陷者，必至二十二年后贞元之顷。其中多钞误，如大保郡之“大”字，是“天保”之讹，直州应作真州，即其一例也。

四、维州与牛李党争

《旧唐书·地理志》维州历二十年始没蕃一说，乃本李德裕之封事。《旧唐书》一百三十四《德裕传》云：

（大和）五年九月，吐蕃维州守将悉怛谋请以城降。其州南界江阳岷山，连岭而西，不知其极，北望陇山积雪如玉，东望成都若在井底，一面孤峰，三面临江，是西蜀控吐蕃之要也。至德后，河陇陷蕃，唯此州尚存，吐蕃利其险要，将妇人嫁与此州阍者二十年。后妇人生二子，成长，及蕃兵攻城，二子内应，其州遂陷。吐蕃得之，号曰无忧城。贞元

① 见《雪堂校刊群书叙录》下，及刘师培《敦煌新出唐写本提要》，收入王重民：《敦煌古籍叙录》，106～111页。

② 参《旧唐书·地理志》保州。

中，韦皋镇蜀，经略西山八国，万计取之不获。至是悉怛谋遣人送款德裕……尽率郡人归成都，德裕乃发兵镇守，陈出攻之利害。

《新唐书》卷一百八十《德裕传》云：

吐蕃维州将悉怛谋以城降。维距成都四百里，因山为固，东北繇索丛岭而下二百地无险，走长川不三千里，直吐蕃之牙，异时戍之，以制虏人者也。德裕既得之，即发兵以守，且陈出师之利，僧孺居中沮其功，命返悉怛谋于虏，以信所盟，德裕终身以为恨。

德裕接受蕃降事终为牛僧孺所阻，牛议言新与吐蕃结盟，不宜背约，《旧唐书·僧孺传》云：

（大和）六年，吐蕃遣使论董勃义入朝修好。俄而西川节度李德裕奏吐蕃维州守将悉怛谋以城降。德裕又上利害云：若以生羌三千出戎不意，烧十三桥，捣戎之腹心，可以得志矣。……僧孺奏曰：此议非也。吐蕃疆土四面万里，失一维州，无损其势。……比来守好约，罢戍兵……一朝失信，戎丑得以为词。闻赞普牧马茹川，俯于秦陇。若东袭陇坂，径走回中，不三日抵咸阳桥，而发兵枝梧，骇动京国，事或及此，虽得百维州亦何补也。①

由僧孺之奏，可见当日对吐蕃之怯懦，德裕与僧孺积怨至深，此事亦两方意见龃龉之一例。帝卒诏西川不纳维州降将，并诏德裕却送悉怛谋一部之人还维州，赞普得之，皆加虐刑。《新唐书·地理志》言："大中五年收复，寻弃其地。"即指此也。至武宗会昌三年，德裕重论其事，乞朝廷对悉怛谋予以褒奖，略云：

（先帝）诏臣还却此城（指维州）兼执送悉怛谋，令彼自戮，……感欢前事，愧心终日。……维州据高山绝顶，三面临江，在戎虏平川之冲，是汉地入兵之路。初河陇尽没，此州独存，吐蕃潜将妇人嫁与此州门子。

① 参《新唐书》卷一百七十四《僧孺传》。

二十年后，两男长成，窃开垒门，引兵夜入，因兹陷没，号曰无忧，因并力于西边，遂无虞于南路。……受降之时，指天为誓。宁忍将三百余人性命，弃信偷安，累表上陈……竟令执还，加以体披桎梏，舁于竹畚，乃将就路，冤呼叫天。……送者便遭蕃帅讥诮曰：既以降彼，何须送来，乃却将此降人戮于汉界之上，恣行残害，用固携离，乃至掷其婴孩，承以枪槊……。[1]

当时李德裕接受维州之降，已先有一月之久。降者自悉怛谋以下凡三百余人，因牛僧孺之阻挠，竟执降者送往蕃部，备受酷刑，且遭讥诮，德裕于心不安，惟格于诏旨，无可如何，故至武宗时，重为伸冤。此一传奇性之史事，发生于维州，而降将悉怛谋，乃因牛李党争而遭无谓之牺牲，可谓无辜之至。维州之重要性，及吐蕃窥伺之久，因德裕之奏而益明，吐蕃以妇人嫁维州守关之内幕，亦因是而揭露，故刘昫特书于《地理志》，可见此事在当时之脍炙人口也。

吐蕃之攻唐，其用兵策略，乃驱羌人及蛮人为前锋。德裕接受维州之降，曾痛陈当时情势，乃羌人对吐蕃征役之憎恶心理，其言曰：

臣即大出牙兵，受其降礼，南蛮在列，莫敢仰视。……诸羌久苦蕃中征役，愿作大国王人。自维州降后，皆云但得臣信牒帽子，便相率内属，其蕃属合水栖鸡等城，既失险厄，自须抽归，可减八处镇兵，坐收千里旧地。臣见莫大之利，乃为恢复之基，继具奏闻，请以酬赏。

惜此议不获施行。先是韦皋于贞元元年为剑南西川节度使，《旧唐书·皋传》称："蕃人入寇必以蛮为前锋，四年皋遣判官崔佐时入南诏蛮，说令向化，以离吐蕃之助。"韦皋之对策，主要在施行离间蕃、蛮之联系，使南诏不为吐蕃所利用，当日取得极大之成功。《新唐书》卷一百五十八《皋传》云：

十三年，皋遣大将陈洎出三奇，崔尧臣趋石门无衣山，仇冕、董振走维州，……遂围维州……。

① 《旧唐书》卷一百七十四。

皋坐镇西川共二十一年，吐蕃于蜀无从施展，然对维州，皋仍无法收回。《皋传》记载贞元十七年对维州之争夺战，有声有色，文云：

十月破蕃兵十六万……进攻维州，救军再至，转战千里，……赞普遣论莽热以内大相兼东境五道节度兵马都群牧大使，率杂虏十万而来，解维州之围。[1]

于此可见“维州”之重要，赞普非力争取不可，韦皋终亦不克收复，故李德裕奏中有“韦皋镇蜀，万计取之不获”之语。

《李文饶集》卷十八有《进西南备边录状》云：“臣顷在西川，讲求利病……因著《西南备边录》十三卷……第四卷叙维州本末，尤以精详……。”德裕当日著有《备边录》，第四卷即记维州实况也。

五、维州之归唐

吐蕃与汉，自长庆元年九月会盟以后，双方互遣使者，《旧唐书·吐蕃传》于大和五年，维州守将来降事，不加记载。《新唐书》则于会盟以后，蕃汉交涉事多有补述，其言云：

（大和）五年，维州守将悉怛谋挈城以降，剑南西川节度使李德裕受之，收符章仗铠，更遣将虞藏俭据之。州南抵江阳岷山，西北望陇山，一面崖，三面江，虏号无忧城，为西南西扞，会牛僧孺当国，议还悉怛谋，归其城，吐蕃夷诛无遗种，以怖诸戎。

《旧唐书》详其事于《李德裕传》，《新唐书》则撮记其要于此。维州至大中时杜悰镇西川始归唐，时蕃汉不复争夺，此地已失去重要性矣。《旧唐书·悰传》云：

大中初，出镇西川，降先没吐蕃维州，州即古西戎地也。其地南界江阳岷山，连岭而西，不知其极，北望陇山，积雪如玉，东望成都若在

① 《旧唐书》卷一百四十。

井底。地接石纽山，夏禹生于石纽是也。其州在岷山之孤峰，三面临江，天宝后河陇继陷，惟此州在焉。吐蕃利其险要，二十年间设计得之，遂据其城，因号曰无忧城，吐蕃由是不虞邛蜀之兵。先是李德裕镇西川，维州吐蕃首领悉怛谋，以城来降，德裕奏之，执政者与德裕不协，遽勒还其城，至是复收之，亦不因兵刃，乃人情所归也。[1]

对维州形势，描写入微。吐蕃所以必欲得其地者，以其进可攻取西川，退可以防邛蜀兵马之袭击。至以“无忧”名其城，可见此州在唐蕃交涉史上关系之巨。至大中三年二月吐蕃以秦、原、安乐三州，石门、驿藏、木峡、制胜、六盘、石峡、萧七关归唐。同年十月以维州来归，十二月以扶州来归，杜悰适出镇西川，遂居收复之功。实则此际形势已迥非昔此，杜氏可谓坐享其成。特当开元至大中以前，维州有其极重要之地位，故不惮烦，稍为阐述，惟李德裕之《西南备边录》原书不可复睹，为可惜耳。维州问题，后人每用以作史论之题目，清人如袁枚外，汪之昌[2]、满洲裕瑞[3]皆尝著论云。

1966年5月1日初稿于巴黎，越年5月改定于香港

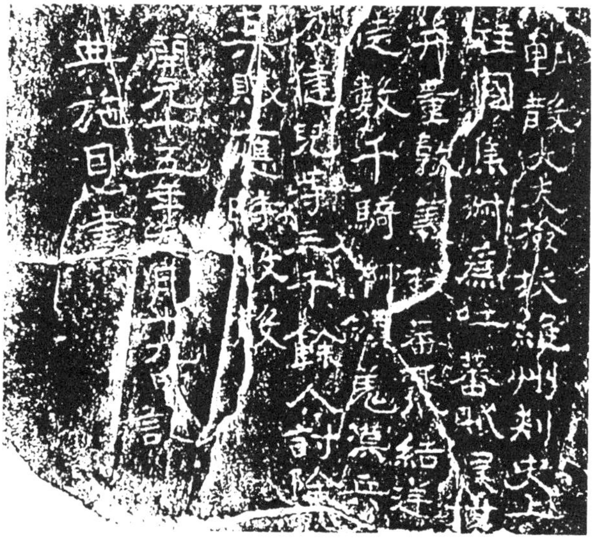

图一　开元十五年维州刺史焦淑讨除吐蕃题记拓片

---

① 《旧唐书》卷一百四十七。

② 《青学斋集》卷十九有《李德裕表请收复维州论》。

③ 《蓑香轩文稿》载《牛李维州论》。

图二　伯希和二五二二，唐代地志残纸二叶。

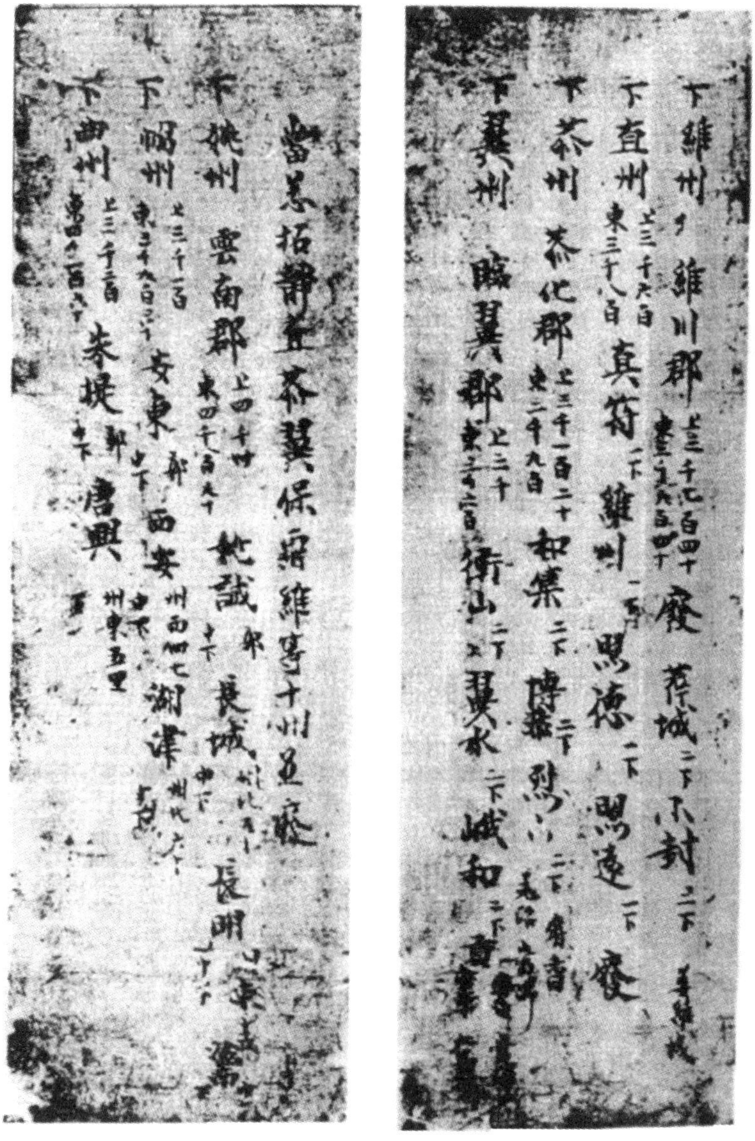

图三　伯希和二五二二，唐代地志残纸二叶。

论敦煌陷于吐蕃之年代

伯希和取去经卷，列P·四六四六号，为梵夹叶长方册，其中有《顿悟大乘正理决》，首“为河西观察判官朝散大夫殿中侍史王锡撰叙”。大英博物馆藏列斯坦因目二六七二号残卷，则为是书之后半。其中述汉僧摩诃衍与婆罗门僧在吐蕃赞普前论净之语，为中古禅宗史上一大事。其中有云：“臣摩诃衍言：‘当沙州降下之日，奉赞普恩命，远追开示禅门。’”又述摩诃衍与婆罗门僧讲论年月云：“首自申年，停废禅义，至戌年正月十五日，诏许重开禅门。”书中年月为考证关键。戴密微（Paul Demiéville）教授主张沙州陷下在公元787年，即唐德宗贞元三年，以是时沙州始全部陷于吐蕃。而以申年为公元792年，即贞元八年壬申，戌年为公元794年，即贞元十年甲戌。[①]

吐蕃攻陷敦煌之岁，近年苏莹辉先生考证再三，列出五种不同之说[②]，惟对王锡此序，未曾引用。日本藤枝晃撰《吐蕃支配期之敦煌》，则主张《正理决》之戌年为建中三年壬戌（782）。余因校订旧稿《大乘正理决校记》，对此问题，细心考核，其间盘根错节，费时多日，反复推究，弥觉戴教授之说，诚无以易。兹略摅所见，析陈如次。

---

① 王锡残卷研究，可参看Paul Demiéville之*Le concile de Lhasa*（Paris，1952）及拙作《大乘正理决校记》，载《崇基学报》，1970。

② 苏莹辉：《论唐时敦煌陷蕃的年代》及《再论》，原载《大陆杂志》二三卷一一期及同杂志二九卷七期；后收入《敦煌论集》，215～230页。

一、《唐书·吐蕃传》记沙州陷落经过

宋祁《新唐书》卷二一六《吐蕃传》下云：

> 始沙州刺史周鼎为唐固守，赞普徙帐南山，使尚绮心儿攻之。鼎请救回鹘，逾年不至，议焚城郭，引众东奔，皆以为不可。鼎遣都知兵马阎朝领壮士行视水草。晨入谒辞行。与鼎亲吏周沙奴共射，彀弓揖让，射沙奴即死，执鼎而缢杀之，自领州事。城守者八年，出绫一端，募麦一斗，应者甚众。朝喜曰："民且有食，可以死守也。"又二岁，粮械皆竭，登城而謼曰："苟毋徙它境，请以城降。"绮心儿许诺，于是出降。自政城至是，凡十一年，赞普以绮心儿代守。

此事不见于《旧唐书·吐蕃传》。所记沙州降蕃，在周鼎死后十年，即阎朝代守八年，又更二载而后出降。罗振玉撰《补唐书张义潮传》既采此段入《义潮传》中，而附注云：

> 案《吐蕃传》不明记周鼎守沙州之年，而叙于元和十四年吐蕃寇盐州之后，穆宗即位之前。若鼎之城守，在元和之初，阎朝之降，在元和之末者。考《陇西李府君修功德碑记》立于大历十一年，中有"时节度观察处置使开府仪同三司御史大夫蔡国公周公"云云，是鼎守沙州在大历中之证。又据颜鲁公《宋广平碑侧记》云："公第八子衡因谪居沙州……与节度周鼎保敦煌仅十余岁。……而北蕃围城，兵尽矢穷，为贼所陷。……大历十二年十一月以二百骑尽室护归"云云。《碑》言城陷，与《吐蕃传》不合。当以史所记为得实，而鼎之亡必在大历十二年后，则可信也。由是年下数至八年，乃贞元元年。兹据李《记》宋《碑》补其年月，并正《吐蕃传》之疏误。《西域水道记》谓沙州以建中二年陷，更不知何据。[①]

罗氏案语，引李《碑》以证周鼎守沙州在大历时，宋衡得归，在大历十二年

① 罗振玉：《补唐书张义潮传》，初刊于《雪堂丛刻》，后印入《永丰乡人杂著》八种，嗣复刊于《丙寅稿》，前后凡三易而后定稿。

十一月。故断周鼎之亡，必在大历十二年之后。由是加上阎朝领城守八年，乃为贞元元年。其为此说，所以证徐松建中二年沙州陷蕃一说，与《唐书》之矛盾。彼固未考定沙州陷蕃之正确年代。如欲论降蕃之年代，则须再增加二年，应为贞元三年，而非贞元元年。苟细读罗书，必不致误会也。自向达为罗氏《张义潮传补正》称：

> 沙州陷蕃年代，（罗氏）《补传》据《陇西李府君修功德记》及颜鲁公《宋广平碑侧记》定为德宗贞元元年（785），谓徐星伯《西域水道记》沙州以建中二年（781）陷之说为无据。①

后贤因此，遂谓罗振玉主张沙州陷蕃在贞元元年一说，似缘向文而沿误，不可不为辨正。

蒋斧编《沙州文录》，于《吴僧统碑跋》，亦引《唐书·吐蕃传》周鼎、阎朝之事。而于“自攻城至是凡十一年”一句，下注云：“是年为元和十四年”，实出误解。观罗振玉已云：“若鼎之城守，在元和之初，阎朝之降，在元和之末者”，所以指出《唐书》记载之含糊，故引李《碑》，即在澄清此一误会也。按《旧唐书·德宗纪》云：

> 建中三年五月丙申诏：故伊西北庭节度使杨休明，故河西节度使周鼎、故西州刺史李琇璋、故瓜州刺史张铣，……以抗戎虏，殁身异域，多历岁年，以迨于兹，旅榇方旋，诚深追悼。……鼎赠太保。……皆陇右牧守，至德已来陷吐蕃而殁，故至是西蕃通和，方得归葬也。

可见周鼎归柩，须迟至建中三年。此点戴密微教授先已指出②，可补罗叔言之不及。周鼎大历十二年仍守沙州，据《宋广平碑》称“宋衡为行军司马与节

---

① 向达此文，原为《瓜沙谈往》之四，作于民国三十七年，收入《唐代长安与西域文明》，417页，1957。岑仲勉《隋唐史》，277页，谓《新唐书·吐蕃传》既误叙沙州陷于宪、穆之间，则其他所言，亦未必尽信，故从《元和志》定沙州陷于建中二年，根本否定《新唐书》之记载。但未陈明原由，其说令人难信。

② 周鼎归柩事，苏莹辉君以为出自藤枝晃，按戴教授已先言之。周鼎归榇之年，苏氏云：“可能是建中三年，自敦煌发引。”按《旧唐书·德宗纪》所述，明为建中三年五月丙申诏，十分可信。《通鉴考异》引沈既济《建中实录》记河陇之士，见韦伦归国，皆毛裘蓬首，窥觑墙隙，望王师之若岁。当时忠义之徒，其心怀故国，激发之情，可以概见。不独周鼎、阎朝而已也。

度周鼎保守敦煌仅十余载”，则周鼎之亡，必在大历十二年之后，大历十二年为公元777年，戴教授假定其卒于是岁，再加十年，（即《唐书》记阎朝城守八年，又二岁而降，故共得十年。）则为公元787年（即贞元三年）。其论沙州陷蕃之岁，当在公元787年者，乃本罗叔言之说，进一步加以确证者。一般主贞元元年之说者，盖从罗氏“由是年（指大历十二年）下数至八年，乃贞元元年”一语。按此仅符《唐书》阎朝代周鼎城守八年，不悟《唐书》尚有“又二岁”，“请以城降”一句，故应再加二年，方与史合。

二、建中二年（781）陷蕃者为寿昌县

主建中二年沙州陷蕃说，原见《元和郡县图志》及《沙州地志》等书。

（一）《元和志》卷四十沙州条云：“建中二年陷于吐蕃。”

（二）《沙州残地志》寿昌县云：“建中初，陷吐蕃。”（S·七八八）

（三）晋天福十年写本《寿昌县地境》亦云：“寿昌于建中初陷吐蕃。”

以上各书记载，向达早已列出，以驳罗叔言反对徐松之误。徐松本取自《元和志》自有根据。然若谓沙州在建中二年即已为吐蕃所夺，除非认《新唐书·吐蕃传》所言周鼎及阎朝之事为荒唐不稽，毫无可信。如依史书，则沙州不能于建中二年陷落。罗振玉、蒋斧皆以史所记为得实，故始终不信建中二年陷蕃之说，有其绝对理由。考阎朝实有其人，S·五六九七文书云：

> ……阎使君等同行，安置瓜州，所有利害事由，并与阎使君状谘申，因缘河西诸州，蕃浑温末羌龙狡杂，极难调伏。（下缺）

阎使君之为阎朝，不成问题（藤枝氏已指出）。当日边境紧张情况，此残文所见，犹历历如绘。故吾人不能谓阎朝继周鼎守沙州十年之事为羌无故实。苏莹辉君谓建中二年蕃所陷者为寿昌一县，若敦煌重兵驻扎于第三道防线之破羌亭，故沙州守军一直到贞元元年（785）才放弃敦煌城。按所谓贞元元年一说，实无其事，依史言之，应是贞元三年（787），前已详论。考自建中以来，河西诸州多已陷蕃。《旧唐书·德宗纪》云：

> 建中二年秋七月诏曰：“……自关陇失守，东西阻绝，忠义之徒，泣血相守……自河陇陷虏，伊西北庭为蕃戎所隔。”

又同《纪》云：

建中三年四月庚申，先陷蕃尼将士八百人自吐蕃而还。

所谓“忠义之徒，泣血相守”，如周鼎者，即其一例。吐蕃自建中前一岁冬，即大举兴师，以三道攻唐，一自灵武，一自山南，一自蜀，约踪齐举。[①] 故建中之初，唐臣使蕃，后先接踵，韦伦、崔汉衡、尝鲁皆曾出使，至建中三年十月十五日会盟定界[②]，故周鼎旅榇，得于建中是年归唐，《德宗本纪》云：“至是西蕃通和，方得归葬。”鼎为阎朝所杀，足见是时沙州仍为阎所固守，惟蕃围既弛，且复通和，故得送榇东归。然则建中二年所陷者，乃沙州之寿昌，而非敦煌全境可知矣。

《正理决》云：“当沙州降下之日。”“降下”二字，似特强调者，以阎朝无法坚守，而向绮心儿请降。自周鼎死后，坚守且十年，在吐蕃方面认为奇迹，故于其降也，特书曰“降下”，似非无故而然。王忠《新唐书吐蕃传笺证》云：“沙州之陷蕃，以本《传》上文高宗初，吐蕃取四镇后‘绝莫贺延碛，以临敦煌’，及此次赞普徙帐南山等语观之，吐蕃于此城，势在必得，因敦煌为河西主要交通据点也。”

三、大蕃纪年之敦煌经卷

敦煌卷中所见吐蕃时期之经卷，以S·二七二九辰年之《牌子历》为最早。一九六七年夏，余在伦敦，曾抽取细读，原卷极长，题云：“二月□十，使论悉诺啰接谟勘牌子历。”内记龙兴寺等人名，都计僧一百卅九人，尼一百七十一人。[③]（图一）又末题云：“辰年三月日僧尼部落朱净詈牒。”下列造牌子后死者僧尼年月日，下书“吐蕃赞息检”、“薛董罗检”等字样。[④]（图二）

又S·三四七五为《净名经（集解）关中疏》，有题记云：“巨唐大历七年三月廿八日沙门体清于虢州开元寺为僧尼道俗敷演此经，写此疏以传来

① 《旧唐书·吐蕃传》，《册府元龟》卷九八〇。

② 《元龟》卷九八一《外臣部·盟誓》。

③ 藤枝晃：《敦煌の僧尼籍》（载《东方学报》，京都，二九册）资料六，开首一句作“……十庆论悉诺罗”，颇有误字，以未勘原物故也。该文亦定辰年牌子历为788年。

④ S·二六六九亦为僧尼籍，计圣光寺七十九人，大乘寺尼总二百零九人。

学。……又至辰年九月十六日，俗弟子索游岩于大蕃管沙州为普光寺比丘尼普意转写此卷讫。”（图三）

按此二卷皆为辰年，在吐蕃统治下所钞写者。辰年即贞元四年戊辰（788），前卷记二月论悉诺啰接谟勘牌子历，可见沙州最迟在公元788年二月以前，已全部为吐蕃占领。

又S·五八六九为苏嘉□举钱契，末署建中八年（787）四月二十日。（图四）按建中只有四年，建中八年应为贞元三年丁卯。时仍用建中纪年者，当是尚未陷蕃又与唐隔绝，不知已改元为贞元，是时沙州仍书唐年号，由此一点观之，沙州降蕃不会在本年之前。从S·三四七五卷有“辰年大蕃管沙州”一语，及S·二七二九有戊辰年（788）二月三日之吐蕃僧尼籍，合而观之，则定公元787年至788年间，为沙州全部降蕃之时，最为恰当，前此仅有部分陷落而已。

S·三四八五号《金刚般若波罗经》题记云：“大蕃岁次己巳年七月，王吐浑为合家平善，国不扰乱敬写。”己巳即贞元五年（789）。

稍后则有S·二七二九（三）尾部为《太史杂占历书》题：“大蕃国庚辰年五月廿三日，沙州（下缺）。”按庚辰即贞元十六年（800）。[①]（图五）

复次S·六五〇三亦为《净名经（集解）关中疏》卷一，题记云：“时蕃中岁次乙酉冬末月下旬二日，于报恩寺写记，比丘神应记。”乙酉为顺宗永贞元年（805）。[②] 此后卷子有大蕃年号者以无关考证，兹不具记。[③]

S·二一八一《龙兴寺毗沙门天王灵验记》云：“大蕃岁次辛巳润二月二十五日……就龙兴寺设乐，寺卿张闰子家人圆满。”按辛巳即801年，比《太史杂占历》迟一年。

由上列各卷，可知公元788年、789年、800年、801年各年均书大蕃年号。自戊辰年（788）以前之文书，则未见用大蕃纪年，故知须至公元788年之戊辰年，吐蕃始全部占领敦煌也。

---

① 参L. Giles：Dated Chinese Manuscripts in Stein Collection. S. 2729见*BSOS* Ⅸ，23页。按刘铭恕编《斯坦因劫经录》，庚辰年误作庚申年。

② S·六五〇三见*BSOS* Ⅸ，1023～1024页。按乙酉年Giles谓为公元806年，实则乙酉应是公元805年。藤枝晃录此卷，亦误为公元806年。

③ 藤枝晃：《吐蕃支配期の敦煌》（载《东方学报》，京都，三一册），关于大蕃纪年之汉文写本编年目录（该文之表八），真正有吐蕃字样者，实以辰年之牌子历为最早资料。其他后期与吐蕃有关之文件，参看该表，兹不具论。

四、论建中贞元间书写之经卷

（一）《观心论》（庚申年）

S·二五九五为《观心论》一卷，末题“庚申年五月二十三日记”。此卷已收入《大正藏》第八五卷二八三三号。“观心”为大乘义，即摩诃衍《大乘正理决》所论之“看心”。藤枝晃定此庚申为公元840年，即开成五年。然是时汉僧禅学在吐蕃已挫败，故此庚申应移在摩诃衍之前，以列于建中元年（780）较合。

（二）道氤《金刚般若经宣演》

道氤撰玄宗御注《金刚经宣演》，乃在青龙寺开讲。道氤者，昙旷称之为青龙大师。① 旷承其学，著有《金刚旨赞》。道氤卒于开元二十八年八月十二日。② 此书写本，伯希和取去多卷，可以缀合。P·二一七三，P·二一七四为卷上，P·二三三〇即卷一③，P·二一一三，P·二〇八四为中卷，而P·二一三二为卷下，其卷末题记云：

> 建中四年（783）正月廿日，僧义琳写勘记《金刚般若宣演》卷。

又朱笔记云：

> 贞元十九年（803）听得一遍。又至癸未年十二月听第二遍讫。庚寅年十一月二十八日听第三遍了。义琳听常大德法师说。

此癸未即贞元十九年，庚寅应下至元和五年（810）。是时敦煌陷入吐蕃已久，如在沙州钞写，不得以贞元系年。故此建中四年至元和五年（庚寅）之义琳写卷，应是长安写本，其后流入敦煌者。藤枝晃定P·二一三二建中四年此卷为吐蕃期汉文写本，盖非是；因是时如在吐蕃统治下，则不应以建中纪年，应题大蕃年号矣。

---

① S·二四六三昙旷：《大乘入道次第开决》。

② 《宋高僧传》卷五。

③ 见《大正藏》第八五卷，141～154页。

（三）昙旷《大乘二十二问》（丁卯年）

S·六二一九为昙旷自序，称："始在朔方，撰《金刚旨赞》。次于凉城，造《起信广释》，后于甘州，撰《起信》销文，后于敦煌，撰《入道次第开决》，撰《百法论开宗义记》……其时巨唐大历九年（774）岁次寅三月廿三日。"按此序作于774年，其时敦煌仍为周鼎所固守。[①] S·二四三六为《大乘起信论略述》，卷上末记"宝应贰载（762）玖月初，沙州龙兴寺写讫"。S·七二一《金刚般若经旨赞》有"广德二年（764）六月五日释普遵于沙州龙兴寺写讫"题记，此皆有年月可考者。昙旷他著若《大乘二十二问本》见于S·二六七四者，题云："丁卯年三月九日写毕，比丘法灯书。"[②] 丁卯应为贞元三年（787），是年阎朝以沙州降吐蕃。此丁卯乃法灯书写之时间。至昙旷撰此《廿二问》，究在何时？据上山大峻氏举出P·二三一一《百法手记》内，已提及三菩提义，涅槃义，实为《广二十二问》中之具语。如是则《二十二问本》必撰于《百法手记》之前，故被其征引。《百法手记》即《大乘百法论手记》，昙旷《自序》（大历九年）已明言后于敦煌撰《百法论开宗义记》，知《百法论》应草创于大历九年以前，则《二十二问本》自为更早之作品，不能下至吐蕃占领敦煌之世矣。上山氏谓《二十二问》为昙旷对赞普之应对语录，恐无可能。故《大乘二十二问本》与《大乘正理决》必无关连。[③]

（四）《维摩诘所说经》（甲戌年）

S·一八六四为《维摩诘所说经》三卷，末题记云："岁次甲戌年九月卅日，沙州行人部百姓，奉为过往父母及七世先亡当家夫妻男女亲眷及法界众生，敬写小字《维摩经》一部，普愿往西方净土，一时成佛。"此甲戌可能为贞元十年（794），即王锡序《大乘正理要决》之岁。

五、《大乘正理决》之申年及戌年应在何时？

王锡《正理决序》云：

① 鼎殁于公元777年，说见前文。

② 收入《大正藏》卷八五《古逸部》。

③ 关于上山大峻氏《大乘二十二问本》事见氏著《昙旷与敦煌之佛学》（载《东方学报》，京都，三五册，1964），其资料三过录《大乘正理决叙》，间有误字，及句读未明者，详拙作《正理决校记》。

首自申年，我师忽奉明诏曰：“婆罗门僧等奏言：汉僧所教授顿悟禅宗，并非金口所说，请即停废。”至戌年正月十五日，大宣诏命曰：“摩诃衍所开禅义，究畅经文，一无差错，从今已后，任道俗依法修习。”

是废禅在申，恢复在戌。戴教授主申为公元 792 年（贞元八年壬申），戌为公元 794 年（贞元十年甲戌）。上山大峻氏于《昙旷与敦煌之佛学》一文中，则谓申为公元 780 年（建中元年庚申），戌为公元 782 年（建中三年壬戌）。今按《唐会要》卷九七吐蕃条，及《册府元龟》卷九八〇《外臣部·通好》并云：

建中二年三月，以万年令崔汉衡为殿中少监。持节来西戎。初，吐蕃遣使求沙门之善讲者，至是遣僧良琇、文素二人行，每人岁一更之。

又《佛祖统纪》卷四一云：

建中二年，吐蕃遣使乞朝廷赐沙门善讲佛理者，帝令良琇、文素往说法教化，岁一更之。

此为唐国应吐蕃之请，遣僧众前往讲经之记录。据王锡《序》，起自申年诏从婆罗门奏，停止汉僧授教，至戌岁正月方恢复汉僧活动，如申为建中元年，时方废禅学，何得于建中二年，乞汉廷派遣众僧位蕃？故知以申为建中元年之庚申，说甚难通。

结语

沙州陷吐蕃年代，近人讨论甚繁，罗振玉补《张义潮传》，三易其稿，蒋斧亦据《唐书·吐蕃传》立论，惟误作元和十四年，苏莹辉君两度著论，而执贞元元年，似沿向达所撰《张传补正》之说。

西方学人讨论敦煌卷，涉及此问题者，L. Giles 曾列举有年号之文件，而未暇问津。Paul Demiéville 教授著 *Le concile de Lhasa*（《拉萨净论记》）刊行于 1952 年，其中历史注释部分详细论此问题，共十叶之长（167～177 页），其结论云：

L'hypothèse la moins invraisemblable est que Tchéou Ting（周鼎）meurut en 777，et que Touenhouang tomba définitivement aux mains des Tibétains dix ans plus tard，en 787.

其说视罗叔言更进一步，惜国人多未注意及之。

日本藤枝晃及上山大峻二氏，皆专治吐蕃时期之敦煌经卷，惟过泥于建中二年陷蕃一说，又不信《唐书》周鼎之事，故定沙州降下之年为公元 781 年。今按：如敦煌全境确于是时陷落，则诸卷之有大蕃纪年者，不应始见于戊辰年（戊辰即公元 788 年），何以在公元 781—788 年之间，不见有大蕃年号之经卷？又建中八年之题记，将不可理解，故知公元 788 年戊辰以前，沙州全境尚未陷蕃，当以贞元三年（787）一说，为沙州陷于吐蕃之岁，较为合理，勘校各有关资料，亦复圆融，无不惬之处。

附　建中元年至贞元十年经卷及敦煌大事略表

公元 780 年　建中元年庚申

五月二十三日，《观心论》题记。

公元 781 年　建中二年辛酉

三月崔汉衡使吐蕃。

良琇、文素二僧自唐来蕃开讲。①

七月（以前）（沙州）寿昌县陷蕃。②

公元 782 年　建中三年壬戌

三月廿七日授百部田春曲历③署“建中三年”。

四月庚申陷蕃僧尼将士八百人放还。④

五月丙申诏追赠至德以来殁蕃牧守，周鼎归柩⑤。

---

① 《元龟》卷九八〇。

② S·七八八。

③ M·一五七〇。

④ 《旧唐书·德宗纪》。

⑤ 同前注。

十月十五日汉蕃会盟定界。

公元783年　建中四年癸亥

正月二十日僧义琳写勘道氤之《金刚般若经宣演》下。[①]

公元787年　贞元三年丁卯（建中八年）

三月九日，比丘法灯书昙旷之《大乘廿二问》。[②]

苏嘉□举钱契，书建中八年。[③]

阎朝以沙州降蕃。[④]

沙州降下，摩诃衍奉赞普命，开示禅门，至逻娑。[⑤]

公元788年　贞元四年戊辰

二月，论悉诺啰勘牌子历。三月，僧尼部落朱净詈牒。[⑥]

九月十六日，索游岩于大蕃管沙州为普光寺比丘尼普意转写《净名经关中疏》。[⑦]

公元789年　贞元五年己巳

十月，王吐浑写《金刚经》祈福，署大蕃己巳年号。[⑧]

公元792年　贞元八年壬申

拉萨婆罗门僧与汉僧摩诃衍论诤，吐蕃赞普废禅。[⑨]

公元794年　贞元十年甲戌

正月十五日，赞普恢复汉僧开示禅门。王锡序《顿悟大乘正理决》。[⑩]

---

① P·二一三二，此应写于长安。

② S·二六九四。

③ S·五八六九。

④ 据《唐书·吐蕃传》推。

⑤ P·四六四六。

⑥ S·二七二九。

⑦ S·三四七五。

⑧ S·三四八五。

⑨ P·四六四六。

⑩ P·四六四六。

九月三十日，沙州行人部百姓写小字《维摩诘经》。[1]

后记

藤枝晃撰敦煌历日谱[2]，其吐蕃期资料，公元801年以前，列四事：

（一）为公元780年（即建中元年），S·二八五一戒牒，末署大历十五年五月三十日，为敦煌卷“大历”年号最后之用例。

（二）为公元782年（即建中三年），苏联藏列M·一五七〇“授百姓部田春苗历”署“建中三年三月廿七日”，由此一例足证是时敦煌未陷蕃，故使用唐历。

（三）为同年S·五八七一《便粟契》，署大历十七年闰三“月”。大历十七年实即建中三年，氏以为于阗文书，交通隔绝，故仍用唐年号。

（四）为公元783年，即P·二一三二《金刚般若经宣演下》，署建中四年，按此当是长安写本，前已论之。

合上四项，皆以唐历纪年，不书大蕃，或仅写干支不著年号为吐蕃占领期之习惯，可见敦煌在此期间，尚未陷蕃，足为拙说佐证。

苏莹辉跋

饶选堂先生自星洲惠书，并以此文稿寄示，嘱共同论定敦煌之陷蕃年代，盖因近年余曾撰文探讨此一问题也。然拙文两篇先后刊布于《大陆杂志》者，大抵根据地理形势，加以揣度，纵有一二证据，迄亦不敢坚信，遑言定论？今读饶先生之文，征引宏博，见解精辟，得未曾有。其于《新唐书·吐蕃传》记周鼎守沙州事，在“（阎朝）自领州事，城守者八年……”后，特别指出尚有“又二岁”一句，并引戴密微教授说，以证敦煌陷蕃之岁为贞元三年（787），尤具卓识。

饶氏此文，于第一节论唐史说沙州陷落经过时，谓向达为罗氏《补张议

---

[1] S·一八六四。

[2] 《东方学报》，京都，四五册，1973。

潮传补正》称“沙州陷蕃年代，（罗氏）《补传》据《陇西李府君再修功德记》及颜鲁公《宋广平碑侧记》定为德宗贞元元年（785）”说，并不可靠。且引罗氏注文谓其未曾考定沙州陷蕃正确年代，以证向文之失察及诸家沿误，最为允当。惟结语谓“苏莹辉君两度著论，而执贞元元年，似沿向达所撰《张传补正》之说”，则与事实稍有出入。盖向氏力主沙州（实即敦煌）于建中初陷蕃之说，亦即不信唐史而专凭《元和志》与石室写本之记载。昔年拙撰《论唐时敦煌陷蕃的年代》一文，将罗说列入“主沙州于贞元元年（785）陷蕃”一类，虽据向达《罗叔言〈补唐书张议潮传〉补正》而沿讹，但拙作及《再论唐时敦煌陷蕃的年代》一文，两度皆主“寿昌陷于建中，而敦煌陷于贞元”。此说不特未尝沿袭向说，且与向氏主张截然不同，是则不可不辨。

饶文附注第五条：“周鼎归榇之年，苏氏云：‘可能是建中三年，自敦煌发引。’按《旧唐书·德宗纪》所述，明为建中三年五月丙申诏，十分可信。”按周鼎归柩之年，余因藤枝晃说而臆测，不仅未睹戴氏之文，且亦未检《德宗纪》，其疏忽之咎无可辞，幸赖饶先生正之。

饶文第三节述大蕃纪年之敦煌经卷，引证綦详。惟称“自戊辰年（788）以前之文书，则未见用大蕃纪年，故知公元 788 年之戊辰年，吐蕃始全部占领敦煌也。”以鄙意观之，此点恐不可恃为绝对之佐证。盖石室所出经卷有书写人姓名、书写年月者，究属少数，加以宗教寺观多集中于敦煌（沙州治所）莫高窟一带，其在寿昌者殊鲜。故寿昌陷蕃后之六年间，纵有写经而无年月题记，似亦理之所有。何况其时（781—788）虽有写卷但未入藏石室，抑或散佚于石室开启之后耶？文皆不可知者。又按 S·五八六九号《苏□□举钱契》写卷，末署建中八年（787）年号，饶氏以为此卷“当是尚未陷蕃又与唐隔绝”时所写，是也。惟谓“是时沙州仍书唐年号，由此一点观之，沙州降蕃不会在本年（787）之前”。按此卷如系在其他州县[①]所写，则不足以证明沙州陷蕃在贞元三年（787）之后，因沙州以西之龟兹、西州，公元 787 年均尚未陷蕃，但已与唐隔绝，故仍用建中年号，而不知中朝已两度改元也。第四节，论建中贞元间书写之经卷，定释义琳《金刚般若宣演》卷为长安写本，并推论昙旷《二十二问》及《百法论开宗义记》之作成时代，可谓义据通深。

第五节标目为“《大乘正理决》之申年及戌年应在何时？”不佞盥诵之余，略抒管见于次：

① 伊吾或西州。

上山大峻氏以申年为建中元年（780）沙州全境陷蕃之岁，殊与事实凿枘，因《正理决》述摩诃衍与婆罗门僧论诤事，有云："臣摩诃衍言'当沙州降下之日，奉赞普恩命，远追开示禅门。'"又云："首自申年，停废禅义，至戌年正月十五日，诏许重开禅门（王锡《叙》文）。"细玩其词意，"当沙州降下之日，奉赞普恩命"句，乃系追述往事，所谓"当……日"犹言"当……年"，此"当年"似应在"首自申年"之前。如依上山氏说申年即是公元780年庚申岁[1]，则此"当年"犹在建中元年以前，此时（公元780年以前）不但敦煌未卜，即寿昌亦尚未降。寿昌为敦煌[2]外围之第二度防线；寿昌之陷蕃不与敦煌同时，其说虽昉于余，而建中二年（781）陷者为寿昌县，则非余之创论；最早见于《元和郡县图志》，其后石室写本地志二种，亦有明文记载，验诸饶文而益信！

昔年余撰《论唐时敦煌陷蕃的年代》两文时，初因向达氏"沙州（实即敦煌）陷于建中二年"说之不足信，继见蒋斧《敦煌吴僧统碑跋》有"碑叙僧统之祖希光定国难于奉天，可见兴元之初（784），敦煌独为唐坚守，且能出余力以勤王"之语。后又发现敦煌《李氏（明振）再修功德记》"于至德年，十郡土崩，殄绝玉关之路，凡二甲子，运偶大中之初，中兴启运……"云云，故疑建中二年（781）陷者为寿昌县，而贞元间陷者则为敦煌县。及再证诸地理形势，亦无不合，于是对"敦煌后陷"说信心较坚。今获戴密微教授与选堂先生之进一步考证，使余所臆测者得以证实，不胜欣幸！

饶文谓"建中之初，唐臣使蕃先后接踵……于是通和、归榇……三年十月十五日，汉蕃会盟定界"。余疑敦煌于寿昌降蕃后能固守六年之久者，或与此次会盟定界不无关涉。溯自建中二年以来，因通和而释俘归柩，于是有四年正月之定盟（议盟于前一岁）。因通和、定盟而蕃围稍弛，于是沙州守军得以从容长养生息，盖亦敦煌陷蕃最晚因素之一。且吐蕃对唐国猜疑，虽肇端于建中四年四月（丰邑里会盟未果）间，然正式交恶则在贞元三年之平凉川毁盟背约，继而酿成吐蕃大掠汧阳、吴山之役，故敦煌之逼降，即在是年，乃其仇视唐室之一贯策略。未审选堂先生以为然乎？

1970年6月19日于吉隆坡斑苔谷

---

① 即建中元年。

② 沙州治所所在。

图一　敦煌卷子S·二七二九《论悉诺啰勘牌子历》卷首

图二　敦煌卷子S·二七二九《论悉诺啰勘牌子历》部分

致報一也 一無所分別等于大福
二無相等也肇曰若能齊尊卑一行報以平等慈而為施者乃具足法
施耳 城中一最下乞人見是神力聞其所說皆發阿耨多羅三藐三
菩提心 此四得益也 故我不任詣彼問疾 四結不堪
如是諸菩薩各各向佛說其本緣稱述維摩詰所言皆曰不任詣彼
問疾 此是大段第二總明諸菩薩奉辭肇曰三萬二千菩薩皆
說不任之辭文不備載之耳

淨名經關中疏卷上

丘唐大曆七年三月廿八日沙門體清於虢州開元寺為僧尼
道俗敷演此經寫此疏以傳來學頗祕藏常用流布真
如之理蓮宮永嚴弘於般若之源矣
又至辰年九月十六日俗弟子索
為普光寺比丘尼普意轉寫此卷訖

图三　敦煌卷子S・三四七五《净名经关中疏》题记

图四 敦煌卷子S·五八六《苏嘉口举钱契》卷首

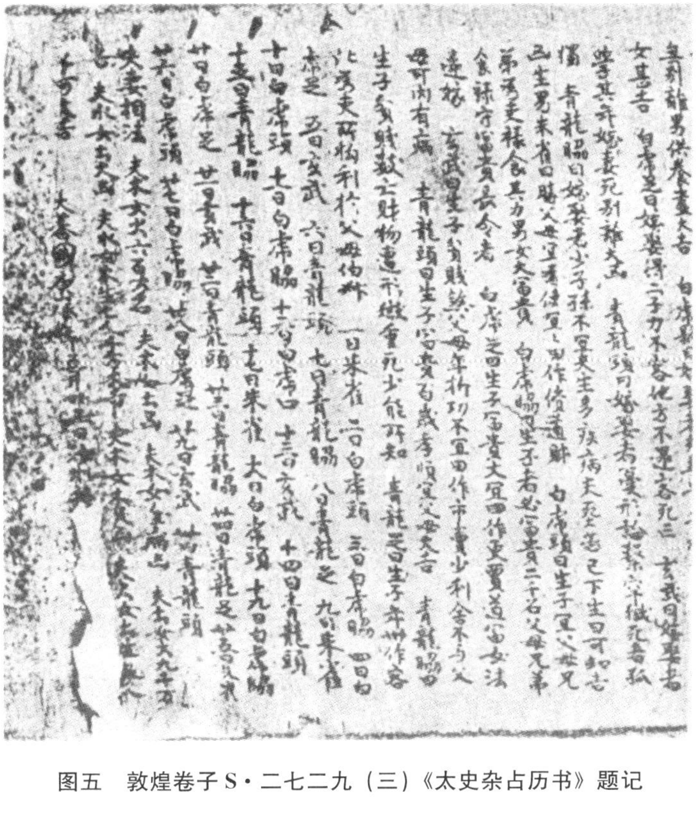

图五 敦煌卷子S·二七二九（三）《太史杂占历书》题记

神会门下摩诃衍之入藏兼论禅门南北宗之调和问题

胡适之在《荷泽大师神会传》说道：荷泽门下甚少传人，虽有博学能文的宗密，终不成革命真种子。又云：

> 宗密自称是荷泽法嗣，但他对于神会的教义往往感觉一种呐呐说不出的不满足。……宗密在圆觉《大疏钞》里，态度更明白了，他说顿悟是不够的，顿悟之后仍须渐修，这便是革命之后的调和论了。[1]

关于神会的法嗣，宗密在他的《禅门师资承袭图》曾列出一个表[2]（见下页）。

由该表看来，神会门下并不寂寞，这些人物，我们在这里，不想一一考证，只把摩诃衍提出来，加以研究。

摩诃衍在禅宗史上是一位相当陌生的和尚，向来没有人能够知道他的来历，敦煌所出列伯希和目四六四六号，有《顿悟大乘正理决》一卷，题曰：

> 前河西观察判官朝散大夫殿中侍御史王锡撰

---

① 《胡适文存》第四集卷二，271～272页。

② 《大日本续藏经》第一辑第二编，第一五套第五册，此为宗密答裴休问，全名《中华传心地禅门师资承袭图》。

- 慧能第六
  - 神会第七
    - 魏州寂
    - 邢州惠觉
    - 太原光瑶
    - 涪州朗
    - 襄州寂芸
    - 摩诃衍
    - 西京大愿
    - 净住晋平
    - 河阳空
    - 磁州智如
      - 益州南印
        - 东京神照
        - 益州如一
        - 遂州道圆
        - 建元玄雅
    - 荆州衍
    - 浮查无名
      - 花严
    - 东京恒观
      - 疏主
    - 路州弘济
    - 襄州法意
    - 西京法海
    - 陕州敬宗
    - 凤翔解脱
      - 西京坚

这卷的前面有王锡《叙》，略云：

> ……粤我圣赞普，夙植善本，顿悟真筌，愍万性以长迷，演三乘之奥旨。……颁传境内，备遣精修，交聘邻邦，大延龙象。曾于五天竺国，请婆罗门僧等卅人，于大唐国请汉僧摩诃衍等三人，同会净域，互说真宗。……首自申年，我大师忽奉明诏，请与小乘论议，商礶（榷）是非，……至戊午年正月十五日，大宣诏命曰：摩诃衍所开禅义，究畅经文，一无差错，从今已后，任道俗依法修习。……

王锡所记，即当日摩诃衍应弃松德赞赞普之聘，前往吐蕃，与印度僧莲华戒（Kamalasila）辩难条答之语，这是中古禅学史上具有国际性宗教交涉的一篇极有价值的文字。戴密微教授不惜花十年的精力，把它全部译成法语，并加详细的注释，写成他的名著 *Le Concile de Lhasa* 一书，我近来因为发觉伦敦大英博物馆藏列斯坦因目二六七二号残卷，即是王锡的《顿悟大乘正理决》；拿它和巴黎本合校，重新整理写定，准备付印。对于禅宗有关史籍，多所涉猎，始在《禅门师资承袭图》里发现了摩诃衍是出于神会门下的记载。

此外，李邕的《麓山寺碑》，亦谈到摩诃衍，说道：

> 有若摩诃衍禅师者，五力圆常，四无清静，以因因而入果果，以灭灭而会如如。有若首楞法师者，文史早通，道释后得……并建场所，牙（互）为住持。[①]

可见摩诃衍禅学的湛深，且曾经住过长沙岳麓寺了。[②]

同时，王锡所记，在吐蕃与摩诃衍开示禅教的，尚有达摩麽低其人，他说：

> 臣摩诃衍言，当沙州降下之日，奉赞普恩命，远追令开示禅门。及至逻娑；众人共问禅法，为未奉进止，冈（罔）敢即说。后追到讼割，屡蒙圣主诰（诘）讫，却发遣赴逻娑，教令说禅。复于章蹉，及特便（使）逻娑，数月盘诰，又于勃岩漫，寻究其源，非是一度。陛下了知臣之所说禅门宗旨是正，方遣与达摩麽低同开禅教，然始敕命颁下诸处，令百姓官寮尽知。（参 P、S 两本）

达摩麽低一名，巴黎本缺“麽”字，但作达摩低（Cl p. 155），误。达摩麽低即是 Dharmamati 的梵名，汉僧每有梵名，像玄照，梵名般迦舍末底，唐言照慧，即其一例（见《求法高僧传》）。在上举宗密的《禅门师资承袭图》里，有“襄州法意”“达摩”是法，“麽低”梵文 ma-ti 有 thought、mind 等义（Macdonell：*Sanskrit Dictionary*，p. 214），是“达摩麽低”，唐译“法意”，此人可能即襄州法意，与摩诃衍实同出于荷泽神会的门下。如果我的考证没有错误的话，神会的法嗣，竟有二人远入吐蕃传教，这增加了禅宗史一段极重要的史实，而且对摩诃衍思想的来源，得到了许多的线索。

---

① 此碑见《金石萃编》卷七八，又见《湖南通志》金石门。

② 李邕撰书是碑，末题大唐开元十八年岁次庚午，在玄宗朝。摩诃衍入吐蕃约在沙州陷落之前（建中二年，781）距离开元已数十载，到建中二年，他已过八十岁。证之王锡说他“况臣老耄心风，所说忘前失后。”《曲礼》：“八十九十曰耄”，可见他在吐蕃时年纪是很高的。

在王锡的记录中，有一段说道：

> 摩诃衍依止和上，法师降魔，小福张和上，唯仰大福六和上，同教示大乘禅门，自从闻法以来，经五六十年。①

所谓依止和上，是比丘出家后依止着他的某一先辈比丘，受他的监督，从学参禅，这个所从学的法师，便是依止和尚。②

这里所言的降魔，可能是兖州降魔藏禅师，小福即是京兆小福禅师，大福或者是西京义福禅师，这三人都在北宗神秀法嗣十九人之列，具见于《景德传灯录》，是摩诃衍本来是出于北宗嵩岳一派，后来才进南宗荷泽神会的门下的。

在敦煌经卷中S・四二六八（G・五九八七），即《大乘开心显性顿悟真宗论》，题“沙门大照居士慧光集释”，前有序云：

> ……时有居士俗姓李名惠光，是雍州长安人也。法名大照，不顾荣利，志求菩提，前事安阇梨，后会和尚，幸已亲承口决，密授教旨，至于精义妙理，达本穷源，出有入无，圆融自在。

又S・五五三二为《禅门经》，前有沙门慧光《序》云：

> 余乃身年三五，游历十方，自为生死事大，遂发弘愿，处处求法。吾于嵩山嵩岳寺礼拜寂和上，问言：汝诵得菩萨戒不？汝若求法，要须诵戒，即与汝缘。吾不经一两个月诵戒了，遂便求法，直至三年。一得缘来于百山，三年安居兰若，遂向龙福山更住，转《法华经》。……沙门慧光，聊述意怀，题之于后。

合上两条记载，这慧光法师，曾于嵩岳寺礼拜普寂禅师，又事安阇梨，安应该是与神秀同门的嵩岳慧安国师③，后来又事会和尚，则是神会。

摩诃衍依止北宗嵩岳，后入神会门下，慧光初亦薰沐于嵩岳的渐门，后复师事神会，两人都是“转益多师”，情形很相类似。

---

① S本“依止和上”误作“知上”；“大福”作“大福德”。又“唯仰”，P本作“准仰”。

② 参望月信亨：《佛教大辞典》。

③ 《景德传灯录》四，《大正藏》五一册，226页；嵩岳慧安国师门下十八人，不见慧光的名字。

《传灯录·神会传》云：

> 六祖灭后二十年，曹溪顿旨，沈废于荊吴，嵩岳渐门，盛行于秦洛，乃入京。天宝四年，方定两宗，乃著《显宗记》盛行于世，…… 大历五年，赐号“真宗般若传法之堂”……

我疑心神会入京之后，重定两宗；在这时候，便有许多神秀门下，向其参拜，北方渐教，遂与南宗会流，摩诃衍和慧光，即是最好的例子。慧光且集释《大乘开心显性顿悟真宗论》，标出“顿悟”宗旨，可见神会对于北方渐门影响之大了。

《神会语录》云：

> 远师问：嵩岳普寂禅师，东岳降魔禅师，此二德皆教人“凝心立定，住心看净，起心外照，摄心内证。”指此以为教门，禅师今日何故说禅？不教人“凝心入定，住心看静，起心外照，摄心内证。”何名为坐禅？
>
> 和尚答曰：若教人“凝心入定，住心看净，起心外照，摄心内证”者，此是障菩提心。今言“坐”者，念不起为“坐”，今言“禅”者，见本性为“禅”……①

又说：

> 问：何者是大乘禅定？
>
> 答：大乘定者，不用心，［不看心］，不看静，不观空，不住心，不澄心，不远看，不近看，
>
> …………
>
> 问：云何不看心？
>
> 答：看即是妄，无妄即无看。
>
> 问：何不看净？
>
> 答：无垢即无净，净亦是相，是以不看。

① 参看胡适：《荷泽大师神会传》，283～284 页。

"看心看净"，原是嵩岳一派的学说，在《坛经》里，认为"心起看净，却生净妄"，"看心看净，却是障道因缘"。和神会《语录》相同。胡适之先生因谓《坛经》中这些话，只能看作神会驳普寂的话。关于《坛经》问题，此时暂撇开不论。我以为"看心"的一套主张，在敦煌经卷亦可找到一些材料。

S·一四九四是卧轮禅师《看心法》，兹录其文如下：

卧轮禅师《看心法》，随心动念，攀缘诸境，不须收摄，不须遮口截，不须伏禁，不须证住。所以然者，心若有生，即有动乱；有动乱故，便有攀缘；有攀缘故，即须收摄；遮口截，伏禁。然其心性，湛若虚空，本来不生，实亦不灭，何须收摄！遮截，伏禁，徒废其功！而若人求道，不习此，千劫万劫功夫，徒自疲劳忍辛苦，究竟不免堕三涂。……智者求心不求佛，了本生死即无余，……种种辩说劳神虑，不知一心向身看，心中寂净无一物，无性不动性第一……①

卧轮禅师的"看心法"是认清心中寂净，原无一物，湛若虚空，本来不生不灭，不必加上收摄证住等工夫，岂不即是反对嵩岳一派，而与神会宗旨符合吗?《景德传灯录·神会传》末记云：

有僧举卧轮禅师偈云："卧轮有伎俩，能断百思想，对境心不起，菩提日日长。"六祖闻之曰："此偈未明心地，若依而行之，是加系缚。"因示一偈曰："慧能没伎俩，不断百思想，对境心数起，菩提怎么长?"

原书注云：

此二偈谁方多举②，故附于卷末，卧轮者非名，乃住处也。

据此"卧轮"一是假托的名称，他的看心法，和神会思想似乎不无关系，是很值得研究的。

---

① 影本原文模糊，暂缺。

② 卧轮及六祖此两偈语，已见《坛经》"机缘"第七。又《宏智禅师广录》卷第三，真州长芦觉和尚拈古，即举卧轮此偈。师云："葵花向日，柳絮随风。"苏轼亦有"山僧自觉菩提长，心境都将付卧轮"句。

看心本来有一套理论，日僧最澄《将来越州录》中有《看心论》一卷[①]，王锡所记摩诃衍在吐蕃与梵僧的问答，许多地方谈到“看心”的问题，如开头即说：

> 问曰：“令看心除习气，出何经文?”
>
> 谨答：“准《佛顶经》云：一根既反源，六根成解脱。据《金刚经》及诸大乘经皆云：离一切妄想习气，则名诸佛，所以令看心除一切心想妄想习气。”（LC 43 页）

又说：

> 旧问：云何看心？答：反照心源，看心想若动，有无净不净空不空等，尽皆不思不观，不思者亦不思。故《净名经》中说：不观是菩提。沙门释衍曰：法性遍言说，智所不及，其习禅者令看心，若念起时，不观不思有无等，不思者亦不思。若心想起时不觉，随顺修行，即轮回生死；若觉不顺妄想作业，即念念解脱离一切。

所云“习禅者令看心”，仍是降魔普寂的遗法，但他说看心要“返照心源”，因能“见本性是为禅”故；又说“不思不观，不思者亦不思”，这与神会在《南阳和尚问答杂征义》中论“最上乘”义，谓：

> 最上乘者，但见本自性空寂，即知三事本来自性空，更不复起观，乃至六度亦然，是名最上乘。

意味正相类。这显然是接受“神会”的熏陶，才有这种思想，所以摩诃衍的“大乘顿悟”说，本质上是融合南北宗而成。所谓“看心论”，在北宗是要看心看净，用功夫，来凝心入定，摄心内证；在南宗则只心性湛然，不收摄，不证住；至于进一步调和南北宗的，则是“反照心源”，“不思不观”，连“不思者亦不思”了。

“最上乘”一义，原是南宗特别提出来的，神会答苏普问，说道：

---

① 《大正藏》第五十五册，1059 页 b。

菩萨即大乘，佛即是最上乘。

言大乘者，如菩萨行檀波罗密……言最上乘者，但见本性空寂。①

考五祖弘忍传有《最上乘论》一卷，刊入日本《续藏经》第一辑第二编，第十五套，敦煌所出S·三五五八，S·四〇六四及二六六九，P·三四三四，即为《最上乘论》。是书其中亦言及“看心”，他主张“守本真心”，是涅槃的根本，是入道的要门，“三世诸佛，皆从心性中生，先守真心，妄念不生，我所心灭，后得成佛”。所以要“善调诸根，孰视心源，常令照燎清净，勿令无记心生”。什么是无记心呢？他说：

问曰：何名无记心？答曰：诸摄心人为缘外境，粗心小息，内鍊真心，心未清静，时于行住坐卧中，恒惩意看心，犹未能了了清净，独照心源，是名无记心也；亦是漏心，犹不免生死大病，况复总不守真心者，是人沉没生死苦海，何日得出可怜，努力努力。

“无记心”是“看心而犹未能了照心源”，这样惩意看心，是不澈底的看心法；如果能够识得本心，独照心源，便是最上乘。神会的最上乘说，五祖正是他的前导呢。

神会论“大乘禅定”，是不用心，不看心，不看静，不观空，不住心等，其实这在北宗亦有同样的说法，敦煌所出S·二五八一是《大乘北宗论》一卷，专言“大乘心”的，它说：

我尚不起布施（心），何况悭贪心，我尚不起持戒心，何况触犯心；我尚不起忍辱心，何况煞害心；我尚不起精进心，何况懈怠心；我尚不起禅定心，何况散乱心；我尚不起智慧心，何况愚痴心；我尚不起天堂心，何况地狱心；我尚不起慈悲心，何况毒害心；我尚不起清净心，何况秽浊心；我尚不起欢喜心，何况嗔恨心；我尚不起饶益心，何况劫夺心；我尚不起广大心，何况狭劣心；我尚不起空无心，何况见取心；我尚不起正直心，何况邪曲心；我尚不起真正心，何况颠倒心；我尚不起

① 胡适：《神会和尚录的第三个敦煌写本》，14页。

大乘心，何况声闻心；我尚不起□□心，何况凡夫心；我尚不起菩提心，何况烦恼心；我尚不起［解脱］心，何况解脱心；我尚不起涅槃心，何况生死心；而重说偈。

忧从心忧，乐从心乐，若妄于心，何忧何乐。

这篇主要在除却妄心，泯去对待，首先言不起布施、持戒、忍辱、精进、禅定、智慧等心，即指六波罗蜜；神会论“最上乘”，要“不复起观，乃至六度亦然”，这里则是不复“起心”乃至六度，菩提、涅槃等，无不皆然。北宗言大乘，南宗且标榜“最上乘”[①]，到这一地步，北宗的大乘心，与南宗的最上乘，归宿似是没有二致的。

神会学说：以“无念”为主，慧海在《顿悟入道要门论》中云：

无念者，一切处无心，是无一切境界，无待思求，是对诸境色永无起动，是即无念。无念者，是名真念也，若以念为念者，即是邪念，非为正念。……故修顿悟者亦复如是，为顿除妄念，永绝我人，毕竟空寂，即与无佛齐等无有异，故云即凡即圣也。

“无念”是“对诸境色永无起动”。北宗的“大乘心”，则是不起一切心，与“无念”的意义正复相同。

自神会北行，定南北是非，给北宗渐教以重大刺激，北宗僧众亦多皈依南宗，如摩诃衍、慧光的转益多师，已经不复以门户自限了。一般说“本来无一物为南宗，时时勤拂拭为北宗”[②]。南北宗顿渐两派在教义上的区别，宗密曾举一摩尼珠设喻，谓荷泽（南宗）认得明珠是能现之体，本来空寂圆静。[③] 北宗见解则认为珠被黑色缠裹障覆着，须待磨拭揩洗，去却黑暗，“方得明相出现”，可说是“离黑觅珠”。所以他说：

北宗但是渐修，全无顿悟，故修亦非真；荷泽则必先顿悟，依悟而修，故经云：若诸菩萨，悟净圆觉（悟也）。以净觉心，取静为行，由证

---

① 敦煌本《坛经》题曰：“南宗顿教最上乘坛经法。”（S·五一七〇）

② 《碧岩录》方回《序》。

③ 如《佛祖通载》十四记唐大珠慧海禅师参马祖，撰《顿悟入道要门论》一卷，马祖称“大珠圆明光透自在，无遮障处也”。按慧海：《顿悟入道要门论》，载日本《续藏经》，第一五套第五册。

诸念，觉识烦动等（修也），此顿悟渐修之意。①

他主张调和南北，先顿悟而后渐修，借儒家的话头来讲，渐修而无顿悟，是“学而不思则罔”，顿悟而不渐修，是“思而不学则殆”，佛教本是圆融的，所以顿渐两教亦得浑合在一起。唐文宗时，诏京兆荐福寺弘辨禅师入内，帝问禅宗何有南北之名？他说：“开导发悟，只有顿渐之异，故曰南顿北渐。非禅宗本有南北之号。”又释“顿见与渐修”云：

顿明自性，与佛无二，然有无始染习，故假渐修对治，令顺性起用，如人吃饭，非一口便饱。②

他亦是主张顿悟，需要渐修，与宗密所见相同。《宗镜录》卷九八云：

有檀越问安国和尚是南宗北宗？答曰：我非南宗北宗，心为宗。又问：和尚曾看教否？答云：我不曾看教，若识心，一切教看竟。

识心即是看心，这些可看出神会以后，南北宗逐渐走向调和的道路。摩诃衍更把两宗调和后的理论，在吐蕃施教，与印度小乘禅分庭抗礼，尤值得表彰。“看心”一义，在禅学史上有着重要的地位，赖敦煌的新资料，得以逐渐阐明，兹略为推论，对于治中古思想史的人们，想不无裨益的。

1964年《香港大学五十周年纪念论文集》

① 宗密：《禅门师资承袭图》。
② 《佛祖通载》十六，见《大正藏》第四九册，369页。

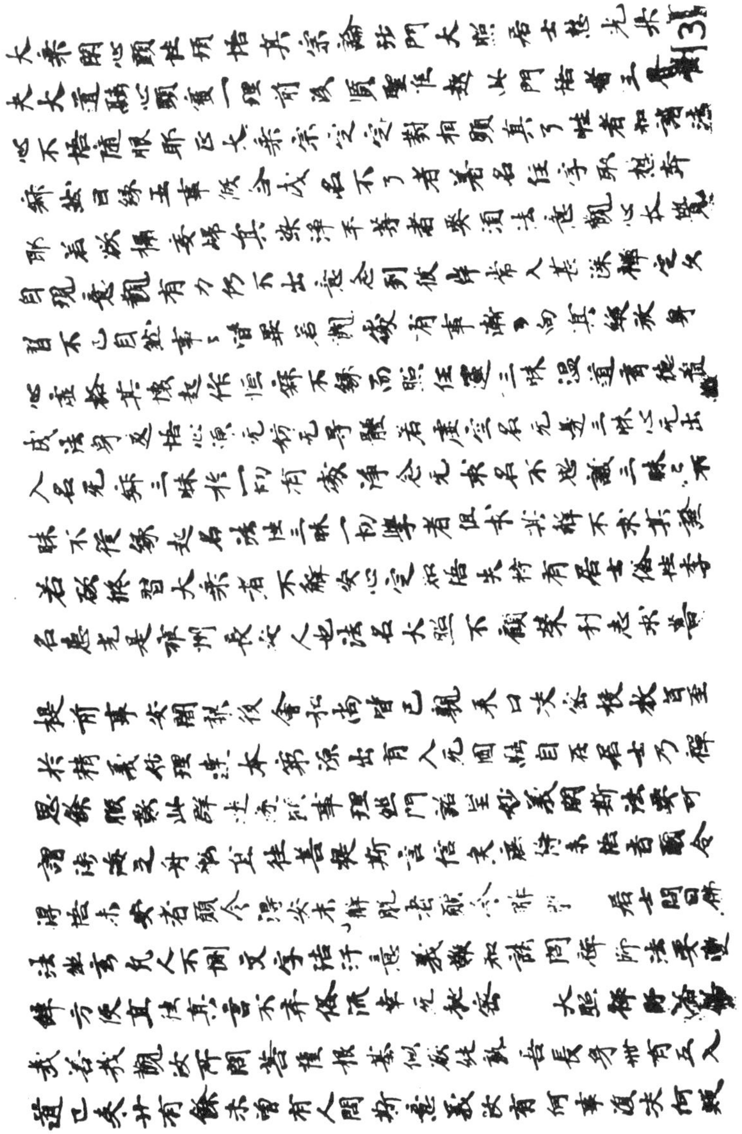

S·四二八六 大乘开心显性顿悟真宗论（一）

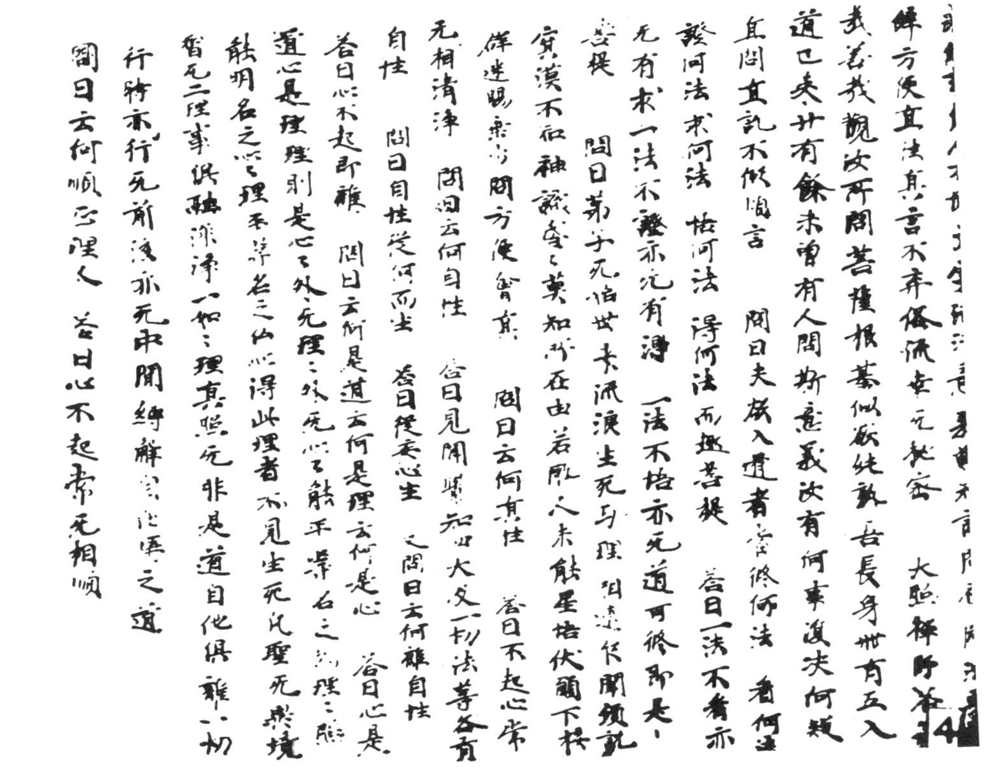
禪方便直法真言不弃俗流出无秘密　大照禪師答
哉善哉我觀汝所問菩薩根基似欲純熟吾長身卅有五入
道已來廿有餘未曾有人問斯意義汝有何事須決何疑
且問直說不假繁言　問曰夫欲入道者當修何法　看何法
證何法求何法悟何法得何法而趣菩提　答曰一法不看亦
无有求一法不證亦无有得　一法不悟亦无道可修即是
菩提　問曰弟子无始世來流浪生死与理相違只爲闇鈍
貪嗔不知神識忩忩莫知所在由若聾人未能曉悟伏願下接
禪迷賜衆生問方便略真　問曰云何真性　答曰不起心常
无相清淨　問曰云何自性　答曰見聞覺知四大及一切法等各有
自性　問曰自性從何而生　答曰從妄心生　又問曰云何離自性
答曰心不起即離　問曰云何是道云何是理云何是心　答曰心是
道心是理理則是心心外无理理外无心心能平等名之爲理理照能
明名之爲心心理平等名之佛心得此理者不見生死凡聖无二境
智无二理事俱融染淨一如如理真照无非是道自他俱離一切
行時亦行无前後亦无中間縛解自在稱之爲道
問曰云何順正理人　答曰心不起常无相順

S·四二八六　大乘开心显性顿悟真宗论（二）

王锡《顿悟大乘政理决》序说并校记

一、早期汉蕃佛教关系之史实

汉僧之入吐蕃，自文成公主以来，络绎于途，若玄照、玄太，其著者也。[①] 是时适天竺者，取途吐蕃，每经泥波罗，今之尼泊尔也。义净所记，如并州之道方、道生法师。[②] 京兆之末底僧诃，俱曾至泥波罗国。又言：

> 复有二人，在泥波罗国，是吐蕃公主嬭母之息也。
>
> 初并出家，后一归俗，住大王寺，善梵语并梵书，年三十五二十五矣。

嬭母或指文成公主之乳母[③]，其子且自藏至尼泊尔习梵文，此亦吐蕃早期佛教一趣事也。

① 义净：《大唐西域求法高僧传》上："沙门玄照，太州仙掌人也……途经速利，过睹货罗，远跨胡疆，到吐蕃国，蒙文成公主送往北天，渐向阇阑陀国……后因唐使王玄策归乡，表奏言其实德，遂蒙降敕，重诣西天，追玄照入京，路次泥波罗国，蒙王发遣送至吐蕃，重见文成公主，深致礼遇，资给归唐。"

② 又"玄太禅师……永徽年内取吐蕃道，经泥波罗到中印度……"。又"道生法师，并州人也……，以贞观末，从吐蕃路往游中国……"。

③ 《广韵》十二蟹："嬭，乳也。"

大王寺或作天王寺。[①] 是时汉僧经吐蕃赴印，多得文成公主之庇护。[②]《卫藏通志》卷六大招寺条记建寺缘起云：

> 西藏第一番王，传七世至曲结松赞噶木布[③]，迎唐公主。又差头人伦布噶尔迎巴勒布王鄂特巴尔郭恰之女拜木萨为妾。唐公主[④]带来释迦牟尼佛像，拜木萨带来墨居多尔济佛，白木萨欲修庙宇，藏王择地兴修。[⑤]

大招寺建于拉萨，发议于尼泊尔（即巴勒布）公主，而设计则出于文成公主。传说谓文成公主带来释迦像，是佛教传入吐蕃，公主与有功焉。此寺，Bu Ston 书称“Rasa ḥphrul snaṅ”[⑥]，汉人称为大招寺。

《卫藏通志》又称“小昭寺，大昭寺北半里许，番名喇木契……乃唐公主所建。因唐公主悲思中国，故东向其门”。按吐蕃乞黎苏笼猎赞[⑦]寺所立碑文，直称此寺建自唐国，盖指文成公主也。

---

① 见《大正藏》五一册，3 页校语。

② 详立花秀孝：《唐蕃两国佛教之交涉》，载《宗教研究》，新 11，667 页。参佐藤长：《西藏古代史研究》，799 页引。

③ “曲结”为圣王之称。松赞噶木布，《唐书》作弄赞赞普，即弃宗弄赞，即 Sron btsan sgam po（Khri sron brtsan）。

④ 关于文成公主事，参寺本婉雅：《于阗国史》，4、58 页。文成公主造像在青海，见《文物》1957（5），81 页。

⑤ 据《卫藏通志》卷六按语，其材料盖据布达拉宫经簿，与 Bu ston 书相同，见该书 123～124 页。按《通志》虽非第一手史料，然所记亦有来历，勘以 Bu ston《佛教史》：

巴勒布王＝Bul Po（hi rgyal）

鄂特巴尔郭恰＝Hod zer go cha

拜木萨＝bal mo—bza 指尼泊尔王妃。

译名皆符合，参佐藤长：《古代西藏史研究》，55 页。

⑥ 关于 hpyhrul snan，可参 Waddell：Lhasa & Its Mysteries，*JRASB*，259 页，1895。

⑦ 《旧唐书·吐蕃传》上：“天宝十四载，赞普乞黎苏笼猎赞死，大臣立其子婆悉（按应作娑悉，即 Sras）猎赞为主，复为赞普。”《通典·边防》六云“天宝十四载，赞普死，其子立，号乞犁悉笼纳赞。”译名略有歧异。王忠：《新唐书吐蕃传笺证》引《吐蕃历史文书》云：“羊年（天宝十四载乙未，755）父王近臣为兵士所杀，似赞普已于前一年卒，唐人据吐蕃使臣报丧之日而书，故差一年。乞黎苏笼猎赞应即弃隶缩赞，译名当有误。”按乞黎苏笼猎赞之父王应是弃隶缩赞（Khri Lde Gtsug brtsan，704—754）参看佐藤长：《西藏古代史研究》，823 页王统表。王毅《藏王墓》附各王表有出入，载《文物》，1961（4），5 页。

桑鸢寺碑文第一诏敕则云“ra mo che”乃唐人所建①。ra mo che 译音即“喇木昭”矣。

大昭、小昭二寺之建，皆与文成公主有关。公主入藏，下嫁吐蕃王松赞干布，在太宗贞观十五年（641）。今拉萨布达拉宫尚有松赞与文成公主洞房旧址。② 大昭寺前围墙中有柳二株，俗称唐柳，又称“公主柳”，传说谓公主手植者也。③

义净述《南海寄归传》、《求法高僧传》，在武后永昌元年④，对于文成公主佚事多所熟闻，故备记之。此为吐蕃松赞干布王朝汉蕃佛教关系之大略⑤。

二、吐蕃之延聘汉僧说法

吐蕃佛教，至乞黎苏笼猎赞（Khri Sron Lde bTsan，742—797）始奠定基础。⑥ 桑鸢寺碑第二诏敕⑦记吐蕃佛教之起源云：

> 先祖弃松赞（569？—649）在位，于逻些之贝噶（Pe Ka）建佛寺，是为吐蕃有佛教之始。
>
> 父王赞普弃隶缩赞（704—754）时，于扎玛（brag-dmar）之噶莆

---

① 碑文见 Tucci，“*The Tombs of the Tibetan Kings*”（以下简称 *TTK.*），96、97 页。其英译云“The temple of aP'rul Snan in Ra sa，the temple of Ra moc'e founded by the Chinese”，同书 45 页，又 82 页注 92，参佐藤长书，61、62 页，又 799 页。藏语原文如下：“rgya btags ra mo Cheh gtsung lag Khan”，“ra sahi rgya btags ra mo Che”。碑中之 rgya 即指唐，如《唐蕃会盟碑》，首句每见“rgya Chen”二字，即大唐也。

② 胡嘉：《有关文成公主的几件文物》，载《文物》，1957（7）。

③ 何藻翔：《邹崖诗集》“供佛大招寺”诗注。关于西藏早期佛教有关史实，可参金应熙：《吐蕃之兴起》，载《岭南学报》第八卷第一期。

④ 见《佛祖统纪》卷二十九。

⑤ Tucci 于 *TTK.* p. 71 云“It seems ascertained the Sron btsan sgan po built two chapels in Lhasa，as asserted by his descendants，and it is highly possible that the Re mo c'e was really founded by his Chinese wife and on account of that called rgya gtags，founded by the Chinese”。

⑥ 参看塚本善隆：《敦煌佛教史概说》，载《西域文化研究》第一，66 页。

⑦ 见 *TTK.* 47 页 Tucci 英译云：

At the time of the fourth ancestor K'ri Sron btsan，the dpe har of Ra sa was founded which was the beginnig of the Buddhist Law. After that time up to the time of my father K'ri Lde gtsug btsan，when the Temple of Kva c'ur in Brag dmar，was built and the Buddhist Law was practised five generatioins passed.

此碑刘立千译称《兴佛证盟碑》，载《康藏研究月刊》第 26 期。

（Kva c'ur）建寺。①

松赞时虽有佛寺，而佛法犹未盛行。至弃隶缩赞之世，吐蕃旧教与佛教之争始剧。时政在官族，吐谷浑王坌达延专决国政，弃隶缩赞兴佛，吐谷浑有以翊赞之也。②

弃隶缩赞子黎苏笼猎赞（亦称弃松德赞）立，对于佛教之推进益力。其值得书写者有二事：一为桑鸢寺之创建，一则为向天竺国与大唐国两邻邦延聘龙象莅蕃说法。

关于前者，Bu Ston 书记之颇详，谓桑鸢寺之建，仿照"O tanta pu ri"伽蓝型，为须弥山，十二洲日月藻饰于围墙。寺奠基于丁卯岁③，癸卯落成。阿阇梨 Padmasambhava（即莲华生）住其地为僧正，凡十三年④，说一切有部。

关于后者，弃松德赞初遣使者 Ye-ses dban Po 于南藏 Men yul 地方（尼泊尔附近）与阿遮利耶菩萨（Acarya-bodhisattva，Santa Raksita 藏名 Sniba htsho）相会，遂偕入逻娑（拉萨）留住四月，还尼泊尔。不久德赞请师派 San-sis（禅师）三十人游吐蕃，遂与莲华生同入藏，于桑鸢（Bsam yas）建寺；其弟子即莲华戒（Kamalaśila）也。

其时自唐国而至之和尚主大乘顿悟，莲华生及莲华戒则说小乘，于是吐蕃佛教遂有顿门、渐门两派之争。⑤

敦煌所出列伯希和目四六四六号，为一长方册，梵夹叶，现藏巴黎国家图书馆，其中一种末行题：

---

① Kva c'ur 一名，Tucci 疑取自汉名之瓜州（*TTK.*，p. 62），尚乏证据。

② 参王忠：《新唐书吐蕃传笺证》，13 页。金城公主亦笃信佛教，供养释迦牟尼佛。据称：自和阗逃来之佛僧，多得公主之保护。见佐藤书 390 页、798 页。

③ 桑鸢寺之建，《西藏王统纪》（王沂暖译本）有极详细记载，谓于兔年奠基，复于兔年竣工，历时一纪。然滋多异说。参 *TTK.* p. 81，注八五。参妙舟法师：《蒙藏佛教史》，9 页"莲华生"。

王毅：《西藏文物见闻记》（山南之行）桑鸢寺条，记该寺现状甚详，载《文物》，1961（6），58 页。

④ 《望月大辞典》，增订版，No. 8，108 页，Santa RaKṣita 条；又 Tucci，"Minor Buddhist Text"（以下简称 MBT）Ⅱ，p. 8. 此书收莲华戒之《广释菩提心论》原本。

⑤ Bu ston 书言印度派为"Tsen mun Pa"＝渐门派，中国派为 Ton mun pa＝顿门派。所言之"rgyahi hwa C'an ma hha ya nahi slob"即谓大唐大乘和尚摩诃衍之徒众。Satis Chandra Vidyabhusana 在其巨著 *A History of Indian Logic* p. 327"Kamalaśila"条云："While in Tibet he indicated the Religious views of Guru Padma-Sambhava and santa Rakṣita by defeating and expelling a Chinese monk named Mahayana Hoshang"。以 Hoshang（和尚）为人名，未允。

顿悟大乘法理决一卷。

前有叙题曰：

前河西观察判官朝散大夫殿中侍御史王锡撰。

此卷正续藏皆未著录，王锡事迹，史传亦无可考。戴密微教授因殚十年心力，译成法文，详加注释，著 *Le Concile de Lhasa* 一书（巴黎，1952），并附莲华戒菩萨《广释菩提心论》译本。王锡此文，即据当日汉僧摩诃衍与婆罗门僧于吐蕃赞普御前问答，条记其语，其婆罗门僧即莲华戒也。自戴氏此书出，唐代吐蕃顿渐两派之诤论，其事始为国际学人所注意。[①] Tucci 邃于西藏语文，既刊行《藏王之墓》（*The Tombs of the Tibetan Kings*，1950），复于 *Minor Buddhist Texts*（Part II，1958）书中，依藏文材料，对当时渐门、顿斗两派辩论之事实，多所申述。

大英博物馆所藏敦煌写卷列 S·二六七二号（新号六〇〇五）[②]，记摩诃衍答问，前半残缺殊甚。卷末书一禅师与妇人以诗酬答，不记经卷名称。细审之，即王锡之《顿悟大乘正理决》叙也，与巴黎本合为天壤间第二本。

王锡叙记此事原委略云：

……粤我圣赞普，夙植善本，顿悟真筌，愍万性以长迷，演三乘之奥旨……颁传境内，备遣精修，交聘邻邦，大延龙象。曾于五天竺国请婆罗门僧第卅人，于大唐国请汉僧大师摩诃衍等三人，同会净域，牙（互）说真宗[③]。我大师密授禅门，明标法印，皇后没卢氏，一自虎（虔）诚，划然开悟，剃除绀发，披挂缁衣……常能方便，化诱生灵。常为赞普姨母悉囊南氏及诸大臣夫人卅余人说大乘法，皆一时出家矣。……首

---

① 岛田虔次：《戴密微“ラサの法論”》，载《东洋史研究》No. 17，4，p. 100。神田喜一郎：《敦煌学五十年》引 G. L. Tucci 书评，载《通报》*XLVI*，404～408 页，1958。

② L. Giles，*Descriptive Catalogue of the Chinese Manuscripts from Tun Huang in the British Museum*. pp. 187.

③ 牙即“互”字，佐藤书读“㸦”为“身”字，注四五，见 821 页，非是。按李邕：《麓山寺碑》“㸦为住持”亦即“互”字，见下。参《一切经音义》卷四“㸦起”条，音胡固反。（《大正藏》五四·三三〇）

自申年，我大师忽奉明昭……请与小乘论议，商確（榷）是非……至戌年正月十五日，大宣诏命曰：摩诃衍所开禅义，究畅经文，一无差错。从今已后，任道俗依法修习。

文中未明记赞普名，唯后段有句云：

臣摩诃衍言：当沙州降下之日，奉赞普恩命，远追开示禅门。

沙州部分陷于吐蕃，在唐德宗建中二年辛酉（781）。[①] 时陷落者为寿昌县，而沙州全境至贞元三年（787）方为吐蕃占领。卷中之赞普，应是弃松德赞，所称婆罗门僧三十人，即指莲华生第二度入藏所带之禅师三十人。至来自唐国摩诃衍三人，征诸汉籍，不见记载。唯《佛祖统纪》四一云：

建中二年，吐蕃遣使乞朝廷赐沙门善讲佛理者，帝令良琇、文素往说法教化，岁一更之。

此事盖本《唐会要》九七吐蕃条云[②]：

建中二年三月，以万年县令崔汉衡为殿中少监，持节使西戎。初，吐蕃遣使求沙门之善讲者，至是遣僧良琇、文素二人行，每人岁一更之。

此为唐国应吐蕃之请遣僧众入藏之唯一记录。王锡云唐国摩诃衍三人，其二不知名姓。据文中沙州降下一句，知摩诃衍受聘赴吐蕃，不可能系建中二年之事。王锡所言之唐僧三人，亦不可能指良琇、文素等。

尚有说者，西藏 Tantrup（Kra abrag）庙有大钟，G. Tucci 与 H. E. Richardson 皆曾至其地调查。此钟乃功德主皇后 Jo mo byan Chub 为（其子）弃

---

① 沙州陷蕃年代，《西域水道记》："沙州以建中二年陷"，其说出《元和郡县志》，与敦煌所出沙州地志相符。时陷蕃者为寿昌县。

② 又《册府元龟》九八〇《外臣部·通好》亦载之。

猎松赞（Khri Lde Sron brTsan，798—815）祈寿，铸钟者为唐国和尚 Rin cen。[①]

其音近似良琇之藏译，未敢遽定。[②] 向来对 Rin cen 汉名，无从复原，唯 Rin cen 藏文训“宝”，似亦汉僧而用吐蕃语为名者。

摩诃衍与婆罗门僧讲论，王锡云：“首自申年”至“戌年正月”，其年代应如下（戴教授说）：

申年——唐德宗贞元八年壬申（792）

戌年——唐德宗贞元十年甲戌（794）

因申年废“禅”至戌年恢复，如申为建中元年庚申，时方罢禅学，何得于建中二年，汉廷派遣僧众良琇辈莅蕃讲学耶？

良琇于建中二年（781）三月随崔汉衡入吐蕃，即遇沙州陷落，此后或留居蕃地；迨公元 794 年正月十五日，赞普诏许开教禅义，至公元 798 年以后，即入弃猎松赞统治之世。大钟为弃猎松赞祈福，则当铸于公元 798 年以后。

又钟铭之功德主皇后 Jo mo byan chub 盖即弃松德赞之皇后。[③]《王统镜》：弃猎松赞王后一人 Hbro bzah buan chub btsun。

桑鸢寺钟铭：皇后国母 Jo mo rgyal mo btsun yun 即钟铭之 Jo mo byan chub，据《王统镜》正为 Hbro 氏，即没卢氏。[④] 王锡谓“皇后没卢氏皈依大乘”，即从摩诃衍披剃，Rin cen 为其铸钟也。

王锡叙又云：

---

① 见 Tucci，*TTK* p. 70，又 *To Lhasa & Beyond* p. 136。

钟铭原文云（依佐藤，804 页）：

dril chen po hdi yan lha/btsan po khri lde Sron brTsan/gyi du xx snan hgrans/……/grag pa dan hdra bar yon bdag jo mo byan Chub kyis/bgyis nas mkhyen pho rgyahi dge slon rin cen gyis blugs so。

王毅：《西藏文物见闻记》，桑鸢寺乌策大殿门廊悬挂唐式铜钟，上铸有古藏文，但未录出其铭识。

② “琇”见《广韵》四十九宥，与秀同音。《汉藏对音千字文》“笙”，音 c，e，“升”音 cen 读入审纽。此琇读 cen，则为照纽矣。

③ 《吐蕃历史文书》称弃松德赞娶 Tshes Pon 女 rma rgyal Ldon skar，生牟尼赞及猎松赞。关于德赞皇后问题，参佐藤书 802 页。

④ 没卢氏，即《唐蕃会盟碑》之 ḃro，见李方桂文 N 三八，载《通报》，1956，97 页，引 M. Lalou 说。又 Tucci，*MBT*，37 页。《唐书·吐蕃传》：“尚婢婢，姓没卢，羊同国人。”陈毅：《魏书官氏志疏证》谓没卢疑即魏之“莫卢”，然地理未合，见姚薇元：《北朝胡姓考》，125 页，芦氏条。王忠笺证藏文五部遗教记吐蕃兵制，其“藏如”之上藏四千户所皆没卢氏（b̆ro），盖吐蕃重要官族。参该书 7、152 页。

> 摩诃衍依止和上法号降魔、小福张和上准仰、大福六和尚。同教示大乘禅门，自从开法已来，经五六十年，亦曾久居山林树下，出家以来，所得信施财物，亦曾著贮积，随时尽皆转施。（P 本）

按 S 本文字与此微有不同。如“依止和上”，S 本误作“知上”；“大福”作“大福德”，多一“德”字；“准仰”，S 本作“雄（惟）仰”，似是人名。

所谓依止者，凡比丘新度后，以依止其先辈比丘而受其监督，从学参禅，此师即其依止和尚。[①] 摩诃衍自言：法号降魔、小福、大福辈皆其依止师，此数人者，皆北宗神秀之法嗣，见《景德传灯录》。然宗密答裴休问之《中华传心地禅门师资承袭图》神会门下有摩诃衍[②]，是摩诃衍者，又曾及神会门下。兹将摩诃衍在南北宗之关系表之如下：

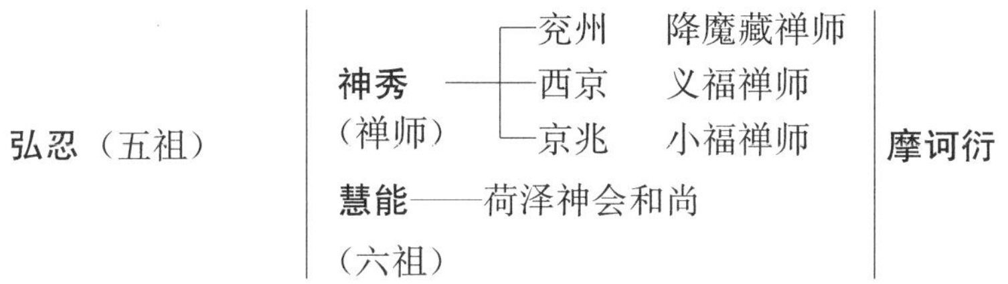

摩诃衍于神秀为再传，神秀之传付者，河东普寂及大智（即义福）两禅师，并称东山继德。[③] 所谓大福应即义福，是摩诃衍本出禅门北宗，又事神会，盖兼习南北宗者也。

摩诃衍事迹，向来未明，只知其曾居瓜州耳。[④]

与摩诃衍在吐蕃开示禅教者，又有达摩麽低，王锡《政理决》云：

> 陛下了知臣之所说，禅门宗旨是正，遣与达摩麽低同开禅教，然始敕命颁下诸处，令百姓官寮尽知。（此据 S 本，P 本 F°一五四 b）

P 本作达摩低，无“麽”字。按达摩麽低是 Dharmamati，乃梵名，唐云

---

① 见《四分律》三四，即所谓依止阿阇梨也。此与得戒和尚之为从受戒者，同为师之一种。

② 《日本续藏经》第一辑第二编，第一五套第五册，435 页。

③ 见《金石萃编》八一严挺之：《大智禅师碑铭》。

④ *Le Concile de Lhasa*，263 页引有云：“……其贼七人，不漏天网，并对大德摩诃衍推问，具中衙帐，并报瓜州。昨索贼钉枷，差官铜（锢）送。”

法意。[1] 据《禅门师资承袭图》有襄州法意，与摩诃衍同出神会门下，当即此人。

摩诃衍事迹，犹有可考者，知其早岁曾为长沙岳麓寺住持。唐李邕《麓山寺碑》云[2]：

……总管大将军齐郡公权公讳武，福德庄严，喜慧方便，疏写四部，镇重百城。有若智谦法师者，愿广于天，心细于气，诵习山顶，创立花台。有若摩诃衍禅师者，五力圆常，四无清净，以因因而入果果，以灭灭而会如如。有若首楞法师者，文史早通，道释后得，远涉异会，幽寻天台……并建场所，牙（互）为住持……

此碑末题"大唐开元十八年岁次庚午……前陈州刺史李邕文并书"，盖立于玄宗朝。据碑文继摩诃衍者，又有首楞法师，假定摩诃衍任岳麓住持为二十五岁，约当开元十年（722）。如前文考证沙州部分陷落于建中二年（781），其入吐蕃，不知在何年。而建中、贞元间，摩诃衍年已逾八十矣。证以王锡所记，摩诃衍自言："况臣老耄心风，所说忘前失后。"《曲礼》云："八十、九十曰耄。"耄是九十之名，是摩诃衍在吐蕃，已近九十之年。

三、汉僧开示禅门所至吐蕃地名考证

摩诃衍开法吐蕃，王锡记云：

亦曾于京中已上三处开法，信受弟子约有五千余人。（S本"京"字作"景"）

臣沙门摩诃衍言：当沙州降下之日，奉赞普恩命，远追令开示禅门，及至逻娑，众人共问禅法，为未奉进止，罔（罔）敢即说，复追到割，屡蒙圣主诰（诘）讫[3]，却发遣赴逻娑，教令说禅，复于章蹉，及特便（使）逻娑，数月盘诰（诘）。又于勃峇漫寻究其源，非是一度。（P本F°

① 《求法高僧传》，玄照梵名般迦舍末底，唐言"照慧"。又末底僧诃，唐言师子慧。"末底"与"麽砥"，盖同语异译。刘宋时，译《妙法莲花经》之达摩摩提，名与此同。

② 此碑见《金石萃编》七八（唐三八）《八琼室金石补正》，54页。又见《湖南通志》金石门。

③ 此处应于"讫"字断句。讫，完了也。

一五四六）

臣沙门摩诃衍言：当沙州降下之日，奉进止[1]冈敢即说。后追到讼割，屡蒙圣主诰问讫，却发遣赴逻娑，教令说禅。复于章蹧（蹉），及特便逻娑，数月盘诘，又于勃岩漫，寻究其源，非是一度。（S本）

上列一段文字，伦敦巴黎两卷微有异同，S本缺赞普以下二十三字。戴氏谓三处即割、章蹉及勃岩漫。又谓京中即拉萨。[2] G. Tucci 谓割古音 Kat，西藏地名译成汉文，极少仅有一音，故疑P卷偶有写失或残泐，今观S本正作“讼割”，可证其说之确。[3]

关于吐蕃诸地名，逻娑而外[4]，讼割、章蹉、勃岩漫各地，亟须考证，兹分别论之。

勃岩漫

“勃岩漫”一名，今合两本，其中一字可确定为“岩”字无疑。Tucci 读此地名为 Poman（勃漫），谓或即吐蕃王常居之“Brag dmar”。[5] 按据写卷应作“勃岩漫”。

勃，汉、藏互译作为语首前缀[6]，而岩字见《广韵》二十一麦“力摘切”[7]，与 rag 音相近，故“勃岩”可相当于 Brag；dmar 自即“漫”。

故勃岩漫为 Brag dmar 之汉译，可无疑义。其地清代译名作札玛尔。《卫藏通志》萨木秧寺条云：

拉撒东二日山南萨木秧地方，藏王曲给松赞噶木布第五世曲结赤松特赞欲修札玛尔正桑庙，赴甲噶尔延请班第达择地兴修未成，后令藏地

① “奉进止”，唐人习语。自唐以来，率以奉圣旨为奉进止，盖言圣旨使之进则进，使之止则止也。见《通鉴》唐德宗贞元元年注。

② C. L. p. 162.

③ *Minor Buddhist Texts* Ⅴ. Ⅱ. p. 33.

④ P本作“逻娑”凡三见，S本删去一段，且作“逻婆”，凡两见，逻婆当是逻娑之误。

⑤ *Minor Buddhist Texts* Ⅴ. Ⅱ. p. 33.

⑥ 勃字，《唐蕃会盟碑》译文每作 Prefix b—，如“勃藏”之为 bzang，见李方桂：Inscription of the Sino-Tibetan Treaty of 821-822，载《通报》，1956，52页。（该碑N·三八）罗常培：《唐五代西北方音》180页“以全字对前缀音例”及186页“有声无韵例”，勃 b—两条。

⑦ 《广韵》二十一麦：“岩、硌、水石声也，力摘切。”又四觉：“峃，引《尔雅》山多大石峃，岩字同。”同部“嶨”字下云：“或作岩，又音学。”是原有数音。

能习经咒之人赴甲噶尔，请祖师白玛萨木巴娃降收妖邪，仿照甲噶尔阿兰达苏哩庙宇式，修造三顶四八方，以象星宿。

萨木秧寺俗称桑鸢寺，萨木秧与桑鸢俱即 Bsam yas 之音译。志称祖师白玛萨木巴娃，即 Padmasambhava（莲华生）也。

Brag dmar 见于碑文，本称 Brag mar，去 Bsam yas 之北数里，有小寺，相传为 K'ri Sron Lde bTsan 出生之所，附近皆废墟，为吐蕃王冬季游憩之地。[①] Brag dmar 近代则译作扎玛尔。[②]

讼割

P 本夺一“讼”字，今据 S 本补。讼割即 Zun mk'ar，亦称 Tsungkar，其地沿藏布江去桑鸢（bsam yas）之西数里[③]，即乞黎苏笼猎赞普（K'ri Sron Lde bTsan）与东印度高僧莲华生（Padmasa mbhava）相会之处。[④] 乞黎苏笼猎赞普亦驾崩于此。[⑤]《卫藏通志》谓莲华生仿照甲噶尔阿兰达苏哩庙宇式[⑥]以造桑鸢寺（bsam yas）。是讼割在桑鸢兴造之前，本自有庙耳。

章蹉

章蹉一地，向来未明。《卫藏通志》察木珠寺条云：俗名“昌诸寺”，“藏王曲结松赞噶木布立大昭之时，赴雅尔咙（Yarlung valley）等处，见小海子，内有妖蛇五首，欲将海水戽干，上建庙宇……。乃于其海修建庙宇，供奉桑堆佛十九尊”。又同书大招寺条云：

……虔祝神佛，欲将邪气镇压，在昌诸、销啰、伦塔、堆阳四地方接连地脉之处，建寺一百八座。

“昌诸”与“章蹉”音最相近。王锡谓“复于章蹉及特使逻娑数月盘诘”。

---

① Tucci：*TTK*，p. 81，注三六。

② 藏语语首每丧失，B 可不读出，参金鹏：《藏文动词曲折形态在现代拉萨语里衍变的情况》，载《语言研究》，1956（1），173 页。

③ Tucci：*TTK*，p. 79，注四九。

④ Tucci：*To Lhasa and Beyond*，p. 119。

⑤ Tucci：*MBT*，p. 32。《西藏记》上所谓宗角疑即此。

⑥ 阿兰达苏哩庙者，Bu-ston 书作 O tanta pu ri 伽蓝（一二六 b）参佐藤书，66 页。

章蹉以昌诸（寺）当之，颇合。[①]

由上推究，可得结论如下：

（一）逻娑亦误作逻婆，即在拉萨大招寺。

（二）讼割即 Zun mkar，其地先有阿兰达苏哩庙。

（三）章蹉可能即在昌诸寺。

（四）勃岩漫（Brag-dmar）即在扎玛尔桑鸢寺。

逻娑大招寺、昌诸寺皆始建于松赞干布时代；勃岩漫（扎玛尔）之桑鸢寺则建于弃隶缩赞，讼割原有阿兰达哩庙，桑鸢寺之建，即仿效讼割旧庙之制。摩诃衍与莲华戒诤论所到之所，其地皆已有寺。王锡但举其地名，兹更补述寺庙，以为考证之助。

四、从摩诃衍所引经典论后期禅宗对金刚经、楞伽经之并重

胡适之谓南宗神会以《金刚经》代《楞伽经》，然今观此卷，摩诃衍答“声闻住无相得入大乘”问云：“准《楞伽经》云：若住无相，不见大乘。所以不得取无相定。是故经文应无所住而生其心”。

此引《金刚经》要语，以释《楞伽经》“不住无相”之义。以明宜住无所住，则《楞伽经》与《金刚经》并用。《理决》又云：

> 摩诃衍再说，不依疏论，准大乘经文指示。摩诃衍所修习者依《大般若》、《楞伽》、《思益》、《密严》、《金刚》、《维摩》、《大佛顶》、《花（华）严》、《涅槃》、《宝积》、《普起三昧》等经，信受奉行。
>
> ……同教示大乘禅门。……现令弟子沙弥未能修禅，已教诵得《楞伽》一部，《维摩》一部，每日长诵。……于大乘无观禅中，无别缘事常习不阙。以智惠（慧）每诵大乘，取义信乐般若波罗蜜者甚多。（S本）

是其诵习经典，不专主于一种。而《楞伽》与《维摩》尤为重视。神秀教普寂“令看《思益》，次《楞伽》，因告此两部经，禅学所宗要著”[②]。

---

① 王毅：《西藏文物见闻记》，载《文物》，1961（3）。山南之行（昌珠寺），“昌珠”即昌诸。

② 见李邕：《大照禅师塔铭》。

摩诃衍教人，仍是循此轨辙。另一方面，可见《楞伽经》在晚期之禅宗，尚占极重要之地位。

西藏史中目摩诃衍为顿门派，称之曰“大乘和尚”，藏言 Hva-Saṅ.；目印度僧为渐门派，称之曰“禅师”，藏言 Sansis，则以小乘、大乘为判别之分。[①]

《传灯录》自达摩以下悉称曰“禅师”，则以统指大乘法师，异乎藏人之专指小乘者流。今观敦煌所出神会语录题曰“南阳和上顿教解脱禅门直了性坛语”（2045 页），曰“南阳和尚问答杂征义”（6557 页）。“和上”一名，与大乘顿教发生密切关系者，其事似与神会不无因缘。摩诃衍为神会门下，以顿悟开示，且对其依止师均称为和上，其入吐蕃必以和上自号，如神会之比，故藏史遂以 Hva-Saṅ称之也。

五、建中至长庆间佛教关系二三事

建中初，唐遣僧入吐蕃讲论佛理者，盖是时蕃、汉方修好[②]，故良琇、文素，得前往说法。

《旧唐书·德宗纪》：“建中三年夏四月庚申，先陷蕃僧尼将士八百人自吐蕃还。”则其先已有唐国僧尼羁居蕃地。至贞元三年，侍中浑瑊与吐蕃盟于平凉，为蕃兵所劫，自崔汉衡以下将吏陷落者六十余人。[③] 是时陷蕃者亦有栖心释氏之教，为赞普所重，如路泌即其一人。[④] 吕温早岁亦曾陷蕃[⑤]，《衡州集》中有诗，可为佐证。戴密微书中，附载若干诗歌，为当日流落西蕃者之作，忧愁羁思，读之坠泪。[⑥] 抑敦煌石室所出曲子，若 3128 页之《菩萨蛮》，3128 页、S·五五五六之《望江南》，亦皆纪实之篇。S·二六〇七且有《赞普子》

① 欧阳无畏撰《喇嘛教》，其中“喇嘛教的创立和灾难前传”论莲华戒当日与汉僧大乘和尚辩难，犹未悉汉僧即摩诃衍，盖未睹敦煌此卷及戴密微教授之译本，欧阳氏文，见《西藏研究》，38 页。

② 《旧唐书·德宗纪》：“（建中元年）十二月辛卯，韦伦使（蕃）回，与吐蕃宰相论钦明思等五十五人同至，献方物修好也。”

③ 《德宗纪》。

④ 见《旧唐书》卷一五九《路随传》。

⑤ 参岑仲勉《唐史余沈》“德宗朝两吕温陷蕃”条。

⑥ C. L.，pp. 307－332.

一词，以吐蕃王号为调名[①]，是又蕃、汉文化交流之结果，则轶出宗教范围矣。

《册府元龟》九七六《外臣部·褒异》云：

（唐）穆宗以元和十五年（820）即位，七月壬戌，诏盛饰安国、慈恩、千福（福）升业、章敬等寺，纵吐蕃使者以观焉。

此则宗教性典礼，有吐蕃使者之参与其间。《旧唐书·敬宗纪》：

（长庆四年）九月甲子，吐蕃遣使求五台山图。[②]

《册府元龟》五二：

穆宗长庆四年九月甲子，灵武节度使李进诚奏：吐蕃遣使求五台山图。山在代州，多浮图之迹，西戎尚此教，故来求之。

按五台山图，据《古清凉传》，乃高宗龙朔年间，敕西京会昌寺沙门会颐往清凉山检行圣迹。并将五台县吕玄觉画师张公荣等十余人同往，绘写成图。会颐又以此山图作小帐，述略传一卷，广行三辅。故吐蕃遣使来求之。斯亦晚期汉、蕃佛教交流之盛事也。

六、附记

王锡《顿悟大乘政理决》，戴密微教授已有深邃研究，流布海内。戴氏又有 Deux Documents de Touen-Houang sur le Dhyāna Chinois 一文，刊于日本

---

① 其词如云："只恨隔蕃部，情恳难申吐，早晚灭狼蕃，一齐拜圣颜。"（《菩萨蛮》）"敦煌郡，四面六蕃围"、"龙沙塞，远路隔烟波，每恨诸蕃生留滞，只缘当路寇仇多，抱屈争奈何。"（《望江南》）《赞普子》词云："本是蕃家将，年年在草头，夏日披毡帐，冬天挂皮裘。"写塞外景象，尤为真切。《花间集》毛文锡有《赞普子》词，参《敦煌曲初探》，110 页。

② 宿白：《敦煌莫高窟中的五台山图》，载《文物参考资料》，第二卷第五期下册，49 页，1951。按因文殊师利菩萨居住五台山之传说盛行，引起佛教徒对五台山之景慕，遂有五台山图之制作。影响所及，西传敦煌，东流日本。文宗开成五年日僧圆仁巡行五台，亦携五台王化现图以归。敦煌莫高窟中有五台山图遗迹，犹可见当日之芳徽盛轨。

《塚本善隆博士颂寿纪念佛教史学论文集》中，（京都，1961）读者可取参考。

S本卷末不记《大乘顿悟政理决》书名，唯别有一段文字如下：

有一禅师，寻山入寂，遇至石穴，见一妇人，可年十二、三，颜容甚媚丽，床卧弱席，宛若凡居，经书在床，笔砚俱有。因而怪之，以诗问曰：床头安纸笔，拟欲乐追寻，壁上悬明镜，那能不照心。女子答曰：纸笔题般若，将为答人书，时观镜里像，万色悉归虚。禅师又答曰：般若无文字，何须纸笔题，离缚还被缚，除迷却被迷。女子答曰：文字本解脱，无非是般若，心外见迷人，知君是迷者。禅师无词，退到归路。女子从赠曰：行路路难难，心中本无物。只为无物得心安。无见心中常仏。欲修道人不由师教内心自悟者：迷色觉朗，耶（邪）覆心开。迷心逐境走，无照心不回。惣缘见相病，细色竞投来，明珠被云影，光色阇如灰。忽逢法水动，磨洗划然开。欲修人从师问道悟解者：觉照由如露，终是幻相惑，论谈破执病，借空影真如，说经言下住。

考大英博物馆敦煌卷S・六四六、三一四两号亦有相同之偈。兹录其一于下：

扬州顗禅师游山石室，见一女子独枕一床，赠诗一首。
床头安纸笔，终是乐追寻。
壁上悬明镜，将知不照心。
女子答曰：
纸笔题般若，非为浴（俗）人书。
口见镜里像，方知色体虚。
师又答曰：
般若无文字，何须纸笔题，
离缚还成缚，除迷却被迷。
女又答曰：
文字即解说，无非是般若，
心外见迷人，知君是迷者。（S・六四六）

诗句大抵相同，而称为扬州顗禅师游山诗作。顗禅师当是天台智者大师，其别传谓智者大师先在扬州后至荆州，与此正合。

S卷尚有女子赠《行路难》一首，开头叠句作云："行路难路难。"考梁傅大士有《行路难》二十首[①]，日本龙谷大学有"征心行路难"[②] 并作"行路路难难"，句法一致。

《乐府诗集》（卷十六）收《行路难》诸作。此曲联章亦有"君不见"三字者，鲍照《拟行路难》（十八首）、费昶《行路难》二首[③]以及S·六〇四二残卷。与"征心行路难"皆此类之作。是卷所载："行路路难难，心中本无物，只为无物得心安，……"一首，入矢义高氏所未录，兹可补其缺。

王锡此文，出自莫高窟秘笈，为中古禅学史重要资料，惜乎流通未广，今合P、S两本，细加参订，撰为校记，以便浏览。其历史背景，戴教授考证，至为详核，毋庸多赘。本篇前言，属稿在十年前，曩曾邮往巴黎，请戴教授订正。比岁以来，敦煌之学如日中天，关于唐代敦煌佛寺之分布，僧官之建立；佛教学之倡导，前有昙旷，后有法成，敦卷所记，可窥涯略，时贤论述，已极详尽。[④] 本篇所陈，无异蛇足。唯校记之作，对于研读王锡《理决》，或不无涓埃之助。至于沙州正式陷蕃年代，《理决》之写成，关系甚巨，近年论者，意见颇为歧异，鄙见仍以戴教授主张贞元三年（787）为近是，别有专文论之，兹不复赘云。

附录　《顿悟大乘正理决》

叙　前河西观察判官朝散大夫殿中侍御史王锡撰[⑤]

自释迦化灭，年代逾远，经编贝叶，部袟虽多，其或真言，意兼秘密，理既深邃，非易涯津。是乃诸部竞兴，邪执纷纟L。爰有小乘浅智，大义全乖，

---

① 见《续藏经》本《善慧大士语录》。

② 龙大图书馆秀氏文库（〇二四、三）四，详芳村修基：《征心行路难》残卷（《敦煌佛教资料》，载《西域文化研究》第一，191页），斯坦因目三〇一七亦即"征心行路难"。

入矢义高有文论"征心行路难"，见《塚本颂寿佛教史学论集》，79页。按"征心"二字宜作"澂心"，义即"澄心"。

③ 《全梁诗》十二。

④ 参看藤枝晃、竺沙雅章、山上大峻诸氏论文，分载京都《东方学报》。

⑤ 敦煌所出有巴黎伯希和本（简称P本）及伦敦斯坦因本（简称S本）。此处所录，据伯本，而校以史本。

肆荧火之微光，与太阳而争耀。厥兹蕃国，俗扇邪风，佛教无传，禅宗莫测。粤我圣赞普，夙植善本，顿悟真筌，愍[1]万性以长迷，演三乘之奥旨。固知真违言说，则乘[2]实非乘，性离有无，信法而非法。盖随世谛，广被[3]根机，不舍声闻，曲存文字，颁传境内，备遣精修。交聘[4]邻邦，大延[5]龙象。于五天竺国，请婆罗门僧等卅人，于大唐国，请汉僧大禅师摩诃衍等三人。会同净域，互[6]说真宗。我大师密授禅门，明标法印。皇后没卢氏，一自虔[7]诚，划然开悟，剃除绀发，披挂缁衣，朗戒[8]珠于情田洞禅宗于定水，虽莲花不深，犹未足为喻也。善能为方便，化诱生灵，常为赞普姨[9]母悉囊南氏及诸大臣夫人卅余人说大乘法，皆一时出家矣；亦何异波阇波提为比丘尼之唱首尔。又有僧统大德宝真，俗本姓鶂禅师，律不昧于情田，经论备[10]谈于口海，护持佛法，倍[11]更精修，或支解色身，曾[12]非娆动，并禅习然也。又有僧苏毗王嗣子须伽提，节操精修，戒珠明朗，身披百衲[13]，心契三空。谓我大师曰：恨大师来晚，不得早闻此法耳。首自申年，我大师忽奉明诏曰：婆罗门僧等奏言：汉僧所教授顿悟禅宗，并非金口所说，请即停废。我禅师乃犹然而笑曰：异[14]哉！此土[15]众生，岂无大乘种性，而感[16]魔军娆动耶？为我所教禅法，不契佛理，而自取殄灭耶？悲愍[17]含灵，泫然流泪，遂于佛前恭虔[18]稽首而言曰：若此土众生，与大乘有缘，复所开禅法不谬，请与小乘论仪，商確[19]是非，则法鼓振而动乾坤，法螺吹而倒[20]山岳；若言不称理，则愿密迹金刚，碎贫道为微尘圣主之前也。于是奏曰：伏请圣上，于婆罗门僧，责其问目，对相诘难，校勘经义，须有指归；少似差违，便请停废。帝曰：俞！婆罗门僧等，以月系年，搜索经义，屡奏问目，务掇瑕玼。我大师乃心湛真筌，随问便答，若清风之卷雾，豁睹遥天，喻宝镜以临轩，明分众像。婆罗门等随言理屈，约义词穷，分已摧锋，犹思拒辙，遂复眩惑大臣，谋结朋[21][22]党。有吐番僧乞奢弥尸毗磨罗等二人，知身聚沫，深契禅枝[23][24]为法捐躯，何曾顾己，或头燃炽火，或身解霜刀，曰："吾不忍见朋[25][26]党相结，毁谤禅法"，遂而死矣。又有吐蕃僧卅余人，皆深悟真理，同词而奏曰："若禅法不行，吾等请尽脱袈裟，委命沟壑。"婆罗门等乃瞪目卷舌，破胆惊魂，顾影修墙，怀惭战股。既小乘辙乱，岂复能军，看大义旗扬，犹然贾勇。至戌年正月十五日，大宣诏命曰：摩诃衍所开禅义，究畅经文，一无差错，从今已后，任道俗依法修习。小子非才，大师徐谓锡曰：公文墨者，其所问答，颇为题目，兼制叙焉。因目为顿悟大乘正理决。

问曰：令看心除习气，出何经文？谨答：准《佛顶经》云：一根既反源，六根成解脱。据《金刚经》及诸大乘经皆云：离一切妄想习气，则名诸佛。所以令看心，除一切心想妄想习气。问：所言大乘经者，何名大乘义？答：《楞伽经》曰：缘有妄想，则见有大小乘，若无妄想，则离大小乘，无乘及乘者，无有乘建立，我说为大乘。

第一问：或有人言，佛者无量多劫已来，无量[27]功德，智聚圆备，然始成佛；独离妄想，不得成佛。何以故？若只［离］[28]妄想得成佛者，亦不要说六波罗蜜、十二部经，只合说令灭妄想，既若不如是说，于理相违。答：一切众生，缘无量劫已来，常不离得三毒烦恼，无始心想习气妄想，所以流浪生死，不得解脱。准《诸法无行经》上卷云：若一切法中，除却其心缘相不可得故，是人名为已得度者。又《金刚三昧经》云：佛言一念心动，五荫俱生，令彼众生，安坐心神，住金刚地，既无一念。此如如之理，具一切法。又《金光明经》第二云：一切烦恼，究竟灭尽。是故法如如，如如之智，摄一切佛法。又《楞伽经》第二云：但离心想妄想[29][30]则诸佛如来法身不思[31]［议］智慧，自然显现。又法身即顿现，示报身及以化身。又《诸法无行经》：佛告文殊师利，若有人问汝断一切不善法，成就一切善法，名如来。汝云何答？文殊师利言：如佛坐于道场，颇见法有生灭不？佛言不也。世尊！若法不生不灭，是法可得说断一切不善［法］[32]成就一切善法不？佛言不也。世尊！若法不生不灭，不断一切不善法[33]不成就一切善法，是何所见？何所断？何所证？何所修？何所得？但离心想妄想，即卅七道品，自然具足，一切功德，亦皆圆备，经文广述，不可尽说，任自检寻，当见经义据理。

问：所对于理不相违，若有众生，离得三毒烦恼，无始心想，习气妄想，便得解脱，亦得成佛，如是功德，不可比量。

又答：十二部经：准《楞伽经》云：佛所说经，皆有是义。大慧，诸修多罗，随顺一切众生心说，而非真实在于言中。譬如阳炎，诳惑诸[34]兽，令生水想，而实无水。众经所说，亦复如是。随诸愚夫，自所分别，令生欢喜，非皆显示圣智证处真实之法。大慧，应随顺义，莫著[35]言说。又经云：佛言我某夜成道，某夜入涅槃，于此二中间，不说一字，不已故，今说，当说。不说者是佛说。又《涅槃经》云：闻佛不说法者，是人具足多闻。又《金刚经》云："乃至无有少法可得，是为无上菩提。"又经云："无法可说，是名说法。"据此道理，应不相违。

又问：有天人制于妄想，以制妄想故，生无想天，此等不至仏道，明知除想，不得成佛。

谨答：彼诸天人，有观有趣，取无想定，因此妄想，而生彼天[36]，若能离观，离无想定，则无妄想，不生彼天。《金刚经》云："离一切诸相[37]，则名诸佛。"若言离妄想不成仏者，出何经文？准《楞伽经》云：无三乘者谓五种性，众生中谓不定性者假说，不应如是执也。又答：所言五种性者，只缘众生有五种妄想不同，所以说有五种名，若离得妄想，一种性亦无，何处有五耳？岂更立余方便耶？

问：《楞伽经》云：所言与声闻授记；化仏化声闻授记，据此只是方便调伏众生，数个义中，涅槃道是三乘也。若离于想，大小之乘，无可言者，谓无想不？观大小乘，非无大小，譬如声闻，证涅槃后，大小之乘，更无所观，此声闻人，岂得言入大乘道不？

谨答：所言化仏与化声闻授记者，声闻人为未见法身，及以报身；唯见化身。所以化身授记，正合其理。

又问[38]：准《楞伽经》云："我所说者分别，尔焰识灭，名为涅槃；不言涅槃道，是三乘也。《楞伽经》偈[39]："预流一乘果，不还阿罗汉。是等诸圣人，其心悉迷惑。我所立三乘，一乘及非乘，为愚夫少智，乐寂诸圣说，第一义法门，远离于三趣，住于无境界。何建立三乘，诸禅及无量，无色三摩地[40]，乃至灭受想，唯心不可得。"准斯经义理所说，三乘皆是方便导引[41]众生法门。又《思益经》[42]云："网明菩萨问思[43]益梵天言，可为行一切行非行？梵天言：若人千万亿劫行道，于法性理不增不减，是故名行一切行非行。我念过去[44]阿僧祇劫，逢无量阿僧祇诸仏如来，承事无空过者，并行苦行十二头陁，入山学道，持戒精进，所闻智慧[45]读诵、思惟。问：是诸如来，亦不见受记，何以故？依止所行故。以是当知，若是菩萨出过一切诸行，则得授记。据此道理，法性理中，大乘[46]之见，并是虚妄想，妄想[47]，若离妄想，则无大小之见。又[48]准《楞伽密严经》云："声闻虽离妄想烦恼，处于习气漏，[49]譬如昏醉之人，酒醒然后觉；彼声闻亦然，贪著寂灭乐，三昧乐所醉，乃至劫不觉。觉后当成仏。"声闻[50]贪著寂灭乐，所以不得入[51]大乘。

又问：所言声闻住无相[52]，得入大乘否？答：准《楞伽经》云："若住无相[53]，不见于大乘"，所以不得取无相[54]定。是故经文："应无所住而生其心。"

第二问：离一切相名诸仏，是何经说？谨答：《金刚经》云："离一切诸相，则名诸仏。"又《大般若经》、《楞伽》、《华严》等经中，亦具广说。

又再新[55]问：《金刚经》云："若了达诸法，观了然后不观者，是智慧[56]。"若具修一切善已，然始无修，为化众生，生[57]大智自然成就，言先愿力，故为凡夫妄想不生，凡夫本来不达一切[58]，犹未具诸功德，虽灭妄想，不得成仏。以要言之：解一切法是智，修一切善法[59]是福，为成就如是一切故，所以经历多劫，因诸福智力故，三昧无观，从此方显。又《首楞严[60]三昧经》云："初习观故，然得此三昧，譬如学射，初射竹簟，大如牛身；已后渐小，由[61]如毛发，并亦皆中。"从习于观，是渐修行，诸仏所说，皆是渐门，不见顿门。

答第二新问：准《楞伽经》云："仏告大慧[62]菩萨，应莫著[63]文字，随宜说法，我及诸仏，皆随众生烦恼解故，欲[64]种种不同，而[65]为开演，令知诸法自心所现。"又《思益经》云："说法性理，若人千万亿劫行道，于法性理不增不减。"若了知此理，是名大智慧[66]，于法性理中，修以不修，皆是妄想。据法性道理，若离妄想，大智本自然成就，若论福智，更无过[67]法性道理，及以法性三昧，所言渐顿，皆为众生心想，妄想见。是故经云："[68]大慧[69]是故应离因缘所作和合想中，渐顿生见。"若离一切想[70]妄想，渐顿不可得；若言离妄想不成仏者，出何经文所言？《首楞严[71]经》云："学射渐渐者，不缘增长心想妄想；只合令除妄想。"

旧问第三，问：[72]"言一切想者，其想云何？"

答：想者，心念起动，及取外境，言一切者，下[73]至地狱，上至诸仏已下。《楞伽经》云："诸法无自性，皆是妄想心见。"

新问第三：上至诸仏，下至地狱之想，切要兹[74]长，成就善法，违离恶法，因此而行。若不识佛，不知地狱，如说十二因缘中无明，凡夫中不合修行此法。

新问第三，答：一切众生，缘无始已来，妄想分别；取著妄想善恶法，或长善，或长恶。以是因缘，流浪生死，出离不得。所以经文，凡所有想[75]皆是虚妄，若见诸想非想[76]，则见如来[77]。若了知此一[78]念功德，经无量劫修习善法[79]不如此[80]一念功德。又所言凡夫位中，不合学此法者，一切诸仏菩萨，无量劫所修习善法，成等正[81]觉，皆留与后代末法众生，教令修学，既言凡夫众生不合学此法，是诸仏法教，留与阿谁？凡夫不合学此法，出何经文？

旧问：想有何过？答：想过者，能障众生本来一切智，及三恶道久远轮回，故有此过。《金刚经》说，亦令离一切诸想，则名诸佛。

新问第四：问或有故令生长之想，或有不令生想，处凡夫地，初修行时，不得除一切想。答：诸大乘经云："一切众生，缘有妄想分别[82]，取著生不生妄想，是故流浪生死；若能不取[83]著生不生妄想，便得[84]解脱。凡夫众生，不得除想，出何经文？

旧问：云何看心？答：返照心源看心，心[85]想若动，有无净不净，空不空等，尽皆不思[86]，不观者亦不思[87]。故《净名经》中说："不观是菩提。"

新问第五，问：据《十地经》中："八地菩萨，唯入不观，仏令入修行。"据此事，凡夫初地犹未得，唯不观如何可得[88]？答：准《楞伽经》云："八地菩萨，离一切观及分别习气，无量劫来，所受善恶业者，如乹闼婆城，如幻化等。了知菩萨[89]者超过一切行，得无生法[90]忍，然后得授记。不闻八地菩萨，教令修行，经文何如说，只合细[91]寻诸经所说[92]。凡夫未得初地，不合不观[93]者，此义合行不行，前问说讫。

旧问：作何方便，除得妄想及以习气？答：妄想起不觉，名生死；觉竟，不随妄想作业，不取不住，念念即是解脱般若。《宝积[94]经》云："不得少法，名无上菩提。"

新问第六，问：如前所说，凡夫初学，岂得喻仏，仏是已成就者。答：凡夫虽不[95]共仏，同诸仏所悟之法，准经文皆留与后代末法众生，教令修学；若不如是，法教留与附谁？又仏言[96]无无有少法可得者，不可执著言说，若无少法可得，无思无观，利益一切者，可不是得否？答：此义前者已答了，今更重[97]来，又再说者：仏从无量劫来，已离得不得心？亦无心无思，犹如明镜。无心无思，离得不得，但随众生，应物现形，水喻宝喻，日月等喻，皆亦同等。又据《入如来功德经》云：非是不得少法，是得一切法，与义相违者。前问所言，凡夫不合学此法，所以攀大乘经文时，得如是无量无边功德，何况信受修行，因此言故，答如此事。以无所得故，是名为得。于理实不[98]相违。

旧问："六波罗蜜等[99]及诸法门，要不要？答：如世谛法，六波罗蜜等，为方便显胜义故，非是不要。如胜义离言说，六波罗蜜及诸法门，不可说言要与[100]不要，诸经广说。

新问第七，问：世间及第一义谛，是一是异[101]？答：不一不异。云何不一[102]？妄想未尽，已来见有世谛，云何[103]不异？离[104]一切妄想习气时，一异不可分别[105]。又问：此方便为显示第一义故，只为钝根[106]者；为复利钝俱要[107]？答：钝根不了[108]胜义者要；利根者不论要不要。又问：六波罗蜜等及余法门，不言说[109]要不要者，何为不可说？答：为法性理，即不可说。据法性理中，要不要，有无，一异，俱不可得。又问：言经文广说，如何说为说言要不要不会。答：经文广说者，钝根说要；利根不论要不要，譬如病人要药，求渡河人要船，无病之人不言要不要，渡河了，更不要船。

旧问：六波罗蜜等要时，如何修行？答：修行[110]六波罗蜜者为内为外。内外有二种：内为自渡，外为利益众生，所修行方便者。据《般若经》、《楞伽》、《思益经》[111]："修[112]六波罗蜜时，于一切法，无思无观，三业清净，由如阳炎，于一切不取不住。"

新问第八，问：所言三业清净时，六波罗蜜，凡夫未能行得，且修习不观，中间不修行，待三业清净，然后修习。为复未能净得三业，强修，如何修行？答：所言六波罗蜜有四种：一、世间波罗蜜，二、出世间波罗蜜，三、出世间上六[113]波罗蜜，四、内六波罗蜜。准《楞伽经》云：广说、略[114]说时，若得不观不思时，六波罗蜜自然圆满；未得不观不思，中间事须行六波罗蜜，不希[115]望果报。又问云：[116][117]其野马、阳炎，实是不会！答：野马喻妄想心，阳炎喻一切[118]世间一切法。譬如渴野马，见阳炎是水，非实[119]是水[120]；若[121]如是了达世间法时，即是三业清净。旧问：修此法门，早晚得解脱？答：如《楞伽》及《金刚经》云："离一切想[122]则名诸仏。"随其根性利钝，如是修习，妄想习气亦歇，即得解脱。旧问：又行此法义，有何功德？答：无观无想之功德，思及观照，不可测量，应如是见，且如此之少分。据《般若经》云："假令一切众生、天、人、声闻、缘觉，尽证无上菩提，不如[123]闻此般若波罗蜜义，敬信功德，筭数所不能及。何以故？人天声闻缘觉，及诸言菩萨等，皆从般若波罗蜜出；人天及菩萨等，不能出得般若波罗蜜。又问：何名般若波罗蜜？所谓无想无取，无舍无著，是名般若波罗[124]。及入《如来功德经》[125]，或有于三千大千世界微尘数仏所供养，承[126]彼仏灭度后，又以七宝庄严其塔，高广例如大千世界，又经无量劫供养之功德[127]不及闻斯法义，生无疑心，而听所获福德，遇彼无量百千倍数。又《金刚经》云："若有人满三千大千世界七宝，已用布施，及以恒河沙数身命布施，不如闻一四句偈，其福甚多，不可[128]比[129]喻。"大乘经中，广说此义，其福德除仏无有知者。

新问第九：问：令一切众生尽证无上菩提，犹[130]不及此福者，此无上菩提，乃成有上，此乃是否？次后说言无上菩提等，从般若[131]波罗蜜出：无上菩提，不出般若波罗蜜；不出者说是阿舥[132]个菩萨。若说无上菩提，据如今现[133]般若波罗蜜，似如此：只如此说者，不可是无上菩提。答：所言令一切众生尽证无上菩提，犹[134]不及此福者：前者[135]言，凡夫众生，不合行此法，所以攀诸大乘经典，及般若波罗蜜。众生闻此法[136]生一念净信者，得如是无量无边功德。为比量功德故作如是说。现有经文，说一切诸仏，及诸仏阿耨多罗三藐三菩提法，皆从此经出。今再问：有上、无上，及阿舥个菩萨者，经文现在，请检即知。旧问：若离想不思[137]不观，云何[138]得一切种智？答：若妄心不起，离一切妄想者，真[139]性本有，及一切种智，自然显现。如《花严》及《楞伽》等经云："如日出云，浊水澄清；镜得明净，如银离矿等。"

新问第十，问：此言是实，乃是已成就具势力者之法，非是凡[140]夫之法者！答：此义前者已答了，今更再问，譬如莲花出离淤泥[141]，皎洁清净，离诸尘垢，诸天贵人见之弥敬[142]。阿赖耶识，亦复如是，出习气泥，而得明洁，为诸仏菩萨、天人所重。凡夫众生，亦复如是，若得出离无量劫来，三毒、妄想，分别习气淤泥，还得成就大力之势；凡夫缘有三毒妄想盖覆，所以不出得大势之力。旧问：若不观智，云何利益众生？答：不思不观，利益众生者，入如来功德经中广说："由如日月，光照一切；如意宝珠，具出一切；大地能生一切。"又问：说执境，执识，执中论此三法中，今依何宗？答：此义是般若波罗蜜，无思大乘禅门，无思义中，何论有三，一[143]亦不立。《般若经》中[144]广说。

新问第十一，问：此义是般若波罗蜜者，纵令是般若波罗蜜智慧[145]可得，论禅不相当。仏由[146]自于般若波罗蜜，分别作六种，共智慧[147]各自别说？答：所行六波罗蜜者，为求般若波罗蜜，若智慧波罗蜜具者：余五波罗蜜必与不修亦得。又答[148]言：所言[149]禅不相似者：如《宝积经》中说："善住意天子白文殊师利云，大士所言禅行比丘者，何等名[150]等禅行比丘耶？文殊师利言，天子！[151]无有少法可取[152]是为禅行。"又《密严经》中，"若有能修行如来，微妙定善，知蕴无我，诸见悉除灭。"《思益经》云："于诸去无所住，是名禅波罗蜜。"《楞伽经》云："不生分别，不起外道涅槃之见，是则名为禅波罗蜜。"及诸大乘经典，皆说如是。据此道理，末法众生，教令修学，何以得知。诸大乘经云："为末法众生，智慧狭劣，所以广说，若有人闻此法者，即功德不可量，何况信受奉行？"旧问：义既如此，何为诸经广说？答：如诸经所说，只说众生妄想，若离妄想，更无法可说。所以《楞伽经》云："一切诸经，只说众生妄想，真如不在说之中。"又问：众生本来有仏性者，何以得知本来有？如外道言有我，有何差别？答：本来有佛性者，如日出云，浊水澄清，镜磨明净。如九十五[153]外道者，以要言之，不知三界唯心所变。矿中出银，热[154]铁却冷，先已说讫，不同外道有所言，有我等者[155]见，有[156]作者[157]见，有时变者，或执有[158]无，观空住著[159]于边，以此不同《楞伽经》广说。又问：何名为[160]众生？答：众生者，从具足[161]妄想及五荫、三毒，故有。又问：何名二[162]乘人？答：二乘人者因见一切有，从因缘生：觉一切因缘和合所生者：无常、若、空、猒于苦，故乐于涅槃，住于空寂。缘有取舍，故名二乘。偈言："本无而有生，生已而复灭，因缘有非有，不住我教法。待有故成无，待无故成有，无既不可取，有⺈（亦）不可说。不了我无我，但著于语言，彼溺于二边，自坏亦坏也。若能了此事[163]，不毁大道师，是名为正观。若随言取义，建立于诸法，以彼建立故，死堕地狱中。"

臣沙门摩诃衍言：臣闻人能弘道，非道弘人，赖大圣临朝，阐扬正法，虽以三乘所化，令归不二之门，为迷愚苍生，频穷胜谛，臣之所说，无义可思，般若真宗，难[164]信难入，非大智能措意，岂小识造次堪闻。当仏启教之秋，五百比丘起出。如来尚犹不制言，退亦甚[165]佳。况臣老耄心风[166]，所说忘[167]前失后，特蒙陛[168]下福力加护，理性助宣，实冀广及慈[169]悲，绝斯争论，即诸天必皆欢喜，僧尼彼我自无。臣据问而演经，非是信口而虚说，颇依贝叶传，直启禅门。若寻文究源，还同说药而求愈疾，是知居士，默语吉祥，称扬心契[170]，相应名何有。若须诘难，臣有上足学徒，且聪明利根，复后生可畏，伏望允臣所请，遣缁俗钦承。兼臣本习禅宗，谨录如左进上[171]。

准《思益经》云："网[172]明菩萨问梵天何为一切行非行。梵天言：若人于千万亿劫行道，于理法性[173]不增不减。又《思益》梵天白佛：菩萨以何行，诸仏授记？佛言：若菩萨不行一切[174]诸佛则授记。佛言：我念过去，逢值无量阿僧祇诸仏如来，承事无空过者。及行六波罗蜜，兼行苦行头陀，佛总不授记。何以故？依[175]止所行故。以是当知，若菩萨出过一切诸行，佛则受记。我念过去行无量苦行头陀及六波罗蜜，行一切行，不如一念无作功德。又问：文殊师利叵有无所行，名为正行否？答言：有。若不行一切有为法，是名止行。不退转菩萨白仏言：所说随法行者，何谓也？仏告天子，随法行者：不行一切法，是名随法行。《楞伽经》中说：大慧菩萨白仏言："修多罗中说，如来藏本性清净，常恒不断，无有变易[176]。具卅二相，在于一切众生身中，为蕴界处垢衣所缠，贪著[177]恚痴等妄想分别垢之所污染，如无价宝在垢衣中。"并《密严》、《花严》、《金刚》、《三昧》、《法华》、《普超[178]三昧》，及诸一切大乘经，具载此义。据斯道理，佛性本有，非是[179]修成，但离三毒、虚妄、妄想、习气垢衣，则得解脱，如何赖耶识[180]出习气泥，诸仏菩萨，悟皆尊重。《思益经》云：若有善男子，善女人，能信解如是法义者，当知是人，得解[181]脱诸见；当[182]知是人，得陀罗尼；当知是人，行于正念观；当知是人，解达诸法义趣。准《楞伽》、《思益》等经："禅宗云：无乘及乘者，无有乘建立，我说为一乘。"《法华经》云："十方诸佛国，无二亦无三，唯有一佛乘，除仏方便说。”窃以斯见，三乘乃是引道众生法门。《大仏顶经》云：“为迷故说悟，若悟竟，迷悟俱不可得。”缘众生迷妄想故，则言离妄想；若迷得醒悟，自无妄想可离。

臣今所[183]对问目，皆引经文，佛为信者施行使功德不朽[184]。暂[185]繁圣听[186]，永润黎庶、谨奉表以闻。无任对扬之至。臣沙门摩诃衍诚欢诚喜，顿首顿首谨言，六月十七日，臣沙门摩诃衍表上。

一切义法[187]虽是无为[188]无思，若钝根众生，入此法不得者。仏在世时，此娑婆世界，钝根罪重，所以立三乘，说种种方便，示令莫毁胜义，莫轻少许善法。

问：万一或有人言，十二部经中说云：“三毒烦恼合除，若不用对治，准用无心想，离三毒烦恼不可得。”《宝积经》中说：“了贪病，用不净观药医治；了嗔病，用慈悲药医治；了愚痴病，须因缘和合药医治，如是应病与药，以对治为药，各依方药治，则三毒烦恼，始除得根本。”又喻有一囚，被枷锁缚等；开锁要钥匙，脱枷须出钉鍱，解缚须解结，狱中拔出，须索称上，过大碛须与粮[189]，具足如是，方得解脱。开锁喻解脱贪著，出[190]钉喻解脱嗔恚，结喻解脱愚痴，狱中称上喻拔出三恶道，粮食喻[191]度脱轮回大苦烦恼[192]，具足如是等，则得除尽烦恼。若枷锁不脱，狱中不拔出，不与粮食；若枷锁等，以衣裳覆之，虽目不下[193]见枷锁，其人终不得解脱。既知如此，准修无心想，拟除烦恼者，暂时不见，不能除得根本。有如是说，将何对？

答：准《涅槃经》云：“有药名阿伽陁，若有众生服者，治一切病。”药喻无[194]思、无观。三毒、烦恼、妄想，皆从思惟分别变化生。所言缚者，一切众生已来，皆是三毒、烦恼、无想习气系缚，非是铁叶绳[195]索，系缚在狱，须得绳索粮食等，此则是第二重邪见、妄想，请除却！是故总不思惟，一切三毒烦恼妄想习气，一时总得解脱。

又问：唯用无心想，离三毒烦恼，不可得者。

答：准《楞伽经》云：佛言，复次，大慧菩萨摩诃萨，若欲了知能取所取分[196]别境界，皆是自心之所现者，当[197]离愦丙昏滞睡眠，初中后夜[198]远离增闻[199]外道邪论，通达自心分别境界，远离分别，亦离妄想心，及生、住、灭，如是了知，恒住不舍。大慧，此菩萨摩诃萨，不久当得生死涅槃，二种平等。唯用无心想，离三毒烦恼，不可得者，见经文说。离烦恼妄想分别，此菩萨不久当得生死涅槃二种平等。唯用无心想，离三毒烦恼，不可得解脱者[200]，出何经文？

又问：看心妄想起觉时，出何经文？

答：《涅槃经》第十八云："云何名为[201]仏，仏者名觉，既自觉悟，复能觉他。善男子，譬如有人，觉知有贼，贼无[202]能为；菩萨摩[203]诃萨，能觉一切无量烦恼，既觉了已，令诸烦恼，无所[204]能为，是故名仏。"是故坐禅看心，妄想念起，觉则不[205]取不住，不顺烦恼作业，是名念念解脱。

问：诸大乘中说无二者是实，无二即是智慧[206]，分别即[207]是方便智慧[208]，不可分离[209]。《维摩经》云[210]分明具说，此"二"，言一要，一不要，无有如此分别。若有如[211]此分别，即有取舍。有如此[212]说请答者。

答：诸仏如来无量劫已来，离三毒、妄想、烦恼分别，是故悟得[213]无二无分别智。以此无二无分别智，善能分别诸法相，非是愚痴妄想分别。据此道理，智慧方便不相离，若[214]言取舍，于无二法中，有何[215]取舍？

问：[216]或有人言，诸经中说，曰[217]禅天名为大果。彼天无心想，虽然还有所观[218]，还有趣向；得无心想定者，于成就灭心想之人，岂有如此分别？初入无想念之时，初从此分别门观察[219]，无想念，虽不现如[220]此分别[221]本从此门入，所以有是[222]分别。此二若个是？有人问，如何对[223]。

答：准《楞伽经》云："诸[224]禅及无量、无色、三摩地，乃至灭受想，唯心不可得。"据此经文，所问天乘者，皆是自妄想分别[225]。此问早已[226]两度答了。据此经文，皆[227]自心妄想，缘有心相妄想分别，生于彼天，是故经言："离一切诸相，则名诸仏。"所言若个是者；于仏法中，若有是非，皆是邪见。

问：万一[228]或有人言，缘初未灭心想时，从此门观，所以有分[229]别者；则《楞伽》七卷中说：从此[230]门观察入顿门，亦入分别非想[231]天，现无心想[232]。若言缘有趣向分别者，即是有心想；得不言无心想。若有人问，如何对[233]。

谨答：所言缘初未灭心想时，从此门观，所以有分别者；则《楞伽经》七卷中说"从此[234]门观察入顿门"者：答此义，前文已答了，今更再问者：众生有妄想分别心，即有若干种问。若离妄想分别心，皆总不可得。又言，亦入分别非想天，现无心想。[235]又言缘有趣向分别者则[236]是有心想；不可[237]得言无心想。若有人问，如何对答者？

答：此问同前问[238]天乘有想、无想，有分别、无分别，皆是自心妄想分别，是故[239]《楞伽经》云："三界唯心。"若离心想，皆不可得。

又问：万一或有人言，缘住在修行，所以不授记者；非是缘修行不授记。尚在修行中，似未合到授记时。《首楞严三昧经》中说，言"分明授记，不深密[240]授记"。如此三授记，既处高上。所修行欲近成就，修行功用渐少者：喻如耕种，初用功多；成熟即[241]用人功渐少，以此即有吃[242][243]用功[244]课。或云，非是不要修行者，若为对答？

答：《思益经》第二云：梵天白佛言：菩萨以何行，诸仏授记？仏言：若菩萨不行生法，不行灭法，不[245]行不善法，不行世间法[246]，不行出世间法[247]，不行有罪法，不行无罪法，不行有漏法[248]，不行无漏法[249]，不行有为法，不行无为法[250]，不行涅槃法[251]，不行见法，不行闻法，不行觉法，不行知法，不行施法[252]，不行舍法[253]，不行戒法[254]，不行覆，不行忍，不行[255]善，不行法，不行精进，不行禅，不行三昧，不行慧，不行行，不行知，不行得[256]，若菩萨如是行者，诸佛则授记[257]。授记者，有何义？仏言：离诸法二相，是授记义不分别生灭，是授记义[258]；离身口意业相[259]，是授记义，我念过去无量阿僧祇劫[260]，逢值诸佛如来，承事无空过者，总不授记；何以故？为依止所行故。我于后时[261]，遇燃灯[262]仏得授记者，出过一切诸行。

又问：文殊师利颇有无所行，名正行不？

答言：有。若不行一切有为法，是名正行。尔时会中有[263]天子名不退转，白仏言："世尊所说随法行者，为何谓也。"仏告天子："随法行者：不行一切法，是名随法行。所以者何？若不行[264]诸法，则不分别是正是邪。"准经文胜义如此。若[265]修行得授记者，未取[266]裁！

又问：万一或有一言，一切法[267]依自所思[268]令知所观善事，则为功德；所观恶事，则为罪咎[269]；二俱不观，则是假说。若有人言，合观善事，则[270]为功德者，若为对答？

答："不著[271]文字，缘功德事入者。喻如合字，一人口[272]莫作一人口思量[273]，须作和合义思量。答言[274]所言观善假说，和合离文字等事者，皆是众生自心妄想分别。但离自心妄想分别，善恶假说，'和合''一人口'思量，离文字等俱不可得，即是和合义入功德，亦不可比量。"

问：万一[275]有人言；其法[276]虽不离罪、[277]福，仏性[278]但住著法济，亦具无量功德。喻如三十二相皆须遍修，然得成就如是果，各有分折[279][280]。放如是光，于众生得如是益，承前[281]修如是善，得如是果慧[282]，从淳熟中现其功德，从积[283]贮然后成就。不得[284]言新积贮中无功德，若有人问，云何以答者[285]？

谨答：准《思益经》云："千万亿劫行道，于法性理不增不减。"又准《金刚三昧经》[286]："如如之理，具一切法。"若一切众生离三毒，自心妄想、烦恼、习气、分别，通达[287]如如之理，则具足一切法及诸功德。

又问：[288]或有人言说，仏法深奥，兼神力变化，凡下虽不能修，犹如无前后，一时示现一切色相于大众[289]前，并以一切语，说一切法[290]，亦凡下所能；但示现[291]仏之广大，令生爱乐，务在闻此[292]功德。若有人[293]问，云何答[294]？又问：万一或有人言，缘缘想后，如上所说；但是圣智若是无想，非是无二。有人问，如何答？又问：万一或有人言：凡下不远离心想者，或有经中云，令思量在前，或言惠先行，或言亦置如是想中，亦有处分令生心想，或处分远离心想；不可执一，所以用诸方便演说，或有人言，何以对如前三段问。谨答：皆是自心妄想分别，若能离自心妄想分别，如是三段问皆不可得。准《楞伽》、《思益经》云，离一切诸见，名为正见。又问：万一或有人言：发心觉不依想念，则各得念念解脱者，出何经文？觉者，觉何物？愿答。答：所言发心觉，不依想念，则各得念念解脱者，出何经文？其义先以准《涅槃经》具答了；今更重问者，一切众生无量劫来为三毒自心妄想分别，不觉不知，流浪生死。今一时觉悟，念念妄想起，不顺妄想作业，念念解脱，觉者，觉如此事。是故《楞伽经》云：菩萨念念入正受，念念离妄想，念念即解脱。《佛顶》第三云：阿难，汝犹未明一切浮尘诸幻化，当处出生，随处灭尽，幻妄称相，其性真为妙觉妙明体，如是乃至五[295]蕴六入，从十二处至十八界，因缘和合，虚妄有生，因缘别离，虚妄名灭。殊不能知生、死、去来，本如来藏，常住妙明，不动周圆，妙真如性。性真常[296]中，求于去来，迷悟死生，了无[297]所得。

臣前后[298]说，皆依经文[299]，非是本宗。若论本宗者，离言说相[300][301]离自[302]心分别相[303]，若[304]论说[305]胜义，即如此。准[306]《法华经》文："十方诸仏国，无二亦无三，唯有一仏乘，除仏方便说。"何为方便？三归、五戒、十善，一称南无佛，[307]至一[308]合掌，及以小低头等，乃至六波罗蜜。诸仏菩萨以[309]此方便，引导[310]众生，令入胜义，此则[311]是方便。夫胜义者，难会难入，准《善住[312]意天子经》云："佛在世[313]时，文殊师利菩萨说胜义法时[314]，五百比丘在众听法，闻文殊师利说胜义法[315]时，不信受毁谤。当时地裂，五百比丘堕在阿鼻地狱。"是故一味之水，各见不同；一切众生，亦复如是，知见各各不同。譬如龙王一云所覆，一雨所[316]润，一切树木及以药草，随其根机性[317]而得增长，一切众生，亦复如是。仏以一音演说法界[318]，众生随类各得解。一切众生根机[319]不同，譬如小泉流入大海。伏望圣主，任随根机方便，离妄想分别，令入于无二胜义法海，此亦是诸佛方便。

问：卅七道品法[320]要不要？

答：准《诸法无行经》上卷云："但离心想、妄想，一切分别思惟，则是自然具足三十七道品法。”此问[321]两度答了，今更再问者，若悟得不思、不观、如如之理，一切法自然具足，修与不修亦得。如未[322]得不思、不观、如如之理事，须行[323]六波罗蜜，三十[324]七助[325]道法。准《金刚三昧经》云：“如如之理，具足一切法。”若论如如之理，法离修不修。

臣沙门摩诃衍言：当沙州降下之日，奉[326]赞普恩命，远追令开示禅门。及至逻娑，众人共问禅法，为未奉进止，罔敢即说。后追到讼[327]割，屡蒙圣主诘[328][329]讫，却发遣赴逻娑，教令说禅。复于章蹉，及特便逻娑，数月盘诘。又于勃岀漫寻究其源，非是一度。陛下了知臣之所说[330]禅门宗旨是正，方遣与达摩摩低[331]同开禅教。然始敕命[332]颁下诸处，令百姓官寮[333]尽知。复陛下一览具明，胜义洞晓。臣之朽昧，纵说[334]人罕依行[335]，自今若有疑徒，伏望天恩与决。且[336]臣前后所说，皆依问准经文对之，亦非臣禅门本宗。臣之所宗，离一切言说相，离自心分别相，即是真谛。皆默传默授。言语道断。若苦论[337]是非得失，却成有诤三昧。如一味之水，各见不同，小大智能，实难等用。特望随所乐者修行，自当杜绝法我，则臣荣幸之甚，允众之甚。谨奉表陈情以闻，无任战汗之至。臣摩诃衍诚惶[338]诚恐，顿首顿首，谨言。

摩诃衍闻，奏为仏法义，寂禅教理，前后频蒙赐问，余有见解，尽以对答：其六波罗蜜等，及诸善要修不修？恩勅屡诘。兼师僧官[339]寮[340]亦论六波罗蜜等诸善，自身不行，弟子及余人亦不教修行，诸弟子亦学如是。复有人[341]奏闻。但臣所教授弟子[342]，皆[343]依经文指示，臣所行行[344]，及教弟子法门，兼弟子所修行处[345]各各具[346]见解进上。缘凡夫众生力微，据修行理，与六波罗蜜亦不相违。其六波罗蜜与诸善，要行不行者，前后所对者，是约胜义，不言行不行。论世间法，乃至三归依，一合掌发愿，大小诸善，上下尽皆为说，悉令修行。衍和[347]上教门徒子弟[348]处。

沙门释衍曰：法性遍言说，智所[349]不及，其习禅者令看心，若心[350]念起时，不观不思[351]，有无等；不思者亦不思。若心想起时不觉，随顺修行，即轮回生死；若觉，不顺妄想作业，即念念解脱。离一切诸仏于胜义中[352]，离修不修。若论世间法，假三业清净，不住，不着[353]，则是行六波罗蜜。又外持声闻戒，内持菩萨戒，此两种戒则能除三毒习气。所修行者，空言说无益事；须修行[354]依无取舍。虽说三恶道[355]，天、人、外道二乘禅，令其知解，不遣依行。一切三界众生，自家业现，犹如幻化阳焰，心之所变。若通达真如理性，即是坐禅。若未通达者；即须转经[356]，合掌礼拜修善。凡修功德，不过教示大乘法门令会。犹如一灯然百千灯事，法施以利群生。摩诃衍一生已来，唯习大乘禅，不是法师；若欲听法相，令于婆罗门法师边听。摩诃衍所说，不依疏论，准大乘经文指示。摩诃衍所修习者：依《大般若》、《楞伽》、《思益》、《密严》、《金刚》、《维摩》、《大仏顶》、《花严》、《涅槃》、《宝积》、《普起[357]三昧》等经，信受奉行。摩诃衍依止和上[358]法号降魔、小福、张和上、雄仰[359]、大福[360]六和上，同教示大乘禅门。自从闻法已来，经五六十年，亦曾[361]久居山林树下。出家已来，所得信施财物，亦不[362]曾贮积[363]，随时尽皆转施。每日早[364]朝，为施主及一切众生转大乘经一卷，随世间法焚[365]香，皆发愿愿四方宁静，万姓安乐，早得成仏。亦曾于京中[366]已上三处开法[367]，信受公子约有五千余人。现令弟子沙弥，未能修禅，已教诵得《楞伽》一部、《维摩》一部，每日长诵。

摩诃衍向此所教弟子，今者各问所见解缘布施事由，若[368]有人乞身头目，及须诸物等，誓愿尽舍，除十八事外[369]，少有人畜直一钱物，当直[370]亦有。除声闻戒外，更持菩萨戒，及行十二头陁，兼忍[371]坚固，复信胜[372]义，精进坐禅，仍长习陀罗尼，为利益众生，出家供养三宝，转诵修善。

于大乘无观禅中无别缘事，常习不阙[373]以智慧，每诵大乘[374]取义，信乐般若波罗蜜者甚多。亦为三宝益得众生时，不惜身命，其愿甚多。为他人说涅槃义时，赵（超）[375]过言说计度境[376]界。若不[377]随世间归依三宝，渐次修善，空学文字，亦无益事。须学修行[378]，未[379]坐禅时，依戒波罗蜜、四无量心等，及修诸善，承事三宝。一切经中所说，师僧所教，闻者如说修行。但是修诸善，若未能不观时，所[380]有功德，回施众生，皆令令佛。

顿悟大乘政理诀一卷。[381]

校记

①愍，原作"慜"。

②C. L. p. 24 漏去此一"乘"字。

③C. L. p. 24"被"作"枝"，误。

④聘，原写作"躬"。

⑤延，原写作"进"。

⑥互，原写作"牙"。

⑦虔，原误作"虎"。

⑧戒，原写作"戒"。

⑨姨，原写作“娍”。

⑩C. L. p. 38 俻（备）误作“修”。

⑪倍，原误作“陪”。

⑫C. L. p. 38 夺一“曾”字。

⑬衲，原误作“纳”。

⑭犹然而唉，按用《庄子·逍遥游》宋荣子句。

⑮土，原作“圡”。

⑯C. L. p. 39“感”误作“惑”。

⑰愍，原作“㥧”。

⑱虔，原误作“虎”。

⑲确，原作礭，借为“榷”。

⑳倒，原误作“例”。

㉑朋，原写作“用”。

㉒C. L. p. 41“朋”误作“用”。

㉓枝，原作“栊”。

㉔C. L. p. 379“禅枝”读作“禅机”。

㉕朋，原作“用”。

㉖C. L. p. 42“朋”误作“用”。

㉗S 本从量字开始，前段大部分残缺。

㉘应有离字，于文义方合，今补。

㉙原文作“但离心妄想想”，于第一“想”字下有∠号。又摄字原作“慑”。

㉚C. L. p. 59 注“但离心妄想想”。谓为 diplograpie fautive。

㉛原作“不思智慧”，今补一“议”字。

㉜此据 S 本作“法”，P 本作“灭”，非。

㉝此“法”字亦据 S 本，P 作“灭”，非。

㉞P 本重“诸字”字，此删。

㉟P 本作“看”，宜据 S 作“著”。

㊱P 本作“彼生”，S 本缺，依下文应作“彼天”。

㊲P 本作“诸相”，S 本作“想”。

㊳P 本作“问”，S 本作“答”。

㊴S 本偈字作“云”。

㊵S本无“无色三摩地”五字。
㊶S本作“引道”。
㊷S本作“思益梵天经”，此从P本。
㊸P本“思”作“梵”，兹据S本改。
㊹S本有“无量”二字。
㊺S本“慧”皆作“惠”。
㊻S本下有“小乘”二字。
㊼此“妄想”二字应属衍文。
㊽S本下多一“有”字，点去。
㊾P原作“澋”，应是“淈”字，非“泥”也。
㊿S本此下有“人”、“谓”两字。
51S本作“不入得”。
52无相，S本作“无想”。
53S本作“想”。
54S本“相定”作“想定”。
55S本作“新再”。
56慧，S本作“惠”。
57S本无第二“生”字。
58S本下多一“法”字。
59S本但作“善”，无“法”字。
60S本作《楞伽》、《华严》、《三昧》经。
61P、S本皆作“由”，由即“犹”也。
62S本作“大惠”。
63P本作“看”，S本作“著”，兹据改。
64S本种种上有“诸”字。
65S本作“不为”。
66S本作“惠”。
67S本“无过”下多一“者”字。
68S本多“仏言”二字。
69S本作“大惠”。
70S本作“心想妄想”。
71S本作“楞伽华严”。

⑫S本作“所言一切想”。

⑬S本“下至”作“不至”，误。此从P本。

⑭P、S本皆作“兹”，即“滋”。

⑮C. L. p. 76作“凡有所相”，注谓相即想。

⑯P本“作诸相非想”，兹从S本作“诸想非想”。

⑰S本作“则如来”，夺“见”字。

⑱P本无“一”字，此从S本作“一念”。

⑲S本作“善业”。

⑳S本无“此”字。

㉑P本无“正”字，非；此据S本补。

㉒S本多一“心”字，作“分别心”。

㉓S本作“取不”，有乙号，示改正。

㉔据S本补“得”字。

㉕据S本增一“心”字，作心想若动。P本缺之。

㉖S本“思”下多一“议”字，后加卜号点去。

㉗S本无“不思”两字，作“不观者亦不思”，今从之。

㉘P本“如何可得”，S本作“可观”。

㉙S本“菩萨”之下有“十地自心妄想，分别建立。又佛告大慧，于胜义中，无次第，亦无相续。又《思益经》及诸大乘经云：八地菩萨”。共四十字，P本无之。

㉚S本无“法”字。

㉛S本无“细”字。

㉜S本“说”作“言”。

㉝S本作“不合观”，少一“不”字。

㉞S本多一“等”字。

㉟S本无“不”字。

㊱S本多“若不如是法教令修学”九字。又S本“言佛”，P本作“佛言”。

㊲S本作“又重问来”。

㊳S本无“不”字。

㊴S本多“为方便显胜义”六字，后加卜号删去。

㊵S本无“与”字。

⑩S 本无“是一是异”四字。
⑩S 本多“不异”二字，后涂去。
⑩P 本无“何”字，据 S 本补。
⑩S 本有“离”字，据补。
⑩S 本无别字。
⑩C. L. p. 86 钝根误作“银”。
⑩S 本作“利根俱要”。
⑩P 本重“了”字，据 S 本删。
⑩S 本作“不可言说”，多一“可”字。
⑪S 本无“修行”二字。
⑪S 本有“云”字。
⑪S 本有“修”字，据补。
⑪S 本作“六波罗蜜”，P 本六字作“上”。
⑪S 本作“备”。
⑪S 本无“希”字。
⑪S 本无“云”字。
⑪C. L. p. 89“云其野马阳炎”。以“云”字属下句，似未安。
⑪S 本无“一切”两字，是。
⑪S 本作“实非”。
⑫S 本无“水”字。
⑫S 本作“若不”，多一“不”字。
⑫S 本作“相”。
⑫S 本作“如不”。
⑫S 本有“蜜”字，是。
⑫S 本作“功位”，非。
⑫S 本无“承”字。
⑫S 本作“功位”。
⑫S 本作“可不”。
⑫S 本作“此”字，误。
⑬S 本作“犹”，P 本作“由”。
⑬据 S 本补“若”字。
⑬舭，即“那”，S 本无“阿”字。

(133)S本“现”下有“说”字。

(134)C. L. p. 94注谓由即犹，是。

(135)S本无“前者”二字。

(136)S本无“法”字。

(137)P本作“若离想思不不观”，“思不”二字有√号，删去。

(138)S本多一“显”字。

(139)S本真下多一“惟”字。

(140)P本“凡夫”作“非夫”，误。

(141)P本作“涅”，即“泥”字。

(142)C. L. p. 97“诸天贵人之称敬”，“称”字非，应是“弥”字方合。

(143)S本无“一”字。

(144)S本“经”下有“中”字。

(145)P本作“惠”，即慧。

(146)C. L. p. 97注谓“由”即“犹”也。

(147)原作“惠”。

(148)S本无“答”字。

(149)P本无“言”字。

(150)S本作“名”等，后乙去。

(151)S本有“彼比丘”三字。

(152)S本作“可得”。

(153)S本多一“种”字。

(154)C. L. p. 108以“热”为“熟”，但加问号。按应是“热”字。

(155)S本“者”作“知”。

(156)S本“有”作“为”。

(157)S本“者”作“知”。

(158)S本多“或执”二字。

(159)P本“著”作“看”，非。S本作“着于众生”。

(160)S本漏去由“边”至“为”字，共十五字。

(161)S本无“具足”二字。

(162)S本作“三乘人”。

(163)S本作“法”。

(164)S本多一字，点去。

⑯⑤S本多一“亦”字，非。

⑯⑥C. L. p. 113作：“况所老耄，心风所说，前忘失后。”以心风二字属下读，颇费解。

⑯⑦S本“忘”作“妄”，非。

⑯⑧S本作陛“下”，P本作“阶”，非。

⑯⑨S本“慈”作“兹”，误。

⑰⓪S本作“心契”，据补一“契”字。

⑰①S本多“上”字，后涂去。

⑰②S本作“纲明菩萨”，P本作“冈”。P本无“问”字。

⑰③S本作“法性理”。

⑰④P本“一切”两字旁注。

⑰⑤S本多一“依”字，今据增。

⑰⑥S本作“易变”，后加乙号。

⑰⑦S本无“著”字。

⑰⑧S本作“起”。

⑰⑨S本无“是”字。

⑱⓪P本无“耶”字，据S本补。

⑱①S本无“解”字。

⑱②S本多“当知是人，入智惠”诸字。

⑱③S本“对”字作“菿”，又上有“所”字，据补。

⑱④C. L. p. 120作“佛为信者，施行使功德不朽”，句读未安。

⑱⑤“暂”字P本甚明，非“敷”字。

⑱⑥S本“听”字作“听”，P本作“德”，非。

⑱⑦S本作“法义”。

⑱⑧S本作“虽是无思”。

⑱⑨S本作“称上高大碛须与根”，按多一“高”字，又“粮”作“根”，非。

⑲⓪P本多一“出”字，衍；今据S本。

⑲①S本作“喻”作“贪”，疑误。

⑲②P本作“烦恼除尽”。

⑲③S本无“下”字。

⑲④S本“无”误作“天”。

⑲⑸P本无“绳”字，据S本补。

⑲⑹S本无“分”字。

⑲⑺S本无“当”字。

⑲⑻S本无“中”字。

⑲⑼C. L. p. 124读“增闻”为“曾闻”，是。

⑳⑽S本无“者”字。

⑳⑴S本无“为”字。

⑳⑵S本“无”字作“不”。

⑳⑶S本作“卄卄摩”，按卄卄为菩萨之简写。“摩”字下有“卄”，即“萨”字。

⑳⑷S本无“所”字。

⑳⑸P本无“不”字，据S本增。

⑳⑹S本“慧”作“惠”。

⑳⑺即，S本作“则”。

⑳⑻S本作“智惠方便”。

⑳⑼S本作“分别”。

(210)S本“云”作“中”。

(211)S本无“如”字。

(212)S本作“如是”。

(213)P本多一“得”字，据S本删。

(214)S本作“答言”。

(215)S本无“何”字。

(216)S本多“万一”两字。

(217)曰字S本作“四”，非。

(218)S本无“还有所观”四字。

(219)S本“观察”下多一“知”字。

(220)S本无“如”字。

(221)S本作“如本从此门入”。多一“如”字。

(222)C. L. p. 132“所以有此分别”，按“此”字应作“是”。

(223)S本“对”作“答”。

(224)S本无“诸”字。

(225)S本无“分别”二字。

㉖S本作“已早”。
㉗S本有“是”字。
㉘S本无“一”字。
㉙S本无“以”字及“分”字。
㉚S本无“此”字。
㉛S本“想”作“相”。
㉜S本“无想”作“无相”。
㉝S本作“答”。
㉞S本无“此”字。
㉟P本无“无心想”三字，依S本补。
㊱“则”字，据S本增。
㊲S本无“可”字。
㊳S本有“问”字，今补。
㊴S本无“故”字。
㊵S本作“蜜”，误。
㊶S本多一“即”字。
㊷S本“吃”作“要”。
㊸C. L. p. 143作“以此即有吃功用功课”。审原本，首“功”字旁有两点，即涂去，故宜作“吃用功课”。
㊹S本无“功”字。
㊺S本多“若法”二字，衍。
㊻S本俱无“法”字，缺。
㊼S本无“法”字。
㊽S本缺“法”字。
㊾S本无“法”字。
㊿P本缺“不行无为法”五字，据S本增。
251S本缺“法”字。
252S本俱缺“法”字。
253S本无“法”字。
254S本无“法”字。
255S本无“行”字。
256S本无“得”字。

㉕⑦S本作“则化别授记”。
㉕⑧S本无“不分别生灭是授记义”句，疑漏。
㉕⑨S本无“相”字。
㉖⓪S本无“劫”字。
㉖①S本无“时”字。
㉖②S本无“燃”字，而多一“明”字。
㉖③S本有“一”字。
㉖④S本缺“行”字。
㉖⑤S本下有“言”字。
㉖⑥P本作“敫裁”。
㉖⑦S本无“法”字。
㉖⑧C. L. p. 146作“一切法依自所思令知”，断句似不甚安，今不从之。
㉖⑨C. L. p. 146误“咎”为“各”。
㉗⓪S本“则”作“即”。
㉗①S本作“著”字是，P本作“不看”，非。
㉗②S本作“人一口”。
㉗③依S本作“莫作一人口思量”，较胜。
㉗④S本无“言”字。
㉗⑤S本多一“或”字。
㉗⑥S本作“法性”。
㉗⑦S本多一“禅”字，衍。
㉗⑧S本作“仏非但住”，P本作“佛性”。
㉗⑨C. L. p. 149谓“分折”即“分析”。
㉘⓪S本“分拆”两字，衍。
㉘①S本作“承前修”，多一“修”字，兹补。
㉘②S本作“惠”。
㉘③S本多一“停”字，衍。
㉘④S本无“得”字。
㉘⑤S本无“者”字。
㉘⑥S本无“经”字。
㉘⑦S本无“通达”二字，而有一“则”字，非。
㉘⑧S本多“万一”两字。

㉘⑨S本有“中”字，衍。

㉙⓪S本多一“法”字，重。

㉙①S本无“现”字。

㉙②S本无“此”字。

㉙③S本无“人”字。

㉙④S本作“云如何答”，多一“云”字。

㉙⑤S本“缘”字下多一段文，兹据补入。

㉙⑥C. L. p. 151作：“真如性性真常，中求于去来，迷悟生死，了无所得。”断句或可商。

㉙⑦S本“无”作“无”。

㉙⑧S本无“所”字。

㉙⑨S本有“答”字。

㉚⓪S本作“想”。

㉚①C. L. p. 151作“离一切言说相”。“一切”二字误加。

㉚②S本无“离”字。

㉚③S本“相”下有“义”字。

㉚④S本无“若”字。

㉚⑤S本无“说”字。

㉚⑥S本有“前”字。

㉚⑦S本有“乃”字。

㉚⑧S本无“一”字。

㉚⑨S本作“已”字，误。

㉛⓪S本作“道”。

㉛①S本作“即”。

㉛②S本无“住”字。

㉛③S本“在”字涂去，添注眉间。

㉛④S本无“时”字。

㉛⑤S本无“法”字。

㉛⑥S本无“所”字。

㉛⑦S本无“性”字。

㉛⑧S本作“法法界”，P本作“法界”。

㉛⑨S本作“一切众机”。

⑳S本无“法”字。
㉑S本有“已”字。
㉒S本作“来”，误。
㉓S本无“须”字。
㉔S本作“卅”。
㉕S本无“助”字。
㉖S本漏去“赞普恩命”至“为未奉”共二十四字。
㉗P本夺“讼”字，依S本补。
㉘C. L. p. 154谓“诘”为“诰”之误。
㉙S本作“诰问讫”，“诰”乃“诘”之误；下文又误“逻娑”作“逻婆”；又“盘诘”P本作“诰”，非。
㉚C. L. p. 155加“称”字于“说”之下，原文无之。
㉛S本作“达摩摩低”，是；P本夺一“摩”字。
㉜S本作“令”。
㉝S本字作“寮”。
㉞P本重“说”字。
㉟S本无“行”字。
㊱S本“且”字误作“具”。
㊲S本无“论”字，非。
㊳P本缺一“诚”字。
㊴P本无“官”字。
㊵S本作“官寮”。
㊶S本无“人”字。
㊷S本作“门徒弟子”。
㊸S本“皆”作“比”。
㊹S本有“处”字。
㊺S本漏去“及教弟法门”以下至“修行处”，共十三字。
㊻S本无“具”字。
㊼S本“和”作“知”，误。
㊽S本作“弟子”。
㊾S本无“所”字。
㊿S本下有“心”字，今增。

㉛S 本“思”作“想”。
352S 本作“离一切诸想，则名诸佛”。P 本作“离一切诸佛，于胜义中”。
353S 本作“着”，是。
354S 本无“行”字。
355S 本作“三要恶道”。
356S 本作“转经”，P 本重“经”字，非。
357S 本“起”作“超”。
358S 本“和上”作“知上”，误。
359P 本作“准仰”。
360S 本作“大福德”。
361S 本作“当”。
362S 本无“不”字。
363P 本作“著积”。
364S 本下有“早”字，据补。
365S 本作“荧”，误。
366S 本作“景中”。
367P 本作“闻法”，后涂改。
368P 本重“若”字。
369S 本作“外事”。
370C. L. p. 162 读作“少有人畜直一钱物当直”。
371“忍”字据 S 本增。
372S 本漏“胜”字。
373S 本作“阙”，是。P 本作“阔”，非。
374P 本作“大义”，兹依 S 本。
375S 本作“超”。
376依 S 本增一“境”字。
377S 本有“不”字，据增。
378S 本作“教行”。
379S 本“未”作“来”。
380S 本无“所”字。
381S 本无此经题一行。

增注

文成公主入藏，及唐蕃使臣来往与文化交流问题，可参王忠《唐代汉藏两族人民的经济文化交流》[①]，山口瑞凤《古代吐蕃史考異》上下[②]；矢崎正见《文成公主之へ藏との西藏佛教に與えし影响に就いて》[③]。

莲华戒及法成资料，可参下列各文：立花孝全《Kamalas'ila与法成之关系》[④]；芳村修基《カマラシ—ラの修習次第》[⑤]；又《西域出土の法成師文獻》[⑥]。法成即吴和尚，藏名Hgo Chos grub。吐蕃敦煌后半期之佛教主要人物。详上山大峻《大蕃國大德三藏法師沙門法成の研究》上下。[⑦]

上山大峻撰《曇曠と敦煌の佛教學》[⑧]，曾取昙旷之《大乘二十二问本》与《正理决》比对，认为有许多相似之处。上山氏文中录王锡叙，间有误夺，如"理既深邃，非易涯津"，句有读误；"固知真违言说，则乘实非乘；性离有无，信法而非法"。乃为对句，上山氏夺上一乘字，按原册"乘"字补注于"实"字之侧。参看校记。

附说　摩诃衍及四川之曹溪禅兼论南诏之禅灯系统

藏文资料言及摩诃衍（ma ha yan）者不少，如法京伯希和藏文卷八一二及一一六、一一七是也。其内容为顿门五方便，不观禅定与十波罗蜜，摩诃衍遗说，可窥一斑。衍与梵僧莲华戒争论不胜，其思想之基本歧异，从莲华戒著作之《修习次第》（Bhāvanākrama）可以见之，重点在于布施善行之有无，禅家不重布施，以此大受非难，凡兹二事，上山大峻已有文论之。

藏文史书曰sBa-bshed者，即桑鸢寺纪年（bsam-yas-lo-rgyus）略记摩诃衍入藏以前之禅学，对于益州金和尚（Eg-cu Kiun hva-san）之神通，颇多渲染。法尊撰《西藏民族政教史》（1930年印行）称"天宝间，吐蕃遣桑希（gar-mkhan-san-śi）等四人至汉地取经，遇神通和尚，问回藏后事。遂授

---

① 载《历史研究》，1965（5）。
② 载《东洋学报》四九卷第三、四号。
③ 载《印度佛教学研究》二·二。
④ 载《印度佛教学研究》一四之二，1966。
⑤ 见《石滨先生古稀纪念东洋学论丛》，1958。
⑥ 载《印度佛教学研究》三·一。
⑦ 载《东方学报》，京都，三八、三九册。
⑧ 载《东方学报》，京都，五三册。

《金刚经》、《十地经》、《稻秆（芊）经》等三经。桑希请经千余部，并请一汉僧返藏”。汉僧未闻；若此神僧即益州金和尚也。金和尚即新罗王子无相，居成都净众寺，为智诜再传弟子。以“无忆、无念、无忘”三句教义著闻[①]，然与《坛经》之“无念、无忆、无著”蔑异，实衍曹溪之禅义。

藏史屡言及无住禅师（Bu-cu sem-si），见于《大臣布告》（Blon po bkaḥi thaṅ yig），其文字略同于《历代法宝记》之菩提达摩多罗部分，历举达摩多罗、摩诃衍、无住、降魔藏诸禅师之名。又法京藏文卷一一六内记众禅家语录，龙树、达摩多罗外，又有无住、降魔藏、卧轮、摩诃衍等。可见摩诃衍与无住对吐蕃影响之深，故频见于记录。无住居成都之保唐寺，为剑南保唐宗之祖。《传灯录》四有无住之机缘语，称其得法于净众寺之无相。宗密则称“五祖下分出，即老安和上（慧安），有一俗弟子陈楚章、僧无住遇陈开示领悟。后游蜀中，认金和上为师”。彼盖转益多师，复入无相之门下。无住事迹，《历代法宝记》言之最详，称其为金和尚之嫡传。至降魔藏即兖州东岳降魔禅师，见《宋高僧传》八。卧轮禅师有偈语，见于敦煌卷。

金和尚示寂于宝应元年（762），无住示寂于大历九年（774），在摩诃衍入藏之前。金和尚曾住处寂禅师之德纯寺，寺在资州[②]，处寂人称为唐和上。处寂之师即智诜，智诜著作，存于法京敦煌卷四八四〇号题“般若波罗蜜多心经疏，资州诜禅师撰”，则北宗禅之要籍也。

桑希至唐土求法，与金和尚同道经南诏。南诏亦盛行南宗禅，大理国张胜温绘长卷中菩萨，间注其名，自四五至五十一，序次如下：

达摩大师　慧可　僧璨大师　道信大师　缺（应是弘忍）
慧能大师　神会大师　和尚张准忠　（下略）

此南诏之禅灯系统，张和尚地位极高。和尚张唯忠者，即所谓荆南张，亦号南印。裴休云：“荷泽传磁州如，如传荆南张，张传遂州圆，又传东京照。”（《圭峰禅师碑铭》）《圆觉经略疏钞》四云：“磁州法观寺智如和尚，俗姓王。门下成都府圣寿寺唯忠和尚，俗姓张，亦号南印。”唯忠弟子即东京奉国

① 见其徒神清之《北山录》。
② 今四川资中。

寺神照[1]，验以宗密之《禅门师资图》，神会传磁州智如，智如传益州南印，南印传东京神照，大理国所尊崇之和尚张唯忠，即益州南印是矣。

见于吐蕃记载之禅师，若金和尚原主成都净众寺，无住主成都保唐寺；见于南诏图之和尚张唯忠则住成都圣寿寺，直接神会之薪传。三人者，皆出自四川，可见四川南宗禅之流行。王锡《政理决》，记摩诃衍依正之和尚，有降魔，即兖州降魔藏，大福，一般皆指西京义福。又有“张和上雉仰”，法京伯本雉字误作“准”，兹据伦敦本。“雉仰”名未知有无误舛。颇疑张和上应即南诏张胜温图次于神会下之张和尚唯忠。[2] 其地位专承曹溪门下荷泽之法统，故摩诃衍亦依止之。禅家每转益多师，如无住出于陈楚章，本慧安再传，又事无相受缘。南印本出荷泽门下之再传，得曹溪深旨，无以为证，复见净众寺（神）会师，（《宋高僧传》十一）如是又为金和尚之传人。依此宗密《禅门师资图》载摩诃衍出于神会之门，众流会归于曹溪，宗密为唯忠之再传，其言自非无据也。小畠宏允氏过信《历代法宝记》，必欲将摩诃衍列为禅北宗中之保唐寺派，柳田圣山已辨之，今不复论。

此文原载《崇基学报》第九卷第二期（1970），台湾蓝吉富收入《大藏经》补编。

① 白居易作《照公塔铭》，称其学心法于唯忠法师，见《全唐文》六七八。

② 方国瑜考证张唯忠事迹甚详，见《云南史料目录概论》，928 页。

附表：

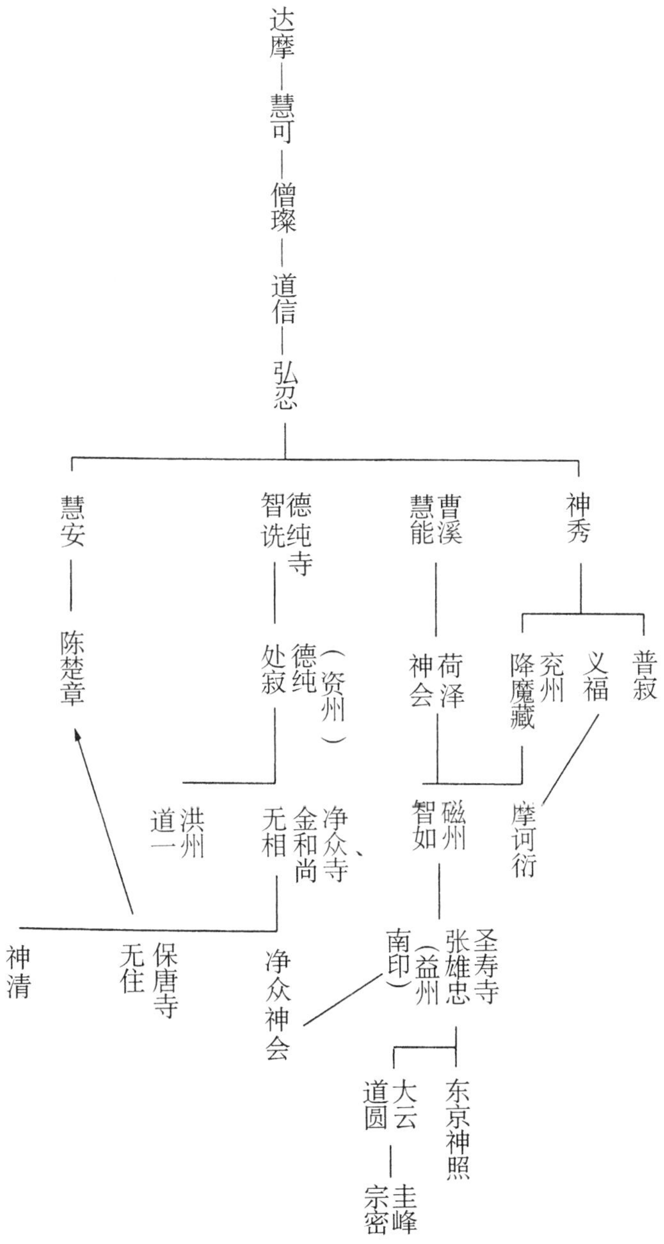

达摩
慧可
僧璨
道信
弘忍
慧安
德纯寺
智诜
曹溪
慧能
神秀
陈楚章
（资州）
德纯
处寂
荷泽
神会
兖州
降魔藏
义福
普寂
洪州
道一
净众寺、
金和尚
无相
磁州
智如
摩诃衍
神清
保唐寺
无住
净众神会
南印
（益州）
圣寿寺
张雄忠
大云
道圆
东京神照
圭峰
宗密

记开宝七年康遵批命课

——论七曜与十一曜

李约瑟（Joseph Needham）在《中国科技史》讨论中国天文学时，只论七曜，而未谈及十一曜。十一曜者，出自《聿斯经》。《新唐书·艺文志》历算类云：

《都利聿斯经》二卷，贞元中（唐德宗，785—804）都利术士李弥乾传自西天竺，有璩公者译其文。

郑樵《通志》亦云：

贞元中，都利术士李弥乾将至京师，推十一星行历，知人命贵贱。

所谓十一星即十一曜，实即把七曜加上罗睺、计都，成为九曜①，复加上月勃、紫气二星，遂成十一曜之数。孙彀《古微书》十九："术家增入月孛、紫炁、罗睺、计都四馀，为十一曜。计生于天尾，罗生于天首，孛生于月，炁生于闰。"换句话说，七政加上四余，便是十一曜。《读书敏求记》有《十一曜躔度》一卷。

法京P·四〇七一号，蝴蝶装巨册，为宋初开宝七年（974）十二月十一

① 即九执历。

日批命的本子；这位批命先生自署头衔曰：

灵州大都督府白衣术士康遵课。

从这一头衔可推想到下列二事：一、都督府衙门安置有术士为人批命；二、其人姓康，可能原为康居国人。这本宋初批命的册子，末尾自言："上有廿八宿十一曜行度，十二祇神九官八卦十二分野，总在其中。"这是根据十一曜推算人的本命，来批流年。书中引用《聿斯经》不止一次。这册原文大致如下：

> 荷天十一曜，见生庚寅丙戌月己巳日房日免申时生，得太阴星，见生三方，主金火月克数。
>
> 昼克数得四十八夜克数。申时酉前得太阴星，在命宫夜五十二。
>
> 积日得二万二千七十三日
>
> 实讯（凡）日得一万五千八百七十三日
>
> 太阴在翌，照双女宫，楚分荆州分野。
>
> 太阳在角八度，照天秤宫，郑分衮州分野。
>
> 本星退危三度，照宝瓶宫，齐分青州分野。
>
> 火星在轸，照双女宫，楚分荆州分野。
>
> 土星在斗宿，照摩竭宫，吴、越扬州分野。
>
> 金星在角亢次疾，改照天秤宫，郑分衮州分野。
>
> 水（星）在轸顺行，改照双女宫，楚分荆州分野。
>
> 罗睺在井，照巨蟹，秦分雍州分野。
>
> 计都在牛三度，照摩竭宫，吴越扬州分野。
>
> 月勃在危顺行，改照宝瓶宫，齐分青州分野。
>
> 紫气在星宿，照师子宫，周分洛州分野。

下为推五星行度宫宿善恶有云：

> 案《聿厮经》云：水居双女最为霊（灵），生时一个临强处，即为亳（豪）富处王庭。
>
> 命宫后守天秤宫，生复三日入命宫；金顺又照福何虑，生后三日加临富。必是遭逢见遇人，旧禄重迁更新取。

十一曜见生图：

土水合号有学禄，智惠（有圈）多端好翻覆；

岁火同宫主贵权，为事心中多敏速。……

命宫日

身宫日

（流年）

推鞍马有分

案驿马见《五星经》云：对背安马六畜，如养者不成就，必有非分生财破损。

歌曰……

推子弟男女

案《五星经》云：男女官三合，位方上纵，必无恩义之心，久后子弟只得一人力。

歌曰……

推田宅

案《聿斯经》云："子、午、卯、酉号曰四极。虽田宅有分，当生时月勃在此中，必不久。"

歌曰：四季主人占田宅，月勃行度到其中。只合游山学道术，若于官禄福偏隆。

右谨课见生其水，历筭玄文上有廿八宿，十一曜行度，十二祇神，九宫八卦十二分野，总在其中。若人筭得，定其灾福，切须仰重。谨具课文，伏维

高鉴。谨状

开宝七年十二月十一日康遵课。

康遵课中引用《聿斯经》多次，书名作《聿厮经》，与目录书之作"聿斯"微异而音实同。康课记年为宋太祖开宝七年；在此以前，《聿斯经》早已从天竺传入，且译成汉文矣。

其款署"灵州大都督府白衣术士"。考灵州后魏时为薄骨律镇，孝昌二年置灵州。《隋书·地理志》灵武郡，后魏置灵州（今宁夏灵武县），唐改曰灵州。《新唐书·地理志》若干羁縻州如回纥州及党项州，不少是隶属于灵州都督府的。开宝七年，灵州尚未陷于西夏。敦煌所出的灵州文件不一而足，有

《灵州和尚因缘记》（S·二七六）、《灵州龙兴寺刺血写经》（P·三五七〇）等。P·二二三四《法华经度量天地品》第廿九，前有墨迹残字“灵武节度押衙（银）青光禄大夫”字样。光启元年《伊州残图经》云：

张大庆自灵州安慰使副大夫等来至州，于副使写得此文书记。

这些都是有关灵州的记载。

本册开首有“苻天十一曜”一名，苻天即符天，《五代史记》卷五十八《司天考》云：“建中时，术士曹士蒍《七曜符天历》，本天竺历法。”《新唐书·艺文志·历算类》有《七曜符天人元历》三卷。既有符天七曜，因之亦有“符天十一曜”。十一曜在北宋时，已施之绘画，崔白曾绘十一曜座神于相国寺，见《图画见闻志》。

《道藏》一〇一六册弁字上，《海琼白真人语录》[1] 载有：

真师告（彭）相曰：尔谓《十一曜咒》诚是太上所说，明矣乎？曰：诚哉！曰：嘻！彼咒中有谓甘、石推流伏，然甘德、石申皆星翁也，却是春秋、战国时人。甘、石未生，此经先有之；质之于此，岂太上语哉？嘻！

他认为咒语中出现了“甘、石推流伏”一句，可见咒语不可能是太上老君之语。

《十一曜咒》在《道藏》中有两种书，另一即为《元始天尊说十一曜大消灾神咒经》（辰字二九）；其中神咒计有：

九星都咒、五星神咒、
太阳真君神咒、太阴真君神咒、
木星、火星、金星、水星（五）真君神咒
罗睺、计都、紫炁、月孛诸真君神咒

经中言有灾难，“速令塑绘十一曜形仪于清净处，建立道场，严备香花灯烛，

① 谢显道编。

请命道士或自持念十一曜大消灾神咒，经一七二七日或三七日，修斋行道德，念忏悔，即得上消天灾。……”经内屡言青罗真人云云，似十一曜歌咒乃出于青罗山人王希明。其“甘、石推流伏”[①] 句见于《土星神咒》；可见此咒写成在玉蟾以前。

《道藏》又有《上清十一大曜灯仪》[②]，即本文星咒文而系以序文：甘、石推流伏：为土星一咒，亦有之。其罗睺诸神咒序，录之如下：

罗睺：臣众等志心皈命“交”，初建星罗睺。

隐曜：隐曜星君诸灵官。

计都：臣众等志心皈命交，终神尾，坠星。

计都：星君诸灵官。

紫炁：臣众等志心皈命天一、紫炁，道曜星君诸灵官。

月孛：臣众等志心皈命太一月孛彗星君诸灵台。

罗睺《序》云：“臣闻允推神首之星，爰播聿斯之咏；号贵权而操势，循黑道以韬光，冠晨宿之威稜，亦莫余而敢侮。掌日月之薄蚀，其谁曰而不然。”

此处“聿斯之咏”乃指《聿斯歌》。日本石田干之助曾撰《都利聿斯经及其佚文》专篇。石田氏引佚文云：“按《聿斯经》云，凡人只知有七曜，不知虚星号曰罗睺、计都，此星在隐位而不见。”唯对十一星果何所指，不得其解。[③] 今从《道藏》十一曜二书，可为石田氏解答。且《灯仪》明云：“播聿斯之咏”，其取材自《聿斯歌》至为明显。《宋史》载楚衍能明相法及《聿斯经》、刘熙古著有《续聿斯歌》一卷。

又林伯谦编《鹤林法语》记嘉定壬午上元与度师鹤林谈话，祖师海琼云：

罗、计、紫、孛在天而为隐曜，而立灯为显，其又为何？

祖师曰：“譬如北斗灯式，而右弼星，亦为隐曜，因不欲灯之，但有八灯而已。夫罗睺乃火之余炁也，计都乃土之余炁也，月孛乃金、水之余炁也，紫炁乃木之余炁也，今但存十一曜之灯，持（特）于四星不必灯之可矣。”（卷二，第一〇）

---

① 下句“陶巫算沉寥”。

② 为字上第八三册。

③ 《东亚文化史丛考》，699 页。

是白玉蟾认为罗睺、计都、月孛、紫气四星，都是余气。

明初宋濂著《禄命辨》云：

> ……曰十一曜之说，古有之乎？曰无有也。书云左璇玑玉衡以齐七政。所谓七政，日、月、水、火、木、金、土也，而无紫气、星孛、罗睺、计都也。星孛数见于《春秋》……紫气则载之史册，与氛祲同占。罗睺、计都者，蚀神首尾也。又谓之交初、交中之神；初、中者，交食之会也。借此以测日月之蚀也。唐贞元初，李弼乾始推十一星行历，鲍该、曹士蔿皆业之。士蔿又作《罗计二隐曜立成历》，起元和元年。及至五代，王朴著《钦天历》，且谓蚀神首尾颇行之民间小历而已。
>
> 若吴伯善、若甄鸾、若刘孝孙、若张胄玄之所造，但云七曜，而不闻有十一星也。……曰予尝闻之于师，其说多本于《都利聿斯经》；都利盖都赖也。西域康居城当都都赖水上，则今所传《聿斯经》者，婆罗门术也。李弼乾实婆罗门伎士，而罗睺、计都亦胡梵之语，其术盖出于西域无疑。晁公武谓为天竺梵学者，于此征之，尢信也。[①]（下略）

他考证十一曜之原委，甚为详悉。《都利聿斯经》一名，沙畹、伯希和、桑原骘藏都曾谈及，但不能将聿斯及“都利”的原名复原，石田氏亦然。宋濂这段材料以前未见人征引，他说都利即是都赖，为康居的都赖水。考《汉书·陈汤传》：“至郅支城都赖水上，离城三里，止营傅陈。”谷永疏云：“（陈汤）横厉乌孙，逾集都赖，屠三重城，斩郅支首。”都赖水名最早即见于此。都赖水，阿拉伯文作 Tarāz，希腊人 Zēmarkhos 最先提到 Talas 河在公元 568 年，不及《汉书》所记为早。都赖水在玄奘《西域记》称为呾逻斯，可参白鸟库吉的《康居考》。

证以这一册白衣术士康遵的批命书，既引用《聿斯经》语句，又介绍了十一曜的名称及如何运用于禄命上，可见中国的旧天文学与术数是分不开的，七曜、十一曜都是重要例子。复次，可知《聿斯经》出于西域，都利水是 Talas 河，而康遵当是出于 Samarkand 的康氏，寓居于灵州都督府中哩。

《聿斯经》亦被误作《“笔”斯经》。《道藏》一三六册姜字号《秤星灵台

---

① 《宋学士全集》卷二十七。

秘要经》中提及《金匮经》云云，按《金匮经》即曹士蒍所撰[1]，又于"禳灾星法"引《人伦经》记郭璞事云："后一行与李筌撰《笔斯经》，卷内收之，余恐师巫以为取资之具。乾宁中，勘其疏，已去之。更不备载。……"一则以《笔（聿）斯经》为一行与李筌所作。按李筌有《骊山母传阴符玄义》一卷[2]，《六壬大玉帐歌》[3]，又有《太白阴经》；敦煌有李筌《阃外春秋》，《直斋书录解题》："少室布衣李筌撰，天宝二年上之。"未闻作《聿斯经》。

《新唐书·艺文志》历算类最末一种是陈辅《聿斯四门经》。《四门经》，沙畹谓即将二十八宿分配于四门。《崇文总目》有《新修聿斯四门经》一卷，《通志》称唐待诏陈辅重修。敦煌发见之《景教三威蒙度赞》（P 三八四七），末举波斯僧景净（Adam）进呈之景教经三十余种，其一（第三十一）即为《四门经》（石田，317 页）。《道藏》一三六册姜字号下《灵台经》"定三方主第九"引《四门经》一段云：

> 若虽不肯看三方，三方若在无力之地，或伏留逆行，即不可以为有福之人也；若虽背看三方主，三方主若在有力之地，或居王庙之宫，不可便为无福之人也。

所云背之三方主者，谓人在昼时生，看日所在之宫以定之，夜时生则看月所在之宫以定之。所以背三主者，论命以卯辰巳为少年时，午未为中年时，以申酉为老年时。若初主在少年时，中主在中年时，末主在老年时为不背主，此大贵之人也。若初主在老年时，末主在少年时，此为背三主也。

《灵台经》于"死囚官"中引李公云："火星入宫一度至三度笞死，至八度乃剑死，至十一度缢死，至十四度水死。"李公可能即李弥乾。

《秤星灵台秘要经》又屡引《九执经》，见禳火法及禳土法。禳土法引《九执经》云："每于鸡缓直日，平旦时以黑油麻汁沥头上。"咒曰："鸡缓是我君主，某臣仆愿加祐护，次以度灾厄。……宜看《八阳经》，带雄朱，烧安息香，著皂衣，不入恶神庙。"《八阳经》当指《天地八阳神咒经》，现有回鹘文残本。[4]《八阳经》云："造作历日（likzir）颁下天下，今知时节，为有平、

---

① 参见《新唐书·艺文志·五行类》。

② 参见《新唐书·艺文志·道家类》。

③ 参见《新唐书·艺文志·五行类》。

④ 羽田亨：《史学论文集》七，64 页，又日本《续藏经》二三套第四册。

满、成、收、开、闭、建、除、定、执、破、危之文。”《秤星灵台秘要经》中《洞微限歌》云“若遇罗睺金木曜，太阳紫炁月同随，限逢此曜加官禄，火土二星到便危。……家定不宁因孛至，更兼钝闷恰为痴。……”诗句已涉及十一曜之紫炁及孛。《郡斋读书志》十四：“《秤星经》三卷，以明五星罗睺、计都、紫炁、月孛十一曜，演十二宿度，以推人之贵贱休咎，不知其术之所起，或云天竺梵学也。”《道藏》之《秤星灵台种要经》当出于此。

上言《十一曜歌咒》出于青罗山人王希明。李约瑟因为《图书集成》乾象典第四四卷至五四卷描写天象，每节都引用王希明的《步天歌》(The song of the March of the Heaven)，故说王氏在天文学史上的地位，可谓为中国的Aratus或Manilius。他把王希明列于六世纪的隋世，说他和（贞观时）大天文家李淳风之父李播同时。李书对王希明十分推重，但关于王氏的事迹，则未遑细考。

《新唐书》及《宋史》的《艺文志》天文类均有王希明的《丹元子步天歌》，又五行类有王希明的《太一金镜式经》（二十卷），注云：“开元中诏撰。”希明另有《聿斯歌》一卷，陈振孙云：“青罗山布衣王希明，不知何人。”《崇文总目》又有《青萝历》一卷，陈振孙作“《青罗之成历》，司天监朱奉奏其历起贞元十年甲戌入历，至今乾宁四年丁巳。”则应是唐末人。至于青萝山在浙江浦江县，明初宋濂自金华徙家于此，其作品有《青萝山杂言》及《萝山迁居志》；王希明隐居的青罗山，或即此处，故有青罗山人之号。李约瑟把他看作隋时人，是不对的。[①]

李约瑟先生在叙述中国天文学史时，亦很看重武密。有两处提及他[②]，很肯定武密是隋时人。但我们看《新唐书·艺文志·天文类》十二家，武密的《古今通占镜》三十卷是排在李淳风著作的后面。《宋史·天文志》卷二叙述天体星座，在按语中每每引述武密和杨维德之说来和《晋书》、《隋书》的《天文志》及《丹元子步天歌》作很详细的比较，最少有二处称“唐武密”（缩印百衲本《宋史》521、525页）。关于武密的年代，似乎不可轻易便确定他就是隋时人。《直斋书录解题》卷一二云：“《古今通占》三十卷，唐嵩高潜夫沛国武密撰，纂集黄帝巫咸而下诸家及隋以前诸史天文志为此书。”亦列于

---

① 沈曾植：《海日楼札丛》三有“王希明步天歌”条，已论丹元子步天说非隋人。

② 李氏在197页云：“In the Sui [end of the 6th] they [指各种星经] were apparently largely incorporated in the Ku Chin-Thung Chan《古今通占》of Wu Mi。”又201页“At the end of the 6th century in the Sui，came the compiling work of Wu Mi already mentioned”。

李淳风之下，宋杨维德《景祐乾象新书》之前，可见武密应为唐人，所以他和青罗山布衣王希明的年代都不应该列于公元 6 世纪。[1]

宋濂指出“若吴伯善、若甄鸾、若刘孝孙、若张胄玄之所造，但云七曜而不闻有十一星也。”吴伯善诸人著述《旧唐书》历算类有如下列：

《陈七曜历》五卷吴伯善撰。

《七曜本起历》二卷。

《七曜历算》二卷甄鸾撰。

《七曜杂术》二卷刘孝孙撰。

《七曜历疏》三卷张胄玄撰。[2]

宋濂所举各家著述，皆属于七曜的历法，其时尚无所谓十一曜。

李书中有一极重要之论点。他反对沙畹、伯希和的保守说法，认为“七曜书”一名，在公元六世纪以前在中国已极流行。自公元 500 年起，“七曜”的著述大为增加；他在正文及附注中举出许多例证，来说明中国吸收伊斯兰的天文知识，为时甚早，且推论巴比伦天数之学通过康居传入中国（204、205 页）。

我的看法则有点不同，因为“七曜”有两个意义：一是外来的，指每周七日的星名。由摩尼教传入的日、月和五星组成七曜。粟特语的汉译名称即蜜（mir＝日曜）至鸡缓（亦作积浣，Kewan＝土曜）七个日名，而敦煌使用的历日在曜日上均以朱书一蜜字，这些大家已耳熟能详。“七曜”的另一个意义，则为中国本土的“七政”，其来源甚早；二者似乎不可混合为一的。

七曜即七政，本是指日月五星。《尚书·尧典》上已说：“察璿玑、玉衡以齐七政。”以曜字指星辰，如《天问》所说“曜灵”，有时亦倒言作“灵曜”（如纬书《尚书考灵曜》是其比）。北宋时候，粟特的“七曜”名曾被人采取来解释乐理上的十二律。《宋史·律历志》云：“（宋）仁宗著《景祐乐髓新经》凡六篇……合古今之乐，参之以六壬遁甲，其中兼以七曜日名配合为说。”这条沙畹、伯希和未曾引用。举例言之，如云：“黄钟之宫为子，为神后，为土，为鸡缓，为正宫调，为大石调。太簇商为寅，为功曹、为金，为

---

① 宋代有另一武密，著《帝王兴衰年代录》二卷，见《宋志·别史类》；《宋史》卷三二五有《武密传》。

② 见中华本《旧唐书》，2038 页。

般颉；姑洗角为辰，无天刚，为木，为嗢没斯（u'rmzt）为小石角（调）；林钟徵为未，为小吉，为火，为云汉（wuquan），为黄钟徵南吕羽，为西，为从魁，为水，为滴（亦作咥 ṭir）；蕤宾变徵为午，为胜先，为月，为莫（Māq），为应钟徵。”这即是纳七曜于乐律的事例。

关于七曜的星占书，敦煌卷子甚多。P·三〇八一为七曜星占书：

嘀者，水也，辰星也，少女……

郁没斯者，木也，岁星也。

郍颉者，金也，太白也，婬女也。

鸡换者，土也，镇星也，婆罗老人也。

七曜日忌不堪用等：

蜜日不予死问病，出行、往亡殡葬。……

莫日不得裁衣冠带、剃头剪甲、买奴婢六畜及欢乐，凶。

云汉日不得聚会作乐，结交朋友。

…………

鸡换日不得出，财一出不回。作欢乐聚会、赏歌舞音声，凶。

七曜日发兵动马法：

蜜日、太阳日，发军宜从日出处行动，用卯时发，吉。将宜着白衣，乘白马白缨绋，白旗引前，吉。向祀天大将军，吉。

莫、太阴日，从西北向东，用子时，黑衣黑旗，月神（祀）。

云汉日、火、从南方向北，用辰时，着绯衣赤马赤旗，祀五道大将军。

嘀、水，从北向南，用子时，着黑衣黑旗，祀河伯将军。

郁没斯、木，向东，用卯，青衣青骢青旗，祀行道天王。

郍颉、（金）、从西向东，用戌时，白衣白马，祀巧女。

鸡换，土，从西北向东南，用午时，黄衣黄马黄旗，祀北斗。

最末为“七曜占五月五日直”。

P·三四〇三为宋雍熙三年丙戌岁具注历日，凡三百五十四日，署“押衙知节度参谋银青光禄大夫检校国子祭酒兼监察御史安彦存纂”。有序文，又有“推七曜直日吉凶法”。自第一蜜太阳直日至第七鸡缓土直日止。

雍熙三年为丙戌

正月小建庚寅，一日庚午，土，定，岁首，郙颉日受岁（用朱笔记）。

二日辛未，土，执……

三日壬申……

兼记七十二候及岁位所在、昼夜刻及人神日游：

人神若如正月一日庚午人神在足大指。

二日辛未人神在外踝。

三日壬申人神在股内。

四日癸酉人神在腰。

五日甲戌人神在口。

…………

至廿八日丁酉人神在阴。

廿九日人神在膝胫。

…………

二月卅日人神在足趺。

每逢七日一周，每蜜日（日曜）在该日之上，以朱笔注一“蜜”字。

第3900页为历日残卷，存三月十一日戊午、火、满起，又闰四月至六月六日已缺。上方但记日辰五行建除，下方记岁对、岁位、岁前、后等。此为建除历一类。

又P·三二四七号为大唐同光四年具注历，题“随军参谋翟奉达撰”。奉达字再温，官学仕郎守州学博士。其所纂历书残存数种。[①]

在唐以前摩尼教未入华，历书以“七曜”为名的虽然甚多，但它的意义和七政无异。姚振宗总论这些以七曜为名的著作说道：

日月五星，谓之七政。《汉·艺文志》历谱家有《颛顼五星历》、《日月宿历》，是为七曜历之所自始。《文选·齐敬皇后哀策文》（李善）注引《淮南》高诱注云：“刘歆有曜历，当即七曜历。”后汉刘洪作《七曜历》，

① 如S·九五为奉达纂具注历，显德三年；P·二六二三为显德六年具注历，有奉达序文。

郑司农作《天文七政论》，刘陶亦作《七曜论》，此又两汉人所作七曜历及论之最著者。七曜为历术中之一端，亦相承别本单行。

由是言之，刘陶的《七曜论》即相当于郑众的《七政论》。七曜是指日月和五星而言；《后汉书》五七《刘陶传》“陈事疏”云：“扶辅王室，上齐七燿，下镇万国。”他的七燿论恐怕是从天道来推究人事，和正式的天文学未必有何关系。

《续汉志》注袁山松《后汉书》说刘洪作《七曜术》，即指他的《乾象法制迟疾历》，以步月行之法。洪书并未失传，其说存于《续汉·律历志》。刘智云：“灵帝时，太山刘洪步月迟疾，自此以后，天验愈详。”七曜亦指日月五星而言；《晋书·律历志》中，徐岳历议述刘洪之成就，在验日及观察月行，及黄道去极度五星术，理实粹密。又载建安末博士祭酒孙钦的历议，称“熹平中，刘洪改为《乾象历》，推天七曜之符，与地合其序”。亦出现“七曜”二字，与唐以来“七日”之“七曜”，含义完全不同。魏时，刘智《论天》云：

日月为政，五星为纬；天以七纪，七曜是也。……斗有七星，与曜同精。……众星定位，七曜错行。盈缩有期节，故历数立焉。[1]

南朝宋何承天云：

臣之舅徐广，素善其事，有既往七曜历……夫圆极常动，七曜运行，离合去来，虽有定势，以新故相涉，自然有毫厘之差；连日累岁，积微成著[2]。

《抱朴子》内篇《释滞》：

可谓戴盆以仰望，不睹七曜之炳粲。

---

① 《开元占经》引。

② 见《宋书·历志》。

又：

> 唯有《巫咸》、《甘公》、《石申》、《海中》、《郄萌》、《七曜》记之悉矣。

上举诸文有的七曜分明指日月五星，有的七曜是书名，或指刘洪的《七曜术》。

《宋书》九八《且渠蒙逊传》载，（永初）十一年茂虔上表：

> 河西人赵𢾺善历算。十四年，茂虔奉表献方物，并献……《赵𢾺传》并《甲寅元历》一卷。

茂虔献与宋的书籍一百五十四种中，并无七曜历数算经，而有《赵𢾺传》及其《甲寅元历》。《七曜历数·算数》一卷，乃见于《隋书·经籍志》著录，不在元嘉中沮渠茂虔所进之内。拓跋焘攻凉州，茂虔见执：灭凉者是北魏而不是刘宋。《宋书》所记茂虔进《赵𢾺传》于宋，时𢾺恐已前卒，《宋书》中并无北凉派遣其司天大臣赵𢾺赴宋之事；李约瑟述此事，似有失实。

《魏书·术艺·殷绍传》："达九章七曜。世祖时，为算生博士。"又《释老志》记："寇谦之算七曜有所不了，惘然自失。"又唐初王勃《益州夫子庙碑》，起句便说："述夫帝车南指，遁七曜于中阶。"[①] 诸书所言的七曜，都是指七政而言。

《新唐书·历志》载张说历议云："太始阏蒙摄提格之岁，毕陬之月，朔日己巳立春，七曜俱在营室五度是也。"又引《洪范传》曰："历记始于颛顼上元。"所谓七曜，即指日月及五纬而言。

浙江上虞唐代《天象镜铭》有云："禽兽翼卫，七曜通灵。……□山仙□，有轮上清。"[②]

唐人所记七曜，自是指七政而言。宋李淑《邯郸书目》云："《金碧潜通》一卷，《羊参微集》。其序言得之石函，皆科斗文。世有三十六字诀，七曜五行八卦九宫论还丹之事，其辞多隐，人莫之识。"[③] 是宋时道书已不少采用七

---

① 《王子安集》卷十三。

② 《考古》，1976（4）。

③ 《郡斋读书志》。

曜的理论。

《宋史·天文志》中有“七曜”一目[①]，主要是论日月合朔和五星运行的顺、逆、迟、速及岁星（木星）周天之数。这和“七曜历日”之记蜜、莫等名和吉凶宜忌完全不相干。近日马王堆发现汉初帛书天文五星占的记录，从秦始皇元年（前246）到汉文帝三年（前177），七十年间岁星（木星）、填星（土星）、太白（金星）在天空运行与二十八宿出现的方向，及其复出的周期，和《太初历》及今测值距离不太远。《历志》所云“七曜俱在营室五度”，营室指原来的出发点，求太阳与月亮五星在一经度之下；向来习用“七曜”一词，即指日月五星，十分清楚。

李书在讨论七曜历著作时，提到 the work of Wu po-shan，注六中文名作吴伯喜。按“喜”是“善”字排印时的误植。《新唐书·艺文志·历算类》三十六家中有吴伯善的《陈七曜历》五卷，列于虞劆《梁大同历》之下，孙僧化《后魏永安历》之前；其人必是陈人。《隋志》：陈时有《七曜历》八部（由陈永定至陈祯明），皆有年份。姚振宗说这些陈代的《七曜历》，“似即太史官历署所存之簿籍，隋代见存书目遂取以充数，本《志》据以抄入是类。《唐志》唯有吴伯善撰《陈七曜历》五卷，吴伯善始末未详。”故知 Wu po-shan 当是吴伯善。有一种中文译本把他改成“虞喜的《七曜历》”，和李约瑟原著完全不符，反有取于误字的“喜”，而将“吴”翻作“虞”，又漏去“伯”字，遂变成“虞喜”了。因译者脑子里有天文家虞喜，而不知有吴伯善其人，这样更是错上加错。

总括而言，《隋志》所载各种以七曜为历术的书名，七曜的意义，都应当从姚振宗之说指日月五星，不得视作蜜、莫、云汉等七曜日名。至曹士劳所著历书，《唐志》有三种：一为曹士劳《七曜符天历》一卷，注“建中时人”，在历筭类；一为曹士劳《金匮经》三卷，在五行类；《五代史记司天考》：“初建中时，术者曹士劳始变古法，以显庆五年为上元，雨水为岁首，号为《七曜符天历》。”王应麟《困学纪闻》九云：“唐曹士劳《七曜符天历》，一云《合元万分历》，本天竺历法。”《直斋书录解题》收大中大夫曹士劳、罗（睺）、计（都）二隐曜立成历一卷。他用 Rāhu，Ketus 二个隐曜，显然已受到九执历的影响，故说者谓其“本天竺历法”。李约瑟疑士劳为康居九姓之曹氏，所以认为吴伯善等诸家《七曜历》，是受到波斯、康居的影响。他的观点

① 卷五二，天文五。

似采取叶伯禄之说。[①]

康遵批命课，采用黄道十二宫、双女宫、天秤宫等名。考隋时耶达提耶舍译《大方等日藏经》，已出现水器、天鱼诸号，金俱吒译《七曜攘灾诀》亦记十二宫。僧一行修述《梵天火罗九曜》除以鸡缓等七曜日分配四方分野之外，兼采罗睺、计都，且引用《聿斯经》语。九曜皆有图，罗睺与计都同形，崔白得据以作图，杜光庭撰《玉函经》[②]，竟取天蝎、金斗，配合分野以解释人身之十二经。可见唐末，黄道十二宫之说已甚流行，康遵实采用之。后此元人郑希诚著《郑氏星案》即有十一曜图。《演禽通纂》[③] 其歌诀第一句云“甲子宝瓶丙子鼠”即用宝瓶宫名。杂采十一曜及十二宫以立说。

附　重要参考资料

《敦煌卷》

P·二五一二　　引《五言玄像诗》。

P·三〇八一　　《七曜星占书》。

P·三四〇四　　《宋雍熙三年丙戌具注历》。

P·三二四七　　《唐同光四年具注历》。

P·二六九三　　《七曜历日》。

S·二四二五　　《大正藏》二一册。

P·四〇七一　　宋开宝七年十二月十一日《康遵课》（内有荇天十一曜之名）。

《道藏》

《上清十一大曜灯仪》，第八三册“为”字上。

《元始天尊说十一曜大消灾神咒经》，第二九册“辰”字号。

《灵台经》，第一三六册“姜”字号；内引《四门经》。

《秤星灵台秘要经》，同上“姜”字号；内论《聿斯经》及《金匮经》。

《海琼白真人语录》（谢显道编）、第一〇一六册“弁”字号上有《通占大象历星经》。

---

① 叶氏著《七曜历入中国考》，载《辅仁学志》，1942（11），137～157页。

② 《关中丛书》本。

③ 《四库全书》本。

Billard R.：*L'Astronomie Indienne*（1971）.

E. Chavanneset P. Pelliot：*Un Traite manicheen Retrouve en chine*（1911，1913）二册。

羽田亨：《回鹘文〈天地八阳神咒经〉》，见《羽田博士史学论文集》下册，64～124页。

Huber，E.：Termes persans dan l'astrologie bouddhique Chinoise，*BEFEO* Vol. 6，pp. 39－43（1906）.

Saussure，L'eopold de：*Les Origines des l'astronomie Chinoise*（1930）.

Kane：*History of Dharmasastar* vol. V. part Ⅱ.

Edward H. Schafer：*The Golden Peaches of Samarkand*（1963）.

叶德禄：《七曜历入中国考》，载《辅仁学志》vol. Ⅱ，1942，137～157页。

原载《选堂集林·史林》，中华书局香港分局，1982。

京都藤井氏有邻馆藏敦煌残卷纪略

日本西京私人藏家，以住友氏之铜器、藤井氏之玺印为最驰名。藤井收藏之所，曰有邻馆，为藤井齐成会所经营。[①] 位于平安神宫之侧，前临小河，夹岸垂杨，风景绝佳。庋藏古物，门类之富，为京都冠。主人藤井守一紫城氏，温文尔雅，自其先大父藤井静堂善助氏即精鉴藏，网罗宏富；而内藤湖南博士实助之鉴定。吴清卿、端午桥及黄县丁幹圃树桢藏物多归焉。所积玺印，逾四千事，因颜其藏印之斋曰靏靏庄。延平盦园田氏任考释，历时三年，积稿共五十册，已刊者有周秦部分二册。大正甲子间，内藤序之，记其经过甚详。[②]

1954 年夏 7 月 18 日，余在京都，因友人京都大学助教藤枝晃氏之介，至有邻馆参观。馆凡三层楼，楼下贮石刻、砖、瓦、墓志之属；若熹平、正始石经残石，端方旧藏隋宝梁经残石，汉单于和亲砖及不少汉画像砖石，皆陈列于是。二楼则为铜器，秦三十六年铜权及隋开皇二年金铜造像皆佳品。三楼为藏印之所，计黄县丁氏旧藏印一千三百六十五方，飞鸿堂旧印六百五十二方，及陶斋之周代私玺，暨其得自吴大澂之燕将渠名钵，王文敏之“萃车

① 是馆兴建始末，详昭和十一年四月出版之《有邻馆要览》。

② 内藤虎《靏靏庄印谱序》云：“黄县丁幹圃郎中树桢，喜收藏。魏三体石经残石之始出，幹圃先获之；其余吉金瓦当，皆多奇品。所藏印一千四百余事。前数年，有获其藏印而辇致此间者，藤井君静堂以重值购之，是靏靏庄收储之所由也。俟后数年，所获益多。吴清卿、端午桥诸家所著录，最精者亦入焉，积至四千余事。”

马玺”，陶北溟之汉晋间印皆在焉，琳琅满目，为之留连竟日。

8月1日晨，予至住友男爵家参观铜器。午后偕友人大谷大学教授中田勇次郎、立命馆大学教授白川静二君再度至有邻馆，值平凡社为重编《书道全集》，中田君正勷其事，有邻馆藏物多被借摄制版。是日藤井君出示唐仪凤二年厨单，及项子京旧藏《唐陆柬之临兰亭帖》①，相与叹赏。又示以西域所出佛经残叶一匣，中有少数回纥文，计共百二十片，装裱精美；予展玩不忍释手。最后藤井君取出一古写残叶，以玻璃夹之，审其文，乃述苻坚迎鸠摩罗什事，背为佛经，据云出于新疆。于是藤井君导余至其私人图书室，时已四时许，馆例即将闭门，诸友均先后离去。余蒙藤井君许可，独留室中，见一巨大木箱中庋藏敦煌写本残叶数十事，皆以玻璃夹护，任余浏览。余既感其雅意，深喜眼福之非浅，获窥全豹，乃尽两小时之力，而遍览之，并纪其大要。藤井旋出目录数纸相示，楷书端正，其首题云：“何彦昇秋辇中丞藏敦煌石室唐人秘笈六十六种”，乃知藤井君所得者，即何氏旧物。因检勘之，止得五十八种，尚缺其八。而目录中有《太公家教》残卷，亦不在藤井氏所得之内，盖早散出者。查《太公家教》，罗叔言曾藏之，嗣影载于《鸣沙石室古佚书》中。王国维有跋云：

> 宣统己酉岁，法国伯希和教授言其所得敦煌书籍，有《太公家教》一卷，其书已寄巴黎，未之见也。去岁伯君邮寄敦煌古籍影本数百枚，亦无此书；顷于罗叔言参事唐风楼中见此卷，盖同出敦煌千佛洞，为斯坦因、伯希和二氏所遗。又石室遗书未归京师图书馆时流出人间者也。②

唐兰亦曾藏有《太公家教》残卷③，北京图书馆亦藏有《太公家教》一卷，列乃字二七号，文见许国霖《敦煌杂录》下辑。

当光绪二十六年（1900），王道士发见莫高窟石室，经卷始流出人间。叶遐庵言当日地方官曾取以为馈赠，先后不下数百卷。其后张广建、许承尧、蒯寿枢等所得即此类。④ 又新民梁氏素文清末官甘肃，亦于当地略有搜集。⑤

---

① 陆为虞世南甥，此册《宣和书谱》著录。

② 《观堂集林》二十。

③ 见《北京大学五十周年纪念敦煌考古工作展览概要》。

④ 见所作张虹《寄传庵敦煌图录序》稿。

⑤ 罗福颐《敦煌石室稽古录》云：梁氏民初寓沈阳，近数十年间，藏品出脱殆尽。

追斯坦因、伯希和先后捆载而西。宣统二年（1910）清学部始派员辇致其余物归于京师图书馆。其稍有价值者，据云在途次盗窃以尽。罗振玉序《鸣沙石室佚书》，深致愤慨。[①] 当日被盗之经卷，究为何物，向来未有能明言之者。友人张虹闻诸故京老辈云：何彦昇于宣统二年官甘肃藩司，代理巡抚，当其任内，适学部咨陕甘总督调取敦煌经卷，着何氏收购到京。抵京后何氏先交其子鬯威（名震彝）。时官中册数，报有卷数而无名称及行款字数，故一卷得分为二三，以符报清册之卷数。何鬯威为李木斋盛铎之婿，故菁英多归李氏及何氏。李之亲家刘廷琛与其亲友亦分惠不鲜。[②] 今有邻馆所藏敦煌残卷，据目录即何秋辇旧物。知当日何氏窃去之数，即此目所列，已有六十六种；另有回纥文二十余事，此敦煌学史上一段公案，得略表白于世，亦一快事也。至于李木斋，所藏尤富，据谓有四百卷左右，并编有简目，其佳者，如隋太子广布施文字画像，上有飞天，当日京师人士以为异品，今亦归扶桑。又建衡二年索紞书《道德经》残卷，李氏曾取名其斋曰建衡阁者，现归友人张虹，盖得诸李氏之女。又其著名之《大秦景教大圣通真归法赞》及《大秦景教宣元至本经》则归日人小岛靖君，羽田亨曾为考证。余于有邻馆又获睹梁天监十六年《诚实论》[③] 及贞观二十二年八月一日《显扬圣教经卷》（卷五）。贞观卷上有“德化李氏凡将阁珍藏”印一方，亦李氏之物。叶遐庵云：“刘、李、何三人所得敦煌残卷，何早卒，除其生前赠友者外，闻亦归李氏。佥知李刘二氏多佛经以外之典籍，偶露鳞爪，难窥其秘也。近年李、刘皆去世，所藏始分别散出。余首介绍中央圕购入二百余卷。闻刘氏经卷约百余卷，归于张子厚，张固刘戚也。李所藏由家属析分各售，不复能聚。”[④] 是何氏之物，后归于李氏凡将阁；藤井氏所藏，非迳得于何，乃得自李氏者。有邻馆所藏此批敦煌残卷，虽为数不多，惟其为何彦升旧藏，正可据以考查当时经卷遗失

① 罗氏《鸣沙石室佚书叙》有云：“往者伯君告予，石室卷轴取携之余，尚有存者。予亟言之学部，移牍甘陇，乃当道惜金，濡滞未决。予时备官太学，护陕甘总督者，适为毛实君方伯（庆藩），与予姻好；总监督刘幼云京卿（廷琛），实同乡里；与议购存太学，既成说，学部争之。比既运京，复经盗窃，然其所存尚六七千卷，归诸京师图书馆。及整比既终，而滔天告警，此六七千卷者，等于沦胥。回忆当时，自悔多事，此可戚者二也。遗书窃取，颇流都市；然或行剪字析，以易升斗；其佳者或挟持以要高价；或藏匿不以示人。遇此伧荒，何殊覆瓿！此可戚者三也。”按据许国霖《敦煌石室写经题记序》，当时京师图书馆入录之本，计八千六百七十九号，民国十八年胡文玉检阅未登记之残叶，又增编一千一百九十二号，都九千八百七十一号。

② 参看叶遐庵《序》。

③ 卷三写卷，书法极佳。

④ 见《寄传庵敦煌图录序》。

之情形，故表而出之，想亦谈敦煌学掌故者之所乐闻也。

有邻馆藏物，均经选影为《有邻大观》，煌煌四巨帙。[①] 另有《笃敬三宝册》一书[②]，内影载敦煌经卷多种，上举贞观《显扬圣教论卷》，即在其中。又有北魏《大般若经卷》、北魏《佛名经卷》、隋开皇三年《华严经卷》、唐长庆三年《天皇梵摩经卷》、唐草书经卷（吐鲁番出，有王晋卿题记）大半为李氏盛铎旧藏。

敦煌经卷散出后，日本人士颇多搜购，若前关东旅顺博物馆藏敦煌写经六百三十八件，新疆所出九十九件。[③] 而大谷大学[④]中村不折氏[⑤]、富冈谦氏[⑥]所藏，皆其著者。藤井有邻馆所得何氏敦煌残卷，多为书札牒状，为重要之经济社会史料，倘能全部整理刊出，则嘉惠于学林者溥矣。

藤井氏所藏敦煌残卷简目（何彦昇旧藏）

书札类

（一）起“凝寒十三郎”数字，共六行，行书，极遒丽。

（二）起“孟冬已寒”句，正楷，共五行，末有“十月五日轮台守捉典傅师表”字样。

（三）沙州旌节官帖，四行。

（四）与四海平怀帖，十六行，背书日历。

（五）起“季秋渐冷惟都督公”句，七行。

牒状类

多数有年月，以开元最夥，大中、乾宁各一件。

（一）开元二年（714）三娘状。

（二）开元七年（719）三月廿八日戍使刘善状。

---

① 第一册于昭和四年中秋印行。

② 昭和十七年一月刊。

③ 敦煌经卷即橘瑞超将来之物，其目录经罗氏刊出，载《雪堂丛刻》。

④ 藏品见高柳恒荣氏之《敦煌发掘写经之研究》，载《佛教研究》六卷二期。

⑤ 部分今在书道博物馆，见所著《禹域出土墨宝录》，载《现代佛教》二卷十二号。

⑥ 约二十卷，据罗福颐《敦煌石室稽古录》所述，罗文载《岭南学报》七卷二期。

(三)开元七年四月押官健儿李牒。

(四)开元七年三月群头赵元爽状。

(五)开元七年四月九日典残状。

(六)开元八年(720)四月廿五日典扬牒状,大字有官印。

(七)开元九年(721)十二月长行坊牒。

(八)开元十年(722)三月西州牧马所状。

(九)开元十年五月西州牧马所状。

(一〇)开元十年三月二日牒。

(一一)开元十年三月一日牒。

(按何氏原自有开元十年三月牧马所给驴子李贞仙状,及开元十年三月虞侯郁状。藤井氏购入时已缺。)

(一二)开元十六年(728)金满县上司孔目官牒。

(按《唐书·地理志》,金满县与轮台,同属北庭大都护府。)

(一三)开元十六年五月仇庭牒。

(一四)开元十六年九月牒。

(一五)大中四年(850)十月令狐远牒。[①]

(一六)乾宁四年(897)三月一日百姓张德政牒状。

(一七)瀚海经略大使状。

(一八)石堡守捉状。

(上二种无年月日)

(一九)四月二十一日残状。

(二〇)三月牒状。

(二一)又三月牒状。

(二二)五月牒状。

(二三)十二月牒状。

(上俱无年号)

宗教类

(一)道书　何目原题《历经》,按文中记叩齿事,应是道书之类。

(二)《式义摩尼六法文》一卷,题大中七年三月一日尼沙弥虚妙记。

① 户口状,背有梵文。

（三）《佛顶尊胜陁罗尼经》。

（四）记苻坚迎罗什文残叶十一行，背有佛经。

（五）斋戒文一件，二十二行。

（六）《莲华经》残叶，背绘一马，马之臀部记一梵字，马上为西域人，其旁梵文两行。

（七）《劝善经》题贞元十五年（799）廿二日。[①]

歌赞类

（一）《五更转》前为十五愿合订为小册，行书古拙，用厚粗黄麻纸写十五愿八十六行，《五更唱》三十六行。

（二）《圣太子歌》一卷，九十二行。

（三）歌曲一件，四行。

（四）《声闻唱道文》八行。[②]

杂类

（一）人名录，六行。

（二）账目，十三行。

其他为佛像，兹不著录。又有《反切》一卷，未见。何氏原目中，尚有《太公家教》一，祭文一，《孔子项托问答文》一（有天福年号），藤井氏藏均无之。

又有回纥文二十余件，亦何氏旧藏。

凡右所录，出于匆遽，虑多讹误。惟藤井君殷勤盛意，实深感篆，用志于此，永矢弗忘。

1954年10月饶宗颐识

附　　五更转影本

日本藤井有邻馆所藏李木斋旧物《五更转》小唱本，傅芸子既录其文载《白川集》（二四四叶）中，近任二北撰《敦煌曲校录》，复据《敦煌掇琐》收

① 按此经传本颇多，有题"贞元九年"及"贞元十九年者"。伯希和目列三四六三及二六〇八均即此经。

② 按巴黎伯目三三三四、三三三〇即唱道文。

伯希和目三〇六五之《太子入山修道赞》，以校李氏此本，定为五、五、七三句式，于傅氏所录句读文字，诸多改易。顷藤枝晃教授邮来有邻馆此本影片一份，既拜其嘉贶，惊喜之余，因取《白川集》再校一遍，知傅氏钞讹尚多。如一更之误“凉”为“寂”，误“播”为“墦”，误“戏”为“数”，误“论”为“轮”。二更之误“孅”为“纤”，误“朎”为“盈”。三更之误“吁”为“叮”。（原本误钞如此）五更之误“顶”为“顷”，误“苐”为“第”。二更之“既般”，原文非“既”字。五更之“因充果满”，“充”字原文明晰可辨，而傅文缺之。凡此皆失实之处。任氏未睹原本，遽以入校，亦复沿误。考《五更转》佛曲见于敦煌写卷者不一而足，若上虞罗氏所藏之《叹五更》一套，载于《敦煌零拾》。前北平图书馆藏者，见于许国霖《敦煌杂录》。巴黎所藏者具载刘复《敦煌掇琐》，郑振铎氏《中国俗文学史》论之尤详。惟皆过录其文，未有将原本影刊者。兹将此册并十五愿全文附影于后，存其真面目（图一一）。藉供治敦煌俗文学者之参考欣赏，并以酬答藤枝君之雅意云。丙申夏饶宗颐记。

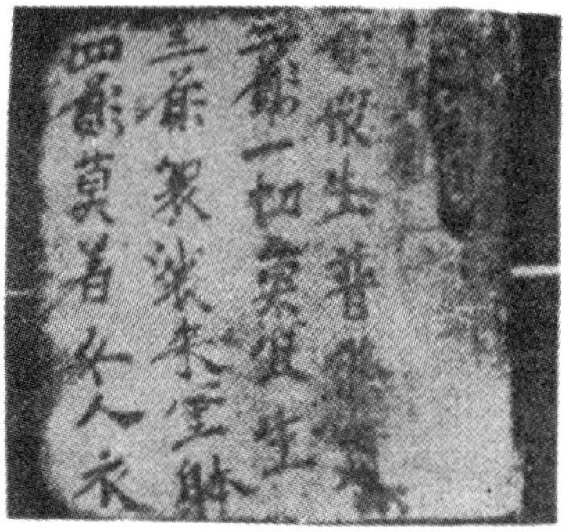

图一

图二

图三

图四

图五

图六

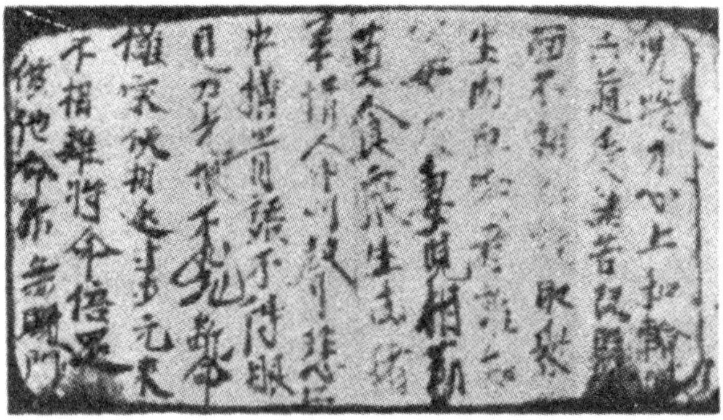

图七

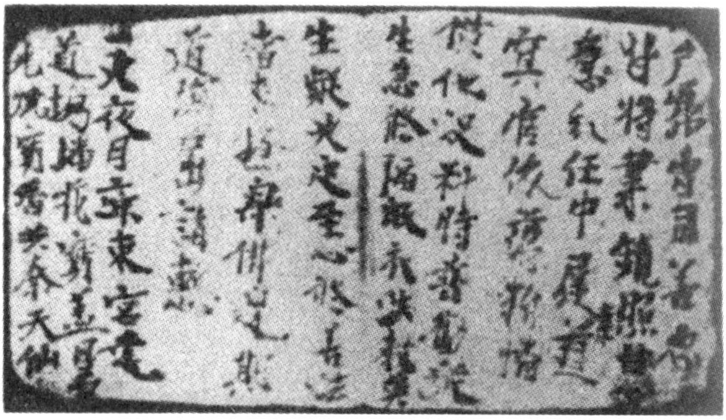

图八

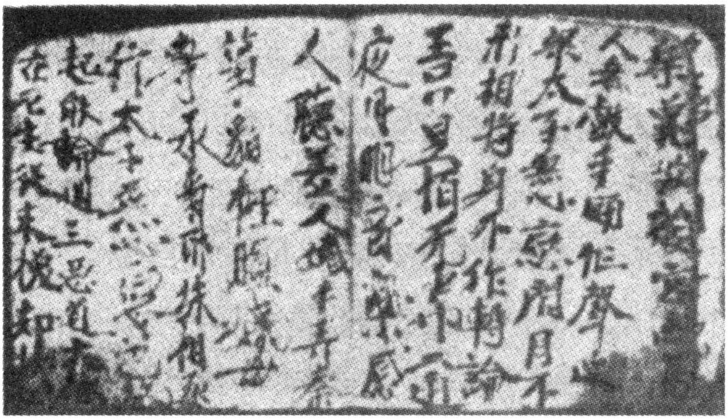

图九

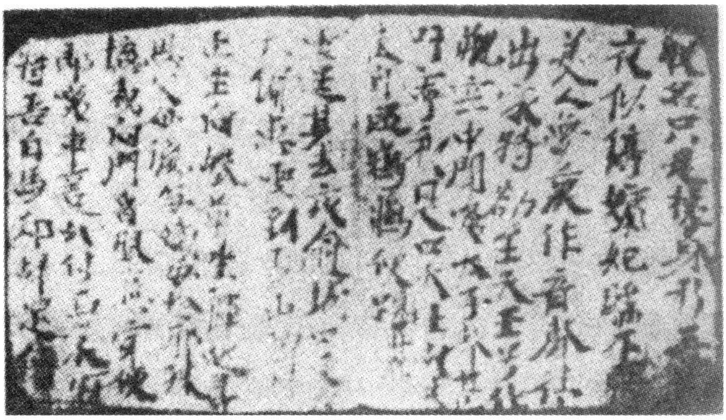

图一〇

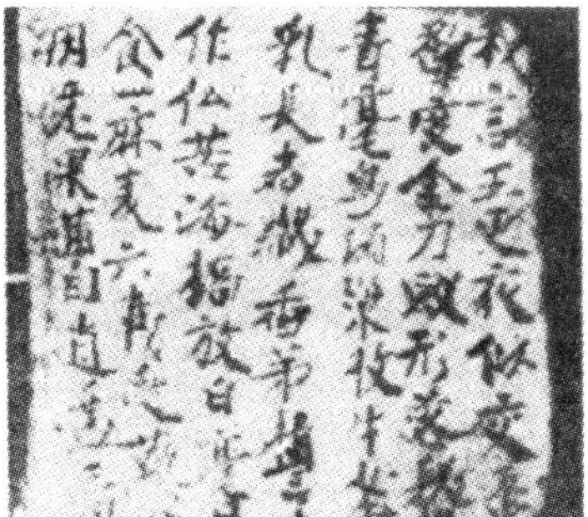

图一一

写经别录引

古写经之见于著录，不自敦煌石室启扃而始。斯坦因、伯希和之未东来，石窟经卷，散出者已不一而足。写经之业，自唐至清仍相沿不替，即文人艺士，亦喜效尤，以消灾求福，故写经卷册可记者，原又非限于敦煌一隅之地。

敦煌所出写经类别，大抵可分私钞本及官书本二系。远自北魏，敦煌镇寺院已有典经师之设，写者称“经生”，校者称“校经道人”，于写卷之末具名兼记用纸张数。[①] 王侯之国亦写经以为功德，规模更大，昌黎王冯熙之于洛阳，东阳王元荣之于瓜州，皆其著者。由于译经组织之逐渐缜密，写经制度亦随之。入唐以来，译经及写经皆有监官以示负责，如武周长寿二年（693）之译《宝雨经》，大白马寺大德沙门薛怀义监译之[②]，尚方监匠典装，高宗咸亨二年（671）之《妙法莲华经》，书手、装潢手与详阅者皆具名，寺主及上座监之，复有初校、再校、三校，最后由将作少匠虞昶监署名。昶即名书家虞世南之子也，可谓矜慎之至。道书亦然，隋大业（605—618）中经生王俦写《老子变化经》，由玄都道士覆校，题装潢人秘书省写，此皆官本之典范也，故凡官修之写本皆特精。

前人记录写经之文较特出者，无如《宋文鉴》[③] 所收李昭玘记残经一首。文称：“南台有刹，有佛书数百卷，多唐季五代时所书，字画精劲，历历可

---

① 如令狐崇哲。

② 见 S・二二七八《宝雨经》卷九题记。

③ 卷百三十一。

喜。按《大藏经》目，凡五千四百卷，今所存才十一，首尾可读者又无几也。”文中特书下列数事：

《阿含经》四卷，泰宁军节度使齐克让造。

《正法华经》一卷，乾符六年（879）女弟子牛妙音书。

《大涅槃般若经》三十卷，武宁军节度使朱友恭造。友恭，全忠养子李彦威也。后为龙武都统军，与叔琮同杀昭宗。全忠亟诛之以灭天下谤，此经天复三年（903）所书。

《毗奈耶杂事》一卷，德妃伊氏造。唐庄宗次妃，后有印章曰“燕国夫人伊氏”，盖未进封时所制也。

所记各卷皆五代人所造者，有后妃，有节度使。复有书者姓名，其一为乾符六年（879）物。台湾“中央图书馆”藏有杂钞戒律卷，背题字云：

乾符贰年（875）四月十七日纳邑判官孙兴晟，分配如后：燉煌、莫高、神沙、平康、洪池、玉关、赤心、慈惠、效谷。

此为同时写卷，兼记其分配场所，是当日写经尝配给各处之用，无嫌其繁冗而稠叠也。

陈傅良跋徐夫人手写佛经云：

往时从常州先生薛士龙学，每见抄书动十百卷，竟帙无一字行草，心叹服之。今见蔡同年之母徐夫人手写佛经九十五卷，往往得唐人笔法，则又愧焉。[1]

足见宋时写经之风仍甚普遍，而唐人笔法又为人之所向往也。

帝王亦写经，王铚《默记》记李后主手书金字《心经》一卷，赐其宫人乔氏，后舍于相国寺西塔院。乔氏自题于经后，词甚凄婉。[2] 丁传靖有诗咏之：“波罗一卷付名姝，建业红罗迹已芜”者也。[3] 北宋写经盛行金字，“熙宁

① 《止斋先生文集》卷四十二。

② 卷中，中华本，25页。

③ 见《阇公诗存》五。

元年（1068），回鹘求买金字《大般若经》，以墨本赐之。”[1] 可征其事。

五代时大臣擅写经者众，大书家杨凝式书《维摩》等经说，作行体大字。张世南《游宦纪闻》引《凝式年谱》云：“（晋）开运二年（945）五月，于天宫寺题壁论《维摩经》等语。”前蜀相王锴“家藏异书数千本，多手自丹黄，又亲写释藏经若干卷”[2]。钱大昕犹见其手书《妙法莲华经》，有诗咏之[3]，句云：“东川琴泉古塔圮，《法华》贝叶犹无亏，六丁劫火烧不尽，妙迹往往人间贻。”

北魏之写经，可溯至道武之世。《释迦方志》八云：“写《一切经》，造千金像。”[4] 莫高窟所出写经，北魏时物甚多。道武帝登国元年，正当东晋太元之岁。《魏书·刘芳传》云：“芳常为诸僧佣写经论，笔迹称善，卷直以一缣，岁中能入百余匹，如此数十年，赖以颇振，由是与德学大僧多有还往。”[5] 于此可考魏时写经之价格。孝文帝太和三年昌黎王冯熙写《一切经》一千四百六十四卷，今存者仅《杂阿毗昙心》（S·九九六）一残卷耳。刘芳写经数十年，年所得缣百余匹，经卷出其手者为数至多，北魏写卷中，庸有芳之笔迹，亦未可知，恨其不题名耳。

叶昌炽《缘督庐日记》颇志敦煌经卷散出之事。叶记云：“敦煌王广文宗海，以同谱之谊，馈唐写经两卷，画象一帧，皆莫高窟中物也。广文云：‘莫高窟开于光绪二十六年，仅一丸泥，砉然扃镝自启，岂非显晦有时哉！’”[6] 又一条云：“汪栗庵大令自敦煌拓寄……经洞大中碑……又旧佛象一幅……写经四卷……闻此经出千佛洞石室中，室门镕铁灌之，终古不开，前数年始发键而入，中有石几石榻，榻上供藏经数百卷，即此物也。当时僧俗皆不知贵重，各人分取，恒介眉都统、张又履、张筱珊所得皆不少，大中碑亦自洞中开出，此经疑即大中写本也。”[7] 此当日经卷散出之情况。游宦多以经卷为馈遗之品，台湾“中央图书馆”现存敦煌写本百五十余卷，潘石禅先生已备记之。就中《妙法莲华经》、《大智度论》及一草书残经卷，分明皆有“歙许芚父游陇所得”长方印，又《十地论》卷头，袁克文题记亦谓为莫高窟所出者。

---

① 《宋史·外国·回鹘传》。

② 《十国春秋》卷四十《本传》，10 页上。

③ 参见《潜研堂续集》卷十，133 页。

④ 据范祥雍点校本，120 页。

⑤ 卷五十五，1219 页。

⑥ 光绪三十年九月五日。

⑦ 光绪二十九年十一月十二日。

此次香港中文大学与中华文化促进中心合办“敦煌吐鲁番国际学术会议”，承上海博物馆及本港诸大藏家之支持，计展出经卷，上海廿余，港方七卷。写经年代，上起北魏，下讫五代。考中、英、法各地经卷，数逾二万点，此区区者，只是举例，尝鼎一脔，不无罕见精品，既可供研究之依据，又使与会者大饱眼福，岂非盛事！上海博物馆藏品，原有简目。① 载于甘肃敦煌研究院之《敦煌研究》②，收一百八十二事。间亦著录于姜亮夫之《莫高窟年表》。③ 馆方对于展出各卷，已提供详细记录，笔者浏读之余，偶有所见，谨缀数语，不辞续貂之诮，非敢云考证，聊当题识云尔。

支谦译维摩诘经卷上（展品一）

此卷见许国霖《敦煌写经题记汇编》十九著录。

起《弟子品》第三（疾行）“莫复宣言当”“知阿难。如来法身非思欲身。佛为世尊。”“过诸世间，佛身无漏诸漏已尽”等句，此品存七行，下半残缺太甚。接书“《菩萨品》第四”讫于“《不思议品》第六”之终“立不思议门，菩萨入权慧力者也”诸句。细审之，乃书吴支谦所译《维摩诘经》卷上。④《大唐内典录》：“支谦译维摩诘所说《不思议法门经》三卷。一云《佛法普入道门经》或二卷，第二出，与后汉严佛调译者异。”此为二卷本。

卷末题识云：“麟嘉五年（393）六月九日王相高写竟，疏拙，见者莫莰（嗤）也”一行，“笑”字作“莰”，《集韵》去声三十五笑，重文有咲、关，注云：“古作咲，或省俗作笑。”此易“大”为“欠”，故变为从“艹”从“吹”。

麟嘉为后凉吕光年号，《晋书·载记》二十云：“是时麟见金泽县，百兽从之，光以为己瑞，以（晋）孝武太元十四年僭即三河王位……年号麟嘉。”其五年实即魏拓跋珪之八年（393）。及光既平龟兹，始获鸠摩罗什。什重译《维维摩诘经》三卷，乃在姚秦之世。吕光称帝时，王相高所写为支谦旧译，知其时什公新译，仍未甚通行。据《晋书·载记》，吕光时，王穆以其党素嘏为敦煌太守，正当素嘏为州守之时。

王相高书北魏别字甚多，如“摩诘”作“鞊”，“无央”作“鞅”，“聚”

---

① 吴织、胡群耘撰。

② 参见《敦煌研究》，1986（2）、（3）。

③ 参见姜亮夫：《莫高窟年表》，上海，上海古籍出版社，1985。

④ 《大正藏》第四七四号，十四册，终于528页。

作“隙”，“珊瑚”作“瑚瑚”，“髓脑”作“髓惚”等。

惠袭写《法华经文外义》一卷（展品二）

题“大统十一年岁次乙丑九月廿一日[①]，比丘惠袭于法海寺写讫，流通东代不绝也”。同于大统十一年五月二十九日写之经卷，只有S·四四九四平南寺道养许写之《杂咒文》。惠袭此卷则写于法海寺，皆北方之写本也。先此三十一年，延昌三年[②]，令狐崇哲亦于法海寺写《诚实论》卷第八[③]，法海寺在敦煌镇当地，为魏时名刹之可考者。

北魏元氏所译经论有关《法华经》者有二，据《开元释教录》卷六所记：

> 《妙法莲华经论》一卷，婆薮盘豆（即世亲）造，魏侍中崔光、僧朗笔受，原出中印度宝意所译。
>
> 《法华经论》二卷，题云《妙法莲华经优波提舍》或一卷，昙林笔受。

上二书已收入《大正藏》一五二〇及一五一九号。[④]

《法华经文外义》一卷，不见于著录，观其内容与世亲之书又不同，为东魏以前重要经论之罕见孤本，有待研究。书法亦佳，兹属首次刊印，洵可宝也。

周建德二年吐知勤明写《大般涅槃经》（展品三）

存卷第九。后有题记称“建德二年（573），岁次癸巳正月十五日，清信弟子大都督吐知勤明发心”。吐知勤为北姓之三字者。《广韵》上声十姥：“吐”字下云：“亦虏复姓三氏，后魏有吐奚、吐难、吐万氏。”又虏三字姓如吐谷浑氏、吐伏卢氏。《元和姓纂》未见吐知勤姓。近年渭南县渭河北岸发现有北周武成二年（560），合大邑子百申数十人造像记，其西南邑子三十四人

---

① 东魏武定三年，梁大同十一年，公元545年。

② 梁天监十三年，公元514年。

③ 已印入拙编《敦煌书法丛刊》第二〇卷，《写经》一。

④ 第二十六册，1～17页。

姓内有“吐知勤相贵”一名，马长寿著《碑铭所见前秦至隋初的关中部族》一书，曾有记述，本卷“吐知勤明”一名，可为马氏书补添一新资料，敦煌经卷题记之有裨于史事如是。

至于大都督职，北周初制授柱国大将军，并加使持节大都督。《周书·武帝纪》：“天和五年（570）夏四月省帅都督官，建德二年春正月庚戌复置帅都督官。”大都督、帅都督之列为戎秩，盖在建德二年之际，详王仲荦《北周六典》卷九《勋官》第二十。此卷是年正有大都督吐知勤明，可证王说。

此卷后有宣统辛亥以后清室诸遗老观款，知其出自敦煌石室。北周写卷流传殊稀，其欢喜赞叹，宜也。

隋开皇九年《持世经》（展品五）

写卷残存部分起“持世菩萨摩诃萨知一切诸[①]业皆是耶（邪）业”句，以下为“《圣道分品》第八”、“《世间出世间品》第九”、“《有为无为法品》第十”、“《本书品》第十一”、“《嘱累品》第十二”。末题开皇九年（589）写，是为隋时写本。此经出鸠摩罗什译，《大正藏》列四八二号共四卷。[②]

以上隋写本题卷第三，而今本在第四卷，是隋本原仅有三卷耳。中、英、法所藏经卷，皆未见《持世经》，故此卷亦属罕见之本。

隋代写经为数至夥，据《辩正论》卷三所记：“文帝时凡写经论四十六藏，一十三万二千八十六卷，修治故经三千八百五十三部。炀帝平陈之后于扬州装补故经并写新本，合六百一十二藏，二万九千一百七十三部，九十万三千五百八十卷。”今存世隋写经为数殊少，若《持世经》尤其佼佼者。

唐上元二年《妙法莲华经》（展品一〇）

经卷以宫廷写者为最精。此《妙法莲华经》出自太原寺，由寺主道成总阅，李德、阎玄道监之，实为唐初官修本。目前所知上元二至上元三年之内，太原寺经李、阎监写之《莲华经》卷第三，即有三四本，记之如下：

---

① 《大正本》作“语”。

② 册十四，661～666页。

（一）上海博物馆此本，题记云：

上元二年（675）十月廿三日门下省群书手公孙仁约写。

（二）S·二六三七

上元三年（676）八月一日弘文馆楷书手任道写。

（三）S·四一六八

上元三年九月八日群书手马元礼写。

今考李盛铎藏目又有：

上元三年九月群书手王章举《妙法莲华经》卷三，带轴一。

是卷三又有一卷，但不知监者为谁耳。

又李氏藏目有《莲华经》卷四：

上元二年十月廿八日门下省群书（手）公孙仁约写。

上元三年群书手马元礼写。

按此二卷，前者即上博此卷之续，后者即S·四一六八之续，此类唐初精写之官本，断裂为数本，散在四方，荳缀之事，有待后人之努力耳。

卷三之外，他卷可记者列于下：

卷一　S·三三六一

上元三年七月廿八日门下省袁元（悊）写。

又卷一　S·四三五三

上元三年十一月弘文馆书手王智菀写。

卷二　S·二一八一

上元三年四月十五日群书手杨文泰写。

卷三

见前。

卷四　李盛铎藏目

公孙仁约写。

又卷四　又李盛铎藏目

“马元礼写”俱见前。

卷五　S·一〇四八

上元三年十一月五日弘文馆楷书成公道写。

又卷五　S·一四五六

上元三年五月十三日秘书省楷书手孙玄爽写。

卷六　P·二一九五

上元二年十月十五日门下省书手袁元悊写。

又卷六　S·三三四八

上元元年九月廿五日左书坊楷书萧敬写。

又卷六　李盛铎藏目

上元三年十一月群书手赵如璋写。

卷七

上元五年十二月二十一日弘文馆楷书手王智菀写。

凡此皆由李德、阎玄道二人具名监造，太原寺司其事，装潢手由解善集一人任之。写官来自不同官署，同一卷而书写多次，自上元二年十月讫于五年十二月，尚未终了，进度甚缓，以其矜慎，故写本极精。阎玄道未详何人，考《新唐书·宰相世系表》，阎立德之子玄邃，立德弟立行，子名玄秀，以玄排行，阎玄道疑即立德之子侄辈，尚待详证。

《法华经玄赞》（展品廿一）

窥基《法华经玄赞》一书唐写本，传世者不一而足。

法京P·二一七六为卷六，其卷极长，已印入《敦煌书法丛刊》第二五卷。东京书道博物馆藏《法华经玄赞》有二卷，一为卷第四，一为卷第七①，其卷七末有“天宝十二载七月廿二日夜彦时记”题语，始见书写人名氏，其年代则为玄宗时也。

上海博物馆是卷存卷第六起“又有五第一合初发心”句至卷第六终。卷后有董香光题记，称其“简澹一洗唐人姿媚之习”，尤为可宝。与法京P·二一七六号同是卷六，而属不同人所书。明时卷子已流传，远在莫高启秘之前矣。

法京卷六行笔似更浏漓顿挫。同书异写，各极其胜。惟同作草书，弥见珍异。

五代梁贞明六年《佛说佛名经》卷第六（展品廿八）

此为十六卷本《佛名经》，题“贞明六年（920）伍月拾伍日写讫”。为曹氏供养之物。其题记相同之卷甚多，盖同年同月同日所书者。兹将知见卷子列表如下：

所属卷数	藏弆之处	卷末题记钞录出处
卷三	北京羽字廿四号	见姜亮夫《莫高窟年表》，476页
卷四	S·四二四〇 （又日本山本悌二郎藏卷四）	刘铭恕《录》，195页
卷五	日本橘瑞超《将来目》	
卷六	上海博物馆此卷	中村不折亦藏卷六
卷九	罗振玉藏	见《瓜沙曹氏年表》
卷十三	P·二三一二	王重民《录》，261页
卷十五	S·三六九一（二）	刘铭恕《录》，183页

每卷末题云：“敬写《大佛名经》二百捌拾捌卷。伏愿城隍安泰，百姓康宁。府主尚书曹公，已躬永寿，继绍长年……。”尾及纸背钤有“瓜沙州大王

① 见二玄社《隋唐写经集》。

印”。卷中五彩佛像骈陈。此写经乃用以祝福者。其在僧徒，缮写是经，则念佛以求正觉而已。记《五灯会元》四《长沙景岑禅师传》云：“有秀才看《千佛名经》，问曰：‘百千诸佛，但见其名，未审居何国土？还化物也无?’师曰：‘黄鹤楼崔颢题后，秀才还曾题也未?’曰：‘未尝。’”语妙可以解颐。《佛名经》在世俗流通之广，曹家一时发愿，书写供养竟有近三百卷之多，上举数卷特其戋戋者耳。

写卷在“卷第四”下面有小字一行，文云“曹元德礼已”五小字。府主即曹议金，元德其子也。姜氏《年表》考论是卷甚详（476页），惟漏刊上博此卷，又误书“曹元德礼已”作“曹元进礼一”，应勘正。井口氏在《敦煌本佛名经之诸系统》一文中，影出此段题记，并加说明，亦作“曹元德”不误。罗振玉谓曹议金时，仍以长史为留后，以领沙州事。即据此卷题记以立论。故知贞明六年五月，曹氏已为府主，虽未受朝廷正式任命（同光初始受命以节度领州），而实际拥有瓜沙。贞明六年五月由其子元德出名顶礼，写《大佛名经》二百八十八卷，与其政治地位必有密切关系。尚论曹家史事，此卷年月有其重要关键，故覼缕论之如此。

《论语》郑注残简（展品卌一）

存《子罕》第九共三十二行。《论语》正文起“子云吾不试故艺”句，讫“（衣狐）貉者立”句。P·二五一〇卷为龙纪二年（890）写本，持与此断简相校，《论语》正文异处如下：

上海博物馆卷	**P卷**
必趋	趍
约我以礼	约之以礼
且与其死	且予与其死
之手	之手乎
予纵	且予纵
韫匮	柜
待贾	待价
一篑	一匮

《论语》郑注写本，敦煌与吐鲁番出土多种，已有人综合研究。[①] 此一残本为新资料，向所未见。

1987年3月

① 详拙著《敦煌书法丛刊》七《经史》五。

敦煌本《立成孔子马坐卜占法》跋

伦敦S·一三三九为《孔子马头卜法》，又S·八一三之第三段为《立成孔子马坐卜占法》。本文云："凡此上经差得告得不从，重重问，问不验，大吉事即问一卦即止。昔孔子马头上坐，咒曰：神卜灵，灵知死知生：知败知成，知吉知凶，知行知往，某厶某事，吉之与凶，唯卦所从。卜者须清吉，端心定意，事无无中，所用竿子，唯有九枚，枚别有刻数，咒毕总把之，令人课抽一竿，若得二刻得三刻及九刻□，随竿依经判之，立即可验（下略）。"

以上二件，Giles目（新号六九六六及六九九一）俱著录之，列于占卜类，释云：

> 六九六六　Treatise on divination with hexagrams 33，17，37，21，35，64 and 12 from the I Ching（易经）. Begin mtd.：upper portion torn away. Left unfd. mediocre MS of 10th cent. Buff paper.
>
> 六九九一　Divination queries，each followed by 9 answers of different import. Left unfd. Ruled with horizontal lines. mediocre MS. Verso：Small portion of a narrative text，much faded.

按《隋书·艺术·临孝恭传》，所著有《孔子马头易卜书》一卷，书名与此相同，则是本乃临孝恭所著也。"立成"一词，隋唐以来术数书喜用之，试分述如次：

历术:《四时立成法》,隋刘祐著,见《隋书·艺术传》。《历立成》,唐僧一行著,见《唐志》。又《青萝立成历》。

易占:《易立成》二卷,郭氏(琪)撰。

《易立成》四卷

《易玄(立)成》一卷

《周易立成占》三卷,颜氏撰;俱见《隋志》。

太一:《太一立成》,隋萧吉撰,见《北史·艺术传》。

《太一飞鸟立成》一卷,见《隋志》。

《帝一混合三五立成法》,《云笈七签》引。

《太一三宫兵法立成图》二卷,见《隋志·子部》。

九宫:《九州(宫)棋立成法》一卷,后周王琛撰。

《三元九宫立成法》二卷,不详撰人。

遁甲:《遁甲肘后立成中秘》一卷,葛洪撰,见《隋志》。

《遁甲元九局立成法》一卷。

《遁甲叙三元玉历立成》一卷,郭弘(一作引)远撰。

《遁甲立成法》一卷,临孝恭撰。

《遁甲立成》一卷。

《遁甲时后立成》一卷。

《遁甲三元立成》一卷。

以上不详撰人,见《隋志》。

元辰:《元辰立成谱》一卷,不详撰人,见《隋志》。

《隋志》:《梁有杂地基立成》五卷,为阮孝绪《七录》所收者。又《周易立成占》,颜氏撰;姚振宗谓即北魏之颜恶头。《酉阳杂俎·贬误篇》言梁元帝作《连山》每卦引《立成》,或指《隋志》题郭璞之《易立成》;如是术数书以"立成"题名,晋朝以来已盛行矣。

敦煌卷所见立成书卷不一而足,如P·二五三四《阴阳书》卷第十三为葬事,题"立成法第十二",即其一例。日本正仓院东大寺献物帐古文书有《杜家立成》;杜家殆指唐之杜正伦,是儒书亦采立成为名也。清和硕亲王著有《钦定修造吉方立成》;台湾道教徒开醮文亦有《元辰章立成历》(见侯锦郎 *Monnaies d' offrande* 一书),立成一名至今仍沿用不替。

立成亦谓之须臾,《后汉书·方术传序》:"日者挺专(即筳篿)须臾孤虚之术”，李贤注：“须臾，阴阳吉凶立成之法也。”《隋书》、《旧唐书》之《经籍志·术数类》与《新唐书·艺文志·术数类》，有《武王须臾》二卷，即其类。

“立成”一词，原见《国语》。《周语》云：“夫王公诸侯之有饫也，将以讲事成章，建大德、昭大物也，故立成礼烝而已。饫以显物，宴以食好，岁饫不倦，时宴不淫。”韦注：“立谓立行礼不坐也。立曰饫，坐曰宴。”《说文》五下饫字，《诗·常棣》“饮酒之饫”，朱骏声云：“不脱屦升堂而飨谓之饫，礼之立成者也。”

记唐写本唵字赞

伯希和敦煌卷三九八六号为玄宗题梵书，又二行为诗云："毫立蛇形势未休，五天文字鬼神愁；支那弟子无言语，穿耳胡僧㗖点头。"书法颇佳。按此诗初见宋熙宁十年陕西咸宁县卧龙寺石刻，题唐太宗，不作玄宗。

余于法京见沙畹北游所搜集此赞有朱拓本，碑额左右刻两金刚，文字微异，首句作"鹤立虵行势未休"，第三句作"儒门弟子"，不作"支那"，与写卷异。元至大元年，河南登封刻石又作玄宗，则与敦煌卷同。《金石萃编》一三七收此，题作《唵字赞》，为京兆沙门惟果立石。题记称"义静于西天取得此梵书唵字，所在之地，一切鬼神见闻者无不惊怖"云云，义静殆即义净也。此唵字赞，严铁桥《金石跋》卷四曾加著录。敦煌本亦经王重民采入补《全唐诗》云。（《中华文史论丛》三）

又伯希和目三六七九亦为一《唵字赞》，原物乃一方形纸，中绘莲瓣八叶，中心书一唵字，以梵音汉字五行，围书陀罗尼咒词作圆月状，内如云："唵！牟你，牟你，牟你！鞢戾阿毗。……"朱墨杂写四周，各题"弟子陈丑定一心受持"。是为另一形式之唵字赞。

唵字梵语作 aum，源出印度 chāndogya 奥义书：

1. aum ity etad aksaram udgītham upāasita，aum iti hra gāyati tasyopavyākhyānam.

英译 Aum. One should meditate on this syllable，the udgītha，for one sings the loud Chant beginning with aum. of this (follow) the explanation.

其他奥义书不少以唵字开端，唵是一种 udgītha，在古印度赞诵上，om 有十六种别，详见波尔尼仙文法书。印度古文字学家讨论 om 字所引起语言学上的效果，论著甚繁，今不具述。

敦煌本《瑞应图》跋

伯希和目二六八三为《瑞应图》残卷，书名已佚，只存龟、龙、凤（其鸟有“发鸣”名称）三类。陈槃庵以《宋书·符瑞志》校之，谓应尚有麒麟一类。按此卷书名虽缺，然以P·二〇〇五号《沙州都督府图经》背记归义军名号后记“瑞应图借与下”六字，则原卷之为《瑞应图》，了无可疑。

图中字不避唐讳，陈氏谓犹六朝写本。青龙下两引孙氏《瑞应图》及《宋书·瑞》（即《符瑞志》）；孙氏或孙柔之所著。又屡云旧图不载，旧图未知何所指。陈氏据《中兴书目》，疑此与顾野王之《符瑞图》略近，然野王书本名《符瑞图》，不作《瑞应图》。考《唐朝名画录》，江都王善画《明皇潞府九十瑞应图》，实造极神妙。《旧唐书》六十四霍王《元轨传》：“长子绪最有才艺，上元中封江都王，累除金州刺史。垂拱中，坐与裴承光交通被杀。”《历代名画记》十：“江都王绪，霍王元轨之子，太宗皇帝犹子也。多才艺，善书画，鞍马擅名。”杜甫《观曹将军画引》云：“国初以来画鞍马，神妙独数江都生。”即此人也。江都王李绪亦作《瑞应图》，是唐世作《瑞应图》者尚多。

敦煌之《瑞应图》，所见《河图》凡三，又《河书》一；是《河图》之外，又有《河书》。兹录其文如次：

（一）河图　绘一龙，背负书卷，出于水沼，题记云：旧图不载神龙负图。水纪之精，王者德至渊泉则出矣。尧在河渚之上，神龙赤色，负图如出。

（二）河书　绘一书浮于沼面，且有莲叶、莲花及水藻生于其间。题记云：旧图不载。王者奉刑法则河出书。周公时，神龙解甲，入于庙哀。

（三）河图　绘一龙，颈缠巾帛，题记云：天地之命，纪水之精也。王命右土，右土承天则河出图矣。尧坐河渚之上，神龙负图而出江河，海水山川丘泽之形兆，及王者州国之分，天子圣人所兴起，容类形状也。王者承子命而行天道，四通而悉，无益之术藏，而无浮言之书，则河图出。

（四）河图　龙之形状大致如前图，惟颈间无巾帛。题记云：天地之苻，水之精也。河者，地不经川地。王者奉顺，右土承天，则河雒出图书矣。昔者黄帝坐玄扈，雒上凤皇衔书至尧坐中，河龙负图而出圣人，沈河雒而游者有俊望也。图河海山川国之分，圣人物起容狠尔。

此四图皆厕于龙之行列，盖本纬书龙负图之说，绘以成图。

汉明帝十七年十月司马迁评贾、马赞中论秦政："盖得圣人之威，河神授图。"[①]《正义》谓盖者疑辞，言始皇之威能吞并天下称帝，疑得圣人之威灵，河神之图录。此以《河图》为河神所授之图录。按始皇三十二年，燕人卢生使入海还，奏录图书，曰亡秦者胡，即指此事也。是为秦汉时《河图》之初义，后来演为龙负图书之事；纬书及诸书《符瑞志》记之甚悉，今不具论。中大文物馆展出玉器有怪兽上负简册，其状与此卷《河图》之第一图相同，必象龙负图者。

① 《史记·秦始皇本纪》末。

敦煌《大学》写本跋

《大学》一篇，《礼记》列于第四十二。郑玄《三礼目录》云："大学者，以其记博学可以为政也。此于别录，属通论。"通论为说经之一种体裁，汉人多用之，若东汉洼丹《易通论》即是。《大学》是传，性质即属于通论一类。

《大学》古钞本，现可见者，有唐末敦煌莫高石窟所出残卷。原物现藏伦敦大英博物馆，列斯坦因目五七五号。曩年在伦敦屡获摩挲，用枣红色厚笺书写，字大如钱，正楷如颜平原字体，工整无比，与一般写经卷子不同。存三十六行，起儒行末段，接书"大学第四十二，郑氏注"。由"大学之道，在明明德"以下，至"此之谓自谦"句。以谦为慊，文字与今本《礼记》及岳珂《相台五经》本无大差异。亲民不作"新民"。朱子用程子说，改亲为新，仅提出新见。由写本更足见嘉靖时丰坊伪《大学》石经本之无谓。即程子之改本及朱子之章句本（详毛奇龄《大学证文》，明道、伊川对经文皆有移置。）只是后来重新安排，以三纲分传，务使眉目分明而已，非其朔也。

敦煌本谩语话跋

说话的兴起[1]，隋时已有记载。侯白《启颜录》言："秀才能说一个好话。"[2] 唐高力士能"讲经论议，较变说话"（郭湜：《高力士外传》）。《元稹集》自注言及"说一枝花话"（《酬白学士诗》）。此等资料，人所习知。

宋以来小说类之书名曰"话"者，略如下列：

新话　如陈善之《扪虱新话》。

佳话　《宋史·艺文志》有刘悚《隋唐佳话》一卷。

闲话　《宋史·艺文志》有耿焕《野人闲话》，又《续野人闲话》二卷、王仁裕《玉堂闲话》。

野话　《宋史·艺文志》有陈正敏《剑溪野话》三卷。

古话　见《东坡志林》"途巷小儿听三国话"条。

小说　见《桯史》。

清话　如佚名之《道山清话》、僧文莹之《玉壶清话》。

夜话　惠洪《冷斋夜话》。

客话　黄休复《茅亭客话》。

以上俱见《宋史·艺文志·小说家类》。

把这一类名称放在一起，可以看到"话"之一名，在宋代使用之广泛。

---

① 参孙楷第：《说话考》。

② 隋侯白《启颜录》，原书十卷，已佚。详赵景深：《中国笑话提要》。所余除《太平广记》征引之外，又有敦煌残本。见S·六一〇。王利器收入《历代笑话集》中。

陈藏一的“话腴”，更有去芜存菁的意思了。

一

伦敦斯坦因取去之敦煌卷，列四三二七号内，云：“更有师师谩语一段。”末又言：

> 此下说阴阳人槾语话
> 更说师婆慢语话

可惜残缺不全。此文当是唐人作品，而题曰“谩话”，在新话、闲话等书之前，知唐人已开此风气。兹将原文钞录，并加标点如下：

过得今朝便羌（差）。更有“师师谩语”一段，
脱空下舡，烧香呵来出顷去逡巡，呼乱说词。第一且
道上头［神］虔，第二更道东头虔，第三更道西头虔。华
岳、太（泰）山、天帝释、北君神、白华树神、可逻迴、镇灵公、
何（河）怕将军、猎射王子、利市将军、水草道路、金头龙
王、可汗大王，如此配当，终不道著。老师阇梨，倾克（顷刻）中间，烧钱
断送。是浮灾横疾，渐次减除，傥或大限到来，如何
免脱？死王强壮（壮），夺人命根。一息不来，便归后，假使千人防
捲，直饶你百种医术。自从浑沌已来，到而□（今）留得几个，揔（总）
为灰烬。何处坚牢？大地山何（河），尚犹朽坏，况乎泡电之质，
那得久停！故老子曰：“吾有大患，为吾有身；及其无身，患将
何（物）有？”身是病本，生是死源，若乃无病死何有！
若要不生、不老、不病、不死，除仏世尊，自余小圣，宁得
兑（免）矣！此下说阴阳人槾语话，更说师婆慢语话

> 琼枝奇树早含芳，开折□春铂绣妆，
> 清旦每多鸎巧语，晚时甚有蟋（蝶）飞忙，
> 辉华嘱对如生艳，灼乐连行似有光，
> 拾到叶雕身朽故，便同厄病即无（无）常。

全文共十五行，另诗四行。此文第一行太残，有数字存一边。第四行“神”字旁注卜号，点去。下面为“底”字，下文两见，疑是“底”字。第七行以“倾克”为“顷刻”。第十一行借“山何”为“山河”，又以“兑”为“免”。第十行“到而”之下，应有“今”字，夺去。第十三行“患将何有”句，“有”上原为“物”字，涂去。诗第二句“春”之上夺去一字。

阴阳人是巫师，《通斋诗话》云：“男巫一种曰阴阳，唐世已有。《南楚新闻》杜悰条云：遂厚赂阴阳者，给杜氏诸子。”《南楚新闻》为尉迟枢撰，可见阴阳人应指巫无疑。

二

细读这残卷，末系七律一首，有话兼有诗，与后来的平话体例颇相近。这段称曰“谩话”，同卷一作“槾语话”，又写作“慢”。谩与慢唐人是通用的。[①] 嵇康《绝交书》有“懒与谩相成”一语，宋陈简斋句也有“智与谩相补”[②]。“谩”与“懒”对待而言，都是佻皮语。[③] “谩语”一名，又见邵温《闻见后录》：

曰：小儿何得谩语！光自是不敢谩语。

但《后录》“谩”字应训欺[④]，与敦煌卷此段名相同而含义应是不类。“谩语”取义，当如“谩吟”[⑤]、漫志[⑥]之例，表示随便说说罢了。本段前言“呼乱说词”，可作为“谩语话”三字的解释。[⑦]

与谩语话相类似的有俳语、调话等词。《五代史记》五十四，冯道为俳语对耶律德光说：

---

① 《汉书·翟方进》传：“轻谩宰相。”颜注：“谩读与慢同。”又见《董仲舒传》、《二龚传》注。

② 《次韵谢文骥主簿》。

③ 谩又训慧。见《方言》及《广雅》。又训慢易，犹今言怠慢。

④ 《说文》：“谩，欺也。”

⑤ 元结诗。

⑥ 《宋志》有费衮《梁谿漫志》、王灼《碧鸡漫志》。

⑦ “谩”字有随便的意思。像《西山一窟鬼》：“墓堆子里谩应道：‘阿公小四主来了。’”（《京本通俗小说》）亦是一个好例。

此时佛教不得，惟皇帝救得。

“调话”者，见夏庭芝《青楼集》记元末时小童伎艺云：

善调话，即世所谓小说者，如丸走坂，如水过瓴。①

孙楷第、叶德均谓“调话”是“词话”之形讹。② 窃谓不然。宋武林《官本杂剧段数》所记二百八十本，其中有“说月畔”、“调燕畔”，曰“说”，曰“调”，乃用白话调谑出之。“俳语”、“调话”和本篇的“谩语”，性质是相似的（《世说新语》有排调一类）。

三

此文以师师和师婆对言。“师师”二字，有许多不同意义。《淮南子·主术训》：“师师谕导。”高诱注：“师者，所从取法则者也。”文中言：“老师阇梨，顷刻中间，烧钱断送。”师师可以指多数的老师。此处或指诸 Acarya（阇梨）而言。师婆在《辍耕录》谓为六婆之一。按比丘尼或称阿姨曰“师姨”。《翻译名义集》：“梵云阿梨夷，此云尊者或翻圣者。今言阿姨，略也。”此处师婆，可以说作师姨。

文中所谓诸神，上头、东头、西头之下，皆有废字。废，从衣，疑是底字；未敢确定。“天帝释”应即 Deva-Indra。利市将军，未详。夏文彦《图绘宝鉴》谓宋嘉禾“好作利市仙官和尚，骨格态度，俗工莫及”。虞裕《谈撰》亦言“江湖间，多祀一姥，曰：利市婆官”。可汗大王，可汗即 Khan。谩语将华、梵神祇杂糅在一起。可汗大王四字，又可看出是西北边隅地区说话人的口气。

此篇似为病者祝福，故有“过得今朝便差（瘥）”句。谓若过得今日，病便可痊愈了。下文所说，先延请众神，其次烧钱（纸），然后提到死王（即 Yama，阎王）要夺人命，是不可避免的。最后道出“生是死源”。欲免生、老、病、死四苦，惟佛能之。主旨似在宣扬佛教。中间又引《老子》，以明有

① 叶德辉刻本。

② 参见《词话考》，《宋元讲唱文学》，43 页。

身是人之大患。末系律诗，借花枝为喻，指兴盛之极，定必衰朽，以明无常（anitya）之理。

杨升庵《十段锦词话》称："一段词，一段话，联珠间玉。"此谩语话一段之后，正继以一段诗。《大唐三藏取经诗话》有说白，又有词偈。此段末之律诗即词偈之流。故此谩语话可谓是"词话"之所由昉。又按"禅家谓一段话为一转话"[①]，"谩语话"一段可谓是"一转话"。高力士的转变说话，今不可见。唐人说话实例，仅见鲁迅所举段成式一条。[②] 本篇虽残缺，吉光片羽，足为唐代说书史补一新叶，故为表而出之。[③]

港大中文学会编印《小说戏曲研究专号》，征文及余。愧非当行，以此聊作芹献。这只是初步研究，尚须专家再行深入探讨。近年学人谈及此谩话者有张鸿勋（《敦煌学专刊》第三期）及刘铭恕（杭州大学刊《敦煌语言文学论集》，48页），皆未睹余文，所见有不同处，读者请参阅之。

---

① 《佩文韵府拾遗》十卦引苏轼诗"可怜一转话"句下按语。禅家惯语云"一转话"者，例如《传灯录·百丈章》："黄檗曰：古人错只对一转语。"《碧岩录》第九十一则："请禅客各下一转语。"又第九十六则："赵州示众三转话。"筠州洞山悟本《禅师语录》："有一上座，下语九十六转，不惬师意。末后一转语，始得师意。"（《大正藏》四十七，510页。）又《醒世恒言》卷二十一"吕洪宾飞剑斩黄龙"，亦有"一转语"例。

② 见《中国小说史略》。

③ 此文刘铭恕《斯坦因劫经录》题作"师师谩语话"，谓："师师与师婆为对称之词。其命意虽不甚明，但"话"字，与《庐山远公话》、《一枝花话》，在小说流变史上，应并为有益的资料。"

港大冯平山敦煌写卷展小引

写经的事业随着佛典翻译工作而展开。现存佛经写本可追溯至西晋惠帝时聂承远写的《诸佛要集经》。[①] 考《诸佛要集经》乃竺法护所译，见僧祐《出三藏记集》卷二著录（《大正藏》五五册，二一四五号，7页下）。他译经时，清信士聂承远及其子道真等承旨，执笔详校。[②]

此卷题“元康六年（296）三月十八日写已”，岂即当日笔录之本耶？降至西凉李氏，北凉沮渠氏，写经渐多；至北魏西魏而极盛。《释迦方志》篇七[③]称道武（拓跋珪）之世，“写《一切经》”。孝文帝时，帝舅昌黎王冯熙在洛阳写十部《一切经》，“一经一千四百六十四卷”，十部经可得一万四千六百四十卷。伦敦大英博物馆Stein九六六号《杂阿毗昙心》卷尾题记“大代大和三年（479）十月二十八日洛州刺史昌黎[④]（王）冯晋国书于洛阳”。即当时写经残叶，只是万分之一而已。

吐鲁番的写经，像城郊发现陶器，内有佛经十三种，其中有《金光明经》卷二，题记年月为“庚午岁八月十三日”，即太武帝世祖神䴥三年（430）。法

---

① 见董作宾《敦煌纪年表》引佛学书局许国霖之《敦煌石室写经题记汇编》二五（《东方学报》第一卷第二期，新加坡，1985）。姜亮夫《莫高窟年表》（27页）亦称：“写经有明确年代者此为最早。”又谓此为日本橘瑞超所得之库车者。惟谓《诸佛要集经》，中土所得，无此经名，疑即《诸经要集》，则非；不知此乃出自竺法护所译者。

② 见《开元释教录》卷二，《大正藏》五五册，二一五四号，494页下，又496页下。

③ 见《大正藏》五一册，二〇八八号，974页。

④ 详拙作《选堂集林·史林》（香港，1982），421～429页。

京国立图书馆所藏有记年最早的敦煌写卷绢本P·四五〇六号为北魏献文帝皇兴五年（471）《金光明经》卷二，相去四十年。又大英博物馆S·六一六号即《金光明经》卷四《除病品》，题"为亡比丘龙泉窟主永保敬写"。署书写年代为太和三年（479）戊子。南北朝时，是经极受人重视；帝王亦多开讲。《陈书·高祖纪下》："二年冬十月……舆驾幸庄严寺，发《金光明经》题。"隋炀帝亦命慧乘从张掖为高昌王麹伯雅讲《金光明经》。[①] 知此经流通之广，故壁画亦多所取材焉。

此批在香港大学冯平山博物馆展出古写经断片为美国纽约市安思远先生所藏，共六十一件。[②] 据称部分出于吐鲁番及敦煌。其经卷尾有记明经的名称和卷帙数目，略举一二事，说明如次：

图录三，《妙法莲华经》提婆达多品第十二。

存"尔时佛告诸菩萨"至说偈言"不贪五欲乐"一段。又一断简唐人书。此经第一译者为吴支谦，称《佛以三车唤经》一卷，应是《譬喻品》。[③]

其称《妙法莲华经》八卷，二十八品，乃姚秦时鸠摩罗什所译。此写卷即是罗什本。

图录一，《摩诃般若波罗蜜》劝起众生品卷之二，《放光》十九。

六朝写本。

按《放光般若经》卷十七即为《摩诃般若波罗蜜》教化众生品第七十四。[④]

图录七，《大般若波罗蜜多经》卷第廿六。

三藏法师玄奘奉诏译《初分教诫教授品》第七之十六。

存"复次善理汝观"讫"若我、若无我，增语非菩萨"。今本"非"作"是"。[⑤]

图录八，《大般若波罗蜜多经》卷五十六。

《初分辩大乘品》第十五之六，三藏法师玄奘奉诏译。[⑥]

---

① 参见《续高僧传》卷二四。

② 中国写本四十三件，朝鲜写本十八件。

③ 参南条文雄（泉芳璟）译：《新译法华经序》（平乐寺书店）。

④ 见《大正藏》八册，二二一号，117页。

⑤ 见《大正藏》五册，二二〇号，143页。

⑥ 见《大正藏》五册，二二〇号，315页。

图录一一，《维摩诘经》香积品第十。

唐写本。

起“于是舍利弗”讫“菩萨说法故遣化来”，此鸠摩罗什译。[1] 一本作“香积佛品”。

① 见《大正藏》一四册，四七五号。

《敦煌文书学》序

余始识林君聪明于法京，在 1976 年。余方致力敦煌画样，每相值于东方部，披览写卷之余，辄造咖啡室纵谈，时君校读《杜正伦百行章》，质疑辩难，以此为乐。

法京藏卷，一向扃閟不公开，卒赖戴密微先生之力，得以制成显微胶卷流行于世。十载以来，国人治兹学者，急起直追，几与海外学人论著相颉颃。其中富有综合能力，又复锲而不舍，专壹以赴者，当以君为后劲。

"敦煌学"一名，作始于陈寅老，余则谓敦煌写卷只是一堆材料，原无所谓学也。吾友左东侯终生与法京写本结缘，枕馈最深，尝有意从文书学观点，加以董理，欲以平生目睹摩挲原物之心得，以金针度人，亦已揭其大凡矣。君复矢志于是，加以累岁浸淫深入，目学所被，远之若丹麦各地未经著录之卷，尽囊括而有之。比者出所著见示，类聚群分，同条共贯，辨彰幽隐，创获尤多。自是治敦煌之学，乃有途径可循，本立而道生，其有功于书录，岂浅鲜哉？

言夫经卷，以年代辨认为难。有作品之年代，有书写之年代，不容殽乱。其犁然毋庸置疑者，若《温泉铭》拓本，在永徽之年，去太宗立石仅有十载，洵为最早仅见之墨拓，以有题记，故可立辨。其或一卷之中，前后皆有缮写，孰先孰后，煞费研考。如伯目三八〇八，一面书《长兴四年讲经文》，一面书《琵琶曲谱》二十五曲，向来以乐谱为背（V）。实则该谱本由大小十一纸联接而成，凡有三种笔迹，其第一、二、四行接驳处，谱字拍号，部分为前一、

二、三行之纸所黏遮，其应有之词调名目一行且为掩盖，莫由窥测，足见琵琶三卷其书写在先，讲经文应居其后；自非悉心考察，不易轻下结论，斯其一例也。

君篝灯十年，博访周谘，成书十章，举凡用纸、印信、装潢、题识，以至割裂、出处诸问题，罔不细加讨论，洽闻殚见，原原本本，可谓振裘而能提领，举网而知挈纲，足为初学津逮。敦煌学之钤键，舍是其孰与归？爰不揣固陋，聊识数言以当喤引。

《敦煌俗字研究导论》序

文字之正与俗，其区别甚难言也。俗与正相对而言。然何者必为正，而何者为俗，溯洄以寻根株，资料所限，往往未易遽得其确证。颜元孙以躬、船并为正，今则以船为异体，观战国包山简字乃作躳，则船何曾非正乎？魏齐别写，以舄为象，而马王堆《系辞》均以马字代象，又何曾非俗乎！

《坛经》獦獠一词，近时潘石禅教授举敦煌本佛乘，力证獦当为猎之俗写[①]，不知武威汉简，《泰（大）射》猎获正作獦护。[②] 余所见建初四年简有獦君[③]，未必果为俗体，獦字实早见于汉代文书，知此类异文，非局于敦煌写本，事实更有其远源也。

继服虔《通俗文》，隋秘书监王劭有《俗语难字》之作，揭出俗之一义，意存匡正，惜其书靡传。碑碣别体，近人理董者多，其书满家，远则六国字例，凌杂更甚，遥开六代之先，治敦煌学者倘能溯源及此，所得当更倍蓰焉。

张君涌泉，殚精文字训诂之学，病敦煌卷子别字之多，人称讹火，传误滋甚，爬梳剔抉，隐括鳃集，通其条贯，勒成鸿篇。其中偶举实例，皆绰有

① 参见《敦煌写本六祖坛经中的獦獠》，载《中国文化》第九期。

② 参见《武威汉简》，49页，北京，文物出版社，1964；又汉熹平石经《仪礼·既夕》鬣作鬛，汉简作腸，具见曷、猎通用。

③ 本片藏于香港中文大学中国文化研究所文物馆。

根据，极富创见，矫正时贤之失，尤足多者。此书之出，允为众说之归墟，要亦斯学之钤键，因力促其刊布，所觊大雅宏达，多所匡益，释疑决滞，同扫榛芜，庶不负作者之精心，兼示来学以易晓云尔。

1994 年 9 月

《敦煌语文丛说》序

国内的敦煌学研究单位，杭州是重点之一。由姜（亮夫）、蒋（礼鸿）二先生导夫先路，为敦煌作品审定文读、考释辞义，掌握复词语例，所有取证，从佛典禅籍辅以小说笔记，甄精用宏，解谬达旨，这是他们的主要成就。

郭君在贻钻研训诂学，独具神解，可惜英年凋谢，未竟其业。余于一九八五年过杭州，与诸先生把臂，耳饫绪论，久已服膺，而人事倥偬，时不我与，姜、蒋二公墓木已拱。犹喜继起有人，黄君征以整理《儿郎伟》有声于时，其尤杰出者也。

文献上复词之产生，发轫于铜器铭文，诗书成语。凡叠字、骈字，以至三字之同义词、诗骚中频频出现。卜辞云："王二曰俞"，即重言重意之所肇始。佛典输入而后，由于梵语六合释，在文法结构上产生了借镜作用，翻译家铸造新词，因之，大量采用复词。有人统计，以《贤愚经》为例，书中的复音词共出现四一八三次，近时的研究在这方面有重大的突破，以同义重复词与反义并列词作为研究重点。复词的形成，二字格四字格成为华梵语文发展的共同轨路，六合释中的相违格（dvandva）、依主格（tatpurusa）、多财格（bahuvrihi）等，无不大量使用。梵语对吾华语文影响重大可以概见。

敦煌文献中的变文、话本、诗偈（如王梵志诗）与佛典古写本一类文书之大量面世，经过学人与现行佛典、禅籍比勘之后，使一向冷落的中古语言学展现出崭新局面，兴起了研究热潮，成为一时的显学，有许多过去不被注意的佛家文体的新课题像邈真赞、愿文、斋琬文等，逐渐呈现它的独立性，由于资料的集中，并综合对比、整理，得到许多新的认识，黄君在这方面做出不少工作和贡献。本书收集了他的主要论著，给人以极大的方便，特出的例子如本书所收《生经》的校勘记，这是写卷中有很早年代题记——陈太建八年（576）的本子，距竺法护于晋武帝泰始时所译时间不远。君以频伽精舍本校之，诸多发明，是经所载故事，与希腊史家所述埃及古 Rampsinitus 王的佚事相同。[①] 何以印、埃如此吻合，岂由于亚历山大东征时所传播，尚待研究。

运用校勘学、训诂学的规律，产生了质疑问难的多型研究模式和心得，像挤牛乳般滤出点滴的新血液，输入敦煌写本的体内，这些缜密的校订工作，孕育出许多语文讨论上辉煌的成果。黄征先生这五十篇大小不一的论文，是多年以来他在学圃上默默耕耘的新结集，也是他多方面不同造诣的具体表现。他自己说道："有的内容会在不同的篇目中重复讨论，前后观点同或不同，也都不加以删并。"他不避繁琐去提出和解决语文上的一些难题，并将研究过程与得失所在一一道出，给人以耳目一新的感觉；同时亦把问题的焦点与来龙去脉勾勒出一个轮廓，显示出研究的重要意义。这些论点，希望读者万勿交臂失之。

1996 年 2 月　饶宗颐于香港

① 钱钟书举出，见《文艺研究》，1983（4），已收入《也是集》。

《敦煌本〈甘棠集〉研究》序

句容刘邺于咸通元年（860）九月二十六日以拾遗上书，为李德裕追雪。十月，诏复德裕太子少保、卫国公。一时震惊朝野，邺因之有蹇士报德之誉。《旧唐书·邺传》录此疏全文以彰之。温公既著其事于《通鉴·唐纪》六六，惟于《考异》则疑其文非邺本奏，或后人伪作之。

自李烨墓志出土，陈寅恪撰文，力证烨贬立山尉，后移授郴县尉，其卒在大中十四年六月二十六日，先邺上疏仅三阅月，此与疏文“枯骨未归，一男又殒”之语吻合，且言“温公以常识判其不足取，而不知千载之后，冢墓遗文忽出人间，遂翻此一重公案也”。惟于是疏仍有所怀疑。自敦煌石室《甘棠集》面世，友人贺光中、吴其昱二君先后留意此一残本，咸有撰述，而吴君用力尤深，于《邺传》多所抉发。惟以此疏不见于《甘棠集》，定为非邺所自撰。此疏真伪，仍成悬案。

《甘棠集》共三十叶，原列P·四〇九三号，首尾不具，赖集各卷前后均题《甘棠集》及其卷数，王重民首发其覆，定其书即《唐书·艺文》别集类著录之“刘邺甘棠集三卷”，确不可易。考张议潮于大中五年（851）遣使来降，遣其兄议潭奉十一州图籍入觐。是时朝廷主要文书，亦被传写至西陲，如宣宗时翰林学士京兆尹韦澳著，一号“处分语”之《诸州境土风俗利害》，亦部分保存于敦煌册子（即P·二五一一号之《诸道山河地名要略》第二），卷末有处分语：“表里山河之固，实为朝廷重寄。”为咸通八年（867）前书。刘邺嗣入仕翰林，累迁官至宰辅，其《甘棠集》之流传于西州，亦理所当然也。

赵和平兄从周一良先生治唐史，颛志于书仪之研究，成书累累，所辑《敦煌表状笺启书仪辑校》，久已脍炙人口。探索唐季掌书记家之遗文，钩稽故实，多所发明；西陲文献此类文书范本之著述，若《灵武节度使表状集》、郁知言撰《记室备要》，君皆手为之笺证，复以余力，治《甘棠集》，耗时多年，勒成今著。

书中考证刘邺曾为翰林学士承旨，复补考湖南中丞李汶儒之行实，皆其新创获。于集中各篇，一一为校注，钩稽撰写年月与收件人之仕历颠末，采据充实，使人了然唐代典制，大足为读本书者之助。至于尚论中晚唐进士科，多循幕府迅升，跻位卿相，此一终南途径，影响及于北宋以来文人主政之新局，尤征其史识之卓越。

温公曾举白敏中与右庶子段全纬书，谓“德裕素有恩于敏中，敏中前作相，既远贬之，至此又掠其美，鄙哉!”于白氏深加贬抑，君于书中力为辩诬。既证《旧唐书》言邺入高元裕幕之误，应是入高少逸陕虢幕，陕虢以召公分陕，邺司幕此邦，故以甘棠名集；且引《唐大诏令集》、《唐摭言》诸书以明晚唐文士惯称陕州为甘棠。此以府主所居地为集名。所收文书，限于地域，故上雪李德裕疏，自不在采录之列，足以祛诸家之惑。余向于温公诋敏中有所不解，读君所论，方始释然。君从多方面证明邺此疏之非伪作，且为敏中辩诬，举证无不惬心餍理，令人信服，如据《唐语林》知邺与白敏中同住长安永宁里；至于考索邺入翰林前历官之曲折经过，处处均见考证之功力。

犹记抗战期间，余自桂林西奔蒙山，其地即李烨移授郴县尉前任之立山贬所，烨从立山获丧归葬，当日余读寅老辨证文字，曾于当地寻访遗迹，迄无所得。今岁十月，余自河南孟津于役三门峡，临陕虢之旧邦，摩挲往古分陕遗碣，重诵张迁碑“召伯分陕，君懿其棠”之句，益恍然唐人以甘棠为陕州雅名之故。今序君此著，思古之幽情，油然倍增，聊复书之，以志平生治史闻见之缘遇焉。

《吐蕃统治敦煌研究》序

近二十年来，中外藏学有极大之进展。法京辑刊《伯希和藏文文书选集》两辑（1978、1979）；王尧先生印行吐蕃金石、简牍二录（1982、1984），其藏史要籍译本，陆续问世，而《敦煌本吐蕃历史文书》先后绣梓，嘉惠来学，就中P·T·一二八八号《大事纪年》提供重要资料，尤为治史者所重视，钻研发蕴，大有其人。

龙朔中，吐蕃之叛，起于钦陵与吐谷浑不睦，递相表里，各论曲直，朝廷未为与夺，激起怨怒，吐蕃以兵四十万败薛仁贵于青海大非川[①]，遂灭吐谷浑，其余众徙灵州内附，为置安乐州。[②] 吐蕃由是壮大。继之，有四镇之争夺，唐室疲于应付，征伐累年。吐谷浑，藏人呼为阿赀者也。于阗为四镇之一，吐蕃称之为 li-yul，于其地设萨毗军帐，藏文资料若敦煌卷P·T·九六〇号即《于阗教法史》残卷，暨《于阗国授记》，西方学者咸究心焉，而论著滋富。

吐蕃崛起，实肇于贞观十二年（638）入寇松州之役，杨铭先生以蜀人而留心藏事，频年纂辑，绩学忘疲。既致力于《大事纪年》，尚论吐蕃与突厥之关系；取婼羌古戍堡简册，钩索地名，穷其原委。复与周伟洲先生合作，研究《吐谷浑纪年》残卷，解谬辨疑，抉发尤多。可谓覃思精通，妙达神旨者

---

① 《大事记年》载马年（670—671，即高宗咸亨元年）赞普于 o dang 及 Ji me khol 大破唐师，I. Beek with 谓其地即大非川。

② 详《册府元龟吐蕃史料校证》龙朔二、三年条。

矣。余自识君于重庆，屡荷嘉贶名篇，喜是书之杀青，信有裨于来者，爰不辞荒陋，聊缀数言，勉副盛心，用当喤引，冀为读君书之一助耳。

1997 年清明

谈佛教的发愿文

法京藏敦煌写卷中有一篇梁武帝的《东都发愿文》（P·二一八九），是西魏大统三年（537）五月一日中京广平王大觉寺为涅槃法师智叡所供养。书手是令狐烋宝，明确写有“供养《东都发愿文》一卷”。我曾写过一篇研究文字，刊于一九八四年巴黎出版的《敦煌学论文集》[1]，此《发愿文》不见于严可均所辑《全梁文》，可惜前段残阙。文中称“愿诸罪恶……鄣皆得清静……”，“令忆本愿，终不忘失”。以下历称“仰愿十方……诸佛……”，“仰愿十方，……诸天……一切大众，同共证明”，后称“又愿以今日一切会功德……”共五次，再称“又愿”者六次，无非要仰愿十方一切共同证明佛弟子萧衍的大庄敬、大誓愿。这种叮咛再四、啰嗦不已的措词，正是愿文的体裁。

法京P·三一八三号，原题《天台智者大师发愿文》，只存十一行。中有“愿福惠资粮，悉得圆满，速证菩提”。此文开头称“弟子厶甲”，乃是套语，《全隋文》智𫖮名下，另有《发愿文》一篇，另见《吴都法乘》；为修治三处佛像，作于开皇十七年（597）。炀帝为晋王时曾撰有四愿词，文见《续高僧传》。

发愿是佛教信徒一项重要的宗教手续，愿和祝完全不同。“愿”字，宋法云在《翻译名义集》“众善行法”云：

① 法文本。

尼坻，此云愿。志求满足曰愿。智论有二种愿：一者可得愿，二者不可得愿。……何以要须立愿，然后得之。……答：作福无愿，无所树立。愿为导御，能有所成。……故古德曰："有行无愿，其行必孤；有愿无行，其愿必虚。"①

信、愿、行三者的连锁关系，人所共知。故行必先有愿，以知与行喻之，愿是知的部分。梵语"愿"作 pra-nidhāna，"尼坻"应即 nidha 的对音。《法华经·宝塔品》第十一②"作大誓愿"梵本称"pūnva-pra-nidhaṇam abhut"，nidhāna 有 fixing，laying on 的意思，见《大战书》，指一种 profound religious meditation。佛教许多名数，都有"愿"字，如愿力、愿自在、誓愿波罗蜜等等：

菩萨十力：第五为愿力（pra-ṇidhāna-bala）

菩萨十自在：第八为愿自在（pra-ṇidhāna-va'sitā）

十波罗蜜多：第八为誓愿波罗蜜（pra-ṇidhāna-pāramita）。（具详《翻译名义大集》）

吴支谦译《佛说菩萨本业经》一卷，其二即为《愿行品》，其中云"以誓自要，念安世间，奉戒行愿，以立德本"。是品凡言"当愿众生"共数十次，可谓最早之愿文译本。

梁僧祐《出三藏记集》卷九著录《文殊师利发愿记》（第十九）："晋义熙二年（406），岁在庚申，于扬州斗场寺禅师新出。云外国四部众礼佛时多诵此经，以发愿求佛道。"③ 日本《大藏经》二九六号为《文殊师利发愿经》，东晋天竺三藏佛陀跋陀罗译，为齐整五言体，起"身口意清静，除灭诸垢秽，一心恭敬礼，十方三世佛"；终"生彼佛国已，成满诸大愿，阿弥陀如来，现前授我记，严净普贤行，满足文殊愿，尽未来际劫，究竟菩萨行"。《阅藏知津》："《文殊师利发愿经》二纸余，东晋迦维罗卫国沙门佛陀跋波罗译。大略如《普贤行愿偈》而是五言。"这是东晋元熙二年的译本。佛陀跋波罗，唐名觉佛贤。此本共四十四颂。《出三藏记集》十四《佛陀跋陀罗传》，"僧弼与沙

① 《大正藏》五四，1120 页 C。

② 《大正藏》九，32 页 C。

③ 苏晋仁标点本，350 页，中华书局，1987。

门宝林书，斗场禅师甚有大心”，即指佛贤。僧祐所记《文殊师利发愿记》，原本似与此同为一书。

唐时大兴善寺三藏不空译出《普贤菩萨行愿赞》，则全用七言句法，且附有《八大菩萨赞》。《大藏经》列二九七号，在上举《文殊师利发愿经》之后，文义大同小异。《宋高僧传·不空传》称其“诵《文殊普贤行愿》，……至［大历］九年（774），自春转夏，宣扬妙法，诫勖门人，每语及《普贤愿行》、《出生无地法门经》……”①。《普贤行愿》的梵本犹存，此书梵名为 Bhadra-carī-praṇidhāna，cari＜car，意思是 move，carī＋praṇidhāna 意义即是行愿，Bhadra 训贤，是为普贤省称，梵名 Samanta-Bhadra。

兹录《普贤行愿陀罗尼》如下：

曩麽	悉底哩也	地尾迦南	怛佗孽哆南
namah	strya	dhivikānām	tathāgatānam
唵	阿戍嚩啰	尾拟尔	娑嚩诃
Om	aśuvara	vehadi	svaha

文殊《普贤行愿》原为《华严经》圆顿一乘最高教义，东晋天竺三藏佛陀跋陀罗所译本卷四十四以下《入法界品》第三十四描写“深心一切智愿力”，以至“住无愿三昧，不舍菩萨一切愿者（第三十四之十五）”，显示如来之功德海，为大乘行愿之理想境界。唐贞元时罽宾三藏般若所译《大方广佛华严经》四十卷，全书有副标题曰“入不思议解脱境界普贤行愿品”，贯串全书，以“普贤行愿品”为名。结语云：“尔时世尊与诸圣者菩萨摩诃萨演说如是不可思议解脱境界胜法门时，文殊师利菩萨而为上首。”故知或称普贤，或称文殊，并无二致，而文殊尤为上首。是《发愿经》源出自《华严·入法界品》。观“［佛陀跋陀罗］于义熙十四年（418）于扬州司空谢石所立道场寺［译出《大方广佛华严经》六十卷］，……至元熙二年（420）六月十日出讫”②。与彼所译之《文殊师利发愿经》实于同时翻出，《发愿经》只是缩本而已。于阗三藏译《华严经》第六十《入法界品》第三十九之一即云：“唯陈诸佛加被之力、佛神通力、佛威德力、佛本愿力，求一切智、广大愿力，唯愿世尊，随

① 见周一良：《唐代密宗》，上海，上海远东出版社，58 页，1997。

② 《大正藏》九，788 页。

顺我等及诸众生……如是等法，愿皆为说。”所陈愿力，只是引端，试读全品，便可了解“愿”的含义。

佛塔有“还愿佛塔”（votive stūpa），印度比哈尔地方，Bodhi Gaya（菩提伽耶）九世纪的双层佛塔，佛像四面顶髻（uṣṇīṣa）编发平列成排，手印有触地印（būmi spars amudrā）、法轮印（dhārmacakramudrā）、禅那印（dhyānamudrā），显示觉悟与教诲。①

大发愿誓是一种感人的行动。《续高僧传》卷六记僧祐弟子释明彻，从祐学《十诵律》，随出扬都，住建初寺。天监末，“彻自维将卒，奉启告辞。……帝勅答，有云：‘省书增其忧耿。人谁不病，何以遽终过甚……方除四魔，理无五畏，唯应正念诸佛不舍，大愿与般若相应，直至种智，发菩提心。彼我相摄，方结来缘……。’帝因于寺为设三百僧会，令彻忏悔。自运神笔，制《忏愿文》，事竟遂卒寺房，即普通三年（522）十二月七日也。”② 明彻之《忏愿文》可惜《僧传》未加载录。由这一故事，可知愿文亦得称为《忏愿文》。

依《无量寿经》上所说阿弥陀佛于号称法藏比丘修菩萨行时，选定四十八种例为修行目标，称为法藏四十八愿。其最后第四十七愿为“得不退转”，第四十八愿为“得三法忍”，日本净土教则认为四十八愿中最首要为第十八愿的“念佛往生愿”。

愿有本愿、大愿、报愿、大誓愿等不同名目，又有咒愿。《出三藏记集》卷十二，僧祐所编《法苑杂缘原始集目录》中《佛宝集》下卷第三，从诸经摘出者计有：

《常行道赞叹咒愿》第十四	出《福田经》
《受食咒愿缘记》第十五	出《普曜经》
《受食粥咒愿缘记》第十六	出《僧祇律》
《布施咒愿缘》第二十	出《辩意经》
《为亡人设备咒愿文》第二十一	出《僧祇律》
《生子设福咒愿文》第二十二	出《僧祇律》
《作新舍咒愿文》第二十三	出《僧祇律》
《远行设福咒愿文》第二十四	出《僧祇律》

① 该塔见香港大学美术博物馆编《法相传真》第二七号。

② 《大正藏》五〇，473页C。

《取妇设福咒愿文》第二十五　　　　　出《僧祇律》

《无常咒愿》第二十七　　　　　　　　出《中本起经》

形形色色，自受食、施粥、布施、作舍、远行以至生子、娶妇、亡人都可以咒愿，有咒愿文一体。咒有密、白、总持三种。常有咒语，咒不同于广泛之祝。僧祐为律学大匠，精熟《五分》、《十诵》、《僧祇律》，故能选取其特出之篇，标以咒愿文之名。敦煌所出文书如S·三四三，其杂文中标题除六题愿文，又有亡文，十二咒愿小儿子意。S·五五四六有咒愿新郎、咒愿新妇诸标题，此类正同于僧祐所收之咒愿文。

P·二三一三写本内杂文标题有叹施主、叹施主女之叹，又有题曰“叹愿文”者；“叹”应解为赞叹，即《佛宝集》中之《常行道赞叹咒愿》之类。由是观之，敦煌所见此类释子杂文，与僧祐之《佛宝集》所集录者，乃同一性质之文字。P·二三一三卷在“叹愿文”之前，复有题曰“布萨文”、“社斋文”者，“布萨文”之来历，须进一步再作研究。

姜伯勤在《敦煌戒坛与大乘佛教》一文中有专章讨论“布萨”，举出S·二一四六号卷中所载三件布萨文及S·五四三号V之大乘布萨维那文及P·二六三八号支布萨法事用的布匹开支等等，作为具体说明。其实布萨文出现甚早，且非限于敦煌一地。

僧祐《僧宝集》上卷第四中便收有《布萨缘记》第六，云出《五分律》。《翻译大集》二七〇“出家”项内有布萨，梵名 posadhik，指褒洒陀。在三藏的律部，很多处都有布萨的记载，像曹魏时安息昙谛译的《羯磨》，在《受欲清净文》、《转与欲清净文》之下，即为《布萨说戒文》，其下云：

> 布萨日，若小食上，若大食上，上座唱言：“今日布萨日，某时，众僧和合，集某堂说戒。长老一心念。今日众僧十五日说戒，我某甲清净[①]。今日众僧十五日说戒，我某甲清净。”[②]

又有《告清净文》下注云：

> 布萨日有三：或十六日、十五日、十四日……大德僧听，我某甲清

① 如是三说，若一人应心念口言。

② 如是三说。

净，如是三说已，随次坐听。[1]

竺道生所译《五分律》（即弥沙塞）卷十八，第三分之四即为“布萨法”。在第三分“初受戒法”之下，第三分之三“安居法”之前，详记佛在王舍城，于月八日、十四日、十五日，共集一处和合，布萨说法，说法竟，应咒愿。所列举事例甚繁，可以参看《大正藏》二二（121～128页）。法云解布萨意为“净住”。布萨为说戒之一手续，发源甚远。南齐萧子良号“净住子”，即取义于布萨。僧祐列举其著述，其第十五帙有《讲净住记》一卷，第十六帙有《布萨并天保讲》一卷。子云及其世子巴陵王都有愿文行世，子云有《发愿疏》一卷，巴陵有《造千佛愿》、《舍身序并愿》等。

愿文比较早期的作品而特富文学价值的，应算明梅鼎祚在《释文纪》卷五所收题名为刘遗民所作的《西方誓文》，原载《出三藏记集》之《慧远传》，这是慧远在庐山时莲社十八贤建斋立誓的文字，参加者有梵僧佛陀跋陀罗，即《华严经·入法界品》及《文殊师利发愿经》的翻译者，亦在其列。在此时期，佛家发愿的手续及其意义，已为大家所熟悉。后此梁武帝的《东都发愿文》亦依照此规例发若干愿。但文章之美，当以慧远此篇《西方誓文》为冠冕。慧远此《传》原文云：

既而谨律息心之士，绝尘清信之宾，并不期而至，望风遥集。彭城刘遗民、雁门周续之、新蔡毕颖之、南阳宗炳，并弃世遗荣，依远游止。远乃于精舍无量寿像前，建斋立誓，共期西方。其文曰……。[2]

追寻此文风格与慧远他作，颇为一致，是此篇宜为慧远所撰，梅氏题刘遗民作，即此传先举遗民之名而致误，名从主人，特为订正。

梁简文帝萧纲撰有《千佛愿文》及《四月八日度人出家愿文》，载梅鼎祚《释文纪》卷二十一。《千佛愿文》云：

盖闻九土区分，四民殊俗，昏波易染，慧业难基。故法身寂镜，有照斯感，涤无明于欲海，度苍生于宝船。或轻慈导舍，薄笑牵悲，曲艳

---

① 《大正藏》二二，1056页。

② 以下不录，请参苏晋仁标点本《出三藏记集》卷一五，567页。

口宣，斜光顶入。自鹿树表光，金河匿曜，故像法众生，希向有形；虽千圣异迹，一智同涂。弟子某甲，久没迷波，长流苦沫，不生意树，未启心灯。而盖生一念，敬造千佛。虽复无上无为，极相难辨，非空非有，妙智谁观。而绀发日光，莲眸月面，庶可长表诚敬，永寄心期。

《四月八日度人出家愿文》云：

弟子萧纲，以今日建斋设会，功德因缘，归于十方尽虚空界一切诸佛，归依十方尽虚空界一切尊法，归依十方尽虚空界一切圣僧。窃闻《涅槃经》言：身如画水，随画随合，是身不净，九孔常流，凡夫愚人，常行味著，愚痴罗刹，止住其中。又如《瑞应经》言：沙门之为道也，舍家妻子，捐弃爱欲，断绝六情，守戒无为；其清净得一心者，则万邪灭矣。一心之道谓之罗汉，声色不能染，荣位不能屈，难动如地，以免忧苦。故知出恩爱狱，薄俗为难；善来比丘，其福深重。弟子以此因缘，今日度人出家。愿一切六道四生，常离爱欲；永拔无明根，削遣暗惑心，修习般若慧。足践轻轮之光，口说悬珠之辨；被忍辱铠，秉智慧刀，乘菩萨车，坐如来座；结缠披解，顶相光明，戒因清白，后报尊重。所有果业，皆悉胜出，受持法藏，为佛真子，一切道行，皆悉能行，一切大誓，不休不息。仰愿十方尽虚空界一切诸佛，仰愿十方尽虚空界一切尊法，仰愿十方尽虚空界一切圣僧，咸加证明。又仰愿十方尽虚空界一切诸天，仰愿十方净虚空界一切诸仙，仰愿十方尽虚空界一切聪明正直、守护一切善神。又愿今日见前幽显大众，咸加证明。今日誓愿，使弟子萧纲得如所愿，满菩提愿。一切众生皆悉随从，得如所愿。

此文先陈皈依十方三宝，包括佛、法、僧众，次言度人出家，愿常离爱欲，永拔无明；受持法藏，为佛真子。一切大誓不休不息。复仰愿十方三宝咸加证明，十方天、仙、一切善神咸加证明，使弟子萧纲等得满菩提愿，一切众生得如所愿。此篇措词较简，可谓标准的愿文。

萧子良《净住子》中《发愿庄严门三十一》[①] 文繁不具引，大意为述三毒之为害，必常发弘愿，以自庄严；愿众生之眼、耳、鼻、舌、身、意，皆能

① 文见梅鼎祚：《释文纪》卷十八，出《广弘明集》。

免除烦恼。

宋代黄庭坚撰有《发愿文》云：

菩萨师子王白净法为身，胜义空谷中，夺迅及哮吼，念弓明利箭，被以慈哀甲，忍力不动摇，直破魔王军，甘露为美食，解脱味为浆。游戏于三乘，安住一切智，转无上法轮。我今称扬，称性实语。以身、口、意，筹量观察，如实忏悔。或从昔来，因痴有爱，饮酒食肉，增长爱渴。入邪见林，不得解脱。今者对佛，发大誓愿：

愿从今日，尽未来世，不复淫欲。

愿从今日，尽未来世，不复食肉。

设复淫欲，当堕地狱，住火坑中，经无量劫。

一切众生，为淫乱故，应受苦报，我皆代受。

设复饮酒，当堕地狱，饮洋铜汁，经无量劫。

一切众生，为酒颠倒，应受苦报，我皆代受。

设复食肉，当堕地狱，吞热铁丸，经无量劫。

一切众生，为杀生故，应受苦报，我皆代受。

恭惟十身，洞彻万德，庄严于刹尘，刹尘为我作证，设经歌罗逻身，忘失本愿，惟垂加被，开我迷云。稽首如空，等一痛切。愿我以此，尽未来际，忍可誓愿，根尘清净，具足十忍。不由它，入一切智。

此文原藏台湾林季丞氏，后在《墨迹大观》上刊出。

往例，缁流披剃，或拜师皈依，有时要立下发愿文，誓立若干愿，一般为十愿。姑举一例。画家恽格（南田）二十九岁时，在顺治十八年辛丑（1661）书写发愿文一册，其文略云：

秉承佛教优婆塞法轮华严经典，现生求愿。弟子恽格谨至心五体投地稽首，皈依华严教主……皈依造华严论方山通玄李长者大论佛……依创十愿……令此愿于现在生中即得成就，永无退失。十愿者：

一愿早证阿耨多罗三藐三菩提……

二愿忏悔一切罪孽……

三愿在在处处得常亲近善知识……

四愿于一切法及善知识凡有所闻，精勤修习……

五愿于现在生中得大智慧，强加诗（?）持……

六愿兴大布施

七愿以优婆塞身持守净戒……

八愿现前眷属皆得圆满……

弟子恽格立愿

文载《壮陶阁书画录》十。南田早岁有一段传奇式经历，彼于建宁兵败，为清兵所俘，以能画被浙闽总督陈锦收作养子。顺治九年秋，与其生父恽日初相会于灵隐寺，其家传称“即剃染留寺中”。其实并未正式出家，未有法号。此《发愿文》只用俗名恽格，署称弟子；乃以优婆塞身份立此愿文。[①]

黄征编纂《敦煌愿文集》，取极度宽的观点，采广义的愿文说，把所有斋文……都看作愿文，标题作愿文，其实多出自拟议，一概收入《愿文集》中，似不免有点“滥”。他说：“愿文的产生，可推溯至上古时期”，并引用《文心雕龙·祝盟》中伊耆氏以祭八神的蜡辞，“则上皇祝文，爰在兹矣”，认为“伊耆、舜的时代就有这样的传世愿文了”。其实此蜡祭辞原见《礼记·郊特牲》，不必引《文心雕龙》。他把祝辞和愿文合为一体，我觉得未甚妥当。祝与愿原是两回事。

《周礼》有掌制作祝辞的专职——大祝，“大祝掌六祝之辞以事鬼神，祈福祥，求永贞”。祝的目的在求福祥，福与祥二字同义互训。

我们看许慎《说文解字》示部，列举各个与福字有关而互相为训的从“示”诸字：

福，备也。

祉，福也。

禄，福也。

褫，福也。（见《尔雅·释诂》）

祥，福也。

祯，祥也。

礼，事神致福也。

禛，以真受福也。

① 可参看杨臣彬：《恽寿平》，15页。

禴，祝福也。

祷，告事求福也。

祈，求福也。

禬，会福祭也。

祠，报福也。[1]

讄，祷也，累功德以求福也。[2]

上列诸字都与福祥同义。今人仍称曰“祝福”，祝的责任是代撰写祷告求福的文字。求福和下愿全不一样。

“祝辞”的范围与门类更广。《太平御览·礼仪部》有“祷祈”一项目，《周礼·小宗伯》：“乃执事祷祠于上下神祇。”“祷祠”二字联言实见于此。祈训求福，祠训报福。《逸周书·尝麦解》：“四月孟夏，王初祈祷于宗。”则为祈祷二字联言之出处。古代祷辞亦曰“诔”。《论语·述而》：“子疾病，子路请祷，子曰：有诸？子路对曰：有之。诔曰：祷尔于上下神祇。子曰：丘之祷久矣。”有注云：“诔，天神之辞也。”天神之辞可名曰“诔”。按：大祝作六辞，其六曰诔。《说文》言部：“讄，祷也，累功德以求福也。《论语》云，讄曰祷尔于上下神祇。从言畾声，讄，或从累。”《说文》讄字下为谥、诔二字，诔下训云，“谥也”。《礼记·曾子问》郑注：“诔，累也。”依许慎之说，讄是累列功德以求福，亦与求福祥之事有关。《论语》之诔，古写作讄，今作诔。《论语·述而》子路语引古之诔辞，殆出于《周礼·大祝》第六之诔，乃属于求福之祝辞，此类自与愿文判然不属一系。

祷辞见于包山楚简，有三种，曰翟祷、罷祷、赛祷。郭店本《五行篇》引《诗·鸤鸠》：“娄人君子，其义（仪）翟也，能翟，肽句（后）能为君子慙（慎）其罚（独）也。”“翟”读为“一”。三者之确解，尚待论定，但亦足见祷与愿之有严格区别。

敦煌写本屡见“愿斋（S·五六一七）”、“愿斋文（S·四五〇七、S·五五九三、P·二〇五八、P·三五六六、P·二二三七）”，已详黄征举出，黄氏把愿斋文都归入愿文。尚有《斋琬文》一类之总名，如P·二九四〇“斋琬文一卷并序”。梅弘理（P. Magnin）有专文讨论。“琬”字有何所取义，迄无

---

① 《周礼郑注》。

② 《说文》言部。

的解。或解为琬琰，或读为惋，意指哀惋。但此卷所收文字有“庆皇猷”、“酬庆愿”、“述功德”之类，不能说是悲惋文字。余初疑《集韵》去声二十五，愿为一韵，又二十九换，收从宛诸字有：琬，圭名。琧，《说文》石之次玉者。以“琬”与“琧”为一字重文。愿韵下亦收从死诸字。“䀹”字见《说文》目部，训捾目，从“䀹”为声之字，又有“㲻”。《集韵》二十九换，㲻、腕、捥、拏、胷为一字。而换韵又收“愿”，头大貌，在琬、琧之下。愿、琬乃同音、同韵之字，疑“斋琬文”宜读为“斋愿文”，倒言则曰“愿斋文”，与“斋愿文”亦相同。

嗣读《出三藏记集》卷十二，僧祐《法苑杂缘原始集目录序》，是记录旧事以彰胜缘，条例丛杂谓之“法苑”。其细目则有题《佛宝集》、《法宝集》、《僧宝集》，各分上下，依三宝区分。《法宝集》中如《斋主赞叹缘记》出《十诵律》，《岁三长斋缘记》出《正斋经》；而《僧宝集》中之诸咒愿文则均出自《僧祇律》。凡此皆从不同经律抄出，施以“斋”、“咒愿”之题名，故知此类愿文渊源甚远，应追溯至齐梁之世。

“菀”字古与“宛”通，左思《魏都赋》：“菀以玄武，陪以幽林。”注云：“玄武菀在邺城。”“菀”字即苑囿之“苑”。所谓“斋菀文”者，如以“法苑”比拟之，读为“斋苑文”似亦可通。兹提出三解，以备扬榷。

汉字中“愿”字在页部，许慎训为“大头也”。同部有颙字，“颠顶也”。《篇韵》愿、颙二字相同。《尔雅·释诂》：“愿，思也。”《方言》：“愿，欲思也。”古训诂学术语有所谓“愿词”：

《说文》丂部：寧，愿词也。
用部：甯，所愿也。

古语寧训愿，汉《郊祀歌》：

穰穰复正，直往寧。颜师古注：言获福既多，归于正道，克当往日所愿也。

其正以“愿”解释寧，故曰“直往寧”。

佛教愿文可以辑成一专书，与《敦煌愿文集》并行。再举一二例，《吴都法乘》二六《倡缘篇》所收，有释智颛发愿文（为吴县维卫迦叶二像修建作），开皇十七年十一月。有明严澄《刻指月录发愿偈》（万历辛丑）释真可书经发愿文（经入芦芽铁塔）等等。

《普贤行愿赞》，有尼波罗本、藏文本、日本慈云律师收入《梵学津梁》，渡边海旭有专文比勘其文字之异同。日本僧众亦有发愿文[①]，流行甚广，因非本篇范围，故暂从略。

愿原只是希望、愿望，如果用于宗教上的许愿，含义便更深入。西藏人在行五体投地时须先行"许愿"。佛教的许愿，见于《华严经》，有其涵盖宇宙之宏伟气象，所以被称为"不可思议解脱境界，其不可退转"，尤见其坚毅之大勇大无畏之精神。法国散文家蒙田劝人许愿，要特别慎重（《散文集》下，译本，264 页），是有道理的。本论文侧重在佛教愿文方面，行大悲愿是每位佛教徒所宜先行许愿的。我且借清代岭南三大诗家之一的陈恭尹《咏木棉诗》一句"愿为飞絮衣天下"以结束吾篇。

① 见《大正藏》第七四册，二三六一号。

敦煌出土镇墓文所见解除惯语考释

——《魏晋南北朝敦煌文献编年》序

王素、李方伉俪著《魏晋南北朝敦煌文献编年》，共收录该地区出土文献，有年代可系者四百七十事，起蜀汉章武元年（221），讫于六朝季岁（589）。凡举简牍，文书，镜、钱、砖、塔铭记，碑志，石窟题记，古籍、写经题识与陶瓶朱、墨书镇墓文，无不网罗甄集，囊括无遗。手此一编，此时期之地下记载，可免钩索之劳，譬诸探骊得珠，有裨于史学者多矣。

出土资料，往往于文献寡征，理董非易，必待集中整比，原委次第，庶几大明。以镇墓文一项而论，吴荣曾初作研究[①]，其时河洛关陇发掘品总数约三十余件，以东汉和、顺、桓、灵及献帝为多。本编鸠集，起于甘露（257），以迄玄始（421），共六十九件。姜伯勤《道释相激：道教在敦煌》，曾列详表，加以诠释。[②] 为死者解适，为生者除殃，西陲亦流行此俗，殆古代解除术之遗。《淮南子·修务训》云："禹之为水，以身解于阳盱之河。"高诱注："'解'读解除之解。"《庄子·人间世》记荆氏之木，"故解之以牛之白颡者与豚之亢鼻者"。是解除亦用牲。阳盱之山为河宗氏之所居，禹行解祠于其地，其由来远矣。《论衡·解除篇》谓："解逐之法，缘古逐疫之礼"；又谓"解除之法，众多非一"，其中"解谢土神，名曰解土，为土偶人，以像鬼形，令巫

① 吴荣曾：《镇墓文中所见到的东汉道巫关系》，载《文物》，1981（3），56～63页。

② 姜伯勤：《道释相激：道教在敦煌》，见《敦煌艺术宗教与礼乐文明》，266～320页，北京，中国社会科学出版社，1996。

祝延以解土神”。“祝延”一词，见《汉书·外戚传》“酹地皆祝延之”。《论衡·言毒篇》：“南郡极热之地，其人祝树树枯，唾鸟鸟坠，巫咸能以祝延□（去）人疾。”黄晖《校释》读“延”为“涎”，引《淮南子·淑真训》高注“唾祝”连文为证。按马王堆《五十二病方》屡言“涶”（唾）之贲（喷），而继以古（辜）曰、祝曰，当即唾祝之俗。“祝延”为古祝疣（由）科之一法，解除时亦行之。

循览诸镇墓文之惯语，有若干须说明者：

一、注、不得相注忤

前凉建兴三十一年（343）陶斗瓶文云：

> 卅一年三月八日，吴仁姜之身死。天注、地注、年注、岁注、月注、日注、时注。生死异路，千秋万岁，不得相注忤。如律令。[①]

又同日陶斗瓶文云：

> 吴仁姜之身死，天注适值八魁九坎。今下斗瓶、铅人、五谷，当重复仁姜正身，要注去。如律令。[②]

“八魁”、“九坎”皆星名。“八魁”见《后汉书·苏竟传》竟与刘龚书：“八魁，上帝开塞之将也，主退恶攘逆。”八魁之兽，详宋均注。“九坎”者，伯二五一二号《星经·石氏外官》：“九坎九星牵牛南。”亦是星名。

“注”亦称为“注连”或“注忤”。《释名·释天》：“午，忤也，阴气从下，上与阳气忤逆也。”《说文》：“午，啎也，五月阴气逆阳冒地而出也。”忤训逆，故《赤松子章历》卷五《大冢讼章》云：“为某解除家中逆注某身刑厄十二、刑杀百二十殃考（者），皆令销散注滞。”“注连”见《颜氏家训》卷二《风操》“户外列灰，祓送家鬼，章断注连”之文。王利器《集解》引《道藏·洞玄部·赤松子章历》卷六所收《断绝复连章》说之。该章有云：“约敕

① 本书八七号。

② 本书八六号。

四时之官，开通道理，不得拘留某精爽，注复生人。又请北辰司马……收捕某死时雌雄殃杀魁纲之鬼，复注之气，疫速去离某家。”所云：“注复生人”及“复注之气”，即其为祟之由。姜伯勤又引《登真隐诀》卷下“请石仙君一人……主治家中有强鬼，压绝注鬼气为精祟者”，以见“注”之为“注复”及“复连”之事。盖“注”之义缘于疾病，《释名·释疾病》云：“注病，一人死，一人复得，气相灌注也。”盖犹今之言传染病。隋巢元方《诸病源候论》卷二四“注病之候”条：“凡注之言住也，谓邪气在人身，故名曰注。”

此种“注复生人”之事，亦称曰：“注祟”、“复连”。宋傅洞真《太上玄灵北斗本命延生经注》卷中《注解经文》云：

冢者，先亡坟墓。征呼者，因阴司考谪，乃追及生人。复连者，先亡传尸，连累生人。

又《金锁流珠引》卷二五云：

为鬼入人宅，妄求生人魂魄代死，遂作注祟，祟家中生人。……道士可与救断禁之止，令断生死。[①]

敦煌祁家湾晋十六国墓葬出土镇墓文，多云“今下斗瓶、五谷、铅人”。山西出土灵帝熹平张叔敬解注瓶明言“铅人持代死人”。《赤松子章历》卷一《解五墓章》云：“锡人五形。”香港中文大学文物馆藏建兴廿八年松柏人形解除简，两旁记“柏人当之”（右方）、“松人当之”（左方）。降及宋代，仍流行此习俗。江西彭泽县出土元祐五年（1090）木人俑，上书“柏人当”共若干见。可知作为代死人之俑，铅、锡、松、柏皆可用之。[②] 汉世解土谢神用土偶，道教徒用其术，南北朝时乃有《赤松子章历》，故“章断注连”。章犹黄神越章之章，言天帝使用印信也。

敦煌出土前凉氾心容斗瓶文云：“升平十三年（369）……天注、地注、□□、氾（?）注、立注、獦注、风注、火注、人（尸）注。”（本书一〇一

---

① 张勋燎：《试论我国南方地区唐宋墓葬出土的道教“柏人俑”和石真》，载《道家文化研究》第七辑，312～322页，上海，上海古籍出版社，1995。

② 参见拙作《记建兴廿八年“松人”解除简——汉“五龙相拘绞”说》，载《简帛研究》第二辑，390～394页，北京，法律出版社，1996。

号）獨即獨君。中大文物馆藏序宁简言“皇男皇妇共为祷獨君”，是其例证。

二、诸勾校

长安出土桓帝建和元年（147）加氏瓶文云：

天地使者谨为加氏之家，别解地下，后死妇加亡，方年二十四，等女名借（籍），或同岁月重复勾校日死，或同日鸣（名）重复勾校日死，告上司命、下司禄，子孙所属，告墓皇使者，转相告语，故以自代铅人。①

又永寿二年（156）成家朱书瓶文云：

天地使者告丘丞墓伯、地下二千石：今成氏之家，死者字桃椎，死日时重复年命，与家中生人相拘籍。到，复其年命，削重复之文，解拘伍之籍，死生异簿，千秋万岁，不得复相求索。②

又临潼出土献帝初平元年（190）朱书陶瓶文云：

初平元年七月……谨为刘氏之家□去皇男字阿属，解诸勾□□、诸勾校、岁月勾校、天地勾校、解时日复重勾校。

由上三文，具见凡言重复，必与时日相连，主要解除者是“时日复重勾校”，用以“削重复之文，解拘伍之籍”，“拘伍”与“注仵”、“注连”、“复连”取义应同。观上列文字，有云“或同岁月重复校日”，又曰“日时重复年命”，曰“解时日复重勾校”，均指年时月日之相重，指生死命籍中死人与生人时日之交相注仵，故知拘校即拘伍。余以《说文》戊字下“象六甲、五龙相拘绞”说之，校当读绞。拘伍与注仵、注连、复连、逆注、注祟义无二致。表之如下：

---

① 《文物参考资料》，1958（7），62～65页。

② 《书道全集》卷三，4～5页，1931。

汉晋成语	晋以后同义语
重复校日	注作
时日复重勾校	注连
拘校	复连
拘伍	逆注（即注作之倒言）
拘绞	注祟

刘昭瑞引明朱权《臞仙肘后经》记忌日有天地重复日，云每月己亥日也，犯之宜禳则吉，以说桓帝加氏瓶之岁月重复校日，是也；惟谓“重复”即《太平经》之“承负”，恐未恰当。[①]

三、用当复地上生人

本书所见各瓶文，常见“用当复地上生人”一语（如三八、三九、四〇、四三、四四、五九、六〇等号，自西晋太康六年至永嘉三年均有之）。其同义异语（西晋建兴二年至沮渠氏北凉玄始十年）有：

用当重复地上生人（八八、一三二、一三八、一四五等号）
当重地上生人（一二五、一二六等号）
用当重复（一二七号）
用当复地上地下（八二、八三号）
生者当重复，死者解除忧（七八号）
便利生人（六三、六五、九二、一一七、一三三等号）
用目福地上生人（六八号）
用赎生人魂魄（七五号）

以上或言“复”或称“重复”。此诸“复”字，有回复、复原之义，故又改称为“福”与“赎”。按此处之“重复”，与“重复校日”、“时日复重勾校”之“重复”，义当有别。

抑又有进者，汉代盛行“变复之家”一说，王充《论衡》屡屡言之，略举如次：

① 刘昭瑞：《“承负说”缘起论》，载《世界宗教研究》，1995（4），100～107页。

变复之家，以久雨为湛，久旸为旱，旱应亢阳，湛应沈溺。（《明雩篇》）

变复之家曰：人君秋赏则温，夏罚则寒。……寒温自有时，不合变复之家，且从变复之说。（《感虚篇》）[①]

变复之家，谓虎食人者，功曹为奸所致也。（《遭虎篇》）

变复之家，谓虫食谷者，部吏所致也，贪则侵渔，故虫食谷。（《商虫篇》）

按变复之家以为天变于上，乃由人之行为过失所招致。王充云：

《春秋》鲁大雩，旱求雨之祭也。旱久不雨，祷祭求福，若人之疾病，祭神解祸矣。此变复也。（《论衡·明雩篇》）

《艺文类聚》卷一〇〇引《会稽典录》：

郡遭大旱，（夏）香进谏曰："……自古先圣，畏惧天异，必思变复，以济民命。"

沈涛《铜熨斗斋随笔》卷七论变复家为阴阳五行家之一术。姚振宗《汉书艺文志条理》谓自"祯祥变怪"至"请雨止雨"，皆所谓变复之家。东汉奏书屡见"变复"、"消复"之语。章怀注解称"变异销复之术"，谓变改而修复。复训修复、复原。由是观之，镇墓文"当复（地上之人）"之"复"，亦如变复家之"复"。变复家言，汉代著述若"请官除讶祥"、"请祷致福"，皆是解除之术。《汉书·郊祀志上》"古天子常以春解祠"，师古注："解祠者，谓祠祭以解罪求福。"镇墓文每言"解适"，适读为谪，解谪与解罪正同。东汉洛阳朱绘瓶文云"解注瓶，百解去，如律令"。当时镇墓，施用铅人，为死者解谪，源于古之解除术，自当属诸变复之家，灼然可见。

本书提供新资料，至为丰富，可讨论者尚多，兹仅拈解除文一例，增演前修，聊作锥指，蠡测隅见，或于君书不无小补也欤。

1997年清明前二日

---

① 按：变复家谓喜怒赏罚，招致寒温。《论衡》于《寒温篇》、《谴告篇》力辟之。参阅黄晖：《论衡校释》卷五《感虚篇》注释，216～252页，长沙，商务印书馆，1938。

港台地区敦煌学研究的回顾与展望

敦煌学的研究对象，实际应包括当地的壁画、塑像艺术，以及文书两大部分。一般所谓敦煌学，似多侧重后者。

香港在1949年以前，是国内文化人避地的活动区域，同时亦是文物聚散、传播的一个海外重点。远在斯坦因未到莫高窟之前，广东收藏家已有一些前代写经流传。像北山堂所藏的钤有吴荣光筠清馆藏印的唐人写经，便是一个例子。伯希和在石窟取得经卷，曾于北京展示，其时番禺叶恭绰与罗振玉、王仁俊、蒋斧曾同往会见。① 他在《矩园序跋》第一辑《北魏昙鸾手写涅槃经注跋》上说：他所藏敦煌经卷不下百事，特别重视此卷，两度为写题跋，考出它是《婴儿行品》、《十功德品》，谓"其书法朴劲，犹有隶意，应为北魏昙祖手迹"。又称"其时在港与诸善信创设'华南佛学院'②，出示此卷，与人观赏"。此卷现保存于上海图书馆，列号一四七③，其卷末叶氏手书题跋，署民国三十八年（1949）六月，此文实为居香港时所作。叶氏于民国三十七年在港，曾撰《索统道德经跋》，自言"所见敦煌字迹逾千，此卷见于李木斋

① 《叶氏年谱》记其事在宣统元年（1909）冬，时叶公二十九岁，方供职邮传部承政厅长。

② 应作华南学佛院，叶氏误记。据秦孟潇提供《倓虚法师纪念专刊》，民国三十七年（1948）叶老与王学仁等五位成立华南学佛院董事会，由倓虚首任院长兼主讲，然叶氏《昙鸾卷自跋》则题作民国三十八年六月，相差一年。

③ 吴织人等：《上海图书馆敦煌遗书目录》，载《敦煌研究》，1986（2）、（3），收一五九件，载叶跋手书，原文末系有年月。

处，与《三国志》残本，可称双璧”。同年，又为张谷雏题撰《敦煌石室图籍录序言》，追述清学部派人取回石窟经卷经过。① 先是民国十年（1921）叶氏任交通部长，旋兼任交通大学校长，与李木斋、王树枏、罗振玉辈发起组织“敦煌经籍辑存会”，即于是岁十一月成立。② 京师图书馆自敦煌取回之八千余经卷，实由叶氏属陈垣、李正刚编目，编成《敦煌劫余录》。叶氏亦著《关东厅旅顺博物馆敦煌佛典》一文。他提倡敦煌研究一向不遗余力，论著又多作于香港，今天要谈香港之敦煌学，叶氏是一位导夫先路的人物，应该予以表彰。

敦煌文书之正式流通，实起于1952年榎一雄把英藏斯坦因编号（一—六九八〇）摄成缩微胶卷行世。当时我正在香港大学任教，遂请郑德坤教授在英伦代购得一部，这在20世纪50年代来说非常不容易。我因有《敦煌老子想尔注校笺》之作（1956），引起欧洲学界对道教的重视。我又陆续刊布一些敦煌本《文选》及《琵琶谱》的研究论文，多数刊于《新亚学报》。后来新亚书院成立研究所，亦购英藏斯卷一部，引起潘重规、梅应运等的注意，潘君几种敦煌著作，如《文心雕龙合校》、《诗经卷子》、《瀛涯敦煌韵辑新编别录》，从1970年开始，都列为新亚研究所的专刊。1974年起，又在香港创办《敦煌学》杂志，出第一辑。

本人从事敦煌研究工作已有荣新江的评介，不用多赘。由于本人曾被法国邀请在法国科学中心研究，又参加远东学院工作，多次莅法京，接触原物较多，所著不少专书及论文在欧洲印行。1982年以后，为东京二玄社选辑《敦煌书法丛刊》，月出一册，历时三载，得二十九册，收录约一四〇件，皆学术性重要代表文书，附以解说，就中以韵书P·C·二〇一一，影印清晰，最有裨于学人。

我的研究范围比较宽广，略举其要：（一）道教文书（如《登真隐诀》、《想尔注》）；（二）有关禅家史料文献；（三）乐、舞初步讨论；（四）画稿研究；（五）曲子词之补录、校订；（六）邈真赞及愿文进一步辑说；（七）《昭明文选》写本之全面编集。

在海外，限于地域隔阂，未能专心研究，殊深愧悚。尤以资料性的著述要有耐心等候材料。耗时甚久。以今年北京中华书局刚刚出版的《文选》而言，其实我自1957年起在《新亚学报》发表《敦煌本文选斠证》，利用英京

① 二文俱见《矩园序跋》第二辑。

② 有宣言载《叶氏年谱》。

资料，已列出十六种写本，现在集中这三十余件，取得全面性整理，还要感谢众多朋友的勷助，积四十余年点滴积累，方有这样的成果。

1987年6月，由香港中文大学中国文化研究所与香港中华文化促进中心合作，首次在香港举办敦煌吐鲁番国际学术会议，并借得上海博物馆所藏一批敦煌经卷来港展出，季羡林、周绍良、金维诺诸老一辈学者均莅港参加，极一时之盛。我因之有《写经别录》之作。1993年夏季，香港召开“第三十四届亚洲与北非研究国际学术会议”，其中敦煌学被列为会议以一个重要课题进行专门研究，来自国内外数十名学者云集香江。此两次会议的部分论文后来选辑为《敦煌学文薮》，由台湾新文丰公司出版。其间，我因得到香港中华文化促进中心与香港中文大学新亚书院梁秉中院长的支持，1992年在新亚书院设立“敦煌吐鲁番研究中心”这一机构。近十年来，不断延揽国内年轻一辈学人莅港参加工作，出版著作甚多，计有两个系列：一为“敦煌吐鲁番研究中心丛刊”已出书九种，就中以荣新江《英国图书馆藏敦煌汉文非佛教文献残卷目录（S·六九八一号——三六二四号）》与我主编，姜伯勤、项楚、荣新江等合著之《敦煌邈真赞校录并研究》二书为重要。前者补英京敦煌目录之所未收，后者总结前人研究成果，十分有用。另一系列为《补资治通鉴史料长编》，利用敦煌、吐鲁番出土资料补文献之不足，已出书五种，其中《新莽简辑证》、《魏晋南北朝敦煌文献编年》皆创新之作（此二系列皆由台湾新文丰公司出版）。[①] 促进中心对敦煌研究工作特别支持，除先期由其出版的

① 《敦煌吐鲁番研究中心丛刊》已出版九种：

（1）饶宗颐主编《敦煌琵琶谱》。

（2）饶宗颐主编《敦煌琵琶谱论文集》。

（3）饶宗颐主编，项楚、姜伯勤、荣新江合著《敦煌邈真赞校录并研究》。

（4）荣新江编著《英国图书馆藏敦煌汉文非佛教文献残卷目录（记录S·六九八一——三六二四号）》。

（5）张涌泉著《敦煌俗字研究》。

（6）黄征著《敦煌语文丛说》。

（7）杨铭著《吐蕃统治敦煌研究》。

（8）饶宗颐主编《敦煌学文薮》。

（9）赵和平著《甘棠集研究》。

《补资治通鉴史料长编稿系列》，已出版六种：

（1）饶宗颐、李均明著《敦煌汉简编年考证》。

（2）饶宗颐、李均明著《新莽简辑证》。

（3）王素著《吐鲁番出土高昌文献编年》。

（4）王素、李方著《魏晋南北朝敦煌文献编年》。

（5）王辉著《秦出土文献编年》。

（6）刘昭瑞著《汉魏石刻文字系年》。

学术杂志《九州学刊》，增设《敦煌学专号》刊出数期。其后北大出版社计划印《敦煌吐鲁番研究》巨型专刊，由季羡林、周一良和我挂名主编，至今已出四期，都由促进中心补助部分经费，此一刊物，受到学界高度评价与欢迎。

香港志莲净苑多年来对佛经研究出版和佛教人才的培养做出不少贡献，出版了一些有关敦煌的佛教著述，很值得赞扬。香港商务印书馆和敦煌研究院合作出版《敦煌石窟全集》，把壁画分成十三大类，全书预计二十八卷，已列入文物局重点出版项目，融汇百年来研究成果，由院方组织专家分头执笔，要五六年方能完成，确是一项伟大工程。馆方还发起“佛迹防护功德林”，对于敦煌胜迹的保护工作，贡献出一分力量。

台湾敦煌研究，发轫自苏莹辉，20世纪40年代彼曾在敦煌研究所工作，移居台湾之后，初时考证瓜沙二州史事，又撰《敦煌艺文志》，所著合辑为《敦煌学》二集，继又致力于敦煌艺术之比较研究，文章多在故宫刊物发表。

台湾“中央图书馆”有经卷一百五十余件，1976年12月潘重规整理编印(由石门图书公司出版六册)。潘氏由港居台，执教于中国文化大学，倡设敦煌学会，《敦煌学》期刊随之迁台，由1982年第3期起至今出至17期，现由嘉义中正大学郑阿财负责其事。潘重规治敦煌文书，早在1941年写过《尚书释文残卷跋》(后来又刊于《学术季刊》三卷三期，1955)，是一篇很重要的论著。后来他校勘《诗经》卷子、《云谣集》、《秦妇吟》、《敦煌韵辑》、《变文集》、《坛经》等，都喜欢加上“新书”来命名。他和学生协力编辑《敦煌俗字谱》是一大工程，金荣华且为此书编制索引。但评者认为取材过于狭窄，难以代表敦煌文献俗字的全貌，然而却引起他门下很多后起学人对敦煌的字书作深入探讨，形成一股热潮；郑阿财提出唐代字样学的新课题，朱凤玉对《字宝》、《正名要录》的研究，使人对唐代语文，有崭新的认识，林玫仪之于曲子词的斠订，还有陈铁凡对敦煌群经校证的业绩，王叔岷之校《庄子》，周凤五之治《太公家教》、《六韬》，林聪明之于《百行章》、《周秦行纪》，王三庆之于“类书”，皆有心得。金荣华在总结台湾四十年来的敦煌文书整理之时，认为成绩较突出的是目录提要、文字及变文三项。我以为文字方面，最有成就。[1] 台湾对敦煌学的最大贡献特别表现在出版方面，高本钊先生所创办的新文丰出版公司领先刊出《敦煌宝藏》，在1981—1986年综合印成五十五册（黄永武编），又编辑《敦煌丛刊》十六册。复集两岸专家论著，编成《敦

---

① 金荣华：《台湾地区四十年来之敦煌文书整理》，见《庆祝潘石禅九秩华诞敦煌学特刊》。

煌学导论》初集（十四册）、二集（已出十二册，皆由林聪明主编）。其他有关敦煌著述的出版包括法京学人左景权、陈祚龙、吴其昱、陈庆浩等人作品以及香港本人主编的两大系列丛书。没有他的勇气和精神，二十年来不遗余力，促成敦煌文书的流通，不易有今天的成绩。

到目前为止，敦煌学最大的成就，仍在资料方面的整理工作。编印各地区所有资料，仍在积极进行，尚待完结，难得的是文献分类校录方面，已做出很好的成绩，像天文历法类、医药类，在科技方面，有极佳收获。韵书、语汇文学方面成就亦高。

窃以为此后动向，必须从专题着眼，将资料综合分析，作深化工夫，不只是一草一木的揭橥，而是具体地对某一问题的沿流溯源，究其演变之迹。必须结合两岸学人的研究成果。[①] 还有两点似乎应该特别引起注意：

（一）研究新方向应重视溯源

石窟文书资料与汉简资料可以结合探索，悬泉简的大量发现大可增进对汉代敦煌现状的了解。

（二）被忽略的新课题的提出

像吴其昱研究 P·一四一二的希伯文写本。于阗文书中的耆婆书，对中印医药交流有重大意义，有待仔细研究，即其一二例。

香港的敦煌研究，目前是与大陆学人合作，骈肩共进，希望以后在各位督导之下，能够有更进一步的表现。多谢指教。

① 例如甘肃出版的敦煌本《古文尚书校注》对陈、潘论文绝未提及。

我和敦煌学

敦煌学在我国发轫甚早。我于 1987 年写过一篇《写经别录》，指出叶昌炽在《缘督庐日记》中，他已十分关注石窟经卷发现与散出的事情，有许多重要的报道。近时荣新江兄发表《叶昌炽——敦煌学的先行者》一文，刊于伦敦 *IDP News* 1997 年第 7 期，说得更加清楚。

20 世纪 80 年代以后至今，国内敦煌研究，寖成显学，专家们迎头赶上，云蒸霞蔚，出版物包括流落海内外各地收藏品的影刊——英京、俄、法以至黑水等处经卷的整理集录，令人应接不暇，形成一股充满朝气的学术生力军。以往陈寅老慨叹敦煌研究为学术伤心史，现在确已取得主动地位，争回许多面子。此后，海外藏品，陆续影印出来，学者们不必远涉万里重洋，人人可以参加研究了。

我一向认为敦煌石窟所出的经卷文物，不过是历史上的补充资料，我的研究无暇对某一件资料作详细的描写比勘，因为已有许多目录摆在我们的面前，如英、法两大图书目录所收藏均有详细记录，无须重复工作。我喜欢运用贯通的文化史方法，利用它们作为辅助的史料，指出它在某一历史问题上关键性的意义，这是我的着眼点与人不同的地方。

张世林先生两度来函，要我写《我与敦煌学》一文，万不敢当，久久不敢下笔。我本人过去所做的敦煌研究，荣新江兄已有文评述，见于复旦大学出版的《选堂文史论苑》（265～277 页），我的重要著述和对学界的影响，详见该文，不必多赘。现在只谈一些值得记述的琐事，追忆我如何对敦煌资料接触的缘遇。

我最先和敦煌学结缘是因为从事《道德经》校勘的工作。1952年我开始在香港大学中文系任教，那时候《正统道藏》还是极罕见的善本，我还记得友人贺光中兄为马来亚大学图书馆从东京购得小柳气司太批读过的《正统道藏》，价值殊昂，当时香港及海外只有两部道藏，无异秘笈。我因代唐君毅讲授中国哲学的老、庄课程，前后三载，我又研究索紞写卷（有建衡年号），做过很详细的校勘工作。我和叶恭绰先生很接近，他极力提倡敦煌研究，他自言见过经卷过千件，对于索紞卷他认为绝无可疑（可参看他的《矩园余墨》）。以后我能够更进一步从事《老子想尔注》的仔细探讨，实导源于此。正在这时候，日本榎一雄在伦敦拍制Stein搜集品的缩微胶卷，郑德坤先生方在剑桥教书，我得到友人方继仁先生的帮助，托他从英伦购得了一部，在20世纪50年代，我成为海外私人唯一拥有这部缩微胶卷的人物。我曾将向达《唐代长安与西域文明》中的伦敦读敦煌卷的初步记录核对一遍，这样使我的敦煌学知识有一点基础。我讲授《文心雕龙》亦采用英伦的唐人草书写本，提供学生参考。1962年，香港大学《中文学会年刊》印行的《文心雕龙研究专号》最末附印这册唐写本，即该缩微影本的原貌。当时我已怀疑榎氏拍摄的由第一页至第二页中间，摄影有夺漏。1964年我受聘法京，再至伦敦勘对原物，果有遗漏。这一本专号所复印，实际上是唐本的第一个（有缺漏的）影印本，如果要谈《文心雕龙》的版本，似乎应该提及它，方才公道。

所谓“变文”，本来是讲经文的附属品，源头出于前代陆机《文赋》“说炜晔而谲诳”的“说”，与佛家讲诵结合后，随着佛教在华的发展，逐渐形成一崭新的“文体”的变种。但从“变”这一观念加以追寻，文学有变种，艺术亦有变种，两者同时骈肩发展，和汉字的形符与声符正互相配合。文字上的形符演衍为文学上的形文，文字上的声符演衍为文学上的声文。刘勰指出的形文、声文、情文三者，形与声二文都应该从文字讲起。所谓变文，事实上应有形变之文与声变之文二者。可是讲变文的人，至今仍停留在“形”变这一方面。古乐府中仍保存“变”的名称，声变则凡唱导之事皆属之。试以表示之如下：

变文 { 形文→变相　　图像之属
变文 { 声文→字音节奏　　韵律唱腔之属

我写过一篇从《经呗唱导师集》第一种《帝释天乐般遮琴歌呗》加以说明的文章。姜伯勤兄因之撰《变文的南方源头与敦煌唱导法匠》，唱导是佛经唱诵音腔的事，我所说变文的声变之文应该是这一类。大家热烈讨论形变之文的变相，只讲到“变文”的一面，对于声变之文这另一面则向来颇为冷落，甚至有误解。王小盾博士对这一点有深刻的认识，可惜不少人至今尚不能辨析清楚。南齐竟陵王萧子良在鸡笼山邸与僧人讲论的是“转读”问题，即谋求唱腔的改进，与声调完全不相干。到了唐代教坊有大量的“音声人”，音声人还可以赏赐给大臣。《酉阳杂俎》记玄宗赐给安禄山的物名单，其中即有音声人一项，《两唐书·音乐志》音声人数有数万人之多。敦煌的乐营有乐营使张怀惠（P·四六四〇）与画行、画院中的知画都料董保德（S·三九二九）相配合，一主声变的事务，一主形变（变相）的事务，两者相辅而行。变文之音声部分，还须再作深入的研究。敦煌乐舞方面，亦是我兴趣的重点，我于1956年初次到法京，看了P·三八〇八号原卷，写有专文补正林谦三从照片漏列的首见乐曲的《品弄》谱字，由于我在日本大原研究过声明，又结识林谦三和水原渭江父子，对舞谱略有研究。我于1987年初提出研究舞谱与乐谱宜结合起来看问题，我讲敦煌琵琶谱，仔细观察法京原件及笔迹，事实是由三次不同时期不同人所书写的乐谱残纸，黏连在一起，把它作为长卷，长兴四年才写上讲经文，可以肯定琵琶谱书写在前，无法把它作为一整体来处理。叶栋当它全部视为一套大曲是错误的。我这一说已得到音乐界的承认。我主张乐、舞、唱三者应该联结为一体之说，引起席臻贯的注意，他力疾钻研乐舞，把它活现起来，因有乐舞团的组织，我忝任顾问，他二度到香港邀我参观，深获切磋之乐。1994年9月6日我到北京，在旅馆读 *China Daily* 的文化版得悉他病危的噩耗，十分痛惜。1995年7月，敦煌乐舞团随石窟展览莅港表演，我追忆他写了一首律诗云：“贺老缠纮世所夸。紫檀搀拨出琵琶。新翻旧谱《胡相问》，绝塞鸣沙不见家[①]。孤雁忧思生羯鼓，中年哀乐集羌笳。潜研终以身殉古，叹息吾生信有涯。”表示我对他的哀悼。

敦煌各种艺术尤其是壁画，我是最喜欢的，由于长期旅居海外，无条件来作长期考察，无法深入研究，只得就流落海外的遗物作不够全面的局部扪索。我所从事的有画稿和书法二项。我们深感唐代绘画真迹的缺乏，所谓吴道子、王维都是后代的临本。1964年我在法京科学中心工作，我向戴密微先

① 庄严所藏敦煌《浣溪沙》佚词，起句云“万里迢亭不见家，一条黄路绝鸣沙”。

生提出两项研究工作，其一是敦煌画稿，后来终于写成《敦煌白画》一书，由远东学院出版。我年轻时学习过人物画像的临摹，有一点经验，我特别侧重唐代技法的探索，粉本上刺孔的画本，法京有实物可供研究，亦为指出，我方才明了到，布粉于刺孔之上留下痕迹断续的线条便于勾勒，这样叫做粉本。近日看见胡素馨（S. F. Fraser）的《敦煌的粉本和壁画之间的关系》一文（《唐研究》三期），文中在我研究的基础上归纳出粉本草稿有五种类型，计壁画、绢幡画、藻井、曼陀罗四类，绢幡画则可分临与摹二类。实则临与摹二者，临是依样而不遵照准确轮廓，摹则依样十足。这些画样，画人运用起来可以部分摹、部分临，亦不必限于幡画。

书法的研究，我在接触过 Stein 全部微卷之后，即加以重视，立即写一篇《敦煌写卷的书法》附上《敦煌书谱》，刊于香港大学 1961 年的《东方文化》第五卷。后来居法京排日到国家图书馆东方部借阅敦煌文书。先把法京收藏最早的北魏皇兴五年书写的《金光明经》和永徽年拓本的唐太宗书《温泉铭》作仔细的研究。以后遍及若干重点的经卷写本，作过不少专题研究，除作解题之外还注意到字体的花样，1980 年秋后在日本京都讲学，承二玄社邀请为主编《敦煌书法丛刊》，分类影印，从 1983 年起，月出一册，共二十九册，前后历时三载。每一种文书都作过详细说明或考证。由于翻成日文，在国内流通不广，周绍良先生屡对作者说“各文书的说明，极深研几，应该合辑成一专书，独立出版”。至今尚无暇为之。本书又有广东人民出版社刊印本，题曰《法藏敦煌书苑菁华》共八册。

我于 1963 年出版《词籍考》一书，戴密微先生了解我对词学薄有研究，约我合作写《敦煌曲》，由于任老旧著《敦煌曲校录》录文多所改订，与原卷不相符，须重行勘校，我又亲至英伦检读原件，时有弋获，如《谒金门》开于阗的校录、五台山曲子的缀合等等。任老后出的《总编》和我有一些不同看法，特别对《云谣集》与唐昭宗诸作，我有若干专文进行讨论，已收入另著《敦煌曲续论》中（台湾新文丰出版公司，1995）。《昭明文选》的敦煌本，亦是我研究的专题，我首次发表敦煌本《文选》的总目和对《西京赋》的详细校记，我现在汇合吐鲁番写本另附精丽图版与详尽叙录勒成专书，将由中华书局印行。

《文选》序有“图像则赞兴”一句话，我作了详考，在《敦煌白画》里面，我有一章讨论邈真赞的原委。法京友人陈祚龙君从敦煌写本邈真赞最多的 P・三五五六（九人）、三七一八（十七人）、四六六〇（三十九人）三卷及其他录出，辑成《唐五代敦煌名人邈真赞集》一专书，开辟一新课题，继此有作，得唐耕耦、郑炳林二家。1991、1992年间余复约项楚、姜伯勤、荣新江三君合作重新辑校，编成《敦煌邈真赞校录并研究》，方为集成之作。

所谓敦煌学，从狭义来说，本来是专指莫高窟的塑像、壁画与文书的研究，如果从广义来说，应该指敦煌地区的历史与文物的探究。汉代敦煌地区以河西四郡为中心，近年出土秦汉时期的简册为数十分丰富，尚有祁家湾的西晋十六国巨量陶瓶。又吐鲁番出土文书中有敦煌郡所领的冥安县佛经题记。所以广义的敦煌研究应该推前，不单限于莫高窟的材料。

1987年得到香港中华文化促进中心协助，与中文大学合作举办敦煌学国际讨论会。1992年8月，该中心帮助我在香港开展敦煌学研究计划，在中文大学的新亚书院成立敦煌吐鲁番研究中心，延揽国内学人莅港从事专题研究，由我主持出版研究丛刊，主编专门杂志。先时于《九州学刊》创办《敦煌学专号》，出过四五期。后来与北京中国敦煌吐鲁番学会、北京大学中古史研究中心、泰国华侨崇圣大学中国文化研究院合作，办一杂志即《敦煌吐鲁番研究》，由季羡林、饶宗颐、周一良主编，每期三十万字，至今已出版第一卷（1996）、第二卷（1997），第三卷正在排印中。此外香港敦煌吐鲁番中心复出版专题研究丛刊，由我主其事，先后出版者有八种。我提倡辑刊《补资治通鉴史料长编》，用编年方法，把新出土零散史料加以编年，使它如散钱之就串，经过数年工夫，已稍有可观。

兹将香港敦煌吐鲁番中心已出版《敦煌吐鲁番中心研究丛刊》开列如下：

（1）饶宗颐主编《敦煌琵琶谱》。

（2）饶宗颐主编《敦煌琵琶谱论文集》。

（3）饶宗颐主编，项楚、姜伯勤、荣新江合著《敦煌邈真赞校录并研究》。

（4）荣新江编著《英国图书馆藏敦煌汉文非佛教文献残卷目录（记录S·六九八一——一三六二四号）》。

（5）张涌泉著《敦煌俗字研究》。

（6）黄征著《敦煌语文丛说》。（获“董氏文史哲奖励基金”一等奖）

（7）赵和平著《敦煌本甘棠集研究》。

（8）杨铭著《吐蕃统治敦煌研究》。

（9）饶宗颐主编《敦煌学文薮》。

《补资治通鉴史料长编稿系列》，由饶宗颐主编，已出版及排印的有八种：

(1) 王辉著《秦出土文献编年》。
(2) 饶宗颐、李均明著《敦煌汉简编年考证》。
(3) 饶宗颐、李均明著《新莽简辑证》。
(4) 王素著《吐鲁番出土高昌文献编年》。
(5) 王素、李方著《魏晋南北朝敦煌文献编年》。
(6) 刘昭瑞著《汉魏石刻编年》。
(7) 陈国灿著《吐鲁番出土唐代文献编年》。
(8) 李均明著《居延汉简编年》。

其他在撰写中有下列各种：

胡平生著《楼兰文书编年》。
姜伯勤著《唐代敦煌宗教文献编年》。
荣新江、余欣著《晚唐五代宋敦煌史事编年》。

莫高窟储藏的经卷图像早已散在四方，据粗略统计有数万点之多，目前正在清查，作初步比较可靠的全盘统计。这些秘笈为吾国文化史增加不少的研究新课题，同时开拓了不少新领域，为全世界学人所注目。近日欧洲方面，特别在英京已有《国际敦煌学项目通讯》（*Newsletter of The International Dunhuang Project*，缩写为 *IDP*）的刊物。我和日本藤枝晃教授被推为资深 Editor 人物之一，殊感惭愧。目前我所从事的研究工作，还有甲骨学、简帛学部分，忙不过来，只好挂名附骥，聊尽推动之责。我于上文列出的各种工作，我要衷心感谢得到国内多位年轻有为学者的支持，还希望有力者对我们鼎力充分的饮助，使我能够继续完成这一心愿。以渺小之身，逐无涯之智，工作是永远做不完的，我这一点涓滴的劳绩，微不足道，匆促写出，倍感惶悚，就到此为止，算是交卷了吧。

法京所藏敦煌群书及书法题记

卷八

饶宗颐二十世纪学术文集·敦煌学

目　录

序

往岁大英博物馆得东洋文库榎一雄、山本达郎两先生之助，将所藏斯坦因取去之敦煌写卷全部摄成显微胶卷。时郑德坤教授在剑桥，为余购得一套，得于暇时纵观浏览。是为余浸淫于敦煌学之始。

唐代敦煌地方有十七大寺，一如欧洲中古之教堂，为施政敷教之所。经卷原多由僧寺保存，间有钤上某寺之印章。佛经大量出自僧徒之手写。道经纸墨及书写特精，则似来自京畿，初被当作纸张以其背面供书写练习之用。叶昌炽《语石》论："唐代工行书以缁流为最，自怀仁《圣教序》出，遂有院体之目。"以英伦藏品所见，抄《圣教序》者，即有三卷之多（以斯四六一二及四八一八为佳）。又有临《十七帖》者（斯三七五三）。余因之有《敦煌书谱》之选印。（拙文刊于1959年香港大学之《东方文化》第五卷第一及第二期）。此又余注意敦煌书法之开端。

1964年受法京科学研究中心（C. N. R. S.）之聘，遂有机缘大量接触伯希和取去之原卷。1976年春，以远东学院（E. F. E. O.）约，第三次莅法京。余先后有《敦煌曲》、《敦煌白画》二书之作，前者实与戴密微先生合著。戴先生于敦煌研究，提倡最力，法京因之有敦煌研究小组之组织。由苏远鸣（M. Soymié）主持，余亦忝任成员之一。故经常阅读法京写卷，佳书妙品，日寝馈于其中。《宣和书谱》所记经生书之妙者，往往遘之，为之神往。每欲集其精品，勒成专著，牵于他务，未遑进行。

1978年秋后，余自香港中文大学退休，执教于高等研究院（É. P. H. É.）

宗教部，以此意商诸二玄社渡边隆男社长。承其欣然慨诺。余遂就平日目睹摩挲之写卷，例为选目，与法京方面联络，促成是举。

余之选录标准如下：（一）具有书法艺术价值，（二）著明确切年代及有书写人者，（三）历史性文件及重要典籍之有代表性者。每件为撰一提要，时人研究成果，间亦酌采。法京写卷之精骑，敢谓略具于斯。区区微意，欲为敦煌研究开拓一新领域，且为书法史提供一些重要资料，使敦煌书法学得以奠定巩固基础。敦煌艺术宝藏，法书应占首选，不独绘画而已也。识者谅不河汉予言。

饶宗颐序

上序作于1983年。是年5月，《敦煌书法丛刊》第一卷《拓本》首次在东京由二玄社印行。嗣后月出一卷，阅时三载，全帙方出齐，计二十九卷。二玄社此书，印刷之精，为向来敦煌各种刊本所仅见。韵书伯二〇一四号《大唐刊谬补缺切韵》，原件纸墨黝暗，字画不清，施以特技，去黑之后，犁然可睹，海外治古韵学者无不称快，视同宝笈。是书每卷之前，配有彩色版一页，照原本尺寸印成，神光焕发，与真迹无异，令人叫绝。惟拙撰解说，为方便扶桑读者，译成日文，对国内学人，深感不便，是以流布绝少，学术界无由参考，殊为可惜。

近顷敦煌研究在国内已成为显学，曾叠次举行国际性学术研讨会，经已培养出不少中青年学者投入研究队伍，而出版界对于敦煌学有关著述亦深感兴趣，相率策划巨型出版物，如台湾之《敦煌宝藏》，四川之《英伦佛教以外写本》之印行，上海古籍出版社且着手《文献集成》之辑集，网罗中外各地藏品冶于一炉，若苏京及上海博物馆、图书馆所庋写卷，尽在囊括之中，不久即可问世。敦煌学之开拓与发展，前程无量。

本编题记，初以日文发表，其后中文原稿，附刊于《法藏书苑精华》。周绍良兄屡次提及，宜单行问世，兹汇为一编，以便省览，仍冀方闻之士，有以諟正之。

饶宗颐

拓　本

一、温泉铭　唐永徽四年（653）题记　唐太宗书

唐代诸帝无不能书，太宗（李世民）实为之首倡。[①] 太宗亲撰并自书之碑有三：一为《魏郑公碑》，贞观十七年（643）立；一为《晋祠铭》，贞观二十年立；又一即《温泉碑》。据宋无名氏《宝刻类编》，此碑有题额散隶为“贞观”二字。今惟晋祠石刻尚存在山西太原，久经风雨，非复旧观。余二碑石已早亡。《温泉碑》曾摹刻入《绛帖》，标曰《秀岳铭》，潘师旦所见已非完本。又复刻于吴荣光之《筠清馆法帖》（北京故宫博物院有之）。太宗又有剡县王羲之白鹤观飞白书类[②]及飞白书十二句，五十五字。[③]

伯希和取去之敦煌文书，列号伯四五〇八，即《温泉铭》末段，共存五十行，翦装，籑衣裱成横卷，墨有光泽，实为唐拓孤本之精者。首三行颇残缺，起“［及］故知”句，讫铭辞“人世有终，芳流无竭”[④]。碑之书法，间有异体字，如牖之作“牗”，簷之作“簷”，巖之作“巖”，流之作“流”。有误书者，如“不以古今变质”句之“今”字作“令”是。

自来各家释文，勘以原拓，有须订正者，略举于下：

① 《隋唐嘉话》卷上，11 页。
② 杜光庭：《道教灵验记》卷三，《道藏》常字号。
③ 《权德舆文集》卷三一，贞观十六年诏。
④ 《全唐文》卷十有《晋祠铭》而无《温泉铭》，陆心源《唐文拾遗》亦漏收。

第一行　存三字。

第二行　存“其尚矣哉至（于)”句，《书道全集》本缺之。

第五行　攀霞履雾，“履”字无缺。

第七行　访其“踪”者，或作“路”，非。

第十八行　“徙旧栽基”，罗氏释“徙”，是；或释“从”，非。

第四十二行　其神靡覿，非“靚”字。

唐代弘文馆、崇文馆，均设有拓书手。何拱为凤翔师，遣督匠摹打碑版，得石本三千余，其时拓墨称为“打本”。《史记高祖纪索隐》引打本《班固泗水亭长碑》。唐宗玄《石台孝经》后，李齐古表云“臣谨打本分为上下卷”可证。

此拓本末有墨笔行书一行云：“永徽四年（653）八月卅日围谷府果毅。”围谷即圉谷。杨炯《唐右将魏哲神道碑》：“显庆三年（658)，诏除左卫清宫府左果毅都尉，寻圉谷府折冲都尉。”①《隋书·地理志》：“梁郡圉城，开皇六年（586）复置，有谷水。”② 地属汴州，在今开封。《通典》职官十一折冲府下：“果毅左右都尉各一人。《春秋传》曰：‘戎昭果毅’，又曰：‘杀敌为果，致果谓之毅’，炀帝始置。”此拓本末一字“見”，向释“皃”，陈祚龙认为是“見”之别体。盖尝经官圉谷折冲府左果毅都尉如魏哲者所经眼。拓本上方偶记一二字，如第四十六行下注“泉”字，第五十行下注“竭”字，即临写者随手所书。

温泉在今西安东临潼县之骊山温泉。辛氏《三秦记》：“骊山西有温汤。”周庾信有《温泉碑》，王褒有《温汤铭》，太宗撰文，盖拟庾兰成也。唐置温泉宫，为临幸之地。置有专职掌之，《唐六典》十九：“温泉汤监一人，正七品下，丞一人，从八品。温泉汤监掌汤池宫禁之事。”

《旧唐书·太宗纪》：

贞观二年八月，公卿奏：宫中卑湿，请营一阁以居之。帝曰：朕有气病，岂宜下湿，故数幸温汤。

① 《盈川集》卷八。

② 谷霁光：《唐折冲府考校补》。

见于本纪者，又有：

四年二月己亥，幸温汤。丙午，至自温汤。十二月壬寅，幸温汤，癸卯猎于骊山。

十四年二月壬午，幸温汤。辛卯至自温汤。

十六年十二月癸卯，幸温汤。

十八年春正月壬寅，幸温汤。

是年，即北魏温泉宫之遗构，改营离宫。[①] 伯五〇三七《驾行温汤赋》首云："天宝之元年，十月后兮腊月前，办省司之贡具，道驾行于温泉。"《册府元龟》卷四〇载："贞观二十二年（648）正月，太宗作《温汤碑》，夸示群臣，自书刻石。"李好文《长安志图》上："《温汤碑》建于离宫昭阳门内。"时太宗年五十一岁。

铭云："每濯患于斯源，不移时而获损。"温泉可以疗疾，是以张说之《温泉箴》云："救万灵，荡滞结，腑脏遣，肤凑泄，下人多赖之。"[②]

此碑为太宗晚岁所书，已臻圆熟，极浏漓顿挫之妙。虽源出二王，而卓荦骏发，清便宛转，行笔如流风回雪。天纵之姿，良不可及。世传太宗有论书之作多篇，谅出依托。其《笔法论》云："为点必收，贵紧而重；为画必勒，贵涩而迟；为擎（撇）必掠，贵险而动；为竖必怒，贵战而雄……"可于《温泉铭》看出其实践功夫。

此拓本有高宗永徽四年题记，去立碑只有五载耳。初唐拓本，世所罕见，真凤毛麟角矣。

《墨池编》著录作《温汤铭》，《金石录目》卷四第六〇五及《通志·金石略》作《温泉铭》。其后目录类书中绝无见者。罗振玉于1916年辑入《墨林星凤》，又有正书局印《石室秘宝》本，其他复印尚多，不具记。

研究是铭之专文，有陈祚龙"On the Hot-Spring inscription"[③]，及松井如流《唐太宗温泉铭》[④] 等。

又，从来各家亦有释文，今据原拓订正，揭之如次：

---

① 北魏元苌撰有《温泉颂》。

② 张说之《文集》卷十三。

③《通报》，1958。

④《书品》八七号。

温泉铭释文

［前缺］及故知……。其尚矣哉。至于□□云英，可以蠲□□□。金浆玉液，可以怡神驻寿。然而攀霞履雾，仰其术者难寻，策风駈（＝驱）鸾，访其踪者罕继。是以秦皇锐思，不免兹山之尘，汉帝穷神，终郁茂陵之草。故知仙道纡阔，孰长龄之可希。未若兹泉，近怡情性者矣。朕以忧劳积虑，风疾屡婴，每濯患于斯源，不移时而获损。于是面山开宇，徙旧裁基。泉涌殿而萦池，砌环流而起岸。岩虹曜彩，曲々垂梁。岫月澄轮，低々入牖，溯调风以荡志，鉴灵泉而肃心。贵乎炎景铄时，长波不足其热；霜风击岁，叠浪不稍其寒。不以古今变质，不以凉暑易操。无霄（＝宵）无旦，与日月而同流；不盈不虚，将天地而齐固。永济民之沉疫，长决施于无穷，故勒芳碑，乃为铭曰。

岩々秀岳，横基渭滨。滔々灵水，吐岫标神。古之不旧，今之不新。蠲痾荡瘵，疗治医民。铄冻霜夕，飞炎雪晨。林寒尚翠，谷暖先春。年序屡易，暄凉几积。其妙难穷，其神靡觌。落花缬岸，轻苔网石。霞泛朝红，烟腾暮碧。疏簷岭际，抗殿岩阴。柱穿流腹，砌裂泉心。日莹文浅，风幽响深。荡兹瑕秽，濯此虚衿。伟哉灵穴，凝温镜彻。人世有终，芳流无竭。

二、《化度寺塔铭》　唐贞观五年（631）　欧阳询书

伯希和自莫高窟取去之《化度寺碑》唐拓本，存于法京列号伯四五一〇者，只剩碑之开头两叶，共八行，起“化度寺邕禅师塔铭”标题，至“穷理尽”句。自“性”字以下计有十叶，则先由斯坦因取去，藏于伦敦，列号斯五七九一。宝物澌散，难为延津之合。此寥寥八行，亦有缺字，因剪裱时裁去，故文义不接。间有漫漶不清，如“铭”旁之“名”，及“更”、“象”、“攸”、“义”诸文。即此且可悬揣唐时此碑为人爱好之甚，椎拓无虚日，不免残泐，甘井先竭，理固然欤？

今以翁方纲所拟作《化度寺碑全图》校之，此唐拓第三行“右庶”以下缺“子李百药”四字，第四行“率更令”以下，缺“欧阳询书”四字，第八

行“感”字下，缺“山川之”三字。其伦敦本之缺文，及此碑自宋以来拓本源流，屡见诸名家讨论，今不复赘。

北宋庆历初，范雍于关右南山佛寺，见断石于砌下，审即此碑，辇归其家，其石破碎已甚。明赵崡谓化度寺在朱雀桥，尝亲访之，惟禾黍离离，无复兰若之迹。[①] 宋潜溪称“欧阳信本书，《金石略》载凡二十三种，行于南北者，惟僧邕塔铭而已”。播芳既广，故西陲石室，亦复留有拓本，得以流传至于今日。宋氏又称“碑多所翻刻，南本失于瘦，北本失于肥”。解缙谓“西安府学亦有一本，不及原刻清劲”。具见翻刻之多，翻本且为好事者宝爱，锤拓缺损，不可卒读，何况唐拓乎？

自姜夔评书，以《化度》胜于《醴泉》。而赵子固亦谓《化度》、《醴泉》为楷法第一，推挹过甚。二碑诚为欧阳晚岁之佳作。元王恽云：“《化度碑》规模一出《黄庭》，至奇古处，乃隶书一变。”[②] 揣其点画波磔，确有隶意存焉；风骨峻整，固是欧阳家法，而此碑特纯懿，不复森森若武库兵戟。史称询卒于贞观十五年（641），年八十五。《化度寺碑》建于贞观五年，腴润圆劲，远出《皇甫诞碑》之上。王澍谓“《醴泉》朗畅，《化度》遒逸，正如东岱、西华，不可轩轾。而叹所见皆翻本，求其肥瘦适均，清劲焕发，盖绝不可得”[③]。今幸获见唐本，诚如罗雪堂云：“十步之外，精光四射。”而一种朴茂浑穆气象，跃然于字里行间，有“大巧若拙”之感；人书俱老，岂仅遒逸之美，更不必计较肥瘦矣。

近时王壮弘在《增补校碑随笔》中言，曾取上海图书馆藏四欧堂及攀古楼旧藏宋原石拓本与敦煌本对勘，“天象攸凴”，“凴”字原本“馬”下仅三点，敦煌本多刻一点，三行“稟仁义之和”，“稟”字下半多刻一撇成“釆”字，原本作“米”（页四八二）。今细核此影拓，“凴”之“馬”下实仅三点，“稟”下亦从“米”，并无一撇，敦煌本与原本无异，王说非是。故知精印实不容缓。至谓敦煌本非原石蓝本，而是唐代翻刻本，尚待仔细研究。

三、金刚般若波罗蜜经　唐长庆四年（824）　柳公权书

此拓本列伯希和编目伯四五〇三，现庋法京，装成卷子。首尾题“金刚

① 《石墨镌华》卷二“醴泉铭”条。
② 《秋涧大全集》卷九六《玉堂嘉话》。
③ 《虚舟题跋》。

般若波罗蜜经”，末有题记五行，文云：

> 长庆四年（824）四月六日，翰林侍书学士朝议郎行右补阙上轻车都尉赐绯鱼袋柳公权，为右街僧录准公书。强演、邵建和刻。

写《金刚经》一部，正书。横石十二石，经文每行十一字。分段处留行，兼记段次。可认识者有三、四、五、七、九、十二等字，当是唐拓原裱，用厚黄纸。

公权为柳公绰弟，新、旧两《唐书》皆记其“书上都（京兆）西明寺金刚经碑，备有钟、王、欧、虞、褚、陆之体，尤为得意”。此说似取自公权之侄柳玭。玭为柳仲郢之子，公绰之孙。《广川书跋》八金刚经条云：“此经本书于西明寺后，亦屡改矣。经石幸存，不坠兵火。柳玭谓备有钟、王、欧、虞、褚、陆之体。”是也。则北宋董逌时，此经石尚存。

《旧唐书》卷一六五谓“穆宗即位，召见，谓公权曰：我于佛寺见卿书迹，思之久矣。即日拜右拾遗，充翰林侍书学士，迁右补阙，司封员外郎”。公权于穆宗时所历官职如此，观此拓本官衔，时尚未改司封也。

宋无名氏《宝刻类编》四记柳公权书共七十六事，未言及此长庆四年之《金刚经》。其长庆四年之书迹，只有六月立李渤撰文之《大觉禅师塔铭》，与此为同年之作，此拓可补其缺略。《宝刻》记柳书金刚经有二：一为郑□题额，会昌四年（844）四月书。一为安国寺模西明寺《金刚经》，大中十三年（859）六月。是柳氏书《金刚经》前后不止一次。今所知者计有长庆四年，会昌四年及大中十三年模诸本。

此拓本题长庆四年，盖为准公所书。考准公法名灵准，《守高僧传》卷十一汾州开元寺无业传：（穆宗即位之年）“命两街僧录灵准公远赍敕旨迎请”。即此人也。《佛祖历代通载》卷一五、三四及《释氏稽古录》卷三作“左街僧录灵阜”系于长庆二年（822），今据此唐拓，知“阜”殆“准”之形误。“左街”应作“右街”。唐元和二年（807），于左右街置僧录，以（大安国寺）端甫任之。[①] 是为唐代僧录之始。僧录相当于姚秦之僧正，后魏之沙门统，僧中之总管也。[②] 灵准在长庆间乃僧侣之首长，地位甚隆，柳为书《金刚经》，故

---

① 《释氏稽古录》卷三僧录条。

② 《释门正统》卷四。

以上石。

此拓本刻者记名有强演及邵建和二人，考杨承和撰书之《邠国公功德铭》，立于长庆二年十二月，刻字为天水强琼，强演谅是其族人。至邵建和名，则见于会昌二年（842）立之《玄秘塔碑》，末署“刻玉册官邵建和并弟建初镌”。建初名又见于大中六年（852）《杜顺和尚行记》，署曰“镌玉册官邵建初刻字”。强、邵两家，皆当日之名镌工也。内藤虎次郎《湖南文存》卷六于柳书颇有考证，今为钩索僧录及刻工事迹，补其不及。

诚悬《玄秘塔碑》最为世所矜式，论者谓其筋骨稍露，不善学者易落硬直一派。其妙迹行世者，宋儒所爱各异嗜，米元章独爱其《金刚经》。《庚子消夏记》十称：“柳迹在京师者有宋拓《金刚经》，贾似道藏本，在李梅公寓。”《金刚经》宋拓，孙承泽犹见之。今人乃能睹唐拓，其眼福洵过于前贤矣。

此唐拓纸墨如新，光彩焕发，首尾完整，尤可矜贵。正书结体劲媚匀称，闲逸生趣，董香光《画禅室随笔》谓“自学柳诚悬，方悟其用笔古澹处”，观于此本，良信。

此拓屡有翻印。罗氏辑入《墨林星凤》，以后有正、中华、文明诸书局皆有影印。1957年世界书局印本最差。1979年北京文物出版社印本，影片亦多模糊，缺字时见。必另有精影本，庶可保存原来面目。

碎金

一、王羲之十七帖（彩笺） 唐人临本

王右军《十七帖》，最早见张彦远《法书要录》卷十。黄伯思以为皆与周益州抚之书札，杨慎亦同其说。抚字道和，为周访子，事详《晋书》卷五十八。周氏自访以下，三世为益州，前后四十一年。清鲁一同撰《右军年谱》，穆帝永和三年丁未（347）条：

> 右军四十一岁，是年桓温克成都，李势降。以周抚督梁州诸军事①、迁平西将军、益州刺史。按右军《十七帖》，黄伯思以为皆与周益州书。杨慎《四川总志》载《十七》、《邛竹》、《诸葛》、《谯周》、《山川》、《讲座》、《严君平》、《盐井》八帖为与周益州。其《旃罽》、《胡桃》帖，亦似与益州。

谓以《旃罽》、《胡桃》帖即与益州抚往来书札，是也。

敦煌石室所出残叶，唐人临写《十七帖》有二：一为英伦斯三七五三号之《瞻近》、《龙保》二帖，1959年拙作《敦煌书谱》已列举之，并印出《龙保帖》。一为法京伯四六四二号，近时土肥义和指出，即《旃罽帖》。前者用

① 《晋书》卷五八《周抚传》云："永和初，桓温征蜀，进抚督梁州之汉中、巴西、梓潼、阴平四郡军事，镇彭模。"

粉红笺，后者用彩纸，学人以为两者即出于一人手笔。[①]

法京此纸只存三行又一字，起“回近之未许”句。兹录宋拓原帖（上海博物馆藏本），加以断句并解说如下：

得足下旃罽、胡桃药二种。知足下至，戎盐乃要也。（据包世臣《十七帖疏证》说，“至”读为“挚”，谓“索戎盐先致谢也”。）是服食所须，知足下谓（包说“谓”训“勤”。按“谓”，犹“以为”也，言盐是服食所须之物，知足下亦以为然）。

顷服食，方回近之。未许吾此志。知我者希。（此言近时论服食之事，以郗方回（愔）最为近之。但彼未许可我之志愿。尚未能了解我。能知我者尚少，意谓周抚则能了解他。）此有成言。（按此如《瞻近帖》云“想必果言”。“成言”正如“果言”，谓必有先约。）无缘见卿，以当一咲（笑）。

英伦之《瞻近帖》残纸，“省苦”及“苦［有期耳］”二句分明作“苦”字。“苦有期”之“苦”为甚辞，诗中“苦忆”、“苦恨”常见。包世臣谓“苦”为“告”之模误。宋拓《十七帖》字亦作“苦”，近时作释文者仍沿包氏说，据敦煌本，可订作“告”之非是。

《晋书》卷六七《郗愔传》云：“郗愔，字方回……会弟昙卒，益无处世意，与姊夫王羲之、高士许询，并有迈世之风，俱栖心绝谷，修黄老之术。”故此帖称其“顷服食，方回近之”。又《晋书》卷八十《王羲之传》云：“既去官，与道士许迈共修服食，采药石不远千里。遍游东中诸郡，穷诸名山，泛沧海。叹曰：我卒当以药死。”可见其醉心服食。然羲之寿止五十九耳。观此札，当时其内弟郗愔尚未之许，不如周抚之相知心也。

《十七帖》唐贺知章有临本，李后主刻之于《澄心堂帖》。清孙承泽曾见后主刻本于山东。[②] 今存《唐人临十七帖零本》，有赵子昂补书者[③]，即《珊瑚木难》所著录，其中亦有《瞻近帖》，持较敦煌本，笔画肥钝。元人称其“沉着清劲”，实则清劲不足，似出于摹写，非为肉笔。包世臣言所见

① 西川宁先生说，见《敦煌楼兰文书展》解说。

② 《庚子消夏记》。

③ 见平凡社《书道全集》卷四，42～45页。

唐临本不下十余种，大都“入多尖锋，出多挫锋，转折僵削”。殆指摹钩本而言，观于子昂补本，其说良信。若法京敦煌此本，虽寥寥三行有奇，而使笔浑圆，绝无僵削之病。伦敦本多渴笔，神采烂然。清人王澍论羲之草书，“无圆不矩，无方不规”[①]。此两写本尚存唐人使笔转折之矩矱，正足令人玩味。

二、智永真草千字文残卷　唐贞观十五年（641）　蒋善进临

此卷列伯三五六一，只存卷尾三十四行，真草书各一百七十字，行款悉依智永原迹，起“［侍巾］帷房”，讫于终篇。原为三枚褐色楮纸黏合而成，全长约102公分，高约25.3公分，今所见绢本，乃巴黎国立图书馆东方部为保护原卷。而贴于表里者。卷末题：

贞观十五年七月，临出此本，蒋善进记。

唐初手迹，墨色精莹，诚旷世珍宝，摩挲至再，不忍释手。

智永为王羲之七世孙，生际陈、隋之会，传羲之学，年近百岁。唐人记智永所书千文，或称其“具真草千文数本，并带名草书二纸”[②]；或称其“凡三十年，于［永欣寺］阁上临得真草千文，好者八百余本，浙东诸寺各施一本”[③]。智永千文尝刻石，原物在陕西碑林，旧拓流传有宋大观己丑（1109）薛嗣昌跋本[④]，及明宁王府旧藏之宝墨轩本。前者称关中本，现北京故宫博物院藏有南宋拓本，详叶喆氏《漫谈智永真草千字文》[⑤]。日本谷铁臣旧藏传摹本（即小川本[⑥]），间有不同。今取与蒋善进临本比较，亦有差异，略举一二如下：

① 《虚舟题跋》“十七帖”条。

② 《法书要录》卷五所收窦臮《述书赋》上注。

③ 何延之《兰亭记》。钱易《南部新书》作“长安西明寺写千文八百文”。按智永，会稽人，永欣寺在会稽，似以何延之说为妥。

④ 二玄社《书迹名品丛刊》九九。

⑤ 《书法丛刊》一，1981。

⑥ 二玄社《书迹名品丛刊》七二。

	真书	草书				
	布	纇	斩	孤	助	引
蒋本	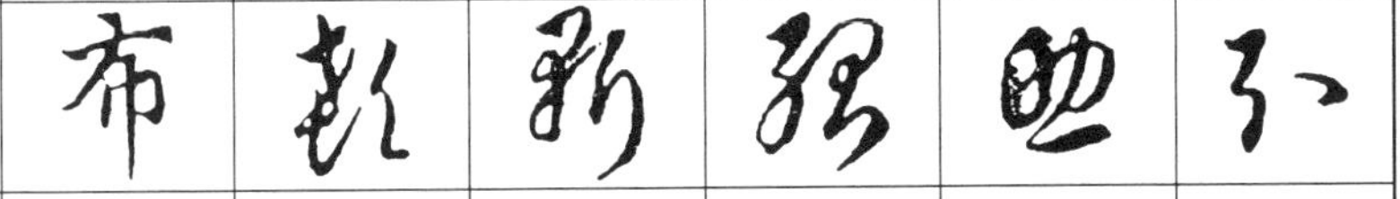					
小川本	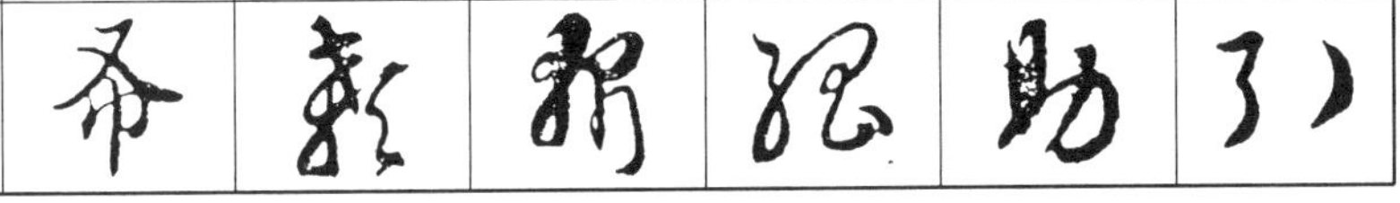					

他若小川本“热”字笔画特肥。又“斩”字蒋本起笔斩截，“引”字一竖稍异，具见不是同源。蒋本“工嚬研咲”即“工顰妍笑”，“布射遼丸”即“布射辽丸”。然小川本与关中本亦同作此，不独蒋善进临本也。

当日智永之真草千文已有多本，临者遂复多歧。米芾《书史》曾指出：“唐人临智永千文半卷，在丞相苏颂家。”《宝章待访录》提到黄麻纸唐人临书数种。是宋时见到之唐人临本，不一而足。

此蒋氏临本题署有绝对年代，楷法隽秀挺拔，与永师之摇曳肥厚，“得羲之肉”者[①]，书风复有距离，更可矜贵。惜卷尾为后人乱涂，又杂记上元年月，然无损日月之明也。

三、篆书千字文五行（旁注楷字）　篆书千字文七行《旁注楷字》

伯四七〇二号篆书，存五行。起“［左达］承明”，讫“车驾肥轻”。首行“亦”下缺三字，篆书旁注正书，“承明”二字误作“论散”，点去。又正书旁注一行，只存半边，审即“［策］功茂实，勒碑刻铭，磻溪［伊尹］”句。

又伯三六五八号篆书，存七行。起“［桓］公匡合”句，讫“九州［禹迹］句。正书旁注一行，即“禹迹，百郡秦并，岳宗恒岱”句。另有杂写千字文起端二行。

以上二纸，似原为同卷，出于一人之笔，中间断缺。唐人篆书多作悬针体，存世不多。若《说文》木部残卷[②]，及李阳冰《峿台铭》等。此虽寥寥数十字，用笔奇崛，可睹唐人真貌，亦自可贵。

① 陈思《书小史》卷八。
② 武田科学振兴财团藏。

字形多古诡，如迴之作，用之作，钟之作，钟字金旁作，考之杨钩《增广钟鼎篆韵》三钟，均未之见，重旁之作，类似空海《篆隶万象名义》（第一帖）之“墱”字篆书，而写失“土”旁。曾持较郭忠恕之《汗简》（冯己苍手钞本），约有五十文见于该书，只有十文略字近，其余形皆不类。此为篆体，彼则古文，固不同系统也。

他如起字作，赵字作，走旁皆不同。唐人所见篆形异构，为宋后人所罕见。故从字形学立场论，此二纸殊有研究价值。

四、兰亭序

伯二五四四卷为一诗文杂抄，首题“酒赋一本，江州刺史刘长卿撰”。在《北邙篇》之后，即录《兰亭序》全文共十四行。似出一人之笔。颇有异文，如契（禊）、迈（万）等；有误书者，如“修短”作“循矩”，“视昔”作“现昔”，中间四行，有一字断缺。

在末句“斯文”之下，有墨色不同写“僧（?）义门（?）”三字，当是人名。

余阅伯希和取去卷子，背面偶书《兰亭序》者，不止一见。伯三一九四正面为《论语集解》（述而、泰伯），背有临《兰亭序》二行又二字，第二行“至兰停”为“之兰亭”之误，而书法甚佳。又伯二六二二正面为《吉凶书仪》，题“大中十三年（859）写了”。背有《兰亭》三行，起“永和九年”，讫“崇［山］”。亦有误写，如“修禊”作“修惠”，“茂林”作“蕺林”，是。

五、三藏圣教序　唐武后久视元年（700）

伯三八三一为武则天撰《三藏圣教序》残文，存二十二行。第一行存“俨尊［容于常住］”二字，第二行存“所以地［涌全身］”三字，第三行存“［为证说］经之兆，空县［宝殿］；爰标阐法之徼，八［万四千］”十二字。末行讫“部帙条流，刊之于左”句，全篇已完。

考《佛祖统纪》卷三九：“久视元年，诏义净三藏于东都译《金光明最胜王经》，天后制《圣教序》。”序文载《全唐文》卷九七，文字无大差异，略校如次：“德包初地”之“包”，写本作“苞”；“道獼弥天”，“獼”写本作“獼”。

此为武后时之写本，惜止存一叶而已。

六、五经正义刊定职衔　唐永徽四年（653）

伯三三一一，据王重民云：“此为《春秋正义》衔名，永徽四年内府写本。”首行记“永徽四年二月廿四日右内率府长史弘文馆直学士□□□□”。案《新唐书·艺文志》：“《春秋正义》三十六卷，孔颖达、杨士勋、朱长才奉诏撰，马嘉运、王德韶、苏德融与隋德素覆审。”① 所记仅此，考同志《尚书正义》下于撰人及覆审者之外，又有下列衔名：

> 太尉扬州都督长孙无忌、司空李勣、左仆射于志宁、右仆射张行成、吏部尚书侍中高季辅、吏部尚书褚遂良、中书令柳奭、弘文馆学士谷那律、刘伯庄、太学博士贾公彦、范义頵、齐威、太常博士柳士宣、孔志约、四门博士赵君赞、右内率府长史弘文馆直学士薛伯珍、国子助教史士弘、太学助教郑祖玄、周玄达、四门助教李玄植、王贞儒，与王德韶，隋德素等刊定。②

其名衔与此纸过半相同。此纸尾又杂记“国子监俊士潘元珍初校，国子监四门学生张德淹再校，太学博士薛伯珍覆勘，礼部员外郎孙”，其一“太学博士薛伯珍（伯珍二字后加）”，当即上引《尚书正义》刊定衔名之“右内率府长史弘文馆直学士薛伯珍”。此官衔可补此卷首行之缺文，似首行之人名，亦即薛伯珍也。兹将各人有关事迹略考如次：

赵君赞： 亦为《礼记正义》之覆审。（参见《新唐书·艺文志》，标点本，1344 页）

贾公彦： 洺州永年人。太学博士，撰《周礼义疏》、《仪礼义疏》，传见《旧唐书·儒学上》，4950 页；《新唐书·儒学上》，5650 页。

孔志约： 孔颖达之子。官礼部郎中（《新唐书·世系表下》，3433 页）与萧楚材等撰《永徽五礼》一百三十卷。显庆三年（658）上（《新唐书·艺文志》，1491 页）。又参与撰《姓氏谱》工作（同上，1500 页）。所作文章见《全唐文》卷一八六。

---

①② 《新唐书》标点本，1428 页。

柳宣：案上引《尚书正义》刊定人名有太常博士柳士宣，《礼记正义》撰人有贾公彦、柳士宣等，然《全唐文》卷一六八有“柳宣”（永徽时太常博士），与此纸同，或以作“柳宣”等是。

刘伯庄：事迹见《旧唐书·儒学上》（标点本，4955页）、《新唐书·儒学上·敬播传附传》（5656页）。著有《史记地名》等。

其他大臣两《唐书》俱有传，《新唐书·高宗纪》：“永徽二年正月，中书侍郎柳奭同中书门下三品。三年三月，柳奭守中书令。四年十一月丁巳，柳奭为中书令。”此纸记纪时为永徽四年二月二十四日，柳氏题衔为“守中书令”，正合。又同纪：“永徽二年八月己巳，高季辅为侍中，于志宁为尚书左仆射，张行成为右仆射，同中书门下三品。”职衔正合。又同纪：“永徽四年二月己亥，李勣为司空。”此纸衔云“司空英国公勣”，是勣刚任司空也。

此纸虽寥寥十数行，然保存唐初《五经正义》刊定题名之原貌，极有裨于经学史。

职衔之后，记有“用纸卅张，凡一万四千二百言”，当是书写《五经正义》之一字数，然而为何经《正义》，尚待考证。

七、妙法莲华经卷第一卷尾　唐总章三年（670）

此《妙法莲华经》尾部，列伯二八八一号，高宗总章三年三月二十四日孙氏为亡母写，字极端正秀丽，为唐初标准之写经。

八、妙法莲华经卷第三卷尾　唐咸亨三年（672）

伯二六四四号，为咸亨三年三月七日宫廷写经，由虞昶监其事。斯三六为咸亨三年五月十九日写《金刚般若波罗蜜经》，亦题“虞昶监”，其详阅之僧人亦即太原寺之神符、嘉尚、慧立、道成，判官亦为向义感。惟经生、书手及初校至三校人物不同。伯四五五六写《妙法莲华经》卷二，经生王思谦及其他题名皆与此卷同。

敦煌写经卷题“虞昶监”者甚多，略举一二，如斯三一二及斯二五七三，同为咸亨四年封安昌写《妙法莲华经》，前者为卷第四，后者为卷第二，末均题“使大中大夫守工部侍郎摄兵部侍郎永兴县开国公虞昶监”。斯四五六为咸亨五年八月二日左春坊楷书萧敬写《妙法莲华经》卷第三，虞昶官衔同上。

斯八四为咸亨二年十月十二日经生郭德写《妙法莲华经》卷第五，虞昶官衔为“使太中大夫行少府少监兼检校将作少匠永兴县开国公”，则为前一年所写者。由此可以见虞昶仕履之经历。昶为虞世南子，两《唐书》皆云：“子昶，官至工部侍郎。”寥寥数字而已。世南于贞观七年转秘书监，赐爵永兴县子，后晋为公。昶袭其封爵。

此类宫廷之写经，秀整工丽，字体于虞、欧为近。虞昶负责监理其事，具见唐初书风习尚。

九、般若波罗蜜多心经卷尾　唐景云二年（711）

伯二八八四为《心经》末段十行及题记三行，为景云二年四月八日孔道生妻张为男思忠写，以消灾祈福。书法秀丽，为初唐正书标准写经。

十、义净译金光明最胜王经序

伯二八八三为义净译《金光明最胜王经》序。《宋高僧传》卷一《唐京兆大荐福寺义净传》刊于其首。传云：“久视之后，乃自专译，起庚子岁（700），至长安癸卯（703），于福先寺及雍京西明寺，译《金光明最胜王[经]》……凡二十部……天后制《圣教序》，令标经首。”

《金光明最胜王经》今收入《大正藏》第十六册，403～456页，起序品第一，至卷十付嘱品，所据为英国亚洲协会藏本，但卷前无序，此写卷文字可补其缺。

十一、义净译经题记　唐武后长安三年（703）

伯二五八五存武周长安三年癸卯义净译经题记，与斯五二三互勘，应是《金光明最胜王经》。斯卷为该经卷第八，其间缺字，可以互补。如第四行之“婆罗门尸利末多”，可补“末”字。第六行之“神英”，末行之“惠表”，可补斯卷“神”及“惠”下之缺字。

案伯二一二九陆法言《切韵序》后，为《金光明最胜王经》序品第一，有“书□（者）僧善惠记”一行。考斯五〇为《金光明最胜王经》卷第九，三藏法师义净译本，末行云：“僧人善惠题。”或出同一人之手？

本题记中“年”、“月”、“日”、“证”皆用武后新字。

十二、孙愐唐韵序七行

伯二〇一六号，白楮一纸，丝栏。前为序，今存七行，至篇终“天宝之十载也”句。后为《切韵》“平声上第一，凡廿八韵”韵目。姜亮夫摹入《瀛涯敦煌韵辑》卷六，103～104页。潘氏《新编》有校正（399～406页）。姜钞不照原行款位置，开端漏去两行半数十字。又第二叶姜钞漏夹注六行二百余字，殊欠忠实。

姜氏定此纸为“增字更改本之孙愐《唐韵》残卷”，盖晚唐人所书，可合伯二〇一八以观其全。伯二〇一八存一东韵末两行，下接二冬韵十一行。小韵皆加朱点。《广韵》三钟之“恭”字下言：“陆［法言］韵以恭、蜙、纵入冬韵，非也。”今此纸二冬韵无此三字，《广韵》即用孙愐说以入三钟。宋濂跋本王仁昫《刊谬补缺切韵》则此三字列在冬韵，则沿陆氏之旧，此即孙、王二本差别之处。

陈振孙《直斋书录解题》卷三《广韵》条云：“唐朝转有增加，至开元中，陈州司法孙愐著成《唐韵》。”《旧唐书·地理志》一：“陈州，隋淮阳郡。武德元年讨平房宪伯，改为陈州，领宛丘、箕城、扶乐、太康、新平五县。天宝元年（742）改陈州为淮阳郡。孙愐官衔作陈州司法，则在开元时也。

宋魏了翁撰《吴彩鸾唐韵后序》末云：“若夫孙愐叙文，较之今本，亦有增加书字处。”① 王国维引鹤山此序，误“叙文”二字为“叔文”，以其为别字。丁声树撰《魏鹤山与孙愐唐韵》一文，引四库本，特加订正。② 孙愐之叙文，即指此篇也。

志磐《佛祖统纪》卷四五记沙门鉴聿著《韵总》五篇，其述云：“孙愐之增《广韵》”，下小字注：“唐孙愐撰《广韵》，多收俗字。”③ 孙书详于反切，徐铉校正《说文》，即以孙愐《唐韵》音切为定。④ 故许观《东斋纪事》云：“自孙愐集为《唐韵》，诸［韵］书俱废。”⑤ 其为宋人所重视如此。孙书今亦

---

① 《鹤山大全集》卷五六。

② 《周叔弢先生六十生日纪念论文集》，1页。

③ 《大正藏》第四九册，413页。

④ 魏了翁《经外杂钞》卷一。

⑤ 《龙威秘书》本。

佚，源顺《倭名类聚抄》引用甚多，今有新美宽辑本。[①]

孙愐此序胪举采用字书，有《字统》，即后魏杨承庆著，见《隋志》。《韵略》当即北齐阳休之著。别有《声韵》一书，当即《隋志》著录之周研撰《声韵》四十一卷。宋丁度《集韵论例》云："类别部居，乃有四声，若周研、李登、吕静、沈约，皆有编著。"似周研之书，宋时尚存也。

十三、陆法言切韵序十行及四声韵目一行

此列伯二〇一七号，黄楮纸，上下界栏。陆词《切韵序》只存十行，行约三十五字。姜亮夫《瀛涯敦煌韵辑》有摹本，收入卷二，5～6页。潘重规《新编》重收之，（27～46页）有所校正。据称此一纸姜氏所摹竟有六十处之误失，漏抄反切及擅改者亦不少。行款序次，姜摹不遵原写形状，故影印实为必要。

此纸前后颇残损，计"平韵五十四，上韵五十一，去韵五十六，入韵卅二"，其四声韵目完整，骈列相贯，十分可贵。可考见陆法言书韵目之原状。字小而极娟秀，诸韵书残卷中之佳书，此最为铮铮者。

两《唐书·艺文志》《切韵》，题"陆慈撰"，源顺《倭名类聚抄》与僧瑞信《净土三部经音义》作"陆词"。伯二一二九王仁昫序之后，即为"陆词字法言撰切韵序"，全文完整无缺，与《广韵》卷首所载陆序，微有出入。《广韵》陆序于"李季节音谱"之上，多出"周思言音韵"一目，为敦煌卷所无。此纸上半残缺，所存首行起"支章移反"。是卷又多写失，如"夏侯韵略阳休之韵"句，"夏侯"下无"咏"字。（《广韵》本作"该"）"阳休之韵"下无"略"字是。

陆法言父爽，《隋书》有传。苏鹗《苏氏演义》称："陆法言《切韵》，时俗不晓其韵之清浊，皆以法言为吴人，此大误也。"法言系出代北，《元和姓纂》河南陆氏条："本号步六孤氏。孝文迁洛，改为陆氏。"其族系原出鲜卑。近人考证已详，不复赘。

---

① 《本邦殘存典籍による輯佚資料集成》，406、887页。

十四、长孙讷言切韵序

伯二〇一九，白楮一纸，丝栏。存二十八行，首尾两行残损难辨。“世”字避讳，间加朱点，开端为陆法言《切韵序》末段。姜亮夫《瀛涯敦煌韵辑》收入卷一，四页；潘氏《新编》有校正（21～26 页）。起首为“握笔略记”句，姜抄写脱三字。

讷言序末题“于时岁次丁丑，大唐仪凤二年（677）”，去陆法言撰《切韵》已七十余年。陈振孙《直斋书录解题》：“《广韵》五卷，隋陆法言撰。开皇初，有刘臻等八人，同诣法言，共为撰集。长孙讷言为之笺注。”《元和姓纂》长孙氏条：“敦生师，黄门侍郎；师生讷言。”长孙本为拔拔氏[1]，孝文迁洛，改长孙氏。详见《通鉴》齐纪六所述。[2] 讷言前官德州司户参军。《旧唐书·地理志》：“德州，隋置，又为平原郡。武德四年平窦建德后，置德州，领安德、般、平原、长河、将陵、平昌六县。”

《广韵》卷首亦录长孙序，以此校之，如“楷其纰缪”之“楷”，敦煌卷作“揩”，是。《唐韵》上平十四皆：“揩，揩握摩拭。”又“其有类杂”之“类”，敦煌此卷作“顡”（伯二六三八亦同）。“顡”即“顡”，《广韵》去声十六怪：“顡，颜恶也，他怪切。”字亦见《说文》，训“痴顡，不聪明也”[3]。故作“顡杂”者是。

敦煌本有缺文，如“庶埒笺云”之“笺”，各卷皆空之。又有误字，如“画”之作“书”。

末有“前费州多田县丞郭知玄拾遗绪正”云云，《旧唐书·地理志》：“费州，隋黔安郡之涪川县，所辖有多田县，武德四年置。贞观四年属思州，八年属费州。”郭知玄《切韵》，日本《弘决外典钞》（宝永四年刊本）及元弘钞本《五行大义》背记（久迩宫家藏本）属引之，新美宽有辑本。[4]

此纸书法厚重沉着，行笔略近欧阳率更，仍存北朝风范。

---

① 见《周书》二六《长孙俭传校勘记》。

② 参陈垣《切韵与鲜卑》一文。

③ 段注《广韵》之说为“今义”。

④ 《本邦殘存典籍による輯佚資料集成》，330 页。

十五、陆法言《切韵序》　长孙讷言《切韵序》孙愐《唐韵序》

伯二六三八原为清泰三年（936）河西都僧统算会账，其背写陆法言《切韵序》，残存十行半，长孙讷言《序》七行半，郭知玄题记，孙愐《唐韵序》三十一行及“论曰”四行又两行半。白楮纸，无匡格丝栏。“世”字讳，或出五代后唐人书写。姜氏《瀛涯敦煌韵辑》摹本在卷一（213页），潘氏《新编》亦收之（13～19页）。其孙愐《序》“开元三十年”句，姜氏误作“三年”，潘氏亦未校，因“十”字旁注，故被忽略。

今本《广韵》卷首备录诸序，可与敦煌本参校，略举数例：

伯二六三八本	广韵本
等夫誉诵	等夫舆诵
宁词阻险	宁辞（辞）阻险
欲令清浊昭举舉（举）之上	欲令清浊昭然学之上（按此句恐误）
精恠图（按敦煌伯希和本《白泽精恠图》正作恠）	精怪图
四夷传	四夷传

此卷抄写不依行款，而疏朗有致，字刚健而拙重，古意盎然，有北碑遗韵，了无经生书经佻之习。

十六、王仁昫《刊谬补缺切韵序》　陆法言《切韵序》

伯二一二九，正面为《大乘密严经》，此二序在其反面，白楮质粗，字甚古拙。首行云：“《刊谬补缺切韵序》，朝议朗衢州信安县尉王仁昫字德温新撰定。”姜亮夫《瀛涯敦煌韵辑》摹本收入卷一，潘氏《新编》同（1～11页）。此首行姜氏摹失。

序云“大唐龙兴，廉问寓（宇）县，有江东道巡察黜陟天使侍御史平侯嗣光”。案《资治通鉴》卷二〇八中宗神龙二年（706），“选左右台及内外五品以上官二十人，为十道巡察使……二年一代，考其功罪，而进退之”。即此官职。江东道，唐兰以为当作“江南东道”，然唐分天下为十五道在开元二十一年（733），其时方有江南东道，非神龙时所有。首句“大唐龙兴”一语，实本中宗神龙中张景源疏请改“中兴”为“龙兴”之奏书。[①] 王仁昫《切韵》书中，“治”、“显”皆避讳，铣韵“显”字缺末笔，且云“今上讳”，即指中宗，可见其人撰书，必在中宗时。[②]

序中“即持斧理论”句，据宋濂跋本宜作“即持斧埋轮”，“埋轮”语出《后汉书》卷四六《张纲传》[③]，“理论”为“埋轮”之形讹。潘氏已指出此点。据序，仁昫此书，初名《字样音注》[④]，因平侯嗣光之建议，乃改撰为《刊谬补缺切韵》。时平侯采访，届于衢州，仁昫适官信安县尉。《旧唐书·地理志》：“信安，唐武德四年置衢州，县仍属焉。八年，以信安还属婺州。垂拱二年，分婺州之信安、龙丘、常山三县置衢州。”仁昫行衢州信安县尉即当是时。

序言“家家竞写，人人习传”。余考孙愐之著《唐韵》，实以尝在吴王所，得见王仁昫书。《平生壮观》记吴彩鸾《唐韵》：“元和九年正月三日写吴王本，朝议郎陈州司法参军孙缅（愐）上，有序。此言吴王，即李祇。据《旧唐书》卷七六，信安郡王李祎弟祇，神龙中封为嗣吴王，祎于开元十二年封信安郡王，二十二年出为衢州刺史。祎与祇为唐太宗子吴王恪之孙。仁昫官行衢州信安县尉，而孙愐则为吴王李祇属下官，开元时必居衢州，故接触王书。因递有增加，以成《唐韵》。衢州一地与《切韵》关系如此，其事向所未知，故附论之。

十七、《开蒙要训》一卷　后唐天成四年（929）

伯二五七八为《开蒙要训》一卷，署“天成四年（929）九［月］十八日燉煌郡学仕郎张□□□”，为五代写本，此书西陲所出极多，法京所存写卷有十六点，英伦有九点，足见其流布之广。且多具年代及书写者名氏，兹略举之：

斯七〇五题：“唐大中五年（851）辛未三月廿三日学生宋文献诵，安文德写。”

伯三〇五四题：“大唐天福三年岁次已亥九月五日张昌邦书记。”按《新

---

① 《册府元龟》卷四八〇。

② 参周祖谟《问学集》，492页。

③ 案《孙子》九地篇：“是故方马埋轮，未可恃也。”曹注：“埋轮，示不动也。”

④ 原本“注”误作“住”。

五代史》卷七一《十国世家年谱》，己亥为晋高祖天福四年（939），此称三年，或系笔误，复用后唐纪年。

《开蒙要训》四字为句，与《千字文》同为小学教材。敦煌本《杂钞》云："《兔园策》，杜嗣先撰之；《开蒙要训》，马仁寿撰之。"此书《日本见在书目》小学类著录，云"六朝仁寿马氏撰"。

此卷行间，偶注同音字，便于诵习。字体结构紧凑，秀劲多姿，横笔顿住有力，可见五季书风。

伯三三一一背《开蒙要训》存开端九行，首书题下有云："千罗宝盖满［□］来，灵图大寺西南开。沙弥宝宣。"书法浑厚有力。别体字时见，如"迎"作"迎"，"昏"字作"昬"，"暝"作"暄"，"济"作"渣"是。

十八、《兔园策府》卷第一　杜嗣先撰

伯五二七三为《兔园策府》，存序十六行，上题"《兔园策府》第一并序"，下题"杜嗣先奉教撰"。"奉教"者，谓奉蒋王李恽之命也。据《困学纪闻》卷十四：

> 《兔园策府》三十卷，唐蒋王恽令僚佐杜嗣先仿应科目策，自设问对，引经史为训注。恽，太宗子，故用梁王兔园名其书。冯道兔园册谓此也。

据《旧唐书》卷七六，恽以贞观十年（636）改封蒋王，任安州都督，由此时至永徽三年（652），任梁州都督，凡在安州十六年。安州，隋安陆郡。唐平王世充后，改为安州，领安陆、云梦等八县。

《五代史记》卷五五记：

> 宰相冯道世本田家，状貌质野，朝士多笑其陋。道旦入朝，兵部侍郎任赞与刘岳在其后，道行数反顾。赞问岳："道反顾，何为？"岳曰："遗下兔园册尔。"兔园册者，乡校俚儒教田夫牧子之所诵也。

此书向被讥为俗陋，敦煌乡曲十分流行，英伦写本可举者有三：

斯六一四，末有"巳年四月六日学生索广翼写了"题记。

斯一〇八六，题“兔园册府”，残存封禅、论天地、阴阳三篇。

斯一七二二，题“兔园翰府”，存卷第一、第二。

宋时此书流通亦广，晁公武《郡斋读书志》作：“《兔园府》十卷，唐虞世南奉王命，纂古今事，为四十八门，皆俪偶之语。”两《唐书·艺文志》未著录，《宋史·艺文志》列入类书古文史类，有“杜嗣先《兔园策府》三十卷”，与敦煌本合。

此卷已印入《鸣沙石室佚书》第四册，王国维跋云：“此本虽仅存卷首，然犹是贞观时写本。序中‘刘君诏问，皆愿治之言’，‘治’字阙末笔，知尚在太宗时。”审此纸，“言”当作“词”，其“问皆愿治”等字皆残泐，无由辨认，似是法京重裱时损坏。然观其书法雄肆沉厚，异乎唐初之谨严，恐出五代人手笔，王说未敢必其是。胡道静《中国古代的类书》（87～94页）考证甚详，今不赘。

十九、散颁刑部格卷　苏瑰等奉敕删定

此列伯三〇七八号，题刑部、都部、比部、司门各项，存十八条，卷首题记一行云：

> 银青光禄大夫行尚书右丞上柱国臣苏瑰等奉敕删定。

苏瑰为许国公苏颋之父，《旧唐书》卷八八，《新唐书》卷一二五有传。《新唐书》本“神龙初，入为尚书右丞，封怀县男。瑰明晓法令，多识台省旧章，一朝格式，皆所删正。再迁户部尚书”。据此纸官衔为尚书右丞，则时正值神龙初。有定此格为神龙二年（706）本是也。“散颁”者，亦云“散分格”，即颁布天下之意。

董康最先研究此写卷，论刑部格与唐律之关系。[①] 其后，仁井田陞博士有《董康氏の敦煌發見唐散頒刑部格研究》[②]。

斯四六七三亦为部刑格同卷，接于此卷之后。[③] 俱印入东洋文库编印之

---

① 《书舶庸谭》卷一，1927年1月21日条。

② 《唐令の復舊について》，《法学协会杂志》五二卷二号，1934年2月。

③ 参仁井田陞《スタイン文獻の神龍散頒刑部格》；《中国法制史》第十六章《唐のおよび律令格の新資料》附记。

Tun-huang and Turfan Documents Concerning Social and Economic History I, *Legal Texts*, (A) (B), Tokyo, 1978。

义净于睿宗永隆元年（710）在大荐福寺译经，其时即由左仆射韦巨源、右仆射苏瑰、秘书大监嗣虢王邕监护。[①]

此写本字体精严，肉余于骨，沉着有力，处处见唐人正书楷法之矩范。

二十、《沙州城土镜》　后汉乾祐二年（949）

伯二六九一为地记之类，详志沙州东西四至山川道里之数，题名曰《沙州城土镜》。书名曰"镜"，其例甚多，《隋书·经籍志》有《地镜图》，敦煌石室所出占书有《天镜》（伯三二八八十三五五五）。此言《土镜》，正如地镜、天镜之比。卷中有云：

> 今时窟宇并已矗新，从永和八年癸丑岁刱建窟，至今大汉乾祐二年己酉岁，算得伍佰玖拾陆年记。

一般谈敦煌莫高窟建窟年代，大都依据武周时李怀让《重修莫高窟佛龛碑》[②]，追溯到前秦建元二年（366），沙门乐僔造窟一龛为最早记录。今《土镜》乃言创建佛窟肇于永和时，则向之所未闻。永和为东晋穆帝年号，癸丑应是九年（353）。八年是壬子，当以九年为是。[③] 其时敦煌应属前凉张重华所辖，永和九年下距乐僔造窟仅十多年。

在凉州一带，造窟最先者为沮渠氏。道宣《集神州三宝灵通感应录》卷中云："昔沮渠蒙逊以晋安帝隆安元年（397）据有凉土三十余载，陇西五凉斯最久盛。（中略）［凉］州南百里，连崖绵亘，东西不测。就而斫窟，安设尊仪，或石或塑，千变万化。"[④] 亦在永和之后。

宿白考莫高窟早期洞窟，对《土镜》此说，不敢置信。[⑤] 然《土镜》明著写成年代为五代汉隐帝刘承祐乾祐二年，言之凿凿。向达《莫高榆林二窟杂

---

① 《宋高僧传》卷一，《唐京兆大荐福寺义净传》。

② 按李氏实讳义，字克让。

③ 下文"乾祐六年己酉"，"六"字当为"二"字之误。

④ 《大正藏》第五二册，417～418页。

⑤ 《敦煌莫高窟早期洞窟杂考》，见《大公报在港复刊三十周年纪念文集》，394页。

考》则云："据《晋书》卷六十《索靖传》，靖卒于晋惠帝太安末（303）。靖于莫高窟曾题'仙岩'二字，意其时梵宇琳宫或已辉映山阿，故靖题记云尔。则其卒后五十年，凿建石窟。殊为可信。"[①] 余谓前凉张氏始终奉用晋之正朔，新出吐鲁番文书可以为证。[②] 故《晋书》卷八六《张轨传》记重华及祚事，皆以永和纪年。《土镜》书"永和癸丑"，正是张氏承用晋年号之习惯，愈觉其可信。

五代时撰地志者，如李延范之《敦煌新录》一卷[③]，今已亡佚。此《地镜》谅出于当地人手笔，史籍目录书从未著录，殊为可珍。地不爱宝，遗物间出，如一九六三年三月，莫高窟一二五、一二六窟发现北魏绣佛，下部有太和十一年（487）广阳王慧安《发愿文》[④]，在东阳王元荣任瓜州刺史之前[⑤]，安知异日不有新资料，可为前凉开窟之佐证耶?

此卷书体结构工整，点画平匀，出自五季书手，亦有可观。

二十一、《唯识二十论序》　《大乘庄严论序》　大唐《新译三藏圣教序》

此列伯二一五五号，丝栏，粗纸，录文三篇。

首为沙门靖迈制《唯识二十论序》。《唯识二十论》，为玄奘所译，刊《大正藏》第三一册，一五九〇号，74～77页。靖迈为蜀梓潼人。贞观中，奉敕造广福寺，与普光寺栖玄、广福寺明濬、会昌寺辩机、终南山丰德寺道宣同与《本事经》翻译事，执笔缀文。又著有《译经图记》四卷。其事迹详《宋高僧传》卷四。[⑥] 法隆寺藏玄奘译《大般若经》卷第三百四十六，有"大慈恩寺沙门靖迈缀文"题名。有邻馆藏贞观二十二年《显扬圣教论》卷五，亦有"简州福众寺沙门靖迈缀文"题名。

二为李百药之《大乘庄严论序》全文。百药字重规，博陵安平人。太宗

---

① 《唐代长安与西域文明》，394页。

② 《吐鲁番出土文书》第一册。

③ 《崇文总目》著录。又陈振孙《直斋书录解题》卷七云："有序称天成四年（929）沙州传舍集，叙张义潮本末及彼土风物甚详，盖以续刘昺《燉煌实录》，故称《新录》。"

④ 《文物》，1972（2）。

⑤ 《魏书》卷十敬宗孝庄帝本纪："[永安三年八月] 丁卯，封瓜州刺史元太荣（即元荣）为东阳王。"

⑥ 《大正藏》第五〇册，二〇六一号，727页。

时官宗正卿。承父德林业，撰成《北齐书》五十卷。贞观二十二年卒，享年八十四。其事迹详《旧唐书》卷七二及《新唐书》卷一〇二。此书收入《大正藏》三一册，一六〇四号，589～590页；序文亦收入《全唐文》卷一四二。钞本有误字，如"是末非古"，误"末"为"未"。"弥纶"误作"弥轮"，"邢国公［房］玄龄"，误"邢"为"邦"。有脱文者，如"摩伽陀国三藏法师波罗颇迦罗蜜多罗"，夺"伽罗"二字是。又《大正藏》本"轮王致正真之道"作"轮王正致真之道"，"震大地而萃人天"作"震大地而萃天人"，当据相应处之倒乙符号"√"订正。

第三篇为武后撰之《新译三藏圣教序》，此文见影印《宋碛砂板藏经》及《全唐文》卷九七，题曰"方广大庄严经序"，与此不同。写本间有异文及误脱，试为校正，如"诠"作"筌"，"匝"作"迊"，"叡唐御寓"句多一"之"字，"三藏法师地婆诃罗"，写本无人名，"业邻初地"句，"初地"误左"天地"，"道驾"作"道架"等。

此为武周时写经，有年、圣等武周新字。书体近褚，韶秀清劲，当出衲中之能手。存轴一枝，可考见当日卷轴制度。

二十二、越州诸暨县香严寺经藏记　志闲撰　守清书

伯二八〇四与伯三〇四〇两号同是一文，前者极工整，沉着凝重；后者只存十三行，字较大而体则遒丽近褚。两卷恐非出同一人之手，然可以互参。

题撰文者沙门志闲，书者草堂僧守清。考唐时僧名志闲者，有昭宗乾宁二年圆寂之志闲禅师[①]，与元和时僧志闲，事迹见《宋高僧传》卷十《唐婺州五泄山灵默传》末："高僧志闲，道行峭拔，文辞婉丽，亦江左之英达，为默行录焉。"[②] 灵默于贞元初入天台山，后居婺州五泄山。其传称：

> 元和初，属平昌孟简中丞廉问浙东[③]，废管内兰若，学徒散逸。时暨阳令李胄，状举灵山，许重造院。十三年（818），［灵默］溘然而绝，寿龄七十二。

---

① 释道原《景德传灯录》卷十二鄂州灌溪志闲禅师条。

② 《大正藏》第五〇册，二〇六一号，769页。据此知志闲尝为灵默作《行实》。

③ 孟简即韩愈《答孟尚书书》之孟简，参《韩昌黎文集》（马其昶校注本）第三卷。《新唐书》卷一六《孟简传》："简佞佛过甚。"

以年代及地域论，作《诸暨县香严寺经藏记》之志闲，当是此人。

此《经藏记》文亦婉丽典重，故为人所传诵。文中记香严寺经藏为天宝元年檀越主刘彦偕所建，志明上人补钞所缺册，历星霜三变，钞足十二部。惜此文非完篇，末行“丁卯岁四月二十八日僧昭义造”（见伯二八〇四）以下残泐。案天宝以降之丁卯为贞元三年（838），与灵默时代正合。

《宋高僧传》卷十七《唐越州焦山大历寺神邕传》言：“开元二十六年敕度隶诸暨香严寺名籍。”[①] 即此寺也。

莫高窟藏卷中南方写经极少，斯一六三五有《泉州千佛新著诸祖师颂》，斯四四七八为华岳玄伟禅师编《圣胄集》，可知南土卷轴间亦流入北方。此中唐时越州之物，尤为罕见，可为写经史及南方经藏源流添一故实。

二十三、《传法宝纪并序》　杜朏撰

敦煌所出《传法宝纪》有三卷，此列伯二六三四之外，又有伯三五五九、伯三八五八两号。柳田圣山在所著《初期禪宗史書の研究》中，尝据前二本校录为资料六，且有详注。[②] 旋又在《初期の禪史》Ⅰ中，合三本校录。[③] 其后，田中良昭、椎名宏雄续有讨论[④]，可以参看。

此书首题：

传法宝纪并序　京兆杜朏字方明撰

杜朏为何人？穴山考道初拟定为大智禅师所师事之朏法师。[⑤] 宇井伯寿称：“著者杜朏之传记等均不明，由字方明看，恐为居士。”[⑥] 神田喜一郎博士赞同其说，以为其书“题名杜朏，似其人后来还俗，有如唐代《文选》学者

① 《大正藏》第五〇册，815 页。

② 京都，法藏馆，1968。

③ 《禪の語録》第二卷，东京，筑摩书房，1971。

④ 田中良昭：《敦煌禪宗文獻の研究》，571～572 页及 613～614 页；椎名宏雄：《北宗燈史の成立》，《講座敦煌》第八卷《敦煌佛典と禪》，53～76 页。

⑤ 参《鸣沙余韵解说》，52 页。又大智禅师师事东都大福先寺朏法师事，见严挺之：《大智禅师碑铭》（《全唐文》卷二八〇）。

⑥ 《禅宗史研究》，422 页。

释道淹之还俗后称许淹例，朏法师还俗称杜朏亦非不可思议”[①]。但仍乏确切内证。柳田圣山上引书别举新外证，《日本国承和五年入唐求法目录》有“《南岳思禅师法门传》二卷，卫尉丞杜朏撰”[②]，《慈觉大师在唐送进录》有“《南岳思禅师法门传》一帖上下，清信弟子卫尉丞杜朏撰”[③]。疑与撰《传法宝纪》之杜朏应是同一人。

朏法师为义福所师事，福时年已迈三十，正当武后垂拱三年（687），谓朏法师于此时还俗著书，于事理甚难说得通。按杜朏《传法宝纪》叙事，止于神秀和尚塔文。神秀卒于中宗神龙二年（706），后于义福师事朏法师之年约十九载，杜朏之作《传法宝纪》，当在神龙以后，与朏法师谅非一人可见。

此卷“世”字缺笔，结体疏朗，笔意亦稳健可喜。

二十四、《敕河西节度兵部尚书张公德政之碑》

伯二七六二为《张淮深碑》之一段。一九二六年，伯希和与羽田亨合编《敦煌遗书》活字本第一集，收有《张氏勋德记》，即录此写书卷之文字，共八十六行。

及英伦斯坦因之敦煌文献公开之后，藤枝晃尝取斯六一六一与斯三三二九、斯六九七三与此伯二七六二加以缀合，共得一四○行，题曰《张淮深碑》写本，影出并作释文，刊于所著《敦煌千佛洞之中兴》，其中碑记六之插图，即此文复原之一部分。[④] 荣新江近撰《敦煌写本敕河西节度兵部尚书张公德政之碑校考》，将英伦未刊斯一一五六四号残纸补于斯三三二九写卷之漏洞中，使上下文句贯通。且考证北图芥字九一号所题“敕河西节度兵部尚书张公德政知（之）碑”，即此碑原名。[⑤] 今即据其说定名。

曩在英伦，取原物细校，其中有朱点句读。在斯三三二九断片起首，刘铭恕《斯坦因劫经录》所钞亦不准确，兹合斯六一六一校正如下：

（上略）抚纳降和，远通盟□（誓），□（吾）□（离）□（材）产，

① 《傳法寶紀の完帙について》，《神田喜一郎全集》第三卷，425页。

② 《大正藏》第五五册，二一六五号，1075页。

③ 《大正藏》第五五册，二一六六号，1077页。

④ 《东方学报》，京都，第三五册敦煌研究专号。

⑤ 见《周一良先生八十生日纪念论文集》，北京，中国社会科学出版社，1993。

自□□（桑）田。赐部落之名，占行军之额。由是形遵辫发，体美织皮。

按《左传·襄公十四年》：“将执戎子驹支，范宣子亲数诸朝，曰：来姜戎氏。昔秦人迫逐乃祖吾离于瓜州，乃祖吾离被苫盖，蒙荆棘，以来归我先君。我先君惠公有不腆之田[①]，与女剖分而食之。”“吾离”一名本此。

又斯六九七三末段与伯二七六二衔接之二句，可校正如下（原本注略）：

忽遘悬蛇之疾，行乐往来（而）[②] 悲来，俄经（惊）[③] 梦奠之灾，谅有时而无命。春秋七十有四，寿终于长安万年县阳宣坊之私弟（第）也。

如此句读，方可文从字顺。

此篇书写者颇用心运笔，意态飞动，体势挺劲。隔以丝栏，间夹小注，行款井然，疏朗有致，鸣沙遗迹中，允推上品。

张淮深行事，是碑所记最详。此外则有伯二九一三张景球撰《归义军节度使检校司徒南阳张府君墓志铭》，略云：

府君讳淮深，字禄伯，敦煌信义人也。祖曰谦逸，工部尚书。考曰议谭，赠散骑常侍。府君伯，大中七载（853）便任敦煌太守。公以大顺元年（890）殒毙于本郡，时年五十有九，葬于漠高乡漠高里之南原。

又莫高窟第一五六号窟（即P·一七，C·三〇〇号窟）南壁男供养像第二身题名：“侄男银青光禄大夫检校太子宾客……赐紫金鱼袋淮深一心供养。”[④]

案《张淮深碑》称：“太保（张议潮）咸通八年归阙之日，河西军务，封章陈款，总委侄男淮深。”淮深自咸通八年继其伯父议潮之后任归义军节度使，讫于大顺元年身殒，治河西共二十四年。

《碑》文第五十六行以下，列举淮深所修功德事：“乃见宕泉北大像，建

① 竹添光鸿：《左传会笺》云：“此不腆宜训为不多。”

② 据文意，原文“来”为“而”之误。

③ “惊”原误书作“经”，点去。

④ 向达：《罗叔言补唐书张议潮传补正》，见《唐代长安与西域文明》，420页。案P为伯希和编号，C为张大千编号。

立多年，栋梁摧毁。于是杍匠治材而朴斲，郢人兴役以施功。……更欲镌龛一所……三载功充……龛内素（塑）释迦牟尼像，并事（侍）从一铺，四壁图诸经变相一十六铺。”所述为修北大像及营造北大像北侧之佛窟事。[①]

苏莹辉曾撰《补唐书张淮深传》[②]，惜未能引用斯坦因残片资料。

伯三七二〇与斯六五三〇为《张淮深造窟记》，文亦骈四俪六，蔚然可观。藤枝晃尝影印两本，并做释文，收入《敦煌千佛洞之中兴》碑记七。又伯二四五一有《张淮深变文》，其考证详参孙楷第《敦煌写本张淮深变文跋》[③]。

二十五、《南阳张延绶别传》　唐光启三年（887）

伯二五六八题《南阳张延绶别传》，署“河西节度判官掌书记朝议郎兼御史中丞柱国赐绯鱼袋张俅撰”，末书“于时大唐光启三年闰十二月十五日传记”。罗振玉已印入《鸣沙石室佚书》第二册，附有考证，谓是年闰十一月，非十二月，知其不明敦煌历置闰不同于中原历。且于延绶事迹诸多推测。[④]

案本文明述延绶为“南阳张公字禄伯之第三子”。据伯二九一三张景球撰《归义军节度使检校司徒南阳张府君墓志铭》，禄伯为张淮深字。[⑤] 又同《墓志铭》称：“（张淮深）六子，长曰延晖，次延礼，次延寿，次延锷，次延信，次延武。”延寿列第三，则延寿即延绶之异写。

延绶于光启三年三月七日授左千牛兼御史中丞，是时其父淮深任节度使，河西晏然无事，故文中有“仆射（指张淮深）之政，远蕃归人，塞下清晏”之辞。然大顺元年（890），沙州兵乱，延绶与父淮深，母陈氏及兄弟五人同时被难。[⑥]

此文骈体加注，时有警句，如“长城以上，休闻沓镞之交；大漠以南，

① 藤枝晃：《敦煌千佛洞の中興》，载《东方学报》，京都，第三五册，76～77 页及 83～86 页。

② 《大陆杂志》第二十七卷第五期，后收入其《敦煌论集》。

③ 《“中央研究院”历史语言研究所集刊》第七本第三分所收。

④ 《雪堂校刊群书叙录》卷下，25～26 页。

⑤ 参看本书《敕河西节度兵部尚书张公德政之碑》解说。

⑥ 伯二九一三《张府君墓志铭》：“公（张淮深）以大顺元年二月二十二日殒毙于本郡，兼夫人颍川郡陈氏，六子……等，并连坟一茔，以防陵谷之变。其铭曰……竖（竖）牛作孽，君主见欺，殒不以道，天胡鉴知。”详参向达：《罗叔言补唐书张议潮传补正》，见《唐代长安与西域文明》，422～426 页；李永宁：《竖牛作孽，君主见欺——谈张淮深之死及唐末归义军执政者之更迭》，载《敦煌研究》，1986（2）。

戮断西戎之臂。”“锴”字《广韵》、《龙龛手鉴》未见，在《广韵》入声二十六缉所收“涩”字下，有“钑，戟也，铤也”。

又同书入声二十七“合”字下，有“沓，重也，合也”。沓锴殆谓兵器交韵遝。

书法闲雅妍秀，结体宽绰，佳品也。

二十六、《略出籯金并序》李若立撰　张球书

《籯金》[①] 有全本及略出本二种，当日流行之通俗书也。伯二五三九首行题“略出［本］籯金一部并序，小（少）室山处士李若立撰”，存序及《帝德篇》第一至《仁孝篇》第廿九，存十分之三弱。罗振玉印入《鸣沙石室古籍丛残》第五册，并撰跋附影本后。刘师培尝撰提要，详加校勘。[②] 本册收卷第一（至《社稷篇》第十七）。

据自序“合成百篇，分为五卷”。巴黎写卷，《籯金》不一而足。伯三六五〇为对折册叶装，存《佛法篇》第四十八、《南蛮篇》第五十三、《北蕃篇》第五十四、《战阵篇》第五十五、《元戎篇》第五十六、《六军篇》第五十七、《盗贼篇》第五十八及题名不明者一篇；伯三九〇七存《自序》、《帝德篇》第一以下五篇，每三叶为一折，王重民谓系李若立原书。[③] 又伯二九六六存卷二之首；伯三三六三存卷首二十余行，至叙目之《诸侯篇》第十四。王重民于此书考论最详，见《敦煌古籍叙录》，211～213 页。

是卷卷一末题：“宗人张球写，时年七十五。”案《敦煌录》云：“郡城西北一里有寺……先有沙［州］倅张球，已迈从心，寓止于此，虽非博学，亦甚苦心。盖经乱年多，习业人少，遂集后进，以阐大猷。天不慭遗，民受其赐。”[④] 敦煌文书与张球有关者，有伯四六六〇《清河张府君讳禄邈真赞》署“从侄沙州军事判官将仕郎兼监察御史里行张球撰”。此文作于咸通十二年(871)，时球约三十五岁。此《籯金》则出张球晚岁手笔，耄耋之年，犹能作

---

① 《汉书》卷七三《韦贤传》：“遗子黄金满籯，不如一经。”颜师古注：“如淳曰：籯，竹器，受三四斗。”参刘师培：《敦煌新出唐写本提要》。

② 《敦煌新出唐写本提要》。参王重民：《敦煌古籍叙录》，209～211 页。

③ 《敦煌写本跋文》，见《敦煌吐鲁番文献研究论集》，北京，4 页，1982。王重民以伯二九六六、伯三三六三为李若立原书，推测“略出本”所据为张球删定者。

④ 《大正藏》第五一册，二〇九一号，998 页。

此韶秀整饰小字，小楷精严，更为珍贵。

伯四六六〇所见张球撰邈真赞又有《翟神庆邈真赞》（咸通五年）、《凝公邈真赞》（咸通五年）、《阴处士邈真赞》，伯二九一三有张球撰《吴和尚邈真赞》（咸通十年），皆收入陈祚龙：*Éloges de personnages éminents de Touen-houang*，Paris，1970，57～68页。

二十七、《罗盈达邈真赞》《罗盈达墓志铭》

本册所收《罗盈达邈真赞》、《罗盈达墓志铭》二篇①，皆选自伯二四八二，二文间可互证。

前者题名与作者职衔间有小字记“杨继恩撰”。“邈真赞”为唐末流行之一种文体，邈真即貌真，邈真赞犹像赞。邈真赞体制详拙著《敦煌白画》。

敦煌文书所见杨继恩撰邈真赞，除《罗盈达邈真赞》外，又有伯二九七〇《阴善雄邈真赞》与伯三七一八《阎胜全邈真赞》，具载陈祚龙氏 *Éloges de personnages éminents de Touen-houang*。时继恩官衔为“节度内亲从都头知管内诸司都勾押孔目官兼御史中丞”。

后者《罗盈达墓志铭》，有伯希和与羽田亨《敦煌遗书》活字本第一集排印本，近时又经陈祚龙校录，见所著《敦煌铭赞小集》。② 陈氏擅加作者为杨继恩。案杨继恩所撰为《罗盈达邈真赞》，非《墓志铭》也。陈校时有小误，如郡望豫章郡误植作“豫掌”、“哀鸣而响切”、“号天恸切”，两“切”字原无误，陈氏改为“忉”，亦误。③ 又铭词末句“蕃汉皆哀啼”，以上下文协韵推之，“啼”必是“鸣”之误书。

伯二五九四与伯二八六四缀合之《白雀歌》云：“进达偏能报虏戎”、“罗公挺拔摧凶敌”、“文通守节白如银”。证之《罗盈达墓志铭》，通达为盈达之故堂兄（从兄）“归义军管内衙前都押衙检校左散骑常侍兼御史大夫上柱国”，罗公亦即通达，则又见于伯三六三三《沙州百姓一万人上回鹘天可汗书》④；

① 题名所记罗盈达职衔为“河西应管内外诸司马步军都指挥使银青光禄大夫检校工部尚书兼御史大夫上柱国”。为避繁杂，今省职衔，简称题名。

② 《大陆杂志》第六三卷四期。

③ 岳飞：《满江红》“空悲切”，“切”字用法与此二“切”同。陈氏臆改为“忉”，不必。

④ 本《丛刊》第四册牒状所收。参王重民：《金山国坠事零拾》，载《国立北平图书馆馆刊》第九卷第六号，14页。

文通为其次兄“节院军使”。

书为五代人手笔，在欧、柳之间。后半《罗盈达邈真赞》风姿稍殊，近李北海而雄浑恣肆，或另一人所书。

二十八、《燉煌郡羌戎不杂德政序》彦熙述

伯二六〇五篇首题“燉煌郡羌戎不杂德政序”，下题“洛京左街福先寺讲唯识百法因明论习修文殊法界观西天取经赐紫沙门彦熙述”。文中有云：

> 即惟敦煌郡谯国大王之禅位焉。恭（恭）惟谯都仙境，鼎（鼎）族灵苗。勣（勋）九功之一畴[①]，建三画之筞（策）柱[②]。天陲崿立，卓然星陬。高望乎，又出昆崘（仑）东峰。英槩(槩）乎，永霸孟津西曲。东南贡于天长，西北献于地厚。四野饮德，六丑钦风。

此处“谯国大王”，或以为指曹延禄之称“谯郡王”。[③] 然谯国乃郡望，延禄之时（978—1002），瓜沙久托在于回鹘之下，不应复有羌戎矣。此序题称德政为“羌戎不杂”，当以指颂曹氏仁贵（议金）之代张氏（承奉）而据瓜沙以建国。

后唐长兴二年（931），曹议金始自僭号称王。[④] 见于文书与石窟题记者甚多，如榆林窟第一〇号窟南壁题名之称“托西大王谯郡开国公曹议金”。莫高窟第四〇一窟之称“拓西大王曹议金”[⑤]，皆其明证。

此序称“谯国”，系指曹氏郡望。《广韵》平声六豪“曹”字下云：“魏武（曹操）作《家传》，自云曹叔振铎之后。周武王母弟振铎封曹，后以国为氏，

---

① 此指洪范九畴。《尚书·洪范篇》：“天乃锡禹洪范九畴，彝伦攸叙，初一曰五行，次二曰敬用五事，次三曰农用八政，次四曰协用五纪，次五曰建用皇极，次六曰乂用三德，次七曰明用稽疑，次八曰念用庶征，次九曰响用五福，威用六极。”

② 此指八卦三爻。

③ 王仁俊：《曹元忠施印金刚经题识》（《敦煌石室真迹录》所收）曾书宋咸平四年（1001）正月曹延禄受封“谯郡王”。又榆林窟第二五号窟洞门南壁有题记：“敕竭诚奉化功臣归义军节度使瓜沙等州观察处置营田押蕃落等使特进检校太师兼中书令敦煌王谯郡开国公食邑一千五百户曹延禄一心供养”。参苏莹辉：《瓜沙曹氏僭称“敦煌王”及受封“敦煌郡王”考》，载《史学集刊》第10期，89～90页。

④ 荣新江：《沙州归义军历任节度使称号研究》，载《敦煌学》第19期。

⑤ 参阅文儒：《从莫高窟题记看瓜沙张曹二公史事捃逸》，1983年敦煌学第一次会议论文稿。

出谯、彭城、高平、巨鹿四望。魏武操即沛国谯人也。”[①]

此序末云：“……可慑乎，大学博士仿佛兮，纳邦于桂幕，征之以窦秀先生。”窦氏于河西为名族。敦煌文书所见人物有窦良骥，一作扶风窦良器[②]，又称窦夫子，为大蕃时（786—848）国子监博士。[③] 博士窦秀当是良骥一族，此序年代当在五代初叶曹议金世（914—935）。

序又称：“秦僧有缘，唱导于精徵（微）之内”，旁小字注：“岳遵禅师起搠仙岩。”案伯三七二〇背《莫高窟记》云：

> 秦建元中（365—384）[④]，有沙门乐僔，杖锡西游至此（莫高窟）。遂礼其山（三危山），见金光如千佛之状，遂架空镌岩，大造龛像……晋司空索靖题壁，号仙岩寺。……时咸通六年（865）正月十五日记。

岳遵即乐僔之异写。仙岩四亦作先岩寺，伯二九六三《净土念佛诵经观行仪》卷下尾题：“时乾祐四年岁次辛亥（951）蕤宾之月蓂雕十三叶于宕泉大圣先岩寺讲堂弥勒院写故记。”

此序误字，如引《诗经》大雅文王之什“无念尔祖，聿修厥德”，“聿”误作“韦”，“厥”与下文“厥贡”写作“卧”，为别字或误字。“恭”作“桊”，从木，又见于斯二六五九“一切桊敬”及斯二六〇七曲子《桊怨（怨）春》。序云“八韵以赋之”，“一绝以题之”，下双行夹注“古调四平侧（仄）韵四言”，尚未写完。

书作小楷，秀整闲雅，结构茂密。作者彦熙，待考。

二十九、判文

伯二五九三写判文三道。池田温氏《敦煌本判集三种》已有详论及释

---

① 《曹操著作考》，见《曹操集》，212页。

② P. Demiéville, *Le concile de Lhasa*，35页，注二五〇。

③ 伯四六四〇有《吴僧统碑》，“窦良骥撰”。又斯七七九背《毗沙门天功德记》末余白有：
大蕃沙州释门教授和尚洪辩修功德（下欠）
大蕃国子监博士窦良骥

④ 北京大学图书馆所藏《李君莫高窟佛龛碑》旧拓本：“莫高窟者，厥前秦建元二年，有沙门乐僔，戒行清虚，执心恬静。尝杖锡林野，行至此山。忽见金光，状有千佛，……造窟一龛。”“建元中”作“建元二年”。至于莫高窟建窟年代，已详本册《沙州城土镜》解题，此不赘言。

文。[1] 又影本收入东洋文库刊 *Tun-huang and Turfan Documents Concerning Social and Economic History, I. Legal Texts*,(A)(B),东京,1978,92～93 页。录文详同书 49 页。

首篇题缺,二行云"及青衿于槐市"。案《三辅黄图》:"礼:小学在公宫南,大学在东,就阳位也。去城七里,东为常满仓,仓北为槐市,列槐数百行为隧,无墙屋,诸生朔望会,且各持其郡所出货物及经传书记笙磬乐器,相与买卖。雍容楫让,论议槐下。"[2] 槐市非地名,乃指大学。

又"石渠水流,果逢鳣落之义"。"石渠"指汉石渠阁[3],"鳣落"用《后汉书》卷五四《杨震传》"冠雀衔三鳣鱼,飞集讲堂前"故事,亦指讲堂。

徐师曾《文体明辨》序说"判"条云:"唐制,选士判居其一。今所传如称某之有姓名者,则断狱之词也;称甲乙无姓名者,则选士之词也。"上例即选士之判也。《唐六典》卷二吏部原注:"每试判日,皆平明集试场,识官亲送。[吏部] 侍郎出问目,试判两道。"[4] 故吏皆当习判。陆贽既登进士,又以书判拔萃补渭南尉是也。

唐判多用骈文,典丽而颇值吟味。《文苑英华》收判文甚夥,多俪体。慈觉大师《入唐新求圣教目录》著录"判一百条一卷,骆宾王撰"[5]。明人编《骆临海集》不载。伯三八一三亦为判集,存十九篇;伯二九四二为永泰至大历年间(765—779)河西巡抚使判集,则系断狱判集。[6]

此卷书法遒丽,疏朗可喜。末藏文一行"dge-sloṅ gyva-gyi yi-ge lags-so",意为"比丘 Gyva-you(汉音)书写"[7]。疑为吐蕃占领期之物。

三十、《宕泉兴建龛上梁文》　后唐长兴四年(933)

伯三三〇二为五代石窟建龛《上梁文》。书势轻茜峭绝,近薛稷一路,下

---

① 末松保和博士古稀记念会编:《古代東アジア史論文集》下卷,421～462 页。

② 《艺文类聚》卷八八引。

③ 班固:《两都赋序》:"内设金马石渠之署。"《五臣注文选》卷一:"(张)铣曰:石渠,阁名,主校秘书,萧何所造。"

④ 选举程序,详参《通典》卷一五选举三大唐条。

⑤ 《大正藏》第五十五册,二一六七号,1087 页。

⑥ 安家瑶:《唐永泰元年(765)—大历元年(766)河西巡抚使判集研究》,载北京大学中国中古史研究中心编:《敦煌吐鲁番文献研究论集》,232～264 页,1982。

⑦ 详池田温:《敦煌本判集三种》注九。

开瘦金体，殊堪珍视。首题“维大唐长兴元年癸巳岁贰［月］廿四日河西都僧统和尚，依宕泉灵迹之地建龛一所上梁文”，下书“儿郎伟”三字。案“癸巳”为后唐长兴四年（933），作“元年”恐误。

《上梁文》之惯语，开端必用“儿郎伟”三字，此本第三、一五、二三、二九行“儿郎伟”三字凡四见。吕祖谦《宋文鉴》卷一二九所收王安石《英德殿上梁（樑）文》用骈语，文中附诗，四方上下成六章，每章诗首冠“儿郎伟”三字。[①]

唐末司空图有《障车文》云：“儿郎伟，重重祝愿。”全篇“儿郎伟”三字凡四见。[②] 宋人之说谓“伟”系表示多数，与“们”、“懑”同义。楼钥《跋姜氏上梁文》云：“儿郎伟者，犹言儿郎懑（们）。盖呼而告之，此关中方言也。”[③] 按“伟”字作为语助，实际已起于北朝。《北史》卷八二《儒林传·熊安生传》：“徐呼安伟！安伟！”“伟”今作“喂”也。

敦煌所出有《儿郎伟》之韵文，此篇之外，计又有伯三二七〇、伯三七五三、伯四〇五五、伯四九七六及斯六二〇七等，大抵多作六字句式。近年讨论“儿郎伟”者，有 Danielle Eliasberg、周绍良、黄征诸家，其论文可以参考。[④]

王应麟《困学纪闻》卷二十杂识引后魏温子昇《阊阖门上梁祝文》，以“此上梁文之始也。”江少虞《皇朝类苑》卷二九“制词异名”条云：“学士之职，所草文辞，名目浸广……土木兴建曰上梁文。”是宋时上梁文由翰林学士起草。上梁文为一种特殊上栋祝文。徐师曾《文体明辨》云：

> 按上梁文为工师上梁之致语。世俗营构宫室，必择吉尚上，亲宾裹面，杂他物称庆，因以犒匠人。于是匠人之长，以面抛梁而颂此文以祝之。其文首尾皆用俪语，中陈六诗。诗各三句，以按四方上下，盖俗体也。

此《上梁文》正面所书《大般若波罗蜜多经目录》，字迹渗入背面，故模

① 同书所收北宋时《上梁文》，除王安石一文外，有杨亿《开封府上梁文》、陈履常《披云楼上梁文》，然不见“儿郎伟”三字。

② 《司空表圣文集》卷十。

③ 《攻愧集》卷七二。参吕叔湘：《说们》，见《汉语语法文集》，145 页。

④ D. Eliasberg，“L'expression eul-lang-wei dans certains manuscrits de Toeun-houang”，*Nouvelles contributions aux études de Touen-houang*，261～271 页；周绍良：《敦煌文学儿郎伟并跋》，见《出土文献研究》，北京，1985；黄征：《敦煌愿文儿郎伟考论》，见杭州大学中文系与文学所合编：《文学论丛》，杭州，1992。

糊难以卒读。今录末尾一段，以供参考：

> 儿郎伟。今因良时吉日，上梁雅令周旋。五邱（郡）英豪并在，一州士女骈阗。蒸饼千盘万担，一时云集宕泉。尽向空中乱撒，次有金钹银钱。愿我十方诸佛，亲来端坐金莲。荐我尚和（和尚）景祐，福祚而（如）海长延。应是助修之辈，见（现）世总获福田。诸族六亲内外，永同瑶阁神仙。燉煌万人休泰，五稼丰稔龙川。莫在辞多蹇讷，岁时犹望莺迁。自此上梁之后，富贵千年万年。

又文中有“拱斗皇回软五，攒梁用柱极多。直向空里架镂，鲁班不是大哥。康博士能行斫斧，苦也不得搂猡”。当时敦煌称匠人为“博士”。又“施功（工）才经半月，楼成上接天何（河）。奉我和尚旨教，今朝赏设绫罗。”和尚即指河西都僧统和尚。据文中称“伏维我都僧统和尚出，业登初地，德托前英”，此都僧统或为继阴海晏任此职者。①

此《上梁文》开端数句中有云：“古有三危圣迹，萨诃仗锡因此资。□□鸿基十运，察道承□乘时。自后先贤硕德，建立宝殿巍巍。莫不远觅净土，即此便是阿弥。厥今大施功者，我都僧统和尚之为欤！”“萨诃仗锡”即指刘萨诃受记之因缘。莫高窟第七十二窟里壁佛龛北侧，画《圣者刘萨诃像》，壁上残存有关刘萨诃题识，如“刘萨诃和尚坐禅入定时”，“□萨诃和尚见□师□以劝化时”，“长者以从等诣会□□□□……刘萨诃和尚赴发修僧时”，“刘萨诃和尚焚香启愿时”等。②

敦煌文书中有《刘萨诃和尚因缘记》三件（即伯二六八〇、伯三五七〇、伯三七二七），文中引《道安法师碑记》有“魏时，刘萨诃……至番禾……有瑞像现”。末云：“莫高窟亦和尚受记，因成千龛者也。”其他莫高窟记载，如斯三九二九《节度押衙董保德等修兰若记》，有“萨诃圣人，改形化现”；斯二一一三背第三件文书《唐沙州龙兴寺上座沙门俗姓马氏香号德胜宕泉刱修功德记》，有“萨诃受记，引锡成泉”等语，可知莫高窟早期之营造，萨诃“受记”或“引锡”，乃一大事，刘萨诃和尚在当地人心目中地位至高。故《上梁文》之首，即誉其事作为三危山之圣迹。此为新知，故并记之，详拙撰

① 荣新江：《关于沙州归义军都僧统年代的几个问题》，载《敦煌研究》，1989（4），74页。

② 《敦煌莫高窟内容总录》，24页。

《刘萨诃事迹与瑞像图》。[1]

三十一、《祭文》

伯二〇一一王仁昫《刊谬补缺切韵》二十一叶四十二面，收入本《丛刊》第五册《韵书》部分。其第二十二叶一面，书《祭文》一纸。

文中云《岁次辛酉七月》。辛酉疑即唐昭宗天复元年（901）[2]，“故大阿耶（爷）”不知指何人。书虽寥寥九行，而书法苍劲，富有天趣，唐人真书迹殊稀，故依原寸附载。此文“承”作“丞”，“育”作“[illegible]”。

① 《一九八七年敦煌石窟研究国际讨论会文集》，336～349页。

② 下一辛酉应为北宋太祖建隆二年（961），依年代考之，非是。

经 史

周易王弼注卷第三　唐显庆五年（660）

敦煌所出诸经卷帙，以《论语》为最多。《易经》写本皆为王弼注，以伯二五三〇、伯二五三二、伯二六一九、伯三六八三及斯六一六二各卷最为脍炙人口。本册所收之伯二五三〇卷，为《周易王弼注》卷第三。起噬嗑卦之六五爻注，讫于离卦注。最先有罗振玉校语[①]，又尝印入《鸣沙石室古籍丛残》第一册。刘师培又将此卷细心雠校，颇多发明。[②] 罗氏以“卷三虎字缺笔，民字则否，疑为高祖时写本”；刘氏谓：“隆字独否，或缮写更在玄宗前。”然此卷末尾有“显庆五年（660）五月十四日午时记”一行，又钞五言一首，题“五年六月十一日题此□□一首”，如题句者与缮写者同是一人，则为高宗时写卷。罗、刘两氏当时所见照片，恐漏影此四行，故多所猜测。

其题句云：“无山下泪洽（睫），秦地断长川。语似青江上，分首共妻（悽）然。相凭尽今日，后语不知年。愿君寮（聊）住马，差谕欲动□。”惜末句有缺误，不能卒读。

《周易》正文，字多别体，如“无咎”之“咎”作“咎”；“虎视眈眈”之

① 《雪堂校刊群书叙录》卷下，113 页。
② 《敦煌新出唐写本提要》。

“眈”作“眡”，正如“沈”之作“沉”；“日昃”之“昃”，下从“矢”，则为“昗”之误。

今本《周易》“象曰樽酒簋”下有“贰”字，此写本无之，与《经典释文》本同。故黄焯云：“据《释文》此条，是陆氏（德明）正本无贰，与写本同。”①

此卷书法端谨，与唐初经生体风格接近，而凝重整严，绝不轻佻，至为可观。

周易王弼注残卷

伯二六一九残卷，所存起兑卦彖辞，至中孚之上半，存五十行。彖辞“民忘其劳”、“民忘其死”、“说之大民劝矣袁”，诸“民”字皆避讳缺笔。王重民谓“盖写于太宗、高宗之世”②。书法较拙重有力。喜（喜）、夷（夷）、嗟（嗟）仍沿北朝字样。他如“涉”之作“沺”，“机”之作“几”，“遠”之作“逺”，“最”之作“㝡”，“害”之作“宯”，异文不见于《经典释文》，足资研究。

其讹误者，如王注“施说之盛，莫盛于此”，“於”字误作“施”。“佞”字误作“倿”，“机密”之“密”误作“蜜”，“所思不可忘者也”，“忘”误作“志”，“敦實之行”之“敦實”误作“敢寶”，“物所不堪”，“堪”误作“堪”，节卦象“中正以通”，“中正”误作“中志”。

其歧异者，如兑卦初九注“无所党後”，与今本之作“党係”异。涣卦彖辞“刚不来而穷”，与今本之“刚来而不穷”亦复不同。

此卷王重民未精校，故复觇缕及之。此外，斯六一六二存咸、恒二卦，三十二行。伯三六八三存家人下半至睽之上半，书法不佳，且已见王校③，兹从略。

周易释文残卷　唐开元二十六年（738）　赵全岳写

《周易释文》宋时曾单行，陈振孙《直斋书录解题》卷一易类著录有《周

---

① 《经典释文汇校》，15页。

② 《敦煌古籍叙录》，5页。

③ 同上书，6页。

易释文》一卷，云：“唐国子博士吴郡陆德明撰，本名元朗，以字行。多援汉魏以前诸家说，盖唐初诸书皆在也。卦首注某宫某世，用京房说。”此卷列伯二六一七号，为唐开元二十六年写本。每卦注宫与世，唐时原书正如此。是卷起“大有”，讫于卷末“周易略例”，前只佚去自乾至同人各卦，以下完整，最为可珍。

罗氏略有校语[①]，并印入《鸣沙石室古籍丛残》第四册。继之从事校勘者有马叙伦。[②] 近时北京图书馆藏宋刻本《经典释文》已刊布于世，黄焯因撰《经典释文汇校》，颇多创获。

余曾取宋本《释文》与此唐开元写本互校，可以订正宋刻者甚夥，略举若干事如次；可与宋本互勘者尚多，故此唐本十分重要，宜广与流通，以供治《易》之助。

		唐写本	宋刻本	
谦卦	“自牧”注	牧养，徐作目，一音茂。	牧养之牧，徐音目，一音戊	
	“名者声名闻之”注	读“声”绝句，“名闻之”为一句。……	一读“名者声”绝句。……	
豫卦	“豫”注	悦也。偹（备）豫也。马、王云，豫，乐也。……	余虑反。悦豫也。备豫也。马云，豫，乐也。……	案：马指马融，王指王肃。
	“刚应”注	〻（应）对之应也。	此条及注缺。	
	“清”注	〻（清）静也。郑云，犹希也。	此条及注缺。	
	“荐”注	……又作[illegible]，兽名。或荐，并非。	……本又作虁，同。本又作廌，兽名、耳非。	宋本“耳”为“並”之误。
	“由”条	由	山豫	“山”为“由”之误。
	“簪”注	徐侧林反。夏云，疾也。郑云：速也。肃又祖感。……虞戠〻莜合也。……	徐侧林反。《子夏传》同，疾也。郑云，速也。埤苍同。王肃又祖反。……虞作戠戠丛合也。……	唐本“感”作“反”。

① 《雪堂校刊群书叙录》卷下，3页。

② 《读书续记》卷第二，29～30页。

续前表

		唐写本	宋刻本	
随卦	“而天下随时”及“随时之义”条	此二条缺	多此二条	
	“否”条	否	否之	
	“以嚮”注	许亮反。肃作鄉。	本又作向、许亮反。王肃本作鄉、音同。	
	“乘夫”注	条	条	
	“正中”条	正中	位正中也	
	“在道”注	或作于道	条及注	
蛊卦	“蛊”注	……惑乱也。《左传》云，于文四蛊为蛊。……	……惑也。乱也。《左传》云，于文皿蛊为蛊。……	案：宋本
贲卦	“贲”注	……李府盆反。……郑云，贲，变也。变，文饰之儿。……云贲有坎饰，黄白色。……	……李轨府瓫反。……郑云，有也。文饰之儿。……云有文饰、黄白色。……	
	“戋戋”注	……薛、虞云，礼之也。黄云，猥积儿。一云显见儿。子夏作残〻。	……薛、虞云，礼之多也。又音笺。黄云，猥积儿。一云显见儿。《子夏传》作残残。……	
大畜卦	“曰闲”条	曰闲	“曰”“闲”分为二条	案：马王堆帛书《周易·系辞》末尾“昭力”一章易“阑舆之卫”，阑今本易“阑”“闲”。
	“曰”注	越音，又人质反。犹言。郑云，曰习车徒也。	音越。刘云，曰犹言也。郑，人实反。云，日习车徒。	
	“闲”注	闲，阂也。郑，习也。	如字，阂也。马、郑云，习。	
夬卦		《下经》夬传第五	《周易下经》夫传第五	宋本“夫”为“夬”之误。
	“孚号”注	胡报反	此条及注缺	
	“坦然”条	此条缺	此条存	
	“濡”条	濡	若濡	
	“愠”条	愠	有愠	
	“权”条	权	面权	
	“累”条	累	情累	
	“次”注	或作趑，又作跋。《说文》作趀。《说文》，仓卒也。七私反。马云，却行不前也。下卦放此。	本亦作趑，或作跋。《说文》及郑作趀，同。七私反。注下同。马云，却行不前也。《说文》，仓卒也。下卦放此。	宋本“趀”作“趑”。

续前表

		唐写本	宋刻本	
夬卦	“佷”条	佷	很	
	“陆”注	〻(陆),商陆也。才作睦。	如字。马、郑云,苋陆,商陆也。宋衷云,苋,苋菜也。陆,当陆也。虞云,苋,赍也。陆,商也。蜀才作睦。睦,亲也、通也。	
	“脆”条	脆	柔脆	
	“易”条	易	至易	
	“比”条	比	最比	
	“咷”条	咷	号咷	
姤卦	“柅”注	……《说文》作⿰木臽,云络丝趺也。读若呢。才云,尼,云止也。夏镝。	……《广雅》云,止也。《说文》作禰,云络丝趺也。读若呢。《字林》音乃米反。王肃作抳,从手。子夏作镾。蜀才作尼,止也。	唐本之“⿰木臽”与宋本之“禰”当作“檷”。趺即柎。
	“⿰足属”条	⿰足属	躅	
	“⿰足属”注	重录反	直录反,本亦作⿰足属,蹢躅不静也。古文作⿰足逐。	
	“利宾”注	如字。(蜀)才作嫔。	如字。	
萃卦	“除戎”条	除戎	除戎器	
	“除戎”注	陆云,除,犹修(修)理也。郑云,除,去也。	如字。本亦作储,又作治。王肃、姚、陆云,除,犹修治。师同。郑云,除,去也。蜀才云,除去戎器,修行文德也。荀作虑。	唐本作“理”,避高宗讳。
井卦	“井”注	……图书、黄帝穿井。且本云,伯益作井。尧臣也。广云,井深也。郑云,井法清洁为义。……	《周书》云,黄帝穿井。《世本》云,化益作井。宋衷云,化益,伯益也。尧臣《广雅》云,井深也。郑云,井法也。《字林》作井子挺反。周云,井以不变更为义。师说井以清洁为义。……	“世”缺笔作“卋”,避太宗讳。

续前表

		唐写本	宋刻本	
井卦	“心恻”条	心恻	心恻	案:《说文解字》:“恻,痛也。从心则声。”作“人扁”者误。
	“心恻”注	初力反。《说文》,痛。	初力反。《说文》云,痛也。	
	“井甃”条	井甃	甃	
	“甃”注	……子夏云,修(修)治也。才云,以砖垒井也。壮谬反。	……《子夏传》云,修治也。王公、以砖垒井曰⿱丆夭。《字林》云,井壁也。	才指蜀才,干指干宝。
	“收”条	收	井收	
	“收”注	徐,诗救反。马云,为乞汲也。陆云,井干。	徐,诗救反,又姐字。马云,汲也。陆云,井干也。荀作甃。	
	“勿幕”注	首莫、覆也。	音莫,覆也。王本勿作纲。	
系辞上传第七	“洗心”注	刘瓛,悉殄反,尽也。肃、韩,悉礼反。虞、董、张等作先石反。	刘𪾢,悉殄反,尽也。王肃、韩,悉礼反。京、荀、虞董、张、蜀才作先。石经同。	宋本之“𪾢”为“瓛”之误。
系辞下传第八	“斲木”条	斲木	斲本	
周易说卦第九	“为羊”注	……本亦有三男居前、三女在后者、两通从。……或有⌇注者、疑非也。……乾后更有四,云:为龙,直,为衣,为言。巛后有八,云,为牝,为迷、为方,为囊,为裳,为帛,为浆。震后有三,云,为主,为鹄,为鼓。巽后有二,云:为杨,为鹳。坎后有八,云,为官,为律,为可,为丛棘,为狐,为蒺蔾,为桎梏。	本亦有以三男居前,三女后从。……章至此,韩无注。或有注者,非也。……乾后更有四,为龙,为直,为衣,为言。巛后有八,为牝,为迷,为方,为囊,为裳,为黄。为帛,为浆。震后有三,为王,为鹄,为鼓。巽后有二,为扬,为鹳,坎后有八,为宫,为律,为可,为拣,为丛梗,为孤,为蒺藜,为桎梏。	

《周易释文》另一本为斯五七三五号,存泰、否、同人三卦,仅六行,下正与伯二六一七相衔接。又笔迹相同,知是同一写本。

此卷书法行笔跌宕，横画曳长，微近褚而浑厚，玄宗朝书风固如是，敦煌写本之佳品也。惜书写者赵全岳事迹无考。

古文尚书卷第五残卷　商书孔氏传　唐乾元二年（759）王老子写

《新唐书·艺文志》注："天宝三载（744），诏集贤学士卫包改古文从今文。"然《隋书·经籍志》著录有《古文尚书》十三卷、《今文尚书》十四卷及顾彪《今文尚书音》一卷。则隋以前《尚书》古文与今文本已并存。[①] 敦煌石室所出《尚书》，多为古文，伯三〇一五、伯二六三〇则用今字。[②]

唐开成石经《尚书》，悉用卫包所改之今文。至后周显德六年（959），郭忠恕乃校《古文尚书》上之。郭本原书今不可见。[③] 宋元丰五年（1082），吕大防刊《古文尚书》。乾道六年（1170），晁公武据以刻石于蜀。[④] 二本均佚。后薛季宣著《书古文训》，宋时《古文尚书》之学乃大显于世。然彼辈所依据者是否出于天宝前之旧本，仍未能明。[⑤]

余在法京，摩挲敦煌残纸，每有缀合工作。尝以伯五五四三接伯三七五二，再接伯五五五七，所书为《禹贡》第一、《甘誓》第二、《五子之歌》第三、《胤征》第四四篇，当今本《古文尚书》卷三后半。其中如"沈亂于酒"写作"沉𤔔于酒"，"天吏逸德"作"兲吏佾惪（悳）"，均用古文。末题"天宝二年八月十七日写了也"，此正写于天宝三载卫包改从今文之前一年。盖叹今人眼福，远非清人所可及。

本书收伯二六四三卷，存《盘庚上》第九（前半缺）、《盘庚》中第十、《盘庚》下第十一、《说命》上第十二、《说命》中第十三、《说命》下第十四、《高宗彤（肜）日》第十五、西伯戡𨤽（黎）第十六、《微子》第十七。每篇名上均冠"尚书"，并题"商书孔氏传"。末题"乾元二年（759）正月廿六日义学生王老子写了记之也"一行，又题"《古文尚书》第㐅（'五'字古文）"，

① 参看阮元：《尚书注疏校勘记序》。

② 伯三〇一五存《尧典》"静言庸远"句至篇末三十五行；伯二六三〇存《周书·多方篇》"自作不和，尔惟和哉"句至《立政篇》篇末。两本均影入《敦煌秘籍留真新编》。

③ 参段玉裁：《古文尚书撰异序》，《皇清经解》卷五六七所收。

④ 见曾宏父：《石刻铺叙》卷上即晁公武《郡斋读书志》卷一。

⑤ 洪业：《尚书释文敦煌残卷与郭忠恕之关系》，见《洪业论学集》，97页。

今本正在卷第五，篇第正合。此本写于乾元二年，值天宝卫包改今文后十五年，时民间仍习惯用古文旧本。此卷甚长，《敦煌秘籍留真新编》影出，惟未经裱好，纸面多有皱痕。

与此卷同属《尚书》古文本者，又有伯二五一六号，起《盘庚》中第十“今亓（其）又今它（罔）后”句，讫《尚书》卷第五“《微子》第十七”篇终。其前半即伯三六七〇，起《盘庚》上第九“女何弗告朕，而胥歱（动）㠯（以）浮言”句，讫于《盘庚》中第十“㠯思乃災（灾），女诞劝忧”句。与伯二五一六首句正相衔接。此残纸既经《敦煌秘籍留真新编》影印。伯二五一六有罗振玉《鸣沙石室佚书》第一册影印本，又经刘师培详校，称为《隶古文尚书孔氏传残卷》。[①] 此《尚书》两卷（伯二六四三与伯二五一六＋伯三六七〇）文字与《说文》时复有同异，如下表所示。[②]

	敦煌本	说文解字	
断	[illegible]	（十四篇上）	日本唐写本《尚书·吕刑》作“酷”，则“[illegible]”之形误。又、“𢇍”为古文“绝”字。
恐	㤨	（十篇下）	
起	迉	（二篇上）	两本皆从“辵”。
农	莀	（三篇上）	敦煌本同于《汗简》、《龙龛手鉴》及《古文四声韵》，从“艸”，《说文》从“林”。
动	歱	（十三篇下）	敦煌本从“止”，说文从“辵”。

伯二六四三古文字学之价值甚高，近贤考论《说文》古文者，尚未充分加以利用，故重印流通，实为当务之急。

东方文化研究所经学文学研究室（吉川幸次郎为首）所作《尚书正义定本》，所集敦煌本《尚书》共三十四点。[③] 陈铁凡撰《敦煌本易、书、诗考略》[④]，皆有裨于目录学。然从写本真貌可以探讨之问题甚夥，试揭一二例论之。

如“迪”字，王引之定为发语词，引《盘庚》“迪高后，丕乃崇降弗祥”句及《君奭》“迪惟前人光，施于我冲子”为证。[⑤] 章炳麟则云：“以迪为发语

① 刘师培：《敦煌新出唐写本提要》。

② 参商承祚：《说文中之古文考》，120页。

③ 参吉川幸次郎：《尚书正义定本序》，载《东方文化研究所研究报告》第十四。

④ 见《孔孟学报》第十七期，153～171页。

⑤ 《经传释词》卷六。

词，臆说无据。《盘庚》、《君奭》二迪字，自当依《释诂》训‘道’（导）。”[①]案今本《尚书》孔氏传言：“言汝父祖开道汤，大重下不善以罚汝。陈忠孝之义以督之。”此写本又同。孔训“开导”，正用《尔雅·释诂》义，章氏说实沿用孔《传》。

又如此写本所见“酗”字。《微子》篇：“我用沉酗于酒，用乱败厥德于下。”《孔氏传》云：“我，纣也，沉湎酗酱（今本作蓄），败乱汤德于后世。”孔颖达《尚书正义》引《说文》云：“酗，蓄也。”近印孙诒让《十三经注疏校记》云：“《说文》无酗字，有酌字，注云：酒蓄也。酗即酌之俗。”[②]段玉裁《说文解字注》云：“依《释文》订。”今观此敦煌两唐写本，均作“酗”。《广韵》上声十遇：“酗，醉怒。亦作酌。”则“酌”乃“酗”之别体。唐本《说文》不可见，但孔《疏》引作“酗”，与敦煌本合。则“酗”未必是“酌”之俗，知孙说亦出悬揣。

是卷书法挺秀，甚有可观。虽在卫包之后，而保存古文原貌，片字只形，均可供治古文者之斟酌寻思，良可宝也。

毛诗卷第九残卷 毛诗卷第十残卷 郑玄笺

地不爱宝，近时《诗经》古写本，叠有新资料出土，若安徽阜阳之残简[③]，吐鲁番高昌之义熙写本[④]，为汉、晋时物，此其著者也。阜阳简有《序》，只存“□后妃献”，“风（讽）君□□□”诸字，不同于今序。义熙本得《诗大序》六行，其中“言之不足”，“音哀以思”等句，犹仿佛可睹。

敦煌石室写卷《诗经》，大抵为《毛诗诂训传郑玄笺》。伯四六三四背《周南关雎故训传》存十四行，起“《关雎》后妃之德也”，讫“是《关雎》之义也”。虽残泐泰半，而全篇大致可读，字极端丽。[⑤]“是以《关雎》乐得淑女以配君子，憂在［进贤］”句，同宋巾箱本之作“憂在”。今《注疏》本作“愛在进贤”。阮氏《毛诗注疏校勘记》云：“毛（晋）本愛作憂，案憂字是

① 参《太炎文录续编》卷一，《王伯申新定助词辩》。

② 杭州大学雪克辑点，齐鲁书社刊。

③ 见《阜阳汉简诗经》，载《文物》，1984（8），及拙作《读阜阳汉简诗经》，载香港《明报月刊》，1984（11）。

④ 见《吐鲁番出土文书》第二册，50～58页。

⑤ 此卷影入东洋文库刊 *Tun－huang and Turfan Documents Concerning Social and Economic History, I. Legal Texts*, (B), pl. XIV。

也。”敦煌本不误。斯一七二二亦作“憂”，可证阮说。

本书收毛诗三卷，计：

(一) 伯二五一四《毛诗》卷第九《小雅・鹿鸣》篇，起“［鼓瑟］吹笙”句，讫《南陔》序三篇《郑笺》，末有朱书“校讫”二字。有朱点、四声，如“乐”、“丁”各字。又有改窜之迹。第一纸似出后来补钞。

(二) 伯二五七〇《毛诗》卷第九《小雅・出车》篇，起“王事多难，不遑启居”郑笺“［六月时也。以此时始］出垒征玁允”，讫《南陔》、《白华》、《华黍》三篇序。末题“寅年净土寺学生赵令全读”一行，字颇拙劣。只背有细字一行云：“咸通拾陆年正月十五日，官吏待西同杍（打）却回鹘至”一行。[1]

(三) 伯二五〇六《毛诗》卷第九《小雅・六月》篇，起《诗序》，讫卷第十《吉日》篇四章，末题“南有嘉鱼之什篇卌六章二百七十二句”，“《毛诗》卷第十”二行。背书《献忠心》、《临江仙》词四首，其中《献忠心》第三首中有“得到唐□里”，“国”字作武后新字，但为唐末五代人书。

此三卷书法皆极精善。[2] 罗振玉称是皆六朝写本，谓为六朝甲、乙、丙者也。罗氏谓：“此三卷均不避唐讳。以上五卷[3]分卷，与开成石［经］本同。考《隋唐经籍志》，《毛诗故训诗传》亦作二十卷。合以此本，知开成本分卷仍是六朝相承之旧矣。”[4] 文字歧异处，罗氏已取与宋、元椠细校[5]，且影入《鸣沙石室古籍丛残》第二册。因其字特佳，而六朝写本较为少见，故复选刊于是。

义熙写本末题：“王履［宣］、王容宗、王履贤、王孝文、唐文德，合有五人共写之。高神和读之。义熙。”由五人书之，一人读之，至为可贵。阜阳简与义熙写本皆有《小雅・鹿鸣之什》，兹取与此敦煌本互校，可示一例。

阜阳汉简	义熙写本	敦煌写卷
	常棣	常棣八章（14页）
（乌鸣）谡〻		乌鸣嘤〻（14页）
出自幼浴		出自幽谷（15页）
猷求友□		犹求友声（15页）

① “咸通拾陆年”即乾符二年（875）。此不知僖宗改元而致也。

② 不含（一）之补写，（二）、（三）背面即赵令全题记。

③ “五卷”者，指本册所收六朝写卷三件及伯二五二九、伯二五三八唐写本两件。

④ 《雪堂校刊群书叙录》卷下。

⑤ 《敦煌古写本毛诗校记》。

续前表

阜阳汉简	义熙写本	敦煌写卷
於粲灿洒骚		於粲灿抦扫（16 页）
每食八朹		陈馈八簋（16 页）
既有肥牡		既有肥牡（16 页）
以速者咎		以速诸舅（16 页）
宁是不来		宁适不来（16 页）

敦煌写本从木从手往往不分，常棣之“棣”作“捸”，从“扌”，义熙写本从木作“棣”，阜阳简“嚶”字从言作“谬”，“扫”作“骚”，陆德明《经典释文》所无。“八朹”之“朹”即“簋”，除见于《说文》第五篇上竹部簋字之古文外，《汗简》卷中之一第三木部引郭显卿《字指》：“朹，簋。”亦同。敦煌写本正文及郑笺字均作“莫”，乃俗误。

据陈铁凡统计，敦煌本《诗经》写本，单经正文者八卷，《毛诗郑笺》十三卷，单疏一卷，《释音》（徐邈撰）二卷，未详者四卷，共二十八卷。[①] 今所见又不只此数。[②] 潘重规撰《敦煌诗经卷子研究论文集》[③]，收录二十五卷，间有校记，可参考，今不多赘。

礼记郑玄注卷第三卷残卷

伯二五〇〇为《礼记》郑玄注，存第三卷《檀弓》篇共八十九行，起“［贸贸］然来”句，讫“鲁人之祔也合之善夫”句。已印入罗振玉《鸣沙石室古籍丛残》第三册。后有“《礼记》第三卷，廿六张”题记一行，注语有漏写补添者。末有“开元十年（722）九月廿三日周启心”、“开元十二年三月五日周启心”两行，似是阅读者记名。

此卷丝栏，字体端谨妍丽，疏朗有致，殆盛唐以前书。如“敖（𢾕）”作“敖”，改从出为从土；“污其宫而豬焉”之“豬”作“猪”[④]；“美哉奂焉”之“奂”作“唤”；“公降一等而揖之”之“揖”作“捐”；仍是六朝别体。

北图藏殷字四三号为《礼记》目录，残存：

---

① 陈铁凡：《敦煌本易、书、诗考略》三，载《孔孟学报》第十七期，161～181 页。

② 见土田健次郎新统计，池田温编：《敦煌汉文文献》，268 页。

③ 一九七〇年香港新亚研究所刊。

④ 郑玄注：“猪，都也；南方谓都猪。”

> 《礼记》第一《月令》　第二《曲礼》　第三《檀弓》　第四《檀[弓]》　（第五缺）　第六《曾字问》……

以《月令》列首，与今本不同。《续资治通鉴长编》卷八五云：

> [大中祥符八年（1015）九月]己未，龙图阁待制孙奭上言：……而《月令》一篇，卷第五篇第六，汉魏而下，传授不绝。唐陆德明撰《释文》，孔颖达撰《正义》，篇卷次第皆仍旧贯。洎唐李林甫作相，乃抉擿微瑕，蔑弃先典。明皇因附益时事，改易旧文。谓之御删定《月令》。林甫等为注解，仍升其篇卷，冠于《礼记》。诚非古也。

则殷字四三号为《礼记》御删定月令本目录。又殷字四四为《礼记音义·檀弓下》第四卷第三残卷。[1]

敦煌写卷《礼记》及《礼记音义》，共得十二卷，参看陈铁凡《敦煌本礼记、左、穀考略》[2]，今不详述。

论语郑玄注卷第二残卷

伯二五一〇为《论语郑注》，计存《述而》、《泰伯》、《子罕》、《乡党》四篇，共二二三行。《述而》篇首缺，其余皆题篇名卷数，下并题“孔氏本，郑氏注”六字。卷尾有“龙纪二年（890）二月燉煌县（下缺）”一行。龙纪为唐昭宗年号，此晚唐人所书。

日本大谷光瑞所获文书有《子路》及《宪问》篇（龙谷大学八〇八〇号），残存十行，亦为孔氏本。以上二卷，王国维尝撰文讨论。[3] 此外敦煌写卷所有《论语郑注》，尚有下列：

斯三三三九，为《八佾》篇，残存二一行。详王重民《敦煌古籍叙录》，68页。

斯六一二一，残存《雍也》篇“其犹病诸”及《述而》篇前九行。近时

① 许国霖：《敦煌杂录》。

② 《孔孟学报》第二十一期，113～120页。

③ 《观堂集林》卷四。

王素撰有考证，称此为第四件《论语郑氏注》。①

又吐鲁番亦出有《论语郑注》，其著者如次：

景龙四年（710）三月一日私学生卜天寿写卷，计《为政》、《八佾》、《里仁》、《公冶长》各篇。此卷已有影印整卷本问世。卷中每题下悉记“孔氏本，郑氏注”。此为出土本《论语郑注》年代较早而最长之一卷。②

日本东京书道博物馆藏卷，残存《颜渊》、《子路》两篇。

此外，近年吐鲁番所出《论语郑注》，均已刊布于《吐鲁番出土文书》及王素新著《唐写本论语郑氏注及其研究》中。③

汉人所传《论语》有《鲁论》二十篇、《齐论》二十二篇、《古论》二十一篇三家。④《古论》出自孔宅壁，以古文字书写，孔安国为之传，马融注之。⑤ 因有孔传，故称为孔氏本。

陆德明《经典释文》卷第一《序录》称：“郑玄就《鲁论》张（禹）、包（咸）、周⑥之篇章，考之《齐》、《古》，为之注焉。”卷第二十四《论语音义》云：“郑校周之本，以《齐》、《古》正读，凡五十事。”王国维云：“郑但以《古》正《鲁》，未以《齐》校《鲁》。”“以其篇章言，则为《鲁论》，以其字句言，实同孔本。”今观敦煌此卷《子罕》第九下注语数例：

> 《鲁》读“弁”为（原缺一字，据《经典释文》卷二四，当是“**绕**”），今从《古》。
>
> 《鲁》读“沽之哉”不重，今从《古》也。
>
> 《鲁》读“困”为“魁”，今从《古》。

正是以《古论》校订《鲁论》之证。

《魏书》卷八四《儒林传序》：

---

① 《敦煌文书中的第四件论语郑氏注》，载《文物》，1984（9）。

② 参《唐写本论语郑氏注说明》，载《文物》，1972（2）。

③ 两书皆为北京文物出版社出版。

④ 参《汉书·艺文志》。《鲁论》篇名及次序略同今本，《齐论》较今本多《问王》、《知道》二篇，故有二十篇与二十二篇之不同。又颜师古注云：“如淳曰：分《尧曰篇》后‘子张问，何如可以从政’以下为篇，名曰从政。”而《鲁论·尧曰篇》“子张问于孔子曰：何如斯可以从政”以下别为一篇，故为二十一篇。

⑤ 参《经典释文》序录。

⑥ 周氏未详何人。皇侃《论语义疏序》云：“不悉其名。”一说周氏乃周生烈。烈，魏人。

汉世，郑玄并为众经注解，服虔、何休各有所说，玄《易》、《书》、《诗》、《礼》、《论语》、《孝经》，虔《左氏春秋》，休《公羊传》，大行于河北。王肃《易》亦间行焉。

《北史》卷八一《儒林传序》：

自魏末，大儒徐遵明门下讲郑玄所注《周易》。遵明传卢景裕及清河崔瑾……齐时，儒士罕传《尚书》业，徐遵明兼通之。遵明受业于屯留王聪，传授浮阳李周仁及勃海张文敬、李铉、河间权会，并郑康成所注，非古文也。

同《传》与《李铉传》云：“［李铉］诣大儒徐遵明受业，撰定《孝经》、《论语》、《毛诗》、《三礼义疏》。”由魏收之《魏书》及李延寿之《北史·儒林传》观之，遵明治经，皆郑氏学。[①] 北朝《论语》以郑注为宗，远及边陲。《隋书·经籍志》及《经典释文》皆著录“《论语郑玄注》十卷”。唐世《论语郑注》犹未式微。然渐为何晏《论语集解》取代，散佚不存。

清代学人若陈鳣、马国翰、王谟、孔广林、黄奭、袁钧、宋翔辈，皆致力于《郑注》之辑佚之作。俞樾亦著《论语郑义》。又据吴承仕《经典释文序录疏证》，孙人和尝为《郑注论语》全文之纂辑。[②] 然新出各写卷，层出不穷，综辑校理以成书，尚有待其人也。

此卷书法沉厚拙重，“民”字避讳。间有别体，如“榖”作“槩”，“黻冕”作“[illegible]冤”是。

今人有裨于研究敦煌《论语》写本之论著如次：

（一）陈铁凡《敦煌论语郑注三本疏证》，《大陆杂志》第二〇卷第一〇期。后收入《大陆杂志语文丛书》第一辑第一册，297～299 页。

（二）陈铁凡《敦煌本论语异文汇校》，台北师范大学刊，1961 年。

（三）金谷治《唐钞本郑氏注论语集成》，平凡社，1978 年。

（四）石塚晴通，“The texts of Lun-yu, with commentaries by Cheng Hsuan,

① 参看张舜徽：《郑学传述考》，见《郑学丛著》，177 页。

② 《吴检斋遗书》，中华书局刊，143 页。

discovered in Tunhuang and Turfan"，*Journal Asiatique* CCLXIX，1981．1—2，pp. 101—107。此文指出晚期写本有用朱笔在字角注明"破音字"及句读。

（五）王素《唐写本论语郑氏注及其研究》，文物出版社，1991年。此书收罗《郑注》写本最富，为迄今最佳辑本，兼收作者及他人论著十篇。

王著之外，近刊《论语郑注》残片有：（1）上海博物馆藏卷，存《子罕》篇第九计三十二行，详余《写经别录》，见1987年《敦煌吐鲁番文物》，香港中文大学文物馆刊，收入拙著《固庵文录》，411～412页。（2）1966年吐鲁番出土残卷，存《公冶长篇》。《吐鲁番出土文书》未收，现由柳洪亮发表，见《考古》，1991（1），35～37页。（3）斯一一九一〇残片，与斯六一二一原为同卷，上下衔接。此片尚未刊布，荣新江1991年在英伦编目时发现，见所撰《唐写本论语郑氏注及其研究拾遗》，载《文物》，1993（3）。（4）斯七〇〇三B号，为《雍也》第六、《述而》第七补，因残损过甚，黄永武编《敦煌宝藏》，虽刊出此件，然仅标为《论语》。

春秋左氏传解说

《春秋左氏传》，汉武帝时出孔子宅壁中，当时谓之"《佚春秋》三十篇"[①]。刘向、歆父子皆重《左传》，以之教授子孙，下及妇女。[②] 然《经典释文》卷一《序录云》："始，歆从尹咸、翟方进受《左氏》。"又似出民间传习之本。

晋杜预为《春秋经传集解》，其时与后汉服虔《春秋左氏传解谊》并立于国学。[③] 唐初，孔颖达撰《春秋左传正义》，一依杜氏[④]，自是杜注遂定于

---

① 《论衡》卷二九《案书篇》："《春秋左氏传》者，盖出孔子壁中。孝武皇帝时，鲁共王坏孔子教授堂以为宫，得《佚春秋》三十篇，《左氏传》也。"

② 《论衡》卷二九《案书篇》："刘子政（向）玩弄《左氏》，童仆妻子皆呻吟之。"唐马总《意林》卷三摘引桓谭《新论》云："刘子政、子骏（歆）、子骏兄弟子伯玉，俱是通人。尤重《左氏》，教授子孙，下至妇女，无不读诵。此亦蔽也。"

③ 《晋书》卷七五《荀崧传》："元帝践祚，时方修学校，简省博士，置《周易》王氏、《尚书》郑氏、《古文尚书》孔氏、《毛诗》郑氏、《周官》、《礼记》郑氏、《春秋左传》杜氏、服氏、《论语》、《孝经》郑氏博士各一人，凡九人。其《仪礼》、《公羊》、《穀梁》及《郑易》皆省不置。"国学者，国都所设学校，以教授天子、诸侯、贵族子弟及国中俊才。

④ 孔颖达《春秋左传正义序》："晋世杜元凯（预）又为《左氏集解》，专取丘明之传，以释孔氏之经。所谓子应乎母，以胶投漆，虽欲勿合，其可离乎。今较先儒优劣，杜为甲矣。"

一尊。

现所知《左传杜注》有西晋写本残页[1]，起昭公七年传之“［有亡荒阅］，所以得天下也。吾［先君文王作仆区］之法，曰：盗所隐器”，讫“大宰薳启强曰：臣能得［鲁侯。薳启强来召公，辞曰］：昔先君成公命我先［大夫婴齐］”。字体与吐鲁番出土《吴志》颇相似，至为可珍。

敦煌地区，自东汉以来，人文荟萃，于《左传》早有著述。[2] 石室所出《左传》写本，杜预《集解》计有二十六卷，以僖公及昭公传为多。[3] 又有《左传节本》，则略同于《群书治要》所引者。[4]

罗振玉氏《鸣沙石室古籍丛残》第三册影印敦煌写本《春秋经传集解》残卷共四事：甲卷为伯二五六二，乙卷为伯二五〇九，丙卷为伯二五四〇，丁卷为伯二五二三，兹选其二，以见其概。

		写卷编号
僖公	五年—十五年	P·二五六二
	二十一年—二十二年	M·一四一八
	二十六年	P·二四九九
	二十七年—三十三年	P·二五〇九
昭公	四年—五年	李鸣南藏本
	五年正月—十月	P·三七二九与P·四九〇四缀合本
	六年	“敦煌石室碎金”本
	七年	M·二八一一
	十三年	S·五八五七
	十三年	P·三八〇六
	十三年	M·一四一九
	十三年	P·二四八九
	十三年	P·三六一一
	十五年	P·二七六四
	十五年—十六年	S·一九四三
	十六年	S·二九八四
	二十四年	S·六二五八
	二十七年—二十八年	P·二五四〇
	二十八年—二十九年	P·二九八一

① 此残页影入《書道全集》卷四“别刷の五”。杨伯峻《春秋左传注》未加利用。

② 《经典释文》卷一《序录》记有“征士敦煌周生烈”注《左氏传》。

③ 陈铁凡：《敦煌本礼记、左、穀考略》，载《孔孟学报》第一期，120～149页。又陈氏文中所述《左传集解》有关僖公与昭公诸卷，详下表：P指伯希和本，S指斯坦因本，M指圣彼得堡藏本，见孟列夫等编：《亚洲民族研究所藏敦煌写本注记目录》Ⅰ、Ⅱ册，莫斯科，1963、1967。

④ 陈铁凡：《左传节本考——从英法所藏敦煌两残卷之缀合论左传节本与群书治要之渊源》，载《大陆杂志》第四一卷第七期，10～20页。

春秋左传僖公五年至十五年　杜预集解

伯二五六二存僖公五年至十五年《经》、《传》，起传文“郑伯喜于王命”句[①]，讫经文“十有一月壬戌，晋侯及秦伯战于韩，获晋伯”[②]。行款疏朗，字亦秀劲，流畅可喜。诸“世”字作“廿”缺笔，故罗振玉定为初唐写本。[③]

此与阮刻本之异，已略见陈铁凡《敦煌本礼记、左、穀考略》一文所校。[④] 此写本尤特异者，如：五年“病而乞盟，师所丧多矣”[⑤]，比阮刻多一“师”字，佳。“晋不可更举矣”句，比阮刻多一“可”字，但细审旁有一点，似点去。七年“君若去之以为成”句，与宋本合，阮刻本作“若君”，误。[⑥] 九年“不如立公子卓而辅之”，下文“里克杀公子卓”，亦作公子卓。阮刻本作“立卓子”。以此本为佳。[⑦] 十年“于是丕郑之子聘于秦”，阮刻本无“之子”二字，恐系衍文。此写本有夺漏，其重要者如十二年“有天子之二守国高在”，此夺“二”字，阮刻有。

至于字体之异形，如《传》五年“寇”作“𡨥”，“絜”作“洯”，“繄”作“毉”；六年“袚”作“祓”；《经》七年“葬”作“塟”；《传》七年“竞”作“竸”，“厌”作“猒”，“族”作“挨”，“奸”作“姧”，“詹”作“詹”[⑧]；九年“藐”作“藐”；《经》十二年“臼”作“旧”。

春秋左传昭公二十七年至二十八年　杜预集解

伯二五四〇起“[以]兴谤讟至于今不已”句[⑨]，讫“今汝有力于王室，

① 此句前之同年“秋，诸侯盟。王使周公召郑伯，曰：吾抚女以从楚，辅之以晋，可以少安”之杜预《集解》仅存“……恨齐……也晋楚不……”六字。

② 此句下杜预《集解》仅存“例得大夫曰获。晋侯背施无亲，愎谏违[卜]”。

③ 《雪堂校刊群书叙录》卷下。参看《传》八年“陈世子款盟于洮”，九年“故鱼氏世为左师”，十一年“何以长世”，十二年“君子曰：管氏之世祀也”等文中“世”字。又此卷《传》七年“泄氏、孔氏、子人氏三族”，“泄”字缺笔作“泄”。皆为避太宗李世民讳也。阮刻本“泄”作“洩”，案隐公五年之“洩驾”，僖公二十年之“洩堵寇”，皆其族也。

④ 《孔孟学报》第二一期，122页。

⑤ 原文“盟”旁有“√”号。

⑥ 说详洪亮吉《左传诂》。

⑦ 参杨伯峻《春秋左传注》，329页。

⑧ 此同于太宗《温泉铭》，见拓本部分。

⑨ 此句下杜预《集解》仅存“廄”字。又下《传》文“或（惑）之”上“戌也”一字残泐。

吾是以举汝”句。[①] 杜注间有夺漏，另行添补。仅“孟丙”之“丙”字缺笔作“丙”，罗振玉定为武德初写本。[②] 书体拙重，沉着有力。

此写本之佳处，如二十七年《传》：“以灭三族。三族，国之良也。”比各本多“三族”二字。同于日本金泽文库本及石山寺本，文气更佳。[③]

又同年《传》：“所以不获诸侯，迩无极也。”阮刻作“迩无及也”，误。案此“无极”为人名，即上文“夫无极楚之谗人”之“无极”。

是本刘师培曾加细校[④]，惟此条未之改。刘氏谓：“孟丙为盂大夫，上盂字不作孟。”又注云：“初书作孟，后改盂，与《汉书》合，顾炎武所说[⑤]，与此暗符。”今细察此本，刘说可从。

此本异体及讹夺处，已详刘校。刘氏又称：

> 注文多增也字，较之金泽文库本增多四十余，或并增者字之字，增字而外亦恒与各本异文。使全帙具存，当与金泽文库本媲美矣。

日本金泽文库本，存宫内省图书寮（今宫内厅书陵部）。[⑥] 吴闿生《左传微》所言之倭库本，当即指此。

春秋穀梁传集解　范宁撰

此卷列伯二五九〇号。为范宁著《春秋穀梁传集解》。起庄公十九年，讫

---

① 此句下杜预《集解》残存“因贾辛有功，而后举之。言［人不可无能］”。

② 《雪堂校刊群书叙录》卷下。

③ 参杨守敬《日本访书志》卷一及杨伯峻《春秋左传注》，1488页。

④ 《刘申叔先生遗书》所收。

⑤ 顾炎武《左传杜解补正》：“今本作孟丙者非。《汉书·地理志》云：盂，晋大夫盂丙邑。以其为盂大夫，而谓之盂丙。犹魏大夫之为魏寿馀，阎大夫之为阎嘉，邯郸大夫之为邯郸午也。”（《璜川吴氏经学丛书》乙集本）。又《汉书·古今人表》及《水经·汾水注》作“盂丙”。

⑥ 参宫内厅书陵部编《和汉图书分类目录》上。岛田翰《古文旧书考》卷一云：“是书原为清原氏相传之本。后入德川氏红叶山文库。明治初，收为内阁记录局千代田文库典藏。二十四年（1891）纳诸宫内省图书寮，今则升归御库所有，崭然为压库之物。”又《和汉图书分类目录》上（402页上），将杨守敬认作“真六朝之旧笈”，竹添光鸿定为“隋唐遗经”（《左氏会笺》字序）之金泽文库本，著录为镰仓时代写本。然此金泽文库本卷七题记云：“延久五［年］（1073）四［月］十七［日］点了。良别驾者，良业也。”卷十六题记：“仁平三年（1153）闰十二月十六日亥克（刻），以或本正义勘合了。”又各卷题记尚有治承四年（1180，卷三）、应保二年（1162，卷十五）、嘉应二年（1170，卷十五）等纪年，可知此金泽文库本实为镰仓时代（1192—1333）以前所写。

闵公二年。首题“春秋穀梁传庄公下第　范宁集解”，尾题“春秋穀梁传卷第”，第字下前后皆不著卷数。惟于闵公元年前，则题“春秋穀梁传闵公第四”，“范宁集解”。

伯二五三六亦为范宁《春秋穀梁传集解》，起庄公十九年，尽闵公二年。前佚数行，后题：

> 春秋穀梁庄公第三　闵公第四合为一卷
> 龙朔三年三月十九日书吏高义写
> 用小纸卅三张
> 凡大小字一万三千一百四言
> 五千六百四言本
> 六千五百言解

罗振玉已印入《鸣沙石室古籍丛残》第三册。

王重民谓冯国瑞氏藏“桓公残卷”，亦龙朔三年写本。[①] 又，伯二四八六为范宁《春秋穀梁传集解》，起哀公六年“齐陈乞弑其君荼”句，讫篇末。神田喜一郎影印于《敦煌秘籍留真新编》。此卷末题：“凡大小字四千一百六十言。龙朔三年三月　日，亭长娄思恽写，用纸十二张。”与高义写本同为龙朔三年书，盖由众人于同时分写者。

此伯二五九〇卷无“龙朔三年”题记，“民”字多作“巳”，有省笔，当为唐人所书。高义写本已经罗振玉[②]、刘师培[③]细心雠校。其与此卷差异者，例如庄公十九年《传》“不以难介我国也”，此本“介”作“尒”，今本作“迩”。案“尒”即“迩（迩）”之省借。此句上文云：“其曰鄙，远之也，其远之，何也?”故下接言：“不以难迩我国也。”“迩”正与“远”为对文，当以作“尒（迩）”为是。《经典释文》“本又作介”，与高义本同，“介”乃“尒”字形近之讹。

二十年《传》“齐人伐我”，与各本同。高义本“我”作“戎”，恐非。二十四年《传》“其以宗庙弗受何也？取仇人子弟以膐舍于前，其义不可受也。”

① 《敦煌古籍叙录》，61页。
② 《雪堂校刊群书叙录》卷下，10～11页。
③ 《敦煌新出唐写本提要》，《刘申叔先生遗书》所收。

高义本末句作“其义不可受命”，此“也”字为“命”，与各本异，文义不顺。[①] 以上所举二三例，皆是卷胜于高义本者。

陈振孙《直斋书录解题》卷三“春秋穀梁传集解二十卷”条云：

> 其序云：升平之末，先君税驾于吴，帅门生、故吏、兄弟子侄讲六籍三传[②]，盖宁父汪为徐兖二州北伐失利，屏居吴郡时也。汪没之后，始成此书。所集诸家之说，皆记姓名，其称何休曰及郑君释之者，即所谓发《墨守》起《废疾》也。[③]

案“何休曰”云云，即指此卷庄公二十三年范宁引何休之说以《春秋》书法所述“去使不称”义。而“诸家之说”者，则指庄公二十一年“妇人弗目也”下引郑嗣及江熙说，二十四年“外归非正”下引徐乾说，二十六年“曹羁崇”下引徐邈说等。

郑嗣史书无传，马国翰《玉函山房辑佚书》春秋类辑录郑嗣说二十一条。江熙，字太和，济阳人，东晋时兖州别驾[④]；著《春秋公羊穀梁二传评》三卷，新旧两《唐志》著录，马氏辑得佚文十九条。徐乾，字文祚，东莞人，太元年间（376—396）太学博士，安帝时（396—418）官给事中[⑤]；著《春秋穀梁传注》十三卷，《隋书·经籍志》著录，马氏辑佚文七条。郑嗣、江熙、徐乾三人，或即范宁《春秋穀梁传集解序》所说“释《穀梁传》者虽近十家，皆肤浅末学”之辈也。[⑥]

徐邈，字仙民，东莞姑幕人，安帝寺官骁骑将军。著《五经音训》。《晋书》卷九《徐邈传》称：“[徐邈] 所注《穀梁传》，见重于时。”《隋书·经籍志》著录徐邈著《春秋穀梁传注》十二卷、《春秋穀梁传义》十卷、《答春秋穀梁义》三卷，马国翰辑录徐邈佚文一卷。本传收录其与豫章太子范宁书简一通，知徐邈与范宁同为东晋孝武帝任用之同僚也。故清柳兴恩《穀梁大义

---

① 刘师培《提要》云：“各本命作也，此疑误。”

② 案范宁《春秋穀梁传序》原文作：“升平之末，岁次大梁。先君北蕃回轸，顿驾于吴。乃帅门生、故吏、我兄弟子侄，研讲六籍，次及三传。”升平为东晋穆帝年号（357—361）。

③ 《隋书·经籍志》著录何休撰《春秋穀梁废疾》三卷、《春秋公羊墨守》十四卷。

④ 陆德明《经典释文序录》及严可均《全晋文》卷一三八。

⑤ 同前注。

⑥ 杨士勋《疏》云：“近十家者，魏晋已来注《穀梁》者，有尹更始、唐固、麋信、孔演、江熙、程阐、徐仙民、徐乾、刘瑶、胡讷之等，故曰近十家也。”

述》卷十四所述，误以徐邈为范宁故吏。

此卷录写“诸家之说”，校以今本，如“寳玉大弓”之“寳”作“寔”（郑嗣条），“不直言赤”之“直”作“宜”（徐乾条），“吴（季）札不书氏”之“札”作“礼”（徐邈条），皆有误失。然徐邈条“土据西周，班列中夏”，“土”与“班”为对文，今本“土”作“上”。此皆胜于今本者。

至伯二五三五《穀梁》写卷末题：“春秋穀梁经传解释僖公上第五”，无著者姓氏。罗振玉定为麋信注，刘师培则认为系唐人所撰。按《隋书·经籍志》著录有《春秋穀梁传》十二卷，魏平乐太守麋信注。两《唐志》作“麋信注《穀梁传》十二卷”。其书盖依十二公分卷，故得十二卷，今此残卷析《僖公上》为第五，实异乎麋注之卷数。又书名《解释》，与“注”体例不同，故罗说恐不足信。

此卷字体紧密秀美，乃经生所书之佳品也。间有别字，如“塟”作“[illegible]”，“穀”作“斲”，“斲”作“斵”，“畝”作“[illegible]”，“战”作“[illegible]”，“捷”作“[illegible]”。

史记燕召公世家　管蔡世家伯夷列传残卷　裴骃集解

伯二六二七为《史记》裴骃《集解》残卷。存（一）《管蔡世家》，始“蔡侯怒嫁其弟”，至卷终，共一三五行，含“管蔡世家第五史记”题记一行；（二）《伯夷列传》，始“太史公曰：余登箕山”句，至篇终，共四四行；（三）《燕召公世家》，始“作甘裳之诗”，讫“是岁晋灭三郤［大］夫。武公十九［年卒］，共二七行。计存三篇二〇六行。[①] 篇目序次与原书不照，盖后人随意贴裱而致。敦煌卷子中，《史记》写本只此一帙，书法精整，殊为可贵。卷内“渊”字缺笔，“虎”、“民”二字不避，王重民定为唐高祖武德初年写本。[②]

此卷已影印于《敦煌秘籍留真新编》，其佳胜处且经许寿裳在该书《序言》中指出。乔衍琯撰《敦煌卷子史记残卷跋》，更详加雠校，论证颇详。[③] 贺次君《史记书录》持此写卷与日本古钞《夏本纪》、《秦本纪》（现藏东洋文库）、《殷本纪》、《周本纪》（现藏高山寺）比较，谓钞写字体相类，确为唐钞，然《秦本纪》钞本之末，有“天养二年八月八日书写就之”题记，天养

① 此卷背写草书《金刚般若经旨赞》。

② 《敦煌古籍叙录》卷二《史部》，76页。

③ 《台湾省立师范大学国文研究所集刊》第二期，33～44页，1958。

二年相当于南宋绍兴十五年（1145），远在其后。[①]

此《伯夷列传》写本最具特色者，为“叔齐亦不肯立而追之”句。《史记》各本“追之”皆作“逃之”。惟宋本《太平御览》卷五一四引作“追之”，则作“追”是也。[②]

今本《曹振铎世家》裴骃《集解》两引孙检说。孙检，仕履未详。司马贞《索隐》云：“按年表注引孙检，不详何代，或云齐人。亦恐其人不注《史记》。今以王俭《七志》、阮孝绪《七录》并无，又不知是裴骃所录否？”张守节《史记正义》钞录《索隐》此文，更谓“疑非裴骃所录，恐此人（孙俭）所自加之”。案清王谟辑《世本》“王翦灭楚”条亦引孙检说。今此敦煌唐写《史记集解》作孙俭，凡引其说两处，文字微与南宋绍兴刊本异[③]：

	敦　煌　本	绍　兴　本	
“子惠伯兇（兕）立”条	孙俭曰、徐姊及（反）。曹惠伯或[④]名雉、或名弟、或複（複）名光（兕）雉、或弟光。	孙检曰、徐子反。曹惠伯或名雉、或名弟、或復名弟兕。	“光”即“光”。[⑤]乔衍琯释“光”为“兕”，误。
“桓公终生”条	孙俭曰、作终星、音生。	孙检曰、作终湦、湦音生。	此条乔氏未校，故为补记。

汉书刑法志第三残卷　蔡谟集解

伯三六六九为《汉书》卷二三《刑法志》第三残卷，起“［笞者所以教之］也。其定箠令，丞相刘［舍］”句[⑥]，讫“［所不能决者皆］移廷尉，廷尉亦［当报之］”句，后部“高皇帝七年”句以下残泐过甚。

伯三五五七卷亦为同一《刑法志》，起上卷末尾文字数十行后之“［奸有所隐，则狃而］漫广，此刑之所以蕃也”，讫篇终，末题“刑法志第三”一

---

① 神田喜一郎《賀次君氏の史記書録》，载《东洋学文献丛说》，260～262 页，二玄社刊；又《神田喜一郎全集》Ⅲ，269～271 页，同朋社刊。

② 王叔岷《史记伯夷列传斠证》，载《新社学报》第一期，新加坡，1967；及《类书荟编序》，1968 年 2 月，参《北堂书钞》卷首三丁右。

③ 文学古籍刊行社影印本。

④ 原文作“惠曹伯”，“惠”字下有“√”号。

⑤ 《广韵》上声五旨“兕”系“兕”。

⑥ 王重民云此卷始“及至孝武即位，外事四夷之功”。今细按缺去四行又六字。想王氏在法京见原物时，未经裱装，卷前数行皱缩不明之故。

行。此两《刑法志》字体全同，盖原为同一写卷。

王重民谓："所载诸家注语，不及李奇以后，与小颜（颜师古）注所征引，亦繁简不同。以余考之，盖晋蔡谟《汉书集解》也。"① 今覆此两卷所引注家，只有如淳、晋灼、孟康、文颖、李奇，王说可信。

《晋书》卷七七《蔡谟传》云："谟博学，于礼仪宗庙制度多所议定。总应劭以来注班固《汉书》者，为之《集解》。"谟盖多袭臣瓒本。② 颜师古评蔡氏《集解》："谟亦有两三处错意，然于学者竟无弘益。"③ 颇轻其书。蔡注多具古注④，《汉书》本文亦有较颜本脱误少者，颜氏之非难欠妥，已详王重民校。⑤ 卷中"世"、"民"、"治"字缺笔，不用武后新字，王氏定为唐高宗时写本。

李善注《文选》所用《汉书》，或认为即用蔡谟注本。经细核后，知李氏征引实多颜师古注。⑥

写卷中有异形别字，如"刑不当罪"之"罪"作"氵一"，"征暴诛悖"之"悖"作"㤙"，"辜"作"𡰝"，"髡"作"𣦻"。⑦ 他若"延"作"𨒅"，"鞏"作"𢀜"⑧，皆可供研究之资。惟有确为误写者："断舌"作"断𠮷"⑨，"较然"作"驳然"，自是出于误混。

又"时上常幸宣室"下如淳注，颜师古注作"晋灼曰"。今本《汉书》"过刑谬论"句，此卷写作"过刑谬戮"，依文意，似以"戮"字为胜。是又蔡谟《集解》之异于颜监本者。

① 《敦煌古籍叙录》卷二《史部》，76 页。

② 颜师古：《汉书叙例》。参看洪业：《再论臣瓒》，见《洪业论学集》，384～392 页。

③ 《汉书叙例》。

④ 例"奇请他比"下如淳注（伯三六六九，第三一—三二行），则颜注未见。

⑤ 《敦煌古籍叙录》卷二《史部》，77～81 页。

⑥ 参杨明照：《汉书颜注发覆》，载《华西中国文化研究所汇刊》五，103～162 页；吉川忠夫：《顏師古の漢書註》，载《东方学报》，京都，第五一册，271～277 页；富永一登：《文选李注引书考》，见《小尾郊一博士退休记念中国文学论集》。

⑦ 又"𣦻"即古文"杀"（𢼄），参《说文解字》三篇下。

⑧ 伯三六六九第七行有"[招] 𨒅张汤赵禹之属"。颜本作"招进"。第六五行"凡囚上罪梏拲而桎"下注"音巩"。案"拲"、"巩"二字《广韵》上声二肿亦收，同音"居悚切"。

⑨ "𠮷"即"昏"之讹字，参《正字通》。《龙龛手鉴》卷二《口部》："𠮷，今下刮反，塞口也。"《玉篇》："下刮切，音颉，塞也。"

汉书萧望之传残卷　颜师古注

伯二四八五为颜师古注《汉书》卷七八《萧望之传》末段，存五十七行，起“［今事久远识忘[①]难］明”句及注，讫“［萧］育过扶风府门，官属掾吏［数百人拜谒车下］”句。与今本文字无甚差异，惟“道以经术，厥功茂焉”下颜注“师古曰：道曰读导，茂也”，今本作“师古曰：道读曰道。茂，美也”。又“哀恸左右”句，王先谦《汉书补注》云：“《荀纪》（《荀悦汉纪》）、《通鉴》并作哀动左右，疑颜见误本作恸，因而加注。”但此唐初写本分明作“哀恸”。案《广韵》去声一送：“恸，恸哭，哀过也。”作恸自可通，未必是误。

写卷“世”作“卋”，避太宗讳。此与伯二五一三《汉书·王莽传》乃同出一人手笔，书法甚工，今并影印。[②] 卷中“望之欲自煞（杀）”，“竟饮鸩自煞”之“煞（杀）”字，即由小篆“”形加以隶定。

伦敦斯二〇五三号亦为《汉书·萧望之传》。起“臣与参政事，诸侯闻之”句，讫卷后题，共二八六行。只有如淳、苏林、张晏等注，故王重民定为蔡谟《集解》，并举出该本之胜处若干事，俱见王著《敦煌古籍叙录》，不复多赘。

汉书王莽传残卷　颜师古注

梁时，《汉书》出有别本，萧琛得之于北僧，中有《汉书叙传》，以饷鄱阳王萧范，范献之东宫，皇太子命刘之遴、张缵、到溉、陆襄等，为撰校记，时称为《汉书古本》。[③]

莫高窟所出《汉书》写本甚少。此伯二五一三号为《汉书·王莽传》下，颜师古注。丝栏，存三十八行，起“［驰白］更始”句，讫“赞曰”末句“圣王之”，以下只缺“驱除云尔”四字而已。审其书迹，与伯二四八五《汉书·萧望之传》实同出一人之手，谅为同一写卷。“民”、“世”皆缺笔，必为唐初

① “职忘”二字，王重民作“诚恐”。（《敦煌古籍叙录》，81页）恐误。
② 见本册下文。
③ 详《梁书》卷二六《萧琛传》及卷四十《刘之遴传》。

写本。罗振玉已影印入《鸣沙石室古籍丛残》第四册。

持与今本《汉书》相较，今本“赤麋”作“赤眉”，“城中无行人”作“成中无人行”；此写本赞文“起外戚支叶”句，较今本多“支叶”二字；“又乘四父世业”之“世业”，今本作“历世”；“亦有天时”，多一“有”字；“是以四海嚣然”，多“是以”二字。[1] 颜师古注亦有微异，如“长安为虚”句，下无颜注。“肆，放也”下，今本多“及也”。“滔，慢也”，今本作“漫”。

“便谓蛙黾之鸣”，今本夺“黾”字，非是。案颜之推《颜氏家训·书证篇》云：“盖谓非玄黄之色，不中律吕之音也。”又同书《勉学篇》云：“《汉书·王莽赞》云：‘紫色蛙声，余分闰位。’谓以伪乱真耳。有一俊士，自许史学，名价甚高，乃云：‘王莽非直鸱目虎吻，亦紫色蛙声。’”师古注称：“近之学者，便谓蛙黾之鸣。”即指此事，可以参证。

若其书法，整饬遒丽，圆润而有含蓄，虞、欧之意致犹存。《汉书》南朝别本，久已湮没，得此吉光片羽，亦可踌躇满志矣。

晋春秋残卷

此列伯二五八六号，共一百五十二行，丝栏，首尾无题名。所记为东晋元帝太兴二年（319）二月四日讫六月南渡后迁都建业等事。罗振玉收入《鸣沙石室佚书》第二集中。罗氏以为“《晋书·邓粲传》载粲著《元明纪》十卷，此或粲书耶”[2]。实乏充分证据。

周一良则据《世说新语》《豪爽》、《尤悔》二篇刘孝标注引邓粲《晋纪》，言及王敦与刘琨事，与此卷所记不符，谓其非邓氏之书。又以此写卷记事之详赡，文近于孙盛之《晋阳秋》，疑其或即孙安国书之残帙。[3]

案近年吐鲁番出土文书有古写本《晋纪》，书永康元年（300）三、四月孙秀讨贾后事。据《吐鲁番出土文书》第一册，第三四页考证，定为孙盛《晋阳秋》残卷。文中不避忠、虎、昺诸隋、唐帝讳，又左右作乌丝栏格，与法京此写本相同，惜原物未印行，有待互校。

有关晋史著作甚夥，《太平御览》引载《晋纪》及《晋春秋》非一家。《金楼子·聚书篇》云：“又使孔昂写得《前汉》、《后汉》、《史记》、《三国

---

① 详参罗振玉：《雪堂校刊群书叙录》卷下，18页。

② 《雪堂校刊群书叙录》卷下，18～20页。

③ 周一良：《乞活考》，见《魏晋南北朝史论集》，18页。

志》、《晋春秋》……。”[①] 知唐初《晋书》未修以前，六朝人实以《晋阳（春）秋》代表晋史，与《史》、《汉》、《三国》同列。又《元和郡县图志》卷十三鹅城条引《晋春秋》记事一条，其考证云：“春字疑衍。晋避太后讳，以阳字代，《乐史》［《太平寰宇记》］作《晋阳秋》。”由是知敦煌写卷《晋纪》，自以《晋春（阳）秋》说为较胜。

此卷记乞活帅陈午及陈川之活动事一段文字，周一良氏在所著《乞活考》中已加以摘录，校订并考证。陈川为蓬陂坞主，载《晋书》卷六二《祖逖传》，亦见《通鉴》卷九一，所记远不及此残文之详细。罗氏只比勘其与《晋书》《纪》、《传》之异，于史实之疏离，仍有待进一步之勘研。

《晋书》卷六二《刘琨传》称：“［太兴］三年（320）[②]，琨故从事中郎卢谌、崔悦等上表理琨。”全文具载入琨《传》。（标点本，1678～1690页）又《晋书》卷六七《温峤传》称：“会琨为段匹磾所害，峤表琨忠诚，虽勋业不遂，然家破身亡，宜在褒崇，以慰海内之望。”（1786页）峤之从母，即为平北大将军刘琨之妻，有姻媾关系。温峤此表，本传不载，今此残帙中，卢、温两表俱存，可补勘史传。凡此种种，均足重视。[③]

此残卷仅存二千余言，片鳞只爪，自宜广为流布。至于书法，劲媚遒峭，结构紧凑，犹存北碑渠范。字体多繁缅，如纲作[illegible]，貂蝉作[illegible]蝉，朕作朕，豹作豹，三老作三先等。似出北朝人手笔。《颜氏家训·杂艺篇》云：“北朝丧乱之余，书迹鄙陋，加以专辄造字，猥拙甚于江南。”所举“先人”为“老”，即其一例。“先”字见魏《张猛龙碑》及北齐《姜纂造像记》。

唐僖宗中和五年三月大赦诏

此卷列伯二六九六号，共七十行，首尾残缺。原由数纸黏接，共长（33.5＋32.8＋33.5＋23.2）公分，高约26公分。黏连处纸背尚存官印痕迹。文中第十一至第十三行有云：

① 此书梁孝元帝萧绎撰，有《兴王》、《箴戒》、《后妃》、《终制》、《戒子》、《聚书》、《二南五霸》（有目无文）、《说蕃》、《立言》、《著书》、《捷对》、《志怪》、《杂记》、《自序》等十四篇。参《四库全书总目提要》卷一一七《杂家类》一。《四库全书珍本别辑》第二〇七—二〇八有影印本。

② 此卷“三年”作“二年六月”。

③ 字句之校正，详参吴士鉴、刘承幹：《晋书斠注》。

自中和五年（885）三月十四日昧爽以前，应天下大辟罪已下……咸赦除之。故可定为《唐僖宗中和五年三月大赦诏》。

案《新唐书·僖宗本纪》“［中和五年］三月丁卯，至自成都。己巳大赦，改元［光启］。”此诏之十四日即是己巳。《通鉴》卷二五六云：“［中和五年乙巳］二月丙申，车驾至凤翔。三月丁卯，至京都（长安）。荆棘满城，狐兔纵横，上凄然不乐。己巳，赦天下，改元。时朝廷号令所行，惟河西、山南、剑南、岭南数十州而已。”（标点本，8320页）所记正可与此残文参证。

依此诏文，对唐末史事得以参订者有下列各事：

（一）伦敦斯二五八九为中和四年十一月一日《肃州防戍都张胜君等状》，其述黄巢事云：“其草贼黄巢，被尚让共黄巢弟二人，煞却于西川进（尽）头。皇帝回驾，取今年十月七日，入长安。”但据此《大赦诏》，实于翌年（中和五年）三月方自成都还京师。[①]

（二）此诏“请由骆谷”语，可证僖宗出幸时，取道骆谷，说较可信，可订《僖宗纪》及《郑畋传》所记之失。[②]

（三）文中第五十八行“□□节度使太尉颍川王敬瑄”，缺字可补“西川”，即指“颍川郡王陈敬瑄”。《通鉴》卷二五四：“中和元年（881）春正月丁丑，车驾至成都。二月壬子，加陈敬瑄同平章事。”（8247页）

又唐末杜光庭著《道教灵验记》，颇详述蜀中诸事。其卷二记“成都青羊肆”条云：“辛丑年（881），大驾到蜀。壬寅年（882）八月，获灵砖之瑞……砖有古篆六字云：‘太上平中和灾’。节度使侍中陈敬瑄、行在指挥使军容田令孜以表奏进。……乙巳年（885）驾还京师。”[③] 年月及人物与此《大赦诏》正合。

此文叠经中、日学人校订整理，大体可以通读。下列各篇，皆有关之研究文字，可供参考：

（一）大谷胜真：《唐僖宗车驾还京师大赦文》，载《青丘学丛》二，1930。

（二）陈祚龙：《关于敦煌古钞李唐僖宗的改元光启赦》，载新加坡《新社学术论文集Ⅱ》，1979；后又收入《敦煌简册订存》，台湾商务印书馆，

① 参王永兴：《关于黄巢农民起义的一些史料的考证》，载《文史》第五辑，45页。

② 参蔡治淮说。

③ 《道藏》第一八册14050页，台湾艺文印书馆本。

110页。

（三）蔡治淮：《敦煌写本唐僖宗中和五年三月车驾还京师大赦诏校释》，见《敦煌吐鲁番文献研究论集》，北京，中华书局，650～659页，1982。

诸家以蔡文所校最佳。然陈、蔡二家释文断句微有可商处，兹为订正，附录于文末。

此卷书法古朴，犹存唐人风范。殆为当日关中人士传写，流入石窟。《唐大诏令集》不载，虽非完篇，有裨考史，亦可宝也。

附录

唐僖宗中和五年三月大赦诏释文

［前缺］犯京师，念慈（兹）生灵，皆坠涂炭。兴役动众，伐叛征兵。蔓草慈（滋）多，原火益炽。颊（赖）巨（臣）谋略，上将机筹。率九土之诸侯，召四方之勇果。云屯而（雨）骤，电激雷奔。三军奋义烈之心，百战蹈戈鋋之刃。豺狼既剪，宗社永安。八柱再坚，九天弥固。朕省方三蜀，于慈（兹）五龄。托列（烈）圣之神威，获上天之保祐，竞修补过，不敢怠荒，重固丕图，俾矛（谋）① 复国（国）。其有直生难，委命全身。偶脱豺牙，潜逃贼网，可以偷（湔）涤瑕秽，宽有（宥）罪辜。当三春初煦之辰，值万物发生之际，顺仁旻②以覆𠫓③（育），布惠泽以朕照（昭）苏。可大赦天下。自中和五年三月十四日昧爽以前，应天下大辟罪囗下，以发觉，未发觉，以结正，未结正，见禁囚徒，罪无轻重，常（当）赦，所不原者，咸赦除之。（……中略……）西川节度使太尉颖（颍）川王敬瑄，自车驾巡游，五年祇奉，竭诚尽节，忧国忘家，内则备六军宴犒之资，外则给百辟廪食之□，庶务劳虑，一毫未移。辅我中兴，赖尔全德，大勋既集，殊宠宜加。（……略……）黄巢凌犯宫阙。关东兵力不支。并以承平已来，稍阙武备，士庶有流离之苦，豺狼

① 此疑借“矛”为“谋”。或释“予”，非。

② 按此指“旻天”。《尔雅》郭璞注：“旻，犹愍也。”

③ 按“𠫓”即《说文》倒“子”云“𠫓”。“育”字从“𠫓”。陈氏释“之”，非。

恣毒螫[1]之心，今十军军容[2]田令孜于震骇之时，决巡狩……

左神策军衔内，兵士直冒白刃……

设军情。请田骆谷，艰危万状。……

供馈告阙。又陈丹恳，移幸西川。……

忠力。百司具设，万旅保安，于……

大唐西域记卷第二残卷

伯三八一四号为《大唐西域记》二，残存一七三行。自健驮逻国下迦腻色伽王窣堵波条起，讫于卷末一行“大唐西域记卷第二”标题止。首行略有残损，补录如下：

［此南不］远起窣堵波，吾身［所有骨肉舍利，多集此中。卑钵］逻树南……

昔年羽田亨博士编印《敦煌遗书》，已出第一集，此卷原拟在第二集内刊布而未果。后向达得此照片，收刊于所辑《大唐西域记古本三种》之内，卷前尚存有《敦煌遗书》字样。

《大唐西域记》敦煌写本尚有斯二六五九残存卷一，共三〇四行；又斯九五八为卷三，残存十六行，与巴黎此卷非出一人手笔。伯二七〇〇存卷一，共十四行。

原来条记西域史地之专书甚多，惟法显与玄奘所著最为有名，叠经迻译校注。治西域史者言之已详，可以不论。

秦弘始间（399—415），京兆沙门智猛著《游行外国传》，道宣云：“曾于蜀郡见之。”[3] 隋世，东都上林园翻经馆彦悰著《西国志》十篇，道宣称其“广布风俗，略于佛事，得其洽闻，失于信本”[4]。又裴矩著《西域图记》三卷，序见《隋书》本传，纪通西域有三道，所历四十四国。《太平寰宇记·四夷部》引其书二则，北宋时，其书尚存。此皆奘师《西域记》之前导。其后

① 非“螯”字。《说文》云：“螫，虫行毒也。”

② 按即“左右神策十军兼十二卫观军容使”之简称，详《新唐书》卷五〇《兵志》。

③ 《释迦方志·游履篇》第五，《大正藏》第五一册，第二〇八八号，969 页。

④ 《释迦方志序》，同上，《大正藏》，948 页。

道宣别撰《释迦方志》，自称为《西记别传》。“西记”即指奘师此记，其中《遗迹篇》可谓《西域记》之节本。

《大唐西域记》成于贞观二十年（646），行世者实有贞观时进呈本及高宗显庆修订本两种。[①] 关于玄奘及《大唐西域记》牵涉有关问题，近时季羡林有长文讨论，至为详尽[②]，为《大唐西域记校注》前言。

《大唐西域记》一书，对印度历史贡献之巨，印度史家已有“如无玄奘是书，重建印度史将为不可能之事”之论调。试举一例，如本卷云：“乌铎迦汉荼城西北行二十余里，至娑罗睹逻邑，是制声明论波你尼仙本生处也。”波你尼者，即著文法书 Ashtādhyāyī 之 Pāṇini，其出生地娑罗睹逻，梵名 Śālātura，在 Ohind 西北 6.4 公里之小镇，其王即 King of Nanda。印度学人研究波你尼行事，无不取资于玄奘此文。[③] 其价值可想而知。

向达指出敦煌本有同于日本之石山寺本者，如本卷之“石庐”、“仙庐”皆作“闾”字。[④] 乌仗那国下小注“旧云乌场”，同于高丽藏本，与他本之作“乌孙场”异，应以无“孙”字为是。“乌场”即“乌仗”之异议。

此卷书法挺秀隽利，摇曳生姿，行气尤佳，允为唐钞之妙品。向来摩挲原物，弥觉神智倍加。宜广为流传，以公诸同好。至于只字单文，可资校勘之助，又其余事矣。

沙州图经　唐开元年间（713—714）写本

伯二〇〇五为《沙州图经》。昔己卯年，罗振玉已印入《敦煌石室遗书》，列第十一种，命名曰《沙州志》，并附跋文二篇及《沙州志残卷校录札记》。一九一三年，复影印于《鸣沙石室佚书》第三册。此卷详细校订及研究，具见池田温《沙州图经略考》长文[⑤]，今可不赘。又陈祚龙《简记敦煌古钞方志及其后语》胪列有关敦煌地方志资料甚备。[⑥]

本卷后段记武周祥瑞各事甚详，末行云：“右唐载初元年（690）四月，

---

① 详范祥雍：《大唐西域记阙文考辨》，载《文史》第一三辑。

② 《中印文化关系史论文集》，北京，三联书店，179～308 页，1982。

③ 参 V. S. Agrawala，*India as Known to Pānini*，Lucknow：University of Lucknow，1953，首章 Pānini：his life and work，462～464 页。

④ 向达辑：《大唐西域记古本三种》，引言，8 页，北京，中华书局，1981。

⑤ 《榎一雄博士还历记念东洋史论集》，东京，31～101 页，1974。

⑥ 《敦煌学要龠》，215～232 页。

风俗使于百姓间采得前件歌谣，具状上讫。”然书中张芝墨池条，记开元二年（714）沙州刺史杜楚臣及开元四年敦煌县令赵智本事；又鱼泉驿条，书“唐咸亨四年”（673）刺史李祖隆奏奉敕置”，“降”字缺笔，又“堂基”作“堂其”，避玄宗“隆基”讳；故可定此卷书写年代应在开元间，诸家多已论之。

卷中“一所怪异”条记老父投书事，引《十六国春秋》：“永和三年（435）正月，有一老父，见于城东门上，投书于地，忽然不见。书一纸，八字满之。其文曰：‘凉王卅（三十）年，若七年。’凉王且（沮）渠茂虔访于奉常张体顺。”《通鉴》卷一二二系于宋元嘉十二年（435）正月，年代正合。奉常名作“张慎”，罗氏谓作“慎”为误[①]，无据。

又卷中“靖恭堂”条引《西凉录》。案《太平御览》卷一七六《居处部》引《三十国春秋·西凉传》，所记靖恭堂事尤详。魏时著《敦煌实录》之刘昞有《靖恭堂铭》一卷。昞为凉王李暠之儒林祭酒也。[②]《隋书·经籍志》集部及两《唐志》均著录李暠《靖恭堂颂》一卷。靖恭堂在唐以前久已脍炙人口。

今取此卷以校唐人他书所记，如刘餗（知幾子）《隋唐嘉话》卷下云：“灵州鸣沙县有沙，人马践之，辄铪然有声，持至他处，信宿之后而无复声矣。”《太平广记》卷三三八引《国史异纂》文相同。[③]《元和郡县图志》卷四〇沙州敦煌县下鸣沙山条云：“今按其山积沙为之……人登之即鸣，随足颓落，经宿风吹，辄复如旧。”又敦煌县下云：“周武帝改鸣沙县……隋大业二年（606），复为敦煌。敦，大也。以其开广西域，故以盛名。”然《元和郡县图志》卷四灵州鸣沙县条云：“周保定二年（562）于此置会州，建德六年（577）废郡立鸣沙镇。隋文帝开皇十九年置环州，以大河环曲为名，仍立鸣沙县以属焉……神龙二年（706）冬，为默啜所寇，因而荒废。遂移县于废丰安城，即今县理是也。西枕黄河，人马行经此沙，随路有声，异于余沙，故号鸣沙。”《旧唐书》卷一二一《仆固怀恩传》云：“［怀恩］行至鸣沙县，遇疾异归。九月九日，死于灵武。”此即灵州之鸣沙县也。北周时，灵州所属有鸣沙镇，敦煌县则称鸣沙县，时有二鸣沙也。唐承隋制，复改鸣沙县为敦煌县，属沙州，此或为避与灵州之鸣沙县同名故。由此知鸣沙乃是通名，敦煌有鸣沙山，其名更著，灵州之鸣沙县与之同名，故此详辨二鸣沙如上。

---

① 《雪堂校刊群书叙录》卷下，32页。

② 《魏书》卷五二《刘昞传》。

③ 《新唐书·艺文志》收餗著述有《国朝传记》，下注云：一作《国史异纂》，即此书。

又《元和志》“燉煌”之“燉”加“火”旁，《沙州图经》“燉”字亦从“火”。[①] 由此知唐人书敦煌皆加“火”旁。隋时，复用汉县名，改鸣沙为敦煌，且以“敦”为“大”意。本书所收《大般涅槃经》卷第三十三（伯二一一七）题记：“大业四年（608）四月十五日，敦煌郡大黄府旅帅……”，“敦”字不从“火”，即其明证。

本《图经》引用史书，以《西凉录》及《西凉异物志》为最多。别有二书，须加以研究。

（一）瑞应图：

本《图经》祥瑞类“蒲昌海五色”及“白狼”条下俱云：“谨检《瑞应图》。”查此卷背面，既钤归义军印记，又有“《瑞应图》借与下”数字。（图三）今法京尚存有《瑞应图》一卷，即伯二六八三号，惜多残缺。参松本荣一解说[②]，及陈槃《古谶纬书录解题附录》（一）详细研究。[③]

（二）王羲之《皤书论》：

“张芝墨池”条云：“王羲之《皤书论》云：［张芝］学书，池水尽墨，好之绝伦，吾弗及也。”案英伦斯二一四及斯三二八七都有《皤书论》残文。[④]“皤”字，许慎《说文》以为“皤”字之或体。《广韵》八戈：“皤，老人皃也。”“皤，皤皤，勇舞皃（貌）。《说文》同上。”《尚书·秦誓》：“番番良士。”但作“番”。“皤”即“皤”字，“皤书”取义，殆即孙过庭《书谱》称“人书俱老”之意。“王羲之”云云数语，张彦远《法书要录》卷一称为“王右军自论书”。今依敦煌残文，知出自《皤书论》。

张芝墨池为敦煌胜迹，屡见于敦煌诗篇。伯三九六七《送令狐师回驾青海》句云：“往来驯马请（靖），光照墨池姻（烟）。”伯四六六〇乾符二年《张僧政邈真赞》云：“敦煌甲族，墨池张氏。”是墨池张氏，在敦煌为著姓。

此卷丝栏，书法下笔沉着有力，结体扁阔，与《马鸣寺碑》为近。书者疑在颜真卿之前。观“瑞应图借与下”六字，体态正相同，谅出一人手笔，意者彼时书写大周天授二年符瑞，即检取《瑞应图》卷校之，故并记之“借下”之语。寥寥数字，可以互勘，尤足矜贵也。

---

① 如“独利河水”条：“流至沙州燉煌县东南界”；“故堤”条：“［李］歆死国灭，其弟恂为燉煌太守，与诸子弃燉煌……”；又伯五〇三四《沙州图经》卷五“寿昌海”条：“遭刑屯田燉煌［界］。”“敦”字皆加“火”旁作“燉”。

② 《美术研究》一八四期，1956。

③ 《历史语言研究所集刊》第一七本，73～77页。

④ 池田温：《敦煌本に見える王羲之論書》，载二玄社《中国书论大系》月报五。

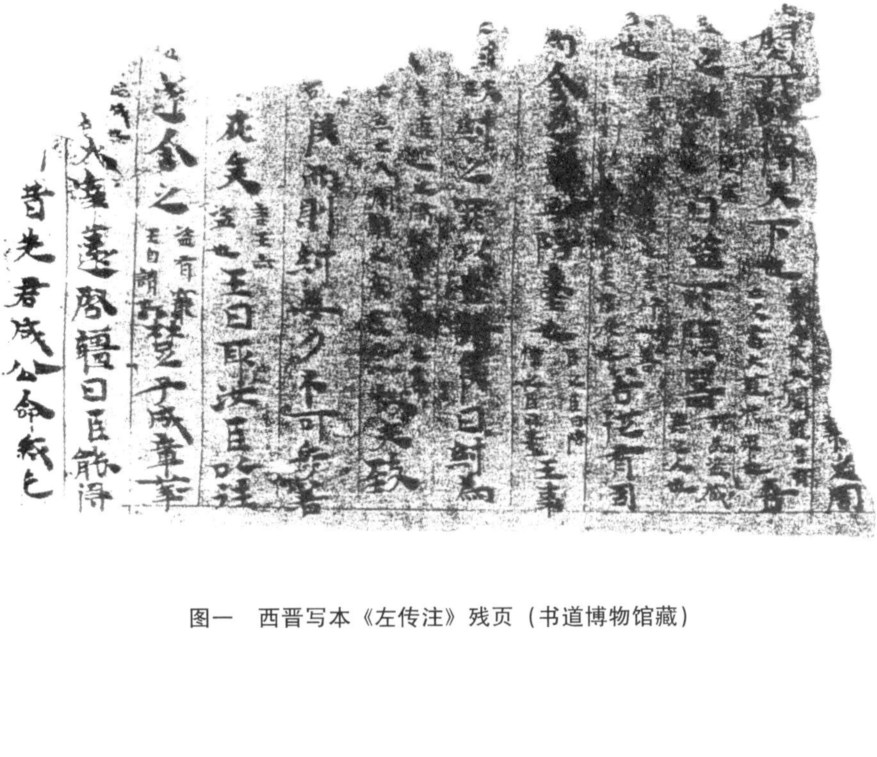

图一　西晋写本《左传注》残页（书道博物馆藏）

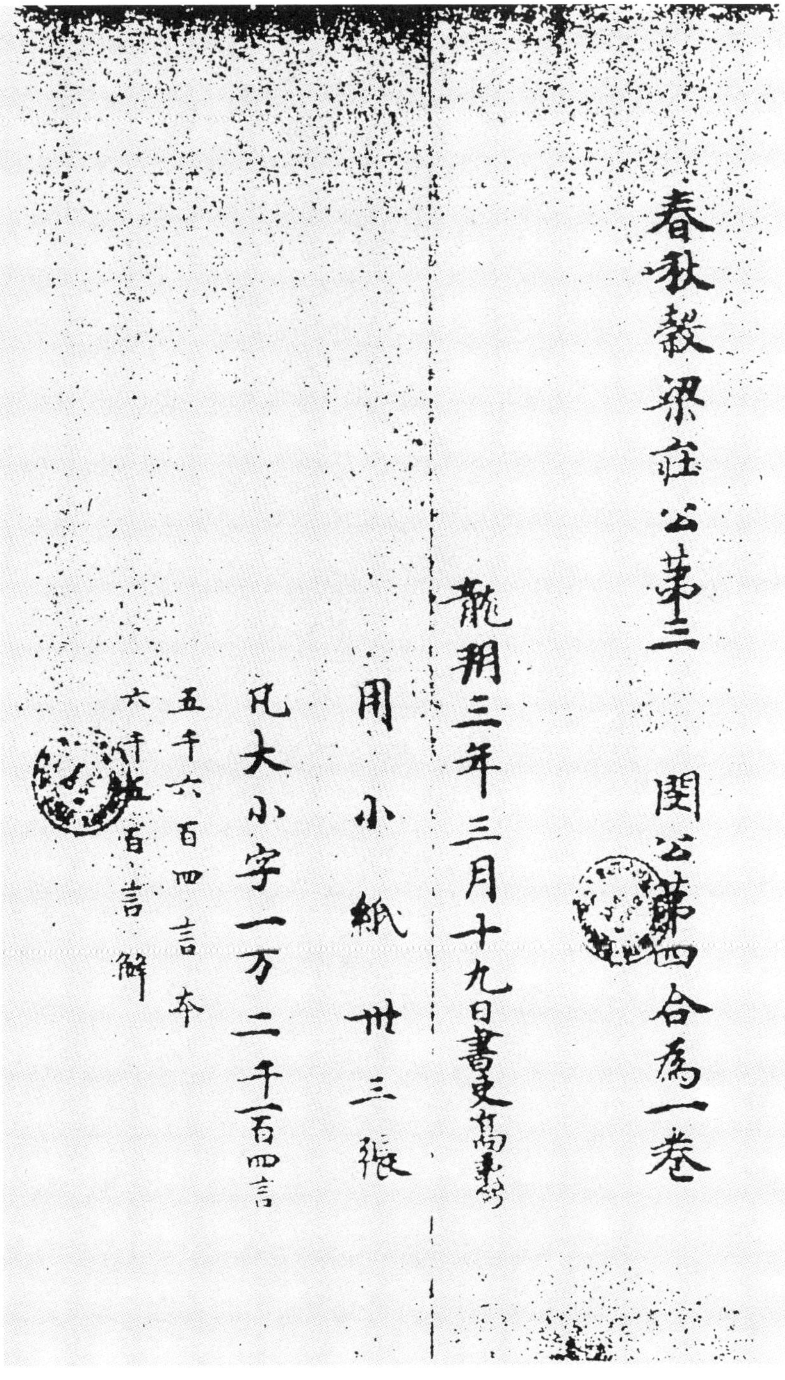
春秋穀梁莊公第三　閔公第四合爲一卷
龍朔三年三月十九日書吏高義寫
用小紙卅三張
凡大小字一万二千一百四言
五千六百四言本
六千五百言解

图二　伯二五三六范宁《春秋穀梁传集解》

图三　伯二〇〇五背《瑞应图》

书仪文范　牒状

所谓“书仪”，意指书牍文之范本，供人渔猎取材之用。莫高窟所出书仪残卷，多属当日边地流行之应用文范，据初步统计，为数可达一百余事。近时学人研究书仪，颇有述作，成绩斐然。①

书仪之作，肇于刘宋而后，《隋书》卷三三《经籍志·史部·仪注类》，著录谢灵运从弟谢元《内外书仪》四卷，蔡超《书仪》二卷，王俭《吊答仪》十卷，王弘《书仪》十卷，王俭《吉书仪》二卷等。区其类别，大抵有以十二月为纲之月仪，及以吉凶为主之吉凶书仪两种。

唐代著作最盛，始自贞观年间（627—649）裴矩著《大唐书仪》十卷，见于《旧唐书·经籍志》，裴度、杜有晋、郑馀庆等续有撰述。敦煌所出作者可确知者，惜仅有杜有晋（伯三四四二）、郑馀庆（斯六五三七之一四）、张

① 那波利贞：《中唐以後に於ける書儀類の編纂流行に就きて》、《中唐以後に于きて接客儀類の著述出現に就きて》，两文皆收入《唐代社会文化史研究》，列第一章第二节之二、三，64～76页及76～89页。2.周一良：《敦煌写本书仪考》（之一），见《敦煌吐鲁番文献研究论集》，1982；《敦煌写本书仪考》（之二），见《敦煌吐鲁番文献研究论集》第四辑，1987；《敦煌写本书仪中所见的唐代婚丧礼俗》，载《文物》，1987（7）；《书仪源流考》，载《历史研究》，1990（5）；现皆收入《魏晋南北朝史论集续编》，北京，北京大学出版社，1991。3.陈祚龙：《看了周作敦煌写本书仪考之一以后》，载《敦煌学》第六辑，1983年台北刊。此文指出伯三四四九号应为五代后唐时书仪，对周著所定年代重加订正。4.赵和平：《敦煌写本书仪略论》，见《敦煌吐鲁番学研究论文集》，上海，1990；《敦煌写本郑馀庆大唐新定吉凶书仪残卷研究》，见《敦煌吐鲁番文献研究论集》第五辑，1990；《晚唐时河北地区的一种吉凶书仪》，见《周一良先生八十生日纪念论文集》，北京，1993；《晚唐五代时的三种吉凶书仪写卷研究》，载《文献》，1993（1）。

敖（伯三五〇二、二六四六等五件）诸家而已。

郑馀庆《大唐新定吉凶书仪》[①] 共分三十类。起“年序凡例”、“节候赏物”、“公移平阙氏”[②]、“祠部新氏”、“诸色笺表”、“寮属起居”、“四海吉书”、“内族吉书”、“外族吉书”，以至“凶礼仪注”、“诸色祭文”、“丧服制度”、“凶仪凡例”等等，内容丰富。据慈觉大师《日本国承和五年入唐求法目录》[③]与《入唐新求圣教目录》[④]，其中有郑馀庆《大唐新修定公卿士庶内族大吉凶书仪》[⑤]，知此书中唐时已传至日本矣。详神田喜一郎《慈觉大师将来外典考证》。[⑥]

斋琬文

伯二五四七王重民题曰“书仪”，称“盖唐中叶所写。对叶装，右端嵌以漆轴，如今人之夹新闻纸然，是装潢史上之重要资料”[⑦]。然今改为册子。该轴完好圆整，曩在法京，摩挲者再，不忍释手。惜篇章多残缺。近年，梅弘理考订此文为《斋琬文》，见《敦煌研究》一九九〇年第四期，其说可信。又赵和平君见告北京大学图书馆藏《诸文要集》为其简本，均属广义之文范，而非书仪。

其首叶有云：“……扬圣德，终乎庇祐群灵。”又云：“分上中下目，用传来叶。”其纲目亦不完全，只存：二“赞佛德”、三“序临官”、四“隅受职”、六“报行恩”、七“悼亡灵”、八“述功德”。细目“赞佛德”下有：“王宫诞质”、“逾城出家”、“转妙法轮”、“示归□（依）”等；“述功德”下有：“造绣像”、“织成”、“镌石”、“彩画”、“雕檀”、“金铜”等，全书大辂椎轮，约略可睹。

“序临官”之“县令”、“县丞”部分，文字尚清晰，下有“甘州任家口平安”一目，文云：“惟公牵丝甘野，述职蕃维。”《元和郡县图志》卷第四十甘

---

① 敦煌原本误“吉”为“告”。

② 序中脱“式”字，此据本文是项。

③ 《大正藏》第五五册《目录部》，第二一六五号，1075页。

④ 《大正藏》第五五册《目录部》，第二一六七号，1087页。

⑤ 前者作“一卷”，后者作“三十卷”。

⑥ 二玄社刊《东洋学文献丛说》，279～281页；及同朋社刊《神田喜一郎全集》Ⅲ，287～289页。

⑦ 《伯希和劫经录》，《敦煌遗书总目索引》，266页。

州条："唐武德二年（619）讨平李轨，改置甘州。[代宗]永泰二年（766），陷于西蕃。"书中特标着甘州一目，似其文作者与甘州关系特深。

书内"元日"各条、即郑馀庆《大唐新定吉凶书仪》中"节候赏物"之类，有"二月八日"，而无"二月一日"。郑氏《书仪》云："二月八日佛道也。"盖为浴佛日。① 二月一日则为中和节，事始于唐德宗。② 是此书必为德宗以前之物。

察其背面"……尚书……"印文上，记有"前瀚海军经略使。□元廿九年正月廿八日"。案上元、贞元均无二十九年，知所缺一字必是开元之"开"字，可以肯定。③ 此书中"藩王"条目下有："瀚海及回纥等都督（下缺）"语。考《元和郡县图志》卷四十庭州条：

> 开元二十一年（733），改置北庭节度使，以防制突骑施、坚昆、斩啜，管瀚海军、天山军、伊吾军。

注云：

> 长安二年（702）置烛龙军。三年，郭元振改为澣海军。开元中，盖嘉运重加修筑，管兵一万二千人，马四千二百匹。

"澣海"即"瀚海"，高适《燕歌行》称"校尉羽书飞瀚海"者也。由是观之，此当是盛唐时之书仪文范。

书中"悼亡灵"下细目有"僧"、"尼"、"法师"、"律师"等，其第二题为"赞佛德"，所存"叹佛文"一段尚完整。《释氏要览》卷中"赞佛"条：

> 《菩萨本行经》：阿难白佛：若使有人以四句偈赞叹如来，得几功德？……《智度论》云：若闻诸佛功德，心尊重，恭敬赞叹……美其功德为

---

① 赞宁：《大宋僧史略》卷上"浴佛"条："东夏尚腊八，或二月、四月八日，乃是为佛生日也。"（《大正藏》第五四册，第二一二六号，237页）是释迦诞生日，除腊八及四月八日之外，又有二月八日一说。

② 《唐会要》卷二九"节日"条，《贞元五年（789）正月十一日敕》及李肇《国史补》卷下。

③ 开元二十九年当公元741年。

赞，赞之不足，又称扬之为叹。[①]

所谓叹佛，其义如此。是书赞佛德，述功德，必为释氏文范一类之书。字体极端谨秀整，骈文亦辞藻华丽，诚为盛唐小楷之精品。

释门文范

伯三三〇七残卷，王重民题为《书仪》，注谓“为释子所专用者，背有驿马毛色齿岁历及天宝十四载残牒”[②]。考南朝已有释氏专用之书仪。《隋书》卷三三《经籍志·史部·仪注类》著录：

《僧家书仪》五卷，释昙瑗撰。

《续高僧传》卷第二十一《陈杨都光宅寺释昙瑗传》云：

释昙瑗，未详氏族。金陵人也……［陈宣帝］以瑗为国之僧正，令住光宅［寺］，苦辞以任，敕特许之。而栖托不竞，闭门自捡。非夫众集，不妄经行，庆吊斋会，了无通预……瑗以太建年中（569—582）卒于住寺，春秋八十有二。著《十诵疏》十卷、《戒本》、《羯磨疏》各两卷、《僧家书仪》四卷、《别集》八卷，见行于世。[③]

此记《僧家书仪》四卷，略与《隋志》作五卷者小异，惜书已不传。[④] 郑馀庆《书仪》内，《僧道吉书》在第十三，《僧道凶书》在第二十，亦收录释氏书仪之资料。

是书残缺不完，目录大字标题，计存下列：

除服　　其一至其三（其一与题记部分已残）

---

① 《大正藏》第五四册，第二一二七号，287页。

② 《伯希和劫经录》，《敦煌遗书总目索引》，284页。

③ 《大正藏》第五〇册《史传部》，第二〇六〇号，608～609页。

④ 严可均据《广弘明集》卷三二、卷二七上辑得昙瑗书札二篇（但此二篇皆在《大正藏》所收《广弘明集》卷二十七。《广弘明集》无三十卷），收入《全陈文》卷十八。又《全陈文·昙瑗小传》记“有集六卷”。

病	其一至其三（标题“病”字或系后来补书）
亡	其一至其四（循文例，“原夫色即是空……六道于焉代谢”一段或为其五）
愿	其一至其九（“皆能降服”下当残缺“其十”二字）
经	其一至其七（“法王之大宝也……”一段当列为其八）
禅	其一至其三
律	其一至其三
法师	其一至其三及其七至其十三（其四至其六脱）
官人	其一至其十九（其十二脱）
庶人	其一至其九（其八脱）
优婆姨	其一至其六
男女	其一至其二（其二仅存十三字）

“官人”下注“即此虔跪大斋主某公”，亦不详何人。原为何书，无从稽考。

圆仁《入唐求法巡礼行记》卷第三记：

［开成五年（840）十一月］廿六日冬至节，僧中拜贺云：伏惟和尚久住世间，广和众生。腊下及沙弥对上座语，一依书仪之制。

当日书仪之应用，沾溉及于异邦僧人，影响之广，可见其概。

卷背有如下字样：

被符奉敕韦见素可黄门侍郎兼武部尚书谨（下残）

天宝十四载二月十日史平履钊

付司孟卿示

十三日

知此帙为玄宗时书物。《通典》卷二十三《职官典》五“兵部尚书”条云：“天宝十一载（752）改为武部（原注：至德初复旧）。”此天宝十四年文书，作“武部”，不称“兵部”，可以证史。韦见素属韦氏南皮公房，相玄宗。①

书仪

伯二四八一号王重民《目录》题云《书仪》。② 现存篇题第二为“僧尼”，其子目为“私度”、“聚讲”、“贮财”、“盗物”、“擅离寺”、“过斋行”，凡六道。第三为“儒学”，其子目为“绛帐惰业”、“青襟不勤”、“释奠乖礼”、“讲义不通”、“书手滥恶”、“贡举不精”六道。而第一只存子目“□戏”、“奸淫”、“兴贩”、“符咒”等，审其文句，应是道教范围。

唐宗室以道教祖师老子李聃为同姓，尊道教列于释氏、儒家之前。《通典》卷五十三《礼典》十三“老君祠”条云：“大唐乾封元年（666），追号老君为太上玄元皇帝。”“天宝元年（742）、［玄宗］亲祠玄元庙，又于［《汉书》］《古今人表》，升玄元皇帝为上圣。”即此可见唐宗室之尊崇道教，是书即此风潮产物。

此书前三卷为有关道、僧、儒三教书仪。以下“祥瑞”为第四，共十道；“庆赏”为第五，共八道；“祠祭”为第六，凡十道；“礼仪”为第七，凡六道，仅存“都头”题记四行。兹录“祠祭”子目十道如次：

> 享宗庙、亲藉田、享先蚕、祭社稷、祠五岳、歆四渎、拜圆天、谢方地、祈日月、祭星辰。

前有都头，末有都尾。他卷亦均有都头、都尾题记，即引端及结语，以作起讫。

每项文字结构句式大抵作“自可……何得……遂使……是以……”，有如“连珠”句法，全书体例，独具一格。文中偶著注语。

书法劲健峻整，风神疏朗，小楷之佳品。背面杂钞文章，笔迹颇相似。标题有《大般若经第五会序》、《和尚邈真赞》诸篇，似作为示范。其中有“粤有我河西归义军节度瓜州（衍文）沙等州押蕃落等使检校太傅令公兼御史大夫上柱国曹”字样，知出曹氏时代书手所录。

---

① 《新唐书·宰相世系表》第十四上。

② 《伯希和劫经录》，《敦煌遗书总目录索引》，265页。

新集诸家九族尊卑书仪序　张敖　撰

伯三五〇二背为《新集诸家九族尊卑书仪序》一卷[①]，题“河西节广（度）掌书记试太常寺协律郎张敖撰”。本册仅收其序。

张敖所著《书仪》，石室所出尚有如下四件：

（一）伯二六四六，首尾较完整，末题“天复八年（908）岁次戊辰二月廿日学郎赵怀通写记”。

（二）伯二五五六，卷尾残缺。

（三）伯三二四六，仅存上卷部分。

（四）伯三二四九，仅存上卷开端部分。[②]

具见当日传钞之普遍情形。

敖自《序》称：“自大唐前后数十家著述，纸墨颇繁。”又云：“今朝廷遵行元和新定书仪……今采其的要，编其吉凶，录为两卷。”是其书乃取自郑馀庆之《书仪》。郑氏《书仪》见于斯六五三七号卷背，书题为“大唐新定吉凶书仪一部并序”，署“银青光禄大夫吏部尚书兼太常卿郑馀庆撰”。考《旧唐书》卷十四《宪宗本纪》：

> 元和六年（811）冬十月，以东都留守郑馀庆为吏部尚书。

其《序》称：“与太仆寺丞李曹、司勋郎中裴芹茝、前曲沃尉李颍、中书侍郎同评（平）章事陆贄（贽）、侍椰（御）史羊环、司门员外郎韩俞等共议。”韩俞即韩愈。《旧唐书》卷一六〇《韩愈传》，谓“故相郑馀庆颇为之延誉，由是知名于时……元和初，召为国子博士，迁都官员外郎。”可见郑馀庆《书仪》实作于元和时。《旧唐书》卷一五八《郑馀庆传》言其“谙练典章”、“朝廷仪制，吉凶五礼，咸有损益”。其著有《吉凶书仪》，故知张敖所据之《元和新定吉凶书仪》，即馀庆所著，可无疑也。

---

① 卷末残缺。

② （一）、（四）题《新集吉凶书仪》，（二）、（三）题《新定吉凶书仪》。王重民《敦煌古籍叙录》所记只此四卷，伯三五〇二为彼所失载。

若张敖此书，当撰于大中初，时张议潮收复瓜沙不久。[①] 伯三五〇二卷背又有大中六年、十六年、十九年等牒状[②]，正可以互证。

乾元元年（758）罗法光祠部告牒

伯三九五二为有关沙州敦煌县从化乡慕道里人罗法光（法名法严）写告牒钱之文书，其中称：

> 以前侍御史判凉州长史杨休明奏奉乾元元年□月六日敕，委臣勾当前件道僧告牒，各勒纳钱□□，并令所度人自写，差使送付所司……

全文备录于池田温《中国古代籍帐研究》二二六号。又谢和耐（J. Gernet）在其 *Les Aspects économiques du bouddhisme dans la société chinoise du Ve au Xe siécle*（五至十世纪中国社会寺院经济研究）刊出，曾加以讨论。伯四〇七二《沙州张嘉礼祠部告牒》与本件性质相同，有“尚书祠部之印”。

杨休明两《唐书》无传。考《资治通鉴》卷二二四：“代宗大历元年（766）夏五月，河西节度使杨休明徙镇沙州。”胡注：“凉州沦陷故也。”[③]《旧唐书》卷十二《德宗本纪》载：

> ［建中三年（782）］五月丙申诏：故伊西北庭节度使杨休明、故河西节度使周鼎……等，寄崇方镇，时属殷忧，固守西陲，以抗戎虏，殁身异域，多历岁年，以迨于兹。旅榇方旋，诚深追悼。宜加宠赠，以贲幽泉。休明可赠司徒，鼎赠太保。

周鼎大历十二年（777）以河西节度使职死吐蕃之难，事详颜真卿《唐故太尉广平文贞公宋公神道碑侧记》。[④] 杨休明盖以大历二年自河西节度使迁伊

① 参看下文对伯三六三三之解说。

② 大中十六年即咸通四年（863），大中十九年即咸通七年，此恐处于敦煌边地，不知宣宗驾崩与懿宗改元之故。

③ 标点本，7191 页。

④ 《金石萃编》卷九十七所收。

西北庭节度使。[1] 是牒乾元元年休明官“侍御史判凉州长史”一衔，在其官河西节度使前，可补吴廷燮《唐方镇年表》所不及。

字近徐浩一路，沉重有力。

杂书牒状 约唐大历七年（七七二）

伯三九四五为杂书牒状，惜多残缺。书法甚佳，纵逸遒放。

残卷前半有小字二行，题“大历七年五月”与“□□副使讨击副使云麾将军左羽林大［将］军鸿胪卿王献忠”。由此可推知书写约略年代。

状文有云：“中国有难，未得清宁。”又云：“自从荒乱已来。”按自永泰元年（765）九月，吐蕃十万人入寇京畿。[2] 其后大历二年，吐蕃侵灵州，进迫泾州。[3] 殆指此类事。文云：“此之慵忉，何可言说。”《唐韵》上平声三钟：“慵，懒也。”又下平声六豪：“忉，忧心貌。”

封常清谢死表闻 僧无名护法谏章 无名歌 唐元和十年（815） 张议潮书

敦煌文书中以伯三六二〇号为最富有传奇性之写卷。书写者为驱逐吐蕃，光复瓜沙之张议潮，所钞录之文篇为：

（1）潼关打败仗之封常清《谢死表》。

（2）德宗时僧无名《讽谏今上破鲜于叔明、令狐峘等请试僧尼不许交易书》。

（3）《无名歌》。

其前两文皆当日震赫一时之名作，为人传诵。

此卷尾题：“未年三月二十五日学生张议潮写。”据斯六九七三，议潮以咸通十三年（872）卒于长安，享年七十四。[4] 盖生于贞元十五年（799），此“未年”当为元和十年乙未（815）。时议潮十七岁，适身为学生也。[5] 议潮年

① 吴廷燮：《唐方镇年表考证》，开明书店刊《二十五史补编》第六册，257页。

② 《资治通鉴》标点本，7176页。

③ 《资治通鉴》标点本，7179页。

④ 参看本书碎金部分。

⑤ 陈祚龙：《敦煌张议潮写本封常清谢死表闻校证》，见《敦煌学海探珠》下册，284～285页。

轻时誊写此卷，字体韶秀，未觉稚弱，更为可贵。

封常清《谢死表》已见《全唐文》卷三三〇及《旧唐书》卷一〇四封氏《本传》。以较此卷，微有差异，详陈祚龙《敦煌张议潮写本封常清谢死表闻校证》。然陈氏录文尚有未备，今重录如下：

封常清谢死表闻

臣常清言：中使骆凤仙至，奉宣口敕，恕臣万死之罪，杖（收）臣一朝之效。令臣却赴陕州，随高仙芝行营。负斧缧囚，忽焉解缚。败军之将，由（犹）许增修。臣自城陷已来，前后三度遣使奏事，具述赤心，竟不蒙引对。臣之所来，非求苟活。实欲陈社稷之利，破虎狼之谋。冀拜首阙庭，吐心阶（陛）下，论逆胡之兵［势］，陈讨扦之别谋，酬昔日之恩，已（以）报一生之宠。岂谓长安日远，谒见无由。函谷关遥，陈情无暇。臣读春秋，见狼瞫称未获死所，臣今获矣。昨者与逆胡接战，自今月十一日交兵，至于十六日不已。臣所将之兵，素非训习。所将之将，皆是乌合。当渔阳突骑之师，陈周南市人之众，尚犹煞敌塞路，流血满川。臣当欲挺身刀下，死节军前。恐长逆胡之威，已（以）挫王师之势，是以驰卸（御）就日，将命归天。一朝（期）阶（陛）下斩臣于都市之中，以谢诸将。二期陛下问臣以贼之势，将戒诸军。三期陛下若不斩臣，无以例（儆）关西之将。四期陛下若不问臣，无以备东［讨］之道。臣承恩使回，受命即去，何异中才之人，徒荣禄兵（矣）。生居圣代，荣宠圣朝，实拟致命酬恩，非欲累身忝位。臣今不复谒见，便复出关，即恐逆贼到来，国家无备。臣今将死抗表，陛下必已（以）臣为失律之后，狂妄为词。臣今将死谢恩，陛下以臣欲尽所忠，肝瞻（胆）见察。臣之死后，望陛下不轻此贼，无忽臣言。即冀社稷复安，逆胡覆败，臣之［所愿］足兵（矣）。仰天饮酖（酖），向日封表，愿为尸谏之臣，死作圣朝之鬼。若殁有知，必拟结草军前，回风阵上，列（引）王师之旗报鼓，平寇盗之弋（戈）铤。死生酬恩，不任感激。臣常清无任永辞圣代悲恋之志（臣常清永辞圣代，无任悲恋之至）。谨奉表以闻，疑首死々罪々（顿首顿首死罪死罪）。

姚汝能《安禄山事迹》卷中云："［天宝十四载九月］十二日，封常清战败，西走保陕州。"自注："初，常清自安西至，上问东讨方略，常清大言。上说，遂除范阳节度使。于东都召募，皆市人，而贼师至，一战涂地。敕削常清官秩，令随高仙芝效力。"

而《资治通鉴考异》卷十四"封常清草遗表附边令诚上之"条云：

> 《明皇幸蜀记》、《安禄山事迹》皆曰：常清配隶仙芝军，感愤颇深，遂作遗表，饮药而死。令诚至，常清已死。而《旧传》以为"敕令却赴潼关，自草表待罪。是日临刑，托令诚上之"。盖二书见常清表有"仰天饮酖，向日封章。即为尸谏之臣，死作圣朝之鬼"，故云然。今从《旧传》。

是常清于天宝十四载潼关之败后，实于十二月二十一日就刑于军前。此表必为刑死前所作。

第二篇僧无名《谏章》，陈英英为撰《敦煌写本讽谏今上破鲜于叔明、令狐峘等请试僧尼不许交易书考释》[①]，亦有断句可商者，如"履业汉主当日之平为道，履梁王一生善"，当读为"履业□汉主当日之平，为道履梁王一生□（之）善"，如是始成偶句。文中"今上"指唐德宗。鲜于叔明即李叔明，时官剑南东川观察使，其奏请澄汰佛道二教，在大历十四年（779）五月德宗即位后。[②]

僧无名，本姓高，为高力士之后。[③] 洛阳同德寺僧，精律藏，为神会弟子。著有《疏解弥陀经》。《宋高僧传》卷第十七《护法篇》第五《唐洛阳同德寺无名传》云："德宗方纳鲜于叔明、令狐峘料简僧尼事，时［无名］有表直谏。"即此文也。是篇又见伯三六〇八号背，具详陈校。彼考定僧无名即五台山佛光寺之锁子骨和尚云。

张议潮在此文后钞《无名歌》一首。此诗甚佳，复见于伯三八一二号，"所在君侯"以下四言无。陈祚龙曾合两本校录。（《敦煌学海探珠》上册，80～81页）然亦有误失，今重校此卷如下：

---

① 见《敦煌吐鲁番文献研究论集》，509～527页，北京，1982。

② 《唐会要》卷四七议释教上系此事于大历十三年四月误。详参陈英英：《考释》，523～526页。

③ 参释镇澄：《清凉通传》卷七。

无名歌

天下沸滕（腾）积年岁，米到千钱人失计。附擲（郭）种得二傾（顷）田，磨折不充十一税。今年苗稼看更弱，扮（枌）榆产业须抛却。不知天下有几人，只见波（逋）逃如雨脚。去々如同不系舟，随波逐水沉（泛）长流。漂泊已经千里外，谁人不带雨乡愁。儛女庭前猒（厌）酒肉，不知百姓饿眼（眠）宿。君不见城外空墙（牆）匩（曲）[1]，将军只是栽花竹。君看城外捿（恓）惶处，段々芧花如柳絮（絮）。海鷗冲（衔）泥欲作巢，空堂无人却飞去。所在君侯，勿须惱（恼）乱。发意害彼，不知自伤。此世招得悪（恶）名，当来必酬苦果。

张议潮自大中二年（848）收复敦煌、寿昌，至咸通八年（867）归寓长安，以河西军务委其侄淮深，秉政河西共十九年。[2] 莫高窟第九四窟北壁有题记称："叔前河西一十一州节度管内观察处置等使，金紫光禄大夫，检校吏部尚书，兼御史大夫，河西万户侯，赐紫金鱼袋，右神武统军，南阳郡开国公，食邑二千户，实封二百户，司徒，讳议潮。"[3] 议潮颇崇佛学，咸通四年，曾表进西明寺僧乘恩之著述。[4] 英伦斯六三四二（图一）为张议潮进表，字大如钱，与此本风格大异。

陈振孙《直斋书录解题》卷七著录："《敦煌新录》一卷：有序称天成四年（929），沙州传舍集，而不著名氏。盖当时奉使者叙张议潮本末及彼土风物甚详。"郑樵《通志》卷六六《艺文略》四郡邑条著录："《敦煌新录》一卷，唐李延范撰。"此曹氏时代人所记，惜未传。

罗振玉撰《补唐书张议潮传》[5]，修订再三。使其获见议潮手书此卷，其快慰当为何如耶！

---

① 《广韵》入声三烛"曲"字下同音字（丘玉切）有"匡"，释为"匣也"。《说文》十二篇下曲部有"𠙺"字，"骫曲也"。段注："今人用委曲字，古用骫𠙺。"可证"匩"即"匡"字而读为"曲"。"曲"与下句"竹"合韵。

② 见《张淮深碑》，参看荣新江：《敕河西节度兵部尚书张公德政之碑校考》，见《周一良先生八十生日纪念论文集》，北京，1993。

③ 参向达：《罗叔言〈补唐书张议潮传〉补正》，见《唐代长安与西域文明》，420 页，及谢稚柳：《敦煌艺术叙录》，102 页。

④ 《宋高僧传》卷第六《唐京师西明寺乘恩传》："［释乘恩］，及天宝末，关中板荡，因避地姑臧……自是重撰《百法论疏》并钞，行于西土。迨咸通四年三月中，西凉僧法信精研此道，禀本道节度使张议潮表进恩之著述。"（《大正藏》第五〇册，第二〇六一号，743 页。）

⑤ 收入《罗雪堂先生全集》续编一《丙寅稿》，台湾文华出版公司印本。

沙州上座比丘尼体圆等牒　悟真判　唐中和四年（884）

伯二八三八号卷甚长，正面为中和四年正月上座比丘尼体圆等牒，记“前件所得斛㪷[①]，破除及见在”会计帐（图二）。后有当日都僧统悟真批语“勘筭（算）既同，连附案记”八字。全文具载池田温《中国古代籍帐研究》第二八五号。后又有光启二年（886）丙午十二月十二日《安国寺上座胜净等状》（图三）。

卷背纸缝处，有“悟真”置名三处，纵笔雄恣，尤可珍贵。斯二〇六四《八波罗夷篇》题记：“岁次乙卯四月廿日，芻苾（＝苾芻，及比丘）悟真写记”，此恐为有关悟真之最早文献。[②]

背面所书为《□□文》、《庆幡文》、《开经文》、《散经文》、《转经文》、《四门转经文》、《入宅文》，皆出一人手笔。行书跳掷飞跃，风采焕发，把玩无斁。《转经文》中有“我金山圣文神武天子”及“伏唯我金山圣文神武天子，抚运龙飞，乘乾御宇”等句，知此卷背面钞录数文，为金山国时期所撰。

徒众供英等状　唐景福二年（893）
寺主道行状　唐光启元年（885）　悟真判

伯三一〇〇为唐昭宗景福二年十月及乙巳（即僖宗光启元年）十二月牒状二通。前者为僧供英等请律师善才充寺主状，后者为寺主道行辞职书。皆有都僧统悟真批语。

悟真工文辞，书近颜平原，虽寥寥数行，亦大手笔。

《供英等状》亦载入陈祚龙著 *La Vie et les Oeuvres des Wou-Tchen*（《悟真的生平与著作》），90～92 页。状中“时人称嘆”句，必是“时人称叹”之写失。

背面杂书《冬至书仪》一通，敦煌文书多被僧人取作习字之纸张，随处可见。

---

① “㪷”即“斗”俗字。十斗为斛。此记所得油、粟等数。

② “乙卯”疑为太和九年（835）。参竺沙雅章：《敦煌の僧官制度》，载《东方学报》，京都，三一册，129 页。

营葬牓　唐乾宁二年（895）

伯二八五六首题“营葬牓”，字极苍劲，记“都僧统和尚迁化，今月十四日葬”之葬仪中各社寺分担葬祭具，末署“乾宁二年三月十一日”，都僧录下有贤照具名。

牓文中除记灵车之外，有香舆、邈舆，又有钟车、鼓车、九品往生举、生仪举。由此可考见唐季僧统之葬仪。“鼓”即“鼓”（鼓）之别写。邈舆者，“邈”即“貌真”，即悬其遗像之殡车。

此牓记“大幡两口，龙（龙兴寺）、莲（莲台寺）各一口，净土［寺］、开元［寺］各幢一对”。今英国博物院及法京集美博物馆（Musee Guimet）保存画幡，绘菩萨像甚多，意必为僧官出殡时使用之品。

《邈真赞》多作于生前，都僧统悟真，在唐僖宗广明元年（880）即有苏翚撰、恒安书之《河西都僧统赐紫悟真邈真赞》。[①] 此《营葬牓》不言僧统为何人，陈祚龙即据此文件署乾宁二年，遂定为悟真迁化之年，并录出此件全文，译成法语。[②] 考敦煌文书所记悟真行实，陈说可信。

归义军节度使帖　唐乾宁六年（899）　社众创修佛塔帖　唐光启三年（887）　葺兰若画廊功德赞并序

伯四〇四四首题“使检校吏部尚书兼御史大夫曹”，“使帖”。其上必为“归义军节度”五字略去者。是帖言某甲差充队副及点检军器，系乾宁六年，即光化二年，是时敦煌远在西陲，不知改元，故仍题乾宁六年。此帖书法欹斜放逸，遒劲质朴。

此帖后为《社众创修佛塔帖》，始称“大唐光启叁年丁未岁次五月拾日”。二帖后有文一篇，题曰《修文坊巷再辑（葺）上祖兰若标画两廊大圣功德赞并序》，内云：

巍巍光相，三十二分，荡荡金容，八十种好。化成金地，据品便生，

---

① 今收入余主编之《敦煌邈真赞校录并研究》第三五号。

② Chen Tsu-lung, *La Vie et les Oeuvres des Wou-Tchen*, Paris, 1966.

树景楼台，闻钟应现。厥有修文坊巷社，敦煌耆寿王忠信，都勾当伎术院学郎李文进，知社众等，计卌捌人。抻（省）减各己之财，造斯功德，专心念善，精持不二之言……今缀缉上祖兰若，敬绘两廊大圣……

此文虽未写完，然为敦煌绘画史料，可与《押衙知画行都料董保德建造兰若功德颂》媲美。“伎术院”此一机构，他处屡见之，如伯三七一六背《新集书仪》题识：“天成五年庚寅岁（930）五月十五日，敦煌伎术院礼生张儒通写。”伯二七一八《茶酒论》题记：“开宝叁年壬申岁（970）正月十四日，□（伎）术院弟子阎海真自手书记。”伎术院内有学郎、弟子、礼生诸职名，可想见其组织状况。[①] 对于唐末边地官立画院机构之探讨，此赞提供重要资料，故附记之。

《功德赞》中有“奉为我拓西金山王，永作西陲之主”。“拓西金山王”当指金山国皇帝张承奉，并非始自曹议金也。

沙州傑司福集等状　后唐清泰三年（936）

伯二六三八字甚安稳，全文已由池田温在《中国古代籍帐研究》中悉予过录。首行题称“傑司教授福集、法律金光定、法律愿清等状”，具名之僧官三人。“金光”字乃“金光”合书。文云：

右奉处分，令执掌大众傑利，从癸巳年六月一日以后，至丙申年六月一日已前，中间三年，……逐年破除兼支给以应管僧尼一一出唱，具名如左。

即谓从后唐长兴四年癸巳（933）至清泰三年丙申（936）二载之间，傑俐之物，开列清单。

傑司为僧团主持交易事宜之组织。[②] 斯一三五〇有云：“……限十月已后

---

① 参看拙著《敦煌白画》上篇四《敦煌之画官与画人》及姜伯勤：《敦煌的画行与画院》，见《一九八三年全国敦煌学术讨论会文集》。

② 伯三七三〇云：“又去子丑二年傑状无名，不霑毫发。伏望教授和尚高明，广布慈云……请乞处分。寅年八月　日，沙弥尼法相谨牒。业报缠身，据众咸委。慈心振济，雅合律宗。请傑司依例支给。廿七日，洪辩。”傑状即布施分配簿。

傣司恒纳。如过十月已后至十二月勾填更加贰拾尺。”末署负傣人僧光镜（押）及见人名。此为有关僧尼个人买卖之契约文书。

“傣”字见《广韵》去声二十一震，“傣”借作“嚫”，“嚫”训“嚫施”，意为“财施”。云“出唱”者，释氏谓之“估唱”。① 为分卖衣物布施之制度。② 文中云：

巳年……阴家夫人临旷（圹）衣物，唱得布捌伯（百）叁拾尺。

乙未年，曹仆射临旷（圹）衣物，唱得布叁阡（千）伍伯（百）肆（肆）拾尺。

大王临圹衣物，唱得布捌阡叁伯贰拾尺。

大王即拓西大王曹议金，据此并参照其他敦煌文书，知其殁必在清泰二年二月十日③，《旧五代史·晋高祖纪》谓议金卒于天福五年（940），则为其死讯达于中朝之时间。

文中屡称“甘州天公主”，即曹议金之夫人回鹘圣天公主，榆林窟第十窟题名称为“北方大回鹘国圣天公主陇西李氏”者。

沙州万人上回鹘可汗书　金山国文件　后梁乾化元年（911）

伯三六三三为有关金山国之文书。正面写《沙州百姓一万人上回鹘可汗书》，背面写《龙泉神剑歌》及《西汉金山国左神策引驾押衙兼大内支度使银青光禄大夫检校国子祭酒□□（御史）中丞上柱国清河张安左生前邈真赞并序》。《上回鹘可汗书》末题：“辛未年七月　日沙州百姓一万人状上”。辛未即后梁太祖乾化元年也。

---

① 《百丈清规证义记》卷五。《续藏经》第一辑第二编第十六套第四册，353～354页。

② “出唱”以前误说为“唱曲”，实为“唱衣”。详张永言：《关于一件唐代的唱衣历》，载《文物》，1975（5）。又《望月佛教大辞典》第三卷，2553页：“唱衣，云得僧之唱和以分配亡僧之三衣等。即见分形……又生前有债，或要办疗养送葬等费时，豫估遗物价值，集众示之，让渡竞卖，称为估唱、提衣、估衣或卖衣。”

③ 荣新江：《敦煌卷子札记四则·关于曹议金的去世年月问题》，见《敦煌吐鲁番文献研究论集》第二辑，631～637页，1983。

王重民已将此卷全文校录，并撰《金山国坠事零拾》名篇。[①] 有关金山国之文书，此外尚有伯二五九四背与二八六四背所写《白雀歌》、伯四六三二《西汉金山国圣文神武皇帝敕》（即《赐前散兵马使兼知客将宋惠信改官敕》）、斯一五六三《西汉燉煌国圣文神武王敕》（即《准押衙知随军参谋邓传嗣女出家敕》）。除斯一五六三外，均已收入王重民论文。

伯四六三二钤“金山白衣王印”，斯一五六三则钤“燉煌国天王印”[②]。知金山国后改名燉煌国。

《白雀歌》为连章体七言长篇，诗前有表文，题“三楚渔人臣张永进上”。诗中云“我王自有如神将，沙南委付宋中丞”，此“宋中丞”即伯四六三二《敕》中所述之“前散兵马使兼知客将宋惠信”。《白雀歌》有“白雀飞来过白亭”、“白衣自韗白纱巾”、“白马银鞍佩白璎”、“白旗白绂白旌头”、“白玉雕鞍白玉鸠”等与白相关之祥瑞。

张永进《表》以“伏以金山天子殿下”始，诗末句云“愿见金山明圣主”，与伯三六三三《张安左生前邈真赞》题名中之“金山国”合。张永进《表》中又有“渐睹龙飞之化”。因知《白雀歌》献上时，张承奉已登天子之位。伯二九九一背有西汉金山国头厅大宰相清河张公撰《敦煌社人平诎子等一十人刱于宕泉建窟一所功德记》[③]，此亦金山国官制资料。

大顺元年（890），索勋杀张淮深，夺得瓜沙政权。张议潮第十四女凉州司马李明振夫人，于乾宁元年（894）率军杀索勋，立张承奉为节度使。莫高窟第九窟[④]甬道两侧，各有二着礼服之供养人像，题记如下：

南壁：

（1）……检校右散骑常侍兼御史大夫索勋供养。

（2）朝散大夫□□□军使银青光禄大夫检校左散骑常侍□□□□□陇西郡李弘谏一心供养。

北壁：

（1）……光禄大夫检校司徒同中书门下平章事……南阳郡开国公张承奉

① 《国立北平图书馆馆刊》第九卷第六号，5～32页；又收入王重民：《敦煌遗书论文集》，85～115页，中华书局，1984。《沙州万人上回鹘天可汗书》，池田温《中国古代籍帐研究》（613～614页）亦有录文。

② 陈祚龙：《中世敦煌妇女出家、入道、受戒、弘法之一斑》，见《敦煌简册订存》，35～36页。

③ 陈祚龙：《莫高窟壁画表隐》，见《敦煌资料考屑》，290～292页。

④ 及伯希和编号第一六五号窟，张大千编号第一五五号窟。

一心供养。

（2）□□□□□□□瓜州刺史□□光禄大夫检校右散骑常侍□御史大夫上柱国陇西郡李弘定一心供养。

此窟为索勋时代所凿，此时张承奉职衔已如此之高，知其崛起并非偶然。

斯四四七〇《布施疏》，末署“乾宁二年三月十日，弟子归义军节度使张承奉、副使李弘愿谨疏”[①]，时李氏掌握实权。斯二二六三《葬录》卷上序，署“时大唐乾宁三年五月　日下记”。此稿本有二，一云“今遇我归义军节度使南阳张公讳承奉……”，一稿云“忽遇明主节度南阳张公讳承奉”[②]。知此时张承奉方才握有实权。其得到唐朝正式任命为节度使，则在昭宗光化三年（900）八月。[③] 然唐亡不久，张承奉于开平四年（910）七月间，建金山国。[④] 新旧《五代史·吐蕃传》称：“沙州，梁开平中有节度使张奉，自号金山白衣天子。”称之为张奉，盖避后汉隐帝承祐之讳。

此后，金山国屡与回鹘争战。乾化元年辛未（911），回鹘可汗弟狄银（Tegin又译特勤、惕隐等[⑤]）率兵进逼沙州，承奉力屈，与之订城下之盟，确立父子关系。[⑥] 此《沙州万人上回鹘可汗书》即当日文件。据《新五代史·回鹘传》，狄银继其兄英义可汗仁美之后任可汗，时在同光二年（924），距败承奉已十四年矣。故《上回鹘可汗书》中之“大圣天可汗”或指仁美。

书中称：

> 至大中三年（849），本使太保起燉煌甲□，□却吐蕃，再有收复。尒（尔）来七十余年，朝贡不断。

此处之“太保”即张议潮。斯三三二九《张淮深碑》称：

---

① 荣新江：《晚唐归义军李氏家族执政史探微》，载《文献》，1989（3），89页。

② 同前注，96～97页。

③ 《旧唐书·昭宗本纪》：“［光化三年八月］己巳制：前归义军节度副使，权知兵马留后，银青光禄大夫，检校国子祭酒，监察御史，上柱国张承奉，为检校左散骑常侍兼沙州刺史，御史大夫，充归义节度，瓜、沙、伊、西等州观察处置押蕃落等使。”

④ 荣新江：《金山国史辨正》，载《中华文史论丛》第五〇辑，73～85页，1992。

⑤ 参James Russell Hamilton，*Les Ouighoursa l'epoque des Cinq Dynasties d'apres les documents chinois*，Paris，1955。

⑥ 此文书中有“可汗是父，天子是子”，“两地既为子父，更莫信谗”。

敦煌、晋昌收复已讫，时当大中二载。题笺修表，纡道驰函［原注：沙州既破吐蕃，大中二年，遂差押牙高进达等，驰表函入长安城，已（以）献天子。］，上达天闻……次屠张掖（甘州）、酒泉（肃州），攻城野战，不逾星岁，克获两州。

可与《上回鹘可汗书》参照。《资治通鉴》卷二四九记：

［大中］五年春正月壬戌，天德军奏摄沙州刺史张义潮遣使来降。义潮，沙州人也。时吐蕃大乱，义潮阴结豪杰，谋自拔归唐。一旦，帅众被甲噪于州门，唐人皆应之，吐蕃守将惊走。义潮遂摄州事，奉表来降。以义潮为沙州防御使。

《上回鹘可汗书》称大中三年张议潮起义，时距乾化元年辛未仅六十二年，不得称“尔来七十余年”。据《张淮深碑》，议潮起事在大中二年无疑，《通鉴》所记，为高进达等入朝时间。

此卷书法娴雅熟达，《龙泉神剑歌》多有改窜，字近颜真卿《祭侄稿》[①]，因其系草稿，更觉珍贵。

附录

《通鉴》有关张议潮记事详记年月，常为研究者忽略，今录如次，以供参考。（大中五年春正月条已见正文，从略。）

（一）（大中五年冬十月）张义潮发兵，略定其旁瓜、伊、西、甘、肃、兰、鄯、河、岷、廓十州，遣其兄义泽奉十一州图籍入见，于是河、湟之地尽入于唐。十一月，置归义军于沙州，以义潮为节度使，十一州观察使。又以义潮判官曹义金为归义军长史。（标点本，8049 页）

（二）（咸通四年）三月，归义节度使张义潮奏自将蕃、汉兵七千克复凉州。（8104 页）

（三）（咸通七年）春，二月，归义节度使张义潮奏，北庭回鹘固俊克西州、北庭、轮台、清镇等城。（8113 页。此与《新唐书·回鹘传》记事相合。）

① 参看二玄社《书迹名品丛刊》三四。

（四）（咸通八年）二月，归义节度使张义潮入朝，以为右神武统军，命其族子惟（淮）深守归义。（8117页）

归义军节度使曹仁贵赐邓弘嗣牒 后梁乾化四年（914）

伯三二三九末署“使检校吏部尚书兼御史大夫曹仁贵”，字迹明显可辨，有认为“曹议金”者，非也。陈祚龙曾加以校订，收入《归义军公文小集》，题曰《邓弘嗣告身》。[①]

又伯四六三八卷内有《曹仁贵献物状》及《上令公状》二篇，先后经王仁俊录入《敦煌石室真迹录》，与蒋斧辑入《沙州文录》，互有详略。其上钤有阳文篆书朱印“沙州节度使印”一方。曹仁贵《上令公状》有云：“即日仁贵蒙恩……谨因朝贡使往，奉状不宣。”末题“八月十三日，权知归义军节度兵马留后守沙州长史银青光禄大夫检校吏部尚书兼御史大夫上柱国曹仁贵状上”，具有全衔。状云“即日”，当是八月十三日。此令公者何人？罗振玉谓是加中书令之曹议金或元忠。[②] 苏莹辉谓是灵武节度使韩逊。[③]

逊事迹见《新五代史》卷四十及《旧五代史》卷一三二本传。贞明中（923—926），逊卒，子洙为留后。唐庄宗时，洙兼河西节度。据《册府元龟》卷九七二及卷九八〇，同光二年（924）五月，洙荐曹议金为归义军节度瓜沙等州处置使。曹议金即仁贵，为继张承奉之后掌管瓜沙曹氏家族之第一人。[④]

此伯三二三九号牒为曹仁贵赐邓弘嗣之《告身》，末署甲戌年，应即后梁乾化四年。弘嗣有关事迹见于下列之文献：

（一）莫高窟第九八窟题名：“节度押衙银青光禄大夫检校国子祭酒兼御史中丞上柱国邓弘嗣一心供养。”

（二）又第三九〇窟[⑤]北壁第十七身供养人题名：“侄节度押衙……光禄大

---

① 陈祚龙：《敦煌学散策》，载《大陆杂志》第六十五卷第四期，16～28页，1981年10月15日台北刊。

② 《敦煌写本曹仁贵仲秋状跋》，《罗雪堂先生全集》续编《丙寅稿》所收。

③ 参看《继张氏任归义军节度使者为曹仁贵论》，见《敦煌文史艺术论丛》，台北，1987。

④ 贺世哲：《试论曹仁贵即曹议金》，载《西北师范大学学报》，1990（3），40～46页；李正宇：《曹仁贵名实论》，见《第二届敦煌学国际研讨会论文集》，台北，551～569页，1991。

⑤ 此窟原武德间建，金山国时邓家重修。

夫……［国子祭］酒监察御史邓弘□。”[①]

（三）斯一五六三《西汉燉煌国圣文神武王敕》：“敕随军参谋邓传嗣女自意，准奏官许出家，可依前件。甲戌年五月十四日。”[②] 案邓传嗣与邓弘嗣必是兄弟行。

合上述诸资料观之，同在甲戌年，五月十四日仍有张承奉敕，至八月十三日，曹仁贵已权知归义军节度，可知张承奉政权之颠覆，应在是年五月至八月之间。

此牒书势袍袖宽博，饶有飞动之逸趣。

曹议金赐宋员进牒　后唐同光三年（925）

伯二七〇四有曹议金道场四疏，第一疏长兴四年（933）言，“当今圣主，帝业长降”，“大王受宠”，及“东朝奉使，早拜天颜”，即指受后唐册封事。《旧五代史》卷一三八《外国传》云：

> 至唐庄宗时，回鹘来朝，沙州留后曹义金亦遣使附回鹘以来。庄宗拜义金为归义军节度使，瓜沙等州观察处置等使。

议金于同光二年五月由韩洙荐为归义军节度使。[③]《册府元龟》卷九七二《外臣部》记：

> 回鹘都督李引释迦、副使田铁林、都监杨福安等六十六人陈方物，称本国权知可汗仁美在甘州，差贡善马九匹、白玉一团。是月，沙州曹义（金）进玉三团、硇砂、羚羊角、波斯锦、茸褐、白叠、生黄、金星矾等。庄宗召对于文明殿。

此为沙州曹议金随回鹘入唐进贡之始。所贡品物有硇砂。[④] 据王延德《使

① 贺世哲、孙修身：《瓜沙曹氏与敦煌莫高窟》，见《敦煌研究文集》，221页，兰州，甘肃人民出版社，1982。

② 刘铭恕：《斯坦因劫经录》，见《敦煌遗书总目索引》，140～141页。

③ 参看本册《归义军节度使曹仁贵赐邓弘嗣牒》解说。

④ 即盐化铵。又作硇、硇、砜、硇等。参拙著《九龙与宋季史料》，70～73页。

高昌纪》称："北庭北山中出硇砂。"张承志谓"北庭"应作"安西"，此产硇砂之地即指龟兹之北山。[①]《宋史》卷四九〇《外国传》沙州条：

至天圣初，遣使来谢，贡乳香、硇砂、玉团，自景祐至皇祐，凡七贡方物。

沙州入宋后仍进贡不绝，以硇砂为主要贡品。

是牒列伯三八〇五号，乃同光三年六月一日敕河西归义军节度使检校司空兼太保曹议金牒文，为太子宾客上柱国宋员进改补充节度押衙之文书。《旧五代史》卷三十二《唐庄宗纪》：

同光二年夏五月乙丑，以权知归义军留后曹议金为归义军节度使沙州刺史检校司空。

是年四月，议金附回鹘入贡，五月遂获后唐正式任命。上牒在此之翌年，已另加太保衔，余均与史符合。

字体沉重浑厚，唐代敕书告身，往往出于御书院，此为制诰案书手之佳品。

都盐院牒 后唐天成元年（926）

伯五〇〇四此牒为天成元年都盐院某人改补散将[②]，仍命其充本盐院之曹司，故云"特示明恩，俾新美级"。文为俪体，字亦工整。题唐明宗天成年号者，沙州自同光二年四月入贡已受唐封。[③]

吴任臣《十国百官表》，南唐有盐铁院使。《五体清文鉴》卷二十《部院类》第十，所属有巡盐院。[④] 如牒，沙州置有都盐院，可以补史书职官志之不足。

---

① 参《王延德行记与天山硇砂》（载《文史》第二〇辑）引北京图书馆藏明钞本《高昌馆来文》有关硇砂史料。

② 原本下残，所缺为人名。

③ 参看本册，伯三八〇五解说。

④ 东京《东洋文库》影印本。

《元和郡县图志》卷四十燉煌县悬泉水条：

盐池，在县东四十七里，池中盐常自生，百姓仰给焉。

沙州产盐，故此归义军有盐院之设。

悬泉镇遏使安进通状　后唐天成三年（928）

伯二八一四共有状文七件，皆悬泉镇遏使安进通文书。所署年月计有“戊子年二月三日”、同年“二月十七日”、“天成三年二月廿日”等。戊子即唐明宗天成三年，实为同年二月之物。

悬泉为曹氏六镇之一，以其地有悬泉堡、悬泉水得名。《续汉郡国志》卷五敦煌郡条，梁刘昭注引《耆旧记》云：“水有悬泉之神。”《后汉书》卷八八《盖勋传》李贤注：“广至，县名。故城在今瓜州常乐县东，今谓之悬泉堡是也。”伯二〇〇五《沙州图经》有“悬泉水”条。[①]《元和郡县图志》卷四十敦煌县条：“悬泉水在县东百三十里，出悬泉山，汉将李广利伐大宛还，士众渴乏，引佩剑刺山，飞泉涌出，即此也。”悬泉又称贰师泉。[②] 唐时为敦煌胜迹之一。[③] 乡贡进士张侠撰《贰师泉赋》，有伯二四八八、伯二六二一、伯二七一二诸写本，传写甚多。首云：“昔贰师兮丈钺专征，森戈矛兮入虏庭。”

悬泉镇史料颇有可记者：

（一）《唐开元二十年（732）三月瓜州、沙州给石染典过所》有“三月十九日，悬泉守捉官高宾勘西过”[④]。

（二）榆林窟张编二五号窟供养人题记：“节度都头悬泉镇遏使银青光禄大夫检校左散骑……宋清儿。”

（三）又张编二六号窟东壁门南供养人题记：“敕归义军节度内亲从都头守悬泉镇遏使银青光禄大夫检校□□□□都头南阳邓义之供养。”[⑤]

（四）斯五一四（2）为《沙州敦煌县悬泉乡宜禾里大历四年（769）手

---

① 参看《沙州图经》。

② 武帝时，李广利封贰师将军，故以名地。

③ 参看《敦煌录》，《大正藏》第五十册，二〇九一号，997 页。

④ 池田温：《中国古代籍帐研究》，363 页。

⑤ （二）、（三）两条见向达：《唐代长安与西域文明》，435 页。

实》。

（五）斯六一九（2）为《悬泉镇遏使行玉门军使曹子盈状》。

又榆林窟张编六号窟南壁供养人题名官吏，有张、安两都衙，此安都衙或即安进通乎？

曹议金道场四疏　后唐长兴四年（933）、五年（934）

伯二七〇四为曹议金长兴年间之《道场四疏》。罗振玉有跋，以牒中“民”字缺笔作“巳”，仍避唐讳。[①]

四疏末行，皆自署曰“河西节度使检校令公大王曹议金疏”。证之莫高窟题记，第四〇一窟题“敕……拓西大王谯郡……［曹］议金一心供养”。第五五窟甬道南壁题“故敕河西、陇右、伊、西、庭、楼兰、金满等州节度检校太尉兼中书令托［拓］西［大王曹议］金供养”。榆林窟第十窟题记亦称“托（拓）西大王谯郡开国公曹议金”。知长兴年间议金已号称大王矣。

《旧五代史》卷四二《明宗纪》：“长兴二年春正月丙子，以沙州节度使曹议金兼中书令。”莫高窟第一〇〇窟议金称“检校中书令”，正相符。“检校令公”之号即“检校中书令”之尊称。

曹议金有妻室三人：一为回鹘公主李氏；又一为宋氏，曹元忠生母；一为索氏。李氏见于榆林窟第一〇窟北壁题名，与曹议金像正对面，称“北方大回鹘国圣天公主陇西李氏”。此疏言“天公主抱喜”，“天公主”者，《新五代史》卷七四《四夷附录》回鹘条：“其可汗常居楼，妻号天公主。”知此称号乃沿回鹘之习俗。

议金既娶回鹘李氏，又以女嫁与于阗国王李圣天，故疏中屡言“于阗使人，回骑无虞而早达”。瓜沙与于阗有姻戚之缘，固有唇齿相依之感。

疏中云“大王微疾，如风卷于秋林，宝体获安，愿团圆于春月”。是时议金有病，故于道场祷告。

疏文屡言“龙天八部”，又如伯二九八二为《曹元忠妻翟氏荐佛疏》，云“龙天八部，护卫疆场，梵释四王，保安社稷”。伯三〇四五《佛说多心经》题记：“龙天八部，护陇右之疆场。”斯五九七三《曹元忠荐佛疏》云：“龙天

① 《丙寅稿》，《罗雪堂先生全集》续编一所收。

八部，拥□敦煌，梵释四王，保安护卫。”案“龙天八部”又作“天龙八部”[①]，即天众（Deva）、龙众（Uāga）、夜叉（Yakṣa）、乾闼婆（Gandharva）、阿修罗（Asura）、迦楼罗（Garuḍa）、紧那罗（Kinnara）、摩喉罗迦（Mahoraga）“八部众”[②]，盖道场常用之惯语。

曹元深舍施回向疏　后晋天福七年（942）

伯四〇四六为曹元深《舍施回向疏》，末署“天福七年十一月廿二日弟子归义军节度使检校司徒曹元深疏”。羽田亨与伯希和已刊入《敦煌遗书》活字本第一集。罗振玉曾撰《敦煌写本曹元深舍施疏跋》。[③]

元深为元忠之次兄。莫高窟第五五窟甬道南壁供养人题名，第一身名为曹议金，第二身名为曹元德，第三身名即曹元深。元深名前加“忠国安远功臣归义军节度瓜沙等州……”等衔。[④] 阎文儒氏尝引伯四〇四六此文中云“司徒宝位，宠禄日新”，后据莫高窟第一〇八窟南壁题名有“检校司空谯郡开国公曹元德”，遂谓元德勋位为司空而非司徒，位司徒者实元深而非元德。[⑤] 然伯二六九二号曹元深《礼佛疏》末署：“天福五年三月归义军节度留后使检校司空曹元深”；而斯四三六三号天福七年七月二十一日《归义军节度使牒》，结衔为“使检校司徒兼御史大夫曹（画押）”，则元深于天福五年为司空，至七年为司徒。《旧五代史》卷八一《晋少帝纪》：“天福八年癸卯正月庚寅，沙州留后曹元深加检校太傅，充沙州归义军节度使。”则八年复加太傅衔。

斯七〇七《孝经》尾题：“同光三年乙酉岁（925）十月　日，三界寺学仕郎郎君曹元深写记。”[⑥] 元深盖卒于石晋开运元年（944）三月十一日。[⑦]

曹元忠致回鹘可汗状

伯二一五五为曹元忠与兄可汗天子状文。末署“弟归义军节度使特进检

① 《妙法莲华经》卷第四《提婆达多品》第十二：“龙天八部，人与非人，皆遥见彼龙女成佛。”（《大正藏》第九册，第二六一号，35页）

② 参看《翻译名义大集》，3215页。

③ 《丙寅稿》，《罗雪堂先生全集》续编一所收。

④ 参阎文儒：《从莫高窟题记看瓜沙张曹二公史事捃逸》，1983年敦煌学第一次会议论文稿。

⑤ 同前注。

⑥ 刘铭恕：《斯坦因劫经录》，见《敦煌遗书总目索引》，124页。

⑦ 参看荣新江：《沙州归义军历任节度使称号研究》，载《敦煌学》第一九辑，44～45页。

校太傅兼中书令曹元忠状上”。据《宋会要辑稿·蕃夷门》五：“［建隆三年（962）］正月制：推诚奉义保塞功臣归义军节度……曹元忠可依前检校太傅兼中书令使持节沙州诸军事行沙州刺史……”，元忠兼中书令盖在建隆三年。此状必在其后。

建隆时甘州回鹘可汗为景琼。[①] 故“兄可汗天子”者当指景琼。

文中言：“今因肃州人去，谨修状起居咨闻。”又言：“又去五月十五日，被肃州家一鸡悉的作引道人，领达坦（鞑靼）贼壹伯以来于瓜州、会稽两处，同日下打将人口及牛马。”肃州为今酒泉，时为甘州回鹘之属郡。斯三八三《西天路竟》云：“灵州西行二十日至甘州，是汗王□（牙）[②]。又西行五日至肃州。又西行一日至玉门关。又西行百里至沙州界。”高居诲《使于阗记》云：“肃州渡金河百里出天门关，又西百里出玉门关。”[③]

《辽史》卷七十《属国表》第八圣宗统和二十八年（1010）条：“西北路招讨吏萧图玉奏伐甘州回鹘，破其属郡肃州，近俘其生口。诏修士隗口故城以实之。”至是肃州始全入辽之管辖。但沙州曹氏（曹顺）称“沙州回鹘敦煌郡王”，亦为辽之属国。[④]

状中言及雍归镇及悬泉镇。悬泉镇已详伯二八一四号考证。雍归镇名见《敦煌名族志》：“又有阴琛者，行瓜州雍归镇将。”榆林窟张编第六窟门楣：“元至正二年（1342）书斋粮记云：雍归城城池石壁，开山四塞，无有人耕种。”其地元时尚为城壁。

伯四六四〇背为《己未至辛酉年（899—901）归义军布纸破历》（以下称《破历》），具载归义军六镇名称，兹附记如下：

（一）寿昌镇：《破历》记“支与寿昌镇使”。

（二）新城镇：《破历》记“支与新城镇使”。《沙州文补录》有《新城镇遏使张宝山状》。

（三）紫亭镇：《破历》记“支与紫亭镇使”。榆林窟张编第六窟南壁第三

---

① 参看冯家昇等：《维吾尔族史料简编》上册，47页，《甘州回鹘世系表》。

② “牙”字据黄盛璋：《〈西天路竟〉笺证》补，载《敦煌学辑刊》第六期，2页，1984。“牙”指牙旗所在，即大本营也。“汗王”指回鹘可汗。

③ 《新五代史》卷七四四夷附录于阗条。案《新唐书·地理志》：“玉门军在酒泉郡西北二百里，即汉玉门县故县矣。”故此“玉门关”当是“玉门军”或“玉门县”之误。详上揭黄盛璋文第三页。

④ 参看伯四六二二解说及注。

身供养人题记：“施主紫亭镇遏使银青光禄大夫检校散骑常侍保实”，第四身题“施主紫亭镇遏使……”[①]

（四）悬泉镇： 见本状文云：“悬泉镇贼下，假作往来使人。”斯六一九为《悬泉镇遏使行玉门军使曹子盈状》，参《安进通状》解说。

（五）雍归镇： 本状云：“去五月廿七日，从向东有贼出来，于雍归镇下，煞（杀）却一人。”又“其贼一十八人及前件雍归镇下，并是回鹘，亦称趁逃人来”。《破历》记“支与邕归真将”。字作“邕归”。

（六）会稽镇： 伯四〇六〇《观音像》下题：“施主会稽镇遏使罗祐通一心供养。”[②] 本状言及会稽地名。

《破历》言及“支与常乐副使”。似常乐为县，而不名曰镇。伯三六四四内杂书“瓜州刺史慕容归盈、悬泉镇遏使、常乐悬（县）令、寿昌悬（县）令张信盈、南紫亭镇遏使……”等官衔，虽无伦次，亦足为考证之资，归义军六镇可据以推求而得。

近时陈国灿撰《唐五代瓜沙归义军军镇的演变》一文，讨论六镇甚详，可参看。[③]

曹延禄牒　宋开实七年（974）

伯三八二七《曹延禄牒》云：

> 当道去开宝七年六月六日臣父薨亡，臣兄瓜州防御使金紫光禄大夫检校司徒兼御史大夫上柱国谯县开国男食邑三百户延恭，充归义军节度兵马留后，寻便差臣权知瓜州军州事充归义军节度副使。

考延禄为元忠子，此为元忠卒于开宝七年之确证。

斯五九七三号内有元忠及延恭各两疏，一署“开宝七年二月　日归义军节度使检校太师兼中书令曹元忠疏”，一署“开宝八年正月　日归义军节度使

---

① 向达：《记敦煌石室出晋天福十年写本寿昌县地境》，见《唐代长安与西域文明》，435 页。

② 参拙著《敦煌白画》，72 页补记。

③ 见《敦煌吐鲁番文书初探二编》，555～580 页，武汉，武汉大学出版社，1990。

检校太保兼御史大夫曹延恭疏”。合上列资料，延恭继其父元忠，先为留后，继为节度。《宋会要辑稿·蕃夷门》、《续资治通鉴长编》卷十、《文献通考·四裔考》十二沙州条，俱称太平兴国五年（980）曹元忠卒，皆误。

苏莹辉作《曹元忠卒年考》，列举六证，以证元忠卒于开宝八年以前。[①]如见此牒，则无庸词费矣。

大云寺安再胜牒　宋太平兴国六年（981）

伯三四一二是牒署“太平兴国陆年十月”，即辽景宗乾亨三年。案《宋史》卷四九○《外国传》六高昌条云：

> 太平兴国六年，其（回鹘）王始称西州外生（甥）师子王阿厮兰汉（Arslan-khan）[②]，遣都督麦索温来献。五月，（宋）太宗遣供奉官王延德、殿前承旨白勋使高昌。

牒称“回鹘、达怛及肃州家相合，就大云寺对佛设誓”云云，伯二一五五言：“……肃州家一鸡悉的作引道人，领达坦（鞑靼）贼壹伯以来于瓜州、会稽两处”。“坦”字一作“怛”，一作“怛”或“怛”，皆“坦”之异写。达坦即鞑靼也。

鞑靼一名早见于李德裕《会昌一品集》。据《蒙鞑备录》，鞑靼本契丹西北族，出沙陀别种。冯承钧以为即塔塔儿部落。[③]《旧五代史》卷一三七《外国传》第一契丹条云：

---

① 载《大陆杂志》第七卷第九期，收入《敦煌论集》，253～262页。

② 一作“阿萨兰汗”。Arslan即“狮子”之义。

③ 参《辽金北边部落考》（见《西域南海史地考证论著汇辑》，192页，中华书局刊），又有关鞑靼之论著有王国维：《鞑靼考》（《蒙古史料校注四种》所收），蔡美彪：《辽金石刻中的鞑靼》（载北京大学《国学季刊》第七卷第三期），罗继祖《东北史话“阻卜即鞑靼”》（见《枫窗脞语》，165页），松井等《阻卜考》（见《满鲜地理历史研究报告》一），箭内亘：《鞑靼考》（同上五，后收入《蒙古史研究》，王国维汉译收入《王观堂先生全集》十三），小野川秀美：《突厥碑文译注》（《满蒙史论丛》四所收），前田直典《十世紀の九族韃靼—蒙古人の蒙古地方の成立》（载《东洋学报》第三二卷第一号，后收入同氏《元朝史の研究》），王静如：《论阻卜与鞑靼》（载《国立“中央研究院”历史语言研究所集刊》第二本第三分），徐炳昶：《阻卜非鞑靼辨》（载《女子大学术季刊》第一卷第一期）。

光启中（885—888），其王钦德（一作沁丹）者，遂乘中原多故，北边无备，蚕食诸郡。鞑靼、奚、室韦之属咸被驱役。

故《契丹国志》卷首地理图上有鞑靼。王延德《使高昌记》云：“契丹为回鹘牧羊，鞑靼为回鹘牧牛。”① 此牒云“回鹘、达怛及肃州家相合”，《回鹘交聘表》记“太平兴国八年，回鹘使安首虏与鞑靼来贡”②，知达坦与回鹘每相结合，地位对等，于此可见。

《佛祖统纪》卷四一唐代宗大历三年（768）条：“敕：回纥奉末尼（即摩尼，Mani）者，建大云光明寺。”③ 故此牒言“就大云寺”，必指摩尼教所建之寺。

曹氏时代伯希和编藏文写本一一八九《肃州王、节度致河西节度天大王（thyen the'i wang）书》云：

Dar'dos ayen'jo之大臣密六（byi rog）亦率所有顺臣赴肃州后，于de'i yunzi佛殿，与da tar ju ngul hor共社永久之誓……④

考“de'i yun zi”当即“大云寺”，“da tar”即“鞑靼”，“ju ngul”即“种榅”。王延德《使高昌记》记西州回鹘含有大众熨、小众熨领地。“种榅”即“众熨”。⑤ 故伯一一八九藏文文书恐与本牒关系至密。

牒首有“李衍悉鸡等”一名，伯二一五五云：“肃州家一鸡悉的作引道人。”《九姓回鹘可汗碑》（Kara-Balgassun）云：“故能开正教于回鹘……为法。立大功绩。乃□傒悉德。”沙畹（Ed. Chavannes）与伯希和（P. Pelliot）合著《尘尼教经译注》（Un traité manichéen retrouvé en Chine）⑥，于“傒悉

① 王国维校辑本（《王忠悫公遗书》三集）。

② 李符桐《回鹘史》附录《回鹘交聘表》，31页。

③ 《大正藏》第四九册史传部，378页。参看林悟殊：《摩尼教下部赞汉译年代之我见》，载《文史》第二二辑。

④ 山口瑞凤：《吐蕃支配期以後の諸文書》，见《讲座敦煌》第六卷《敦煌胡语文献》，518～519页。

⑤ James Hamilton，Autour du manuscrit Staël-Holstein，*T'oung Pao*，XLVI，1958，158页。森安孝夫：《ゥィクルと敦煌》，见《讲座敦煌》第二卷《敦煌の歷史》，303页。

⑥ *Journal Asiatique*，Paris，1911，1913.

德”三字无解说。1925年，石田干之助指出“□傒悉德”即伯三九六九《摩尼光佛教法仪略》五级仪中所见之“默奚悉德”[1]，并复原为 ma-ki-syt-tək，makistag，比定为 Pahlavī（中古波斯语）的 mahistag，意为“法堂主”（Verwal tender）。[2] 1929年，伯希和著 Neuf notes sur des questions d'Asie Centrale，所论与石田氏同[3]。可视为定论。颇疑“鸡悉的”即“默奚悉德”，省“默”字。此处“鸡悉的”云云，或即“某摩尼教法堂主为引道人”之意。是牒可为摩尼教史提供一有趣资料，然尚有待专家论证并有所教示。

曹延禄大云寺设会疏　宋雍熙三年（986）

伯四六二二是牒末行署衔为：“雍熙三年十月　日弟子……诸军事□（守）瓜州团练使金紫光禄大夫检校司徒兼御史大夫曹延瑞疏。”考《宋史》卷四九〇《外国传》沙州条：

> 太平兴国五年（980），元忠卒。子延禄遣人来贡……授延禄本军节度，弟延晟为瓜州刺史，延瑞为衙内都虞侯。咸平四年（1001），封延禄为谯郡。

《宋会要辑稿·蕃夷》五略同，亦云：“以其弟延晟为检校司徒、瓜州刺史，延瑞为归义军都虞侯。”然据榆林窟第二五窟题记云：“节度副使守瓜州团练使金紫光禄大夫检校司徒兼御史大夫谯郡开国男食邑三百户延瑞□□。”《宋史》、《宋会要》所记延瑞职衔不如题记之确，此牒作“守瓜州团练使”等，榆林窟题记及《续资治通鉴长编》咸平五年八月癸酉条记事正合。

延晟与宗寿名，不见于石窟题记。《宋会要辑稿·蕃夷》五云：

> 且言……延禄等知其力屈，寻自尽。臣（曹宗寿）为三军所迫，权知留后，兼差弟宗以（久）权知瓜州……

宗寿夺位在咸平五年，今圣彼得堡藏有《曹宗寿夫妇造帙疏》：

---

① 《大正藏》第五十四册外教部，1280页有录文。今有林悟殊《摩尼教及其东渐》附载精校本。

② 石田干之助：《敦煌發見摩尼光佛教法儀略に見えたる二三の言語に就いて》，见《东亚文化史丛考》，291页，东洋文库刊。

③ *T'oung Pao*，XXIV 1929，pp. 201-266.

施主节度使燉煌王曹宗寿与济北郡夫人氾（范）氏，发信心，命当府匠人编造帙子及添写卷轴，入报恩寺藏讫。维大宋咸平五年壬寅岁五月十五日记。[①]

仍用宋朝正朔。《辽史》卷十四《圣宗纪》及卷七十《属国表》统和二十四年（1006）条称曹宗寿为“沙州燉煌王”。

辽开泰八年（1019）正月壬戌，宗寿子贤顺来贡，受封为“燉煌郡王”，时已为辽之属国矣。《宋会要辑稿·朝贡门》云：“天圣元年（1023），归义节度使曹贤顺贡乳香、矽砂。”是与宋贡物仍不绝。

曹氏之继位方式，多用兄终弟及之制。巴黎所藏敦煌资料，以有关延瑞者为最晚。今列曹氏世系表如下：

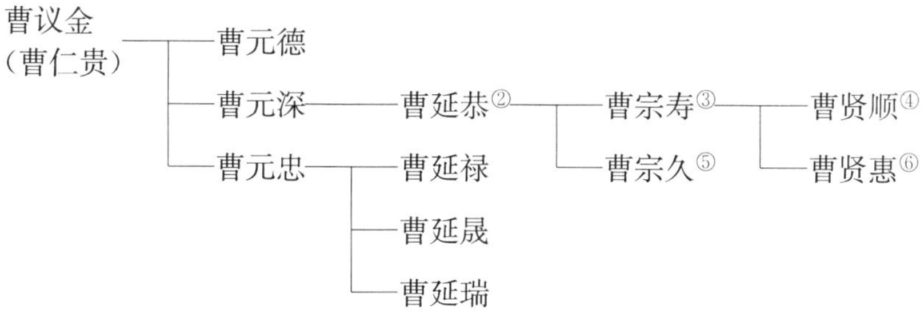

---

① 《亚洲民族研究所敦煌写本注记目录》第一册，767 页所揭影本。“节度使”系以小字写于“燉煌王”右侧。

② 延恭诸书异名有元恭（《新五代史》卷七四吐蕃条）、延继（《宋史·太祖本纪》建隆二年十一月条）、延敬（《续资治通鉴长编》卷二建隆二年条）。《续资治通鉴长编》卷三建隆三年（962）正月丙子条记，以延敬为瓜州防御使，赐名“延恭”。因避宋祖讳而改。

③ 宗寿，避辽兴宗讳“宗真”，史家去其“宗”，作“曹寿”。

④ 贤顺，《辽史·圣宗纪》与《辽宣徽南院使韩橁墓志铭》作“曹恭顺”；《辽史·属国表》作“曹顺”，因避辽景宗讳“贤宁”，除“贤”字，或改“贤”为“恭”。《韩橁墓志铭》见田园一亀：《满洲金石志稿》第一册，34 页，罗福颐《满洲金石志》卷二。又此墓志出土经过，详见田园一亀：《朝陽縣出土の韓公墓志に就て》，见《奉天图书馆丛刊》第二十册。

⑤ 宗久，《文献通考》作“宗允”，《宋会要》作“宗久”或“宗以”，不知何者为是。

⑥ 贤惠，《宋史》卷四九〇作“延惠”，误。

索子全状　于阗天兴七年　□富住状　于阗天兴九年

伯三〇一六号背面，有于阗国文书，一为《天兴七年十一月于阗回礼史（使）内亲从都头前寿昌县令御史大夫检校银青光禄大夫上柱国索子全状》，一为《天兴九年前检校银青光禄大夫新授内亲侍都头西朝走马使□富住状》，共七十二行。原文已见录于张广达、荣新江《关于唐末宋初于阗国的国号、年号及其王家世系问题》中[①]，可以参照。

文中称于阗为“龙庭大宝国”，据新旧《五代史·晋高祖纪》及《五代会要》卷二九于阗条，天福三年（938）十月，后晋高祖石敬瑭册封李圣天为大宝于阗国王。此应相当于曹元德时代。李圣天，于阗文作 Viśá Saṃbhava。

此卷书法工整，饶有逸致。虽部分被涂鸦所乱，而墨迹风采，宛然在目。风格微近《三希堂法帖》中色目人乃贤之书，而妍丽过之。五代北宋之交，于阗地区汉人书法，流传绝少，故为表彰，以供宝玩。

有关于阗年号考订，除上揭张、荣二氏文外，尚需参两氏所撰《关于和田出土于阗文献的年代及其相关问题》（载《东洋学报》第六九卷第一、二期、1988 年出）与《关于敦煌出土于阗文献的年代及其相关问题》（见《纪念陈寅恪先生诞辰百年学术论文集》，北京大学出版社，1989 年刊）。

宝胜状奏　于阗天寿二年

此文书列伯四五一八，首云“（宝胜今）远将情恳”，似宝胜乃远来在沙州。所称“天皇后”，张广达、荣新江谓即曹元忠之姊、大宝于阗国王李圣天之皇后曹氏，故推测宝胜应为曹元忠派遣之使臣。[②]

伯二六三八《清泰三年（936）沙州儭司福集状》云：“出破数：楼机绫壹匹，寄上于阗皇后用。”[③] 于阗皇后即指此李圣天皇后。莫高窟第九八窟东壁第二身供养人题名有：

---

① 见《敦煌吐鲁番文献研究论集》，193～197 页，北京，1982。

② 张广达、荣新江：《关于唐末宋初于阗国的国号、年号及其王家世系问题》，见《敦煌吐鲁番文献研究论集》，199 页。

③ 参本册上文。

大朝大于阗国大政大明全封至孝皇帝天皇后曹氏一心供养。[1]

莫高窟第六一窟有窟主曹元忠题名，东壁第三身供养人题名云：

姊大朝大于阗国大政大明全封至孝皇帝天皇后一心供养。[2]

可见其必为曹元忠之姊。

据上举张、荣文，天寿二年恐为公元964年[3]。

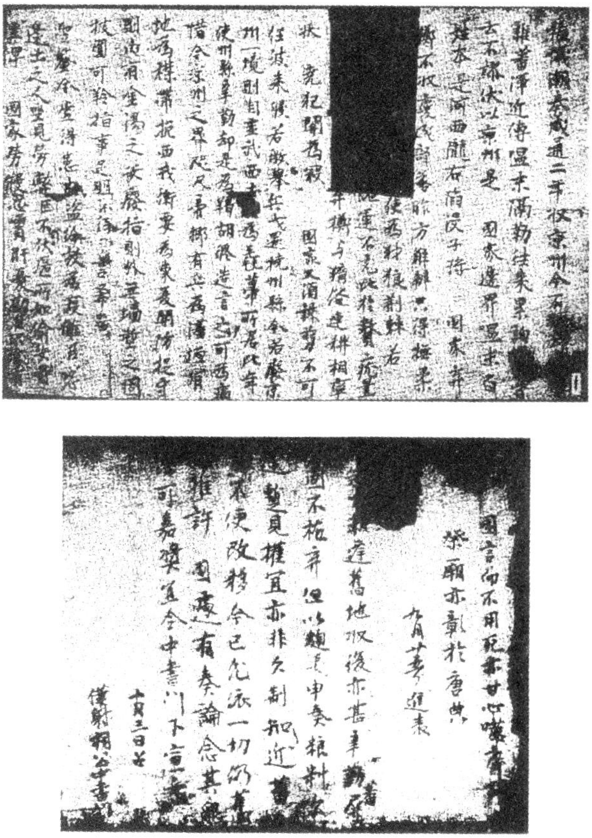

图一　斯六三四二

① 谢稚柳：《敦煌艺术叙录》，90页。

② 同上引谢书，134页。

③ 同注一〇九引张广达、荣新江文，200～201页。

图二　伯二八三八胜净等状

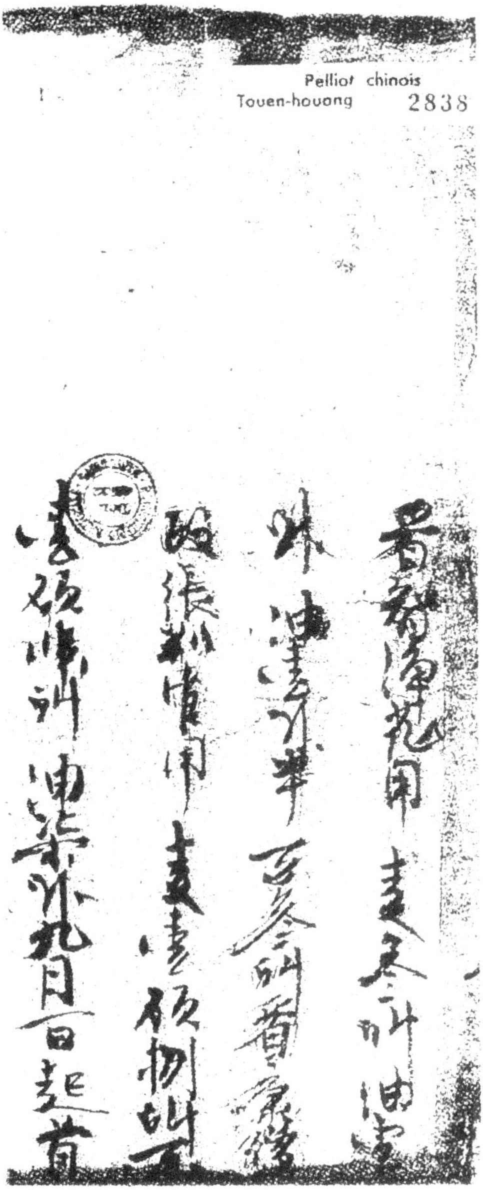

图三　伯二八三八圆等牒

韵　书

王仁昫刊谬补缺切韵残卷

敦煌石室所出韵书数量甚富，以巴黎一处而论，即有近三十点之多，就中以伯二〇一一最为完整，与英伦斯二〇七一号可相伯仲（斯卷起冬韵之缝、潼、碽，讫廿七药韵之掿、蒻、焯，共 34 页）。此本在残页之第九上写明：

> 刊谬补缺切韵卷第三上声五十二韵　右卷一万二千一十六字……
>
> 朝议郎行衢州信安县尉王仁昫字德温新撰定

第 13、18 页都有相同之题记，唯卷数及字数不同，故可定为王仁昫《切韵》。以故宫宋濂跋本校之，所不同者为每卷在韵目之前，总计字数，分注旧韵，补旧缺及新加韵之训、或、古、俗等字数以外，多王仁昫官衔一行。

此伯本残存起卷一平声五“支”十五行，讫于卷五入声二十四“叶”十九行。全卷行款及字数之推定，具见姜亮夫《瀛涯敦煌韵辑》卷十四论部九。姜书有手摹本收入卷五（60～101 页）。潘重规《新编》（241～391 页）重载之。姜氏所摹甚多缺失，且有《敦煌掇琐》及《十韵汇编》不误而姜氏反误者，已经潘氏指出。故此册精刊，实不容缓，俾学者可睹原貌，兹之影印，诚为可喜之事。

此本原共二十二纸，都四十三面[①]，现经法图另行装订成册页，原初当是册页装。小楷，字极工丽。小楷皆施朱点，其计字数及韵目数字，原亦朱书。姜氏称：

> 每行约计，可得小注四十四五字，正字三十五六字。行款致密，安排则疏朗，绰如裕如，笔迹极韶秀，刚健猗傩，兼而有之。虽灵飞、乐毅诸帖，恐亦无以过之。

此本楷法为人欣赏赞叹如此。

大抵此类精写韵书，向来皆认为出于吴彩鸾之笔，尤以双面书写为其特征。顾复称亲见吴彩鸾书《唐韵》，《平生壮观》卷一记：

> 《唐韵》，硬黄纸六十幅，两面写，有切音细字，元和九年（814）正月三日写吴王本，朝议郎行陈州司法参军事臣孙缅（按应作愐）上……且小楷精紧，绰然有大字丰度，非神仙孰克臻此。

法京此本亦是双面写，与向来传为出自吴彩鸾者相同。姜氏谓“有胭脂圆点，大如红豆，色极鲜明，浓丽处必出女子手笔”，不免绘声绘影。《宣和书谱》卷五载有吴彩鸾书《唐韵》十三卷，又卷四载有詹鸾者，亦以小楷写《唐韵》。则小字写《唐韵》者，多托名于鸾，宋时传闻已如此。

吴彩鸾书《唐韵》，旋风装为其又一特色。欧阳修《归田录》卷二言：

> 叶子格者，自唐中世以后有之。……唐人藏书，皆作卷轴，其后有叶子，其制似今策子。凡文字有备检用者，卷轴难数卷舒，故以叶子写之，如吴彩鸾《唐韵》……之类是也。

魏了翁《吴彩鸾唐韵后序》称：

> 余得此本于巴州使君王清父，相传以为吴彩鸾所书，虽无明据，然

---

① 此为祭文，见图一。

结字茂美，编袟用叶子样，此为唐人所书无疑。[1]

张邦基说旋风叶，举吴彩鸾《唐韵》为例。[2] 黄庭坚跋张持义所藏吴彩鸾《唐韵》云："此唐人所谓叶子者也。""余所见凡六本。"[3]

周密《云烟过眼录》卷上载，鲜于枢旧藏有吴彩鸾书《切韵》一卷。卞永誉《式古堂书画汇考》卷八著录《唐女仙吴彩鸾楷书四声韵帖》，柯九思审定，虞集记。清王鸣盛《蛾术编》卷三五"说字二十一"已引吴彩鸾《切韵》，然元王恽《玉堂嘉话》记其所见：

吴彩鸾龙鳞楷韵后，柳悬诚题云："吴彩鸾世传谪仙也，一夕书《广韵》[4] 一部，即鬻于市人，不测其意。"……其制共五十四叶，鳞次相积，皆留纸缝。天宝八载（749）制。[5]

此题天宝八载，顾复所见则为元和九年。知当时写本不一而足。

彩鸾自言为西山吴真君之女，一作吴猛女，太和中（827—835）某中秋夜，与妇人相持踏歌，为进士文萧所悦，遂为萧妻。萧拙于为生，彩鸾以小楷书《唐韵》，一部市五千钱，为糊口计。故此吴彩鸾《唐韵》世多得之[6]。

虞集《题吴彩鸾所书唐韵》诗云：

豫章城头写韵轩，绣帘窣地月娟娟。寻常鹤唳霜如水，书到人间第几篇。[7]

倪云林有《吴彩鸾像诗》云：

谁见文萧逐彩鸾，碧山萝月五更寒。犹遗写韵轩中迹，留得风流后

① 《鹤山大全文集》卷五六。

② 《墨庄漫录》。

③ 《山谷题跋》卷八。

④ 按孙愐书亦称曰《广韵》，见鉴聿《韵总》。参看《佛祖统纪》卷四五，《大正新修大藏经》第四九册，413页下段。

⑤ 《秋涧先生大全文集》卷九四。

⑥ 《宣和书谱》卷五。

⑦ 《道园学古录》卷四。

世看。[①]

以上为与吴彩鸾有关之记载，录之以供参考。故宫本之《王仁昫刊谬补缺切韵》，宋濂跋亦称出吴彩鸾所书。唐宋以来，凡见叶子小字韵书，即属之彩鸾。只作书法艺术之欣赏，更粉饰以神话，与音韵之学绝缘。自敦煌石室韵书面世，未见有一卷明题吴彩鸾书者，此一疑团，始不攻自破。

大唐刊谬补阙切韵

伯二〇一四为印本《切韵》，正反面共十七叶。姜亮夫摹本收入《瀛涯敦煌韵辑》卷七（106～115 页）。但缺少第八、第九两叶。因当时伯希和选送此二纸参加伦敦中国艺术展览，故未得见。潘氏《新编》校正、补抄之（409～445 页）。

此书第九叶背面为入声卅五“叶”，卅六“乏”，末题曰：“大唐刊谬补阙切韵一部”一行。又末行存“切韵四声正”数字，下残。仍沿王仁昫书之旧称。魏建功曾比较伯二〇一四印本与伯二〇一一写本两卷之异同，主要在印本韵目有卅一“宣”韵，有如《古文四声韵》“仙”韵后有“宣”韵，而写本无之。[②] 此印本平声有五十八韵部，入声有三十六韵部。据推算合计韵部当有二百一十部，多于写本王仁昫之一百九十五韵，及孙愐之二百〇五韵。故此本盖为晚唐人据王仁昫《切韵》加以增编者，为韵目最多之《切韵》。

此册第三叶背有衬裱纸（图二），存末三行文字云：“起居，兼申陈谢，伏维亮察，谨状。清泰五年（938）正月廿五日，患吏燉煌令吕□。”[③] 书法甚佳，根据此状文年月，知原书刊印年代必更在五代后唐废帝清泰以前。

此书韵目上之数字，似为朱笔后加，然原物为雕版印刷，绝非钞本，绝无疑问。考日本留学僧圆载于咸通六年（865）留学长安西明寺，其《新书写请来法门等目录》有“《西川印子唐韵》一部五卷”[④]，是西川刊印之《唐韵》，咸通以前已流行。此书当为唐末上雕，至清泰时重加衬裱。观其板片之断烂，可推知其刊雕之早，作为唐代刊书之实物资料，此册十分重要。

---

① 《云林诗集》卷六。

② 《唐宋两系韵书体制之演变》，133～162 页。

③ 此字一释“孟”，一释“乏”，仍难定。

④ 《大正藏》第五五册，二一七四 A 号，1111 页。

此本第五叶背尚有残文书“忽奉荣缄”云云以下三行及“寡妇阿阴”云云三行（图三），亦是以公文书作衬裱之用，潘氏忽略之。又第八叶反面无文字。

潘氏所补抄第八叶及第九叶正反面文字，细加核对，脱误甚多，试举二三例。如第九叶首行，阈、⿰目或、⿰日或、⿰鱼或、魊等字及注，潘氏均缺。① 第二行第一字之“侐”，《十韵汇编》301页不误，潘氏写作“洫”，反误。“⿰或欠”注“吹兒”，潘氏摹失“吹”字。又如最末行之“⿰犭耴”下，注“女法反，⿰犭舌ʒ（⿰犭耴），飞上兒，四。”潘误“⿰犭舌”为“⿰犭垂”，又抄失“飞”字。

考《广韵》入声最末一字为“⿰犭舌”，下云：“⿰犭舌⿰犭耴，飞上兒，丑法切，一。”此本下半刊板已残泐。其上“⿰犭耴”，即以“⿰犭舌⿰犭耴”为训。凡《切韵》中用“ʒ”号者即该字之代用符号，不可不知也。再举一例，如“惪”字下云：“觻ʒ县在张掖，出《地理志》。”“觻ʒ”即“觻惪”，潘氏摹失作“□ʒ县”，因不明“ʒ”为何义。此类疏失，不能尽举，姑发其凡于此，为读此书者告。

由于摹本之不可靠，此书之精印，自属必要，可为读王仁昫写本之助，治声韵学者谅有取焉。

① 各字可于《广韵》与《集韵》入声二十四职求之。然此印本“或”字作“⿹弋口”。

诗　词

文选　陆机短歌行等残卷　白文本

伯二五五四《文选》残存乐府六十五行。起陆机《短歌行》“［兰］以秋芳，来日苦［短］”（此诗残存四行，每行皆缺下半）。下接谢灵运《会吟行》，讫鲍照之《白头吟》“点白信苍蝇”句。此为白文无注本之《文选》，李善注本在卷二十八。

日本所传唐写本《文选集注》卷五十六乐府三残卷，起鲍明远之《东武吟》，正可与此写卷相校[①]：

	敦煌本	《集注》本[②]	
出自蓟北门行	筋簳	筋竿	《集注》引《音决》“竿为簳也”。
结客少年场行	九衢	九涂	
	如川流	若川流	
东门行	满座（座）	满坐（坐）	
苦热行	芮露	菌露	《集注》引宋永初《山水记》：“菌，草名。”胡刻本作“菌”。

① 余详拙作《敦煌本文选斠证》（二），载《新亚学报》第三卷第一期，1958。

② 除非特别指出者，《集注》本与胡克家刻本同。

《广韵》上声三十六养："蔄，草。"《集注》引《音决》："莔亡，亡雨反。"应是"亡两反"。

王重民校作"芮露"。[1] 细审写本作"芮"，字下半非从"内"，乃当从"冈"为是。据《篇海》，"冈"、"冈"皆"网"之讹字。《广韵》上声三十六养收"网"字，注云："《五经文字》作罔，俗作冈，文两切。"故以作"芮"为是。

玉台新咏卷第二残卷

伯二五〇三为《玉台新咏》卷二之末，起张华《情诗》（残存第三、第四、第五篇计四十余字），讫石崇《王明君辞》（末句"远嫁难为情"之"情"字残泐。次左思《娇女诗》仅残五字），存五十一行。已印入罗振玉《鸣沙石室古籍丛残》第六册，文字异同及其胜处，俱详罗校。[2] 如潘岳《内顾》诗："忽焉搙稀绤"，寒山赵宧光本"搙"作"振"。按《广韵》入声"搙"有二音，在二沃者训"捻搙"，在四觉者训"搵也"。"搵"之义为"手撩物皃"（十一没）。则作"搙"是也。

此卷潘岳诗下有总题篇数及小注分注，寒山赵氏本皆削去。赵氏本仍用南宋嘉定乙亥（1215）永嘉陈玉父所重刊宋本。清纪容舒《玉台新咏考异序》已讥其"传写踳驳"，而纪本亦校雠未精，时多讹误。[3]

此唐写《玉台》，惜止存五十余行。楷法精美，苍古秀润，把玩无斁。

《隋书·经籍志》及两《唐志》皆著录"《玉台新咏》十卷，徐陵撰"。然《大唐新语》卷三"公直"条称："梁简文为太子时，好作艳诗，境内化之。晚年欲改作，追之不及。乃令徐陵撰《玉台集》以大其体。"[4] 林宝《元和姓纂》卷三云："梁有闻人茜诗，载《玉台集》。"惜此写本首尾俱残，不知书名题作"玉台集"抑"玉台新咏"，疑莫能定。[5]

---

① 《敦煌古籍叙录》卷五集部，317 页。

② 《雪堂校刊群书叙录》卷下，49～50 页。

③ 参陈炳良：《玉台新咏考异书后》，香港大学《中文学会会刊》，1959 年刊。

④ 《玉台新咏》编纂及年代问题，详参铃木虎雄译解：《玉台新咏集》（岩波文库所收，1953 年刊）之《序文》；兴膳宏：《玉台新咏成立考》载（《东方学》六三辑）。

⑤ 《四库全书总目提要》卷一八六"玉台新咏十卷"条："然《隋志》已称《玉台新咏》，则《玉台集》乃相沿之省文，今仍以其本名著录焉。"

李峤杂咏断简　张庭芳注

伯三七三八为《李峤杂咏》，仅六行，存《咏羊》末二句；《咏兔》、《咏凤》各一首，全；《咏鹤》存开端二句。又有《灵禽十首》一目。有张庭芳注。纸背有淡笔书“癸亥年正月廿二日得此文书记之，人莫取来”云云。

斯五五五亦为《杂咏》，存诗十七行。起《咏银》末三句，讫于《咏布》，共六首三句（图四）。两卷书法相同，必出同一人之手。详细考证见神田喜一郎《李嶠百詠について》。[①]《佚存丛书》第十册及传《嵯峨天皇宸翰本》等所见之《李峤杂咏》，神田喜一郎《李峤百咏杂考》已有详述[②]，此不赘。又《正觉楼丛书》第十二册亦收有《李峤杂咏》张庭芳注。

此书影响所及，不独日本汉诗文，和歌及散文亦然。[③] 释觉明《和汉朗咏集私注》及藤原清辅《奥义抄》等，屡引庭芳《百咏注》。[④]

据《唐书·艺文志》，《李峤杂志》原十二卷，百二十首。[⑤]《郡斋读书志》卷四上称：“《李峤集》一卷……今所录一百二十咏而已。或题曰单题诗，有张方注。”辛文房《唐才子传》李峤条：“有《杂咏诗》十二卷，《单题诗》一百二十首，张方为注，传于世。”“单题诗一百二十首”即《杂咏诗》之总数。[⑥]《新唐书·艺文志》著录，张庭芳与崔令钦各注庾信《哀江南赋》，张方自是张庭芳之误。[⑦] 张为玄宗时人。[⑧] 白居易《白孔六帖》卷九、卷十一并引其《哀江南赋注》。

高适集残卷

伯三八六二为《高适集》残卷，起《答侯少府》，残缺太半，讫《同吕判

---

① 《续东洋学说林》，《神田喜一郎全集》Ⅱ，88～97页。

② 《续东洋学说林》，《神田喜一郎全集》Ⅱ，65～87页。

③ 高岛要：《日本古典における李嶠百詠をめぐつて》，见川口久雄编：《古典の變容と新生》，703～714页，明治书院，1984。

④ 参山田孝雄：《李峤诗集百二十咏》，载《书苑》第八号；高茂元：《唐诗札丛》，见《文史论丛》第四辑。

⑤⑥ 参万曼：《唐集叙录》，30～31页，《李峤集》条。

⑦ 参高步瀛：《哀江南赋笺证》，载北京《师大月刊》十四期。

⑧ 见《全唐文》卷三六四。又《佚存丛书》本及建治本所收张庭芳序末云：“于时巨唐天宝六载（747）龙集强圉之所述也。”

官从大夫破洪济城回登积石军七级浮图》作诗题目，共三十六题。《高适集》，《新唐书·艺文志》著录二十卷，而《崇文总目》载“高适文集十卷”。卷数又复不同。晁氏《郡斋读书志》后有“集外文二卷，别诗一卷”，《文献通考》有适“集外诗一卷”，似为后人增辑。

敦煌写卷中伯二五五二号内，载适诗多首。王重民《跋》[①]、赵万里《题记》[②] 均指出其中有佚诗二首，今合此卷所存，计有佚诗五首：

（一）《双六头赋送李参军》

双六头为赌博之器。此诗异文详潘重规《补全唐诗新校》。

（二）《遇崔二有别》

储光羲有《田家即事答崔二东皋作》，不知是否即此人。周勋初著《高适年谱》列右二诗于天宝六载（747）作，时适四十八岁。

（三）《奉寄平原颜太守并序》

序云：“今南海太守张公之牧梁，谬以仆为才，遂奏所制诗集于明主（唐玄宗）。”张公即指睢阳郡太守张九皋。《旧唐书》卷六十一《高适传》云：“宋州刺史张九皋（皐）深奇之，荐举有道科。”事在天宝八载，适已五十矣。适诗自是开始流布于世。

此卷所收适诗多作于梁宋时。如《琴台》诗三章作于甲申（天宝三载），时与李白、杜甫同在单父。诗序“美太守李公”，即撰《宓子贱碑》之睢阳太守李少康。[③]

卷末有《武威作》二首，适于天宝十二载秋受田良秋荐赴河西，以后入哥舒翰幕，此则为是时作品。杜甫赠诗《送高三十五书记》：“借问今何官，触热向武威。”

（四）《同李司仓早春宴睢阳东亭》

刘长卿有《睢阳赠李司仓》，当即此人。《年谱》系于天宝二年，适四十四岁。

（五）《自武威赴临洮谒大夫不及因书即事寄河西陇右幕下诸公》

“大夫”指哥舒翰。《年谱》谓作于天宝十二载秋。

---

① 《敦煌古籍叙录》卷五集部，327 页。

② 《芸盦群书题记》，载《国立北平图书馆馆刊》第八卷第三号。

③ 赵明诚：《金石录》卷七。

此卷书法秀整，多避唐讳。高适五十四岁后赴河西节度使幕府，其诗流播西陲，是卷可窥当时边塞传写之实况。

唐诗五首

伯三九七六录七古一首失题，《送令狐师回驾青梅》五古一首，《送张三再赴凉州》（一行残缺）五律一首，《初夏登金光明寺钟楼有怀奉呈》五古一首，周卿《同前寺奇树》五律一首，计录五首，皆为王重民《补全唐诗》所未收。[①] 其中作者周卿、泰法师，皆无考。其句云："燉煌易主镇天涯，梅杏逢春旧地花。"必是敦煌归唐后之作品。

字体妩媚挺秀，结构精美，行笔顿挫处，正是唐格典型。

晚唐诗四首

伯五〇〇七残存诗四首，首尾均残，王重民《补全唐诗拾遗》收录。[②] 其第四首"仆固天王乾符三年（876）四月廿四日打破伊州"一题，王氏谓"仆固天王"殆指仆固俊，并称："这次打伊州，想他是受张议潮的命令的。"案议潮卒于咸通十三年（872），仆固天王决非受命于议潮，而此题实为西州回鹘夺取归义军伊州领地之实录，仆固天王应即仆固俊或其后继者。[③]

此卷"受昌"两处改作"寿昌"。详天福十年（945）州学博士翟奉达所上《寿昌县地境》："本汉龙勒县，魏正光六年（525）改为寿昌郡，属瓜州。……宇文保定四年（564）省入燉煌县。武德二年（619）又析置寿昌县。永徽元年（650）废。乾封二年（667）又置。建中（780～783）初陷吐蕃。"[④]

起句云"会稽碛畔亦疆场"者。《晋书》卷八十七《凉武昭王李玄盛传》记："初，苻坚建元（343—344）之末，徙江汉之人万余户于敦煌。中州之人有不辟田畴者，亦徙七千余户……及玄盛东迁，皆徙之于酒泉，分南人五千户置会稽郡。"又伯四〇六〇《观音像》下方，题"施主会稽镇遏使罗祐通一

---

① 《中华文史论丛》第三辑，301～346页。

② 王重民：《敦煌遗书论文集》，54页。

③ 参荣新江：《归义军及其与周边民族的关系初探》，载《敦煌学辑刊》，1986（2），33页。

④ 向达：《记敦煌石室出晋天福十年寿昌县地境》，见《唐代长安与西域文明》，440页。州学博士之名，据向达考证补。

心供养”①。诗中之“会稽”，即李曷时代之会稽郡，曹氏时代六镇之一。末句之“托西王”，即指拓西大王曹议金。

云谣集

伯二八三八原为一长卷，《云谣集》三十首即写于《中和四年（884）沙州上座体圆等牒》之背，金山国时代《庆幡文》、《开经文》等之后②，可视作是集抄写年代之上限，当不能早于张承奉称金山国天子之年，与《花间集》之有孟昶后蜀广政三年（940）欧阳炯序相较，犹在其前，自为现所知杂曲子词最早之总集。

伦敦斯一四四一亦为《云谣集》，钞于王伯玙著之《励忠节钞》之卷背。标题同称“云谣集杂曲子共三十首”，实际只抄《凤归云》等十八首。末阕《倾盃乐》只写词牌名，到此而止（图五）。法京此卷亦题曰“云谣集杂曲子共三十首”，实仅得十四首，亦非全帙。以斯、伯两卷相合，去其重复，正符三十之数。

此卷起《凤归云》、《闺怨》二首，出一人手笔。以下接《倾杯乐》，乃出另一人所书。第一首《凤归云》词牌下“[illegible]”乃是“闺”字，潘重规谓作“街”，误。第二首题“又怨”，“怨”即“怨”字。拙著《敦煌曲》六一页注四校云：“斯、伯两卷俱题作‘凤归云[illegible]’，‘[illegible]’乃‘闺’字，写卷‘门’字多作‘[illegible]’，闺怨为二词共用之题目，盖一题分写两处。”前人亦有连读作“凤归云偏”，“偏”字是“闺”之误认。

此卷向来校订者多家，多喜随义意轻改，殊有未安。内有假借字，如以“榭”为“麝”，借“拦”为“兰”。有自行改字，如“麽”，原作“磨”，继改为“麽”。有确为误字者，如“明如刀割”与下句“口似珠丹”互为对文，“明”字自是“眼”之写讹。另一首有“两眼如刀”语可证。

有较为特出之例，如《抛毬乐》“珠泪芬芬湿绮罗”，借“芬”为“纷”，先秦书已有之，如《墨子·经说篇》：“义志以天下为芬。”王闿运云：“芬即纷字。”《老子·道经》第四章：“解其芬。”马王堆乙本作“芬”，甲本作“纷”，是其证。③

① 参《敦煌白画》，72页。
② 参看牒状部分解说。
③ 参黄生：《字诂义府合按》，20页，“《字诂》纷、雰”条。

又斯本《天仙子》第一首“香烂漫”，《竹枝子》第一首“只是焚香祷告天”。“香”字从“田”，即是“香”字。日本天历二年（948）写本《汉书·扬雄传》“扬晔晔之芬苓”句，注引晋灼云“愍屈原光香”。颜师古注：“苓香，草名也。”“香”字亦作“香”[①]，与此本同。

此卷向来已有不少影本，计巴黎刊之《敦煌曲》，台湾印行之《云谣集新书》、《敦煌词话》，皆不如本书依原寸印出之精，故历来印行之《云谣集》，当以本书为最善。

词五首

伯三九九四钞五代曲子词五首。其中《更漏长》即《更漏子》，《鱼美人》即《虞美人》。《更漏子》第一首是欧阳□作，与林大椿编《唐五代词》二〇三页所收《更漏子》颇有歧异，“秋夜露”作“秋夜水”，“尘镜彩鸾孤”作“镜尘鸾影孤”。

《更漏子》第二首是温庭筠作，绍兴本《花间集》卷一所收，“玉炉香”作“金鸭香”，“红蠟泪”作“红臈泪”[②]，“眉翠薄”作“眉翠尽”，“夜长”作“夜来”，甚多异文。

此写本“漏”作“漏”，“华”作“莘”，“壶”作“䒷”，皆别体。

字极拙重健拔，在欧、柳之间，毫锋取势，可与王寀《汝帖》第十二卷所收李后主书《江行初雪》画卷赵幹题字相颉颃[③]，可定为五代时书风，在书法史上应为极难得之妙品。

词三首

伯三三三三原一纸，抄《菩萨蛮》二首及《谒金门》一首。《菩萨蛮》第一首“絛递”即“迢递”。“摽蒡不漸亭”之“漸亭”即“暂停”二字易明，“摽蒡”似是“摽劳”，或读作“漂流”。

第二首“李釼工书苦”自是“学剑攻书苦”，“攻”省作“工”。“墅雪嘬飞荧”句问题最多，“荧”即“萤”，“嘬”即“最”，读为“聚”。“墅”即“壄”

① 据京都帝国大学影印本。

② 臈即腊俗字，蠟为蜡俗字，见《广韵》入声二十八盍。宋本为是。

③ 台北故宫博物院《故宫书画录》增订本卷四。

字。《说文》十四篇下厽部“垒”字下云：“垒，墼也。”俗作“垒”。段玉裁注：“积墼为墙曰垒。”“墼”有“积墼”义。

此句用车胤苦学典故。车胤事见《晋书》卷八十三本传。伯二五二四号类书“劝学”有聚萤条，注云：“车胤，字武子。家贫无油，绢袋盛数十萤读书，冬即映雪。”[①] 又伯二七四八《古贤集》有一车胤聚萤时影（映）雪一句。《全芳备祖》有韩境序云：“不知萤几聚，雪几映。”此词“墼雪最飞荧”即“积雪聚飞萤”之意。任二北读“墼”为“堑”，于义不合，“吕年”当读“累年”，任校作“多年”，亦非。“偷光路”，任氏读“路”为“露”，是。[②]

《谒金门》一首，亦见伯三八二一（图六），两本对校，颇多异文：

伯三三三三	伯三八二一	
常伏气	长伏气	
蓬莱宫	蓬菜山	“菜”，“莱”之误
録竹桃花	緣竹桃花	“録”、“緣”，皆“绿”之误
清亲（齐）	峒中	
闻道诸仙来至	闻道君王诏旨	
復果禽书欢喜	眼里琴书欢喜	“禽”，“琴”之误
远谒金门	得谒金门	

词三首

伯二七四八正面为《古文尚书》孔安国传《洛诰》第十五至《蔡仲之命》第十九残卷。背起录词三首，一为《思越人》，一为《怨春闺》。王重民《敦煌曲子词集》增订本失收。余始补入《敦煌曲》中，诸词录文，可参拙作《敦煌曲订补》。[③]

《思越人》词调已见《花间集》，张泌（卷第四）、孙光宪（卷第八）、鹿虔扆（卷第九）皆有之。第一首残缺过甚，如“一枝花，一盏酒……几度拟判（拌）判不得”，知为酒令。

《怨春闺》文字绮丽缠绵，铸词之工，已近《花间》风格，为敦煌曲子中上乘之作。书法疏朗可喜。《思越人》第二首“低声问”之“问”字，“门”

① 原文作“雪映”，为“映雪”之误。

② 参任二北：《敦煌曲初探》。

③ 《史语所集刊》第五一本第一分，1980。

作“门”，与《云谣集》之“闺”字“门”作“门”相同，可知为晚唐常见字体。

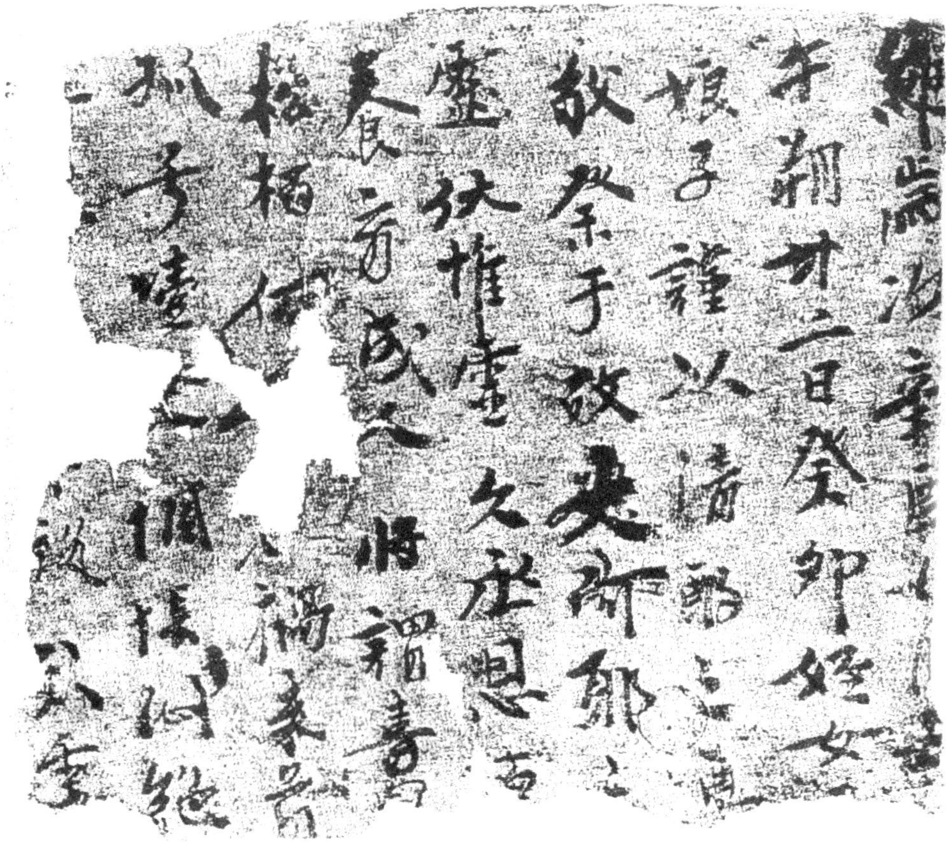

图一　伯二〇一一第二十二叶

图二　伯二〇一四大唐刊谬补关切韵

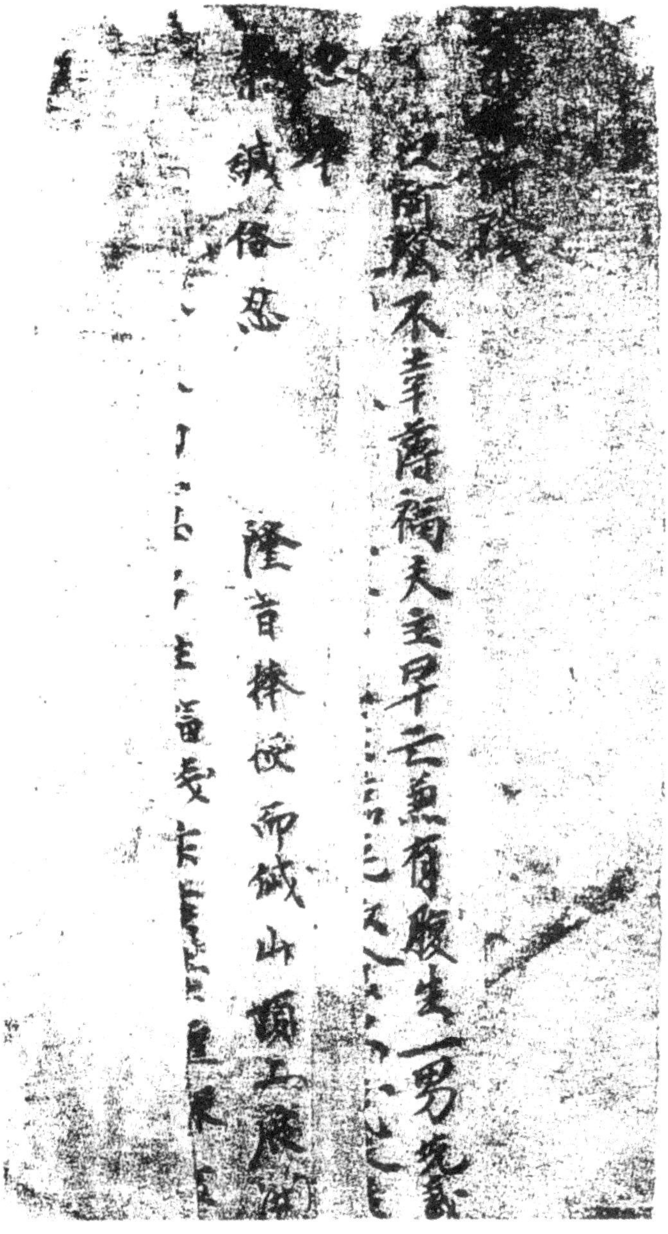

图三　伯二〇一四大唐刊谬补关切韵

图四 斯五五五五《李峤杂咏》残卷

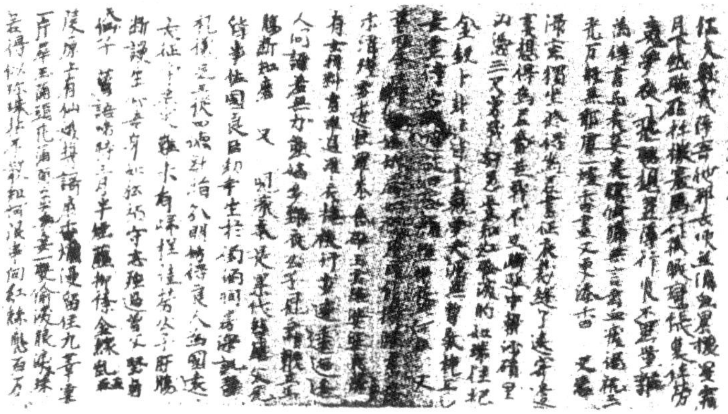

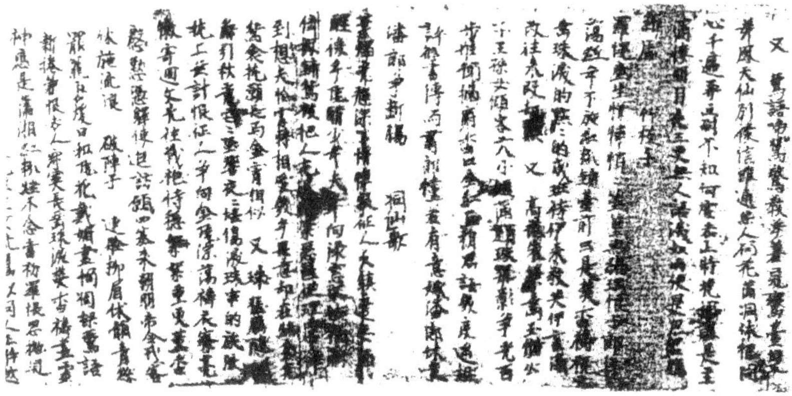

图五 斯一四四一《云谣集》

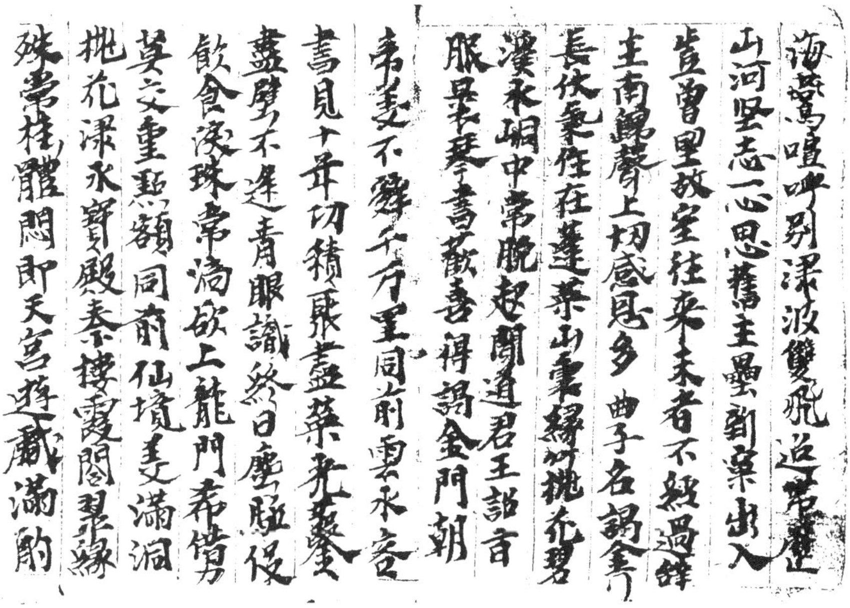
海鷰喧呼別渌波雙飛追逐芳塵
山河堅志一心思舊主墨劉渠出入
豈曾里故室往來未者不線過鮮
主南歸聲上切感恩多　曲子名謁金門
長伏氣住在蓬萊山裏緑竹桃花碧
溪水㵎中常睌起聞道君王詔言
眠暑長延壽歡喜得謁金門朝
帝美不辭千万里同前要永容
壽見十年切精眼盡葉光鑾
盡壁不逢青眼識終日塵驅促
飲食淚珠常滴欲上龍門希借力
莫交重點額同前仙境美滿洞
桃花渌水寶殿秦樓霞閣翠緣
殊常桂體閑即天宮遊蔵滿前

图六　伯三八二一《谒金门》

杂诗文

文选卷第二十九残卷　白文本

法京所藏莫高窟出《昭明文选》写卷，计有《文选》白文本及李善注本。[①] 此伯三三四五号正文无注，为王俭（仲宝）之《褚渊碑文》之后半，始“［诚由］太祖之感风”句，讫于篇终。存五十四行，于李善注应属于第五十八卷，而此本末题曰：“文选卷第廿九。”当出于萧统原书之三十卷本，此犹存唐前之面目。书法娟秀，神采焕发，“偃仰平直”，“筋脉相连”[②]，六朝人气韵骨格，尚可窥见。

原卷尝印入《敦煌秘籍留真新编》，许寿裳于一九四七年撰序，指出此本异文“寅”之作“夤”，“辍礼”作“辍祀”，“恇动”作“恇恸”，“长逦”作“长遰（逝）”，皆于义为长。

王重民称法京伯二七〇七、二五四三、三七七八、三三四五诸断片，“笔迹相同，潢色无异，盖原为一书，裂作数截。又有“二五四二”一卷，为《王文宪文集序》残简，上接乙卷（伯二五四三），亦为同书。罗振玉已印入《古籍丛残》。罗君以卷内“衷字缺笔作哀”，定为隋代写本，举证虽未必确，然统观此

① 参拙作《敦煌本文选斠证》，载《新亚学报》第三卷第一期，香港，1957。

② 传王羲之《题卫夫人笔阵图后》，《法书要录》卷一所收。

四卷，渊字、民字并不避，则为唐以前写本无疑。[1] 以余所知，列宁格勒（今圣彼得堡）藏敦煌文书二八六〇号，尚有《王文宪文集序》一段，与伯二五四二为同卷之析。[2] 断巩碎璧，弥可宝也。此外，天理大学所藏《文选集注》亦为王仲宝《褚渊碑文》，可以互参。

燕歌行一首　古贤集一卷　大汉行一首　沙州燉煌二十咏并序

伯二七四八背钞《燕歌行》一首、《古贤集》一卷、《大漠行》一首、《长门怨》一首、《国师唐和尚百岁书》、《王昭君怨》诸词人连句、《沙州燉煌二十咏并序》、《锦衣篇》（残存一行），皆出一人手笔。书法行笔凝重，在欧、柳之间。

《国师唐和尚百岁书》是光启二年（886）悟真七十岁时所作，知此卷是晚唐人书。原卷衬纸上有“大中四年七月廿日”云云字样，字体不同，当为裱贴用纸（图一）。

高适《燕歌行》作于开元二十六年，有感于御史大夫张守珪事而作[3]，久已传诵边陲。与《全唐诗》本（第三函第十册）对校，此卷文字时有钞脱讹误，如下表：

敦煌本	《全唐诗》本	
“序”无。	“序”白。	
天子非常赐颜	天子非常赐颜色	伯本缺一字。
拟金代树榆关	拟金伐鼓下榆关	伯本有缺误字。《史记·司马相如传》：“拟金鼓吹鸣籁”。《集解》云：“拟，击也。”作拟误。
山川逍迢极边上	山川萧条极边上	
大漠穷秋塞草栣	大漠穷秋塞草腓	《全唐诗》本“腓”下云：“一作衰。”腓，病之意。栣指笭栣筏，作栣误。
身当恩遇恂轻敌	身当恩遇恒轻敌	恂字不详。
玉筋恩啼别离后	玉筋应啼别离后	
小妇城南欲断肠	少妇城南欲断肠	小或少之误
行人计不空迴首	征人蓟北空回首	
边庭漂遥那可度	边庭飘颻那可度	

[1] 《敦煌古籍叙录》，320页。

[2] М. И. Воробьева-десятовская，И. Т. Зограф，etc.，Описание китайских рукописей Дуньхуанского фонда Института народов Азии выпуск 2 Москва，1967，стр. 498～499.

[3] 《全唐诗》本序：“开元二十六年客从御史大夫张公（守珪）出塞，有还者作《燕歌行》以示适，感征戍之事，因和焉。”

续前表

敦煌本	《全唐诗》本	
绝域苍茫无所有	绝域苍茫更何有	
相看白刃血雾々	相看白刃血纷纷	《全唐诗》本“血”下云：“一作雪，一作徒。”
秖今犹忆李将军	至今犹忆李将军	《正韵》：“秖，旨而切……适也。”

《古贤集》一卷，乃集古贤故事纂成七言长古诗，当为唐末流行敦煌地区民间训蒙之作品。写卷所见《古贤集》计有八卷之多，法京有伯二七四八、三一一三、三一七四、三九二九、三九六〇、四九七二，英伦则有斯二〇四九、六二〇八。《古贤集》之整理，初则陈祚龙《敦煌学杂记》一《关于中古敦煌流行的蒙书》[①]，后有陈庆浩《古贤集校注》[②]，以后者之注释及校勘为精，对于各卷描述十分详尽。

《古贤集》以“秦王无道狂诛人，选士投坑总被焚”起句，讫于“子夏贤良能易素，颜渊孔子是明师”。而以“集会古贤作聚韵，故令今世使人知”二句作结。[③] 其中人名异文，如“孙敬”之作“孙景”，“栾巴”之作“鸾巴”。亦有误失者，如“割袖分桃汉武帝”句，割袖事见《汉书·佞幸·董贤传》：

> 常与上（汉哀帝）卧起。尝昼寝，偏借上褎（袖）。上欲起，贤未觉，不欲动贤，乃断褎而起。其恩爱至此。

“汉武帝”应作“汉哀帝”。其余详陈庆浩专文注释。

至于《燉煌二十咏》，已详神田喜一郎考证[④]，今不赘。

胡笳十九拍

伯二五五五长卷，录唐人诗作近七十余首，校录者已有多家。[⑤] 本册收录之《胡笳十九拍》，写于伯二五五五正面，与《乐府诗集》卷五十九所载刘商

① 《敦煌资料考屑》下册，376～379页。

② 《敦煌学》第三辑，1976年香港新亚研究所《敦煌学会刊》。

③ 伯三一七四“狂”作“枉”，“焚”作“坟”，“素”作“色”，“会”作“合”，“聚”作“字”，“今世”作“千代”。

④ 《敦煌二十詠に就いて》，载《史林》第二四卷四号，后收入《东洋学说林》。

⑤ 陈祚龙：《关于敦煌古钞某些李唐边塞词客之诗歌》、《新校重订敦煌古钞李唐词人陷蕃诗歌初集》、《敦煌学海探珠》上册；舒学：《敦煌唐人诗集残卷》，载《文物资料丛刊》第一辑；潘重规：《敦煌唐人陷蕃诗集残卷校录》，载《幼狮学志》第十五卷第四期等。

《胡笳十八拍》颇有不同。

此卷刘商《序》末署："丞议郎前卢州合肥县令刘商。"《新唐书》卷五十《艺文志》四称其官职："贞元（785—805）比部郎中。"《全唐诗》第五函第六册（卷三百三）小传与张彦远《历代名画记》卷十同，云："官至检校礼部郎中，汴州观察判官。"① 故此写卷所列官衔，可以补史。

《乐府诗集》刘商是诗序有云："后董生（庭兰）以琴写《胡笳十八拍》，今之《胡笳弄》是也。"以为摹拟董庭兰《胡笳弄》。但写卷则无之，只云"因为琴曲，遂写幽怨之词"，并不提及董庭兰。琴曲之《胡笳》，早著录于《琴历头簿》，此书《隋书·经籍志》已著录。是其谱在唐董生前已有之。

题蔡琰作之《胡笳十八拍》，若干年前曾引起讨论热潮。② 逯钦立认为出于伪托，举出五证以明之，甚有见地。③

钱东垣辑释《崇文总目》卷一："《小胡笳十九拍》一卷。[原释] 伪唐蔡翼撰……《小胡笳》又有契声一拍④，共十九拍，谓之祝家声。"《文献通考·乐考·竹之属》大胡笳条："沈辽集大胡笳十八拍，世号沈家声。小胡笳十九拍，末拍为契声，世号为祝家声。"敦煌此卷《第十八拍》之后，题"落蕃人毛押牙遂加一拍，因为十九拍"，乃经中唐时落蕃之毛押牙于刘商原作增益一拍，合为十九拍。是十九拍，不自五代蔡翼始也。

刘商师事张璪，工画山水树石。⑤ 台北故宫博物院藏有题李唐作之《文姬归汉图》（十八幅，册装），其中即钞刘商《胡笳十八拍》分题各幅。⑥ 明谢榛《四溟诗话》卷一称："唐刘商、宋王安石、李元白各以集句效琰，好奇甚矣。"按商诗实非集他人之句，谢氏说大误。

此卷从头至末，似出一人手笔，在《白云歌》下注云："予时落殊俗，随蕃军望之感此而作。"（图二）柴剑虹疑其即出于毛押牙所书写⑦，尚待研究。

此《胡笳十九拍》文字，与《乐府诗集》本及《全唐诗》本对校，颇有

① 又据《全唐诗》小传，刘商大历间（766—779）登进士第。

② 《文学遗产》编，《胡笳十八拍讨论集》，北京，中华书局，1959；入矢义高：《胡笳十八拍论争》，载京都大学《中国文学报》第十三期。

③ 参《先秦汉魏晋南北朝诗》卷七。

④ 契声之"契"，即"契信佛经转经"之"契"，梵文称之为 gatha。此借 gatha 指末拍之尾声。详丘琼荪《法曲》王昭君条，《中华文史论丛》第五辑所收。

⑤ 《历代名画记》卷十。

⑥ 《石渠宝笈》三编《延春阁著录》及《故宫书画录》增订本卷六。

⑦ 见《一九八三年全国敦煌学术讨论会文集》。

异文，表之如下：

	敦煌本	乐府诗集本①	
第一拍	见生离兮当此晨	见离乱兮当此辰	
	只谓珠帘能蔽身	将谓珠帘能蔽身	
	一朝虏骑满中国	一朝虏骑入中国	《全唐诗》本，“虏”作“胡”。
	苍黄之处逢胡人	苍黄处处逢胡人	
	分将薄命委锋镝	忽将薄命委锋镝	“全”本，“锋”作“锋”误。
	可料红颜随虏尘	可惜红颜随虏尘	
第二拍	戎羯腥臊岂是人	戎羯腥膻岂是人	
	豺狼憙怒难享(辜)息	豺狼喜怒难姑息	
	风雨萧条近胡国	风土萧条近胡国	
	万里重音鸟不飞	万里重阴鸟不飞	“音”，“阴”之误。
第三拍	如缧囚兮在羁紲	如羁囚兮在缧紲	“全”本，“紲”作“絏”。
	边虑百端无处说	忧虑万端无处说	
	使余刀兮取余发	使余力兮剪余发	“全”本，“力”作“刀”，“翦”作“剪”。
	将余为妻不如死	以余为妻不如死	
	果被蛾肙带累人	早被蛾眉累此身	“肙”，“眉”之误。
	空悲弱质柔于水	空悲弱质柔如水	
第四拍	自从鹜怕少精神	自从惊怖少精神	
	夜中帰归梦虽来去	夜中归梦来又去	
第五拍	年々岁々只如此	毡帐时移无定居	
	日长月长不可过	日月长兮不可过	
第六拍	恠是春光不来久	恠得春光不来久	“恠”即“怪”。
	姓名音旨两不达	姓名音信两不通	
	度日经年长闭口	终日经年常闭口	
第七拍	偷生未死非情愿	偷生乞死非情愿	
	故乡应得同相见	故乡应得重相见	
	第八拍	第九拍	
	第九拍	第八拍	
第八拍（据伯本）	当初苏武单于问	当日苏武单于问	
	学他剌血作得书	学他刺血写得书	《集韵》：“刺、俗作剌。”
	弯弓射煞无远近	弯弓射飞无远近	
	绝域何皆达方寸	绝域何由达方寸	
第九拍（据伯本）	如今沦弃（棄）忆故乡	如今沦棄念故乡	
	悔不当□放林表	悔不当初放林表	
	情何寥落胡天晓	星河寥落胡天晓	
	旦夕思帰恨此身	旦夕思歸不得歸	
	愁心想得笼中鸟	愁心想似笼中鸟	

① 除特别言及者，《全唐诗》亦同。

续前表

	敦煌本	乐府诗集本	
第十拍	憎胡地兮愁胡天	憎胡地兮怨胡天	
	生得胡儿拟弃捐	生得胡儿欲弃捐	
	无	貌殊语异憎还爱	
	无	心中不觉常相牵	
	朝々暮々人眼前	朝々暮々在眼前	
	腹生手养能不怜	腹生手养宁不怜	
第十一拍	迢々星纪欲周天	迢々星岁欲周天	
	无冬无夏对霜霰	无冬无夏卧霜霰	
	草青草枯为一年	水冻草枯为一年	
第十二拍	破瓶落水甘永沈	破瓶落井空永沈	
	宁知远使问名姓	宁知远使问姓名	
	觉后翻令哀怨深	觉后翻成哀怨深	
	如今莫是梦中事	如今果是梦中事	
第十三拍	童稚牵衣在人侧	童稚牵衣双在侧	
	远远乡惜别情两随	远乡惜别两难分	伯本有衍字、误字。
	宁去胡儿⿰山帚旧国	宁弃胡儿歸旧国	
	泪痕满眼看夕阳	泪痕满面对残阳	
第十四拍	莫似胡儿可羞耻	莫以胡儿可羞耻	
	恩情且各言其子	恩情亦各言其子	
	手中十指长短殊	手中十指有长短	
	还家岂不见亲族	还乡岂不见亲族	
	心亦随风过辽水	心亦随风渡辽水	
第十五拍	当初怨□⿰山帚又恨	当时怨来歸又恨	
	不知愁煞刑若何	不知愁怨情若何	
	如有锋铓搅方寸	似有锋铓扰方寸	“全”本,“锋”作“鋒”误。
	悲欢并行情不决	悲欢并行情未快	“全”本作“欢”。“欢”同“懽”。
	肯向仇雠起恩信	岂向仇雠结恩信	
第十六拍	来时只觉天苍々	去时只觉天苍々	
	⿰山帚路始知胡地长	歸日始知胡地长	
	重阴白日出何处	重阴白日落何处	
第十七拍	行过胡天千万里	行尽胡天千万里	
	唯见寒砂朔风起	唯见黄砂白云起	“全”本“砂”作“沙”。
	马饥跲雪衔草根	马饥跑雪啣草根	“全”本作“马饥跑雪衔草根”。
	怒力前程是帝乡	努力前程是帝乡	
第十八拍	田园荒芜秋草绿	田园半芜春草绿	
	月烛重然委炉灰	明烛重然煨烬灰	
	再持巾栉礼仪好	载持巾栉礼仪好	
	出入天山十二年	出入关山十二年	

第十九释文

去年骨肉悲□片（析），不似今年苦为客。失土翻同落水瓶，皈蕃永作投河石。他乡人物稀相识，独有夫君沉怜惜。岁暮态情生百端，不觉愁牵加一拍。

御制勤政楼下观灯

伯二五五五背面书写王羲之《宣示帖》一段四行（图三），后有《御制勤政楼下观灯》五律一首，字大如钱，十分韶秀，有蝉联映带之美。

勤政楼者，唐玄宗所建。《唐会要》卷三十“兴庆宫”条云：“开元二年（714）七月二十九日，以兴庆里旧邸为兴庆宫……后于西南置楼，西面题曰花萼相辉之楼，南面题曰勤政务本之楼。”《册府元龟》卷十四及《长安志》卷九所载皆同。《新唐书·玄宗本纪》：“天宝十三载（754）五月壬戌，观酺于勤政楼。”王邕有《勤政楼花竿赋》。[①] 此诗为玄宗上元之夜于勤政楼观灯所咏，《全唐诗》所未载。故作释文如下：

明月重城里，华灯九陌中。
开门纳和气，步辇逐微风。
钟鼓连宵合，歌笙迟曙雄。
□新不为己，常与万方同。

王昭君变文

明妃去时，仰天太息。紫台稍远，关山无极。[②]

前汉元帝宫女王嫱（昭君）出嫁匈奴，葬身其地，古今同慨。自《琴操》以至元曲之《汉宫秋》，皆取其事作为题材。《乐府诗集》中有关明妃作品可

① 《全唐文》卷三五六所收。
② 江淹：《恨赋》，《文选》李善注本第十六卷。

四十余首，清人辑《青塚志》，所收至四百多事。敦煌新出资料，以伯二五五三《王昭君变文》一篇，最具特色。如“樽前校尉歌杨柳，坐上将军无乐辉（舞落晖）”，佳句纷披，堪叹观止。

此残卷原由六张长度不一之楮纸连贴而成。现经重裱，惟破损过甚，有时行间只存半字，通读维艰。

汉末流传之《琴操》，“王昭君”已有歌辞。晋避司马昭讳，改“昭君”为“明君”，故又称曰“明妃”。晋石崇作《王明君辞》，序云：“令琵琶马上作乐，以慰其道路之思。”[①] 宋谢希逸《琴论》载：“平调明君三十六拍、胡笳明君三十六拍、清调明君十三拍、间弦明君九拍、蜀调明君十二拍、吴调明君十四拍、杜琼明君二十一拍，凡有七曲。”[②] 明君之事，遂与古琴、琵琶、胡笳诸乐器结缘，构成各种各样之乐府歌辞。据《唐会要》卷三十三“诸乐”条，唐代太常梨园别教院教授二十五法曲中，其首即为《王昭君乐一章》。

敦煌写卷中伯二七四八有《王照（昭）君怨》诸词人连句（图四），为七言四句体，押韵平仄兼施。伯四九九四背有王朝（昭）君《安雅》，为五言四句个诗体，共十九道，托昭君自述之语。此伯二五五五内亦有王昭君《安雅》五言诗，文字正同。而称之曰“雅”，“雅”者犹乐府《雅歌曲辞》之“雅”，“安”者或谓指安国[③]，唐贞观时为十部乐之一。“安雅”者，犹言安国之乐府。此可备一说。日本雅乐有名为“王昭君”之性调曲。[④]

此《王昭君变文》内多为七言句长篇，时作对仗，极似《长恨歌》体，可以明白居易诗何以被讥为《目连变》之故。其上卷末有云：“上卷立铺毕，此入下卷。”是原作分为上下卷。

“铺”本是一集体量词，佛像及变相图绘通常以“铺”计之。[⑤]《昭君变》原来有图画与之相配合，故吉师老《看蜀女转昭君变》诗云：“檀口解知千载事，清词堪叹九秋文。翠眉嚬处楚边月，画卷开时塞外云。”[⑥] 李贺《许公子郑姬歌》亦云：“长翻蜀纸卷明君，转角含商破碧云。”（《昌谷集》卷四）《昭君变文》之词文，可以转唱，且有图卷为俗讲时助兴之用。明巩珍《西洋番

① 《文选》李善注本第二十七卷。

② 《乐府诗集》卷二十九《相和歌辞》“王明君”条。

③ 《唐会要》卷三十三“谯乐”条。

④ 《古事类苑》乐舞部七唐乐乐曲中，474～475页。

⑤ 马太来：《释立铺》，见《饶宗颐教授南游赠别论文集》，147页，香港，1970。

⑥ 韦縠《才调集》卷八所收。

国志》爪哇（Java）条：

又有一等人杂画人物鱼兽虫豸，如中国所为手卷状。以二木高三尺为画桿……其人盘膝坐地，以图画立地上，展出一段，则朝前用番语高说此段来历。众人环坐而听之，或笑或哭，如中国说平话人。[①]

“立铺”之义，谅指配合变文（词）及变相（画）分卷更换。《昭君变文》唱词至“莫怪适来频下泪，都为残云度岭西”句，上卷已完，图卷亦告终。自“明妃既策立”句，说白开始，乃转入下卷。

此《昭君变文》五次提到“突厥”，又屡屡提及“蕃王”、“蕃家法”、“蕃漠界头”等语。其言“衙官坐位刀离（剺）面[②]，九姓行哀截耳珰”，此即突厥之丧仪。[③] 又言“似（以）语（契）丹为东界，吐蕃作西邻，北倚穷荒，南极大汉”，似乎应为建中四年（784）正月唐与吐蕃会盟于清水，汉蕃定界以后情况。[④] 故此变文作者可能系陷入吐蕃以后之汉人，借王昭君事以抒泄怀念汉土之悲愤心情。其祭词之结句云：“嗟夫，身没于蕃里，魂兮岂忘京都。空留一冢齐天地，岸兀青山万载孤。”犹历历可见。

意者中唐以来《昭君变》由吐蕃传入蜀土，故蜀女能转唱其词。又有蜀纸图写其变相以流传，李贺犹及见其卷。王建《观蛮妓》诗云：“欲说明君敛翠蛾，清声委曲怨于歌。”[⑤] 考王建太和中（827—835）任陕州司马，从军于唐蕃边境附近，其得见《昭君变》必在此地。

---

① 此据《中外交通史籍丛刊》向达校注本。

② 《后汉书·耿秉传》：“举国号哭，或至剺面流血。”李贤注：“剺，割也。音力私反。”杜甫《哀王孙》：“花门剺面请雪耻。”案《新唐书·地理志》：“[甘州宁寇军] 东北有居延海，又北三百里有花门山堡，又东北千里至回纥衙帐。”花门为回纥异称。又《后汉书·邓训传》：“[永元] 四年冬，病卒官，时年五十三。吏人羌胡爱惜，旦夕临者日数千人。戎俗父母死，耻悲泣，皆骑马歌呼。至闻训卒，莫不吼号，或以刀自割，又刺杀犬马牛羊。曰：邓使君已死，我曹亦俱死耳。”《三国志》卷十六《魏志·仓慈列传》：“[仓慈] 数年卒官，吏民悲感如丧亲戚，图画其形，思其遗像。西域诸胡闻慈死，悉共会聚于戊己校尉及长吏治下发哀，或以刀画面，以明血诚。又为立祠，遥共祠之。”其他如乌兹别克撒马耳干东片吉肯特遗址出土壁画中，有王者死，部下突厥（?）系民族悲哀剺面图。Живопись Древнего Пянджикента，Москва，1954，Таблиа ⅩⅩ，обектII，простенок 8。又参江上波夫：《ユウラシア北方民族の葬禮における剺面、截耳、剪髮について》，见《コウラシア北方文化の研究》，144～157 页，东京，山川出版社，1951。

③ 周绍良：《读变文札记》，见《绍良丛稿》，100 页。

④ 《旧唐书·吐蕃传》。参郑文：《王昭君变文创作时间臆测》，1983 年敦煌吐鲁番学会论文。

⑤ 《全唐诗》第五函第五册。

此卷文字，屡经专家校订。[1] 书法整饬朴拙可喜，保留唐代变文书写式样。卷子原貌，亟宜流布，以供研究。

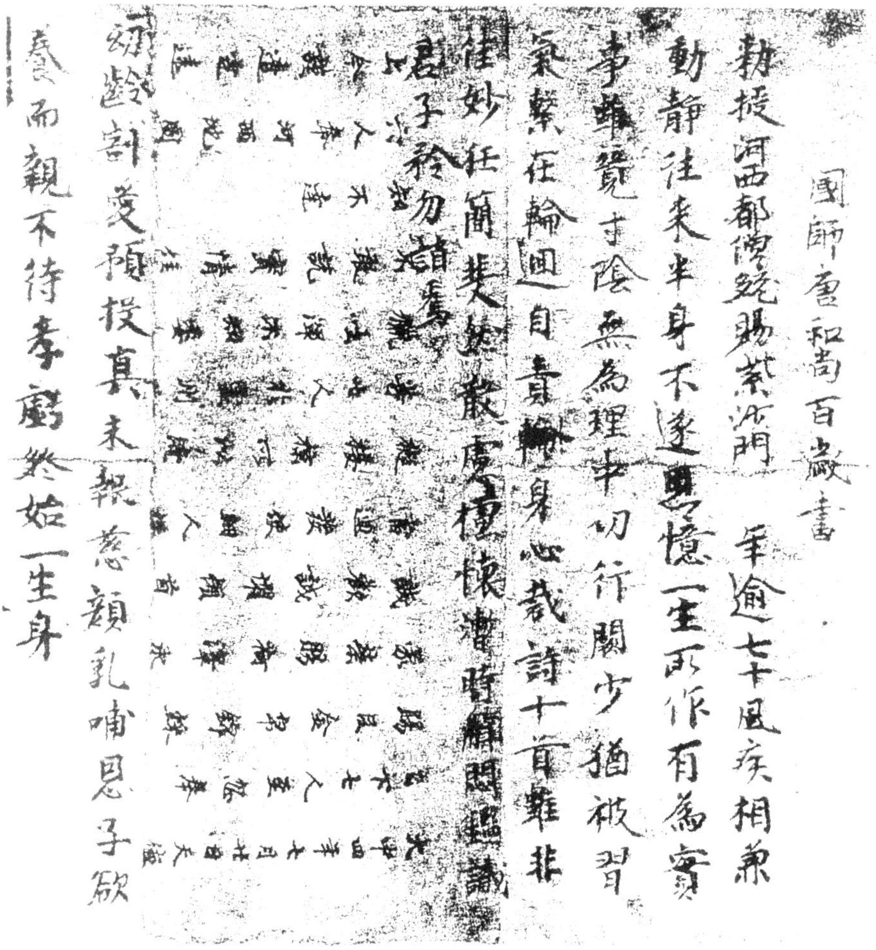

图一 伯二七四八背

① 《敦煌变文集》；邝庆欢：《王昭君变文校释》，《中国古典小说专集》五所收。

图二　伯二五五二背

图三　伯二五五五背

《御制勤政楼下观灯》

图四　伯二七四八背《王照（昭）君怨》

写 经

金光明经卷第二 北魏皇兴五年（471）

《金光明经》梵本名 Suvarnaprabhāsa ［uttamarāja］Sūtra，最初由北凉昙无谶翻译。无谶先居敦煌，于沮渠蒙逊北凉玄始十年（421）至姑臧，据僧祐《出三藏记集目录》，无谶译《金光明经》四卷在玄始六年五月。可见此经乃在敦煌当地译出。

本书收录之《金光明经》残卷（伯四五〇六），是巴黎国家图书馆所藏注明年代的最早敦煌石窟所出写本。原物为黄绢，墨色晶莹，整洁可喜。书写年代是北魏皇兴五年（471）。在无谶译出此经后五十三年。

隋开皇十七年（597）释宝贵撰《合部金光明经序》称：

> 《金光明》见有三本，初在凉世，有昙无谶译为四卷，止十八品。其后周世阇那崛多译为五卷，成二十品。后逮梁世，真谛三藏于建康译为二十二品。

今此写卷终于“汝于今日快睹是言”句，末题“《金光明经》卷第二”。较《大正藏》本（在第十六册六六三号），无最末的《嘱累品》。《大正》本又多出“一切众生，若闻此法，皆入甘露无生法门”四句。敦煌此卷只十八品，分为二卷，应该较接近无谶所译的本来面目。

是经传写甚多，伯四五〇七号与此原是同一卷而后来分出，裂而为二。一九六七年新疆吐鲁番城郊，发见陶器，内有佛经十二种，其一即《金光明经》卷二，题“庚午岁八月十二日”，即是北魏世祖神䴥三年（430），则更在巴黎此卷之前四十一年。无谶译本在当时流行之广，可以想见。

此写卷末有题记略云：

> 皇兴五年（471），岁在辛亥，大魏定州中山郡卢奴县城内西坊里住。原乡凉州武威郡租厉县梁泽北乡武训里方亭南苇亭北，张壤主父宜曹讳昺，息张保兴。自慨多难，父母恩育，无以仰报，又感乡援，靡托思恋。是以在此单城，竭家建福，兴造素经《法华》一卷、《金光明》一部。

造经人氏，名为张壤主，“壤”似即“瓀”，为六朝别字，与“琐”相同。其人原籍是凉州武威郡租厉县人。租厉县《前汉书》作“祖厉县”，属安定郡，后汉属于武威郡，为该郡十四城之一。《续汉郡国志》作“租厉县”，字从“禾”作“租”，不作“祖”，与此写卷作“租厉”相符。汉武帝元鼎三年（前114）幸雍，西临祖厉河，即是此地，今属宁夏。

张瓀主造此经时，籍贯已改属定州中山郡卢奴县。唐《元和郡县图志》记，后魏慕容垂都于中山，改卢奴为弗违县。魏平燕，又改为卢奴。与此卷称卢奴县正合。题记上的地名，对于研究北魏的地理有很大帮助。①

《续高僧传》卷二十四《释慧乘传》：“［慧乘］奉敕为高昌王麹氏（伯雅）讲《金光明》。”盖此经自北魏以来对社会影响甚大。特别其第十七品的《舍身品》，其中舍身饲虎故事成为壁画题材。今敦煌高窟第四二八窟南侧及第二五四窟南壁，皆绘投崖饲虎，为北朝作品，即出自《金光明经》。隋时此经有合部，其书亦经三译矣。

此写卷作北魏书体，如“恼”作“忷”，“寂”作“家”，“網”作“絅”，“唤”作“喚”，“临”作“臨”是。与今本字形特别歧异者，试举《舍身品》数句为例：

> 是身可汙（今本作恶），簕（筋）缠（缠）血涂。骨宍（肉）髓𩪆（脑），共相连持。

① 详参拙著《选堂集林·史林》上册，411页。

以上大悲，薊（薰）循（修）其心，虑其二兄（兄），心怀怖懼（懅）。

北朝别体之多，此写本亦不能例外，至其结体佚荡，行笔遒峭，《刁遵》、《高湛碑》之劲美，兼而有之。论其书法艺术，顿挫行阵之中有一片浑穆气象，谓为标准之魏法，可以当之无愧。

成实论卷第八　北魏延昌三年（514）

《成实论》梵名 Satyasidahi Sāstra，译本今收在《大正藏》第二十二册，列一六四六号。原为中天竺诃梨跋摩（梵名 Harivarman，汉译狮子铠）所著，其人生当曹魏时（220—265），本习阿毗昙，后治《迦旃延大论》（Kātyā yaniputra）、《鞞婆沙论》，刊落繁芜，著二百零二品为《成实论》。东晋始传入中夏，姚秦弘始十三年（411）辛亥九月八日，尚书令姚显请出此论，至十四年九月十五日，诏鸠摩罗什执胡本，口自传译，由昙晷笔受。此后未再传译，原本久佚，惟存于中土。罗什晚岁，译此《成实论》竟，命僧叡讲之。

此写本列伯二一七九，为《成实论》卷八，起“不相应行品第九十四”之末段，终于卷末题“诚（成）实论卷第八”。今《大正藏》本则在卷七，知卷次后来略有更动。本书收《三业品》至最末一纸。

卷末题：“延昌三年（514）岁次甲午六月十四日，敦煌镇经生帅（师）令狐崇哲于法海寺写此论成讫竟。用帋（纸）共六张，校经道人……”令狐崇哲为北魏时敦煌镇之职业典经师，莫高窟所出经卷，由其署名者不一而足，是卷之外，略举如次：

（一）永平四年（511），《成实论》卷第十四。斯一四二七题记：“……七月廿五日敦煌镇官经生曹法寿所写论成讫。典经师令狐崇哲，校经道人惠显。”

（二）延昌元年壬辰（512），《诚（成）实论》卷第十四。斯一五四七题记：“……八月五日敦煌镇官经生刘广周所写论成讫。典经师令狐崇哲，校经道人洪儁。”①

① 二玄社《六朝写经集》二一。

（三）延昌二年癸巳（513），《华严经》卷第十六。斯二〇六七题记："……七月十九日敦煌镇官经生令狐礼太写此经成讫。典经师令狐崇哲。"

（四）同年，《华严经》卷第三十五。伯二一一〇题记："……六月廿三日敦煌镇经生师令狐崇哲所写经成讫记。"

（五）同年，《华严经》卷第三十七。大谷二十三号题记："……七月十八日敦煌镇经生张显昌所写经成讫记竟。典经师令狐崇哲，写经道人……"

（六）同年，《大楼炭经》卷第七。斯三四一题记："癸巳六［月］□日敦煌镇经生张显昌所写经成讫，用纸廿。典经师令狐崇哲，写经道人……"①

（七）延昌三年甲午（514），《大方等陀罗尼经》卷一。斯六七二七题记："……四月十二日敦煌镇经生张阿胜所写经成竟。校经道人、典经师令狐崇哲。"

（八）同年，《大品经》卷第八。守屋孝藏氏藏卷题记："七月廿二日敦煌镇经生曹法寿所写经成讫。校经道人、典经师令狐崇哲。"②

以上各卷皆由令狐崇哲具名，题衔为典经师。又另署某某所写，如刘广周、曹法寿、张显昌、张阿胜诸人是。有时称为"官经生"，示其为官方所授职位。

尝取上列诸经生书迹略作比较，大抵刘书稍恣肆，曹书整饬，张书取态跌宕，书风各异。伯二一七九卷只题"令狐崇哲于法海寺写此论成"，不记其他经生姓名。又伯二一一〇《华严经》亦然，仅题曰"令狐崇哲所写经"，似出自崇哲亲笔所书。余于法京，摩挲原卷，前者纸褐而韧，墨色黝黑，光彩照人。每字起笔细而收笔饱满，十分劲健，意态极近《龙门造像记》。后者墨甚浓，下笔沉雄浑厚，洵为北魏写经之佳品。

北魏自太武帝（423—452）于沙州置敦煌镇，至孝明帝（515—528）罢镇，立瓜州。③ 其时官敦煌者乃尉多侯。④ 以上诸卷皆题曰敦煌镇，即在未改瓜州以前。

南朝亦有书写《成实论》者，齐竟陵王萧子良钞经一十七部，其一即为钞《成实论》八卷。⑤

---

① 同前注二二。

② 《古经图录》一九四。

③ 《元和郡县图志》。

④ 《魏书·尉古真附传》。

⑤ 《历代三宝记》，96页。

出家人受菩萨戒法卷第一　梁天监十八年（519）　戴萌桐书

此卷列伯二一九六号，现仅存卷第一。凡分九部分，计序一、方便二、请戒三、羯磨四、受摄大威仪戒法五、供养三宝戒六、摄善法戒七、摄众生戒八、略说罪相九。

《菩萨戒》原委，此序言之甚详。云"《梵网经》所说《菩萨戒》是律藏品中卢舍那佛与妙海王千子受《戒法经》"，故"撰《菩萨戒法》，乃有多家"。

梁武帝提倡佛教最力，至自称曰"菩萨戒弟子"。南朝律学盛行，始自释智称（本姓裴氏）。称在齐、梁间极著名。[1] 称之弟子法超，梁武帝尝敕其集《出律要仪》十四卷，通行于梁地。《续高僧传》卷六《慧约（俗姓娄）传》云：

> 帝乃博采经教，撰立戒品，条草毕举，仪式具陈。制造圆坛，用明果极……［慧约］天监十一年（512）始敕引见……至十八年己亥四月八日，天子发弘誓心，受菩萨戒，乃幸等觉殿……皇储以下，爰至王姬，道俗士庶，咸希度脱。弟子著籍者凡四万八千人。

武帝从慧约亲受菩萨戒，此事《梁书·武帝纪》不载。

此写卷末记：

> 大梁天监十八年（519）岁次己亥夏五月　敕写
> 用纸廿三枚
> 戴萌桐书
> 罩佡之读
> 瓦官寺释明奉持

其时正在梁武帝受戒之后二十余日。当是奉武帝敕所书。故知此卷确为梁代真笔迹，且与武帝受戒事关系密切，十分可贵。

末记书写地点为瓦官寺，可以推想当时南朝各寺一定都有书写受戒文，以为奉持之资。

---

① 《高僧传》卷十一《明律篇》第五论。

此卷既署书者名氏，复记校读者人名。读者罣仚之。罣是姓，《广韵》罣有二音，一在入声三十二昔；一在二十叶，与聂字同音尼辄切。罣在此为姓，或音如聂。仚即仙字。《龙龛手鉴》云：“仚，音仙，迁也。迁入山曰仚也。”

瓦官寺为南朝名刹，顾恺之于此作壁画①，《南史·陆厥传》：“道人王斌，敝衣于瓦官寺听［法］云师讲《成实论》。”瓦官寺后改称升元寺，见《梁京寺记》。

此写卷保存梁武帝菩萨戒遗规，可补入《全梁文》。戴萌桐无书名，不见记载。然其书体浑穆沉厚，笔笔入纸，南朝遗徽，挹之无尽。

佛说观佛三昧海经卷第四　张双周写

此写卷列伯二〇七八号，小字注于其侧。《佛说观佛三昧海经》梵名 Buddhānusmrti samādhisāgarasūtra，《大正藏》在第十五册，六四三号。为东晋天竺佛陀跋陀罗（梵名 Buddhabhadra，晋言觉贤）所译，原共十卷，此卷只钞存《观相品》之四，乃记如来眉、额、鼻、面诸相及八方亿亿光明景象。

《高僧传》卷二记觉贤译本云：“先后所出《观佛三昧海》六卷、《泥洹及修行方便论》等，凡一十五部，一百十有七卷……贤以元嘉六年（429）卒。”是卷末行有“二校竟”字样，题记一行：

信士张双周为命过妻令狐胤姬写供养。

张氏无考。惟令狐氏为西北著姓，敦煌写卷中令狐氏写经至夥。如太延二年（436），“令狐廉于酒泉为优婆塞史良奴写《佛说楞严三昧经》”②。又，令狐礼太于延昌二年（513）写《华严经》③，例不胜举。

此卷书体异文，举一例如下（图一）：

观如来臂〻膞纤圆如𤉢（象）王鼻，手十指合曑（曼）掌千辐理。

按《广韵》上平声钟第三：膞同佣，“均也，直也”。曑即𣊧（曼），《大

① 见《历代名画记》。
② 《吐鲁番考古记》。
③ 斯二〇六七。

正》本作“鞔”。其他如“空”作“穵”，“我”作“䄖”，“身”作“躭”[①]，“邪”作“䢿”，“旋”作“旋”，“兜率天”作“皃卆天”，“老死”作“𠫤死”[②]，多为北朝别体。收笔波磔向上，如“一”之作“一”，犹富分隶遗意，行笔沉入，结体生疏，古劲有神。看似非出能手，不经意处，愈见骨力，人或觉其丑，我则赏其拙，大可药甜俗之病。

摩诃衍经卷第四十三　比丘善惠供养

此卷编号伯二〇八九，末题“摩诃衍经卷第卌三，比丘善惠所供养经”，又有“一校竟”字样。是为《大智度论》卷四十三，在《大正藏》第二五册，370～375 页。

字体属北魏，如“不”作“㔻”，“界”作“𭊩”。而《摩诃衍经》标题四字，犹存隶意，略近《宝子》，犹沿西凉《十诵比丘戒本》之遗风。[③]

书道博物馆有《摩诃衍经》一卷，神龟二年（519）八月十五日经生令狐世康所书，在此之前。

赵万里考证东阳王元荣事迹甚详，曾引同《摩诃衍经》卷第八题记云：

> 大魏大统八年（542）十一月十五日，佛弟子瓜州刺史邓彦妻昌乐公主元，敬写《摩诃衍经》一百卷。

以其卷数一百推之，《摩诃衍经》当即《大智度论》。邓彦为东阳王婿，其妻佛号元法英。大统八年（542）时，邓彦已窃有瓜州，代元荣而为瓜州刺史矣。[④]

佛说梵摩渝经一卷　支谦译

此经为吴时支谦所译，收入《大正藏》第一册，列七六号。《贞元新定释教目录》卷第三云：“《梵摩经》一卷，或作渝字，见道祖（《吴录》）、僧祐

① 按：此处借“㑗”为“身”。《说文》：“㑗，神也。”
② “𠫤”字见《张猛龙碑》。
③ 二玄社《六朝写经集》十三。
④ 参《选堂集林·史林》，446 页。

（《出三藏记集》）二录。”“梵摩渝”盖经内人名。《中阿含经》第四十一卷有《梵摩经》，无“渝”字，乃为异本。支谦译经八十八部，此其一也。

此卷编目列伯二一四〇，前为《不思议光菩萨经》一卷，次即《梵摩渝经》。

卷中“喜”字作“嚞”，“禀”字作“禀”，“夷”字作“夷”，正是北朝书体。“愍”字无缺笔，不避唐讳，行笔沉着，雄健浑穆，拙朴处俨非唐人气格。

大智度论第二十六品　北魏普泰二年（532）　东阳王造

《大智度论》为龙树菩萨造，姚秦鸠摩罗什译，共一百卷，弘始四年至七年（402—405）出。[①] 在《大正藏》第二五册，列一五〇九号。

是卷编号为伯二一四三，末记“大智第廿六品释论竟”[②]。题记甚长，略云：

> 大代普泰二年（532）岁次壬子三月乙丑朔二十五日己丑，弟子……元荣……造摩诃衍一百卷，卌卷为毗沙门天王，卅卷为帝释天王，卅卷为梵释天王。

莫高窟所出经卷，为东阳王元荣所造者极多，此即其一也。与此同年所写者，又有下列：

（一）《大智度论》卷七十（第四十七、四十八品），道人僧愿写，题记亦写“普泰二年（532）东阳王元荣造”[③]。

（二）北京图书馆敦煌写卷菜字五〇号《大智度论》，并有“普泰三年元荣”题记残文。元氏题记称此经论为“《摩诃衍》一部一百卷”，即《大智度论》之别名，其梵名应是 Mahā-prajñāpāramitāśāstra，意译犹言“大慧彼岸论”。北朝时亦称曰《摩诃衍经》，或《大智度经》。书道博物馆有永平三年（510）《大智度经》卷卅写卷。[④]

是卷无书写者名氏，书风与僧愿本之挺秀不同。而收笔墨饱意足，捺处

① 见僧祐：《出三藏记集》序卷第十。

② 《大正藏》本第二五册，443～448 页。《大正》本列第二十七品，编次略异。

③ 守屋孝藏氏藏，《古经图录》，197 页。

④ 二玄社《六朝写经集》二〇。

用力，承《吴志·孙权传》之轨辙，北朝书体，自是如此。

法华经义记第一卷　西魏大统二年（536）

《妙法莲华经》最早有建初七年（411）写本。[1]

此卷编号伯三三〇八，背面为《胜鬘义记》卷下及《温室义记》。卷末题识如下：

> 利都法师释之
>
> 《法华经义记》第一卷　比丘昙延许　丙辰岁　用纸卅□
>
> 大统二年（536）岁次丙辰六月庚仵（午）朔三日□（癸）酉写此《法华仪（义）记》一部……

盖西魏文帝时写卷。字作行书，迅笔挥写，若“之”作“ㄟ”，“有”作“ㄋ”，不经意处极见浑厚之致。波磔仍存《急就》意味，凉、魏写经，每有奇趣，可备一格。

按《大正藏》第八五册二七四八号收载《法华义记》卷第三，盖取自斯三七及斯二七三三两本，前者有“心丘惠业许”，及卷末“比丘法顺写记也”题记；后者在“持品”之末，又有“正始五年（528）五月十日释道周所集在中原广德寺写讫”识语，与此卷当同属一书，兼记书写者僧名，此则否耳。

此《义记》第一卷，《大正藏》古逸部未收，应予补录，故兹收其全文。

东都发愿文残卷　西魏大统三年（537）　令狐烋宝书

此残卷列伯二一八九，起“诸佛所能知见”句，讫于卷终。末有“大统三年（537）五月一日中京广平王大觉寺涅槃法师智严供养东都发愿文一卷”及“令狐烋宝书之”题识。

大统三年为西魏文帝年号。是时魏分为东西，东魏则为孝静帝天平四年，在南朝是梁武帝大同三年。是年五月，宇文泰尚未入洛。题记称“中京”，盖指洛阳。据《洛阳伽蓝记》所载，大觉寺是广平王元怀所舍宅，中书舍人温

① 二玄社《六朝写经集》二三。

子昇有碑记之。[1] 智严，王重民《伯希和劫经录》钞录作“智叡”，尚待定，其人当即大觉寺住持之一。

此卷所以题曰《东都发愿文》，因篇中梁武帝屡言发大誓愿。其中有云：“弟子萧衍生生世世，不失今日之心。”又云：“愿十方尽虚空界，一切圣僧，证明弟子萧衍今日大庄严大誓愿。”反复叮咛，申明皈依我佛之真诚。又称“皇考太祖文皇帝……亡兄长涉宣武王、亡第二兄永阳照王”，即指衍之父顺之，及其长兄懿、仲兄敷。[2]

是篇为梁武帝在南朝之誓文而传入敦煌者，可见当时南北往来必甚频繁，故文字互有传钞。书者令狐休宝，疑与敦煌人令狐整为一家眷属。令狐整为魏东阳王元荣主簿，事见《周书·令狐整传》。大统三年（537）间，敦煌仍为东阳王元荣所辖。此卷题记云“供养东都发愿文一卷，仰奉明王殿下在州施化”，殿下即指元荣甚明。

此卷字体稍变方整。随手写来，天骨开张。捺笔必沉厚，字密而间隔紧凑，锋势流动，看来轶出一般魏碑法度之外，倍觉有疏宕之致。

十地义疏卷第三　北周保定五年（565）

此卷列伯二一〇四号，为“离垢地”部分，末有“十地义疏卷第三”、“从校量离垢地讫”、“用纸卅五张，一校竟”及“保定五年岁次乙酉，比丘智辩为法界众生敬写《大乘十地义记》……”等字样。原文已收入《大正藏》第八五册二七九九号，《跋语》亦收入《敦煌秘籍留真》卷二。

保定为北周武帝年号，敦煌经卷写于保定者不止此卷，又有：保定元年辛巳《大般涅槃经》卷三十一，比丘道英敬写。[3] 又保定四年六月戊子朔二十五日壬子，道济敬写《大般涅槃经》卷第一。[4] 四年题记甚长，曩年在英伦，摩挲不忍去手，原物尚存轴一枝，黄楮，浓黑，墨色淋漓，笔势雄浑。元年卷笔势爽达，下开《丁道护碑》一路，横笔且已具虞、褚之挺秀。

上海博物馆有北周建德二年（573）大都督吐知勤明发心写《大般涅槃

---

① 残文载《艺文类聚》卷七七，《全后魏文》卷五一。

② 懿字元达，为齐东昏侯所害，天监元年（502）追封长沙郡王，谥“宣武”。敷字仲达，建武四年（497）薨，入梁追赠司空，封永阳郡王，谥曰“昭”，事迹俱见《梁书》卷二十三。

③ 二玄社《六朝写经集》三〇。

④ 斯一三一七。

经》卷第九。[①] 北周法书真迹，得上列数卷，如异军突起，可为书史添无限光彩，不让《贺屯植墓志》（保定四年）专美于前矣。

此《十地义疏》末有“此汉写经记之耳”及“庚辰年五月廿八日翟家写经记之耳也”题语，似是吐蕃占领敦煌后，当地人所随手添记者。

仁王般若经序

是件伯希和列三四七一号，只存《序》一纸。据圆测《仁王般若经疏》上卷记此经翻译时代，略云[②]：

> 一者广本，二者略本。梵本虽一，随译者异，乃成三本。一者晋时泰（原误秦）始元年（265），月支国三藏法师昙摩罗蜜，晋云法护，翻出一卷，名《仁王般若》。二者秦时弘始三年（401），鸠摩罗什，秦言童寿，于常安西门阁逍遥园别馆，翻出一本，名《仁王护国般若波罗蜜》。三者梁时承圣三年（554），西天竺优禅差国三藏法师波罗末陀，梁云真谛，于豫章宝田寺，翻出一卷，名《仁王般若经》。疏有六卷。虽有三本，晋本创初，恐不周悉，真谛一本，隐而不行；故今且依秦时一本。

于《仁王经》翻译经过，言之甚详。

敦煌本此《序》亦为陈时翻译，但与圆测所记又复不同。

月婆首那陈言高空，译此经时在兴业寺，于天嘉六年（565）九月十八日毕事。若真谛译本，据费长房《历代三宝记》卷十一著录，乃于承圣三年（554）在江西宝田寺译《仁王般若经》一卷[③]，则相差十一年。《陈书》卷十一《黄法𣰰传》：“［天嘉中］，改授都督江吴二州诸军事、镇南大将军、江州刺史。六年征为中卫大将军。”由上《高空传记》，知黄氏为檀越时，正与此序时代相合。

唐道宣继梁慧皎撰《续高僧传》，其译经篇，本传六人，附见二十七人。第五为《陈南海郡西天竺沙门拘那罗陀传》，下附高空、德贤、善吉三人，拘那罗陀，陈言亲依，或云波罗末陀，译云真谛，其人即西天竺优禅尼国人也。

---

① 《敦煌吐鲁番文物》展品三。

② 《大正藏》第三三册，361 页。

③ 参汤用彤：《汉魏两晋南北朝佛教史》北朝之佛学“真谛之年历”。

高空为优禅尼王子，故附著其事。其传曰：

时有中天竺优禅尼国王子月婆首那，陈言高空，游化东魏……至太清二年（548），忽遇于阗僧求那跋陀，陈言德贤，赍《胜天王般若》梵本，那因请乞愿弘通。嘉其雅操，豁然授与。属侯景作乱，未暇翻传。至陈天嘉乙丑之岁（565），始于江州兴业寺译之。沙门智昕笔受陈文。凡六十日，覆疏陶练，勘阅俱了。江州刺史黄法氍为檀越，僧正释惠恭等监掌，具经后序。那后不知所终。①

取与本《序》两篇互作比勘，即可看出道宣取材于此序文，彼因特为高空与德贤二人立传。

僧传史料来源年代绵邈，向来不可考索。此一短篇，原为江南僧史之谀闻，竟重出于西北莫高窟丛残之中，令人不胜惊喜，惜不具撰者名氏，然据《续传》，“具《［仁王］经后序》”一语，则应是后序也。

此敦煌钞本间有误置及夺字，列举如下：

求那跋陀夹注“陈言贤德”，按应作“德贤”。梵文求那跋陀上字为 guna，汉译为“德”。“优禅尼国王子月首那”，《续高僧传》作“王子月婆首那，陈言高空”，此夺一“婆”字，宜补。月婆首那义为高空，梵语还原有二说，一 ūpaśūnya，一 ūrdhvaśūnya，似以后者为恰当。优禅尼国，梵言为 Ūjjayini，《大正》本圆测记作“优禅差”，“差”是“尼”字形讹。

首那尝居邺，其所译经现存者有四种：

（一）《胜天王般若波罗蜜经》，《大正藏》二三一号。
（二）《大宝积经》之二十三《摩诃迦叶会》，《大正藏》三一〇号。
（三）《僧伽吒经》，《大正藏》四二三号。
（四）《大乘顶王经》，《大正藏》四七八号。

译者名皆题月婆首那。惜此《仁王经》译本已失传，虽止存一序，吉光片羽，亦足珍也。书写于陈世，必在天嘉以后。坚挺秀整，开唐人之先河，

---

① 《大正藏》第五〇册，430～431 页。

劲古而不媚俗，孰谓经生书为无足观耶？

生经第一　陈太建八年（576）　慧湛造

《生经》梵名Jāataka-nidāna，西晋号敦煌三藏竺法护（Dharmaraksa）所译，收入《大正藏》第三册本缘部一五四号。

此卷编号伯二九六五，丝栏，只存六十行，末题"《佛说生经》第一"一行及陈太建八年题记五行。遍查敦煌所出写卷，他处未见复出，这算是孤本。

此段文字《大正》本次在卷二《佛说舅甥经》第十二，写本只缺开端十几行而已。《开元释教录》卷二云："《生经》五卷，初出或四卷，太康六年（285）正月十九日出。有五十五经，见《聂道真录》及《僧祐录》。"今《生经》共五卷，起"《佛说那赖经》第一"，讫于"《佛说譬喻经》第五十五"，正是聂道真整理后之五十五经本。此陈写本《舅甥经》乃题曰"佛说生经第一"，当是晋初出之四卷本，更觉可贵。

陈写本视今本歧异处甚多，有待细校。其中第十四行"见酒宍共沽饮"句，《大正》本作"宗"，殊为不辞。《吴越春秋》五陈音对越王引《古弹歌》有"飞土逐宍"语。《广韵》一屋："肉俗作宍。"《卫公李靖碑》："悯兹视宍"，顾炎武《金石文字记》："宍即肉字"。字上半从"宂"。此卷"酒肉"作"酒宍"，与《吴越春秋》合，知汉晋时"肉"字俗写已如此。《大正》本之"宗"，乃"宍"之形讹，陈写本可正其误。《生经》两见"嗚噈"一词，《广韵》一屋："噈，歍噈，口相就也。"音子六切。嗚噈即歍噈。

《列子·汤问篇》所记周穆王欣赏之木造巧人，季羡林氏指出其故事即见于法护译之《生经》第三《佛说国王五人经》第二十四。[1] 足见《生经》晋初译出，即被人注意而加以采用。

此卷题："陈太建八年岁次丙申，白马寺禅房沙门慧湛敬造。"去译出时，相差三百年左右。结构疏朗，行笔纡徐，顿挫中仍见厚重朴拙。非唐代职业书手所可比拟也。

讨论是卷之文字，又有数家，若钱锺书[2]、左景权[3]，均有胜义，又黄征

---

① 《中印文化关系史论文集》所收之《列子与佛典》。

② 《一节历史掌故，一个宗教寓言，一篇小说》，载《文艺研究》，1984（4）。

③ 《敦煌古图书两种蠡测》，载《香港中文大学中国文化研究所学报》第10卷上册。

详校，谓白马寺非一处，此卷所记白马寺，盖在建业者。[①]

摩诃摩耶经卷上　陈至德四年（586）　彭普信造

《摩诃摩耶经》梵名Mahāmāyāsūtra，又名《佛升忉利天为母说法》，《大正藏》收在第十二册，三八三号，题萧齐沙门昙景译。写卷列伯二一六〇号，缺开首二十余行，起“［并诵如来所］说之偈”句，讫于上卷终，颇为完整。

南齐昙景名不多见，按《续高僧传》卷五《僧旻传》：

> 初住虎丘西山寺，为僧回弟子。年十六而回亡。丧礼毕，移住庄严［寺］，师仰昙景，景久居寺任，雅有风轨，大小和从，寺给僧足。

此即有关南齐昙景之记载。景时住庄严寺，实为僧旻之师。又伯二一九六《出家人受菩萨戒法序》云：

> 鸠摩罗什所出菩萨戒法，高昌昙景口所传授。菩萨戒法罗什是用《梵网经》。高昌云弥勒所集。亦《梵网经》长沙寺玄畅所撰。

由此知昙景乃高昌人，必谙胡言，故能译经。昙景又译有《佛说未曾有因缘经》，今收在《大正藏》第十七册，七五四号。《历代三宝纪》卷第十一著录：“沙门释昙景，［译］二部四卷经。”

此卷末题：“陈至德四年十二月十五日，菩萨戒弟子彭普信敬造摩诃摩耶经两卷。”书者为陈人，南朝经卷不多见，亦至可贵。书体沉着庄重，与陈太建八年所书《佛说生经》年代接近，书风亦同。

华严经卷第三十七　隋开皇十七年（597）　袁敬姿造

《华严经》为东晋义熙十四年（418）至刘宋永初二年（421）间，佛陀跋

---

① 黄征：《敦煌陈写本晋竺法护译佛说生经残卷伯二九六五校释》，见《敦煌语言文学论文集》，杭州，1998。

陀罗（Bhuddhabadra，汉言觉贤）所译。此卷编号为伯二一四四。末题“华严经卷第卅七”，又有题记云：“开皇十七年四月一日清信优婆夷袁敬姿谨摵辍身口之费，敬造此经一部。”袁敬姿所造《华严经》，尚有斯六六五〇为《华严经》卷第三十，斯一五二九为《华严经》卷第四十九，及东京书道博物馆藏《华严经》卷第卅三，皆是开皇十七年袁氏减辍身口之费所造供养之经，题记文字均相同。斯六六五〇题记作“谨减身口之费”，是“摵”即“减”也。[①] 隋人写经借“摵”为“减”。《广韵》上声五十三豏：“减，损也。”可据敦煌卷于“减”下增一“摵”字。

此卷正书，结构秀整，笔致矫健，仍带北朝风矩。大抵小楷真迹，必古而能婉，不似摹勒本之硬滑乏味。

大般涅槃经卷第三十三　隋大业四年（608）

《大般涅槃经》梵名 Mahāparinirvāna-Sūtra，北凉玄始十年（421）昙无谶所译。自从南北流通，传写颇多。北朝写者，有魏太和八年（484）写卷第十六及北周保定元年（561）写卷第三十一。[②]

南朝此经有梁时物，斯八一即《大般涅槃经》卷第十一，题记云：“天监五年（506）七月，谯良颙为其亡父于荆州竹林寺造经。比丘僧伦龚、弘亮二人为营。”曩于英伦曾睹原物，黄楮，薄似竹纸，书法甚精。其“荆”字作“荊”。甚可宝也。

此卷编号列伯二一一七，为《大般涅槃经》卷第三十三，隋时写本，文见《大正藏》第一二册三七四号 557～562 页。其题记云：

> 大业四年（608）四月十五日，敦煌郡大黄府旅帥（帅）王海奉为亡妣敬造《涅槃》、《法华》、《方广》各一部。

又伯二二〇五亦是《大般涅槃经》之卷八，末长文题记同此，并是大黄府王海所造者，当为同卷。

此卷字多用方笔，骨肉停匀，绝无甜媚，一望便知其非唐以后之书。

敦煌一地，张骏时立鸣沙郡。北周并敦煌、鸣沙等六县为一鸣沙县。《隋

---

① 《说文》有“摵”字，“摇也”，即“撼”本字。

② 俱见二玄社《六朝写经集》。

书·地理志》："敦煌郡统县三，开皇初郡废。大业置敦煌郡，改鸣沙为敦煌。"此卷记年为大业四年（608），适在置敦煌郡后为时不久。

大黄府者，《隋书·地理志》不载。张说之《都督郭君碑记》："［郭知运］曾祖钦，瓜州大黄府统军上柱国。"① 敦煌李克让《修莫高窟佛龛碑》："祖□，隋大黄府上大都督车骑将军"，又《唐陇西李府君修功德碑》："祖操，皇大黄府车骑将军。"隋时大黄府直属敦煌郡，可补《隋书·地理志》之缺。诸家《唐折冲府考》，皆有大黄府。唐沿隋旧，此写卷题识，正可证隋已有大黄府之称。

近见另一大业四年比丘慧体（休）造《大般涅槃经》卷第十七，匀捺重按，犹存隶意。② 大抵隋之法书，与唐人异趣，可于此处体会之。

慧休姓乐氏，瀛州人，从灵裕习《华严》于邺下，又于明彦法师处听《成实论》。贞观十九年（645）终，寿九十八。事详《续高僧传》卷十五。揣其年世，谅即此人，故附记于此。

胜鬘义记卷下　隋大业九年（613）昙皎写

《胜鬘师子吼一乘大方便方广经》梵名 Śrīmālā ［devī］ siṃhanāda-Sūtra，刘宋时求那跋陀罗（Guṇabhadra）译。③《历代三宝记》卷十云："于丹扬郡译，宝云传语，慧观笔受。"此南朝所译经，梁武帝曾敕僧旻于慧轮殿讲《胜鬘经》。④

此卷编号伯二〇九一，"《胜鬘义记》卷下"题下有一行云"释慧远撰之也"。末题："隋大业九年八月五日，沙门昙皎写之……校竟了。"按斯二六六〇亦是《胜鬘义记》一卷，题："［魏宣武帝］正始元年（504）二月十四日写讫……宝献共玄济上人校了。"⑤ 又伯三三〇八背为《胜鬘义记》卷下。斯五二四亦为《胜鬘经疏》，题记云："延昌四年（515）五月廿三日，于京师承明寺写《胜鬘疏》一部，高昌客道人得受所供养许。"末记"訛有，照法师疏。"按龙谷大学有吐峪沟出高昌国延昌二十七年《胜鬘经义记》卷中，此延昌四

---

① 《张说之文集》卷十七。

② 《书法丛刊》三，1928。

③ 收入《大正藏》第七册，第三五三号。

④ 《续高僧传》卷五，462页。

⑤ 此卷已收入《大正藏》第八五册二七六一号，253～261页。

年有高昌客记名之《胜鬘疏》，或即高昌国之物。

《义记》作者释慧远，吕澂谓是隋时人。[1] 然隋净影寺之慧远实生于五二三年，观此《义记》已有五〇四年写本，可见著者慧远必别为一人。

此卷小字秀整而浑厚入古，犹是隋时书风，大异唐以后卑弱之格。

佛地经　唐贞观二十二年（648）　郗玄爽写

《佛地经》梵名 Buddhabhūmi-Sūtra，《大正藏》在第一六册，列六八〇号，为玄奘法师所译。此卷编号伯三七〇九，末题：

> 贞观廿二年八月十九日，直司书手臣郗玄爽写。凡五千五百二言。装潢手臣辅文开。总持寺沙门辩机笔受。

据《两京城坊考》卷四，总持寺在长安城西南隅之永阳坊。辩机为总持寺道岳法嗣。[2] 陈垣著《大唐西域记撰人辩机》一文，详考其事迹，称辩机译业止于贞观二十二年五月十五日之《瑜伽师地论》。[3] 今观此卷《佛地经》题记，是年八月中旬，辩机笔受此经，时尚未被戮。

《开元释教录》卷八云："佛地经一卷，贞观十九年七月十五日，[玄奘] 译于弘福寺，沙门辩机笔受。"则译事实始于十九年秋。

同卷题记书参与译事诸僧，正字之玄应即著《一切经音义》者。证义之灵闰（润）俗姓梁，河东人，见《续高僧传》卷十五。灵范为慧休门人，亦见《续僧传》同卷。卷末记"银青光禄大夫行太子左庶子高阳县开国男臣许敬宗监阅"。《旧唐书》卷八十二《许敬宗传》云："贞观十七年，以修武德、贞观《实录》成，封高阳县男……高宗在春宫，迁太子右庶子……二十一年，加银青光禄大夫。"官衔与此卷题识正合。

又，卷中玄奘之"奘"作"奘"。

---

① 《新编汉文大藏经目录》，一五〇七号，124 页，济南，齐鲁书社，1980。

② 道岳见《续高僧传》卷十三。

③ 《大正藏》第三〇册，第一五七九号。

众经别录

此卷列伯三八四八号，存一〇九行，为《众经目录》之一种，书名已残。王重民《伯希和劫经录》云："当是刘宋时《众经别录》。"按费长房《历代三宝纪》卷十五："《众经别录》二卷，未详作者，似宋时述者。"又《开元释教录》卷十记《众经别录》上卷凡三录，计"《大乘经录》第一，三百七十部七百七十九卷；《三乘通教录》第二，五十一部九十七卷；《三乘中大乘录》第三，十七部三十八卷。"似与此书体例相符，且内有《三乘通教录》一类。然所列佛经中有《鸯掘魔罗经》四卷。僧祐云："此经二人异出，竺法护出《鸯掘魔经》一卷，求那跋陀罗出《鸯掘魔罗经》四卷。"[①] 此四卷本乃求那跋陀罗于宋文帝时在荆州译出，今此录收其书，必为宋以后之释氏书录。又《三乘通教录》中有《未曾有因缘经》二卷，据费氏《三宝纪》卷十一，此书乃齐沙门昙景译出，据是兹录成书，更晚在齐以后矣。王《录》实误将伯三七四七《众经别录》有关注录移置伯三八四八号下，此点已经多人指出[②]，然只是编辑上之混淆，本不必小题大作，因说者皆未见王氏为姚名达《中国目录学史》所撰《后记》也。[③]

此书每经名之下附有解题，颇具参考价值。又有朱笔批记"文"、"质"、"文质均"、"文多质少"、"文少质多"等字样，最具特色。书中"世谛"之世字作"廿"，已作缺笔，乃唐高宗以后写本。字体圆转流丽，自是唐人风范。

维摩诘经卷下

僧祐《出三藏记集》卷二云："《维摩诘经》，支谦出《维摩诘》二卷；竺

---

① 《出三藏记集》卷二，14 页。

② 参内藤龙雄：《敦煌出土众经别录残卷》，载《大崎学报》一二二号，1967，91～97 页；又《敦煌ぺりオ本三八四八殘缺經典目録について》，载《印度学佛教学研究》一七卷一号，1968，268～270 页，又《衆經別録の目録の研究》，载《大崎学报》一二四号，1969，94～122 页；潘重规：《敦煌写本众经别录之发现》，见《敦煌学》第四辑，1969，61～69 页；Jean-Pierre Drège，*Les bibliothèques en chine au temps des manuscrits*，Paris，1991，187～188 页。然伯三七四七及斯二八七二是否《众经别录》，尚有不同意见，详参谭世保：《汉唐佛史探真》，广州，中山大学出版社，1991。

③ 详参白化文：《敦煌写本众经别录残卷校释》，载《敦煌学辑刊》，14～25 页，1987（1）。

法护出《维摩诘经》二卷，又出《删维摩诘》一卷；竺叔兰出《维摩诘》二卷；鸠摩罗什出《新维摩诘经》三卷。”知是经旧译有二卷及三卷之殊。

是卷编号伯二〇八八，丝栏，字极秀整。卷首《佛国品》第一文残数行，接《方便品》第二，至《菩萨品》第四之后题“维摩诘经卷上”。又次为《问疾品》，至篇终《嘱累品》第十四之末题“维摩诘经卷下”。持校什公译本[①]，完全相符。故此卷应是什公译之三卷本。只最末多出“作礼而去”句，《大正》本无之。[②] 又中间缺去“《维摩诘经》卷中”一行。

《维摩诘经》已有后梁吕光麟嘉五年（393）王相高写本。[③]《魏书·世宗纪》：“永平二年（509）冬十月己丑，帝于式乾殿为诸僧朝臣讲《维摩诘经》。”故《维摩诘义记》，魏时写本甚多，今不具论。[④]

此卷“愍”字作“慜”，“民”字缺笔，知为唐高宗以后写本。行气虽如算子，而劲瘦可观，大异于楷书手之秀媚，仍是写经生本色。

阿毗昙毗婆沙卷第五十二　唐龙朔二年（662）　沈弘写

此卷列伯二〇五六号，为唐初宫廷写经为帝后求福祉者。经文为《阿毗昙毗婆沙》卷第五十二《智犍度他心智品》第二之四。[⑤]《阿毗昙八犍度论》梵名 Abhidharmāṣṭaskandha-Śastra，僧伽提婆（Gautama Samghadeva）所译，收在《大正藏》第二六册，一五四三号。卷末记：

> 龙朔二年七月十五日，右卫将军鄂国公尉迟宝琳与僧道爽及鄠县有缘知识等，敬于云际山寺，洁净写一切尊经……经生沈弘写，用纸九张。

东京书道博物馆藏有另一卷，题“《阿毗昙毗婆沙》卷第六十及序”。《序》云：

> 法胜比丘造《阿毗昙心》四卷，当且渠翻时，大卷一百。大武破且

---

① 《大正藏》第一四册，第四七五号。

② 《大正藏》四七四号支谦译本亦无。

③ 上海博物馆藏，所书则为吴支谦译本。

④ 参《大正藏》第八五册古逸部，二七六八—二七七五号。

⑤ 北凉浮陀跋摩、道泰等译，《大正藏》第二八册，第一五四六号，380～383 页。

渠之后，零落收拾得六十卷，后人分之作一百一十卷。[1]

亦是沈弘所书，尉迟宝琳识语相同。又刘幼云旧藏有《阿毗昙毗婆沙》卷第五十一，长一丈四尺。[2] 以上数卷应是同一卷而分散各地。

尉迟宝琳为尉迟敬德子。《旧唐书》卷六八《尉迟敬德传》："贞观十一年（637），敬德册拜宣州刺史，改封鄂国公……子宝琳嗣，官至卫尉卿。"同书卷八二《许敬宗传》："敬宗为子娶宝琳孙女为妻。"此宝琳事迹可考者。右卫将军者，《旧唐书·职官志》三："左右卫大将军各一人，将军各二人。左右卫将军之职，掌统领宫廷警卫之法，以督其属之对仗而总诸曹之职务。"

此卷字极端正，点画波撇，无珠圆玉转，初唐经生书之准则者也。

金刚般若经　唐上元三年（676）　程君度写

此卷编号列伯三二七八，末题：

上元三年九月十六［日］，书手程君度写。
装　潢　手　解　集
…………
详　阅　太　原　寺　大　德　神符
详　阅　太　原　寺　大　德　嘉尚
详　阅　太　原　寺　主　慧立
详　阅　太　原　寺　上　座　道成
判　官　司　农　寺　上　林　署　令　李德
使朝散大夫守尚舍奉御阎　（玄）□（道）

斯五一三亦为《金刚经》，与此同年所写，书者则为欧阳玄悊，装潢手解善集。此外，上元写经尚有二年三月二十二日写《金刚般若波罗蜜经》，东京书道博物馆藏，尾题"秘书省楷书贾敬本写"；二年十一月廿六日《妙法莲华经》卷第二，尾题"群书手成公敬写"；及三年九月十八日《妙法莲华经》卷

① 二玄社《隋唐写经集》一三。
② 据《敦煌遗书总目索引》，661页。

第七，尾题“群书手马元礼写”等[1]，详阅及有关人物多与此卷相同。

考慧立俗姓赵，天水人。先住豳州昭仁寺，后授太原寺主。著《大唐大慈恩寺三藏法师传》。[2] 阎玄道，疑是阎立德之子侄辈。据《旧唐书·阎立德传》，立德子名玄邃，从“玄”字排行，示同辈也。其官衔为守尚舍奉御，《旧唐书·职官志》三：“［殿中省］尚舍局，奉御二人，直长六人……奉御掌殿廷张设、汤沐、澄（灯）烛、洒扫之事。”

上元二年《金刚经》卷书者记名为“秘书省楷书贾敬本。”《旧唐书·职官志》二：“秘书省隶中书下，有楷书手八十人。”名额如是之多。此卷作楷书，写者程君度，其人必楷书手之一。

广百论疏卷第一　唐神龙三年（707）　崇晃写

《广百论疏》卷第一列伯二一〇一号，末署，“神龙三年三月僧崇晃写”，为初唐中宗时写本。全文已收入《大正藏》第八五册古逸部，列二八〇〇号，782～803 页。

此书撰者为西明寺僧文轨。西明寺乃高宗于显庆二年（657）为皇太子弘所建之寺。首任上座即《续高僧传》及《广弘明集》著者道宣，《法苑珠林》著者道世亦以英博同请入寺[3]，唐代名僧如圆测、良秀、乘恩辈，皆自此寺出身，文轨其俦也。

此书卷前有骈文序，上半残缺，以原钞校《大正藏》本所录，可订正句读及误字不少，摘举如下：

（一）爰有轨［师］，辨才乐妄訨。

按轨指文轨，原本及《大正》本下夺一“师”字。

（二）义窟□秘，嵩岩之穴未方。言河䡴泻，龙门之箭非喻。

按“秘”上一字不明，但非《大正》本所录“之”字。“言河”与“义窟”对文，《大正》本误“河”作“阿”。

（三）碧鸡振翼，青目愧其连环。白马飞翰，赤髭著其半棰。

按原卷“翰”下衍一“平”字，《大正》本未校正。

---

① 二玄社《隋唐写经集》一五、一六、一七。

② 《大正藏》第五〇册，二〇五四号。参《宋高僧传》卷十七《唐京兆魏国寺惠立传》。

③ 参《宋高僧传》卷十《道宣传》及卷四《道世传》。

（四）既耽玩而先觉，思启迪于后昆。

按《大正》本“启”误作“硌”，文义难通。

（五）法师昔上京讲肆，仆已资训淹中。今流沙播迁，走复从游濑下。

按《大正》本误“法师”为“位师”。“淹中”与“濑下”对文，皆地名。《汉书·艺文志》：“礼古经，出鲁淹中。”注：“苏林曰：淹中，里名。”此指鲁地。

（六）师则老氏嘉遁，喜葱岭之非遥。仆乃允姓穷途，怆瓜州之寔远。

按《大正》本误“允”为“无”，改作“无姓”，殊非。允姓指姜戎，见《左传》襄公十四年及昭公九年，所谓“允姓之奸，居于瓜州也”。

（七）托悟怀于一序耳。

按《大正》本误“悟”为“语”。

仅一残序半篇，应校理者已如是之多，《大正》本有赖原钞勘订，此特其一例耳。

由此《序》知文轨初讲学于上京西明寺，后播迁于西域。作《序》者云“走复从游濑下”。考《水经注》卷一：“泑泽，即经所谓蒲昌海也。水积鄯善之东北，龙城之西南。龙城，故姜赖之墟。”龙城在涸海东部之土丘，黄文弼谓姜戎西迁，故称“姜赖之墟”①。濑下或指龙城之“姜赖之墟”。

此卷真、行兼用，字体精熟闲整，行笔从容含蓄，似智永一路。与大谷大学之《佛说普门经》（有“弟子璀受持”题记）写卷书风略相近。盖唐初学虞世南者，无《孔子庙堂碑》之庄重，而有《汝南公主墓志》之流畅。卷尾有神龙年号，尤可矜贵。书者僧崇晃，王重民录作“僧际晃”，恐误。

诸经要集　唐开元二十三年（735）

《诸经要集》一书为唐西明寺释道世所集，共二十卷，已收入《大正藏》第五十四册事汇部，二一二三号。

是卷列伯二一六三号，首有题记，言“缺头十一卷”，实存卷十一业因部罪行缘第三，终卷二十杂要部杂行缘第十三。敦煌卷文字，楷法庄重，持校

① 参见《边疆研究论丛》，1944。

《大正》本，删省颇多，字句大有出入。兹仅录存鸣钟缘第九迄于卷末。

道世本姓韩氏，字玄恽，京兆人，著书一百五十三卷，事迹见《宋高僧传》卷四。

此卷末题：“金藏论。惟开元廿有三载（735），于幽州写记之。王庭与吕兰师兄勘校讫。”避“世”、“民”字讳。书风与颜体为近，信笔书来，饶有古意。写于幽州，可见盛唐时北方之书风。

因地论　唐开元二十五年（737）

此卷编号为伯三〇三〇，末题“开元廿五年五月，陈奉德于沙州豆卢军在营写《因地论》一卷记”。斯一五二三为《沙州刺史兼豆卢军使李光庭莫高窟灵岩佛窟之碑》。沙州刺史必兼豆卢军使职。《新唐书·地理志》：“沙州敦煌郡，本瓜州，县二。”原注云：“有豆卢军，神龙元年（705）置。”《唐会要》卷七八：“豆卢军，在沙州，神龙元年九月置军。”

然新疆阿斯塔那二二五号墓出土有武后圣历二年（699）七月四日文书，钤有“豆卢军□□□之印”；又大谷文书二八四〇号为长安二年（702）十二月豆卢军牒，内钤“豆卢军兵马使之印”，则武后圣历间，已置豆卢军兵马使矣。[①]

伯二六二五《敦煌名族志》“北府张”条内，提及圣历至长安间沙州兼任豆卢军子总管西州岸头府果毅张端。此志不用武周新字，度必书于神龙武后退位之后。《唐六典》卷五：“凡诸军镇，每五百人置押官一人，一千人置子总管，五千人置总管一人。”所谓子总管，乃掌一千人之职。

《元和郡县图志》卷四十凉州条载：

> 豆卢军，沙州城内……神龙初，置豆卢军以镇之。管兵四千五百人、马四百匹。

开元时写本伯二〇〇五《沙州图经》云：

---

① 陈国灿：《武周时期瓜沙地区的吐谷浑归朝事迹》，见《一九八三年全国敦煌学术讨论会文集·文史遗书编》上。

开元二年（714）九月，正议大夫使持节沙州诸军事行沙州刺史兼豆卢军使上柱国杜楚臣赴任。（张芝墨池条）

可见沙州豆卢军当日实属于凉州都督府所领。

此卷为开元二十五年写于豆卢军营中，颇足珍视。法京另卷伯三二七四号《御注孝经疏》，背面为分配士兵衣物帐，钤有“豆卢军印”之关防，约略为同时之物。代宗永泰元年（765）至大历元年（766）《河西巡抚使判集》（伯二九四二）上，尚数见豆卢军健儿有关文件。[①] 及建中以后，沙州陷吐蕃，始不见豆卢军之记录。

此《因地论》为陈齐德所写，细字密行，随手书来，自然笔遒气厚。足见盛唐笔法，与宋人之刷字抹字[②]大异其趣。

三阶佛法卷第三

此为唐时所定伪经之类。编号列伯二〇五九之《三阶佛法》，前半残缺，仅存卷三末尾部分，都四二二行。纸甚佳，浓墨精写，间有抹去而重写者。此卷矢吹庆辉著《三阶教之研究》Ⅱ，51～70页已加以著录。又斯二六八三（2），则为《三阶佛法》卷第二。

魏州信行禅师，初事明胤禅师[③]，在相州弘法，始创三阶教[④]。虽经隋、唐两代四次敕断，教义仍绵延不绝。开皇初，信行住高颍舍宅所造之真寂寺。[⑤] 开皇十四年（594）示寂，在俗弟子裴玄证撰《故大信行禅师铭塔碑》[⑥]，可据以考其行迹。三阶教僧徒死后，恒葬于信行塔侧，如汉俗之庐墓。世习知化度寺僧邕，亦信奉三阶教。[⑦] 然玄奘门下，若玄昉辈，亦与三阶教有

---

① 参看《敦煌吐鲁番文献研究论集》，233～235页安家瑶论文。

② 参神田喜一郎：《画禅室随笔讲义》，28页；中田勇次郎译：《海岳名言》，见《中国书论大系》第四卷，370～371、375页。

③ 参《续高僧传》卷十八《慧瓒传》。

④ 参塚本善隆：《信行の三階教團と無盡藏について》，载《宗教研究》三卷四号；《三阶教资料杂记》，载《支那佛教史学》一卷一号；《续三阶教资料杂记》，载《支那佛教史学》一卷二号。

⑤ 《续高僧传》卷十六《信行传》及《冥报记》卷上《信行传》，《大正藏》第五一册，二〇八二号。

⑥ 《续高僧传》卷十六《信行传》：“送尸终南山鵄鸣之埠，道俗号泣，声动京邑，舍身收骨，两耳通焉。树塔立碑，在于山足，有居士逸民河东裴玄证制文。”

⑦ 见《续高僧传》卷十九《僧邕传》。

关，法相名宿，亦多曾与三阶教人同校阅写经[①]，足见其教团在唐初影响之大。

《大唐内典录》卷五：

> 《三阶位别录集》四卷，真寂寺沙门释信行撰。行，魏人。其门徒悉行方等结净，投陀乞食，日止一飡。开皇二十年（600）敕断，不听行。[②]

武周证圣元年（695），敕定其书为伪经。明诠撰之《大周刊定众经目录》卷十五，著录《三阶杂法》二十二部二十九卷[③]。

中宗景龙四年（710）于化度寺设无遮大会。[④] 先是神龙二年（706）八月，太宗第八子越王贞撰《隋大善知识信行禅师兴教之碑》，薛稷正书，立于长安。此碑于三阶教义，阐发尤精，为传世三阶教宝笈，日本大谷大学藏有宋拓本，收入《宋拓墨宝二种》。[⑤]

敦煌写卷中有关三阶教资料不少。伯二四一二为《三阶佛法密记》卷上及《书目》一卷；斯二四二三为《佛说示所犯者法镜经》，景龙元年妙惠于崇福寺译，为三阶佛法之要籍；斯二五七四《礼佛忏悔文》即为信行禅师之昼夜六时发愿法，可考三阶教勤行仪式；又斯一三〇六亦为三阶佛法发愿法。三阶教详矢吹庆辉之巨著，有关信行之论文亦多，不复备列。[⑥]

此写卷字极庄重，不经意处，弥见法度。“颠”作“顛”，“槃”作“[illegible]”，“惱”作“[illegible]”，仍是北朝风趣；“愍”字缺笔，正避唐讳，似是初唐人书。

卷背有习书《千字文》七行及“天福伍年庚子岁正月一日”题记，字甚劣。

---

① 参汤用彤：《往日杂稿》，37页。

② 《大正藏》第五五册，二一四九号，277～278页。

③ 《大正藏》第五五册，二一五三号，472～475页。

④ 见《旧唐书》卷七《中宗本纪》景龙四年正月条及《佛祖统纪》卷四十（《大正藏》第四九册，第二〇三五号，372页下）。

⑤ 详中田勇次郎：《宋拓墨寶二種について》。

⑥ 此外，参看上引塚本善隆文，大屋德城：《三阶佛法附解题校勘》，野上俊静：《信行と僧邕——初期三階教教團の绍介》等。

御注金刚般若波罗蜜经宣演卷上、卷中、金刚般若经宣演卷下唐建中四年（783）义琳写

本册选录此书写卷凡三，伯二一七三为卷上，伯二一一三为同书卷中，伯二一三二为同书卷下。原书已收入《大正藏》第八五册，二七三三号。首行题“御注金刚般若波罗蜜经宣演卷上，敕随驾讲论沙门道氤集”。

道氤为唯识学巨匠，法相宗第三祖濮阳大师智周之同学，开元十八年（730），于花萼楼对御，与道士尹谦论定佛道二教优劣。二十三年，于青龙寺宣讲《御注金刚经疏》，世称青龙大师。二十八年以病示寂，享年七十三岁。事迹详《宋高僧传》卷五。段成式《酉阳杂俎》续集卷七《金刚经》鸠异条：“开成元年（835），于上都怀楚法师处，听《青龙疏》一遍。”《青龙疏》恐即道氤此书。

伯二一七三卷正书，每行约二十字，端谨沉着，法度森严，经生书之佼佼者。序称“大泉献”，即亥年之“大渊献”（735），避高祖讳。与伯二一一三非出同一人之手。

伯二一三二每行约三十字，字较为细小，停匀秀整，含蓄不露筋力，亦是佳书。卷末一行题“建中四年（783）正月廿日僧义琳写勘记”，又朱笔记云：“贞元十九年（803）听得一遍。又至癸未年（803）十二月一日，听第二遍讫。庚寅年（810）十月廿八日，听第三遍了。义琳听常大德法师说”首行之下又有“义林”二字，殆即义琳之简写。中唐写经卷之完整者，此卷可为代表。

唐玄宗注《孝经》、《道德经》、《金刚经》，张九龄有贺状称其“平分儒术，道已广其家，僧又不违其愿。三教并列，万姓知归。”宋时，庄绰言：“今《孝经》盛行，《道德经》亦有石刻，唯《金刚经》罕见于世。”[①] 道氤此书，尚存于敦煌写卷，盖叹今人眼福，过于宋人多矣。

《金刚般若经宣演》空海《御请来目录》已著录[②]，知此书早已传入日本。法京所藏卷子由下列诸号缀成，伯二一七三＋伯二三三〇为卷上，伯二〇八

① 《鸡肋编》卷中。

② 《大正藏》第五五册，二一六一号，1064 页，题“金刚般若经疏一部三卷”。

四十伯二一一三为卷中，伯二一三二为卷下[①]，仍非全帙。

玄宗御注《金刚经》，据《册府元龟》卷五一帝王部：“［开元］二十三年九月，亲注《金刚经》及修《义诀》。”张九龄《曲江集》有《贺御注金刚经状》并御批。道氤《宣演》序文言：“大唐开元中岁次大泉献，皇帝御天下之二十三载……仍怀妙觉，注诀斯经。直照精微，洞开秘密。”记玄宗注此经在开元二十三年。

四分律删繁补阙行事钞下卷之下　唐广德二年（764）　义琳写

此卷列伯二〇四一，题为“四分律删繁补阙行事钞下卷之下”，并题“京兆崇义寺沙门释道宣撰述”，收入《大正藏》第四〇册，第一八〇四号，129～156页。

此卷界以丝栏，密写，每行三十许字，杂以行书，体势扁阔，波撇生动，浑厚而有意致。末题“广德贰年七月四日，僧义琳于西州南平城城西裴家塔写讫故记”小字一行。义琳即建中四年书写道氤《金刚般若经宣演》卷下者。广德为代宗年号，其二年（764）在建中四年（783）之前十九年，比勘两卷笔迹，义琳题记诚出一手，自为同人所书。若经文则《四分律》为行书，与《宣演》书风又复不同，核以亲笔题记，似《宣演》未必出于义琳之手，大可研究。

受菩萨戒文

此列伯二一四七号，纸尾有“受菩萨戒文一卷”题记。土桥秀高氏撰《敦煌本にみられる種々の菩萨戒儀》一文，所收斯坦因本《菩萨戒文》资料略备。其第二之Ⅸ收录伯二〇二〇，为《大正藏》第四五册，三九六页上至三九七页下之《受菩萨戒法》及同册969页中之《慈悲水忏法》[②]，细审之即是此文，法京编号实作伯二一四七，土桥氏误矣。伯二〇二〇号正面为《受戒忏悔文》，背面为《粟特文》。

---

① 惟伯二三三〇收入《大正藏》第八五册，二七四一号，141～154页，题作“金刚般若经疏”，未确。

② 《西域文化研究》第六，127～137、149～150页。

《受菩萨戒文》收入唐慧沼《劝发菩提心集》卷下（《慈悲水忏法》除外），亦题《大唐三藏法师传西域正法藏受菩萨戒法》，据称为三藏法师玄奘传入中国者。慧沼本姓刘氏，名玄，彭城人，淄州大云寺僧。[①] 曾随窥基法师学因明，又予义净及菩提流志崇福寺《大宝积经》译场。著《法华玄赞义决》一卷。[②] 开元二年（714）示寂。事迹见《宋高僧传》卷四。

此卷纯为草书，笔圆气厚，跳掷多姿。杂写武后新字为草体，如𡆠（日）、𠥱（月）、𠀡（天）、𠦚（年）等，试举一句为例（图二）：即“是圣天之初基，涅槃之正路”。则天时期草书墨迹罕见，倍觉可贵。

瑜伽论手记

此卷编号列伯二〇三七，卷甚长，为《瑜伽论手记》卷三十一至三十四。文已收入《大正藏》第八五册，列二八〇二号，九三七—九四六页。《大正藏目录》题曰：“法成述，福慧记。”九三七页则据斯四六三题曰：“《瑜伽论》第三十一手记，谈述、福慧。”按“谈述”字误，应作“谈迅”。

斯四〇一一为《瑜伽论》第三十一手记，题名谈𧺆、福慧。“迅”字别从“走”，“走”与“辵”同。又同卷三十二、三十三、三十四皆有谈迅、福慧名。斯二六一三为《瑜伽论》第四十三至五十手记，亦有谈迅、福慧题名。又伯二〇三八为法成之《瑜伽师地论分门记》，记随听者谈迅、福慧。又伯二〇三九为是记之卷四四至五十[③]，有福慧、谈迅名及净土寺藏经印。从上可断“述”字乃“迅”之误。

法成事迹详见上山大峻著《大蕃國大德三藏法師沙門法成の研究》上下篇[④]，今不复赘。

此卷草书，信手写来，全不经营，而行笔放纵，沉着处略带章草意味，不作尖锋，犹存古意。

① 参《大正新修大藏经著译目录》，《法宝总目录》第一册，659 页。

② 《大正藏》第三四册，一七二四号所收。

③ 《大正藏》第八五册，二八〇一号，906～910 页所收。

④ （京都）《东方学报》三八—三九册，1967—1968；今收入同氏《敦煌佛教の研究》，京都，法藏馆，1990。

妙法莲华经玄赞卷第六

敦煌经卷中《法华玄赞》之写本不一。此伯二一七六卷极长，起近卷六篇首处之“［况能信解］修诸善法二［种心城尚不能入，况能取为己］有卅卅（涅槃）亦言是身如城”句，讫于卷第六之篇终“廾廾（菩萨）昔时初发心，位如我今日，彼［既］究竟得，故我亦然，名皆已得，理无异故”句，末题“妙法莲华经玄赞卷第六”一行（图三），开首所缺不多。全文见《大正藏》第三十四册，一七二三号，七五七—七七八页。

全文为草书，行笔浑灏流转，生动跳跃，为唐草上品。

《法华玄赞》为唐窥基法师所撰。窥基本姓尉迟氏，卒于永淳元年（682）十一月十三日，享年五十一。事迹见《宋高僧传》卷四义解篇第二之一。父尉迟敬宗，松州都督，伯父即尉迟敬德。门人慧沼著《法华玄赞义决》（参前文）。

东京书道博物馆藏有《法华玄赞》共二卷，一为卷第四，一为卷第七。卷七末署：“天十二载七月廿三日夜彦时记。”① 知书者名曰彦时。玄宗天宝三年（744）改“年”为“载”②，此“天”应是“天宝”，《昭和法宝目录》作“先天十二载”，恐误。

妙法莲华经明决要述卷第四

此为伯二一一八，卷尾题曰：“妙法莲华经明决要述卷第四”，背面即为《法华玄赞》卷第十。

此卷纯为草书，信笔写来，杂用破笔，锋出颇尖，而厚重朴茂，近高闲一路。唐代僧人擅草书者多矣，此类书风，则康里子山所宗者也。

净名经关中疏卷上　比丘归真写

《净名经》即《维摩诘经》。僧祐《出三藏记集》卷一《胡汉译经文字音

① 二玄社《隋唐写经集》二九、二八。

② 《资治通鉴》卷二一五《唐纪》三一。

义同异记》第四云：

天竺语称《维摩诘经》，旧译解云《无垢称》，关中译云《净名》。“净”即“无垢”，“名”即是“称”。此言殊而义均也。

按梵语 vi（无）mala（垢）kriti（称）翻为“净名”，辞较简洁。

《净名经关中疏》二卷，题“［唐］中京资圣寺道液集”。资圣寺在崇圣坊[①]。此疏敦煌写本甚多。

是卷编号为伯二二二二之 d 部分，末题：“净名经关中疏卷上，岁次庚辰年十月六日，比丘归真写并受持记。”《大正藏》收入第八五册，二七七七号。又伯二一九一为《净名经关中疏》卷下，文亦见同册。全卷作草书，笔圆体厚，略带章草意，顿挫欹侧，行密而意疏，自玄宗以后，用笔趋于肥扁，亦风气使然也。

斯六八一〇及斯六五〇三皆为《净名经关中疏》卷上。后者有题记略云：“时番中岁次乙酉，于报恩寺写讫，比丘神应记。”时敦煌已在吐蕃统治之下。又斯三四七五亦是此书卷上，题记称：“巨唐大历七年（772）三月二十八日，沙门体清于虢州开元寺为僧尼道俗敷演此经，写此疏，以传来学。”“又至辰年九月十六日，弟子索游岩于大蕃管沙州，为普光寺比丘尼普意，转写此卷讫。”为秀整正书，前后字体一致，盖陷蕃后书。辰年疑即贞元四年之戊辰（788）。

此书唐时传入日本已甚多，备见圆仁《日本国承和五年入唐求法目录》[②]、圆珍《智证大师请来目录》[③]。

因明入正理论后疏

敦煌写卷中有关《因明》者甚少，以英法所藏而论，只有斯四九五六为玄奘译商羯罗主著之《因明入正理论》、斯二四三七文轨《因明入正理论疏》及伯二〇六三之《因明入正理论略钞》与《因明入正理论后疏》（尾题《因明入正理论后疏要》）等数卷而已。《后疏》标题下署“慈恩寺沙门净眼续撰”。

---

① 段成式：《寺塔记》，《大正藏》第五一册，第二〇九三号，1024 页上段。

② 《大正藏》第五五册，二一六五号。

③ 《大正藏》第五五册，二一七三号。

考《大正新修大藏经勘同目录》，玄奘译《因明正理门论本》下，列有《净眼疏》三卷。又玄奘译《因明入正理论》下，有《净眼别义钞》一卷。[①] 日僧凤潭纂《扶桑藏外现存目录》内，有净眼《因明疏》一卷。[②] 然《高丽》本与《大正》本《大藏经》皆未收净眼著作，据《佛书解说大辞典》卷一，《净眼疏》及《别义钞》亦作缺本。故此伯二〇六三号为今仅存孤本，极为珍贵。

此《后疏》部分，起于《因明入正理论》之“如是等似、宗、因、喻言，非正能立”句，止于最末“论曰：已宣少句义，为始立方隅，其间理非理，妙辩于余处”，盖讫终篇。知净眼此《疏》，及取奘师所译本逐句解说。故《勘同目录》于《因明正理门论本》下列净眼此《疏》实误。

今《后疏》所余者，止是《因明入正理论》全书五分之一而已，由“续撰”二字，推知应有《前疏》，则以称三卷本者为是。

净眼此《疏》屡见他书征引。如日本兴福寺藏俊于仁平元年（1151）编《因明大疏钞》卷十引《净眼疏》云：

> 问：第二、第八是正因收。且如不成因，亦于同有异无，应是正因耶。
>
> 答：因遍宗法，方论九句。既不成因，何用同有异无之相，故非第二、第八所收。
>
> 问：相违决定，及法差别相违因等，亦是第二、第八所收，应是正因耶。
>
> 答：正因必是第二、第八所收。不得（说）第二、第八皆正因。摄约此义，说亦不相违。

此段文字已全见于伯二〇六三卷中，在《略钞》部分（图四）。按陈那之说“九句因”中，惟第二句“同在同品中有，在异品中无”及第八句“因在同品中俱［有与无］，在异品中无”两句是为“正因”。净眼所谓“因遍宗法”，即指“因三相”中之“遍是宗法”（pakṣaaharmata）。

藏俊《大疏钞》卷四十一末列因明诸著作，无净眼之《疏》，盖据《因明论疏明灯钞》转引者。[③]

---

① 《法宝总目录》第一册，437～438 页。

② 同上《目录》第二册，565 页。

③ 《大正藏》第六八册，第二二七一号，487 页。

《因明论疏明灯钞》六卷，日本秋筱寺僧正善珠集，内亦屡引《净眼疏》，举一为例：

陈那所道四十余部者，眼法师云：西方内道外道［总有］一百余部，皆申立破之义。总号因明。[1]

“眼法师”云云，已见此卷《略钞》之“第二释论题目”下（图五）。此条，《因明大疏钞》卷一（第四四〇页）及定宾《理门论疏》均引之。

善珠此书撰于天应元年（781），乃在唐世即建中二年，与净眼年代极相近，彼盖亲见净眼所著书者。

慈恩大师窥基《因明入正理论疏》卷上第四释本文中云：“陈那以后，略有三释。”[2]《明灯钞》卷一云：

此三释者，是谁所传？第一释者，净眼师之所传也；第二释者，文轨师之所传也；第三释者，大乘基所传也。前二传者，各见彼疏，第三传者，即此文耳。[3]

足见净眼因明说之受重视，可与文轨、窥基相伯仲。时文轨主大庄严寺，著《因明入正理论疏》三卷。《大疏钞》卷三十四（七一三页）云：

贞松房云：虽文轨与慈恩（窥基）同时人，而所以云古人者，盖以文轨疏先出，慈恩疏后述。然以先出名为古人也。

据是知文轨《疏》盖在窥基之前者。

《大正》本《因明入正理论》卷末有《后序》一篇，云：“贞观二十一年（647）秋八月六日，［玄奘］于弘福寺译讫。”附记时与其事之僧众名，后来对因明有所论疏者有下列诸人：

大总持寺玄应著《疏》三卷。弘福寺文备著《疏》三卷、《注释》一

① 《大正藏》第六八册，第二二七〇号，214页卷第一本。
② 《大正藏》第四四册，第一八四〇号，94页。
③ 《大正藏》第六八册，226页。此条《大疏钞》卷二亦引之，同上书447页。

卷、《钞》一卷。[①] 蒲州栖岩寺神泰著《述记》一卷[②]、《疏》二卷[③]。

永徽六年（655）五月，玄奘又译陈那《理门论》。译经僧栖玄以其书示吕才[④]，才因撰《因明注解立破义图序》，与之辩难。后在慈恩寺与玄奘对定，吕氏词屈。此为中国逻辑学史上一重要事件。后彦悰特将吕才此《序》收入《大唐大慈恩寺三藏法师传》卷八，又称"译寮僧伍，竞造文疏"[⑤]，其时参与讨论者甚众，可见太宗、高宗时，因明成为热门之学，极一时之盛。今观净眼《略钞》屡言"疏解"及"诸师释云"等语，知于各家之书尝斟琢损益。

净眼事迹不详。《大疏钞》卷十（487 页）注云："玄应、净眼，其心同也。"由此推测，净眼恐为玄应晚辈。

此卷字极草，运笔圆熟。字不连绵，而意趣一贯。字体宽壮沉厚，可见唐人草法。

大乘起信论略述卷上并序

此卷列伯二一四一号，题"建康沙门昙旷撰"，正文前有澄漪序。伯二〇六二亦为昙旷《大乘起信论略述》卷上，书法行草间用。

昙旷原籍建康，其事迹详见上山大峻著《曇曠と敦煌の佛教學》[⑥]。按此处之建康乃指建康军。《新唐书·地理志》："甘州张掖郡，西北百九十里祁连山北有建康军，证圣元年（695）王孝杰置军。"

斯二四三六号亦为昙旷此书卷上，草书甚佳，末记"宝应贰载（763）玖月初，于沙州龙兴寺写讫。"然无澄漪序。今原文已收入《大正藏》第八五册，第二八一三号，1089～1103 页。

昙旷《大乘百法明门论开宗义决序》称：

初在本乡，切《唯识》、《俱舍》。后游京镐，专《起信》、《金刚》。及

① 俱见《勘同目录》，437 页。

② 《大正藏》第四四册，第一八三号。

③ 《法宝总目录》第一册，437、438 页。

④ 栖玄普光寺沙门，见《宋高僧传》卷四《靖迈传》。

⑤ 《大正藏》第五〇册，262 页。

⑥ 载《东方学报》，京都，三五册，1964；现收入同氏《敦煌佛教の研究》，京都，1990。

旋归河右，方事弘扬……始在朔方，撰《金刚旨赞》，次于凉城，造《起信广释》。后于甘州，撰《起信销文》。后于敦煌，撰《入道次第开决》，撰《百法论开宗义记》……其时巨唐大历九年（774）岁次寅三月二十三日。[①]

据此知《大乘起信论略述》撰于甘州。

作《序》之澄漪，当是五台山僧人。英伦斯三九七记五台各寺主讲大师名号，有弥勒院澄漪，文殊院继伦。弥勒院之澄漪应即《大乘起信论略述》题序之澄漪。继伦本姓曹氏，晋阳人，主持并州崇福寺佛山院。宋开宝二年（969）卒，享年五十一。[②]

此卷为草书，笔画肥厚，稍用侧锋，舒展中见遒劲，落纸飞动，浏漓顿挫，极有风致。

图一　伯二〇七八《佛说观三昧海经》卷第四

图二　伯二一四七受菩萨戒文

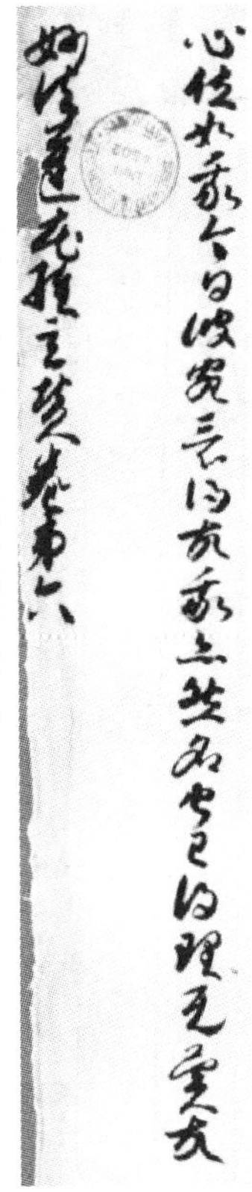

图三　伯二一七六妙法莲华经玄赞

① 《大正藏》第八五册，第二八一二号，10684页录文有缺，此据上山大峻《敦煌佛教の研究》，20页。

② 《宋高僧传》卷七，751页。

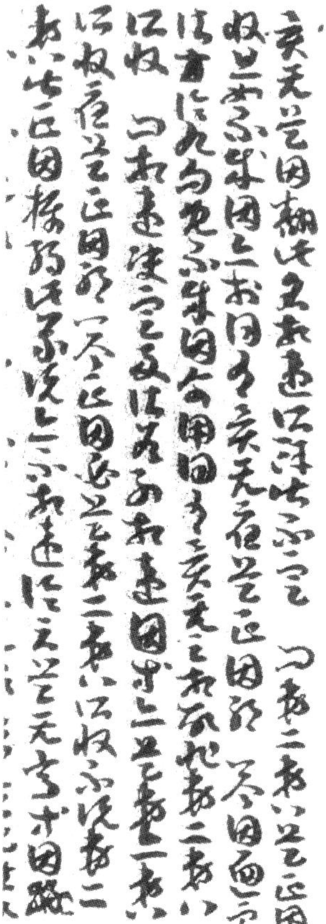

图四　伯二〇六三

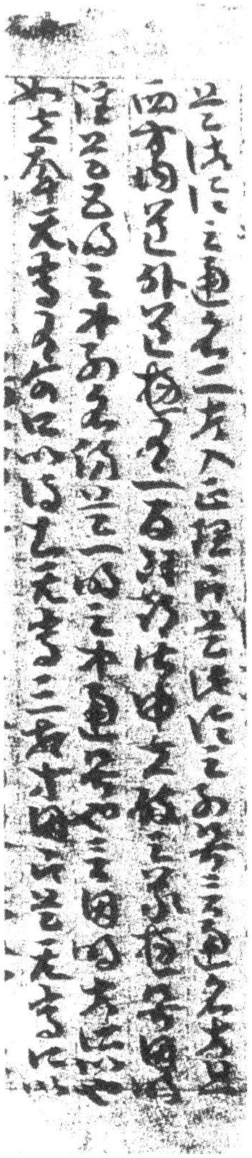

图五　伯二〇六三

道　书

老子道经卷上　唐开元二十三年（735）　玄宗御注

伯三七二五为唐玄宗御注《道德经》卷上，曾收入《沙州诸子廿六种》及《无求备斋老子集成初编》第一五六册，现有大渊忍尔《敦煌道经图录编》影本。全文有今枝二郎校录本①，间有误字，如“是以蘧庐不可以久处”句，误植“蘧庐”为“遽蘧”。“蘧庐”见《庄子·天运篇》，郭象注“传舍也”。今《正统道藏》第一九册，洞神部玉诀类男字号收《唐玄宗御注道德真经》，分为四卷。然《新唐书·艺文志》著录“玄宗注道德经二卷”，与此敦煌残卷作道、德，上、下正合。②

《新唐书·后妃传》：“武后于上元元年（674）进号天后，建言王公以降，皆习《老子》。”其孙玄宗亦提倡道教。《册府元龟》卷五十三：“开元二十一

① 《讲座敦煌》第四卷《敦煌と中國道教》，71～72页。

② 又杜光庭《道德真经广圣意》序云：“玄宗皇帝注道德上下二卷”，见《正统道藏》第二四册羔字号；《玄宗御制道德真经疏》释题云“经分上下”，同上书第一九册效字号。

年（733）正月①，制曰：《老子道德经》，士庶宜家藏一本。”又云：“二十三年（735）癸未，亲注《老子》，并修《疏义》八卷。”《集贤注记》云：“左常侍崔沔入［集贤］院修撰，道士王虚正、赵仙甫并诸学士参议，修《老子疏》。”按《崔孝公墓志铭》称沔“入为左散骑常侍，兼判国子祭酒”，“注《老子道德经》”②。崔沔参与玄宗御注《老子》，即在是时，两《唐书》本传不载。至于《唐玄宗御制道德真经疏》，今在《正统道藏》第一九册洞神部玉诀类效字号上下。敦煌写卷残存三点，列伯二八二三、伯三五九二、斯四三六五号。

此写本残存《老子》第三十章“［常无］欲，可名于小”至第三十七章《御注》“泊然清净而天下自正矣”，末记：

老子道经卷上

国子监学生杨献子初校

国子监大成王仙周再校

开元廿三年五月 日令史陈琛

宣德郎行主客事专检校书写杨光乔

朝议郎行礼部员外郎上柱国高都郡开国公杨仲昌

正议大夫行礼部侍郎上柱国夏县开国男姚弈

金紫光禄大夫礼部尚书同中书门下三品上柱国成纪县开国男［李］林甫。

署“开元廿三年五月”，可定玄宗此注成书年代。

《旧唐书·职官志》：“专知御书典四人，并开元五年置。”《新唐书·百官志》：“专知御书检讨八人。”题记中“专检校写书杨光乔”，即负责御书检校者。又卷末由杨仲昌、姚弈、李林甫三人押署衔。仲昌，虢州阌乡人，元琰子，事迹见《新唐书》卷一二〇。姚弈，陕州硖石人，即名宰相姚崇末子，

① 此“二十一年”据嘉靖九年钞本（京都大学人文科学研究所藏）。按崇祯十五年豫章黄国琦刊本作“二十年正月”，此“正月”条之前列“二十年四月己酉”，年代顺序排列混乱。故此“二十年正月”当作“二十一年正月”。又《混元圣纪》卷八亦作“开元二十一年”，与钞本同。

② 此志详见 Robert des Rotours，“Les inscriptions funéraires de Ts，ouei Mien”，*BEFEO*，XCIX，Paris，1975，47～48 页。兼判者，即高官兼卑官之职。此卷题记有“国子监学生杨献子初校”，崔沔开元二十三年正兼国子祭酒。又集贤院，详参郑伟章：《唐集贤院考》，载《文史》第十九辑，65～85 页。

事迹详《新唐书》卷一二四、《旧唐书》卷九六《姚崇传》。

唐时御书需有宰相联名押署，其制度始于贞观。开元因之，出自褚无量之建议。《新唐书·艺文志》序云："［褚］无量建议，御书以宰相宋璟、苏颋同署，如贞观故事。"亦见同书《无量传》："请与宰相联名跋尾。"是卷由宰相同中书门下李林甫押尾署名，保存开元时精钞及经过检校与宰相押署诸隆重手续之真面目，故极可贵。天宝十四年（755）冬十月，颁《御注老子》及《义疏》于天下，此犹在其前。

明皇注《道德真经》屡次泐于道观之经幢，今存者仅有河北易县及邢台县两经幢。前者建于开元二十六年（738）十月，后者建于开元二十七年四月，俱在此写卷之后。南宋张孝祥《与朱编修书》云："至城西，于土中得一碑趺，盖明皇所注《道德经》幢也。舁置府中，令装褫一本去。钦夫（张栻?）极爱之。"[1] 此当指荆州城。可见当日玄宗御注《老子》传播之广。

此卷丝栏，结体峻整，御注小字尤秀劲，不逸规矩，诚可宝玩。

道德经序诀

此卷列伯二五九六号，为葛玄无注本五千文《道德经》。敦煌石室出此类所谓五千文本有《序诀》者共有九点之多[2]，其较完整者为伯二四一七系师定本《道德经》，题记：

> 道经卅七章二千一百八十四字
> 德经卌四章二千八百一十五字
> 五千文上下二卷合八十一章四千九百九十九字
> 太极左仙公序系师定河上真人章句（图一）

是卷缺首段开端部分，惟从其记河上公事及太极左仙公葛玄文与《太极隐诀》等，知即《序诀》。《旧唐书·经籍志》有葛洪撰《老子道德经序诀》二卷，说者谓即此《序诀》。英伦斯一三五一为《太极左仙公请问经》，亦是与葛玄有关之资料。

---

① 《于湖居士文集》，401页，上海，上海古籍出版社，1980。

② 参《葛本（五千字本）老子残简一览》，见《讲座敦煌》第四卷《敦煌と中國道教》，10～11页。

自一九五六年拙著《老子想尔注校笺》问世，确证《想尔注》成于系师张鲁之手而托始于张道陵，《想尔》为五千文本，与系师本为同一系统。对于所谓系师定本始有充分之了解。刘大彬《茅山志》卷九引《道山册》记：

按《登真隐诀》，陶隐居云：《老子道德经》有玄师杨真人（即杨羲）手书张镇南古本。镇南即汉天师第三代系师鲁，魏武（曹操）表为镇南将军者也。其所谓五千文者，有五千字也。数系师内经有四千九百九十九字，由来阙一，是作“三十辐”应作“卅辐”，盖从省易文耳，非正体矣。宗门真迹不存，今传五千文为正本，上下二篇不分章。[1]

此说认为四千九百九十九字所少一字者，由于改“三十”为“卅”之故，向无间言。然近年马王堆出帛书《老子》，乙本正作“卅楅，同一毂”；甲本有缺文，而“卅”字残存。是作“卅辐”乃沿汉初以来之本，非出于系师张鲁之取巧。上举陶隐居说，不见于今《正统道藏》第十一册，洞玄部玉诀类逊字号之《登真隐诀》，并不尽确。

所谓五千文本，即删去语助以成此数，出于系师所定。其本子间有不同于通行本，如唐初流行之傅奕本《道德经古本篇》者。成玄英《老子开题》第四“文数”条（图二），尝指出葛本“喘”、“娱”二字为“企”、“愚”传写之误。[2] 今是卷《道经》上只残存十章，其与傅奕本及通行本有重要差异，而反有同于马王堆本者：

	伯　本	马王堆本	傅奕本	
第二章	万物作而不为始、为而不恃。（19页）	万物昔（作）而弗始、为而弗侍也。（乙本）	万物作而不为始、生而不有、为而不恃。	
第三章	使知者不敢不为、则无不治。	使夫知不敢弗为而已，则无不治矣。（乙本）	使夫知者不敢为。为无为，则无不治。	《想尔注》本同伯本。

① 《正统道藏》第九册，洞真部纪传类龙字号。

② 按伯二三五三云：“今所讲诵，多依葛本，其葛本字体亦有讹滥，事由钞写差错。……至若以愚为娱，以企为喘，如斯之文，愚所未喻。”（参看图二）又河上公本第二十四章“企者不立”之“企”作“喘”，第六十五章“将以愚之”之“愚”作“娱”。此与成玄英指葛本之误正同。

续前表

	伯　本	马王堆本	傅奕本	
第五章	多闻数穷（20页）	多闻数穷（甲、乙两本）	多言数穷	《想尔注》本同伯本。

由兹三例，可见系师本之不同于通行本，亦有其来历，非出于臆改、讹误。马王堆本未出土以前，但知系师五千文本为天师道累代相承之古本，今勘诸汉初帛书本，竟有若干同符之处，可觅得其远源，故为拈出论之。

此卷正书，字画妍媚均整，近钟绍京书，可由见道家写经书风。

老子德经下　唐景龙三年（709）　受戒盟文、十戒经

此亦五千文本，存《德经》下后半若干章，末附《传授盟文》与《十戒经》。石室所出写本有年号者共五件，见下表。

敦煌文书编号	年　记	受戒者	证盟师
P·二三四七	景龙三年（709）	唐真戒	北岳先生　阎履明
P·二三五〇	甲寅（开元二年，714）	李无上	中岳先生　张［仁邃］①
S·六四五三	天宝十载（751）	张之誓	中岳先生　马游岦
P·二四一七	天宝十载（751）	索栖岳	中岳先生　马游岦
P·二七三五	至德二载（757）	吴紫阳	中岳先生　张仙翼

本册所收伯二三四七有中宗景龙三年沙州敦煌县洪闰乡长沙里女官唐真戒《受戒盟文》，为上列各写本中最早之卷子，其《盟文》已见楠山春树氏之日译②。

按《无上秘要》卷三十七《授道德五千文仪品》，详载师徒长跪读《盟文》③，可考隋唐时授五千文之仪法。《传授经戒仪注诀》第十《诣师投辞法》有程式文如下：

> 窃闻《道德》五千文，渊奥遐邈，仰希禀受，以遂至心。谨依法斎信，清斋奉辞。伏请法师赐垂成就。谨辞诣太上高玄大法师（某）先生门下。④

① 人名据贞松堂本补。

② 《讲座敦煌》第四卷《敦煌と中國道教》，16页。

③ 《正统道藏》第四二册，太平部子字号。

④ 《正统道藏》第五四册，正乙部楹字号。

同书有《请师保法》："其一人为正师，一人为监度师，一人为证盟师。"正师即颁授五千文之师保。可与此写本参照。

张万福《传授三洞经戒法箓略说》戒目列《想尔二十七戒》[1]，是本用《十戒经》，已大有更张，此为敦煌边陲道教徒受戒之习惯。

《旧唐书·经籍志》序："其外有释氏经律论藏，道家经戒符箓，凡二千五百余部，九千五百余卷。……又勒成目录十卷，名曰《开元内外经录》。"按今有《开元释教录》行于世[2]，而道录独缺。此类经戒写卷谅不在甄录之列。景龙此本，年代最早，尤有可观，故表出之，以存道教徒师证盟之制。

此卷为正书，楷法精致严密，行笔曲折多姿。些些磨练之迹，体势自然奇劲。

庄子节本　郭象注

伯二四九五号为《列子》与《庄子》节钞写本残卷，起《列子·说符篇》"［宋有兰子者，以技干宋元……］跃七剑，五剑常在空中"句，讫于篇末，共二十九行；又自《庄子·内篇》第一《逍遥游》至《外篇》第十五《刻意》，残存二二二行。本册选收后者，先已收入小岛祐马《沙州诸子廿六种》与寺冈龙含《敦煌本郭象注南华真经辑影》。

此节本"民"字缺笔，自是唐钞。开端题："庄子三祑合卅三卷郭子玄注"，次行题"庄子内篇第一逍遥游"，下书曰"七卷"，节录《内篇》第一《逍遥游》至第七《应帝王》，脱第五《德充符》。下接"庄子外篇八郭注"，中加注云"骈拇含前为八"，讫"庄子外篇第十五刻意"，亦节录，中间《外篇》第十三"天地"应作"天道"。

今本《庄子》内、外、杂篇之分，乃定于郭象。陆德明《经典释文》序录所记崔譔、向秀、司马彪、李颐、孟氏各本，卷数皆不同。惟称"郭象注三十三卷三十三篇。内篇七，外篇十五，杂篇十一"。今此节本前记"合卅三卷"，"内篇……七卷"，"外篇八……含前为八"，符合陆氏所记，知所据钞者正是郭象注本。隋吉藏《百论疏》卷上之上："《庄子》外篇，庖丁十二年不

① 《正统道藏》第五四册，正乙部肆字号。

② 《大正藏》第五五册，二一五四号所收。

见全牛。”[①] 则“庖丁”事属之《外篇》，惟此唐本确在《内篇·养生主》中，疑吉藏或误记，抑真有别本，则不可知。

《庄子》旧本现所知者以《经典释文》所引之元嘉本为最早[②]，日本高山寺藏旧写本有不少与之相同之处[③]。元嘉本佚文多在《外篇》后半及《杂篇》，惜此节本《刻意篇》以下皆缺，未由勘校。

此卷凡所节钞《庄子》本文作大字，双行小注之中亦多为《庄子》某篇之本文，只是“注曰”以下即指取自郭象之注。似钞时随意摘录，无定例可犹。

陈景元《南华真经章句音义》序云：“北宋东京中太一宫宝文统箓内，有《庄子》数本，张君房校。”宋人所见《庄子》唐钞，必甚多。

古人喜钞书。沈驎士“手以反故钞写，火下细书，复成二三千卷，满数十箧”[④]。袁峻“家贫无书，每从人假借，必皆钞写，自课日五十纸，纸数不登，则不休息”[⑤]。脍炙人口。故顾亭林有“著书不如钞书”[⑥] 之论。《太平御览》卷六一九学部“写书”项目，举例不多。是钞多摘列警策句子，殆出文士之手，至可玩味。

是钞《列子》在《庄子》之前。《唐会要》卷五十云：

> 天宝元年（742）正月，宰臣奏：《羽灵真经》（《庚桑子》）人间少本……并《通元》（《文子》）、《冲虚》（《列子》）二经，亦恐文字不定……其《洞灵》等三经望付所司各写千卷较定讫，付诸道采访使颁行。[⑦]

敦煌写本《列子》有斯七七七号《杨朱篇》，《文子》则存《道德》第五

① 《大正藏》第四二册，一八二七号，235页。

② 如《宋本庄子音义·至乐篇》“若果”条有“元嘉本作汝过”（天理大学影印本，256页），《则阳篇》“犀首”条有“元嘉本作齿首”（330页）。又“元嘉”指南朝刘宋文帝年号（424—453）。

③ 王叔岷：《跋日本高山寺旧钞本庄子残卷》，载《史语所集刊》第二二本，1950。

④ 《南齐书》卷五十四《高逸传》。

⑤ 《梁书》卷四九《袁峻传》。

⑥ 《亭林文集》卷二《钞书自序》。

⑦ 又同书云：“天宝元年二月二十二日敕文：追赠庄子南华真人，所著书为《南华真经》……至其年三月十九日，宰臣李林甫等奏曰：……文子请号通元真人，列子号冲虚真人，庚桑子号洞灵真人。”《旧唐书·玄宗本纪》：“天宝元年，庄子号为南华真人，文子号为通玄真人，列子号为冲虚真人，庚桑子号为洞灵真人。其四子所著书改为真经。”

（伯三七六八）、《下德篇》（斯二五〇六）、《下德篇》（伯二三八〇、伯二八一〇A、伯二八一〇B、伯四〇七三）三本六件残卷。伯三七六八末有“天宝十载（751）七月十七日，道学博士所肃林记之，校定”题记一行，伯二三八〇题记云：“大唐开元廿七年（739）二月一日，开元圣文神武皇帝，上为宗庙，下为苍生，内出钱七千贯敬写。”[①]

伯二四九五《庄子》不称《南华真经》，不分品。《列子》想亦同然，不称《冲虚真经》。非出道观校定本，更有特色。

书法全无修饰，用笔纤瘦，结字疏通。有薛稷之清秀，雄劲恣意，诚佳品也。

又此《庄子》节本“人间世”之“世”误作“也”，“浑沌”误作“泽沌”，异体则有“涯”作“厓”[②]，“騞”作“𩤛”[③]。而“瘳”作“廇”，“蔽”作“蔽”，则不稀见。

南华真经刻意品　徐无鬼品　郭象注

伯二五〇八，丝栏，每行约十七字，写《南华真经》郭象注《刻意品》全文A及徐无鬼品B（缺去前半）。卷中“渊”字、“世”字皆缺笔，惟“治”字不避，罗振玉以为是唐太宗朝写本[④]。罗氏已印入《鸣沙石室古籍丛残》第四册，其异文亦经罗氏初校，载入其《群经点勘》中，并指出：“今本《庄子》每篇皆首尾衔接，中间不分章。此本则《刻意篇》为一章，他二篇[⑤]则篇各数章，章皆跳行以别之，足正后来连写之失。此古写本之尤足贵者也。”[⑥]又寺冈龙含亦将此卷影入《敦煌本郭象注南华真经辑影》。

天理大学刊印宋本《庄子音义》，持与此本略校，《音义》：“鲔鱼，本亦作钓”，“吹响，字亦作煦”。此唐写本正作“钓”与“煦”。按《广韵》“鲔”

① 参楠山春树：《道德经类》（五）“《老子》以外的道家书”，见《讲座敦煌》第四卷《敦煌と中國道教》，54～55页。

② 《经典释文》：“本又作崖。”按《广韵》上平声十三佳收同音崖、涯、厓三字，释崖“高崖也”，涯“水际”，厓“山边”。

③ 《广韵》入声二十陌收“砉”，云“出《庄子》”。《龙龛手鉴》卷二：“騞，呼麦反，行止也。又騞然，忽也。又同砉。出《玉篇》。”

④ 《雪堂校刊群书叙录》卷下。

⑤ 指伯二五三一《山木篇》与伯二五〇八《徐无鬼篇》。

⑥ 《雪堂校刊群书叙录》卷下。

在入声二十三锡，“鱼名”。“钓”在去声三十四啸，“钓鱼”。二字音义俱不同。“煦”，《广韵》在上声九麌，训“呈示”，训“吐沫”之“昫”在去声十遇。“吹响”字《说文》本作“欨”，云“吹也”。“欨”与“煦”《广韵》皆“火于切”。

《音义》：“道引，音导……李（颐）云：导气令和，引体令柔。”此写本正作“导”。“恬惔”，唐写本概作“淡”，不从“心”。“邪气”之“邪”，唐写作“耶”，乃通例。唐写本“其名为帝”句，郭注云：“同天帝之不为也。”宋本[1]、明本[2]作“其名为同帝”。马叙伦谓无“同”字为书手偶脱。[3]

此卷《徐无鬼品》起“[凡有怪征者，必有怪]行”句，至篇终。笔误不少，今取明本校订如下：（见下表）[4]

徐无鬼品校勘表

本书	伯本	明本	
10页	吾是以泣也	吾以是泣也	
	使梱于燕、盗得之道。	使梱之于燕、盗得之于道。	
	全而鬻之则难、刖之则易。	全而鬻之则难、不若刖之则易。	伯本脱“不若”二字。郭象注：“全恐其逃，故不如刖之易售也。”
	于是乎刖而鬻之齐	于是刖而鬻之于齐	
	然身食内终	然身食肉而终	《庄子音义》作“然身食肉终”。伯本“内”为“肉”之误。
11页	爱利出乎仁寡	爱利出乎仁义，捐仁义者寡。	伯本似有脱文。
	一人之断制天下	一人之断制利天下	
	外乎贤者知之	外乎贤者知之矣	
	暖妹	暖姝	《音义》：“姝，昌生反，妖貌。”作“妹”误。
12页	自为广宫大囿	自以广宫大囿	
	自为安室利处	自以为安室利处	
13页	三徒成都	三徙成都	伯本“徒”宜作“徙”。
	十万家	十有万家	
	聼明	聦（聪）明	“聼”当作“聦”

① 指《古佚丛书》影宋本。

② 《四部丛刊》第二七册影印明世德堂刊本。

③ 《读书续记》卷二。

④ 郭象注亦多与明本歧异，兹不细校。

续前表

本　书	伯　本	明　本	
14 页	故无所甚亲，抱德炀和，以顺天	故无所甚亲，无所甚踈，抱德炀和，以顺天下。	
15 页	结梗	桔梗	《音义》桔条："本作结。"
	鸡⿱维田	鸡廱	《音义》鸡廱条："或作⿱维土。""⿱维田"从"田"，与从"土"之"⿱维土"同义。则"⿱维田"是"⿱维土"之异文。
	能亡之所以存	能知亡之所以存	
16 页	未始其婴也	未始其攖也	
	恃原而往者也	恃源而往者也	《音义》恃条："本亦作持。"
	耳之于聽也殆	耳之于聰也殆	
17 页	祸之长也兹华	祸之长也兹萃	《音义》作"兹莘"，又云："本又作萃。"
19 页	其知之也，不知也	其知之也，似不知之也。	
20 页	是尚大不惑也	是尚不大惑	伯本是。

此为唐初道书之精写本。自袁桷误题《灵飞六甲经》为钟绍京笔[①]，后人悉目此为经生书。虽《道经》亦有题"经生某书"者，如斯二三八《金真玉光八景飞经》卷末题"经生郃忠写"，伯二四五七《阅紫录仪》卷末题"经生许子颙写"是。此卷当亦属经生书，《刻意》与《徐无鬼》实出二人之手，《徐无鬼》意态飞动，尤为妍秀。因知经生书体类多姿，非仅《灵飞六甲经》一路而已也。

太上洞玄灵宝无量度人上品妙经　刘習校

《度人经》来历，向来有昉自春秋时之传说[②]，此皆附会之辞。顾炎武《劳山图志序》云：

> 其说云吴王夫差登此山（劳山），得《灵宝度人经》。考之《春秋传》，吴王伐齐，仅至艾陵。而徐承率舟师自海道入齐，为齐人所败而

---

① 参《平生壮观》卷一钟绍京条。

② 参《吴越春秋》卷五《夫差内传》；《抱朴子·内篇》卷十二《辨问篇》；罗泌《路史》后纪第十二卷（《四部备要》本，16 页）等。

去。则夫差未尝至此，而于越入吴之日，不知度人之经将焉用之。[1]

此书自南齐时，已有严东注。《通志》卷六十七《艺文略》五道家类著录：“《灵宝度人经》一卷。又四卷，李少微注。又四卷，道士成元英疏义。”白玉蟾（葛长庚）《道学自勉文记》：

司马子微（承祯）初学仙时，以瓦砾百片置于案前，每读一卷《度人经》，则移瓦一片于案下，每日百刻，课读百卷。[2]

以一瓦计一卷，其原只一卷可知。《道藏》本《灵宝无量度人上品妙经》六十一卷，乃出南宋后增益。金允中《上清灵宝大法》四十四卷中云：“《度人》之一卷。”[3] 其语屡见。如《总序》谓：“洞玄之部，品目繁多，词章浩博。惟《度人》之一卷，备拯济之深枢。”

唐代书法家写《度人经》者有褚遂良、柳公权。孙承泽《庚子销夏记》卷六：“《灵宝度人经》，褚河南书，阎立本画。”顾复《平生異观》卷一，记柳公权开成三年（838）戊午正月书，小楷，硬黄纸，题记累累。[4]

敦煌写卷中《度人经》更数见。此本列伯二六〇六号，黄纸，末题：“太上洞玄灵宝无量度人上品妙经，清都观道士刘訔校。”起“［说经］四遍，跛痫［积逮，皆能起行。说经五］遍，欠病痼疾，一时复形”句（图三），讫于“冥慧洞清大量玄玄也”句。惟只写“元始灵书中篇”，漏书上篇。

敦煌所出《度人经》写卷以“玄玄也”句终者，计有七点之多，皆为一卷本。[5] 七卷之中，惟此卷记明道观及校者名氏。出于清都观之道经尚有斯二三八号金真玉光八景飞经。[6]

此《度人经》校者名刘訔，《龙龛手鉴》卷一言部第三：“訔，古文辩字。”

---

① 《四部丛刊》本《亭林文集》卷二。

② 见《琼琯真人集》（《道藏辑要》娄集五所收）。

③ 《正统道藏》第五二册太乙部兽字号至第五三册灵字号，新文丰出版公司影印本。又此处所引《总序》之语，又见第五二册，767 页。此外，嘉泰元年（1202）编《道门通教必用集》卷八（《正统道藏》第五四册，帐字号）有“《灵宝》者，三洞中洞之一部；《无量度人》者，则中洞一部之一卷。”

④ 《式古堂书画汇考》卷八。

⑤ 大渊忍尔：《敦煌道经目录》，8～10 页。

⑥ 其卷末题“如意元年（692）闰五月十三日经生郃忠写。清都观直岁辅思诸节用忌钱造，用纸一十八张。”

敦煌写卷“𦊞”字习见，当作“䍃”，魏江式于延昌三年（514）上《求撰集古今文字表》，言当日俗字有“追来为归，巧言为辩，小儿为䆹，神虫为蚕”[①]。则以作“䍃”为是。

武后长安四年（704），敕于东岳岱岳观建金箓大斋，“敬书《本际经》一部、《度𤯔经》十卷、□□功德”[②]。此写本《度人经》言：“说经十遍，枯骨更生，皆起成人。”“人”字不作“𤯔”，而“兆𫝹死伤，亦当修斋”，“民”字缺笔，字体在欧、虞之间，则当为武后以前写本。唐宋以来，道观多有《度人经》变相，阎立本作画及苏州天庆观，其尤著者。[③]

台北故宫博物院影印《秘殿珠林》卷十五、十六，有宋高宗、宋杨后及元赵孟頫书《度人经》。宋濂《跋赵子昂书度人经后》言“因其嫔魏国夫人管道昇仲姬之薨，书《度人上品经》以资冥福耳”[④]。后代书家写《度人经》祈福，习俗尚存。据《玉音法事》卷下“讽并看度人经回向”条，知道士读《度人经》，乃为回向。[⑤] 此卷出唐代道观，书法遒丽，自足珍视。

太玄真一本际经圣行品卷第三　赵妙虚写

敦煌写卷道教典籍据初步统计有四九三点，属于《本际经》者竟有一〇三点之多，几占全数之四分之一弱。《本际经》原从《灵宝经》分出，唐初盛行其书，道宣《集古今佛道论衡》卷丁云：

> 显庆三年（658）冬十一月，下敕召大慈恩寺沙门义褒、东明观道士张惠元等入内，于别中殿，讲道论始于斯时也。时道士李荣先升高座，立本际义。敕褒云：“承师能讲义，请升高座，共谈名理。”[义褒]便即登座，问云：“既义标本际，为道本于际，名为本际。为际本道，名为本际。”答云：“互得进。”难云：“道本于际，际为道本。亦可际本于道，道为际元。”答云：“何往不通。”[⑥]

---

① 《魏书·江式传》及严可均《全后魏文》卷四五。

② 此据拓本。原石“人”作“𤯔”，乃武后新字，《金石萃编》卷五三误作“生”，今据正。

③ 参拙作《吴县玄妙观石础画迹》，载《史语所集刊》第四五本第二部分，1974。

④ 《金华丛书》所收《宋学士全集》卷十四。按《秘殿珠林》记赵孟頫书《度人经》“旁有（管）仲姬手书集”，与宋濂所见非同一本。

⑤ 《正统道藏》第一八册养字号。

⑥ 《大正藏》第五二册，二一〇四号，389～390页。

《佛祖历代统载》卷十二[①]、《佛祖统纪》卷三十九[②]均著其事，可见《本际经义》当时已成为二教讨论主题之一。

李嶷《甄止论》卷下云：

> 至如《本际》五卷，乃是隋道士刘进喜造，道士李仲卿续成十卷，并模写佛经，潜偷罪福，构架因果，参乱佛法。[③]

道宣《集古今佛道论衡》卷丙云：

> 武德九年（626），清虚观道士李仲卿、刘进善猜忌佛法，恒加讪谤，与傅奕唇齿结构，诛剪释宗。［李仲］卿著《十异九迷论》，［刘进］善《显正论》，仍托傅氏上闻天听。……沙门法琳……乃因刘、李二论，造《辩正》论以拟之……颍川陈子良为之注解，并序由来。[④]

法琳《论》卷第八中，屡引《本际经·护国品》卷第二及《圣行品》、《道性品》原文[⑤]，但未谓此经出自刘、李所撰。

1960年，法京吴其昱氏始集录英法所藏有关《本际经》之写卷，厘为巨册，由法国科研中心出版，于《本际经》之异名有所考证。其作者一章，有所论述，亦无确论。吴书所记敦煌卷中之《本际经》共五十七份，经陈祚龙列为详表，续有增益，另著《关于道家本际经及其要略妙义与疏的敦煌古钞》[⑥]。至《本际经》之异名，砂山稔《本際經劄記——本際經の異稱と卷九卷十二の連續問題について》有专门研究。[⑦]

敦煌写本《本际经》中有年代者共八事，以英伦斯三一三五号（卷第二）仪凤三年（678）三洞女官（冠）郭金基写本为最早。盖自高宗以来，本际义得东明观道士李荣鼓吹宣扬[⑧]，故写者特多。讫于开元，写本益夥。观玄宗诏

---

① 《大正藏》第四九册，二〇三六号，579页。

② 《大正藏》第四九册，二〇三五号，367页。

③ 《大正藏》第五二册，二一一二号，569页。

④ 《大正藏》第五二册，二一〇四号，382页。

⑤ 《大正藏》第五二册，二一一〇号，544页。

⑥ 《敦煌文物随笔》，207～229页。

⑦ 《东方宗教》第六一号。

⑧ 高宗总章年间（668—670），李荣为东明观道士，见刘肃《大唐新语》卷十三《谐谑》第二十七。

云："朕每念黎庶，莫忘鉴寐……弘济之法，莫如道教……宜令天下诸观，起来年正月一日至年终已来，常转《本际经》，其四大斋日……常令讲诵。"①《本际经》传世所以数量如是之多，其故可深思矣。

《本际经》原共十卷，仅卷第二及第九收入《正统道藏》第四一册母字号，其余泰半保存于敦煌写卷，望有人能重新复原整理成书。

此册刊法京伯二一七〇号，末题曰：

太玄真一本际经圣行品卷第三

女官赵妙虚敬写

已收入吴著图版71～75页。巴黎所藏《圣行品》写本计八点，武后及开元年间均有之，俱经吴著影印，其不同时期书写风格，可以一览而得之。此卷"世"、"治"皆不避讳。

此卷"道君弹指嚐咳"句，《广韵》上声四十一回："謦，謦欬也。""嚐咳"即"謦欬"。《广韵》无"嚐"字。查《龙龛手鉴》卷二口部第七云："嚐、嚐，二俗，口顶反。"收有"嚐"字，足见其所采俗字，来自唐写本，非无根据。

道士写经，亦如佛氏为禳病消灾。伯三二三五题记："弟子某缘染沉痼……敬写《本际经》一部。"即其例证。

敦煌经卷中以道经用纸及书写最工。其书手出自女官，此卷之赵妙虚之外，又有女官郭金基（斯三一三五）、女官唐真戒（伯二三四七《十戒经》）、女官阴志清（罗振玉贞松堂藏《十戒经》）辈，兹遴选一卷以示例。女真以吴彩鸾写书最有名，其所书经卷，亦间及佛经。陆游《老学庵笔记》卷五载："永康军导江县迎祥寺有唐女真吴彩鸾书《佛本行经》六十卷，多阙唐讳。"故知唐时名书手，已泯道释界限，因附记之。

无上秘要卷第廿九　唐开元六年（718）　马处幽书写

《无上秘要》为道教经典中最重要之类书，成于北周武帝时。唯一根据记录为《续高僧传》卷二《彦琮传》：

① 《正统道藏》第三〇册，洞神部谱箓类与字号。

及武帝平齐，敕预通道观学士。时年二十有一……武帝自缵道书，号《无上秘要》。于时预雾纶综，特蒙收采。[①]

通道观置于周建德三年（574）。《周书·武帝纪》云：

［建德三年］五月丙子，初断佛道二教，经像悉毁，罢沙门、道士，并令还民……［六月］戊午，诏曰：……不有会归，争驱靡息。今可立通道观，圣哲微言，先贤典训，金科玉篆，秘迹玄文，所以济养黎元，扶成教义者，并宜弘阐，一以贯之。

《资治通鉴》卷一七一陈太建六年（574）条云：

［六月］戊午，周立通道观，以一圣贤之教。（标点本，5335 页）

时道与释二教皆废，是观之设，所以求其会通，故道、释高才，皆延揽之，置员百二十人为通道观学士[②]。《无上秘要》一书当出于通道观学士所纂，彦琮虽释氏，亦预其役。

释氏之徒入通道观者尚有任道林、普旷辈，道流则有观主严达[③]，而王延校通道观中《三洞经图》，作《珠囊》七卷[④]，时有“田谷十老”之目[⑤]。《无上秘要》一书之成，名虽出“武帝自缵”，料王延等必与有力焉。周武时，二教俱绌，于道、释非为左右袒。

通道观学士，所甄拔不少为年轻之学人，僧徒如彦琮年仅弱冠。他如长孙炽，以“善谈论”被征。[⑥] 其员额百二十人，非限于道士及缁流可知。[⑦] 与彦琮为“文外玄友”之王劭，于隋世上书言“年号开皇与《灵宝经》之开皇

① 《大正藏》第五〇册，二〇六〇号，436 页。

② 参《广弘明集》卷十《周祖废二教立通道观诏》，《大正藏》第五〇册，二〇六〇号，436 页。

③ 《混元圣纪》卷八：“复建通道观于都城，命严达主之。”《正统道藏》第三〇册，洞神部谱箓类与字号。

④ 《云笈七签》卷八十五王延条，《正统道藏》第三八册，太玄部存字号。

⑤ 参《三洞群仙录》卷八，《正统道藏》第五四册，正乙部筵字号。又《历世真仙体道通鉴》卷三十严达条：“法师（严达）……遂与王延、苏道标、程法明、周化生、王真微、史道乐、于长文、张法成、伏道崇等十人，以道术相忘，同乎出处，世号曰田谷十老。”《正统道藏》第八册，洞真部记传类淡字号。

⑥ 《隋书》卷五十一《长孙炽传》，标点本，1328 页。

⑦ 详参陈国符：《道藏源流考》，112 页；及山崎宏：《北周の通道觀について》，载《东方宗教》第五四号。

年相合”，以道经合纬书为说。[1] 观周武《立通道观诏》云：“圣哲微言，先贤典训，金科玉篆，秘迹玄文，所以济养黎元，扶成教义者，并宜弘阐，一以贯之。”足见其时学术之兼综。道教遗书虽多伪籍，亦得到重视。《无上秘要》共百卷之多，遂为此学风下之产物。

《无上秘要》今残存六十七卷，载《正统道藏》第四二册，太平部叔字号至孔字号。敦煌石窟所出共十三件，其中十一件皆为开元六年（718）敦煌县神泉观道士马处幽及其侄马抱一所书写。是卷列伯二六〇二号，为《秘要》卷二十九《洞玄空洞灵章经》，整卷为“卅二天颂”，亦是开元六年马处幽及马抱一写本。北京图书馆藏珍字二〇号《昽无上秘要》题记全同，当是一书。

《无上秘要》已有人从事专门研究，法国 John Lagerwey 著 *Wushang-piyao*[2]，对此书引据道教佚籍考证甚详，可以参考。

敦煌当地道观，神泉观为其中之一。神泉观写经道士又有索栖岳、氾思庄等[3]，见于卷末题记，皆一时名手。

此卷为开元六年写卷，而“玉隆腾胜天颂”，两“隆”字均不避讳，“渊”、“民”字亦然。字特妍丽，可以进踪欧、褚，在唐时瓜沙遗墨中，允称上品。

二教论

此卷列伯二五八七号，残存六十四行[4]，道尾均缺，起“别部司马张修将兵掩煞汉中太守”句，讫篇终“仆诚不敏，谨承嘉诲”句。实为北周道安《二教论》中之“服法非老第九”及“依法除疑第十”二篇原文。《二教论》经唐道宣编入《广弘明集》卷第八《辩惑篇》第二之四，共十二篇。[5]

石室此本前半既缺，所录两篇，亦多残脱。[6] 惟篇末多出“大乘寺比丘僧

---

① 《隋书》卷六十九《王劭传》。

② 《法国远东学院专刊》第一二四种，巴黎，1981。

③ 索题见伯二四一七《老子德经》下，氾题见伯二八〇六《太玄真一本际经》卷第四。

④ 此据《二教论》本文行数计算，若含上奏文，则为七十四行。又双行小注以一行计。

⑤ 《大正藏》第五二册，二一〇三号，136～143 页。

⑥ 第九缺去“汉末黄衣”至“或畏鬼带符”一段，又缺“[练尸延] 寿”以下全文与“明典真伪第十”。“教指通局第十一”与“依法际疑第十二”前半至“洗心无托”一段。此本只存“先生怃然而笑”句起以讫篇终。

安曰”之上奏文，为道宣所删去者，至可宝贵。大渊忍尔已录入《敦煌道经目录》109 页，惟微有差失，今为校正，重录如下：

上奏文释文

大乘寺比正僧安曰、皇帝大檀越。盖闻　山岳极大，不压微尘之点；溟海至广，岂惮涓汴（流）之归。伏惟　皇帝聪圣玄览、膺历受图、德覆八荒、智周万品，抚六合而洞重玄，开两仪而新造化。言尚其辞，因感通而设教；动尚其变，乘大和而易俗。弘秘典于未闻，启灵管以通照；振四藏之颓纲，维九流之绝纽。上宣衢室，辟不讳之门；下廓灵台，纳蒭尧（荛）之语。遂使狂夫野议、辄献简言，灵润游埃、望裨（卑）嵩壑。敬竭愚庸，寄兴宾主。蓦（纂）二教论一十两篇，辞纵鄙陋，颇依典籍，谨已申闻。请垂照览，轻陈旺（皇）览。

此卷不避“悭”、“广”与“民”、“治”等隋、唐讳字。称“大周驭寓（宇）”，于“皇帝”上空一格，且多北朝异体；如“肉”之作“宍”，“擊”之作“撃”，“逮”之作“逯”，“竊”之作“𥝓”，“邪”之作“耶”，“蒭”之作“茤”，“壑”之作“壡”等，似尚是北周时书体。

道安事迹详《续高僧传》卷二十三。[①] 称其凭［冯］翊胡城人，隐于大白山，住大陟岵寺，后敕住大中兴寺。此卷则自称大乘寺僧。神清《北山录》卷第九云：“昔周道安《二教论》、隋彦琮《通极论》，恣纵心目，出没玄奥。”[②] 颇受称许。《佛祖统纪》卷三十八云：

［周武帝建德三年（574）］六月诏：释道有名德者，别立通道观，置学士百二十员，著衣冠笏履，以彦琮等为学士。沙门道安有宿望，欲官之，安以死拒，号恸不食而终。前曾作《二教论》。[③]

《续高僧传·本传》云：

---

① 《大正藏》第五二册，二〇六〇号，628～630 页。

② 《大正藏》第五二册，二一一三号，628 页。

③ 《大正藏》第四九册，二〇三五号，358 页。

至［天和四年（569）］四月初，敕又广召道俗，令极言陈理。又敕司隶大夫甄鸾详佛、道二教，定其先后浅深同异。鸾乃上《笑道论》三卷……至五月十日，［周武］帝又大集群臣，详鸾上论，以为伤蠹道士，即于殿庭焚之。道安慨时俗之混并，悼史籍之沈网，乃作《二教论》。

知此篇实先作于天和四年。据《本传》：

至建德三年岁在甲午五月十七日，乃普灭佛、道二宗，别置通道观，简释、李（道）有名者，并著衣冠为学士……［道］安削迹潜声，逃于林泽……及其即世也，乃作《遗诫九章》以训门人。

其行谊若此。

隋以前墨迹不多，此卷信手写来，古质之味，犹勃郁于行间。持与保定五年（565）《十地义疏》相较①，波磔收笔，颇多相似之处，盖信其出于宇文周时僧人手笔。

阅紫录仪　唐开元二十三年（735）

法琳《辩正论》卷二云：

道门斋法，略有二等，一者极道，二者济度……济度者依经有三录（箓）七品。三录者，一曰金录……二曰玉录……三曰黄录……②

箓有阅箓，有醮箓。伯二三九四号即《阅众箓仪》，即阅箓之类。此卷列伯二四五七号，为紫宫箓中举行醮仪之残件。三年一度作醮，故卷末特别记

① 见本册写经部分。

② 见《三教治道篇》第二之下。《大正藏》第五二册，二一一〇号，497页。又唐张万福记二十四种三十六箓，见《传授三洞经戒法箓略说》卷上，《正统道藏》第五四册，正乙部肆字号所收。

明“三年一说”。[1]

此卷为唐玄宗时东都写本，末题：“开元廿三年太岁乙亥九月丙辰朔十七日丁巳，于河南府大弘道观，……奉为开元神武皇帝，写一切经。”《元和郡县图志》卷五河南府条：“显庆二年（657）置东都。则天改为神都。神龙元年（705）复为东都。开元元年（713）改洛州为河南府。”此题称河南府，正为开元时制。

所云“一切经”，指一切道经。斯一五一三《御制一切道经序》存二十一行[2]，《道藏》未先天年间（713），玄宗敕太清观主史崇玄及太清观、玄都观、东明观、大福唐观、玉京观大德、昭文馆、崇文馆学士，撰《一切道经音义》。开元中，遣使搜求道经，纂《三洞琼纲》三千七百四十四卷（一作五千七百卷）。[3] 此卷或即当时为一切道经而写者，《道藏》所无，《敦煌秘籍留真》印出末尾一段，现收入大渊忍尔《敦煌道经·图录编》，713～715页。

卷末记：“经生许子颙写，修功德院法师蔡茂宗初校，京景龙观上座李崇一再校，使京景龙观大德丁政观三校。”十分慎重，校勘再三。唐代道观写经有校字人制度，详《麟台故事》记载，此即为至佳例证。

题记所云“京景龙观”，考《混元圣纪》卷八：“[开元三年三月]，置石幢于景龙观，令天台山道士司马承祯，依蔡邕石经三体，写老君《道德经》镌之。”[4] 宋敏求《长安志》卷八：“景龙观在唐京城南崇仁坊，天宝十二年（753）改为玄真观。”是卷题开元二十三年，时景龙观尚未改名也。

唐代尊重道教，长安道观官式写经之制，赖敦煌石室所藏卷子提供最确凿之资料。董逌《广川书跋》卷八论“唐经生字”：

> 书法要得自然。其于规矩权衡，各有成法，不可遁也……后世论书法太严，尊逸少（王羲之）太过。如谓黄庭清浊字三点为势，上劲、侧中、偃下，潜挫而跃锋。……如此论书，正可谓唐经生等所为字。

---

① 参K. M. Schipper：《敦煌文書に見える道士の法位階梯について》（福井文雅译），见《讲座敦煌》第四卷《敦煌と中國道教》，325～345页，大东出版社刊。

② “御制”者，恐为唐高宗悼第五子孝敬皇帝之死而写，参大渊忍尔：《敦煌道经目录》，86页。

③ 陈国符：《道藏源流考》，114～132页，《历代道书目及道藏之纂修与镂版》。

④ 《正统道藏》第三〇册，洞神部谱箓类与字号。

今观道经写卷，询是唐经生字之极则。论敦煌书卷之书法，此点不可不知，故为拈出，以供研讨云。

玄言新记明老部

此列伯二四六二号，《道藏》未收。小岛祐马已收入《沙州诸子廿六种》中。

自来研究者不一而足。考《隋书·经籍志》道家类，有“《玄言新记明庄部》二卷，梁澡撰”，澡始末未详。此书名称亦曰《玄言新记》，但为《明老部》，与《明庄部》取名相类，或为姊妹篇。

《旧唐书·经籍志》有“《玄言新记道德》二卷”，《新唐书·艺文志》有“《王弼新记玄言道德》二卷”。说者谓即现行之《老子道德经注》，与此《玄言新记明老部》名相似而内容则异。

此书中“道者，理也，通也”下引王弼《易论》云：“谌之子也。道者，通物者也。”所谓《易论》者，《旧唐书·经籍志》载王弼又有《周易大演论》一卷，或谓即韩康伯《系辞传注》中之王弼《大衍义》[①]。按“谌之子”一句颇费解。《老子道经》第四章：“湛兮似或存[②]，吾不知谁之子，像帝之先。”“谌”即“湛”[③]，“谌之子”即“湛兮”及“谁之子”，话盖本此。

卷中“世”、“民”、“愍”字皆缺笔避讳[④]。乃唐人书写。冒头钞葛玄《道德经序诀》，其第五段乃标题曰“太极隐诀”，甚为不解。又题“颜监注”，兼题曰“秘书监上护军瑯耶（邪）县开国子颜伷字师古”。按《旧唐书》卷七十三：“颜籀字师古。”“伷”即“籀”字。《广韵》去声四十九宥，“籀”字下即为“伷”字，“系也”。“伷”、“籀”二字同音直祐切。

《汉书叙例》题“唐正议大夫秘书监琅邪县开国子颜师古撰”，与此《玄言新记明老部》题衔作“秘书监上护军”微有出入。据《旧唐书》本传，颜籀于贞观十一年（641）《五礼》成，进爵为子。十五年以后始正式迁秘书监（在此以前两度为秘书少监）。

---

① 郑玄注：衍，演也。详楼宇烈：《王弼集校释》，11页。

② 河上公注“或”意为“常”。

③ 《左传·襄公二十九年》杜注：“谌本亦作湛。”

④ 如第三行“虽治廿（世）事”，第四行“道君弘㥧（愍），第七〇行“我无为而巳（民）自化”。

“上护军”一勋阶名，则《本传》未载。《旧唐书·职官志》：秘书监为从第三品，其勋官有护军，而上护军则为正三品之勋官。[①] 贞观十年始改上大将军为上护军，大将军为护军。[②] 故颜籀此衔，必属可信。因咸亨五年（674）以后，上护军之名复有改变。法京伯二五〇四号写本《天宝职官表》，仍存上护军之勋阶。曩时罗香林撰《颜师古年谱》，以上诸事，可以补述，惟此书未见著录，是否真为师古所撰，人多存疑。

卷有丝栏，字略近褚，意度闲雅，末有“校了”二字，亦道观写经小字之佳品也。

龟山玄箓

此列伯三四三五号，为该书上卷，起“春［三月洞真君变形头巾黄今衣四十二条法］衣，手执华幡，在紫云之上”句，讫于“空映［宫金珠府上精］乡昌乐里［中回真下］”句。影印于大渊忍尔《敦煌道经·图录编》，370～372页。《龟山玄箓》为《上清元始变化宝真上经九灵太妙龟山玄箓》略称，收入《道藏》第一三九三册坟字号。[③] 此书在《无上秘要》中屡加征引，有时亦省称曰《洞真龟山元箓经》、《洞真元始变化宝真上经》等，亦单称之为《龟山玄箓》。

《龟山玄箓》卷上咒语有云“攜致玄都真”，又卷中首句云“上清九天玄都八圣游于空虚”。“玄都”为道教专门术语，而玄都观尤为历史上道观之重镇。《周书·武帝纪》上：“建德元年（572）春正月戊午，帝幸玄都观，亲御法座讲说，公卿道俗论难。”[④] 北周时有《玄都观经目》。[⑤] 郑樵《通志》卷六十七《艺文略·道家类》著录“玄都律二十五卷”。

宋敏求《长安志》卷九云：“玄都观，隋开皇二年（582）自长安故城徙通道观于此（崇业坊），改名玄都。东与大兴善寺相比。”隋之玄都观实通道

① 标点本，1792页。

② 标点本，1808页。

③ 《正统道藏》第五七册，正乙部坟字号，329～410页。

④ 标点本，79页。

⑤ 参甄鸾：《笑道论》，《广弘明集》卷第九《辩惑篇》第二之五所收，《大正藏》第五二册，第二一〇三号，151页。

观之改名。[①] 地在长安朱雀门街西崇业坊。敦煌写卷斯二二九五号《老子变化经》，黄纸，末题：

大业八年（612）八月十四日经生王俦写
用纸四张
玄都玄坛道士　覆校
装潢人
秘书省写

是卷出自隋时之玄都观。

唐时玄都观以刘禹锡诗咏“玄都观里桃千树，尽是刘郎去后栽”句，最为脍炙人口。史崇玄之《妙门由起序》[②]，举京玄都观主尹敬业大德之名。1972年西安出土杜践言撰文之《玄都观主牛弘满墓志》[③]，皆为有关玄都观之史料。

《老子变化经》一书，《正统道藏》失收。斯二二九五卷曾经隋玄都观道士手校，必在当日《玄都观经目》之内，至堪宝贵，故附记之。

《玄箓》为唐人写本，下笔平稳，横画仍带分势，虽无劲利之态，均整而古矫，尚堪玩味。

① 《唐会要》卷五十“观”条：“元（玄）都观本名通达（道）观。周大象三年（581）置故城（长安城）中，开皇二年移至安善坊。”考安善坊即唐崇业坊旧名，见清徐松《唐两京城坊考》卷四崇业坊注。

② 《正统道藏》第四一册，太平部仪字号所收。按史崇玄《序》云：“今且据京中藏内见在经二千余卷，以为音训，具如目录……名曰《一切道经音义》，兼撰《妙门由起》六篇。具列如左，及今所音经目与旧经目录，都为一百一十三卷。”《道藏》本《妙门由起序》一题误作《一切道经音义序》。又《道藏》本“史崇玄”题作“史崇”，盖避宋讳。

③ 载《文物资料丛刊》一，201页。据《墓志》，牛弘满葬于唐高宗咸亨三年（672）。

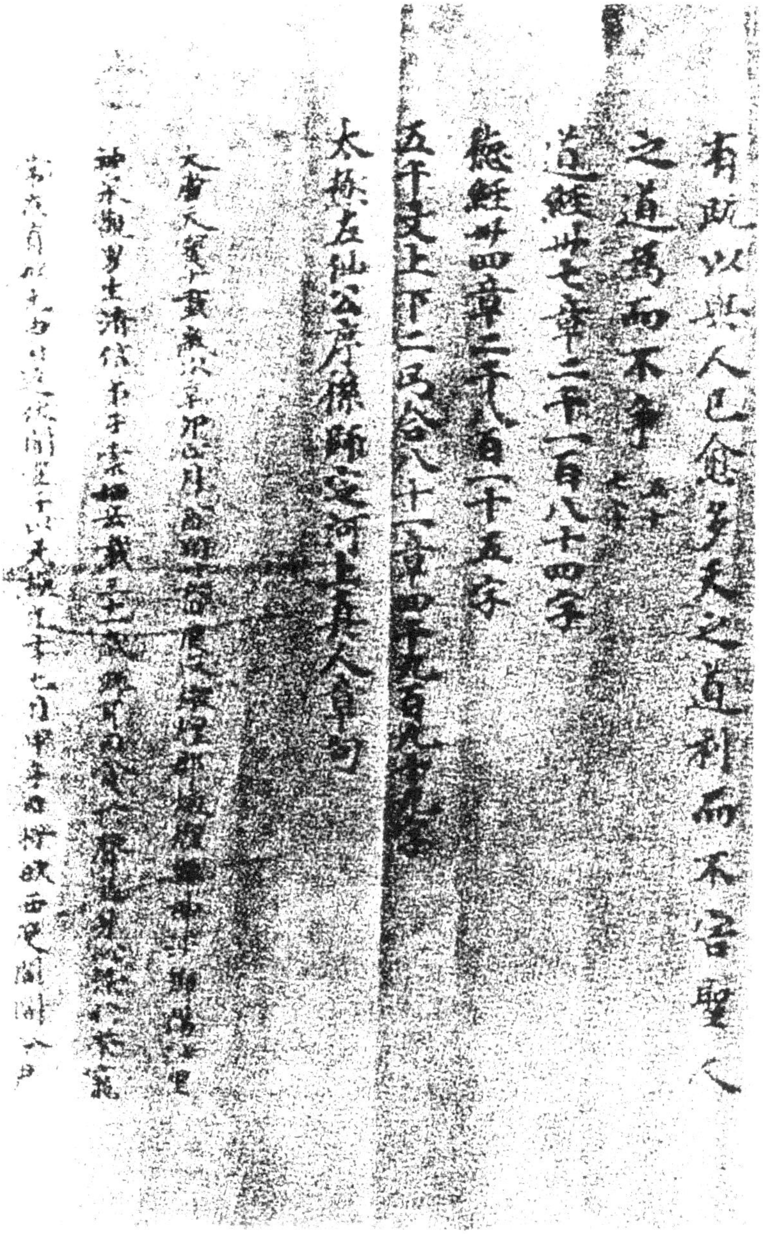
有既以與人已愈多天之道利而不害聖人
之道爲而不爭
道經卅七章二千一百八十四字
德經卌四章二千八百一十五字
五千文上下二卷合八十一章四千九百九十九字
太極左仙公序係師定河上真人章句

图一　伯二四一七

本文以五千字敘序設云吾已於詩天校定得
聖人本文者乎今所謂多緣舊本其舊本
字體亦有訛謬[illegible]由[illegible]寫差錯並關仙公所
為至若以愚為媸以合為[illegible]如斯之文愚所
未喻唯當研尋[illegible]百[illegible]義[illegible][illegible]允容[illegible]指歸
[illegible]滅心固執須講學者校前定數云以一字不

图二　伯二三五三

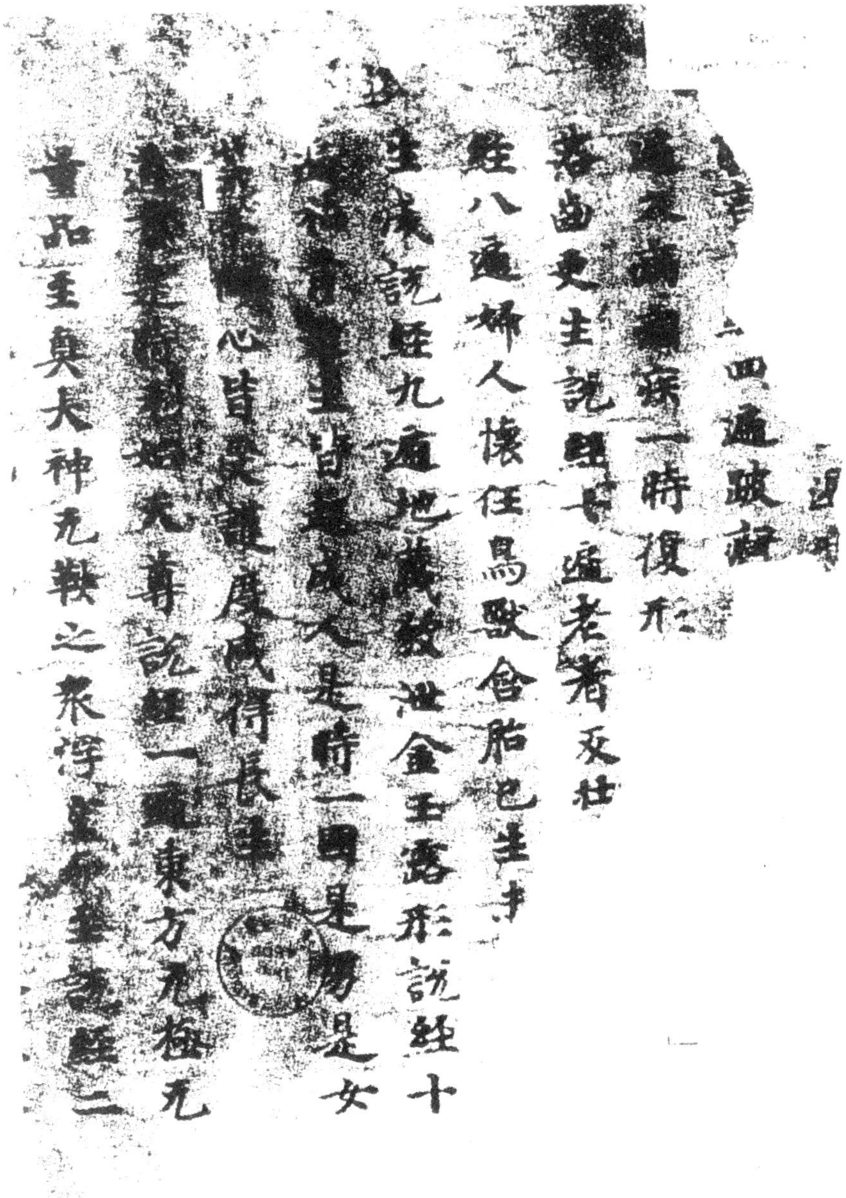

图三　伯二六〇六卷头

敦煌白画

卷八

饶宗颐二十世纪学术文集·敦煌学

目　录

弁 言

绘画在西北地区秦汉已盛行之，近年发掘所得秦都咸阳故城已有壁画，残片着色图见《考古》，1962（6），甘肃酒泉下河清汉墓绘羽人农夫巨象，线条虽甚简单，并以黑白朱砂粉黄赭石诸色画成①，具见其滥觞甚早。

敦煌画之发现，可为中国中古画史填补空白。斯坦因、伯希和取去之画旛卷轴，无非绘画资料之瑰宝也，惟是敦煌僻在西陲，其画唐人罕见评骘。自莫高窟发现以来，敦煌画遂为人所乐称道，探讨者日众，蔚为一时之显学。张彦远云："今之画人，粗善写貌，得其形似，则无其气韵；具其彩色，则失其笔法，岂曰画也。"敦煌壁画大都善于傅彩，堆砌巧密，以彦远眼光衡之，或非出于胜流，然以画史论之，今之卷轴称为唐绘者，虽间见诸著录，疑多出自后来模写，求其确为唐五代宋初之画无可置疑者，除若干新发现之唐墓壁画，当以敦煌画为无上之资料。

唐代水墨画②流传极鲜，敦煌石窟所出卷子其中颇多白描画样，无意经营亦有佳品，唐人粉本可窥一斑。巴黎国家图画馆伯希和藏品中，图绘材料不一而足，极少数曾经印行。③ 今之研究大半取资于是，参以伦敦大英博物馆目

① 载《文物》，1959（10）。

② 沈精一：《唐朝の墨畫》上下（载《国华》三八六、三八七）。

③ 松本荣一：《敦煌畫の研究》，结城素明：《西域画聚成》、《上野アキ敦煌本幡畫佛傳圖考》（载《美术研究》二六九）所利用之材料涉及经卷中者极少。

睹之画轴暨经卷中之画样，撰为斯篇。

1971 年 3 月于普林斯顿大学美术史系，得遍读罗寄梅先生手摄莫高窟及榆林窟壁画数千张，大饱眼福。其有关白画资料间复采摭汇入于兹，借供参证，以见唐画之可贵云。

上篇　白画源流与敦煌画风

一、白画与敷彩

顾亭林《日知录》卷七云："古人图画皆指事为之，使观者可法、可戒，自实体难工，空摹易善，于是白描山水之画兴，而古人之意亡矣。"顾氏所云白描者，殆指元人不设色之山水，惟白描不限于山水。李公麟工白描①，若维摩说不二法门白描纸卷、天女散花、莲社图纸卷，白描人物树石。李元中写记摩耶夫人像，白描劲如铁线，俱见于著录。② 若《图绘宝鉴》所记又有僧希白白描荷花，赵子固水墨白描水仙梅兰，方薰谓："今人水墨画，谓之白描，古人谓之白画"，是白画即白描矣。

白画名称由来甚远，或举卫协③之白画上林苑图为最早之例④，然张彦远所录，吴曹不兴有一人白画，晋张墨有杂白画一，唐时犹存，《抱朴子·辨问篇》："卫协张墨于今有画圣之名焉。"谢赫以张墨与荀勖列为同品，是晋时画圣，皆擅白画。彦远又云："绢素彩色不可擣理，纸上白画可以砧石妥帖之。"其书记唐代壁画，就中不少为白画者。

---

① 中川忠顺：《李公麟と白描畫》（载《国华》三八〇）。

② 《生平壮观》七。

③ 米泽嘉圃：《卫协研究》（载《东方学报》，京都，十二册三，458页白画一项）。

④ 《佩文韵府》。

慈恩寺　东廊有郑虔毕宏王维等白画

龙兴观　有董谔白画

善提寺　有杨廷光白画

宝应寺　多韩幹白画

千福寺　东塔院有杨廷光白画鬼神

赵景公等　东壁有吴道玄白画地狱变[①]

凡右所举皆张氏目睹白画之著例。

自有画术之兴，画人即能以线条[②]勾勒轮廓，殷墟所见猿、象图是其明征。西汉末武威磨咀子出土，平陵敬事里张伯升柩上所盖麻布铭旌，左为朱地墨乌，右为墨绘回龙，而身略涂朱。[③] 此平帝时图画杂用墨与色，而以墨绘为骨干，盖汉代白画之可见者也。

《晋书·武帝纪》泰始三年，张掖太守焦胜上言：氐池县大柳谷有玄石一所，白画成文，实大晋之休祥，图之以献。据《汉晋春秋》云：长一丈六尺，高八尺，白石画之，为十三马一牛一鸟八卦玉玦之象。《隋书·经籍志》有高堂隆及孟众撰张掖郡玄石图二种，是所云白画成文者，谓绘于玄石或白石之上，虽名白画，实与白描之白画，取义不同。

郭若虚《图画见闻志》：（五代）宋卓工画佛道，志学吴笔，不事敷彩，有白画菩萨粉本坐神等像传于世。米芾《画史》：端州有陈高祖之后，收陈世诸佛帝真白画。可见凡不设色之画，只以线条表现者得谓之白画。唐代画家无不能之，亦称为墨踪。朱景玄《唐朝名画录》六，记吴道玄有数处图画，只以墨踪为之，墨踪即白画也。

韩幹所作白画，亦有轻成色者，即淡设色也。唐画多敷重彩，观六法之中，其四即为随类赋彩，故陆探微著有《合色论》[④]。惟唐五代习惯，设色多

---

① 此据《寺塔记》。

② 米泽氏《白画源流考》，指出甲骨文字之线描形式及铜器纹样，以线条为重要机能，因而强调汉画中线描主义之紧要，故六法之骨法用笔，即为作画之基础工夫（《东洋文化研究所纪要》第四册）。Michael Sullivan，*The Birth of Landscape Painting in China*："The term po-hua is used frequently in later writings on painting to mean drawing with the brush in ink line only，with-out color。"（122 页）彼谓白画即"plain ink or ink-line painting"（34 页）。

③ 《武威汉简柩铭考释》。

④ 《崇文总目》著录。

不出画师之手，而以工人成色，《历代名画记》、《宣和画谱》，记吴道子[①]落墨后，多命其徒翟琰与张藏布色，浓淡无不得宜。《画史》亦谓，道子界画，讫则去，弟子装之色。盖本笔再添而成，唯恐失真。张书卷三记某某白画工人布色，或工人成色不一而足。又同书卷十王维条，谓人家所蓄，多是右丞指挥工人布色，原野簇成。当日作画技术，描与成分开。《名画记》敬爱寺壁画，每言某某描，某某成，如维摩诘卢舍那，并刘行臣描，赵龛成。东壁西方变，苏思忠描，陈庆子成。足见描与成乃截然二事。成当指成色而言，是时画家以描为重，命色则指挥徒工为之。描为轮廓之经营及线条之表现，盖以位置与骨法为主，而设色次之，白画所以有其独立之价值也。[②]

二、素画与起样

《历代名画记》九，僧金刚三藏，狮子国人，善西域佛像，运笔持重，非常画可拟，东京广福寺木塔下素像皆其起样。又敬爱寺条，弥勒菩萨塑像，麟德二年自内出，王玄策取到西域所图菩萨像为样，金刚为锡兰人，能起样作稿，而西域传入佛像，必先作样，然后塑像，益依其比例以定形态。印度人作画，必以此植基起样，即打草稿也。

段成式《寺塔记》言杨法成有《画样》十五卷。[③] 裴孝源《贞观公私画史》所收有下列各种画样：

顾景秀杂竹样　隋朝官本
姚昙度　白马寺宝台样
张善果　灵嘉塔样　隋官本
西域僧伽佛陀弗林图人物器样
董伯仁杂台阁样　隋官本
杂鬼神样

---

① 松本荣：《吴道子と著色》（载《国华》五八二，164页）已指出白描与成色，为两不同步骤。

② 俞剑华《中国壁画》（12页）云壁画不着色者，谓之白画，实亦不然。白画固不限于壁画也。《名画记》西京胜光寺塔东南院周昉画水月观音自在菩萨掩障菩萨圆光及竹，并是刘整成色。《寺塔记》云，常乐坊三阶院门上白画树石颇似阎立德，余携立德行天祠粉本验之无异。

③ 段成式《寺塔记》云“法成，明皇时人，自言能画，刘乙意儿指授之，以近十稔，工方就”。《画样》凡十五卷。柳七师者，崔宁之甥，分三卷，往上都流行，后因四月八日，赐高力士，今成都者是其次本。

以上人物楼台杂竹各种草图均谓之样，隋以来多有之，故《图画见闻志》二谓：（五代）赵元德于唐季丧乱之际，得隋唐名手画样百余本，故所学精博，是名家必以画样为研习之资也。

唐碑有素画弥勒佛之语。[①] 素像之素，用为动词或读作塐。[②] 敦煌卷子屡见素像一词，举例论之。

[P·二九九一] 敦煌社人平诎子一十人刱于宕泉建窟一所功德记：乃于兹地刱建一龛……于是龛内素释伽仏一躯、二廾廾莲台宝座……

[P·二七六二] 是用宏开虚洞，三载功充，廓落精华，正当显敞，龛内素释迦牟尼像，四壁图诸经变相一十六铺……

窦夫子（良驥）撰大蕃故敦煌郡莫高窟阴处士公修功德记……龛内素释迦牟尼像并声闻菩萨神等共七躯，帐门两面画文殊普贤菩萨并侍从，南墙画西方净土，法花天请问宝恩变各一铺，北墙药师净土、花严、弥勒、维摩变各一铺。[③]

右三条之素字皆谓塐[④]佛像，以指塑造似较合理。至若称素画者，如：

[P·二九九一] 卷末为莫高窟素画功德赞文。瓜沙境大行军都节度衙门幕府判释门智照所述，略云："素画真仪，开张化迹，前仏后仏言教不差……则有燉煌官品社△公等△人彩集崇建矣。"[⑤]

《画史》涟漪蓝氏收晋画浑天图，直五尺，素画，不作圆势，别作一小圈，画北斗紫极。

此处所谓素画，自是指白描之作。[⑥]

起样与塑像二事有相互关系。张彦远记敬爱寺讲堂内大宝帐，开元三年

---

① 《山右石刻丛编》九。

② 钱大昕：《潜研堂金石文跋尾》续三。

③ 《沙州文录》。

④ 素与塐塑之通用，见《金石萃编》五三；神田一郎：《素畫に就いて》，见《东洋学说林》。

⑤ 下接报恩吉祥之窟记，释慧苑述。

⑥ 小野玄妙：《唐末五代趙宋時代の佛教畫に遺存する粉本圖像の種種》，举出地藏曼荼罗、地藏十王变相等粉本（载《国华》五一六）；又同氏唐本毗沙门天王断片，京都仁和寺藏（载《国华》五一七）。

史小净起样，又有作蜡样者（亦见同卷），塑像必先起草，纯取线条，定其位置，故称素画。又有作素画者，如光启元年沙州伊州地志残卷云："火祆庙中有素书形像无数。"此亦当是打草起样。或疑素书乃素画之误字。

道教有一十八真形，其第十一为爽纻，第十二为素画，十三为壁画，十四为凿龛，十五为镌诸文石，十七为香泥印成，十八为印纸范……昼夜存念，如对真形，过去未来获福无量。[①] 以素画与壁画区分为二，唐代道教画像绘事相当发达，观杜甫所作柳公紫微仙阁画太乙天尊图文，可见其梗概，又真形之第十五镌诸文石，即指线条刻石，若永泰公主石椁线刻之人物，盖属此类，虽亦为素样，但以镌刻于石，故别厘为一类。

叶昌炽《语石》五《造象十二则》，其一论堟像而加以彩饰与画轴不同，引宋庆历五年法门寺碑塑人与画人分别为言，是素像与素画明为二事，素像即堟像，素画即白画起样，素画盖为施彩绘之壁画及堟像之初步工夫。

三、粉本、模拓、刺孔雕空与纸范

粉本

画稿，古习称粉本，又曰粉图。陈子昂有《山水粉图歌》、李白有《当涂赵炎少粉图山水歌》[②]，又称粉绘[③]。元汤垕《画鉴》云：古人画稿谓之粉本，前辈多宝畜之，盖其草草不经意处有自然之妙。宣和绍兴所藏粉本，多有神妙。[④] 方薰《山静居画论》云："（往）见旧人粉本一束，笔踪乍断乍续，洒落如不了之画，风致可观。王绎谓宣绍间所藏粉本别有自然之妙，信矣。"

张彦远谓开元十一年，勅令写貌丽正殿诸学士……粉本既成，迟回未上绢，张燕公以画人手杂，图不甚精。是粉本亦为上绢前之草稿。朱景玄《唐朝名画录》载吴道子对玄宗奏云：臣无粉本，并记在心，遣其于大同殿，写嘉陵江三百里山水，一日而就。道子精熟，下笔立就，不必预作草稿，此其所以独绝也。

东坡题跋云：北齐校画图，本出国手，止用墨笔，盖唐人所谓粉本，此谓墨笔作草稿者为粉本。

---

① 《道藏》七六〇册《灵宝三洞奉道科戒营始》卷二造像品。

② 俱载入《文苑英华》卷三三九。

③ 如杜甫存殁口号诗郑公（虔）"粉绘随长夜"。

④ 又见《图绘宝鉴》及汤允谟《云烟过眼续录》，惟唐六如《画谱》引此作元王思善语。

《图画见闻志》二：王殷有职贡游春仕女等图并粉本佛像传于世，又宋卓有白画菩萨粉本。李廌德《隅斋画品》所记有番客入朝图。梁元帝为荆州刺史日□粉本。丁简公象凌烟功臣图，孔子七十门人小样，亦唐彩粉本。郭恕先清泰元年作盘车图粉本。《寺塔记》书段氏携阎立德行天祠粉本。此类粉本，均是画稿也。

粉本又称粉描。《图画见闻志》五卢氏宅条，记德州刺史王倚家有笔一管……中间刻从军行一铺，人马毛发亭台远山无不精绝，似非人功。其画迹若粉描，向明方可辨之，方氏《山静居画论》称，昔人名画稿谓粉本者，墨稿上加描粉笔，用时扑绢素，依粉痕落墨，故名粉本。今画家多不用此法，惟朽笔为之。女红刺绣上样，尚用此法，不知是古画法也。方薰之论，可备一说。

唐代壁画佛像，须先起样作粉本，向达谓莫高窟魏隋诸窟彩色剥落以后，往往露出红土所绘之粗样。又佛像初有用红土画成之比例格，即供养人像亦复如是。印度绘画极注重比例（pramāna，proportion）及姿态（sthāna pose），二者均为作图基础。唐人壁画草样与印度绘画[①]技术有共通之处，此其一端耳。

模拓

六书有摹印。谢赫六法最末一种为传模移写，其《古画品录》第五品称，刘绍祖善于传写，不闲其思，时人为之语，号曰移画。张彦远论摹拓，谓用透明蜡纸覆于原画上摹写，又云顾恺之有《论画》一篇，皆模写要法。郭若虚亦论制作楷模，所谓楷模，当指临摹之范本也。

古画向来多有摹本。《宣和画谱》记宗少文一笔画唐人摹绢本在刘季孙家。《益州名画录》载张南本画至孟蜀时被人模拓，窃换真本，鬻与荆湖人去。汤垕《画鉴》称吴道玄早年常摹顾恺之画，位置笔意大能仿佛，宣和绍兴便题作真迹。米氏《画史》记颍川公库顾恺之维摩，是唐杜牧之摹寄颍守本者，又于唐画条记王维画小辋川摹本，笔细，在长安李氏，又记寿州人摹明皇幸蜀图，人物甚小，云是李思训本，与宗室仲忽本不同。上列所举，皆摹本之著例。

---

① Siri Gunasinghe, *La technique de la peinture indienne d'aprés les textes du Śilpa*, Paris, 1957.

壁画之作，先有草稿，再放大[1]至壁画所需之大小，后出之《佛说造象量度经》，即照其比例以复制描绘。试观久视元年佛龛之洛阳金刚力士像，与西安大雁塔门石刻金刚[2]力士如出一辙，正是出于传摹移写，石窟所出画卷若十王经图，不一而足，如出一手，此类当亦传摹之品。

《益州名画录》赵德玄条，杜天师在蜀所集道经三千卷，儒书八千卷，赵德玄将到梁隋及唐百本画，或自模拓，或是粉本，或是墨迹，无非秘府散逸者，足见模拓与粉本性质不同。

刺孔、雕空与纸范

M. A. Stein 记《敦煌画范》有刺孔者，罗振玉《石室秘录》记之，叶德辉亦载之《游艺卮言》中。*Serindia* 图版 XCIV 画片[3]一半属于刺孔，极为精细，余在法京见 P•四五一七皆为硬纸画片，有刺孔、雕空及剪纸为塔三项，凡九张。

甲类先刺孔，再加线条勾勒绘成佛像。用笔极佳，有浅设色。

只刺孔、绘为佛像，不钩线条，盖粉本之类。乙类纯是雕空。

图一（466 页）以墨笔绘毗沙门天王手执法器、脚踏莲花、衣带盘旋，盖先设绘然后雕空，于眼鼻口部分及体外皆雕空。

亦有佛像本身不施雕凿，外有云气二层缭绕，于云气及衣带体外空隙处雕空，技巧甚精。

丙类剪纸为窣堵波状，有级三层，两面绘佛像站立。

P•四五一八（三八）剪纸为塔形，有门及屋基，贴于黑纸之上。

此类纸范，其刺成细孔者，为画稿之用，新疆发现唐代佛画断片亦有之[4]。印度画家于所绘人物轮廓上刺以细孔铺于纸面，即以炭末撒之，留下黑点用作画本，华则用粉，方薰解释粉本，即于墨稿上加描粉笔，用时扑绢素，依粉痕落墨，故名粉本。《敦煌画范》之刺孔敷粉，其上即留粉痕，知此亦即粉本之一法。

---

① 曾幼荷以佛教画之迹象论谢赫六法之传模移写。按传模非专指壁画而言。谢赫称刘绍祖善于传写，乃指其工于写蝉雀，非谓人物画。

② 长广敏雄：《敦煌絹幡金剛力士像について》（载《东方学报》，京都，三五）。

③ 敦煌画范参 M. A. Stein，*Serindia*，vol. Ⅱ，p. 969，Ch. 00159，A. Waley，p. 110。

④ 旅顺博物馆藏图录，1104 页（1）花纹上亦有刺孔。

其剪纸而不刺孔者，实别有用途。道教之十八真形，其第十八为印纸范，殆即此类。

四、敦煌之画官与画人

敦煌壁画及经卷中，偶记画官人物名氏，可略考见当日画院制度在边陲之情形。向达[1]尝举数事，一为T·三〇五、P·六三索勋所修窟内有弟子宋文君敬画菩萨四躯题记，字画拙劣，疑为画工匠所自题写，其余画人题名者，有榆林窟之白般絸笁（竺）保及武保琳三人。[2] 按S·三九二九云：

> 厥有节度押衙知画行都粓（料）董保德等……故得丹青巧妙粉墨稀奇手迹及于僧瑶（繇），笔势邻于曹氏，画蝇如活，佛铺妙似于祇园，邈影如生，圣会雅同于鹫岭，而又经文粗晓，礼乐兼精，实圣代之良工，乃明时之应世，时遇曹王累代，道俗兴平，营善而无停，增福因而不绝……保德自已。先依当府子城内北街西横巷东口弊居，联壁形胜之地，创建兰若一所……[3]

观此，知董保德为敦煌曹氏时代画坛之巨擘，其官衔为知画行都料，与榆林窟第二十四号供养人郁（尉）迟宝令之官衔为知金银行都料相类似，特董氏为知画者耳。

安西榆林窟中画家题名其第二十三窟供养人记云：

> 清信弟子节度押衙□□都画匠作银青光禄大夫白般絸（继）一心供养（张编二三号窟）

又第二十五窟记云：

> □主沙州工匠都勾堂（当）知画院使归义军节度使押衙银青光禄大

---

① 向达：《唐代长安与西域文明》，406页。

② 《莫高榆林二窟杂考》。

③ 原文为黄纸二叶，兹据目验者摘钞，刘氏所录，误失甚多。

夫检校太子宾客茁保（张编二四号窟题记，据《文物参考资料》1956 年第 10 期《安西榆林窟勘查简报》）

谢稚柳《叙录》（487 页）白字下缺。向达所记，则作白般絟及笁保，并推测笁即竺字，因论竺保为印度人，白为龟兹人。俞剑华《中国壁画》（264 页）迳书作白般继及竺保，惟《文物简报》作茁，从草从品，究为何字尚难遽定。

榆林第二十五窟记云：

□□节度押衙知画手银青光禄大夫检校太子宾客武保琳一心供养

此处画官职衔为知画手。又榆林第十九窟通道南壁刀刻题记云：

乾祐二十四年□□□画师甘州住户高崇德小名那征到此画秘密堂记图

乾祐为西夏年号。榆林计有西夏窟四，秘密堂者，殆指密宗，观其第四窟即绘密宗曼荼罗。第二窟有西夏女像及蒙古妇女。又元至正二十五年五月沙州路推官司史张惟中题字。莫高窟 T·一六〇号南壁千手观音一铺，上绘飞天飘带，其右帐门上区左下记云：

甘州史小玉笔

则小玉当为画工，亦是甘州人。

P·三七一六卷背云：新集书仪一卷，天成五年庚寅岁五月十五日敦煌伎术院礼生张儒通写。

W·P 七观音像题云：信弟子兼伎术（院）弟子堇（董）文咳一心供养。

是敦煌有伎术院之设，必为画工训练之所。降至元代，画官有待诏，榆林窟题记云“临洮府后学待诏刘世福到此画佛殿一所计耳，至正二十七年五月初一日计”（据向文引）。唐时有写真待诏李士昉[①]，元时沿其制。

① 《旧唐书·李德裕传》。

莫高窟一三七（张编）为武周时建，题记称，垂拱二年……张思艺敬造。思艺非即画工，他处常见题某某敬画，如上举宋文君敬画之例，如下列各条题记：

弟子张淮兴画庆神乾宁四年正月八日，炽盛光佛并五星。①

张近（延）锷敬心写画，龙纪二载二月六日。②

燉煌步军队头张槁桥敬画观世音。③

延锷乃归义军张淮深之子，所谓敬画或敬心写画，谅系倩画工为之，不必出自己手。莫高窟 T·二七二东壁右侧下题记：

佛弟子王法奴④敬画千佛六百一十躯一心供养⑤

同壁又记：

女弟子优婆夷郭氏为己男画千佛六百一十躯一心供养

可见王法奴实与郭氏同倩人图绘佛像，以此例彼，所有张淮兴、张延锷、张槁桥、宋文君辈当亦相似，无由证其为画工也。

敦煌画官及画人依上所考有下列各名：

知画院使　莒保

知画行都料　董保德

知画行　武保琳

都画匠作　白般緼（继）

伎术院　弟子董文咳（以上唐五代）

画师　高崇德小名那征（西夏）

① 松本附图九六 a。

② 新德里藏画。

③ W·P 八五。

④ 谢书误作沙奴，余所见罗氏影片原作法字。

⑤ 三行。

待诏　刘世福（元）

史　小玉

敦煌卷中油麦账，有记载供给画人应用者，如 P・二八三八云粟陆㪷油壹胜（升）麦贰㪷署画人用麦肆㪷油贰胜画南殿内用。此处画人，不记其名。

《图画见闻志》，高道兴事王蜀为内图画库使，当日蜀画卷帙至富，故设库使以司其职，敦煌则有知画院使，盖瓜沙曹氏之世，设有画院。[①] 天成间又有伎术院，广收生徒，以培养画人。向达谓敦煌画工有天竺人及龟兹人，按除菑姓未明，其余实皆汉人，就中以董保德之画名为最高。

敦煌窟中题记有但称绘记而不署姓名者，如一八六窟有字一行云，上元二年七月廿七日绘记（谢书 234 页），盖画工多不题名，故可考寥若晨星，为可惜耳。[②]

五、敦煌画像与邈真图赞

敦煌画像，史籍所载，肇于魏晋三国时，仓慈为敦煌太守，卒官，吏民悲戚，图画其形。[③] 晋敦煌郡效谷人宋织以品学称，太守杨宣画其象于阁上，并为作颂。[④] 隆安中，李暠为凉公秦凉二州牧，于敦煌南门外，临水起堂，名曰靖恭[⑤]之堂，图赞自古圣帝明王忠臣孝子烈士贞女，亲为序颂，以明鉴诫。当时文武群僚亦皆图焉。[⑥] 隋志两唐志并著录有李暠《靖恭堂颂》一卷。此为敦煌前代大规模之画迹，惜乎无存。此外北魏之永固堂[⑦]、皇信堂[⑧]均有图，绘其画家名姓，尚斑斑可考，若蒋少游其著者也。由是观之，西北地区其写

① 米泽嘉圃：《唐朝畫院の源流》（载《国华》五五四）。

② 叶昌炽：《语石》六画人条略及宋之画人。

③ 《三国志・魏志》十九。

④ 《晋书》九四《隐逸传》。

⑤ 《靖恭堂画赞》，又详《北史》自序传，《魏书・刘炳传》云：炳有靖恭堂铭，《周书》庾信传论称“刘延明之铭酒泉，可谓清典”，即指此作。

⑥ 《晋书・凉武昭王传》。

⑦ 《水经・㶟水注》：如浑水乱流迳方山南，岭上有文明太皇太后陵、高祖陵，二陵之南有永固堂……院外西侧有思远灵图。

⑧ 又《水经・㶟水注》：平城县故城南……魏天兴二年迁都于此……太和殿之东北接紫宫寺，南对承贤门，门南即皇信堂，堂之四周，图古圣忠臣列士之容，刊题其侧，是辩章郎彭城张僧达乐安蒋少游笔。按蒋少游《北史》有传，亦见《历代名画记》。

真之业及图赞之文，其盛行盖已久矣。

敦煌莫高窟所出卷子，写真赞与邈真赞甚多，陈祚龙先生已为辑录。P·三五〇一舞谱卷背显德五年押衙安员进牒，前段有句云“□般画采尽如生，处处珠丹白壁平，人物宛然题故画……”，足见图绘人物之夥，且以其事，形诸吟五咏。

邈真赞或称真仪赞。[①] 邈之为言貌也。《传灯录》“有人邈得吾真否”，《南部新书》“命一道士貌真”，晋谢安已有对镜写容图，王羲之有临镜写真图，梁朝官本有袁蒨绘无名真貌一卷[②]，《颜氏家训·杂艺篇》“武烈太子偏能写真，坐上宾客随宜点染，即成数人”，可知邈真之事，起源甚早。

汉世图像立赞盛行，蔚为风尚，自佛教入华，佛像亦侈题赞，《广弘明集·佛德篇》所收，大半为晋人佛像赞[③]；《法苑珠林》一百十九，唐西明寺沙门释道宣有圣迹见在图赞一卷、佛化东渐图赞三卷：敦煌第一三六窟、一六八窟并有佛十弟子壁画，而卷子中所见十弟子赞亦不一而足[④]，所以配合图画，足见题赞与画像向来即有不可分之关系[⑤]。

敦煌邈真赞每系长序或系以颂[⑥]或系以诗[⑦]石窟所见邈真有下列各类：

（一）佛像邈真

以 Guimet 博物院藏品而论，举其著明年代者：

一七七七五号题记略云：忆恋慈亲，难覩灵迹，遂召良工，乃邈真影之间，敬画大悲观世音菩萨一躯并侍从，又画水月观音一躯二铺……于时天福八年岁次癸卯七月十三日题记。

此帧乃马干进为其亡妣所作佛像。

一七六五九号巨幅绢本题云：前憕绘大悲菩萨铺变邈真功德记，并序节度押衙知工司书手银青光禄大夫检校国子祭酒氾彦真上。其文略云……相辉

① P·三七二〇卷内有燉煌都毗尼藏主始平阴律伯真仪赞龙友圣，明福德寺僧惠菀述，即其一例。

② 《贞观公私画史》。

③ 如支遁、慧远等。

④ S·五七〇六。

⑤ 图赞源流参拙作《文选序画像则赞兴说》（载《文物汇刊》一，南洋大学文物馆）。

⑥ P·三三九〇南阳张府君（安信）邈真赞颂，曰图形帛帐，绘画真容。

⑦ P·三七二六京兆杜和尚写真赞，释门大蕃瓜沙境大行军衙知两国密遣判官智照撰，前为四字句铭辞，又有五律一首云：夙植怀真智、髫年厌世荣。不求朱紫贵，高谢帝王庭。削发清尘境，披缁摄海精。苍生已度尽，寂嘿入莲城。

辉而洞明形仪，光昱昱而夺人眼根，疑生……会命丹青笔染绢帛间邈（貌）菩萨尊绘侍圣……于时太平兴国六年辛巳岁六月丁卯朔十五日辛巳题记。

一七六六二号巨幅题云［敦］煌郡娘子张氏绘佛邈真赞并序……于时太平兴国八年岁次癸未十一月癸丑朔十四日丙寅题记。

（二）生前写真

S·二八九李存惠邈真赞……遂请丹笔，辄会（绘）容仪，又邀儒生，以赞芳美，乃赞曰……邀画生前貌贵徒（图）后人看。

P·三七一八为敦煌名贤名僧邈真赞，此卷与P·三五五六同为邈真赞之总集，资料丰富，就中灵俊所作刘和尚生前邈真赞（有序），及唐清河郡张公（良真）生前写真赞，皆以生前二字标题。所谓丹青绘影，留在日之真仪，略述片言，传生前之美德①者也。

（三）忌日画施

《沙州文录补》，乌程蒋氏旧藏于于阗公主李氏供养画，其上绘菩萨像，题曰南无地藏菩萨，下有小字云忌日画施，又旁有武士一、僧一，题曰五道将军，曰道明和尚。按S·三〇九二为道明还魂记，略云：道明便去，刹那之间至本州院内再（再）苏息，彼会（绘）列丹青，图写真容流传于世。可见道明故事流传之普遍。

佛像邈真，大半儿女为先人造功德为冥助而作，权德舆画西方变赞云："惟孝子信士仰为冥助，则像设之，彩绘之，用申罔极之报，今兹西方变，即故……范公之孤……奉为先妣博陵崔夫人既练所画也。"② 敦煌所出佛像，有死者儿女题记者皆此类也。

王维西方变画赞云，唐世凡俗人谢世者，其戚族每于佛寺为图，绘西方变画，冀其转身往生极乐。又云，尚兹绘事，涤彼染业。③ 寺庙之侈图西方变，此其主要原因，今证以石窟所出资料，其事益明。张彦远评唐画云：今之画人，粗善写貌，得其形似。所谓写貌，即指邈真之事，观敦煌邈真图赞之夥，而写绘技巧多非第一流，世俗相沿，徒为陋习而已。

唐制，写真有专司之职，集贤院所辖有写真官、画真官。后唐闵帝时，诏集贤御书院，复置写真官、画真官各一员。④ 唐世著名之邈真画家，开元间

① 沙州文录曹良才画像赞语。
② 《权载之文集》二八。
③ 《王右丞集》卷二〇。
④ 《旧五代史》四五。

有法明[1]、元和间有李士昉[2]。唐末写真仍盛行，昭宗时，薛贻矩为韩全诲等作画赞，悉记于内侍省屋壁间[3]；天祐中，卢质谓曾见杜黄裳司空写真图，冯道之状貌酷类焉[4]：而蜀僧元蔼写真之技尤著闻，至宋淳化时，元蔼为王公卿大夫写真，复自写真，故柳开为赞以称颂之。[5] 此皆有关写真之故实。

仙家写真亦复有赞。《益州名画录》载蜀安思谦进张素卿所画十二仙真形十二帧，蜀主命翰林学士欧阳炯为赞。以佛教言，则绣像彩画皆为功德，P·二五四七第二叶为赞佛仪，其八为述功德所有项目，包括造、绣像织成镌石彩画雕檀等。

敦煌虽处西陲，亦习唐风，邈真赞如是之多，知当时必设有专职以掌之，P·四五二二卷背绘首戴幞头之人像，疑即邈真图本之草样。

六、敦煌画风与益州

敦煌文化与西蜀关系之密切，人所习知。[6] 自后唐同光二年平前蜀王衍，至孟知祥再度割据，是时经卷书于西川者，亦保存于敦煌石室，如P·二二九二之《维摩诘经变》长卷，即广政十年书于西川静真禅院者也。[7]

以绘画而论，插图本《金刚经》小册及《十王经》图卷多出于西川，辗转摹绘《金刚经》绘八大金刚像，见于P·二八七六者为蝴蝶装小册，末署天祐三年丙寅四月五日八十三老翁刺血和墨手写此经与S·五四五一题为西川过家真印本同有八十三老人刺血之语，故知出于一源。

《十王经》卷如P·三七六一乃一小册袖珍本，备讽诵者。其前有下列各行：

谨启讽阎罗王预修生七
往生净土经誓劝有缘以

① 《历代名画记》，法明于开元十一年敕令写貌，丽正殿诸学士欲画像书赞于含象亭。

② 《旧唐书·李德裕传》，诏写真待诏李士昉，图张果老、叶静能以进。

③ 《旧五代史》一八。

④ 《旧五代史》四八《张承业传》。

⑤ 《河东先生集》一三《内供奉传真大师元霭自写真赞并序》。

⑥ 《敦煌文化与西蜀》，参向达《唐代刊书考》。

⑦ P·二二九二卷末小字二行文云：广政十年八月九日在西川静真禅院写此第廿卷文书，又二行文云：年至四十八岁，于州中应明寺开讲，极是温热。后蜀广政十年即天福十二年丁未。

五会启经入赞念阿弥陀佛
成都府大圣慈寺沙门藏川述
弘说阎罗王授记四众愿修
生七往生净土经

而P·二〇〇三长卷《十王经》卷首小字题记“成都府大圣慈寺沙门藏川述”，大圣寺见于《益州名画录》，僧令宗常粲皆曾于此寺作画《十王经》，或疑其伪托，然此类图卷传自西蜀，事甚显然。此外又有二事至堪研究者：

（一）十一面观音像原为志公变，宋太宗至道间蜀郡新繁[1]人王道真画于相国寺壁者为最有名。敦煌所出十一面观音像甚夥，道真又与李象坤合绘牢度叉斗圣变相。P·四五二四长卷绘六师与舍利子斗法[2]，其卷背有文斌料事句。S·二九七三为开宝三年节度押衙知司书手马文斌牒，是此破魔变画卷，年代可能早于开宝，在王道真之前。敦煌画家与蜀画不无互相影响之处。

（二）向题作达摩多罗之行僧像，石窟所出，不一而足。P·三〇七五所绘为庞眉大眼，朵颐隆鼻，魁岸古容，极似贯休一路。[3] 英伦S·四〇三七长卷内录有禅月大师赞，又念法华经僧诗（空王门下有真子，堪以空王为何使；常持菡萏白莲经，屈指无人得相似）。此卷颇长，字潦草，背为乙亥年正月十日录事帖。乙亥殆即贞明元年，时休已卒。P·二一〇四背亦钞此诗，均不见于李龏编之《禅月集》。敦煌人曾录贯休诗于经卷，贯休以天复[4]王建时入蜀，则其画风当亦由蜀传入敦煌，可无疑也。[5]

---

① 新繁画汉代已相当发达，有画砖出土，参看长广敏雄论汉画专著。

② 秋山光和：《敦煌本降魔變（牢度叉鬥聖變）畫卷について》（载《美术研究》一八七期，1956）。

③ 欧阳炯《禅月大师应梦罗汉歌》云：天教水墨画罗汉，魁岸古容生笔头。

④ 《益州名画录》下：贯休天福年入蜀，王建赐紫衣师号。按应据湖本作天复年为是，详吴其昱：《禅月大师年谱稿》。

⑤ 《图画见闻志》叙诸家文字，有蜀沙门仁显《广画新集》及辛显《益州画录》，《画继》卷九云：蜀虽僻远而画手独多于四方，李方叔载德隅斋画而蜀笔居半。五代时西蜀画风之盛，于兹可见。附记：日本之唐代白描资料，若正仓院御物白色密陀金泥画盆之山岳图，又正仓院之麻布菩萨图，或谓可据以拟测吴道子白画之面貌，然行笔多停顿或接驳，与吴画之蓴菜条不类。又京都园城寺有大中九年惺多僧菩萨五部心观一卷，末有慧果之写真，通卷白描，行笔流畅，此为整本之白画。

中篇　敦煌卷轴中之白画

Michael Sullivan曾举敦煌二九六窟为白画之杰作。[①] 唐代之白描作品为学人所习知者，略举如次：

库车附近赫色勒（Kyzil）壁画阿阇世王故事，中间绘大迦叶手提一幅纯白布展开，内以白描线条勾勒释迦诞生降魔说法涅槃四相。行笔柔婉而多姿，洵为白画罕见之制。[②]

榆林窟T·一四外洞南壁左右分绘白描两山羊，悬蹄企立，相向对称作为图案，惟未上色。[③] 又榆林T·一九有西夏时画白描松下二尊者。[④]

焉耆明屋大庙所出残纸上绘岩石花草纯用墨勾描，与（唐德宗）建中通宝一同发现。[⑤]

敦煌写卷中每杂有画稿，其白描之作，英法两地所藏多已寓目，兹撷要记之。

---

① 见M. Sullivan, *The Birth of landscape Painting in China*. pl. 119。

② 图见结城素明：《西域画聚成》第十辑，参松本荣一：《赫色勒壁画解》（载《国华》四〇七）。又同氏《库车壁画阿阇世王故事》（载《国华》五六六）。赫色勒又作克孜尔，在新疆拜城，此石窟壁画状况，详阅文儒：《新疆天山以南的石窟》，载《文物》，1962（7）、（8）。

③ 图见罗寄梅：《安西榆林窟的壁画》pl. XLVII－XLVIII（载《中国东亚学术研究计划委员会会刊》第三期，台北）。

④ 谢稚柳：《叙录》，472页。

⑤ 黄文弼：《塔里木河盆地考古记》pl. XXVII，fig. 35。

人物画

P·四五二二　此卷背面绘人物头部大小若干，皆戴幞头，浓眉带髭，颇近韩滉文苑图一路。其法先用淡墨勾勒形态部位，不正者再以浓墨改之。笔意轻蒨，秀润有力，须用焦笔参以淡染。此卷可见人物写法之步骤。

P·四五一四·一六（一），（三）　新编号五○一八（一），即旧目四五一四·一六（一），为天王下部衣带，及另一托塔天王与四五一四·一六（三）即因此沙门天王头部，再加五○一八（一）及五○一八（二）四断片之缀合，绘复杂之盔甲，工致绚美，近李公麟免胄图一路，为白描最佳精品。

《益州名画录》张玄条，前辈画佛像罗汉，相传曹样吴样二本，曹画衣纹稠叠，吴画衣纹简略。其曹画今昭觉寺孙位战胜天王是也。同书孙位云，仿高座寺张僧繇战胜天王，一堵两寺，天王部众，人鬼相杂，矛戟鼓吹，纵横驰突，交相戛击，欲有声响，此图仿佛近之，而天王衣纹稠叠正是曹样。[①]

P·五○一八　原共三纸。一、P·五○一八（一），绘天王托塔，顶上佛光带焰，旁有信女合十，下有神将仅存头部。二、P·五○一八（二），此原为直幅，绘神像立于中间，前后有五神将环拱，须眉可以擢数。左边已残缺，仅剩一戟，今与P·四五一四P·一六（一），（三）缀成天王像，可谓天衣无缝。此二幅人物韶秀，如赵松雪，榆林窟T·一七后洞北壁诸神将如天龙八部者画风略同，知松雪九歌图笔法远有所本。三、P·五○一八（三），绘四鬼顶擎一物，一鬼执帚，露眼、獠牙、短胡，蹲立，神态令人骇绝。笔踪粗壮，杂有焦笔，墨色深浅相间，不著色，纸背有书状云……如何唯希自以……持是所妙矣，昨者人至，切知……寅安乐喜悦倍常，今因使人附……状书法佳。纸上杂绘动物画样，有牛及月中玉兔（图二）。

P·二○○二　此为长卷，正面道经《无上金玄上妙道德玄经》中品。初唐精写本，卷背画稿，分若干段，不相连属，前绘两人相扑，《荆楚岁时记》谓：相撲，即争力竞倒也，五代宋初调露子撰《角力记》[②]，石恪画有新罗人较力图，以此题材入画，由来已久。其他有绘一人著幞头正面立者，有

---

① 大英博物馆有渡海天王像，日本京都仁和寺有唐毗沙门天王断片粉本，载《国华》五一七，均不及此帧之妙。

② 《角力记》一书见《通志略》，清胡珽有辑本，琳瑯秘室丛书第四集，石恪画见《益州名画录》。

但绘头部带冠者三人，又绘老人坐、走及扶杖而行各态，又绘金刚神将手执武器、衣带飘忽，又一垂发蹲踞，作舞蹈状，中间杂画人马，倒写随意，又绘菩萨头部多处，一为观音菩萨，带璎珞，踏莲花，笔势奔放，又若干人物草样，只勾轮廓，不开面目，复有金刚力士二，画风如伦敦绢幡上所绘者，间作头部草样，信笔为之，未尝完稿，卷中用淡墨记“辛巳年五月六夕余厩千[①]勾并记”一行。勾即勾勒，余氏，应是作画样者姓名。

P·三九五八　此幅只绘十一面观音像，双手擎珠，衣带飘举，一手执杨枝，白描，线条极美。他如P·三九六九则为设色之十一面六手观音，两手擎日月，两手下垂，一执瓶，一执黑念珠，下身及手部皆不设色，飘带着青绿色，衣摺于黑线上再加勾朱，画佛光亦用朱，行笔纵放，可谓佳品。P·三五五六卷背有云：“敬画下生弥勒尊仏，两边画十一面观音卄卄、如意轮卄卄、大圣文殊师利、大圣普贤卄卄等各壹躯，兼以丹青绚采朱粧开容，紫磨成垂足之珍，宝墨舒溥沾之照。”足见石窟中十一面观音像十分普遍。

S·五六〇〇　小册内引《婆娑正议俱舍论》魔女偈记一故事，略谓唐时有功师名张僧繇，善画，有一僧名志弘，志弘变为一小师至彼画处，语僧繇曰，先生与画我身，画成屡变，后志弘以指甲当自面上获之，内有十一面观世音菩萨，端然而现。此段颇有裨于十一面观音事迹之研究，故摘录之。张僧繇即张僧繇之传讹，刘长卿有《张僧繇画僧记》[②]，其真迹在唐时亦不易得矣。

T·（Tibétain）一二九三　此一资料本属藏文部分经卷，M. Lalou已著录于《敦煌藏文目录》[③]，据称原物凡分三部分，今经仔细研究，确知乃劳度叉斗圣变相之草样，以Pelliot敦煌窟图片第八窟右方壁画对勘之，（即第一册pl. 27），大部分可以复原，试详述之（图中留有空白长方形框子，未及填写）：

（一）绘一高座为风震荡，摇摇欲坠，座中坐者即劳度叉也，侧有扶梯，座之前后左右，魔鬼环绕。或缘柱而升，或倾跌于地，双手捧首，状极震怒。

---

① P·二〇〇二新刊Catalogue...，Vol. 1，p. 2作余庆千，按“庆”字未敢遽定。

② 《全唐文》三四六。

③ *lnventaire des manuscrits tibétains*...，Vol. Ⅲ，p. 4，n'1293。藏文T·一二九三号参M. Lalou，*inventaire des manuscrits tibétains de Touen-houang conservés a la Bibliothequé nationale*。此卷所见舞女双袖高举，可与一四六窟牢劳叉斗法之外道天女为风所吹时，举袖偎依瑟缩之状比照（参潘絜兹：《敦煌莫高窟艺术》，90页附图）。

此图与P窟八及Gray书pl. 60，Cave 196. p. 63人物构图完全一致，故可确定劳度叉斗圣变。背面绘一天王，手执法器，杂画人物走兽，皆未完稿。

（二）绘天王睁眼，手张弓矢，坐于坛上，背有竖发夜叉二人，按劳度叉尝化作夜叉[①]，时舍利佛则化身作毗沙门王。此段背面不绘。

似即由五张贴连为一卷：

（1）绘一神将，手执风囊，大气坌涌而出，二人击鼓，有徒众六人抱头战栗，局伏于地。又二人下跪，旁有菩萨。侧书一佛字，殆指舍利弗。[②]

（2）画七人为风雨所淹没，有胡服而振拳者，有奋臂者，有托腮者，拥挤于一处，栩栩如生。此写六师之众为神风所慑伏。背面绘一菩萨，侧有无头饿鬼，上题佛字，当指舍利弗。

（3）绘一人击鼓，神态紧张，又有人，以肩支鼓架，下有魔鬼，仰首相呼应，即《贤愚经》记“打击金鼓，一切都集，六师徒众，有三亿人。”[③] 背面不绘。

（4）绘两天女，其一长袖高举，一作交手状，又绘人头三，其一双手抱顶，耸肩作震栗态，此写观看斗法之外道天女，为神风吹拂，偎依瑟缩。背面亦画二天女，一袖向后垂，一则举袖而悚惧。复倒画多人，或跪地、或骑牛，草草仅勾轮廓不开面孔[④]。

（5）似另贴上一纸，正面有藏文一行云：samño la sal pa ‖，背面复有藏文二行云：༄‖ a ka ″vyen mu（?），gyis ‖ ñu′o ′vẏen suṅ daṅ‖ ′vyen che daṅ ‖ che下面似尚有一行，剩……i……i……o……诸号，余已剥落。M. Lalou, p. 4兹据今枝由郎氏标音。藏文除daṅ为与gyis为从或作，可以确知，其余似是蕃译汉名，氏姓不易复原，与画稿有何关系，殊难揣测。

（三）粗笔绘城郭宫室，有人骑象疾驰，君王坐殿上，外有谒拜者，托塔天王从天下降，膜拜者多人，又一草稿未完人物，上书佛字。此图殆示须达入白国，王买祇陀园以立精舍，正面所绘大致略同，而未画托塔天王，图中树皆简笔作⺘，犹存汉书之遗风。[⑤]

P·二九九三　卷背草样人面，每不绘眼睛，画时殆先作脸框，然后勾

① 《有部破僧事》卷八作起尸鬼。

② P窟八持风囊者在右边下方。

③ P窟八此段在高座之左边上方，形状完全相符。

④ P窟八四天女合绘于劳度叉高座之下方。

⑤ P窟八此段在劳度叉高座之下方。

勒，又绘带盔甲神将，露瞳炯炯，人物有执仪仗吹笙竽者，裙裾飘扬，笔致颇近七十二神仙卷，惜多草率未完稿。

原卷正面为黑丝栏写经《大般若波罗蜜多经》卷四百廿八。

P·三九九八　图分三段，一题梵释四天王，背侍立者又二人；一题记云，下第四三万六千婆罗门，绘婆罗门七人，跪而合十；一题记云，下第五僧慎尔耶乐人，绘五人合十下跪，此纸以淡墨起样，风格与藏文 T·一二九三相近，疑亦劳度叉斗圣变相残纸，故题记有三万六千婆罗门句，谓其皈依佛也。

P·四六四九　墨绘六手观自在菩萨，三手各执法器，顶颈皆系璎珞，坐于莲座，一足下垂，笔笔中锋。背绘杂树，华皆双钩，袴褶线条娟秀，衣带飘举，精致似出诸石刻，纸背有于阗文。

P·四〇四九　墨绘文殊师利坐狮子上，右侧一圉人，长髯胡脸，着靴执鞭。左一童子，椎髻坦腹，双手捧盘，一比丘扶杖合十，有长者长须披帽与语，相向而立，比丘束带，神态绝佳，极似萧翼赚兰亭图中之罗汉写法，文殊脸部施淡染，璎珞用深墨，洵为佳品（图三）。

P·四〇六〇　墨绘观音像，衣带略作兰叶描，阶除及菩萨面孔，用铁线描。观音端坐坛上，童子合十跪于两旁阶陛之间，阶下施主合十而立，一仆牵马拱手，衣摺微用焦笔，二人冠帽填墨作黑色，此为唐人惯例。题记云，施主会稽镇曷（遏）使罗祐通一心供养。

P·三九三九　墨绘释迦像，莲座居中，两侧佛子披袈裟侍坐，又两菩萨分坐合十，皆有宝盖，笔稍呆滞，佛顶圆光则坚劲有力，衣裾略作高古游丝描。

P·三〇七五　卷背写行脚僧像（或谓即达摩多罗），朵颐隆准，戴笠束带，项下胡貌、梵相胡子，以密点表示之。侧有一兽，画风颇近贯休，或云此为译经僧，按《名画记》称“卢楞伽于大圣慈寺画行道僧”，此即行僧之状。卷前残存文字，有“幢幡衣服伎乐乃至合掌恭敬药王当知……”等语。

P·四〇七四　亦行脚僧像，手持麈尾，背负经袟，卷轴历历可数，故知非十六罗汉之一，图上隅记佛号曰“南无宝胜如来佛”，一和尚向之合十，纸已黝黑，惟略敷采。

P·四五一八（三九）　粗厚纸本，巨幅，如上行脚僧像，戴笠，执拂，着草履，旁有兽，下为云气，亦题“南无宝胜如来佛”。画极佳，卷头接裱另纸有字两行云：“晓白土请石阇利刘阇利吴阇利老索法律共成功德福事六月十九日僧录承□。”

P·四〇二九　亦行脚僧像，构图同上，惟略着色耳。原幅之轴尚存，当日装裱工夫，犹依稀可睹。[①]

P·三〇七四　正面为《佛名经》题记，首行云“谨案大藏经中观药王药上二菩萨经云”。此幅上下方各绘白描人首鸟身奉净瓶而行，双足有爪，展翼乘云，衣带飞扬，作为绘饰图案，此即迦楼罗天（Garuda），亦属画中佳品。

P·四五一四·一六（二）　绘舞者举手投足，手执飘带，作飞扬低昂之状，背有房屋栏杆，其上树木一株，纯为白描草样。

P·四五一四·一六（四）　绘诸佛大者四人，小者五人，在山中参禅入定，山作形，亦是草图，背书咒语廿行。

P·四五一四·一六（五）　绘一人手执法器，仅存胸前部分，衣折线条颇恣肆。

P·四五一四·一六（六）　为一残碎纸片，正面绘法器宝盖之属及佛头数笔，背剩璎珞，间作双钩花纹。

P·四五一八（三〇）　仅存白描佛座之上部，佛光带焰火作双钩法。

P·四五一八（一）　绘六手菩萨两手擎日月，日中有踆乌，月里有桂树。行笔纤细多重，笔作勾勒，衣带敷绛绿两色，佳品也。

P·四五一八（五）　写天王像，黑发朱唇，笔调奔放纵肆，不可缚以法度，气势可观，白描之精品。

P·四五一八（一一）　白描坐佛像，衣裾云气及佛光轮廓并以颤笔写之。

P·四五一八（一八）　绘观音坐莲座，手杨枝净瓶，线条秀丽。

P·四五一八（二四）　绘二女相向坐，带间略施浅绛，颜微着赭色，颊涂两晕，余皆白描。一女手执蛇、蝎，侧有一犬伸舌，舌设朱色。一女奉杯盘，盘中有犬，纸本已污损，悬挂之带结尚存。

又关于P·四五一八写卷附件二四之图像，绘二女相向而坐，若干重要特征如右侧之四臂女神倚坐狼背，手执蛇、蝎，不束腰带，似表示“恶”的属性，三毒俱全。左侧之女神则手托盘上蹲踞一犬，在火祆教经典中犬有护持亡灵，驱逐魔鬼作用。祆教徒有犬的崇拜。张广达近刊是图再考，认为此二

① 敦煌卷轴中保存装裱原状者，资料甚多，若P·二七三一厚黄纸观音像，裱框及轴上悬挂之绒线犹存。

女对坐正代表善恶相对的二元主义，一是善神 Deēna，另一是恶神 Daēva。（见《唐研究》第三卷，北京，1997）。过去姜伯勤有文指出此图为粟特神祇，详《敦煌吐鲁番研究论文集》（上海，1991）。

P·四五一八（二六） 纯白描三面千手佛像坐莲座上，一足下垂，手执法器多种，只具轮廓。

P·四五一八（二八） 绘六首六手如意轮菩萨坐金翅鸟上，手执弓及花，一手托小鸡，下有小儿亦坐鸟相随（《智度论》二鸠摩罗天提赤幡骑孔雀），纯白描。

P·四五一八（三二） 墨绘立佛草样，足部太小，衣带甚佳。

P·四五一八（三三） 纯白描，绘曼陀罗佛像，皆简笔，不画面孔眉眼，非佳品。

P·四五一八（三四） 白描人物，手奉法器，戴冠，耳垂环，璎珞天衣，创意自异，笔多双钩，画品在武宗元、李龙眠之间，甚为精妙（图四）。

P·四五一八（三六） 白描六首六手大自在天（Maheśvara），执法器，腹间作獠牙之状，舌部略施绛色。足踏两人，有双蛇缠绕其身，口吐气出，神态生动。

P·四五一八（三七） 纸本正面绘第宅连厦，笔致疏秀，不似界画技法，背面佛经间作人像草样，题“尔时后有六十姟佛……”等句（据大正 vol. XIX，$82C^2$）。

P·四〇九六 小册黄纸，绘八金刚，仅存奉请第四白净水金刚，奉请第五赤声金刚，奉请第六定厄金刚，奉请第七紫贤金刚，奉请第八大神金刚，共五像，白描不设色，衣带依曹法，细笔轻灵，甚为精绝，末叶存佛菩萨罗汉四尊，纤整可观。

P·四〇九五 纸本一叶，墨绘四金刚，奉请青除灾金刚，奉请辟毒金刚，奉请黄随求金刚，奉请白净水金刚，有此题记，白描，不设色。

P·二〇二六 此卷正面为《金光明最胜王经·灭业障品》，背书于阗文，中间绘两佛像，旁题记“维大晋天福拾年乙□（巳）敕，于阗班上监一心供养。”图像只是草样，笔画重遝，绘一桌上置茶具及纸札，施主手执香炉，潦草不足观，佛旁杂记阴宰相、韩宰相、秦宰相等名号。卷为粗厚纸，一端用粗黄纸裱成卷轴。

P·四〇八二 卷背为观音像，手执莲花，衣摺行笔稍杂乱，纯白描，草草未完成之作。

P·三九九三　正反面各绘一观音菩萨，白描，披璎珞，手执莲花，运笔娟秀，一面有三小字，倒写不易辨。

P·四〇〇九　三昧坛法，绘图凡三，双面作画，一题佛于伽维那国付与普贤菩萨三昧坛法，一题尔时佛往王舍城金刚座付与普贤卄卄座禅坛，一题今者佛手结之熚，又题戊寅年六月日，杂书若干，字句潦草不佳，但诸佛千姿百态，亦可观。

S·二五九　此图纯为白描粉本，其中宴乐一段，与莫高窟一二南壁、榆林窟一七北壁相类。又牛耕收获部分与莫高窟六一、榆林窟二五可相比较。故秋山光和定为弥勒下生经变，并为影出，载《西域文化研究》第六。

S·一一一三　正面为道经，书法极佳，纸背绘菩萨草样三尊，趺坐，顶上放光，云气缭绕，有人膜拜，笔墨简率，不设色。

S·六一一九　残纸白描，一僧剩头部，侧有居士合十，只存面部及上身，线条甚佳。

S·六九五四　原为一黄卷，在卷末真言处绘一佛像立莲座上，有人膜拜，淡墨描成，不设色，有佛光两重，旁小字记“一心供养”。

S·六三四五　绘一堂宇，其右悬钟，栋梁界笔，刚健有力。屋下有门，两菩萨相向而坐，面部略施赤色。

S·五六八四　十一面观音像，趺坐，执杨枝，男女膜拜左右，原幅上下轴犹存，笔甚娟秀，裙染浅绛，颊敷微赭，可为拂澹之佳例。

S·五五一一　纸本上书降魔变文一卷，又题记存十一行，残存白描人物，一戴帽执器，跨足而立，一足位于席外。①

S·三三二六　长卷，录气象占册八条，中引臣淳风言，则李淳风之书也。末一行记云其解薨（梦）及电经一卷，绘一神浓眉高颧，张弓矢而立，首戴幞头，或谓此即电神像。考题梁令瓒之二十八宿真形图尾星及风星二神皆手执弓矢，此图是司气象之神，故有同然。

S·四二七九　残存半纸，绘罗睺星像，佛光用深绛勾廓，披发，略敷红色，髻处束带飘起，神态栩栩，惜只存五分之一面部。图下用浓朱界栏，题记云“未生男年可卅七愚至睺侯星请来降下烧香……足如此身”等语。此虽非纯白描之作，但可验浅设色之法，故并录之。

---

① S·五五一一降魔变人物像，已影刊于《秋山光和敦煌本降魔書卷について》（载《美术研究》一八七期）。

S·九一三七　纸本，长立轴，高约五尺，题曰大慈大悲救苦观世音菩萨，直立披璎珞，一手下垂，执净瓶，全不设色，此一号大英博物馆库藏有二帧，Giles未编入目录，为极标准之白画。

S·六九八三　小册，共四十二叶，题曰妙法莲华経（经）观世音菩萨普门品第廿五，每叶分为上下两部分，下写经文，黑丝栏，六行七行不等，其上绘图，笔颇笨拙，藤枝晃谓是用木笔描摹，为刊印于《墨美》第一七七号，书名《敦煌木笔观音经》，此为佛经插图。下半部白描未及设色，前半杂用朱赤绿等色，人物面孔间施浅赭，冠则留白，以工具非佳，空具轮廓，全无骨气之可言，只可以画迹论，不足与于名绘之林也。

动物画

P·四七一九　墨绘卧牛，图纸本。一牛偃卧，蹲足怒目竖角，笔势劲健，颇近韩滉神气，背面亦画一牛，两角翘起，身躯仅钩勒一笔，似未画完。

P·三九五一　绘墨马一匹，首昂起，举前蹄作奔驰状，鬣只寥寥数笔，简峭有力，纸本。

P·四七一七　墨绘骆驼驮物，系络于鼻，不见佳，纸本。

P·四〇八二　正面绘狮子，颈间系铃，线条如波纹，或断或续，毛以破点轻笔约略写之，甚有意致。

P·二五九八　此卷为《新集文词九経（经）钞》一卷，阴贤君书记本，字甚拙劣，其背题识多行，其一云“中和三年四月十七日未时书了，阴贤君书”，社司转帖之，侧有草图，绘一长髯仙人，擎杯作幻术坐于云气之上，左有动物六只，三似羊，帖耳俛伏，三似犬，卷尾仰首驰走，中一填黑。

附录

P·二六八三　此卷为瑞应图，棉纸，质甚坚韧，背题“翟书信信訁”四字，其一不识。P·二〇〇五有一行云“瑞应图借与下”六字，知当日曾为人借出。卷中所绘动物，存龟龙凤三类，兼及河图之属。

汉石刻已取祥瑞为主题，李翕之黾池五瑞图，其著者也，武梁祠亦书蓂荚诸植物之瑞应，刘宋宗炳始绘瑞应图，王元长增补之。其后庾温、孙柔之、熊理皆有《瑞应图》，顾野王有《祥瑞图》，魏徵有《祥瑞经》，各书久佚，是图非完帙，属何家之图尚待详考，图中每用双钩法，如河图之草树作，状凤鸟发鸣之翅及足，其画法颇似梁令瓒一路，敷色尤工，因物而异。若玉龟全身用翠绿色，取其似玉，玄武文云“似龟而黑色”，然图实作深绿色，腹甲灰黄，纹理全用朱砂勾勒，黄龙则角涂铅粉，周身染黄，池中云气，分为白红黑三色，凤鸟翅膀，间以深青及深浅绛，并涂以白粉。昔顾景秀扇画蝉雀，赋彩制形，皆有新意，是图笔精谨细，设色更擅其美，殊足研究。

松本荣一景印刊于《美术研究》一八四期，《文物》1963年第3期亦收载，陈槃有详细考证。《上善堂书目》有《旧钞瑞应图》二本，绘图极工，不知视此如何也。

P·二六八二、S·六二六一　白泽精恠图两残卷，分藏巴黎、伦敦。P卷末题“道昕记，白泽精恠图一卷，册一纸成”，似原图为散叶，经后人重加装池，《抱朴子·登涉篇》称“白泽图九鼎记则众鬼自却”，则白泽图之绘，用意正在辟邪也。此卷行笔纤劲有力，如写游光八人，其二足部施重笔，余则娟细而含蓄，面孔、表情无一相同，写翎毛时用干笔，翼取双钩，淡染，设色尤见匠心。①

张彦远述古之秘画珍图，多已散逸，惟古瑞应图白泽图部分尚在人间，诚敦煌所出画品之领袖，虽非白画，故附存而述之，唐代动物画之精华其在兹乎。

其他术数类之经卷，往往有插图。若P·二七〇二背占书之绘两狮及兔鼠狼等，P·三四七九卜筮书之绘二鸟黑色，P·二八二九解梦书之绘妇人背立，记其部位名目，S·二四〇四推七曜五姓书之绘礼北斗，S·五七七五符箓图之绘天吴，凡此盖所谓特殊之敦煌画②者，今概略而不论，以其无艺术价值之可言也。

P·四八八一　断片，绘一鹤，振两翼。徐行。王重民目录谓为瑞应图，审其题记云“命属白鹤下生者”实不相干。

P·三〇五〇　正面似道经，为福报品十八。背绘菩萨，戴璎珞，手执莲花，又残缺处只剩一手，握持莲瓣，笔甚娟秀工整，亦属精品。

P·二〇一二　粗黄纸，卷极长，墨绘曼陀罗草样，正面记四门菩萨不同颜色，如第四南门风菩萨青花，第三西（门）惠藏廾廾身赤色灯，第二北门

---

① 白泽精恠图，松本荣一影印于《国华》七七〇（1956），讨论文字有陈槃：《谶纬书录解题》（载《史语所集刊》一二）及拙作跋（载《史语所集刊》四一，四）。

② 松本荣一有《特殊なる敦煌畫》（载《国华》四八八、四九三、四九六）。

藏卄卄身録（绿）色，第一东门香藏卄卄身白色。又如第二南门大悲金刚身青色，第一东门大慈金光（刚）白色，第三西门大喜金刚身赤色，第四北门大舍金刚身録（绿）色。其背面云，第三西门结界卄卄身赤色，第四北门净界卄卄身録（绿）色，第三西（门）阿弥陀佛身赤色，第四北门不空成就佛録（绿）（色）。第一中心安毗卢尊身黄色，第二南门宝生佛身青色。第一东门阿闪佛白，第六南门净地卄卄身青，第五东门忏悔卄卄白。此卷虽无艺术价值，但记着色方位，为作画仪轨，足供研究，背有题记云："如意轮卄卄六臂，计卄卄二十五，皆持合掌，身着天衣，坐莲花。"又绘楼屋三十层，迭记"楼子"，"楼子"凡若干。又云"上下各有铃铃芬云"。如意轮卉即观音。法贤译观想曼荼罗。《净诸恶趣经》卷上云："其曼拏罗四方四门，门上各有楼阁，复有众宝瓔珞及宝铃铎，处处悬挂。"又言："于门楼上尽日月及宝瓔珞，随意严饰。"（《大正藏》vol XIX，pp. 89，93）卷中楼子之上，亦题"南日及月"字样，其为密教曼荼罗之坛样草图，可无疑义。

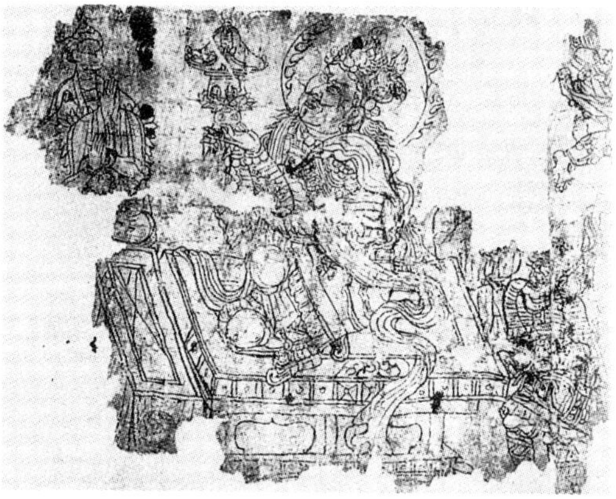

图一 唐天王白画

图二 唐人物白画

图三　唐观音菩萨白画

图四　唐菩萨白画

下篇　若干技法之探索

简笔

《益州名画录》上，记孙位画鹰犬之类，皆三五笔而成。P·三九五一之墨马即用此法。英伦所藏有宋乾德四年敕（归义军节度使）之马及骆驼，亦简笔画之生动者（*Serindia* XCVI 松本 pl. 224）。[①]

颤笔

亦曰战笔，《名画记》八：隋孙尚子善战笔之体。米芾《画史》记“武岳善战掣笔，作髭发尤工”，又记周文矩士女如周昉衣纹作战笔。李廌德《隅斋画品》：“张将军图衣文，用浓墨粗笔，如草书颤掣飞动，势甚豪放。”《画史》又谓唐希雅作棘林间战笔小竹效其主李重光，此即金错刀法也。《宣和画谱》称其学金错书，晚年变而为画，故颤掣三过处，书法存焉。P·四五一八（一一）佛像衣摺线条多用颤笔，似开金错刀体之先河，双溪故宫藏题韩幹洗马图，马背线条作⺀⸱⸱⸱，即颤笔。敦煌画山脉轮廓，亦偶用战掣法，如 G·一七

① 莫高窟 A·三一及 T·一一五窟顶东左作简笔，人物（Luo 2372），甚有可观。

六六五方幅，施主阴愿昌供养之观音像，配景之山岳，即如此写法。[1]

界笔

古者写放宫室，必有图样，故界画起源[2]必甚早。魏太和十五年，蒋少游与李道固使南齐，密绘南齐宫廷建筑式样（《南史·崔祖思传》）。《历代名画记》姚昙度子惠觉下，有白马寺宝台样，隋有官本董伯仁杂画台阁样，乃界画之草稿。近年唐墓新发现如永泰公主墓道东壁壁画之门楼[3]，又长安韦洞墓墓门上所绘楼阁[4]，一如马远华灯侍宴图之宫殿，可略睹界画之雏形。敦煌石窟中界画之佳品：

窟A·九／T·一五五　东龛下大顺张承奉窟，绘庙宇栏杆。

窟A·四四五／T·二二三　盛唐绘重楼复阁。

窟A·一七二／T·二九二　屋檐及南壁右方之城楼坛埔屋宇旗帜最为生动。

窟A·二一七／T·二六八　南壁右上绘诸屋相连，亦算杰构。

窟T·一五六　东壁右方，晚唐绘之楼宇，稍用减笔，有甘州郝永泰署名。

考耀县北周四面造像[5]碑刻城楼建筑与石窟壁画规模相似，而线条生动，谅不使用界尺。《历代名画记》论吴生不用界笔直尺，而能弯弧挺刃植柱构梁，因讥彼之用界笔直尺是死画，守其神专其一者，方是真画。盖六朝唐时画屋木

---

① 窟A·一二及T·一五四供养人用兰叶描微杂颤笔，关仝、范宽画峻岭，轮廓多取战掣作态，可与敦煌山脉印证。

② 界画近人考证（李智超：《界画的发展和界画构图的研究》，载《中国画》一，1957，66页）似尚未尽。*Innermost Asia*, vol. III, pl. LX, K. K. II. 0275. e栏杆，显作界笔，界画成熟在五代时，然其发生可推至先秦汉世，战国燕乐画象铜器残片已刻绘楼宇载《文物》1962（2）。《史记·秦始皇本纪》："秦每破诸侯，写放其宫室，作之咸阳北阪上……毁屋复道周阁相属。"按写放犹言写仿，可能指作图样（或谓写当作象，或读写为输写，与下文放字义不连贯）。武帝纪公玉带上明堂图，通水圜宫垣为复道，明堂有图，亦楼殿草样之滥觞。

③ 永泰公主壁画门楼，见朱章超：《唐永泰公主墓的壁画》附图四。

④ 韦洞墓门壁画重楼殿庑有勾栏斗栱，摹图见《文物》，1959（8），17页。

⑤ 四面造象碑之屋宇，见《考古》，1965（3），142页。

不用尺，五代乃专恃之为工具。卫贤以界画名，其所绘房屋即用直尺画成。[1] P·五〇一八（一）绘毗沙门像，手执长戟，界笔矫健，生气溢于纸上；P·四五一八（三七）绘屋宇毗连，皆信笔写来，自然佳妙，而不用尺者。

榆林窟第二洞西壁左，西夏时代画文殊菩萨供养品背景之楼台殿阁[2]已有郭忠恕、王士元之规矩绳墨，似为入宋以后之制，莫高窟六一之五台山图为太平兴国五年后新授太傅曹延禄姬开窟供养所绘，富丽宏伟，其中大小建筑可一百七十处，即塔之形已有十二类，又为考证古建筑之无上资料[3]，《图画见闻志》云："宋初画楼阁，多见四角，其斗栱逐铺作为之，向背分明，不失绳墨。"此图可觇其技法。Guimet 藏另有五台山图，为三联屏绢本，重设色，山敷石绿，屋施深绛，四周山脉上缀杂树，前后一律，毫无变化，但记寺院名胜之位置而已，韩拙《山水纯全集》所讥"不分远近浅深，乃图经也"，殆指此矣。

点拂

谢赫《古画品录》称陆绥云：一点一拂，动笔皆奇。点拂为最简略之笔，P·四〇八二狮子图即以点与拂表示其毛。沈括《梦溪笔谈》十七言，虽画毛，但略拂拭而已，若务细密，翻成冗长，约略拂拭，自有神观。此图是也。

钩斫

《山水纯全集》：一皴一点，一钩一斫，皆有意法存焉。是钩与斫笔法有别。钩指画成轮廓，分内外虚实大小高下，以定其位置；斫用侧笔取势。钩斫亦作勾砍，李日华《竹懒画滕》云："云林画石从李思训勾砍中来，特不傅

① 天水麦积岩一二七窟据谓左绘殿宇城楼，可考古制（俞剑华：《中国壁画》，272 页），惜未见其图，按界画至五代而极盛，《图画见闻志》云："尹继昭不知何许人，工画人物台阁，世称绝格。"郭恕先有避暑宫殿图，文徵明跋，称其画宫室折算无差，乃为合作《大观录》。郭之界画，即本尹继昭，《清河书画舫》记阿房宫样一卷，周文矩笔，前后界画楼阁精细，迥出恕先避暑宫殿之上，原法又云阿房宫样始于尹继昭，至卫贤而大备，董逌广川画跋有书阿房宫图，可见界画在五代宋初已臻成熟时期。卫贤，为南唐李后主时供奉，其界画作品，今可睹者有闸盘车图卷（有卫贤恭绘题款，见《文物》，1966（2））。

② 图见罗寄梅：《榆林窟的壁画》pl. XVll。

③ 参宿白：《莫高窟中的五台山图》；梁思成：《敦煌壁画中所见的中国古代建筑》（载《文物参考资料》二，五）。

色耳。”此指折带皴之显示陂石位置取自大李将军，然张彦远称张僧繇画法之点曳斫拂，取之卫夫人笔阵图，是斫原为书法运笔之方，张僧繇已用之。

钩斫常用以写山石轮廓，取其崭截之势。《名画记》曰“王宰画蜀山，玲珑嵌空，巉嵯巧峭”。故宫藏传明皇幸蜀图，峰峦峻削，可想其仿佛；传李昭道春山行旅图，其山势作瘦长直起，纵多于横之勾斫法，间与北魏释迦三尊像光背所刻之山岳作者，完全为北宗笔法。伦敦画幡佛传图犍陟诀别一段，近陂山峰及远山作亦是钩斫法。[1]

钩斫又为画人物线条之基本方法，《图画见闻志》一，画衣纹有重大而调畅者，有缜细而劲健者，勾绰纵掣理无妄下，以状高侧深斜卷折飘举之势。莫高窟 T·一六〇及 A·三佛像头后衣褶一波三折，实钩斫之白眉者。

皴擦　捵擦

皴为粗纹，擦为细理。六朝传元氏墓石棺上孝子传图线刻，其山岳在勾出轮廓之后，再着细微而规律化之短笔，表示阴影，若峰之作陂之作。明皇幸蜀图大山外廓勾完后，复施微细横笔作为纹理，俗称牛毛皴，即易纵纹为横纹，惟隋唐画人多不皴，展子虔游春图用笔有勾而无皴与斫。《画史》记：“沈括收毕宏画一轴，上以大青和墨，大笔直抹不皴。”郭熙提出皴擦一名词，《林泉高致》云：“淡墨重叠旋旋而取之谓之斡淡，以锐笔横卧惹惹而取之谓之皴擦。”二者之分别在于斡淡用墨，而皴擦用笔。皴擦故有纹理。皴，皮细起也，七伦反。

五代黄筌次子黄居宝已用捵擦之法，《益州名画录》云：前辈画太湖石，皆以浅深墨淡嵌空而已，居宝以笔端捵擦，文理纵横，夹杂砂石，棱角峭硬，如虬虎将踊，厥状非一。擦以笔端行之，表示向背明暗，莫高窟 T·二九二及 A·一七二北壁绘云中太阳，云即用笔横扫，杂以捵擦，尤为特出，榆林窟第一洞水月观音背景即绘太湖石。

---

① 参 A. C. Sóper, “Some Technical Terms in the Early Literature of Chinese Painting”（*HJAS* 11，163～173 页）。

皴淡 斡淡

郭熙谓“以淡墨重叠旋旋而取之曰斡淡”（一本淡下有墨字），其法以浅墨粗笔作山石大概轮廓，再作多次之渲染。有时以焦墨皴擦之，示其向背阴阳。榆林窟第二洞西壁左，西夏时代绘之山水，其峰峦层次可看出是郭熙斡淡遗法，此与关仝、范宽一路以浓墨壮墨勾勒山脉轮廓，完全不同。刘道醇云：以焦墨皴淡，全无勾斫，其妙如此，盖改钩斫轮廓，变以渲淡，示其层次，不太刻划也。《图画见闻志》一：“画山石多作礬头（指巨然法），亦为凌面落笔，便见坚重之性，皴淡即生窊凸之形，每留素以成云，或借地以为雪，其破墨之功，尤为难也。”是皴淡须兼用破墨①法，然后山之远近、向背方能显现。破墨一词，始见于传梁元帝之《山水松石格》“或难合于破墨，体向异于丹青”。又云“高墨犹绿，下墨如赪，大抵以浓淡区分，浓则近绿，浅则如赤”。王维、张璪俱有破墨山水，张彦远亲见之。郭河阳斡淡之法，主要在用浅墨得浑成之妙，由深而浅，或积浅成深，显其窊凸必善用破墨方克奏功。

墨晕色晕 凹凸法

郭熙所谓斡淡，以淡墨旋旋而取之，旋旋取之其实是墨晕法。唐岱《绘事发微》云：古人画山水多湿笔，故曰水晕。晕兴于唐，迄宋犹然。迨元季四家始用干墨笔。按在障子及绢本上作画，自以湿笔为宜，《林泉高致》称用渲刷之法，以水墨再三而淋之曰渲，以水墨滚同而泽之曰刷，以水合墨，遂成多采。张彦远谓“运墨而五色具”，是唐人已懂墨分五色矣，自水墨之兴，乃以墨代色，故以墨晕代色晕。

敦煌壁画全用色晕法，亦谓凹凸法，自张僧繇于建康一乘寺寺门遍画凹凸花，唐许嵩《建康实录》谓其花乃天竺遗法，朱及青绿所造，远望眼晕如凹凸，就视即平，世咸异之，乃名凹凸寺。凹凸花以阴影烘托法画成，传自印度。印度壁画在石灰面用红色打一粗样，再加一层半透明之绿色，然后描以黑色或棕色修正线条，再施颜色。锡兰狮山壁画亦以石灰作画底，画时使

---

① 参沈宗骞：《学画编》用墨章论破墨，田中丰藏：《破墨の辨》（见《中國美術の研究》），小林太市郎：《水墨畫の原始》（见《中国绘画史论考》）。P・四五一八（六）色绘观音图，衣带用渍墨渲染之法，大可研究。

灰面保持湿润，以凹凸法勾黑线轮廓，施以深厚色彩，向内则逐渐轻淡，遂呈圆形。[①] 以其画底犹湿，上色时便复旋旋成为色晕，晕染取重色逐渐轻淡表现凹凸，与皴淡之用墨示其阴阳向背，其理固无二致也。

敦煌早期之画，以朱作墨，就张编八三及二三八诸窟壁画观之，其原来颜色今犹保存，人物形态，大抵先以粗朱线描成轮廓，然后以浓朱沿轮廓线条内路晕染一遍，烘托其阴阳面，使成凹凸，顿起立体感，今朱色日久，已转成黑色，而原有之色晕，变为墨晕矣，故晕染为用色之凹凸法，皴淡则为用墨之凹凸法。

韩拙《山水纯全集》云，落墨坚实，凹深凸浅，皴拂阴阳，殆即郭若虚所谓“皴淡即生窊凸之形”，此宋人喜以凹凸法论山水也。《画继》九云：“旧说杨惠之与吴道子同师……惠之转而为塑，皆为天下第一，故中原多惠之塑山水壁，郭熙见之，又出新意，遂令圬者不用泥掌，止以手于壁抢泥，或凹或凸，干则以墨随其形迹，晕成峰峦林壑，加之楼阁人物，宛然天成，谓之影壁。”是以泥土塑成山水，亦取资明凹凸墨晕之法。惠之兼通画理，运画入塑，郭熙则以塑为画，俱以凹凸法为基本工夫。明唐志契《绘事微言》云：“昔人谓画人物是传神，画花鸟是写生，画山水是留影。”留影取义殆从影壁而来。能从凹凸晕染表其明暗以肖物之光相，然后逼真，如怪石崩滩，可以扪酌。非如是，安得谓之留影也耶。

渴染

唐岱谓元四家始用干笔，余曾细察乔仲常赤壁图卷，实多用干笔侧锋，其法非自云林，孔衍栻石村《画诀》渴染条称，每一石止渴染皴处，石顶空白，石根宜重染，大山坡皆然。[②] 今观顾恺之《女史箴图》中写山一段，除勾外廓，即在石根阴暗处重染，山之周围，行笔缜细峭劲，略带焦墨，故染处极生动，但未皴耳。白泽图笔致轻灵韶秀，有时纤如毛发，写禽尾部羽毛用渴笔，翅则双钩淡染，细读故宫藏《卢鸿草堂十志》，其树干以浓墨勾成，如屈铁，再以淡墨干皴短擦，《国华》三八六唐朝之墨画附图麻布画观音，线条用淡墨，头发其他局部兼作焦笔，故知渴染之法，山石树木人物均用之。

---

① 叶季英：《中国绘画之骨法与输入之凹凸法》（载《金陵学报》二，一）、苏莹辉：《敦煌及施奇利亚壁画所用凹凸法渊源于印度略论》（载《故宫季刊》四，四）本向达之说，颇多发挥。

② 参承名世：《敦煌画的山水技术》（载上海博物馆《文物周刊》八）。

拂澹

《益州名画录》上：（陈皓）大约宗师吴道玄之笔，而傅采拂澹过之。又卷中：（杜子瑰）擅于赋采，拂淡偏长。此即尽量减少用色。自吴道子开其风，P·四五一八（三）色绘千手千眼佛，淡墨钩轮廓，遒婉多姿，手足笔力沉着，足部两侧一鬼及一侍者，两手各有所执，简澹有神，此幅工整，盖拂澹之精品。

没骨

清王学浩《山南论画》云："没骨法始于唐杨昇，董文敏常效其峒关蒲雪图。"余所见故宫藏杨昇山水雪景，乃用粉钩泥金，屋宇以墨画成，树草以朱设色，绢极粗，造形多古意，惟线条乏力，上色黄紫嫩绿均不避，有如花卉。董其昌言："曾见杨昇真迹没骨山，乃古人戏笔奇突，云霞灭没，世所罕睹者。"今观敦煌一八六、二〇五窟山水洲渚萦回，山海稠叠，日光辉曜，云水幻化，正香光所叹赏奇突之景，知杨昇实远有所本，此类有染无皴之没骨山比比皆是，涂染青赭绛等色表其远近，居然有万里之势。

若二四九、二八五北魏诸窟描写狩猎场面，其三角形之没骨山，有如栉比，峰峦起伏，以不同颜色为素地而烘托之。山则杂染黄黑绛绿白等色，不加勾斫，绵亘不绝，而诸兽奔走驰逐，如疾风骤雨，兽躯或留白或间黑，浓淡凹凸，蔚为奇观。此为敦煌画最精彩之构图，亦为没骨画最伟大之绝作，世称张僧繇创没骨山水，实则当日画风已是如此，决非一人所能独创也。

结语

敦煌石窟壁画之特色榷而论之，计有数端：

（一）图画与图案之不分；（二）白画与采绘之间插；（三）画样与雕刻塑像之合一；（四）没骨与色晕凹凸之混用。以上四事为宋以前绘画之特殊传统。

所谓图画与图案不分者，盖重视图面之对称性及完整性如同图案，石棺上刻镂之图绘，可以见之。隋唐墓室壁画上之侍者伎人，已成为公式化，形态是人物，而作用却等于图案。即以故事画之变相而论，经变有一定之内容，形之图绘，即成定型图样，可随时依样为之。北宋寺院于变相佛像皆藏有位置小本或副本小样，为重临模仿之用。① 敦煌之木笔《普门品》册子，亦即小本之一种，由僧徒保存，以备作壁画时之参考者。壁画占有巨大空间，变相不得不形成复杂而综合之画面，于是遂与图案相配搭，由于千篇一律，而图面本身亦构成一种图案，此其特色者一。

在五色缤纷之画幅中，有时间插数笔纯白描，如莫高二四九窟之奔兽及猪群，榆林窟之对立山羊，特别生动而突出，真万绿丛中一点白也。昔张彦远《历代名画记》，"若知画有疏密二体，方可议乎画"。壁画堆砌巧密，偶有一二处白描出现，在构图上可补救之，而使密中有疏、实中有虚，不啻活笔。② 此类之画，可称为"片段凸出"，如从敦煌画片中披沙拣金，往往见宝，汇而观之，亦至佳之画范也，此其特色其二。

自佛像雕塑之事兴，对绘画颇有帮助。如隋唐士女之造型，类作长身躯，裙裾阔如圆筒式，实以俑状入画。敦煌武德间画，有幽州总管府题名之供养人及永泰公主墓壁之侍女，骤视几疑是北魏之女俑，故此时期雕塑绘三者之交互影响者至深。再以骨法用笔言，或似屈铁，或如吐丝，时带石刻之意味。元氏墓石棺孝子传图之刻画树石屋宇，线条之美，正可反映当日绘事之精，故知画样亦随雕塑工夫而进步，此其特色者三。

白画或白描为不敷采之画，原只是画稿而已。方薰以水墨画即白描，人或非之。③ 以水墨画虽不设色，仍具五色六彩，而白画仅具简单轮廓，不能与后期发展之多采多姿水墨画相提并论。唐以前亦取浓朱勾勒，六法中，有色而无墨，墨之地位尚未提高，观六朝佛窟遗迹与白画相伴者，实为色而非墨，盖是时以色即是墨也，其用色正如后人之用墨。墨分五彩，而色则绚烂缤纷不可纪极，必悟色即是墨之理，则对色之运用，可有更高度之发展。是敦煌

---

① 《图画见闻志》相国寺条，徐邦达据此论武宗元之朝天仙仗图亦即壁画之样本（参见《文物参考资料》，1956（2）。

② 活笔一词见《梦溪笔谈》十七，宋迪讥陈用之画信工但少天趣，若其意领神造，自然境皆天就，不类人为，是谓活笔。敦煌壁画于图案纤丽、人物壅塞之中，忽来飞天数位，飘带高举，亦是活笔。

③ 吕凤子：《中国画法研究》，27、38页。

画所以予我人以极大之启发，此其特色者四。[①]

以上四事，实为水墨画以前图绘之优良技巧，在今日仍有发扬光大之必要者也。

纯粹白描不免于单调，白画之独立运用，不如与颜色画配合运用，更为凸出生动。前者宋元人白描作品已加以发展，后者惟有从新疆甘肃各石窟壁画方能体会得到。此一传统几乎无人问津，徒有没骨山之名，而没骨之用，乃缩小而发展为花鸟，求之形似一路，洵为可惜，我人对于白画在敦煌画史上所认识者如此，故知白画不得徒以画样目之。

善画之人处处可生灵感，天下事物无不可为入画之资，若从画史之远处高处追寻，则敦煌画样足以启发我人深长思者，亦良多矣，又岂仅上列四端而已哉。

1972年10月26日，饶宗颐撰写讫

① 壁画用笔，似为特制，米氏《画史》称：关中小孟以壁画笔上绢素，一一如刀划，武宗元亦然。是壁画笔以锋利见长，宜于作人物之线条，至于木笔，则便于作草样，参今泉雄作《木笔考》（载《国华》五五）。

后 记

本书属稿在1966年，十载以来，汉唐墓葬绘画资料，层出不穷，如马王堆轪侯墓帛画上彩绘之施用凹凸法，据称其技法用单线勾勒，再涂颜色，由于帛画乃作为幡旌之用，全画有其强烈之装饰性，间有类似后世建筑彩画上之退晕法，又有浓淡之渲染法，例如在扶桑木之枝叶上，龟衔云气上，人物面容与复杂之帷帐上，绿色之水虫上，均用渲染表现凹凸。是西汉初年已有此种画法，又唐懿德太子墓道西壁之阙楼图，由屋顶、屋身、平坐、墩台四部分构成。屋顶为庑殿上有鸱尾，屋身三座，城墙以山为背景，上植松柏、雉堞俨然，笔殊工致，由此幅可见唐代界画技法已相当成熟云。近见沙畹博士在河南所得汉画拓本，其一上列有偃师刑渠题榜，下列题“臧谷关东门”刻绘城楼二座，楼凡四层，笔纤细如游丝，已为界画之滥觞。①

顷重新研讨确定藏文T·一二九三之画样，乃劳度叉斗圣变相之残稿，可以推想当日作壁画之步骤，先起草样若干细小部分，然后加以组合成巨观。至于画样钩稿，偶有记名，如P·二〇〇二卷中余氏有勾并记一行，此种资料，尤足珍贵者。

尚有二事可补记者

一、会稽镇遏使所在地□P·四〇六〇有会稽镇遏使罗祐通，镇遏使官职

---

① 此拓《汉画像全集》未收。

与他处所见之悬泉镇遏使相同（S·六一九为悬泉镇遏使行玉门军使曹子盈状，P·二八一四为悬泉镇遏使安进通状），会稽所在地，P·二一五五归义军曹元忠状有云，“五月十五日被肃州家一鸡悉，约作引道人，领达坦贼壹佰，已来于瓜州、会稽两处”。《隋书·地理志》：敦煌郡统县三：敦煌、常乐、玉门。玉门下云：“后魏会稽郡，后周废郡，并会稽、新乡、延兴为会稽县。”杨守敬考证：“晋书苻坚建元之末，徙江汉之人万余户于敦煌，及李暠东迁，皆徙之于酒泉，分南人五千户置会稽郡。”《太平寰宇记》晋昌县下云：“宜禾故城在县西北界，后魏正光元年侨立会稽郡于此。”敦煌地名之有会稽，由来已久，北周省玉门入会稽县，隋复为玉门，唐末于会稽置镇遏使，当为曹氏六镇之一。

二、白泽图之用途　向不知白泽之意义，顷见驱傩文云：“儿郎伟驱傩之法，自昔轩辕、中馗、白泽，统领居仙。”（P·二五六九）中馗当是钟馗。据此沙州唐末风俗，以钟馗与白泽同为统率众仙之领袖人物，以之辟除邪魅，然后恍然敦煌人所以绘白泽图卷，亦为岁晚驱傩之用。

1976年6月饶宗颐于巴黎

此篇原由法国远东学院印行，中法文本，法文为李克曼教授译出，有戴密微教授长序，图片一册，请参阅原书。

后出与本篇有关之论文，若陈祚龙《敦煌壁画表隐》①，姜伯勤《敦煌的画行与画院》② 及《敦煌白画中的粟特神祇》③ 都可参考。本文记P·四五一八（二四）捧盘中犬之女神与手持日月蛇蝎之女神，姜君认为均出自粟特人之信仰，读者可以参看。

原载《敦煌白画》，法国远东学院考古学专刊，巴黎，1978

① 载《敦煌资料考屑》下册。

② 载《一九八三年全国敦煌学术讨论会论文集》石窟·艺术编下，兰州，甘肃人民出版社，1987。

③ 载《敦煌吐鲁番研究论文集》，上海，汉语大词典出版社，1990。

饶宗颐
二十世纪学术文集
卷八 敦煌学（下）

中国人民大学出版社
· 北京 ·

目录

敦煌曲

卷八

饶宗颐二十世纪学术文集·敦煌学

目　录

引　论

中国文学与绘画之发展，有一共同之趋向，即逐渐简单化与写意化是也。五代《花间集》之词，如画中之傅粉，没骨一路[①]；宋人之词，格律精严者有如院画，其自我抒写者，则犹乎水墨画之作。以其脱离宗教（赞咏）词及乐工（教坊）词之羁縻，独立成为文人之词；亦如画之由壁画、院画发展而为文人画。宋代文人严别雅词[②]而摈俗艳之曲，正如画家之弃匠气而崇尚士气，故词之有士气者，即为雅词。画之与词，其涂辙正相似也。

词出于乐府，人所共悉。[③] 近贤新说，有谓吴韦昭之鼓吹曲，即填词方法之滥觞[④]；有以南朝吴歌之绮艳，影响词之内容[⑤]，此仅就其一端论之。六朝以来，乐府演为宗教文学，佛教之法乐，道教之道曲，多与乐府结缘。唐教坊之法曲、大曲，其曲调来源非一，不少出于宗教。唐时词与诗界限尚未分明，《旧唐书·音乐志》："太常旧传宫、商、角、徵、羽《谦乐》五调歌词各一卷，皆近代词人杂诗，至韦绍又令太乐令孙玄成更加整比为七卷。"又云："其五调法曲，词多不经，不复载之。"既称其书曰"歌词"，又指为近代"杂

① 况周颐《蕙风词话》谓顾太尉五代艳词上驷也，其艳乃益入神入骨，其体格如宋院工笔折枝小灯，非元人设色所及。

② 如曾慥之《乐府雅词·序》云："涉谐谑则去之，名曰《乐府雅词》。"

③ 王灼《碧鸡漫志》："古歌变为古乐府，古乐府变为今曲子，其本一也。"

④ 参见萧涤非：《乐府填词与韦昭》，载《国文月刊》14 期。

⑤ 参见刘云翔：《吴歌与词》，载《同声月刊》二之二，1942。

诗”，复云“词多不经”，则其中庸或不少为俚朴之民歌乎？刘（禹锡）、白（居易）唱和之词，白氏自编之《长庆集》列于（卷六十七）律诗，刘集则厕于（卷八）乐府。张志和之《渔歌》已具长短句形式[①]而被目为杂言，俱为诗词不分之明征。文人截取法曲、大曲之一段，或制为小调，宜于尊前清歌妙舞。前此之乐府，有一长时期为宗教所利用，至是始纯为个人抒情之作，由沉闷变为生动活泼。《花间集》之选，欧阳炯序云：“因集近来诗客曲子词五百首。”“曲子词”一名于以成立。炯序又云：“唱《云谣》则金母词清。”则敦煌《云谣集杂曲子》之结集，亦循此一观点着手；由此两集所见之曲子词，其遴选标准可以概见，盖已脱离一般乐府与宗教性赞咏之范围矣。

唐代总集，若日本弘仁时期著作之《文华秀丽集》（公元818年）、《经国集》（公元827年），其中皆立“梵门”一类，凡佛教题材皆属之。《经国集》收诗九百一十七首，分为乐府、梵门、杂咏三类。[②] 张志和之《渔歌》及嵯峨天皇辈之和作，系在卷十四杂咏，而题曰“杂言渔歌”。敦煌所出唐五代歌曲，大抵有两大类：一为宗教性之赞偈佛曲，一为民间歌唱之杂曲；前者属于梵门，后者则为杂咏。衡以严格曲子词标准，梵门之制，不宜阑入，故王重民于《敦煌曲子词集》中，佛赞之类，概摈不录。若从文学资料而论，此类佛曲仍大有参考之价值也。

敦煌曲在写作技巧上固未臻成熟，然在文学史上有其重要贡献。所发现之新资料，可以说明词在产生与发展之过程中，民间曲子作品之流行情形，及其如何保存于寺院之实际状况，对于词之起源与佛曲之关联问题，可提供若干答案，本书引论将从此一端作详细之研究。

敦煌写卷中，唐五代歌辞之发现为近半世纪中国文学史研究之一大事，自朱彊村校刊《云谣集杂曲子》；其后王重民就其所目睹者撰为《敦煌曲子词集》；任二北重加校录，探赜索隐，涉论广泛，诸多启发，惜未接触原卷，每沿前人之误，用力至深，去真相尚远，然其贡献，不可磨没也。

王书于1956年复有修订本，仍有小失。[③] 余于1965年杪来欧洲，欣有机缘检读英、法敦煌写卷，考索结果，复有不少新知。爰重为辑录，略加说明，

① 参见拙作《词籍考·张志和》条。

② 参见松浦友久：《〈经国集〉论考》，载《中国古典研究》十二，97页，早稻田大学印。

③ 如P·三一三七之“少年夫聓”仍作“小年少辈”。P·三八三六之割裂为多段，左景权先生已指正之。见 Note sur la remise en ordre du manuscrit 3836 du fonds Pelliot-chinols，*Melanges de Sinologie Offerts à Monsieur Paul Demiéville*，pp. 35～40，Planches I-Ⅷ，1966。

俾读者得觇原貌，或有更进一步之了解也。

本编所录英、法诸卷，叙述特详，他则据王氏、任氏、周氏（泳先）之书著录。列宁格勒苏联科学院（La section de Leningrad de L′institut des Peuples de L′asie de L′académie Dessciences de L′U. R. S. S. ）两词，承戴密微教授取得影片，俾资补录，尤为难得。图版仅就法京藏物选载。本编正文所收，以曲子词为主，先为新增曲子资料；次则《云谣集》及习见之曲子，每首略附校记；又次则少数新获之佛曲及歌词附焉。其联章佛曲，仅列为表，以备考览。卷末并附韵谱与索引。

是书之作，乃作者受聘法国国立科学研究院（C. N. R. S. ）在欧洲滞留九个月间工作之成果，承戴密微教授之指示，及法京国立图书馆 Madame M R. Guignard (Chef du Cabinet Oriental du Département des Manuscrits de la Biblio-Théque Nntionale)、伦敦大英博物馆 MR. E. D. GRINSTEAD 给予方便，友人陈祚龙、左景权、吴其昱诸先生时获切磋之益，谨此深致谢忱。

1968 年 8 月识

上篇　敦煌曲之探究

一、敦煌曲之订补

（一）补词

下列为王氏、任氏二书缺载者：

《思越人》（P·二七四八 V°）　《怨春闺》（P·二七四八 V°）

《曲子喜秋天》（S·一四九七）　（《谒金门》）《开于阗》（S·四三五九）

《曲子名目》（P·三七一八 V°）　《曲子还京洛》（L·一四六五）

《长安词》（L·一三六九）　《药名词》（S·四五〇八）

《伤蛫曲子》（S·二六〇七）

（二）补句

《咏月婆罗门》　S·四五七八缺字甚多，可以 P·二七〇二补足之。

《禅门十二时》　北京"鸟"十多缺句缺字，可以 S·四二七补全。

《十二月曲》　S·六二〇八原卷模糊残缺，P·三八一二可以参订。

《叹百岁诗》　S·一五八八缺第六十六一章，以 P·三三六一 V°补足之。

（三）缀合

《五台曲子》　S·二〇八〇＋S·四〇一二，天成四年写本。

P·三八三六与P·三一三七（现编入藏文四七号）原为同一小册，分裂为二。

（四）补作者名

P·二〇五四《十二时》各书失载作者之名，据卷背标题，知为智严所作。

二、敦煌词之年代问题

（一）S·四三三二卷《卄卄孯》之年代

《菩萨蛮》词牌已见《教坊记》[①]，崔令钦书所录止于开元，则《菩萨蛮》词是时已有之。虽李白之作是否真伪，今尚未有定论，然宋人之说有足注意者：

（1）李易安记开元、天宝间，李八郎[②]能歌擅天下……自后郑卫之声日炽，流变之靡日烦，已有《菩萨蛮》、《春光好》、《莎鸡子》、《更漏子》、《浣溪沙》、《梦江南》、《渔父》等词，不可遍举[③]，依上列各调排次，且知《菩萨蛮》之兴似在《渔父》词之前。

（2）《宋史·艺文志》总集类有：

《谪仙集》十卷，勾龙震集古今人词，以李白为首。此书《宋志》列于姚铉《唐文粹》之下，又次于徐铉《杂古文赋》（许洞编），王钦若、钱惟演所作《义门书堂诗集》（华林编）之前。勾龙震生平未详，要为宋初人。此《谪仙集》乃集古今人词者，当为《花间集》以后之词总集，惜不可考。然以李白所作为首，虽不明言为《清平调》抑《菩萨蛮》、《忆秦娥》，以此证之，太白之词为人所重视，不待《古风集》之载录可知矣。[④]

敦煌曲子词中，抄录《菩萨蛮》不一而足，其有涉及年代者，任二北曾举S·四三三二以证其出于天宝，且指此为最古之《菩萨蛮》。[⑤] 余在伦敦曾

---

① 参见任二北：《〈教坊记〉笺订》，3、89页。

② 李八郎即李衮，见李肇《唐国史补》下。

③ 《苕溪渔隐丛话后集》三十三可以证《教坊记》之说。

④ 陈鹄《耆旧续闻》言其家藏李后主《七佛戒》又杂书二本，中有《临江仙》涂注数字，其后则书太白词数章，是平日学书。不知《菩萨蛮》在其中否？《古风集》详拙作《词籍考》，6页。

⑤ 参见任氏《校录》，35页；《初探》，241页。

细核原件，为粗黄纸一张，一面书壬午年三月卅日，龙兴寺僧愿学于乾元寺法师随愿仓便麦事①，又言“其愿学有往来人言道汉地死亡”云云，此段重抄一次，文有出入，一面书词三首，共十一行，起《别仙子》，又书《菩萨蛮》（即“枕前发尽千般愿”一首），又书《酒泉子》，仅数句而止，尚未抄完。两面笔迹颇相似，知此三首乃出于寺院所抄写。《别仙子》有“晓楼钟动执纤手看看别”句，而纸背于“壬午年三月”两段文字中间，有随手杂书“握绯”二字，“纤”字只写一部分，其偶写“握纤”二字，当因正面有“握纤手”句。可见正反面之关系，殆先抄词，而后书愿学事，可推知此三词当写于壬午以前，而出僧徒之手。其“菩萨蛮”三字作“卄卄蛮”，小字注于“枕前”句之侧，显为后添。“菩萨”字省写作“卄卄”，与敦煌寺院写卷惯例相同。②

壬午究为何时，任二北据《佛祖统纪》五十三以为天宝元年，因是时玄宗敕天下兴建开元寺、龙兴寺，而此纸适见龙兴寺之名。③ 然此龙兴寺乃敦煌本地大寺之一。④ 其言“愿学有往来人言道汉地死亡”，可见是时敦煌正值吐蕃统治时期。沙州陷于吐蕃在建中二年（公元781年），至大中五年（公元851年）张议潮收复河西，在此期间之壬午，应为贞元十八年（公元802年），若下一壬午为懿宗咸通三年（公元862年），时河西已脱离吐蕃之羁绊矣。此纸之《菩萨蛮》、《酒泉子》、《别仙子》当抄于贞元壬午之前后，绝非天宝之顷也。

（二）P·三一二八所录词“频见老人星”之年代

此卷录《菩萨蛮》三首、《浣溪沙》三首、《浪涛沙》三首、《望江南》四首、《感皇恩》二首。《菩萨蛮》中有二首可定年代：

---

① 此文刘铭恕《斯坦因劫经录》，颇多抄失，兹重录如下，文云：
“壬午年三月卅日龙兴寺僧愿学于乹元寺法师
随愿仓去己卯年十一月廿二日便麦肆硕粟肆硕
其麦粟于大众沙弥面上买绢其愿学有往来
人言道汉地死匕其王法师征索此物其物吾他自
不招言道不取。
握绯……”

② 南诏张胜温画卷“菩萨”亦作“卄卄”。

③ 向达《伦敦所藏敦煌卷子经眼目录》谓此卷背写“壬午年龙兴寺僧学便物字样”。夺去“僧愿学”之“愿”字。其依向氏说，定壬午为天宝者，又有张琬《〈菩萨蛮〉及其相关之问题》，载《大陆杂志》二〇卷一、二、三期。

④ 参见藤枝晃：《敦煌之僧尼籍》。

（1）千年凤阙争雄弃，何时献得安邦计？銮驾在三峰，天同地不同。

三峰指华岳，唐人诗所云："天外三峰削不成。"此指乾宁三年（公元 896 年）唐昭宗幸华州事（详《新五代史·韩建传》）。

（2）再安社稷垂衣理，受（寿）同山岳长江水。频见老人星，万方休战征。良臣安国部，金（今）喜回銮凤。从此后太皆（阶）清，齐钦乎圣明。

此首言"从此泰阶清"，应指梁开国事。《旧五代史·太祖纪三》：

开平元年八月甲子平明前，老人星见于南极。

开平二年八月甲寅太史奏寿星见于南方。

开平三年八月司天台奏："今月二十七日平明前，东南丙上去山高三尺以来老人星见测。"

开平四年八月，车驾西征，庚午次陕府，辛未，老人星见。

乾化元年八月癸亥，老人星见。

此后不书老人星，此词言"频见"，可定作于开平、乾化左右。因知同卷中《感皇恩》二首所言：

朱紫尽风流，殿前卿想（相）对列诸侯，叫呼万岁愿千秋。

百僚卿相列排班，呼万岁，尽在玉阶前。

《通鉴》记梁受禅，百官舞蹈称贺事正相合。疑《感皇恩》一类之词作于此时。故此 P·三一二八卷中之词，有唐昭宗乾宁三年（公元 896 年）、梁太祖开平元年（公元 907 年）二事，可为年代之定点。

（三）P·三三六〇《大唐五台曲子》之年代

P·三三六〇为《大唐五台曲子》五首，寄在《苏幕遮》。[1] 别有《五台山赞文》，敦煌所出同卷甚多。任氏据许国霖书录北京"咸"字一八号赞文之第二首曰："大周东北有五台山。"定此《苏幕遮》为武后前后作品（《初探》，261 页）。按《五台山赞文》若 P·四六二五云："大州东北有五台，其山高广与天连。东台往见琉璃国，西台还见给孤园。"及列宁格勒卷亦作"大州东北

① 参见那波利贞：《〈苏幕遮〉考》，见京都帝国大学《纪念史学论文集》。

有五台山”（L赞文四四）。“周”及“州”之同音别写[1]，非武则天之周也。

五台山佛教著于《清凉传》，相传文殊师利说法于此[2]，亦其常镇毒龙之所[3]，故《五台山赞文》有“毒龙已除为天海，文殊镇压不能翻”，即指此也。自唐代宗时王缙建金阁寺，五台佛教益盛。[4] 四方大德，辐辏其中，异国远来巡礼者尤众。吐蕃且遣使来求五台山图。[5] 大历间南梁法照来五台入化竹林寺；敦煌经卷中有法照之《净土五会念佛诵经观行仪》（P·二〇六六）。至于《五台山曲子》，又有唐明宗天成四年写本（S·二〇八〇+S·四〇一二）；《五台赞文》，有宋太宗太平兴国四年永安寺本（P·二四八三），皆甚迟之物。按S·四〇一二与S·二〇八〇合为一卷，经缀合后，知所谓《大唐五台曲子》五首者，大唐应指后唐。S·三七三李存勖诗：皇帝癸未年（即同光元年）迎太后句云：“孝道未能全报得，直须顶戴绕弥山。”《旧五代史》二十九、三十二，同光元年五台山僧献铜鼎。S·五二九定州开元寺僧牒署：“同光二年五月廿九参学比丘归文状。”正面记大唐国阎浮提之名山，第一为五台山，兼记中与四方各台周围八百里大寺十一所僧尼一千余人，可见后唐初五台佛教情形。《旧五代史》七十一《许寂传》云：“同光时，以方术著者，又有僧諴惠，諴惠初于五台出家，能修戒律……自云能役使毒龙，可致风雨，其徒号曰降龙大师。”[6]《新五代史》七十四：“同光元年，新罗国王金朴英遣使者来朝贡。长兴四年，权知国事金溥遣使来。”按渤海国僧素贞早于太和二年到五台灵境寺；《三国遗事》载太和元年八月五日，新罗净神太子宝叱徒与弟孝明太子同隐入五台山。至同光时新罗遣使来五台，此赞所述新罗王子即指太和事。

S·三九七，记五台山佛殿及旅行日程，为五代佛教宝贵资料[7]，附抄于此：

于大安寺下，其寺寺前有五凤楼，九间大殿，九间讲堂，一万斤钟。

---

① 任氏又举卷中“国”字作“囯”，认为作武后之证。按《献忠心》：“早晚得到唐囯里。”“国”字作“囯”；P·三〇八六“那梨记囯名”，“国”亦作“囯”，敦煌卷此例甚多。

② 参见《文殊师利菩萨现宝藏陀罗尼经》。

③ 参见《御览》四十五引《水经注》。

④ 参见两《唐书·王缙传》。

⑤ 参见《旧唐书·敬宗纪》。

⑥ 降龙大师名李诚惠，本蔚州灵丘人，详《广清凉传》。

⑦ 五台山佛教史迹，详小野胜年、日比野丈夫合著之《五台山》，巴黎 Musée Guimet 有五台山图，为极重要文献。敦煌莫高窟中有五台山图，宿白有文（载《文物参考资料》二卷五期）记之。又参 Pelliot 文 B. É. F. E.-O. Ⅷ，504 及 P. Demiéville：*Le Concile de Lhasa* 注 188 页及 376～377 页。

大悲院有铸金铜大悲菩萨四十二擘，高一丈二尺。修造功德主、大德内殿供奉慧胜大师，赐紫澄漶。弥勒院主内殿供奉净戒大师，赐紫澄漪。次有经藏院，有《大藏》五千六百卷，经并足。文殊院有长讲《维摩经》座主继伦。门楼院有讲《唯识论》、《维摩经》、造《药师经钞》座主道枢。寺后有三学院，内长有诸方听众经律论进业者，共八十人。院主讲《唯识论》、《因明论》、《维摩经》。六时礼忏，长著布衣，不见夫人娘子。有寺主大德，赐紫讲《维摩经》及文章怀真。药师院有长讲《法花经》，六时礼忏，著布衣崇德。（下缺）

按此下另黏接一纸，墨甚淡，文云：

五月廿一日从北京出，至白杨树店冯家宿，计五十里。五月廿二日到大于店尹家投宿，计七十里。五月廿三日到忻州南赵家店，六十里。廿四日从忻州行至定相县，四十里，张家宿。廿五日从定相起至臺山南门建安尼院宿，计四十里。文殊堂后大榆树两个。廿六日从建安尼院起，至大贤岭饭，四十里。兼过山，名思良岭，又到佛光寺，四十里，宿。廿七日夜见玺（圣）灯一十八遍现。兼有大佛殿七间，中间三尊两面文殊普贤菩萨。弥勒阁三层七间，七十二贤万菩萨，十六罗汉，解脱和尚真身塔，锁子骨和尚塔，云是文殊普贤化现。常住院大楼五间，上层是经藏，于下安众，日供僧五百余人。房廊殿宇，更有数院，功德佛事极多，难可具载。廿九日从佛光寺起〔到〕，又至圣寿寺尼众所居受斋食，相去十里。斋竟，又行十里，到福圣寺，寺有（下缺）

三、敦煌曲之作者

（一）“御制”问题

唐季五代诸帝多能文，尤喜曲子，唐昭宗之《菩萨蛮》、《杨柳词》，其著者也。史载唐昭宗建旆东还，御延喜楼，送（朱全忠）既醉，遣内臣赐（全忠）御制《杨柳词》五首。[1] 梁祖亦嗜歌，曾以单州营妓教头葛大娘所撰新

① 参见《旧五代史》二、《北梦琐言》。

声，令李振填词，付后骑唱之，以押马队，后讹为《喝驮子》。[①] 唐昭宗之《菩萨蛮》，敦煌卷若S·二六〇七所录，不称御制，知抄录者必为五代人。

敦煌曲有题“御制”者，不知何帝所撰。考《新五代史》三十七《伶官传》云：“庄宗既好俳优，又知音，能度曲，至今汾晋之俗，往往能歌其声，谓之御制者皆是也。”今S·三七三为李存勖同光元年迎太后诗。敦煌卷写于同光年间者不一而足，若《叹百岁诗》，当即《五代史》二十七（《庄宗纪》）伶人所奏之《百年歌》[②]，则《御制内家娇》一类，可能为庄宗时之作品。《内家娇》云：“歌令尖新。”《旧五代史》五十六《符存审传》：“妓曰：俘囚有符存审者，妾之旧识，每令击节以赞歌令。”则歌令亦当日常用语也。

《五代史补》：“初，（唐）庄宗为公子，雅好音律，又能自撰曲子词。其后凡用军，前后队伍，皆以所撰词授之，使揭声而唱，谓之‘御制’。至于入阵，不论胜负，马头才转，则众歌齐作。”是当日多目庄宗之作品为“御制”也。

（二）可确知之作者

敦煌曲作者，今多不可考。唐末敦煌籍之文士，见于史传能词者有张策：“策字少逸，燉煌人。……乐章句……妙通因果，酷奉空教，未弱冠，落发为僧。居雍之慈恩精庐，颇有高致。……天祐……为翰林学士，转兵部郎中知制诰……乾化二年秋，卒。所著《典议》三卷，《制词歌诗》二十卷。”（见《旧五代史》十八）

张策集名《制词歌诗》，凡廿卷之多，其中必有倚声之作，惜已失传。P·三一二八中之《感皇恩》，前考应属梁时作品，或出张策手笔，未可知也。

敦煌曲子之作者，今可确知者：

（1）P·三九九四《更漏子·金鸭香》，乃温庭筠作，并见《花间》、《金奁》二集。

（2）S·二六〇七《菩萨蛮》（“登楼遥望秦宫殿”、“飘飘只在三峰下”二首），唐昭宗所作，见《全唐诗》。

（3）P·三九九四《更漏子·三十六宫》、《菩萨蛮·红炉暖阁》，俱欧阳炯作，见《尊前集》。

① 参见《碧鸡漫志》。

② 《五代史·庄宗纪》：“初，唐龙纪元年，帝才五岁，从武皇校猎于三垂岗，岗上有玄宗原庙在焉，武皇于祠前置酒，乐作，伶人奏《百年歌》者，陈其衰老之状，声调凄苦。”

（4）S·六五三七、P·三二七一《乐世词·菊黄芦白》，沈宇作，见《国秀集》上《武阳送别》。

附论

其僧人之作可确知者，有悟真，曾作《五更转》、《十二时》，存序；见P·三五五四，其文如下：

谨上河西道节度公，德政及祥瑞《五更转》兼《十二时》共一十七首，并序：

敕授沙州释门义学都法师、兼摄京城临坛供奉大德，赐紫悟真谨〔撰〕

窃以巨唐驭宇，累圣重光，美（英）声跨于百王，盛烈毌（贯）于千古。加以众灵叶庆，瑞𥻆（牒）𥻆（此字衍）昭彰。凤篆于是重臻，龟书得以叠朕（映）。一人奏南风之咏，万姓忻东户之春，惣（总）六合以〔为〕家，笼八荒而建国。武丁感梦，求获板筑之宾；文王卜兆，而得垂钓（钓）之士者，则我当今大中皇帝之有天〔下〕也，既有非常之主，必有非常之臣。善政犹传，君臣同德，劬劳百戴（载），经营四方，争巳（亡）吐蕃，终基汉室者，则我尚书之美也。伏惟我尚书涯注（渥洼）龙种，丹穴凤鶵（雏），禀气精灵，生便五色，讨冯陵而开一道，奉献明王；封秘策而通二庭，安西来贡。天憍（骄）旧族，辄伏而归。吐谷羌浑，自投戮力；誓为肱股，讨伐犮（犬）戎；请扷（拔）沆（坑）埋，引通唐化。尚书量同海〔阔〕，智等江深，遂申一统之图，兼奏九戎之使。既徹（彻）天听，圣主忻欢。十道争驰，一时庆贺。（中略）呈祥表瑞，如斯盛羡（美），人具尔瞻，此则尚书之感应也。先述尚书殊待之功，后录尚书祥瑞之应。凡一十七咏，韵乏宫商，上题序云，下申其咏。篇篇钩锁，句句连环，君子赠言，列之于左。其词曰（原卷以下失抄）

P·二七四八卷正面为《古文尚书》；背为《古贤集》一卷，在《长门怨》一首之后，接书《国师唐和尚百岁书》，此即河西僧都统悟真所作。[1] P·三八

① 悟真事迹，详陈祚龙著 *La Vie et les Oeuvres de Wou-tchen*（816-895），载《远东学院专刊》LX，1966，巴黎。

二一为硬黄纸小册，亦书写悟真此《百岁诗》拾首，在《女人百岁篇》后，文字略有异同。又S·九三〇亦录此，不全。

《国师唐和尚百岁书》[1]

敕授河西都僧统赐紫沙门〔悟真〕[2]，年逾七十，风疾相兼。动静往来，半身不遂。思忆一生所作，有为实事，雖覽（虽兢）寸阴，无为理中，功行阙少，犹被习气，系在轮回。自责[3]身心，裁诗十首，虽非佳妙，狂简斐然。散虑摅怀，潧（暂）时解闷，鉴识君子，矝（矜）勿诮焉（焉）。[4]

以下为诗十首，每首末句皆用“一生身”三字，文见陈祚龙氏《悟真之生平及作品》一书79～89页，兹不录。《桐江诗话》云：“罗隐诗篇篇皆有喜怒哀乐心志就之语，而卒不离乎一身。故许浑千首湿，人以‘罗隐一生身’为对。”[5] 观悟真之诗，知“一生身”乃唐人惯语，不自罗隐始也。

P·二〇五四之《十二时》长卷，首尾完整，词中有“中和年”句，必作于僖宗中和以后。卷背有淡墨题端大字一行，文云“智严大师《十二时》一卷”，向为人所忽略。智严之名[6]，见于P·三五五六卷背记僧人借物一条云（卷面录后周时代之《邈真赞》）：“智严于道场内思惟，次见一和尚将一银椀（碗）香水，令智严洗净入道场。”与此智严大师恐非一人。考P·二〇五四卷末署同光二年，学子薛安俊书，与之同时有一智严和尚，曾至西天巡礼。伦敦所藏两卷，可考知其事迹：

（一）S·五九八一为一粗厚黄纸，共十八行，文略云：“大唐同光贰年（公元924年）三月九日，时来巡礼圣迹，故留后记。鄜州开元寺观音院主临坛持律大德智严，誓求无上普愿救拔四生九类，欲往西天求请我佛遗法，回东夏。……智严回日，誓愿将此凡身于五台山供养大圣文殊师利菩萨，焚烧此身，用酬往来道途护卫之恩。所将有为之事，回向无为之理，法界有情，

---

① P·三七二〇背牒“僧悟真……充释门乂（义）学”，另写“和尚俗姓唐”数字，可证。P·三八二一题作《百岁诗》。

② S·九三〇沙门下有“悟真”二字。

③ “自责”下有“轮”字涂黑，再记卜号于其旁。

④ 此《百岁诗》序，竺沙雅章《敦煌の僧官制度》（载京都大学《东方学报》）亦抄录之。

⑤ 亦见《五代诗话》卷五。

⑥ 高僧法号智严者，有宋元嘉时人，见《高僧传》三；又有于阗国籍，唐景龙时人。

同证正觉。”[1]

（二）S・二六五九为一长卷，背书《西域记》，起屈支国，讫“入北印度境，至滥波国”。题曰“《大唐西域记》一卷第一”。接书《往生礼赞文》一卷，又《十二光礼忏文》（为七言偈），末记下列一行：“往西天求法沙门智严西传记写下一卷。”[2] 行笔风格与《西域记》颇相近，唯字较大，似同一人手迹。

此智严本鄜州开元寺观音院之法律僧，曾至西天求法，作《十二时》之智严大师，殆即此人也。

---

① 刘录颇有误字，兹据原卷改正。

② S・三七三署名玄奘之《题半偈舍身山》云：“忽闻八字超诗境，不借（惜）丹躯舍此山；偈句篇留方石上，乐音时奏半空间。”小注云：“在西天。”此五台山之西天也。S・三四二四端拱二年往西天，取卄卄（菩萨）戒之僧志坚状，此西天与智严所言之西天正同，亦在五台也。

中篇　词与佛曲之关系

一、词之起源与佛曲（赞咏），兼论敦煌所出之佛赞集

佛曲一名，见于《隋书·音乐志》西凉部云："舞曲有于寘佛曲。"西凉部起于苻秦之末（4世纪至5世纪），乐府中有佛曲，见于此时。唐太乐署供奉之曲尚有龟兹佛曲、急龟兹佛曲（见《唐会要》三十三）。唐乐府称佛曲分属七调，见于陈旸《乐书》（卷一百五十九），所取材者有佛曲二十六。南卓《羯鼓录》卷末附有诸佛曲调十一曲[1]，此类大抵出于西域之于阗、龟兹及印度。

论词之起源者，向来持论纷如。有从某一词调之出见，以考证词体产生之年代者。胡适之据《南宗定邪正五更转》，证知盛唐时代已有用双调之《五更转》，作为宣传佛教之曲子，即由齐言变为长短不等之三字句与七字句。[2]按佛赞之兴甚早，其用长短句者，为例极夥，不得概目为词。《五更转》之《南宗赞》，形式虽作长短句，而分明题曰"赞"，其非词曲可知。任二北所谓联章曲子，多属佛赞，混入于曲，未免稍滥。苏联出版之敦煌《赞文（附宣讲）》[3]，L·一三六三之《南方赞》，列为"赞类"，甚有卓识。净土宗之赞，

① 参见向达《论唐代佛曲》，见《唐代长安与西域文明》新印本，277页。

② 胡适此说载于《史语所集刊》外编第四种《神会和尚语录的第三个敦煌写本》，28～30页。

③ 1963年《东方古代文献丛书》第十五种，莫斯科出版，L. N. MEN′ŠIKOV选辑并序。

有寄以词调出之者，试举南宋乾道间四明宗晓《乐邦文类》卷五所采，则有：

北山法师可旻赞净土《渔家傲》二十首。①

西余禅师赞西方《渔家傲》一首。

白云法师净圆《望江南》十二首（《娑婆苦》、《西方好》）。

三家之作，正为词体，即其显例。亦犹《五台山佛赞》，除寄在《苏幕遮》之《五台山曲子》外，余均为赞而非词也。《乐邦文类》为书分十四门，始经咒而终乎诗词，卷五收赋铭、偈颂、诗词等项。其词一项，混收和陶潜《归去来词》三家，可见偈颂与词之严有区分，且见词之为体。南宋初仍沿唐末词附于诗之观点，故知赞之与词，不宜混淆。

赞在中国文学史上应用最广。主要有三方面：

（一）用于史书人物之评骘，为史述赞。

（二）与图画结合者为画赞，《邈（貌）真赞》。

（三）与音乐歌唱结合者，特别发展为宗教文学之主要角色，佛教、道教之偈赞或赞咏属之。

敦煌发现之文学材料，“赞文”占极大多数，佛教徒使用尤广。图像貌真及讲唱赞咏，多撰赞为之。释氏歌赞，出于梵音。《高僧传·经师》篇总论云：“天竺方俗，凡是歌咏法言，皆称为呗。至于此土诵经，则称为转读，歌赞则号为梵音。”P·三一九〇有〔道〕安法师《念佛赞文》，起“三十三天仏最尊，万物中贵□过人”，终于“当来极乐佛边期”句，此《念佛赞文》为七字一句，仍是齐言。《续高僧传》五，释僧旻尝于讲日谓众曰：“昔弥天释道安每讲，于定坐后，常使都讲等为含灵转经三契。”道安之著名，由于集制三科：上经、上讲、布萨等（《法苑珠林》三十六《呗赞》篇）。按道安此法似本诸支谦。《开元释教录》谓：“谦（支谦）又依《无量寿》、《中本起经》制《赞菩萨》连句梵呗三契。”连句即连续念之，自是以后，呗赞朋兴，并汹成专集。梁有《经呗导师集》；萧子良著述有《赞梵呗偈文》一卷（见《出三藏记》）。唐时此类总集尤夥，若僧宝道《呗赞》六十首（鲁国都昂（高卿）撰，《开元释教录》），善导所集《往生诸赞》三种，均收入《大正藏·诸宗部》（第四十七册），与法照之《五会念佛仪赞》，皆净土之要典也。

敦煌所出赞集不少，余所目见，举其重要者：

P·三三七三，首题“敬法门”三字，空三格，末题曰“三课一本”。背

① 可旻《渔家傲》，见《全宋词》新印本，2426页，上海，中华书局印，1965。

为《归西方赞》(多用“归去来”三字作和声，余皆七字句)、《四十八愿赞》、《随心叹西方赞》、《西方杂赞》，皆七言一句。按此四赞为《净土念佛行仪》，已见P·二〇六六。

P·三〇五六，王重民题为《佛家诗词总集》，其中如《归去来》、《入山学》、《山中乐》、《出深山》诸赞皆习见。诸体有五言、六言，又七言转韵杂以三字句。兹举一首为例：“处众未曾同轰轰，孤触未辞无伴侣，或在深山旷野中，身心无知如灰土。空无主。春秋冬夏常不变，家(寂)莫(寞)游游无处所。学兹父。四大五阴腐烂宝，誓愿为君作梁柱。”亦有七言连用同韵者，例如：“抱女坐禅心不缘，对事不乱色不韋(牵)，孤女京(寡)妇同房眠。”此皆古诗之属，未见词体。

其著明年月者，则如：

P·二〇六六，卷前以咸通六年二月僧福威牒装裱，即法照《净土五会念佛诵经观行仪》卷中，背总题曰“《归西方赞》一部”，此卷已收入《大正藏》卷八十五。

P·二九六三，即《净土念佛诵经观行仪》卷下，末有大历九年冬及乾祐四年题记。卷中《随心叹西方赞》为唯休述，余若《西方极乐赞》、《净土五会赞》、《净土法身赞》皆法照所撰。背为《南宗赞》一本及《五更转》，凡此均是赞而非曲。

P·四五九七[①]此卷背有“管内都僧统贤照”字样，及下列年号：

咸通九
光化四年九月三日
光化三年五月廿日弟子比丘律师念记准状不灵
光化四年九月十五日灵圆寺法晋(字缺半)
咸通九年正月四日每学生紂书卷
咸通九年三月十八日方文晟念佛德

卷之正面为赞文，文极多，录目如次：

① 按S·六六三一多书赞偈，可与此卷参照，自《归极乐去赞》至《维摩五更转十二时》，与此卷情形全同。

《和菩萨戒文》、《惠水文》一本。经云："和云：'莲华藏戒，今日得闻众（苦），倾心愿垂广说。'"

《西方乐赞文》。

《散华乐赞文》。和声小字，旁注三字句："满道场，散华乐。"

《般舟梵赞文》

《香汤赞文》一本。

《四威仪赞》——行威仪、住威仪、坐威仪、卧威仪（七言诗格）。

《卧轮禅师偈》："卧轮无伎量，能官百思想。……"（按《卧轮偈》见S·一四九四《卧轮禅师看心法》。）

《受吉祥草偈》。

《大乘中宗见解要义别行本》。

《香赞文》、《花赞文》。

《游五台赞文》。（以"游五台"，"香花供养佛"双行作注，疑是和声。）

《辞父母出家赞文》一本。

《义净三藏赞》——释门副教授金髻撰。

《罗什法师赞》——释金髻撰。

《唐三藏赞》——释利济撰。

《稠禅师解虎赞》——释僧函撰。

《金刚五礼文》。

《金刚五礼》一本。

《五台山赞文》并序。

《寅招礼》。

《九想观诗》一本。

《佛母赞》一本。

《菩萨安居解夏自恣法》一本。

《辞道场赞》（小注有"道场"、"同学"）。

《请十方贤圣赞》一本。

《送师赞》一本（小字注"花林"）。

《劝善文》、《说偈文》、《十二光礼法身礼》一本。

其次附述《五台山赞》。敦煌卷中五台山咏，除曲子六首寄《苏幕遮》

外，习见者又有《五台山赞》二种：一为题金台释子玄本述之《五台山圣境赞》；另一为“道场屈请暂时间”一首，题曰《五台山赞文》。P·四六四一《五台山圣境赞》起句云：

金剎（刹）真容化现来，光明花藏每常开。天人共会终难识，凡圣同居不可裁。五百龙神朝月殿，十千菩萨住灵台。浮生踏著清凉地，寸土能消万劫灾。

按此首即《赞大圣真容》；此卷末题《五台山赞》一本，每首删去篇题，又不分章，连接书写，如无P·四六一七对勘，几误会八赞为一长篇也。P·四六一七与此同文，题曰《五台山圣境赞》，金台释子玄本述大圣真容。其末行为《大乘五更转》，只得“一更初，妄想真如不异居”句，以下则缺，于此可见《五台山赞》与《五更转》等每连在一起。P·四六二五、P·四六四七、P·四六〇八背，及L·一三六九、P·一三六二皆为《五台山赞文》，七言四句，起曰：“道场屈请暂时间，至心听赞五台山；毒龙已除为天海，文殊镇押（压）不能翻。”此篇五台分咏于每首之后，有“佛子、《文殊师利菩萨》、佛子”等唱为和声，或双行书写。以上各卷《五台山赞文》，多与他赞合抄，如P·四六〇八《五台赞文》后，接书《十空赞》及《南宗赞》（有“一更长，如来智慧心中藏”句）。此卷正面斋文，末记：“维时大宋太平兴国五年庚辰岁九月五日立契赤心乡百”之字样。P·四六四七《五台山赞》后，接书《悉达太子逾城念佛赞》；L·一三六九为《入山赞》，《五台山赞文》下接书《长安词》。

二、词与法乐（法曲）梵唱及僧人之改作旧曲

法曲[1]其始似出于梵曲。南齐有法乐，即所由昉。梁僧祐《出三藏记》十二著录有：

齐文皇帝制《法乐梵舞记》。
齐文皇帝制《法乐赞》。
齐文皇帝令舍人王融制《法乐歌辞》。

---

① 丘琼荪《法曲》（载《中华文史论丛》五号）考论甚有条贯，唯未溯及法乐。

齐文皇帝即文惠太子[①]，《南齐书·文惠传》云："太子与竟陵王子良俱好释氏，立六疾馆以养穷民。"竟陵王萧子良实与文惠以佛教倡导，于喁相得。同书《竟陵王传》云："与文惠太子同好释氏，甚相友悌。……于邸园营斋戒，大集朝臣、众僧，至于赋食行水，或躬亲其事。"文惠以建元四年四月集僧众于玄圃园（《广弘明集》十九），于其子郁林王且用佛号，取名法身。萧子良亦屡发讲，著《净住子》三十一条[②]，宣扬释教。王融并为之作颂[③]，融盖竟陵王八友之一也。（《梁书·武帝纪》）

《广弘明集》三十有王融《法乐歌辞》十二章，凡歌《本起》、《灵瑞》、《下生》、《在宫》、《四游》、《出国》、《得道》、《双树》、《贤众》、《学徒》、《供具》、《福应》，乃咏世尊一生行迹。《乐府诗集》七十八收录之，称《法寿乐》（多一"寿"字），此即南齐法乐之歌辞也。当时必配以梵唱，且有乐舞，故曰《法乐梵舞》；谓之法乐者，犹其主要乐器之鼓，亦曰"法鼓"也。王融之《法乐歌辞》乃谱释迦事迹，其乐亡而文字幸存焉。

释氏经呗，传说出于曹植，近人疑其假托。[④] 然《高僧传·经师》总论称："（植）既通般遮[⑤]之瑞响，又感渔山之神制，于是删治《瑞应》、《本起》，为学者宗。传声三千有余，在契则四十有二。"僧祐《出三藏记》收《经呗导师集》，具著其目，凡二十一首。第一种曰《帝释乐人般遮琴歌呗》。注云："出《中本起（经）》。"其中又有陈思王《感鱼山梵声制呗记》、支谦制《连句

---

① 《南齐书·郁林王纪》："追尊文惠皇太子为世宗文皇帝。"

② 参见《净住子·净行法门》三十一条，现载《广弘明集》二十七。敦煌卷P·三〇七八刑部格背佛经引《净住子》一条，又见S·七二一。《宋史·艺文志》有萧子良《统略净住行法门》一卷，列在"道家类"，非。《净住子》今存，共十卷。

③ 王融所作颂均附于每门之末，其体四、五、七言皆备。明臧懋循《古诗所》卷五十载王融《努力门》、《回向门》二诗；王运熙《乐府诗论丛》附记此为七言诗，见于佛家韵语者。不知此乃《净住子之颂》，自"毕故止新门"二十一以下皆七言也。《全齐诗》据《初学记》收王融《净行诗》十首，实即《净住子》之五言颂。又《古诗所》录谢灵运《法门颂》"出不自户将何由"一首，据《广弘明集》，实乃王融《净住子颂》之第二十六"敬重正法门颂"，非康乐之作，附为订正于此。

④ 关于梵呗，参考《法宝义林》"bombai"条，及"Tsaur Jyr and the introduction of Fannbay 梵呗 into china" by K. P. K. Whitaker, B. S. O. A. S. 1957。

⑤ "般遮"二字又见《续高僧传·杂科》声之总论："新声助哀，般遮屈势之类。"孙楷第云："疑即般涉乞食之异文。"（按即pañcaśikha。仍参《法宝义林》"bombai"条）《高僧传·经师》篇，东晋建业建初寺《支昙籥传》云："所制六言梵呗，传响至今。"则其体尚有六言者。

梵呗记》、康僧会传《泥洹呗记》，知三国吴、魏均有梵呗之制。[①] 梁时尚有记录，而大抵以《本起》及《涅槃》之故事为内容；厥后若昙凭之诵《三本起经》、慧忍之制《瑞应四十二契》，具见《高僧传》。《大唐内典录》卷二有五言《咏颂本起》一百四十首，亦其流裔也。王融之《法乐歌辞》各五言体，然其《净住子》各颂，则兼有七言之作，盖当时七言亦甚通行。《高僧传·僧辩传》云：

> 永明七年，司徒竟陵文宣王（子良）梦于佛前咏《维摩》一契，因声发而觉即起，至佛堂中，还如梦中法更咏《古维摩》一契。……明旦，集京师善声沙门及僧辩等，集第作声，辩传《古维摩》一契，《瑞应七言偈》一契，最是命家之作。

僧辩之《瑞应》即为七言偈也。一契即一 gāthā[②]，一句而已，而转读可以返折旋弄，是谓作声。竟陵能咏《维摩》一契，必待沙门为之作声，用转折之唱法出之，即成梵呗。齐文皇帝所制之法乐，既有梵舞，必合以呗响，其为佛曲，可无疑义。[③]

《隋书·音乐志》梁普通中记：旧三朝设乐，所奏凡四十九项，“其（第）四十四设寺子遵（《乐府》引作导）《安息》、《孔雀》、《凤凰》、《文鹿》、《胡舞》、《登连》、《上云乐》、《歌舞伎》”。是《上云乐》、《歌舞伎》[④]，梁以前已有之，其中有安息《胡舞》，可见是时胡汉乐舞之混合。《隋志》又言：“（梁武）即位之后，更造新声。帝自为之词三曲，又令沈约为三曲以被管弦。帝既笃敬佛法，又制《善哉》、《大乐》、《大欢》、《天道》、《仙道》、《神王》、《龙王》、《灭过恶》、《除爱水》、《断苦转》等十篇，名为《正乐》，皆述佛法。又有法乐童子伎、童子倚歌梵呗，设无遮大会[⑤]则为之。”《南史·臧盾传》

---

① 《开元释教录》：“（僧会）又传《泥洹呗声》，清靡哀亮，一代模式。”又云：“（支谦）又依《无量寿》、《中本起经》制《赞菩萨》连句梵呗三契。”此并吴之梵呗。

② gāthā 汉译为句，见《翻译名义大集》一四六〇。

③ 《出三藏记》十二有齐太宰竟陵文宣王《法集录》，萧子良所著有梵行书目共十六帙，内有《赞梵呗偈文》一卷，《梵呗序》一卷，《转读法并释滞》一卷，惜均失传。

④ 参考任半塘《唐戏弄总说》，199～202页；《萧衍、李白〈上云乐〉的体和用》（载《中华文史》二号）；滨一卫：《伎乐源流考》（《中国文学报》九，京大，《论〈上云乐〉》）。任氏谓《上云乐》为上演穆天子事，恐难信。

⑤ 无遮大会祈祷文，P·三九七八有句云：“倾心精室，既当请圣之时；四部云臻，方值无遮之会。”

载："中大通五年，武帝于同泰寺设四部大会，众数万人，驯象狂逸。"梁之新声命曰《正乐》，皆述佛法。梁有法乐童子伎，由童子倚歌而唱梵呗，当是据南齐之法乐，由僧人而推广及于童子者。武帝此类佛曲，今已无存。别有《上云乐》，则为歌颂神仙之道曲，作于天监十一年冬。《上云乐》乃据《西曲》加以改造，出于当日乐令吴安泰及内人王金珠之手（见《通典》一百四十五，及《古今乐录》）。又商客巴陵游三江口，往还所作之《三洲曲》，武帝亦于是时改其旧辞。《古今乐录》云："梁天监十一年，武帝于乐寿殿道义竟，留十大德法师设乐，敕人人有问，引经奉答。次问法云：'闻法师善解音律，此歌（指《三洲歌》）何如？'法云奉答：'……应欢会而有别离，"啼将别"可改为"欢将乐"。故歌和云：三洲断江口，水从窈窕河傍流，欢将乐共来，长相思。'"法云所改者为辞之内容，旧辞"啼将别共来"，法云易"啼将别"为"欢将乐"[①]。梁武之《正乐》十曲，其中有《大乐》、《大欢》，易"啼"为"欢"，换悲观字眼为乐观，以符释氏之旨，亦逢迎人主之意耳。《三洲》属于《西曲》，《西曲》多商人之作。《诗纪》南齐卷七，释宝月《估客乐》二首，齐武所作者，使宝月奏之管弦，月又上此二曲，曲凡四章[②]，盖以《西曲》入乐。齐梁之间，多由僧人参与其事。凡僧人之改作旧曲，合以梵响，便成新声。宋《高僧传·读诵》篇云："今之歌赞，附丽淫哇之曲，敷为梵奏，此实新声也。"此等事不始于赵宋，自法云、宝月已是如此。

三、偈赞与长短句

长短句不得概目为词。长短句之名，宋时已极流行。观第 9 世纪编成之梵藏汉对校之《翻译名义大集》[③] 一四五六号：

梵　Miçrakam

藏　Spel-ma

汉　长短句

---

① 《乐府诗集·懊依歌·题解》引《古今乐录》："天监十一年，武帝敕法云改为《相思曲》。"参王运熙《乐府诗论丛》，32、33 页，及王氏《六朝乐府与民歌》，27、28 页。

② 宝月《估客乐》亦见《玉台新咏》卷四《近代西曲歌》。《古今乐录》："《估客乐》者，齐武帝所制也。"见《全齐诗》，乃五言四句。

③ 参榊亮三郎撰序。

和译以为即“诗与散文之混合”。梵剧中 prose+verse，即所谓 miçrakam 者也。藏语 spel-ma，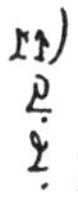 亦指 byad〔=tshigs-byad〕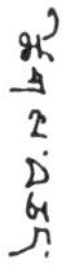〔verse〕，lhug〔=tshig-lhug〕（prose）。spel-ma 指诗与散文之混合[①]，即佛经之体裁亦往往如此。禅月大师（贯休）逸诗《赞念法华经僧诗》云：“常诗菡萏白莲经，屈指无人得相似。……短偈长行主客分，不使闲声挂牙齿。”（S·四〇三七）此长短句乃指短偈长行而言，与词无关。在吟诵时，长短尚有主客之分，此即转读之功能，朱湾有《听法华经歌》，曰念曰转，固一义也。

东坡曾目词为“长短句之诗”，《与蔡景繁书》云：“顷示新词，此古人长短句诗也。”（《续集》五）南宋初，郑刚中《乌有编序》则云：“长短句亦诗也；诗有节奏，昔人或长短其句而歌之。”盖以长短句生于乐府，故仍以诗目之。词之称长短句，至王灼《碧鸡漫志》则屡屡言及，如云：“王荆公长短句不多。”“东坡先生以文章余事作诗，溢而作词曲……或曰长短句中诗也。”“政和间，曹组元宠皆能文，每出长短句，脍炙人口。”“（李易安）作长短句，能曲折尽人意，轻巧尖新，姿态百出。”此外，姜夔《长亭怨慢》小序云：“予颇喜自制曲，初率意为长短句，后协以律。”至是以“长短句”为词之名称，方告确立。唯敦煌曲中始终未见“长短句”一名，《全唐诗》（八五九）吕严有长短句及《渔父》词一十八首，乃出依托。

四、赞咏在道、释文学上之发展及其与曲子之分途

敦煌词曲资料，除曲子词外，以佛曲为多。任二北撰《敦煌曲校录》，分为普通杂曲、定格联章及大曲三类。定格联章几全为佛曲，此类佛曲，不能概目为词，任说似嫌泛滥。词之起源与佛曲虽有密切关系，然其合流及分歧之处，有仍须详细讨论者。早期之词，有施于歌唱或仅备讽诵，歌唱形为赞颂，讽诵成为歌诀。歌唱之词，溯其渊源，大抵有法曲、大曲及小唱三大别。

---

① 藏语 spel-ma 与 re-mos（）同义，本指混合。文学上 spel-ma 谓 composition of poetry and prose，CF. DAS，*Dictionary* 801。藏语资料，承 R. Stein 教授指示，附此致谢。

法曲中部分即为佛、道之歌词。

释、道传说，一向杂糅。如梁武之《上云乐》，本为道曲，而又吸收《老子化胡经》故事以夸张之。梁时兼弘扬道、释二教，观庾信有《和阐弘二教应诏诗》①，可知其概，乐府与佛、道曲相结合，最足注意者，厥为和声之运用，道教与佛教之歌赞均采取之。

和声之兴，汉时之声曲折，实其萌芽。② 六朝乐府之和送声为清商曲之特征。③ 汉之声曲折，今不能详。道家音乐步虚与佛家之梵咏，在六朝时亦复混合。寇谦之之《云中音诵》，即“华夏诵步虚声”，用十八虚声于斋法时行之（见杜光庭《太上黄录斋仪》一），又称《转声华夏赞》（见《道藏》中《玉音法事》）。刘宋时道调步虚声与梵咏并见（陈国符《道乐考略》），庾信有《步虚词》十首④，《乐府解题》：“《步虚词》，道家曲也。”唐时醮仪，有《步虚词》八首（每首五言八句，如前）。《册府元龟》记道士玄辨论天宝十载之道士步虚声。《唐会要》：“天宝十三载太乐署供奉曲，内林钟宫道调。”《步虚曲》属燕乐，《全唐诗》韦渠牟有《步虚词》十九首。至宋太宗撰《步虚词》十首，乃为《西江月》（五言句数不定）。此道曲步虚之演变大概。其始已原于北魏，至宋时又寄以《西江月》词调，如佛曲《五更转》之寄《喜秋天》之例。

今所欲说明者，为六朝以来道曲与佛曲均同样发展。二教在咏赞之文学作品，互相模仿。佛教有《散花乐》，道教亦有《散花词》（宋真宗所作者，有五言十首、七言十二首）。佛教有《十二时》，道教有《十二时龙虎神丹歌》。佛曲有《五更转》，全真教亦有《五更转》、《如梦令》，道教对于佛教，亦步亦趋。

道藏《玉音法事》中之颂词一类，如五、七言《散花词》、《三涂颂》，皆剽自释氏。道曲字旁，或注四声，或注云众和，与日本所传《净土赞》之记平、上方法可参较⑤。道教乐谱表声音曲折以ʒʒ号，今保存于绍兴之高腔（说亦见陈氏《道乐考略》）。释、道在文学音乐上之交流，可见其概。（参《法宝义林》梵呗条，戴密微教授有另文讨论。）

---

① 见《全梁诗》。

② 参见逯钦立：《四声考》。

③ 参见王运熙：《论六朝清商曲中之和送声》。

④ 庾信之《步虚词》及五言古诗，张旭以草书写之，见新印张旭帖。

⑤ 参见塚本善隆《唐代中期の净土教》申论《五会法事赞》之赞诗，其转读之法，记明平声、上声、缓急等。

道、释于赞咏有其仪轨，勒成专集，故净土宗法照编有《念佛观行仪》（P·二〇六六）。《宋史·艺文志》有太宗、真宗《三朝传授赞咏仪》二卷，即张商英所编。今《道藏》中有商英《金箓斋三洞赞咏仪》是也。《道藏》洞真部赞颂类之《三洞赞颂灵章》（内有颂、章、歌、赞、宝颂、偈颂等目），亦即此类。

咏赞在宗教上之运用，佛教与道教同样发达。道书之分类，特辟赞诵一门。观敦煌本《太玄真一本际经圣行品》第三[①]论道书之分类云：

> （上略）所受诸洋，虽复无边，总括条疏，唯十二事。部类分别，随根不同，一者自然本文，二者神符，三者宝诀，四者灵图，五者谱录，六者戒律，七者威仪，八者方法，九者术数，十者记传，十一者赞诵，十二者章表。……赞颂者，众真大圣，巧饰法言，称扬正道。令物信乐，发起回向，生尊重心。

可知赞诵一科，唐初已独立为道书十二事之一。《云笈七签》引《道门大论》，言道书分十二部[②]，第十一为赞颂，其说曰：

> 赞颂者如《五真新颂》、《九天旧章》之例是也。赞以表事，颂以歌德。故诗云："颂者美盛德之形容。"亦曰偈；偈，憩也。以四字、五字为憩息也。

又解说十二部先后次序之义云：

> 前言诸教，多是长行散说；今论赞颂，即是句偈，结辞既切，功满德成。

此种分类方法，正沿唐以来之旧规，而散说与韵语分开，与佛家咏赞之体，实宜区别也。

---

① 《本际经》多为开元二年道士索洞玄写本，其卷四P·二八〇六为埊壂（证圣）元年闰二月廿九日神泉观师记思庄写本102页，则武周时物。

② 道书分类详《道教义枢》卷二《十二部义》；又吉冈义丰《道藏编纂史》130页《十二部名称异同表》。

五、和声之形态及其在词上之运用，兼论佛曲之乐府

向来论词之起源者，多主泛声填实之说。[①] 自新资料逐渐发现，此说似宜修正。泛声、和声之法，汉六朝乐府已习用之[②]，不限于佛曲，道曲亦然[③]。佛曲多添和声，其由佛徒改变新声者，以梁武天监十一年法云法师[④]用《三洲歌》改制《江南弄》为最著。《古今乐录》谓是年武帝敕法云改《懊侬歌》为《相思曲》，同年冬武帝又改《西曲》制《江南弄》七曲，《上云乐》七曲，皆有和声。三者皆天监十一年事。《江南弄》之和声，为三、五字句式。

唐词和声之例，见皇甫松《竹枝词》六首，即以“竹枝”、“女儿”为和声，例如：“槟榔花发竹枝，鹧鸪啼女儿，雄飞烟瘴竹枝，雌亦飞女儿。”此则为衬字之例。按《巴东三峡》之《女儿子》，刘毓盘谓即唐人《竹枝词》所自出，今观此《竹枝词》以“女儿”二字为和，其说可信。

胡仔云：“《瑞鹧鸪》犹依字易歌，若《小秦王》句法，长短不等，必杂以虚声，乃可声耳。”是在非齐言之词句，必求助于虚声。同时，唱词必用余音助声，张炎《讴曲旨要》第八首云：“哩字引浊啰字清，住乃啰哩顿喻唛。”元李冶《敬斋古今黈》记广宁乐工歌《渭城曲》，起二句及末二句于第四字下，以“剌里离赖”为和声。金时道曲，如王喆《全真集》中之《捣练子》，每阕末皆用“哩啰唛、哩啰唛”六字。又《卜算子》以“前后各带喝马一声”加于本调。而王丹桂《草堂集·齐天乐》下片四字对句，作“啰嚕哩嚕，唇歌舌证”。今按佛曲之《悉昙颂》前小序云：

> 唐国中岳释沙门定惠法师翻注，并合秦音，鸠摩罗什《通韵》。鲁流卢楼为首。

鲁流卢楼，原为梵音字母之ṛ、ṝ、ḷ、ḹ，故《俗流悉昙章》八首，每首上片之末句，必用“鲁流卢楼”四字为和。《渭城曲》之“剌里离赖”及后来之

---

① 朱子《语类》一百四十云：“古乐府只是诗中间却添许多泛声。”

② 参见王运熙：《论六朝清商曲中之和送声》，见《六朝乐府与民歌》，102 页。

③ 梁时道曲之《方诸曲》、《玉龟曲》、《金丹曲》，杂歌辞之《江南曲》、《龙笛和》、《采莲曲》皆有和。

④ 释法云传见《续高僧传》卷五；《大正藏》二〇六〇，463 页。

"啰哩嗱唛"，皆其音转，故演为无义之和声，其法道、释均流行之。

佛曲和声，大抵可分有义与无义二种。有义者，每以主题为和，间系于句首，如《早出缠》、《入山乐》、《山中乐》、《出深山》（P·三〇五六）；《净土乐》、《乐住山》（P·二七一三）；或用呼格（vocative），如《五台山赞》之书仏子文殊号（P·四六二五）；或侧书作小字双行以示别，若P·四六〇八之《仏子》、《大圣文殊师利菩萨》，则如唐词之衬字。无义者，如《悉昙颂》"鲁流卢楼"之用于句腹，则犹《渭城曲》第四字下之用"剌里离赖"也。施于句末之和声，如P·三一二五小曲起句之"何何嗐"、《十二月诗》末之"也⺀也⺀"，则犹是汉代乐府之"贺⺀何⺀"旧式。

和声有省略者，若S·五八九二《好住娘》只书一"好"字，P·三五五二则但记"音声"二字，表示虚声。摩尼教经典如S·二六五九亦见和声，且有二叠、三叠之名，如《阳关三叠》之例。西藏歌辞章末亦有添和声，如si-li-li、spu-ru-ru[1]，具见和声之作用流行甚广。

佛曲与乐府之关系约有二类：一为佛曲套入乐府旧曲，寄以谱出者，举例论之：

《行路难》　原为北狄乐歌，辞颇疏质，晋袁山松好之，以为挽歌。[2]范晔、颜延之均善挽歌[3]，谢几卿醉则执铎挽歌[4]，佛徒袭用之，有《澄心行路难》等。

《五更转》　陈伏知道有《从军五更转》，佛曲套用之最夥（详见专章）。

《百年歌》　原陆机作，后来佛曲有《缁门百岁篇》，唐李可及为《叹百年》舞曲，哀我生之须臾，亦挽歌之流亚也。

《归去来》　此曲以"来"字为尾声。《西乌夜飞》："白日落西山，还去来。"梁《鼓角横吹曲》："逐郎归去来。"梁武童谣："逐欢归去来。"[5]俱是明征。按《晋书·隐逸传》已有"祈孔宾、孔宾隐去来，隐去来"语，在陶潜之前。佛曲之《归去来》，当亦袭此。[6]

---

① 参见R. A. Stein, *La Civilisation Tibé' taine*, p. 217。

② 参见一海知义：《挽歌考》，载《中国文学报》一二，京都。

③ 参见《南史》卷三十二、三十四本传。

④ 参见《梁书·谢几卿传》。

⑤ 参见王运熙：《六朝乐府与民歌》。

⑥ 参见吉冈义丰：《关于归去来辞》（载《中国文学报》六），又《归去来の辞与佛教》（见《石滨古稀纪念东洋学论丛》，610页）。唐人张炽有《归去来引》，日本圣武天皇《宸翰集》中亦有《归去来》。

至于寄某词调，如《大唐五台曲子》寄在《苏幕遮》及曲子《喜秋天》，皆其著例。挽歌一类，合于释氏无常之旨，因而特别采用。又此类歌曲盛行民间，故释氏借为宣传工具焉。

二则纯为梵曲，后演成词牌；《婆罗门》、《悉昙颂》而外，如《舍利弗》、《摩多楼子》、《达磨支》、《浮图子》、《毗沙子》，皆由梵曲而来，后或为教坊曲（见《乐府诗集》七十八《杂曲歌辞》类）[①]，故李贺有《摩多楼子》，温庭筠有《达磨支》，尹鹗有《金浮图》。《归去来》唐为佛曲，至宋而为词调，是以柳永有《归去来》词。杨慎《词品》云："李郢诗言变梵呗为艳歌。"即此类也。

法曲中有"胡夷里巷之曲"，自北朝来已有人编集，如后魏太常令崔九龙所记"谣俗四夷杂歌"共五百曲，及《外国伎曲》三卷，惜其书已亡。《唐会要》太簇商有禅曲，又《食曲》（疑是《大食曲》）内有：《阿弥陀》（众僧用）、《观世音》、《佛帝利》、《大乘》、《婆婆阿弥陀》、《悉家牟尼》、《毗沙门》等，明为佛曲，除《毗沙门》与梵曲《毗沙子》或有关系，余则未闻。

六、敦煌曲与乐舞及龟兹乐

敦煌卷所见寺僧颇嗜文学，如灵图寺僧之抄白居易《柘枝妓诗》（P·三五九七）[②]，非仅文学之用。当日寺院兼习乐舞，S·三九二九节度押衙知画行都料董保德等，建造《兰若功德颂文》云：

> （上略）又于窟宇讲堂后，建此普净之塔（原注"四壁图会"云云），是以五土分平，迥开灵刹，三峗特秀，势接隆基。辉浮孟敏之津，影辉神农之水。门开慧日，窗豁慈云。清风鸣金铎之音，白鹤（鹤）沐玉毫之舞。果唇疑暎，演花勾于花台，莲睑将然（燃），披菒（叶）文于菒座……[③]

由"演花勾于花台"句，盖当时兼演花舞勾队。[④] 证之宋时史浩《鄮峰真

---

① 详任二北《〈教坊记〉笺订》。

② 白氏《柘枝妓诗》，见白氏《长庆集》卷五十三。柘枝，参向达《柘枝舞小考》（见《唐代长安与西域文明》附录一），与丘琼荪《柘枝考》（见《音乐论文集》第三册，22页）。

③ 此文刘铭恕据显微卷转录，颇多讹脱，兹从原纸，校正句读。

④ 史浩《鄮峰真隐大曲》中花舞云："两人对厅立自勾念，念了，后行吹《折花三台》，舞取花瓶；又舞上，对客放瓶，念各种花诗，又唱《蝶恋花》。"

隐大曲》中之舞曲六种，有柘枝舞、花舞。知花舞敦煌佛窟于做功德时亦表演之，意亦兼为柘枝舞也。

《菩萨蛮》亦为舞队。唐懿宗时李可及以数百人于安国寺[①]作“四方《菩萨蛮》舞队”，唱《百岁诗》，他寺必模仿之。敦煌所出《叹百岁诗》篇，不一而足，殆由于此。龙图寺僧写《卄卄篡》，虽在李可及之前，然他卷之抄《菩萨蛮》词者尚夥，疑《菩萨蛮》队舞，敦煌僧众当时必兼习之。而有用纸题额者，P·四六四〇背记一条云：“十四日支与王建铎队舞（按：上原有武字，侧用‘卜’号删去）额子粗纸壹切。”此为舞队需用之纸张，王建铎则领队者也。S·二四四〇背云：

队扙白说，白月才沉（沈）形，红日初生，拟扙才行形，天下宴静，烂满（漫）綀（绮）衣花璨璨，无边神女貌萤萤（莹莹）。青一队，黄一队，熊（态）踏。

大王吟：拨棹业船过大江，神前倾酒五三□（字缺半边），倾傴不为诸余事，大王男女兼相乞一双。

夫人吟：拨棹业船过大池，尽情歌舞乐神祇，歌舞不缘（缘）别余事，伏彭（愿）大王乞一个儿。

〔回鸾驾却〕吟生：圣主摩耶往后薗，频（嫔）妃彩女走乐暄，鱼透碧波堪赏玩，无忧花色最宜观。

无忧花树菜（叶）敷荣，夫人彼中缓步行。举手或攀枝余（馀）菜，释迦圣主袖中生。释迦慈父降生来，还从右胁出身胎。九龙洒水早是衩，千轮足下瑞莲开。

相吟别：阿斯陁仙启大王，太子瑞应极贞祥，不是寻常等闲事，必作菩提大法王。

妇吟别：前生与殿下结良缘，贱妾如今岂敢专，是日耶输再三请，太子当时脱指环。

老相吟：眼闇都缘不弁（辨）色，耳聋高语不闻声，欲行三里五里时，虽是四回五回歇。

少年莫咲老人频，老人不奞少年春，此老老人不将志，此老还留与

① 见《杜阳杂编》下，《新唐书·曹确传》。P·三六五四即安国寺经目，此或为沙州安国寺之藏经目录。P·二八三八有《安国寺胜净状》。

后人。

四吟：国王之位大尊高，煞鬼临头无处逃（桃），四相之身皆若此，还漂苦海浪滔滔。

临险吟：可叹岂中耶（也）大岂，灵山会上忍合知，贱妾一身犹乍可，莫交辜负阿孩儿。

修行吟：夫人据解别（别）扬台，此事如莲火里开，晓镜罢眷（看）桃利（李）面，钳（绀）云休揷（插）凤凰钗。

无明海水从资竭，烦恼藂林任意摧，努力鹫峰修圣道，新妇莫谗不掣却回来。

此卷极为重要，可以明了变文于唱诵时兼有舞队。开首云“队仗白说”。又旁注：“青一队、黄一队，态踏。”当是以颜色分别舞队之左右行列。《宋史·乐志》记《菩萨蛮》队：“舞者衣绯生色（《乐书》作绛缯色）窄（亦作穿）磦，卷云冠。”此舞队之服色也。“态踏”即指舞蹈之状。敦煌有舞谱可为证明。变文中云“尽情歌舞乐神祇”。又云“歌舞不缘别余事”。可为敦煌演奏佛曲时歌舞相兼情况之写照。而“队仗白说”则为“说白”，《碧鸡漫志》五：“李可及所制舞队，不过如近世传踏之舞耳。”敦煌卷所见“态踏”二字，与宋时“传踏”必有相涉之处。①

此记表演《太子修道》之歌舞剧②，文中所言吟之人物有大王、夫人、吟生、新妇，可知“吟”即唱词。吟之题目有“老相吟”、“临险吟”、“修行吟”等，其间兼记动作，如云“回鸾驾却”，而“神前倾酒”句下云：“倾柸不为诸余事”。倾柸即倾杯。③《倾杯乐》在敦煌颇盛行，窦骥诗云“笙歌烂漫奏《倾杯》”是也。④

此段在是卷正面题为《八相押座文》，从“圣主摩耶往后薗”句起，至

① 李白诗：“忽闻岸上踏歌声。”《乐府诗集》八十二《近代曲辞》有《调笑》及《踏歌》二种；日本奈良时代有汉人踏歌之例，如持统天皇七、八年正月十六日奏汉人踏歌，则施于朝仪矣，见林谦三：《正仓院乐器の研究》，213 页。唐之踏歌与态踏、传踏之关系，仍待研究。

② 参见刘永济：《宋代歌舞剧曲录要》，28 页，此段可补其缺略。

③ 参见冒鹤亭：《倾杯考》，载《同声月刊》。

④ 窦骥（窦夫子）《往河州使纳鲁酒回赋》七律云：“驿骑骖赶谒相回，笙歌烂漫奏《倾杯》。食客三千蹑珠履，美人二八舞金台。西园明月刘贞（桢）赋，南楚雄风宋玉才。慕德每思门下事，兴嗟世上乏良媒。”（P·四六四〇账内偶抄此诗，亦见陈祚龙《悟真书》中附录（一）。陈抄作“蹈珠履”，余疑“蹈”应作“蹑”。）此诗可见河西一带当日繁荣之情况，诗盖上吐蕃帅尚乞心儿也。尚乞心儿事详 P. Demiéville，*Le Concile de Lhasa*，281、291 页。

“太子当时脱指环”句完全相同，其前又有“始从㜸㜺队人间，先向王宫示生相，九龙耷嗑香和水，争浴莲花菜上身”四句，贴在《八相押座文》题目之上。按押座文，习见有“经题名目唱将来”之语[①]。此数句殆即所谓“经题名目”，故加以重述，从知押座亦犹今人所谓押台戏，指警策句子，用以押座耳。

敦煌所出舞谱有二[②]：一为P·三五〇一，纸薄而韧，字体极似《云谣集》，誊录工整。于接连两纸之处，其背恰书“显德伍年（公元958年）四月押衙安员进牒”，及“戊午年（戊午，即显德五年）六月十六日清得押衙阴清儿”，知此舞谱即写于显德五年以前。一为S·五六四三，乃小册残叶，写于《心经》之后，前有《曲子送征衣》。P谱存《遐方远》、《南歌子》、《南乡子》、《双燕子》、《浣溪沙》、《凤归云》六谱。S谱存《蓦山溪》、《南歌子》及《双燕子》三调。

朱子《经世大训》谓：“唐人俗舞谓之打令，其状有四：曰招，曰摇，曰送，其一记不得。招则邀之之意，摇则摇手呼唤之意，送者送酒之意。”今摇与送均见于敦煌舞谱。其言“相逢揖”、“头⺀⺀揖”，余考揖即揖字[③]，谓作揖也。其他动作又有“请”，疑如德寿宫舞谱之呈手[④]，其他各家讨论已详，兹不复及。[⑤]

次论敦煌曲与龟兹乐。

《太子入山修道赞》云：“一更夜月长，东宫建道场，幡花伞盖月争光，烧宝香。共奏《天仙乐》（《天仙子》），龟兹韵宫商，美人无奈手头忙。声绕梁。”“龟兹韵宫商”句，P·三〇六五作“皈资用宫伤”。“皈资”应是“龟

---

① 参见金冈照光：《押座考》，载《东洋大学文学部纪要》十八集。

② P谱初由刘复抄录，刊于《敦煌掇琐》上辑，205～212页。神田喜一郎又影入《敦煌秘籍留真新编》下册。S谱影入拙作《敦煌琵琶谱读记》。

③ 向误揖字为揹。按赵之谦《六朝别字记》：“揖祝融而求鸟兮。”六朝人“胥”、“咠”每混，知揖即揖字，林谦三、赵尊岳皆从余说。

④ 德寿宫舞谱名目，见周密：《癸辛杂识》后集。

⑤ 敦煌舞谱研究资料，兹列如下：

罗庸、叶玉华：《唐人打令考》。

冒广生：《敦煌舞谱释词》，见《疚斋词论》。

任二北：《舞容一得》，见《敦煌曲初探》。

拙作《敦煌舞谱校释》，见香港大学学生会《金禧纪念论文集》，1962。

林谦三：《敦煌舞谱の解读の端绪》，载《奈良学艺大学纪要》，一〇，二，1962；又《补遗スタイン本について》，载《乐苑丛刊》二，1962。

赵尊岳：《敦煌舞谱残帙探微》（一）—（四），载《南洋大学图书馆季刊》，1963。

兹”之音讹。考《隋书》十五《音乐志·龟兹乐》条云：

（炀帝）大制艳篇，辞极淫绮，令乐正白明达造新声，创……《斗百草》、《泛龙舟》、《还旧宫》、《长乐花》及《十二时》等曲。掩抑摧藏，哀音断绝，帝悦之无已。

炀帝之语白明达，以曹妙达相比。《斗百草》、《泛龙舟》、《十二时》，俱见敦煌曲，此数曲《隋志》附列于《龟兹乐》条。

唐时以上诸曲调则属法曲。法曲为继承六朝以来流行音乐而集其大成者，故炀帝之新声亦包含在内。《唐会要》三十三《诸乐》条，记太常梨园别教院教法曲乐章，其曲名见于敦煌卷者，有《破阵子》、《五更转》、《泛龙舟》、《倾杯乐》、《斗百草》诸调。

《苏幕遮》亦出自龟兹国。慧琳《一切经音义》四十一云：“《苏摩遮》西戎胡语，正云：《飒磨遮》戏，本出西龟兹国，至今犹有此曲。”然梨园法曲已与龟兹乐杂糅，敦煌流行者为“龟兹韵宫商”，则恐仍用龟兹乐。故余以为敦煌所出之乐谱，实即龟兹谱。故王建宫词有云“内人皆好龟兹乐”也。

《酉阳杂俎》十二记宁王常夏中挥汗鞔鼓，所读书乃龟兹乐谱。[①] 韩滉所绘有龟兹乐舞卷，清方士庶犹及见之（见方士庶之《画笔记》）。宋沈辽《云巢集》有龟兹舞诗，明谈迁《枣林诗集》[②] 有《西域按舞合乐图歌》，图为宋徽宗时画院吴元瑜所绘，此皆重要文献。

敦煌《五更转》、《喜秋天》咏七夕，其乐调疑即龟兹之《七夕相逢乐》（见《隋志》）。五代时龟兹乐仍盛行，《五代史》五十五《崔棁传》记：

（晋高祖时），礼乐久废……继以龟兹部《霓裳法曲》参乱雅音，其乐工舞郎，多教坊伶人百工……奏于廷而登歌，发声悲离烦慝，如《薤露》、《虞殡》之音，舞者行列进退，皆不应节，闻者皆悲愤。[③]

法曲在敦煌之流行，可以S·二一四六卷为证。此卷为吐蕃统治下之抄

---

① 参见拙作《敦煌琵琶谱读记》，载《新亚学报》四，二，1960。

② 《古学汇刊本》第十五册。

③ 参见铃木修次：《龟兹乐考》，见《诸桥博士古稀贺论文集》；潘怀素：《从古今字谱论龟兹乐影响下的民族音乐》，载《考古学报》，1958年3月。

本，内有《转经文》云："则我国相论掣晡敬为西征将仕，保䫆功德之所建矣。"又《行城文》云："隐隐振振，如旋白钣之城；巍巍俄俄（峨），似绕迦维之阙。……笙歌竞奏而啾留，法曲争陈而槽拨。……我当今圣神赞普，伏愿寿永固，等乾坤，六夷宾，四海伏。"所云"法曲争陈而槽拨"，知乐器用琵琶。S·六一七一宫词云："琵琶㧐拨紫檀槽，弦管初张调鼓高。"P·三二一六《散花乐》中有朱笔加二行文云："弥陀仏刹难测量，此地常闻重宝香，音▨法曲詣（指）皆僵。"法曲唐末尚盛（《新唐书·李训传》载法曲弟子二十人），于兹可见。

《云谣集》写于朱梁之际，其曲若《天仙子》，则属龟兹部舞曲。段氏《乐府杂录》[①] 之《破阵子》亦属龟兹部，陈旸《乐书·感皇恩》亦然。《旧五代史》七十八《晋高祖纪四》："十二月……礼官奏正旦上寿宫，悬歌舞未全，且请杂用九部雅乐歌、教坊法曲，从之。"《宋史·乐志第十七》言奏鼓吹曲时，或用法曲，或用龟兹。知宋世龟兹乐犹沿用不替，而法曲与龟兹乐并行，盖一为清乐与俗曲之总汇，一则为胡乐之代表故也。

P·二二五〇为一粗纸，背记僧籍，间著朱笔，正面有句云："五音兼能净五蕴……西方鼓乐及弦歌，琵琶箫笛杂相和。一一唯宣五会法，声声皆说六波罗。"下书"极乐欣猒赞释灵振"字样，此应是净土宗五会念佛所用之音乐（可补塚本书之缺），亦以琵琶为主要乐器。

P·三五三九一小张，正面书"《佛本行集经》忧波离品"八行，又记《阿含经》书名题目五行，背杂记"敕赐归义军节度使牒"，其末书琵琶谱指法二行，则为通读敦煌琵琶谱之唯一资料。其文如左：

散打四声　头指四声　中指四声　名指四声　小指四声

由此两行文书[②]，散打四声一组之外，又有头指、中指、名指、小指四声各一组。知当日琵琶之使用，除《行城文》所谓槽拨，又兼用指弹奏。以四

① 参 Martin Gimm，*Das Yüeh-fu Tsa-lu des Tuan An-chieh 8. A. 7*。

② 图片见林谦三《正仓院乐器の研究》第二四图版及该书第五章说明，244 页。

指各为四声，应为四弦四柱之琵琶谱①，显见其所表示者，乃以左手指按弦及空弦（散打）之音位符号也。

P·三八〇八 V°之琵琶谱，卷为长兴四年（公元933年）中兴殿应圣节讲经文，盖晚唐至五代时物。② 其中符号若“□”，表示太鼓拍子，大抵隔六字记以“□”号为一句，至“·”林谦三氏以为返拨弹法之号。又每曲曲终共通之句，用三字或四字之例，则如日本琵琶之留手。详林氏所著各文，兹不复赘。③

七、敦煌曲与寺院僧徒

敦煌曲子词多保存于佛窟，如S·四三三二之《卄卄䨓》、《酒泉子》乃抄于龙兴寺，此寺名之可考者也。抄手之可确知出于寺院者，有僧法琳（抄《萧关地涌出铭词》），灵图寺僧比丘龙▨，净土寺僧愿宗、僧索祐住。寺中学郎、书手，则有净土寺薛安俊、报恩寺书手马幸员、永安寺学郎。天成四年写五台山《苏幕遮》之孙冰，戊申年抄《望江南》之令狐幸深，似亦僧徒弟子。以抄写书本形式而论，有下列各项：

（一）小册子

S·五五五六，曲子《望江南》三首，书于《妙法莲华经普门品》小册子，上题《观音经》一卷，有题记“代（戊）申年七月十三日，弟子令狐幸深写书耳，读诵愿深读诵”等句，可见为供讽诵之用。

S·五五四〇，此为一大册，蝴蝶装共三叶，内一叶乃由两叶倒贴，不可撕开。第一叶前题《百行章》一卷并序，第二叶杂写《燕子赋》一段，过叶又记有“白马驼（驮）经即自林”等句，第三叶首有“山花”二字，有“耄”

---

① 宋词中所见独奏之琵琶多为四弦。姜夔词：“恨入四弦人欲老。”或疑敦煌之琵琶为独奏者，然P·二二五〇明云：“琵琶箫笛杂相和。”则亦为伴奏矣。林谦三初以《天平五弦谱》音位推断敦煌琵琶谱四相上之音位谱字，实不可据。其后于唱片《天平、平安时代の音乐解读》改用四弦法为敦煌之《西江月》翻谱。

② 林谦三论《敦煌琵琶谱》论文如下：

Study on Explication of Ancient Musical Score of P'i-p'a 琵琶 *Discovered at Tun-huang* 敦煌, *China*（载《奈良学艺大学纪要》，1955（5-1））；又 *On Ancient Musical Score of P'i-p'a* 琵琶 *Discovered at Tun-huang* 敦煌（《日本学士院纪要》VOL. 32, NO. 7, 1956），此文有潘怀素译本，上海音乐出版社印本，1957年。

③ 林氏解读之《天平、平安时代の音乐》唱片，其中曾举敦煌谱之《西江月》为例。

字下注语。此册入土甚深，犹涂满黄泥，污烂不堪。

P·三八二一乃硬黄纸小册，丝栏，共廿叶，二十二面，每面七行，高15.8×阔2，抄词曲甚多；内容次序，备录如次：

起“壹拾辞亲顾出家”，即《百岁篇》（无题目）。

次为《丈夫百岁篇》（壹拾香风绽蔼花）。

《女人百岁篇》（壹拾花枝雨斯兼）。

《百岁诗》拾首（幼龄割爱豫投真）。

《十二时行孝文》一本（夜半子、干将造剑国并三）。

白侍郎作《十二时行孝文》（平旦寅，早起堂前参二亲）。

《十二时行孝文》一本（夜半子、减睡还须起）。

又《甲子乙丑五行歌诀》一首。

《十二时行孝文》（平旦寅，少年懃学莫辞贫）。

曲子名《感皇恩》（四海清平遇有年）。

同前（万拜无事减弋鋋）。

同前（聪明儿、禀天姓）。

同前（聪明儿、无不会）。按以上二首乃《苏幕遮》。

曲子名《浣溪沙》（玉云初垂草木雕）。

同前〔云掩茅庭书漏（满）床〕。

同前（山后开菌藮药葵）。

同前（海鸑喧呼别渌波）。

曲子名《谒金门》（长伏气，住在蓬莱山里）。

同前（云水客）。

同前（仙境美）。

曲子《生查子》（一树间生松）。

《定风波》（功书学剑能几何）。

同前（征后偻㑩……）。

《晏子赋》一首

P·三九一一，小册存三叶，每叶六行。起“羊子遍野”等句，续抄《捣练子》、《望江南》，讫《酒泉子》。丝栏，字甚佳，高15×阔10.5。

P·四〇一七小册，书《鹊踏枝》，在《九九诗》后，在《太子赞》前。

高 14.6×阔 10.2。

S·五八五二，末题“曲子一本”，唯残存六上半行。

P·三八三六+P·三一三七，原为蝴蝶装，分两折叶；丝栏，每叶四行。现经缀合后，知起于“又同前夜夜长相忆”，讫于《奖美人》“像白莲出水”句。①

（二）长卷

唐代宫廷写卷②及政府文件，流入寺院往往成为废纸张，僧徒于卷背随意抄写。而曲子词有抄于儒书之后者，若 P·二五〇六写于《诗》、《郑笺》，P·三二七一书于《论语》，S·一四四一《云谣集》写于《励忠节钞》之卷背是也。曲子最多之卷子为《云谣集》，英、法各有一卷，并抄于卷背，且与释家文件相杂，可断言其出于僧人之手。兹记该卷之情状如次：

S·一四四一为一长卷。正面全抄《励忠节钞》卷二《自恃德》部，至卷二之《立身》部。卷背抄《安伞文》、《患难月文》及偈语，《印砂仏文》及《燃灯文》。空数行，下接书《云谣集杂曲子》共三十首（实存十八首），最后写《倾杯乐》一词牌，即不复抄录。另倒转写《庆杨文》、《赞功德文》（嘆像、《庆经〔经〕顋文》）、《患文》。末三行书“优婆夷舍家学道志慕寻禅”等语。知《倾杯乐》未写完即被僧人取去写功德文书。

P·二八三八长卷，正面书油麦账，中有中和四年牒及河西僧都统悟真署名，又黏连安国寺上座胜净等状，为光启二年丙午岁十二月十五日；其背为金山时代之斋文，循纸度高低书写，可见先有卷面之牒状，然后利用此卷背抄录。卷背所书者为庆幡《开经》、《转经》、《入宅》等文。《转经》文内有“金山圣文神武天子抚还龙飞乘乾御宇”句，知为金山天子时代，约当朱梁之世。以下接书《云谣集杂曲子》共三十首。

由上可见曲子为僧人所爱好。僧人之娴习乐府小曲，六朝以来已成为风尚。宋之惠休③，齐之宝月④，梁之法云⑤，皆其著者。诵习曲子，亦为培养文学根柢，为自作偈赞时偷字减声之助。五代寺院亦当时之“学府”，文士名

① 参见左景权 *Remise en Ordre Du MS*. P. 3836 一文。

② 藤枝晃《敦煌出土の长安宫廷写经》（《塚本博士颂寿记念佛教史学论集》，647 页）。

③ 惠休于宋明帝时还俗（见《南史·徐湛之传》），其诗深为颜延之所薄（《南史》延之本传）。

④ 宝月见《诗品》及《全齐诗》卷四。

⑤ 法云诗载于《全梁诗》卷十三。

臣，出身为僧，其后置身贵显，考之史传，如张策[①]（《旧五代史·梁书》本传云“未弱冠，落发为僧，居雍之慈恩精庐”）、聂屿（《旧五代史·唐书》本传“屿，邺中人，少为僧，渐学吟咏”，后屿仕唐明宗为起居舍人），其文学修养，即植基于为僧之时。敦煌佛窟，实为当时沙州之最高学府，张议潮且曾为寺院学生[②]，其他可知矣。

宋人所见南唐李后主所书曲子，多与佛经相杂，如《耆旧续闻》称：“家藏李后主《七佛戒经》，又杂书二本，皆作梵叶，中有《临江仙》涂注数字。”又宋《中兴馆阁书目》有“后主书《诵经回向词》一、诗词一……”《墨庄漫录》言：“宣和间，蔡宝臣致君收南唐后主书数轴……又有《看经发愿文》，自称莲峰居士。李煜又有长短句《临江仙》……而无尾句。”（俱见《五代诗语》）今观敦煌所出《回向文》、《发愿文》，车载斗量，而曲子杂书于其中，盖五代人之习惯有如此者也。

① 张策以僧返俗为人所鄙，事见《北梦琐言》。

② P·三六二〇《无名歌》，末题“未年三月廿五日学生张议潮写”。纸粗厚，笔略带颤，而“月”作“[illegible]”，“学”作“學”。

下篇　词之异名及长短句之成立

一、词之异称

（一）杂曲及曲子

敦煌卷中所见之词，多称曰“曲子”，列举如次：

《御制曲子》	《大唐五台曲子》	《云谣集杂曲子》
《曲子鹊踏枝》	《曲子长想思》	《曲子浣溪沙》
《曲子望远行》	《曲子感皇恩》	《曲子捣练子》
《曲子喜秋天》	《曲子还京洛》	《曲子名目》
《伤蚫曲子》	《曲子送征衣》	

“杂曲”一词，见于乐府；沈约有杂曲三首（即《携手曲》、《有所思》、《夜夜曲》）。《乐府诗集》六十一卷至七十八卷为《杂曲歌辞》，其原题“杂曲”者，自王筠至王勃共七首。杂曲之名曰“子”，起于六朝南齐王融之《少年子》[①]（五言四句），似从《结客少年场行》演变。陈谢燮之《明月子》（五

① 见《乐府诗集》卷六十六。

言八句），似从《明月篇》[1] 而来。后魏温子昇有《结袜子》（五言四句）；《西曲》之《女儿子》，出自《巴东三峡歌》。[2] 唐人皇甫松《竹枝词》，即以“竹枝”、“女儿”为和声。教坊曲之称曰“子”者，不可胜数。[3] 加“子”于杂曲之后，有时虽无义，而隐有小调之意。曲子与大曲对言，可以寻味。《云谣集》而总题曰“杂曲子”，仍是作乐府看待。“杂曲”一名至北宋沿用不替，元祐政和间王齐叟、曹组所作长短句，王灼称其有“杂曲数百解”（《碧鸡漫志》二）可以见例。朱子《语类》一百四拾云：“泛声逐一添个实字，遂成长短句，今‘曲子’便是。”知南宋时曲子一名仍惯用也。

（二）杂言

唐时词又有“杂言”之目。张志和之《渔歌子》，日本嵯峨天皇辈之和作，通称为“杂言”（见《经国集》）。然杂言实为诗之一格。梁有《杂言诗钞》五卷，谢朏撰，见《隋志》。沈约《江南弄》四首，乃长短句，称曰杂言（《全梁诗》四）。唐人之诗题曰“杂言”者亦夥，如皇甫冉有《杂言迎神词》二首（句式为三三、三三七、三三七），贯休集有“杂言”，韩偓之《玉合》、《金陵》二首，一题曰“杂言”，仍是诗而非词。唐人诗词不分，《渔歌子》原亦被视作“杂言诗”也。

（三）倚声、填词

宋张耒序贺铸乐府，称其“乐府之词，高绝一世”，“大抵倚声而为之词，皆可歌也”。李之仪跋吴思道小词，论长短句云：“至唐末遂因其声之长短句而以意填之，始一变以成音律。大抵以《花间集》中所载为宗，然多小阕。”按倚声亦称倚歌，《古今乐录》云：“凡倚歌悉用铃鼓，无弦有吹。”《汉书·张释之传》，颜师古注：“倚瑟，即今之以歌合曲也。”以歌合曲，即是倚歌，亦即倚声，或云倚曲。《唐书·曹确传》云：“倚声作辞。”温庭筠有《乐府倚曲》（见《乐府诗集》卷一百《新乐府》）。飞卿能逐弦吹之音，新乐府之倚曲，当日必被之弦管。此则属于乐府，而非曲子词者，故“倚声”二字借自乐府，原不限于词也。

至“以意填之”之“填”，《碧鸡漫志》云：“梁祖令李振就葛大娘新声填

---

① 见《乐府诗集》卷六十五。

② 参见王运熙：《六朝乐府与民歌》，112 页。

③ 参见任二北：《〈教坊记〉笺订》。

词。”此事盛于唐末之证。填词亦曰填腔，《词苑丛谈》记“政和中得词于古碑，赐名《鱼游春水》，命大晟府填腔”是也。

（四）小词、小歌词

北宋人称曲子每曰小词，晁无咎评宋朝乐章谓：“鲁直间作小词。”苏轼《与鲜于子骏书》云：“近却颇作小词。”又答陈季常，称其新词乃“诗人之雄，非小词也”（《东坡续集》五）。示小词与诗原异其轨辙。

李易安则称为小歌词，如云：“晏元献、欧阳永叔、苏子瞻学际天人，作为小歌词，直如酌蠡水于大海，然皆句读不葺之诗尔。”又云：“王介甫、曾子固文章似西汉，若作一小歌词，则人必绝倒，不可读也。”北宋词多可歌，故曰歌词。小词、小歌词实则曲子之殊称也。

（五）语业、长短句

至若曲子词之结集，肇于五代（如《云谣集》抄于梁时、《花间集》序在蜀广政年间），极为晚出。宋人或名词曰“语业”，见《碧鸡漫志》云：“陈无己所作数十首，号曰语业，妙处如其诗，但用意太深。”是“语业”之名，始陈后山；推其命名之由，殆与释氏有关。黄山谷好作绮语，为法秀所呵。以词为“语言业障”，后山取义，殆出于此。

宋人好为长短句，以绮语为正宗，如王炎《双溪诗馀》自序云：“余之长短句者，字字言闺阃事。”刘克庄书《翁应星乐府序》云：“然长短句当使雪儿、啭春莺辈可歌，方是本色。”（后村《大全集》）以本色而论，唯曲子词乃为正宗。《云谣集》、《花间集》之选，唯有取于诗客之曲子词，即本此旨也。宋世词之能独特发展者，亦循此涂辙。即《词源》所谓“小唱”者，至是遂为词之主流矣。

二、敦煌卷中“词”字之异义

敦煌曲子有系“词”字者，P·三二七一卷所载为：

《泛龙洲（舟）词》　　此为七言八句，末有和声“泛龙洲，游江乐”二句。

《郑郎子词》[①]　　句式为三三五、三七七。

《水调词》　　七言四句二首。

《乐世词》　　七言四句二首，其一为沈宇诗；盖以绝句入曲也。

S·六五三七有：

《剑器词》　　五言八句三首（姚合有《剑器词》）。

L·一三六九有：

《长安词》　　七言四句三首。

有词之称者仅此，其中《泛龙舟》属于法曲，《水调》属商调曲。唐曲凡十一叠，此仅二叠。《乐世》一曰《绿腰》，见《琵琶录》（《乐府诗集》八十录白居易诗，是七言绝句，与此同）。凡此诸词，实可作乐府观。

佛家诵偈，亦得称曰“词”。宋《高僧传》：“寒山子好吟词偈。……于林间缀叶书词颂。”敦煌本《赞开元皇帝注金刚经》，开首云：“皆谈新歌是旧曲，听唱《金刚般若词》。”（《敦煌掇琐》四十）俗讲时有“曲词”，如《悉达太子修道因缘》题记云[②]：“凡因讲论法师，便似乐官一般，每事须有调署曲词，适来先说者，是《悉达太子押座文》。”（S·三七一一）所云曲词，即指开讲之吟唱。变文亦曰“词文”，例如：“大汉三年季布《骂阵词文》”（《敦煌掇琐》七）[③]，即是也。此为一篇七言长古，同用一韵，类似后来之弹词。其末句云：“具说《汉书》修制了，莫道词人唱不真。”此类说词之人，谓之词人[④]。又P·三六一八为梵赞（最末为“□赞第五”），有梵译记音，结以《五赞叹》。又书第一会至第五会，知即法照之《五会念佛行仪》。接写《秋吟》一本，有云：“赞偈于朱门讽，金言于碧砌□。”又云：“此乃[illegible]（经?）文，凡能[⑤]偈赞休吟，谨裸（课）苣词，略申赞叹。”苣疑读为芭，借作下里巴人之巴；《秋吟》而自称苣（巴）词，犹言俚词、芜词，乃谦辞耳。

P·三三五〇及S·三八七七、S·五九四九等有《下女〔夫〕词》一

① 《泛龙舟词》、《郑郎子词》，余审原卷皆有“词”字；任二北未见原卷，《校录》并夺“词”字，今补。

② 龙谷大学藏西域发现将来文书第四八号文同，见那波利贞《变文探源》引。

③ 《敦煌变文集》卷一，51页。

④ 参见孙楷第：《论短篇白话小说·词话考》。

⑤ 《变文集》卷六，807页，“凡能”二字据原卷补。

本[1]，此本前半分由儿女双方问答（此是对白），后半部是诗。从“至大门[2]、中门”至“系指头、咏下帘”，每一动作皆有咏诗（此是唱词），诗句五言至七言不等，而统题曰词。此处词为共名，可包括若干首咏物咏事之诗；此类词体，只可目为“连章歌词”。

《隋书·地理志》记荆州蛮俗之丧歌，皆有节奏，歌吟叫呼，亦有章曲；又记盘瓠葬俗云：“其歌词说平生乐事以至终卒，大抵亦犹今之挽歌，歌数十阕。”如是此类连章歌词，与六朝时挽歌相同。湖南风俗女子出嫁，哭于户内，堂中诸女和歌答之；兄弟皆哭，继以和歌助歌，谓之“歌堂”。广东嫁女，有哭叹成（情）之俗。[3]惠阳嫁女之开叹情，则分为辞屋，辞娘，辞爷，辞弟、妹、姐、同年各项。中山叹情之俗，新嫁娘唱者曰长句，他女助唱者曰短句，凡此均可为敦煌《下女词》之助证。唯以哀叹出之，疑古挽歌之遗俗。北宋时，词亦用作挽歌，《木兰花》亦其一例。[4]

综上论之，敦煌卷所见之“词”字，实有数义：一指曲子乐府，一指偈颂、变文，或名曰词文，章曲亦统称曰词，其不同如此。

三、词在早期目录书中之地位，兼论其功用与歌诀

赵宋为词昌明时代，而宋人所编书目及元初修《宋史》皆无“词”一类。词书除入于总集别集为人所习知外，则或列于经部乐类，如秘书省《续编四库目》所收乐类，有下列各籍：

《历代歌词》六卷（《宋志》同）。

《教坊正数曲》二卷（《宋志》无；宋时教坊曲详《宋史·乐志》）。

《大道梦江南》一卷。

《谒金门》一卷（阙）。

《包真君望河（江）南词》一卷（《崇文目》作《道术归望江南》一卷）。

---

① 《变文集》卷三，273页。

② S·五五一五作“第一女婿至大门咏”；P·三八九三作“咏大门”；P·三九〇九作“为女婿下至大门咏词”。

③ 见汪辉祖《病榻梦痕》记湖南新田县俗，及满洲福格《听雨丛谈》七《助哭》条。

④ 钱惟演谪居汉东，所撰“城上风光莺语乱”一曲，其句颇类邓王钱俶于挽铎中歌《木兰花》引绋，详《湘山野录》，是《木兰花》亦为挽歌。

《宋史·艺文志》五行类有：

> 王承昭（一作绍）《望江南》、《风角集》二卷。
> 李燕《穆护词》一卷（一作马融《消息机口诀》）。

晁公武《郡斋读书志》十四著录：

> 《兵要望江南》一卷：其书杂占行军吉凶，寓声于《望江南》词，取其易记忆。《总目》云："武安军左押衙易静撰，盖唐人也。"（杨士奇《文渊阁书目》列李卫公《望江南》一部一册，阙。）

此则应属兵家。杜光庭《录异记》内载苏校书内潜修真，唱《望江南》。《悟真》篇内有伪托吕洞宾《西江月》十三首，盖道家方术之士，倚声以为歌诀，以便记忆。歌诀之法，唐时已蔚成风气，敦煌卷中如《定风波》之论伤风，抄于医方之后（P·三〇九三）。敦煌本《五藏论》中之唱诵部分，正是歌诀一类。从词集所隶属之类别及其功用，可见词在初期于唐五代北宋之际，另有一实用价值，则与歌诀无异矣。

四、结语

综上探讨，如敦煌卷子所提供之新资料，对于了解曲子词产生之背景，有极大裨益。日本学者有认为佛赞之作长短句式者，与词有关①，又或取变文中之作长短句者，与词体相提并论②，此均足见佛曲与词关系之深，向来为人所重视。

---

① 如中田勇次郎曾比较传白乐天作之《文珠赞》（见于日本大原实光院流传之"音曲相承次第"），句法为四四七六，四四五，与《云谣集》之《洞仙歌》相似。（东光第八号，《中国文艺特辑》，昭和二十四年，弘文堂刊。）

② 如田中谦二于《变文曲の一句法について》，举三三七七七句式与《捣练子》、《解红》、《赤枣子》、《桂殿秋潇湘神》，及仄调之《章台柳》、《杨柳枝》，及双叠之《金错刀》等词调比较。（《塚本颂寿佛教史学论集》）

佛赞、变文之体裁，齐言及杂言并见，盖与诗骚乐府体制相混合。[①] 词字在敦煌卷所见，含义甚为广泛：

（一）指曲子。

（二）指俗讲之“曲词”。

（三）变文称“词文”或“变词”[②]。

（四）章曲亦曰词（如《下女夫词》）。

他处偈语亦曰“词偈”。从广义而论，“词”一名几成为讲唱文学之“统称”。而长短句之体式，又为乐府、佛赞、变文所共有，甚至偈赞之短偈长行合体者，亦得名曰长短句。

佛曲之发展，与乐府关系甚深：

（一）以佛赞套入乐府旧曲。

（二）原为梵曲，后演为乐府杂曲歌辞之词调。

（三）乐府民歌之和声，与梵唱配合。

（四）僧人改作旧曲以入法乐。

此种现象，六朝以来，极为普遍，佛曲如是，道曲亦然，可说明民间歌曲与宗教文学之渐趋合一。

乐府之被采用于释、道者，可称为宗教词。其表现于音乐者，有清商法曲及胡乐两大系统[③]，下至宋时，奏鼓吹曲，或用法曲，或用龟兹乐，是其例也。唐宋乐府属于教坊，此类可称为乐工词。法曲多为大曲，其行于宴会，当筵歌唱有所不宜，乃或截取大曲之一段，或别为歌令小词，所谓曲子词于是产生。五代宋以降，文人以此为乐，新制朋兴，如是可谓由乐工词变而为文人词矣。

敦煌所保存有关词之材料，宗教词、乐工词与文人词三者均有之，而以宗教词之佛曲为最夥。佛曲有标明寄某词调者，为数极少（只见《苏幕遮》、《喜秋天》），大抵皆赞咏之属。赞咏在宗教文学上之分类，唐初已占一独立地位，道教《本际经》可为证明。敦煌所出佛赞，多为专集，故此类作品，与

① 变文韵语有：（1）纯七言句，如长庆体者，即张祜所谓《目连变》，P·二五五三《明妃变》中，有极似高适之《燕歌行》。（2）骚体用“兮”字者，如P·二三〇五《妙法莲华经提婆达多品变文》，则如李白之《鸣皋歌》，用韵亦极有条理。

② 《老子化胡经》卷十《玄歌》，中为《老君十六变词》。

③ 《梦溪笔谈》五：“唐天宝十三载，以先王之乐为雅乐，前世新声为清乐，合胡部者为宴（燕）乐。”然燕乐多取自西域，如龟兹乐是其主流，然实与法曲混融，不得但目为胡部。

词本分道扬镳，不当糅合也。[1]

附　词与乐府关系之演变表

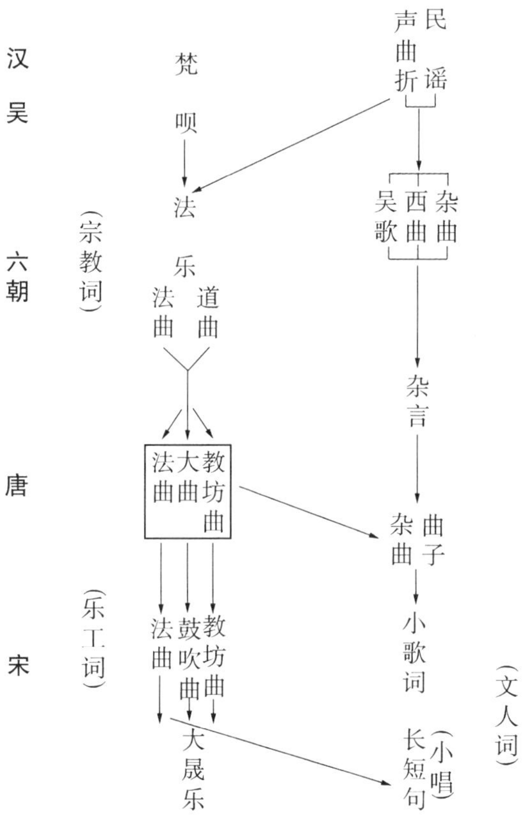

① 《唐音癸签》收有偈颂若干卷，《全唐诗》概为削去，甚合体例。

敦煌曲系年

天宝间

《禅门悉谈章》写于纸背。（S·四五八三）此黄纸卷一面书田契，内有开元二十八载，天宝四、五载字样。

公元 769 年，大历四年

谢良辅等作《忆长安》约在是年前后（任氏《初探》）。列宁格勒有《长安词》。

公元 802 年，贞元十八年壬午

《卄卄孃》写于龙兴寺。（S·四三三二）

公元 851 年，大中五年辛未十一月

张议潮收复河西授节度使，都僧统悟真作《五更转》及《十二时》以颂德政；共一十七首，唯序尚存，诗已逸。（P·三五五四）

公元 865 年，咸通六年二月

僧福威牒，背题"《归西方赞》一部"，即法照撰《净土五会念佛诵经观行仪》卷中。（P·二〇六六，已载《大正藏》卷八十五）

公元 877 年，乾符四年丁酉二月二十日

灵图寺僧比丘龙□抄白侍郎《輔桃架》诗及"春来春去秋复秋"、白居易之《柘枝妓》七律二首。（P·三五九七）

同年正月

抄《论语》卷五，背录《泛龙舟》、《郑郎子》、《水调词》、《斗百草》、《乐世词》等。（P·三二七一）

公元 879 年，乾符六年十二月

萧关从地涌出铭词，翌年法琳书之。（S·六二二八）

公元 884 年，中和四年正月

悟真手批比丘破阴历。（P·二八三八）

公元 886 年，光启二年丙午

《社司转帖》，前抄《五台山赞》一行。（S·一四五三）

同年十二月

《安国寺胜净状》（P·二八三八），此卷后接写《云谣集》，内有御制《内家娇》等。

公元 888 年，文德一年戊申七月十三日

令狐幸深于《观音经》册子书《望江南》。（S·五五五六）

公元 889 年，龙纪一年己酉

（李克用于三垂冈玄宗庙听伶人奏《百年歌》——《新五代史·纪》。）

公元 895 年，乾宁二年乙卯

抄《十二月诗》（P·三八一二），此诗前有“乾宁二年”一行。

同年六月二十三日

灵图寺比丘惠丛念记《劝善歌》。（P·三二四一）

公元 896 年，乾宁三年丙辰七月

唐昭宗幸华州，登齐云楼望长安作《菩萨蛮》。（《旧唐书·昭宗纪》）S·二六〇七卷载此词，不称曰“御制”，知必抄于乾宁之后。

公元 907 年，梁开平元年八月

老人星见于南极；P·三一二八之《菩萨蛮》、《感皇恩》殆作于此时（说见上）。

公元 918 年，贞明四年、前蜀光天二年戊寅

（蜀主王衍作悦神亭，又自为《甘州曲》，使宫人和之——《新五代史》六十三。）

公元 920 年，贞明六年庚申二月

金光明寺僧宝印写梵《散莲华乐》。（S·六四一七）

公元 921 年，贞明七年、龙德一年辛巳

净土寺学郎薛安俊写《目连变》并图。（S·二六一四）

同年三月廿四日

使君翟书牒，同卷录《十二时》。（P·二七三四）

公元923年，同光元年癸未、前蜀乾德五年

（三月上巳，蜀主王衍宴怡神亭，自执板唱《霓裳羽衣》及《后庭花》、《思越人》之曲——《蜀梼杌》。）P·二七四八有《思越人》。

公元924年，同光二年甲申

薛安俊书僧智严《十二时》。（P·二〇五四）

同年七月七日

报恩寺书手马幸员写《禅门十二时》。（S·四二七；北京“鸟”字号一〇同）

公元925年，同光三年乙酉七月廿三日

安郎君写《曲子鹊踏枝》。（P·四〇一七）

公元927年，天成二年丁亥七月二十日

《斋荐功德文》后书《叹五更》。（罗氏《敦煌零拾》）

公元929年，天成四年己丑正月

孙冰书五台山曲子《苏幕遮》。（S·二〇八〇＋S·四〇一二）

公元933年，长兴四年癸巳

《中兴殿应圣节讲经文》背录琵琶谱。（P·三八〇八）

公元936年，清泰二年（应作三年）丙申

僧索祐住写《法体十二时》。（P·三一一三）

公元940年，后蜀孟昶广政三年

欧阳炯序《花间集》。P·三九九四中《更漏长》第一首及《菩萨蛮》第一首即欧阳炯作，载《尊前集》。

公元941年，晋天福六年辛丑

《曲子名目》（《孟姜女》）、卷背有天福六年二月二十四日题记孔明亮撰、薛善通书《邈真赞》。（P·三七一八）

同年十二月十九日

净土寺顾宗书《禅门悉谈章》。（P·二二〇四）

公元942年，天福七年壬寅

书杨满山咏《孝经》十八章。（P·三五八二）

公元958年，显德五年戊午

舞谱卷背有是年四月押衙安员进牒。（P·三五〇一）

公元970年，宋乾德八年（按即开宝三年）

敦煌书手判官李福延写《十二时》。（P・三六〇四）

公元971年，开宝四年

书《学道十二时》。（P・二九四三）

公元979年，太平兴国四年己卯十二月三日

永安寺学仕郎僧丑道（?）书《五台山赞》。（P・二四八三）

本　编

一、新增曲子资料

P·二七四八

此长卷正面书《古文尚书》，背面开头即写《思越人》；同卷又书《怨春闺》一首，写低四字。原文极模糊，故王重民《敦煌曲子集》失载。二词之后，隔一段即接书高适《燕歌行》，于末句“至今犹忆李将军”下，题《古贤集》一卷，复接书“秦王无道狂诛人，选士投坑总被焚”一诗，字极浑厚。

《思越人》

一枝花，一盏酒，小争不□……终不醉，无花对酒难□□。

一枝……枝慕我心迷，几度拟判〻不得，思量且□□坐。

美东邻，多窈窕，绣裙步步轻台（抬）。独向西薗寻女伴，唉小时，双脸连开。

山年分手。低声问，忩忩（匆匆）恨阙良媒。怕被蕻狂花下惱（恼），牡丹不折先回。

起首之“思”字下残，只上半可辨。第一首残缺过甚，难以卒读。第二首“台”字读为“抬”（抬，动也。见《广雅·释诂》），“西”原作“东”，后涂去，改为“西”。“颠狂”句即黄山谷诗“坐惜颠狂被花恼”所本。

《思越人》调见《花间集》，五代孙光宪、张泌俱有之，句式略同，唯上片末句，此作三四，且押平韵，是其不同处。《蜀梼杌》：“乾德五年，三月上巳，宴怡神亭，（王）衍自执板唱《霓裳羽衣》及《后庭花》、《思越人》之曲。”可见此调在五代之盛行。

《怨春闺》

好天良夜月，碧霄高挂。羞对文鸾，泪湿红罗帊。时敛愁眉，恨君颠向（罔），夜夜归来，红烛长流云烱（榭）。 夜久更深，罗帐虚薰兰麝。频频出户，迎取嘶嘶马。含笑阖，轻轻骂。把衣捋扯，肘耐金枝，扶入水精帘下。

“闺”字门旁作“门”，与《云谣集》“闺怨”字同。“颠向”，敦煌卷“罔两”字作“向”，与此同。“烱”即榭，从火作。“含”原作“含”；“扶”作“扶”，与《叹百岁诗》“童仆朝扶”之“扶”字同。此二首风格浑化，已近清真，“低声问”句法，美成且用之。敦煌曲子抒情之作偶见；叠字法如P·三九九四之《菩萨蛮》，仍是《古诗十九首》一路。此首“频频出户”、“迎取嘶嘶马”、“含笑阖，轻轻骂”，技巧尤胜，开散曲之先河。

S·四三五九

（《谒金门》）《开于阗》

开于阗，绵绫家家惣（总）满。奉献生龙及玉碗，将来百姓看。尚书痤（座）客典，四塞休正（征）罢战。但（但）阿郎千秋岁，甘（甘）州他自离乱。①

见S·四三五九卷背，“甘”字作“甘”；“乱”上原有“亂”字，旁注“卜”，表示删去。于阗献玉碗事，详康骈《剧谈录》（《学津讨原》第十六集

① 原卷接书散句：“并有三杯万事休，恨前花发苑池☐（?）。”

本，田《膨郎偷玉碗》条）。同卷又抄“奉送盈尚书卢潘撰，维大梁贞明九（五）[1] 年（公元919年）四月　日”，押衙“△乙首写𡘠令”，字极草率，其诗云：

贺兰山下杲圆城，塞北江南别有名。水北万家珠户晗（暗），弓刀千队铁花名（明）。

心彫（愿）落々能为将，胆气唐々（堂堂）善用兵。却恐河西之子等，马前不信是儒生。（按：又有朱笔论佛教诗数首，不录。）

此诗见《全唐诗》二十一，《唐诗纪事》五十八，韦庄《又玄集》二，乃下杜人咸通末尚书左丞韦蟾所作，题为“送卢潘尚书之灵武”，文字间有出入。“杲圆城”原作“果园成”，“别”作“旧”。《全唐诗》作：“水木万家朱户暗、弓刀千队铁衣鸣。心源落落堪为将，胆气堂堂合用兵。却使六番诸弟子，马前不信是书生。”兹诗传诵河西，此出于梁时押衙手笔，颇多别字讹误，且有改易，复漏作者名。刘铭恕所编《斯坦因目》，迳题作卢潘撰，大误；又漏录《开于阗》一词，附为校正于此。卢潘作品，见《全唐文》。

L·一四六五

《曲子还京洛》

知道终駈（驱）孟（猛）勇。
　　势（世）间专
　　能翻海。
　　解馀（除）山，
　　捉鬼不曾闲。
见我手中宝剑，
　　物辛（新）磨，
　　斫要荽（美＝魅），（疑“要”读为“妖”）
　　去邪磨（魔）。
见鬼了，血湃波。

[1] 按梁贞明无九年，或乃“五”字笔误。

者（这）鬼
意如何？
争感（敢）接来过，
小鬼资（知）言大歌，
审须听，
（下缺）

按《还京洛》疑即《还京乐》。[1] 唐中宗景龙三年十月二十五日，玄宗为太子，自潞州还京师，夜半举兵诛韦后，民间制诸曲以为颂。罗隐咏僖宗幸蜀句：“可怜一曲《还京乐》。”《全唐诗·窦常集》题《还京乐歌辞》，为七言四句，此篇为长短句式，亦为降魔之歌辞，调寄《还京洛》。词中有“斫要羙（妖魅），去邪磨（魔）”等语，乃是借“磨”为“魔”，借“要美”为“妖魅”。此词共十六行，末一行字缺。

L·一三六九

《长安词》

天长地閦（阔）要（要）難（难）分（分），中国众生不可闻。长安（安）帝得（德）丞（承）恩报，万（萬）国皈（归）头（投）拜圣君。汉家法用礼术心，四方取即（则）五茎（茎＝更）吟，文章珞（经）洛（络）如留（流）水。白马䮘（驮）经（经）即自（寺?）林。　故来竹龕（行崄）远𡬶（寻）求，谁谓明君名暂留，修（修）身不达关山……

此词已刊于列宁格勒出版之影印《敦煌赞文》，为七言四句体，第三首缺，乃抄于佛赞内，在《入山赞文》、《五台山赞文》之后。代宗时谢良辅等作

① 《文献通考》于龙蕃、石蕃二国乐内，皆列《还京乐》，谓皆唐曲，参任半塘《〈教坊记〉笺订》，69页。《乐府杂录》谓明皇西迁还，乐人张野狐所制有《还京乐》。然张制者乃《雨淋铃》，或另有一《还京乐》，参 *MartinGimm* 德文译 *Das YüEh-fu Tsa-Lu*, pp. 487～488。又高丽所传唐曲有《还宫乐》，原文云：“喜贺我皇，有感蓬莱，尽降神仙到。乘鸾驾鹤御楼前，来献长寿仙丹。玉殿阶前排筵。会今宵秋日，到神仙。笙歌寥亮呈玉庭，为报圣寿万年。”兹并录出。参车柱环《高丽史志唐乐散词校释》（载《中国学报》，85页）及《高丽史乐志唐乐考》（载《震檀学报》二三，81页）。《还宫乐》为宫中宴会所唱，此与《还京洛》关系如何，尚待研究。

《忆长安》长短句，此《长安词》则为齐言，乃异体耳。词中别字甚多，不可卒读。“五茎吟”当是“五更吟”，借“茎”字为“更”，他如“流水”之作“留水”，“驮经”误作“跋（发）经”，甚为明显。S·五五四〇过叶亦见“白马驼经即自林”句。

S·一四九七

此《曲子喜秋天》为粗纸一片，前面书《辞道场赞》、《好住娘赞》、《小少黄宫养赞》、《乐入山赞》，纸背书《曲子喜秋天》，墨淡，字极草率。共十六行，字大如钱，时杂焦笔。

曲子《喜秋天》[1]，每年七月七，此时受（寿）夫[2]日。在处[3]敷尘[4]（陈）结交伴，献供数千般。　今晨连天暮[5]，一心待织女。忽若今夜降凡间，乞取一教言。

二更仰面碧霄天，参次众星[6]，月明遍周放（旋），筭（算）会甚北斗。　渐觉更星[7]流，日落西山觇[8]星流，将谓是牵（牵）牛。

三更女伴近綵（彩）楼，顶礼不曾休，佛前灯暗更添油，礼（礼）拜再三矦（侯=候）[9]。烦女彩楼伴，烧取玉炉烟，不知牵牛在那边[10]，望作眼睛穿[11]。

四更换步[12]出门听（厅），直是到街庭。今夜4（斗）木（末）[13] 见流

---

① 曲子名曰《喜秋天》者，S·六一七一宫词云：“尽喜秋时洁净天。”是其取义。此曲子A. Waley译成英文：*A Song from Tun-huang*（*B. S. O. A. S.* Vol. 26，part 1，1963）；入矢义高《补录》四，只抄三更、四更二首（《东方学报》，京都）。巴宙所辑《敦煌韵文集》，46～47页亦采录。

② 敦煌卷惯例，“受”借为“寿”。

③ 在处犹到处也。周邦彦《夜游宫》：“月白风清在处见。”

④ “尘”，Waley误作“座”。

⑤ “连天暮”，“天”字后注。

⑥ “众星”下疑有“缺”字。

⑦ “更星”，巴宙读为“庚（长庚）星”。

⑧ 觇，暂见也，见《说文》，音闪。巴宙以为“觑”，非。

⑨ “再三矦”，巴氏以“矦”字为“候”。

⑩ “边”原作“件”，添写“边”字于侧。

⑪ “睛”原作“精”，后改。

⑫ “换步”，巴氏作“缓步”。

⑬ “4木”，入矢作“斗末”，巴氏误作“十木”，非。按P·三三六〇“斗”字作“4”，与此同。

星，奔逐向前迎。此时难将见①，发却千般[illegible]（愿）②。无福之人莫怨天，皆是上因缘③。

五更敷设了，取分捴（总）交（教）收。五个恒俄（姮娥）结交（高）楼④，那件见牵牛。看看东方动，来把秦筝筭（弄）⑤，黄丁⑥掇（拨）⑦ 镜再梳头，着着（看看）到来秋。

是卷题曰《曲子喜秋天》，而用《叹五更》联章之法以转唱之。一更不标明，二更、三更、四更别标出，五更则二字入词句中，此当为《五更转》之一格，而调寄《喜秋天》者。敦煌所出《五更转》句式不一，多为佛赞，未见标明所寄之词调名，若《五台山曲子》之记明“寄在《苏幕遮》”之例也；唯此题曰：《喜秋天》，亦属罕见。《五更转》之具文学意味者，如P·二四八三，虽为佛曲，而“何时度得雪山川”、“朱鬃白马同一心”皆为警句。P·二六四七《敦煌掇琐》所录者，则每首纯为一七言绝句，“二更孤怅（帐）理秦筝，若个弦中无怨声”，婉转动人，故有拟题作《闺思》者，与此《喜秋天》之咏七夕，并为抒情佳制。此五更换头句，“看看东方动，来把秦筝弄”，已近《花间》、《尊前》情味矣。此《喜秋天》题曰七夕，唯词句仍杂有“佛前灯暗更添油”、“发却千般愿”等，尚不脱佛曲《五更转》之藩篱。京都有邻馆藤井氏所藏李木斋旧物敦煌所出《五更转》小册，其前为《十五愿》，次为《五更转》，此《十五愿》正可说明“发却千般愿”与《五更转》之连带关系。

此五首同寄《喜秋天》一调，而用韵各异：

（1）仄平、仄平四韵，每二句一韵。

（2）平（上片）、平（下片）二韵。

（3）平（上片）仄、平（下片）三韵。

（4）平（上片第一句无韵）仄，平（下片）凡三转韵，唯平韵悉同，实得二韵。

① “难将见”，巴氏作“蕸得见”，误。
② “发却千般愿”，与见字协韵。按冯延巳《长命女》“再拜陈三愿”、“岁岁长相见”语同。
③ “皆是上因缘”，巴氏谓“‘是上’即‘世上’”。
④ “交楼”即“高楼”。
⑤ “筭”即“弄”，与动协韵。
⑥ “黄丁”，疑即“黄钉”，即金钉，指门也。《东京梦华录》：“门皆金钉朱漆。”
⑦ “巴”作“拨”。

再看《云谣集》中之《喜秋天》，其用韵格式，与此复不类。

(5) 多、过、破（上片），坐（以上韵）。翠、归、睡（以上韵）。平仄通协，而下片第一句与上片叶，止第三句不韵。

(6) 触、促（上片）；足、土?（下片）。通首同叶一韵，凡奇句不韵。

如此错出，吾人可得一结论，即在唐末词形未固定以前，同一词调，用韵及句式往往极为自由，非如后人之言词律为严格之分体，如《醉公子》（又名《四换头》）、《酒泉子》之不拘，亦其类也。

P·三七一八

此卷为《曲子名目》，曲共十一行，书于卷背，面有“天福六年辛丑岁二月二十四日题记”，字越写越潦草，用淡笔圈点。

《曲子名目》

云疑盏，月疑生。蒙蒙大绵疑三耕（更），面上褐绫红分散，虢姚（咷）[①] 大哭乎（呼）三星[②]。对白绵，貮（贰）丈长，财（裁）衣长来尺上良（量）。也来蒙见秋文（夏）水，自怕宾（遍）身上财（裁）。孟薑（姜）女，陈去（杞）梁[③]。生生裥（搁）脳（脑）小臣王[④]。神王耴伂[⑤]三边滞，千畨（番）万里竹（筑）长城。长城下，哭成忧。耴伂（敢淹）长成（城）一朵堆（摧）。里半滴（酒）楼千万个，十方兽骨不空回。刃伅（掩）亮，雨蒙〻，十个郎，投血石根。青筑干（竹竿）[⑥]，投上玄（玄）被子，从今与後佀（像）貌潘。娘（娘）子好，体一言，离别郍娘（爷

① “虢姚”即“号咷”，《易》：“先号咷而后笑。”《方言》：“楚谓之噭咷，谓歌哭也。”

② 《诗·唐风·绸缪》：“三星在天。”即指心星昏见东方。

③ 杞梁妻，见《日知录》二十六云：“唐僧贯休据范郎之妻孟姜送寒衣事作诗云：‘筑人筑土一万里，杞梁贞妇啼呜呜。’竟以杞梁为秦时筑城之人。”

④ “小臣王”疑读为“小秦王”，唐教坊有《小秦王》曲，即《破阵乐》，此借用以骂暴秦。“裥脳”即“搁脑”，《方言》：“搁，离也。”犹言“坠肝脑”，李商隐诗：“乞脑剜身结愿重。”意略近。

⑤ “敢”下一字，以下文例之，疑亦“淹”字。

⑥ “青筑干”疑读为“青竹竿”，上文“竹长城”借“竹”为“筑”，此则以筑为竹。“玄被子”即“玄被子”，“玄”与青以色相对，言以青竹竿投上玄黑之被子，或表示男女结欢。乐府《白头吟》：“愿得一心人，白头不相离，竹竿何袅袅，鱼尾何簁簁。”亦以竹竿取譬。

娘）数拾秊（年）。早万（晚）到家乡，勒𩜾散（馓），月尽日校管黄至前[①]，小（少）长无月尽日校管黄（管黄）至前（前）。

此首不书调名，但云《曲子名目》，审文中有“孟姜女，陈去（杞）梁”，及“千畨（番）万里竹（筑）长城”，乃演孟姜女事。敦煌卷中若P·三九一一《捣练子》云：“孟姜女，杞梁妻，一去烟山更不归。”下接书《望江南》云：“娘子面，硙了再重磨。”此首中亦云“娘子好，体一言”，与“勒𩜾散”之语似有关联；《捣练子》云：“劝你耶娘少怅望。”此则云：“辞别耶娘数十年，早万（晚）还家乡。”可见唐末西北民谣喜以杞梁妻为题材，殆征役者诉其劳苦，亦乐府《饮马长城窟》之遗意也。

“勒𩜾散”者，勒，治也。𩜾即饽，《广韵》十一没：“饽，面饽。”慧琳《一切经音义》三十七有饆饠，盖胡食也。散读为馓，《本草纲目》馓子寒具条，谓以糯粉和面麻煎成，以糖食之，可留月余，盖即油煎饼也。《通雅》饮食，饆饠𫗦餭等皆寒具糤子，则“馓”字又作“糤”，知“勒𩜾散”即指“娘子面”矣。

S·四五〇八

此为残粗纸一张，乃药名词及《归依三宝赞》，首《大唐三藏和尚行文一本》一行涂去，字极劣下，随手书一词，文云：

莨菪（莨菪=浪荡）[②] 不归乡。经今半夏薑。去他乌頭（头）了[③]血傍了，家附（富）子亳强（豪强）。父母依意美（美），长短桂（挂）心，日夜思量。砂。

归依仏（佛）：大圣释迦化主，兴慈願（愿），救诸苦。能宣妙（妙）法甚深意（意），闻者如沾甘露。慈悲主，接引众生，同到净土。……五色祥云满路。双童引，频伽舞。一回風（风）动向（响）珊珊，聞（闻）者輕（经）樓（楼）阶鼓。慈悲主，接引众生，同到净土。

① “管黄至前”两句，末章重复。《曲子名目》仅见此卷，他无可校，强为解说，以俟高明。

② 莨菪为药名，人较罕知。《本草纲目》云：“莨菪一作蔺蔼，其子服之，令人狂浪放宕，故名。蓝似菘蓝，茎叶皆有细毛，花白色，子壳作罂状。”《史记·太仓公传》：“饮以莨蔼药一撮。”《正义》云：“浪宕二音。”莨菪为毒草，《三才图会》有图。此词书作莨蓉乃莨菪之别写，借为浪荡也。

③ 此“了”字用淡笔添注于“血”字之上。

归依法：须发四弘𧥄（誓）顾。捻（念）经卷，频䦌（开）转[①]。速須结𠭓（取）未来因[②]，且要频亲目面。聞身（闻身）见。速須达取〔三〕藐彼岸[③]。和同前。

归依僧：手把（把）念珠持课。焚香火。除人我。速須出离舍娑婆。且要频亲法座。消灾祸。速須结取，未来因果。和同前。

按此张背有大字“乾兴张法律纸”等字杂书，与此词相类，疑出一人手笔。“砂”犹言“煞”，曲之尾声。《乐府诗集》有《穆护砂》，即《穆护子》。此词嵌若干药名作为隐语，若“茛菪”、“半夏”、“姜”、“附子”、“意羑（薏米）”，应是药名歌。药名歌始见梁简文帝诗，已开先例。宋陈亚好为药名词[④]，《青箱杂记》载其药名闺情之《生查子》[⑤]，可与是曲参证。至下词之和声，当是“慈悲主，接引众生，同归净土”一句。观王安石之《望江南·归依三宝赞》（《彊村丛书》本）[⑥]，知此即《归依三宝》之词，唯寄某调出之。

二、《云谣集杂曲子》及其他英、法所藏杂曲卷子

P·二八三八　　S·一四四一

《云谣集杂曲子》共三十首

《凤归云》闺[⑦]

征夫数载，萍[⑧]寄他邦。去便无消息，累擭星霜[⑨]。月下愁听砧杵

---

① 开转即转读经文。

② 原卷写如“田”字。

③ 末句“速须达取藐彼岸”，以“速须结取，未来因果”四四之句法例之，应补一“三”字，“三藐”即“三藐三菩提”也。

④ 见《湘山野录》。

⑤ 附陈亚《生查子》：“相思意已深，白纸书难足。字字苦参商，故要槟榔读。　分明记得约当归，远至樱桃熟。何事菊花时，犹未回乡曲。”

⑥ 附王安石《望江南·归依三宝赞》：

“归依众，梵行四威仪。愿我遍游诸佛土，十方贤圣不相离。永灭世间痴。”

“归依法，法法不思议。愿我六根常寂静，心如宝月映琉璃。了法更无疑。”

“归依佛，弹指越三祇。愿我速登无上觉，还如佛坐道场时。能智又能悲。”

“三界里，有取总灾危。普愿众生同我愿，能于空有善思惟。三宝共住持。”

⑦ S、P两卷俱题作“《凤归云》闺”。“闺”乃“闺”字；卷中“门”字多作“门”。任说《闺怨》为二词共有之题目。按乃一题分写两处。

⑧ P作“萍”。

⑨ S、P“换”均作“擭”。

（杵），拟塞雁行[①]。孤眠鸾怅（帐）裊（里），往（枉）劳魂梦，夜夜飞飏（扬）。想君薄行，更不思量（量）。谁为传书與（与），表妾裹[②]肠。倚牖无言𡍮（垂）血淚（泪），暗（暗）祝三光。万（萬）般无郍（那）处，一炉香尽，又更添香。

又怨（怨）

渌（绿）窗独坐，修得君书[③]。征衣裁缝了，远寄邊隅（边隅）。想得为君貪（贪）苦戦（战），不旦（惮）崎駈（驱）[④]。中朝沙碛里，已凭三尺[⑤]勇戦奸愚。　　岂知红脸[⑥]，淚的（滴）如珠。往（枉）把金钗卜，卦卦皆虚，魂梦天涯无暂歇（歇），抌（枕）上长虚。待公卿回故日，容颜憔悴，彼此何如。

又

幸因今日，得睹嫦娥。眉如初月，目引横波。素胷（胸）未消残雪，透轻罗[⑦]。朱含（含）碎玉，云髻婆娑。　　东邻有女，相料实难过。罗衣掩袂，行步逶迤[⑧]。逢（逢）人问语羞无力，态嫡多。锦衣公子见，𡍮（垂）鞭立马，肠斷（断）知磨（麽）。

又

儿家本是，累代簪纓。父兄皆事（是），佐国良臣。幼年生于闺阁，洞房深。训习礼仪足，三从四德，针指分明。　　娉（娉）得良人，为国

① S、P并作“拟塞雁行”，蒋礼鸿云：“元氏《长庆集》诗：‘香乞拟来风。’拟训度。”况校“塞”下脱一字。

② P作“里肠”，“里”字误。

③ S“君书”上多一“为”字。

④ “旦”，“崎駈”，S、P皆同。

⑤ S作“𡶁凭”，“𡶁”字非山亦非止，似是“已”字别写。

⑥ S作“红脸”。P初作“脸”，又重“脸”字，其旁复注“金”字，后涂去。

⑦ “透轻罗”句后脱五字句。

⑧ S“逶”上原误写“透”，涂去。

远长征。争名定难，未有归程。徒（徒）劳公子肝肠断，谩生心。妾身如松柏，守志强过，曾父坚贞。

《天仙子》①

鹉（莺）② 语啼时三月半。烟蘸柳馀（条）金线亂（乱）。五陵原上有仙娥，携歌扇。香（香）烂漫，留住九華（华）云一片。　　犀（犀）玉蒲（满）头花蒲（满）面，负妾③一双偷淚眼。淚珠若得似珍珠④，拈不散，知何限，串问红丝应百万。

鹜语鸎（莺）啼惊教（觉）夢。羞（羞）见舞台双舞（舞）凤。天仙别后信难通，无人問（问）花蒲洞（满洞）。休把同心千遍（遍）弄。　巨耐不知何處表（去）。正时（是）花開（开）谁是主。满楼明月夜三更，无人语。淚如雨。更是思君肠断處。

《竹枝子》

罗幌（幌）尘生，帡（幈）幃悄悄，笙篁（篁＝簧）无绪理，恨小郎游荡経（经）年。不施红粉镜台前。只是焚香（香）祷祝天。　　垂（垂）珠淚，的（滴）点々。的（滴）成班（斑），待伊来敬共伊言，須改往来段（段＝断）却顛（颠）。

又

高捲（卷）朱帘垂（垂）玉牖，公子王孙女，倾⑤容二八小娘，蒲（满）头珠翠影争光。百步惟聞（闻）蘭（兰）麝香。口⑥含（含）红豆相思语，几度遥相许。修书传與（与）蕭（萧）郎⑦，傥若有意嫁潘郎，

① S卷词牌“天”字后加上。
② “莺”S原似“鹉”。
③ “负妾”之“妾”字重写，其一涂去。
④ 原卷“珍”字不作“真”。
⑤ 罗本作“颜容”。S作“宫”。
⑥ 王集夺一“口”字。
⑦ 《校记》：“郎疑娘误。”

休遗（遣）潘即争断肠。

《洞仙歌》

華（华）烛光辉，深下帲幃。恨征人久镇边夷（夷）。酒醒后多風（风）醋。少年夫聟（婿），向渌窓（绿窗）下。佐猥（左偎）右倚，擬（拟）铺鸳被。把人尢[①]泥。　　䫀瑟（琵）琶従（重）理。曲中弹到，想夫怜（怜）处。转相爱、几多思（恩）意。却在绪（再叙）褰克（衷克、克＝曲）鸳衾抌（衾枕），愿长与（与）金（今）宵相似。

又

悲雁随阳，解引秋光。寒（寒）蛩响、夜夜堪伤。滴珠串的（滴），旋（旋）流抌（枕）上。无计恨征人，争向金風（风）漂荡。祷（捣）衣寮（嘹）亮。　　懒（懒）寄回文先往，戦（战）袍待稳（隐）[②]，絮　重更薰香。慇懃（殷勤）凭驿使追（追）访。愿四塞、来朝明帝，令戎客[③]休施流浪。

《破阵子》

连脸（莲脸）柳眉（眉）休（休）韵，青丝罢寵（拢）云[④]。暖日和風（风）花戴媚[⑤]，畫阁（画阁）凋（雕）梁莺语新，卷簾（帘）恨去（去）人。寂寞长垂（垂）珠激，焚（焚）香祷尽靈（灵）神。应是瀟（潇）湘红粉继，不念当初罗帐（帐）思（恩），抛儿虚度春。

① 以“衾枕”之作“衾抌”偏旁为例，尢乃“冘”字，非“尤”也。

② 蒋云：“稳即㥯。”《广韵》：“㥯，于谨切，缝衣相著。”《开蒙要训》有“㥯”字。下句“絮”字旁有卜号。

③ 任《校》云应作“戍客”；刻本或作“我客”，误。

④ 原作“寵”，非“笼”字；此字应作仸，借为“拢”。李珣《南乡子》：“拢云髻。”

⑤ “戴媚”如“戴胜”之“戴”，不必改为“带”。

又

日暖凬（风）轻住景，流鸎（莺）似问（问）人。正时（是）越溪花捧艳，独隔（隔）千山与（与）万（萬）津。单（单）于迷虏（虏）尘。雪落停梅愁地，香擅（檀）往（枉）注歌唇。揃（栏）径萋萋芳草渌（绿），红脸（脸）可知珠泪频，鱼笺岂易呈。

又

凬（风）送征轩迢递（递），参差千里馀（馀）。目断妆楼相抡苦，鱼雁百水鳞积（迹）疏①。和愁凬（封）去书。　　春色可堪孤（孤）抡（枕），心焦梦断□②初。早晚（晚）三边无事了，香被重眠（眠）比翼鱼，双眉应自舒（舒）。

又

年少征夫堪恨，従军千里余。为爱功名千里去，携剑弯弓沙碛边，抛人如断弦。　　迢递可知消息，吞声忍泪孤眠。春去春来庭树（树）老，早晚王师归却还，免（免）交（教）心怨（怨）天。

《渔沙溪（浣溪沙）》

娴景红颜越众希，素胸（胸）连（莲）脸（脸）柳眉低（低）。拟笑（笑）千花竹不圻（坼）③，懒（懒）芳非（菲）。　　……④篇（偏）引五陵思恳切（切），要君知。

又

① 任《校》引《韩朋赋》："鱼鳖百水，不乐高堂。"
② 原卷作"梦断初"，夺一字。任氏拟补"更"字，近是。
③ "千花不坼"句，任氏引他处"开坼千花功不少"句为证。
④ 下片脱十四字。

鬒（髻）綰（绾）湘云淡⺀妆，早春花向臉（脸）邊芳。玉腕慢從罗抽（袖）出，捧杯觴。纖（纤）手令兮匀翠柳，素咽歌[①]发绕凋[②]梁，但是五陵争忍得，不疏狂。

《柳青娘》

青丝鬒綰臉（髻绾脸）边芳，淡红衫子掩素胷，出门（门）斜撚同心弄，意恫惶。固（故）使横波认王郎。 叵耐不知何處去，交（教）人几度挂罗裳。待得归来湏共语，情轉（转）伤。断却粧（妆）楼伴小娘。

又

碧罗冠（冠）子结初成，肉红衫子石榴（榴）裙。固（故）着（著）胭（胭）脂轻⺀染，淡施檀（檀）色注歌唇。 含（含）情嘍（唤）小莺。只问（问）玉郎何处去，才言不觉到朱门（门），扶入锦……[③]慇懃，因何辜负少年人。

《倾杯乐》[④]

忆昔笄年，未省离閤（阁＝合），生长深閨（闺）菀（苑）。閑（闲）凭著綉（绣）床，时拈金针。擬（拟）貌舞凤飛鸞。對（对）妆台、重整嬌姿面。知身皃（貌）筭料，豈交（教）人见，又被良媒，苦出（出）言词相诱诫。 每道说，水济（际）鸯鸞（鸳鸯），惟指梁間（间）雙（双）鸞。被父母将（将）兒（儿）疋配，便认多生宿（宿）姻眷。一但（旦）娉（娉）得狂夫，功（攻）书業（业），抛妾求名宦（宦）。众（纵）然选得，一时朝要，荣華（华）争稳便。

又

① “歌”上有“语”字，涂去。
② “凋”上重一“凋”字，点去。
③ “锦”字下缺五字。
④ S卷《云谣集》只止于《倾杯乐》三字，以下则缺。P卷《凤归云》“彼此如何”句以后，即接抄录《倾杯乐》、《内家嬌》诸词。

窈窕逶迤，皃（貌）超倾国难应比[1]。浑身挂绮罗装（装）束，未省從天得知[2]。瞼（脸）如花，自然（然）多嬌媚。翠（翠）柳画娥眉，横波如同秋水。裙生石磂（榴），血染罗衫子。 观艳嬪、语载言輕（轻），玉钗坠、素绾乌云髻（髻）。年二八久偵[3]香闈（闺），爱引猧儿鸟（鹦）鹉鉞（戏）。十指如玉如葱（葱），银蘓（苏）[4] 体，雪透罗裳衣（里）。堪娉（娉）与（与）公子王孙，五陵年少风（风）流聟（婿）。

《内家嬌》

丝碧罗冠（冠），捺（搔）头坠髻鬟（髻鬟）[5]，宝装玉凤金蝉。輕々浮粉（粉）[6] 深々长画眉渌（绿），雪散胷前。嫩瞼红脣，明（眼）如刀割（割），口似珠丹。 浑身挂、异种罗裳，更薰龙瑶（瑙）香熛（烟）。屐（屐）子豈[7]齿高。慵移步、雨（两）足恐行难。天然（然）有灵性，不娉（娉）凡交。招事无不会，解烹水银，练（鍊）玉烧金，别尽歌篇。除非却，应奉君王，时人未可趋（趋）颜。

又

雨（两）眼如刀，浑身似玉，风（风）流弟（第）一佳人[8]。及时衣著[9]，梳头京様[10]，素嬪艳媚情春[11]。善别宫高（商），能调丝竹，歌[12]令尖

① 此作七字句，与上首作四五略异。《校记》谓宜作“应难”。
② 任《校》：“此处应叶平，音则是至，声则当知。”
③ 朱《校》改作“久锁”。
④ 任《校》引《俗务要名林》：“苏，凝牛羊乳。读为酥。”
⑤ 《校记》：“坠下衍髻字。”
⑥ “粉”字缺笔，“浮”或读为“傅”。
⑦ 龙《校》云：“豈字衍。”
⑧ P·二八三八原作“佳”，点去后复写“住”字。
⑨ P·二八三八作“着”。
⑩ P·三二五一作“京仪”。
⑪ P·三二五一作“索质”；“春”字作“着”。
⑫ P·三二五一明作“歌”。

新。任从说、洛浦陽（阳）台，谩将①比并无因。　半含嬌態（态），逶迤擾步出（出）衕（闺）门②，搔头重，慵（慵）慊不擡③只抱同心④。千遍撚弄，来往中庭⑤。应是降王母仙宫⑥，凢间（间）略现容真⑦。

《拜新月》

荡子他州去，已经新岁未还归。堪恨情如水，到處辄狂迷。不思家国，花下遥指祝神明⑧，直至于今，抛妾独守空衕（闺）。　上有穹苍在，三光也合遥知。倚帡（幈）帏坐，淚流点的（滴），金栗（缕）罗衣。自嗟薄命，缘葉（业）至于思（斯）。乞求（求）待见面，誓不辜（辜）伊。

国泰时清晏，咸贺朝列多贤士。播得群臣美，卿敢同如鱼水。况当秋景，蓂葉（叶）衫敷（敷）卉。向登新楼上，仰望蟾（蟾）色光翅（起）。　回顧（顾）遇玉兔影媚。明镜匣、参差斜坠。澄波善（美），由（犹）怯怕冲⑨半钩耳。万（萬）家向月下，祝告深々跪⑩。愿皇寿千千岁，登宝宝位⑪。

《抛毬乐》

珠淚紛々⑫湿绮罗，少年公子负思（恩）多。当初姊姊分明道，莫把真心过与（与）他。子细思量著，淡薄知闻觧（解）好磨（麽）⑬。

---

① P・三二五一作“惕将”。

② P・三二五一作“逶迤”，非。P・二八三八作“闺帏”；P・三二五一作“闺门”，韵叶。

③ P・二八三八作“慵憶不掉”；P・三二五一“搔欢重、慵慊不擡。”旁注慊；按慊，恨也。

④ P・三二五一作“抱”甚明；P・二八三八作“抱”。

⑤ P・三二五一作“隹中庭”，无“来”字。

⑥ P・三二五一作“应长降王（玉）奴仙宫”；“凢”作“九”。

⑦ 此首乃据P・三二五一与P・二八三八《云谣集》参校。P・三二五一有《御制临（林）钟高（商）内家嬌》标题，且有圈句。P・二八三八于此首前，原有“荡子他州去、已经新岁未还归”一行，抹去：乃《拜新月》文重出。

⑧ “神明”，冒《校》改作“神祇”，韵叶。

⑨ 龙《校》以“冲”作“衔”。

⑩ 王沂孙《眉妩》新月句：“便有团圆意，深深拜。”语同此。

⑪ 衍一“宝”字。

⑫ “紛々”，各本均作“纷纷”，未敢遽定。

⑬ “磨”原误作“磨”，后改为“磨”。

又

宝髻钗横坠鬓（鬓）斜，殊容绝滕（胜）上阳家。蛾眉不扫天生渌（绿），蝉䏚能（能）匀似朝遐（霞）。无端略入后薗看，羞（羞）煞亭中荻（数）樹花。

《鱼歌子》

睹颜多，思夢悮（悮）。花枝一见恨无门（门）路①。心哽噎、淚如雨，见便不能移步。五陵児、恋嫱態（态）女。莫阻来情從过与（与）。畅平生，雨凨（风）醋，若得丘山不负。

又

洞房深，空悄悄，灵虚把②身心生寂寞。待来时，须祈祷，休恋狂花年少。淡匀妆，固思妙。只为五陵正渺渺。胷上雪、從君咬。恐犯千金买嗳（笑）③。

《喜秋天》

潘郎忘（妄）语多，夜夜道来过。湛（甚）妾更深独弄琴，弹（弹）尽相思破。 寂寂更深坐，淚的（滴）浓熛（烟）翠（翠）？何处貪（贪）欢醉不归，羞（羞）向鸯（鸳）衾睡（睡）。

又

芳林玉露催，花蕊金凨（风）触。永夜严霜万（萬）草衰，祷（捣）练千声促。 谁家台谢（榭）菊，撩（嘹）亮宫高（商）足。每恨朝愁不忍闻④，早脱离尘土⑤。

① “无门路”确有“门”字。
② P卷“虚”字上原衍“灵”字，下一字作“把”，非“抱”（王重民修订本仍误“把”为“抱”）。
③ “犯”作“犯”，从犭甚明。
④ “闻”字上有“开”字，涂去。
⑤ 《云谣集》止于此，但原卷尚有余纸。

附一 《云谣集》版本资料

《敦煌零拾》本

民国十三年上虞罗振玉印。题："《云谣集杂曲子》残一卷，（唐）□□撰。"仅十八阕，在《六经堪丛书》内，东方学会排印本。又罗氏贞松堂藏《西陲秘籍丛残》第一集影印有《鱼歌子》残叶；《敦煌石室遗书》内收释玄本《五台山圣境赞》残卷，附记于此。

《双照楼》印本

吴伯宛石印本，亦十八阕。

《彊村丛书》本

朱祖谋校记云："董绶经游伦敦，手录见贻，存十八首，《倾杯乐》以下缺。"在第一册。朱氏又别印零叶，分馈藏有《彊村丛书》初印本者。

（以上皆印 S·一四四一卷）

《敦煌掇琐》本

刘复辑，收巴黎 P·二八三八《云谣集杂曲子》残存十四首，在上辑第二册内。民国十四年，中央研究院史语所刊。

《彊村遗书》本

朱祖谋重校定，合《掇琐》巴黎本，共得卅首。除《凤归云》前二首重出外，余悉为英伦本所无。附校记一卷，有龙沐勋跋。

《敦煌曲子词集》本

王重民所辑。《云谣集》载在中卷，1950 年商务印书局版；1954 年再版本，颇有改订。

《敦煌曲校录》本

任二北撰。在普通杂曲内，收三十三首。（任氏于《敦煌曲初探》强调法京有《云谣集》二本，非是。）上海文艺联合出版社印本。

《新斠云谣集杂曲子》

冒鹤亭撰。《同声月刊》一卷九期。

《冒校云谣集识疑》

赵尊岳撰。《东方学报》第二期，新加坡印行。

《云谣集杂曲子校释》

唐圭璋撰。

《敦煌词掇》

周泳先辑。载《唐宋词勾沉》中（107～111 页），收二十一首，有拾遗补阙之功。

《敦煌词校议》

蒋礼鸿撰。收入《敦煌变文字义通释（增订本）》附录二。

P·三九九四

此为蝴蝶装册子，散叶，共三纸，两面书。字作欧体，刚健可爱；敦煌曲子词卷书法，以此为最佳。内《更漏长》二首：一为欧阳炯作，一为温庭筠作。《菩萨蛮》第一首亦欧阳炯作，余不详撰人。

《更漏长》

三十六官秋夜〔永〕①，露苹（华）点滴高悟。丁丁玉漏咽铜蠹（壶），明月上金铺。红线毯、博山炉，春风暗触流蕤（苏）。羊车一去长青芜，尘镜彩鸾孙。

又

金鸭香，红腊淚，偏照画堂秋思。眉翠尽，鬓云残，夜来衾扰（枕）寒。　梧桐树，三更雨，不道离心正苦，一葉ㄑ（叶ㄑ），一声ㄑ，空阶滴明。②

《菩萨蛮》

红炉暖阁佳人睡，隔帘飞雪添寒气。小院奏笙歌，香风蔟绮罗。　酒倾金盏满，兰麝重开宴。公子醉如泥，天涯闻马嘶。③

---

① 原文脱一“永”字。此首见《尊前集》下，为欧阳炯作。末句《尊前》作“镜尘鸾影孤”。

② 此词并见《花间》、《金奁》二集，题温庭筠撰；又见冯延巳《阳春集》，颇有异文，王氏、任氏俱有校。

③ 此见《尊前集》，亦欧阳炯作。《尊前》“兰麝”作“兰烛”，“天涯”作“天街”。

又

霏霏点点回瑭（塘）雨，双双只只鸳鸯语。灼灼野花香，依依金柳黄。　盈盈江上女，两两溪边舞。皎皎绮罗光，轻轻云粉妆。①

《臭（虞）美人》

东风吹绽海棠开，香榭满楼台。香和红艳一堆堆。又被美人和技折，坠金钗。　⺀⺀（金钗）钗上缀芳菲，海棠花一枝。刚被蝴蝶（蝶）逸人飞。拂下深⺀红蕊落，污奴衣。

P·三八三六与P·三一三七缀合

此为硬黄纸册子；丝栏，每叶四行，行大约十二字。此册又抄有藏文《陁罗尼咒大辩邪正经》，列TIBÉTAIN 47号。原册可参左景权氏*Remise En Ordre du MS. P. 3836*。

又同前

夜夜长相忆，诸（知）君思我无。缄时红辱（褥）五（无）人辅（铺）。深夜不来归舍，薄情事（是）我夫。　蛮（漫）画眉儒（如）柳，戱（虚）云（匀）剑（脸）上连（莲）。知他心在枋（并）阿谁邊②，天天天，因何用以偏。

又同前

杨柳连堤绿，缨（樱）桃向月（日）红。舜（舜）③吟迎气陌（蓦）秋风。满院残花梜（夹）竹暧暧（暖暖）晲（晚）帘胧（栊）。　荷菜（叶）排（排）青沿，云峰旋（簇）碧空。举杯摇（摇）扇書堂中，时听笙歌消暑，思无穷。

---

① 此首连用叠字，在李清照前，原出《古诗十九首》。

② 晏殊《木兰花》："未知心在阿谁边，满眼泪珠言不尽。"又见欧阳修《近体乐府》与此句同。

③ P·四六九二"舜"字与此同，原句"莫把尧舜彼（比）今朝"。知"舜"即"舜"。

又同前

雪消水（冰）觧（解）冻，烟凝地发萌。录（绿）杨红苿（叶）雨（两）分明，万（萬）户千门，春色渐舒荣。　忽睹雙（双）飞鹫，时闻百转鸎（莺）。日恵（思）处处管丝声，公子王孙赏玩，诸芳情。

又同前

斜滊（影）朱簾（帘）立，情事共谁亲。分明面上指根（痕）新。罗带同心谁绾，甚人踏（踏）褑裙。　蟬（蝉）鬢（鬓）因何乱，金钗为甚分。红汢（妆）垂（垂）濃亿（忆）何君，分明殿前实说，莫沉吟。

又同前

自従君去后，无心恋别人。梦中面上指根（痕）新。罗带同心自绾，被緜（猕）儿踏（踏）褑[1]裙。　蝉鬢（鬓）朱簾（帘）乱，金钗旧古（股）分。红汢（妆）垂（垂）濃类郎君。倭（妾）是南山松栢，无心恋别人。

又同前

争不交（教）人亿（忆），怕郎心自謝。近来斊（闻）遂（道）不多安，夜夜梦悟（寤）到（倒）错。妄妄（往往）到君边。　白日长相见，夜头各自眠。终朝逹（迳＝竟）日意暄暄。愿（愿）作合官（绾＝欢）裙带　长镜（绕）在你肖（胸）前。

《曲子更漏子》

少年夫聟（婿）奉恩多，霜臉上泪痕多。千回去，自消磨。罗带上鸾凤，拟折（拆）意如何。锦怅（帐）屛（幈）棹（帏）冷落多，何处恋

① 任《录》读“踏褑裙”为“踏破裙”。

嫱娥。回来直拟苦过磨。思量得还是謅謶謶[1]。

《南歌子》

悔家（嫁）风流聟，风流无准（準）凭。攀花折柳得人憎。夜夜归来沉醉，千声嗳不应。 迴（回）觑帘前月[2]，鸳鸯帐裛（里）灯。分明照见负心人。问道与湏心事[3]，（摇）头道不谚（曾）。

同前《奖羙（美）人》[4]

翠栁（柳）眉间绿，桃（桃）花脸上红。薄罗衫子掩蘇（苏）胷，一叚（段）风流难比，像白莲出水[5]……

P·三三三三

此卷纸极灰黯，用淡墨写；字似小欧，存十三行。

《菩萨蛮》

自从涉远违（为）游客，乡关絛（迢）逓（递）千山隔。求官宦（宦）一无成，摷（操）蒡（劳）不渐亭（暂停）。 路逢寒食节，处处樱花发。携酒步金瓶，望乡关双淚垂。

又

数年李（学）钮（剑）工（攻）书苦，也曾凿壁偷光路。豎雪羣（聚）飞荧（萤）[6]，吕（累）年事不成。 每恨无谋识，路远关山隔。摧（权）隐在江河，龙门终一过。

---

① “謶謶”以下有《南歌子》“悔家风流聟，风流无准凭。攀花折柳得人憎”等句。

② “帘前”衍一“前”字，旁注卜号。“月”字原误，后涂改。

③ “与湏”，唐《校》谓是“些须”。

④ 《奖美人》非调名，三字书于“同前”之下，乃题目。

⑤ “出水”句下缺。《任录》作“水中”，中字臆增。《夏校》：“比水是韵。”原册自此以下为藏文。

⑥ “豎”似是“坚”字，各本皆作“堑”。

《谒金门》

常伏气，住在蓬莱宫裹（里）。录（绿）竹桃花碧溪水，清粢（斋）长晚起。 闻道诸仙来至，复果禽（琴）言欢喜。远谒金门朝帝𡘏（美），不辝（辞）千万里。

P·三一二八

绢本，书于《大佛名忏悔文》卷背，末有“焚净度之香幡花散”一行，即接书《曲子菩萨蛮》三首、《曲子浣溪沙》三首、《曲子浪涛沙》三首、《望江南》四首、《曲子感皇恩》二首。

《曲子菩萨蛮》

燉煌古往出神将，感得诸蕃遥钦仰。効节望龙庭，麟台早有名。 只恨隔蕃部，情恳难申吐。早晩（晚）灭狼蕃，一斊（齐）拜圣颜。

同前

再安社稷（稷）垂衣理，受（寿）同山岳长江水。频见老人星，万方休戦（战）征①。 良臣安国部（步）②，金（今）喜回鸾凤，从此后太皆（阶）清，斊（齐）钦乎（呼）圣明③。

又同前

千年凤阙争雄弃（异），何时獻（献）得安邦计。鸾驾在三峯④，天同地不同。 宇宙憎⑤嫌侧，金（今）作蒙尘客。阃外有忠常，思佐圣人王⑥。

---

① 王《集》、任《录》均误作“战争”。

② 孙楷第谓“部”即“步”。

③ 此句各书多误，王《集》作“齐钦寻圣明”，原卷作“乎”，下无一点，故宜释“乎”，借为“呼”。任误作“主”。

④ S·二六〇七有此首，字作“二逢”。

⑤ P作“增”，此据S改。“憎嫌”二字同义谜词；侧即仄也。

⑥ P在𢗅，今从S；惟S作“常思佐圣人”，无“王”字。

《曲子浣溪（浣溪）沙》

倦却诗书上钓船[①]，身披莎苙（蓑笠）执鱼竿[②]。掉（棹）向碧波深处去，几重滩[③]。不是從前为钓[④]者，盖缘时世掩[⑤]良贤，所以将身岩薮下，不朝天。

同前

喜睹华逘（筵）戲（戏）[⑥] 大贤，歌欢共过百千年。长命杯中倾渌醑（绿醑），满金舡（船）。 把酒𩔁（愿）同山岳固，昔人[⑦]彭祖荨斊（齐）年。深谢慈怜兼奖饰[⑧]，獻羌言。

又同前

好是身沾圣主恩，紫宁礽（初）降耀珠（朱）门[⑨]。合郡人心衔（咸）喜贺，拜圣君。竭節尽忠扶（扶）社稷，指山为誓保乾坤，看着风苗双旌（旌）擁（拥），贺明君。

《曲子浪涛沙》

却卦（挂）录兰用笔章，不藉你马上弄银枪。罢却龙泉身擐甲，斈（学）文章。倯（你）取砚筒浓念（侬捻）笔，叠緜（纸）将来书㒳（两）行。将向殿前报逍（消）息[⑩]，也是为君王。

---

① 此首亦见S·二六〇七；P作“钩舡”，兹据S。
② P作“竽”，非。
③ S“几”上有“复”字。
④ P“钓”作“钩”。
⑤ S“掩”作“厌”。
⑥ 此首亦见P·四六九二；“戏”作“喜”，读为“嬉”。
⑦ P·三一二八作“昔日”，兹从P·四六九二作“昔人”。
⑧ P·三一二八“饰”作“敎”。
⑨ 王《集》新本作“初耀降珠门”，“降耀”二字误倒。
⑩ “息”字甚明显，王《集》拟补，不必。

又同前

五里竿头风欲平，长帆举棹觉舡（船）行。柔虏（艣）不施停却棹，是船行。　满眼风沙多陕汋[①]，看山恰似走来迎，子细看山山不动，是船行[②]。

同前

结草城楼不望（望）恩，步々言语莫生嗔。比死共君缘外客，悉安存。百鸟相忆（依）投林𡨚（宿），道逢枯草冄春。路上共君先下拜，如若伤蛇口含真（珍）。

《〔望〕江南》

曹公德，为国托西关[③]。六戎尽来作百姓，壁坛[④]河泷定羌浑，雄[⑤]名远近闻。　尽忠孝，向主立殊勋。静（靖）难论兵扶社稷，恒将筹略定妖氛，願（愿）万载作人君。

同前

墩煌悬（县）[⑥]，四面六蕃围。生靈苦屈青天见，数年路隔失朝[⑦]仪，目断（断）望龙墀[⑧]。　新恩降，草木惣（总）光煇。若不远仗天威力[⑨]，河隍

---

① 此首亦见S·二六〇七，兹据该卷。P作“满风沙多殃汋”。

② P只作“子细看山不动舡行”，此依S补。此首三用“行”字，重押不避，乃是别格。苏轼诗：“船上看山如走马。”可与此比较。

③ 此首亦见S·五五五六。“托西关”作“拓边西”，“拓”字旁注。任氏谓此词可能作于同光元年曹议金时代。

④ S“壁”作“押”。

⑤ S第四叶止于“雄”字，第五行起“名远近闻”，“尽忠孝”诸字，犹隐约可辨，唯原册涂满手泽，日久全变黝黑耳。

⑥ 此首又见P·三九一一，P·二八〇九，两卷“悬”字皆作“郡”。

⑦ P·三一二八作“隔失仪”，脱“朝”字，据他卷补。

⑧ P·三一二八作“望墀”，脱“龙”字。P·二八〇九作“目断龙墀”，脱“望”字，兹据P·三九一一。

⑨ P·三一二八作“感力”。

（湟）必恐陷戎彝（夷）①。早晲（晚）圣人知②。

同前龙沙塞，路远隔烟③波。每恨六蕃④生留滞，只缘当路⑤寇⑥雠多。抱屈争郍何⑦。　皇恩溥⑧，圣泽遍天涯⑨，大朝宣⑩差中外使，今因绝塞暂⑪经过，路次合通和⑫。

同前

边塞苦，圣上⑬合闻声。背蕃⑭归汉经数岁。常闻大国作长城，今（金）傍（牓）有嘉名。　太傅⑮化，永保⑯更延龄。每抱沈机⑰扶社稷，一人有庆万家荣，早愿拜龙旌（旌）。

《曲子感皇恩》

四海天下及诸州，皆言今岁永无忧。长途（图）欢晏在高楼。还（寰）海内，束手愿归投。　朱⑱紫尽风流，殿（殿）前卿想（相）对烈（列）诸候（侯）。叫呼万岁愿（愿）千秋，皆乐业，固（鼓）腹满田畴。

同前

---

① P·三一二八作“河隍不必恐陷戎彝”，兹从P·三九一一，唯字作“何隍陷”，今改正。

② “早晲圣人知”句，P·三一二八脱“人”字。

③ 此首亦见S·五五五六，与P·三一二八同作“远路”，今依P·三九一一、P·二八〇九作“路远”。“烟”作“烽”，他卷皆作“烟”。

④ P·三九一一、P·二八〇九“六蕃”作“诸蕃”；P·三一二八作“之蕃”。

⑤ P·三一二八，S·五五五六作“把截”；P·三九一一、P·二八〇九作“当路”。

⑥ P·三一二八“寇”写作“寇”。

⑦ P·二八〇九、P·三九一一并作“怨屈争郍何”；S·五五五六“郍”作“奈”。

⑧ P·三一二八，S·五五五六俱作“新恩照”；此P·三九一一、P·二八〇九。

⑨ P·二八〇九作“天涯”；P·三九一一作“涯”。

⑩ P·三九一一作“宣差”；P·二八〇九作“宣著”；S·五五五六“宣著”作“选”。

⑪ P·三九一一作“暂经”；S·五五五六作“渐”；P·三一二八误作“结过”。

⑫ P·二八〇九、P·三九一一作“路逕（迳）”。

⑬ P·三一二八脱“上”字，据S·五五五六补。

⑭ S·五五五六作“蕃”。

⑮ S·五五五六作“太保”。

⑯ S·五五五六作“永报”。

⑰ P·三一二八作“沨机”。

⑱ P有“殊”字，旁注卜号。

当今圣受（寿）被（比）南山。金枝玉叶竟尽想（相）连。百尞（僚）卿相烈（列）排班，呼万岁，尽在玉皆（阶）前。　今（金）殿越（悦）龙颜，祥云驾喜悦，两盘旋，休将舜日被（比）尧年，人安泰，争似圣明天。

P·三八二一

原为小册，丝栏，每叶七行。于《十二时》、《晏子赋》之间录曲子词，《感皇恩》二首，《苏莫遮》二首，《浣溪沙》四首，《谒金门》三首，《生查子》二首，《定风波》二首。

《曲子名感皇恩》

四海清平遇有年，钤梨（黔黎）歌圣德，乐相传。修文偃（偃）格（武）习农田。钦皇化，雨露盖无边。　瑞气集诸贤。群寮趍玉砌，贺龙颜。磻（磐）石永固寿如山。梯航路，相问贡（共）朝天。

同前

万（萬）拜（邦）无事减弋（戈）鋋（鋋）。四夷（夷）来暂（稽）首，玉阶[1]。龙楼凤阙著，喜云连。人争唱，福祚比金璿。　八水對（对）三川，升平人道泰，帝释（泽）鲜。柊（修）文霸（罢）武竟题篇，從此后，愿皇帝，寿如山。

同前（《苏幕遮》）[2]

聪明兒，稟（禀）天性。莫把潘安，才皃（貌）相比并，弓马学来阵上骋。似虎入丘山，勇猛应难比。　善能歌，打难令。正是聪明，处处皆通閑。久后棄（弃）官应决定，马上盘抢（枪）[3]，佐当今帝。

同前

聪明儿，无不会。只为红鳞，未变归沧海。几度龙门（门）点颜退。

① “阶”下脱一字。

② 此二首次《感皇恩》后，而题曰同前。兹据王《集》，改题《苏幕遮》。

③ “枪”下脱一字。

所有红波，渌水①归潭在。　摆金铃，摇玉佩。常有坚心，洒雨乾坤内。捎有行云②顶载（戴）。猛透强波，直向清（青）云外。

《曲子名浣溪沙》

玉云（雾）初垂草木雕，鴈飛（雁飞）南去鹫离巢。寸步如同云水𫓹（隔），月轮高。　逺（远）客思归砧杵夜③，逓（庭）前④菜（叶）堕银蓧（条）。　夜鸣阶砌下，恨长霜（霄）。

同前

云掩茅（苐）庭书漏（满）床，冰川松竹自清凉。幽境不曾凡客到，起（岂）寻常。　入每交（教）猿（猿）閈户，回来还伴鸖（鹤）归装，夜至碧溪垂（垂）钓处，月如霜。

同前

山后开薗種药蔡（葵），同（洞）前穿作养生池。一架懒藤（藤）花蔟〻，雨崴〻（微〻）。　坐听猿渧吟旧赋，行看鹫语念诗新⑤。无事却归书阁内，掩柴扉。

同前

海鹫喧呼别渌波，双飞迢带（遰）历山河。坚志一心思旧主，垒新窠。　出入豈曾朢（望＝忘）故室，往来未者（有?）不經过。辝（辞）主南归声上（尚）切，感恩多。

---

① “渌水”句内有“直向清云外”，数字旁注卜号，表示删去。
② “行云”之下脱一字。
③ “夜”字上衍“掖”字。
④ “前”字后脱一字。
⑤ “诗新”二字倒置。

《曲子谒金门》

“长伏气”，已见P·三三三三。

同前

云水客，书见十年功积。聚尽荣（萤）光鑿（凿）尽壁，不逢青眼识。 终日尘駈（驱）伇（役）饮食，渡[1]珠常滴（滴）。欲上龙门希借力，莫交（教）重点额。

同前

仙境美（美），满洞桃花渌水。宝殿秦楼霞阁翠，缘殊（珠）常挂体。 闷即天宫游戲（戏），满酌瓊（琼）浆任醉。谁羡浮生荣与（与）贵，临回看即是。

《曲子生查子》

一树间（涧）生松，迥长谁林起。颈（劲）故接青霜（霄），透（秀）气遮天地。 欝欝赴[2]覆云霞，且擁（拥）高峰顶。金殿选忠良，合赴君王意。

同前

三尺龙泉剑，侠（匣）裹无人见。金[3]落雁一张弓，百只金花箭。 为国竭忠贞，苦處曾征战。未望立切勋，后见君王面。

《定风波》

切（攻）书斈（学）剑能几何，争如沙塞騁（骋）偻僸。手执六寻枪

① “渡”字前脱一字。

② “赴”字衍文。

③ “金”字衍。

似铁，明月。龙泉三尺斩（剑）新磨。　　堪羡昔时军伍，满（漫）夸儒仕德能康。四塞忽闻狼烟起，问儒仕，谁人敢去定风波。

同前

征后偻㑩未是功，儒仕偻㑩转更加。三尺张良飞（非）恶弱，谋略。汉兴楚灭本由他。　项羽翘攄无路，灭（酒）后难消一曲歌。霸（霸）王虞矩（姬）皆自刖（刎），当本。便知儒仕定〔风〕波。

P·三二七一

此卷正面为《论语》卷五，末行记云："乾符肆年丁酉正月拾叁庙堂内记也"一行。背为《泛龙洲词》、《郑郎子词》、《水调词》各一首，《斗百草词》四首，《乐世词》（一为沈宇作）二首，诸调并有词字。又《阿曹婆》、《河满子》，残其上半。S·六五三七佛经长卷，卷背于净土寺僧惠信书社约及《诸杂要缘字壹本》、《阿郎放奴婢书》、《太子修道赞文》之后，接书词若干首，凡三十一行，计《龙州词》以下至《阿曹婆》三首，《何满子》四首，《剑器词》四首，与P·三二七一乃同一选本，可补P本之缺。诸词书于郑馀庆《大唐新定吉凶书仪》前。

《泛龙洲词》①

春风细雨沾衣湿，何时②晄（恍）忽③忆陽（扬）州④。南至柳城新造口⑤，北对⑥兰陵孤驿楼。回望东西二湖水，复⑦见长江万里流。白鹤⑧双飞出蹊（谿）壑⑨，无数江鸥水上游。泛龙洲，游江乐⑩。

---

① 《泛龙洲》即《泛龙舟》。

② S·六五三七作"何期"。

③ P、S作"晄"，"晄"从日从光，应即"恍"。王本抄作"脱"，非。P"忽"字残去上半。

④ P、S作"阳州"。

⑤ P、S均作"造口"，王误"口"为"日"，任臆改作"里"。

⑥ S作"北對"。

⑦ P"复"作"復"。

⑧ S作"白露"。

⑨ S作"蹊"，P重"蹊"字；"壑"写作"壑"。

⑩ S卷末作"气龙斗江乐"，可以P卷订正之。P"乐"字写作"樂"。

《郑郎子词》

清（青）① 丝弦，挥白玉，宫商角徵羽，五音足②。何时得对圣明主，一弦弹却天下曲③。

《水调词》④

李江遥曳大川寘⑤，天阙声名发动思⑥。孤推⑦北望呈心远，不及南山献树时⑧。为言无谷还逢谷⑨，将作无山更有山。马因（困）⑩ 时⺄索⑪鞍揭（歇），人乏往往投⑫树攀。

《斗百草词》⑬

第一⑭

建士⑮折〔祈〕长生，花林梢（摘）浮朗⑯。有情离合花，无风独榣（摇）草。喜去喜去觅草⑰，色数莫令⑱少。

第二

佳丽重明臣⑲，争花竞斗新。不怕西山白，惟须东海平。喜去喜去

① S“清”字缺。
② P“足”字作“是”。
③ S作“何时得葤明主弹，一弦贤用弹却天下曲”，当有差讹。
④ S原作……郎子，后涂改为《水调词》。
⑤ S作“寘”。
⑥ S作“夢思”。
⑦ P、S皆作“推”，疑是“帷”字。任氏改作“孤雁”。
⑧ 任氏改作“献寿”。
⑨ P、S字俱作“谷”。
⑩ P、S皆作“曰”，循下文对句“马乏”，应是“人困”之讹。
⑪ “索”S作“台”。
⑫ 此从S作“投”，P作“提（捉）”。
⑬ S“斗”字不明，P题作“《斗百草词》三”。
⑭ P无第一遍数。
⑮ 任氏改作“建寺”。
⑯ S作“郎”；P作“朗”，是。
⑰ P作“看草”，据下文应是“觅草”。
⑱ S“令”作“今”，误。
⑲ P作“门臣”。

〔觅草〕，觉走[1]斗花先。

第三

望春希长乐，南楼对北华[2]，且看结李草，何时怜颉（撷）花。喜去喜去〔觅草〕，斗罢且归家。

第四

庭前一株花，芬芳独自好。欲摘问傍人，两ㄹ相捻取。喜去喜去觅草，灼灼其花报[3]。

《乐世词》

失羘（群）孤雁独连翩（翩），半夜高飞在月边；霜多雨湿飞难进，暂借荒田一宿眠。　菊黄芦白雁南飞，羌笛胡琴泪湿衣；见君长别秋江水，一去东流何日归。[4]

《阿曹婆词》[5]
第一

昨夜春风来入户，动如开。只见庭前花欲发，半含咍[6]。直为思君容皃改[7]，征夫镇去陇西杯。正见前庭双鹊熹（喜）[8]，君王（在）塞外远征回，罾（嫈）先来。

① S“觉”下缺“走”字。

② S“华”作“莘”。

③ S“其花”二字倒置，有ㄹ号。

④ 此首王仲闻据《国秀集》证为沈宇作《武阳送别》；又见洪迈《唐人万首绝句》卷五十五，颇有异文，俱见王《校》（新本《敦煌曲子词》，97页）。“羌笛胡琴”句，P有“满路威”三字，涂去。又此首第二行缺，只存“日归”二字。S可补P之缺。

⑤ P在《乐世词》下接书《阿曹婆词》，但残去上半，不可卒读。

⑥ S作“半含咍”，应是“半含胎”。

⑦ S原作“客貌敗”。

⑧ “双鹊”句旁注“远多”二字。

第二

独坐幽闺思转多，意如何。秋夜更长难可度，曼（漫）怜他。每恨狂夫薄幸（倖）[1] 迹，一从征出镇蹉跎。直与𢘅（思）君容皃（貌）改，壃（疆）场还道[2]（下缺）。

第三

当本只言[3]三载归，灼〻期。朝暮啼多淹损眼，信音稀。妾守[4]空闺恒独寝，君王（在）塞北亦应知。恼懊无以呈肝胆，留心会[5]合待明时。

《何满子词》

第一

平夜秋风懔懔（凛凛）高，长城协（侠）客逞雄豪。手执刚刀利如雪[6]，要（腰）间恒垂可吹毛。

第二

秋水澄澄深复深[7]，喻如贱妾岁寒心。江头寂寞无音信，博（薄）暮惟闻黄[8]鸟吟。

第三

城傍猎骑各翩翩，侧坐金鞍调马鞭。胡言汉言真难会，听取胡歌甚

① P“幸”旁注“行”字。
② S自“还”字下缺，今据P补“道”字。
③ 据S作“只言”，P作“期”。
④ “稀”及“妾守”数字，乃据P补。
⑤ P作“呈肝……胆心留会”，上下俱缺。
⑥ P残纸作“刚刀利如雪”，S原缺。
⑦ “深复深”，S字作“淘复淘”，或误作“掏”。
⑧ “黄”字各家俱缺。任氏误作“塞”。

可怜。

第四

金河一去路千千，欲到天边更有天。马上不知何处变，回来未半早经（经）年。

《剑器词》

第一

皇帝持刀强，一一上秦王。闻贼勇勇勇，拟欲向前汤。心手五三个，万人谁敢当。从家缘业重[①]，终日事三郎。

第二

丈夫气力全，〔一〕个拟当千。猛气冲心出，旹（视）死亦如眠。弯弯[②]不离手，恒日[③]在阵前。譬如鹘打雁，左右悉皆穿（穿）。

第三

排备白旗舞，先自有来由（“来由”二字倒置）。合如花焰秀，散若电光开。喊（喊）声天地列（裂），腾踏山岂（岳）摧。剑器呈多少，浑脱向前来。（下接书《吉凶书仪》）

第四

明朝游上菀（苑），火急报春知。花须连夜发，莫待晓风吹。

P·三〇九三

此卷正面似《弥陀经变文》。背为医方，有朱砂法、疾风方、地黄丸等，即接写《定风波》三首。

---

① S作“从宅家缘业重”，衍一“宅”字。

② 王《集》作“率率”。

③ S“日”下有“事”字，注卜号注销。

《定尾（风）波》

阴毒伤〔寒〕①脉又微，四支厥冷散（厌）难依（医）。更遇盲依（医）与宣泻，休也，头面大汗永分离。 时当五六日，头如针剌（刺）汗崴（微）々。吐逆（逆）棠（黏）滑全沉细，脂（胃）脉墳，思（斯）须儿女独孤悯。

（又）

类食伤寒脉沉遲，时々寒热破崴（微）々。只为蔵（脏）中有结物，虚汗出，公（心）脾连脂（胃）睡不得。 时当八九日，上气喘麄（粗）人不识。鼻頞舌摧容□黑，明医识，堕积千金依（医）不得。

（又）

风湿伤寒脉紧沉，遍自虚汗似汤淋。此是三伤谁识别，情劝，有风有炁（气）有食结。 时当五六日，言语惺々精身（神）出。勾当如同强健日，名医识，喘麄如睡遭沉溺。

P·三三六〇

《大唐五台曲子》五首寄在《蘓莫遮》

此《五台曲子》，敦煌写卷所见不一。P·三三六〇为行书，字体近李北海一路；那波利贞最早录出，发表于其所作《苏幕遮考》中。此卷正面又杂写“十四十五上战场”等句二行②，及“归义军节度使”，与《大唐五台曲子五首》（题目）。“若有灵山到本处”句一行，可推知张议潮时代所抄录。此外S·四六七题《五台山曲子》六首，以中台一首列前，圈句，共十九行，文字略异。又S·二〇八〇与S·四〇一二残纸，皆白棉纸，正楷书，挺秀近欧阳询。S·二〇八〇起“来瞻”二字，下缺。以下从《上东台》至《上西台》各

① 原卷无“寒”字。

② “十四十五上战场。手执长枪。低头泪落悔吃粮。步步近刀枪。昨夜乌惊辔断。惆怅无人遮烂（遮拦）。崄径（险径）（下缺）”，任二北列入普通杂曲，《校录》111页。

首，终于“居士”二字，共廿一行，每句隔一字。S·四〇一二起“谭杨唯有天人听”句，正相衔接。字体相同，知原为一纸断作二片。余在伦敦，曾将之缀合。最可贵者为纸尾题：“天成四年正月五日午际孙氷（冰?）书”一行，可定其年代。S·二九八五只有前三首，载《大正藏》卷八十五《道安法师念佛经文》中。

《穌（苏）莫遮》

大圣堂，非凡地，左右盘龙[①]，雄[②]有台相倚。岭岫嵯峨朝雾起[③]，花木芬芳，菩萨[④]多灵异。　面慈悲，心欢喜。西国神[⑤]僧，远〻来瞻[⑥]礼。瑞彩时〻岩[⑦]下起。福祚唐川[⑧]，万古千秋岁。

第一

上东台，过北斗，望见浮（扶）桑，海伴（畔）龙神斗[⑨]。雨雹相和惊林薮[⑩]，雾卷云收，化现千般有。　吉祥鸣，师子吼。闻著狐[⑪]疑，怕網（往）罗烟走[⑫]。才念文殊三两口，大圣慈悲，方便潜身救[⑬]。

第二

上北台，登崄道[⑭]。石迳崚层（嶒），蹬（缓）步行多少[⑮]。遍地莓苔

① S·四六七作“龙盘”。

② S·四六七“雄”作“为”。

③ S·四六七作“朝圣地”。

④ P作“卄卄”。

⑤ S·四六七作“真”。

⑥ P“瞻”写作“贍”。

⑦ S·四六七作“帘”。

⑧ S·四六七作“福祚当今”。

⑨ 此从《任录》依S·四六七。因P卷及S·二〇八〇均作“雾卷云收，现化千般有”，与下文重复。

⑩ S·四六七作“雨雪更霖薮”；P作“雨雹相和惊薮”，脱“林”字。

⑪ S·二〇八〇作“猢疑”；S·四六七作“狐宜”，俱音讹。

⑫ S·四六七作“便往那边走”。任说谓“那边”即东台之那延窟。

⑬ S·四六七作“三五口”，“方便来相救”。

⑭ S·二〇八〇作“登险道”。

⑮ S·四六七作“愣层摭步”；“蹬”借作“缓”。

异软草①，宓水潜流，一日三回到②。　骆驼嶋③，风袅⺀④。来往巡游，须是身心好。岩头⑤观淙河⑥。不得⑦久停，雄有龙神操（澡）。

第三

上中台，盘道远。万仞逍迢⑧，仿佛回⑨天半。宝石巉岩光灿烂，异⑩草名花，似锦堪游玩。　玉华池⑪，金沙泮⑫。冰窟千年，到者身心颤⑬，礼拜虔诚⑭重发⺁（愿），五色祥云，一日三回现。

第四

上西台，真圣境。阿耨池边，好是⑮金樀影。两道圆光明似镜，一朵香山，崒（崒）⑯ 屼堪吟咏。　师子踪，深印定⑰。八德池边⑱，甘露常清净。菩萨⑲行时龙请，居士谈杨⑳，唯有天人听。

---

① S·四六七作“名花微耎（软）草”。
② P作“过到”。
③ S·四六七“嶋”作“焉”，误。此依S·二〇八〇。
④ S·四六七作“风眇眇”。
⑤ S·二〇八〇作“台头”；S·四六七作“岩前”。
⑥ S·四六七作“奈好”。
⑦ S·四六七作“不敢”。
⑧ S·四六七作“迢迢”；P·三三六〇作“万刃道迢”。
⑨ S·二〇八〇、S·四六七“回”俱作“过”。
⑩ S·四六七作“瑞”。
⑪ P作“王花池”。
⑫ S·二〇八〇“泮”作“伴”；S·四六七作“畔”。
⑬ S·二〇八〇作“战”。
⑭ S·四六七作“合掌望空”。
⑮ S·四六七作“好似”。
⑯ S·四六七作“岌屼”。P·三三六〇作“屼”。
⑰ 那波氏作“卯定”；误“印”为“卯”。
⑱ S·四六七作“叻德泉中”。
⑲ P作“卄卄”。
⑳ S·二〇八〇作“谭杨”，S·四〇一二起句正与二〇八〇衔接。

第五

上南台，林岭别。净[1]境孤高，岩下观星月。远眺遐方[2]情思悦[3]。或[4]听神镛[5]，感怀捻香䕸[6]。　蜀[7]锦花，银丝结。供养诸天，菡萏人间彻[8]。往日尘劳今消灭[9]，福寿延长，为礼真菩萨[10]。[11]

P·二八〇九

此卷纸本颇长，黑丝栏，前有七言变文。曲子凡《孟姜女》（《捣练子》）二首，《望江南》（《娘子面》、《龙沙塞》、《敦煌郡》）三首、《酒泉子》二首（一为“红耳薄寒”），以上俱见P·三九一一及P·三一二八，不复录。仅抄《酒泉子》（“三尺青蚝”），及《杨柳枝》一首，缺文据桥川藏本补足之。

《酒泉子》[12]

三尺青蚝，斩新注（铸）就锋刃剬（刚）。沙兔（鱼）裹霸（裹欄）用银䍜（装）。宝见（现）七皇（星）光。　曾经长蛇偃（偃）月阵，一遭离运[13]神鬼怕；红（鸿）门会上佑明王，胜用一条枪[14]。

《杨柳枝》平

春去春来春复春[15]，寒暑来频，月生月尽月还新[16]，又被老崔（催）

---

① S·四六七作“媚”。

② S·四六七误作“跳”；“遐方”S·四〇一二作“霞方”。

③ P作“思情悦”，兹据S·四〇一二改。

④ S·四六七作“不”。

⑤ S·四〇一二作“鍾”。

⑥ S·四六七“愧”作“贵”；S·四〇一二“䕸”误作“艺”，由P作“䕸”。

⑦ S·四〇一二“蜀”误作“熟”。

⑧ P作“菡萏人间彻”；S·四〇一二作“涵淡人间彻”；S·四六七作“菡萏无人折”，今从P本。

⑨ S·四六七作“惭愧尘劳罪消减”。

⑩ P作“为真卄卄”，无“礼”字，兹从S·四〇一二。又S·四六七“延长”作“延年”。

⑪ S·四〇一二曲子之后，记北五台寺名如下：华严寺、竹林寺、金阁寺。南台：佛图寺、零溪寺、法花寺、佛光寺、福圣寺、清凉寺、王子寺。P卷在“真卄卄”句后录潸（赞）曰“般若真帝，无得无为……”等十行。

⑫ 《隋唐盛世》影本及《敦煌词掇》收桥川时雄藏本有此首。

⑬ 《干禄字书》“匣”作“运”，与此同。知释“遍”者非。

⑭ P明作“胖（胜）”，与《盛世》同。“条枪”P写作“徢搶”。

⑮ P·二八〇九无末一“春”字。

⑯ P“新”作“新”，至“又”字下缺，皆据《敦煌词掇》补。

人。只见庭前千岁月，长在长存；不见堂上百年人，尽总化为陈（尘）。

P·四六九二

抄《望远行》一首，《浣溪沙》一首，有圈句，淡墨写。前为变文，内有句云：“王莽（莽）卓[①]天下竹节，生铜马。”[②] 背为《佛名经》。

《曲子坚（望）远行》

年少将军佐圣朝。为国扫荡匡（狂）[③] 妖。弯弓如月射双雕。马到蹄[④]处尽云宵[⑤]。休还海，罢[⑥]枪刀。银鸾驾赱（走）[⑦] 上超霄，行人南北尽歌谣，莫把尧舜（舜）彼（比）今朝。

《曲子浣溪沙》

其起句为“喜睹华筵戏大贤”，已见P·三一二八，不重录。

P·三九一一

此为薄黄纸，丝栏，小册子，字甚佳；每半叶六行，有朱笔点句。起一首残，共三十二字，文云：“……羊子遍野巠（巫）山。醉胡子楼头饮宴，醉思乡千日勋勋（醺醺）。下水舡盏酌十分，令筹更朾（打）江神。”以下为《捣练子》、《望江南》、《酒泉子》。

《（孟）曲子捣练子》[⑧]

孟姜女、犯（杞）梁妻[⑨]，一去烟（燕）山更不归。造得寒衣无人送，不兑（免）自家送征衣。

---

① 一作“捉”。

② 即《刘家太子变文》，残存开端，详王重民等《敦煌变文集》，160页。

③ 参孙楷弟校。

④ “到蹄”二字倒置，应作“蹄到”。

⑤ 原作“宵”，借为“消”；诸家误“宵”为“霄”。

⑥ “罢”上原有“还”字，加卜号以示删去。

⑦ “驾”下一字诸家缺，原文作“赱”甚明，以“超”旁作“赱”证，知乃“走”字。

⑧ P·三三一九《社司转帖》中，抄《孟姜女》至“乳酪山下雪”句未完。又P·二八〇九横卷黑丝，前为变文二十七行，杂题有“相劝莫食众生肉”句，似出僧人之手。此卷书法如出一人，点画波磔一段甚佳。

⑨ P·二八〇九作“犯梁清”。

长城路，实难行。乳酪[①]山下雪氛氛。吃酒则为隔飰（饭）病，数（愿）身强健[②]早逻（还）归。

同前

堂（堂）[③] 前立，拜词（辞）娘，不角（觉）眼中滚千行。劝你耶（耶）娘少[④]怅望，为吃他官家重衣粮。 词（辞）父娘了，入妻房[⑤]。莫将生分向耶娘，君去前程但（但）努力，不敢放慢[⑥]向公婆。

《望江南》平

娘子面，磑（硙）了再重磨。昨来[⑦]忙（忙）暮行里（李）小（少），盖缘傍伴迸夫多，耳（所）以[⑧]不来过。

又

莫攀我，攀我大心偏。我是曲江临池柳，者人析（折）[⑨] 了郍（那）人攀，恩爱一时间[⑩]。

《酒泉子》平

红耳薄寒[⑪]，揺（摇）头弄耳摆金轡（辔）。曾经数阵战场寛（宽），用䂓[⑫]却逻（还）边。 入阵之时，汗流似血（血），斉（齐）譀（喊）一声而呼歇。但（但）则収阵卷（卷）旗幡，汙（汗）散郄（卸）金鞍。

---

① P·二八〇九字作“乳酪”。
② P·二八〇九“健”误作“律”。
③ P·二八〇九误作“当前”。
④ P·二八〇九作“劝∨力你”，乃“力劝”倒抄。又“少”字作“小”。
⑤ P·二八〇九作“词娘入清房”。
⑥ 《任校》引《十二时》“劝诸人，莫放慢”句。
⑦ P·二八〇九亦有此首，字作“昨来”。
⑧ P·二八〇九“耳”字作“耶”。
⑨ P·二八〇九日作“者人称了”，以“折”之偏旁作“尔”例之，“耶”之为“所”，甚明。
⑩ P·二八〇九“时间”误作“时问”。
⑪ “薄寒”即“骍寒”，P·三三六一背《叹百岁诗》：“四岁骍寒初搭鞍。”
⑫ 《开蒙要训》：“握䂓即握槊。”蒋《校》即以“䂓”为“槊”字。

P·三二五一

此卷唯纸一张，共十八行，起“相思意”一首，题目残缺。下题“又”字者四首，盖为《菩萨蛮》也。即接书《御制临钟离（商）内家嫱》，其词已见P·二八三八《云谣集》；此叶每阕有圈句。

《菩萨蛮》

……相思意。羞（羞）着旧罗裳，双〻金凤凰。[①]

又

清明节迩（近）千山绿[②]，轻（轻）盈（盈）士女署（腰）如束。九陌正花芳，少年骑马郎。 罗衫香袖薄[③]，佯醉抛鞭落。何用更回头，谩添春夜愁。

又

朱明时节樱桃熟，卷（捲）帘嫩笋礿成竹。小玉莫添香，正嫌红日长。

四支（肢）无气力，鹊语虚消息。愁對牡丹花，不曾（曾）君在家。

又

香绡（销）罗幌堪魂新（断），唯闻蟋蟀（蟀）[④] 吟相伴。每岁送寒衣，到欢（头）归不归。 千行歌忱（枕）淚，恨别添憔悴。罗带旧同心，不曾看至今。

又

昨朝为送行人早，五更未罢金鸡叫。相送过鸿梁[⑤]，水声堪断肠。

唯愁离别苦[⑥]，努力登长路，住马处[⑦]再摇鞭，为传千万言。

---

① 按此上必接他卷，惜断了。

② “绿”原误作“录”，后改。

③ “袖”初误为“神”，后改。

④ “断”字作“新”，“蟀”字作“蟀”，皆习见。

⑤ “鸿梁”，夏承焘谓即“虹梁”。

⑥ “唯愁离别苦”，任、王修订本皆误“愁”为“念”。

⑦ “住马處”，原有“豹”字为衬字，任、王均缺之。

S·二六〇七

此卷残存九十行，首末两段残损颇多。卷末自《临江仙》以下尚有廿四行，只存中段，句不连接。唯《伤蛇曲子》词调注明；卷中完整者有《西江月》三首，《浪淘沙》二首，《菩萨蛮》六首，《浣溪沙》四首，《献忠心》一首，《恭怨春》一首，《御制曲子》二首，《临江仙》一首；其中《菩萨蛮》二首，《全唐诗》题唐昭宗撰。是卷之背，为寺院法器账。

〔失调名〕①

……台肸化绝胜切……
往复任君多征使……
彭年年生居定昭……
扣千如日月诏无已……
四海征弊惜天雨降……
唐尧鸿恩四补海内乐□
陈云收。

同前

般消……
国泰人安静，风沙 响 秀……地种首……
吕闹任舡，专听海鹫坐金牙，提胡芦帝萨金沙，长垂罗袖拂烟霞。齐拍手，贺我当今家。

同前

本是蕃家帐，年⺄在草头。夏月②披氁帐，冬天挂皮裘。　　语即令人难会，朝朝牧马在荒丘。若不谓③抛沙塞，无恩④拜玉楼。

---

① 原卷无调名，任氏拟调为《赞普子》。
② 原作“月”，王作“日”。
③ “不谓”，王据孙《校》以“谓”即“为”。
④ “无恩”，任说作“无因”。

同前

与君别后，何日再相逢。関山阻隔信难通。情恨切，气田（填）胷，连襟泪落重重。　　世通策（荣）贵受（寿）如松。寒雁来过附书纵。谓君燋焠（憔顇）[①] 损形容，交（教）儿泪落千重。

《西江月》

女伴同寻烟水，今宵江月分明。驮（柁）头无力别一舡横。波面嶶（微）风闇起。懒掉乘舡无定正（止）。拜词处ㄋ闇（闻）声。连天红浪锓（浸）秋星。悟（误）入蓼（蓼）花丛裏。

又同一首

皓（浩）渺天涯无济（际），吕（旅）人舡薄（泊）孤舟，团团明月照江楼。远望秋（荻）花风起，东去不回千万里。乘舡整置（正值）高秋，此时变作望乡愁，一夜若（苦）吟云……

《浪淘沙》
“五雨竿头风欲平”一首，已见P·三一二八，兹不录。
又一首

八十颓年志不迷，一竿长地坐磻磎，钓……时清（清时），直道（?）守池频负命，子鳞何必用东西，我不……

《菩萨蛮》
“千年凤阙争雄弃”，此首缺字甚多，见P·三一二八。
同前

自从銮驾三蓬住，倾心日夜思明主。惯在紫嶶间，笙〔歌〕不暂闲。
受禄分南北，谁是忧邦国。此夜却回銮，须交（教）社稷〔安〕。

① 各家读作“为君憔悴”。

同前一首

登楼遥〔望〕秦宫殿，翩翩只见双飞鹫。渭水一絛（条）𣲘（流），〔千山与万丘〕。　　野烟遮远树，陌上行人去。何处有英雄，迎归大内〔中〕。

又同前一首

飘飖且在三峰下，秋风往往堪沾洒。肠断忆仙宫，〔朦胧烟雾中〕。思梦时时睡，不语长如醉。何日却回归，玄穹知不知。[①]

又同前一首

常慚血怨居臣下，明君巡幸恩沾洒。差近（近）见修宫，谒戋（践?）无有终。　　奉国何曾睡，葺治无人醉。克日却回归，彭（愿）天涯惣西（?）。

同前一首

御园照⺀红丝罢。金风坠落沾枝椺。柳色政（正）依⺀，玄宫昭（照）绿池。　　每思龙凤阙，惟恨累年劫。计日却回归，豢（象）似南山不动嶶。

《浣溪沙》[②]

良人去住边庭，三载长征。万家拈（砧）杵捣衣声。坐寒更。添⺀玉渂懒频听，向深闺、远闻雁悲鸣。遥望行。三春月影照堦庭。帘前跪拜人长命，月长生[③]。

---

① “登楼”及“飘飖”二首乃唐昭宗作，见《全唐诗》，文字略异，已见王《校》。“朦胧”句，原卷“月”字旁隐约可辨。“玄穹”S甚明，王作“玄苍”，非。

② 原题失调名；作《浣溪沙》，误。

③ “月长生”，“月”字依王《集》。

又同前一首

浪打轻舡雨打蓬。遥看𢌞下有鱼[①]翁。莎苙（簑笠）不收舡不系，任东西（西东）。即问鱼翁何所有，一台（壶）清酒一竿风，山月与沤（鸥）长作伴，在五湖中[②]。

又同前一首
“倦却诗书上钓船”，此首已见P·三一二八，不录。
又同前一首

一队风去吹黑云，舡车[③]撩乱满江津，浩淅洪波长水面，浪如银。
即问长江来往客，东西南北几时分，一过交（教）人肠却断，谓行人。

又《西江月》

云散金波礽吐，烟迷沙煮（渚）沉沉（沈沈）。棹歌惊起乱西（栖）禽。女伴各归南补（浦）[④]。舡押（狎）波光遥野，虏（摅）[⑤] 欢不觉更深。楚词哀怨出江心。整𡈼（正值）明月当南午[⑥]。

《献忠心》

自従黄单（巢）作乱，直到今年。顷（倾）动迁移每惊天。京华飘飘因此荒。空有心长（肠）思恋明皇。　　愿圣明主，久居宫宇。臣等默始，有望常殊。弓剑更抛（抛）涯计，会将銮惊（驾），步步却西回。

《曲子茶怨春》[⑦]

柳絛（条）垂处也，喜鹊语零零。焚香秋首（稽首）告素君情。

---

① “鱼”上曾有字，涂去。此首“渔”并作“鱼”。
② “五湖”句，“在”字侧注一“五”字，各家皆忽略。
③ “车”字甚明，各家均作“船中”。
④ “浦”，原卷误作“补”。
⑤ “野虏”二字相接，但无∨号，王《集》，“野欢”，不当。
⑥ “午”字细看不是“干”字。
⑦ 以S·二六五九“一切萘敬”句，知“萘”即“恭”字。

慕德萧粮（郎）好武，累岁长征。向沙场裏，輪（输）宝剑，定搀枪。　　去时花欲谢，几度菜（叶）还青。遥思相（相思）、夜夜到边庭。愿天下销弋（戈）铸戟，舜日清平，待功成日[①]，麟阁上画图形。

〔御〕制

时清海晏定风波，恩光六塞，瑞气遍（遍）山坡。风调雨顺，野老行歌。四寒（塞）休征罢战[②]。放将仕（士）尽回弋（戈）。　　君臣道泰，礼乐谶中和。此时快活感恩多，愿圣寿万岁，同海[③]岳山河。似生佛向[④]宫殿里，绝升兜率大罗。

《御制曲子》

百花竟（竞）蕟（发）㸌新，杨柳垂院光，向珠帘湛（?）……万喜含芳。观园里青青，山川草木异祯祥。一万人乐行歌……㚒时康。我……明主……中看景色在边壃（疆），更将新翻御制……，……步元戎。千秋万岁，豊（丰）作[⑤]得姚（遥）长。知存而治化……舜禹汤。

《曲子临江仙》[⑥]

岸阔临江帝宅赊[⑦]。东风吹柳向[⑧]西斜。春光摧（催）绽后园[⑨]花。鹦（莺）啼燕语辽（撩）[⑩] 乱，争忍不思家。　　每恨[⑪]经（经）年离

① 原卷作“功成日”，各书皆误倒作“成功”。
② “四塞休征罢战”句，又见《开于阗》。
③ 原卷“海”字甚明显，各家并缺。
④ 原卷有“向”字，各家缺。
⑤ “丰作”，王《集》误作“岂得”。
⑥ P·二五〇六有此首。
⑦ “帝宅赊”，P作“底见沙”。
⑧ S有“向”字。
⑨ S缺“摧”字，据P补。P“园”作“薗”。
⑩ S作“辽”。
⑪ S“恨”上有一字，似涂去。

〔别苦〕，纵然①抛弃（棄）生涯。〔如〕今时世已②参差。不如归去，归去也，沉③醉卧烟霞④。

兹将此卷残缺部分，抄录于下：

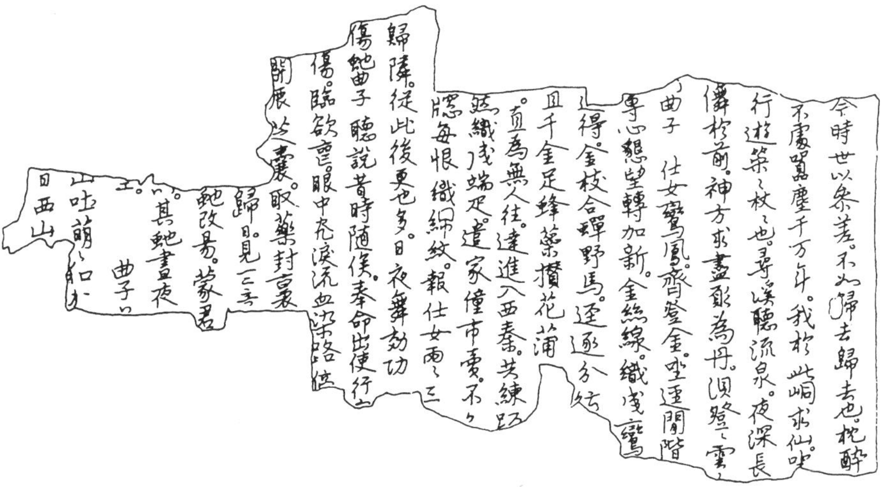

P·二七〇二　S·一五八九　S·四五七八

《婆罗门曲子》，敦煌所出有三卷。P·二七〇二起“望月婆罗门”至“水精宫李（里）落轰轰，两边仙人相苦”句，未抄全。卷前有藏文一行，文云：BYİ BA LOHİ DBYAR SU. 谓鼠年暑，应是记书写时间。又绘一马。字似褚遂良，颇佳。S·四五七八卷前两首有缺字，以P卷苴补之恰成完璧。S·一五八九纸极坚韧；卷背于记各部洲若耽没罗洲、僧伽恭洲尊者以后，载《经过》、《五道》、《转轮王》，即接书“望月在边洲”一首，句中异字如“逍垂”、“千秋万万秋”，疑有讹误。又书“望月曲弯ㄋ，初生似玉环。渐ㄋ团圆在东边”。句共三行，乃随便抄写，字甚劣。

① “纵然”P作“等闲”。

② S“已”作“以”。

③ S“沉”误作“枕”。

④ S“醉”字以下残缺。

《咏月婆罗门曲子》①

望月婆罗门，青霄②现金身。面载③黑色齿如银。处处分身千万亿④，锡文拨⑤天门。双⑥林礼世尊。

（又）

望月陇西生，光明⑦天下行。水精宫里⑧落（乐）轰〻，两边仙人常瞻⑨仰，鸾舞鹤弹筝，凤凰说法听。

（又）

望月曲弯〻，初生似玉环⑩。渐〻团圆在东边，银城回迴星流遍⑪。锡杖夺天门（关），明珠四畔悬。

（又）

望月在边州，江东海北头。自从亲向月中游，随佛逍遥登上界，端坐宝花楼。千秋以万秋。

P·四〇一七

此为黄纸十三叶小册，丝栏七行；前有浅墨记杂字一本二行，及人名赵揭捀、阴物堆、薛国成、康南山、石胜定等，又淡墨记乙酉年七月廿一日徐

---

① S·四五七八题曰：“咏月婆罗门曲子”。

② P作“青箫”。

③ S作“面带”。

④ S“亿”作“益”，自此以上缺九字，可以P补之。

⑤ S作“钵”；P作“拨”。

⑥ “双”字，P作“[illegible]”，字墨浓黑。

⑦ S“光明”下缺五字，以P补之。

⑧ P“宫里”作“宫李”，应是借“李”为“里”。

⑨ P作“仙人相苦”，下缺。

⑩ S“初”作“袇”；“环”作“瑔”。

⑪ S“遍”作“遍”。

僧故，乙酉年七月廿三日安郎君阽，又《社司转帖》乙酉年七月廿一之立契，又《咏九九诗》一首，即接书《鹊踏枝》。

《曲子鹊踏枝》

独坐更深人寂ㄔ，忆恋家乡，路远关山隔①。寒雁飞来无消息②，交（教）儿牵（牵）断心肠忆。　　仰告三光殊（珠）涙滴（滴）。交（教）他耶（爷）娘，甚处传书觅。自叹宿缘作他邦客，辜负尊亲虚劳力。

P·二五〇六

此卷存词五首，终《酒泉子》；第一首残得“塞，旧戎装”以下二十九字，正书，在《诗·郑笺》卷背。淡墨写，有圈句。

〔失调名〕

（上缺）塞，旧戎装，却著汉衣裳。家住大杨海，蛮骞不会宫適（商），今日得逢明聖（圣）主，感恩光。

《献中（忠）心》

臣远陟（涉）山水，来暮（慕）当今。到舟（丹）阙，御龙楼，弃毡帐，弓与③剑不归边地，学唐化，礼儀向④。休（沐）恩深。　　见中華（华）好，与舜日同⑤。垂衣理，菊（菊）花浓。臣霞（遐）方无珍宝，愿（愿）公千秋住，感皇澤（泽），垂（垂）珠涙，献中（忠）心。

又

莫（蓦）却多少云水，直至如今。陟（涉）历山阻、意难任。早晚⑥

① 原作“踏远遍（隔）关山”。有V号。

② 原作“无息消”，据任《校》改正。

③ 原作“弓∨与剑”，“弓”字旁有∨号；故应读为“弃毡帐与弓剑”六字为句。

④ 任《校》“向”作“同”。

⑤ 任《校》补一“钦”字，作“与舜日同钦”

⑥ 原作“早万”，“万”旁有“卜”号，点去。

得到唐囩（国）裛（里），朝圣明主，望丹阙，步ㄑ泪满衣襟。　　生死大唐好，喜难任。斉（齐）怕（拍）手、奏香音。各将向本国里，呈歌舞。[illegible]（愿）皇寿，千万岁，献中（忠）心。

《临江仙》

“岸阔临江底（底）见沙”，已见S·二六〇七。

《酒泉子》[①]

每见惶惶，队队雄军惊御[②]辇。蓦街穿巷犯皇宫，祇拟夺九重。长枪短剑如麻乱，争郍（奈）失计无投窜（窜），金箱玉印自揵（携）将，任他乱芬芳。

S·五五四〇

此为大册蝴蝶装，共三叶，中一叶乃由两叶倒黏，无法撕开。第一叶前书《百行章》一卷并序，第二叶杂写《燕子赋》一段；过叶又书“白马驼经即自林”等句，第三叶首写“山花”二字，共写《山花子》词四行，后杂书音训一行，如“耄”下加注即是。此册涂满泥土，《山花子》过叶写一☐字，污烂不堪。

《山花子》

去年春日长相对，今年春日千山外。落花流水东西路，难期会。　　西江水竭南山醉，忆得[③]终日心无退，当时只合同携手，悔……

S·四三三二

褐色粗纸一叶，共十一行，录《别仙子》一首，《卄卄旁》（《菩萨蛮》）一首，又《酒泉子》只写一半，其中若干缺文后加，词牌亦后来添上。书法墨色与纸背壬午年龙兴寺僧愿学所书相同，似出一人手笔；此乃敦煌陷吐蕃后寺院僧徒随意抄写者。《别仙子》极似柳永风格。

---

① “酒泉”下原有“平”字，涂去。

② “御”字上原空一格。

③ 任《校》“得”作“你”。

《别仙子》

此时枠（模）样，算来是[①]秋天月。无一事，堪惆怅，须圆阙。穿窗牖，人寂静，满面蟾光如雪。照泪痕何似，两眉双结。　　晓楼锺（鐘）动，执纤手，看看别[②]。移银烛，猥（偎）身[③]泣声哽噎。家私事，频付嘱，上马临行说。长思忆，莫负少年时节。

《廿廿𡖋》

枕前发尽千般愿，要休且待青山烂。水面上秤䭔（锤）浮，直待黄河彻底枯。　　白日参辰现，北斗回南面[④]。休即未能休，且待三更见日[⑤]头。

《酒泉子》

砂多泉头，伴贼寇、枪张怒起，语报恩住裴氏晖　威（下缺）

P·三三一九 V°

卷面为《大般若波罗蜜多经》残卷，背为《孟姜女》二首，与P·二八〇九及P·三九一一两卷相同。王《集》云依P·三九一一调名应为《捣练子》，兹不再录。

S·五六四三

《曲子送征衣》

今世共你如鱼水，是前世因缘。两情准（準）儗（拟）过千年。转⺀

① “是”字原注于旁。

② “别”下原有“如”字，涂去。

③ “身”字添注。

④ “北斗回南面”，任《校》引《易林》“魁罡指南”句。

⑤ “日头”原作“日”，正是“日”字，各家以为原作“月”，非是。

计教（较）难。交（教）汝独自眠。　　每见庭前双飞鹭，他家如自然。……[①]到君边。心穿石也穿。愁甚不团缘（圆）[②]。

此纸，王《集》只录《送征衣》一首，尚有三首失调名，兹试为句读如次：

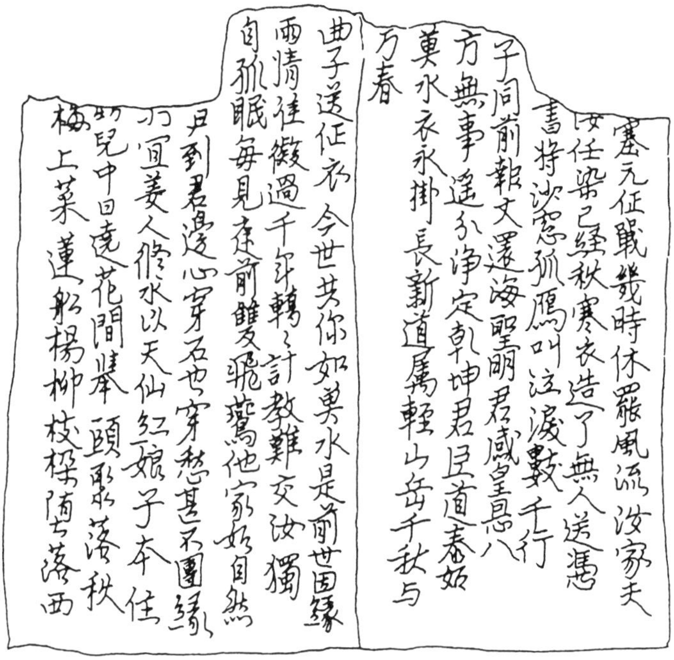
塞元征戰幾時休罷風流汝家夫
壻任染已經秋寒衣造了無人送憑
書將沙窓孤鴈叫泣淚數千行
子同前報文還海聖明君感皇恩八
方無事遥分淨定乾坤君臣道泰如
曲子送征衣今世共你如魚水是前世因緣
自孤眠每見庭前雙飛鷰他家如自然
只到君邊心穿石也穿愁甚不團緣

S·五六四三

塞元（原）征战几时休。罢风流。汝家夫（婿）▨▨，任染（荏苒）已经秋。　　寒衣造了无人送，凭▨〔寄〕▨书将。沙窗孤雁叫，泣泪数千行。

曲子同前

报文还（寰）海圣明君。感皇恩。八方无事遥分，净定乾坤。

① 任氏《校录》于“难”字断句，又补四字作“梦魂往往到君边”。
② 王重民《敦煌词集》读“缘”为“圆”。

君臣道泰如鱼水，衣永挂长新。道属轻山岳，千秋与万春。

〔失调名〕

……宜，羑（美）人修（秋）水以（似）天仙。红娘子，本住……儿，中（终）日绕花间。　　举头聚落秋……，梅（每）上菜（采）莲船。杨柳枝梾堕，落西……

S·五八五二

此单叶纸已污黑，存六行，与P·三九九四《鱼美人》笔迹类似。此首词调，疑是《生查子》，王氏新本《曲子集》录入，不加句读。（见上卷）按具用入声韵，极为分明，试为句读如次：

六问枕不平，看似□□□。事从后园去，后园□□□。　　金钗薄落地，自作壹故舌。罪（罗）带自膁（嫌）长，自作同心嘌（结）。东□枕不平，盖郎园转歇。君作□□心，莫听闲人说。

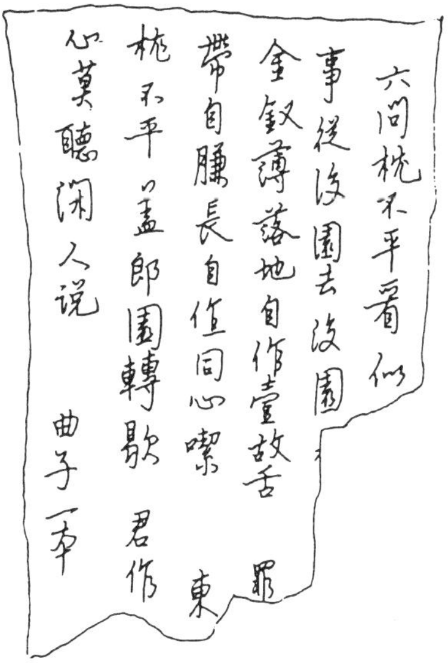

S·五八五二

附二　上虞罗氏及日人藏本之曲子

《菩萨蛮》

自从宇宙[①]光（充）[②] 戈戟，狼烟处处獯（燻）天黑。早晚竖金鸡，休磨战马蹄。　淼⺀三江水，半是儒生泪。老尚逐今（金）财[③]。问龙门，何日开。（《敦煌零拾》本）

《望江南》

天上月，遥望似一团银。夜久风（更）阑风渐紧，为以（奴）吹散月边银（云），照见附（负）心人。

五梁[④]台上月，一片玉无暇（瑕）。以里（迤逦）看归西（海）去，横云出来不（敢）遮[⑤]，叆叇绕天涯。（《敦煌零拾》本）

赵尊岳《唐人写本小曲三调》（载《同声月刊》）跋谓此书于《春秋后语》纸背上，此三首王国维录于《东方杂志》卷十七之八，况周颐收入《蕙风词话》卷四，均有校记。罗振玉刊入《敦煌零拾》。

《长相思》

侣（估）[⑥] 客在江西，富贵世间稀。终日红楼上……舞著棋[⑦]。频频满酌醉如泥。轻⺀更换金卮。尽日贪欢逐业（乐）[⑧]，此是富不归。

又同上

哀客在江西，寂寞自家知。尘土满面上，终日被人欺。　朝朝立在市门西，风吹淚……双垂。遥望家乡书短，此是贫不归。

---

① 王国维校“宙”作“内”。
② 王《集》新本“充”作“兴”。
③ 王《集》据曾毅公校“今”即“金”。
④ 任《校》谓“五梁”二字为题目。
⑤ “海”、“敢”字原缺，此为王国维校。
⑥ 王《集》新本引孙楷第校谓“侣客”即“估客”。
⑦ 任《校》谓“著棋”应作“著词”，唐人酒令中所用之曲词。
⑧ 周泳先本以“逐业”即“逐乐”，任、王均从之。

又同上

作客在江西，得病卧毫厘。还往观消息，看看似别离。　　村人曳在道傍西，耶娘父母不知。……上剟排（缀牌）书字，此是死不归？（《敦煌零拾》本）

按此三首联章，末句分言富、贫、死三者之痛。

《（鱼歌子）·上王次郎》

春雨微，香风少，帘外莺啼声声好。伴孤屏，微（微）语唆（笑）。寂对前庭悄悄。　　当初去，向郎道。莫保青娥花容貌。恨惶交（狂夫）不归早。交（教）妾思在懊恼。

《鹊踏枝》

叵耐灵鹊多满（瞒）[①] 语，送喜何曾有凭据。几度飞来活捉取，锁上金笼休共语。　　比拟好心来送喜，谁知锁我在金笼里。欲[②]他征夫早归来，腾身却放我向青云里。

罗氏《零拾》本跋云："此小曲三种，《鱼歌子》写小纸上，《长相思》及《雀踏枝》写《心经》背，讹字甚多。"

《鱼歌子·月》[③]

绣帘前，美人睡。厅[④]前猧子频频吠。雅奴卜，玉郎至，扶不（下）骅骝沉醉。　　出屏帏，正云起[⑤]。莺啼湿尽相思被。共别人，好说我不是。得莽（莫）[⑥] 辜天负地。（桥川时雄藏本）

① 周本作"瞒"，孙楷第校"满"读为"漫"。
② 任《校》"欲他"作"愿他"。
③ 此首亦载《敦煌词掇》，题目为《月》。
④ 任《校》"厅"作"庭"。
⑤ 王《集》云刘盼遂以"起"为"髻"之声误。孙《校》"正"应作"整"。
⑥ "莽"读为"莫"，从任《校》。

赵尊岳《唐人写本曲子影印本》跋云："唐人写小词五首一小叶，阔广仅三四寸，两面作书，字各六行，折叠为二，所谓蝴蝶装也。……傅惜华为作题跋，影印于北京《画报》。……其中《鱼歌子》一首与罗叔言所藏另一唐人写本相同，惟字句略有歧异耳。"①

三、新获之佛曲及歌词

P·三四〇九

《行路难》

弟子蒙禅师等说偈，并《五更转》及劝善文。弟子等恋慕禅师，不知为计留得禅师，共往脩道，各自思惟，各作《行路难》一首。

第一②

丈夫恍忽（惚）忆家乡，归去来③。归去从来无所归，来去百过空来去，不见一个旧住处。住处④皆是枷锁纽，劝君学道须避就。法界平等一如如，里中⑤无有的亲疏。君不见⑥，行路难，路难道上无踪迹。

第二

始知虚空，以⑦为屋宅，大地以为床席（席）。水火毕竟相随，如风无有踪迹。合即五家共一，离散各不相知。既委⑧自身状迹，何处更有诸亲。君不见，行路难，路难道上无踪迹。

① 载《同声月刊》一卷十号。影片原载 1930 年 7 月 30 日《北京画报》，嗣日人又影印入《隋唐盛世》中，《词学季刊》一卷第四号复加转载。周泳先《敦煌词掇》及王重民新本《敦煌曲子词集》均校录。

② S·三〇一七存《行路难》四首，每首前有"第一"、"第二"、"第三"、"第四"字样。

③ S无"归去来"三字。

④ S不重言"住处"。

⑤ S作"理中"。

⑥ S无"君不见"三字。

⑦ S"以"作"已"，借字。

⑧ S作"既知"。

第三

父母皆从贪嗔痴，爱生我祖父。先是二十五有眷属，元是色声香味触。妻儿即是色境五欲。万法毕竟相随，崁尘以为同学。君不见，行路难，路难道上无踪迹。

第四

众生大ₔ癡[①]，不肯著、如来衣，常卧无明被，昏ₔ长夜睡。念ₔ求财色，不觉死时至。空手入三涂，何期悔来此。君不见、行路难，路难道上无踪迹。

〔第五〕

众生常被色财缠缚[②]，没溺爱河。沉沦生死，处处经过。八风常动，六识昏波[③]。常念[④]五欲，不念弥陁。生天无分，地狱對门。循环六道，回擭万身。欲得学道，须舍寃（怨）亲。君不见、行路难，路难道上无踪迹。

〔第六〕

常桯龟毛为罝網，磨练兔角作刀枪。大悲泽里網得鹿，铁围山中捕得羊。白牛驾车来运载，乾闼婆城中宴会。二乘门外不忍看，廿廿端坐意气待。辟支四果心生疑，声闻缘觉无所知，脩道若达此法门，始能行得大慈悲。慈悲度脱诸众生，先须持戒不煞生。煞生偷盗皆计罪，地狱门前专相待。不见一法成，ₔ无一法坏。逆（逆）顺平等一如如，是故名为大丈夫。君不见，行路〔难〕，路难道上无踪迹。

① S缺“众生大ₔ痴”一章。
② S作“第四众生常被色财缠缚”。
③ S作“氏波”，“昏”字省形。
④ S自“常念”以下残缺。

〔第七〕

身骑精进，忍辱作鞍韂。持戒作枪翻，慈悲为军将。手把禅定弓，射破卅六军贼；获得菩提勋，无心是官职。差作巡境使，四方和六贼。大丈夫，自恨无道德，虚食信施供，假名入山谷，忽若得道果，历劫相篣帘。欲得学无为，常须三不足。

以下云：“六师捻得，寻思一遍，却爱慕弟子，即自回心共住修道。总共十三人，尊一个有德为师，两个亲近承事，十个诸方乞（乞）食。和上即《叹安心难》。”《安心难》亦是韵文，今不录。

P·二九七六

此卷先抄《下女夫词》残文，继为高适诗（起“我本鱼樵孟诸野”句），接书《五更转》，只录二更，未完篇。下为进士刘瑕《温泉赋》及《宴别郭校书诗》。

《五更转》

一更初，少年光景暂时无，一世之间何足庑（度），谁知四大是空虚。人皆恒作千年调，谓将不死镇安居。有钱不解修功德，沽酒买宍（肉）事兇麄。终日贪生不觉老，鬓边白㖞（发）实难除。面上红颜千道皱，胷疼脊曲项筋……[1]眼暗耳聋见不辨，头风脳（脑）转手专遇，中口[2]牙齒（齿）並（并）落尽，皮宍（肉）瘦损……身枯。出门入户著弱杖，坐卧欲起觅人扶。村舍追随不能去，亲情故旧往还疏。丈夫一朝身如此，与死无列（别）有何殊。

（又）

二更分，阎浮众生不可论。终日匆（忽）〻望畐（富）贵，谁先业[3]受饥贫。当时疏（梳）头镜里照，如今一陇永无因。被他将衣面上盖，合眼瞑（暝）〻不解嗔。从你男女头前哭，千呼万唤耳不闻。脚著纸靴常不

① 脱一“韵”字。

② “中口”二字倒置。

③ “业”字前后，似脱一字。

脱，眼索衣裳遮莫嗔，终归不免深埋却。

S·五九九六＋S·三〇一七

S·五九九六卷为黄纸一张，共十二行，颇残缺；与S·三〇一七乃同一人所书，载文共二十三行，两卷可以缀合，其内容可以P·三四〇九参证。P卷完整，纸极薄，作雌黄色。

《五更转》

一更净坐观刹舥（那），生灭忘（妄）① 想遍娑婆。客尘烦恼积成劫，以劫除劫转更多②。

（又）

二更净坐息心神，喻若日月去浮云，未识心时除忘（妄）想，只此妄想本来真。真忘本来同一身，一物两名难合会。合会不二大丈③夫，历劫相随今始解。

（又）

三更净坐入禅林，息冈④归真达本心。本心清净无个物，只为无物悉包融⑤。包融一切含万境，色空不异何相㝵，故知万法一心如⑥。却将法财施一㓛（切）。

（又）

四更念㝎悟惣（总）持，无明海底取莲藕丝⑦。取思⑧出水花即死，不取思时花即痿⑨。二疑中间难启会，劝君学道莫𢚩怠。念⺀精进须向前，

① S·五九九六“妄”字皆作“忘”，非。

② P作“已劫除劫”；S夺去上“劫”字。

③ S“大丈”二字倒置。

④ P作“息妄”，S作“息冈”，以“罔”为“妄”。

⑤ P作“苞容”。

⑥ P作“一心生”。

⑦ P、S并作“取连藕丝”。

⑧ P作“取丝出水”；作“取思”。

⑨ P作“不丝时花即萎”，脱一“取”字。

菩提烦恼难摽简①。摽简烦恼是痴人，心〻数法不识真。一物不念始合道，说即得道是愚人②。

（又）

五更隐在五阴山，丛林斗闇③侵半天，无明道师结跏坐，入空虚凝证涅槃。涅槃生死皆是幻，无有此岸非彼岸。三世共作一刹那，影现世间出三界。若人达此理真如，行往坐卧皆三昧。

S·四七八一

《黄昏无常偈》（似《蝶恋花》）

白众等听说黄昏无常偈：

人间匆〻（忽〻）营众务，不觉年命日夜去。如灯风中焰难期，忙〻六道无定趣。未得解脱出海苦④，云何安然不惊惧。各闻强健有力时，自策自励求常住。

白众等听说初夜无常偈：

烦惱深无底，生死海无边。度苦船未立，云何乐睡眠。睡眠当觉悟，勿令睡覆心。勇猛勤精进，菩提道自然。

中夜无常偈：

汝等勿抱嗅尸卧，种〻不净假名身，如得重病箭入体，众苦痛集安可眠。

后夜无常偈：

时光迁流转，忽至五更初。无常念〻至，恒与死王居。云何自纵恣，于是乐竟舒。劝诸行道众，勤学至无余。

午时无常偈：

人生不精进，喻若树无根。采花致日中，能得几时新。花亦不久鲜，色〻非常好。人命如刹那，须臾难可保。今劝诸等众，勤求无上道。

---

① P作“撩蔺”。
② S作“禺人”。
③ S作“斟暗”，“斟”与“斗”皆读为“陡”。
④ 后以朱笔涂去“苦”字，改注朱于“海”旁。

附一　《五更转》之别格

S·四七八一卷中杂录偈语，白众听说，陈无常之义，计分黄昏、初夜、中夜、后夜、午时五个阶段[①]。S·二三五四于《寅朝清净偈》之后，又录黄昏、中夜、后夜无常偈，其中后夜无常偈与S·四七八一相同，唯缺“云何自纵恣，于是乐宽舒”两句。其起句云：“时光千〔一作‘迁’〕流转，忽至五更初。”此偈分为五时，亦《五更转》之“别格”也。

附二　偈之体裁

知此偈为《五更转》之别格，五偈为联章，但每偈句式略有不同：

黄昏偈：七七七七　七七七七 ⎫ 八句
初夜偈：五五五五　五五五五 ⎭
中夜偈：七七七七　四句
后夜偈：五五五五　五五五五　八句
午时偈：五五五五　五五五五　五五　十句

唯中夜偈七言四句，其余初夜、后夜、午时为五言八句或十句，黄昏为七言八句。偈之句法，据S·一三四四郭荃《修多罗法门》（《旧唐书·经籍志》作郭瑜撰）云：“夫偈有二种，一者通偈，一别偈。”通偈与别偈，其说如下：

通偈：八字为句，四句为一偈，一偈三十二字。

别偈：四言、五言、七言，亦四句成一偈。

① 《翻译名义大集》（522～523页）列五更及午夜之梵汉对译名称，表之如次：

A. Prathama-praharaḥ　汉有定更、初更
Dvitīya-praharaḥ　二更
Tritīya-praharaḥ　三更
Caturtha-praharaḥ　四更
Pañcama-praharaḥ　五更；早晨

B. Prathame yāme　初夜、上半
Madhyame yāme　中夜、中分
Paçcime yāme　半夜、下半

前表之“半夜”，当即“后夜”；“黄昏”当是Aparāhṇaḥ，汉译“晚”；午时当是Madhyāhṇaḥ汉译为“日中”；夜间分为三段，日间原亦分三段，而以早晨（即梵之Pūrvāhṇaḥ）等于五更，故得“五”之数，总为“五更”。（更，梵语Praharaḥ，汉译为“巡”。）

今观此五时无常偈，七言、五言互用，当是别偈之类。《苕溪渔隐丛话》前集二十一云："唐人歌诗法，本不随声为长短句，多是五言或七言诗歌者，取其辞与和声相叠成音耳。"此偈不增和声，而以七言、五言杂用，仍是唐人歌诗之法。最早之《五更转》为陈伏知道之《从军五更转》，其句式为"五五五五"，此初夜、后夜二偈即循旧式，作为二叠。

最堪注意者为黄昏偈之七言八句，其用韵如下：务、去、趣、苦（此字后来加朱笔，改为"苦海"则不协韵）、惧、住。此偈句法及用韵，与《蝶恋花》合。《蝶恋花》为唐教坊曲，调见南唐李煜词（参《康熙钦定词谱》十三、《词律》九），敦煌曲子未见，此则尤堪注意者也。

S·四二七

《禅门十二时》

夜半子，众生重々萦俗事。不能禅定自观心，何日得悟真如理。豪强富贵暂时间，究竟终归不免死。非论我辈是凡夫，自此君王亦如此。

鸡鸣丑，不分年既䙾蒲栁（柳）。忽然明镜炤（照）用看，頚（顿）觉红颜不如旧。头鬓苍惶面复皺，眼闇匡量渐加愁，不觉无常日夜摧（催），既看强量那不久。

平旦寅，智惠莫乌色为亲。断除三障及三业，远离六贼及六尘。金玉满室非是宝，忍辱最是无价珎。男子女人行此事，不染生死免沉论（沉沦）。

日出卯，浊恶世界多烦惱。欲得当来证果因，弃舍荣华及修道。随时麻褐且充（充）躰，锦铺罗衣莫将好，如来上自入涅槃，凡夫宿夜谁能保。

食时辰，六贼论（轮）回不识珎。自恨长生阎浮提，恒为怨魔会须懃（勤）。众生在俗虽眼里，莫著沉论守迷津。跋提河边洗罪垢，菩提树下证成真。

隅中巳，所恨流浪俱生死。法船虽达涅槃城，二鼠（鼠）四虵从后至。人身犹如水上泡。无常煞鬼忽然至。三日病卧死临头，善恶二業终难避。

正南午，人命由如草头露。火急努力懃修补。第一莫贪自迷误，阎罗伺命难求嘱。积宝凌天无用处，若其放慢似寻常，历劫哀哉自辛

(身)苦。

日昳未，众生禀性惟求利。熟(孰)知猛火逼肽(然)来，不解将身远相避。无心读诵《火华经》，执著悭贪怀虑境，一朝无常死王摧，腾身直入镬汤里。

甫时申，慈悲喜舍最为真，被他打骂恒忍辱，当来获得菩提因。皮骨肉髓终莫惜，法水时ㄋ得润身。一切烦惱渐轻微，解脱逍遙出六尘。

日入酉，观看荣华实不久，劫石上自化为尘。富贵郍能得长寿，愚人不悟守迷津，专爱煞生并好酒，无常不肯与人期，地狱刀山长劫受。

黄昏戌，冥路幽深暗如漆，牛头狱卒杷铁杈，罪人一入无时出。智者闻声心胆惊，行人思量莫论失。欲得当来避险路，勤修《般若波罗蜜》。

人定亥，罪福总是天曹配。善因恶业自相随，临渴掘(掘)井终难悔。荣华恰似风中烛，眼重贪色大痴昧。一朝合落卧黄沙，百年富贵知何在。

北京“鸟”十号多残缺，此卷完整，故备录之。

S·一五八八　P·三三六一

S·一五八八《叹百岁诗》一纸，正面第一行起书，题曰：“《叹百岁诗》一十一，春禾垅上苗初出。”至“又曰九十九，万岁垂藤。”共二十二行，缺左角一小部分。纸背接书，起“百年〔往〕事俄尔间”句，以讫篇终。全篇作行书，字甚秀雅。篇后有字数行云：

子师子
善男子
菩萨是须以空只念障定(此句复书二行)

又有一印记，末复题“《叹百岁诗》”一行，正反面首尾均署篇名，末又有数码“𝍫”，用朱笔书。

P·三三六一卷为《押座文》，左接僧录圆鉴大师赐紫云辩述。除首四句为四言外，余悉七言诗。此篇为《劝孝文》，纸背书《叹百岁诗》，纸多破烂。墨淡，字体近草，风格与《押座文》相近。中间一段，越写越佳，字近后来倪云林一路。此与S·一五八八比勘，则S自“五十五”下即接“七十七”，盖抄脱“六十六”一章。

《叹百岁诗》之做法有三特点：

（1）依数为韵，如“一十一”即依“一”字用入声韵；“二十二”即依“二”字用韵；“三十三”用“三”字入用“覃”韵。下讫“一百终”，依“终”字用“冬”韵。

（2）每十年为一章，章四句，共二章，故于第二章称“又曰”。

（3）每章第三、四句间为对句，如：“弯弓直向单于北，拔剑仍过瀚海南。”“十月角弓鸣塞北，五花骢马獦城南。”以数目字及方向字为对，是为本篇结构之特色。

《叹百岁诗》

一十一，春禾①垅上苗初出，东薗②桃李花渐红，西菀（苑）垂杨更齐密。

又曰

一十一，池上新荷行花出。珠弹近追黄雀年，玉禠初滉③青春日。

二十二，仓鹰出笼毛爪利。四岁骍寒④初搭鞍，狐狸可得相逢值。

又曰

二十二，专为英侠交豪贵。箜篌筚篥⑤杨柳花，青丝玉镫浮云骑。

三十三，开筵美⑥酒整初含。弯弓直向单于北⑦，拔剑仍过瀚海南。

又曰

三十三，武用文章陌上谈。十月角弓鸣塞北，五花騘马獦（猎）

① S“禾”上原误作“和”，后涂去。

② S“薗”旁注“风”字，用浓墨添。P“密”作“蜜”。

③ S“滉”即“影”，下一字涂去。

④ S“仓鹰”上重“鹰”字，后点去。“骍寒”即“駿馯”，《玉篇》：“蕃中马也。”

⑤ S作“笔篻”，即“筚篥”。

⑥ P“三十”、“四十”，俱作“卅”、“卌”。P“美”字作“羙”。

⑦ S“北”原误书作“城”，改为“北”字。

城南。

四十四，娥眉镜里无青翠。红颜夜夜改常仪，蝉鬓朝朝不相似。

又曰

四十四，草木山川[①]动煞气。风光渐渐不依依，物色那堪不憔悴[②]。

五十五，林野东西遍道路。鬓边白发垂如丝，颊上[③]青颜若秋露。

又曰

五十五，前王后帝何堪数。寂寂春光愁不明，凛凛[④]寒花来入户。

六十六，寒暑无端〔来〕逼逐。妻儿男女伴愁容，怨家肯教寡情育（欲）。

又曰

六十六，日月迅走如奔蛟（蝮）[⑤]。鬓边白发競相催，一仙拄杖仍嫌曲。

七十七，寿年乡党无人匹[⑥]。童仆朝扶暮坐看，眼中冷泪连珠出。

又曰

七十七，举头斜望西山日。皇王纵有金马迎，伛瞜（偻）那堪玉堂出[⑦]。

八十八，力弱形枯垂鹤发。骨瘦穷秋怯夜风，身老[⑧]霜天愁尽日。

---

① P作“花木山川”。
② P作“顦顇”。
③ P作“剌上”。
④ S作“凛ㄟ”。
⑤ P作“奔蝬”。
⑥ S作“疋”，即“匹”。
⑦ S小字旁注“堪玉”于“堂”字旁。
⑧ P“身老”字作“分”。

又曰

八十八，筋疲[①]力尽如枯札。缠（毡）蓐（褥）[②] 从君出万重，还如独卧寒霜[③]雪。

九十九，临崖摧残一株柳[④]。新生白发身上无，旧日[⑤]红颜更何有。

又曰

九十九，万岁垂藤挂枯柳。百年往[⑥]事俄尔间，金玉满堂非我有。

一百终，寂寂泉台掩夜空。閇（闭）骨不知寒暑变，月明[⑦]长照陇头松。

又曰

一百终，坟前几树凌霜松。千秋不见娥眉能（态），万岁空留狐兔踪。

S·六二〇八

此卷正面为《新商略古今字样撮其时要并引正俗释》，背面书《十二月歌》，录如下：

《十二月歌》

正月孟春春渐暄，狂夫壹别……年〔一别经数年〕。无端假（嫁）得长贞（征）聟（婿），校接（教妾）寻常读（独）自绵（眠）。

二月仲春春已热，自别征欢室（实）难掣。贞（征）人一器（去）葪（到）三秋，黄鸟窗边唤𣳫（新?）月。也〻也〻。

① S作“筋瘦”。

② S作“毡褥从君坐万裹”；P作“缠蓐褥”。

③ S“霜”字缺。

④ S作“株栌”；P作“摧残一株柳”。

⑤ “日”字前，S缺“上无旧”三字。P“旧日”作“应日”。

⑥ S“挂枯柳”三字缺；“往”字不明。

⑦ P作“明月”。

三月季春春渠（渠＝遽）暄，忽念（念?）了羊（辽阳）愁转难。羡接（贱妾）斯（思）君场（肠）欲叚（段＝断），君何无行① 不皈（还）② ……

四月孟夏夏渐热，忽亿（忆）贞（征）君无时节。接（妾）今游（犹）在旧日静，君何不亿（忆）接（妾）心偈（竭），也〻也〻。

五月仲夏夏盛热，忽亿（忆）贞（征）人愁更发。一步一冈（罔＝望）陇山东，忽见君纟□愁似……

六月季夏夏共同，接（妾）亦愤与对秋风。……客日日賓（宾）胡月，后园春树……③

七月孟秋秋已凉，寒雁能飞数万行。贱接（妾）斯（思）君场（肠）欲断……不□。

八月仲秋秋已萌（兰＝阑），日〻愁君行路难。接（妾）願秋胡速相见……

九月季秋秋欲末，忽亿（忆）贞（征）君无时节。鴛鸞（鸳鸯）锦被冷如冰，与向将……

十月孟冬冬渐寒，今尚分〻（纷〻）雪（雪）付（敷）山，禽（琴）瑟别君尽進（进）罢，愁君作客在〔长安〕。

十一月仲冬冬渐寒，忧（幽）圭（闺）卖（读＝独）坐录（绿）窗前。战袍缘何不开领，愁君肥曡（美）愍（愍＝恐）〔嫌宽〕④。

十二月季冬冬极寒，昼夜愁君卧不安。枕咸（函）禄（禒）子无人见，忽亿（忆）斯（思）君愁……

以上共十六行，其中一行涂去，字尚秀劲，而别字满纸。如以“贞”为“征”，以“接”为“妾”，以“亿”为“忆”，以“斯”为“思”，以“读”为“独”，以“绵”为“眠”；“鸳鸯”作“鴛鸞”，“琴瑟”作“禽瑟”，同意借用特多。“愍”字“民”旁缺笔，足证出唐人手。

此时原无题目，任氏拟题曰《十二月相思》，刘《录》题曰《十二月曲

① “行”字旁注。

② 按P·三八一二八月“君何无幸（行）不还乡”句，与此句法同。

③ 按原卷有“六月仲夏夏盛热忽忆”一行涂去。

④ P·三八一二作“愁君肥瘦恐嫌宽”。

子》，然原卷缺题，兹不敢妄加。按南朝乐府《西曲》有《十二月折杨柳歌》[①]，乃为五言[②]，此则作七言四句，唐人《杨柳枝》词亦如此[③]，知此歌仍是《折杨柳》之遗响。唐诗有“此夜曲中闻《折柳》，何人不起故园情”。又《王昭君变文》云“樽前校尉歌《杨柳》”者，知边陲盛行此词调也。

于《十二月诗》之后，接书《古贤集》“君不见秦皇无道枉诛人”一首，敦煌卷中常见之（如P·三一七四全卷，P·三一一三），而前杂书残文三行：

西州回鹘偈
五拾拐硕油
置□页廿八口酒𠤏（壶）百

可以为写于边陲之明征也。此“十二月诗”中有“一步一闵（望）陇山东”之句，采用鼓角横吹中《陇头歌辞》之字眼。又有“胡月”字样，文字朴拙率真，可推知乃边地抒写闺情之作品。词中“二月”、“四月”两作“也々也々”，自是和声，如古乐府“贺々，何々”之类[④]。道家《步虚词》之“何下々”[⑤]亦有同然。

《十二月折杨柳》原为民歌，至今南方犹有遗响。元吾衍有《十二月乐辞谱》（《武林藏书录》），广东潮州曲有《十二月歌》（见嘉庆《澄海县志》），台湾有《十二月想（相）思歌》（牛津大学图书馆 A. Wylie 藏），蜑家歌谣有《十二月叹情》（陈序经《蜑民研究》）。潮州十二月民谣和声习见者如倪了倪，亚亚亚，与也々也々正相类似。

任氏录此词，乃据北京图书馆抄本，脱误甚多。今据原卷补得若干缺文，然原纸残损黝黑，极难辨认，倘用紫色外线摄出，或更有新之收获。任氏拟补之字，如五月一首之第二句“切”字，云是依韵补上，然原卷实为“发”字，极为明显。十月第二句，任氏改为“雪满”，云原作“雷付”；然原卷作

---

① 今存十三曲，加“闰月”一曲，即是十三之数。

② 如《正月歌》云：“春风尚萧条（韵），去故来入新，苦心非一朝（韵）。折杨柳（按此三字为和声）。愁思满腹中，历乱不可数。”见《乐府诗集》四十七引《古今乐录》记《西曲》歌，第三十四为《月节折杨柳歌》。隋杜台卿《玉烛宝典》卷五、六俱引《西曲·折杨柳歌》。

③ 见林大椿《唐五代词》所收白居易、韩琮、皇甫松、温庭筠之作。而《杨柳枝》词，至五代顾敻所作，已变为长短句；此十二月歌用七言四句，当是晚唐以前之作。

④ 见《梦溪笔谈》卷五。

⑤ 《道藏》三百三十三《洞玄部·玉音法事》。

“雪”，应是“雪”字之别体。

第一首句“狂夫一别经数年”，“狂夫”一词，唐人习用，刘禹锡《浪淘沙》九首之一有句云：“衔泥燕子争归舍，独自狂夫不忆家。”[1] 即是一例。第三首云：“忽念了羊（辽阳）愁转难”，按韩偓诗有联缀体一首云：“院宇秋明日々长，社前一雁到辽阳，陇头针线年年事，不喜寒砧捣断肠。”[2] 可与十二月歌比较，爰附于此。

P·三八一二

此卷前录《十二月诗》，惜自“正月”至“六月”数首，卷下半大部分残缺，然与S·六二〇八卷可以参互比勘。前有一行，存“维大唐乾宁二年（公元895年）”七字，背又一行云：“正月孟春春渐暄，一别强夫经数年。”字体与“正月孟春”相似，知此《十二月诗》应作于唐昭宗之前。卷首丝栏小轴犹存。

正月孟春春渐暄，一别狂夫经数……遣妾寻常独自眠。

二月仲春春盛暄，深闺独坐绿牕前……赖，教儿夫聟远巡边。

三月季春春极暄，花开处处競争鲜，花……唉（笑），贱妾看花双滖还。

四月孟夏夏初热，为忆狂夫难可彻。愁……秦筝，更取瑶琴对明月。

五月仲夏夏盛热，狂夫归浚问时节，庭……见鸎初渧〔啼〕声更咽。

六月季夏夏共同，妾心恨与对秋……纪政，教儿憔顇只缘公。

七月孟秋秋渐凉，教儿独寝（寝）守空房。君在寻常嫌夜短，君无恒觉夜能长。

〔八〕月仲秋秋已凉，寒雁南飞数万行，贱妾犹存旧日意，君何无幸（行）不还乡。

〔九月〕季秋秋欲末，狂夫一去独难活。愿营方便觅归……使妾愁心暂时豁。

十月孟冬冬渐寒，为君捣练不辞难。莫怪裁衣不开领，愁君肥瘦恐嫌宽。

十一月仲冬冬雪寒，戎衣造得敱（数）般々，见今专访巡边使，寄向

---

① 一作张籍诗，见《全唐诗》十三。

② 见《全唐诗》二十五。

君边著复看。

十二月季冬冬已极，寒衣欲送愁情逼。莫怪裁缝针脚麁（粗），为忆涕多竟无力。

P·四〇一七

此为小册子，字极劣；前为《社司转帖》，而《九九诗》后接书《曲子长想（相）思》，有“旅客住江西”句，再书《曲子鹊踏枝》，即“独坐更深人寂寂”一首，另见。

《咏九九诗》一首

一九冰须万菓（叶）枯，比（北）天鸿雁过南湖。霜结草投（头）敷（敷）碎玉，露凝條（条）上撒珍珠。

二九严凌切骨寒，探人乡夊觉衣單（单）。群鸟夜投高树宿（宿），鲤鱼深向水中攢。

三九搜（飕）流寒正交，朔风而（如）箭雪难消。南波东地周荒霸（坝），往来人使过水桥。

四九寒风不掩心，鸟悽（栖）由（犹）自选高林。叅（参）没未知过半夜，平明晨（辰）在中天心。

五九残冬日稍长，金乌……暎（映）渐书堂，惟报李（学）生须在意，每人添诵两三行。

六九衣单敢出门，朝风庆贺得杨（阳）春，南坡未有蓂（蓂）弟（稊）动，友来牨（先）向北陰（阴）在（存）。

七九莫河以（已）半水（冰），鲤鱼惊散堂（当）须行。喜鹊衔柴巢欲垒，去年秋雁却来声。

八九蓂弟（蓂稊）雁（应）日生，阳气而（如）云遍地青。鸟向林间崔（催）种谷，人于南亩已深耕。

九九冻高自合兴，农家在此乐轰轰，楼中透下莫（黄）金粺，平原龙（陇）上壬（玉）苗生。

按此为《咏九九诗》，东坡诗云：“再来九九无多日。”旧有《九九消寒图》，见《帝京景物略》，明刘若愚《酌中志》云：“司礼监刷印《九九消寒图》诗，每九诗四句，自‘一九初寒才是冬’起，至‘日月星辰不住忙’止，皆瞽词俚语之类，非词臣应制所作，又非御制，不知如何相传耳。”今观P此小册，知唐末敦煌已流行《九九诗》，词尚清雅，而刘若愚所讥者，自是后来拟作。

P·三一二三

一只银瓶乚(子)，两手全。催送远行人，弗(福?)禄安。承闻黄河长，不信觅(宽)。身上渡明官(关)。恐怕人，大每(海)炉(芦)花白，秋夜长。庭前树叶黄，旋草霜。门前寒来了，绣襤裆。夫妻在他乡，泪千行。

此叶为厚皮纸，前抄小曲二行，连书“舌正法念处”数字，又连书“勑”五字，又记“壬辰年正月佛十七日便物历”二行；又一行倒书，文云：“壬辰年八月十一日用油壹斛。”按元和七年与咸通十三年皆为壬辰，再下之壬辰为长兴三年，此曲但署“壬辰”，不详何年。“大每炉花白”句，疑读为“大海芦花白”[①]。刘复《敦煌掇琐》抄出此词，任氏《校录》分为二首，作“恐怕大人每”下缺，然原纸实连接，同在一行，于“人”字断句，而于“大每炉花白，秋夜长”句始过行。襤裆二字见《开蒙要训》，注音为“追当”(参任二北《敦煌曲初探》，448页)。

P·三一二五

闻阿耶(耶)名字何何嚽[②]，时常弄醉没功课。家内无阡(钱?)包子皮，街头逐日ㄐ(叫)人我。亦见男女索皮裘，阿郎许皮十三个。大小不与皮裘穿，看勺寒冷惣(总)堆(推)过。尸靴未到入门来，个ㄟ捉取眼里唾。怎生恶业多生养，稠繁恰似蒲桃棵[③]。春来分付与日头，冬天没衣惣(总)独(独)卧。连竹凑色三个妇，数内最他阿林大。乃事得郍好阿娘，碎小尽到他结裹。阿耶语话没断绝，口角里伴㒳(两)弄火。伏望阿耶高照察，窟里男女嗷[④]碎磨。

---

① P·二五〇六“家住大杨海”，与此恐无关。

② “嚽”字书所无，从口奢，此为语助。

③ “棵”，《广韵》二十九过：“棵，本木；都唾切。”

④ “嗷”字书所无，《广韵》六豪：“熬，煎也。”嗷应取煎熬为义。

此首每句七言，用韵不出上声三十三哿，三十四果，及去声三十八个、三十九过，上去合用。是词为西北穴居男女生活之写照，极为迫真。“蒲桃棵”譬生养之繁，不失妙喻。此诚唐末俗曲之特出者，故备录之。“包子皮”、“尸靴”、“嗷碎磨”皆为俗语，不可遽晓。

S·六一七一

此卷前段缺；文体似宫词，共四十九行。卷末下题云：“寄《古子》。”按“古”下一字，模糊难辨。敦煌抄写惯例，于错写删剔之处，每施“卜”号于其旁，此字用意是否如此，尚难断定。考P·三三六〇为《大唐五台曲子》六首，寄在《苏莫遮》，S·一四九七卷背为《五更转》而题曰《曲子喜秋天》，此云寄《古子》；“寄”字当谓“寄在”，其下之名，显然是一词调。此篇每首皆七言四句，唐词若《何满子》（见于S·六五三七）者，为七言四句共四首；《水调词》为七言四句共二首，《乐世词》亦然（俱已见S·六五三七）。而《乐世词》“菊黄芦白雁南飞”一首，本唐沈宇所作[①]，盖唐人每以绝句入乐也。沈宇之作，寄在《乐世词》，即以《乐世词》之调唱之。是篇原为宫词数十首，而云寄《古子》，即以该调唱出者，亦为唐词罕见之例，特为表而出之。

《古子》疑即《鼓子》。欧阳修有《十二月鼓子词》；敦煌琵琶谱有《水鼓子》，而《教坊记》之《水沽子》即《乐府诗集》之《水鼓子》；《北梦琐言》作《水牯子》，其曲辞为七言四句，与此相同。

……仒看新畾。教方（坊）因进翻来曲。……无。

隆诞宫中呼万岁，此时长庆退云飞。银台门外多车马，尽是公卿进御衣。

朝庭赏罚不逡（逡）巡，宣事书家出各频；当日进黄闻数纸，即凭酬答有功人。

中书奉勑当时行，尽集朝官入大明；远国戎彛（夷）修下礼，圣朝天子得蕃情。

内宴功臣有旧仪，会宁陈设是恩私；伶人奏语龙墀上，如说三皇五帝时。

君王闲静欲听歌，西面银台䁥事多。恩泽不曾遗单（草）木，朝来三

① 见《国秀集》上，原题为《武阳送别》，参王仲闻说。

度进喜和。

孔雀知恩无意飞，开笼任性在宫闱；裁人亦见轻罗锦，欲取金毛绣武衣。

寒更丝竹转泠泠，月过犹残色在庭；坐上司天封状入，南方初见老人星。

掖庭能织御衣人，袷尺襟襕尽可身；闘染……颜色好，水波纹里隐龙鳞。

秋月君王多猎去，飞龙……归；承恩好马香汤洗，犹恐轻陈（尘）污御衣。

中使先……春明楼上马啼（蹄）声；宫人各ミ县（悬）弓箭，欲向君前闘……

春天日色正光辉，欲得新鹰近眼飞；珠殿少风斸……上绣帘衣。

新侯（候）恩先（光）日日临，宫中咒彭（愿）意皆深；频𡚱……缀著春人当背（背）心。

上方外案收狐兔，教猎宫中贵在……君王剣院，近闻中尉进花鹰。

春时……宴文王，弄戏千般赏……移却御楼东畔屋，少阳宫里闲鸡场。

花开欲幸教方（坊）时，桃……令隡宿知；闻出内家新舞女，翰林别进柘技（枝）词。

新殿中庭索柱……府家弓（躬）少书惈（怀）；菜（叶）开花展回头望，金作阑干玉砌阶。

羑（美）人背看内园中，犹自风流著退（褪）红；为（为）睹金钺争百草，急行遗☐玉笼枞（珑璁）。

生衣勿进紧纹纱，当背☐连一朵花；宣下当时休遣织，近来宫里断奢华。

日晚中人走马来，宫门处处遣交（教）开；传声亦过排军使，祗侯（祗候）君王打猎回。

新进樢乙（几）是黄檀，闻道朝来退玉鞍；不信近人能污取，天生曲处是龙盘。

春天暖（暖）日会妃嫔，各各梳（梳）头出援新；鹊语下阶争跪拜，彭令恩泽胜傍人。

中国常依礼乐经，远蕃无不进王庭；昆仑信物犀（犀）䙅（腰）带，尽是通天鸟兽形。

美女承恩赐好梅，银丝笼子不交（教）开，宫棋赢得人将去，却进君王道睹（赌）来。

牡丹昨日吐深红，移向新城殿院中；欲得且留颜色好，每窠皆著碧纱笼。

欲得藏钩语多少，嫔妃宫女任相和；每朋一百人为定，遣赌三千疋彩罗。

两朋（朋）高言任争筹，夜半君王与打钩；恐欲天明催促漏，赢（赢）朋（朋）先起舞缠头。

批答封章不再寻，少年宣史称君心；近来闹读羲之帖，学得行书似翰林。

内家剖（供）应万般齐，无欲宫门使检题；尚食为盘三百面，引行先托一株犀。

随他女伴赏春时，走下阶来独自迟；行把短红毛拂子，弄鸎抛（抛）在有花枝。

夜饮宫人惣（总）醉醒，起来逢下在中庭；金炉排火株（珠）帘外，每处昽昽真兽形。

尽喜秋时净洁天，爱行寻遍绕宫泉；才人彩得荷花弄，奥藻池头争上船。

百司供拟甚芬芸（纷纭），丹凤重修了奏闻；明日禁兵阶立丈（仗），金鹅袄子赐将军。

寒光憔頞暖（暖）光繁，推历今朝是岁元；宫里玉钗长一尺，人人头上戴春幡。

先摚音声看打毬，独教鞠（菊）部在春楼；不排次第排恩泽，把板宫人立上头。

寒食两朋（朋）坊内宴，朝来排□为清明；飞龙更取兰州（?）马，催捉（促）毬场下踏城。

不出闺闱[1]（两字连写作一字）三四年，卷廉（帘）唯见四时天；如今歌舞浑新去，争得军（君）王摚（唤）眼前。

君王欲幸九城（成）宫，便著罗衣摚大红；闻道教坊新筑（逐）鹘，

① 原卷字作“闺”。

莫交（教）鹦鹉出金笼。

琵琶揿拨紫檀槽，弦管初张调鼓高；理曲遍来双腋弱，教人把筋喂樱桃。

寄鼻子

按《旧五代史·梁太祖纪》开平元年四月制宫殿门及都门名额，其正衙东门为崇礼门，东偏门为银台门。开平二年七月改章善门为左右银台门；其左右银台门却改为左右兴善门。又云："其诸司使并诸司诸色人，并勒于左右银台门外下马。"故此词云："银台门外多车马。"银台门为朱全忠即位后所定名，则此词乃梁时作品。又开平元年五月辛巳，有司奏以降诞之日为大明节。此词云："降诞宫中呼万岁。"即谓梁帝生辰。又同书载："开平二年八月，司天台奏今月二十七日平明前，东南丙上去山高三尺以来老人星见。测在井宿十一度，其色光明阔大。"此词云："坐上司天封状入，南方初见老人星。"即指此事。又开平元年十一月，广州进龙形通犀腰带，金托里含棱玳瑁器百余副。词云："昆仑信物犀腰带，尽是通天鸟兽形。"昆仑可为南海通称，是时进犀腰带，与词符合。合上诸证，知此为梁宫词，作于开平二年以后；词中"教方"即"教坊"，此若干首乃为宫词，与王建花蕊风格皆不类。

S·六二二八

箫关镇去乾六年十二月廿九日进上铭记，其记从地涌出。词曰：

三六王，十八子，寅卯〔年〕……至耳。佛法成，换天地。辰巳年，各分张，异口同音道不详。但看八月胡风动，人无屋舍马踏霜。也不在赵不在㭶（柳），不在常，〔不在〕张，不在杨。重重数数审思量。……优（忧）米，但优（忧）水。浮畬倒地莫扶起。㭝……道，重开河。明公拍手㗸（笑）呵呵。日出来屈头，黥鱼山上游。星从月里过，会在午年周。佛（沸）腾天下，积年至岁，米千钱，人无失计。无因得见太平年……记。

乾符……上略出法师法琳书耳。

箫关即萧关，《新唐书·地理志》武州下注原州，神龙元年省，更置萧关。又云武州大中五年以原州之萧关置。乾六年即唐僖宗乾符六年己亥（公元879年），推而上之，寅卯年、辰巳年应即唐懿宗咸通十一年庚寅（公元870年）、十二年辛卯、十三年壬辰、十四年癸巳（公元873年），癸巳三月懿宗迎佛骨于凤翔，广造浮图，宝帐香舆，幡花幢盖以迎之（《通鉴》二五二）。故铭词云“佛法成，换天地。辰巳年，各分张”也。

十八子合为“李”字，唐室姓李也。“三六王”者，疑指十八，为唐世十八之数。《唐书·五行志》二十五载贞观十七年八月，凉州昌松县池谷有石成字，内有云“太平天子李世民”，及“五王六王七王”等语，说者谓五王六王七王者，乃唐世十八之数。其说与铭词正同。午年应即僖宗乾符元年甲午，《通鉴》僖宗元年论云：“自懿宗以来，奢侈日甚，用兵不息，赋敛愈急。关东连年水旱，州县不以实闻。上下相蒙，百姓流殍，无所控诉，相聚为盗，所在蜂起。”是时南诏入寇，其明年遂有王仙芝、黄巢之乱，故铭词云：“佛（沸）腾天下，积年至岁，米千钱，人无失计。无因得见太平年”也。

懿宗以十四年癸巳七月崩，八月僖宗即位。《通鉴》载是月关东河南大水，铭词云：“但看八月胡风动。”又云：“……优（忧）米，但优（忧）水。”又云：“鱀[1]鱼山上游。”即示水患之严重。《唐书·僖宗纪》乾符六年大事为京师地震，蓝田山裂出水，河东军乱，黄巢陷广州及潭、澧二州，又陷江陵，以此卒亡唐祚。

按《妙法莲华经·见宝塔品》云：“有七宝塔从地涌出，住在空中。”又该经第十四为“《从地涌出品》”，有句云：“如莲华在水，从地而涌出。”此云“铭记从地涌出”，盖用《法华》语。此铭盖预言之类，因系韵语，且作长短句，虽非倚声之体，以有裨于考史，故并存之。

四、联章佛曲集目

《百岁篇》

陆机、《王道》中有《百年歌》（《初学记》十五）。

---

① “鱀”字不识，疑是“鲸”字，从鱼黥声，省京存黑，故字作鱀也。

敦煌卷中《百岁篇》

唐和尚悟真《百岁书》(诗十首)

见P·二七四八(有序)、P·三八二一。

《叹百岁诗》

S·一五八八有缺文;P·三三六一背全。

《缁门百岁篇》

S·五五四九乃《丈夫百岁篇》、《女人百岁篇》之合抄本,题曰《百岁篇》一卷。

S·二九四七卷背不书,共四十三行。

P·四五二五(六),背题《缁门百岁篇》,正文亦有此五字题目;墨淡,字较小。现切开后,第一字被切去,仅见"拾辞亲愿出家,手携经襆孪煎茶,駈焉未解从师教……抛经摘草花。"末亦署《缁门百岁篇》壹本。

P·三八二一小册子,开叶见"壹拾辞亲愿出家",无题目,有《缁门丈夫》、《女人百岁篇》及《百岁诗》。

《丈夫百岁篇》

S·二九四七、S·五五四九、P·三八二一,俱见上述。

《女人百岁篇》

P·三一六八,背为杂字及《千字文》数行。

S·五五五八,香严和尚《嗟世三伤吟》文后,残存二行。文云:"《女人百岁篇》,从一十至百年。"从"壹拾花一枝,两斯……谦优"以下残,纸背有"宋满成"三字。

S·二九四七、P·三八二一见上;又S·五五四九亦为《百岁篇》。

《读史编年诗》

S·六一九《读史编年诗》序云:"编年者,十三代史,开自初生至百岁。"《宋秘省续书目》有《十三代史诗》一卷,《百岁诗》之流衍。

十二时

(一)佛曲

甲 敦煌卷以外之《十二时歌》

《十二辰歌》

梁释宝志撰。见《洛阳伽蓝记》四《白马寺》条、景德《传灯录》廿九。胡仔《苕溪渔隐丛话》后集卅七作《十二时颂》,云是刘宋泰始间宝志撰。

（周祖谟《洛阳伽蓝记校释》以为宝公非宝志。）

《十二时偈》

云门和尚撰。见《祖堂集》十一。

《十二时歌》

赵州真际禅师（778—897）撰。见《古尊宿语录》、《赵州禅师语录》（《续藏》，二编，第二三套，册二，167页）。

《十二时歌》

汾阳善昭禅师撰。见《汾阳善昭禅师语录》下（《续藏》，二编，第二五套，册一，80页）。

又《汾阳无德禅师语录》（《大正》，四七，629页）。

《十二时歌》

云峰文悦禅师（997—1062）撰。见《古尊宿语录》四十一（《续藏》，二编，第二三套，册四，349页）。

《十二时歌》

南汉匡真禅师（864—949）撰。见《云门匡真禅师广录》（《大正》，四七，553页；《续藏》，二编，第二三套，册二，176页）。

《往复无间十二首》

真宗咸平中明州明觉禅师（980—1053）撰。见《明觉禅师语录》五（《大正》，四七，703页）。

《修西方十二时》

仁宗嘉祐四年撰，见道镜善道合集《念佛镜》（《大正》，四七，132页）。

《十二时颂》

宝峰湛堂准禅师撰。见晓莹《罗湖野录》下（《续藏》，二编，二五套，册五，492页；《宝颜堂秘笈本》卷三）。

《十二时歌》

潭州慈明禅师（986—1039）撰。见《古尊宿语录》十一（《续藏》，二编，二三套，册二，145页）。

《十二时歌》

明州大梅山山堂僧所撰。（庄绰《鸡肋编》上："明州大梅山长老法英，少有道誉，兼通外学，后退居东都净因寺，尝有堂僧以《十二时歌》贽之。"）

乙　敦煌卷之《十二时》

《十二时》

智严大师作，共四卷，可见传抄之广。其中三卷，不题智严之名。

P·二〇五四，首尾完整，书法甚佳，断句皆隔一字。开卷首一行文云："《十二时》劝四众依教修行。"卷端纸背有淡墨题大字，题曰"智严大师《十二时》一卷"。

P·二七一四粗纸题一行曰《十二时》，起"鸡鸣丑，曙色才能分户牖"句，至"念佛一时归舍去，明日依时莫交迟"一本完全。另一行文云："别也谨案《大藏华严经》六十五卷说。"此卷有丝栏，文字共一四七行，字较拙。中和年以下一段，笔画越写越粗；"日入酉"以下复如前，盖长卷非一时所书，而每句皆空一格。

P·三二八六题《十二时》一行，起"鸡鸣丑"至"晡时申"三字，文下缺。字较整饬，丝栏。每句隔一字，共八十一行，背有转帖。

P·三〇八七正面为《大乘无量寿经》，背起"食时辰"，上文缺。

《圣教十二时》（又名《法体十二时》）

S·五五六七乃粗黄纸一张，横卷题曰《圣教十二时》，与P·三一一三文相同，唯于"鸡鸣丑"、"三涂地狱没人救"一段之后，又接写"夜半子、减睡还须去端座正看"一行，"正看"以后下缺，即P·三八二一之文。

P·二九一八，此卷题为《圣教十二时》。

《法体十二时》

后唐清泰二年索祐住写。

P·三一一三此卷题曰"《法躰十二时》一本"，其抄写特点为"平旦寅、日出卯"等句，皆书于栏外，有圈句，接书《古贤集》，只得"秦王无道"一首。

《太子十二时》

P·二七三四，背有文五行云"报安僧正……辛巳年三月廿四日使君翟状。"（任《书》题作《太子十二时》）

《学道十二时》

P·二九四三，背有"开宝四年瓜州衙推汜顒长"等状。

《十二时》

P·三六〇四末题："维大宋乾德八年，岁次庚午正月二十六日，敦煌乡书手兼随身判官李福延，因为写《十二时》一卷为愿。"下文残。

《维摩五更转十二时》

S·六六三一背原题如此，见入矢义高《补录》七（《东方学报》，京都）。

P·三一四一《无上秘要》背为《五更转十二时》演《维摩问疾》事。

P·三五五四背为“悟真谨上河西道节度公德政及祥瑞《五更转》兼《十二时》共一十七首并序”，仅存序文。

《禅门十二时》①

S·四二七为粗纸一张，纸背有浓墨书《禅门十二时》五字。

北京“鸟”一〇，与上文同，唯多残缺，“子丑”二段无之，可据S·四二七补足。

P·三一一六与佛赞并书之《十二时》，书于《出家赞》后。

P·四〇二八《十二时》书于《辞道场赞》之后。

以上二词，内容未详，姑列于此。

《十二时》残卷

P·二九五二即《学道十二时》。

S·二六七九c原纸不题“禅门”二字（见入矢《补录》五），接书长安大安国寺利涉奏文。②

S·二四五四b见入矢《补录》六，存“鸡鸣丑”至“日出卯”。

《十二时行孝文》

P·三八二一在《百岁篇》、《百岁诗》后，原题曰《十二时行孝文》（任《书》130页题作《禅门十二时》）。

变文后书《十二时》

《齖魺新妇变文》插曲如S·四一二九（见任《书》，132页），即P·三八二一之《十二时行孝文》。

P·二五六四、P·二六三三亦为《十二时》。

（二）道曲

《十二时龙虎神丹歌》

见绍兴《秘书省续编》到《四库阙书目》。

《十二时修道龙虎神丹歌》一卷

---

① 有谓S·一六四四为《禅门十二时》，查乃“早出缠”之误。

② 参牧田谛亮：《唐长安大安国寺利涉について》，载《东方学报》，京都，三一。

正一真人撰。

《十二时采一歌》一卷

《十二时歌》

方以智药地撰、王夫之和作（见《船山诗文集》）。

（三）乐曲

隋《十二时曲》（新声）

炀帝命乐正白明达造，见《隋书·礼仪志》。

唐《十二时》

调属林钟角，见《唐会要》三十三。

宋《十二时》

与《导引》、《六州》属鼓吹曲。开宝元年和岘撰句，真宗封禅亦用之。此后享庙、郊祀、虞主、奉安诸礼并奏《六州》与《十二时》。见《宋史·乐志》及《宋会要辑稿》第九册“乐”八，第十二册“礼”七；《全宋词》（新本）1、367、3705—3734页。

附 《十二时》之句式

《十二时》大体以三字领句，余以五言、七言变化为之，兹以R·代韵，分列如下：

一式：三、七（R·）、七、七（R·）——此式最普遍，如《法躰》、《行孝文》俱是。

二式：三、五（R·）、五、五（R·）

三式：三、七（R·）、七、七（R·）、七、七（R·）、七、七（R·）——“鸟”一〇改作七言八句，第一句仍由三字领起。

四智严式：三、三（R·）、七（R·）、七、七（R·）——叠数多至九、十、十一、十二不定。

五宋鼓吹曲式：三、四（R·）、五（R·）、四、四（R·）、五（R·）三、四（R·）、三（R·）、五（R·）、五（R·）、四、五（R·）、三、五（R·）——双叠。

《行路难》

北人挽歌

此调本北狄乐。《北堂书钞》九十二引《语林》：“袁山松出游，好令左右挽歌，作《行路难》辞，陈武学之。”（《艺文类聚》十《吟部》引陈武《别传》）

鲍照

《拟行路难》(《玉台新咏》九)。

齐释宝月

《行路难》(《玉台新咏》九,《选诗外编》作柴廓撰)。

梁傅大士

《行路难》一卷(二十篇并序),见《善慧大士语录》三(《续藏》二编,二五套,册一,14—17页;《宋秘省续书目》著录)。

《澄心行路难》

龙谷大学藏敦煌本六十九行,存第八首至第十六首。

S·六〇四二存五、六、七,三首;共十八行。

S·三〇一七前半为《五更转》之第五更(接S·五九九六),后半为《行路难》四首,每首末句为"行路路难难道上无踪迹"。

S·各篇见芳村修基《〈澄心行路难〉残卷考》(见《西域文化研究》,191—194页),及入矢义高《澄心行路难》(见《塚本善隆颂寿纪念佛教史学论集》79—93页)。

P·三四〇九"弟子蒙师说偈,各作《行路难》一首",共七首,最为完整。

附记

唐人卢照邻、张祜、贺兰进明,僧贯休、僧齐己皆有《行路难》,见《全唐诗》。(宋贺铸《东山词》之《梅花引》,贺改名曰《行路难》,乃词调之别名,与此无关。)

《五更转》

陈伏知道《从军五更转》

五言四句。《乐府诗集》三十三《入相和歌平调》,引《乐苑》云:"《五更转》,商调曲也。"明于谦亦有《从军五更转》,见《于肃愍公集》。

隋(龙舟)《五更曲》

《文中子》四、《周公篇》(阮逸注)有载。

唐《五更转》

此为天宝供奉曲。

达摩和尚《五更转》

七言八句。见《圆仁求经目录》。

《五更哮道调曲》

《古事类苑》“乐舞部”七，引《倭名聚钞》。

《叹五更》

前为《斋荐功德文》，署“天成二年七月十日”一行；见《敦煌零拾》五，《校录》115页。

P·二六四七乃七言四句，仅存一至四更，每更两首，情韵动人，与《十二月曲》风格相近，任氏拟题曰《闺思》，见载于《敦煌掇琐》，《校录》116页。

《五更转》

P·二四八三为一长卷，内录《太子五更转》，别字甚多，如“何是（时）度得说（雪）山川”即是。另有《往生极乐赞》，前亦抄《太子五更转》全文，见《掇琐》及《校录》118页。

P·三〇八三题曰“《太子五便（更）转》本”，连题目共七行，见《掇琐》、《校录》118页。

P·三〇六五卷末题“《太子入山修道赞》一本”；每更三首，句法为五五七三，共四句，末句或作五字。而别字甚多，如龟兹写作“眅资”者。《校录》119页收载。

S·二四五四存《维摩五更转》十一行，字似小欧，极佳。另有小字“鸡鸣丑”（《十二时》）八行，其中一行书于“俱能照”三字之下。末有“洪润乡”三字倒书，背为“一行大师《十世界地轮灯法》”。

S·六〇七七乃粗黄纸一张，浓淡墨兼施，字颇狂放，共十二行；《接书无相偈》，只存二行，入矢《补录》。

S·六九二三《五更转》有二处；抄“一更初”之“妄想真如不异居”，中夹书《十空赞》、《出家赞》。

S·六一〇三＋S·二六七九，为《荷泽寺和尚神会五更转》，起“一更初，涅槃城里见真如”，讫五更末句“共俗和光不染尘”。又接书《南宗定邪正五更转》十三行。而题目之“寺”字，“神会”用淡墨后添；参胡适、入矢所考证。

S·五五二九在《孔子项托相问书》后，第一叶背右面写《五更转》，存七行；左面题字三行，题龙文、晟文书册子，即《南宗赞》文。

P·二九六三题“《南宗赞》一本”，起“一更长，如来智惠（慧）心中藏”句；此文写在大历九年《净土念佛诵经观行仪》卷背。

L·一三六三《南宗赞》，起“一更长，二更长，如来智惠（慧）心中藏”，直至“当初求觅一言诠。”

S·五九九六+S·三〇一七《五更转》，接写《行路难》（见《行路难》条）。

P·二二七〇卷末有《五更转颂》，题云《大乘五方便北宗》。

S·六六三一题曰《维摩五更转》、《十二时》；此为一长卷，写于《罗什法师赞》之后。入矢《补录》，见《十二时》条。

北京“露”六、“咸”十八，亦为《南宗定邪正五更转》，见许国霖《敦煌杂录》、任氏《校录》125页。

S·四六三四纸背为《大乘五更转》，与“咸”十八文同。

S·六〇八三《五更转》一首，与上文同。

S·二六七九即《南宗定邪正五更转》，唯此无题目。又接书“平旦演（寅）（下缺）”。

P·二〇四五《南宗乏邪正五更转》，起“一更初，妄想真如不异居”，至“皆令见性免沉轮”，字佳。

P·二九七六《五更转》只剩二更，不全。作七古诗体，风格似白傅。

P·三五五四仅存序，记云：“悟真上《五更转》兼《十二时》一十七首。”

S·一四九七《七夕五更转》，题曰《曲子喜秋天》。

宋（教坊）《五更曲》

载于《野客丛书》十八。

金马丹阳《五更》

用《如梦令》调，见《道藏》七八六《渐悟集》。

明《五更禅》、《五更赞》

见《带梧桐叶宝》卷中，及万历刊《销释真空扫心宝》卷下。

《哭皇天闹五更》

见洼德忠《庚申信仰上佛教》文中，载《塚本》，329页。

《叠叠锦闹五更》

见万历刊本《万曲长春》卷五。

《五更天小曲联套》

冯梦龙撰；见冯著《挂枝儿曲集》卷一“私”部。

《五更》

花朝樵子撰，有《挂枝儿小曲》五支，见《樵史通俗演义》卷四第十六回。

《南词五更佳期》

见《白雪遗音》卷三。

《吴歌五更》（套曲）

见《万花小曲》（北京《永魁斋》刊本）。

《（盼）五更》

用《银纽儿》调，《白雪遗音》及《万花小曲》均有之。

《闹五更》

蒲松龄撰，见平井雅尾藏《聊斋资料书目》，关德栋《曲艺论集》之《聊斋俗曲偶记》。

《咏五更离情套曲》

用《驻云飞》调，见北京鲁氏辑刻本。

《西厢五更》

用《跌落金钱》调，见嘉庆《时调小曲丛钞》抄本，傅惜华收入所编《西厢记说唱集》，371—372 页。

《三国五更》

一本木刻四叶，半叶五行，每行十一字；同治光绪间刻本。

《岳飞五更调》

见石印本《最新时调秋集》，又见杜颖陶编《岳飞故事唱集》，3 页。

《拔大葱闹五更》

题作《新刻代五更南园抱柴姐儿南园拔大葱》，北京刻本。

《五更词》

见《金石耀函》之五，明善堂木刻本。

附记

刘复等《中国俗曲总目稿》所收《五更》，种目至繁，有《思五更》、《哭五更》、《闹五更》、《谋五更》、《叹五更》等，凡百数十种，兹不备记。参考材料，有傅芸子《白川集》之《五更转之演变》及关德栋之《曲艺论集》。

《五更转》句式

一式：五、五、五、五（陈、《从军》）。

二式：七、七、七、七（《太子五更转》）。

三式：七、七、七、七；七、七、七、七（双叠）（《达摩和尚五更转夜坐偈》）。

四式：三、七、七、七（《零拾》、《无相五更转》、《维摩五更转》）。

五式：五、五、七、三（三叠）（《修道赞》）。

六式：三、七（R•）、七、七（R•）；三、三（R•）、三、三（R•）、七、七（R•）（《南宗乏邪正五更转》、《神会五更转》）。

七式：三、三、七、七、七；三、三、三；三、七、七（《南宗赞》）。

八式：七（R•）、五（R•）、七（R•）、五（R•）；五、五、七、五（此词调寄《喜秋天》）。

《佛说楞伽经禅门悉谈章》

敦煌所出《悉谈章》凡六卷：

北京“鸟”字六四

此卷题曰《俗流悉昙章》，并有序文云：“夫《悉昙章》者，四生六道，殊胜语言。唐国中岳，释沙门定惠法师翻注，并合秦音鸠摩罗什《通韵》，‘鲁流卢楼’为首。”按S•一三四四有鸠摩罗什《通韵》一纸，“鲁流卢楼”即梵文字母ṛ、ṝ、ḷ、ḹ。S•五八〇九为《大兴善寺禅师沙门乏惠赞》，有句云：“定惠平等，十地无差。”未知即此人否？

P•二二一二

此为《佛说楞伽经禅门悉谈章》，原文收入日本《大正藏》八十五卷，似为原本，序云：“宋家元年从南天竹（竺）国，将《楞伽经》来至东都。”颇有异文。

P•二二〇四

日藏亦收此入校。原缺开首数字；“鲁留卢楼”四字，证知他卷“鲁”作“曾”者乃讹写。卷后题记云：“天福陆年辛丑岁十二月十九日净土寺（按此处有一字涂去）比丘僧顾宗题”，又有“迷头上小自小，后取再堪知，敦煌悬使公索”等句，文不可解。日藏传抄有误，如“公索”上脱一“使”字是。

P•三〇九九

此为一大册，书法极佳，似李北海一路，题曰《佛说楞伽经禅门悉谈章》。正文共五十八行，末有小字二行，文云：“（上缺）九月贰日札手刘三

（中缺）记耳。"

P·三〇八二

其上文缺，起"诸仏（佛）了莫欺傍（谤），一切皆有罪业障"句，至卷终颇多异文。签题曰《诸杂真言》。

S·四五八三

此黄纸一张，一面正书"田契受应田亩数及四至"，内有开元廿八载，天宝四载、五载字样；一面为《悉谈章》，用淡墨书写，共十五行。起"第五看内外照，眼中有瞳须磨燿"句，存五、六、七、八各首。此为较早写本。

《散花乐》

S·六六八

《散莲花落》。

S·一七八一

《散花乐》，题记云："乙卯年二月三日比丘僧金刚会书记之耳。"此与北京"周"字九〇号同。巴宙《敦煌韵文集》四九，"乙卯"作"已卯"。

S·四六九〇

《散华梵文》一本，刘铭恕《目》所载多有改易，兹据原卷移录如下：

散连华乐散花林，散莲华乐满道场。启首归依三学满散华乐，天人大世十方尊满道场。昔在雪山求半偈散花乐，不顾躯命舍全身满道场。巡历百城求善友散花乐，拔骨出髓不生嗔满道场。帝释四王捧马足散花乐，夜半逾城出宫围满道场。苦行六年成正觉散花乐，鹿苑初度五归轮满道场。弘誓慈悲度一切散花乐，三乘设教济群生满道场。大众持花来供养散花乐，一时举手散虚空满道场。

S·五五五七

《散花乐》书在硬黄纸小册内；在令狐幸深书《望江南》与《和戒文》之后。

S·五五七二

《散花乐赞文》，书在《出家赞文》、《辞道场赞》等篇之前。

S·六四一七

《散华乐》有题记云："贞明六年（公元920年）庚申岁二月一日，金光明寺僧宝印写梵题记。"

北京"周"字九〇号

第一行题："散花莲乐散花梵，散花莲乐满道场。"末记："己巳年（开宝二年，公元970年）二月一日，报恩寺僧延行写。"见许国霖《敦煌杂录》、任氏《校录》。

北京"制"字五号

共三首，后题："建隆三年，岁次癸亥（应是乾德元年，公元964年）二月四日，律师僧保德自手题记，比丘僧慈愿诵。"

北京"果"字四一号

《散花乐》五首，有题记云："法照名南无法照和尚《散花乐赞》。"

《散花乐文》

见《大正藏》四七，《净土五会念佛略法事仪赞》内，与"果"四一略同。

《请观世音赞散花乐》

见《大正藏》四七，《转经行道愿往生净土法事赞》上。

《散花乐》亦名《散莲花落》。"落花"一名，出《维摩诘经观有情品》第七。"法事落花"，详《续高僧传》三〇《道宣传》，参关德栋《〈散花〉源流及其他》（见《曲艺论集》，150页）。"落花"本梵曲唱导文，演变至京戏之《天女散花》，P. Demiéville 于 *Vimalakīrti en Chine* 文中论之甚详。（É. Lamotte之 *L'enseignement de Vimalakīrti*，附录454页）

《观音偈》

P·三八一八

背书"《观音偈》壹卷法律戒薰书记"，末题"题德寺僧善藏记"。《观音偈》起首四句为："观音往昔尘沙劫，成佛号曰正觉尊。四弘誓愿慈悲重，却处娑婆会普门。"以下皆七言句。

P·二九三九

文与上同；末书"永安寺僧正惠诠书记，谨请西南方鸡足山宾头卢颇罗堕上座和尚"。又接书《妙法莲华经》一段。

《金元观音偈赞》

该书原包括《邙山偈》、《观音偈》、《菩提偈》三部分，其中《观音偈》有序文，分“侧吟”、“白语”、《临江仙》各若干首，详周一良《魏晋南北朝史论集》，373 页。

附录　敦煌曲韵谱

略例

（1）韵部之分大略依戈氏载《词林正韵》，平、上、去分为十四部，入声分四部，唯以存词太少，其中颇有不能系联者。

（2）不能系联者别归为一项。

（3）不用之韵另见附录。

（4）遇少押一韵处及不明之韵字，俱用括号表示之，另厕于末。

（5）两部及三部通用者皆另列。

（6）押上、去声韵之词极少，故上、去声之韵部略参平声韵部定之。

（7）平仄通押者另列。

敦煌曲用韵，持较《花间集》，颇为杂乱。大抵《花间集》诸作出自文士之手，彼辈习于诗律，韵部娴熟，故所作于词韵之独用通用，大致有一定范围。敦煌曲子则多操自乐工歌伎，用韵往往不协，或似少押一二韵，且通用甚宽，不免有方音掺杂，以致大戾于韵书分部（如夏氏举《云谣集》“余”叶“弦”、“天”之例），今但列出用韵梗概，以备方家进一步之探讨焉。

平声第一部　东钟（冬）

逢通胸重松踪容重（失调名S·二六〇七）　雄中（《菩萨蛮》S·二六〇七）　宫中（《菩萨蛮》S·二六〇七）　宫终（《菩萨蛮》S·二六〇七）

蓬翁东风中（《浣溪沙》S·二六〇七） 峰同（《菩萨蛮》P·三一二八） 中红璁（《古〔鼓〕子》S·六一七一） 红中笼（《古〔鼓〕子》S·六一七一） 宫红笼（《古〔鼓〕子》S·六一七一） 宫重（《酒泉子》P·二五〇六） 空松（《叹百岁》S·一五八八、P·三三六一） 松纵（《叹百岁》S·一五八八、P·三三六一） 同风（《十二月歌》S·六二〇八） 同公（《十二月诗》P·三八一二） 红风胧空中穷（《南歌子》P·三八三六+P·三一三七） 红胸（《南歌子》P·三八三六+P·三一三七） 宫重（《酒泉子》P·二五〇六） 同浓（《献忠心》P·二五〇六）

平声第二部 江阳唐

娘行粮（《捣练子》P·三九一一） 刚装光王枪（《酒泉子》P·二八〇九） 光芳祥康疆长汤（《御制曲子》S·二六〇七） 常王（《菩萨蛮》P·三一二八） 章枪章行王（《浪涛沙》P·三一二八） 床凉常装霜（《浣溪沙》P·三八二一） 王场（《古〔鼓〕子》S·六一七一） 王汤当郎（《剑器词》S·六五三七） 长黄霜裆乡行（失调名P·三一二三） 长堂行（《咏九九诗》P·四〇一七） 凉行（《十二月歌》S·六二〇八） 凉房长（《十二月诗》P·三八一二） 凉行乡（《十二月诗》P·三八一二） 张详霜常张杨（《箫关铭词》S·六二二八） 乡薑强量（词及《归依三宝赞》S·四五〇八） 邦霜行飏量肠光香（《云谣集·凤归云》） 娘光香郎郎肠（《云谣集·竹枝子》） 妆芳觞梁狂（《云谣集·浣溪沙》） 芳郎（《菩萨蛮》P·三二五一） 香长（《菩萨蛮》P·三二五一） 梁肠（《菩萨蛮》P·三二五一） 香黄（《菩萨蛮》P·三九九四） 光妆（《菩萨蛮》P·三九九四） 枪羊（《行路难》P·三四〇九） 康浪（《定风波》P·三八二一） 裳商光（失调名P·二五〇六） 将芳（《酒泉子》P·二五〇六）

平声第三部 支脂之微齐

妻归衣（《捣练子》P·三九一一） 微依离微恓（《定风波》P·三〇九三） 迟微（《定风波》P·三〇九三） 迷磎西（《浪涛沙》S·二六〇七） 归知（《菩萨蛮》S·二六〇七） 归西（《菩萨蛮》S·二六〇七） 归微（《菩萨蛮》S·二六〇七） 依池（《菩萨蛮》S·二六〇七） 围仪墀晖夷知（《望江南》P·三一二八） 葵池微诗扉（《浣溪沙》P·三八二一） 飞衣（《古〔鼓〕子》S·六一七一） 仪私时（《古〔鼓〕子》S·六一七一） 飞

闱衣（《古〔鼓〕子》S·六一七一） 归衣（《古〔鼓〕子》S·六一七一） 辉飞衣（《古〔鼓〕子》S·六一七一） 时知词（《古〔鼓〕子》S·六一七一） 鸡蹄（《菩萨蛮》《零拾》本） 西稀棋泥卮归（《长相思》《零拾》本） 齐题犀（《古〔鼓〕子》S·六一七一） 时迟枝（《古〔鼓〕子》S·六一七一） 思时（《水调词》P·三二七一） 飞衣归（《乐世词》S·六五三七） 归期稀知时（《阿曹婆词》S·六五三七） 菲枝飞衣（《鱼美人》P·三九九四） 希低菲知（《云谣集·浣溪沙》） 衣归（《菩萨蛮》P·三二五一） 痴衣（《行路难》P·三四〇九） 疑知悲（《行路难》P·三四〇九） 泥嘶（《菩萨蛮》P·三九九四） 知吹（《剑器词》S·六五三七） 西知欺西垂归（《长相思》《零拾》本） 西厘离西知归（《长相思》《零拾》本）

平声第四部　佳皆灰咍

怀阶（《古〔鼓〕子》S·六一七一） 来开回（《古〔鼓〕子》S·六一七一） 梅开来（《古〔鼓〕子》S·六一七一） 开咍杯回来（《阿曹婆词》S·六五三七） 来开摧来（《剑器词》S·六五三七） 台开媒回（《思越人》P·二七四八） 开台堆钗（《鱼美人》P·三九九四） 财开（《菩萨蛮》《零拾》本）

平声第五部　鱼虞模

枯湖珠（《咏九九诗》P·四〇一七） 如疏（《行路难》P·三四〇九） 如夫（《行路难》P·三四〇九） 梧壶铺炉苏芜孤（《更漏长》P·三九九四） 无铺夫（《南歌子》P·三八三六+P·三一三七） 书隅岖愚珠虚嘘如（《云谣集·凤归云》） 余疏书初鱼舒（《云谣集·破阵子》） 初居舒余（《后夜无常偈》S·四七八一） 图无（《古〔鼓〕子》S·六一七一） 浮枯（《卄卄旁》S·四三三二）

平声第六部　真谆（臻）文（欣）魂痕

云津银分人（《浣溪沙》S·二六〇七） 恩门君坤君（《浣溪沙》P·三一二八） 恩嗔存春珍（《浪涛沙》P·三一二八） 巡频人（《古〔鼓〕子》S·六一七一） 人身鳞（《古〔鼓〕子》S·六一七一） 嫔新人（《古〔鼓〕子》S·六一七一） 纭闻军（《古〔鼓〕子》S·六一七一） 分闻君（《长安词》L·一三六九） 寅亲尘珍论（《十二时》S·四二七） 辰珍勤津真

（《十二时》S·四二七） 门春存（《咏九九诗》P·四〇一七） 身亲（《行路难》P·三四〇九） 门身银门尊（《婆罗门曲子》P·二七〇二） 人新裙分君人（《南歌子》P·三八三六＋P·三一三七） 云新人神恩春（《云谣集·破阵子》） 根新（《午时无常偈》S·四七八一） 银云人（《望江南》《零拾》本）

平声第七部　元寒桓删山先仙

偏攀间（《望江南》P·三九一一） 寒宽边幡鞍（《酒泉子》P·三九一一） 蕃颜（《菩萨蛮》P·三一二八） 船竿滩贤天（《浣溪沙》P·三一二八） 贤年船年言（《浣溪沙》P·三一二八） 山连班前颜旋年天（《感皇恩》P·三一二八） 年传田边贤颜山天（《感皇恩》P·三八二一） 铤连璇川鲜篇山（《感皇恩》P·三八二一） 檀鞍盘（《古〔鼓〕子》S·六一七一） 天泉船（《古〔鼓〕子》S·六一七一） 年天前（《古〔鼓〕子》S·六一七一） 山攀（《水调词》P·三二七一） 翩边眠（《乐世词》P·三二七一） 翩鞭怜（《何满子》S·六五三七） 千天年（《何满子》S·六五三七） 千眠前穿（《剑器词》S·六五三七） 山闲（《还京洛》L·一四六五） 言年前（《曲子名目》P·三七一八） 间言（《喜秋天》S·一四九七） 烟边穿（《喜秋天》S·一四九七） 寒单攒（《咏九九诗》P·四〇一七） 弯环边关悬（《婆罗门曲子》S·四五七八） 暄年眠（《十二月歌》S·六二〇八） 暄难（《十二月歌》S·六二〇八） 阑难（《十二月歌》S·六二〇八） 寒山（《十二月歌》S·六二〇八） 寒前宽（《十二月歌》S·六二〇八） 寒安（《十二月歌》S·六二〇八） 暄眠（《十二月诗》P·三八一二） 暄前边（《十二月诗》P·三八一二） 暄鲜还（《十二月诗》P·三八一二） 寒难宽（《十二月诗》P·三八一二） 寒般看（《十二月诗》P·三八一二） 钱年（《箫关铭词》S·六二二八） 残寒（《更漏长》P·三九九四） 莲边天遍（《南歌子》P·三八三六＋P·三一三七） 年前天斑言颠（《云谣集·竹枝子》） 鞭言（《菩萨蛮》P·三二五一） 间闲（《菩萨蛮》S·二六〇七） 闲颜（断句S·四三三二） 冠蝉前丹烟难篇颜（《云谣集·御制内家娇》）。

平声第八部　萧宵肴豪

朝妖雕霄刀霄谣朝（《望远行》P·四六九二） 雕巢高条霄（《浣溪沙》

P·三八二一）　槽高桃（《古〔鼓〕子》S·六一七一）　高豪毛（《何满子》S·六五三七）　交消桥（《咏九九诗》P·四〇一七）

平声第九部　歌戈

磨多过（《望江南》P·三九一一）　波坡歌戈和多河罗（《御制曲子》S·二六〇七）　波河窠过多（《浣溪沙》P·三八二一）　何啰磨（《定风波》P·三八二一）　歌波（《定风波》P·三八二一）　歌多和（《古〔鼓〕子》S·六一七一）　多和罗（《古〔鼓〕子》S·六一七一）　多何他跎（《阿曹婆词》S·六五三七）　磨魔波何过歌（《还京洛》L·一四六五）　河过波陀（《行路难》P·三四〇九）　河呵（《箫关铭词》S·六二二八）　歌罗（《菩萨蛮》P·三九九四）　多多磨何多娥磨歌（《更漏子》P·三八三六+P·三一三七）　河过（《菩萨蛮》P·三三三三）　娥波罗娑过迤多麽（《云谣集·凤归云》）　罗多他麽（《云谣集·抛毬乐》）

平声第十部　麻

赊斜花家涯差霞（《临江仙》S·二六〇七）　纱花华（《古〔鼓〕子》S·六一七一）　华花家（《斗百草》P·三二七一）　斜家霞花（《云谣集·抛毬乐》）　花家（《菩萨蛮》P·三二五一）　瑕遮涯（《望江南》《零拾》本）

平声第十一部　庚耕清青蒸登

明横声星（《西江月》S·二六〇七）　庭征声更听鸣行庭生（《浣溪沙》S·二六〇七）　零情征枪青庭平形（《恭怨春》S·二六〇七）　庭名（《菩萨蛮》P·三一二八）　星征（《菩萨蛮》P·三一二八）　清明（《菩萨蛮》P·三一二八）　声城名龄荣旌（《望江南》P·三一二八）　行明情（《古〔鼓〕子》S·六一七一）　冷庭星（《古〔鼓〕子》S·六一七一）　经庭形（《古〔鼓〕子》S·六一七一）　醒庭形（《古〔鼓〕子》S·六一七一）　明城（《古〔鼓〕子》S·六一七一）　生更星（《曲子名目》P·三七一八）　听庭星迎（《喜秋天》S·一四九七）　冰行声（《咏九九诗》P·四〇一七）　生青耕（《咏九九诗》P·四〇一七）　兴轰生（《咏九九诗》P·四〇一七）　生行轰筝听（《婆罗门曲子》S·四五七八）　声明（《更漏长》P·三九九四）　萌明荣莺声情（《南歌子》P·三八三六+P·三一三七）　成停（《菩

萨蛮》P·三三三三） 萤成（《菩萨蛮》P·三三三三） 平行行迎行（《浪涛沙》P·三一二八）

平声第十二部 尤侯（幽）

头裘丘楼（失调名S·二六〇七） 舟楼秋愁（《西江月》S·二六〇七） 流丘（《菩萨蛮》S·二六〇七） 州忧楼投流侯秋畴（《感皇恩》P·三一二八） 筹钩头（《古〔鼓〕子》S·六一七一） 州楼流游洲（《泛龙洲》P·三二七一） 求留（《长安词》L·一三六九） 流流牛楼休油收楼牛头秋（《喜秋天》S·一四九七） 州头游楼秋（《婆罗门曲子》S·四五七八） 头游周（《箫关铭词》S·六二二八） 头愁（《菩萨蛮》S·三二五一）休头（《卄卄旁》S·四三三二）

平声第十三部 侵

沈淋（《定风波》P·三〇九三） 沈禽深心（《西江月》S·二六〇七） 临深心（《古〔鼓〕子》S·六一七一） 寻心林（《古〔鼓〕子》S·六一七一） 深心吟（《何满子》S·六五三七） 心吟林（《长安词》L·一三六九） 心林心（《咏九九诗》P·四〇一七） 心今（《菩萨蛮》P·三二五一） 今深心（《献忠心》P·二五〇六） 今任襟任音心（《献忠心》P·二五〇六）

平声第十四部 覃谈（盐添咸衔严凡）

含南（《叹百岁》S·一五八八、P·三三六一） 谈南（《叹百岁》S·一五八八、P·三三六一）

平声第十一、三、六部通用者

行氛归（《捣练子》P·三九一一）

平声第二、九部通用者

房娘婆（《捣练子》P·三九一一）

平声第六、七部通用者

关浑闻勋氛君（《望江南》P·三一二八） 全人安宽关（失调名P·三一

二三）　身眠（《中夜无常偈》S·四七八一）

平声第五、七部通用者

余边弦眠还天（《云谣集·破阵子》）

平声第一、二部通用者

芳肻惶郎裳伤娘（《云谣集·柳青娘》）

平声第七、十三部通用者

边眠心然（《初夜无常偈》S·四七八一）

平声第六、十一部通用者

凭憎应灯人曾（《南歌子》P·三八三六＋P·三一三七）　人津尘蹰频呈（《云谣集·破阵子》）　成裙蹰莺门懃人（《云谣集·柳青娘》）

平声第三、十一部通用者

瓶垂（《菩萨蛮》P·三三三三）　归迷明闺知衣斯伊（《云谣集·拜新月》）

平声第六、十一、十三部通用者

缨臣深明征程心贞（《云谣集·凤归云》）

平声第一、六、七部通用者

蒙根潘（《曲子名目》P·三七一八）

平声第一、二、六、七部通用者

翻将弓勋（《行路难》P·三四〇九）

平声第六、十三部通用者

亲新裙分君吟（《南歌子》P·三八三六＋P·三一三七）

平声第二、四部通用者

长良裁（《曲子名目》P·三七一八）

平声第二、十一部通用者

梁王城（《曲子名目》P·三七一八）

平声第四、十二部通用者

忧塠回（《曲子名目》P·三七一八）

平声第九、十部通用者

波多何涯过和（《望江南》P·三一二八）

平声第一、十部通用者

功加他（《定风波》P·三八二一）

平声第六、七、十一部通用者

新平先（《斗百草》P·三二七一）

平声少押一韵者

春频新人“月”存人尘（《杨柳枝》P·二八〇九）

上去声第一部　董（肿）送（宋用）

动弄（《喜秋天》S·一四九七）

上去声第二部　（讲）养荡（绛）漾（宕）

将仰（《菩萨蛮》P·三一二八）

上去声第三部　纸旨止（尾）荠寘至志未霁祭（废）

地倚起异喜礼起岁（《苏莫遮》P·三三六〇）　细墤（《定风波》P·三〇九三）　水起止里（《西江月》S·二六〇七）　济起里（《西江月》S·二六〇七）　睡醉（《菩萨蛮》S·二六〇七）　理水（《菩萨蛮》P·三一二八）　异计（《菩萨蛮》P·三一二八）　美水翠体戏醉贵是（《谒金门》P·三八二一）　子事理死此（《十二时》S·四二七）　已死至至避（《十二时》S·四二七）　利值（《叹百岁》S·一五八八、P·三三六一）　贵骑（《叹百岁》

S·一五八八、P·三三六一） 翠似（《叹百岁》S·一五八八、P·三三六一） 气悴（《叹百岁》S·一五八八、P·三三六一） 被睡至此（《行路难》P·三四〇九） 子耳地水起（《箫关铭词》S·六二二八） 睡气（《菩萨蛮》P·三九九四） 比水（《南歌子》P·三八三六+P·三一三七） 气里水起至喜美里（《谒金门》P·三三三三） 士美水卉起媚坠美耳跪位（《云谣集·拜新月》） 翠睡（《云谣集·喜秋天》） 泪悴（P·三二五一《菩萨蛮》） 水泪（《菩萨蛮》《零拾》本） 喜里里（《鹊踏枝》《零拾》本） 睡吠至醉起被是地（《鱼歌子》桥川藏本）

上去声第四部 （蟹骇）贿海泰（卦）（怪夬）队代

会海退在珮内戴外（《苏幕遮》P·三八二一） 亥配悔昧在（《十二时》S·四二七） 载会待罪待（《行路难》P·三四〇九）

上去声第五部 语麌姥御遇暮

住主（《菩萨蛮》S·二六〇七） 树去（《菩萨蛮》S·二六〇七） 部吐（《菩萨蛮》P·三一二八） 暮女（《喜秋天》S·一四九七） 午露悟处苦（《十二时》S·四二七） 去处（《行路难》P·三四〇九） 主苦露主土路舞鼓主土（《归依佛》S·四五〇八） 树雨苦（《更漏长》P·三九九四） 雨语（《菩萨蛮》P·三九九四） 女舞（《菩萨蛮》P·三九九四） 苦路（《菩萨蛮》P·三三三三） 去语雨处（《云谣集·天仙子》） 语许（《云谣集·竹枝子》） 误路雨步女与负（《云谣集·鱼歌子》） 务去趣苦惧住（《黄昏无常偈》S·四七八一） 苦路（《菩萨蛮》P·三二五一） 语据取语（《鹊踏枝》《零拾》本）

上去声第七部 （阮旱）缓（潸）产铣狝愿翰换（谏裥）霰线

殿鸾（《菩萨蛮》S·二六〇七） 满碗看典战乱（《谒金门》S·四三五九） 愿卷转面见岸（《归依法》S·四五〇八） 满宴（《菩萨蛮》P·三九九四） 半乱扇片面散限万（《云谣集·天仙子》） 断伴（《菩萨蛮》P·三二五一） 乱窜（《酒泉子》P·二五〇六） 愿烂（《卄卄㖿》S·四三三二） 现面（《卄卄㖿》S·四三三二） 远半烂玩泮战愿现（《苏莫遮》P·三三六〇）

上去声第八部　篆小巧皓啸笑（效）号

卯恼道好保（《十二时》S·四二七）　早叫（《菩萨蛮》P·三二五一）好保道（《午时无常偈》S·四七八一）　少好笑悄道貌早恼（《鱼歌子》《零拾》本）

上去声第九部　哿果个过

课我个过唾棵卧大里火磨（P·三一二五）　课火我座祸果（《归依僧》S·四五〇八）　过破（《云谣集·喜秋天》）

上去声第十部　马祃

泻也（《定风波》P·三〇九三）　下洒（《菩萨蛮》S·二六〇七）　罢樑（《菩萨蛮》S·二六〇七）　挂帊榭麝马骂扯下（《怨春闺》P·二七四八）

上去声第十一部　梗（耿）静迥（拯等）映（诤）劲径（证嶝）

境影镜咏定净请听（《苏莫遮》P·三三六〇）

上去声第十二部　有厚（黝）宥候（幼）

斗鬬薮有吼走口救（《苏莫遮》P·三三六〇）　酉久寿酒受（《十二时》S·四二七）　柳有（《叹百岁》S·一五八八、P·三三六一）　纽就（《行路难》P·三四〇九）

上去声第一、六部通用者

梦凤问弄（《云谣集·天仙子》）

上去声第三、四部通用者

对外会醉退（《山花子》S·五五四〇）

上去声第三、六部通用者

泪尽（《更漏长》P·三九九四）

上去声第三、八部通用者

悄理（《云谣集·竹枝子》）

上去声第五、十二部通用者

牖女（《云谣集·竹枝子》）

上去声第一、五部通用者

步凤（《菩萨蛮》P·三一二八）

上去声第三、十一部通用者

起地顶意（《生查子》P·三八二一）　未利避境里（《十二时》S·四二七）

上去声第七、十四部通用者

剑见箭战面（《生查子》P·三八二一）

上去声第六、十部通用者

阵怕（《酒泉子》P·二八〇九）

上去声第二、八部通用者

朗草少（《斗百草》P·三二七一）

上去声第五、八部通用者

好取报（《斗百草》P·三二七一）

上去声少押一韵者

道少草到袅好“河”澡（《苏莫遮》P·三三六〇）　悄“寞”祷少妙渺笑（《云谣集·鱼歌子》）

入声第一部　屋（沃）烛

玉足曲（《郑郎子词》P·三二七一）　逐育（《叹百岁》S·一五八八、P·三三六一）　蝮曲（《叹百岁》S·一五八八、P·三三六一）　谷篦（《行路难》P·三四〇九）　触促足土（《云谣集·喜秋天》）　绿束（《菩萨蛮》P·三二五一）　熟竹（《菩萨蛮》P·三二五一）

入声第二部　（觉）药铎

弱略（《定风波》P·三八二一）　薄落（《菩萨蛮》P·三二五一）

入声第三部　质术（栉）物（迄没）陌麦昔锡职德

物出得日识黑识得（《定风波》P·三〇九三）　北国（《菩萨蛮》S·二六〇七）　侧客（《菩萨蛮》P·三一二八）　客积壁识食滴力额（《谒金门》P·三八二一）　七日（《喜秋天》S·一四九七）　戌漆出失蜜（《十二时》S·四二七）　出密（《叹百岁》S·一五八八、P·三三六一）　出日（《叹百岁》S·一五八八、P·三三六一）　寂隔息忆滴觅客力（《鹊踏枝》P·四〇一七）　宅席迹（《行路难》P·三四〇九）　职贼德（《行路难》P·三四〇九）　极逼力（《十二月诗》P·三八一二）　客隔（《菩萨蛮》P·三三三三）　识隔（《菩萨蛮》P·三三三三）　力息（《菩萨蛮》P·三二五一）　戟黑（《菩萨蛮》《零拾》本）

入声第四部　月曷末（黠辖）屑薛

血歇（《酒泉子》P·三九一一）　别月悦爇结彻灭萨（《苏莫遮》P·三三六〇）　阙劫（《菩萨蛮》S·二六〇七）　铁月（《定风波》P·三八二一）　札雪（《叹百岁》S·一五八八、P·三三六一）　热掣月（《十二月歌》S·六二〇八）　热节竭（《十二月歌》S·六二〇八）　热发（《十二月歌》S·六二〇八）　末节（《十二月歌》S·六二〇八）　热彻月（《十二月诗》P·三八一二）　热节咽（《十二月诗》P·三八一二）　末活豁（《十二月诗》P·三八一二）　节发（《菩萨蛮》P·三三三三）　月阙雪结别噎说节（《别仙子》S·四三三二）

入声第三、四部通用者

发日（《叹百岁》S·一五八八、P·三三六一）

入声第一、二部通用者

属触欲学（《行路难》P·三四〇九）

同部平仄通押者

伴般（《喜秋天》S·一四九七）　见愿缘（《喜秋天》S·一四九七）

苑鸾面见该鹭眷宦便（《云谣集·倾杯乐》） 丑柳旧愁久（《十二时》S·四二七） 阳光伤上荡亮往香访浪（《云谣集·洞仙歌》） 比知媚眉水子坠髻戏体里婿（《云谣集·倾杯乐》）

异部平仄通押者

辉帏夷婿倚泥理处意似（《云谣集·洞仙歌》）

韵字不明者

乱年天荒长皇主宇始殊计驾“週”（《献忠心》S·二六〇七） 申真“因”身尘（《十二时》S·四二七） “谢”安边眠暄前（《南歌子》P·三八三六+P·三一三七） 别“劝”结日出日识弱（《定风波》P·三〇九三） 姓并骋比令“闲”定帝（《苏莫遮》P·三八二一）

附录一　不见于敦煌曲之韵目

平声

冬、臻、欣、幽、盐、添、咸、衔、严、凡。

上去声

肿宋用、讲绛宕、尾废、蟹骇卦怪夬、轸准吻隐混很稕问焮慁恨、阮旱潸谏裥、效、耿拯等诤证嶝、黝幼、寝沁、感敢琰忝俨豏槛范勘阚艳棙酽陷鉴。

入声

沃、觉、栉迄没、缉、黠辖合盍叶帖洽狎乏。

附录二　词韵资料举要

（明）　程元初《律古词曲赋叶韵》，日本东京大学哲学文学研究室藏。
（清）　戈载《词林正韵》（《发凡》），光绪四年《四印斋》本。
　　　　叶申芗《天籁轩词韵》，道光十一年刊本。
夏承焘《词韵约例》，《唐宋词论丛》，22 页。

张世彬《词韵研究》，稿本。

中田勇次郎《唐五代词韵考》，支那学八之四。

中田勇次郎《唐五代词の韵律について》，《大谷学报》二八之三、四。

坂井健一《宋词押韵字の音韵上の问题》，日本《中国学会报》十一，又参《东洋学报》三八之二。

词调名字画索引

	《西江月》	S·二六〇七
	《曲子名目》	P·三七一八
七画	《更漏子（长）》	P·三九九四　P·三八三六 P·三一三七
	《别仙子》	S·四三三二
	《抛球乐》	P·二八三八
	《还京洛》	L·一四六五
	《苏幕遮》	P·三三六〇　S·四六七 S·二〇八〇　S·四〇一二 S·二九八五　P·三八二一
	《何（河）满子》	S·六五三七
	《阿曹婆词》	S·六五三七
八画	《泛龙舟》	P·三二七一
	《定风波》	P·三〇九三　P·三八二一
	《鱼（虞）美人》	P·三九九四
	《鱼（渔）歌子》	P·二八三八　《零拾》本 桥川藏本
九画	《思越人》	P·二七四八
	《南歌子》	P·三一三七　P·三八三六
	《洞（洞）仙歌》	S·一四四一
	《送征衣》	S·五六四三
	《拜新月》	P·二八三八
	《柳青娘》	S·一四四一
	《怨春闺》	P·二七四八
	《剑器词》	S·六五三七
	《临江仙》	S·二六〇七
十画	《浣溪沙》	P·三一二八　P·四六九二 S·二六〇七　P·三八二一 S·一四四一
	《浪淘沙》	P·三一二八　S·二六〇七
	《破阵子》	S·一四四一
	《酒泉子》	P·三九一一　P·二八〇九

		P·二五〇六　S·四三三二
	《荼怨春》	S·二六〇七
	《倾杯乐》	P·二八三八
	《捣（擣）练子》	P·三九一一　P·二八〇九
		P·三三一九
十一画	《望江南》	P·三九一一　P·二八〇九
		P·三一二八
	《望远行》	P·四六九二
	《婆罗门》	P·二七〇二
	《谒金门》	P·三三三三　P·三八二一
		S·四三五九
	《菩萨蛮》	S·二六〇七　P·三一二八
		P·三九九四　P·三三三三
		P·三二五一　S·四三三二
		《零拾》本
十二画	《御制曲子》	S·二六〇七
	《喜秋天》	S·一四九七　P·二八三八
十三画	《感皇恩》	P·三一二八
	《鹊踏枝》	P·四〇一七　《零拾》本
	《献忠心》	P·二五〇六　S·二六〇七

敦煌曲续论

卷八

饶宗颐二十世纪学术文集·敦煌学

目　录

小 引

《敦煌曲》于 1971 年由法京科学中心印行，为中法文本，余撰写导论，戴密微(P. Demiéville)教授加以法译。其书限于体例，当时用力者有二事，一为增补新获曲子，一为校订任氏《校录》擅改之处，俾复原状。嗣是以后，海内外曲子词之研究著述，蔚为巨观，云蒸霞蔚，寖成显学。

迨 1987 年任老扩大旧构为《敦煌歌辞总编》，收辞达 1300 首，已逾越曲子之藩篱。其所标揭“坚决肃清宋帽唐头之‘唐词’理论”，一时震撼文学界。其后项楚先生著《总编匡补》，所商略者凡百五十事，独于《云谣集》则缺而勿论。历年以来，余对《云谣集》及唐昭宗诸作，多所讨论；“唐词”问题，更与任老持不同意见，拙文散在海外各杂志，搜览不易，今聚而观之，前后商榷：“曲子”与“词”含义、性质之异同，与夫词体发生、演进之历程，暨乐章之形成及整理之经过，凡此种种，或于早期词史之认识，不无小补。项书长于文字之校理，余则措意于史事，兼及法曲、乐谱，取径不同，而所得亦异。以作为余前著之续貂，览著或有取焉。

1995 年中秋日　饶宗颐

曲子《定西蕃》

——《敦煌曲》拾补之一

法京伯希和取去敦煌卷 P·二六四一号，纸背杂书《定西蕃》一首，文云：

> 曲子一首，寄在《定西蕃》。　事（自）从星车入塞，冲砂碛，冒风寒。度千山。三载方达　王命，**岂**（岂）词（辞）辛苦艰。为布我皇纶綍，定西蕃。

计共三行。接书《莫高窟再修功德记》，书法工整，字迹似出一人之手。其前又有某氏《上曹都头诗》一首，句云“谯国门传缙以绅，善男子即是帝王孙”云云。卷首更有观音院主释道真等十人题壁诗并序。字体草率，或为另一时期所书。

《定西蕃》为教坊曲。曲名已见崔令钦《教坊记》。《花间集》温庭筠有《定西蕃》三首，《尊前集》韦庄有《定西蕃》二首，句式皆为六三三三　六五六三；与此相同。前录第三句冒字作“四月”，以句法字数勘之，释冒为宜。宋张先《安陆集》有《定西蕃》三首。句式为六三三六三　六五六三，比上片多一六字句。[①]

法京此阕，末句为“定西蕃”，正合本题。当作于温氏之前，为现存曲子

① 参见《全宋词》，72、79 页。

词中最早之《定西蕃》矣。

杜甫《追酬高适诗》句云："关塞西蕃最充斥，衣冠南渡多崩奔。"西蕃即指吐蕃，此《定西蕃》应亦谓吐蕃。词言星车入塞，明指汉使入蕃之事。自德宗建中元年，蕃汉修好，唐臣使蕃，先后接踵。韦伦、崔汉衡、尝鲁皆曾出使，至建中三年十月十五日会盟定界。[1] 贞元三年，侍中浑瑊与吐蕃盟于平凉，为蕃兵所劫，崔汉衡以下将吏陷落者六十余人。此词言三载方达王命，究作于何年，尚难确定。唯沙州自建中时没于吐蕃，至宣宗大中二年，张议潮始以瓜、沙十一州归唐，《新唐书·吐蕃传》："大中三年（公元849年），是岁河陇高年千余见阙下……皆争解辫易服。"白居易《缚戎人》乐府云："眼穿东日望尧云，肠断正朝梳汉发。"边陲故老，期望西蕃之平定，为日久矣。此词云"为布我皇纶綍"。《礼记·缁衣》："王言如纶，其出如綍。"岂河湟收复后，轺车西征之作耶？

温飞卿之作《定西蕃》，约在大中时，《旧唐书·温传》："大中初，应进士。初至京师，能逐弦吹之音，为侧艳之词。"时河湟已归唐，故《定西蕃》一曲盛行于时，词人亦喜填此调。

此卷中之谯国曹都头，据榆林窟第十窟题名有"谯郡开国公曹议金"。谯国指曹氏甚明。S·七四〇一有都头曹长千书，写于宋太宗淳化四年五月，与此曹都头恐无关系。又道真为三界寺僧，敦煌卷中屡见之。《定西蕃》此词，写于《上曹都头》一诗之后，其书写年代可能较晚，唯词之撰成，当远在曹氏以前。

此词拙撰《敦煌曲》失收，承左东侯兄以影本远寄，盛意可感，亟为补录于此。

附温庭筠《定西蕃》：

汉使昔年离别，攀弱柳，折寒梅。上高台。　千曲关山春雪，雁来人不来。羌笛一声愁绝，月徘徊。（《花间集》）

韦庄《定西蕃》：

挑尽金灯红烬，人灼灼，漏迟迟。未眠时。　斜倚银屏无语，闲

① 参见《册府元龟》卷九八一，《外臣部》。

愁上翠眉。闷杀梧桐残雨，滴相思。(《尊前集》)

张先《定西蕃》：

年少登瀛词客，飘逸气，拂晴霓。尽带江南春色，过长淮。 一曲艳歌留别，翠蝉摇宝钗。此后吴姬难见，且徘徊。

原载新加坡《新社学报》，1973 年

孝顺观念与敦煌佛曲

一

向日整理敦煌佛曲，发觉其主要内容，以下列两事最为普遍：一为人事推移之无常观念[①]，梵语所谓 a-nidyá，如《百岁篇》、《黄昏无常偈》是也；其一则为援儒入释之"孝顺"观念，即本文所欲讨论者。

陈观胜先生（Chén，Kenneth）前于 *Filial Piety in Chinese Buddhism*（*H. J. A. S.* 28，1968）文中指出佛教《盂兰盆经》、《佛说孝子经》等，对汉俗影响之深，因谓佛教之异端而获得中国人之接受，孝顺观念与中国伦理之融洽，亦其主因，其说良是。唯谓佛教徒诵经超度父母，广及其他众生，其孝之取义，比汉土尤为广大。窃谓孝之理论，在汉人著作中，若《大戴礼记》之《曾子大孝》，已言"大孝不匮，中孝用劳，小孝用力"，孝有三等[②]，其义如下：

大孝——博施备物（此义已同"泛爱众"；以孝为"博爱"，即谓孝

---

① 敦煌有《无常经》，P·二三〇五背为《无常经》讲经文，见《敦煌变文集》，656页。此数语亦见《礼记·祭义》。

② 释法琳《辩正论》"外论曰：孝为德本，人伦所先"一段，引小孝、中孝、大孝此语，而论之曰："此性分之殊也。比夫释教，其义存焉。"（《广弘明集》卷十三）

及于物）。

中孝——尊仁安义（此以孝贯通整个道德）。

小孝——慈爱忘劳（此仅指对父母子女之间之奉养，最狭义之孝也）。

又引“夫子曰：伐一木，杀一兽，不以其时，非孝也”。则谓恩需及于草木禽兽，此则为孝之宇宙义。佛氏在《盂兰盆经》等所言之孝，如谓“若未来世一切佛弟子，行孝顺者，亦应奉此《盂兰盆》，救度现世父母，乃至七世父母”。似仍局限于“小孝”范围。自汉京明诏，以孝悌力田为教，嗣是“孝”之观念深入人心。南齐时，王俭纂《七志》，经部竟取《孝经》列于众经之首。[①] 边裔地区，汉化不深之西域佛教国家，若高昌国亦以《孝经》置于学官。孝之精神，远及遐陬，可以概见。[②]

《孝经》，六朝儒生诵习之亦有仿佛经方法，如禅门日诵者。《梁书》儒林《皇侃传》：“尤明三《礼》、《孝经》、《论语》。”“性至孝，常日限诵《孝经》二十遍，以拟《观世音经》。”此为罕见之例。无异取《孝经》作为“儒”门之日诵也。《陈书》卷二六《徐陵子份传》：“陵尝遇疾，甚笃，份烧香泣涕，跪诵《孝经》，昼夜不息，如此者三日，陵疾豁然而愈，亲戚皆谓份孝感所致。”《南史·顾欢传》：“有病者问欢。欢曰：家有何书？答曰：唯有《孝经》而已。欢曰：可取《仲尼居》置病人枕边，恭敬之，自差也。而后病者果愈。后人问其故，答曰：善禳恶，正胜邪，此病者所以差也。”则《孝经》可以疗疾，南朝时有此说。至于诵《观世音经》可以消灾，史书所记，始于晋之徐义，而宋之王玄谟，诵《观音经》且千遍，卒免见杀。[③] 梁刘霁母胡氏寝疾，诵《观音经》数万遍（《南史》卷四十九）。自东晋时释竺难提译《观世音菩萨消伏毒害陀罗尼咒经》（嘉兴藏万历本），宋元徽三年释法献至于阗，获佛牙及《观世音灭罪咒》（《高僧传》十三）。故诵《观音经》可灭罪消灾，遂成一时风尚，难以服儒术之皇侃，亦不免受其影响。

后汉安世高译《佛说父母恩难报经》，费长房《三宝记》著录之，武周《众经目录》作《父母勤报经》。此经敦煌卷中常见，如S·二二六九即为《佛

---

① 参见王重民：《王俭〈七志〉》。《经典释文·次第》：“王俭《七志》，《孝经》最初。”

② 参见羽溪了谛：《西域之佛教》；曹仕邦：《高昌国〈毛诗〉、〈论语〉、〈孝经〉立学官的原因浅释》（《新亚学术年刊》八）。

③ 参见俞正燮：《诵佛经论及观世音传略跋》（《癸巳类稿》卷十四、十五）。

说父母恩重经》。

《盂兰盆经》，译自西晋竺法护（Dharmarakṣa，《大正》卷十六，779页）。后代注解甚繁，唐之释宗密（《盂兰盆经疏》二卷，崇祯松江李凌云刊本），宋之释遇荣（《盂兰盆经疏孝衡钞》二卷附科式一卷，明嘉靖沙门明元刊本）、释普观（《兰盆经疏会古通今记》，"中央"图书馆存宋刊本卷上），明之释智旭（《佛说盂兰盆经新疏》一卷），清之释灵耀（《盂兰盆经折中疏》，康熙刊本），皆其著者。至于古写本，敦煌所出，尤不一而足，法京P·二〇五五即为《佛说盂兰盆经》，有翟奉达题记，为其妻马氏追福，言每斋写经一卷，于百日斋内写《盂兰盆经》一卷，可考见当日写经制度。P·二一八五为《佛说净土盂兰盆经》，P·二二六九为《〔盂兰〕盆经赞述》（卷一残，《大正》八五，540页），兹不备记[①]。

梁武帝于大同四年（公元538年）在同泰寺举行盂兰盆斋。故盂兰盆会六朝时已极流行。颜之推云：

> 其内典功德，随力所至，勿刳竭生资，使冻馁也。四时祭祀，周孔所教，欲人勿死其亲，不忘孝道也。求诸内典，则无益焉。杀生为之，翻增罪累。若报罔极之德，霜露之悲，有时斋供；及七月半盂兰盆，望于汝也。[②]

是颜之推已深信目连故事，故望其子孙能超度之。七月半中元节之盂兰盆会，梁宗懔《荆楚岁时记》备书其事，陈先生论之已详。

《唐书·杨炯传》："宫中出《盂兰盆》，分送佛寺，则天御洛南门，与百寮观之。炯献《盂兰盆赋》。"文略云：

> 粤大周如意元年秋七月，圣神皇帝御洛城南门，会十方贤众，盖天子之孝也。……八枝初会，四影高悬。上妙之座，取于灯王之国；大悲之饭，出于香积之天。随蓝宝味，舍卫金钱。面为山兮酪为沼，花作雨兮香作烟。明因不测，大福无边。[③]

① "中央"图书馆善本亦有唐人写卷子本《盂兰盆经》一卷。

② 宋本《颜氏家训·终制》篇。一本无"七月半盂兰盆"六字。且作"及尽忠信，不辱其亲，所望于汝也"。赵曦明谓："今诸本删去六字，必后人以其言太陋，而因易以他语耳。"

③ 《杨盈川集》卷一。

“中央”图书馆藏旧抄卷子，有《为二太子盂兰节荐福》一文，略谓：“伏惟二太子，间生帝子，应现凡间。玉桊（叶）联于百王，金枝继于千载，明珠藏于巨海，白玉隐于昆山。抱鸛颔之奇姿，表虎头之上相。……不啚（图）虎旗才展，龙剑欲飞，地失孤虚，神灵崩背。未审魂飞何界，识散郊坰。唯福事而有依，即资凭而不昧。故于中元令节，秋首良晨（辰），辟盂兰之道场，开超生之论席者。即我府主太保，为二太子廌（荐）福之恳也。……”“中央”图书馆目录题为“唐人写卷子本，不著撰人”[①]。二太子讨寇捐躯，故为盂兰盆会以超度之。文中府主，不知何人，以其资料珍异，故记之于此。盂兰之设，所以救拔慈亲，宣扬孝道，而供养十方诸佛，亦可为生人荐福。《目连救母》，遂成为应时之戏，于中元节上演，历时往往一月。

孟元老《东京梦华录》云：

> 七月十五日中元节。先数日，市井卖冥器、靴鞋、幞头、帽子……及印卖《尊胜目莲经》。又以竹竿斫成三脚，高三五尺，上织灯窝之状，谓之盂兰盆，挂搭衣服冥钱在上焚之。构肆乐人，自过七夕，便般（搬）《目莲救母杂剧》，直至十五日止。[②]

此事至今尚流行不替，唯国内已绝迹，海外如新加坡、马来，犹存此俗，至为可贵。马六甲青云亭石刻有光绪三十年甲辰（公元 1904 年）《绍兰会大伯公碑记》，文云：

> 盖闻神鬼为德，圣赞其盛，君子之祭也，七成三斋，用是以照其敬者，正所以邀遐福也。矧中元乃地官赦罪之秋，超渡孤幽，脱离苦海，共登彼岸。种种皆福缘善庆，犹宜虔诚普施。故吾先辈昔有设立童子普，后改为峇峇普，曾有捐集公项生息，以为普度之需。[③]

由此文可知海外普度，有一种特殊组织，称曰“绍兰会”。兰即盂兰之省称。所超度者，专以夭死之殇子为主，谓之“童子普”，后改名“峇峇普”。（峇峇即马来语 babah，侨生华人男孩子也。）且有公项生息，以为普度之需，

---

① 《中华丛书》本上册，75 页。

② 关于宋时盂兰盆之描写，又见陆游《老学庵笔记》七、陈元靓《岁时广记》三〇，不具引。

③ 《绍兰会碑》，见拙作《星马华文碑刻系年》（《书目季刊》五卷二、三期）。

与华俗无异。

盂兰盆，梵语原为ullambita，义为hanging[①]，巴利语为ullumpati。盂兰义训倒悬，宋道诚《释氏要览》云："盂兰，华言解倒悬也。"民间讹言为"盆"。敦煌《目连缘起》云："三年至孝，累七修斋，思忆如何报其恩德，唯有出家最胜。"又云："办香花之供养，置于兰之妙盆，献三世之如来，奉十方之贤圣。"直解兰为植物，盆为器皿。故《盂兰盆经》又有译本作《佛说报恩奉盆经》，亦云《报像功德经》。《大正藏》所收者仅二段，云"阙译"，附东晋录，盖东晋所出，而非足本。（"中央"图书馆藏有嘉兴楞严寺《藏经》本，万历丁酉刊）。书名之中，已标出"报恩"二字。汉人对梵语每多曲解，如王维字摩诘，乃拆"维摩诘"（vimalakriti）为二。维＝vi（汉训不也）。摩诘＝malakriti；vi-mala义为无垢，一拆开便不成话，王维几乎成为王不矣。汉俗语法习惯，与梵文极难配合，往往如此。以上论盂兰盆各事，为陈先生文中所未及，故补述之。

二

苏联所藏敦煌卷子，有《雙（双）恩记》者，孟列夫、左义林教授已为印行二册。上册总论变文体制，下册专究变文语法，指出《双恩记》故事虽出自《本生》（*Jātaka*），但其中孝顺观念，则多得自儒家。其说云：

> The main idea of the pienwen follows the jatāka though there are some changes and additions.
>
> There are more Chinese elements in the description of the characters than in the jatāka.

其故安在？盖有深远之历史背景，有待于抉发。此书往日承孟教授远寄新加坡，久无以报。近时潘石禅先生重新研究，草成《变文〈双恩记〉试论》，于抄写年代、取名、文字校订各项，均有新见。唯对于题旨及有关资料，尚有可以补充者。此经题名如第七、十一卷题曰：《佛报恩经》，盖出自

---

① 参见Monier Williams，*A Sanskrit-English Dictionary*，p.219。

《佛报恩经恶友品》第六。曩于法京 Guimet 博物馆见有《父母恩功德经图册》，甚为珍贵。又《父母恩重经》一类卷子，如 P·二四一八一卷，末有“《诱俗》第六”，“天成二年（公元 927 年）八月七日，一乷书”各一行。文中引述《曾子》及《太公家教》，申明孝之意义。兼又指出“十恩德”字样。卷前有文云：“此唱经文，是世尊呵责也。前来父母有十种恩德，皆父母之养育，是二亲之劬劳。”知此唱经文残本，原有若干篇，《诱俗》其第六也。又北京“河”字十二号，亦有同类残文，向达校录标题曰“《父母恩重经讲经文》”。此二篇均收入《敦煌变文集》。至于《大舜至孝变文》（P·二七二一）、《大目犍连冥间救母变文》（如 P·三一〇七），世所熟知，不欲深论。[①]

又圆鉴大师《二十四孝押座文》，见于 P·三三六一，题云“左街僧录圆鉴大师赐紫云辩述”[②]，亦已收入《敦煌变文集》。此篇除首四句为四言外，其余悉为七言，一韵到底。有云：“佛身尊贵因何得？根本曾行孝顺来。须知孝道善无壃（疆），三教之中广赞扬。若向二亲能孝顺，便招千佛护行藏。”又云：“如来演说五千卷，孔氏谭论十八章。孝心号为真菩萨，孝行名为大道场。”有十二句，以孝心、孝行对言，而归结以“佛道孝为成佛本，事须行孝向耶娘。”亦以行孝为主题，间接以宣扬佛教，会通儒、释，以如来与孔氏相提并论，末段叠句声韵铿锵可诵，变文之佳作也。

敦煌曲中有关孝顺之作品甚多。任二北在普通杂曲中收“《皇帝感新集孝经》十二首”（88 页）；又定格联章中收《十二时》“《天下传孝》十二首”（128 页），“《十恩德劝孝》十首”（172 页），共得三首。任氏据刘复《敦煌掇琐》、罗振玉《敦煌零拾》、许国霖《敦煌杂录》采入。余于法京获见原卷，唯未收入拙编《敦煌曲》中。今《敦煌曲》久已问世，因将往日笔记录其大要于下，以当拾遗。

---

① 有关此类论文，如：

金冈照光：《舜至孝变文の诸问题》（《大仓山学院纪要》第二辑）。

又前人《唐代民间孝子谭の仏教的一断面》（《东洋大学纪要》第十三集，1959 年）。

赵景深：《董永卖身的演变》，收入《读曲小记》，61 页。

仓石武四郎：《写在目连变文介绍之后》。

金冈照光：《中国民间における“目连说话”の性格》（《佛教史学》第 7 卷 4 号）。

赵景深：《目连救母的演变》。

余不具列。

② 云辩卒于广德元年（公元 763 年），与杨凝式同时，曾居洛。事见宋张齐贤《洛阳缙绅旧闻记》。

P·二七二一

前为《杂抄》一卷，后为《珠玉新抄》一卷。《开元皇帝赞》，即接书《皇帝感》“《新集孝经》十八章”。已见录于任氏《敦煌曲校录》88页。第一首：“新歌旧曲遍州乡，未闻典籍入歌场。《新合孝经皇帝感》，聊谈圣德奉贤良。”余不录。此卷背题：“《舜子至孝变文》一卷。”云：“检得《百岁诗》云：‘舜年廿，学问；卅，尧举之……’”（见《敦煌变文集》二，134页）末四行：“天福十五年，岁当已酉，朱明蕤宾之月。”此卷即以《孝经》集成十八章。又背为《舜子至孝变文》，故合成一卷。

P·三九一〇

为硬黄纸小册，上书“已卯年正月十八日阴奴儿异集。”内抄《荼（茶）酒论》一卷。

《新合千文皇帝感辞》壹拾壹首，只有九首为七言绝句。

言谘四海贵诸宾，黄金满屋未为珍。虽**𤋮**（然）△乙无财学，且听歌里说千文。

天宝圣主名三教，追寻隐士访才人。金声玉管恒常妙，近来歌舞转家亲。

遍注《孝经》先□唱，又谈《千字》献名君。一一惣（总）依画上说，不是歌里**㑩**虚全。

天地玄黄便清浊，绫罗万载合乾坤。日月本来有盈昃，二十八宿共参辰。

…………

末记：“《新合千文》一卷。”盖以《千字文》组串成句，故云“新合千文”也。

以后接书《新合孝经皇帝感辞》一十一首，字极劣。摘句如下：“张骞本自欲登山，汉帝使还上升天。”“鸳鸯帐里□须抱，阳（杨）柳园中不忘君。”再下接书《秦妇吟》，不具记。

P·二六三三

为《**齖𪘨**新妇文》，后段有“杨蒲山《咏孝经》壹拾捌章”。摘句云：

“《开宗明义章第一》。欲得成人子，先须读《孝经》。义章恩㝡（最）重，莫著发肤轻。和睦为宗祖，温柔是弟兄。立身于此道，于后乃扬名。”

以下自“《天子章》第二”至“《广要道章》第十一”而止。

末记“辛巳年正月五日汜员昌就赛上”一行。

P·三三八六

前为“大汉三年季布《骂阵词文》一卷”，末段接书“杨满川《咏孝经》(旁记‘卜’字)”书壹拾捌章。“《开宗明义章》第一。欲得成人子，先须读《孝经》。……”至第九章，全是五字句。

P·三五八二

与上卷接连，存第十五至《丧亲章》第十八，末句云：“卖身学董永，孝道不如他。”题：“杨满山《咏孝经》一十八章。”末三行云：“维大晋天福七年壬寅岁，七月廿二日三界寺学士郎张富盈记。戊辰年十月卅日三界寺学士。”

又杂记：“计写雨（两）卷文书，心里岁岁不疑。自要心身恳切，更要师父周梨。”

按此卷P·三三八六作“杨满川”，而P·三五八二题作“杨满山”，P·二六三三作“杨蒲山”。按满与蒲两字，唐抄本时时混用，如司马相如《难蜀父老》：“略斯榆，举苞蒲。”服虔云：“苞蒲，夷种也。”神田氏影刊《敦煌本文选注》作：“苞满，蜀地名。”以满为蒲。新疆之金满国，《后汉书》作金蒲。“蒲山”之作“满山”，例正相同。《孝经》可以成咏，此卷写于石晋时。《五代史记》六十九载：“汉国子祭酒田敏，以印本五经遗高从诲。从诲谢曰：‘予之所识，不过《孝经》十八章尔。’敏曰：‘至德要道，于此足矣。’”（《南平世家》）五代人对《孝经》之尊重，可以见之。

敦煌卷子中又屡有《十恩德》及《孝顺乐》之佛赞，盖从藏外伪经《佛说父母恩重难报经》嫁名鸠摩罗什者加以演绎，为有韵之文，以供讽诵。例如：

P·二八四三

一长卷，题“《十恩德赞》一本”。其文云：

第一怀贪受苦恩。说著去不酥。自趁身仲力全无，起坐代人怢（扶）。而羊病，痊（喘）息麁（粗）。红鹰渐角（觉）招（焦）枯。报恩十月莫相殎佛。且劝门图（徒）。

按此调长短句式，为五七五三三六七五，文字有待细校。

第二临产受苦恩。……
第三生子忘忧恩。……
第四咽苦吐甘恩。……
第五乳饱养育恩。……
第六回干就湿恩。……
第七洗浴不净恩。……
第八为造恶业恩。……
第九远行亿（忆）念恩。

以上自第二至第九各解从略。

第十究竟雄愍恩。流泪百千行。爱别离苦断心肠，亿（忆）念似寻常。十恩德，说一场。人闻诤（争）不悲伤。善男子善女人审思量。誓愿（应作“莫”）辜父（负）阿耶娘。

同卷又书《孝顺乐》，其辞云：

孝顺向耶娘……今日苦相劝，是须孝顺阿耶娘。起初第一是怀胎，阿娘日夜数般哉（灾）。日夜只忧分离去，思量争不泪催催。第二临产更难新，须臾前看区（伛）其身，好恶只著一向子，思量争不鼻头新（辛）。……

书至第七，以下残缺。其背面又书：

第十男女不思量，高言德义阿耶娘，约束将来不止肯，曾参日夜泪千行。并勬（劝）面前诸弟子，是须孝顺阿耶娘。愿德（得）今身行孝道。……

此外，P·四五六〇为《孝顺乐赞》一本，与《五台山赞》合为一册子。P·二八四三、P·三四一一（存开端二行）、P·四七〇〇并为《十恩德赞》。伦敦斯坦因藏卷子，《十恩德》亦甚夥，若S·四四三八、S·五五九一、S·五六八七、S·六二七〇、S·六二七四等皆是。（任二北《敦煌曲校录》据许国霖《敦煌杂录》只收“周”八七《十恩德》一首，见该书172—174页。）

《宋史》卷四二五，赵景纬“知台州，取《孝经庶人章》，为四言咏赞，其父使朝夕歌之。又作《训孝文》以励其俗”。又《宋史·艺文志》著录“僧宗颐有《劝孝文》二卷”。以《孝经》设教，改写为咏赞，此一传统，至宋代仍相承不绝。而僧人且作《劝孝文》，亦可见儒、释思想之合流，“孝顺”实为极重要之观念，敦煌所出事例之多，殊无足怪。

其实，儒家父母恩重一观念，不特佛家吸收之，道教经典亦然。《道藏》洞真部本文类“宿”字下有《太上真一报父母恩重经》一卷，内云：“或荐亡没，七七修斋，转诵灵文，以资魂识。不历涂毒，便得生天，身诣玉京，神游金阙。”又同卷《元始洞真慈善孝子报恩成道经》[1] 谓元始天尊授此三真，号曰“至孝真王”。又天尊答云：“敬天顺地，朝礼三元，如孝父母无有异也。”又洞神部本文类“女”字下有《太上老君说报父母恩重经》及《玄天上帝说报父母恩重经》各一卷。《太上老君说报父母恩重经》中云：“若有众生能为父母书写此经……于中元日设大斋醮……若能每月一日，日中清斋，烧香行道礼拜，诵念转读此经，罪亦消灭。”明白云霁《道藏目录》云：“《神宗皇帝御制玄天报恩经》序”。此文不载《道藏》中，亦可见明代人主对此亦加以提倡也。

《经典释文》孝经注家有释慧琳，“秦郡人，宋世沙门”。

《隋书·经籍志·孝经类》有释慧始注《孝经》一卷，陶弘景《集注孝经》一卷。道、释二氏，均不能废也。文廷式谓周松霭《佛尔雅序》云：“朱石君中丞撰《佛孝经》。”意欲通儒、释之由。（《纯常子枝语》卷二十四）具见孝顺观念，入人之深，《孝经》亦成为三教所共重视之书。

至于唐时道士亦于七月十五日行盂兰盆法，法琳《辩正论》已叹其滥。

① “宿”字下。

敦煌道经S·三〇六一号为《太上洞玄灵宝中元玉京玄都大献经》[①]，书法极韶秀。其书盖据《报恩奉盆经》一类踵事增华，益以正月十五、十月十五，与七月十五，合为三元。近贤讨论已详（见吉冈义丰、秋月观暎文），道、释间之相互关系，人所共悉，故不复多及。[②]

武后长寿二年，菩提流支译《宝雨经》，卷三有“菩萨于彼人前化作父母……如是说已，即便杀害所现父母”一段，《大正》该卷660页校语引明注，以为除遣恶作方便，幻设父母，深为置疑，并云：“缅惟在昔，竺典东来，摩腾、竺法兰二尊者，首译《四十二章经》。言凡人事天地鬼神，不如孝其二亲，二亲最神也。《梵纲经》为菩萨戒本言，孝顺至道之法，孝名为戒，亦名制止。又如《大方便佛报恩经》、《佛说父母恩难报经》、《孝子经》、《出曜经》、《罪业报应教化地狱经》等，三藏五千轴，陈孝德之谈，斥悖逆之罪，圣教屡及之。尝自言，吾世世奉佛，至孝之行。又言，使我疾成无上正真道者，皆繇孝德也。倘未遍阅藏函，慎勿影借幻喻，述为谤端。”可见释氏对于孝道，拳拳致意，即于内典所言，有时亦复疑其不可为典要。而佛终会合于儒，故录其事，以结吾篇。

原载《敦煌学》1974年第1期

① 参见大渊忍尔：《敦煌道经目录》，15页。

② 参见吉冈义丰：《中元盂兰盆书敦煌在〈中元玉京玄都大献经〉》（见《中野教授古稀论文集》）；秋月观暎：《三元思想の形成について》（载《东方学》二二）。

《长安词》、《山花子》及其他

——大英博物馆藏S·五五四〇敦煌大册之曲子词

一、《长安词》全文校释

列宁格勒藏敦煌资料L·一三六九号之四标题曰《长安词》，苏联出版敦煌目录第一册著录，“无长地阙”（按应是“天长地阔”，原误“天”为“无”，又误“阔”为“阙”）讫“不达关山”句（253页）。此词又收入《敦煌赞文》① 一书中，只存三首，其中一首仅剩二句又六字，至“不达关山”句，以下残缺八字，抄于佛赞之内，在《入山赞》及《五台山赞文》之后。（参见本文图一）

1966年，作者在伦敦大英博物院检读敦煌残卷，见S·五五四〇号蝴蝶装巨册，共三叶，其中一叶乃由两叶倒贴，纸面涂满泥土，无法掀开。第一叶前书杜正伦《百行章》一卷并序，第二叶杂书《燕子赋》一段，过叶见“白马驼经即自林”句，盖即L《长安词》第二首之末句。第三叶首写“山花”二字，又写《山花子词》共四行；末句残缺，后杂书音训二行。（参见本文图二）作者撰《敦煌曲》导言时，校录L之《长安词》，尝略记S·五五四〇中出现“白马驼经”一句，未及细考。

---

① 《苏联科学院亚洲人民研究所东方古代文献丛书》第十五种，莫斯科印，1963。承孟列夫教授寄赠，谨谢。

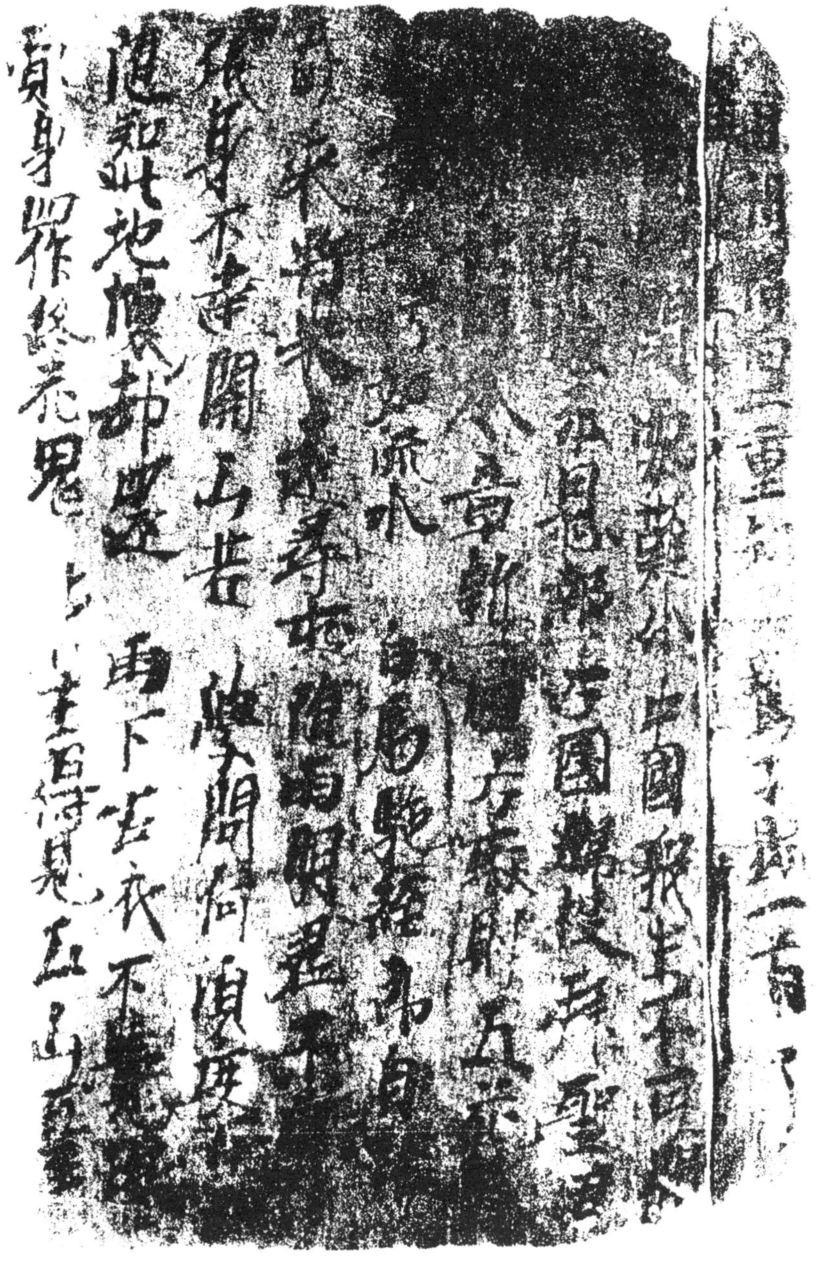

图一

图二

1971年春间，在北美耶鲁大学研究院，H. Veteh小姐从法京函告，彼于英京得大英博物馆Mr. Howard Nelson之助，已将S•五五四〇大册，洗去泥污，原文即《长安词》四首，文字与L颇有出入，承抄示一份，拟据以补足L•一三六九之缺文，唯尚有若干处，不能确定。嗣得Nelson君将原叶影本邮示，大喜过望。兹参酌二本，将此词重新整理，因《敦煌曲》全书已出版，无法改动。因另草成是篇。原词录于下，以苏京残叶参校之。

天长地阔(1)要难分，中国众生不可闻。
长安帝德(2)承恩报，万国归投拜圣君(3)。
汉家化用令章新(4)，四方取则五花吟(5)。
文章世洿（夸）如流水(6)，白马驼（驮）经即自林(7)。
故来将朱远寻求(8)，随（谁）雨（谓）明君不暂留(9)。
张（将）身(10)不达关山(11)苦，学问何须度百秋。
随（谁）知此地却怀还，雨下占（沾）(12)衣不觉斑。
愿身四（死）作终花（化）鬼，来生得见五台山。(13)

校文

（1）L“阔”字不明，似从门从次，但非“阙”字。唐大历才子卢纶有《天长地久》词（《乐府诗集》卷八二）。“天长地阔”与“天长地久”，取义相同。

（2）“德”，L作“得”，借“得”为“德”，敦煌卷习见。

（3）“投”，L作“头”，借“头”为“投”。王维诗“万国衣冠拜冕旒”（《和贾舍人早朝大明宫》），句法相似。

（4）L作“汉家法用礼术心”。

（5）L作“取即五蕐吟”。“即”为“则”形讹。“蕐”字不识，或为“华”字俗书。

（6）L作“文章徑（经）洛如留水”，借“留”为“流”，S正作“流水”。又S作“文章世洿（疑借为夸）”，大异。

（7）“驼”借为“驮”，S、L皆误书“经”字作“绖”，L又误驮为“鈸”。

（8）L作“故来行崘”，末一字不识，疑是“崘”字，不敢遽定。S作“将朱远寻求”，不可解。又“寻”字L作“㝷”。

（9）“谁谓”二字从L，而S作“随雨”，乃音讹。L作“名暂留”，S“名”字作“不”。

（10）S“张身”疑读作“将身”，L作“吟身”。

（11）“关山”以下，L全缺，今据S补文。

（12）“占”字，S占旁甚明显，水旁少二点。

（13）S“却”及“台”两处皆有∨号，知原文有倒误，今据改正。

略释

汉家者，《汉书·元帝纪》：“宣帝谓汉家自有制度，本以霸王道杂之。”礼术心者，《史记·李斯传》：“法脩术明，而天下乱者，未之闻也。”礼与术为二事。礼为王而术为霸，汉家之法，杂礼与术而为心，言兼用王霸也。

五花吟者，左思《魏都赋》云：“冒《六英》、《五茎》。”唐元结《补乐歌五茎》一章八句，序云：“《五茎》，颛顼氏之乐歌也，其义盖称颛顼得五德之根茎。”（《元次山文集》卷一）《汉书·礼乐志》：“颛顼作《六茎》，帝喾作《五英》。……《五英》，英，华茂也；《六茎》，及根茎也。”《太平御览》引乐纬注：“道有英华，故曰五英。”《白虎通·礼乐》篇：“帝喾曰《五英》者，言能调和五声，以养万物，调其英华也。”此作《五英》，以为帝喾乐名，英与花同义，故五花亦即五英。S云五花吟，或借用帝喾乐名。[1]

“文章经洛如流水”一句，颇费解。按洛指洛阳，白马寺在焉，佛法传入自此始。《水经·谷水注》云：“谷水又南迳白马寺东。昔汉明帝……以白马为寺名。……金光流照，法轮东转，创自此矣。”“如流水”者，《史记·管仲传》：“下令如流水之原。”此句言释典文章东经洛阳，自白马寺驮经以后，即如流水之行，遍于天下。S作“世夸如流水”，于义亦通。“自林”二字不易解。疑林即取自梵语之Vāna，佛教圣地多以林名，如竹林（Veṇu-vāna）、双林（Pari-nirvāna）、祇林（Jeta-vāna）、杖林（即Yaṭṭhi-vāna，《大唐西域记》作泄瑟知林，在摩竭陀国。）不胜枚举。“白马驮经即自林”，岂谓白马寺取经，即得自天竺圣地之众林耶！《谷水注》云：“发使天竺，写致经像，始以榆**棁**盛经，白马负图，表之中夏，故以白马为寺名。”白马驮经说即本此。**棁**为木名，见王念孙《广雅疏证·释木》。但P·三六四四作“文章浩浩如流水，白马**鞄**（驮）经远自临”，则“林”应是“临”之借字。

L卷《长安词》抄于《五台山赞文》之后，词之末句云“来生得见五台山”，五台于唐时为佛教之麦加（Mecca），中外僧徒皆往朝圣，故此词于五台

---

① 五茎、五花亦为道家术语所借用。《云笈七签》注云：“含义五茎，色如桃华。”鲍照《芙蓉赋》“冠五花于仙阜”，与此无关。

深致向往之诚。词中有“长安帝德承恩报”句，题作《长安词》，殆以此欤！

二、《山花子》——兼论云南白族民间曲本之山花体

S·五五四〇册子又录《山花子》一词。句式为七七七三，双叠，押仄韵，其词如下：

去年春日长相对。今年春日千山外。落花流水东西路，难期会。
西江水竭南山碎。忆得终日心无退。当时只合同携手，悔悔悔。①

情意缱绻，敦煌所见曲子之佳构也。悔字下有二点，然后加圈，可能为叠用三字句式，如P·三八三六+P·三一三七册“知他心在（**方**）阿谁边。天天天。因何用以偏”之例。“悔悔悔”与“天天天”句法正同。悔与对、外、会、碎、退正协韵。可惜无他本可以校勘。

五代和凝始有《山花子》二首，见《花间集》卷六，为七七七三双叠句式，与此相同，唯押平韵。《历代诗馀》卷一一三引《耆旧续闻》记南唐元宗李璟手书《山花子》二阕，以赐金陵妓王感化，即世所传诵之“菡萏香销翠叶残”二首也。《尊前集》以首调名《浣溪沙》，《梅苑》名《添字浣溪沙》，《乐府雅词》作《摊破浣溪沙》。《词律》称：《摊破浣溪沙》又名《山花子》。任二北云：“可能在初期，《山花子》即专指此仄韵而言；后来始平仄不分，成为《摊破浣溪沙》之普通别名。”

云南民间曲子，有所谓山花体者，句式为七七七五，但押仄韵，与敦煌曲《山花子》之协仄相同。大理喜洲圣源寺大殿右侧墙上嵌有明杨黼之山花碑，即以山花词调写成，共二十首联章，大体每首七言三句，五言一句。原文夹注为喜洲杨灿所加，记其所用白族方音，兹举其首段二章示例如下：

词记山花，咏苍洱境。

苍洱境锵玩不饱②。造化工③迹不阿物④。南北金锁把天关，镇青龙

---

① 《敦煌曲》105页误写“碎”字为“醉”，应勘正。王重民1950年修订本《敦煌曲子词集》及任二北《校录》，均不注意“悔”字下有二点。

② 境锵，地方也。

③ “工”字据徐嘉瑞《大理古代文化史》408页白文学章，原文作“若迹”，疑“若”字或笔误。杨黼事迹详《明史·隐逸传》及李仁甫撰《存诚道人传》。

④ 阿，一也。阿物，一般也。

白虎。

山浸河处河镜倾。河浸山处山岭绕。屏面西澪[①]十八溪，补苍洱九曲。[②]

此处杂用白族土话（杜乙简云："不饱"从白语读 běnbuen，"阿物"读 hauv。见其所著《白文质疑》)，余则汉字汉读。[③]

杨黼自云"词记山花"，当是参用《山花子》词调，不取双叠，而末句添字作五言，乃易七七七三为七七七五句式，可谓为《山花子》之变格。

又据石钟《滇西访碑记》，成化十七年杨寿碑，背面有词一首，题曰"山花一韵"。所咏乃段氏开国神话。考《五代会要》三〇《南诏蛮》云：

郭崇韬平蜀之后，得王衍昔获俘数十，以天子[④]命令使人入其部。……续有转牒，称督爽大长和国宰相布燮等上大皇帝舅奏疏一封……差人转送黎州。其纸厚硬……有督爽陀酋……所署。有彩笺一轴，转韵诗一章，章三韵，共十联，有类击筑词。[⑤]

徐喜瑞谓："诗三韵即七七七五之山花碑诗体，杨寿碑山花一韵共二联，至第三联即转韵，此种诗体甚为通俗，有类弹词，故云类击筑词也。"又云："至今大理民间流行之白文唱本，仍用山花体七七七五。剑川所流行之鸿雁带书，亦为七七七五，其历史甚长，几近千年。此类七七七五之山花体曲文，每遇本主庙圣节，正月、七月为多，则一夫登台，坐而唱曲，一人旁坐以三弦伴奏"。[⑥] 白族民间文学，明时甚为发达。[⑦] 此种曲本，大抵以七七七五为句式。两杨碑所谓"词记山花"及"山花一韵"，盖自《山花子》词调变化而

---

① 泻也。

② 全篇见《文物》，1961（8)，冶秋《大理访古记》。

③ 杜氏此文，收入《云南白族的起源和形成论文集》，1957年印。

④ 指后唐庄宗。

⑤ 《册府》九八〇同，但作"诗三章，章三韵"。

⑥ 《大理古代文化史》中白文学章。张文勋主编《白族文学史》第六章《杨黼山花碑及其它白文碑》一章，可以参看（356～336页）。

⑦ 大理俗文学之发达，如大理图书馆所藏佛经背面，时有巫师手写曲子，若《湘妃怨》之类，见《文物》冶秋文插图八、九、十。杨慎贬滇，尝住大理斑山之写韵楼，清桂馥题该处杨升庵像，有句云："伤心形影寄边垂，闲教蛮婆唱鼓词。"（《未谷集》卷四）可见大理民间文学，沐升庵之化者多矣。

出，故有是称；其惯用仄韵，尤有合于敦煌之《山花子》体制。白族之山花体，则取《山花子》单叠而为联章者。

《五代会要》所记之转韵诗一章三韵共十联，依徐氏说即山花体，此事在后唐同光三年（公元925年）。敦煌曲子，为同光时书写者，不一而足，其时已习以《山花子》为联章，南诏文人开始为词，独有取于此调，加以推演，遂成为一特殊之词体，亦犹《五更转》、《百岁诗》后来之踵事增华。词调与地方民间文学关涉之深，有如此者。因论《山花子》一词，故记之以供谈助。

1983年8月柴剑虹君惠赠所著《列宁格勒藏敦煌〈长安词〉写卷分析》[①]，柴君未见拙作此篇。所用英京S·五五四〇号，当是显微胶卷未经Nelson洗涤过之本，故其中尚多漏句缺字。柴君读"自林"为"寺林"，然三本皆同作"自"，似不必改字。又读"五花"为"玉华"，按英伦本"五"字十分明显，不必改为"玉"。苏京本作"五苹吟"，伯三六四四作"慕华钦"，其附会玄奘之居玉华宫，将此句改作"四方取则玉华吟"，改"五"为"玉"，似无根据。

附　敦煌文献和绘画反映的五代宋初中原与西北地区的文化交往

荣新江

敦煌文书中保存着数首后唐庄宗的诗，其中斯三七三所录第一首《同光元年（公元923年）迎太后七言诗》[②] 云：

禁烟节暇赏幽闲，迎奉倾心乐贵颜。
燕语雕梁声猗犯，鹦吟绿树韵间关。
为安家国千场战，思忆慈亲两鬓斑。
孝道未能全报得，直须顶戴绕弥山。

此诗又见于伯三六四四，抄在"《礼五台山偈》一百一十二字"后。[③] 这

① 载《北京师范大学学报》，1983—1984。

② 录文见刘铭恕：《斯坦因劫经录》、《敦煌遗书总目索引》，116页，北京，1962；巴宙：《敦煌韵文集》，28～30页，台北，1965；陈祚龙：《百尺竿头，更进一步——敦煌学散策之三》，载《敦煌学》第七集，73页，1984。

③ 录文见饶宗颐：《〈敦煌曲〉订补》，载《"中央"研究院历史语言研究所集刊》第五十一本第一分册，122～133页，1980。

多少表现出庄宗和五台山的密切关系，同时还透露，庄宗同光元年的诗是和《礼五台山偈》一起被带到沙州而抄写流传开的。

《礼五台山偈》和后唐庄宗的诗被带到敦煌并不是偶然的。事实上，自唐朝灭亡后，沙州归义军和中原王朝的第一次正式交往恰好始于同光二年四月，“是月，沙州曹义（议）〔金〕进玉三团、硇砂、羚羊角、波斯锦、茸褐、白氎、生黄、金星矾等”[①]。五月，庄宗即拜曹议金为归义军节度使、沙州刺史、检校司空。[②] 曹议金这次遣使朝贡，正史称为“附回鹘以来”，但促使曹议金派出使臣的真正原因，恐怕是鄜州开元寺西行求法的智严大师的东归。斯五九八一保存了智严在沙州巡礼圣迹后写的留后记，其文曰：

> 大唐同光贰年三月九日，时来巡礼圣迹，故留后记。鄜州开元寺观音院主临坛持律大德智严，誓求无上普愿救拔四生九类，欲往西天求请我佛遗法，回东夏。愿我今 皇帝万岁，当府司空千秋，合境文武崇班，总愿归依三宝，一切士庶人民，悉发无上菩提之心。智严回日，誓愿将此凡身于五台山供养大圣文殊师利菩萨，焚烧此身，用酬往来道途护卫之恩。所将有为之事，回向无为之理，法界有情，同证正觉。[③]

智严于三月初来到沙州，准备东归，入五台山供养文殊菩萨。沙州归义军的使臣是四月入贡，所以完全可以认为，沙州的使臣是和智严一起东去的。可见，五代以来敦煌和中原的首次联系，就和五台山结下了因缘。无独有偶，敦煌文献中还保存了另一位西行的僧侣定州开元寺归文的牒文（斯五二九）。[④] 归文以同光二年四月抵达灵州，渐次西来。有趣的是，他的这些牒状背面，记载了大唐阎浮提的名山简况，起五台，终华山，其中记五台山僧尼寺院数目颇详。[⑤] 可以说，不论是东归的智严，还是西来的归文，都向敦煌的民众灌

---

① 《册府元龟》卷九七二，《外臣部·朝贡五》。

② 参见《旧五代史》卷三二，《庄宗纪》；卷一三八，《吐蕃传》。

③ 此据原卷录文。参见《敦煌遗书总目索引》，232～233页，刘铭恕录文；饶宗颐：《敦煌曲》，197页，巴黎，1971；陈祚龙上引文，74页。前五行图版，见《讲座敦煌》第二卷《敦煌の历史》，267页，东京，1980。另外，牧田谛亮有《智严の巡礼圣迹故留后记について》，载《大正大学研究纪要》第六一辑，55～63页。参见刘铭恕：《敦煌遗书杂记四篇》，见《敦煌学论集》，46页，兰州，1985。

④ 参见刘铭恕上引文，46～47页。

⑤ 参见饶宗颐：《敦煌曲》，191页。

输了五台山的信仰，而有关五台山的种种艺文，也就随着西来的僧侣和返回的沙州使臣涌入敦煌。

除了和同光元年后唐庄宗诗一起抄写的《礼五台山偈》可以认为是此时被带到沙州外，《大唐五台曲子》也应是在此时前后传入敦煌的。《大唐五台曲子寄在苏幕遮》保存在伯三三六〇、斯二〇八〇＋斯四〇一二和斯四六七四个残卷中。[①] 其年代，任二北先生据《五台山赞文》有“大周东北有五台山”，因而推测“可能作于武后朝至玄宗朝之间”[②]。饶宗颐教授据伯四六二五及列宁格勒所藏《五台山赞文》中“周”作“州”，而且，斯四〇一二尾题作“天成四年正月五日午际孙□（冰?）书”，因而认为《大唐五台曲子》之“大唐”，应指后唐。[③] 后一结论和敦煌其他有关五台山的文献多写于同光以后这一点相合，和上述历史背景也相符，是可以信从的。或许，《大唐五台曲子》是和《礼五台山偈》等一同在同光年间被带到沙州而传抄起来的。

《五台山曲子》、《礼五台山偈》以及各种《五台山赞文》随着沙州归义军和中原王朝关系的重新沟通，涌入敦煌，立刻在这个佛教圣地传诵流布起来。在节度使曹元忠统治时期（公元944—974年）发展到高峰，除了下面谈到的新样文殊的雕版印行外，最重要的事情，就是莫高窟第六一文殊堂的开凿。此窟以文殊菩萨为主尊，而且利用整个后壁，绘制了一幅精细的五台山图[④]，让敦煌的民众一进入节度使曹元忠夫妇的功德窟，就感到像是置身于五台山一样。对于民众来讲，总希望“才念文殊两三口，大圣慈悲，方便潜身救”，对于统治者来说，则希望“福祚唐川，万古千秋岁”[⑤]。

---

① 早年，王重民先生据伯三三六〇、斯二〇八〇、斯四六七，录入《敦煌曲子词集》（上海，1950），90～94页。其后，任二北先生据王氏录文和《大正藏》卷第八五所收斯二九八五《道安法师念佛经文》，并参照《五台山赞文》，录载于《敦煌曲校录》（上海，1955），181～184页。饶宗颐将斯二〇八〇和斯四〇一二两卷缀合，参照王、任的校订，录入《敦煌曲》272～275页，然有漏字，如第二首之“岩头”前缺“罗汉”二字（273页），第四首“龙众请”，漏“众”字（274页）。

② 《敦煌曲初探》，260～261页，北京，1954。

③ 《敦煌曲》，191～193、271页。

④ 参见P. Pelliot，*Les grottes de Touen-houang*，IV，pl. CCI-CCIV；敦煌文物研究所编：《中国石窟·敦煌莫高窟》，第五卷，图版55～64，平凡社，1982；宿白：《敦煌莫高窟中的“五台山图”》，见《文物参考资料》，第二卷第五期，49～71页，1952；日比野丈夫：《敦煌の五台山图について》，见《中国历史地理研究》，同朋社，1977；小山沟：《敦煌第六一窟五台山图に关する一考察》，见《创大アジア研究》四，81～105页，1983，收入《东洋の图像学》（东京，创价大学アジア研究所）93～117页，1988。

⑤ 《大唐五台曲子》。

《敦煌曲》订补

拙著《敦煌曲》自1971年在巴黎印行，至今已近二十余载。其中欲苴正者甚多，苦无暇晷。近蒙各方不弃，注意及拙作，跫然足音，愧感交并，谨就寻绎所得，略贡愚见如次：

一、《捣练子》

P·三七一八卷背有《曲子名目》一题，下抄曲子一大段，审其句式，皆作三三七七七，当是《捣练子》。“名目”二字，疑有误书，或“名曰”之讹，惜乏他本可校。至今原词未能通读处尚多。其中《哭长城》一首与P·三九一一诸首作联章式者同为一类型。兹重为考说如次：

孟薑（姜）女，陈去（杞）梁。生生𥛠（掬）脑小臣（秦）王。神（秦）王敢（喊）淹（俺）三边滞，千香（香＝乡）万里竹（筑）长城。

长城下，哭成（声）忧（爱＝哀）。敢（感）淹（俺）长成（城）一朵（堕）塠（摧）。里半渎（髑）楼（髅）千万个，十方兽（收）骨不空迴（回）。

此当是几首《捣练子》作为联章，斯特其二耳。余旧校疏舛，承教之余，敢挈长量短，重订如上。他辞云：

孟姜女，杞（原误作犯）梁妻。一去燕（原作烟）山更不归。造得寒衣无人送，不免自家送征衣。（P·三九一一）

与“孟姜女，陈杞梁”起句相同。陈字或是音讹，似应作齐。《列女传四》称齐杞梁殖之妻，潘石禅先生读陈为秦，然杞梁非秦人也。掬脑者，前引《方言》及李义山诗“乞脑剜身”说之，潘君更引《法体十二时》“恨不腕挑人脑髓”，足为佐证。敢淹二字，潘君及任老定为感德，谓即感得。但此句谓秦王“感得”滞于三边，文理不惬。而淹字十分明显，决非德字。“敢”在敦煌写本，每与感、咸相通，P·三六九七《捉季布文》“须臾敢得动精神”，S·二〇五六“敢”正作“咸”，例证甚多，故从咸得音之字，可借作敢。淹实为俺字，下文亦同。敢俺疑读为喊俺。此处完全用口语，今闽粤人犹称命令人曰喊。此二句言秦王命我们滞于三边，在千乡万里外去筑长城。俺训我们（object），或我们的（possessive case）皆可，指筑长城之辈。畨上从禾下从田，《云谣集》之香字正作畨，香读为乡，潘说极是。“哭成爱”，原卷字形确是忧字，可能抄者原拟书爱字，又随手写作忧，“哭成爱”或如任说读为“哭声哀”。尚未经人发表之P·五〇三九《孟姜女变文》云“妇人决列（烈）感山河，大哭即得长城倒。古诗曰：陇上悲云起，旷野哭声哀”是也。[1]

敢俺长城之“敢”，宜读为感，诸家说同。朵任老读垛，然垛训射垛，上下文理殊有未安。《广韵》三十四果：“堕，落也，徒果切。”垛与堕同音借用。一朵摧犹言一共堕摧，复用两个动词，如今言一齐摧倒，于义为优。“里半渎楼”细审确是渎字，唯上半之士有省笔耳。故“渎楼”以从任老说读髑髅为妥。[2] 十方兽骨一句，兽字分明，诸家之说，似仍未的。窃谓兽可读为收。《广韵》去声四十九宥“狩，舒救切”，其下兽、收皆同音。“收”训“获多”。收骨者，《左传》“余收尔骨焉”，韩愈诗“好收吾骨瘴江边”。不当如任老以意改读为骸骨，因“里半髑髅”与“十方骸骨”行文殊嫌合掌。此二句意指在一里半之间有千万个骷髅，（我孟姜女）只得向上下八方来觅取、收拾

① 《大戴礼·四代》篇“哀爱无失节”，汪照《注补》读爱为忧。《释名》“哀，爱也”，《诗大序》哀窈窕即爱窈窕，爱可读哀，与忧混用，自无问题。

② 试更为申证：蜀本音独，如抱蜀即抱独。《释名·释水》：“渎，独也。”《广韵》入声一屋，独音徒谷切，同音字有三十，其中从蜀声者，如髑、顮七字；从卖声者有黩、殰等共十八字，故渎之与髑完全同音，不关舌上与舌头。余旧以渎为酒，亟应订正。

杞梁之骸骨，方不算空回去。如是“不空”二字不必臆改为“不教”，“不空回”三字才有着落。仔细寻绎此词，另有一附带收获，即为俺字之确定。吕叔湘谓“俺”字初见于宋人词，如《金谷遗音》“催俺不离”，宋词及诸宫调、元碑已大量用俺字作我们。[①] 今从此写卷，敢淹之即感俺、喊俺，知俺字之出现，可提前至中唐，敦煌曲子词资料，有裨于语法，此其一例也。

此曲子以下辞意不明，不敢强说。

二、《浪淘沙》（及其他）

关于P·三一五五一卷为《孔子备问书》，字佳。背面在地契后接抄之曲子，数年前在法京读过该卷，曾加手录，由于《敦煌曲》已出版，未能补入，其实此阕与“五里滩头风欲平”是同一首而异文耳。在其下面“一队风来一队陈”是另一首，不能谓如《词律》之“又一体”。二首多残泐，别字滋多。试读如下：

五里江头望水平。争（征）范（帆）才动乐单（禅？衣也）倾（轻）。油（柔）路（蹭＝橹）□（可能是“一”字）路舡停却，信前逞（程）。 妙妙（渺渺）弘（洪）波舡点点，看山恰似走来迎。子姓（仔细）看山山不动，是舡行。

一队风来一队陈（尘）。万里絛絛（迢迢）不见人。陆工（干？）无水受□宿，使（驶？）风民（眠）。 斑山不迭玷（跕）鸟（乌）远，早万（晚）到我本以（乡）员（郧）。思亿（忆）也（耶＝爷）娘长药服（似当作服药），应分（昏）衣（辰＝晨）。

光化三年庚申十二月二日，金光明寺。

此两词大体可以读通。近见李君殿魁所记，许多地方未校，如逞之必为程是。第二首李君文中，几乎三分之二无法录出，任其残泐，殊欠忠实。二首词牌皆为《浪淘沙》，李君定为又一体，非也。兹将S·二六〇七“五里滩头”一阕重为抄出，以便比较：

① 参见《汉语语法论文集》，162页。

五里滩头风欲平。张帆举棹觉船轻。柔揺不施停却掉，是船行。

满眼风波多陕汋。看山拾似走来迎。仔细看山山不动，是船行。

可见分明是同一首，且“是船行”一句三字，在上下片中重出，按照作词规律，是不容许，所以上片应改从P·三一五五卷作“信前程”为是。

今以斯卷校伯卷，可知倾是“轻”之音误。“单”字可能指衣衫之“禅”，尚不敢十分确定。“油路”即是“柔橹”，鲁字草书作[illegible]，形近。[①] 子姓即“仔细”。

第二首很值得研究，据我所知，以“一队风来一队”作为起句，敦煌卷中合此便出现三处，另有下列二首：L·二八四七曲子《浪濠（涛）沙》“一队风来一队香。谁家士女出闺堂。……”P·三六一九高适诗下面写着：“一队风来一队砂，有人行处没人家。阴山入夏仍残雪，汉树经春不见花。”竟有一队香、一队砂之不同，可见此首“陈”字必是音误，故可校为一队“尘”，然后和一队砂同样。此处陈字应是平声，李君作一队阵，已误，可见校读之不易！陆工疑读为陆干，不敢定，似非“上”字。使风民，民读为眠；使或是驶，急也。斑山不迭者，斑，驳也，犹乱山。吴梦窗《瑞鹤仙》“对小山不迭”，谢抡元云：“不迭，不断也，北曲中常见之。”[②] 今从此词，知“不迭”成语，唐人已用之。玷鸟应是跕乌，《后汉书·马援传》“仰视飞鸢跕跕坠水中”，《广韵》三十怗“跕，堕落”，此或用其语。“[illegible]”字是草书之“[illegible]”，即“乡”字。此句殆言早晚可到我家乡的员，疑即郧。林玫仪疑员为园之音讹，亦通。最末一字依韵应是“辰”，“分”或为“昏”，则辰乃“晨”字。似言客子在外，不能晨昏定省。

此二词写于天复四年神沙乡僧令狐法姓地契之后。可见“一队风来一队”句型成为套语，每每作发端以起兴，故有多处用过。由上看来，要校勘一首曲子，不是随便抄下来那样简单！P·二八三八《渔歌子》中之“固思妙”，“思”是抄者笔误，应从原卷改正作施。“恐犯千金买笑”句，犯字偏旁从犭甚明。上文已言虚把，如此处又言“恐把”，正患重复之病。其实“恐犯千金买笑”是说恐怕碰到千金买笑的人，犯字有干逢之意思，未曾不可通，故任、潘诸公皆不读作“恐把”。

---

① 此从足从鲁字书所无。

② 杨铁夫《笺释》引。

《真觉和尚偈》，末尾“无价珍，用无尽”以下缺文，亦不易定为即是《捣练子》。

三、《思越人》

P·二七四八背书《思越人》二首。《思越人》调见《花间集》，张泌、孙光宪皆有此词，句式为三三六七六七六七六。此卷第一首残泐太多，依原卷录如下：

一枝花，一盏酒，小□争不□□。□□□□终不醉，无花对酒难□。一枝遗□□□□，□枝慕我心迷。几度拟判判不得，思量且□□垂（垂）。

下片此处用平，与《花间集》异。迷字为韵，则末字应是“垂”而非坐字。判者割舍之辞，韦庄诗“不是不能判酩酊”，判字唐人作判，自宋以后写作拼或作拌，此词正作判，可见为唐人之作，惜缺字太多，不可卒读。

美东邻，多窈窕，绣裙步步轻台。独向西菌寻女伴，笑时双脸连开。山夅分手低声问，匆匆恨阙良媒。怕被颠狂花下恼，牡丹不折先回。

此调上片第二韵为七六字式。咲字注于“小”之旁，以西菌旁注“东”字例之，宜读为“笑时双脸连开”六字句乃合。余旧读“笑小时”，非，应正。山字甚明，非“少”，下一字上半似亐（无），下半似耳，不明何字（前作牟乃抄者笔误），形很近《集韵》之夅。《字汇》谓夅同夅，音厦。如是，“山夅分手”指在山厦分袂，说亦可通。匆匆一语习见敦煌卷，《茶酒论》“何用匆匆”，《目连缘起》“不要匆匆且近前”是也。

《怨春闺》时耐金（贪?）枝。

枝字作杖，十分明显，此字形敦煌卷习见，《佛名经》所见题记每有“合宅枝罗”一语，P·二三一二贞明六年写本，S·三六九一皆有之，决非“杯”字。《云谣集》倾杯乐作盃，不从木。金字看又似贪，如确系贪字，则“贪枝”似可读为“探肢”。孟子为长者折枝即折肢。按探，俯身也。《金钱记剧》一：“则见他猛探身漾在车儿下。”《雍熙乐府》二《端正好套》“我这里探身岸口”，贪枝（肢）犹言探身，谓俯下腰肢，与下文扶入正相应。叵耐，张相训云“如今言可恶”[①]。《尊前集》欧阳炯《更漏子》：“虽叵耐，又寻思，怎生嗔得伊。”张氏谓取其旁整齐而书作叵耐，引宋王观、石孝友词句为证，今观此词，唐末人已如此。

四、《破阵乐》

此在P·三六一九诗卷，内有《破阵乐》，下题哥舒翰[②]：

> 西戎最沐恩深。犬羊违背生心。神将驱兵出塞，横行海畔生擒。
> 石堡岩高万丈，鹏窠霞外千寻。一喝尽属唐国，将知应合天心。

《旧唐书·哥舒翰传》：“（天宝七载）筑神威军于青海上，吐蕃至，攻破之。又筑城于青海中龙驹岛……吐蕃保石堡城，路远而险，久不拔。八载，以朔方、河东群牧十万众，委翰总统攻石堡城。翰使麾下将高秀岩、张守瑜进攻，不旬日而拔之。”《通鉴》卷二百一十六：“攻吐蕃石堡城，其城三面险绝，惟一径可上，吐蕃但以数百人守之……翰进攻数日不拔，召裨将高秀岩、张守瑜欲斩之，二人请三日期可克，如期拔之，获吐蕃铁刃悉诺罗等四百人。……闰月，乙丑，以石堡城为神武军。”词中石堡岩即指天宝八载破吐蕃事。此词重二心字，待校。

五、《定西蕃》

在P·二六四一纸背。文云：

> 曲子一首，寄在《定西蕃》。
> 事（自）从星车入塞，冲砂碛，冒风寒。度千山。三载方达王命，

① 《汇释》，275页。
② 同卷内有高适之作，大都为边塞诗。

岂词（辞）辛苦艰。为布我皇纶綍，定西蕃。

P·三一二八《菩萨蛮》云："敦煌古往出神将……早晚灭狼蕃。"或作于建中初沙州陷蕃前。若此《定西蕃》，其韦、崔辈从吏之所制欤？

六、《回波乐》

L·一四五六王梵志诗一百一十首，其中一行内题"王梵志《回波乐》"，末行题："大历六年五月　日抄王梵志诗一百一十首，沙门法忍写之记。"起"我今一身内，修营等一国……随我倩衣食。外相去三尸……"此卷末叶已影出，见苏联《敦煌目》第二集672叶。王梵志诗，戴密微（P. Demiéville）教授已有详细译注，不久可以问世。《回波乐》一名，见《北史·尔朱荣传》"与左右连年踏地唱《回波乐》而出"，是北朝已有此曲。唐中宗时李景伯、沈佺期、裴谈皆有《回波乐》，并六言四句①，王梵志诗则全是五言句式。

七、《感皇恩》

P·三九〇六在《字宝碎金》之后，署"天福柒年壬寅岁肆月贰拾日，伎术院学郎知慈惠卿书手吕均书"，下录词云：

当今皇帝圣明天。先（仙）佺（伦）面对玉阶前。百寮群臣呼万岁，拜贺圣明天。其番（旗幡）队五（伍），共日争光（先）。

乾符盖帝光明年。从此我豆出贤圣（圣贤）。福日百□凭南山。满口歌隔（曲?），情唱决（快）活年。不谏（管）老小尽感欢。得见君王遑礼拜，恰似□卉绕含延。

原卷残缺，不可卒读，姑为补记大略于此，用待细校。

① 参见《唐五代词》。

八、《三台》

十二月残词：

正月年首初春。万□（户）改故迎新。李玄附灵求李（学），树夏（下）乃夆（逢）〔子〕珍。项托柒岁知事，甘罗十二想（相）秦。若无良妻解梦，冯唐宁得忠辰（臣）。

二月遥望梅林。青条吐菜（叶）……

1969年新疆吐鲁番出土《论语》郑注，有“景龙四年二月一日卜天寿年十二月状讫”小字一行，又录上列词正月第一首，二月仅存二句。[①]

韦绚《刘宾客嘉话录》：“以《三台》送酒……盖因北齐高洋毁铜雀台，筑三个台，宫人拍手呼上台，因以送酒。”此《三台》故事所本。《三台》调名已见《教坊记》。在唐高宗龙朔以前，本调即以六言体作艳曲，见许敬宗《上恩光曲歌词启》[②]。此《三台》十二月词为中宗景龙四年[③]所书，正在其后。此词结构为二片六言四句，押同一平韵。

敦煌屡见十二月曲，如P·三三六一《叹百岁诗》，分月为咏，每月作双叠。此则寄在《三台》词调者，惜只存正月一首。韦应物《三台》三首，及王建之《宫中三台》二首、《江南三台》四首。[④] 句式均为六六（平韵）六六（平韵），与此相同，所异者此则首句押韵耳。

李玄附灵逢子珍，出勾道兴《搜神记》王子珍故事，记作李玄石，原为鬼魂，故云“附灵”。项托事，敦煌卷屡见之，如S·七二六〇、S·七二六一，即《孔子项托相问书》[⑤]，解梦有书，S·六九七八、S·六九七九，均言解梦事，可考唐人解梦之术。

第二句首字仅存数笔，可能为“万”字残形。第四句第四字似逢字缺笔。自余多同音别字，无他本可校，姑从郭说。

---

① 参见《考古》，1972（1），及同年第3期龙晦文，此《论语注》日本已将全卷印出。

② 见《全唐诗》卷一五二。

③ 即睿宗景云元年庚戌，公元710年。

④ 俱见《尊前集》。

⑤ 见《变文集》。

自六朝《西曲》歌中有月节《折杨柳歌》，此十二月《三台》词亦其支流，李贺有河南府《试十二月乐》词，益以闰月。敦煌十二月词又有S·六二○八、P·三八一二两首，下至近世如《莲英十二月唱春》（朱自清《中国歌谣》，174页），尚存此习惯。敦煌诗尚有咏廿四气者，如S·三八八○为甲辰年夏元相公撰李庆君书之《廿四气》诗。《敝帚轩剩语》亦收录有按廿四气每季填词六折①，具见此体裁流衍之远。

九、曲子《还京洛》

此阕只见于L·一四六五，句读用韵应如下：

知道终驱（钟葵），孟（猛）勇势（世）间。专能翻海解馀（移）山。捉鬼不曾闲。见我手中宝剑，物（利）辛（新）磨。斫要（妖）羑（魅），去邪磨（魔）。见鬼了，血滂波。者鬼意如何。争感（敢）接来过。小鬼资（恣）言；大歌（哥）。审须听（下缺）

起四字一韵，应是四四七五句式，间字与山、闲协韵。词中言逐鬼事，林玫仪谓终驱即终葵，即钟馗也，殆是。

十、《长安词》

余曾据L·一三六九号补此篇，嗣又得伦敦S·五六四三舞谱，掀开后册子中亦出现不少可补缺字。撰文刊于《新亚学报》第十一卷。今查P·三六四四，为一习字者杂书名词与地名，字极恶劣，中间忽书此词，文字大异，而文义较胜，兹并记之，以供校读之助。其辞云：

天长地阔杳难分，中国中天不可论。长安帝德谁恩报，万国归朝拜圣君。

汉家法度礼将深，四方取则慕华钦。文章浩浩如流水，白马䭾（驮）经远自临。

---

① 《学海类编本》。

故来发意远寻求，谁为明君不暂留。将身豈（岂）惮千山路，学法宁词（辞）度百秋。

何期此地却回還（还），泪下沾衣不觉斑。愿身长在中华国，生生得见五台山。

《礼五台山偈》一百一十二字。

后面又有诗一首云：

今当圣人诗七言："禁烟节暇赏幽闲，迎奉倾心乐贵颜。鷰（燕）语雕梁声猗狔，鸎吟渌树韵开（间）关。为安家国千场战，思忆慈亲两鬓斑。孝道未能全报得，直须顶戴绕弥山。"

又杂书如瓜州刺史慕容归盈、悬泉镇遏使、常乐悬（县）令、寿昌悬（县）令张信盈、南紫亭镇遏使等官衔，有裨于考史。今从是卷，可确知此首应是《礼五台山偈》，不得目为词，《敦煌曲》宜从删为是！

五台山在唐代为佛教圣地，不特日本、新罗僧人来此留学，即印度梵僧亦至其地参拜。如印度普化大师，摩竭陁国人游五台山记，见 P·三九三一。《苏莫遮》之《大唐五台曲子》六首与此《礼五台山偈》在中唐以后颇为人传诵，可补入《广清凉传》。

此编为门人所缮写，不无讹字。以上为零星劄记，不成报章。值史语所为纪念故李济之、屈翼鹏两教授，远道征文，谨以奉寄，用俟同好之讨论，兼志吾黄垆之痛。作者并记。

原载《"中央"研究院历史语言研究所集刊》，1980 年第 51 本第 1 分册

敦煌资料与佛教文学小记

敦煌所出文学文献，其有关资料及详细解说，已见金冈照光博士所著两书，毋庸赘述；唯金著似侧重于俗文学方面，其研究心得亦在此，又 Stein 显微胶卷，曾经全部利用，寻览殆遍，法京则所知较少，兹就浏览所及，略举若干事加以讨论。

先言韵文

向治曲子词，颇怪黄山谷好作艳词，为圆通秀禅师所呵[①]，何以释子在敦煌大寺中喜抄写曲子于经卷卷背？后悟释子须作诗偈，中唐以后，教坊曲调，为讲唱者所吸收，故僧人喜唱曲子词，试举二例：

江陵些些师。《宋高僧传》二十："释些些师，又名青者，口自言些些，故号之矣。德宗朝于渚宫游，而善歌《河满子》。……伍伯于涂中辱之，抑令唱歌，些便扬音揭调，词中皆讦伍伯阴私。……"

钦山文邃禅师。《五灯会元》十三《澧州钦山文邃禅师》条，称其："顾视大众曰：'有么？有么？如无，钦山唱《菩萨蛮》去也，啰啰哩哩。'便下座。"

"一声《河满子》，双泪落君前"，释子亦喜歌之；《菩萨蛮》则禅师上座时可唱。此二事人所鲜知，故为举出。今敦煌曲子有《何满子》四首（S·六

---

① 参见《五灯会元》卷十七。

五三七），《菩萨蛮》尤数见。

曲子词最旖旎动人者，无如P·二七四八卷背之《思越人》、《怨春闺》，诸家均失载，余始发现之，已收入拙作《敦煌曲》。

中唐以后释子好为诗偈及曲子，孟郊有《教坊歌儿》一诗云："去年西京寺，众伶集讲筵，能嘶竹枝词，供养绳床禅。能诗不如何！怅望三百篇。"似对文溆辈一流"和尚教坊"加以讽刺，然僧人之好吟诗唱词，当时已成风气，于此可见一斑。

次略言散文

P·二一八九背为《梁武帝东都发愿文》，内言"弟子萧衍生生世世，不失今日之心。……皇考太祖文皇帝，皇妣献皇太后"。其皇考讳顺之，齐高帝族弟，衍生六岁献皇太后崩。[①] 考《广弘明集》二十八《启福》篇目录第六有梁高祖《依诸经中行忏悔愿文》一题目，文字则缺，《大正藏》于沈约文下注云："（此）无其文，于下《悔罪》篇中，梁陈帝《依经忏愿文》应是。"按《悔罪》篇前为梁简文之《建涅槃忏启》，与梁武无涉。此文云"愿今日此无遮大会"，《南史》载帝设大会四十六次，舍身四次，此其一次也。此卷末题"（西魏）大统三年五月一日中京广平王大觉寺涅槃法师智严（王重民作智叡）供奉"。大统三年即梁武大同三年，东魏孝静帝天平四年。广平王元怀立平等、大觉二寺，《魏书·地形志》广平郡在司州，故曰中京。此卷后题"令狐烋宝书之"。以南朝帝王愿文，而北人抄之，尤为特色。近年莫高窟发现北魏刺绣内有（太和）十一年广阳慧安造发愿文[②]，可以比较研究。法京伯目有《法琳别传》：P·三六八六与P·三九〇一合为一卷，又P·四八六七实为同卷，为彦琮撰之《沙门法琳别传》卷中；P·二六四〇背为《沙门释法琳别传》卷下，残，题作释迦琮纂，应即彦琮。按彦琮此文现收入《大正藏》第五十卷史传部二，前有陇西处士李怀琳序。法京此残卷起自"但琳所著《辩正》，根起有由，往以武德四年仲冬"句[③]，讫"案刘向故旧二录云周惠王时已渐佛教，一百五十年后，老子方以五千文（下缺）又计惠王即庄王孙也以癸（还）（下残）"，字作行书，出唐人手笔，待与《大正》本合校。法琳文采洋溢，与傅奕、刘进喜诸道士抗争，贞观十三年被徙益部，作《悼屈原篇》

① 参见《梁书·武帝纪》。
② 参见《文物》，1972（2）。
③ 《大正藏》卷五十，205页。

以自况。其事亦见《续高僧传》二十四。此《别传》中征引逸籍不少，大有助于辑佚。

高僧名作鸿篇、散逸者众，杂书于敦煌卷中往往可找得一鳞一爪，如益州卫元嵩之《十二因缘诗》，可补余嘉锡之不逮①，元嵩后上废佛法事还俗，此当是从亡名为僧时作。唐玄宗时，道氤随驾幸雒，曾讲《净业障经》，又撰《御注金刚经疏》②。《宋高僧传》称其造《西方赞》一本，其辞丽。道氤著作存于敦煌卷子者不一而足，而《西方极乐赞》、《西方净土赞》文敦煌所出亦多，必有出自道氤手者，有待于研讨考证。

1980年秋，承菊池先生约于北海道大学讲“敦煌资料”问题，以时间匆遽，不能深入探讨，仅就阅读卷子经验，略作报告，挂一漏万，疏舛必多，尚乞方家指教。

日本五山文学家屡次提及禅师用《菩萨蛮》称偈颂之不当。

（一）日本大鉴禅师《正澄禅居集》题跋中有《跋菩萨蛮》云：“此宋末尊宿偈颂，丛林传写甚众，近年不知何等后生晚学，分类成编且妄名曰《菩萨蛮》，此乃词曲名也，而以诸祖偈句名之。……唐土业林晚辈，不知大法元气，为此妄谈，传之日本。……勿以词曲卑贱之名，污渎吾宗先德。”③

（二）又《梵仙（竺仙）天柱集》，跋《古德偈颂集》云：“菩萨蛮三字，自是古词曲调之名，不知何人以名诸师偈颂之集，真是可笑。”④

按正澄本福州连江人，梵仙则明州象山人，由其所言知宋末有以禅家偈颂编为总集，而命名为《菩萨蛮》之举。

另一五山僧人以《菩萨蛮》为书名。

1980年8月于北海道大学

① 余著有《卫元嵩事迹考》。

② 现有《宋藏遗珍》本。

③ 《五山文学全集》卷一，499页。

④ 《五山文学全集》卷一，723页。

敦煌曲子中的药名词

文学史家一般皆认为药名词始于北宋的陈亚。如友人罗忼烈教授便赞同这一说法。近时他在《两小山斋词话》十中便说道："药名诗始于齐梁，药名词则始于陈亚。"陈亚的作品现存的只有《全宋词》8页，吴处厚的《青箱杂记》收录他的《生查子》药名词共四阕而已。

回忆好些年前，我在伦敦检读斯坦因取去的莫高窟所出写卷，其中列S·四五〇八号为一张很残破的粗楮纸，上面有"大唐三藏和尚行文"一行，已被涂去，又随手杂书凌乱。原纸写上一曲子，书法不佳，但可看出是出于唐末人手笔。其词如下：

莨菪不归乡。经今半夏姜。去他乌头血傍了，家附（富）子亳（豪）强。父母依意美，长短桂（挂）心，日夜思量。砂。

词为五五七五五四四句式，共三十五字（砂字不算）。这一曲子，王重民各家的敦煌曲子词集都不载。1971年，初次收入我和法国已故汉学大师戴密微（P·Demiéville）教授合著的《敦煌曲》（*Airs de Touen-houang*）244页，该书由巴黎国立科学研究中心（C. N. R. S.）出版。事隔多年，我尝经指出这是一首药名歌，其中嵌若干药名，和宋代陈亚的药名词，可以互相参证。但未能确知这一首杂言长短句应该是什么词牌。后来细心勘校，才发现其句式字数和《连理枝》一样，可算是调寄《连理枝》的一首曲子。

考《尊前集》中有题名李白作的《连理枝》，注云：黄钟宫。《全唐诗》分作两首。万树《词律》只收其第二首，注“三十五字”，又云：“此唐调也，宋词俱加后叠。”他指出这是宋词《小桃红》之半。兹录如下：

浅画云垂帔，点滴昭阳泪。咫尺宸居，君恩斯绝，似遥千里。望水晶帘外竹枝寒，守羊车未至。

这首词我想无人会相信是李白所作的。关于作者是另一问题，今不欲深论。由于《尊前集》题名是李白，《唐五代词》亦把它收入。下面为行文方便仍省称曰“李词”。《连理枝》的句读向来是有争论的，如《诗馀图谱》读末句“竹枝寒守”、“羊车未至”各四字句，引起了万树认为文理可异的讥嘲。在早期词体未确定，句读伸缩可以自由，有时增减衬字，字数亦复不定。一般词谱认为此调以李白词为正格。敦煌此曲以“乡”、“姜”、“强”、“量”叶韵，全用平声。李词则起句“帔”字为韵，以下叶仄，字数同为三十五字。所差异者，李词第二韵用四四四句式，共十二字，敦词则作七五句式，亦为十二字，末韵李词作四四五句式，此则作五四四句式，共为十三字。最末“砂”字为句尾助声，不入韵，可以不计。这样句读中间虽微有不同，而字数同为三十五字，故可定为《连理枝》词调，宋人《连理枝》又有双叠一格。此则为唐调之《连理枝》，可无疑问。

这词里面，嵌用许多药名，如半夏、姜、附子、意美（即薏苡）、桂，父母拟知母，一看便知。乌头当是首乌，傍即牛蒡之蒡，亦可理解。起首“莨菪”本写作“莨宕”，宕字上从穴，《本草纲目》：“莨菪一作蒗荡，其子服之，令人狂浪放宕，故名。”《史记·太仓公传》：“饮以莨荡药一撮。”张守节《正义》：“浪宕二音”。莨菪子又名天仙子，《三才图会》中有图。词中用药名莨菪，借作浪荡。陈亚药名词句云：“半下纱窗睡”。半下即半夏。“浪荡去未来”，“犹未回乡曲”。浪荡即用莨菪药名。他似乎是读过“莨菪不归乡。经今半夏姜”这一词的，无意，一些语汇有点雷同。忱烈兄对“浪荡”一名无解说，其实亦是药名。

这词有许多地方不容易了解。半夏姜的“姜”似乎宜读为半夏彊，意谓浪荡远方太久了，到今算来，已过强半个夏天。彊半犹强半，即近半。《世说新语·政事》：“僧弥……改易所选者近半。”《广韵》十阳，强、彊两字分开。云：“彊与强通用。”下面“毫强”即“豪强”，此语字训“有力”，即唐韵

明本《三才图会》中的“莨菪子”

“强，健也”一义。彊、强二字分押，取义是不同的。

最难解的是“去他乌头血傍了”一句。原纸在“血”字上面有淡墨添了上“了”小字，似是衍文。“乌”看像是“鸟”字，由于比附药名之首乌，应作“乌”为是。乌头和马角，后世词家每连在一起。[①] 乌头的典故出《续汉·五行志》：“后汉桓帝时京师童谣：城上乌，尾毕逋。”史书说此言“处高利独食，不与天下共，谓人主多聚敛也”。《太平御览》九二〇乌部引司马彪《续汉书》，下面多“一年生九雏。公为吏，子为徒，一徒死，百乘车”等句。杜甫《哀王孙》诗：“长安城头头白乌。”注家每引《南史·侯景传》童谣“的（白）脰乌”说之。黄山谷诗“乌尾讹城角”，亦用桓帝时童谣。“血傍了”的傍，有时通用作并或迸，如“并流”[②]，释文云：“《史》、《汉》傍河、傍海皆作并。”疑此处“血傍了”犹言“血并了”。揣测这“去他乌头血傍了，家附子毫强。”整句的词意，下面“家”和“子”分作主词，“附”借音为“富”，“毫”即“豪”。意思是说：“迸尽了血，除去了聚敛的苛政，则家可富足而子弟亦变为豪强。”这里很费气力把它说通，仍不免有点勉强！

“意美”者，《仓颉》篇“美意延年”。“桂心”当读作挂心。日夜思量言晨夕思念父母。

---

① 像清顾贞观《金缕曲寄吴汉槎》句“盼乌头马角终相救”。

② 《列子·黄帝》篇。

这是一首民间通俗作品，文字虽不甚佳，但摭取药名，堆砌成句，开陈亚的先例，甚堪珍视。陈亚《生查子》有二题，一是《药名寄章得象陈情》（章得象是泉州人，大中祥符四年（公元1011年）以屯田员外郎知泉州，仁宗时同知枢密院事）。一是《药名闺情》，敦煌此曲可代为拟题：《药名旅思》，是游子在外思念父母之作。

最后谈一谈“砂”字。原词只写二行。砂在第三行第一字，是同一人手笔。砂字作为尾音助字，和煞、嗽字相同。欧阳修《渔家傲》：“今朝斗觉凋零嗽。”曹组《点绛唇》：“风更无情嗽。”这些都是语助。唐教坊曲《穆护子》，《乐府诗集》作《穆护砂》，同出于穆护大曲①。砂亦作煞，指曲的尾声。可见此词末字之砂，音义和煞没有不同。

由上面研究，可得到初步结论：

（一）《连理枝》唐调，原是单叠，《尊前集》中的李白词，虽未必为李白所作，但这一词调，唐时已有之。

（二）唐末人已作药名词，陈亚不过步其后尘而已。

敦煌资料很有助于研究文学史上的问题，本文所论正是极佳的一个例子。

在敦煌变文中，偶然亦出现用药名作问答的词文，如《伍子胥变文》有一段云：

> 其妻遂作药名〔诗〕问曰：“妾是仵茄之妇细辛，早仕于梁，就礼未及当归，使妾闲居独活。青莨姜芥，泽泻无怜，仰叹槟榔，何时远志，近闻楚王无道，遂发材狐（柴胡）之心，诛妾家破芒消，屈身茵蓫。葳蕤怯弱，石胆难当，夫怕逃人，茱萸得脱，潜形菌草，匿影藜芦，状似被趁野干，遂使狂夫莨菪。妾忆泪沾赤石，结恨青箱。夜寝难可决明，日念舌干卷柏。闻君乞声厚朴，不觉踯躅君前，谓言夫聟麦门，遂使苁蓉缓步，看君龙齿，似妾狼牙，桔梗若为，愿陈枳壳。”子胥答曰：“余亦不是仵茄之子，亦不是避难逃人，听说途之行李。余乃生于巴蜀，长在藿乡，父是蜈公，生居贝母，遂使金牙采宝，支（之）子远行。刘寄奴是余贱朋，徐长卿为之贵友。〔共〕渡蘘河，被寒水伤身，三伴芒消，唯余独活，每日悬肠断续（续断）。情思飘飘，独步恒山，石膏难渡。披岩巴戟，数值狼胡，乃意款冬，忽逢钟乳。留心半夏，不见郁金，余乃

① 义为袄教僧侣。

返步当归，芎穷至此。我之半齿，非是狼牙，桔梗之情，愿知其意。”[1]

于此可见唐人滥用药名作文章的习惯，因附记之以结吾篇。昔吴虎臣曾论“药名诗不始于唐”[2]。余今更论药名词不始于宋，世有达者，谅不河汉余言。祝鸿杰、褚良才有《伍子胥变文药名诗臆诂》[3]，可参看。

原载《明报月刊》，1985年第20卷第9期

补记

列宁格勒藏《新雕文酒清话》，为黑城所出土，列孟可夫编号二七六，柴剑虹曾撰文介绍，此书不见于《宋史·艺文志》，《事文类聚》别集卷二十引之。曾慥《类说》卷五五引《大酒清话》二十二则，有二则谈及陈亚及第与陈亚诗。[4] 陈亚曾官太常少卿，故又称曰大卿。司马光《温公续诗话》称其性滑稽，尝为药名诗百首，其美者有：“风雨前湖夜，轩窗半夏凉。”则陈亚兼为药名诗、词。宋人笔记，若罗烨《醉翁谈录》、江少虞《类苑》等均记其趣闻。

上词起句用药莨菪，唐人常服用莨宕酒，《通鉴》记安禄山屡诱奚、契丹为设会，“饮以莨宕酒”，是也。

此词任老《总编》校订颇疏。近见项楚《匡补》，定其中二句为：“去他乌头了，血滂滂，他家附子豪强。”重出二个“他”字，不甚妥当。又视旁汴“了”为重文号，谓：“人去头则死，故僵也，头既去了，自然引出第四句血滂滂，原文傍是滂字之误。”但对上下文之乌头、附子，很难讲通，他把附子以下文字分为下片，但又不能确定词调名。说“附子”双关父子，指杀害荡子的仇人，似嫌牵强。又谓“长短桂心”应读为“肠断桂心”，引《游仙窟》中有婢女名“桂心”，双关女子之名。愚意“长短”诗中常用，罗隐诗：“姮娥谩偷药，长短老中闲。”“长短桂心”言“总是苦苦挂念”，文义甚安，不必改字。

1995年8月

---

① 《敦煌变文集》，10页。

② 《能改斋漫录》卷二。

③ 见《敦煌语言文学论文集》。

④ “大”必是“文”之形讹。

敦煌曲与乐舞及龟兹乐

敦煌卷所见寺僧颇嗜文学，如灵图寺僧之抄白居易《柘枝妓诗》（P·三五九七）[①]，非仅为文学之用，当日寺院且兼习乐舞，S·三九二九《节度押衙知画行都料董保德等建造兰若功德颂文》云：

……又于窟宇讲堂后，建此普净之塔（原注“四壁图会”云云），是以五土分平，迥开灵刹，三峗特秀，势接隆基。辉浮孟敏之津，影辉神农之水。门开慧日，窗豁慈云。清风鸣金铎之音，白鹳（鹤）沐玉毫之舞。果唇疑笑，演花勾于花台，莲脸将然（燃），披蘗（叶）文于蘗座……[②]

由“演花勾于花台”句，盖当时兼演花舞勾队。[③] 证之宋时史浩《鄮峰真隐大曲》中之舞曲六种，有柘枝舞、花舞，知花舞敦煌佛窟于做功德时亦表演之，意亦兼柘枝舞也。

① 白氏《柘枝妓诗》，见白氏《长庆集》卷五十三。柘枝，参见向达《柘枝舞小考》（见《唐代长安与西域文明》附录一）与丘琼荪《柘枝考》（见《音乐论文集》第三册，22页）。

② 此文刘铭恕据显微胶卷转录，颇多讹脱，兹从原纸，校正句读。

③ 史浩《鄮峰真隐大曲》中花舞云：“两人对厅立自勾念，念了，后行吹《折花三台》，舞取花瓶；又舞上，对客放瓶，念各种花诗，又唱《蝶恋花》。”

《菩萨蛮》亦为舞队。唐懿宗时李可及以数百人于安国寺[①]作“四方《菩萨蛮》舞队”，唱《百岁诗》，他寺均模仿之。敦煌所出《叹百岁诗》篇，不一而足，殆由于此。龙国寺僧写《廿廿雰》，虽在李可及之前，然他卷之抄《菩萨蛮》词者尚多，疑《菩萨蛮》队舞，敦煌僧众当时必兼习之。而有用纸题额者，P·四六四〇背记一条云：“十四日支与王建铎队舞[②]额子粗纸壹切。”此为舞队需用之纸张，王建铎则领队者也。S·二四四〇背云：

队扙白说，白月才沉（沈）形，红日初生，拟扙才行形，天下褰静，烂满（漫）绮衣花璨璨，无边神女貌莹莹（荧荧）。青一队，黄一队，熊踏。

大王吟：拨棹业船过大江，神前倾酒五三□（字缺半边），倾偘不为诸余事，大王男女兼相乞一双。

夫人吟：拨棹业船过大池，尽情歌舞乐神祇，歌舞不缘别余事，伏愿大王乞一个儿。

〔回鸾驾却〕吟生：圣主摩耶往后薗，频（嫔）妃彩女走乐暄，鱼透碧波堪赏玩，无忧花色最宜观。

无忧花树菓（叶）敷荣，夫人彼中缓步行。举手或攀枝余菓，释迦圣主袖中生。释迦慈父降生来，还从右胁出身胎。九龙洒水早是衩，千轮足下瑞莲开。

相吟别：阿斯陁仙启大王，太子瑞应极贞祥，不是寻常等闲事，必作菩萨大法王。

妇吟别：前生与殿下结良缘，贱妾如今岂敢专，是日耶输再三请，太子当时脱指环。

老相吟：眼暗都缘不弁（辨）色，耳聋高语不闻声，欲行三里五里时，虽是四回五回歇。

少年莫笑老人频，老人不夺少年春，此老老人不将志，此老还留与后人。

四吟：国王之位大尊高，煞鬼临头无处逃（桃），四相之身皆若此，还漂苦海浪滔滔。

---

① 见《杜阳杂编》下，《新唐书·曹确传》。P·三六五四即安国寺经目，此或为沙州安国寺之藏经目录。P·二八三八有《安国寺胜净状》。

② 按上原有武字，侧用卜号删去。

临险吟：可笑峗中耶（也）大峗，灵山会上忍合知，贱妾一身犹乍可，莫交辜负阿孩儿。

修行吟：夫人据解咧（别）扬台，此事如莲火里开，晓镜罢看（看）桃利（李）面，钳（绀）云休捶（插）凤凰钗。

无明海水从资竭，烦恼聚林任意摧，努力鹫峰修圣道，新妇漠逸不掣却回来。

此卷极为重要，可以明了变文于唱诵时兼有舞队。开首云："队扙白说。"又傍注云："青一队，黄一队，熊踏。"当时以颜色分别舞队之左右行列。《宋史·乐志》记菩萨蛮队："舞者衣绯生色（《乐书》作绛缯色）窄（亦作穿）䙅，卷云冠。"此舞队之服色也。"熊踏"即指舞蹈之状。敦煌有舞谱可为证明。变文中云"尽情歌舞乐神祇"，又云"歌舞不缘别余事"。可为敦煌演奏佛曲时歌舞相兼情况之写照。而"队仗白说"则为"说白"，《碧鸡漫志》五："李可及所制舞队，不过如近世传踏之舞耳。"

此记表演《太子修道》之歌舞剧[①]，文中所言吟之人物有大王、夫人、吟生、新妇，可知"吟"即唱词。吟之题目有"老相吟"、"临险吟"、"修行吟"等，其间兼记动作，如云"回鸾驾却"，而"神前倾酒"句下云："倾盌不为诸余事。"倾盌即倾杯[②]。《倾杯乐》在敦煌颇盛行，窦骥诗"笙歌烂漫奏倾杯"是也。[③]

敦煌所出舞谱有二：一为P·三五〇一，纸薄而韧，字体极似《云谣集》，誊录工整。于接连两纸之处。其背恰书显德五年（公元958年）四月押衙安员进牒，及戊午年六月十六日清得押衙阴清儿（戊午，即显德五年），知此舞谱即写于显德五年以前。一为S·五六四三，乃小册残页，写于《心经》之后，前有曲子《送征衣》。P谱存《遐方远》、《南歌子》、《南乡子》、《双燕子》、《浣溪沙》、《凤归云》六谱。S谱存《蓦山溪》、《南歌子》及《双燕子》

① 刘永济：《宋代歌舞剧曲录要》，28页，此段可补其缺略。

② 详冒鹤亭：《倾杯考》，见《同声月刊》。

③ 窦骥（窦夫子）《往河州使纳鲁酒回赋》七律云："驿骑骖赴谒相回，笙歌烂漫奏倾杯。食客三千蹑珠履，美人二八舞金台。西园明月刘贞（桢）赋，南楚雄风宋玉才。慕德每思门下事，兴嗟世上乏良媒。"（P·四六〇〇账内偶抄此诗，亦见陈祚龙《悟真书》中附录一，陈抄作蹈珠履，余疑蹈应作蹑）此诗可见河西一带当日繁荣之情况，诗盖上吐蕃帅尚乞心儿也，尚乞心儿事详P. Demiéville, *Le Concile de Lhasa*，281～291页。

三调。[①]

朱子《经世大训》谓："唐人俗舞谓之打令，其状有四：曰招，曰摇，曰送，其一记不得。招则邀之之意，摇则摇手呼唤之意，送者送酒之意。"今摇与送均见于敦煌舞谱。其言"相逢揖"、"头头头揖"，余考揖即揖字[②]，谓作揖也。其他动作又有"请"，疑如德寿宫舞谱之呈手[③]，其他各家讨论已详，兹不复及。[④]

次论敦煌曲与龟兹乐。

《太子入山修道赞》云："一更夜月长，东宫建道场，幡花伞盖月争光，烧宝香。共奏《天仙乐》（《天仙子》），龟兹韵宫商，美人无奈手头忙。声绕梁。""龟兹韵宫商"句，P·三〇六五作"皈资用宫伤"，皈资应是龟兹之音讹。考《隋书》十五《音乐志·龟兹乐》条云："（炀帝）大制艳篇，辞极淫绮，令乐正白明达造新声、创……《斗百草》、《泛龙舟》、《还旧宫》、《长乐花》及《十二时》等曲。掩抑摧藏，哀音断绝，帝悦之无已。"

炀帝之语白明达，以曹妙达相比。《斗百草》、《泛龙舟》、《十二时》，具见敦煌曲，此数曲《隋志》附列于《龟兹乐》条。

唐时以上诸曲调则属法曲。法曲为继承六朝以来流行音乐而集其大成者，故炀帝之新声亦包含在内。《唐会要》三十三《诸乐》条，记太常梨园别教院教法曲乐章，其曲名见于敦煌卷者，有《破阵子》、《五更转》、《泛龙舟》、《倾杯乐》、《斗百草》诸调。

《苏幕遮》亦出自龟兹国。慧琳《一切经音义》四十一云："《苏摩遮》西戎胡语，正云：《飒磨遮》戏，本出西龟兹国，至今犹有此曲。"然梨园法曲已与龟兹乐杂糅，敦煌流行者为"龟兹韵宫商"，则恐仍用龟兹乐，故余以为敦煌所出之乐谱，实即龟兹谱，故王建宫词有云"内人皆好龟兹乐"也。

---

① P谱初由刘复抄录，刊于《敦煌掇琐》上辑，205～212页。神田喜一郎又影入《敦煌秘籍留真新编》下册。S谱影入拙作《敦煌琵琶谱读记》，P谱见图版51～53。

② 向误揖字为揖。按赵之谦《六朝别字记》："揖祝融而求鸟兮。"六朝人"胥"、"咠"每混，知揖即揖字，林谦三、赵尊岳皆从余说。

③ 德寿宫舞谱名目，见周密：《癸辛杂识》后集。

④ 敦煌舞谱研究资料，兹列如下：罗庸、叶玉华：《唐人打令考》；冒广生：《敦煌舞谱释词》（见《疚齐词论》）；任二北：《舞容一得》（见《敦煌曲初探》）；拙作《敦煌舞谱校释》（见香港大学学生会《金禧纪念论文集》，1962）；林谦三：《敦煌舞谱的解识的端绪》（载《奈良学艺大学纪要》，1962（10－2））；《乐苑书刊》二，1962；赵尊岳：《敦煌舞谱残缺探微》（一）—（四）（载《南洋大学图书馆季刊》，1963）。

《酉阳杂俎》十二记宁王常夏中挥汗鞔鼓，所读书乃龟兹乐谱。[①] 韩滉所绘有龟兹乐舞卷，清方士庶犹及见之。[②] 宋沈辽《云巢集》有龟兹舞诗，明谈迁《枣林诗集》[③] 有《西域按舞合乐图歌》，图为宋徽宗时画院吴元瑜绘，此皆重要文献。

敦煌《五更转》、《喜秋天》、《咏七夕》其乐调疑即龟兹之《七夕相逢乐》。[④] 五代时龟兹乐仍盛行，《五代史》五十五《崔悦传》记：

> （晋高祖时），礼乐之废……继以龟兹部《霓裳法曲》参乱雅音，其乐工舞郎，多教坊伶人百工……奏于廷而登歌，发声悲离烦慝，如《薤露》、《虞殡》之音，舞者行列进退，皆不应节，闻者皆悲愤。[⑤]

法曲在敦煌之流行，可以S·二一四六卷为证。此卷为吐蕃统治下之抄本，内《转经文》云："则我国相论掣脯敬为西征将仕，保愿功德之所建矣。"又《行城文》云："隐隐振振，如旋白钹之城；巍巍俄俄（峨），似绕迦维之阙。……笙歌竞奏而啾留，法曲争陈而槽拨。……我当今圣神赞普，伏愿寿永固，等乾坤，六夷宾，四海伏。……"所云"法曲争陈而槽拨"，知乐器用琵琶。S·六一七一宫词云："琵琶轮拨紫檀槽，弦管初张调鼓高。"P·三二一六《散花乐》中有朱笔加二行文云："弥陀仏刹难测量，此地常闻重宝香，音□法曲诣（指）皆僵。"法曲唐末尚盛，《新唐书·李训传》载法曲弟子二十人，于兹可见。

《云谣集》写于朱梁之际，其曲若《天仙子》，则属龟兹部舞曲。段氏《乐府杂录》[⑥]、《破阵子》亦属龟兹部，陈旸《乐书·感皇恩》亦然。《旧五代史》七十八《晋高祖纪四》："十二月……礼官奏正旦上寿官，悬歌舞未全，且请杂用九部雅乐歌、教坊法曲，从之。"《宋史·乐志第十七》言奏鼓吹曲时，或用法曲，或用龟兹。知宋世龟兹乐犹沿用不替，而法曲与龟兹乐并行，盖一为清乐与俗曲之总汇，一则为胡乐之代表故也。

---

① 参见拙作《敦煌琵琶谱读记》（载《新亚学报》四，二，1960）。

② 参见方士庶：《画笔记》。

③ 《古学汇刊本》第十五册。

④ 参见《隋志》。

⑤ 参见铃木修次：《龟兹乐考》（见《诸桥博士古稀祝贺论文集》）；潘怀素：《从古今字谱论龟兹乐影响下的民族音乐》（载《考古学报》，1958（3））。

⑥ 参见 Martin Gimm，*Das Yüeh-fu Tsa-lu des Tuan An-chieh* 8. A. 7。

P·二二五〇为一粗纸，背记僧籍，间着以笔，正面有句云：“五音兼能净五蕴……西方鼓乐及弦歌，琵琶箫笛杂相和。一一唯宣五会法，声声皆说六波罗。”下书“极乐欣猷赞释灵振”字样，此应是净土宗《五会念佛》所用之音乐（可补塚本书之缺），亦以琵琶为主要乐器。

P·三五三九一小张，正面书“《佛本行集经》忧波离品”八行，又记《阿含经》书名题目五行，背杂记“敕赐归义军节度使牒”，其末书琵琶谱指法二行，则为通读敦煌琵琶谱之唯一资料：

散打四声　　头指四声　　中指四声　　名指四声　　小指四声

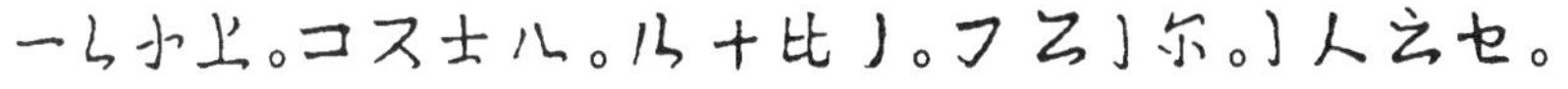

由此两行文书[1]，散打四声一组之处，又有头指、中指、名指、小指四声各一组。知当日琵琶之使用，除《行城文》所谓槽拨，又兼用指弹奏。以四指各为四声，应为四弦四柱之琵琶谱[2]，显见其所表示者，乃以左手指按弦及空弦（散打）之音位符号也。

P·三八〇八V°之琵琶谱，卷为长兴四年（公元933年）中兴殿应圣节讲经文，盖晚唐至五代时物。[3]

原载《新疆艺术》，1986年第1期

① 图片见林谦三：《正仓院乐器之研究》，第24图版及该书第五章说明，244页。

② 宋词中所见独奏之琵琶多为四弦，姜夔词：“恨入四弦人欲老。”或疑敦煌之琵琶为独奏者，然P·二二五〇明云：“琵琶箫笛杂相和。”则亦为伴奏矣。林谦三初以《天平五弦谱》音位推断《敦煌琵琶谱》四相上之音位谱字。其后于唱片《天平、平安时代の音乐解读》改用四弦法为敦煌之《西江月》编谱。

③ 林谦三论敦煌琵琶谱论文如下：*Study on Explication of Ancient Musical Score of P'i-p'a* 琵琶 *Discovered at Tun-huang* 敦煌，*China*（载《奈良学艺大学纪要》，1955（5-1））。

“法曲子”论

——从敦煌本《三皈依》谈“唱道词”与曲子词关涉问题

敦煌石窟变文之大量出现，使人对于中唐以来通俗文学之真貌及其与佛曲之关系，获得充分之了解。唯变文中韵语部分若词偈与赞等之研究，尚未够深入。在北宋之初，释氏有“唱道词”及唐赞诸名目，又别称为“法曲子”，这些对于曲子词之关涉如何，有待进一步之研究，本篇即就此一问题加以探讨。

南宋绍兴间，吴曾《能改斋漫录》卷二有《八相太常引》一则，云：

> 京师僧念《梁州》、《八相太常引》、《三皈依》、《柳含烟》等，号“唐赞”。而南方释子作《渔父》、《拨棹子》、《渔家傲》、《千秋岁》唱道之辞。盖本《毗奈耶》云：王舍城南方，有乐人名腊婆，取菩萨八相，缉为歌曲，令敬信者，闻生欢喜。①

谨按虎臣此条，实袭取自北宋天禧间，学僧道诚之《释氏要览》。《要览》卷下杂记云：

> 法曲子
>
> 《毗奈耶》云：王舍城南方有乐人名腊婆，取菩萨八相，缉为歌曲，

① 《宋元笔记丛书》本，36页。

令敬信者闻生欢喜心。今京师（汴）僧念《梁州八相》、《太常引》、《三归依》、《柳含烟》等，号“唐赞”。又南方禅人作《渔父》、《拨棹子》唱道之词，皆此遗风也。①

两次比勘，只叙次先后稍作调动，其余无大差异，沿袭之迹显然。《要览》题目曰法曲子，最堪注意。法曲二字，表面看来，似是唐梨园之法曲，观其所举曲子诸例，皆为佛子唱道赞咏之词，实际应指佛曲，故复称之曰唐赞，因此类赞唱，唐时佛子皆习用之。

“唱道辞”（《大正》本作“词”）一名，宜先加以说明，唱道即唱导。南朝之初，释昙宗为宋孝武唱导，行菩萨五法礼。（《高僧传》十五）“唱导者，盖以宣唱法理，开导众心。”5、6世纪时，僧徒已有《导文》一类之总集（见《续僧传》真观、法韵传），广义的导文，应包括各种宣导作品，不限于偈赞及唱道词也。工于唱导之僧人，称为导师，本属“声赞科”。唐季，僧与道皆长于声赞之事，必通过考试。《旧五代史》四十七《末帝纪》云：

清泰二年三月，功德使奏试僧道事云：“其僧尼欲立讲论科、讲经科……禅科、声赞科，道士欲立经法科……声赞科、焚修科，以试其能否。”从之。

是时声赞分明列为僧、道必修之科目。莫高窟所以出现大量赞唱卷子，因僧徒必须勤习讽诵，其中必有为考试所缮写之本。

道诚述法曲子，引用《毗奈耶》语：《毗奈耶》（*Vinaya*）即《律（藏）》。八相出自佛现世的八相成道之说。八相者，即下天、托胎、出胎、出家（以上中忍位）、降魔（Māraprajaya）（上忍位）、成道（四果）、转法轮、入涅槃。以上本为萨婆多部（Sarvāstinādin）之说。在印度马鸣菩萨之《佛所行赞》则无之。佛现世之八相分法亦见于《大乘起信论》。敦煌写卷佛传变文中，如《太子成道经》（P·二九九九）、《悉达太子修道因缘》（S·三七一一 V°）即此类。其题名有关“八相”之作品亦甚多，如：

八相变（北京“云”字二十四号，《敦煌变文集》四，329页）

八相成道俗文（北京“乃”字九十一，又“丽”字号）

① 《大正藏》五四，305页。

八相押座文（S·二四四〇号，《敦煌变文集》七，823页）[1]

道诚言“京师僧念《梁州八相》”，似是用梁州曲调谱述佛成道经过之八相故事。词谱谓“《梁州令》，唐教坊曲名”。然今本《教坊记》书中无《梁州》，说者谓即《凉州》。（《〈教坊记〉笺订》，153页）《词律》所收晏几道《梁州令》五十字，柳永又一体五十五字，欧阳修又一体一百五字。北宋时《梁州》词调为体不一，《梁州八相》，详细已不可考。吴曾抄袭僧人之书，未必见过八相曲子，彼以《八相太常引》为题，惜无材料，只可存而不论。至《柳含烟》为唐教坊曲，五代毛文锡有《柳含烟》四首，见《花间集》五，为三三六七三、七六七三句式，北宋时以此调作佛赞，当是事实。

最有趣者为《三皈依》一曲，北宋词中尚存一例，即王安石之作。录如下文：

望江南归依三宝赞

归依众。梵行四威仪，愿我遍游诸佛土，十方贤圣不相离，永灭世间痴。

归依法。法法不思议。愿我六根常寂静，心如宝月映琉璃。了法更无疑。

归依佛。弹指越三祇。愿我连登无上觉，还如佛坐道场时。能智又能悲。

三界里，有取总灾危，普愿众生同我愿，能于空有苦思惟。三宝共住持。[2]

此为王荆公仿效佛曲作品。但真正唐赞之《三皈依》，在敦煌写本中存有一首，殊可珍贵。英伦斯坦因列目S·四五〇八号一残纸，前抄药名词，其后接书三宝赞，无标题，其词（图一）云：

归依仏（佛）：大圣释迦化主。兴慈愿，救诸苦。能宣妙法甚深意，闻者如沾甘露。慈悲主。接引众生，同到净土。……五色祥云满路。双童引、频伽舞。

一回风动响珊……闻者轻（经）楼阶鼓。慈悲主。接引众生，同到

① 日本于1666年曾翻刻《释迦八相物语》八卷，其影响及于扶桑。

② 《临川先生文集》卷三十七。

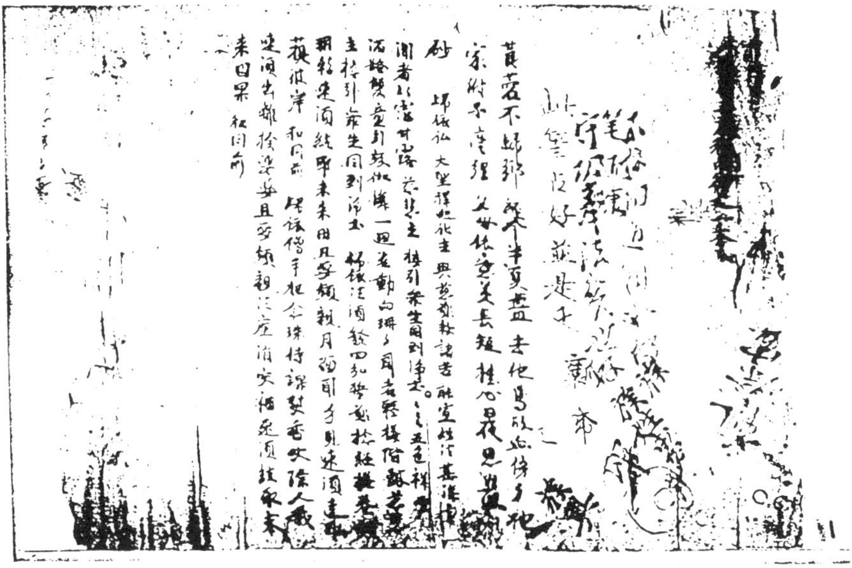

图一　S·四五〇八《三皈依》

净土。

归依法：须发四弘誓愿。捻（念）经卷，频开转。速须结取来生因，且要频亲目面。闻身见。速须达取，廿（菩）提彼岸。和如前。

归依僧：手把念珠持课，焚香火，除人我。速须出离舍娑婆。且要频亲法座。消灾祸，速须结取，未来因果。和同前。

此词起句为归依佛、归依法、归依僧，可定为《释氏要览》所言的《三归依》之法曲子。其结构是三，六△三三△七六△句式，加上和声三△四四△句式，第一首归依佛作二叠，和声重作。此处加△号即叶韵地方，这可说是标准的唐赞中的《三皈依》。《三皈依》作为法曲子，由于结构及用韵每首的相同，本身可看做一个词牌。但是向来词谱未收。今从道诚书中可以获得证明。词调如《归去来》[①]，其实亦是佛曲，例正相同。

王荆公之作，别以《调寄望江南》出之。荆公晚岁佞佛，但未披剃，不能言皈依僧，故改僧字为众。三宝宜以皈依佛列前，佛陀为觉者，故唐赞《三皈依》，归依仏作二叠，和声开头重作以示隆重。僧谓僧伽（Sangha），指和合众，应在最后，荆公以之列前，殊为不合，荆公之词多“三界里”一段

① 柳永作四十九字。

尾声，这可说是结语。张天师继先在所作五更体《庆清霄》，亦增多“结语”，情形相同。

道诚称南方禅人作《渔父》、《拨棹子》为唱道之词。吴曾增入《渔家傲》、《千秋岁》。在宋代唱道词中《渔父》、《渔家傲》二例，最值得研究。

张志和所作《渔父》词五首为唐词之祖，为七七三三七句体。《花间集》各家多依之，有和凝一、李珣三、欧阳炯二、后主二，皆命曰《渔父》。李珣词中，《渔父》与《渔歌子》并见，《渔歌子》为三三七三三六双叠句式，显然不同。足见《渔父》与《渔歌子》实为两体。

唐船子和尚的《拨棹子》，近时施蛰存有专文加以研究[①]。原有二类，前三首为七言四句，其余则为七七三三七句式，与张志和之《渔父》相同。其《拨棹子》之名，当取泛船为义，而以《渔父》之词调出之。《拨棹子》曲名，已见《教坊记》，五代尹鹗有《拨棹子》词二阕，见《尊前集》，为三三七六三七、七七三四三七双叠句式。后来全真教主王嚞有《川拨棹》二首，又复不同，都是后来演变之体，与《渔父》一词调大有区别。《渔父》发展为《渔家傲》作双叠七七七三七句式，但宋人每将《渔父》称为《渔家傲》，混淆为一。

唐船子和尚用《渔父》词调作联章体，开宋以来以《渔家傲》为联章之先河。金陵保宁寺仁勇禅师[②]先有《述古德（渔家傲）》，分咏禅门大德八人。其后山谷、惠洪皆仿其体。山谷《琴趣外篇》三“《渔家傲》戏效勇禅师作颂”。觉范《石门文字禅》十七述古德遗事作《渔父》词八首。此《渔父》词实即《渔家傲》，其题云：“戏效宝宁勇禅师咏古德遗事。”山谷《渔家傲》有句云：“一桡直与传心要，船子踏翻才是了。”又有《渔家傲》题《船子钓滩》[③]，是山谷尝亲履船子和尚遗迹，兼读过其词偈，彰彰明甚。与山谷同时之徐积[④]作《渔父乐》等六首，见其《节孝先生文集》十四，亦七七三三七体，明为《渔家傲》，每首前各标三字如“无一事”、“谁学得”等句，犹是释子唱道之遗风。又传吕岩作之《渔父》十八首，从“入定”至“常自在”[⑤]皆说理之作。虽真伪难定，想亦释子唱道词影响下之产物。

---

① 参见《词学》第2期。

② 其人为杨岐方会之高足。

③ 词见《金山县志》十九。

④ 其人卒于崇宁二年。

⑤ 《唐五代词》。

北宋与仁勇禅师同时人作《渔家傲》者，有范仲淹之《塞下秋来风景异》一首，传诵至今，谅是知邠州时所作。[1] 京本《时贤本事曲子后集》言欧阳修之十二月词寄《渔家傲》。欧公以《渔家傲》作联章体十二首，可能受到释子联章《渔家傲》所启发。王荆公在钟山时，其好友俞紫芝能歌，晚年作《渔家傲》等乐府数阕，事见《石林诗话》及《诗人玉屑》十六。词已不传，唯其《阮郎归》句云："自来好个，渔父家风。"是亦唱道之词，仍薰沐于禅风。杨慎《词品·衲子填词》条，收报恩和尚《渔家傲》及寿涯禅师《渔家傲·咏渔篮观音》二首，惜年代未详。

晓莹《罗湖野录》二记湖州圆禅师之《渔家傲》，即《五灯会元》十二所载西余净端子"一声之《渔父》先闻。……引声吟曰：本是潇湘一钓客，自东自西自南北"两警句，所谓《渔父》，实即《渔家傲》也。

法常为嘉兴报恩寺首座，于淳熙七年示寂，临终书《渔父》词，亦即《渔家傲》[2]，道教三十代张天师继先亦作《渔家傲》词。他若李彭（商老）与大慧宗杲游，作《颂尊宿（渔父）》歌之，自《汾阳》至《湛堂》十首；又《感山云卧纪谈》载赞圜悟克勤之《渔家傲》。《乐邦文类》五载北山法师可旻赞净土之《渔家傲》二十首。[3] 降及元世，此风未歇，中峰明本有赞渔篮观音之《渔家傲》，即效寿涯之制。天宁寺梵琦撰《娑婆苦（渔家傲）》十六首，《西方好（渔家傲）》十六首。即沿西余、北山之遗规。他若画家吴镇亦有《渔父》词并图，则师张志和而更张者。兹就禅人所作《渔父》及《渔家傲》唱道词，表列如次：

唐	船子和尚	《渔父·拨棹子》
宋	仁勇禅师	《述古德（渔家傲）》
	西余净端禅师	《一声（渔父）》
	惠洪	《仿仁勇（渔家傲）》
	报恩和尚	《渔家傲》
	寿涯禅师	《渔家傲·咏渔篮观音》
	法常	《渔父·临终作》

---

① 范氏卒于皇祐四年。

② 《五灯会元》十八。

③ 序略云："我家《渔父》，不比泛常。……撑般若之扁舟，游死生之苦海。誓山月白，觉海风清。钓汨波之众生，归涅槃之篮笼。如斯旨趣，即是平生。"释子作联章格唱道词之《渔家傲》，至此可叹观止矣。见《全宋词》，2426 页。

北山法师可旻　　　《赞净土（渔家傲）》

元　中峰明本　　　　《渔家傲·咏鱼篮》

梵琦　　　　　　《渔家傲·娑婆苦》及《渔家傲·西方好》

所有诸家几乎皆作于南方。吴虎臣谓《渔家傲》出于南方释子，其说良信。

张志和之《渔父》词五首为唐词之祖，作于湖州刺史颜真卿座上。舟子和尚《拨棹子》向来谓其活动地区在秀州华亭，观其偈云："千尺丝纶直下垂，十余年来坐钓台。"钓台必指桐庐严滩，余曾步上严濑钓台，自平地上登可七百余级，所谓千尺丝纶，正是事实，舟子词偈指严台无疑。道诚称曰南方禅人，当谓船子和尚也。

前论声赞之科，道士、和尚皆需参加考试。释子习为唱道之词，其于道教亦有同然。相传吕喦作《渔父》若干首。紫阳真人张伯端有《西江月》十三首论内丹，又十二首言无生妙道。彼于熙宁中适蜀，紫阳又有《满庭芳》，见《悟真编》，其句云：

真铁牛儿。……性刚偏好奔驰。人人皆有，那角解牵骑。……乘个月明归。[①]

而潼川府天宁则禅师亦有《满庭芳·牧牛》词一阕，文字间有雷同，如句云：

咄这牛儿，身强力健，几人能解牵骑。……奔驰不顾倾危。……当归去，人牛不见，正是月明时。[②]

晓莹极称许此牧牛词，谓："世以禅语为词，意句圆美，无出此右。"伯端之作，与彼分明有互相承袭之处；道、释文字时相模仿，值得研究。

三十代张天师填词，用释氏之五更体而改作七言句式。及全真教兴，更大力以词为传教工具，自王重阳以来，作唱道词之风尤盛。重阳爱看柳永词，有《解佩令》，题曰《爱看柳词》。其句云："《乐章集》，看无休歇。""词中

① 《全宋词》，194页。

② 《罗湖野录》二，《全宋词》220页。

味，与道相谒。”彼深嗜柳词，故所作词偈独多，其门弟子马丹阳、谭处端辈，皆工倚声。唱道之词，在全真教可谓得到充分发挥，于北方文学为特别发展者。

道诚称法曲子为“唐赞”，其所列举当时汴京流行者，今多不可考，唯《三皈依》一曲，存于伦敦写卷。其余法曲子，湮没者多矣。吾人试检读莫高窟所出写卷，则唐代佛赞，几乎触目皆是。曩年余著《敦煌曲引论》，曾举P·三三七三、P·三〇五六、P·二〇六六、P·二九六三及S·六六三一各卷，充满佛赞，以明曲子词与佛赞之关系。曲子调名卷中有特别写出者，如：

《苏幕遮·五台山》曲子（P·三三六〇）

曲子《喜秋天》、《五更转》（S·一四九七）

《五台山》曲子之外另有《五台赞》。曲子《喜秋天》同卷中前面有《辞道场赞》、《好住娘赞》、《小少黄宫养赞》、《乐入山赞》，可见曲子之寄以某调者，才是真正倚声之词调，与一般之赞，实为二事。曲子可称为赞，有宣导之用，但不即等于赞，宜加以区别。又赞咏在道教经典中自成一类，前已畅论之。其时尚未注意及道诚书中畅论法曲子此条，今故为补论，以申前说。其寄以某词调出之者，若《三皈依》一曲子，王荆公即以《望江南》出之。《望江南》一调，宋初习用于歌诀；唱道词亦常用之。荆公之后，若净圆白云法师有《望江南·娑婆苦》六首、《西方好》六首，亦见《乐邦文类》，元时赵孟頫屡书《望江南·净土》词十二首，即其著例。在禅人唱道词中，《望江南》固与《渔家傲》同为最常用之词调，法曲子之性质，因此二词调之考证而益明。今更揭结语数项如下：

（一）唐赞乃是泛称之大共名。《三皈依》等曲自属于唐赞之类。但赞不能目为曲子。

（二）《三皈依》一调，本身即长短句，从其用韵及固定句式而论，应是标准之法曲子，宜补入词谱。

（三）法曲子因作为唱导之用，另一方面可以调寄某曲子出之，如《渔父》、《渔家傲》、《望江南》皆最常用之调。

（四）曲子其实可分为杂曲子与法曲子两大类，词体之兴，除抒情、叙事之杂曲子之外，尚有作为唱导工具之法曲子。僧、道均利用之，以宣传教义。

今以《渔家傲》一调而论，一般读词者只知有范希文塞下一阕。不知禅门中，《渔父》、《渔家傲》更为流行，特别以之作为唱道之用，其性质实为词偈，道教徒及儒门均亦竞相仿效，彼此之间，互相吸引。从词史之范围言，法曲子应给以相当地位。北宋之初，法曲子极为僧人所重视。然后世谈词者似少有见及此，故略为抉发，以求教于当世治敦煌俗文学及曲子词诸大雅君子。

原载《中华文史论丛》，1986 年第 1 辑

补记

（一）《十国春秋》五十六欧阳炯传云：“又小辞十七章，人亦时时称道之，《渔父》歌尤为辞家所倡和。”注：《渔父》词云：“摆脱尘机上钓船，免教荣辱有流年、无系绊、没愁煎，须信船中有散仙。”原附二首，兹录其一，此即渔歌子词。

（二）大足石刻宝顶山南崖刻牧牛图共十组，即：未牧、初调、受制、回首、驯伏、无碍、任运、相忘、独照、双忘。复有《朝奉郎知润州赐紫金鱼袋杨次公证道牧牛颂》云：

突出栏中不奈何，若无绳绻总由它，力争牵上不回首，只幺因循放者多。（未牧）

芳草绵绵信自由，不牵终是不回头，虽然牛是知人意，放去低昂不易收。

碑左有赵智风坐像，右侧刻“假使热铁轮，于我顶上旋，终不以此苦，退失菩提心”二十字，像上又刻颂云：“无牛人自镇安闲，天德无依性自宽。以此分明谁是侣，寒山樵竹与岩泉。”左侧浮雕一明月，上镌碑云：“了了了无无所了，心心心更有何心？不心心了无依止，圆灯无私耀古今。人牛不见杳无踪。明月光寒万象空。若问其中端的意，野花芳草自丛丛。”[①] 赵本尊智风为宋高宗时人，琢石于大足为密教大曼陀罗，所造各偈，亦法曲子之类也，故附记之。

① 据《大足石刻研究》，499 页。

《云谣集》一些问题的检讨

一

整理古文书是一桩极吃力而不讨好的事，尤其是把古代写本加以校录，辨认的困难，转写的差异，荆棘滋多。敦煌莫高窟所出的曲子词，若干年来曾经吸引许多人不惜抛却心力去探索、钻研，付出了极大的代价。《云谣集杂曲子》的校理，便是此中最重要的硕果。

最近看到任半塘先生的大著《敦煌歌辞总编》，其中单单《云谣集》三十首，竟花了307页来仔细讨论，用力至深，用心良苦，令人钦佩。可是任氏横生葛藤，硬说法京又有第二本的《云谣集》，强指罗振玉在《敦煌零拾》第二所校印的，是伦敦以外的另一本。他指斥各家，创立新说，反复推求。书中开宗明义说道：

> 编者写《初探》时，有一大疏忽：未引罗振玉、王国维《云谣》跋内有关之语句作证，致读者于此仍概念不清，兹补录之。罗书卷二题曰："《云谣集杂曲子》共三十首"，其下接注文曰"出敦煌，今藏伦敦博物馆"，作双行小字。于辞十八首（实十九首）毕，跋曰："此集狩野博士但录其目，及《凤归云》一首，《天仙子》一首；又目录《竹枝子》以下，均未见记首数。癸亥（按公元一九二三年）冬，伯希和博士为邮寄

其全文，则存十八首……以下残佚十二首。亟为印行，以传艺林。时甲子正月……”王国维跋文之尾注曰：“癸亥冬，罗叔言先生寄巴黎写本至，存十八首，惟《倾杯乐》有目而佚其词。……”观于此，二跋已肯定伯希和于一九二三年寄此本来，为时较早。仅后此剞劂之朱本因董、罗有旧之故，得借用罗本中所有《柳青娘》第一首末“伴小娘”三字，以补足其辞，断无罗本先印者对此三字为阙文，反补自董钞之理。伦敦原本此三字处黑影一片，细看谨可辨“娘”字右下角之微痕迹而已。凭此微迹，何从猜出“伴小娘”三字全文？至于朱本“校记”中对此三字来历所以全无透露者，乃由董氏补足三字后，始交其本与朱，而未及向朱言明；不然，将是朱本暗中掠美，为不光明矣！此点余曾函问法京人士，直呼伯氏寄罗之本为“伴小娘本”，以引起注意。而久不能答。盖斯、伯所有前十九首之两本，源同流异，绝非一本，已“铁证如山”！当代虽有不同性质之愚公，对此“如山”，终移不得也，及一九七六年潘书内（详“凡例”末条）发表伦敦本（斯一四四一）照片，在“伴小娘”阙处一块黑迹上，强加“伴小娘”三字，笔路非唐五代书手所有，欲盖弥彰，移“山”不成，反留大玷，憾矣！另详《柳青娘》校。

至于罗书卷二在《云谣》标题下所以注出“今藏伦敦博物馆”字样者，殆因其书卷一与卷三所载《秦妇吟》及《季布歌》等之原卷，确皆斯坦因所劫而藏于伦敦者。罗氏不检，类误及卷二之《云谣集》，亦注出藏于伦敦之说。向达记《伦敦所藏的敦煌俗文学》内，叙《季布骂阵词文》，曾指出罗书此点为“偶尔笔误”。未料此一笔之误，影响太大！竟引起国内郑、王（重民）辈，国外饶、戴、潘等之盲从，相率闭眼捕雀，矢口否认伯氏所寄为另本，全部抹杀罗书之异文，实为宗派门户之尤！若依此行事，则《云谣》校勘之水平将永无提高之望，为害何穷！故此番发微，首揭“写本性质宜明，而异文吸收宜广”之义，是非必争，绝不妥协！

措辞愤慨激昂，指责罗书在《云谣集杂曲子》共三十首下面双行自注“出敦煌，今藏伦敦博物馆”一句是出于罗氏之笔误，但又引证该书罗跋及王国维跋作为立论的依据。今取罗氏在天津印行之散装小册原本略加核对，页四先为王跋共十二行，终于“惜其二十余篇不可见也”句，绝无任氏上文所引“癸亥冬，罗叔言先生寄巴黎写本至，存十八首”一段文字。王跋之下，接着便是罗跋，我想这必是他抄集资料时，把罗语误作王国维的尾注，所以事实只有罗氏一跋说及此事，王跋毫无关系。罗跋自言“癸亥冬”伯希和邮寄，任氏对此相信其事为真，但对题目小注，则认为罗氏笔误，此书只寥寥四页，罗氏哪有糊涂至此？任氏又提出“伴小娘”三字问题，以为伦敦原本只有“娘”字右角痕迹可辨，而罗书“伴小娘”三字完全，必非出自伦敦本。其实，如果影本模糊，可以查勘原物，非常简单，而任氏凭他的推理，大骂各家皆在说谎，甚至竟说人伪造，制造出一段不可思议的公案。

他评郑振铎说：

> 郑本跋曰：“罗振玉氏从法人伯希和处得伦敦所藏残本十八首，据以刊入《敦煌零拾》中。”又曰：“此本仍是伦敦藏本。”郑氏所以断然肯定罗氏所得为伦敦藏本者，并无的据，仅凭罗氏曾先得日人狩野直喜寄给斯一四四一所见之辞三首及余辞若干首之目录而已（此点已详于《初探》，一三三页）；而郑氏当时不予核实，一意“想当然”，认伯氏所邮之形质不出斯一四四一之外。影响所及，虽如王重民早年曾遍检巴黎劫藏全部写卷者，亦信如此，不复考虑有他。更有人强调法京藏卷中，向未见有载《云谣》前十八首者，亦认郑说为合，罗本必不能别树一帜。未知在国内《总目索隐》（详“凡例”末条）印行以后，法京亦编纂汉文卷子之新目，其“叙例”中谓《总目索隐》所具之号码，有少数经过法京多次检查，已不可考（见左录）；以此喻彼，又安能限制伯氏当年邮赠罗氏者，便不能另有一本《云谣》，内容虽同，而文字有异耶？戴编（详“凡例”末条）谓法京劫藏数千卷，乃伯希和之“赠书”。然则伯氏大赠国家之余，何尝不可小赠朋友欤？尤当虑者：问题之实质，并不在藏卷之地点是一是二；虽同地所藏之卷，亦何尝不可有异文？不校文字，而校地点（英京与法京）与编号人（斯与伯），舍本逐末，舍肉拈皮，何其失计？倘以为认清所当校者在文字一层，颇不易易，必须迟之又迟，俟诸五十余年以后（一九二四—一九七七），或须俟有上列对照表公布以后，方能达到此步，则此半世纪中，对于《云谣》之整理工作，显有不健康之因素长期存在，有待消除矣。——此郑氏所不及料者，而王、左、饶、戴、潘诸君所以皆陷在形而上、自欺欺人之深坎中不能拔也。

他把这个问题，复杂化起来，肯定法京必有二本，又评王重民云：

王《集》（指《敦煌曲子词集》）“叙例”中备述所用敦煌写卷，曾及“上虞罗氏藏三卷”。集后“附录”二《引用敦煌卷子一览》内，又指此三卷所载为《望江南》（按乃《鹊踏枝》第一首之讹，王《集》载在五五页）《鱼歌子》、《长相思》。于此，独不提及数量数倍蓰于《鱼歌子》等三卷总和之《云谣集》一卷，何欤？又于《一览》表内斯一四四一号下，虽指《云谣》曰“已有《蕙风簃丛书》刻本（按实无其事，详下文），《敦煌零拾》排印本”；又于《敦煌古笈叙录》（三三〇页）所载《云谣》跋内，曾曰“罗振玉据伯希和摄影者，印入《敦煌零拾》，罗氏有跋，记其原委，并附王静安先生跋，考之甚详”云云；若于《集》之中卷实录所谓十八首之各调名下，却不照其书原例，注出《敦煌零拾》；在各辞之校异处，亦绝未提到罗本一字。又于《总目索引》之“散录”部分一八“敦煌曲子词残卷目录”三“上虞罗氏购得者”一节（三五二页）内，但著录《敦煌零拾》之“小曲”、“俚曲”等零星歌曲，绝不提《云谣集杂曲子》十八首，若无其文，既褊且怯，一至于此。设使上列表内之四十六项在王氏所谓“据伯希和摄影者”中，一一符合，则王《集》等对罗本所有之排拒竟如此干净绝决，岂非狭隘之极！王氏所谓“摄影”说，他处未见。设若综合四十六项内容、王氏摄影说、戴编“赠书”说，融为一义，则伯氏赠罗摄影之原文，乃斯一四四一以外之另一写本，二者绝不能混，尚有何疑乎？

复肯定罗本乃S·一四四一以外之另一写本，对潘重规《新书》于“伴小娘”三字在影本上施术复制加以责难。云：

〔“伴小娘”三字有疑〕前章末三字“伴小娘”甲本所无，而朱本忽然而有，来历不明，大是疑案！凡否认乙本之独立性者，应有以解答。乙本所写范围到此为止，以下惟见于伯二八三二而已。事尤怪者：斯一四四一本乃出于机制胶片放大，面目如何，举世一致。“伴小娘”三字适在一浓厚墨迹掩盖下，仅存“娘”字有下角两笔可辨，凭此区区残迹，断难推出“伴小娘”三字全文。而潘书既不信有伯希和另传一本，又非用“伴小娘”三字全文不可，在伊书发表之斯一四四一影本上，竟于施术加字复制后，独使三字清晰可辨，与举世发行之斯本不同，则未免诳世欺人，非笃实治学矣！此端一开，将使人心大坏！流弊胡底？愿潘氏有以昭告世人！世人不可欺也。

又论朱彊村前后二本，对“伴小娘”三字不作阙文之非，更推论英京之本，董康所见时尚存，追问何时遭遇灾害，致此三字之消蚀。越推越远。其说云：

诸家校议中，以“伴小娘”三字来历问题较复杂，当先说明甲本情况。甲本写右辞之末三字，地位已到行之尽处。“楼”下尚应有三字，原本字迹消蚀，仅剩末字右下角，作如“艮”之残迹而已。倘专凭此残迹，实难推想到原是“娘”字。董抄纵精细，要不过如此，难于写出三字全文。而朱本前后两刻，对“伴小娘”三字不作阙文，不在“楼”下列三空格，竟载出三字全文，究何所据？何以在“校记”中不著一字？一若董抄原有此三字，不致启读者之疑者。未虑甲、乙二本流传遍天下，有目共睹。罗书较朱本之初刻早一年问世，又人所共知，对此又焉得不疑！明明是朱本不甘此三字之阙，遂暗中采用罗书，于表面若无其事，有如卷端异文表后之所论者，何欤？所谓“伴小娘”本对朱本既大有助，何必仍加以深闭固拒？朱本以后之诸本相从得助者，又纷纷然，而对其事则皆讳莫如深，其中要以王《集》与饶《编》为尤甚，大可不必矣。

或谓董康一九二四年以前到英京录甲本时，此三字尚存，其消蚀乃以后事耳云云，则亦不符卷面实况。因斯一四四一漫漶处甚多，从《柳青娘》第二行向左延展，第三、第四、第七行之下端字迹均有消蚀。第七行乃一大缺口，似刀剪所伤，不能说第四行下端之失去“伴小娘”三字，乃绝无仅有之事，独为一九二四年以后所造成者。倘此类卷面之残缺皆构成于一九二四年以后，则英京庋藏敦煌写本之处究曾于何年何月，遭何种灾害？致祸延此卷，则向无所闻也，不能凭主观想像或捏造。故从“伴小娘”三字在两卷中一存一亡以判，知甲、乙实乃二本，绝非一本，已无复怀疑之余地矣。何况“小娘”二字别见于〔〇〇〇九〕，非生造词汇，不必向罗深文周纳，故入人罪而后快。

他又说：“饶《编》曰：‘《初探》强调法京有《云谣集》二本，非是。’……曾无第三字之说明，是但断案全无事由也，无由之断，岂非武断？”

校勘古书，文字异同，只是本子上的纠纷，向未闻牵涉人事，想不到“伴小娘”三字，竟引出这么多的麻烦，形成这样令人难堪的局面，不可谓非学术上的悲剧！究竟“伴小娘”三字的实际情形是怎样？记得我在伦敦检读原件（图一），这三字清楚可辨。日前我和学生检取显微胶卷再细加观察，三字虽上面蒙盖有一些墨迹，但“伴”字非常清楚，仍可辨认。

图一

任氏说：“从《柳青娘》……第七行乃一大缺口，似刀剪所伤，不能说第四行下端之失去‘伴小娘’三字，乃绝无仅有之事。”他处处使用推理，但我影出的复本，“娘”字相当清楚，“小”字若以灯光射透纸背，亦清晰可观，完全没有失去。任氏想象下之伦敦此本“伴小娘”三字是失去的，所以他在书中对柳青娘这一句，写成“断却妆揼□□□”作三个缺文来处理，异文表上亦然，故屡屡说道“伯存断灭，不容蒙混”，是肯定两本的铁证。现在实情明白了，完全出自他自己的错觉。他的细心、费尽心力从异文去追寻明白，精神可佩，奈所见胶卷没有弄清楚，妄下判断，制造混乱，何得说人家捏造！“伴小娘”既有而非无，罗氏之书分明是根据伦敦本，案情亦可大白了。

我以前只说“非是”，因为《云谣集》在法京编目中，只有一本，这是事实，亦是常识，毋庸多费唇舌。王重民是法京敦煌卷子编目负责人之一，他深知此中曲折，对罗氏《零拾》本的异文，大半出于罗氏辨认不清，故避而不论。任氏自言致函法京询问，直称罗书为“伴小娘本”，法京不答，我想是尊重他老人家不欲和他争论。而任氏自信心太强，用考据推理方法，迂回曲折，来证成他的假设，不从常识去判断、实物去核对，一味孤往自用，劳而无功，连罗氏自己说“今藏伦敦博物馆”已经指出来历，还不相信，而硬说是出自他的笔误，又复无端生出王氏摄影说、戴氏赠书说种种空穴来风的理论，甚至说潘公伪造，则太离谱矣。

异文之多，我想因为早期照相技术不佳，纸面灰暗，拍照效果差，引起校者的臆改，是不免的。

当年伯希和捆载而西，法京老辈院士不信任他，认为清朝泱泱大国，岂有这样多的古物古本给人随便搬去之理，有人还说这些都是伪品，伯氏欲和他比武决斗，后来作罢。这批遗书终要经过一段长时间的整理，方才藏入国家图书馆，标上 Pelliot Chinoise 的编号。我相信在初期伯希和本人未必弄清法京敦煌卷子中的《云谣集》。由于日本狩野直喜在英移录其目，罗振玉知道了，和伯氏通信，伯氏才向英京索取，寄给罗氏。罗氏跋文中已说得很清楚，所以罗氏注明“今藏伦敦博物馆”；如果原藏法京，他绝不会这样张冠李戴的！

令人诧异的，任氏说道“二跋已肯定伯希和于一九二三年寄此本来”，但一检任书年表，第二页这样写着：

> 一九〇九……伯希和将由北京回国，王国维为饯行，非常友好（见王著《集蓼篇》)。八月，伯希和从法国寄给罗振玉敦煌写本照片，其中有《云谣集杂曲子》。

这桩事分明是在癸亥（公元1923年)，何以系于1909年？与罗跋和自己之说矛盾。《集蓼篇》是罗振玉的自传，竟说是王著，岂非“错上加错”，开头第二页便有这些错处，可见系年之不易！不要处处责人太苛！任氏臆测法京必有另一本，还说“戴《编》谓法京劫藏数千卷，乃伯希和之‘赠书’。然则伯氏大赠国家之余，何尝不可小赠朋友欤?”世间事哪有如此儿戏！他在《云谣集》开头便列出另一丙本，说是伯希和寄罗振玉本，今既证明罗本即是伦敦本，我们的结论：《云谣集》连法京计，实只有二本而已。

二

任老和我的争论，主要的焦点有二：一是对曲子年代的不同看法，二是对于曲和词界说含义的差距，谨说明如次：

（一）关于曲子年代

《敦煌曲》中时代一章，提出讨论的只有三件事：

一是S·四三三二《卄卄雾》（《菩萨蛮》）之年代；二是P·三一二八关于频见老人星的年代；三是P·三三六〇《大唐五台曲子》的年代。另拙书附有《敦煌曲系年》，完全以卷子上所记明确年代排列，根本不涉及曲子的内容，即《云谣集》因本身无正式书写年代，虽然知道它的上限以金山国为断，只有旁证年代，亦不正式列入。现在我要说明一下我的方法与立场，我不同意把某一曲子孤立地从内容去作揣测，而必须结合卷子前后的联系点，包括字体、人名、地名的历史关系去探索，如果没有可依据的定点，宁可存而不论。由于曲子本身只有辞藻，很少有有说服力的年代内证，故许多曲子的年代，我完全不敢妄说。

我讨论年代的三件事，第一桩指出任老前书把该文件的壬午，定为天宝元年之不确，按实当为十八年之壬午（公元802年）。他开始很不以为然，现在却说我对了。第二桩我以老人星的出现作为历史定点，因为P·三一二八前面所录的曲子《菩萨蛮》三首，首为“燉煌自古出神将”，次即有“频见老人星”句，又次为“鸾驾在三峰”句，即指唐昭宗幸华州事。“出神将”一词，一般认为是敦煌陷蕃以后作（任老新说谓为德宗建中初作，似用林玫仪说，今不评论），结合前后的两首曲子，不容易说是盛唐或中唐的作品，而老人星在朱梁时确有连续五年出现的记录，故主此说。任氏自己勘正前说云：“《初探》论时代未虑星现之特征，推右辞作昭宗光化，更误，当废。”我没有驳他，他自己摒弃前说。但他从《册府元龟》查出至德、上元、宝应续见老人星三次，遂另定上辞之作宜在肃宗时，我却不同意，主要理由有三：

（1）上辞云“频见老人星，万方休战征”、“从此后泰阶清”，我们看是时安庆绪之乱未已，接着史思明之子朝义又入寇，四海沸腾。宝应元年的建巳月（四月）甲寅圣皇天帝（玄宗）崩，丙寅肃宗崩。朝廷多灾多难，与词的内容不合。

（2）任书观点注意“再安社稷”及“回鸾辂”二语，欲以比附上皇自蜀回都之事。须知朱全忠当日因唐天子奔华州，全忠以梁王迫其迁都洛阳，唐天子终遣使赐以“迎銮纪功碑”（《新五代史·梁本纪》），卒以篡唐。“回鸾辂”以指“迎銮”事，亦无不可。以“梁”代“唐”，建以新祚，故云社稷重安，“从此后泰阶清”，乃谀者之词。

（3）老人星在肃、代、宪诸世皆有记载。以肃宗时而论，有下列三次：至德二年（公元757年）八月、上元二年（公元761年）八月、宝应元年（公元762年）九月（是时肃宗已死，入代宗朝）。从公元757年至公元761年是间隔好久才出现，不若朱梁时一连五年重叠现瑞。《太平御览》五引《春秋文耀钩》曰：“老人星见则主安，不见则兵起。”梁臣以此献媚，故云“频见老人星”，“频见”字眼，是年代关键，故我仍维持旧说。

如果怀疑朱全忠时代未有明确的曲子出现，请看最近新查出的资料为任书所未详的，记明“开平己巳”书写的“上酒曲子《南歌子》”舞谱（S·五六一三），证以唐昭宗饯梁王（全忠）于延喜楼，赐《杨柳枝》五曲（《新五代史》），可见其时朝廷风尚，习以曲子用作酬应赏给饮宴之品，是肃、代时代所没有的。

至于第三桩关于《五台山赞》中的“周”、“州”两字的校勘，任书殊未精到，且多出于臆改，不得不加以申辩。

此赞重复本至多，但只有北京“咸”字号作“大周”一见，另一残本误作“大同”（S·四〇三九），其余各本都作“大州”。“州”与“周”同音可互借，不待论。大凡校勘异文，如何取舍，观点不同，遂多入主出奴之见。试问此处共有六本以上都作“大州”，且与下文“大州都督”字眼一样，三占从二，何以偏要选取仅一见的“周”字以为正本而摒弃其他？分明是先有成见在胸，否则决不出这一招的。

兹就英、法两处卷子所见，上文和下文都作“大州”，列出如下：

S·四四二九	“大州东北有五台山” “大州都督不信有文殊”
S·四〇三九	“大同东北有五台山”，存前五行，下句缺后十五行，内兼记《十空赞》一本，“同”字误。

S·五四五六	“大州东北有五台山”，下多缺
S·五四八七	“大州东北有五台山” “大州都督不信敬有文殊” 前为《悉达太子赞》一本
S·五四七三	“大州都督不信有文殊” 内记《佛母赞》一本，抄《五台赞》多残缺。
S·四六二五	“大州东北有五台山” “大州都督不信有文殊”

可见大州与大州都督两句用字重出的实况。任书把上文的大州改作“大周”，下文的大州改作“代州”，既不一致，而随意校改，他在书中所记述，某本作某，对勘原文，多不符合，不遑缕举。兹要指出的是两处同作“大州”，都是指五台山的所在地代州，大州指的是地，上文“大州东北”即指代州之东北，下文大州都督指唐代河东道辖下的代州都督府。《元和郡县志》“隋开皇五年改肆州为代州”，代州有五台县，“五台山在县东北百四十里”。东北方向正合。任书欲改上文之大州为大周，说：“大周指武周，以京师长安为代表地，五台山在其东北。”把地名变作国号，增文足义，取长安为代表地，在文义上很难说得通。按下文的大州都督不得为大周都督，则上文的大州自不得为大周，明白易见，何必迂回曲说到这样的地步？

尚有进者，“大州东北有五台山”一句的句式是袭用道宣的《感通录》。妙济在《广清凉传》上《清凉得名》一章说：

> 按《大唐神州感通录》云：代州东西有五台山者，古称神仙之宅也。[①]

再看道宣书里的原文：

> 岱州东南五台山，古称神仙之宅也。[②]

道宣这书撰于麟德元年（公元664年），唐初五台山的实际情形，可见一

---

① 《大正藏》五十一册，1105页。

② 《大正藏》本书卷下，424页。

斑，他和作《古清凉传》的慧祥时代相若，道宣记五台一段文字，以后屡见人引用。《五台山赞》的作者亦袭用其文。任氏不知《大唐神州感通录》即道宣所著，又不知此书现尚存，乃从《图书集成》引用之文，大论其方位，谓“云大周东北”乃合，云“代州东北不合”，任书在《赞》的解题说：“首先作辞时代早在初唐。”既云作于初唐，何能预先言及武周？他把许多曲子尽量推前，但这《赞》必不可能，因为《赞》中分明说及“代州都督不信有文殊”一句，这位不信文殊的人物乃是开元二十三年王嗣。在《广清凉传》卷中《州牧宰官归信十八》一项提到的代州都督，“第一位是开元十八年代州都督薛徽，第二位便是开元二十三年代州都督王嗣”。由是可证此《赞》写作年代必在开元以后。任书谈到他列举卜天寿写卷内有以“州”代“周”者八处，拿来证明此《赞》作辞时代必在武周，不知武周证圣元年（公元695年）分五台、崞二县置武筵县。少帝唐隆元年（公元710年）改为唐林县。武周时，五台的辖境与道宣时又有不同。请读者专家看看，经过上面的分析，他这一“有力”的证据，还站得住吗？

在此我将连类谈谈另一首礼五台山偈的《长安词》的时代问题。这词的问题点在“第二首”的“五花吟”三字。柴剑虹最先校勘，把五花改作“玉华”，说是玄奘法师的玉华宗。但我再细核各本字形如下：

五花吟　　（S·五五四〇）

五华吟　　（L·一三六九）

花与华是一字，不成问题，二本的“五”字都很清楚，柴君说L本是“玉华”，“玉”字可能看错，任书说：乙写“王”，“玉讹五”。他则认是由“王”讹为五，可见原来还是“五”。另外P·三六四四此句作“四方取则慕华钦”，只有“华”字和别本相同，绝没有“玉”的异文。这样从写本原貌看来，“玉华”一说是不易成立的。我们当从“五花”一语另寻解释。[①] 道宣在《神州感通录》说：“南台三十里内多是名花，遍于峰岫，俗号花山，中有圣寺。”《广清凉传》云：“又《感通录》上卷，宣律师问天人云：今五台山中台之东南二十里见有大孚灵鹫寺……南有花园可三顷许，四时发彩，人莫究其所始，或云汉明所造，或云魏孝文所作，互说不同。”今看《广传》上《寺名圣迹六》下云：

名花五：曰菊花　孝文十二院花　廿五凤花　百枝花　钵囊花

① 我从前的一些说法，自是不安。

所谓“五花”或者指此。五花吟即对花山、花园的吟咏。从五台山当地圣迹觅证据，谅较迂远曲折改字的玉华说为可信，姑且提供一说。任书马上采用柴说，便断定此词作于初盛唐梵僧得闻玉华宗新法而作偈，其实大前提尚需研究，下得太快的结论，如何能令人置信呢？

此外，我在作者一章，谈到“御制”问题，争论的重点在《内家娇》一曲，任书十分肯定曲中人物是杨玉环，他举出八条证据，任氏强调林钟商《内家娇》“风流第一佳人”句，引李白“宫中谁第一，飞燕在昭阳”为佐证，谓非太真莫属。试看宋王珪宫词中屡见“选进仙诏第一人”，“仙诏第一已知名”之句；“第一”二字，任何佳人都可使用的。[①] 我个人认为这曲子只是描写某女道士，无法确指为谁，就中“除非却应奉君王，时人未可趋颜”是假设语气，只说她有资格入宫。另一首云“及时衣著、梳头京样”，贵妃在长安，何必艳称“京样”？必欲说是指杨太真，有点牵强，还是存疑的好。任书说“所谓御制，乃制曲非制辞”。我们看P·二五五五背面诗长卷，已经过许多人研究，其中有《御制勤政楼下观灯》一首，书法秀丽，“御制”云云，确指玄宗所作。[②] 可为佐证。如出乐工，何得称为“御制”？理由至为简单！《敦煌曲》于作者章，举出唐昭宗及后唐庄宗都有御制之作，史有的证。《云谣集》接书于金山国文件之后；而金山国政权消灭时间，近年唐长孺研究认为不能早于乾化四年（公元914年），乾化四年（甲戌）十月已有曹仁贵牒[③]，可证其说。是金山国下限可终于公元914年，下去后唐同光只有九年耳。法京《云谣集》卷内的《内家娇》没有注明“御制”，另在P·三二五一号乃题以“御制临钟商《内家娇》”字样，我曾推测庄宗“为公子，雅好音律，又能自撰曲子词”[④]，“汾晋之俗，往往能歌其声，谓之御制者皆是”[⑤]。故疑此咏女道士的《内家娇》，和庄宗为公子时所作的曲子词，或者有点关系，后来传播到西陲。任氏认为“《内家娇》之写情，百分之百属风流猗狔一类，何能作庄宗阵前振作士气之军歌？”不悟庄宗传世最有名之作品，如“一叶落，搴朱

---

① 任氏竟误宋王珪为唐太宗时诤臣之王珪。引其句而为之解云：“指皇帝于夹城内新辟地点，污辱宫女，珪写李世民之恶，任至如此！”所言十分可笑。

② 原寸影本及考证详《书法丛刊》，36、57页。

③ 详《敦煌书法丛刊》十五册《牒状二》。

④ 《五代史补》。

⑤ 《新五代史·伶官传》。

箔……”（见《尊前集》），与宋人所传出于断碑之《忆仙姿》[1]，何曾非风流旖旎之作乎？《新五代史·唐本纪五》“存勖尤喜音声歌舞俳优之戏。（哀帝）天祐五年（公元908年）即王位于太原”，时存勖二十五岁[2]。他为公子即在此之前。《云谣集》对“湛”字不避唐讳，由于写于朱梁之际。对《内家娇》亦不题御制，其时存勖尚未代梁登位。我以前记述前后事迹未清，致引起误会，现再为辨析明白。至P·二八三八题上“御制临钟商”字样，必是入同光后，宫廷以此词配以林钟商合乐，它和《云谣集》写作时间是有先后之别的。我这一说法，是否合理，还需仔细推敲。

（二）其次谈曲与词的含义问题

任书有他的立场，他说：“《云谣》等在唐代乃杂曲子，本不是词，招牌鲜明。”他对王国维以来诸家另换招牌，称之为曲子词，深表不满。《云谣集》固然是曲子，但说它不是“词”，把曲与词明显划分，有无语病，我恕不多谈，让其他专家去详细研究。任书宗旨是标榜唐曲，来和宋词对抗。向来误认慢词起于宋，以柳永为其魁首，自敦煌曲子发现以后，看法大为改变，例如《倾杯乐》非始于柳永，《云谣集》已有之，长兴某年写卷背面的琵琶谱，有《倾杯乐》、慢曲子、急曲子多首；一向以中唐以来作长调者只有杜牧一人的《八六子》，我在法京最先录出《怨春闺》（P·二七四八背）正是《秦淮海》一路的长调杰构，声情之美，与《洞房深》可相伯仲，故不能谓筚路之功肇于小杜。自晚唐至五代，舞筵歌唱，无不赖曲子清绝之辞，以助乐舞娇娆之态。S·五六一三号《书仪》之后有上酒曲子《南歌子》兼记节拍与舞容，为梁开平三年己巳（公元909年）时所书，故知《云谣》一集亦与绮筵侑酒不能绝缘，与《花间集》正是一脉相承，何能切断其间血缘之关系？

任书广收并蓄，许多无曲调名的，他都给予某一名目，虽加上〔　〕号，表示代拟，毕竟没有实据，我们处理这种资料，便没有他这样的胆子的！所谓王梵志《回波乐》（S·四二七七）之二十余首白话诗，已经人考出即南朝僧宝志的《大乘赞》十首之九，加以删改之作。梵志有一首是把《释亡名诗》加以改作（以上项楚先生之说）。任书之前王序说道：“单就《回波乐》一调看被长期囚禁在列宁格勒……就达一百四十多首。”其实这批材料已经陈庆浩

① 见杨湜：《古今词话》。

② 彼卒于同光四年，年四十三。

发表了[1]，看来是诗而不是曲，苏京是卷之末，有题记云："大历六年正月日，抄王梵志诗一百一十首，沙门法忍写之记。"法忍写明是"诗"，不能轻易看作合乐讴唱的歌词。这些都不当随便列入失调名的杂曲里。岑参的《冀国夫人歌词》七首自是绝句，见于P·二五五五号长卷，其前与后都是诗，任氏说它："题曰歌词，知七辞非徒诗，而为声诗，应入曲子联章。"又说："题中著明为歌词，有此一词字乃构成声诗之有力标记。"可惜没有调名。岑诗当日是否入乐？曾付歌唱，实很难说，既无明证，何能谓其失调名？《宋史·艺文志》著录《历代歌词》六卷，既标"历代"二字，则不限于宋代可知。如果凡有一"词"字便可收采，那么《文选》中乐府类上石季伦的《王明君词》当然亦是声诗了，这样一来，试问滥乎不滥？[2]

有些句子人家已论定了，例如《山花子》节拍"悔、悔、悔"，在第一个悔字之下确有二点，我首先指出，谓如"天天天"句式之例。其后潘重规先生亦说"悔悔悔和陆放翁的《钗头凤》之'错错错'同体"，林玫仪《斠证》采用是说，殆成定论。而任书仍作"悔□□"，一如《校录》之旧，岂非去瑜而存瑕。《捣练子》人家已改正了[3]，而一字不说；有的误字人家在《法曲子论》抄正了，何须重谈。行路难句逗，只一点之差，出自抄写者，自是疏忽，因未附勘误表，是正之可耳，而百般诋毁，有失忠厚！书中指斥各家，言多过火，而谤儒骂佛，处处皆是，已越出学术范围。他如说图版中造假象，是他自己忘却图版之侧，记有数字，以示其次序（图版安排乃出 H. Vetch 之手），而肆意挑剔，更不应该。许多观点与角度不同，还待好好讨论，只是硬说法京有《云谣集》二本，分明出于刻舟求剑，必须澄清，故论之如上，仍望专家们多多指正。

附带谈一点文字过录，易于弄错的问题。阅读敦煌写本，原物有时纸太旧、墨太灰暗，反不如影本之清晰；影本的缺点则每每因背面墨书现出的阴影而致误会。以《云谣集》而论，目前影印本能照原大印出者只有法京一本，见二玄社印拙编《敦煌书法丛刊》第十六卷。我曾取此本和伦敦本放大二倍与任书每首所录原文字形比勘，发觉任书所刻之字多数失真，往往误添笔画，大抵为阴影所误，甚且有原本有而漏去一字者，略举如次：

---

① 参见《敦煌学》第十二辑。

② 我以前说张策集名《制词歌诗》凡廿卷之多，其中或有曲子之作。我的重点是在下面的"歌诗"二字，不是其上的制词，照任说歌诗即声诗，如何说得去呢？

③ 见《敦煌曲订补》。

《凤归云》第二首《贪苦战》之“贪”　甲、乙本均作“貪”，任书78页作贫（第二行），大误。

“卦卦皆虚”　法京本重文号作ⸯ，英伦本作ᐯ，任书作“乙”，误。

《倾杯乐》　法京本“忆昔笄年”，“昔”字十分清晰，任书原写作“忆黄”(200页)。其校语云：“黄改昔，形讹。”按原卷分明是“昔”不是“黄”，不讹。

“对台重整”　法京“妆”上有“对”字，任书原写（200页）缺乏，是不应该的！

他如皃（即皃＝貌），任书误写作白，不成字。另一首《倾杯乐·久滇香闺》，任书“久”误作“文”。

又下文皃（皃）误作“见”。

如“蕊”，任书误作“蕋”，根本无字。

下面《内家娇》末句“时人未可趋　颜又”，任书“又”误作“文”，复与上文误联在一起。

够了，不再举了。校书如扫落叶，不能必其无误！任书欲保存原貌，而反失真，太可惜了！我的讨论到此为止。

原载《明报月刊》，1988年6月号，略有增订

《云谣集》的性质及其与歌筵乐舞的联系

——论《云谣集》与《花间集》

去年6月间，我于《明报月刊》发表过一篇《〈云谣集〉一些问题的检讨》，问题的重点，在指出《云谣集》的写本，英、法两地所藏只有二本，没有第三本，所谓罗振玉的“伴小娘本”为法京所藏之第二本一说，基本是出于错误的推论。潘重规先生亦有文加以订正，看来是可以论定的。拙文当中复谈及该写本年代的上下限：

（1）法京本《云谣集》恰写于金山国文件之后，金山国下限不能早于梁乾化四年（公元914年）。

（2）《云谣集》中有一首诗题曰《内家娇》，但在法京另一写本（P·三二五一）却题作：御制临（林）钟商《内家娇》，确凿指出是御制；我因推断这必是出于唐庄宗李存勖早年手笔。存勖即位在同光元年（公元923年），《云谣集》抄写时，他尚未登位，所以不题曰御制；另一纸则抄于他即位之后，所以写明是御制，因此可断《云谣集》写成的下限不超过后梁。这一论点，至今仔细推敲，仍是牢不可破。

我复指出最近查出的敦煌新资料有记明后梁开平己巳的上酒曲子《南歌子》的舞谱（S·五六一三）正值朱全忠的时代。“上酒”的意思是什么？据《唐语林》卷八有三条涉及唐人酒令的记录，其一说：

> 壁州刺史邓宏庆，饮酒至平、索、看、精四字。……自后闻以《鞍马》、《香毬》，或《调笑》抛行时，上酒招摇之号。其后平、索、看、精

四字与律令全废，多以瞻相、下次据上酒，绝人罕通者。下次据一曲子打三曲，此出于军中。邠善师酒令闻于世。[1]

李肇《国史补》同样记载邓氏此事，云在高宗麟德时。所谓平、索、看、精四字亦见王梵志诗。词调的《调笑令》和《抛毬乐》即出自酒令。摇、据是舞姿动作，见于敦煌舞谱。“瞻相”又作戏瞻相，薛能诗云：“瞻相赵女休相拽，不及人前诈摆头。”亦是酒令的动作，拽、头的舞容，亦在敦煌舞谱中出现。“下次据”是一种酒令，见于皇甫松《醉乡日月》书中的排列如下：

下次据令——列第十四
上酒令——列第十六

这类酒令可以用一曲子打成三曲子，三催慢拍，尽量拖长，这种习惯在军中很是盛行，当日军人喜欢饮酒，以此种酒令取乐。在邠州举行的最为出名。邠州唐代为邠宁节度使治所，属关内道。至若邓宏庆的壁州则属山南道。[2] 军人们都喜欢这种娱乐，从京畿的邠州到山南的壁州皆然。上酒《南歌子》即取《南歌子》曲调作为上酒之用的。朱全忠是军阀出身，有许多记载谈及他喜欢听歌的故事。唐昭宗旧时供奉的琵琶乐工关小红，朱全忠求得之，为弹奏《杨下采桑》[3]，崔胤执拍为全忠唱曲[4]，可见他对曲子的爱好，他本人亦是咏诗唱令的一把能手。晚唐几位皇帝都乐此不疲，我姑且从《通鉴》的唐纪及他书抄出下列各条来看看：

敬宗　宝历二年（公元 826 年）六月己卯，上幸兴福寺观沙门文溆俗讲。

文宗　善吹小管，乐工黄米饭作《文叙子》，采其声以为曲子。

　　　开成四年（公元 839 年）十月，幸会宁殿作乐。召教坊刘楚材四人……

宣宗　作《倾杯乐》新声[5]，制《泰边陲》乐曲。

---

① 《唐语林校证》，742 页。项楚谓末句当作“邠帅善酒令闻于世”，善帅二字误倒，师又帅之误。

② 俱参见《元和郡县图志》，60、1063 页。

③ 参见《北梦琐言》一二〇条。

④ 参见《旧唐书》卷一七七。

⑤ 参见《乐府杂录》。

武宗　会昌四年（公元844年）上闻扬州倡女善为酒令，敕淮南监军十七人献之。

懿宗　上好音乐宴游，殿前供奉乐工常近百人；十二年，乐工李可及作《叹百年曲》，其声凄婉，舞者数百人。①

昭宗　乾宁四年（公元897页）七月（在华州）令乐工唱御制《菩萨蛮》词。②

可见中晚唐以来，诸帝对于曲子乐舞无不喜欢，《唐语林》还说：会昌年间，武宗常往教坊作乐，谐谑如民间。他们常和优伶混在一起玩耍。孙光宪记："僖宗好蹴毬、斗鸡为乐。谓俳优石野猪说：朕若作步打进士，亦合得一状元。"（《北梦琐言》第一条）这里所谓"步打"，步或指舞姿，打即打令、排打、抛打之类。敦煌本《父母恩重经变文》："酒热花开三月暮，但知排打《曲江春》。"唐诗饮宴，打某一曲子习惯称为打，如打《还京乐》之"打"，"下次据一曲打三曲"之类。僖宗即以能步、能打自负。他是一位年轻人，驾崩时才二十七岁。当时公卿名士亦与教坊伶人相处酣嬉。如孙光宪书卷四记薛侍御昭纬及温庭筠之事。昭纬恃才傲物，好唱《浣溪沙》词。薛昭纬，有人认为即《花间集》之薛昭蕴（或以为非）。但孙书另有一则逸文记："唐孔纬尝拜官，教坊伶人至，求利市。石野猪先到。……后有一伶至，乃召俯阶，索其笛，指笛窍问曰：何者是《浣溪沙·孔子》？伶大笑之。"③ 石野猪只是一优伶，乃自皇帝以下至于官员都和他相狎。笛上的《浣溪沙·孔子》说明唱《浣溪沙》时，吹笛来合奏。由石野猪之事，可以看到唐季乐工如何得到朝廷及文士的优待，作为文娱活动的帮闲者。后来唐庄宗与伶人狎戏正是晚唐留传下来的生活习惯。唐代教坊的组织十分庞大，请看下面：

文、武二舞部一百四十人，散乐二百八十一人，仗内散乐一千人。音声人一万二十七人。

官方编制上能讴唱的音声人竟有万人之多。昭宗幸华州时，他写成《菩萨蛮》词，立即命乐工唱出。当日他逃难的随员，还有一些音声人呢。

---

① 参见《通鉴》，标点本，8161页。

② 参见《旧唐书·昭宗纪》。

③ 《太平广记》二五二孔纬条引《北梦琐言》。

自昭宗被劫迁以后，百官荡析，名倡伎儿，皆为强诸侯所有。[1] 五代曲子词所以盛行，我想主要是因为唐宗室教坊乐工优伶之四散，入于割据方镇之手，促成宴会侑酒文娱事业发达的风气。观《宋史·乐志》称："平荆南得乐工三十二人，平西川得一百三十九人，平江南得十六人，平太原得十九人。"西蜀的乐工，为数独多。《花间集》所以编集于蜀，正由于其地舞乐最盛，冠绝一时，而前蜀后主王衍及后蜀主孟昶都是词人，能写曲子。王衍且自执板，唱《霓裳羽衣》及《后庭花》、《思越人》等曲于怡神亭。[2] 由于他们及韦庄的提倡，故曲子词传诵尤广，赵崇祚遂得编集成书。唯赵氏似乎未见过《云谣集》。

敦煌所出若干写卷，涉及曲子及乐舞而有明确年代记载的，大都集中在五代。试看下表：

公元 909 年　梁　开平己巳　上酒《南歌子》

公元 914 年　梁　金山国文件，《云谣集》下限

公元 923 年　后唐同光元年　庄宗　御制《内家娇》

公元 933 年　后唐明宗长兴四年讲经文　写于琵琶谱背

公元 940 年　后蜀广政三年　赵崇祚《花间集》编成

公元 955 年　后周显德二年牒　舞谱写于卷内

这些有注明年代的写卷，都围绕于五代时期，《花间集》正在这期间编成，并非偶然，因为这一时期，是歌令尖新发展到最高潮的阶段。

由酒令产生令辞，即是后来词中的小令，这是词的短篇制作，只是代表词的一部分。《云谣集》题曰"杂曲子"则包括长篇的慢词和短篇的令词，比较全面。

上面所记的敦煌写卷，实际应该有三类：

（1）只记曲子名目，兼记琵琶弦柱名，这是乐谱。

（2）只记曲子名目兼记舞蹈节奏与动作的，这是舞谱。

（3）记曲子名目与文辞而不及乐舞的，这是曲子总集，《云谣集》即属于这一类。

值得研究的还有"雲谣集"这个名称。现在大家都读作"雲谣"，可是在英、法两写本里面，分明均题作"云谣集杂曲子"，而同卷中所见的"雲"

---

① 参见《北梦琐言》第二八〇条。

② 参见《续唐书》二十五。

字，不一而足，从没有简写作“云”的，有人认为仍应照原本称为“云谣集”，不必作“雲谣集”[①]，这是很有道理的。若然，则云谣之“云”，乃是语词。《诗经》在动词的上面用“云”字之例甚多，像“云憎”、“云觏”、“云从”，则“云谣”者，《说文》言部：谣训徒歌。《尔雅·释乐》“徒歌曰谣”，“云谣”也者，言其可以供歌唱耳。故知《云谣集》原属歌曲集，与琵琶谱之属于乐曲集，性质不同。

曲子有时只有乐曲，有谱字而无文辞，其词既成，再由乐工唱之。唐昭宗登齐云楼，令乐工唱所制之《菩萨蛮》，是先有词句，然后乐工制谱，由音声人唱之。

《云谣集》英、法二本共题称三十首。集中所见的曲调有《凤归云》、《天仙子》、《竹枝子》、《洞仙歌》、《破阵子》、《浣溪沙》、《柳青娘》、《倾杯乐》、《内家娇》、《拜新月》、《抛毬乐》、《渔歌子》、《喜秋天》等曲调。这些曲调见于琵琶谱的有《倾杯乐》及《浣溪沙》，见于舞谱的有《凤归云》、《浣溪沙》。

《凤归云》为唐教坊曲，见于《乐府诗集·近代曲辞》的有滕潜二首之齐言七绝体。是集所收四首，都是双叠，每叠九句四十字左右。以后柳永的《凤归云》亦为双调体，而有一百一字与一百十八字两体之殊。《凤归云》的舞谱有三谱，用常调拍段（所谓拍常），从“令”至“据”诸动作各占三拍。谱上详记其他有关舞容的拍数。《云谣集》中前二首《凤归云》，其词题曰《闺怨》；另二首言及锦衣公子，显然是歌伎的唱词。

《洞仙歌》词，苏轼记彼曾见眉山九十岁的朱姓老尼，在孟昶宫中听到其纳凉于摩诃池上的词句，即《木兰花》起句“冰肌玉骨清无汗”，东坡为足成之，成八十三字一体。此事又见杨绘（元素）的《本事曲》和《墨庄漫录》等书。《洞仙歌》体制甚繁，竟有三体之不同[②]，《云谣集》所收得二首，令人可审知北宋以前《洞仙歌》的体制。观其句云：“拟铺鸳被，把人尤泥。须索琵琶重理，曲子弹到、想夫怜处。”“却再叙衷鸳衾枕。”宛然是伎儿的口吻。令人想起为梁太祖弹奏《采桑》的琵琶乐工关小红，她所唱的曲子，不知有这样风流婉丽“把人尤泥”吗？[③]

《浣溪沙》亦出唐教坊曲，又名《浣沙溪》。唐五代曲子中最为大宗，共得九十余首，与《杨柳枝》可相匹敌。《花间集》中孙光宪便有十九首，其中

---

① 林玫仪说。

② 一百一十九字、一百二十三字、一百二十六字。万树颇讥其讹错。

③ 尤泥，宋人作尤殢，恋昵义。

一首破下片为七七三三三格。《云谣集》所收只二首，其一云："偏引五陵思恳切，要君知。"其一云："玉腕慢从罗袖出，奉杯觞。"分明是上酒的歌词。

《倾杯乐》，《集》收二首。P·三六三二《乡侄周状》附诗一首云：

谨奉　来韵并寄曲子名。

作夜拳卷（?）侄取赢，至今犹匿《素中情》。赛拳应有《倾杯乐》，□仁争（怎）敢不相迎。

《素中情》即曲子名《诉衷情》。

当日歌唱《倾杯乐》时，即在饮酒猜拳之际，故又有《倾杯令》之名。

琵琶谱中的《倾杯乐》分曲子及慢曲子，为多型曲调。证之柳永《乐章集》中的《倾杯乐》，体制及宫调甚繁，《倾杯乐》自是标准的长调酒令著词。

敦煌虽处边陲，艺术活动非常发达，以绘画论，有画院（伎术院）、画行之设，我想寺院里面应该有教坊一样的组织，《云谣集》即为准备讴唱之用，故名曰《云谣集》；又称为"杂曲子"，似乎表示与法曲子不同性质。这可能原是西北地区的唱本，寺院中的"和尚教坊"，亦用它作诵习之资，故加以抄存。

敦煌唐代共有十八大寺，既是宗教的重心，亦是文化教育与群众娱乐的场所。S·五六一三的上酒《南歌子》舞谱，只存前词。抄写者名叫德深（?），好像是一个和尚，他自记道："开平己巳岁七月七日闷题。"他在烦闷的时候，抄写上酒曲子的舞谱来消遣。可见和尚亦懂得"打令"。在长安的寺庙内向来有戏场存在[①]，敦煌的大寺必有戏场。我们看《节度押衙知书行都料董保德等建造兰若功德颂》云：

果唇疑笑，演花勾（句）于花台。莲脸将然（燃），披叶文于叶座。

花勾即花舞[②]，这是寺中的舞蹈。我以前尝举出S·二四四〇背详记队仗白说及不同的吟咏形式。其旁注云"青一队，黄一队"。这一资料经过许多人的研究，都认为是戏剧的雏形，可见寺院内演戏的情况。敦煌寺户中所有供

① 《南部新书》"长安戏场多集于慈恩，小者在青龙、荐福、永寿"之类记载。

② 宋史浩《鄮峰真隐大曲》云："两人对厅立自勾念，念了，后行吹《折花三台》，舞取花瓶；又舞上，对客放瓶，念各种花诗，又唱《蝶恋花》。"

役的车头、车家的记录，像净土寺己亥年（公元939年）的破历残，便记着“布壹疋，氾家四郎车头念诵人。”“布壹仗（丈）肆尺，吴抙昌车头念诵人。”在归义军时期，车头已成为沙州寺院经济供役的重要项目。车头是从寺院的需求来赚取雇价，亦就成为寺院的重要施主。车头死去后，寺院和尚常派出“念诵人”去做功德，必须诵经奏乐。和尚有时随手记下一些有关音乐的文件用以备忘。在拙作《敦煌曲》中特别对于曲子文件由寺院僧徒抄写的情况有详细记录。叶嘉莹女士尝根据拙书写了一首绝句：“唐人留写在敦煌，想像当年做道场。怪底佛经杂艳曲，溯源应许到齐梁。”她对当日俗曲歌舞与寺院佛徒结合的密切因缘，有总结性的说明[①]，我在这里不想再多赘述。

叶女士文中有几句话涉及唱“白绫袜”、唱“黄画帔”各得布若干尺一段，似是误将布施估物，叫卖唱物名的动作，误会为唱曲。以前任氏曾蹈此误，已有人加以指正。杨联陞好久以前在他所著的 *Buddhist Monasteries and Money Raising Institute*（*Studies in Chinese Institutional History*, pp. 209—211）已讨论过，这一小疵是需要删去的。寺院和尚要念经，作偈，“唱导”是他们必修的科目，所以有关乐舞的上酒曲子与舞谱和琵琶谱弦柱名目以及曲子种种，都是他们需要抄写的材料，实际上属于他们学习上的应用范围。《云谣集》既是一种唱本，它和《花间集》是有同样的讴唱的用途的。

任氏认为《云谣集》之作，“为适应合乐歌唱之方便”。“仅《内家娇》二首，《拜新月》次首，原作不出民间之手，曲乐工选来，余辞之作者应皆出于民间。”均无明确证据。须知教坊之音声人，能合乐唱出曲子之乐工，亦是政府较低级的人员，绮筵上的优伶与伎儿，亦为官家所豢养，不得谓他们是属于民间。

任氏强调《云谣集》大多数是盛唐时代的作品，他的主要根据有二点，一是集中不少描写征夫怨妇，与府兵制有关，这一层，龙榆生很早疑其“或且出于安史乱前戍卒之远向西陲者，携以同去，故得存于敦煌石室”[②]。这当然是出于揣测。另一是《内家娇》二首描写女冠，任氏列出许多证据，说明是刻画杨贵妃的本事。记得台静农在讨论南唐耿先生《炼雪图》一文曾说过：“任二北根据《内家娇》的末二句，说为杨太真事而作，且即在杨为女道士后将册为贵妃前，不免出于臆测。任氏此说想证明此词写于盛唐，使吾人知道

---

① 参见《灵溪词说》“论词的起源”一节。

② 《词体之演进》，载《词学季刊》创刊号。

盛唐已经有了长短句的词。”① 这一说的不可靠，已是有目共睹。《花间集》里面，有许多《女冠子》的曲子，都是描写女道士的作品，和这首《内家娇》正是一样的类型。《云谣集》中各曲子的写作年代，由于没有坚强的内证，一时无从论定，是否出于安史乱前之戍卒，西传而及于边疆，抑作于当地民间的劳人怨妇，都很难说。任氏强调是集为民间作品，把它与出于达官贵人所作的《花间集》对立起来，认为《花间》之类饮筵歌唱才是“曲子词”。但是，《云谣集》中像《浣溪沙》的“纤手令行匀翠柳，素咽歌发绕雕梁”，何曾不是“绮筵公子、绣幌佳人”② 一类的句子？《花间集》之作，大都是公子佳人在酒边尊前的娱宾遣兴之什。《云谣》中不少的曲子，正是同样性质的作品。

不少学人认为“词”是曲子辞的文人化，可以裴諴、温飞卿作为代表。添声《杨柳枝》在饮筵上竞唱其词，这即是“打令”。其实打令不止是文人所喜欢，武人有更甚焉。前引《唐语林》分明记着：

> 《下次据》一曲子打三曲子，此出于军中，邠善师（帅善）酒令闻于世。

邠帅的酒令，在晚唐时非常著名，故王谠特别加以记录。它的特点是把一曲子打成三曲子的《下次据》令。唐末军人都喜欢唱曲：

> 《旧唐书》十九：“田牟镇徐日，每与骄卒杂坐，酒酣抚背，时把板为之唱歌。……每有宾宴，必先厌食饫酒。”③

唐代的酒令，花样百出。邠帅酒令即出于军中，在在证明武人对于酒令的爱好。上述《杨柳枝》词可说是晚唐朝野很热门的流行酒令，上自皇帝唐昭宗，下至军阀朱全忠，在酒筵中都有这一打令的作品，所以我说“打令”不限于文人，武人亦应包括在内。何得偏袒一边，单说是文人化呢？

《云谣集·内家娇》说：“善别宫商，能调丝竹，歌令尖新。”柳永云：

---

① 《龙坡杂文》，23页。

② 《花间集·序》。

③ 《懿宗纪》咸通三年。

"妙尽尖新。"① 晏殊云："斗尖新。"② 歌令盛行不是盛唐的文化背景，而应是晚唐裴、温前后的事情，那时兴起了抛打令的热烈风尚。饮宴时用香毬、花盏来代替旧时的筹旗、骰盘。白居易诗云："香毬趁拍回环匝，花盏抛巡取次飞。"徐铉《抛毬乐》辞云："歌舞还飞毬，金觥碧玉筹。"这是抛毬打令的写照，故曲子有《抛毬乐》的调名。《云谣集》中所收亦有《抛毬乐》二首：其一起句为"珠泪纷纷湿绮罗"，其一起句为"宝髻钗横坠鬓斜"，看来还是花间绮筵绣幌之作。敦煌变文《难陁出家缘起》云：

饮酒勾巡一两杯，徐徐慢拍管弦催，各盏待君下次勾，见了抽身便却回。

邠帅军中的《下次据》，在这几句所描写中可以得到充分的了解，这当然是指"一曲子打三曲子"的抛打令。

《云谣集》中还有《倾杯乐》二首，所谓"银酥体雪透罗裳里，堪娉与公子王孙，五陵年少风流婿"一类的句子，想亦是当筵唱出的歌词，《倾杯乐》是属于送酒应令而作的"著词"的曲调，《北梦琐言》说：

（沈）询尝宴府中宾友，乃便歌著词令曰：

莫打南来雁，从他向北飞，打时双打取，莫遣两分离。及归，两夫妻并命焉，时咸通四年也。③

这类送酒的"著词"，已有人作深入研究。他进而说明"著词"即是词体的前身，由此产生了以"词"为名的摛藻一体。王小盾《唐代酒令与词》并列出下面的一条公式：

曲子辞——→著词——→词

我则认为"著词"根本是曲子词的某一种形态，"曲子词"和"词"只是命名上繁简的差别，这三者实是一事，不应该有先后的区分。

---

① 《浪淘沙》令。

② 《山亭柳》。

③ 《太平广记》二七五《归秦》条引。

曲子施于侑酒时，为著词，曲子并不都是侑酒，如敦煌卷S·五六一三写明为上酒《南歌子》，但《南歌子》还有不施于上酒而为纯粹抒情之作的。我们从范摅对于裴诚和温岐两人所制打令一类作品的描写，先说他们“好作歌曲，迄今饮席多是其词焉”。再则云“又为新添声《杨柳枝》词，饮筵竞唱，其词而打令也”。仔细玩味这段说话，所谓“词而打令也”即是说这种作品是“词”同时亦是“打令”。可见所谓歌曲、打令和词三者实是一件东西，歌曲即是曲子，打令便是著词，我们能够说他们作品是由歌曲生出打令，然后由打令产生出“词”吗？

由上面的讨论，我们知道《云谣集》中的歌曲有许多分明是“酒筵竞唱”之作，是否为西北边陲的民间所作，抑或原为文人作品，从外地传入，不可确知；如果硬要把它与《花间集》划为民间和文人两个截然不同的界线，事实是很困难，亦是不必要的。

张锡厚兄曾利用唐诗速检系统，检索“御制”二字，共二十八见，全无与唐玄宗及杨贵妃本事有关之作，最后说所谓御制《内家娇》，极有可能为庄宗所作。[①]

原载《明报月刊》，1989年10月号

① 《九州学刊》二〇。

唐末的皇帝、军阀与曲子词

——关于唐昭宗御制的《杨柳枝》及敦煌所出他所写的《菩萨蛮》与他人的和作

词体的产生，向来是中国文学史上热烈讨论的问题。最近数十年来，由于敦煌资料中出现许多写明某词牌名目的曲子词，更引起一些不同的看法。为《敦煌歌辞总编》写序的王悠然先生大力突出敦煌曲子的“民间性”。他引用任氏的新说：“唐词派……还陷于只要‘花间’，不要‘民间’的大嫌疑中。……范老《通史》面对……敦煌民间歌辞……只勉强提到一首残辞的一段而已，其余的力量只管用去捧温（庭）筠登上唐词坛的正统宝座。……请问：温庭筠是啥子‘劳动人民?’”王氏补充道：“真想不到‘花间’与‘民间’的两间，竟然会被大史家混为一‘间’，岂非史坛的怪事!”他居然责备范文澜是个史盲，其实捧温飞卿为词的开山祖，是传统的说法，如果真的错误，亦不应该由范氏来负责。到底敦煌写本中的曲子作品是不是都出于民间?许多曲子，任书考证出于民间所作，是否正确?是不是唯有“唐代民间文艺才是唐代文艺之母”?经过仔细考察之后，他所谓出于民间，事实每恰恰相反。例如唐昭宗的《菩萨蛮》，敦煌写卷中收存有三首和作，任氏强调出于工匠之手，视为民间作品，这一新说是大可商榷的。本文重点即在指出敦煌卷中所见的曲子，有的不特与民间绝无关系，且出于最高统治者和军阀的大手笔，下面讨论的是非常有趣的例子。

唐季五代时候，虽然天下大乱，正如韦庄在《秦妇吟》中所说“内库烧为锦绣灰，天街踏尽公卿骨”，尽管杀伐不已，战祸频仍，人主仍然好声乐，吟咏闲作，李唐末代皇帝哀帝的父亲昭宗①便是当时这样的重要角色。《旧唐书·昭宗纪》说他“攻书好文，有会昌之遗风”②。他所作的曲子词，像题宝鸡驿壁的《巫山一段云》，登华州城楼的《菩萨蛮》，朱彝尊的《词综》列为唐词的冠冕。当日连军阀出身的朱全忠亦会诌几句，《通鉴·唐纪八十》云：

(天复）三年（公元903年）二月戊戌，全忠辞归镇，留宴寿春殿，又饯之于延喜楼，上临轩泣别，令于楼前上马。上又赐全忠诗，全忠亦和进。又进《杨柳枝》辞五首。百官班辞于长乐驿。③

后一“进”字《通鉴》另一本作“赐”，标点本采用“进”字，似是不对的！据《旧唐书·昭宗纪》云：“上临轩泣别，又令中使走送御制《杨柳枝》词五首赐之。”《新五代史》卷一《梁纪》亦说“赐《杨柳枝》五曲”。刘昫是五代人，所记当更近实情，故以作“赐”为合。如果作“进”，则全忠不止能诗，且亦工于填词了。据元胡三省注：“《杨柳枝》辞，即今之令曲也。今之曲如《清平调》、《水调歌》、《柘枝》、《菩萨蛮》、《八声甘州》，皆唐季之余响。又唐人多赋《杨柳枝》，皆是七言四绝。”《杨柳枝》辞是酒令，为饮宴时文娱之作品。《通鉴》记载唐武宗会昌四年（公元844年）秋“上闻扬州倡女善为酒令，敕淮南监军选十七人献之”④。昭宗亦喜欢这一套，曾经举兵犯阙的李茂贞，史称他在“乾宁元年来朝，大陈兵卫，献妓女三十人，宴之内殿，数日还藩”⑤。好酒令歌伎正是会昌以来的遗风。可惜昭宗这《杨柳枝》词五首久已失传了，没有留下来。

在伦敦大英博物馆的敦煌写卷，列S·二六〇七的卷子，虽然有几段残

① 哀帝李柷是昭宗李晔的第九子。

② 会昌是武宗年号，说见下面。

③ 标点本，860页。

④ 胡注：“酒令者，行令而饮酒也。唐人多好为之。”见《通鉴》，8001页。

⑤ 《旧唐书·昭宗纪》。

缺，其中抄录的曲子多首，其中《菩萨蛮》六首，有二首即是唐昭宗登华州城楼的名作。原文如下：

登楼遥〔望〕秦宫殿，翩翩只见双飞鸾。渭水一条流，“千山与万丘”。野烟遮远树，陌上行人去。何处有英雄，迎归大内〔中〕？

飘飖且在三峰下，秋风往往堪沾洒。肠断忆仙宫，朦胧烟〔雾中〕。思梦时时睡，不语长如醉。何日却回归，玄穹知不知？

王灼《碧鸡漫志》录这二首，推许昭宗为“作者”。庄绰《鸡肋编》说：“华州子城西北有齐云楼基，昭宗驻跸韩建军，尝登其上，赋《菩萨蛮》词云：‘安得有英雄，迎归大内中’者是也。”沈括《梦溪笔谈》五云：

今此辞墨本犹在陕州一带佛寺中，纸札甚草草。余顷年过陕，曾一见之，后人题跋多盈巨轴云。

这词宋人记载甚多，可惜沈括当日所见到的纸本，后面许多跋语他没有记录下来。这首词亦有称之为“诗”的，像蔡居厚《诗史》云：“陕郊有唐昭宗诗。”[①] 但据沈括引《新五代史》称，所作原是三章，实不止二首。《新五代史》二十八《韩建传》：

昭宗登齐云楼，西北顾望京师，作《菩萨蛮》辞三章以思归，其卒章曰：“野烟生碧树，陌上行人去，安得有英雄，迎归大内中？”酒酣，与从臣悲歌泣下，建与诸王皆属和之。建心尤不悦，因遣人告诸王谋杀建，劫天子幸佗镇。

但《旧唐书·昭宗纪》则云：

（乾宁）四年七月甲戌，帝与学士、亲王登齐云楼，西望长安，令乐工唱御制《菩萨蛮》词，奏毕，皆泣下沾襟，覃王已下并有属和。

① 《诗话总龟前集》四十二引。

此事《新唐书·昭宗纪》及《通鉴》都不载，但可确定的有下列数点：

（1）作词时间是乾宁四年（公元897年）七月甲戌日；据陈垣《二十史朔闰表》，乾宁四年八月二日朔为甲戌，是时已入八月矣。

（2）原制《菩萨蛮》三首，为人传诵的只有二首，其实应尚有一首。

（3）属和的人物见之史传确知的，亲王有覃王，方镇大臣有韩建。

二

兹将其他各首《菩萨蛮》的历史背景，加以说明如下：

同前一首（图一）

图一

> 御园照照红丝罢。金风坠落沾枝架。柳色政依依，玄宫照渌池。　每思龙凤阙，惟恨累年□。计日却回归，象似南山不动微。

这一首向来不得其解，亦不知作者为谁。因其中有“御园”、“红（朱）丝”、“玄宫”、“龙凤阙”、“不动微（太微）”诸字眼，是帝王身份才用得上，我疑心应当是昭宗御制三首之另一首。试为笺释如下：

红丝即朱丝。此用《公羊传》典故。昭公二十五年云：

> ……日有食之。鼓，用牲于社。日食，则曷为鼓用牲于社？求乎阴之道也。以朱丝营社，或曰胁之，或曰为闇，恐人犯之，故营之。[1]

① 何休注：“社者，土地之主也；月者，土地之精也。上系于天而犯日，故鸣鼓而攻之，胁其本也。朱丝营之，助阳抑阴也。”

日食用朱丝以营之，是助阳抑阴的意思。其时岐下李茂贞诸将犯阙，朝廷岌岌可危，已成日食景象。照照即“昭昭”，宋玉《九辩》云：“去白日之昭昭兮。”五臣注：“白日喻君。”昭昭而作照照，因此处必用仄声，此是昭宗自喻。“罢”字吃紧，“红丝罢”者，言无朱丝以营之，叹朝廷上扶阳抑阴之无人。昭宗用这一典故非常切合其身份。

“玄宫”出《庄子·大宗师》：“颛顼得之，以处玄宫。”李颐注：“玄宫，北方宫也。”《墨子·非攻下》：“高阳乃命禹于玄宫。”《艺文类聚》引《随巢子》：“天命夏禹于玄宫。”玄宫乃指帝之所居，非昭宗本人不足以当之。“不动微”指太微宫。《太平御览》卷六天部引《大象列星图》云：“北斗七星近紫微宫南，右太微北，是为帝车，以主号令，运乎中央而临制四方。北斗五星一名天极，一名北极。”此首末句云：“象似南山不动微。”微即太微，昭宗自比于太微帝星，意谓尽管局势像“邦之杌陧”不安，我还是如南山屹然不动的太微帝座。如在他人，安得有这种口吻？故可断为昭宗御制，又考昭宗登齐云楼时在七月。《本纪》云：“乾宁三年七月癸巳，驻华州。四年七月甲戌，制《菩萨蛮》。”词云“金风”，季节亦合。《类篇》六中：“椓、架，所以举物。”架又作“椓”，此写本架字从木作樑，可补字书。

任氏称：“右辞因作者率意，歌者传讹，写者信手：演出许多矛盾，难以疏解。主要在红丝二字之扞格：若是丝，则‘照照’、‘点点’及‘罢’字俱非。若非丝，‘红丝’又别指何物？……‘柳色依依’当非秋柳，何来金风？‘微’亦费解。”他于是大奋其如椽之笔，肆加改窜。把“照照”改为“点点”，把红丝“罢”改为红丝“挂”，把“金”风改为“因”风，完全以意为之，信口开河。又定这首词是“从李晔来华州之臣工将回长安而有所作”。词中无数典故，出自帝王口吻，任氏均漠然置之，反说是作者率意，歌者传讹，非妄说而何？

又一首：

千年凤阙争雄〔离〕弃。何时献得安邦计？銮驾在三遂（峰），天同地不同。　宇宙憎嫌侧，金（今）作蒙尘客。阃外有忠常，思佐圣人王。

此首口吻，可能出自覃王。“宇宙憎仄”，正说明是时帝与诸王处境之艰窘。首句“争离弃”，是原无奔华州之计，而离京出走。“銮驾在三遂（峰），天同地不同”指韩建强胁帝“且驻三峰”之下。“地不同”三字似对韩建深致不满，殊可玩味。“金（今）作蒙尘客”，谓从主上蒙尘于此。末二句，从巴黎P・三一二八卷，“常”与“王”协韵，可从。S卷作“思佐□圣人”，中缺一字留空格，恐有讹误。

考覃王之嗣用，本于乾宁四年六月，被任为凤翔节度使，以代李茂贞。王赴镇，而茂贞不受代，围覃王于奉天。七月……韩建移书李茂贞，贞乃解除奉天之围，覃王遂归华州。[1] 覃王回华州正是七月之事，隔一月即与诸王同被韩建所杀。

此首，任书谓与昭宗李晔先作二首，体属联章。按称为和作则可，联章则殊属不必，彼不知昭宗原作是三首，不是二首。史明谓覃王有和，此首口气唯覃王可以当之，故兹定为覃王所作。

伦敦本此首多缺，因原纸写此词部分有残泐。幸巴黎P本全首完整，文字清晰，可以互补。法京本总题在曲子《菩萨蛮》之下共抄三首。前二首即“敦煌自古出神将”。此首既为覃王作，其年代可以论定，法京是本字体，明出五代人手笔，足见当时昭宗及诸王和作，流传人口，故被书写杂厕于同词牌之他作。可惜，法京本只录此一首，不及韩建诸作，未由参校。

同前一首：

常惭血怨居臣下，明君巡幸恩沾洒。差匠（匠）见修宫，谒（竭）诚无有终。　奉国何曾睡？葺治无人醉，克日却回归，愿天涯总之（知）。

按此首核实应是韩建和作，其坚证有二：

（一）“血怨”指乾宁四年（公元897年）八月间建坑杀十一王事。《旧史》十五《韩建传》：（乾宁）四年二月，有诣建告睦王已下八王谋杀建，建囚八王于别宅。……八月，建以兵围十六宅，通王以下十一王并遇害于石堤谷。

（二）“差匠修宫”一句，即指建初佐李茂贞修宫室。《通鉴》：“乾宁三年十月丁巳，以韩建权知京兆尹。先是茂贞曾上表请罪，愿得自新，仍献助修宫室钱，韩建复佐佑之，竟不出师。”[2] 其后建正式被任命为修宫阙使。在光化元年九月，诏以韩建为修宫阙使，诸道皆助钱及工材，建使都将蔡敬思督其役。既成，二月，建自往视之。[3]。胡注：“《实录》云：茂贞进钱十五万助

① 参见《通鉴》，标点本，8505页。
② 参见《通鉴》，8495页。
③ 参见《通鉴》，8514页。

修宫阙。按十五万乃百五十万贯。”

此词“血怨”二字任氏书前后均改作“血愿”，语殊不可通，今知韩建杀十一王对昭宗诚为血怨，其心深负疚，故用“血”字。

潘重规指出：“任氏误解‘差匠见修宫’，以为是华州修造行宫之工匠和昭宗的作品，事实上是说不通的！因为‘常慚血愿居臣下’、‘竭诚无有终’，决不符合工匠的身份口吻；况且‘差匠’的意思是差遣工匠，所以作词的人应该是差遣工匠的人而不是工匠。”[①] 其说甚的！而任氏先有成见，不肯接受潘说，在《总编》仍坚持原有说法，不符合上下文义。唯潘氏不知韩建后来正式被派遣为修宫阙使，词中“葺治”二字，出于负责修宫阙之职，不是凭空而来；今为补苴二桩证据，这样说来，此词便可读通了。

《旧唐书·昭宗纪》：

> 三年……秋七月，壬辰，岐军逼京师。
>
> 癸巳，次渭北，华州韩建遣子充奉表起居，请驻跸华州，乃授建京畿都指挥安抚……等使。
>
> 甲午，次富平。韩建来朝泣奏……愿陛下且驻三峰，以图恢复。
>
> 乙未，次下邽。丙申，驻跸华州，以衙城为行宫。时岐军犯京师，宫室廛闾，鞠为灰烬，自中和已来葺构之功，扫地尽矣。

“葺构”二字，正如此词中之“葺治”，韩建自护驾起，至李茂贞愿助修宫钱，而建佐佑之，“葺治”二字乃有着落。

此词不特和韵，而且和意，昭宗原制云“思梦时时睡，不语长如醉”，此则云“奉国何曾睡”、“葺治无人醉”。韩建表示他竭诚为国，以尽劳勚，葺治宫室，是没有喝醉酒的！收句最末一字，潘氏辨认为“西”，然于字形不近，我看或者是“之”或“知”的同音字，今从王佩净校，订作“知”，以协原韵。

《旧五代史·韩建传》云：

> 乾宁三年四月，昭宗遣延王、通王等发兵讨李茂贞，为茂贞所败，车驾幸渭桥，即日次富平，将幸河中，建奉表迎驾……许之。
>
> 七月十五日，昭宗至华下，下宫士庶相继而至。且寻加中书令，充

① 《敦煌词话》，41页。

京畿安抚制置等使，又兼京兆尹京城把截使。

昭宗久在华州，思还宫掖，每花朝月夕，游宴西谿，与群臣属咏歌诗，歔欷流涕。

建每从容奏曰：臣为陛下修营大内，结信诸侯，一二年间，必期兴复。

乃以建兼领修创京城使，建自华督役辇运工作，复治大明宫。[①]

《旧史》所记，与欧史略异。建复任修创京城使，故词中对于葺治之事，念念不忘。

任氏太注重“民间性”，连这一首词的写作权，都不肯给予韩建，偏偏说是华州修葺行宫之工匠，对李晔“飘飖”一词之和作，又从末句“愿天涯总知”，说明是“民间派”文学水平不高之表现；且说“韩建为方面之臣，幕中何至无文人可操觚，尘下如此”。我人既了解韩建之为人及当日历史背景，任氏出于工匠之说，自可不攻而破。

自从銮驾三峰住，倾心日夜思明主。惯在紫微间，笙歌不暂闲。受禄分南北，谁是忧邦国？此度却回銮，须交（教）社稷安。

王重民云：“南北指南北司，南司指廷臣，北司指宦官。（僖宗）中和元年孟昭图上疏云：‘……北司未必尽可信，南司未必尽无用。……’与此疏对阅，其事迹明白。”[②] 按《通鉴》系孟氏上此疏于是年七月庚午，是时僖宗日夕与宦官同处议天下事，待外臣殊薄，故孟氏有此议。疏入，而田令孜屏不奏，辛未，矫诏贬孟氏为嘉州司马，遣人沉于蟆津。[③] 唯此词所言之南北司，似另有本事。《旧唐书·昭宗纪》：

乾宁二年（公元895年）五月甲子……茂贞、行瑜极言南北司相倾，深蠹时政，请诛其太甚者。[④]

是时韩建陈入觐缘由，上拜召升楼，赐之尾酒，宴之于同文殿，李茂贞、

① 204页。

② 《曲子词集》。

③ 参见《通鉴》，8255、8256页。

④ 《旧唐书》，753页。

行瑜极言南北司相倾，深蠹时政，请诛其太甚者，乃贬宰相韦昭度、李磎，寻杀之于都亭驿①，杀内官数人而去②。《通鉴》卷二六〇云：

……行瑜与茂贞、建各将精兵数千入朝。（五月）甲子，至京师……三帅奏称：南北司互有朋党。

……始三帅谋废上，立吉王保，至是闻李克用已起兵河东，行瑜、茂贞各留兵二千人，宿卫京师，与建皆辞还镇。③

词中所言分南北，应指是时之事，与僖宗无关。《旧唐书·昭宗纪》云：

八月，延王（戒丕）自太原还。韩建奏曰，自陛下即位已来，与近辅交恶，皆因诸王典兵，凶徒乐祸，遂致舆驾不安，比者。……而建以诛逆闻。④

三帅以南北司既受禄而互相倾轧，又诸王掌兵，以召危乱，今诸王已除，社稷可安矣。故此首口气，疑亦韩建所作，以剖明其心迹，若然，则当在是年八月，与七月帝登齐云楼令乐工唱御制《菩萨蛮》，相隔只一月而已。“此夜回銮”句，任氏以为在光化元年，乃想当然之论。

三

今总结上列考证，重新订定诸词之作者如下：

昭宗御制三首：

（1）向来已确定，不必讨论。

（2）向来已确定，不必讨论。

（3）《御园照照红丝罢》。

覃王作：

（4）《千年凤阙争〔离〕异》。

---

① 按此指南司。

② 按此指北司。

③ 《通鉴》，8469、8470页。

④ 762页。

韩建作：

(5)《常㡳血怨居臣下》。

(6)《自从銮驾三峰住》。

这样便可全部讲通。任氏不知韩建亦好文事，不必委诸部属。《新史·韩建传》称："建初不知书，乃使人题其所服器皿床榻，为其名目以视之，久乃渐通文字。见《玉篇》喜曰：吾以类求之，何所不得也。因以通音韵声偶，暇则课学书史。"欧史谓其通声偶，是建本人亦能诗可知。本传又云："（昭宗）作《菩萨蛮》辞三章以思归。……酒酣，与从臣悲歌泣下，建与诸王皆属和之。"似建和作不止一首，可能有三首，一与诸王同作，今不可见；一为修宫所作；一在杀诸王之后，故有"常㡳血怨居臣下"之语。君臣各制三章，自是讲得通的。

敦煌曲子里面有年代定点的甚少，这一组唐昭宗的《菩萨蛮》及别人的和作，其历史背景非常清楚，有的写作时日在史籍上尚历历可考，何得轻易视为民间作品？

现在，我附带要谈几件事：

（一）曲子的分类问题

《总编》采用分类体例，每每把同一组词割裂安排于数处，凭任氏本人一时的体会，主观性地归纳，很不可靠。如《常㡳血怨》一首，他既视为修葺行宫工匠的作品，列于"力作"四首之一，以为是民间作品，故特别加以捧场，可谓无目！

（二）曲子的入乐问题

任氏强调在敦煌发现的一切是有音乐性的歌词，而反对不主声而专主文的"唐词派"。其实，过于主声和过于主文，其失唯均。在没有充分证据以前，是不能说敦煌所有的曲子都是入乐的。像上面所谈的上酒的《杨柳枝》和昭宗的御制《菩萨蛮》，当日尝命乐工唱出，自是入乐；至于覃王及韩建的和作，就未必入乐，史书没有记载，如硬欲说它曾付之歌唱，又有什么必要呢？

（三）对曲子原文改字的问题

任书最为人诟病的是他任意轻易改窜原文。如"照照"即"昭昭"，不得任意改为“点点”；“血怨”，不得以同音改为“血愿”是。那些随便改字，充满篇幅，大家普遍认为即任书最大毛病。

（四）他不知当时的军阀们都喜欢酒令，随时即兴亦会诌几句曲子

不要小看那些军人像韩建之流，他喜欢舞文弄墨，何必假手于幕下？

再说《杨柳枝》令词，胡三省《通鉴》注：“《杨柳枝》在唐季酒令盛行之日，亦作为酒令常用之物。”观薛能诗句“鞍马传杯用《柳枝》”可证。唐末官僚在宴会中很喜欢歌唱作歌词，《旧唐书》卷一七七：

> 天复三年，（朱）全忠自岐下还河中。……（崔）胤……持板为全忠唱歌，仍自撰歌辞，赞其功业。

可见唐末五代军人喜欢唱令词的习惯。这类作品，出于军阀，和民间都没有一点关系。

通过上面的详细研究，大英博物馆S·二六〇七卷子中抄在一起的六首《菩萨蛮》这一组词，是昭宗御制和王子及近臣所作，史实证明应该是覃王及韩建的作品，怎样能说是民间作品？

曲子的“民间性”，应有限度，不能一手遮天地，说什么都是民间性！需知诗有本事诗，词亦有本事词。敦煌曲子有明显史实背景可作为年代定点的寥寥可数。而这一组曲子，由于向来研究者未能深入，引起许多不必要的误会，把分明是王室和官僚的作品，随便看成民间性，岂不是误人了么？

1988年7月初稿，1989年7月改定

孙光宪《北梦琐言》十五：“文宗、宣宗皆以诗赐大臣。昭宗驻跸华州，以歌辞赐韩建，以诗及《杨柳枝》辞解赐朱全忠……”余上文论标点本《通鉴》应作“赐”朱全忠，不当作“进”。孙氏所记，又一佐证，补记于此。

原载《明报月刊》，1989年8月号

从敦煌所出《望江南》、《定风波》申论曲子词之实用性

一种文体的产生和发展，往往有赖于它的实用性。换言之，它必须有某种实际用途，方才能够为人所采用而延续下来。文学史上继乐府和诗之后，“词”是一种新兴的文体，它必依附着某一词牌，有一定的句式与音律的结构，有时还要合乐，可以歌唱。它一向被目为软性的文学作品，是抒情的、遣兴的、和音乐结上不解缘的特殊文体。

其实所谓“曲子词”不特只是抒情的，有时亦是说理的，由于人类具有软硬心肠两种不同的心态，词不仅是软性，同时亦是硬性的。词在作为一新文体诞生以后，有一长时期被人使用作为和歌诀无甚分别的一种便于记忆的韵语，拿来宣传教义和作为某一项应用技术的口诀，这一现象向来为中国文学史家所忽略。本文将注重词的实用性这一侧面，提出新的课题来弥补一般文学史的缺口，企图引起大家去注意正视文学史上的一些重要不可抹杀的事实。

自从敦煌莫高窟出现大量关于曲子词的写本以来，人们对曲子词的早期形态，有了新的认识，在所见敦煌曲子词中，抒情的作品和实用性的作品两者往往并存。举例言之，《望江南》小曲如：“天上月，遥望似一团银。夜久更阑风渐紧，与奴吹散月边云，照见附（负）心人。”（从王国维校）是多么婀娜动人的抒情之作。我们看另一首《望江南》云：“曹公德，为国托（拓）

西关。六戎尽来作百姓，压坛河陇定羌浑。雄名远近闻。”（S·五五五六）则是歌颂归义军节度使托西大王曹议金在政治上的功绩，别有它的实际用途。又如《定风波》：“攻书学剑能几何？争如沙塞骋偻㑩。手执六寻枪似铁，明月龙泉三尺斩新磨。堪羡昔时军伍，漫夸〔儒士〕德能〔康〕四塞，忽闻狼烟起，问儒士，谁人敢去定风波。”（P·三八二一）这是塞上健儿磨剑骑马豪放抒情之作。但我们看另一首《定风波》发端两句：“阴毒伤寒脉又微，四肢厥冷厌难医。”又下片有“头面大汗永分离。时当五六日，头如针刺汗微微”之句。描写风湿伤寒之状，艰涩乏味，宛如《脉经》上的文字，绝不像婉约的曲子，这亦是实用性的词体。自从有了大量的敦煌资料提供新的记录以后，人们对于词的产生的有关问题，因之有很多不同的看法，自然比早期仅仅着眼于年代的先后和困于“诗之馀”一类纠缠不清的老问题显然有极大的进步和改变。有人把问题转移到作者方面，认为曲子完全是出于民间不知名的群众，而把它拿来和过去出于贵族阶层吟风弄月的《花间集》一路对立起来，目为民间与花间二派，强为派定，抑扬任声。其实，这一大批曲子究竟出于何人所写作与编集，是很难给予明确的答案。由于初期从写卷转录过来的人们，没有把卷子上的记录情况确切报道给大家知道，而且把曲子重新加以整理时，不惜随意改易文字，强前人定稿的曲子或传写诸多讹失的稿本，像老师给学生改卷的情形，另行批改，加上许多新的润饰，是否符合原作者的本意，亦无从论定。虽然如此，但曲子的抄写分明多数出于寺院僧徒之所为，如果没有接触到原物，是很难想象有这样情况的。

关于抄手所属的寺院在纸上写明白的，有龙兴寺、灵图寺、净土寺、报恩寺等等；抄写本子的式样，有小册子，有作废纸使用之经卷，包括儒书或道观所珍重而书体极为端正遒丽的写经，书于背面之上，有的是出于一时兴到的信手涂抹。何以和尚们那么有兴趣去抄写这些曲子呢？其中是有道理的！由于和尚需要学习写一点韵文来表达思想作为说偈之用，他们便很应该学习“唱导”的工作来“宣唱法理，开导众心”，所以要接受念经、唱诵、撰拟文辞的训练。在唐季僧人与道士都擅长声赞的事情，其时还需通过考试。《旧五代史》卷四七《末帝纪》云：

> 清泰二年三月，功德使奏试僧道事云：“其僧尼欲立讲论科、讲经科……禅科、声赞科……焚修科，以试其能否。”从之。

所谓“声赞科”是考试科目之一。可见和尚要修习这类学科，因此它们要抄写曲子、声赞一类的韵文。莫高窟所出大量赞唱有关的卷子，可能其中有些是僧徒为应付考试而誊写作为练习写作时参考之用的。

敦煌写卷中的曲子总集，大家都知道《云谣集杂曲子》是至今可以见到的最早总集。它仅有文字而不附乐谱。另有一种仅有曲名的乐谱而无文辞的，像P·三八〇八号卷子，在另一面写着二十五首曲子的琵琶指法谱，其实这亦应当算是一种形态的总集——带有乐谱的曲子总集，但可惜头尾不完整，没有集的名称，这也许是出于某僧人的抄写。宋人所见的《霓裳谱》正是有声无辞之谱，这一长卷在卷子《长沙女引》、《撒金砂》二曲的中间，即列第一二四行起的一曲谱，书写的字体与上面完全不同。我们细看谱字旁侧记着的拍子号口处，有些地方是给上段的纸张贴上，是两纸互相接连，原卷是由三个不同的人，在不同时期所书写，先有乐谱，后来再黏连成卷。在另一面的长兴四年（公元933年）《应圣节讲经文》，自然是后来之所书写。这些问题我长期经过仔细勘察原物和研核，方才得到这一结论，我另有文章加以说明。

兹拈写本另一例来研究，像P·三一一三开端写明“《法體（体）十二时》一本”，这是清泰二年（公元935年）所写的，其题记云：

时后唐清泰贰年〔岁〕在丙申三月一日，僧弟子禅师索祐住发心敬写《法体十二时》一本，日常念诵，愿一切众生莫闻怨悟之声，早达佛日，令出苦海。

这当然是僧徒日常讽诵的本子。这本题曰“法体”，虽指佛法体性而言，可能兼指法曲，属于大曲一类，因为依十二时分作十二小段，若从大曲摘编出来而篇幅较短的便称曲子。五代时有“法体”之名，到了北宋，又有所谓“法曲子”者，吴曾《能改斋漫录》卷二说：“京师僧念《梁州》、《八相太常引》、《三皈依》、《柳含烟》等，号‘唐赞’，而南方释子作《渔父》、《拨棹子》、《渔家傲》、《千秋岁》唱道之辞。盖本《毗奈耶》云。”毗奈耶是梵语Vinaya，意思是戒律。唱道是出于僧律的规定，法曲子由法曲而生，以前我写过一篇《法曲子论》，可以参考。这些《三皈依》、《柳含烟》的曲子，原来是配上音乐的，在河南、陕西的古乐流传曲调，至今尚有遗留的旧谱。兹录河南开封相国寺的《三皈依乐曲工尺谱》（见本文附录一）如下：

一五六　　六五五一尺　　尺五一。

五六五工六。　一五六工六尺一尺

尺一尺　　工六尺尺五一五六

六五五一尺　　尺五一　　五六五工六。

一五六尺——捷子

工六尺一尺　　五六五　　五六

陕西鼓乐的曲目亦有《三皈依》一曲，其他成都寺院的《峨眉山古乐》复有《三皈依》曲。[①] 这一佛曲，现在还流行着，但句式已屡有改变了。《柳含烟》，毛文锡已用此调填词，西安西仓鼓乐社的康熙二十九年抄本，亦有《柳含烟》曲（见本文附录二），具见流传很有来历。

至于《拨棹子》，唐时有释德诚所撰的《船子和尚拨棹歌》，他的事迹，详见华亭朱泾编的《船子和尚机缘》，后人整理成为《机缘集》，书中收船子和尚的《渔父歌》词三十九首。最近施蛰存把它重印，广为流传（上海文献丛书本）。查元代道士张雨有《渔父词》二首，赞船子和尚云：

此物由来不可名。丝纶收去水波平。长抱膝，可怜生。谁共蓑衣卧月明。

上钓金鳞不用多。踏翻船子便高歌。犹有在，问如何。问取侬家张志和。

这二首词则为施氏所印《机缘集》中所不载，今为补录于此。

以上是释氏演法唱导，宣讲教义的曲子，有它在宗教上之实用意义的。

在北宋释氏的著述中，还有许多这种性质的曲子不为人注意而埋没的，有待于好事的人去做钩沉辑佚的工作。《五更转》一曲是宣教最常用的“唐赞”，一直到宋代，道教的张天师把它改成七言句式。全真教的始祖王嚞，亦写出新的《五更令》，摘录几句如下：

① 参见《音乐研究》，1956（1）。

一更初，鼓声慢。槌槌要，敲著心猿意马。细细而，击动铮铮，使俱齐擒下。万象森罗空里挂。泼焰焰神辉，惺惺洒洒。明光射入宝瓶宫，早儿娇女姹。

尚有二更分、三更端、四更高、五更终各章，不录。[①] 王重阳很喜欢填词，用来传道，他从柳永的曲子中吸取养料，有《解佩令》一首，夫子自道地说道：

爱看柳词，遂成。

平生颠傻，心猿轻忽。《乐章集》、看无休歇，逸性摅灵，返认识、修行超越。仙格调、自然开发。　四旬七上，慧光崇兀。词中味，与道相谒。一句分明，便悟澈、耆卿言曲。杨柳岸、晓风残月。

他悟出词中的味道与道教的“道”正相倚为用，因而构成他独特的讲道说理的“仙格调”，刘勰《明诗》篇说：“正始明道，诗杂仙心。”这回却是“词杂仙心”了。由于重阳祖师的提倡，他的门下士无不亦步亦趋，更大量这样去写作，展开唱导的实际功用。《道藏》中倚声之什车载斗量。唐圭璋辑《全金元词》，共598页，内收山主菩提偈《临江仙》十二首，全真教徒自王重阳以次至丘处机之流，迄于长筌子的《洞渊集》，由162～596页，共占434页，猗欤盛哉！这样作品都是说教之作陈陈相因，多数没有文学价值，如果用《花间集》的尺度来衡量，它们应该不算是词，但它们都用词牌来扯羊头，甚且把词牌亦换了另一个名称[②]，主要是用来“点化道友”。我们可以说北宋北方金朝的曲子词全是走法曲子一路，完全是宗教性的作品，这一事实，写文学史的人一向都忽视了。这是曲子施于宗教上的实用性的一个侧面。

此外，把曲子作为歌诀来看待，后来所谓山医占卜以及风角等等数术方面的文学作品，特别喜欢用《望江南》词牌，以其简单，便于讽诵记忆。

敦煌曲子中列P·三〇九三号的《定风波》三首是医方歌诀，是卷正面为《弥勒讲经文》，背为医方有朱砂法疾风方、地黄丸方等，即接书《定风波》，兹举一例：

① 参见《全金元词》，214页。

② 如《声声慢》改为《神光灿》之类。

风湿伤寒脉紧沉。遍身虚汗似汤淋。此是三伤谁识别。情切。有风有气有食结。　时当五六日，言语惺惺精神出。勾当如同强健日。明医识，喘粗如睡遭沉溺。

此类的作品分明是医方歌诀体。

近时有人说道："初唐李靖作的《兵要望江南》有七百首之多。"他们误认这些《兵要望江南》，真的是李靖的作品，但在另一不同的写本却题作易静所作。我见到的另一抄本现存于台北国立"中央"图书馆，书名题曰《李卫公望江南》二卷，《浙江采集遗书目》则作《李卫公望江南歌诀》，把它直称为"歌诀"了。

易静的《兵要望江南》现已收入《全唐五代词》，共五百首，凡分二十六类，从《占委任第一》起，至《占霞第二十六》止，所有的词句都作三五七七五句式，这样句式的《望江南》是唐末以来最受人欢迎而用作歌诀的曲子。宋代的目录所见计有下列各书：

(1) 王永昭（一作绍）《望江南风角集》二卷。[①]

(2) 包真君《望江南词》一卷。[②]

(3)《周易断卦梦江南》一卷。[③]

(4)《大道梦江南》。[④]

关于《兵要望江南》，有的标题竟作《神机武略兵要望江南》，见《崇文总目》著录，况周颐《蕙风词话》说：

《兵要望江南》，武安军左押衙易静撰。起《占委任》，止《占掇》，最五百二十首。词虽不工，具征天水词学之盛，下至方技之士，亦谙宫商。

---

① 见《宋史·艺文志·五行类》。

② 《崇文总目》作《道术望江南》一卷。

③ 见《崇文总目》。

④ 见《绍兴四库阙书目》。

他认为这批《望江南》词，应当入宋代，可以代表天水的词学；如是，则宜从《全唐五代词》移入《全宋词》了。其年代问题，尚是悬案，有待于好好研究。我们从上面著录的《望江南》诸书，包括军事的占候、风角、断卦、大道诸方面，其书名亦得称为歌诀，而实际的用途，与歌诀的作用基本没有什么不同，只是便于讽诵记忆而已。这算是曲子实用性的又一侧面。关于《李卫公望江南》，我已经加以整理，其中有词二百四十一首为《兵要》之所无，几乎每类都可补易静本之缺。全书芜杂，年代先后尚待厘别，遽尔说它全属于初唐李靖所作，有点同于呓语！此书顷已由新文丰印行，读者可取参考。

总结以上的论述，曲子词的兴起，在五代至北宋，不是纯为抒情的，而是兼以施用于说理的。这样的作品，有它大量的数目，单以《望江南》一体而论，论兵要的有七百首之多，其他失传的亦有相当篇幅。至于用之宗教场合和应用技术方面，都作为便于记诵的韵语。我于1971年在法京印行的《敦煌曲》一书中，曾有这样的论断："从《词集》所隶属之类别及其功用，可见词在初期于唐五代北宋之际，另有一实用价值，与歌诀无异矣。"我现在还维持这一看法，是否有当，还望专家们加以指正。

原载《第二届敦煌学国际研讨会论文集》，1991年

补记

关于《李卫公望江南》国内又有三种本子。一为清乾隆时白山王乘纲袖珍精抄本二卷，首都图书馆藏，有序谓获"《望江南》曲于清凉寺之西壁"。又一为四川省图书馆藏抄本。尚有明万历辛自修刊本，有钱塘张振先跋称"《李卫公望江南集》以今年壬午刻保定郡中，盖祗奉督抚大中丞辛公檄也"，壬午即万历十年（公元1582年）。任半塘、王昆仑编著之《隋唐五代燕乐杂言歌辞集正编》卷三，全加采录，共七百十三首。已改题作"失名"，不复肯定为李靖作，唯仍列于初唐。三本互校，著其异文，可以参考。近陈尚君《全唐诗续拾》卷三十七至四十，将上列七百首《望江南》皆隶于易静名下，亦未甚妥。参拙编《〈李卫公望江南〉序录》，台湾新文丰影印，"中央"图书馆藏该书影本。

附录一 开封大相国寺《三皈依》乐谱

河南开封市大相国寺始建于北齐天保六年（公元550年）。宋时，大殿之前设有乐棚。命僧、道场打花钹、弄椎鼓，游人无不驻足（见《东京梦华录》）。《梦溪笔谈》卷十七记“相国寺四画壁，乃（涿郡）高益笔，有画‘众工奏乐’一堵”。相国寺存有世代传抄乐曲谱五本，共有乐曲一百八十二首。承尼树仁先生抄示《三皈依》曲工尺谱，兹录如上，以飨读者。

本曲谱属管色谱，以具有特性乐管来定音位。据称音符中“◦”为平吹音高，“•”为超吹音高（“捷子”意未详）。此《三皈依》自是汴宋之旧曲。《释氏要览》所言北宋时《三皈依》之法曲子，此曲谱正可追溯其渊源，故为附载于本文之后，以供参考。

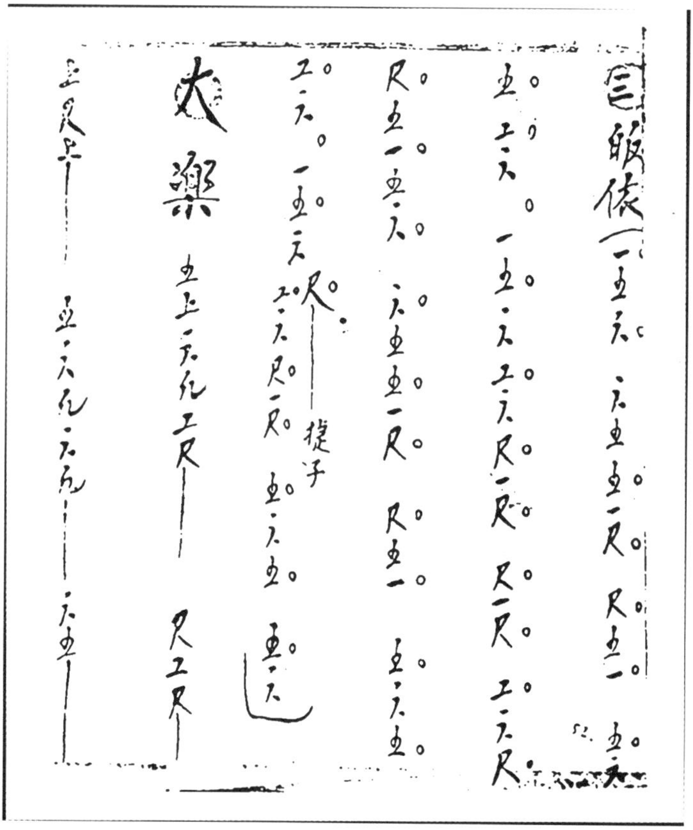

《三皈依》乐曲工尺谱

三皈依

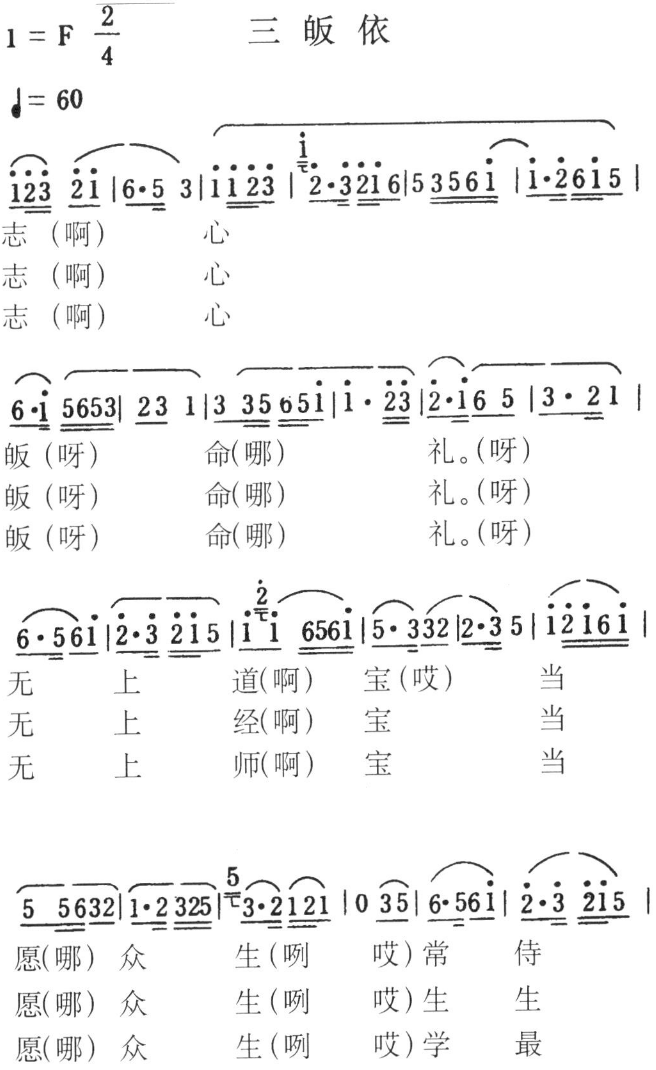
1 = F 2/4
♩= 60
志（啊）心
志（啊）心
志（啊）心
皈（呀）命(哪)礼。(呀)
皈（呀）命(哪)礼。(呀)
皈（呀）命(哪)礼。(呀)
无上道(啊)宝（哎）当
无上经(啊)宝当
无上师(啊)宝当
愿(哪)众生（咧哎）常侍
愿(哪)众生（咧哎）生生
愿(哪)众生（咧哎）学最

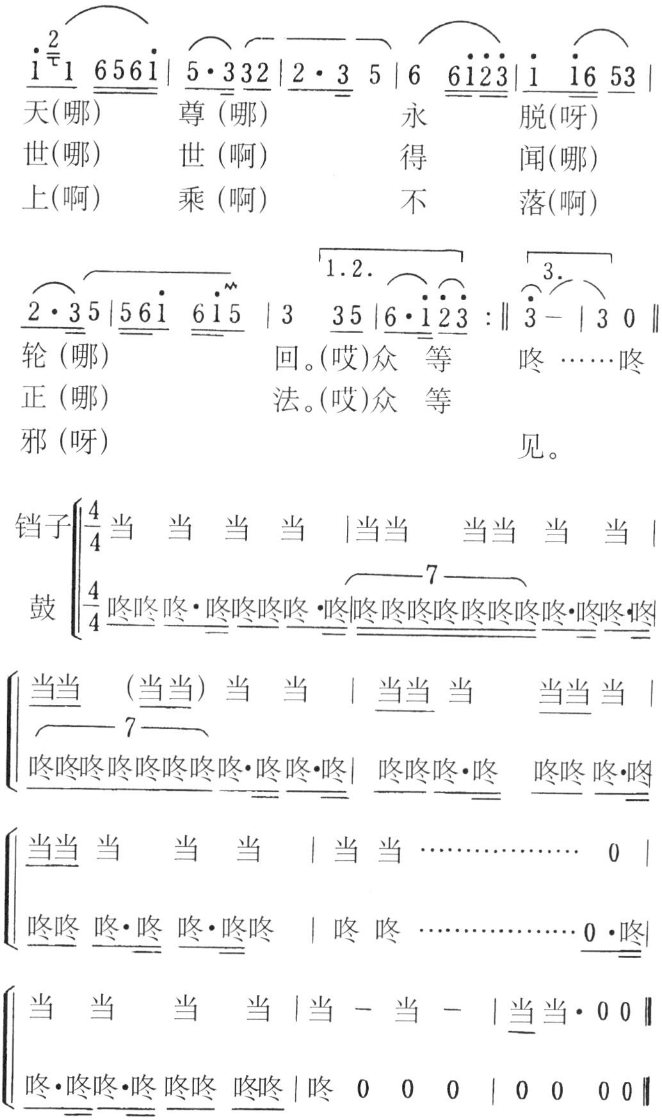

现时法事

《禅门日诵》中早课及晚课皆唱《三皈依》:

自归依佛　当愿众生　体解大道　发无上心
自归依法　当愿众生　深入经藏　智慧如海
自归依僧　当愿众生　统理大众　一切无碍

和南圣众……

胡耀据全国均同称《三皈依》与白马寺、少林寺北派《小皈依》词同曲异，成都寺院音乐中所载峨眉山西之词而曲调天一相同（《音乐研究》，1986）。

附记之《三皈依》佛一曲，至目前尚存，而词文与曲调已大有转变。

西安鼓乐，歌章内有《三皈依》，见李石根《西安鼓乐志稿·各主要鼓乐社的保留曲目》（1980年）。

四生九有。同登華藏玄門。八難三途。共入毘盧性海。

○自歸依佛。當願眾生。體解大道。發無上心。

○自歸依法。當願眾生。深入經藏。智慧如海。

○自歸依僧。當願眾生。統理大眾。一切無礙。

和南聖眾。（華嚴經與雲棲舊本皆稱自歸於其紹隆佛種發無上意亦準華嚴經中稱自歸依與體解大道發無上心者出之流通本皆通法也如不念三皈但念）

南無一真法界。湛寂圓融。豎窮三際。橫遍十方。清淨法身毘盧遮那佛。

南無華藏世界。坐大寶華。得四無畏。妙德莊嚴。圓滿報身盧舍那佛。

禪門日誦　三歸依　三三

南無娑婆世界。三界導師。四生慈父。人天教主千百
億化身。釋迦牟尼佛。
朝時課誦畢

附录二 陕西西安西仓鼓乐社《柳含烟》乐谱

这支《柳含烟》曲，是西安西仓鼓乐社大清康熙二十九年六月抄本，余铸传谱；由西安音乐学院曲云译谱并配词。毛文锡原词“几回攀折赠行人”，配词缺“攀折”二字。我们欣赏这首配乐歌辞，会自然地感到乐曲色彩和音调上的明显变化。用现代音乐的语言来说，这些和谐响亮的音韵，珠串在以

六一三六为主干音形成的稳定的小调式乐曲上，使全曲洋溢着诱人的生机，造成了和谐的音响与迷人的情境，给读者一种甜蜜的美学享受。

我们也可以从佛曲的民间性以及它在中国文学史上所占的地位，看到它真正的价值，得到它的社会地位和审美地位。至于佛曲的影响，可以说是既深且广的，到了宋代，在民间已经出现了如《九张机》一类的浅显通俗的作品。

柳含烟①

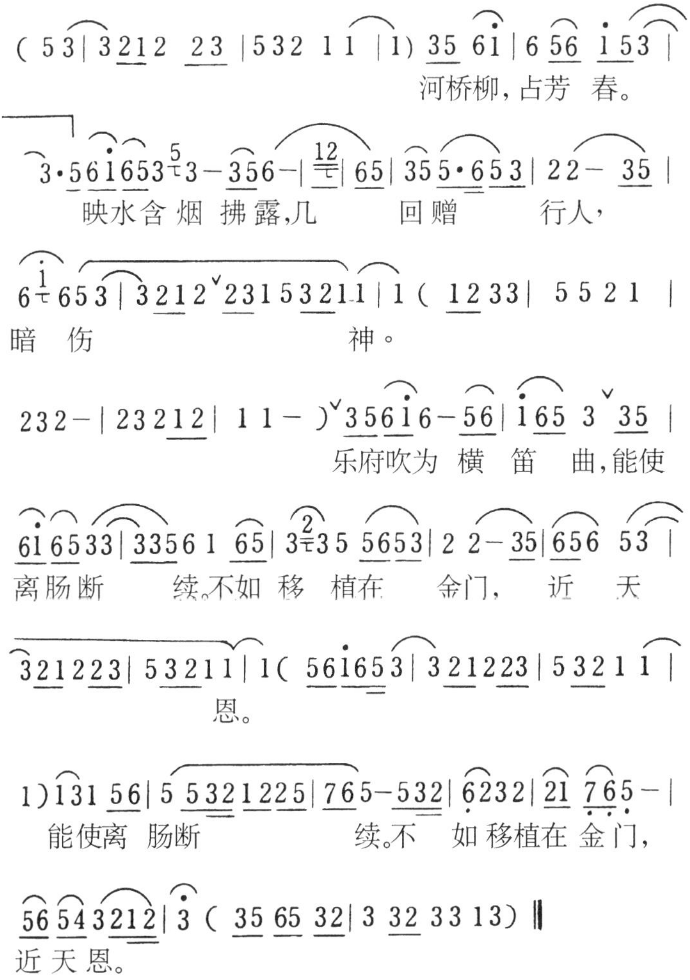

① 录自陕西省广播电台文艺部编：《古乐弦歌》二，油印本，24～25页。

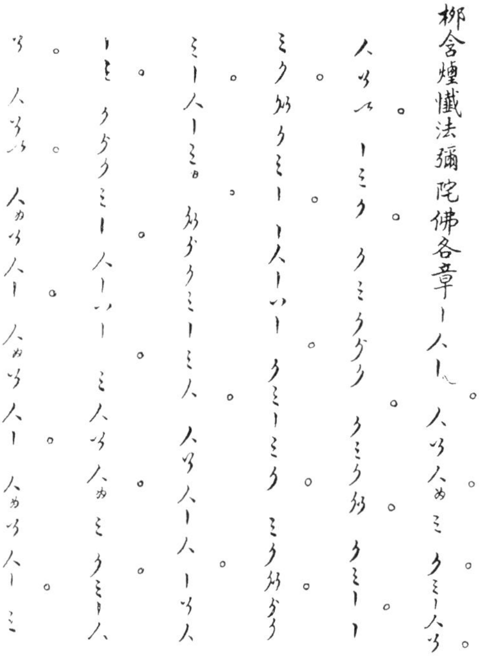

福寿堂《鼓段全本》(一)，宣统二年本月吉日立

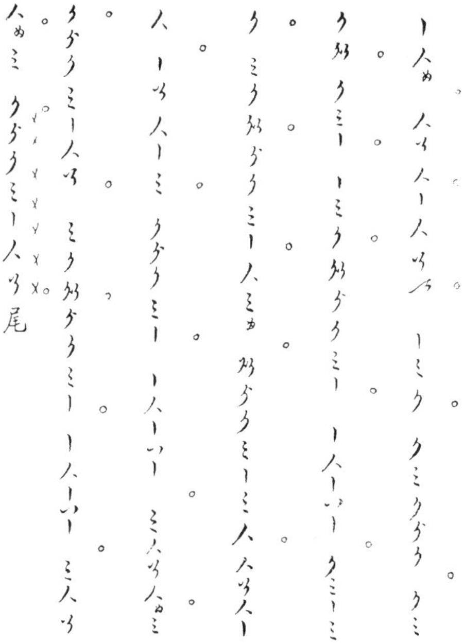

福寿堂《鼓段全本》(二)，宣统二年本月吉日立

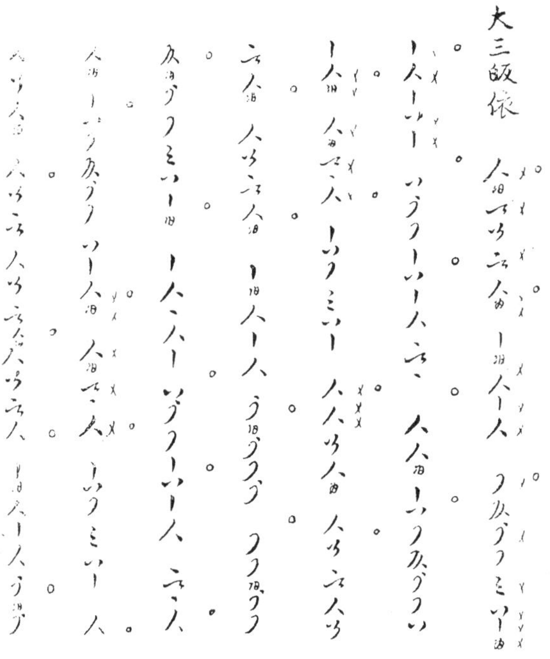

福寿堂《鼓段全本》(三)，宣统二年本月吉日立

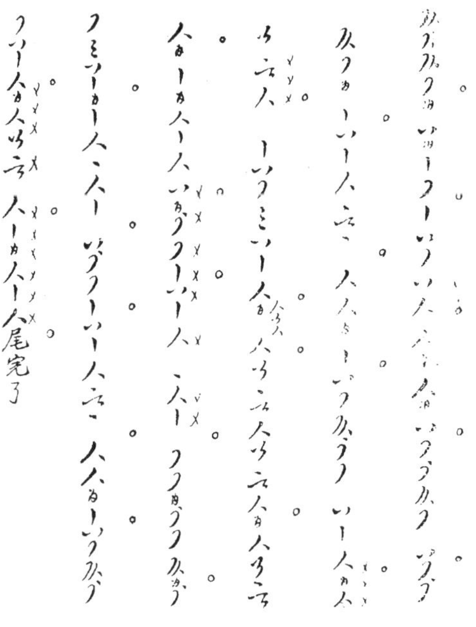

福寿堂《鼓段全本》(四)，宣统二年本月吉日立

柳含烟[①]

上调　　　　（忏法弥陀佛歌章）

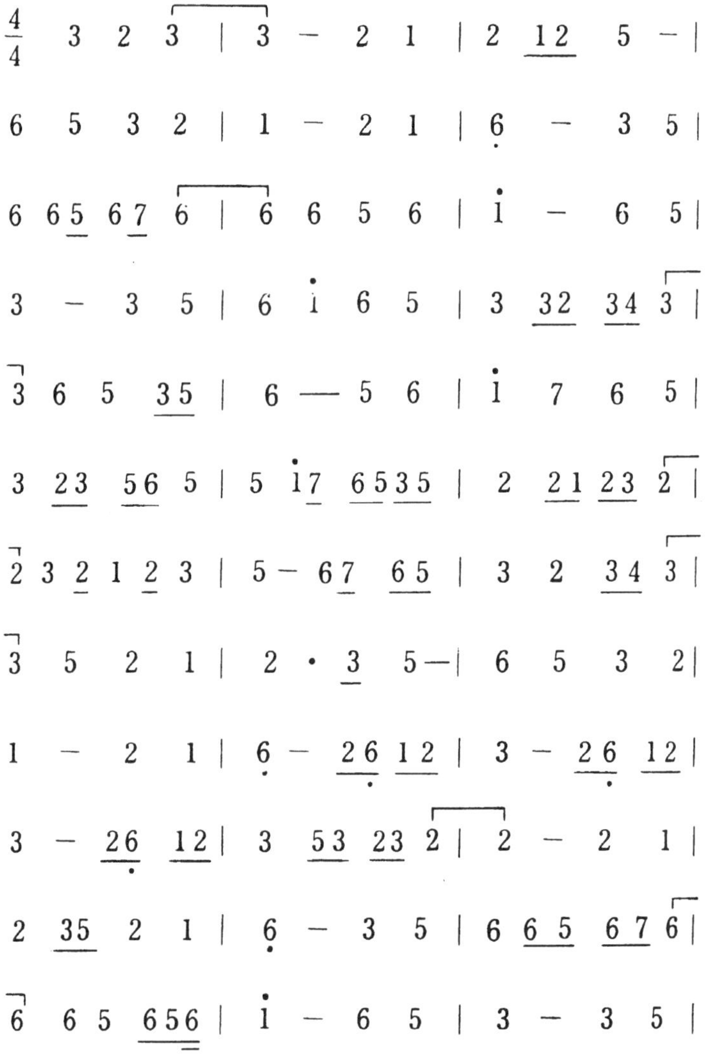

① 李石根解读：原谱见福寿堂《鼓段全本》，宣统二年本月吉日立，原编号：鼓乐谱字第十八号。饶注：此曲只作歌章（伴奏）吹奏，故不宜多加新腔，亦不在坐乐与行乐中使用，由于过去僧人皆为鼓乐演奏者，故上附抄于鼓乐抄本之中，此二曲全为出家人诵经时，用笙、管、笛进行的伴奏曲调，故称歌章（或各章）。

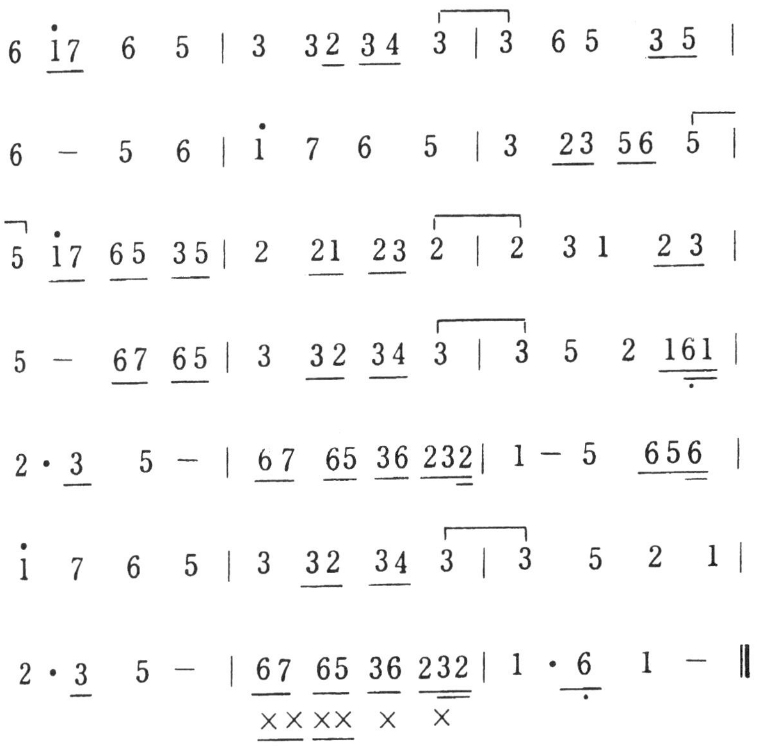

大三皈依①

尺调

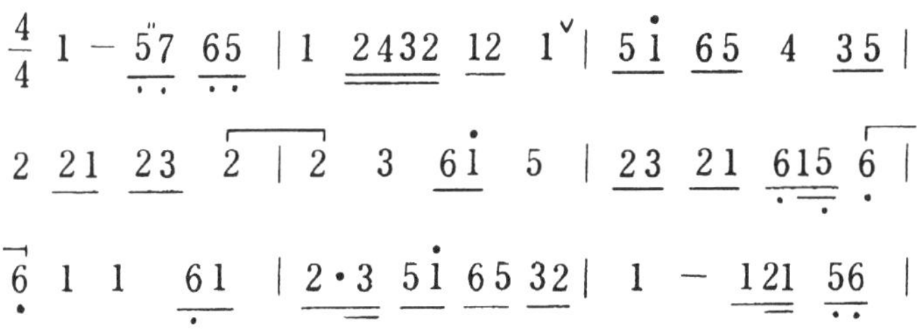

① 李石根解读：原谱见福寿堂《鼓段全本》，宣统二年本月吉日立，原编号：鼓乐谱字第十八号。饶注：1. 此曲与道派鼓乐城隍庙安身绪谱相同，唯缺“行拍”。2. 此曲原抄本为僧派社所传。3. 此曲仅供诵经时笙、管、笛等乐器伴奏使用，故名歌章（各章）。

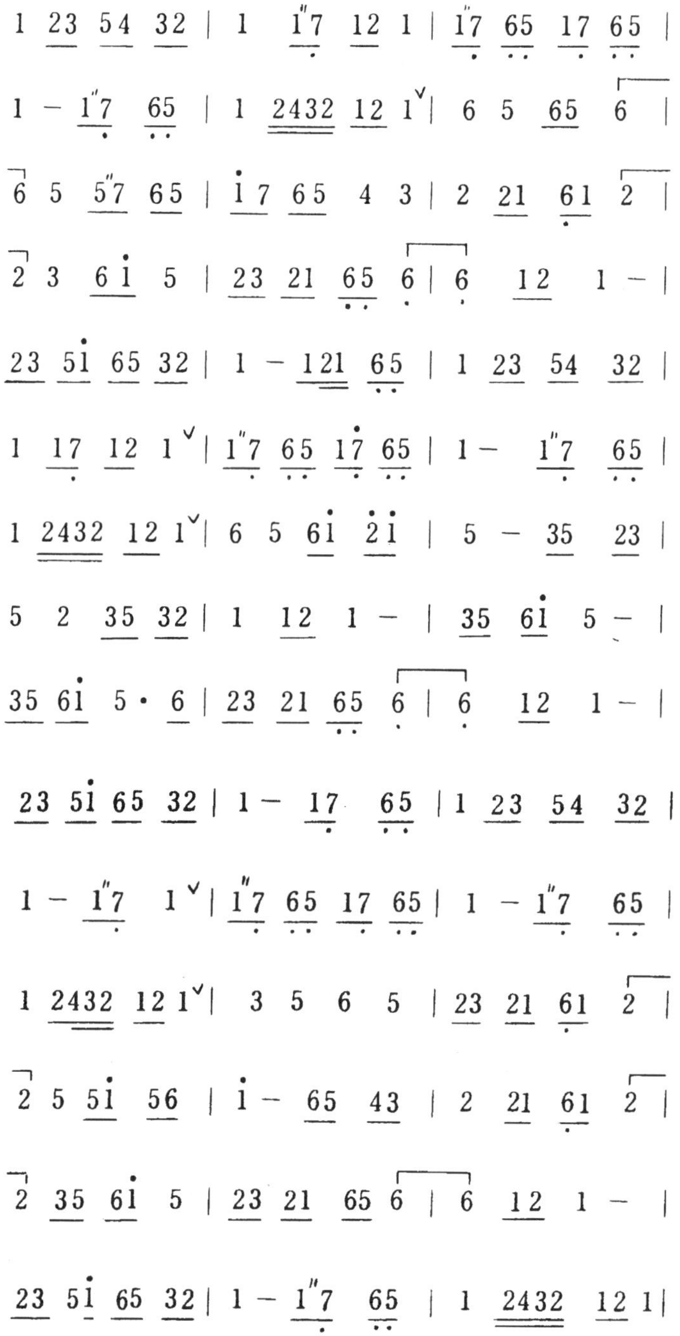

敦煌词劄记

近见周绍良兄寄来《敦煌文学作品选》68页《菩萨蛮·枕前发尽千般愿》一首。解题引《敦煌曲初探》云："此卷背后录'壬午年龙兴寺僧学便物'字样，据《佛祖统纪》五三'玄宗敕天下诸郡，建开元寺、龙兴寺'。天宝元年乃壬午，此字据可能写于天宝元年，故此词可能为历史上最古之《菩萨蛮》。"今按此词原纸《菩萨蛮》写作"卄卄冡"。我在英京曾摩挲原件，是一粗黄纸，书手应该是龙兴寺僧愿学，所记时间是"壬午年三月卅日"。此处人名漏去一"愿"字。天宝元年壬午三月仅得二十九日，而是纸分明记"三月卅日"，当应是贞元十八年之壬午。我在《敦煌曲》190页已加以辨正，林玫仪亦赞成是说，任老近时在《总编》亦已改正前说了，认为我是对的，不应再沿前误！至此词末二句作"休即未能休，且待三更见日头"。原纸显然是作"日头"，我久已订正。高国藩君仍沿王《集》及《校录》作"月头"，并加上不正确的注解，似可不必。

以上《菩萨蛮》。

《旧唐书》本纪十四云：

> 宪宗元和四年（公元809年）夏四月……武功人张英奴撰《回波辞》惑众，杖杀之。

可惜《通鉴》不载此事，其文字不见流传。

S·四二七七号的王梵志诗，四十二行，存诗二十三首，现已得知与苏京L·一四五六号题王梵志诗一百一十首，原是一卷之折。[①] S卷最末一首结句云“五内无六贼”，与L卷前内有句“□思除六贼”，正相衔接。苏京法忍写卷在第十七行有题目云“王梵志《回波乐》”六字，其第七十五首起句云：“回波来时大（六）贼，不如持心断惑。”“来时”可能应作“尔时”。此首为六言十二句，自然可说是《回波乐》。以下第七十六首至八十一首都是六言，或八句或十二句，但起句都没有用“回波尔时”四字，是否亦属于《回波乐》，却很难说。任书收录之作为七辞一组，是有问题的。这可证明并不如《唐声诗》所肯定为六言四句格，及开端却不离“回波尔时”四字之定型。法忍于大历六年（公元771年）五月□日抄王梵志诗一百一十首，其中仅有一首用“回波来时”四字，其事在张英奴作《回波辞》之前三十八年，大概开元时《回波乐》已甚流行。题王梵志诗撰者非出一人，亦非一时之作，杂凑成章，间亦偶一用是体。元和间张英奴所作的《回波辞》，不知内容怎样？亦可能即以“回波尔时”起句。这一条资料从未见人引用，故附记之以供研究。

以上《回波辞》。

原载《九州学刊》，1992年第4卷第4期

《怨春闺》（P·二七四八）一首，为余所发现，敦煌曲中罕见之佳制，其中“含笑阖、轻轻骂”一句，间有异议。

任老《总编》改阖字为觑，谓“作阖不可解”。按原文分明是阖，盖承上文“频频出户”句而来，文气衔接，阖谓阖户也。上文已有户字，故下面用作动词之阖，其object自可省略。此词擅用叠字如频频、嘶嘶、轻轻，凡三处叠字，尽俳皮之能事，具修辞技巧之工，开后来李易安《声声慢》之先路。阖户字眼本诸《易系辞》“阖户谓之坤”，绰有来历。倘如任说改阖为觑，索然无味，尤与原卷不合，不可从。

以上《怨春闺》。

1995年8月

---

① 参见朱凤玉：《S·四二七七残卷校释》，载《敦煌学》第十二辑。

“唐词”辨正

一、为“唐词”进一解

学术愈辨愈明；亦有求之过深，横生枝节，支离漫衍，如治丝而益纷者。近时学术界对于“唐词”的新说即是其中之一例，有重新检讨之必要。由于敦煌石窟所出《云谣集杂曲子》是一部有关倚声的总集，说者目为词集的大辂椎轮，它却用“杂曲子”三字来命名，并没有使用“词”字，亦不称曰“曲子词”，于是引出一些新的说法。

任半塘在《敦煌歌辞总编》的例言中，开宗明义便说道：

> 此编坚决肃清“宋帽唐头”之“唐词”意识，而尊重历史，用“唐曲子”及“唐大曲”两种名称代之。

他毫无余地要取消“唐词”这一名称，肆力抨击自王国维以来使用“唐词”一名的诸家，他的理由是这样的：

> 夫“词”，乃赵宋杂言歌辞体之专名也。蒋氏（礼鸿）倘认《云谣·凤归云》等之体即赵宋之“词”，即赵宋有词并盛行时，唐人逝矣！逝

矣！安从预晓预行此体，而规杌之欤？故“敦煌词”一名立足不稳，王国维误人！“云谣集”三字下原本写“杂曲子”，唐人用对大曲言，不云“云谣集曲子词”。“曲子词”初盛唐有之，此名始见《花间集》序。王重民误认伯二八三八既写于朱梁间，《云谣》各辞即作于朱梁间，故借用晚唐五代达官贵人自命作之“曲子词”名，以名唐代民间作品，已觉未合。而《云谣》诸作中，国人早已识其有盛唐作品在，今复肯定其数，且在半数之上，顾尚可贸贸然舍弃原选原写之名，而妄易以二百年后始见之名乎？[①]

他批评蒋氏不用《云谣集杂曲子》原名而易称为“敦煌词”之不妥。他认为“词”是赵宋杂言体的专名，不可用以称《云谣集》中的作品。可是，吾人应该注意：把倚声之作称之为“词”，是否专限于“赵宋”一代？唐人果真从未有这一称谓吗？至于使用“唐词”一名，如果始于王国维，才能说人们受到王氏所误。任氏自己明知“曲子词”三字见于《花间集》序，而“曲子词”一名分明带有“词”字，其文出于五代时《花间集》词作者之一欧阳炯之手；其事已在赵宋之前，单就这一点来推敲，安得谓“词”字为赵宋所专有？岂非自陷于矛盾乎？他偏偏要责备王国维在《人间词话》中有一总概念曰“唐词”，谓：“王氏见《凤归云》二首、《天仙子》一首而已，即出其自己创造之‘唐词’概念，以强加于唐代民间之作品，可乎？”这样说来，他认为“唐词”这一概念是出于王国维的创造，故推说各家都为王氏所误。实则，这是一个毫无根据的主观论点！我们试看朱竹垞《词综》卷一，早就列出“唐词”六十八首。在朱氏之前，万历年间，常州人董逢元辑有《唐词纪》十六卷，虽然《四库提要》对这书没有好评，但他分明已使用“唐词”一名，可知在明代早已出现了！其他不必多事征引，这可证明“唐词”概念绝不是王国维始作俑的！

唐五代人的著作中，许多地方都提到“词”字。《花间集》词另一作者孙光宪，他的《北梦琐言》，便称温庭筠的集名《金荃集》为“词”，原文如下：

其词有《金荃集》，取其香而软也。[②]

---

① 94页。

② 龙沐勋《词体之演进》引《北梦琐言》，但不见于该书林艾园校本。

温飞卿的作品，在刘昫的《旧唐书》本传中称他：

能逐弦吹之音，为侧艳之词。[1]

这些都用“词”字来概括温氏的作品，而不称之曰曲子或杂曲子。至于“曲子词”一名，除《花间集》序之外，孙光宪《北梦琐言》亦说：

晋相和凝少时为曲子词，布于汴洛。洎入相……终为艳词玷之。契丹入夷门，号为曲子相公。[2]

他的书中，屡屡用“词”字，如记：

唐路侍中岩……镇成都日……以宫妓行云等十人侍宴。移镇渚宫日，于合江亭离筵赠行云等《感恩多》词，有“离魂何处断，烟雨江南岸”。至今倡楼也。[3]

《花间集》中牛峤有《感恩多》二首，此断句应是发端二句。又记：

天复三年，昭宗移都东洛，既入华州，百姓呼万岁。……沿路有《思帝乡》之词，乃曰：纥干山头冻杀雀，何不飞去生处乐？况我此行悠悠，未知落在何所。

可见唐末五代时，“词”字已甚通用。他所载录有《感恩多》词、《思帝乡》词诸断句。林大椿书，昭宗仅录四首，无此《思帝乡》词。查温飞卿、韦庄都有《思帝乡》，押平韵，句式与此不同。光宪于后唐明宗天成初，至江陵，历事荆南高氏三世。此书即在荆南时所作，与欧阳炯同时，二人不约而同都使用“曲子词”一名。

再验之敦煌写卷中，不少大曲、曲子在曲名之下多系有“词”字，如S·三二七一卷内题：

① 卷一一九下，据百衲本影印明闻人诠的覆宋本。
② 卷六，一一〇条。
③ 卷三，三二条。

《泛龙洲》词

《郑郎子》词

《水调》词

《乐世》词

S·六五一七题：

《剑器》词[1]

任氏《校录》都把各“词”字删去，是不忠实的！

其实，“词”字的使用，唐人在宴会时亦常见之，唐孟棨《本事诗·沈佺期》条云：

尝内宴，郡臣皆歌《回波罗》，中宗命群臣撰词起舞。佺期词曰：回波尔时佺期，流离岭外生归。身名已蒙齿录，袍笏未复牙绯。[2]

孟棨书自序题光启二年唐司勋郎中，他乃是僖宗时人。《回波罗》即《回波乐》，此称为“词”而不称“曲子”。又唐昭宗所写的曲子，在《旧唐书·本纪》都称之为“词”，如云：

送御制《杨柳枝》词五首赐之[3]。

令乐工唱御制《菩萨蛮》词。

于曲子名目下加一“词”字，标明这种作品是“词”，在唐人著述中，时时可以见到。

白居易《醉吟先生传》：

---

① 参见拙作《敦煌曲》，41页。

② 津逮秘书本。

③ “之”指朱全忠。

又命小妓歌《杨柳枝》新词十数章，放情自娱。①

白氏《杨柳枝》共有十首，所谓“古歌旧曲君休听，听取新翻《杨柳枝》”是也②，他自称为新“词”。范摅的《云溪友议》云：

裴郎中諴，晋国公次子也，足情调，善谈谐。举子温岐为友，好作歌曲，迄今饮席，多是其词焉。裴君既入台，而为三院所谑曰：“能为淫艳之歌，有异清洁之士也。”裴君《南歌子》词云：“不是厨中弗，争如炙里心，井边银钏落，展转恨还深。”又曰：“不信长相忆，抬头问取天。风吹荷叶动，无夜不摇莲。”又曰：“簳蠮为红烛，情知不自由。细丝斜结网，争奈眼相钩。”二人又为新添声《杨柳枝》词，饮筵竞唱其词而打令也。词云：“思量大是恶因缘，只得相看不得怜。愿作琵琶槽那畔，美人长抱在胸前。”又曰：“独房莲子没人看，偷折莲时命也拼。若有所由来借问，但道偷莲是下官。”温岐曰：“一尺深红幪曲尘，旧物天生如此新。合欢桃核终堪恨，里许元来别有人。”又曰：“井底点灯深烛伊，共郎长行莫围棋。玲珑骰子安红豆，入骨相思知不知？”胡州崔郎中刍言，初为越副戎，宴席中有周德华。德华者，乃刘采春女也。虽罗唝之歌，不及其母，而《杨柳枝》词，采春难及。崔副车宠爱之异，将至京洛。后豪门女弟子从其学者众矣。温、裴所称歌曲，请德华一陈音韵，以为浮艳之美，德华终不取焉。③

范摅，吴人。《唐书·艺文志》注称为咸通时人，他居住会稽若耶溪，与方干同时。④ 他和温飞卿的时代相接，这段记载，其中用若干个“词”字，可注意者四事：

（1）指裴諴、温岐所作的歌曲为“词”。

（2）在词牌下附加“词”字，如《南歌子》词、新添声《杨柳枝》词、《杨柳枝》词是。

（3）饮筵所唱曰词，同时亦是打令。

---

① 宋刊《白氏长庆集》卷十。

② 见《唐五代词》，33页。

③ 上海涵芬楼影印常熟瞿氏铁琴铜剑楼藏明刊本。

④ 参见余嘉锡《四库提要辨证》卷十七，1023页。

（4）二人的作品，都称“词云”、“词曰”。

《云溪友议》这条材料，非常重要，完全没有用“曲子”二字，都称曰“词”，足见这时作为歌曲的“词”，不但应运茁长，而且成为新文体了。证之《乐府纪闻》所述：

> 宣宗爱唱《菩萨蛮》词，令狐绹假庭筠手，撰二十阕以进。

温飞卿时，“词”的名称，已很通行，和“曲子”一样都可使用。这与“曲子”名称在五代与北宋时并行不悖，完全一样，故和凝可被称为“曲子相公”，柳永《乐章集》内尚保存“续添曲子”，情形正相同。

由上举事实来看，我们不能咬定“词”是赵宋的产物，只有宋人的作品才可叫做“词”。从晚唐到五代，“词”与“曲子词”均同样被人广泛派上用场，何必强分畛域，硬说唐代只有“曲子”而没有“词”呢！

裴諴的《南歌子》词是五言四句的齐言体，如范摅说，分明为“词”。敦煌所出P·三八三六的杂言长短句体的《南歌子》，文云：“夜夜长相忆，知君思我无？……漫画眉如柳，虚匀脸上莲。……天天天。因何用以偏。”遣词命意，仿佛从裴諴句子而来，其间关系如何？还有待我们去寻思玩味。

《杨柳枝》到元代还被称为“令曲”，元时胡三省《通鉴》注云：

> 《杨柳枝》即今之令曲也。今之曲如《清平乐》、《水调歌》、《柘枝》、《菩萨蛮》、《八声甘州》，皆唐季之余声。又唐人多赋《杨柳枝》，皆七言四绝，相传以为出于开元梨园乐章。[1]

可见元人仍称《杨柳枝》曰令曲，与范摅所说“《杨柳枝》，词而打令也”，正是一样。唐人的《杨柳枝》以陈子昂所作“万里长江一带开，岸边杨柳几千栽。锦帆未落干戈起，惆怅龙舟去不回”一首为最早，咏隋炀帝事。[2]裴、温的新添声《杨柳枝》仍是齐言七绝，唱时只是添助声而不添字。唯敦煌P·二八〇九及桥川藏本的《杨柳枝》作七四七五七四七五句式，则为添字，其文如下：

---

① 标点本，8604页。

② 林大椿《唐五代词》失载。

春去春来春复春　寒暑来频。
月生月尽月还新　又被老催人。
只见庭前千岁月　长在长存。
不见堂上百年人　尽总化为尘。

如果把七字句写作大字来读，两两对偶，自成为一首绝句，其他都是衬字。顾夐的《杨柳枝》作七三七三七三七三句式，亦与此异。从写作技巧论，远不及是篇之婉媚动人，可惜如此佳篇竟不知出于谁氏之手。

任半塘之书，废去“词”字不用，而改称曰“歌辞”，他强调主声而不主文的立场，非常坚决。需知敦煌所出的歌曲，未必统统合乐，实则歌词与乐曲本为二事。胡三省在后周显德七年下注云：

广顺中，太宰卿边蔚奏：敕定前件祠祭、朝命舞名、乐曲歌词，寺司含有簿籍。伏恐所令与新法曲调，声韵不叶，请下太常寺检详校试。若或乖舛，请本寺依新法声调，别撰乐章、舞曲，令歌者诵习，从之。[①]

胡氏引边蔚语，实出自后周显德时兵部尚书张昭的奏议，他加以节录。从上列边蔚的奏章，可以看出乐曲与歌词事实分开，则“歌词”也者，只是可以讴唱的文词，而未必合乐。后周时有“新法曲调”，与“别撰乐章”的整理工作。所谓“乐章”，唐协律郎徐景安著有《历代乐仪》三十卷，王应麟于《玉海》卷一〇五称这书第十卷题曰“乐章文谱”，有解说云：“乐章者，声诗也。”任氏著《唐声诗》一书，追寻“声诗”一名的来历，最早即溯源到徐氏此语。如徐说，声诗即是乐章，后周整理之乐章，曾合新法曲声调加以比勘检校。上文引胡注，谓《杨柳枝》出于开元梨园乐章，是乐章与入乐之大曲、曲子有密切关系，故后来柳永称其集曰《乐章集》，具见“歌词”与“乐曲”、“乐章”含义大有出入。《杨柳枝》原是梨园的乐章，在盛唐时，乐章实为“词”之前身，任氏力讥唐词意识之不符合历史，不知令词亦即乐章，打令可称曰“令词”，令下加“词”字，与曲子之称“曲子词”，在曲子下加一“词”字，词儿的结构同例，何必胶柱刻舟，徒滋烦扰，故附为厘正，非好辩也。

---

① 标点本，9594页。

二、"唐词"再辨

近年词学界兴起一派新的论点：由于敦煌写卷所出的《云谣集》，标题曰"杂曲子"，因此，有人倡议唐代但称"曲子"、"大曲"，未有"词"的名称。近见《词学》第六期，夏瞿禅翁纪念特辑中，任半塘大声疾呼地指责夏老，并提出"坚决废除唐词"一名号。他说："唐词是宋人喊出来的！"又说："依调填词的词，并非始于北宋。初唐李靖早有七百首格调一律的《兵要望江南》。"作为倚声的"词"字是否在唐代完全没有出现？关于这一问题，我在1989年第11期的《明报月刊》，已经写了一篇《为"唐词"进一解》，给以澄清。后来，我又把台湾"中央"图书馆所藏旧抄本《李卫公望江南》一书，加以整理，由新文丰出版公司印行。此书共有七百二十六首，内容非常杂乱。和张璋、黄畬二人合编的《全唐五代词》中卷所收的《兵要望江南》比较，增加了二四一首之多，可说是托名李靖的各式各样《望江南》的大杂烩。这书编成必在宋代，不能够视为李靖的作品。我在该书序录已指出，宋代目录书所著录的有下列各种不同的《望江南》：

王永昭《望江南风角集》二卷（见《宋史·艺文志·五行类》）。

包真君《望江南词》一卷（《崇文总目》作《道术望江南》一卷）。

《周易断卦梦江南》一卷（见《崇文总目》及郑樵《通志》）。

《大道梦江南》（见《绍兴四库阙书目》）。

查题名李卫公的《望江南》书中，《风角》列在第二，共三十二首之多；《周易占候》二十一首，列于第二十六。我怀疑这本书实际即是把宋时流传的那些作为占验歌诀使用的《望江南》，集合在一起。这本书的前面有一篇跋文题曰："（梁）贞明三年中，休安刘剥剥谨跋。"这里重复了一个"剥"字，"剥"实是"鄩"之误。刘鄩是密州安丘人，梁的大将，新、旧《五代史》都有他的专传。这一跋文是出于伪托。

这本题《李卫公望江南》的印行，人们可以明白真相，可以知悉这书所收录的不同时期不同主题的《望江南》内容如何构成的过程，它决不可能是初唐人的作品。

1990年五月，我在哈佛大学东亚系作过一次演讲，谈到曲子词另有实用性一路，其中大部分是应该隶属于杂文学范畴，不能随便作纯文学来看待。这批七百余首的《望江南》，便是一最重要的例子。这说明曲子词被作为实用歌诀工具时混乱及芜杂的程度。

我们不能鲁莽灭裂地把这些《望江南》统统看作李靖的作品，还有待于仔细研究，哪可贸然便断言唐初李靖已经写出了数百首的《望江南》！这本书的出版，除了提供五行术数早期的歌诀性质的倚声作品资料之外，对于曲子词的起源实际情况的了解，我想应该有相当的帮助。

尚有进者，五代时，能词的国君，南唐二主，众所周知，其他工于旖旎曲子，还有后唐庄宗李存勖。《五代史补》说：

> 庄宗为公子，雅好音律，又能自撰曲子词。其后凡用军，前后队伍，皆以所撰词授之，使揭声而唱，谓之“御制”。至于入阵，不论胜负，马头才转，则众歌齐作。

任氏以为庄宗只是一个武夫，何能写出“风流旖旎”一类绮靡之音？他既误把分明标题曰“御制”的《内家娇》，说成为唐玄宗咏杨太真之作；他为了欲否定《五代史补》所确指当日李存勖的作品有“御制”之称一说，竟谓：“将《内家娇》视为庄宗御制之临阵军歌，则坚决不同意者，首先当为庄宗李存勖本人。”他花了许多篇幅，谈这一问题，竟忘记了《尊前集》中收庄宗的词有四首之多，像“长记欲别时，和泪出门相送”的《忆仙姿》（即《如梦令》），“画楼月影寒，西风吹罗幕”的《一叶落》，风格几乎与韦庄、秦观的作品，可相伯仲。苏轼《如梦令》序云：“此曲本唐庄宗制，名《忆仙姿》，嫌其名不雅，故改为《如梦令》。盖庄宗作此词，卒章云：‘如梦如梦，和泪出门相送。’因取以为名云。”按东坡略有误记，宋人以为即出庄宗之手，这二首亦收入朱彝尊编的《词综》。庄宗行世之佳制，竟是抒情之作，没有什么军歌被流传下来。任氏认为庄宗只能写作军歌之“男声”，纯是偏见；连《尊前集》、《词综》都未及检读，疏忽至此，令人骇怪！

《总编》书中有许多标新立异的怪说，试举一例：在S·三二九号里有一首《木兰花》的曲子，虽只有“曲子名”三字，没有记明《木兰花》的调名，但从句式看来和辞中有“木兰花一堕”之句，必是《调寄木兰花》，毫无疑问。试录其辞如下：

十年五岁相看过。为道木兰花一堕。九天原（愿）地觅将来，余将后远（院）深处坐。　又见胡牒（蝶）千千个。由（游）住尖（檐）良（梁）不敢坐（偿）。傍人不乃（耐）苦项须，恐怕春风斩断我。

这是一首白描之作，十分生动，敦煌曲子词中罕见的佳构。任书从字形、音的近似，多作改订。如把“堕”改为“朵”、“愿地”改作“远地”之类，全出于臆改。“花一堕”指花萎谢，意思更深一层，“愿地”的“地”是语助，“愿地”和词曲常见的“坐地”、“立地”语例一样，原自通顺。只是“坐”字复出，《广韵》三十九过：“偿，安也。”我疑心第二个坐字读为偿，即谓飞来飞去不能安定下来。任说“蝶”字作“牒”，字形和卷中“虞侯”下面草书牒字同，证明借牒为蝶，这是对的。“尖”音近檐，“良”借为“梁”，这些都是我的忖测，“项须”二字不可解，或有写误，任氏改作“相须”。我的校勘方法，尽量保存原貌，不欲任意逞臆妄改。这首的最后一句警句引起许多议论，任氏解说道：

右辞写一少女被掠，患难中之危急心情。反映社会现实，录下奴隶痛苦，远非花间人物陷在荒淫腐朽生活者比，极可贵！

又引王悠然《序余偶记》云：

看来她是十五岁的女孩，被人自远地拘来，深深关锁，都无自由，她闷对一树盛开的玉兰，那无知的蝴蝶，纷纷扰扰，似还自由。……她生怕遭到春风的处决，和花同尽！春风对万物何尝都是哺育？生机中原正寓杀机：这样话，文人歌辞中见过么？编者[①]责“词学究”们，知要花间，不知要民间，两“间”区别究在何处？曰：正在此耳！《花间》五百首内，能见此一“斩”字否？从来未见，亦不能见。

这首曲子竟被看成奴隶社会的写照，由于解者头脑里装满了奴隶……一类的字眼，词中的主角便给划定身份，看来不免滑稽可笑！王氏还绘影绘声，说这个女孩被人深深关锁着。文学作品可以很主观地作种种不同的看法，但

① 按指任氏。

这样肯定却是太大胆了！不知“斩春风”的句子乃是释家们常用的字眼。日本五山时期的诗僧雪村友梅的《岷峨集》中，他二十四岁时在蜀狱中偈便有“电光影里斩春风”之句，记得法国戴密微（P. Demiéville）教授著有关于僧徒临终诗的法译，第一首便举出六朝时僧人的诗句已有“斩春风”之语，这书不在手头，以后当再为补述。禅诗里斩断葛藤一类说话非常普遍，“斩”字毫无奇特之处。春风可斩人，亦可以为人所斩，主动、被动，诗家尽可任意抒写来表现他的文学技巧。至于词中主角是怎样一个人？是男是女？是僧徒是奴隶？则无从下断语。禅僧的作品往往惯用俗语，但不能完全说是来自民间，又何必扬此抑彼，无端为“两间”筑起一道莫须有的防线来自找麻烦呢！

五代北宋之际，《木兰花》一调有时被用作挽歌。《湘山野录》云：“钱思公谪居汉东，日撰一曲：城上风光莺语乱，城下烟波春拍岸。……挽铎中歌《木兰花》，引绋为送。”钱惟演是吴越王钱俶之子，仕宋卒谥曰思。从这里记载，《木兰花》可在引绋送葬时唱出。细玩S·三二九这首词意：先说时日相看已消逝而去，花亦萎谢了。茫茫宇宙里，希望寻觅遥远的未来，只好在后园呆坐等待着！（眼看）无数成千上万的蝴蝶，在檐际梁间飞来飞去，不能够安栖（勾引起无限的感触）。纵使旁人不耐（耐是愿辞）而苦苦相须（扶持之意），恐怕春风还是要斩断我的！寻绎曲子深意，似在慨叹无常。人是不能免于一死的降临，用“春风斩断”来作象征手法，故这首很可能即是送殡时唱的《木兰花》，是很适宜作为挽歌用的。我这一揣测，也许不无是处，不妨提出来，请大家指正。

这一首情意缠绵悱恻，虽无《花间》一般镂云筛月的丽句，但蝴蝶千个，仍然是充满“独殊机杼之功”（欧阳炯《花间集》序语）的巧思。“花间”二字五代人常用之，花蕊夫人宫词有“进入花间一阵香”之句。好的曲子，不必限于《花间集》或《云谣集》，这首的意境既不是《花间》所有，更不是《云谣集》中所有，应该特别加以表彰。花间与民间何有绝对的界限？《花间集》所以为人重视，由于当时只有这一部总集流传之故，我们又何必以今人的心态来对它妄加菲薄，而大作翻案文章！我们看元代以“无一点尘俗气可置之陶、韦间”的倪云林高士，他有时还欣赏《花间集》，他在《水仙子（因观《花间集》作）》一首，亦会吟出“绣帘风暖春醒，烟草黏飞絮，蛛丝罥落英。无限伤情！”的句子哩！

三、关于“斩春风”的出典

上文谈及敦煌曲子《木兰花》里面有一句“恐怕春风斩断我”，是依据六朝时僧人临终诗“斩春风”之语。执笔时，只凭记忆，未注明出典。查此语乃见《景德传灯录》卷二十七《诸方杂举征拈代别语》一项目之下，诸禅师讨论僧肇逸事：

或问僧：“承闻大德讲得《肇论》是否？”曰：“不敢。”曰：“肇有物不迁义是否？”曰：“是。”或人遂以茶盏就地扑破，曰：“遮个是迁不迁？”无对。

因此在该项之中，另有二条再说及僧肇，其一云：

僧肇法师遭秦主难，临就刑，说偈曰：“四大元无主，五阴本来空。将头临白刃，犹似斩春风。”

注引玄沙云：“大小肇法师，临死犹寱语。”①

这即是“斩春风”一语的来历。我又说过“斩”字没有什么奇特之处。兹再举《传灯录》同卷中一条语录为证：

罽宾国王秉剑诣师子尊者前，问曰：“师得蕴空否？”师曰：“已得蕴空。”曰：“既得蕴空，离生死否？”师曰：“已离生死。”曰：“既离生死，就师乞头，还得否？”师曰：“身非我有，岂况于头！”王便斩之，出白乳。王臂自堕。

注言：

玄觉征云：“且道斩著斩不著。”玄师初受请住梅谿场普应院，中间迁住玄沙山，自是天下丛林海众皆望风而宾之。闽帅王公（按或指王审知）

---

① 《大正藏》五十一册，435页。

请演无上乘，待以师礼，学徒余八百，室户不备。师上堂良久，谓众曰："我为汝得澈困也还会麽？"僧问："寂寂无言时如何？"师曰："寱语作麽？"

下面还说："不消个瞨（瞌）睡寱语便屈却去。"可见"寱语"一词是他的口头禅。玄沙于梁开平二年十一月示寂，年七十四，他是晚唐五代初期时人，他对僧肇此偈有"梦呓语"的批评，可知"犹似斩春风"一句在当时禅林极为流行。敦煌S·三二九曲子"恐怕春风斩断我"之句，同卷中有"大顺三载壬子岁二月　日"字样，大顺乃唐昭宗的第三年（公元892年），写本年代和此偈传诵于禅林，时间情况正相符合。慧皎《高僧传》卷五《僧肇传》，只说"肇于晋义熙十年卒于长安，春秋三十有一矣"，但没有提到这一临终诗。我说"六朝时僧人"，应该改正作"东晋"才是。

至于法国戴密微(P. Demiéville）教授所著的《汉人临终诗》（*Poems Chinois d'avant la mort*）[①]，对僧肇此诗的法译，把"似斩春风"译作 pour decapiter le vent du printemps，何等漂亮！书中汉文"四大元无主"句，"元"字误写，应正作"之"。

检《佛教典籍选刊》本宋代普济的《五灯会元》卷六收有僧肇法师临刑说偈"犹似斩春风"此条，厕于唐末禅月贯休之前，苏渊雷点校，此条注语引作"玄妙"云云（公元345年），普济似乎不识僧肇为何人，故把他列于《未详法嗣》项目之下。《肇论》在宋代，已有释文才著《新疏游刃》，现存有万历刻本，但流行不广。至于点校本之"玄妙"，分明为"玄沙"之误，故为指出。校书如扫落叶，可见读书之不易。昔人云：日省误书，亦是一适。可惜今人没有这种闲情，却免于错误，是不容易的。

附记

唐代究竟有没有"词"，是文学史上的一件大事，理应辨明。作者曾撰文三次，在香港《明报月刊》1989年11月号、1990年12月号、1991年2月号发表。现在将三篇合为一篇，加以修订。

原载《九州学刊》，1992年第4卷第4期

① 1984年，巴黎出版。

法藏敦煌曲子词四种解说

一、《云谣集》

P·二八三八原为一长卷，《云谣集》三十首即写于中和四年（公元884年）沙州上座体圆等牒之背，金山国时代《庆幡文》、《开经文》等之后[①]，可视作是集抄写年代之上限，当不能早于张承奉称金山国天子之年，与《花间集》之有孟昶后蜀广政三年（公元940年）欧阳炯序相较，犹在其前，自为现在所知杂曲子词最早之总集。

伦敦S·一四四一亦为《云谣集》，抄于王伯玙著之《励忠节钞》之卷背。标题同称"《云谣集杂曲子》共三十首"，实际只抄《凤归云》等十八首。末阕《倾杯乐》只写词牌名，到此而止（参见本文所附图一——三）。法京此卷亦题曰"《云谣集杂曲子》共三十首"，实仅得十四首，亦非全帙。以斯、伯两卷相合，去其重复，正符三十之数。

此卷起《凤归云》、《闺怨》二首，出一人手笔。以下接《倾杯乐》，乃出另一人所书。第一首《凤归云》词牌下"街"乃是"闺"字，潘重规写作"街"，误。第二首题《又怨》，"怨"即"怨"字。拙著《敦煌曲》61页注四校云："斯、伯两卷俱题作《凤归云·街》，'街'乃'闺'字，写卷'门'字

① 参见《法京所藏敦煌群书及书法题记》牒状卷。

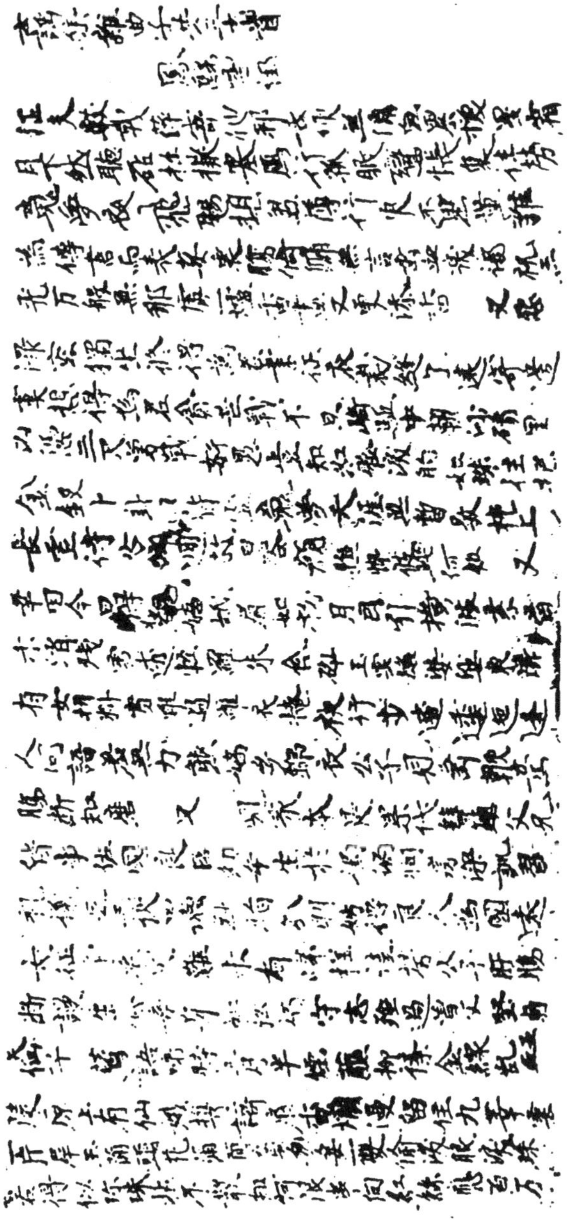

图一 S·一四四一《云谣集》(一)

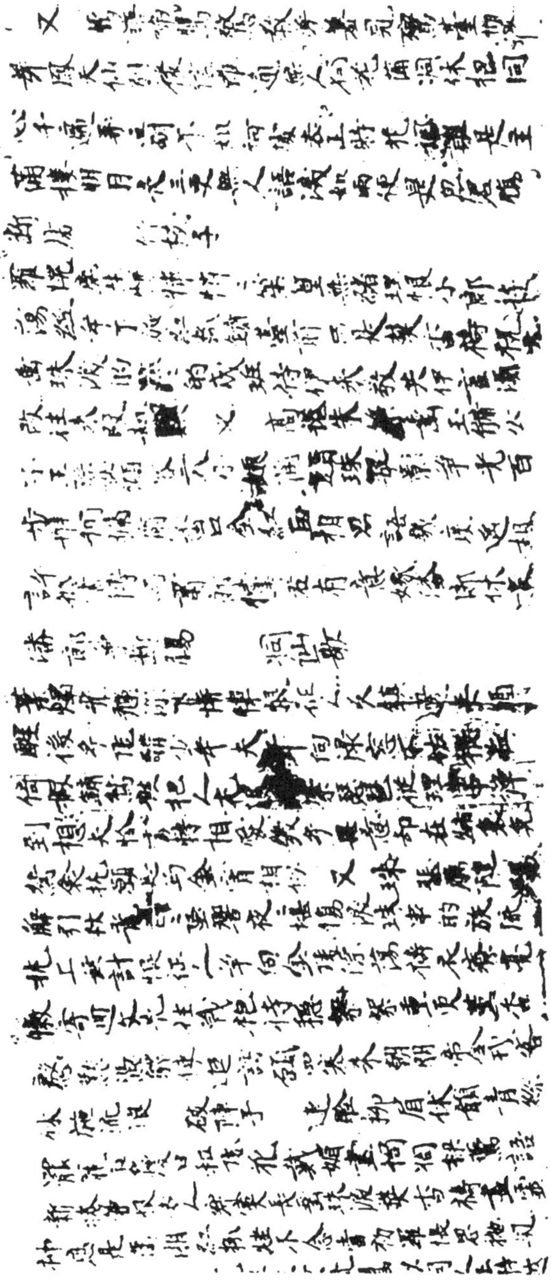

图二　S.一四四一《云谣集》(二)

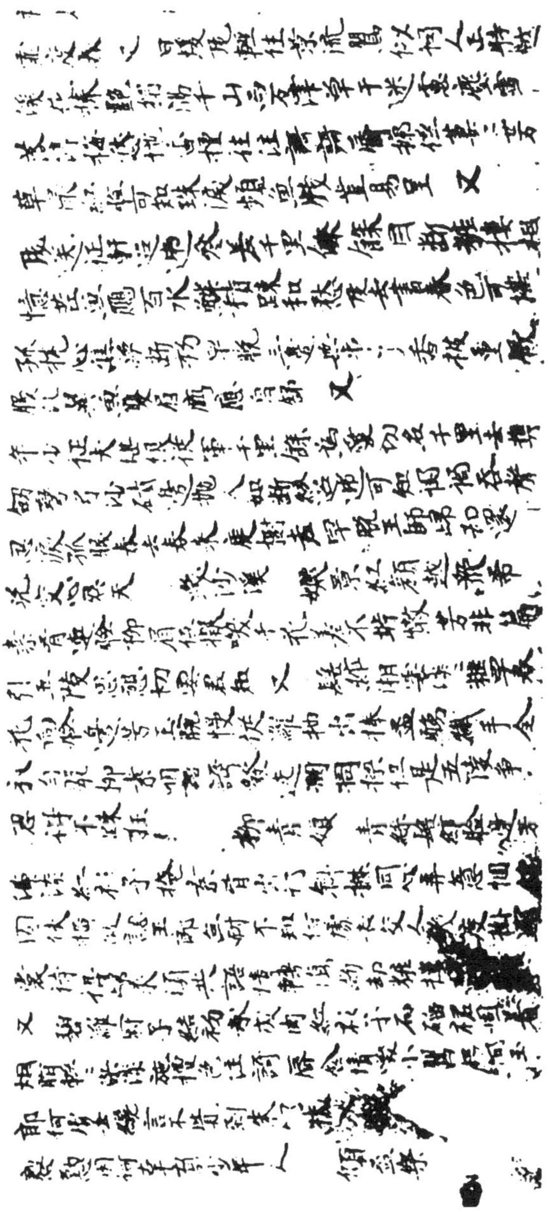

图三 S·一四四一《云谣集》(三)

多作‘彳乃’，《闺怨》为二词共用之题目，盖一题分写两处。”前人亦有连续作“凤归云徧”，“徧”字是“闺”之误认。

此卷向来校订者多家，多喜随文义轻改，殊有未妥。内有假借字，如以“榭”为“麝”，借“拦”为“兰”。有自行改字，如“麽”，原作“磨”，继改为“麽”。有确为误字者，如“明如刀割”与下句“口似珠丹”互为对文，“明”字自是“眼”之写讹，另一首有“两眼如刀”语可证。

有较为特出之例，如《抛毬乐》“珠泪芬芬湿绮罗”，借“芬”为“纷”，先秦书已有之，如《墨子·经说》篇：“义志以天下为芬。”王闿运云：“芬即纷字。”《老子道经》第四章：“解其芬。”马王堆乙本作“芬”，甲本作“纷”，是其证。[①]

又斯本《天仙子》第一首《畨烂漫》，《竹枝子》第一首《只是焚畨祷告天》。“畨”字从“田”，即是“香”字。日本天历二年（公元948年）写本《汉书·扬雄传》“飏晔晔之芬苓”句，注引晋灼云“愍屈原光畨”。颜师古注：“苓畨，草名也。”“香”字亦作“畨”[②]，与此本同。

此卷向来已有不少影本，计巴黎刊之《敦煌曲》，台湾印行之《云谣集新书》、《敦煌词话》，皆不如本书依原大印出之精，故历来印行之《云谣集》，当以本书为最善。

二、词五首

P·三九九四抄五代曲子词五首。其中《更漏长》即《更漏子》，《鱼美人》即《虞美人》。《更漏子》第一首是欧阳□作，与林大椿编《唐五代词》203页所收《更漏子》颇有歧异，“秋夜露”作“秋夜水”，“尘镜彩鸾孤”作“镜尘鸾影孤”。

《更漏子》第二首是温庭筠作，绍兴本《花间集》卷一所收，“玉炉香”作“金鸭香”，“红蠟泪”，作“红臈泪”[③]，“眉翠薄”，作“眉翠尽”，“夜长”作“夜来”，甚多异文。

此写本“漏”作“漏”，“华”作“苹”，“壶”作“壷”，皆别体。

字极拙重健拔，在欧、柳之间，毫锋取势，可与王寀《汝帖》第十二卷

---

① 参见黄生：《字诂义府合按》，20页《字诂纷、雰》条。

② 据京都帝国大学影印本。

③ 臈即腊俗字，蠟为蜡俗字，见《广韵》入声二十八盍。宋本为是。

所收李后主书、《江行初雪》画卷赵幹题字[①]相颉颃，可定为五代时书风，在书法史上应为极难得之妙品。

三、词三首

P·三三三三原一纸，抄《菩萨蛮》二首及《谒金门》一首。《菩萨蛮》第一首“条递”即“迢递”。“摽蒡不渐亭”之“渐亭”即“暂停”，二字易明，“摽蒡”似是“摽劳”，或读作“漂流”。

第二首“孛钖工书苦”自是“学剑攻书苦”，“攻”省作“工”。“墼雪罴飞荧”句问题最多。荧即“萤”。“罴”即“最”，读为“聚”。“墼”即“墼”字。《说文》十四篇下，厽部“垒”字下云：“絫，墼也。”俗作“垒”。段玉裁注：“积墼为墙曰垒”。“墼”有“积墼”义。

此句用车胤苦学典故，车胤事见《晋书》卷八十三本传。P·二五二四号类书《劝学》有《聚萤》条，注云：“车胤，字武子。家贫无油，绢袋盛数十萤读书，冬即映雪。”[②] 又P·二七四八《古贤集》有“车胤聚萤时影（映）雪”句。《全芳备祖》有韩境序云：“不知萤几聚，雪几映。”此词“墼雪最飞荧”即“积雪聚飞萤”之意。任二北读“墼”为“堑”，于义不合。“吕年”当读“累年”，任校作“多年”，亦非。“偷光路”，任氏读“路”为“露”，是。[③]

《谒金门》一首，亦见P·三八二一（参见本文所附图四），两本对校，颇多异文：

P·三三三三	P·三八二一	
常伏气	长伏气	
蓬莱宫	蓬莱山	“莱”，“莱”之误
录竹桃花	缘竹桃花	“录”、“缘”，皆“绿”之误
清案（斋）	峒中	
闻道诸仙来至	闻道君王诏旨	
复果禽书欢喜	眼里琴书欢喜	“禽”，“琴”之误
远谒金门	得谒金门	

① 参见台北故宫博物院《故宫书画录》增订本卷四。

② 原文作“雪映”，为“映雪”之误。

③ 参见任二北：《敦煌曲初探》。

图四 P.三八二一《谒金门》

四、词三首

P·二七四八正面为《古文尚书》孔安国传《洛诰第十五》至《蔡仲之命第十九》残卷。背起录词三首，二为《思越人》，一为《怨春闺》。王重民《敦煌曲子词集》增订本失收。余始补入《敦煌曲》中，诸词录文，可参拙作《敦煌曲订补》[①]。

《思越人》词调已见《花间集》，张泌（卷第四）、孙光宪（卷第八）、鹿虔扆（卷第九）皆有之。第一首残缺过甚，如“一枝花，一盏酒……几度拟判（拌）判不得”，知为酒令。

《怨春闺》文字绮丽缠绵，铸词之工，已近《花间》风格，为敦煌曲子中上乘之作。书法疏朗可喜。《思越人》第二首“低声问”之“问”字，“门”作“⿰冫乃”，与《云谣集》之“闺”字“门”作“⿰彳乃”相同，可知为晚唐常见字体。

① 见《史语所集刊》第五一本，1980年。

附　水调歌头

张锡厚自北京来书，告任老于去岁12月13日谢世。记70年代，余在星洲，任君屡贻书讨论，谓将以用韵为曲子断代，余复札深不谓然，媵以《敦煌曲》一书，君终放弃是说。1980年冬，余过维扬，与曾宪通至扬州师院趋候起居，荏苒十载，遂成隔世。君秉性倔强，坎坷一生，勇于排外，与余争论，竟成敦煌学一段公案，非始料所及也，君力学不懈，老而弥笃，讥诃当代，虽被视为学风偏颇，然于曲学揄扬之功，终不可没，以词挽之，兼以自讪云。

臣质更谁继，俯仰起悲风。无穷天地纯美，行处任西东。蛮触纷争偏好，耳眼聪明各照，一笑漫相通。执“伴小娘”本，甘蹈虚空。

运斤斲，垩漫鼻，立从容。但伤夫子既逝，无与语蒙鸿。何有生前身后，赢得琢肝鉥胃，牖下老雕虫。痴绝吾生事，失计将毋同。

选堂俶稿　壬申元宵后二日记

敦煌琵琶谱论集

卷八

饶宗颐二十世纪学术文集·敦煌学

目　录

序　言

敦煌写卷所见乐谱有三，主要为巴黎列 P·三八〇八之残卷，其一面书“长兴四年中兴殿应圣节讲经文”。自 1938 年日本友人林谦三取与《天平琵琶谱》合勘，确定其为琵琶谱，至今已五十年。其在《月刊乐谱》第 27 卷第 1 期发表之长文，去岁始由余与李锐清君合译，登载于上海之《音乐艺术》(1987 年第 2 期)，国人始获睹其文之全貌。

自 1982 年叶栋著论，据称有破译之举，其《敦煌曲谱研究》行世以后，讨论者日众，重译者又有何昌林、金建民诸家。余于 1987 年 6 月在香港主持国际敦煌吐鲁番学术会议，提出论文《敦煌乐谱舞谱有关诸问题》，强调乐谱与舞谱有不可分之关系，不能舍舞而论乐，见于敦煌乐谱之曲子多为上酒之曲子，事已同于酒令，琵琶谱之节奏，实与舞之步伐相配合。向来各家治乐与舞，分道扬镳，殊途而不能同归，殊属不智，亟宜改正趋向。

至于乐谱节奏方面，自来相袭，采用板眼说，诸家译谱，且已录音，听来甚不悦耳。由于译谱者不够忠实，每每随意增减，势非重译，无以奏功。因请上海音乐学院陈应时教授再作尝试，其时赵晓生新倡句逗说，以纠各家之疏失，视“·”号为小顿，“▭”号为长顿。陈君根据张炎《词源》，合以《梦溪笔谈》，另创掣拍一说。其重译之谱，顷已完成，蒙先寄示，睹其新译，要点有三：

（一）谱字之细心勘核，多所订正。

（二）揭开“▭”、“·”两号叠用之奥秘。

（三）六字一拍与煞句三字一拍之分析，依同调之比勘，发现曲调谱字之旋律，可谓近年来敦煌乐谱研究之突破。

关于“▭”、“·”两号之原义，及其后来使用之演变，实与词乐有水乳之密切关系。余乃取姜白石《旁谱》及张炎《管色应指字谱》暨《事林广记》所载节奏记号之丁、住、折、掣等，与敦煌乐谱比较，更悟出两者之间实出于同源，而“·”号本为“主（住）”之省形，“·”原为住号，后来用以作掣，正如“リ”号在白石《旁谱》中用为住号，而张炎则以为掣号，其事如出一辙，足为陈说提供参证。

兹将陈译与拙说合成一帙，附以较佳图片，聊备同好之参考。以求教于大雅声家，觊共作进一步之探讨。

1988 年 2 月 识于香港中文大学中国文化研究所，时丁卯岁旧历除夕

板眼之说，虽属后起，自唐末以来，器乐谱如敦煌琵琶谱，即以“▭”、“·”二者为骨干，迹其渊源，实出于汉代之句投（逗）。“▭”本段号，可追溯远至战国。宋后“▭”变而为“〇”，由扁方而作全圆，而“〇”、“·”两号用作顿、住，遂为讴唱拍板之基音。益以缠声，更施诸辅助记号，如折、拽、丁、住之属，其辙迹在敦煌琵琶谱中已露其端倪，降及西安鼓乐谱，正是一脉相承，记谱法之旧规，大体可互相印证。余于 1988 年冬赴西安，以李石根先生之助，得窥鼓乐旧谱之原貌，其谱字实为工尺俗字，而拍板但以“〇”、“·（×）”为主，兼记重、尾诸号，与敦煌谱实无二致。因续为著论，用祛未寤，聊以著余前后摸索之经过。治学之道，自非点滴累积，何来豁然贯通？未敢自以为是，还冀方闻，理而董之。

1988 年除夕又记

本书增入第二章琵琶谱写卷原本之考察，得法京门人邝庆欢博士之助，摹录全卷形状见寄，写卷年代遂可解决，知乐谱书写在前，长兴四年乃其下限。邝君描绘之卷，墨渖犹新，余屡举以示人，用彰其劳，顷法京传来噩耗，遽以宿疾不起，中年竟夭，兰薰而摧，为之顾望歔欷者累日，巴黎为开追悼会，余挽以联云：“记问字玄亭，剩有遗笺供涕泪；待招魂青塚，怕闻幽怨出琵琶。”君以专研王昭君变文有声于时，与余均曾亲至内蒙谒昭君墓。不意昊天，歼我良懿，用以《琵琶谱》此书为君永远纪念。

1990 年 7 月 7 日校后再记

敦煌琵琶谱与舞谱之关系

有新资料然后有新学问。近半世纪以来，各地民间乐种谱录不断发现，音乐研究领域中于是有古谱考证之学，就中以莫高窟所出乐谱，最为脍炙人口。中外学人，不惜抛尽心力，凿险缒幽，从事研索，讨论之精，阐述之富，令人惊叹。

自1938年林谦三等发表论文以后，余于1956年在法京初睹原卷，亦尝妄有所载述。1981年12月叶栋先生初为译谱工作，引起同行之热烈兴趣，三载以来，讨论文字，林林总总，蔚为奇观。林谦三草创之文，国内不易觅到，曩时粗有译稿，未及写定。因嘱门人李锐清君重为逐译，李君与京都同好反复细订，至再至三，勒成定本。[①]

敦煌乐谱现可见者仅有三事，皆非完整之篇，今欲据此片段丛残，以恢复唐乐真貌，求之过深，言之覙缕，难免捉襟见肘。余于1986年9月莅法京，参加礼学会议，重至国立图书馆东方部，得馆长Mrs. Monique Cohen之许诺，取出有关乐舞原卷各件，细心勘读，积疑因得冰释。对于时贤新说，欲为之扬搉，以求其是。由以资料之不够完整与充实，大抵诸家所拟构者，

① 见上海音乐学院学报《音乐艺术》，1987（2）

出于联想者尚属不少，衡以诠释学之规律，仍大有商榷之余地。[①] 唯可论定者，约有数端：一为乐谱必为琵琶谱而非管色工尺谱，诸家探讨意见已渐趋一致，尤以二十谱字之发现，足以提供确证。二为谱曲子不可遽视作大曲之组合，各家所见亦略同。三为“▭”、“·”之为节拍记号，而以“▭”为板号，唯西安鼓谱其中不少以“×”为板号者，则为敦煌谱之所无。然“▭”、“·”之表示节拍，则无疑也。[②]

何昌林君说，王氏女琵琶谱是敦煌琵琶谱之祖本。考王氏女乃王保义之女。《通鉴》云：荆南行军司马王保义劝高从诲具（安重进）反状，事在晋天福六年（公元941年）。[③] 保义之女，其婚年料不能在此之前。至于将谱刊石，当在更后，安得谓其梦中所得之谱，先于长兴四年讲经文卷背抄写之谱？长兴四年，王氏女年龄殊难推定，料尚在髫髫之岁，何得谓王贞范制序之琵琶谱早于敦煌谱而为其祖本耶？有关琵琶之故事，说者每每故神其说，侈言其曲谱出自神仙梦中所授，《酉阳杂俎》六所记王沂的传说，和荆南王氏女之事大略相同，似均不足为典要。

五代之时，琵琶谱之流布，各地皆有之。陆游《南唐书》十六《周后传》云：“故唐盛时，《霓裳羽衣》最为大曲，后得残谱，以琵琶奏之。”马令《南唐书》：“后主尝得琵琶旧谱，乐工曹生善琵琶，周后得以重订《霓裳》曲谱。”[④] 此南唐之琵琶谱也。后蜀王衍宴怡神亭，自执板唱《霓裳羽衣》。[⑤] 蜀以琵琶擅长者有石潀为唐故乐工。[⑥] 知当时琵琶有谱，传播各地，何止荆南之王氏女谱？何君似认琵琶诸谱同出一源，于理有未安。

---

① 敦煌写卷正面、卷背未必有绝对关系，书写者多不记名，要确认书者为谁，在无可靠证据之情况下，不宜随便推断。如P·三五三九，杂书某一文件，复顺手记琵琶谱字二行，从字迹论，只可推测二纸文字同出一人手笔。但欲指定系何人所书，殊属不必。此段文字转录者，已误轨为轨，误“更兼”二字之下，显然辞意未完。今遽定“轭轨”是抄写者，试问文义上下如何联贯？故知不能成立。至P·三八〇八一卷，欲从讲经文所见人物事迹，迂回曲折，以推论其另一面之乐谱，书写者出于某僧之三位助手，完全出于联想，殊难令人置信。席君臻贯亲睹原卷，只说“琵琶指法，必然写于915至935年间”。至为何人所书？何年所写？存而不论，最为客观。

② 参见吴钊：《宋元古谱“愿成双”初探》，载《音乐艺术》，1983（3）。吴氏举唐徐景安《新纂乐书·乐章文谱》中云“文谱，乐句也，文以形声，而句以局言”，就是说“句也是一种节拍的标志”。张世彬认为“▭”是“句”字的减笔。屠建强君云：“如此说能证明，始能定‘▭’是拍。”按据《唐摭言》“牛僧孺曾语韩愈拍板是乐句”，余谓以“▭”表示句，实早见于战国之楚帛书，以“▭”为分句分段之号，汉简亦有之。知“▭”号之形成已早源远而流长。

③ 标点本，9222页。

④ 卷六《女宪传》。

⑤ 参见《十国春秋·蜀后主本纪》。

⑥ 参见《潀传》。

何君以南音之调门比附敦煌谱之三种不同字迹。其说南音之由来，尝举后主长子李仲寓被封为清源（泉州）郡公携家入闽为证。考《通鉴》卷二八八《后汉纪》称“唐主置清源军于泉州，以留后效为节度使”，事在汉隐帝乾祐二年（公元949年），是为清源置军之年代，远在敦煌琵琶谱抄写之后。今按“仲寓”字讹，宜作“仲寓”，此为籀文“宇”字。《十国春秋》寓亦作仲寓。郑文宝尝为清源郡公仲寓掌书记（《十国春秋·郑彦华传》），仲寓死于郢州，见《宋史》卷二六七《张洎传》。又考中主之弟良佐，于保大八年至武夷山，主会仙观，留其地三十七载。《十国春秋》十九云：余尝读闽志，中载“后主弟良佐修道武夷，后主敕有司建会仙观，封良佐为演道冲和先生”。《武夷山志》：“南唐李良佐，字元辅，元宗璟之弟也。保大八年，辞璟访道入武夷，遂居焉。旧观在洲渚间，璟敕有司移创会址，赐额会仙。又铸钟重千余觔。良佐居武夷三十七载。坐化于观之清虚堂。”冲虚观今犹存，游武夷者均到其地。南唐张绍尝作《冲佑观铭》。由此可证南唐与闽之交往甚早。中宗保大时，良佐已入居武夷，不必溯源于后主之子仲寓。南琶之来源如何，尚待细考，若欲牵涉清源郡之事，则殊可不必。

敦煌琵琶，文献所载，以用拨为主。《酉阳杂俎》云：“开元中，段师弹琵琶用皮弦，贺怀智破拨，弹之不成声。”（65页）是用拨弹。敦煌琵琶必用拨，下列文献可为佐证：

S·二一四六《内行城文》：“法曲争陈而槽拨。”

S·六一七一宫词：“琵琶㧐拨紫檀槽，弦管初张调鼓高。理曲遍□双腋弱，教人把箸喂樱桃。”

琵琶用拨，初见于北齐造像，参看《琵琶沿革图解》[①]。

新疆石窟在库木吐拉第二十四窟唐宋时期所见曲项四弦琵琶，右手仍用木拨弹奏。[②] 此与日本现存唐乐琵琶之用拨相似。南唐弹琵琶，见于《韩熙载夜宴图》，正是用拨。唐伯虎临韩熙载此图亦作执拨状。[③] 李后主为昭惠诔称

① 载《音乐艺术》，1985（2）。

② 参见《中国音乐》，1985（2），周菁葆文。

③ 参见《艺苑掇英》第七期。南唐周文矩《合乐图》中，乐队之琵琶已有品，且用手弹奏。（参见吴钊：《中国音乐史略》，124页）此图之可信性如何？尚待研究。此图现藏于 Cleveland Museum of Art，何惠鉴定为北宋时期，画者不详，画名：*Ladies of the Court*（*Kung-chung-tu*）（《宫中图》）。由拨弹到指弹之递变，现存实物资料如：王建墓石刻乐工图，和武宗元《朝元仙仗图》卷中琵琶均是使用拨子弹奏。拨弹之废弃，被指弹取代的时间，有人说是在元代，参见韩淑德、张之年：《中国琵琶史稿》，143页；又丘琼荪：《燕乐探微》，111页，《曲项琵琶手弹的开始时期》。

"曲演来迟，破传邀舞"、"利拨迅手，吟角呈羽"[①]，足为证明。前蜀王建墓内石刻伎乐，其琵琶仍用拨，其形甚大。[②] 虽中国奏琵琶亦有用手弹者，然龟兹乐之胡琵琶，自是用拨。林谦三所拟测者全以用拨为主，各家多忽略之。敦煌二十谱字字分记次指、中指、名指、小指各四声，则当日亦杂用指弹奏。陕西渭北拴马石刻所见琵琶用拨横弹与竖式㧐弹，演奏方法，正以用拨为主。

敦煌琵琶二十谱字，所见散声四，其他十六字为四柱四相，不见品位，是有相而无品。日本藤原贞敏于公元838年带回日本之唐代琵琶亦是四相无品位之琵琶，陈旸《乐书》亦未述及加新柱之曲项琵琶。唐五代之琵琶，四弦四柱，而无品位，众所共悉。而南琶曲项，四相十品，品旁有两月眉出音孔，横抱弹奏，自不是唐五代遗制。传统琵琶，则为四相十二品，其第七品与第十一品在D调（小工调）上之中立音为"←4"，与4主要是为使D调上取得此常用之中立音而设计。近时刘天华将旧琶之十二品改为十三品，程午嘉又改为六相十八品。[③] 可见琵琶品位在音乐史上是叠有增改。增品之事，自属后起，其特殊音位，是可以用重按或推位来升高或降低去表现变调之音。

定弦之说，林谦三初从三种不同字体区别为三组；何以笔迹不同而调式必异？林氏初无坚强之论据，然已重视终句之结拍。余尝提出定弦必依煞声为主，而煞声结拍之句，实有"一ス⺈ハ"及"一几レヒノ"、"一ナ⺀丄"三式，与不同之笔迹相应，故不得视二十五曲只用一种定弦法。若谓此三种不同之定弦乃由一人在演奏时转轴拨弦，不若谓由不同之三人，运用三种不同之定弦，较为近理。时贤论定弦之法，取途大抵有二：一为参考南音调式作为定弦借镜之依据，叶、何二家主之[④]；一为从曲子所属宫调，再看其煞声，加以推测，如《倾杯乐》在第一组中杀声皆为"八"，如以八为商调以作主

① 《十国春秋》十八，266页。

② 参见冯汉骥：《考古学论文集》，图版五。

③ 参见吴犇：《传统琵琶的特殊品位对乐曲的影响》，载《中国音乐》，1986（2）。

④ 叶译三组Dfad′占二组。按南音空弦$D^{\#}$ fad′专于"四不应"时才用之。而四不应谱必将乐器定弦全部改低全音，唯琵琶子弦例外，保持d' 音不变。（参见《民族民间音乐》十八期，赵宋光文）叶氏何以如是定弦，不曾说明理由，又不辨其中曲折，只言参照南音琵琶的弦音，证据似嫌不足。

音。在第二组不同笔迹中《倾杯乐》之杀声则为“丨”，当为小二度清商①。是说席氏臻贯主之。两者之中，自以后者较有理据。

莫高窟所出写卷，涉及舞谱者，实有多件，原物分贮法京及英伦。P·三五〇一卷背之谱，刘复最先抄出，刊印于《敦煌掇琐》，影本则初见于神田喜一郎之《敦煌秘籍留真新编》。刘录仓促摹写，辨认多有不确。1956年余在巴黎睹原卷后尝撰校释，略有举正，如“相逢揖”之“揖”字，证以六朝别字，是“揖”而非“揹”，其一例也。② 嗣在伦敦，获悉大英博物馆列S·五六四三号舞谱残册，及撰《敦煌琵琶谱读记》，即以影本附载于末，由是世乃知有第二舞谱，日本林谦三继以讨论。谱中如单、巡、轮等动作，为前此所未见。又P·三七一九号《浣溪沙》残谱，只存三行，其言“慢二急三慢三急三”，所记节奏，容与舞蹈相关，当是舞与乐之合谱，虽寥寥数字，不宜漠视之。

舞有独舞、队舞。独舞如莫高窟六一窟之《维摩诘经变》，世所熟知。队舞见于敦煌经卷者，早岁撰《敦煌曲》时，尝初指出S·二四四〇号卷背中“青一队，黄一队，熊踏”为例，此一资料已为人所常引证讨论。郑棨《开天传信记》：天宝初有刘朝霞者，献《贺幸温泉赋》。其文今存于敦煌写卷中，凡两见，有句云：“青一队兮黄一队，熊踏胸兮豹擎背。”③ 说者谓此乃描写天子之仪仗。考段安节《乐府杂录》记当时乐部与清乐部、龟兹部等并列者有熊罴十二，皆以木雕之，高丈余。熊踏与乐部之熊罴部或有关系。天子出行，乐队可与于其列。乐队亦自成舞队。王灼记李可及所制舞队，“不过如近世传踏之舞耳”④，当时舞队之区分颜色，戴面具，以至作为形形色色之动物，为传踏之舞态。P·三二七二记“一日，岁祭拜……定兴郎君踏舞来”，是元正有踏舞之俗。

凡此类敦煌舞谱，零玑断璧，尝其一脔，不足以见当日乐舞之全，固不待言。唯舞之为状，容态多方，存于壁画者，摹绘而申述之，自可有助于对

① 《倾杯乐》长调，见《云谣集》。在柳永《乐章集》中所见《倾杯》，有下列不同宫调：

《倾杯乐》仙吕宫（上幺）、大石调（⺀太簇）　黄钟商按即越调

《古倾杯》林钟商（歇指调南宫）小食

《倾杯》黄钟羽（般涉调南宫）、散水调（南吕商）

宋时《倾杯》所属宫调之不一如此，敦煌谱之《倾杯》结拍，调式有二，自不足为异，且急、慢曲子，又复不同，具见其变化之繁多，详席臻贯《敦煌曲谱第一群定弦之我见》一文。

以前夏敬观在《词调溯源》中曾细析其宫调。万树《词律》所收《倾杯乐》即有九十四字、九十五字、一百零四字、一百零五字、一百零七字、一百零八字及一百十六字共十体。

② 世习知之张猛龙碑有“诗人咏其孝友，光缉姬□，中兴是赖”句，缉即缉字。

③ P·五〇三七、P·二九七六两号，作进士刘瑕述。

④ 《碧鸡漫志》五。

此残谱之了解。

正史之中有记载敦煌舞者，《辽史·太宗纪》：

> 会同二年十一月丁亥，铁骊、燉煌并遣使来贡。
>
> 三年五月庚午，以端午宴群臣及诸国使，命回鹘、燉煌二使作本俗舞，俾诸侯观之。

《辽史·乐志·诸国乐》亦记会同三年端午命回鹘、燉煌二使作本国舞。两次复述其事。可见辽人对敦煌本国俗舞之重视。入宋以后，敦煌曹氏已为辽之属国（详见《辽史·属国表》）。回鹘舞之著者，有射雕回鹘队。敦煌本国俗舞之特色何在？仍有待吾人从壁画资料之仔细观察而加以论列也。

近时李正宇指出S·五六一三号《书仪》，在《与夫书》标题下方小字四行，为《南歌子》舞谱，移录其文，刊于《敦煌研究》第9期。余再从显微影本细勘，李氏所录尚有不少讹字，兹重为校正。自左至右如下文（参见本文后附图）：

> 上酒曲子《南哥子》两段，慢二急三慢二。令至据，各三拍。单铺（六），双补。
>
> 近令前拐（揖）。引单〔铻〕（铺）。舞据诔。霎（双）补。令接，急三，三拍折一拍。
>
> 遇接：三拍折一拍。双补。舞据后，后送。
>
> 开平己巳岁七月七日闷题。德深记之。

此为有纪年之谱，甚为可珍。书写时间为后梁开平三年（公元909年）。开端记明是“上酒曲子”，则此类乃用于宴乐舞蹈之杂曲子，《南歌子》即其一，原为酒令，可以确知，此一新材料[①]值得细研。下列诸事，宜加以讨论：

（一）急与慢

旧时成说以为小曲之词，只为徒歌而无舞，侑觞亦然。今观此谱，知其

① 单铺“铺”字形分明作铺，李氏释“铧”，不确。又下文“引单铻”句，李误川作“钐”。以文例衡之，当是铺。

不然，酒令亦可有舞。一人之舞，见于四川广元南宋墓舞曲刻石，女伎一人，裹展脚幞头，着圆领或交领之窄袖袍服，以手绞袖，腰束带，或扭腰扬手，或屈膝挥袖，作舞蹈状。说者谓即《乐书》所谓“优伶舞大曲惟一工独进”者。琵琶谱卷中同一曲子有急、慢之别，表列如次：

《倾杯乐》二	《西江月》	《心事子》	《伊州》
慢曲子三	慢曲子二	慢曲子一	慢曲子一
又曲子一			急曲子一
急曲子二			

王灼《碧鸡漫志》云：“唐中叶渐有今体慢曲子。”今字指南宋初期，慢曲子实起于中唐。《宋史·乐志》称：“其急慢谱诸曲几千遍。”可谓盛矣。同一曲子可分急与慢，张炎《词源·拍眼》篇“慢三急三拍子，三台相类”是矣。上引舞谱中记《南歌子》“两段慢二急三慢二”。此类记拍数之曲子，其他舞谱亦数见，故知同一曲子因拍子之急慢，可以形成“又一体”。又因宫调之异，其谱及字数更繁，如《倾杯乐》在琵琶谱中，即有七谱之多，万树尝因其“调异故曲异”，因有“世远音亡”之叹。今者新材料逐渐发现，如《事林广记》之《愿成双谱》，即有双胜子急，带有“急”字当是急曲子，近贤研究以为“急”即一板二眼①，由是知清人以用韵多少区别急慢曲子②，实为非是！

（二）平拍与行拍

西安鼓吹乐坐乐之套词，若东仓、显密寺乐器社之乐曲有慢拍之平拍与急拍之行拍之结合演奏，吕洪静举出二例：

平拍　如《望吾乡（慢）》（一二七〇）：“是一首六十六小节之慢曲，特有的一梆子是两小节为一个节拍单位，也就是唐时的一拍。”

行拍　如《十八锤（快）》（一二一三〇）：“此曲以比前曲几乎快一

---

① 吴钊说。

② 方成培《香研居词麈》说。

倍的速度演奏，是以一小节作为一个节拍的单位。”

在平拍奏慢曲《望吾乡》之后，紧接以快曲行拍之《十八锤》，艺师称行拍为“收曲”，其记谱法往往慢、快两曲连写，不分段。在慢、快两曲衔接处有“入行拍”或“行拍”之字样[1]。今取西安鼓乐此种以行拍接平拍曲体，以解释琵琶谱上慢曲子与急曲子之分体及舞谱上“《南歌子》两段慢二急三慢二”之现象，最为恰当。《南歌子》凡两段慢二急三慢三可以说是用平拍先奏两遍，紧接以行拍三遍，再用慢曲平拍奏二遍。一首《南歌子》曲子虽小，既有两段，又继以慢二急三慢二之反复演奏，时间则相当长，配以舞蹈则甚有可观。[2]

以行拍曲子作收曲，说者谓极似隋唐时西域伎乐西凉、龟兹、疏勒、安国之解曲与歌曲及舞曲之连接形态。

歌曲——解曲——舞曲

歌曲——舞曲——解曲

《羯鼓录》称：“凡曲有音尽声不尽者须以他曲解之，如《耶婆娑鸡》用《屈柘急遍》解，《屈柘》用《浑脱》解之类。”陈旸《乐书》亦指出：“解曲是龟兹、疏勒夷人之制，非中国之音。”敦煌之琵琶乐谱所奏是用龟兹乐，所谓“龟兹韵宫商”，故有解曲之曲体。夫以急曲子慢曲子相互递用，如上举之歌曲、舞曲与解曲之连接形态，此正是西域乐曲之特色。

（三）单与霎（双）

伯谱“单”字屡见如下：

《遐方远》：“准前令，三拍。舞，挼、据——单：急三。当前四段打令，两拍送；后四段打令，后两拍送。本色。相逢揖。”

《南歌子》：“两段，慢二急三慢二。令、挼三拍，舞据——单：急三，中心送，中心慢拍，两拍送。”

《前遐方远》：“令至据，三拍。打五段子，送，送不单行。”按此处称

---

① 在西仓乐器社保存之古曲谱《送神章》、《一江风》等则为行拍之乐曲曲名。

② 吕洪静：《隋唐解曲浅说》，载《交响》，1986（4）。

单行。

《浣溪沙》拍："常令三拍。舞挼、据——单：舞，引舞。据，引据……"

《凤归云》："双：送，裹。令挼，中心；单：送，裹。舞据头拍。"按此处双送与单送对言。

"准前。令，挼，三拍。舞据——单打《浣溪沙》，拍段送。"按此处称单打。

斯谱所见"单"字如下：

同前。拍令至据，单慢拍，段送，急三……

同前。拍令舞挼据单。令至据，各三拍。

《蓦山溪》……令至据，单：轮添一拍。……

……据，单：巡轮，各添两拍。

《南歌子》……令至据　单巡轮，各添两拍。……

至据，单巡轮，各添两拍。

同前。拍令舞挼据——单：令至据，各三拍。

又言单铺、双补者：

伯谱《双燕子》，慢四急七慢二急三。令至据三拍。三段单铺，中段倒四位，令后送。

此处云"单铺"，应于"铺"字断句[①]。在新发现之斯谱中，"单铺"又二见，其文如下：

令至据，各三拍。单铺，双补。

近令前揖。引、单〔铺〕。舞据诔。双补。

遇挼：三拍折一拍。双补。舞据后，后送。

从上举各例，曰单打、曰单行；单送与双送对言，单铺与双补亦对待而

---

① 赵叔雍读作"铺中段"，谓"凡所加之衬托即谓之铺，其曰中段者谓可多用某调中之若干节奏"。今知"单铺"一词屡见，则铺非指衬托明矣。

言，可见一人为单，两人为双，单指独舞，双指对舞。双补者谓舞者一人入场之后，续一人入舞。《东京梦华录》卷九《上寿礼节第一盏御酒》云：

> 舞曲破颠，前一遍，舞者入场，至歇拍，续一人入场。对舞数拍。前舞者退，独后舞者终其曲，谓之舞末。

故知单铺当指一人入场。所谓：

> 舞，挼，据——单
> 舞据——单
> 令至据——单
> 令舞挼据——单

以上各例，是指舞、挼、据各动作都由一人作舞，故云“单”。舞者二人先后入场，记“单”以示一人，记“单铺双补”则先单后双。陈旸《乐书》卷一八五部《女乐下》云：“至于优伶常舞大曲，惟一工独进，但以手袖为容踏足为节。”广元宋大曲石刻其一有七人乐队伴奏，一人作舞蹈，即“一工独进”之象，乃是独舞。宋时舞蹈见于史浩《鄮峰真隐漫录》，《太清舞》、《柘枝舞》为五人之舞，《渔父舞》为四人之舞，剑舞为二人对舞。尤以剑舞所示舞目，最足取与此舞谱作比较研究，舞分前、后两部，初部由乐部唱《剑器》曲破，作舞一段了，二舞者同唱《霜天晓角》。后部亦由乐部唱曲，作舞《剑器》曲破一段。①

敦煌舞谱伯谱所记《遐方远》分前四段及后四段，《南歌子》两段，《双燕子》三段。其分段情形尚可想见其仿佛。

汉代巾舞歌辞有哺及相哺，说者谓为辅之假借，因训相哺为相和。五代舞谱之单铺双补，铺、补可能即哺之同音假借。因舞者作舞一段了即同唱某曲。如剑舞初部作舞一段了，二舞者同唱《霜天晓角》，《渔父舞》则“齐唱《渔家傲》”，齐唱便是“相哺”。

赵叔雍以武戏舞容比方，谓有单起（一人）、双起之分，舞有单、双，乐亦如之，鼓板可以领舞可以定拍。今剧之《锣鼓经》以搭字为单签，八字为

---

① 舞罢，二人分立两边；别两人汉装者出，对坐。

双签，双签势密，单签势疏，各极其妙。单、双亦相互运用，今古正同一辙。

（四）据与瞻相

唐代上酒有所谓“下次据”者，《唐语林》卷八云“多以瞻相、下次据上酒，绝人罕通者”，下次据一曲子，出于军中邠善师酒令闻于世。

在皇甫松的《醉乡日月》中，下次据令列于第十四，而上酒令列于第十六。二者大有分别。“下次据”把一曲子打成三曲子，定必拉长其音，即所谓“慢三”。《羯鼓录》三：“凡曲有音声不确者，须以他曲解之，如《耶婆娑鸡》同《屈柘急遍》解，《屈柘》用《浑脱》解之类。”其办法很像“解曲”，所以一曲子可以打成三曲子。

至于“瞻相”，亦为令之一种，或作“占相”。《太平广记》卷二七三引《卢氏杂说》云：“坐中若打占相令，除却尚书莫点头。”又薛能诗：“瞻相赵女休相拽（杯），不及人前诈摆头。”瞻相指舞时动作互相顾盼，汉代巾舞歌词中的“相哺”，略同《南歌子》舞谱中的“双补”。该谱云“三拍折一拍。双补。舞据后，后送。”相哺与双补似是“瞻相”的另一同义语。在行使瞻相令时，有拽盏，《唐语林》：

> 上行杯，望远行，拽盏为主，下次据副之。

拽盏时抛打令，即下筹的动作。大凡初筵先用骰子，微醉以后，渐入酒令，以此为乐，《醉乡日月·觥律事》条，备载其事。

（五）前揖

下一字李误作“括”，应是“揖”字行书，如伯《遐方远》之“相逢、揖”（席君谓此句相逢上有一字脱漏，细审原卷实无之）。关于揖字尚需重加申说。任二北初定此字为从木从胥，水源渭江徘徊于揖、楫二说之间不能定。王克芬则采任说，以“楫”字《类篇》训犁，拟议为舞蹈化的掘地动作。去年9月我在巴黎取原卷细校，其字分明是从才，右无一点，自是从才从鶻，绝无疑问。辨析文字往往需细入毫发，所差虽只是一点，而分秒必争。此字影本不明，易生误会，以才为木。故阅读敦煌卷子有时还需看原物方能解决问题，显微胶卷亦无能为力。此即一有关键性之例子。辽行均《龙龛手鉴》云：

揖，伊入反。一让也

又相居反，取水具也。(《新编》，124 页)

此处字兼收揖与揖二音。其实训水具之揖，字又作捉，与揖异字，同见于《说文》手部。与揖字应有区别，宋辽之间已混为一文。揖之作揖乃六朝以来俗写，偏旁之咠惯例常作“鶰”。潘重规在《龙龛手鉴新编》一书末附有《手鉴敦煌写本字体相同表》，于页四收揖字，亦定揖即“伊入反”之揖，是也。故揖必为揖字，可以断定。相逢揖（揖）、前揖皆是舞者动作，前者谓两舞者相值时作揖，后者谓舞人在侑酒时向前揖之动作。[①]

（六）引

《南歌子》“近令前揖。引”。《浣溪沙》：“舞，引舞。”引者，《武林旧事》四《乾淳教坊部》在杂剧色李、吴二人名下，皆注称：“引，兼舞三台。”引即杂剧之引戏角色。戏有引，舞亦有引。在宋金墓葬中杂剧砖雕形象中，引戏亦作舞蹈状，可见其概。（参廖奔：《中州出土北宋戏曲文物论考》，载《戏曲研究》十八。）

（七）谏与挼

谏之动作只一见。意指作促迫之舞容。《类篇》：“谏，苏谷切。餔旋促也，一曰饰也。”按《说文》训“谏”为“餔旋促也。”《类篇》取其说。段玉裁不解其义。窃疑“餔”可读为哺，舞者哺（唱）而旋促其容。推知谏为舞之动作，此说可补段注。汉巾舞歌解云：“复来推排，意何零，相哺。”此舞谱云：“引单铺。舞据谏。双补。”二者比较，推排有如舞据，相哺有如双补，正可比方，谏在此是旋促之动作，以指舞容甚合。《广雅》五《释言上》：“谏，督促也。”训谏为促，谏为舞容，得此梁时舞谱而益信。

挼者宋人称为“挼曲子”。《东京梦华录》九：“每遇舞者入场，则排立者叉手，举左右肩，动足应拍，一齐群舞，谓之挼曲子。”此为众所习知。动足应拍之为挼。《广韵》十五灰：“挼，击也，素回切。”《类篇》训挼为推。宋时内燕，酌酒已，乐师抗声索乐，不言何曲，但云“朧酒”。朧酒之目的是促

① 北京故宫博物院藏南宋杂剧绢画及广元南宋墓杂剧石刻都有两人对揖之科范。

乐（程大昌《演繁露》十一），腥亦作“挼”，《东京梦华录》上寿，“唱引曰绥御酒”是也。绥、腥同音，催促之意。挼，素回切，是亦音绥。

（八）折与拍

斯谱云：“遇挼：三拍折一拍。”挼以动足应拍。言遇挼曲子时用急拍，三拍可折作一拍。折字，《词源》云“折拽悠悠”。姜夔《旁谱》“ϟ”之号即是折，折低半音，如今之“降记号”。折字已见于此梁时之舞谱，前所未知（“遇”字极清晰，李氏作“过”，误）。

广元大曲石刻上有二件皆为舞者，女伎一人，乐队七人，所执乐器自左至右其中有二人持拍板，可见舞时合乐以拍板为其节奏，故舞谱必记拍数。禹县白沙宋墓壁画绘有高髻女子手执拍板唱曲。《都城纪胜》：“唱叫、小唱谓执板唱慢曲曲破，大率重起轻杀。”故知执板自唱、慢曲及曲破均有其例。

（九）轮与巡

斯谱《蓦山溪》云：“轮添一拍。”又《蓦山溪》与《南歌子》俱云：“巡轮，各添两拍。”汉代巾舞歌中有“复车（转）轮”、“相哺转轮”之语。说者谓如今时舞台上转圆场之舞态，良信。汉制，宴舞必旋转，《吴书》记“陶谦舞又不转，郡守张磐曰，不当转耶!”可知舞之有转，乃为常规。赵叔雍称：“轮为舞伎巡回起舞之专辞。如班底打连环套子为往复巡回轮转之势。惟宾筵之舞，人数无多，非队舞可比，故乐谱所用亦少。”按此《南歌子》为酒令著词，巡与轮当与行酒有关，知轮为转，则巡乃行酒依次为巡。

唐代行语令时，有所谓抛巡、勾迎等动作。在巡时飞盏谓之“抛巡”。白居易句：“香毬趁拍回环匝，花盏抛巡取次飞。”巡者，酒一通为一巡。“下次据”亦作“下次句”，巡中作“一次据”谓之“句巡”。如《难陁出家缘起》云：

> 饮（仗）酒勾巡一两杯，徐徐慢怕管弦催。
> 各“阁”盏待君下次句（据），见了抽身便却回。（P·二三二四）

下次据可以一曲打成三曲子，这时搁着酒杯，等候曲子拖慢，由一曲子慢作三曲子，这是饮酒慢兵之计，其拍是徐徐慢拍，如是谓之“句巡”。观《蓦山溪》与《南歌子》皆称，“巡轮，各添两拍”可证。苏鹗演义谓以酒巡匝啉尾，宋词屡见，亦称为蓝尾。敦煌王梵志诗云：

本巡连索索，樽主告平平。当不怪来晚，覆盏可连精。

“索”、“平”、“看”、“精”是行酒所置四字令，见《唐语林》卷八《壁州刺史》条。酒能打通关的谓为巡流：

《尊净能诗》：净能奏曰：此尊大户，直是“巡流”。每巡可加三十五十分，卒难不醉。（S·六八三六）

巡匝为啉尾，以酒行至末座，连饮三杯以慰之。舞之动作必与行酒配合，故各添一拍。

（十）送

送不止一义。在“令令舞舞舞，送送送”此种情形之下，送当是舞容。朱子《语类》称“唐人俗舞谓之打令，其状有四，曰招，曰摇，曰送，其一记不得。盖招则邀之之意，摇则摇手呼唤之意，送者送酒之意。”刘攽《中山诗话》：“唐人饮酒，以令为罚。……大都欲以酒劝，故始言‘送’，而继承者辞之。摇首，挼舞之属，皆却之也。至八遍而穷，斯可受矣。”是送与挼，亦有配合行酒之动作。

舞有送，曲亦有送。《古今乐录》：“凡歌曲终皆有送声。《子夜》以‘持子’送曲，《凤将雏》以‘泽雉’送曲。是曲之送声亦曰送。”《凤归云》云：“准前。令，挼，三拍。舞据——单打《浣溪沙》拍段送。”席臻贯谓此处送字可解为断送，即其第二片用《浣溪沙》作断送。凡演奏之前后，奏别一曲收尾称为“断送”，如《武林旧事》所记特详。舞谱中《遐方远》第二片用《浮图子》作送，即此之类。此类送曲实即上述解曲之另一形态。[①] 常氏读舞谱中段送作断送，将所有谱中出现之段字概读为断送之断。但在是谱之《南歌子》开头即云：“两段，慢二急三慢二。”此处“两段”即不宜读作“两断”。故知舞谱之段字仍当依旧说为是。

① 参见吕洪静文。

（十一）打

打即打曲。打谓以鼓板打曲，说见《羯鼓录》。乐舞中打拍最重要，有指挥作用。《遐方远》下言“打五段子送”，又言“打《浮图子》送”。《凤归云》下言：“单打《浣溪沙》拍段送”，“单打”一词，见《武林旧事》“有单打《大圣乐》”（五段子似是五代词调之《金浮图》，见《〈教坊记〉笺订》，287页附表）。亦即打令，《云溪友议》谓《杨柳枝》“饮筵竞唱其词而打令”是也。

唐代酒会的先后次第，非常分明。① 但敦煌舞谱则拽、头、挼、请……各动作名目，有齐整之排列，不能强分何者为上酒令，何者为下次据令，何者为瞻相令，似五代以后，酒令配合乐舞，无复如前区别之微细；复加以杂用，不一定属之某一酒令，如以前之规定者。

（十二）本色与裹

伯谱者《遐方远》下云：“本色。相逢揖。”据此，舞剧上使用“本色”一语已见于五代时之舞谱。《东京梦华录》：“诸杂剧色皆诨裹，各服本色。”此处本色以指舞者服装而言。《教坊记》“圣寿乐舞，皆随其衣本色”其义亦同。

《凤归云》下云：“双：送，裹。令挼，中心；单：送，裹。”按《梦华录》记“第一盏御酒，其余乐人舞者诨裹，宽衫。”又“上寿教坊色长二人皆诨裹，宽紫袍金带。……又教坊乐部列于山楼下采棚中，皆裹长脚幞头。”是“裹”者当指服装，使呈异姿，凡双送、单送时皆有裹。广元大曲石刻舞旋女伎即裹展脚幞头。

朱子《语类》卷九二云：“唐人俗舞谓之打令，其状有四，曰招，摇，曰送，其一记不得。盖招则邀之之意，摇则摇手呼唤之意，送者送酒之意。旧尝见深村父老者余言，其祖父尝为之收得谱子，曰兵火失去。舞时皆裹幞头，列坐饮酒，少侧起舞。有四句号云：送摇招摇，三方一圆。分成四片，得在摇前。人多不知，皆以为哑谜。”朱子此段文字，十分重要。可知舞谱所记之裹，即指舞者裹幞头。其四句号，当日亦不易晓，而送摇字样，与敦煌舞谱完全吻合，故附记之，以供参证。

---

① 如《辞乡日月》所记第十四下次据令，十六上酒之类。

（十三）破曲子

伯谱《凤归云》下云："准前拍常令至据各三拍。打段前一拍送，破曲子。"按破曲子犹大曲之入破。《东京梦华录》第八盏御酒："三台舞合曲破。"史浩记二人剑舞，前部云乐部唱剑器曲破，作舞一段了，二舞者同唱《霜天晓角》。后部亦略同，俱由乐部配合唱曲破，可见破曲子不是曲名。赵云"如今剧训子弟曰：'此处当拨高加紧，传谱者随而谨识破字，以为识别。'"

闷题

上一字从门，门之作门，《云谣集》之闺字正同。门内一字看似"小"，实是心之行书，李氏误释为"简"。闷题者，谓心烦闷，聊题舞谱以抒写耳。

尾声

敦煌琵琶谱与舞谱之探索，为近年音乐界热烈讨论题目，家各立说，新义纷陈，本文之作，有破有立，评其未安者，而存其可信者，务折中于至当。开平舞谱最为崭新资料，抉发独多。时贤新著，众所周知，篇幅所限，未能一一著其出处，指其得失，读者谅之。舞乐研究，在敦煌学领域内，较属专门，从事者皆此道之宿学俊彦，必能匡我不逮，多所指正，抛砖引玉，企予望之。[①]

本文为1987年6月在香港举行之国际敦煌吐鲁番学术会议提出之论文改订本

① 本节采用乐舞有关资料，可参考下列各文：

杨公骥：《西汉歌舞剧巾舞公莫舞的句读和研究》，载《中华文史论丛》，1986（1）。

席臻贯：《敦煌舞谱交叉研考又题唐乐舞绝书片前文句读字义析疑》（稿本），此文颇多胜义，承作者邮示，特此志谢。载《中国音乐学》，1987（3）。

吕洪静：《隋唐解曲浅说——西安鼓吹乐源流考之三》，载《交响》，1986（4）。

廖奔：《广元南宋墓杂剧、大曲石刻考》，载《文物》，1986（12）。

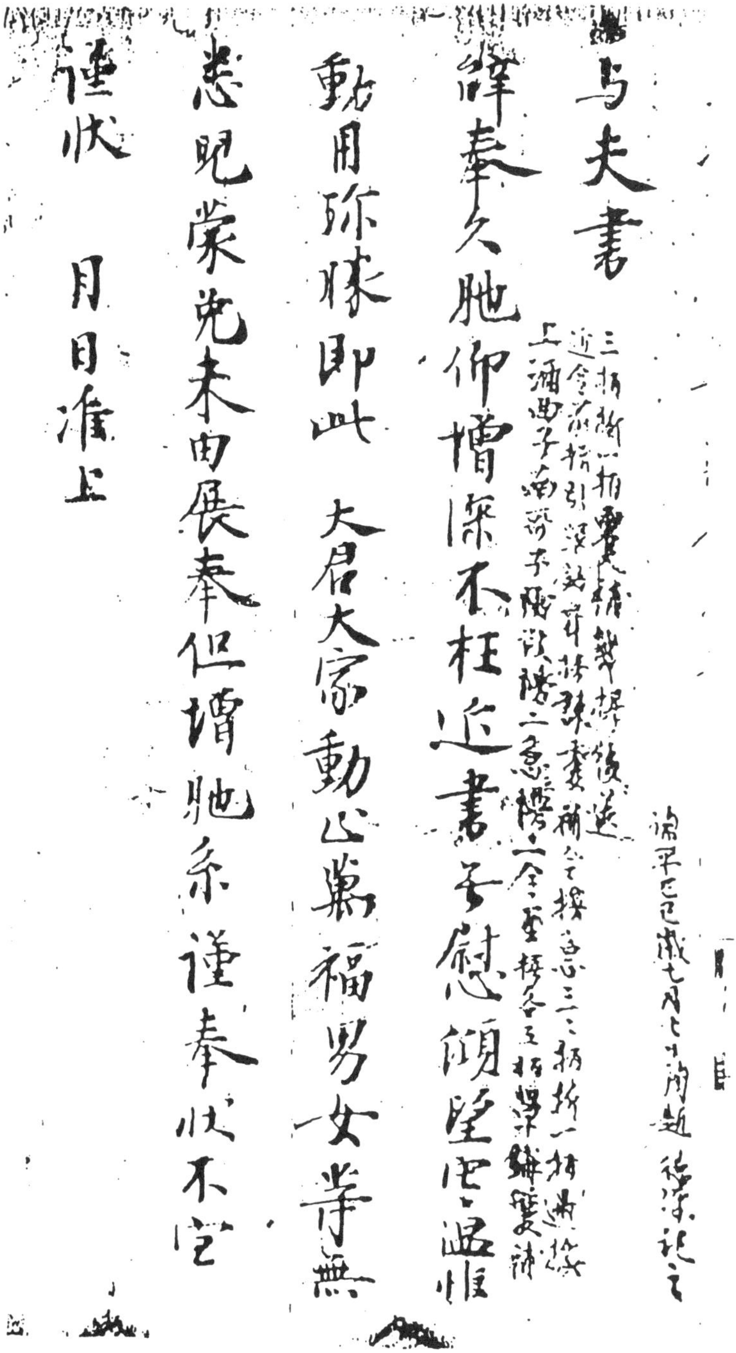

图一　舞谱《南歌子》

敦煌琵琶谱写卷原本之考察

敦煌文书原本的形成，非常复杂，抄写的接驳，以及正反面的先后处理等等问题，都是本子断代的重要依据。由于长卷往往是由若干张纸黏接而成，这类写本，石窟所出数量较多。敦煌有一长时期不能得到充分纸张的供给，土制纸张又不敷应用，因此抄写者即利用旧纸黏连在一起作为长卷，就其背面抄写。

P·三八〇八号的长卷，一面写着“长兴四年中兴殿应圣节讲经文”，一面即写着琵琶谱二十五个曲子。这一长卷是用大小不等十一张纸贴成的。讲经文时时写在两纸接口上的地方，可以证明各纸的贴连成卷在前，抄写经文在后。至于曲谱的一面来看，似乎是从第一纸至第四纸，第五纸至第九纸，第十纸至第十一纸原先各贴合成卷，故笔迹分为三种。第九纸与第十纸接口的地方，更有些不同：第十纸的首行（即第一二四行）书写位置，比第九纸之前各纸，特别高出一字，最令人注意的是部分谱字符号被第九纸（第一二三行）遮贴住。证明这第一二四行以后的乐谱是事先写了以后再被他纸贴连，而第十纸的前部有些地方曾被剪切。因此，乐谱上纸张贴接和书写先后本身已可说明它的形成的过程，最少经过两至三个阶段：即先有上述三组乐谱，后因利用其背面抄写经文，被贴成长卷，所以它们之间有不同的笔迹存在。

关于这一卷原本的仔细考察，关系研究资料的忠实根据，十分重要。我曾请前门人现供职于法京科学中心的邝庆欢博士在国立图书馆取出原卷，仔细观察，邝君经过多次对原物的考查，用纸张依照原卷模样剪贴成一长卷，把接驳地方的正反面文字和曲谱都依照原样描出抄出寄给我，原本的情状已得到很具体的反映，我复把它和原物在显微卷放大下的现状与拙作《敦煌曲》所附照片记出来的行数，仔细作比勘，兹将所得结果记录如下：

（一）琵琶谱

第一、二、三、四纸，即第一至第五十六行，为一种笔迹，计十曲，每曲均有曲名。第四纸后半有一大片空白，说明原本此是抄完了的一卷完整的乐谱。

第五、六、七、八、九纸，即第五十七至第一二三行，为另一种笔迹。第五纸一开始只有谱字而无曲名，余九曲均有曲名。说明之前被裁剪。第五纸接连第六纸处，即第七十三行的《又慢曲子》，写在接口之外；第六纸接连第七纸处，亦即第八十九行和第九十行，为《又慢曲子伊州》的末段，第九十行写在接口上。可见是先接好纸然后书写乐谱的。第九纸很窄，只有两行（即第一二二、一二三）谱字的宽度。说明原谱抄写时纸不够长，再补贴后抄完的。但因为此一卷谱的开头被截，现存此曲谱之前是否尚有谱字，此曲的曲名，以及此曲之前的乐谱尚不可知。故此是一卷不完整的乐谱。

第十、十一纸即第一二四至一五八行，为第三种笔迹。第十纸开始（即第一二四行）谱字旁的三处“·”号和三处“▭”号被第九纸所遮贴；其后《伊州》的第二行（即第一四二行）谱字写在接口上。说明亦是原先接好纸再书写乐谱，后背面用作抄写经文，就被裁在第九纸上。第十纸开始的乐谱和第五纸情形相同，故此亦是一卷不完整的乐谱。

（二）长兴四年讲经文

“不因有信君王请，争得经文满世间”句，写在乐谱第九纸和第十纸背面接驳的位置，“君”、“请”字部分写在接口上。

“皇帝临乾内（四）海尊，圣枝承雨露唯新。宫围（闱）心似依冬月”，此行写在乐谱第六纸与第七纸背面的接口上。

“皇民吹（〇〇字残）烟弃，经手不落干戈字。满耳难闻丝竹声”，此行写在乐谱第四纸与第五纸背面的接口上。

乐谱第三纸与第四纸背面的接口上，第二纸与第三纸背面的接口上，第一纸与第二纸背面的接口上，亦都有经文（文字从略）。

从上列现象观察，该原卷是先有乐谱，而乐谱原又是出于不同的时期和不同的人所书写，再由该各谱黏连成为长卷。长兴四年，才在该卷之上抄写讲经文，由此可以肯定乐谱的书写时代，该是长兴四年以前的文书，虽无法知其先后确实时期，但“长兴四年”即乐谱的下限，却可以论定。

由于本卷子是由三个不同的人所书写，有两处曲子的前半部被剪去贴连于他纸，这两个不完全的曲子属于何曲调都无从知道，应在阙疑之列，故无法把这二十五曲视作一整体，而把它全面看成一组大曲。叶栋把它作一套大曲来处理，是说不过去的。

现在弄清楚乐谱书写在先，长兴四年经文书写在后，则向来都说讲经文是正面，琵琶谱写在其反面，恰好颠倒过来，是应当纠正的！

敦煌乐谱新解

陈应时

20 世纪初在敦煌莫高窟藏经洞发现了大批经卷，其中编号 P·三五三九、P·三八〇八、P·三七一九的经卷另一面抄有乐谱。在当今世界存在千年以上的乐谱资料极度稀少的情况下，这批在藏经洞里沉睡了一千多年的乐谱无疑是极其珍贵的宝物。多少年来，中外学者一直在不懈地努力地研究这批乐谱，试图把这批乐谱翻译成现代曲谱，让现代人能够演奏和聆听一千多年前在中国存在过的音乐。

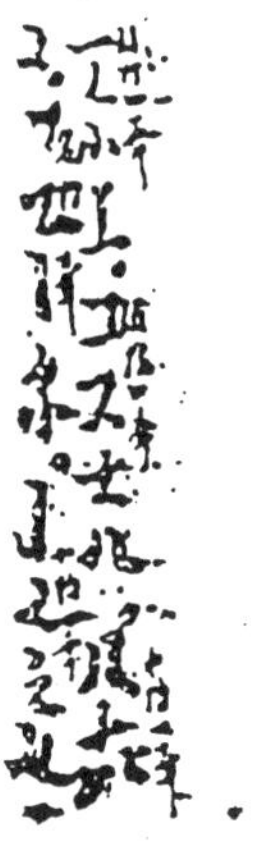

图一　敦煌琵琶二十谱字

在上述三件敦煌乐谱之中，P·三五三九是二十个谱字，不成曲；P·三七一九是一份仅存十个谱字的《浣溪沙》残谱，故迄今译谱者的主要目标集中在P·三八〇八的二十五首曲谱上。由于日本有同类的《天平琵琶谱》、《五弦琵琶谱》之存在，因此，日本学者林谦三在平出久雄的协助下，率先对P·三八〇八敦煌乐谱结合《天平琵琶谱》进行研究，于1938年发表了论文《琵琶古谱之研究》[①]。1955年林谦三在日本又发表了论文《中国敦煌古代琵琶谱的解读研究》[②]，首次公布了他的二十五首敦煌乐谱五线谱译谱。1957年，林氏将论文和译谱修订成书，名《敦煌琵琶谱的解读研究》，在中国出版[③]，1969年又再次修订，更名《敦煌琵琶谱的解读》，收入他著的《雅乐——古乐谱的解读》一书[④]，书中还首创将同名敦煌曲子词《西江月》填入P·三八〇八曲谱中第十三曲《又慢曲子西江月》[⑤]。

继林谦三译谱之后，叶栋于1982年发表论文《敦煌曲谱研究》[⑥] 和二十五首译谱（总标题为《敦煌唐人曲谱》）[⑦]。1986年，叶栋将译谱修订成书，名《敦煌琵琶曲谱》，由上海文艺出版社出版。其间，中国唱片社还据叶栋译谱的原曲和改编曲灌制成唱片、盒式录音带出版发行。其后，又有何昌林[⑧]、金建民[⑨]、赵晓生[⑩]的译谱问世。其中何昌林译全了P·三八〇八的二十五曲和《浣溪沙》残谱，金建民、赵晓生各发表了两首译谱。

上述种种译谱的出现，表明译谱者对敦煌乐谱的翻译各具自己不同的见解，这些译谱的问世，无疑都各具一定的学术价值。但在笔者看来，已有的种种译谱仍然没有达到满意的结果。因此我以为还有必要在敦煌乐谱的解译上下工夫，以期达到用现代记谱法来正确地翻译这批原谱的目的。

---

① 原文载日本《月刊乐谱》，1938（27-1），饶宗颐中译本载《音乐艺术》，1987（2）。

② 载日本《奈良学艺大学纪要》，1955（5-1）。

③ 由潘怀素中译，上海，上海音乐出版社，1957。

④ 音乐之友社1969年版，202～234页。陈应时的论文中译本载《中国音乐》，1983（2）。林氏再次修订的二十五首译谱，转载《交响》，1984（2）。

⑤ 见该书99页。

⑥ 载《音乐艺术》，1982（1）。

⑦ 载《音乐艺术》，1982（2）。

⑧ 见何昌林：《敦煌曲谱之考、解、译（附〈敦煌琵琶译谱〉）》，见《1983年全国敦煌学术讨论会文集》，331～441页，兰州，甘肃人民出版社，1987。

⑨ 见金建民：《敦煌曲谱中的伊州》，载《新疆艺术》，1986（4）。

⑩ 见赵晓生：《敦煌唐人曲谱节奏另解》，载《音乐艺术》，1987（2）。

一、解译敦煌原谱所取得的成果与产生的分歧

在敦煌乐谱的解译中，涉及乐谱全局的是对于音高谱字和节拍节奏符号的翻译，其他符号只对个别乐曲或各曲的局部发生作用，故本节文字着重于从这两个方面来叙述。

就敦煌乐谱解译中对于音高谱字和节拍节奏符号的翻译来看，前者所取得的成果是非常显著的。

（一）林谦三、平出久雄于 1938 年首先认定敦煌乐谱是琵琶谱，并据日本《雅乐琵琶谱字》决定了敦煌乐谱中每个音高谱字在四弦四相琵琶上的音位。但其后王重民、任二北、杨荫浏等称其为工尺谱，为此，饶宗颐论文《敦煌琵琶谱谈记》[①] 对国人的“工尺谱”说作了否定。后来发现了 P・三五三九的敦煌琵琶二十谱字，就更证实了“工尺谱”说的不可靠。尽管至 1986 年尚有人否定敦煌乐谱为琵琶谱[②]，但迄今的译谱者无一不是按琵琶谱来翻译这批曲谱的。正因为林谦三、平出久雄等对敦煌乐谱的谱属作出了正确的判断，才有可能把乐谱的音高谱字借琵琶定弦而得以翻译出来。因此，这一研究成果应该予以肯定。

（二）在决定敦煌乐谱为琵琶谱之后，音高谱字的翻译就取决于琵琶定弦。由于敦煌乐谱未标任何定弦法或调名，因此如何决定各曲的琵琶定弦，就成了难题。林谦三根据各曲所用的谱字构成正常音阶为原则，进行卓越的定弦法推定筛选工作。由于用三种笔迹抄写的三组曲谱，每组内各曲所用的谱字和曲终扫弦琶音基本相同，故林氏判断曲谱采用三种琵琶定弦。从而在 1955 年至 1957 年作出了第一组十曲 Bdga，第二组十曲 Acea，第三组五曲 A♯ cea的定弦选择。这种琵琶定弦的推定法亦为其后的译谱者所接受。尤其采用这三种定弦之后，第二组和第三组中用不同相位音高谱字记录的两首同名曲《水鼓子》，在移成同调高时，它们的旋律骨干竟能相合，由此更证明了这两组定弦的推定无比正确，故它们亦被其后的译谱者所接受。

仅以上两项研究成果足以解决了 P・三八〇八敦煌乐谱二十五曲中后十五曲音高谱字的翻译，林氏在这方面所作出的贡献，对敦煌乐谱的翻译具有不

① 载《新亚学报》，1960（4－2）。

② 参见郑汝中：《“敦煌音乐”中的若干问题》，载《敦煌研究》，1986（2）。

可磨灭的功勋。

在P·三八〇八敦煌乐谱第一组和第二组中都有同名曲《倾杯乐》，既然上述两首《水鼓子》的旋律能够重合，证明第二组定弦无误。但前述第一组中Bdga定弦的《倾杯乐》旋律，不能和第二组中Acea定弦的《倾杯乐》旋律重合，因此，林氏在1969年决定放弃前所推定的第一组Bdga定弦，选用了EAda定弦。林氏用此定弦重新翻译了第一组十曲，但其中的《倾杯乐》旋律仍然不能像前述两曲《水鼓子》那样取得旋律骨干重合的结果，而仅有连续五个和四个音符（中间隔一个相异的音符）的旋律相重合，因此，林氏的EAda定弦能否成立是令人怀疑的①。1983年应有勤等四同志以及笔者在两地不约而同地对敦煌曲谱琵琶定弦作了重新推定，得出了相同的结论，一致以为林谦三1955年至1957年所推定的三组定弦比较合理。②

叶栋在1982年发表译谱时，除采用林谦三推定的第二、三组琵琶定弦之外，又另立了第一组十曲的Dfgc′定弦，后接受应有勤等同志的意见，修正为Df^bbc′，实际上是恢复了林谦三1955年至1957年的第一组定弦，仅将定调移高了小三度。何昌林在1987年发表的译谱中，第二、三组十五曲亦采用林谦三所推定的定弦，唯第一组十曲的定弦为Bdgd′，即将林谦三1955年至1957年第一组定弦中的子弦（第四弦）提高了纯四度。金建民、赵晓生的译谱，亦采用林谦三1955年至1957年所推定的第二、三组定弦（他们均无第一组十曲的译谱发表）。这样，迄今P·三八〇八敦煌乐谱译谱中琵琶定弦主要分歧之点，在于第一组十曲，即存在着林谦三1955年至1957年所推定的Bdga、1969年所推定的Eada′以及何昌林所用的Bdgd′三种定弦。此外，席臻贯著文主张第一组十曲应该采用连续四度定弦法，但未见他发表用此种定弦的译谱。③

从迄今发表的P·三八〇八敦煌乐谱的五线谱译谱来看，分歧最大的莫过于对原谱节拍节奏的翻译，这由于译谱者所持不同的理论根据而造成，在理论上加以归纳起来，主要有以下的三说：

① 参见拙稿《论敦煌曲谱的琵琶定弦（修订稿）》，见《1983年全国敦煌学术讨论会文集》，442～469页，兰州，甘肃人民出版社，1987。本文原来为评论叶栋的第一组定弦而写，后叶栋修正了定弦，故此文重作修改，着重评论林谦三的两种第一组定弦。

② 参见应有勤、林友仁、孙克仁、夏飞云：《验证敦煌曲谱为唐琵琶》，载《音乐艺术》，1983(1)。陈应时：《论敦煌曲谱的琵琶定弦》，载《广州音乐学院学报》，1983(2)。

③ 参见应有勤等四同志论文附发的《敦煌曲谱研究作者的话》，载《音乐艺术》，1983(1)。

（1）拍子说。为林谦三所倡。在1938年林氏和平出久雄合作的论文《琵琶古谱之研究》中，他们最先判定P·三八〇八敦煌乐谱中的“▭”和“·”两个符号为拍子记号，以为前者为太鼓拍子记号，后者为小拍了记号。但说明由于日本雅乐中不存在此形，故对此两个记号有待进一步研究。1955年至1957年当林谦三发表带有译谱的论文时，却断然否定了“·”为小拍子的前说。林氏说：“谱字的右侧附有‘·’这符号，究竟是什么意思呢？这符号也出现于《天平琵琶谱》和《五弦谱》，其正确的意见现在还未弄明白。在本谱上，附有‘·’符号的谱字排列得比较整齐，一见之下所引起的印象，仿佛它是插进太鼓拍子之间的短拍子的符号。可是和《五弦谱》作了比较研究的结果，决定以为是小拍子以外的符号。”[①] 1969年林氏修订其论文和译谱时，明确将“·”号释作演奏手法符号“返拨”，在译谱中用“V”号表示。

林氏在作了如上决定之后，就以为敦煌乐谱的节拍节奏仅仅只有“▭”号所表示的一种拍子形式，其节奏形态为一字一音、一音一拍，所以他根据两个“▭”号之间的谱字数分为“四拍子”、“六拍子”、“八拍子”三种拍子形式，将每一个音高谱字译作全音符（作一拍），小号谱字用时值概念模糊的不带符杆的黑符头来表示。

林氏的“返拨说”发表后，被张世彬所反对。张氏在《中国音乐史论稿》一书中说：“小黑点在藤原贞敏传到日本的琵琶谱上，称为‘放点’；可是没有解释。林谦三先生以为是‘挑’的记号，但‘挑’另外有记号，实在没有重复的必要，故尚待研究。”[②] 张氏虽否定了林氏的“返拨说”，但由于他对“·”号没有给以确切的解释，因此在敦煌乐谱的节拍节奏方面，还不能独立成说。

（2）眼拍说。为任二北（半塘）所倡。1954年，在林谦三二十五首译谱发表之前，任二北在《敦煌曲初探》一书的《工尺谱》一节中就提出：“谱内例以‘·’为眼，以‘▭’为拍。”[③] 1982年，任二北（半塘）又在《唐声诗》中对林谦三的“拍子说”提出质疑：“林谦三氏《敦煌琵琶谱的解读研究》于谱内所见之‘▭’，肯定为节拍符号；而于谱内所见之‘·’，则否定其为‘小拍子’之符号。因此，依据谱内‘▭’之位置，遂复说曰：每隔六个谱字有一拍子的曲子，叫做六拍子，四个的场合叫四拍子，八个的场合叫八拍子，不问哪一种，在本谱上都可看到。按所谓，曲子叫做六拍子……四

① 《敦煌琵琶谱的解读研究》，52～63页。

② 见该书，297页，友联出版社有限公司，1975。

③ 见该书，459页，上海，上海文艺联合出版社，1954。

拍子……八拍子。究指彼邦雅乐之事欤？抑兼指我唐代俗乐之事？林氏未曾说明，且林氏所谓‘八拍子’等，乃唐代之曲牌名；而‘八’与‘十’之含义，并不同于林氏所言，指谱字之多寡也。观于‘三十拍促曲’之说，此又益明。唐曲分‘簇拍’与‘非簇拍’，非常突出。林氏绝非不省，乃论节拍中，对此始终不加理会。解读唐谱，若不求贯通于唐乐之史实不可。”①

任二北的“眼拍说”对叶栋、何昌林、金建民的译谱产生直接影响。他们均把“▭”译作工尺谱中的“板”，把“·”号译作工尺谱中的“眼”，唯在时值处理上略有分歧。叶栋将“▭”号和“·”号的时值均处理成一拍（金建民从叶栋），何昌林对此提出异议，他认为：“叶栋所译的敦煌曲谱二十五首，有二十一首译成了‘三拍子’（3/4 及 6/8）——包括复合拍子，数量占全部曲谱的百分之八十四，考诸中国现今比较古老的民间音乐乐种中的曲牌，例如福建南音、陕西鼓乐的曲牌，则几乎没有‘三拍子’节拍；再考察比较古老的琵琶曲、古琴曲、古筝曲，‘三拍子’也都比较罕见。因此，一套敦煌曲谱中竟有百分之八十四的乐曲是‘三拍子’，这不能不令人生疑：译谱人在节奏韵律的拟定方面，是否背离古意甚远？”② 由此，何氏在译谱中采用西安鼓乐曲谱中“三点水”式的记谱法，将“▭”号译作包括“板”和“头眼”的两拍时值，这样，在乐谱中占绝大多数的“▭··”被译作“一板三眼”，从而在译谱中避免了“三拍子”的节拍形式。

（3）长顿、小顿说。为赵晓生所倡。赵氏在论文《敦煌唐人曲谱节奏另解》中对叶栋译谱所采用的“眼拍说”作了否定。他认为叶栋据此说译出的曲谱，“节律怪异，音调急促，缠舌拗口”，因此必须另找途径。他以为敦煌乐谱中的“▭”号和“·”号类似古文的句逗，前者为音乐中的“长顿”，后者为“小顿”，其间的音符时值长短采取古琴打谱式的“弹性记谱”方法处理。③ 按此理论，赵氏译了配有歌词的《又慢曲子西江月》和《伊州》二曲。

笔者对于上述的分歧意见，有关第一组十曲的琵琶定弦，已经有专文表示赞成林谦三的 1955 年至 1957 年所推定的定弦④，故这里无须赘述。对于敦煌乐谱节拍节奏符号的翻译，总觉得上述诸家各说似都有不尽之处。据“拍子说”译出的曲谱，唱起来平淡无味，译谱中尚有前文所指出的那种时值概

---

① 见该书，285 页，上海，上海古籍出版社，1982。

② 何昌林：《敦煌曲谱之考、解、释（附〈敦煌琵琶译谱〉）》。

③ 参见赵晓生：《敦煌唐人曲谱节奏另解》。

④ 参见《论敦煌曲谱的琵琶定弦》。

念模糊不清的不带符杆的黑符头，显然还没有把敦煌乐谱正确的节拍节奏表述出来。据“眼拍说”译出的曲谱虽然有了活泼的节奏，但问题仍然存在。且不说叶栋译谱百分之八十四的乐曲为“一板两眼”的三拍子，它们是否在节奏韵律方面背离古意甚远，就其音乐本身来说，确有如赵晓生所指出的那种“节律怪异，音调急促，缠舌拗口”的毛病。何昌林用“三点水”的方法在节拍上作了补救，把“一板两眼”的三拍子变成“一板三眼”的四拍子，并采用筝上的“促柱法”对所译的旋律加以润饰，从而增加了译谱的可听度，但是这实际上已经背离了译谱的原则，已具古琴打谱的风格了。赵晓生的“长顿、小顿说”对“眼拍说”无疑是一次巨大的冲击。但是，“长顿、小顿说”否定敦煌乐谱中有“均等律动节拍”，这样就不能解释敦煌乐谱中在两个“▭”号之间何以会有四个、六个、八个谱字均等的带规律性的组合形式；更不能解释乐谱中数次出现“·”号和“▭”号重叠记于一个谱字右侧的“▭”号，它究竟算是长顿或是小顿，还是顿而又顿？

笔者向来有解释敦煌乐谱的奢望，但苦于在节拍节奏方面没有找到门径，长期在译谱的门外徘徊。最近由于饶宗颐教授的督促，嘱我及早译出敦煌乐谱。这迫使我不得不在敦煌乐谱的节拍节奏翻译方面作出最后的抉择。我在探索中终于在北宋科学家沈括（1031—1095）的《梦溪笔谈》和南宋张炎（1248—1317）的《词源》等古代文献的有关记载中获得了灵感，发现沈括所述的“掣声”、张炎所述的“拍”乃是解译敦煌乐谱节拍节奏的唯一的一把钥匙。我把沈括、张炎的有关理论归纳为“掣拍说”，用以作为我翻译P·三八〇八敦煌乐谱二十五首的理论根据。

二、释“掣拍说”

沈括在《梦溪笔谈·补笔谈》中说：“乐中有敦、掣、住三声。一敦一住，各当一字。一大字住当二字。一掣减一字。如此迟速方应节，琴瑟亦然。”[1] 很显然，沈括时代的记谱法，是以一个谱字作为基本的时值单位来看待的。如果从今人的节拍节奏观念来说，若以一个谱字为四分音符，则“一大字住当二字”就成了二分音符；在两个谱字相连而后一字带“掣声”时，就变成“减一字”的一个谱字时值，亦即变为两个八分音符。

① 胡道静校注本，918页，北京，中华书局，1959。

张炎在《词源》中说："法曲之拍，与大曲相类，每片不同。其声字疾徐，拍以应之。如大曲《降黄龙・花十六》，当用十六拍。前衮、中衮六字一拍，要停声待拍，取气轻巧。煞衮则三字一拍，盖其曲将终也。"① 在P・三八〇八敦煌乐谱二十五曲中，张炎所云《降黄龙・花十六》式的带十六个拍号（拍号即林谦三所辨认的"▭"号）的乐曲，计有第八、十一、十四、二十一、二十三等曲，第十九曲是两个"十六拍"，第三、十、十二、十三、二十四曲若不计曲中句末延长一拍或不计曲终扫弦琶音亦为"十六拍"。现在我们可以知道张炎所说的大曲、法曲的基本乐段（"每片"）是以"拍"（为区别现今拍子中小拍的概念，以下我称其为"大拍"）的多寡来衡量的，"十六拍"即十六小节。张炎所说的"前衮、中衮六字一拍"、"煞衮则三字一拍，盖其曲将终也"。这也可以和P・三八〇八敦煌乐谱二十五曲相对应。此谱中除第一、二无拍，第三、八、十、十二、二十、二十一诸曲为八字一大拍以及第十一曲为四字一大拍之外，其余的十七曲都是六字一大拍。曲将终时"煞衮则三字一拍"者有第三、四、六、七、九、十一、十三、十五、十六、十八曲。请看下述的第十三曲《又慢曲子西江月》谱的实例（见本文所附谱例一）。

此谱为"六字一拍"，曲终处出现两个"三字一拍"，全曲若不计曲终扫弦琶音或把两个"三字拍"合成一个"六字拍"，则总数为十六大拍。我们按照这种"拍子"规律，可以发现第二行第二个拍号和第三个拍号之间仅五个谱字，必然抄漏一个谱字。把此大拍和第四行第四个拍号至第五行第一个拍号之间的相同旋律的六个谱字作比较，可知抄漏的是此大拍内最后一个带"・"号的"七"字。此外，还可以发现第三行第一个谱字旁的附加号也抄错了，不是"・"号而应该是"▭"号（否则此大拍内成了十二字，此谱字上的"・"应移在下一个谱字上，其理由见译谱注文）。由此我们还可以得出这样的结论，敦煌乐谱中的拍号就是类似现今的小节线，两个"拍号"构成今之一小节。"拍号"的用途可以计算乐曲的篇幅，类似今天我们以小节数来衡量乐曲的长短一样。单个"拍号"不具今之"一眼"或"一拍"之类的时值意义，只有两个"拍号"才构成小节，但小节内的拍子数并不是由"拍号"来规定，而取决于其中的谱字数和掣号数（详后）。

现在我们把沈括的"敦、掣、住"理论应用到张炎的"拍子"理论中：

---

① 《词源》卷下，3页，清刊本。

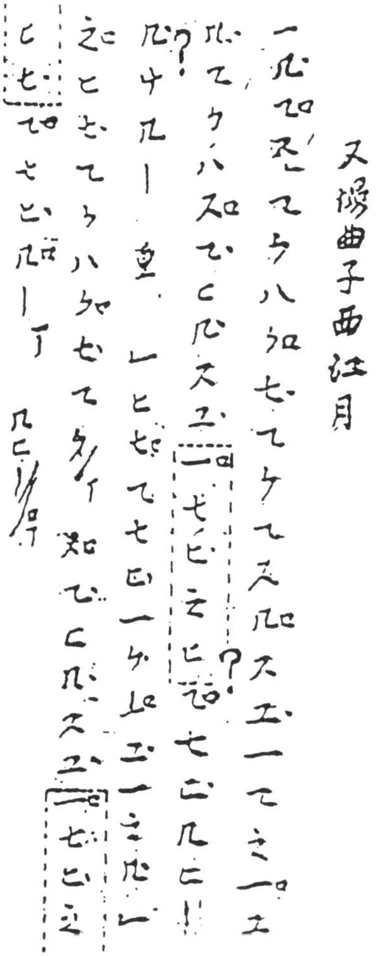

谱例一

一个谱字为“一敦”；一个住号为“一住”，即今之所谓“一拍”；谱字下方加上住号，成今之两拍时值，谱字旁加掣号“·”，为减去一个字的时值，和前面紧接的谱字合成今之“一拍”时值。因此，六字拍中带一个掣号者为今之五拍子，带两个掣号者为今之四拍子，带三个掣号者为今之三拍子。这种计拍子方法也一样适用于敦煌乐谱中的四字拍、五字拍、八字拍。

现在要讨论的是为何带掣号减一字时值的谱字一定要和前一个谱字合为一小拍，而又为何不能像工尺谱板眼符号那样和后面的谱字组成一小拍的时值单位呢？我以为有如下理由：

（1）敦煌乐谱和中国的汉字一样，采用直行书写形式，从上而下，从逻辑上来说应减的是已有的时值，因为掣号下方谱字尚未出现，没有时值可减。

（2）掣声的减时值是在两个“拍号”之间的大拍中实现的，如果减时值和下方谱字相连，势必要减到大拍的范围之外去，从而造成本大拍之内小拍子不明的结果。请看下面的图解：

掣前：| $\frac{4}{4}$ □ × × $\underline{\times\ \dot{\times}}$ $\underline{\times\ \dot{\times}}$ | ×

掣后：| $\frac{?}{4}$ × × × $\underline{\dot{\times}\ \times}$ $\underline{\dot{\times}\ |\ □\ \times}$

（3）工尺谱已经摈弃了以单个谱字数计算小拍的原则，规定以一板或一眼为一小拍，并以其“一板三眼”、“一板一眼”、“有板无眼”等特有的概念来决定每小节内的小拍子数，因此其带板眼符号的谱字就占了统帅每一拍的首领地位。这样，带板眼符号的谱字就可和其后不带板眼符号的谱字组成一小拍，其组合方式恰恰和“掣拍说”相反。

以上只是谈及“掣拍”理论的基本原理，关于用“掣拍说”来解释敦煌乐谱音符时值所作的具体处理方法，在后文中再谈。

三、“掣拍说”和诸说的不同之点

（一）与“拍子说”的不同之点

林谦三“拍子说”实际上已经到达了正确解释敦煌乐谱节拍节奏的边缘。他认定敦煌乐谱的两个拍号之间以一字为一拍，从而区分P・三八〇八敦煌乐谱二十五曲为四拍子、六拍子、八拍子这三种拍子形成，这无疑有其合理的内核。可是他在1955年至1957年期间，放弃了1938年论文中释“・”为小拍子记号的观点，1969年最终判定它是“返拨”演奏记号，因而使译谱只保持了原谱的大体轮廓（他1969年推翻对前十曲定弦也不是高明的一招），致使译谱的节奏呆板无味。“掣拍说”则在“拍子说”基础上认定“・”为减一字的时值符号，从而使敦煌乐谱的节奏按其自身的面貌真正流动起来，应该说它比“拍子说”前进了一步。

此外，林谦三识别了“▭”号即拍号，以为它相当于日本雅乐的太鼓拍子，是“打太鼓的位置”[①]。这无疑是正确的。前引张炎《词源》提及法曲、

① 《敦煌琵琶谱的解读研究》，51、62页。

大曲的节拍时说："其声字疾徐，拍以应之"。可知"拍号"确如林氏所云是击拍之位置所在。但林氏译谱均将小节线划在带拍号谱字的后面。我以为此种译法不妥，理由如下：

（1）我们知道，在中国历史上"拍"在不同的时期中有不同的概念，早期音乐中的"拍"相当于我们今天所称的"章"或"乐段"。南朝丘明（493—590）所传的《碣石调·幽兰谱》，从现在来看有四个乐章，在此谱的每乐章后面注有"拍之大息"、"拍之"的字样。琴歌中有《胡笳十八拍》，现见此曲为今之十八个乐段。可见此时的"拍"亦非现今二拍子、三拍子的"拍"；南宋末张炎时期称"乐段"为"片"，此时的"拍"，相当于现今之小节。此种"拍"后来转化为工尺谱的"板"，所谓"八板"、"十六板"亦即今之八小节、十六小节。现今三拍子、四拍子的"拍"，是西洋乐理中的 beat 和中国的一板或一眼相结合的产物，如现今把"一板三眼"看作一拍加三拍的四拍子等等。由于敦煌乐谱的"拍号"和张炎所论之"拍"正相吻合，因此我们在翻译敦煌乐谱的时候，自然要取"其时的拍为今之小节"的概念，称其时的多少拍为今之多少小节。我们从敦煌乐谱可知，合今若干小节的乐谱必有若干个拍号，十六大拍（小节）者谱中必有十六个拍号。如果把小节线划在带拍号谱字的后面，在观念上就必然会像张世彬那样以为拍号即"句号"①，误认每一个拍号之前的谱字为一个乐句。事实上敦煌乐谱多数乐曲都是今之所谓弱起节拍，第一个拍号之前的谱字数和其后两个拍号之间的谱字数有明显的悬殊。甚至第二十三曲的第一个拍号就标在第一个谱字上。很显然，这里的拍号不可能是如同张氏所说的那种句号。不完全小节或一个小节，也不可能等同于一个乐句。

（2）小节划在带拍号谱字的前或后，涉及大拍内谱字的计数顺序。现例举《长沙女引》中的一段曲谱（见本文所附谱例二），以证明敦煌乐谱设置拍号，并非像古文那样，读完四、五、六或八个谱字后再圈句点的，而是以拍号起计数的（即带拍号的谱字为拍之内序列的第一个谱字）。

为了便于读者查核和节省篇幅，本文在列举谱例出处时采用一种缩写法。如 No. 20（2）[1]1（7）[1]1，表示 P·三八〇八敦煌乐谱第二十曲《长沙女引》原谱第二行第一个拍号的第一字至第七行第一个拍号的第一字，在拍号之后的谱字，从带拍号的谱字为第一字算起。如果在该行第一个拍号之前有

① 《中国音乐史论稿》，297 页。

谱字，则省略拍号数标记，以下不再说明。

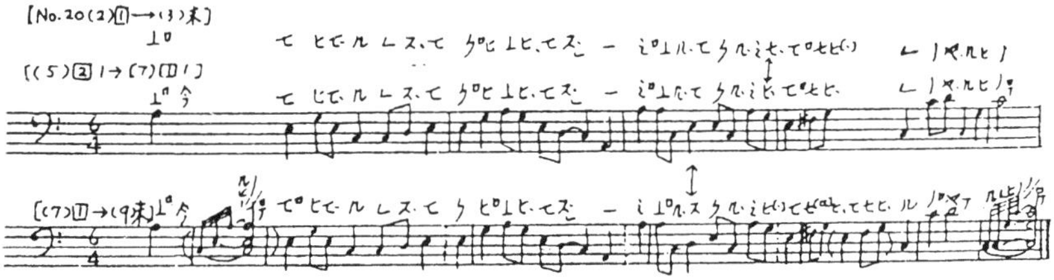

谱例二

上例中同样的旋律在全曲中共出现三次（包括反复在内共出现五次），最后一次出现在曲终前。仅仅因为最后一次出现时在第二拍开始插入了一个两小拍时值的扫弦琶音，于是写谱者又严格地按八字“一大拍”的规则，从原拍号谱字的后一个谱字起重点拍号。可以想见，拍号的改变并不影响曲调结构，只是可能因击拍位置改变而导致速度上的变化。

“掣拍说”和“拍子说”小节划分尚有一点不同之处：后者把全曲最后一个拍号译作双纵小节线；而前者把所有的拍号均译作单小节线，在曲终按现今记谱法习惯，添加双纵小节线。

（3）敦煌乐谱中有许多拍号和掣号相连的情形，如果把小节线划在带拍号谱字后面，又会产生大拍（小节）之内小拍子不明的弊病。请看下面的图解：

掣前：| $\frac{4}{4}$ □ ×$\dot{\times}$ ×××$\dot{\times}$ × | □×

掣后：$\frac{?}{4}$ □× | $\dot{\times}$××× $\dot{\times}$×× |

（4）既然带拍号的谱字是本小节的第一个谱字，划在小节线后，岂非它只能和其后相连的带掣号的谱合为一小拍而不能和前一个谱字跨小节组合成一小拍吗？否。我们在谱中找到了解决此类问题的实例。敦煌乐谱中有掣号和拍号重叠用于一个谱字的情形，叶栋均把小节划在带拍号的谱字之后，作跨小节的切分音，也同样不妥。正确的译法，似应该把拍号前的一个谱字“掣”到后一小节中来（见本文所附谱例三）。

此曲中尚有类似的两处掣号、拍号重叠，作同样处理后，前后两小节都为四拍子。那么，在这样情况下为何不把拍号移前一个字记在“七”字上？如果这样移拍号，就违反“六字拍”的组合规则，成前五字，后七字，所以

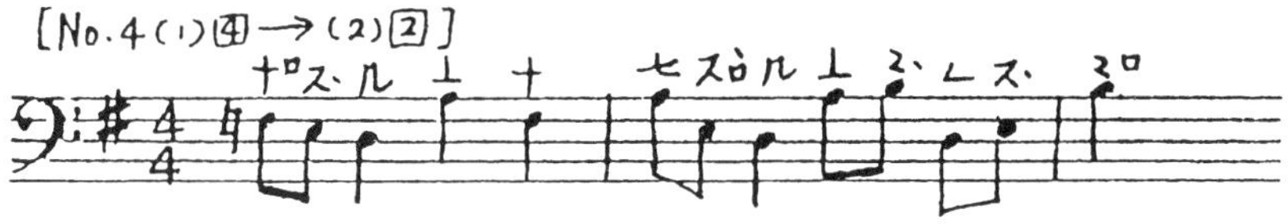

谱例三

非采用重叠号不可。

（二）与“眼拍说”的不同之点

任二北先生精于唐宋文学艺术，是一位在国内外有深远影响的音乐文学家和文学史家。他提出的“眼拍说”可能直接取名于张炎《词源》的“拍眼篇”。但由于他原先就把敦煌乐谱作为工尺谱提出，因此，他的“眼拍说”就很容易被人理解为近世仍在流传的工尺谱中的“板眼”。前已论及，工尺谱“板眼”不承认单个谱字有一字一小拍的时值意义，谱中的小拍子由“板”和“眼”来决定。这样就势必会排除“拍子说”“一字一小拍”的合理因素。叶栋在《敦煌琵琶曲谱》一书中说：“林氏将曲谱中每个谱字均作一个相同时值音解，仿佛一字一拍、一拍一音从头到尾，音乐显得呆板；林氏又将敦煌曲子词《西江月》第一首用一字一音与《又慢曲子西江月》谱相配，音乐也显得支离破碎。林氏这类译法，从节奏节拍来说，既不符合与大量唐代壁画中所见乐舞律动的多变场面，也不符合与之有密切关系的唐代歌辞的结构规律和我国民族民间音乐的实际情况与传统特点。”[①] 这样，叶栋就把敦煌乐谱中的“ ▭”号当作工尺谱的“板号”，按工尺谱规则给予这个符号一小拍的时值，而何昌林还嫌不够，增一拍（包括“板”和“头眼”）成两小拍。对于“·”号，他们当作工尺谱的“眼”，亦赋予一拍的时值。原本无附加符号的谱字可以独立表示一小拍的时值，但在按板眼处理后，它们不可能独立成小拍，被附属在“板号”或“眼号”名下，挤成一团，使三四谱字合为一小拍；在实在拥挤不下时，就按“一板两眼”或“一板三眼”规则，说原抄谱者漏点了“眼号”，于是就自己动手“点眼”。有时在一首十六小节的译谱中，增点的“眼”竟然十来个，甚至个别小节的译谱中，增点两个“眼”号。不仅如此，在处理所谓“一板”或“一眼”所包含的音符时，又出现许多的随意性，如两个谱字组合的就有两个八分音符、前附点八分音

① 见该书，38页，上海，上海文艺出版社，1986。

符后十六分音符，或前十六分音符后附点八分音符等不同译谱形式，三、四、五个谱字组合的译谱形式，当然更是变化多端。看上去这样随意性的处理，板头很活，但如此灵活译谱的根据何在？这样的译谱，能说是原谱的再现吗？

为了按照“掣拍说”说明P·三八〇八敦煌乐谱二十五曲中掣号的减时值功能，说明它们和工尺谱的“眼”截然不同，现列举以下实例[①]，它出现在乐曲重头反复之后进入末段音乐开头的部分。原谱清楚地记录了由三字谱字组成的旋律音型连续重复，然后再过渡到末段曲调。

下例中第一行谱是我据“掣拍说”翻译的，明显地体现了原曲中的旋律音型反复，第二、三行谱是叶栋、何昌林据“板眼”翻译的，很显然，上述的旋律音型在他们的译谱中已被解体了。

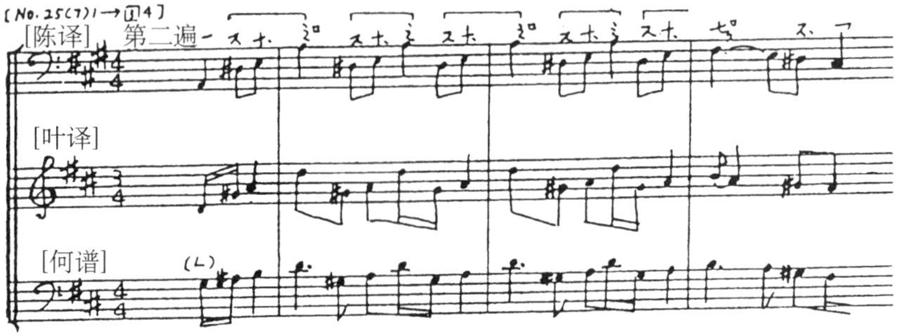

谱例四

从表面上看，“眼拍说”按“板眼”划分小节，除上述重叠号的小节线划法和“掣拍说”有分歧外，其余的小节线划法和“掣拍说”是一致的。但实际上在观念上并不一致。前者把拍号既作小节线又兼表“一板”（何昌林又增“头眼”）的时值，在译谱中带拍号的谱字和紧接带掣号谱字前的谱字组成一小拍（或为何氏的两小拍）时值。但“掣拍说”只赋予拍号具小节线的意义，即使由两个拍号组成的小节具有时值意思，但此小节时值的长短并不取决于拍号，而由谱字和掣号的多寡来决定，拍号的多寡只表示乐曲篇幅的长短，这和现今以小节数来表示乐曲的长短完全一样。前已论及，此处不再赘述了。

---

① 取自P·三八〇八敦煌乐谱第二十五曲《水鼓子》中的一个旋律片段，见谱例四。

（三）与“长顿、小顿说”的不同之点

赵氏释“▭”号为“长顿”，释“·”号为“小顿”。这正好和“掣拍说”释“▭”号为无时值意思的小节线，释“·”号为减时值符号相反。赵氏所谓的“顿”，其时值并无严密规定，在已发表的两首译谱中，“长顿”有一拍半、两拍、三拍和四拍四种时值，变化无常。“小顿”除处理成一拍、一拍半两种时值之外，在两首译谱中竟有二十多处和不带“·”的谱字一样取所谓的“弹性记谱”，被译成八分音符或十六音符，实际上等于否定了这些“·”号在原谱中于该位置的存在，采用了与“眼拍说”、“点眼”的相反做法，作“消眼”。我们并不否认原谱抄写者在个别地方有笔误的可能，但在一曲之中，成批的“·”号被遗漏或增点，这似乎是不大可能的事，因此，我们在译谱中的各种谱字和符号，如有改动就应阐明理由。

此外，“长顿、小顿说”断然否定中国在明末清初之前存在“强弱交替的节拍观念”，因而以为在敦煌乐谱中不可能存在“2/4、4/4 甚至 3/4 这一类均等律动节拍”①。这样，在译谱中就处理成任意划分小节的自由节奏。如果说某位作曲家取古谱的旋律音，按照古诗词吟诵风格重编节奏而成曲，这当然无可非议，但把这样的作品称作译谱，则似乎难以成立。

由于“长顿、小顿说”偏重于从译谱者的主观感受来判断译谱中的是非，因此敢于以音乐本身的逻辑性为准来否定“节律怪异”的“眼拍说”译谱，因而自立新说，重新译出容易被一般人听觉所能接受的曲谱，译谱中出现了某些音符组合，竟然和“掣拍说”译谱相一致（如赵译谱《西江月》中的“女、今、江、头、无、一、波、渔、天、入”，《伊州》中的“渭、青、出”等字眼上所配用的双音组合），从译谱角度来说，译谱者违背了自己的“小顿”原则（因这些双音组合的后一个谱字上都有“·”号，但译谱中和无号的谱字同等处理，没给以“小顿”），然而这样的双音组合却又合于原曲精神，这里不能不使人佩服译谱者的音乐听觉，但这种单凭感性来处理古谱翻译，只能取得局部的成果，绝不可能完全再现古曲的全貌。

四、敦煌原谱新译的步骤和具体技术处理

旋律和节奏是构成敦煌音乐最基本的要素。敦煌乐谱旋律翻译的难题早

---

① 《敦煌唐人曲谱节奏另解》。

就被林谦三所解决，随着节奏处理上对于“掣拍说”的发现，就不难按新说重新翻译这批乐谱了。现将我的译谱步骤以及译谱中所作一些技术性处理作如下说明：

（一）关于琵琶二十谱字音位的确定

林谦三、平出久雄在1938年发表的论文中最早据日本雅乐琵琶确定了P·三八〇八敦煌乐谱所用谱字在四弦四相琵琶上的音位。日本正仓院今存有唐代四弦四相琵琶实物，故可知其空弦音和第一相间为大二度音程外，其余各相位之间都是小二度音程。后来发现的P·三五三九敦煌琵琶谱字表与林谦三、平出久雄所判断的音位基本相同，但有两个谱字的音位相异（第三弦第四相谱字和第四弦第二相谱字位置互换）。这就引起了学者们的注意，但通过译谱就会发现，错的是P·三五三九的书写人。席臻贯在《敦煌曲谱第一群定弦之我见》一文中曾做过分析：“我们知道，四音扫弦只可能在四条弦上同时发出，而P·三五三九的音位，这四个音却在三条弦上——‘ハ’和‘マ’都在Ⅳ弦，Ⅲ弦无音，这在实际演奏中是不可能的。而况原谱的‘一ス⺀マハ’是按由低而高的规律书写，但在P·三五三九的音位中，‘ハ’倒反比‘八’高一律，于是可断定，P·三五三九的‘一’与‘⺀’一定是笔误。把这两个音对换后，正合《敦煌曲谱》的扣弦规律。而且，也就与日本雅乐琵琶的音位若合符节。”① 笔者同意这一见解，且目前在译谱中敦煌琵琶二十谱字的音位均从林谦三的判断，并无分歧。故笔者亦不采用P·三五三九的错位谱字而采用林谦三、平出久雄所定的音位，现制图二如下：

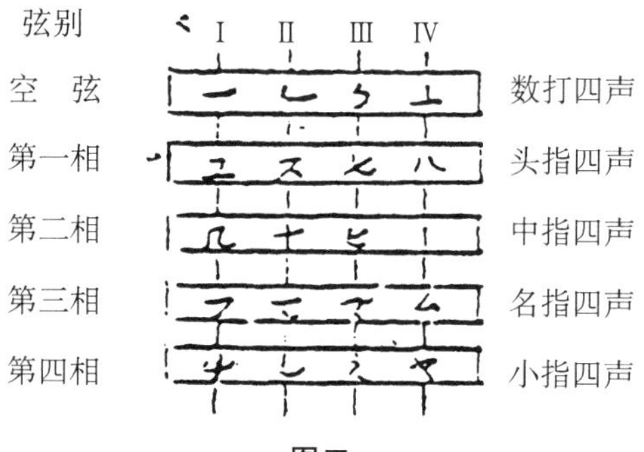

图二

① 载《西北师院学报》，1984（10），4页。

（二）关于琵琶定弦的选择

本文前面已经提到，目前对林谦三所推定的P·三八〇八第二、三组琵琶定弦均无分歧，而且有同名《水鼓子》的旋律骨干重合作佐证，说明这是两种完全符合原谱的定弦法，笔者当然采用无疑。唯第一组十曲定弦，目前有四种方案，现在我所选用的是林谦三 1955 年至 1957 年所推定的定弦，之所以不采用林氏 1969 年的修正定弦，我在《论敦煌曲谱的琵琶定弦（修订稿）》① 一文中，除了对三组定弦重新作了推定之外，还对林氏 1969 年第一组定弦提出批评意见，这里就不再赘述。现在我再说明为何不采用前述何昌林定弦和席臻贯定弦的理由。

何昌林第一组定弦仅将林谦三 1955 年至 1957 年同组定弦的第四弦提高了纯四度，因此，只需讨论被何氏提高纯四度的第四弦是否合理，就可以决定取舍了。何昌林将此弦提高纯四度后，其结果是此弦所有的相位上的音都随之提高纯四度，亦即在第一组十曲中所用到的Ⅳ_0、Ⅳ_1、Ⅳ_2、Ⅳ_4诸音与其他各弦乐音之间的音程关系相应拉宽，因此曲终扫弦琶音的音程在原来的四、五度叠置的和弦（B—e—b—b，仅第三曲为 e—b—b）上又叠上一个四度音程（B—e—b—e′），这与第二组（c—c—g—c′）、第三组（c—g—c′—c′）曲终扫弦琶音在形式上是不一致的。而且在提高定弦后出现的过宽音程跳进，显得和第二、三组十五曲的旋律音程关系格格不入。现列举此组第三曲《倾杯乐》的重复旋律（见谱例五），以证何昌林将林氏 1955 年至 1957 年前十曲定弦中的第四弦提高纯四度为非：

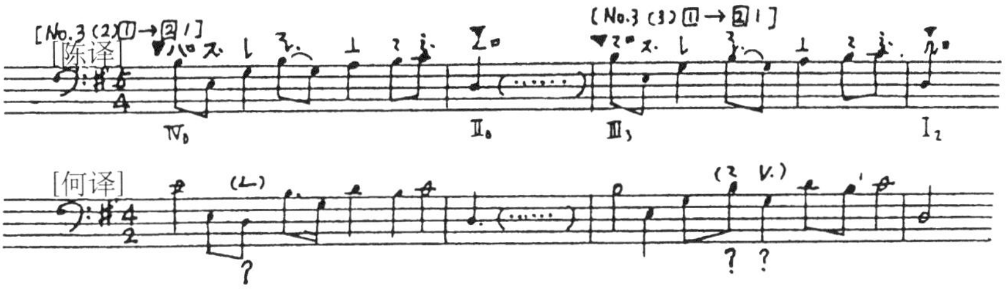

谱例五

这两句先后出现的曲调是完完全全的重复，仅前后两句在每小节开始（b

① 见《1983 年全国敦煌学术讨论会文集》。

和 d，见谱字上方加▼处）用了同音高不同的相位（Ⅳ$_1$ 和Ⅳ$_3$ 音高相同、Ⅱ$_0$ 和Ⅰ$_2$ 音高相同）来演奏，故谱字各不相同。何昌林译谱因第将第四弦提高，又改动乐谱，因此就反映不出这是同一曲调的重复。

也许我举一个例子还不够有说服力，现在再列举同组第八曲《又慢曲子》中用同样的不同谱字记录相同音高乐音的实例（见谱例六）：

谱例六

上例中第二行谱在重复第一行谱的乐句时，仅将其“一大拍”增谱例中加括号的谱字扩充成两大拍，其中用了两对同音高（b 和 g）不同弦位和相位的谱字（Ⅲ$_3$ 和Ⅳ$_1$、Ⅱ$_4$ 和Ⅲ$_0$）。第三行谱是曲终的乐句，又将变化重复的第二行谱加用掣号进行压缩（此亦可证掣号之意义），并且在曲终前非但取消第二行谱倒数第三个谱字上的掣号，而又加用住号，使全曲具强烈的结束感（此亦可证掣号之意义）。这一切都显示了当时作曲者的创作技巧。但如果采用何昌林定弦，此种旋律重复关系也一样会被抹杀。由于 P·三八〇八敦煌乐谱第一组十曲所用谱字均属同调范围，第三、八曲的定弦不能成立，则对于其他各曲也一样无用。因此就不足以取用。[①]

席臻贯设想的第一组定弦，从各弦音程关系来看，实际上又是将何昌林定弦的第一、四弦各定低大二度，从而造成连续四度定弦的结果。但这样的定弦，不仅包含了上述何昌林定弦的缺点，而且由于席氏定弦还要再调低第一弦大二度，则比何昌林定弦相对会出现更多的问题，故亦不足取。

综上所述，P·三八〇八敦煌乐谱第一组十曲的琵琶定弦唯有选取林谦三的 1955 年至 1957 年定弦较为合理。

关于译谱的定调，我亦采用林谦三的调高，因为考虑到我国现今琵琶基本定弦为 Adea，故保持第四弦空弦音高为 a，就方便现代琵琶演奏家按乐谱

① 林谦三 1969 年修订的此组定弦也一样可用以上两例来推翻。

的弦位和音位进行演奏。现将三组琵琶定弦制成如下图三（表中空缺的音位即该组乐曲中不用的音）。

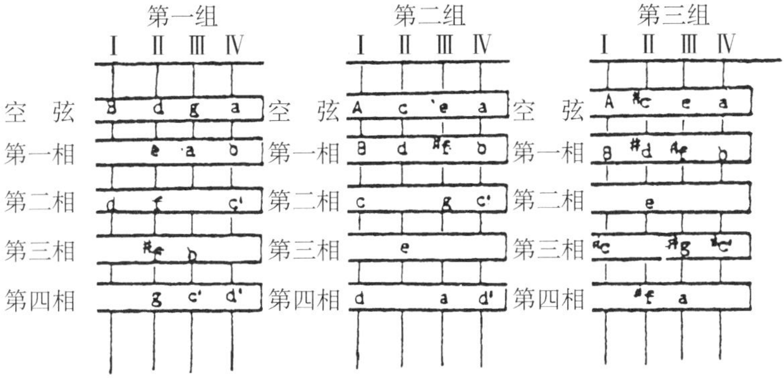

图三

（三）关于译谱中的节拍节奏处理

P·三八〇八敦煌乐谱中涉及节拍节奏的符号很多，现分述如下：

（1）“▭”拍号：译谱作小节线划在带此号的谱字之前，全曲结束增双纵小节线。对此如此处理的理由，前已论及，此处从略。

（2）“字”：即不带任何附加符号的单个音高谱字。据沈括、张炎所论，在谱中作音符时值基本核算的单位；一字相当于现今所谓的“一拍”，我在谱中作 ·个四分音符处理。理由前已论及，此处从略。

（3）“字小字”：即在正常音高谱字右下侧再加小号音高谱字。两个谱字的总时值为今之“两拍”，大小号谱字在其中各占一拍。前一个谱字是正常拨奏的实音，小号谱字不用拨奏，仅用左手按弦或放弦发出虚音，故译谱时加用弧线。小号谱字的时值和大号谱字一样，两者没有区别。请看下面谱例七两首同名曲《水鼓子》开始部分的实例：

谱例七

敦煌乐谱中两首《水鼓子》的曲式结构和旋律骨干均相同，仅定调不同；第二十五曲又在第十八曲曲终后增一段。从上面的比较中可知大小谱字结合为两小拍，小号字占半拍。大小号谱字时值相同，仅演奏方法有所不同。大小谱字结合后紧接带掣号的谱字，其意义详后。

（4）“丁”：住号。此号本身无音高，仅占一个字的时值，附在各音高谱字后，使之时值增长为两字，故前引沈括说“一大字住当二字”。凡正常音高谱字带此号者，我均译作二分音符，林谦三译此号为“停弹”，“正相当于休止符，有时也可作延长记号看”[①]。在1955年至1957年译谱中，他对此号空缺不译；在1969年译谱中用“,”取代。叶栋、何昌林将此号译作时值不固定的自由延长〔（•〕。我以为住号只有增时而无休止符的意义，所增时值是有量的，即一个字，亦即今之一小拍，而非自由延长。

（5）“几”或“丿”：拨号。此号前者林谦三解作“由高弦向低弦弹奏”，后者解作“由低弦向高弦顺拨弹奏”。但忽视了此号有重复前谱字占一个字时值的意义。请看下面的谱例八：

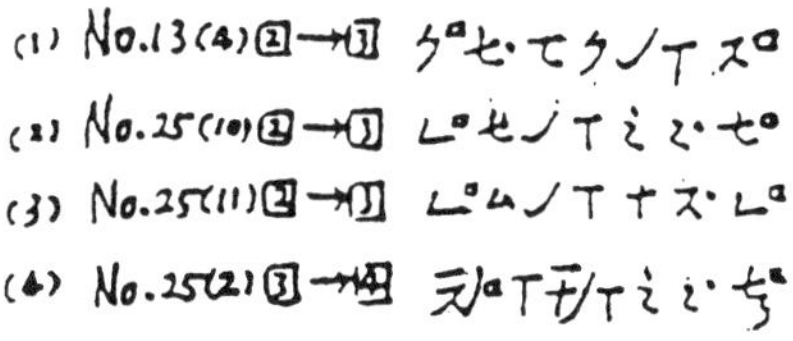

谱例八

上例中（1）、（2）、（3）都是“六字拍”，拨号重复前谱字该作一个字的时值，后又加住号，则重复的那个音占两个字的时值，故此二音中，前者为四分音符，后者为二分音符。上例中（4）说明只有当扫弦时，拨号不占时值，而将所扫的音合成一个字的时值，加住号后变成两小拍。而且此例还说明，两种拨号无严格区分，都是由低弦向高弦拨奏。故我在译谱中将此两种符号作为同一种符号看待，单个谱字带此号者为“重弹”，两个或两个以上谱字带此号者为“琶音”奏法。

（6）“•”：掣号。此号的基本意义为减一字，上文中已论及，但在实际使用中，又有很多种用法：

①“字字•”：掣号和不带任何符号的谱字连用时，将两个字的时值减去

① 《敦煌琵琶谱的解读研究》，52页；《雅乐——古乐谱的解读》，217页。

一个字的时值。因我在译谱中将一个谱字的基本时值作四分音符，故“字字·”译作两个八分音符。

②“字字·字·”：双掣号。即三个谱字减去两个字的时值，前一字为八分音符，后两个带掣号的谱字各为十六分音符，前面谱例七第一小节最后一拍的音符对照可作佐证。

③“字·字·亅”：双掣号和住号连用。意义同上，前一字为十六分音符，后一字为十六分音符加延长的四分音符。谱例见 No.2（7）6→11。

④“字字·小字”：掣号后接小字。即三个谱字减去一个字成两个字的时值，前两个谱字各为八分音符，小号谱字为虚音四分音符。参见下面谱例九第二行谱。

⑤“字小字字·”：掣号和小字连用。意义同上，但音符组合形式不同，前一字为四分音符，后两字均为八分音符。同名曲《倾杯乐》第二大拍可与上项相参证。请看谱例九第一行谱：

谱例九

⑥“字小字·”：小号谱字带掣号和大号谱字带掣号时值意义相同，故此仍为两个谱字减去一个字的时值，亦即将上述第三项“字小字”之时值各减半，均为八分音符。参见谱例五第一、三小节“陈译”第四第五个谱字。

⑦“·▭”：掣号和拍号重叠。即将带拍号谱字的前一个谱字“掣”入本大拍之中。参见前谱例三第一小节。

（7）“火”：加速号。林谦三释其为“火急”，用以“表现一拍子的二分之一”①。但林氏在译谱中未作翻译。叶栋、何昌林在译谱中作了翻译，处理方法各有不同。我据第十二曲《倾杯乐》中的重复旋律结构，将“字”后方大小谱字组合，由四个字减为两个字的时值。请看下面谱例一〇的对照。

谱例一〇

（四）关于结构称谓和反复省略记谱法的处理

由于P·三八〇八敦煌乐谱中的结构称谓和反复省略记谱法都用汉字书写，诸家已有解释，其意思比较明白，也容易处理，现分别介绍如下：

（1）“头”：即乐曲的头段。

（2）“尾”：即乐曲的末段。

（3）“重头”：即反复乐曲头段或从头再奏一遍。

（4）“住，重头至住字煞”：即从头反复至旁注“住”字的谱字上止。

（5）“记，重头至记字煞”：意义同上，仅把“住”改为“记”。

（6）“今，重尾至今字住”：即反复末段至旁注“今”字的谱字上止。

（7）“今，合，同今字下作至合字”：即再奏自旁注“今”字起至旁注“合”字的曲调。

（8）“第二遍”：将已奏的曲调再演奏一遍。

（9）“王”：即往下。陈元靓《事林广记》俗字谱《愿成双》套曲作“王下”②，意义同。

（10）“王字末”、“第二遍至王字末”、“却从头至王字末”、“重头至王字”：其意义都是反复至旁注“王”字的谱字上止，再往下奏此术语后的谱字

① 《雅乐——古乐谱的解读》，217页。

② 《中国古代音乐史料辑要》，703页，北京，中华书局，1962。

或接着奏新的乐段或他曲。

（五）关于演奏手法记号的处理

在P·三八〇八敦煌乐谱中附在音高谱字旁的符号尚有以下谱例一一中的几种：

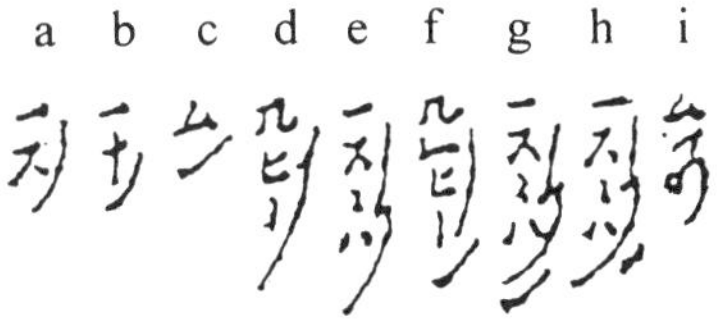

谱例一一

以上符号林谦三除d、g、b、i未解外，其余都释作演奏手法符号。他释a为由低弦向高弦弹奏的“下拨”；b为自高弦向低弦弹奏的“上拨”；c为“逆拨”；e为a和b的混合奏法；f是e再加逆弹。[1] 何昌林亦作过类似的解释。我以为林氏对已解符号作演奏手法符号是对的，但他的解释过于刻板。事实上从原谱的琶音谱字来看，基本上都是由低弦向高弦方向拨奏，可知上述演奏手法符号并无严密规定。谱例一一中林氏未解的d、g、f是琶音奏法符号的种种变体，c为单音重复拨奏（前面已论及）。因此，我在译谱中只译c为重复前谱字的拨奏，其余都作为琶音演奏手法符号。拨奏方向视音高谱字的高低顺序而定。

对于符号i，叶栋以为此号“作大小谱字‘一’加‘口’（在左侧）草体解”[2]；何昌林释此号是“左手记号‘弛’的左旁的草书‘⺈’，故‘⺈’即‘弛’，是急取下方音之义”[3]。此号仅在第二十五曲《水鼓子》末段出现两次。我从此号和前后旋律衔接以及所处末段结束前原曲进入高潮的位置判断，认为它是两个“大住号”的重叠，作为占两个谱字的时值处理（即将前音延长成三小拍，但后接谱字带掣号，故实际延长成两小拍半），第二个“住号”在拍位上，因连写的缘故，拍号就记在左侧。

---

① 参见《雅乐——古乐谱的解读》，217页。

② 《敦煌琵琶曲谱》，44页。

③ 《敦煌曲谱之考、解、译（附〈敦煌琵琶译谱〉）》，见《1983年全国敦煌学术讨论会文集》430页。

五、结束语

现在我按“掣拍说”将P·三八〇八敦煌乐谱二十五曲都翻译出来了。由于所见原谱图片中第一曲《品弄》和第二十五曲《水鼓子》均有缺损的谱字，且前者不像后者有拍号，故所缺谱字不易精确计算而难以补入。为了使第二十五曲可供演奏，我对此曲缺损谱字据本曲的拍号规律、乐曲结构和旋律形态等方面作了修补，修补的理由详见译谱注文。

现在从所译的曲谱来看，曲调是比较顺畅的，因此相信用“掣拍说”来解释敦煌乐谱的路子是不会错的，但在个别符号的翻译和少数音符的处理，以及所有增删的谱字符号等方面，可能还会存在这样那样的问题，有待于今后继续研究，以求改进。

由于用“掣拍说”解译敦煌乐谱之后，对各曲的段式、句式就比较容易分析，从而也可以发现以往用同名词填入同名曲中所存在的一些问题。例如敦煌乐谱中常常用同音重复、八度跳进、变奏加花、分解琶音等手法来增长时值，这是中国传统器乐曲的常用手法。但这些本来不属于歌唱旋律音型，却被诸家用于填词歌唱，出现了错位配词或难以上口的大幅度起伏的歌唱曲调，实是对此乐器伴奏谱的误解。此外，“掣拍说”作为唐宋时期的一种节拍节奏理论，它不仅适用于解译敦煌乐谱，而且似乎也同样适用于解译现存日本的《天平琵琶谱》、《五弦琵琶谱》等古谱，从以往发表的此类译谱来看，主要问题也在于没有把这些古谱的节拍节奏正确地翻译出来。限于篇幅，上述问题拟另文专叙。此外，对于如何演奏或演唱敦煌乐谱及其词曲组合稿，因而探讨唐五代时音乐表演艺术的风格特征，这也是一个很有意义的课题，亦有待于今后继续研究。

本文及所附译谱的不尽之处，欢迎读者批评指正。

1987年10月8日初稿，1987年11月22日第二稿

第1组：第1–10曲定弦

品　　弄

第一曲
本曲谱字高八度译谱

品　　弄①

第二曲
本曲谱字高八度译谱

倾　杯　乐

第三曲
本曲谱字高八度译谱

又慢曲子

第四曲
本曲谱字高八度译谱

又曲子

第五曲
本曲谱字高八度译谱

急曲子

第六曲
本曲谱字高八度译谱

又曲子

第七曲
本曲谱字高八度译谱

又慢曲子

第八曲
本曲谱字高八度译谱

急曲子

第九曲
本曲谱字高八度译谱

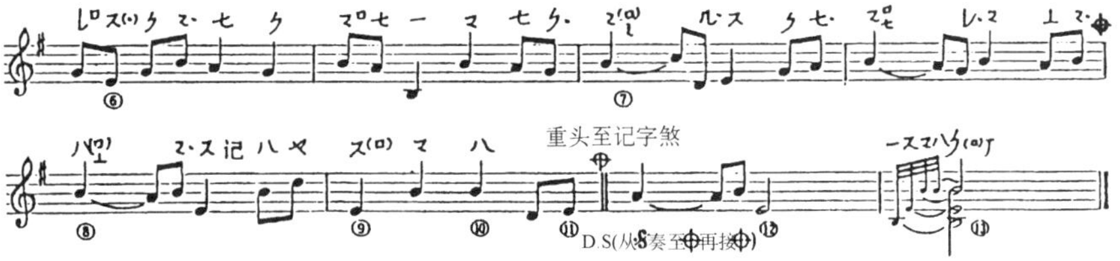

又慢曲子

第十曲
本曲谱字高八度译谱

第2组:第11–20曲定弦

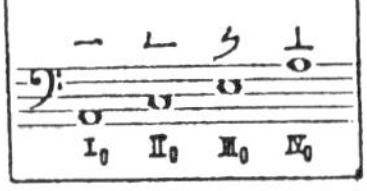

佚 名

第十一曲
本曲谱字高八度译谱

倾 杯 乐

第十二曲
本曲谱字高八度译谱

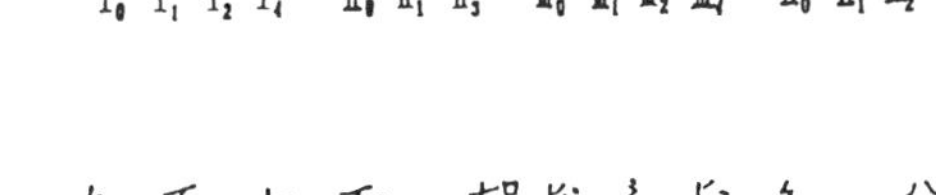

又慢曲子西江月

第十三曲
本曲谱字高八度译谱

又慢曲子

第十四曲
本曲谱字高八度译谱

慢曲子心事子

第十五曲
本曲谱字高八度译谱

又慢曲子伊州

第十六曲
本曲谱字高八度译谱

又急曲子

第十七曲
本曲谱字高八度译谱

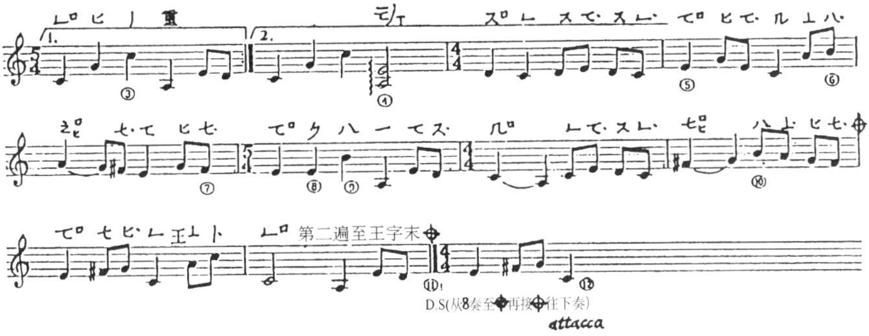

水鼓子

第十八曲
本曲谱字高八度译谱

急胡相问

第十九曲
本曲谱字高八度译谱

长沙女引

第二十曲
本曲谱字高八度译谱

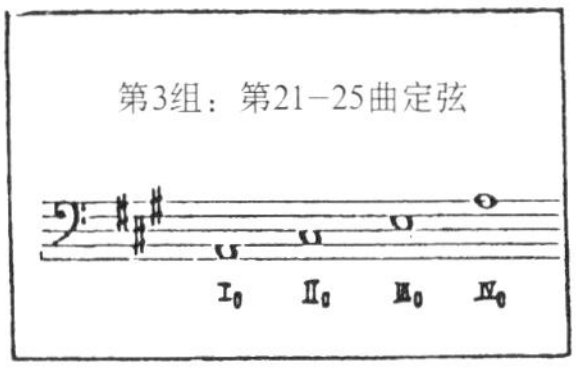

佚　　名①

第二十一曲
本曲谱字高八度译谱

撒 金 砂

第二十二曲
本曲谱字高八度译谱

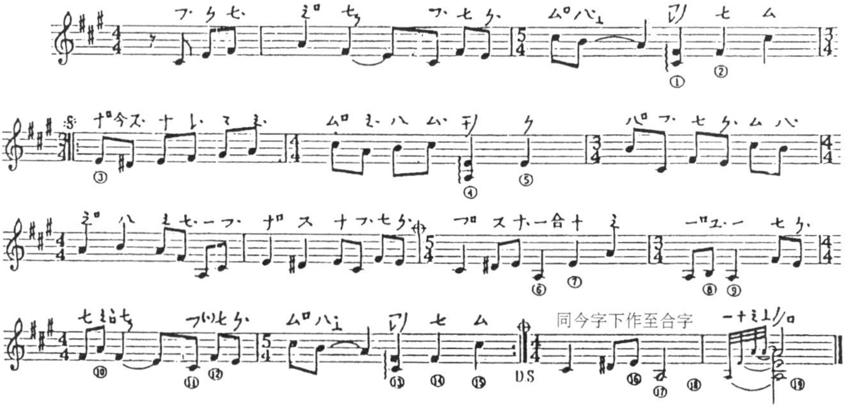

营　富

第二十三曲
本曲谱字高八度译谱

伊　州

第二十四曲
本曲谱字高八度译谱

水　鼓　子

第二十五曲
本曲谱字高八度译谱

慢曲子西江月

敦煌乐谱第十三曲
敦煌写本S.2607同
陈应时译谱并组合词曲

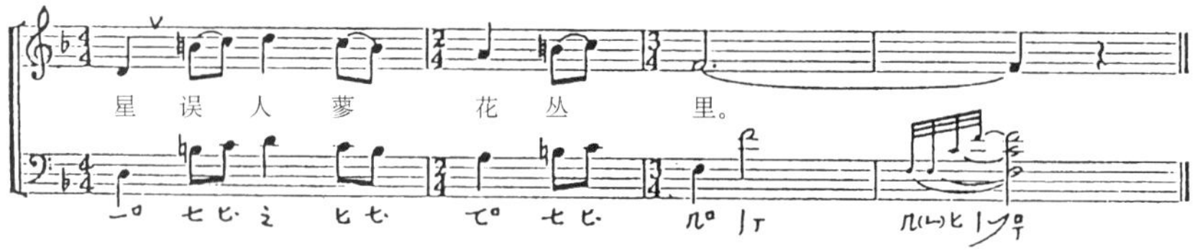

慢曲子伊州②

敦煌乐谱　第十六曲
〔唐〕王　维　词
陈应时译谱并组合词曲

伊 州③

敦煌乐谱 第二十四曲
〔唐〕王 维 词
陈应时译谱并组合词曲

译谱注释

第一曲《品弄》

①［日］林谦三氏创用以罗马数字Ⅰ、Ⅱ、Ⅲ、Ⅳ分别代表唐代四弦四相琵琶的第一弦至第四弦（由低到高），在罗马数字右下侧所附的阿拉伯数字0、1、2、3、4分别代表空弦、第一相至第四相上的音位。叶栋增释阿拉伯数字“1”为一相按食指，“2”为二相按中指，“3”为三相按无名指，“4”为四

相按小指。本译谱亦采用这种标记法。

② 原谱下方谱字为竖挑，其音位该作Ⅱ$_4$，林谦三按Ⅱ$_4$译谱。叶栋、何昌林均读此谱字为竖横，作Ⅱ$_0$，似不妥。今从林氏译谱。其后的住号林氏1957年未译，1969年用“,”号对译，其义不明；叶、何均译作“(·”。据沈括“一大字住当二字”之说，即此号将前谱字时值增长一个字成两个字，合今之两拍（参见前面论文中对此号的解释）。类似的情况，以下不再说明。

③ 原谱图片缺字，1969年林氏读作Ⅱ$_3$，同时又用括号作Ⅲ$_3$，叶、何未译。从旋律进行来判断，取Ⅲ$_3$较妥。

④ 原谱有拨号，此处作重复拨奏前谱字。叶、何均漏译。

⑤ 原谱图片中谱字不明，故译谱暂缺。

⑥ 原谱字为Ⅱ$_4$，林、叶、何均漏译。

⑦ 此处林氏将大、小谱字结合译成全音符和时值不明的黑符头，叶、何均将大谱字作前倚音，似不妥。此处大、小谱字带住号合为三个字的时值，故将大谱字时值作四分音符，小谱字作虚音二分音符。

⑧ 此处谱字上附加的掣号，林、何均漏译，叶氏注文说原谱漏抄，故补入。但细查原谱上实有此号，不必作增补。

⑨ 此处林、叶译法同本曲注⑦，何氏将小谱字译作后倚音，与前译不统一。

⑩ 原谱字不带掣号，叶氏补入，似不必。

⑪ 林氏将此字译作Ⅱ$_3$，又用括号译作Ⅲ$_3$，细看原谱字为Ⅱ$_3$，故不取其Ⅲ$_3$。

⑫ 原谱图片缺字，1969年林氏据第二曲末段相同旋律补入。从林。

⑬ 同本曲注⑪。

⑭ 原谱图片不清，林氏据本组各曲结尾补全。从林。

第二曲《品弄》

① 此标题第一字原谱不清，林氏1957年作《一弄》(?)，叶氏作《? 弄》，何氏作《又弄》。因第一曲《品弄》即此曲末段，由此可以推知此曲是较第一曲完整的《品弄》，故标题同前。

② 此处叶氏补入掣号，原谱无；似不必。

③ 此处原谱不清，林、叶均未译，何氏补入谱字Ⅲ$_4$，未详其理由。现暂缺。

④ 同本曲注②。

⑤ 何氏此处补入谱字Ⅲ$_1$，同本曲注③。

⑥ 同本曲注②。

⑦ 此处原谱无掣号，何氏补入，似不必。

⑧⑨⑩⑪ 同本曲注②。

⑫ 此处四个谱字有两个掣号，减二字，剩两个谱字的时值。

⑬ 此处漏掣号，据第一曲注⑬、本曲注⑯处相同旋律补入。

⑭ 掣号连用加住号，叶、何都作“两眼”，似不妥。此与前扫弦加住号，乃八个字减去四个字时值剩四小拍，故前扫弦为附点四分音符，第一个带掣号的谱字为十六分音符，第二个带掣号又带住号的谱字为十六分音符加八分音符，后两个带掣号的谱字，前一个为十六分音符，后一个为十六分音符加四分音符。但从方便演奏出发，似可把第一、三个带掣号的谱字作前倚音，第二、四个带掣号和住号的谱字作四分音符，前扫弦作二分音符。

⑮⑯ 同第一曲注⑪。

⑰ 同第一曲注⑭。

第三曲《倾杯乐》

① 据前后大拍以及第十二曲同名《倾杯乐》第二大拍均为今之五拍子，故此处补入掣号。

② 此谱字林氏读作Ⅲ$_3$，叶氏读作Ⅳ$_2$，何氏从叶。谱字字形近Ⅲ$_3$，从旋律进行判断亦作Ⅲ$_3$较妥，故从林。

③ 原谱字带掣号，林、叶、何漏译。

④ 林氏1969年将此谱字译作Ⅱ$_3$，但全曲中除此之外未出现过Ⅱ$_3$。从旋律进行来判断，取Ⅲ$_3$较妥。

⑤ 何氏改此谱字为Ⅱ$_4$，似不必。

⑥ 此字原谱用小谱字补入，因与前一字不在同一弦上，放作大谱字。

⑦ 原谱此处有一涂掉的废字。

⑧ 林氏将掣号拍号重叠解作拍号加“返拨”，叶氏解作切分音，译谱将前一字作跨小节附点四分音符，何氏将掣号移入前一个谱字，均不妥。掣号和拍号重叠，表明带拍号的谱字亦可和前一个谱字组合成一小拍，体现了“掣拍说”灵活的节奏处理。参见第四曲注③。

⑨ 何氏漏译此音。

⑩ 同本曲注⑥。

⑪ 同本曲注⑧。

⑫ 林氏据前四小节相同旋律补入掣号。现从林。

⑬ 同本曲注⑧。

⑭ 叶氏添住号，据第十二曲同名曲结尾应有此号，今从叶。但叶氏解释此三字和前一字合为“四弦一声”，似不妥，因为此三字前隔住号，不可能成“四弦一声”。

第四曲《又慢曲子》

① 前一大拍旋律和第六、十六大拍相同，故此拍的节奏型亦应和第七、十七大拍相同，可以保持全曲统一为四四拍子，故将原谱字旁的掣号删去。

② 此处原谱无掣号，叶氏补入，似不必。

③ 叶氏处理同第三曲注⑧；何氏将拍号移后一个字，与第三曲注⑧处理不统一，均不妥。掣号和拍号重叠，有调节节拍的作用，此处带拍号的谱字和前谱字合成一小拍后，使前后两小节均为四拍子。参见本文谱例三。

④ 何氏漏译此音。

⑤ 叶氏据末尾相同旋律补入掣号，今从叶，但不取其作“眼”的译法。

⑥ 同本曲注③。

⑦ 同本曲注②。

⑧ 同本曲注③。

⑨ 据第三曲注⑤后的相同旋律可知，原谱此处多加了一个掣号，现删去。

第五曲《又曲子》

① 原谱字带拍号，何氏删去，使六字拍或十二字拍，似不妥。

② 原谱字为Ⅱ$_1$，叶、何改作Ⅲ$_3$，似不妥。

③④ 同第一曲注④。

第六曲《急曲子》

① 此处为五字拍，为顾及四四拍子，删去掣号。

② 此处为五字拍中插入六字拍，为顾及四四拍子，增掣号。

③ 原谱字不带掣号，叶、何补入，似不必。

④ 此字原为注有“住”字之音符，仅变换其后的结尾，故作二分音符时

值处理。

⑤ 原谱漏拍号，林氏补入。今从林。

第七曲《又曲子》

① 原谱字带掣号，对照下片第一、二拍相应的旋律，可知系误加，故删。

② 同第一曲注⑪。

③ 原谱字带掣号，叶氏删去，似不必。

④ 原谱字不带掣号，叶氏补入，似不必。

⑤ 原谱字仅带拍号，在谱字竖挑间误有一点，叶氏作“眼号”重叠于拍号翻译。不取。

⑥ 同第一曲注⑪。

⑦ 原谱此处无 I_0，叶氏补入，似不必。

第八曲《又慢曲子》

①②③④⑤ 原谱字无掣号，叶氏均补入，似都不必。

⑥ 原谱字带掣号，对照由此开始的谱字群，可知系误加，故删。

⑦ 林氏译此字后又在其上方用括号补上 III_3，似不必。

⑧⑨ 原谱字不带拍号，林氏据全曲八字拍规律加拍号。今从林。

⑩ 此处原谱图片不清楚，林氏译作 I_0III_1（叶氏注文误以为林氏未译第二个谱字），叶氏译作 I_0III_1，以方便奏琶音，叶是，今从叶。何氏未译第二字，作逆拨琶音，似不妥。

⑪ 此谱字林氏 1957 年漏译，1969 年作 II_0，叶氏作 II_4（注文有误），何氏译作 II_0。从全曲旋律结构来看，该作 II_0。叶氏在此谱字上所加的掣号为原谱无，亦不取。

⑫ 同本曲注①。

第九曲《急曲子》

① 原谱字带掣号，叶氏删去，似不妥。

② 此谱字被叶氏删去，何从叶，似不妥。

③ 此谱字被叶删去，似不妥。何氏删此字之掣号，亦不妥。②③两谱字林氏译谱中曾以方框圈出，并注明“想系原谱多余的字”。事实上敦煌乐谱虽有四、六、八字一大拍的规律，但并不排斥临时增减大拍中的谱字数，如

No. 3（2）③→（3）3 为九字一大拍，No. 6（1）③起在六字拍中插入五字拍，各曲曲终前大拍内的谱字也明显减少等等。此处六字拍增两字为八字拍，但用了四个掣号正好合于全曲统一的大拍内四小拍的要求，故不能删去。

④⑤ 原谱字不带掣号，叶氏增补，何从叶，似不必。

⑥ 原谱字不带掣号，叶氏据第三小节相同旋律增补，是。今从叶。

⑦⑧ 原谱字不带拍号，林氏按六字拍补入。今从林。

⑨ 原谱字不带拍号，叶氏按前相同旋律补入。今从叶，但不取其作“眼”的译法。

⑩ 同本曲注④。

⑪ 林氏在重复下片（尾）之后再从头反复，但原谱未指明要反复尾之后再从头反复。

⑫ 参见第六曲注④。

⑬ 原谱漏拍号，各曲曲终扫弦琶音均有拍号，从林氏补入。

第十曲《又慢曲子》

①② 此两谱字原谱图片不清楚，林氏未译，叶氏补作小谱字Ⅲ$_1$和大谱字Ⅳ$_1$，何氏补作一个谱字Ⅰ$_2$。经仔细认辨，Ⅲ$_1$非小谱字，后一字从叶从Ⅳ$_1$。

③ 叶氏指出林氏未解译此谱字，不确。林氏译作住号，1957 年本二十五曲中林氏对此号均未译，1969 年本已补入。叶氏译作小谱字Ⅲ$_0$。从叶，但不取其倚音的译法。

④ 原谱字不带掣号，叶氏补入，似不必。何氏将此处二字改为一个字谱（Ⅲ$_1$），似不妥。

⑤ 此谱字林氏误作Ⅱ$_0$。

⑥ 原谱此处漏抄拍号，林氏将拍号加在前一个谱字上，叶从林，何氏加在再前一个谱字上。从前后拍子来看，应加在小谱字上。

⑦ 原谱字不带掣号，叶氏补入，何从叶，似不必。

⑧⑨ 原谱字不带拍号，林氏据八字拍规律补入。从林。

⑩ 同本曲注⑦。

第十一曲《佚名》

① 原谱字不带掣号，叶氏补入，似不必。

②③ 原谱字不带拍号，林氏按四字拍补入。从林，其译法不取。

④ 同本曲注①。

⑤ 原谱字带掣号。此大拍和后一大拍旋律基本上是重复前面（隔两大拍）两大拍的旋律，可知原谱字上的此掣号系误加，故删。

第十二曲《倾杯乐》

① 此曲为八字拍。此大拍内含十个谱字，故用火字紧缩其前后谱字时值，林氏未译，叶、何各有不同处理，不取，详本文谱例一〇。

② 原谱图片此字不太清楚，但隐约可见是IV_2。据曲终相同旋律判断亦可作IV_2。叶氏在此字上添加掣号，似不必。

③④ 原谱字无掣号，叶氏补入，似不必。

第十三曲《又慢曲子西江月》

① 此曲林谦三、叶栋、赵晓生均配有敦煌同名曲子词或五代词人欧阳炯的同名词，但在词曲联结关系上各有不同的组合形式，主要分歧在于对乐汇结构的认识不一致。对此拟另文专门讨论。

②③④ 原谱字不带掣号，叶补入，似不必。何昌林从其③④。

⑤ 原谱字不带掣号，何氏补入，似不必。

⑥ 原谱字不带掣号，叶氏补入，似不必。

⑦ 同本曲注⑤。

⑧ 同本曲注⑥，赵晓生从叶。

⑨ 同本曲注⑥。

⑩ 原谱缺此字，林氏据下片相同旋律补入。今从林。

⑪ 同本曲注⑥。何昌林从叶。赵晓生改作拍号，似不必。

⑫ 原谱字不带掣号，何、赵补入，似不必。

⑬ 原谱抄写有误，叶氏将此掣号换拍号，但据第十六曲上片结尾的相同旋律，可知此掣号应移在后一个谱字上。

⑭ 原谱字不带掣号。赵晓生补入，似不必。

⑮ 同本曲注⑥。何氏从叶。

⑯ 同本曲注⑤。

⑰ 同本曲注⑥。

⑱⑲ 同本曲注⑤。

⑳ 同本曲注⑥。

㉑ 同本曲注⑤。

㉒ 同本曲注⑥。

㉓ 此处谱字连同拨号、住号占三个谱字时值，合为六字拍，林、叶、何、赵均没有注意此点而未将重拨谱字译出。

㉔ 赵氏在此处加了一个谱字Ⅲ$_2$，似不必。

㉕ 赵氏据本组各曲的曲终琶音补入Ⅱ$_0$。从方便扫弦看，该补。

第十四曲《又慢曲子》

①②③ 原谱字不带掣号，叶氏补入，似不必。

③ 林氏将此谱字误译成Ⅰ$_1$。

④ 此处上片终止分解琶音基本上同第十三、十五、十六曲上片尾。

⑤⑥⑦ 原谱字不带掣号，何氏补入，似不必。

第十五曲《慢曲子心事子》

① 原谱字不带掣号，叶氏补入，似不必。

② 据下片相同旋律将后一字的掣号移此。

③ 据下片相同旋律，删去此处的掣号。

④ 原谱有掣号，何氏删去，与下片相同旋律比较，应予保留。

⑤ 原谱字不带掣号，何氏补入，似不必。据第十六曲上片尾相同旋律，下一个谱字该补掣号。

⑥ 此处上片终止分解琶音同第十三、十六曲。

⑦⑧ 同本曲注①。

⑨ 同本曲注⑤。

⑩ 据上片相同旋律补入掣号。

⑪ 同本曲注⑤。

第十六曲《又慢曲子伊州》

① 何氏将此谱字误译成低半音的Ⅱ$_4$，并按“促柱法”在其之前和之后隔一、两字都添加音符，似不妥。

② 何氏将此谱字之掣号移至前一字，似不必。

③ 同本曲注①。

④ 原谱字不带掣号，叶、何补入，似不必。

⑤ 金建民译谱基本上同叶译谱，仅将叶译八分音符改作附点八分音符，后一字改作十六分音符，未详其理由。

⑥ 原谱拍号在小谱字上，叶、何将拍号移在前一字上，造成前大拍五字，后大拍七字。金建民纠正了叶栋的误译，但将小谱字改作大谱字，似不妥。

⑦⑧ 同本曲注⑤。

⑨ 此处上片终止分解琶音同第十三、十五曲。

⑩ 原谱字不带掣号，叶氏补入，何、金从叶，似不必。

⑪ 何氏未译由此从头反复，而反复“重”字以下的下片曲调。这样就和之前何译第十四、十五曲把“重”字作“重头”的处理不一致。何氏如此处理，未详其理由。

⑫ 金氏曾指出叶氏在此处有将原谱掣号移后一字的错误，但叶氏1986年修订本已改正。

⑬ 此字叶氏1982年误成Ⅰ$_2$，何、金亦随之误译。叶氏于1986年修正为Ⅱ$_3$。

⑭⑮ 此句旋律和第二十四曲同名曲《伊州》同地位（下片第一句）相同，故本曲注⑬处应有掣号，⑮处似原谱抄写者将“匕”漏抄一笔成“乚”，今均据第二十四曲勘正。

⑯ 见本曲注⑭。

⑰ 叶氏据上片相同旋律补入掣号。从叶，其译法不取。

⑱ 金氏此字和前一字合译为两个十六分音符，之后一字译作八分音符（叶译谱将第一字作八分音符），未详其理由。

⑲ 同本曲注⑱。

⑳ 同本曲注⑤。

第十七曲《又急曲子》

① 何氏按“促柱法”在此谱字后添加了一个音，似不必。

② 同本曲注①。

③ 原谱字无掣号，叶、何补入，似不必。

④ 林氏1969年本漏译此处拨号。

⑤ 林氏1969年误作此字为Ⅲ$_1$。

⑥⑦ 同本曲注①。

⑧⑨ 原谱字不带掣号，何、叶各补入，似不必。

⑩ 同本曲注①。

⑪ 何氏将“第二遍”理解为以谱中“重”字后的反复。其实此曲的曲式结构为‖：aaba：‖，“第二遍”当指全曲反复。

⑫ 若把此曲作独立小曲演奏，则可处理成此字作两小拍再奏本组各曲共同之曲终扫弦琶音。

第十八曲《水鼓子》

① 原谱字不带掣号，叶、何补入，似不必。

② 原谱字带掣号，叶、何漏译，不妥。详本文谱例七第一小节之第四拍及有关“字字·字·”的文字说明。

③ 原谱字不带掣号，叶氏据前第三、四小节相同旋律补入。今从之，其译法不取。

④⑤ 此两谱字中何氏误将前一字译低大二度，将后一字误作“七”，译低了小二度。

⑥⑦ 同本曲注①。

⑧ 叶氏据后面（隔三小节）的相同旋律补入掣号，是。今从叶，其译法不取。

⑨ 何氏按“促柱法”在此谱字后又添加了一个音，似不妥。

⑩ 同本曲注⑨。

⑪ 同本曲注①。

⑫⑬ 同本曲注⑨。

⑭ 同本曲注①。此处近曲终不加掣号，增一拍，合于曲终放慢的规律。类似的实例如第八、二十曲结尾。

⑮ 同前曲注⑫。

第十九曲《急胡相问》

① 此谱字林谦三作Ⅰ$_1$，叶、何均从林作Ⅱ$_1$。但此谱字字形和Ⅱ$_1$有明显的差别，而近Ⅳ$_4$。据此曲中多次出现的相同旋律音型（第六、十、十三、十五、二十七小节）判断，该作Ⅳ$_4$。

② 原谱字不带掣号，叶氏补入，似不必。

③ 原谱字不带掣号，何氏补入，可使前后拍子一致，有必要，但不取其

译法。

④ 据第十、十五、二十七小节相同旋律音型，此谱字该带掣号。

⑤⑥ 同本曲注②。

⑦ 同本曲注④。

⑧ 同本曲注②。

⑨ 林谦三发现原谱在此处漏了一个谱字，故不能构成六字拍。他在译谱中用括号带问号代入。叶、何均将此拍的拍号移前一个字，从而使此拍成“六字拍”，但前一拍却成了“五字拍”，不妥。据本曲第六、十、十三小节相同旋律音型，可知抄漏的是Ⅲ$_2$，现补入。

⑩ 同本曲注②。何从叶。

⑪ 此小节和随后的两小节，诸家译法各异，叶、何所加符号亦各不相同。从旋律进行来看，实是此小节共奏三遍（叶、何译谱均未体现此点）。原谱为顾及“六字拍”，故只标记两个拍号，今按现代习惯，将原两大拍订正为三大拍。

⑫ 原谱字不带掣号，何氏补入，似不必。

⑬ 据其后隔一小节末拍音型补入掣号。

⑭ 同本曲注⑫。

⑮⑯⑰⑱⑲ 这些谱字，叶、何均作“眼”处理，实际上等于补入了掣号，但原谱字均未带此号。可见用“板眼法”解释此谱会处处遇到困难。

⑳ 原谱此处漏抄拍号，林氏据“六子拍”补入。今从林。

㉑ 同本曲注⑫。

㉒ 林氏对原谱字存疑，故译谱加括号，何氏照译。叶氏据相同旋律修正为Ⅱ$_0$，但其所述根据中有误。此音实为曲中常用作增长时值的分解和弦之根音，相同旋律音型除本译谱第十一、十六、二十三、二十四小节之外，在其他各曲中亦都存在。

㉓ 同本曲注②。

㉔ 同本曲注⑫。

㉕ 同本曲注④。

㉖ 见第十七曲注⑬。

第二十曲《长沙女引》

① 原谱字不带掣号，叶氏补入，何从叶。似不妥。

② 原谱字抄写有误，叶氏据本曲第十四小节和结尾倒数第四小节相同旋律将Ⅲ_{1}修正为Ⅲ_{2}。林、何氏未修正谱字，但何氏译谱作Ⅲ_{2}。今从叶，但不取其作“眼”的译法。

③④ 叶氏据本曲下片相同旋律各补入掣号，何从叶。有必要，但不取其作“眼”的译法。

⑤ 按前后大拍与其他诸曲（如第十三、十六曲）上片尾的同类音型，该补入掣号。

⑥ 同本曲注①。

⑦ 此处按往后数八小节相同旋律增一住号。

⑧ 林氏据本曲第一小节此字的拍号移至下一字，并在⑨处补入谱字Ⅱ_{3}。为尊重原谱下片有变头的可能，故按原谱译，不作改动。

⑨ 见本曲注⑧。

⑩ 叶氏据上片相同旋律补入掣号，有必要。但不取其译法。

⑪ 此处因前插扫弦琶音而重新加拍号，由此再按“八字拍”加拍号，实际上曲调仍重复前面注“今”字之后的原句，因此林氏就将⑫⑬处的拍号按前面相同旋律均移前一字。但这里拍号的变换，我以为有加速把乐曲推向高潮的作用，故按原谱不变。

⑫⑬ 见本曲注⑪。

⑭ 此处据本曲第六、十五小节相同一旋律补入掣号。

⑮ 叶氏据前相同旋律在此处补入掣号，有必要，但不取其作“眼”的译法。

⑯ 林氏在此处据“八字拍”补入拍号，有其合理之处。何从林，但何在⑫⑬处未移动拍号，故此处补入拍号后会使前一大拍成“七字拍”，似应将拍号移在下一字上。

第二十一曲《佚名》

① 此曲以原谱图片看和前曲黏接，因此，不仅有可能曲名被遮盖，而且亦有谱字被盖的可能。所剩第一行谱之拍号、掣号亦有被部分盖去的情形。

② 原谱图片此谱字的拍号被盖去大部分，但谱字清楚，为Ⅱ_{0}，叶栋错作Ⅱ_{4}，译谱随之亦误。林谦三发现此大拍谱字不合“八字拍”原则，少了一个谱字成“七字拍”，故 1957 年译谱将后两大拍的拍号各移后一个字，并将第五小节第四、五字之间的模糊掣号作小号谱字Ⅲ_{3}补入作一个谱字。后在

1969 年修订中发现第五小节旋律和第八小节同型，故又再行修正，将此小节拍号移正，取消了补入的小号谱字。

③ 林氏将拍号移在此谱字上，就造成此大拍缺一个谱字而成“七字拍”。为尊重原谱，现不作移动，把所缺谱字仍留在上一大拍中。

④ 原谱字不带掣号，但叶、何却作带此号的“眼”处理。

⑤ 原谱字不带掣号，叶氏补入，似不必。

⑥ 同本曲注④。

⑦ 同本曲注⑤。

⑧ 叶氏未体察上述林氏之一片苦心，又未注意 1969 年的修正稿，故指出林氏 1957 年把此号作小号谱字 $Ⅲ_3$ 之不妥。敦煌谱的拍号、掣号一般附于谱字的偏右下方，林氏把此处的两点作前一字的掣号是可取的。叶氏未知林氏的 1969 年修正方案，而把此掣号移在后一个谱字 $Ⅳ_1$ 上，又取消了其后 $Ⅳ_0$ 原有的掣号，似不妥。今从林，但不取其作“返拨”的译法。

⑨ 叶氏将前一字的掣号移此，似不妥。

⑩ 原谱字不带掣号，叶氏却作带此号的“眼”处理。

⑪ 同本曲注④。此处两个谱字和两个住号带一个掣号，时值变为三个字（三小拍）。

⑫ 何氏删去了此谱字所带的掣号，似不妥。

⑬ 参见本曲注⑪注文。

⑭ 同本曲注⑫。

⑮ 叶栋将此拍号移作后　字，致使前大拍成“九字拍”，而此大拍成“七字拍”，显然不妥。

⑯ 叶氏将前拍号移后一字，又将前一字的掣号移此，亦不妥。参见本曲注⑧。

⑰ 同本曲注⑩。

⑱ 同本曲注⑤。

⑲ 同本曲注⑩。

⑳ 原谱此组五曲曲终均无住号，故叶氏将此五曲曲终扫弦琶音均译作十六分音符，余作休止。何氏译作四分、二分、全音符不等。林氏按前两组曲终扫弦琶音仍补入住号，这样使 P・三八〇八敦煌乐谱二十五曲曲终扫弦琶音相一致。这是可取的。可以认为此住号乃被第三组五曲的抄写者所省略，对照第三组中的同名曲《伊州》、《水鼓子》曲终扫弦琶音，更可证实此点。

第二十二曲《撒金砂》

① 原谱字不带掣号，叶、何却作带此号的“眼”来译。

② 原谱不带掣号，叶氏补入，似不必。

③ 林氏将此处注“今”的谱字不列入反复，是由于把小节线划在带拍号的谱字之后的缘故，有违原曲精神。

④ 同本曲注①。

⑤ 同本曲注②。

⑥ 同本曲注①。原谱此谱字右下注有“今”字，从后面“同今字下作至合字”的术语来看，可知此字为“合”字之笔误。叶氏译谱中未标明此“合”字。何氏标在下一个谱字上。从译谱看，林氏最早将此“合”字算作下一字Ⅱ$_2$的旁注，叶、何均从林。其结果在反复时就“下作”至Ⅱ$_2$。对照敦谱同类型结尾（第十三、十五、十六、十七、十八、十九、二十三、二十四曲），均不可能“下作”至Ⅱ$_2$，故不取。

⑦ 原谱字不带掣号，何氏补入，似不必。

⑧ 何错将此谱字作Ⅲ$_4$，故译谱亦误。

⑨ 同本曲注⑦。

⑩ 林氏将掣号拍号重叠解作拍号加“返拨”，叶氏作跨小节的切分音，何氏与前译又有所不同，将拍号移入后一字，均不妥。此乃将拍号之前的谱字“掣入”本大拍。参见第三曲注⑦。

⑪ 叶氏据第一小节相同旋律补入掣号，何从叶，有必要。但不取其作“眼”的译法。

⑫ 林氏 1969 年译谱在此谱字上加用“返拨”记号，原谱无，似不必。

⑬ 同本曲注①。

⑭ 同本曲注②。

⑮ 同本曲注⑦。林氏在此字上补入拍号，似不必。因接着反复的谱字就有拍号。参见本曲注③。

⑯⑰ 同本曲注①。

⑱ 林、叶、何在此处均多加了一个音（Ⅱ$_2$），不取。参见本曲注③。

⑲ 见第二十一曲注⑳。

第二十三曲《营富》

① 林氏将此琶音误作Ⅰ$_0$Ⅱ$_4$，何从林。原谱为Ⅰ$_3$Ⅱ$_4$，今按此译谱。

② 原谱字不带掣号，叶氏补入，似不必。

③ 原谱不带掣号，叶、何均作带此号的“眼”来译谱，似不必。

④ 同本曲注②。

⑤⑥ 原谱字不带掣号，何氏补入，似不必。

⑦ 何氏按“促柱法”，将此音译高了小二度。

⑧ 同本曲注⑤。

⑨ 见第二十一曲注⑳。

第二十四曲《伊州》

① 此谱字带掣号，按赵晓生“长顿、小顿说”该作“小顿”，但赵译谱中它和不带此号的谱字一样未作“小顿”。此种情形在译谱中约有十来处，为节省篇幅，以下不再逐一指出。

② 何氏在此两字间按“促柱法”添入了两个音。何译谱在本曲上片中如此添入的音特别多（约十个），但下片中却没有此类添加音，造成上下片相同谱字的结构译出不统一的旋律。

③ 何氏在本曲中对谱字 $Ⅰ_3$、$Ⅲ_3$、$Ⅳ_3$ 的音高有多种译法，$Ⅰ_3$ 译作 g，$Ⅲ_3$ 译作 $^\#c'$ 或 d′，$Ⅳ_3$ 译作 g′或 $^\#f$，基本上是上片一种译法，下片又是一种译法，由此造成上下片重复曲调的更加不一致。这种译法，连同上述的任意添加音符，似都不合译谱原则。

④ 据第十六曲同名曲第六大拍为四拍子，此处掣号该删去。

⑤ 叶氏将此字和下一字互换，金建民予以指出纠正。金译谱基本同叶译谱，除纠正叶氏此处误换谱字外，尚有三处（第五、十二、十四小节）将叶译谱的两个八音符处理成附点八分音符和十六分音符；另在第八小节中将叶译谱的一个八分音符和两个十六分音符组合，处理成两个十六分音符和一个八分音符的组合形式，未述其理由。

⑥ 林氏据上片相同旋律补入带掣号的此字，叶、金皆从林，何氏未补。林氏补的谱字有必要，但所补的掣号，似不可取。参见本曲注④。

⑦ 见第二十一曲注⑳。

第二十五曲《水鼓子》

① 原谱字不带掣号，叶氏据第十小节相同旋律补入，有必要，但不取其作“眼”的译法。林、何均未补入。

② 林氏将此字误作Ⅱ$_4$，故译高了大二度。

③ 林氏按“六字拍”原则补入拍号，有必要。

④ 此谱字原本有掣号，故叶氏不必重补。

⑤ 原谱字不带掣号，叶氏补入，似不必。

⑥ 此谱字原有拍号，故林、叶氏不必重补。

⑦ 叶氏据第十八小节相同旋律补入，有必要。但不取其作“眼”的译法。

⑧ 林氏1969年译谱将此音抄低了小三度（1957年译谱未误）。

⑨ 由此起为同一旋律音型的两次反复，叶、何译谱均未体现此点。

⑩ 同本曲注⑤。

⑪ 由此起原谱图片不清楚，林氏据“前后同型曲调的比较研究”所推定出来的音符为“$^\#$cAe? a$^\#$g$^\#$fe”。叶氏误以为林氏“未全解”，他据本曲第八小节补入琵音，何从叶，但如此的音调难以连贯，所据第八小节之前的曲调实和此小节前的曲调有所不同，故不足取。从国家图书馆影印图片可以看出其中的某些谱字，林氏的推定大体上是正确的，仅中间的“? a$^\#$g”三字不妥，今再行校正，实则此处所缺的乃是前面旋律音型反复的音符以及前面多次（第四、十、二十七、二十九小节最后一小拍）出现的“$^\#$d′e′ $^\#$f′”（此处高八度记谱）音型。

⑫ 原谱不清楚，林氏补入，但未补住号。叶氏据第十二小节旋律，将此号改作谱字“十”。何从叶。第十二小节是头段结束，此处非是。再以所空缺的位置来看，若为谱字“十”，则不可能留有如此大的空隙。以旋律进行来看，作住号比较顺畅。

⑬ 叶氏将此谱字误作Ⅱ$_0$，译低了纯四度。

⑭ 此号林氏未译，叶氏以为是谱字Ⅰ$_0$和Ⅰ$_3$。何氏虽然在论文中以为是“弛”，有“急取下方音之义”，但译谱中却又从叶。此处疑是两个住号的重叠。参见本文中对谱例一一的解释。

⑮ 此号林氏作谱字Ⅱ$_0$，似不妥。叶、何均作不占时值的拨奏符号，致使此“六字拍”中缺了一个字的时值，亦不妥。此处实是重复前一字并连用住号构成两小拍时值。参见本文对谱例八的解释。

⑯ 同本曲注⑭。

⑰ 此号林氏未译，余同本曲注⑮。

⑱ 叶氏将此字的拍号移至后一字，使本小节“六字拍”成了“五字拍”，不妥。

⑲ 此处按“六字拍”据第十九曲末段中相同旋律音型补入。

⑳ 叶氏此字作Ⅳ$_3$，何从叶。似不可取。

㉑ 见第二十一曲注⑳。

词曲组合《慢曲子西江月》等三首

① 林谦三所配词作“渔歌”，今据任半塘《敦煌歌辞总编》作“楚词”。

② 此曲歌词原诗名《送元二使安西》。

③ 此曲歌词原诗名《伊州歌》。

附记

1987年8月，我在信中向饶教授表示了对敦煌乐谱节奏处理的意见之后，他来信嘱我将以前几次发表过的《敦煌曲谱研究实录》重新整理，合为《敦煌乐谱论著书录解题》，并要我另作《敦煌乐谱新解》，又要求我在译谱时注意几个方面。对于整理前文，比较容易，但重新翻译敦煌乐谱，虽然已是积了多年的奢望，而总觉得自己条件尚未成熟。为了不辜负饶教授的重托，终于又把解译敦煌乐谱摆到了自己的重点研究日程上来。

我深知对于敦煌乐谱的解译，自林谦三起至今已有多种译本，关键在于对此谱节拍节奏方面要有新的见解，不然，仅重复他人之作，在学术上就毫无价值。我在研究中发现了沈括《梦溪笔谈》对于乐中“敦、掣、住”三声的解释，又和张炎《词源·拍眼》篇对照，以为他们的理论从时间上来说较以往的“板眼”处理法更接近敦煌乐谱，故按此理论试译了几首。我曾将《又慢曲子西江月》译谱配上同名词后，寄给了饶教授。同年11月，饶教授来上海参加学术会议，我又向他面陈了我的译谱方案。他以为按“掣拍说”的理论和将歌谱、琵琶谱分列的方法重新译谱可作尝试。他回香港后，又给我寄来了比较清晰的P·三八〇八敦煌乐谱二十五曲的原谱图片。在饶教授的帮助下，使我顺利地于11月底完成了论文《敦煌乐谱新解》的修订和全部二十五曲的译谱工作。我将论文及译谱稿寄给饶教授之后，他又专此写了《论“▭”、“·”与音乐上之“句投（逗）”》一文，对我的敦煌乐谱新译尝试给予莫大的鼓励。

我对于P·三八〇八敦煌乐谱的解译，和前人解译的不同之点，主要在于节拍和节奏方面的翻译，以及在词曲组合时由琵琶伴奏谱中派生出歌谱。如果说这两个方面对于敦煌乐谱研究尚有一点可取之处的话，那么这种结果的获得，全仗饶宗颐教授对我的督促和帮助，在此谨向饶教授表示由衷的感谢。

在译完敦煌乐谱之后，笔者有幸应英国女皇大学邀请成为该校社会人类学系 1988 年至 1989 学年度的访问学者。我在这一年中又继续研究唐传日本的《五弦琵琶谱》，在研究中读到 R. F. Wolpert 教授的 The Evolution of Notated Ornamentation in Togaku Manuscripts for Lute 一文（见 *Studia Sino-Mongolica*，Wiesbaden，1979，443～449 页），文中论及日本唐乐古谱中的大小号谱字，认为小号谱字是不用拨子仅用左手按放而发出的虚音，我认为他的这一见解不仅适用于解释《五弦琵琶谱》，也一样适用于解译敦煌乐谱。我征得了饶宗颐教授的同意，借本书出版之际，将以前对于小号谱字的误译加以修正。在此，亦向 R. F. Wolpert 教授致谢。

1990 年 1 月 10 日于 Belfast

论“▭”、“·”与音乐上之“句投（逗）”

敦煌琵琶谱中记节奏的符号有“·”与“▭”两个标记，至今仍为争论问题的焦点。大家都信从任二北先生1954年的旧说，视“▭”为板，“·”为眼。何昌林在《▭号之谜》一节中有详细的考证，并指出“▭”是“格”字的减笔；他修正叶栋之说，谓他误解西安鼓乐曲的三点水作为“一板两眼”，事实应是一板三眼，即是只点中眼，而不记头眼。

在听过叶、何二氏的敦煌琵琶译谱的录音后，令人感到很不悦耳，大抵由于小节划分（3/4或4/4或5/4之类）之突兀、生硬，少有余韵可以回味，不能使人相信唐五代果真有如此奇特的节奏。近时赵晓生提出四点疑难，他极力反对任氏以“·”为眼，以“▭”为板之说，认为不能以南曲符号应用于唐曲；他因而另主张句逗说，以“·”为小顿，“▭”为长顿，另行译出《西江月》、《伊州》二谱作为示例。关于“▭”号的来源，过去已故门人张世彬尝谓“▭”是句字的减笔，其说且受到不少学人的赞许。其实尚有许多未尽之处，谨胪陈我说如次：

一、“▭”、“·”与句读

《礼记·投壶》篇中，流行鲁国的鼓谱，有“▭”、“○”二号，郑玄注：“圆者击鼙，方者击鼓。”

在战国时代，楚帛书（子弹库出）用“▭”号作为分段的记号，字形作扁方框。

武威汉简西汉末年《仪礼》的写本，句读的标点记号大略如下（参看陈梦家《武威汉简》，70、71 页）：

▭　甲、乙本《服传》“记”，用于开端。

●　大圆点，在简端为章号。

●　中圆点，为章号，在一简行叙之中为句号与节号。

·　小点。《仪礼》篇题及尾题多有此小点。敦煌简与居延简亦有之。

○　圆圈，为章句号。

汉代经师有章句之学，师承不同，句读亦异。大抵以“レ”为钩识[①]，以“▲”为绝止之识[②]，《汉书·艺文志》言及“《苍颉（篇）》，齐人能正读者，张敞从受之。”句读的是正，是通经第一阶段工夫。清人山东张稷若著《仪礼郑注句读》，其乡人王筠继之，作《说文句读》。其实“ ▭ ”、“ · ”符号，溯其渊源，当与经生的句读有关。

二、音乐节奏与句投

经书有句读，音乐亦有句读，汉代乐谱今不可见，然节奏的操纵，必须先察其句读，其字亦写作“句投”。马融《长笛赋》云：

> 挼拏梭藏，递相乘遭，反商下徵，每各异善。故聆曲引者，观法于节奏，察变于句投，以知礼制之不可踰越焉。（《文选》卷一八）

李善注引《说文》：“逗，止也。”投与逗古字通，音豆；投，句之所止也。今按《说文》殳部：“豉，繇击也。从殳豆声，古文投如此。”段玉裁注：“投，各本伪作袦，今订正。”是“豉”为古文的投字，故知句投即句豉，今作逗。豉训击，即指击节，今称为拍。由马融之语，笛谱有句投，其他乐器谱想亦同然，以是推之，豉训止，“ ▭ ”为句之绝，都是断句，只是短长之别耳。故“ ▭ ”、“ · ”两号之作为乐谱的句逗，可以溯源至汉代。

《长笛赋》又说：“节解句断，管（仲）、商（鞅）之制也。”他说的虽指

---

① 《说文》十二亅部。
② 《说文》五▲部。

法家，乃以节之解句之断，比况音乐的节奏，所谓反商即变商。曾侯乙钟律名亦有宫反、角反、徵反、羽反的变律称谓。马融赋所言的“句投”，可为赵君的句逗说添一佐证。如是说来，把“ ▭ ”、“ · ”两号看作句豉，尚属合理。

三、节会、投会与琴曲之段拍

句投即是句逗，投作动词用时，一逗即指节奏的断句。《长笛赋》称“节解句断”，亦借音乐的节奏来设喻。节奏，唐人每称为“节会”，王建《捣衣曲》：“高楼敲玉节会成。”《王昭君变文》：“管弦马上横弹，即会途间常奏。”“即会”乃是“节会”的简写[①]。有时节会得单称为“会”，专指节奏的段落。

蔡琰《胡笳十八拍》首拍云：“笳一会兮琴一拍。”一会即指一拍。嵇康《琴赋》：“乘险投会。”投读如句投之投，会者，李善注云：“会，节会也。”琴曲多称段为拍。楚帛书以“ ▭ ”作为段号，唐人用“ ▭ ”为拍号，见于敦煌乐谱，“ ▭ ”之为“段拍”自无可疑。试看六朝至唐，琴曲分段都以拍为名，《幽兰谱》在每一乐章之后注明“拍之大息”。其他资料尚多，传谢希逸作的《琴论》云：

> 平调明君三十六拍，胡笳明君二十六拍，清调明君十三拍，间弦明君十九拍，蜀调明君十二拍，杜琼明君二十一拍，凡有七曲。

此见于郭茂倩《乐府诗集》所引。（《琴史存目》认谢希逸即刘宋之谢庄，或以为非。）此外，曾官河东司马户参军的李良辅撰《广陵散止息谱》三十三拍。贞元中，官御史中丞的吕渭，撰《广陵散止息谱》，则广为三十六拍。[②]《崇文总目》云：“良辅传洛阳僧思古，思古传长安张老，遂著此谱，总三十三拍，渭又增为三十六拍。”这是逐渐增加段数，拍即是节会。《琴苑要录·善琴》篇载有《止息谱序》，云“十八拍，是其正也。又十八拍，契者，合也，言合鬼神也；八拍会止息，意绝也。”由于李良辅的《止息谱序》有云：“契者，明会合之至理，殷勤之余也。”[③] 彼解释《胡笳十八拍》又有契声一

---

① 参见蒋礼鸿：《敦煌变文字义通释》，28 页。

② 参见《新唐书》著录。

③ 《乐府诗集·胡笳十八拍》下引。

拍，说契为合，自是望文生义；唯“八拍会”之“拍会”，得知会即是拍，作为同义复词，可以理解的。后来陇西董庭兰加上大拍成为《大胡笳十九拍》，陈振孙在《直斋书录解题》提到它，彼犹及见其书。敦煌卷子唐人诗集残卷内有落番人毛氏加上一拍，成为《胡笳十九拍》。[①] 至南唐时候，蔡翼又有《小胡笳十九拍》（《崇文总目》），所增一拍，即为一段。

他如李勉之子约，官协律郎，患琴家无角声，乃造东杓引七拍，有麟声、绎声。僖宗时，陈康士有《离骚九拍》，凡一乐章亦称为一拍。《崇文总目》记康士作琴曲一百章，可证。故知一会可以称为一拍。在一乐章之后得注明“拍之大息”。大息即是指乐章停歇，谓此拍已终止了。以拍命名在琴曲上使用十分普遍，分明是指段拍。刘大杰说：“曲以拍名，起于唐代。”证之六朝《碣石·幽兰谱》，是不对的。

从琴曲习惯称段为拍，可见用“ ▭ ”号作拍，正是沿袭战国以来“ ▭ ”为段号的惯例。拍，后来又称为板，至今许多乐谱称乐章一段落为板，还是唐人的遗规，不过名称略异而已。

四、顿、住与丁、掣

南管曲谱的拍子有：

七撩拍〇〇、、、　、、、

（相当 8/2 拍）音慢，断而复续，例如《后庭花》。

三撩拍〇、、、

（4/2 拍）较快，如《相思引》。

一、二拍　＊、＊＊〇

（2/2 拍）节奏分明，如《满堂春》。

叠拍　〇〇〇　〇

　　〇＊〇＊

（1/2 拍）旋律较促，如《南柯子》。

又有散拍（如《西江月引》）、紧叠拍、慢尾（速度紧）等等。虽然南管的记谱法，以撩作“、”，以拍作“〇”，颇与琵琶谱的“·”、“ ▭ ”相近，但已踵事增华，添上许多装饰音。正如不能取昆曲的板眼，来处理唐谱一样。

---

① 参看拙编《敦煌书法丛刊》第十七卷杂诗文。

所以，用南管的撩拍和西安鼓乐的“三点水”的节奏，来作为敦煌谱的节奏，是有问题的！

陈应时兄近时更有妙悟，他依据沈括《梦溪笔谈》所说：

乐中有敦、掣、住三声。一敦一住，各当一字。一大字住当二字。一掣减一字。如此迟速方应节；琴瑟亦然。

因此他以为有“·”的谱字和前一字合为一拍，故带过的谱字为后半拍之音。在唱词中属于经过音，不在字位之上。是为按弹拨乐器的特色，同度音、八度音或分解和弦（如 $15\dot{1}$　$36\dot{3}$之类）均是歌唱音值的延长。以此配合唱与舞的动作，殊为贴切。

因此，知旧时记谱法的一字一音，原无不合，不必加以否定而硬将时代很晚的旋律，套入唐五代的曲谱。他特别注意所谓“一掣减一字”之说，这和敦、住之当二字或一字正相反，敦、掣、住三声的运用，在敦煌琵琶谱上，很富规律性。他据此重新译谱。比较叶、何诸家更为合理。

这样一来，张玉田在《讴曲旨要》，有很多地方可以取得合理的解释，张炎所谓：

大顿声长小顿促，
小顿才断大顿续；
大顿小住当韵住，
丁住无牵逢合六。

沈氏的一敦一住，即是张氏的小顿小住，小顿当一字，即是住；则大顿当二字，即是敦了。

至于丁字，称为丁住，则丁即是弹停，在敦煌谱中符号正作“㇆”，可以互证。

张炎又云“慢近曲子顿不叠”，“反掣用时须急过”。不叠者谓顿时不用叠拍，反掣即沈氏云“一掣减一字”，即把二字音长合成一字，一字音长只当半字，其声急过，作为半拍的带过音。敦煌谱字只有“ ▭ ”、“·”两个记号，其中包括有增减的作用。对于讴唱和舞蹈的节奏，可以应付裕如，迟速应节。

琵琶谱多为上酒的曲子，事实是曲子词的伴奏乐谱，不是大曲。以前杨荫浏翻译姜夔十七谱，对于掣、折等谱号，每取昆曲的装饰音来作解释，现在我们对于琵琶的节奏问题，经过多年来推敲和新资料的出现，使我们对于五代初期曲子词与舞乐相涉的实况得到进一步的了解。这不但对琵琶谱节奏的处理有所贡献，即对于词乐的研究亦有密切的帮助，这更是意外的收获了。

再论“▭”、“·”与顿、住

——敦煌乐谱与姜白石《旁谱》

陈应时兄寄来《敦煌乐谱新解》全文，他采用林谦三说，肯定“▭”为拍号，而另定“·”为掣号，新创掣拍说。他指出乐谱中有些拍号的“▭”与掣号的“·”连成“·▭”号，又一句之中有连续间用“·”号，这是以前未有人注意的现象。他又举出《慢曲子西江月》为例，大都六字一拍，唯在曲终处出现两度三字一拍，这和张炎《词源》所云“前衮、中衮六字一拍……煞衮则三字一拍，盖其曲将终也”之说，非常吻合。比对之下，记有“▭”号之距离，正是六个谱字，以此确定“▭”当是拍号。

应时说“早期音乐中的‘拍’，相当于我们今天所称的‘章’或‘乐段’。南朝丘明所传《碣石调·幽兰谱》，从现在来看有四个乐章，在此谱的每乐章后注有‘拍之大息’。……张炎称‘乐段’为‘片’，此时之‘拍’，相当于今之小节。”余按“▭”号在战国楚帛书正是用作小段记号，和《幽兰谱》相似，唐人的《胡笳十八拍》与敦煌写本的《胡笳十九拍》，拍都指段，这是段拍。

段安节《乐府杂录》中有“乐句”之称。徐景安《新纂乐书·乐章文谱》云：“文谱，乐句也。文以形声，而句以局言。”乐句即是以句为拍，这是句拍，“▭”号在唐代已可用为句拍。吴钊说：“《事林广记·愿成双令》之‘○’号，与敦煌谱‘▭’号之用法，大体相似。”福建南音及西安鼓乐，均以“○”代表拍号（据李石根研究，僧、道两派传谱，至今尚有“○”代表正拍)。故知“▭”与“○”之为拍号,完全不成问题。

“•”何以必为掣号?应时似未能举出直接证据。愚意“•”本来乃是逗号、住号,《说文》五▲部:“‘▲’,有所绝止,‘•’而识之也。”主字从“•”,“•”亦声。又音字从“•”,从否,其或体作⿰豆殳,从豆殳。句投的⿰豆殳本字,亦从“•”,故古时以“•”为逗为住,唐五代乐谱的“•”号,即是主字的省形,“•”即住号。

“•”号亦见于日本的古谱。像12世纪的琵琶谱《三五要录》之中,“•”号称为只拍子,与大圆圈表示太鼓的“○”号之指乐拍子不同,两者的差别是:(1)打羯鼓时,要求一定的节奏,这是乐拍子的特点。(2)只拍子不如乐拍子,可作标准的记号。只拍子仅可认为每拍长度不固定的所谓无拍节。可见“•”号是不定而带有伸缩性的节拍。还有一层,据日本乐书《杂秘别录》所记载,凡是乐拍子都要与舞蹈合在一起,是乐拍子即为标志舞蹈动作的时值。如果我们把敦煌谱中的“▭”、“•”两个记号,和日本的乐拍子、只拍子互相比拟,可以看出一些相似的地方,只拍子的“•”号每拍的时值有伸缩性,意思是可以增减,它是不固定的。唐代的“•”号作为时值,想亦是可以增减的。[1]

《梦溪笔谈·补笔谈》,分乐音迟速为敦、掣、住三类,敦即是顿,人所共知,但何以用敦字,虽属同音借用,实尚有说。日本太鼓用圆形来表示乐拍子。按“○”即是敦之形。纬书《孝经纬钩命决》注云:“敦规首,上下圆相连。”[2] 铜器的敦[3]其器各为半圆形,可知“○”即指敦之状,其器以上下圆形相合,即成球形。敦代表圆形,故以“○”指敦。宋代金石学萌芽,所见礼器不少,其时已知称圆球之器曰敦,故像“○”形的节拍亦得称之为敦。同音字写作顿,或增土旁作墩。[4]

唐五代只有“▭”、“•”两记号,沈括分出一减字的掣,其实“▭”为敦,“•”为住,“•”号初不固定,时值可以增减,减则为掣,后来别分出“住”来,故“•”便为掣所专用了。

敦煌琵琶谱二十五曲,其煞句除《水鼓子》、《急胡相问》二曲无结声外,余皆有之。大抵记以“ㄅ”(如《品弄》第一曲)、“ㄱ”号(如《水鼓子》第

---

① 参见日本峰雅彦说,载《音乐艺术》,1987(4)。

② 《仪礼·少牢馈食礼疏》引。

③ 如陈侯午敦。

④ 参见《遏云要诀》。

二十五曲）或记“〃”。林谦三均视作演奏手法，认为是拨号，解释为上下拨或逆拨等等。应时沿用其说未加以仔细研究，但作延长音值来处理。愚见琵琶谱每个谱字都是拨的动作，在西域木卡姆及福建南音的琵琶演奏，于段落终止处，用扫或返拨数声作为结声的习惯，是可以理解的。琵琶演奏往往边弹边唱，这几个记号后来伴奏亦成为讴唱的特殊记号，在宋代白石《旁谱》中可以找出一点线索。在这几记号之中，“ㄅ”号分明是折，见于白石《旁谱》及《词源》，我把它看作折号，有下列的理由：

（一）《词源·结声正讹》篇屡屡言及折字，试举一例，如说仙吕宫微折而下[①]则成“ㄅ”（凡）即犯黄钟宫。他又举个折后变音的例子，可见折字每用于结声。

（二）姜白石《越九歌》的折字法，每用于句末上一字。如《大吕羽》：

郁陶以死	父思子	……兮招隐
夷无折无	无折无	夷折无

琵琶谱中如《品弄》等，“ㄅ”号都安置于末字之上，所以把“ㄅ”号看作折字法，实无不可。

另外有一“ろ”号只在《水鼓子》（第二十五曲）的第二遍中间出现两次，都写作“丂”，放在拍号之后，何昌林说是弛的省形，当然不合。应时把它说成两次大住，其实在王骥德《曲律》中《小品谱》便出现“ろ”号很多次。姜谱《扬州慢》上片的“清角”二字，和下片的“红药”二字相符，故有人认为“ろ”和“ㄅ”是同一记号，即是折字（何静源说）。[②]

至于“フ”字在姜谱十分常见，“在所配工尺带有 丿（或‘フ’）号的三十多个平声字里，有二十四个，都是在句末字的前一字”。“带‘フ’号的《长亭怨慢》上下片的‘何’、‘分’两字，也正是句末的前一个平声字”。因此，可以推定“フ”也是一个住声符号。[③] 有人说“フ”是小顿，与“リ”号相同。它和折字在词句的住字结声具有同样的作用。

林谦三所谓演奏手法记号又有“丿”和“レ”两个记号，如第二十一曲之

---

① 杨荫浏云当作上。

② 参见夏承焘 1962 年重订本《唐宋词论丛》，145 页附何静源说。

③ 参见丘琼荪：《白石道人歌曲通考》，49 页。

中便有四个“レ”号和两个“丿”号，可见分明是两个不同的记号。“丿”号往往是记于两个谱之旁边。像《品弄》第一曲便出现“ㄅ丿”、“ㄋ丿”的例子。丿号在白石《旁谱》中是习见的记号，一般都认为是拽（只有丘琼荪说是“反”①）。张炎《讴曲旨要》说“折拽悠悠带汉音”，折拽施于句末，即《词源·拍眼》篇所谓“至曲尾数句，使声字悠扬，有不忍绝响之意”，即有取于“折拽悠悠”。应时把它作为音的延长来处理是合理的。折拽二字，向有争论，有人认为折与拽是两个不同记号，有人以为折即是拽，折拽是同义复词（丘氏说）。如果上面的讨论可以成立的话，那么我们干脆可以说：

ㄅ、ㄋ——折

丿——拽

フ——住或小顿

这样，亦可以弄清下列二点：

（一）丿应是拽号而不是反；

（二）折与拽宜分为两号。

我们看西安鼓乐谱，丿散板延长记号，有时亦用于正板临时延长。丿用于别子曲调中被作为句逗及延长记号。

以上“ㄅ”、“ㄋ”、“丿”、“フ”几个记号都弄明白了，剩下来一个“✓”号，这个“✓”号在各曲的句中、句末均可见到，在第二十五曲《水鼓子》第二遍即有两次的记号，应时说：“这是六字拍，‘✓’号后又加大住号（‘フ’）则重复前之音，占二个字的时值。”他沿用林说把“✓”视为拨号，但仍作延长音符处理。

“✓”号在结声，每与“ㄅ”、“丿”、“フ”三号结合，成为“ㄅ✓”、“丿✓”、“フ✓”诸号，“✓”可能是“反”的记号，张炎说“反、掣用时须急过”，反亦是过音之一种。由于这一个“✓”号为姜谱和《词源》所无，详细尚待研究。

“折”字在五代开平己巳（公元909年）的舞谱上面已提及，在上酒曲子的《南歌子》有一段文字：

---

① 参见丘氏：《白石道人歌曲通考》，61页。

……令援，急三，三拍折一拍。

遇援：三拍折一拍。

由三拍折作一拍，则折有减的意思，姜谱的折字，各家讨论纷繁，大抵是指降低半律。尚有“暗折”的例子。南音的润腔，有引、搭、贯、折诸法，折亦在其中，兹不多及。

《事林广记·乐星图谱总叙诀》云：

折　声　上　生　四　位
掣　声　下　隔　一　宫
反　声　宫　闰　相　顶
丁　声　上　下　相　同

有人解释“宫闰相顶”是“基音再加上两个装饰音，连基音共三个音，合为一拍”，“如ㄐㄆㄐㄟ（凡六凡尺），‘ㄐ’闰也，‘ㄆ’宫也，以宫顶闰，更以闰顶宫，此所谓相顶也”①。这样，反是三个音，内含宫与闰，合成一拍，亦是音的延长之一种方式，用于结声，甚为适合。则把“√”看为反，不是没有道理的。

“丆”号在乐谱中出现最多，习惯置于“▭”（拍）之下。如《水鼓子》末行，“▭”是拍号，“丆”是丁住的丁。张炎说“丁住无牵逢合六”。在合六的场合下，丁声不可牵引拖长。丁声只是“上下相同”，没有像反字宫闰相顶的花样。

应时把丁号作大住看待，以当两个谱字，不成问题。有人把姜谱的丁号视作“丿フ”的异形②，今观敦煌谱中，“丆”号出现之多，它是一个独立记号，即丁住之丁，可以论定。

在敦煌谱中各符号，“丆”即是丁声，“ㄐ”、“ㄋ”是折声，“フ”可能是反声，《总叙诀》的四声，剩下仅有掣声，但《乐星图谱》在《寄煞诀》里只举出敦、掣、折三项，没有反和丁。

依沈括说一掣减一字，掣是唯一减时的记号，与基音合得半拍。至云“掣声下隔一宫”指其加上之装饰音可以向下一、二律，此则言其组织，沈括

① 丘琼荪说。

② 何静源说。

乃言其时值。《乐星图谱》在《寄煞诀》里面只举敦、掣、折三者，如除去折号，实得敦与掣二事而已。《词源·管色应指字谱》有五：大住、小住、掣、折、打；但在《讴曲旨要》中，则有大顿、小顿、住、小住、丁、反、掣、折、拽等，以敦煌谱诸符号比勘之，除去“ ▭ ”即敦或（大）顿，“ㄅ”、“ㄋ”为折，“ㄏ”为打（丁），“丿”为拽，“✓”或者为反，“フ”或指小顿或小住之外，唯一掣号无着落，是故以掣与“·”相当，恰很是惬心餍理，参看下表。

敦煌谱	▭	·	フ(住)	ㄅㄋ	丿	ㄏ	✓
日本古谱	○	·					
《梦溪笔谈·补》	敦	掣	住	折			
张炎《词源·管色应指字谱》	大住	掣	小住	折			
《讴曲旨要》	大顿	掣	小顿	折	拽	丁	反
《事林广记·乐星图谱总叙诀》		掣		折		丁	反
《寄煞诀》	敦	掣		折			

其实，フ、ㄅㄋ、丿、ㄏ、✓诸号都是用于住声，自成一系统，即在句中加“丿”、“ㄏ”、“✓”等，皆属音之延长记号，唯“·”号可指减一字之掣，应时取“·”为掣号之说，可以成立，其故即在此。

唐代谱字主要只用“ ▭ ”、“·”两号，沈括指出北宋再分出一掣以表示减字法。曲子律均的构成，不外增减、摊破。掣正是代表减的一法门，应时指出掣“·”之用途，谓“六字拍中带一‘·’号者为今之五拍子，带两‘·’号者为今之四拍子，带三‘·’号者为三拍子”，理由甚为充足。掣为减字法，《事林广记》载“遏云要诀论唱赚之法”有“墩（敦）亢、掣、拽之殊”，王骥德《曲律》“字半下者为掣板”，掣为字半下，分明为减字，降及明人，尚行其法。

唐五代的记谱法，似未臻于严密，主要只用“ ▭ ”、“·”两号，“ ▭ ”号是舞时指挥的节奏，仿佛日本雅乐的太鼓，“·”则是不固定的记号，愚意本来应该是逗号或住号，兼有增减的作用，以后有了“ㄏ”、“フ”等延长音的住号，而“·”乃为减法所专用，遂以“·”为掣号。“·”自是主字的减笔，正如“ㄅ”为折的偏旁斤之草体。张炎《应指字谱》掣的简字作“リ”，自是掣的省笔，事属后起矣。

白石《旁谱》中的节奏记号则有力（小住）、“ㄅ”（大住）、“リ”（住）、“ㄅ”（折）、“フ”（小顿）、“丿”（拽）诸号，“ㄏ”号亦偶一见（《惜红衣》），大致可以与琵琶谱对应，最有趣的是“ㄌ”号与“ㄋ”事实上是两个并存而意义相同的住声符号。在《霓裳中序第一》、《玉梅令》、《杏花天影》、《鬲溪梅令》、《醉吟商小品》五首词中，上下片结声音节符号都用“ㄌ”字，可推想这五阕词牌的旧谱是用“ㄌ”来作住号，和姜夔的自度曲如《扬州慢》之类用“ㄋ”来作住号，截然不同。可见“ㄌ”本来亦是用作住号的。张炎《应指字谱》则把“ㄌ”作成掣号。由“ㄌ”号原可以作住号一层来看，我们可以推想，“·”号本来应是主（住）字的省笔，它原是住号，和逗取义一样，后来被专用作掣号，故张炎亦把“ㄌ”目为掣号，是有他的根据的。

“ㄌ”可作为住号，同时亦是掣号，这正可作为“·”是住号，亦是掣号的旁证。尚有进者，关于“·▭”号为拍号与掣号之重叠现象，在第三曲《倾杯乐》中便有三处作“·▭”（陈文谱例三），第四曲《又慢曲子》亦有三处。应时在驳长顿、小顿说时曾说：“它究竟算是长顿、小顿？还是顿而又顿？”我以为张炎分明说过“叠顿”之唱法。《讴曲旨要》云：

> 慢近曲子顿不叠，歌飒连珠叠顿声。

他所说的顿，可能包括所谓大顿、小顿或小住之类。白石《旁谱》中，一句可以连用两个顿住之号，如《扬州慢》二结“都在空城”及“知为谁生”，皆作幺（上）“ㄋ”（一）幺（上）“ㄋ”（一），《鬲溪梅令》二结“玉钿何处寻”及“翠禽啼一春”皆作一（一）人（尺）“ㄌ”（上住）“ㄅ”（一折）“ㄌ”（上住），这都是一句中两处叠顿之例。

“·▭”号只是在占一谱字的位置，而用掣法减去一字，和上述的连用两住的叠顿声情形不同，但在记谱方法把“ㄋ”、“フ”、“ㄌ”之号记于该谱字之下面，和“▭”之以“·”掣号或住号写在“·▭”的上面，情形可相比况。相反的，如《水鼓子》第二遍有两次“√ㄒ”的记号，“√”与“ㄒ”只是表示时值的虚号，却占了两个谱字的位置，“ㄒ”是弹停，在敦煌谱里面屡屡使用，应时以为是大住，像第二十五曲《水鼓子》的末句：

一 テ(⊥ㄒ)ェ 一 ∠テムㄒ八ミムテ 一 フスフテ

连续用若干个“フ”号记在拍口之下面，这像是所谓叠顿声。由于“フ”（小住）、“ㄣ”、“ㄋ”、“ㄧ”、“ㄒ”这一类顿住记号在敦煌乐谱里面普遍广泛的使用，我疑心这样的乐谱，不是单独的器乐谱，可能还具备讴唱的用途，同时亦是歌唱谱，所以在琵琶弦柱廿个谱字之外，还在谱字旁边或下面，加记"丿"、"丆"、"✓"、"ㄋ"等号，向来认为是琵琶演奏手法，我现在把它看成丁、住、折、拽一类的记号的来源，和白石《旁谱》可以互相参证，如果能成立的话，是一重要的推进，对于敦煌乐谱的认识，和后来《乐星图谱总叙诀》、《词源》等书关系的密切，其血脉线索，可以推究而详，不止掣号一端而已。又如《急曲子》、《急胡相问》、《水鼓子》、《长沙女引》诸谱之记"王"，在《事林广记·愿成双谱》之中屡见"王下"（令两记王下，慢一记王下，狮子序一记王下又重头一记"王下"、"三番"）所用音乐术语亦相同。《愿成双谱》载于《事林广记·文艺类》所附"酒令"之内，是宋元间饮宴时所用的成套唱赚谱。敦煌所出的舞谱，事实亦是上酒时唱与舞合演的曲子配舞蹈的动作谱。当时琵琶是主要乐器，今知琵琶谱的"▭"号，是相当于日本雅乐的乐拍子，这种"▭"号用于太鼓，实际具有指挥舞蹈的作用，敦煌舞谱上所记的段、拍，像S·七一一一号背面记着：

> 曲子《别仙子》，拍段：慢三急三慢二急三。此时柞（模）样……

这和P·三七一九《浣溪沙》残谱所记：

> 《浣溪沙》慢二急三慢三急三

后面二行兼记琵琶谱字弦柱名，可以了解琵琶谱原亦是配合舞蹈之用，而曲子则上酒时娱宾歌唱之词。S·五六一三《书仪》下方书写：

> 上酒《南歌子》两段，慢二急三慢二。令至据，各三拍。

正是重要证据。当时舞谱所记的曲子，和《愿成双谱》一样应该属于酒令的性质。

关于舞谱上所记的拍，和琵琶谱上的"▭"，二者关系如何？尚待进一步的研究，现在知道舞与唱二者都和乐谱有密切联系，则琵琶谱的研究不能纯从乐器方面着手，否则便很难处理有关的问题，所以在讨论"▭"、"·"符号的节奏时候，不宜忽略讴唱部分，我们需记住，乐谱上残存这二十五曲，除了以琵琶伴奏之外，还配合舞蹈和歌唱的！

三论“▭”与“·”两记号之含义及其演变

《太平御览》卷五八四乐部有《拍板》一项，可惜只引《乐府杂录》记唐玄宗黄幡绰撰《拍板谱》一条。拍板有指挥节奏的作用，它的重要性可想而知。明人王骥德在《曲律》中说：“古无拍，魏晋之代有宋纤者，善击节，始制为拍。”其详罔闻。这种乐器，在敦煌第二二〇窟即可以见到，与羯鼓并用。

梵语 Tādāvacarah，汉译是拍板，出《楞伽经罗婆那王请问品》，见《翻译名义大集》乐器名目五〇二三号。同项之内，讴歌者，梵名 Sam-gitih（五〇二二号），义即齐唱。拍板与歌唱基本上是分不开的。

歌板色

把板的人叫做“歌板色”。英伦 S·六一七一号宫词中有句云：“把板宫人在上头。”宫中乐伎有把板的角色。《南唐书》、《十国春秋》与《词源》都记述南唐的王感化故事，他便是当时有名的歌板色人物。

《乐府杂录》记张红红为宫中的“记曲娘子”，她所记录《长命女》的节奏，主要是以拍来表示乐腔，腔便是宋人所谓均，说详下。

拍亦作百，“▭”是拍号

扶桑古谱拍子的拍，字或写作百，其为拍号，众共公认。“▭”号在战国中期的楚帛书用作分段的段号。唐人所以沿用“▭”为拍号者，因一拍原指小节的一段，不是文词上的一句。

西安鼓乐之“拾拍”即是《破阵子》，以每两个“〇”号作为一拍，是曲共有二十个“〇”号，所以称为“拾拍”，即现代音乐4/4拍之二十个小节，是以一“〇”号代表一个小节。

敦煌琵琶谱中，《慢曲子西江月》亦以两个“▭”号构成今之一小节。陈应时君以二个“▭”号形成一小节之说，与西安鼓乐之《破阵子》拾拍，正相吻合。

吾人必须分别文句与乐句之异途。文人作词，以句逗区别字数长短，而乐工制谱，主要是行腔，不必依照文辞之句，亦不必循其协韵之处，故乐句以拍为主。张炎《拍眼》篇云：“一均有一均之拍；若停声待拍，方合乐曲之节……名曰齐乐，又曰乐句。”这是指乐句要与乐配合（齐）的。乐工制谱，对于原词是可以随时加上装饰音，和对于乐音自作伸缩处理的。因此，“▭”符号所表示的是乐句而不是辞句。

讴唱时可有下列诸法：

融字：歌者改变字之声调以就乐之旋律。

道字：先将该字道出，加上装饰音后使其字音接近原来之音高[①]。

带字：加上装饰音于字后，唱上、去声时可用之。

就字：改易旋律以就字音。

唱者可以临时增减变化，故知乐工所订的乐句，形成的拍子，只为讴唱与合乐而已。

拍与均

“▭”之为拍，应时举《词源·拍眼》篇“大曲《降黄龙·花十六》，当用十六拍；前衮、中衮六字一拍……煞衮则三字一拍”诸句，作为佐证，有人讥其断章取义。余谓《太和正音谱》收关汉卿散套之《降黄龙衮》一篇，已非六字一拍之旧。其实六字为一拍，不特大曲《降黄龙》之中衮为然，曲子中之引、近皆然。玉田《拍眼》篇云：

> 引、近则用六均拍。

---

① 张炎云：“先须道字后还腔。”

蔡桢《疏证》云："六均者，前后片中有六拍排匀，共有十二拍也。《讴曲旨要》云：破近六均慢八均。可以参证。"是引、近大抵用六均拍。玉田云："歌曲令曲四掯匀，破近六均慢八均。"可见其通例。破大抵为法曲大曲之一遍，近与慢之慢当是慢曲子。应时举琵琶谱例第十三《慢曲子西江月》为例，正是六字一拍，曲终处出现两个三字一拍，此曲标明慢曲子，与六字一拍符合。郑文焯《词源斠律》解释："六均者六字一拍，八均者八字一拍。"即援引应时所举张炎说"前衮、中衮六字一拍"句为证。又引元戚辅之《佩楚轩客谈》述赵孟頫称歌曲八字一拍为据。查戚书原文云：

> 歌曲八字一拍，当云乐节，非句也。今乐不用拍板，以鼓为节，当云乐鼓对用犹佳。①

可见元时唱曲，六字一拍与八字一拍，成为惯例。六、八均即是六、八字，各可成一拍。应时以"▭"为拍，举《西江月》之六字一拍，与玉田及元人之说根本没有抵触。事实均即是腔，沈义父《乐府指迷》"词腔谓之均"是也。或六均以成腔，或八均以成腔。见于琵琶谱中以《倾杯乐》调式最繁。唐宣宗曾自制此曲，内有数拍不均。② 数拍不均，即谓数小节不成腔，即俳儿亦打错节。当日的拍，自即是"▭"。琵琶谱二十五曲，凡加"▭"号以成一拍的，计四字一大拍有第十一曲，可说是令（曲）；六字一拍的有第十六曲，可说是引、近；八字一大拍的有第三、八曲，可说是慢（曲）。此外，都是六字一大拍，共十五曲之多，至于煞衮二字一拍，与玉田之说全合，可见"⊔"之为拍，绝无疑问。

敦、掣亦是腔号

依余前所讨论，敦即是顿。有人举唐陈拙《古琴指法》有注敦、轻敦、重敦、掣敦、先敦、后敦等，以难应时，按这些敦字都宜说为顿。宋元以来讴唱亦有敦声：

> 《事林广记》引《唱赚法》："腔有墩、亢、掣、拽之殊。"

---

① 张宗祥《说郛》本。

② 参见《乐府杂录》。

燕南芝庵唱论“敦掩呜咽”（亦见《正音谱》）。

《太和正音谱》：“凡一曲中各有其声：变声、敦声、杌杌声、啀声……”

墩、敦与顿当是一事，仍是腔号，拍由词腔之均构成。墩、掣等乃行腔停顿、急过之方。故云“反掣用时须急过”，指歌某字时顺腔带过至第二字，与偷声略近。故敦与掣实亦作为腔号，与唱法有关。

唐代宫廷有左右教坊和仗内教坊。开成以前，仗内散乐一千人，音声人一万二十七人。《旧唐书》记昭宗登齐云楼，西望长安，令乐工唱御制《菩萨蛮》词。昭宗御制三首，二首已见于《全唐诗》，英京S·二六〇七号内所录文字微异。另一首末两句云：

计日却回归，象似南山不动微。

以勘一般《菩萨蛮》句式，多增“象似”两衬字。此首开头有“御园”之名，很可能是御制三首之一。为配合乐工谱成的乐曲时，有添声之情形。可见唱与衬字关系的密切。《长兴琵琶谱》节奏只有“▭”（拍、敦（顿））与“·”（住、掣）两个记号，在乐句上的使用，作为讴唱与合乐，再配上舞蹈自然不够发挥，后来势必踵事增华。以拍而论，唐代音乐资料所见，拍的种别尚多，有如簇拍①、要拍②等等，今不具论。再看日本雅乐古谱，后先之记谱法，不免亦有繁简之异。例如《博雅笛谱》（公元966年写本，相当于后蜀广政二九年，去《花间集》编成年代不远），把小黑点变为谱字下方的一短横画；其在谱字左旁的小黑点，都成为正板符号；更后的《仁智要录》③ 中的《王昭君谱》，其“·”号则放在谱字上方，作为正眼号看待。④ “·”号本来便有不固定性，可以伸缩，日本的谱可在“·”号之外，再加上“一”号来作识别，这说明“·”号在唐末五代时候，它具有增减的作用，减即是掣。“▭”之为拍，自无异论。而“·”号则唱家乐人可以作较自由的处理，加花

① 《唐语林》卷六有《簇拍相府莲》。《乐苑》曰：“《想夫怜》，羽调曲也。”

② 宋吴处厚《青箱杂记》卷八：“曲有录要者，录《霓裳羽衣曲》之要拍。即……所谓《凉州》、《胡谓（渭）》、《录要》杂曲。”

③ 公元1170年成书。

④ 以上采陈应时说。

（增）用掣（減），二者的作用皆可施行。借王驥德的说法，板眼有正掣之分，掣是腰板亦叫做虚板。似是唐以来表示虚板的一个记号。后来工尺谱号作或“ㄴ”或“一”，与日本的“一”号，似乎很是一致的。[①]（关于日本古谱中的“·”号希望有人再作深入研究。）

我主张“·”原来即是逗号“·”，汉晋以来由投与住发展而成，“·”即主（住）的简写。唐时的记曲娘子红红，用小豆记拍数[②]，意者唐人尚有认“·”为逗号，故以小豆记其曲子句投，豆即是逗。它的作用是用作乐句上的虚板，应该比掣（減）号更具有伸缩性。我不反对陈君的掣拍说，但完全作为掣号看待，似嫌过于狭义。这是我与陈君看法同中略异的地方。

拍中之眼说出于禅

张炎《拍眼》篇开头便说法曲、大曲等皆定拍眼，终以“曲之大小，皆合均声，岂得无拍？唱曲苟不按拍，取气决是不均，必无节奏”。对于拍的重要，及拍与均声的关键所在，阐发至精；但对眼则未见详析。细审原文，似读“拍眼”一词为拍中之眼。和后来把拍与眼对立起来分为二事，迥不相同。考宋代江西诗派提倡诗中必有眼，黄山谷亦论书中有眼，眼的观念原出于禅[③]。宋人重视“正眼”，施之音乐，亦认为板中必有眼，一如诗中之有眼、书中之有眼。玉田所谓“拍眼”，当如范温的《潜溪诗眼》[④]之诗眼，是指板中之眼。明以后曲学大盛，愈重“板眼分明”[⑤]，唱法弥繁，旋律更加复杂化，板眼体制复随地域的不同传统，形成五花八门[⑥]，拍和眼严格区分对立起来。至于《九宫大成谱》，乃以“·”为板，以“▭”为眼（该书《凡例》）。乾隆以前，大致以“▭”为赠板的记号。这与唐五代敦煌琵琶谱中“▭”、“·”的原意比较，已完全走样了。

敦煌乐谱中有不记拍号之“▭”的，今可知者有二处，一是廿五谱之开头《品弄》第一曲，和《浣溪沙》残谱。有人提出责问“《品弄》无一拍号，其长短是否等于零？”我可代他解答：法曲与大曲在序前的游声，以及散序，

---

① 参看吕洪静：《初探唐代“拍”的时值》，载《中国音乐学》，1987（4）；及《填〈破阵子〉再证唐代“拍”的时值》，载《交响》，1987（4）。

② 记八拍或三十六拍的乐曲，见《乐府杂录》。

③ 《播芳文粹》中《黄涪翁赞》称其“通身是眼”。

④ 《永乐大典》卷八〇七诗字引之。

⑤ 魏良辅：《曲律》。

⑥ 参见张振清：《板眼体制与记谱方式》，载《中国音乐学》，1988（1）。

往往无拍[1]，所以不施“▭”号，这种场合有时称为调子或道行，不必奇怪。又陈氏以“·”号为掣，亦有人怀疑其用如此频繁，恐违沈括的本意。我们看 Picken 书中的皇帝《破阵乐》破一帖，拍子二十，而旁记“·”点之多，因为是“破”，所以特别显示繁声促节。这些情形，自然不是“掣”能够解释了。

关于“▭”、“·”的问题，兹仅就唐五代的资料加以探讨。请看附表：

附表

楚帛书 段号 ▭ 汉 ▭ 段拍 一会一拍（《胡笳十八拍》）	。 投（逗）——马融《长笛赋》 投会——嵇康《琴赋》
六朝 琴曲“拍” （《碣石·幽兰琴谱》） 唐 乐句 （徐景安《乐书》） 五代 ▭（敦煌琵琶谱）	
百（拍） ◯（太鼓）百	·（住）或（掣） 敦煌琵琶谱 一·（正板） 《博雅笛谱》 （公元 966 年） ·只拍子 《三五要录》 （公元 1171 年）
百	一▲（正眼） 《仁智要录》
北宋 ◯敦（顿）	掣、住 《梦溪笔谈·补》三声
南宋◯（《愿成双谱》）ㄋ（大住） （白石《旁谱》）	力（小住）リ（住）白石《旁谱》（《事林广记》）
大顿	掣=リ小顿 张炎《应指字谱》及《讴曲旨要》
敦	掣 《事林广记·寄煞诀》

---

① 参见王小盾：《唐大曲及其基本结构类型》，载《中国音乐学》，1988（2）。

四论“▭”、“·”及记谱法之传承

——敦煌乐谱与西安鼓乐俗字谱之比较

李石根先生寄示所著《在敦煌琵琶谱与西安鼓乐俗字谱之间》一文，提出二者间之相互关涉问题，时见胜义。嗣余以参加半坡卅周年纪念会议，于役西安，得与李先生谋面恳谈，承其惠赠《西安鼓乐俗字谱的研究与解读》第一编（1988年9月第5次修改本）及第二编（1988年3月13日第4次修改稿本）。细读之后，使余对西安俗字谱获得深入之理解，进而推寻唐宋以来俗字谱在记拍法与讴歌方法上演变的情况，我们依循这批古老乐种的记谱，配合张炎的《讴曲旨要》、白石的《旁谱》，追溯到敦煌乐谱，可以扪索出其间一脉相承之痕迹，因撰为第四篇讨论“▭”、“·”两号，以实我说。

鼓谱保存资料极为丰富，乐曲近千，虽写本年代最初只为清初之物，然其备记吟唱即所谓“哼哈”之术，与玉田所记正可相为表里，玉田祖籍西秦，为张功甫之曾孙，功甫与姜夔均工制自度曲，故白石倚声所用之《旁谱》与《词源》无异，西安之俗字谱与之俱出一辙，玉田所称“折拽悠悠带汉音”，汉似指汉中，其遗响可于鼓乐求之。余序石根之书，已初步揭发此义，兹再进而与敦煌乐谱作一比较。

敦煌乐谱非工尺谱，而为琵琶弦柱之指位谱，诸家之说皆同，不必与俗字之工尺符号强作比附，鼓乐俗字谱是管色谱，与《词源》之工尺谱自是一物，此层可撇开不论。由于《撒金砂》一曲，有注语云：下作至“合”字一句，杨荫浏以之牵合工尺之“合”，视为俗字谱之“厶”，此一误会，至今仍令人纠缠不清，李石根已是正之。故从谱字而论，敦煌谱与西安鼓乐谱实为截然两大系统。若乎俗字符号与琵琶弦柱符号形状有若干类似，则涉及俗字如何形成之问题，余及其他乐史学者曾作过不同推测，尚待仔细研究。但琵琶谱字之必为弦柱名，有二十谱字之佐证，已为不争之事实。

现欲讨论者，只为拍与板式方面。鼓谱大抵以小节为拍，多以“〇”表示之。有时亦以“·”来表示；至于今所谓板号，则多以“·”表示，有时亦用“×”号。南音谱例之寮、拍，相当于鼓谱之“▭”、“·”，唯鼓谱则显示其间之不一致性。

唯仍用段字以称鼓段，其鼓段曲中有一拍（小节）相当于现时八个四分音符时值，如八拍即等于四拍子的八个小节，十六拍的鼓段等于四拍子的十六个小节。故敦煌谱以“▭”为拍号，其实亦即段，以“段”为小节，仍保存于鼓谱之中。

鼓谱与敦煌谱的记谱法有十分相同者，举之如次：

（一）反复法

鼓谱	敦煌谱	
“此”	“今”《长沙女引》重尾至“今”字住，《撒金砂》“用今”字下作至“合”字。	
合	“合”见同上	
“合前”		
合头		
（亦作“通前”、“通后”）		
重头	重头	《品弄》、《长沙女引》“重头至王字”。《倾杯乐急曲子》 “重头至住字煞”。《倾杯急曲子》“重头至记字煞”。
重尾	重尾	《长沙女引》“重尾至今字住”。重《慢曲子西江月》
虫（重字音变）		复（见《浣溪沙》残谱）

（二）终止法

鼓谱　　　　　　　　　　敦煌谱

丁　　　　　　　　　　　丁（几乎每曲皆见之）
（即弹停）
　　　　　　　　　　　　末《急胡相问》“至王字末”。《水鼓子》“王字末”。《急曲伊州》第二遍至王字末。
尾　　　　尾　　　　　《长沙女引》“重尾至今字住”。
杀　　　　　　　　　　煞“至住字煞”、“至记字煞”。
终完　　　　　　　　　住“至今字住”。

从上面所列举，关于反复法及终止法所用术语，两谱几乎多数吻合。

（三）延长音号

我在论“▭”、“•”第二篇中，提出新问题认为敦煌不只是弦柱谱，同时亦是讴唱谱。因此注意到敦煌中时时见到的多数用于结句的“㇌”、“㇋”、“㇓”、“フ”等记号，今于西安鼓乐谱可以看到一些延长音号，例如：

“㇓”是散板延长记号，有时亦用于正板临时的延长，鼓谱中散板起的“㇅”，拖音时值不限。吴（五）字调、刘（六）字调：

沙　～
下
开头见“㇅”四处。

有时用于丁住及完字之上，作为结声之无限延长。可见“㇅”号是折拽悠悠的“拽”，十分明显。所谓带汉音者尚保留于西安乐谱之中，两“㇅”号之即琵琶谱之“㇌”，可无疑问。

“㇅”有时又作“㇈”、“㇈”、“㇈”，可以使笛子在落音时吹奏出，作如长板之延号，与琵琶谱句末之作为延长装饰音，实很相似。

又如刘（六）字调起之游声亦用“㇏”号。“游声”一名，见于光绪三十二年《清寿堂记》中《满庭房（芳）》：

游声　　　　　　　　尾
煞　　下古　　　　古尾
换头

“游声”在日本雅乐谱有之，今西安谱可以互证。

“丿•”此号用于别子曲调中，被作为句逗延长记号。当是“丿”号加以“•”，与“ㄟ”之作“ㄟ”（《清寿堂记》中尺字调引令，刘字调引令（开头见ㄟ四处））即以“ㄟ”加“•”号，这样情形以“•”加于延长记号之上。

“ス”此号又作“ㄨ”或“ㄋ”，表示延长记号，换气记号，切分、休止……常用于句尾。

“ス”与“ゐ”相连即成“ㄟ”，常用于句末或段尾。

凡不规则之奇数拍子，不划“〇”号，而可以“ス”号代替之。

西安鼓谱特别注意哼哈唱法，给以特殊记号，可见古谱有兼记唱法之证，尤其对字少而拍稠之情形，必须予以提示，这是记谱法的进步，哼哈为一种读谱法，奏乐者当先学吟唱，口中念熟腔调，然后可在乐器表现出来，这是旧式学习演奏的老套。腔调增加的虚声装饰音，彼此各异，形成不同的派别，大抵读谱法即在工尺俗字上：

合、四、一、上、勾、尺、工、凡、六、五、乙

再在谱字，加上：

阿（ā）哎（āi）呋（āo）呀（yā）哇（wā）

咻（wāi）哈（hā）嗨（hāi）乃（nāi）耶（yē）

上列虚音为助声。古乐府之咿吾夷，所谓声曲折当即此类。艺师号曰“韵曲”，例如：

尺—ai

五—ai、ao、wa

音拖长而转折，其符号又有多样，而以“ゐ”、“め”最为常用。智化寺乐谱之“阿〇”，亦与此相同，此即所谓“彩腔”。

至于鼓谱的“〇”、“•（×）”记号，通常画在谱字之左旁，倘“〇”号画在谱字下边，或下侧时，即为过拍（又称掐拍），即跨小节的切分音。而“×（•）”注在谱字下角时，亦为切分音。

“〇”、“×”符号不只表示拍子，在别子及赞（赚）之中，亦作为节制不

同鼓具的代号。

如“○”是指击独鼓；“×”是指击乐鼓。

鼓乐在谱字稀少的慢板、中板、快板诸乐曲，一般仅用拍号“○”，而不施“·”号。

可见有许多例外。记拍时可详略兼施，亦不甚规范化。唐五代乐谱想当有同样之情况。敦煌谱只有“ ▭ ”、“·”两号，自然不敷应用，西安乐师所以增加“×”号，又有变化，以济其穷，这是后来踵事增华，较敦煌谱便复杂多了。

《浣溪沙》琵琶谱发微

敦煌所出第三琵琶谱，即P·三七一九背面之《浣溪沙》残谱，我曾有文介绍（载《中国音乐》，1986（1））。当时未能深入研究，只略发其端绪，该谱开头记着："慢二急三慢三急三。"这当然是拍数；唯残谱仅存三行，柴剑虹君认为第二、三行所记是一些曲调符号，其符号共十一个，正是依据慢二急三慢三急三的顺序排列。① 他不明白这些谱字正是琵琶弦柱的记号，应该是琵琶谱，并不是别的什么曲调符号。至于慢急的拍数，和琵琶谱没有什么关系，请看下面的谱字：

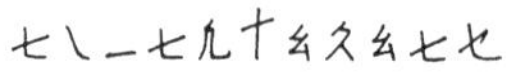

把它们翻成琵琶谱便成下列：

琵琶弦位：	Ⅲ	Ⅱ	Ⅰ	Ⅲ	Ⅰ	Ⅱ	Ⅳ	Ⅱ	Ⅳ	Ⅲ	Ⅳ
指　　位：	1	0	0	1	2	2	3	1	3	1	4

我们看P·三八〇八的廿五曲琵琶谱全貌，根本没有全把一个弦柱号看成一拍，而有众多合若干谱字才构成一拍的情形。柴先生似乎不搞音乐，他把一个谱字全作一拍来看待，是不太合理的。而且拍号之"▭"，所以不见于这个残谱，事实它只是部分散序（无拍）而已。

---

① 柴氏文《敦煌舞谱的整理与分析（一）》，载《敦煌研究》，1987（4），总13期。

《浣溪沙》残谱谱字，虽只有二行，却存在几个问题，可供研究：

（一）关于复

这个复字，在P·三八〇八谱中所未见。我以前用《古琴指法》的进退复来说明它。何昌林进一步解为促柱升音的绰法，按诸原文，均不妥当。考日本古谱有所谓游声，像《皇帝破阵乐》记着：

一比九比　　九比乞一①

　由　　　付

旁注“比”之侧的“付”，毕铿（Picken）译谱解释“付”云：for references to repeats（40、19页），是“付”即是“复”。“复”借音为“付”，正如“游声”的“游”，亦写作“由”之例。

敦煌曲子所见之《浣溪沙》，都是摊破一格，句式为七七七三七七七三两叠。《南唐书》载中宗李昇尝手书《摊破浣溪沙》、《菡萏香销翠叶残》二首赐予歌板色王感化。王氏即当有名的板脚色，是谱虽残，似只记首片两句。加上复号表示一音重出，以谱字论之。

首句：七　㇏一七　ℏ，即是七七　㇏一七　ℏℏ，正是七个谱字。

复　　　　··复·

（七）　　　（ℏ）

　　　　　　幺

次句：十复 幺久幺七七，即是十十 幺久幺七七，亦是七个谱字。

记复号共有三处，一在Ⅲ弦之七，一在Ⅰ之　ℏ，又旁注衬音幺，另一在Ⅱ之十，现在把复号看为付，表示repeating，这两句正各为七字句，与《浣溪沙》词格正相符合，可见復之义为複，即示重複音。

（二）关于不记拍号之“▭”

《浣溪沙》残谱不见“▭”（拍号），只有“·”号，首句一七“▭”ℏ

① 毕铿（L. Picken）：《唐朝传来之音乐》，31页。

三个弦柱名之下，连用三个“·”号，和长兴谱中出现一句之中连续间用“·”号的现象正相同，至于没有“▭”号，则与《品弄》一样，理由很是简单。日本《唐谱》云：“游声一帖，无拍子，又度数无定。舞人行立了，弹止。他曲游声准此可知。”是谱所以无“▭”号，由于和游声一样。游声是管乐术语，亦称“调子”，内指在曲的序前面一种不具定拍的乐声，在舞蹈术语亦称为“引”或“道行”。日本《歌舞品目》卷五上：道行即导行，指舞人出场起舞，行步时之伴奏。西安鼓乐谱亦有游声，故不加拍号。《词源》云：“散序无拍。”游声如日本的武德乐正在序之前，游声性质与散序无异，故不施“▭”（拍号）。

（三）关于“衬字”

在第二句也字的煞声，记有若干小字是为衬音；于Ⅲ$_2$及Ⅲ$_4$弹停，与“匕”等号作为衬音。清代江顺诒在《词学集成》中提到的“旁行衬字”，便是这种现象。昆曲的记谱法，可能即导源于此。

先有衬音，写成曲子，便有衬字了。

敦煌曲子加衬字之例甚夥。以《浣溪沙》而论，有衬至四字的；如“如若伤蛇口含真”一句是也。庄严堪所藏《维摩诘经》十三首中，其一云：

> 万里迢亭不见家，一条黄路绝鸣沙。
> 忆家乡心意乱，日长斜。海水亲圞（湍）
> 来望朵？远开（闻）孤雁转思多，抽唱（惆怅）年
> 年归北路，曲子催送路桃（浪淘）沙。

词中衬字多依周绍良校注改，末句竟连衬至“曲子催送”四个字，催是曲将终入破时，曲拍渐急，有虚催、实催；送是舞的一动作，亦是送声，这是说明唱奏《浣溪沙》时，可有催送，而《浣溪沙》衬字多至四音，此亦其一例证。

关于谱字之旁记些小号谱字属于衬音，不成问题。据 Wolpert 对日本五弦谱中小谱字的研究，认为大号谱字用拨奏，小号谱字只用左手按弦发音（不用拨奏），他是以虚音、实音来分别小字与大字的不同。以小字表虚按，其说很是合理，其实衬音可用虚按方法来表现，基以上述理由，小字虚按作为衬音看待，是可以的。

轭轨说

P·三五三九号背面在归义军节度牒之后，记有琵琶谱字廿字，分列散打四声及次指、中指、名指、小指各四声。其牒文有下列文字：

牒奉前件交轭轨敕归义军节度使　牒

轨字从车凡声，义为车轼前，说详《说文》车部。意谓此文件交与“轭轨”收讫，轭轨指车前之负责人，但何以后面书写琵琶谱字？其关系如何，向来未明。

考归义军时期，寺户有车头、车家之制。在此时文书，寺院账目，每见车头之名，P·二〇四〇背面净土寺破历残卷，下记：

己亥年（公元939年）

布壹疋，氾家四郎车头念诵人。

布壹仗（丈）肆尺，吴再昌车头念诵人。

P·三二三四背

壬寅年（公元942年）正月……

官布一疋，张万水车头念诵人。

布一丈，安娑车头念诵人。

布二丈，小骨车头念诵人。

P·二〇三二背：

净土寺　甲辰年（公元944年）

官（布）一疋，王都头车头念诵人。

所谓车头念诵人，当是车坊经营者在施傺时，请人诵经（消灾），在破历上书写其捐出布疋品物，并著其人之名氏。此所谓"车头斋傺"也。

车头是施主，作为檀越时施物，兼延僧人诵经，故称之为念诵人。

上引归义军牒文之"軏轨"，轨训车轼前，此軏轨二字想是用作车头之雅名，故可指车头，即车坊经营之主人，是牒既云交与軏轨（车头），又记写琵琶谱谱字，料此軏轨必是当时之车头念诵人，请僧诵经，诵经有时合乐，故顺手使人记琵琶谱指声。念经唱诵，每每配合音乐，法照《叹五会妙音赞》："西方鼓乐及弦歌，琵琶箫笛杂相和。"佛曲中琵琶犹是主要乐器，苏京藏佛报恩讲经文云："皮若作弦，一弹众皆断也。"间亦以皮为弦。乐工有时且依其念诵之声以制曲。音乐史上有名之乐工黄米饭，即依文叙之念四声观世音菩萨而制《文叙子》一曲（详《乐府杂录·文叙子》条），即其著例。故可知此一残纸之记乐谱，当与车头念诵人有关，由軏轨一名可以见之。

姜伯勤君著《唐五代敦煌寺户制度》，其第七节论车坊制度甚详，惜未论及此，因书所见以质之。

读《戴东原集》卷三有《辨正诗礼注轨轨轵轵四字》一文，指出诗传误混"轨"、"轨"二字情形，可以参考。

琵琶谱史事来龙去脉之检讨

P·三八〇八长兴四年讲经文，另一面抄写琵琶谱，其时代背景向来无人能作深入探索。近时何昌林先生对此问题，写有若干文章，从敦煌僧侣梁幸德的行程，考出是谱的抄写年代，应是公元934年闰正月，抄写地点在洛阳，抄写人是梁幸德的三位助手。又从孙光宪《北梦琐言》中《王氏女》条作为线索，及南平国高从诲与后唐之关系，以为长兴四年应圣节中有南平国玉泉寺僧参与讲经活动之记载，从而考证此琵琶谱实是王氏女琵琶谱之转抄件，其祖本即出于王氏谱。他所谓敦煌琵琶谱的来龙去脉，简单说来即是如此。彼所发表有关是说文章不止二三篇①。

我尝反复加以推勘，后唐明宗时期，瓜、沙二州正值归义军节度使曹议金执政。其政策，一面奉中原正朔遣使入贡，一面与于阗联婚。在P·二七〇六号《转经道场四疏》中有下列的记载：

> 请大众转经一七日，设斋一千五百人，供度僧尼一七人。……当今圣主帝业长隆，三京息战而役臻，五府输诚而向化。大王受宠，台星永曜。……东朝奉使，早拜天颜；于阗使人，往来无滞。……长兴四年（公元933年）十月九日弟子河西归义等军节度使检校令公大王曹议金谨疏。

① 载《音乐研究》，1985（3）；《阳关》，1984（5）；《中国敦煌吐鲁番学会研究通讯》，1985（3）、（4）等刊物。

另长兴五年（公元 934 年）正月廿三日疏亦云：“朝贡专使，来往不滞于关山；于阗使人，回骑无虞而早达。”又长兴五年二月九日疏云：“朝廷奉使，驿骑亲宣；于阗专人，关山不滞。”① 是时沙州与洛阳唐室有密切交往，正是事实。

《册府元龟》卷九七六《外臣部褒异门》：“闵帝应顺元年（公元 934 年）闰正月，瓜州入贡牙将唐进、沙州入贡梁行通、回鹘朝贡安摩诃……”何君举出法京 P·三五六四号《莫高窟功德记》提到僧侣梁幸德正在役使工匠绘制第三十六窟壁画之际，奉曹议金之命入贡洛阳，被后唐敕封为“僧政临坛供奉大德阐扬三教大法师赐紫沙门”。因谓此即讲经文中唱词第九首所说“师号紫衣恩赐与”其人。又因 P·三七一八号《邈真赞》中梁幸德赞说：“路隘张掖，猃狁侵缠，羝鸾值网，难免升乾”。遂谓“这就是说梁幸德一行由洛阳返回敦煌途经张掖时，梁因遇盗而不幸身亡。所带行李资财难免损失，经籍文书之类亦然。现在留存下来敦煌琵琶谱只是当年全部转抄件中一小部分”。

今核此两项文件，似何君未细读原物，兹摘录原文开头数句如次：

《功德记》：“叙中龙沙，厥有弟子释门僧政临坛供奉大德阐扬三教大法师赐紫沙门香号愿清，故父左马步都虞候、银青光禄大夫、检校国子祭酒、兼御史中承（丞）、上柱国、安定梁讳幸德……”（参图一）

《邈真赞》：“唐故河西归义军左马步都虞候、银青光禄大夫、检校左散骑常侍、上柱国、梁府君《邈真赞》并序。释门僧政兼阐扬三教大法师赐紫沙门灵俊撰。府君讳幸德，字仁宠，先苗则安定人也。”（参图二）

由上记载，何君之说盖有数处可商：

（一）梁幸德不得谓为僧侣，他曾官检校国子祭酒，是沙州的高级教育长官（张议潮女婿李明振即曾任凉州司马检校国子祭酒兼御史中丞，见《陇西李氏再修功德记》，其官衔与梁幸德正相同）。

（二）具有释门僧政临坛供奉大德阐扬三教大师赐紫沙门之香号，乃是幸德之子愿清，何氏误认为幸德本人。

（三）另有此一僧衔者，乃是为幸德撰《邈真赞》之释门灵俊，与梁幸德无关。

据《邈真赞》云：“奉贡东朝，不辞路间之苦。……恩诏西陲而准奏，面

---

① 拙编《敦煌书法丛刊》第一五卷牒状（二），东京二玄社印。

迁左散骑常侍，兼使臣七十余人。”足见当日使臣人马之盛。梁幸德字仁宠，与《册府元龟》所记入贡之梁行通，虽同是姓梁，但未必是一人。至于沙门赐紫，极为寻常，幸德子愿清与撰《邈真赞》之灵俊皆然。讲经文中之“师号紫衣恩赐与”句，不知指谁氏；但不得加诸“面迁左散骑常侍”官居国子祭酒而非沙门之梁幸德，可知幸德只为使臣七十余人之一耳，其回程“届此鬼方”而身殁，自是事实，何以见得敦煌写卷现存之乐谱即为幸德之遗物，可谓纯出猜想！

考后唐明帝长兴年号只有四年，沙州道远，中原消息甚迟，故于闵帝应顺元年正月仍书长兴五年年号。应圣节必为九月九日。向例，是日集缁流于中兴殿讲论，此讲经文即当时之话本。后面词句中有云：“程过十万里流沙，唐国来朝帝三家。师号紫衣恩赐与，总交（教）将向本乡夸。”何君谓师号紫衣即指梁幸德，今知幸德非释门人物，何君连类推想此讲经文之唱词即出自梁幸德所编写，自属不可能之事。且该词中所记人物及史事与《册府元龟》所记时间亦不符，试缕述我说如次：

文中末段七言词句涉及之人物有下面三人：

秦王　词云：“臣僧祷祝资天算，愿见黄河百度清。”“三载秦王差遣臣，今朝舜日近舜云。”

宋王　词云：“宋王忠孝奉尧天，筭（算）得焚香托圣贤。未得诏宣难入阙，梦魂长在圣人边。”

潞王　词云：“潞王英特坐岐（阳）州，安抚生灵称烈（列）侯。既有英雄匡社稷，开[1]西不在圣人忧。”

秦王指李从荣，宋王指李从厚，潞王指李从珂。何先生之说甚确。以前周绍良先生在该《讲经文校证》中已有同样详细考证。[2] 考明宗皇子从荣立为秦王，在长兴元年（公元930年）八月壬寅，同月丙辰，立从厚为宋王。[3] 词中所言三载受秦王差遣之臣僧，未知是谁，其人必从长兴元年以来久为秦王的亲信，当然不是长兴五年闰正月方自沙州入贡之梁行通可知。此其一。

词中未言及秦王被杀之事。从秦王荐用供其差遣三年的讲经僧的措辞，可以看出此际正是秦王炙手可热之时。试看下面各事：

---

① 疑当作“关”。

② 《绍良丛稿》，66页。

③ 《通鉴》，标点本，9041页。

长兴四年春正月戊子，加秦王从荣守尚书令兼侍中。

八月辛未，制以从荣为天下兵马大元帅。

九月辛丑，诏大元帅从荣位在宰相上。

应圣节是九月九日，此时讲经，正当秦王权势最显赫之日，讲经僧之攀附秦王，自意中事。故知讲经文词必作于秦王未失败之前。此其二。

词中记宋王及潞王，言宋王未得宣诏难入阙。考秦王于长兴四年十一月壬辰，为皇城使安从益所杀，是时宋王李从厚正为天雄节度使，同月戊辰，明帝殂。辛丑，宋王自魏州至洛阳，十二月癸卯朔，宋王即皇帝位。[①] 此词如系长兴五年闰正月所作，时宋王已即帝位矣，不应言其“未得宣诏难入阙”，由此句可见仍应是正值秦王当权之时。此其三。

词中又记潞王坐岐州事，周绍良谓当指从珂任凤翔节度使，甚是。明宗于五月暴得风疾，十一月戊子疾复作，潞王仅遣使人入侍。明宗殂，潞王复辞疾不来，可见其始终坐镇凤翔，何先生说：“《新五代史》，闵帝二月，凤翔节度使潞王从珂反。既然李从珂在九三四年二月就反了，则证明这套唱词写于九三四闰正月。”彼认为此词作于潞王反之前一月，正是应顺元年闰正月。闵帝于是年正月戊寅改元应顺。而梁行通恰于是年闰正月入贡，故何先生认为时间非常吻合。可惜统观词中前后有关人物，是时宋王仍是一位未能入阙之外藩，他是“忠孝奉尧天”，尧天显指明宗，还要“托圣贤”，圣贤当指秦王从荣，以彼为其亲弟。至于写潞王的词句云：“既有英雄匡社稷，关西[②]不在圣人忧。”潞王屡不入朝，坐镇关西，实为朝廷的隐忧，但秦王此刻正掌兵马大元帅。词云“既有英雄匡社稷”，英雄疑指秦王，圣人则指明宗。通过对词句的了解，知此讲经文后面唱词，还是以作于九月秦王当权之时为合理。与应圣节的时间既相符，前后有关史实亦无扞格难通之处。此其四。

关于唱词写于闰正月之假定时间既与史实不能吻合，则所有种种推测，包括指词句撰者为梁幸德及转抄琵琶谱亦出于梁氏三助手各说，自都失却其根据。

此文曾刊于《音乐研究》（1987（3）），顷见张广达、荣新江论于阗使臣及其相关文书，其资料一引P·四六四〇辛酉年（公元901年）三月破历，内

---

① 详《通鉴》卷二七八。

② 原作“开”，误。

有归义军都押衙罗通达及于阗使梁明明等，并据拙录S·四三五九中《谒金门》之开于阗曲子，认为是年为于阗使臣来沙州在目前所知最早的记载。其资料三引P·二七〇四长兴四、五年曹议金回向疏“于阗使人，往来无滞”等语，谓是时于阗使节屡在敦煌停留。[①] 本文已讨论此事，举出《册府元龟·外臣部》所载，知是时瓜州入贡人物有唐进、梁幸通，回鹘朝贡有安摩诃等。盖沙州之遣唐使，必与于阗、回鹘同行，知其倚靠外国以进行外交。

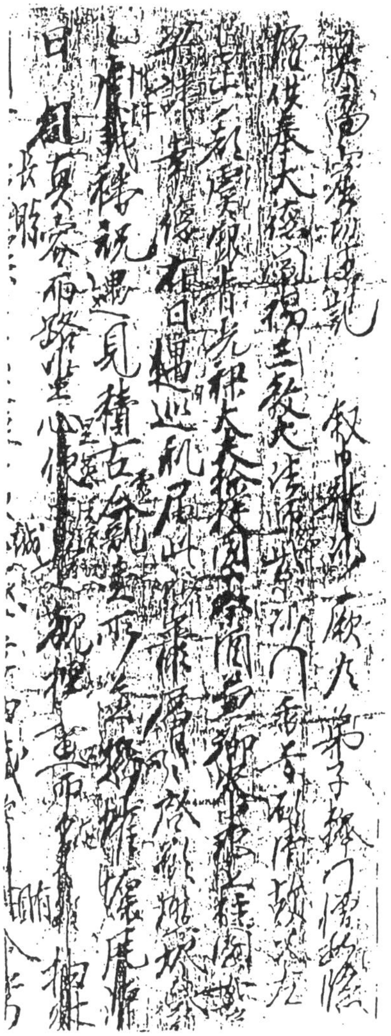

图一　P·三五六四《功德记》

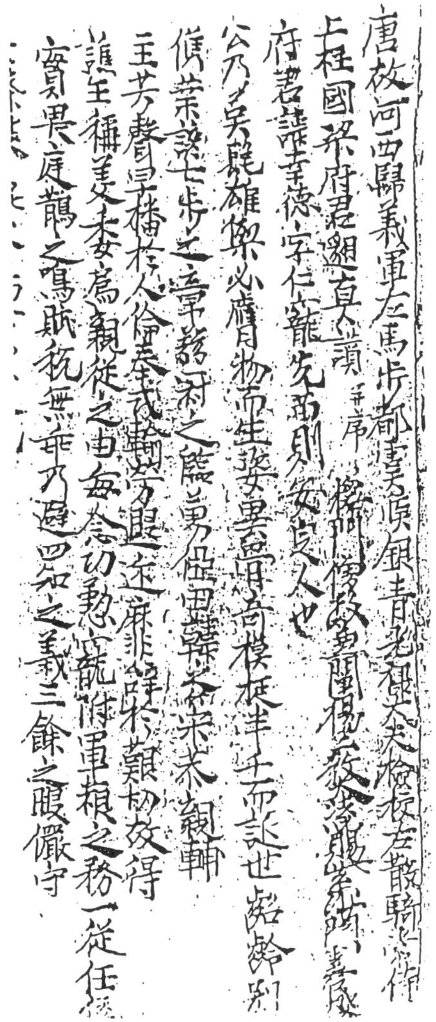

图二　P·三七一八《邈真赞》

① 参见北京大学中国中古史研究中心编：《纪念陈寅恪先生百年诞辰学术论文集》，292页。

再谈梁幸德与敦煌琵琶谱

《音乐研究》1987 年第 3 期印出拙作《敦煌琵琶谱的来龙去脉涉及的史实问题》和何昌林先生的《关于敦煌琵琶谱的抄写人》两篇。拙稿誊录时，在“秦王于长兴四年十月壬辰为皇城使安从益所杀”句，“十”字之下漏去一个“一”字，实应作十一月壬辰，兹特勘正。因为这里是依据《通鉴》的记载，拙文已写明详[①]《通鉴》卷二七八[②]。《通鉴》是一部最可信据的书，尤其五代的史实，去宋不远，所记更为可靠。秦王是在长兴四年十一月壬辰被杀死的。

何先生的答文，虚怀若谷，研究深入，特别对于讲经文后面十九词，逐一加以疏说、钩沉发覆，令人钦佩。他很注意秦王死后之事，故把一些词句看作对秦王咒骂的文字，我的看法是讲经文分明写着长兴四年，讲经时间是在应圣节，应圣节当然是九月九日，这是本文的时间定点，长兴四年九月正是秦王炙手可热之时，所以词中涉及的人物，都没有矛盾之处。十九词的下部分，许多地方一时还是读不懂的。由于没有人名可以确定它的时地关系，也许有些出于后来的增益，何先生的解说，多出于推论，是否准确，尚待研究，我在此暂作保留，以免喧宾夺主。其中只有“程过十万里流沙”及西僧与“师号紫衣”等语，有一点关系，和尚赐紫的事多至

---

① 《音乐研究》46 页误印作“评”。

② 可参考标点本，9092 页。

不可胜数，如果稍一检看《邈真赞》文字，便可了然，至于瓜、沙与唐使节来往，非常频繁，我曾举出长兴四年十月九日及五年正月二十三日疏、长兴五年二月九日等疏，说明这一事实，当时都有“朝贡专使，来往不滞于关山”之语，可以想见当然不止梁幸德一次。现存文献有记载的只有《册府元龟》言及梁行通一事，应该尚有许多使节，不见诸记录，故不能仅据此一人一事来作揣测，吾意还是以阙疑为是。关于梁幸德其人，在敦煌莫高窟当地，实际上研究所编号第三十六窟，即是五代时梁幸德所重修。根据巴黎P·三五六四号卷子《莫高窟功德记》可以证明。该窟西壁北侧画四大龙王及龙女，可惜榜题脱落。这些壁画即幸德“命巧匠”所作，详贺世哲《从供养人题记看莫高窟部分洞窟的营建年代》[①]。我尝参加莫高窟第一次国际会议，对这个石窟亲身考察，很感兴趣。此《功德记》出于梁幸德的儿子愿清手笔，开头便说：

> 叙中龙沙，厥有弟子释门僧政临坛供奉大德阐扬三教大法师赐紫沙门香号愿清，故父左马步都虞（候）、银青光禄大夫、检校国子祭酒、兼御史中丞、上柱国安定梁讳幸德，在日偶同巡礼，届此沙岩层层启愿燃灯。

又云：

> 更有题貌未竟，父入秦凉，却值回时，路逢国难……中途殒殁。

这里愿清称幸德曰“故父”，可见这窟是后来由愿清加以修缮完成的。这窟残存《供养人题记》尚有“龙兴寺僧愿就一〔心供养〕”字样[②]，照理愿清本人应该有题记，可惜已漫灭了。

在P·三七一八号文书是梁幸德的《邈真赞》，文云：

> 唐故河西归义军左马步都虞候、银青光禄大夫、检校左散骑常侍、上柱国、梁府君《邈真赞》并序。释门僧政兼阐扬三教大法师赐紫沙门

① 《供养人题记》，220页。

② 《题记》，16页。

灵俊撰。府君讳幸德，字仁宠，先苗则安定人也。

这篇的作者是别一位僧政赐紫的沙门，法号灵俊。幸德的别字和行迹，此文中记述详尽。何君在《答文》中说：愿清故父梁幸德的身份是僧政临坛官[①]奉大德阐扬三教大法师赐紫沙门。这恐怕是很大的误会。显然是把愿清的香号，加之其父身上！他在所有过去若干篇文中都认定幸德是僧侣，又说他是赐紫，其实如果平心静气细读这二文，加以对照，便可以得到下列各事实：

（一）梁幸德是归义军的官吏，而且是沙州的高级教育官。

（二）具有“释门僧政临坛供奉大德阐扬三教大法师赐紫沙门”的香号，乃是幸德之子愿清，何君误认为幸德本人。

（三）另有这一僧衔的，乃是为幸德撰写《邈真赞》的释门灵俊，与梁幸德无关。

（四）《邈真赞》只说幸德字仁宠，何君竟说“行通”是幸德的法号，羌无实据。

我们看莫高窟有供养人题记，具有与愿清同样香号的人甚多，在五代的九十八窟、一八八窟，不一而足，而与梁幸德同样官衔的人物，亦都带有“都虞候、银青光禄大夫、检校国子祭酒”[②] 的衔头。都虞候是唐方镇辖下的属官（职在刺奸，威肃整旅）[③]，段秀实尝为此职[④]。至带有检校国子祭酒一衔，实为沙州特殊现象，自大中五年（公元 851 年）李明振以次，至宋雍熙三年（公元 986 年）的安彦存，可考的将近二十人。具见高明士《唐代敦煌的教育》附表一。[⑤] 清泰年间，梁幸德亦在其列。可见他绝不是僧侣，他的儿子愿清才是僧政。何先生似乎先有一成见，把梁幸德看作僧侣，由此作出种种推论。但他显然是沙州一员官吏，他如何能替人主持道场？诵讲经文？他所被诏面迁左散骑常侍，正因为他不是和尚，否则何来这一封号？

据行德的《邈真赞》说：“奉贡东朝，不辞路间之苦。……恩诏西陲而准奏，面迁左散骑常侍，兼使臣七十余人。”足见当时人马之盛，梁幸德不过是使臣七十人之一耳。该赞末尾纪年“于时清泰二年（公元 935 年）乙未岁四

① 应作“供”。

② 参见《题记》，35、43 页。

③ 参见《全唐文》卷十四，《常衮撰制》。

④ 参见《旧唐书》卷一二八。

⑤ 参见《汉学研究》，第 4 卷第 2 期。

月九日”，而《册府元龟》卷九七六记闵帝应顺元年（公元934年）闰正月沙州入贡梁行通。时间非常接近，相差只有一年四个月，故亦有人怀疑梁幸德与梁行通可能是一人，或者至少是同一事件中人（贺世哲说，见《莫高窟题记》，221页）。幸德和行通都姓梁，幸德字仁宠，《邈真赞》不言“行通”是他的法号，很难证明他们是同一个人，而何先生却很轻率地把他们拉在一起，硬说：“看来梁幸德原是居士，出家后才用法号行通，来洛阳讲经，也用此法号。”按幸德从未出家，何得臆测讲经文唱词第八首中的“舍荣剃发者，梁行通也”。这一连串的推论，都是没有什么根据的。

梁行通与梁幸德既不能断定是同一人，梁幸德又非僧政，他不会在洛阳讲经。唱词中的“师号紫衣恩赐与，总交（教）将向本乡夸”句赐紫的僧人多如牛毛，不可能是梁幸德。如此，何君连类推想此一讲经文的唱词，出自梁幸德所编写，自属不可能的事！

琵琶谱抄写在讲经文的另一面，石窟所出经卷正反面毫无绝对联系。琵琶谱写于何时，谱的本身没有记载；亦可能在长兴以前，像伦敦S·五六一三号《与夫书》下方的“上酒曲子《南歌子》”四行即题署开平己巳岁（三年，公元909年）七月七日，而P·三七一九《浣溪沙》残谱三行，记着：慢二急三慢三急三，和开平谱一样，并附记琵琶谱符号。据是可推知敦煌琵琶谱在开平前后，亦可以存在，不一定是出于长兴时人的笔录。何先生必欲指定其出于梁幸德及其助手所为，可谓出于想当然。需知立说需要证据，还需要坚强的证据！

何先生答文的结论三项：只有第三项是事实；第二项充其量只能说明梁幸德一行离开洛阳的时间，但不能证明琵琶谱抄写的时间；至于第一项说琵琶谱的抄写人是梁幸德，当时使臣七十余人，何以知必是梁幸德，这是没有根据的说法。何先生治学态度十分谦虚，亦十分细心。我以前有不少的献疑，往往被何先生采纳，我还是希望他再三考虑，暂时放弃这个很不稳固的假设，等候有更多更有利的材料，再作相应的结论。我的讨论止于此。以后亦不再词费了。

1987年11月5日

《敦煌研究》1990年第1期载杨雄《长兴四年中兴殿应圣节讲经文研究》，考证经文末尾有几首诗，言及“程过十万里流沙”、“师号紫衣恩赐与”对这位明宗赐予紫衣的僧侣为谁，只说尚待研究。关于尾诗，则谓“此讲经僧必是秦王的亲信”，与鄙说相同。唯称“搞清楚长兴四年讲经文，对其背面敦煌琵琶谱的研究无疑是有利的”。今按从该卷实物考察，已知乐谱诸纸黏贴成卷在前，而长兴四年讲经文，书写在后，两者之间，毫无关系。则过去与何先生讨论之作均属词费，此点得以澄清，是很重要的。

饶宗颐关于唐宋古谱节拍节奏记号的研究

黎键

关于现存唐宋两古谱——即敦煌曲谱与宋姜白石歌谱的诠释与解释问题，尽管事经多年，尤其是杨荫浏先生对“姜谱”的解释几已形成定论。但自20世纪80年代以来，随着内地的思想开放，海外诸家又纷纷予以留意，遂致各种问题的争议又乘时而起，即使是杨译的姜白石歌谱亦未能免，其中争议最烈的厥由两谱的节拍节奏及若干谱字符号的解译问题。

关于唐宋两古谱——即敦煌曲谱与姜白石歌谱的节奏记号，一般学术界比较集中注意的有如下两套谱字符号（敦煌曲谱符号见陈应时《敦煌曲谱研究尚须继续努力》附表，姜白石谱符号见村上哲见著《唐五代北宋词研究》附表）：

（一）敦煌曲谱

（二）姜白石歌谱

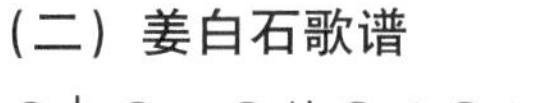

在敦煌曲谱谱字中，最先引起注意的是⑥“▭”与③“·”两号。过去内地学者一直有某种沿袭的看法，如敦煌曲研究家任二北先生于1954年提出

“（敦煌）谱内例以‘·’为眼、以‘ ▭ ’为拍”（见任著《敦煌曲初探》），后人称之为“眼板说”。80年代以后，内地有关诸家如叶栋、何昌林、金建民等均直接承袭了任二北的见解，把“ ▭ ”译作工尺谱上的“板”，把“·”号译作工尺谱上的“眼”，虽然彼此在时值的理解上颇有分歧，但认为该两号为“板眼”则是相同的。

在国外，日本最早研究敦煌谱的林谦三氏在1938年提出的著名论文《琵琶古谱之研究》中认为：“ ▭ ”与“·”均为拍子记号，不过前者当为太鼓的拍击记号，后者则为“小拍子”的记号；然而林氏其后却修改了这一观点，在他于50年代发表的论文中，则明确地表示放弃了以“·”号为“小拍子”的见解，认为谱内仅有“ ▭ ”号所表示的一种拍子形式，其节奏记号形态为一字一音、一音一拍；而先前认定为小拍子记号的“·”号，则释作演奏手法符号，与节拍无关。

在海外诸家中，香港中文大学名誉教授饶宗颐先生是最早研究敦煌曲的敦煌学学者及词曲研究家。1987年6月，饶氏在香港举行的国际敦煌吐鲁番学术会议上宣读了论文《敦煌乐谱舞谱有关问题》，其中揭示了两点：

（一）认为敦煌曲谱的研究应与敦煌舞谱的研究结合进行，其中尤以节拍节奏的解译为然。

（二）对于上述“ ▭ ”与“·”两号的问题，他在论文中认为：鉴于《事林广记》中《愿成双谱》与现存西安鼓乐谱中均有类似的记号，所以“‘▭’、‘·’之表示板拍，则无疑也”（见该论文）。

对于板拍符号“ ▭ ”、“·”的沿革出处，饶宗颐教授稍后在其两篇论文中有详细的阐述。该两篇论文一为《论“ ▭ ”、“·”与音乐上之“句投（逗）”》，另一为《再论“ ▭ ”、“·”与顿住——敦煌乐谱与姜白石〈旁谱〉》，后者还全面地考察了唐宋该两古谱的有关节拍节奏及延长掣减等符号的辨释问题，是迄今所见有关古谱节拍论述最为全面的考释文章。

在《论“ ▭ ”、“·”与音乐上之“句投（逗）”》一文中，饶氏以汉马融《长笛赋》中所举“句投”的论述为例，阐述了“句逗”亦即“句读”，而征引上的“句投”当与汉代经生的句读标点及其符号有关。

这一推论显然具有强力的音乐学的根据。大多数歌曲的音乐原始都为语言音调的夸张，古籍常有论及中国古代歌诗的诸如此类的相互关系问题，如《汉书·艺文志》“诵其言谓之诗，咏其声谓之歌”；《舜典》亦载：“歌永言，声依永。”歌唱的“句逗”往往与歌诗的节奏或与其“起止”有关。饶宗颐教授最大的贡献是他从音乐考古学上、又从文字训诂上阐述了这一关系，并为这一关键问题提供了诠释学的基础。

饶教授认为："▭"与"·"号两记号作为敲击符号，早已见于《礼记·投壶》篇的鼓谱载录。而"▭"号作为文字分段的标点记号，则最早出自战国楚帛书（子弹库出），其字形是时已作扁方框的"▭"形。饶教授继续从西汉以来经生所用的句读标点作胪列考释，最后认为，关于敦煌谱上的"▭"与"·"两符号，"溯其渊源，当与经生的句读有关"（见该论文）。

饶教授又释汉代曲引上的"句投"用语，认为："投"即"逗"，训作击，"即指击节，今称为拍"；所以，"句投"亦释"句拍"。他并进一步考释了"·"号，认为"·"在文字学上训为"止"，亦有断止之意。因而饶教授认为："'·'训止，'▭'为句之绝，都是断句，只是短长之别耳，故'▭'、'·'两号之作为乐谱的句逗，可以溯源至汉代。"

关于《长笛赋》中有关曲引讨论的一段，饶教授认为：文章所说的"句投"，实际与曲谱一事有关。所以，饶教授又进一步说："经书有句读，音乐亦有句读，汉代乐谱今不可见，然节奏的操纵，必须先察其句读，其字亦写作'句投'。"此项论定，实际已为汉代古谱研究提出了一项新佐证，亦为马融上述一段著名的论述提供一项很重要的阐发。

稍后，饶教授在其为《再论"▭"、"·"与顿住——敦煌乐谱与姜白石〈旁谱〉》的论文中再度考察了有关"▭"与"·"及其他有关谱字符号的种种问题，最后并诠释了有关唐宋两古谱——即敦煌曲谱与姜白石歌谱的节奏谱字符号的含义；为唐宋音乐的节奏问题提供了全面研究的基础。

饶教授的研究是由上海音乐学院陈应时先生近年有关敦煌的一篇论文所引发的。陈应时先生于1988年第1期《音乐艺术》上发表了题为《敦煌乐谱新解》的论文，在文章里，他提出了敦煌曲谱研究上的"掣拍说"，这一理论基本上以"▭"号为"拍"，以"·"号为"掣"。陈应时先生还用"掣拍"的理论和方法翻译了敦煌曲谱二十五曲。是继上海叶栋先生的廿五曲译谱之后的一个重要的曲谱译稿。

陈先生的理论建基于宋人沈括的"敦、掣、住"的音乐论说和张炎《词源》的《拍眼》篇。宋沈括在其《梦溪笔谈·补笔谈》中说："乐中有敦、掣、住三声。一敦一住，各当一字。一大字住当二字。一掣减一字。如此迟速方应节，琴瑟亦然。"张炎《词源》说："法曲之拍，与大曲相类，每片不同。其声字疾徐，拍以应之。"根据该说，陈氏认为：敦煌谱上的"▭"当为拍号，亦即张炎所述若干字为一拍之“拍”；而“·”号则为当沈括所述的“掣”。根据沈括所述的“一掣减一字”的原理，所谓“掣”号就是“掣减”谱字的符号。陈先生解释“敦、掣、住”这三者的应用时，认为：“如果从今人的节拍节奏观念来说，若以一个谱字为四分音符，则‘一大字住当二字’就成了二分音符；在两个谱字相连而后一字带‘掣声’时，就变成‘减一字’的一个谱字时值，亦即变为两个八分音符。”陈先生把“掣声”的规律应用于考察乐谱，其后又发现了现存的敦煌曲谱多“六字为一拍”，即每“拍”号的一节内有六个谱字。陈先生还把该种现象与宋张炎《词源》中所述的一段话相对证。张炎论当时乐曲，认为：“前衮、中衮六字一拍……煞衮则三字一拍，盖其曲将终也。”把敦煌曲谱中的谱字排列与张炎说对照，若合符节。陈先生用这一方法重新审视了全谱廿五曲的谱字以后，认为过去内地诸家袭用了任二北先生的“板眼说”为不当，于是另外提出了“掣拍说”。

饶宗颐先生基本上同意陈应时的“掣拍说”，但认为：“‘·’何以必为掣号？应时似未能举出直接证据。”（见《再论》一文）于是，在《再论“▭”、“·”与顿住——敦煌乐谱与姜白石〈旁谱〉》该论文中，饶先生进一步提供了多方考证，具体涉及的范围包括了“▭”、“·”两号与宋人所说“顿”、“住”的关系、唐谱记号至宋谱记号的沿革，宋人沈括、张炎二人有关乐论的考证等。

以下，将具体论及饶宗颐先生在该论文的若干论点：

（一）饶氏基本肯定了陈应时论文中以“▭”为拍，以“·”为“掣”号的观点。不过，除却“掣”号的见解外，对“▭”（拍号）的实际作用与含意却表示有不同的理解。在具体译谱应用上，陈氏认为唐谱上的“▭”实际是一个乐节的记号，对比起今天的乐谱，“其时的拍为今之小节”，并非“西洋乐理中的 beat”，实际即南宋末年张炎所说的“片段”中之“拍”。所以，陈应时把“▭”号立名为“大拍”，否定它是曲谱中的一句“乐句”的“记号”（以上引述均见于陈著《敦煌乐谱新解》），并决定把代表乐节的小节线画在带拍号（“▭”号）的谱字之前。每一小节都有长短时值未必相同的六个（或四个、八个）谱字。

然而饶宗颐先生却认为唐代已有“乐句”的“句拍”，他引徐景安《新纂乐书》为证：“文谱，乐句也。文以形声，而句以局言。”所以，他认为“乐句即是以句为拍”，“‘▭’号在唐代已可用为句拍”。他又以日本《三五要录》琵琶谱中的“○”号举证，认为敦煌曲谱上的“▭”号当与日本曲谱中的“〇”号一样，都是用太鼓击奏的“乐拍子”（俱见于《再论》论文中）。不过，饶氏却很肯定陈先生的“发现”，认为陈氏所说的敦煌曲谱“大都六字一拍”，与南宋张炎所说的非常吻合，饶氏认为：当时乐谱确实为“一（谱）字一音”，陈应时的发现证明了“一字一音”不为妄说。至是，古乐谱上的“一字一音”说再获得肯定。

（二）关于“▭”号“·”号与宋人“顿”、“住”之说的相互关系问题。饶氏认为：“▭”即“顿”，而“·”即“住”。他以西安鼓乐的“拍号”——“〇”号为证，又以古铜器中的圆敦形为证，说明，作为拍号的“▭”，当为敦，亦作“顿”。“顿”字作为节奏谱字，屡见于宋人乐论，如沈括《梦溪笔谈》：“一敦一住，各当一字。”又张炎《词源·讴曲旨要》：“大顿声长小顿促，小顿才断大顿续；大顿小住当韵住，丁住无牵逢合六。”“顿”有“大顿”、“小顿”，而“住”亦有“大住”与“小住”。如果“▭”号为敦，则“·”当为住声。

饶宗颐先生从文字训诂的角度考证：认为古文字的“、”乃为“主”字的省形，既为逗号，有绝止之意，又即为“住”字，因而亦是“住”号。

（三）关于“·”之为掣号问题，饶氏强调：“·号初不固定，时值可以增减，减则为掣，后来别分出‘住’来，故‘·’便为掣所专用了。”这段话的具体意思是：“·”本为“住”号，其后，“住”声有其他符号旁出，所以，“·”号就不再为“住”声所用，而专用作有掣减作用的“掣”号了。他以前述日本的《三五要录》曲谱为例，认为曲谱中的“·”号在日本当成为“只拍子”应用。“只拍子”是不固定而有伸缩性的节拍时值，每拍的长度并不固定，早期唐曲谱上的“·”号可能亦是一种不固定的时值记号，可伸可缩，可增可减，后来“·”号不再用作增号，增号有其他符号代替，于是代表减值的掣号便专由·号来代表了。

饶氏此说，乃专为陈应时的论述作印证式的考据而作。

（四）饶氏从唐谱的住声出发，考察了全部唐宋两谱——敦煌曲谱与歌谱上有关时值节奏的记号，并阐述了该谱每一记号的含义（见前文列出两套谱字）。

在前述的两套唐宋古谱谱字中，饶先生首先考察了唐曲谱上的⑤“ㄌ”、⑩“ㄋ”两号，另宋姜白石《旁谱》上的①“ㄌ”号，然后，又旁及了敦煌谱上的⑦“ㄐ”及⑨“刂”二例。饶氏认为：上述诸号均见于唐宋两谱的若干煞句结声上，从词乐的规律及宋代乐谱上惯见的“折字法”推断，唐敦煌曲谱上的⑤“ㄌ”号、⑩“ㄋ”号当同样为宋人所称的“折”号，宋姜白石

《旁谱》上的①“ㄅ”号亦为折号，“折字法”在词乐上有“住字结声”的作用。实际上，这二个“折”字号都是由有延音作用的“住声”旁衍出来的符号。至于唐敦煌曲谱上的⑦“ㄅ/”及⑨“丿/”二号，其实是由两个符号构成，即：“ㄅ”加“Ⅴ”，又“丿”加“✓”，是两个符号的叠置，而其中的“フ”号亦即为前述唐谱字的①“丿”号，而“Ⅴ”号亦即为⑧“✓”号，下文续有考证。

（五）对于唐谱符号的①“丿”号，饶宗颐先生同意其他学者的看法，认为当是宋人所称的“拽”号，他举张炎《词源·讴曲旨要》“折拽悠悠带汉音”。“折”、“拽”都有使音“悠悠”的作用，而且在谱上都施之于“乐句”之末，所以，“拽”声也是有延展作用的“住声”记号，是“住声”系统的符号之一。至于⑧“✓”号，饶先生认为可能即宋人所说的“反”号，他又引张炎《讴曲旨要》一句“反掣用时须急过”，又引宋陈元靓《事林广记·总叙诀》“反声宫闰相顶”。从种种证据考察：可证“✓”号很可能即是“反”声，由于该符号也有某种延声的作用，通常亦施之于结声，所以亦为“住声”系统的符号之一。

（六）对于敦煌谱上的④“フ”号，饶氏亦认为即相当于宋姜谱上所用的②“ㄱ”号，他在论文中写道：“‘フ’也是一个住声符号……它和折字在词句的住字结声具有同样的作用。”他认定在敦煌曲谱上的④“ㄱ”号与宋姜谱上的②“ㄱ”号，都即为宋人所说的“住”号，亦即所谓“小顿”。

（七）对于唐敦煌曲谱上的②“ㄱ”号，他认为“ㄱ”也就是宋人的“丁住”，他引张炎《讴曲旨要》说“丁住无牵逢合六”。“丁”也就是“住”号之一。他又引述张炎所著《管色应指字谱》中提到的“打”音，认为“丁”即为“打”的省写，估计有弹停之意。乐曲“弹停”，当亦有声音延展的作用。

归纳而言，饶氏对前面表列的十个敦煌谱的符号经论定如下：

①“丿”：拽号，②“ㄱ”：丁号，③“·”：掣号，④“フ”：小住或小顿号，⑤“ㄅ”：折号，⑥“▭”：句拍号，亦即敦与顿，⑦“ㄅ/”：是折号与反号的叠置，⑧“✓”：反号，⑨“丿/”：是拽号与反号的叠置，⑩“ㄋ”：亦是折号。

又关于宋姜白石歌谱上的一系列节奏时值记号。

（一）关于①“ㄅ”号（见文首表列），饶教授同意一般学者认定为“折”号的看法。他补充说：“‘ㄅ’为折（字）的偏旁斤之草体。”他亦以为该号与前述敦煌谱的“ㄅ”及“ろ”二号有关，三者同为折号。不过，饶教授却从唐舞谱着眼，认为“折”字在五代敦煌舞谱上已有所应用，他引述舞谱《南歌子》中的记谱用语“三拍折一拍”为例，说明“折有减的意思”。

（二）姜谱上的②“フ”、③“ソ”、④“ㄐ”三个符号，过往研究者都认为是一类延长符号，不过其中的见解却不尽相同。饶教授认为：宋姜谱上的“フ”号当为“住声”，可作“小顿”或“小住”，确为一种延音符号，但与③“ソ”不同。饶教授同意宋张炎把该“ソ”号目为“掣”号之说，认为：“ソ”号确原为“住声”，但由于“住声”已旁出其他符号，所以，“ソ”号亦为“掣”所专用，变成“掣”号，其变化原则与唐谱上的“·”号如出一辙。饶氏又认为“ソ”号是掣字的省笔，可以证明，这是一个后起的符号。

（三）对于⑤“丿”号，学者均认为是“拽”号，饶氏亦同意此说。归纳而言，饶宗颐先生对上文表列的五个姜谱符号论定如下：

①“ㄅ”：折号，②“フ”：小顿，③“ソ”：掣号，④“ㄐ”：大住，⑤“丿”：拽号。

至是，宋人笔记或乐论所提到的曲谱术语，都一一见诸上述一系列由唐至宋的乐谱讨论之中，笔者姑举张炎《讴曲旨要》的歌句为例：

> 大顿声长小顿促，小顿才断大顿续；大顿小住当韵住，丁住无牵逢合六。慢近曲子顿不叠，歌飒连珠叠顿声；反掣用时须急过，折拽悠悠带汉音；顿前顿合有敲掯，声拖字拽疾为胜。

从该段可知：经提及的术语共九项，即：大顿、小顿、小住、丁（住）、反、掣、折、拽、叠顿，一一都可与上述的符号对应。至于“叠顿”，意即为顿号与其他符号的相互叠置。一如上述，敦煌曲谱上有⑦“ㄅ/”及⑨“ㄐ/”两例，都为两个符号的叠置。不过，“叠顿”则独由“▭”号与其他符号相互叠置而成，顿号也就是“▭”号，如“·▭”号、“号”号等。

在论文内，饶教授又进一步提及敦煌曲谱与敦煌舞谱的联系，他再度指出：敦煌曲谱多是上酒的曲子，敦煌琵琶谱其实是曲子词的伴奏谱，不是“大曲”。敦煌所出的舞谱，事实亦是上酒时所唱的曲子与身段动作配合的舞蹈谱。在另方面，琵琶乃是唐代的首乐，舞曲的音乐亦以琵琶为主。回过头来谈敦煌曲谱的节拍，由于敦煌琵琶谱有可能具有强烈的舞蹈节拍感，所以，曲谱上的“▭”拍号，究与舞蹈具有何种关系，饶教授认为：该问题值得进一步加以研究。

总结来说，饶教授在该二篇论文中阐述了一系列有关唐宋曲谱的种种问题，包括：

（一）关于上述唐宋两套谱字的论定。

（二）关于唐宋若干节奏记号的沿革及与文句句读之关系。

（三）具体讨论了宋人沈括与张炎等有关音乐术语的种种含义，初步揭示了该类术语与若干曲谱上符号的实际关系。

（四）再度强调了敦煌曲谱与舞蹈的关联，认为曲谱上若干节拍节奏的处理，应与舞谱的节拍节奏“记谱”联系探讨。

（五）在上述的研究中，饶氏再次强调了敦煌曲谱与讴唱的关系。敦煌曲谱是唐代上酒的曲子，兼有歌、舞、乐的功能，此种性质，从曲谱上若干记谱形态及符号的讴唱性质可以推证。

饶教授有关敦煌乐谱的研究还未终结，有关节拍节奏的讨论也未告一段落。饶教授于完成了上述二篇有关“▭”号与“·”号的论文之后，稍后又写成了《三论“▭”与“·”两记号之含义及其演变》一文，对古代有关节拍节奏的问题作了进一步的阐述，实际上已树立了饶教授一系列对有关问题的新观点，尤其在一些研究者沿袭已久的某种“板眼说”上，饶宗颐教授更在《三论“▭”与“·”两记号之含义及其演变》的论文中系统地提出了新看法，实际已提供了一套新的“板眼”学说。

针对一些人在古谱节拍节奏问题上某种“刻舟求剑”的见解，饶教授在《三论“▭”与“·”两记号之含义及其演变》（以下简称《三论》）中再次阐述了“节拍”在历史上发展的若干变化。他肯定了古代有“节”，也有“拍”；魏晋时有“节”，在敦煌壁画中也可见“节”与羯鼓并用的情况。此外，他又再次强调了“拍板”与讴唱的关系，认为：“拍板与歌唱基本上是分不开的。”唐五代时，宫中乐伎持板歌唱的角色称为“歌板色”，唐代又有“记曲娘子”，专事记录讴唱时歌唱“乐腔”的节拍。所以，饶教授认为其时“主要是以拍来表示乐腔，腔便是宋人所谓均。”在这里，饶教授提出了以拍示“均（乐腔）”的概念，既否定了那种认为中国古谱拍子记号具有近代“时值”意义的并不科学的看法，也对沿袭已久的任二北先生的“眼板说”作了否定。为中国古谱有关节拍节奏及其记谱体系提出了一套新理论。

关于古代“以拍示均”，或以“▭”号示均的情况，饶宗颐教授支持上海音乐学院陈应时有关研究的意见。饶教授在文中再度阐述了“▭”号在历史沿革中被使用的情况：“▭”号在战国中期楚帛书中用作章段标点的“段号”，用作分段；迟至唐代，唐人以“▭”号为乐句的拍号：“一拍原指小节的一段，不是文词上的一句”。因此，其时“▭”符号“所表示的是乐句而不是辞句”。以上有关问题的论述，已具载于前述二篇“▭”号与“·”号的论文中，亦详见诸《三论》一文，兹不再赘。

针对有人引用宋张炎《词源·拍眼》篇有关叙述以诘难陈应时的研究，饶教授亦引用了同一段文字对责难给予驳覆，张炎《拍眼》篇云：“一均有一均之拍；若停声待拍，方合乐曲之节……名曰齐乐，又曰乐句。”饶教授指出“这是指乐句要与乐句配合”，可证“乐句以拍为主”。此外，他又指出：“乐工制谱，主要是行腔，不必依照文辞之句，亦不必循其协韵之处。”所以，“‘▭’符号所表示的是乐句而不是辞句”，“乐工所订的乐句，形成的拍子，只为讴唱与合乐而已”。

饶教授又再指出古谱拍号——即“▭”号与“均”的关系。他引用张炎所述“大曲《降黄龙·花十六》，当用十六拍；前衮、中衮六字一拍……煞衮则三字一拍”等句为例，指出：“六字一拍”实即宋时的“六均拍”，“六字一拍”的体例不只“大曲《降黄龙》之中衮为然”，即其他“引、近皆然”。饶氏亦引张炎《拍眼》篇载“引、近则用六均拍”，可以为证。

对于“均拍”与“字”的问题，饶氏引用了郑文焯《词源斠律》为证，郑云：“六均者六字为一拍，八均者八字一拍。”又元代戚辅之《佩楚轩客谈》引述赵孟頫称：“歌曲以八字为一拍，当云乐节，非句也。”至是，已知宋元两代亦以拍示均（腔），其乐例亦为“六字一拍与八字一拍”。饶教授最后认为“事实均即是腔”，一如沈义父《乐府指迷》所称“词腔谓之均”，“或六均以成腔，或八均以成腔”。总之，早期古谱的拍号并非如一些人所武断认为的：拍号必然具有“节奏的时值意义”，“无论用拍板，抑或用手拍”“拍必具有一拍时值”等等论调。其实，“拍”的意义在中国二千年的音乐发展中，并无一成不变的固定体例，拍号具有“一拍”时值的意义，无疑可证之近现代传统音乐的“板眼”体系，但未必能证诸宋元以前的古谱。观今天的情况为古代的必然，其实是一种想当然的推理法，不足为据。

又关于宋人沈括《梦溪笔谈》中有关“敦、掣、柱”等记号与讴唱之间的关系。饶宗颐教授在《三论》中指出：敦、掣等用作节拍节奏记号，“自无异论”。但正如饶教授前述关于敦煌谱与当时讴唱的关系，若干名称同时又见诸讴唱，当亦事出平常。针对有人举唐陈拙《古琴指法》有注敦、轻敦、重敦、掣敦……指法名称以难陈应时君的问题，饶教授认为：“这些敦都宜说为顿。宋元以来讴唱亦有敦声。”而古谱所云“墩、敦与顿当是一事，仍是腔号，拍由词腔之均构成，墩、掣等乃行腔停顿，急过之方。”该问题的探讨其实已见诸先前饶氏的两篇论“ ▭ ”与“ · ”号的论文中，在《三论》一文则有更详尽的阐述，饶氏总的认为：

（一）作为顿号之“ ▭ ”与掣号之“ · ”除了用作节拍节奏记号外，作为名称的“敦”、“掣”等同时亦为腔号。

（二）敦煌《长兴琵琶谱》节奏只有“ ▭ ”（拍、敦（顿））与“ · ”（住、掣）两个记号，在乐句使用上，由于必须兼顾讴唱与合乐，再配上舞蹈，自然不够发挥，其后踵事增华，乃势所必然。

有关的论述已具见前二篇有关论文，但在《三论》中亦有更详细的阐述，此处不赘。

关于宋代张炎《拍眼》篇述及“拍眼”有关的问题，饶教授在《三论》一文中提出了重要的见解。一方面，他认为张炎论“拍眼”，“对于拍的重要，及拍与均声的关键所在，阐发至精”；但另一方面，在“眼”的问题上则未见详析。于是，饶教授根据张炎的原文提出了自己的看法。

饶教授说：“细审原文，似读‘拍眼’一词为拍中之眼。”因此他认为，张炎“拍眼”的见解“和后来（有些人）把拍与眼对立起来分为二事，迥不相同”，而那是不对的。

他以为宋代文人“眼”的观念当出于“禅”。有所谓“通身是眼”，江西诗派提倡“诗中必有眼”，范温提出“诗眼”，黄山谷亦称“书中有眼”。准此，张炎所谓“拍眼”，当指“板中之眼”，“眼”在板中，而非“眼”、“板”分立。“眼”、“板”分立是明以后的事。饶氏指出：“明以后曲乐大盛，愈重‘板眼分明’（魏良辅《曲律》），唱法弥繁，旋律更加复杂化，板眼体制复随地域的不同传统，形成五花八门，拍和眼严格区分对立起来。……这与唐五代敦煌谱中‘ ▭ ’、‘ · ’的原意比较，已完全走样了。”

关于敦煌谱“ ▭ ”与“ · ”两号在唐宋有关古谱中沿革变化的问题，饶教授旁征博引，最后并详加表列，眉目清楚。经过饶氏的析理，中国唐宋古谱的节拍节奏及有关记号、名称等等的衍生和演变问题，大抵已现出端倪。历来沿袭的观念，以为“板眼”必具有近代“时值”的意义，“板眼”对立。看来事非必然。其间大致在唐宋为一阶段，明以后又是另一阶段。明乎此，当亦可以印证历史上乐风转变的轨迹，内地有学者认为：中国古代音乐经历了三大转折点[①]：一是战国到秦汉以清乐为代表的发展；二是三国魏晋到隋唐，再延续至宋元到明初的乐风；三是明中叶以后以俗曲为代表的乐风，并延续至近现代。从古谱有关问题来考察，若合符节。

总之，饶教授近来对敦煌谱的研究有了崭新的发展，饶教授的研究阐微发凡，最近三篇有关“▭”与“•”两符号的论文实际已为新的“板眼说”提供了一套新的理论，而在若干探讨的角度上，饶教授实际也为有关的研究提出了多方面的新领域。敦煌谱的研究虽还未终结，但作为香港一位音乐学家与音乐文化史家，饶教授的建树已足为香港音乐学术界引以为傲。

1989 年 7 月

当芜文撰毕定稿之际，饶教授又已另完成了《四论“▭”、“•”及记谱法之传承》一文，对古代板拍符号及其传承关系再作进一步的阐发和论证。

饶教授《四论》一文的主旨，大概主要有两端，一为强调所谓“拍”号未必具有近世的时值意义，古代的拍号多由“段拍”，有今传的西安鼓乐曲谱为证；其次为阐明敦煌谱内有关“丿”号的作用，鉴于西安鼓谱内有“丿”号为散板延长记号，饶教授认为“乚”号即为“ㄅ”号，亦即敦煌谱的“拽”号。“丿”号既有延音作用，则敦煌谱既为琵琶弦柱谱，亦为提供教唱时用的讴唱谱，当无疑问。

确然，关于古代拍号未必具有近代时值的意义，而且从汉以还，古代的“拍”号多为段拍。饶教授已于其论文《论“▭”、“•”与音乐上之“句投(逗)”》中已详加论述，此处不赘。不过该文的结论非常重要，饶教授在论文中第三《节会、投会与琴曲之段拍》一段结尾中说：“从琴曲习惯称段为拍，可见用‘▭’号作拍，正是沿袭战国以来‘▭’为段号的惯例。拍，后来又称为板，至今许多乐谱称乐章一段落为板，还是唐人的遗规，不过名称略异而已。”

此说当然甚是，其实，执著于板、拍的名称，并以近世有关板、拍的含义强加附会于古代音乐及其乐制中，自是“刻舟求剑”的态度。西安李石根先生在《西安鼓乐与敦煌琵琶谱之间》论文中指出：西安鼓乐把“现在通称

① 参见吴钊《宋元古谱〈愿成双〉初探》。

的‘板’（小节）叫‘拍’，把‘眼’（拍子）叫‘板’”。并说：这有历史的渊源，日本的雅乐谱中也是如此称呼。可知：西安鼓乐的“拍”确为段拍。“ ▭ ”为拍号，当然“ ▭ ”号也就可以作为某种小节长度的段拍了。

西安鼓乐的“拍”其实亦即现在通称的“板”，“板”为乐节或乐段，亦毫无疑问，流传最广的民间“八板曲”，每“板”即为一段，犹如古代琴曲《胡笳十八拍》（或有十九拍）每拍亦为一段，故往昔的“拍”，或现在通称的“板”都为段拍，迨无疑问。

广东粤曲传统的小调曲亦有同样的惯例，广东岭南歌乐保有不少传统古昔文化，如60年代乐人仍称一段曲谱为“引”，每一遍（段）歌词为“一板”，凡“小调”必唱八板，实际即唱八段歌词，故“板”实为“段拍”，时人陈家滨先生作《五台山寺庙音乐初探》，阐明在五台山的寺庙及黄庙音乐中，所用的“ ▭ ”号，实际是“句头”，系指一个乐句，所以，不论“ ▭ ”号的称谓若何，在敦煌谱中作“ ▭ ”号当亦有可能为“句拍”或“段拍”，固不必以当代的时值观念视之也。

其实，名称与概念，往往随地域与历史时间的变化而有不同。对于“板拍”的观念，似亦当作如是观。无谓“以（各）词害意”。

顺便一提，饶教授在《四论》中指出“丿”号亦即西安鼓乐谱中的“丿”号，有延音作用。也就是在上述《五台山寺庙音乐初探》一文中，述及五台山寺庙音乐中有多个不同符号，以指延长一拍、延长二拍、延长三拍等，其号与西安鼓乐谱中颇有类似之处，可知古人对于延音符号的应用，也不出于这一形态范围之内而已。

1989年10月

cf.Introduction,pp.33–34 PLANCHE LVIII 39.Pelliot chinois 3539v°

Image 116

9 8 2 1

P·三五三九 V°琵琶谱二十字

38.Pelliot chinois 3808v°

PLANCHE LIV

Image 108

cf.Introduction,p.34

14 1

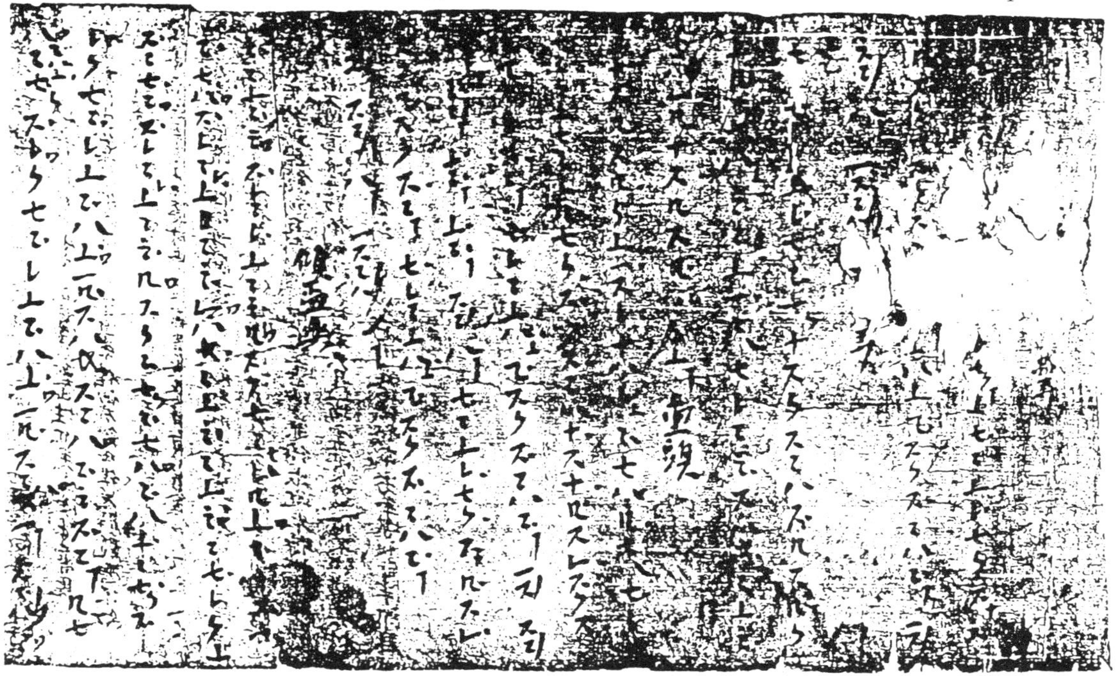

P·三八〇八 V°琵琶谱(一)

cf.Introduction,p.34　　Image 109　　38.Pelliot chinois 3808v°

39　　34　　30　　26　　20

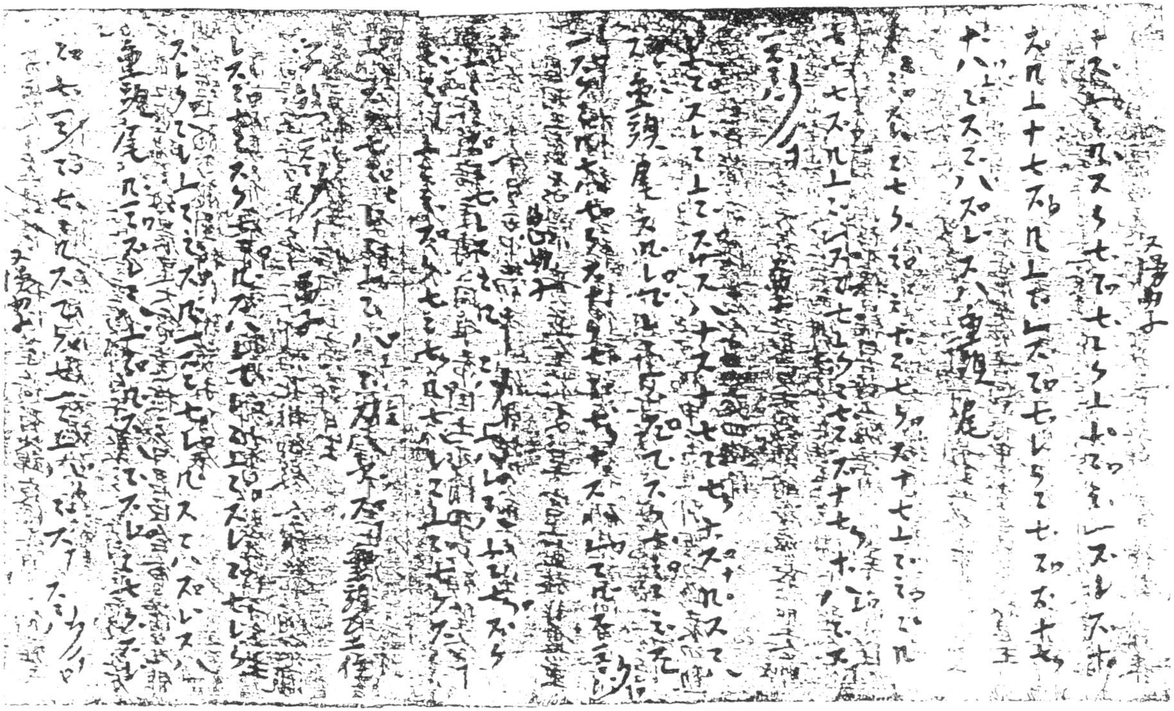

P·三八〇八 V°琵琶谱(二)

38.Pelliot chinois 3808v°　　PLANCHE LV　　cf.Introduction,p.34

Image 110

56　　51　　45

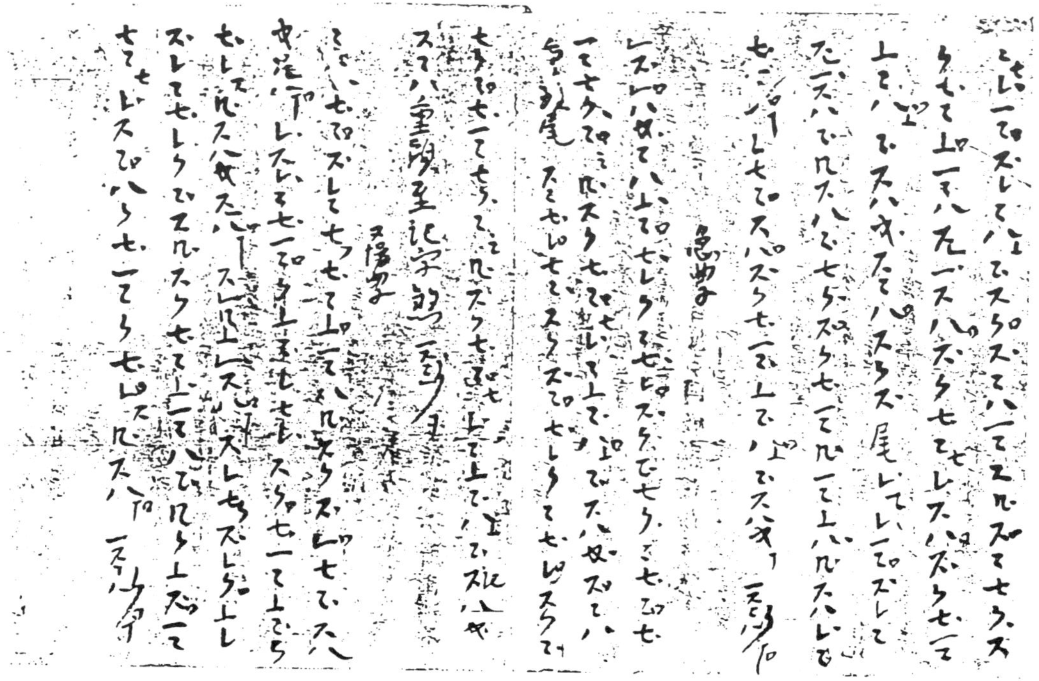

P·三八〇八 V°琵琶谱(三)

38.Pelliot chinois 3808v° cf.Introduction,p.34

73 67 60 57

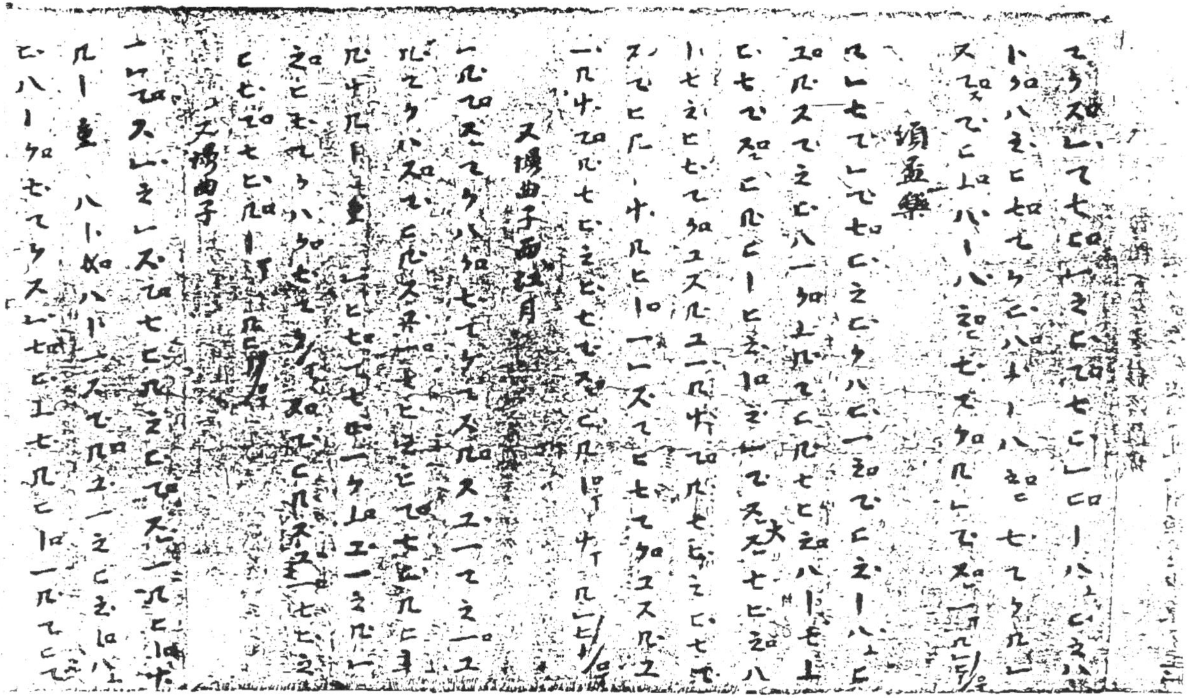

P·三八〇八 V°琵琶谱(四)

cf.Introduction,p.34 — Planche LVI — 38.Pelliot chinois 3808v°

Image 112

96 91 84 78

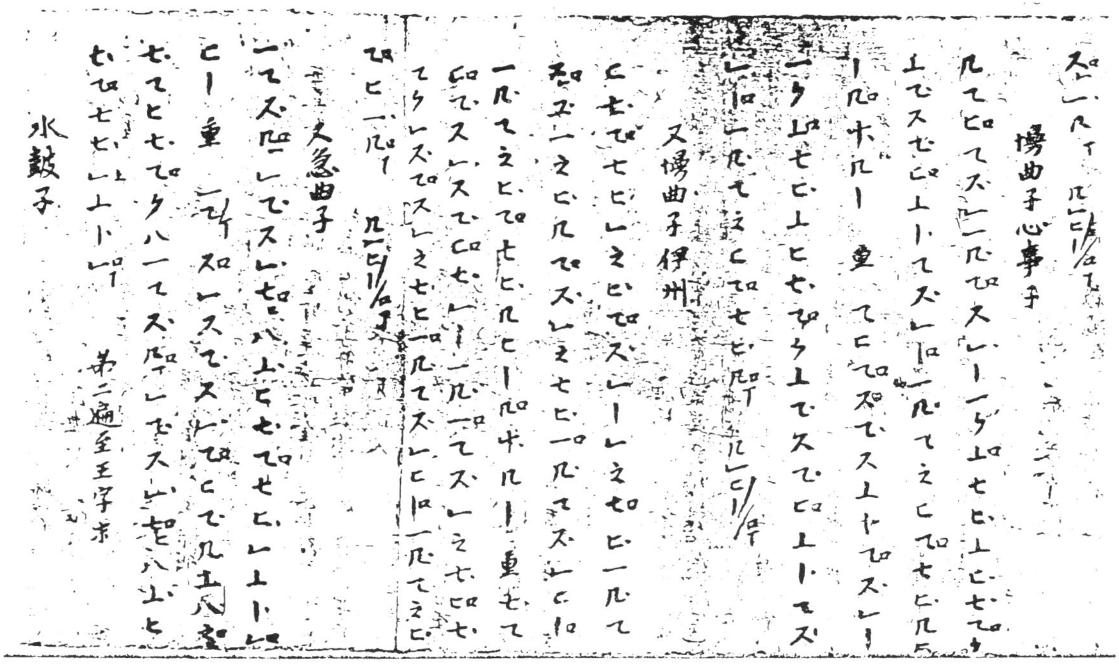

P·三八〇八 V°琵琶谱(五)

cf.Introduction,p.34　　Image 113　　38.Pelliot chinois 3808v°

114　　104

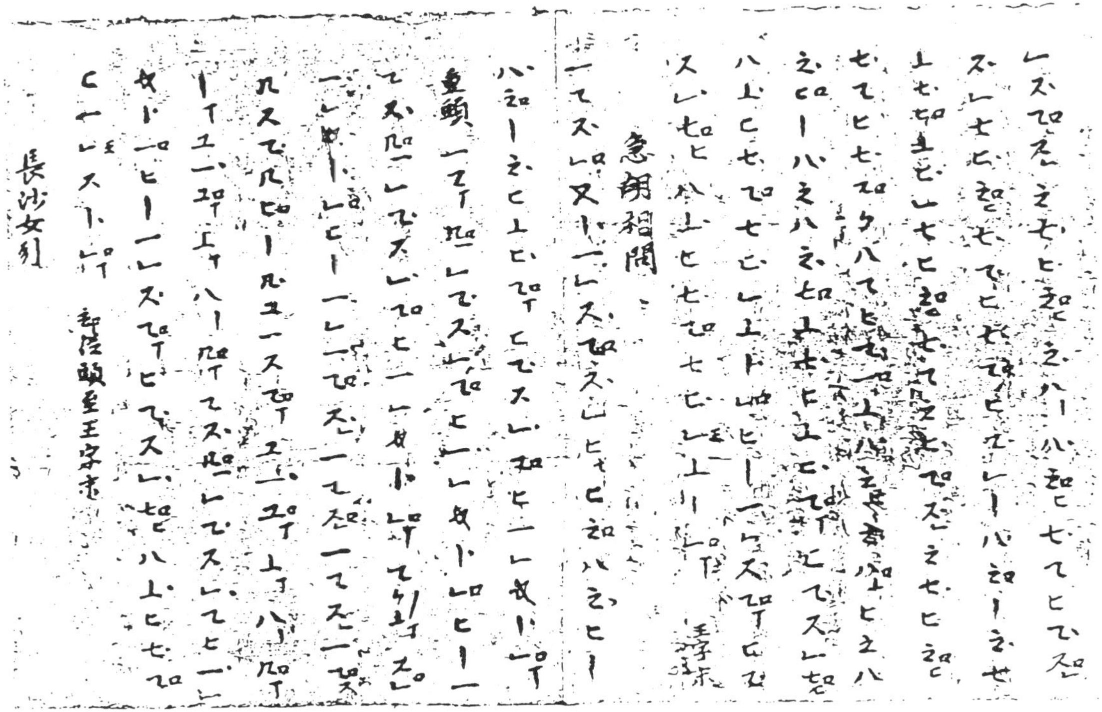

P·三八〇八V°琵琶谱(六)

38.Pelliot chinois 3808v° | PLANCHE LVII | cf.Introduction,p.34

Image 114

135 | 130 | 124 123

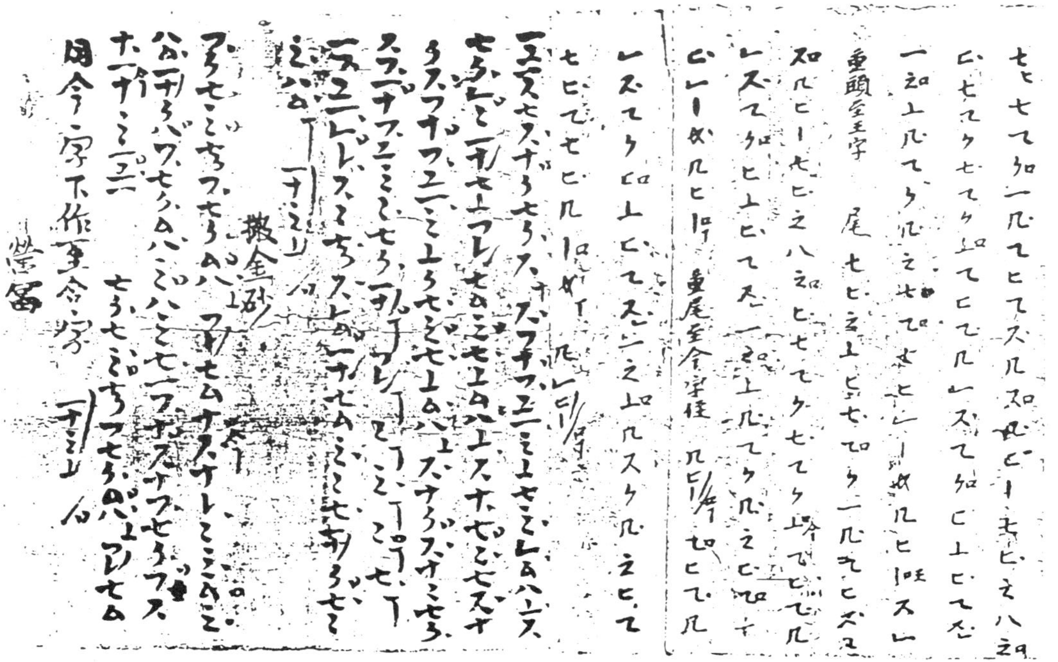

P·三八〇八 V°琵琶谱(七)

38.Pelliot chinois 3808v° Image 115 cf.Introduction,p·34

158 146 140

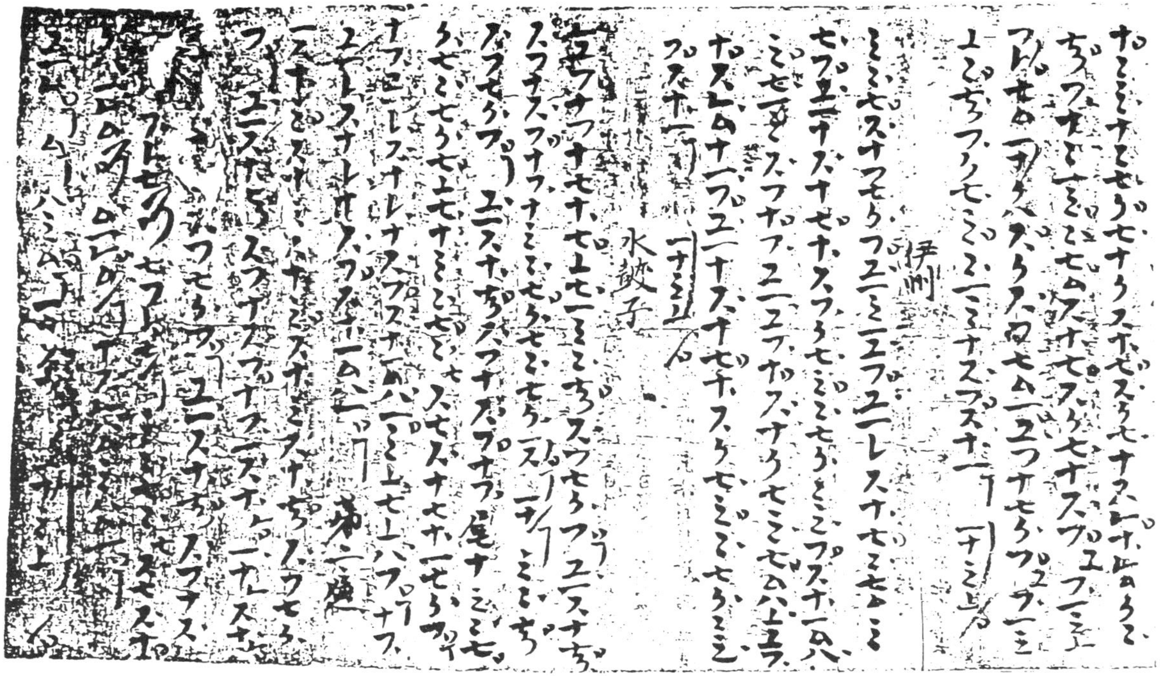

P·三八〇八 V°琵琶谱(八)

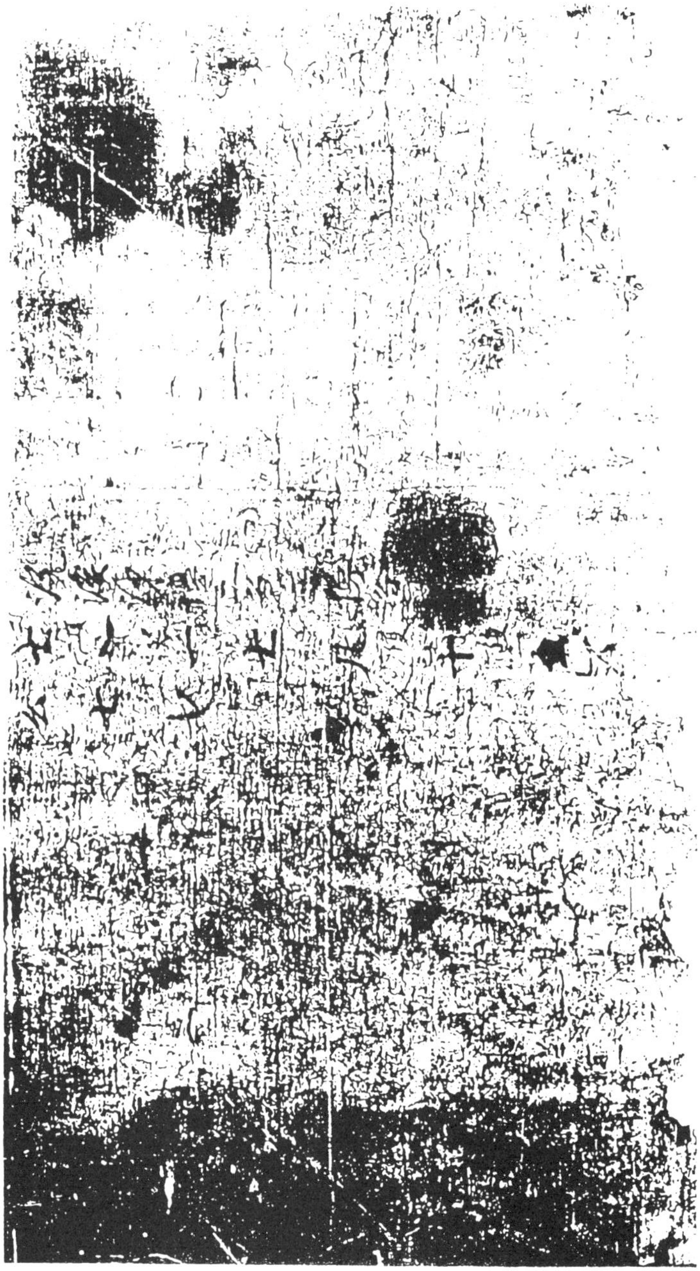

P.三七一九《浣溪沙》残谱

附录一 《敦煌琵琶谱论文集》小引

敦煌乐谱自1938年林谦三试译至今已历五十余年。国人作专文研究从1960年拙作《敦煌琵琶谱读记》开始，迄于最近关也维发表的《敦煌古谱的猜想》（载《音乐研究》，1988（2）），其间许多学者参加了讨论，发表了不少有见地的论文，兹选辑其重要者，用《古史辨》办法加以辑录胪列在一起，以便读者研究。这可说是敦煌学与古谱学研究历史上的一件大事，有下列几点要说明的：

（一）国内学人注意这个问题并掀起热潮，开始于1982年上海叶栋《敦煌曲谱研究》一文，以后参与者众。

（二）由于杨荫浏误认谱中“合”字的解释，令许多人至今仍怀疑它不是琵琶谱，引起了一些不必要的争论。

（三）现在关也维在《音乐研究》发表的文章里，正式认为林谦三的各点见解，都属可信。

截至目前为止，过去许多困扰，现已逐渐廓清。同时关氏对于叶氏译谱的添改音符，作出极公允的指摘与批评，叶氏译谱的可信性可说已给予否定。关文的要点有二：

（一）确定“▭”是板而“·”不是眼，过去译谱对于“·”号都作为“眼”来处理是不对的，这点可以论定。

（二）确定该谱的年代是晚唐五代公元933年以后。

这前一点基本上我们是同意的，但关氏认为它是“大曲”的猜测，他套入许多西域的乐调，如以《撒金砂》为藏文之类，似乎尚乏充分证据。席臻贯给我来信，已具体提出不同的看法。其所定的乐谱抄写年代，亦可商榷。

我的一些见解是从整个音乐史上节奏记号的发展及曲子与词的讴唱记号的发展两个层面来看问题的：

（一）由于琵琶谱原件是由三卷纸贴接成卷，三纸系不同人不同时期所书写，因此，不应作整个大曲来处理。其抄写年代当在公元933年经文抄写之前；关氏之说，适得其反。

（二）P·三五三九号琵琶音位记号第二句，应是“次指四声”，自林谦三以来都误作头指，各家原文均仍其旧，不加改正。

（三）“ ▭ ”与“·”二个重要符号即是从段号与住号发展而来的。唐代古琴，还是以拍作为段号，可以证明。

（四）ㄅ㇇……诸记号林氏定为琵琶的上下指扫手法。我们看西安鼓乐的记谱法，有许多延长音的不同记号，还有同一记号可作不同的处理；这些延长音号到了宋代发展成为讴唱的特殊“音字”。

近时 R. F. Wolpert 与陈应时君合作研究唐传日本的《五弦谱》，指出《天平》、《五弦》与敦煌三谱实同属一种记谱体系；《五弦谱》的时值符号及小形谱字，处处可与敦煌谱对应，对于敦煌谱的认识，又有极大的帮助。

经过多年的讨论，大家已逐渐取得某些一致的结论，现在把这些文章结集在一起，是很有意义的。本书末附陈应时《敦煌乐谱论著书录解题》一篇，其未收入本书之论著可参考陈君该文提要。陈君滞留香港期间，曾为本书初校乙遍，合并致谢。

1990年4月

本书校印至近时方完毕，最后一次，又荷应时教授费神续校，尤纫厚谊。

1991年4月又记

附录二　敦煌琵琶谱读记

唐开元天宝间，西域乐谱输入日多，时人极爱好之。《酉阳杂俎》云：

> 玄宗常伺察诸王，宁王常夏中挥汗鞔鼓，所读书，乃龟兹乐谱也。上知之，喜曰：天子兄弟当极醉乐耳。[1]

是当日流行有所谓龟兹乐谱。此类乐谱，今无传本，唯敦煌石室所出，列P·三八〇八长卷，有《品弄》、《倾杯乐》等十调，似可视为与龟兹乐谱有关涉之一例。又敦煌所出舞谱，巴黎、伦敦俱藏之，疑与龟兹舞有关（说见附录）。是谱国人多名曰工尺谱，然所记乃琵琶柱名，与工尺不类，正其名称，宜题作“琵琶谱”云。

一、卷子情状

是谱现藏巴黎国家图书馆抄本部，余旅法京时，曾假观并过录一遍。原卷一面为“长兴四年（后唐明宗年号，公元933年）中兴殿应圣节讲经文”，首尾完具[2]。乐谱即书于卷另一面，可能出五代时乐工之手。

---

① 卷十二，四部丛刊本。

② 全文已由向达抄出，载其所著《唐代俗讲考》附录一。

谱之笔迹有三种，自《品弄》至《倾杯乐慢曲子》第三首为一类，由是空数行；接书之字体，较为工整，至《长沙女引》为一类；由《长沙女引》过遍，字体颇草率，以至卷末《水鼓子》，下即残缺。《长沙女引》过遍处，细审之，纸系黏接，中间有无缺字，不可得知。

此谱王重民于《敦煌曲子词集》曾叙及之，题为“工尺谱”，云：“载《倾杯乐》等八谱”。任二北《敦煌曲初探》仍之，而指出谱有九调，王氏漏列《急胡相问》。然余目睹原卷，开首为《品弄》一调，在《倾杯乐》前，实为十调。

法京敦煌卷子，现多重行装裱，此卷亦已裱成长轴，谱字点画，审辨较易。余所见此谱影本，有向达氏所摄[①]，及日本东京大学教授岸边成雄见贻两种，卷首皆断烂，“品弄”二字，尤模糊不清，并为装裱前之摄本。林谦三文刊于《奈良学艺大学纪要》（1955（5—1）），末附摹写本一叶及五线译谱，于“品弄”二字，仍加以问号，盖林氏未睹原卷，故不敢决定。又卷中有校改之处，如《急胡相问》第一行第五字之“ス”，即以墨点去，故影本作ス形。诸影本于首末两段，不甚清晰，兹再将余所过录者，重为摹出，以备考校焉。

二、曲调考略

是谱共曲调十：曰《品弄》、《倾杯乐》、《西江月》、《心事子》、《伊州》、《水鼓子》、《急胡相问》、《长沙女引》、《撒金砂》、《营富》，兹略为考述如下：

《品弄》

《品弄》应即《品令》，弄为小曲，与“令”义同。周清真《片玉集·单题类》，有《品令梅花》一首，入商调。宋人品令有数体，山谷有六十五字体，吕渭老有六十四字体，秦淮海又有五十一、五十二字二体，石孝友有四十九字体。是谱《品弄》非一遍，又有重头者，宋词殆截取其首遍，故曰“品令”。

《倾杯乐》

《倾杯曲》在北周为六言。（许敬宗《上恩光曲》歌词启云：“近代有《三

---

① 现复制于潘怀素译林谦三所著《敦煌琵琶谱的解读研究》之卷首。

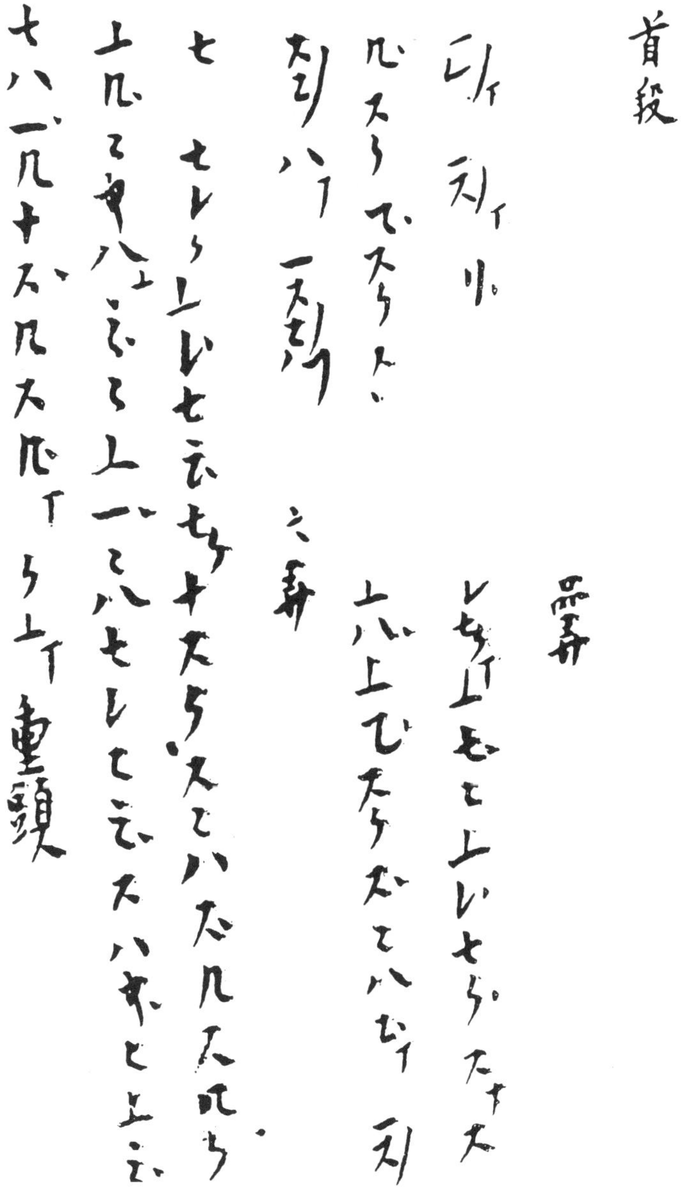
首段
重頭

末段

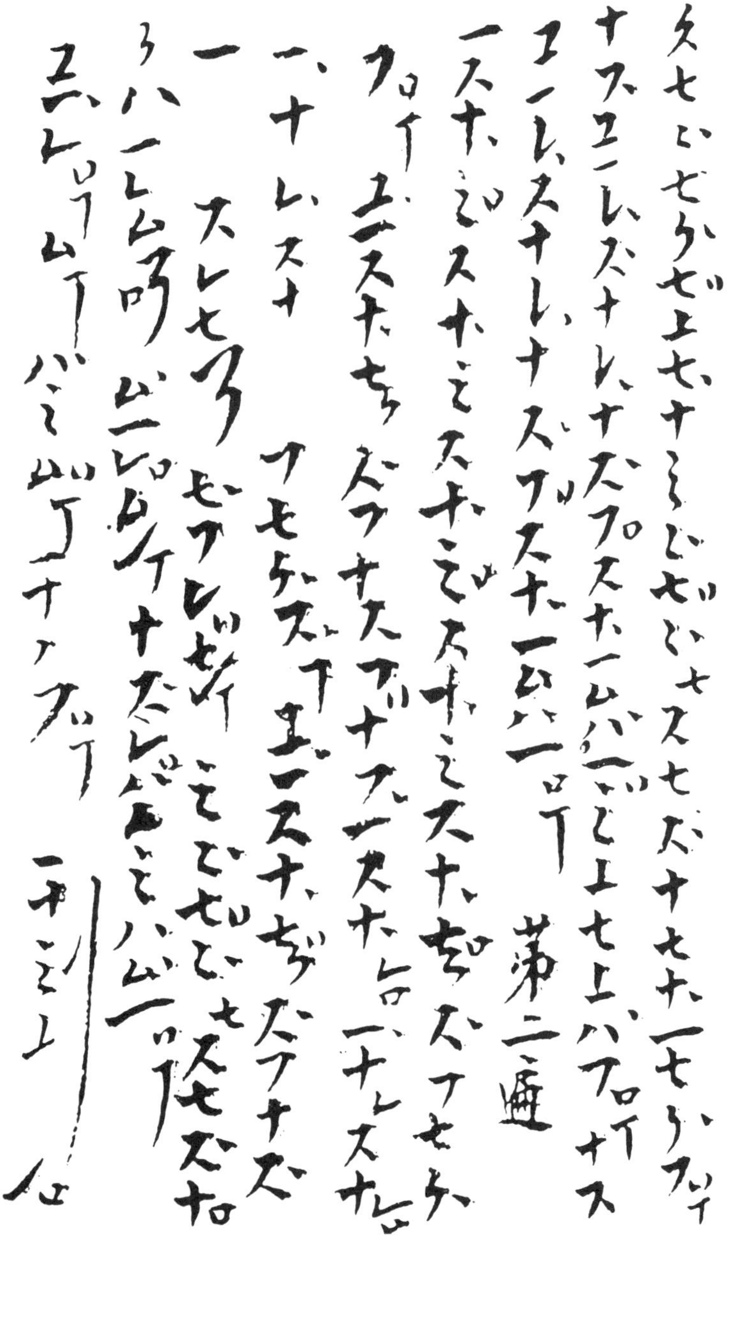

台》、《倾杯乐》等艳曲之例，始用六言。”）至贞观间，裴神符造《琵琶倾杯乐曲》（详下）；又《倾杯曲》，太宗时因内宴诏长孙无忌撰辞（见《唐志》及《通志》卷四九）；玄宗时，舞马曲亦用《倾杯乐》（见《明皇杂录》及《唐音癸签》十三）。《旧唐书·乐志》记“玄宗日旰，即内闲厩，引蹀马三十匹，《倾杯乐》曲，奋首鼓尾，纵横应节。”《新唐书·乐志》亦言“玄宗尝以马百匹盛饰，分左右，施三重榻，舞《倾杯》数十曲。”（又《通考》卷一四五记之尤详）张说之集有《舞马》词，六言六首，注分《圣代升平乐》及《四海和平乐》二种，说者谓即明皇时之《倾杯乐》也。《唐会要·诸乐》条，太常梨园别教院，教法曲乐章等，内有《倾杯乐》一章。《倾杯》盖梨园当日诵习之曲。降及宣宗，喜吹芦管，复自制新《倾杯乐》，事载《乐府杂录》（《唐音癸签》十四列入觱篥曲）。盖唐时宴集，每奏《倾杯曲》。欧阳詹诗“等闲逐酒《倾杯乐》”，鲍溶诗“玉管《倾杯乐》”，并其证。

唐代，《倾杯乐》所属宫调，今可知者，有太簇商（见《羯鼓录》）、黄钟商、中吕商（天宝十三载七月十日太乐署供奉曲名）。至宋因旧曲更造新声。《宋史》九十五《乐志》所载，计《倾杯乐》有正宫、南吕宫、道调宫、越调、南吕调、仙吕宫、高宫、小石调、大石调、高大石调、小石角、双角、高角、大石角、歇指角、林钟角、高般涉调、黄钟羽、平调、中吕、黄钟宫、双调、林钟商、歇指调、仙吕调、中吕调、般涉调，凡二十七调。其见柳永《乐章集》者：仙吕宫有《倾杯乐》，大石调有《倾杯乐》及《倾杯》，林钟商有《古倾杯》，黄钟羽有《倾杯》，散水调亦有《倾杯》及《倾杯乐》，格调之繁，可以概见。

日本雅乐亦有《倾杯乐》，据大神基政撰《龙鸣抄上》所记，又名《醉乡日月》。有序、破，拍子十六，二反三反；换头，急拍子十六，三反（《群书类从》三四二）。由四人舞云。

《西江月》

词谱谓此调始于欧阳炯，然敦煌两出杂曲子，已有《西江月》三首。此乐谱屡注“重”字，即重头，又一为慢曲子。《张先子野词》有《西江月》二：一入中吕宫，一入道调宫。柳永《乐章集》，《西江月》入中吕宫。

《伊州》

《乐府诗集》七十九，《伊州》歌辞五首，及入破五首。引《乐苑》云：

"《伊州》，商调曲，西京节度盖嘉运所进也。"按盖嘉运于开元二十五年至二十八年为安西道节度使（见万斯同《唐镇十道节度使表》）。此曲即是时所进。伊州隋为伊吾郡。贞观四年置西伊州，属凉州都督府，今新疆哈密。《唐书·乐志》："开元二十四年，升胡部于堂上。而天宝乐曲，皆以边地名，若《凉州》、《伊州》、《甘州》之类。"白居易诗："老去将何散老愁？新教小玉唱《伊州》。"温庭筠诗"一曲《伊州》泪万行"是也。

《伊州》本为大曲，可摘遍唱。故陈陶听金五云唱歌，有句云："歌是《伊州》第三遍，唱著右丞征戍词。"据《乐府诗集》，第三遍乃"闻道黄花戍，频年不解兵，可怜闺里月，遍照汉家营"，非摩诘诗。宋洪炎（玉甫）诗云"为理《伊州》十二叠"（《艇斋诗话》引）。似宋时此曲有十二叠。敦煌是谱《伊州》有三：一在《营富》下；其二在《心事子》下，一慢曲子，一急曲子，似为摘遍者。

唐时《伊州》属侧商。宋时凡七商曲。王灼《碧鸡漫志》云："《伊州》见于世者，凡七商曲。大石调、高大石调、双调、小石调、歇指调、林钟商、越调，第不知天宝所制，七商中何调耳？"王建宫词云"侧商调里唱《伊州》"，林钟商，今夷则商也，管色谱以"凡"字杀，若侧商即借"尺字杀"。《白石歌曲琴曲侧商调》小序云："侧商之调久亡。《伊州》，大食调。黄钟律法之商，乃以慢角（即第三弦慢一晖）转弦，取变宫变徵散声（再慢四六弦即成侧商调）。"大食即大石，只是七商调之一耳。

《水鼓子》

《水鼓子》见《乐府诗集》八十《近代曲辞》，为无名氏七绝一首。起句"雕弓白羽猎初回"，沈际飞谓此《水鼓子》后衍为《渔家傲》。考欧公《近体乐府》卷二《渔家傲·十二月词》，其《八月词》后有阙名题记：言荆公谓此乃永叔在李太尉端愿席上所作《十二月鼓子词》（据双照楼影宋吉州本）。又别一《渔家傲》十二首，注引京本《时贤本事曲子后集》，亦称为《鼓子词》，是影《鼓子词》即宋人之《渔家傲》也。（欧阳玄《圭斋文集》卷四《渔家傲南词》十二缺，有序谓效"欧公十二月《渔家傲》鼓子词。"）殊不知《鼓子词》与《水鼓子》关系如何？此谱《水鼓子》有三，又似为大曲（《唐音癸签》十四，琵琶谱有《水牯子》，与《水鼓子》名颇相似）。

其他《急胡相问》为《胡相问》之急调。《胡相问》，曲名，与《心事子》

俱见《教坊记》。《营富》，任二北疑为《瀛府》，尚待证。《长沙女引》、《撒金砂》，曲调无可考。

三、论弦柱名

是谱谱字颇为奇侅，遍索汉籍，无可印证，骤视之不啻天书，唯日本雅乐之琵琶古谱记法，则多相类，盖即琵琶谱也。

兹录日本大神雅季之《怀竹抄》，所记琵琶弦柱名手法如下（见《群书类从》卷三四三），以资比较。

弦名

一 乚ㄅ丄

柱名

工下（丁）七八　　一柱　凡十匕丨　　二柱

フ乙　　之ム　　三柱　斗ユ之也　　四柱

手法

乚ㄅ 拨拘　　ㄅ 返拨　火　急移

引　延引　丁 弹停　　了　弹了

又《夜鹤庭训抄》绘有琵琶图，与《教训抄八》兼记弦柱名，略有异同。如：

ㄅ《教抄》、《鹤抄》作彳

ㄱ《鹤抄》作乞

丨《教抄》作卜　《鹤抄》作法

丄《鹤抄》作上

之《教抄》、《鹤抄》作之

匕《鹤抄》作比

今勘以敦煌谱，谱号与上列三书，大抵相同；其间微有出入者，如敦煌之

九 应即《竹抄》之凡。（第一弦第二柱）

て 应即《竹抄》之ュ。（第二弦第三柱）

セ 应即《竹抄》之也。(第四弦第四柱)

ㄐ 应即《竹抄》之斗。(第一弦第四柱)

ス《竹抄》所无，即下。(第二弦第二柱)

按《天平琵琶谱》亦有ス号，据日人考证谓为第二弦之第一柱。

又敦谱或同于《教抄》、《鹤抄》，如：

之(第三弦第四柱)

或同于《竹抄》，如：

ヒ(第三弦第二柱)

ム(第四弦第三柱)

丄(第四弦名)

丨(第四弦第二柱)

按除“丨”外，《教抄》亦同。

日本正仓院藏有《天平琵琶谱》一叶，为天平十九年[①]七月二十七日，书于“写经料纸纳授帐”残纸之背者，但录黄钟《番假崇》一零曲(收入《大日本古文书续修》第三十七帙七，芝葛盛氏发现)。所见谱字如ルてセスㄐ并与敦煌谱同，唯无拍之“▭”。《天平谱》为唐玄宗时写本，以是证知敦煌此谱，亦为唐之琵琶谱。

正仓院琵琶谱《番假崇》，与日本琵琶乐书《三五要录》(藤原师长撰，南宋前期人)中之《番叚宗》相同。日本学者目为五弦琵琶谱者，为唐代五弦琵琶之谱，如扶桑近卫公爵所藏者，题曰《五弦琴谱》。其弦柱名多出“四”、“五”、“九”、“子”等号，则为敦煌谱所无，九为第五弦之第一柱，子为第五弦之开放弦(即不用指按柱之弦音)。今考敦煌谱谱号，与《怀竹抄》、《教训抄》、《夜鹤抄》之四弦琵琶，几无不合，故知当属四弦四柱。

唐代琵琶，四弦与五弦俱流行，而四弦四柱为最普遍。正仓院所藏奈良朝之琵琶有五具，属于五弦五柱者一，其余皆为四弦四柱(参《东瀛珠光》、《正仓院御物图录》等书)。与今日本雅乐之琵琶全同。唐代龟兹琵琶，亦为四柱(见《唐书·骠国传》)，敦煌之琵琶谱，亦属于四弦一类。[②]

余初据日本古乐书《怀竹抄》等，以比勘敦煌是谱，冥行暗擿，深以为

---

① 公元747年，即唐天宝六载。

② 近卫家《五弦谱》为卷子抄本，书法近奈良朝写经体，外题《五弦琴谱》，末有“承和九年三月十一日”题记。目录著调曲并廿七种。羽塚启明撰有《五弦谱管见》一文，于诸曲调颇有考证。(见《东洋音乐研究》第1卷第1期。)

日本琵琶及笙谱谱字对照表

弦	琵		琶	笙	
第一弦	0	H	一	一〇	h^1
	1	#c	工	工	$\#c^2$
	2	d	凢	凢	d^2
	3	#d	フ	毛	$\#d^2$
	0 4	e	斗	乙	e^2
第二弦		f		〔卜〕	f^2
	1	#f	下	下	$\#f^2$
	2	g	十	十	g^2
	3	#g	乙	美	$\#g^2$
	0 4	a	コ	行	a^2
第三弦		#a	ク	〔计〕	$\#a^2$
	1	h	七	七	h^2
	2	c^1	ı匕	比	c^3
	3	$\#c^1$	ıこ	言	$\#c^3$
	0 4	d^1	ı乙丄	上	d^3
第四弦		$\#d^1$	ı	〇	
	1	e^1	ı八	八	e^3
	2	f^1	ı丨	〇	
	3	$\#f^1$	ıム	千	$\#f^3$
	4	g^1	ı也	也	g^3

日本正仓院南仓所藏笙管古体与今体对照表

古	ム	十	ス	㇗	ュ	乙	一	八	セ	く	七	リ	丄	凡	ㇾ		ヒ
今	千	十	下	乙	工	美	一	八	也	言	七	行	上	几	乞	毛	比

苦。嗣知林谦三氏已先我作考释，其论文载于《月刊乐谱》（1938 年 1 月）及《日本音响学会志》（1940 年第 2 号），惜未获睹，亟托东友物色影读之。继得林谦三君邮赠其近著 *Study on Explication of Ancient Musical Score of P'i-p'a* 琵琶 *Discovered at Tun-huang* 敦煌，*China.*[1] 及 *On Ancient Musical Score of P'i-p'a* 琵琶 *Discovered at Tun-huang* 敦煌[2]二种，于是林君之书，悉获寓目。深喜向所猜度者，林君均已一一阐明，且彼因调查正仓院所藏 8 世纪之笙竽，其上所写古体符号，可与琵琶谱印证。如是琵琶谱字弦柱位名，可以论定矣。兹录林君《笙律二考》一文中所列举琵琶及笙谱二表于后，以资参考。

四、论音符记号与曲调体制

谱之弦柱名既明，其每行右侧之音符记号。林君文中已论之，兹再赘陈如次：

· 此号亦见《天平谱》，当如今琵琶谱，表示拍号。

▭ 《品弄》及《天平谱》无此号。以他谱观之，如《倾杯乐》内“·”号有三十五至四十，而“▭”号有十四至十六者，知“▭”与“·”，必为板眼之号。大抵三眼（“·”）之后，继以一板（“▭”），是其常例，即为三眼一板；有时四眼一板。任二北亦主“·”为眼，“▭”为拍，其说是。《撒金砂》谱“▭”号作 D，乃口之草体。

火 《倾杯乐》于约当一半，在ス，ㄥ与スㄥ中间，旁注“火”字。考《怀竹抄·案谱法》，于“火”下注云“急移”。《天平谱·番假崇》亦于第四行“七”下注一“火”字，极小。其他日本古乐谱若横笛、筚篥、筝、琶，均以“火”为急移之号。又称“火急”，如贞和三年刊之《新撰要记钞》之《万秋乐横笛谱》，凡序中后三帖，每帖中注“火”字数见。有相接者——皆示急移，即两音符间之急奏，如琴谱“急车（急连）”之例。敦煌谱“火”字记号，取义应如此。[3]

丁 《天平谱》习见此号。《怀竹抄》云：“丁，弹停。”则丁为停顿之号。

---

① 《奈良学艺大学纪要》，此文已由潘怀素译出。

② 《日本学士院会刊》，1956（32—7）。

③ 任二北就《倾杯乐》谱，谓火似所以分前后片，非也。

殆如《词源》所谓“丁住”之丁，或如七弦琴之“少息”。今观《倾杯乐》末段注三“丁”号，《慢曲子西江月》末注二“丁”号，又《慢曲子》及《心事子》末注二“丁”号，《慢曲子伊州》末亦注两“丁”号，并留空一格，则丁为弹停无疑。

ㄅ ㄅ| 《怀竹抄》“ク”为返拨之号。则“ク ㇁”疑合注返拨与挑二种法。

丿 丿| 曲末恒见，此类记号疑“丿”为挑，“丿 ㇾ”即弹挑，以此收音[1]。

丿 此号每记于二个弦柱名以上之侧，《天平谱》第一行之“一乚ㄅ八”尤其显例。广东琵琶谱凡数工尺连弹为一音者，每施此丿号，疑敦煌谱取义亦同。或即弗或帚之类之动作。[2]

又谱字之间，恒见旁注小字，如《倾杯乐》之 ㄋㄋ厶，《急胡相问》之 几 七，其侧写者亦弦柱名，疑为衬音。

粤谱凡加装饰音之工尺，每侧记于下，例正相似。

附论一　掄与揆

琵琶指法有轮，唐时已有之，其字亦作“掄”。曾见敦煌石室所出写卷，列S·六一七一，为宫词若干首，其中有二首云：

晋王欲幸九城宫，便著罗衣换小红，闻道书坊新乐□（不明），莫交鹦鹉出金笼。

琵琶掄拨紫檀槽，弦管初张调□高。理曲遍来双腕弱，教人把筋喂樱桃。

词极优美，其言琵琶掄拨，尤为唐代音乐史之重要资料，故附于此。

琵琶自裴洛儿以手弹奏，然而拨器仍未废，曹刚尚然。白香山诗云：

拨拨弦弦意不同，胡啼番语两玲珑。[3]

① 如今谱《春江花月夜》末作泛音弹挑，可为佐证。

② 华秋苹《琵琶谱》云：“大指挑子至缠，急用力挑上谓之‘拂’，四指从缠作急势，一齐扫下谓之‘扫’。”

③ 《听曹刚琵琶诗》。

可为证也。今唯福建南部琵琶，尚有横抱拨弹者，余均竖抱指弹。

日本雅乐琵琶，至今尚用拨器，不用手挡，仍是唐法。《教训抄》八云："大唐贞观中，始有手弹之法。注云：手弹法，近代已废，自裴洛儿始为之。"[①] 又引蒋鲂《切韵》云："揆，琵琶拨也。"原注："音丽，俗用拨子。"《一切经音义》引《字书》"揆，揩也"[②]，日人盖以"揆"为"拨"之专字[③]，并记于此，以广异闻。

至其曲调体制，林文亦有详论，兹尚需补充者二事。

〔慢曲子〕

本谱标明"慢曲子"者有七。慢曲子似起于中唐以后，《碧鸡漫志·念奴娇》条云："唐中叶，渐有今体慢曲子。"又"兰陵王"条云："周齐之际，未有前后十六拍慢曲子耳。"按敦煌此谱，《慢曲子倾杯乐》、《慢曲子西江月》、《慢曲子心事子》，皆十六个"▭"号，足见十六拍为慢曲子通例，可证王灼之说。林谦三氏以为本谱若干曲子，为唐代末期所产生者，其说是也。

〔头尾〕

谱中有"重头"及"从头"术语。重头者，刘贡父《诗话》云："重头歌咏响璁琤，入破舞腰红辞旋，重头入破，弦管家语也。"按《词源》谓慢曲有"大头曲叠头曲"。其《讴曲旨要》云"叠头艳拍在前存"，叠头应即重头。

《急胡相问》云"却从头至'王'字末"，即谓从开头至"王"字再奏一遍。七弦琴谱有"从头再作"术语，谱字作从豆丙乍，言一句或数句重弹一遍，与此应同。

尾者，《羯鼓录》言记双流县丞李琬论曲，虽至精能而无尾，意尽而曲不尽，故须索尾，或可以他曲"解"之，以尽其声。按尾即所谓解也。《唐音癸签》十五引遯叟云："隋炀帝以清乐雅淡，曲终复加解音，至唐遂多解曲，如《火凤》用'移都师'解，《柘枝》用'浑脱'解，《甘州》用'吉了'解。"可见有借他曲为解者。《词源》云："曲尾数句使声字悠扬，有不忍绝响之意。"曲尾有长有短，其长者如本谱《长沙女引》中注"尾"字。全遍凡八拍，末又有一解六拍是也。曲尾，七弦琴恒作泛音尾声，琵琶亦时有之[④]。此类如属"解"者，不尽依本调住字，而可借他曲为之。

---

① 《群书类从》。

② 《玉篇》以揆为冲突字。

③ 按蒋鲂亦作蒋魴，《日本见在书目》有蒋魴《切韵》三卷，《倭名类聚钞》亦引之，汉土未闻。

④ 如《阳春古曲》。

尾之短者，有时仅一二句。敦煌是谱曲之结句，恒见记四个弦柱音为句，大抵有二种：

（1）异曲而弦柱名相同者，如：

《长沙女引》煞、《慢曲子》、《心事子》与《倾杯乐》、《伊州》之另一曲，收句均为

（2）同曲而弦柱名互异者，如：

《水鼓子》有二种　　《倾杯乐》有二种　　《伊州》有三种

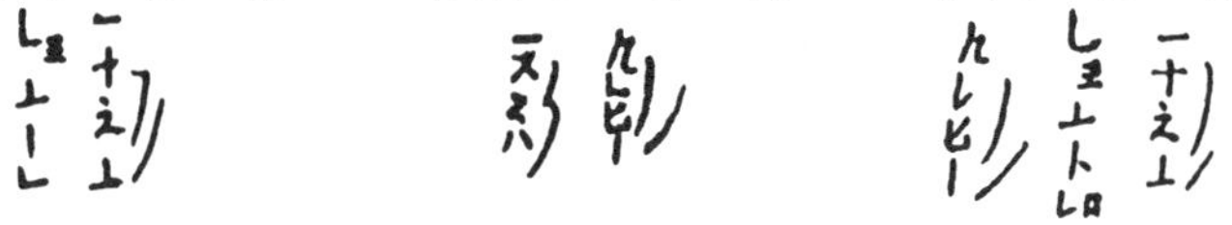

谱中常见末句时隔一空格，或示此为余声，但取悠扬不尽之意，如玉田所说者。

附论二　唐时胡琴（琵琶）分秦楚声

琵琶亦称胡琴[①]。唐人书，间亦以琴称琵琶者，《云仙杂记》二引《辨音集》有《辨琴秦楚声》条云：

> 李龟年至岐王宅，闻琴声曰：此秦声。良久，又曰：此楚声。主人入问之，则前弹者陇西沈妍也，后弹者扬州薛满。二妓大服，乃赠之破红绡、蟾酥㚘。龟年自负，强取妍秦音琵琶捍拨而去。

按此所谓琴声应指胡琴之琵琶，故下云取“琵琶捍拨。”杨时自《琴话》载此，乃以为七弦琴，并引陈旸《乐书》言“吴声”、“楚声”解之，实为大误。由《辨音集》所言，唐时琵琶有秦楚之别，殆犹后来之分北派南派。敦煌谱所载《伊州》等曲，自是标准之秦声；若《长沙女引》，顾名思义，或与楚声有关，未可知也。

五、论琵琶定弦兼评林谦三之调弦说

琵琶四弦，姚燮《今乐考证》云：“首弦曰子弦，次弦曰中弦，三弦曰老

---

① 《乐府杂录》记唐文宗时，郑中丞善胡琴，即指琵琶。又五弦琵琶亦称五弦琴，如近卫所藏《五弦琴谱》。

弦，四弦曰缠弦。”今简号作“刂□耂幺”。

阿拉伯琵琶之第一弦，系由六十四丝造成，第四弦由二十七丝造成，故第一弦犹汉土之缠弦，第四弦即为子弦，日本亦以最粗者为第一弦。

考琵琶子弦、缠弦之名，已见于唐人诗，兹举如次：

子弦　张祜《王家琵琶诗》云：“金屑檀槽玉腕明，子弦轻撚为多情。只愁拍尽《凉州》破，画出风雷是拨声。”

缠弦　元稹《琵琶歌》：“琵琶宫调八十一，旋宫三调弹不出。玄宗偏许贺怀智，段师此艺还相匹，自从流传指拨衰，昆仑善才徒尔为。颋声少得似雷吼，缠弦不敢弹羊皮。……”

可知四弦中“子”、“缠”之名，由来已久。

日本琵琶四弦四柱表

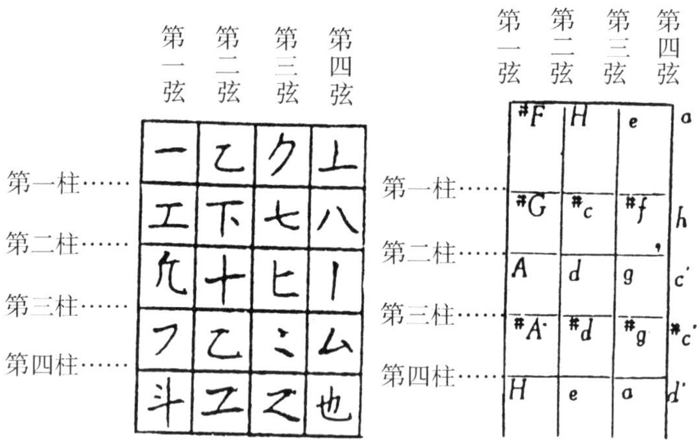

此用德国记音，H 即英美之 B。

上列为现行盘涉调调弦法，即日本古平调调弦法，与阿拉伯古代 Root 同型，是四弦四柱琵琶之基本方法。

上图为日本所传琵琶四弦四柱，现行盘涉调之配置，林氏文中有详细说明，唐代琵琶只有四相而无品，日本雅乐正与相同。中国现代琵琶制作与此不类，而律吕之配置，大抵第二、三弦相距一律，内外（子缠）弦高低八度。如常用之正工调之空弦为伬合四尺，小工调则为合上尺六，最高者之乙字调则为仕凡六上，此并与日本异。其有相无品之琵琶弹法，今唯福建泉州之南曲尚然，其按弦但以四相为主，而不按品，王光祈考证苏祇婆所用琵琶，与阿拉伯琵琶相类，其四弦各柱定音之法，日本雅乐琵琶犹谨守之，其第一柱与第二柱间为闰柱，所谓“古代中指”，即上图之第二柱，唯日本第二柱较阿拉伯“中指”之音为高。[1] 今就敦煌谱所记弦柱名号，悉同于日本琵琶一层论之，欲于敦煌琵琶有所寻证，自宜取资于扶桑，林谦三之论文，其重要性即在此也。

关于敦煌所出本谱调弦法，林氏穷二十年工夫，致力于此，仅略具端倪，林氏研究之法，依字体分为三组，复就最末一句相同之谱字，加以归纳，因断定本谱有三种调弦法之异，窃以为此种推论，其出发点大有可商：

（一）字体之不同，无关于曲调，又谱字所记，乃属弦柱名，其音可变动不定，虽同弦柱名，因宫调不同而每异其工尺。

（二）结声所以定其宫调，只有看其结尾主音，不必全看其“整句”，此即所谓“住字”也。二十八调住字各有不同，故欲从曲子最末一整句，推知其宫调，其途径反嫌迂远，因一整句除主音外其余可增减变化也。故本谱收句弦柱名相同者，其工尺未必相同。

（三）曲谱最末一句有在“煞”字之下者[2]，如是其主声似在“煞”之上，非在此最末一句。尚有记谱时，隔开一字之位置者[3]，此即《词源》所谓曲尾，但取余音，不足以定主声。有时得以他曲“解”之，则尤非住字本音矣[4]。

故林氏此种逆推法，过于机械，只能依所见谱字推测调弦之某种可能性，但对于“住”字及该曲所属宫调，无从确知。其所译五线谱，充其量只表现音之高低而已，而不能定宫商也。林氏研究结果，以为《倾杯乐》、《伊州》在敦煌谱不属于商调，而是一种变调，颇异于文献之记载。考《倾杯》，唐时有太簇商、黄钟商、中吕商，皆属商调。至宋别造新声，及有其他二十七调，此谱为唐末之物，接近北宋，可能不属商调。至若《伊州》一曲，如王灼所记，宋时共有七商调，唐之《伊州》，如王建言则为侧商，虽借他（尺）字杀，仍旧属商调也。所谓借煞即曲尾不尽依主声，此种现象，相信在敦煌琵琶谱中应有不少。因各谱不著宫调名，未由考索。兹略提出所见，以俟方家进一步之研究焉。

附　中日琵琶曲调关系之推测

日本琵琶，传自中国，其曲调如《啄木调》。宋人诗词中屡见之：

① 参见王著《中国音乐史》。

② 如《倾杯乐》之急曲子，《教坊记》云：“声曲终谓之合杀。”

③ 如《长沙女引》、《伊州》。

④ 参见《梦溪笔谈》论“诸调杀声，不能尽归本律，故有偏杀、侧杀、寄杀、元杀之类”。

欧阳修《于刘功曹家见杨直讲女奴弹琵琶诗》云："大弦声迟小弦促，十岁娇门弹《啄木》。啄木不啄新生枝，惟啄牙槎枯木腹。啄木飞从何处来，花间叶底时丁丁。林空山静啄愈响，行人举头飞鸟惊。"

苏轼《润州甘露寺弹筝》云："与君合奏芳春调，啄木飞来霜树杪。"

张先《醉垂鞭·赠琵琶娘词》云："琵琶金画凤。双绦重。倦眉低。啄木细声迟。黄蜂花上飞。"

姚勉（宝祐元年廷对第一）《贺新凉》云："深意在，四弦轻摘。香坞花行听琢木。翠微边，细落仙人屐。星盼转，趁娇拍。"自注云："妓唤惜，程秋干席上作。"①

《琢木》为琵琶调名，应即《啄木调》，琢、啄字异而实同。"此云四弦轻摘"，知不用拨而用手弹也。摘为指法之一，华秋苹《琵琶谱》云："且，提也。左按弦，右大、食两指摘起一弦即放，如弦断之声。"《停云谱》指法十一法中，其一曰"提"，即此②。日本《啄木调》，第一弦至第四弦调弦法为GGdg及AAea，不知宋人之调弦法，是否相同，未由深考。又日本琵琶有曰双调者，调弦法为Adea，与今琵琶小工调（D调）定弦之合上尺六（Adea）及正工调（即G调）定弦之伬合四尺（Adea）相同。考宋太宗制琵琶独弹曲破诸调，有《连理枝》，一属蕤宾调，一为双调；一名《小桃红》；一名《红娘子》，一名《灼灼花》。"双调"之名亦同。不知视此如何，由调名之雷同，足见日本琵琶曲调多自中国传去，此尤宜注意者也。

六、略论琵琶谱源流

琵琶古谱，向鲜刻本，宋时流传，有贺老琵琶谱。贺老琵琶谱，《梦溪笔谈》卷六云："予于金陵丞相家，得贺怀智琵琶谱一册。其序云：'琵琶八十四调，内黄钟、太簇、林钟宫声，弦中弹不出，须管色定弦。其余八十一调，皆以此调为准，更不用管色定弦。'"其遗说犹有可考，故沈存中持以证元稹

① 《全宋词》卷二五〇，7页。

② 琵琶指法名称多采自古琴而稍变，"摘"于琴法，本为名指向外出弦，与此微异。又如琵琶所谓"摭"，即琴弦之"撮"，则异其称谓。

之诗。惜其谱至南宋已失传。① 宋太宗制琵琶独弹曲破诸调，其目今犹存。②若琵琶谱之有刻本，据称以嘉庆二十三年无锡华文彬（秋苹）琵琶谱为最早。③

华氏之谱，共三卷，六十四曲。题曰《直隶王君锡传谱》。有西板十二曲、文板五曲、武板七曲、大曲十面十三段、（正调）杂板一曲（即《普庵咒》)，其目亦著于姚燮《今乐考证》。清初琵琶谱别有《太古传宗琵琶调宫词曲谱》，即以琵琶为主乐器，以其他弦索伴奏，中有琵琶调《西厢记》曲谱，清初苏州曲师顾子式手订，康熙间，汤斯质、顾峻德重编，此为昆曲之琵琶谱。乾隆十四年刊行。

光绪二十一年，有平湖李清芬芳园氏之《南北派十三套大曲琵琶新谱》。此书今最通行，然李谱记古典作者，多有问题。如以《霓裳曲》为裴神符作。④ 误“秦汉子”为隋时人名⑤，皆极可疑。《今乐考证》所列谱目，有浙江陈牧夫派、西板正调四十九曲，及大曲《将军令》十段、《霸王卸甲》十段、《海青拏鹤》十八段、《月儿高》十段、《普庵咒》十六段。又录江南派琵琶目，按此大部分已载李芳园书中。

后此乐家，乃稍稍以琵琶谱刊布，如瀛洲古调、怡怡室、玉鹤轩、养正轩诸谱，世所共悉，兹不具论。民国福建林鸿编《泉南指谱重编南乐谱》（六册)，所记琵琶指法及工尺字与一般不同，为琵琶别派。乐谱之中，以琵琶谱流传最少，今乃于敦煌石窟，获此唐代残谱，其可宝贵，为何如耶！

至于古谱，扶桑流传，除正仓院《天平谱·番假崇》残叶外，见于著录者，有伏见宫家藏之琵琶谱，题开元六年唐孙宾笔⑥，为年代最古之谱。后此有藤原师长之《三五要录》、藤原孝时之《三五中录》。又山井基寿、山井景

---

① 叶德辉《〈刊秘书省续编到四库阙书目〉序》，经部乐类“贺怀智撰琵琶谱一卷，阙”。据《直斋解题》，《秘书省四库阙书目》乃绍兴所改定，故知南渡以后，其书已阙。

② 参见《今乐考证缘起》。

③ 杨荫浏《中国音乐史纲》说。

④ 按《唐会要》，天宝十三载太常署供奉曲名，下云：《婆罗门》改为《霓裳羽衣》。白傅《霓裳羽衣歌》：“杨氏创声君造谱。”自注：“开元中，西凉府节度杨敬述造。”又《碧鸡漫志》三论此曲原委尤详。裴神符，贞观时人，去开元已远。

⑤ 李谱于“淮阴平楚”下注：“隋秦汉子作”。按《旧唐书·乐志》云：“今清乐奏琵琶，俗谓之‘秦汉子’，圆体修颈而小，疑是弦鼗之遗制。其他皆兑上锐下曲项，形制稍大，疑此是汉制，兼似两制者，谓之‘秦汉’，盖谓通用秦汉之法。”又见《通典》卷一四四《琵琶》条。此类琵琶为四弦十二柱，可见“秦汉子”乃器名，非人名。

⑥ 参见东京音乐学校编：《雅乐及声明图书展览会目录》。

顺之琵琶谱，皆唐乐曲谱。[1] 而近卫公邸世传古抄《五弦谱》，尤为研究唐代五弦无上之秘籍。具详见林谦三氏考证。此域外琵琶谱流传之概略也。[2]

七、裴洛儿与《倾杯乐》

敦煌此谱，《倾杯乐》有二，甲谱后有慢曲子及曲子，并注“重头尾”；又有急曲子，注“重头至住字煞”；乙谱“倾”字作“顷”，不附慢急曲子之谱。唐时此曲为体颇繁，自北周有六言之《倾杯曲》。《隋书·音乐志》记“牛弘改周乐之声，献奠登歌六言，象《倾杯》曲”。入唐之后，燕乐琵琶，有《倾杯乐》曲，乃贞观末裴洛儿所造。洛儿亦称裴神符，王溥《唐会要》卷三十三《讌乐》条云：

> 贞观末，有裴神符者，妙解琵琶，作《胜蛮奴》、《火凤》、《倾杯乐》三曲，声度清美，太宗深爱之。高宗末，其伎遂盛。

此语盖本诸《通典》，见卷一四六“坐立部伎”注，其文全同，而作裴禅符。考神符兼擅五弦，其奏琵琶，实始废拨用手。

唐刘悚《隋唐嘉话》：“贞观中，弹琵琶裴洛儿，始废拨用手，今俗谓挡琵琶是也。”

《新唐书·乐志》：“五弦，如琵琶而小，北国所出。旧以木拨弹，乐工裴神符初以手弹，太宗悦甚，后人习为挡琵琶。”

由上列二条互证，知裴神符即裴洛儿也。唐擅琵琶者多裴姓，与曹纲同时又有裴兴奴亦妙解琵琶，则在洛儿之后。杜佑记洛儿所作琵琶三曲，除《胜蛮奴》谱无可征外（《胜蛮奴》，天宝时改为《塞尘清》，属林钟羽，即平调，见《唐会要》）。《倾杯乐》见于敦煌此谱，为四弦琵琶。《火凤》则见于日本近卫家藏古抄五弦琴谱，则为五弦琵琶，斯俱为琵琶唐谱，虽未必裴洛

---

① 日本琵琶传授，向有京都山井氏及天王寺乐家林氏两派之争，其后人并著有琵琶系谱一类之书。参看平出久雄编：《山井景昭氏雅乐藏书目录》。

② 关于琵琶种类，可参看日本岸边成雄著《琵琶の渊源》（载《考古学杂志》二十二，1936 年 10 月 12 日），此文又译成英文，The Origin of the P'i- P'a by Shigeo Kishibe，载 *The Transactions of the Asiatic Society of Japan*, vol. XIX 1940，Tokyo. 泷辽一：《东洋に发达せる琵琶につひて》，载《东洋音乐研究》第九号。此二篇对于“秦汉子”辨析甚详，又常任侠：《汉唐时期西域琵琶的输入和发展》，载《民族音乐论文集》第一集。

儿之原制，然不失唐音之遗，亦华夏音乐史上之瑰宝矣。

附　《火凤》小考

《火凤》最早记载，见于《洛阳伽蓝记》卷三《高阳寺》条云：

> 王有二美姬，一名修容，一名艳姿……艳姿善火凤舞。

知唐以前已有此曲。《通典》记贞观末裴神符妙解琵琶，作《胜蛮奴》、《火凤》、《倾杯乐》三曲，则殆因旧曲改作新声。日本近卫家藏古抄五弦琴谱（实为五弦琵琶），内有平调《火凤》。考李百药作《火凤辞》（见《全唐诗》乐府十一），又《乐府诗集》卷八十引《乐苑》云："《火凤》，羽调也。又有《真火凤》。"《唐会要》天宝间太乐署值奉之曲名，内有林钟羽，时号平调，有《火凤》、《真火凤》、《急火凤舞》。元稹《法曲诗》云："《火凤》声沉多咽绝，春莺啭罢长萧索。"即指此也。唐曲多有"解"者，如《火凤》即用移都师解之（见《唐音癸签》十五）。日本五弦之平调《火凤》，是否天宝旧曲，不可得知，唯《火凤》曲调之繁，可概见矣。

八、余论——由敦煌琵琶谱论板拍及工尺符号之起源

敦煌琵琶谱之发现，对中国音乐史上尚有若干问题，可提出研究者。

（一）唐代记拍之方法

谱中以"▭"、"·"为板拍之号，其慢曲子多十六"▭"、"·"与王灼说相符。后世记拍以"□"为正眼，"▭"为侧眼（《九宫大成谱》凡例），由此谱征之，足见渊源之远矣。

（二）工尺谱字之来源

工尺七字，旧时学者以为最早见于《梦溪笔谈》卷六。然姚燮引《唐琵琶录》云："以合字定宫弦，则工尺之谱，不始于宋也。"工尺字之来源，论者不一其说：

（1）出楚词《大招》说[①]

《大招》云“四上竞气”，上举诸家谓即字谱所由昉，此说了不足据。清徐养原等已驳正之。

（2）象声说

明方以智云：“合字似呵，四字似思，一字似伊，尺字似扯，六字音灵悠切，凡字音似翻，高凡字似泛，五字似呜，即今箫管七调诸法。”

（3）出苏祇婆琵琶说

凌廷堪《晋泰始笛律匡谬》。

（4）乐谱以△□为号说

清翟灏谓古作乐谱，初以△□形状为识，如《礼记·投壶》鲁鼓、薛鼓之法。

（5）出阿拉伯说

田边尚雄《中国音乐史》云“厶等记号当来自西域，恐即出于回教中”。

（6）出于筚篥说

朱谦之《燕乐考原跋》：“景祐二年李照说：‘筚篥中去其五六两字，则胡部调曲不可成矣。’五六即字谱上之五六。”

众说纷淆，莫衷一是。考陈旸《乐书》作于北宋末，其言曰：“今教坊所用上七，后二空，以五凡尺上一四六勾合十声谱其声。”考宋人诗词每言及工尺字者，周密《浩然斋雅谈》载张枢宫词云：“银筝乍艳参差竹，玉轴新调尺合弦。”石正伦《渔家傲》云：“贪听新声翻歇指。工尺字。窗前自品琼箫试。”（《阳春白雪》，又《全宋词》二三七）皆其例证。《乐书》一一九言唐人燕乐半字谱[②]，殆即宋世流行俗字谱[③]之滥觞。其见于朱子《琴律说》、白石《旁谱》、《词源》、《事林广记》等书，写法略有出入。近年新出西安何家营鼓乐谱，亦有此类谱字，如“厶”之为“合”，“人”之为“尺”，“マ”之为“四”，与宋谱同；亦有稍变者，如“工”作“丨”，“六”作“ㄣ”，“五”作“ㄅ”，“一”作“、”。又五台山寺院管子乐谱“六”作“乚”，即存“六”之上端，“五”作“乙”，即存草体“五”之一半[④]，此足见俗字嬗变之迹。

---

① 参见明唐荆川：《稗编》卷四十二；清毛西河：《竟山乐录》、《律吕正义》。

② 其言曰：“……令均容班部头任守澄，并教坊正部头花日新、何元善等，注入唐来《谯乐》半字谱，凡一声先以九弦琴谱，对大乐字，并唐来半字谱，并有清声。”

③ 即工尺草体及简写。

④ 各谱未见，兹据《中国音乐史》参考图片第四辑图片，参说明书所翻译五线谱，推勘而得。

唐代谱字可见者，赖敦煌此琵琶谱及日本《五弦谱》正仓院唐代笙管律字，其中字体，实有不少与宋人工尺俗字相似者。试举如下：

エ——琵琶第一弦第一柱

凢——琵琶第一弦第二柱

一——琵琶第一弦（空弦）

以上三字，笙谱亦同，与工尺谱之“一”、“工”、“凡”全符。

フ　琵琶第一弦第三柱。此与宋工尺之“俗”字作“フ”相同。

ユ　琵琶谱第二弦第四柱。朱子《琴律说》“尺”字作“ユ”，与此形同。

ス　《天平五弦琵琶谱》有之。日本笙谱及现行之琵琶谱作“下”。和音ge，即上下之“下”字。林谦三谓不如看作数字“六”之简体，按此与宋俗字“六”之作“欠”略近。

上　琵琶谱作“⊥”，似古文“上”字，为第四弦。笙谱作“上”，此与工尺之“上”形同。

ム　琵琶谱为第四弦第三柱[1]。此与白石《旁谱》、《词源》之“合”字形同。

ㄅ　琵琶谱第三弦，笙谱作“行”，与宋俗字“凡”之作“ㄋ”略近。

L　琵琶谱第二弦。与宋俗字之“勾”形相似。

マ　琵琶谱第三弦第三柱。与宋俗字之“四”作“マ”同形。

由上列比较所得，可见宋时工尺俗字，与唐人琵琶笙等记谱之字有密切关系。兹据林谦三氏所记，此类谱字之音阶，附记如下，以资比较：

日本（琵琶）谱字

$^{\#}f'$		n	d′	e	a	$^{\#}c$	c	$^{\#}f$
ム	乙？	一	⊥	L	コ	エ	凢ク	下？

汉工尺字

ム	マ	一	上	ㄴ°	コ	エ	凡クリ	欠六
（合）	（四）			（勾）	（尺）			（六）

如以“下”比况“六”，则“下”与“ム”恰为同音之$^{\#}f$，此与“合”、“六”之情形正相仿佛。唐代此类谱字，琵琶与笙大致相同，似可目为工尺谱

① 又第一弦第四柱之“ㄐ”，《五弦琵琶谱》作“ム”。

字之前身。

其中唯高音“五”字不见相似者，按李照说筚篥去其“五”、“六”则不成音，始悟“五”、“六”之符号，或与筚篥谱有关。今考日本所存古筚篥谱，其一与正工调音阶恰相合，两符号多同，兹比较列举如下（采自林氏《隋唐燕乐调研究》）：

正工调

舌	g^1	五	a^1	工	h^1	凡	c^2	ム	$^\#c^2$	六	d^2	四	e^2	一	$^\#f^2$	⊥	g^2	丅	a^2
上		尺		工		凡		（清）	凡	六		五		乙		（清）	乙	仩	

此中关系如何，至堪玩味。

于是可得一假设，即工尺律吕①之构成，乃取之笙、琵琶、觱篥各谱字，加以组织以配宫、商、角、徵、羽、变宫、变徵七声，肇于何地何人，固不可深考。而其年代当在唐时，此类古谱正为考索其来源之重要资料。至于各种谱字次序排列之比较，及与十二律吕之关系，暨调首②等等问题，牵涉至广，非此所欲详论。兹略提出工尺谱字与琵琶古谱相关之处，以供研究，想亦治中国音乐史者之所乐闻也。

颐按，近年陈应时有《工尺谱字原理之猜想》一文③，所论视此进步多矣。旧说仍存之，以觇昔年未成熟看法之一斑云。

附录 大英博物馆藏敦煌舞谱

敦煌舞谱，世所流传者为法京所藏P·三五〇一号卷，载《遐方远》、《南歌子》、《南乡子》、《双燕子》、《浣溪沙》、《凤归云》六谱。刘复始为录出，刊于《敦煌掇琐》上辑四六，题曰舞谱（刘书记伯目为三五六一，误。应作三五〇一）。神田喜一郎又影入《敦煌秘籍留真新编》下册。伦敦大英博物馆所藏敦煌经卷，亦有舞谱残叶小册，旧列S·五六四三，新编列七二三八号。仅《蓦山溪》、《南歌子》、《双燕子》三调，余则调名残缺。此册前有曲子《送征衣》，及《佛说多心经》。

Lionel Giles所编目录，谓为Tables of musical notation，实即舞谱也。此册世间未曾流传，兹附于此，俾与法京卷子，合为双璧。

① 即合四上勾尺工凡六及陈旸《乐书》、《辽史·乐志》所列之十字等。

② 即以何者为黄钟。

③ 载《民族民间音乐》，1985（3）。

敦煌乐谱可定为龟兹乐谱，则此类舞谱，又疑与龟兹舞有关。

宋沈辽《云巢集》卷一有《龟兹舞》诗云：

> 龟兹舞，龟兹舞，始自汉时入乐府，世人虽传此乐名，不知此乐犹传否？黄扉朱邸昼无事，美人亲寻教坊谱，衣冠尽得画图看，乐器多因西域取。红绿结裀坐后部。长笛短箫形制古，鸡娄揩鼓旧所识，饶贝流苏分白羽。玉颜二女高髻花，孔雀罗衫金画缕。红靴玉带踏筵出，初惊翔鸾下玄圃。中有一人奏羯鼓，头如山兮手如雨。其间曲调杂晋楚，歌词至今传晋语。须臾曲罢立前庑，叹息平生未尝睹。清都阆苑昔有梦，寂寞如今在何所？我家家住江海涯，上国乐事殊未知。玉颜邀我索题诗，它时有梦与诠期。（《沈氏三先生集》）

此为仅见有关龟兹舞之资料，其舞容及舞出人数、伴舞乐器，约略可考，故并录之，以供参考。

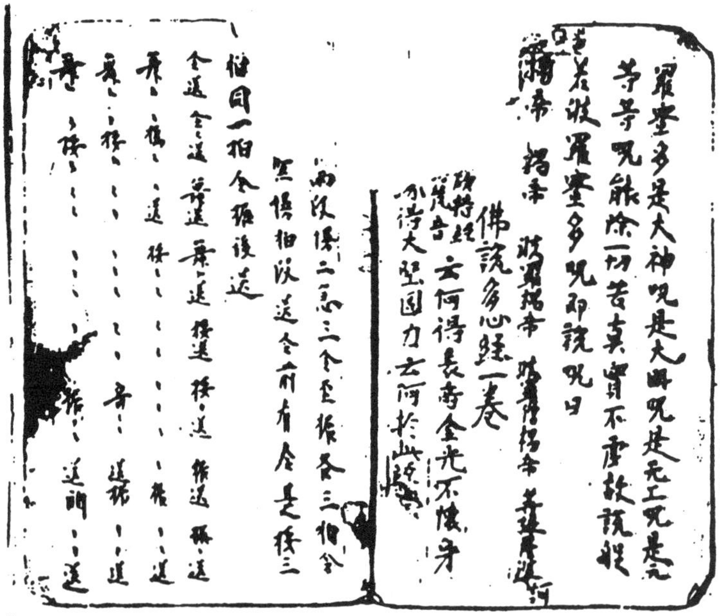

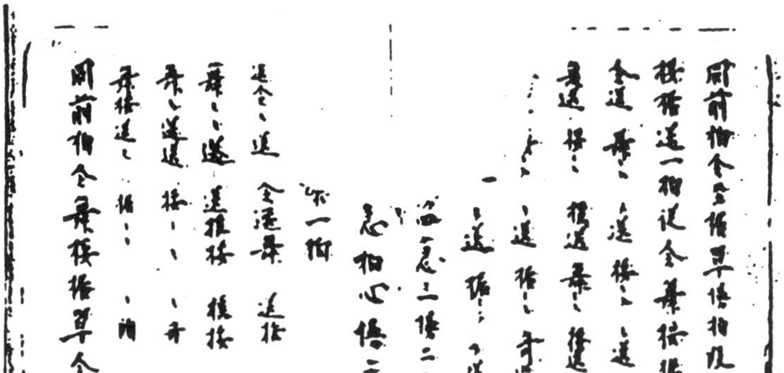

大英博物馆藏敦煌舞谱残叶（一）

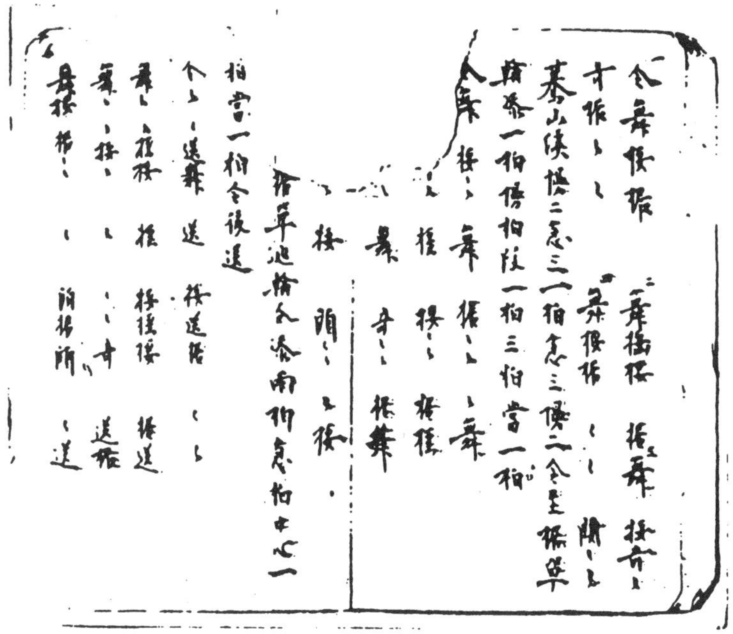

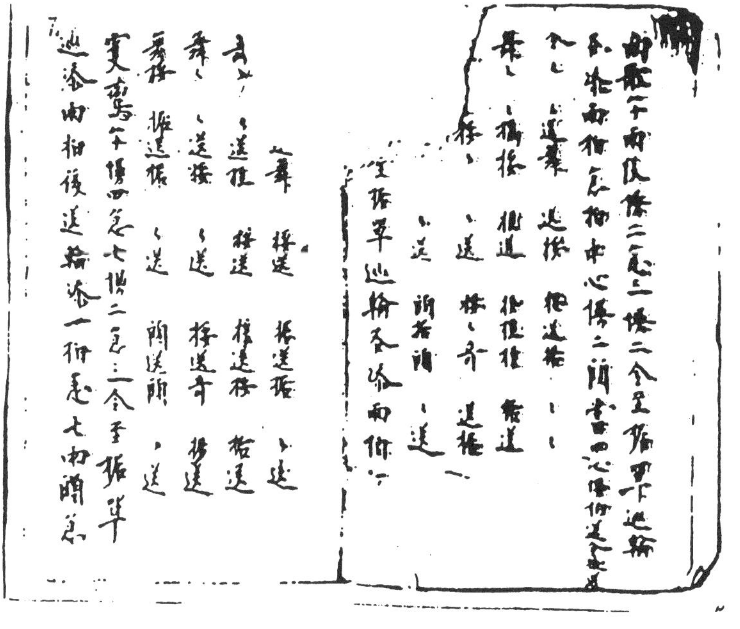

大英博物馆藏敦煌舞谱残叶（二）

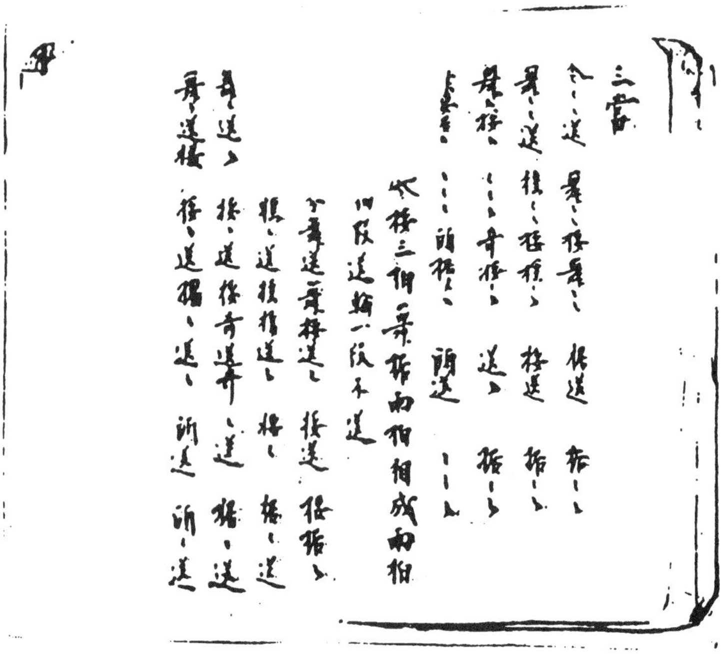

大英博物馆藏敦煌舞谱残叶（三）

原载《新亚学报》，1960年2月第4卷第2期

附录三　敦煌琵琶谱《浣溪沙》残谱研究

近时国内音乐学界展开一连串对于敦煌乐谱讨论的热潮，是由于上海音乐学院叶栋提出《敦煌曲谱研究》一文所引起，许多大报先后披露破译了一千多年前的全套的敦煌唐人琵琶大曲古谱的消息，遂导致不少专家撰文商榷。大抵有三种不同意见：有完全加以否定认为不是琵琶谱的（如毛继增），有重新肯定应该属于琵琶谱的[①]，有部分肯定的[②]。其中完全否定不是琵琶谱一说已受到许多反驳[③]，事实很难成立，不必多费笔墨。

我近时研究的重点不在这方面，由于陈应时先生寄示他许多大著，其中屡屡提到我在1960年发表的《敦煌琵琶谱读记》[④] 一文。他陆续刊布许多有建设性的文字，对这份乐谱做出很彻底的整理工作，令人钦佩。我在把所有关于敦煌琵琶谱新近的论著读完之后，给我的印象是一些不必要的疑难原是由于对巴黎卷子原物的认识不够所引起。当然，接触原卷必须亲到巴黎跑一趟，才能摩挲原件，即便林谦三先生还是没有做到，很可惜介绍到国内的照片和记录，不是摄影不清晰，便是记录的不准确，才引起许多不必要的误解。

保存在法京，先前为伯希和取去莫高窟所出的琵琶谱计有三件，一是伯氏编号P·三八〇八的正面有长兴四年讲经文的乐谱（下面简称“甲谱”）；一

---

① 如林友仁、应有勤等四人合写的《验证敦煌曲谱为唐琵琶谱》。

② 如陈应时、何昌林等。

③ 如席臻贯、陈应时所发表诸篇。

④ 载《新亚学报》，第4卷第2期。

是列P·三五三九号的记录着琵琶二十个弦柱名的残纸（下面简称“乙谱”）；另一个列P·三七一九号的记录《浣沙溪》谱字的断简（下面称“丙谱”），此卷另一面写着《尔雅》白文。这三件资料，甲、乙谱现尽人皆知。丙谱事实只有一行半（参看附图影片），以前王重民在《敦煌遗书索引》293页没有加以记录。我于1964年在法京撰写《敦煌曲》一书的时候，亦把它忽略了。近年任半塘先生辑刊《唐声诗》，在格调图谱之内（全书630页）记载有是谱的摹本，非常难得。他说这件资料是依据左东侯（景权）所摹录的。虽然寥寥不满两行，疏失却有多处：

（一）所有三个“復”字，原卷都作“復”或“洖”，并且都用小字侧注于弦柱名之下。不宜大字作为正文。

（二）第二个“七”号和“ヤ”号之侧，下面都有“フ”的记号，任书漏记。

（三）首行第七个记号的“幺”，原用墨涂去，其侧亦有“乚”号。

（四）“幺”的下面，有“ス”号，不是“久”字。这是琵琶第二弦的第一柱名，日本现行谱字作“下”。

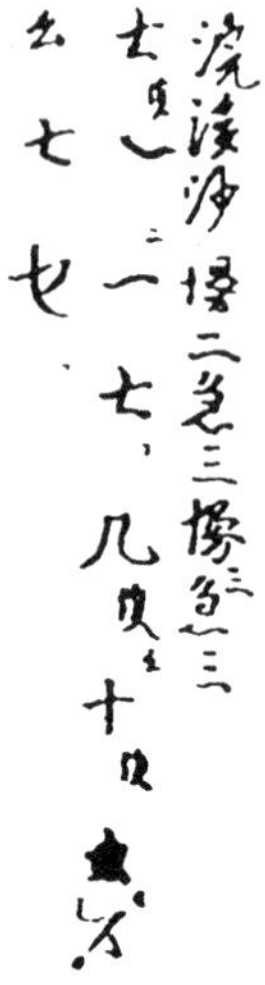

左先生不搞音乐，他随行抄记，想不到遗漏了一些记号。可见摹录之易于失真，往往不可信任，必须取得有明显可靠的照片，方可从事研究。

丙谱虽仅行半，有许多地方可供我们仔细寻译。试申论如下：

在《浣溪沙》词调之下，记着“慢二急三慢三急三”，可见同一曲子，可以慢急兼施。因此在甲谱中《倾杯乐》的下面有“又慢曲子、又曲子、急曲子、又曲子、又慢曲子、急曲子、又慢曲子”等名目，自是指《倾杯乐》这一曲而言。甲谱的构造，叶栋把它看成大曲，以为从《品弄》起第一群十曲为散序，以下第二群十曲为中序，第三群五曲为破，有整个的组织，那是说不通的。叶说已经有人加以辩驳，今不复赘。

敦煌卷子中舞谱二种，在P・三五〇一号内有《浣溪沙》关于急慢动作的记录，文云：

> 《浣溪沙》拍：常令三拍……前，急三，中心舞。后，急三，中心据、打。慢拍，段送。准前令，挼，三拍；舞、据，两“拍”……准前令至据，各三拍；打，八拍；心，慢拍一拍；送，急拍，两拍送。

用舞谱与丙谱比对，可明两谱的“慢二急三慢三急三”，是配合舞容的节拍，和舞谱的“前急三，后急三”，正可参照。乐谱上的急慢，和舞谱上的急慢，应该有连带关系。这样便牵涉到舞谱的研究。我在此只指出这一点，还待攻治舞谱的专门家去进行详细的探讨。①

“復”是“復”字，表示反复，为甲谱所未见，是一个新出现的记号。“復”作小字旁注于弦柱名之下，可见它是指一音的反复。在古琴谱的指法简字有“覆”，据《琴书大全》陈居士说：“覆，復。上下。亦名又上下。”是指操缦在琴面上，左手进退复以取音。丙谱所见，琵琶谱的“復”，必是指一音的重奏。

由于国人对日本雅乐的琵琶演奏谱的隔膜，故对敦煌乐谱产生不同的论断。在日本现行琵琶谱与敦煌甲、乙谱谱字只有一些字形上的小差异。基本上谱字的数目和字形是一致的。林谦三与平出久雄早在1938年合写的《琵琶古谱之研究》文中已明白地指出了。我们在四十年后还在作不必要的论争，未免可笑。况且敦煌石室又有二十字谱的出现，完全吻合，更没有讨论的余地。在敦煌乙谱中散声一列称为散打四声，第一柱称为次指四声，第二柱称为中指四声，第三柱称为名指四声，第四指称为小指四声，仅有符号形状的小歧异而已。和日本现行谱及各种古谱的柱谱为数，同为二十个。基本上几乎没有什么差别，这些谱字都应该是琵琶谱，可以论定。

① 好久以前，我和林谦三先生都想从日本的记载找寻一些线索。我不懂舞蹈，只能在文字校证上做点工夫。近年，好友水原渭江教授致力最深，详他所著《词乐研究》上册；不久他有关于舞谱研究的巨著问世。

关于二十谱字的来历，林谦三引用《大日本古文书天平谱》图版注云：

ㄴ八乞是尾，T是停，リ是行，ヒ是比，セ是也，ム是专，丄是上之略。

林氏说，除“乙”一个字以外，大体不难解释。上面丙谱所见的“幺”字即是“厶”，在乙谱中作“尔”，“尔”号在日本的《乐家录》作“厶”。法京三谱中即有三种写法：

厶（甲谱）

尔（乙谱）

幺（丙谱）

事实都是第四弦的第三柱。《天平谱》注说：“厶是专，因为专的上半从叀，省去‘叀’部分，正剩下‘厶’字，至于‘幺’之写法，还是初见到，所以很是重要。”

“夂”字，林谦三在ス号下说云：“古今谱字对比，相当于‘下’，没有异论，《五弦谱》亦使用之。在《三五要录》中，用着现行的谱‘下’字。”所以“夂”即是第二弦的第二柱。

敦煌谱时时小字厕于大字。如“七ㄣ”、“七ㄱ”、“七ㄷ”之类，林氏曾加统计，乙谱中即有廿六种。在日本的《天平谱》有“七”、“七ㄣ”“ヒㄝ”之例。《乐家录》九所谓唱弛谱，即有：

八丄　七ㄣ　下マ　丨八　ヒセ　十下

厶丨　てヒ　L十　也厶　てく　丨L

共十二种。其中“八丄、七ㄣ、下マ、ヒㄝ、十下”五种，即见于敦煌谱。今观丙谱的“几ㄠ、幺マ、乂L”，都是这种大小字兼用的记录办法。

由于丙谱中“復”字的使用，我们可连类对若干不太明了的记号，提出尝试的解释。陈应时先生在《敦煌曲谱研究尚须继续努力》一文中指出谱字术语有三类，A为音高谱字，即弦柱名。B为汉字术语，应即指法名号。C为其他符号三项。在B类之（1）“重头”至（23）之“復”，他列举各家的不同说法。我认为这里不少可以从古琴指法符号得到一点体会，其实不止一个

“復”字为然。例如：

今——可能是“吟”的省写，“吟”在琴谱字上作“ㄔ”，《太古遗音》说：“细动延其声谓之吟，或全以甲按弦延声谓之甲吟。”毛继增欲改“今”字作“令”。细看乙谱，《长沙女行》在⊥°之侧和《撒金沙》十o旁注“今”，分明是“今”字，改之殊属无谓。

合——在《撒金砂》调末注“自今字下作至合字”，但细察原卷，前后二处都作“今”。不见“合”字，疑当作“自今字下作至今字”。如“合”字不误，则第二个“今”字必误，疑莫能明。

王——王字旁注，见于《伊州急曲子》，在“L”号之旁注“王”字，故云：“第二遍至王字末。”又《急胡相问》在“L”之旁注“王”子，故云：“却从头至王字末。”《水鼓子》上于“L”旁注“王”字，所有“王”字都是旁注。赵如兰读“王”为“往”，按琴谱指法有来往。《澄鉴堂琴谱》：“如按九徽即下十，又急上九，又急下十谓之往来。”这些在某弦柱子侧注“王”字。是否指在此处作来往上下，还待研究。

记——在急曲子《倾杯乐》第四行“ス”字，旁注“记”字，故云“重头至记字煞”，用意仍未明。

火——在《倾杯乐》第三行，“スㄴ、スㄴ”之中间，注以“火”字，《怀竹抄》云：“火，急移。”林氏云：“火的长度，基于‘·’的拍子。”

这些“今（合）”、“王”、“记”、“火”等号，都作旁注，应该表示特别指法或快慢速度，从古琴指法取音，或可得到一点启示。我从前曾指出乙谱中“从头”一语，和古琴的“从豆丙乍”[①] 意思一样，琴与琵琶在音理与指法有某些共通之外，可以作进一步的推敲。这一假设，是否有当，还乞陈先生及音乐界同好加以指正。

附录

陈应时先生在《解译敦煌曲谱的第一把钥匙——琵琶二十谱字介绍》一文中所附P·三五三九V°的图片，似是不完整的。在我的《敦煌曲》[②] 的插图早已印出，非常清楚。这分明是在《归义军节度使牒》上后面空白地方，

---

① 即“从头再作”。

② 1971年巴黎印行。

随便写上琵琶二十谱字。许多学人未见过拙著《敦煌曲》和插图，故有些怀疑这琵琶二十个谱字，是否为归义军将士所写[①]。其实这些乐谱是僧人玩弄音乐随手写上，其前又有“如是我闻”一段 ，不但和正面的佛经无关，亦和归义军无关。在敦煌写卷里面，往往一卷之中可以有若干不同时代不同人所书写。敦煌寺院的僧徒每每把旧文件旧经卷在卷末或背面做练习字或随手札记，这种情形非常普遍，不足为奇。

原载《中国音乐》，1985 年第 1 期

① 何昌林说。

附录四　1991年以来的敦煌乐谱研究

陈应时

1990年和1991年，饶宗颐编的《敦煌琵琶谱》和《敦煌琵琶谱论文集》二书，作为香港敦煌吐鲁番研究中心丛刊的之一、二，相继由台湾新文丰出版公司出版发行。

《敦煌琵琶谱》一书汇集了饶宗颐撰《敦煌琵琶谱与舞谱之关系》、《敦煌琵琶谱写卷原本之考察》、《论“▭”、“·”与音乐上之“句投（逗）”》、《再论“▭”、“·”与顿住——敦煌乐谱与姜白石〈旁谱〉》、《三论“▭”与“·”两记号之含义及其演变》、《四论“▭”、“·”及记谱法之传承——敦煌乐谱与西安鼓乐俗字谱之比较》、《〈浣溪沙〉琵琶谱发微》、《轭轨说》、《琵琶谱史事来龙去脉之检讨》、《再谈梁幸德与敦煌琵琶谱》等多篇论文。黎键的《饶宗颐关于唐宋古谱节拍节奏记号的研究》和笔者的《敦煌乐谱新解（附译谱）》修订稿亦被收入其中。

《敦煌琵琶谱论文集》一书汇编了林谦三、平出久雄的《琵琶古谱之研究》（1938，饶宗颐、李锐清等译）、饶宗颐的《敦煌琵琶谱读记》（1959）、林谦三的《敦煌琵琶谱的解读》（1969，陈应时译）等早期的敦煌乐谱研究论文。此外尚有叶栋、何昌林、陈应时、应有勤、席臻贯、赵晓生、关也维、屠建强等自1982年起发表的敦煌乐谱研究论文十四篇。另附有陈应时的《敦煌乐谱论著书录解题》一文，文中将自1938年起至1987年这一时期发表的五十多部（篇）和敦煌乐谱研究有关的著作和论文，以提要形式加以汇总。

《敦煌琵琶谱》和《敦煌琵琶谱论文集》二书的出版，基本上反映了1991年以前敦煌乐谱研究的概貌。本文拟对此二书出版之后1991年以来的敦煌乐谱研究进行评述。

饶宗颐编的《敦煌琵琶谱》一书虽然出版于1991之前，但此书对1991年以来的敦煌乐谱研究产生了重大的影响，尤其是书中的《敦煌琵琶谱写卷原本之考察》一文，更是受到了敦煌乐谱研究者们的密切关注。

由于此文以考察P·三八〇八卷敦煌乐谱原本纸张的裁剪黏贴情状入手，发现了用三种笔迹抄写的乐谱，原来是由于当时的僧人因抄写经文缺纸，才将三卷乐谱裁剪黏贴而成一长卷利用其背面抄写经文，故而原本第二、三卷开头的曲名都被贴去，而其背面的接口上抄有经文。就此，不仅证明了乐谱的抄写年代不在长兴四年（公元933年）之后，而是在其背面被抄写经文之前，而且还证明原本这三种笔迹抄写各自独立成卷的乐谱，不可能是所谓的“大曲谱”。从而对长期以来敦煌乐谱研究中一直有争议的乐谱抄写年代和是不是大曲谱的问题，作出了令人信服的结论。

由于大陆读者不易读到台湾的出版物，故上海音乐学院学报《音乐艺术》在1990年第4期上转载了《敦煌琵琶谱写卷原本之考察》一文。之后，陈应时①、王德埙②、赵玉卿③等相继发表文章，各自谈论读了饶宗颐《敦煌琵琶谱写卷原本之考察》一文后的体会。

陈应时认为饶文的发表，不仅仅对敦煌乐谱研究中一直有争议的两个问题作出了引人注目的结论，而其更可贵之处乃是其所采用的实证方法。因为从整个敦煌乐谱的研究过程来看，大凡采用实证方法者最具说服力，因此也最具有成效。林谦三取P·三八〇八卷第二、三组中同名曲的相同旋律片段来证实此两组曲谱所采用的两种琵琶定弦（Acea和A$^{\#}$cea），均被大家所接受。敦煌乐谱谱属问题的争论，也因为有了敦煌卷上的琵琶二十谱字的实证而得到平息。饶文通过考察敦煌卷实物所得令人信服的结论，也是敦煌乐谱研究实证方法的延伸。在文末又呼吁：“为了求得敦煌琵琶谱研究的进一步深入，笔者以为我们大家还应该像饶文那样，切勿从自己的主观想象出发，而要多做一些实证的工作，拿出能说服人的论据来。”

---

① 陈应时：《读〈敦煌琵琶谱写卷原本之考察〉》，载《音乐艺术》，1991（2），8～10页。

② 王德埙：《乐曲考古学的新发展——读饶宗颐、陈应时敦煌谱原件之论文》，载《星海音乐学院学报》，1992（2），67～70页。

③ 赵玉卿：《敦煌乐谱的断代及谱式研究综述》，载《交响》，1997（3），23～24页。

王德埙在文中说："饶宗颐先生的成功，就在于他认识到'关于这一卷原本的仔细考察，关系到研究资料的史实根据'，故请在法京工作的邝庆欢博士，在图书馆取出原卷仔细观察。""邝君经过多次对原物的考查，用纸张依照原卷模样剪贴成一长卷，把接驳地方的正反面文字和曲谱都依照原样描出抄出。最后，又同照片细作比勘。这一切，已经不是一般意义的'实证'，而完全是考古学上的功夫了。而且，他们还用了考古实验即仿制原件的方法。"从而认为饶文所采用的实证方法，"更为乐曲考古学的学科建设提供了一个生动的范例"。

赵玉卿在文中列举了以往诸家中存在敦煌乐谱抄写于"长兴四年"、"长兴四年之后"、"长兴四年之前"的三种说法，并在描述了经饶宗颐证实敦煌乐谱原本抄写于"长兴四年之前"后说："饶氏对敦煌乐谱原本的考察研究，有根有据，合情合理，我认为是比较正确的。"

笔者在发表了《读〈敦煌琵琶谱写卷原本之考察〉》一文后，有感于自己在 1988 年据沈括《梦溪笔谈》和张炎《词源》中有关理论提出的"掣拍说"，虽得到饶宗颐教授的肯定，但饶公又指出"'·'何以必为掣号？应时似未能举出直接证据"[①] 的话语常在耳边回荡，故在 1991 年之后就致力于"掣拍说"的实证工作。在《敦煌乐谱"掣拍"再证》一文[②]中，笔者在敦煌乐谱两首同名曲《水鼓子》（第十八曲和第二五曲）的相同曲调以及其他多首乐曲上下片首句、尾句曲调的对比中，找到了释"▭"号为"拍"和释"·"号为"一掣减一字"的论据。在《敦煌乐谱"掣拍"补证》一文[③]中，又以《九宫大成南北词宫谱》中《阳关曲》的曲谱和 P·三八〇八敦煌乐谱中以"一掣减一字"为据译出的两首同名曲《伊州》作比较，发现它们不仅在旋律、调式方面有相同之处，且在节拍节奏方面亦有许多相同的地方，由此证明采用沈括、张炎的理论解译敦煌乐谱的可行性。

此外，笔者又在《敦煌乐谱〈水鼓子〉》[④]、《敦煌乐谱〈品弄〉》[⑤]、《敦煌

① 饶宗颐编：《敦煌琵琶谱》，112 页，台北，新文丰出版公司，1990。

② 载《音乐艺术》，1993（2），26～33 页。

③ 载《音乐艺术》，1996（2），1～6 页。

④ 载《中国音乐》，1995（2），15～18 页。

⑤ 载《黄钟》，1995（3），10～15 页。

乐谱〈倾杯乐〉》①、《敦煌乐谱〈急胡相问〉》②、《敦煌乐谱中的慢曲子》③ 等文中，通过对各首敦煌乐谱实际音乐材料的分析，作为对“掣拍说”实证的补充。

在这一时期，对于单首敦煌乐谱进行研究的尚有英国 Marnix Wells（中文名韦满易）的《敦煌乐谱〈西江月〉》④ 和洛地的《敦煌乐谱〈慢曲子西江月〉节奏拟解》⑤。应有勤亦开始对敦煌乐谱中的“·”号进行论证，认为敦煌乐谱中的“·”号“既是掣号，同时也是一种具有时值意义的返（反）拨号”，先后发表了《论敦煌琵琶谱“掣”为急返拨》⑥、《敦煌琵琶谱的节奏与演奏手法密切相关》⑦、《敦煌琵琶谱节奏译解——“掣拍说”与返拨研究殊途同归》⑧、《中日对古谱涵义和解译的比较研究》⑨ 等多篇论文。此外尚有庄永平的《敦煌乐谱琵琶定弦解析》⑩、《论敦煌乐谱中的 T 符号》⑪、《论敦煌乐谱中的“小谱字”》⑫、《敦煌琵琶谱商调调弦法》⑬、《论敦煌乐谱中的“·”》⑭、《敦煌乐谱〈水鼓子〉曲校刊与研究》⑮，胡慈舟的《论敦乐谱研究中实证方法的运用》⑯，唐朴林的《评敦煌古乐的演奏》⑰ 等等。

自 1992 年起，继林谦三、叶栋、何昌林、陈应时通译了 P·三八〇八敦煌乐谱二十五曲之后，又有了席臻贯⑱、澳大利亚 Coralie Rockwell（中文名

① 载《交响》，1995（3），10～12 页。

② 载《星海音乐学院学报》，1995（3、4），25～33 页。

③ 载《中央音乐学院学报》，1996（1），85～90 页。

④ 载 *CHIME—Journal of the European Foundation for Chinese Music Research*，7：58—89，方建军，汤亚汀中文摘译稿载《音乐艺术》，1995（2），11～15 页。

⑤ 载《中国音乐学》，1993（2），34～43 页。

⑥ 载《音乐艺术》1995（3），1～6 页。

⑦ 载《音乐艺术》，2000（3），61～69 页。

⑧ 载《音乐研究》，2002（1），57～64 页。

⑨ 载《音乐艺术》，2002（1），19～23 页。

⑩ 载《中国音乐学》，1991（4），52～59 页。

⑪ 载《音乐艺术》，1992（1），9～15 页。

⑫ 载《星海音乐学院学报》，1992（1），28～31 页。

⑬ 载《音乐艺术》，1994（2），1～10 页。

⑭ 载《星海音乐学院学报》，1997（1），10～14 页。

⑮ 载《交响》，1998（1），8～11 页。

⑯ 载《星海音乐学院学报》，1997（1），15～19 页。

⑰ 载《音乐艺术》，1997（3），90～93 页。

⑱ 席臻贯著《敦煌古乐》，敦煌文艺出版社、甘肃音像出版社 1992 年 9 月出版。其译谱论文《唐五代敦煌乐谱新解译》亦载《音乐研究》，1992（4），52～59 页。

罗珂丽)[①]、宋瑞凯[②]三种 P·三八〇八敦煌乐谱二十五曲的译谱。

席臻贯的译谱，对谱中的“·”号采用陈应时的“掣拍说”作减时符号翻译，对谱中的“口”号重复张世彬之说[③]，释作“句”字之减笔，但在译谱中以近似赵晓生“长顿说”[④] 的译法，将谱字译成每小节最后的一个长时值音符，其延长的时值由一至五小拍不等，视小节拍数需要而定。此外，尚有一项不同于前人的解释，即采用庄永平《敦煌琵琶指法谱字辨正》[⑤] 之见，将原本位于四弦四相琵琶第二相和第四相上的两个谱字互为颠倒。因为据庄氏自称“积几十年琵琶演奏之经验”，若不将此两个谱字互为颠倒，则谱中“‘几ㄥ匕亅’四字琶音是很难演奏的，实际上是不能演奏的”。席氏采用这一说法之后，为了要保持第二组乐曲结尾琶音中的谱字“几”和“亅”互为八度关系，又不得不把此组的第一弦定低一个大二度。这样，席臻贯的译谱中第一组十曲中所有第一弦第二相上的谱字，就较之前人译谱高大二度；第二组十曲中所有第一弦空弦和第一相上的谱字，就较之前人译谱低大二度；所有第一弦第四相上的谱字，就较之前人译谱低大三度。但具有讽刺意味的是，庄永平本人虽然提出了上述互换谱字的主张，但在席译谱之后他所发表的七首敦煌乐谱词曲组合译谱中，所有原本第二相和第四相上的谱字音位还是保持原位不变，因而第二组十曲的第一弦定弦也没有定低一个大二度。[⑥] 对于席氏的译谱，中国音乐家协会名誉主席吕骥在为席臻贯《敦煌古乐》一书所作的《序》中作出了如此的评价：“至此，敦煌乐谱的研究、‘破译’的工作可以告一段落了。”但陈应时不同意这种看法，当即发表了《敦煌乐谱的研究工作还不能告一段落——评〈唐五代敦煌乐谱新解译〉》一文[⑦]，认为席氏将带“口”号的谱字译作长时值音符，随意互换谱字音位及随之又调低琵琶定弦的做法均为不当之举。

Coralie Rockwell 的《敦煌乐谱译谱》，为译谱者博士论文的一部分，此

---

① Coralie Rockwell《敦煌乐谱译谱》，载《澳大利亚音乐学》第二〇卷，17～60 页，1997。

② 宋瑞凯：《祖氏音阶与“敦煌曲谱”之译解》，载《交响》，1997 (2)，16～23 页；又见《乐府新声》，1997 (4)；宋瑞桥、宋瑞凯：《中国旋宫》，179～248 页，苏州大学出版社，2001。

③ 张世彬在《中国音乐史论稿》第七章《敦煌琵琶谱》一节中说：“谱旁的‘口’字最可能是‘句’字的减笔。”297 页，香港，友联出版公司，1975。

④ 详赵晓生：《敦煌唐人曲谱节奏另解》，载《音乐艺术》，1987 (2)，16～20 页。

⑤ 载《星海音乐学院学报》，1990 (4)，21～25 页。

⑥ 详庄永平：《敦煌乐谱的词曲组合》，载《中国音乐学》，1993 (1)，27～42 页。

⑦ 载《中国音乐》，1993 (2)，24～28 页。

稿发表时她已离开人世。单从译谱来看，其所用的琵琶定弦乃是林谦三 1955 年至 1957 年所订定的三种定弦（即 Bdga、Acea、A$^{\#}$cea），在节拍节奏的翻译方面，亦基本上同林谦三一字一音为一拍时值的译法。但由于译谱者把谱中的“丁”号译作休止符，小谱字译作半拍时值的短音符，又把每个谱字的基本时值定作四分音符，小节线加在两个“▭”号的中间。因此，从总体上看，其译谱又有其不同于林谦三译谱的地方。由于未见其论文的文字部分发表，故不明其如上译谱的理由。

宋瑞凯的译谱，据《乐府新声》1997 年第 4 期所载《祖氏音阶与“敦煌曲谱”之译解》一文的《内容提要》说，乃是根据其兄宋瑞桥“揭示”的“祖孝孙音阶”译解而成的。所谓的“祖孝孙音阶”，据其文中介绍，此音阶的宫、商、角、徵、羽五声之间全是全音关系，不仅角和徵之间是全音，羽和少宫之间也是全音。因此，按传统原本都是八度音程的宫与少宫、商与少商、角与少角等等，统统都成了小七度音程（详后）。

从按照这种理论“译解”出的敦煌乐谱来看，基本上是叶栋译谱的翻版。由于宋氏译谱的节奏完全采用叶栋的“板眼法”，只在名称上改作“点掯”，而且第一组十曲亦采用和叶栋同样的琵琶定弦，只是将叶栋所译的第一组十曲五线谱由^{b}B 调移至 A 调上，因此两者的译谱，除了调高之外其余都完全相同。第二组十曲，仅将琵琶的第二弦比叶译谱定高大二度，调高由 F 调移至 E 调。第三组五曲，保持叶栋原本的 D 调不变，仅将琵琶的第一弦比叶译谱定高大二度。因此，这两组译谱和叶译谱的区别，仅仅是第二组的调高不同和两组各一条弦上的所有谱字比叶译谱都高大二度，其余全部相同。其比叶译谱多的一道工序，那就是对三组定弦音阶用宋瑞桥“揭示”的所谓“祖孝孙音阶”作了对照（原文中三组定弦的空弦散声标有律名，音位谱字旁为简谱，现为方便大家阅读，按其三组散声所标示的律名，设黄钟为 c，将其简谱谱字译作相应的音名）：

第一组定弦音阶：	A	c	d	^{b}e	(e)①	f	g	a	^{b}b	c^1	
“祖孝孙音阶”：	商	变	浊羽	羽	？	清宫	商	角	变	浊羽	
第二组定弦音阶：	A	B	c	d	e	$^{\#}$f	g	a	b	c^1	d^1
“祖孝孙音阶”：	变	浊羽	羽	宫	商	角	变	浊羽	闰	宫	商

① 宋瑞凯文中此处第二弦第三相上的音位谱字连同第四弦第二相上的音位谱字被遗漏不列，却又多列了第一组十曲中都不用的第一弦第四相上的音位谱字。

第三组定弦音阶：	c	d	e	f	g	a	^{b}b	c^1	d^1
“祖孝孙音阶”：	宫	商	角	变	浊羽	闰	宫	商	角

这样，在如上敦煌乐谱所用的三组琵琶定弦的所谓“祖孝孙音阶”中，商与（少）商、角与（少）角、变与（少）变、浊羽与（少）浊羽、宫与（少）宫之间都成了小七度音程，经过这一对照，算是文中所谓“根据祖孝孙音阶对敦煌曲谱进行了译解，从实践上证实了宋氏理论的成立，并为敦煌曲谱重上舞台奠定了基础”。然而，稍有一点音乐知识的人，有谁能相信唐代存在过把原本完全八度的两个声名当小七度音程来唱的所谓“祖孝孙音阶”？更何况音乐是用耳朵听的，而不是写出来给大家看的。把他人的译谱移一个调，或改变其某一条弦的定弦音高，再加上一套莫名其妙的音阶命名，就号称“从实践上证实了宋氏理论的成立，并为敦煌曲谱重上舞台奠定了基础”。这就不免有点令人心寒。

由此可见，如果敦煌乐谱研究离开了实证，将会一事无成。

饶宗颐

二十世纪学术文集

卷九　潮学（上）

中国人民大学出版社
· 北京 ·

目录

广济桥志

卷九

饶宗颐二十世纪学术文集·潮学

目　录

序　　言

余自少留心乡邦文献，弱冠尝着手辑《韩山志》，访耆老，征遗文，连类及之，又为广济桥撰志；夫以一桥之细，勒成志书，其例罕觏，而广济桥以浮舟作“活动桥”，成为桥梁史上之特例，经茅以升品评，列为全国五大古桥之一，尤见特色。维时史料所限，缀记殊艰；又未获见古《三阳志》及郭春震《嘉靖志》，故于宋元建桥颠末，载述莫详。一九六五年，综辑《潮州志汇编》，方从《永乐大典》“潮”字号录出《三阳志》，惜非完帙，此元代所修潮志孤本，乃得重显于世。《三阳志》纂修去宋不远，其中“桥道”一项，记载是桥建置始末尤详，且备录诸家碑记，桥之沿革，赖以有征。具特重要者，若肇建者州守曾汪之《康济桥记》，知创桥之初，本名“康济”，司其事实为通仕王汲式，始事于乾道七年六月乙酉，落成于九月庚戌，有详确月日可稽；复有张羔之《仰韩阁记》，知淳熙元年知州事常祎增修浮舟一百零六只，又构仰韩阁于桥岸之右。两记皆后此州志所刊削不录者，其事向来所未知，复得之于《三阳志》，洵可宝也。张君树人好学能文，据《大典》所记，重撰《湘子桥考》，凡所增益，详核有据，足补余前志之不逮。君书顷拟重刊，合余前志暨茅以升专文共三篇，汇为一帙，命曰“广济桥志”，他日欲考是桥史迹，舍此书无从下手，于地方文献或不无小补也。

潮州自韩愈兴乡校，文风丕变，宋时莅潮官师皆服膺韩氏，多为闽蜀人士，兹桥之建，肇于曾汪，汪一作旺，字范填，历军器少监、吏部郎中，知潮州，事迹详《淳熙三山志》（四库全书本）。继守常祎，创仰韩阁，厥后更广弘文教，既序《潮阳图经》，又辑《古瀛乙丙集》，《三阳志》详记当日刊刻共三百二十五板，惜乎其书湮没无存，祎则临邛人也。夫能敷扬教化者，于建置之务，亦复用力不懈，二者相倚为用，观于斯桥增建叠修之事而益信，故自来官师无不再三致意，然则是书之辑刊，用意深远，岂徒述往事，思来者，钩稽陈迹佚闻而已哉？

旧时碑碣，多为地志所失载，若王源手书“广济桥”三大字，字大如斗，体势近夏承碑，今已无存。崇祯间陈先资修造桥碑记，原石文字为圬者涂盖，无从踪迹。康熙杨钟岳暨道光黄钊所记宁波寺二碑，余辑是志时，原物俱在，得以摩挲椎拓，录其全文。寺久湮没，碑亦沦于劫灰，殊可惋惜。杨碑备记当日预役官师职衔，足供考史之用，弥为可珍，与近年大埔湖寮出土吴六奇碑，可互相参证。是碑赖余前志存其原貌，留心乡献诸公，搜访逸文，当能旁及于此，无待余之觎缕烦言也。

壬申端午后十日于香港

序　例

广济桥附潮安县郭，跨韩江，闽粤交通孔道也。桥肇造自宋乾道，历元明清三朝，至今殆八百年，其历史不可谓不悠久，然纂述犹缺，旧志所录，裁弗宣意，说者复附会于神仙释老之言，涉士游方，盖寡能达其津照矣。予于民国二十四年冬，为《韩山志》，觉文献之尚足，惜斯桥之无征（林大川《韩江记》二，谓棉阳令东园韩凤翔有《湘桥古迹》一部，按：其书乃诗文题咏，无裨考证），辄思谟次，寻文扪石，积月而成书，其兴废沿革，考订颇费力，蠡测指锥，或得其仿佛，虽不敢谓有裨于职方，谅未曾无少助于访迹，若乎史料简略，故删辑未周，搴择不严。则有待乎学人之埋纷刊误也。凡例录下：

（一）本编于人物略存其爵里，修筑者系于沿革，题咏者见于文征，不复另立一门。

（一）碑碣明代有二，余多清物，时代虽近，亦不废录，诗文从各家总集别集辑出，无论美恶，概从登载，至生存人篇什，则从割爱。

（一）俗讹传造桥自韩湘子，名桥曰湘子桥，故韩湘与桥颇有关涉，今据拾韩湘异闻，用资考镜，并采饶堂《韩湘辨》，及拙作《考辨》数篇，附录于后，以正传说之妄。

一九三六年宗颐识

一 名称

潮安县城东有韩山焉，其麓有桥，横于韩江，曰广济桥。桥分东西洲，西洲创于宋乾道间知州曾汪，先后增筑者，有知州朱江、丁允元、孙叔谨、通判王正公，东洲创于宋绍熙间知州沈宗禹，先后增筑者，有知州陈宏规、林嫖、林会，历百数十载，桥乃成。桥旧名“济川”，又曾名曰“丁公”。宣德间，知府王源始更名广济，今城东门街内，尚有广济桥石碑三大字，题王韦庵书，盖王源手笔也。俗传造桥始自韩湘子，因建庙祀于东洲之首，而称桥曰“湘子桥”，或简称“湘桥”。流俗相传，迄今无以易矣。（俗又传言东洲创自韩湘子，故名湘子，西洲创自广济和尚，故名广济，然广济实取义于利渡，且广济和尚并无其人，乡民多图像之，神祀之，其诬妄尤不足辨。）

是桥建于江中石上，言地理者曰，韩山余脉，自桥东横江西来，至桥之中段，石根紧缩如线，桥墩莫得而竖，因中断浮舟以渡，故又名“浮桥”。据姚友直《广济桥记》，桥初架木于川，垒石为墩，墩凡二十三，深者高五六丈，低者四五十尺，中流惊湍，尤深不可为墩，则别造舟二十四为浮梁，阑楯铁链，连亘以渡。然水涨辄毁。明时基倾，王源乃搴木伐石重修之，西岸为墩十，洞九，长四十九丈五尺，东岸为墩十三，洞十二，长八十六丈八尺，中断二十七丈三尺，则仍系舟二十四如旧。厥后屡经建筑，增墩一，合为二十四，舟减其六，为十八，桥今东洲全十二墩，而西洲仅九而已。桥居于江，横潦春涨，狂澜涌天，嘘气鼓怒，骏撼郭邑，啮堤浮陆，临睨心惊，俗有

"湘桥春涨"之目。桥西接县城东门，门额大书"广济门"三字，桥宽而长，其旁翼以扶栏，缭以危楼，船艘往来桥下，人比之钱塘江中"江山船"云。（见《粟香二笔》卷六）

二　沿革

宋乾道间，知潮州军州事福州曾汪，始创西岸桥墩，其后知州事福州朱江增筑之。

卢蔚猷光绪《海阳县志》（下省称《卢县志》）二十二建置略四："西岸桥墩，创于宋乾道间知军州事曾汪。"（张士琏雍正《海阳县志》（下省称《张县志》）二地集"曾汪"作"曾旺"）

按：周硕勋乾隆《潮州府志》（下省称《周府志》）三十一职官表上，列曾汪于宋敦书之前，云："敦书，乾道七年辛卯（1171），任知府。"（同书三十三宦迹亦云：乾道七年任。）可知汪为知府，当在乾道五六年间，其创桥事在何年，虽无考，要在七年以前。朱江为知府，表亦系于乾道，而实在乾道何年，则不可知。

淳熙间，通判明州王正公（按：《古今图书集成》职方典《潮州府津梁考》，吴颖顺治《潮州府志》（下省称《吴府志》）七水利，"正公"作"正功"），复加增筑。知军州事常州丁允元又增置西岸石洲四，架梁而屋之，民号丁公桥。

《周府志》三十三宦迹："丁允元字叔中（按：一作牧仲），常州人，淳熙中……谪潮州，增置韩江岸石洲四。"（阮元道光《广东通志》（下省称《阮通志》）三百三十八宦迹录八引黄佐《通志》同）

按：《周府志》十九津梁云："西岸桥墩，创于宋乾道间知军州事曾汪，朱江、丁允元、孙叔谨、通判王正公先后增筑。"考同书职官表，王正公任通判（《阮通志》十五职官表六，王正公，崇熙年任，误），丁允元任知州，并在淳熙间。（《阮通志》十六职官表七：光宗朝，丁允元，绍兴年任潮州军州事。既列允元于光宗朝，又谓其绍兴年间任，殊误。）不知孰为先后。

又按：黄钊撰道光庚戌《重修宁波寺碑记》称："广济桥西洲始于宋乾道间知军州事丁允元，初名丁公桥。"既误丁允元首创西岸桥墩，又误允元于乾道间任，其妄不可不辨。

绍熙末，知州事雷州沈宗禹创东岸桥墩。

庆元初，知州事漳州陈宏规又增置东岸石洲二，名桥曰"济川"。

《周府志》三十三宦迹："陈宏规，字献可，漳州人。庆元元年乙卯(1195)，增置韩江东岸石洲二，结屋如丁公桥，名曰'济川'。"（《阮通志》二百三十八宦迹录八引黄佐《通志》同）

按：《周府志》职官表列宗禹于宏规前，而宏规庆元元年乙卯，任知州。则知宗禹为官，在绍熙之末。（《阮通志》十六职官表七：宗禹，绍熙年任。同书一百五十五建置略三十一广济桥条，则云："绍兴间，知州沈宗禹"。今按：作绍兴者，误。后来如《广东考古辑要》十一亦以宗禹为绍兴间潮州守，乃承其讹。）

又按：广济桥旧名济川桥，盖始自陈宏规，吴兴祚《重建广济桥碑》曰："州守曾汪作济川桥"，非也。又黄钊《重修宁波寺碑记》谓："东岸筑于绍熙间知军州事陈宏规。"亦误。

庆元嘉泰之间，知三山林嫖重修东岸之桥。

《阮通志》二百三十八宦迹录八："林嫖（按：同书十六职官表七作'标'，误），福州人，庆元三年任知潮州……构济川桥，以便往来。"

（按：明《一统志》八十亦云：林嫖构济川桥，以便往来。）

按：《周府志》宦迹称："林嫖，嘉泰间，知潮州，修桥梁"。《阮通志》职官表亦云："嘉泰间任。"与《阮通志》宦迹作庆元三年任者不同。

考林氏石刻有金山诗，题庆元四年；又有重辟西湖诗，题庆元五年。是林氏官于潮，当在庆元年间。《通志》职官表，《府志》宦迹谓为嘉泰，非也。其所修筑桥梁，据《卢县志》建置略，盖为东岸之桥。

开禧间，知州福州林会复增筑东岸桥墩。

按：《阮通志》十六职官表七，《周府志》三十一职官表上：林会，开禧年任。

宝庆中知州龙溪孙叔谨又别增建西岸桥墩。

《周府志》三十三宦迹："孙叔谨，字信之，龙溪人，宝庆三年（1227），由大理寺正出知潮州……创桥筑堤。"（《阮通志》二百三十八宦迹录八引黄佐《通志》同）

按：明姚友直《广济桥记》曰："考之图经，肇建或经二三守，需数岁始成一墩，更数守历数十余岁，桥成。"《卢县志》建置略六："广济桥旧名济川，西岸桥墩，创于宋乾道间知军州事曾汪。朱江、丁允元、孙叔谨、通判王正公先后增筑。东岸桥墩，创于宋绍熙间知军州事沈宗禹，陈宏规、林嵘、林会先后增筑，而桥成。"（《古今图书集成》职方典一千三百三十五潮州府关梁考，《阮通志》一百五十五建置略三十一，《周府志》十九津梁，《张县志》二地集，《广东考古辑要》十一津梁并同）杨钟岳重建广济桥碑记曰："宋州守曾、沈诸公于东洲、西洲分营焉，始基之矣。"是广济桥实创自曾汪、沈宗禹二人，故今断自乾道，而略稽旧志职官表，考修桥者仕潮之年，以定修桥之岁，虽不能详悉，亦可得其大较矣。

元至元初，海阳陈肃重修济川桥。

《阮通志》二百九十二列传二十五引黄佐《通志》："陈肃，字文端……至元初，以贤良应聘赐第，举署总管府事，修文庙及济川桥，多惠政。"（《卢县志》三十五列传四同）

明宣德十年乙卯（1435）龙岩王源为潮州知府，以桥久圮，乃募民万金重筑之。西岸十墩九洞，长四十九丈五尺；东岸十三墩十二洞，长八十六丈八尺；中空二十七丈三尺，则造舟二十四为浮梁，以余金为亭屋。自西厓至矶计五十间，自东厓至矶计七十六间，共百二十六间。桥成，更名曰广济。会稽姚友直为之记。

《明史·循吏传》："王源字启泽，永乐二年（1404）擢进士，授庶吉士……英宗践阼，择廷臣出为知府者十一人，……源得潮州府。城东有广济桥，岁久，半圮坏，源劝民捐万金重筑之，以其余建亭。"清《一统志》三百四十四："广济桥……明宣德中，知府王源叠石为墩二十有三，架亭屋百二十六间，造舟二十有四为浮梁，更今名。"（《古今图书集成》职方典潮州部，《吴府志》水利，《张县志》地集并同。）

按：姚友直《广济桥记》称：王源建桥，赞其计者，有海阳令李衡等，纳资出费者，有耆民董工、许懋等。李衡，见《卢县志》十职官表二，董工、许懋无考。

又按：王源所建广济桥楼，联屋而为之，据姚友直记：其在西洲者凡五，曰奇观、曰广济桥者为第一；曰登瀛、曰凌霄者为第二；曰得月、曰朝仙者为第三；曰乘驷、曰飞跃者为第四；曰涉川、曰右通者为第五；在东洲者凡七，曰左达、曰济川者为第六；曰云衢、曰冰壶者为第七；曰小蓬莱、曰凤麟洲者为第八；曰摘星、曰凌波者为第九；曰飞虹、曰观艳者为第十；曰浥翠、曰澄鉴者为第十一；曰升仙、曰仰韩者为第十二；光绪《海阳县志》二十六古迹略所谓广济桥二十四楼者，即此。

天顺间，郡县以广济桥为盐船所必经，乃始榷取盐税，以所入解制府以助军饷。（杨琠《请留盐利买荒石筑堤疏》）

天顺二年戊寅（1458）漳州周瑄（按：《福建通志》作"宣"）知潮州府事，重葺韩江桥。

《阮通志》二百五十一宦迹录二十一："周宣，字正峰，龙溪人，正统乙丑（1445），会试第三人，授户部主事，出知潮州，修文庙，葺韩江桥。"

按：周瑄葺韩江桥事，《周府志》二十三宦迹本传，不载。《周府志》

职官表上，瑄以天顺二年知潮州。(《阮通志》三十五仅云瑄以天顺间任，不明指何年。)而天顺五年知府为李永宁，则瑄修韩江桥，当在二年五年之间。

弘治中，大水，桥坏，同知会稽车份重修石洲，建亭屋二十间。(《古今图书集成》职方典，《吴府志》水利，《张县志》地集，并同。)

按：《周府志》三十一职官表上：车份，会稽进士，弘治间，任潮州府同知。

正德间，知府晋江郑良佐、邻水谈伦，相继续修。(《周府志》十八津梁)

按：《周府志》职官表上，郑良佐，字志尹，福建晋江进士，正德五年庚午（1510）任知府。谈伦，字敬仲，四川邻水进士，正德八年癸酉（1513）任知府。(谈伦，《阮通志》二百五十一宦迹录二十一，《周府志》三十三宦迹并有传)《古今图书集成》职方典，《吴府志》水利，《张县志》地集并称："郑良佐、谈伦建筑，易桥以石。"又吴兴祚《重修广济桥碑》云："弘治大水，梁坏，知府谈伦，易以石。"是此桥自郑良佐、谈伦以前，犹架木为梁也。姚友直《广济桥记》志桥之旧称云："初垒石为墩，上架石梁，间以巨木，长以丈计者四十五有奇。"又志宣德时重修是桥之事云："凡墩之颓毁者，用坚磐以补之，石梁中断者，用梗楠樟梓之固巨者以更之。"是宣德时修桥，亦未尽以石为梁。盖至正德间，谈伦始全易以石云。

嘉靖间知府莆田邱其仁立东西二亭，南北增石阑，岁佥桥夫四十四名(《阮通志》建置略作"四十名"，脱一"四"字)，渡夫十名，司守。(《古今图书集成》职方典，《周府志》津梁，《吴府志》水利，《张县志》地集，《卢县志》建置略并同。)

按：《阮通志》三十三职官表二十四，《周府志》三十一职官表上，邱其仁，福建莆田人，进士，嘉靖九年庚寅（1530）任知府。其仁所建东西二亭，其一曰利涉，在广济桥东，其一无考。

万历六年戊寅（1578）潮州知府晋江张敷潜以桥久圮，乃倡重修，以潮阳丞庐陵蒋昉董其役。

陈一松《重修广济桥记》：“万历六年，圣天子……遴擢张公自民部尚书郎来守吾潮，下车修百姓之急，顾而叹曰：‘桥其坏乎，不治且废。’……乃谋诸寮朱公辈，暨海阳令徐君，议合，奏记当道。前少参李公，今摄事大参孙公，闻而韪之。得所捐赎金三百两，筮日程工……始于某年春二月朔，迄两月而告成。公率寮属落之。……董是役者，海阳丞蒋君某也。”（《玉简山堂集》三）

按：张公修广济桥事，《一统志》、《古今图书集成》、《广东通志》潮州府县志俱无考，仅见陈氏此文，陈氏于诸令长举其姓而不及其名。考《阮通志》二十二职官表二十四，潮州知府有张敷潜，福建晋江人，举人，万历六年戊寅（1578）任，与陈氏文正合。是知潮守张公，即敷潜也。敷潜又字存昭（见《周府志》三十一职官表上），《阮通志》、《周府志》同。万历初，潮州僚佐朱姓者，仅一教授朱咏，安福人，岁贡。陈文所谓朱君者，当即此人。又同卷：万历初，海阳知县有徐申，江南长洲人，进士。（二志皆列为第一人）县丞有蒋昉，卢陵人（二志皆列为第二人），是所谓海阳令徐君，及海阳丞蒋君某者，当即此二人也。又少参李公者，即李材，江西丰城进士，万历二年甲戌（1574）仲威道。（《阮通志》二十职官表十一，李材，隆庆中按察司副使。按：材，《周府志》三十三宦迹有传，云隆庆中由兵部郎中迁岭东佥事。）见《周府志》三十一职官表上。大参孙公，即孙光祖，浙江慈溪进士，万历二年广东按察司副使。（见《阮通志》二十职官表十一。《周府志》无考。）

其后巡按御史龙岩蔡梦说续修石梁。（《古今图书集成》职方典，《吴府志》水利，《张县志》地集，《卢县志》建置略并同。）

按：蔡梦说，字君弼，万历甲戌（1574）进士，以中书擢御史按广东。《福建通志》有传。（亦见《阮通志》二百四十三宦迹录十三）

又按：陈先资崇祯《修造广济桥碑记》云：“广济桥相继重修，有直指蔡公、王公、二千石贾公。”蔡公即梦说，王公、贾公，府县志俱无考。（《周府志》职官表上，万历四十七年，知府有贾宗悌者，浙江武康进士，未知即贾公其人否?）

万历三十四年丙午（1606）知府晋江金时舒重修。

林熙春《重修韩祠碑记》：“丙午，金公来守我邦，……见广济桥受三江之水，惊涛怒浪，势若建瓴，万一不戒，是以几予壑也。则为之辅墩以石，缀梁以木，结阑以砖，而浮槎楼亭，一一缮治，真廿余年来一大更新也。”

按：金时舒重修广济桥事，府县志皆不载，今据林熙春《重修韩祠碑记》，可补其阙。时舒，字邦泰，福建晋江人，万历二十五年乙未（1595）知潮州府事。（见《阮通志》三十三职官表二十四，《周府志》三十一职官表上。）

崇祯十年丁丑（1637）西洲七墩桥梁楼阁，尽毁于火。

陈先资《修造广济桥碑记》：“不虞客岁季冬，回禄为灾，逼城石梁七洲琐珉，长虹中断，百年楼阁，一时俱烬。”

按：《古今图书集成》职方典，广济桥，崇祯间火灾，与陈先资撰记合。

十一年，戊寅（1638）陈先资募金重修。经始于三月十三日，落成于八月十五日。十一月，撰记刊于石。

按：陈先资撰崇祯《修造广济桥碑记》，县志《金石略》缺载。考碑文有云：“与澄邑魏履闲、蔡怀悟渡河，有感于桥之废圮，而谋诸黄雅周。周曰：君辈募金兴造。复恳督府郑公部下官陈维往闽省购木以为桥材，是役耗资数十缗。”所言魏、黄、蔡、周、陈维数人，皆无考。

清顺治二年乙酉（1645），七年庚寅（1650）间，黄海如、郑成功攻潮州。桥毁，总兵官蔡元修之。（《周府志》十九津梁）十年癸巳（1653）郝尚久反清，桥遭回禄，蔡元又修之。（《卢县志》建置略六）

《明季潮州忠逸传》六："顺治七年庚寅（1605）六月，郑成功引舟师攻苏利于碣石，风逆反师，围州，成功为陈斌烧断广济桥。"

《古今图书集成》职方典："广济桥，顺治庚寅，郑成功毁之，亭屋石梁，存者仅十一。后总镇郝尚久将城内旗竿暂架为梁。次年，道镇府委蔡元将杉木造为桥梁，盖板，便民往来。癸巳，郝尚久叛，又自毁木桥数洲。后署道田□委蔡元仍修。"

按：蔡元，字完赤，海阳人。（《周府志》二十九人物武功，《张县志》七人集，并有传。）

十一年甲午（1654），知府辽东黄庭献（按：《阮通志》建置略三十一，《周府志》十九津梁，并误作廷猷）重修。十二年乙未（1655），又将大木头架造二洲，并修理别洲。（《古今图书集成》职方典）

按：廷献，《阮通志》：顺治十二年任知府。似不应于十一年有修桥之举。

康熙十年辛亥（1671）提学道迟煊（按：《古今图书集成》职方典："煊"原作"宣"，误，今改正）、知府华亭宋徵璧委经历童士超督造桥梁。（《古今图书集成》职方典）

按：《阮通志》四十三职官表三十四，迟煊，汉军正白旗人。顺治乙未（1655）进士，十二年任广东提学道。又《周府志》三十一职官表上：宋徵璧，字尚木，江苏华亭进士，顺治元年甲申（1644）任知府。童士超，钱塘吏员，康熙三年甲辰（1664）任潮州府经历。

十二年癸丑（1673）八月，太白经天，凡十六夜飓雨，毁屋，广济桥圮。（《张县志》八天集灾祥，《卢县志》二十五前事略二）

陈衍虞浮桥春涨诗注："癸丑，风狂桥圮。"

十六年丁巳（1677）八月二十四夜，西岸桥下吼声如牛，石墩忽倒其一。（《周府志》十九津梁，《卢县志》二十五前事略二）

十七年戊午（1678），知府江宁林杭学重修。竣事，郡人曾华盖为记。（《卢县志》二十二建置略六）

曾华盖《重修韩文公祠及广济桥碑记》："（湘子桥）自经寇焚兵躏，桥之梁坏石崩，行人惴惴，以陨脐为惧。公又更其腐材，理其颓石，联编舟于中流，依雕阑于南北。驺舆声喧，行旅踵接，恍乎若长虹蜿蜒，跨清波而利涉者在此修。以至于量费庀通材，择人董役，一木一石，皆出者俸人之余。"

《古今图书集成》职方典："十九年庚申（1680），知府林杭学委生员李奇俊重建桥梁及浮船路板。"

按：林杭学，字宇武，江宁人。康熙十六年丁巳（1677）任潮州知府。《周府志》宦迹有传。

二十四年乙丑（1685），总督吴兴祚捐万金重修，以署游击程士鳌、生员李奇俊董其役。经始于乙丑冬，造成于丁卯（1687）秋。

吴兴祚《重建广济桥碑》："康熙二十一年壬戌（1682），余以福建巡抚奉命总署两广，明年，巡视海滨，遵碣石卫而西至潮。临鳄溪，登郡城，望广济桥仅存石址，汪洋巨浸中，往来病涉……乃捐俸檄郡守林杭学，署游击程士鳌董其役。庀材程石，诸生李奇俊与有劳焉，期年告成。"（《周府志》艺文）

杨钟岳《重修广济桥碑记》："吴总制出万余镪，鸠工伐石，约所遗墩二十有奇。无不新增硊石，以实其基，斜方棱角，甃砌坚致，乃跨石板，翼雕阑，修若干丈，广若干尺，悉循古制而工倍之。经始于乙丑之冬，告成于丁卯之秋。"（《搴华堂文集》）

鲁曾煜撰《两广总督吴公兴祚传》："潮之广济桥，闽粤孔道，圮而民病，伯成曰：吾犹不忘闽，况粤耶？予白金四万两，桥比前益固。"

（《碑传集》六十四）

吴震方《岭南杂记》上：“潮州府城外广济桥……屡修屡圮，康熙甲子（1684），两总督吴讳兴祚捐银二万重修。两粤盐船，必由此桥掣验。”

按：吴兴祚，字伯成，号留邨，浙江山阴人，入正旗籍，康熙十二年癸丑（1673）广东总督。（见《阮通志》四十三职官表三十四）兴祚所立碑，今不可见。

五十四年乙未（1715）三月，广济桥东墩石梁折。（《张县志》八天集灾祥，《卢县志》二十五前事略二）

陈王猷湘子桥诗注：“吴制军所重修石数十板，皆横四五尺，纵十余丈，已折十之九，而桥上多去思碑。”

五十九年庚子（1720）五月，水决东岸，石墩没其二。

按：《卢县志》前事略二作三，误。详《张县志》八天集灾祥，《卢县志》二十二建置略六。

雍正二年甲辰（1724），知府太原张自谦倡修东西岸石墩之一，铸二铁牛列置东西岸，以镇水患。（《韩江记》二，《卢具志》建置略六）

胡恂《增修广济桥石墩记》：“水决东洲，石墩没者二，雍正二年，前守张君自谦倡缙绅士庶，仅修其一。”

按：张自谦，山西太原监生，康熙五十四年乙未（1715）任潮州知府。（见《阮通志》五十职官表四十一，《周府志》三十一职官表上）

三年乙巳（1725）题盐运同驻潮州，与知府分督桥务，东岸属运同掣放引盐，西属潮州府稽查关税。其浮梁船十八只，亦各分管。（《卢县志》二十二建志略六）

六年戊申（1728），知府萧山胡恂以桥墩缺一，募金重修，经始于雍正六年十月望后三日，竣工于七年六月四日。

《张县志》二地集：“（广济桥）六年，升任巡道楼俨、巡道刘运鲋、知府胡恂、知县张士琏复修其一，同知宋桂、监生黄枢谟董其役。”

胡恂《增修广济桥石墩记》：“观察楼公清釐开元寺租，可为修桥之费，请于大吏，报可。与海阳令张君士琏殚心经画，诹吉兴修。郡司马宋君桂偕太学诸生黄枢谟、陈大业、林自青、黄继茂，耆老杨楚臣等董其役。经始于雍正六年十月望后之三日，越明年，六月四日工竣。计费镪一千八百二十三两有奇。”（《周府志》四十一艺文）

按：《周府志》职官表上，楼俨，浙江监生，雍正五年丁未（1727）任巡道；刘运鲋，江南南陵进士，雍正七年己酉（1729）任巡道；胡恂，浙江萧山贡生，雍正五年任知府；宋桂，江西新建监生，雍正六年任海防同知；张士琏，一作士连，安邑进士，雍正三年乙巳（1725）知海阳县，《卢县志》三十三列传二有传。

道光二十二年壬寅（1842），大水决东岸石墩，圮者六，损者二，坏者一；决西岸石墩，圮者三，木石桥梁，损失殆尽。（《卢县志》二十二建置略六）

《卢县志》二十五前事略二：“（道光）二十二年，夏秋霪雨，大水，江东堤溃，广济桥墩多圮，鉎牛失其一。”

二十三年癸卯（1843），知府觉罗禄谕官绅捐款重修，成西岸三墩。复造浮梁船四十二，合原设浮梁十八，直接东岸。（《卢县志》二十二建置略六）

二十七年丁未（1847），知府钱塘吴均以东岸十三墩，自道光二十二年大水决去其九，未经修筑。乃首捐资修第三、第八、第九三洲，其第一、第四、第五、第六四洲崩损者，亦为之修补。而梅州邱万兴为分转海运，亦捐资修复第七洲。自是以后，潮市布行商朱莆瑞等捐修东岸第二洲，并重建巧圣庙，逾月告竣。糙白米行商林资福等捐修第十二洲，并建茶亭。经始于是年九月，讫明年五月二十一日竣事。分转海运数人，复认一洲。又嘉应、平远、镇平三属水客，共修第十洲，并筑十洲亭。以邱慎猷、黄国诗、幸利权、李程鹏为董理。经始于是年十月二十一日，至明年五月二十四日竣事。（据《重修广

济桥东岸第十二墩并重建茶亭记》、《捐修广济桥第二洲并重建巧圣庙记》，及《广济桥十洲亭记》。参《卢县志》建置略六）

按：吴均，《卢县志》三十三列传二有传。

二十八年戊申（1848），郡绅设子来局，修复第十一墩并第九墩、第十墩、第十一墩、第十二墩各洞桥梁栏干等，呈请道府宪仍谕桥工司事邱慎猷、黄国诗、辜利权、李鹏程并米行修桥司事杨大省董其役。并新建两亭，以为行人憩息之所，经始于道光二十八年戊申十月初八日，越明年四月望后之三日告竣。（《子来局修复广济桥第十一墩记》）

黄钊《重修宁波寺碑记》："道光壬寅（1842），韩江水溢，东岸桥墩，溃其九座。岁丁未，钱塘吴公均以分转权郡事，自捐廉修复第三、第八、第九座，嘉应邱慎猷自修复第七座，潮郡城内布行修复第二座，米行修复第十二座，海运通纲修复第十三座，嘉应、平远、镇平各盐客修复第十座，潮嘉绅庶行户共修复第十一座，桥成。闽粤数郡商旅，咸利赖焉。"

按：《卢县志》建置略六，记道光二十年庚子（1840），迄二十九年己酉（1849）修广济桥事曰："二十七年，嘉应盐商邱慎猷捐千金募闽人成东岸墩一，于是知府吴均捐廉续修石墩三，其余五墩，布商朱莆瑞等捐修一墩，米商林资福等捐修一墩，嘉应、平远、镇平诸盐商捐修三墩，潮桥海运盐户，共修一墩，郡绅设局劝捐，共修一墩。并与饶平杨钟等，次等捐办木梁，统归邱慎猷经理。吴均去任，知府刘浔捐金足之。以二十九年五月，桥成"云云。其以邱慎猷首捐千金建墩，而知府吴均继之，说与各碑记谓吴均首先捐俸倡建不合。又言："吴均去任，知府刘浔捐金足之。"按各碑记，皆谓"道光丁未（1847）刘浔来守潮州，甫下车，方议修桥，旋奉调檄。而吴均以分转兼权郡篆，即以修桥为己任。"是刘浔为知府在吴均之先，虽有志修废，而实未曾捐资建桥也。县志所言有讹，盖当时修志诸公，未睹各碑记也。

同治八年己巳（1869）大水，东岸墩复圮其一，总兵方耀率绅耆捐修，

墩成，欲易木以石，以墩高水深而止。(《卢县志》二十二建置略六)

十年辛未（1871）六月初三日，东北红光烛天，俄变碧色，大雨如注，水骤涨，广济桥东石墩圮其一。(参《卢县志》前事略二)

十一年壬申（1872）二月，东岸第十二墩崩圮，分转宪注川如命糙白米行商修建，经始于十一年壬申二月初二日，成于十二年癸酉（1873）春季。(《重修广济桥东岸第十二墩并茶亭房舍记》)

三　建筑

阁

〔仰韩阁〕在济川桥左。元至正中，通判乔贤能建。（明《一统志》八十）久废。

按：济川，即广济桥东洲之旧称。《舆地纪胜》引《旧图经》云：仰韩阁在江岸以镇江流，是阁已建自宋，贤能盖重修云。贤能旧府县志无其名，明《一统志》可补其阙。

寺

〔宁波寺〕在桥之东，旧称宁波祠，塑宁波神以安水怒也。（姚友直《广济桥记》）寺颇宏敞，祀十八罗汉及二十四桥墩神。（《韩江记》二）明宣德间知府王源重建。（《卢县志·古迹略》）清康熙癸卯，寺灾。甲辰春，守道魏绍芳鸠工庀材，复厥旧观。杨钟岳为记泐石。（杨钟岳《重建宁波寺碑记》）屡经风雨，倾圮，今沦为民屋。

按《吴府志》九："宁波寺，在广济桥东，明正统间建。"考《明史》：王源，宣德十年为潮州知府，其明年，为英宗正统元年，时源尚为知府，则正统间建寺者，亦即王源。

庙

〔韩湘子庙〕在桥东洲之首，民国十六年重建。祀韩湘子，甚陋日隘，额题“韩湘子庙”四字。庙旧有湘子卦，颇灵验。清姚竹园作诗道其事，有“成都昔日君平祠，潮州今日韩湘庙”之句。今犹有卖卜其间者。

〔巧圣庙〕在东洲第二洲墩上，道光二十七年，潮郡布行商重建。

亭

〔高节亭〕在桥之东，明嘉靖初，教谕陈察建。（郝玉麟《广东通志》、《卢县志》古迹同）今废。

〔利涉亭〕在桥之东，明嘉靖间，知府丘其仁建。（《郝通志》、《卢县志》古迹同）今废。

〔十洲亭〕在桥第十墩，道光二十七年，嘉应、平远、镇平三属水客同建，有记。

〔广济亭〕在韩江东岸，道光二十三年，知府觉罗禄重修西岸桥墩，造浮梁船四十二，合原设浮梁船十八直接东岸。（见《卢县志》二十二建置略六）构此亭以为游人憩息之所。民国已未，为飓风所毁。

坊

〔民不能忘坊〕在桥上，为太守刘浔分司吴均建，今废。（《卢县志》建置略）

楼

〔二十四楼〕宣德间，知府王源建。今废。（见姚友直《广济桥记》）

附：

〔广济门〕即潮安县东门，郑昌时有诗自注云：“东门曰广济门，通水利。”盖缘广济桥得名。

四　石刻

修造广济桥碑记

桥曰广济非旧也盖始于韦庵王公奉命守潮时起百载颓址葺而完修之梁架琐珉洲盖剧阁遂使东南无天堑之苦京省有攸往之利可谓广渡十方普济万灵矣更浮桥而名广济良有以也嗣后不无桑变则相继而重修之者有直指蔡公王公二千石贾公也轮奂贲饰其称广济桥者愈觉辉煌不虞客岁季冬回禄为灾逼城石梁七洲琐珉长虹中断百年楼阁一时俱烬诚亘古之异变为全潮之攸系也嗟夫最令人太息者四方莫能飞渡水手乘此射利架一叶之扁舟冒湈急之危涛问舟则需索万状肠断恶溪之苦楚竞渡则满载百余险甚鳄鱼之翻浪有泛溺而待援者有子母而同没者岂非断梁之灾流毒至此耶余值与澄邑魏覆闲海邑蔡怀悟渡河有事于府主刘公生祠基址临舟惊怖相与咨嗟感叹者久之谓当此海波不扬往来既已艰危至若春流暴涨覆溺宁容数计同兴婆心欲作慈航归而谋诸慈祥吉人黄雅周周曰君辈得吾心所同然已然是举也与其琢石梁有浩大之难造孰若架木桥便万人之得济随立募簿各捐己金权移缗解恳督府郑部下官陈君讳维者往闽省买治木料值仲春海蜃连作舟不扬帆及是木登载而天清日霁已越次日至鮀江又次日即诣桥下意冥冥中□□有默相者乎夫材木庀已而盖板底事费不过数十缗在素封之家以其治园林者什之一足矣治堂构者什之二三足矣无奈甘沦苦海障在悭贪初不

难于慷慨援笔及叩之百无一应焉□而雅周履闲怀悟乃道人林回冈不迫汗力数拜宦富长者沿求济世之侣乃得苟完而奏功焉则安澜履平讴歌载道回视向之断梁苦渡者为何如哉是役也鸠工于三月十三日落成于八月初五日□嗣此而险楼肯构百年垂久不日而石梁随兴则万事之赖矣余等不过一念婆心一□善果宜亦无取于志者虽然乐义好施之人不愿与悭啬者同混□因公科敛之嫌亦既有闻谤而告退故必详陈颠末缕开条件于以见乐义好施□两皆其有宜于广济而因公科敛之谤或亦无伤于广济乎于是乎志。

上碑光绪《海阳志·金石略》失载。碑高六尺二寸，广三尺二寸，正书。篆额修建广济桥碑记七字，横列，字大二寸八分，首题目一行，正文十七行，行四十五字，字大一寸。抬头高一字。正文之后，又列捐银人名十一行，字大八分。碑嵌在广济门城垣上，久经洪水冲蚀，漶漫不可卒读。碑最末一行，题崇祯十一年十一月长至次日，海阳陈先资君□氏志。其下尚有字，残蚀不可辨。

重建宁波寺碑记

韩山之麓有寺焉厥名宁波宁波之寺何昉乎考舆志唐元和间昌黎韩公愈来守是邦鳄渚底平鲸涛不惊遂创兹寺云越三百余载宋兴有相国陈公尧佐至止因其旧制而一新之迨明去宋亦三百余载太守王公源者见倾颓圮毁爰为修葺计然则今之寺其因而修之建之乎抑重而建之也曰建之建之也何居岁癸卯回禄播炎寺为灰烬前之所遗无复存矣甲辰春幸我

魏公重膺节钺之寄抚莅兹土不阅月而百废俱举因潮界海疆日事运筹以固吾圉往来桥津宁波间喟然叹曰宁波振古效灵而不为之启宇守土者之责也遂鸠乃工庀乃材斲垩丹雘次第竣功其费千金皆出于公之乐捐而不动公帑者也落成之余一临眺焉东北通八闽西南通两粤潆流急湍□其前磅礴郁积绕其后商旅往还盐榷辐辏多会于此美哉山河之胜妥神不在兹乎乡人士谓是举也不可无言以志之而求志于余余观人情好佚而恶烦趋欲舍谊详利害而略猷为魏公能以恶易好以舍易趋以略易详求之今日未多觏也其与唐宋明诸君子之意岂异耶余乌能志之且

魏公筮仕来历官二十余年驰誉于楚粤齐鲁之区随在建文庙者四名贤祠宇书院

各一有功于名教素矣独兹寺乎哉余又乌能悉志之乡人士进而请曰今
天子声教覃敷薄海内外无不纳款归化正波海宁靖日也其可忘彼效灵之功乎其可忘兹报彼效灵之力乎余因纪其事飏其盛以告来者公名绍芳字和旭顺天文安人由乡进士历任补授岭东其人其政父老当能言之

赐进士第内翰林弘文院庶吉士今奉
旨守制治年家弟杨钟岳拜撰

钦差镇守潮州等处地方都督府栗养志
潮镇标中军兼左营游击陈　旺　潮镇标右营游击张　仪
潮州城守游击关　麟　城守中军守备高光纮　潮镇下千总潘瑞　王英　林廷燏
钦差镇守潮州饶平等处地方总镇府吴启丰　饶镇标参将邹瑞　饶镇标中营参将吴汉
饶镇标都司佥书李　焜　饶镇标都司佥书曾　兰　饶镇标都司佥书魏　连
饶镇标都司佥书欧　亮　饶镇标都司佥书吕　麒
潮州府知府宋徵璧　海防同知邓会　粮捕通判闫奇英　理刑推官邵　士
山海关郑周道
钦取户部浙江司主事原海阳县知县王运元　潮阳县知县张弘美　揭阳县知县叶其勤
海阳县丞毛诗雅
程乡县知县戴明适　澄海县知县丛仪凤　饶平县知具刘鸿业　平远县知县刘骏名
普宁县知县程养初　惠来县知县孙汝谋　大埔县知县禹昌胤　署镇平县事潮州府经历童士超
潮州卫守备张星烈　防守东路守备蔡俊　举人蔡　毅
程乡县生员杨宏道
举人林　纮　陈国玑　黄承箕　李明造　陈国谟　谢简捷　方来贺
　　游定海　谢简撰　梁犹龙　谢金度　曾华盖　史　晟
生员邹□春　陈士孚　陈嘉祥　杨时芳　黄　华
耆民杨明恺　王求先　王明一　陈麟生
康熙六年岁次丁未仲冬元月立石　督工陈　祥
义安陈夏望摹临上石

上碑在宁波寺内，高七尺，广三尺五寸五分，篆额曰魏宪台重建宁波寺碑记，横行，字大三寸，无题文，记文连结衔十六行，行四十四字，字大一寸，抬头高二字，正书，记文后，署名与年月，又十三行。

按：此记亦见《搴华堂文集》，以文集所载校之，其异者：如题目，文集无“魏宪台”三字；记文“何昉乎”，文集“何”上有“果”字；“鲸涛不惊”句，文集无之；“遂创兹寺云”，文集“创”作“成”；“越三百余载”，文集作“越三百年”；“陈公尧佐”至“止因其旧制而新之”，文集无“止”字；而“因”字作“循”；“迨明去宋亦三百余载”，文集“载”字作“年”；“太守王公源者，见倾颓圮毁”，文集无“者”字，而“圮毁”作“之状”；“抑重而建之也”，文集无“抑”字；“寺为灰烬”句，文集无之；“幸我魏公重膺节钺之寄，抚莅兹上”，文集作“幸守宪魏公，抚莅兹土”；“因潮界海疆，日事运筹，以固吾圉，来往桥津宁波间”，文集作“一日，有事运筹，往来桥津间”；“其费千金”，文集作“其费若干”；“皆出于公之乐捐”，文集“乐捐”作“清俸”；“西南通两粤”，文集“通”作“连”；“商旅往还，盐榷辐辏，多会于此”，文集无“往还、辐辏”四字；“妥神不在兹乎”，文集作“波其永宁乎”；“好佚”，文集“佚”作“逸”；“求之今日，未多觏也”，文集无之；“余乌能志之”，文集亦无之；“其与唐宋明诸君子”，文集“与”作“于”；“二十余年”，文集“年”作“载”；“余又乌能悉志之”，文集作“余焉能悉志之”；“今天子声教覃敷，薄海内外，无不纳款归化，正波海宁靖日也，其可忘彼效灵之功乎，其可忘兹报彼效灵之力乎”一节，文集作“薄海安澜”，无“内外无不纳款归化，正波海宁靖日也”十五字，又两“彼”字并无之；“余因纪其事”，文集“因”作“乃”；自“公名绍芳”以下文集并阙。

又按：魏宪台绍芳，直隶文安举人，康熙三年任。见《周府志》职官表上。《湖南通志》：绍芳任广东佥事。记文后连署名诸人：栗养志，陕西榆林人，康熙三年，任潮州总兵。陈旺，辽东人，顺治十七年，任左营游击。张仪，江南人，康熙四年任右营游击。关麟，顺天武进士，康熙五年任城守营游击。（并见《阮通志》六十职官表五十一，《周府志》

三十二职官表下）林廷熵，字和一。（雍正光绪两《海阳县志》并有传）吴启丰，海阳人，吴六奇子，康熙五年袭父职。吴汉，六奇弟，大城所守备。（见光绪《海阳县志》十六选举表五，并详《县志》六奇传）邹瑞，海阳人，康熙八年，任饶平营游击。曾兰，江西人，康熙八年，任饶平营守备。（并见刘忭康熙《饶平县志》六，《周府志》三十二职官表下）宋徵璧，字尚木，江苏华亭进士，康熙元年，任知府。邓会，闽县贡生，康熙四年，任海防同知。闫其英，奉天监生，康熙五年，任粮捕通判。邵士，浙江萧山进士，康熙二年，任推官。王运元，五台贡生，顺治十六年，知海阳县。张宏美，海州卫生员，康熙六年，知潮阳县。叶其勤，义乌吏员，康熙五年，知揭阳县。毛诗雅，含山贡生，康熙四年，任海阳县丞。刘鸿业，崇仁举人，康熙八年，任饶平县知县。童士超，钱塘吏员，康熙三年，任潮州府经历。（以上并见《周府志》三十一职官表上）戴明适，沧洲人，拔贡，康熙四年，知程乡县。（见光绪《嘉应州志》十八）刘骏名，字子峻，黄旗辽东人，康熙二年，以荫生令平远。（雍正《平远县志》二宦迹传有传）程养初，陕西临潼举人，康熙元年，任普宁县知县。孙汝谋，潘阳举人，康熙二年，任惠来县知县。禹昌胤，一作禹昌允，河南汜水举人，康熙二年，任大埔县知县。丛仪凤，文登举人，亦康熙二年澄海县知县。张星烈，顺天人，康熙二年，任守备。（上并见《周府志》三十二职官表下）林法，字源甫，海阳人，康熙癸卯举人。（《阮通志》、《周府志》、雍正光绪两《海阳县志》并有传）黄承箕，字文豹，海阳人，顺治丁酉举人。（雍正光绪两《海阳县志》并有传）谢简捷，字子茅，顺治辛卯举人。简撰，字子义，康熙癸卯举人。（并见光绪《海阳县志》谢绍举传）曾华盖，字文垣，康熙丙午举人。（见光绪《海阳县志》曾栋奇传）陈国玑，揭阳人，阳山教谕。李明造，海阳人，并顺治丁酉举人。谢金度，海阳人，花县教谕。方来贺，亦海阳人。陈国谟，澄海人，并康熙癸卯举人。游定海、程乡学，丰顺人，解元。梁犹龙，字君虎，一字卧翁，海阳学，饶平人。史晟，字伯寅，饶平人，一作海阳人，夏县知县，并康熙丙午举人。（以上俱见《周府志》二十七选举表下。其海阳学者亦见光绪《海阳县志》十五选举表四）陈士孚，字挛之，海阳人。黄华，字太华，饶平人。（并见《古瀛诗苑》二今集）余无考。

重修韩公祠广济桥碑（文见文征）

石碑在韩山韩祠中厅西壁，高五尺二寸，广二尺二寸，篆额曰重修韩公祠广济桥碑记，盖曾华盖撰文，碑为灰所圬，行数署款，皆不能辨。

重修宁波寺碑记

寺以宁波名志桥成也按郡志寺建于宋不著年代而桥西岸始于宋乾道间知军州丁允元初名丁公桥东岸筑于宋绍熙间知军州事陈宏规更名济川桥后先增筑者不一人明宣德中知府王源垒石重修西岸十墩计九洞共长四十九丈五尺东岸十三墩计十二洞共长八十六丈八尺中空二十七丈三尺造舟二十有四为浮梁更名广济桥　国朝康熙六年重建宁波寺碑谓寺始于唐元和韩昌黎所建至宋陈文惠因其旧制而一新之者妄言也夫桥始于宋而寺亦始于宋桥成而寺亦因之而建庶几近之又按郡志康熙十年辛亥提学道迟煊知府宋徵璧重修广济桥而宁波寺碑为康熙六年岭东道魏公绍芳重建是时守郡者亦宋公徵璧　魏公时但修寺而未尝修桥迟公时但修桥而不再修寺则寺与桥之成宋公实任之而名则皆以道率之道光壬寅韩江水溢东岸桥墩溃其九座岁丁未钱塘吴公均以分转权郡事自捐廉修复第三第八第九座嘉应邱慎猷自修复第七座潮郡城内布行修复第二座米行修复第十二座海运通纲修复第十三座嘉应平远镇平各盐客修复第十座潮嘉绅庶行户共修复第十一座桥成闽粤数郡商旅咸利赖焉而民无病涉之忧桥东人日夕至城市尤德公因修宁波寺门内有堂三楹面南向拟奉吴公长生禄位公闻之艴然曰果尔余当自往毁之于戏宏能人之愿施大雄之力浑智名勇功于不事而屹然砥柱于中流是亦足以挽颓波已

文林郎翰林院待诏前充　文颖　国史两馆缮录官镇平黄钊撰记

道光庚戌四月初八吉日兴工至十月十五日工竣共用去工料银捌百肆拾壹两零

子来局潮嘉绅庶行户重修宁波寺碑记

上碑在宁波寺内，高五尺五寸，广二尺四寸，横额曰重修宁波寺碑记，字大二寸六分，题文一行，记文十一行，行五十字，又附列房屋位置方向五行，署款年月各一行，字大皆八分，正书。

按：宁波寺祀十八罗汉及二十四桥墩神，因广济桥而创也，《古今图书集成》职方典祠庙考《周府志》、《张县志》、光绪《海阳县志》皆称：寺宋时建，惟杨钟岳重建宁波寺碑引《舆志》曰：元和间，韩愈来守是邦，遂成此寺，以寺肇建自唐，未知所据何书。今以寺所祀二十四桥墩神推之，当创于广济桥既成之后，决非唐时所建。黄香铁斥为妄言，是也。惟黄氏引郡志谓桥西岸始于宋乾道间知军州事丁允元，东岸筑于绍熙间知军州事陈宏规，并与旧府县志乖迕，辨见沿革门。

捐修广济桥第二洲并重建巧圣庙记

潮之广济桥右距城闽左抵山麓萃五方之商旅济百万之往来宋明各有创建国朝屡见增修乃道光壬寅七月洪水为灾鼍梁击断虽迩日之造舟亦可为梁必如前之筑墩乃堪作柱太守刘公下车伊始正拟倡修忽奉调檄幸逢观察杨大人痌瘝在抱利济为怀劝乡绅之各行捐筑属署府以倡率兴修吴太守默尔图维独运捐廉之举翕然乡应乐看不日之成凡我同人仰列宪之慈衷伤行人之病涉援商集腋共乐醵金同心协力修东岸之二洲缔造经营方逾月而告竣且斯墩之上故有巧圣庙焉当阳侯肆虐桥圮庙倾四面波涛江舟尽没中流砥柱神像依然此皆赫濯之所钟精灵之所注者也兹仍旧基涓吉重修以妥神灵以邀神贶环绕山河奠苞桑之永固丹垩楹桷壮庙貌之观瞻所以赴功乐事一时见踊跃之忱咸称显应无疆奕世获乂安之庆

道光丁未冬月郡城布行众同人记

上碑高四尺七寸，广二尺二寸七分，正书，无额，首题目一行，正文十行，行三十二字，字大一寸二分，抬头高一寸，末年月署款一行，在东岸第二洲桥楼神龛下，道光二十七年立。记中所谓太守刘公即刘浔，吴太守即吴均，观察杨大人即杨文定也。

重修广济桥东岸第十二墩并重建茶亭记

潮郡东城外韩江绕之跨韩汕而绵亘者曰广济桥叠石为墩二十有三东岸则十三墩焉创于宋历明代以逮　国朝废而复修者屡盖中流激湍所以障狂澜而通孔道惟斯桥是赖道光壬寅岁秋鲸波肆虐东岸墩决去其九乡先生咸筹款重建其时经费未敷爰排舟作度以便往来然此时特权宜计之而非经久之谋也岁丁未祥符　刘公浔来守是邦甫下车即商修筑旋奉檄调署韶南连道益拳拳于心事盖悬而有待钱塘　吴公均署分转兼摄郡篆承　观察文定杨公命劝绅民各效捐修之举遂分廉俸倡修第三第八第九等墩此其痌瘝在抱揆诸苏子瞻之寓惠捐犀蔡君谟之守泉种蛎殆不是过耳我同人仰体列宪仁慈黾勉助修第十二墩敛以蝇头之利整兹鼍背之梁由是冠盖骈阗轮蹄辐辏亦可以共庆安澜无虞病涉矣墩上旧有茶亭墩倾亭圮尽付波臣兹因筑墩而并建之觉桥济涉而茶济渴斯诚为济之广也乎是役也经始于道光二十七年丁未九月朔日越明年戊申五月望后之六日工竣我同人乐贤守利济之心之有造于潮者不浅也于是乎书道光二十八年岁在戊申季夏朔日潮郡糙白米行众同人记

上碑高四尺二寸，广二尺二寸，正书，无额，首题目与正文相连，并年月署款共十二行，行三十二字，字大一寸二分，在东岸第十二洲茶亭之内。

广济桥十洲亭记

钱塘吴公尝摄吾梅州牧伯予等饮和食德久矣岁道光丙午权潮桥分司转运予等为水客鬻盐轮饷复隶分转公优恤逾于常转先是广济桥为水冲溃历五年议修者甚众丁未公以分转权守郡事既熟筹所以复之者谓事难于经始而易于观成也爰首捐廉修第三第八第九三洲其第一第四第五第六四洲崩损者亦公为之修补而吾梅邱万兴者为分转海运亦先自捐费修复第七洲工尚未竣初桥圮时官民捐资几万余金迄无成咸以为观成未知何日矣自公经始以来行所无事筑复及修补者已八洲可以利涉自时厥后潮市米行布行各修复一洲分转海运数人复认修一洲予等尝为公部民今鬻盐转运又隶公宇下佥议就行盐每票输费若干合嘉应平远镇平三属水客共修复一洲并呈请分转派司桥工□事四人邱君慎猷黄君国诗辜

君利权李君鹏程代为董理于丁未二十七年十月二十一日兴工至本年五月二十四日工竣予等嘉平镇三属旧皆为程乡县潮州治后析为三至　国朝雍正十年改程乡为嘉应直隶州而以平镇二县属之然则予等固潮民也今虽析治而　吴公固尝为嘉应州牧伯今又权分转兼署郡事予等荷　吴公教养而体恤之者已异于常则所以副　吴公教养而体恤之者自异于众也工已竣谋筑亭为往来徒旅憩息之所洞为第十洲即以名其亭吾闻蓬瀛之境三岛十洲潮为古瀛洲十洲亭盖亦蓬瀛之一胜景也夫是为记清道光二十八年岁次戊申秋八月

上碑高四尺六寸，广二尺四寸，正书，额曰嘉、平、镇三属盐行重建广济桥第十洲记，横列二行，行八字，字大一寸六分。首题目一行，曰广济桥十州亭记。正文共十五行，行四十四字，抬头高二字，末年月日署款一行，字大八分，在东岸第十州亭壁上。

子来局修复广济桥第十一墩记

窃惟事既有经始情可验乎子来盖我潮郡东门外韩江绕城江上有桥名曰广济为行人孔道缓水势而息狂澜惟斯桥是赖是桥也创于宋代自元明迄国朝修圮叠见乃道光壬寅七月洪水滔天而东岸十三石墩决去者九冲坏者四过客皆叹其病涉迨岁丁未祥符　刘公浔守潮正在议修旋升任不果时观察为文字杨公廑念桥墩既倾往来不便谋诸吴公议以修复　吴公名均字云帆浙江钱塘人也以分转兼权郡篆慨然以修桥为己任即捐俸先倡全筑者三墩稍葺者四墩于戏有斯遗爱感人孰不争输恐后哉予等各自乐施共成美举故以子来名局葴乎经始之功认修复第十一墩并第九墩第十第十一第十二各洞桥梁木料栏干等项呈请道府宪仍谕经始公所熟理桥工司事邱君慎猷黄君国诗辜君利权李君鹏程并添谕米行修桥司事杨君大省董其役其承谕经管题缴银数者则瑞兴当陈君先造也其在苏安山督办石块至桥应用者为　列宪前谕督办各墩石块之李君廷铭也墩南北并新建两亭以为行人暂憩之所于道光二十八年十月初八日兴工越明年四月望后之三日告竣计费镪三千九百七十五元维时占利涉于同人美成功于既济爰纪其事以勒之石

道光二十九年岁在己酉闰四月　　日立

上碑高四尺九寸，广二尺四寸五分，无额，正书，文凡十三行，首题目一行，末年月署款一行，共十四行，行四十字，字大一寸，在东岸第十一洲壁间。

重修广济桥东岸第十二墩并茶亭房舍记

潮城东门外有广济桥焉西岸十墩属于郡守东岸十三墩则分转宪属焉创自宋以逮　国朝间虽废而复修者屡莫如道光壬寅水患之甚东岸之墩崩去其九彼时吴公讳均署分转兼摄郡篆乡先生咸议修复艰于经费东岸之第十二墩吾同人则请捐修焉曾年岁之几何而墩又复崩且碁石冲去更有甚于壬寅经费之大适分转宪　川如汪公甫下车遂援壬寅之请修者谕令吾乡同人修焉当是时有谓众人之桥吾独任之无乃劳逸不均乎又谓修筑之说不亦难为继乎吾同人则不然夫传有曰公家之利知无不为忠也又曰且人之欲善谁不如我今造千万人往来之桥若忠与善则我不敢惟尽力以奉上而已是役也经始于癸酉春季石墩茶亭一仍其旧式于是乎略记至文言之胜前人尽详今不赘及尔

同治十二年岁次癸酉季春望日潮郡糙白米行同人记

上碑高四尺二寸半，广二尺二寸，无额，正书，题日正文连年月署款共十四行，行三十六字，字大一寸，在东岸第十二墩壁上。

广济桥碑

上碑在县城东门街口，高五尺，广二尺三寸，中书“广济桥”三大字，字大一尺五寸，字体略似夏承碑，左题王韦庵书，右题督工驿丞秦祖，碑阴别有管工粮户卢仕六字。

洪水止此碑

雍正《海阳县志》：“广济桥畔旧有大碣，镌‘洪水止此’四字，传为韩湘子笔，故从前少水患。康熙年间，郡守张自谦建榷馆其上，为董工役所占，已连年水灾，撼城折桥，当事觉之，遍求不得，盖已为役盗鬻，石上琢灭。”

按：近岁重修凤凰台，于近台基水处，得一缺石，篆书“洪水止”三字，不著书者姓名。当即此碑。志谓为石工琢灭，殊属虚构。今日移置凤凰台下。

又按：上各碑文，俱依原刻行款录入，不加标点，私意在存其真，谨发其凡于此。

五　文征

散文六篇

广济桥记　明　姚友直

郡治东并城，南曰恶溪。旧有修桥，累石为墩二十有三。深者高五六丈，低者四五十尺，墩石以丈计者数千百万余。上架石梁，间以巨木，长以丈计者四十五十有奇。中流惊湍，尤深不可为墩，设舟二十有四为浮梁。栏楯铁练三，每练重四千斤。连亘以渡往来，名曰济川。考之《图经》，肇建或经二三守，须数岁始成一墩，更数守历数十余岁，桥始成。其途通闽浙，达二京，实为南北要冲。其流急如马骋，而汹涌触之者，木石俱往。水落沙涌，一苇可渡。水涨沙逸，数里旷隔。虽设济舟，日不能三四渡。咫尺之居，若千里。女士不得渡，有日夜野宿，以伺其便。军民病涉，莫此为甚。自宋至是，因循不能修复者，殆百余岁。凡登途而望者，莫不痛恨，以为斯桥不复，终古苦涉矣。宣德乙卯冬，我韦庵王公莅任后，百废皆作。渡溪拜昌黎，顾桥遗址，询诸僚吏。潮卫指挥赖君槃作而言曰："斯桥之毁，累经修筑，不能为工。岁溺人畜，不可数计。非德望若昌黎伯，神化宜民者，不能也。惟公所至有声迹，而斯桥之兴，不在于公而谁欤?"公乃揆诸心，谋诸众，毅然兴作新之怀。命耆民之贤者，化财经途。尊官巨贾，捐金弃玉者相踵籍，而海邑洎潮揭程之民趋赴之者，各殚其财力，若有鬼神阴来相之。于是慎简官属，若海阳县令李衡等，赞其计；选耆民董公许懋等，出纳赀费。于以购木石，募工佣，凡墩之颓毁者用坚磐以补之；石梁中断者，用梗楠樟梓之固巨者以更之。中流狂澜，触啮不能为梁者，仍设以浮舫，萦以铁缆，无陷溺之忧。桥之上，乃立亭屋百二十六间。屋之下、梁之上，镘以厚板，板上侧卧二层甓，用灰弥缝之，以蔽风雨寒暑，以防回禄之虞。环以栏槛，五采装饰，坚致倍蓰于旧。不期月告成。四方之人，骤闻者，疑而骇，若不之信。更名其桥曰广济，取济百粤之民，其功甚大也。又间联屋作高楼十有二：由桥西亭而东行，楼之一，西曰奇观、东曰广济桥；楼之二，西曰凌霄、东曰登瀛；楼之三，西曰得月、东曰朝仙；楼之四，西曰乘驷、东曰飞跃；楼之五，西曰涉川、东曰右通。是为西矶头。西厓抵矶，凡楼屋计五十间。矶叠级二十有四，按二十四气，以便人畜上下。过浮梁者，下由浮梁东行至穷处，曰东矶头，亦叠级二十有四。为楼之六，西曰左达、东曰济川。上级越楼，由亭西而东行，为楼之七，西曰云衢、东曰冰壶；楼之八，西曰小蓬莱、东曰凤麟洲；楼之九，西曰摘星、东曰凌波；楼之十，西曰飞虹、东曰观滟；楼之十一，西曰浥翠、东曰澄鉴；楼之十二，西曰升仙、东曰仰韩阁。楼之上重檐，又曰广济桥。东厓至矶，凡楼屋七十有六间。桥之穷矣。仰韩阁之东，有祠曰宁波，塑宁波神，以安水怒。祠之后，曰碑亭，四邑民献颂太守王公功德碑，列于两序。四方来观者，咸曰：斯桥实为江南第一。（康熙《潮州府志》十二艺文）

按：姚友直，会稽人，太史。

重修广济桥记　明　陈一松

潮滨海而郡，重溟垒嶂，磅礴萦纡，揽有江山之胜，盖自昔称瀛州云。郡城之东，大江注焉，广可三里许，为闽粤通律。其源出长汀，千余里建瓴而下。时遇霖潦，涨发，则倚马兴望洋之嗟。旧有济川石梁二十一，跨于两间，中络浮槎二十四，以往来行者。故老相传，昌黎韩公乞神于江，江为涸数日，因得而经始焉。然往牒亡稽，而《韩集》仅载江涸鳄徙事，或者殆谓是欤？迨至我朝，桥毁于代迁，人苦于胥溺，更数十守莫能理。宣德乙卯，韦庵王公守潮，政务举废。乃并四县之力修之，规制增备，坦焉利涉。所济既众，遂更名曰广济，事具姚太史记中。今去其时且百五十年矣。惊涛骇浪，震撼击冲，砥柱就倾，梁存仅半，江流稍溢，辄虞陷没，而行道之人复病矣。

万历六年，圣天子御宇锐精明作之功，遴擢张公自民部尚书郎来守吾潮。下车修百姓之急，顾而叹曰：桥其坏乎？不治，废且尽，人溺犹己，况方内通衢耶？乃谋诸寮朱君辈，暨海阳令徐君，议合，奏记当道前少参李公。今摄事大参孙公闻而韪之。得所捐赌金三百两，筮日程工，量财纾急。转以巨木，夹以周栏。圮者固而险者平，力加缩而功加倍。矶焉亘焉，鳌驾海上，而虹飞岭表。去来如织，不震不惊。工始于某年春二月朔，迄两月而告成。公率寮属落之，谓不可无识岁月。于是郡人陈某曰：尝读《周礼》职方氏掌达天下之道路，以通其财利。孟轲氏以舆梁徒杠为为国之政。则是役也，庸非斯民之急，而王政之所先乎？余不佞，居恒窃怪世之领方州者，类多从事廨宇台榭，以粉饰能声；甚或藻绘溪山，为游观无益之作；即沟浍隍堑，民所恃以为命者，亦且视为不急之务，又安有所谓道路桥梁耶？夫道茀若塞，春秋讥之；而津梁聿新，君子以为能举废。以今观于斯桥，创自昌黎，历数百年而大修于韦庵，又百余年而载修于我公。时我举赢，役不劳众，以援斯民之溺，以昭同轨之治，以光绍二公芳迹于不坠，岂废兴固其有会耶？是可以观政矣。公以爱民真实之念，弘济人利物之施，凡急人之病，所振起废坠，未可缕纪，兹特其一耳。睹河思禹，自今以往，宦辙之所驱驰，货客之所奔走，与夫四方衔命使者，经过是桥，平平荡荡，莫不歌咏圣泽，颂公与两道及数君子之功。当与韩山凤溪，增为高深，其所济宁有涯哉？董是役者，海阳丞蒋子某也，例得并书云。（《玉简山堂集》三）

按：陈一松，字宗岩，号乔东，海阳人。嘉靖丁未进士，历官工部左侍郎。

重修韩公祠及广济桥碑记　清　曾华盖

潮之有韩祠，非一日矣。昌黎有德于潮，民思之不忘，故合山川草木皆号之以韩，而祀公于韩山之麓，以云报也。时代既殊，修废不一，而揆厥所由，莫不时平政理而兴，时乱政窳而坠。则一时之兴革，固世道盛衰之攸关，吏治得失之所系也。迩年以来，鲸海翻波，狼烟频炽，四郊之外，民宇荡然，而祠亦与之俱荒。向之鸟革翚飞，俱变为窜狐牧马之所矣。岁在丁巳，刺史果庵林公祖，下车伊始，即喟然叹曰：“予今者实牧斯土，而令先贤之榱桷弗光，谁之责也？”顾残疆初复，师旅云屯，檄糗征刍，日不暇给。越三载而山海销讧，民用和集。乃以庚申秋，涓吉鸠工，至今春告成。植之蠹者易之，墉之圮者饬之，丹黝之漫灭者增饰之。自堂宇门庑，以及文昌阁、曲水流觞之属，莫不次第修举。轮奂既具，庙貌岿然，俨乎若对几筵而仰斗山也。至潮之东鄙，密迩闽漳，韩江一线，实为之限。其间旌轺往来，南旅辐辏，咸获安驱戾止，以免于蹇裳濡足之患，则惟湘子桥是赖。自经寇焚兵躏，桥之梁坏石崩，行人惴惴，以陨跻为惧。公又更其腐材，理其颓石，联编舟于中流，倚雕阑于南北。驺舆声喧，行旅踵接。恍乎若长虹之蜿蜒，跨清波而利涉者，在此修矣。以至于量费庀材，择人董役，一木一石，皆出诸俸入之余，不至累吾民。迹踵旧而增新，事虽因而向实创。公之功绩，更仆难数，此特见其一斑耳。慨自古治既远，循良之风不作。吏于其土者，大抵以官为传舍，而视其民若秦越，人之肥瘠，幸而不朘其生足矣。其谁能家视官，子视民，谋民之利，而不以扰民，且溯乎前之有功德于民者，而崇祀之恐不及也乎？吾于是叹公之造潮也深，而潮之邀惠于公也厚矣。夫祛弊兴利，而不尸其功者，贤守牧之事也。沐浴膏泽，欲言而口不能传者，小民之能也。颂德铭勋，以永声施于勿谖者，乡士大夫之责也。是安可以无纪为之？铭曰：猗欤昌黎，道重德大，力排异端，文起八代。直言朝宁，作刺海滨。延师敷教，立我蒸民。民思罔斁，祠公东山。山川草木，皆号曰韩。惟此韩江，环城若带。往来络绎，繄桥是赖。甲乙之交，四郊多垒。庙既荆榛，桥亦云圮。贤侯戾止，亦孔之忧。捐资饰材，是度是谋。经营既成，庙貌有赫。俎豆维馨，享祀不忒。为舟为梁，利济不匮。陋彼乘舆，斯为小惠。韩山苍苍，韩水汤汤。我公之绩，于韩有光。虹桥既奠，鳄渚永宁。亿祀戴德，请视斯铭。（雍正《海阳县志》卷十《文集》）

重建广济桥碑　清　吴兴祚

潮州为全粤东境，闽越豫章，经涂接壤。城东之水曰韩江，合汀赣九河之流，汇鳄溪，凭于广济门。宋州守曾汪作济川桥，袤广二丈，长丈一百八十有奇。中流急湍，深莫能测，于东西尽处立矶，矶各纳级二十有四，絙浮舟以通之，桥之制未有也。明宣德中圮，知府王源伐石建址，架木为梁，更名广济。弘治大水，梁坏，知府谭伦易以石。万历间，御史蔡梦说重修。崇正末，毁于寇，蔡元稍葺之。康熙二十一年，予以福建巡抚，奉命总督两广。明年，巡视海滨，遵碣石卫而西至潮，临鳄溪，登郡城，望广济桥，仅存石址，汪洋巨浸中，往来病涉，顾视有司，心焉慨叹。自维建国经野，王制所重，顺民察地，予之职也。乃捐俸，檄郡守林杭学，署游击程士鳌董其役。

庀材程石，者生李奇俊与有劳焉。期年告成，无夺民时，无取民财，无役民力，经营作新，用宁百姓。易大畜曰：何天之衢，释曰：畜极而通。今者梯航万国，南抵扶桑，北暨流沙，舟车所至，莫不攸往，则是桥也，周行如砥，泉货以通，民用以利，可以宣圣天子承天载物之治矣。（乾隆《潮州府志》卷四十一艺文）

重刻广济桥记　清　杨钟岳

曾在三山，阅闽志，有昌黎驱鳄成广济之句，传者讹也。唐元和十四年，昌黎韩公，刺潮八月，即去袁州，成广济则未遑也。特功德在潮，尸祝于桥之东，惟彼江山，及所树木，以公姓得名，思韩深哉。厥后附会一桥，从而呼湘子焉，皆传者讹也。然则广济何昉乎？昉于宋也，考故志初名济川，其源自北，建瓴而下，汇汀漳惠三郡巨流，纵横湍驶，以入于海。形家言，泄而不蓄，宜有飞梁为绾带，庶足障回波砥狂澜也。况地近闽浙，百粤往来之冲，当春夏泛涨，漭泱澎湃，飞涛怒沫，不可向迩，行旅载道，轩辂络绎，鹄立待济者，顾东西两岸，弥漫如隔千里，一不奏功，而飘泛陷溺，不知所之，为此方巨患。宋州守曾、沈诸公，乃于东洲西洲分营焉，始基之矣，历年已多，洲坏梁断。有明宣德间，太守王公源垒石为墩，西计有十，东计十有三，架梁杂巨木，镘厚板。中以流急，墩乃止，因设浮舫，絷之铁缆，非为通岁楫，用杀水势也。经理既定，楼亭翼然，爰更名曰广济。弘治间，河流暴至，而梁又坏，延至正德中，乃合力易石焉，然屡受撼啮，随废随修，独是顺治庚寅大烬之余，石梁亭屋，存者有几？虽费诸君子修理之劳，而车骑错趾，邮筒朝发夕至，以及牵挽负担，难言履若康庄矣。幸总制吴公，承天子命，控驭两粤，癸亥夏，巡视海口，抵潮郡，见自西自东，往还如织者，广济桥也，而石梁缺焉，不可以久。慨然曰：舍是无求民瘼矣！周官之法，徒杠舆梁，治之有司，是役浩大，恐重民困，非余独任不可。越二年，出万余镪，鸠工伐石，约所遗墩二十有奇，无不新增硫石以实其基，斜方棱角，甃砌坚致，乃跨石板，翼雕栏，修若干丈，广若干尺，悉循古制，而功倍之。经始于乙丑之冬，告成于丁卯之秋，仰观亭榭翚革，焕然一新。俯瞰长溪蜿蜒，恍在襟带，是歌是舞，肩摩汗而驰，以为若偃之苍龙也，垂虹之饮涧也，戴山之六鳌，复道之行空也，夫岂徒度世有津梁，亦形胜藉锁钥，畴能辅相天地，竖百世功，无扰于民。如吴公其人者。程子曰：古之仕为人，今之仕为己，如纤啬起见，皇皇择急，以保功名，留余以遗子孙，溺不由己，何有于人之病涉。公本至诚，而立远猷，万金一掷，毫无德色，是知有人而不知有己矣。我潮人士译余躬亲其事，不可无言传诸远，《春秋》常事不书，凡土木之役，匪惟不时害义，即得其时当于义，亦备而书之，盖重民力也。兹举不烦官帑，不费民缗，竭己以袪潮患，视古乘四载，奠九州，为国为民者何异，忍令久而弗传耶？维时留心督卒，赞勷有成，则有太守林公果庵。彼孙叔敖，楚贤相也，陂水一勺，犹存天壤；赵充国河湟之桥，汉史称之，今勒琐珉。皆出于中，爱戴感激，不能已复，然尸祝昌黎意也，将见有史氏之大书特书焉，其必自此日始。（《搴华堂文集》）

增修广济桥石墩记　清　胡恂

潮之水，以韩江为最，江上有桥，当闽粤孔道，自江以下皆泽国，缓水势而息狂澜，惟斯桥是赖。考江源自汀赣循梅诸山，千里建瓴，直逼郡治，怒流澎湃，如奔雷骋马，方舟莫渡。宋人筑洲架梁，命曰济川，不数年修圮叠见，故明宣德中郡守王君源，累石为墩一十有三，覆以屋亭，造舟二十有四为浮梁，更名广济。自弘治正德，迄我朝兴修者十数矣。康熙二十四年，制府吴公兴祚，捐金万余，尽易木梁而石之。既而水决，东洲石墩没者二。雍正二年，前守张君自谦，倡缙绅士庶仅修其一。予以菲才，承乏斯郡，相度川原，历览堤岸，深虑夫桥墩缺一，莫杀水势。下如东厢、西厢、登云、登隆诸堤，及饶平之隆都、澄海之苏湾、上、中、下三外，岁有冲决，庐舍田禾，皆不能保。因与同志商之，适前观察楼公清釐开元寺租，可为修桥之费，请于大吏报可，与海阳令张君士琏，殚心经画，诹吉兴修。郡司马宋君桂，偕太诸生黄枢模、陈人业、林自菁、黄继茂，耆老杨楚臣等董其役，经始于雍正六年十月望后之三日，越明年六月四日工竣。计费镪一千八百二十三两有奇，邦之士大夫莫不共庆安澜，余亦藉兹稍慰，因援笔记之。（乾隆《潮州府志》卷四十一艺文）

赋二篇

广济桥赋　明　李龄

客有御风霆，游古瀛，鼓枻沧浪，驰骋金城，登西湖兮四望，攀凤凰兮抚苍冥，烟景纷以万状，山川郁而青青，极目兮千里，聊纵志以抒情。主人顾而谓曰，子徒知夫岭南雄观，在于吾潮，而不知夫吾潮胜状，在于广济之一桥。于是乘华辀，骖虬螭，驾彩凤，载云旗，朝雨沛以洒尘，凉飙肃而吹衣，纷总总其离合兮，湓埃风而至之。巍乎高哉，寥兮如飞梁度江，恍虖若长龙卧波，复道行空，俨然如乌鹊横河，鞭石代柱，崇台峨峨，西跨瀛城，东襟鳄渚，直走于韩山之阿，方丈一楼，十丈一阁，华棁彤橑，雕榜金桷，曲栏横槛，丹漆黝垩，鳞瓦参差，檐牙高琢，起云构于鸿蒙，倚丹梯于碧落，朱甍耸兮欲飞，龙舟萦兮如束，琐窗启而岚光凝，翠牖开而彩霞簇，灵兽盘题而蹲踞，青鸾舞栋以翱翔，天吴灵胥，拥桥基于水府，丰隆月御，列遗象于回廊。石苔斑兮欲驳，激琼波兮响琳瑯，金浦烂其浴日，瑶琙灿以凝霜，虽琼楼玉宇，不足以拟其象，而蓬莱方丈，适足以并其良，陋崔公之微绩，视洛桥兮有光。若夫殷雷动地，轮蹄轰也，怒风搏潮，行人声也，浮云翳日，扬沙尘也，响遏行云，声振林木，游人歌而骚客吟也；凤啸高冈，龙吟瘴海，士女嬉而箫鼓鸣也；栖台动摇，云影散乱，冲风起而波澜惊也。仰而观之，云连紫闼，列虹影于中天；俯而临之，澄波素练，吐蜃气于深渊；顾而瞻之，冈峦崒嵂，左右驰突，列云屏于后先；远而望之，鹤汀凫渚，岸芷汀兰，纷竞秀而争妍。至于蓐收行秋，列嶂云收，明河涓皎，月影中流，浮金跃璧，辉目明眸，上下天光，万倾一碧，白露横江，琼浆夜滴，万象鉴形，渊炫澄碧，渔歌互答，此乐何极。羌终夕兮游玩，謇不知其偃息，有仙子兮扬翠菸，驾两龙兮江之滨，百神森以备从，鸣玉鸾兮声嚶嚶。使湘灵兮鼓瑟，令王乔兮吹笙，歌九韶兮舞冯夷，张咸池兮奏云英，澹容与以逍遥，忽独与子兮目成。若曰潮乃邃古之瀛洲，幸与汝兮同游，山虽明兮，未若乎昆仑华岛之为优，水虽秀兮，难同乎瑶池翠水之悠悠。独斯桥兮形胜，与仙造兮同侔，地脉连而回萦，鳌极峙而不倾，淳风回而俗转，家礼乐兮人公卿。噫！微斯人兮，畴克以臻，言既竟兮，乘元云而上征，客既奇遇兮，乃反乎瀛洲之故城，收畴昔之逸游兮，卷淫放之邪心，服仁义以修姱兮，游道德之平林。既申旦以独坐兮，乃具告于主人，抚掌而叹曰：异哉！昔子房之游下圯也，遇神人而盘桓，相如之度升仙也，纷至今为美谈，子于是游，其亦可谓旷百世而一观。客乃歌曰：若有人兮金玉相，乘云龙兮佐尧汤，道既高兮德弥彰，捧纶音兮收潮阳，囿我民兮仁义乡，追昌黎兮参翱翔，五谷登兮人物康，运神规兮建河梁，俾万姓兮覆周行，功巍巍兮摩穹苍。聊作歌兮勒高冈，籍文烂兮星斗光，吁嗟王公之福吾潮兮。地久而天长。(《潮州耆旧集》卷一《李宫詹集》)

按：李龄，字景熙（一作景龄），潮阳人，江西提学佥事，首训白鹿洞学（见《白鹿洞书院志》四），有《宫詹遗稿》六卷。(《千顷堂书目》

十九著录。全集今不传。）

广济桥赋　清　杨献臣

稽古郡于义安，览舆图之壮丽，城高枕于金山，郊平连于海底，溪徙鳄而犹清，江记韩而未替，峙双塔于云端，跨大桥于海际。曾汪肇基自宋，原号济川，王原重建于明，广更名济。（按：王原当作王源，“广更名济”句，当为“更名广济”之讹。）尔乃叠石为柱，修板成梁，广容车马，高纳帆樯，栏干陋乎内外，梯级判乎低昂，石矶三十六墩，镇铁牛于两岸，梭船一十八只，贯铁索于中央，水面平铺，类鼋鼍之浮巨浸，波心横卧，若蝃蝀之贺汪洋。则有小阁凌烟，高楼映水，酒肆榕阴，茶高花紫，店连舟楫之多，货聚山海之美，横斜高处，依稀玉杵蓝桥，结撰空中，恍惚蜃楼海市。为通衢之大道，东连龙骨街头，合斯人之会归，西入凤楼城里。若乃千山排闼，四面围青，凤凰摩于天阙，莲花涌于沧溟，独秀孤峰，映银山之岗岁，双旌峻石，表韩麓之蛤萤，日出则红生大帽，云开则翠见七屏，嶂辟黄田，影动青林之树，岭流白石，光连碧汉之星。当夫雨泽多，潦水涨，江面宽，潮声壮，上流化象之潭，下平凤洲之障，右绕东津之堤，左翻西湖之浪，汇汀梅之远水，尽赴桥门，合漳浐之细流，同归圯上，浩浩乎其游也无涯，渊渊乎其深也无状。至其江心水落，镜面波融，鸭涨侵绿，雁齿排红，风萧萧兮木叶，露湛湛兮苫丛，灯火高悬，恍探星桥于月窟，楼台倒浸，似邻鲛室与龙宫。河岸天寒，影落鸥鹭，秋溪夜静，声吼鱼龙，氤氲湘子祠前，烛影香烟共霭，潇洒宁波寺外，水光山色齐空。又如系缆石根，提舲泽漠，贾师雀尾之航，贵客螭头之艇，避雨之楫方归，挂风之帆已迴，争渡则舟子语喧，开关则篙工力挺，已大小而各殊，亦往来其不等。况乃行人杂沓，过客载驰，或担簦而负笈，或抱布而贸丝，或乘肩舆而至止，或荷篢笠而来斯，或骚人登高而作赋，或逸士临流而咏诗，熙熙攘攘凡几辈，朝朝暮暮无已时。彼夫填鹤之事已虚，掷文之谈亦幻，折柳情尽，亦离别之可怜，独木行难，实倾危之足患，正羡胜于天台，或惊奇于蜀栈。孰若斯桥，当闽广之冲，会关河之间，鞭石不劳乎神仙，成功屡出于名宦，口碑载道，称前贤利物而济人，砥横中流，诵圣朝河清而海晏。（《百侯杨氏文萃》卷下）

按：献臣，大埔百侯人。

诗五十九首

湘桥钓师图为子未题　清　黄钊

沿江花闹蝴蝶蓬，过江人影骑长虹，跳波一撇雪花溅，鲤鱼尾胜猩唇红。彩霞明灭朱栏露，酒楼旧是题诗处，钓竿已落海东头，红棉十丈珊瑚树。奇怀四塞绮思孤，棕笠蕉衫来画图，水村渔侣入相忆，闲却鸳鸯一面湖。（《读白华草堂诗集》卷三）

按：黄钊，字香铁，镇平人。嘉庆乙卯举京兆试，曾掌教韩山、城南两书院，有《读白华草堂诗》三集《赋钞》、《经馂史响》等书。（光绪《海阳志》三十四有传）

湘桥　清　姚竹园

江流汹汹势莫当，洪波直欲破大荒，毒龙饥蛟时出没，鳞介猖獗天吴狂，吾就其浅矣，不能成徒杠，吾就其深矣，不得起浮梁。两岸居民病于涉，临流观望空彷徨，清夫赫然下一碣，气慑水族皆逃藏，后人因得鞭巨石，虹桥飞跨虹影长。蝉联墩排二十三，如鼋如鼍架两旁，江栏画槛何堂隍，鱼贯船系一十八，如鲸如鲵锁中央。潮生潮落头低昂，昔日真畏途，今日成康庄，昏黑喜可通车马，老病无事相扶将。青压桥头桥上山，绿浸桥脚桥下江。是山是江总韩姓，昌黎遗爱在南邦。然则斯桥之成实属清夫力，桥名得不随韩湘？吁嗟乎！桥名得不随韩湘？（《韩江记》卷二）

按：姚瀚，号竹园，贵池人，侨居潮州三十余载。工诗，有《西湖渔唱》一卷（事迹详潮州《西湖山志》人物及《西湖记》）

湘居怀古　清　陈世骢

东江之水浩无垠，雷訇电击长流奔，春来并注古瀛郡，廿四桥洞波平吞。自唐以来罹此厄，猛兽夷狄同悲论，谁挽狂澜凭只手，不使百姓沦奇冤；南阳贵胄韩仙客，大书四字题桥门，河伯闻之不敢过，并制龙毒除蛟鼋。自此潮人绝水患，岁岁麻麦生郊原，神物信能伏魔怪，宋元明后犹留存。国初鼎定求民瘼，太守衔命宣朝恩，岂知榷商首卜地，古碣磨落随云骞。水势仍旧

掀天至，峨峨雉堞量潮痕。吁嗟世上少仙笔，桥头独立伤离魂。（《西役纪程》卷上）

按：陈世骢，字守五，明经，澄海人，有《西役纪程》。

上七言古诗

广济桥晚眺　清　宋湘

广济桥边水，迢迢去更来；古今同落日，天地一浮杯。估客船何集？行人首不回；真怜沙际鸟，饮啄亦悠哉。（《丰湖续草》）

按：宋湘，字焕襄，号芷湾，嘉应人。嘉庆己未进士，曲靖府知府。道光五年，湖北督粮道。有《不易居集》、《丰湖续草》、《燕台滇蹄诸集》。（详《诗人征略》）

浮桥春涨　清　陈衍虞

鞭石今无术，松杉叕后梁；横江通亥市，击汰谢春航；网集驱鱼渚，槎浮暑路霜；（原注：谓盐也，盐赋有飞霜暑路之句）。洞庭一夜怒，涉印几彷徨。（原注：癸丑，风狂，桥圮）（《莲山诗集》卷七）

按：陈衍虞，字园公，海阳人，明征士廷策子。崇祯壬午举人。顺治乙未番禺教谕，迁广西平乐令。有《蔚园文稿》、《莲山诗集》、《昭潭集》。

浮桥春涨　清　曾华盖

三月春江满，望洋未有涯，驶流弃竹箭，暖浪夹桃花；依岸千家网，连天一叶艖，伊人何处问？极目赋蒹葭。（《鸿迹猿声集》）

按：曾华盖，字文垣，海阳人。康熙庚戌进士，浙江寿昌令。有《喟莪集》。

湘子桥　清　陈王猷

对郭东峰见，飞虹落九苍，江声浮海气，人语乱鱼床。（原注：桥上有鱼市）断石谁堪续，丛碑不可详。独怜桥畔水，空碧似三湘。（原注：吴制军所重修桥石数十板，皆横四五尺，纵十余丈，已折之十之九。而桥上多去思碑。）（《蓬亭偶存诗草》卷七）

按：陈王猷，字良可，号研村。康熙辛卯举人，肇庆府教授。有《蓬亭偶存诗草》。

湘桥闲眺　清　古汝达

一塔如新笋，微微水面浮；沧桑今几变，鸿雁若为忧（自注：潮州连年水灾，饥民蚁集，桥亦倾圮）；户口当年最，人心此日偷！客中闲眺望，叹息屡搔头。

此是吾乡水，滔滔汇郡城，奔腾犹怒气，呜咽挟悲声；又作飓风暗，何当淫雨晴，江村无恙否？翘首不胜情。（《存斋诗钞》）

按：古汝达，字朴臣，镇平人。与黄钊、钟孟鸿相友善。有《存斋诗钞》一卷。

北上夜泊湘子桥　清　姚行轩

入暮泊湘桥，家乡百里遥，风鸣鳄浦树，月涌韩江潮，鼓角频惊梦，情怀正寂寥，不堪愁里听，檀板隔舟敲。（《远游诗钞》卷一）

按：姚行轩，字天健，澄海人。有《远游诗钞》十卷。

广济桥（原注：去岁被水冲圮过半，尚未修复）　清　黄钊

洪水何年竭，横流剧至今，鼋鼍神力大，乌鹊众情深；蜒艇萧条甚，盐官疲累寻；公私财并竭，谁铸历山金。（《读白华草堂诗集》，《苜蓿集癸卯》卷七）

广济桥闲望　前人

广济桥边望，三峰笔架排，蛤灰当市屋，龙骨对河街，丹荔收园户，红蕉出蜒娃；樵风前渡好，千里半天涯。（原注：镇平至潮州五百里）（《读白华草堂诗》初集卷七）

湘桥晚眺　清　吴观墀

彩虹涵夕影，关禁不重开（自注：晚则闭桥），斜日赤如炙，暮山青欲颓，帆收湘子渡，烟锁凤凰台，两岸人声杂，风潮趁晚来。（乾隆《潮州府志》卷四十二艺文诗）

按：吴观墀，字枫人。杭州人。

湘桥步月　清　杨淞

万籁寂无声，江天霁色清，月光穿树出，人影贴波行，露重步微滑，凉生衣渐轻，谁家方夜宴？灯火一楼明。（《养和山余诗草》卷一）

按：杨淞，字镜川，光绪丁卯举人，署嘉定知县。

湘桥春望　清　陈方平

江桥薄暮望，春暝雨余天，城郭水云际，村庄烟树边，人归踏花骑，鹭立钓鱼船，铁笛声何处？凭栏忆昔贤。（《梅花书屋诗钞》卷下）

按：陈方平，字泽翘，号端厓，海阳人。咸丰辛酉拔贡。有《梅花书屋诗钞》二卷。（事迹详《柳堂师友诗录》）

湘桥春涨　清　杨少山

仙人何处遇，桥影一桁疏，春梦惊鸥鸟，风潮上鲤鱼，灯红摇水槛，榕绿护楼居，怕近城门路，垂竿有老渔。（《澹如书室诗集》约抄卷下）

按：杨少山，海阳人。有《澹如书室诗集》。

过潮桥　清　陈步墀

考古义安郡，游踪广济桥，断碑平水性（自注：桥畔有碑镌“洪水止此”四字，相传为韩湘子笔，今扑灭），遗庙隐山腰；此道中流柱，何人旧化潮？墩高好瞻眺，北斗在云霄。（《绣诗楼诗》卷四）

按：陈步墀，字子丹，饶平人。有《绣诗楼诗》五卷。

上五言律诗

浮桥楼　清　吴颖

万家连舸一溪横，深夜如闻鼙鼓鸣，桥下水随春雨长，城边沙与暮潮平。方传诸将能强战，又劝三农早力耕，遥指渔灯相照静，海氛远去正三更。（雍正《海阳县志》十二集）

按：吴颖，字茧雪。江南溧阳人，潮州知府。

湘子桥　清　曾华盖

利济何须郑相韶，大江稳渡架仙桥，一鞭残雪诗魂瘦，半幅斜阳酒幔飘；渚霁惊看虹卧久，天空疑见鹊飞遥，临流莫谩跨题柱，多病文园懒续貂。（《鸿迹猿声集》）

湘子桥　清　陈衍虞

沧江如练郭烟平，溪鸟江头弄晓晴，不向浮槎谋泛泛，还从卧玉重行行；酒帘欲障征鞭路，柳绪长牵别袂情，驴背推敲思正苦，灞桥诗兴愧泓澄。（《莲山诗集》卷十四）

湘桥春望　清　饶庆捷

海口茫茫接紫霄，绕城春树入云遥，长堤风卷千声浪，远岸波平万里潮。驱鳄功收陈判府，射鲸心折李文饶，旧时烟瘴今何处，碧溆红泉映画桥。（《桐阴诗集》卷二《韩江草》）

按：饶庆捷，号曼唐，大埔人。乾隆四十年进士，曾掌教端溪、越秀两书院。有《桐阴诗集》。

浮桥（自注：即广济桥，东接双旌，西接凤城，横截韩江，涵罩百态）清　郑昌时

渴虹垂影吼云隈，秋晓潮声春夜雷，玉海有人鲸背立，碧天如水雁行来，平分螺黛山光满，半截银涛雨色开，十八巨鳌联铁鞚，浮梁飞渡小蓬莱。

（《韩江闻见录》卷九）

长桥榕荫　清　郑昌时

曰广济桥，创于宋，驾域中，其地水木清华，藏虹媚日，入书宜画，旧云湘桥春涨，湘桥，非湘也，俗传为韩湘子所造，立祠桥上，讹也。

迤逦长桥界碧溪，绿榕阴匝水东西，灵根络石非依土，密叶藏波不照泥，天上白榆虹映带，关前红树雁高低，扁舟暗掠雕栏过，云掩蓬窗翠鸟啼。（《韩江闻见录》卷九）

按：郑昌时，字平阶，海阳人。

湘桥晚眺　清　林峥嵘

乔四桥舟锁暮烟，鳄驱牛系始何年，垂杨不管离人恨，明白解留估客船；外国鲸鲵波塞海，中原雷浪气掀天，拟清画一通商贾，何日诏书尽布宣。（康熙《饶平县志》）

按：林峥嵘，字玉峰，号小岩。饶平人。嘉庆己卯进士，陕西乾州知州。有《砚田杆诗钞》。

湘桥晚眺　清　钟声和

天悬图画大江东，尽入津梁一望中，压槛春烟双峰合，绕城花韵百舟通，暮山野渡相依碧，落日残霞互映红，过客休将澶漫诮，亭间小立待长风。（《韩江记》二）

按：钟声和，字榕林。本闽人，后占籍海阳。咸丰中，户部主事。有《岭海菁华记》四卷，《研余近录》二卷。

湘桥　清　杨朝彰

韩江春入涨遥遥，十八梭船锁画桥，鳄渚月明逢昨夜，凤台风静睹今朝，琵琶岸上留余韵，灯火江中乱暮潮，乘兴还如天上坐，玉人何处教吹箫。（《百侯杨氏文萃》卷下）

晚过湘桥　清　曾廷兰

韩江江水水流东，莫讶扬州景不同，吹角城头新月白，卖鱼市上晚灯红，猜拳蛋艇犹呼酒，挂席盐船恰驶风，二十四桥凝目处，往来人在画图中。（《吟花别墅诗钞》卷上）

按：曾廷兰，海阳人。有《吟花别墅诗钞》。

广济桥　清　丘逢甲

垒洲廿四水西东，十八红船铁索中，世变屡新潮汐改（自注：潮昔至桥以上，故贾岛诗有“潮浸城根老树秋”之句，后仅至桥，成则去桥远矣），驿程依旧粤闽通。（自注：由粤入闽官道出此）五州鱼菜行官帖（自注：潮、嘉、汀、赣、宁食盐，皆由桥分运，故曰广济桥盐。又凡腌鱼曰鱼盐，腌菜曰菜盐，每鱼菜出，为行盐旺月），两岸莺花集妓篷，莫怪桥名工附会，江山原已属韩公。城东锁钥俨天然，雁齿红腰递接连，一水官如分界守（自注：凡守桥夫，及修费，桥东属知府，西属运同），四朝人不及桥坚（自注：桥创始于宋）；长消难准仙无竭（自注：城东旧有碑曰：“洪水止此”，俗传为仙笔，后拓税厂失之，城遂屡有水患），开闭当关吏有权；何处骑牛寻醉汉，凤凰山上日云烟。（自注：潮谚云：“凤凰山上无日无云烟，湘子桥上无日无神仙。”）（《岭云海日楼诗钞》）

按：丘逢甲，字仙根，又号仲阏。本寓台湾，后徙居潮州。有《岭云海日楼诗钞》十二卷，《罗浮游草》。

上七言律诗

湘子桥怀古　清　彭廷梅

当日潮阳吏与仙，忧耽家国两萧然，昌黎有句伤怀抱，为汝飘零十二年。

缥渺遥闻紫玉箫，碧空云尽水迢迢，不知跨鹤人何去？犹说仙踪在此桥。（乾隆《潮州府志》卷四十二艺文诗）

按：彭廷梅，字湘南。攸县人。

湘桥春涨　清　杨淞

一桥横亘锁烟汀，急溜朝宗去不停，春水依然仙踪杳，行人犹自说湘灵。（《养和山馆诗草》卷五）

湘桥　清　郑昌时

一桁虹桥界碧虚，春愁作涨燕飞初，红栏影里拈香饵，欲钓缄封双鲤鱼。（自注：湘桥有仙鱼，可定春水信，其鲤鱼亦嘉美，称“桥边鲤”云。）（《韩江闻见录》卷九）

广济门　前人

临水洞开广济门，门头杰阁俯江郛，鱼庄蟹舍知何处？昨夜新添烟雨痕。（自注：东门曰广济门，通水利。）（《韩江闻见录》卷九）

广济桥　前人

廿四城东架石桥，浮梁十八水迢迢，只今空待潮䄅信，港口沙高不上潮。（自注：即城东广济桥，昔年海潮至此，故贾岛有“海浸城根老树秋”句。）（《韩江闻见录》卷九）

湘桥晚眺　清　钟声和

寂寞藏身斗室中，闭门敢诩傚申公（自注：申公鲁人，为楚王戊傅，不合，归鲁家居。教书终身，不出门）；而今暂假看书眼，傍晚骑驴出郡东。

彩虹百尺巨鼍扶，斜倚阑干细傚摹，北阁斜阳鳄渡舫，分明一幅辋川图。

江风轻拂碧波翻，双鲤吹波带墨痕，拟买扁舟坐垂钓，鼕鼕庙鼓送黄昏。

日落金山起暮烟，聚蚊一饷意惘然（自注：韩文公赠张秘书诗：“虽得一饷乐，百如聚飞蚊”），清夫也恐予归去，故遣筝琶奏画船。（《三余诗草》卷六）

前湘桥晚眺诗嫌其未备为补赋八首　前人

广济门前架石梁，中央一庙塑韩湘，休嫌过客声嘈杂，有女如云荐晚香。

东西桥角竖铁牛，这为洪涛薄岸浮，近日沧桑胥变换，儿童拍手闹沙洲。（自注：西畔洲，桥迩成沙渚，薄暮儿童相戏其间。东坡诗：“儿童拍手闹黄昏”）

身轻步稳跨长虹，随意行歌水镜中，漫说诗情老弥胜，举头遥见落霞红。

天公好送夕阳来，南畔浮云顿拨开，正喜渔樵人去尽（自注：东坡虔州诗：“薄菖渔樵人去尽”），川亭坐看凤凰台。

巧圣宫旁长暮潮，何人倚槛教吹箫？个中风致须深领，仿佛扬州廿四桥。

西晖照水色澄清，薄暮红舷载酒行，擘岸江风何处起，耳边送到棹歌声。

为认鲤堂望眼赊，旧栽榕树傍门斜，故人一去无消息（自注：院门榕七株甲寅土寇戕其六，故人林子寿户部主讲时补栽之。著有《补榕诗》十首），但见枝头集暮鸦。

丞相祠前翠作堆，人家无数在山隈，闲游未罄无穷兴，共道牛羊已下来。

湘子桥　前人

晨晖旭旭上红船，浪息云消绝点烟，若坐桥头谈往事，当须修德结仙缘。（自注：潮谚云：“凤凰山头无日无云烟，湘子桥上无日无神仙”。又前明某观察湘桥遇仙诗有云：“若说有神仙，功德积三千”。）

湘桥晚眺　清　杨少山

暮红水急暮山青，十里归云掩画屏，清罄数声山寺晚，林梢时露一痕灯。

夹岸炊烟起暮愁，晚风催送钓鱼舟，半溪落叶平沙外，一抹斜阳红上楼。

板桥人去屐声哗，万树榕阴噪暮鸦，惊散游鱼波底影，一钩新月动芦花。（《澹如书室诗集》约抄卷上）

湘桥即目　清　黄兆荣

雨洗桥梁一道新，溪云浛浛黯花津，剪来半幅潇湘景，付与春矶垂钓人。（《警枕诗钞》卷一）

按：黄兆荣，字采南。嘉庆庚午举人。有《警枕诗钞》四卷。

湘桥晚眺　清　林大川

湘江湘水韵潺潺，有客登临眺未还，一抹晚烟无限好，新诗又在夕阳山。

数点渔灯古渡头，黄昏系缆木兰舟，渔人趁晚来垂钓，箬笠簑衣占上游。

淡淡烟云罗碧寥，匆匆暮霭送江潮，欲行不得回头处，犹忆仙踪在此桥。

（《钓月山房诗草》卷三）

按：林大川，字利涉，号莲舟，海阳人。有韩江、西湖两记。

广济桥晚眺　清　周易

蟹舍鸬庄画不如，棹讴声出暝烟虚，六篷船泊灯初上，鳄渡秋风唤卖鱼。

一水东流接杳冥，湿云飞掩夕阳汀，凤凰台榭遍秋草，三十二峰相对青。

（《味菘园诗钞》卷一）

按：周易，字芷沅，又名子元，揭阳人。光绪间拔贡。有《味菘园诗钞》四卷。

湘桥即目　清　曾廷兰

雨霁岚光万叠青，斜阳十里印晴汀，浩船过去宁波寺，一个桥洲一画亭。

（《吟花别墅诗钞》卷下）

湘桥春涨　清　谢锡勋

柳径阴阴步不停，红船栉集过回汀，大江东去无边水，照见裙腰一带青。

（《小草堂诗集》卷二）

按：谢锡勋，字安臣。光绪乙丑举人，长乐县知县。有《小草堂诗集》、《潮州荔枝诗百首》。

上七言绝诗

六　杂志

济川桥，府城东门外，广五丈，长百八十丈，横跨鳄溪。（《广舆记》十九。案：鳄溪即指韩江，此本明《一统志》八十。）王源除怪石记：明宣德乙卯，源奉敕祛除民害。指挥李侯通、陆侯雄等佥曰："城西山屹立二石，一大数十围，高数丈，一仅及半。世号二蟾蜍，形象似白虎瞰城，主嚣讼火灾。欲去之，虽千夫力，不能胜。"源曰："昌黎驱鳄，吾能除此。"腊月既望，命检校谨孚、典史王礼、驿丞秦祖、粮老彭刿等，率百人扑碎，琢为广济桥用……正统元年七月七日，龙岩王源启泽韦庵题。（潮州《西湖山志》七，按此碑在西湖山绝顶，倒卧，记文半没土中。）

广济桥，在郡城东门外，为闽粤往来要冲。绵亘一百八十丈，分东西两畔，中间浮船一十八只。西属潮州府，稽查税务；东属运同，掣放引盐。东畔桥墩十五座，自墩脚起量，高三丈八尺，墩面横直各宽七丈二尺。浮船九只，每只长四丈六尺，中宽一丈一尺，架板二十块。凡遇损坏，奉部咨行，随坏随修。其工料银两，在于杂项内动支。桥之下，为海运湾泊之所，设盘查馆一处。每年地租银五两，在于杂项内动支。设掣配座船一只，放关座船一只，收买花红盐趸船一只，巡哨船一只，司事一名，书办一名，巡役十名，听差一名，桥甲六名，水手一十三名。在于该口各要路及河下桥栅等处，巡缉堵御水陆私枭。（《周府志》二十三盐法）

潮桥海运船户，共七十八名。从前河港宽深，海艚大船，直抵各场装运。近年止泊广济桥下盘查所前，掣签领载。转雇民间小船，或圆底船、开尾船，

赴场载运。（同上）

雍正十二年九月二十日，水涨，漫过湘子桥。（《周府志》十一灾祥）

乾隆二年，夏六月二十五日，韩江大涨，水逾湘子桥阑杆一尺。（同上）

九年秋七月，韩江大涨。初七日，水漫湘子桥。戌时大雨，讹言堤崩，妇女扶老携幼，奔拥入城，城外一空。（同上）

十五年庚午春四月初一日，大雨，韩江涨，水漫湘子桥。（同上）

光绪二十四年五月，端午，韩江大水。竞渡，广济桥西岸第三墩，游人拥观，折槛坠水死者数十人。（《卢县志》二十五前事略）

康熙十三年，刘进忠反清。四月二十二日，进忠父寿瑞举兵。时清将沈瑞率兵驻潮，进忠逐沈，沈狼狈出城，渡湘子桥，妇女堕桥死，弃辎重无算。（《周府志》参《卢县志》前事略）

咸丰三年，府报叠至，知县汪政、县丞陈坤选带勇目杨清臣、卓兴、张保、胡佳、邱兴等劲勇一千四百名，驰救。六月二十六日抵郡。汪政巡察险要，见广济桥撤去梭船，曰："如此则桥东乡民无退步，必从贼，贼踞桥东，府城不可守也。"仍饬扎回梭船，桥东民心始固。七月初一日，陈亚十率其党三千余人，乘夜攻城。汪政、陈坤、刘镇、金国樑督兵出战。我军从广济桥进，贼从韩山而来。鏖战数时，毙贼百十人，贼乃退。（《潮乘备采录》）

广济桥东西有铣牛二，铸自雍正二年，取丑艮土止水之义。曾闻金入水逆游，铣牛昔泛于江，溯数仞得之。（《卢县志》四十六杂录）

湘子桥以文公侄得名，附会神仙，习俗可哂。桥之半有湘子庙，旁有铁牛，则铸以镇水者。故有二，已逸其一。桥跨韩江，发源汀水，即鄞江，流行七百里入海，春夏水涨，势甚浩瀚，桥每患冲圮云。（《粟香二笔》卷六）

凤城海滨，得无水患者。湘桥建立，湘子手书"洪水止此"四字碣也。碣为仙迹，水不能灾。后修榷馆，失石所在，水遂上岸入城。澄海令张浦云请乩仙，湘子降乩，复书"洪水止此"一碣，姚竹园有诗，后半专道湘子降乩事："浦云先生牧民者，痛惜灵桥难再得，欲除水患弥水灾，思结仙缘得仙方。衙退斋戒净乩坛，神降月夜天为黑，欻忽风霆起笔端，衙差舆隶皆震慑。蓬振沙惊落满盘，仙机一泄仙迹出。先生念笑起填朱，仆役传工催刻石，从兹韩江澄静如练不扬波，永脱一方鱼腹劫，保我群黎登衽席。"（《韩江记》二）

湘子庙在桥头，棉阳令东园韩凤翔庙联云：演经登第通仙籍，书碣弥灾颂帝功。余按庙有湘子卦，本从周易演出，我郡人占之最验。姚竹园有诗道其事："君不见韩湘登第正年少，绝妙匡时好才调。懒展经纶向紫宸，仰瞻俯察欣高蹈。研穷天地搜其根，推测阴阳探其奥。虽未及孔周，或恐过程邵。云游南海悯南人，昧于世事惟祈祷。撞钟伐鼓吹云螺，鸡占鼠卜都堪笑。因将周易汇成编，《河图》、《洛书》括其要。八卦运动鬼神机，三钱跌破乾坤窍。是爻是象如星罗，是臧是否同烛照，推往察来无不宜，万民鼓舞嗟神妙。变化神奇，无事筮与龟；吉凶悔吝，远胜笨与筊。成都昔日君平祠，潮州今日韩湘庙。”（同上）

宁波古寺，最宽大，在湘子桥头，中祀十八罗汉及二十四桥墩神。昔有若愚上人，与孝廉陈衍虞交。寺壁有衍虞长排律诗，今摘录：“江流方泙渫，山貌正纤浓。闹不撄云市，幽常借鬣松。远公曾遁迹，高坐偶留踪。玉版参禅定，花曼绕院封”等句。（同上）

章邱东园韩凤翔，所咏相桥古迹，乃湘子桥、湘子像、湘子碣、湘子卦也。今录湘子桥诗：“桥庙留卦签，桥碣取止水。韩江千卌年，桥名归湘子。碣虽沦波中，庙还矗月里。墩角铸铁牛，梁腰刻石鲤。到潮而到桥，乃尽粤水美。我来寻遗踪，仙风拂袂起。”又七律四章，棉阳介人赵圭锡，有次韵诗录左。湘子桥，“虹桥跨练久名扬，争及韩江泽纪湘。止水只今传立碣，排船自昔驾浮梁。月明弓影行鱼聚，风静鲸波大鳄藏。万古往来欣到涉，济人功德并公彰。”湘子碣：“卧虎跳龙笔似杠，桥头立碣怒潮降。真书四字消洪水，片石千秋压大江。亭刻鸾鱼原合一，碑留鹦鹉恰成双。何堪旧迹终湮没，却借仙乩奠海邦”。湘子卦：“功深学易忆当年，八卦排成手自编。动静机参周孔后，阴阳秘启邵程先。龟占悉达生民务，象验如操觉世缘。闻说入祠祈祷者，人人赞颂羡真仙”。湘子像：“不意桥成迹已分，登堂就日复瞻云。七年神像欣重见，九邑英灵喜再闻。道貌长留人景仰，香烟直结气氤氲。曾因拜祝觇模范，科第髫龄独羡君。”（同上）（按：据林氏云，凤翔所咏湘桥古迹，乃湘子桥、湘子像、湘子碣、湘子卦，是所谓湘桥古迹一书，乃诗歌题咏耳！）

韩江有谚曰：“凤凰山头，无日无云烟，湘子桥上，无日无神仙。”盖桥上北望，乃凤凰山。山极高，瞬息云烟百变。如虹桥卧水，若贯霄汉，人迹往来辐辏，不无仙人混俗也。桥东西共廿四洲，相传昔时有一醉客，日携酒十八梭船上，既酩酊，或随卧东西两洲铣牛侧。中酒歌曰：“骑马不及骑牛好，陆马难追水牛走。湘子桥头水牛生，骑牛翻身朝北斗”。一日水涨，客且醉，未醒，忽水面浮一大水牛至，客翻身骑之，北望冲凤凰山顶云路，冉冉飞去，人始知其为仙。（《韩江闻见录》五）

广济桥分东西洲，其东来第三洲，有神鱼。洪水至洲若干尺，则神鱼出，

仅见其尾长尺许，摆弄波心，有戏取之者，设罾网捞之，见已得矣，出水则无。（《韩江闻见录》七）

初起湘桥，匠人刻一石鲤于桥墩，而咀咒之。后遂出鲤，鲜美异他处，为潮品第一。（《韩江记》二）

弘治间，郡守谭伦修桥。石梁长三丈余，宽厚皆三尺。工构天架，数十人挽石一条，而莫能上。一日正在用力挽石时，而三斗汉适至，身长一丈，黑面虬须，势若奔马。从旁笑曰："如许众人，赪面汗背，犹不能升一条石块耶?"众怒其妄，命试之。遂登架独挽而上，毫不吃力。众股栗而闻于官，后遂用三斗汉尽挽其余。桥成赏钱数十千，食尽而去，莫知所终。（同上）

开府前昔有卖豆汤者，一日仰卧府楼上，思欲打睡，朦胧间，耳边忽听有人相谈。一曰："明日午刻，湘桥三洲头，当有乞仙到。"一曰："乞仙既到，便好同游。"惊起察之，四面无人，惟两木猴，蹲立楼槛。知有异，诘朝依时而往，果见有乞儿，在湘桥三洲头乞食。知是仙，便跪求度。乞儿曰："汝何以知?"答以木猴。乞儿曰："伊肯以仙告汝，汝须以槟榔答之，然后度汝。"去而复回，乞儿突然不见。再返府楼视之，木猴头上槟榔，悉化为钉，而木猴遭锭矣。（同上）

相传湘子桥，昔有卖竹节连环者，一圈套一圈。久无人买。适巡道少君过，以三文买一归署。巡道见之，骇曰："凡物那得有此，此殆仙人之游戏也"。再往湘桥，杳无踪迹矣。方识真仙。乃作歌曰："若说无仙缘，何又桥头遇。若说有仙缘，何到桥头去。有缘与无缘，吾甚昧其故。功德积三千，再盼仙来度。"（同上）

广东俗语云："到广不到潮，枉向广东走一遭；到潮不到桥，枉向潮州走一遭"。盖以潮州繁盛，不亚于广州。湘子桥下之六篷船，比于珠江之紫洞横楼也。余两至潮州，见其民殷物阜，洵称富庶。湘子桥在东门外，桥宽而长。东西石墩二十三，两旁店铺比栉。中段以红船十八只，为浮桥。所谓六篷船者，往来官商皆乘之，如钱塘江中之江山船，即九姓渔船，舍此无他船可乘也。然六篷船，则朴质不华，首尾直通，无前后内外舱之别。征歌载酒，无自问津。湘子桥头惟有烟水苍茫，青山相向而已。此则昔盛而今衰，非所见之逊于所闻也。（《粟香二笔》卷六）

湘江即韩江，以湘子得名。一带六篷，皆花林也。姚竹园有湘江词。（《韩江记》二）（词长不录，按《韩江记》所载六篷船唱妓歌台甚详悉，亦不具引）

附　　录

一、韩湘异闻录五则

（一）唐吏部侍郎韩愈外甥，忘其名姓。

幼而落拓，不读书，好饮酒。弱冠，往洛下省骨肉，乃慕云水不。历二十年，杳绝音信。元和中，忽归长安，知识阘茸。衣服滓弊，行止乖角。吏部以久不相见，容而恕之。一见之后，令于学院中与诸表话论。不近诗书，殊若土偶，唯与小臧赌博。或厩中醉卧，三日五日，或出宿于外。吏部惧其犯禁陷法，时或勖之。暇日偶见，问其所长。云："善卓钱锅子。"试令为之。植一铁条尺余，百步内卓三百六十钱，一一穿之，无差失者。书亦旋有词句，以资笑乐。又于五十步内双钩草"天下太平"字，点书极工。又能于炉中累三十斤炭，支三日火，火势常炽，日满乃消。吏部甚奇之。问其修道，则玄机清话，该博真理，神仙中事，无不详究。因说小伎云："能染花，红者，可使碧，或一朵具五色，皆可致之。"是年秋，与吏部后堂前染白牡丹一丛云："来春必作含棱碧色，内合有含棱红间晕者，四面各合有一朵五色者。"自斸其根，下置药而后栽培之，俟春为验。无何，潜去，不知所之。是岁，上迎佛骨于凤翔，御楼观之。一城之人，忘业废食。吏部上表直谏，忤旨，出为潮洲刺史。至商山，泥滑雪深，颇怀郁郁。忽见是甥迎马首而立，拜起劳问，扶镫接辔，意甚慇懃。至翌日，雪霁，送至邓州。乃白吏部曰："某师在此，不得远去。将入玄扈，依帝峰矣。”吏部惊异其言，问其师，即洪崖先生也。东园公方使柔金水玉，作九华丹，火候精微，难于暂舍。吏部加敬曰：“神仙可至乎？至道可求乎？”曰：“得之在心，失之亦心，校功铨善，黜陟之严。仿王禁也。其他日复当侍起居，请从此逝。”吏部为五十六字诗以别之，曰：“一封朝奏九重天，夕贬潮阳路八千。本为圣朝除弊事，岂将衰朽惜残年。云横秦岭家何在？雪拥蓝关马不前。知你远来应有意，好收我骨瘴江边。”与诗讫，挥涕而别。行入林谷，其速如飞。明年春，牡丹花开数朵，花色一如其说。但每一叶花中有楷书十四字，曰：“云横秦岭家何在？雪拥蓝关马不前。”书势精能，人工所不及。非神仙得道，立见先知，何以及于此也？或云，其后吏部复见之，亦得其月华度世之道，而迹未显尔。（《太平广记》卷五十四引《仙传拾遗》）

（二）韩愈侍郎有疏从子侄自江淮来，年甚少，韩令学院中伴子弟。

子弟悉为凌辱，韩知之，遂为街西假僧院令读书。经旬，院主纲复诉其狂率。韩遽令归，且责曰：“市肆贱类，营衣食，尚有一事长处，汝所为如此，竟作何物？”侄拜谢，徐曰：“某有一艺，恨叔不知。”因指阶前牡丹曰：“叔要此花青紫黄赤，唯命也。”韩大奇之，遂给所须试之。乃竖箔曲尽遮牡丹丛，不令人窥。掘窠四面，深入其根，宽容人座。唯赍紫矿轻粉朱红，旦暮，治其根。凡七日，乃填坑。白其叔，曰：“恨校迟一月。”时初冬也。牡丹本紫，及花发，色白红历绿。每朵有一联诗，字色赤紫分明，乃是韩出官时诗，一韵曰：“云横秦岭家何在？雪拥蓝关马不前”十四字。韩大惊异，侄乃辞归江淮，竟不愿仕。（《酉阳杂俎》前集卷十九）

（三）韩愈侄孙湘，字清夫。落拓不羁，愈勉之学，乃笑作诗，有“能开顷刻花”句。

愈曰：“汝能夺造化开花乎？”湘遂聚土覆盆，良久曰：“花已发矣。”举盆乃碧花二朵，叶间有小金字，乃诗一联云：“云横秦岭家何在？雪拥蓝关马不前。”愈未晓诗意。湘曰：“事久可验。”愈贬潮阳，途有一人，冒雪而来，乃湘也。湘曰：“公忆花上句乎？乃今日事也。”愈询地名，即蓝关。再三嗟叹！曰：“吾为汝足成之。”其辞曰：“一封朝奏九重天，夕贬潮阳路八千。欲为圣明除弊事，肯将衰朽惜残年。云横秦岭家何在？雪拥蓝关马不前。知汝远来应有意，好收吾骨瘴江边。”（《青琐高议》）

（四）愈有从侄孙湘，字清夫，号元阳子。

清修寡欲，未入名场，落拓不羁，纵游山水。长庆初，湘及第。愈教湘应举读书，似乃兄荣。湘对曰："孙与公所好各异。"后愈贬潮州，路经蓝关，积雪满地，马不能前。适湘至，为扫除其雪。怀中出药丸一枚，与之，曰："服之可御瘴。"言毕，飘然而去。（《道缘汇录》。按：钱基博《韩愈志》曰："人知有湘而不知有湘，知其兄而不知其弟。盖湘湘二字，形近而讹。而列仙班者即此字曰清夫之湘，而湘无与焉。"）

（五）韩湘字清夫，愈犹子，落魄不羁。

愈强之婚宦，不听，学道仙去。愈谪潮，至蓝关，湘来近，同传舍。愈仍留之，作诗云："才为世用古来多，如子雄文世孰过，好待功名成就日，却收身去卧烟萝。"湘答曰："举世俱为名利醉，伊予独向道中醒，他时定是飞升去，冲破秋空一点青。"湘答此诗竟去。（《全唐诗》小传。《卢县志》列传十二）

二、韩湘子辨四篇

（一）饶堂《韩湘子辨》：

世传韩湘子为八仙之一，究不知牵合附会，昉自何人。乃近代演为杂剧，有冒雪度叔事。惠潮所在昌黎庙，亦塑湘子像，乘云在侧，并有所谓张千、李万者，作步雪状，谬妄相寻，不可解也。即如《潜确类书》云：湘少学道，落魄他乡，久而始归。值昌黎生辰，宴，怒之。湘曰："无怒也，请效薄技以献。"因为顷刻花，每瓣金书一联云："云横秦岭家何在？雪拥蓝关马不前。"昌黎不悟，遣之去。后果谪潮州，至蓝关，乃悟云云。此沿误之由也。按《河阳志》：湘字清夫，登进士，官大理寺丞。世称仙举，而商山亦有碧天洞、湘子岩诸托迹处。不知《昌黎集·祭十二郎文》言"汝之子始十岁"，即指湘，又指北渚，乃公侄老成之子，兄弇之孙也。明陈继儒《神仙辨》云：《贾岛集·寄韩湘诗》有："过岭行多少，潮州瘴满川"之句。元和十四年，公赴潮，湘实从行。公有《宿曾江口示湘诗》二首可证，非不期而遇。而湘第进士，在长庆三年，去公贬潮时，后四年耳。官至大理丞，何有神仙之说？及考段成式《酉阳杂俎》云："韩侍郎有疏从子侄，从江淮来，公令院中伴子弟。数不遵公，责之，自言其艺能使庭前紫牡丹红白俱备。公奇而试之。调诸色，治其根，及一月后开，果始所言。且每朵有‘云横秦岭’句一联。侄遂辞归江淮，竟不愿仕”。按此足以正湘子之诬矣。世有称广济桥为湘子桥者，尤属诞妄。无论公驻潮仅八月，未遑与作。且桥造于宋，唐时固未有桥也。以讹传讹，何所纪极耶？（乾隆《潮州府志》四十艺文）

（二）拙作《宿曾江口示侄孙湘诗》书后：

上诗见《昌黎集》六，文公自泷水南行所作也。曾江者，沈钦韩《韩集补注》引《寰宇记》云：“广州增城县，因增江为名。”陈伯陶宣统《东莞志》愈传亦载此诗。审诗中语，述南贬苦状，时湘尚未见公，故留此诗以示之。据姚合《送韩湘赴西江诗》（《姚少监诗集》）及贾岛《寄韩湘诗》，“过岭行多少，潮州瘴满川”句（《长江集》），则湘时确有岭南之行也。陈继儒《神仙辨》云：“公赴潮，湘实从行。”按以左迁至蓝关诗“知汝远来应有意”语证之，湘虽从公南迁，特行较迟耳。（拙著《佌佌居文录》）

（三）拙作《左迁至蓝关示侄孙湘诗辨》

诗云：“一封朝奏九重天，夕贬潮州（瞿佐《归田诗话》作‘潮阳’）路八千。欲为圣明（一作‘朝’）除弊事（一作‘政’），肯（钟伯敬《千家诗》作‘敢’，《太平广记》引作‘岂’）将衰朽惜（尤袤《全唐诗话》二‘惜’作‘计’）残年。云横秦岭家何在？雪拥（《考异》方作‘掩’）蓝关马不前。知汝远来应有意，好收吾骨瘴江边。”（朱校《昌黎集》十）此诗旧多以为文公南迁至潮州境所作。龙川、长乐县志，俱载其地有蓝关，有韩公庙。作庙记者，谓公迁至蓝关，即此间。予谓：非也！诗曰“雪拥”，而岭南固无雪。曰“秦岭”，尤无地可指。所谓“收骨瘴江”者，乃公知湘远来从行，迟而未遇，意谓惟可至“海气昏昏之潮阳”收其骸耳。“瘴江”盖言将往之乡，非其时作诗之所。后人误解诗意，乃于长乐间造“蓝关”之地名，以强合之。抑何傎乎？《太平广记》引《仙传拾遗》云：“愈忤旨，出为潮州刺史。至商山，泥滑雪深，颇怀郁郁。忽见是甥迎马首而立，拜起劳问……至翌日雪霁，送至邓州……愈为诗以别之。”按《仙传》所载之诗，即左迁至蓝关示侄孙湘，是所谓是甥，其事即韩湘也。如其所言，愈为兹诗，乃在商邓之间，非在潮州。则诗中之“蓝关”，不在长乐明矣。今以“秦岭家何在”一语为证，公作此诗当在秦岭道中，时初去长安。《韩集》旧注：“蓝关即秦之峣关，在今蓝田县。”足立喜六《长安史迹考》峣关与武关章云：“过秦岭，分东西二道。东道曰蓝田县，越蓝关，踏破深谷与群峰者十余日，经武关，出龙驹寨，更下，至汉水，于是进抵湖北省。山间石上，镂刻韩退之贬潮州时途中所咏：‘云横秦岭家何在？雪拥蓝关马不前’之诗句。”按此刻固出乎后人所镌，然文公作此诗当在此地。此亦其佐证也。（同上）

（四）拙作《韩湘辨》

《唐书·宰相世系表》：“湘，愈侄孙老成长子，字北渚，累官大理丞。”《韩集》注：“湘，字北渚，老成之子，公兄弇之孙。”（《宿曾江口诗》注）是湘盖宦进之士。自段成式《酉阳杂俎》称：“韩愈侍郎有从子侄从江淮来，自言其艺，能使庭前紫牡丹红白俱备。每朵有云横秦岭句”。而韩愈《徐州赠族侄诗》有“击门者谁子？问言乃吾宗。自云有奇术，探妙知天工”语，妄者遂牵为一事，谓疏从子侄及族侄即指湘。不寤湘为愈侄孙，愈诗题屡曰示侄孙湘，固已明言之，其非疏从子侄或族侄甚明。后世述异者，因段说益加附会。而愈过蓝关诗，所示之人，乃有神仙之目，惟所载各异。《太平广记》引《仙传拾遗》谓为愈外甥，忘其名姓：刘斧《青琐高议》、陈仁锡《潜确类书》，则直谓为侄孙湘。《道缘汇录》谓愈从侄孙湘，字清夫，号元阳子，则又讹湘为湘。其尤妄者，则虚构事实，为《韩仙传》一书，（宝颜堂秘笈本）署唐瑶华帝君韩若云自撰。以韩会为父，以韩愈为叔，诬言欺世，弥不足辨。惟《全唐诗》小传，载湘为愈犹子，与《韩仙传》同误，殊可异也。今备论诸家异说，与其致误之由，用祛俗士之惑云。（同上）

原载中山大学文科研究所《史学专刊》第一卷第一期，广州，1936年。后收《潮州丛著初编》，《广州市立中山图书馆丛书之三》，1938年。复编为《广济桥史料汇编》上篇，香港：新城文化服务有限公司，1993年。

三、图片

1868 年（同治七年）之广济桥　郑培丰老师供稿

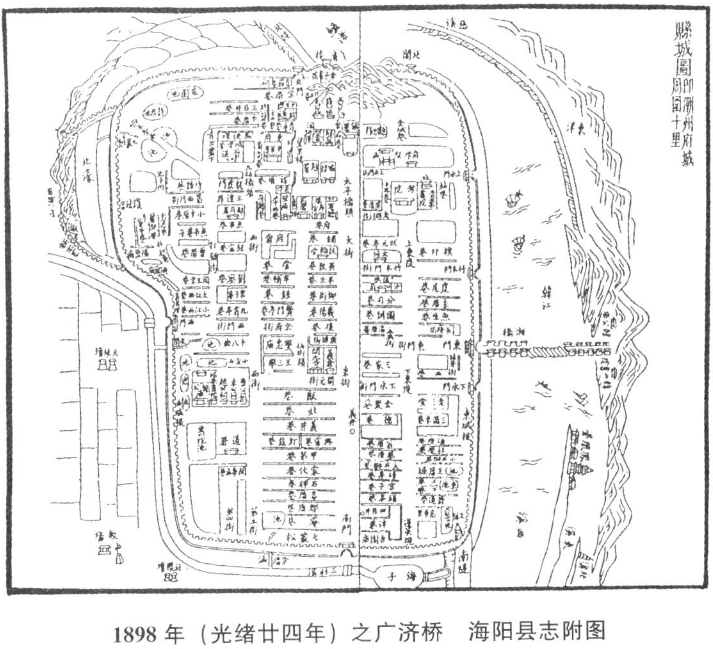

1898 年（光绪廿四年）之广济桥　海阳县志附图

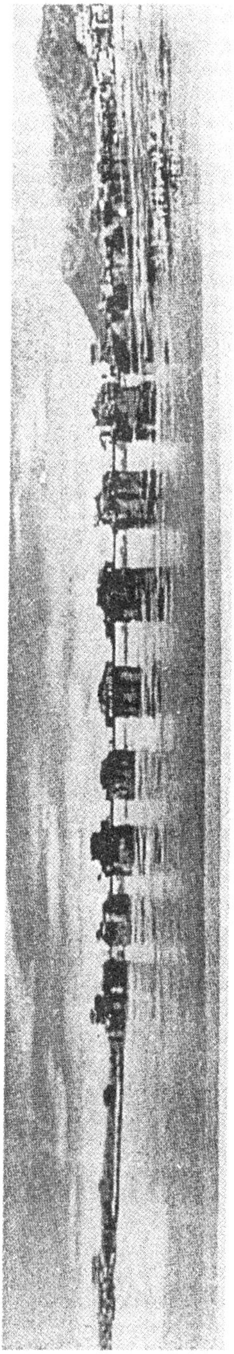

1958年改建前之广济桥 潮州市大桥办供稿

1958年改建后之广济桥　张树人供稿

潮州沿革志

卷九

饶宗颐二十世纪学术文集·潮学

目　录

沿革志

总纂饶宗颐辑

岭以南说者以其地于唐虞属南交禹时为扬州之南裔但依尚书言之其详莫得而闻也逸周书海阳进大蟹旧志谓为潮地见于纪载之始然此海阳实在江南与潮无关详潮安县沿革附录或云春秋潮为七闽地舆地广记则援职方为说荒古写远书阙有间追考也难稽潮事最古可征者当肇于嬴秦之戍揭岭始皇三十三年置南海郡以谪徙民与百越杂处潮地始载于版图南越王时有揭阳令迨汉元鼎六年平定南越乃于南海郡置揭阳县潮地有行政区划之设殆以是为权舆秦汉时自意溪以下滨海冲积之地悉为溟渤而揭阳岭所届远及赣境故以史禄留家揭岭而通道于桂林吴砀为揭人而入仕于湘西知汉时之揭阳县其政治中心应在今潮郡以北而滨海一带悉为荒陬尚未开发可断言也洎汉末曾夏盘据揭境以抗吴吴乃于南康别置揭阳县即今宁都地晋因之由是揭阳不隶南海而转属于南康矣自晋以降沿海榛莽渐辟海阳潮阳海宁万川程乡相继置县而闽南之绥安亦复来属于时义安郡或治绥安今漳浦县也则其政治中心曾移而之闽南至隋省绥安唐初废海宁万川是时潮州仅领有海阳潮阳程乡三县其后程乡或析或否潮之疆界不复跨及闽赣其境域乃趋于固定此历代境界嬴缩可得而言者也盖晋以前潮地属南海郡是为附丽时期晋咸和间分南海立东官郡义熙九年分东官置义安郡是为独立时期计属广州者互吴晋宋齐诸代讫唐贞观后道制确立初属江南道继属岭南道中间属循州者二隋开皇及唐武德时属扬州者一大业时属福建者二开元二十一年属福建二十二年改隶岭南天宝元年又属福建至十年又改隶岭南潮与循地本

毗接明嘉靖置惠来县即析海丰龙溪都以益之明初置岭东分巡道兼管潮惠万历间粤抚拟于惠潮二府间将长乐县添设一府后不果行见陈一松玉简山堂集疏稿清康熙间改称惠潮道雍正时置嘉应州又统之称惠潮嘉道至民国立潮循道潮惠关系之深于兹可见梅本程乡自南齐建县属义安郡为义安所领六县之一隋开皇十年一度省程乡翌年复唐时程乡全属潮自武德以后潮州领三县潮阳海阳时有分并永徽元年省潮阳入海阳先天复而程乡仍旧至南汉割程乡置敬州自是潮海二区分并乃频数宋时尤甚其复并于潮为程乡县者计宋有熙宁六年废梅州来隶潮至元丰五年复绍兴六年废梅州来隶潮至十四年复置梅州讫元两次元则以梅隶潮州路者一次元贞元年以梅州隶潮州路至延祐四年改隶广东道明洪武二年梅州废为程乡县来属潮州终明之世未之或改至清雍正十一年始析程乡镇平平远置嘉应直隶州迨民国废府立潮循道旧梅州诸县亦属之是时韩江区域之军政机关均统有潮梅及广东省政府成立始行分置此潮梅二州于地理沿革上分并之崖略也潮州一名始于隋开皇十一年前此为郡未有州名也自义熙九年立义安郡历宋齐梁陈相沿不替隋开皇十年罢郡置义安县翌年始立潮州大业三年复义安郡唐武德以后复为州义安郡从此遂废唐时均曰潮州惟天宝至德间改称潮阳郡耳乾元以后复州制自是历南汉宋元明清均沿潮州之称特元称路明清称府讫于民国府制废遂不复有州之名矣

潮州

表一　　**秦至吴**

年　　代	隶　　属	沿　　革
秦始皇三十三年	**南海郡** 是年定南越以为桂林南海象等三郡置南海尉以典之所谓东南一尉也【晋书地理志】按十道志寰宇记均云潮州秦属南海郡	**揭　阳** 五岭之一置戍所裴渊广州记大庾始安临贺桂阳揭阳为五岭元和郡县志五岭有揭阳水经注五岭不数揭阳而以大庾为最东之岭晋书地理志五岭自北徂南入越之道必由岭峤时有五处故曰五岭周去非岭外代答五岭旧以为山名考之乃入岭之途五耳则不以五岭为山名
汉	高帝初立吴芮为长沙王揭阳地遥属长沙【揭阳刘志】按郭子章潮州沿革考曰高帝以长沙豫章	

	桂阳南海立番君为长沙王若南海于长沙为郡则揭阳亦长沙属矣考项羽本纪鄱君吴芮率百越佐诸侯又从入关故立芮为衡山王都邾汉乃徙为长沙王都临湘然羽初封芮时仅六安国之四县及江夏郡之一县高祖徙之长沙豫章而象郡桂林南海时属南越王佗汉并未得其地芮仅得长沙及豫章郡数县耳【楚汉诸侯疆域志】是谓揭阳属长沙似无据 **南　越** 汉遣使陆贾封佗为南越王揭地又属南越【揭阳刘志】	**揭阳县** 有县令史定元鼎六年降汉【景武功臣表】 按据是知揭阳南越时已置县前此当秦时为戍所曾否建县尚无明证
元鼎六年	交趾部刺史**南海郡** 是年平南越置南海郡开县六番禺博罗中宿龙川四会揭阳【汉书地理志】	**揭阳县** 汉揭阳县地兼有今潮州九县及程乡平远镇平三县地与汀赣交界
新　莽	**交　州** 元始四年更十二州名分界改交趾部为交州【汉书平帝纪新莽职方考】	**南海亭** 【汉书地理志】 按水经泿水篇员水又东南千五百里入南海郦注东历揭阳县王莽之南海亭盖莽改揭阳县名为南海亭
后　汉	交州**南海郡**	**揭阳县** 【续汉郡国志】
建安十八年	荆州**南海郡** 是年三月省交州以其郡属荆州南海属荆【百官志注引献帝起居注】	**揭阳县**
吴	广州**南海郡** 黄武五年分交州南海苍梧郁林置广州俄复旧【吴志】 交州**南海郡** 见上	无揭阳县曾夏据县境抗吴历十余年【吴志注引会稽典录】 按谢钟英三国疆域表南海郡有揭阳未知何本周府志揭阳刘志沿革后主时析置庐陵南部都尉揭阳属焉改隶扬州宋书州郡志南康领县

	广州**南海郡** 永安七年复分交州三郡置广州【吴志晋书地理志】	有陂阳吴立曰揭阳太康五年以揭阳移治故陂阳此揭阳在今江西与旧揭阳境毗连而唐时潮州曾一隶江南道故明人志乘皆以南康之揭阳为南海揭阳之改隶然陂阳先立为县吴时始改为揭阳知南康之揭阳与南海之揭阳并无改割分隶也特移用其名耳旧志以南海之揭阳曾隶南康其说阮通志及嘉应温志俱不取

表二 晋至隋

年　代	隶　属	沿　革	置　县
晋　咸和六年 方舆纪要作七年潮阳唐志作元年兹据宋志引广州记周府志同	**广　州**	**东官郡** 东官太守何志故司监都尉晋成帝立为郡广州记成帝咸和六年分南海立【宋书州郡志】 按洪亮吉东晋疆域志依寰宇记改司监都尉为司盐都尉	按旧志谓东官所属有揭阳县至义熙时置义安郡乃析揭阳地立方舆纪要云揭阳县晋废义熙中以其地析置潮阳等县周府志沿革云咸和六年置东官郡析揭阳为四县【即海阳绥安海宁潮阳】以属东官至义熙九年增置义招潮阳唐志沿革云咸和元年分南海为东官郡后以揭阳属之按东官郡治宝安统兴宁海丰揭阳又云潮本揭阳地自秦汉来俱属南海至晋始改隶南康寻复改隶东官盖自是始与南海分矣揭阳刘志沿革云义熙五年分东官郡揭阳地立义安郡如上说晋初揭阳隶南康后曾改隶东官及义安郡立乃以揭阳分割为潮阳诸县如是则东官郡所属原有揭阳县也然考宋书州

			郡志引晋地记义安郡所领五县其中海阳绥安海宁潮阳皆旧属东官惟义招为义熙九年以东官五营立不言由揭阳分割改置而晋书地理志南海郡统六县无揭阳晋地记东官分出之义安郡所属各县亦无揭阳也晋书地理志太康三年南康郡有揭阳毕沅校正云沈志吴立曰揭阳太康五年以南康揭阳移治故陂阳县故为陂县旧府县志咸以南康揭阳即潮州考三国吴时曾夏据揭阳境抗吴故吴之南海郡所辖始终无揭阳【见嘉应温志大埔温志沿革】乃于庐陵南部新立一揭阳县而汉南海郡之揭阳遂废及晋时于南康仍置揭阳县而于旧时汉之揭阳境立海阳县而揭阳因之转属南康郡矣如潮阳志所言则晋太康三年置南康郡揭阳为其属县至咸和元年分南海为东官郡复以揭阳属之至义安郡立乃分东官揭阳县地置郡至是揭阳始升县为郡而揭阳之名亦由此废然宋书州郡志载东官郡所领六县为宝安安怀兴宁海丰海安欣乐并无揭阳之名故温仲和等皆以旧志之说为不可信

义熙九年 晋书地理志但云安帝分东官立义安郡未明何年吴府志引郭子章潮州沿革考陈芳绩历代地理沿革表俱作五年东里志潮阳唐志沿革引旧志称隆安元年正月分东官揭阳地立义安郡寰宇记引南越志作义熙八年兹据宋书州郡志元和志周府志同按置郡之年各书互异南越志与宋志均为较古记载相差一年当是或就制可之日起计或据到官之日起算而隆安元年至义熙九年相距十七年岂隆安初有建郡之议后以故搁延欤谨著其异于此	**广　州**	**义安郡** 分东官郡立【宋志】 按南越志义安郡地与晋安郡接境陈伯陶东莞志沿革云晋成帝所置东官郡其地兼有惠潮两府控制太远故安帝时分东官立义安郡其所领县则今日潮州全境也	领县五　海阳　绥安　海宁　潮阳　义招　【宋志引何志晋地记】 按诸县惟海阳立于晋初余均旧东官郡地与义安郡同时置为县嘉庆一统志表海阳为郡治 又按绥安今福建漳浦地康熙漳浦志引潮阳志绥安属义安郡漳浦八都有绥安溪漳志载吴永安元年析建安校乡西偏置绥安县乃建州之绥安非此海宁杨守敬隋书地理志考证云今惠来县西地义招本东官五营大埔张志云今程乡大埔二县地
宋	**广州**	**义安郡**	领县五　海阳　绥安　海宁　潮阳　义招　【汪士铎南北史补志】 按宋书宗越传泰始四年绥安县省
齐	**广　州**	**义安郡** 按武帝永明七年有义安郡王萧子珉	领县六　绥安　海阳　海宁　潮阳　义招　程乡　【南齐书州郡志】 按方舆纪要绥安为郡治 附按程乡旧嘉应州地以程旼得名明晋江王命璿祀程处士碑记引万历时平远令李允懋撰旼传云处士丁晋末造肆志肥遁当时化之后人思之名其都曰义化

			乡曰程乡源曰程源江曰程江最后以程乡名县于此可考见程乡未置县前之乡都名今梅之坝头东石大柘三乡旧统属义化都处士故居即在坝头也 又按寰宇记隋立程乡县在程江之口以江为名考程乡初置于南齐隋则开皇十年省十一年复置乐史说非也辨详舆地纪胜
梁　普通四年 东里志称天监时兹据周府志	**东扬州** 舆地广记无东字寰宇记郭子章沿革考作东阳州兹据隋志通典州郡	**义安郡** 按洪龂孙补梁疆域志义安郡梁为王国简文大宝元年有郡王萧大昕考南朝诸王多以髫龀之年锡爵遥领封号未必曾就国也	
	瀛　州 隋志义安郡梁置东扬州后改曰瀛州字作嬴兹据通典 附按补梁志瀛州领郡四义安郡高要郡乐昌郡阳春郡东晋南北朝舆地表梁武帝瀛州时治义安郡六义安东官梁化海昌乐昌新会又梁末陈初疆域瀛州统郡三义安梁化东官此梁时瀛州疆域嬴缩情形	**义安郡**	领县六　海阳　绥安　海宁　潮阳　义招　程乡 【补梁疆域志】 按补梁志瀛州治海阳南北史补志云梁陈绥安为郡治考方舆纪要绥安齐为郡治梁复旧则洪说是
陈　永定 陈芳绩历代地理沿革表云陈改潮州误	寰宇记阮通志周府志并云永定中废瀛州	**义安郡**	领县六　海阳　绥安　海宁　潮阳　义招　程乡 【臧励龢补陈疆域志】 按东晋南北朝舆地表陈太建时瀛州治海阳

隋　开皇十年 周府志开皇九年省义安郡置潮州与元和志异	**循　州**	是年罢义安郡省海阳县仍于郡廨置义安县以属循州【元和郡县志】 按文帝纪开皇三年罢诸郡九年平陈至是废义安郡	领县五　义安　绥安　海宁　潮阳　义招 按元和志海阳改为义安是年省程乡
十一年		**潮州** 是年于义安县立潮州以潮水往复为名【元和志】 按潮州名始此改郡为州此为首次	领县六　义安　绥安　海宁　潮阳　义招　程乡 按元和志是年复程乡周府志作大业三年
大业三年	**扬　州** 据陈芳绩沿革表	**义安郡** 是年罢州为义安郡【元和志】	领县五　海阳　海宁　潮阳　万川　程乡【隋书地理志】 按大埔张志是年改义招为万川周府志漳浦志称是年省绥安清一统志作开皇十三年省绥安入龙溪

表三　　唐至元

年　代	隶　属	沿　革	置　县
唐　武德四年 寰宇记作元年舆地广记作五年兹据旧唐书地理志	**广州总管府**	**潮　州** 是年复为潮州【元和志】 按唐书高祖纪武德元年改郡为州其时潮州尚未归府故迟至四年始改州	领县三　海阳　潮阳　程乡【阮通志沿革】 按大埔张志是年省万川并入海阳阮通志唐初省海宁并入潮阳不详何年
五　年 旧唐书地理志循州下云武德五年改龙川郡为循州总管府管循潮二州又广州中都督府下云武德六年置高循二总管隶广州相差一年	**循州总管府**	**潮　州** 唐初平萧铣时循潮属林士弘其俚师杨世略于五年正月以二州来降唐复置潮州【纪胜引皇朝郡县志】	

贞观二年	**广州中都督府** 旧唐书地理志是年省循州都督以循潮二州隶广府	**潮　州**	
三　年 通典州郡潮州入古扬州云唐属江南道考贞观元年二月分天下为十道其八曰江南道陈芳绩沿革表及阮通志沿革俱云是年潮州遥隶江南周府志揭阳刘志则云贞观三年潮州属江南道姑据系于是年	**江南道**	**潮　州**	
十　年	**岭南道** 东里志是年潮州隶岭南道 按旧唐书地理志记贞观十道郡国无潮州但附载于广州下则其时潮州当属岭南道也	**潮　州**	
永徽元年	**岭南道**	**潮　州**	领县二　海阳　程乡【新唐书地理志】按是年省潮阳并入海阳
垂拱二年	**岭南道**	**潮　州** 岭南总管陈元光请建漳州于泉潮二州间绥安旧地【东里志】	
景云二年	**福州都督府** 旧唐书地理志是年置福州都督府督泉建漳潮【原误作湖今改】五州按时分天下郡县置二十四都督府寻罢	**潮　州**	

先天		**潮　州**	领县三　海阳　程乡　潮阳【新唐书地理志】 按是年复潮阳
开元廿一年 周府志作二十二年陈芳绩沿革表作二十三年大埔张志作十二年误兹据唐书方镇表	**福建经略使** 是时分天下为十五道置采访使又于边境置经略使郭子章沿革考唐初置十五部潮州隶江南道据通典分十五部时潮阳郡属江南东道而方镇表置福建经略在是年则其时潮州曾分属江南东道采访使矣	**潮　州** 是年置福建经略使领福建漳潮泉五州治福州【新唐书方镇表】	
廿二年 周府志作二十三年兹据方镇表	**岭南经略使**	**潮　州** 是年福建经略使增领汀州漳潮二州隶岭南道经略使【方镇表】	
天宝元年 阮通志开元二十二年隶福建天宝元年改隶岭南与方镇表年异	**福建经略使**	**潮阳郡** 是年福建经略使复领漳潮二州【方镇表】 按是年改州为郡制郭子章沿革考周府志并称是年改为潮阳郡	领县三　海阳　潮阳　程乡【新唐书地理志】
十　年 东里志周府志俱称九年还隶岭南比方镇表先一年	**岭南经略使**	**潮阳郡** 是年漳潮二州隶岭南经略使【方镇表】 按新唐书地理志称潮州潮阳郡属岭南道采访使不著何年其所记郡府乃据开元二十八年部帐然开元末潮州未改称潮阳郡兹参方镇表姑系改属岭南于是岁	

		又按建中二年有潮阳郡王李湝唐郡王可考者仅此疑为遥领郡号而未开国	
至德元年 按方镇表乾元十年下云漳潮二州隶岭南经略使查此事已见天宝十年且岭南经略自至德元年后已改为节度则此条为复出无疑	**岭南节度使** 方镇表是年升五府经略讨击使为岭南节度使领广韶循潮等二十二州治广州	**潮阳郡**	
乾元元年 嘉庆一统志表潮州下云乾元元年仍为州属岭南东道按方镇表岭南分东西道在咸通三年事在乾元后表说非也	**岭南节度使**	**潮　州** 是年复潮州【寰宇记郭子章沿革考东里志周府志并同】 按是年复州制唐书肃宗纪称至德二年复诸州相隔一年	领县三　海阳　潮阳　程乡【郭子章沿革考】
咸通三年	**岭南东道节度使** 据东里志周府志	**潮　州** 附按东里志云元和元年隶岭南诸道采访使元和郡县志潮州属岭南道兹不别著	
乾宁二年	**清海军节度使** 方镇表是年赐岭南东道名清海军	**潮　州**	
南　汉	按唐末五代初潮州属闽之王潮继卢光睦谭全播取其地后刘岩击走光睦始兼有潮至刘晟时升程乡为敬州乾和十三年封其子崇兴为梅王详舆地纪胜	**潮　州** 乾和三年升程乡置敬州仍领程乡县【寰宇记】 按新五代史记职方考潮州缺载	领县二　海阳　潮阳【南汉地理志】
宋　开宝四年	**广南东路**	**潮　州** 按宋初沿南汉之旧敬州不隶潮自为州宋史地理志开宝四	领县二　海阳　潮阳【周府志沿革】

		年改为梅州舆地纪胜敬州以犯翼祖讳改名梅州隶广南东路梅州之名始此考元丰九域志梅州伪汉敬州又宋史地理志南汉置恭州钱大昕诸史拾遗云志作恭乃当时史臣回避失于改正若本名恭州则无庸改矣	
至道三年	**广南东路** 按宋初太平兴国四年有二十一路七年有十九路端拱二年有十七路淳化三年有十六路四年分数十道有广南诸路分合不一及至道三年始定为十五路	**潮　州** 亦曰潮阳郡军事【元丰九域志】	领县二　海阳　潮阳【寰宇记】
熙宁六年	同　上	**潮　州** 是年废梅州仍置程乡来隶潮【九域志】	领县三　海阳　潮阳　程乡
元丰五年	**广南东路** 时分二十三路	**潮　州** 是年复梅州程乡隶梅【九域志】	领县二　海阳七乡　潮阳四乡　【九域志】
宣和三年	同　上	**潮　州**	领县三　海阳　潮阳　揭阳【宋史地理志】 按是年新置揭阳
绍兴二年	**广南东路** 时分十六路	**潮　州**	领县一　海阳【宋史地理志】 按是年省揭阳潮阳并入海阳
六年	同　上	**潮　州** 是年废梅州程乡又隶潮【舆地纪胜引国朝会要】	领县二　海阳　程乡

八年	同　上	**潮　州**	领县四　海阳　程乡　潮阳　揭阳【宋史地理志】　按是年复潮揭二县
十四年 郭子章沿革考云九年复元丰之制舆地纪胜引梅州图经云绍兴七年废梅州为程乡县仍带程乡县军事隶潮州十年复置年月不同	同　上	**潮　州** 是年复梅州【上引会要宋史地理志系年要录同】	领县三　海阳　潮阳　揭阳
元　至元十六年 嘉庆一统志表是年改路东里志周府志作十七年	江西等处行中书省 **广东道宣慰使司** 按元史地理志龙兴路下云至元十四年改元帅府为江西道宣慰司立行中书省又广州下云至元十五年克广州立广东道宣慰司	**潮州路** 按元史地理志至元十五年归附十六年改为总管府以孟招讨镇守	领县三　海阳　潮阳　揭阳　【元史地理志】
廿三年	同上 按元史地理志云是年复为江西等处行枢密院副使兼广东道宣慰使镇之时江西省统十八路潮州为其一	**潮州路**	领县三　海阳　潮阳　揭阳 又领录事司一【元史地理志】 按录事司至元二十二年始立
元贞元年	同上	**潮州路** 是年以梅州隶潮州路总管府【刘广聪程乡志】	领县三　海阳　潮阳　揭阳　又领州一　梅州　梅州领程乡 按元史地理志梅州于至元十三年归附十六年置总管府二十三年改为散州原直属江西行中书省至是改隶潮州路
延祐四年 阮通志引黄志作元年程乡刘志作五年兹据元史		**潮州路** 是年十月改梅州隶广东道宣慰司【元史仁宗纪】	领县三　海阳　潮阳　揭阳

表四　　　　　　　　　　　　　　明至民国

年　代	隶　属	沿　革	置　县
明　洪武二年 周府志作元年误	广东等处行中书省 时全国分十二行省	潮州府 是年改为府【明史地理志】	领县四　海阳　潮阳　揭阳　程乡 【明史地理志】按程乡元时本为梅州直隶广东道是年四月州废来属潮州
九年	广东承宣布政使司 按明会典是年改故行中书省为布政使司	潮州府	仍
卅一年	广东布政使司按察司 岭东分巡道 【驻潮州】	潮州府	仍
永乐	广东布政使司按察司 岭东分巡道 【驻潮州】 岭东分守道 【驻潮州】	潮州府	仍
成化十三年 明史地理志作成化十二年辨详饶平县条	同上	潮州府	领县五　海阳　潮阳　揭阳　程乡 饶平 按是年新置饶平
弘治十八年	广东布政使司按察司 岭东分巡道加兵备衔 【驻长乐】	潮州府	仍
嘉靖三年	同上	潮州府	领县六　海阳　潮阳　揭阳　程乡 饶平　惠来 按是年新置惠来
五年	同上	潮州府	领县七　海阳　潮阳　揭阳　程乡 饶平　惠来　大埔 按是年新置大埔

四十一年	广东布政使司 **岭东分守道** 【驻长乐】 **伸威分巡道**增设 【驻惠州】	**潮州府**	仍
四十二年 按澄海普安建县之年各书记载不一分详二县条	**同上**	**潮州府**	领县九　海阳　潮阳　揭阳　程乡　饶平　惠来　大埔　澄海　普安 按是年新置澄海普安二县
四十三年 按清一统志周府志王之正程乡志卢兆鳌平远志俱称四十三年置平远县惟明史地理志平远与澄海普宁俱四十二年正月改县当是书其准设县之日兹从潮嘉志乘系于是岁	广东布政使司 **岭东分守道** **伸威分巡道** **海防兵备道**增设	**潮州府**	领县十　海阳　潮阳　揭阳　程乡　饶平　惠来　大埔　澄海　普安　平远 按是年新置平远先是嘉靖四十一年五月以程乡县豪居都之林子营置县析福建之武平上杭江西之安远惠州府之兴宁四县地益之属江西赣州府【明史地理志】四十三年还江闽三县割地而析程乡之义化长田石窟三都兴宁之大信一里附义田都增置平远县来隶潮州【平远卢志】
万历四年	同上	**潮州府**	按是年设南澳镇
五年	广东布政使司 **岭东分守道** 【改驻惠州】 **海防兵备道** 伸威道裁分巡道由海防道兼	**潮州府**	仍

十年	**同上**	**潮州府**	按是年改普安曰普宁
崇祯七年 明史地理志作六年兹据程乡王志平远卢志	**同上**	**潮州府**	领县十一　海阳　潮阳　揭阳　程乡　饶平　惠来　大埔　澄海　普宁　平远　镇平 按是年新置镇平县镇平本平远县石窟巡检司至是改为县析程乡旧龟浆松源各二图益之【明史地理志程乡王志】
清　顺治元年	广东总督布政使司 **岭东分守道** **海防分巡道** 按清史稿是年置广东总督布政使司	**潮州府**	仍
康熙二年	广东总督布政使司 **岭东分守道** 海防分巡道裁	**潮州府**	仍
五年	两广总督布政使司 **岭东分守道** 按三年广东广西并为一	**潮州府**	领县十　海阳　潮阳　揭阳　程乡　饶平　惠来　大埔　普宁　平远　镇平 按自康熙三年迁界至是年澄海全县毕裁
六年	**两广总督布政使司** 分守道裁	**潮州府**	仍
八年	**同上**	**潮州府**	领县十一　海阳　潮阳　揭阳　程乡　饶平　惠来　大埔　普宁　澄海　平远　镇平 按是年展界复澄海
九年	两广总督布政使司 **岭东分守道**复设	**潮州府**	仍

廿二年	两广总督布政使司 **惠潮分巡道**初设 【驻潮州】 岭东分守道裁	**潮州府**	仍
雍正八年	广东总督布政使司 **惠潮分巡道加兵备衔** 按清史稿雍正七年以苗患令云贵总督兼辖广西十二年仍隶广东是七年至十一年广东自为总督也	**潮州府**	仍
十年	同上	**潮州府**	仍 按是年析饶平属隆澳深澳诏安属云澳青澳置南澳厅
十一年	广东总督布政使司 **惠潮嘉分巡兵备道**	**潮州府**	领县八　海阳　潮阳　揭阳　饶平　惠来　大埔　澄海　普宁 按是年析程乡平远镇平三县置嘉应州初十年粤督鄂弥达奏潮属之程乡平远镇平三县惠州府属之兴宁长乐二县均离府治寫远请合五县置一州十一年奉旨依议以州名为嘉应直隶广东布政使司遂与潮州分治领兴宁长乐镇平平远四县【周府志参清史稿地理志】
乾隆三年	两广总督布政使司 **惠潮嘉分巡兵备道**	**潮州府**	领县九　海阳　潮阳　揭阳　饶平　惠来　大埔　澄海　普宁　丰顺 按是年新置丰顺

咸丰八年	同上	**潮州府**	按是年辟潮州为通商口岸同治纪元改以汕头为商埠隶澄海
民国　元年	**广东都督府** 废惠潮嘉道	按光复初废府未设道置潮州安抚使四月改为潮州军务督办寻改潮梅镇守使【驻汕头】	是年七月改南澳厅为县
三年	**广东巡按使署** 是年五月二十三日立	**潮循道** 是年六月行道制全省分六道设潮循道尹【驻汕头】	辖县二十五　潮安【原名海阳是年一月以与山东县名同改】潮阳　揭阳　饶平　惠来　大埔　澄海　普宁　丰顺　南澳　惠阳　梅县　兴宁　陆丰　海丰　博罗　河源　五华　紫金　蕉岭　和平　连平　平远　龙川　新丰【广东年鉴】
五年	**广东省省长公署** 七月六日立	**潮循道**	
九年	同上	潮循道裁	
十年	同上		设汕头市政厅与澄海分治
十四年	**广东省政府** 七月三日改省长公署为省政府	**东江行政委员公署** 中级地方行政机构自道制废后十四年设东江行政委员公署【驻汕头】 未一年废	
十七年	同上	**东江善后委员公署** 民国十七年设【驻汕头】十八年六月罢	
十八年	同上		改汕头市政厅为市政府

廿一年	同上	**东区绥靖委员公署** 二十一年春设兼掌军事行政【初驻潮安后迁汕头】二十五年十月十六日废	辖县二十五市一 潮安　潮阳　揭阳 饶平　惠来　大埔 澄海　普宁　丰顺 南澳　惠阳　梅县 兴宁　陆丰　海丰 博罗　河源　五华 紫金　蕉岭　和平 连平　平远　龙川 新丰　汕头市
廿四年	同上		是年十月一日改南山移垦委员会为南山管理局
廿五年	广东省政府	**第五区行政督察专员公署** 是年三月廿五日行政院颁布行政督察专员公署组织条例九月八日广东省政府指令核定各专员管辖区域十月十五日第五区专员公署组织成立【驻潮安】按卅六年第一〇九次广东省务会议通过改第五行政督察区为第六区辖潮安潮阳揭阳澄海南澳饶平惠来普宁大埔丰顺南山管理局东沙群岛并改汕头市为省辖市【东沙群岛在光绪三十三年有日本商人西泽吉次纠众百余人于其地高竖日本国旗谬称该岛为其发见改名西泽岛后几次经交涉始行收回至是划属第六区】惟迄未实行 又按卅八年四月广东省务会议通过全	辖县九市一局一 潮安　潮阳　揭阳 澄海　饶平　惠来 普宁　丰顺　南澳 汕头市　南山管理局 旧时潮州所属大埔县改属第六区

		省扩编为十五行政区潮汕改分七八两区第七区下辖普宁惠来潮阳陆丰南山专署设潮阳第八区下辖潮安丰顺澄海饶平揭阳汕头南澳专属设潮安大埔则划入第九区是为现行潮属各县行政区划情形	

潮安县

表一

年　　代	隶　　属	沿　　革	辖　　乡
晋 按海阳置县之年宋志引何志云晋初立是在义安置郡之前元和志则云义熙九年立义安郡及海阳县则与郡同时立周府志沿革称咸和六年析揭阳地置海阳县以属东官郡然宋志咸和六年置东官所领六县并无海阳盖义安置郡之年记载多歧各为一说兹从何志嘉庆一统志表海阳初置属东官郡阮通志海阳晋初立县属东官其说并是	**东官郡** 广州记咸和六年分南海立	**海阳县** 宋书州郡志海阳令何志晋初立晋地记故属东官元和郡县志海阳本汉揭阳县地晋于此立海阳县南滨大海故曰海阳寰宇记海阳本汉揭阳地晋立郡于此南越志海阳县南十二里即大海 按雍正海阳张志海阳山去城北二十里南望大洋晋建县于山麓其城郭图绘海阳山在凤山之东与竹篙山接韩江闻见录谓海阳山亦号凤山自城北隔河上流二十里许有彩凤岭此二十里内为沃壤建城于此宜也发上者犹时见古城砖器物又城东门址尚存在彩凤岭下则晋初建县其在此欤 又按汉初摇毋馀封海阳侯旧志皆误谓即今潮安辨详附录古海阳地考	

义熙九年	**义安郡** 分东官郡立 按明一统志云海阳本汉南海郡揭阳地晋属南康郡义熙中置海阳县为义安郡治与宋志不合盖误以晋南康郡即潮之揭阳也辨详上	**海阳县** 按方舆纪要海阳县义熙中为义安郡治后皆为州郡治	
宋	**义安太守**	**海阳县** 【宋书州郡志】	
齐	**义安郡**	**海阳县** 【南齐书州郡志】	
梁	**义安郡**	**海阳县** 【补梁疆域志】	
陈	**义安郡**	**海阳县** 【补陈疆域志】	
隋　开皇十年 周府志云开皇九年省义安郡海阳属潮州与元和志年异	**循州**	**义安县** 元和郡县志是年罢义安郡省海阳县仍于郡廨置义安县以属循州	
十一年	**潮州**	**义安县** 按元和志是年于义安县立潮州隋书地理志称平陈置潮州统县有海阳是潮州初立已复海阳之名惟不知在何年姑据元和志作义安县	
大业三年	**义安郡**	**海阳县** 【隋唐地理志】	
唐　武德四年	**潮州**	**海阳县** 【新唐书地理志】 大埔张志是年省万川并入	
永徽元年	**潮州**	**海阳县** 新唐志是年省潮阳并入	

先天元年	潮州	海阳县 前书是时复析置潮阳	
天宝元年	潮阳郡	海阳县 【新唐志下同】	
乾元元年	潮州	海阳县	
南汉	潮州	海阳县 【南汉地理志】	
宋　太平兴国	潮州	海阳县 按周府志海阳县署昔在海阳山右宋世始迁入州治内华萼坊	领六乡【寰宇记】
元丰	潮州	海阳县	时有七乡【元丰九域志】据吴府志其乡都名可考如下 永宁乡 渔湖都　桃山都 地美都　官溪都 延德乡 登云都　登隆都 隆津都　上莆都 东莆都　南桂都 江东都　龙溪都 蓬洲都　鳄莆都 鮀江都 崇义乡 梅冈都　蓝田都 霖田都　磐溪都 太平乡 宣化都　信宁都 光德乡 丰政都　弦歌都 清远都　浛洲都 怀德乡 水南都　秋溪都 隆眼城都　苏湾都　上外莆都 中外莆都　下外莆都 长乐乡 登瀛都　大和都 归仁都

宣和三年	潮州	海阳县 【宋史地理志】	是年割永宁崇义全乡延德乡之蓬洲鳄浦鲍江三都置揭阳县【揭阳刘志】
绍兴二年	潮州	海阳县 前书是年废潮阳揭阳并入	
八年 嘉庆一统志表周府志潮阳唐志并作十年兹据宋史地理志	潮州	海阳县 前书是年复析置潮阳揭阳二县	
元　至元十六年	潮州路	海阳县 【元史地理志】	
明　洪武二年	潮州府	海阳县 【明史地理志】	
成化十三年	潮州府	海阳县	是年割太平乡之宣化信宁二都光德乡之滤洲清远弦歌三都怀德乡之秋溪隆眼城苏湾共八都置饶平县【饶平刘志】
嘉靖四十二年	潮州府	海阳县	是年析怀德乡之下中上外莆三都地置澄海县【澄海李志】又析揭阳龙溪一都来归【揭阳刘志】
四十四年	潮州府	海阳县	是年割饶平之秋溪都来归【饶平刘志】
清　顺治	潮州府	海阳县	是时自在城十一坊附城四厢【东厢南厢西厢北厢】外分为四乡十四都【吴府志】 长乐乡都三 登瀛都【三村】 大和都【六村】 归仁都【五村】 延德乡都八 登云都【五村】 登隆都【四村】 隆津都【三村】 上莆都【五村】

			东莆都【四村】 南桂都【五村】 江东都【四村】 龙溪都【十七村】 光德乡都一 丰政都【四村】 怀德乡都二 水南都【四村】 秋溪都【三堡三十村】
乾隆三年	**潮州府**	**海阳县**	是年析光德乡之丰政都置丰顺县时存四厢三乡除附城四厢外计一十三都【周府志都图】
光绪	**潮州府**	**海阳县**	是时分十八都在城都【七坊】东厢都【上东厢下东厢七十一村】南厢都【九村】西厢都【七村】北厢都【二十六村】归仁都【五十六村】登荣都【八十九村】大和都【四十二村】登云都【六十八村】登隆都【十八村】隆津都【十三村】东莆都【四十五村】上莆都【三十村】水南都【五村】秋溪都【七十八村】江东都【三十六村】南桂都【二十四村】龙溪都【二十九村】【海阳吴志都图】
民国　三年	**潮循道** 按至九年废道此后县级直隶于省以迄二十五年下各县同	**潮安县** 因与山东省海阳县同名是年一月奉内政部令改为潮安	按入民国称都为区初行保卫团制为乡六百余继行治安会制为乡八十余又行后备联防制为乡三百余

十九年		**潮安县**	是年十月实行分区自治全县分八区并为六十四乡镇第一区【四乡八镇】第二区【七乡】第三四五区【各六乡】第六区【八乡】第七区【十二乡】第八区【七乡】
廿五年	**广东省第五区行政督察专员公署**	**潮安县**	按二十三年一月民政厅划定各县自治区域潮安县分八区五十六乡九镇至二十七年仍分八区辖五十九乡镇二十九年实施新县制并为五区仍五十一乡八镇三十四年九月十五日复员设八区辖五十二乡八镇三十五年一月一日裁区缩编为二十乡镇【乡镇名见附表】

表二　　　　潮安县乡镇表

<table>
<tr><th>民国十九年【据民十九年潮安县自治区划说明书】</th><th>民国二十七年【据潮安县政府兵要地志】</th><th>民国二十九年【据潮安县自治区沿革概述】</th><th>民国三十四年【据潮安县政府调查表】</th><th>民国三十五年【据三十五年潮安县政府工作报告书】</th></tr>
<tr><td rowspan="7">长融镇　任贤镇
里和镇　艮德镇
东关镇　西关镇
南关镇　北关镇
南厢乡　北厢乡
北中乡　枫溪乡
【以上十二乡镇属第一中山区】
三山乡　登塘乡
田东乡　古洋乡
鹤书乡　玉麟乡
凤六乡</td><td rowspan="7">里和镇　艮德镇
长仁镇　西关镇
东关镇　北关镇
南关镇　枫溪乡
北中乡　南厢乡
北厢乡　凤六乡
三山乡　田东乡
玉麟乡　鹤书乡
古洋乡　登塘乡
上荣乡　中荣乡
下荣乡　意溪乡
河内乡　河北乡</td><td rowspan="7">里和镇　艮德镇
长仁镇　东关镇
西关镇　南关镇
北关镇　南厢乡
北厢乡　北中乡
【以上十乡镇直属县政府】
枫溪乡　三山乡
鹤书乡　凤六乡
登塘乡　田东乡
玉麟乡　龙湖乡
古银乡　古洋乡</td><td>长仁镇　里和镇
艮德镇　东关镇</td><td>在城镇</td></tr>
<tr><td>南关镇　南厢乡</td><td>南厢乡</td></tr>
<tr><td>西关镇　枫溪乡</td><td>西厢乡</td></tr>
<tr><td>北关镇　北中乡
北厢乡</td><td>北厢乡</td></tr>
<tr><td>登塘乡　三山乡
田东乡</td><td>归仁乡</td></tr>
<tr><td>玉麟乡　鹤书乡
古洋乡　凤六乡</td><td>大和乡</td></tr>
<tr><td>意溪乡　河北乡
河内乡</td><td>意溪乡</td></tr>
</table>

<table>
<tr>
<td rowspan="14">【以上七乡属第二仁和区】
上荣乡 中荣乡
下荣乡 意溪乡
河内乡 河北乡
【以上六乡属第三荣意区】
四村乡 宝塔乡
秋坑乡 秋塘乡
秋湖乡 秋浦乡
【以上六乡属第四秋东区】
上江乡 中江乡
下江乡 上桂乡
中桂乡 下桂乡
【以上六乡属第五江桂区】
上云乡 中云乡
下云乡 银湖乡
东阁乡 鹤巢乡
龙湖乡 古楼乡
【以上八乡属第六云隆区】
仙乐乡 彩塘乡
华美乡 大寨乡
宏安乡 金砂乡
金石乡 龙阁乡
西林乡 前溪乡
沙陇乡 和平乡
【以上十二乡属第七江东区】
溪东乡 溪西乡
溪南乡 溪北乡
刘陇乡 龙凤乡
凤坑乡
【以上七乡属第八龙溪区】</td>
<td rowspan="14">秋塘乡 秋浦乡
秋湖乡 秋坑乡
四村乡 宝塔乡
上江乡 下江乡
上桂乡 中桂乡
下桂乡 龙湖乡
东阁乡 中云乡
鹤巢乡 上云乡
下云乡 古银乡
宏南乡 大寨乡
前陇乡 金华乡
仙乐乡 西林乡
和平乡 金塔乡
彩塘乡 沙溪乡
龙西乡 溪南乡
溪西乡 溪北乡
溪东乡 龙东乡
庵埠镇</td>
<td rowspan="14">上云乡 中云乡
下云乡
【以上十三乡属第一区】
和平乡 宏安乡
大寨乡 前陇乡
仙乐乡 金华乡
西林乡 东阁乡
金塔乡 鹤巢乡
彩塘乡 沙溪乡
龙东乡 龙西乡
溪东乡 溪西乡
溪南乡 溪北乡
庵埠镇
【以上十八乡一镇属第二区】
意溪乡 河内乡
河北乡 上荣乡
中荣乡 下荣乡
【以上六乡属第三区】
四村乡 宝塔乡
秋坑乡 秋浦乡
秋塘乡 秋湖乡
【以上六乡属第四区】
上桂乡 中桂乡
下桂乡 上江乡
下江乡
【以上五乡属第五区】</td>
<td>上荣乡 中荣乡
下荣乡</td><td>登荣乡</td>
</tr>
<tr><td>四村乡 宝塔乡</td><td>东厢乡</td></tr>
<tr><td>秋塘乡 秋坑乡
秋湖乡 秋浦乡</td><td>秋水乡</td></tr>
<tr><td>上江乡 中江乡
下江乡</td><td>江东乡</td></tr>
<tr><td>上桂乡 中桂乡
下桂乡</td><td>南桂乡</td></tr>
<tr><td>上云乡 中云乡
下云乡</td><td>登云乡</td></tr>
<tr><td>东阁乡 银湖乡</td><td>登隆乡</td></tr>
<tr><td>龙湖乡 鹤巢乡
古楼乡</td><td>隆津乡</td></tr>
<tr><td>金华乡 大寨乡
宏安乡</td><td>莆西乡</td></tr>
<tr><td>彩塘乡 华美乡
仙乐乡</td><td>莆东乡</td></tr>
<tr><td>前陇乡 金石乡
西林乡 龙阁乡
塔下乡 和平乡
沙溪乡</td><td>东莆乡</td></tr>
<tr><td>龙东乡 龙西乡
溪西乡</td><td>内龙乡</td></tr>
<tr><td>溪东乡 溪南乡
溪北乡</td><td>外龙乡</td></tr>
<tr><td>据表共五十六乡七镇一作五十二乡八镇又南关镇应作乡又长仁镇一分作仁贤长融</td><td></td></tr>
<tr><td>合共六十四乡镇</td><td>合共五十九乡镇</td><td>合共五十九乡镇</td><td>合共六十三乡镇</td><td>合共二十乡镇</td></tr>
</table>

附古海阳地考

潮安古称海阳自晋初置县以迄于清相沿不替古籍如逸周书史记汉书有海阳之名说者皆指为潮安地郢书燕说不可不辨兹为条考如下

逸周书之海阳

周书王会篇言八方所献海阳大蟹旧府县志皆以为潮州海阳县贡献之始郭子章潮州沿革考言海阳县名最古援周书此语为证吴颖府志依以为说其后林杭学胡恂周硕勋诸府志暨张士琏海阳志古今图书集成职方典【集成盖据林府志语】皆仍之今录张县志以示例其言曰周成王十四年东越海阳贡蚌蛤汲冢周书云成王定四方贡献东越蚌蛤瓯人蝉蛇大蚤海阳大蟹注云东粤瓯人皆交州属盖自汤定南越献令之后大蟹始著于海阳亦献令之一端也按周书原文东越海蛤不作蚌蛤孔氏传东越则海际蛤文蛤又志引注东粤瓯人皆交州属周书云瓯人蝉蛇蝉蛇顺食之美【依俞曲园群经平议读】孔传云东粤瓯人也交州蛇为上珍下句一作北交州蛇特多为上珍也何秋涛曰北当作比比近也是张志引文亦误秋涛又曰王会此篇瓯人次于东越干越之间则其非珠崖交阯之瓯灼然可见注又云交州蛇为上珍者引以证食蛇之事耳非谓此瓯人即交州之瓯也其言甚明核而张志以为交州属尤谬解注而妄著论周书海阳次于瓯越之后会稽之前是海阳地必近会稽而志被之潮州以潮地秦前隶东越非臆说而何下文忽言南越益纠结而不清矣惟潮州北有梅岭之障与中州交通甚迟谓僻在恶溪之海阳县周成王时而有盈车大蟹之贡殊难置信潮州海阳县晋始置厥名起于后世尤不得指为周书之所云然则周书之海阳当别有其地矣孔晁注曰海水之阳一蟹盈车不云地名王应麟补注云史记苏秦曰楚东有海阳苏氏语本见楚策策云楚地西有黔中巫郡东有夏州海阳南有洞庭苍梧北有汾陉之塞海阳鲍注云海之南耳非辽西郡也与孔注同以为泛称之名然苏氏举其名与巫郡苍梧对称则为地名无疑也刘伯庄言楚并吴越地东至海海阳盖楚之东南境亦未能确指其所在吴师道引卢藏用云在广陵东今扬州海陵程恩泽国策地名考不主卢说而以为潮之海阳云地理通释楚威王六年败越尽取吴故地至浙江左传楚奄征南海则自春秋以来楚已跨及蛮越矣若仅以今扬州府泰州当之似不足以尽其疆域今观苏秦所言楚四境之地东之夏州即汉阳左传楚庄伐陈乡取一人以归谓之夏州是也海阳又在夏州东若以为潮之海阳则去汉阳殊远虽楚疆域甚博然较黔中之与巫郡洞庭之与苍梧甚不相称若云其地如汉之揭阳县跨有豫章南境则当云东南于楚东二字尤未尽合然则其地果何在耶间曾博考众说惟何秋涛最为详核其言曰海阳后为楚地当在今江苏苏州府常熟县北萧齐尝于此置海阳县属南徐州晋陵郡所以知其然者吴越春秋越王追奔攻吴兵入于江阳松陵欲入胥门望吴南城见伍子胥头云云子胥乃与种蠡梦曰越如欲入更从东门吾为汝开道贯城以通汝路于是越军明日更从江出入海阳于三道之翟水乃穿东南隅以达越军遂围吴吴越春秋汉人所作其时近古于古地名当不舛错所云海阳在吴之东正常熟之海阳也与楚东之形势正合凡苏秦所言列国地名皆举其最显著者王会篇之海阳即此无疑也若晋徐州广陵郡有海阳县当在今

江苏扬州府境刘宋广州义安郡有海阳县即今广东潮州府海阳县治此二海阳虽在楚东南然未见于周秦之书盖名起于后世非其地矣又汉辽西郡有海阳县在今直隶永平府滦州西北其地在东北陬非楚之东南境或以为此篇之海阳果尔则不应列于瓯越之间矣【王会篇笺释】按通鉴注常熟福山镇地即东晋之南沙萧齐分其地置海阳县南齐书州郡志南沙海阳属晋陵郡常昭合志稿引王峻府志云海阳废县在县北王会篇国策之海阳何氏所考得之当即此地又潮志职官南朝有海阳令蔡景历考景历所仕亦应在常熟之海阳常昭志明载之潮志盖以其与海阳同名而误收与周书之海阳其讹正同

海阳侯摇毋馀封地

史记高祖功臣年表汉书高惠高后文功臣表有海阳齐信侯摇毋余注云以越队将从高帝破秦入汉定三秦以都尉击项羽侯千七百户此海阳旧无注释后魏郦道元始以为在辽西水经濡水注云新河故渎自右北平昌城来东出合封大水谓之交流又东出海阳县合缓虚水又合素河水又至九过口分为二一南注海一东迳海阳县故城南高帝封摇毋馀为侯国魏土地记曰令支城南六十里有海阳城者也汉书地理志辽西郡有海阳县故郦氏取以为说其后清一统志永平府钱大昭汉书辨疑大昕廿二史考异周寿昌汉书注校补沈钦韩汉书疏证皆从之唐司马贞史记索隐又别为说曰毋馀东越之族也海阳亦南越县地理志阙按此文上言为东越族下文忽言南越县于文理不顺然后人因索隐有亦南越县语遂以为毋馀必封潮州之海阳罗泌路史国名纪云海阳见王会解汉之揭阳矣郭子章潮中杂纪言海阳之名始于摇毋馀盖秦以来有此县矣【图书集成潮州志引】于是潮州府县志皆以毋馀为封爵之始【吴林胡三府志雍正光绪海阳县志并同】书之于职官【阮元通志及诸潮州志海阳志皆有之】祀之于名宦【吴府志古今文章有郭子章请从祀名宦议云海阳侯摇毋馀从汉高帝灭秦破项为东越功臣之最云云故旧志潮州名宦祠祀有海阳侯摇毋馀】而摇毋馀者俨乎潮州职官之元祖矣考潮州沿革者亦因索隐言以海阳为南越县秦时已置【阮通志云考封摇毋馀在高祖六年毋余乃东越之族以都尉击秦都尉亦是秦官疑即秦时海阳之都尉当时即以所治封之也亦见光绪海阳吴志又嘉应温志或曰海阳汉初属南越高帝何得封侯不知此乃如象郡桂林南海高帝时尚属南越遥虚以封吴芮耳然则武帝开南海郡六县何以无海阳此殆开县时并诸揭阳也海阳之名已久故晋人复因而置县云云】于是世以秦汉间南海郡有海阳矣澄海李勋说映知毋馀所封不应在潮而以为在辽西亦未深考谓封于辽西则地太远虽云越境而封亦间有之事然毋馀子孙世居余杭自与辽西无关且索隐言地理志阙则此海阳非属辽西郡甚明若谓潮州之海阳则晋始置县且其时地属赵佗高祖安取而封之【梁玉绳史记志疑语】谓为虚封然汉书明云

千七百户非封而何或据寰宇记潮阳条潮阳本汉晋海阳县地一语执以为汉南海有海阳之证然寰宇记海阳条则云县在汉揭阳县地晋立郡于此【元和郡县志御览引十道志同乐史盖袭此】又潮州条云古闽越地秦属南海郡秦末属尉佗汉初属南越后属南海郡东汉因之不言汉有海阳县所谓潮阳为汉晋海阳县地汉字乃衍文乌得执为证乎盖古地志无以秦汉南海有海阳县者而索隐亦南越县一语实未足信愚意摇毋馀所封当在江南如何秋涛所说江苏常熟之地越绝书摇城者吴王子居焉后越摇王居之稻田三百顷又云通江南陵摇越所凿以伐上舍君是摇地本在吴邓名世古今姓氏书辨证摇氏条云勾践之后东越王摇子孙以王父字为姓汉功臣表海阳侯摇毋馀本越将以都尉击项籍千七百户谥齐侯【按脱一信字】子哀侯昭襄生康侯建建生襄侯省【史汉襄并作哀此误】六世孙不更未央生贤爵关内侯世居余杭姓觿摇注下引姓考云勾践之裔东越玉摇后因氏千家姓云会稽族汉书有海阳侯摇毋馀此摇氏非封于辽西及南海之明证也徐广曰摇东越之族也毋馀盖东越族故封于楚东海阳其后子孙世居余杭楚东之海阳不见于汉地志故索隐云阙由是言之古楚东海阳实处今常熟东南滨海之地毋馀所封必在于此后世以为在辽西或南海者乃因同名牵涉而误矣

潮阳县

表一

年　代	隶　属	沿　革	辖　乡
晋　义熙九年 潮阳唐志沿革云隆安元年始置县于海北曰潮阳与宋志年异兹据宋志	**义安郡**	**潮阳县** 宋书州郡志潮阳令何志与郡俱立晋地记故属东官元和郡县志潮阳本汉揭阳地晋安帝分东官郡置义安郡潮阳县属焉以在大海北故曰潮阳寰宇记潮阳本汉晋海阳地【按汉字误汉时无海阳】南越志云潮阳穷海之北故曰潮阳 按名胜志义熙初析揭阳县建潮阳县【晋时义安郡有海阳无揭阳此误】在今治西十五里临昆山明刘圯重修潮阳县署记邑创自晋义熙临昆其故址	

宋	义安太守	潮阳县【宋书州郡志】	
齐	义安郡	潮阳县【南齐书州郡志】	
梁	义安郡	潮阳县【补梁疆城志】	
陈	义安郡	潮阳县【补陈疆域志】 为潮阳伯国【汪士铎南北史补志】 天嘉间陆子隆封此	
隋	义安郡	潮阳县【隋书地理志】	
唐　武德四年	潮州	潮阳县【新唐书地理志】阮通志唐初省海宁并入	
永徽元年	潮州	海阳县 新唐志是年省潮阳并入海阳	
先天元年 按新唐书地理志但云潮阳永徽初省先天复置不云何年此元年二字据潮阳唐志增	潮州	潮阳县 按吴府志先天初置县治于临昆山盖指复县事如谓为始置县则非	
天宝元年	潮阳郡	潮阳县【新唐志下同】	
贞元九年	潮阳郡	潮阳县 元和志县在大海北贞元九年移于今理一统志表同 按此与潮志称元和十四年移治年代不同姑存二说	
元和十四年	潮阳郡	潮阳县 潮阳唐志元和十四年刺史韩愈始迁潮阳县于棉阳即今治也原为古新兴乡吴府志是年改于棉阳距临昆三十五里 按周府志潮阳县署在北门兴让坊即唐元和间开创地	

乾元元年	潮州	潮阳县	
南汉	潮州	潮阳县【南汉地理志】	
宋　太平兴国	潮州	潮阳县	领二乡【寰宇记】
元丰	潮州	潮阳县	时有四乡【元丰九域志】据潮阳林志其乡都名可考如下 新兴乡 县廓都　峡山都 黄陇都　洋乌都 兴仁乡 举练都　贵山都 濊水都　黄坑都 奉恩乡 直浦都　竹山都 招收都　砂浦都 丰欢乡 大坭都　西头都 惠来都　隆井都
绍兴二年	潮　州	海阳县 是年省潮阳并入海阳	
八年 唐志作十年复县兹据宋史	潮　州	潮阳县 宋史地理志潮阳本海阳县地绍兴二年废入海阳八年复	
元　至元十六年	潮州路	潮阳县【元史地理志】	仍旧分四乡新兴兴仁奉恩丰欢统十四团【唐志】
明　洪武二年	潮州府	潮阳县【明史地理志】 潮阳唐志乡都元末多为土人所据陈遂据邑治谢均正据和平胡禄据荆陇明洪武初知县姚复初因旧疆经理之 按唐志沿革是年始建潮阳治于故澄清坊	

十四年	**潮州府**	**潮阳县**	是年更四乡十四团为十六都【周府志】
嘉靖三年 唐志作四年析置惠来	**潮州府**	**潮阳县**	是年割旧丰欢乡隆井都三分之一及大坭西头惠来三都地置惠来县
四十二年 唐志作四十五年析置普宁	**潮州府**	**潮阳县**	是年割县西新兴乡之洋乌都兴仁乡之浅水都黄坑都置普宁县 自置惠普二县割去六都后仅存十都嗣增民里十坊为附廓都计十一都 县廓都　附廓都 峡山都　黄陇都 举练都　贵山都 直浦都　竹山都 招收都　砂浦都 隆井都【唐志】
万历十年臧志作九年	**潮州府**	**潮阳县**	是年洋乌浅水二都复归潮阳【方舆纪要】仍领十三都【唐志】
顺　治	**潮州府**	**潮阳县**	是时分十三都如前【吴府志】 县廓都【十三坊】附廓都【八村】峡山都【五村】　黄陇都【五村】洋乌都【五村】举练都【五村】贵山都【七村】　浅水都【五村】直浦都【六村】　竹山都【五村】　招收都【七村】　砂浦都【二村】　隆井都【五村】
雍正十年	**潮州府**	**潮阳县**	是年割浅水全都【自乌石起至咸酸寮止一百七十九乡】贵山半都【二十二村】洋乌都尾【八村】析与普宁【周府志都图】

乾隆	潮州府	潮阳县	时存十二都　县廓都　附廓都【十七村】　峡山都【八十二村】　黄陇都【八十三村】　举练都【二十八村】贵山都【六十村】直浦都【七十七村】竹山都【三十五村】　招收都【四十二村】　砂浦都【十四村】隆井都【十一村】　洋乌都【八十五村】【周府志】又泚水都割归普宁后尚有五图称曰附都自此至清末相沿十三都惟乡村日见增加【详唐志周志乡都】
民国　三年	潮循道 九年废	潮阳县	
廿三年		潮阳县	按二十年初行自治设区公所筹备委员会是年二月民政厅划定潮阳自治区域分九区一四三乡八镇同年潮阳县府划为九区一百四十八乡八镇【见自治科编印潮阳自治区区域全图】
廿五年	广东省第五区行政督察专员公署	潮阳县	按二十九年行新县制分为九区一百四十乡镇三十一年缩编为八十三乡镇后曾扩为一百三十四乡镇三十五年缩编为七十一乡镇【乡镇名见附表】

表二 **潮阳县乡镇表**

民国二十三年【据潮阳自治运动特刊】	民国二十九年【据潮阳县政府兵要地志第五区专署档案】	民国三十一年【据潮阳县政府调查表】	民国三十五年【据潮阳县政府调查表】
淳化南乡　归厚乡 淳化北乡　金浦乡 梅花乡　平和东乡 兴让乡　平和西乡 南薰乡　南桂乡 锦缠乡　洞内乡 东郊联乡 【以上十三乡属第一在城区】 海门镇　凤冈乡 大南塘乡　小南塘乡 外四乡 【以上四乡一镇属第二海门区】 达濠乡　附浦乡 南山乡　葛园乡 上人家乡　河浦乡 埔头乡　松仔山乡 珠浦乡　磊口乡 葛州乡　广澳乡 塘边乡　洋背乡 下底乡　下芽乡 玉石乡　洞豪乡 岗背乡　上头乡 凤岗乡　新寮乡 东湖乡　三寮乡 林后乡　马滘乡 赤港乡　澳头乡 溪头乡　青林乡 【以上三十乡属第三达濠区】 和平上中乡 港头乡　西岐乡 溪头上厝乡 石米岐乡 溪头下厝乡 里美下寨乡　胪岗乡 【以上八乡属第四和平区】 峡山乡　泗水黄乡 泗水联乡　溪尾乡	归厚乡　南桂乡 兴让乡　锦缠乡 梅花乡　金浦乡 平和西乡　平和东乡 淳化北乡　淳化南乡 东郊联乡　南薰乡 洞内乡　大南塘乡 小南塘乡　外四乡 海门镇　凤冈乡 洞濠乡　岗背乡 南山乡　洋背乡 塘边乡　华里乡 下牙乡　凤岗乡 新寮乡　上头乡 林后乡　玉石乡 河浦乡　马滘乡 上中乡　溪头下厝乡 溪头上厝乡 港头乡 里美下寨乡 石米岐八乡 胪岗乡　西岐乡 峡山乡　桃溪乡 夏东浦乡　上东浦乡 泗水联乡　泗水黄乡 洋沟乡　洋汾陈乡 莲塘乡　英大埔乡 溪尾乡　华桥东乡 华桥五六乡　陈禾陂乡 鹤洋乡　大宅乡 东溪乡　洋内乡 南田乡　图溪乡 义英乡　西港乡 下练乡　溪西乡 胜前乡　八堡乡 上练乡　南阳上乡 南阳下乡 宅美十三乡 大亨乡　新桥乡 谷饶乡　仙陂乡 深洋乡　石佛乡	上中乡　里美下寨乡 港头乡　谿头上厝乡 谿头下厝乡　石米岐乡 胪岗乡　西岐乡 图溪四乡　华桥乡 洋陂乡　港申乡 鹤英乡　莲浦乡 峡山乡　泗水联乡 泗水黄乡　溪尾乡 洋沟乡　上东浦乡 洋内乡　南田乡 义英乡　东溪乡 下练乡　中练乡 谷饶乡　上练乡 南阳上乡　南阳下乡 华美乡　宅美乡 六堡乡　深洋乡 横山乡　胜前乡 仙陂乡　石佛乡 大亨乡　谿西乡 新桥乡　沙陇乡 井都乡　田中央乡 下家渔尾乡　华谿乡 简朴乡　蓝堡乡 关埠镇　灶浦镇 陂尾乡　凤山乡 四和乡　宗和乡 金郊乡　柳岗乡 花园乡　玉浦乡 东芦乡　南炮台乡 大园埔乡　西胪乡 桥头乡　桑田乡 内八乡　外八乡 华阳乡　泉塘乡 大前陇乡　其昌乡 善闻乡　石桥头乡 六乡　仙城乡 四维乡　西北乡 司马浦乡　高华乡 大布乡　溪美乡 金谿乡　仙港乡	兴归乡　锦南乡 金浦乡　梅花乡 淳化乡　南薰乡 平东乡　平西乡 【以上八乡属第一区】 海门镇　凤冈乡 南塘乡　外四乡 【以上三乡一镇属第二区】 达濠镇　潮光乡 珠园乡　河浦乡 凤安乡　南衡乡 【以上五乡一镇属第三区】 和平乡　里美乡 溪头乡　港头乡 石美乡　胪泗乡 【以上六乡属第四区】 峡山乡　港英乡 图溪乡　溪尾乡 华溪乡　义沟乡 泗联乡　东浦乡 洋陂乡 【以上九乡属第五区】 宅堡乡　深石乡 仙亨乡　横山乡 胜溪乡　谷饶乡 上练乡　下练乡 华美乡　中练乡 南上乡　南下乡 【以上十二乡属第六区】 沙陇乡　井都乡 成田乡　华朴乡 【以上四乡属第七区】 华阳乡　桑田镇 八海乡　凤西乡 大泉乡　关埠镇 桥南乡　灶浦镇 宗柳乡　金玉乡 东芦乡

西巷二乡　桃溪乡
夏东浦乡　莲塘乡
上东浦乡　大宅乡
英大浦乡　鹤洋乡
陈禾陂乡　洋沟乡
洋汾陈乡　义英乡
华桥五六乡
华桥东乡
南田乡　洋内乡
东溪乡　图豁乡
【以上二十二乡属第五玉峡区】
大亨乡　新桥乡
横山六乡　仙陂乡
宅尾十三乡
谷饶乡　溪西乡
下练乡　石佛八乡
南洋上乡
南洋下乡　华夏乡
上练乡　八堡乡
胜前乡　深洋六乡
【以上十六乡属第六贵屿区】
沙陇乡　井都乡
下家溪尾乡
成田溪东乡
华瑶西乡　简朴乡
八堡乡　盐汀乡
深沟乡　成田中央乡
【以上十乡属第七沙陇区】
福村乡　金溪乡
柳岗乡　玉路乡
玉浦乡　南炮台乡
沟头乡　堂后乡
桥头乡　花园乡
前洋乡　田东乡
路内乡　路外乡
宅美乡　埔上乡
树厦乡　港底乡
洋贝乡　金沟乡
华阳乡　泉塘乡
凤山郑乡　内八乡
海埔石乡
玉井张叶乡

横山乡　华美乡
田中央乡　八堡乡
盐汀乡　简朴乡
华瑶西乡　溪东乡
下家溪尾乡
沙陇乡　深沟乡
井都乡　华阳乡
桑田乡　柳岗乡
玉浦乡　西胪乡
外八乡　金溪乡
南炮台乡
树下乡　内八乡
下底乡　桥头乡
大园埔乡
玉井林乡
凤山李乡
海埔石乡
泉塘乡　陂美乡
凤山庄乡
玉路乡
玉井张叶乡
埔上乡　沟头乡
东里乡　华冈乡
洋贝乡　前洋乡
邹阳乡　福村乡
凤山郑乡　桥东乡
港底乡　路内乡
堂后乡　路外乡
田东乡　金沟乡
花园乡　灶浦乡
宅美乡　西南镇
西北镇　司马浦镇
仙城镇　大布镇
金溪镇　仙港镇
禾沟乡　溪美乡
高堂乡　华殿乡
塭美乡

禾皋乡

【以上八乡三镇属第八区】
长陇乡　仙城乡
大布乡　其维乡
六禾乡　司马乡
西北乡　东南乡
金溪乡　五善乡
桥头乡
【以上十一乡属第九区】

凤山庄乡　邹阳乡 东里乡　华岗乡 厦底乡　灶埔乡 玉井林乡　外八乡 凤山李乡 大园埔乡 桥东乡　西胪乡 陂尾乡　桑田乡 【以上四十乡属第八关埠区】 西南镇　西北镇 大布镇　司马浦镇 金溪镇　仙城镇 仙港镇　溪尾乡 禾沟乡　高堂乡 华殿乡　塭尾乡 【以上五乡七镇属陈店第九区】			
合共一百五十六乡镇	合共一百四十乡镇	合共八十三乡镇	合共七十一乡镇

揭阳县

表一

年　代	隶　属	沿　革	辖　乡
秦　始皇卅三年	南海郡	揭　阳 郭子章郡县释名揭阳县秦名秦谪徙民五十万人戍五岭与越杂处五岭者大庾始安临贺桂阳揭阳也揭阳之名始此 按嘉应温志云揭阳置县始于秦置五岭之戍然考裴渊广州记秦戍五岭其一揭阳但知揭阳为戍所未明言为秦县温志说尚乏确证 又按李勋说映云府志秦始皇戍守处在飞泉岭方舆纪要揭阳南北二支直抵兴宁海丰二县界上曰揭岭始皇伐百越命史禄转饷禄留家揭岭或以为即此山也盖秦皇置戍难名以一山其曰揭岭者当为揭阳山瘦牛岭飞泉岭	

		贵人山以及猴子崃巾明独等处之总名	
汉　元鼎六年	南海郡	**揭阳县** 汉书景武侯表安道侯揭阳定以南越揭阳令闻汉兵至降又地理志南海郡武帝元鼎六年开县六其一揭阳方舆纪要揭阳故城在揭岭之南汉置县以揭岭为名元鼎六年伐南越东越王馀善上书请发兵从击吕嘉兵至揭阳以海风波为解按伐南越事见汉书两粤传应在元鼎五年是时已有揭阳且史定曾仕南越为揭阳令知武帝开南海六县之前揭阳已置县矣 按温仲和求在我斋集汉揭阳一县兼有今潮州九县嘉应一州平远镇平之地正与汀赣交界由大庾之东穷至于海为汉揭阳地	
新莽	交　州	**南海亭** 汉书地理志揭阳莽曰南海亭属交州	
后汉	南海郡	**揭阳县** 续汉郡国志南海郡七县其一揭阳	
吴	南海郡	按县境为曾夏所据抗吴历十余年故吴南海郡不得有揭阳嘉禾五年乃于庐陵郡析置南部都尉后新立揭阳而南海郡之揭阳遂废	
晋　义熙九年	义安郡	**海阳县** 按晋书地理志南康郡统县五有揭阳宋志南康晋武帝太康三年以庐陵南部都尉立县有陂阳吴立曰揭阳下云晋太康五年以西【当作南】康揭阳移治故陂阳县后始改揭阳此揭阳非南海之揭阳可知必以曾夏之故遂移县于此若南康郡之揭阳晋宋之际时见于史宋书	

		武帝纪永初三年正月南康揭阳蛮反郡县讨破之番禺志云区金南海人宋孝武孝建末客揭阳会齐武帝在潜起义师讨豫章贼崇正同人谱系赖硕晋末避居南康寻迁揭阳赤竹坪家焉揭阳后改虔化即今江西宁都此晋宋时之揭阳均在南康与潮无关今潮人每称潮之揭阳曰南康然晋太康三年置南康郡统县五曰赣曰雩都曰平固曰南康曰揭阳揭阳特南康所领之一县乌得命之为南康耶 自吴于庐陵南部新立揭阳而南海郡之揭阳久废易代而后遂于其地立海阳县故宋齐以降至唐五代潮州领县并无揭阳周府志云论潮州全部虽皆揭阳地从县之所自析言之则当推本于海阳也今自宋下至五代揭阳沿革缺而不论详见海阳县	
宋　宣和三年	潮　州	**揭阳县** 舆地纪胜引国朝会要宣和三年诏割海阳县三乡地置揭阳系年要录宣和中以刘三花乱析置 按揭阳刘志熙宁元丰之间潮州仅领海阳潮阳二县是年始割海之永宁延德崇义三乡置揭阳县考当日所割延德乡地仅龙溪蓬州鳄浦鮀江四都并非全乡【海阳表宣和三年条脱龙溪一都】	
绍兴二年	潮　州	**海阳县** 揭阳刘志是年废入海阳	
八年 一作十年兹据宋史	潮　州	**揭阳县** 宋史地理志移治吉帛村系年要录绍兴二年省八年复置仍治吉帛村	

		按郭子章沿革考绍兴九年潮止二县乃置揭阳县初卜治留黄村绍兴二年改卜玉窖村然据揭阳刘志十年为复县之岁宋史与潮属志乘异岂八年有此议至十年始得复县欤吉帛村在今揭阳渔湖留黄即丰顺腡隍玉窖今揭阳城是揭阳置县凡三易其地而后定详古迹志	
元　至元十六年	潮州路	揭阳县【元史地理志】	
明　洪武二年	潮州府	揭阳县【明史地理志】	是时领三乡分十二都【揭阳刘志作十三都误】据吴府志其乡都名可考如下 永宁乡 　渔湖都　桃山都　地美都　官溪都 崇义乡 　梅岗都　蓝田都　霖田都　磐溪都 延德乡 　龙溪都　蓬州都　鳄浦都　鮀江都
嘉靖四十二年	潮州府	揭阳县	是年析龙溪一都归海阳又析鮀江鳄浦蓬州三都凑置澄海县【刘志沿革】止存二乡【刘志疆域】
清　顺治	潮州府	揭阳县	是时分在城七坊及二乡八都【吴府志】 永宁乡都四 　渔湖都【二十七村】　桃山都【三十三村】地美都【十四村】　官溪都【三十七村】 崇义乡都四 　梅岗都【十八村】蓝田都【二十一村】　霖田都【四十七村】　磐溪都【二十村】
乾隆三年	潮州府	揭阳县	是年割蓝田都九十两图建丰顺县拨去二十三村【刘志都图】 时除在城七坊外仍分二乡八都【周府志参刘志都图】

			永宁乡都四 渔湖都【六十七村】 桃山都【一百零四村】 地美都【五十五村】 官溪都【七十二村】 崇义乡都四 梅岗都【一百零八村】 蓝田都【二百十八村】 霖田都【百六十五村】 磐溪都【九十六村】
民国 三年	**潮循道** 九年废	**揭阳县**	
二十一年		**揭阳县**	是年初行自治全县分八区八十六乡镇第一区【一乡十镇】第二区【十二乡】第三区【十三乡】第四区【十乡】第五区【十乡】第六区【五乡】第七区【十八乡】第八区【七乡】
二十五年	**广东省第五区行政督察专员公署**	**揭阳县**	按二十三年二月民政厅划定揭阳自治区域分八区七十三乡九镇至二十七年分五区八十二乡镇二十九年分区如前各区领乡如旧第三区增为十七乡共八十五乡镇三十五年附城区外仍分五区缩编为六十四乡镇【乡镇名见附表】

表二 **揭阳县乡镇表**

民国二十一年【据揭阳县政府公报自治概况】	民国二十七年【据二十七年揭阳县全图附表】	民国二十九年【据揭阳县政府兵要地志】	民国三十五年【据揭阳县政府调查表】
西关镇 魁元镇 东关镇 达道镇 魁隆镇 北关镇 朝天镇 椿桂镇 解元镇 攀龙镇 凤围乡 【以上十镇一乡属第一区】 联安乡 溪围乡 地东乡 华美乡	解元镇 魁元镇 朝天镇 椿桂镇 魁隆镇 东关镇 西关镇 北关镇 达道镇 攀龙镇 【以上十镇属城厢区】 公安乡 维安乡 磐和乡 智勇乡 集和乡 磐中乡 磐桂乡 磐乔乡	东关镇 西关镇 北关镇 魁元镇 魁隆镇 朝天镇 攀龙镇 解元镇 椿桂镇 达道镇 【以上十镇直属县政府】 维安乡 保安乡 公安乡 永乐乡 永厚乡 永南乡	北关镇 朝桂镇 魁西镇 元龙镇 东道镇 魁隆镇 【以上六镇属附城区】 公安乡 集和乡 厚安乡 南安乡 维新乡 渔东乡 渔北乡 渔南乡 智勇乡 渔西乡 磐乔乡 永乐乡

桃西乡　和睦乡 桃康乡　六韬乡 洋淇乡　地中乡 蕉山乡　三略乡 【以上十二乡属第二区】 河内乡　东园乡 蛟龙乡　共安乡 凤湖乡　棉湖乡 鸿江乡　月锡乡 和顺乡　塔头乡 阳夏乡　钱坑乡 金坑乡 【以上十三乡属第三区】 蓝华乡　蓝清乡 蓝益乡　蓝宁乡 义顺乡　惠和乡 蓝和乡　新亨乡 蓝康乡　致和乡 【以上十乡属第四区】 龙溪乡　灰寨乡 下滩乡　道南乡 太原乡　大溪乡 南和乡　龙潭乡 良田乡　员埔乡 【以上十乡属第五区】 梅南乡　梅西乡 梅东乡　梅北乡 翔龙乡 【以上五乡属第六区】 永安乡　厚安乡 维安乡　长美乡 保安乡　竹鲤乡 渔江乡　永乐乡 渔北乡　公安乡 广美乡　官湖乡 屯埔乡　联邻乡 渔京乡　德和乡 永美乡　渔梅乡 【以上十八乡属第七区】	渔京乡　磐南乡 永厚乡　德和乡 长美乡　渔江乡 保安乡　渔梅乡 广美乡　渔北乡 永南乡　永乐乡 联邻乡 【以上二十一乡属第一区】 桃西乡　三略乡 溪围乡　和睦乡 联安乡　洋淇乡 地东乡　六韬乡 地中乡　桃康乡 华美乡　蕉山乡 【以上十二乡属第二区】 蛟龙乡　阳夏乡 和顺乡　鸿江乡 棉湖乡　共安乡 钱坑乡　蓬三乡 河内乡　凤湖乡 东园乡　塔头乡 金坑乡　月锡乡 【以上十四乡属第三区】 蓝和乡　蓝宁乡 蓝康乡　蓝清乡 蓝华乡　蓝益乡 惠和乡　致和乡 新亨乡　义顺乡 梅西乡　梅南乡 梅东乡　梅北乡 翔龙乡 【以上十五乡属第四区】 南和乡　道南乡 灰寨乡　太原乡 大溪乡　龙溪乡 下滩乡　员埔乡 良田乡　龙潭乡 【以上十乡属第五区】	渔梅乡　渔京乡 渔北乡　广美乡 长美乡　联邻乡 德和乡　磐乔乡 磐和乡　磐中乡 磐桂乡　磐南乡 集和乡　智勇乡 渔江乡 【以上二十一乡属第一区】 桃康乡　桃西乡 联安乡　洋淇乡 溪围乡　六韬乡 和睦乡　地东乡 三略乡　地中乡 华美乡　蕉山乡 【以上十二乡属第二区】 蛟龙乡　阳夏乡 和顺乡　鸿江乡 棉湖乡　共安乡 钱坑乡　蓬三乡 河内乡　凤湖乡 东园乡　惠安乡 宝安乡　卫安乡 连安乡　金坑乡 月锡乡 【以上十七乡属第三区】 梅西乡　梅南乡 梅北乡　梅东乡 翔龙乡　蓝益乡 蓝和乡　蓝宁乡 新亨乡　蓝清乡 蓝康乡　蓝华乡 义顺乡　惠和乡 致和乡 【以上十五乡属第四区】 下滩乡　龙溪乡 龙潭乡　员埔乡 南和乡　道南乡 灰寨乡　太原乡 大溪乡　良田乡	磐中乡　磐桂乡 【以上十四乡属一区】 地东乡　地中乡 地西乡　桃中乡 桃南乡　桃北乡 睦溪乡　淇安乡 【以上八乡属第二区】 棉湖乡　钱坑乡 共安乡　西安乡 宝惠乡　安宁乡 永康乡　和贞乡 永睦乡　鸿江乡 河顺乡　永平乡 东园乡　阳夏乡 凤湖乡　金坑乡 【以上十六乡属第三区】 新华乡　义康乡 致和乡　梅北乡 梅南乡　梅东乡 梅西乡　蓝宁乡 蓝清乡　蓝和乡 蓝益乡　翔龙乡 惠和乡 【以上十三乡属第四区】 下滩乡　灰寨乡 霖南乡　森和乡 龙埔乡　龙潭乡 大溪乡 【以上七乡属第五区】

集和乡　磐中乡 磐南乡　磐乔乡 智勇乡　磐桂乡 磐和乡 【以上七乡属第八区】		【以上十乡属第五区】	
合共八十六乡镇	合共八十二乡镇	合共八十五乡镇	合共六十四乡镇

饶平县

表一

年　代	隶　属	沿　革	辖　乡
明　成化十三年 按饶平置县之年东里志吴府志饶平刘志沿革并云成化十四年立方舆纪要亦云饶平成化十四年督臣朱英奏置惟阮通志引明史地理志作十三年十月以海阳三饶地置海阳吴志沿革亦称成化十三年置而乾隆四年刊本明史地理志作十二年考饶平职官十三年有主簿蒋琳典史方铭而江朝宗建饶平县治记称成化丁酉总制朱英因前中丞吴琛疏三饶设县核实以闻诏可赐名饶平丁酉即成化十三年知十三年十月饶平已得疏准设县府县志阮通志所载饶平首任知县杨昱俱作十四年任当是至十四年县令始到官	**潮州府**	**饶平县** 饶平刘志饶邑创建于成化十四年时因三饶壤连汀漳丛岭险阻寇盗啸聚巡抚吴琛请增设县治总督朱英遂析海阳太平乡之宣化信宁二都光德乡之 滤洲清远弦歌【饶平刘志作元歌避康熙讳改兹据吴府志】三都怀德乡之秋溪隆眼城苏湾三都置饶平县治于弦歌都下饶堡【参周府志】 按郭子章郡县释名饶平县成化间置县治在三饶也三饶上饶中饶下饶今县治在下饶曰三饶太平此饶平命名之故	领八都 弦歌都　宣化都　信宁都 隆眼城都　滤洲都　清远都 秋溪都　苏湾都

嘉靖五年	潮州府	饶平县	是年割溛洲清远二都置大埔县【明史地理志】 存六都　弦歌都　宣化都 信宁都　秋溪都　隆眼城都 苏湾都
四十四年	潮州府	饶平县	是年析苏湾都置澄海县割秋溪都归海阳县【刘志】 存四都　弦歌都　宣化都 隆眼城都　信宁都
万历四年	潮州府	饶平县	以信宁都海岛置南澳镇划深隆二澳属饶平县云青二澳属漳州府诏安县共管
清　顺治	潮州府	饶平县	都四仍前【吴府志】 光德乡都一 弦歌都堡四　下饶堡【二十七村】中饶堡【十八村】上饶堡【十四村】东洋堡【六岛三十八村】 怀德乡都一 隆眼城都堡三　隆眼城堡【八村】长岐堡【二十一村】南溪堡【六村】 太平乡都二 宣华都堡一栅四　黄冈堡【十二村】大港栅【十村】高埕栅【六村】大埕栅【四村】柘林栅【八村】 信宁都堡二 陈塘堡【十五村】汫洲堡【二十四村】 按康熙时都堡同【刘志城池】乾隆时宣化都之大埕栅并入柘林【周府志】余仍旧
民国　三年	潮循道 九年废	饶平县	
廿五年	广东省第五区行政督察专员公署	饶平县	按二十三年民政厅划定饶平自治区域分十区九十八乡三镇二十六年分九区二十九年行新县制缩编为六区三十八乡镇三十年仍分六区八十一乡镇三十三年分四区辖六十四乡镇三十五年仍四区缩编为四十乡镇

表二　　　　　　　　　　　　　　　　饶平县乡镇表

民国二十九年【据饶平县政府兵要地志】	民国三十年【据第五区专署乡镇档册】	民国三十三年【据饶平县政府调查表】	民国三十五年【据三十五年饶平县政府工作报告书】
在城镇　凤凰乡 潆康乡　葵村乡 新丰乡　祠口乡 陈坝井乡 茂贝坪乡　深峻乡 【以上八乡一镇属第一区】 黄冈镇　山楚乡 霞绕乡　大河乡 区北乡　柘林乡 鸿江乡　东界乡 鸿程乡　大新乡 【以上九乡一镇属第二区】 隆都镇　中堡乡 东堡乡　下堡乡 【以上三乡一镇属第三区】 东官乡　东四乡 西四乡　长林乡 潘塔乡　渔村乡 【以上六乡属第四区】 汫洲乡　港北乡 黄石港乡　海北乡 欧东达乡 【以上五乡属第五区】 高堂乡　钱东乡 钱东东乡　钱东北乡 (以上四乡属第六区)	深峻乡　茂芝乡 贝坪乡　陈坑乡 石井乡　坝上乡 潆溪乡　杨康乡 葵坑乡　九村乡 水口乡　上祠乡 下祠乡　新丰乡 在城镇　西厢乡 西石乡　南厢乡 北厢乡　东厢乡 凤凰北乡　凤凰南乡 【以上二十一乡一镇属第一区】 黄冈镇　城中乡 城北乡　山楚乡 霞东乡　霞西乡 三河乡　大澳乡 区北东乡　区北西乡 东界乡　鸿江一乡 鸿江二乡　鸿程一乡 鸿程二乡　鸿程三乡 柘林一乡　柘林二乡 大新乡 【以上十八乡一镇属第二区】 店市镇　后溪乡 前美乡　北社乡 章埔乡　西社乡 隆南乡　西灵乡 隆城乡　从新乡 【以上九乡一镇属第三区】 东官乡　汤溪乡 长教乡　东美乡 桥头乡　大榕乡 五平乡　长彬乡 荔林乡　潘段乡 登塔乡　渔村乡 【以上十二乡属第四区】 港北乡　东瀛乡	深峻乡　贝坪乡 茂芝乡　坝上乡 陈坑乡　石井乡 上祠乡　下祠乡 水口乡　新丰乡 九村乡　葵坑乡 潆溪乡　杨康乡 【以上十四乡属第一区】 附城镇　东厢乡 南厢乡　西厢乡 北厢乡　西石乡 凤凰南乡　凤凰北乡 汤溪乡　东美乡 长教乡　东官乡 桥头乡　大榕乡 五平乡　渔村乡 长彬乡　荔林乡 潘段乡　登塔乡 【以上十九乡一镇属第二区】 区北东乡　区北西乡 黄岗镇　城中乡 城北乡　山楚乡 霞东乡　霞西乡 三河乡　大澳乡 大新乡　鸿江一乡 鸿江二乡　东界乡 鸿程东乡　鸿程西乡 柘林一乡　柘林二乡 港北乡　东瀛乡 西瀛乡 【以上二十乡一镇属第三区】 钱东乡　浮山乡 东五乡　紫云乡 灰寨乡　仙洲乡 黄循乡　漳溪乡 高堂乡	深峻乡　茂贝乡 陈坝乡　石井乡 祠口乡　新丰乡 葵村乡　潆康乡 【以上八乡属第一区】 附城镇　东北乡 西厢乡　凤凰乡 东官乡　东四乡 渔村乡　南四乡 西四乡 【以上八乡一镇属第二区】 黄岗镇　山楚乡 霞绕乡　区北乡 大河乡　大新乡 鸿江乡　鸿程乡 柘林乡　东界乡 汫洲乡　海北乡 欧东达乡 黄石港乡 【以上十三乡一镇属第三区】 钱东乡　东三乡 黄径乡　漳溪乡 高堂乡　隆都镇 西章乡　西隆乡 隆新乡 【以上八乡一镇属第四区】

合共三十八乡镇	西瀛乡　浮岗乡 上美乡　黄石乡 欧石乡　东港乡 上达乡 【以上九乡属第五区】 钱东乡　灰寨乡 仙洲乡　漳溪乡 黄径乡　紫云乡 浮山乡　东五乡 高堂乡 【以上九乡属第六区】 合共八十一乡镇	【以上九乡属第四区】 合共六十四乡镇	合共四十乡镇

惠来县

表一

年　代	隶　属	沿　革	辖　乡
明　嘉靖三年 惠来张志建置沿革云嘉靖四年析潮阳海丰置惠来县是年三月始城五年四月始建县治潮阳唐志亦称四年置而明史地理志作嘉靖三年十月海丰志亦作三年比潮志先一年当是三年奉制报可至越年始开县兹据明史	**潮州府**	**惠来县** 明史地理志嘉靖三年十月以潮阳县惠来都置析惠州府海丰县地益之潮阳唐志弘治末流贼劫掠正德七年御史熊兰因耆民方宗琪【惠来张志作珙】等呈奏增县治弹压之【文略载张志建置沿革】至是析潮阳隆井三分之一及惠来西头大坭三都并析海丰龙溪一都分置惠来县割靖海千户所属之 按惠来晋至隋属义安郡海宁县唐初省海宁并入潮阳遂为潮阳地未设县前一部分属海丰县以惠来都为名	
清　顺治	**潮州府**	**惠来县**	是时分五都十六堡【吴府志】 惠来都堡三　禄昌　北山　赤山【共十六村】 西头都堡三　铅锡　木坑　周田【共二十六村】 大坭都堡三　武宁　后表　华清【共十村】 隆井都堡二　东陇　赤洲【共五村】 龙溪都堡五　梅林　云落　鲎溪　岐石　榄表【共三十一村】

雍正	**潮州府**	**惠来县**	是时仍分五都二十九堡【张志都图】 惠来都堡五　禄昌　赤山　西坑　西澳　吉清【共二十三村】 西头都堡四　神泉　铅锡　木坑　周田【共三十一村】 大坭都堡四　武宁　后表　洪桥　茆洋【共十五村】 隆井都堡一　赤洲【七村】 龙溪都堡十五　螺溪　龙江　鸡岗　渔湖　双梅　莲塘　甘泉　东溪　北溪　云落　梅洋　梅林　梅田　高埔　大陂【共五十六村】
民国　三年	**潮循道** 九年废	**惠来县**	
二十五年	**广东省第五区行政督察专员公署**	**惠来县**	按二十三年民政厅划定惠来自治区域分六区一零二乡一镇二十九年行新县制仍分六区四十一乡八镇三十年分四区五十乡镇三十一年仍分四区四十二乡镇至三十五年八月缩编为三十乡镇【乡镇名见附表】

表二　　**惠来县乡镇表**

民国二十九年 【据二十九年惠来县地图】	民国三十年 【据惠来县兵要地志】	民国三十一年 【据惠来县政府调查表】	民国三十五年 【据惠来县政府三十五年八月调查表】
东南镇　城西镇 北靖镇　华堡镇 华春乡　陇头乡 东陇乡　东福乡 溪洋乡　西安乡 凤洲乡 【以上七乡四镇属第一在城区】 神泉镇　东山园乡 秀水里乡　赤沟乡 香石乡　前宫乡	东南镇　城西镇 北靖镇　华堡镇 华春乡　陇头乡 东陇乡　东福乡 溪洋乡　西安乡 凤洲乡　东山园乡 秀水里乡　赤沟乡 神泉镇　香石乡 前宫乡 【以上十二乡五镇属第一区】 靖海镇　锡田乡	附城镇　神泉镇 秀溪乡　华春乡 华堡乡　东福乡 东陇乡　陇西乡 凤洲乡　香山乡 赤沟乡　前宫乡 豁洋乡 【以上十一乡二镇属第一区】 靖海镇　田心乡 十三乡　仙点乡 锡田乡　京陇乡 周田乡　狮石乡	惠中镇　惠一乡 惠二乡　惠三乡 惠四乡　惠五乡 惠六乡　惠南镇 【以上六乡二镇属第一区】 惠东镇　惠七乡 惠八乡　惠九乡 惠十乡　惠十一乡 惠十二乡　惠十三乡 【以上七乡一镇属第二区】

【以上五乡一镇属第二神泉区】 靖海镇　锡田乡 京陇乡　狮石乡 资深乡　仙点乡 田心乡　十三乡 周田乡　杭美乡 【以上九乡一镇属第三靖海区】 龙江镇　凤镇乡 凤山乡　鼎沃乡 西联乡　溪岭乡 龙美乡　鳌梅乡 【以上七乡一镇属第四隆江区】 葵潭镇　新东乡 区中乡　月南乡 南溪乡　东墩乡 【以上五乡一镇属第五葵潭区】 梅峰乡　松阳乡 南阳乡　高埔乡 云落乡　崩坎乡 葵龙乡　船埠头乡 【以上八乡属第六梅林区】	京陇乡　狮石乡 资深乡　仙点乡 田心乡　十三乡 周田乡　杭美乡 【以上九乡一镇属第二区】 龙江镇　凤镇乡 凤山乡　鼎沃乡 西联乡　溪岭乡 龙美乡　鳌梅乡 【以上七乡一镇属第三区】 葵潭乡　新东乡 区中乡　月南乡 南溪乡　东墩乡 港西乡　梅峰镇 松阳乡　南阳乡 高埔乡　云落乡 崩坎乡　葵龙乡 埔头乡 【以上十四乡一镇属第四区】	杭美乡　资深乡 【以上九乡一镇属第二区】 龙江镇　凤山乡 凤镇乡　豁岭乡 龙美乡　鼎沃乡 鳌梅乡　西联乡 【以上七乡一镇属第三区】 葵潭镇　月南乡 南溪乡　新东乡 东墩乡　葵龙乡 梅峰镇　南阳乡 松阳乡　云落乡 高埔乡 【以上九乡二镇属第四区】	惠西镇　惠十四乡 惠十五乡　惠十六乡 惠十七乡　惠十八乡 惠十九乡 【以上六乡一镇属第三区】 惠北镇　惠二十乡 惠廿一乡　惠廿二乡 惠廿三乡　惠廿四乡 惠廿五乡 【以上六乡一镇属第四区】
合共四十九乡镇	合共五十乡镇	合共四十二乡镇	合共三十乡镇

附海宁考

义安郡于晋安帝义熙九年分东官郡立领县五一曰海宁海宁吴时始为县属高兴郡晋武改曰海安晋书地理志云高兴郡吴置有海安注海安吴曰海宁宋书州郡志东官太守领县六一曰海安男相吴曰海宁晋武改名太康地志属高兴盖至义熙析东官郡为义安郡海安乃分而为二县属东官者仍名海安其属义安者改为海宁宋志义安太守有海宁何志与郡俱立晋地记故属东官南齐州郡志东官之海安与义安之海宁分而为二历宋齐梁陈海宁相沿为义安郡领县之一隋志义安郡领县五仍有海宁唐初乃省海宁并入潮阳县【阮通志沿革表】海宁自此遂废海宁所在有二说一谓为漳州之龙溪一谓在潮属之惠来陈天资东里志云海宁今龙溪又云开皇十年析海宁置龙溪乾隆周府志沿革梁时析海宁置龙溪县以属南安郡即闽之漳州府龙溪县揭阳刘志海宁今为龙溪旧隶闽此一说也阮通志古迹略引旧府志云海宁废县晋置在惠来县西清乾隆一统志同此又一说也考隋书地理志海

宁县有龙溪山元和郡县志潮阳县龙溪山今名海宁岭在县西南一百七十里【阮通志引此文下有以故县得名一语】太平寰宇记引南越志云海宁县在潮阳郡东六里西接东官县界清一统志谓在郡东盖因此误阮通志按云海宁属义安义安今潮州时其址与东官毗连故南越志云西接东莞也今按南越志为最古记载其言海宁西与东官相接为惠来地无疑杨守敬隋地理志考证云海宁今惠来县西是也考惠来置县在嘉靖三年析潮阳之惠来西头大坭隆井三分之一合四都又析海丰龙溪一都置县以惠来都为名乾隆海丰志嘉靖三年析龙溪六图之地为惠来县【雍正惠来志同】是惠来县所属有龙溪原为海丰地据元和志海宁岭在潮阳西南百七十里以此计之海宁故县应在今惠来与海丰接壤海宁岭一名龙溪山而海丰有龙溪都都名龙溪必因山以为名考漳州又号龙溪与此名同旧府志以海宁为漳州之龙溪者殆以同名牵涉而误斯不可不辨也惠来志于海宁县一字不提故撰此文以裨其缺

大埔县

表一

年　　代	隶　　属	置　　县	乡　　都
晋　义熙九年	义安郡	义招县 宋书州郡志义熙九年以东官五营立舆地纪胜引南越志义招昔流人营义熙九年立为县永和九年移上郡之西【寰宇记引作永初元年】按方舆纪要义招废县治在县南清远都湖寮村	
宋	义安郡	义招县【宋志】	
齐	义安郡	义招县【南齐书州郡志】	
梁	义安郡	义招县【补梁疆域志】	
陈	义安郡	义招县【补陈疆域志】	
隋　开皇十年	潮　州	义招县【隋书地理志考证】	
大业三年	义安郡	万川县 隋书地理志万川下云旧曰昭义大业初改名杨守敬考证云昭义为义招误	
唐　武德四年	潮　州	海阳县【新唐书地理志】 大埔张志是年省万川并入海阳	
南汉	潮　州	海阳县【南汉地理志】	

宋	潮　州	**海阳县** 大埔温志宋之大埔为光德乡地见张雷墓志及灵岩寺钟识	
元　至元十六年	潮州路	**海阳县**【元史地理志】 周府志宋末为涂侨盘踞筑城聚众神泉村茶山下至元二十一年安抚使月的迷失平之	
明　洪武二年	潮州府	**海阳县**【明史地理志】	
成化十三年 张志作十四年置饶平县	潮州府	**饶平县**【见前书】 按是年析海阳八都置饶平其中光德乡之滤洲清远二都即大埔县地	
嘉靖五年	潮州府	**大埔县** 明史地理志嘉靖五年以饶平县大埔村置析滤洲清远二都益之大埔温志引旧志嘉靖四年巡抚熊兰疏请置县五年遂建大埔县 按大埔饶氏族谱饶商撰茶山公传云滤洲清远当汀漳之末界鞭不及腹乃亟请佥宪施公陈建邑之策以塞盗源会奏报允乃于嘉靖丙戌设大埔治是大埔创县盖出饶金之议施公乃施儒嘉靖元年潮州监司 又按大埔为滤洲都村名吴府志以县治在大埔故名今在城甲尚有大埔上下村杨缵烈大埔音义考云俗呼平旷高原仅宜果蓏蔬麻者曰埔有音无字盖即圃也称曰大者自茶山之麓弥望平原无虑数十百顷此大埔之名所由称也	辖都二　滤洲都　清远都 编图二十【温志引旧志】 按大埔张志社甲引康熙宋嗣京志旧有三十二社又引乾隆蔺梼志称崇祯张夔任志二都共二十九社温志云建邑之初析清滤两都置县清远都即今同仁百侯石云高陂四区滤洲都即今在城石上三河大麻四区
清　顺治	潮州府	**大埔县**	二都如旧【吴府志】　滤洲都【十七村】　清远都【十五村】 按张志云清初分二十四社
乾隆三年	潮州府	**大埔县**	是年析清远都白芒社之白芒畲箭竹洋下畲子腹风吹磜青麻园六处以益丰顺【大埔温志】仍分二都

			漇洲都十甲二社 在城甲【原神泉社埔田社】维新甲　保安甲　大宁甲　长富甲【原长富社】　长治甲【原长窖社】　石上甲【原虎头砂社】　永青甲【原清溪社】坪砂甲　永兴甲【原大河社】　三河社【原新寨社旧寨社浒梓村阴那坑月甲并为一】大麻社 清远都七甲一社 同仁社【原湖黄社东山月甲黎双社莒村月甲并为一】白堠甲【原分溪南溪北社并为一】白寨甲　【原白罗社后改为白寨社又改为甲】兰砂甲【原黄砂黄兰二社并为一】　岩上甲　大产甲　源高甲　古源甲【原古源桃花二社并为一】 【周府志参大埔张志】 按社制后改为甲或甲并为社或社甲并列嗣三河大麻同仁三社并改为甲遂分为二十甲宣统元年初行自治拟分全县为一城四乡后划为十三区
民国　三年	**潮循道** 九年废	**大埔县**	按民国二年十月分同仁区中崧里为一区共十四区翌年罢自治
二十五年	**广东省第六区行政督察专员公署**	**大埔县** 潮属各县隶第五行政督察区惟大埔划入第六区	按民国十七年办治安会实行保甲制全县分为八区五十五乡【温志经政志自治作五十五乡同书区划作五十二】二十三年二月民政厅划定大埔自治区域分八区一百八十一乡三镇后为一百七十五乡二十五年分六区五十八乡二镇三十年缩为三区四十三乡二镇至三十五年仍三区缩编为二十七乡【乡镇名见附表】

表二 **大埔县乡镇表**

民国十七年【据大埔温志经政志区划参自治】	民国三十年【据大埔县政府调查表】	民国三十五年【据大埔县政府调查表】
在城乡 维新乡 保安乡 岩上乡 永兴乡 长富乡 大宁乡 【以上七乡属第一在城区】 三河在城乡 东文乡 良岗乡 梓里乡 英雅乡 【以上五乡属第二三河区】 陂市乡 光德乡 桃源乡 富澄乡 桃花乡 高陂广德乡 赤水乡 乌槎乡 古埜乡 洲田乡 平北乡 三洲乡 【以上十二乡属第三高陂区】 永青乡 平沙乡 石上乡 长治乡 【以上四乡属第四北区】 崧社乡 高黄乡 湖西乡 湖东乡 莒社乡 湖市乡 【以上六乡属第五同仁区】 百侯乡 大产乡 百寨乡 【以上三乡属第六百侯区】 大麻乡 中兰乡 恭洲乡 北浦乡 银潭乡 麻南乡 大留乡 小留乡 银江乡 昆仑乡 新丰乡 罗赖乡 麻洋乡 【以上十三乡属第七大麻区】 枫朗乡 沐教乡 岩霞乡 双和乡 石云广德乡 【以上五乡属第八石云区】	附城镇 附城乡 维新乡 保安乡 岩上乡 永兴乡 富宁乡 长治乡 北河乡 坪沙乡 汇城乡 汇东乡 梓良乡 英雅乡 【以上十三乡一镇属附城区】 高陂镇 古埜乡 乌槎乡 桃三乡 高富乡 洲瑞乡 平北乡 光德乡 桃源乡 富澄乡 昆仑乡 兰裕乡 党银乡 双麻乡 弓洲乡 义留乡 麻新乡 银外乡 银内乡 【以上十八乡一镇属大河区】 虎中乡 虎东乡 虎西乡 虎南乡 虎北乡 大东乡 南溪乡 侯南乡 侯北乡 广德乡 双和乡 枫朗乡 【以上十二乡属梅河区】	附城乡 永平乡 永兴乡 维新乡 保安乡 岩上乡 富宁乡 长治乡 汇川乡 梓良乡 英雅乡 【以上十一乡属附城区】 高陂乡 北槎乡 双桃乡 洲瑞乡 光富乡 大麻乡 银江乡 弓洲乡 【以上八乡属大河区】 虎中乡 虎南乡 虎北乡 南大乡 枫和乡 广德乡 侯南乡 侯北乡 【以上八乡属梅河区】
合共五十五乡镇	合共四十五乡镇	合共二十七乡

附明饶相奏拨大埔都图疏

本县所辖湬洲清远二都人民先因隔离旧属饶平县穹远法度不行教化不及以致盗贼纵横民遭荼毒两烦大兵征剿祸犹未息当时二图遗民如在水火之中思就衽席惟冀建设县治以抒目前之祸不虞后日之累于嘉靖五年内奏蒙新设县治止拨湬洲清远二都湬洲都原额里长二名清远都里长一名粮共叁仟柒百余石人户未及二千余户因嘉靖初年遇例通融粮白相兼湬洲都编作十一里清远都编作九里每一里长粮米未及二十石人丁共凑五十余丁中间现存者少逃亡者多丁粮稀少莫过于此比因地方稍宁道路开辟本县北接汀赣南通潮惠水陆并冲官员使客经过不绝应付下程夫马船只之类岁无虚日兼且官吏胥徒供亿浩繁科派侵渔尤难计

算丁粮减于饶平者四之三赋役倍于饶平者十之五即今设县以来方十余年小民应当差役富者倾家荡产贫者鬻妻卖子仅能竭力支持稍殷实者已变而为穷困得安生者已迫而之逃窜若复不为之所则必至于极敝大坏又将驱困穷逃窜者而之盗贼沟壑莫知所终矣臣窃见本府所属潮阳县粮米五万二千八百余石揭阳县粮米三万五百余石海阳县粮米二万六千八百余石饶平县粮米二万七千余石程乡县粮米一万四千三百余石惠来县粮米一万一千四百余石人户各有数十余万惟大埔新设县治粮米止有三千七百余石人丁未及二千余户比诸各县丁粮不及十分之一二况兼路通冲要之所徭役供亿之繁比诸各县且加数倍查得潮阳海阳惠来三县丁粮虽多地非接壤海阳系附郭县分饶平地方复有九墩大山隔界俱难拨补惟程乡县溪南都一图二图两图地方与本县滤洲都地土相连人民居处混杂相关且以近就便人情亦甚相宜堪以拨补本县当差又有本县粮米二千余石先年因地方旧属海阳混造于丰政等都册内寄籍于海阳县当差一向因袭未蒙拨还即今征税于大埔当差于别县深为未便相应清查拨回本县随地当差伏望轸念民艰垂怜新县丁粮稀少小民不能支持死亡无日乞敕户部咨行两广巡抚都御史及咨都察院转行巡按广东监察御史行守巡地方官会勘如果县小役重干系民瘼事非得已将程乡所辖溪南都人户丁粮拨补本县应役及将本县粮米寄籍于海阳者尽数拨回本县随地当差仍复旧役每粮米五十石人丁一百丁编为一里则户役丁粮稍有适均少解倒悬之苦而获永逸之休【按据此程乡溪南都之溪一溪二两图会拨隶大埔县】

澄海县

表一

年　　代	隶　　属	沿　　革	辖　　乡
明嘉靖四十二年 明史称是岁改为县清一统志澄海李志亦称四十二年潮阳林志东里志作四十五年饶平刘志割苏湾在四十四年意者四十二年奉剳而中经划疆割籍至四十五年始行开县	**潮州府**	**澄海县** 明史地理志澄海本海阳县辟望巡检司嘉靖四十二年正月改为县析揭阳饶平二县地益之澄海李志督府张臬既平张琏林朝曦山酋扑灭海寇招安地方甫靖父老曾栋等请议善后之策因奏割海阳怀德乡之上中下外莆三都揭阳延德乡之蓬州鳄浦鮀江三都及饶平苏湾一都置澄海县 按郭子章郡县释名澄海县嘉靖间置取海宇澄清之义	**领七都** 上中下外莆三都　蓬洲都　鳄浦都　鮀江都　苏湾都

清　顺治	潮州府	澄海县	仍领七都【吴府志】 怀德乡都四 　下外莆都【五村】 　中外莆都【五村】 　上外莆都【三村】 　苏湾都　【堡二　江南堡十四村　江北堡八村】 延德乡都三 　蓬洲都【二十村】 　鳄浦都【十七村】 　鮀江都【十七村】
康熙五年	潮州府	是年迁界全县毕裁	
七年	潮州府	澄海县 是年展界复县	
嘉庆	潮州府	澄海县	仍领七都【澄海李志】 下外莆都【十九村】 中外莆都【十七村】 上外莆都【十一村】 蓬洲都【二十八村】 鮀江都【二十二村】 鳄浦都【十五村】 苏湾都【三十九村】
咸丰八年	潮州府	澄海县	是年辟潮州为通商口岸同治纪元改以汕头为商埠属澄海鮀浦司
民国　三年	潮循道 九年废	澄海县	
十年		澄海县	是年设汕头市政厅与澄海分治 时全县分十区【在城区中外区上外区苏南区东陇区樟林区上蓬区下蓬区鳄浦区鮀江区】十八年将中外上外并为上中区共九区
二十五年	广东省第五区行政督察专员公署	澄海县	按二十一年三月成立自治科仍九区一百一十七乡二镇二十三年民政厅划定澄海自治区域分九区一百二十乡 二十五年分八区鮀江鳄浦并为一曰鮀浦区二十六年缩为三区第一区【在城上中并】第二区【苏南东陇樟林并】第三区【上下蓬鮀浦并】共六十二乡六镇【澄海地图附说】二十七年增为四区以第三区鮀鳄二都另划为第四区辖五十六乡六镇二十九年分六十三乡镇以至复员乡镇数如旧三十五年缩编为三十一乡镇 【乡镇名见附表】

表二　　　　澄海县乡镇表

民国二十一年 【据二十二年十二月澄海县政汇刊】	民国三十四年 【据澄海县政府调查表参该县地图】	民国三十五年 【据三十五年澄海县政府工作报告书】
东社乡　港口乡　西社乡　昆美乡 南社乡　龙田乡　北社乡　冠山乡 岭亭乡　玉窖乡　东湖乡　华窖乡 外埔乡　上埭乡　信宁乡 【以上十五乡属第一区】 第二区共辖十八乡 自第一乡至第十八乡皆以数相次无乡名 月浦乡　水吼乡　霞露乡　沟南乡 【以上四乡属第三区】 第四区共辖十九乡 自第一乡至第十九乡皆以数相次无乡名 东陇镇　明南保乡　东陇乡 仙门乡　南砂乡　唐陇乡 银砂乡　梅洲乡　埭头乡 董坑乡　三岱美乡 【以上十乡一镇属第五区】 东社乡　樟林镇　西社乡　鸿沟乡 南社乡　盐灶乡　北社乡　坛头乡 塘西乡　月窟乡　仙垄乡　上西陇乡 新兴街乡　樟南乡 【以上十三乡一镇属第六区】 第七区共辖十三乡 自第一乡至第十三乡皆以数相次无乡名 鸥汀上乡　华坞乡　鸥汀下乡 岐山乡　官埭乡　渔洲上乡 浮陇乡　渔洲下乡　东墩乡 西陇乡　金砂乡　赤窖乡 【以上十二乡属第八区】 玉井上乡　天港乡　玉井下乡 蓬洲乡　莲塘乡　举登乡 鮀浦乡　西陇乡　金场乡 港尾乡　赖厝乡　沙浦乡 溪东乡 【以上十三乡属第九区】	东社镇　埭窖乡　西社镇 冠山乡　南社镇　龙田乡 北社镇　华坑乡　岭亭镇 图山乡　东湖乡　夏南乡 外埔乡　龙湖乡　宁美乡 岛东乡　港口乡 【以上十二乡五镇属第一区】 东陇镇　盐灶乡　东陇乡 南徽乡　南砂乡　涂城乡 银砂乡　兰溪乡　埭头美乡 四德乡　建阳乡　永平乡 渡亭乡　槐泽乡　南湾乡 敦睦乡　水南乡　德邻乡 樟林乡　北湾乡　鸿沟乡 程洋冈乡 【以上二十一乡一镇属第二区】 上社乡　东墩乡　中社乡 金砂乡　龙头乡　坝头乡 东溪乡　华坞乡　大衙乡 渔洲上乡　鸥汀上乡 渔洲下乡　鸥汀下乡 月浦乡　官埭乡　岐山乡 浮陇乡 【以上十七乡属第三区】 鮀东乡　鮀中乡　鮀西乡 浦沟乡　鮀南乡　浦霞乡 鮀北乡 【以上七乡属第四区】	城中镇　城北镇 城南镇　上中乡 冠华乡　龙华乡 秀水乡 【以上四乡三镇属第一区】 东陇镇　樟林乡 盐鸿乡　莲北乡 莲南乡　莲中乡 南砂乡　水南乡 银砂乡　湾渡乡 【以上九乡一镇属第二区】 上社乡　坝头乡 中社乡　大东乡 渔洲乡　鸥汀乡 浮墩乡　金华乡 官埭乡　岐山乡 【以上十乡属第三区】 鮀东乡　鮀西乡 鮀中乡　鳄浦乡 【以上四乡属第四区】
合共一一九乡镇	合共六十三乡镇	合共三十一乡镇

普宁县

表一

年　　代	隶　　属	沿　　革	辖　　乡
明　嘉靖四十二年 据黄延相议初拟析揭阳霖田一都合洋泷黄三都建邑后廷议仅可潮阳三都遂于嘉靖四十二年定以三都置为县与明史年同吴府志普宁萧志并作四十三年潮阳林唐周三志俱作四十五年或四十二年奉准立县至四十五年始开县	**潮州府**	**普安县** 方舆纪要嘉靖四十二年析潮阳置名普安明史地理志嘉靖四十二年正月以潮阳县泷水都置析洋乌黄坑二都地益之寄治贵山都之贵屿 按郭子章郡县释名普宁隆庆间【按此误】析潮阳置取普遍宁谧之义	分三都 黄坑都　泷水都　洋乌都
万历十年 潮阳臧志作九年兹据明史	**潮州府**	**普宁县** 方舆纪要万历十年以洋乌泷水二都还潮阳改名普宁明史是年移治黄坑	归洋乌泷水二都于潮阳仅存黄坑一都分上中下三社十四图周围仅四十里【周府志沿革】
清　顺治	**潮州府**	**普宁县**	是时仅领黄坑一都三社【吴府志】 上社十三寨 中社十三寨 下社四寨
雍正十年	**潮州府**	**普宁县** 普宁萧志雍正五年知县黄廷相始详请复还泷洋后知府胡恂复采前知县蓝鼎元议禀司详院皆韪其说知县黄道泰亦请泷洋宜隶普雍正十年巡抚杨文乾题准将潮阳泷水之一都八图贵山之下半都五图洋乌都之尾段一图俱割归普宁	割潮阳泷水全都贵山半都洋乌都尾来属共有都四啚二十八社三【萧志参周府志都图】 黄坑都【十四啚上中下三社三百五十七村】 泷水都【八啚一百七十村】 贵山都【五啚九十三村】 洋乌都【原分头中尾三段其头段中段仍属潮阳惟尾段割与普宁一啚四十五村】 按杨抚覆文云贵山都之洞仙径麒麟埔北山三路为普宁要害应将洞仙径等八十六村割归普宁管辖

乾隆	潮州府	普宁县 周府志都啚自割潮阳贵山半都洋乌都尾属普二都两县互混知府周硕勋署普宁令周怀济请改普宁之贵山为桂江都洋乌为铁山都	仍分四都【周府志都啚】 黄坑都【四百三十村】 桂江都【一百村】 淢水都【一百七十九村】 铁山都【四十七村】 至光绪时都啚仍旧乡村数同惟淢水有一百八十村【普宁赖志】
民国　三年	潮循道 九年废	普宁县	
二十年		普宁县	按是年实施自治分九区一百六十八乡镇 第一区【十四乡四镇】 第二区【四十一乡】 第三区【十二乡】 第四区【十九乡一镇】 第五区【十二乡】 第六区【六乡】 第七区【三乡】 第八区【三十八乡】 第九区【十七乡一镇】 二十二年六月划南部四十余山村入南山
二十五年	广东省第五区行政督察专员公署	普宁县	按二十三年民政厅划定普宁自治区域分九区一五一乡四镇二十六年三月行并区联乡制并九区为一区六联乡辖三十七乡一镇七月复区第一六联乡并为第一区二三联乡并为第二区四五联乡并为第三区共三十七乡一镇二十九年十二月行新县制区乡数如前三十年增六美白莲二乡分隶一三两区三十二年十二月增设和兴乡共四十一乡镇三十五年七月编缩为三十二乡一镇【乡镇名见附表】

表二

普宁县乡镇表

民国二十六年 【据普宁疆域沿革简表】	民国二十六年 【据普宁县政府调查表】	民国三十三年 【据普宁县政府调查表】	民国三十五年 【据普宁县政府调查表】
普城镇【原属第一区时为普城区】 十三乡　睦和乡【上二乡原属第一区】 新贡乡　五美乡【上二乡原属第六区】　庄河乡 四山乡【上二乡原属第九区】 【以上合为第一联乡】 新斗乡　十赤乡　南泗乡 马四乡　秀郭乡　六八乡 果陇乡　弥乌乡 【以上八乡原属第二区时合为第二联乡】 鲤和乡　梅峰乡　安溪乡 六仁乡　协安乡 【以上五乡原属第三区时合为第三联乡】 鸿光乡　睦岭乡　五福乡 大四乡　德安乡【上五乡原属第四区】 青碧乡　龙贵乡【上二乡原属第七区】 【以上七乡合为第四联乡】 埠塘乡　陇头乡　和横乡 十八乡　汤莲乡　桥柱乡 【以上六乡原属第五区时合为第五联乡】 十二乡　和平乡　和衷乡 仰山乡　振东乡 【以上五乡原属第八区时合为第六联乡】	普城镇【直属县府】 仰山乡　和平乡 振东乡　和衷乡 十二乡　十三乡 四山乡　庄河乡 新贡乡　五美乡 睦和乡 【以上十一乡一镇属第一区】 弥乌乡　果陇乡 六八乡　十赤乡 秀郭乡　南泗乡 马泗乡　新斗乡 鲤和乡　梅峰乡 六仁乡　安溪乡 协安乡 【以上十三乡属第二区】 鸿光乡　德安乡 睦岭乡　五福乡 大四乡　龙贵乡 青碧乡　埠塘乡 桥柱乡　陇头乡 十八乡　汤莲乡 和横乡 【以上十三乡属第三区】 按同年七月复区制废联乡分为三区	普城镇【直属县府】 新贡乡　五美乡 六美乡　庄河乡 四山乡　十三乡 睦和乡　十二乡 和平乡　和衷乡 仰山乡　振东乡 【以上十二乡一镇属第一区】 新斗乡　十赤乡 南四乡　马四乡 秀郭乡　六八乡 果陇乡　弥乌乡 鲤和乡　和兴乡 梅峰乡　安溪乡 六仁乡　协安乡 【以上十四乡属第二区】 埠塘乡　陇头乡 和横乡　十八乡 汤坑乡　白莲乡 桥柱乡　鸿光乡 睦岭乡　五福乡 大四乡　德安乡 青碧乡　龙贵乡 【以上十四乡属第三区】	普城镇　新贡乡 两美乡　庄河乡 四山乡　十三乡 睦和乡　十二乡 和平乡　振和乡 仰山乡 【以上十乡一镇属第一区】 新斗乡　十赤乡 南四乡　马四乡 秀郭乡　六八乡 果陇乡　弥乌乡 鲤和乡　和安乡 梅峰乡　安溪乡 六仁乡 【以上十三乡属第二区】 埠塘乡　四维乡 十八乡　汤莲乡 桥柱乡　祥麟乡 大四乡　德安乡 贵碧乡 【以上九乡属第三区】
合共三十八乡镇	合共三十八乡镇	合共四十一乡镇	合共三十三乡镇

附清普宁令黄廷相请复洋淢二都议

普宁小邑也地至褊赋至重民至贫吏至劳也稽古王制分茅锡土不能五十里不达于天子普宁东西北界各二十里即属揭邑南界仅十里即属潮阳县境不满四十里所属惟黄坑一都耳以一都分三社以三社分一十四啚某亲历各乡见此四十里中属崇山峻岭者十之三属深堑长溪者十之四地非平衍田无阡陌蕞尔普邑介于两大之间窃怪当年分疆画野之不得其平也迨考邑志明嘉靖四十三年已前此地为潮阳西北边境鞭长莫及纳污藏垢时抚按大吏初议建城贵屿析潮邑之洋乌淢水黄坑三都与揭邑霖田一都属之请于朝仅允潮阳三都而揭阳霖田都不与焉万历三年始移厚屿即今县治也讵乘八年大丈洋淢二都豪右利于离潮之远得以肆横自由不利于属普之近而有所顾忌妄谓黄坑一都丈溢粮米已敷赋额遂以洋淢二都仍夺归潮阳仅留黄坑一都因循至今莫由改复前据士民公恳援例复还故疆某目睹情形不敢以代庖自诿置士民之疾痛于不闻用敢据情转吁奉檄确查妥议窃以为请复洋淢固非地窄求增亦非旧有宜复实缘洋淢二都既割而复夺至今田主在潮田土仍隶普宁每遇催征动辄关拘钱粮拖欠其不便于国赋一也萑苻皆在卧榻穿窬攘夺探囊拾芥追之则越境乃免捕之法不逾域其不便于弭盗又一也使复洋淢而利官不利民固万万不可今则请复之议出自舆情又使复淢洋而利普不利潮亦不得病潮而厚普今则虽还洋淢潮尚十有一都地广民稠自若也且洋淢百姓有事于官者赴潮之远不如赴普之近洵便潮便普便国便民计无过于此者谨抒蠡测伏候裁察【原文载普宁萧志疆域兹据周府志艺文删节】

普宁令蓝鼎元论潮普割地事宜书

顷闻欲割潮阳之洋乌淢水两都以属普宁裒多益寡此甚盛事但潮阳普宁接壤要害之处在贵山淢水不在洋乌地理情形一目可了窃有欲参末议者敢为陈之普地褊小东西广二十五里南北袤三十有五里故潮属黄坑一都耳东至洞仙径十里为潮阳贵山都界过此为牛发坑盐枭鼠窃出入之路厚山前洋狗眠樟冈皆潮邑顽抗乡寨也东南至陈洞径十三里为潮阳贵山都界过此为麒麟埔匪类出没私枭私宰往来之路径子乡大青洋冈头寮南陇大陇蓝门南洋青洋山北屿皆潮邑顽抗乡寨也南至大坝墟十五里为贵山淢水两都界贵山界在其左最顽抗者曰北山寨白昼攘夺大队私枭窝顿出没之所居仁西湖定厝寮埔上寮娘坞坡郑美村渔庄皆潮邑顽抗乡寨也淢水都在大坝之南最顽抗者曰果陇其民庄姓与北山乡之许姓皆在大坝集场中百十为群横行攘夺大为普邑患害若埕塘桥柱泥沟赤水浮江寮塘塔埔顽抗诸乡不可胜数其地去潮阳一百四五十里距普宁仅十五里即寒婆径塘边亦不过五十里是淢水一都尽宜割归普邑无疑也普邑吏治民生所最患苦者有四淢水都之果陇居其一贵山都之北山麒麟埔洞仙径居其三皆穿窬纠夺窝窠所聚更阑人寂缓步而来盗牛胠箧未至三更已饱所欲而归卧追之则逾境远飏捕之则法不越疆今割洋淢二都以畀普仅能去果陇之一害而贵山三路未动分毫是普邑四害尚存留其三也洋乌都在淢水之东其近南军埔石港石桥头山门城大长陇汤坑

利陂一带为洋乌尾距潮阳县八九十里素称顽抗离普不过五六十里其割归普邑可也自林八渡而下为洋乌头华里湄州诸处为洋乌中皆距潮阳较近非普宁所能管辖矣查普邑至洋乌头洋乌中计程七八十里必越潮阳之贵山举练两都而后能跨林八渡之阈逾都以治远固知其难也而此洋乌头洋乌中之人民钱粮词讼至潮阳或四十里或五六十里欲其舍近就远而听普邑遥制岂可得乎普邑为县始于嘉靖四十三年割潮阳之洋乌淢水黄坑三都建置神宗十年潮阳复以洋乌淢水归仅存黄坑一都虽曰履亩丈量一都已赢赋额亦潮邑官绅士庶于心有所不甘故逞其强有力而夺之还也洋乌全割乃潮人腹心之痛若洋乌尾以西民刁地薄亦非其所恋普人壤地褊小欲仍索洋淢两都则据故明旧案而争之将以得地为荣在潮人以金瓯无缺可壮观瞻不忍洋淢之去将以失地为辱此皆一片私心非为国为民大公至正之道也故明旧案在今日何足轻重况同一郡之中短长无非臂指何拘此疆彼界之大小惟是绥靖地方必从吏治民生起见则潮普割都分治之举确不可易请割贵山都沿山乡寨北至赤肚岭为界自新埔地深洋仙陂砂寨埔南洋蓝门贵屿北屿青洋山以西皆归普宁则北山麒麟埔洞仙径三途之为普害者胥受羁靮而樟冈狗眠诸乡之与潮抗者距普邑不过四十里可以朝摄夕至无所施其技矣由贵屿而南过石港为洋乌尾地方请割洋乌尾一带乡寨南至汤坑盐岭为界自利陂山门城大长陇石桥头黄牛寨东浮山附近淢水三十余寨亦归普宁其洋乌头洋乌中七十余寨仍还潮阳则远近适宜潮普两县皆无难于抚驭矣统计所划地方北自贵山都赤肚岭起南至洋乌都汤坑盐岭止中间以贵屿为界在西者皆畀普宁在东者皆属潮阳则淢水一都在普疆内已不待言潮阳地方十三都今去淢水一都贵山半都洋乌三分之一尚存有十一都巍然大县不见其小普宁仅黄坑一都寥寥四百乡寨今得淢水全都乡寨一百三十余贵山半都乡寨九十余洋乌尾乡寨三十余虽曰一邑三都不见其大亦居然上跻于中县之列要害窟窝皆入版图更化善俗指掌易易在潮无长鞭马腹之忧在普无卧榻他鼾之患一举两美皆宪台高厚之赐也鼎元不才废弃不应为局外越俎之谋但两邑地方民情素所关切于心睹此盛举欢忻踊跃惟恐其成之稍缓复以前令未经身历地方按图索骥舍目前之贵山留三害于肘腋越隔远之洋乌开将来以梗化潮人借口终起争端即使洋乌不再夺还亦为两邑无穷之累况贵山逼迫脏腑被创每夜岌岌不能安枕亦何用此更张为也鼎元仰体宪台为民为国殷勤苦衷不敢不竭吐狂愚以期筹划尽善为宪台千秋不朽之事业惟留意垂察将情形利害上达列宪急为转圜改定区划使两邑皆受奠安之赐则宪台丰功大德直与铁山争高练水同流矣不揣冒昧惶悚殊深倘蒙采纳曷胜幸甚【鹿洲初集】

（按关淢洋割都事尚有知县黄道泰文见萧志疆域及粤督鄂尔达雍正九年疏粤抚杨文乾雍正十年覆文见周府志艺文俱不录）

丰顺县

表一

年　　代	隶　　属	置　　县	辖　　乡
清　乾隆三年	潮州府	丰顺县 阮通志乾隆二年总督鄂尔达巡边莅潮具奏海阳县丰政都前明隆庆间设通判府清初饶平镇吴六奇曾经营其地请仍其旧城置县并割嘉应大埔揭阳饶平诸邻近田粮户辖图益之三年定名丰顺县 按县治原海阳县丰政都汤田通判府城嘉靖间设潘田巡检司驻潘田村至隆庆初筑城汤田乃设通判崇祯初置丰顺营泛守至是总督鄂尔达奏请置县以丰顺营为名【详丰顺葛志李志】	
五年	潮州府	丰顺县 丰顺葛志建县之初议析海阳揭阳饶平嘉应大埔五州县地是年知县张薰奉查疆界以原割饶平县凤凰一社离新治二百余里请免拨奉准遂止割海阳丰政都揭阳蓝田都大埔清远都嘉应万安都以置县李志沿革云是年潘田巡检司改为典史	共辖民社三十八【葛志都图】 社十五　通判府社　大椹社　下汤社　横坑社　布心社　松林社　潘田社　大田社　叶华社　马头社　九河社　浓溪社　产溪社　北胜社　大隬隍社　小隬隍社 以上海阳县分割旧统名丰政都 乡寨十八　大罗乡　仙田乡　龙冲乡　罗家约【旧名上阳】　金鼎寨　金瓯寨　金汤乡　循洋乡　石坑乡　铜盘乡　东里乡　平城乡　曹寨乡　广湖乡　田心乡　磜下乡　窑前乡　八乡 以上揭阳县分割旧属揭阳蓝田都九图十图 堡三　建桥堡　环清堡　迳心堡 以上嘉应州分割旧属万安都三图 社一　白芒社 以上大埔县分割旧属清远都

廿八年	潮州府	丰顺县 是年设汤坑巡检司【李志】	
嘉庆廿四年	潮州道	丰顺县 是年设溜隍巡检司【李志】	全县辖三属潘田典史为捕属汤坑溜隍两巡检司为司属称一县三属【李志】
民国　三年	潮循道 九年废	丰顺县	按入民国分捕属为一四两区分溜隍司属为二五两区汤坑司属为第三区共五区【李志】
廿五年	广东省第五区行政督察专员公署	丰顺县	按廿三年二月民政厅划定丰顺自治区域分五区一一四乡二镇二十四年并为三区二十八乡二十九年行新县制分为三十一乡三十四年仍分三区三十二乡三十五年缩为二十乡【乡镇名见附表】

表二　　丰顺县乡镇表

民国二十四年【据丰顺李志政治志参该县地图】	民国二十九年【据丰顺李志区图】	民国三十四年【据丰顺县政府三十四年七月调查】	民国三十五年【据丰顺县政府调查表】
附松乡　丰良乡 建大乡　璜溪乡 紫汤乡　环清乡 马图乡【上七乡原属第一区】 产溪乡　潘仙乡 潘田乡 大龙华乡【上四乡原属第四区】 【以上十一乡属第一区】 东溜乡　西溜乡 锦江乡【上三乡原属第二区】 潭江乡　沙田乡 小胜乡【上三乡原属五区】 【以上六乡属第二区】 金镇乡　五权乡	附松乡　丰良乡 建大乡　璜溪乡 紫汤乡　环清乡 径心乡　马图乡 产溪乡　潘仙乡 潘田乡　大龙华乡 【以上十二乡属第一区】 东溜乡　西溜乡 锦江乡　蔗溪乡 潭江乡　沙田乡 小胜乡 【以上七乡属第二区】 金镇乡　五权乡 颖川乡　埔头乡 四美乡　大同乡 揭岭乡　新楼乡 新铺乡　埔寨乡 三友乡　八乡乡	丰良乡　附松乡 建大乡　璜溪乡 紫汤乡　大龙华乡 产溪乡　潘田乡 潘仙乡　环清乡 马图乡　径心乡 【以上十二乡属第一区】 东溜乡　西溜乡 锦江乡　蔗溪乡 潭江乡　小胜乡 砂田乡　高华乡 【以上八乡属第二区】 金镇乡　五权乡 颖川乡　埔头乡 四美乡　大同乡 揭岭乡　新楼乡 新铺乡　埔寨乡 三友乡　八乡乡	丰良乡　松溪乡 环清乡　潘田乡 毓秀乡　大龙华乡 金溪乡 【以上七乡属第一区】 西溜乡　东溜乡 锦江乡　沙田乡 小胜乡　潭江乡 【以上六乡属第二区】 金权乡　埔头乡 同岭乡　颍美乡 龙山乡　埔三乡 八乡乡 【以上七乡属第三区】

颍川乡 埔头乡 大同乡 揭岭乡 新楼乡 新铺乡 埔寨乡 三友乡 八乡乡【上十一乡原属第三区】 【以上十一乡属第三区】	【以上十二乡属第三区】	【以上十二乡属第三区】	
合共二十八乡	合共三十一乡	合共三十二乡	合共二十乡

附清广东总督鄂尔达请置县疏

海阳县丰政都居邑上游东亘饶平凤凰山东北抵大埔县乌槎山西通揭阳县揭岭西南邻邑治归仁都枫洋山西北绕大埔县铜鼓嶂北出嘉应州盘陀岭周遭百里万山围绕叠嶂层峦俨如城郭其东南之关上岭及西北之言岭则一线羊肠极其险峻至西南猴子崇正南伯公凹虽有樵采小径俱系悬岸峭壁扳援而行而通判府城适居其中田地膏腴水草丰美枕近仲坑一山数十里密菁深林向为盗薮又为数县交界之地奸民负险梗化平时则抗粮拒差聚匪劫剥偷矿贩私藏匿亡命无所不有一遇有警则拒险而守未易平服前明隆庆初年始筑通判府城设通判一员居中弹压业移郡城复设丰顺营为防守计国朝饶镇吴六奇亦营其地今城废弃该地相去接壤州县俱各鞭长莫及止海阳县有潘田司巡检一员驻扎潘田一发千钧不足倚重应请将丰政一都并割嘉应大埔揭阳饶平各邻近田粮户口于通判府地方开设县治添设知县一员将潘田司巡检改为典史仍归潮州府管辖该处原有城池止须修复不必另建惟于城内盖添知县典史各衙署即足弹压其驻防武员应将现在驻扎嘉应州之潮镇左营游击移驻新县驻扎平远县之平镇营游击移驻嘉应州驻扎镇平县之守备移驻平远改拨千总一员带兵一百名巡防镇平其关上岭言岭俱极险要久系出入必由之路并无弁兵防守应请各建筑关口一座酌拨千把二员各带兵三十名驻防其各营兵丁俱随将备移驻【丰顺葛志】

南澳县

表一

年　代	隶　属	置　县	辖　乡
宋	潮州府海阳县	南澳岛 景炎元年冬十一月帝昰泊红螺山曾移驻于此 按南澳之名始于宋东里志境事纪淳熙七年杨万里为广东提点刑狱先是	

		海寇犯南澳万里命诸郡兵讨平此南澳一名见于记载之始南澳齐志谓帝昰景炎二年冬十二月至井澳盖误香山之井澳为南澳辨详大事志	
明　永乐七年	**潮州府海阳县**	**南澳岛** 齐志是年迁澳民于苏湾都墟其地 按明时南澳叠为海寇所据嘉靖三十七年许朝光四十一年林国显徐碧溪四十三年吴平隆庆元年曾一本相继据此	
万历四年	广东省 **潮州府饶平县** 福建省 **漳州府诏安县**	**南澳镇** 齐志万历三年福建巡抚刘尧诲疏请设南澳总兵东里志四年设漳潮协守民国南澳新志稿副总兵下置中军及四钦依把总等官所部分福广二营划深隆二澳属潮州府饶平县云青二澳属漳州府诏安县岁科生员亦分漳潮应考其防务粮饷政刑赋税则岭东海防兵备道潮州海防同知有督察调援措理稽征之权 清一统志万历四年筑三城一在深水澳一在云盖寺一在龙眼沙互相联络 按南澳本属海阳县信宁都成化十三年置饶平县信宁都割与饶平南澳遂属饶	
清　顺治		按南澳隆武二年以后永历十八年以前属郑藩陈豹驻此近二十年今南澳土地业权犹有藩田之名	

康熙	**饶平县**	齐志康熙元年陈豹降清杜辉据此三年辉又降澳民复内徙 按三年迁斥澳地遂墟至八年复界自辉降后地属饶平	
廿四年	广东省 **潮州府饶平县** 福建省 **漳州府诏安县**	**南澳镇** 齐志是年设总兵初移厦门镇总兵官并中左右三营驻此旋裁中营改为左右营左为福营右为广营	
雍正十年	同上	**南澳厅** 齐志是年五月诏设粤闽南澳海防同知【亦称军民府】按清史稿地理志南澳厅治深澳	
民国　元年		**南澳县** 是年三月广东都督府令改南澳同知为民政长七月改南澳厅为南澳县	
三年	**潮循道** 九年废	**南澳县** 是年十月云青两澳自闽割属广东	时划全县为三区 深奥青澳合为第一区【领城东乡城西乡青澳乡群山乡共四乡】隆澳为第二区【领山顶乡龙地乡宫前乡指挥西乡西阁乡下寮乡共六乡】云澳为第三区【领中桂乡凤地乡南台乡茗园乡山边乡澳仔乡赤石湾乡共七乡】
廿五年	**广东省第五区行政督察专员公署**	**南澳县** 按自民国十六年县治移隆澳	按民国二十三年二月民政厅划定各县自治区南澳仍分三区二十四乡至二十五年第二区分为隆东隆西两区寻复合为一后缩四区为四乡二十七年倭变后县治徙寄所属有第一区署及四乡公所三十年七月增设第二区署分隆澳东西二乡属第一区云澳深澳二乡属第二区至三十五年春裁区仍分隆澳东西云澳深澳四乡

附明福建巡抚刘尧诲请设南澳总兵疏

为海寇避兵远遁谨陈善后之策以戢兵端事照得海寇林凤开遁外洋不知向往追之则势不可穷纵之则势将复返聚众以拒之则师老而财匮且各贼乘虚而入避实而去以此劳敝两省有足虑者窃思漳潮之间以海为限其海洋之南澳地险而沃百谷所生百货所聚惟以地非分土事在两邻故往往为贼逋逃薮而修船制器市药里粮百无所忌至于抚民林奇材魏朝义徒众则皆出入于贼中居者专积蓄行者工掳掠今欲为两省久安计必先治南澳欲治南澳必先总事权今宜得一总兵领水兵三千人专守南澳而兼领漳潮二府兵事如贼从海外来将复旧窠也方其栖泊未定我兵起而薄之此所谓掩其不备可以得志且南澳中有石城乃近时贼人许朝光所造雉堞濠堑屹然雄镇可以处澳内田地不下千顷盘错溪山土膏水煖可以屯商民贸易类多奇货凡闽船入广广船入闽皆不能外南澳即令该总兵批验仍委文职一员兼同抽掣以供该镇兵费一应奸民伪游与贼为市者其弊不待禁而自绝乃以抚定群贼即藉之以为民其酋首即用之以为长仍令随兵调用【南澳齐志】【按东里志南澳自永乐间徙其民于内地荒弃久矣至是闽巡抚刘会同两广军门殷题请准设副总兵一员镇之部议照舟山事例以潮州水寨参将及福建南路参将所管水兵三千五百五十一员名船八十五只听其管辖仍照北边协守事权不听两省总兵节制如重大事情呈详两省军门裁夺报二镇知会有大警则梧屿碣石各游兵亦听其调遣与漳潮守巡兵备监军各道协计而行春秋二汛二道亲临监督】

清广东总督郝玉麟请设南澳同知疏

南澳孤悬海岛界联闽粤兵民杂处商船络绎实为海疆要区澳地原分隆深云青四澳隆深二澳隶广东饶平县云青二澳隶福建诏安县向设闽粤总兵驻扎澳城统辖左右二营分班出洋哨巡左营属闽右营属粤云青二澳地租归左营征收隆深二澳地租归右营征收澳内童生亦由营员造报附入饶平诏安二县考试澳内向无文员一切民事俱附饶平诏安县分管相距各百余里中隔大洋偶遇风阻即难飞渡县令实有鞭长莫及之虞且武弁不便干预民事应添设粤闽海防军民同知一员驻扎南澳照州县例设民壮五十名专司督缉申明海洋禁例盘诘出入船只稽查往来奸匪凡四澳编查保甲印烙渔船监放兵饷俱归该同知管理应输地租亦归同知征收候文充支左右二营兵饷仍于镇营统巡会哨之时配拨兵船出洋月日饬该同知一体查报朔望恭讲上谕化导兵民争讼等事悉令同知就近审理各照粤闽定界由潮漳两府详报以专责成澳内文武童生就近听同知考试径送各学政收考至防海机宜令其与总兵官就近商酌共商防范严饬胥役毋得滋事骚扰如有扶同徇隐均照专管官例议处该同知职任海防应照厦门同知之例兼理刑名钱谷地方命盗等案悉归该同知就近勘审分别径解各该管知府审转庶免饶诏二县航海相验往还提犯拖延添设监房禁卒以免疏虞其同知胥役应照经制额数添设所需官役俸工照例

支给澳城现有同知衙署旧址照旧收复所需工料均在闽粤两省动支正项各半支应该澳地分两省所设同知应听两省各该上司统辖彼此不得差委再该同知到任应入大计考核及具报丁忧事故委署等项若俟两省会核咨题必致耽延岐误查粤属隆深二澳地方较广于闽属云青二澳其户口田园租谷等项亦多于云青二澳似应统归粤省主政由潮州府转申各该上司考核递年所需官俸役食银两亦统于粤省支给报销添设同知管理海防军民事务员缺紧要仰恳圣恩简发记名人员俾资料理并请铸给粤闽南澳海防军民同知关防以昭信守其应需衙署监房俟部覆到日确估工料实数另疏题请动项修造雍正十年五月【周府志艺文】

汕头市

表一

年　代	隶　属	沿　革	辖　区
清　咸丰八年	澄海县鮀浦司 按方舆纪要鮀浦镇在澄海县西南洪武三年置本属揭阳嘉靖四十二年改属澄海	汕头埠 是年五月十六日中英缔结天津条约与台湾琼州芝罘牛庄同时开辟为商港当时约文统名潮州后经再折冲至同治纪元改辟汕头为商埠 按康熙五十六年于沙汕头建炮台属右营乾隆三十年改为左营管辖左营右哨千总驻此	
光绪廿四年	澄海县鮀浦司 光绪时汕头防务隶南澳镇水师管辖后改由澄海左右两营派兵驻守【问心斋学治续录】	汕头埠	是时汕头分东西南北四社由鮀浦司委任把总一名统带
卅三年	澄海县鮀浦司	汕头埠	是年设巡警局划分为东西南北中五警区至宣统元年增设水巡分局乃辖六个警区【广东财政说明书】
民国　三年六月	澄海县 光复之际革命军一度组织临时政府不隶澄海县	汕头埠 潮梅镇守使及潮循道尹驻此九年废潮循道设潮梅善后处亦驻此 按八年冬潮梅镇守使尝设汕头市政局筹备组织汕头市政厅	

十年	广东省省长公署	汕头市政厅 是年三月始设立市政厅与澄海分治	以水上区为第五区并将岩石划为第八区警区增设为八是时市政厅呈准省长公署令派潮桥盐运副使等组设测量汕市土地委员会以市郊鮀江鳄浦上蓬下蓬四区暨岩石四周划勘为汕市农工业区并拟定市区范围东至金狮喉港北至虾骨埔浮陇南至岩石山四周西至大井天港惟未实行时市区实际范围仅有旧汕头埠崎碌及岩石而已
十四年	广东省政府	汕头市政厅 东征军入潮梅东江行政委员驻此	以岩石为第六区水上改为第七区另以崎碌为第五区
十七年	同上	汕头市政厅 是年七月市组织法公布改组为市政府暂由广东省政府备案东江善后委员驻此	
十八年	同上	汕头市政府 九月省府咨请内政部转呈中央备奉国民政府指令俟修正市组织法核定颁布再行办理	
十九年	同上	汕头市政府 九月省政府又依据新公布之修正市组织法具呈行政院于同年十一月二十五日提出第一次国务会议决议暂准设市隶属广东省政府	
廿一年	同上	汕头市政府 东区绥靖委员驻此	三月汕头市政府以所辖地界面积呈复东区绥靖公署陆地为二百六十华方里海上为三百二十七华方里四至地界计东至华坞乡与澄海为界西至海坪与潮阳为界南至岩石山顶与潮阳为界北至厦岭港与澄海为界

廿二年	同上	**汕头市政府**	十月西南政务委员会公布地方自治条例重行划分区坊里
廿三年	同上	**汕头市政府**	是年因市郊鮀鳄各区统属问题与澄海县发生争执经民厅派视察查勘修改本市区域图界线经省府第二九二次会议议决照所拟界线办理查该划界缩小范围东至新港海坦北至华坞西至浔洄山【浔洄实至三十六年始归汕管】南仍旧至岩石山市区范围较旧图缩小四分之一
廿五年	同上	**汕头市政府** 是年九月广东省政府划分全省为九个行政督察区汕头市属第五区专员公署	
卅五年	同上	**汕头市政府** 按三十六年修正汕头市政府组织规程经行政院核定转奉国民政府九月十一日指令准予备案	三十四年复员分为六区公所【二十九年二月伪汕市政府曾划全市为永升新中安邦崎碌道济五镇】是时警察局重新划定分局所辖地区第一分局【东至新马路升平路西至西堤路南至镇邦街以北各内街北至升平路】第二分局【东至中马路头以南张园内各街巷西至德记前南至海关前北至镇邦街】第三分局【东至福平路以西各内街西至西堤路南至升平路以北各内街北至同济三马路以北河唇】第四分局【东至公园路以西各内街西至福平路南至南堤路北至韩堤路】第五分局【东至澄海县界西

			至公园路南至东堤路北至华坞路以北河唇】岜石分局改为第六分局按汕头与潮阳澄海界址经三十六年第五区行政督察专员公署会同市府暨潮澄二县代表勘定计划入市区各村落第一区按辖浔洄村第三区接辖溪东堀至韩江大窖以南地方第五区接辖自韩江东岸之华坞龙眼长厦新湖炮台陵海等村至十一合洲尾止第六区接辖澳头苏埃上人家等村

附汕头释名

汕头旧称沙汕头在澄海蓬州都澄海李志云沙汕头地临大海有淤泥浮出作沙汕数道滨海村落多以沙汕为名海丰有汕尾饶平海山有东汕头澄海苏湾有汕头仔汕头仔又名南砂据南砂林氏谱杂记云父老相传其乡古为海底平处名汕头仔【即南砂】高阜处名大汕头【即江崁内厝外厝内蚁外蚁弓兜等乡】亦犹今之汕脚高处为汕深处为海是也浮聚之后高处为乡为埔为园底处为田为洲深处为溪据是俗以海旁之高地为汕也按汕本义为以簿取鱼诗南有嘉鱼烝然汕汕传汕汕樔也尔雅释器樔谓之汕郭注今之撩罟说文汕鱼游水貌今濒海犹多设簿栅以捕鱼知汕亦指捞鱼之所澄海有两汕头顺治吴府志但载苏湾北汕头而蓬洲沙汕头无之南砂乡创自宋元符间其由来已久矣鮀浦有沙汕之名始见于明翁万达与姚巡按旧云鮀济河跨揭之鮀浦其地西北距蓬州所城为海揭下流洲西二溪夹而入海岸有沙汕头脊出横激巨浪滔涌拍天刘子兴海壳蚶蛎场租碑记云豪民某等占据鮀浦之沙汕坪海壳蚶蛎场租盖指溪东港厦岭港牛田洋海面以沙之积聚而名也乾隆周府志康熙五十六年建沙汕头炮台蓝鼎元澄海县图说云在海中则有大莱芜放鸡山二炮台在各港则有溪东沙汕头三湾东湖平洲山头子东陇盐灶诸炮台又潮州海防图说云澄海出师不过沙汕头又云港澳虽多沙礁暗阻风涛不测商艘往来不过旗岭汕头神泉甲子沙汕头简称曰汕头始见于此自清初已为船舶必经港口矣沙汕头古盖为渔村澄海未置县前为蓬州都地属揭阳延德乡明初为厦岭村地蓬洲守御所辖之方舆纪要蓬州守御千户所旧在揭阳县东南九十里滨海

洪武二十年置所于下岭村以扼商彝出入之冲二十七年移建于西埕村李龄赠郡守陈瑄荣擢序云揭邑有沿海而村曰夏岭者以渔为业出入风波岛屿之间素不受有司约束【李宫詹遗稿】下岭夏岭今作厦岭天顺七年夏岭贼魏崇辉攻劫沿海嘉靖四十二年许朝光剽掠牛田洋大海之滨沮洳之宅寇氛既恶乃于是岁析揭阳之蓬州鮀江鳄浦三都置澄海县自是沙汕头遂属澄康熙三年巡界三都均迁斥至七年展复八年澄海复县仍属澄康熙时建炮台为海防要隘而商船多停泊焉【按汕头始设关在同治三年而全国统计提要谓汕头嘉庆设海关其说误】澄海李志嘉庆十四年六月海盗朱渥入沙汕头港焚劫商船又云邑自展复以来海不扬波商贾巨富卒操奇赢與贩他省千艘万舶东西两港以及溪东南陇沙汕头东陇港之间扬航捆载而来者不下千万计可见未开埠前汕头地位之重要盖自复界后遂日趋繁荣也咸丰八年辟潮州为通商口岸【中英天津条约订立于一八五八年六月二十六日即咸丰戊午五月十六日一八六〇年十月二十四日互换其第十一款略云牛庄登州台湾潮州琼州等府城口嗣后皆准英商任意与无论何人买卖照通商五口（指广州福州厦门宁波上海）无异云云】至同治纪元始于汕头开埠互市【见光绪癸卯二月初六岭东报】综而论之汕头于明代但称沙汕清康熙时曰沙汕头继简称汕头嘉庆时称沙汕头港同治后开埠称汕头埠至民国十年设汕头市政厅乃称汕头市云

南山管理局

表一

年　　代	隶　　属	沿　　革	辖　　乡
民国　廿二年		**南山移垦委员会** 南山因与北山西山相对得名处潮阳普宁惠来三县之交原分隶三县民国十六年红军据为特别苏区二十一年独立第二师定其地划分为四区是年六月设移垦委员会至二十四年九月结束共二十七月	初分三十七乡一镇【名见附表】
廿四年	东区绥靖公署	**南山移垦委员会** 省府以其地距省垣太远应由就近机关监督是年四月十五日将移垦会改由东区绥靖公署管辖经费亦由东区发给	

		南山管理局 省府第四二五次省务会议议决将南山移垦会裁撤设置南山管理局是年十月一日组织就绪局址设林招乡	分三十二乡一镇
廿五年	**广东省第五区行政督察专员公署**	**南山管理局**	
廿六年	**同上**	**南山管理局**	是年缩编为三联乡分十八乡一镇
卅一年	**同上**	**南山管理局** 局治由林招移两英	是年行新县制分三区仍十八乡一镇
卅五年	**同上**	**南山管理局** 四月管理局长易敬简请改设县治除依原有疆域外议划入潮阳西南港头成田二乡所属凸进山之五方后安后坪沙陂千山寮稳少六村及最西边第九区练江以南各乡普宁东南之马四十八汤坑三乡定名潮南县未蒙核准	是年缩编为十乡一镇

南山移垦会乡村表

未设局前之南山言其界至西起自云落迤南而崩坎大片田青坑折而东指为盐坑葡萄洋石兰口前洋小溪第一山白土塔华湖石夹折而北指为旗北茶园刘士可沙陂云坑仙斗寮风吹寮再自北向西为后坑【即金瓯】两英墟小坑深溪白坟石镜第四溪百吉岭咸酸寮打铁寮石头墟南寮凡此各地以内为突起高山余为平原【南山地势百分九十五属山地平阳仅北面一线】清初林招牛角丘一带为土寇盘据其后经客家垦辟民庶日蕃方其盛时山内大小乡村为数二百零三民国二十一年独立第二师重新划南山为四区其范围如下

第一区西北部之高明碗仔灯心湖溪尾仔分水白马仔锡坑延至石头墟接流沙以出平阳

第二区西南部之盐岭将军湖林樟杨桃树石鼓河田以达惠来城隆江葵潭等处

第三区东部之员山九斗深田仔雷岭龟山湾松柏大牵龙坑蔗尾双溪鹅地麻竹埔东洋东盘赤竹坪羊公坑陈五田五方牛二沙陂茶园仙斗寮金瓯一带

第四区东南部之秋风岭背寮林招牛角墟古处寮马脚埔三斗田荫石仙寮门虎空山林者世大溪坝赤竹椏牛埔白坟叠石尖峰磐岱贼剑鸡一带

洎移垦会成立其初商得潮普惠三县政府同意划定两英沿荫石石镜第四溪百吉

岭打铁寮上南下南和贵石下岭仔二寮寒湖高棚西公尾上寨尖峰张公坪桃树冈茂水田葡萄洋前洋笔樟寮头寮第一山西坑鹅地石夹双溪茶园刘士可沙陂大埔云坑等乡沿线之内为移垦区范围兹将该会各乡所属村落表之如下

表二

乡公所名称	所属乡村名称
两英镇	两英新旧两墟
河浦寮	河浦寮　赤涂堆　陈库寮　高丰城　大路顶　埼沟
古处寮	古处寮　新乡　缶窑　丰美　新厝　新墟
金　瓯	金瓯乡　北乡　新乡　金枧　石碑角
四　美	上小坑　下小坑　马脚埔　四十亩　荫石
古　溪	古溪乡　深涂塭　草尾林
墙　围	墙围　新乡
圆山仔	圆山仔　九斗　红口崒　香炉仔
仙斗寮	仙斗寮　新乡　古隆　平湖　龙潭　上家　水望寮
风吹寮	新乡　老乡
三　顺	云坑　暗坑　叠石
流汾水	流汾水　后安　五方　沙陂
后　棚	后棚　千山寮　稳少
秋风岭	秋风岭　柯厝围　新寮门
林　招	林招　西坑　贝寮　仙斗田　陈五田
牛角丘	牛角丘　泉地岭　虎空　寮仔
龟山湾	龟山湾　松柏林　下厝仔　龙坑　大崒
林者世	林者世　审蔗寮　龙颈
河　田	河田　义阁廊　大山　石砻口　林厝埔
林　樟	上林樟　下林樟　五福田
泗竹埔	泗竹埔　石流潭　茂水田
石　鼓	石鼓　笔樟寮
叮咛树	叮咛树　前洋　后洋　望岭
鹅　地	鹅地　西坑　蔗尾
双　溪	双溪　麻竹埔　店前　东盘　南溪　赤竹坪
东　洋	东洋　石夹
茶　园	茶园　刘士可　羊公坑
盐　岭	盐岭　东坑　羊萄树　刘西塘　头寮
磐　岱	磐岱　叠石
大溪坝	大溪坝　大碑　虎白坟　猴柜　尖峰　龙头坑　将军湖
赤竹椏	赤竹椏　打铁寮　蔡肥　胡吹　后田　潘仔岱
百吉岭	百吉岭　第四溪　尾岭　白沙溪
碗　仔	碗仔　望岭　白马柯　龙潭　牛埔　埔姜坪

锡　坑	锡坑　三坑　上下南　和桂石　赤路头　刣狗柯　倒扳岭　坪坑
樟树坪	樟树坪　大窝　下坑仔　白水礤　无水田　梅仔沥　猪母窑 老贼营
白马仔	白马仔　灯心湖　分水仔　溪尾仔　松树椏　梅石柯　大分水
下岭仔	下岭仔　碗洋坑　长岭　田坪　罗坑　马头西
鸭母岭	鸭母岭　打铁寮
合　计	三十七乡一镇一百六十一个墟集村落

附记

全区尚有张公坪等十余村未组乡公所又有数十村已无人民居住

表中所列两英镇河浦寮古处寮金瓯四美古溪围墙圆山仔仙斗寮风吹寮三顺流汾水后棚秋风岭林招牛角丘龟山湾林者世【审蔗寮村除外】赤竹椏【打铁寮胡吹潘仔岱等村除外】等乡及双溪乡之店前村等原为潮阳县地

磐岱大溪坝【龙头坑将军湖等村除外】百吉岭碗仔锡坑白马仔【大分水村除外】下岭仔【田坪罗坑马头西等村除外】鸭母岭等乡及赤竹椏乡之打铁寮胡吹潘仔岱樟树坪乡之无水田猪母窑村等原为普宁县地

河田林樟泗竹埔石鼓叮哞树鹅地双溪【店前村除外】东洋茶园盐岭樟树坪【无水田猪母窑等村除外】等乡及林者世乡之审蔗寮大溪坝乡之龙头坑将军湖白马仔乡之大分水下岭仔乡之田坪罗坑马头西村等原为惠来县地

流汾水后棚及三顺三乡所辖各村现仍归潮

鸭母岭乡所辖打铁寮村现仍归普【上据方达聪征访参南山移垦委员会概况】

表三　　**南山管理局乡镇表**

民国二十四年【据方达聪三十二年征访】	民国二十六年【同上】	民国三十一年【同上】	民国三十五年【据南山管理局调查表】
林招乡　牛角丘乡　秋风岭乡 龟山湾乡　赤竹椏乡　鹅地乡 双溪乡　圆山乡　东洋乡 风吹乡　茶园乡　仙斗乡 磐岱乡　三顺乡　盐岭乡 百吉岭乡　林者世乡　碗仔乡 大溪坝乡　鸭母岭乡　两英镇 锡坑乡　河浦乡　河田乡 古处乡　林樟乡　四美乡	林招乡　竹丘乡 龟山乡　鹅溪乡 东园乡　磐岭乡 林溪乡 【以上七乡属第一联乡】 两英镇　河浦乡 古处乡　四美乡 金瓯乡　古围乡	两英镇　河浦乡 古处乡　四美乡 金瓯乡　古围乡 圆山乡　风吹乡 仙斗乡 【以上九乡镇属第一区】 林招乡　竹丘乡 龟山乡　鹅溪乡	两英镇　河浦乡 古处乡　古围乡 四美乡　金瓯乡 仙斗乡　东溪乡 竹林乡　河安乡 锡坑乡

泗竹埔乡　金瓯乡　石鼓乡 古溪乡　叮咛树乡　围墙乡	圆山乡　三和乡 【以上八乡镇属第二联乡】 吉安乡　益岭乡 锡坑乡　河田乡 【以上四乡镇属第三联乡】	东园乡　林溪乡 【以上六乡属第二区】 吉安乡　磐岭乡 锡坑乡　河田乡 【以上四乡属第三区】	
合共三十三乡镇	合共十九乡镇	合共十九乡镇	合共十一乡镇

附录一　清初潮属各地迁界考

清初郑氏据台抗清滨海各省风鹤屡警满人疲于应付顺治十四年三月郑氏叛将黄梧献平海策请于江浙闽粤沿海设界布防徙居民于内地见台湾外纪始发迁界之议或云其策为方星焕所献王沄粤游记略云倡为迁海之说者谁欤辛丑余从蔡襄公在淮南执政遣尚书苏纳海等分诣江浙粤闽迁濒海之民于内地蔡公曰此北平酒家子方星焕所献之策也其兄星华官至漳南太守星焕从之官海上兵至漳城陷兄弟皆被掠入海旋纵之归其主因问海外情形星焕乘间进曰海舶所用钉铁麻油神器所用焰硝以及粟帛之属岛上所少皆我滨海之居阑出贸易交通接济今若尽迁其民入内地斥为空壤划地为界仍厉其禁犯者坐死彼岛上穷寇内援既断来无所掠如婴儿绝乳立可饿毙矣其主深然之执政遂布新令其说得行也顺治十七年福建总督李率泰奏迁同安之排头海澄之方田沿海居民八十八堡入内地台湾郑氏始末时内阁满洲大臣苏纳海奉命赴江南浙江福建会勘督迁康熙元年命吏部侍郎科尔坤兵部侍郎介山同平南王尚可喜将军王国光提督杨遇明等巡勘潮属濒海六县三年遣吏部尚书伊里布兵部侍郎硕图偕藩院将军提督复勘令再徙内地五十里迄康熙八年正月以总督李率泰巡抚王来任先后疏请稍展界纵民采捕海防总论拟稿二十三年遣吏部侍郎杜臻等勘测广东沿海界外弃地招民开垦始开海禁当日潮属各县迁斥及复界情形分述于下

海阳　康熙三年再巡勘迁去龙溪上莆东莆南桂四都秋溪江东水南三都之半尔时与迁之民流离琐尾海阳张志南桂以下堤斥界外遇洪水冲决尤甚上莆南桂龙溪都田地尽遭淹没八年展界乡老许重晦生员庐继尚林振秀集数都民力始行修筑海阳吴志建置略

澄海　三年再行巡勘迁去上中下外蓬州鳄浦鮀江六都存苏湾一都四年议迁南洋满汉名臣传是年粤督兼南洋总兵庐兴祖疏南洋为全潮门户奉旨勘议村庄迁内地外其应留者附并海阳五年再迁去苏湾全县毕裁建墩台成卒守之澄海李志康熙三年甲辰奉诏沿海居民斥入内地幸都督许龙奏请自南洋至南砂十余里缓斥三年及五年丙午有司迫迁遂斥居意溪见南砂林氏家谱三次迁斥七年展复八

年署县通判闫奇英重建县城澄海李志

潮阳　康熙元年正月勘边界迁居民入内地招收沙浦隆井竹山附廓等都共迁六十二乡计四百六十六户男妇二千六百七十九丁口三年四月再迁直浦峡山举练等共一百二十四乡斥地后民穷蹙日啸聚为盗八年奏准复地惟达濠岛仍属界外潮阳周志

揭阳　康熙三年迁去地美一都桃山半都阮通志海防狄堪七员等会同总督周有德由惠经揭之桃山巡勘议撤排栅改设各汛墩台八年民始复业揭阳刘志

惠来　康熙元年四月勘立地界沿海地斥三十里迁去田地四十口顷四十二亩自潮阳交界和平寨起至本县浮埔靖海所驿后止东北自潮阳交界石坑起至县南门外墩止南自南门外起至海丰交界吊旗山止惠来张志三年迁去大埿隆井二都惠来西头龙溪三都之半阮通志海防八年春始展复旧界开垦田地惠来张志

饶平　三年迁去隆眼宣化信宁三都阮通志海防南澳时属信宁郡自康熙二年悉徙粤闽浙江山东之在界外者澳地遂墟南澳齐志参忠孝堂集八年展界至二十三年以界外弃地给民耕种始复旧业南澳齐志

考当日广东迁界东起饶平大埕所上里尾西迄钦州防城详道光钦州志纪事以潮受祸为最甚夫迁界为坚壁清野之计以防郑氏然郑氏既得台湾从事开垦自耕自给如宁靖王于竹沪一带垦田数十甲亦颇自足故迁界于郑氏实无大损徒害沿海生灵而已按迁界事详谢国桢清初东南沿海迁界考及麦应荣广州五县迁海事略民国定海志于遣徙展复始末曾次为表附建置沿革门兹援其例揭其梗概至历年迁斥史实别见大事志中

附迁斥都名表

县别	康熙三年迁斥范围	考
海阳	迁去龙溪上莆东莆南桂四都秋溪江东水南三都之半	海阳吴志杂录作迁龙溪上莆南桂三都东莆秋溪江东水南四都之半
潮阳	迁去直浦竹山招收沙浦隆井五都附廓峡山举练三都之半	先后共迁百八十六乡
揭阳	迁去地美一都桃山半都	
饶平	迁去龙眼宣化信宁三都	南澳属信宁都全境尽弃
惠来	迁去大埿隆井二都惠来西头龙溪三都之半	
澄海	迁去上外中外下外蓬洲鳄浦鮀江六都	三年尚存苏湾一都至五年全县毕裁
以上俱详阮通志海防略周府志兵防		

附录二　抗战期间各县市治迁徙表

抗战军兴滨海各地半沦腥膻赖我上下军民奋发蹈厉百折不挠穷寇为之詟气卒复九世之仇回溯当日政府播越崎岖迁徙数四艰辛备历不可不书爰依档案报章记载撰次为表附著于此为来者鉴焉

广东省第五区行政督察专员公署	二十八年六月专员公署保安司令部自潮安城迁丰顺布心 二十九年一月自布心移小椹 三十一年迁汤坑 三十三年十二月汤坑陷复迁丰顺城 三十四年九月十五日回潮城
汕头市	二十八年六月二十一日全市沦陷市政府迁普宁协安乡石人村 　　九月徙丰顺大椹办理结束 三十四年春市长谭葆寿设办公处于兴宁九月二十五日还市
潮安县	二十八年六月二十八日城陷县政府迁下荣乡溪美村 三十年八月移上荣乡石门村 三十四年九月十五日还县
潮阳县	二十八年六月县境东部沦陷县政府迁华阳 　　十月迁梅花寻复旧 二十九年四月县政府分设县城和平二处 三十年三月二十五日晨城陷县政府迁胪冈 　四月一日徙港头上厝乡 　七月二十日港头陷迁陈禾陂越日移鹤洋 三十四年九月十五日还县
澄海县	二十八年六月二十一日县政府闻警迁程洋冈二十五日寇犯冠山县政府退潮安属八角楼 　　八月十六日移东陇 三十二年十一月十六日樟东陷县政府迁饶平属内寮复移樟溪再迁东官 三十四年六月县政府推进钱东七月寇犯钱东黄冈县政府一度再退东官寇退复返钱东 　　九月中旬还县
饶平县	三十年七月四日寇登陆柘林黄冈海山汫洲旋退时县政府分设葵坑在城二处俄复旧
揭阳县	二十八年六月二十六日县政府迁西门外乔南里七月十二日回县 二十九年三月寇犯炮台县政府徙江灏寻复旧 三十三年十二月八日城陷迁汤坑二十二日寇退回县 三十四年一月二十六日城复陷迁东林继迁鸿江乡 　　三月八日寇第三次窜据县城棉湖亦陷县政府徙灰寨八月推进桐坑 　　九月十五日还县

普宁县	三十三年十二月八日城陷县政府迁梅峰乡十八日寇退回县 三十四年一月二十八日城再陷县政府迁和横乡西社二月一日寇退回县 三月八日寇第三次陷县城五月七日寇退回县
惠来县	三十四年二月一日城陷九月中旬始复员
南澳县	二十七年六月二十一日寇登陆隆澳西乡旬余退出七月十八日复陷县政府设办事处于饶平海山十月二十四日寇再退 二十八年十月十四日全岛又陷县政府迁钱东 三十年七月寇陷海山县政府迁隆眼城 三十三年冬县府推进钱东埔美村 三十四年九月九日据南澳寇退二十日县政府复员
丰顺县	二十八年六月县政府迁小椹 二十九年一月移保福寺旋回县
南山管理局	三十四年二月二十二日寇陷两英墟局治迁惠来梅林 九月中旬回局

潮州艺文志

卷九

目 录

重印《潮州艺文志》序

方志之书，向有艺文一项，收录历代诗文作品，其从目录学角度，罗列地方人著述，与有关该地载述之篇籍，则寥若晨星。盖地志书目，别为专书，明代藏书家始开其先例。[1]

潮州自宋州守常祎初纂《古瀛集》，地方文献，赖以有征，惜书久亡。元《三阳志》部分存于《永乐大典》，略记宋时刻书经过，得知当日文教之盛。明万历间，知府江西郭子章为《潮中杂纪》，赓续其伯父春震《嘉靖志》之余业，其书卷七、八为《艺文志》，分上下二类，上卷为书目，下卷为碑目，合后代"艺文"、"金石"为一门。其书目类始潮州府，次及海阳、潮阳、揭阳、澄海、程乡、饶平、惠来、大埔、平远、普宁各县，而以释氏之书附焉。虽诸县著述间或仅有一二种，亦为著录。其非州人著作而镌刻于郡廨者亦录之[2]，似即承《三阳志》之旧例也。清代《潮志》，若顺治、乾隆诸书，均刊削书目，但取文章[3]，体例反不逮郭书之具体而微，轻辨章学术之源流，徒囿于重文之积习，为可慨也。

先君昔岁辑《潮州艺文志》，有取于孙诒让《温州经籍志》之成规，掇录

---

① 《温州经籍志·凡例》注云："地志书目别为专书，不知始于何时。《千顷堂书目》有祁承㸁《浙东著作考》四十卷。"是明代藏书家方开其例。

② 如知府括苍何镗刻《韩文》四十卷；括苍叶子奇《草木子》四卷；《韦庵守潮文集》四卷，王源著，万历十六年刻郡署；莆田邹守益《俟知堂集》十三卷，皆非潮人著述而著于录。

③ 吴颖顺治《潮州府志》，立"古今文章"一门。

序跋，间著考证。州人著述，自赵德《昌黎文录》以降，迄于明清，四部之书，灿然毕陈。前代志书，仅海阳有“艺文志”而已；席履非丰，用力倍蓰，事涉草创，旬集綦劳，未底于成而先君见背。小子抱楹书彷徨。念永嘉成书，年方逾冠①，遂复僶勉奋发，殚心缀录，粗竟前绪。得刊于《岭南学报》专号先后两期，自经部至明季集部而止，尚非完帙。中经抗战，奔走四方，先人故庐，文籍荡尽，不可复问。潮汕光复以后，余操《潮志》纂政，发凡起例，其中“艺文”一志，由余主稿，限于体例，复就先君前著，简括典要，存其大凡。其十四卷以后清人别集及外编，订讹剩稿，曩日董理，未能竣事，均付兵燹，沦于劫灰，思之扼腕。因重起炉灶，仓卒著笔，著录稍滥，颇有增益，泾渭细流，居然积成薮泽，存目较繁，自成别帙，视前书为骈枝，亦来者之要删矣。

顷者汕头大学有潮汕文化研究中心之设，杜经国教授以此书胪列前修著述，足为考索潮汕人文演进轨迹之取资，倡议重刊，合先君原著及余所补清人别集部分以为“别卷”，汇为一编，以便考览。而外编非潮人著述部分，当日未克具稿，尚有待于补录，然非力之所能及矣。余书愆谬丛脞、涉览未周，愧无诠次，方欲焚其少作，何敢重灾梨枣。惟谊切枌榆，事等鸡肋，条绪难更，未遑重定。但冀方闻，匡其踳驳而已。

1992年7月饶宗颐于香港

① 朱芳圃著《孙诒让年谱》云：“同治十年，年二十四岁，撰《温州经籍志》成。”按此书刊行于民国四年，可能中间随时增订。余去岁至温州，登孙氏玉海楼，喜有宿缘，附记于此。

黄序

桑梓之间，先哲著述，汇撮旨要，播诸寰区。讵徒征献考文；学术为公，道在是也。事此者，必本目录学，正厥部居；从校勘学，严其舛讹；辨版本，溯源流。若诵其书，知其人，论其世，犹非至也。

予久旅他乡，邑儒饶钝盦先生未曾请益；客岁自闽南归，先生墓有宿草矣。识哲嗣宗颐，得读先生《潮州艺文志》稿，叹为盛举，惜未终编。宗颐学有渊源，实吾畏友。年仅十八，续成父书。功在艺林，乐为之介。表彰乡哲，意固良殷。邦人继起，尤所望也。

中华民国二十三年二月十二日　黄仲琴

自　序

先君钝盦先生平生致力考据之学。所著《王右军年谱》一卷，《潮州西湖山志》十卷，《佛国记疏证》八卷，皆已成书。惟晚年辑《潮州艺文志》，未完编而卒。其书自明以上皆脱稿。有清《集》部，廑具目录而已。先君之为是书，盖感乡邦文献之凋残；又以郡县旧志，于先贤简籍，虽有载述，然多疏漏踳驳，不足以裨考证而资表彰。（潮人撰述郡邑志书，皆以书名附载本传。其依史裁辑为目录者，唯光绪《海阳志·艺文略》而已。顾其所载，仅限一隅，非征考一州文献者，所得资以研讨也。）于是大索遗书，钩稽排纂，初拟补辑《海阳县志·艺文略》，嗣以采集益夥，更广及他邑，后得孙籀庼《温州经籍志》，爱其体例详审，遂有《潮州艺文志》之作焉。是书著录凡九邑；而明代程乡、镇平、平远三县人书亦采入。以其旧属潮州，故录之以存沿革也。全书配隶门类，则遵《四库总目》。所列诸书，于其行间，辄录卷帙，兼载存佚。下则移誊序跋，采证群言。至先君撢研所得，则为按语，殿于末简。盖其体例，全仿孙氏之书焉。十年以来，先君殚竭精力，匄集乡先哲遗籍，上溯唐宋，下迄清季，凡所搜括，不下千种，迨至纂辑《清人别集》，竟以劳而致疾。弥留时，深以属稿未成为憾。呜乎！先君于平生著作，俱不之惜；而独惓惓潮州艺文。于表彰先贤之心，何其切也。顾乃不克尽其年，以成盛业，可痛也已！是书属稿，肇于乙丑，复历数载，始克裒录。写定者八卷，属草稿未录者又八卷。自明人《集》部以下，则未详崖略也。先君既没，是编零乱箧衍中。宗颐惧其久而散亡，辄为条次，复依原目，旁事搜讨，欲为补订，以成先君之志；然以牵于人事，缀置者屡。今年春，因郑先生翼之介，获识黄仲琴先生。先生嗜古笃学，殷然以先君遗著为询。及睹是编，叹其网罗宏富，称为一郡文献之帜志；复惜其未成书，深以继志述事见勖。宗颐佝瞀不学，而年未弱冠，何敢妄言纂述。惟以是书为先君志业所在，不敢任其散亡。窃不自揆，爰勒全编为二十卷，于原书虽无万一之裨；然得裒然成帙，稍酬先君之志，固可大慰于心矣。往者，先君斠校陈编，每有所获，辄命写录，因得粗窥为学途径。今距先君下世，忽忽三年。宗颐续理是书，追念旧训，辄低徊绎思，弗能自已。而奋心寻检，迄于成编，则黄先生奖勉之忱，有以迪之，此又不能无感激于中也。

宗颐谨序　中华民国二十三年九月

例　　言

（一）先君昔为是书，以体裁全仿《温州经籍志》，故不别制例言。今为校补，义例略所更张，苟勿释其略，将无以示其别，爰檃括全编大指，发凡于此。

（二）著录书目，固应简明；第标揭根氐，实为至要。兹援孙氏籀庼之例，于每书名下，备注出处，用揭采摭之原，兼存前录之籍。凡所附注，名期毕载（首见之书，并标著者），卷必有征。其据志乘著录者：见《府志》，则不注《县志》；见《艺文》，则不详《列传》。至于排比，则据年代定其先后。其书名卷帙，间有差互，则采证群言，略加辨析。孙氏之例，则附注行间，不别为申证。

（三）目录之别存佚，所为便检斠而备征考。是编依孙氏旧规，分“存”、“佚”、“阙”、“未见”四项；而于标题，搴择特审，绝挢逞臆之弊。凡属佚科，并揭著录之依据，用证隃佚之年代。惟名期从朔。著以讨原。书非目谂，存亡难悉，率题“未见”，用祛杜撰。至书见存者，刻本亦载入焉。

（四）此编分别部居，唯从简要。大抵以库目为依归，惟于所分子目，非潮人撰著所有著，率刊削不题。（《温州经籍志》依孙渊如《廉石居藏书记》例标出门类之名而注曰“无”，兹不从其例。）至于名称，或有增媌，务适群书之性。（如《史》部删诏令而存奏议，而增入《公牍》一门。）盖潮人纂述匪多，若强分细目，转觉繁琐。且旧籍湮没，获睹者不及十一；而审核名义，配隶实难，故从简略。

（五）谱谍之书，古志例收。隶清纂《四库》，始削此类。盖以私书繁杂，不胜采录也。先君沿厥旧规，不立此目；又以经义末流滋滥，著于《艺文》，有类瘕癖，亦归删汰。昔《千顷书目》，附载制义，宏达嗤之。近儒诒让，旬集《温州遗文》，刊划此类，于例实当。兹之芟夋，亦祖述孙氏遗意也。

（六）潮州郡邑志书，《千顷堂书目》及阮《通志·艺文略》所载，多至数十种。廑题修者姓名；于纂辑颠末，则略焉未及。兹详为考核；更仿孙氏例，加以类别。凡志乘撰稿，出乎潮人之手者，列入《史部》地理；其为游宦名贤所修辑者，则隶于《外编》。（程乡、镇平、平远三县志乘亦采入）

（七）群书叙跋，雅俗杂粗；不区存汰，曷见精华。大抵古本孤文，纵有瑕类，不废迻誊。若在存帙，则加裁别。其无关义指，廑存凡目，并揭出处，用备考览。其足供参证者，则采撮精要，刊节冗泛，惟有删无改，异于专辄。至若志书，题序猥多，语寡雅驯，难付掌录。兹于其要语，刺剟一二，用备稽考。以旧乘具在，检阅匪艰，实毋庸捃采也。（采录之例，首揭某某序跋；而年月系衔，概仍其旧。）

（八）自来游宦名贤，侨寓所至，多有载述。凡捊缉地方艺文，征考所藉，固宜采收；然主客之间，当有畛域。（旧志收录他邑人书，滥厕州人撰述中，殊乖于体例。）孙氏著《温州经籍志》，别纂有《外编》一门。兹沿其例，辑为一卷，而分为三类。曰“志乘”，游宦所修图经方志属之。曰“杂记”，其叙述山川古迹，与夫人物佚行，有裨考证者隶之。曰“文辞”，为地方歌咏及词客倡和。（如潘耒《潮州杂诗》）而所裒辑州人诗文总集，亦采入焉。惟旧志每录寓贤别集。（如黄钊《读白华草堂诗》，倪鸿《退遂斋诗抄》）兹以无关潮州旧闻，尽为删之。

（九）郡邑殊地，往往今古同名。若吾潮安，旧称海阳。在昔婺源，厥名亦是。即今齐鲁，有县同称。凡剬辑地方艺文，苟不审裁，易致误录。虽阮《志艺文》，号为详博，然犹缪采胡氏篆印之书（胡正言《印存元览》），黄氏《天人》之著（黄慎《堪舆类纂天人共宝》）。兹编所收，甄择特审。若其为旧《志》误录者及书之撰人未详者（如无名氏之作及传说为某某所撰而乏确证者），姑为缀录，更加疏证，纂为“订讹”“存疑”两编。“订讹”者盖仿孙氏“辨正”之体；至于“存疑”，虽属创例，究亦征文考献者所不废也。

（一〇）旧志《艺文》，叙列书目，虽区分世代，然瞀杂无序。兹所标揭，首冠朝号，次系名氏，并所撰著。至若卷帙，连叙下方。（孙氏体例，于卷数则别行标题，以便附注。然兹编于卷帙差互者，均别为考证，故不援孙氏例。

而仿《台州经籍志》连叙卷数于书各下方，以归简要。）然一代之人，时有先后。著录之次，固宜胪分。兹约其科第生卒，略为排比。苟其身遘易姓，而砥砺名节，则仍系故朝。有明一代，吾潮遗民尤多。其为贰臣，正亦不鲜。兹所称述，一遵温传。（温丹铭先生《明季潮州忠逸传》）依其论定，庶免淆舛。

（一一）予董理是编，逐条揽校，参互证绎。二祀以来，辑有所获。兹不敢自秘，续为编入，以竟先君未完之绪。惟增入者与原书应有区别，方免相掍，故标一补字以示别云。

（一二）写录之例，近宗瑞安，远参秀水。首誊叙跋，揭其书之大指也；次系传状，备纂述之颠末也。（大氏录缀传状，以撰著为经，以事迹为纬。其有论及纂述颠卒，则刺剟一二。而魁儒巨公，名著国史，行闻乡曲，无贵繁征；惟揭其传状，用备考览。若乃采证详博，毋庸系传，则亦附识出处于按语云。）其次书目，存著录之源流也。又次评语，则资研讨者之考镜也。至先君考证心得，附著于后；而予斠核所有获者，亦附于末。

（一三）是书先君原稿，卷帙凡二十三。其编定者，廑十六卷而已。今者重事校理，义例稍更。以序跋之文，鲜有全录，篇幅遂婚；故别其类次，为十有七卷。而《外编》一卷，《订讹》、《存疑》各一卷附焉。自惟未窥述作之指，而泛滥未竟，纰缪尚多；用俟方闻，益以订正，跂予望之！

中华民国二十三年九月宗颐谨识

卷 一

经部易类

宋

林氏巽《易范》八篇　朱彝尊《经义考》十六，阮元道光《广东通志·艺文略一》，李芳兰光绪《海阳县志·艺文略》。

佚　《经义考》十六。

凌迪知《万姓统谱》四十六：林巽字巽之，海阳人。天圣中，应才识兼茂明于体用科。庆历中，投匦论事；仁宗异之，除徐州仪曹不就。南归读《易》，著书八篇：曰《卦元》、《卦经》、《卦纬》、《丛辞》、《起律》、《吹管》、《范馀》、《叙和》，总名曰《易范》。人称为草范先生。（《经义考》所引《姓谱》语与此同）

王象之《舆地纪胜》一百：巽除徐州仪曹，不屑就，毅然南归。演《易》重象，自著一书，有《卦元》、《卦纬》、《丛辞》、《卦经》、《起律》、《吹管》、《范馀》、《叙和》，凡九篇，名曰《草范》。

〔补〕陈淳《北溪集》二：林贤良《草范》之书，此亦英才美质，度趣流俗者。恨不遇明师，学无本源。用心良苦。与子云《太玄》、温公《潜虚》、后周卫元包《同一律》，皆无加损于《易》。

宗颐按：陈氏此语，见其《答郭子从书》。《朱氏经义考》曾引录之，然多删节，兹仍原文。

郑昌时《韩江闻见录》十：吾邑先儒，多明《易》学。宋林仪曹巽著《易范》，尝叹曰："世不吾知，后五百年，当有演释吾书者。"惜书不传。

〔补〕《韩江闻见录》十，《补释易范崖略》：按《卦元》、《卦经》、《卦纬》、《丛辞》四者，皆以《易》论《易》者也。可本《卦象彖辞爻辞十翼》以演之。《起律》、《吹管》、《范馀》则必合乐律天文时序以论《易》。但三代以前，皆观《易》以《象》，而辞在其中。文周孔子以后，兼详其辞，而天地人物之蕴无不备。汉儒以后，乃推律历。然则仪曹《起律》、《吹管》、《范馀》之演，殆又兼取汉说矣。至演《叙和》，则又必以人事合天道。观象玩占，将圣人学《易》寡过之方。于是乎在以《占辞》求《易》，不尽以《占辞》求《易象》。举意言义，理深焉矣。

锷按：林仪曹巽所著《易书》，《郡县志》概作《易范》八篇；而《舆地纪胜》作《草范》九篇。然《纪胜》所列篇名，与各志著录同为八篇，是所云九篇者，误也。《草范》则当是蒙草范先生而讹。《易范》一书，其佚已久。嘉庆中，吾邑郑明经昌时，因仪著有"五百年后，当有演释吾书"之语，按目为之补释，畅明洞达，真能演仪曹之指者。其文载《韩江闻见录》中。

宗颐按：林巽之，周硕勋乾隆《潮州府志儒行传》（以下简称《周府志》）、道光《广东通志》、光绪《海阳县志》并有传。所著《论易》，凌氏《姓谱》称总名《易范》；而《舆地纪胜》则云《草范》。二书言巽所著，书名互有出入。先君之意，以为《纪胜》之作《草范》，乃蒙草范先生而讹；诚如是，则陈淳《答郭子从书》称之为《草范》，亦为谬矣。然观北溪言，林巽书，彼盖曾睹之。其不作《易范》未必有误也。予谓象之北溪皆宋人，与林巽生于同代，其言或更为可据。后人于林氏有草范先生之称者，岂取其书以名人与？考林书之作《易范》，始见于凌氏《姓谱》，朱氏竹垞因之。其后《郡邑志》，皆依《经义考》著录，由是世鲜有知其作《草范》者矣。兹仍依先君原稿，以《易范》著录，而附述所见于此云。

卢氏侗《周易训释》　光绪《海阳县志·艺文略》。

佚　光绪《海阳县志·艺文略》。

《韩江闻见录》十：卢中舍侗读书西湖山，通经术，尤邃于《易》。为《周易训释》以诲及门。

宗颐按：卢中舍侗，乾隆《潮州府志·儒林传》，张士琏雍正《海阳县志》，光绪《海阳县志》并有传。所著《周易训释》，阮元《广东通志·艺文略》未收；惟明戴璟《通志》本传称侗尝读书西湖山，博习经术，《易》学尤粹。自为训释，日与诸生相讨论。（见《阮通志》所引。按：清林杭学胡恂《潮州府志》，并有此语。《周府志》雍正《海阳县志》则无之。）则此编盖为课授而作，即讲义之类。惟未稔当时成书，曾公诸世否也？

王氏大宝《周易证义》十卷　《经义考》二十四，道光《广东通志·艺文略》一，光绪《海阳县志·艺文略》。

佚　《经义考》二十四。

光绪《海阳县志》三十五：王大宝字元龟，其先由温陵徙潮州。建炎三年，廷试第二，授南雄州教授。高宗朝，表进所著《诗》、《书》、《易》解。上谓执政曰："大宝留意经术，其书甚可采。"乃除国子司业，兼崇政殿说书。孝宗即位，擢右谏议大夫兼侍讲。上曰："太上皇知卿《易》学，故有此除。"后官礼部尚书。所著有《周易谱义》十卷，《经筵讲义》二卷，《谏垣奏读》六卷，遗文十五卷，及《易》、《诗》、《书》解行于世。

胡一桂曰：王元龟《周易证义》多是文义，间亦及《象》，虽明白而甚浅近。

《周易解》六卷　《宋史》三百八十六，道光《广东通志·列传》二十五，雍正《海阳县志》七作《周易讲义》。

佚

锷按：光绪《海阳县志·大宝传》云："所著有《周易证义》。"又云："有《易》、《诗》、《书》解。行于世"。则大宝《周易证义》之外，尚有《易解》一书。《宋史》称大宝知袁州，进《诗书易解》。雍正《海阳县志》:《易解》作《周易讲义》六卷。此《周易讲义》六卷，即《周易解》(道光《广东通志·大宝传》作《周易解》六卷，与雍正《海阳县志》合)，非十卷之《周易证义》也。然《通志》、《县志》、《艺文略》均未著录，今据采入。

宗颐:《阮通志·艺文略》著录大宝述易之书，惟据明黄佐《志》录其《周易证义》十卷；但于《大宝传》则云知袁州，进《周易解》六卷。末又称有《易诗书解》行于世而不言其著有《证义》一书。雍正《海阳志》亦然；惟《周易解》则作《周易讲义》耳。光绪《海阳志·大宝传》，则《证义》、《易解》并收；似大宝所著《论易》，有二书者。然《艺文略》则仅录《易经证义》，而《易解》反从阙焉。稽诸他籍，无有言大宝述《易》成书二种。(李心传《建炎以来系年要录》述大宝直讲经筵事，引高宗语云:"大宝向来曾进《诗》,《书》,《易》三解，甚有可采";但无一语言及《周易证义》。)而朱氏《经义考》仅录其《证义》十卷；其于大宝所著经解，则《诗》、《书》解并收，而《易解》反未采入。则《易解》及又与《证义》同书也。(朱《考》引董真卿语亦不言大宝著有《易解》)然其卷数不同，书名互异，良难断定。先君因并为著录，今附以申证，聊备阙疑之指云尔。

元

陈氏禧《周易略例补释》一卷　《经义考》六十四，钱大昕《补元史艺文志》一。

佚　《经义考》六十四。

吴澂《序》:伊川程子《易传》未成之时，每令学者观三家《易》。一曰：王辅嗣；二曰：胡翼之；三曰，王介甫。盖汉儒好以术数谈《易》；以义理注《易》，自辅嗣始。唐初，诸儒作《疏义》，悉废诸家之注；而独取辅嗣者，以此也。辅嗣解经之外，著《略例》二篇。其上篇析《论彖》、《爻卦》、《象位》各一章。其下篇先之以《五凡》，终之以《十一卦》，略总一经之大概云耳。唐邢琫有《略例注》；今潮阳陈禧为之补释，多所发明。王氏之忠臣，邢氏之益友也。禧年甚少，而简志于经；世武功而从事于文；诸侯之子，而齿于庶士以共学；是其天质之异于人者也。《经义考》四十六。

锷按：陈禧，《郡县志》无传；名字亦无可考。据吴澂《序》称其以诸侯之子而齿于庶士；又谓世武功而从事于文；知禧先世，必累以功烈显者。考嘉庆《潮阳县志·武功传》：陈节字维理，号南村，陈岘元孙。（宗颐按：岘字山甫，本浙江永嘉人。曾充广东路经略安抚使，道经潮阳，爱其山川风俗之美，遂家之。《潮阳志·循吏传》有传。）器度过人，日讲兵符，由武略而膺简命。元至正间，为护驾将军，擢升南京道宣慰使，都元帅。因病归里，教督子孙从事经史，云云。所言时代家世，与禧吻合。疑禧或为节子也。《补释》一书，今虽亡佚；然辅嗣《略例》邢琦《注疏》尚可考见。原书于《明卦》、《明爻》诸篇，举义明彻。《明象》、《辨位》二篇，探赜幽微；而邢注《解义》，则殊浅近。禧为补释，是固宜然。而吴澂为元代经师，于是书既推许为王氏忠臣，邢氏益友；则陈氏《补释》之能疏通证明可知矣。

明

许氏洪宥《易经管见》二卷　道光《广东通志·艺文略》一。

佚

《韩江闻见录》十：明许御史洪宥，弘治辛酉乡荐，敢直言，曾疏救给事中窦明下狱。所著有《易经管见》。

宗颐按：许御史洪宥，乾隆《潮州府志·文苑传》，道光《广东通志》，光绪《海阳志》并有传。所著《易经管见》。《阮通志·艺文略》，据明黄佐《志》题曰二卷。又云已佚。光绪《海阳志·艺文》据以著录，竟不标卷数；且注曰未见，殊为专辄。今从《阮志》改正。

薛氏侃《图书质疑》一卷　《千顷堂书目》十一，《四库全书总目》七，《续文献通考》二百四十三，道光《广东通志·艺文略》一，光绪《海阳县志·艺文略》。

存　明万历重刊本；《薛中离先生遗书》本。

《图书质疑·引》：有气斯有象，有象斯有数，皆理也。数以尽象，象以尽理，理以尽物者，图书也。予少阅弗领，考观众说，只见芜蔓，竟莫释然。顷忽开悟，似甚昭晰；人皆可知可由，而非玄且远也。盖道本一，不可二也。本完成，不可拆也。本具足，不可补也。二则杂，拆则离，补则赘。后儒动裂而二之，拆而补之，道丧其真，学失其枢纽矣。故图书者，心性之源，文字之祖，政治之基本。一差则百差，不可以弗明者也。乃即数为图，即图成卦，皆造化自然，无俟拆补训释，而天地易简之理，圣人精一之义彰矣。诸生闻之，恍肰有省；请次《图解》，并录《答问》，用质诸君子。然与未然，必有以教我者。嘉靖甲辰夏，寓罗浮西湖，中离薛侃谨识。

《四库全书总目》七：《图书质疑》无卷数，河南巡抚采进本。明薛侃撰。侃字尚谦，号中离，揭阳人。正德丁丑进士，官至行人司司正。事迹具《明史》本传。是书为侃门人所记。前列卦位，《河图》、《太极》、《洛书》等十三图，图各有说；后为《图书总解》，及与诸生答问。其大旨谓即数为图，即图为卦，皆造化自然之理。其《问答》中所论格致，体用虚实及儒释之辨，皆守姚江良知之说。《史》称侃师事王守仁于赣州，归语兄助教俊。俊大喜，率群子侄宗铠等往学焉。自是王氏学盛行于岭南。盖不诬云。

叶萼《答杨复所询先师寓惠事作郡志传书》：嘉靖二十二年壬寅夏，中离薛公入罗浮朱明洞，潮士三人从。……季冬，过惠州。叶惠江、谢惕斋、刘古狂留公居半径之寻乐堂。三阅月，避湿迁豊山永福寺，从游数十人。李鹏举叶萼日侍讲席。雍见川以《河图》、《洛书》、《太极图》来问，于是著《图书质疑》梓之。（叶萼《廷鞫实录附识》）

锷按：中离传桃江之学，拔起岭海，为世宗师。其说《易》大恉谓《易》体即本体，本体即太极，心即太极，理即太极。太极生两仪，两仪生四象，四象生八卦。奇偶阴阳之数，即《河图洛书》之数也。图书明，则太极明；太极明，则一体之学明。又曰，古有三《易》：《连山》首艮，止而能复；《归藏》首坤，藏而后发；皆切于修《易》之用也。但艮山也，少男也；坤地道也，臣道也，妻道也，不可为首，故圣人弗取。《周易》上经首乾坤而终坎离，下经首咸恒而终既未济。太极全体，《易》之正也。夫中离所谓一本之举，即阳明良知之学也。其于古三《易》，独取《周易》，以《周易》太极之全体也。由良知而推究太极，由太极而述及图书。然《河图》之数，于古无征；《洛书》之文，即《洪范》中语。（汉儒说）图书之作，盖始于宋刘牧之《易数钩隐图》。其后阮逸复依托关朗而作《易传》。希夷康节承之，递相祖述，《易》数日以盛行。是图书之以子起于近古，非汉唐诸儒说经所有也。顾邵子《易》数乃推演伏羲先天之旨。先天之《易》，三《易》中之《连山》也；而《归藏》世亦谓之《中天易》(《周易》为《后天易》)。中离以良知谈太极，说极牵强。复以图书解《周易》，亦与邵子之指，有未合也。

宗颐按：薛行人侃。乾隆《潮州府志·名臣传》，刘业勤乾隆《揭阳县志·贤能传》，道光《广东通志》，光绪《海阳县志》并有传。其功行详具薛侨《行状》，何维柏《传》，王渐逵《墓志》，并《廷鞫实录附识》。据叶萼《答杨起元书》，知中离于嘉靖二十一年壬寅入罗浮，讲学惠州。翌年，撰《图书质疑》。考薛侨《行状》，言中离公殁于嘉靖乙巳，年六十；则中离著此书时年已五十八矣。此书为雍澜而作（中离有《答雍见川书》，见《遗书》卷十三。见川，雍澜之字也)，又中离所亲付梓者也。前为《图书总解》，后为《答问》。注曰诸生附问者，欲先实而后名，故不具。其与答问诸生，名姓则弗可考。礼部《议谥中离公策》（即《都察院勘劄准礼部咨请谥传赞》，《中离公行略》）言其所著别有《惠生八问》。所云《八问》者，疑在此《答问》中也。昔林东莆有《复中离书》云：近蒙寄《惠生八问录》，虽辨问周详莫非实事；然觉毁誉之心未忘，而精察之功少慢。若顾形迹声色之末，非吾廓无情之体。势将治已约而望人周矣云云。(见《文集》四）据此，则《惠生八问录》者，又曾别帙单行也。苟《八问》一书，具载《质疑》所附《答问》中；则当时中离自刊此书，廑有《图书总解》而已。迨后人重刻，始取答问合并成书，亦未可知。惟今所传此书为万历丁巳中离曾孙茂祀重刊本。其嘉靖间原刻本，无从获睹，则固莫能明矣。揭阳曾彭年校刊《中离遗书》，厘此书三卷。计《正文》一卷，《与诸生问答》二卷；而王圻《续通考》录是书，注曰无卷数。光绪《揭阳续志》四，则作一卷，兹从《揭志》志一卷著录云。

《易传性理》　《礼部议谥中离公策》。
未见

锷按：礼部《议谥公策》称：先生所著有《研几录》、《图书质疑》、《儒释辨》、《思学解》、《经传论义》、《易传性理》、《惠生八问》、《鲁论真诠》诸书。据此，先生于《图书质疑》外，尚有《易传性理》一书。

宗颐按：叶萼《答杨复所书》有云：公之学，在《研几录》、《质疑》、《论义》、《易传》、《鲁论真诠》、《文集》。所云《易传》，即《易传性理》之简称也。此书《通志》、《县志》、《艺文略》皆不载，盖未见叶氏此书耳。

唐氏伯元《易注》　《经义考》五十九，道光《广东通志·艺文略》一，光绪《海阳县志·艺文略》。

未见

〔补〕《醉经楼集五答孟吏部叔龙书》：盖闻之，言学者惟道；道，阴阳而已矣。言道者惟天；天，阴阳而已矣。阳主始，阴主生，阳多善，阴多恶。天且不违，人犹有憾。……孰谓恶不可谓性乎？……阳统阴，阴助阳，则内阳而外阴也，故中故善；阴敌阳，阳陷阴，则内阴而外阳也，故偏故恶。此书所谓精一执中也。

〔补〕又《答叔时季时昆仲书》：元旧有《身心性命解》。大学谓性一天也，无不善；心则有善有不善。至于身，则去禽兽无几矣。……性可顺，心不可顺。以其附乎身也；身可反，心不可反，以其通乎性也。性乾而身坤，性阳而身阴，性形上而身形下，独心居其间。好则乾阳，怒则坤阴；忽然而见形上，忽然而堕形下。顺之不可，反之不可。如之何可学也！（宗颐按：此伯元论性之说也。兼论阴阳，足与《易》义相参证，予故录之。顾亭林《日知录》抄其《答友人书》，以辟陆王《心学》。〔见卷十八《心学》条〕末数语与《答昆仲书》同。〔文曰：心果待求，必非与我同类；心果可学，则以礼制心。以仁在心中言（《日知录》在心作存心），毋乃为心障与。〕其余则不类，未审所云友人者，即指叔时、季时昆仲否也。）

锷按：当明隆万之际，王学风靡天下，流衍及于岭海；而吏部承中离讲学之后，独不囿于所闻，超然特立，为程朱之学。盖吏部尝受业放吕巾石，巾石又尝受业于湛甘泉，甘泉从学白沙。以随处体认天理教学者，与阳明并世，各立门户。吏部既远承甘泉薪传，故绝不喜王学。而其言《易》大恉，亦颇恪遵甘泉之说。所著《易注》，自明以来，未见传本。然吏部《醉经楼集·经解类》，中有《易》解四条。今录于此，以见吏部解《易》之一斑。其言曰：《六经》惟《易》无恙，汉唐《千家传注》，多有可考，不得其解，当以一经文为据。（第一条）解经之法，以经不以传，宜合不宜析。凡经皆然，而《易》尤甚，今之读《易》者，未解《系辞》，先解《爻象》；未辨枝叶，先认根苗。是孔子诬周文；而周文又诬伏羲也。此析之尤舛，而自以其传代经也。（第二条）《易》之《彖辞》、《象传》、《爻辞》、《爻传》，不妨合为一卦；惟《大象》当日为一传，文言又当自为一传。《大象》者，学《易》用《易》也；文言岂惟乾坤二卦有之，《上经》八卦九爻，《下经》八卦九爻，散在《系辞》皆是也。合之共为一传。不特文言为全书，而上下系亦自朗然。（第三条）《易》有文错者：如云行雨施，当在时乘六龙之下是也。有文不错而句读错者，如后得主为主利是也。有字不错而反以为错者，盖言顺也，当作慎也，当作慎是也。（第四条）其主张解《易》宜合不宜析，及厘正《易》文错简，均与甘泉修复古易经传训测之意相同也。

宗颐按：唐吏部伯元，张廷玉《明史·儒林传》、道光《广东通志》、乾隆《潮州府志·名臣传》、李书吉《澄海县志》、光绪《海阳县志》并有传。其德行事功，详见唐彬《乞赐谥疏》、《周光镐行略》，及《郭惟贤墓志铭》。（俱载《醉经楼集》末）吏部受业永丰吕怀。践履笃实，而深嫉阳明新说。精于易，惜所著《易注》无传于世。《集》中除《易解》四条外，别有《乾坤解》、《九六解》、《初上解》、《始生解》等篇。而其叙《叙说书记》，语间每论及《易》学。如卷四《寿安寺记》云：《易》之坤言生也，狥生者殃；乾言始也，知始者庆。《易》为逆坤而作，逆坤者顺乾也。于是乎生，生故曰《易》逆数也。又曰生生之为《易》。此足觇其论《易》之旨。关中若《时醉经楼集序》称其文，无一不泛酣于《六经》之津液；虽片语单词，无不从个中体贴出来，非虚语也。

又按：《集》中《答谭子诚》（卷五《书类》）云：宗伯赵公，谬附夙契；乃前此索抄《易义》，不敢通书，亦欲长守山居之义耳。又曰：《易义》一册，近至都门，得还自冯太史家，今不敢复烦从者。倘已抄录，惟足下留自观焉。所云《易义》，疑即伯元自著之《易注》。至于宗伯赵公冯太史二人，厥名姓则无可考也。

清

吴氏羔《易经易简》　道光《广东通志·艺文略》一。

未见

乾隆《潮州府志》二十九《文苑传》：吴羔，字曙朋（张鸿恩同治《大埔县志》作字曙明）。号栎埜，大埔人。屡试不遇，以著述自娱。撰《四书隅反》、《易经易简》、《诗经颇谈》、《礼记捷义》、《诗》、《文集》各若干卷。

宗颐按：吴羔所著《易经易简》，《潮州府志传》文误刻为《易经易简》。兹据《阮通志·艺文略》改正。

贺氏南凤《易经简义》　乾隆《潮州府志》二十九《文苑传》。

未见

乾隆《潮州府志》二十九《文苑传》：贺南凤，大埔三河人。康熙庚午岁贡。邃于《易》，著《易经简义》，《诗赋古文辞》若干卷。

张氏云经《易经解》　道光《广东通志·艺文略》一。

佚

萧麟趾乾隆《普宁县志》七《文学传》：张云经，本大埔人，增广生；因教于洺都长岭口，遂家焉。性钝多记，困知成学。所集《四书字解句解》、《易经解》、《诗经解》，士人多宗之。惜无藏板，相传寺火，稿被焚。

宗颐按：张云经所著《易经解》，据传称其书早已隃亡。（乾隆《潮州府志》、《大埔志》均云：云经竟无嗣，著作亦散佚，乡人哀之。）《阮通志·艺文略》著录是编，注曰未见。其所据者，即《潮州府志》；乃不云佚，而作未见，甚不可解。今以其书湮没已久，购觏莫由，仍题曰佚焉。

范氏生洸《易解》　道光《广东通志·艺文略》一。

未见

乾隆《潮州府志》二十八《儒林传》：范生洸，字汉辉，大埔三河城诸生。潜心理学，纂《四书要旨》五卷，《四书详说》二十卷，《四书返约》十卷，复辑《易》、《礼》、《春》、《秋》各解。学使者旌其庐曰《濂洛心传》。

谢氏之浩《大易说文》　道光《广东通志·艺文略》一，光绪《海阳县志·艺文略》。

未见

乾隆《潮州府志》二十九《文苑传》：谢之浩，海阳人，十岁能文，弱冠入郡庠。历试二十余科，数奇不遇。以《诗书》训子弟，晚年邃于理学，多所阐发。著《大易说文》、《学庸句解》。

宗颐按：谢之浩，光绪《海阳县志·耆德传》列为明人，误。

陈氏英猷《演周易》四卷　道光《广东通志·艺文略》一。

未见

乾隆《潮州府志》二十八《儒林传》：陈英猷，字式霭，潮阳河浦乡人。天性至孝，重道义，矜气节。读书直探阃奥，不屑屑循章句。淹贯经史，旁及释、道、诸子、百家，嗜孙吴兵书，及武侯阵法。然深韬晦，不与人言，人亦不知之也。深契陈白沙"以我观书，随处得益。以书博我，释卷茫然"之语。潜心默会，迥出寻常蹊径之外。尤精于《易》，以为疑义殊多，既观其象，玩其辞，当极其数。晚年筑室乡北之叠石山。室依厂下岫，仅容一榻，终日危坐，或匝月不出。著《演周易》为卷，分为《说数》、《说辞》，多夺邵氏之席，而翻程朱之臼。以诸生卒于家。弥留之际，犹执母弟泰年手，叠画演易二字。既殁，门人为镌板藏所居之石室，号曰叠石先生。

宗颐按：郑昌时曰：近今潮阳叠石山房陈氏之以《易》世其家也。有《易数》。又曰陈刻已成，(《韩江闻见录》卷十)是陈英猷所著《论易》。有《易数》一书，且曾锓诸版。然《府志》称猷著《演周易》四卷，分为《说数》、《说辞》；则郑所言之《易数》，当即《演周易》中之《说数》，非别一书也。此编《阮通志》志曰"存"；则世间当有传本。余不获睹其书，以考核异同，是可惜也。

周氏大新《周易劄记》　嘉庆《潮阳县志》十六《儒林传》。

未见

嘉庆《潮阳县志》十六《文苑传》：周大新，号简斋，邑之泗水人。登乾隆己酉乡荐，在封州县教谕。承父会庵之志，著有《周易劄记》。中丞朱为《序》。

宗颐按：传称《周易劄记》，中丞朱为《序》。或曰朱即文正公珪。然《知不足斋集》中，并无是篇；而《潮阳县志·艺文》亦不载也。

丘氏作霖《易经精义》 同治《大埔县志》十七《文苑传》。

未见

同治《大埔县志》十七《文苑传》：丘作霖，字国升，号甘野。宽容泛静，博览群书。领乾隆乙卯乡荐一名。著有《名文辨正》、《易经精义》、《甘野文稿》行世。

丘氏耀德《易辞训纂》 光绪《海阳县志·艺文略》一。

未见

光绪《海阳县志》四十：丘耀德，字榕庄。家贫笃学。凡《经义》训诂莫不研究。由拔贡登乾隆乙酉乡荐，官贵州毕节知县。所著有《易辞训纂》，未梓卒。

宗颐按：《韩江闻见录》卷九：《知感诗》第二首，《邱榕庄师》有句云："训易多心得"。注，公著《易辞纂训》。核其书名，与《海阳志·艺文》作《训纂》者异。

詹氏鲲《周易集解》十二卷 惠登甲光绪《饶平县志》八。

存 北大图书馆藏本。

光绪《饶平县志》八：詹鲲，字芸圃，号图南。嘉庆甲子科举人。元歌都上饶人。任博罗县教谕。为人端正，尤精工帖括《易》义。尝著《周易集解》一部，《图南稿》百余篇，人多称羡焉。

锷按：詹教谕图有，《易》学出于同里詹贡生仰龙。贡生邃于《易》义，教授乡里，弟子甚众；惟图南独得其秘。是书名曰《集解》，盖多折衷师说。当时锓版流传，颇为士子所矜重也。

宗颐按：北大图书馆《书目·经部·易类》天字五号。詹鲲《周易集解》十二卷，凡四册，即此编也。惠登甲《饶平志》于是书不标卷数；

唯云一部，今直题曰“十二卷”云。

张氏瀛《周易辑说》　同治《大埔县志》十七《儒行传》。

佚

同治《大埔县志》十七《儒行传》：张瀛号沐斋，咸丰乙卯，以优等充廪膳。同治甲子，援例选贡。精于《易》，著有《周易辑说》；惜因离乱遗失。

刘氏旭《易经遵传易简录》十卷

存　咸丰九年刊本。

自《序》：《易》假卜筮垂教，萃羲、文、周、孔四大圣人之精，为《五经》之祖，天地之奥，诚穷理尽性命之书也。顾阴阳奇偶象变辞占，洁净精微，神机难测；求其疏解推原，钩元持要，足以发凡起例，无毫发之爽者，则推《彖象诸传》为详而明。秦汉以下，昧于沿流求源，或泥于技术，而不知其非数之真也；或沦于虚无，而不知其非理之妙也。穿凿支离，而以前民用之旨，几湮没于天下。自宋儒出，辟其驳杂，归于纯粹。图数则莫如邵子，义理则莫如程子，朱子则兼收而并采之，斯尤有得于观象玩辞。观变玩占之教，足为人事之劝惩，所以历元明数百年来无敢异同。但《易》道广大精微，极深研几，义蕴日出；惟《圣祖仁皇帝御纂》一编，不苟同，不立异，集历代诸儒而折其中。自微义奥旨，以及训诂句读，悉以《圣传》为据。大函细入，而考亭所云未暇整顿之书，更豁然一新矣。迨《高宗纯皇帝御纂述义》，取《象》则本于《说卦传》，《互卦》则原于《杂卦传》，尤有得于参伍错综之旨。斯皆所以羽翼《经传》，承先启后者也。旭以管窥蠡测，无当高深，何敢窥其绪余，而以为已善。惟是国朝文教日隆，试士兼用《五经》，登堂讲习之余，诸同学或苦繁难。因约其微而显者，略为申说，录以资便览。其大旨以本义为宗，间或旁引他说，参以臆见。总求与《圣传》相符，爰借《易简》名目，额之曰《遵传易简录》。非谓由易入难，执简御繁，果堪问世也。乃诸友多见而喜之，谓择精语详，通经捷径，莫便于此。于是共勷厥事，镌之以为家藏云。道光七年乡进士、前任云南河阳县知县，澄江曜初氏刘旭书于琼南之温泉学署。

刘揵（音凯）《序》：“……澄江曜初先生，狷介人也。由孝廉出宰河阳，有政声。以年老，去烦就简，秉铎下邑新会，凯始识荆。未几，而传调琼南。适与凯学署密迩。去岁，送考同寓琼郡。公余讲道论文，知其尤邃于《易》；

手著《遵传易简录》，缮写未完。今年秋，以全稿相示，并属作《序》。盥手读之，见其所陈义理，多遵《圣祖仁皇帝周易》折中；所取《象数》，多遵《高宗纯皇帝周易述义》。而复参以成见，于不易变易之义，往往能发前人所未发，以求归于《易简》。是遵《御纂》即所以遵《四子》，遵《四子》即所以遵孔子之传以遵经也。《经解》云：洁静精微，《易》教也。是录诚为近之。名曰《易简》，易知易从，后学之津梁也。……”道光七年岁次丁亥孟冬上浣，乡副进士、特授琼州府会同县教谕、加一级，宗愚弟捷拜撰。

咸丰玖年岁次己未冬月男振安《跋》。

宗颐按：是书首陈遵《传凡例》共九则；次为《易经图》，图各系解；又次为《八卦图说》。书计五册，凡十卷。自乾迄于未济六十四卦，都八卷。《系辞》以下，则为二卷。其书所陈义理，多遵《周易》折中，所取《象数》一依《周易述义》。虽语尚简约，而理乏精华。要于经旨非有所发明者。握其意，盖为津逮后学而已。其子振安跋称其八年苦心；则斯编之作，用力良云勤矣。

书类

宋

王氏大宝《书解》　《经义考》八十一，光绪《海阳县志·艺文略》。

佚　《经义考》八十一。

光绪《海阳志·艺文略》：谨按《宋史传》称：大宝知袁州，进《诗书易解》。上谓执政曰：大宝留意经术，其书甚可采。此书与《易诗解》，《通志》皆未著录，兹补入。

明

林氏逊《尚书经义》　《千顷堂书目》一，《经义考》八十一，道光《广东通志·艺文略》一。

未见

周硕勋乾隆《潮州府志》二十八《循吏传》：林逊，字志宏，潮州人。生于元季，与同郡杨璧师事蔡希仁，传《古文尚书》。洪武甲子举于乡，明年成进士，授闽县丞。在官四年，迁福清令。命下，不及拜，卒。著《尚书经义》。

宗颐按：潮阳林逊所著《尚书经义》。光绪《海阳县志》，著之《艺文》。考雍正《海阳志》无《林氏传》。《千顷堂书目》称林逊广东潮阳人。郭棐万历《广东通志》亦云潮阳人。（见道光《阮通志》所引）而嘉庆《潮阳志》更谓逊故宋县尉林盛之裔孙，是逊实籍潮阳无疑也。光绪《海阳志》录其书，复采其传附杨璧之后，殊失考证，兹并为纠正焉。

陈氏一松《尚书义》二卷　《玉简山堂集》。

佚

陈声爵《玉简山堂集·跋》，《家牒》载公著有《文武师资》一卷，《三国机略》一卷，《尚书义》二卷。迭经兵燹，多已亡佚。

锷按：陈一松，字宗岩，号乔东，海阳人。嘉靖丁未进士，历官工部左侍郎。道光《广东通志》、乾隆《潮州府志·文苑传》、光绪《海阳县志》并有传。所著《尚书义》二卷，《通志》、《县志艺文》，均未著录。兹据采入。

萧氏元溥《书经要解》　道光《广东通志·艺文略》一。

未见

乾隆《潮州府志》二十九《文苑传》：萧元溥，字若允，号然美，大埔人。性颖异，博学能文，援徒多所成就。评选《诗》古文，著《尚书要解》、《知濠园诗文集》。与陈园公李梅庵为文章友。

詹氏韶《尚书发微》四卷　道光《广东通志·艺文略》一。

未见

乾隆《潮州府志》二十九《义行传》：詹韶，字广凤，饶平拔贡生。博极群书，长于《诗》。年四十余，弃举子业，与岭南诸名士结珠江社，日以著作自娱。手辑《尚书发微》四卷。

梁氏岳《尚书讲义》　道光《广东通志·艺文略》一。

未见

光绪《饶平县志》八《人物传》：梁岳，字伯元，别号鸿山，邑之信宁人。生而端亮，年十四，即博通经史，潜心圣学。以岁贡历宦，俱有声。居家，庄谨自持，门阀雍然。所著有《读史集》、《尚书讲义》。

郑氏黄道《尚书解义》　《南沙林氏家谱》十九。

未见

林青门《郑夫子灼凡传》：先生讳黄道，灼凡其别号也。为海庠增生。郑公讳思贤冢君。早岁发奋下帷，潜心理学。凡《太极》、《西铭》诸书，无不心领神会。所著《四书》、《尚书》解义，悉阐圣贤之奥，以羽翼《经传》。他如诗文汗栋，特绪余耳。先生食饩于庠者，廿有余载。虽三中副车，不获破壁而去，先生处之淡如也。（《南沙林氏家谱》十九）

杨钟岳《读郑灼凡先生传序》：先生生平力学攻苦，虽隆冬，不就卧榻。所著《解义》及古文辞，悉去浮而窥奥。问字愿立雪者履满，无不降心引翼。《搴华堂文集》上。

锷按：郑明经灼凡，乾隆《潮州府志·文苑传》，雍正光绪两《海阳县志》均有传。所著《四书》、《尚书》解义，《阮通志》、雍正光绪两《海阳县志》之《艺文略》皆不著录。今据《林氏家谱》补入。

唐氏璿《解鸣和居书说》　乾隆《潮州府志》二十九《文苑传》。

未见

雍正《惠来县志》十四《贤迹传》：唐璿，字伯玉。弱冠游黉序，绰有文名，尝与南川令辈，集青莲社角艺。为文诋程朱。诸凡受其讲解者，多铮铮有声。著有《解鸣和居书说》藏于家。

吴氏钦绅《壁经问难》　同治《大埔县志》十七《儒林传》。

未见

同治《大埔县志》十七《儒林传》：吴钦绅，字懋佩，天启辛酉恩贡。潜心简学。著有《壁经问难》，为时所宗。

清

陈氏衍虞《尚书诠元》　陈先达《莲山诗集·跋》。

佚

《莲山诗集·跋》：先生生平著作等身，如《四书讲艺》、《尚书诠元》、《蔚园问业》、《历试草》，皆未授梓而毁于兵火。（《莲山诗集》）

锷按：陈园公衍虞，明乡贤廷策子。道光《广东通志》，乾隆《潮州府志·义行传》，光绪《海阳县志》并有传。所著《尚书诠元》，《县志》著录注曰未见。据陈先达《莲山诗集·跋》，则其稿未梓已散佚也。

宗颐按：光绪《海阳县志·艺文略》，据《莲山诗集》著录是书。标其名曰《尚书元诠》。然陈先达《跋》，原作《尚书诠元》。《县志》之作《元诠》，非别有考证，盖为移誊多误，兹改正。又园公《蔚园文稿》自序称癸巳夏，予乡寨为土寇所破。诸所撰著，尽毁于贼。意此编必散佚于是时也。

张氏经《禹贡注》　道光《广东通志·艺文略》一。

未见

张玿美雍正《惠来县志》十四《贤迹传》：张经，字虚舟。好学不倦，淹贯群书。由廪生中康熙癸卯举人，庚戌成进士。修《邑志》，辑《宗谱》。表微阐幽，人服良史之才。著《书经禹贡注》、《稼村篁吟诗集》、《秋声文集》，行于世。

宗颐按：张虚舟所著《禹贡注》，道光《广东通志·艺文略》盖据《潮州府志》采入。考乾隆《潮州府志·张经传》称所著有《禹贡注》；而《惠来志》云著有《书经禹贡注》。《惠志》所言，当指《书经》中之《禹贡注》，非谓其著有《书经》及《禹贡》二注也。

钱氏士峰《尚书解题》　胡恂雍正《潮州府志》十四。

未见

胡恂雍正《潮州府志》十四：钱士峰，字伯河，饶平人。康熙丁丑进士。

授来安令，有贤声。摄滁、泗两州篆。所著有《尚书解题》、《纲鉴辑略》、《宗谱》、《家训》、《蜗庐里集》、《退思小集》，藏于家。

李氏兆新《尚书集说》　道光《广东通志·艺文略》一。

未见

乾隆《潮州府志》二十九《文苑传》：李兆新，字三锡，号谓伊，大埔胡寮人。性廉介，而处世谦和。负才不遇，以明经老。喜作文，遇乡塾会课，耆年犹与焉。著《尚书集说》及《文集》若干卷。

饶氏覲光《禹贡图》　同治《大埔县志》十七《文苑传》。

未见

同治《大埔县志》十七《文苑传》：饶覲光，原名阶平，字秋岳，号蘧若，七昌乡人。博学能文。嘉庆庚午举于乡。珠江文士耳其名，咸币聘虚左以待。著有《时艺论》、《禹贡图》。

林氏显荣《尚书秘钥》　光绪《揭阳县续志》三。

存

自古文章《诗赋》，凡有裨于后学者，无不传也；矧夫经义之大哉。岁在乙丑，予忝膺简命，司铎揭阳。抵任后，得与阖邑缙绅先生交。适广文林君晦阁，品高学粹，尝以素所作《书经秘钥》相示，并嘱序于予。予骤观之，即拍案称奇；及细为翻阅，深悉林君将《四代古今文》五十八篇，原原本本，分为四传，皆以议论联贯，无异藕断丝连。至于运笔简洁，老干无枝，非融会全书精意，且深于太史公序事之法者不办。后学熟读，于壁经道理，自能窥其奥也。故劝林君速速付梓，以公同好，则经之可传，不更有加于文章诗赋乎。爰牟数言于简端，聊为予铎教之一助云。同治庚午花月揭阳县儒学教谕举人番禺宾庭何国光序。

光绪《揭阳县续志三·贤能传》：林晦阁篆显荣，在城人，由附贡报捐训导。性孝友，诲人以孝弟为本。常谓《四书》、《五经》，句句皆切日用，特人不肯体会耳。每逢事物当前，辄引古语相证；闻者豁然，成就甚众。著有《廿四孝诗》、《尚书秘钥》、《诗经精旨》、《四书串义》。

锷按：林晦阁广文，咸同间颇以崇治正学为揭邑人士所宗。所著书，自任以能阐发经义之奥。其《尚书秘钥》最为时所推许。其书凡四篇：曰《虞书》，曰《夏书》，曰《商书》，曰《周书》。每篇各就经文，檃括大义。寥寥仅数百言，持论平实，不以考订见长。他如《大学精义》、《中庸精义》、《诗经精旨》诸书，其立论亦与《尚书》同一主旨。虽于经旨鲜有发明，然言简词约，意贯义赅；学者读此，其于全经大义，正如披沙得金，盖广文意在训蒙，非欲以著述自居也。

宗颐按：《尚书秘钥》四篇，无单行本。载《近韩林氏家范经义述要》中。

诗类

宋

王氏大宝《诗解》　《经义考》一百十八，光绪《海阳县志·艺文略》。

佚

明

郑氏昂《说诗转解》　嘉庆《潮阳县志》十六《文苑传》。

未见

嘉庆《潮阳县志》十六《文苑传》：郑昂，字献尊，隆井人。长习举子业，后遂屏去。结庐神山之阳，杜门十年。潜心理学，著《性理要略》、《说诗转解》诸书。

蔡氏肇仞《诗经臆说》　嘉庆《澄海县志》十九《文学传》。

未见

嘉庆《澄海县志》十九《文学传》：蔡肇仞（林杭学康熙《潮州府志·孝义传》作肇胤）字九敏，凤冈人，诸生。著有《诗经臆说》、《澄乘略》、《诗匀》诸集。

清

林氏青门《毛诗笺》　《南沙林氏家谱》十九。

未见

《南沙林氏家谱》十九：慕谦公，讳青门，别号莲公。由明经仕雷州府遂溪县儒学。致仕归，修辑《家乘》。著有《四书口义》、《毛诗笺》、《自媿集》、《澄南杂咏》行世。

锷按：林明经青门，乾隆《潮州府志·文苑传》，嘉庆《澄海县志·文学传》并有《传》。所著《毛诗笺》，道光《广东通志·艺文略》据《潮州府志》作《毛诗解》。今从《林氏家谱》。

吴氏羔《诗经颐谈》　同治《大埔县志·文苑传》。

未见

宗颐按：是书乾隆《潮州府志》传文误作《诗经颇谈》。道光《广东通志·艺文略》复沿其谬。今据《大埔志》改正。

张氏云经《诗经解》　乾隆《潮州府志》二十九《文苑传》。

佚

余氏作祥《诗程捷解四卷》　光绪《饶平县志》九《孝义传》。

未见

光绪《饶平县志》九《孝义传》：余作祥，字淑侯，元歌人，少孤，力学，教授澄邑，多所造就。所著有《诗程捷解》四卷，学者称为毛源先生。

林氏显荣《诗经精旨》

存

宗颐按：是书凡《国风》，大、小《雅》，《三颂》，《四章》，无单行本。载于《近韩林氏家范经义述要》之末。

卷　二

经部礼类

宋

郭氏叔云《礼经疑》　《经义考》一百四十二，道光《广东通志·艺文略》一。

阙　《经义考》一百四十二。

朱子《答郭子从叔云问礼书》一：问："复男子称名，然诸侯薨复曰皋某甫复，恐某甫字为可疑。又周人命字，二十弱冠，皆以甫字之；五十以后，乃以伯仲叔季为别。今以诸侯之薨，彼云甫者，乃生时少者之美称，而非所宜也"。答："此等所记异词，不可深考。或是诸侯尊，故称字，大夫以下皆称名也。但五十乃加伯仲，是孔颖达说。据《仪礼》贾公彦疏，乃是少时便称伯某甫；至五十乃去某某甫，而专称伯仲，此说为是。如今人于尊者，不敢字之，而曰几丈之类。"问："铭旌"，答："古者旌既有等，故铭亦有等。今既无旌，则如温公制，亦适时宜，不必以为疑也。"问："重"，答："《三礼图》有画象可考；然且如温公之说，亦自合时之宜，不必过泥古礼也。"问："古者男子殊衣裳，妇人不殊裳。今以古人连属之衰，加于妇人；殊裳之制，加于男子，则世俗未之尝见，皆以为迂且怪而不以为礼也。"答："若考得古制分明，改之固善；若以为难，即且从俗，亦无甚害。"问："大带申束衣革带以佩玉佩及事佩之等，丧服无所佩，既有要绖，而绞带复何用焉?”答：“绞带正象革带，但无佩耳，不必疑于用也。”（革带是正带，以束衣者，不专为佩而设，大带乃申束之耳。申，重也。故谓之绅。）问：“主武祠版”，答：“伊川主式虽云杀诸侯之制，然今亦未见诸侯之制本是如何？若以为疑，则只用牌子可也。安昌公荀氏，是晋荀勖，非孙氏也。但诸书所载厚薄之度有误字耳。士大夫家而云几郎几公，或是上世无官者也。江都《集礼》，晋安昌公荀氏祠制云：祭版皆正侧长一尺二分，博四寸五分，厚五分，八分六书，云云。今按它所引或作厚五寸八分，《通典·开元礼》皆然；详此八分字连下大书为文，故徐润云。又按不必八分，楷书亦可，必是荀氏全书，本有此文。其作五寸者，明是后人误故也。”（若博四寸五分，而厚五寸八分，则侧面阔于正面矣，决无此理，当以《集礼》为正。）问：“孤哀子”，答：“温公所称，盖因今俗，以别父母，不欲混并之也；且从之亦无害。”问“并有父母之丧葬，先轻而后重；其奠也，先重而后轻；其虞也，先重而后轻，同葬，同奠，亦何害焉？其所先后者，其意为如何也?”答：“此虽未详其义，然其法具在，不可以己意辄增损也。”问：“周制有大宗之礼，乃有立嫡之义，立嫡以为后，故父为长子权其重者。若然，今大宗之礼废，无立嫡之法，而子各得以为后，则长子少子当为不异，庶子不得为长子三年者，不必然也。父为长子三年者，亦不可以嫡庶论也。”答：“宗子虽未能立，然服制自当从古，是亦欲礼存羊之意，不可妄有改易也。如汉时宗子法已废，然其诏令，犹云赐民当为父后者，爵一级，是此礼意犹在也。岂可谓宗法废，而诸子皆得为父后乎?”问：“曾子问‘亲迎，女在途，而婿之父母死，如之何?’孔子曰：‘女改服布，深衣缟緫以趋丧，’恐亦有碍。《开元礼》除丧之后，束带相见，不行初昏之礼，趋丧后事，皆不言之，何也?”答：“趋丧之后，男居外次，女居内次，自不相见；除丧而后，束带相见，于是而始入御。开元之制，必有所据矣。”问：“曾子问‘取女有吉日而女死，如之何?’孔子曰：‘婿齐衰而吊，既葬而除之，夫死亦如之，服用斩衰。’恐今亦难行也?”答：“未见难行处，但人自不行耳。”问：“谅闇以他经考之，皆以谅闇为信默；惟郑氏独以为凶庐。天子居凶庐，岂合礼制?”答：“所引翦屏柱楣是两事。柱音知主反，似是从手不从木也。盖始者户北向，用草为屏，不剪其余；至是改而西向，乃剪其余草，始者无柱与楣，檐著于地，至是乃施短柱及楣，以柱其楣，架起其檐，令稍高而下，可作户也。来喻乃柱楣之下，便云既虞乃剪而除之，似谓剪其屏而并及柱楣，则误矣。谅阴梁闇，未详古制定如何，不敢辄为之说。但假使不如郑氏说，亦未见天子不可居庐之法；来喻所云，不知何据？恐欠仔细也。（滕文公五月居庐，是诸侯居庐之验，恐天子亦须如此。）”问：“既除服而父之主永迁于影堂耶？将与母之主同在寝耶？”答：“迁主无文，以理推之，自当先迁也。”问：“《仪礼》父在为母？”答：“卢履冰仪是；但今条制如此，不敢违耳。”问：“《内则》云：‘女子十有五而笄，二十而嫁；有故二十三年而嫁；’言二十三年而嫁，不止一丧而已。故郑并云父母丧也。若前遭父服未阕，哪得为母三年？则是有故二十四而嫁，不止二十三也。”答：“《内则》之说，亦大概言之耳；少迟不过一年，二十四而嫁，亦未为晚也。”问：“离之谓以一物隔二棺之间于椁中也；鲁则合并两棺置椁中，无别物隔之。鲁卫之祔，皆是二棺共为一椁，特离合之有异。”答：“一棺共椁，盖古者之椁，乃合众材为之，故大小随人所为，今用全木，则无许大木可以为椁，故合葬者，只同穴而各用椁也。”问：“明器？”答：“礼既有之，自不可去，然亦更在斟酌，今人或亦全不用也。”问：“招魂葬。”答：“招魂葬非礼，先儒已论之矣。”问：“伊川葬说：其穴之次，设如尊穴南向北首。陪葬前为两列，亦须北首；故葬图穴一在子，穴二在丑，穴三在亥，自四至七，皆随其东西而北首，而丙午丁独空焉：是则伊川之所谓北首者，乃南向也。”又云：“昭者当南向，则穆者又不可得而然也。”答：“此两节不晓所问之意，恐是错看了，请更详之！昭南向穆北向，是庙中袷祭之位；位此论之，尤不相关。”问：“实葬。”答：“圹中实筑甚善。”问：“伊川先生葬法，有谓其穴安夫妇之位，坐堂上则男东而女西，卧于室中，则男外而女内，在穴则北方而北首，有左右之分，而无内外之别。”答：“按昏礼良席在东北上，此是卧席之位，尢内外之别也。”问：“其祖已葬，系南首；其后将族葬，则不可得而北首，则祖墓不可复迁，而昭穆易位。”答：“未见后葬不可北首之意，昭穆之说，亦不可晓。”问：“祔，”答：“当如郑说，伊川恐考之未详也。但三年之后，迁主于庙，须更有礼。顷尝论之，今并录云。”李继善问：“纳主之仪，《礼经》未见书仪，但言迁祠版于影堂，别无祭告之礼，周舜弼以为昧然归匣，恐未为得。先生前书有云：‘诸侯三年，丧毕皆有祭；但其礼亡，而大夫以下，又不可考。’然则今当何所据耶？”答云：“横渠说，三年后袷祭于太庙，因其祭毕还主之时，遂奉祧主归于夹室，迁主新主，皆归于其庙，此以为得礼。”郑氏《周礼注》：“太宗伯享先王处，似亦有此意；而舜弼所疑，与熹所谓三年丧毕有祭者，似亦暗与之合。但既祥而撤儿筵，其主且当祔于祖父之庙，俟袷毕然后迁耳。此已与敬子伯量详言之，更细考之可见。”又答王晋辅云：“示喻卒哭之礼，近世以百日为期，盖自开元失之；今从周制，葬后三虞而后卒哭得之矣。若祔则孔子虽有善殷之语；然《论语》、《中庸》，皆有从周之说，则无其位而不敢作礼乐，计亦未敢遽然舍周而从殷也。况祔于祖父，方是告祖父以将迁它庙，告新死者以将入此庙之意，已祭则主复于寝，非有二主之嫌也。（主复于寝，见《仪礼·郑氏注》）至三年之丧毕，则有袷祭，而迁祖父之主以入它庙，奉新死者之主以入祖庙。（此见《周礼·郑注》及横渠先生说）则祔与迁自是两事，亦不必如殷之练而祔矣。礼法重事，不容草草，卒哭而祔，不若且从温公之说，庶几寡过耳。”问：“卒哭?”答：“以百日为卒哭，是开元礼之权制，非正礼也。”问：“孟献子禫县而不乐，比御而不入，孔子以献子加于人一等矣；今之居丧者，当以献子为法，不可定以二十七月为拘。”答：“献子之哀未忘，故过于礼，而孔子善之，所论恐未然也。”问：“影堂序位，”答：“古者一世自为一庙，有门有堂有寝，凡屋三重，而墙四周焉。自后汉以来，乃为同堂异室之庙，一世一室，而以西为上，如韩文中家庙碑，有祭初室祭东室之语。今国家亦只用此制，故士大夫家亦无一世一庙之法；而一世一室之制，亦不能备。故温公诸家祭礼，皆用以右为尊之说；独文潞公尝立家庙，今《温公集》中有碑载其制度颇详，亦是一世一室，而以右为上，自可检看；伊川之说亦误。昭穆之说，则又甚长；《中庸·或问》中，已详言之，更当细考。大抵今士大夫家，只当且以温公之法为定也。”问：“庶人吉凶皆得以同行士礼，以礼穷则同之可也，故不别制礼焉，不审若然否?”答：“恐当如此。”问：“今有人焉，其父尊信浮屠，若子若孙，皆不忍改，将何时而已？恐人子之遭此，勿用浮屠可也。至于家舍所敬形像，必须三年而后改，不知如何?”答：“如此亦善。”又答《郭子从书》二，问：“古人六礼，自请期以前，皆用旦，亲迎用昏；若妻家相去远，只得先一日往，假馆于近，次早迎归如何?”答：“只得如此。”问：“主人揖婿入，婿北面而拜，主人不答拜，何也?”答：“乃为奠雁而拜，主人自不应答拜。”问：“乡人多入庙见舅姑，然后配，不知如何?”答：“不是，古人必三日庙见，谓必宜中夫妇已定意思，然后可以庙见。成礼之明日，便当见舅姑毕，方往见于女氏之父母，妇至男家，未敢便庙见，故婿往女氏，亦未敢见其父母，及其家庙亲戚也。紧要只是温公与伊川礼，男至女家，温公本为是，女至男家，伊川底为是，古人亲迎必乘马。”（《朱子大全集》六十三）

《宗礼》、《宗义》二篇　道光《广东通志·艺文略》一。

佚　道光《广东通志·艺文略》一。

陈淳《宗会楼记》："古人宗法，别子为始祖，继别为大宗，继祢为小宗。宗其为始祖后者，为百世不迁之宗；宗其为高祖后者，为五世则迁之宗。盖诸侯世嫡为君，由次而下，不得祢先君，视正嫡皆称别子，或异姓之来自他邦，与庶姓之起于是邦者，亦皆谓之别子。其后世子孙为卿大夫，则立此别子为始祖，而别子之世嫡常继别子之正统，以主始祖之祭，与族人为宗，谓之大宗，虽五世外皆为服齐衰三月，是谓百世不迁之宗。其别子之庶子，又不得祢别子，而自使其世嫡后之，以主庶子之祭，与兄弟为宗，谓之小宗。旁而例之，为类不一，其继祢者，为亲兄弟所宗，为服期，继祖者，为从兄弟所宗，为服大功，继曾祖者，为再从兄弟所宗，为服小功，继高祖者，为三从兄弟所宗，为服缌，外高祖五世则无服，祖迁而宗易，是谓五世则迁之宗。大宗一与小宗四为五，小宗五世外，虽已迁而复统于大宗，百世未尝绝。为宗子者，所以主祭；其体为甚专，压族人；其分为甚尊，统率族人；其权为甚重，而族人所以祗事宗子，其礼又为甚严，冠娶必告，丧练必赴，归器必献其上，具牲必献其贤，虽富贵不以入其家，非所献不以入其门，居庶者不敢僭其庙，为支者不敢干其祭。宗子有疾而摄则必告而后祭，若庶子为大夫，则以上牲宗子，为荐于宗子，或宗子居他国，则庶子大夫称宗子，使执常事，而所谓摄主，又不言孝，不备厌旅嘏绥配归俎，凡拳拳于宗子，若是其敬者，皆以重正体而一人情也。何为其重正体而一人情？大要上以事祖祢而尽尊尊之义，下以合族属而笃亲亲之思尔。是以人知宗派所自来，本支昭穆不乱，而宗庙常严；家与宗党时相接，长幼亲疏有纪，而骨肉不离。古人礼俗之盛，孝弟达于州闾者，由此其故也。今世礼教废已久矣，宗法不复存。士夫习礼者，专于举业用，莫究宗法为何如。祢已祔则不复餍其祖，祭有嫡而诸子并立庙，父在已析居异籍，亲未尽已如路人；或语及宗法，则皓首诸父不肯陪礼于少年嫡侄之侧，而华发庶侄，亦耻屈节于妙龄叔父之前，是亦可叹也已！吾友郭君子从，乃于颓俗废礼之中，卓为尊祖收族之举，推原本姓，出于虢叔之后。自太原阳曲，分徙颍川华阴昌乐中山；唐末华阴之族，有避地游宦于南；而本宗始祖，盖自漳来。失其名位，且非世家，不敢僭祖。其次据大父广莱府君讳近者，实始基产业为继祢之嫡，越考至已，又皆居长，于是放小宗法，与其弟某割先业潮阳汶沟田充蒸尝，定为世嫡主祭之议，并摭程夫子所取韦家《宗会》之说，扁其楼曰宗会，以为岁时会合宗人之所。而书来请记，以传言后代，予发书为之深感，因叙古人宗法，曲折以诏其宗人；使知子从此举，实出古先圣王之遗典，而非己意撰为苟合之私则。凡会于兹楼者，皆有以各尽其尊尊亲亲之诚，而本根枝叶之相为依庇壮茂，岂不休哉！抑子从所为宗田之约，嫡子不得出粥，诸子不得均分，专修四代坟忌，及时祭合族之费。忌日一按礼书，不用浮屠，其意义盖甚严明正大，惟后之子孙及宗人，其识之。于是并为之书，俾刻示焉。嘉定庚辰十月望日，清漳北溪陈某记。”（《陈北溪集》七）

又《食燕堂记》：“子从既以主祭合族立宗会楼，复于寝堂扁曰食燕：盖取《礼经》所谓族食族燕之义，以为祭后与宗人馂之地，且并以记文为嘱。予窃以为古昔圣人所重民生赐姓命氏以别之；而以姓氏中又立大小宗以联之，非故外为是法以强乎人也。犹之木焉有从根直上之干，有从干旁附之枝，于干之上又分干，枝之上又分枝，纵横数节后，然后布为千枝万叶，盖莫非一气周流，出于天理之自然而然。圣人特因而纲纪之，以为长久不紊之道焉尔。走兽知有母而不知有父，飞鸟知有父而不知有祖。人灵于物，知有祖祢，尊尊亲亲，秉彝良心，夫谁无之？本无古今贵贱之别，虽叔世衰微离乱之极，而犹有孝义族类，班班史册，或九世同居，或缌服百口同爨，或宗族七百口合席同食，尤可见良心天理之不容泯没，惟其宗法不立，无礼乐以文之，而漫无统纪；然今之条命，有承重瞻茔之制，高祖元孙之服，即《礼经》宗法意，而人不之察尔。吾子从独能酌古参今，举而行之于家，可谓笃信实践而不为虚文之学者矣。凡郭氏宗盟于岁时合馂斯堂之时，群昭穆，长幼咸萃，宜交相训敕以尊尊亲亲之大义，相与维持世守之，而无以私意利欲坏焉。将见人歌塘口郭氏家法，卓然为三阳礼义之宗，庶乎有以副子从今日创始传后之雅意而不为忝也。子从又尝编《宗礼》、《宗义》二篇，附以《立宗文约公状家约》、《家谱》于其后，及晦庵、蒙谷二先生《宗法》各一册，并藏诸堂中，以为后代维持之计者甚悉，惟后人之考焉。抑又有告者，宗人之睦，岂姑为是一燕之乐而已哉！冠昏丧葬必相助，贫穷患难必相恤，推先祖所以庇覆之泽，使宗人无或颠连之病，然后为尊尊亲亲恩义之至者，又不可以不知也。然亲睦宗族家道之一节，如父子亲，夫妇别，男女正，长幼序，实齐家之大经，未有内治无本，而能外睦者也。然身者家之则也，改过迁善惩忿窒欲，又修身之要务。未有身法不立，而能齐其家者也，而身之所以修，又在乎有致知格物诚意正心之学，交尽其至。未有学术不正而能修其身者也；而其所以为学节目，在孔孟周程之书者，又有明法，则宗人于既燕而归也。必当各正尔学，各修尔身，各齐尔家，以无失为人大体，于父乾母坤之下，是又同宗相率以入尧舜之域，盖有醉道饱德之不穷趣味在焉。兹说子从必以与宗人素讲之，而今兹之言，适所以为赘，惟无视其赘而忽诸。嘉定庚辰十月望日，清漳北溪陈某记。”（《陈北溪集》七）（宗颐按：《北溪食燕堂记》，乾隆《揭阳县志》第八卷《艺文》曾录之，惟率逞臆删削，非其文之旧，兹则照原文移录。）

道光《广东通志》二百九十二：郭叔云字子从。（《郭志》云揭阳人，《黄志》作潮阳人。）始见文公，“问为学之初在格物，物物有理，从何处下手？”文公曰：“人莫不有知，但不能推而致之耳。格物是格理至彻底处，致知格物只一事，格物以理言，致知以心言也。又教以为学切须收敛端严，就自家身上用工夫，自然有所得。叔云一意实践，不为虚文之学。”

乾隆《揭阳县志》六《懿行传》：子从渔湖人，始见朱子问格致之要。朱子以原本身心实效语之；由是一意实践，不为虚文之学。以礼教久废，慨然欲讲求而举行之。著《礼经疑》二十余条，质正朱子。后朱子殁，与北溪陈淳讲《先后天》、《太极图》、《易书》之旨。考小宗法，定世嫡主祭之议。割潮阳汶沟田为蒸尝，专修四代祖茔，忌及时祭，一按《礼书》。摭程子所取韦家宗会之说，扁楼曰宗会，以为岁时会合宗人之所；又取《礼经》族食族燕之义，扁其寝堂曰“食燕”，祭毕，则与其宗人合馂于堂。编《宗礼》、《宗义》二篇，及朱子、蒙曾《宗法》各一册，藏于家。

锷按：子从从学考亭，实在北溪之前。北溪为朱子晚年入室弟子。时李通已亡，故朱子歿后，北溪以其学教授漳泉间，从游日众；而子从则跧伏海滨，时以同门之谊，互书讨论。观北溪为子从所作二记，可以见其切摩相与之挚也。子从著作，除《礼经疑》外，尚有《宗礼》、《宗义》，朱子、蒙谷《宗法》。然今存者，只有《礼经疑》二十余条，断章剩句，尤为可珍，余故不厌繁缕，与北溪记文，并移录之，以存其概。

明

唐氏伯元《礼编》二十八卷　《经义考》一百六十六，道光《广东通志·艺文略》一，光绪《海阳县志·艺文略》。

未见

伯元《自序》：《礼》者何？《仪礼》与《大小戴记》也。《编》者何？《上编》、《中编》、《下编》也，礼一也，而上中下者何？君臣，父子，夫妇，昆弟，朋友，古称“五典”；“五典”者，礼之所自出也。故《上编》。冠丧祭俗，谓“四礼”。“四礼”者，人道之终始也。故《中编》。礼者性之德也，道问学所以尊德性。《传》不云乎：待其人而后行。夫礼论者，学礼之方，而行礼之人也。故《下编》。编一也，多至十卷，少或八卷者何？言容服食称谓馈遗卜筮，莫不有动作威仪之则，所以身范物先，而纲维“五典”也，故以系之上，是谓《上编》十卷。乡饮酒、乡射、投壶、觐礼、燕礼，犹夫“四礼”之时莫行也，非力莫举也，故以系之中，是谓《中编》十卷。礼得则乐生，故次乐论；礼乐儒而天下治，故次治论；治本学，学本道也，故次学论；次道论，其烦简一因乎旧文，要之学礼焉耳矣。故以系之下，是谓《下编》八卷。夫三编者，三才之义也；二十八卷者，列宿之义也；其意则出于偶合，而非有意于其间也。然此三《礼》也，不有《周礼》乎，何遗之也？曰《周礼》、《周官》也，非谓《礼》也，且全而无容编焉，其采及《家语》、《荀子》、《诸子》何也？《大小戴》旧所采，有醇有疵，有详有略，而吾家折衷之者也。其《仪礼》或采或否何也？所备者士礼，所不备者诸侯大夫之礼也。备《小戴》而漏《大戴》者，何也？子曰：“吾从周。”《小戴》时王之制也，而今之同文也，故不敢以不备也。夫儒者于三礼，代有订正：其最著者，莫如紫阳夫子与近代湛元明氏，今所传《仪礼》二礼，分经分传，亦既详其言矣，而子异之何也？《小戴》零星错落，《大戴》挂一漏百，倘非比类而分，则次第不可得而考也，是故可以经则经，可以传则传，是编与二书同也。分节而比其类，就类而分其次，重复者有删，残断者无遗，错乱者就绪，则是编也，窃取焉而不敢辞其僭妄之罪也。编始于壬辰，讫于丙申，凡五载，半属司封司铨之暇，时或破冗为之。急在成编，而不暇尽详其归趣。若曰倘其体裁便于览观，不至开卷而茫然，使初学之士可读，好古之君子可考也。虽有未尽之编，犹可以俟后贤于异时，庶几礼教藉以不坠，则是编之大指也。（《经义考》一百六十六）

又《醉经楼》二《礼解》三，《礼仪》中有《记》，有《传》，有《义》，《大小戴记》中有《经》，次其《序》，比其类，礼之大略，可以概睹，详具《礼编》。（宗颐按：首礼仪二字，似《仪礼》之倒文。）

〔补〕郭惟贤《明故奉政大夫吏部文选司郎中曙台唐公墓志铭》：公辛卯主广湖试，入彀者号称得人。方报命随转玺丞，适闻母安人讣，奔守苦次，哀毁如礼，因纂辑《礼经》。服阕，即家拜原官。（《醉经楼集》末）

锷按：三礼各自为书，后世综合而编纂论次者多矣。或有谓《周礼》、《仪礼》并为周公旧典，而《礼记》乃汉儒所辑也，故有舍《礼记》而专研《周礼》、《仪礼》以成书者（如李黼《二礼集解》是）；亦有谓《周官》非《礼》也。夫礼二而已矣：《曲礼》所以备威仪之细，《仪礼》所以具礼仪之大，《二礼》无余蕴矣；故又有舍《周礼》，而专研《礼记》、《仪礼》以成书者。（如湛若水《二礼经传训》是）曙台是编采摭《仪礼》以为主，而辅以《小戴礼记》，旁及孟、荀诸书，其关于六官经国之制，咸摈不录，盖即取法甘泉而远师朱子之意也。（朱子尝曰：《周官》一书，固为礼纲领；至其仪法度数，则《仪礼》乃其本经，而《礼记·郊特牲》，《冠义》等编是述其义疏其云云）。《经义考》、《阮通志》著录是书，皆题曰“存”，意今世当有传本，惜未之见耳。

宗颐按：《礼编》一书今无传帙。伯元自序：称其书分上中下三编共二十八卷。《上编》十卷曰《五典》，论《礼》之所自出也；《中编》十卷曰《四礼》，论人道之始终也；《下编》曰《乐论》，曰《治论》，曰《学论》，曰《道论》，所以道问学而尊德性也。此足觇其书之辜较矣。自序又称编始于壬辰，讫于丙申，凡五载。证之《郭惟贤墓铭》，知其属稿伊始，适当丁内艰后一年也。此书见《经义考》外，《千顷堂书目》亦有著录云。

詹氏一惠《三礼约言》　道光《广东通志·艺文略》一。

未见

雍正《惠来县志》十四《宦迹传》：一惠字养吉（《潮州府志》云字正迪），万历壬午举人。官上犹知县三年，告归家居，同修《邑乘》。著《三礼约言》，以挽颓风，今刻以传。

李氏大纲《家礼易览》　道光《广东通志·艺文略》一，光绪《海阳县志·艺文略》。

未见

光绪《海阳县志》三十六：李大纲，字宏举。早丧母，事父以孝闻；父殁，水浆不入口者五日，庐墓三年，著《家礼易览》一书，乡人依仿而行。中成化丙午举人。

林氏岩《家礼集说》　康熙《潮州府志》。

未见

嘉庆《澄海县志》十九《隐德传》：林岩字廷俊，希荫季子，邑诸生。尝从陈白沙先生学，归以其业教于乡。族党邻里有事，以私约治之，不烦官府，凡一切女巫优伶嫁娶昏丧，违礼者，皆力禁焉。所著有《家礼集说》行于时。

宗颐按：林岩所著《礼书》，康熙《潮州府志》、乾隆《揭阳县志》、嘉庆《澄海县志》本传，俱作《家礼集说》；而《广东通志·艺文略》引乾隆《潮州府志》，则作《家礼》，无集说二字。今从康熙《潮州府志》，附识其异于此。

萧氏端升《琼谕礼要》　道光《广东通志·艺文略》一。

未见

光绪《广州府志》一百十引《新会志》：端升少从罗念庵游，举于乡，授广西知县。万历八年，改新会教谕，日与诸生讲求江门之学。集六约以迪士，士翕然兴起，搜求《陈白沙遗稿》、《黎秫坡文集》，梓行之。寻擢琼州府教授，喜曰："岭外之学，惟陈、邱两先生而已。吾皆得仕其乡，幸天不使孤吾闻也！"及行，诸生依依不忍别，有负笈涉海以从者。

周光镐《贺郡博士萧自麓公七十寿序》：公从罗文恭先生问学，既迁琼郡教授。琼故文庄学士之邦，公至，先考证《文公家礼》，合之《文庄仪节》，梓为《谕琼礼要》。其于起弊维风，为益甚大。维时教道大行，斗之南粤之东西督学监司部使者，无不重萧先生者。（明《农山堂汇草》六）

宗颐按：萧教授端升，邑修撰与成季子，御史端蒙弟也。乾隆《潮州府志》，嘉庆《潮阳县志·儒林传》，并有传。所著《谕琼礼要》，盖取考亭《家礼》，及文庄《仪节》，折衷己意，酌定《四礼》，以谕琼士者，当时琼州守周希贤，曾为刊行。

清

张氏作舟《礼记集解》　道光《广东通志·艺文略》一。

未见

乾隆《潮州府志》二十九《文苑传》：张作舟，字宜川，大埔人，登康熙己卯贤书，己丑成进士，选庶常，邑之有词臣，自作舟始。援简讨，与修《一统志》。与同时李巨来、吴荆山、储理质、蔡梁村、黄际飞、惠仲儒诸公，相切劘。癸巳冬，乞假省亲，明年五月，卒于家，年三十七。著《春秋题解》、《礼记集解》。

吴氏羔《礼记捷义》　乾隆《潮州府志》二十九《文苑传》。

未见

范氏生洸《礼解》　乾隆《潮州府志》二十八《儒行传》。

未见

杨氏缓亭《礼记解》　同治《大埔县志》十七《儒行传》。

未见

同治《大埔县志》十七《儒行传》：杨缓亭，字子方，聪颖，善属文，纂有《礼记解》、《四书义》，藏于家。

郑氏养性《周礼注》　乾隆《潮州府志》二十九《文苑传》。

未见

〔补〕乾隆《揭阳县志》六《懿行传》：郑养性，字帅堂。（宗颐按：《府志》作字舜斋）太学生，性孝友，积学笃行。康熙辛丑，吴门惠士奇，督学岭南，崇尚经术；养性以所注《周礼》、《左氏》等书呈上，士奇称为开风气之先。

刘氏祖谟《周官集解》　光绪《海阳县志·艺文略》。

未见

光绪《海阳县志》四十：刘祖谟，家贫，喜读书，湛深经术。领乾隆庚寅恩科乡荐，三上春官不售，遂绝意进取。生平致力于撰述，尝以《六经》笺注虽繁，尚多疑义；旁搜载籍，考其异同，而折衷《御纂》之说，著《周官集解》、《仪礼集解》、《公羊释义》、《榖梁传释义》等书，共若干卷，藏于家。

又《艺文略》，引祖谟《自序》：取先儒成说，依经诠次，大纲要旨，一遵《钦定义疏》，不嫌简略，取通本文。

《仪礼集解》　光绪《海阳县志·艺文略》。

未见

光绪《海阳县志·艺文略》，引祖谟《自序》：汇集群说，研经作解，一以《钦定义疏》为宗，间附己见，则别出之。

范氏荣怀《仪礼注》　同治《大埔县志》十七《儒行传》。

未见

同治《大埔县志》十七《儒行传》：范荣怀，号尚一，幼受业母舅陈矩，通经史。道光庚子选贡，课徒教子，功严密，出其门者多成立。注《仪礼》，数年始就，藏于家。

张氏对墀《周礼对偶》　同治《大埔县志》十七《儒行传》。

未见

同治《大埔县志》十七《儒行传》：张对墀，字阶登，别字东崖。少负绝人资，淹通经史。家贫，励志力学，旋补弟子员。李雨村、史卓峰两学使，皆拔置第一。乾隆戊申举乡荐，己酉考授觉罗官学教习。著有《五经策要》、《周礼对偶》、《五稔外集》，及《文集》、《诗集》，未梓。

林氏世榕《家礼》　蓝鼎元《鹿州初集》八。

未见

蓝鼎元《林蓝田小传》：林世榕，字可亭，海阳人，明司徒熙春元孙也。父应璧，昌化教谕。榕九岁丧母，事继母以孝闻。登康熙己酉贤书，授陕西蓝田令。在官十二载，谢病归，闭户著述。著有《瓦注草》、《世范纂》、《家礼》等书。（《鹿州初集》八）

锷按：林蓝田世榕，道光《广东通志》，乾隆《潮州府志》，光绪《海阳县志》，并有传。《家礼》一书，《海阳县志·艺文略》据《鹿州初集》著录，作纂《家礼》。考鹿州《蓝田小传》，世榕著有《瓦注草》、《世范纂》、《家礼》等书。盖《世范纂》为一书，《家礼》为一书，《县志》以纂字属下文读，误也。

宗颐按：蓝鼎元《林氏小传》末以衡山旷敏本鲁之评曰：《蓝田归厚录》，可与《家礼》并行，关系世道人心甚大。又是《家礼》非作《纂家礼》之一证也。

蓝氏嗣兰《家礼》　乾隆《潮州府志》二十九《文苑传》。

未见

乾隆《潮州府志》二十九《文苑传》：蓝嗣兰，大埔处士，蓝拱五侧室子。髫年能读父书，喜读唐宋大家文。所纂《族谱》西山诸《序记》，得其神似。尤工书，求无弗应。晚年筑小隐庵，一经课子，辑《家礼》训族人。将卒之岁，拟陶元亮《自祭文》，月余无疾而逝。

郑氏昌时《开方考》　光绪《海阳县志·艺文略》。

未见

光绪《海阳县志》四十：郑重晖，字平阶，初名昌时。幼聪敏，读书过目成诵。弱冠补博士弟子员，食廪饩有声。太守黄安涛以疏治韩江水道下问重晖献策，具《图说》进，太守深器重之，以明经终。所著有《说隅》、《开方考》、《韩江闻见录》、《岂闲居吟稿》，行世。

光绪《海阳县志·艺文略》：《开方考》，引洪肇基《序》，郑君平阶，曾成《开方考》书，刊行问世，依据《礼经考典》之书也。

锷按：郑平阶《开方考》，《海阳县志·艺文略》据洪肇基《闻见录序文》，以为考礼之书，故列入礼类。然审开方名义，似是简书。惜原书未见，今姑仍之。

春秋类

明

曹氏宗《春秋通典》　陈天资《东里志》。

未见

陈天资《东里志》："曹宗，号宗道，神前人。幼聪敏，七岁能属对，或试之云：'五月五，九月九，端阳重阳。'宗应声曰：'上旬上，中旬中，朔日望日。’其捷多类此。读书能通大义，缙绅长者，称为神童。弱冠登乡荐，入太学，祭酒琼山丘公甚爱之，使著《春秋通典》。未几丁母艰，卒于家。”

乾隆《潮州府志》二十六《选举表》：成化七年，辛卯举人，曹宗，海阳人，以神童称。

周氏光镐《左传节文注略》　明《农山堂汇草》二。

未见

光镐《自序》：夫治经者，曷能舍传释哉？圣人作《春秋》，议而不辨，有所褒讳贬损。卒授门人以微言，丘明恐诸弟子各安其意以失其真，故论本事而作传，盖所以证经也。丘明故为鲁太史，孔子尝与之乘如周，观“百二十国史书”，居尝论其与己同耻，耻同则好恶不既同乎？《春秋》好恶之大者，故《五传》莫著于左氏。余不佞以尚书起家，然于左氏学，故所素嗜。初取《杜氏解》读之，见其《释例》虽明，非博士家业，辄弃去。已而取《林氏注》读之，见其句镂字析，类多剩语，又弃去，然向往之心未见，而隽永之截未哜也。会新安汪司马节文出，喜而寤寐之。顾质不敏，则探索难；素善忘，则淹习难；时提携奔走，则诸书合并难；三合难而浮嗜之，自不胜其臆决，如左氏何？于是取二氏注，参缀其旁：其所解者，己所未解者也；所不解者，义所已解者也。学道家谓《注疏》为凑帖学问，卑卑言之。嗟乎！非由训诂，恶能诠释？业用管窥，奚恤睫论？或者又谓汉儒释经，训其字不醉其意，使人湛思自得。后世支离浮漫，是教人不善学也。抑孰知意在传，而义在笺。即元凯尧叟，未尝有所龃龉，是在善学者而已。既卒业，出以质正于沔阳陈玉叔，亟叹曰：是便于学者之揽撷也矣！盍梓之？于是授之太仓江进卿温陵顾汝光删定，属博士康其邦教而督之，盖二三君子肄业及之云。（明《农山堂汇草》二）

〔补〕嘉庆《潮阳县志》十六《名臣传》：周光镐，字国雍，号耿西，孚先季子。隆庆辛未进士，授宁波节推，有廉干声，暇则以古文辞就正于张尚书东沙公；又与余君房公友善，擢南户曹，转南吏部，心仪左司马汪南溟公，为《左传节文注略》。

宗颐按：周国雍光镐，道光《广东通志》，乾隆《潮州府志·名臣传》，亦有传。所辑《左传节文注略》一书，当时尝锓版，今则少有传本。据其《自叙》，盖取新安汪南溟司马所为《左传节文》，加以诠释，训诂采杜、林二氏，而温陵顾汝光太仓江进卿为删削订定云。

清

范氏生洸《春秋解》　乾隆《潮州府志》二十八《儒林传》。

未见

张氏作舟《春秋题解》　乾隆《潮州府志》二十九《文苑传》。

未见

郑氏养性《春秋左氏注》　乾隆《潮州府志》二十九《文苑传》。

未见

〔补〕光绪《揭阳县续志》三《贤能传》：郑大进父养性始以文学教授乡里，治经史有声，尤邃于《三礼》及《春秋左氏传》。

刘氏祖谟《公羊传释义》　光绪《海阳县志·艺文略》。

未见

光绪《海阳县志·艺文略》，引祖谟《自序》：称取《传》章句，先寻意旨，而折衷《御纂》之说。又称于《传》文义难明者，略依《注疏》诂之，《传》义确不可易者，采先儒说申之。偶有所疑，采先儒之说参之。其有经无《传》，及《传》未备，采先儒之说附之。二《传》相通，彼此互见，十不得一焉。以二《传》旨趣迥别，故仍各自为书云。

《榖梁传释义》　光绪《海阳县志·艺文略》。

未见

孝经类

明

陈氏邦基《孝经绎》　道光《广东通志·艺文略》一。

未见

乾隆《潮州府志》十八《儒林传》：陈邦基，字士厚，澄海人，万历庚子举人，闭户著书，有《古帝王释》、《孝经》（宗颐按：《阮通志》于此增一绎字）、《孔子世家释》诸书，藏于家。

清

蔡氏怀清《孝经绎说》

存　光绪同济兴文社刊本。

怀清《自序》：孝者事亲之名，经者常行之典。《春秋》以前，未有《孝经》名目。是以仪文之末，踵而增华；德行之原，隐而莫见。孔子以时中之诣，集群圣大成。生于周末，礼坏乐崩，名教将绝，心窃忧之。爰作《孝经》一书，假曾子言，设为问答，作对扬体，非曾子实有是问也。孔子云："我志在《春秋》，行在《孝经》。"据先后言之，则《孝经》之文，后《春秋》而作也。考鲁哀公十四年春，西狩获麟而绝笔，十六年夏四月，孔子卒，则《孝经》之作，当在鲁哀十四年后十六年前。洎遭暴秦，悉为煨烬。汉膺天命，复阐微言。历晋宋齐梁诸家，各有训诂。至唐明皇时，复撮先儒精华，聿成注解，颁行天下。且《孝经》有古今之分：古文《孝经》，《庶人章》分为二，曾子《敢问章》分为三，又《闺门》一章，合为二十二章，凡千八百七十二字；今文《孝经》一十八章，凡千六百九十七字，今从今文。夫《孝经》一书，小而伤毁必严；大则通光无限；上极天子，下至庶人，凡生事葬祭之典，明刑谏诤之端，地义天经，始终本末，靡有阙遗。且经中论孝，并详臣忠。马君季长《忠经》之作，不过申衍其旨耳。曩曾肄业于此，流连讽诵，颇有所得。但其注释，繁简不齐：繁者初学不便揣摩，简者字句未尽明晰；因从课士余功，略参诸家《注疏》，斟酌去取，窃附己意，殚心解释，其各篇评跋，只出鄙见，仿《诗经折中》体裁，末撰各章阐义，亦抒鄙见。仿《七经精义》体裁，一一恪遵绳墨。自己丑春撰述，至辛卯秋闱后告竣。且孝以孝名，其说及齐治均平政教号令处，悉体立言本旨，由孝推出，非敢自夸特识，聊以抒其管窥。世之君子，匡其不逮，增美释回，尤殷勤属望焉！光绪十七年岁次辛卯葭月，榕江蔡怀清澄波自序。（《孝经绎说》卷首）

林伯虔《序》：蔡君澄波，袖其著作《孝经绎说》，问《序》于林子。且曰："余于斯卒业有年。盖采摭诸家《注疏》而紬绎之，以申言其说，故名《绎说》。各篇末系以总评，则于义之未尽者，竭愚衷推阐，庶几利于初学。"林子受而读之，喟然叹曰："君之学勤矣，笃矣！"昭代经学极盛，大儒踵起，经师接席，若顾、阎，若戴、段，若长州惠氏、高邮王氏、嘉定钱氏，皆家法渊源，以经术显；惟《孝经》之羽翼阙如，其若留以待君哉！今圣人在上，以孝治天下，颁令州县，童试《孝经》命题，各试论一篇，无虑穷乡僻壤，士之生长蓬茨，操船棨，罔不童焉习之。虽吾潮星分牛女，地极南海之滨，其子弟入学就傅，均本此为入德门庭。顾前三十年观察李公璋煜，持节来使是邦时，尝刊布是书，苦无注释；君今乃斐然述作，汇众说成就一家言，且补李公所不及。《学记》曰："入学一年视《离经辨志》"，《郑注·孔疏》曰："《离经》者，断句也；《辨志》者，辨其志，欲习何经也。"君之书分别句读。读书之道，句读为始：句读明而后可观其专习之为何书。然则君之书其有裨于初学，《离经》辨志，固非浅鲜也。近者吾师梁节盦先生重刊陈氏《石经摹本》于惠州，期厚风俗。以吾潮夙称易治，倘得君之书而传播之，家置一篇，人人皆知其说；子弟即甚愚蒙，倘能晓然于当行之道，宜为之事，濬发其天良，民气渐醇，风俗渐古，于以相还邹鲁文学之化。庶乎昌黎旧治，近今一遇；不然，君之书，亦固无害为私家著录矣。古之学者，三年而通一经，君键户三年，勤而且笃，卒成是书，业岂出古人下哉？光绪十九载岁次癸巳壮月，同里林伯虔钦父题于潮阳西园。（《孝经绎说》卷首）

洪秉钧《序》　（《孝经绎说》卷首）（不录）

陈竺孙《序》　（《孝经绎说》卷首）（不录）

邱芝田《序》　（《孝经绎说》卷首）（不录）

林时可《序》　（《孝经绎说》卷首）（不录）

宗颐按：是书一册，不分卷数：盖取今文《孝经》一十八章，参诸家《注疏》，详加解释，以䌷绎奥义；更仿《七经精义》之例，以按语标其大旨；依《诗经折中》之体，既分解复加总评，洪植臣称其"理必精研，词无深隐，足为后学津梁"，信哉！

五经总义类

宋

王氏大宝《经筵讲义》二卷　道光《广东通志·艺文略》一，光绪《海阳县志·艺文略》。

佚　道光《广东通志·艺文略》一。

李心传《建炎以来系年要录》一百七十：绍兴二十有五年十有二月丙子，

左朝散郎王大宝，守国子司业，兼崇政殿说书。是日，执政进呈次，上曰：“王大宝向来曾进《诗》、《书》、《易》三《经解》，甚有可采。朕录一本，付中书省。此人留意经术，卿等可与行在差遣。”董德元曰：“臣等方议欲除国子司业”。上喜曰：“朕意与卿等适合，甚善！经筵亦阙官，可与兼崇政殿说书。”

王应麟《玉海》二十六：隆兴元年己丑王大宝讲《乾卦》，上曰：“万物皆生于乾”，又曰：“阴阳变化之道也。”

锷按：据《建炎系年要录》，大宝以绍兴二十五年十二月，除国子司业，兼崇政殿说书。至绍兴二十六年十月，始直敷文阁，出知温州；是大宝直讲经筵，前后不满一年也。《玉海》所载讲《乾卦》事，为隆兴元年，乃孝宗即位；大宝由提点广东刑狱，召除礼部侍郎时。盖宋制内殿讲经，自辅臣以下，皆可时备顾问，实不必限于侍讲说书。朱子极论大宝学问，偏任己见，解经喜立怪说。（见朱子《答廖子晦书》）然大宝经解，散亡已久；其经筵讲义，亦佚不传。是否如朱子所言，莫能详也。

宗颐按：王尚书大宝精研经学，方赵鼎谪潮，大宝日从讲《论语》。知连州，张浚命其子栻与讲学，深相推重。是其经术诚有足称者。王十朋《祭潮州王尚书文》有云：“潜心稽古，得圣行藏，于《易》、《春秋》，尤其所长。”（《王文忠公集》十八）是则大宝于诸经中，惟《易》与《春秋》，治之独精也。

明

宋氏翰《五经疏义》　吴颖顺治《潮州府志》二十三，温仲和光绪《嘉应州志》二十九。

未见

吴颖顺治《潮州府志》二十三：宋翰，镇平人，字易梧。家贫嗜学，年十三，游闽从学。年十八，见知郡守郭青螺，以童子试拔第一，屡试冠军，咸以科第期之。念经生章句学无益，遂隐山中，究心理学，著有《四书管窥》、《五经疏义》。

〔补〕薛氏侃《经传论义》　《廷鞫实录附识》。

未见

〔补〕叶萼答杨复所询《先师寓惠作郡志传事书》：嘉靖甲辰，弼塘（宗颐按：弼塘庞姓，五羊人）以东莞善士刘颐齐，迎居玉壶洞，同门日质经传，著《经传论义》。（《廷鞫实录附识》）

宗颐按：据《礼部议谥公策》称：公游罗浮，惠士延公于永福寺，朝夕听讲。聂公豹、钱公宽，日质经传论义，答之皆为跃然。所言聂、钱二人质经传论义，为居永福寺时；与叶萼答书，同门质经传于玉壶洞之说，其时与地，皆不相合。

又按：康熙《惠州府志》十四《寓贤传》：举中离所著书名，于此书亦云经传论义，与叶萼答杨复询所书同。光绪《海阳县志·艺文略》，作经传谕义，谕与论字形近，当为误写也。

又按：揭阳曾彭年编校中离《遗书题记》，引杨起元《惠州寓贤记》、王渐逵《薛侃墓志》、何维柏《侃传》，咸以此书为《经传正义》。正义与《论义》，其名歧异，今考杨起元《惠州志》传文，实作《经传论义》；而《王氏墓志》、《何氏传》，皆言侃著有《研几录》、《图书质疑》、《经传正义》三种，然侃所著书，实不只此，王、何二氏于侃著述之数，既皆未详，名称讹误，遂不能免，不足为据。曾氏彭年引之，殊未当也。又曾氏以此书不见载于湛甘泉《宗山祠堂记》，谓为一疑案，则亦稽考未周耳；不知湛记之作在前，而薛氏此书之成在后也。（嘉靖十一年壬辰，薛侃筑书院于宗山，建祠堂祀王阳明，湛氏为作《记》，适在此时。据《薛氏族谱》，薛侨《中离公行状》推算，侃年四十七岁。至侃居永福寺讲学，在甲辰，其时年则五十九也。）

又按：光绪《揭阳县续志》四《艺文》：于是书作《经传论议》一卷，又《文篇》中林济川薛中离公《训俗垂规序》亦作《经传论议》，《论议》与《论义》，名称又异。兹据叶萼答书，以《经传论义》著录，以叶为中离弟子，其言较可信也。

清

张氏溶《诸经注解》　嘉庆《大埔县志》十七《儒行传》。

未见

嘉庆《大埔县志》十七《儒行传》：张溶，字宏升，别字达川，乡贤奕灵孙，高州守备可栋子也。性孝友，为邑诸生，屡荐棘闱不中，以老病援例入贡，纂有《诸经注解》。

郑氏之侨《六经图》二十四卷　嘉庆《潮阳县志》十六《循吏传》。

存　乾隆《述堂刊本》。

之侨《自序》：《六经》皆经世之书也，而实治性之书。盖治性体也，经世用也。大体立而后大用行，《易》兼四圣，《书》备六王，《礼》兼三代，《诗》列四始，《春秋》明三纲九法，圣人之精蕴尽，圣人之真性出矣。见圣于经，何如求经于性？厥后庄列申韩之徒，异喙争鸣，而伪者奋真矣。由汉及唐，刘向、马融、陆德明辈，解诠博引，亦未免附会支离。千百年来，泯泯棼棼，六经之传微，而性道不几几乎熄乎！迨宋中叶，周程开其宗，朱子集其成，明体达用，而六经始大明于天下，此后世六经源流群归朱子者，谓其明善治性，自有真也。我圣朝右文敷教，经学大备，训饬士子，学务为己，由圣贤之言，以体圣贤之心。之侨仰承休明，而致知格物之功不知所以用力，遽出而治铅，士民昏昧益甚。辛酉春，寻恢鹅湖遗址，道范峨然。始觉异同之辨，后人自纷意见；而治性之功，宗旨若合符节；并悟六经皆我注脚一语，亲切有味。侨因以朱陆之同白诸生也。诸生若信若疑，间出所藏六经图对叩其系，摹石于信州学舍。披阅梗概，编次工密，位置井然。先儒表章圣经，厥功巨哉！乃细按其奇偶之分，日星之度，疆域庙堂之制，车服礼器甲兵之隆杀，以迄鸟兽草木之名，舛错颇多，不知者更以杂伪诬其真本，是诬贤以诬经也。呜呼！伪之诬真，渐可长哉！夫禅家之空心灭性，儒者之存心尽性，是真是伪，辩之宜早。儒者端严敬慎，随事精察，不敢漫为，则心存而理得。禅家寂灭无理，屏绝其思虑，使心不得出，以致虚静而已。及羁制久，而此心惯熟，亦不走作，夫心具万理应万事，浑然皆备者性也。反羁制如此，此其所以归于空寂，不识阴阳生成之义，不晓人心道心之别，情性枯而不挚，仪威乖而失常，至于微言大义，又以为非慈悲妙门，其心死矣，性灭矣；而且以禅学为妄，诱绝天下后世之真性。噫！差之毫厘，谬以千里。侨为心性忧，侨何得不为经学学忧乎？爰公余挑灯，按规求矩，手自摹画，于碑碣之讹者正之，其残缺者补之，参益诸儒集说，历数寒暑而图成，以质诸生。诸生以为有裨初学，请付开雕。侨愧一物不知，一器莫名，何敢以浮夸者为心性害？而诸生曰：秀之乱苗，紫之夺朱，以其相似也。旧图久传讹于世，亟正之，以醒人心目，况左有图，右有书，古人遗意。记曰：《礼器》，是故大备，大备，盛德也。是图形制班然，诠解详博，于奇偶见阴阳之道焉，于日星见天文之象焉，于疆域见王制之均焉，于庙堂见君臣之位焉，于服饰见文物之盛焉，于车旗见三军之勇焉；于氏族见爵赏之施焉，于鸟兽草木见育物之仁焉。请之至再，因锓木以公同人；唯相与因图考象，共晓然于本真之不可伪为耳。仰侨更有进者焉：陆子谓六经皆我注脚，而侨谓《学》、《庸》、《论》、《孟》，又为六经注脚。学者因《学》、《庸》、《论》、《孟》以明夫天地鬼神之微，礼乐教化之原，人情风俗，何以不敝，是非邪正，何以不死？以《象数》而入之，彻神髓而出之，性之既治，虽不言六经可也。虽勿图六经亦可。语曰："得意忘言，得言忘象"，侨可与共勖也。又曰："治民之术，无逾六经"，侨又可以自勖也。是为序。时乾隆捌年癸亥岁长至日，后学潮阳郑之侨东里书于鹅湖之述堂。（《六经图》卷首）

雷铉《序》：穷经将以致用，而其本则具于一心。自其辨析精切博通淹贯之后，融而会之万事，万物之理，岂有出于一心之外哉？然日用饮食，宫室车服之器数，历代帝王治乱兴亡之事迹，以暨乎天地日月之行度，星辰之次舍，山川形势之险易，虽在上智，岂能凭虚而索，冥坐而悟？此古人左图右书为格物穷理之实学。朱子所谓"众物之表里精粗无不到，吾心之全体大用无不明。"盖彻内外贯始终而究极言之也。知行并切，如目视足履交致其功，或者乃疑一旦豁然贯通而后诚意正心，将终身无诚正之日，可谓刻舟求剑拘墟之至矣。顾后世类以记诵辞章夸多斗靡为事，即讲究经世之务，而身心性命，或反置诸膜外。用心于内者，遂矫枉而过正，谓万事万物之理取之一心而自足，将率天下而为师心自用之人，此学术之大弊也。广信学宫，原有《六经图》石刻，备学者穷经稽古之资。吾门郑君东里宰铅山，每至鹅湖书院与诸生讲论经学，按图指划，患其校订未精，讹舛间出，爰细加考正，凡《易象》天文列国疆域，一字稍差，则阴阳异位，南北殊方，莫不厘然，各归其所，明堂之制，禘祫之礼，积为聚讼，悉纂先儒成书，折衷定论，更融会六经之源流，汉唐以来之著述，示学者以各经之大旨，石碑体裂，难于展阅，易以梨枣，剞劂精工，东里之用心，有益于经学，厥功巨矣！今之为令者，簿书钱谷，日无暇晷。东里之治铅山，政通人和，成效丕著，复有余力，研奥剖赜，汲汲如诸生时。宜乎榕门陈中丞，称之为西江第一贤令也。东里以是书刊竣，久属以《序》。余识见疏卤，不敢援心学以自遁，愿学者由经以求道，体立而用行，庶天下有真儒，学术无改趋也。爰书所见与天下学者共质之。时乾隆玖年岁次甲子孟冬月，宁化雷铉敬书于铅山河口舟次。（《六经图》

卷首）

嘉庆《潮阳县志》十六《循吏传》：郑之侨，号东里，一号惠泉，附廓金浦人也。十八补诸生，乾隆乙卯举乡，丁巳成进士，历任江西铅山弋阳知县，直隶湖南知州，升宝安府知府，山东济东泰武道，改湖北安襄郧兵备道。寻以母老乞归，遂不出。侨虽以吏能显，而勤于撰述。著有《六经图》二十四卷，《四礼翼》二卷，《鹅湖讲学》十二卷，《农桑易知录》三卷，《劝学编》六卷，俱刊行。（宗颐按：《四礼翼》非之侨所撰，《志》误）

孙星衍《跋无名氏六经图》：考《六经图》仿于宋杨甲，以绍兴中刻石，昌州郡学陈振孙，引《馆阁书目》六卷，载在《书录解题》七卷。叶仲堪重编，毛邦增补之，不可得见，此本有《太元》、《皇极》、《潜虚》等图，疑即明御史光州胡宾刊本也。予所藏又有近世郑之侨刊本，尽改宋人体例。尤不足观。（廉石居《藏书记内编》上）

锷按：郑东里《六经图》，乃其令铅山时所作。信州铅山，旧有鹅湖石刻《六经图》本。明时庐江卢谦，官永丰知县，曾得石刻，重编刊行。即今所传《五经图》六卷是也。其后杨魁植文源父子，复析《春秋三传》为三，刻于长春，名《九经图》。二书皆于原本参错窜乱，未足以资考证。东里是书，盖亦取信州学宫石刻为蓝本，凡《易》四卷八十二图，《书》四卷六十六图，《诗》四卷三十七图，《春秋》四卷二十八图，《礼记》四卷六十六图，《周礼》四卷六十四图，合二十四卷，三百四十三图。其篇目一仍石刻，而石刻有缺误者，则取《先儒图考》补正之，故图数较旧本为多；又每《经图》首条，叙经书传授源流，大抵以《汉书·艺文志》，及陆氏《经典释文·叙录》，掇拾成编，各图注解，亦时附以考证。信州石刻原本，余未之见。据纪昀所作杨魁植《九经图提要》，谓杨于《易》既载《河图》、《洛书》，又载古《河图》、《洛书》二图，一为旋毛，一为龟坼。据明以来，伪本殊为失考。今考是书卷一，《易》有《河图数图》、《洛书数图》，而卷七书复有《河图数》、《洛书数》二图，与杨本重复正同；是知信州石刻原本如是，故杨氏郑氏皆沿其旧，而均未能详核订正也。纪氏又讥《易》末，载邵子《皇极经世》，司马光《潜虚》，关朗《洞极》，扬雄《太玄》、《准易运会历数》等图，皆《易》外支流，亦失之泛滥。（此亦《九经图提要》语，东里此书，并有此数图）不知《六经图》，最古者莫如杨甲、沈邦翰二家，以陆光辅跋文考之：杨、沈两本，并有《太玄》、《潜虚》、《皇极》、《运会》、《历数》诸图。实不自信州石刻始有。（孙星衍未见杨甲原本，遽谓郑氏是书，全失宋人体例，语亦未当。）况《运会》、《历数》，谓之《易》外支流；然则《纳甲》、《卦气》，乃为《易》学真传乎？文达学宗汉儒，故其言如是。其实郑氏此书，大体明晰，决择具有苦心，虽其间如《虞书》十二章服图，绘日为三足乌形，月为白兔捣药状，及《周礼·墨车图》，以两辕中夹四马，殊与古典古制不合，有疏考证，然终不能因是遂蔑视其全书也。

张氏对墀《五经策要》　同治《大埔县志》十七《儒行传》。

未见

〔补〕吴氏从周《六经会编史论》　嘉庆《潮阳县志》十六《孝友传》。

未见

〔补〕嘉庆《潮阳县志》十六《孝友传》：吴从周，字思宪，幼孤，事母至孝，学得江门宗旨，所著有《海镜堂集》及《六经会编史论》。

〔补〕韩日缵吴隐君《入祀忠贤祠记》：隐君辟海镜堂，曾称说六经大义，事亲孝，处友信，奉上忠，反覆谆切，里俗翕然向风，又遴其才子弟而勾授之。家有塾，里有社矣。（嘉庆《海阳县志》十九）

郭氏光《补经遗录》　光绪《揭阳县续志》三《贤能传》。

未见

锷按：郭光字照堂，揭阳人。道光乙未举人，光绪《揭阳县续志·贤能传》有传。光以大挑二等授教职，历任绥猺厅连州罗定州恩平县阳江县儒学，所至劝于训迪。作冷官二十年，贫无以遗子孙。只辟一小书舍曰归去来斋。庭前叠石莳花，布置楚楚，澹如也。卒年六十四。平生勤于著述，所撰之书不下十种，此《补经遗录》其一也。

卷　三

经部四书类

明

宋氏翰《四书管窥》　顺治《潮州府志》二十三，光绪《嘉应州志》二十九。

未见

薛氏侃《鲁论真诠》　道光《广东通志·艺文略》一，光绪《海阳县志·艺文略》。

佚　光绪《海阳县志·艺文略》。

〔补〕吕应奎康熙《惠州府志》十四《寓贤传》：薛侃论学宗良知，以万物一体为大，以无欲为至，质性刚柔，随病而药。时从游者数十人，而李鹏举、叶萼尤日侍讲席。精于《易》，每静夜与二子说之。东莞学者迎居玉壶洞，一载还惠。在惠前后四年，归揭阳卒。有《图书质疑》、《经传论义》、《中说》、《西湖记》行世。拟著《鲁论真诠》，未成，藏鹏举家。又十余年，萼得其稿于敝笥中，追续成之。（宗颐按：《阮通志·艺文略》录是书，题薛侃、叶萼同撰，并引《罗浮山志》今编云：侃拟著《鲁论真诠》，未成，又十余年，萼得其稿，追续成之。光绪《海阳县志·艺文略》亦依《阮志》引入此语。)

曾彭年《编校中离遗书题记》：案杨文悫公起元《惠州寓贤记》，称先生所著有《研几录》、《图书质疑》、《经传正义》、《中说》、《西湖记》诸作；《鲁论真诠》未成稿，藏李鹏举家。又十余年，叶萼得之其敝笥中，追忆续成之。王氏渐逵《墓志》，何氏维柏《传》，均称作著有《研几录》、《图书质疑》、《经传正义》；湛甘泉氏《宗山祠堂记》，则仅称所著有《研几录》、《图书质疑》。以上四家所叙先生著录互有不同；然考文悫所称前三书与王氏、何氏同，其《中说》寥寥短篇，已见《文集》中，《西湖记》无存，至《鲁论真诠》则明言叶氏续成，非尽出先生手著，且叶氏续书时，在先生既没十余年之后，则为《家传》与《墓志》之文所不及见，亦自有说，惟《经传正义》为湛甘泉氏《祠堂记》所不载，则一疑案耳。冯刻《耆旧集》亦不及《正义》、《真诠》二书只字，冯氏去今近百年，搜辑较易为力，乃亦仅此，则此二书之亡，盖亦久矣。(宗颐按：杨起元贞复，谥文懿，此误文悫。〔见康熙《惠州府志》十五人物〕起元纂辑万历乙未《惠州府志》所列之传有五：曰《名宦》，曰《寓贤》，曰《人物》，曰《列女》，曰《仙释》〔见《惠州府志》卷首旧《序》、杨起元万历乙未《序》〕，而采薛侃入《寓贤传》，此不云《寓贤传》而作《寓贤记》，未知何所本也？起元所撰传文，叶萼《廷鞫实录附识》载之，云侃所著有《图书质疑》、《经传论义》、《中说》、《西湖记》诸作，与康熙《惠州府志》侃传正同。此于《质疑》上多一《研几录》，而《经传论义》，则作《经传正义》，亦与原文弗符也。又曾氏引湛甘泉《宗山祠堂记》，考其文，今《甘泉文集》不载；而《廷鞫实录附识》中有甘泉撰《中离配享阳明宗山祠堂记》一篇，廑述中离功行，而弗论其著述，二篇名称不类，疑非同文。盖苟名为《宗山祠堂记》，则当在中离生前，为其建祠以祀阳明而作也。著名《配享阳明宗山祠堂记》，则当作于宗离卒后也。何以言之？中离撰《陈海涯传》，言壬辰筑书院于宗山中，建祠堂，祀王阳明，依薛侨《行状》所叙中离生年推算，壬辰之岁，中离年四十七，然其梓行《研几录》，乃在嘉靖乙未，为五十岁；其著《图书质疑》，在癸卯，为五十八岁；曾氏所引湛文，名《宗山祠堂记》，当在中离四十七岁时，湛氏为其建祠而作者也。则不应言及《研几录》、《图书质疑》二书，盖其年之前后实不相合。凡此皆曾氏援据未明之处，爰识之，明俟考核云。)

锷按：《鲁论真诠》，旧皆题侃、萼同撰。因杨起元有“薛未完稿，叶续成之”之语。然考萼《答杨贞复询先师寓惠作郡志传事书》，言公之行，在朝廷在天下；其学在《研几录》、《质疑》、《论义》、《易传》、《鲁论真诠》、《文集》；其传在《文成全书》、《传习录》。据此，则《真诠》一书，固中离亲自编纂成帙，故叶氏与《研几》、《质疑》并举。若尚未成书，必待叶氏续成；则叶氏答杨氏此书，距中离没才数年，不应先有是语。意者当时中离撰是书，草稿甫就而遽卒；更十年之后，萼乃取而写定。或其稿已佚，萼追述平日所受于师门录之，亦未可知。后人不察，遂谓薛、叶同撰也。惠州《归善府县志》叶萼本传，亦不言萼有续《鲁论》事，兹据萼答杨书改正，以中离著录。曾君彭年，又因甘泉《宗山祠记》无《正义》、《真诠》二书，疑莫能决，此亦未见叶氏答书耳。此书千顷堂及清初藏书家目录，均不载其目，盖其佚久矣。

宗颐按：《礼部议谥中离公策》赞曰：“良知独契，《鲁论》发明，有功圣学，不愧师承。”明言中离于《研几》、《易道》而外，兼通《鲁论》也。而叶萼《答杨起元书》云：“甲辰，公居玉壶洞。同门日质经传，著《经传论义》，更请疏《二论全书》，谓论在不精不粗之间，易杂邪说，正学明则支离之说自破。著《鲁论真诠》，每书疏数十，令鹏、萼侍坐，师同声高诵，叹赏则止；如未甚快然，曰待易之，未曾少有系吝己见也”。是尤足证中离治《论语》之精勤矣。中离于嘉靖甲辰，居玉壶洞，而没在乙巳十二月，是其撰此书，适为死前一年也。杨起元谓中离著《鲁论真诠》，未成稿，以此相证，其言足信。意当时此书，仅有劄记，而未条次，故杨云未成稿也。杨氏又言，此书为叶萼追续成编。按《惠州志》十八《词翰》载知府新安程有守所作《道一篇》跋，称叶铧夫（叶萼字）辑鼎石周先生《讲录》，与中离之《真诠》合为《道一篇》。则此书固由叶萼裒录行世，而非中离手纂成帙也。其书原为草稿，遗漏自多。叶萼于是追述平日所学于师门者苴之，故杨云追忆续成也。《阮通志·艺文略》著录此书，未加详察，妄题薛、叶同撰，而光绪《海阳县志》复沿其谬，先君因为纠正，然意似未尽，故兹加以申证云。

又按：此书光绪《揭阳县续志》四《艺文书目》，与林济川薛中离公《训俗垂规序》，并作《论语真诠》云。

唐氏伯元《古石经大学》

存　《醉经楼集》附刻本。

伯元《自序》：《大学》表章，自宋儒始欤？非也。韩子《原道》是已。其首章孔氏《遗书》欤？非也。《原道》及夫子必称经，此独称传是已。然则是书曾子作乎？曰曾子作也。十目所视，何以云曾子也？将意曾子而记门人乎为之词者也。谁作之欤？曰虞松校刻石经于魏，表引汉贾逵之言曰："孔伋穷居于宋，惧先圣之学不明，而帝王之道坠，故作《大学》以经之，《中庸》以纬之。"则《大学》、《中庸》皆子思作也。曰："经纬之说信欤？"曰："吾读《易》，窃疑《大学》大象，《中庸》小象也。及见经纬之说，而偶得所同也，是故经纬之说信也。"曰："今之所据郑玄《疏》也，玄《疏》行久矣。近代诸儒无论，盖二程朱子于是乎尽心焉矣。子何据而独逵之稽也？"曰："吾稽其传受而可据也。按《史》：玄受之马融、挚恂，而传自小戴圣，圣所传出后苍、孟卿、高堂生，而非秘府之藏也。逵父徽与其师杜子春，俱受业刘歆。当汉武时，《周礼》出岩屋间，归秘府。至成帝朝，歆始表而出之，五家之儒莫见焉。故逵之传歆出也，其后逵宦中秘，又著《礼经义诂》及《论难》百余万言，为学者所宗。于时友人郑众与逵齐名，俱有《解》；而马融推逵最精，逵《解》故独行于世。众《解》不行，故逵之言可据也。曰：二书皆孔思出也。曷二之也？"曰："析而故完也，分而故合也。圣人《系》、《易》、《象》、《爻》，不足而又《辞传》也。是故《大学》略而《中庸》详，略者序而详者理也。可略而详，则序淆矣；可详而略，则理隐矣。淆与隐，而圣贤之意湮矣。是故其二也，乃其所以为一也。"曰："然则子之知所先后为格物也，必《石经》而明欤？"曰："非也，吾有所受之也。尝闻之师曰，'物有本末'一节是格物也，我太祖高皇帝曰：'《大学》一书，其要在修身'；而《大学》古本以修身释格致。曰：'此谓知本'，'此谓知之至也'，皆不必《石经》解也。虽然，犹经解也，如《石经》则可以无解矣。"曰："原道故遗格何也？"曰："《大学》论学也，《原道》论道也；《原道》重于治人，专责佛老之遗其外；《大学》先于治己，责及管、商之遗其内。《大学》者，合内外之学也。夫诚意正心以修身而已矣，格物致知以求诚而已矣。淆与隐，立言者之所忧也。善乎，程子之论也，其曰有天德便可语王道，其要只在谨独，盖与原道互发，而默契乎知本之意。学者能由二子之言，以会我高皇格物之解，可与言《大学》。"南京户部云南清吏司署郎中事主事，臣唐伯元序。

毛奇龄曰：《大学石经》，今世所行，系唐开成间所镂石。虽非汉熹平蔡邕旧迹，然与郑注《礼记》原文，并无异同。至明嘉靖间，忽有魏正始本

《石经》出于甬东丰考功坊家。其文但有变纂，不分章节；增“颜渊问仁”二十二字，删“此谓知本，此谓知之至也”，“此谓修身在正其心”一十八字。其时海盐郑端简晓从同邑许黄门相卿宅得其书，极为表章。其言曰：魏政和中，诏诸儒虞松等，为正五经，卫觊、邯郸淳、钟会等以小篆八分刻之于石，始行《礼记》，而《大学》、《中庸》传焉。考《魏史》正始中，诸儒虞松等校过《石经》，魏邯郸淳、钟会以古文小篆八分书之于石竖在汉碑之西，则魏正始中原有五经书石之书。其云政和，则宋徽宗年号，系正始笔误。第是时无卫觊名，卫觊者，卫瓘之父。《经典稽疑》，据传谓觊当以太和三年死，死时虞松年十五，钟会方五岁，断不能同时作书。且钟会母《张氏传》称：会十三颂《周礼》、《礼记》，则《礼记》之行，断不俟会之书而始传于世，其言之纰漏，不辨自明。至万历甲申，南户曹唐氏伯元得其书于吉安邹氏，遽疏请颁布学官。会其疏以别事与中贵忤，遂驳奏不行。然其疏词则有云：《石经大学》，魏虞松受之贾逵。逵父徽，与其师杜子春俱受业刘歆。当汉武时，《周礼》出岩屋间，归秘府，五家之儒，皆不可得见。至成帝朝，歆始表而出之。后逵官中秘，又注《礼记传义诂》及《论难》百万余言，为学者所宗。于时友人郑众与逵各有解，而马融推逵独精，故逵解独行于世，众解不行。考《汉史·贾逵传》，逵但受《春秋》，为《春秋》五家说，并《周官传》，并不受《礼记》，为《礼记传义》，此皆借逵传旧文，影射立说。如《周礼》出岩屋间，即《周官》也；五家之儒，即《春秋》五家也；其为《传义》诂，即《春秋》之《传义》也。唐氏不明五家为何家，《周礼》何礼，谬加《礼记》二字于《传义》之上，固属可笑；且当时有两贾逵，一在熹平间受《春秋》者，一在正始与虞松等同校《石经》，若前贾逵则去松等远，不及授受；而在后贾逵，则又焉得有马融相推逵解独行之事，此真呓语也。又其言曰：若注疏大学，则东汉郑玄受之挚恂、马融，而传自小戴圣，圣出自后苍、孟卿、萧奋，奋本之高堂生，是为高堂古文，当时以非秘府藏，不得与录。夫《礼记》出自高堂，固自可据，然并无高堂、刘歆两本兼行之事，且庆、戴三家皆立博士，而《小戴》所传当时已著为经，其曰非秘府不录，何以称一？（《西河合集》）（宗颐按：毛西河氏以唐伯元《疏词》，有《石经大学》魏虞松受之贾逵之语，遂肆意诋诃。考伯元《疏》，不言贾逵传《石经》事，其《石经大学序》，则称虞松校刻《石经》于魏，表引汉贾逵之言；所云表引，非传授之谓也。毛氏误《序》为《疏》，复以表引为传授，不亦谬乎？毛氏又以伯元借贾逵传文，影射立说，至讥其不识五家，不明《三礼》，亦失唐氏本意也。按唐《序》原文，引《汉书》言贾逵官中秘，著《礼经传义诂》及《论难》百余万言以为证，其言固谬（《后汉书·贾逵传》原文，作所著《经传义诂》及《论难》百余万言，唐氏以为《礼经传义诂》，误也）；而毛氏引伯元语，误以著《礼经传义诂》句，为注《礼记传义诂》，以《论难》百余万言，为百万余言，所差不更远乎？斠校所得，谨识于此，以辨正焉。）

朱彝尊曰：按丰坊伪《石经大学》，唐氏误信之上言于朝，请颁行学官，而又述之为书，与管志道交相倡和，皆梦魇之语也。（《经义考》一百六十）（宗颐按：管志道有《大学六书》，共八卷，载《经义考》。）

锷按：魏政和《石经大学》，为丰坊伪作，前人言之详矣。曙台是书，盖其令泰和时得之吉安，经虽出自《存礼》，然今考其书，与丰本微异，如“此谓知本”，“此谓知之至也”。此谓“修身在正其心”一十八字，丰本删而唐本有之；其增“颜渊问仁”二十二字则二本皆同，《大学》本在《小戴记》中，自朱子析出表章，强分经传，为之章句，于是天下学者，千百年来，诵习耽玩，狃于功令，惟知有章句之学，而不知有注疏之学。及阳明王氏起，始倡复古本，还郑《注》孔《疏》之旧。唐氏此书，虽以《石经》为本，顾其于朱说穷理致和之意，犹谓失之未远；惟极力攻击阳明，谓其致良知于事事物物，则是格物在于致知，为两失。今按唐氏《小疏》中，其释致知在格物章云：“不曰先而曰在者，明格物即致知也；修身之功，至诚意止矣，然诚至难言，物之不知，则以非诚而诚者有之，故诚意正心者，修身之功也，格物致知，求诚之事也。”唐氏解释此段大抵尚不差，惟训在为即，则差之远矣。本文之意，自“古之欲明明德于天下者”，至“先致其知”，盖用逐层推深意，尚有所属也。“致知在格物”句，云“在”不云“先”者，明明德至于格物至矣，尽矣，无复加矣，故以“在”字结之。致知格物是二非一，若致知格物，则言欲诚意先致知可矣。又何必复云致知在格物乎？若夫阳明之释《大学》也，言《大学》之要，诚意而已矣；诚意之功，格物而已矣；诚意之极，止至善而已矣。又云不本于诚意，而徒以格物者谓之支；不事于格物，而徒以诚意者谓之虚。支与虚，其于至善也远矣。此等解释，何等明白透畅，而唐氏必刻意诋諆之，反遵信倒置经文之石刻伪本，沾沾为之注释，且欲疏请颁之学官，何其愚也。此书《广东通志》、《海阳县志·艺文略》不著录，兹据《千顷堂书目》、

《经义考》补入。

宗颐按：伯元此书，唐彬《求赐谥疏》作《大学注释》；嘉庆《澄海县志》十八作《石经大学解》；而《千顷堂书目》二及《经义考》一百六十，则咸作《石经大学》，名与丰坊伪本同。然考伯元《自序》名曰《古石经大学序》，可知此书实名《古石经大学》也。书旧鲜有传本，道光间普宁方耀重刊《醉经楼集》，附刻卷后，由是得再流传于世。其书于经文粗有注解，然匪诠释训诂，特欲证《学》、《庸》两书，皆孔伋所撰，以申贾逵经纬之说也。书首为《石经疏词》，次《石经大学序》，次载丰坊伪本引虞松等语。又次则为经文，细核其字句，与丰本微有别。其经文不删、“此谓知本”、“此谓知之至也”、“此谓修身在正其心”一十八字，而丰本删之，一也。其经文前引虞松语首句，不云魏政和而作魏正始，二也。其与丰本差界者廑此，所谓《古石经大学》者，盖伯元得自吉安邹氏。（《石经疏词》解，臣令泰和吉安，知府张振之手《古石经大学》授臣。询其自，乃从今翰林院庶吉士邹德溥为举人时所寄，随缘一册笥之。）即丰坊伪本，匪别一《石经》本也。（朱竹垞言，丰坊伪《石经大学》，唐氏误信之上之于朝，足证两书同本。）夫丰本之伪，尽人皆知，魏政和三字，素为群儒所指摘。（吴应宾曾驳之，至名其为亡是子虚，见《经义考》一百六十。）今唐氏此书，独作正始，乃知所传丰本之作政和，盖传写之讹也。且旧所传丰坊伪本，其异于《注疏》本者，在于经文倒置，及增入“颜渊问仁”二十二字，而所省去“此谓知本”等十八字，唐氏此书竟存之，又可见此十八字者为脱简，丰坊原本，未曾阙也。故论丰坊《石经》本，唐氏此书，实其真面目也。

姚氏冠《四书注解》 雍正《平远县志》三。

未见

雍正《平远县志》三：姚冠，号弗尘，大柘人，聪颖力学。崇正元年，以明经高等授学正。隐居不仕，恬澹寡营，一以圣贤诚意正心之学，教授生徒，造就多士，仕进通显，半出其门，人称为文穆先生。著有《四书注解》，及《诗集》行世。

蔡氏承瑚《中庸藏枕》 光绪《海阳县志·艺文略》。

未见

光绪《海阳县志》七：蔡承瑚，字华夫，少有俊才，崇祯庚辰进士，授昆山知县。为治静正，邑人德之。乙酉，澄寇破海邑，承瑚集乡兵败之，所著有《中庸藏枕》、《善居集》行世。

宗颐按：陈衍虞《序四书借说》有云：予与用缶先生共砚席十年，见其每竖一义，莫不穷高极远，成《中庸藏》一书，为不传之秘笈，所云用缶，即承瑚之字，至言其成《中庸藏》一书，与《海阳志》作《中庸藏枕》有异，则未审孰是也。

清

陈氏修《四书会解》　张经《陈拓潜传》。

佚　《陈拓潜传》。

张经《陈拓潜传》：先生名修，字拓潜，壮岁尝筑舍普陀岩，喜茅鹿门陈明卿评点《史记》，时时向人指说，须眉辄张，人称为陈太公云。顺治辛丑间，集友青莲社，招余为文，时先生五十余矣。

又《赞》曰："往先生在余塾中，年七十矣。日夜读庄书，尝为余说《内篇》，洋洋乎超向郭而上也，屡欲竟《外篇》而不就，甚矣余不能读书亲友益也。先生殁后，抚卷茫然，白云在天，引领何及？尝辑《四书会解》一书，欲余弁其简，至今篇帙飘零，其负徐君深矣。先生嗜学笃古，贫无四壁，又有羊舌之悲，卒时七十七。岁在丙寅，适值潮变，敛形以葬，悲哉！"（雍正《惠来县志》十八《艺文》）

宗颐按：陈修惠来诸生，乾隆《潮州府志·文苑传》，雍正《惠来县志·贤迹传》并有传。蓝鼎元高其行，曾取与郑国光合撰为《陈郑二生列传》（见《鹿洲初集》八）。云修字扩潜，与张经传作"字拓潜"异，不知孰是？又文中不言其著有《四书会解》，想其书亡佚已久，故蓝氏不知之也。

蔡氏召似《四书借说》　《莲山续文稿》一。

未见

陈衍虞《序》：往者神宗末造，及启祯之际，学人竞谈匠心，庋置传注。其言曰：白文寻味不穷，彼诠释者，龟毛兔角耳；且诠释为举业地也。经生家言：龙翔鹄翥，挥洒尽致，吾辈解经，如郭象解庄子可矣。徒效儿女喁喁，步趋傍母，无乃释氏所谓尔看经牛皮亦穿乎？一二识者，起而尊徽国之遗著，《大全》之是非，章综句栉，穷其要渺，天下靡然从之，于是紫阳夫子，活现人间矣。今圣人益锐意性命之学，延英问难，抉奥钩深，发《西铭》、《通书》之所未发，闻风兴起，集《四子》书问世者比比，皆不敢离经畔道，理学一灯，盖灿若日星也。然而意见横出，纯驳分途，约则不该，泛则过芜。友人召似，乃罗网群言，断以独得。楗户六载，而借说成章，意括于数言，顺交敷词处，如父老谈农桑，家人话盐米，落落自异，不循常径，一开卷童稚皆解。夫借之为言质也。借古人义蕴，供我搜猎；借一己慧舌，阐古深心。试质之泗水邹山，想亦拈花微笑。呜呼！煮玉为荣，炼金成液，是书必传无疑也。余与用缶先生共砚席十年，见其每竖一义，莫不穷高极远。盖由入山不挟文字，寒夜拥絮，危坐冥搜，遂成《中庸藏》一书，为不传之秘笈。计其为诸生冠进贤宰紧县赋归来，今墓草芊芊，又四十年矣。有文孙召似，负卓识奇才，阐扬圣谛，为阙里功臣，可不谓家学之盛欤！然则召似之借，不独借先贤珠玉，又借乃祖弓裘矣。若夫有不可借，有借外之借，慧心人自参，知不在枯桩旧处也。（《莲山续文稿》一）

锷按：召似为用缶先生孙，见于衍虞《叙文》，旧《县府志》皆无传。所著《四书借说》，《艺文略》亦不著录，今据陈《序》补入。至召似乃别号，其名为何，今亦无从考也。

李氏弁升《四书要解》　嘉庆《澄海县志》十九《文学传》。

未见

嘉庆《澄海县志》十九《文学传》：李弁升，字展玉，南洋人。郡庠如梅子，乾隆辛酉，选拔司铎英德。倡明正学，士多得所宗焉。解组时，年近八旬，犹日据案作蝇头小书，注释经史，著有《四书要解》。

陈氏超《四书解义》　嘉庆《澄海县志》十九《文学传》。

未见

嘉庆《澄海县志》十九《文学传》：陈超，字义高，苏湾人。乾隆丙午举于乡，著有《四书解义》、《制义》、《体裁》、《分类读编》各种，藏于家。

林氏青门《四书讲义》　乾隆《潮州府志》二十九《文苑传》。

未见

宗颐按：此书《南沙林氏族谱》作《四书口义》。

吴氏羔《四书隅反》　乾隆《潮州府志》二十九《文苑传》。

未见

范氏生洸《四书要旨》五卷　乾隆《潮州府志》二十八《儒林传》。

未见

《四书详说》二十卷　乾隆《潮州府志》二十八《儒林传》。

未见

《四书返约》十卷　乾隆《潮州府志》二十八《儒林传》。

未见

锷按：嘉庆《大埔县志》：言生洸性耽书籍，矻矻穷年。然所著《四书详说》、《返约》诸书，其弟生滉，实参订焉。是生洸纂辑之书，不必尽出其手也。生滉字鸿辉，又号水轩，岁贡生。

张氏超群《四书讲义》三十卷　嘉庆《大埔县志》十七《儒行传》。

佚　嘉庆《大埔县志》十七《儒行传》。

嘉庆《大埔县志》十七《儒行传》：张超群，字述俊，别字类山，东文部正吉长子。弱冠谨严，有道学风。日阅《松阳讲义》、《朱子条辨》不释手，赏心者皆手自抄录。复为学者详其义蕴，每讲必整衣冠，虽盛暑不废，人以为难。乾隆庚午登贤书，未及谒选卒。著有《四书讲义》三十卷，未及梓，毁于洪水。学者犹或记之曰："此类山先生之说也。"

钱氏长青《四书讲义》　乾隆《潮州府志》二十九《文苑传》。

未见

乾隆《潮州府志》二十九《文苑传》：钱长青，饶平人，天性纯孝，屡试不售。年七十，犹应童子试。至老，力学不倦，教授生徒，娓娓数千言，至夜分不寐，以为常。撰《四书讲义》、《通鉴略》，及卒，门人号曰韬瑾先生。

谢氏之浩《学庸句解》　光绪《海阳县志·艺文略》。

未见

张氏云经《四书字解句解》　乾隆《潮州府志》二十九《文苑传》。

佚　乾隆《潮州府志》二十九《文苑传》。

杨氏乘时《学庸书说》　嘉庆《大埔县志》十七《儒行传》。

未见

嘉庆《大埔县志》十七《儒行传》：杨乘时，号艾园，白侯岁贡生。嗜《诗》、《书》，敦孝友，终其身先志承颜不少懈。自为诸生，有声誉，著有《学庸书说》，藏于家。

张氏友称《四书章旨》　同治《大埔县志》十七《儒行传》。

未见

同治《大埔县志》十七《儒行传》：张友称，号□□，少研程朱之理。家贫，笔耕教人，矩步绳趋，从游者多获益身心，邑中争延聘之。著有《四书章旨》，未梓卒。

张氏万春《四书证韵》　同治《大埔县志》十七《百龄传》。

未见

同治《大埔县志》十七《百龄传》：张万春，精岐黄，且好学，编有《四书证韵》，藏于家。

郑氏昌时《四书要典》　《韩江闻见录》七。

未见

《韩江闻见录》七《午夜灯条》：辛未壬申，予设帐揭邑，巽宇李公署深蒙青睐，课读之暇，多取予所未见书相勖，故《四书要典》一书，实草创于是，而其时焚膏，殊矻矻也。

又陈观楼夫子昌齐，乙卯主修《广东通志》，仍司粤秀铎，昌时呈《近作说隅》四种，夫子为《叙》，其一曰《四书要典》。（宗颐按：昌齐海康人，乾隆进士，历主雷阳粤秀讲席，生平精考据之学，著述甚富，有《赐书集》若干卷。）

宗颐按：昌时曾为《自赋诗》一首，以表其著述，有句云："闻见说隅归笔录"，附注曰：《闻见录》十卷，杨学博洪孝廉《序》列；《典要说隅》四卷，杨观察黄观察《序》刊。所云《典要》，当即此书；唯其名与《闻见录》作《要典》者异，未审孰是？又杨黄两观察不知何人？此书旧曾付梓，惜今未见传本，故莫得考核也。

薛氏然《四书辨疑》　乾隆《潮州府志》二十九《文苑传》。

未见

乾隆《潮州府志》二十九《文苑传》：薛然，号起藜，揭阳人。为人尚气节，义士林鸿冕延为参谋，杀贼安良，与有力焉，著有《四书辨疑》。

范氏秉元《中庸解说》　同治《大埔县志》十七《宦迹传》。

未见

同治《大埔县志》十七《宦迹传》：范秉元，字彝甫，三河绍蕃孝廉长子也。淹博覃思，著述号专家，外尤妙达纬象，精歧黄青囊诸书。嘉庆庚午乡试，中副车，众为不平，遂绝意举子业。教谕信宜二十年，升琼州教授，手著《指测录》刊行；其《中庸解说》、《诗文》各集，藏于家。

杨氏缓亭《四书义》　同治《大埔县志》十七《儒行传》。

未见

林氏梦鹗《四书集解》　乾隆《潮州府志》二十九《文苑传》。

未见

乾隆《潮州府志》二十九《文苑传》：林梦鹗，号九峰，潮阳人。博涉经史，为诸生三十余年。屡困场屋，不以得失介意。居恒讲学，后进多所裁成。清操峻节，足迹不及公门，年五十六卒。著《四书集解》、《唐诗笺注》、《茶经汇编》。

许氏登庸《四书节解》　光绪《揭阳县续志》四《艺文》。

未见

光绪《揭阳县续志》四《艺文》：《四书节解》，不分卷数，康熙间太原县知县许登庸著，未刊。

锷按：许知县登庸，字揆叙，号萍川，揭阳县城人。康熙乙未进士，选授太原令，政声卓著，未几告归，为榕城山长，多所成就。乾隆乙卯重宴鹿鸣，同室五代孙曾多至五十三人，时人荣之。

〔补〕许氏瑶《论语集说》　吴鸿藻《灵光集》五。

未见

〔补〕吴鸿藻《许瑶传》：许瑶字澄斋，澄海冠山乡人。道光间诸生，世为农圃。瑶幼而孝谨，胜衣就傅，尊师重道，如老成人，识者赏为远器。少年泛深好书，读《孟子》即知有义利之辨，天爵人爵之分，胸中了然，出言已惊其为父老。及长读考亭《遗训》，益恍然有得。思以道觉世，布衣素位，讲学西园。游其门者，有庠序上舍生若干人，且有年长于瑶者，然亦不可多得。盖世久沉溺于俗学，不知道学为何物，惟颖异之士，乐闻所未闻，恨相见晚也。县令尹公，式其闾，颜其庐曰："枕善而居"，广文廖公亦叹为中流砥柱焉。瑶虽尝青一衿，然于举业毫不措意。以文字之工，与雕虫小技，同类而轻视之；以为人受中以生，顶天立地，自有大者远者在。凡关关濂洛之学，研究不遗余力，以求达于圣贤。博极群书，而归于守约；学问思辨，而笃于力行。当是时人心方趋科名，歆富贵；父兄以是求，子弟以是应。矫然自命为士者，几乎舍诗字文以外，无事业。瑶倡理学于乡，闻者骇怪，訾为不近人情，甚或诬以伪学，欲借事以倾之，而瑶刚正不少惧也。当道耳其名，借为士林矜式。广东提督学政李公文园莅潮，访其庐而谒焉，叹为理学宗傅。及官礼部尚书，而万里云笺惓惓于许先生不置；以为澄海自明代唐伯元倡理学以后，越数百载，乃有许先生瑶，此所谓铁中铮铮者也。门人舍其俗学而请业者，咸得解惑进益，欣欣然乐道学之晦而复明，绝而复读。亲炙讲座，常至忘餐废寝，而瑶亦毫无倦容。年逾八十，力学不懈。门人吴金锡寿以《诗》云："南宋迄今七百年，冠山一老接薪传。遐龄已度钓璜后，好学还居瞻竹先。悠久无疆仁者寿，自强不息古之贤。愧吾四十无闻日，徒向师门立雪边。”著有《论语集说》、《大学看读》、《孟子摘要》、《史鉴当知录》、《西园尺牍》等书。(《灵光集》五)

〔补〕许瑶《自序》：明纯儒胡敬斋曰：“今更有圣贤出，其说不过于《大学》、《语》、《孟》、《中庸》，此□□莫过于《小学近思录》。”学者能于此处真知实践，他书不读无憾也。顾亭林曰：《知录·解易·豫卦·成有渝无咎》曰：“昔穆王欲肆其心，周行天下，将皆必有车辙马迹焉。祭公谋父作《祈招》之《诗》以止王心，王是以获没于祇宫。《传》曰：‘人谁无过，过而能改，善莫大焉！’圣人虑人之有过，不能改之于初，且将遂其非而不反也。教之以《成有渝无咎》，虽其渐染之深，放肆之久，而惕然自省，犹可以不至于败亡。以视夫迷复之凶，不可同年而论矣。故曰‘惟狂克念作圣’”。窃尝申论之：太上有德，谭无容易矣；其次改过二字，学者之第一务也，可以终身行之有不能尽矣。顾过有一己独有之过，有天下同有之过：一己独有之过易知，天下同有之过难晓。烟赌好色，大故无状，一己独有之过也。诗文写字，雕虫小技，天下同有之过也。即改一己独有之过，亦未必能便改天下同有之过。改则入于圣，不改则终于狂，圣狂之分，在改与不改而已；改与不改之机，在知与不知而已。然则知过顾不重哉！人可不以不知过为忧哉！周子曰：“仲由喜闻过，令名无穷焉！今人有过，不喜人规。”又曰：“人之生不幸不闻过，闻过则可贤。”程子曰：“子路人告之以有过则喜，亦可谓百世之师。”二子之言，皆大改过之意，正以其为适贤适圣之路也。则甚矣改过二字关系非小也！吕东莱谓“宴安为众恶之门，以智入者以愚出，以明入者以暗出，以洁入者以污出，以廉入者以贪出，宴安一己独有之过也”。若夫天下同有之过，观程朱之言，是□□善之路，则以智行者必以愚到，以明行者必以昏到，以洁行者必以污到，以廉行者必以贪到，人见其昏愚贪污，而莫知其所以昏愚贪污，盖由门路之差使然也，非人之定为昏愚贪污也。故孟子曰：‘人无有不善，水无有不下。’又曰：“《诗》云：‘天生烝民，有物有则，民之秉彝，好是懿德。’孔子曰：‘为此《诗》者其知道乎？’故有物必有则，民之秉彝也，故好是懿。”孔子又曰：“性相近也，习相远也。”其谓是乎！咸丰七年丁巳夏月，许瑶澄斋谨识。(《灵光集》五)

〔补〕吴金锡《跋》：朱子曰：自天降生，民既莫不与以仁义礼智之性。然其气质之禀，或不能齐，是以不能皆有以知其性分之所有而全之。一有聪明睿智能其性者出于其间，则天必命之以为亿兆之君师，使之治而教之，以复其性，观此知君师之所由作矣。顾思三代上，君与师合；三代下君与师分。合则道行，分则道明。道行则习下为唐虞之世；道明则我儒圣贤之徒。此大圣人所由继衰周为素王，不得行其政教于当时而独得传其道教于后世也。乃历颜曾思孟而后其传遂泯，至千余年宋之五子兴，始灿然复明于世。自是以来，闻而知者代不乏人，而我澄斋许夫子遂应运而兴焉。呜呼！今日者异端蜂起，俗学盛行，天下滔滔，江河日下。吾夫子独挽既倒之狂澜，作中流之砥柱，是盖崧岳诞降，间气所钟，而为道统中之硕果也。金锡不幸，不得亲炙于童冠之年，合污世而误入俗学；而犹幸得受业于既壮之日，沐教泽而知反迷津。因与世兄及友侍坐书楼，执经问难，凡有启发，笃信奉行；而夫子亦以圣经贤传，每多发前人之所未尝发，言俗辈之所不能言，要无非欲即圣贤之语，引而归之身心，不徒视为干禄之具，使书自书，我自我，两不相涉。兹《论语集说》之刻，虽简约无多，而有益于世者不少。若夫扩而充之致广大而尽精微，则尚有《学庸看读》、《孟子摘要》在。吾辈乌可不视为至宝，而佩服勿忘哉？咸丰七年岁次丁巳冬十一月上浣长前四日，海阳受业吴金锡修亭拜识。（《灵光集》五）

〔补〕《孟子摘要》　《灵光集》五。

未见

〔补〕许瑶《自序》：孟子之书，岂容拣择去取？然以其书太多，难以熟读；读之者往往处后而多不熟，此甚不可也。《四书》之中，惟《孟子》易以触发，可为初学入门之一助，但世之读全者，无分缓急轻重，不过徒于口诵，未尝心唯，只为欲识题目，晓解说，做时文，取爵禄于己而已；初非有意于求圣贤之心也。如此则勿论矣。观朱子于门人有心向道者，示以先读《告子》、《尽心》两篇，诚以其易于触发人故也。兹因世人少知循此之序，惧子孙亦踏此弊，无以为兴起之机，故为集此，似可半补小学之缺，自小学不以之取士，而人知读者少。此则题目所系，人所必读，无容推诿放缓，又思以永久不失。惟是付之剞劂，寿之梨枣，庶几可恃以不朽。然则兹选也，亦犹行朱子之意也云尔。咸丰六年暮春之月序。（《灵光集》五）

宗颐按：许瑶别有《学庸看读》一书，为其所著《西园家藏》之第三种（《家藏》详见《子部》儒家）。吴传称其著有《大学看读》，当为《学庸看读》之一部，兹不更著录。许瑶道光间人，《郡县志》无传。

黄氏世杰《四书精选备要》　光绪《揭阳县续志》三《贤能传》。

未见

光绪《揭阳县续志》三《贤能传》：黄世杰，字直方，号文岱，蓝田人。少有才名，与郑大进友善，同见知于学使惠士奇。乾隆丙辰举于乡，壬戌成进士，叙选知县，未仕。著有《四书精选备要》，《史鉴叶韵》四千文，皆有裨于学者。

郭氏光《四书宗注阐义》　光绪《揭阳县续志》三《贤能传》。

未见

林氏显荣《四书串义》　光绪《揭阳县续志》三《贤能传》。

存

林毓琳《先大父行状》：道光之末，海内文人方以靡丽辩博相高。操举业者犹喜杂摭旁称，搜讨隐僻，以冀幸于一得，利之趋而忘其义，华之掇而遗其实，大父慨焉。搜集宋儒学说，成《四书串义》，以求合朱子明道教人之旨。弟子岁著录者百数，又各秉师说以教授乡里，传嬗赓续，笃守矩矱。我乡风俗淳古，学者循循雅饬，不欲违反先训，以决清溃欲者，咸谓渊源所自，启自先公。丰顺丁中丞雨生，至此为岭南泰斗。则大父教泽覃及之远，可想见也已。大父讳显荣，号晦阁，殁于光绪某年，享寿八十三，由明经报捐训导。（《璞山集》）

宗颐按：《四书串义》一书，载近韩《林氏家范经义述要》中，凡上下《论》、上下《孟》四篇，外别有《大学中庸精义》二篇，所谓《四书串义》者，当合此《学庸》二篇而成书者也。

小学类

清

郭氏光《音义千条录》二卷　光绪《揭阳县续志》三《贤能传》。

未见

光绪《揭阳县续志》三《贤能传》：郭光《音义千条录》二卷，于同此一字，音切殊而义顿异者，于《说文》、《玉篇》、《广雅》、《埤雅》诸书外，参互考订增补而衍成之。

上训诂

明

夏氏弘《字考》二卷　《千顷堂书目》三，《四库全书总目》四十三，《续文献通考》一百六十，谢启昆《小学考》二十六，道光《广东通志·艺文略》一，光绪《海阳县志·艺文略》。

未见

《四库全书总目》四十三：《字考》二卷。（浙江汪启淑家藏本）。明夏弘撰。弘字用德，号铭乾，海阳人。是书上卷凡三类：曰误写字，曰疑似字，曰误读字。下卷凡二类：曰通用古字，曰通用联字，意在订六书之伪而不能深研古义；但裨贩于近代韵书字书之间：如说雞字必从佳，不知古文实从鸟，见于《说文》。谓"豸"字连"獬"前称"砦"，不知本字实作"廌"，其豸乃虫豸，字亦见于《说文》；颇为失考。"些"字于误写字条下注音"梭"楚歌声，于通用联字条下以楚些标目，而注曰梭去声，亦自相矛盾。又不通翻切，多用直音：如"欃枪"之"枪"云音"当"，"临邛"之邛云音窥者，尤不一而足。其去《佩觿字鉴》诸书，盖不可以道里计矣。

锷按：铭乾夏大令宏，为横州知州建中仲子，乾隆《潮州府志·儒林传》，光绪《海阳县志》并有传。所著字考，见于《四库存目》，各家著录皆题曰存；惟《海阳县志》注云已佚。铭乾学颇淹博，少与林尚书熙春游相善，故尚书为《建中墓铭》云："年来与诰安结社，朝夕谭名理。"又云："公四子仲宏，即诏安令，有学行，能继公志。"（《城南书庄草》九）。而府县志亦称宏罢官归，授徒讲学，深究天人性命之蕴。所著有天文、地理、性理，铭乾子，篆谱诸书，据此则铭乾不独深研六书，且又兼通推步之术矣。惜遗著今无一存，即书目亦莫可晓；而此仅存之《字考》，《县府志》反不之及。可见铭乾著述，或不止于是也。

宗颐按：此书浙江《进呈书目》有著录，作二册。

清

杨氏天培《方言录》　同治《大埔县志》十七《宦迹传》。

未见

同治《大埔县志》十七《宦迹传》：杨天培，字孟瞻，号西岩，白侯人。博极群书，登乾隆戊辰进士。除贵州龙泉令，后改惠州府学教授，著有《西岩文稿诗钞》行世；又《奇姓录》、《方言录》、《杨氏谱系考》、《潮雅拾存》若干卷，藏于家。

郭氏光《字学拾遗》四卷　光绪《揭阳县续志》三《贤能传》。

未见

光绪《揭阳县续志》三《贤能传》：郭光《字学拾遗》四卷，凡公牍文移州县志乘方言俗札所见所闻彼此异同之字，为《康熙字典》所不载者，旁搜博采，详注音义，分为《十二地支名》等集。

锷按：照堂郭广文光，研精史学，旁及《六经》，所著《音义千条录》，余已著录。此《字学拾遗》，据《传》称，乃于《康熙字典》之外，别搜通俗文字以成书者。考历代字书，以《康熙字典》为最赅备，当时以官方之力，开馆分职，旁搜远讨，汇成巨观；然纰缪阙漏，终不能免。盖字典所重者在考古，故每逢古义古言，不惮繁引博征，而土俗习用之字反有时略而不载：如姜芥之"姜"，炸药之"炸"，或有形无义，或形义并遗，若此类者不一而足，故其书虽号集字学大成，而终未餍人意者也。广文此书，能注意于方言俗诂，不知较颜氏《干禄字书》、杨氏《古俗字略》奚似？然以其体例推之，当必有可观也。《志》言广文平生撰述，概未梓行；今距著书时，又百祀矣。恐遗本已无复存，谨识之以竢访焉。

上字书

明

萧氏端贲《广韵府》　乾隆《潮州府志》二十八《循吏传》。

未见

乾隆《潮州府志》二十八《循吏传》：萧端贲，字日质，潮阳人。修撰与成次子，侍御端蒙仲弟，与季弟端升同登嘉靖丙午乡荐，授灵川令，历摄南平将乐大田连城诸邑，所至皆有声。著有《广韵府》及《梅花百咏》。

清

饶氏商《古音纂》　嘉庆《大埔县志》十七《儒行传》。

未见

嘉庆《大埔县志》十七《儒行传》：饶商，字公序，别字质居，城坊人，乾隆丙辰举人。幼羸疾，默然湛思，坐拥古册，冥心解会。著有《西园初稿》、《古音纂》，藏于家。

李氏三捷《诗韵归母》五卷　嘉庆《大埔县志》十七《宦迹传》。

未见

《等韵谱》　嘉庆《大埔县志》十七《宦迹传》。

未见

嘉庆《大埔县志》十七《宦迹传》：李三捷，字鲁园，泗城太守瑜之子，乾隆戊子领乡荐。有至性，父卒，哀毁尽礼。读书泛思强记，通象纬，精韵学，作《诗韵归母》五卷及《等韵谱》，存于家。

张氏对墀《韵字释同广义》六卷　道光《广东通志·艺文略》一。

存原刻本　天啸楼藏。

对墀《自序》：右无所谓韵也。自魏李登作《声类》，晋吕静仿其法而作《韵集》，其韵书之造端乎？齐周彦伦著《四声切韵》，泛陆继之，而《唐韵》、《广韵》、《集韵》、《礼部韵略》、《古今韵会》、《韵府群玉》代兴矣。大约文则古简而今烦，义则古宽而今密，其天下靡然而群趋者势也。夫古之为韵可知矣；虞夏并存歌诗，商周备著三百，骚人盛于楚国，赋手隆于汉京，彼其时无所谓四声也，安有反切？无所谓反切也，安有部分？考之于《诗》，降一音也，岂分平仄；行一音也，岂别阳庚？《邶风》读“来”为“离”，《雅诗》读“来”为“力”，不以方言累也。《卫风》读“忧”曰“攸”，《王风》读“忧”曰“要”，不以叶读嫌也。若此者，因心矢口，天籁自和。圣人之所删存，天下之所习诵，未有以为病者，然至今日而竟依仿之，则又□□，则四声之定也非一世矣，反切之习也非一人矣，韵部之分而复省也亦非一日矣。音之轻重清浊，义之彼此异同，前人有其训，后人远其矩，今一切铲除之，学者毋乃荡然无法度之可守乎？故雌“霓”读“啮”，沈约极欢；甄姓呼“坚”，林摅坐贬。况又驱之以科举之文，束之以官，限之以韵，主司以是衡士，士子由斯发名。故虽繁且密，天下靡然趋者，势使然也。国家文治光被，圣祖仁皇帝，寿考作人；于御极之五十年，御制《佩文韵府》，萃内府万有之书，骈集于韵字之中，极古今之大观矣。五十五年，复制《康熙字典》，据典以核义，义富而典不遗；因善以审音，典明而音备举。至矣哉！圣天子考文为重，以寡臣民之过者如是。是书出而万殊之义，百变之音，指掌了如矣。况区区韵字乎？夫韵中异同互出之字，吴氏谓之“通转”，杨氏则曰：“转注”。“转注”本六书之名，自毛氏斥许氏“考”、“老”之非，杨氏以转音注义为解，最能畅明其说。盖许主形而杨主音义言也。尝即杨氏之说求之，有转一音则有一义，而音与义均者；有转数音不过一二义，而音赢于义者。有更数义不过一二音，而义余于音者。又有拘于方言之别，转数音而别无义可注者，此类散见于四声一百六十部之中，初学拈韵，父师不能悉讲，授之将有误，一以至再，习实以为常者。窃不自揆，辄取颁行之《佩文韵府》，择其重复散见之字，释于每字之前，仍具以音。夫音以义生，义由音转，音义之于字，犹形影之于人也。校之近，则无劳于旁搜，习之熟，乃如得之故我。虽繁复为讥，于初学不为无助。又于字典之精义，韵府之藻语，亦略采而附益之。义以实其腹，藻以文其言，均幼学之急务也。书成，名曰《释同广义》，学者将和声以鸣国家之盛，庶几其嚆矢之先导乎！嘉庆十一年丙寅八月望日，大埔张对墀序。（《韵字释同广义》卷首）

同治《大埔县志》十七《儒行传》：对墀受潮郡陈宪币聘，辑《释同广义》韵书，行世。

锷按：张丹崖《韵字释同广义》一书，多依前人成说，非能独抒己见。盖丹崖于韵学，本不甚精：观其称杨慎解转注，以转音注义最能畅明其说；不知转注与叶音本不相涉，杨氏之转注古音略，其援证辨博，诚有足多；丹崖虽惊其才而倾倒，亦缘未谙六书之义耳。然自来韵书，猎华多而解义少；初学检韵，开卷茫然。此书每字必注音义，而后及于韵藻，可谓华实兼资，胜于《诗韵含英》多矣。据《大埔县志》，此书乃丹崖受潮郡陈宪聘辑，陈宪不知何人，《府县志》皆无考也。

宗颐按：对墀此书，共二册。卷首有《自序》一篇，《凡例》九则。次为《韵部目录》，盖遵《韵府群玉》一百六部之分，而附注旧部分合异同于其下也。次为《四声分配图》，则依章黼《韵学集成》以立说也。又次《古韵考》，则采缀邵长蘅《古今韵略》之语。又次《词韵式》，则全抄蔡珠渊《词韵定式》。盖为引迪初学，而非于声韵有所阐发也。是书名《韵字释同广义》，实仿《佩文韵府》，取殊韵同字者，注其音切，解其义蕴，益以词藻而成者也。

又按：此书《凡例》末条云：是书作于癸亥年三月，成于丙寅年六月。虽不无他事之间，然亦非草草完事矣。其校正脱误，斟酌详略，温灼坡先生为多。（端桃，丁酉孝廉，海阳教谕。）而吾友黄月堂（蟾桂，丙午孝廉），同年杨璧堂（廷科，戊申孝廉，番禺教谕），郑秋皋（家兰，戊申孝廉），内弟范衍堂（绍蕃，己酉孝廉），吴祉庵（常瑕，壬子孝廉）田沧洲（宗海，候补教谕）互参详焉，是其钩纂此书，不可谓非精心结撰也。

又按：此书《凡例》第四条云：韵中同字有本音转音叶音之别，今韵中（即指《释同广义》书中之韵）于叶音皆已注明，惟本音转音，尚未及剖析，似当另为别录，容俟嗣出。是对墀于叶音转音，当别有探究。今检旧《郡县志》，并无此种撰著，岂其书无刻本而失传乎？抑有《志》而未曾从事编理乎？则已莫可知矣。

姚氏文登《初学检韵》　嘉庆《澄海县志》二十五。

存

〔补〕文登《自序》：自律韵兴，矩矱秩然，不可混乱。究心声律者，无不式金式玉，以雅以南。惟是试席之作，难以猝构，每苦韵书浩繁：如四支十三元等韵，字音仿佛；四质十三职等韵，字音仿佛；初学每限一韵，茫难寻觅，况今时艺之外，加以《诗赋》，真无晷刻余功，更欲于觅韵销费光阴，殊为可惜。因遵字典成式，以韵附字，于韵同之字，亦略为笺释，俾操觚家一阅即知，其便髫年初学，名为《检韵袖珍》，在绩学之士无所用此，极知贻笑方家。昔人云：享帚自珍，缄石知谬，非敢妄附著述，亦以撮壤崇山，导涓宗海云尔。嘉庆四年岁次己未秋九月朔日，澄海姚文登松阴识。（《灵光集》五）

钱大昕《序》：自许祭酒《说文解字》，阐明谐声之旨；吕静李登，始辨声韵，休文彦伦，研审四声。洎陆法言《切韵》出，而二百六部，灿若日月经天矣。唐以诗赋取士，爰有同用独用之例。宋《礼部韵略》，亦场屋所用；唯窄韵十三处，许附近通押，与唐韵小异，其它亦无改也。金季平水王文郁所刊《韵略》，举所谓同用者而并之为一百六韵，意在便于场屋，而每韵下仍注同用独用，则犹承宋礼部《韵略》之旧，非有改作也。元科场虽主经义，经疑仍兼用赋。其时士子所用者大率本于《平水韵》，而或专属之刘渊，亦考之未审矣。明科场摒诗赋，专重《四书》，士大夫不知韵为何物，而当时所颁《洪武正韵》，任意并省，尤昧于古法。三百年间，文士讫无遵用者。岂非直道自在斯民，难以私智强增益哉？我国家右文稽古，远迈前代。圣祖仁皇帝御定《康熙字典》、《佩文韵府》，洞彻声音文字之渊源，高宗纯皇帝厘定科场条例，兼用唐律取士，乡会试及学使者岁科两考，遵行四十余年，虽遐陬人士，咸沐浴于云汉为章之化，扬风扢雅，超唐宋而上之矣。澄海姚子松阴，自粤游吴，出其所著《初学检韵》一编见示。其于同声异部，同字异韵之别，辨之审而守之约，洵可为诗赋家圭臬。而松阴顾自谦曰："吾为初学设也"。昔南宋宏词，误读"襄"、"尺"；近时博学，或昧"旃"、"旗"，音韵之道，虽贤者容有千虑之失。得是编而辨析之，皎如列眉矣。讵独为初学之益也哉！嘉庆四年冬，嘉定钱大昕序于吴门紫阳书院。（嘉庆《澄海县志》二十五）

〔补〕吴鸿藻《姚文登传》：姚文登，号松阴，澄海人，清乾隆间廪生。素研究韵学，著有《初学检韵》一书；依《康熙字典》例分十二集，并遵《佩文韵府》诗韵字数，注明某字为某韵，以便稽检；尤于同声异部，同字异韵，辨之明而守之约。条分缕晰，《凡例》谨严。大埔饶太史庆捷序其书，有云体旧而趣新，义明而词净，学始慎习，莫先乎此。君曾自粤游吴，以是书就正于嘉定钱学士大昕。当是时，钱学士已退老书院矣。阅是书，推为诗赋家圭臬，赠以弁言，此嘉庆四年冬月事也。逾六年而钱学士卒，君亦归道山焉。子炳章，嘉庆十一年丙寅岁贡。（《灵光集》五）

宗颐按：姚文登《初学检韵》，《阮通志·艺文略》不著录。其书予尝睹之，共二册，卷首残阙，不知刻于何时。钱竹汀以清代经师，称其书于同声异部，同字异韵者，辨审而守约，可为诗赋家圭臬，则姚氏于韵学之能分析疏通可知矣。吴传称饶庆捷曾序姚氏此书，然《志乘》未见其文，唯《桐阴诗集》卷六，有题《初学检韵》二绝耳。

上音韵

附录

明

萧氏端升《三字经》　嘉庆《潮阳县志》十六《儒林传》。

未见

林氏元蕃《小学注疏》二卷　康熙《潮州府志》九。

未见

康熙《潮州府志》九：林元蕃，号酿素，平远人。弱冠补弟子员，授徒三十余载，四方景从。训书不泥讲本，要以明圣贤立言之意。崇祯间，以岁荐授琼州昌化司谕，讲学课文，十年如一日。著有《小学注疏》二卷，《忠孝注疏》二卷，行世。

清

曾氏赓隆《千字对》　乾隆《潮州府志》三十《耆德传》。

未见

乾隆《潮州府志》三十《耆德传》：曾赓隆，字洙栢，海阳人。幼颖敏，好读书，探奇抉奥，矻矻穷年，髦而弗倦。仿周兴嗣《千字文》，著《千字对》。组织百家，囊括万有，属对精工，搜罗宏富，并自加注释，刊而行之。

宗颐按：曾赓隆，光绪《海阳县志》有传，亦称其编有《千字对》一书，唯《艺文略》则不著录云。

黄氏世杰《史鉴叶韵》四千文　光绪《揭阳县续志》三《贤能传》。

未见

卷　四

史部正史类

明

王氏昂《宋史补》五卷　道光《广东通志·艺文略》二。

未见

乾隆《揭阳县志》六《贤达传》：王昂，字仰之，桃山人，成化甲辰进士，授永丰令。以治行高等擢太仆寺丞，察马政利病，条成一疏四千余言，会遘病卒。所遗诗文数卷，及《宋史补》数册。

《千顷堂书目》五：王昂《宋史补》：昂字仰之，揭阳人，成化甲辰进士，太仆寺丞。

锷按：朱彝尊《曝书亭集》四十五《书柯氏宋史新编后》云：先是揭阳王昂撰《宋史补》，台州王洙撰《宋元史质》，皆略焉不详，至柯氏而体稍备。彝尊精于史学，凡赵宋一代史料，如《纪传》、《野史》、《说部》，宋元人文集，彝尊所藏及所曾见者，不下千余家。疑仰之此书，彝尊尚得见其原本，故有"略焉不详"之语。今不知天壤间，尚有此书否？

编年类

明

吴氏墀《纪年纂要》　乾隆《大埔县志》十七《儒行传》。

未见

乾隆《大埔县志》十七《儒行传》：吴墀，字邦宣，宪副与言子，万历乙酉举人，著有《纪年纂要》、《蒙求注释》，藏于家。

清

吴氏有功《纲鉴纂要》　嘉庆《澄海县志》十九《文学传》。

未见

嘉庆《澄海县志》十九《文学传》：林有功，字勋士，东陇人，康熙丙戌岁贡。少聪敏，过目成诵，为文根极理要。所著有《纲鉴纂要》、《格言录》、《见闻集》诸稿，藏于家。

宗颐按：吴有功，乾隆《潮州府志·文苑传》及《选举表》名姓并同，惟嘉庆《澄海县志·文学传》，则作姓林。考《澄志·选举表》，有吴有功名，下注云："本姓林"，是有功生于林，而嗣于吴也，作姓吴者是。

钱氏士峰《纲鉴辑略》　雍正《潮州府志》十四。

未见

钱氏长青《通鉴略》　乾隆《潮州府志》二十九《文苑传》。

未见

纪事本末类

明

翁氏万达《平交纪事》十卷　《明史·艺文志》二，《千顷堂书目》五。

未见

《明史》一百九十八：翁万达，字仁夫，揭阳人。嘉靖五年进士，授户部主事，再迁郎中，出为梧州知府。咸宁侯仇鸾镇两广，纵步卒为虐，万达缚其尤横者杖之。阅四年，声绩大著；会朝议将讨安南，擢万达广西副使，专办安南事。万达请于总督张经曰：“莫登庸大言中国不能正土官弑逆罪，安能问我？今凭祥州土舍李寰，杀其土官珍思，恩府土目卢回，煽九司乱，龙州土舍赵楷，杀从子燧煖，又结田州人韦应杀燧弟宝，断籐峡猺侯公丁负固。此曹同恶共济，一旦约为内应，我且不自保，先禽此数人问罪，安南易下耳。”经曰：“然，惟君之所为。”于是诛寰、应，禽回，招还九司，诱杀楷，佯系讼公丁者绐公丁，执诸坐，以两军破平其巢。又议割四峒属南宁，降峒豪黄贤相，登庸始惧。迁浙江右参政。经以征安南，非万达不可，奏留之；乃命以参政莅广西。已而毛伯温集兵进剿，万达上书伯温，言揖让而告成功，上策也；慑之以不敢不从，中策也；芟夷绝灭，终为下策。伯温然之，会获安南谍者丁南杰，万达解其缚，厚遇，遣之去，怵以天朝兵威；登庸大惧，乃诣伯温乞降。是役也，万达功最，赏不逾格；然帝知其能，迁四川按察使。

〔补〕万达《征南议》：督府侍郎蔡经，集都布按三司长贰间计，万达上议曰：曰南小丑，负固不庭，天讨所加，宜有长算。是役也，大率以兵为先，食次之；兵食既足，然后建瓴而下，机在我矣。往年王师薄伐，集诸路兵八十万人；今用其半，亦当得四十万人。而两广之兵，隶尺籍者，约四万人，隶荒服者，约一十万人，舟师可募而用者，约万人，江西闽楚三省之兵，可请而用者，约七八万人。而土官之调度为难，所宜激以讨贼之义，宣以诛赏之条，俾慑威衔惠，自奋于捶策之下；而又简其酋长之忠义有为者，以赤心付之，无后时而缓，无先时而急，而我执其中权，乃有济也。师四十万人，大约日食米六千石，旬日倍之，刍秣无与焉。加之征讨百需，未克时日，即今府藏空乏，赋繁民窭，未可偏累两广，以贻肘腋忧；则宜请之内帑，借之邻藩，而又当议和籴之策，慎輂运之方，谨贮宿之地，重出纳之司。官无蠹赀，民无耗财，吏无丛奸，斯善策矣。然后议择地利，分道出师：广西之兵，一由凭祥下文渊，一由龙州下七源，会州广东之兵，由钦州下海洋，会思安三路并进，可被伪都。其细者，马必良，舟必固，甲必坚，兵必利，而又行者疾以速，无怨言；挽者安以舒，无劳色，侦者潜以深，无携志，购黎氏之裔，捞逆庸之罪，殄暴煦良，以昭大义。誓我百执事，戮力一心，以共天讨，命之曰：有犯者君子以废，小人以戮，厘为十有四事，以白于督府云。（《东涯集》四）

锷按：翁襄敏万达，道光《广东通志》，乾隆《潮州府志·名臣传》，乾隆《揭阳县志》，嘉庆《澄海县志·名臣传》，并有传。平交纪事，乃襄敏编述其招抚安南莫登庸始末也。《明史·外国传》，载张经上言安南进兵之道有六：兵当用三十万，一岁之饷当用百六十万，造舟市马制器犒军诸费，又须七十余万。况我调大众，涉炎海，与彼劳逸殊势，不可不审处也。（卷三百二十一《安南传》）。此即襄敏《经略安南六事议》原文，而经据以入奏，文具《东涯集》中。

宗颐按：万达《征南议》末云：有犯者君子以废，小人以戮，厘为十有四事，以白于督府。此十四事者，《东涯集》不载，今已莫可考矣。然集中别有《安南受降议》，及《上东塘半洲书》十余首，于剿抚方略，擘画周详，皆足见其行军用兵之谋深虑远也。此书《阮通志·艺文》有著录，与光绪《揭阳县续志》并作《平交纪略》。书共十卷，以卷数推之，知其纪述之详，而匪粗具梗概者可比也。

周氏光镐《征南纪事》一卷　《千顷堂书目》五。

未见

〔补〕乾隆《潮州府志》二十八《名臣传》：周光镐，授宁波推官有声，从铨部郎守顺庆。万历丙戌，西南不靖，邛笮陆梁，中丞徐固知其能，疏请监军，光镐轻骑飞渡，传呼所至，贼众惊匿。抵越嶲，部署诸军三路并进，所向无前，直捣贼巢，禽获贼酋，安守大小，三十余战，斩首四千有奇。

《千顷堂书目》五，周光镐《征南纪事》一卷，记徐元太征松潘事。

光镐《上徐司马纪事启》：建越荒徼，自汉唐以来，疆域虽不可辨，然事迹尚可考焉。我朝《蜀志》，于此独疏，诸经略无可概见。大都自月鲁帖木儿之后，未有特命征讨者；间虽时而雕剿，时而诱谕，未尝遭一大创，以故蓄乱，十余年以来，至于今极矣。乃本部院斯举也，天心厌乱，一方拯溺亨屯，故搜薙廓清，前二百载所未有也。某猥备戎行，虑他日无所睹记者，谬以耳目身心之所及，敢奉台命而略纪之，顾其事不爽实，而其文不能檃括，其伐虽极光大，而其词不能阐扬，是则某无所逃罪矣。向以马边未竣，本敢尘渎以上，兹西南事大定矣。谨录芜稿，呈望台览，乞赐裁削指示，无任皇悚。（明《农山堂汇草》二十二）（宗颐按：徐司马，徐元太也，宣城人，字汝贤，知魏县，以卓异擢吏部主事，累迁顺天府尹。时贼首拥众杀掠，事闻，以元太巡抚四川，讨平之。见《中国人名大辞典》。）

锷按：松潘，古氐羌地，唐地属吐番，元始内附。洪武，置松潘卫，隶四川都司。其地控制番戎，山川险峻，盖川蜀之襟带，而关陇之藩篱也。宣德以来，蛮酋屡为边患，迨何卿讨平之后，善为安抚，兵威所及，百蛮屏息，边境安堵，垂五十年。万历八年，尝一度骚动，于是有杨一桂三寨之役。十四年，松藩四十八寨，复勾结作乱，朝命元太讨之。时光镐方守顺庆，亦奉命监军南征，及事平，光镐乃记其始末，即此编也。元太征松潘，《明史》不载其事，考陈宗虞《序光镐渡泸草》，言当羌难初起，道涂四塞，诸将争言罢兵；国雍（光镐字）独拜命，慷慨赴敌，驻师转战，深入不毛。今其诗曰："何意握兵符，南征六月徂，艰危百战在，羽檄一身忙"，非其赤心，足蹈白刃，无以异于葛杜，何能收雍闿，禽孟述云云。而光镐亦有《谢郭青螺贺平蛮启》，其略云："某谬乘戎役，幸藉门下，宠灵建越两地，尽芟刈大憝，而克平之，是皆督抚之威猷，大将军之勇略，二三同事者之筹帷。区区不佞，庶几因人不愤事，幸矣！乃其三时露刃，六月服成，不敏之罪，胡可胜诛？远辱台使，猥承奖借，愧汗袭踵，宠贶之临，敢不拜嘉？"由此观之，则平蛮之役，虽由元太统驭全军，而临阵破敌，出奇制胜，功绩固当属之光镐也。此书世鲜传本，惟《千顷堂》有此目，今据补入。

又按：李之鼎增订《丛书举要》六，据天一阁所藏无名氏《名臣宁攘前编》，中有周光镐《征南纪事》一卷。

别史类

明

薛氏虞畿《春秋别典》十五卷　《经义考》二百三，《四库全书总目》五十，《续文献通考》一百六十七，道光《广东通志·艺文略》二，光绪《海阳县志·艺文略》。

存　《墨海金壶》本；《守山阁丛书》本；《岭南遗书》本。

虞畿《自序》：昔仲尼作经，口授弟子，左丘明惧其妄意失真，乃推论本事作《内传》，彼采诸国名物作《外传》，盖侈哉博乎其纪事也已。观周篇尝载孔子将作《春秋》，与丘明乘如周，观书于周史，归而作经，丘明作《传》。

若是乎其于二百四十年之迹，盖目睹而备言之也，恶有所谓别典哉？今考其书，或先经而始，或后经而终，辨理者依，合异者错，皆彬彬乎条分胪布，犹伍两焉。《公》、《穀》后出，谭经不睹《史记》，耳而传之，廑廑什一二耳。然旧史遗文，无关圣笔，左氏捐而不录者尤众。刘知幾亦谓丘明纪载当世，得十之四，岂非深慨乎记事之未周欤？不佞尝阅注牒，见《春秋》君臣往迹，醇雅奇衺，不下千事，散著百家，皆三氏所弗录，间或微掇其端，而未究其绪，存其半而不掇其全，见辄觖之。因不自度，略仿《左》例，分十二公以统其世，稽三传人以系其事，年不尽考，而附诸人；人不尽知，而援诸事；参稽互证，务极恢闳，幽章纤巨，兼收咸纪，盖庶几哉疑于旧史遗文之犹在焉。尝僭自谓言略成乎一家，功可裨于三氏，题之曰《春秋别典》，殊三传也。荀悦有言曰：立典有五志焉：一曰达道义，二曰彰法式，三曰通古今，四曰著功勋，五曰表贤能。呜呼！典无当于五志，奚取于典也哉！或者曰：拾金者汰沙，掇珠者捐蚌；三氏有作，皆镠铣也，夜光也，子何用矻矻沙蚌是营哉？且也无关于圣经，何必《春秋》耶？不佞谓不然，匠石不遗轮囷，医师不弃溲渟，为取用金者众也。且柤梨可以充品，吹竹可以间声，前锋后距，兵之所以万全也。左验置对，狱之所以平反也。《春秋》既曰刑书，何厌乎具两造哉？比事属辞，岂尽无取尔耶？况镜古可以观今也，轨前可以循后也。准得可以形失也，典皆有焉。凡十五卷，《书目凡例》列在左方。粤瀛后学薛虞畿识。（《春秋别典》卷首）

《凡例》：凡辑事尽《春秋》，匪《春秋》之年事无辑也。起隐尽哀，一如左氏，闲详晋大曲沃，赵保晋阳，虽逾二百四十年之外，为晋主夏盟，宜详始卒，从左例也。　　凡辑曰别典，匪别弗提，左氏内外，《公》、《穀》、《檀弓》，既列于经，家传户诵，无用取焉。诸子百氏，希于闻见，搜罗殆备，义取翼传，不妨癖左也。凡辑主分年，年据三传，或人可年系，则随年引经，或传有其人，则因人系事焉。史世家不无同异，用列分注，以资考索。
凡霸盛桓文，烈称管晏，自非孔氏，谁不道之？二氏有述，桓景独备，若概著录，斯亦繁矣；略加铅黄，唯存驯雅。　　凡事取实录，不列寓言，郑圃濠梁，廑存可据耳。　　凡史载事，辑史例也，标仅及事，言因事见，专言弗录也。

凡辑萃百家，事多错见，此详彼略，甲工乙拙，要在参提，事必不遗，文资简要。（《春秋别典》卷首）

薛虞宾《跋》：先仲氏辑《春秋别典》，未脱稿，而不幸下世。郭郡公用唐词部言，亟取而序之，胪其目于郡乘《艺文志》中，公其贤于中郎远矣。显其甫成于草创，而考核未加，不无挂漏甲乙，年代倒置之病，贻好事者之惜。走谓昔丘明受经作《传》，广记而备言，表时而记月，藉令辑别以翼《左》，乃采摭未广，而世次乖舛，曷称《别典》哉？故特广阅博搜，遇有异闻，辄嘿识以归，参互考证，不遗余力焉。世悬者更，类殊者析，删其繁复者十一，苴阙略者十三，事则咸备而罔缺，序则有条而不紊，案之以三氏之遗者，庶无面卭适越之叹。嗟夫，躬太史者亡十篇，司兰台者遗八表，始创之难为功，自古志之矣。矧仲氏列章逢治博士家言，出其余力，以从事于此，且又以无年，何怪乎立言之罔然哉？长志未信，责在后人，走愧缵成，殚精极虑。聊以自塞其责云尔。若曰："妄干载笔，以附于述作之林，则吾岂敢？弟虞宾跋。"（《春秋别典》卷末）（宗颐按：薛氏兄弟《序》、《跋》，《经义考》颇有删削，今皆照原文迻录。）

朱彝尊《跋》：暇思辑《春秋别典传》一书，凡左氏《内外传》，及《公羊》、《穀梁》所书，概不登载；于经文下别录《子史百家》之言，有志未逮。不意薛君先得我心也。《别典》十五卷，抄撮具见苦心，惟是各条之末，不疏明出何书；明人之习，大都若是。君名虞畿，弟虞宾，其字里新《通志》不载，莫得其详矣。康熙辛巳十月朏，竹垞老人彝尊识。（《春秋别典》卷末）（宗颐按：此文《经义考》不载。）

《四库全书总目》五十：《春秋别典》十五卷，（两淮盐政采进本）明薛虞畿撰。前有虞畿自序，不署年月。称尝阅往牒，见《春秋》君臣往迹，不下千事，散见《百家》，皆三氏所未录，间或微掇其端，而未究其绪，存其半而未采其全，因不自度，略仿《左》例分十二公以统其世，稽三传人名，以系其事，凡十五卷。末又有其弟虞宾《跋》，称先仲氏辑《春秋别典》，未脱稿而不幸下世，不无挂甲漏乙，年代倒置之病，故特广阅博搜，参互考订，世悬者更，数殊者析，删其繁复者十一，苴其阙略者十三云云。则此书乃虞畿兄弟二人相续而成也。旧无刊板，此本为朱彝尊家所藏，有康熙辛巳十月彝尊题字。惜其"抄撮具有苦心，惟各条之末，不疏明出何书。明人之习，大都若是"。所讥诚中其病。然网罗繁富，颇足以广见闻，要亦博洽之助也。虞畿《序》自署曰"粤瀛"，彝尊《跋》，称其字里，《通志》不载，莫得其详。虞宾《跋》中，称仲氏列章缝治博士家言，盖广东诸生也。考胡恂《潮州府志》曰："薛虞畿字舜祥，海阳人，初为诸生，后弃去，隐韩山之麓，以农圃自娱。郡长史欲致之，凿垣而遁，著有《听雨篷稿》"云云，当即其人。又考潮州在梁为东阳州，后改为瀛州，与粤瀛之称亦合。惟《志》不言其有此书，疑偶未见耳。虞畿又称《书目》、《凡例》列在左方，今卷首有《凡例》七条，无书目，则传写者佚之矣。

伍元薇《跋》：右《春秋别典》十五卷，明海阳薛虞畿舜祥撰。按《潮州府志·隐逸传》："先生初为诸生，后弃去，隐韩山之麓，以农圃自娱。郡长吏欲致之，凿垣而遁，著有《听雨篷稿》。"而是书则旧《通志》、《府志》、《县志》均不著录。原书各条之末，未注出典，朱竹垞检讨《跋》语深惜之。此本为曾广文勉士，从浙人筠轩洪氏借抄，各条下皆注所出，谓孙渊如观察所补也，考孙氏《书目·内编》："《春秋别典》十五卷，明薛虞畿撰，星衍考注出典，南海吴氏刊本"，则渊如观察果注是书矣。今按所注核之，有各书俱同，而但注一书名者；有互异者，有详略繁简间有不同者，有迥不相侔者，大抵周秦两汉之交，互相沿袭，是非蜂起，而先生复笔削于其间，殆难按辙而求矣。尚有数条未注者，其抄胥所脱，与原本未注均不可知，今但正其讹字及不可句读者，付之剞劂，余仍其旧，未敢僭更，俟觅孙祠藏本重校之。至谓吴氏曾刊此书，迄今未见，岂当时有是言而未及竟欤？辛卯末伏后，后学伍元薇谨跋。（《春秋别典》卷末）

锷按：薛明经虞畿，乾隆《潮州府志·隐逸传》，光绪《海阳县志》并有传，所辑《春秋别典》，旧仅有传抄本，嘉庆十七年，虞山张海鹏刊入《墨海金壶》，于是有《金壶》本，后板毁于火，其烬余归金山钱熙祚。钱氏复依张梓本，刊入《守山阁丛书》，于是有《守山阁》本。然此名虽两本，实一本也。书均不注出典，亦无跋语，莫详其所由来。惟《岭南遗书》本，乃从临海洪筠轩借抄校刊，筠轩为孙渊如先生高弟，故此本曾经孙氏重校，兼注出典，末又有竹垞老人题跋，与《四库》所据之本正同，疑亦抄自彝尊家也。此书摭拾《春秋》佚事，以十二公分类，凡五百九十条：计隐公九条，桓公五条，庄公四十九条，闵公五条，僖公五十九条，文公三十三条，宣公十六条，成公九条，襄公一百二十一条，昭公六十条，定公九十六条，哀公一百二十八条，而采用之书，据孙氏标注共二十七种。（《大戴礼》、《韩诗外传》、《尚书大传》、《国语》、《战国策》、《吴越春秋》、《越绝书》、《史记》、《管子》、《墨子》、《荀子》、《庄子》、《列子》、《晏子春秋》、《吕氏春秋》、《韩非子》、《孔丛子》、《淮南子》、《抱朴子》、《家语》、《贾谊新书》、《说苑》、《新序》、《列女传》、

《北堂书钞》、《太平御览》、《初学记》)。虽皆习见之籍，要其钩稽旧文，勤于补缀，不可谓无裨于文献也。

宗颐按：《春秋别典》一书，赵魏《竹崦庵传抄书目》，列入经部；朱学勤《结一庐书目》载有抄本二种。此二种者，疑即一为旧本，如《书目答问》所录之《墨海金壶》本及《守山阁》本也；一为孙氏《考注出典》，如今之《岭南遗书》本也。《四库全书》收录是编，由两淮盐政采进。今《两淮进呈书目》，尚有目可考。《别典》旧仅有写本，辗转传抄，讹脱甚多，文句支离者有之，注典失漏者亦有之。今本薛虞宾《跋》曰：郭郡公用唐祠部言，亟取而序之，胪其目于郡乘《艺文志》中。所云郭郡公者何人？唐祠部者又何人？皆未明言。予检《经义考》所载薛《跋》，郭下有棐字，唐下有伯元两字，乃知二氏之名，今本脱漏也。《跋》言郡公郭棐以伯元言，为之序，复列其目于郡乘《艺文志》。考郭棐，番禺人，万历壬寅，曾修《广东通志》。伯元则为万历进士，虞畿与唐、郭二氏，其年相接。盖虞畿，薛亹之孙，旧志言虞畿海阳诸生，而盛端明撰《薛亹墓铭》，称亹男孙虞畿选贡，《明史》选贡之制，肇于弘治，万历曾废之，崇祯复行。虞畿选贡，若在贡举未废之前，则当与唐、郭二人同生于万历也。三人者，苟生同时，则郭棐为《春秋别典》作序，又列其目于所修《通志·艺文》中，其说似可信也。(郭棐万历《通志》共七十二卷，中有《艺文志》三卷。)然予考《阮通志·艺文》所载《别典》，无郭棐《序》。清朱竹垞跋此书，谓虞畿兄弟，其字里新《通志》不载，伍元薇亦言是书旧《通志》、《府志》不著录，疑郭《通志·艺文》，朱、伍二人必曾检之，故有此言。若然，则《别典》一书，郭《通志》未曾载其目也。而《广州府志·郭棐传》，不言其为潮州知府；而薛《跋》称曰：郭郡公棐，是又与棐事迹不合也。然则郭郡公者，为别一人欤？按《潮志·职官表》无郭棐名，嘉靖万历间，潮州郡守郭姓者，有郭子章、郭春震二人，子章后于春震，未曾修《郡志》，春震则于嘉靖二十六年修《府志》八卷(或作十二卷)。明代《潮志》，此为最末。其书今已亡佚，然体例犹可概睹。(乾隆《周府志》卷首载有林庭㭿《序》。略言郭公渐斋〔即字春震〕，续修《潮志》，其《凡例》有八，首地理，次建置，次田赋，次祠祀，次官师，次选举，次人物，终杂志)。其书凡八类，而独无《艺文志》一门。或谓郭郡公，即为春震，然春震字渐斋，名不称棐，尤不相合也。此实一大疑案，谨此识疑，以俟考核焉。

饶氏与焕《小史》十卷　道光《广东通志·艺文略》二。

未见

〔补〕乾隆《潮州府志》二十九《文苑传》：饶与焕，字道章，大埔诸生，词章之学，名噪邑中。所著有《小史》十卷，监司朱公东光亟赏之，以明经终。

宗颐按：饶与焕，又号印阳，嘉庆《大埔县志·文苑传》亦有传。大埔《饶氏族谱》，载有杨闱撰《饶印阳传》，称其雅喜词坛骚赋之业，所著《小史》十卷，监司朱公东光亟赏之，遂叙而寿之梓。是此书当时曾付剞劂，然今则少见传本。即朱公《序文》，《县志》不载，亦已不可考矣。

陈氏邦基《古帝王绎》　乾隆《潮州府志》二十八《儒林传》。

未见

宗颐按：嘉庆《澄海县志》十九《邦基传》，作《古帝王纬》，误也。

《孔子世绎》　乾隆《潮州府志》二十八《儒林传》。

未见

郭氏之奇《稽古篇》五十五卷　《四库全书总目》五十，道光《广东通志·艺文略》二。

存　清初刊本。

之奇《自序》：《稽古篇》之作，非作也，述也。取《汉书·古今人表》，正以《春秋》，订以《左丘》、《公》、《穀》、《国语》、《国策》、《史记》、《通鉴》，求其至当，毋罔古而惑今也。《春秋》二百四十二年耳。由邃初迄周秦，前乎此，有人有事矣；后乎此，有人有事矣。曷为正乎《春秋》，正以《春秋》之义例焉尔。今由《班》、《史》所列，分以三科，别以九等。迹其论断，圣仁智愚上次中下，亦拳拳于先师之牙后，何乃折中无闻，名乖义谬，贻来者之讥谪。臣以为班生搦三寸之管，驰骛数千载，仰窥坟索，旁贯百家，扢芳轨于未渝，砥污觜于既腐，班生之志则大矣；独悲其蔽乎暗而误乎臆也。何暗尔？若圣与仁，则吾岂敢？圣仁匪异也：仁者见之谓之仁，智者见之谓之智，智仁非分也。上上曰圣，上中曰仁，上下曰智，懵厥指矣。夫妇之愚，可以造端，虽有下愚，自灾厥身，犹愈于足智多能之乱贼也。下下之列，独归愚人，于劝惩曷取焉？况乎人类既滋，群生嗤嗤，书契以来，畸踪隐迹，律度量衡，所弗能数。统章元会，所未由穷。嗟夫《班》、《史》，探索钩致而参伍之，一名一字，或分两人，此轩彼轾，错综矛盾，有由来矣。若夫圣君、圣佐，于今为烈；以及德功差等，忠佞分行，安得阿其所好，外其异己？鸿荒沕穆，结绳之故，不可得而详矣。盍亦观夫三代以来，少康祀夏，帝杼师禹，今古兴王，首推弓冶，康居上下，杼且中中，甚可诧也。芒泄虽贤，岂能方康？扃仅守府，顾反高杼。此抑扬夏后不可为平者。大丁早卒，何闻而并思道之君？辛乙不竞，何竖而驾任贤之主？此低昂有殷不可为准者。不佞伊尹元圣，一德齐汤，说命箕畴，心传稽古，比辙管晏，然与欤否欤？又如宗圣曾子，不如左丘；与周八士，不如诸伶；胶鬲商容，厕于师涓之列；祝鮀孙贾，乃入史鱼之九班。由斯类推，可为三叹！即如下下之列，以待元恶。鲁隐让国，菟裘弗终，君子愍之；比诸长狄，不及圉荦。薰莸倒背，一至于斯！又如武□射天，分身河渭，二世积市，殒首望夷，穷凶极暴，载籍稀闻。视夫逃债赧王，处松饿主，丧师坠国，积威使然，宜从哀矜之列，不在痛疾之科。而下中下下，反有轩轾，臣故断断乎谓《班》、《史》之蔽于暗而误夫臆也。臆以成暗，暗以锢臆；虽欲仰瞻尼麓，流渐洙源，终南辕而北向矣。臣不惮折衷，别为序次：上焉者，为圣人，大贤，贤者，希贤；亦曰圣贤之号，光被四表，圣人如日，大贤如月，贤者如星辰，希贤如云汉。三光为昭，将互相映发也；次之为畸人，如辟历夜明，以助化工之神奇；次之为中人，如暑雨寒风，与四时同消息尔；下之为妄人凶人，则霞虹霿雾，天之杂氛，五残六贼，天之逆气；最下为乱贼元恶，则尤枉矢。天之乱象，星移宿易；天之杀机，发于天者见于人，发于人者以人治之，而已总之，曰圣人，曰大贤，曰贤者，曰希贤，曰畸人，曰中人，曰妄人，曰凶人，曰乱贼，曰元恶，天□□□，故人有十等也。何谓圣人、圣君、圣佐、圣师？勋放天地，德昭古今，出乎其类，拔乎其萃也。周孔以下，不再见矣。何谓大贤？克实而有光辉之谓大，与夫大忠大孝，至清至节之楷模，天下□□后人者也。何谓贤者？希于圣而贤于人，富强礼乐之英，多闻多见之隽也。何谓希贤之人？不忮不求，必信必果，有所不为，可以有为之俦也。凡斯三者，以语夫仲尼之门，识大识小之士，区以别矣。若夫《春秋》以下之人物，人之有犹有为有守，羞其行而昌其邦，三者之称，或稍恕焉。将望古而遥集，亦因时而尚论也。何谓畸人？曰博闻强志，精工术数，工于技能；与夫重然诺，轻死生，气矜得之夫，跅弛不羁之侣也。何谓中人？曰希贤之下有中人，凡著职服官，书名氏于经史，遭时际会，附青云以声施者，则书之。畸人之次亦有中人，习仿流渐，虽小道必有可观者，亦如子舆子之圣，娄输师旷先告子分黝舍而臣擘于陵也。何谓妄人与凶人？曰天下之恶一耳；有索涂冥行者，有驱诸阱罟之中而莫之知避者，有下愚不移者，有为不善而惟日不足者。所归之恶，各有已甚未甚也。何谓匪类？曰子弑其父，臣弑其君，奸回阴骘，为鬼为蜮。《诗》曰："投彼豺虎。"《传》曰"迸诸四夷，彼哉彼哉，非斯人之徒也！"匪类何以有二等？所播之恶，亦有已极未极也。由前后所列，古今之贤不贤尽于此乎？曰弗尽。弗尽则曷为书乎？此立少观多，存其略焉尔。曷为存其略？书缺有间矣。非□□□□言行无得而称焉。不可以为有，不可以为无，不可遽没其名氏。若夫诵其诗，读其书，知其人，论其世。立乎今日，以指上古。上古之日远矣；所闻异词，所传闻异词，从同同而阙疑，殆臣不佞，师先圣而述者也。始乎盘古首出御世人之始也。何以止乎战国？曰备矣。汉唐以下，有志未逮者，何取乎《叙赞》、《论说》？臣生也晚，窃取汉宋诸大儒，较诸《班》、《史》，择精而语详也。解嘲分谤，以俟后之君子，则未知其为是欤？其诸好古阙文之意欤？繇后所述，君师之统，八侯国之纪，二十统者总也。总天下之大同，而归于作君作师之人也。纪者记也，记分治之遗法，而彰其建侯设屏之意也。附以《列传》百，《外传》四，《总传》三十。《传》者传也。传于微，传于著，一人之言行，而褒讥互见；一事之义类，而善恶分途。为百为四，善善长而恶恶短也。《总传》□次，善善先而恶恶后，中国内而夷狄外也。终以六训，训者循也，遵也，循天地人之理□，遵皇帝王之典谟，以窃附于祖述宪章之微旨也。三古远矣，章之自明，述而不作，信而好古，臣惟终身守此勿勿也。故曰《稽古篇》之作，非作也，述也。时□□拾贰年著雍阉茂之岁，律中黄钟，赐进士第光禄大夫行在少保、兼太子太保、武英殿大学士、礼兵二部尚书，臣郭之奇谨叙。（宗颐按：之奇此书，曾上永历帝，《自序》之末，年号仅余空格，疑即永历。考永历在位十五年，亡于辛丑。此《序》所载著雍阉茂之岁，《四库》谓为戊戌年；以此推算，恰为永历十二年，则此阙文，当为永历，可无疑也。）

《凡例》：曰若稽古、曰鸿荒，冒天下者三皇。德如五帝，功如三王，统至嬴而中绝，道由孔而日昌，初一为八统。曰若稽古、曰春秋战国，五伯莫盛于桓文，七雄同归于诈力，观征伐之自侯，嗟王者之迹熄，次二为二十纪。曰若稽古、曰君子，疾没世而名不称，春秋大夫，同道为朋，战国人士，从善如登，择而从，择而改，观其所感而自兴，次三为列传百，外传四。曰若稽古、曰微微彰彰，其道日光，彰善瘅恶，千载旁皇，俾斯人之□□，垂汗简于秋霜，次四为总传三十。曰若稽古、曰君子，言有方而行有式，多识前言往行，以畜其德。观乎天之象，地之域，人之情，物之则，可大可久，而天下之理得，次五为六训。

《四库全书总目》五十：《稽古编》五十五卷（江苏巡抚采进本），明郭之奇撰。之奇揭阳人，崇祯戊辰进士，《类姓登科考》载之奇官副使，擢授詹事府詹事；而此书结衔则称武英殿大学士。考明烈帝五十相传，无之奇名；而集中所载年月，上有阙文，第云"第雍阉茂"，乃戊戌岁，当为顺治十五年。按《梧狱纪略》载桂王诸臣，有詹事府礼部右侍郎郭之奇；则所云大学士者，亦桂王所授之官。盖是时云南未入版图，故犹题其私署也。所载自上古至秦而止，以各代君臣，分为《表》、《传》。《夏》以前，则全抄《路史》、《禅通》诸纪；三代至秦，则多用《史记》、《汉书》。其所叙君臣各表，有圣贤大贤希贤诸名，庞杂殊甚。《汉书》立《古今人表》，后儒多訾其失伦。是书义例多乖，更沿流而失之者矣。

《韩江闻见录》一：先生著《稽古篇》，颠沛时，未尝不以进讲，与宋陆贞夫，临难讲大学，同一始终守正，事君以道。

锷按：菽子郭忠节之奇，道光《广东通志》，乾隆《潮州府志·名臣传》，光绪《揭阳县续志·贤能传》并有传。所著《稽古篇》，《揭阳县续志》本传作十二卷，《艺文》作一百卷。（宗颐按：《揭志》卷三《之奇传》，称之奇居夷，著《稽古编》十二卷；卷四《艺文门》，言《稽古编》一百卷，分十二集，上自鸿荒，下逮秦世，本传所谓十二卷者，疑即十二集之讹也。）惟《广东通志》引《四库》著录，作五十五卷，与今传本正同。考此书卷首，载忠节《自序》分卷之故，其言曰：稽古之篇，初一曰八统，取象乎八卦也；次二曰二十纪，取类于八方十二州也；次三曰列传百，外传四，取物于盈，取义于闰也；次四曰总传三十，取法于惟月也；次五曰六训，取则于《六经》也。合为五，凡五行之理也。分为五十五卷，天数二十五，地数三十，天地之数也。据此，则作五十五卷者是也。当明之季，永明播迁滇黔，以旧臣而随从行在，始终不渝其节，卒国亡被掳，从容就义者，吾潮仅有忠节一人；而旧府县志为忠节立传，均讳其晚节，略而不言。王船山撰《永历实录》，竟以忠节为险诐小人；甚至有两粤沦陷，之奇遁降于清之语。（《实录》十二《童郭列传》）考黎士弘《郭菽子先生小传》，言公出入两粤滇黔间，数年继入交趾，遂为大师所获，送至粤西省城。时两司郡县多闽人，俱公门下士，多方曲譬，公正色斥之，惟杯酒赋诗候命。就义之日，慷慨从容，而无改色。（亦见《仁恕堂笔记》）罗万杰大学士《郭公墓志铭》，己亥滇南失守，六飞远出，公挈其二子，避地山中，所至夷汉杂居，殆非人境，结茅以处，犹著书不辍。辛丑，交夷执献，对问无回辞，羁馆阅岁，以壬寅八月尽节粤西。士弘长汀人，为忠节门人，万杰则与忠节同官同里，其记忠节事，断不至于伪撰。况忠节之谥，出自清帝钦定；如忠节后果降清，安得叨赐名之典，此至易辨者。《行在阳秋》记忠节不屈，事较翔实，兼载其绝命诗二首。（《阳秋》所载诗，乃八月初四日纪事之作，距就义尚有十五日，时尚未抵梧州，自此以后，至被杀，据内文集，尚有二百余首。）而《南疆逸史》四，且言未没前，寓书其子曰："事之兴废天也，成吾志焉耳！"此皆公殉节之明证。得此，而船山降清说之诬妄，不攻自破矣。此书卷首结衔称武英殿大学士臣郭之奇撰述。文中亦称"臣之奇曰"，则《闻见录》谓曾经进讲者，当属可信。

宗颐按：菽子《稽古篇》一书，其《自序》所载年月，为著雍阉茂之岁。据《四库》考定，乃戊戌年，今本《苑在堂诗俎东集》，有《乙未除夕为稽古诸传未竣漫吟》五律，又有作《稽古篇诸论断》五绝，是其书属稿在乙未之前，而成编则在戊戌之间也。林杭学康熙《潮州府志》，言之奇遁迹入南交山中，结茅著《稽古篇》百卷。盖本罗万杰《墓志》避地山中，结茅以处，犹著书不辍之说也。考之奇居夷，在己亥滇南失守之后，其《稽古篇·自序》，撰于戊戌，则当避交趾，其时书虽完稿，犹有待于改定；故己亥之岁，复从事纂辑也。之奇遭国变，辗转迁徙，迄无宁处，而犹奋勉著书进讲，事君以道，其用心可谓勤矣。

清

〔补〕丘氏集勋《左史汇诠》　同治《大埔县志》十七《耆德传》。

未见

〔补〕同治《大埔县志》十七《耆德传》：丘集勋，号建川，性嗜诗书，敦孝友，课徒五十年，士林矜式，编有《左史汇诠》，及《调元捷径》医书藏于家。

王氏定镐《明史质鉴》

未见

定镐《自序》：中国衣冠衣物，开五洲风教之先，其规模明备，因革相沿，历数千年之久。凡外洋政教皆中国所已行，积久成弊，不得不变者也。是故三代人才出于学，战国及秦出于客，汉魏以下出椽吏，隋唐以下出科举；科举兴而乡举里选废，汉制科发策，虽以文取士，要皆由乡举里选而来，未曾不参以实行；隋唐以下，则全以文定矣。然文以载道，观其文亦可见其人；故自科举盛行，人才之有体有用者，亦不乏于世。盖乡举里选不得不变为科举者，势也；科举之文，《策论》变而《诗赋》，《诗赋》变而《经义》，《经义》极而制艺，亦势也。其制适相因，其势实相矫，故自制艺取士以来，历六百年。硕彦鸿才，踵相接也。科举何负乎天下，制艺何负乎科举哉？谓予不信，请借鉴有明一代之史。

锷按：定镐字静山，海阳人。光绪间廪贡生，生平笃于友谊，曾刊亡友吴少樵遗墨，为时所称。精史学，尤熟明史，是书名曰《质鉴》，闻其体裁颇类注释，侧重掌故，于史事异同，参稽群书，校核厘正，静山自谓一生精力，尽在此编，积稿数十册，以家贫未能付梓。晚年，友人王孝廉少筠为征启募刊，始克开雕；然功未及半，静山旋归道山。其稿板后为门人携去，或云今尚存银潮吴氏也。

杂史类

明

林氏铭球《监军纪略》　乾隆《潮州府志》二十八《名臣传》。

未见

九龙真逸《胜朝粤东遗民录》四：铭球，崇祯戊辰进士，官御史，上疏言治兵固急，保民宜先。又申救辽督洪承畴免逮，荐黄道周起废籍召用。后劾岷藩降官，起补光禄寺监事。京师陷贼，迫污伪命，旋遁归；潮寇起，以

练兵保境，积劳成疾，卒。（《林俊胄传》）

锷按：林侍御铭球，字彤石，号紫涛。乾隆《潮州府志·名臣传》，乾隆《普宁县志·乡贤传》并有传。侍御本姓蓝氏，先世为闽之漳浦人；第后，始占籍普宁。其后蓝鼎元令普邑，尝题侍御像赞，犹称曾叔祖云。（见《鹿州初集》十五）此《监军纪略》，乃侍御巡按湖广时，奉敕监军护陵所作也。

宗颐按：铭球奉敕监军，实为平湖北剧盗吕瘦子及湖南大疑山寇郭子奴，此书当系记其事也。

清

薛氏然《闻见录》　乾隆《潮州府志》二十九《文苑传》。

未见

乾隆《潮州府志》二十九《文苑传》：然生平多著述，辑《闻见录》，详记鼎革以来事迹。

宗颐按：薛然此书，《阮通志·艺文略》列入《子部·杂家类》。

李氏芳园《平台遗策》　光绪《海阳县志·艺文略》。

佚　光绪《海阳县志》四十。

光绪《海阳县志》四十：李芳园，字开与，少有远志。谙子、史，明韬略，襟怀磊落，卓然有文武才。乾隆壬午举于乡，登丙戌会魁，点传胪，授侍卫，趋从殿右。旋授江苏城守参将，转浙江台州副将。时台湾林爽文作乱，渠寇猖獗。经略大帅福康安调芳园镇守金厦。芳园星驰赴命，整戎行，察形势；以其地向无城郭，故民居悉罹焚掠，乃请筑城池，分劄营伍，且守且战，逆党闻风畏避。然复由漳攻台，芳园遣族侄哲假作台商，深入贼巢，探诸机密，作表里合应之计，台寇遂平。以功钦赏花翎，实授金门总兵官，兼署提督厦门水师军务。在金厦恐丑类复萌，时常巡哨海滨，忽于巡船得暴疾卒。芳园居官廉，不取陋规，不携亲眷到署。当扶榇归，宦槖萧然，仅存翰墨数幅，所著有《平台遗策》，因其孙大白以把总劳王事溺云澳海中失传。

奏议类

宋

王氏大宝《谏垣奏议》六卷　道光《广东通志》二百九十二《列传》。

佚　光绪《海阳县志·艺文略》。

《宋史》三百八十六：孝宗即位，大宝言古致治之君，先明国是，而行之以秉断。军兴以来，曰征，曰和，浮义靡定。太上传丕基于陛下，四方日徯恢复。国论未定，众志未孚，愿陛下果断，则无不济。汤思退议罢督府，力请讲和；大宝奏谓，今国事莫大于恢复，莫仇于金敌，莫难于攻守，莫审于用人。宰相以财计乏，军储虚，符离师溃，名额不除，意在核军籍，减月给，臣恐不惟边鄙之忧，而患起萧墙矣。

又三百八十四《汪澈传》：隆兴元年，张浚克期大举，诏澈出师应之，澈以议不合，乞令浚并领荆襄，谏议大夫王大宝论澈无制胜策；皇宁倜以忠义结山寨扼敌要冲，澈不能作制，坐视孤军坠敌；计赵撙以千五百人，救方城，散五百余人，澈漫不加省；迄罢黜。疏再上，澈落职。

《建炎以来系年要录》一百七十一：绍兴二十六年，二月甲午，国子司业兼崇政殿说书王大宝言：窃见江南诸州，有月桩钱，而县吏因仍为奸；有折帛钱，而下户赔补为患。月桩钱者，科发不均，名目无定。胥吏缘此，以科曲引催积欠，折卖官纸，私行赏罚，四事为民刻剥。良民追呼牵牛，其弊为甚。折帛钱者，艰难之初，物价跃贵，令下户折纳，务以优之。今市价每匹不过四贯，乃令下户增纳六贯，望委诸路监司核实月桩名色，立为定额；如有不足者，审度均定，不得假名目以恣率敛；及折帛钱，量与裁减，以恤下户；庶几和气旁浃，至治格于神明矣。上览奏，谓执政曰："大宝所论，可令户部看详。"上因言"大宝近又请放度牒，殊未晓朕意。人多以鬻度牒为利，亦以延人主寿为言。朕谓人主但当事合天心，而仁及生民，自然享国长久，如高齐萧梁奉佛，皆无益也。僧徒不耕而食，不蚕而衣，无父子君臣之礼，以死生祸福，恐无知之民，竭民财以建塔庙，蠹民伤教，莫此为甚，岂宜广也?"辅臣皆称善。（宗颐按：《系年要录》所载大宝此疏，其字句与《宋史》微有别，"艰难之初"句，《宋史》作"南渡兵兴，市价每匹不过四贯"句，《宋史》"贯"作"千"，"令下户增纳六贯"句，《宋史》"贯"亦作"千"。）

朱子《答廖子晦书》：潮州王尚书，旧尝识之。其人劲正忠实有余，在言路尝论汤思退之奸而逐之。但为人颇疏率，立朝议论，亦有不到头处；然不害为一代正人。今所得奏议，烦录一本见寄。傅景初是其婿，恐必有本，旦夕当寄书问之也。（朱子《大全集》四十五）（宗颐按：傅景初名伯成，济源从。隆兴初第进士，少从文公学。历官至宝谟阁学士，卒谥忠简。）

林大钦《潮州八贤试策》：文章学识，直言刚正者，王大宝也。观其疏请恢复，而恳建诸位，其忘身而殉国乎？吾于大宝，取其直也。盖其当奸臣柄国之日，而志存恢复；不避弹劾之所加，其孤忠可谓凛然不屈矣。故吾虽未敢谓其有旋乾转坤之功；然其倡正直之风，张忠义之气，而扶持宋室光明正大之业者，其绩伟矣。（《林东莆先生文集》一）

锷按：元龟《谏垣奏议》，其佚已久。自来收藏家书目，并未著录；即朱子所见，仍是抄本。意其稿始终未尝锓木也。元龟居台谏，鲠直敢言。时孝宗初即位，方锐意恢复；故元龟所请上封事，上多优容纳之。如劾汪澈督师之懦，汤思退讲和之奸，朱倬沈该之罪，章凡数上，百折不挠，皆其荦荦大者。而上卒用其言，足以觇其风节矣。惜诸奏今无一传，惟《宋史·大宝传》及《汪澈传》，节录其劾二汪疏语，犹可概见。至《系年要录》所载一疏，虽非其居谏垣时所上；因元龟遗文流传颇鲜，故亦并为采录，以见一斑。

明

翁氏万达《总督奏议》　《千顷堂书目》三十，光绪《揭阳县续志》四。

阙　《东涯集》本。

《三镇兵守议》　《千顷堂书目》三十。

未见

张萱《新定内阁藏书目录》五：《三镇兵守议》一册，全，嘉靖间翁万达《督西大题稿》。

锷按：焦竑《国史经籍志》五：有翁万达《督抚江西奏议》二卷，《审录江西奏议》五卷，《总理河道奏》十二卷，此误以翁大立为翁万达也。《万达疏草》，仅有《总督奏议》，《三镇兵守议》；而《千顷堂书目》著录不标卷数，张萱《内阁书目》，于《三镇兵守议》，亦只云一册全而已。二书明时有单行本，今已罕见。考《东涯集》自卷五至卷十四全载《东涯奏稿》，凡八十余篇。虽不尽皆总督西大时题稿；然如劾却永，乞录毛伯温，计擒叛逆以除祸源，及时修边以防虏患等疏，悉在其中。其言切中时弊，皆有关于大计，非徒为嚣争空言者可比。至于建白条制，如守边八目，防秋事宜，敷陈剀切，规画明阳，尤足征其经济之才也。

薛氏宗铠《东泓给谏疏草》一卷

存　《中离先生全书》附刊本。

《万姓统谱》一百十八：宗铠字子修，登嘉靖二年进士，初令贵溪，调将乐，更建阳，政务大体，百废具兴，及征为给事中，言论激切，触忤太宰，竟杖死，士人咸惜之。

锷按：东泓薛给谏宗铠，国子学正俊之子，中离先生之犹子也。事迹具《明史·冯恩传》，及《广东通志》、《潮州府志》，海阳、揭阳、澄海各《县志》。给谏父子叔侄，皆从游阳明，传良知之学，而给谏实践其说，竟以诤死于位。平生遗文多散佚，独其疏稿尚有旧抄本三篇，藏薛氏家。民国乙卯，曾彭年辑刊《中离全书》，曾得之，厘为《东泓给谏疏草》一卷，以附全书卷末，即今所据著录之本也。奏疏三篇：一曰明赏罚，二曰复黄册旧规，三曰纠劾奸佞乞赐罢黜。其所指奸佞，即吏部尚书汪鋐；给谏亦因此疏死杖下。三疏中造诣措词，侃侃不阿，真无愧言官之职。湛若水作《东泓墓志》，载其受杖之后，赋诗誓死，其辞曰："大奸在位，毒流缙行；……惟彼奸谗，捏构诬绳；惟帝赫然，迸兹佞人。爰逮小臣，亦寘于刑。于皇明圣，实余寡诚。大奸既去，遑恤我身。阳德方亨，永底义宁。"呜呼！读此益以见给谏孤忠亮节，其人其文，并足垂诸不朽矣。

林氏熙春《掖垣疏草》一卷　《千顷堂书目》三十。

存　《林忠宣公全集》本。

《出山疏草》一卷　《千顷堂书目》三十。

存　《林忠宣公全集》本。

李栻《序》：余承乏于潮，谒林司徒先生，授以掖垣及再起列卿诸疏；盥读卒业，喟然叹曰：此先生所以格心而致主也哉。人臣事君，蹇谔敷奏固难，而质之隐微天日如对尤难。虞廷凛几康于弼直，宣尼诫犯颜于勿欣，谓堂帘远隔真窾孚洽耳。夫撄鳞逞诤，白简披衷，岂不足以增凤鸣之风采？而正言则拂，深言则忌，补牍则显过，溅颈则触威，主忤臣激，堂陛谓何？至于迹睽心谅，谴薄恩孚；即俄顷不无瑕衅以相协，于易世数十载之后，诚窾之泌澈自莫量也。先生为令，而掖垣政泽治于楚闽久矣。已而列工垣户垣，诸卿直亮，屹峙峨峨，辇毂间朝绅莫不奉为蓍蔡，倚为砥柱；而忠诚感格，能于朝廷起二十余年遗老于田间，而不能留神庙俄顷之外谪；能伸二十四臣朋侪之枉，而不能消避事者之心渐；观局者之揭陷；能苏漕河役夫工卒数十万之民命，而不能逃阴阳之为沴。盖先生所能者，天下咸孚其诚款；而所不能者，亦不以其进退去就为荣悴，则先生之感格主心何如哉？昔韩昌黎文章道德，百世所师，一疏斥于阳山，再疏斥于潮阳，卒以名卿一代山斗。公潮人，以谏显，为当代山斗。上且大用，岂风山席暖地哉！余推夫始终道之，若奏疏昌言伟论，凿凿经济，观者自得，余无容赘也。温陵后学李栻顿首拜书。（《林忠宣公全集》一）

何乔远《序》 （《林忠宣公传集》一）（不录）

黄粽《序》 （《林忠宣公传集》一）（不录）

郭之奇《司徒林忠宣公传》：公名熙春，字志和，别号抑晋，海阳龙溪人。登万历壬午举人，联捷癸未进士，授巴陵令。施改将乐行取，擢户科给事中，更历礼科兵科工部，因事建白，具《掖垣疏草》中。而最著者，参东封减织造，又如请免入彝采回青尊朝体而塞彝祸，于今为制，可谓言关国计者矣。军政拾遗之事起，一时勾斥言官三十四人，圣怒不测，阁臣疏救，而各官降杂职；冢臣疏救，而各官为民；震叠之下，掖垣逡巡申救。公疏轮次属刑科，都侯廷佩乃气沮色变，废然避也。公毅然首列，率同官抗疏入。左迁茶陵州，庚申始以南仪部赐环转光禄少卿，右通政太仆寺卿，太常寺卿，大理寺卿，所任各能其官；诸所条陈，如苏牵累，省繁文，酌参驳，与夫约民约官十六款，俱奉旨举行。时珰祸虽未起，其端已露，公遂六疏乞休，以户部左侍郎予告，仍敕将当日抗疏事，宣付史馆。（《林忠宣公全集》一）

锷按：林忠宣公熙春，道光《广东通志》，乾隆《潮州府志·名臣传》，光绪《海阳县志》并有传。所著《掖垣疏草》一卷，凡十三篇，皆忠宣为给事中时所上。其《申救言官》一疏，并忠宣出处本末，亦见

《明史·马经纶传》。惟疏文与此书微有不同。盖史撮其大意，兼为润饰，故文字稍异耳。忠宣居言官，前后凡三载。既去职，优游林下殆二十余年。天启初，起为光禄卿，转太仆太常，又参劾援辽将官，及畿省种马官员，其诤谔之气，终不少减。及致仕归，复汇集官寺卿时所上奏劄，为《出山疏草》一卷，凡二十六篇。两书各疏之末，皆缀有谕旨，其《出山疏草》，又附有户部等《衙门公疏》一篇，盖忠宣乞归之后，户部尚书李宗延等，请将公前《申救言官》之疏，敕下史馆备收《实录》者也。两疏草明时有刻本，今则罕见矣。

宗颐按：林忠宣诸疏奏，多涉及边塞兵防，编中遇有胡虏等字，悉存空格。其《出山疏草》，乾隆《禁书总目》及《违碍书目》，皆载及，疑《四库》开馆时，曾经采进也。此二书，光绪《海阳县志·艺文略》皆有著录，唯不标明卷数，而《出山疏草》则误作《出山草》云。

谢氏正蒙《谢侍御疏草》四卷　乾隆《潮州府志》二十八《循吏传》。
阙　《潮州耆旧集》选本。

冯奉初《题辞》：隆万之世，朝廷大势趋重言官，其昌言谠论，为国为民者固有之，至于植党行私，假公报怨，朝端水火，重起戈予，则比比皆是，识者有世道之忧焉。侍御由安乡令擢台谏，巡按直隶，监榷淮扬，乃能正色立朝，劾税使参银台，请罢采珠，请免滥征，批鳞逆耳，凡人所嗫嚅不敢吐者，独侃侃言之，而未尝凭私攻讦，人有理轮补牍之风。吾粤海忠介为南都总宪，城孤远辟，社鼠潜踪，天下仰之若神明；若侍御者，其殆闻忠介之风而起者耶？后学顺德冯奉初题。（《潮州耆旧集》三十二）

乾隆《潮州府志》二十八《循吏传》：谢正蒙，字中吉，惠来人。万历戊子举人，初任安乡令，邑滨洞庭，田多被水。正蒙谨堤防，潮水不为患。膺卓荐擢监察御史。巡按直隶，弹劾不避权贵。寻视两淮鹾政，革商规，修范公堤，以卫场灶。丁内艰归，服除，升河南参议，不赴，卒。著疏四卷，祀乡贤。

宗颐按：谢正蒙，雍正《惠来县志·乡贤传》亦有传。所作疏草，道光间冯奉初编《潮州耆旧集》曾选录十九篇，其书全本，今未见，不知尚存世间否？

吴氏与言《吴职方边事奏疏》　张鼎思《吴职方墓志铭》。

未见

同治《大埔县志》十七《宦迹传》：吴与言，字志默，嘉靖乙丑进士，授汉阳推官。鞫断冤狱，多所平反。会楚府狱起，与言执法不阿，致与当事忤，迁杭州府丞。二年，擢兵部职方员外郎。时海寇未靖，广潮道金浙专主招抚，阻回闽师；与言题请敕下闽广官兵，亟行夹剿，上是其奏。丁丑分校礼闱，称藻鉴，出为江西左参议，晋四川按察司副使。执政有挤之者，免官归。

宗颐按：吴职方《边事奏疏》，今无传，仅存《请剿海寇》一疏，载《府县志·艺文》。

谢氏元汴《谏垣草》　嘉庆《澄海县志》十八《循吏传》。

阙　《潮州耆旧集》选本。

嘉庆《澄海县志》十八《循吏传》：元汴字梁也，蓬州人。崇祯壬午举于乡，癸未成进士，以母老不就职。归一年，闻闯逆陷都城，北向大恸。后以福王在杭，往归之。廷试作《朋党策》，侃侃数千言，忠义激烈，王大奇之，即授兵科给事中，凡事皆咨之。元汴亦毅然自任，切论一时弊政，有《谏垣草》传世。

冯奉初《明兵科给事中谢元汴传》：乙酉六月，南都覆没，唐王监国福州元汴投袂而起，辞母，趋赴。天兴九月，以《朋党策》称旨授兵科给事中。元汴起自单寒，性戆直，不能随时俯仰；所进《六太息疏》，侃侃数千言，指斥时弊，与时局大相凿枘。十一月，奉差宣慰两粤，充册封二藩副使，便道奉母回潮。丙戌二月，至端州苍梧，行册封礼。三月，至桂林。九月，唐王殉国汀州。十月，桂王立于肇庆，元汴往谒王，复授兵科给事中，连上《十事四义》诸疏，皆直言时务，凿凿可见诸施行。己丑五月，奉差平远募兵。为广州声援。即而大兵再定广州，桂王奔南宁；元汴奉母，避地，转徙于兴宁长乐间，至丰顺侨居大田，授徒养母，不复与世事相闻。乱定，奉母还居郡城；母卒，弃家流寓澎湖台湾，后不知所终。（《潮州耆旧集》三十六）

锷按：霜崖谢给谏元汴，乾隆《潮州府志·文苑传》亦有传，霜崖仕行都事，《府县志》均略焉不详，惟冯奉初撰《明兵科给事中谢元汴传》，稍具本末但《县志》以霜崖廷试《朋党策》，乃授给事中，为福王时事，冯传则系之唐王。考《朋党策》，首言慨自两都沦陷以来云云。所谓两都即指南北二京而言，是霜崖对策在南京沦陷以后，其发策为唐王无疑。（顾炎武《圣安本纪》，载南都陷后，上将幸杭州未行；刘良佐率清兵犯驾，奉上北狩。则福王虽有意南幸，而实终未至杭；《县志》称元汴以福王在杭往归之，尤为失考。）至冯传谓霜崖母卒后，弃家流寓澎湖台湾间，不知所终。（孙卿明《遗民录》四十二则言祝发于厦门为僧）以陈园公《哭霜崖诗序》考之，霜崖实没于康熙八年己酉，没时园公党视含殓。且前年重九霜崖又曾招园公集韩祠作登高之会。（并见《莲山诗集》三十）是霜崖晚年，乃侨居郡城，非流寓澎厦间，亦无为僧事也。又《陈园公挽诗》第一首末联云："雪鬓阿奶君念否？他年谁废蓼莪篇？"则霜崖之没，其母犹在也。

宗颐按：《霜崖谏草》，《县志》课其曾经传世；冯奉初传，亦言霜崖著作多散失，惟《制艺》及《奏疏》与《放言诗集》存。昔园公《哭元汴诗》，有"犹留谏草铜驼后"之句，则此书清初全本犹在；然今可见者，仅余《耆旧集》所录七篇耳。

林氏铭球《西台疏草》　乾隆《潮州府志》二十八《名臣传》。
未见

《宣云按楚奏疏》　乾隆《潮州府志》二十八《名臣传》。
未见

锷按：旧《府县志》载铭球官御史时，尝上疏言治兵保民之道；又尝申救蓟辽总督洪承畴，及请起用黄道周。接宣大时，则首劾总督梁廷栋失律。凡此诸疏，均极关国家大计，不仅以敢言见称也。

宗颐按：铭球为监察御史，实官江西道，其时魏呈润以争监视宣府中官王坤劾御史胡良机事，坐贬；铭球诤救之，并劾坤巡视十库，由是中贵咸惮之。其文当在《西台疏草》中，惜疏稿久不传，莫由详悉。唯《明史·魏呈润传》，曾载其事耳。至其按湖广时，岷王建国武冈州，长史吴从哲，凌轹道府，朘削人民，铭球亦力疏劾之。所著《按楚奏疏》，其劾吴从哲疏当为其中之一也。

辜氏朝荐《辜给谏疏草》四卷　光绪《海阳县志·艺文略》。

未见

光绪《海阳县志》三十八：辜朝荐，字端敬，少颖慧，天启甲子举人，崇祯戊辰进士，除桐城令。行取擢山东道御史，改户科给事中，劾首辅温体仁。文震孟时在宫坊，作诗壮之。请假归，假满，补体科，奉命册封靖藩。己卯秋，督催三楚练饷百二十余万，未四月，报竣。丁外艰，服阕，补礼科左给事中，以督饷称旨赐宴七次。癸未会试同考得士二十一人，居谏垣十年，有《疏草》四卷。

锷按：《辜氏族谱》，朝荐官给事中，在崇祯七年甲戌。中间虽屡奉使命，仍以原官供职。迨甲申北都失守，时朝荐方出督江赣粤桂四省粮饷，闻变恸哭归里。计先后居谏垣共十年，此编即其任台谏时所上。书已无可考见。惟《志·传》载其尝劾温体仁而已。朝荐晚节，旧府县志略而不道；明季野史，记述尤多诬妄，余别有考正，详下集部《桑浦行吟》条。

宗颐按：此书《阮通志》有著录，唯仅题《疏草》四卷，无“辜给谏”三字。

清

郑氏大进《郑勤恪公奏议》　光绪《揭阳县续志》三《贤能传》。

未见

曹秀先《郑勤恪公神道碑》：太子少傅兵部尚书直隶总督郑公薨于位。公生平治行其最著者：淮南煎披，为盐牢盆，所出纯杂不一，有上盐次盐之异，公为之审辨盐色差等，分配其价，准时为平，因有安盐梁盐二种价值，分别入奏，著为令。湖南旧例，有解京黄白蜡。公令辰州宝庆，每先一二年，购备存贮司库，临时取解，运官不以为苦。于黔，其仓储贮米，出陈易新，多不如法，易至损坏，有司病之。公奏请将历年仓谷平价借粜，秋后据实买补，至今不为累。边徼积习疲敝，公加意抚恤，丁徭缺额，通融顶补，用垂永久。

于河南，轸念农人，俾平民耕种，皆有所藉。振恤之政，酌诸至当，为民请命，祈雨应时。仪封考城，河决漫口，公与在事诸大臣，仰体上意，功无虚耗，民无饥食，若不知有荡析之苦者。然于楚北宝武局所铸铜，由云南拨给，其色锐泽者，为高铜；其色粗矿者，为低铜；四六分配鼓铸，其后不可为常；公钩稽故牍，酌定时价，即黑铅皆为用，无所壅滞。武昌府属之通城，艰于粮运，公奏请照例改拆征良，分解于直隶。所行诸善政事，未可更仆数：如清厘帑项，皆得弥缝如额，无滋他患。又考望都县有九龙河，迤清苑安州新安，入于大清河，可直达天津。公为请于朝，发帑七万余金，兴工挑浚，增筑坝闸，水得深潴，旱涝有备，直通舟楫，顺流往来，民更以为便。以前所云，凡公密计各省诸政，向所因循积习，行之数十年后，不能无患者。自公为之兴之除之，可垂永久。亦惟圣天子在上，明照四海，而不遗微小，故公所奏俱见诸施行，而旋立效也。（《赐书堂稿》）

锷按：郑勤恪公大进舜齐，郑太学养性长子，道光《广东通志》，光绪《揭阳县续志·贤达传》并有传。勤恪扬历中外，凡经七省，遭遇盛明，累膺疆寄；而旌节所至，率多建白。《县志》言公有《奏议》若干卷，今不可见。惟王先谦《东华录》载其任河南巡抚时，有报开封得雨，河水骤涨，自请处分，及拟藩库章程诸流。任直隶总督时，有请疏浚保定九龙河一疏。钱仪吉《碑传集》七十二，又载公署湖广总督，值钟祥潜江荆门江陵等县堤溃，公奏应审地高下宽狭，改筑月堤，亦永巩固。又奏言楚省教匪，贻害风俗，宜饬牧令，据实详闻，皆为上所嘉许。盖公办事干敏，具有经略，在当时督抚中，最为上所倚畀，惜未臻大拜，而遽薨逝，论者犹有未究其用之叹也。

丁氏日昌《抚吴抚闽奏稿》　光绪《丰顺县续志》六。

存　未刊。

光绪《丰顺县续志》六：丁日昌，字持静，别字雨生，蓝田汤坑人，由诸生食饩，授琼州学训导，转江西万安知县。李瀚章为赣南道，奇其才，由是声名藉甚。同治元年，榷厘来粤；旋卦上海督办军器，李鸿章委办全省行营营务，克复常州，生擒伪护王陈坤。叙绩以知府用，擢苏松太兵备道，调两淮盐运使司。未几，有署理苏抚之旨。旋奉命来粤，查办洋务。抚吴时，甫强仕，不半年，须发尽白。寻丁内艰旋里，服阕，授福建巡抚。闽抚例，须东渡巡阅。先尝奏言固台防，先必练兵；欲练兵，必先筹饷。不如即以开垦之众资兵术，则兵不外求而足；以开垦之利助军饷，则饷不外求而足。至是周历全台，筹画布置，奏罢苛税，番民化之。寻奉加总督衔，会办南洋海防，并充总理各国事务大臣，而公已泛痾不起矣。公奏疏条议，详明剀切，深入人心，于汉之贾长沙，唐之陆忠宣，宋之欧苏陈龙川诸家为近，有《抚吴抚闽奏稿》。

锷按：丁公日昌奏稿抄本，今尚存其后人。公以诸生起家，跻位通显。抚吴抚闽，俱有遗爱。而所上封事，于边疆洋务尤能洞达外情，多探本穷源之论。惜所志未能一一见诸施行，遗稿又未锓版，以公诸世，可叹也！然葛士濬《续经世文编》，王先谦《东华录》，及朱寿朋《东华续录》，所载中丞奏议，实不下十余篇；苟有好事者，别纸录出，亦略可窥见中丞从政之一端矣。

卷　五

史部公牍类

明

郭氏廷序《判语》　《郭循夫集》。

未见

薛侨邑大夫《介斋郭君墓志铭》：维岁丁未四月十四日，任贵溪大夫郭君卒，享年四十有七。君讳廷序，字循夫，介斋其别号也。祖居潮阳县直浦都竹侨里，二世分居贵山之阳。君生而聪警，为举子业，出入经史，穿贯百氏。甫弱冠，补邑庠弟子员。从黄泰泉先生游，甚礼敬焉。壬午同予登乡荐，屡上春官不第。及辛丑成进士，试事大理。日取狱牍而阅之，曰。“用世不知法律，腐儒耳！”居无何，疏回祭扫，杜门不与外事。越三年，赴选得贵溪县，素称难治。君清操勤敏，庭无留事，狱无滞囚，隐恤民瘼，不动毁誉。政有不便者，必详请之；民有怙终者，虽权右不贷。时宰夏桂州公，苍头触宪，必按之法；有干者峻拒之，甚至揭之以示有司。理大珰奉命江右，所过索取，少不如意，辄凌辱有司。迨至贵溪，君正色抗言，阻其横暴。尝有书寄予，谓治剧邑无他才能，惟取法东泓君耳。（宗颐按：东泓，薛宗铠字，侨之从子，嘉靖二年授贵溪知县，介斋令贵溪，实继其后，故云耳。）丙午冬，入觐，复任至维阳，得疾溘逝。君所著《判语》一部，刻贵溪邑庠，《诗文策

略》一部，藏于家。（《郭循夫集》末）

锷按：介斋郭知县廷序，道光《广东通志》，乾隆《潮州府志·循吏传》，嘉庆《潮阳县志·循吏传》，光绪《海阳县志》并有传。介斋晚宰贵溪，卓有循声，此书名《判语》者，盖介斋自取临民听讼判牍之辞，汇而录之。据薛侨所作《介斋墓志》，是书曾刻于贵溪学宫，今已罕觏，想其佚久矣。

林氏铭球《按楚文告》　道光《广东通志·艺文略》五。

未见

清

丁氏日昌《抚吴公牍》　光绪《丰顺县续志》六。

存　光绪丁丑刊本。

翁同龢《序》：丁卯、戊辰间，江南既平，吏事放纷，民气涣散。时揭阳丁公，以江苏布政使，任巡抚，稔知症结之所在，抉摘隐伏，专通上下之情；而豪强大姓及吏之不奉职者，皆不便其所为，日腾谤书，百出百变，公屹不为动，一意兴革，民用大和。龢尝得公批牍，类为一册，命之曰，《丁公实政录》。今年夏遇公京师，乃益遍观此数册。其最密者曰《词讼月报》，曰《钱粮斗则告示》，此二者，他省或放而行之矣。而未睹其效者，何哉？史称黄霸为条教，班行民间，米盐靡密，初若烦碎，然其精力能推而行之。为人上者，欲移风易俗，而遇物浑浑其可乎？今朝廷任公以筹海之事，公其往哉！执简以驭繁，推诚以格物；天下多事，来者无穷，公其慎此身，以塞贤士大夫之望！乙亥五月念又四日，翁同龢记。（《抚吴公牍》卷首）

林达泉《序》：乙亥冬，先生由津门赴闽，达泉自海州驰至清江，谒焉。言公私事既毕，因陈海州水利不修，异日将成泽国。先生曰：吾前抚吴时，函牍中言海州水利者数矣。当时欲拨盐款大举，未能如愿；今果不幸多言而中，言毕太息。达泉因请前言水利书，先生出《抚吴公牍》见示。前半言清讼清漕诸举，皆达泉在幕时所经见；后半则目所未睹。其与前海州牧言水利事，指画详明，虽亲履其地者，不能及。且于海州书差蠹民之弊，言之犹为谆切。遂乞先生予此书，为趋步之资，先生许焉。此书前有常熟翁侍郎序，所谓“米盐靡密，初若烦碎，而其精力足以贯之”者也。既回署略师效书中意义行之，颇有起色。丁丑秋，达泉由海州牧擢台北守，谒幼丹制府于金陵。将辞，制府曰：吾初来江，茫然无所适从，乞禹生中丞指迷，中丞授以《抚吴公牍》，且属为点定，荏苒三年矣。拟为刊刻，而讹脱甚多，无暇校勘；今子长途多暇，若能为之校勘，有益于吏治非浅鲜也。达泉曰："然，奈先生意不欲何？"制府曰："子不见于北溟之门人李中素，刊《北溟政书》乎？其时北溟任两江，尚允中素之请；且公牍非他文比也，子在中丞门下久，宜勿辞。"并授白金二百为刊资。达泉起应曰："诺"，受书而行，则见与翁侍郎所序本详略稍殊；而此本多加函加标数则，即制府序中所谓辞所不能尽者，意尚恳恳乎其有余也。因将二本互校，讹者正之，漏者补之，多分卷数，广觅刻工，不一月虽竣事。行将持此书诣门墙，援李中素故事，乞宥不告而刻之罪，未知先生其许之否也？书既成，因志其缘起如此。丁丑重九日，受业林达泉谨序。（《抚吴公牍》卷首）

潘祖荫《题辞》　（《抚吴公牍》卷首）（不录）

沈葆桢《序》　（《抚吴公牍》卷首）（不录）

宗颐按：《抚吴公牍》五十卷，侯官沈幼丹尚书评选，而校刊者，则中丞弟子，大埔林达泉也。据《凡例》言，此书所言吏治，多江北事；其属江南政举者不与焉。原本仅十卷，达泉校刻，乃厘为五十卷云。

《藩吴公牍》　光绪《丰顺县续志》六。

未见

宗颐按：林达泉《抚吴公牍·凡例》，言江南所举办，如清讼均漕减漕价垦荒田厘赋役劝积谷惩奸胥兴水利诸大端，皆载在《藩吴公牍》中。是《藩吴公牍》所言吏治，盖尽为江南之事也。

传记类

明

翁氏锐《翁襄敏纪略》六卷　《千顷堂书目》十。

阙　抄本（潮安翁氏藏）。

林熙春《序》（《城南书庄草》七）（不录）

锷按：《翁氏家谱》，襄敏二子，长思任，次思佐。思佐长子锐，字粤初，出继思任；故林《序》称为襄敏冢孙。是书乃粤初摭拾邹守愚等所作襄敏《墓志》、《传状》，及摘录宣府、大同、雁门塞垣诸志，与襄敏政迹有关者，裒为一编，凡六卷。盖亦表彰先德，自诵清芬之意，犹岳珂之辑《金陀粹编》也。其书旧有刊本，附《东涯集》首以行。然余所藏《东涯集》无之。兹所著录，乃从襄敏后人子光借阅抄本，全一册。但编中脱简阙页颇夥，未知世间尚有完帙否？

黄氏国卿《苏天官年谱》一卷

存　写本（潮安苏氏藏）。

乾隆《揭阳县志》六《贤达传》：苏国卿字君任，桃山人。嘉靖甲辰进士，授温州推官。折狱赈饥，民咸德之。升户部主事，守吉安殿撰罗伦，称其廉不绝物，清不已甚。擢江西提学副使，虚公衡鉴，士习丕变。寻晋浙江参政，卒于官。

锷按：黄副使国卿，所谱苏天官事，《县志》本传未著录。苏天官者，吾邑苏吏部志仁也，与副使同登嘉靖甲辰进士。天官没于嘉靖三十二年癸丑，年三十八岁。时国卿官福建按察司按察使。此谱乃作于天官殁后，志其行事，而系以年，凡五千余言。旧无传刻，兹据鹤陇苏氏所藏写本补入。

高氏日化《宫省贤声录》四卷　《四库全书总目》六十四，道光《广东通志·艺文略》二。

未见

《四库全书总目》六十四：《宫省贤声录》四卷（两淮马裕家藏本），明高日化撰。日化澄海人，万历中，官楚府右长史。是书以楚府承奉嵫阳郭伦事楚王华奎佐理有功，因纪其前后乞休挽留之事，凡启请文牒及时人称颂之作并录之。华奎以非楚恭王子，为宗人所讦。郭正域力主其事，内外交讧者，数年始定，其真伪迄不能明。是书体例猥杂，所言论佐理之功，亦未可信也。

宗颐按：高日化嘉靖戊午举人（见嘉庆《澄海县志》十七《选举表》），所著此书，《阮通志·艺文略》注曰存，意今必有传本也。

唐氏伯元《二程年谱》二卷　《四库全书总目》六十，《续文献通考》一百六十四，道光《广东通志·艺文略》二，光绪《海阳县志·艺文略》。

存　《二程类语》附本。

《四库全书总目》六十：《二程年谱》二卷（安徽巡抚采进本），明唐伯元撰，国朝黄中订补。伯元字仁卿，澄海人，万历甲戌进士，官至南京吏部文选司郎中，事迹具《明史·儒林传》。中字平子，号云瀑，舒城人。考《二程遗书》，有《伊川年谱》，而无《明道年谱》。《宋文鉴》所载《明道墓志》，朱子又偶未见，故别为之《行状》。此书取《明道行状》，改为《年谱》；又取《伊川年谱》小变其体例，均无所考正，仅因袭旧文而已。

锷按：唐仁卿《二程年谱》，余所见本，附刻《二程类语》之末，仅二卷，排次旧文，殊少考正。诚如《四库提要》所言，较之池生春诸星杓辑本，远逊之矣。

宗颐按：是谱《四库总目》，称明唐伯元撰，国朝黄中订补；而先君所见《二程类语》附本，乃万历乙酉姜召校刊本，与《四库》著录全不相同。盖《四库》所据以著录者，系清初重刊单行本，非万历刻本也。

清

丁氏日昌《百将图传》二卷　《浙江图书馆书目》。

存　同治八年江苏书局刊本。

丁日昌《自序》：《四库兵家将苑》一卷，旧本题汉诸葛武侯撰；《百将传》一百卷，宋张预撰；《广名将谱》十七卷，不著撰人名氏。《百将传》始太公，终刘韶。《传》末综论行事，以孙子《兵法》比合之，立说迂浅。《将苑》及《广名将谱》，则又坊肆依托。三书均列存目，未称尽善。日昌奉命抚吴，承绿营窳弊之余，大乱甫定，邻疆犹征饷纷沓，无暇自顾屯练，仅就抚标额兵并饷精募，常日讨而训之。其人大抵淮徐骁果经战之士，足振往日颓靡，顾英略而知方之难也。吾是以有《百将图》之作，始周讫明，皆取其卓然可师尚者，令吾军，人以投原余暇，转相讲说，徐观其材之可用与否。夫兵事之可言者，器也，法也；其不可强者智也，勇也；而所以鼓其智勇，运其器法者仁也，廉也。缓急有事，文武股肱，非其人莫胜国家捍圉之任；然则兵可不慎谋，而良将可不深注意哉！古人言兵之可恃，在明其分数；又言运用之妙，存乎一心，未有离准绳规矩，而求神明变化者，则是书亦造就将才之资也。同治九年夏六月，丰顺丁日昌序。（《百将图传》卷首）

李鸿章《序》：《百将图传》二卷，传各一人，图各一事。雨生中丞辑刊，以训士卒者。盖席其知方之略，而生其督效之诚，以见伊古将才，生不择地，用不择人，一旦建不世之功，足以震惊中外，非偶然焜燿旂常也。夫将才之难也：运用之妙，善乎乘机；纪律之明，恃乎立法；而又气足以慑之，智足以决之；铺观乎前史已然之迹，以审求成败得失之由；设身于艰巨交集之场，顿发其敌忾同仇之谊。若者为大将，若者为右将，传颂遍妇孺，暗合到孙吴，古今人何必相悬远耶？予忝专阃，历有年所。日简材官，以练其技武。爰起偏裨建牙方面者，不乏其人焉。三吴之士，抑吾旧部也。回忆壬癸间，趋兵东下，始与军人共甘苦沪渎上。枕戈鸣柝，夜分喁喁。大抵怀忠愤志果毅，相诏相勉，此景恍在目前。仰赖天子神灵，事得早蒇。昔之壮士，今犹盛年。人虽椎鲁，习晓公义。召之南亩，还之南亩，听其羸老，岂不重自削弱乎哉？且大难克平，民气初靖，江海之交，涵淹百族，凭凌狡伺，往往而有。中丞既拊养吾人，又训迪之，亦固以备他盗与非常乎？我士卒益宜讲明节度，谨守条教，上副国家咨求颇牧之勤，循览是编，亦使予举义淝淮之初志一畅焉！然则中丞之注意将才，又岂唯善抚我人已哉？同治九年十月，合肥李鸿章序。（《百将图传》卷首）

锷按：丁中丞《百将图传》，乃其抚吴时，举历代将帅故事之著称者，编次以教士卒。书中人各为传，事各为图。周一人，春秋战国五人，前汉六人，后汉十五人，魏三人，吴三人，晋八人，宋三人，南齐二人，梁一人，元魏二人，隋五人，唐十六人，五代三人，宋十六人，元二人，明九人，总一百人。考别辑历朝名将事迹，著为专传，始于宋之张预。其后何乔新有《续传》四卷，顾其言有《新续传》四卷，至黄氏道周广之，为二十卷，撮录至一百七十余人。丁氏此书所采古名将，与旧传稍有出入。最不可解者，如汉之诸葛亮、关羽，晋之羊祜、杜预，唐之李靖、李勣，宋之潘美，明之李善长，均为一代英杰，战略卓著；乃竟遗而不载，岂其人咸无足师尚乎？然是书分析明白，叙事详整。将兵者持此以训迪士卒，未始不可鼓励士气而增忾慕。至首附图像，尤能启发阅者兴趣，洵营伍中不可少书也。

时令类

明

李氏一楫《月令采奇》　光绪《嘉应州志》二十九。

未见

光绪《嘉应州志》二十九：李一楫，字巨川，天性孝友，嗜古文词，淹贯经史。任晋江司训，优贫士，免其脩脯，训诸生，依礼法，士大夫高其行谊。

地理类

宋

王氏中行《广州图经》二卷　《文献通考》二百五，道光《广东通志·艺文略》三。

佚　道光《广东通志·艺文略》三。

《直斋书录解题》八：《广州图经》二卷，教授王中行撰。

《增江志》四卷　道光《广东通志·艺文略》三。

佚　道光《广东通志·艺文略》三。

光绪《广州府志》九十一：据黄佐《通志》，《增江志》四卷，宋□□王中行撰。

《潮州记》一卷　《宋史·艺文志》三。

佚　道光《广东通志·艺文略》五。

乾隆《揭阳县志》六《贤达传》：王中行，隆兴元年癸未，木待问榜进士。淳熙十二年，授东莞知县，慈祥恺悌，博学能文，以兴学崇化为首务。旧学湫隘，弗称辄迁之，文风以振。劝农桑，均赋役，恩敷泽流，有古循吏风。

光绪《广州府志》一百五《宦绩传》二：王中行，潮州揭阳人，淳熙十二年，知东莞县，慈祥恺悌，舆人颂之。

锷按：王县令中行所撰图志，自来目录家及旧《府县志》，著录均不详其籍贯。陈振孙《书录解题》，于《广州图经》条下云：教授王中行撰，是中行尝为广州教授矣。（宋时诸路州设教授，始于庆历四年，以明经术有德艺者充之，见《宋史·职官志》。）考《通志》、《县志》、《中行本传》，不言曾为是官，据此可补志传之阙。观中行著述，于原籍则有《潮州记》一卷；于教授羊城，则有《广州图经》二卷；于出宰东莞，则有《增江志》四卷。（增江今虽属增城，然东莞实与增城毗邻，江水由增城之东南流入东莞以注东江。《宋史·地理志》：开平五年，东莞曾废，并入增城；六年复置。盖增城东莞之间，河流惟增江最大，故中行令东莞，志其山川人物，仍以增江名志。）则中行必精舆地之学，惜书已无传，末由审其体例也。《千顷堂书目》七，有王仲行《增江志》四卷，注云：洪熙间修。书名卷数，与《解题》著录并同，是《增江》一志，明季尚有传帙，特中行之名，黄氏误作仲行。（乾隆《潮州府志·选举表》误同）其曰洪熙间修者，当是志为淳熙刊本，年久字夺，误以为洪熙耳。

宗颐按：王中行《潮州记》一卷，曾著录于《宋史·艺文志》三。余考《千顷堂书目》无其名，盖佚已久矣。《阮通志·艺文略》著录此书，列入地理类中，风土杂纪门。然记之为书，其体例虽有异夫今日之志乘，而实亦《地方志》之一种也。潮州之有志，或谓明弘治知府车份所修五卷，为其初本。然中行为宋隆兴淳熙间人，已先著有《潮州记》。则吾潮方志，最古而可考者，实唯此书。（《文渊阁书目》卷十九暑字号，旧志有《潮州府志》一册，又《三阳志》一册，又潮州府《三阳志》二册，又潮州《三阳志》二册，又《三阳志》一册，卷二十往字号，新志有潮州府并属县志一册，共六部，皆不言修于何时。考书目卷首有杨士奇正统六年题本，称各书自永乐十九年，由南京取来移贮文渊阁，则此数志者，当为永乐十九年以前所修辑也。其所谓潮州《三阳志》，则必修于宋宣和以后。盖宣和三年，析海阳置揭阳，潮州始领有三县也。至各书为何人所撰，《文渊阁书目》并未著录，今亦不可考矣。）

明

曾氏传等《永乐潮阳县志》　嘉庆《潮阳县志》卷首旧序。

佚　道光《广东通志·艺文略》三。

郑义《序》：郡邑之有志，犹国家之有史也。有之，则建置沿革山川形势风俗人物名胜古迹，了然在目，纤悉不遗，诚不可无也。潮阳海滨甲邑，俗尚礼教，人习诗书，蔼然邹鲁之风，映今耀古。第以图志，附于《三阳郡志》之一。其所登载，弗克备举，览之怅然。恭维圣朝混一寰宇，而舆地之著于经史集者，尚未登诸馆局，以仰裨乙夜之光。遂敕内臣分行天下，颁降凡例，监督郡邑，纂修志书，要在详悉，以成一代之令典。于是县尹连江陈时可，二尹莆田陈名高，判簿藤江祝酱，典幕如皋邓如真，遵行惟谨；延礼儒绅教谕宁化张寿，乡之耆硕曾传、赵瑀，文士许定理、谢荣，旁搜博采，考古证今，其名胜古迹，向之失于收辑者，兹得按而录之。惟境内人物，若文人才子义夫节妇，凡有关于教化之类，多存名失实。世远人亡，可胜痛哉！然仅有可据者，因得撰次列传，类编成书，贡于天府，而存其稿于有司；执事者用锓诸梓，以广其传，属予序之。予谓郡邑之志行史，迹之流于远也。其风气之美，与治化并隆者，固无所增损矣。若风俗益淳于前，而人民日兴于后，又能辑续而大之，则斯志与地望，殆将同垂于不朽也，予复何言？永乐十七年，邑人郑义。（嘉庆《潮阳县志》卷首）

《千顷堂书目》七地理类中：陈时可《潮阳县志》，永乐间修。

锷按：据郑氏序文，是书纂辑，为乡之耆硕曾传、赵瑀，文士许定理、谢荣等。今《潮阳县志》，曾、赵诸人，皆无考。《千顷堂书目》以主修县令陈时可著录，兹为改正。

宗颐按：此志修于永乐己亥，时倡修者县令连江监生陈时可。（时可名见《潮阳县志》十三《职官表》）《阮通志·艺文略》著录此书，题曰陈时可撰，非也。郑义序称，延礼儒绅教谕宁化张寿，乡之耆硕曾传赵瑀，文士许定理、谢荣，旁搜博采，考古证今，类编而成书。是此志当时与纂修之列者，尚有教谕宁化张寿一人云。

钟氏仕杰成化《潮阳县志》　嘉庆《潮阳县志》卷首旧《序》。

佚　道光《广东通志·艺文略》三。

仕杰《自序》：郡邑之志，所以纪其方土所有也。盖自建置之沿革，分野之隶属，风俗气候之异同，疆域至到之远近，山川之形胜，学校之废兴，人物科贡之名，土产赋税之数，城廓宫室之壮丽，礼乐文章之制作，靡不具载。

此书若成周职方氏掌天下之图籍，秦之图书，汉班固之《地理志》，唐祝穆之《方舆胜览》，皆是也。潮阳为邑，隶于潮郡，自唐吏部侍郎韩公刺潮，人被“诗书礼乐”之化，文风士习，与中州齿，号称海滨邹鲁。至入国朝，圣化之所渐被益深。故风俗益淳；文物益盛，视昔有加；非有志以登载之，后将焉考？成化丙申春，闽之莆阳吴侯縠，由名进士来宰斯邑，下车仅逾年，政通人和，大事兴举。公余复以纂修志书为事，以庶务丛杂，弗克果就。适士杰迩以迄归，优老在家。一旦乃出天顺五年朝廷遣官所采志书遗稿一帙，属予为加考订，并补阙遗，续其方来以备来日修采之用。顾予衰拙，奚克堪哉？然辞弗获命，乃旁求旧志，以补其全；质金石之刻，以正其误，询儒宿之言，以证其实；广耳目之所及，以详其事。损其重复，增其缺略，删其不宜书，述其所当书，复于各目之下，僭加小序，以润色之，三阅月而始成，复兴吴侯商榷之。检阅既久，将捐俸锓梓以传，谓予宜序诸后。予惟紫阳夫子出守南康，始至，而先问郡志，君子谓其知所先务也。今侯之首政，辄先及此，使一邑之名物有纪，而先后之文献足征，亦可谓知所先务者矣。来日移此心以助理天下，必能以当务为急，而善政善教之所及益广，岂特治邑云乎哉！（嘉庆《潮阳县志》卷首）

嘉庆《潮阳县志》十四《选举表》：钟仕杰，县廓人。景泰庚午科举人，官梧州教授。

《千顷堂书目》七地理类中：吴縠《潮阳县志》，成化间修。

宗颐按：此志修于明成化十四年，（见嘉庆《潮阳县志》卷首）《阮通志·艺文略》三有著录，题曰吴縠修，与《千顷堂书目》同。考钟仕杰所作此志后序，乃县令吴縠（吴縠莆田进士，成化十二年始任知县，名见嘉庆《潮阳县志》十三《职官表》）延仕杰纂辑，本天顺五年旧志，益以补订，而续编成书。观仕杰文，谓“旁求旧志，以补其全；质金石之刻，以正其误；询儒宿之言，以证其实；广耳目之所及，以详其事，损其重复，增其缺略，删其不宜书，述其所当书，复于各目之下，僭加小序，以润色之。三阅月而始成，复与吴侯商榷之。”可知当时撰稿全出仕杰之手，而吴縠则以邑令而主修之也。又张汪弘治二年《潮阳县志》序，称“梧州教授钟先生仕杰，手录志书一帙。盖先生致仕归，亲自纂述，欲刊行未果而卒。”是此书当时未曾付梓也。

刘氏寅戴氏冏弘治《潮阳县志》八卷　嘉庆《潮阳县志》卷首旧序。

未见

王銮《序》：成化丁未春，予筮仕潮阳，……粤自莅官以来，夙夜祗惧，以图报称。凡暇则旁询邑志于士夫耆德，欲一阅以考故典，以观民俗，以案民瘼。佥曰，自古逮今，未有成书刊行于时，郁然不悦者数月。越明年戊申春，乃于邑故教授钟仕杰家，购出残稿□帙目之教授君亦尝欲纂辑品第，忆必力有不逮，而未成书也。嗟夫，海滨邹鲁，先正旧称，而潮阳居首，邑志不书，诚为缺典。尹兹邑者，宁无愧耶？因谋诸邑庠二教先生姑苏张汪，乡进士刘君寅，儒士戴君冏以纂修之，咸退托不决；而庠生刘嚾赞之，曰："兹惟胜事，不可辞也！"于是延礼庠宫之名宦祠，纂修编录，若草创，若修饰，若润色，悉有其人矣；余每于公余辄往讨论其间。其化则昌黎文公之旧，其事则政教礼乐，其赋则服色器用，其文则骚人学士，若夫笔之削之，则主之三君子，余罔攸兼也。由是次简编，正讹谬，敛新摘故，芟繁补略，不必汗牛允栋，而潮阳之封域，山川风俗人物贡赋科第行义文章，备登俱载，炳炳可观。所谓因俗之政，庶几于万一矣。……"（嘉庆《潮阳县志》卷首）

张汪《后序》："……潮阳古称海滨邹鲁，衣冠文物之盛，山川形势之佳，为潮之甲邑；惜乎志书素无刊版，以纪其盛，诚阙典也。弘治戊申，县尹王公銮、二尹梁君时钦、判簿程君文政莅政之余，病是书之缺，礼聘乡贡进士刘君寅、儒士戴君冏任纂修之责，而因谬属余粗加檃括，乃搜辑于境内，得梧州教授钟先生仕杰手录志书一帙。盖先生致仕归，亲自纂述，欲刊行未果而卒。余阅是书，虽云登载之详，未能无遗漏也；且又未经刊梓，继以笔削者多，志尚不一，以故繁简失宜，先后失次，因而散佚者又多焉。予三人重阅传记，旁采见闻，因略以致详，推旧而为新。门分类别，诠次成编，凡为卷有八，为目有五十焉。其县治沿革之由，学校开创之盛，贡赋物产之宜，人材宦迹之著，以至风俗之淳厚，节义之昭明，诗文之富丽，庶乎一览而毕见，上可以裨圣化之隆，下可以惇民彝之善，岂徒资检阅而已哉！书成，王公命工锓梓以传，俾予述其概于末。……"（嘉庆《潮阳县志》卷首）

《千顷堂书目》七地理类中：王銮《潮阳县志》，弘治间修。

宗颐按：此志修于弘治二年己酉，《阮通志·艺文略》三题曰王銮修，与《千顷堂书目》同。（銮，全州人，举人。成化间任知县，名见嘉庆《潮阳县志》十三《职官表》。）然据銮及张汪序，乃刘寅、戴冏二人，受銮所聘，任纂修之责，而后经张汪加以参订。其书为卷八，为目五十，盖以钟仕杰旧志为蓝本，而续补其未备者。张汪，昆山人，时任训导。刘寅，成化庚子举人，见《潮阳志·选举表》。戴冏，亦潮阳人，事迹无考。

盛氏端明弘治《潮州府志》四卷　乾隆《潮州府志》卷首旧序。

佚　道光《广东通志·艺文略》三。

车份《序》：地理书肇自《禹贡》，至于成周，又别之为图，为志，各建官设属以掌之，图以知山川形势，则大司徒职方司险之所掌也。志以知语言土俗，则小史内史之所掌也。而又有土训诵训之官，通图志以诏王，其详见于《周官》，凡以通天下之志，达上下之情，故能一道德，同风俗，其所系大矣。后世郡县，虽或有志，而不领于王官有司者，谓非吏议所急，故其为书，或苟且以应故事，其于治教所关，是非得失兴衰理辞之故，可以昭法鉴示来兹者，反多略而不书，则其去成周之意远矣。弘治丙辰，余来佐潮郡，阅旧志，而窃有疑焉。一日潮士盛端明进见，余以其意语之。端明忻然，退而重为纂辑成编，以质于余。簿书碌碌，未暇也。近余以疾乞归，得以参之旧志，考正其讹谬，补其阙遗，为书四卷，汇分为二十篇。科贡职官，别为年表一卷。盖其辞虽不文，亦庶乎不为无益之空言云尔。潮州府同知车份。（乾隆《潮州府志》卷首）

《万姓统谱》一百八：盛端明，潮阳人。（宗颐按：端明，海阳人，《谱》误。）字希道，弘治戊午解元，壬戌进士，入翰林为检讨，历官礼部右侍郎，备顾问，转为礼部尚书，卒谥荣简。

《千顷堂书目》七地理类中：车份（宗颐按：今本误作东份），《潮州志》五卷，弘治间修。

〔补〕周硕勋曰：《潮志》自明弘治以前，无可考已。弘治年间，郡丞车份尝纂辑一编。（乾隆《潮州府志》卷首）

宗颐按：此编《阮通志·艺文略》题曰：《潮州府志》四卷，车份修，《千顷堂书目》则作车份《潮州志》五卷；据车份《序》谓为书四卷，汇分为二十篇，则作四卷者是也。是《志》为份延端明纂辑，而后经份稍加补订。周硕勋以此书经份增订，而称为其纂辑，不知撰稿实出自端明手也。其误与《千顷堂书目》，及《阮通志》同。又车《序》言此

《志》共二十篇，其名今已无考。今惟《周府志》卷四十《艺文》，载有车份《贪吏论》一篇，乃知诸编中，《贪吏》为其一也。

〔补〕周氏用嘉靖《饶平县志》　《东里志》。

未见

〔补〕苏信《浙江按察司佥事瞻峰周公墓志铭》：己卯，（公）升浙江佥事，未几，致政归。闭门家居，迹不及城市。虽景薄桑榆，而耽情经史犹昔也。庚寅岁，提学林公倡修《广东通志》。县尹许公素慕公名，踵门以《县志》相属；志成，三饶文献赖有所征。嘉靖辛卯，疾作，遂卒，年六十七。公，讳用，字舜中，初号顾影道人，晚更号瞻峰，先世福建龙溪人，宋解元周景清之裔也。（《东里志》）

〔补〕惠登甲光绪《饶平县志》序：饶自前明许公壁创修《县志》，嗣此罗公胤凯，邱公金声续补增修，赖有传人。

宗颐按：周用，弘治乙丑进士，名见《饶平县志·选举表》。是志为许壁所修。（许壁，桂林卫人，嘉靖乙酉知县事，八年以事去职。传见康熙《饶平志》六。）而周氏受其延请纂辑，当嘉靖庚寅之岁；据其卒年推算，适为死前一年也。此志旧书目及《阮通志·艺文略》均不著录，今补入。

郑氏大岺嘉靖《揭阳县志》五卷　道光《广东通志·艺文略》三。

佚　道光《广东通志·艺文略》三。

郑大岺《序》：昔先大夫尝曰：《周官》外小史掌邦国四方之志，御史掌赞书，揭之乘缺也久矣；余将详之，以赞未及焉。痛哉！岺近尝谓族父碧河曰："叔，国史也其成余先人志，诺焉。岂谓即修文地下邪?"岺于是惴惴焉恐溘先朝露，终不获睹邑之成志也。今夏五月，吾侯有命，先之以乡进士吴君继乔，许君守愚，代致侯意。二君书曰："惟吾执事，俯徇众推，勉就邑侯之请，为榕一出笔削以定万世之公。"邑侯书曰："当道委成初稿，顾鸿裁卓识，所以协人心而垂之不朽者，将有望于吾先生。"余曰"愚则何敢？若佐书吏以小效微劳，则不敢辞。"秋八月，又申前命，九月望，岺谨从侯所遣弟子员将命者，赴馆请侯所创稿而校之，稍增一二而已。今梓工临竣，岺不觉喜而喟曰：余获睹所志之成也，侯之力也。侯之赐也。呜呼，其何能忘诸！（乾隆《揭阳县志》卷首）

王凤《序》：《揭志》成，邑士夫咸归绩于凤，且用为庆。凤为之惧曰：得寡过幸矣！奚绩为？夫揭望邑也，如风俗，如民物，如山川，如田赋，如人才，如宦历，咸吾有是邑者所当知也。弗知弗明，知而弗记弗仁，记而弗详弗备，详而弗核，是谓失实。备是数者而或自用自专焉，过犹不免，此凤所以惧也。乃关白于抚按藩臬当道，乃征旧志，乃属草于学师弟子，乃聘乡进士仙桥郑君订正而增辑之，乃请于程斋盛公中离薛公以序之。然凤犹惴惴焉弗敢以自安，何也？盖风俗审矣，民物著矣，而我所以正之阜之者，未知何如也？山川昭矣，田赋则矣，而吾所以宁之均之者，未知何如也？人才辨矣，宦历纪矣，而吾所以去取之，归法鉴戒之者，未知何如也？然则焉用彼志哉！此凤所以益为之惧也。夫始而惧之，惧夫志之无也；终而惧之，惧夫志之有也。此凤所以幸寡过，而弗敢以自安也。后之君子，相与期无负今日当道诸公之委，无负今日作者序者之意，是志其有永矣。敢识之简端以告。（乾隆《揭阳县志》卷首）

薛侃《序》　（乾隆《揭阳县志》卷首）（不录）

盛端明《序》　（乾隆《揭阳县志》卷首）（不录）

乾隆《揭阳县志》六《懿行传》：郑大岩，字峻甫，号仙桥，官溪人，嘉靖壬午举人。从尚书甘泉湛若水游，学日以进。选德清教谕，既归，邑令王凤雅重之，延修邑乘。

《千顷堂书目》地理类中：王凤《揭阳县志》五卷。

道光《广东通志·艺文略》三：《揭阳县志》五卷，明王凤修，郑大岩辑，嘉靖乙巳，佚。

宗颐按：此书《阮通志·艺文略》题曰王凤修，郑大岩辑。考乾隆《揭阳志》卷首凡例云：县自宣和辛丑设治而后，志凡二修：始修于嘉靖乙巳，维时创稿者，邑令王凤；增校者，孝廉郑大岩也。今按王凤序言，乃征旧志，乃属草于学师弟子，乃聘乡进士仙桥郑君订正而增辑之。而薛中离序，亦云：王公穷诹博采，委重郑君峻甫，再月而告成。据诸家之语，则大岩实负勾纂补辑之责，非特增校而已也。

陈氏天资《东里志》　乾隆《潮州府志》二十九《文苑传》。

存　抄本（饶平陈氏藏）。

天资《自序》：尝读孔子曰：吾欲观夏道，是故之杞而不足征也；欲观殷道，是故之宋而不足征也。夫夏殷之道，其所以经画弥纶于天下者，灿如日星，虽垂诸千百世而可昭然也。乃至于孔子而叹其无征者，亦以文献之不足故，欲稽而无从耳。是则典籍之存没，系于世道亦大矣。此故郡邑之所由志也。东里之在潮郡，虽云僻处一隅，而其间疆域之延袤，山川之灵旭，人文之宣朗，国赋之萃聚，科目贤才辈出于是，兵防城守森立于是。盖自辟壤以来，有声广东旧矣。然气运推迁，而盛衰之势迭异，古今代谢，而前献之迹遂湮。故无征之可叹，不但如杞如宋已也。姑举一二言之，大埕有学士陈姓者，或曰西河陈氏之祖也，或曰巷内陈氏之祖也。今二氏之子孙尚存，讯以名字宦履，皆不知矣。上里有郡守张姓者，洪武初方首户系籍于海阳，不再传而子孙微矣。余尝见其首垦田段册，及奉祀神牌，皆题曰福惠二郡太守，而其名则忘之矣。大港有吴驸马墓，荒址徒存，而尚主之徽称莫著；神前鲤鱼山有将军冢，翁仲卧荆棘，而将军之名姓无传。近日雨陷东山，牧竖误落其中，则见空旷无物，四壁砖皆纪兴和二年。考史兴和乃东魏孝静帝年号，其二年庚申，则梁武帝大同六年也。是时潮已属梁，更曰瀛州，乃兴和之纪，不审谓何？其他残碣断垄不可考如此类者尚多。昔人云：人生于数十年之前，事皆茫然，或得之传闻，已非其实，数十年且然，况历数百年者乎？故才名如李白，已迷生长之乡，而去其籍焉。虽孟子于周室班爵禄之详，犹不可得闻；则夫载籍之无纪，东里故实之不彰，奚怪哉？士君子生于其乡，睹前哲泯于无传，山川郁而不光；吊古兴悲，高山仰止之怀，宁能无介然于中乎？且旧谓东里家诗书而户礼乐，务本力穑，其俗朴，其民淳，有三代遗风焉。迩年以来，习尚颇异，然流风犹有存焉。顷自倭乱寇残，恶少不能忍冻馁之窘，或恣唯以侥旦夕之命；奸人肆雌黄之口，遂鼓簧于玉石俱焚之议，吠声嚣于众喧，讹言彻于上闻，东里几为墟圻矣。夫恶少不简，诚为可诛；然旧家彦士，守法如故，一二鼠窃之徒挠之，不过责土豪以尺素耳；固未有结寨拒命，侵夺官税，攻陷城堡如下浍南洋上饶等贼之横戾者。又安用好功轻逞，草菅民命为也？求其故亦以载籍之无稽，遂信其地真如长林丰草之鹿豕，可果于禽搜而草薙者。若使简编具存，易于披阅，则见其疆域山川如是，人才文物如是，兵防国赋前哲往迹又如是。安得不蹙然动而翻然思邪，故欲信今传后，媲俗章美，非志不可也。余于是乃谋诸教授吴少松周时庵，相与采辑旧闻，搜罗遗逸。探崖谷以寻幽，步海堧而追胜，求文翰于世家，询传闻于故老，胪分区别，纂为《东里志》。庶以备观风者之采择，亦使后来者有所观感而惩创，还淳风于千古，企前哲之芳躅，俾海滨邹鲁，不独专美于前，而于风化可为万一之助焉耳。固智僭妄之罪，不能自逃；虽维风救弊之衷，亦可谅也。览此志者，其有感亦夫！万历二年岁次甲戌冬十一月，赐进士出身钦选户部主事兵部郎中、叙州府知府、辽东道监察、湖广右布政使司里人石冈陈天资撰。（宗颐按：陈天资此序，乾隆《潮州府志》四十《艺文》有载之；然语颇删节，兹则依旧抄本全文移录。）

刘守元《后序》：堪舆言冈萃而水环者气钟也，余东里镇山自楚粤逾闽汀逶迤入界；凤翔而下，为潮之左臂，尖峰叠嶂，大海环带，河流会其西，澳山屏其南，钟山映其东，絜长补短，方数十里，累累乎千室之邑，彬彬乎文物之邦，有声于郡旧矣。大抵山川之钟英，与气运相为低昂。方其风渐开，人文渐著，天付斯文而山川增色。孰主张是？孰降施是？意者其有机缄而不能已乎？及其风气既开，人文既著，则兴起斯文者，非天也，人也。自《东里志》之所能识，迄于今豪杰之生于吾里者，不数；而能以兴起斯文为己任者，若曹宗道之善课多士，陈子旃之笃志力行，周舜中之博学清修，一时人士，翕然宗之。家诗书而户秉礼，不亚邹鲁矣。居是里者，士无儇佼之风，女无匪僻之行。长幼尊卑，以礼叙也；亲戚急难，以谊劝也；父兄之教，子弟之学，不为浮词剿说，以实胜也；非先民之遗乎？先民之教衰，倭彝蹂践，四民废业。盖地本斥卤，而幅员素逼也；益之以彝祸，而为善之资益寡矣。士之卓然自立者几何哉？则主张斯文以辉煌吾里者，非吾党之责乎？乃石冈陈先生与少松吴君，慨吾里文献无征也，稽实裒闻，分门别类，共为之志，而形胜财赋人才风俗，与夫沿革措置，宛然一邦规模，苟留心民事者一展卷焉，宁不可以兴乎？昔崔与之作《中洲志》，近世甘泉湛先生续其书；及黄泰泉修《全广志》，取以参据。中洲亦里也，有名贤以表彰；则里仁为美，有后贤为羽翼，则爱而可传。今之志东里者，宁无望于后人乎？天付以文，地钟以文，先贤兴起乎前；则吾与二三先生，与今有志之士，固后死之与于斯文者也。然则后之视今，亦犹今之视昔也。诸君子相与励志力行，用昔日之忠，祛今日之弊，以从先进之文，上以光二先生倡率之志，中以副二先生羽翼之心，下以开后世俊杰之贤，使后人之续是志者，视今之简编益烂漫焉，则志者之心以慰，而守元亦与有荣焉。夫风气之开，人文之著，固必有所由兴。吴之文也以子游，蜀之文也以文翁，山川之巨细不同，吾愿吾里斯文，自今日兴之也，里人后学刘守元识。（宗颐按：陈天资《东里志》，自来仅有传抄本；故刘氏此文，亦自抄本移录。考《古今图书集成·方舆汇编·职方典》卷一千三百四十潮州府部《艺文》，亦载有守元《东里志》后序。核其字句，与此颇有不同。“此处尖峰叠嶂”句，《集成》无之，“絜长补短”句，《集成》“补”字作“置”，“大抵山川之钟英”句，《集成》作“山川之秀”，“与气运相为低昂”句，《集成》无“相”字，“天付斯文而山川增色”句，《集成》作“山增川色”，“自《东里志》之所能识”句，《集成》缺一“东”字，“家诗书而户秉礼”句，《集成》“诗书”作“儒书”，“倭彝蹂践”句，《集成》作“倭寇蹂践”，“益之以彝祸”句，《集成》作“寇祸”，“而为善之资益寡矣”句，《集成》“益寡”作“益贫”，“慨吾里文献之无征也”句，《集成》作“慨文献之无征”，无“吾里”及“也”三字，“宛然一邦之规模”句，《集成》作“具一邦之规模”，“《中洲志》”，《集成》作“《中州志》”，“黄泰泉修《全广志》”句，《集成》于“泰泉”下多“先生”二字，“今之志东里者”句，《集成》“者”字作“也”，“知吾与二三先先”句，《集成》无“三”字，“与今有志之士”句，《集成》“今”下有“日”字，“亦犹今之视昔也”句，《集成》“也”字下多一“耶”字，“诸君子相与励志力行”句，《集成》“君子”上无“诸”字，“上以光二先生偶率之志”句，《集成》作“上以光三先生羽翼之心”，“中以副二先生”句，《集成》则全无之。此皆其差异者，谨详加雠校，附记于此，以备后之校刻《东里志》者，知所考览焉。）

乾隆《潮州府志》二十九《文苑传》：陈天资号石冈，嘉靖乙未进士，历官至布政使。博学能文，所至官迹载于其地，致仕归，以道谊为乡里之倡；又留心文献，著有《东里志》一书藏于家。兵燹之后，典故藉以有传云。（宗颐按：陈天资之名，《四川通志》误作大资。）

锷按：东里即今澄海县东之东陇港，旧属饶平县苏湾都。嘉靖四十四年，析苏湾置澄海县，于是东里遂归澄海属地。石冈为是《志》，在澄海置县之前；故《志》中记载，仍以饶平为主。其书向无刊本，余所见旧抄本，共八册。全书分沿革疆域境事风俗学校人物物产艺文凡八门。每类之首，各冠小序一篇，虽以“东里”名书，而篇中所载，实不限于东里。（如艺文中载薛侃《揭阳县志》序文之类）大抵嗜博贪多，务盈卷帙，不免失之泛滥。然在当时县志未修（罗胤凯倡修邑志在此志之后），此书能网罗遗佚，实有功文献不鲜。其后吴颖续修郡志，全赖是编为蓝本。（吴志卷首《潮汐考篇》全录《东里志》原文）可知明清之交，兵燹之后，此书亦颇为一时人士重视也。然细检今之抄本，文字倒置，讹讹舛驳，几于触目皆是；而《人物志》中所载《选举表》，竟胪列及于康熙时人，乃知今所传者，实非陈氏原本。盖书既未锓板，辗转传抄，已不免鲁鱼亥豕之误；复经妄人羼改附益，原书本来面目，遂不可复睹矣。安得陈氏原本一订正之？

又按：据天资自序，及刘守元后序，其助石冈纂辑是志者，有吴少松与周时庵二人。少松名继，处士吴松斋伦子，澄之下湾人，嘉靖三十六年贡生。官直山教授，本志人物门，后有论赞一篇，即少松手稿也，时庵事迹无考。

林氏乔松《志略》　嘉庆《澄海县志》卷首旧序。

未见

嘉庆《澄海县志》十八《循吏传》：林乔松，下外人，嘉靖辛酉举人。两任浙江景宁杭州通判，俱有惠政。转云南安宁州知州，擒缅彝岳凤浪鸟致京师，论功受上赏，以老乞休，归十余年而卒。

蔡氏德璋《集遗》　嘉庆《澄海县志》卷首旧序。

未见

嘉庆《澄海县志》十七《选举表》：蔡德璋，蓬洲人，万历壬午举人，官武缘知县。

锷按：林氏乔松《志略》，蔡氏德璋《集遗》二书，俱见万历乙未《澄海县志》王天性序。据《序》称，摭郡邑旧乘，按吏胥掌故，拾遗老传闻，参之以林君《志略》、蔡君《集遗》云云，知此二书亦地志之一种也。阮元《广东通志·艺文略》，于万历乙未《澄海县志》，题云王嘉忠撰，林乔松等辑；不知王志纂辑者乃天性，而乔松《志略》，蔡氏《集遗》另是二书也。今据序文，补录于此，而万历《县志》则改题天性，俾符名实；但细核《志略》、《集遗》之义，其上疑有阙文，以所引如是，姑仍之俟再考焉。

宗颐按：此二书均系《澄海志》之初稿，林氏之书其名必为《澄志略》，而蔡氏《集遗》，疑即苴林氏之阙者。王嘉忠万历《澄志·序》，称乡先生林澄川《志略》，孝廉蔡玉冈《集遗》，并征备采。是万历乙未间所修《澄志》，盖以二书为蓝本。又林氏蔡氏二人，《县志》仅载其名，而此序云林澄川，又云蔡玉冈，当为其别字也。

林氏大春隆庆《潮阳县志》 《千顷堂书目》七。

阙 清学部图书馆《方志目》。

黄一宠《序》：古者国必有史，史氏皆世其家，其权专，其职重，其是非臧否进退予夺，皆得以循天之制，成□之直，而其所笔削，亦足以信于天下。汉兴，司马迁搜辑《史记》，有《本纪》、《世家》、《书》、《表》、《列传》，纪载轩辕氏以来之事，而史体始为之一变，后之言修志者宗之，然尝观《史记》所陈，上下贯穿，极详且备，至于利治之循酷，独倦倦焉为之传，以论著其始末，其间叙道德法令之效应，灼然不爽，得非以吏者民之师，师其治行之得失，固世道之所由以污隆□。潮阳旧有志，岁久而湮。自叙初入潮时，即有终□之议。会海氛为梗，武略方殷，未暇及也。不逾时，而楼船奏绩，诸有志文蓺之士，稍稍复其故业。予因以状闻诸当道，皆报可。乃移檄学宫，及所属守御司场诸职事，令其悉稽故实，以备参核，下逮里胥耆旧，各指陈其乡土兴衰聚散，以及陵谷险彝变迁之故。于是则礼请督学石洲林先生总其事；先生幸不以为迂，慨然任之。盖惜纪载之阙陋，亦其素□□开局于邑之别署，仍以邑弟子员萧生端渐，陈生达衢，林生大达，陈生由衷，林生灵芝，董分校之役，越五月而稿成。分门别汇，总凡若干卷，自著图经分野形胜系焉。为纪二，为表三，为志五，为传六十有一，而终之文辞。上下三千载间，搜辑靡遗。其体裁略仿古编年之法，自成一家，不类时作，其遣词平易易知，无佶屈聱牙之态，而意自隽永；其间所为论著，尤根极理要，参酌时宜，可以证今垂后，匪徒事剿袭为纸牍之空言已也。顾余于吏治所在，独深有所感焉：夫长吏奉天子明命，莅此邦而镇抚其人民，一方之升降系之矣。吏而贤也，则政事修举，民物康阜，贤才众而风俗厚，即山川且为之改观易向，而礼乐文章之属，次第而登，于理无难也。一不得其人，则民方疾视之不暇，而何职事之能称哉？是余之所为感者也。今余檄修志而志成矣，凡吏兹土者，姓名爵里，靡不笔载，其贤与否，可指而悉数也。余之名忝列诸缙绅之后，后之阅是志者，得无指以为言，如今之视昔者乎？一不当于人心，将交摘而罪之，无所复辞，是又余之所大惧而不能自已者。史称奉职循理，可以为治，而黎民又安在此不在彼；盖循酷之途殊，而道法之制异也。余方惴惴然求奉职循理之未能，得是志而阅之，是非臧否，典刊具在，庶乎观省之有助，而惧或可以少释矣。若曰无关于治理，而特为此以备典籍，是岂特区区修辑之本意？而亦非石洲先生所以存文献，而忧桑梓之义也，于是乎书。(嘉庆《潮阳县志》卷首)

嘉庆《潮阳县志》十六《名臣传》：林大春，字井丹，少嗜《史》、《汉》，工古文辞。弱冠举于乡，登嘉靖庚戌进士。时严嵩方用，以文名招致之，不应。除行人后，考选应得台谏，为忌者左，授户部主事，转员外郎。出为湖广江阳佥事。丁内艰，归，服阕，补河南佥事，备兵睢陈，执法不避，尝置故相高拱所私于理，拱深衔之；以大计调拱免相，即家起苍梧佥事，改浙江督学。奉诏选士，贡太学，皆一时知名士；晋秩副使，督学如故。迨高拱复相，遂罢归家居十八年，杜门著书，不事干谒，卒年六十六。曾奉诏与修《世庙实录》。纂修邑志，时称其有良史才。

《千顷堂书目》七地理类中：林大春《潮阳县志》，隆庆间修。

清学部图书馆《方志目》：隆庆《潮阳志》十五卷，存一至五，知县黄士龙修，隆庆六年刊，自序。

宗颐按：此志《阮通志·艺文略》三有著录，书修于隆庆壬申，倡修者黄一宠。（一宠《阮通志·艺文略》与《周府志》并作一龙，而清学部《方志目》则作士龙，兹从嘉庆《潮阳志》所载黄氏自序。）而林大春实总其事，邑弟子员萧端渐、陈达衢、林大达、陈由衷、林灵芝等，则任分校之役，书共十五卷，今虽未获见其原本，据黄序，犹可知其概略。盖仿编年之例，分为纪二，表三，志五，传六十有一，终之以文辞，而黄所著图经分野形胜并系焉。书刻于隆庆六年，今已无完本，清学部图书馆《方志目》著录者，仅存一至五卷云。

王氏天性万历《澄海县志》　嘉庆《澄海县志》卷首旧序。

佚　道光《广东通志·艺文略》三。

王天性《序》：是志也，握管于万历乙未秋，登木于丙申夏。盖甲午岁东阳王侯，以两台荐自平远，调我澄海。至则访求邑志，知余曾创稿，属以成编。昔朱晦翁守南康，下车首问郡志。君子谓“儒者为治，能知所重”类加此。执是观侯，则以台荐调烦，诚有由然而非偶者。余固陋劣，重违侯命，乃出旧稿复加校辑。窃见今志郡县者，侈立凡例，虚张体裁，有纪有表，有书有传，侗然自谓迁史流亚。余非不心慕之，而才不逮。余所谓志，亦犹日抄故事云耳。摭郡邑旧乘，按史胥掌故，拾遗老传闻，参以之林君《志略》，蔡君《集遗》，而取衷于王。分门析类，据事直书，茫然不知凡例体裁为何物；即间有一二论说，要以摅愚者一得，敢谓是非果不谬于圣人也。补漏剔瘢，敬以竢博雅君子。林君讳乔松，蔡君讳德璋，俱邑人。江西南昌府通判

邑人王天性撰。(嘉庆《澄海县志》卷首)

王嘉忠《序》 (嘉庆《潮海县志》卷首)(不录)

嘉庆《澄海县志》十八《循吏传》:王天性,字愧轩,蓬州都外砂人,嘉靖壬子举于乡。初任盱眙教谕,以才望晋上高县令。天性素喜为古文,晚年益工。澄邑初建,未有志。且中毁于兵,天性留考辑,裒以成书。其后海氛数十年,百事俱隳,后人犹得按籍考定者,天性《志略》之功为多。

道光《广东通志·艺文略》三:《澄海县志》,明王嘉忠撰,林乔松等辑,佚,万历乙未,序载《李志》(宗颐按:《李志》即李书吉所修嘉庆《澄海县志》),乔松邑人。

锷按:金廷烈《澄海志》序云:澄之耆老皆言邑初无志,万历间王侯嘉忠草创未就,邑人别驾王天性踵成之,证以天性自序,及《县志》本传,知当时操纂政者,实别驾也,《通志》题林乔松辑者误。

唐氏伯元万历《泰和县志》十卷 《江西通志》一百三。

未见

《江西通志》一百三:《泰和县志》十卷,万历七年知县唐伯元修。

《唐彬求赐谥疏》:方臣父之调繁太和也,搜匿贼八百有奇,代积逋三百以上,却相沿之例供,绝缙绅之请托,洗灰骨之泛冤,复寻占之县址,录囚回暵旱,筑堤障狂澜,老稚有唐青天之谣,邑乘有《德政编》之刻,所著《太和县志》行于世。(《醉经楼集》末)

锷按:明泰和县,属江西行省吉安府。仁卿为令,在万历三年乙亥,至万历九年辛巳,乃稍迁南计曹。凡仁卿宰太和,前后共七年。居官廉明,举乡约,设社仓,筑堤防,修县志,泰和之民,至今颂之。(详郭惟贤《唐公墓志》)所撰《县志》,因世鲜传本,未知其体例何若?清学部图书馆《方志目》,江西省有万历《泰和志》,存八九两卷一册刊本,当即是书。

宗颐按:《千顷堂书目》列此志于云南地志类中,以泰和为云南大理府首邑,误也。

詹氏一惠等万历《惠来县志》十二卷 道光《广东通志·艺文略》三。

未见

詹一惠《序》：邑之有志，自嘉靖甲寅秋，林侯麓平君始。时草创未几，百凡阙略，而君纂辑成书，为可继耳。迄于今六十余年所矣。道有升降，政由俗革，善治者必达其邑之故典，民之习尚，然后政可施，而化可行也。迄今不修，久将湮没，其何以有籍而征哉？岁在甲辰，为万历之三十二年，游侯东壁以彰陵名家出宰是邦，诸所关于民生国计者，一一举行之，卓有成绩。越四年，考最已应荐剡，而虑及于志载之阙，慨然叹曰：事孰有重于此乎？乃上其状于当道诸公，俱报可；而慎怿校雠之役，侯以见属。不佞迂陋无似，其不堪笔札明甚；而侯犹强委者再，乃质所闻于父老，而参之舆论，其事则礼乐政教宦迹人文，上及沿革休僧之征，下至户口厄塞之处，炳炳俱载。其体裁略仿古编年之法，损之益之，阐幽光而悉微隐，务求合乎至当之论。笔削皆握于游侯，不佞诸人备参考焉。……广西北流县知县邑人詹一惠撰。（雍正《惠来县志》卷首）

游之光《序》：盖闻风雅降而《春秋》作，司马氏祖之，厥有《史记》；班孟坚祖之，厥有《汉书》；此志之所由盛也。昌黎刺潮以来，业称海滨邹鲁，而尊潮乘者□冠冕石洲，讵非谓其义例森严，劝惩备具，彬彬乎信史之遗哉？蕞尔惠邑，固潮之旧壤也。建邑后二十有余年，而有林实圃之笔。顾其书成于去任之时，因陋就简，体裁失次，仅同野稗；于以征往俟来，不已戋戋乎？林之后又六十有余年，而余小子光来宰是邦；其间山川之互换，世事之推移，人文之盛衰，可谓月异而岁不同矣。有识者共扼腕，思一润色之，而无敢有代大匠斲者。岁戊申，邑之缙绅先生学士大夫以请；余唯唯否否，以告当道，当道报曰可；于是揖缙绅先生学士大夫，而与之畴咨，谕耆民林正幹，方子说，吴汝云，吴大器等。搜求逸事，属诸北流君，讨论既确，余始序次删辑，列为十二卷。图有说，事有纪，自舆地，官署，赋役，食货，以至名贤，孝节，迁客，辞人之类，靡不各有评骘，凡四阅月而后成帙，则予小子窃取之罪，其又何文焉？然而卒未敢大谬于石洲先生，若曰是庶几为蕞尔惠昭劝惩云尔！敢妄云知我罪我，唯是书哉！万历己酉春正月上浣，叙潮州府惠来县知县星源游之光撰。（雍正《惠来县志》卷首）

林世赏《序》　（雍正《惠来县志》卷首）（不录）

翁延寿《序》　（雍正《惠来县志》卷首）（不录）

陈尚志《序》　（雍正《惠来县志》卷首）（不录）

乾隆《潮州府志》二十八《循吏传》：一惠秉性高洁，不乐仕进，乞归，创修邑志。

《千顷堂书目》七地理类中：游之光《惠来县志》，万历间修。

道光《广东通志·艺文略》三：《惠来县志》十二卷，明游之光修，詹一惠等辑。

宗颐按：此《志》修于万历三十六年戊申，凡四阅月而完编。主修者游之光。（之光字东壁，婺源人，由举人除惠来令，雍正《惠来县志》五《名宦传》有传。）据雍正《惠来县志》卷首，邑人与纂修者，除北流县知县举人詹一惠外，尚有大竹县知县举人林世赏，福建盐运使司同知举人翁延寿；而搜求逸事者，有耆民林正幹、方子说、吴汝云、吴大器云。

又按：《周府志》言一惠创修邑志，不知惠来之有志，已自嘉靖乙卯秋林侯麓平始（见一惠《序》），合为订正于是。

饶氏堪崇祯《大埔县志》　乾隆《大埔县志》卷首旧序。

未见

饶堪《序》：按《大埔志》为先大夫肇创，时去建治刚三十二祀，风俗半仍古村，人文尚借它邑。居民未稠，廨宇苟完，无兴废之足纪，蔑灾祥之可书。虽云新乘，实犹阙史；乃今复阅十八载矣。山川且非故识，矧人事乎？堪自乙丑读礼后，淡情公车之业，两不计偕。间感昔旧者经新，而新者且复旧，昔盛者寖微，而微且复盛。风土之致，与楮墨之情若两相须。第数年来，郊垒不靖，兵食繁兴，饥馑频仍，乾溢为患；而又屡格于马署传舍之见，不肯并力于刀笔典故之间，敢觊此书之修且亟也。今张父母治埔甫三年，其善状襞积不胜泐，最伟者如□每经清钞，累舍赀，遍修境路，增置器械炮台，设兵守御，所在严明；又出俸择长厚者宰之，收子母永代繁徭；侯之宜镌，实絜故志过半矣。况政通人和，百废皆兴，不乘此修之，复何待耶？于是堪不避嫌疑，不惮协力，从诸绅衿后，诣仁侯言状，以辑厥典；不意侯先得同然，遂造阶拜邑博梁君为秉笔，走币征词宗杨闱，文学蓝守炳，饶希镇，吴士珽，近稽逖览以资之；不两阅月，而志焕然一新矣。其纪地也据，其纪政也辨，其纪献与文也核以丽。可俾愿图治者有谱，可令恶害已者惧诛，是诚信史哉！堪才谢班马，识愧宋欧，且为先严慈弓沙享堂之役，拮据靡宁，不敢溷预笔削之责。余于梁为同年友，幸每以嫌疑相诏，奉若函丈。语云：称其仇不为谄，荐其子不为私。此太古之遗言，非今时之直笔也。不佞为孝廉，几三十年。且世居此枳棘中，硁硁拙钝，难谐巧捷；今得捧诵琳琅，喜藉手以了夙心；而吾王父八十年来残编蠹余，更托此光辉不朽矣。时崇祯九年丙子邑人饶堪序。（乾隆《大埔县志》卷首）

张爕任《序》　（乾隆《大埔县志》卷首）（不录）

梁亭表《序》　（乾隆《大埔县志》卷首）（不录）

乾隆《大埔县志》十七《儒行传》：饶堪，字用裁，号岱屿，中翰与龄仲子，幼负颖异，积学敦行。万历丙午中第五名乡试。生平俭约，志甘泉石，不乐进士。丙子张令爕任延修邑志。

〔补〕道光《广东通志・艺文略》三：《大埔县志》，明张爕任梁亭表修，未见。《洪志》（宗颐按：即洪先焘修之嘉庆甲子《大埔志》）：爕任，字葆一，云南临安举人，崇祯六年任大埔知县，纂修邑志，与教谕梁亭表相考订，丙子告成。

锷按：崇祯《大埔县志》，旧皆题张爕任梁亭表修。考杨闱《孝廉岱屿饶公传》：崇祯甲戌，予受邑侯葆一张公聘襄志局，时执牛耳者为岱屿饶公，获亲教益，督予不逮。及丙子春仲，志稿就而公于秋间仙逝矣。（见大埔《饶氏族谱・文献传》）依杨氏传语，证之岱屿序文，知《志》修自张梁，而定本实出岱屿今鹤诸公手也。（今鹤，闱字。《潮州府志・闱传》，亦言与修揭阳、大埔二《县志》。）

宗颐按：饶堪《序》，称《埔志》为先大夫肇创，时去建治刚三十二祀，末又云：今得捧诵琳琅，喜藉手以了夙心，而吾王父八十来年残编蠹余，更托此光辉不朽矣。考大埔建县，在嘉靖五年，堪所谓其先大夫肇创者，盖即嘉靖间吴思立修《大埔县志》，堪为宪副饶相之孙，其序文谓《埔志》属稿，出其先大夫者，当即指饶相也。饶堪述其祖之志，继修埔邑志乘，其书久不见于世。存亡与否，已不可知。乾隆《大埔县志》蔺涛《序》，称予于壬戌秋，得有明张葆一于崇祯九年所修《埔志》一帙。是此志乾隆间尚存；今可见者，仅见《洪志・艺文》所载之六小序，及附引一二条耳。

郭氏之奇崇祯《揭阳县志》　《潮州耆旧集》三十三。

佚　道光《广东通志·艺文略》三。

陈鼎新《序》　（乾隆《揭阳县志》卷首）（不录）

汪国士《序》　（乾隆《揭阳县志》卷首）（不录）

冯奉初《明大学士谥忠节郭之奇传》：崇祯戊辰成进士，选庶常，以清才骏发，越其侪辈。明年，请假归，县令请修邑志，假满还都。（潮州《耆旧集》三十三）

〔补〕道光《广东通志·艺文略》三：《揭阳县志》，明冯元飙，陈鼎新，汪国士修，佚，见《韩文恪公集》。谨案元飙天启末任知县，鼎新国士，俱崇祯初任，志成于崇祯辛未。

锷按：郭忠节假归，在崇祯辛未岁，是年即被聘修志，逾岁而志成。考《宛在堂诗集·遂初集》中，有集《揭志》，作《榕城八景诗》，又有《修邑志成感赋》四律，又有有抉改数字不得者再吟二律，诸诗。盖当时操纂政者，实忠节一人。观诗中联句，如“于人行直惟三代，自我为正指九天。”（《感赋诗》其一）“我意孤悬知罪表，此身独拟怨劳甘。”（《感赋诗》其二）“直笔何曾刘五借，秽金总向魏收除。”（《感赋诗》其三）“纵使涂黄由尔辈，终余副稿在名山。”（再吟二律其一）等语，足见忠节操觚时笔削之严。今其书虽佚，然据忠节诗注，全书实分五纪提纲，复有余记以补所未备。盖亦有意成一家言，非因陋塞责者可比也。

宗颐按：是书《阮通志·艺文略》题曰明冯元飙陈鼎新汪国士修，而先君则考定为郭忠节纂辑。颐按陈鼎新序此书，称前令冯君（指元飙）早已具仪币，请郭太史为政，而尚未属稿。新猥承冯君后，幸太史尚居邑中，即敦请其终事，阅数月而告竣。所云郭太史，当系之奇也。以刘业勤乾隆《揭阳县志》凡例，谓《揭志》而修于崇祯辛未；裁阅者，邑令冯元飙，陈鼎新，汪国士；纂修者，参事郭之奇；分辑者，都阃黄梦选，庠生王阳春，陈仕清，谢泰，袁年；校勘者，庠生陈应登、杨固。据此，则先君谓崇祯《揭志》，为之奇所纂，益无疑义矣。

蔡氏肇仞《澄乘略》　嘉庆《澄海县志》十九《文学传》。

未见

卷　六

史部地理类

清

吴氏仕训顺治《潮阳县志》　臧宪祖康熙《潮阳县志》凡例。

未见

嘉庆《潮阳县志》十六《文苑传》：吴仕训，字光卿，博洽经史百家，比部孙如法访结为布衣交。万历丁酉，应省辟，师事吉水邹南皋先生，潜心理学，得其正宗。初授福安学谕，士深感慕，转为福州郡丞，两署即符，尤皆善政。拂衣归里，值鼎革，咸赖德望镇重得安堵，日惟讲道著书，年八十六，无疾而逝。所著述甚多，潮阳、安福二志尤见史才。吴颖曰：《潮阳县志》成于林井丹先生，近吴光卿先生续之，余获见其副本，虽多因林旧，而事则增于昔矣。（顺治《潮州府志》卷首）

锷按：吴孝廉光卿所辑《潮阳县志》，道光《广东通志·艺文略》不著录，传称其著述甚富，今皆不传。惟吴颖《潮州府志》，载光卿有潮阳、福安二志，皆见史才，后人修志咸本其语以缀于篇。然所谓《潮阳志》，今亦罕觏。考臧宪祖《潮阳志》凡例，言志自隆庆井丹先生修后，至顺治四年，郡丞吴仕训续修；未及梓，而海寇煽乱，故只有藏稿而已。

是此书当时虽成，实未付雕，即宪祖所见，亦只残本；今距宪祖修志又二百余年，想其稿已亡佚矣。

李氏士淳顺治《程乡县志》　光绪《嘉应州志》二十九。

佚　光绪《嘉应州志》二十九。

士淳《自序》：古之擅长史学垂世立言者，莫不罗网前闻，逖稽往籍。咨旧章于先哲，采轶事于稗官，参稽百世之典，编成一代之书，藏之名山，俟之其人，成言班如布在方策，史顾不重乎哉！邑之有志，犹国之有史；然而区域之偏全即分，事实之挂漏互异，其大小偏全之别，不啻莛之与楹，涔蹄之与河汉也。吾程之志经百余年未及修，残缺泯没，次节不伦，豕亥鲁鱼，讹舛可疵，大夫之至于是邦者，何所征信而考疑；后学之生长兹土者，何所景行而仰止？斯亦百年来吾邑一大憾事也。岁次辛卯，邑侯葛公，奉命临莅兹土，留心民瘼，矢志修举；见学宫之颓圮，神祠之荒落，慨然于中，而力以兴复为己任，凡次第举行矣。尤以邑志未修为憾，命余首董其事，余惟文献弗传，士大夫耻之；即微侯命，何敢以不敏辞？于是召集故老，诹访旧闻，扃户园圃，旁稽博采，因前志之旧，而讨论修饰润色之，词之陋者文之以雅，意之僻者订之以理，失次者为之正其先后，残缺者为之补其罅漏，事有增新，制有考异，理之疑者有发明，音之讹者有诠释，反复讨求，不厌详订；俾后之观是志者，一启卷间，而微言大义，较如指掌，古往今来，炳若列眉，阅提纲总论，则吏治、民生、士习、世风、臧否、邪正、劝戒，昭焉可以兴，可以观，阅疆域分野，则天文、地理、土俗、民情、异同、变迁、时势，判焉可以学，可以仕，阅官制科名，则设官分职、兴贤育才、前徽后懿大观备焉可以法，可以传，读循良之谱，则曾井之甘泉可汲，元城之直节可风，数传而后，蒙其休者，沐膏泽，咏劳古，甘棠岘碑，亦世如新；诵名贤之传，则程处士之高谊不朽，蔡蒙吉之正气犹存，百世而下，闻其风者，顽夫廉，懦夫有立志，流风余韵，后来接踵，孝子节妇，代有其人，既可传之以维风；仙客羽流，事近于怪，亦可惜之以设教，虽常变殊遭，出处异轨，要以各成其高，不诡于正，有裨世道人心，其义一耳。远则唐宋以来，事虽远而可稽；近则明兴之代，制益近而加详。若夫因革损益，日异而月不同，则又非今遭所能豫定者，庶几以俟后之君子。（光绪《嘉应州志》二十九）

《胜朝粤东遗民录》四：士淳，字二河，程乡人，弱冠中万历己酉乡试第一，崇祯戊辰成进士，授翼县令，戊寅行取入都，授户部云南司主事，历官至翰林院侍读学士。闯贼陷京师，士淳潜遁归里，以著述自娱。顺治癸巳以荐起用，有司敦促至再，坚辞不就，世比之王伯厚元遗山，卒年八十一。

〔补〕道光《广东通志·艺文略》四：《程乡县志》，国朝葛三阳修，未见。《嘉应州志》：三阳蒙城岁贡，顺治八年任，甲午修《程乡邑志》。

〔补〕温仲和光绪《嘉应州志·序》：程乡之有志，自前明嘉靖二十年，县令陈应奎教谕赖全业所纂修始；继而作者，则国朝顺治十一年葛三阳为县令，邑人翰林院编修李士淳所手定，仅存残本。（光绪《嘉应州志》卷首）

锷按：李侍读士淳，明王章传，道光《广东通志》，光绪《嘉应州志》，并有传。《潮州府志·选举表》，载士淳官至吏部侍郎，盖南都以后所授官；士淳虽在家拜命，实未尝出也。至《烈皇小识》，谓士淳尝从贼者，证之《明季实录》，及《明季北略》，殊为厚诬。此志旧题葛三阳修，考《嘉应州志·官师表》，三阳任程乡令，在顺治辛卯；而此志修于甲午，是时士淳方家居，盖葛延士淳编纂也，志称士淳修邑志，以备文献，即指此。

陆氏宸箴康熙《涞水志》十卷　清学部图书馆《方志目》。

存　康熙十六年刊本。

乾隆《潮州府志》二十九《文苑传》：陆宸箴，榜名禧，字迎侯，饶平人。崇祯壬午举于乡；未几，丁国变，遁迹岩谷十余年，不知尘世事。后起用涞水令，士蒙其教，民被其休。九载告归，捐修桃源路四十余里，寿八十一。著《观花阁留花吟》、《琴言》、《涞水志》。

清学部图书馆《方志目》：康熙《涞水志》十卷，四册，知县陆宸修（宗颐按：宸下脱一箴字），康熙十六年刊本，《自序》。

锷按：涞水，直隶易州属县，宸箴为令，在康熙间，《通志》著录是书，入地理杂记类，非是；府志以宸箴为明人，又考之未审。

杨氏钟岳等康熙《潮州府志》十六卷　乾隆《潮州府志》卷首旧序。

存　康熙丙寅刊本。

杨钟岳《序》：“……，我潮郡志，不知始何年。有明郡丞车公份，于弘治间一修之矣；太守郭公春震，于嘉靖间再修之矣；至国朝顺治庚子，郡侯吴公颖修之，去今二十五载，虽日月无几，而沧桑多故，复虞遗缺，无以登诸简编。果庵林公来守是邦，慨然以为己任，日与缙绅士夫，考镜图经，搜罗掌故，所谓严斧钺于笔削，寓经济于文章，其意岂有异欤？念余八闽督学归来，计离潮忽忽十余年矣。风景不免殊观，见闻讵能周至？惭无一得，何有三长？乃叨越敦请，辞不获命。窃向诸同人矢愿曰：综核古今，文与实副，庶郁为鸿裁，永传来兹乎？然余因之滋惧矣：是是非非，直道也；直道难行，匪今斯今，当有知我罪我者。不意二竖时侵，坐卧邱园之日多；积月成岁，未能与诸同人汇帙而分门，删繁而举要。及志将告成，始得肆力一览观焉；见其据事直书，非徒踵事增华，大而核，简而该，婉而严，丽而不靡，视昔有光矣，乌敢掩一时耳目，贻讥万代哉！……”（乾隆《潮州府志》卷首）

陈衍虞《序》：……夫志，史之余也。作史有三难：曰才，曰识，曰学；修史亦有三难：今昔异时，人事迁变，考据之难一；遗文放失，博访难周，简编缺残，豕亥莫辨，核实之难二；独辑则孤掌不鸣，众撰则意见竞起，平情之难三。《潮志》续修于吴郡侯颖，将历三纪矣。天道十年一小变，人事因之。潮迁斥之余，兵燹频兴，半壁沦陷，赖威命震叠，烟消燧寝，而山川疆域，能无高谷深陵之异状乎？土田租赋，能无盈缩丰俭之殊情乎？往者召募征调，奔命不遑，今兵制能无变更，尺籍能无虚冒乎？圜桥璧水之玮观，青青子衿之讲业，能儿筵如旧蛾子时术乎？若风俗，若选举，若人物，有一不核，将何以昭劝惩，垂来兹欤？郡侯果庵林公筹之熟矣！先生笔挟风霜，义严斧钺；犹以事关对扬，谦逊不遑。爰咨之乡达，采之刍荛，缺则补，讹则正，芜则删，疑则核，幽则阐，逾年而志成，星纪昭然也。所以调燮之者，寓此矣；提封井里，灿如列眉也，所以经理之者，寓此矣；田赋租调之制截然也，所以节宣之者，寓此矣；问宫墙，则霞丽星辉，问祀事，则肥腯告虔，菁莪之化，明德之馨，寓此矣；问兵防，则壁垒森罗，封守慎固，先事而绸缪，后事而克诘，寓此矣；风俗物产不无少变也，所以转移维挽之者，寓此矣。表幽芳于千祀，彰烈节于今兹，文章增炳蔚之光，灾祥纪人事之召，大而盐屯，小而榷务，一一皆综古今，关政治。先生条画已详，搦管者特踵其事而点染耳。独怪煌煌巨典，谬及山髦。自揣揭妇已老，江毫全枯，澳然从诸公后，妄称敷文摛藻，是七襄云锦，而杂以腐丝也。幸提纲挈领，有郡绅；采隐搜幽，有良友；碌碌因人，附名方策，有甲在面矣。所愿读志君子，悯东野之马力，吹嶰谷之风音，镜古准今，黼黻盛治，是书良太平之笙簧也。郡人陈衍虞撰。（乾隆《潮州府志》卷首）

王岱《序》：郡之有志也，例也；不独潮为然也。志之议修，亦例也；不独潮为然也。不独潮为然，谓潮为独异者，以地之异，时之异，主修者之异也。其异者何？盖山川如故，则有陵谷之移；时代迁流，则有风景之别；人文日变，则有隆替之殊。潮自汉以上勿论，当唐宋时，方以炎方泽国，与鱼龙争处，士鲜诗书，民病瘴疠；其后风气渐开，山川文物，皆为丕变，几与吴楚并驾；犹不免谓濒海，习俗多事鱼盐，轻生患难，致萑苻易衅。故自明中叶不靖，迄国初，鸱啸狐鸣，致烦薄伐；当军书旁午之际，吏疲拮据，民劳征输，日不暇给，遑问志事？及幻蜃既消，狂飓顿息，而哀鸿复渚，故燕还巢，宁辑方来，亦复难征文献；纵草野纪闻，挂一漏万，以故志事缺然。乃郡守林公守潮数年，以经术经世务之才，综核诸大政，函鼎烹鲜，庖刀游刃，悉已奏最而荡平；适遘志事遂兴，兴会之逢，于斯为甚。且与耆旧陈园公林介文两君，笔削点定，草创稿成，复就余杨诸先生厘正之；将数十年未纪之事，旁搜广辑，如是缺者悉补，陋者悉文，讹者悉正，麟麟炳炳，蔚然大观。是潮志之独异，信不诬矣！余适待罪澄海，与陈林两先生为故交；因得窃窥其书，深叹马文班实，二者俱备。方未敢赞辞，而公谬以余为知文，命赘一言；余下吏姓名，殊不足辱简端，谨述其三异以对，澄海县知县湘潭王岱撰。（乾隆《潮州府志》卷首）

林杭学《序》　（乾隆《潮州府志》卷首）（不录）

吴兴祚《序》　（乾隆《潮州府志》卷首）（不录）

李士祯《序》　（乾隆《潮州府志》卷首）（不录）

斐宗度《序》　（乾隆《潮州府志》卷首）（不录）

胡戴仁《序》　（乾隆《潮州府志》卷首）（不录）

杨佐国《序》　（乾隆《潮州府志》卷首）（不录）

陈其政《序》　（乾隆《潮州府志》卷首）（不录）

佘艳雪《序》　（乾隆《潮州府志》卷首）（不录）

〔补〕康熙《潮州府志》凡例一：郡乘即古诸侯史也。盖一府文献所关。考《潮州府志》修于明弘治中郡丞车份，复修于嘉靖中太守郭春震。事逾百年，朝经物改，残编蠹简，缺略相仍。至国朝顺治庚子，郡侯吴颖始夺然后义修，称为信史。后郡侯魏檰祥续修，逢乱中辍，距今又二十五年矣。兵燹频经，规制不无少异，修之敢惮烦乎？予不敏，起而从事，凡原本有不可易者仍之，后来有不可已者增之，勿侈勿浮，无偏无党，踵事增华，予亦不知其固陋也。（康熙《潮州府志》卷首）

嘉庆《澄海县志》十八《循吏传》：杨钟岳，号大山，苏湾人，顺治辛丑进士，授馆职后，改部出监通州。庚戌，充会试同考官，出为福建督学。升参政，以忧去；服阕赴补，卒于京。钟岳后徙家海阳之仙乐乡。

清学部图书馆《方志目》：康熙《潮州府志》十六卷，二十册。知府林杭学修，康熙二十五年刊，《自序》。

〔补〕道光《广东通志·艺文略》：《潮州府志》，国朝林杭学修，杨钟岳辑，未见。周府志：杭学江宁人，由生员保举，康熙十六年任，甲子重修《府志》。（宗颐按：林杭学，见乾隆《潮州府志》三十三《宦迹传》。）

锷按：康熙《潮州府志》，道光《广东通志·艺文略》题，“知府林杭学修，郡人杨钟岳辑。”光绪《海阳县志》本之，亦以钟岳著录。考王岱叙文，此志定稿出于陈园公、林介文二君，大山不过稍为厘正而已。顾各志既题杨辑，兹姑仍之，而附辨于此以备考。

宗颐按：康熙《潮州府志》共十六卷。以十志为纲，分为二十八条，每条有序，较顺治间吴颖所修之志，详而有法。林杭学叙此书，言开局修纂，始于康熙二十二年七月；越二十三年十月而志成。是此书前后共费十五月，始克完编也。旧题此《志》为林杭学修，杨钟岳辑；据王岱《序》文，知撰稿实出陈衍虞、林隽胄之手，而杨钟岳、佘艳雪则负较订之责耳。考《府县志·杨钟岳传》，不载其有修《志》事；而杨钟岳所撰是志序曰：“叨越敦请，辞不获命”，又曰：“不意两竖时侵，未能与诸生同人，汇帙而分门，删繁而举要，及志将告成，始得肆力一览观焉”。由此可知钟岳虽被总纂之责，实未能始终其事也。考《普宁志·林隽胄传》，称郡守林杭学，高其行，属修《郡志》，可为隽胄参纂此志之别证。又陈衍虞著志弁三十篇。（又名《郡乘代言》）其文与是志各门小序，大同小异，即当时草稿，更加订定者。此尤足证康熙《潮志》，撰稿多出自衍虞手也。

陈氏衍虞《郡乘代言》一卷　光绪《海阳县志·艺文略》。

存　道光己亥补刊本。

张覆吉《序》：士不得志于时，辄自放于山巅水湄之际，以抒其抑郁；兴至，往往发为文章，而或感愤无聊，牢骚激烈；是何异渔阳骂座，虽行胸臆，情性失矣。余自辛丑岁，待罪镇阳；知粤地文章，肇自陆大夫《新语》以开其风会，继复韩吏部命师以司其教铎。潮之人士，咸笃于文行；其后蛟腾凤起，代不乏人，而园公先生独以文章鸣天下。顾匏落一官，未能扬眉吐气，激昂青云，一展其胸中之蕴，而郁郁以老。今春秋八十，高矣！余适复浪游韩江，寄迹于先生之别业，因得纵观其所为蔚园诸稿；其气浩以博，其词蔚以炳，滔滔汩汩，卓然为世大观，岂非山川间气，笃生异人，而发其光于行墨者耶？近以海宇廓清，疆域辽远，圣天子加意志纪，文献之征，非先生孰与归？乃复示我潮志弁言，且属余数行奉报。捧读一过，则见其中自天官地纪，以及文章政事风土人物之类，靡不兼该；气取于两汉，而采撷于六朝，或如商彝周鼎，古色纷披，或如曲涧幽泉，别致错落，而一种深心大力之致，又复宛转为人心世道，时下一砭，谓非煌煌大文，足以垂世而立教者欤？夫诗以道性情，书以道政事，礼以坊淫，乐以节和，易以道变化，《春秋》以道异，《六经》总为世道人心计耳。今观园公之文，何一字不造巅极顶？又何一字不砥柱回澜？闳中肆外，举法吐经，以视世之感愤无聊，牢骚抑郁，徒自写其不平之气，如文长之广诞，民怿之豪放者，其相去直如瓦缶洪钟，大径庭矣！因不揣菲陋，聊缀数言于简端，康熙岁次癸亥仲冬日，锡山张履吉书于韩江之锻圃。(《郡乘代言》卷首)

《邑乘论》一卷　光绪《海阳县志·艺文略》。
存　道光己亥补刊本。

《序录》一卷　光绪《海阳县志·艺文略》。
存　道光己亥补刊本。

锷按：上三书附刻于《莲山集》后，《郡乘代言》一名《志弁》，自星野至杂记，共三十篇，篇末并有王山长张容庵评语，盖园公于康熙甲子，被聘修《郡志》时作也。《邑乘论》凡兵防、兵事、选举、学校、贡赋、徭役，共六篇，寥寥数页，疑非完书；序录一卷，则裒集园公所撰各县志书《序》文，别录单行之本也。

萧氏纶锡等康熙《潮阳县志》二十卷　嘉庆《潮阳县志》卷首旧序。
存　康熙戊辰刊本。

臧宪祖《序》　（嘉庆《潮阳县志》卷首）（不录）

宗颐按：此志《阮通志·艺文略》三，仅题主修者知县臧宪祖（宪祖，广宁人，康熙二十一年由监生任知县，见嘉庆《潮阳县志》十五），故世称之为臧本。志分十二门，据宪祖《序》，编始于康熙丙寅仲冬，竣事于丁卯孟夏。纂辑者，萧纶锡、郑振藻、姚喜臣、吴绍宗；校订者，林映日、陈长民、萧金声。纶锡，县廓人，康熙癸卯举人；郑振藻，南桂人，顺治丁酉举人，官息县知县；姚喜臣，崇祯贡生；吴绍宗，康熙贡生，仕清远训导，俱见《潮阳志》十四《选举表》。

罗氏国珍佘氏元起康熙《揭阳县志》　乾隆《揭阳县志》六《贤达传》。未见

罗国珍《序》："……揭处海澨，秦汉间，潮皆揭地；至宋宣和，卜治玉窖，而邑仍以名。建置来，有声东粤旧矣。阅岁五百有奇，志之修也，仅一再见。明季时事变迁，地成战垒，其不为孤宅茂草者几何矣！且也，刍茭之应，伤乃民隐，滂沱之灾，时切禾稼，蠹粉蜗涎之际，犹有问邑乘而执笔从事者乎？我朝重熙累洽，百度维斯；邑侯郑廉水先生，以良史才，来宰是邦，握玑而化，吹薰以字，浸浸乎疮痏之起矣。乃鞅掌公余，留心文献，慨然以志事为己任。遂开局延访，或断简之犹存，或老成之未谢，博采宏搜，补其缺，芟其芜，明其微，阐其幽，不佚旧，不侈新。体裁既具，属余成编，俾分门汇帙。宁慎毋滥，宁质毋文，宁核毋私，要惟存其可信可传者。维三代之直，以公斯博已尔；风云月露，将安事也？是则先生志也。由一邑而之天下，惩以是焉，劝以是焉，观政以是焉，观教以是焉。先生之化成，固于兹睹吉光之片羽矣。"（乾隆《揭阳县志》卷首）

郑濂《序》："……揭邑自宋宣和迄明崇祯，阅岁五百有奇，志凡两易。自崇祯初岁，历我朝，至于今几六十年；较诸前志之相距，似未云遥也。而此际之缺略，有更难稽核者。何则？鼎革以后，屡易沧桑，揭处四战之冲，方诸前古，无此颓毁，较之诸邑，倍甚凋残，询口语则老成既往，搜别集则典章散弃，文献之缺，所由来矣；兼以旧志板焚，仅存残帙，一线隤续，将并古昔之遗留而全佚之，何论此数十年来废兴大事耶？余膺绶此邦，每忾然以邑乘未新为念。兹承上宪檄修，乃旁搜遗书，博采群议，手纂志稿，请大山杨先生纂修之。维时先生初值内艰，以未遑涉笔辞；延聘孝廉佘君明伟、

罗君岂藏，汇辑而校增焉。二君辍芸窗之业，而间精讨论；余亦停簿书之冗，而专意厘定。凡数月而志成，为纲十，为目七十有奇云……”（乾隆《揭阳县志》卷首）

余元起《序》　（乾隆《揭阳县志》卷首）（不录）

林杭学《序》　（乾隆《揭阳县志》卷首）（不录）

乾隆《揭阳县志》六《贤达传》：罗国珍，字岂藏，蓝田人，康熙丙午举人。丁卯，邑令郑濂延修邑志。佘元起，字明伟，渔湖人，顺治甲午举人，夙有文名，邑宰郑濂延与罗国珍同修邑乘。

〔补〕道光《广东通志·艺文略》三：《揭阳县志》，国朝郑濂修，未见。《李志》（宗颐按：《李志》，即乾隆甲辰李国华所修志）：郑濂，余姚人，康熙二十二年任揭阳知县，丁卯增修《县志》。

宗颐按：乾隆《揭阳县志》凡例，言《县志》三修于国朝康熙丁卯，纂辑者，邑令郑濂，增校者，孝廉佘元起、罗国珍，校阅者，教谕李英，训导李延镗。然濂序文谓“手纂志稿，请大山杨先生纂修之，维时先生初值内艰，未遑涉笔，辞，延聘孝廉佘君明伟、罗君岂藏，汇辑而校增焉。”据此，此志纂述之功，以佘罗二人之力为多，《揭志》以纂辑专属之郑濂，实有未合。

张氏经等康熙《惠来县志》十八卷　道光《广东通志·艺文略》三。

未见

张经《序》：志者史之余也。《周官》小史，掌邦国之志，以达于王；志之通于史，由旧来矣。盖以述往迹，征前谟，山川之广狭，田赋之本末，兵农之利弊，人物之盛衰，于此稽焉。贵于典而核，直而有体，而后信远迩，昭劝戒；非谀闻詹辞，所能垂金石，而树不朽者也。惠建自前明嘉靖间，兵燹之余，邑乘未遑。麓平林公，仅具其概。嗣万历东璧游公莅惠，以文章政事著声，钱谷之暇，留心文献，博稽广询，裒辑成书。八十年来，玉改星移，前迹新猷，识诸父老，未垂方策；兼以旧简墨镌，半为风雨鼠蠹，断楮残煤，亦同蝌蚪石鼓，官斯土者，常抚卷而致慨也。兹逢圣天子大修一统之典，邑侯持公张先生，敬承德音，搜辑志事；犹以簿书期会，思虑未耑，用询野老之言，以广轩辅之献。余与二三同人，罔忖荒陋，谋野编辑，而进退笔削，裁自侯衷。沿革纪自建邑，犹《春秋》之重始事也；灾祥兼言休咎，《洪范》

之勤修省也；财赋分别折亩，汉治之剔中饱也；山川驿程必书，周室之慎封守也；公署虽废必纪，惧以祊田易郑璧也；选举非生其地不书，不敢混楚材为晋产也。至于官师系桐乡之祀人，物首郑公之教，刍荛之言必征，击壤之音亦采，俾览斯编者，可以见荜路启疆之苦心焉；可以觇清坚垒之大节焉；可广德心而复千年畋宅之旧焉；可溯风流而挹节义文章之美焉。夫索神骏者，在骏不在图；然舍图终无以得骏；铸宝鼎者，贵鼎不贵范，而非范终无以成鼎。则是书也，可谓莅治之成模，官师之懿鉴矣，宁犹邮闻詹辞乎哉？虽然，此侯在惠言惠，于是编见其一斑者也。侯之报国，不独文章，异日崇勋伟绩，更以有膺眷而纪太常者，余颙俟之。康熙丁卯岁蒲月序，赐进士吏部观政邑人张经撰。（雍正《惠来县志》卷首）

张秉政《序》　（雍正《惠来县志》首卷）（不录）

方应祷《序》　（雍正《惠来县志》首卷）（不录）

道光《广东通志·艺文略》三：《惠来县志》十八卷，张秉政修，张经等辑，未见，康熙丁卯，见张玿美《志》，经邑进士。

宗颐按：此《志》修于康熙二十六年丁卯，修者知县张秉政（秉政字持公，陕西人，生员），纂辑者，除吏部观政进士张经外，邑人同修者，尚有南川县知县方应祷（字维城，惠来都人，顺治丁酉举人），贡生郑国光（字客生，龙溪都人），陈龙光（字远心，酉头都人）。（见雍正《惠来县志》卷首）

林氏隽胄康熙《普宁县志》　道光《广东通志·艺文略》三。

未见

汪溶日《序》：余庚申冬，典牧斯土，单车戾止，睹城郭倾圮，闾阎萧索，官民舍居，废毁几尽。哀我人斯，曷克堪此？矢志抚循，教养休息，冀图渐复元气。凡有设施，必取前吏之廉能者而折衷之，求其坐而言可以起而行者，庶几于昔人有合焉，而犹惧其弗逮也。今奉纂修一统全志，广搜各省邑乘，此诚一道同风之至治。顾余自惟一行作吏，簿书是亟，词令未遑。况前志曰略，余亦何敢自谓能详？但阮公之编摩犹存，父老之传闻可采，则前事者后事之师，于退公之暇而修辑之，亦云无旷厥职而已。故邑乘之设，非曰山水而必图其形胜者，取其无分有分土之意也；非曰谱世家而必纪其姓字者，取其善足以劝恶足以惩也；非曰录菁华而必标其艺文者，取其有关于民生有裨于国计也。若夫学校为人材之本，风俗为政事之征，与凡贡赋记享之规，求贤旌善之典，大约志之不可阙者，只期搜罗靡遗，采访得实，方敢补入，其一切铺张繁词，矫饰夸论，既未协乎舆情，奚可垂之奕世，概置不载，犹前此之宁略毋详也。倘后之吏斯土者，能以催科寓于抚字，明允行其鞫讯，徭役轻而供亿省，豪强戢而奸宄消，是诚足以仰副一道同风之治，而共谅余辑乘之意也夫！知普宁县事古鄣汪溶日。（乾隆《普宁县志》卷首）

彭浩元《序》　（乾隆《普宁县志》卷首）（不录）

乾隆《普宁县志》七《乡贤传》：林隽胄，字介文，铭球子也。崇祯间恩贡授职方主事，谢病归，隐居昆山，郡守林杭学，邑令汪溶日，皆高其行，属修《郡志》。

道光《广东通志·艺文略》三：《普宁县志》，国朝汪溶日修，林隽胄辑，未见。康熙丁卯，序载《萧志》。

宗颐按：普宁建县于嘉靖甲子，万历庚戌，知县阮以临学谕黄秉中始创辑志略，逮康熙丁卯，汪溶日重修之，即此编也。（溶日，六安州人，拔贡，康熙十九年知县事，乾隆《普宁县志》五《宦迹传》有传。）此编《阮通志·艺文略》题林隽胄辑，而乾隆《普宁志》卷首凡例，亦称汪君修志，以编纂属前主事林隽胄云。

陈氏琳等康熙《惠来县志》　雍正《惠来县志》卷首旧《序》。

未见

陈琳《序》：古先生建一统无外之规，彼虑蔽纩垂旒，无以烛幽隐，乃命大行人采列国之风谣，而勒为成书，岂以备观览广见闻哉？亦曰风化关于政治，明乎四方俗尚之不同，而后纪纲可得而敷布也。邑之有志，犹国之有史。主斯土者，未有不悉一邑之情形，而能以施政教，同风俗也。《邑志》之修，又乌容已乎？惠来建置肇自前明，嘉靖间邑志之作，草创于麓平林公；后六十余载，星源游公从而详悉增修焉。嗣是沧桑改易，物换星移，向之详悉增修者，尽于寒烟荒草中，不有起而修明者，何以善其后哉？今上端拱致治，垂数十年，文德诞敷，四方风动，特申大一统之典命，郡县各纪，邑乘以待轩輶。邑侯张持公集大夫绅士，参稽考订，纂辑成编，可谓论断确而体裁定，是非严而勸戒昭。至于幅员、山川、财赋、风俗、人文、孝德诸篇帙，靡不井井有条，班班可考矣。第自康熙丁卯岁，以至于今，又几二十年矣。其间之疆土，保无变迁乎？赋役保无增灭乎？风俗保无移易，人文孝德保无盛衰靡常乎？古称天时人事阅一纪而必更张，况久远乎？幸邑侯春谷先生，以名都硕学，来莅是邦，政简刑清，百废俱举，慨然念二十年来，风土民情，山川要塞，及今又焕然一新。爰取前志而续修之，其发凡起例，悉依旧志而广搜博采，则属不佞与诸同人，而总裁则查侯之巨笔，为订定焉。……史部候选知县邑人陈琳撰。（雍正《惠来县志》卷首）

查曾荣《序》：郡国之有志，盖自《周官》昉也。汉司马氏祖之，始作《史记》，其说散见于《河渠》、《货殖》诸书。厥后班孟坚创为《地理志》，先汉郡，而后十五国之风，以补前人所未及；是志为郡邑之史，而史为天下之志，志有遗漏，犹史有阙略也。史之创者，必本《春秋》编年纪月之法，紫阳提纲分目之规，以寓其序述，笔非董狐，才非左史，学非欧阳，未易赞一词。若史之因者，拾遗补阙，如子长所云整齐世传而已。是故创难而因易，易者易怠，为之者转似乎难，惟志亦然。《惠来县志》成于游公张公，书有纲纪；第所载关系民社事，文颇多未备，而备者又未必尽皆可存。康熙甲申，案牍稍暇，细检旧本，谋所以修辑之；而犹虞谋野，虽获无当大雅。因偕博士萧君英汉，谭君永泰，暨二三同人，若林君昂、陈君琳、唐君宽、张君钟辈，搜求逸事，相举校雠，益以新条，授以旧例，乱者序之，缺者补之，讹者正之。若余之建常平，均丁口，修学宫，葺城垣，免兵船，设营堡种种，稍有补于民社者，邑之绅士亦强集于十有八条之简端，以付梨枣。于是诸公谓余曰："志之修如治诗之有经纬，千条万绪，杂而为彰；如齐政之有玑衡，二辰十曜，疏而不漏。孔安国谓土地所产，风气所宜，皆聚于此；而镜前鉴后，信而有征者，殆于今日乎始矣，夫纪山川，考人物，验风俗，察灾祥，俾异日采风者，按序披图，绘为考成之书，辎轩报命，以备一统全书之大典，则是志即以为葵阳之治谱也可。"余曰"此非余之功也，特以济前贤之不逮也。"故于告成之日，不揣鄙陋，而自序其颠末，以窃附于麓平、东璧诸公整后云。惠来县知县查曾荣撰。（雍正《惠来县志》卷首）

翁嵩年《序》　（雍正《惠来县志》卷首）（不录）

萧英汉《序》　（雍正《惠来县志》卷首）（不录）

林昂《序》　（雍正《惠来县志》卷首）（不录）

宗颐按：此志续修于康熙四十三年甲申，主修者知县查曾荣。（曾荣字春谷，浙江仁和人，举人。）纂修者，远安县知县陈琳（字玉山，酉头都人，康熙庚午举人），弋阳县知县林昂（字东渠，龙溪都人，康熙甲子举人），副榜贡生唐峣（字敬五，龙溪都人，康熙壬午科），恩贡生张钟（字大石，亦龙溪都人，康熙戊子科）。（见雍正《惠来县志》卷首）

杨氏之徐吴氏羔康熙《光山志》十卷　乾隆《潮州府志》二十九《文苑传》，清学部图书馆《方志目》。

存　康熙丙子刊本。

杨之徐《序》：王者之治天下，大都政教二端，而所谓政与教者，非取天下而束缚之，驰骤之也，要以因天地之寒暖燥湿，与夫民秉之刚柔轻重迟速，齐其政，修其教焉而已。此邑之所以有志，志之所以别域疆，详分野，以逮居民食货之数；然后可以出贡赋，供租税，奉簿书，期会而敦教化，兴礼让，又复有上崇贤德，简不肖而黜恶。诸典则政，政与教无不修不齐之憾，此志之所以经久而不敝也。光之有志，其来久矣。上考分野，下详舆地，而城濠邱庐，较若列眉，其间田原、阡陌、关梁、津隘，纤悉不遗，而采风问俗，凡一切节义人伦，足以为砥世磨钝之资者，无不班班具在，其亦云纲举而目张者矣。但岁远年深，兴废递更，按旧籍而求之，而曰志是焉；安知不类刻舟而求，胶柱而鼓也耶？不佞奉命令兹土，前者蒙大中丞闫公檄修《光志》，此前令所未逮，而不佞踵为之；深惧簿书鞅掌，考订不遑，有辜盛典。公余之暇，乃广询阖邑绅士耆老硕人，凡前志所未载，与载而弗核者，悉芟薙而增葺之。自舆图分野田户食货，下逮艺文等目，虽曰仍前而汰繁去缛，续遗补忘，不无去取，要以无敢略，毋敢滥，其庶几因天地民秉齐政修教之遗意，窃愿与后之君子，综名核实，而共懋乃绩云。岁康熙三十五年丙子孟秋朔日，赐进士第文林郎和光山总事粤东杨之徐撰。（《企南轩编年录》）

乾隆《潮州府志》二十九《文苑传》：吴羔，同邑杨慎斋令光山，聘修《邑志》，楚黄张太史希良见之，叹为沧海遗珠。

清学部图书馆《方志目》：康熙《光山志》十卷，四册，知县杨之徐修。

蔡氏祖坤卓氏荦雍正《揭阳县志》　乾隆《揭阳县志》卷首旧《序》。

未见

陈树芝《序》：秦戍五岭，而后设县曰揭阳，隶南海郡，揭阳盖先郡而得名也。迨宣和间，启疆玉窖，于是辨疆域于星文，列山川于地轴，有城郭宫室之壮，有礼乐兵农之宜，政治新而风气开，为前哲之官游，为名贤之挺生，为道德文章之发越，治称近古；而搜文考献，编纪有书，则始前明嘉靖之朝。夫星分牛女，地属杨州，岭以南皆同；城郭坛壝，诸政必举，亦置郡设邑所有。若凭高远眺，天半高峰，戍守之故垒也；落汉鸣泉，朱子之芳躅也；三山丛谷之间，昌黎之祭界石也；麻田岩壑之际，子野之醉烟霞也；而政成俗美，名臣如季彭山，乡贤如吴安成、陈梅州；政事文学，虎炳豹蔚，非揭独擅也哉。近以修《一统志》，奉文令郡邑，各上方书；余乃扫东阁，列图籍，亲楮毫，求旧老之传闻，采月旦之舆论；延海阳副车蔡君祖坤，布衣卓君荦，襄其事；而贡赋一书，尤得我友傅君伟才任考核。自秋徂冬，既成，因付剞劂。其星野山川亘世不改，则仍其旧；文若城池宫室有修举，署舍古迹有兴废，礼、乐、兵、农有因革，官举其贤，人择其伟，词章登其大雅。盖灵秀所钟，德化所陶，衣冠文物，济济彬彬，历千百年于今而独鸣其盛矣。……雍正辛亥，湘潭邑知县陈树芝序。(乾隆《揭阳县志》卷首)

〔补〕道光《广东通志·艺文略》三：《揭阳县志》，国朝陈树芝修，未见。《李志》(宗颐按：《李志》即李国华修乾隆《揭阳县志》)：树芝，湘潭人，雍正四年，知揭阳县，辛亥重修邑志。

光绪《海阳县志》十五：蔡祖坤，雍正四年副榜。

宗颐按：乾隆《揭志》凡例，称志四修于雍正辛亥，裁阅者邑令陈树芝，分纂者，海阳副贡蔡祖坤，布衣卓荦也。又据陈树芝《序》，《志》中《贡赋》一书，则为傅伟才考核云。

谢氏元选雍正《惠来县志》十八卷　道光《广东通志·艺文略》三。

存　雍正庚戌刊本。

谢元选《序》：邑之有志，不自兹昉也；前乎此凡四纂修矣。溯县治之建，自前明嘉靖四年乙酉，垂三十载。甲寅，邑侯麓平林公始创邑志；比五十六年，万历己酉，邑侯东璧游公重修为十二卷；又七十七年，国朝康熙丁卯，邑侯持公张公，奉文重修，此十八卷所由来也。厥后十有八年，甲申，邑侯春谷查公从而续焉。钦为我皇上御极以来，德洋恩普，教化覃敷，山陬海澨，瞻云就日，咸切觐光，乃宸虑所及，无处弗周；以志乘所关，为典最巨，特命直省郡县，汇辑成书，备修一统通志。于是邑侯张公昆岩先生，以关西名贤，栽花兹土；政通人和，百废俱兴，开局于察院旧治，集绅士纂修。余不敏，谬膺搜求编校之役，侯出其鸿才卓识，矢慎矢公，恪任厥事，凡四阅月而成。举凡舆图沿革山川城郭学校武备，与夫户口、田赋、风俗、物产、古迹、人物、诗赋、文艺，分门别类，接古续今，远自乙酉，近及庚戌，上下二百六年之间，有误必正，有芜必芟，赅而不遗，质而不溢，义例倍精，体裁咸得，夫诚可以昭劝戒，而孚远迩矣。然则我侯固不特懋乃政绩，而且著为文章，视前侯麓平、东壁、持公、春谷诸公所修，不且后先辉映乎？圣天子命石渠东观之英，采万国风谣，定一代之制作，其将取衷乎郡县之志，孰有先于惠者？岂但备一方之文献也哉！时雍正九年岁次辛亥菊月，原任湖广荆州府石首县知县邑人谢元选顿首拜撰。（雍正《惠来县志》卷首）

张玿美《序》　（雍正《惠来县志》卷首）（不录）

胡恂《序》　（雍正《惠来县志》卷首）（不录）

刘运鲋《序》　（雍正《惠来县志》卷首）（不录）

侯淑旂《序》　（雍正《惠来县志》卷首）（不录）

道光《广东通志·艺文略》三：《惠来县志》十八卷，张玿美修，谢元选辑，存，雍正庚戌，元选，邑举人。

锷按：谢元选，道光《广东通志》，乾隆《潮州府志·选举表》，并作蔡元选；云本姓谢，中式康熙四十四年举人，奉旨复姓，官石首知县。所辑《惠来县志》十八卷，分十八门：曰建置沿革，曰星野疆域（城池、坊巷、都市、镇附），曰山川（关隘、水利、庙宇、寺观附），曰民赋物产，曰职官（名宦附），曰选举，曰公署，曰学校，曰秩祀，曰兵防（屯田附），曰兵事，曰灾祥，曰风俗（气候附），曰人物（分乡贤、宦迹、贤迹、孝义、硕隐五门），曰节烈，曰寓贤，曰仙释，曰艺文，书共六册。

宗颐按：此志雍正八年庚戌修，主修者张玿美。（玿美字昆崖，武威人，廪膳生员）邑人与分纂者，除谢元选外，尚有阳江县教谕陈天生（字子长，惠来都人），廪膳生员张绍祖（字启财，龙溪都人），詹敬文（字孟铨，酉头都人），增广生员翁国正（字隆渭，惠来都人），见本志卷首修纂姓氏。

饶氏商乾隆《大埔县志》　嘉庆《大埔县志》十七《儒行传》。

未见

蔺埼序：今世之为令，欲为邑之久远计，必于志加意焉。盖凡建置之始末，与夫名人硕彦出处之详，幽正之士，孤嫠之懿，沉伏于山谷庐井者，不为之追补遗亡，论次先代之风流，以传于奕祀，将何以酌损益之宜，而彰劝惩之迹耶？予于壬戌秋，承乏埔阳，甫下车，得宋侯定山于康熙乙丑所修《埔志》一帙。久之，又得有明张侯葆一于崇祯九年所修《补志》一帙，因知邑志昉于有明嘉靖间之吴侯淑礼，惜无传本可稽，前令之一修再修，毋亦灰烬火传之意欤。乃迄至今，宋之继张而任纂辑者，逾五纪矣；所镌枣梨，残蚀剥落，散佚无存，则既深以为虑。而此六十余年以来，国家之仁渐义摩，沦肌洽髓者，凡官府之章程，闾阎之风俗，赋役之增损，以及条革行罢之故；莅兹土者，躬际其盛，苟纪载疏阔，简册阙如，迟之又久，相传于田父野老之口，而士民或不尽知；杂见于野史家乘之中，而长吏难于必听，其可虑更何如耶？顾予有志而久未逮者，其故何耶？孔子圣人也，入庙入问，非过慎也，见闻不及，则举措怀疑矣。今已莅事有年，耳目之睹记，日熟以周，地方诸务，蒙各宪提撕俾获，渐次具举，殆庶几乎政有余闲矣。于是量捐廉俸，为阖邑之绅衿耆士，倡开局；择文行素优者，勷厥事。爰取所得旧志二帙，发凡起例，按款分录，共成一十二卷，每卷作弁言以启其端，义有未尽，复有论说，以毕其绪，分目七十有二，事之未著于目者，附载之，所有旧志已订者，不敢遗，其未载者，或增或补，详核编次，则惟局中之学裕三长，才兼五到者赖焉。负百钧而趋者，勇不必孟贲，力不期乌获；遂胜任而无难，则以众擎易举故也。是《志》也，藉二三同志，以观厥成；匪惟张与宋《志》将绝而复续，抑亦俾《吴志》弗传而若传。后之有志修明者，睹兴废之因，而识善恶之迹，一如堂室之已构，特在苫葺藻绘之耳。彼固于力为其易，而我亦可稍谢其责于后之人矣。乾隆甲子孟冬，知县蔺埼《序》。（嘉庆《大埔县志》卷首）

嘉庆《大埔县志》十七《儒行传》：饶商，前令蔺埼修志，延请主稿，词严义确，人皆惬服。

道光《广东通志·艺文略》三：《大埔县志》十二卷，国朝蔺埼修，未见。《洪志》：埼，河南阳武人，雍正二年进士，乾隆七年任。以旧志阙略，甲子，修辑成十二卷。

宗颐按：是《志》乃乾隆甲子间，知县蔺埼所修。至纂辑者，先君以为饶商。考蔺氏《序》文，不明言辑者姓名，仅云藉二三同志，以观厥成。按蓝山撰《饶商传》（大埔《饶氏族谱·蓝山孝廉质居饶先生传》)，言山与公受蔺侯聘，同事志局，可知当时操纂政者，为饶商无疑；而蔺《序》所云二三同志者，蓝山盖亦其一也。

又按：蔺琦《大埔县志》，埔邑有藏之者，闻其体例不及洪先焘《志》。据蔺《序》，其书共十二卷，每卷作弁言，以启其端，义有未尽，复为论说，以毕其绪，分为七十二目云。

郑氏之侨乾隆《铅山志》十五卷　清学部图书馆《方志目》。

存　乾隆八年刊本。

嘉庆《潮阳县志》十六《循吏传》：之侨登进士，甫释褐，除江西铅山令，兼署弋阳县事。大计卓异，升直隶保安知州。侨起家县令，所至政声卓著。其在铅也，修六桥以济利涉，筑三坝以资灌溉，条社仓事宜五则，以为民便，抚军陈制军尹，均称为治行第一。

清学部图书馆《方志目》：乾隆《铅山志》十五卷，十册，知县郑之侨修。

宗颐按：此书《江西通志》一百三有著录，作《铅山县志》，较清学部图书馆《方志目》多一县字，注云乾隆八年修。

邱氏轩昂乾隆《巩县志》　清学部图书馆《方志目》。

未见

光绪《海阳县志》三十九：邱轩昂，字元澍，号名亭，宋进士翰林承旨成满之后。康熙庚子，举于乡，癸卯成进士，授泽令。下车日，知民苦浮粮为力请豁除，深泽之民，至今德之。乾隆甲子，补巩县，一以治深泽者治巩。巩近洛阳，为宋东京，凡陵寝之在巩者，多势豪侵占，为清厘得反故地，如吕相国二程祠岁久倾圮，捐俸修葺，丹垩焕然，人称儒吏。

清学部图书馆《方志目》：乾隆《巩县志》，知县邱轩昂修，乾隆八年刊，存卷二，一册。

郑氏大进乾隆《正定府志》五十卷　《浙江图书馆目录》。

存　乾隆二十七年刊本。

李氏永锡乾隆《将乐县志》　嘉庆《澄海县志》十八《循吏传》。

未见

嘉庆《澄海县志》十八《循吏传》：李永锡，字纯之，号爱斋，蓬洲都金砂乡人，乾隆丁卯举乡，戊辰联捷进士，授福建将乐令。履任即查明龟山阳公后裔，给照奉祀，纂修邑志，亲加厘定，凡有裨于民生风俗者，莫不次第修举。

饶氏庆捷等嘉庆《大埔县志》十八卷　道光《广东通志·艺文略》三。

存　嘉庆甲子刊本，同治癸酉重刊本。

洪光焘《序》：岁辛酉，大挑余分粤东，取道而南，越桂岭，下泷水，观韶峰岝崿之奇，泊珠江，上越台，临五羊风涛之壮，慨然叹息，文献清献，异代齐名，其山川之秀伟浤演如是。待命数月，檄摄大埔，篆循江而东，历龙川，度蓝关，则一拜昌黎祠，抵潮州，陟韩山，则再拜昌黎祠，因及天水先生，遂就埔阳视事。埔山丛而峻，水清而驶，其物无奇赢，其人无厚殖，其小人愿而质，其君子惠而文，弦诵之声，比屋不绝。又慨然曰："古所称海滨邹鲁者，庶其在此！"因披图记以参观其风俗，旁及物产，虽不离古文；近是，亦时或抵梧。又近载科名甚盛，而人物之建树，艺林之著述，俱无可考，盖旧志之修也六十年矣。余深惟湮没是惧，顾以初领事，未敢缓其所急。岁再期，乐其安闲，邑绅士亦以修志请，佥谋俱同，克日开局，乃进同事告之曰："潮之属，土瘠赋薄，莫如埔；濯磨自嘉，亦莫如埔。然而有自来矣；菁莪之盛，乡校之牒也，是昌黎天水导之前路也；文山陆相之义烈，震荡波涛，是我邑孤忠纯孝之思也；濂溪白沙之词翰，留题空谷，是我邑高山景行之慕也。国家久道化成，修吾之志，将以扶世立教，六十年中，有似其一节者必谨书；他若质而不俚，详而有体，录不遗细，削不避强，此史家事，即诸君事也。"余不敏，亦执笔而从其后，凡四阅月，稿成付梓。若此中山川复有如文献、清献其人，则以俟夫他日之修志者，时嘉庆甲子季春。（同治《大埔县志》卷首）

同治《大埔县志》十七□□传：饶庆捷，号曼塘，城坊人。乾隆乙未，捷南宫，授翰林院检讨。性刚直，以不事权贵见黜。高宗南巡，进诗称旨，复内阁舍人，年老致仕。嘉庆甲子，邑侯洪聘修邑乘。（宗颐按：邑侯洪即洪先焘，先焘湖北鹤峰州举人，嘉庆六年署知县，见同治《大埔县志·职官表》。）

道光《广东通志·艺文略》三：《大埔县志》十八卷，洪先焘修，饶庆捷辑，存，庆捷邑人，官庶常改内阁中书。

宗颐按：嘉庆九年《大埔县志》，纂辑者饶庆捷外，又有张对墀（见《对墀传》），此志主修为洪先焘，白书田，而世简称之曰《洪志》。其凡例言，仍前志续而广之，为志十四，表二，传二，所云前志即蔺涛志也。

〔补〕蔡氏继绅等嘉庆《澄海县志》二十六卷

存　嘉庆乙刻刊本。

〔补〕李书吉《序》：邑志者，所以载一邑之事。虽一邑，而在天为分野为气候，在地为疆域为山川，为忠臣孝子，为义夫节妇，为循吏、儒林，为隐逸、耆硕，在物为黍、稷、稻、粱，为禽、鱼、草、木，胥于志焉载之，其间予夺褒贬，又一秉《春秋》笔削之公，盖志而史矣。澄于明嘉靖癸亥，析海、揭、饶三邑地以置，万历乙未，前令东阳王公，因邑绅南昌倅王公先三志稿，浼其搜辑成之。吾朝康熙癸亥，湘潭王公来宰是邦，王公楚南名宿，与王渔洋诸先辈游，老不得志，谒选为吏。澄自明季寇盗披猖，编氓流离窜徙，城池、坛庙、学校、官廨、市廛，久矣鞠为茂草。当王公至，虽氛祲已消，而疮痍未复；因出其胸中经济，不遗余力，为之招流亡，鸠工作，惠农商，奖士类，一时再生，不啻邢如归，而卫忘亡。旧《序》称其视澄如家，视澄民如子，信然。乃复以其余，悉心于邑志。夫续志易，创志难。王公承兵燹之后，旧志残缺，不得已为之拾遗编于风雨，征故事于碣阡，蓬枢访抱经之子，草庐咨秃发之儒，夫而后能沿流讨源，博采约取，凡夫天地人之数，靡不犁然灿然。读《自序》至“浮沉微禄，束带低眉”，自比雕虫刻鹄，夫亦可慨矣！自是厥后，雍正辛亥，则有前令稷山宁公，乾隆甲申，则有前令吴江金公，皆踵而增之，或垂四十余年，或垂三十年，诚守土者责也。然只续而非创，独怪金公以疏略訾议王公，抑何不谅之甚耶？试思澄之置邑独后，旋遭荡析，且金公考证半资于郡伯周公《府志》，当王公时盖未有《府志》也。金公又侈言商估奇赢，幅员沃衍，当王公时，殆初复业也。吉以嘉庆壬申，量移至此，即首谒王公祠，窃心向往之，登堂皇则曰：“此王公之听鼓排衙者也。”临频璧则曰：“此王公之释奠祭菜者也。”历川原则曰：“此王公之舒啸赋诗者也。”循陇亩则曰：“此王公之命倌夙驾者也。”于邑志亦复如是焉耳。然则吉何敢置斯《志》于弗讲哉？况金公去今又垂五十年，日月易逝，废坠谁执其咎？爰延孝廉蔡君荐堂、陈君敬堂、陈君眷西，选拔陈君邃初，副车李君实园为分纂，学博郑君晓园为提调，少尹王君室庵为收掌，茂才蔡君涛，余君光先，陈君师愚，余君之采为采访，开局于甲戌二月，蒇事于甲戌六月。夫所谓修志者，必芟繁增要，方足昭笔削之公。惟吉自维谫陋，才学识三者交疏，苟弃取未当，徒滋口实。夫作者谓圣，述者谓明。小子何人，而敢以修志自任哉？亦犹行宁、金二公之道而已。间有补缺正讹，皆共事诸君之力。惟五十年事迹诠次，庶无遗漏，以俟后之更有王公其人者。嘉庆十九年七月中浣，常熟李书吉序。（嘉庆《澄海县志》卷首）

〔补〕蒋攸铦《序》　（嘉庆《澄海县志》卷首）（不录）

〔补〕嘉庆《澄海县志》十七《选举表》：蔡继绅，下外人，乾隆甲午举人，官茂名教谕。

宗颐按：嘉庆甲戌《澄海县志》，《阮通志·艺文略》有著录，题曰李书吉修。（书吉，常熟举人，名见《澄海县志》二十一《职官表》。）然据书吉序，纂辑者实为孝廉蔡荐堂（即继绅），陈敬堂（名文思），陈眷西（名鸣岐），选拔陈邃初（名光），副车李实园（名华），而学博郑晓园（名丙昌），则为提调也。

倪氏明进道光《泌阳县志》十卷　光绪《海阳县志》四十。

存　潮安城南书庄藏本。

倪明进《序》：邑之有志，犹国之有史也。志与史相为表里，体裁大小不同，而义例则一。故作史有三难；作志亦如之。今昔殊时，人事变迁，考据之难一；采访难周，搜罗未广，征之或非其人，传之不得其真，核实之难二；宜详而略，宜略而详，一人而传闻异辞，一事而意见各出，纂定之难三。然此犹其后焉者也；地方官鞅掌籍书，日逐逐无余闲，视此事为无关紧要，即有意修辑，势不能不延知名之士以主其事：求之远方，则人与地不相习，既课虚叩寂之徒劳；求之本籍，则亲与旧或相蒙，又颠是倒非之不免；甚至因仍简陋，传笑四方。昔毛西河谓天下不可信者三：志书其一，诚有慨乎其言之也。泌为中州僻邑，宋元以前，寥寥罕纪；至胜国而文物声名，彬彬称极盛焉。惜鼎革之余，书缺有间，我朝康熙年间，敕直省郡县志送史局备纂一统全书。三十四年乙亥，前令莫公国芳奉大中丞檄始修之。迨五十三年甲午，前令程公仪千复奉郡伯檄续修，今旧志是也。顾自康熙甲午迄于今，又百有余年矣。其间变迁沿革，时异势殊，籍赋有增减，建制有兴废，学校有隆替，人物有盛衰；与夫风俗好尚之丕变者几何？嘉言懿行之可纪者几何？苟不及今补辑，将日就湮没，后之人寻坠绪之茫茫，其孰从而征之，而孰从而信之？道光五年乙酉春，余初莅任，检阅旧志：求《莫志》已不可得，《程志》仅有四卷，缺略颇多，体裁亦不甚合。因思志书纪载，政体所关；余虽荒陋，岂可谓其难而阙焉弗讲耶？承乏以来，幸比岁丰裕，民气恬熙，如义学魁星阁、普济堂，以及署廨、桥梁之类，凡有修举，皆已次第就理。爰集邑绅士而告之曰："彰往昭来，官斯土者之责也；征文考献，生斯土者之资也。人事三十年一变，况百年乎？邑志之宜修也亟矣，诸君独无意欤？"佥曰"唯命。"适前司训河内栗君稼轩，有游泌之信，君为余选拔先后同谱，品行端方，学问博雅，曾赞修《河内志》，卓有可观。且秉泌铎将二十年，其于泌之风土人情，典章名物，靡不洞悉于胸。余闻之，喜襄助之有人，前所谓难者，今竟无虑是也。于是订延来泌，共相讨论，开局纂修，其体裁大变《程志》之旧；一依史家为叙次，凡旧志所缺者补之，讹者正之，百余年之间，山川人物，因革损益，发凡起例，纲举目张，始于戊子二月，越十月而脱稿，为卷十有二，为目十有七，较《程志》增十之七八。虽其中挂漏舛谬，均所难免；而与栗君往反商榷，贴说传笺，当公冗倥偬之际，挑灯挥汗，意匠经营，亦良苦矣。夫前事不忘，后事之师也。我国家重熙累洽，久道化成，吏治蒸蒸，远轶前古。宰一邑者当知一邑之事；而事所由知，以志为据。必历历如指诸掌，斯在在可会于心。观沿革建置，则思区分经画，何以巩固苞桑？观疆域山川，则思扼险提封，何以绸缪未雨？观赋役、学校、选举、人物，则思富教兼施，何以使民厚生而正德？观祠庙、祥异、风俗、物产，则思神人胥格，何以使民康乐而安平？观职官、宦迹，则思绩著循良，何以无惭尸素？观古迹、艺文，则思言垂金石，何以不朽芳馨？余待罪于斯，瞬逾三载，自愧碌碌，未有善政善教，以大为措施；而民间之利病，无不刻系于怀。今成是书，亦藉以镜得失，昭劝惩；庶乎张弛兴革，有所持循，勤求治理，可告无罪耳。若谓妄操铅椠，矜著述以备一方之掌故，则风尘俗吏，又安敢出此哉？时道光八年岁次戊子小阳月，知泌阳县事，岭南倪明进序。

光绪《海阳县志》四十：倪明进，字千杰，号晋三。少慧敏，嘉庆癸酉，拔贡，朝考以知县用，签掣河南，时年二十三，有弱冠县令之目。历任镇平、夏邑、桐柏、泌阳等县，所至多惠政，而泌阳为最。修《泌阳县志》，倡建义学，兴文教，士民德之，为塑像以祀。

〔补〕饶氏于磐等同治《大埔县志》十八卷

存　同治癸酉刊本。

〔补〕张鸿恩《序》：邑志曷昉乎？盖自《周礼》外史所掌，而《汉书·郡国志》即因之，所以考风俗之盛衰，见政治之得失；与夫山川厄塞创置沿革，使后人览之而知注厝之方，非苟焉已也。天下万城，近惟秦中诸志为最善。其时渼陂对山诸公以著作驰骋之才，生长斯土，上下数千百年，一人独综其成，故其书简而有要，博而能裁，卓然自成一家言，后有作者靡以复加已。我国家累洽重熙，沐日浴月之化，山陬海澨，莫不涵濡。埔于潮偏在一隅，其山葱蒨以巍峨，其水清澈以扬波，其人崇礼义，敦教化，菜佣街卒，罔不知书，观旧志所载，知素习使然也。邑乘凡数修，自嘉庆甲子迄今又七十年矣。人物之代兴，风俗之美替，政理之醇疵，与夫城郭、廨署、增置之宜，道理、山川、经画之迹，重视茂矩，缺焉弗详，亦官斯土者所犁焉加意也。余自己巳恭承简命，承乏茶阳，即留心此事。越三稔，则益习知其士夫之贤，与当务之急。爰与同志诸君，商设法筹款，开局鸠工。秉笔者不他延，以经费小而邑人免训方之劳也；承旧者不妄窜，以形模具而作室无始基之易也；采访慎则索米无讥，登选公则拔刀勿虑。始于壬申之孟夏，迄于癸酉之孟秋，为书一十八卷。既付手民，乃进诸君而告之曰：治水者，龙门既凿，不无冲突可畏之虞，惟未至而料其当然，斯四载是乘而元圭用锡；筑室者，象构方新，亦有风雨飘摇之患，惟慎计而豫为区画，斯梓人有传，而绳墨诚陈。今之为此役也，既绌于赀，复挠于事；余固持之坚，而诸君应以定，坚且定焉，虽有不成焉者寡矣！愿与诸君濯磨乎吏治，涵咏乎道涯，以副圣天子稽古右文之意。虽不敢望秦中诸志，众美毕臻；而由是以验风俗，参政化，观人文，使后之览者知可法，而可守也。庶几乎周汉之遗规，借以不坠尔。夫一邑者，天下之积也，异日史家编纂，方此搜罗，而岂仅一都一邑之志乘云尔哉！大清同治十二年癸酉孟秋月，诰授奉政大夫、知大埔县事南部张鸿恩撰并书。（同治《大埔县志》卷首）

宗颐按：同治《大埔县志》；倡修者，知县张鸿恩，岑傅霖，编纂者，邑人举人饶于磐，内阁中书丘晋昕、吴世璜，及贡生陈兆蓉、杨德祥、何龙翔、张光远也。旧志修于嘉庆，鸿恩续修，只就旧志各门，续而广之，未曾稍更其例，故《志》成仍附刻旧志之后，不别本单行也。

吴氏鹏光绪《丰顺县续志》八卷

存　光绪甲申刊本。

许普济《序》　（光绪《丰顺县续志》卷首）（不录）

王承鋆《序》　（光绪《丰顺县续志》卷首）（不录）

锷按：吴鹏，邑之横坑人。同治壬戌恩科副贡，所纂邑志，一依葛曙乾隆所修志，增续门类，附刊其后，不别为本；至同修姓名，卷首不录，莫能详也。

黄氏德容翁氏荃光绪《饶平县志》二十四卷

存　光绪癸未刊本。

惠癸甲《序》：邑志之作，昉于汉之《郡国志》。自罢侯国，置郡县，所谓掌记时事，皆有吏官者，固无其制；而代有成书，必资采择。是邑志之不可无，犹史职之不可失也，饶自前明许公璧，创修《县志》；嗣此罗公印凯，邱公金声，续补增修，赖有传人。迄我朝，而篇残简断，几失其传。康熙间，赖刘公抃，特起而重修之，规模于□大备，然至今已二百余年矣。世远年湮，文献无征，若竟听其流佚，将风土人物尽成缺典，其何以备采访，而征事实乎？壬午岁列宪议修郡志，檄属邑采辑成书，以待汇纂。时卢公蔚猷，任斯缺，特谕明经黄君德容，茂才翁生荃，搜罗缀集。事甫行，而卢公卸事。余适承乏，感此盛举；窃念吾庆阳府，及《安化县志》，亦于康熙间增修，近因兵燹失坠，在家时屡费搜求，荡然无存，虽欲如此续辑，而不可得。兹乃得与是举，何幸如之？爰搜缀旧文，采摭众议，虽簿书日不暇给，而旁搜远绍，正自乐此不疲；又恐采事观变，睹记难周，更嘱二子博访周咨，参考互证，以共勷其事。阅数月，而汇帙成编，请余笔削厘正。余诚不敢辞其劳，而弇鄙无文之讥不免焉。惟是是非，采诸舆论，义例一遵前哲；其间若星野、山川之相沿，疆域、建置之未变，创垂既备，无事复赘；至于学校为风化攸关，增设必叙自始；陂池为水利所需，考核不厌其详，田赋代有损益，可以征制治之变通；职官时须代更，可以观任事之优劣，以风有位，则名宦特书焉；以励后进，则科名胪列焉。而况人物增都邑之光，溯里居必述行谊，节孝扶纲常之本，表姓氏必阐幽贞，虽古迹物产之间，寇变灾祥之类，不必妄记失实，而闻见既确，例宜载笔。此外艺文一册，采取似奢，惟有裨于吏法民生，亦甚赖乎征文考义。综核全志，残者葺之，讹者证之，失浮者删之，疑殆者阙之。敢曰志者史之流，特以辖境三百余里，阅世二百历年，不有记载其间泯没者，何可胜道？亦宰斯邑者之憾事！爰是编续成书，上之郡宪，蒙采而录之；省志或择而登之；饶虽僻处偏域，亦庶几与《郡国志》同有裨于信史焉！则不特为饶邑幸，且为续斯志者之幸也夫。时光绪九年岁次癸未冬月望日，赐进士出身，知饶平县事，安化惠登甲撰。（光绪《饶平县志》卷首）

锷按：光绪《饶平县续志》，乃知县惠登甲，延邑人黄德容、翁荃等纂辑。书仍康熙旧志，增修附录各门之后，与旧志合并梓行。德容光绪己卯恩贡，荃诸生。

林氏达泉等《崇明县志》十八卷

存

林达泉《序》：自夏有《禹贡》，周有职方氏，而后世郡县于是乎有志。自元至元间，州大夫采拾崇城故实，勒为成书，而崇明于是乎有志。天下郡县志之修辑，类不过三数十年，以其变迁多而湮没易也。崇明介江海之交，孤悬巨浸中，波浪吞吐，鱼龙出没，风潮浸溢，沧桑倏忽，其疆域之广袤，田制之沿革，政治之得失，风俗之盛衰，城郭、建置之兴废，水利、兵防之事类，人物、古迹之留遗变迁视他邑尤多，湮没视他邑尤易，则其邑志固尤宜视他邑而及时修辑也。岁庚午冬十二月，予承乏崇邑，已下车，邑人士黄君德卿，李君丹崖，以重修《崇明邑志》书见□。盖旧志之修，距今已百有二十余年矣，何其失修之久哉？予以下车初至，吏事百未举一，姑少待之。越数月，李君已至沪上办理舆图局务，遂延黄君主局事，并任以补改旧书，纂辑新志之役；广延邑中人士，共襄采访分修之职，设局邑之同仁堂。未二月，余奉调卸篆，乃以志事属后任谭君少柳。阅一年，余奉制军命，至上海清查制造局，适黄君亦在沪出其所拟志稿见质，予披而阅之，盖已见十之七八。体例严而事核，疆域之广袤已了如也，田制之沿革已昭然也，政治之得失已备具也，风俗之盛已毕见也，城郭、建置、水利、兵防、人物、古迹之不一其类，已条陈之而件系之也。变迁虽多，而能举其变迁也，湮没虽易，而能搜其湮没也，黄君可谓不负予之所举也矣。其后予刺东海，旋守台阳，去崇益远，崇邑志事遂不相闻。今年秋，得崇邑宰曹使君书以《崇志》将付梓请序于予，予于是感曹君与崇之人士能不忘予始创之人，不远千里寓书见告；而又窃叹予未任其劳，而幸与其成也。因为溯原于志之所由始，而道予所所与闻于《崇志》者如此，而为之序。

黄德卿《序》　（不录）

宗颐按：林达泉，清《国史·循吏传》，《续碑传集》，并有传。（《碑传集传》文见下子部法家类）《崇明县志》一书，据林建泉序，知倡修者达泉，而负纂辑之责者，乃为黄君德卿。是达泉未曾经其始，亦未曾观其成也。此书民国新修《大埔志·艺文略》有著录，故先君据采入云。

〔补〕李氏芳兰光绪《海阳县志》四十六卷

存　光绪庚子刊本。

〔补〕李芳兰《序》：前邑志有二，曰金，曰张。《金志》久佚，《张志》修于雍正庚戌，书虽存，亦垂百七十年矣。时久事积，文献就湮。岁戊子，邑侯卢公藻帆，乃与都人士拟重修，筹画经费，开局于郡北王公祠。谕分纂三：杨镜川孝廉，陈端崖广文与兰，而董局务则专属于兰；固辞不获，乃与诸君商榷义例，慎遴采访，若邱芝田、杨少山两明经，皆日事勤搜，为珥笔助。逮采辑甫集，遂商之卢公，延金山掌教番禺吴玉臣太史总其事。越明年己丑，编纂将半，而太史辞讲席，草稿随行箧去；人事蹉跎，倏忽五易寒暑，甲午，杨明经赴省试，属便道谒太史，携草稿归阅之，挈领提纲，有条不紊。然其间如河渠堤防明金石新列传暨杂录各类率多阙如，其成帙者亦不免错漏，时思与诸君同既其事，而陈广文已先二年归道山，所赖惟杨孝廉，忽又捐馆；乃不揣固陋，引为己责。丙申夏，约前采访邱、杨两明经，重行搜采，而为订讹增阙，补缀成编，俾九仞之功，不亏一篑。戊戌夏蒇事，得卷四十有六。噫，自戊子庀局纂修，迄今十有一年，而始克就绪，难矣。然卒于有成，抑又幸矣。将付梓人，为志其缘起，光绪二十四年孟夏，邑人李兰芳撰。（光绪《海阳县志》卷首）

〔补〕联元《序》　（光绪《海阳县志》卷首）（不录）

〔补〕李士彬《序》　（光绪《海阳县志》卷首）（不录）

〔补〕池伯炜《序》　（光绪《海阳县志》卷首）（不录）

〔补〕光绪《海阳县志》十六《选举表》：李芳兰举人，撰授明高县儒学。

〔补〕王氏定镐《郡乘刍言》　《焉用斋遗集》上。

未见

〔补〕定镐《自序》：吾郡志书，前明弘治间，同知车份，有重修之举。其稿草创于盛检讨端明。嘉靖间，郭太守春震重修；郭青螺先生负著述才，守潮仅传《潮中杂志》。国初，吴太守颖颇纂用之；次则林杭学、胡恂两守，亦有成书，今皆不见，惟传周太守硕勋乾隆二十七年所修之志，而板烂败已久。光绪间，张太守联桂，开志书局，俄而忽罢。杨子和太守霁恐新志不成，旧志日归澌泯，因摹旧志刻之；恨不广为搜罗，内物产类，仍残缺之本，且校雠疏舛，亥豕乌焉，触目辄是。志后序，讥旧志门类编次之失，说本纪文达；自“白阜所图，”至“体例谨严”十余行，全抄文达邑《志·序》，不易一字。予非秉笔，不敢妄议，翻阅所及，偶有驳正，辄书于左；然于物产、风俗两门，尤多补正，名之曰《郡志刍言》，以备刍荛之询云尔。（《焉用斋遗集》上）

上郡邑志乘

卷　七

史部地理类

明

林氏熙春《玉华洞志》　《城南书庄草》七。

未见

熙春《自序》：岁庚寅夏，余代匮将乐。考《寰宇志》，在昔为镛州。循治以南，有洞名玉华者，传为赤松子旧游处。维时度吏肩重寄，即欲修游览，十数里而遥，谓民瘼何？受事入七月，暵祲甚，民且菜色。询往事玉华当祷，祷当雨。余于是斋居慎狱，率父老子弟徼惠山灵，不数日而雨果如注，禾得苏。有秋，人皆谓余不负父老子弟愿，山灵亦不负余愿也。嗣后政稍暇，每当路过辄游，每游辄偕往；诸凡洞中之形形色色，亿千变化，而眩神夺目者，已尽收之胸中。顾万物有尽，惟山岳为无尽，而要之六合之内；六合之外，岂尽无佛迹仙踪？始犹赫赫，后与草木没没而不著声称者，则山岳亦有时而尽也。余于有尽求无尽，又于无尽之有尽求无尽，则惟文是山岳者为无尽。何也？金山一弹丸耳，得秋月夜潮之句而名益顾；玉华伟观也，得“幽窍两峰”之句而名始新。继自今而无志以纪之，并勒其副于悬崖绝壁，即玉华奇什金山，又安能垂名永永，与天壤俱流？是故绘入图经，编以题咏，胜地名言，争相绚彩，总之皆所以文之也，所谓求其无尽者也。虽然，此初稿耳，

后世睹斯《志》而罪斯《志》曰：余之阔略民莫也，余盖无所置喙矣。（《城南书庄草》七）

锷按：《广舆记》，延平府玉华洞，在将乐县天阶山下，《志》称赤松子采药处。是书乃万历壬辰，熙春为邑令时所纂，洞之有志，实自林始。厥后应喜臣，孔兴训，陈文在相继续修。（应书见《千顷书堂书目》八，孔、陈书见《四库总目》七十六。）虽搜采互有详略，要均以《林志》为蓝本也。应、孔二《志》清初版已残缺，则林氏原《志》，欲求完本。愈难得矣。

李氏士淳《阴那山志》二卷　道光《广东通志·艺文略》五，光绪《嘉应州志》二十九。

存　清初刻本（天啸楼藏）。

士淳《自序》："……程乡之阴那，自唐僧惭愧开山，今几一千年，纪载无闻，缺焉至今，使夫山色弗灵，堙塞弗彰，吾党赧之。江右释子真莲潜处此山，发心请藏，募缘刻志，为四方羔雉资，蔡薇省捐金首倡，而是集适成。予惟斯举也，美获三善焉，是足以传。阴那发脉岷山，形胜天钟，五峰耸秀，三殿巍峙，异鸟驯人，夜猿啼月，桃花流水，非复人间，与粤之罗浮、南华，鼎峙东南，有其胜矣。惭愧大师，降生闽地，卓锡兹山，已登正觉，屡现报身。自唐迄今，宗风愈振，虽燃灯未续，而正钵已传。六祖而后，师得其宗，灵莫著焉。前后名贤，历游于兹，或登高陈赋，或闻风兴怀，孙机云锦，烂焉为章，以人以地，夫复何憾！所恨地势寥渺，善根轻微，宗传肩荷，未得其人，故法衣已南，而锡杖未西，真经久缺，大乘莫传；字淆豕鱼，语多挂漏，不获与吴、越、齐、鲁诸名刹并受国恩，山灵之憾，其在兹乎？今真莲师矢愿求经以报佛恩，当道诸公嘉与赞成，全经之颂，计日可俟；行见岭南之滨，家门般若，人树菩提；山增胜，佛增灵，在此行也，三善修矣。异日大史氏执简书曰："天启某年，岭南僧真莲请藏经于程乡之阴那山，上命中官某赍经赐之。"编入志书，为兹山光，行当与《兰台》诸编，并垂千古，何问家乘？余性僻林皋，雅与兹山有一日缘，傥获藉手竣是役以报山灵，虽乏三长，敢多让焉？时天启纪年岁次辛酉孟秋月朔日，邑人李士淳书于阴那之三栢轩。（《阴那山志》卷首）

锷按：阴那山形如仙掌（《方舆纪要》），在大埔县西八十里，东连昆仑，西接嘉应州界，绵亘二百余里，五峰连峙，状如火焰，俗名五指峰（清《一统志》）。唐时有惭愧祖师居之，山始著名。二河少时曾读书山中，发解后因为之《志》（二河中万历己酉解元，至崇祯戊辰始成进士，此编据二河《自序》，乃作于天启元年，其时二河尚未通籍也），即此书也。首载《惭愧祖师传》，次录《登五指峰记》，又次《修寺造桥募缘疏》，引文七篇，游诗百余篇，旧题皆作二卷，然余所藏本仅一册，不分卷数。又书成于天启元年，而编中记载诗文、碑记，多及顺康间人，知非二河原编也。且其书名曰《山志》，而山川、泉石、寺观竟未胪列，仅掇诗文以容编幅，去取漫无限断，绳以著述体例，尤有未合。

薛氏学参《续修三山古迹志》　道光《广东通志·艺文略》五，光绪《海阳县志·艺文略》。

未见

《胜朝粤东遗民录》四：薛学参，字周鲁，海阳人，好学博览，究心濂洛，以圣贤自期。崇祯末，潮大乱，负母避东山之峯客乡。时土寇四掠，相戒不入其庐。甲申，闻变痛哭，泪承睫者累月，遂不复进取，著有《三山古迹志》，及辑先世诗文，藏于家。

光绪《海阳县志·艺文略》：《续修三山古迹志》，明薛学参撰，未见。谨按，《张志》（宗颐按：《张志》即张士琏所修雍正《海阳县志》），学参薛采季子，续修父所志三山古迹，辑成一书，是此《志》始于采，续成于学参也。

锷按：周鲁薛学参，乾隆《潮州府志·孝友传》，光绪《海阳县志》并有传。薛氏累世以名德著望潮州，自清野翁亹，由闽籍居饶平之东洲，遂世为饶平人，子雍，嘉靖辛卯举人，雍孙采亦举万历庚子乡试，即学参之父也。三山为福州别名，采之辑志与学参之续修，皆薛氏不忘本之一证。至《志》称学参又曾辑先世遗文，当即亹所著之《清野集》，及雍之《南潮集》也。

上山水古迹

明

翁氏万达《宣大山西诸边图》一卷　《明史·艺文志》二，《千顷堂书目》八。

佚　道光《广东通志·艺文略》五。

万达进《宣大山西外边墙长图说》：臣万达谨按，右所图外边墙详矣，而略于内诸关者，以外边持重，又墙肇完，而诸关不与也，三镇边墙，亘连一道，其居然而内布者，城堡也；杂然而外环者，堑与窖也；亭然者墩，而穴通者台与隧也。增旧为新，缺一不可，必如此而后可守者。我军视虏，聚散众寡，疲逸勇怯疾迟之势，不相当也。虏人多食少，工格斗，喜抄掠，复以为生之道在是也。大战则大利，小战则小利，不战则不利，较得算者，单什一而虏什九也。是故我必以守为胜，而匪墙焉守？毡幕邻迩，挥鞭山凌，结阵川拥，朝发夕至，倏如雷风，前无抵拒，后难追袭，岂不战守失据哉？今墙完，而戍者、侦者、田而食者，备秋林会而墙立，而管屯、而首尾相应者，虏不得而轻视也。设虏以数万来侵，必塞窖填堑，而后及墙而仰攻，亦难矣。墙台我专披坚鳞集，矢石并发，炮火远及，虏亦岂能飞度哉？臣故曰：自是始可以言守也，而又不能不却顾而长虑者。传曰："地利不如人和。"又曰："在德不在险。"斯二言者，至言也。（《东涯集》四）

又进《宣大山西偏保等处边关图说》：臣万达谨按，右所图形势，起宣府东路之四海冶，迤逦而西，历北中二路，抵西路之西阳河，为大同界。大同东路之东阳河，迤逦而西，历北中二路，抵西路之丫角山，为山西界。山西之老营堡，迤逦而西，历水泉、偏关，抵保德州，为黄河岸界而止，计一千九百二十里有奇，皆迫临虏巢，所谓外险也。又老营堡转南，迤逦而东，历宁武、雁门、北楼，抵平刑关；又迤逦而南、而东，为保定界，历龙泉、倒马、紫荆之吴王口，插箭岭，浮图峪，沿河口。又东北为顺天界，历高岸、白羊，抵居庸而止，计二千五十里有奇，皆峻岭层冈，所谓内险也。两险截然，固天之所以限华夷者。然自正统以来，胡虏窥兵，屡恣干扰，迩且结阵长驱，远薄汾沁，全晋为眚，边议日兴，岂其险固不足恃邪？溃废大防，由来者渐，有险不设，同于无险，故设险云因地形，而经纪之以人力者也。内倚诸关，间设崇垣，外筑崇垣，长遮绝漠，绵堞百万，诸美攸犊，比之金汤，我皇上今兹所宏创者，皆前兹所未有者也，边臣自是始可以言守矣。是故善守者不战，而屈人之兵者也。遇秋分遣内卒协戍外边，备寡力全，彼此受益，岂特变通，是为善经。乃若御冬防河，城规具在，又差缓矣。臣虑险设而不守，与虽守而无其便也。先今小疏刺列款目，期于可久，盖亦颇详，俟之将来，脱有不虞，当在意外。夫天下之事，多成于其始而废于其终；边工动费，帑金役劳，大众其成之，亦云难矣。臣愚欲责宣大山西抚镇诸臣，以交代法巡按御史，以阅视进图法则，兹垣也，庶乎其有永矣。虽然重关叠障，险在地者也；谋臣猛士，险在人者也；慓慓危惧，毋流循玩险在心者也。摅探本之思，延却顾之策，此臣所侈望于亿万年者，未已也。（《东涯集》四）

《内阁书目》四：《宣大山西修边图》一册，嘉靖间，总督翁万达进。

锷按：《宣大山西诸边图》，今已佚。俺答为中国患，嘉靖以来，宣大屡受其冲。自襄敏为总督，倡筑边墙千余里，烽堠三百六十三所（见《明史·纪事本末》六十），边境渐以完固。厥后仇鸾主开马市，前筑墙垣，乃大半为俺答所毁。及朝廷悟通市之不足恃，然藩篱已撤，虏患遂益剧矣。以襄敏累年之所经营，废之一旦，诚可惜也。

宗颐按：是图，《内阁书目》作《宣大山西修边图》；《阮通志·艺文略》作《宣大山西诸边志》，兹依《明史》及《千顷堂书目》著录。书虽已亡佚，然据所进《宣大山西外边墙长图说》，及《宣大山西偏保等处边长图说》，其规划形势犹可概睹，而《明史》万达本传，述其事甚详，亦足资考览也。

清

〔补〕许氏日炽《从事筹边集》　光绪《海阳县志·艺文略》。

未见

〔补〕乾隆《潮州府志》二十八《名臣传》：许日炽，字鲁常，海阳人，康熙戊子，以五经举于乡。乙未，成进士。性孝友，尚气节，负经济。初宰夏邑，继守太平，升左江观察。左江与安南接壤，时安南黎氏式微，陪臣郑杠制国；命土官韦福琯，藉名兴师清君侧，兵戈扰攘。乾隆庚申、辛酉间，沿边戒严；提督谭行义，谓“安南阻封逆命，果乘机而动，诚仁者之师。”意将有事于安南。督抚下其议于道府，日炽曰：外夷侵犯边疆，郑杠辈窃柄弄权，宠用宦竖，罔恤民瘼；至韦福琯、阮超侯藉为口实，称兵构祸，亦止自乱其国，未敢侵扰内地；是韦福琯等之在安南，则为叛臣，而于天朝，则毫无违犯，将执何辞以责之乎？今日惟宜谨关隘，严出入，以固我圉，未可擅自轻举。倘边衅一开，兵连祸结，后必悔之。况安南非易定之地，元明往事可鉴也。武弁鲜远略，喜生事以幸功名；近如差往安南之兵丁，皆被拘执，其谋如此，余可概见。言之侃侃，事得寝。日炽性挥难，不悭于财；而长于用人，故谍探边情，多得人死力，虽数千里外如在目前。他如议建沿边望楼排栅，饬边吏不得接受夷文，差弁往交趾，以俯协印牌为符验，皆能中机宜，持大体，守边年久，思患预防，四境敉宁，官民阴受其赐者多，著有《从事筹边集》。

宗颐按：许观察日炽，所著《从事筹边集》，光绪《海阳县志·艺文略》，录入集部；然细核此书，名《从事筹边》，意其所论，当属安边事宜，故著录于此，以从其类。

黄氏标《粤东全省诸洋图说》　道光《广东通志·艺文略》五。

未见

《海疆理道图》　道光《广东通志·艺文略》五。

未见

《中国人名大辞典》：黄标，潮州人，字殿豪。嘉庆初，以缉捕功，累擢广东左翼镇总兵。善泅水，能于海洋中，出没月余。尤善占云气，测风雨，著《测天赋》，及《海疆理道图》。于东南水道，浅深险易，如指诸掌。博罗会党，踞罗浮山，标往平之，封武显将军，博获海盗，尤多伟绩。

锷按：殿豪黄总兵标，道光《广东通志》，光绪《广州府志》并有传，标潮州南澳人，而官居香山，故所著《海洋图说》，《香山县志·艺文略》亦载之。

宗颐按：黄标《粤东全省诸洋图说》，《阮通志·艺文略》注曰存，意今或有传本也。

丁氏日昌《海道图说》　光绪《丰顺县续志》六。

未见

〔补〕《地球图说》　王师愈《櫕槐堂集·丁中丞别传》。

未见

〔补〕王师愈《櫕槐堂集·丁中丞别传》：公有订定《法人游探记》、《地球图说》、《西洋兵略》，共若干卷，藏于家。

〔补〕杨氏毓辉《大洋海大西洋海印度海北冰海南冰海考》　王锡祺《小方壶斋舆地丛抄再补编》第九帙。

存　《小方壶斋舆地丛抄》本。

〔补〕翁氏兰《海防通论》　翁辉东《翁氏家谱》三。

未见

〔补〕翁辉东《翁氏家谱》三：公讳兰，字肇桢，号佩秋，福建补用知县，著有《海防通论》、《蚕桑述略》。

〔补〕光绪《海阳县志·选举表》四：翁兰，光绪十六年恩贡。

上边防海洋

明

薛氏侃《西湖记》　光绪《海阳县志·艺文略》。

未见

宗颐按：中离于嘉靖二十一年壬寅夏，入罗浮，季冬，过惠州，遂得观光西湖，其《西湖记》即撰于此时也。叶萼言公过惠，四方之士，负笈接武。公日与游衍西湖论学，作《西湖记》。（见《廷鞫实录附识》）则此编匪仅载山川景物，或亦为讲录之书，假其地以为名耳。

吴氏仕训《福安学志》　顺治《潮州府志》六。

未见

邹元标《序》：粤吴光卿，国士也，余尝奇其珥笔彤廷锻羽，今官非其遇矣。骐骥盐车，众方扼腕，而光卿婆娑一毡，昂翔千古，力以成就人才，维风敕俗为务，观其所编《学志》，礼乐、人物、山川、诏令，纤悉备具，昭忠魂于白日，网遗佚于将坠，画一之规，永垂来祀，称学史矣。余尝谓官无崇卑。崇卑者在人，安定在宋，沔池在晋，云今若而年，谭者以为教父，至欲置沔、池两庑。信乎！人在自竖，真不藉品秩为重轻者。嗟乎！世弁髦其职，以泽宫为篴庐，视光卿不有余师乎？光卿勉旃，他日鸿篇钜纂，此其嚆矢矣。（嘉庆《潮阳县志》十八）

曾氏希尧《郡邑纪异》　道光《广东通志·艺文略》五，光绪《海阳县志·艺文略》。

未见

乾隆《潮州府志》三十《隐逸传》：曾希尧，字伯勋，海阳人。能读书，教授里中，事父母得其欢心。晚岁好远游，著《远游集》，《郡邑纪异》，年七十卒。

宗颐按：道光《广东通志·艺文略》五云："《郡邑纪异》，明曾希尧撰，此书未见，不知为纪郡邑之异名，与郡邑之异事？姑附于地理杂志类"，今仍之，而隶于此。

清

〔补〕许氏日炽《夏邑土宜记》　光绪《海阳县志·艺文略》。

未见

〔补〕乾隆《潮州府志》二十八：日炽初宰夏邑，革行规三十余条。公余躬行阡陌，作《夏邑土宜记》，编为歌词，举四境田园之肥硗，五谷之树艺，下及芦苇蔬果之细，犁然在目，无非实政。

郑氏之侨《鹅湖讲学会编》十二卷　《四库全书总目》七十七，清《文献通考》二百二十四，道光《广东通志·艺文略》五。

存　原刊本（北大图书馆藏），共四册。

《四库全书总目》七十七：《鹅湖讲学会编》十二卷（江西巡抚采进本），国朝郑之侨撰。之侨字东里，潮阳人，乾隆丁巳进士，官至宝庆府知府。鹅湖为朱陆讲学之所，今其地属铅山。之侨官铅山知县时，因作是篇。首卷为之侨所作图传赞考，二卷至八卷，皆四贤问答诸书，及学规条约讲义；九卷为之侨及雷鋐所立条约；十卷十一卷皆自宋迄今诗文之有关于鹅湖者，而之侨所作亦并录焉；十二卷则之侨所作《鹅湖书田志》也。书中大旨多调停朱陆之异同，其意盖欲附于讲学，然实则惟以书院为主，故题咏名胜诸作亦皆收录，今仍附之地理类焉。

〔补〕丁氏日昌《法人游探记》　《欑槐掌集·丁中丞别传》。

未见

陈氏世骢《西役纪程》

存　同治刊本。

世骢《自序》：咸丰四年甲寅，土罪四起，县郡团练，日费不赀，澄城厢内外，捐赀已及十万两有奇。太守吴公，来澄督剿；事平，遽归道山。柄事者列报销册，未及会核，瞒详院司。先是余与同事少文、缉庵两族叔者，以太守谕在局办理，见册款与实用未符，奈文案已出，不可复挽，遂于丙辰春初呈之，今太守伊公霖又执截长补短之说，劝寝其事。会省中亦有风闻委州牧寿公祺来潮，提牍赴省澈讯，于是有西行之役，仆仆道途，亦有所不得已耳。舟中无事，按程载纪，实消遣之一法也。（《西役纪程》卷首）

梁之材《序》：山川清淑之气，钟于人而为峙，为流，为大观，为变态；又皆各贡其状，与人心之灵隐隐咸通。古今文人，无不遍览名胜者，盖以荡胸次而瀹性灵；故发为文章，即可笼天地而挫万物。凡夫才思卓越，复得山川之助者，大率类此。明经陈守五，余至澄，即把臂与谈，见其口吸西江，气吞云梦，知非跼蹐里下者比。及观其《西役纪程》一册，登高临流，皆有托兴，皆以寓意，此岂寻常记里者比？且是役也，急公而为公所累，傍观且属不平；而守五于险巇备尝之际，独啸歌自适，虽慷慨激昂，究非牢骚郁勃，比又岂穷愁著书者？此所谓才思卓越，复得山川之助者非耶？虽然，境之广狭，不惟其地，惟其人也；非其人，纵辙迹遍天下犹面墙也，果其人即斗室卧游，已觉精骛八极也。邵子诗云："万物之中有一身，一身中有一乾坤。"守五固倜傥权奇士矣，虽不出户庭，遂足为守五小乎哉？时在同治八年岁次己巳腊月，澄海县学教谕，愚弟梁之材任卿拜识。（《西役纪程》卷首）

王觐扬《序》　（《西役纪程》卷首）　（不录）

锷按：陈守五明经《西役纪程》，乃自记其于役羊城，始咸丰丁巳六月二十六日，由潮州首途西溯韩江、梅江、东江；迄七月二十五日，至广州。书中于所经郡邑沿革旧事里程，逐日琐记，颇具本末；而守五途中所作之诗，亦附录之，凡五十七首，《自序》言此行为故太守吴均平匪报册事，赴省伸雪，仆仆风尘，非所得已；则守五亦一血性男子，不仅以文辞见长也。

何氏如璋《使东述略》　《浙江图书馆书目》。

存　排印本，又《小方壶舆地丛钞本》。

如璋《自序》：余自八月五日出都，泛渤澥，抵吴松，往返金陵，淹留沪上，月余日。十月杪，乘轮东渡，历日本内海外海，冬至前五日，乃至横滨。又迟之一月，始移寓东京行馆，所过海程近万里，舟行十有八日，海陆之所经，耳目之所及，风土政俗，或察焉而未审，或问焉而不详，或考之图籍而不能尽合，因就所知大略，系日而记之，以志一时踪迹，若得失之林，险夷之迹，与夫天时人事之消息盈虚，非参稽焉，博考焉，目击而身历焉，究难得其要领。宽之岁月，悉心以求，庶几穷原委，洞情伪，条别而详志之，或足资览者之考镜乎？是固使者之所有事也。（《使东述略》末）

温廷敬《詹事府少詹何公传》：公讳如璋，字子峨，广东大埔人。咸丰辛酉，举于乡，同治戊辰成进士，改庶吉士，散馆授职编修。光绪乙亥，德宗御极，直督李文忠公，与枢臣沈文定公交疏，以使才荐。丙子，晋侍讲，加二品顶戴，充出使日本大臣，以张君斯桂为其副，寻命张归国，而以公留驻。中国使臣之驻日本，实自公始。公居东凡四年，日人翕然推之。（补《续书庐文集》）

锷按：何詹事《使东述略》，有二本：一本附有杂咏，一本无。余所见《小方壶舆地丛钞》本，末附《使东杂记》二十四条。詹事使日本，在光绪三年，是书记其使节，凡彼邦山川、风俗、朝野、轶闻，无不详载，而于全国地形，与乎明治维新始末，尤备述靡遗。书虽纪游小品，仅及万言，然序事典赡，语必征实，觇者读此，其于三岛形胜，固已了如指掌矣。

〔补〕谢氏鍊《南行纪程》　光绪《揭阳县续志》三《贤能传》。

未见

〔补〕光绪《揭阳县续志》三《贤能传》：谢鍊号巢云，桃山人，性聪慧孝友，见义勇为。幼读《项羽本纪》，夜未半即背诵如流。弱冠游庠食饩，棘闱屡荐不售，生平励廉隅，敏气节，砚田所获，悉与亲友共之，倾囊不惜也。尝值除岁，半盐告竭，见儿辈窃以为忧。笑曰：多一分势利，即少一分学问，若辈营营，无怪全无道味也。爰赋诗曰："旧债笑人开白眼，新诗让我赋元茶。"夷然不以贫乏为虑，卒时年四十六。其友许希逸，睹其遗像吊以二绝，有"升三（陈茂才登榜字）仙去巢云逝，独茧缫丝便不工"之句。《周易》题句云："披图我欲低头拜，一盏寒泉荐菊花。"著有《南行纪程》，《红药吟馆诗钞》。

林氏大川《韩江记》八卷　张国栋《井天诗话》。

存　咸丰丁巳刊本。

大川《自序》：盖闻国有史，一国之所系焉。史之所或遗者，则有野乘稗官以承其乏。郡有郡志，一郡之所凭焉；志之所不能尽者，则有外纪余书，以补其缺，此仆所由西湖作记于前，复辑著韩江于后也。然记者，记其实也；岂若陆勋集异，漫涉笔于荒唐；于逖闻奇，竟驰情于幻渺；冰花雪蕊，结撰维新；水佩风裳，翦裁入妙；子虚乌有之词，姑妄言之，姑妄听之，姑妄笔之于书也哉？必也考其山川，按其图记，显其忠烈，表其名贤，搜其古迹，览其辞华；采及灾祥，不遗街巷，毋翼伪，毋驾虚，毋乖实，毋凿空。其构也精而核，其措词也简而文；必篇整而格严，必句斟而字酌，欲信今而传后，必考献而征文，记者盖记其实也。仆也不揣戋陋，有志于斯。以潮人而说潮，虽不能重规叠矩，卓尔可以名家；谅不至猎秘搜遗，全然无裨于世。所抱慊者，孤陋寡闻，以至舛讹居多，脱简不少耳。凡我同人，与其指为口实，退有后言；曷若匡余不逮，成人之美？仆于博雅君子，有厚望焉！凤城林大川利涉氏自序于钓月山房。（《韩江记》卷首）

钟声和《序》：《韩江记》者，布衣利涉林生所辑也。生器宇英迈，举止安恬。总角嗜书，非关师训，妙龄作赋，共讶天才，应宜阶尺，木步层霄，树帜艺林，蜚声阆苑矣；而乃寄栖市尘，割弃举业，耽情风雅，构锦绣于毫端，屏迹纷华，淡功名于尘外；所以江花谢草，风雨随身，斑管蜀笺，晦明在手，新词出口，自然竞病胥谐，妙语解颐，不徒推敌尽致，此刘雪车所由片言得誉，韩冬郎能使一座皆惊也。然只赏其收烟月于锦囊，犹未知其搜翡翠于瀛海。丁巳之春，出其所辑《韩江记》，属予点定；予三复吟诵，叹其卷帙不繁，而当代名篇，前贤妙句，未始不悉备其中。夫皇览成书，数典者咸颊首；孝侯作记，观风者尽倾心。今生本探奇之妙手，抒阐幽之雅怀，遂使隐士孤吟，不随秋花俱谢；名公片羽，可偕宋艳并传，是何异璞隐荆山，遇卞和而瑜著，剑埋丰邑，逢雷焕而光腾也。予愧乏盈川俊才，敢效果园作序。窃袭张叔雅意，谬为竹屋赠言。诰授朝议大夫、主事加三级，榕林钟声和谨序。（《韩江记》卷首）

《续韩江记》　《井天诗话》。

未见

《西湖记》二卷附《补遗》一卷　《井天诗话》。

存　咸丰丁巳刊本。

大川《自序》：区区颍水，胜迹争传；小小丰湖，名流作记。至若钱塘，更无庸复问矣。我潮北郭，亦建西湖：春色迷离，柳眠花笑，水光潋滟，晴好雨奇；人言合杭颖而三，我道并罗浮为四。虽飞觞觅句，独少东坡；而淡抹浓妆，讵非西子？作此寂寂，不令风月笑人乎？仆也无志功名，未尝学问。既乏灵蛇之在抱，安望斑管之有神？使以门外汉而学画葫芦，是诚东村之效颦也。然见猎而心喜，遂技痒而操觚，或搜词客之残箱，或索故家之秘笥，或按古瀛旧志，琢剩玉于昆山，或考风水群书，采遗珠于沧海；甚或颓垣破壁，随在搜罗，只句单词，靡不掇拾。稍综往哲，广采时贤，人皆眼大如箕，我独心细如发，疲极精力，用观厥成，凡我同人，并生南国，慎毋见哂，唐突西施！韩江林大川利涉氏自序于钓月山房，时咸丰七年岁次丁巳季春月望后五日书。（《西湖记》卷首）

张国栋《井天诗话》：林君大川，字利涉，号莲舟，韩江佳士也。志在烟霞，情耽风雅，著述甚富，有《韩江》、《西湖》两记行世；又有《续韩江记》、《钓月山房诗草》、《蠡测诗话》诸大作，虽未剞劂，已脍炙人口矣。

锷按：林莲舟，同光间，海阳国学生，能诗，同邑戴漉巾潜夫相唱和，时有“韩江二布衣”之目。莲舟著述，有韩江、西湖两记，已行世。据张国栋《井天诗话》，尚有《续韩江记》未梓。《韩江记》汇录潮州胜迹，兼及故事，并附题咏；《西湖记》则仅志湖山一隅，其体例与《韩江记》同。考《潮州府志》，修于乾隆二十七年，自后未有续修。莲舟两记所录名胜古迹，虽多沿袭旧称，而乾隆以后遗事逸闻，颇能旁稽备载，足补志乘之阙也。

上地方杂记

职官类

明

唐氏伯元《铨曹仪注》　《醉经楼集》三。

未见

伯元《自序》：余初识人事，则闻京师有“一千八百江东子弟”之谣；盖当是时，铨曹台省相与乞官柄国，其值如此，则未尝不怪世俗之过于贵铨曹也。夫铨曹贵人者也，贵人者无值，凡有值者皆贵于人者也，使无值而为有值，贵人者，而至贵于人也，可以观人亦可以观世，其失盖自礼始矣。自余承乏至署，则已不闻世俗之所贵，而又未敢其自贵，一为廊庙喜，一为职守忧，颇疑国家之制，未尝尽以贵人之柄畀铨曹，而窃焉者冒为利薮，则又何怪乎人之贵之而至于失其贵也！居久之，搜出掌故，而考据于诸司职掌，然后仰见我圣祖建置之意，深长之思。无论太宰礼体，殊绝百僚，即以郎官之微，寄之以进退才人大柄，赞太宰而肃群工，如彼其重也。奈何其不自贵而令人之贵之也。盖自嘉靖以来，几于尽弃，其籍官以天名，而体统之亵，至与诸司等，其不至以值上下于时，亦其遭逢之幸耳。嗟夫，国初仪文之盛，不可复考矣；聊摭其未尽去者，约略而存之，俾同曹君子，是训是程，相与以无忘自贵而不至贵于人也，庶几其不负国。若曰贵官也，非我也，未有我不贵，而能贵官者，我则不官而贵，而况官也，是又所以不负天，天者我也，知天在我，而复能贵我，能贵我而后能贵官，能贵官而后能贵人。传曰：“思知人不可不知天，是谓以天事君，是谓天官。”（《醉经楼集》三）

《明史》二百八十二《儒林传》：伯元为吏部员外郎，历考功文选郎，申佐尚书孙丕扬，澄清吏治，包苴不及其门。

政书类

清

〔补〕赵氏世成《潮州盐政论》　嘉庆《潮阳县志》十六《文苑传》。

未见

〔补〕嘉庆《潮阳县志》十六《文苑传》：赵世成，字仲励，号吉士，由揭阳学廪膳生，应雍正己酉选拔贡，博通经史，为文力追先正，著有《潮州盐政论》。

苏氏才《封建井田扩论》　方重光《双桐遗墨》。

未见

方重光《东莞县学博苏菲谷先生传》：苏君才，字菲谷，邑之桂輿人。幼嗜学，天姿明敏，贯穿经传，驰骋古今，师事同邑余泽山学博。泽山之学，出于江左何义门；故所为文，奥博艰深，渊懿古茂，识者知其渊源所自。中嘉庆甲子科举人，屡上公车不第，辛巳大挑二等，授东莞县教谕，道光十八年卒，年八十余，著有《封建井田扩论》数十卷，行于世。（《双桐遗墨》）

锷按：苏学博菲谷《封建井田扩论》，未见传帙：据方重光学博传赞，称菲谷博通往籍，竭数十年精力，手辑一篇，既付剞劂，而书不甚传，传亦不显，是此书在当时已不甚流通也。然以数十年之精力，积成数十卷之巨著，以意度之，其书当有可观。

丁氏日昌《牧令书辑要》十卷

存　同治八年江苏书局刊本。

日昌《书后》：皇帝御极之七载，日昌由苏藩司蒙恩，擢任巡抚；奏请于省城开设书局，首刊吏治诸书，既奉谕旨，爰将安肃徐氏栋所辑《牧令书》，删存十卷，详加评语，揭明肯綮，以为凡有州县责者先路之导，夫积州县为府，积府为行省，积行省为天下，故天下者，州县之积也。自古及今，天下治乱，未有不起于州县者；州县无不治，而天下治矣。江苏兵燹之余，仅里下河一隅，未经蹂躏，又有决堤泛滥之患；其他州县，则皆残喘未复，污莱未辟，所以抚摩创痍，翦除蠹害，望治于贤牧令者尤亟，综今两藩司所属实任，需次之员，殆余数百，其学优从政，斟酌古今以求治理者，固不敢必其无，顾以吴中仕宦，习为侈荡，无论公趋私聚，但言某人之声气通与不通，车裘之丽与不丽，趋跄应对之工与不工；其一二谈及民生利弊，则群起侮笑之，指目为矫且腐。风气所趋，牢不可破，于是有志者，亦复噤不敢发，随风而靡，迨至身膺民社，懵然不知刑名钱谷为何事，催科抚字为何物。凡与上交接者，不能不听之幕友；与下交接者，不能不听之门丁。申行则书吏主之，勾摄则胥役主之，迟之又久，受饵益深，牢笼益固，虽欲自图振拔，而有所不能；揆之筮仕之初心，岂愿碌碌如此哉？而卒至如此者，则由居恒于从政之体用纲目，并未讲求；故一旦得所籍手，有如盲夫夜行，不能不听命于他人之指挥。夫治宫室必延工师，治疾病必延巫医，夫人知之也。今以工师治疾病，匪惟病夫色然骇，工师亦必逊谢不敢往。术艺之微，尚且如此其慎；顾于临民大事，举漫不相习之人，亦且毅然受之而不辞，其发之于己而施之于人者，抑可不问而知矣。呜呼！吾民之疾困如此，学优从政者已未易一二觏；即以政学者亦复寥落其人；此余于《牧令》一书，所以不能不亟亟出而与学治诸君子共勉之也！是书所载，皆我朝名臣循吏，懿迹嘉言；施之当今，无虞扞格。太史公云："取其近已而俗变相类，此物此志也。"窃愿同志者，潜心颀绎，身体力行，由是而采精遗粗，沿流溯源，勤求民隐，饰以经术。其始以是书为楷模，其终且不仅以是书自封域，濡染所及，将向之侮且笑者，亦复视此为切己之学，则举州县皆无不治，岂特我江苏哉？工既竣，谨书数语于后，同治八年春正月，丰顺丁日昌。（《牧令书辑要》卷首）

锷按：《牧令书辑要》，丁中丞雨生抚吴时，就徐栋原本，别辑刊行。徐栋原书，凡二十三卷，此芟为十卷，体例则仍其旧。每类之中，扼要处，中丞辄加圈点，间附评语，故卷首题安肃徐栋致初原编，丰顺丁日昌雨生选评，盖纪实也。

宗颐按：《牧令书》，分类凡一十有八，曰治原，曰政略，曰持家，曰用人，曰事上，曰接下，曰取善，曰屏恶，曰农桑，曰赋役，曰筹荒，曰保息，曰教化，曰刑名，曰戢暴，曰武备，曰事汇，曰宪纲。书首载原书《序》文二篇。（一为杨以增《序》，一为道光十八年徐栋《自序》。）次辑要例言，又次姓名爵里考，收录者，皆清人之言，此书原刊于同治八年，有江苏书局刻本；同治十二年，广东巡抚张兆栋复取中丞所刊《牧令书》，付诸剞劂，以颁行所属，由是有羊城书局重刻本。今卷首有两广总督瑞麟及兆栋《序》，兹以其文为重刊而作故不复迻录云。

《保甲书辑要》四卷

存　同治八年江苏书局刊本。

日昌《自序》：徐致初太守辑《牧令书》，未成；先辑《保甲》一书，以为从政权舆。其书篇目有四，分卷有五，极为详备；然总其大要，则叶闻芷方伯“保甲六条”，及李兰卿都转“保甲简易法”，已足敷之实用，他不过备参互而已。今亦重为删汰，存其十之五六，附刊于《牧令书辑要》之后。同治八年春二月丰顺丁日昌。（《保甲书辑要》卷首）

宗颐按：《保甲书辑要》，亦雨生取徐栋原书删刻者，此编存原书十之五六，而卷帙一仍其旧，唯题曰，“丰顺丁日昌中丞重校”，与《牧令书》之作选评异耳。首有徐栋《自序》，亦有姓名爵里考。凡分四目，首定例，次成规，次广存，终以原始。中丞又曾刻刘帘舫（名衡，南丰人）《吏治三书》（《庸吏庸言》二卷，《蜀僚问答》一卷，《读律心得》三卷）。附刊《牧令书》后，而张兆栋重刻中丞《牧令书》，亦并此附刊。兹因书属重校，未经删订，故不另录焉。

目录类

清

丁氏日昌《持静斋书目》五卷　光绪《丰顺县续志》六。

存　家刻本。

林达泉《百兰山馆藏书目录·序》：雨翁都转博雅好古，藏书富甚，暇日尽出所藏，属某编为目录，因仿《四库全书》例，分为经史子集四部；每部复约分数类，以便检查，其类无可归，或丛残零本，及一本二本，自为部者，统归杂集一类，按部按类，查检不获，于杂集检之，无不获也。自兵燹以来，大江南北，两浙东西，所谓文宗、文汇、文澜三阁，庋置秘本，都已化为灰烬，无有存者，都转乃搜罗荟萃，收拾于委弃瓦砾之余，购集之多，几及三四万卷，洵所谓壹其所好，好之而有力者也。都转从政之暇，日手一编。清俸所入，尽以购集图史，故得蔚为大观。某窭人也，屠门大嚼，亦且快意，编校之余，援笔为志其缘起云。（温廷敬编《茶阳三家文抄》五《林太仆文》）

江标《题辞》一：丰顺丁雨生中丞日昌，藏书半是吾郡旧家物，乃庚申兵火后，为中丞所得；代其搜访者，独山莫子偲先生也。故《宋元本经眼录》中所载之书，多记丁氏所得。中丞归田后，编录藏书，曰《持静斋书目》四大册，颇觉杂糅。丙戌，客粤中，见于汪郎亭师架中，为之重编，分宋元校钞四类，印记收藏，间一附载。甲午秋，携稿来湘，写而刻之，存吾郡藏书掌故也。嗟嗟，武康何灵，长思空祝，百年载稿，视长此编！光绪二十一年乙未重九日，元和江标记。（丰顺丁氏《持静斋书目》卷首）

又《题辞》二：丙戌十月，随轺潮州，郎亭先生出示丰顺《持静斋书目》四卷，又续增一卷。虽分四部，而新旧杂糅，属重编之。爰以宋元校抄五类，分别部居，两旬始毕。附题一律，以志所感："直教置椟竞还珠，缕晰条分亦太愚，印跋收藏分氏族，宋元抄校别锱铢，云烟过眼情堪拟，天水冰山录岂殊（原注，闻所藏书已有出者），第一伤心经浩劫，夜阑有梦到姑苏。"（原注，吾乡黄荛翁，汪阆源藏本，在此目者不少。）十月二十四日，元和江标记于嘉应舟中。（丰顺丁氏《持静斋书目》卷首）

莫友芝《跋》：同治丁卯秋末，友芝浙游还；及吴门，禹生中丞命为检理持静斋藏书三百有若干匣，散记其撰述人代卷帙刊抄。逾两月，粗一周，未及次序。明年春开书局董校旁午，夏秋间，暂还金陵，略以四部别之，旋辍去。己巳开岁，局事少减，乃举官本简明目录悉斋中所有注，当条下库目未收或成书在后者，约略时代，条记于上下，端用助朝夕检览。东南文籍夙称美备，镇、杨、杭三阁，又得副天府储藏。军兴以来，散亡殆尽，吾中丞锐意时艰，力振颓弊，而敷政余闲，即典册不去手，计十年搜集除复重可十万卷；其中宋元善刻及旧抄，大部小编，单秘无行本者，且居十之三四，于虖富哉！犹自以为未备，不欲泛滥编录，因举传本希见，指述大略，为记要二卷，存之以谂好古之士。二月庚午，独山莫友芝。（《持静斋藏书纪要》卷首）

饶锷《跋》：右《持静斋书目》无卷数，吾乡丁雨生中丞日昌藏书；而编辑者，则元和江建霞太史标也。首有标《序》并《题辞》，略言"中丞藏书，半是吾郡旧物；庚申兵火后，为中丞所得，中丞归田后，编录藏书曰《持静斋书目》四卷，续增一卷。"又云："丙戌客粤中，见于汪郎亭师架中，为之重编，分宋元校钞四类，印记收藏，间一附载。甲午秋，携稿来湘，写而刻之，存吾郡藏书掌故也。"则是书已有刻本矣。丁氏原编书目，余未之见。戊申冬，于旧书摊无意获此，凡宋本经部十四种，史部十六种，子部十二种，集部十三种，元本经部十三种，史部五种，子部十二种，集部十六种，校本经部二种，史部二种，子部五种，集部三种，钞本经部二十五种，史部一百二十一种，子部一百十三种，集部一百四十七种，旧刊本十二种，都五百三十一种，皆世间希遘之本，为历来藏书家所秘重。考叶昌炽藏书纪事诗注云：雨生藏书极富，其为上海道时，宜稼堂郁氏宋元旧本都归插架；有《持静斋书目》五卷，其尤精者，景祐本《汉书》，世彩堂《韩昌黎集》，及宋刻《礼记要义》、《礼记集说》、《两汉会要》、《东都事略》，皆至宝也。（今《书目》中宋本有此六部，惟《礼记集说》，作《礼记集释》，不知同一书否?）又莫友芝《宋元本经眼录》：《仪礼》郑注，宋淳熙本，同治甲子苏松太道丁雨生获之上海肆中，审定为“实事求是斋”经籍之冠。（今书目中亦有此部，凡十七卷。）旧传雨生抚吴时，介绍应敏斋廉访至郁氏阅书目取架上宋元刊本五十余种，令材官骑士担负而趋，时泰丰已故（按：同治《上海县志》，郁松年，字万枝，号泰丰，恩贡生，好读书，购藏数十万卷，手自校雠，以元明旧本，世不多见，刊《宜稼堂丛书》），诸孙尚幼，率其孀妇追及于门，雨生不能夺，取其卷帙少者，自置舆中，其卷帙多者，仅携首帙而去；后经应敏斋调停，以宋刊世绥堂《韩文》、程大昌《禹贡论》（今书目以此书冠首）、《九朝编年》（今书目中无此书）、《毛诗要义》、《仪礼要义》、金刊《地理》、《新书》等十种为赠，余仍返璧。（以上，陆氏心源之言。）余谓雨生抚吴，精明慈惠，吴人至今多颂其德。郁氏取书，未必强暴至此。蒋香生注《宜稼堂书目》，谓郁氏家人不欲零售，是时心源在闽，久垂涎其精椠旧本；及归，而《毛诗要义》等书，已为雨生所得，故大嗛之，而曲为是言。此语当不虚造，足为雨生洗冤矣。雨生藏书，自郁氏外多取之长洲顾沅。时新经丧乱之后，湘舟藏书，尽为雨生所得，故标谓半是吾郡旧物，即指此也。然雨生殁后，书籍稍稍散失，多为上海书贾零星购去，今已寸简无遗；足见天下之物，不能常聚，先人殚一生心力，以有此奇书秘本，而子孙不能继承先志，珍其所守，如陆氏之皕宋楼藏书，今亦归之日本（即陆心源藏书，丁未以十万元代价售于日本岩寄氏，岛田彦桢著有《皕宋楼藏书源流考》，叙述东南藏书流传始末颇详），则生前百方搜罗，惟恐不得者，亦何为哉？此余读丁氏书目，不能无慨息于中也。（《天啸楼集》二）

光绪《丰顺县续志》六：日昌性嗜书，得宋元板精本，节俸购归之，成《持静斋书目》五卷。

史评类

明

梁氏岳《读史评》　乾隆《潮州府志》三十《耆德传》。

未见

□□《梁鸿山先生墓表》：余与同年友参宪霖海（霖海，应龙字）梁公，夙称立志同方，营道同术者。稔闻其大父兴化教授鸿山公，以正直忠厚立品，以秦汉古文诲人。所著《尚书讲义》，学者宗之，多得隽□；《读史评》出，没人于百岁后，怍直骨于枯坟，脔谄魄于下泉，裨益风教深矣。（《梁氏族谱》）

宗颐按：梁岳此书，光绪《饶平县志》八作《读史集》。

清

黄氏衍启《读史评》　光绪《海阳县志·艺文略》。

未见

光绪《海阳县志》三十九：黄衍启，字元迪，宋进士时晦之裔。弱冠知名，益自刻苦，不以得失撄心。时杨之茂，曾华盖，及潮知名士，倡立简社。衍启率二子宗睿、有源，相与赏奇析义，讲学不倦。著有《笔露》，《合组诗草》，《读史评》，太史曾炳为之《序》，并铭其墓。

郭氏光《宋史评略》十卷　光绪《揭阳县续志》三《贤能传》。

未见

光绪《揭阳县续志》三《贤能传》：光博览载籍，日事著述，尤喜读《宋史》，著有《宋史评略》十卷。每段以纪事分标纲目于前，而系论于后。自言有史癖，见明史官陈仁锡所收发明广义两家，卑无高论；爰折衷于胡文定《传疏》，《吕东莱博议》，以抒所见。其持论正大，不腐不偏，不拾前人余唾，有足传者。

卷　八

子部儒家类

宋

苏氏泽《先生太极论》　道光《广东通志·艺文略》六。

佚　道光《广东通志·艺文略》六。

刘克庄《跋》：书有坦明易通者，有微妙难通者；孔氏语门人曰："吾无隐乎尔。"然当时高弟有"性与天道不可闻"之叹；虽伯鱼亲受于家庭者，不过《诗》、《礼》而已。经莫粹于《易》，夫子五十而学，如先天太极之义，前有濂、洛《皇极经世书》、《通书》、《易传》，后有朱、陆鹅湖往复之论，至矣尽矣！以叶龙泉之精指，陈龙川之豪隽，犹不能添一字注脚；潮士苏君泽，乃著论以翼先儒之说，而合诸家之异。嗟乎！余幼而执卷，今七八十矣，于书多未能通其易通者；君年甚少，甚能通其难通者，亦足以见余之耄，而君之英妙，不可及矣。（刘后村《大全集》一百九《题跋》）

锷按：苏泽名氏，不见旧府县志；据后村《题跋》，知其为潮人也。

郭氏叔云《朱子蒙谷宗法》　乾隆《揭阳县志》六《贤达传》。

未见

吴氏丙《宗范》　乾隆《潮州府志》二十九《文苑传》。

未见

乾隆《潮州府志》二十九《文苑传》：吴丙，字汝光，潮阳人，原籍江西永福。进士。性耿介，负节义；博学，工文辞。素与丞相文天祥善。祥兴间，天祥起兵趋潮，丙与俱；知大厦不支，遂家潮阳，为潮阳人。晦迹方外。著《宗范》及《杂咏》诸篇。

明

薛氏侃《研几录》　朱睦㮮《万卷堂书目》三，《四库全书总目》九十六，河南《进呈书目》，光绪《海阳县志·艺文略》，光绪《揭阳县续志》四《艺文》。

存　明万历重刊本（天啸楼藏）；《薛中离先生全书》本。

郑三极《序》：人之生也，受天地之中：蕴之曰性，由之曰道，动之微曰几。性也，道也，人皆有之，人皆可能者也；丧其有而弗能，非他，慢于几而已矣。故研几者，率性之括，修道之枢要也。是故学圣也者，致中焉已矣；致中也者，惟精焉已矣；惟精也者，精于几也；精于几则莫非道心之运，而人心无自萌矣。此理欲之源，王霸之分，圣愚之判；毫厘千里，不可忽焉者也。《易》曰："惟几也，故能成天下之务。"《书》曰："敕天之命。惟时惟几"；学者舍是无所容其力矣。是故克己，非几弗净；图事，非几弗遂；感物，非几弗通。圣人知几，大贤庶几，学者审几：大哉几乎！一真百真，一妄百妄，有即百有，无即百无；毫厘千里，不可忽焉者也。是故征于色，发于声，而后喻，非几也；言而后信，动而后敬，非几也，视于无形，听于无声，志常存，念常一，精神意思，常凝定而虚明；而后一有萌焉，必觉也；一有觉焉，必克其善，去其不善；是之谓研几。吾老师中离先生，年十六，闻讲《中庸》，遂志圣贤之学；然求之十余年，而不得其门。迨获师承，修之二十余年，而未成厥志。一旦悟曰："吾慢于几已乎？吾无贰其事，而德弗崇；无弛其功，而质弗变。吾慢于几，已乎！乃严乃惮，惟'良知'是则，惟万感之微，是慎焉，斯日新矣。"三极等日侍而日见其精也，录其言，曰《研几录》；皆发明要约，以贞夫一者也。谋诸同志，梓而受之，用作于观省。嘉靖乙未冬日，南至门人郑三极谨书。（《研几录》卷首）

林熙春《读中离薛先生研几录》：余少从家大人受书，则有中离先生

《研几录》。曰："先生为阳明首座，读此有裨圣学。"时有事帖括，解者十七，所未解者十三。比仗斥家食，搜此书，无有；始就先生裔孙诸生（士彦、茂掺）得抄本读之。见其精密恢扩，直发前人未发，圣人复起，不能易矣。近来姚江标柄，人间疑其支离。先生之学，有入门归宿，而一生气魄，百折不回，真为姚江功臣。第此书残阙，只存千百什一，姑缀数语简端，俟获全书，当叙付剞劂，为先生传神。岁己酉，乡人后学林熙春识。（《研几录》卷首）

薛侨《跋》：是《录》，山居诸友，纪其所尝闻耳。录成，贰守刘晴川先生至，访离山，乃命工锓梓。侨适顺归自公，因谓诸友曰："循是修之，可以入德，可以上达矣。执此而谓先生之训，止是也，则谆谆恳恳，引而不发之意孤矣。"弟侨跋。（《研几录》卷末）

《四库全书总目》九十六：《研几录》（无卷数，河南巡抚采进本），明薛侃撰。侃有《图书质疑》，已著录。是书乃侃门人郑三极所编。侃承姚江余绪，故屡称引"良知"之说。其《儒释辨》谓"世之疑先生之学类禅者三：曰废书，曰背考亭，曰虚。"侃一一辨之。黄宗羲《明儒学案》谓"此浅于疑阳明者，皆不足辨也。"侃言玄寂，言虚无，愈辨愈支，并王氏本旨，亦为侃所累矣。

〔补〕孙奇逢《理学宗传》二十一：侃放归田里，过会稽，见阳明；阳明曰："当是时，吾子如何？"侃曰："侃惟一'良知'而已，炯然无物也。"阳明首肯之。由是退处中离山中二十年，一意讲学，学邃养纯。语门人曰："欲致'良知'者，其研几矣乎。"于是门人日记所闻，萃为录，曰《研几》。

〔补〕《续文献通考》一百七十四：薛侃《研几录》，无卷数；周海门曰："薛中离归田后，远涉浙江，会罗念庵于青原书院。已入罗浮，讲学于永福寺，二十四年，始还家，门人记所闻，曰《研几录》。"

锷按：湛甘泉《文集》二十三，引中离《语录》二条，其一云："虚气能使人弗食，虚见能使人弗用心。"又一条云："君子蔼然皆春，惟当任而后有秋杀之行，无秋杀之心。"皆此录之佚文。查此书明刻本卷末有《可学对》、《何不肯论》、《思学解》、《格物论》、《儒释辨》、《义利辨》、《正学篇》七篇。《中离全书》本于此七篇，皆编入文集，复附于《录》后。《四库》所著录者，为河南进呈本。观《提要》所引有《儒释辨》，知河南进呈本，亦明椠也。然此书旧有嘉靖乙未刊本（即郑氏编校初刊原本），据林忠宣《题辞》，谓“从先生裔孙得抄本，读之残阙不全，只存什一。”是嘉靖本，至万历时，已亡佚；而今所传万历本，又非完帙也。

宗颐按：薛中离《研几录》，《续文献通考》采入集类；《千顷堂书目》十一作《研几图》一卷，皆误。此书，余家藏凡二本；一明万历丁巳中离曾孙茂杞重刊本，首题门人郑三极辑，归善叶萼校，首有三极《序》，及林熙春《题辞》，末附薛侨《跋》一篇，凡二百九十五条，无卷数。一民国乙卯，曾彭年编校《中离先生全书》本，厘为上中下三卷，其条数与明椠本同；惟明本中有四条，为《全书》本所未载；而《全书》本末四条，明椠本则无之，此其异也。

《阳明则言》二卷　《明史·艺文志》三，《千顷堂书目》十一。

未见

薛侃《自序》：先生之言，始锓自赣，曰《传习录》，纪其答问语也；锓于广德，曰《文录》，纪其文辞者也；锓于姑苏，益之曰《别录》，纪其政略者也。录既备，行者不易挟，远者不易得，侃与汝中，萃其简切为二帙，曰《则言》。盖先生之教贵知本也。大本立而达道行，则天地以位。万物以育，乃天则也。学者患无志焉尔；能志乎此，则戒慎恐惧而致其中和，自不容已矣。孰戒慎，孰恐惧，此“良知”也。孰云为中，“良知”廓然而弗倚者也。孰云为知，“良知”顺应而无滞者也。是故天曰“太虚”，圣曰“通明”。虚明者，“良知”之谓也。“致”也者，去其蔽，全其本体之谓也，去其蔽者，非谓有减也；蔽去则知行一，人已一，本体复矣。本体复，非有增也，吾之性本无方体无穷尽者也。能复其性，则可以抚世，可以酬物矣：夫是之谓“学”。然胡为而证其至也？考之书焉已矣，质诸圣焉已矣，资诸师友焉已矣：夫是之谓“问学”。问学之道无他，致其“良知”而已矣。此《则言》之意也。或曰：“先生之学，不厌不倦。其道荡荡，其思渊渊；士羹墙而民尸祝矣。诵其遗言，皆可则也。譬之树然，芽甲花实，皆生意也，子独摘其实，而遗余焉，无乃不可乎？”曰：“道之在吾人也，孰彼此焉？而其见于言也，孰众寡焉？惟其切于吾之用也，则一言一药矣，而况于全乎。如其弗用也，则六籍亦粕烬耳，而况于一言乎。且夫树之生也，居者玩焉，绘者象焉；有国有家者，梁焉栋焉。今子之爱树也，则将若是焉，已乎，抑亦摘而艺之，

俾复生生已乎。”或质诸周子文规。曰：“然”。遂命锓之。（《中离先生全书》九）

《内阁书目》五：《阳明则言》二册全，明王守仁《语录》，门人潮州薛侃等辑。

锷按：中离《答闻北江书》云：“近闻期丧，亦即欲归，因与龙溪议《传习录》，前本还多早年之语，后本已折入书类，而《文录》、《别录》之多，士友不易得。即采诸友杂记，再刻一本。又摘《后录》中要言，别为二册，庶自便览。”（《中离全书》十五）所谓“采录诸友杂记，再刻一本”，即今世所传绪山辑补之《传习录》也。（详见下《传习录》条）所谓“摘录要言，别为二册”，疑即《阳明则言》。

宗颐按：中离所编《阳明则言》，《脉望馆书目》载有二册，是清初尚有传本，然今则罕觏。考曹溶《学海类编》中，有王守仁《传习则言》一卷，所采语录，凡二十条。其见于《传习传》者十一条，余九条不知出于何处。以其书名《传习则言》观之，或系采自《阳明则言》。而其名《传习则言》者，当以采录二书，合为名耳。

阳明先生《传习录》　《明史·艺文志》三，《脉望馆书目》，《绛云楼书目》二，《千顷堂书目》十一。

存　《国粹丛书》本，日本松山堂刊本，宣统成都刊本，《王文成公全书》本。

高儒《百川书志》三经志类道学门：《传习录》七卷，皇明阳明先生弟子，录其问答之辞，讨论之书也。

锷按：阳明先生《传习录》，旧题徐爱、钱德洪辑。《明史·艺文志》，《绛云楼书目》，《千顷堂书目》，概作四卷；赵氏《脉望馆》作二册。考《传习录》，明时前后凡数刻，最初刻于虔州，为正德十三年，凡三卷：第一卷徐曰仁录，第二卷陆原静录，第三卷薛尚谦录。编者曰仁，而付刻则尚谦也。首有曰仁《序》二篇，是谓《薛本》。（明南雍《经籍考》下：《传习录》二卷，完计一百七十一面，尚书王守仁著，门人徐庆《序》，司业欧阳德刻。是《传习录》徐本，薛刻外，又有欧阳刻本。）嘉靖三年，南大吉取薛本，益以阳明论学书，命弟逢吉校书，增为五卷，重刻于越（俱见《文成公年谱》），是谓南本《传习后录》。（南本，嘉靖二十三年尝重刊于德安府。）盖薛本初录为阳明中年语；南本后录，为阳明晚年语，旨意纯驳精粗，固自有间；然要皆阳明所亲订。观其与王亹庵、陆原静二书可见也。（阳明《与亹庵书》云："谨以新刻小书二册，奉求教正，盖鄙心之所以欲效者，亦略具于其中矣。"又《与原静书》云："南元善曾将原静后来论学数条，刊入后录。其有益于同志，良不浅浅。"盖谓此二录也。）阳明没后，钱绪山始以南本下卷所采各书，迻入《文录》；而别摘《文录》问答语以补之；复附以陈惟濬、黄省曾等所述，汇为续录，而刻于宁国之水西精舍。（《钱录》初刻于荆，名曰《遗言》。旋以采辑未精，删其烦芜，刻于宁国。又明时《传习录》，曾一刻于福州府学。又曾刻于广西南宁。见周弘祖《古今书刻》上。）盖即自来目录家著录之徐爱钱德洪辑本也。然阳明已不及见矣，其后顾惟贤见《续录》问答，多有未当于心，作《传习录疑》。（同时陆垹亦有《传习辨疑》之作，皆致不满于《续录》。）而黄梨洲亦谓黄省曾《录》中，多失阳明之意。岂因绪山所编，未经本师订定，故有此攻讦之论。此书清初甚鲜传本，《四库全书》九十六子部存目，以《传习录略》一卷著录云。

又按：此书五卷，尚谦《录》仅一卷。正德原本已不可见。南本，尚谦手述，共三十六条。较《文成全书》，日本松山堂两本，少首侃问"持志如心痛"一条。日本学者佐藤，谓各本有者，恐系出绪山补订。（见《传习录栏外书》）然余所见钱本，并无此条；但卷末别有孟阳"有自是好名之病"一条。疑此真绪山所补也。今仅以尚谦所手述者一卷著于篇；而徐曰仁、南大吉、钱德洪诸《序》，因专为阳明立论，亦概摒弗录云。

《乡约》一卷　《中离先生全书》十九。

存　《中离全书》本。

侃《自序》：吕氏《乡约》，经朱子增损，具在可法；然考当时要皆乡士大夫不远而集。其后行之者，或因人因地，合众维持。详略精粗，故不能一；然皆足以返朴还淳，拨流俗以归于正也。国朝每里百户之内，令民立坛，事土谷之神。就中祭祀行会，读抑强扶弱之誓，务在恭敬神明，和睦乡里，以厚风俗，此乡约意也。本府林太守王韦庵先生，皆尝举行府治，西湖山尚有会约旧址。黄冈一约，迨今不废。正德己卯，予北归，乡族有久讼不止者，为解息之，乡人悦焉；因告之以行约之意，人皆称善。遂约为十事，呈府给照，使民心易一，公差入乡，必会约而行。自是强有所慑，弱有所扶。会时又细为之讲发，数年以来，官无一卒入乡，乡无一词在官；租粮早完，鼠窃屏息，置物弗守，遗失可追，居者日裕，逃者日归，民甚便之。嘉庆丙戌，主簿彭山季先生至，又酌为三十四条，普行一邑。（宗颐按：季主簿所订乡约，当时中离曾为之《序》。见乾隆《潮州府志》四十《艺文》。）布令之初，从违且半；行之逾岁，盗息讼简，奸无所容。时临各约巡视，善士扬眉，恶人涤虑。社学师生，日夜习《诗》演《礼》，盖庶乎弦歌之意，识者以为三代可以立回。惜乎先生差委离任，日多治化未洽耳。其初乡人有不平，每每因小成大，皆由无事之先，罔有训诲；有争之际，乏人劝处，以致东起西灭，甲唱乙和。习嫌构怨，坐取倾覆。又官民势分悬隔，上德弗宣，下情罔达。奸民柔者唆讼罔利，刚者凌制愚弱，武断乡曲。墨吏朋比，罗织为奸。穷乡细民，莫能自直者多矣。行约则善者必彰，恶者必纠。有争则随时开释，推勘则证佐难私，故甚不便于奸民，不利于墨吏。约中一有小失，遂盛为播扬。闻者弗察，真以为弗便，亦弗思甚矣。夫约长不能皆贤则有之；其间循情偏私，措置公费者，亦或有之。然比之里胥，藉上挟下，公行无忌，习以为常，必有间矣。然而言不及此，而必甚于彼。贤而得者不称，不贤而失者必传，其亦有故矣。闻者不察，遂以为真弗便，亦弗思甚矣。间有悖义之乡，其约每每可观。其无士夫君子，去处类多疏漏；故予缵叙《约条约仪续议》，锓传共守，庶几大同可以垂久。又必浅易其词，使穷乡僻谷，皆可通晓。成书不能多印，别为一图：上陈规条，中画会约之仪，下书序约之意，挂之堂壁，使人人目击心警，久之而弗替，则吾乡永为礼义之邦矣。（《中离先生全书》十九）

宗颐按：《乡约》为《中离先生全书》之第十九卷：首录圣谕县谕申戒及总约申戒；次为约长约众序立图，分班相见图，彰善纠过图，社师儿童进见图；又次为《约仪乡约续议》正文：凡"冠婚"、"丧祭"、"祀先"、"闺法"、"蒙养"、"隆师"、"安分"、"谨言"、"处事"、"待客"、"忍气"、"戒争"、"淫博"、"弭盗"、"节财"、"自立"、"复古"、"长善"、"听讼"、"均益"、"约长"、"良知"二十二条。中离《序》文，并附于末云。

《训俗垂规》　光绪《揭阳县续志》四。

未见

林济川《序》：乡先贤中离先生，师事王阳明，“良知”之学，而得其宗旨者也。举正德庚午亚魁，丁丑成进士，官行人司司正，增河南道监察御史。迄今二百余年，过薛氏之庐者，皆羡先生父子兄弟，科甲济美，理学忠臣，当时有“三凤齐鸣”之誉。海刚峰，罗庸庵，均为传志而盛称之。然考邑乘仅载诗文数篇，而先生之德行事功著述，以及性理诸书，未尝梓以行世。即同里后学犹莫得探先生之渊源，而况天下乎，而况后代乎。丁卯岁，重修榕江书院，工竣之日，诸友敬请先生遗像，悬于中庭，以矜式后辈。而先生之云孙郡廪生邦典，并出先生著作，及《家谱》示余；余受而读之，见先生所著《研几录》、《思学解》、《儒释辨》、《格物论》、《图书质疑》、《经传论议》、《论语真诠》，与夫王阳明、湛甘泉、郑三极诸名公，邮筒往来，问答辨难，莫不巍巍乎如泰华之高，而不知其极也；浩浩乎若江河之阔，而莫测其深也。有明大学士夏桂洲，谓“先生在天地间，有功天地；生圣贤后，无愧圣贤。”信不诬矣。至于《训俗垂规》，则又以深入而道其浅语，使夫后生小子，一览而知所从违，是又先生垂教之雅意也。兹欲付先生全集于梨枣，愧末学谫陋，必俟卓识君子鉴定编次，然后不失先生道学宗旨。爰先镌《训俗垂规》若干，以当榕江书院东西壁之铭，殆亦现一斑足以见全豹矣。若夫先生德行事功，莫详于金坛进士张明弼《文序》一编；刻之简端，以觇先生颠脊首尾。（光绪《揭阳县续志》四）

薛氏侨《一真语录》　《薛氏族谱》。

未见

《薛氏族谱》：侨字尚迁，号竹居。幼受学伯兄靖轩，天资颖迈。弱冠，补学生。师事阳明先生，日有所得。嘉靖癸未，成进士，改国子监助教，升工部主事，转武选司郎中；寻迁东宫官右春坊右司直，兼翰林院检讨。予告归，集潮士，立一真会所，发明“良知”之学，“精一”之旨，著有《一真语录》。

锷按：竹居薛翰林侨，中离先生侃季弟，旧府县《志》无传。初中离师事阳明于留都，归而语兄助教俊；俊闻而善之。逮阳明居赣南，俊乃命中离携竹居群从往虔受业。后中离丁母忧，守制宗山，筑斋墓侧；时竹居亦筑东山之岩曰“一真”（湛若水有《代简寄薛竹居诗》云：“八十六年怀竹居，一真会后定何如，若知真处原无事，连此真名亦破除。”见《甘泉文集》二十七）；东泓筑石门之麓，曰大中，三山并峙相望，皆以讲明“良知”之学号召学者；故当时潮州王学，首推三薛。此书乃竹居讲学一真时，门弟子所辑录也。各志艺文，皆不载，兹据《薛氏族谱》补入。

唐氏伯元《二程类语》　道光《广东通志·艺文略》六。

存　万历乙酉姜召校刊本。

伯元《自序》：道术之失其统也，学者争持所见，不能相下，岂独其嗜尚殊哉？其禀赋，其诵习，各就其所近所之；世无大圣为之折衷，不可强而一，亦势也。程纯公、正公二先生，各负独智，以任斯道。据其生平行已，判为二人。其于论学，宜迥然不相入者；乃家庭之间，互相师友，互相推重，若金石之相宣，而凤麟之并瑞于一时也。夫然后知其道之同，而信其学之至也。二先生旧有《语录》，大都寂寥数语，杂落不便观记。往岁窃读而喜之，尝类抄成帙，时携以随；及官南曹，得见全书，则益增所未见。于是编其类为二十四，而补二先生《年谱》、《遗事》于后，共为八卷（宗颐按：《类语》本七卷，此云“八卷”者，并附刻《二程年谱》一卷计之耳），以观于友人姜可升、范元易、王藩甫、谭子成、郭哲卿，皆曰：“此编不传，则二先生之道息，而洙、泗之源，学者莫睹。”遂相与捐资刻之，而缵序其所以类编之意。《序》曰：“夫人有必为圣人之志，而后可与共学，故志第一；志而弗学，犹弗志也，故学第二。古之学者以《诗》、《书》、《礼》、《乐》，子所雅言是也；故次《诗》、《书》，次《礼》、《乐》。”《易》曰：“知至至之，知终终之”，言知行兼重也。又曰：“君子敬以直内，义以方外”，言敬义相须也；故次知行，次敬义，莫非学也，而心在其中矣。世儒称学必系之心，孔门无是也。《书》曰：“以义制事，以礼制心”，合而言之，学也，盖亦敬义之意也；故次心，次事。学何为？为道而已矣。得之为德，纯之为仁，一之为理，成之为性，妙之为神：学其至矣；故次道，次德，次仁，次理，次性，次神，夫然，故可以教，可以治。及则贤，过则圣，合德则天地，故次教，次治，次圣贤，次天地。虽然，六经之道，与天地终始；鲁论思孟，则其楷梯。二先生所训，紫阳夫子有未尽采，学者无由考其随处发明之义，故次经解；经既治，然后史可通，故次史评；文字之用不可废也，而诸子百家，皆得我道之一节，故次文字，次诸子，次百家；异端之与吾儒角立也，吾道之所隐也，故末附焉。附之者，惜之也，来之也，而二先生之性情心术可概见矣。然则二先生亦有优劣乎？曰：不敢知也。纯惠而正夷，纯颜而正孟，纯乾道，正坤道也。纯诚有功于道，而正则有功于纯。夫使纯之学传，至于今不谬，正之力也。而世儒往往左正而右纯，是异之矣。二先生之道，未尝异也，而必以为异，此二先生之所谓异端也。万历乙酉岁四月之朔，澄海唐伯元书于龙江舟次。（《二程类语》卷首）（宗颐按：此《序》，《醉经楼集》不载）

锷按：唐曙台《二程类语》，今所传原刻本，凡七卷，分二十四目：曰“志”、曰“学”、曰“诗”、曰“礼乐”、曰“知行”、曰“敬义”、曰“心”、曰“事”（卷一），曰“道”、曰“德”、曰“仁”、曰“理”、曰“性”、曰“神”（卷二），曰“教”、曰“治”、曰“圣贤”、曰“天地”（卷三），曰“经解”（《论语》、《大学》、《中庸》、《孟子》卷四。《易》、《诗》、《书》、《春秋》、《三礼》卷五），曰“史评”（卷六），曰“文字”、曰“诸子”、曰“百家”、曰“异端”（卷七）。盖从《二程遗书》挈其精要，分类辑录之也。当时校梓者为广安姜召、休宁范涞、孟津王价、茶阳谭希思、温陵郭惟贤等也。

宗颐按：是书名称，各书著录，互有不同：《千顷堂书目》十一，作《二程先生新语》；《海阳县志·艺文略》，作《二程语类》；《澄海县志》十八，作《二程语录纂》。今据《阮通志·艺文略》，以《二程类语》著录。考郭惟贤《曙台墓志铭》云：“余之白下，与仁卿（唐伯元字）公暇，同辑《白沙文篇》、《二程类语》。”是此书实非唐氏独自编成，乃与郭惟贤同辑也。今所传本七卷，分二十四目，盖从《二程遗书》挈其精要，分类辑录，有唐氏《自序》。

杨氏琠《庭训录》　光绪《揭阳县续志》四《艺文》。

未见

《万姓统谱》四十一：琠字景瑞，揭阳人。正德戊辰进士，授御史。性刚方，慷慨有大节。师事白沙，与王阳明友善（《潮州府志》本传夺与友善三字），讲究正学。尝立《家训》，《族规》，《乡约》，以教宗族乡党。

光绪《揭阳县续志》四《艺文门》：《庭训录》，明御史杨琠著，不分卷数；王文成公为序。

宗颐按：杨御史琠，道光《广东通志》，乾隆《潮州府志·循吏传》，乾隆《揭阳县志·贤能传》，并有传。

郑氏昂《性理要略》　嘉庆《潮阳县志》十六《文苑传》。

未见

〔补〕萧氏端升《正俗会约》　《明农山堂集》四。

未见

〔补〕周光镐《序》：余归自塞上，忆行役廿年所矣。初抵里门，见诸相慰劳者，情殷殷至，窃谓向浇而今厚也。已而见闾阎廛肆间，俗尚奢华，宴会侈靡，巾服怪异，士庶习于夸毗，里闬专于谀惑；可骇可谔可痛之事非一，视嘉、隆间，波愈下矣，矧兹何时哉？频岁荐饥，疮痍满目。四境之内，土地拓于流民，豪强恣于兼并。物力尽诎，供费日浮。彼喁喁者，尚不思其所终。唯缙绅先生会间，每每扼揽叹之，盖思所以挽此颓风者，戚戚然若不获矣。余肃而告之曰："是诚在我党耳。道必先身，教必先家。施于有政，是亦为政；幸共勉而行之，庶几为闾里率。"于是曰阶萧丈，遂以草就会约，出而与诸君商之。报曰：俭而得中，简而有礼，是可风矣。礼不云乎？小人贫斯约，富斯骄，约斯盗，骄斯乱。礼者因人之情而为之节文，以为民防者也。大为之防，民犹逾之，奈之何听其淫纵而坐视其沦胥以溺也。无论齐民，今之君子莫为礼也久矣。然则是约也，不但要约于我党，与约束于我家，了弟后辈务以推信于我之朋友亲戚，以达之闾阎田野，远廛黎庶，即未能亟中于礼，庶几弭乱之端。所谓宁俭宁固者，非此物此志乎？然尚有言未尽与言所不能尽者；因采诸群议，稍增列数款于后。（《明农山堂集》四）

宗颐按：端升有《谕琼礼要》，已见礼类，此《正俗会约》，据周光镐序文，撰者为曰阶萧丈。考曰阶即萧端升字。

林氏元蕃《忠孝注疏》二卷　康熙《潮州府志》九。

未见

夏氏建中《质疑录》　《城南书庄草》九。

未见

林熙春《明奉训大夫广西南宁府横州知州东昆夏公墓志铭》：公少事举子业，谓圣贤之心，赖书以传，在书已为注脚，奈何不信经而信传，复以注脚为注脚耶？以故生平学问，直探理窟。质疑一录，渊源姚江。所为《格物》、《兴善》等篇，真发前人未发。大司马郭公守潮时，亟称其必传。（《城南书庄草》九）

光绪《海阳县志》十四《选举表》：夏建中，嘉靖十九年举人。官横州知县。

锷按：夏东昆建中，乃诏安知县夏宏之父。事迹附光绪《海阳县志》三十八《宏传》。

陈氏尚志《桑梓会约》　雍正《惠来县志》十四《贤迹传》。

未见

雍正《惠来县志》十四《贤迹传》：尚志字士道，崇尚理学，宅躬方严。万历丁丑举于乡。杜门读书，不涉外事。著《桑梓会约》，朔望率里人而讲习之，人拟之王彦方。

清

林氏世榕《世范纂》

未见

《归厚录》二卷　光绪《海阳县志·艺文略》。

未见

世榕《自序》：世榕楗户读《礼》，深悔淹母棺者有年，既不克营马鬣封，兹先严又弃不孝于琼海官署，创巨痛深，旅榇归里，瓦屋三丧，尚浮浅土，益愧洟颜立于天地间。适李愧周自温陵来，善青乌家言，哀余志为营窀穸事。余谓师曰："风水福后之说，所不敢请，愿得坦地以藏亲魄，受师之赐不薄矣。"师唯唯。乃于近郊二十里，卜兆龟湖大墩山之麓，奉严慈而合窆焉。因念兵荒数十年来，每寄棺于僧寺廊庑间，或傍墙隈为殡宫。累累百十区，今皆颓垣覆瓦，棺椁纵横，风悲日爗，骸骨狼藉，伤哉！生于何族？羽商之家不辨；殡此何年？春秋之祀莫纪。彼棘人者，其初亦人子耳。一为风水所误，摧残暴弃，而至于此也。乙丑冬，郡侯林公祖恻然伤之，捐俸恤埋，共收废棺若干具，立为义冢于垲爽地。又书其岁月及有姓氏者，俾子孙感动兴念，是诚恤死者以仁除其暴露矣。虽然，荒村穷谷，其为败棺枯骨不知凡几，为子若孙者，苟不掘坎以埋，是终委白骨于沟壑也。余因广果庵林公祖泽枯至意，爰采古今有类于葬事者，纂辑成书。善恶悉载，劝惩昭焉。因颜其名曰《归厚录》。呜呼！世榕沉溺于风水久矣，不复知有人道之终，天理之正。一旦语以葬礼，当必哗然，群相訾议。何者？祸福之念中之也。然试子夜篝灯静读，惊心动目，应有泚颡者。翻然悔从前之谬误，不忘其亲及时礼葬，十或得五焉。更转相劝诫，以逾时不葬为殆礼，十又得七焉。庶几家无留棺，野无暴骨，其于风俗不无少裨乎。是为序。（《瓦注草》）

林杭学《序》（《林氏家乘类汇》五）（不录）

孙录《序》（《林氏家乘类汇》五）（不录）

陈衍虞《序》（《林氏家乘类汇》五）（不录）

蓝鼎元论曰："世俗信青乌家言，停丧者众矣。余读林氏《归厚录》，悄然悲之。归土为安，古今正理。若富贵福泽，则关乎作善降祥，唯子孙之自取之。不信理而信术，以亲为市，殊可痛也。如世榕者，真仁人孝子之用心哉！（《鹿洲初集》八）

宗颐按：林可亭《世范纂》一书，光绪《海阳县志·艺文略》著录，误作《世范》。

又按：《归厚录》，乃林氏博采古今有关葬事之文，类纂成书。光绪《海阳县志》三十九称："世榕病世俗停丧不葬，尝著《归厚录》二卷，以垂劝戒，盖推论风水之无凭，亲骸之不可弃，以悚动人子于至性至情而激发之。广推远引，靡所不周。"即林氏作此书之意也。

〔补〕饶氏商《晰疑录》　大埔《饶氏族谱·文献传》。

未见

〔补〕蓝山《孝廉质居饶先生传》：公专精于六经诸子，究极濂、闽性命之旨。作《晰疑录》，足为紫阳功臣；名益重四方，问业者日益众。品骘鹂黄，人服其藻鉴。（大埔《饶氏族谱·文献传》）

吴氏有功《格言录》　嘉庆《澄海县志》十九《文学传》。

未见

郑氏之侨《劝学篇》六卷　嘉庆《潮阳县志》十六《循吏传》。

未见

之侨《自序》：圣天子重道崇儒，统一经术。凡四方万国，皆得明夫仁义礼智之性，以敦夫孝弟忠信之行。故学校之外，广置书院，以聚生徒课读。而宝庆亦得以濂溪名者，诚以周子之学，上接洙、泗之统，下开伊、洛百世之传。过化之神，其有裨于此邦人士，由来旧矣！岁丙子，侨诣东山，行释菜礼；而见夫庙宇颓然，位置卑陋，惧非所以安先灵而育多士之道。越三载，己卯春，亟谋修葺其所以新其肄业之堂。又为之绩廪士之费，谋无不周。凡有多士，诚可优游于升堂入室。余心亦可以已矣乎？顾诸生过余而请曰："书院之重新也，既有以安其居，又有以足其食，而无一言以淑之，小子辈不几依依乎何之。"余谢曰："此师儒之事也，余何言？虽然，余正不能已于言矣。"其在书曰："皇极之敷言，是训是行。"又曰："其稽我古人之德。"其在诗曰："高山仰止，景行行止。"又曰："古训是式。"恭惟我皇上右文劝学，教育人才，酌取朱子之课程，以为学者入德之方。欲诸生检束身心，贯通经史，为世通儒。又为之厘剔文体，以端趋尚。俾士习文风，咸归于醇正。大哉王言，诚万世为学之标准也。诸生苟能敬绎圣训，还躬内省，求端用方，则化民成俗之本，灿然大备，侨又何有言？然侨实有得其所以言者：试思礼乐文章，无非具时行物生之化。天不言，圣人已代天而为之言矣；圣人复不言，而贤人君子不得已而有言矣；即贤人君子不时言，而能借名言法语以范其情止乎性。是各人言其言，无非言圣贤之所欲言也。侨才疏学浅，实无以率持风化；而区区劝学之衷，实出于不容已。谨录旨谕七道，冠之卷首，继以周程朱共阐性命身心之理，节列于次。使诸生触目警心，由一言一行，以求造夫无欲静正之本。侨不揣固陋，复以平日所闻于父兄师长者：发于论辨，定学术以一其趋也；著为警语，由自责以勉其人也；规戒不厌其烦，悔过乃可自新也；举业无愧魁名，学术可以济世也；列详大条约，而附以田志，稽查有方，可以垂诸久远也。夫天良人所同具，感发必因其机。多士诚能潜心玩求，共相砥砺，则经术光昌，而文教蔚起。于以仰副朝廷造士之盛心，于多士有厚幸焉。诸生日扬风扢雅者，士人之责也；颂德歌功者，好恶不没之良也。书院落成，各赋诗章，以当舆人之颂。而兹编独不录单词集义者，岂言之不文与？抑亦别有深意？非小子辈可道也。余曰："否否。正其谊不谋其利，明其道不计其功，先儒言之切矣。以地方之事，还之地方，若借学士文人之词，以绘薄技微能，使入于干名市誉之术，可耻孰甚焉。"诸生瞿然曰："如斯言其所以淑我士者厚矣，愿各守一册，凛为规箴，用以表扬圣世黼黻太平之化，而无忘我公今日劝学之初心也。"余曰："诸生之言然。"因本其意而为序。（嘉庆《潮阳县志》十八）

锷按：郑东里守宝庆日，以宝庆之地，距荆、湘，接交、广；溪洞深阻，民风鄙犷，笃信师巫，思有以革其俗。既采文公《家礼》数条；谆切晓谕，复建濂溪书院，著《劝学篇》以广敷文教。一时士风丕变；由此书而成材者，殊不在少。此书当时在宝庆刊行，流传颇广。今于东里故乡，故觅一帙，反觉甚难，可怪也。

杨氏之茂《庸训》　光绪《海阳县志·艺文略》。

未见

〔补〕乾隆《潮州府志》二十九《义行传》：杨之茂，字百年，澄海人。康熙癸卯举人。性皎洁，不随时好，慷慨敦大义。晚年著书，有：《庸训》、《度岁草》、《霖湖集》。

钱氏士峰《家训》　雍正《潮州府志》十四。

未见

〔补〕林氏逢熙《家训十则》　乾隆《揭阳县志》六《懿行传》。

未见

〔补〕乾隆《揭阳县志》六《懿行传》：林逢熙，字登翔，康熙庚午举人。生平虚怀善下，淡薄自甘。稍有余资，即出以购书籍。终日手一编。著有《家训十则》及《惜字文》。太史李象元，学博黄进为之序。

刘氏淑奇《致格新言》　光绪《海阳县志·艺文略》。

未见

〔补〕光绪《海阳县志》四十一《耆德传》：刘淑奇，字日亮。品行端方，性孝友。自幼不攻举业，好读古书，穷奥义，著《格致新言》。

杨氏世勋《岭南道学录》一卷

未见

〔补〕邱对颜《蔗尾吟草序》：自天水先生以来，潮士沐昌黎教泽，向学者多臻于道，而足为乡党式型。竹尹尝著《岭南道学录》，以贻其徒。李文园学使，刊以行世。所以训潮士者深，所以推竹尹者亦至。（《蔗尾吟草》卷首）

〔补〕林锡爵《蔗尾吟草题辞诗注》：师著《岭南道学录》，李文园学宪为刻行世。（《蔗尾吟草》卷首）

锷按：澄海杨竹尹世勋，咸丰间诸生。以理学教授乡里，门弟子颇众。所著《岭南道学录》，于朱陆异同，疏通证明，确有理解，无党同伐异之见。香山梁之材称其渊懿精粹，非身体力行，不能亲切乃尔，洵知言也。其后李文园学使，按临至郡，得明经书，深为叹赏，为刊《道学录》于广州。

〔补〕《师范》　《蔗尾吟草》卷首。

未见

宗颐按：陈炳照《蔗尾吟草·题词诗》第一首有句云："风寒绛帐留《师范》。"注："太夫子著《师范》一书，为李文园学使鉴赏，拟镌行世。"据此，杨氏世勋所著，尚有《师范》一书。

许氏瑶《西园家藏》

存　咸丰二年家刻本。

许瑶《自序》：甚哉，危之可畏也。溯余自七岁入塾，至廿六岁，因境遇困迫，始悟所读之书虽多，□□□□□□□消磨于□□□□□□□去小学十年，大学十年，此一危也；又禀性多嗜欲，此二危也；赋质鲁钝，此三危也；体弱多病，不能发愤，此四危也；无师以引于前，无友以辅于中，无弟以助于后，此三者，尤可危也：具此七危而望有成者，自有天地以来，未之前闻也。夫余既蹈于危矣，尝惧而欲安我子孙也，故集为是书，使知早从事焉，庶几不至如余之初年蹈入危地，而迷于所往也。咸丰三年孟秋之月，七危居

士自序。(《西园家藏》卷首)

锷按：许瑶字澄斋，七危居士其自号也；澄海明经，言行谨朴。其教学者以宋五子为归。曾主讲冠山书院，提倡理学。吾乡吴上舍金锡，即出其门。此书名《西园家藏》者：西园乃澄斋所居之地；家藏谓藏于家，以课子孙，明其不敢公诸世也。书分三集，无卷数，装成二册：初集二种：第一种裒集前贤之言，性理歌诗铭赞，附以《洪钧赋贫图》、《性理论》、《书序歌诀》：曰《有益诗词》。第二种选择近人制义，稍能发明圣贤之意者，间附批评语：曰《时艺可观》。二集三种：第一种采取宋、明诸儒语录之切明心性者：曰《救错新书》。第二种汇录自来之解周子《太极图说》、张子《西铭》，条分类系：曰《图铭详解》。第三种以因果阴骘为二氏异端之学，因胪列先贤扶世翼教应读之书：曰《中流砥柱》。三集一种；取《大学》、《中庸》二书，说明研穷之法：曰《学庸看读》。每种各有《自序》一篇，综其为书之意，在于教学者修明心性，俾纳诸圣贤之域，而非沾沾词章之末是务也。顾《中流砥柱》中所举先贤要书，有吕晚村《四书讲义》。考晚村治考亭之学，为清初东南四大儒之一。然自曾静之狱起，平生著书，已悬为厉禁；其名字亦为士林所勿道。今澄斋生道光之季，文网未弛，乃敢举晚村是书，厕诸稼书榕门之间，以为后世程式，是真不可解也。

〔补〕卓氏宗元《晓儿录》十七则　光绪《揭阳县续志》三《贤能传》。

未见

〔补〕光绪《揭阳县续志》三《贤能传》：卓宗元，字昌善，在城人。监生。贫而好学，以菽水不能供，转事服贾。中年小康，轻财仗义。著有《晓儿录》十七则，仁义兼至，浅近训俗之语，皆见道之言，有宿儒所见不到行不及者；自序为道光十八年秋；盖晚年阅历有得语也。

《朱子语类录要》　《陵海吴氏族谱》。

存　旧写本。

郑国藩《题辞》：《朱子语类录要》者，石山先生所辑录，以自圭臬而圭臬其后人者也。先生性方严，言不苟发。童年读《朱子小学》，善之；长遂致力宋儒性理之书。于濂溪、横渠、明道、伊川学说，皆能窥见其堂奥；尤服膺于考亭朱子。为文深入理窟。岁科两试，司文衡者，常拔以冠其曹。既食饩上庠，文名益噪。然先生夙重躬行，不事著作，以为义理经前贤阐发，尊闻行知可矣；偶然握管，不过借题以发明其心得耳。是书先生手录，末附清儒李光地所编《朱子礼纂》，合一册，皆撷取其精华者。夫自世道陵替，侈然以士流自命者，大都争尚浮华，不复留意于实行；延及晚近，欧风输入，变本加厉之辈，且欲尽决固有藩篱，别揭橥其所谓新文化焉者，先生视之不知何如？而先生既归道山矣，他日穷而思反，还淳归真，以上求心性本原之少，而成修齐治平之功用，其必以此书为嚆矢夫。末学郑晓屏谨题。

《道学性理精言》　《陵海吴氏族谱》五。

未见

《榕村集说》　《陵海吴氏族谱》五。

未见

《陵海吴氏族谱》五：金锡，号晚修，幼即受朱子《小学集注》。一日，师询所志，对曰："不愿为文人；愿学朱子。"师大奇之。弱冠，食廪饩。生平不为诗古文辞，易箦时，遗稿未付梓者数种：曰《道学性理精言》，曰《朱子语类录要》，曰《榕村集说》。

宗颐按：石山先生少从澄海许澄斋游，专心圣贤之学，笃于行谊。中年丧偶，誓不复娶，鳏居终其身。平生致力宋儒"语录"、"性理"诸书；于濂溪、横渠、二程之说，皆能涉其藩；尤服膺考亭《语类》。视有益身心可圭臬者，手摘精要以自课，成《朱子语类录要》一书，亦《理学纂言》之流亚也。

〔补〕杨氏淞《格言》一卷　黄孔芬《镜川杨先生同年行述》。

存　附《养和山馆诗草》卷末。

〔补〕黄孔芬《镜川杨先生同年行述》：先生尝主讲揭阳书院，循循善诱，造就多成材。著有《潮州兴利除弊论》，切中时弊，能言人所不敢言；《格言》一卷，谆谆训诲子弟，惟恐不及：皆足传也。（《养和山馆诗草》卷首）

〔补〕光绪《海阳县志》十五《选举表》：杨淞，光绪丁卯科举人。

宗颐按：杨镜川孝廉淞，署嘉定县知县，光绪《海阳县志》四十有传。所著《潮州兴利除弊论》，今不传；其《格言》一卷，附刊于所著诗草之后，共五十二条。

郭氏鸣岐《屏风录》　光绪《揭阳县续志》三《贤能传》。

未见

锷按：鸣岐字冈业，揭阳在城人，阳江县训导郭光之祖也；事迹附《揭阳县续志·郭光传》。《传》称：冈业敦行不怠，笃好《朱柏庐先生家训》一书，为之分条详注，颜曰《屏风录》，命其子全作参证。光承先世重规，更博引故事古义为附录于后，镌板以广施焉。咸丰元年，学使许乃钊见而善之；按试至潮，特称举揭阳郭氏《屏风录》，牌示多士，俾作准绳。（以上《县志》语）以区区《柏庐家训》一编，而郭氏三世，不厌繁引博征，为之作注，亦足以觇其家风矣。

郭氏光《铎音集》四卷　光绪《揭阳县续志》三《贤能传》。

未见

光绪《揭阳县续志》三《贤能传》：光著《铎音集》四卷，分编“心矩”、“身范”、“学规”、“家法”、“官箴”、“交游”、“小言”、“别录”八种，中多读书阅世有得之言。

〔补〕陈氏元濬《新辑劝善编》　嘉庆《澄海县志》十九《文学传》。

未见

〔补〕嘉庆《澄海县志》十九《文学传》：陈元濬，字雄深，号禹溪；乾隆己亥举人，补香山训导，主景韩书院讲席者数年。刻有《致和堂稿》、《新辑劝善编》、《觉世真经注证》，行世。

〔补〕陈氏燕如《家训》四卷　《语冰吟草》卷首。

未见

张氏克诚《孔教撮要篇》十卷。

存　潮州存文楼刊本。

克诚《自序》：孟子云："杨墨之道不息，孔子之道不著。"自今日言之，必先明孔子之道，然后可正人心，息邪说，拒诐行，放淫辞。何也？时不同，势不同也。孟子去孔子未远，识大识小，不乏传人；又故家遗俗，流风善政，获有存焉者。杨墨亦诵法孔子，只外仁以求义，杨子遂失之为我；外义而求仁，墨子遂失之兼爱：差以毫厘，将谬以千里。孟子斥之曰"无君"，曰"无父"，充类至义之尽也。如治病焉，正气犹固，治其标，而病去矣；若今则正气亏甚，欲去其病，必先扶正气而后可。窃不自揣，启告同人，约请起中国尊孔教堂，语在启中，不赘述。又念孔子之教，简编浩瀚，虽老师宿儒，皓首穷求，尚苦于不得要领，况农工商贾乎？用是总撮经传，取吾人知必行之事，编次焉以备讲论，颜曰《孔教撮要篇》：首《孔教源流》，次《五教》，次《大学八条目》，次《周官六典》，次《顺天者存》、《逆天者亡》图说。先总叙，名为纲领；判上下后分析名，为条目凡九，卷帙不繁，大端已具。窃以为吾国之人，无论贵与贱，男与女，心目之间，必懔懔于此数大教，而后萎靡因循之习可以去。且自此而入学堂，由专学以臻一贯，固能驾群豪而上。即不入学堂，亦知法宜守，理宜穷；切磋琢磨，共期成就；同心同德，扶植纲常。吾道昌明，群教当胥归陶铸。《易》曰："见龙在田。"天下文明，吾将为五大洲占之。所有凡例具纲领，书后，不另论。

何寿朋《序》　（不录）

《续篇》十卷

存　潮州存文楼刊本。

克诚《自序》：是编论说，旁采中西，以发明孔教；间有附以己见者，亦惟是帖讲经文，期于易晓。呜呼！道不判古今，学无分中外，合《五教》、《大学八条目》、《周官六典》，宗旨者，即顺天也，即孔教也；不然，逆天矣，非孔教矣。人心之存亡，身后之家系之，国系之，天下系之。无已，请就所编，而考之唐虞三代之天下。无已，请验之秦汉以后之天下。无已，请征之今日五大洲国势之盛衰。

兵家类

明

陈氏一松《三国机略》一卷　陈声爵《玉简山堂集·跋》。

佚　《玉简山堂集·跋》。

《文武师资》一卷　陈声爵《玉简山堂集·跋》。

佚　《玉简山堂集·跋》。

一松《自序》：乔东子曰：不佞也戆，追逐世途，莽莽焉而寡深思，事过多悔；独好猎贤智之林，览观代史。见其谟猷注措，足以定国是而解世纷，窃心倾焉，辄用劄记，图有得师。若乃才识殊绝，仓卒妙应，固有智不及谋而神不可致思者，则手抄不少置；愿为长跪执鞭。久之，籍盈笥中矣。顷卧山间，以病多暇，乃取而阅之，稍加濡削，仅成一帙，时常绎诵。真有启余者，吾将资之以寡过也。于是题之曰《文武师资》，附梓于玉简山堂。（《玉简山堂集》九）

〔补〕周氏光镐《武经考注》　《明农山堂汇草》二。

未见

〔补〕光镐《自序》：盖闻语云："三辰不宁，取士为相；四夷不轨，拔卒为将。"其事见于商宗之求版筑，汉祖之登亡虏于坛坫也。嗟夫！与其求之于仓卒，孰知树之于平日。兔罝棫樸，周室材不乏于文武；而寿考作人，周王之所以树材者，亦未尝文武殊也。故出而扞艰御侮，入而弼亮宣猷。所谓熊罴之士，不二心之臣，皆其人尔。何锐近世之不然哉？国家涵育二百年来，广厉搜剔，卒多右文而缓武；然世优诸武臣，禄秩不绝。高皇帝令军官子孙，讲读武书，通晓者试用；则所以教之养之，亦既深矣。乃偻指一代将材，可与古俦匹者有几？余自伏草莽时，身婴日本之祸，每痛愤当时之建旗鼓，在事者卒多偾军尝贼。顷有事于西南夷，则身护戎阵，而时搤揽思之：夫冠猳冠佩，鱼服短后之衣，插楪拾决，矜斗乐战，一卒之任也。所贵夫将者，以运古筹今，统驭制胜用耳。若佻儇蹶张者流，遽以干城许之，则古所云"仡仡勇夫，射御不违"，与"截截善谝，言我皇多有之者"，抑何以焉。至而稽其所为，又不过虚尺伍籍利重糈恣睢忿忮，以侥侥涂人耳目已尔，其于司马法何所持循一二。顷者南夷之平，一是禀司马中丞徐公猷略。惟时董将命师自部领偏裨以上，咸自泸外推择。睥睨印南，数十卫所，无一婴搴旗枹鼓之任者。夫家人子起田间，非素养者，间有轩奇抱壮心，尚欲鸣剑伊吾，一当要害，为天子请缨系名王。乃介胄世禄之子，不思绍乃祖父，庶几自树尺寸，卒多狃于豢养，举冠裳而弁髦之，其无所督习之效，不亦可睹见乎。或云：

"其责不专在下也，无亦未有以倡而作之者。"于是兵羽少间，谋之行阃监抚郡佐，取武经，校而锓之，俾兹一方之官校子弟习焉。夫兵之谭，匪易易也，上将用之以道，中将用之以法，其次用之以幸。孙子言："道者，今民与上同意。"即《阴符》言："天生天杀，道之理也。"法则本之道，以施于用，使后世有所持循，能奉此以行，亦可以知胜负矣。荀卿非醇乎道也，所谓五权三至六术，而处之以恭敬无旷，以之为天下之将，其亦庶乎兵之道矣。然则法者迹也，道者所以用法者也。概之七书，纯驳相半，道法寓焉。此之剞劂，所愿为边圉树将材与？愿汝将家子之自树者，意盖在此。（《明农山堂汇草》二）

〔补〕《兵政集训》三卷　《明农山堂汇草》三。

未见

〔补〕光镐《自序》：今之谭兵者，必曰司马法，司马法云。无论不喻其义，且至于书无所睹记，猥云霍骠骑言方略何如耳。何至读《孙吴兵法》，其无所习见于步伍行阵者，谬以李广简易，程不识烦扰为言，是将尽古人之法而刍狗之，故每见介胄之士，桓桓握槊，平居矜斗乐战，一旦俾之勒兵统卒，冥然且不知攻守之大致也。嗟乎！天地间事，必有法，无文武巨细精粗一也。学者循其迹，悟者超于神，故未有不习而能悟者。国家诸制大备，凡刑狱钱谷典章，靡不时广厉而饬新之；惟兵法则寥寥，二百载未见有施之训肄者；岂真以千万年，承平无所庸于武事也，亦不然矣。夫南北边鄙，晏然可不语兵，脱一旦有事，则蓄之不豫，求之仓卒将安施之。余猥有事于西南夷，见诸所建旗鼓者，楚楚多颇牧材，以故克成南服；然亦属于天幸尔。既暇，率所辖戍卫武弁子弟，属有司群而教之。问古之兵政书，云"边鄙地无有"，且不知田穰苴与孙吴诸家为何物。即其书在矣，太史公谓其文少闳廓深闳，故具未暇用也。如汉文成、曲逆二氏，次兵法百八十二家。孝武帝时，任宏论次书为四种，今皆不少概见，惜哉！李唐以后，类多讹书，难以尽用。间阅经传子史诸家，凡有切于兵戎之事者，摘其要汇为三卷，名曰《兵政集训》，出而梓之；非徒以广荒陲之耳目，亦因以自考所事，庶几不悖于古人成训与否。夫兵非易谈也：上将用之以道，中将用之以法，下者用之以幸。阴符言"天生天杀，道之理也。"法则本之道以施于用，奉此以行，亦可以知胜负矣；若不知有法，行且悖道。乃遽使之婴旗登坛坫，推毂以出，何异委爱子于庸医，以封疆为博进，必无幸矣！古今士大夫于司马孙吴兵法，为谈者非不多；然其善用者不少概见，故赵之长城，马之街亭，房之陈涛，非不知法，不知道

也：古今得失鉴观，或者其在斯乎？周光镐序。（《明农山堂汇草》三）

宗颐按：周国雍有《征南纪事》，已载史部。此《武经考注》、《兵政集训》二书，据国雍《自序》，盖亦南征时所作。国雍雅以知兵自负，目击当时介胄世禄之子，狃于豢养，未能继武先业；而世之言兵者，尤多迂阔支离之谈，莫适于用。乃为校刻《武经》，摘录古训，俾子弟肄习，明达守御之法，以防边圉。今其书虽不传，然观其《序》文，亦可知明之中叶，士夫狃于晏安，武备废弛，国家已无抗敌御侮之具，其亡也固不待李自成之长驱东下，直捣幽、燕而后见也。

丁氏日昌《炮火图说》　光绪《丰顺县续志》六。

未见

〔补〕《西洋兵略》　《丁中丞别传》。

未见

〔补〕翁氏兰《武备纂要》　《潮州文概》四。

未见

〔补〕《潮州文概》四：翁兰拟《重修潮州府志序》，翁辉东按：先师佩秋先生，生平最关心于海防武备，所著有《武备纂要》、《海防统论》二书。

饶氏宗韶《兵家入门》一卷　新修民国《大埔县志·艺文略》。

存

《城守须知》一卷　新修民国《大埔县志·艺文略》。

存

《练兵须知》一卷　新修民国《大埔县志·艺文略》。

存

《阵法须知》一卷　新修民国《大埔县志·艺文略》。

存

《铸炮图说》一卷　新修民国《大埔县志·艺文略》。

存

法家类

明

陈氏一松《棘寺平反》一卷　《玉简山堂集》六。

存　《玉简山堂集》本。

一松《自序》：今之大理，即古士师廷尉之任，位备九列，职与平反，为朝廷执法之司，盖与尚书比部御史大夫院并称为三公。凡内而庶狱，外而录辟，狱具送院，引纪法，议当否，转闻取旨，苟或未当，虽屡驳而不以为过。若该司有所持不下，重则参官，轻则提吏，载在会典者，至森严也。故明元之称无冤之颂，诚自古重之矣。但辇毂之下，狱多成于罗织；而居是官者，又卒岁迁去，类以长者眷望。余承乏，闻先朝王恭毅公守廷尉有声，乃取其驳稿而谛观之。一字诖误，辄反不少吝。自惟谫劣，无足当恭毅；然字语差错，第潜授吏人易之；独于剖律析例，始封驳焉，所驳仅十之三耳。彼疆有势力者，顾以好辩而罪我矣。夫平反，廷尉职也；吾守吾职而已，知我罪我奚计哉。于是录而存之，以俟夫知者，庶不以为罪云。万历九年冬阳至日，乔东陈一松书于玉简精舍。（《玉简山堂集》六）

锷按：乔东为大理寺卿，在隆庆壬申二月（见刘子兴《奉贺大司空乔东陈老先生特膺恩命荣褒三代序》），至明年癸酉九月，晋工部侍郎。凡居廷尉，首尾共一年六月。此则其在职批驳本寺及各省之案也。《县志》称“乔东居官，不迎合上意，亦不为刻核。”今观所驳各案，酌理准情，多所平反，不惟心存好生，本之忠厚；而格条字句之间，亦不惮详明校正；斯真折狱之老吏矣。

宗颐按：陈声爵《玉简山堂集·跋》，言公官大理寺卿，不避权贵，于庶狱多所平反，都为一卷，署为《棘寺平反》；特冠序于简端。其书今无单行本；惟重刻《玉简山堂集》卷六载其全帙，凡日行驳稿二十八条，外详驳稿十九条。日行驳稿者，乔东为大理寺卿时，批驳本寺呈核刑部各司发审案件也；外详驳稿者，批驳外省开详案件也。

周氏光镐《韩子选钞》　《明农山堂汇草》二。

未见

光镐《自序》：班固谓“法家者流，盖出于理官；乃刻者为之，至于残害少恩，伤亲薄厚；则申韩法术之书，宜其摈而不使之行于世也。”窃谓不然。今夫养生以粱肉，俄而疾病，则粱肉不可缪以为常也，必徙而用药石。病已，则所以御粱肉者如故。越人有母病者，其子不以医视，而奏母以呼西方摩诃之号，谓慈悲可以济苦度生也，此大谬不然矣。故法者，整齐画一之具，攻邪救弊之需。术则察虚实，审缓急，明标本之妙用。法其方书，术乃医者之意也。古人相鲁，亟行两观之诛；相周，不废三叔之辟；非其操法一而用术明乎。至于惨刻少恩，舍仁爱而一任刑辟，卒使元气雕残，身为大戮者，则岂尽法术之故哉？良由所用意非也。于此而欲尽舍其法术，一以仁柔呵煦为之，则亦佞佛而望母瘳；日进粱肉于泛疴者之前：必无愈矣。韩公子愤时疾弊，务在阐明刻核攻察击辩；其言不一而足；其意则戒浮淫，务本实，明赏罚，督耕战，君操其权，臣矢其虑，尽破当时诈欺怠谩之习，不深刺切中不止，盖隔一垣而洞见人五脏腑者；其文则猋腾横佚，奇诡峻洁，波荡飙生：谓非先秦之国手不信。余早岁喜之，既为理官，辄舍去。丙戌岁，再以守吏入计，恒自悼其碌碌往返也。又窃有慨于时弊，则深愧汉人上计簿具文之语焉。舟行多暇，偶取阅之。惟时溯流巴江，楚峡间峭壁干霄，下临无际。江流自岷峨来数千里，汹涌澎湃；所过触穹石，轧盘涡，涛激湍喧，洞壑悲响，未尝不愕眙而褫魄也；则仰而叹曰：“非是奇也，何足以当之；然其险亦犹是也，君子其慎所由哉。”因选录一帙。盖亦孟坚所言：“舍短取长，可以通万方之略”之意云。又二年戊子南服之后，因叙而授之梓。（《明农山堂汇草》二）

清

陈氏泰年《潜州信谳录》二卷　嘉庆《潮阳县志》十六《循吏传》。

未见

嘉庆《潮阳县志》十六《循吏传》：陈泰年，字式瑞，号东溪，登乾隆丙辰经科。年六十余，受浙江于潜令，兴利除害，备极忧劳。宰潜三载，以病乞归。抵家仍设教叠石山房，著有《文集》四卷，《潜州信谳录》二卷，藏于家。

锷按：东溪陈大令泰年，叠石先生英猷同怀弟也。当先生设教叠石山时，大令年尚幼，依兄讲习最久；故大令之学得自先生为多。及大令弃官南归，先生业已前卒；而大令仍设教于叠石山者，盖不忘先生讲学故也，而欲以家学渊源，津逮后学。其笃于友爱，与其为学之盛心，即此可以见矣！先生讲学之地，曰咸虚斋；大令讲学之地，曰志道堂：见大令所撰《叠石山志道堂记》，此《潜洲信谳录》，及《文集》，《阮通志·艺文略》不著录。忆宣统初元，余至潮阳，曾与大令后人游，询以此书及叠石先生易学，云《信谳录》，家有写本，当时匆匆未及借览，今沧桑屡易，又不知其稿尚存否？

〔补〕何氏如璋《管子析疑》三十六卷　《茶阳三家文钞·何少詹文钞》。存　写本，未梓。

〔补〕如璋《自序》：结绳之治，易为书契，文字兴焉，道术著焉，唐虞以前尚已。《尚书》所载《典谟》、《训诰》及誓命之辞，类皆史臣所纪述，未有著书明道，成一家言以诏后世；有之自管子始。（《六韬》、《鬻子》皆伪书）管子承太公之遗，所学出于《周礼》。迹其相齐四十年，九合诸侯，一匡天下；本生平所规画者笔之于书；故能综贯百王，不名一家；要厥指归，皆可施于实用。苟得王者之心以行之，虽历世可以无弊。夫子亟称其仁而许之曰人，讵非以人参天地，不能践形者不可为人。如管子者天壤不可少之人乎？周之东也，王纲不振。齐桓首创伯图，尊周攘楚，微管子之力不及此。晋公子在齐七年，凡仲所设施，身亲见之。及返国得位，师其法，继齐称霸，子孙世守主盟中夏者百有余年，不可谓非管子之流泽也。故其书递相传习，下至战国挟策干时之士，无不依托管子而寖失其真。汉兴此书盛行，惟贾生独窥其要。晁错治法家言，而亦时遵其说。史迁曰："余读管氏书，详哉其言之也。"盖当时最重其书，民间无不读者。迨汉武帝罢黜百家，稍稍衰矣。成、哀间，向校秘书：取中管子书三百八十九篇，太中大夫卜圭书二十七篇，臣富参书四十一篇，射声校尉立书十一篇，太史书九十六篇，合中外书以校除复重四百八十四篇，定著八十六篇。观序所言，除复重，不别真伪，遂使外书依托者杂厕其间，为此书累，是则子政之过也。向言管子书务富国安民，道约言要，可以晓合经义。意子政当日所见，尚无伪书也，否则如《重令》《法法》等篇之芜秽驳杂，何以称为约乎？又何以晓合经义乎？《汉书·艺文志》管子列道家，《隋书·经籍志》乃列法家，殆汉儒所传习者为真管子。迁流日久，但有向所校定之本，史臣不辨其伪，竟列之法家。首论者乃诋讥为杂霸，至以管商并称，傎矣。夫管子之学，周公、太公之学也。管子所传之道，五帝三王之道也。其言礼义廉耻，则治世之纲，安民之要也。其言术数权谋，则措施之准，制用之宜也。本书具在，可考而知也。俗儒不察一切，鄙而弃之，反以空言为经济；是率人背道而驰，使三代下无真治术也，良可慨已！《史记》列传以管晏次伯夷。夫伯夷让国，由世家而列传也。其扶义俶傥，立功名于天下者，三代以来，实推管子为第一。晏子固齐人也，子长心慕脱骖，因附之于仲，此史迁之微旨也。叶氏水心曰："山林处士，妄意窥测，借以自名。王术始变，而后世信之，转相疏剔。幽蹊曲径，遂与道绝。"其以管子为有合于道也，所见诚有卓然者。余尝取管子而孰复之：治心曰"中和"，治身曰"恭敬"，爱人曰"同其好恶"，富国曰"权其重轻"，服远睦邻曰"修其德礼"。以区区之齐在海滨，因时立制，本周官之法而会其通，不泥古，不随今，施之一国而有余，放之四海而皆准，即俟之百世而不惑。《枢言》曰："道之在天者日也，其在人者心也。"一语而抉道之大原，固无所之而不当矣。旧本真伪相杂，讹谬相仍，读之令人沉闷。旧附房注，或以为尹氏疏解浅妄，疑坊间所伪托。刘绩补注，殊少发明，朱长春《管子榷》，了无精义；王氏《读书杂志》所校正者，稍有依据，然不过十得一二，欲辨晰之而未有暇也。乙酉秋，谪居塞北，杜门不出，乃得详加研究；伪者别之，讹者正之。旧注乖谬者疏通而证明之。积六阅月成《管子析疑》三十六卷，讵敢谓遂得此书要领乎？但举平日析疑者为之章分句析，引其绪而别其真，其固私衷深为欣幸者。自忖学殖荒陋，行箧苦难得书，偶有引据，恐多谬误。惟望博雅君子纠其失，益开其疑，俾此书之真，大明于三千年下，凡读者有以睹厥指归，不复致疑管子；所裨于道术者，非浅鲜也，夫岂特一人之私幸哉？（《茶阳三家文钞·何少詹文钞》）

宗颐按：《管子析疑》，据何氏《序》称："盖取平日于管子有所辨释者，为之分章析句，引其绪而别其真，编成三十六卷。书成于乙酉。"其时少詹被谪军台，则当在戍所作者也。

林氏达泉《节录历任堂谕》

存　写本，未梓

黎庶昌《台北府知府循吏林君墓志铭》：君讳达泉，字海岩，广东大埔人。咸丰辛酉举人。以在籍团练议序知县，累保擢江苏直隶州知府。为人精敏纯白，勤于吏事；尝一署崇明知县：县俗善讼，前任者多选耎不治事；君至案牍坌集，积盈架档。书吏以白实阴餂君；君曰“诺”。明白辟堂皇，纵民入观。手判口决，巧健替进。更唆互讼，承伺颜色。君逆折机牙，使不得发。前者辞穷，后者大畏。相顾愕眙，私共惊叹，老吏弗如。旬月未浃，词讼杀减，民志率服。期年，调署江阴，治法一准崇明，民誉翔起。又明年，调补海州：州故盗薮也，当岁五六月尽，禾黍满野，群贼出没，剽劫莫可谁何。君布设方略，躬自逐捕，尽钩置渠首致诸法，党羽解落，犬吠不惊。旁及民隐，艺桑树麻。早夜孜孜，如勤其家。又广为教条；诱民以礼，民益爱之。光绪元年，廷议改建台湾淡水厅为台北府；特旨诏授君台北知府。戊寅三月入台治事，百度劭新。莅台八月以疽发于背卒，春秋四十有九。事闻，诏宣付史馆，列入循吏传。（《续碑传集》四十四）

〔补〕金武祥《粟香随笔》四：近年令江阴者，以林君海岩金君螺青为最著。林君达泉，潮州人，勤敏有为，百废具举。申港之季子墓祠经乱尽毁，林捐廉为唱，请于大府，饬工程局到县兴修。后擢台北知府，病卒。

锷按：林海岩太仆达泉，少与同邑何少詹如璋齐名，并以古文之学通达治体。少詹曾出使日本，折冲樽俎，颇著声誉。太仆则浮沉守令，竟积劳抑郁以终。然太仆治绩，固以昭昭在人耳目。闻太仆精力甚强，所至郡邑，举凡文移案牍，多躬自处理，绝不假手幕客。故历任繁剧，积稿颇夥。此书乃就堂谕一门，录要删繁以成编，而以令崇明时作为多。

卷　九

子部农家类

清

郑氏之侨《农桑易知录》三卷　　嘉庆《潮阳县志》十六《循吏传》。

未见

之侨《自序》：地土一也，势有高下，而燥湿肥瘠异；民风一也，力有强弱，而勤惰丰啬殊。列子曰："有形者，生于无形。"天地人参之为三才。天之生物无弗同也，而土地、民风可知矣。圣人疆理天下，相其土宜，权其人力；缺者补之，塞者通之；而高与下齐，弱与强合；阴阳和而风雨时，刚柔剂而物产出：其农桑之道乎？夫衣食操生人之命，一岁不耕不织，受之饥寒；山农播种之书，盖可忽乎哉！昔周以农桑开基，《书》陈《无逸》，《诗》作《豳风》；良以耕于井邑，即可游于党庠。士大夫公堂之跻，半出于农，此农之所以重也；而蚕事与农并重。天下无不桑之地：郑、卫界属河南，桑土桑中，业有明指；山东隶于青齐，孟子对齐君，务农必及树桑；则知农桑之业，民之本也，国之经也。若谓五谷偏盛南方，丝蚕独擅浙省，则如《诗》所咏"柔桑"、"苞桑"，《尚书》所传"桑土是蚕"等事，岂其诬哉？欲谋民命，辄以燥湿肥瘠之土壤，判人事之丰啬，而谓宜农不宜农，宜桑不宜桑；人失其利也，地岂为之任咎哉：盖地有宜，人能择之；人有其巧，地能显之；何分土分民之有焉？余生长海滨，农桑素略讲求。每就人情之所近，推测物理之自然；参以典籍，访之老成，谬编一帙，颜之曰《农桑易知录》；盖欲使民易知则易行，足衣食而兴礼义，庶可上慰圣天子教养元黎之至意也。程子曰："一命之士，苟有心于爱物，于物必有所济。"余思必有济而后用，我爱虽济，而爱亦仅矣。因不揣固陋，锓于木而布之，俾山村僻壤，习之而好；好之而业盛；业盛则天下同风。朱子曰："教他有饭吃，有衣着，五方各得其所；然后可去教他。"余亦遵此意也与！是为序。（嘉庆《潮阳县志》十八）

翁氏兰《蚕桑述略》　　《翁氏家谱》三。

未见

医家类

刘氏昉《幼幼新书》四十卷　　《宋史·艺文志》六。

存　日本枫山秘府藏明人墨书真本，南海胡氏藏明万历重刻本。

李庚《序》：医家方论，其传尚矣。自有书契以来，虽《三坟》之言，世不得见；而神农《本草》，黄帝《内经》，乃与《宓牺》之《八卦》，绵历古今，烂然如日星昭垂；信乎药石不可缺于人，而医书尤不可废于天下。或者谓"医特意耳，不庸著书"；唐史臣以此剧口称道于许嗣宗，殊不知张仲景、孙思邈辈，率千百年而得一人。使其方剂之书不传，则医之道，或几于熄矣，是或一偏之论也。湖南帅潮阳刘公镇拊之暇，尤喜方书。每患小儿疾苦，不惟世无良医，且无全书。孩抱中物，不幸而殒于庸人之手者，其不可胜计。因取古圣贤方论，与夫近世闻人家传，下至医工技工之禁方，闾巷小夫已试之秘诀，无不曲意寻访，兼收并录，命干办公事王历羲道主其事，乡贡进士王湜子是编其书。虽其间取方或失之详，立论或失之俗，要之皆因仍故文，不敢辄加窜定。越一年，而书始成。惜乎公未及见，而疾不起。公临终顾谓庚曰："《幼幼新书》，未有序引。向来欲自为之，今不遑及矣，子其为我成之！"庚曰："谨闻命！"呜呼！学士大夫，公天下以为心者，几何人哉？平日处念积虑，无非急己而缓人，先亲而后疏。物我异观，私为町畦，其来盖非一日。昔我夫子助祭于蜡，出游鲁观之上，喟然发叹，以为"大道之行，天下为公。"故人不独亲其亲，子其子。夫子之叹，盖叹鲁也；然而天下后世，岂止一而鲁已哉？滔滔者，皆是也！东汉人物如第五伦者，悃愊无华，质直好义，似若可然也。意其设心，必有大过人者。至于或人问之以“有私乎?”伦则曰：“我兄之子尝病，一夜十往，退而安寝；吾子有疾，虽不省视，终夕不寐：自以谓不能无私。”夫以兄之子尚若尔，况他人之子乎！以第五伦尚若尔，况下伦一等者乎！宜乎夫子之叹之也。今公之为是书，使天下之为父兄者，举无子弟之戚；少有所养，老大所终。家藏此书，交相授受，渊源无穷，其为利顾不溥哉？以此知公之存心，非特无愧于今之人，抑亦无愧于古之人矣！绍兴二十年九月既望，门人左迪功郎、潭州湘潭县尉、主管学事、巡捉私茶盐矾，李庚谨序。

楼玮《跋》：庚午仲秋，潭帅刘方明以疾不起；仆摄帅事，问诸府人：公治潭久，凡所兴立，不为苟且计，得无有肇端既宏，偶未就者？于是以《幼幼新书》来告。索而观之，则古今医家之书，若方与论为婴儒设者，无不毕取。包并总统，类聚而条分之；如适通寰，百货俱在；如开藏室，群玉灿然。随所宜用，必厌其求。噫！昔好事人得一名方，椟藏谨守；虽父子誓以不传。方明于此，顾能穷探博取，萃为成书，锓板流通，与世共宝，则其用心亦仁矣哉！因命趣工以成其美。又集故传宜子诸方，列系于左为第一通云。十一月六日右朝散大夫、荆湖南路转运判官、权潭州军州事，楼玮谨跋。

陈履端重刻本《序》：医，兵也；小儿病，弱国幼主被敌也。质柔脆，易侵难禁，且不能自达，难测而易起疑。故治小儿病，辅弱国幼主而御强敌也。不有祖述，即山甫、方叔，不免浪战；即胜犹幸，况不胜乎？宋本《幼幼新书》，心保赤子；具本，具末，具变，悉中肯綮，得吕牙、孙武制胜合变之玄机，诚医家韬钤之选也。板经兵火，亡失已久。即本世惟存二：一留中秘，远不可得；一属钱氏，闷不可求。端世幼科，传自白下。先子枳田痛婴儿多抱期颐而夭襁褓；宏修前学，靳靳若不逮。购得不二，端髫时捧读心慕，更求无获。而钱氏故本，转归云间顾研山氏，端因黄清甫河水为介绍，怀资偕某恳得之，与某各藏其半。顾本合南北宋板，复缺三卷有奇。端神祈广询一恒徐永锡氏有质本，抄得其全。玉庵杨大润氏欲抄而索之，某竟秘，以烈焰辞。阅岁徐本归古歙程大纲氏，复往抄之，始获睹全帙，深慰天幸，且笔且读，领其要略。会见世医伤寒家，无分七热风食，辄以伤寒治；问之，曰：“不尔何以身热如炙也。”疳积家无分五疳虫食积聚，辄以疳积治；问之，曰：“不尔何以面黄腹胀肌羸也。”惊悸家无分痘疹痫痉风痰蚘厥，悉以惊风治；问之，曰：“不尔，何以涎潮搐搦戴目也。”昧日用，偏仁智，治多夭阏。目击其弊，知不可户晓也，鄙心恻然，欲以书传布而广济之。载易寒暑，删繁理乱，裁初本十之三，稿凡四易，卷四十，总五百四十七门，便简阅也。倾资采梓，数字偿值，手录授工。首事两月，食木者六之一。同志如某者杂以力助，完卷可冀：庶乎家世者不袭故名而妄投；崛起者不至无章程而杜撰；师门授受，不至秘而不传。传人人祖述，病者起，生者延，夭者寿。仁术广开，惠泽宏溥。远宗作者之谟，近继先子之志，一生苦心尽是矣。虽然，病有机变，方贵合宜。运用之妙，存乎一心。书犹筌蹄也，亦犹兵家时日异宜。戎蛮异性，器械坐作，非胶柱也。尤有进焉，大率脑麝牛黄，暨石药悍剂，皆不可轻用。医家每以网利而重投，病家每因慕名而甘恋；不知厚味一进，引寇入肝脾心脏，牢不可拔，遂为儿异日害；虽鹊缓莫能施其术，此又世之大戒也。故更以鄙见，拟别录《本草》辅之，见古方不可执一云。万历十四年太岁丙戌端阳日，古吴陈履端谨序。

石子孺《序》　　（不录）

王世贞《序》　　（不录）

王问后《序》　　（不录）

刘凤《序》　　（不录）

张应文《序》　　（不录）

陈振孙《直斋书录解题》十三：《幼幼新书》五十卷，直龙图阁知潭州刘昉方明撰集，刊未毕而死。徐琫寿卿以漕摄郡趣成之。

陆心源《皕宋楼藏书志》四十六：案楼琫，《解题》误作徐琫。刘昉字方明，广东潮阳人。绍兴中知漳州兼荆湖南路安抚使，与干办公事王历羲道、乡贡进士王湜子是同编；既刻三十八卷而昉卒。楼琫以转运判官摄郡事，续纂《历代求子方论》冠于首。《四库》医家类未收此。明万历重刊，凡分四十门：曰求端撰本。曰方书叙例。曰病源形色。曰形初保育。曰初生有病。曰禀受诸病。曰蒸忤魃啼。曰惊潮狂因。曰惊风急慢。曰惊痫噤病。曰痫论候法。曰胎风中风。曰伤寒变动。曰咳嗽诸病。曰寒热疟瘴。曰斑疹麻豆。曰诸热痰涎。曰热蒸汗胆。曰寒痛逆羸。曰症癖积聚。曰五疳辨治。曰无辜疳瘌。曰诸疳异症。曰诸疳余症。曰吐哕霍乱。曰泄泻羸肿。曰滞痢赤白。曰诸血淋痔。曰三虫癞疝。曰水饮鬼疰。曰眼目耳鼻。曰口唇喉齿。曰一切丹毒。曰痈疽瘰瘿。曰疮㾦疥癣。曰头疮冻痱。曰鳗刺虫毒。曰论药叙方。每门又各分子目。原序云："四十卷"；《解题》作五十卷者，误也。

涩江道纯森立夫《经籍访古志补遗》：《幼幼新书》四十卷，目录一卷。

（明人墨书真本）枫山秘府藏。首有门人李庚绍兴二十年《序》，末有绍兴上章敦牂石才孺《后序》及楼琦《跋》。每卷首举子目。栎窗先生《跋》曰："此刘氏真本也。明万历间，一妄男子肆意删改之，弇州王氏序而传焉，以故原书晦尚矣。幸家君借完帙于秘府，乃明人墨书。每卷首尾有二印：曰'中山世裔'；曰'和阳刘氏奕世儒医'；岂其方明氏之后与？家君命弟子静毅叔、士颂、士恕门人数辈，抄而得之。世哑科仅获刊落之余，犹以为至宝。今睹此本，又复何如！"按此本校之宋椠零本，行数正相同，知是明人从宋椠誊录者。又有万历陈履端刊本，删却居半，所谓一妄男子者也。又第三十八一卷（宋椠本，聿修堂藏）：每半板高七寸一分，幅四寸六分；左右双边，十行，行十六字；版心有剞劂名氏；卷首尾捺颐神印。（与荻野本外台所捺同）按此本纸质与荻野本外台相同，其为宋椠无疑：惜乎所存仅此！

锷按：刘昉字方明，知州刘允厚中子。徽宗宣和三年三甲进士。历官龙图阁学士，湖南安抚使。（见光绪《海阳县志·选举表》，及《允传》末。其知潭州，志传不载；惟东津《刘氏族谱》言其尝为是官，与《直斋书录解题》合。）《幼幼新书》乃刘昉摭拾古今小儿病证方论以成书，故曰《幼幼新书》。考《经籍访古志补遗》，称"抄本《龙木总论》第一卷至第六卷，载七十二证方论，与《幼幼新书》所援相符。"（《新书》中有《龙木论》四卷）又谓："今本《颅囟经》多脱误。《幼幼新书》所援，亦有足是正者。如初生小儿一月内乳痫如血证一条，治孩子脱肛方二道；皆经中所不载，尤宜补录"云云。是刘氏此书，其有裨于古医书之考证者多矣。此书明时藏书家多有藏本，今则传帙甚稀。除日本枫山秘府所藏宋椠写本外，以余所知南海胡氏有明万历重刻本；盖即陈履端删本也。然吾潮宋人著述之传于今者，唯此书为最完善。苟有好事者，搜访重印，不独于保赤之功，为利甚溥；即就一郡文献而言，亦可谓显硕果于仅存者矣。

宗颐按：《幼幼新书》，今所流传者，为明陈履端删刻本。宋时楼琦原刊本，清黄荛圃求古居曾藏之。书七卷，又内抄一卷；共七册。见《求古居宋本书目》；余则无闻焉。日本枫山秘府所藏则为明人墨书本，亦非原刻本也。考此书，明人多有藏者：《文渊阁书目》十五，《绿竹堂书目》五皆著录，咸称书十三册，与《求古居宋本书目》作七册不符。

疑求古居所藏者，亦非完帙也。

又按：《绛云楼书目》三，《国史经籍志》四，著录此书，并作五十卷。考石才孺序云："揭阳刘公帅荆湘，曾命编集古今医书中小儿方剂之说为一书，总四十卷，目曰《幼幼新书》；既成三十八卷，而疾不起，漕使四明楼公（即楼琦）命亟迄其事。因合后二卷为一，复纂历代所述《求子方论》为一卷，冠其篇首；阅月而书成。"是此书实四十卷。《绛云楼书目》及《国史经籍志》作五十卷非是。

明

熊氏宗立《集医便宜》　　谢纪《养心闲集》。

未见

谢纪《书熊氏医方》：人生于世，能修诸己，无德及人，亦徒善而已。古云："达则为良相，不达则为良医。"盖以其有及物之功焉。熊氏研精推《素》，凡乡邑之遘疾者，无贵贱贫富，无大小远近，有告必赴，赴必验其疾"表里"、"虚实"、"新故"、"浅深"、"重轻"、"先后"，而投以善剂。或攻或守，或砭炙体洒，无不应手取效；惟存心济人，而不计其资之有无。乡人德之，善誉日彰，阴功日积，岂不与良相同归乎？（《养心闲集》）

锷按：熊宗立，旧府县志无考；谢氏纪赠诗称曰鳌翁，鳌，或其字也。

盛氏端明《程斋医钞撮要》五卷　　《万卷堂书目》三，《千顷堂书目》十四。

未见

《千顷堂书目》十四《医家类》：盛端明《程斋医钞撮要》五卷。

锷按：《明史·顾可学传》言："端明家居十年，自言通晓药石，服之可长生。由陶仲文以进与可学；二人但食禄不治事，供奉药物而已。"《万姓统谱》亦载"其为礼部侍郎备顾问时，尝对上以摄生要法，不过寡欲为本"等语；盖端明于医术，固素所深研；观陈一松祭端明公文云："公年八秩，形神精宁，谈饮逾壮。"（见《玉简山堂集》二）是端明所学长生之术，其施诸己者固大效矣。《经籍访古志补遗》载日本高阶经宣藏有端明手写演山省翁《活幼口议》二十卷，末署嘉靖二十二年夏六月二十五日誊完集录，嘉靖癸卯夏四月朔玉华山人盛端明书。考嘉靖癸卯，即嘉靖二十二年。其时端明已晋位礼侍，乃能以蝇头小字写此二十卷之书，足见其抄辑之勤，与精力之过人。史谓其食禄不治事者，以此推之，当或可信。此书《医钞撮要》，今虽未见传本，例以所写《活幼口议》，意亦供奉内廷时所抄撮也。

清

〔补〕丘氏集勋《调元捷径》　　同治《大埔县志》十七《耆德传》。

未见

〔补〕杨氏凤来《身心宝鉴》　　阙名《凤来公传》。

未见

〔补〕阙名《凤来公传》：公讳凤来，字营若，号仪廷。康熙壬申游泮，癸酉援例完贡，以训导职衔居籍候选。为文举笔立就，手抄弦传子史数百卷。著有《行乐轩艺》、《身心宝鉴》，藏于家。（《百侯杨氏文萃》卷中）

饶氏宗韶《医脉秘要》一卷

存

〔补〕黄氏炜元《医学寻源》五卷

存　民国三年天生馆家刻本。

〔补〕炜元《自序》：天地之盈虚消长，系于《易》；生人之悔吝吉凶，亦系于《易》。《易》也者，所以明天地之道，宰生人之权者也。若《易》理不精，曷足以知盈虚消长；《易》理不晓，曷足以通悔吝吉凶。神农百草，卢扁千方，流及至今，真传渺渺。庸医杀人，托名渔利，所在皆然，何足道哉？君子曰："彼不知医也；彼不知医，即不知《易》也。"夫人亦始乾坤而后六子。自八卦定位，先天出其中，后天出其中。而《河图》、《洛书》，姑无论戴九履一，左三右七，二四为肩，六八为足；又天一地二，天三地四，天五地六。天七地八，天九地十；无非发明乾坤八卦之旨，以为寒暑虚实之确证也。余自授黄岐《素问》，刻刻以济人利物为务。深究乎经络条贯之源，熟察乎血脉流通之理。天之有春有夏有秋有冬，人即有寒有暑有虚有实。其心肝肾肺脾命，六宫所主，皆由六气而成；所以得其生生不已者，富贵寿考福祉康宁，皆天命有德，莫之为而为，莫之致而致者也。下此则有刚者柔者强者弱者；故天之时有不同，人之气亦有不同。烈风猛雨，一时拔木偃禾者，天之暴疾也；头晕目眩，一时废食忘餐者，人之虐疾也。天无惠日祥云和风甘雨以补之，无以成其为天；人无奇方妙药瑞草灵芝以益之，亦无以成其为人。故文王作《易》，而廉、来之疾以除；周公作《易》，而管、蔡之疾以去；孔子赞《易》，而少正卯之疾以清。此三圣者，皆能治一身之疾，一人之疾，一国之疾，天下之疾者也：余敢不明言之哉？余观古今言医之书，连篇累牍，不下千万卷，有如汗牛充栋；令人披阅，目忙手乱，无路可寻。余特为按《易》之阴阳次序，以得其寒暑虚实之源。简活易明，寻源易得。其书所有可以遵从者，余则累辑以存之，使人不失其本也；其书中所无，其症所罕出者，余则裨补以发明之。勿使寒者但知其寒，误医以益其寒；暑者但知其暑，误医以益其暑。其如虚者不知血虚生热；实者不知气实生寒：虚实混淆。韩子云："所谓以之昌阳引年而欲进其稀苓也。"噫！可胜慨哉！余是书之出，体《易》之精，究《易》之蕴；不敢背乎阴阳，不敢违乎寒暑；而五藏六府，皆本乎五运六气，君臣佐使，一一括乎寒热温平；体用并备，俾人人易明易晓者也。原其名曰《医学寻源》，未知有当于世否耶？区区之心，愿质诸高明。是为序。（《医学寻源》卷首）

〔补〕罗光蔚《序》　　　（《医学寻源》卷首）（不录）

宗颐按：黄氏《医学寻源》，余曾见之，凡五卷：第一卷《阴阳五行图说》及《脉诀》；第二卷《论经络病症》；第三卷《药性总义》及《治法》；第四卷《长沙杂症》及《汤头歌诀》；第五卷为《时方歌括》，首载《医学寻源论》及《卦歌》，末附《症论医案》。炜元一字晖史，大埔人。

何氏叔夷《医宗集览》

存　未梓。

《儿科秘要》四册

存　已梓

天文算法类

清

杨氏其琛《天学易知说》　　光绪《海阳县志·艺文略》。

未见

光绪《海阳县志·艺文略》：《天学易知说》，国朝杨其琛撰，未梓。谨按：其琛号韫田，邑诸生；通中西算学。

饶氏宗韶《测算入门》一卷　　新修《大埔县志·艺文略》。

存

术数类

清

〔补〕王氏金铉《历书》　　杨钟岳《搴华堂文集》。

未见

〔补〕杨钟岳《序》：王子金铉，言貌古拙；初挹之若鄙朴寡文者，及与论星历之书，洞悉靡遗，真有得古圣衍画之旨；即起康节、子云、一行、守敬诸人于今，吾知其必合也。窃怪俗人往往笑之，则以言貌古拙耳。夫取人惟言貌，不益令子羽抱恨终古哉！余知王子十有余载，日月迭更，风雨多故，未尝不服王子之能推测审量，毫厘不爽。王子儒宿也，因不得志于有司，而究心星学。其于天地人之理，语无不精，用无不宜矣。兹编成一书，以为世用。君子观其书，益伤其遇而嘉其志，谓是足以传王子矣。余爰序而梓以行之，俾为贤者所识，无为俗人所笑。（《搴华堂文集》）

〔补〕蔡氏本江《地理辨正求真》四卷

存　光绪壬辰粤东儒雅堂刊本。

〔补〕本江《自序》：地理之由来久矣。青乌家言汗牛充栋，总之不离乎峦头理气者近是：盖峦头者，地之形也；理气者，地之用也。善观地者，因形以察气，因气以测理，因气中之理以定吉凶，斯得之矣。然峦头理气以《青囊》为宗，业斯术者，孰不讨论讲贯？乃童而习之，至老弗省，岂古人故为是欺人之语哉？彼其所传者非真传，而所学者非正学也。丁亥之秋，客游奉天；见山西人作会馆用法甚异，询其鉴造，乃金姓讳龙、号在天师，钦天监院人也。投刺请谒，往来谈论，迥出寻常，心甚讶之。及束脩执弟子礼，始授《青囊》一书，俾诵习焉，阅十昼夜不得津梁，因请益。师曰："《青囊》自留侯而后，其法遂湮。唐永徽中，河中闻喜县有丘隐公者，与民间扞作，常有星气交现其间，玄宗患之，下诏捕求，遍索民间弗得。后原其罪，召至阙下，尽呈所学，官其人而藏其书。又恐民间有善明其术者，乃诏一行禅师，伪作铜函以乱其真。自是而后二百余年，不复有正经矣。僖宗末年，巢寇犯京，中秘狼藉。杨、曾二公适在军中，得丘公所进秘书，遁归江右，以术自娱。后著《天玉》以授曾公安，著《都天》以授黄居士，著《奥语》以开地学之源。又恐蹈丘公覆辙，故用颠倒排星，关天关地定雌雄之诀，移贫就富。此天宝秘笈之书，峦头理气合一之秘也；非人不传，彼俗学乌乎知之？"予闻之不禁洒然汗下；因念十年功苦，空怅迷津；今幸遇名师，敢仍觌面相失？悉心讲求，无间寒暑；几杖追随三历年所，师鉴诚恳，始授真诠：用二气河洛之理，洞造化运行之机；审来山以定雌雄；察金龙以明向背；观血脉以究源流；认二叉以定踪卦；用翻倒诀以量山；览十二方星峦之吉，用仙人经以步水；收廿四路来水之神，水管水而山管山，五行各专生旺之气，龙配向而向合水，山水不犯死煞之侵：真所谓改天命，夺神功，回造化之元术者也。又授以天心正运，龙宫交会，玄空真谛，都天大卦，收水火，正龙冈，安天机，收阳神，五星躔次，月将加临，仪禽奇遁，吊泊飞宫；四课三传七百二局，以及真禄马、真贵人、真太阳、太阴到山、到向、到分金之下：诸法毕具。拜受之余，恍有所得。及持是法以验卿相故居，王侯墓宅，若合符节。乃知此理自有真，而悔从前之谬也。今老矣，回首薪传，不忍失坠；因将《青囊》诸经重加注释，颜曰《辨正求真》。欲付剖以广其传，因循未果，适嘉应太史李公见而爱之，劝令就梓；复命公子同学，谨书数语于简端，以志渊源有自，而乐斯道之不失云。（《地理辨正求真》卷首）

〔补〕蔡锳后序：《青囊》一书，允系仙法；而要不外《河图》、《洛书》，先后天之理，自唐一行颠倒卦例之后，秘《青囊》于不问，伪书杂出，而末学者流，又从而误信之，地理所以愈杂而愈晦也。我岷山宗兄，积数十年之力，穷天地人三卦之蕴，辑此《辨正求真》一书。章联句解，仙法灿然。此蒋氏各自分注，单讲元运者不同。定翻天倒地之雌雄，二气河洛之交会，四十八局之排星，仙人经之消水，天机诀之用法，玄空交会卦之立图，十二字之传心诀，挨星盘式之辨伪，进神退神图之立局，太初太极图之图咏，《河图》具先天之《易》理解，《辨正求真》之释谬，《青囊》作用之总括，《青囊》全集之补注，衍义篇之后序，三十韵之长歌；以及真祖宗，真父母，真子息，真三卦，真倒卦，真零正，真雌雄，真宾主，真差错：二十五法，无不一一解说。予见其预断吉凶，历验往事，妙悟神解，深得《青囊》之秘。苟非传授真，学力富，焉能若此之了如指掌乎？书成嘱序于予；予心折之，敬书数语于左。用志斯道者，知所从事，庶不至惑于众说之纷歧，而可得其宗旨矣。是为序。特授新宁县学教谕、乙酉科举人，愚弟锳拜撰。（《地理辨正求真》卷末）

〔补〕李载熙《序》　　（《地理辨正求真》卷首）（不录）

〔补〕叶滋荣《跋》　　（《地理辨正求真》卷末）（不录）

宗颐按：此书共四册：先论曾求己《青囊序》，次《奥语》，又次《天玉经》，又次《都天宝照经》，末为《求真释谬》、《玄机断》。其以《辨正求真》名篇者，盖以蒋氏《辨正》，于杨公正教剖析未明；故别辑《求真》以阐其义也。书首题蔡岷山补注男汝士、修士、青士、麟士受业李学恒、叶滋荣同编录，李太史采卿鉴定，知本江此书助其纂述者尚多人也。本江字岷山，澄海东湖乡人。

张氏翱《地学订误》　　张克诚《张翱传》。

未见

《星学订正》　　张克诚《张翱传》。

未见

《六壬总诀》十卷　　张克诚《张翱传》。

未见

《诹日合表》二卷　　张克诚《张翱传》。

未见

〔补〕同治《大埔县志》十七《文苑传》：张翱，号仪坡，新城令树勋长子。聪颖绝伦，过目成诵。由丁卯解元中甲戌会魁，选庶常，改工部。生平研精经史，动有著述；下至医、卜、星、相、堪舆之学，靡不精究。

饶氏宗韶《地理辨正发微》十卷　　新修民国《大埔县志·艺文略》。
存

郑氏昌时《说隅》　　光绪《海阳县志·艺文略》。
未见

锷按：昌时有《开方考》，已见礼类。考其诗有“理境谈元举一隅”句，当指此篇也。此书《县志·艺文略》，援《四库》著录杨子太玄、温公潜虚例，隶于子部术数，今仍之。

宗颐按：《说隅》，洪肇基《韩江闻见录·序》，谓为“推阐易数说理之书”；书今未见，是否如洪氏所言，不可知。考昌时《自赋诗注》，“《典要说隅》四卷，杨观察、黄观察序刊。”是此书当时固曾锓梓，世间或有传本；安得一见之。

艺术类

明

夏氏弘《铭乾子篆谱》　　光绪《海阳县志·艺文略》。
未见

〔补〕李氏楩《溪声堂法帖》　　光绪《嘉应州志》二十九。
存

〔补〕《胜朝粤东遗民录》四：李楩仪容奇伟，嗜古好学，书法直逼钟、王。遭国变，淡于仕进；与张琚等四人偕隐，刻有《溪声堂法帖》。

宗颐按：李楩，字其础，程乡人；翰林院侍读学士士淳子；崇祯己卯举人。康熙《潮州府志》，康熙《程乡县志》，光绪《嘉应州志》并有传。所刻《溪声堂法帖》，《嘉应州志》注曰存。

陆氏宸箴《琴言》　乾隆《潮州府志》二十九《文苑传》。

未见

李氏仕学《初学艺引》十三卷　《四库全书总目》一百三十，《皇朝文献通考》二百二十七。

存　道光《广东通志·艺文略》六。

《四库全书总目》一百三十：《初学艺引》二十三卷（浙江巡抚采进本），国朝李仕学撰。仕学字亨敏，号逊斋，揭阳人。是编本为初学游艺而作。首冠以格言一卷；其余分六引：曰文引，曰诗引，曰书引，曰画引，曰琴引，曰棋引。其《文引》凡五卷：首论文，次《左传选》，次《庄子选》，次《史记选》，次《韩文选》。其《诗引》凡三卷：首卷分论诗、诗体、诗学三篇；次卷选汉魏六朝唐诗；末卷专论乐府，分“总论”、“订律”、“审音”、“宫调”、“歌法”、“题解”诸目。其《书引》凡四卷：分“论书”、“书体”、“书法”、“书学”等目。《画引》四卷亦如之。其《琴引》四卷，则仿《史记》之例，编为《琴史》，首以古帝王始制琴及善琴者为十二本纪，而孔子与焉。又表古今人物及七弦十三徽，与手势、指法等为十表。又撰《礼书》、《乐书》、《天官书》、《定制书》、《择材书》、《操缦书》、《正音书》为八书。其三十世家则能以琴世其家者；其七十列传，则古今善琴之人也。编末《棋引》二卷，则自出新意，取邵子之《易》数以为棋局。其凡例谓以尧夫为奕秋，四大为枰，分野为罫，日月为子，晦明为黑白，嬗递升降为劫数输赢：名曰《棋局新书》，示与旧谱不同也。其书分八目：一曰说局，总说大意；二曰先天成局，即邵子之日月星辰水火土石也；三曰方圆正局，即先天方圆二图，合而图之，象天包地外地处天中也；四曰奇偶变局，即日月星辰水火土石八卦，八而动之为六十四卦，六而变之为三百八十四卦也；五曰得数定算，则以元会、运世、岁月、日时为经，而以十二三十之数反复相乘也；六曰烂柯甲子，盖一元十二会全图也；七曰长安旧闻，则自己会第三十运至午会第十一运之图，盖邵子尝推数，起唐尧甲辰迄宋之熙宁，仕学此书复增而益之，至于本朝也；八曰棋阁测议，盖引黄氏管窥之说，以总古今全局也。其名书之意，不过以一元有三百六十运，一会有三百六十世，推之年月日时，其三百六十之数皆与棋合，故以棋局名焉。其亦妄作聪明，弊精神于无用之地矣。”乾隆《揭阳县志》五《选举表》：李仕学，在城人廪贡，顺德教谕，天津经历。

锷按：李逊斋，旧府县志无传。名氏仅见《揭阳县志·选举表》，例仕门中。其为顺德教谕，据《广州府志》，乃乾隆五年任，以此知逊斋为雍、乾间人也。是书《四库总目》著录于杂家类；而《阮通志·艺文略》则采入艺术门。今以其书核之，所引诗、文、书、画、琴、棋六者，实皆艺事正宗。《通志》列艺术，于义差近，今从之。

宗颐按：李仕学《初学艺引》，曾分类抽出单行。其中《琴引》四卷，俞樾《九九销夏录》十二，称彼曾有藏本，谓其书可与《兰史》并传。又《浙江图书馆书目》，亦载有《画引》四卷，共四册，潄芳居刊本。

郑氏润《吾心堂临古帖》四册

存

郑润《跋》：余曾见宋拓褚《兰亭》及《黄庭经》，神彩秀逸，波趣天成，心窃慕之，而手不能追之。壬寅游长安，历览碑洞，复睹河南《圣序》，并记两碑分别雁塔之前。参以曩时所见，觉前人笔格，自有渊源；虽禊帖为诸家冠，而学者固当先河后海也。遂购数本，藏之箧衍。长夏抵莫州官舍，槐阴清昼，笔研颇闲。《圣教序》一册，手摹再四，殊自苦其未合。后翁学士覃溪先生，见而《跋》之，谬加称赏；且怂恿付镌。因自忘其固陋，取《记》续临；并动诸石，工竣榻本，还质之覃溪先生。余老矣，僻耽墨稼，卒未窥古人堂奥，幸名流长者俯赐指南，勿以赎貂为昏耄罪，或尚能稍有进耳。郑润识。

翁方纲《跋》：壬寅冬十一月十日灯下，于苏米斋展玩此本。因出予所临《杨太尉碑》同观，并以韩叔节《礼器碑》奉赠。覃溪翁方纲题《礼器碑》、《杨太尉碑》，皆河南妙婉之祖也。后来山谷亦得其一二，《伯夷叔齐庙碑》是也；张温夫亦得其一节而未臻大全耳。雨亭临古，今日射雕手也。叹服叹服。是日漏下二鼓题跋。（按此《跋圣教序》）

孙永清《跋》：褚河南《圣教序》：一在雁塔，一在同州家。退谷谓同州饶骨，雁塔饶韵。雨亭所临，雁塔本也；而风骨遒劲，又似得之同州。盖河南书多出古隶，故有跌宕之气；沾沾于形模规矩之间，失之远矣。雨亭通六书，其于古盖有得者。积数十年之功，而乃至是，视世之戾于时而不合于古者，相去奚翅径庭哉。乾隆丙午长至日，宝岩弟孙永清字絜斋跋。

饶锷《跋》：此吾乡郑雨亭先生《吾心堂临古帖》，凡四册。其所临书为钟太傅《宣示表》，王右军《兰亭序》、《曹娥碑》、《乐毅论》，王大令《十三行》，褚河南《述圣教序记》、《圣教序》，朱文公《画寒亭诗》，苏眉山《词》，米襄阳《行书》；都十有二篇。雨亭平生所为书，可见者，尽此矣。末附刊覃溪补山诸公题识，并雨亭所自为《跋》尾。为之刻者，江阴孔瑶山广居。瑶山精刻石，雨亭书复峻拔凝重，故精光神彩，溢耀行间。今之为书者，喜谈北碑魏体，其于阁帖则深置鄙夷，以为帖自唐人摹勒，历更宋、明重钩翻刻，貌合而神已离；而六朝碑版文字迄今尚有不敝坏者，古人遗法，俱可考见；故有百帖不若一碑之言。吾谓北碑之佳者：如《爨龙颜》之雄浑，《石门铭》之宕逸，《灵庙碑》之渊懿，《张猛龙》之奇峭，诚为千载绝作。然《兰亭》、《醴泉》、《淳化》、《大观》诸帖，其法度意态，变化万状，不可方物。学者果能于此中冥会钩玄撷腴，则帖未始不与碑同也。自包慎翁以里笔写碑启导学者，高才者趋之，而阁帖已沦于粪土。百十年来，碑学盛行，而廉亭、松禅实为之魁。夫廉亭、松禅之学，诚出乎碑；必谓碑外无书，则石庵、梦楼之专有大名于乾嘉之际，又何说焉？是犹夫学文者之上探六经周秦诸子，遂蔑视韩欧曾王为不足道；皆徇俗树异，务为名高之过也。雨亭之书，固用力于帖学者也。观其临古诸篇，笔力坚深，纵横尽致，绝异乎拘绳守墨之为者；而临褚之作，尤为神妙。昔人谓河南学逸少书，疏瘦劲炼，不减铜筒，吾于雨亭之学河南亦云。诗曰：“惟其有之，是以似之。”信哉。雨亭当乾隆时，颇负书画盛名；又得当世大人君子为之表襮。意其翰墨流传，当垂不朽。顾殁后遗书零落，未及百年，乡人至不能举其名姓，此可为慨息者也。是帖刻石旧藏郑氏，闻雨亭子孙已不能守；然则此剩篇断墨，掇出于仅存垂绝之余，不尤足贵者耶！庚申八月。余于内弟蔡剑秋斋头获睹此本；既爱雨亭临摹之妙，又悼帖学之不振，惧其书之终于沦没也；因为之跋，俾世有力者，重刻以永其传焉。孔诞日，后学饶锷书于天啸楼。（《天啸楼集》二）

〔补〕《韩江闻见录》七：海阳老画师郑润，字雨亭，幼聪颖，工书善画。长游姑苏；苏姑人奇之，谓其画品不为建派所囿；征录特为立传。后游都门，其书法又为当代巨公所重。有石刻《吾心堂》行世，覃溪翁侍郎尤为叹赏不置云。

〔补〕林大川《韩江记》六：吾心堂在七株榕西北，雨亭居士郑润藏帖所也。帖凡八十有余板：临非一家，字非一体，悉属名工刊刻，费有千金。北平翁方纲督学来潮，为《跋》其尾。今雨亭后人宝若香琼，珍同暖玉。余属比邻，犹未获一寓目；则其护惜可想见矣。姚竹园《吾心堂法帖》歌中，有“君不见魏晋八法仰钟王，又不见唐家六书宗颜柳。雨亭居士善临摹，颜柳钟王出一手。”阅此数语，则褚河南不能专美于前矣。

锷按：郑雨亭处士润，光绪《海阳县志·方技传》有传。雨亭以书画绝技，擅名当世；其结交覃溪，据故老传闻，谓覃溪督学至潮，尝书箑以赠邑绅，雨亭见而摹之，别书于箑，而仍署覃溪名。明日，绅持以见覃溪，覃溪几不能辨；既而审得其实，乃大诧异，即屏从见雨亭于矮巷，而定交焉。迨覃溪北归，游扬于公卿间，雨亭名遂鹊起。后雨亭至京，以所临帖乞覃溪为跋。锓石问世，即今所传《吾心堂帖》也。雨亭画流传绝鲜，其书法之存者亦仅此而已，十年前，借观于内家，曾为跋尾。后数年竟有以此帖原石十方求售者，审之为《兰亭序》、《述圣教序记》、《圣教序》三种。其《圣教序》字已有残泐；惟《兰亭序》尚完好。余以十金易之；问其他则云“散佚已久。”若然，则此拓本四册，弥可宝贵也。

宗颐按：光绪《海阳县志》润本传称“润初游姑苏，继游都门。都门重其书法；北平翁方纲，尤为叹赏。迨后倦游归，筑吾心堂，藏帖。方纲督粤学来潮，为《跋》其尾。”按《县志》所载雨亭事迹，与先君所述互异。考覃溪任广东学政，据《清秘述闻》，为乾隆二十九年甲申；而雨亭至京师，据其自题《临圣教序帖后》，为乾隆四十七年壬寅；其客姑苏，则为四十八年癸卯。是雨亭初识覃溪于潮，后乃至京师；吾心堂临帖正成于是时，又后始至姑苏也。故雨亭与覃溪交游始末，自当以先君所引故老传说者为是。

又按：《韩江闻见录》谓：“郑润，《画征录》特为立传。”光绪《海阳县志》亦从其说。考张庚《画征录》所载潮人仅一黄壁，续录亦无润名，不知昌时何所据？

吕氏玉璜《培兰堂印汇》四卷

阙

玉璜《序》：托名于篆，好古者知之，工于时者不必尽知也；顾未尝不爱名。宜于古而不宜于时，不可谓非名之厄。虽然，世有知我，斯名显焉；世无知我，斯名晦焉。人不能强我尽与人知；我何能强人之尽我知，则何能强人之不尽我知。爰萃篆刻图章共为一帙，以俟夫好古者，工于时者之共谛视焉。癸酉春月，钓溪自题。

王达泉《序》：世言雕虫小技，君子弗为；是以图章一艺，匪惟精之者寡，并嗜之者亦寡。余虽不精于是，而心窃嗜之，非敢自外于君子也；亦以世之弗为者不皆君子，则余之偶嗜乎此，未必遽违乎君子也。韩江林君秋涧，夙有篆名，时与余论及之，因出吕氏《印汇》见示，称“系钓溪先生所集；其经秋涧手镌者十居二三。”余玩之，手不忍释，凡属章法刀法篆体，以备秦汉诸家之妙。欧阳子云：“物聚于其所好。”不其然乎？余因未多秋涧之工乎此，而先难乎钓溪之嗜乎此者，以征两美之必合也。钓溪以世家子而能迸绝尘嚣，游心艺圃，于诗文书法外，兼事乎此，自非天分之优，而能若是乎？用弁数言，亦欲使同所好者，览是编而游艺焉可也。嘉庆癸酉长至日，吴越王源达泉氏书于金山官舍。

郑家兰《题辞》：篆刻印章，士大夫家人人有之；然有之而已，不必其多也；非不能多，所好不存耳。吕君钓溪以世家子，年未弱冠，不趋时好；而独于读书临帖之余，留意于此。或倩名手镌就，或向市头购得；积而愈有，遂至于多。爰是都为一帙，置之案头，以供鉴赏。非质性过人，何能若是？观其布置匀整，用力精到，无法不备，无妙不有，心窃好之；而叹钓溪之兴致不浅也。古今韵事，天下清福，岂易为流俗人道哉！用弁数言，以志羡慕之意。嘉庆癸酉中秋后，郑家兰秋皋氏书于韩山书院。

光绪《海阳县志》四十：吕玉璜号小伊。先自斗门移居郡城。少孤，其母潘恭人延师课读，与弟玑璜俱有声庠序。家丰于赀，玉璜潇洒，绝无富豪气；性耽吟咏。道光间，选授曲江训导，履任数月，解组归。图书满室，以风雅自娱。

锷按：玉璜一号钓溪，培兰堂即其所居之室，刻烛吟馆故址也。《印汇》一书，《县志》并未著录。吾友杨君慧甫于堂之隅，获其残板《序》文数片，录以见遗；始知吕氏旧有是书，且当时曾印行也。所汇印章，据王源《序》文，其经林君秋涧手镌者十居二三，则斯集要皆钓溪私印，非集古也。（钓溪有私印曰：“大吕之音”，见黄霁青太守赠诗。）考秋涧名泉，亦海阳人。其人工书画，世多有传轴；惟不知又精篆刻。钓溪既与为友，而今《刻烛吟馆诗钞》，交游赠答，竟无一语及之，是可异也。

余既著录吕氏此书，终以未得目睹为憾。久之，始获见其残本卷三卷四一册。每卷之首，题韩江吕玉璜珍藏；而细审篆刻，果皆吕氏私印；然其中有数颗曰“运山”，曰“运山珍藏”；运山疑亦玉璜之别号，此则世所未知也。

丁氏日昌《百兰山馆藏帖》二册

存　家刻本。

丁惠衡《跋》：於戏！此先君与子贞先生吴门倡酬诸什也。去腊检于旧簏中，觅善手摹勒，工甫半，而先君遽归道山矣。瞻望白云，肝肠寸裂。先君抚吴时，不肖侍奉署中，亲见先君钩稽案牍，瘁精劳神，漏三下，犹秉烛危坐治书。公余或与幕僚赠答，吮墨濡毫，顷刻间飒飒已盈百纸。近年乞假养疴，每勖不肖行谊事业，旁及诗古文辞诸法，犹指授不少倦。一旦骤罹惨割，不肖今为无父之人矣！悠悠苍天，此恨其有极乎！不肖荒伧无似，中夜涕零，恐恐然虑弗克继父志，思欲有所树立，以慰殷勤之望。追维往训，辄敬谨不敢忘。是编也，先人手泽存焉，因续成之，并泣志其缘起于此。异日抚卷彷徨，其钦钦在抱者又何如耶！光绪八年三月，不孝丁惠衡泣志于榕江絜园。（《百兰山馆藏帖》卷末）

锷按：此帖所收，多道州何子贞太史绍基手迹。盖中丞抚吴时，太史亦寄寓吴门；诗筒酬唱，几无虚日；故当时中丞所得太史墨迹，多如束笋。此乃择尤镌其真本；闻十年前已尽为海上书贾估去矣。

又按：此帖二册：上册列于光绪八年，谓之《荔枝唱和册》；下册刊于民国五年，即杂集子贞太史和诗诸作。中丞有《和太史啖荔》等诗，亦载《荔枝唱和册》中；惠衡跋尾所谓先人手泽存焉者也。余曾取《百兰山馆诗集》，与此对校，字句间微有不同。如诗集中《和太史来吴》七古一章，“偶然拄杖胝肩肩”，帖作“有时拄杖胝肩肩”；“浮屠偶结三宿缘”，帖作“浮屠三宿偶非缘”；“生才不用疑方圆”，帖作“此才谡生劳大圆；”“一榻时为徐稚悬”，帖作“一榻特为徐稚悬”。其《啖荔》诗，亦有数字互异。

郑氏心经《印谱》一册

存　潮安蔡氏藏本。

锷按：郑心经字醉六，自号樗散人，海阳人，诸生。为人疏宕洒脱。工书画，能诗。喜作滑稽联语，见者绝倒。曾咏橄榄诗百首，一时传诵。晚以医自晦。将卒，遗命戴眼镜，以小帽时装入殓，盖亦一异人也。此《印谱》一册，乃先生自镌以钤所作书画，今藏蔡君道衡处。其章大小方圆；其字行楷隶篆，配置匀称；而刀法秀劲，无一缺笔，殆得力于衡山父子为多。先生书画流传颇夥。其所著《鹧鸪吟馆诗钞》，余近始见之。十年前余辑《西湖山志》，得先生《四望台赋》，诧为至宝；今又获观此册，术非儒不精，信才士之多技也。

黄氏霖泽《铭雀砚斋印存》四册

存

郑心经《题辞》：夫字摸丹篆，千秋珍金石之藏；彩耀朱泥，万卷焕图书之色。以故虫文鸟迹，镂刻云霱；汉隶秦铭，雕劖今古。正不特手铏菜菽，尾押葫芦；其刀法之讲求，方圆之配合，由来尚矣。吾友笠芗黄君，癖深原父，巧侪曼生。铁笔称工，印人自序。诠详器字，何殊堂号飞鸿；集吉金书，不愧斋名铭雀。然犹不啬其有，不宝其私，捃摭成书，付之剞劂；编摩为谱，公诸友朋。亦足见其搜罗宏富，考核精详；艳欲助乎文房，诸却同乎武库。正宜钤付收藏，趁新装于玳瑁；何至印来颠倒，发浅笑于玫瑰。乙未腊月先立春三日，郑心经作于逍遥仙馆。（《铭雀砚斋印存》卷首）

温仲和《题辞》：海阳笠芗，以其所刻《铭雀砚斋印存》嘱题。余闻之师曰：汉印字体在篆隶之间，谓之缪篆，为八体之一。《汉延光残碑裴岑纪功碑》，《张迁》、《韩仁》二碑额，即此体也。元赵松雪，始以小篆作朱文印；文衡山父子效之，所谓圜朱文也。论印则小篆为变法，论书则小篆为正宗，此变之善者。盖古印似汉碑；圜朱文佳者，则似李阳冰篆碑，浙派为今时盛行，其方折峻削，似天发神谶及魏碑隶书；以其出于浙人，谓之浙派。余执此三者，求之此谱，往往遇之。世有好嬉子其人，必能辨之矣。丙申四月，嘉应温仲和。（《铭雀砚斋印存》卷首）

王延康《题辞》：黄笠芗，今日之项子京也。金石书画靡不究心，其家藏亦甚富。唐、宋、元、明国朝名迹，庋阁几满，绝未闻其游心印章也。近日余颇习此，谈次及之，则出所藏印百数十相示，皆汉魏唐宋巨公，以及近代名刻，累累然目不给赏。嘻！彼所不甚爱惜者，其收藏之富又如此；则其书画，更可想而知矣。印章虽小技，亦书画家所不可鲜，亟怂恿之集成四本，以为印谱，已可宝矣；他日锓其名公真迹，以惠同好，其矜贵又当何如耶？光绪乙未涂月载生明，海阳王延康稚筠甫并书于小兰亭室。（《铭雀砚斋印存》卷首）

陈宝瑜《题辞》　　（不录）

符翕《诗》　　（不录）

西拉木椤瑞诰《诗》　　（不录）

徐《词》　　（不录）（并见《印存》卷首）

锷按：黄霖泽，字笠芗，海阳人。家住城坊九板桥。初得铜雀瓦研，遂以铭雀名其斋。性好收藏，嗜书画古瓷印章金石；搜罗侈富，一时无与伦比。精于鉴别，人得一器，往往就之判真赝，纤毫不爽。所藏《曾伯𩃟簠铭》字九十余，为笠芗藏器吉金之冠，盖四明范氏天一阁旧物也。（阮文达曾据赵晋斋所藏《柘著录》，见《积古斋款识》卷七。）其书画古瓷，尤多罕觏珍品；然时买时散，又未从事编录；故经眼储蓄虽富，后人终莫之知；独所积古印凡三百枚，曾编集成帙，为《铭雀砚斋印存》；一时名流，咸与题咏。余家藏有此本，共四册，乃笠芗曩时所贻者。览此可以见其嗜好之笃也。笠芗殁后，所藏骨董尽散出；而此三百颗印章，则以五百金售之枫溪柯氏；今闻柯氏又散矣。其中最可贵之汉铜印如部曲将军假司马杨烈将军诸章，多归吾家自怡悦斋。虽世间尤物，聚久必散；然近百年来岭东言收藏之杂且富者，不能不推笠芗为第一人矣。

杨氏育仁《古今名帖题跋》

存

锷按：杨育仁，字勉之，大埔人。

〔补〕杨氏国崧《筱亭画塍》

存　未印。

宗颐按：杨国崧先生，字筱亭，本江宁上元人。光绪间，为官粤东，遂家于海阳。工六法，初师三祖，一变倪、黄，再变则脱去古人臼科，自成邱壑。符司马子琴，李太守士彬，褚观察成博，吴方伯煦，阳明府颎，先后莅潮，读其书画，皆深加深重。盖其笔墨于山水中隐然有仁智幽贞之意，故得时贤称叹独多。民国八年卒，有山水人物画稿数十帧，藏于家。

〔补〕饶氏瑀《墨笠道人山水花卉画帧》
存　未印。

宗颐按：先大伯父瑀初，名瑀，号墨笠道人。自少酷嗜金石书画，摹勒不间。所作有山水花卉画稿数十帧，未印行。

陈氏宝瑜《粳米斋双钩碑帖》　　《缵槐堂文集》。
未见

《庋古阁篆刻自课》　　《缵槐堂文集》。
未见

《图书丛集贴本》　　《缵槐堂文集》。
未见

《图书丛集摹本》　　《缵槐堂文集》。
未见

《庋古阁泉拓》　　《缵槐堂文集》。
存

王慕韩《艮山居士传》：陈君宝瑜者，字琼莹，自号艮山居士，邑人也。君性嗜奇，凡经史文集，偶丽词赋，旁逮碑帖印章，庄、老、佛、耶外国之学，莫不探讨；而尤精于史法；尤喜古泉布，广搜而博考，集录三代秦汉至今及外夷岛国，为《庋古阁泉拓》若干卷。年十七，补博士弟子员；二十五举光绪戊子科乡荐；未几，以疾卒，年三十九，光绪二十八年也。所著有《改二十四史草稿》、《粳斋集》、《粳斋双钩碑帖》、《庋古阁篆刻》、《自课图书丛集贴本》、《图书丛集摹本》。草创未就者，有《古诗史》、《采辑唐宋四家诗

钞》、《颐性斋杂录》、《学算稿》、《本洋钱谱》、《中外银谱》：皆无卷数。君尝遵例报捐江苏知县云。（《缵槐堂文集》）

锷按：陈艮珊太令宝瑜，平生著述，类皆有目无书；所改《二十四史草稿》，亦有志未逮，非能编次成书；其为王氏撰传所举草创未就之书者勿论矣。即双钩碑帖篆刻，自图书丛集帖本、摹本等书，余曩询其家人，亦皆茫然莫识。十年前偶购郡中某氏藏书，中夹一册，题曰《图书丛集摹本》；寥寥仅三页，涂抹满纸；疑即大令稿本也。后又获得《度古阁泉拓》一册，首末较为完具；然所集泉布仅百余品，亦无考证。

杂家类

明

戴氏希文《航录》　　光绪《海阳县志·艺文略》。

未见

光绪《海阳县志》三十五：戴希文，名昌，以字行。博通经史，不乐仕进；自号野民。敦行谊，乡人宗之。至正间，潮寇抢攘，学校废弛。总管王翰迁韩山书院于大隐庵，延希文主教事。著有《航录》于世。

宗颐按：戴希文昌，《潮州府志·选举表》作戴次胄，字希文，潮阳人。《潮阳县志·杂述类》云："次胄古志作以胄。洪武间，以明经保举赴京，送翰林院，考授四川简县县丞。"又据刘嵩《韩山书院记》，则希文名，又作世昌。（见《海阳县志》十九《建置略》三）各书所载戴氏名虽互异，而字希文则同。考希文墓在今海阳县登荣都畲岭，是希文为海阳人无疑。至《县志》谓希文为至正间人，不乐仕进，与《潮阳县志》称洪武间以明经考授四川知县者，事实颇不符。然以刘嵩《韩山书院记》观之，则希文元时已为太史。其谓洪武间始以明经仕进者，疑有误也。此书《阮通志·艺文略》不著录。县志谓核其名义，子部为近；今从之，入杂家类中。

许氏洪宥《南台日录》　　光绪《海阳县志·艺文略》。

佚　光绪《海阳县志·艺文略》。

宗颐按：洪宥官至御史，此《南台日录》，以意推之，当为其官御史时所记台中参劾之事也。

苏氏志仁《日记存疑》　　《千顷堂书目》十二，光绪《海阳县志·艺文略》。

佚　光绪《海阳县志·艺文略》。

焦竑《献征录》一百十一：志仁于书无所不读，尤精天文、律历之学；下至金石、彝鼎之文，山川、草木、虫鱼之细，靡不毕究。所著有《抱拙堂稿》，《中兴别响》，及《日记存疑》诸书。

宗颐按：苏志仁，字道光，号似峰，海阳人。嘉靖甲辰进士，历官大理寺卿。道光《广东通志》，乾隆《潮州府志·名臣传》，光绪《海阳县志》并有传。

郑氏旻《峑山谈言》　　道光《广东通志·艺文略》二，光绪《海阳县志·艺文略》，光绪《揭阳县续志》四《艺文》。

未见

乾隆《揭阳县志》六：旻生平慷慨多大志，粹于学问；所著有《衰拙稿》，《峑山谈言》。说者谓乾隆以策取士，如邹应龙、林润、孙丕扬以直节；邹善、郑旻以理学；陆凤仪能谏；姚汝循工诗：为不愧科名云。

宗颐按：郑旻，道光《广东通志》，乾隆《潮州府志·循吏传》，嘉庆《揭阳县志·贤达传》，光绪《海阳县志》，并有传。其名各志均作旻；惟《阮通志》本传作雯。然《艺文略》实作旻，疑本传或误，此书《阮通志·艺文略》曰“未见”；光绪《揭阳县续志·艺文》注云“未刊”！意今必有传本；而光绪《海阳县志·艺文略》，据《粤东诗海》收录此书，注曰“佚”。

饶氏与龄《松林漫谈》　　同治《大埔县志》十七《宦迹传》。

未见

〔补〕唐伯元《中书宾印饶公传》：中书舍人饶君与龄者，余郡人大埔前宪副三溪先生长子也。生长富贵，绰约若贫生，布衣蔬食。所居独坐一室，书史自娱，绝无声色玩好戏逐之事。有司里戚，罕见颜面。一切世味，漠如也。余观其读书山中所著《新矶题咏》，与《松林漫谈》二卷，兴致悠然，有若将终焉之意。（大埔《饶氏族谱·文献传》）

宗颐按：饶与龄，乾隆《潮州府志·文苑传》亦有传。所著有《新矶题咏》与《松林漫谈》。新矶松林，皆茶阳山名；松林又为宪副三溪葬处。此二书当并为中舍未出仕时，读书山中所作者。

吴氏洲《犀燃鉴》　　萧翱材《吴洲墓志》。

未见

饶氏希夔《桂香随笔》二十卷　　道光《广东通志·艺文略》六。

未见

《粤东遗民录》四：希夔，字彦粹，号和臣，大埔贡生。国变后，或高其行，举乡饮大宾，不就；作《梅花诗》百首以自况。著有《桂香随笔》。

〔补〕饶堂《梅庵公家传》：公生平嗜学，博览群籍，好吟咏。所著有《尔栎斋稿》、《桂香随笔》、《梅花吟》、《梅花影》诸书。（大埔《饶氏族谱·文献传》）

宗颐按：饶希夔，中翰与龄孙。乾隆《潮州府志·义行传》，同治《大埔县志·儒行传》，并有传。此书同治《大埔县志》作《桂花随笔》，“花”字疑“香”之误。

吴氏仕训《经史管指》　　嘉庆《潮阳县志》十八。

未见

孟应春《序》：慨自学士家专守一经，不暇旁搜逖览；于是得其精微者，逊其风雅；得其庄重简核者，逊其淹贯宏周。然上考汉、宋诸儒，亦各就所得以名家，鲜兼备之美；下此又焉得深求也。束发以来，坠落括帖之网；由平而陂，由剥而复，或微言曲突，或肆力燋烂：皆若罔闻，不能取古为镜，审局量势。虽已莱公尚三复博陆一传，乃知往昔大儒之效，必从学问起手；学问必从经史起手。从经入者，能自见其性情，必不后遗我君父。从史入者，能自新其胆智，遇事有方而不穷于盘错。第经史之学，盈车连屋；贫者屈于财，拙者屈于力，望洋而反辙者有矣：此光乡先生所以有《经史管指》之作也。夫汰其靡靡，存其梗概；必具一段苦心，割所甚爱，弃所甚宝，孤行己意，于快心处拍案录之。如金镠酒母，可以点铁和水；间有微言指缀，忽然解颐，亦忽然汗背，瓶水知寒；读此悟经史之全矣。嗟呼！生逢不辰，遘此大难；坚同仇之谊者，类欲楚服短袂，从事于鞭弭櫜鞬，思一当以报国。乃区区语言文字间，或无以答，安事诗书之漫骂乎？是不然。建炎初政，伯纪当国，首以正士风为言。士风不正，纲常沦坏，天下事安可为也？舍经史奚以扶元运之衰，鼓臣子之气哉？信知此篇，为持世之大宝也。余展卷而知先生之志之所存，亦以知先生之品之所在；且知先生嘉惠后学之功，与扶干世界之力矣。（嘉庆《潮阳县志》十八）

李氏士淳《燕台近言》、《素言》、《逸言》　　光绪《嘉应州志》二十九。

未见

张氏玿《寓闽录》　　光绪《嘉应州志》二十九。

未见

《粤东遗民录》四：玿字台玉，程乡人；崇祯甲申选贡生，授东莞训导。张家玉起兵复东莞，以玿摄知县；大兵至，死之。著有《苍苍亭集》，《寓闽录》。（附《张琚传》）

宗颐按：玿，雍正《潮州府志》，康熙《程乡县志》，光绪《嘉应州志》，并有传。

清

薛氏然《辍耕汇纂》　　乾隆《潮州府志》二十九《文苑传》。

未见

胡氏瓒《抽簪纪略》　　雍正《潮州府志》十四。

未见

胡恂雍正《潮州府志》十四：胡瓒字刚麓，惠来人。顺治庚子举人；授嵊县令，三月政简刑清。以疾致仕，居林下十余年，杜门谢客，著有《抽簪纪略》。

宗颐按：胡瓒，乾隆《潮州府志》无传，《选举表》有其名；惟“瓒”则作“鑽”耳。

陈氏衍虞《明世说》十卷　　雍正《海阳县志》七《人集》。

存　旧写本（潮安陈氏藏）。

衍虞《自序》：临川王《世说》，造微征巧于单行只句之中；读者珍为木难火齐，代相推尚，几与坟典中分而立；宋儒独谓以清言误国事，不贵也。唐浔阳主簿刘肃作《唐新语》，起自武德，迄于大历；自谓事关政教，道可师模；虽仿临川义例，而体裁迥殊。以余蠡见：临川是骨董羹；浔阳则大官厨。临川岩壑云诡，衣履皆仙，只从牙齿间得利；浔阳如父老谈桑农，凿凿可听，但少稽词之俊令，阮旨之遥深耳。《世说》昉自汉晋，何元朗《语林补》至元末，有明佚事缺有间焉。今上方修《明史》，诏搜天下遗事，即稗官小说，无所忌讳。（抄本无“今上”至“无所忌讳”一段）余于是就少时见闻所及，略为采辑。其正者，足以垂金石泣鬼神；而寸玑尺璧，疏花小岛，亦时供松笔之点染。体裁差同刘肃；标领新异处，殆兼义庆。所恨生居荒僻，无从广搜，闲即往来金台、吴、越间；又寒篋金饥，不能多购。夫事虽出于一朝，历年已几三百。实录之外，缙绅先生所撰著与幽人墨客所私记述者，牛汗栋充。漫欲以井观括全史，是犹涉重溟者，舍铁网而搴珊瑚；入邓林者，弃斧斤而收杞梓。偶猎孤英，多漏瑰宝；其何以掷临川之碎金，考浔阳之钟鼓乎？假两卯金有知，笑我为鼹鼠鷦鷯，仆将何以自解。（《还山文稿》）

后《自序》：一代之创制，三百年之菁英；大者讦谟，次者国纪，次则山笈家乘，次则梵典稗官。珠霏琬错，轸照笥充。（抄本作照轸充箱）譬游群玉山，见四辙中绳之册府，无不洞心骇目。妄一男子根器猥俚，思挈秃毫以收赤文绿字（抄本多一鲜字），不为山鬼所揶揄否也？（抄本否也作矣）刘义庆《世说》，意主简。今竭典午诸贤，寝食梦思，造巧于牙舌；殆史家之碎金，益以孝标一注，乃成完锦。盖其阙略难通处，尽发于注。余标举明事，不过声闻小乘；分门之下，稍稍买菜求益，似注即在本文。自笑铅椠不广，蹄涔易穷；不能摘翡翠之藻羽，脱犀象之角牙。楮墨繁芜，瑶玞杂出，不堪，令阿平绝倒矣。时在官邸，草草成书；丧乱以来，散失过半，庋置者一十五年。会邦君大夫王望如、孙古嗅二公为余故人，征稿綣切；又夺之蠹口，重订缮写；不知临川王、浔阳主簿肯衙官我否？因叹作史三途，兼才者寡。孟坚篡汉，尚讥龙门；魏收操觚，共诋秽史。兹虽琐语，亦关体裁。太史公所谓“文不雅驯”，千余年前，早为老夫下一痛锥矣。（《莲山续文稿》一）

王仕云《序》：《世说》一书，临川、浔阳尚矣，园公奚取焉？曰：“园公二酉在胸，出若华龙津之辉光，以撷新英，掇奇藻，故有《明世说》之续也。”王子曰：其然。太史公云：“有能正《易传》，继《春秋》、《诗》、《书》、《礼》、《乐》之际。”意在斯乎？从来史馆所载，止一二大事；他如名臣轶行，野老旧闻，阙有间矣；园公其忍而已乎？虽然，年少负才，浮文驰驱，动与正史龃龉，深识者固有所不为也。园公自昭潭改绶，蒋径陶情；特侧理光焰，不自泯灭；网罗散佚，备百千年文献，于弹琴绣佛之余，其寄托远矣。诗曰：“周爰咨诹。”传曰：“访问于善为咨：咨亲曰询，咨礼曰度，咨事曰诹，咨难曰谋。”园公有焉。持此以较曩贤，岂仅仿挥麈之高谈，志荆榛之遗恨已耶？园公笑曰：“王子知言，是书用藉以不朽。”康熙九年夏六月，王仕云书于梅江尔室。

锷按：园公著述，惟此书最为典赡。《世说》之名，肇自刘向；义庆本之，以为《新语》。后世继作，不名一家，大抵门目皆沿刘之旧。此书共分二十五门，较刘书少十一门，与自来步武义庆者有异。至门目标类，亦不尽同：如刘书言语，此作辞令；巧艺，此作艺术；纰漏，此作疵累；宠礼，此作宠遇；识鉴，此作达识；排调，此作嘲谑。其刘本有此删者：政事、捷悟、豪爽、容止、自新、企羡、术解、简傲、轻诋、假谲、黜免、俭啬、汰侈、忿狷、谗险、尤悔、惑溺、仇隙，共十八门。其刘本无，而此增补者：匡赞、经济、节烈、谏诤、清介、将略、仙释、鬼神，共八门。书中所载明人遗闻逸事，统计一千一百一十五条。各条详略不一，要多采自明人说部。其中关于我郡掌故者，亦十一条。除与府县志所录吻合外，如记黄布政琮归田联语，萧检讨与成推产让弟，皆足以资谈助也。

《客窗随笔》二十卷　　光绪《海阳县志·艺文略》。

佚　陈先达《莲山诗集·跋》。

《蔚园问业》　　光绪《海阳县志·艺文略》。

佚　陈先达《莲山诗集·跋》。

宗颐按：据陈先达《莲山诗集·题识》，则《蔚园问业》早已毁于兵火；《客窗随笔》稿本，亦散佚久矣。

黄氏衍启《笔露》　光绪《海阳县志·艺文略》。

未见

饶氏华元《西山录》　同治《大埔县志》十七《儒行传》。

未见

〔补〕杨缵绪《乡进士中书舍人介夫公墓志铭》：公讳华元，字冠人，号介夫。少负雄才，文冠一时。庄治《书经》，府试首拔，充邑庠第一，以《易经》联登贤书。通古今，明大义。闲谈经史，言之津津终日不倦。（大埔《饶氏族谱·文献传》）。

吴氏羔《西山录》　同治《大埔县志》十七《儒行传》。

未见

陈氏蕃《经史析疑》二十四卷　嘉庆《潮阳县志》十八《文苑传》。

存　嘉庆七年四会学署刊本。

陈蕃《自序》：余秉铎绥江，已经六载；毡寒暑冷，于公务月课外，镇日无事，不得不向书籍搜寻。开卷自得，欣然忘食。诸生知余安静朴拙，时有过从，而相亲者；质疑问难，颇相长益。陶渊明云："奇文共欣赏，疑义相与析。"盖学之进境，未有不从疑生者。疑则不肯畜其疑，必思有以析其疑，理之常也。夫士通经不足致用，生千百世之下，而考证千百世以上之人才，论世知人，亦学者事也。故不论经书子史，叩则鸣，触则发；有意见了然，可以随问而析之者；亦有需旁搜远绍，参考载籍而后析之者。日月既久，语言遂多。但出于口，入于耳，不知果有当与否？无由质之大方也。涣然冰释，怡然理顺，得意以去，无由公之同好也。思欲笔之于书，就正高明，并以训子侄；自惭才疏学浅，未免退然思还。己未秋，男敏捷以诸生回郡岁试；署中相对，仅老仆二人，难消永日。遂于九月朔，将数年中与诸生剖析者，合从前所课授生徒者，汇而书之。非有别务紧要，不敢闲旷度日。其诠解经书，多博综先儒旧说，而参以管见，期不背于御纂意旨。其评论史事，昔人多有先得我心，无庸另赞一辞者，必指明其人以实之，不敢掠美也；有己见稍殊，必据前论驳正之，不敢雷同也。至零金碎玉，耳目所经，默识于心；自以为可备一说，以广见闻者，随问而答，亦不能记所自来。总期意义透畅条达，议论正大光明而止；亦通经致用，论世知人之一助；所谓述而不作也。今年逾七十矣，念生平无声色狗马之好，无烟酒博弈之能；虽手不释卷，终不能建功立业，以裨益于世。程伊川云："无功泽及人，而浪度岁月，晏然为天地间一蠹；惟缀辑圣人遗书，庶几有补尔。"因录其所启发者，名为经史析疑；借以就正高明，不愿贻笑大方。异日携归家乡，以诲子侄，以志当年与二三知音抗言谈在昔；未必非寒毡冷暑，一段佳话也。嘉庆七年岁次壬戌中秋前三日，肇庆府四会县儒学教谕陈蕃书于学署之志道堂，时年七十有二。

五泰《序》：嘉庆八年，余权守端州，有四会县学官潮阳陈君来见。年且老矣，而德容睟然，知其为君子。比语及学校事，皆有本末，则益有以窥其中也，甚重之。未几，出其所辑《经史析疑》一书相质。时从公暇披阅，凡所议论，根据前人，发抒心得；盖从事于兹者，匪朝夕之故已。夫经学渊微，史事浩博，所以阐明之者，无虑千百家；而是书也，博收而约举之，指取其明。义衷诸善，所以津逮后学者，意良厚。国家重道右文，设立学官，教迪多士；得经师人师如陈君者，其不忝厥职者与！昔文翁之守蜀也，首劝学而郡大治。余不敏，愧无能为役，而未尝不鳃鳃慕效焉。今秋以监粤闱乡试，与陈君重见于会城；而是书剞劂已成，问序及余；余故亟称道之，亦以风粤人士之从事于学者。是为序。嘉庆九年甲子阳月吉旦，赐进士出身、知雷州府事三韩五泰书于羊城贡院之介慎堂。

龚骖文《序》：梅林先生，吾粤潮郡名宿也。一室潜修，积学有素。余慕名未获谋面；岁癸亥，先生秉铎四会，送生童考来肇，晤余于端江义学。岸然道貌，善气迎人；接席谈吐，实符其名；天各一方者，同堂聚首矣。出所纂《经史析疑》二十四卷示余：取精用宏，条分缕析；集诸儒说，参以己见；去取得失，一目了然；不掠美，不雷同。非闭户数十年，屏除一切，息心静气，与古为徒，岂窥壶奥哉？余垂髫就外傅，自好不敢废学；壮岁登仕版，禄以代耕；夙夜在公，冀以勤补拙者四十余年；一事无成，五经笥腹便便，愧前人多矣，对先生尤赧颜。愿服古者以余为戒，取法先生可也。是为序。嘉庆八年岁次癸亥葭月谷旦，赐进士出身通奉大夫宗人府府丞加一级、前光禄寺卿、通政使司副使、顺天府府丞、提督顺天学政光禄寺少卿、掌江西道监察御史、江南道监察御史、礼部主客司郎中、刑部浙江司员外郎、贵州司主政、翰林院检讨，年家眷弟龚骖文顿首拜撰。

洪书《跋》：著书之难也，而纂辑群书尤难。务博者广采而无裨实用，抱残者执一而或病空疏。非具浩博之才，卓荦之识，固不能剖析千古疑团，而衷于一是。梅林家老先生，学博才高，妙年读书叠石山房；承其伯父石泉先生暨尊翁东溪先生之训，凡经传鉴史及诸子百家，多所指授，能潜心体会义蕴，扩而大之；一有所得，即笔于书。东溪先生以乾隆丙辰经魁，授浙江于潜令。宰潜三载，大著循声。公时从宦继以撰拔廷试；凡所历山川之秀丽，宫阙之巍峨，皆足以拓其心胸，助其才思。自嘉庆丙辰来司铎敝邑，洪书适蒙邑侯委以绥江书院西席。与学置邻，朝夕过从，谈经论史，见公手不停披，复以生平所蕴蓄，及诸生所疑问者，纂辑为《经史析疑》，共二十四卷，壬戌秋告成。夫经史卷帙繁多，汗牛充栋；公则采先儒绪论，而酌其中，并标明本自某氏，不敢掠美。而诸经之微言大义，要惟恪遵御纂。每申明意旨以训迪后人。展读之下，觉约而该，切而当，赡而不秽，典而有则。是非去取，即起古人于今日，应亦喙息。至是而疑真可析矣。非素挟浩博之才，卓荦之识，未易辨此。因劝其付梓，以嘉惠后学，岂特为经解策问所取资云尔哉？时嘉庆七年十月朔戊申科亚魁、吏部候选同知、辛酉挑选二等特授广州府从化县儒学教谕，愚侄洪书拜手跋。

嘉庆《潮阳县志》十六《文苑传》：陈蕃，字梅林；于潜令泰年次子。少从伯父英献游，克衍所传。工古文辞，尤邃经学。乾隆乙酉拔贡。学使翁覃溪称其经术湛深，能于先儒注疏外，发抒心得，以著作手期之。乾隆丙辰，授四会教谕。谈经之余，著《经史析疑》二十四卷行世。

锷按：梅林此书共二十四卷：论经者十八卷，论史者六卷。经依十三经编次，备列诸儒成说；而大旨以钦定御纂为宗。史自上古至明，略举治乱兴亡之迹，摘要平议，亦以前人论次为断。书用问答体，逐条劄记；盖梅林居冷官时，与诸生讲习，汇而成编者也。梅林治经远有承传，故其辟述经旨，颇能折衷众说；惟谈史则多迂浅之论，无所发明。梅林别有《经史余闻》四卷，今不可见。

《经史余闻》四卷　　嘉庆《潮阳县志》十六《文苑传》。

未见

林氏梦鹗《茶经汇编》　　乾隆《潮州府志》二十九《文苑传》。

未见

〔补〕李氏永锡《宦次锦囊》　　嘉庆《澄海县志》十八《循吏传》。

未见

〔补〕嘉庆《澄海县志》十八《循吏传》：永锡所著有《植兰课余草》、《闲吟小草》、《宦次锦囊》，藏于家。

饶氏重庆《皇华记》　　同治《大埔县志》十七《宦迹传》。

未见

同治《大埔县志》十七《宦迹传》：饶重庆，字绍芳，号烜圃，城坊人；廪主汀之冢子也。性孝友颖悟，十岁能文，十三能赋；成童游庠，次年以第一名食饩。乾隆丁酉，选拔会考考职俱第一，授贵州龙泉知县，署正安州知州。奉旨运京铅，历任桐梓施秉，玉屏知县，皆有政声。尤加意栽培士类。著有《皇华记》行世。诗文诸稿藏于家。

锷按：烜圃少承家学，师其考汀及从父崇魁。两世并受知于学使翁方纲。及汀殁，烜圃方以选拔贡居京师，抄其遗诗乞方纲为传。方纲甚称烜圃文学，以为过于其父。此记名曰皇华，是烜圃历任守令官所至纪行之作也。据《埔志》，此书当时似尝付梓，今则传本绝稀。

范氏秉元《指测录》　　同治《大埔县志》十七《宦迹传》。

未见

锷按：秉元有《中庸解说》，已著录。此《指测录》，据《埔志》本传，当时固尝刊行；惜今未见传本。

郭氏光《摭古笔谈》　　光绪《揭阳县续志》三《贤能传》。

未见

《代友谈》　　光绪《揭阳县续志》三《贤能传》。

未见

吴氏有功《见闻集》　　嘉庆《澄海县志》十九《文学传》。

未见

钟氏声和《岭海菁华记》四卷　　《三余诗草》六。

存　潮州林文在堂刊本。

邱景湘《序》：自俗儒执里巷之庸见，拘训诂之常谭：往往诮子山宫体词，有类于俳优；嫌丁廙华篇语，尚亏乎风雅。甚而《汉书》未读，辄议草元；《唐律》初谙，便嗤李白。胸臆是任，纰漏相沿。斯即口称龙门巨笔，不免游移；目睹鸿烈遗编，莫知宝贵。又遑论收翡翠于南海，采杞梓于西樵也哉！癸亥之夏，仆奉温旨，观察潮嘉。当政教粗举之余，方思访扶轮之才，广輶轩之采。适遇钟榕林主政，以《岭海菁华记》见示；仆欣嘉奉持，低徊诵读。见其摩写山川，搜罗人物；广征百家之遗册，表扬六逸之高踪。靡不手妙斲轮，心精引墨。航头之字，已免豕亥之差；壁孔之文，俨复鸿都之旧。秩秩乎，彬彬乎，厥制可谓茂矣！主政于文学两汉，于诗法三唐。向所著《古瀛存稿》、《三余诗草》及《岭南文选》诸大作，固以专集未出，购索几至限穿；一篇甫成，传抄竟令纸贵。今复采十郡之菁华，垂千秋之铅椠。捃摭虽富，不汨性灵；修短纵殊，悉中矩度。诚所谓方朔万言不伤烦，阮咸三语无嫌简也。仆囊联桑梓之谊，得缔风雅之缘。语昔数旧，重与徘徊；握手论文，弥深景恭。遂忘谫陋，率赠小言。备极物色之私，用伸攀援之意。他日木天对策，枫阶摛词；位进三旌，集成一品。其驰誉鸾掖，腾价鸡林，更当何如也？同治甲子季春月，前翰林院庶吉士、惠潮嘉兵备道，愚弟邱景湘拜撰于韩江官廨之西园。

《砚余近录》二卷　　《三余诗草》六。

存

林鸿年《序》：余习见迩日士风，所称为闭户穷经者，大都以科名起见，名成则随弃之；而欲求一皓首兹事，得失泰然者，实罕其人焉。往岁镜泉邱太史，观察惠潮；赋归，晤言间，道钟榕林主政名大称誉，谓“主政生平，酷嗜载籍，靡间初终。现花甲已周，尚朝暮手一卷不释；且著作最富，如《古瀛存稿》、《岭海菁华记》等集：皆自成一家言。”余闻已，慕焉不置也。是年仲冬，余便道至圭口，适主政来其昆弟署。蒙过访，握手甚欢；嗣出迩所著《砚余近录》一篇相示。余朗诵数遍，见其巧意构思，盖有前贤思议所不逮，余意大快，因略叙其一二，并题三绝卷末，以志钦慕云尔。“瀛洲是日艳新篇，轩冕泥涂一例传。玉屑清言霏不尽，须知舌底果生莲。”“不分往古与来今，典籍公私费讨寻；看到烟霞绚染处，令人真欲铸黄金。”“至竟文人尚变通，辨讹订缪意无穷。卓然一代史才识，已尽包涵卷帙中。”赐进士及第翰林院修撰，前任云南巡抚，侯官乡愚弟林鸿年笏邨氏拜撰于圭江之行署。

张芬《题辞》：《砚余近录》一编，吾师于笔砚之余，随得而随录者也。师慧业夙该，绩学特异，簸断三古，炉橐百家；而又加以刊沉摘秘之功，掬精极微之力：故宜乎运斤成风，投刃中舞；鼓铎韄于词锋之生，趁辕辋于文阵之间；刻烛万言，挥毫七纸矣。迩者复于□云雕篆之余，仿匡鼎谈诗之意。驱烟遣墨，弗胶往哲绪闻；解节抉根，独储论世正识。纸扎供其摇劈，美萃云端；藻采听其飞腾，源探日晷。古人有言：“口嘘翙凤，手作訚龙。”以兹相方，洵无少逊。而谈者不察，辄疑以补天娲手，小试之要襦；被衮鸾文，下缝乎暮袴。噫！是直不知郇公尺幅，选并青钱；谢傅碎金，珍同黄绢也已。丁卯季春月上浣，门人张芬谨识。

《三余诗草》六：同治六年自寿诗注：数载成《岭海菁华记》四卷，《砚余近录》二卷。

锷按：钟声和，字榕林；本闽人，占籍海阳遂为海阳人。咸丰中，官户部主事。世业医，能诗文。自署所著书，曰古瀛某某，则彼固以潮人自称矣。所著《岭海菁华记》，今无传本；惟《砚余近录》，余家藏有其书，中多考证经典异同，而援据颇为精核。如韩文公晚年服金石药致死，见于孔毅夫杂说；且引《太白传》：“退之，服硫黄，一病讫不痊”之句为证。榕林则谓白诗，退之乃指卫中立，非韩文公；盖中立亦字退之，孔实误卫为韩也。又如世相传书火于秦；榕林则引《邮阁雅谈》，谓“秦焚书，在民不在官，当时内府所藏书，尚无恙。”诸如此类，皆能矫正前人讹失，新颖可喜。至谓妇人穿耳，始于三国；缠足始于南唐。不知天子之侍御不揃爪不穿耳，已见《庄子·内篇》；“云里蟾钩落凤窝，玉郎沉醉也摩挲”，已见大历中夏侯审咏《被中睡鞋诗》，是则不无疏舛耳。

〔补〕饶氏商《漫谭》　　蓝山《质居饶先生传》。

未见

张氏振南《燕游日记》　　《新修大埔县志·艺文略》。

存　抄本，未梓。

同治《大埔县志》十六《选举表》：咸丰壬子乡科李文灿榜，张振南副贡，中式四十一名。

陈氏于熤《枕余偶摭》七十二卷

存　稿本（潮安陈氏世馨堂家藏）。

于熤《自序》：余性喜睡，每返自华胥国时，或手一编翻阅，或宾朋杂坐，玉屑霏霏。辄于见闻之顷，取其一二，笔之于书。日积月累，纸墨遂多。近值偶暇，乃从敝簏检出抄之。不分伦次，不系义类，杂乱无章，计得七十二卷，名曰《枕余偶摭》。溯自秦汉而下，所为说部者，亡虑数千百种。他不具论；近世如周栎园先生书影，自谓生平所读之书，略存影子于胸中；余则未尝学问，枵然空腹，一些影响全无也。如赵恒夫先生"寄园寄所寄"，彼固欲有所寄，因以其寄寄之；余则澒澒洞洞，意未尝有专属也。惟褚人穫先生《坚瓠集》，义本庄子，等诸废物，不足为用于世。余之是编，比物比志也。噫！向使余少年时，下帷刻励，出其聪明才力，寝食于古，安见不足以自成其材，著作满家，堪为名山之藏；顾乃悠悠忽忽，唐丧数十年，竟成无用之物；存是编，用志我过焉。今老矣，日暮途穷，欲救过已无及；而始悔不十年读书也，悲夫！乾隆戊戌莱秋下浣，茧翁熤自识。

杨长发《序》：陈子紫岚，穷而好学，垂老不倦；终日手一编，泊如也。就目之所视，手之所抄，积而成帖，名曰《枕余偶摭》。大抵于常见之中，参以别见，非有异者勿录也。庄生有言："人皆知求其所不知，而不知求其所知。"由是思之：凡所不知者，即具于所知之中；徒知其所不知，而不求其所知，未可谓之真知也已。此书之录，吾有以知紫岚之心。异人出而问世，庶使见豕白头，言马肿背者，亦有以一旋其□也夫。银砂表弟杨长发乭峰甫题。

陈冰鉴《跋》：忆自嘉庆庚辰，从学金述之先生于仙田之德造轩，见丁君案头《枕余偶摭》一书，知为族叔祖紫岚先生选辑手抄，把玩不释；然初犹以说部外书目之也。迨道光辛卯丁君昆季延余馆于家塾，复得细绎寻味。见其中怪怪奇奇，源源本本，实可广吾人之见闻；而有益于制艺诗赋者也，但册半为虫蠹蚀矣。癸巳五月东厢三铺堤决，是书被洪水漂泛；既而为居停拾得；晒后，以其废也。束置高阁焉。甲午余向丁君乞归，未暇整理，仍置敝簏中。戊戌冬，晴窗无事，偶检是册，暨为补残收阙，仅遗卷二十三至二十五，卷五十至五十二两册；余六十六卷，焕然犹新。而是书琐碎凑集成篇，虽遗失六卷，不碍其为全书也。噫！书之可传者，虽经虫蚀水浸，终不磨灭，若有鬼神呵护其间；后之人与余有同志，付之梨枣，传之无穷，斯又紫岚叔祖在天之灵所欣慰也夫！道光十八年戊戌冬至前五日，朗如陈冰鉴记。

康庄《题辞》　（不录）

陈雄思《序》　（不录）

锷按：陈于烧，字紫岚，海阳人。海阳陈氏自明季以诗世其家。紫岚之父潜崖，潜崖之父研村，研村之父心之，心之之父园公，园公之父觐墀。累代著述，咸有传帙；独紫岚名氏不见志乘。所撰《枕余偶摭》，《艺文略》亦不著录；仅有写本，秘藏于家。余搜辑乡哲遗编，陈君乙星尝出此相视。积稿至三十余册，编中所载，皆掇摘前人说部，旁及野史稗官；不分门目，随笔抄合。紫岚《叙》文，自比其书于褚稼轩《坚瓠集》。其实《坚瓠》诸集，搜采虽博，所引群书，未尽注明出处；非若此书，语必征实，无架虚杜撰之病。故余谓其书在近人笔记中，惟俞樾《茶香室丛抄》，差为近之。余曾劝乙星校付剞劂，以公诸世；终以卷帙繁重，未易梓行。兹为补录，俾览者知潜崖之后，尚有紫岚，又尝著有是书；苟有好事刊刻流传，亦说部一大观也。

郑氏昌时《韩江闻见录》十卷　　光绪《海阳县志·艺文略》。

存　道光甲申刊本。

洪肇基《序》：说部，史外一体也。其考国家之典故，述忠臣孝子高人奇士之轶事遗言，有与史相出入，为读史所必参者。顾其体别而为二：有杂说体者，张华《博物志》、王嘉《拾遗记》是也；有兼传记体者，柳子厚《龙城录》、东坡《志林》是也。此非沿波溯源，卓然得史家之法，而博观泛览乎体裁辨别之宜者，岂容涉笔而缀言哉？余友□郑君平阶，卓荦士也；性聪颖，多读等身书，为举业，高古有奇气，尤喜吟诗；但人多见平阶之善于诗，或未知其别有著作也。尝成《说隅》、《开方考》二书，刊行问世。近又成《韩江闻见录》示余；余读而叹曰："才大者，固无所不可乎？《说隅》，推阐《易》数说理之书也；《开方考》，依据礼经考典之书也；此书之作，则又即其闻见所及，采而录之，以别为说部之书；是何不穷于所出也？经纬剪裁，一准史法；而又寓阐至理典则，事具首末，语成篇章；其殆小说家言，规以传记体，且陶铸语录考据者乎？亦可以观于世矣。”余素谫陋，未能扬榷古今，间有半解一知，亦尝泚笔记之，而不逮平阶远甚；今观此书，益惭赧不敢出；平阶诚何以得此哉？盖自十数年来，学益充，思益锐；又时遭坎凛，杜门却轨，不与世事通。其胸中轮困磅礴之气，无所发泄，一惟泛酣恣肆于著述中。自贤人君子嘉言懿行，与夫仙鬼变怪，可惊可愕之事，凡有所得，皆载笔焉。太史公谓虞卿非穷愁不能著书，岂虚言也？嗟乎！以平阶之学之才，使其早入承明之卢，备纪载之选，炳耀铿訇，庸讵不足与当代名流相角胜？乃穷而多厄，不得奋其所蓄，仅自托于稗官野乘以寄意而移情，良足慨矣！然士生于世，有遇不遇；而文章之得失，则有传有不传焉。其传也，遇可也；不遇可也。此书之出，吾有以决其必传。其书既传，其人斯显；虽不遇，犹遇也。况天生我才，必有所用，又焉见平阶之不终遇也哉？平阶为余文字交，命余为之序，因不自揆，于篇中有触发余心者，附识跋语，而即弁言于简端。书凡若干卷，所闻见不尽吾郡事，颜曰《韩江》，概之也。然则是书，固不仅为韩江之书；宇内有同好者，皆将属耳目焉。辛巳阳月，愚弟松湖洪肇基拜撰。（《韩江闻见录》卷首）

杨廷科《序》：稗可名官，野则有史；秘枕助谭，且与《石渠金匮》争宝贵矣。韩江老友郑君平阶，善持论，著作等身。今春寓余愚山学署，适雨丝风片，竟日连宵；而浮杯剪烛之余，多所赠答。抒故乡之情话，证传闻之异词；以及一切谐笑语，胥载笔成帙。非惟有益词章典故，且大有关世道人心，题曰《禺山夜语》；成风之斤，其将以余为质焉。顾余铎于禺，不能以铎教，方思以谐教；欲有所辑以继沈氏《谐铎》后，得君此卷，间缀跋语。君之谐，无乃即吾之铎；而振吾之铎，其亦犹运君之斤欤？韩江野史，禺山稗官，将无同相视而笑；爰为之序。时嘉庆二十年岁次旃蒙大渊献如月中浣，慕蘧居士杨廷科题于番禺学署之冠蓬山房。（《韩江闻见录》卷首）

锷按：平阶《韩江闻见录》，凡十卷：第一卷至第八卷，多记潮州故实；第九卷全录自作诗歌；第十卷论易及六书音韵。《海阳县志·艺文略》，以此书列史类；核其名实，当隶子部为是。平阶著书极富，今皆残佚；惟此编尚有传帙。书中所传遗言轶事，或得自传闻，或本诸目击，往往与旧志足相参证。其推演乡先哲林仪曹易范《崖略》，阐幽发微，厥功尤巨。他如辨乡音同异，可通韵学；以侵覃盐咸合口粘唇读潮音最正，与近儒古音无轻唇之说，正相吻合。又"陆厝围"条，引方言谓众为厝；"云梦"条引蔡洪《围棋赋》，谓云与圆通，乃双声之转：皆能援据古义，以解证方音。至谓平声十五韵为古今通韵，不知古无侵部；又谓声音韵可以相生，不知韵生于音，不能强别：此则不无疏舛。然潮人于声音训诂之学，向鲜津逮；明经独能推寻及此，亦可谓铁中铮铮矣。

〔补〕杨氏淞《潮州兴利除弊论》　　黄孔芬《镜川杨先生同年行述》。

未见

林氏显荣《潮州痛心说》一卷。

存　光绪壬寅刊本。

吴寄人《序》：今试问为人父祖，有不爱其子孙者乎？未有也。又试问父祖之爱其子孙，有不愿其足衣足食者乎？未有也。是故人生以百年易尽之身，常作千载无穷之虑者，岂好劳哉？为子孙衣食计，迫于不得不然耳。观乎此，而为子孙者，皆当默揣祖父所以爱己之心，还而上答乎祖父矣。乃观于我潮丧礼一节，或鬻产，或揭借，种种见费，弊端百出。其所谓报答罔极之恩者，乃其所以大伤祖父之心也。夫为人子孙而伤祖父之心，不孝莫甚焉。晦阁林先生忧之，为作《痛心说》。不惮绘影绘声，穷极形容；无非欲使凡在衣食之伦，革去不孝之风，群焉奋然共勉于孝也。先生为揭阳名宿，生而颖异。其教诲子弟门生，一以入孝出悌为本；语必折衷古圣，盖我潮豪杰士也。《痛心说》之出，垂三十年矣；揭邑遵者十居八九，他邑知者尚少，则缘刊本之未广布也。爰集我同人，取其原书；既正以亥豕鲁鱼之讹，并附记小注于简端，用以清段落，而便初学；匪敢曰知言也，务期妇孺皆一读能解云尔。时光绪岁次壬寅季春下浣，鮀江同济医院主讲，吴寄人识。

王氏定镐《时事谠言》

存　光绪戊申家刊本。

定镐《自序》：呜呼！中国近来人心，陷溺功利，至改本来学术及一切政事以趋外洋；溃堤决防，如洪水横流，不可遏抑。间有守正，不苟随浮泛；则加以阻学之名，攻击而蹂躏之，使无以自立。天下士靡不折入新学，以为开通。入室操戈，自相鱼肉，名教干城，无一任。奴隶程朱，腐败孔孟；肆口雌黄，绝无忌惮。闻者如寒蝉禁口，不敢作声。时事至此，尚可言哉！然时事至此，忍不言哉？国家昌明正学，历今近三百年；士生其间，久受作人之化。守先待后，责有攸归。睹此泯焉，能忍而与之终古？偶检丁酉所□时政论阅之，不啻隔老。因□而论之，以见老道人心，江河日下，而标其卷端曰《时事说言》。不惜以苦论危言，挽回万一。亦寸胶澄黄河意，多见其不知量也。然剥果蒙泉，不无私望云尔。光绪戊申仲春，小隐居士叙。

锷按：此书为《焉用斋文集》之一种，发行于光绪戊申。其时举国上下，方提倡新学，预备立宪。静山生长海峤，足不逾阈，竟敢公然讥评时政，著为此书，足见清之末世，言论尚得自由，非如今日动辄以文字贾祸也。篇中论著，大抵不满于西学；故对于新政，排击不遗余力。观其论易详操为隳战气，拟立宪为失主权，广游历为辱国体；甚至戒缠足，禁鸦片，亦谓百害而无一利。此等见解可谓东蠡测海，夏虫语冰；不独言之失当，抑且昧于事情矣。然其抉摘学校、报馆、女学、工艺诸弊端，在当时或以为謷言；而在今日，则不幸而言皆中；则又不禁折服静山见地之高远也。

卷　十

子部类书类

明

吴氏墀《蒙求注释》　同治《大埔县志》十七《儒林传》。

未见

袁氏温《昆虫草木疏》　嘉庆《澄海县志》十八《循吏传》。

未见

嘉庆《澄海县志》十八《循史传》：袁温，字心广，蓬洲都人，万历甲午举人；初任云南阿迷州知州，升广西浔州府同知。滇池富珍贝，前官多以赃败，温独无所染，民交颂焉。后以老乞休，居林下十六年。所著有《迷阳集》、《昆虫草木疏》。

清

陈氏衍虞《古今比事》十二卷　光绪《海阳县志·艺文略》。

未见

杨氏天培《奇姓录》　同治《大埔县志》十七《宦迹传》。

未见

张氏翀《十三经集句》　张克诚《张翀传》。

未见

《分类经史对语》　张克诚《张翀传》。

未见

《集腋碎言》　张克诚《张翀传》。

未见

《狼玕集锦》　张克诚《张翀传》。

未见

〔补〕杨氏骏贤《囊中锦》　阙名《骏贤公传》。

未见

〔补〕《博古篇》　阙名《骏贤公传》。

未见

〔补〕阙名《骏贤公传》：公讳骏贤，字惠兹，号乐亭。早慧，十岁能诗文，家太史逊亭公，叹为奇才。秉性刚直，胸次豁然，货利绝不撄心。素嗜古，百家诸子，靡不周览。歌赋诗词，下笔立就。询以僻书，原委井井。未弱冠，文名丕著。著有《囊中锦》、《博古篇》、《竹窗诗文稿》，藏于家。（《百侯杨氏文萃》卷中）

小说类

明

叶氏芝《小山寓言》　乾隆《潮州府志》二十九《文苑传》。

未见

乾隆《潮州府志》二十九《文苑传》：叶芝，字国英，澄海人，九岁有文名；屡踬场屋；年五十，弃举子业，隐西麓园，筑小山，石莲洞，半舫亭，紫坞诸胜；日与骚人迁客分韵赋诗。著《西园稿》、《五云纪游》、《小山寓言》、《石莲洞诗》、《一指月咏史绝句》。书画尤工。（原按：芝旧传万历癸卯副车，与兄莩同榜，查府县志《选举表》并无其人。）

锷按：嘉庆《澄海县志·文学传》，称芝中万历癸卯副榜贡生，与兄莩同出吕天池之门；《府志》以《选举表》并无其名，削而不载。余考国英有《寄赠吕天池先生诗》，其小序曰："天翁吕太老师，望隆山斗，万历癸卯典试东粤，芝兄弟珥笔从事，而兄莩幸厕门墙。迨今庚午，垂三十年。（中略）言念先兄，光景如梦。芝何时得藉通家谊，热羔雉，登龙门。"（见《西园藏稿》）据此，则国英实未尝与兄同榜，《府志》芟之是也。

范氏沄《园居杂志》八卷　　《新修大埔县志·艺文略》。

存

吴氏开基《灵异记》　　光绪《丰顺县续志》。

未见

李氏勋《说uai》二十卷。

存　稿本，未梓。

〔补〕邹㯼《李勋传》：李勋，号卣乙，字赞扬；澄海莲阳乡人也。少失怙，有至性。母陈延师课之读，过目成诵，久不能忘。好《楚辞》、朱子及经史，嗜古义词音韵之学，不沾沾于举业；然所谓文人未能或之先也。光绪乙酉，广东拔萃第一，领是年乡荐。读书奉母，淡于仕进。蓄书甚富，颜其室曰"半豹堂"。所著有《说uai》二十卷，《蕙绸山庄诗集》四卷，《金刚经注释》一卷。子世彬、世焱诸生，世铨岁贡，彬、子瑗亦诸生：均克承家学云。（《灵光集》五）

锷按：李勋，字赞扬，一字卣乙，别号镜侬；澄海竹乡人。光绪乙酉科拔贡，会考第一，旋领乡荐，未廷试卒。家富藏书，精考据学。论古学，往往眼光独到。著有《说uai》二十卷，《蕙绸山庄诗集》四卷。

释家类

唐

释宝通《多心经释义》　　《万卷堂书目》三，光绪《海阳县志·艺文略》。

存　日本《续藏经》本。商务印书馆影印本。

僧了性《大颠祖师本传》：禅师贞元间，还潮阳，领门人善觉等，开辟牛山，筑庵。又于县西幽岭下，置灵山院：自写《金刚经》一千五百卷，《法华》、《维摩》等经各有部数；又注解《般若心经》义，学者四集。（《灵山正弘集》）

锷按：大颠禅师宝通，道光《广东通志》，乾隆《潮州府志》，嘉庆《潮阳县志》，光绪《海阳县志》仙释家并有传。所著《般若心经释义》，不入《释藏》；宋已来目录家亦未著录。日本明治间，彼国藏经院辑刊《续藏经》中经部第四十二函，有《般若波罗蜜多心经释义》一卷，首题唐潮州灵山寺释宝通撰，盖即《海阳县志》著录之本也。是书释义，语极浅显，或疑与唐人经疏不类。余谓"禅宗直明心性，黄梅、印心、六祖悟道精要，总在机锋；文字迹象，实非措意；覆观历代祖师语录，可见也。"或又谓"禅宗至六祖尽扫去语言文字，故禅宗鲜著书者；至五季永明寿禅师，始有百卷之《宗镜录》；颠师距六祖甚近，于理不应有此。"（王弘愿居士说）不知禅宗固鲜著书；然今以《大藏》考之，玄觉禅师有《永嘉集证道歌》（《永嘉集》，《大藏》列入台宗著述；然据杨亿《无相大师行状》，玄觉初修《天台止观》，后因左朗溪禅师激励，与东阳策禅师同诣曹溪一宿而契旨，时谓之"一宿觉"；故《指月录》、《传灯录》，俱载其证道始末，宋《高僧传》亦列玄觉入《习禅篇》。且《永嘉集》乃推禅宗悟修圆旨，不能指为天台之书也。旧入台宗似误），实在永明之先。且《续藏经》中，五祖有《最上乘论》一卷。据《郡斋读书志》所载，六祖盖亦曾为《心经》作注矣。（晁公武《读书志》十六：六祖《解心经》一卷，《解金刚经》一卷；云唐僧慧能注。）又楚南禅师著《般若经品颂偈》一卷，《破邪论》一卷，亦在永明寿禅师之前；是所谓禅宗著书，始永明者，此说殆不足据。或又谓"夹山善会禅师，后颠师四十年；

而此书释密”字，引夹山“道无乎在，在见色便见心”二语；可知此书显系后人伪作。（印光法师说）诸所引证此书为伪者，惟此说最为有力。若书中所引之夹山，确后颠四十年；则此书纵非伪造，至少必经后人窜乱。顾以余考之，则殊未然。据《传灯录》十五：善会禅师，示寂于禧宗中和元年，寿七十七。由此上溯顺宗永贞元年，是为善会示生之年；而颠师息化于长庆四年。（僧了性撰《传》）时善会已二十岁。谓其年相接则可；谓后四十年，则殊非事实也。或又曰：“子谓两师之年相接，是也；然《传灯录》载善会卜居夹山，在咸通十一年，是时颠师圆寂久矣；颠师著书不应引其语，而有夹山之称。且善会僧腊五十七；当其二十岁时，固未曾受其戒也；颠师又安得引其语以证经。”释之曰：吾所辨两师年岁，乃以说者谓夹山为善会，而驳其后颠师四十年之说也。其实颠师所引之夹山，当是如会禅师；并非善会禅师也。善会称夹山，固人尽知之；如会之称夹山，则人未必尽知也。考宋《高僧传》十一：长沙东寺释如会，韶州始兴人；殁后，刘膳部轲为著碑，敕谥传明大师，塔曰永际；亦呼所居为夹山和尚：此如会号夹山之明证也。传又谓如会大历八年，止国一禅师门下，后居长沙东寺。穆宗长庆癸卯，终于寺，春秋八十；是如会之卒，先颠师一年也；然则颠师之与如会，固生而并世者也。以并世之人出语而互相征引，事至寻常；况“见色便见心”一语，在当时禅家习闻已熟；故颠师注《心经》，不妨偶一引之。《传灯录》十一载仰山上堂，僧问：“古人道‘见色便见心’云云。”可见如会此语，当时辄为禅家所称引。仰山为沩山法嗣，而与善会同时；故此僧称如会为古人。若善会卒于中和元年，不数年而仰山亦继殁。此僧之间年月，虽不能详；但以《传灯录》所记推之，僧问时，沩山当尚在也。沩山尚在则善会之生存，愈无可疑；此又“见色便见心”一语，非出于善会之明证。（又《宋稗类钞》十九博识类：东坡诗：“留我同行木上座，赠君无语竹夫人。”昔慧日至夹山，夹山问：“与什么人同行?”慧曰：“有个木上坐。”谓柱杖也。考宋《高僧传》二十九：慧日于嗣圣十九年西游印度，开元七年返国，天宝七年示寂，年六十九；则所见夹山当非善会可知。）然则因此书有夹山语，遂断为后人伪造者，至此可以涣然冰释矣。抑余更有进者，六祖不识文字，所撰经注，或出其徒所纂集（如《坛经》之类）；然终不能谓非六祖之言也。颠师自创院灵山，门人传法千余人；今所传经注，藉曰非师亲撰，而出于本空、本生之徒之结集；然亦不能谓非颠师之语也。曾谓唐时州人文字之存于今者，儒家则仅有赵德《昌黎文录·序》，释家亦惟此书而已。观明人藏书，尚有传帙，则其流传盖已久矣。今以乡粹久佚之书，得复再显于世，治内学者，宜如何实存而爱惜之，乃妄以一孔之见，遽断其伪，几何不贻误后学耶！余因最录此书，颇致疑于证伪诸说，故略采禅宗记载，亟为订正；盖不忍以烬余古籍，得而复失；非好辨也。

宗颐按：此书《万卷堂书目》著录，作《大颠注解心经》；日本《续藏经目录》作《般若心经注解》：皆与《海阳县志》所题异。

《金刚经释义》　　光绪《海阳县志·艺文略》。
未见

清

释道忞《弘觉禅师语录》二十卷　　《龙藏汇记》弘觉下有忞字。
存　《释藏本》。

云栖弟子大周金之俊《序》：禅至今日，而“语录”之弊极矣。少林西来，原无文字；曹谿南迈，乃著《坛经》：渐有语言，总非色相。厥后宗师代出，接引随机；或传心要于单文，或显尼珠于只字。提关启钥，演无本之家门；抉髓搞筋，施不方之医药。天风鼓籁，虽则成音；短笛无腔，何尝有曲。“语录”之传，是亦后人之刻舟求剑，学者之借指观月耳；奈何偶落尘诠，遂成习尚；说法者以为非录弗贵，听法者以为无录非师。梨枣成林，豪毛尽秃。甚至魔民登座，必标叩系之机缘；狐子白椎，尽号支那之撰述。浅则虎皮羊质，画依样之葫芦；深则马角龟毛，驾脱空之鬼魅。向枯桩而寻兔，指歧路以觅驴。杜撰雷同，支离影响。忝宗门之话柄，坏初祖之家风。以斯为禅，何如无语；以是为语，何如无录。不有真师一呃，孰遏野狐乱鸣：此《弘觉禅师语录》所以不可已也。禅师栽松宿世，折竹今生。早服儒冠，窥孔颜之乐处；中咨心要，洞佛祖之禅源。绍法天童，密云重布；扬容古路，法雨遍施。提令正而万国从风，当机圆而诸天府首。我世祖先皇帝金轮御世，慧日中天。访道觉民，不惜崆峒之拜；求人善世，宁惟功德之咨。特屏万机，亲发十问。如针入芥，似乳投酥。觉宝山开，徽文电耀。马驹腾高足，每承龙象褒扬；猊座显真王，回异泽犴威德。是以纲维三界，震动十方；临济中兴，径山再世。棒头有眼，烁开障日之翳云；口角藏锋，截断迷津之罥网。镜妖而穷搜藕孔，卫道而罔避棘丛。三要三玄，指归有在；五宗五叶，汇合斯真。夫以言止言，则妄言者废；以录正录，斯僭录者销。兹帙之刻，非沃佛之冰泉：息喧之毒鼓哉？其染指大乘，系心《宗镜》；慨正法之衰滥，仰振起之得人；目击道存，意消言下，赵阅道偶然撞彩，遇佛慧而开顶门。裴居士当下知音，礼运师而空心蕴。平阳箭过，始觉锋寒；良马鞭垂，方知影痛。须识千机万句，不是吾师唇吻边事；便疑家书户刻，未免世间门面中语矣。斯录具在，天何言哉？

祁骏佳《序》：骏佳初阅禅籍，见从上诸祖，每以法器为重，默识而预期之；窃疑曰："此事阿谁无分？奚问器为？"及观诸大老：如丹霞以应举选官，大洪以垂髫上第，止觉以进士驰声；而曹山、慈明、晦堂、佛果，皆以书生擅名当世；又如汾阳、圆通、白云、华严、灵源、佛印，或童稚神智，或博极群籍，或翰墨精妙：是皆能立谭取卿相者。而宝络虽美，象王弗顾；穴笼诚艳，鹏翅弗贪；此其器固有超越于卿相之上者矣。所以入此宗门，气吞佛祖，沤视大千，曾区区之毁誉得失利养名闻足以稍撄其念乎？古人法器之说，然后信其不诬矣。骏佳于近代得山翁大师焉；师髫年誉望，瓞瞩公辅；乃年逾志学，即弃掌中之富贵，室家完美，顿断千劫之爱缠。此非所谓器越卿相之上，与丹霞诸公把臂于九天之际者乎？是以严霜震雷，如黄檗师登其堂；吞佛杀祖，如天童师入其室。骏久游天童老人门下，每从众中一望见，辄神耸意肃，曰："古所谓法器者，非斯人欤？"殆老人化去，师继其席，宗风大振，衲子奔凑。一时丛林公论，谓事事追纵古人，真足师范人天；而雅量厚德，不可殚述焉。法器之足重，不于此益征哉？佛果有云："吾禅如大海，必以大海受之。"正此意也。虽然，骏更有进焉：今之以池沼受海水者，不足道矣；苟以江河受海水者，则仅得师说之一二，而不能具体者也；即以大海受大海者，犹是智与师齐，减师半德者也；惟更有广于大海者以受之，乃谓之智过于师，方堪传受。盖必授受之际，恒有余地存焉，乃能通权达变，善继善述，以成克家之子；如其不然，洞山所谓全肯，则孤负先师法矣。骏佳观老人直截贞实，斩尽枝叶，师固得其旨矣；肰古人绵密之机用，玄奥之纲宗；又不啻如宝镜当台，胡汉俱见也。老人气宇如王，上下独尊，师固继其道矣；肰虚怀推潜德之同参，坦衷扫济洞之町畦；又不啻如惠风披拂，遍界皆春也。老人不辞笔削之劳以卫道，不避好辩之迹以荷法门，师固以担其任矣；肰谤书绝不寓目，笔舌化于无诤；又不啻如水天一碧，浪静风恬也：是正所谓善继也，善述也，为天童克家之子也。苟非其器宽有余地，则死守师说不知变，犹之饱餐珍味不能化，孰知珍味之能杀人哉？具参方眼者，请读大师《语录》，则自知之，诚无俟骏之赘也。平原佣祁骏佳拜题。

《续指月录》十九。宁波天童山翁木陈道忞禅师，粤之潮州茶阳林氏子；幼有宿慧，因读《大慧杲录》，忽忆前身。云水参方，历历如见。即日走匡庐开先。投明法师薙染，后参悟和尚于金粟，亲炙悟者一十四秋；日臻玄奥，继席天童。顺治己亥，师奉诏赐号弘觉禅师，驰驿至京，万善、愍忠、广济三处结冬。（原注召对法语，别见《三世奏对集》）师晚号梦隐道人，乞归金粟，投老于会稽化鹿山之阳明洞天，乃自相山择吉兆塔于黄龙峰下。康熙甲寅六月二十七日，示寂，世寿七十九。

锷按：弘觉禅师道忞，康熙《宁波府志》，林杭学《潮州府志》，同治《大埔县志·仙释传》，并有传。其《语录》二十卷，在《释藏》“中庸”二字函内，共计三百六十九连，卷首载顺治十六年诏书敇书各一通。第一卷至第三卷，记师住明州太白山天童寺语录。第四卷记住慈溪五磊山灵峰寺及住越州云门寺语录。第五、六卷记住台州广润寺语录。第七卷记住越州大能仁寺语录。第八卷记住湖州道场山护圣万寿寺语录。第九第十卷记住青州大觉禅寺语录。第十一卷记再住明州天童山弘法寺语录。第十二卷广录法语。第十三卷示众垂代，因事垂代。第十四卷举古垂代。第十五卷对众机缘。第十六卷颂古。第十七卷赞。第十八卷偈。第十九卷佛事。第二十卷杂著，而终以御札一首。忞公示寂于康熙甲寅。明年嗣法门人显权等编记所闻为语录二十卷。（宗颐按：《大埔县志·道忞传》作三十卷，误。）乾隆元年奉旨钦定入《藏》，即此编也。

《北游集》六卷　　《雍正上论》。

存　《支那撰述》本。

《新修大埔县志·艺文略》：是编为道忞应清世祖召留大内时问答之语，及撰著杂文。其门人真璞随侍记录，本黄复为删定，法孙元德于康熙丙寅付梓。首敕书御札奏疏，卷一住大内万善殿语录，卷二奏对机语，卷三、卷四奏对别记，卷五、卷六杂著终焉。

雍正上谕：昔我世祖章皇帝，聪明睿智，临御寰区，万几余暇，留心内典。相传国师玉琳琇，禅师木陈忞，并蒙宣召，均荷眷注；而其实玉琳琇之受知在先，恩礼优渥；及力辞告退还山时，皇祖留其徒茚溪森在京，欲令主席。玉琳琇以森年齿尚少，遂转属木陈忞，于是始蒙召见。两人之知遇，本自不同。厥后皇祖纶音再召，止及玉琳琇而不及木陈忞，是则玉琳琇、木陈忞之优劣，早已在圣心洞鉴中矣。朕前在藩邸，究心经史之余，偶拈性宗有所见。自御极以来，旰食宵衣，勤求治理，无暇论及；且恐天下臣民不知朕心者，或起崇尚佛教，轻视政事之疑。原欲俟十年后，庶政渐理，然后谈及佛法；今御极已十年矣；向检阅玉琳琇、木陈忞《语录》，见玉琳琇所著性地超脱，乃直踏三关者，实能丕振宗风，阐扬法旨。至于木陈忞《语录》，文采华丽，其中虽不无可取，而有支离牵强处；然亦具正知正见，于法门尚无大过。但所著《北游集》六卷，则乖谬之语，不堪观阅；今试举其一二，如纪载云："上一日语及近来经生，仅做得几篇腐烂时文，于己身性命二字，全不留心。师对曰：'皇上但悬一格，有人悟得祖师禅定即与他今科状元，自然个个留心矣。'"据木陈忞此言，是以祖师禅定为博取状元之具；且国家以状元之名诱人参学，尚得谓之禅定乎？何议论卑鄙至此？又如纪载云："上曰：'朕观老和尚上堂，与报恩和尚不同，何也？'师曰：'道忞举行，出自清规；玉兄犹仍时套，盖一向沿习教家故耳。'"朕观玉琳琇之举动，高于木陈忞远甚；乃木陈忞以清规自居，而讥玉琳琇为时套：可谓不自知分量矣。又如纪述："世祖谕旨云：'愿老和尚勿以天子视朕，当如门弟子旅庵相待。'"此等尤为诞妄之至。又如纪载云："上龙性难撄，一时鞭扑左右。偶因问答间，师启曰：'参禅学道人，不可任情喜怒'。故曰：'一念嗔心起，百万障门开者，此也。'上点首曰：'知道了。'后近侍李国柱语师云：'如今万岁爷，不但不打人，即骂亦希逢矣。又万岁爷，极赞老和尚胸怀平坦，亦最慈和乐易。'"云云。思此乃必无之事，明系凭空结撰者；盖因木陈忞当日结交内侍，闲中探得皇祖喜怒；而李国柱寺宦小人，本无知识，但见上意优待木陈忞如此，遂附会以答之；而木陈忞竟公然写此一段，自以为功能，欲以盗窃名誉。似此世谛流布庸鄙之行，岂真抱道之人所为耶？其他夸耀恩遇时俗卑陋之词，屡见于篇中，不胜缕述。当日玉琳琇之叨蒙恩遇过于木陈忞。而玉琳琇语录中，除佛法之外，曾无一字纪载。闻其两次还山时，有人问及内廷召对因缘，但答以皇帝恩重一语而已。其法嗣茚溪森，奉旨留住京师数年，亦时蒙宣召，恩遇极隆，皇祖曾降旨欲封为禅师。茚溪森以父子不敢并受封号，奏辞甚力。及阅其《语录》，止言佛法，并无纪载夸张之一语。是茚溪森之卓识高见，亦如其师；较之木陈忞，则相去霄壤矣。玉琳琇着赐祭一次，茚溪森著追封明道正觉禅师赐祭一次；以示朕礼重纯修，表扬正梵之至意。惟有骨岩行峰者，玉琳琇之弟子也，曾随本师入京，因作《侍香纪略》一册，以纪恩遇；其中荒唐诞妄之处，不可枚举，如云："端敬皇后崩，茚溪森于宫中，奉旨开堂，且劝朝廷免殉葬多人之死"等语，我朝并无以人殉葬之事，不知此语从何而来？又云："上郊祀天坛，皇太后皇后皆同往。"此等均如梦中呓语，不知为何人所欺诳，而冒昧笔之于书也？其他错误鄙俚处，览之令人喷饭。且《侍香纪略》前有吴世瑞序文云："昔老和尚自京师回，见人录写万善殿中召见问对因缘，便加呵斥。"则此纪略，老和尚在日若见，亦呵斥否？据吴世瑞序文之言，是行峰之纪载，人人共知其非，当时必早有指摘之者；乃行峰下愚，执著不移；况玉琳琇之清风定识，超越尘凡。此等纪载，既其所深恶；而行峰忍于背其师而为之，在国家则为不忠，在师门则为不孝，其罪讵可追乎。盖法门广大，缁流云集，狂悖无知之人，假名栖托者不少。如我皇考，昔年巡幸所至，或有远近僧众前来迎驾，皇考视之如田夫野老，亦不拒绝，或问话一二语；或遏古刹丛林，暂时驻跸，偶赐御书，以彰胜迹。其名利禅徒匍匐泥首之情态，人所共知，此朕所目睹者，而僧衲中竟有无知妄人，于瞻仰天颜后，即私乱纪载，以无为有，恣意矜夸，刊刻流行，以煽惑听闻者：此即行峰无耻之流也。朕前在藩邸常与禅衲往来，讲论性宗之学，不无一番狼籍。迦陵性音，频相接见，当日听其言论，于正知正见，不可言无；而情性好干世法，其行履未能贴实；是以朕御极时，谕令归隐；盖恐其与法门无益也。越数年间，性音圆寂，朕以时下宗徒，类多谬参法席，不达佛旨，较之性音，更为远逊；于是将伊敕部赐议追封禅师。又因伊昔开堂说法，为禅众所称，想其《语录》，自能裨益佛教，因亦谕令入《藏》。朕即位后十年来，办理政事，于释典一函一轴，实未曾披阅。近日方经详悉观览性音之所著述，较之从言诠知解边荐取者，不无稍优；而含糊处不少，惟露一己之爪牙，甚失直指接人之婆心：似此究未彻底利生之作，何可以为人天师范。朕从前失于检点，亦性音孤负朕恩处，着削去所赐封号；其《语录》入《藏》者，亦着撤出。况伊之法嗣数人，俱属庸碌之辈；其中或有如行峰之狂悖无知，将朕向日加恩性音之处，装点夸张，妄行纪载，以欺天下后世者，亦未可定；着该部行文各该省督抚，留心访察，不得容伊等将朕当年藩邸之旧迹，私记存留，违者重治其罪。夫佛教以明心见性，兴善能仁为本，与儒教亦相表里；然必其人可传，其书足重，则觉世牖民，可获利济之益；若如木陈忞之《北游集》，行峰之《侍香纪略》，则市井浮嚣虚伪之谈，并无关于佛法，且有害于人心。若听其流传，不行销毁，后世之帝王见之，必以延接缁流为戒；则佛法沦落，信心者惮于护持；乃一二妄人妄说，贻之咎也。着该部行文各省，将《北游集》、《侍香纪略》，及圣祖皇帝巡幸时，僧衲纪载之书，其中除讲论佛法外，凡有书写时事，虚妄捏成，夸耀恩遇者，概行查毁。并晓谕僧众，不许私自所藏；有违旨隐匿者，他日查出，以不敬律治之。行峰有玷伊师玉琳琇之教，自行峰以下及其徒众，着直省督抚详细查明，尽令削去支派，向后永远不许复入祖庭。现在开堂说法者，即摘钟板，另选玉琳琇下别支，承接方丈；此与常住道场十方参学人无涉，地方官不得多事扰害。木陈忞亦应照此惩治；但念伊当日曾受皇祖之恩眷；且伊师密云悟契宗门之妙谛，得教外之灵机，所著《语录》诸书，实有裨于禅教，着从宽免其处分；但表襮其过，以明告天下。如此，则天下后世之盗窃佛法，以逞其诳诞之言，肆其诈伪之行者，知所儆戒，庶几不负我皇祖当年护持佛法之盛心焉。特谕。雍正十一年正月二十五日。

锷按：弘觉禅师于顺治十六年奉诏入京，说法内廷，至明年五月还山；凡结冬万善、愍忠、广济三处，几近一年。此书乃弘觉门人真璞随侍记录召对时法语，故名《北游集》。考当时与弘觉同被征召者，有玉林通琇禅师；而弘觉恩眷特隆。相传世祖手诏弘觉，辄称师而不名。（世祖所赐弘觉手谕，乾隆间曾收缴焚毁，见《禁书总目》。又王士祯《池北偶谈》，载世祖御书岑参诗，赐弘觉禅师云："洞房昨夜春风起，遥忆美人湘江水。枕上片时春梦中，行尽江南数千里。"在都城西善果寺。）叠颁衣玩。迨师还山时，上执手挥涕，命中宫留杖拂素珠，存拱大内，殆难悉数。观集中所记，与上问答，往往及于世谛；而恃宠直书，毫无忌讳，宜乎易世而后，此书即遭销毁之令也。今将雍正上谕一通录之，俾谈禅者，有所考焉。

宗颐按：弘觉禅师所著《北游集》，《续指月录》作《北游录》，与雍正《上谕》异。又同治《大埔县志·道忞本传》，作十二卷；而北游二字，作"北游"，误也。

《禅灯世谱》九卷　　日本《续藏经目录》。
存　《续藏经》本。

锷按：日本《续藏经》史传部第二十函，有《禅灯世谱》九卷，题明道忞编修，吴侗集。（商务印书馆影印本同）

释本果《正弘集》一卷　　《四库全书总目》一百四十五，道光《广东通志·艺文略》六。

存　潮州刻重本。

本果《自序》：天竺古先生之道，自后汉至中唐，虽隆替不一，然未有非之者。昌黎公出，乃力诋之，因贬于潮；而潮则先有大颠在焉，事亦异矣。由唐迄今，莫不以阐提弥戾车视昌黎。余独以为八地菩萨之所示现；不然，何以求颠之至切，反欲闻其说之至亟耶？盖天下之妙理，非一人逆激之，则必有不畅。大颠固非常僧，昌黎公则犹鸿儒不足以尽之也。是时学者，仰公如泰山北斗；非是，岂能激扬佛学耶？在西域则鹙子、目连、马鸣、龙树、弘广、衲衣等，皆外道也。教法东来，千有余载；惟韩、欧二人与之作难，而佛道益盛。余尝爱牧齐子之言曰："非夹崖之束斗，则水势不雄；非铁石之钻磨，则火光不发。"打鼓弄琵琶，冥权显权，公与大颠，殆一鼻孔出气者也。竖儒雏沙门，曷足以知此。因裒集二传三书《原道》、《佛骨表》等，寿梓发明渊赜云。时康熙癸酉秋七月，江陵释本果书于仙城西畴之报资方丈。（《正弘集》首卷）

本果《后序》：读韩子《原道》、《原性》、《原人》、《原鬼》、《通解》等篇，可谓真儒，而穷理尽性者也。排佛虽未当，其气岸可取。《维摩经》云："谤于佛，毁于法，不入众数佛门，早自道了也。"百丈云："说秽法边垢拣凡，说净法边垢拣圣。"惜韩子不知耳。若夫云门之打，临济之杀，德山之呵骂，是何等境界，则又非韩子之所知也。然和归工部送僧云："早知皆是自拘囚，不学因循到白头。汝既出家还扰扰，谁能更向死前休？"嗟乎韩子！岂非求道之真，而用心之切者乎？今时缁徒遍天下，恐未尝有韩子之研究根源，无问其到维摩、百丈、临济、德山之见处用处也。语云："善学柳下惠，莫知鲁男子。"仲尼日月，毗卢心印修武，殆欲兼得而未之或及也耶？抑已得而现大阐提，即世谛显第一义谛耶？惟证方知，难可测耳。《女挐圹铭》，正情钟我辈之意，当与道元男婚女嫁同科。特其语婞婞逼人，恐落情见，故须道破。如公之于大颠处，何等至切，当有三十棒，其话始圆，具眼者辨取。时康熙乙亥九月十七日，江陵释本果硕堂题。（《正弘集》卷末）

果山《跋》：编集昌黎大颠之说，以正弘名者，何耶？佛氏之学，不过八正而已。传曰：人能弘道，惟道触目，非隐而蔽于妄想执著；苟非其人弘之，甚难。世出世间一切诸法，莫不俱有邪正。词而辟之，拨而反之，岂易事哉？非昌黎则不有大颠，非大颠则不有昌黎；观其所以然，大非偶然者也。世有见昌黎像者，说欧阳永叔浑然似之；倘亦夙愿重来，激扬此道乎？复取《本论》中下合刻之，区别古今之谓儒，需人之谓儒，需者，不躁妄而从容乎礼法者也。真儒达道者，号曰理学。异哉！韩、欧、程三老，只遵孔教，不问佛为何人。不读其书，不究其理，一味横辟硬排，斯岂恒情可测。要在后世学子优柔玩绎，而自求得之耳。岁在旃蒙赤奋若中秋前二日果山僧书于报资方丈。（《正弘集》卷末）

《四库全书总目》一百四十五：《正宏集》一卷（编修周永年家藏本），国朝释本果撰。本果字旷圜，潮州灵山寺僧。是编皆述唐僧大颠事迹，而大旨主于诬韩愈归依佛法，以伸彼教；首列寺图，次为元大德，辛丑僧了性所作《大颠本传》，次为韩愈与大颠三书，次为《欧阳修别传跋》，次为《虞集别传赞》，次为诸家诗文，而终以本果自跋。据朱子《韩文考异》，以《与大颠书》为真；而陈振孙《书录解题》力辩其伪，且言其因仍方崧卿所编外集之误。然崧卿所刻《韩集举正》，今尚存淳熙旧刻。考其外集所列二十五篇之目，实无此三书，疑不能明也。愈与大颠往返事，见《与孟简书》中，而所传《大颠别传》，即称简作，其为依托，灼然可见。《韩文考异》亦引之，不知何所证验。考陈善《扪虱新话》引《宗门统要》所载宪宗诘愈佛光及愈皈依大颠，屡参不悟事，一一与此书相合。《宋史·艺文志》载《宗门统要》十卷，僧宗永所撰。盖缁徒造作言语，以复辟佛之仇，不足为怪。至儒者亦采其说，则未免可讶矣。

锷按：释本果，旧府县志无考，仅见此书云“潮阳灵山寺僧。”此编乃本果捃摭唐宋元人文字之关于大颠事迹者，诠次为书，故名其书为《灵山正弘集》。然卷末所录孤山与《骆侍御书》、《佛道论衡》、《续原教论》诸篇，皆与大颠绝无关系。据本果《自序》，谓裒集二传三书《原道》、《佛骨表》寿梓，发明渊赜。乃检集中《原道》、《佛骨表》，并无其文。疑今所传之本，或非康熙时原帙也。又集中《大颠别传》，撰者署名孟简。王弘愿居士谓潮去京师万里，简无由与大颠作缘。（见所为《灵山正宏集·跋》）不知大颠二字，乃退之之讹。宋人所见，皆《退之别传》，无云大颠者。（陈善《扪虱新语》十一，公参大颠条。许景衡《横塘集》十五，答义仲一书所引：概作《退之别传》即本书《永叔别传跋》，真伪姑勿论，亦作退之。）疑其作大颠，亦本果所擅改也。（吴颖《潮州府志》十二，附载欧阳修跋文，题作《跋昌黎韩公大颠别传》。意者，本果此书，引载欧跋，当抄自《吴志》。见其题有“大颠别传”字样，遂删其上文，而以“大颠别传”四字，冠诸《退之别传》之首也。）《四库提要》谓此《传》称简作，为后人依托；而所引《别传》，仍作大颠；以晓岚之渊博，何亦未之深考耶？至韩公与大颠三书，虽欧、苏见解偶殊，然至朱子已有定论。后世末学拘迂，复囿于儒释之见，沾沾真赝之辨；如陈振孙、杨升庵之流，聚讼愈多，轇轕弥甚，亦只见其辞费而已。

〔补〕释德薪《义安弘释录》　　《莲山续文稿》一。

未见

〔补〕陈衍虞《序》：尘海茫茫，欲津无岸，芸然而生者，无不萦蚕自缠，飞蛾竞扑。箧蛇既已难断，籐鼠未免多缘。识迷于八还，修教于五毒，伊可悯也。西方圣人，随机立教；虽有顿渐之分途，原无性相之别法。夫万行本心，三乘归一；相本空也，法亦是空。然而从门入者，首戒定慧；修三谛者，证空假中。其奈世际末流，空有相破；真妄互攻，禀承以为。户牖各自开张，函矢自为变迁。竞逐人我，圣灯因之不然，知果所由坠落也。吾郡虽僻处海澨，而大法南流，僧祇龙象，代有传人。惭愧建法幢于前，大颠阐禅宗于后，慧照为药山之皈依，世祖印弘觉之法乳。其他性教双修，不一而足；虽或显化于他邦，实皆降申于我土。独是才无赞宁，人非道宣，遂使僧史不传，灵迹湮没。起南荛和尚自崆峒山来，曰：“是我在矣。”起南，余族子，少为书生，便作出世想，苦空三十余年。回潮扫墓，驻锡西郊。乃搜遍《传灯》、《五灯语录》诸书，得古德开士若干人，剟为十科，备载真谛；颜曰：《弘释录》。展卷庄对，俨然灵山一会，至今未散也。和尚盖欲融瓶盘钗钏为一金，搅酥酪醍醐为一味；可谓竖圣善之宝坊，启未来之华业矣。虽然，佛之一字，我不欲闻。起南此录，毋乃丰干饶舌乎？梁武有云：“非言无以寄言，言即无言之累；累言可以息言，息则诸见竞起。”和尚了了人也，请作一了语，以代犍椎。（《莲山续文稿》一）

〔补〕《西湖山志》五：德薪，海阳人，俗姓陈，号起南。得法崆峒，晚归潮，筑华严庵于西郊；日与名流唱和，人称为南禅师。著《劫灰集》。

宗颐按：释德薪，字起南，俗姓陈氏，衍虞先生族子也。光绪《海阳县志》四十三《仙释传》有传，此书《海阳县志·艺文略》不载，今补入。

〔补〕李氏勋《金刚经注释》　　邹檦《李勋传》。
存　未梓。

〔补〕蔡氏心觉《心经述义》
存　排印本。

〔补〕饶锷《序》：吾于西来诸经，盖尝读《华严》矣，四分四法界，事事无碍，当处现成，所谓顿而能圆者也。又尝读《楞严》矣，七处妄计，一一无非颠倒戏论，而归极于心言皆直，所谓渐而能通者也。又尝读《金刚》矣，三谛三观，依以了彻，一切法性无性，所谓开权显实者也。最后读《般若波罗密多心经》，寥寥止二百余言，非顿非渐，亦圆亦通；权耶实耶？显耶密耶？义蕴而旨趣无尽。六百卷《般若》妙谛摄于斯，三世诸佛心法赅于斯，夐乎邈哉！吾莫得而称焉。为之注者，古有靖迈法藏诸大疏，今有畴隐居士之详解。吾友蔡梦蝶，学佛而有得者也，病今注之蔓，而苦古疏之简奥也，奋然执笔，屏人事尽十日之力，述是义而授余勘定。余读之，喜其能折衷群言，明白透切，可通乎俗也；则信乎梦蝶之于佛，果有得矣。往时余与梦蝶以文字气谊相切劘，居相近，业相同也。去年余丁外艰，梦蝶之先人，亦后二月捐馆舍。未几，其仲弟又不幸早夭，而余兄亦于是时以疾卒。是余之与梦蝶，微独业同学同，其身世之遭逢，复相同也。夫人世生死聚散苦乐忻戚之故，余与梦蝶既熟睹而躬验之矣。梦蝶学佛人，其于尘劳虚妄，宜回向有悟焉；乃犹此之为，岂其中终有不能自已者耶？抑大雄说法四十九年，原无一字；而程子亦曰："万变皆在人，其实无一事。"梦蝶胸中，岂固了然于去住无契，而一事未挂，一字未著耶；而余之以区区名句文身，根尘迹象度梦蝶，毋亦自未能泯人我之见，而浅之乎视梦蝶耶？梦蝶欲余序其书，辄书此以讯之。(《天啸楼集》一)

〔补〕饶氏宝球《金刚经答问》一卷
存　未梓。

〔补〕饶锷《仲兄次云行述》：兄讳宝球，次名孺雄，字次云，晚自号二如居士。生而竺孝，貌癯削，奕奕有英气。年十九，以制举文有声于时，应县府试皆获前列。会科举报罢，不能博一衿，人皆为惋惜；而兄殊适然，未尝介怀。寻渡海至香江，习英文提苑书院，以非其好，数月竟归；遂绝意进取，佐家君权子母市肆，以勤敏称。兄性嗜学，身虽劬劳而手不释卷；又工为管弦丝竹之声。初读《文选》，苦其字难猝通，乃刻意治小学：自《尔雅》、《方言》、《说文》、《释名》、《广韵》以下，于古今人之言六书者，靡不探讨；其于《说文》尤致力焉；每校读一过，辄别纸劄记，朱墨并下，字同蚊脚；阐幽抉微，精核有突过前人者。于清儒治训诂者，最服膺高邮王氏，嘉定钱氏，谓为许郑后一人而已。兄既通小学，遂旁及金石刻文；凡奇形怪体正别俗伪假借通转之字，皆辩之。故就问字者，有叩必应，闻其说无不豁然意满。兄于斯道，其可能至于斯极者矣。锷曩者尝以岭东方言间杂蛮语，与中原语音殊绝；然穷其声变，察其本柢，旧音雅训，往往而存。曾欲就所知者，征之经传，故扬雄氏，为《潮雅》一书；兄闻而深韪之，从容为锷诊发数十事。上稽古训，通疏证明，如剖符之复合；惜仅得之口授，今已十忘七八。我书未成，而兄遽入丘墓，伤哉！兄晚岁喜浮屠氏言，习法相，持名号；与开元寺僧怡光善。所著书有《说文旁证》一卷，《金刚经答问》一卷，《片词碎义》藏于箧。未编纂者又可得万余言，然皆非其至；其深博可传世久远者，盖蓄于中而未出也。（《天啸楼集》三）

道家类

明

盛氏端明《玉华子》四卷　　《万卷堂书目》三，《千顷堂书目》十六。

未见

《千顷堂书目》十六道家类：盛端明《玉华子》四卷。端明以方术特授太子太保，谥荣简。

锷按：玉华堂为端明别墅，其旧址在今郡北金山下（见薛雍《金山读书记》）；故端明自号玉华子焉。此书盖盛言神仙导引之术，明时有慈溪沈津刻本（隆庆元年付刊），在百家类纂内；然今未见传帙。

吴氏洲《内外篇》　　萧翱材《吴洲墓志》。

未见

〔补〕唐氏伯元《阴符经注》　　唐彬《求赐谥疏》。

未见

〔补〕《道德经注解》　　唐彬《求赐谥疏》。

未见

〔补〕唐彬《求赐谥疏》：臣父生平所著，有《古经大学注解》，《礼编》，《易注》，《阴符经注》，《道德经注解》。（《醉经楼集》末）

郭氏之奇《新定道德经》　　《宛在堂文集》。

未见

之奇《自序》：晋王弼注《道德经》八十一章，段落纷驳，予窃取羲卦定为六十四章，以《易》配《玄》，由《玄》参《易》；道非易道，名非常名；观有观无，知终知至。众妙见于今古，四德行于乾坤；岂惟函谷五子，牛背生人间之紫气；将使庖牺一画，龙德归君子之粹精云尔。（《宛在堂文集》）

陈氏元濬《觉世真经注证》　　嘉庆《澄海县志》十九《文学传》。

未见

谭氏廷俊《太上感应篇注》　　光绪《丰顺县续志·艺文志》。

未见

郑氏清《丹经》　　《韩江闻见录》八。

未见

《韩江闻见录》八：辟谷翁者，普宁横溪乡上舍郑翁清也。翁少有奇疾，医不能愈，遇异人愈之；且授以咽津炼气法，曰："苟熟此，可以辟谷，可以长生。"翁由是有道气。曾往罗浮修真数载，果能辟谷。十年前，归隐潮阳东山南麓萧氏之磊谷别墅。芒鞋竹杖，日事吟咏，洒如也。其孙茂才德华，尝出其稿若干卷，属予点定；读之殊飘飘有仙气。旋尸解。然风月之朝，雨雪之夕，客之游东山者，每见其往来磊谷间。翁又著有《丹经》传世；予备观之，觉于修炼之旨，尚属引而不发云。

〔补〕郑氏清《仙学正传》二卷

存　光绪丁酉排印本，民国二十年上海宏大善书局石印本。

〔补〕郑清《自序》：仙与儒一道也，而分之则裂；裂则不可谓道也。或曰："道分于三教，是圣人未尝不分也。"仆应之曰："宇宙同一道，万圣同一心。三教圣人不分；三教之门徒，从而分之也。"古圣贤治定功成，隐身而去；或尊居天上，宰制化权；或隐名混世，遨游蓬岛，往来洞天。史独载黄帝乘龙上升，此盖以例其余耳；凡古圣皆然：如世之称古仙浮丘伯，度王子晋上嵩山者，即神农之隐名也；曰宛丘生，又曰青精先生，尝游罗浮化度，即伏羲氏隐名也。吕纯阳，古圣皇覃氏也；钟正阳，黄神氏也；李凝阳，犴神氏也；又若泰乙，蒲衣，偓佺，黄盖，中黄，皆古圣之隐者也。又如桂父者，岐伯也；子州支父者，风后也；云梦先生，鬼臾区也；辛文子，又曰计然，又曰渔丈人，太公也；鸱夷子皮，范少伯也。以后代言之：汉王乔子晋，混俗也，唐贾耽、成公绥，游世也，青城丈人，燕相也，真一子，员外郎程晓也：凡此不可胜举。以如仙通于儒，儒通于仙也；其各不相涉者，仙非高仙，儒非真儒也。善乎张洪阳之言曰："非高仙不能成真儒，亦非真儒不能成高仙。"古圣贤见则用其中于外，以化民，则曰真儒；隐则养其中于内，以生精气神，则曰高仙。立己立人，一得俱得。夫深山静摄，得一术以焚修，避世事如蛇蝎；纵其有成，不过多延寿算耳，非高仙也。闭户潜修，勤一艺以名世，指清静为异端，极其所至，不过才士，或守经生已耳，非真儒也。仆少不知书，亦务农，亦为商为贾；惟性好善，闻善则喜；及读孟子性善，程朱性理之说，如逃虚空者，见亲戚兄弟之欢乐其侧，不知其手如何舞，足如何蹈也。后渐及经传子史，一有滞义，精心研究，至悟乃已。用三法：以持身涉世；始以公平；不平者不能平，乃行退让；让久而多受侮，复行持高之法。此三法，皆得儒术；非有知于仙道也。年六十，偶得黄帝九门法：其法曰守飞门，逸户门，启咽门，巡喉门，会吸门，安贲门，沁幽门，约兰门，导魄门。昼夜精思，略通其义。按法行之，一月有效，三月而坎离交，五月而乾坤阖辟；至一载龙虎见象，眼有奇光，耳有奇音。仆不以为灵异，但觉前所行三法，皆属勉强，今得自然耳。乃搜罗道经，始得读《阴符》、《道德》、《黄庭》、《龙虎》、《大通》、《灵宝》众经，及《参同契》、《悟真篇》。潜心玩索，与儒道若合符契，并不相悖：故知仙儒一道，人不细察耳。仆既得玄珠以后，累遇大难；然患来即解，事至则剖。由其精神足用，故事理而珠不失。老子曰："虚其心，实其腹。"又曰："载营魄，抱一能，无离专气，致柔如婴儿。"殆庶几焉。生死岸，烦恼关，知应免矣；自在天，安乐国，我其游欤！知音之士，苟得是书，受而信，信而行，行而专且久，无不成者。紫阳翁曰："皇天若负道心人，令我三途为下鬼。"吕仙翁曰："修真人，不妄说，妄说一句天公折。"由度世心深，故其言之真切；今仆亦云云。大清嘉庆三年腊月，榕溪阳和子郑清序。（《仙学正传》卷首）

〔补〕又《自序》（不录）（《仙学正传》卷首）

〔补〕古月氏《序》：《丹经》之传世者多矣；惟东汉魏伯阳仙翁，依《龙虎经》作《参同契》，取象于《周易》，以乾坤为鼎器，以坎离为匡廓，以六十四卦为火符。日用二卦，朝屯暮蒙，而其责在御者。世人重之，称曰丹王。钟、吕二真传道集，则专论五行生克，河车升降，气水合机；而其责在丸泥。殆有宋张真人平叔，济度愿重，始作《悟真篇》，复作《金笥宝录》，内炼之方。又作《金丹》四百字，颇为详尽：分性命为二宗，别内外为二药；而其要在取坎中之阳，补离中之阴：与《参同》并称善本。厥后石真人之《返元篇》，薛真人之《复命篇》，陈真人之《紫庭经》等作：俱不出悟真之旨。元初上阳翁作《金丹大要》，比《悟真》较详。其要在月出庚方，西南得朋；又在同类者相从；然亦多比喻之辞，未尝直言显露。虽曰"泄尽天机"，要亦藏珠海底。和阳先生以儒入道，其歌辞反复申明鼎炉药物火候抽添；总皆融会诸经，本原《悟真》，未见加详。而土德一颂，贯串全篇，亦犹《参同》之鼎器歌，《悟真》之四百字也。玩其独辟町畦，显露真常，每在众论易说杂说中揭出；即此而寻，门户开矣。其标名曰《仙学正传》，意谓仙不同儒，非正传也。间尝闻之绪论云："《丹经》虽隐奥，实与《周易》、《学》、《庸》相发明，如曰：黑中取红，明明德也；降龙伏虎，正心也；攒簇五行，诚意也；蟾光终夜照西川，精义入神也；谷神不死，黄中通理也；元关一窍，道心也；周天火候，四时行，百物生也。上观天文，俯察地形，穷理也；虚其心，尽性也；实其腹，至命也；让他为主我为宾，即朱子所云：'道心为主，而人心听命也'；积精累气以为真，即孟子养我浩然之气也；如鸡抱卵，'道不可须臾离也；举此数端。余可类推矣。'"愚尝慨先生之炼丹有三难焉：自轩辕、太乙神丹之后，灯灯相续，具有师传；先生乃独运神思，直造阃奥，一难也。丹士得玄珠后，例应隐入深山，或僻陋之处，抱一以虚其心；如达摩之少林面壁，海琼之武夷痴坐；先生既得玄珠以后，频遭患难，应事接物，几无宁日，愚甚为患。先生曰："无虑，我得关尹子之道；其道云：'事物之来，我应之以性，不应之以心。'"以性应之，则心不动，而以物付物，此二难也。乙卯凶荒，有凶徒聚党，求索花红，否则劫抢。先生曰："我命在天，不在凶悍。"旋亦无事，三难也。有此三难，倘力量未充，操守不固，则兔走乌飞，铅汞异炉，魁罡倒置，四七乖张，金玉销铄，螟虫互起；不惟败却前功，抑且有关性命。虽其刚勇过人，要亦平昔阴功，神圣默护耳。又且志量宏远，其言曰："我愿天下太平，风俗纯美，俾予得携杖逍遥于康衢之野，听击壤之歌，效封人之祝。观景星，睹庆云，此予之所大欲也。若栖身蓬岛，独乐洞天，乃不得已耳。"愚因受知于先生者深，而熏陶于左右者久；故独能知其详，不惜固陋，而乐为之序云。嘉庆三年梅月，瑶江后学古月氏知白序。（《仙学正传》卷首）

宗颐按：和阳子郑清，潮州普宁人；少习儒业；晚遇异人，得玄珠导引之术。清自言闻道以后，累蒙大难，患来即解，事至即剖。由其精神足用，故事理而珠亦不失。此书名《仙学正传》者，盖本戴起宗《学仙正宗》，以师传秘旨，推明仙意。（见紫阳真人《悟真篇·注疏序》）书分上下二卷：上卷载歌诀诗词共二百余首，皆发明作丹之旨；下卷载论说十余篇，于炉鼎铅汞胎息泥丸，反覆伸辨，而大旨归于清心寡欲，养性存神。故其论鼎器，以虚无为上（《虚无鼎器论》）；论修炼，以寂寞为宗。（《身心性命论》）与后世方士之专奉谈符箓科仪禁咒者，持论较为纯正。至谓养命莫先积德，炼丹要在心诚，与夫卷首《丹法要诀》，卷末杂说诸条，不独有类古哲格言，可书座右；盖其指归，直欲融合儒道二教为一炉矣。

又按：此书一名《和阳子证道歌诗论说》，《韩江闻见录》载清著有《丹经》，先君已著录；惟不知是否即此书之别名，抑另是一本；兹两存之，以俟再考。

〔补〕王氏拾蕉《阴骘文注疏证》　　何探源《咏梅山馆诗集北游草》。

未见

〔补〕何探源《咏梅山馆诗集北游草·哭王拾蕉诗》注：拾蕉于是年春辑《阴骘文注疏证》，内有《忏悔篇》。

卷　十一

集部别集类

唐

赵氏德编《昌黎文录》六卷　　道光《广东通志·艺文略》七，光绪《海阳县志·艺文略》。

佚　　道光《广东通志·艺文略》七。

赵德《自序》：昌黎公，圣人之徒欤！其文高出，与古之遗文，不相上下；所履之道，则尧、舜、禹、汤、文、武、周公、孔子、孟轲、扬雄所授受服行之实也，固已不杂其传，而由佛及聃、庄、杨之言，不得干其思，入其文也。以是光于今，大于后，金石燋烁，斯文灿然，德行道学文，庶几乎古。蓬茨中，手持目览，饥食渴饮，沛然满饱，顾非适诸圣贤之域，而谬志于斯，将所以盗其影响。僻处无备，得以所遇，次之为卷，私曰“文录”，实以师氏为请益依归之所云。（《全唐文》六百二十二）（宗颐按：此文旧刻《韩集》多有之，与《全唐文》语句略同；海阳郑昌时《韩江闻见录》亦载之，则歧异特甚，如起句，此云“昌黎公”，《闻见录》作“退之先生”，迥异于众本。或谓韩愈于宋元丰间，始封昌黎伯，德与愈同时，不应称之为昌黎公，当以作“退之先生”为是。宗颐谓韩愈之自称昌黎，见于集者多矣，愈籍隶南阳，先世为昌黎人，故常自称昌黎韩愈，亦如蜀人李白为陇西李广之后，而自称“陇西布衣”也。陈继儒《偃曝谈馀》下云：“昌黎古韩氏通称，如李必曰陇西，崔必曰博陵，孙必曰乐安。”是赵德称韩愈为“昌黎公”，盖犹以韩公称之，固不待元丰加封昌黎伯，而愈始得称为昌黎公也。宋王十朋寄《曾潮州》诗，有句曰“德云昌黎公，圣人之徒与。”十朋之诗，盖剪裁赵《序》以为句，可知序之称昌黎公为赵德原文，决矣。《闻见录》之为书，乃稗官小说者流，非尽可信，故予据《全唐文》录入云。）

《万姓统谱》八十二：赵德，潮州人；举进士。泛雅专静，通经，有文章，能知先王之道；其论说排异端而宗孔子。韩愈在潮，置乡校，命德为师，邦人知学自此始。今郡学，韩愈庙，皆祀之，号天水先生。

〔补〕孙奇逢《理学宗传》十四：唐自中叶，老佛显行，儒道媮末，滥竽显仕，称儒者，顾相助为怪神。文公锐然以六经为诸儒倡，争四海之惑，屡踣复振，尝恨当时无羽翼之者。读《函史·学校志》，得赵秀才一人，能排异端，宗孔氏，便可为同心之人矣。后贞元间，常衮以故相出为福建观察使，闽、越尚未有学，乃设乡校，兴学者。未几，翕然化之。潮、海、闽、越之人，举仕士，仕上国，自韩昌黎兴学始。

韩愈《请置乡校牒》：孔子曰：“道之以政，齐之以刑，则民免而无耻。”不如以德礼为先，而辅以政刑也。夫欲用德礼，未有不由学校师弟子者。此州学废日久，进士明经，百十年间，不闻有业成贡于王庭，试于有司者；人吏目不识乡饮酒之礼，耳未尝闻《鹿鸣》之歌；忠孝之行不劝，亦县之耻也！夫“十室之邑，必有忠信。”今此州户万有余，岂无庶几者邪？刺史县令，不躬为之师，里闾后生，无所从学尔。赵德秀才，泛雅专静，颇通经，有文章，能知先王之道；论说且排异端，而宗孔氏，可以为师矣。请摄海阳县尉，为衙推官，专勾当州学，以督生徒，兴恺悌之风。刺史出己俸百千，以为举本。收其羸余，以给学生厨馔。

锷按：赵天水先生德，道光《广东通志》，乾隆《潮州府志·儒林传》，光绪《海阳县志》并有传。潮州僻处海隅，开化最晚；唐时以州人而登进士，仕上国，实自天水始。（《全唐文》载德曾官殿中丞）迨韩公至潮，既置乡校，特举天水为之师，是天水学行为韩公推重可知矣。顾天水于公亦深服其文章，以为上可接周孔孟扬之传；故公去潮，赋诗留别；天水亦私录公文以教于乡。韩公为一代文宗，其立言固足千古；然当李汉未编定时，并世之人而知其可贵，至编录以成卷帙，天水先生不能谓非韩公知己之第一人也。王十朋《梅溪集》二十七《寄曾潮州》诗云："韩公学孔子，不陋九夷居。蓬茨得赵子，如获沧海珠。临行赠以言，恨不与之俱。德云昌黎公，圣人之徒与！比周孔孟轲，不道迁相如。韩公不可见，赵子今亦无。"观此可知其交之深笃矣。此编《宋史·艺文志》、《文献通考》及晁、陈两家书目俱不著录。然今所传宋椠《韩集》，如海源阁所藏南宋初刻《唐人集》，善本书室所藏宋椠《昌黎集》卷首，皆有赵氏《文录·序》；盖以编韩文为集，自赵氏始，故载之也。

又按：旧时训蒙之《三字经》，相传为宋王应麟撰；而南海区适子黎贞，相继续成之。顾吾潮儿童诵习之本，则分上下两行：上行载王等之书；下行则别有三字经者，为南北诵本之所无。其文起首句"乾为天"，讫末句"必察焉"，凡二百十句，都六百三十言；皆取经书成语，贯串成编；文极渊雅可味。相传此经乃赵天水先生所辑，然无确证。谨附志于此，聊备一说；疑以传疑可耳。

又按：朱文公《韩文考异》，潮州锓版最先，盖文公亲及见之。当时迻写付刻者为袁子质，郑文振；而校刊之人，悉隐其名。（见《文公文集》四十五《答廖子晦书》，及《续集》四上《答刘晦伯书》）自来鉴藏家皆以宋本《考异》为文公门人张元德所刊定，不知实文振也。文振名南升，潮阳人，《通志》、府县志并有传。自王伯大重编韩文，以考异散入句下，文公原书，遂被窜乱；幸宋刻犹有传本。《季沧苇书目》，尚载其书，惟不知是否即潮州本也。清康熙间，安溪李光地获得浯溪吕氏家藏本宋刻，首题《昌黎先生集考异》。其第十卷本传后附有赵德《文录·序》，及苏文忠公《潮州韩文公庙碑》。疑此真为潮州郑氏刊本；因其未署刻者姓名，故世未之识也。因论赵德《文录》，故并及焉。

宗颐按：潘祖荫《滂喜斋藏书记》卷三载宋椠小字本《昌黎先生集》，后有影写绍兴己未刘昉《序》一叶。略云："大观初，先大夫曾集京浙闽蜀刊本，参以石刻订正之。"刘昉官至龙图阁学士，海阳东津人。其所云"先大夫"，即刘厚中允。据昉《序》，宋椠小字《昌黎集》其为潮州本者，一刊于大观，而一刊于绍兴。而赵德旧本，大观时犹有传帙，厚中所及见也。又《铁琴铜剑楼书目》载宋椠影钞《韩集举正》有方崧卿撰序。言其"校订韩集，旁取赵德《昌黎文录》，《文苑英华》，《唐文粹》，参互证验。"又云："今之监本，已非旧集；然校之潮袁诸本，犹为近古。”以其言推之，则《昌黎文录》，淳熙间犹有传本；而所称潮本，殆即刘氏父子所刊之潮州本也。又善本书室所藏宋椠朱文公《韩文考异》，据其书目，称该书第十卷本传后有赵德《文录·序》，是《考异》中当亦有《昌黎文录》所采之韩文也。温丹铭先生曾从《举正》、《考异》诸书，精心校集，成辑本六卷，还赵书之旧，厥功伟矣。

宋

许氏申《高阳集》　　道光《广东通志·艺文略》七，光绪《海阳县志·艺文略》。

佚　　道光《广东通志·艺文略》七。

道光《广东通志》二百九十二：申为人姿宇轩特，识见通敏；读书一经目，终身不忘。为文渊洽温润，切劘端正，根于所养。大中祥符初，举贤良。天子东封，献赋颂者数百人，召试三人，申在列。学士院第其文，擢申第一。授将仕郎秘书省校书郎，盖特恩也。有《高阳集》遗稿，刘允为之《序》。

锷按：许维之运使申，乾隆《潮州府志》，嘉庆《潮阳县志·循吏传》，光绪《海阳县志》，亦有传。《高阳遗稿》书佚已久；其文今可见者，惟有《柳州府待苏楼记》，及《灵山开善禅院碑记》二篇。（见嘉庆《潮阳县志》十八《艺文》上，及《灵山正宏集》）陈尧佐有《送人登第归潮阳》诗云：“休嗟城邑住天荒，已得仙枝耀故乡。从此方舆载人物，海滨邹鲁是潮阳。”（见乾隆《潮州府志》四十二）尧佐所赠之人，或谓即申也。（宗颐按：此诗，《舆地纪胜》一百，作《送王生及第归潮阳》）

宗颐按：此书《宋史·艺文》七，作《许申集》一卷。考《舆地纪胜》九十广南东路韶州，有许申《曲江祠堂记》六句（辞曰：“庾峤之南，舜游之地，乐石奇怪而甲出，曹溪甘爽而泌涌；八泉会而同沿，三流合为曲江”），《张相公祠诗》六句（诗曰：“铁胎重整英仪峻，燕厦新成暑气凉，韶石遍图辉壁落，荔枝分植映房廊，开元旧事丰碑在，家笥犹传故笏囊”）虽为断简，要亦可珍，附录于此，以见一斑。

林氏巽《林巽之文集》　　道光《广东通志·艺文略》七，光绪《海阳县志·艺文略》。

佚　　道光《广东通志·艺文略》七。

光绪《海阳县志》三十五：林巽人称为草范先生。外有《文集》若干卷（《通志》同）。

陈氏希伋《揭阳集》十卷　　道光《广东通志·艺文略》七。

佚　　光绪《海阳县志·艺文略》。

《万姓统谱》十八：陈希伋，字思仲，揭阳人。未第时，荐太学生马锡，有文武才，乞擢用；锡后立功，人以希伋为知人。尝上书陈利害数万言，皆切时病，元祐中，以经明行修举第一，擢知梅州。

锷按：陈知州希伋，道光《广东通志》，乾隆《潮州府志·循吏传》，《揭阳县志·贤达传》，光绪《海阳县志》，光绪《嘉应州志·宦迹传》，并有传。罗良会列郡名贤录，载希伋元丰间两冠乡书，肄业太学十余年，声誉籍甚，士人目为广南夫子。其所著《揭阳集》，今不可见。惟黄子高《粤诗蒐逸》二，载其《凤栖楼》诗云："千载传闻孰是非？高梧修竹晚风微。欲知古寺曾栖凤，楼殿今无燕雀飞！"尝其一脔，可以识镬中之味也。

宗颐按：戴璟《通志》言希伋所著《揭阳集》文四百余篇（吴颖顺治《潮州府志》九同）惜原书久佚。即其《荐马锡疏》，及上书陈利害数万言，奏罢出内库钱出买珍珠，诸封事，亦不可见也。《宋史·艺文》七有陈先生《揭阳集》。注，不知名，即希伋此书也。

刘氏允《刘厚中文集》　　道光《广东通志·艺文略》七，光绪《海阳县志·艺文略》。

未见

〔补〕无名氏《宋左金紫光禄大夫刘允传》：公讳允，字厚中；海阳人；登绍圣四年何昌言榜进士。胸臆夷旷，于经传注疏，诸史百家，以至天文地志医卜杂书，靡不赅贯。所著文今存者二百余篇，藏于家。（《刘氏族谱》）

锷按：刘光禄允，道光《广东通志》，乾隆《潮州府志·循吏传》，光绪《海阳县志》，康熙《惠州府志·名宦传》，光绪《嘉庆州志·宦迹传》，并有传。光禄文，名目可考者，有许申《高阳集·序》。顾原文已不可见；诗则有《韩山》七绝一首。（句云："惆怅昌黎去不还，小亭牢落古松间。月明夜静神游处，三十二峰江上山。"）颇清真而雅丽也。

宗颐按：东津《刘氏族谱·刘允传》云："公曾梦一境，非人间世，梦中为诗云：'刘郎平昔志烟霞，时到云山隐士家。除却松篁芝木外，川原远近遍桃花。'又云：'尽日看山不厌山，白云飞去又飞还。傍人笑指云相似，云本无心我自闲。'又云：'武陵源上雪，片片杂云霞。惟有雪中桃，长开三尺花。'公初得昉，梦昉自诵其诗云：'杖摇楚甸三千里，衣惹秦山一片云。'已及中秋夕，梦游洞府，既寤，作诗八首，纪其事。"此八首亦见《族谱》，不具录。允文尚存《家训》一篇。亦载《族谱》中。据《族谱》允传云，"允文存者二百余篇，藏于家，余见《三阳志》。"又允曾孙撰《族谱序》，言"允所存文篇迭遭煨烬，莫能详述"。《三阳志》今已无传，而集宋时又多散佚，故其文遂益难觏矣。

张氏夔《禄隐集》　　道光《广东通志·艺文略》七，光绪《海阳县志·艺文略》。

未见

《万姓统谱》三十九：张夔，海阳人。政和中进士。为茂名令，辨民冤狱，太守致疑，夔投告身去，太守勉留之。诸司列荐为南中清介，惟夔一人，高宗赐玺书勉励。后通判廉州，秋毫无取。

郭棐《粤大记》二十八：夔前后以清节著。高宗尝书其名于屏曰："南有张夔，北有周昕。"夔五十登第，七十致仕，卒年九十三。所著文号《禄隐集》。子昌裔，通判容州，夔尝示以诗云："慎勿与人交水火，好尊名节重邱山。"后改琼州。持身谨饬，能不替其父风。

锷按：张致尧通判夔，道光《广东通志》，光绪《海阳县志》，康熙《饶平县志》，并有传。

王氏大宝《王元龟遗文》十五卷　　道光《广东通志·艺文略》七，光绪《海阳县志·艺文略》。

佚　　道光《广东通志·艺文略》七。

光绪《海阳县志》三十五：大宝所著有《遗文》十五卷。

宗颐按：王元龟遗文，今存者有《题白云洞赞》（见《阮通志·金石略》）、《韩木赞》二篇。《韩木赞》，《图书集成·职方典》，林杭学康熙《潮州府志》，胡恂雍正《潮州府志》撰者作王大宾，周硕勋乾隆《潮州府志》同。吴颖顺治《潮州府志》，张士琏雍正《海阳县志》则作王大宝。宝与宾二字形似易伪，旧志无王大宾名，是作大宾者，乃大宝之讹也。（郝玉麟《广东县志》误大宝为大宾，辨见光绪《海阳县志》十三《选举表》三。又《浙江通志》一百十五《职官表》五：宋时，知温州军有王大宾，字元龟，湖州人。考元龟为王大宝字，《宋史》大宝曾知温州，是知《浙江通志》作大宾，亦大宝之误，而湖州又潮州之误也。附为辨正。）考吴颖修《府志》，在顺治十八年，张士琏修《县志》，在雍正八年，而周硕勋《府志》则修于乾隆二十七年，实在《吴志》、《张志》之后，其时周氏当曾目见吴氏、张氏之书，乃于此文不署王大宝而作王大宾，是又知其不据《吴府志》、《张志》，而本诸林、胡二《府志》，致踵其误也。至《图书集成》则当是承《林府志》而讹。（据《故宫博物院文献馆史料旬刊》，《图书集成》始刊于雍正初年，胡恂修《府志》在其后，则当时纂修《图书集成》诸公必未见《胡志》也）嘉庆间同邑郑昌时作《韩江闻见录》有云："宋郡人王尚书大宝元龟先生，有《韩木赞》。"而吾师王师愈跋此文亦谓大宾当作大宝（见《缵槐堂文集》），特仅正《周府志》之误，而惜乎未言其致误之由也。故附论于此，以备搜采乡邦文献者参考云。

李氏关《北源先生文集》　　《补元史艺文志》四。

未见

《万姓统谱》七十二：李关，海阳人。早丧父，事母至孝。通春秋，余经诸子，皆知其大略。隐居不仕，以教授郡邑子弟；贫者助其笔札；尤精医术，乡人赖之，号北源先生。有《文集》。

锷按：李北源先生关，道光《广东通志》，乾隆《潮州府志》，光绪《海阳县志》，并有传。

吴氏丙《杂咏》　　道光《广东通志·艺文略》七。

佚　　道光《广东通志·艺文略》七。

宗颐按：《阮通志·艺文》，《杂咏》上多吴汝光三字，乃臆增，今省。

元

陈氏肃《莲峰集》　　光绪《海阳县志·艺文略》。

佚　　光绪《海阳县志·艺文略》。

光绪《海阳县志》三十五：陈肃，字文端，宋宝谟阁待制恪之子。宋末，避乱鲍江，教授莲花山下，讲明正学。文天祥过潮召见，与语奇之；檄为参谋，不就。至元初，以贤良应聘，赐笔举署总管府事，多惠政。累官朝列大夫，宣慰同知，总抚湖广常德路，有奇勋；迁枢密同知。所著有《莲峰集》。

宗颐按：光绪《海阳县志》二十九《艺文略》云：本传称："肃于宋季避乱鲍江，教授莲花山下，故以所居地名集。"《饶平县志》一："莲花山，在苏湾信宁二都之界，东接沧海，西瞰郡城，高压诸山，望之如莲花。"

郭氏真顺《梅花集》　　光绪《海阳县志·艺文略》。

佚

蓝鼎元《郭贤妇传》：郭氏字真顺，潮阳周伯玉妻也。伯玉名瑶，以字行。少负志节，好读书。元至正中，举茂才异等，不就，隐居自乐，与郭氏相敬如宾，时称海滨冀子。郭幼聪慧，父教谕，授以书，辄不忘。通经学，旁及子史百家。能为诗，尤长于古。为人有智识，善谈论；当世是非得失事，了了胸中，片言断决；虽老于谋者，无以过也。元末大乱，盗贼蜂起，从伯玉避居村寨；寨众方潜思啸聚，以联络守望保乡村为名。闻伯玉故长者，群推领袖，将奉以主寨事，伯玉许之，归以告郭氏。郭曰："不可，寨中诸少年方骁桀自用，其气不可下，势皆不能为人下；而公为祸首，不亦愚乎？夫矜能炫智者败，轻敌寡谋者亡，不度德量力而先于众者祸。外负智勇之名，内收败亡之实，公何为一至于此？"伯玉曰："吾已许之矣，奈何！"郭曰："第称疾勿往，请得为公谢之。”居数日，众果诣伯玉所。伯玉佯卧不起，以病报，众颇失所望；然犹以为稍瘥即视事也。郭氏因敛衽再拜，辞曰：“公等不知伯玉无能，谬推重寄，光荣已极；虽驽劣不堪，犹思矫首自奋，勉慰众望，不幸福薄灾生，当儿疾作，此天所以限伯玉也，愿公等熟计，更立贤者，无为伯玉犹豫，致失事机。”众然其言，遂引去，别求主立之。未几，以意见不协，杀所立者，自相雄长，寨中大乱，为邻贼所陷；伯玉幸不罹于难，人咸服郭氏先见云！初寨中多农贾侍，相尚积粟，郭独劝伯玉分散之，无余藏，日暮索绹，人莫喻其意。至是贼入，尽燔所积聚。伯玉引绳系妻子，并自缚如被掠者，贼不以为意也；乘间得脱，至溪头寨居焉。明太祖定天下，命指挥俞良辅，帅众南征，时寨人尚未归附，俞以兵至，将剿之。郭氏乃作《颂俞将军引》一篇，遮道上之。其辞曰：“将军开国之武臣，早攀凤翼附龙麟。烟云惨淡蔽九野，半夜捧出扶桑轮。前年领兵下南粤，眼底群雄尽流血，马蹄带得淮河水，洒向江南作晴雪。潮阳僻在南海濒，十载不断干戈尘。客星移处万里外，天子亦念遐方民。将军高名迈前古，五千健儿猛如虎。轻裘缓带踏地来，不灭襄阳晋羊祜。此时特奉圣主恩，金印斗大龟龙纹，大开藩卫制方面，期以忠义酬明君。宣威市德民大悦，把菜一笠谁敢夺？黄犊春耕万陇云，鳌庞夜卧千秋月。去岁壶阳戍卒时，下车爱民如爱儿；壶山苍苍壶水碧，父老至今歌咏之。欲为将军纪勋绩，天家自有麒麟笔。愿续壶民歌太平，磨崖勒尽韩山石。”良辅得其诗大喜，郭因力言寨人无反状。良辅曰：“此贤女所居，其民必驯。”麾兵去。溪头寨得免诛夷，郭氏修辞之力也。洪武中，举伯玉贤良方正。征书至，郭氏又止之；于是伯玉辞不就，以山林终。有子三：碏，砺，矿：皆以儒术显，禄于朝。少子彦器，即矿也，以字行；举名儒第一，历官河南布政司参议，终朝列大夫。郭氏百二十余岁时，伯玉与矿俱先卒。里人高其行崇祀乡贤。而郭以年老，一省母家，作《归宁自叙》。其辞曰：“天甲年来度二周，暮桑榆景雪盈头。五经立业儒家雅，三子成名壮志售；桥梓有光联俎豆，柏舟无憾泛横流。阶前兰玉森森秀，斑彩扶来到首坵。”又数载卒，年一百二十五岁。（《鹿洲初集》九）

锷按：郭女媛真顺，海阳龙溪凤郭乡人，乾隆《潮州府志》，嘉庆《潮阳县志》，光绪《海阳县志》，并有传。所著《梅花集》，今无传本；惟《上俞将军引》一篇，见录于钱牧斋所编《列朝诗集》闰集四。蓝鹿洲为真顺作传，谓其贤智合陈婴母、辛宪英为一人。文学志行则曹大家、王霸妻之流亚，殆非溢美之言也。

宗颐按：真顺诗今存者，有《归宁自序》二首，《渔樵》四咏。又有《赣州十八滩》十八首，《悼冢妇死难》二首，《劝家雍睦》一首，见潮阳《周氏族谱》。

明

林氏兴祖《棠阴清趣集》七卷　　《千顷堂书目》十七，《万卷堂书目》四。

未见

《八闽通志》六十三：林兴祖，三山人。（锷按：《元史》一百九十二《良吏传》有林兴祖福州罗源人，别是一人。）洪武初，从父宦游，遂家潮之海阳。为人简重，少有大志，苦学不辍，事母至孝；后以才行举。历官工部郎中，广西参议；调交趾卒。所著有《棠阴清趣集》。

锷按：伯贞林参议兴祖，道光《广东通志》，乾隆《潮州府志》，光绪《海阳县志》，并有传。《千顷堂书目》著录参议《棠阴清趣集》云：福清人，不知参议由闽迁潮，据《八闽通志》已自其父。故《广东通志》、《潮州府志》、《海阳县志》，为参议立传，并不著其迁徙始末，而直书曰海阳人。（《通志》据《戴志》作潮阳人，误）且征之各志选举表，参议固由海阳学而举洪武孝廉者也，是其为纯粹海阳人已无可疑。此集存佚，今莫得而详；旧抄本《治世龟鉴》（见《皕宋楼藏书志》四十一），及□□《复斋郭公行状》。（见《爱日精庐藏书志》十三）卷首并有署款三山林兴祖序文各一篇。审其年月，乃元良吏罗源人之林兴祖，而非参议也。

苏氏福《苏神童诗集》一卷　　罗学鹏《广东文献》四集四。

存　　《广东文献》辑本。

《古瀛诗苑·今集》一：苏福，潮阳人，明洪武神童征举。

《广东新语》十二：惠来苏福八岁，举童子科，年十四卒。论者谓“维岳降神。”以惠来地方百里，襟海扆山，其钟灵孕秀，亦非偶然。但其泄发太早，故享年亦促。譬之朝华之草，夕而零落，理固然耳。福入惠来乡贤祠；

年十四而俎豆宫墙，亦天下所希觏者。

王世贞《艺苑卮言》七：潮阳苏福八岁，赋《初一月》诗："气朔盈虚又一初，嫦娥底事半分无？却于无处分明见，恰似先天太极图。"惜乎年十四而夭，令陈白沙、庄定山白首操觚，未必能胜。（宗颐按：此语又见卷八文章九，命夭折中。）

《随园诗话》七：前朝广东惠州（宗颐按："州"字当是"来"字之讹），有苏神童《咏月》三十首。其最佳者，初一月云："气朔盈虚又一初，嫦娥底事半分无？却于无处分明有，浑似先天太极图。"初二月云："三足金乌已敛形，且看兔魄一丝生：嫦娥底事（宗颐按：二字《文献》本作不是）梳妆懒（宗颐按：《文献》本作手），终夜蛾眉画不成。"初三月云："日落江城半掩门，城西斜眺已黄昏。何人伸得披云手？错把青天搦（宗颐按：《文献》本作捻）一痕。"初四月云："禁鼓才闻第一敲，忽看秋月挂林梢。谁家宝镜所藏匣？盖小参差掩不交。"十八月云："二九良宵此夜当，镜轮虽破有余光；劝君夜饮停杯待，二鼓初敲管上窗。"二十一月云："破镜缘何少半规（宗颐按：《文献》本作亏），阳精倒迫若相催。弓弦过满知何似？（宗颐按：《文献》本作处）正是弯弓欲射时。"二十二月云："三更半夜未成眠。残月今宵正下弦；若有远行人早起，也应相伴五更天。"神童年十四而卒。人问几时再生？应声曰五百年。

锷按：苏神童福，道光《广东通志》，乾隆《潮州府志》，嘉庆《潮阳县志·文苑传》，康熙《惠来县志·乡贤传》并有传。

宗颐按：《潮阳县志》称神童遗著有诗文稿若干篇，今文已全佚；诗仅存五古《秋风辞》，《纨扇行》，七古《遣睡魔》，《送林鼎元》及《咏月》绝句三十首。（原著别有《公子行》已亡佚）其《咏月》诗，尤脍炙人口。各府县志艺文所录，互有不同，不过数篇而已。道光中，罗云山辑《苏神童集》，搜拾残遗，亦仅得二十四首。惟《惠来县志·艺文》及《韩江闻见录》则备载全作，共三十首。《闻见录》且谓"据别传定本与坊刻微有不同。如第一首，首句'晦夕推迁又一初'，坊刻'晦夕推迁'作'气朔盈虚'，'气朔盈虚'是闰月所由致。须十九年闰月后之初一方算气盈。又系节气事，与月无关。似别本作'晦夕推迁'为是。"据此，则《咏月》诗不但曾付梓单行，且有别本可资参证也。

林氏仕猷《叔文诗稿》

佚

宋濂《序》：君子之言，贵乎有本，非特诗之谓也；本乎仁义者，斯足贵也。周之盛时，凡远国遐壤，穷闾陋巷之民，皆能为诗；其诗，皆由祖仁义，可以为世法；岂若后世学者，资于口授指画之浅哉？先王道德之泽，礼乐之教，渐于心志而见于四体，发于言语而形于文章，不自知其臻于盛美耳。王泽既衰，天下睹古昔作者之盛，始意其文，皆由学而后成是；穷日夜之力，而窃拟之；言愈工而理愈失，力愈劳而意愈违；体调杂出，而古诗亡矣，非才之不若古人也；化之者不若，而无其本也。惟夫笃志之士，不系于世之污隆，俗之衰盛，独能学古之学，使仁义礼乐备于躬，形诸文辞，能近于古，则君子多之，然亦鲜矣；至于今又鲜也；求之岭海之陬，又鲜也；而有林君汝文焉，岂不尤可尚乎！林君居潮之揭阳，学诗三百篇，以求先王政教之善，治功之隆；贤人君子性情之正，道德之美；以治其身，其身醇如也；以淑诸徒，其徒蔚如也；以形乎诗，其诗粹如也。林君居平潮，非有人谆谆然告之，而能致力于此，其所得不既深乎？潮去京师六千里，林君身不出州里，而余知其名，其所为不既至乎？夫不资于口耳之浅而成文者，文之善者也；不资于爵位之显而成名者，名之高者也。余是以序而论之。君名仕猷。（《宋学士集》六）

锷按：质翁叔文林教谕仕猷，道光《广东通志》，乾隆《潮州府志·文苑传》，乾隆《揭阳县志·懿行传》，嘉庆《澄海县志·高洁传》，并有传。叔文诗见知于宋学士景濂；宋为作诗序，谓“其词粹如，至力深厚，求之岭海之陬，不可多得。”今其诗虽多亡佚，然五言古诗存者，尚有《白牛岩》及《送林述古》二首；七言律诗存者，尚有《秋游灵山寺》一首（并见澄海、潮阳两县志《艺文门》）诸作格律谨严，夷迶闲适，绝无叫嚣凌励气习，真盛世之音也。《双山诗苑》网罗潮人篇什，兼收并蓄；于明独遗叔文，未谕其故。

宗颐按：《阮通志》二百九十二引黄志云：“林士猷，揭阳人，字叔文。”是林氏字叔文也。故先君据以题其集曰“《叔文诗稿》”。然宋濂《序》称“林君汝文”，而《序》文仅题曰“林氏诗序”，不及其名字，是其字之为“叔文”抑为“汝文”，尚属疑问。

郑氏义《右史集》　　乾隆《潮州府志》二十九《文苑传》。

未见

《在翁梅花百咏》一卷　　《万卷堂书目》四。

未见

乾隆《潮州府志》二十九《文苑传》：郑义，字伯集，潮阳人。十五而孤，居丧以孝闻。及壮，通经史及诸子六书星历之学，永乐辛卯，领乡荐。壬辰，成进士，授北流教谕。宣德初，以母忧归；服除，擢周府长史。王重其学，优礼有加。嗣王立，义撰奉藩十五事以进，王嘉纳之。在国十余年，多辅导功。寻上书乞骸骨，不报。卒于官。所著有《右史集》、《梅花百咏》。

道光《广东通志》二百九十二：伯集丰仪峻整，少颖敏，刻意读书；草圣妙绝。暨入邑庠，益博洽经史。最后锐情于诗，卒以诗名。为文渊奥雄健。其教人读书，于轇轕肯綮处，多有致剖析疑义，启迪不倦。

锷按：郑长史义所著书，旧府县志皆云有《右史集》及《梅花百咏》；惟《通志·艺文略》作《郑伯集文集》；卷二百九十二义本传，又云：“义晚年工于述作，有文集若干卷，著有《右史集》、《梅花》等诗，藏于家塾。”则似《右史集》外，尚有文集者。兹仅以《右史集》著录，其《文集》不复再著。伯集以博洽宏才，擢周府右长史。是时周定王橚已复爵加禄，归就旧封。（橚太祖第五子，建文初，以燕王同母弟逮至京师，禁锢；至永乐元年，始诏归旧封。）史称橚好学能词赋，尝作《元宫词》百章；又辟东书堂以教世子有燉，有燉亦博学善书。（《明史》一百十六）足征当时周府风流文采之盛。而伯集《梅花百咏》，明人书目中，惟朱睦㮮《万卷堂书目》载之。考睦㮮为定王五世孙，疑《梅花百咏》，当时亦作于府中；故睦㮮得见其书以藏万卷堂中。至云在翁者，当时伯集之别号也。惜《百咏》中今仅存第九及第六十九二首而已。（其九云：“天工翦雪作花神，案上枝头雅态真。六出省裁成五出，古人题品到今人；黄须酿作蜂腰蜡，素质难沾马足尘。定有香魂游禁苑，因风点作寿阳春。”其六十九云：“逋翁得句有诗神，坡老情缘讽咏真。百岁芳名千古树，满天清气一闲人；梁园对雪谁知己？洛浦凌波迥出尘。且赋新诗如作画，分明笔底暗生春。”）至奉藩十五事，今亦不可见矣。

萧氏龙《湖山类稿》　　道光《广东通志·艺文略》七。

阙　《潮州耆旧集》选本。

王渫《序》：士大夫登于朝，无卓然特立之操，以求所树建；及其退于野，犹怀容容系吝之心；充其念，将至于顽钝而不知止，则天下何所贵乎儒术矣。余览故黄门宜中萧先生《类稿》一编，而深慕夫先民典型也。当夫陟清班而秉简，则封章不避枢号，惟知讲定国是之为先。洎乎息谗口以归来，则烟萝可杜捷径，惟恐遗落世事之不尽。诚始终进退，不失其正者。备载斯编已考其筮仕，实明宗成化之初，大臣依阿，内宠干预，方士杂进，两厂为罹。至于灾眚见，军兴繁，固在廷臣子，吐露忠悫，上纾宵旰之日也；可言者不为不多矣：使言而当，则为罗永丰之疏，论阁臣不应起复夺情贬外，辄还馆职；言而不当，不过为林刑曹一辈，直陈妖僧等，夤缘欺罔逮狱，犹复故官，非有严绝谏臣，使天下之缩舌也。而此稿仅有请御便殿，以亲大臣；乞复言官，以广言路：惜名器，饬兵政诸条议。余方疑之，乃翻阅其先，引咎自效。上言五事之疏，竟削牍焚草以不传，则知先生能言人所不敢言，又不以能言自侈也。今存者大臣不职一疏，识被谴之繇；乞恩祭省一疏，表孝思之悃。耿耿依依，生平之大致如此。若夫啸咏于林泉者，历平陂而一视；投赠其同好者，引华遨以偕行。清风肆好，悠悠我思，盖以自全其天年，臻于耆耄，犹不失厥常度。享当世之太平，燕孙谋于累叶，何其厚欤！其与斯世之瞻三台，而不忍去；指戚畹为支族者奚若，或云：“昔之作者有言：‘文情非怨异抑扬，则流澹而无余味。’若宜中先生，怀才负气，讫于郁伊，弗获驰骋，展尽底蕴，可以怨矣；可怨，而诸诗之能不怨，何也?”余复之曰：“闻之，事君者，‘进思尽忠，退思补过’而已矣。”萧黄门于大诃之日，口北风沙，已非启沃之司，优容恩宽，左迁武阶提举，玉局洞霄，丰采殊矣；况际继体践阼，新犹日盛，其君臣一德，孜孜图治之衷，可无待草野老臣笃忠之虑；是先生方与天下同其乐，而又何怨之有？则夫诗词之浅深生熟，一无以关其心；而泛泛若不系之舟，亦放乎中流，听其所如，可止则止焉已。乃必沾沾办之。曰：“孰为贞观？孰为开元、大历？不已诞乎?”余既因稿以得其人，而重其人，因乐与传其稿。于四世嫡孙懋安之请，谨为之序以归之。（嘉庆《潮阳县志》十八《艺文》上作“谨为之序”，下又有“以懋安棉士之贤者也。其子天柱，孙元士、正士、吉士，曾孙寅亮，且峥于都人士而时为冠焉，更为先生清白之有光云”四十五字。）康熙己酉秋七月，嘉禾后学、原棉山尹、廷尉平右司，王渫草于皇华旅次。（《潮州耆旧集》二）

冯奉初《潮州耆旧集·萧给谏湖山集·题辞》　（《潮州耆旧集》二）（不录）

嘉庆《潮阳县志》十六《名臣传》：萧龙，字宜中。少颖异，年十一时，御史郑文奎奇之，戏以对曰：“纷纷举子，不知谁是玉堂人?”随答云：“济济书生，必选我为金榜客。”尝从邑进士刘纪游。丙戌，登罗伦榜进士。与伦交最善，任南京户科给事中。遇国家大计，辄抗疏纠论，弹劾不避权要。宪宗时，雷震奉天门上疏纠参赞大臣不职。后因构诬，戍万全边，士从游者几百人。寻休致家居，筑草堂廓西，号湖山逸叟。著有《湖山类稿》。后邑令王渫得其草于裔嘉天柱，为之刊序行世。

锷按：萧给谏龙《湖山类稿》，初刊于康熙己酉。据王渫序文，稿中有请御便殿以亲大臣，乞复言官以广言路，及劾大臣不职，乞恩祭省诸疏。而给谏引咎自劾，上言五事之疏，竟削牍焚草，不传，可知王渫所刻《湖山类稿》，已非完帙。冯奉初辑《潮州耆旧集》，选给谏遗文为一卷，亦仅录《修政弭灾疏》，《陈弭天变疏》，《守道说》，《破邪斧》四篇而已。奉初于所选诸家，自言皆得见其专集；然则王刻《湖山类稿》，想亦寥寥数篇；故冯氏所辑仅此也。（《耆旧集》所选惟给谏最少）今王本已不可得，欲知给谏当时谏诤之风，惟有从《耆旧集》中领略其一二耳。至给谏之诗，今仅存《灵山寺》一首。（诗云：“杖锡当年谒翠微，灵山风景世间稀。白莲香绽随流水，丹荔阴浓蔽夕晖；古冢已闻曾化镜，新亭犹想旧留衣。宦游几度成追忆，此日登临那忍归!”见《潮阳县志·艺文》下。）

宗颐按：萧龙遗文今可见者，又有《万全自叙》一篇。

盛氏端明《程斋汇稿》　光绪《海阳县志·艺文略》。

佚

《程斋近稿》　晁氏《宝瑮堂书目》。

佚

锷按：盛荣简，有《玉华子》，已著录。《县志》本传载荣简著有《程斋汇稿》行世。晁氏《宝琜堂书目》，又载有《程斋近稿》二书，今皆散佚。荣简以词林起家，雅负才名（《明史》三百七）；虽年逾八秩，有乞文字者，操觚立就；或缙绅过问典故，则缅缅然答不忘。（见陈一松祭文）惜乎简篇零落，所谓《汇稿》、《近稿》者，大体终莫得而详焉；然余从志乘及他书辑出，犹可得十余篇。兹录其目如下，虽非全豹，亦可见其一斑矣。序类：《嘉靖揭阳县志·序》（见乾隆《揭阳县志》卷首）。记类：《程乡令陆公遗爱记》（见光绪《嘉应州志》十九）、《龙川三大事记》（见康熙《惠州府志》十八）、《启圣祠记》（见雍正《潮州府志》二十）。碑铭类：《广信同知林昕墓铭》（见乾隆《揭阳县志》八）、《敛斋陈君墓志铭》（《金砂陈氏族谱》）。右数篇，皆散见各书。其篇亡而目仅存者，又有《赵母姚氏传》（见薛侃《中离全书冰玉堂序》）及《章妇行》一首（见道光《广东通志·潮州章烈妇传》）；并录于此，俾搜讨乡哲遗文者，有所考焉。

宗颐按：盛端明文，予所知见者，尚有《三山明贶庙碑记》（见嘉庆《潮阳县志》十九）、《大埔县学记》、《潮州府职官题名碑》（见顺治《潮州府志》十二）、《清野薛先生碑铭》（见光绪《饶平县志》二十）、《大埔饶氏大宗祠碑记》、《茶山公墓表》（见大埔《饶氏族谱》）、《梅翁丘老年伯崇祀大宗制锦序》（见《丘氏族谱》）七篇。此外别有《韩祠录序》（见《四库总目》史部传记类），则未睹其文。

谢氏纪《养心闲集》　　光绪《海阳县志·艺文略》。

存　潮安城南谢氏藏写本。

刘瑄《序》：我潮义士谢君，成化乙巳年终于正寝。胤子铣一日衰绖持《养心闲集》一帙谒予，泣而言曰："此先父遗稿也！生平吟咏记述，俱录于此。其所以寓叮咛告戒于吾后人者，至矣尽矣。不幸先父见背，铣辈抱无涯之痛，而幸手泽之尚存；奉持佩服，夙夜惟谨，罔敢失坠。尚虑后世子孙安于豢养，不知创业之艰难，守成之不易；不免既谚既诞，侮其父祖曰：'昔之人无闻知。'此孝子仁人之耻也；愿先生一言之，以垂不朽，其惠莫大焉！"余素重谢君之为人，又义其请，不获固辞，乃曰："言者心声也。言之粹者，诗与文是也；本诸心之所蕴，有诸中而发于外者也。故君子之言，施之为仁义，存之为道德；而忠孝之理，不外是矣。”今观谢君《一闲集》之作，一吟一咏，和平简淡，无怨怒词，有以见性情之正焉；一记一札，核实平易，无虚诞语，有以见践履之纯焉。溯其所自，盖由君之为人，恬淡寡欲，读书尚义。其立心制行，固有大过人者；故其出辞吐气，举不违乎忠孝仁义道德之懿，可谓有诸中而发于外者也。韩子曰：“本之大者末必茂，膏之沃者光必烨；仁义之人，其言蔼如。”夫岂不信。虽然，此亦谢君创业垂统为可继者而已。为子孙者，诚能心前人之心，善继其志，善述其事，安处善乐循理，则谢氏之昌为未艾；而斯集之传，未必无补云。君讳纪，字弘毅，养心其别号也。成化二十一年乙巳冬十有二月穀旦，乡贡进士、横州儒学正，郡人刘琯谨序。(《养心闲集》卷首)

郑寯《明故将仕佐郎尚义谢公行状》：公讳纪，字弘毅，别号养心；其先出福建莆田。当大宋间，有壶公者，家于揭阳。元季有讳振宗，始迁潮郡城南。公天资颖秀，通经传子史，旁及阴阳、医卜、书数之学。为文章，简洁雅奥；律诗步骤盛唐，古乐府浸淫汉魏。暇则逍遥幽轩，植奇花以陶情，调素琴以适兴。因得其趣，乃扁曰琴轩。心胸豁然，不为世故累；味道之深，得孟子“养心莫善于寡欲之旨，”又因号曰养心斋。遂作《养心闲集》一帙，藏之箧中，以示后人。(《养心闲集》末)

锷按：谢养心纪，乾隆《潮州府志》，光绪《海阳县志·义行传》，并有传。《志》称养心好施予，遇遗骸必葬，见贫乏必施；今城南谢氏，皆其后也。《养心闲集》旧无刊本，公裔孙建中，曾以钞本一册见示：卷首有郡人乡进士刘琯《序》；《集》中凡文二十篇，古今体诗六十余首；末附郡人郑寯《谢公行状》，及莆田林和《谢公墓志铭》。养心诗文，类皆有为而作：如增祭田，报本兴宗，创义塾，济贫族，施棺埋骸诸记：皆自写其生平善行，以为子孙劝勉。至其诗沉健平实，绝去风华；虽偶尔吟咏，亦无非寓劝善惩恶之意；故观养心诗文者，孝悌慈善之心，不禁油然而生也。

〔补〕释氏法宣《无闻和尚诗集》　　《千顷堂书目》二十八。

未见

〔补〕《千顷堂书目》二十八：法宣《无闻和尚诗集》。镇平人，洪永间说法少林寺。

薛氏侃《中离集》四卷　　《国史经籍志》五，《千顷堂书目》二十二。未见

张明弼《序》：古今之所谓道学者有三，而德行事功不与焉。三者何也？曰谭性命也，广训诂也，诃佛老也。古今之所谓道学，所谓贤人，皆是也。顾吾尝私疑之，夫性命之理，诚非易窥；然自吾夫子言“一贯”，凡颖者皆知子之“一贯”，不必曾氏之子也；自夫子言“克己”，凡颖者皆知子之“克己”，不必颜氏之渊也。山下之知山路，从行者亦知山路；舟子知水道，附舟者亦知水道，浸假而使之独行，则不能复其处焉；是未可谓真知山水之路者也。闻夫子之言，而知“一贯”、“克己”，是未可为真知“一贯”、“克己”之道者也。如是安得遽谓之道学也？若夫训诂之业，其得力有二：或多老师宿儒以诏之，或耳目聪明听览不忘，强记先古之言，彼铎此鞮，以明其旨；前缀后辑，以汇其词。夫天之生圣贤，甚难也；而生聪贤之士，则十室三家，而即有之，是未可谓之道学也。至于矢口而斥佛老，则又夫人之所易矣。前二者，吾皆可以勉之，而况唇稽之事。夫韩公之诋佛也，其胸有所见而诋之者也；他人之诋佛也，如犬焉，闻一吠而众吠之也。为吕氏者右袒，为刘氏者左袒；然安刘者，惟周勃、朱虚数人；可尽以其左袒，而皆登之麟阁云台之上也哉？是亦未可遽谓之道学也。予故论古今道学之士，其坐于孔庑之下，攫生鹿豕而啖之者，亦有二焉：有幸焉，有冒焉。何幸乎？夫孔子之门，有七十二贤；然其行事见于《论语》、《家语》诸书者，不过三十余人；即冉有、宰我，《论语》所载，皆无一节可以见。龙伯之骨，徒以其身通六艺，能勤其官，遂邀贤名于千万世之下：是非幸乎？丰沛南阳之功臣，皆二祖风云之所感，气候之所应，不可谓非幸也；七十二贤皆尼丘之功臣，亦不可谓非幸也。假令孔子自封爵之，岂肯谓此辈尽贤人，而后世英杰之士，决不可与之差肩而让齿哉？故曰：幸也。有冒焉者：汉谚云：“举秀才不知书，察孝廉父别居；寒素清白浊如泥，高第良将怯如龟。”唐人有犇马入都者，诘之，吾应“不求闻达之科”者也：斯则冒之说也。今有人焉，鸟鸣兽心，变诈蜂出，田庐万亩，环珥成群；及出而对人，则第佗其冠神。禫其辞，禹行而舜趋；世人不察，亦从而道学之；是皆“不知书之秀才”，“父别居之孝廉”；“不求闻达”，而“奔马入都”之试士也：皆冒也。往者，戴胜堕节于九江，马融比周于梁冀，犹且入阙里之祠；今虽已芟汰，然安知文中庐陵龟山之徒，非其人

乎？故曰冒也。冒富贵者谓之贼，冒功名者谓之奸，冒圣贤者则捧其足而礼之。何也？秉人伦者有刀尺水镜。人伦而至于圣贤：亦大矣；然且无刀尺无水镜，何也？其弊始于宋人之论道学者，但以“谭性命”，“广训诂”，“诃佛老”，为道学之榜目，而不以德行事功稽其实也。既不以德行事功稽其实，则有幸而为贤，冒而为贤；皆依口凭耳，而不敢正色以诘之，吾不惴，乃欲于千万世之下，奋然而思变其说。尤考其德行：其为孝子悌弟忠臣义夫信友也，而后进之；否则黜。次考其事功：其能化一人千百人，利一家一国，利天下也，而后进之；否则黜。但取二十一史之册，求一人之颠眷首尾，大可矜式者，忽然而称之，曰：亚圣，曰：大贤；求一人之颠眷首尾，绝无可訾毁者，忽然而称之曰：贤者。然后世不绝圣，代不乏贤。秦汉以下，德足化人，功可及物之流，皆可与四科十哲七十二子之徒，揖让于廊庑之下；而谭性命，广训诂，诃佛老，德行事功，罔所表见者，顾黜焉。嗟呼！自夫子之后，谓无圣人可也。谓一代之间，而遂无宰我、冉有诸人，不已诬乎？刻乎？寡耳而罕目乎？宋程氏乃以诸葛讳苑为未闻道，为不著不察之民。夫所谓道者，德足化人，功足及物之谓也。若必谭性命，广训诂，诃佛老，而后谓之道，则吾乡有人焉：田庐万亩，环珥成群；宗族皆有饿殍，乡党忍其荼螯；然而亦谭性命，亦多训诂，亦詈佛老，其贵子门生，力能屏其瑕，而帜其美，遂公然自厕于贤者之座，果足谓之贤乎？非幸乎？冒乎？而竟号以贤乎？汉以后，如严光、郭泰之高，诸葛孔明、郭子仪之精忠至德，而不称贤者，不能望吾夫子之宫墙。宋人徒以其未讲性命，广训诂，与诋佛老耳。然诸君子所独至，皆性命之极，训诂所不到，而佛老所不标也。假使吾夫子而在，宁武子、史鱼、蘧伯玉、公孙侨辈，皆极贤之，岂肯曰此辈，皆在我七十二子之下也；不可以号贤者，竟标而出诸大门之外也哉？故余所谓道学者，其说在此，不在彼。居恒闻揭山有薛中离先生者，道学人也，其所著有《图书质疑》、《研几录》，人皆以是称之；予未敢以为然。及令揭，诵其遗书，询其父老，始知先生有可以称道学者四焉：早年为父尝粪，事母孝：一也。壮而擢第，不受官，师阳明，卒其业；六年而后仕，无富贵之心：二也。在朝逢相国张嗛夏桂州，有小人彭泽见公《定储疏》，诬公得诸桂州。肃皇怒，廷鞫公，既可送狱，宵小锻炼之，讯七次，榜掠万端，公毙而复苏者数四，终不变，可谓杀身成仁：三也。既罢归，终身讲学，不预外事；所建除皆利泽及乡族：四也。有此四者，是吾之所谓道学矣，是吾之所谓贤矣；可以处夫子廊庑之下矣！予将有事于道学之林，将考其德功，察其幸冒；是故因先生以

告天下，吾之所谓道学者。时戊寅，嘉平金坛后学张明弼顿首书。（《薛氏族谱》）

陈鼎新《序》：揭祀乡贤者，有中离薛先生，而邑乘未载也。余叨符此邑，适因蠹简漫漶，与于采录之任，以先生入载矣，因考搜遗文，得其集而读之。夫先生为阳明门下，其著述大都以理学为宗；衍王氏“良知”而广其说。乃余因思理学之宗难矣。自周程张朱以来，先后天之旨，果有秘而未破，以俟后人开辟乎？谓后人而加乎前人，则难乎为作者。天根月窟，手足探摸，宜奥无尽藏，何以有未泄而令后者之增加也。谓前人必空乎后人，又难乎为述者。夫拥皋比，集四方问难之士，和与阐幽索隐，当日无古人而犹然；寄古咳唾之下，安用此剿拾陈腐为也？且说理而至于河洛《太极图》。抑又难矣。夫河洛图数万变，无方无问，通彻象纬，幻化鬼神也。即遁甲之离合，运会之推算，不出乎《易》数；而圣人作之，圣人契之，必有微境矣。彼京房、管辂、郭璞、邵子之说，其术之用《易》何神也？而况左氏所载，如卜敬仲之兴齐，又不止以一事见哉？迂儒漫无测识，妄谓重理而轻数。夫理依数以神，古来用数者，若至诚前知，洞若观火，今说理，徒剿袭心性理学空谈；即其余绪，铺张粉饰，譬如《四书》、《五经》，以语录之意平之，为直解；以直解之意拗之，为语录：文不同而意同也。若有不同而古今人之不相及，又可疑矣。即彼王氏良知之说，为所独创乎？何以汉、宋诸儒未有也；为非独创乎？何费王氏之标建也。且其同异之故，亦未有辨矣。众谓同则同，众谓异则异。同则何以分一家言也？异则吾道一耳；而何持说者有分也。即如今人漫谓圣教与佛宗异旨；然儒言静安虑，而佛不言定慧乎？儒言虚灵广大；而佛不亦言出入人天乎？此又何以别之也。今辨之者，每言“有为”、“无为”，“出世”、“入世”，教旨有分，而吾儒不言“无思”、“无为”乎，佛又不言“救度众生”乎？今漫摘其轮回鬼怪之说，斥为儒者不道；夫此特佛之支论，而非太始心性之宗，所谓上乘旨也。有能于谈心性处，细勘其同异，别若水火乎？若概指吾儒经世，佛教若空之说，予且闻之熟矣；然此设机锋以生难端，实不然也。窃又有说者，后先之迭起也，衣钵相承，不必戈室也；并贤之互立也，兰臭可谐，不必角户也。微言既杳，何妨即往古以阐扬；证向既同，何不各剖衷以参印。况天下尽由迷得悟，而迷者失生，迨其悟也，纸上皆属陈诠；而当其导迷，则尽司南也。一饮食耳，知味者自参玄，乃味不离饮食得之。闻修思修之不同，而皆以证佛南宗北宗之不同，而皆以入仙时羲经之后，有焦氏《易林》焉，有扬氏《太玄》焉，犹然与羲经并昭也。

即性理一书，《太极》有图也，《九畴》有叙也，《元会运世》有纪也；后世有能明其义，即以发古人之含蕴，而《羲经》灿若中天，当不如局守象占，分别奇偶，为句读之鄙儒矣。吾今阅中离先生《太极质疑》及《研几录》，宁逊我明之所为理解，流布宇内，开示后学者哉？而又可废也。此新既已载入邑乘，而复为序，其遗编若此尔。崇祯六年岁次癸酉孟夏，赐进士出身、知揭阳县事，浙江后学陈鼎新谨序。（《薛氏族谱》）（宗颐按：此序所称《太极质疑》即《图书质疑》。）

张登鳞《序》：予少时闻故老谈中离先生廷鞫事，辄为耸然。因读《唐史》有感于"名义至重鬼神叹欺"之语，谓先生心实同符；惟时张说不证，元忠事亦稍类然。第蓬生麻中，先生则天挺矣。间世鲠忠，岂容易得。其学得统阳明，为理学宗，久有书传世；惟予孤陋不获睹；今年得其孙德卿谬延予西席，予因得纵览焉；既卒业，则先生忠肝义胆，道情德思，洋洋几席间，窃谓丈夫横身千古，仅一度出世，顶天立地，道实应尔，此亦何人不可行？何人不可明？何以恭然贸然？自甘埋没为也；盖予于是爽然自失矣。德卿世承其学，当指日怒飞；且孝友天植，有乃祖风，予雅嗜之；乃居恒怏怏未遇，惧羞先人。予谓德卿遇合自有时，抑千秋大业，不尽关此。假先生当口不掇巍科，亦必能以布衣血食；遇之显晦，何必问哉？而况谈理数于忠臣之裔，苟知学，岂有不达者哉？德卿唯唯。适一日，兴怀将重修文集，予踶而决之；因相与证讹诠次，付之梓人；工既竣；而德卿谬欲予一言，弁之简端；予逊谢至再，而德卿请益坚也。夫予小子，方碌碌逢掖，何敢弁先生文；无已，则姑述其向往先生及与德卿相告勉者，如此。后学普阳张登麟序。（《潮州耆旧集》卷四）

薛茂杞《跋》：不肖杞，去曾大父中离公已四世，每读遗集，辄恍惚音容如睹；然至廷鞫之变，泪辄泫泫下也。曰："嗟夫！先人以不欺事主，至百折不回；于时群奸构陷，所不齑粉者万一；幸圣明洞察，庶得释归田里。言念时事，能不痛酸？"而杞今尚占俾蓬芦，曾觐扬之未克也，不其为先人羞？自是掩卷不敢读，所有藏简姑阁之。乃明公钜辅执事粤者，时时檄索，则觉阙简已多。予是重念先业，恫乎有余悲也！爰加补锲，庶几得睹成篇。噫嘻！先人往矣！而索先人言者，逾百年而若新；言重人耶？人重言耶？不肖则何敢知？知有先业，无敢湮泯云尔！曾孙茂杞跋。（《中离全书》卷首）

冯奉初《潮州耆旧集·薛御史中离集·题辞》（《潮州耆旧集》四）（不录）

《千顷堂书目》二十二：正德丁丑科，薛侃《钟离集》（宗颐按：“钟”字乃“中”之讹）四卷。侃字尚谦，揭阳人，行人司正。

《薛中离先生全书》二十卷

存　民国乙卯排印本。

曾彭年《题记》：先生书存者凡三种：曰《研几录》，刊于嘉靖乙未。曰《图书质疑》，有先生自序，不言附刊。曰《文集》，刊于万历丙辰，今乙未、丙辰二板，久无存。《文集》尚有旧家藏本，《研几录》、《图书质疑》，则皆辗转传抄本也。三书各为卷数，惧其散而易佚也，用陆文安、王文成二书例，合而刻之，另加编次，订为二十卷：先之以《研几录》，《图书质疑》次之，《文集》又次之；而附以先生侄东泓《给谏疏草》终焉。道光朝，冯氏奉初辑耆旧文集，于先生作，具见搜罗，恨非足本。当日校雠尚精，抄本讹脱，往往藉以是正。其校无可校者，则姑仍之，不敢轻易窜易，示慎也。又案杨文懿公起元《惠州寓贤记》称先生所著有《研几录》、《图书贸疑》、《经传正义》、《中说》、《西湖记》诸作；《鲁论真诠》，未成稿，藏李鹏举家；又十余年，叶萼得之其敝笥中，追忆续成之。王氏渐逵《墓志》，何氏维柏《传》，均称所著有《研几录》、《图书质疑》、《经传正义》。湛甘泉氏《宗山祠堂记》，则仅称所著有《研几录》、《图书质疑》，以上四家所叙先生著述，互有不同。然考文懿所称前三书与王氏何氏同。其《中说》，寥寥短篇，已见《文集》中。《西湖记》无存。至《鲁论真诠》，则明言叶氏续成，非尽出先生手著。且叶氏读书时，在先生既没十余年之后，则为家传与志墓之文所不及见，亦自有说；惟《经传正义》为《甘氏祠堂记》所不载，则一疑案耳。冯刻《耆旧集》，亦不及《正义真诠》二书只字。冯氏去今近百年，搜辑较易为力，乃亦仅此，则此二书之亡，盖亦久矣。附著于此，以谂后之读先生书者。同里从学曾彭年谨识。

〔补〕饶宗颐、曾彭年编《薛中离先生全书·跋》：《中离集》，明时刊本有三：一刊于万历初元，焦竑《国史经籍志》卷五著录之。（《经籍志》成于万历中，则所录《中离集》，当为丙辰以前梓行本）一刊于万历丙辰，即中离孙德卿所梓；黄虞稷《千顷堂书目》卷二十二著录之；两本皆四卷。（二书目中离并误作钟离）其后薛茂杞复据丙辰本，补锲覆梓，是为崇祯本，入清并未重列；而丙辰本，道光间犹有藏者。冯奉初《潮州耆旧集》所辑《薛御史集》，即据之选录也。民国乙卯揭阳曾彭年编《中离遗书》，始据旧本，重为厘次，分订二十卷，而文集居十一卷（自卷七至卷十七：卷七为奏疏，卷八卷九为序，卷十为论说，卷十一为记传，卷十二为祭文墓志铭书札，卷十三至卷十七皆为书札）。于是明椠原帙，遂不可复睹矣。曾编卷数，虽较明椠本为多；然中离遗文如《兴宁重修明伦堂记》（见《惠州府志》十八词翰下）、《林东莆太史传》（见《东莆集》卷首）二篇并缺，则其所据旧本，似又非完帙者。

〔补〕史氏杰《袜线集》　　《千顷堂书目》十九。

未见

〔补〕《千顷堂书目》十九：史杰字孟哲，天顺间潮州人。

〔补〕刘氏瓒《子襄诗文集》　　康熙《饶平县志》八人物。

佚　康熙《饶平县志》八人物。

〔补〕康熙《饶平县志》八人物：刘瓒字子襄，由国子生授通州同知，掌州事。正德壬申，流寇猝至，困城，瓒登陴固守，得不破。寻致仕归家，居复二十余年，九十卒。所著诗文，兵中失传。

饶氏金《茶山诗集》　　同治《大埔县志》十七《宦迹传》。

未见

〔补〕盛端明《奉训大夫剑州知州茶山公墓表》：公九龄通《孝经》，小学，《四书》。成化丁酉领乡荐，授汀州通判，擢守蜀之剑州。正德辛未，致政于家，优游十有七年。所著有《茶山漫稿》诸集。（大埔《饶氏族谱》）

宗颐按：饶金，乾隆《潮州府志·循吏传》亦有传。《茶山诗集》，想已亡佚；今存《入觐辞阙读书歌》七言长句九首，载大埔《饶氏族谱·艺文》。

〔补〕赵氏通《白云馆集》　　道光《广东通志·艺文略》七。

未见

宗颐按：赵通字半村，弘治甲子举人。乾隆《潮州府志·循吏传》，康熙《饶平县志》人物并有传。

翁氏万达《东涯集》十七卷

存　湖州刘氏藏嘉靖刻本；潮安饶氏天啸楼藏万历重刻本。

曹忭《序》：忭诚不学，尝览观载籍，奇伟闲特之士，阶勋华，垂彝鼎，出入将相，大抵皆经文纬武，鸿猷远略，信非浅中狭闻，偏材曲见，所可猎致。即如典谟誓诰，其言炳炳烺烺，至今不朽。盖黼黻润色，上以赞襄治道；传宣奏白，下以指授戎机。一言关百世之利害，片词定顷刻之安危。苟非其人，何言华国。宫保东涯翁公，崛起岭南，以豪杰自命。登第后与同志辈，讲谈理性之学，夜分不寐，以此学有本原，文非剽窃。公又抱至性，负奇气，作为文章，能包括今古，自成机轴。至乃奏对边事，陈说虏情；料敌如神，立言指掌。昔人所谓虽隔千里，如对面谈。一山邹公，与公为忘形之交，撰公《墓志》，谓公崇论宏议，浩如江河之不可竭；嫉恶锄暴，迅如疾霆之不可抗；出谋宪虑，秘如鬼神之不可窥。盖得其指矣。余谓公兹集之行，不但以为文焉尔。方今南北，困于夷虏；集中如区画三镇兵机，历历皆已效；良方效于北，可通于南；真如中疾之砭剂，适用之粟帛，海内将争先睹之为快，讵直文云乎哉！刻成，省长葵山郑公示余，且属叙其后。为敬书末简，以俟知音云。岁丙辰孟夏之吉赐进士出身河南布政司左参议南郡江陵后学曹忭撰。（《东涯集》卷首）

邹守愚《序》：余友宫保东涯翁公，以文学勋名，卓然树声，以炳焕于世；盖异才间出，比诸麟凤；然余私服慕之，顾余不能及也。幸以操笔联寀从公，从公者垂三十年；迩炙辉光，春容谈议；披心腹，坠肝胆，对鬼神而贯金石，岂独昔人所称异姓兄弟者。居常时时要约，谓丁盛龄，际熙平之运，砥节励行，蕲树功名，以报明主稀世之遇。二人同心，笃践斯言，愿以异日：俟犬马力不足用，则辞荣逃赏，蝉蜕簪缨，铲迹闷景；相与究齐物之远旨，考盛世之奇事；蹑踪古哲，下垂永世；行且单骑只仆，遍游寰内之名岳灵源；盱衡抚掌，驭风凌云，冀庶几与异人者游，以是可终始相保，寄永矢于寤寐也。乃又结婚姻，以盟于叶，万毋相忘弃；不谓天屯耆哲，乃遽夺公以去也。至心绪言斯，岂余之所能几者？犹且耿耿属耳，淫淫垂睫，顾谓握手指心，竟成长诀，岂不伤哉！于是搜公之遗文疏草，汇次成帙。其言率抒英华之懿，曜道得之光，先国家之急。蕴藉古邃，典重而辨博。视之希寥，如商彝周鼎，经国垂世，以适于用，如菽粟布帛。乃奉以告西亭先生曰："是所谓存十一于千百也；东涯公之不朽者，庶其在兹乎？"西亭先生大加鉴赏，欢然以为今时罕俪也。乃校刻之汴藩中，余于是挥涕《序》之，用告同志。嗟呼！若东涯公者，其古之大臣者非邪！公出入中外，奋不顾身，初终一节；名重华夷，勋留社稷，斯世之所拭目而倾心者，独执经守礼，不敢以盛世墨缞，而废予宁之典，丧不訾之德，勇于求去，宁忤圣心而不恤；此非有古大臣之风度不能焉。公方与客游武夷，归道病，会有诏，以大司马召入；使至，而公已不可起矣。嗟呼！论世尚友，其尚乐取于兹，以仿佛其平生矣。公讳万达，丙戌进士，官至兵部尚书，赠太子少保，赐葬祭，谥襄敏；居潮之揭阳，其先莆田人，与余同里云……（《东涯集》卷首，又见顺治《潮州府志》十二）

郑炯《序》　（《东涯集》卷首）（文残阙太多，不录）

翁铣《重镌襄敏公文集后言》：世大父襄敏公，黼黻宏猷，淋漓经史，其在世人睹记间，至悉也。存日以经济之余，摅为撰述刻于家，为倭所烬；惟疏议记序书铭若干卷，乃一山邹先生曩刻之汴藩者。板藏汴，藉不多得；即得，亦半为蠹鱼所浸没，夫使世大父以精神寄遗言者，与人俱湮，后之子若孙欲因遗言以羹墙，其人竟寥寥焉，铣实深龙文之愧矣。于是请假归，觅汴藩原板，剔其讹，厘其佚，复登诸梨，令垂简中。公之精神，隐隐犹存，而后子孙不至羹墙之无因者，政是役之以也。夫一山先生以姻年家，虑公与言俱湮也，而梓于汴。铣以联枝之戚，惧公与言俱湮也，而鼎镌于今日；则是刻也，亦追一山先生之遗意云。岁在癸丑菊月重阳日，侄孙铣识。（《东涯集》卷首）

冯奉初《潮州耆旧集·翁襄敏东涯集·题辞》（《潮州耆旧集》九）（不录）

《千顷堂书目》二十三：嘉靖丙戌翁万达《东厓集》十七卷。字□□。揭阳人；兵部尚书，赠太子少保。

锷按：翁襄敏《东涯集》有二本：一本嘉靖乙卯邹守愚刻之汴藩者；一本万历癸丑襄敏从孙铣重梓于潮者：二本皆十七卷。明人书目著录，皆初刻本，余所藏及所见本，则铣重刻本也；中阙页甚多。据铣《序》文称汴板半为蠹鱼所浸没，是铣所见汴藩刻本原书，已有残缺矣。吾友翁君子光，襄敏裔孙也。近从湖州刘翰贻家，得汴刻初印本，首尾完好，寓书告余，且云：“潮阳郭君辅庭，已愿捐资翻刻。”若然，郭君于我乡文献，其功诚不可没也。

宗颐按：焦竑《国史经籍志》五有翁万达《东崖集》八卷。考万达集，初刻邹本乃十七卷，作八卷者，当有误也。又此书，《经籍志》作“东崖集”，《千顷堂书目》作“东厓集”，“崖”、“厓”皆误，今从万历癸丑重刊本著录。万历本亦十七卷：卷一，序文十三篇；卷二，序文十二篇；卷三，序七篇、碑四篇；卷四，记四篇、议五篇、论一篇、说一篇；卷五至卷十四皆奏疏；卷十五至卷十六皆书札；卷十七，传二篇、墓表一篇、墓铭一篇、祭文十篇。

《稽愆集》　道光《广东通志·艺文略》八，光绪《揭阳县续志》艺文四。

佚

万达《自序》：君子行不诡道，故慎言修辞；即日用刺札，亦可以观也。予自丙戌筮仕以来，诸刺札多逸毁。癸卯春，入蜀舟覆，漂而复存者仅百一耳。甲辰迄今，凡有所启答，必畀之僮辈，并以其百一存焉者，编次为是集，疑于陈迹唾去之物也，乃不厌琐掇，诚以泝言观行，曩昔之愆违可知矣。致知存悔，震无咎以复吾无妄，固学者之事也。集凡若干卷，嗣得其所遗者补入，新者续入，而藏之私箧云。（《东涯集》二）

锷按：《稽愆集》，据襄敏《自序》，乃其所自编。自丙戌筮仕以来诸刺札也。子光曾搜集襄敏遗诗与唐翁承赞书锦堂诗合刻，曰《唐明二翁诗集》。而于襄敏诗，则题曰《稽愆集》；且冠以襄敏《自序》，并为之注曰：“《稽愆集》原刻刺札十之八，诗则十之二；现仅刻其诗，刺札则别刻之。”《序》中言“札不言诗，赅之也。”余疑子光之言或近武断，盖《稽愆集》之载刺札，襄敏《序》已自言矣；苟编中有载及诗，襄敏《序》不应无一言及之也。考邹守愚所撰《襄敏行状》，公所著有《稽愆集》若干卷，诗文若干卷。以诗文与《稽愆》别为二集，则《稽愆集》中之无诗也明矣。谓原集刺札十之八，诗十之二者，不知何据？至谓此集未经刊行，以襄敏《序》嗣得补入，及“藏之私箧”二语推之：则此编固未完全杀青；其仅以抄本传世，理或然也。

宗颐按：《稽愆集》当时襄敏未曾刊行，故目录家不见著录。邹守愚《翁襄敏公行状》云：“所著有《稽愆集》、诗文、《平交纪略》、《总督奏议》，各若干卷。又二年乙卯取公文奏议《稽愆集》各若干首，都为十七卷，刻于汴藩。”是《稽愆集》中之文，邹刻《东涯集》实多采录之，唯非全帙。襄敏刺札，除见于邹刻《东涯集》、翁铣重刻《东涯集》外，冯奉初《潮州耆旧集·翁襄敏集》亦载之，多为邹翁刻本所无。翁子光先生因从上列诸书合其家藏手缮《翁襄敏遗文》别事采择，得襄敏刺札一百五十四首，厘为四卷，仍名《稽愆集》；意欲复原集之旧。于民国二十四年印行。

《思德堂集》二卷　　陈田《明诗纪事·戊签》十六。

未见

陈田《明诗纪事·戊签》十六：翁万达，字仁夫，揭阳人。有《思德堂集》二卷。田按：尚书以武功著，不以诗名；而横槊之余，自饶豪气。

锷按：襄敏所著刺札，有《稽愆集》；序跋杂著奏议，有《东涯集》；古今体诗，有《思德堂集》：《稽愆集》乃襄敏所自编。《东涯集》则邹一山所编刻，《思德堂集》余未之见，疑编者在襄敏之后也；此书不见录于目录家，旧府县志亦不载；陈田《明诗纪事》始著之，录襄敏诗三首。陈田贵阳人，宣统初御史，是《思德堂集》清季尚存传本也。襄敏诗今可考者，已具见子光所辑《二翁诗集》中（共古今体诗八十三首）；然记事所采三首，其《凤城水涨》、《枳儿岭》二篇，则在子光辑本之外，可据以补其缺也。

〔补〕薛氏亹《清野集》三卷　　乾隆《潮州府志》三十《隐逸传》。

未见

〔补〕盛端明《清野薛先生碑铭》：先生讳亹，字宗文（宗颐按：《府志》作崇文），清野其别号也。先世闽人，正德丙午、丁未间，避乱挈妻子入潮之饶平，四迁乃于海阳之东津居焉。读书教子，亲师取友，皆以德义为重。卒年七十有二。所著《清野集》，及谱系若干卷，藏于家。（康熙《饶平县志》二十）

〔补〕《古瀛诗苑》前集一：薛亹，字崇文，又字清野。正德年间，自闽迁于饶平，遂籍焉。有《清野集》。

宗颐按：薛亹，乾隆《潮州府志》，光绪《饶平县志·隐逸传》，并有传。亹文今可见者，有《答杨复斋鸾先生书》一篇，及《家诫》十八则。（俱见《饶平县志》十九《艺文》）其答杨鸾书曰："夫学无定在，定在非学也。今为学者，惟阳明先生《传习录》诸书；议论皆发先儒所未发，直开末路荒塞，以造孔孟之堂。盖间气所生，天资学力，与人不同"云云。亹虽不及姚江之门，观兹数语，乃亦私淑王学者也。其诗吴颖推为存三唐之雅（见《古今文草序》），惜所存无多。《古瀛诗苑》仅录其隐居七律一首。余考雍正《海阳县志》文集，又有《秋晓山行》七绝一首。《清野集》原本，久无传帙；光绪《海阳县志·艺文略》曾著录，惟不标卷数。

袁氏温《迷阳集》　　嘉庆《澄海县志》十八《循吏传》。

未见

〔补〕王氏彰《云中稿》　　乾隆《潮州府志》二十九《文苑传》。

未见

〔补〕《金台集》　　乾隆《潮州府志》二十九《文苑传》。

未见

〔补〕乾隆《潮州府志》二十九《文苑传》：王彰，字廷显，澄海人，宣德乙卯解元，正统己未进士。授刑部广西清吏司主事，持法平允。尤善诗文，人以远大期之。有《金台集》、《云中稿》行世。

蔡氏肇伆《诗匀》　　嘉庆《澄海县志》十九《文学传》。

未见

宗颐按：肇伆诗，世不多见。《古瀛诗苑》采其《偕友》、《游一水庵》诗一首。（诗云："一水同修禊，依然旧曲觞。忘言心自远，有侣兴偏长。野色侵波绿，村烟入眼黄，知心多白首，归咏醉斜阳。"）

周氏用《顾影集》　　康熙《饶平县志》六。

阙　　旧写本（潮安饶氏天啸楼藏）。

〔补〕饶宗颐《跋》：右《顾影集》，饶平周用撰。用字舜中，初号顾影道人，晚更号瞻峰，大埕人。弘治乙丑进士。官浙江按察司佥事。是集凡赋三篇，古今体诗七十八篇，非完帙也。《千顷堂书目》二十一有弘治乙丑科《周恭肃公集》十六卷，注云饶平周用撰。考瞻峰历官仅至佥事，不应遽邀易名之典。《万姓统谱》六十一有周用，字行之，吴江人；弘治乙丑进士，授行人，仕至太子太保吏部尚书，卒谥恭肃。据此，《千顷堂书目》著录之《恭肃公集》，乃吴江之周用，非饶平之周用也。《孝慈堂书目》亦有周用《周恭肃公集》。注，用字行之，与姓谱同。夫以同姓同名，而又同时同科，无怪黄氏之误以恭肃为瞻峰也。（薛熙明文在七十三有夏言撰《周恭肃公神道碑铭》，谓公弘治辛酉以书经魁乡榜。明年壬戌，登进士，筮仕行人。是恭肃举进士，实先瞻峰三年。《姓谱》、《千顷堂书目》并作弘治乙丑，疑有误。）《阮通志》二百九十三，载用由浙江佥事疏乞归休，居家十余年，缊袍草履，吟咏自适。今读其诗，颇觉澹泊有味。用曾被征操纂《饶平县志》。当嘉靖庚寅之岁，适为卒前一年。此事见《东里志》；旧潮州府县志皆不载，故附及之云。

宗颐按：康熙《饶平县志》二十二：周用有《鸱鸟赋》、《芙蓉赋》二篇。

郑氏安《西征铙歌》　　《万姓统谱》一百七。

未见

《万姓统谱》一百七：安迁陕西按察副使时，固原州土达满四等，据石城架炮山作乱，出师讨之。安在行多赞画，满四就擒，安作《西征铙歌鼓吹》以纪之。

锷按：唐民郑副使安，道光《广东通志》，乾隆《潮州府志》，光绪《海阳县志》并有传。

邹氏迪《青那山人集》　　道光《广东通志·艺文略》八，光绪《海阳县志·艺文略》。

未见

锷按：邹主事迪，户部侍郎守愚子。乾隆《潮州府志·文苑传》，光绪《海阳县志》并有传。

郑氏旻《裒拙集》　光绪《海阳县志·艺文略》，光绪《揭阳县续志》四。

未见　光绪《揭阳县续志》四，云未刊。

锷按：郑世穆方伯《裒拙集》，今未之见，杂文知见者有《杨忠愍公集·序》（见《揭阳县志·艺文》），《潮阳县知县郭侯去思碑》（见嘉庆《潮阳县志·艺文》），及《见湖刘公墓志铭》（见《井丹集》，原文不传），《海阳县儒学前街建坊辟路记》（雍正《海阳县志》十文集）诸篇。

叶氏芝《石莲洞诗》　乾隆《潮州府志》二十九，嘉庆《澄海县志》十九《文学传》。

未见

《西园稿》　乾隆《潮州府志》二十九，嘉庆《澄海县志》十九《文学传》。

阙　《伴醉集》辑抄本。

《五云纪游》　乾隆《潮州府志》二十九，嘉庆《澄海县志》十九《文学传》。

阙　《伴醉集》辑抄本。

《一指月咏史绝句》　乾隆《潮州府志》二十九，嘉庆《澄海县志》十九《文学传》。

阙　《伴醉集》辑抄本。

锷按：国英文学芝，有《小山寓言》，已著录。石莲乃国英所居西园中八景之一。《石莲洞诗》当时汇集洞中唱酬之作，编次成帙者。其诗共若干首，今已莫详；惟《西园稿五云纪游》、《一指月咏史诗》，余所藏无名氏《伴醉集》中选录，犹可见其一斑。《伴醉集》者，余往得自邑人谢鷃尘孝廉家者也。《西园稿》原诗一百七十八首，《伴醉集》选录三十九首，《五云纪游》原诗一百二首，《伴醉集》选录二十四首。《咏史绝句》原诗三十四首，《伴醉集》仅录《汉武帝》、《文天祥》二首；后附书云："《咏史诗》一卷，多直率少味，故不多录"云云。（所云原诗若干首选录若干首，皆集中语）国英诗学盛唐，而律诗格调浸淫于东坡双井，而能自出新意。如《白于世丈特款华觞赋谢》云："醉里欲归还惜别，重来有意不须招。"《登快阁》云："南去千山争拱翠，西来一水递环流。窗光回纳云烟入，堞势低平沙渚浮。"《下长滩》云："斗落船如坠，层流浪作梯。"《和长孺江字韵》云："林香知卧蝶，夜静不惊龙。"并佳句也。其诗引亦多可诵，如曲水浮觞处引云：曲水浮觞，余三见之；在韩山者，独擅幽胜；惜涧道不疏，空存清矩。在琦（锷按：琦字疑当作猗）园者，鸣玉琤琤，悠然心目；第脉匪由山，仅称尽美。在东山者，惊涛骤至，万石涎之；寒玉一条，方池九曲；时际暮春，偕友人修禊其中，浮杯取醉，正不在多；而俯视沧海，超然大观，斯游不称壮哉？诗以志之。又《菊菇诗》引云：菇，菌也。生于木者曰木耳，生竹下者曰竹菇，可食，生菊下者，前未之闻也；壬申十月二日家园菊花下忽见之，高可寸许，十出而亚浅，绝似单台菊，色微褐，两日而萎，异哉！为赋《菊菇诗》两条考证；并足资谭助，故摘录之。

苏氏志仁《抱拙堂稿》　　《千顷堂书目》二十二，光绪《海阳县志·艺文略》。

佚　光绪《海阳县志·艺文略》。

《千顷堂书目》二十三：嘉靖甲辰科。苏志仁《抱拙堂稿》。字□□海阳人。河南按察司佥事。

锷按：苏天官志仁有《日纪存疑》已著录。其《抱拙堂稿》，考黄国卿《苏天官年谱》，及秦鸣雷似峰《苏公墓志》，皆不言有此书；盖似峰卒时，年才强仕，此稿或后人所裒集也。《千顷堂书目》虽载有此目，然稿佚已久。（乾隆二十年，公世孙步□曾收辑公轶事及杂文为一册，并弁以《序》；《序》中言"虽未获见公之书之全，然即是可窥其大概。"足见此书原稿乾隆时已散佚矣。）余曾见苏氏所藏明嘉靖刊本《甲辰会试登科录》，卷末附有天官杂文数篇，其曾试墨卷及殿试对策皆在其中。又有《临终谢上表》；及《与户部书》。诗则有《西湖山四时读书乐》四首。

（诗云："湖山春日迟，茂树叶潜滋。静坐吟经史，读书兴莫疲。"其二云："湖山夏云多，雨滴石漾波。洞里端居坐，读书乐若何？"其三云："湖山秋景幽，风卷古枫柔。凭几神思肃，读书意趣悠。"其四云："湖山冬雪濛，岁序纪成功。趋就长安试，著鞭甲第中。"）盖天官登贤书后，寓居湖山时作也。又公官天官时，有"家在海阳鹤陇头"绝句一诗；属和者有秦修撰鸣雷，瞿修撰景淳，李编修攀龙，沈给谏束，吴修撰情。公诗云："家在海阳鹤陇头，赤山绿水绕芳州。深念高堂悬眼望，倚门不见徒凝眸！"盖公父母俱存，羁旅思亲之作也。

许氏洪宥《龙江集》　　光绪《海阳县志·艺文略》。
未见

薛氏雍《拯庵文集》　　《潮州耆旧集》十八。
阙　《潮州耆旧集》选本。
〔补〕光绪《饶平县志》八：雍善参稽天下之务，旁及天官历律之书。著《拟献策》四十二篇。（宗颐按：《府志》作四十三篇）详明博洽，伟然以经济自任。

宗颐按：《拯庵文集》，光绪《海阳县志·艺文略》作《薛子客集》。

《南湖诗集》　　光绪《海阳县志·艺文略》。
未见
〔补〕光绪《饶平县志》八：雍所著有《南湖诗集》行于世。

锷按：薛雍，亹之子。乾隆《潮州府志·文苑传》，光绪《海阳县志》、《饶平县志》并有传。所著《拯庵文集》，原帙不知若干卷？《耆旧集》选录一卷：为边论三（论交南当复兴复之之策），边论五（论经营居延、女真之略），律论一（论推历有合及中节二气因详律吕长短之分），律论二（论五音及辨黄钟九寸之非），律论三（论上下隔八相生之误及三分损益之差），其边律诸论，首必称臣按，或臣闻二字，盖即《拟献策》四十二篇中之数篇也。志称雍少有大志，读书不拘成说，弱龄淹贯古今。曾从杨少默讲良知之学。（雍有《杨复斋先生像赞》，见《饶平县志·艺文》）及郎中张璁谪潮，雍上书论时事，娓娓动听。雍虽隐居不仕，顾非尽无意于用世也。其《南潮诗集》，《阮通志》作《南潮集》，今不存。余搜其遗诗，得《牧牛篇》、《谒故陆丞相墓》（宗颐按：此诗《南澳志》作邱世钥作）、《越王走马埒》、《过莲花山》、《晚坐披云亭》、《柬少北》诸篇。其过莲花山诗，尤悲壮苍凉。（诗云："莲峰海中出，天外郁盘盘。避世因秦乱，入山皆宋冠。徒空恤嫠纬，终不弄僚丸。耿耿名犹在，茅堂迹已荒。"）雍生嘉靖中叶，而诗语如此，殆有无限感怆，亦可以觇其志矣。

杨氏一廉《金川集》　　《三溪文集》下。

未见

《湛泉诗稿》　　《三溪文集》下。

未见

《游燕集》　　《三溪文集》下。

未见

〔补〕阙名《一廉公传》：公擢河南唐府三城王教授，王日引于敕赐进修书楼，校雠《康王诗稿》及《昭德录》、《虫鸣》诸集。既以远游逾十五载，每动思归之念，爰致政，于丙寅春与知旧啸傲山水，赋咏行乐。居无何，困病相仍；重以秋九月丧元嗣，病势转剧。临笃犹能改旧诗稿，作垂绝二律，谓子淳曰："我不费思索而成其诗魔乎。"（《百侯杨氏文萃》中）

饶相明《故唐府教授湛泉杨公墓志铭》：公讳一廉，字思介，号湛泉。嘉靖乙酉补饶平邑庠；辛亥以明经贡于春官，授江西新淦县儒学训导；己未转九江府德化县学教谕；壬戌擢河南唐府三城王教授。诸藩君雅重公文学行谊，时与校雠艺文，论道今昔，倡和题咏：殆无虚日。丙寅春，致政归田，时与知旧徜徉山水，啸咏舒怀，有以自乐。未几，遘疾卒，年六十。公天资高迈，与人交，和易款洽。中年尤喜为诗，所著有《游燕集》，《金川寺》，《湛泉诗稿》，皆词气温雅，情致畅达，绰有古风。（《三溪文集》下）

锷按：杨湛泉教授一廉，乾隆《潮州府志》，同治《大埔县志》，光绪《海阳县志》并有传。所著《金川》、《湛泉》、《游燕》诸集，皆佚不传。

宗颐按：《金川集》，光绪《海阳县志·艺文略》作《金川归田稿》。一廉诗，今存者有教授送司训易虞归田诗七律一首。（见《百侯杨氏文萃》下）

刘氏子兴《见湖遗稿》　　道光《广东通志·艺文略》八，光绪《海阳县志·艺文略》。

未见

林大春《广西左布政使见湖刘公墓表》：公少有奇节，举进士为临海令。以浙东治行第一征赴阙坐。年未三十，不得登台省，稍迁兵部主事，历车驾郎中，寻转广右参政，晋八闽总宪监试。觐还，转藩司右丞，以病乞休。（《井丹集》）

锷按：刘宾之布政子兴，道光《广东通志》，光绪《海阳县志》并有传。《见湖遗稿》书已久佚。今文存者，以余所知，有《潮州府海阳县两学田租记》（见光绪《海阳县志》三十一《金石略》二），《儒学海壳蚶蛎场租碑记》，《冠山书院记》（并见《澄海县志·艺文》），《重修海阳学尊经阁记》（见雍正《海阳县志·艺文》），《临安知府郭惟藩墓铭》（见《揭阳县志·艺文》），《奉贺大司空乔东陈老先生荣褒三代序》（见《玉简山堂》集首）五篇。

宗颐按：子兴尚有《增修韩文公祠记》碑文，今存韩山韩祠中，又有饶氏《大宗祠堂碑记》，见大埔《饶氏族谱》。

薛氏虞畿《听雨篷稿》　　光绪《海阳县志·艺文略》。

未见

宗颐按：乾隆《潮州府志》，雍正《海阳县志》并云：虞畿著有《听雨篷稿》，《古瀛诗苑》前集一载其诗四首。警句如“百年知己灌园子，半世生涯种树书。”又“乾坤双短屐，天地一癯儒。”并清健可诵。雍正县志《艺文》又载有《海滨列女传》一篇，此外则无可搜采。虞畿为清野先生亹孙，乡进士雍子。《诗苑》载此书为薛虞朴著，云字舜征，饶平人，嘉靖隐士。考《盛荣简清野先生碑铭》载亹孙凡四人：曰虞林，曰虞畿，曰虞良，曰虞廷；并无虞朴，若谓为别一薛氏，非清野之族，何以其字与虞畿首同舜字？（虞畿字舜祥）若谓与清野同族，非其子孙，则饶平薛氏，实由清野始迁自闽，非有别支。且云嘉靖隐士，于年代亦甚合。稽之府县志，亦无有名虞朴者，不知《诗苑》何所据也。今姑依旧府县志以虞畿著录，并略附考证，质之方来。

林氏大钦《策对》二卷　　《林东莆先生全集》。

存　《林东莆先生全集》本。

丁自申《序》：东莆太史林先生，崛起岭南，射策明廷第一。其敷对摅陈忠悃，不主颂体，以是受圣天子亲知，盖异数也。自申髫童时得手录而读之，以合于苏长公制科之策，不辨其孰为长公者。始太史自以侍承明之日长，乞身归养。部使者屡趣还职，卒不果赴以殁，学士大夫无不蠹然伤之。同郡左参刘公与佥宪林公追论乡哲，因相顾欷歔曰："往太史魁天下，天下之所共知。太史者不在文，将因文以观其用；顾其用不究已矣，可使其文澌灭无传尔耶？"佥宪公乃出所藏遗策若干首，使授于郡斋而刻以行焉。嗟乎！方太史弱冠在诸生中，试经术世务，动条答数千言，至令主司敛衽叹赏。无论一策，冠多士而光芒闪烁久矣。文者天地之精华，其下为河岳，其上为日星。人以文尤著者，势欲薄河岳日星，争光上下。即精华太炫，造物忌之，斯苏长公所以玉堂金马之门常冷，而放浪山巅水曲以终也，独太史然哉？今是篇比长公什一耳，安知尚论者不与苏集并传。昔治安之策，谊不及试而天年早终，刘向尚其通达国体；蔡邕秘《论衡》不以示人，由今知中郎之集不下于充也。兹谋刻者之心，抑有刘更生之见而剖箧中，以公之人，贤于中郎远矣。晋江丁自申书。（《林东莆先生全集》卷首）

郭子直《序》：夫人以灵淑秀朗之心，泄之篇章，则异地异时，必有声应气求者于其后，余于东莆先生有感焉。余少习海内家语，得先生乡会制义读之，异其不袭绮丽，不事雕画，直摅性灵；而大廷一对，莫非济世石画，气岊词雄，翩翩乎苏长公风骨，心向慕之。时群诸生中，未尝有一日之雅，于石洲师，亦不期衔命为岭表游。未几，石洲师奉玺书督学于越，竟得以平日淑于先生者售知石洲师。庚午连上春官，即浮泛中外十余年，犹幸有今日游，则余与先生若有夙缘者。夫读其人之书于二十年前，知遇其宗人已奇矣；复于二十年之后，入其乡，揖让其子弟，望其园林宅里而吊焉，非有得于声应气求者乃尔哉？向厕祠曹，拟锓先生文以示不忘，且不敢私，辘轲世途，篇幅漶漫。今游其地，日与其乡之子弟相劘切，独敢忘且私乎？因出其《三试全录》，属潮阳令徐君锓之，为东人士式。夫龙泉之利，期于断割；乌号之劲，期于中的。先生以弱冠射策为世庙第一人，时以为贾谊、刘更生复出，非举业者之龙泉乌号乎？东人士不法其先正宗旨，顾搜索坊间，残唾余沫，蔽日穷平。刓精剥神，即偶博一第，终亏大雅，无益也。嗟嗟！剑尚神光，而华其室者，宝铅刀矣；弓先木理，而绣其弭者，珍棘材矣。宁不为欧冶、甘蝇之所笑哉？粤之人士，知东莆先生之文为龙泉乌号，则声应气求，嗣余其有兴乎！槜李郭子直臣举书。（《林东莆先生全集》卷首）（宗颐按：此文原题《三试外场全卷序》。）

洪梦栋《序》：文以明道也，古人道足于己，有不容已于言者，又其气足以举之，故洸洋自恣，汩汩然日探之而不穷。秦汉以来，气之昌者，唐推太白，宋则子瞻。太白飞扬超忽，千人坐废，即少陵、昌黎之卓荦，无以过之；子瞻雄姿英伟，如鞭雷电，如决江河，故虽明允之为父，庐陵之为师，亦退避子瞻出一头地。明兴，能文之士数十百家，较著者：历下、弇州，规模左史；毗陵、晋江，驰骋韩欧；江右郑谦止及吾乡东莆先生则步趋子瞻。今合诸君子文读之，非不神巧各擅；要东莆之于子瞻，则形神俱肖矣。壬辰对策大廷，顷刻五千余言，排荡屈注，渟滀蕴祟，直与子瞻万言书争千秋之价。吁！何其气之似也！夫后生学士，孰不渔猎先辈，抉意抽华，依以成名；然字字而比之，句句而栉之，土偶衣冠，终归沦弃。何者？其气不充，固非可以貌取也。夫气犹水也，法犹舟也。水之所届，舟斯泊焉。气之所届，法斯立焉。故必有余于气，而后宽绰游余，非冗也；廉厉峭刻，非削也；批之剥之，往还驰骤，无不如意。此子瞻之所以独有千古；而先生之所以大魁天下也。顾气非袭取也。清心以直之，含经嚼史以濬之。调之欲静，行之必达；而又平心息虑以察之，令气与心和，心与手适，乃能行乎其所不得不行，止乎其所不得不止。不然，虚憍客气，血动脉张，知其无能为也。乃吾读先生之文，重有慨也。嘉靖初，世庙锐意有为，先生所陈者又悉防微杜渐，通达国体之言。使能行先生所言，清心寡欲；择循良之吏，垦曹濮之田，通南北之利；去冗禁奢，与民休息，虽立致治平无难也。乃台阁之臣，懵不能知；世庙知不能行；而先生解组去矣。未几，上心渐侈；土木斋宫之事，纷纷继作。洎乎末年，边事孔亟。师旅之事，无岁无之，乃叹先生言无不验，而言之不售为可惜也。浸淫数十年间，以至于今，储峙内竭，盗满近畿。吏懦而不可仗，兵窳而不可用，河洛之间，漕运再绝。使先生而在，不知其痛哭流涕，又当何如也？兹因其家梓先生制策，为言其文之工，且欣其遇之深，悲国家之不能究其用也。先生文行之佳，具载本传；至别论著，即于制策，窥其一斑可也。崇祯癸未，侄婿洪梦栋仁升书。（《林东莆先生全集》卷首）

〔补〕薛侃《林东莆传》：嘉靖辛卯就试，督学王公奇其文，为荐于巡按御史吴公。更试《李纲十事》，考据详核，词旨凛烈，读之觉奕奕有生气。相与叹赏曰："此苏公笔墨，胡公封事也，必然大魁天下。"其年试于乡本房荐拟元。已而第六。明年计上春官，连举进士，状元及第，如二公言。（《林东莆先生全集》卷首）

《状元事略》：嘉靖十一年壬辰科林大钦，字敬夫，广东海阳人，由儒士连捷。年二十二。少婴羸疾，未久卒。（《古今图书集成·选举典》九十七）

〔补〕田汝成曰：林大钦，年二十二及第。先是礼部尚书夏言知贡举，上言："举子经义论策各有程式，迩来文体诡异，旧格屡更，请令今岁举子，凡刻意骋词，浮诞磔裂，以坏文体者，摈不取。"上从之，会试既毕，夏公复召予语曰："进士答策，亦有成式，可谕诸生毋立异也。"予曰："唯。"因诸举子领卷，传示如前，诸举子皆曰："唯。"既廷试，诸达官分卷阅之。时内阁定二卷，都御史汪公鋐得一卷，大诧曰："怪哉！安有答策无冒语者！"太学士张公孚敬取阅一过曰："是虽破格，然文字明快，可备御览。"遂附前二卷封进。上览之，擢无策冒者第一；启之，乃林大钦也。夏公大骇，谓予："何不传谕前语？"予无以自解，乃就大钦询之。对曰："某实不闻此言，闻之安敢违也。"予乃检散卷簿，则大钦是日不至，次日乃领之。因叹荣进有数，非人之所能沮也。已而授翰林修撰，以病告归，未久卒。（雍正《海阳县志》八《事集杂记》）

锷按：敬夫林太史大钦，道光《广东通志》，乾隆《潮州府志·儒林传》，光绪《海阳县志》并有传。

宗颐按：东莆先生廷对遗策，光绪《海阳县志·艺文略》作一卷，今本《东莆先生全集》以廷试策一道，小试策七道（一李纲十事，二李牛之党，三孤注，四韩愈，五潮州八贤，六体国经野，七潮州风俗）为一卷。嘉靖辛卯乡试论一道（文王望道，未见）表一道。（拟唐择京朝官为刺史）判五道。（上言大臣德政，多收税粮斛面，术士妄言祸福，纵放军人歇役，失时不修堤防）策五道（政治，灾异，官制，士习，防微）。嘉靖壬辰会试论一道（人臣怀仁义以事君），表一道（拟赐御制钦天记颂），判五道（信牌，钱法，祭享，夜禁，越诉），策五道（刑教，进讲，史谏，习尚，积贮），为一卷。兹依《全集》以二卷著录。

《咏怀诗集》　　西河《林氏族谱》。

存　《林东莆先生全集》本。

大钦《自序》：钦病体羸弱，流落丰草；忘情穷通，永矢弗谖。盖怀古问经，畜鸡种黍；亲学老圃，以供朝飧，聊追丈人之踪矣。逸兴时生，率尔成咏；散人多讹，言无诠次。夫藜藿之词，不足以语甘肥之旨。传曰："诗言志。"故本乎性情之谓天音，岂论工拙耶？今阅乱帙中，得五言古八十六首，五言律一百一十七首，七言律十六首，七言绝句五十三首，五言绝句七十七首，六言绝句六首。稍类四时，以见怀焉。嘉靖甲辰仲春，东莆居士书于草堂。

曾迈《序》：东莆太史，以嘉靖壬辰对策魁天下，寻以母老，疏乞归养；归而筑室山中，饮酒赋诗。余自垂髫时，未尝不慕其为人，每扼腕其寿命不永，勋业未就，无所表见于天下。乃旁搜其遗稿，自廷试诸策而外，不上数什首。虽其为文，出入两汉，驰骤长苏；然而未极其至，盖所不满于太史者什之七矣。久之，家君出其《田园闲咏》一帙，中多太史点窜字迹。时予未解韵语，顾什袭而藏，尚莫辨其为燕石为楚璧也。曩岁发而读之，大惬夙契。近每诵其俊句佳篇以脍炙吴允光。允光亦时尝称赏曰："是恶可以无传乎？恨余未竟其全也！"今兹偕袁经肃海上，益珍玩不释；乃谋锓而广之，而勉为之《序》。嗟夫！余何足以知太史哉！大凡天之所命豪杰也，不笃其高世之行，即伟其高世之言。言非浮物也，皆心声也。士君子一吟一咏，未始不酷肖其为人。其人显达而轩昂，则其言庄重典则，威严不可望。其人穷困而愁思，则其言哀怨泛郁，悲鸣不可听。其人狂豪而宕跌，则其言洸洋恣肆，倾泻震撼而不可御。大抵才情之所不至者，意气不能激焉；泛思之所不至者，强辞不能夺焉。持此以论诗，而人品亦因之矣。吾乡自邹鲁以来，事功节义，文章隐逸之士不一；而以诗名世者，概可指数。非诗之难，而所以发其才者，意各有所至也。乃太史弱冠负才名，一朝谢去，甘心田里，其意固已远矣。大丈夫生不能立言垂世，没亦徒然；故愤发其所为情，而醉之于风骚篇什。

林塘可乐，云山可栖，樵子田夫可侣，木石鱼虾可友。游乎无构之圃，自歌自咏，旷然大观。总之片言只字，依古以来，不失性情之正者也。明兴诗学泛滥，作者无虑千百，大率多猥芜而乏古雅；而馆阁诸巨公，又特以富丽春容风天下。三百篇固不可作，汉唐亦遐哉邈矣。方太史在史馆中，慨然有工古文辞意；又性笃，与人不相习；故退而卒业东莆，著诗自见。今观其所闲咏，类多陆泛诗书，放浪丘园；纵意千古之上，不落宋元人口吻。其古者脱去脂粉，独餐云霞，有夏松殷柏气象。睹怀古感兴诸篇，洋洋乎固陶、谢、嵇、阮之遗风也。其律者又多奇特闲旷，以古意叶声偶，而不妄铸一辞。尝自言曰："五言律者，如四十个贤人，著一个屠沽不得，贵淘练也；七言似之。"斯不亦升唐人之堂，窥作者之班乎？是以当世士无一足以知太史，而太史遂受轻世傲物之名。又复不自裁抑，间发其不平感慨之气，独酌独谣于园林中，而识者亦第云豪举云尔，不知太史未尝有意为豪也。见超者不徇物情，简者宁作我天之所命，久与俱化，即太史亦不知其然而然也。余固反覆是篇，讽咏紬绎，恐太史遂谓后世无知己，又惧其管窥蠡测，开罪当时，且不足彰太史千载之名，顾伏而思之，太史之名载此诗矣；生而无以策树，没而后有所表见者也。言而可传，言亦行者也，余恶得而秘之。昔井丹先生为太史作传，虑无所称述于后，乃不敢辞其责，为刻廷试诸策，播之郡国，布之天下。独惜此诗不得与之俱传，即井丹先生之知太史，乌足以尽知太史哉。呜乎！斯予之幸也，而亦太史之幸也。余近过太史里门，望其庐，想其人，辄低回留之不能去；而不察者猥以寿命不永，勋业未就，为太史病。是用为之表章，使天下后世知太史有诗名，且曰：夫国不出则已，一出皆魁伟奇杰之俦也；而岂徒以对策大廷重乎哉？万历庚子，揭阳曾迈志甫书于肩吾堂。（《林东莆先生全集》卷首）

曾敬雍《序》：予犹子志甫，生后予六岁，垂髫与予同游泮，其才多予数斗。为诸生三年，即登丁酉贤书，上春官，交游天下名士。如霍林汤先生、贞父黄先生、休仲胡先生、异度张先生，皆其把臂而莫逆者也。公车弗售，归而与都人士结社学古文词，饮酒赋诗，日持东莆太史林先生《田园闲咏》饥而饱之，醒而醉之，醉且饱而狂吟之。其意义每旷世而相亲。一日谋之梓，以公先生于不朽。初刷板乡之人有疑志甫以太史为李奇浸假而炙名人口，乃渐释然已，后群起而争宝之。噫！其为耳食也亦多矣。时予为诸生，虽日与俱，然方惴惴以八股从事。其于五言七言之旨，未敢肆力而穷其奥，是以亦弗欲辨其为狗羹、为猴羹也。但见志甫每计偕归，凡五易科，其往也挟与俱往，其来也则往往捆载而来。予启其笥视之，皆名山奇川之所记；其得力于太史者，亦不为不多矣。癸丑上春官回，竟以诗酒，病且笃；予视之，床头惟此两物，怅然诀予曰："生于斯，殁于斯，侄又何惧？独恨未有广其传者，当属吾叔。"予曰："唯唯，恐不敏不能及耳！"迨淹溘之日，吾兄不忍睹其所遗，尽阁而藏之。计丁卯已十有三年春矣。予始叨鹿鸣，促装北上，未暇探索。越明年，乃启吾兄发所藏而征之，其版半食于蠹鱼，爰命梓人为之缉。复获所遗，尚有林太史文稿若干首。予未得尽锓，姑取其关于世教者，如《华岩讲旨》，又书《太安人不事佛》二帙，殿为第四卷，略表其广之之意耳。至若太史之学之行之言，则固已载之前序两篇矣，不敢赘。志甫原名思道。迈，盖蒙题更者也。初游泮与予同师事锡山景逸先生，蒙先生并器其文，即以分利钝之途。今以获左券者，第予愧钝则钝矣，而步武后尘又惴惴不知其何似也。并志之以不敢负券予者于地下，而俾属予者之虽没犹生也。崇祯庚午，揭阳曾敬雍简父书于浴风亭。（《林东莆先生全集》卷首）

王岱《序》：自古道亡而天下无真人，诗道衰而天下无真诗；故真人不易见，真诗不易得。然有真人即有真诗，不容强也。何也？人生自少至老，汩没名利，以诈伪为智，以混俗为通；故言不由衷，语多矫饰，其于性情之道远矣。真人则不然，读书谈道，宠辱不惊，穷通一辙；故下笔立言，直摅胸臆，自为怡悦，而读之者神远。此真人真诗之有由然也。粤东太史东莆林先生，负不世之才，抱经济之略。少年立掇巍科，声名藉甚。其乡会廷试诸策，皆典谟训诰忠君爱国之言，传称海内者有年，岱齿龀时奉为拱璧矣；尚以未获见风雅为恨。今年夏，乃寓书陈园公转购之；而先生从孙翩千手录相示，为之吟咏数过，蕴藉和平，幽闲淡雅，宛然陶阮风范，令人躁累尽释。所谓真人真诗在是矣。夫真人真诗，生平宗匠未得者，今一旦获之，不觉景仰思慕之不忘也。因附数语卷末，藉以不朽云。康熙丙寅，楚潭王岱山长书于澄江邑署。（《林东莆先生全集》卷首）

〔补〕薛侃《林东莆传》：太史既已无心世用，优游典籍，怡情山水。所作诗歌，萧然自放，非樊笼所囿者。

叶向高《林大钦像赞》：大钦年三十四，卒于家。（宗颐按：《艺苑卮言》八，作卒年三十六。）著有《咏怀诗集》。（《西河林氏族谱》）

宗颐按：东莆先生《诗集》，各家序跋皆不标举集名，曾迈《序》虽有"《田园闲咏》一帙"语，乃举集中开卷《田园杂咏》、《田园闲居》诸诗，而概言之，非集名也。惟《西河林氏族谱》叶向高《东莆像赞》言先生著有《咏怀诗集》。先君据以著录。颐考东莆《自序》有“稍类四时，以见怀焉”之言，则集名《咏怀》，当不有误。东莆诗共二百四十八篇，各体咸备，独七言古诗缺焉。是集乃东莆自为编定。始登第以前，而终嘉靖甲辰之春。时去东莆之殁，才数月耳。

《林东莆先生全集》六卷　　道光《广东通志·艺文略》八。

存　光绪己亥重刊本。

吴颖《序》：予少时见田汝成记东莆先生对大廷时轶事，深叹夫科名盛事，非可幸邀，即君相亦不得而争之也。方贵溪当国，知贡举以成格，程进士高材生之轶于法者有厉禁，且令所司传谕。既廷试阁中，列呈二卷，汪都宪得东莆策惊曰：“宁有对策而无冒语者。”永嘉阅之曰：“文虽逾格，然明快可诵也，附呈擢第一人。”贵溪让所司之未传前谕也，已乃知散卷时，东莆不至，故未闻斯语。呜呼！东莆当日岂有意于高科之掇，而为此无冒之制策以惊众乎；说令以诸进士旅进，而听春曹之言，又岂复能妄冀格外之赏识，而置阁臣之议为可略乎，则东莆之少年高科材之所优为也，柄臣安得而引之，况得而抑之哉！予来潮，从其家索得遗集读之。苏子瞻自评其文曰，“行乎其所不得不行，止乎其所不得不止。”东莆之文有焉。盖文犹水也，东莆其川之方至乎，蓄积者深，而行之以气，观于海，而知东莆之有其沛然莫御者也。永嘉文贵简练，而有取于此，信永嘉之不以一格圉士也。贵溪立朝，摛文皆以气相尚，而顾欲以成格，束缚学人，令背于所好焉，率不克伸其议。而东莆以少年进士，凌而上之，世庙临轩策士，使柄臣无从施其推挽文章之荣遇，固然；抑亦可以尊文章之权矣。东莆他所著述，即以制策概之可也。予故读东莆诗文，而并论其世如此。溧上吴颖书。（《林东莆先生全集》首，亦见《潮州耆旧集》七）

方孝标《序》：海阳林孝廉汯，字深甫。己酉冬枉公车，而省其师江子九同于吴门。九同介之谒予。予见其气宇论议，必名家裔；而未知其先世之所源。一日，深甫奉一编而请于予曰：“此汯之曾祖伯考东莆公之遗集也。”东莆公讳大钦，字敬夫；嘉靖壬辰状元及第，授翰林修撰。久之，以养母归。筑室东莆山中，与海内贤大夫如姚江王龙溪，海陵王汝中，吉水邹东廓，时以理学相勉励。暇则为诗文自娱。母终，公不胜哀毁。既葬，道病卒，诗文多散佚。癸卯秋，汯受江先生知，得举于乡，乃与族弟鹏凤辈搜而辑之，成若干卷，将图不朽于先生，先生其无意乎？余既嘉深甫之孝思，而又不能无感于科名与人之相倚以为重也，君臣遇合之难也！盖有明二百余年，状元及第者数十余人；而粤东有三人，先生其一也。此三人外，其以富贵声华震耀一时者，何可胜数；而至今海内所不待言毕而皆知者，惟此三人与丘文庄、海忠介而已。夫以文庄之博学，忠介之贞操，而仅得与三人者并；然则科名岂不足以重人哉？既又思此数十余人，其间以道德文章、勋名节义章章者虽不乏人，然亦可屈指数；其余则多磨灭，甚或按其籍，则有其人，履其乡，询其遗文遗迹，而子孙不能言万一；又岂非人之足重科名乎？东莆公生平虽不少概见，然而遭盛时，遇英主，又出永嘉、贵溪之门。二公始皆得君甚。公既为天子所特拔，二公必左右之。使公少委蛇其间，岂不能驯致大位，及分宜仇贵溪，锄其党与一时门生故吏，罗织无免者，而公独优悠畎亩，此必有非得失祸福所能撄者。由此观之，公固重科名而不徒以科名重者也。昔人观汉贾生策，而知孝文时已有七国变乱之萌；诵元许平仲疏，而知世祖时已有太阿下移之渐。盖朝廷治乱之几，往往大臣不敢言，而小臣能言之。言之，而君或不知之；言之，而君知之，则必用之；言之，而君知之，而不用之，则天心视为去留，奸邪伺为进退，其害可胜道哉！明世宗亦贤主也，而后世或议其始激于大礼，继惑于青词，乃今观公大对之策，有曰："游民众则力本者少，异端盛则务农者稀。"又曰："秃首黄冠，充斥道路，朝廷之事，无有与陛下言者。"是当时已见端矣。使世宗能因此以信用公，必有大可观；何令之不数年即归？归即老以死！世宗岂可谓知人，而公亦何赖有此知乎？此奸臣方士之所以接踵而兴也。然则古今君臣遇合之际，能不为东莆公叹哉。然而岂独为东莆公叹而已哉！深甫挟策长安，其于天下之利弊，自当直言无隐；苟能见知，吾知其必能终用以有成，而光乃祖父之遗泽于异代无疑也，是之谓大孝，深甫勉诸！龙眠方孝标书。（《东莆先生文集》卷首）

翁如麟《序》：麟自结发受书，每慨然慕古名臣杰士，以为丈夫处世，当佐天子廊庙，以号令赏罚天下，迪民吉康；否则身肩弘巨，经营四方，勒勋王府，垂光麟阁；即不然，则以惊才绝学，膺侍从之选，参帷幄，备顾问，受人主特眷：如陆忠宣公之于唐，欧阳文忠公之于宋。斯可谓不负所学也已。吾潮林东莆先生以文章魁天下，其大廷对策，洋洋洒洒，不下万言；皆剀切规讽，深中时弊，有古晁、贾之风；固已九重览而动色，海内诵而心仪矣；乃其余诗文翰札尚未受梓，故世少传焉。其侄孙明梁鹏凤辈以《全集》示余，将寿之剞劂，且征弁言。余惟先生为潮前修，文章行谊，郡邑乘及先辈郡邑大夫备述之矣，小子何能赘？忆侍先君子日，侧闻先生与先祖襄敏公为道义交甚挚，今观先生书中如征南平交之事，往往留意绥靖，不欲以荒服劳耗民生，与先公《上毛蔡二司马书》，千里合符节。至先公与先生往复诸札，皆以学问德业互相砥磨。其论学诸书，大概宗龙溪先生致“良知”之说，有非后学所易管窥者。人但知先生以文章名世，而经术卓卓可传；非流览其全，未易测也。使天假以年，安知君臣之际，相得之盛，见于行事，不与唐宋诸君子后先媲美耶？麟不佞，生先生之后，慕先生而不得见；见先生之集，则如见先生焉。若夫遇合之奇，则田夫野老能言之，无俟再赘矣。康熙壬寅，翁如麟书。（《林东莆先生全集》卷首）

陈园公《序》：周秦而降，所号古文专家者，或以质，或以文，或郁然而奇，或粹然而正。迁、固诸君子，辞不掩理，其老在朴；至徐、庾、江、鲍辈，则全乎春华矣。韩柳之卓踸，永叔之雅醇，文以正胜；而孙樵、刘蜕者流，语不惊人不休矣。甚矣！古人各不相袭也；而其行久不敝者，则皆气之为文。人得气之昌，首推苏髯。观上神宗及策论等文，漭漭汤汤，真有屈注天潢，倒连沧海之势。邵长公自言吾文如百斛泉源，随地涌出，非气而谁为出之？谁为涌之哉？数百年来罕见其继，自吾乡东莆先生出，眉山之灯，又横出一枝矣。先生年二十二，对大廷，咄嗟数千言。风飙电烁，尽治安之猷，极文章之态。世庙拔之常格，外擢殿撰，一时声名藉甚。未几，先生以养母乞就子舍，不数载，遂归道山。嗟乎！彼其时议礼之聚讼虽息，钧衡之炀灶正工；且烽火屡撤，甘泉祷祀工作之事，又纷纷起矣。世庙英毅，资不世出，以先生受眷之隆，假使久立本朝，阴用维挽，必能潜清君侧，而城狐社鼠，不至久窃威灵；必能烛玉杯帛书之奸，而斋宫青辞，无事献媚；必能止土木之繁兴，而将作诸役，不至身都通显；必能先雨绸缪，早销边衅；必能容纳谏臣，广开言路。夫何东山泉石，方耽谢安；冥王位虚，遽召擒虎；致先生经济之才，一无表见，岂不惜哉！先生遗文散失，其裔孙辈，搜辑以付梓人。虞读集中与王龙溪、罗念庵、邹东廓诸公往复诸札，大都以性命之绝学为汲汲，似于诗文一道，一切以雕虫小技视之，无足当其揣摹者。五言古诗，绝有陶彭泽风味，余体亦萧然自放，骨带烟霞。要之诸策已高踞千仞峰头，令人攀跻俱绝，所谓屈注天潢，倒连沧海者，于寸玑尺幅见之。杂置苏集，谁判渑淄？岂同此岳渎英灵，在宋则钟眉山，在明则生桑浦耶：何气之昌而言之似也？匪特维桑文献，即以当郊天之鼓可矣。康熙丙午，同里陈衍虞园公书于五羊旅次。（《东莆先生文集》卷首）

林炳麟《序》：尝闻“莫为之前，虽美而不彰；莫为之后，虽盛而不传。”语虽为二人言，亦可为先后概也。大抵先人行谊制作，卓然昭著一时，往往有数传而后每叹无征者，推其咎在后人继述之不力也。炳课儿曹，暇日适检阅十二世祖叔殿撰《东莆公文集》，书缺有间，独于此深抱歉焉。何者？公以少年英颖，早掇巍科；虽遇合际风云之会，而钧衡值炀灶之工。史馆三年，疏请归养。宗山构斋，讲旨华严；悟性真于鸢飞鱼跃，忘世态于得失荣枯；十余年幸终曾参孝养之志。越数载，忽来颜回不幸之伤。虽修短有数，勋业未宏；而其经济事业之见诸策论篇什间者，先正诸贤，各为序文而表著；叔祖风翥力为剞劂而流传，使其板存，其文存，其人虽至今不朽可也，胡必以天命不永慨哉！所可慨者，其后板藏宗祠，族人不知珍惜，遗简剩书，散佚至今，盖数十年矣；即访之都邑人士，家藏集册，亦几希少见。公之见诸言而寓于集者，不几渐焉以澌灭乎？夫古人片言只字，凡有关风俗人心者，尚不忍令其埋没；况文集乃先人精神心力之寄，经国久大之猷，而顾听其湮没不传乎？际此篇残简断之余，倘置存亡而不问，致后人渺无传信，慨然兴文献不足之嗟焉！此责又将谁诿也？于是禀请家君号潜斋，与季父兰修，搜罗遗集；家藏莫备，仅于族叔树尧、宗叔其华处共得二部。其间蠹鱼食字，渗漏湿篇，多所缺略，再求散集，与儿辈照珊、宅嵎检对补遗，合成卷帙，竭赀付锓。非敢云附骥沽名，惟期先绪之不堕耳。先殿撰文以气胜，诗多奇特。短札长篇，无非由格致诚正穷理尽性，酝酿而出。诸先正序文，赏心虽有各别，而发其幽光则一请详，毋庸赘述。通集莫敢评点，悉遵叔祖遗训，以俟高深紬绎而评骘耳。光绪十年甲申，裔侄孙炳麟甫重编次。（《林东莆先生全集》卷首）

冯奉初《潮州耆旧集·林殿撰东莆集·题辞》（《潮州耆旧集》卷七）（不录）

〔补〕饶宗颐《跋》：林太史大钦敬夫，所著《东莆先生全集》，光绪二十五年己亥冬十二月重刻。共五册，分六卷：卷一卷二为制策，卷三卷四为杂文书札，卷五为诗歌，卷六为制义；首载各家序文，并薛中离撰传，林熙春《为诸生呈林太史乡贤稿》二篇。东莆著述，最先锓版者为廷试对策，潮阳林井丹始为刊于郡斋，是为嘉靖本。其后潮阳令徐学曾翻刻《三试全录》，是为万历本：今皆佚。崇祯以后，东莆对策皆附入文集，遂不复别刻单行。《诗集》刊行较晚，旧仅有写本，万历庚子揭阳曾迈始刻之。越三十年，当崇祯庚午，迈叔敬雍又刻之，而附以东莆杂著；自是以后，其诗未有单刊之者，观王岱寓书陈园公欲购东莆遗诗，而东莆从孙竞手录以寄，可知曾氏刻本，至康熙中叶，已极难得矣。东莆又有《华岩讲旨》，生时已有刻本，见《与王汝中书》。崇祯重刊东莆诗本，即以此《华岩讲旨》，与《太安人不事佛》二篇，合为杂著。东莆所著书，其合以汇刊为一集者，始于清康熙间，东莆族孙林浤等所辑梓。其书道光《广东通志·艺文略》著录之，今已极鲜见矣。东莆以少年掇巍魁，文才盖一世；廷试一策，在当时已脍炙人口。而学问之事，归田后时与山阴王龙溪，吉水罗念庵，及同里翁东涯薛中离辈，寓书互相切磋；虽未登阳明之门，已深得良知之旨。今集中所载《华岩讲旨》（见卷三）及与王汝中、邹东廓二书（见卷四），畅论心性源流，见解圆通，辨才无碍，往往与佛氏诸相皆空，唯心不灭之说相合。惜少婴羸疾，年三十四而卒；苟天假之年，则以此高明绝异之姿，益以静修悟力之大，其证道又安可量耶！其诗冲澹闲适，有类陶韦，又其余事云。

宗颐按：光绪《海阳县志·艺文略》录东莆著述，析为《文集》二卷，《诗集》一卷，《策对》一卷，合四卷，与全集为六卷者不合。《艺文略》注云："据薛侃撰传"，然薛传未曾语及东莆著述，疑《县志》有误。

卷 十二

集部别集类

明

刘氏瑞葵《碧山漫稿》　　乾隆《潮州府志》二十八《儒林传》。

未见

沈镰《序》：刘先生，潮人也，以乡进士署教事于绍兴。绍兴之弟子员，著记者以千数，撰次先生之歌诗序赞十余万言，为刻而传之。余尝览读之而知其可以传也。余固好文辞，少而猎取百氏之言，朝夕诵咏之，而思继其本始。古者，荐绅章缝之士，其相与揖让而周旋之也，喜愠征于冠玦，文貌察于几筵；则不能无命令之修，言语之节，于是文辞之道兴矣。乃其感物而虑动，因情而著言，端委昌明，而法象布，皆顺乎其故，而由乎其不得已；虽其几微而广博，变化而日新，莫非自然。譬之于金石、戛击之至，而音声发焉；宫奏而商应，清唱而浊和，节奏以不越而灿然成章者，可以损益之乎？何者？明正声之纪者，不可杂以淫哇；睹大道之趣者，不可乱以邪术：古之人，其义理昭明，故文辞之道得也。是故言出而人诵之，其闾巷讴谣之，鼎钟著之，竹帛书之；其小人以为口实，而君子以为训，虽欲无传，不可得已。后世属文之士，不通达于礼义之旨，而剽窃章句之末流，破碎先王之大义，缀集灭裂之空言，炫爚耳目之私好，其内不得乎心，而外不适乎口，好朴者以质俚见废，骋华者以浮虚不录，其去古人之道，亦弥远矣哉！余观刘先生之文，冲然近其为人：不烦而多美，无曜而内腴，澹泊之际，精虑隐之；而其波流之委，亦复温厚尔雅，条贯乎殊品，润色乎光泽，不失自然之宗，可谓通文之大节者矣。余固尝从其人游，颉颃其论议，叩而尽其从容，则旷然明礼义之士也；余为太息之。宝玉以温润而知其蕴和，兰蕙以馨香而知其芳泽；若刘先生者，其犹有古之道欤！夫士不以必知而学，言不以必传而文；惟夫明礼义之言，则感触乎人心，所谓训诵而讴谣之者，既不能无传矣；乃若学道而以文辞业成，立言而以名字表著，兹非君子之意；君子适于能文，而不适于能远。藉令夫子之道无传，余犹以为礼义之言可贵也。先生名瑞葵，碧山其别号云。会稽沈铼序。（嘉庆《潮阳县志》十八《艺文》）

嘉庆《潮阳县志》十六《儒林传》：瑞葵师事白沙之门人余善（宗颐按：善，字崇一，亦潮阳人。操履端悫，尝谒阳明于赣州，阳明待以殊礼，亦笃行君子也），及从南海张诩（宗颐按：诩号东所，成化甲辰进士，为白沙高弟）游，因尽得江门之旨；其旨以主静为宗，而出之以谦和恭俭。故其见之文也，时有悠然之思；今越中旧传沈铼所序《碧山漫稿》是也。

锷按：碧山刘教授瑞葵，道光《广东通志》，乾隆《潮州府志》，嘉庆《潮阳县志·儒林传》并有传。

王氏天性《半憨集》二卷

存　道光丙午成式堂重刊本。

郑允升《序》：居恒而谈世业，则必于阀阅之家；乃阀阅不足恃也，则将转而问堂构。虽然，岂无玉环世济，招楸不扫，弓剑寂寥者，则造物之默为持胜，未可域内窥也。苏文忠之铭三槐也，以一手植之微，而责报于继世之天，如持左券，交手相付矣；至其碑韩庙也，又别其能者天，不能者人，若以人为无如何之说者，岂王氏之“天”在人中，而韩氏之天，独居人外耶？我乡先辈槐轩先生，其世系出于王，而其出处则大类韩。夫韩之时，驱豚谏佛，全以天用；先生膏雨口碑，不过一郡一邑之理，有吏才而多惠心者，宜胜其任；然而正直不阿，而于人犹不免焉。冰蘖自矢，权贵可忤，而惸弱必不可欺；利禄可谢，而衾影确不可愧者，真足傲晋、楚。而夺三军，未许退之独步也；则当人道陵夷之日，设非天心持平，人终诪幻未已耳。故自先生一脱名缰，而量福绥之寿考，介之所在，尸祝至今未艾者，谓非天能不可；

至所游者鱼鸟，所友者汗青，尝作《半憨先生传》以自况，其善用天者耳。余童子时，尝观先生眉宇而起敬，顾未及登堂，一聆玄屑以为恨。今先生殁四十年余，余乃以遁荒遗老，得读先生遗集于曾玄书箧中，因不能不再拜而核天人之事也。况自吾朝文盛，作家云起，秘笈充栋；而际此神州陆泛，文献耗泯；举名宗华胄，曾不守家传之只字，而先生手泽，洋洋可较可编，岂非其天之所予，有超盛衰而独存者乎！若曾孙季铉，尤文以世其家；且堂构而丹雘之。因订述诗文若干，而属序于余；余幸尾骥先生，而愧刻鹄之无成也，爰盥而书之如此。太岁壬辰仲夏中浣日。原选云南道御史改授太平府同知同邑后学郑允升顿首拜撰。（《半憨集》卷首）

方声亮《序》：余往偕计吏赴京师，一再与同年生王君岳峻，俱得闻其家先正槐轩先生平生诸大节，私心向往之。及后考证邑乘，读《半憨先生传》，益概想高风，以为海、邹忠介，去此岂远哉？先生登第在世宗朝，尝一宰上高，擢升南昌，所至著惠政，民像设而尸祝之。以不能婞阿为容，往往失上官欢憾者，因中以考功法，而先生解组归矣。先生居乡，所为都里谋良，周乡之人，又像设而尸祝之，语具许襄阳《怀德词碑》中。山长王公，修邑乘，列先生于文学，浅之乎知先生也。先生雅欲以文名，而感愤之余，发为诗歌古文辞，辄倾一时；余尝受而卒业焉。其时出入魏、晋、三唐，文则原本史、汉，而真质如其为人。澄邑乘创自先生，发凡竖义，直笔不阿，见者拟于《武功志》，即山长所取裁云。余因叹嘉隆间作者林立，江左新都狎主齐盟，可谓极一时之盛，今其遗文具在，使先生在著作之庭，得与之执鞑櫜周旋，讵必远逊，而仅以如椽之笔绘画方偶，则先生之遇之不幸也。虽然，寓内广矣，古今来以立言自命者多，而表章乏人，身后名灭没，余每惜之；先生四代继起，至于今百有余年，而其后人犹校雠其遗集，登之梨枣，使来彦得读其文，知其人，余又窃羡先生之泽之长也。岳峻谬以余能文，属余序，因为具论之如此。康熙庚子秋九月，普阳后学方声亮顿首拜撰。（《半憨集》卷首）

王应兰《序》：言者，心之声也：心正，则其言必正；心邪，则其言必邪。心之不正，虽炳炳烺烺，夸侈声华，未见其美也；而心之正者，文耀一时，可足千古。若名贤高叔祖，言本于心；未观其言，已足见心；迨诵其词章，而其心之正，益复如睹。是故或古风，或近体，旨趣含蓄，可见心之忠悃。或传记，或序跋，切实不阿，可见心之正直。其笺启之所候答明僚，则有勉励之心，上宪，则有规讽之心。其增筑邑城，重修儒学，为士为民之心，蔼蔼溢乎简端。心父祖以为心，法父祖以为人。我六世祖寿官白川公诞丈夫子有三：其长则我五世祖柏轩公；三即我五世叔祖梅轩公；而名贤槐轩叔祖，乃其中子也。叔祖少而颖敏，日诵数千言；泮宫食饩，登嘉靖壬子经元。为贫而仕，历任广文县尉，卓有贤声，卒升南昌府别驾。事上接下，不茹不吐。为民剔弊雪冤，人怀其德，途歌召杜。崇祀名宦，未足云报。当其任满回籍，行李萧条，宦囊一空。铁面御史，于今复见。民尸而祝之曰："积德昌后，可为仁侯。"豫卜之矣；曾不逾时，而登仕籍，不一其人：长孙先鞭，万历庚子，令浙江定海；少子继美，天启恩贡，北闱；元孙皇清，辛卯复起，戊戌礼闱副榜三名。一灯相传，颇称显耀，讵非心正之报乎哉？应兰五世侄孙，上稽叔祖善迹，不但友爱昆季族属，抑且忝敬惟桑与梓。乡都课重，不惮艰危，疏恳当道部堂，特请轻赋。惶虑水灾，创筑堤堰，里老感之。建立约所，岁时报享，久而不替。且学宫贤祠，虚位以待，荣孰甚焉？迄今志行如昨，而《族谱》一书，词严义正，有过不讳；其亲说者，以为得春秋遗意。侄孙敬慕不忘。是以壬辰搜集翻镌，迁斥板遗；兹再旁采旧文，付之剞劂，俾后生子侄辈，田言见心，传之不朽，是为序。康熙五十九年岁次庚子桂月，岁贡生五世侄孙应兰谨拜撰。(《半憨集》卷首)

郭汝诚《序》：文以人重，人以品彰，其品高者，不必刻意为文，而发为言也。纯任自然，性情如见；虽数十百年后，读其文者，见其真意孤行，足以振厉顽懦，澄邑王槐轩先生《半憨集》是也。先生性孤高，不靡于俗。宰倅江右，抗直无阿，不得志于宦途；早赋归田，益肆志于山水诗酒间。其诗文亦豪爽自喜，非规规绳墨，投时好者。要其朴而不华，真而不浮，自抒己意；而风俗人心，藉以维持；士品交谊，藉以振扶。诵其文而知其人；其人之事可传，其文亦随不朽，诚如是也。余承乏澄邑一载，阅志乘，访先贤；若槐轩先生者，足以风矣！其后裔虑其集散佚，而付刻焉；请序于余。余仪先生之为人者久，更望其后裔读其先人之文，想见其先人之行，于以立品，于以持身，庶几贤士继起，祖武克绍，而先生之文乃真不朽矣，而先生之不朽者久，不徒文也已。是为序。道光岁在丙午仲冬上浣，沛水郭汝诚书。(《半憨集》卷首)

姚士裘《序》(嘉庆《澄海县志》二十四《艺文》)(不录)

〔补〕饶宗颐《跋》：王槐轩《半憨集》，凡三刻：一刻于顺治壬辰（见郑允升《序》)；一刻于康熙庚子（见方声亮《序》)；一刻于道光丙午。余所见乃道光本，卷首第一行，上题"澄海金砂王槐轩先生遗草。"下题"姚士裘及槐轩曾孙岳大编选。"案姚篇为顺治刻本，以道光刻本，而仍署士裘名著，盖康熙、道光两本，俱依原本翻刻，未曾重为编次也。集凡古今体诗九十八首，颂一首，序十一篇，跋二篇，纪五篇，传三篇，行状一篇，杂文三篇，书十八篇，启七篇；厘为二卷；末附许时谦《怀德词碑记》及《行状》二篇。考半憨为槐轩自号，集中有《半憨先生传》，其自颂曰："先生不要钱，不依阿，不请谒，不避权贵，不乡宾，不容人过。有谓于俗戾，有谓于道当；谓于俗戾者谓憨，谓于道当者谓不憨；谓憨者一六，谓不憨者二三。吾无以命之，命之曰'半憨'。"是亦可觇其为人矣。

许时谦《王槐轩先生怀德祠碑记》：先生以制义魁粤士，又善古文辞，拟于北地历下诸子，主一方齐盟，其令上高而倅南昌也，俱有惠政。（《半憨集》卷末）

宗颐按：此书《阮通志·艺文略》八著录，无卷数，盖未见原书。

饶氏相《三溪文集》二卷

存　光绪戊寅重刊本。

李炤《序》：饶三溪先生《集略》，有诗有文：诗若五七言近古，若四言古，若诗余；文若奏疏，若序记，箴铭杂著。总之，凡若干篇。初先生以英异著名，弱冠举进士，拜官内省，即攻诗好文。比壮游吴楚，涉滇、贵，复历金斗淮阳、宋、卫、齐、鲁之墟，最后守豫章，陟宪臬。官迹所至，辄勒勋誉。其雅志四方，隐然江湖廊庙之抱，往往于俯仰咏啸见之。年甫强仕，即矫然脱轩冕，娱桑梓，时有眺临探蹑衍游之乐，则又泛吟究思，有余韵焉。至其为文，能以莅政时操觚翰，以文章为时名称。挂冠之后，继以藏修涵泳，杰然力追古作。是先生之诗若文，矩制篯著，盖灿然各擅其美者。夫诗上本真，而次风韵；文主理致，而副气格。乃先生以通傥磊硕之才，命笔艺圃，种种英发，今观其近律，多泛朴楚淡之词，而古体诗余诸篇，则抉奇而奏艳矣。若箴铭与字说，大率皆身心切要语；而序记诸作，又何出入宋卢陵、南丰间也。盖先生心融气和，悟言谈素，律以绎真，而别调之风韵。妙自真吐，箴以范理，而他作之气格，隽从理宣。譬之燥湿异节，辛甘殊剂，旁施而各适厥当；讵不谓哲士之鸿裁，名家之巨能哉？顾先生文日益进，而心迹日益韬晦，愚辱先生教下，尝请刻传，同志未有诺也。兹冢子宾印君，私阅集中，颇多散佚；遂与愚谋次其略请刻之。先生哭曰："刻乎？姑存家乘可也。"刻成，遂为之序。万历十三年乙酉季秋重阳日，前乡进士、判南史府事致仕，

晚眷生少白李炤顿首拜撰。（《三溪文集》卷首）

杨缵绪《序》：大埔肇建于前明嘉靖五年，其褎然首举成进士，开埔邑文运者，观察饶三溪公也。余于公为乡后进，余外祖羽瀛公，为公六世孙，因得从戚里耆旧窃闻公之嘉言懿行：如立蒸尝以将孝享，修家乘以教惇睦，广置义田以赡族人之惸独无告者；固已心焉仪之。以为孝思不匮，永锡尔类，可以风矣。屡欲购其全集，而旧简散佚不可得见。乾隆庚辰春，余自西安解组归里，适公之裔孙咨畴，搜辑公遗文数十篇，将付剞劂，属余为序。余喜吾邑文献之有征也，亟读其文，光明俊伟，涵泓演迤，皆有关世道之言。其尤可传者，因埔邑粮少丁稀，疲于供亿，奏拨邻封里图，以均徭役。又监兑河南山东漕粮，条陈四事，皆洞悉时势，酌群情所便，达诸当宁，朝闻而夕报可，始叹公实本道德为经济；故其见之奏议者，剀切详明，牦然有当于人心也。公年甫逾强仕，即辞荣勇退，自是优游泉石，以诗文自娱者三十余年。观集中所载，于当道之实心爱民，捍患恤灾，卓卓有循声懋绩者，每津津乐道之。纪其实，请以为后来者劝。自非素存心于爱人利物，何以流连赞叹，不啻自其口出，若是哉？言者，心之声也，孔子曰："有德者必有言。"是之谓欤！既卒业，因弁数言于简端，用志平生向慕之意焉！时乾隆二十五年岁次庚辰四月下浣，乡后学杨缵绪顿首拜撰。（《百侯杨氏文萃》卷上）（宗颐按：此序亦载《潮州耆旧集》十七）

饶咨畴《序》：先世祖宪副公，少登甲第，扬历中外，勤劳王事，所至有声；而惓惓君民之意，未尝不流露于文墨间。壮岁归林下，修祠立蒸，赡乡睦族，家政秩如。暇则退而记其所为，设规垂范，俾为可传。偶而宾朋酬赠，娱景陶情，亦时有发抒心性之作，以故著述称富，十一世祖中翰公绍衣德言，风雅继起；《椿桂》一集，前后同揆，昔乡先生少白李公尝序之。后修邑志，当事者索诸家乘，亦登其十之二三焉。顾以世次绵邈，水啮蠹余，藏刻之所留存者，亦几于尽矣。礽孙咨畴，才疏志歉，睹祖先遗迹，罔敢不神留。窃《三溪集略》之刻，肇于有明万历之乙酉。厥后先祖选拔公，设心制行，一踵副宪公遗辙；而于先人手泽，尤为拳拳不忘。曾将是集登梨枣，而未竟厥事。先考州佐公，矢志继成，又以倥偬未逮。夫盛美而弗彰，后起者之责；前人有伟举而卒业无闻，末孙之憾也。爰从就试之暇，检校故帙，搜罗放失，捐资付梓，计奏疏以下至墓铭为二卷，古近诗辞为三卷；分类编次，先后就理；于是乎事有成而志亦就，此皆先祖之灵爽，实式凭焉，而岂余小子之成劳哉？用志所由，以示来者。至同时校阅，则有曷孙而益，编纂则礽孙崇魁也。时乾隆庚辰岁梅月之望，礽孙咨畴谨志于淡宁书室。

锷按：三溪为饶宪副相别号，其集初名《集略》，诗文并收；洎乾隆间，宪副裔孙咨畴，始抽出杂文，复加搜采，共得遗文六十四篇，厘为二卷，付印单行，为《三溪文集》，即光绪重刊本之所本也。宪副诗载在《椿桂集》者，存一百零四首，题曰《三溪诗草》，疑亦从《集略》辑出。今明刻《三溪集》，已不可见，姑就通行《文集》、《诗集》分别著录；而《集略》则从阙如，以省重复云。

宗颐按：《三溪集》：《古瀛诗苑》前集一，饶与龄诗注，误以为与龄著；《阮通志·艺文略》八，《周府志》二十九《文苑》饶与龄传并沿其讹；惟《大埔县志》据李思悦《三溪公墓志铭》（见大埔《饶氏族谱》），定为相作。相文别有《龙湖刘公见湖御倭碑记》，光绪重刻《三溪文集》遗之。后有重刊，应据补入。

《三溪诗草》
存 《椿桂集》本。

宗颐按：据饶咨畴《序》，其所校刻《三溪诗》，计古近诗辞三卷，今见《椿桂集》者，凡一册。

〔补〕《谩笔稿》 李思悦《三溪公墓志铭》。
未见
〔补〕李思悦《中宪大夫三溪公墓志铭》：公喜读书吟诗，著有《三溪集谩笔稿》，存于家。（大埔《饶氏族谱》）

饶氏与龄《新砚题咏》 乾隆《潮州府志》二十九《文苑传》。
未见

宗颐按：《新砚题咏》，唐伯元《中书宾印饶公传》作一卷。

《宾印诗草》

存 《椿桂集》本。

宾印《自序》：昔西施病，捧心而颦，愈见其美，里妇效之，见者惊走，质不可为也。虽然，国色不恒有，苟能靓妆修洁，则无盐尚在所录，况不为无盐者乎？三百篇删后，《离骚》乐府振响。五言于汉，近体于唐，往往有赤帜千古者。极其旨趣，岂灭风雅，谓删后无诗者谬也。余素不习韵语，自都下归，居忧数年，读礼之暇，因遍观李、杜诗选。噫哉！真国色天人也！既又得《欧阳文忠集》，抱括今古，曲尽物理；兴致之隽永，音韵之悠扬，虽非商彝周鼎之器，亦称姚黄魏紫之品，岂假粉黛自可朝天；于是艳而慕之，中夜无枕，凝神抽思；初若枘凿之不相入，久之稍稍成句，命儿录之，凡若干首，标曰《效颦稿》。众笑曰："子甘以里妇自处，其如丑态尽见何?"余曰："余知尽饰之道，不知其他，异口庶几无盐女之见取于齐乎?"众复大笑而罢。时万历甲午仲春宾印子书于凝翠亭。（《椿桂集》下卷）（宗颐按：此篇《椿桂集》题作《诗稿引》，诗稿即《效颦稿》也。）

饶与焕《跋》：情发于性则成言，言合于声则成诗。其为音响节奏，体格高下，虽不能不以人殊，要之缘发验存，循迹稽养，则古今人品大略可觇。余从兄宾印以隽才登甲第，凡修于身，行于家，式于乡，宦于朝；动以古人为准。间寄情述志、赋事纪游、镜时鸣感、托之诗章，大率平正而无邪，敦厚而非矫。娴雅融朗，不流于晦；冲和整栗，弗蹈于淫。无待雕饰，而音响节奏，殆已合裁汉魏，兼体齐梁；沨沨乎抗工部颜行自成一家，称心而出诵者，咸知为君子之言也。视彼骚人墨士，竞烟云而工月露，饰鞶帨而侈色泽者，所致相辽绝矣。谓非学优而典，养裕而纯，气充而定，而有是乎？从兄方得时而驾，鞭骥中原，期建旗鼓；惜也官不酬才，位不配望，仅以中翰赍志玉楼，使所称述如斯而止，谓之何哉！不佞于诗草三致慨叹云！时万历丙申阳月，从弟与焕跋。（《椿桂集》下卷）

〔补〕饶宗颐《宾印诗稿·书后》：饶中书与龄，所著《宾印诗稿》，初名《效颦》。沈孟化《宾印墓志铭》称："与龄性耽书史；文多出入西京，诗律可俪盛唐。"其诗行于世者，为《椿桂集》内之《宾印诗草》，考与龄殁于万历乙未六月。（见唐伯元撰传）

《效颦稿》之编定，在殁前一年；而饶与焕为《宾印诗草·跋》，在其已殁之后。今诗草中有《新矶书屋》及《避客至新矶》诸作，疑与龄之诗，先有《新矶题咏》，后编为《效颦稿》，殁后人始合之，并为《宾印诗草》也。

〔补〕饶氏希燮《尔栎斋稿》　　饶堂《梅庵公家传》。
佚

〔补〕《梅花吟影集》　　饶堂《梅庵公家传》。
佚

宗颐按：梅庵有《桂香随笔》，已著录。据饶堂撰传（见大埔《饶氏族谱·文献传》）梅庵所著，又有《尔栎斋稿》，及《梅花吟梅花影》诸集。府县志则只言尝作《梅花》百首。今诸集稿已佚。《饶氏族谱·艺文》中载有《旧斋茸成》五言律诗四首（原注八首录四），又《遣夜》一首，《暮春同陈沛若熊朗伯雅集尔栎斋》七言律诗一首，又《闰七月小集作续中元》一首：此皆《尔栎斋诗稿》之诗之仅存者也。其《梅花》等集则《大埔县志·艺文》采录《梅花吟》七律二首，盖梅庵之诗之存者仅此。

郭氏廷序《郭循夫集》四卷
存　民国甲子重刊本。

李时行《序》：介斋郭君，与予同受业于香山黄太史之门。邂逅之初，见其性资恬静，默默不语人，始未之奇也；及相与谈性命之理，则终日更仆不倦。暇日出其所作诗数首见示，纯口响也。黄太史亦亟称之。无何，别去。继而与予同举进士，往来京师。岁余每过逢，必以诗文德业相砥砺叩其所作，盖骎骎乎入魏、晋之奥，登李、杜之堂矣。未几，授贵溪令。贵溪江右剧邑，介斋独以文学饬吏治，不苛不茹，有循良之风，以故政声藉甚。将三岁，卒于令；卒之日，士民哀之，如失怙恃，嗟乎伤哉！有志未竟，而所就仅此，何天之忌才若是！予观介斋生平狷介，酷好读书，御家人绝无怒色。寡言笑，慎交游，非其人相对，不出一言。如遇高士，则谈笑移日。虽已贵，多闭门静养，宛如布衣。非公事不造郡邑之庭。见人谈势利之事，则摇首麾之。仅守祖遗之人，淡如也。其所养若此，故其所作诗若文，多泛玄冲旷之思，略无尘俗气。今竟已矣，何天之忌才之不少假也！所幸君之伯子，以贤英俊秀拔雅，有介斋风，收拾介斋诗文遗稿若干卷，刻之，尚多脱落，不能尽录；然此亦可以传矣。哲人已逝，雍门遗悲，展诵篇章，如观高躅。后有作者，爰加采拾，庶垂不朽云尔。嘉靖甲寅秋望日，赐同进士出身、承直郎、南京兵部车驾清吏司主事，青霞山人年弟李时行撰。（《郭循夫先生集》卷首）

吴仕训《序》：我潮裔土，或嗤其未有立言之士，而为之前者，余谂其不然；盖想光天海隅时，何献不文，特缅邈莫详耳。以今所听闻：若洪大中起于唐，名垂《灵谷》；许制使盛于宋，集传《高阳》。逮明而异采肇开，寿母奇童，皆属希有。况有李詹丞之望重银榜，萧翰撰之武接玉堂，皆与唐、宋诸公大其宗，而世其业。成一家之言，为一邑之典。复有郭贵溪先生，并起其间。今所较《循夫集》是也。先生字循夫，人称之曰介斋。介其天性，循循其学；少而默识，长而不迁。其书五车，而不肯为轧茁之语，故其文粹然，一泽之于道。其诗和而婉，有风人之致。有笺笺赤牍，犹令人如对。不远千里，师事黄才伯先生，人推黄门高足。惟先生也，既登制科，官仅一令。年未及艾，功名道德，与其人俱往矣；所可传者，惟其言而已。有其言堪不朽，而谓非其不幸不可也。独予心服于先生有二焉：时俗谓古文词有妨本业，先生自饩庠计偕，好古不惑，竟两得之，可以信于后贤。及其登第归祭，三年杜门读书，非公不至。言动拟诸古人，取予严于一介。事兄如事父，妻死不再娶：先生盖知道者耶！迨宰贵溪，严明清操，公诚爱物。抗疏谢王府铢求正色，拒大珰横索。文学吏治，啧然有声。此其可传，宁仅以立言也。先生集有黄文裕所定者，既不存，所存者仍多紊误。其族子孝廉守榖君，欲余订次，广文守宗君复驰书相属，而其家茂才诸君，竞为缮录。是皆能衣前人之德言，以世其业，而大其宗者。海隅文献，其在于斯乎？其在于斯乎？崇祯七年春，后学光卿吴仕训谨叙。（《郭循夫先生集》卷首）

郭经《序》：癸亥之秋，柳洲侄收拾我十世祖伯循夫公所著诗文集二册。首尾残缺，中间亦多断烂。谋之友笙弟，将募赀旅沪族绅，重付手民，以保族粹，索序于余。余以为是集流传于世，自明迄今，越数百载，必有好古君子珍藏完本，可资补证校勘者。既而启泰侄，搜之族中，复得二册，较为安全。虽阙文之处，亥豕鲁鱼，讹误不免；而盥手展卷，尚堪卒读。于是命次男荃，另纸抄写；而族中能文之士，检校无误，始付剞劂：其慎如此。盖古之作者多矣，词章家掞张文采，不逾时而渐归湮灭。譬无本之木，无源之水，枯竭可立而待。若多读古书，深积义理，本其心得，著一家言。固宜藏名山，传其人，垂不朽于宇宙。然或深于理而未工于言，纵令著作宏富，而朴质不文，读者厌倦，久之徒覆酱瓿；词章义理，二者皆讥；然后知蓄道德，能文章者之独有千古也。我伯祖以明代嘉靖进士，出宰贵溪。名士循吏，光辉史乘。生平湛深经史术，研究理学。所著诗文，卓尔成家，所谓蓄道德而能文章，当之洵无愧色。道光间，冯辑《潮州耆旧集》，是《集》见遗，以致未显于世。然公之文章，光芒万丈，断无郁而不发，掩而弗彰。昔昌黎文字，经庐陵尊之而后显。公集如昌黎，数百年后，安知无复有庐陵其人者。故略叙数语，弁诸卷端，俾征文考献，续辑遗集者，知斯文未丧，天意在兹焉。癸亥腊月，二十二世侄孙经敬撰。（《郭循夫先生集》卷首）

郭纶《跋》　（《郭循夫先生集》卷末）（不录）

〔补〕饶宗颐《跋》：贵溪令郭介斋所作诗文集，最初刻本为香山黄佐太史所选定，凡六卷，即《阮通志·艺文略》著录之本。据吴仕训崇祯七年《郭循夫先生集·序》，谓“先生集有黄文裕所定者，既不存，所存又多紊误。”是黄本至崇祯初，已鲜传帙矣。厥后辗转传抄，脱落益夥。民国癸亥，介斋侄孙启泰等，始掇拾丛残，出家藏写本，参互校核，厘为四卷，以付剞劂，即今通行本也。第一卷，古今体诗二百一十八首，第二卷，诗余三十首，第三卷，序记杂文二十九篇，第四卷，尺牍论说二十九篇。前列李时行序，吴仕训序，郭经序；末附《先考雪舟公墓志铭》，薛侨撰《邑大夫介斋郭君墓志铭》，《石泉公与陈给事筑钓台书》并郭纶《跋》。介斋少从黄佐太史游，与梁有誉、欧大任、李时行、黎民表，同称黄门高弟。梁、欧诸子，当时颇著意词章，而介斋则兼重操行。屡任繁剧，享年不永。故诗文造诣，未臻其极。然师资所在，濡染有方。集中拟古乐府写情诸作，取径汉魏，语浅而意深。至于文虽不多，而要言不芜，颇见研练，亦明代潮士之以循吏文家，并名之矫矫者也。

薛侨《介斋郭君墓志铭》：君生而聪警，为举子业，出入经史，穿贯百氏。由进士选贵溪令，丙午入觐。毁誉出于爱憎，未曾动于衷，每于诗焉发之。

锷按：道光《广东通志》引《黄志》云：《郭循夫集》六卷，所云黄志，即嘉靖戊午黄佐所辑《通志》。《循夫集》初为佐所编定，则嘉靖《通志》云六卷者，自是不谬。

陈氏光世《雪坡集》四卷　　陈尚志《雪坡先生传》。

未见

詹一惠《陈雪坡先生诗文遗稿·序》：吾乡陈雪坡先生，长齿发桑梓六十余年。其所阅历彝险之遇，人皆知之；而气节猷为文章，人莫知之。非人之莫知先生，而先生之学不求人知也。先生自少壮游宦，以及归来掩扉读书，凡有述作，不事□□，故终其身莫露卮辞片札于人间。卒后又二十余年，其子迟，孙子璟，始出其诗文，以橐蠹以示余。曰："先大人平生嗜学，某冲岁莫知，今探书箧，得诗文遗稿若干，蠹残已半，悉补缀而描写之，以不忘先人口泽，愿有言以华其端。"余受而览阅之，见所为文，辞调高古，意义精深，直熔子史百家，鼓江汉之长澜，而莫知其所至也。诗赋洋洋缅缅，如掇春葩之余英；即以杂于唐咏奚辨焉。有是哉，其岭表之词宗乎！而余且因言察行，以窥猷为于一斑。盖先生少经乱离，目击山海之变，而孤城累卵，岌岌殆也；乃为料理制敌，而上其策于令尹矣，又上其策于兵宪矣。当事用其机谋，歼灭群丑，而救一方涂炭。今读所为发策，出入阵伍，设奇制胜，若探贼情登贼穴，而坐得胜算于指掌中；虽古老将善阵，无以过。书生善谭兵务，固宜兵宪张公之嘉与也。已而赍金币谢，先生概不受，曰："余为桑梓计治安，幸而言听计从，免及于难，受赐多矣，何以谢为?"先生慷慨有大节，深泛浑厚，义信服人。故出而宰巨野，能以一言而散白莲数千之叛，以一策而浚艚河百里之运。惠泽垂庥，东士啧颂。余读司空朱衡公、巡抚潘季驯公所为奖励优辞，而知先生之厝注，卓越寻常万万也。盖涵养设施，颇露一斑，如此，先生归卧林泉二十春秋，绝口不谈往事；时寄情于吟弄间，优游自适，莫喻其意。知者以先生为古之谨言人也；不知者以先生为世之无能子也。非由蠹余以稽往迹，则不惟文章无传，而气节猷为，且与草木同枯朽矣。没世而名不称，是谁之过欤？记曰："为人子者，有善而不知，不明也；知而不传，不仁也：不明不仁，君子耻之!"固宜其子若孙梓其遗文，以藏于家；而余不妄，谬以数言为之序。（雍正《惠来县志》十七《艺文》）

陈尚志《雪坡先生传》：先生早慧，甫十岁能文。又四年，补邑博士弟子。嘉靖戊申贡。卒业国学。归授弟子里闾中。乙丑谒铨部，拜符巨野，旋解绶去。林居二十年，素茹淡敛足公门。日左图右史，坐一室弹琴赋诗，陶陶自得也。为文典赡切当，有《雪坡集》四卷，藏于家。（雍正《惠来县志》十七《艺文》）

锷按：雪坡陈大令光世，字复振。乾隆《潮州府志·循吏传》，雍正《惠来县志·宦迹传》并有传。雪坡文今存者，有《重建赤山院记》，《上张兵宪道台策》，《与胡邑侯书》（宗颐按：胡名钦颜，广西全州举人。嘉靖四十一年知惠来县）三篇。诗存者，有《上元日》五言律诗一首，《杨兵宪平寇志喜》，《冬日桃花盛开》，《吴节妇》七言长句三首，《咏牡丹》、《十二夜月》、《二十三夜月》七言绝句三首。（见雍正《惠来县志·艺文门》）

宗颐按：光世尚有《赤山院》五言律诗一首，《百花隐》七言绝句一首，见顺治《潮州府志》十一《古今文章》。

罗氏惠《罗后山诗集》　　王天性《半憨集》二。
佚

王天性《序》：或谓诗有四务，运意、定格、结篇、练句。句贵委婉而忌直率，篇贵贯通而忌支离，格贵高古而忌芜乱，意贵圆融而忌暗滞。余尝执是历勘晋、魏以降诸诗家，未有越是而能轩翕翰涂，驰迹艺苑者。然君子曰："风雅既没，删后无诗。"则三百篇之下，其皆无取耶！夫古人未尝学为诗也，桑妇歌谣，牧夫讴吟，何有意格篇句之拘也；而圣人取之与六籍并传。后世骚人墨客，日煅月炼，词求泣鬼，语必惊人，欲以擅业专门，侵风薄雅，而君子顾谓删后无诗，则诗之所贵，果不系于意格篇句，而别有所在欤？余观古人七情未荡，一真自如，故触物歌吟，矢口为训；虽匹夫匹妇，胸中自有全经，盖包韫本根，至情自溢，风雅之宗旨也。诗家者流，迷失真源，标显色相。意格篇句，号称古体，要不过点缀江山，铺妆鱼鸟。风容徒盛，神情不敷，将奚取哉？由是观之，诗之所贵，断可识矣。近读《后山诗集》，余辨其工拙，较古作者何若也？然其直摅胸臆，刊落铅华，庶得诗之宗旨者。盖先生宅心冲和，赋分慧敏，禀之厚矣。吏隐八稔，玄奇静颐，养之邃矣。园陵宫阙，壮其大观；凤岳淮波，兴其豪思，助之广矣。助广者，情超；养邃者，情粹；禀厚者，情笃。是故情之所通，声歌自聘；高彻上穹，深入重渊；大亘八埏，微潜一发；卒皆流泄道妙，会归理趣，非徒点缀铺妆，粉饰文貌焉已。所谓包韫本根，至情自溢者，不其在是乎？君子曰：后山之诗，有风雅之遗致焉，故"意"、"格"、"篇"、"句"，均所不论。（《半憨集》二）

康熙《饶平县志》七：罗惠，嘉靖己酉科举人，平乐教授，升知县。

锷按：王天性《半憨集》二，有《罗后山诗集·序》，又有《送罗后山之平乐郡博序》云："后山先生貌朴而气和，志豪而才敏；盖潮之瑰琦士，而又素以诗文自雄，咳唾余亦悉珠玑，可爱可传。”是后山固潮人也，惜序不著其名。府县志人物传，亦无可考。检《饶平县志·选举表》，嘉靖己酉举人有罗惠官平业教授，年代姓氏官职悉与天性赠序吻合；然后知后山即罗惠之字；以举人出为教授，后由教授而摄县篆者也。兹据县志《选举表》补署其名，以冠诗集之首。

周氏孚光《桃溪吟稿》　　《古瀛诗苑前集》一。

未见

〔补〕周光镐《序》：士之能绍世业，极孝思者，必其无忘前人所论著，而不悖师之本旨者也，则小子镐有深愧焉。隆、万之间，再负箧入信州，维时师太史吕先生属小子镐曰："若尊甫有所论著者，若尽能修而明之乎?"镐跽泣谢。不肖幼孤，中遭兵火，业不克振，前人所遗，天敓之兵燹中矣！后死者，罪当自殒。师乃出示所藏者一二。久之，之越、之吴建业、江、楚之间，多学士先生能道当时湛文简公游从旧事。龙江新泉之墟，则师与考君游业地也。其轶乃时见于他编，庶几知考君之学。于《新泉录》，则得其明辨之力；于《求志录》，则得其集议之方；于《修文叙》，则得其宗旨之一；于《宗谱叙》，则知其敦伦之训；于《心统说》，则窥其明性之原；于《龙德缓斋》诸说，则见其张弛用易，静动靡间，于诸记载述赞，则见其言必考证于先王，指必吻合于天理；于诸赋咏篇什，则知其志贞于甘遁，乐在于自得。大部稽其旨趣，由存诚以悟性命，由散殊以会统宗，由精义以合自然。业贵实践，不喜剿之论说。即易箦匪懈，乡荐绅父老类能言之。于是小子镐，乃发愤拮据，穷十年力，仅仅得余绪二三，痛哉！万历七年，会皇帝进两宫徽号礼成，小子镐秩在留铨，诏赠考君官。制曰："抱道之士，遁迹岩居，而弗为世用；乃行遵矩矱，学究渊源。名已荐于贤书，志雅尚于高蹈。"皇皇天语，其在斯乎！呜呼！道恶乎存?存于志；志恶乎明?明于言。言铨不次，道绪犹可稽也。不能绍而明之，以复生我成我者，是小子镐之罪矣。诸凡见于他编者，不复汇次，其所轶者，属从子棐校而梓之，藏之故山石室。(《明农山堂汇草》一)

《古瀛诗苑》前集一：周孚先，字克道（宗颐按：乾隆《潮州府志》作见道），潮阳人，有《桃溪吟稿》。

锷按：周孚先，道光《广东通志》，光绪《潮阳县志·儒林传》，并有传。

宗颐按：此书，周光镐序作《桃溪逸稿》。孚先诗，今世所传有《西山漫兴》七绝四首。其一云："半亩潮田云外陇，一区蔬圃水中洲。蓑衣翠透桃花雨，叩角无人问饭牛。"其二云："竹迳茅庐是我家，三湾流水半溪沙。疏慵镇日浑无事，一灶秋云煮菊花。"其三云："天际罗帆诗景多。更添诗思入晴波，桥边月涌鱼翻藻，亭外风掀鹭闪荷。"其四云："万籁无声山更幽，一泉绕屋石中流。才闻鹤向云间度，风送梨花上枕头。"（并见《潮阳县志·艺文》下）

吴氏向《鲁庵逸稿》　　光绪《潮阳县志》十七《隐逸传》。

未见

〔补〕周光镐《序》：我粤先辈，成、弘间，倡明正学，则有江门、白沙先生为主盟。一时群贤如湛文简、张东所诸公，彬彬几如家茂叔崛起舂陵，河、洛、关、闽景应。我潮鲁庵先生，遂弃制科业而从事焉。先生我先子之所畏也。先子上公车，道公陵，事文简于南雍，遂不赴南宫试。卒业新泉。一时高陵吕泾野宗伯，永丰吕巾石太史，相印证归，筑桃溪精舍，距月庭烟水相映。时与东溪二郑孝廉从先生鼓櫂垂纶于溪云山月间，超然悟而逌然适也。已而先生创祖祠，先大夫为之记；久之先大夫捐馆舍，则先生为之状：此其渊源缔好之自有自来矣。予不肖，幼孤，时闻遗绪。既起家行役，越廿载乞归，则筑菟裘于旧隐地。东望月庭，盈盈一水；时扼揽溯古悼今也。一日，茂才吴生鸣夏修通家刺，手一帙，谒曰："此吾先祖遗绪也，傥以三世契阔，辱一言弁不朽，可乎？"予诧而起曰："咄嗟危哉！奈何当吾世而失先生，失先生且失先子，则将何所逃罪于后死者？"爰是肃襟展对，时读庄语教诏语，则俨然辟咡受之，读超然自适语，则洒然神爽，若有悟合于其自然宗旨几哉。大都先生之学，内探理本，外绝世氛，不离日用事物之常，究竟于伦常孝弟之极。观《自警篇》，黾黾勉勉，惟在我熙熙穆穆，仰前人，旨趣可观矣。其诗如"刚除骄吝心，自觉犹有迹，古人别后言，去矜得其力。"不觉俯首服膺。所与白沙甘泉东所诸先生往来辨复，阐明性道，缅缅皆体认至到语，而不立门户，不落闻见，不著人我，相印于朱陆图说，论辨直是参勘透彻，见其非同非异，非非同，非非异，足为二氏门徒，息嚣于吾儒合一宗旨，大有力哉！维时督学东吴魏公下檄郡邑，征聘先生主会，而先生力辞。然则绝畔援之累，全自得之天，岂彼空谭澶漫，剿袭依附者比，小子某学惭绍述，功非见解，乌敢以纤言，弁斯编首？乃证是编者，为惠邑陈孝廉尚志。盖希古作圣，不隳流俗，不佞所面觌心喻者。嗟嗟！流彼日靡，同志几何？乌能起先生于九京，而植斯道赤帜。即不能如皇祐元丰诸贤，亦庶几涑水、安定、上蔡辈出，何至孑孑如今日？嗟乎！余早与先生季子同游于泮，鸣夏季子子也，禔躬嗣服，克绳祖武。不肖虽耄，未倦于学，庶几于二友不遐有佐云。（《明农山堂汇草》七）

〔补〕陵海《吴氏族谱》二：公受业陈白沙之门；偕甘泉、东所往来辨复，阐明性道，洒洒皆体认至到语。归隐黄冈，著有《黄冈杂咏》，白沙寄题有“至虚原受道，真隐或逃名”之句。与周孚先郑经哲辈唱和于月庭间，学者称月庭先生。所著有《鲁庵逸汇》，周光镐为之补序。

锷按：鲁庵吴高士向，字宗卿，号月庭，乾隆《潮州府志》，雍正《惠来县志·硕隐传》并有传。鲁庵为陈白沙弟子，结庐邑之黄岗山，以理学教授弟子。周孚先实出其门。鲁庵为诗，清幽旷逸，《黄岗杂咏》七绝五首，最为时称诵。（其一云：“拟赋闲居未得闲，今宵境界是何宽？黄岗一朵梅梢月，清照茅茨半壁间。”其二云：“隐睡寒床帖竹枝，宛然春梦诵新诗；一尊贮却香醪好，留到看山对菊时。”其三云：“略破人间万事非，浮云几点过柴扉。凭谁扶上黄岗顶，拍掌千峰抱月归。”其四云：“中天无极起楼台，曳杖高登万仞来。山水分明今日意，何人共此酒杯开？”其五云：“月上疏梅影半阴，秋风满座荡尘襟。去年此夜禅房坐，今夕黄岗对月吟。”并见《惠来县志·山川门》）白沙有题《黄岗书屋寄鲁庵诗》云：“四野云飞尽，黄岗一室清。至虚元受道，真德或逃名。有疏微言绝，无为大业成。下阙”。《潮阳县志·艺文》下，亦载鲁庵有《读白沙春日醉中言怀》五律一首，又《寒雨观物偶成》二首；而寒雨诗中联句，与《惠来县志》所录间有异，疑属草时别有改本，选诗者不复细核，遂各据所见以著录之也。

李氏龄《宫詹遗稿》六卷　　《千顷堂书目》十九。

阙　《潮州耆旧集》选本。

周光镐《序》：尝观郡邑乘所载：英宗朝，邑有宫詹李先生，文章政事，为时推重。又云：学政崇雅，脱浮，裁抑奔竞。噫！是恶足以尽先生哉！古今史乘，语莫难于征核，又莫难于檃括。即非迁固，欲以数言立要旨，难矣，况怯薄为政者，任意削觚乘，果足征乎哉？余寡昧，无能窥作者门墙。顾闻之学士先辈曰："我邑士大夫学术最近古者，无如李景龄先生。"今读其遗书，与其所载行事，则先生者，盖以修道为己任者也；文章政事，其绪余耳，恶足以尽先生！先生官，由外博士入成均，擢御史院督学。畿内荐青宫，分校史局；盖百一之遇也。人士最显要者，无如学院；最光华者，无如宫寮史馆。藉令当时稍阴阳物态，便可致身卿辅。乃天顺初年，诏复外台，提学宪臣，慎选其人，先生遂以佥宪出督江西学政。于是思人臣秉忠宣职，即不获羽翼太子以培养圣学，亦庶几陶冶士类以作育真材，罔非吾道之大行也。以故其所定章程，一以主敬穷理，修词立诚，为三代人材之大根大本。彼都人士所感慕兴起，无如晦庵先生，则白鹿洞遗墟在焉。于是登眺徘徊，主张兴复。聘师儒立洞规，捐资购田，诸凡修废阐幽，罔非名教节义之大者。一时人士，翕然丕变，真材项领辈出。既老而家食，则表率里闾，捐地拓学宫，暨今两地瞽宗，并血食不辍。然则先生之学，其修之身，用之世，岂空言以辍华者，可同日语哉！今百十年所矣，七世孙一轩以明经登省魁，为令尹；归而绍修世业。乃以故从父太学朝质君裒存遗业，嘱余校之，且痛遭回禄，幸存十一于千百。余曰："毋以为也。文以载道，道在则文足征矣。"今之士习，喷英摘华者，往往无当于理道。不知由古以来作者，惟圣则经，惟贤则史；不圣不贤，则为鄙为野。先生之作，虽不可多见，然其文以理胜，不以辞胜；诗则以情胜，不以调胜。皆力务圣贤之学，而其罔盭于道可知矣。君以家世不能尽存公物为惜；余则以史乘不能概公之大为惜。若可信可传，正不在篇章繁富已也。其诸外编赠挽杂梓，抑亦为文献足征云。邑人周光镐撰。（《潮州耆旧集》一，又见《明农山堂汇草》四）

冯奉初《潮州耆旧集·李宫詹集题辞》（《潮州耆旧集》一）（不录）

毛德琦《白鹿洞书院志》四：李龄，潮阳人，由詹事府丞，成化己酉，为江西提学佥事。其教人先德行而后文学。考课南康，首训白鹿洞学。择取远近端敏之士，肄业其中，以讲圣贤之学。士知向风，公之功多。

《千顷堂书目》十九别集类：宣德四年己酉，李龄《宫詹遗稿》六卷，字景熙。（《通志》、《县志》并作字景龄，非。）潮阳人，詹事府丞。

锷按：李景熙宫詹，道光《广东通志》，嘉庆《潮阳县志·名臣传》，《江西通志·宦绩录》并有传。嘉庆《潮阳县志·艺文》下，载宫詹《秋风三叠辞》三篇，《题山都督庙》、《登滕王阁》、《游治平寺》七言律诗各一首。格律高雅，饶有唐音。周光镐序谓“宫詹诗以情胜，不以调胜者”，览此殊不尽然。

宗颐按：《千顷堂书目》载《宫詹集》六卷，今未之见。冯氏《耆旧集》选其文凡九篇。冯集卷首例言称“所选各家，皆有专集。”然则《宫詹集》道光时尚有传帙也。今则九篇以外，他文可见者，以余所知，仅有《重修潮阳县儒学记》一篇，见嘉庆《潮阳县志·艺文》；而九篇中之《增塑南雷二将军记》，乾隆《潮州府志》四十一载之“记”作“碑”，与集本原文不同，颇多改窜删节；嘉庆《潮阳县志》乃两篇并为收录，非也。

萧氏与成《铁峰集》　　《潮州耆旧集》三。

阙　《潮州耆旧集》选本。

冯奉初《潮州耆旧集·萧太史铁峰集题辞》（《潮州耆旧集》二）（不录）

焦竑《翰林院修撰承务郎铁峰先生墓表》：先生萧姓，讳与成，字宗乐（《万姓统谱》二十九作字宗东），铁峰其别号也。少警敏，十许岁，读书迎解，下笔有奇语。每一义出，学者争传之。正德癸酉，举广东乡试第一人。丁丑举进士，才弱冠耳，执政者才之，选读中秘书，已授翰林院检讨。卒年六十有五。（《澹园集》二十七）

《献征录》：先生筑精舍于城西，题曰：“半闲园”。与客论文赋诗，尝曰：“华衣厚味，身之灾也；骄纵淫佚，德之蠹也。”家居凡三十余年。

锷按：铁峰萧太史与成，道光《广东通志》、乾隆《潮州府志》，嘉庆《潮阳县志·耆德传》并有传。《铁峰集》，明以来目录家不著录；焦竑《墓表》亦不载。其文传于世者，仅《潮州耆旧集》载杂文二十二篇。虽寥寥无几，然义法深醇，在明中叶潮人文字中固能翘然出众者。至其诗今只存《登高丘望远海》七言长短句一首，纵横排荡，得力于东坡浪语者，尤深也。（诗云：“蓬莱之山东海水，滔滔东奔吾不知其几千万里；长江大河一线来，安问洞庭与彭蠡。嘘噏百川天轮浮，鼍为城郭蜃为楼；东溟老龙几千岁，垂髯化作珊瑚钓。惊涛拍天无畔岸，雷奔鬼逝神灵眩；霮昱绝电妖雾呈，珠宫贝阙谁能辨。安期羡门安在哉？感今思昔但悲哀！瑶池已骋八骏去，铁锤空驱万石来。吁嗟往事皆已矣！安得海波不扬尘不起，岛彝才贡越裳来，免劳神武行边鄙。")

宗颐按：萧与成文为《耆旧集》所不载者，别有《庆赵母六十寿序》（见顺治《潮州府志》十二）、《萧氏族谱序》（见《萧氏族谱》）二篇。

萧氏端蒙《同野集》六卷　　《千顷堂书目》二十三。

阙　《潮州耆旧集》选本。

李贵《序》：窃闻诸鲁叔孙云："立言者，谓之不朽。"夫金之刚也，或烁之；石之坚也，或裂之。金石且毁，而言犹立，至哉言乎。夫言之立也，非华也，非辩也，又非苑积而多者也；其旨远，其辞文，其前民用也，如布帛菽粟，不可一日废，如是者立。综核于事，体要于词，蔚然其光可烛也；以行诸远，如规矩彀率设，而艺者，射者，必取衷焉，如是者立。非是二者，而枝叶其言，速朽之道也。若汉之扬雄，亦庶几乎立言者矣。潜其思，闳其度。凡作必儗诸圣，非圣无作也；虽有，仅仅焉。谨毛失貌之讥，若为规矩，必取诸倕焉；为彀率，必取诸羿焉。是故艺者射者，无能他适也。当时弟子侯芭，一受其言，遂信其必传。人或疑之，历数世则有称为胜老过《周易》者。迄今诵之，虽谓不朽亦可也。今之业文者，知言立为不朽，乃驰骋于棘刺，而匿其端；婴志于丹垩，而忘其质；帙累汗牛，而无当于道，比比皆是矣。没世之后，子弟门生，又多编勒诸梓，以为不朽盛事；而知言君子方厌其猥且繁也，曾不一瞬焉。尝历按其籍，皆枝叶其言也；所可取衷者，盖鲜矣。潮阳同野先生，早有声于艺苑，在台中政绩炳炳，乃复养疴种学，务得其本者，操之，非徒沃于枝叶者也。其发为文章，惟古是程，不苟徇时好；多泛思，以力追左史之踪。其规矩彀率，不爽其旧，窃比诸雄非欤？信乎，天下爱习其言，将与元并传也。今既没，二弟春元左山自麓汇其遗文若干卷以授贵。与给谏孙君叙之。二子皆先生门下士也。受先生之辞有年矣。愧非若芭能探元奥，而信其必传，不敢让焉。先生位不称德，年不符仁，所恃以不朽者，良在兹欤！先生尊人，铁翁太史以文为海内宗，盖知言君子也。持以献之，不识以为然否？门生丰城李贵谨撰。（《潮州耆旧集》十四）

何镗《同野文集序》：孔子曰："有德者，必有言。"乃余历观往昔文人之言；盖谓文词不系世计，如"画饼"、"说梅"无效饥渴；其下者，蛙蝉鸣噪等尔。今观同野萧先生集，有味哉其言之也。所谓系世计，不徒作者非耶？往余稍迁，进贤令先生代天子巡狩，按部筠阳。檄余往核计，朝夕侍见先生，晬然渊默，窃叹伏以为有道气象吉人也。及夫奉教承令，条理灿然，肃给无爽，益知不大声色，故质有其内耳。尝以修辞相订示，咸沨沨乎大雅之遗，各有准的；而条议疏答，综核情故，备得肯綮，词洁而理明，使人灼见事实，无不可见之施行。今观议建总督重臣，增解额，及申谕抚臣讨贼等疏，开浚胶河诸策：皆数世之计，为国家豫未然之防；诚然哉，非徒作者。然先生浑朴内朗，未尝以文词为名高。其监察两藩省率为地方垂久远爱利，则又所谓有德人也。其有言之美而传也，不徒以其辞而已，岂不伟哉！余守郡之明年，先生之昆季端贲、端升两君来谒，求观先生之文，得兹集若干卷，乃石洲林公所选定者。余益以疏议若干篇，绣梓以授厥裔贻初家藏之。令后之观先生之文者，知先生非有意于为文，而惓惓世计，要为不负所职云。先生名端蒙，其节行大都具在本传。(嘉庆《潮阳县志》十八)

林大春《萧御史端蒙传》：萧御史端蒙者，字曰启，岭南潮人也。少事父，治老苏之学。沉静有器，好读书。举嘉靖辛丑进士。蒙为吉士，思继父业，下帷发愤。与大梁高拱，晋人裴宇同舍，恒相让。尝著论二十几篇，几十万言，少师夏言见而奇之。(《井丹集》十四)

《千顷堂书目》二十三：嘉靖辛丑科，萧端蒙《同野集》五卷；字曰启，潮州人，监察御史。

锷按：萧御史端蒙，翰林院修撰与成冢子。道光《广东通志》，乾隆《潮州府志》，嘉庆《潮阳县志·名臣传》并有传。《同野集》乃御史殁后弟端贲、端升裒其遗文，俾林石洲选定，而丰城李贵为之序。其后郡守何镗（镗字振卿，处州卫人，嘉靖进士。其为潮州知府，《府志·职官表》缺载）益以疏议若干篇，复为序，始锓诸梓，盖即千顷堂著录之五卷本也。据李、何序，知此集所收，纯系杂文，未及诗篇。盖御史以能文名家，区区雕虫，实非所措意，故今存诗不多；然清词隽语，犹可见其梗概；如《旅馆》、《秋日怀旧》两律句（见光绪《潮阳县志·艺文》下），《明妃曲宫词绝句》四首。（其一云："良家初入未承恩，漫著罗襦锦凤纹，独自深宫倍萧瑟，不知何处望春云?"）风格不次铁峰，固能绳其家学者。

宗颐按：此书道光《广东通志·艺文略》八，著录无卷数。《潮州耆旧集》录其文一卷，仅奏议七篇，而杂文竟一字不录。原书世极罕见，黄仲琴先生曾为余言其友萧君德宣，藏有曾刚甫手写《同野集》。予方拟向萧君借观，而萧君已他去，竟不获一睹，可憾也。因识数语于此，俾异日之校刊是书者，知所搜访焉。

林氏大春《井丹诗文集》二十卷　　乾隆《潮州府志》二十八《名臣传》。

存　明椠本（天津图书馆藏）；《潮州耆旧集》选本；民国二十四年潮阳郭氏双百鹿斋校刊本。

周笃棐《序》：文章经国大业，不朽盛事，然其所由来难矣！何以故？诗与文兼之难；兼之而神解者，尤难乎其难也。惟先生也，复灵以生，其才天笃。昭旷之见，洞彻乎坟索，贯穿乎子史百家，其知有所至矣。是惟无作其有作也，自古出者，化而不桎；自己创者，达而不谰。今独不观之方素乎？一部之书，其言累数百万；探之有本，如悬河泻泉，注而不竭也；布置条列，如公输之规制，苏、张之从衡也；端严庄雅，如冠裳佩玉，立乎宗庙朝庭也；变幻不群，如太空之云，舒雾卷也。绰约乎其处女也，回复乎其旋濑也，珍丽乎其玦璜也，古质乎其彝钟也，快顺乎其出峡之舟也，感慨激烈，如击筑易水上也；精而逸，如庖丁之游刃也。其啜之隽，永其太羹元酒之谓也；其悦之不厌，其布泉菽粟之谓也。其听之如八音，以言其谐备也；其神之所诣之不可以色相窥之也。其吹万也不同，犹之风也：文其在兹乎！然先生匪特文已也，官自大行以至学宪，高自抗节，未尝毁方为员。少投时好，其所扬历，树立伟然。督学两浙，衡平鉴空之名尤著。家居仅立四壁，宴如也。不问生产，而喜赴人之急。贫贱之交，何曾以贵倨疏乎；而又惓惓推奖后进，故其相与诵义于无穷也，有以夫！先生之文章既如彼，其行业又如此！语谓“文人鲜能立名节”，又谓“文人无适于用”，是耻也，幸先生出而一洒之。使天假之年，用荐者言而起，则以正学佐人主，以撰述被金石，必大有可观。如平津者，且羞道之矣。棐智不足以知先生，污不至阿其所好也。或者以先生之位不掩文，庸憾焉者。嗟乎！此其杓之人哉？先生文足以传矣！而克鸣君以诸生高等，廪于庠，善立名义，非徒读父书已也；先生又有子矣。如此，则其名必极荣，施无竟人世，禄位石火耳，奚足为先生重！万历辛卯岁夏六月，门人周笃棐撰。（《潮州耆旧集》二十）（宗颐按：此篇据冯奉初删节者移录，非完文也。）

冯奉初《潮州耆旧集·林提学井丹集题辞》（《潮州耆旧集》二十）（不

录）

郭泰棣《跋》：井丹先生大春，前明嘉靖庚戌进士，官终浙江提学佥事，居京曹日，严嵩、张居正柄国，欲罗致之，先生不为屈，以是名甚重，而官不甚显。所著《井丹集》，见于黄虞稷《千顷堂书目》，数百年来，传世已微。乡之学人慕先生风节者，欲一读而不可得，私窃憾之。武进董授经司农从吴兴刘氏嘉业堂假得万历刊本，俾余传刻，幸偿夙昔之愿焉。书凡十八卷，分订子丑寅卯辰巳午未申酉戌亥十二帙。帙各有目，前有《自叙述》一篇，题曰首卷，而不列卷次，十八卷后附目录作崇祀呈墓志铭两行以下，似经剜削，书中崇祀呈已佚，卷十五缺《与李见罗书》三首之一，苦无别本校补。汕头林君奋生为先生远孙，偶驰书往叩之，果得旧印祖本，出于一刻，而板印略前，刘氏所缺一一咸在，附录目未剜削尚有行状遗事各一首，并崇祀原呈文目俱存，盖完书也。因从补录，以寿诸梓。按是集为先生之子克鸣所编，先生自叙出处升泛之迹，频涉恩怨。刘本附录文目之删削，疑后来有所避忌而然，原编首卷附录俱不列目次，分卷有短至四叶者，赋次十八卷末诠次颇多失当，因仿唐宋别集旧体，移小赋于卷一之首，自叙述附录各自为卷，其他多寡损益前后之差，咸有移易删并，分目为总目，衍为二十卷，视前差为完善有序云。中华民国二十有四年乙亥冬月，潮阳郭泰棣识于双百鹿斋。（重刻《井丹集》末）

《千顷堂书目》二十三：林大春《井丹集》十五卷，字邦阳，潮阳人。浙江提学佥事。

〔补〕乾隆《潮州府志》二十八《名臣传》：大春少嗜史、汉，工古文辞，迨官主事部例疏奏以郎官四人主稿，凡大春所拟稿皆当上意。晚年家居，杜门著书，不事干谒，所著《井丹诗文集》十八卷行于世。

〔补〕吴颖曰：文尊两汉之法者，推林井丹。（顺治《潮州府志·古今文章·序》）

宗颐按：大春集诗文并收。《阮通志》、乾隆《潮州府志》，嘉庆《潮阳县志》本传并作十八卷，与刘氏嘉业堂所藏者合。《千顷堂书目》二十三，《明史·艺文志》四，《阮通志·艺文略》八著录，并作十五卷闻天津图书馆藏有明椠本十五卷，是《井丹集》旧刻有十八卷，十五卷二种；今合郭刻二十卷，得三种矣。十五卷者，予未见，今以十八卷著录。旧时冯奉初《耆旧集》所选石洲文，凡奏疏碑传书札共七十二篇，厘为四卷，所选文今郭刻本皆有之。予于光绪《潮阳县志》二十，得石洲《昌黎与大颠三书辨》，又于《图溪玉泉孝廉赠录》三得其《赠玉泉周君孝友序》二篇，皆郭刻所不载，爰录其目，以备补刊云。

萧氏元溥《知濠园诗文集》　　乾隆《潮州府志》二十九《文苑传》。
未见

詹氏一惠《一惠诗文稿》二卷　　雍正《惠来县志》十四《宦迹传》。
未见

宗颐按：一惠文，今可见者，仅有《陈雪坡先生遗稿序》、《增建城隍庙记》二篇，载《惠来县志·艺文》上，诗无传。

姚氏冠《诗集》　　嘉庆《平远县志》三。
未见

〔补〕崔氏士风《山林闲集》　　康熙《饶平县志》九人物。
佚　康熙《饶平县志》九人物。

〔补〕《二十四孝诗》　　康熙《饶平县志》九人物。
佚　康熙《饶平县志》九人物。
〔补〕康熙《饶平县志》九人物：士风，字邦定，云峰其别号也。家贫力学不嗜华利，与人无毫发之竞。喜吟诗，有诗云："老来短褐堪寒雪，惟愿春风早世间。"又云："雪峰以外慵翘首，一味山芹老主人。"乐天忧世之志，往往如此。尝结南洋诸老为社。著《山林闲集》、《二十四孝诗》，藏于家，倭乱，散失无存。

王氏昂《抑之诗文集》　　乾隆《揭阳县志》六《贤达传》。
未见

宗颐按：据府县志，昂有诗文数卷，今已散佚。志称其为太仆寺丞时，曾察马政利病，条成一疏，四千余言，今此疏亦不可见，惟《相石亭记》及《罗一峰集序》二篇，载在县志《艺文》上。诗词则一字无存；仅杨慎《词品拾遗》记其榜下择婿时作《催妆》词云："喜气满门阑，光动绮罗香陌；行到紫薇花下，悟身非凡客。不须紫粉夸太真，嫌怕大红白。留取黛眉浅处，共画章台春色。"（《杨升庵外集》八十六）

林氏希荫《逍遥歌》　　乾隆《揭阳县志》六《孝义传》。

未见

《二十四孝》七言诗　　乾隆《揭阳县志》六《孝义传》。

未见

乾隆《揭阳县志》六《孝义传》：希荫字宜氏，性宽仁，自幼能属文。博通五经，尤精春秋。父客死，贷钱扶柩归葬。奉母甚谨。母殁，庐墓三年。与海阳林厚友善，俱以孝闻。永乐朝，举孝廉。天顺间，海寇行劫，村庐尽焚，过其门相戒曰："此林先生之家也，慎勿犯。"晚号乐贫翁，著有《逍遥歌》，及《二十四孝》七言诗，梓行于世。

罗氏洪《归田诗百咏》　　乾隆《揭阳县志》六《懿行传》。

未见

乾隆《揭阳县志》六《懿行传》：罗洪，蓝田人，正德初补诸生，以学行见称。提学陈钦按临岁试，欲剡荐之。越三日，陈卒，不果。洪吟咏徜徉山水间，有和人《归田诗百咏》。邑令陶桢，教谕黎文会，主簿季本，见皆推重之，举乡饮宾。

薛氏宗铠《光裕集》一卷　　光绪《揭阳县续志》四《艺文》。

阙　《薛中离全书》附本。

海瑞《序》：嘉靖乙未岁，汪鋐掌吏部事，黜陟选授，中外病之。时有"忤天子不可忤权臣"之说，故魏曾二疏，外不多见，吾乡东泓薛先生，独挺身论彼罔上徇私所以之故。值先皇震怒，下诏廷杖，赋诗赍志以殁。隆庆二年冬，其子洪应录荫归自国学。集前后疏奏，并行状墓志诸祭奠文，上及先今封诰，取光前裕后之义，名曰《光裕录》；执之揖予而言曰："愿借一言，用稽先行，且得时时讽诵。且在吾先人不忘也。"昔伯夷谏武王伐纣非道，耻食周粟，孟子特以清圣许焉。夫古之仁圣贤人，德当时，润后代，亦云众矣。

顽夫廉懦夫有立志，独伯夷氏为风，何故？盖伯夷特立独行，君臣之义有大焉。圣人万世之标准也，吾不知也，其心事与日月为辉，其气节与风雷为运；及时而见，与不及时而闻，盖未有不倜然愤悱不已：渣滓消融，义气完聚，浩浩然于天地之间者。譬之奄奄垂毙之夫，一旦遇卢扁挟参苓上品之剂啖之，内外完好，元气如故，□□□□前日之夫呼之矣。伯夷，卢扁也。伯夷气节，参苓之剂。持揭纲常，奠安宇宙，天下后世赖之而为生，天下不可一日少也。贾山谓人主之盛，非特雷霆；势重，非特万钧。东泓一疏，上忤天子，下触权臣，亦既兼而有之。心事气节是为何如？孟子所谓以直养而无害，则塞乎天地之间，非东泓其人哉！夫人生而有是浩浩之气，天地赋予，途人之于伯夷一也。东泓既以先天下而作之标矣。伯夷在我，天下有不以我同然之气，应东泓先得之气者乎？伯夷，百世之师，东泓，伯夷之徒也。矧其子念念不忘孝思，惟笃礼义。称致爱则存，致悫则著者在是矣。东泓气节足以生天下正直之气；乃子孝思，足以敦人子爱慕之思。曰小补之哉。用是因薛生请序，遂不辞而为之。若夫东泓县政，平生乡行，则陈益拗湛甘泉状志及诸祭文备见，兹不复及云。时南京通政使司右通政，琼山刚峰海瑞撰。（《凤陇薛氏族谱》案：此文《海忠介集》不收。）

光绪《揭阳县续志》四：《光裕集》一卷，明户科给事中薛宗铠之子洪辑，其父奏疏及行状祭文墓志成编，海忠介公为序。

锷按：薛给谏宗铠有《东泓疏草》已著录。此书乃给谏子洪所辑，今仅存奏疏三篇，及湛甘泉所撰《东泓先生墓志铭》，及中离《薛东泓传》二篇。其行状及祭文已不可见。《薛氏族谱》亦不载，想原本佚已久矣。

宗颐按：薛宗铠《光裕集》，据海瑞序文实作《光裕录》。宗铠诗文除奏疏外，有《廷杖誓死诗》，见《上东泓疏草》条。

薛氏洪《梁南诗集》　　《城南书庄草》九。

未见

林熙春《武定贰守梁南薛公传》：洪字梁南，海阳人，给舍宗铠之子。甫四岁，铠死于谏；母丁氏痛哭偕亡；慈母林氏携洪扶榇南归。八岁能属文，督学吴鹏器之，补郡庠。穆宗登极，诏恤忠臣后；偕杨忠愍子应尾赴召，选武定同知。先时翁襄敏指腹乘龙，付苍千租。翁女殇，遂归其券。乡居十八载，淡薄明志，屏迹公门，著有诗集成帙。郭青螺刺潮，高其行，辑卷以赠。观察王如水扁其堂曰“清节”。（《城南书庄草》七）

李氏质《泉矶闲吟》　　乾隆《普宁县志》七《乡贤传》。

未见

乾隆《普宁县志》七《乡贤传》：质字我冲，富美人。髫龄为诸生，学使者五试皆冠军，以选贡授庆元知县，有惠政，改组归里，惟敦族训子，日垂钓水滨以自适。有《泉矶闲吟》，方伯黄琮为之序。

宗颐按：《普宁志》称黄琮为《泉矶闲吟》作序；序今无传。其诗今存《平山寇》五言古诗一首，《飓风》及《游洪山寺》七言律诗各一首，见《普宁县志》十《艺文》。

林氏铭球《谷云草》　　乾隆《潮州府志》二十八《名臣传》。

未见

《浮湘草》　　乾隆《潮州府志》二十八《名臣传》。

未见

《怡云堂集》　　道光《广东通志·艺文略》八。

未见

《铁岸集》　　《古瀛诗苑·前集》一。

未见

乾隆《普宁县志》七：铭球所著有《谷云草》，《浮湘草》，《怡云堂集》十余卷，藏于家。

宗颐按：铭球所著《谷云》、《浮湘》等集无传；《古瀛诗苑》选其诗，仅《拟古》五律一首，《登君山》七律一首，《江阴道中》及《乌衣巷》七绝二首。然余考府县志《艺文》，铭球尚有《游南岩》五律三首，《同宋喜公游华岩寺》七律一首，又《铁崖》七律一首，并遒健可诵，胜于《诗苑》诸作；不知双山何以取彼而遗此也！

〔补〕陈氏衍《心师轩诗》　　《丘文庄公集》三。

未见

〔补〕丘濬《序》：潮郡陈衍于宽，一日过予，持一帙甚巨，揖予谓“此衍所居心师轩卷也，相知者往往为诗咏之，而翰林修撰安成刘公既为某记之矣，未有序其首者，幸惠之以一言。”予诘之曰：“子之有心，自师可也，何赖乎人之言。既以求记，又欲求序乎？且心之在人，在内而不在外者也，为主而不为客者也，命物而不命于物者也。今谓心为师，则是所以为师者欲也，抑不知所以师师者何物与？若曰：‘以心师心，是有两心矣。’予不晓其所谓，又乌能为之言，愿更求诸他。”于宽持卷去。时日将夕，归而坐诸轩间，四窗洞开无人，万籁寂然无声矣。敛容端视，至于夜半，俗氛消尽，万虑阒泯；而清明之气，澄澈光朗，但觉灵台之中，凛凛乎若严师在焉。德容尊严，冠服整肃，可敬可畏；謦欬不闻，言动中节，可观可法。琴瑟在前不敢逾越，夏楚在侧不敢违犯。顿然一悟，然后知于宽所以名轩之意，有所自也。张子曰：“正心之始，当以己心为严师，其以是与！”明日于宽复来，因书所得者。为序畀之，俾书诸卷端。噫！于宽所得者，其亦与予同否乎？（《丘文庄公集》）

宗颐按：陈衍事迹，潮州府县志无考。据丘濬《序》，知其字于宽，潮州人。

陈氏廷策《旸山集》　　道光《广东通志·艺文略》八，光绪《海阳县志·艺文略》。

未见

陈衍虞《赠承德郎先府君行状》：府君至性介行，所言必依忠孝。少从伯兄北廷公执经问业，读书一目十行，好渔猎经史两汉四唐之业；年十八，补弟子员；晚年好浮屠家言，创书室于南岩，闭门静修，淡如也。（《蔚园文稿》）

《古瀛诗苑·前集》一：陈廷策字颖夫，一字觐墀，海阳人；崇祯拔贡，举山林隐逸，不就。著有《旸山诗文集》。

宗颐按：《旸山集》，乾隆《潮州府志·隐逸传》作《旸山诗文集》，与《诗苑》同。

《世馨堂诗集》六卷　　曾化龙《序》。

阙　不全本（天啸楼藏）。

曾化龙《序》：天不择地而生才；而地之僻远者，挺生特异。岭南诸郡人物，故不亚中邦；而潮州尤僻处海徼，其山川钟灵，如王元龟、薛中离，则以政迹忠节著；翁襄敏、林井丹，则以功烈文章显。独梅州之程旼，能以德行，坐镇风俗，人比之太丘彦方，至以其姓名县要之，大丈夫欲有所表见，非立功则立言，而砥德为尤重。余来校士东粤，行部至潮。潮中人文之盛，甲于十州。科试得陈君园公卷，诧为奇才，置第一。又得澄庠谢君儒美，亦取冠军，余有一时双璧之目。时园公尊人觐墀征君阅其试卷，湛深醇茂，根极理要，望而知为邃养之儒。又闻其操履端方，足为一郡矜式。适逢恩诏，亟拔而出之，以应明经选。奈七踏棘门，俱报罢。明年，余延园公及儒美同赴会城，馆于署中之药洲，即南汉离宫也。云林蓊蔚，清沼临轩。二君下榻于此，相与论文赋诗，无虚日，致足乐也。桂秋之杪，觐墀讣音至，园公旋归读礼，途中作《七哀诗》，见者流涕。越岁，又聘园公为诸子师。未几，以父祥琴将鼓辞去。嗣儒美魁粤榜，园公亦相继举于乡。余奉命巡抚东莱，园公邮致其赠君《世馨堂诗集》六卷，乞弁一言，以付剞劂。余向在潮时，觐墀方诞辟南岩，为一郡之胜。日集其乡绅士，及四方名流，阐明心性之学。余曾为作记，勒之贞珉。诏举山林隐逸，台察钱公守廉以觐墀应有“褆躬不愧古人，博物今之君子”等语，屡征不起。或为劝驾，辄笑曰：“海上鸥何必逊班中鹭。我观乾象，十余年后，大夏将倾；今端已见西方，岂吾辈弹冠时耶!”余以是益重之；因额其庐曰：“笃行君子”。然余但知其文行卓绝，而未见其诗；今一披诵，觉风韵殊胜，清芬袭人，雅与其人相肖，为叹赏久之。征君既娴道德，复擅文辞，以视程江风范，不几突过之耶！崇祯癸未温陵化龙霖寰拜题。(《世馨堂诗集》)

〔补〕饶宗颐《世馨堂诗集残本跋》：陈征君廷策所著书，道光《广东通志》，光绪《海阳县志·艺文略》，并作《旸山集》，或称《旸山诗文集》（见《古瀛诗苑》）。陈衍虞《先府君行述》，于征君著述，则未标集名。《旸山集》世罕觏之。余家藏别有《世馨堂诗集》，题韩江陈廷策觐墀著。首有曾化龙序一篇，据序称集共六卷。余所藏者仅十四页，凡古今体诗八十七篇，非完本也。征君诗，寝馈盛唐，清绮圆润，于五言近体尤工。《古瀛诗苑》选其《湖山题壁》一律，与《潮州府志》选其《偕黄䌹庵诸公游凤凰山》五言古诗一首，均谓为采自《旸山集》者；今检《世馨堂集》均有之。又集中有《题侄伯亮旸山小筑》长句，疑《旸山集》或非征君集名。且旸山陈氏移居郡城，至征君已历二世。（见《衔虞先府君行状》）征君所为诗文似又不应仍以旸山名集也。然自来著录其书，皆称《旸山集》，实未审其故。

谢氏五娘《读月居诗集》一卷　　光绪《海阳县志·艺文略》。

佚

〔补〕《千顷堂书目》二十八，谢五娘《读月居诗》：万历中潮州女子。（宗颐按：今本《书目》潮州误作湖州，今改正。）

钱谦益《列朝诗集·闰集》四：谢五娘万历中潮州女子，有《读月居诗》一卷；卷中有《寄外赴试诗》；而怀人寄友之诗，不一而足。尝被逮系，不知所坐何事？又有诗辞父受二聘云："卓荦黎生先有聘，风流种子后相亲。桃花已入刘郎手，不许渔人再问津。"则其风怀放诞，固可知也。

《韩江闻见录》七：谢五娘者，韩江才女也，为前朝万历时人，有《读月居诗》一卷。《小园即事》云："翠竹青梧（《列朝诗集》作苍梧）手自栽，芙蓉未秀菊先开；小轩睡起日将干，黄叶满庭山雨来。"三四用拗调，越峭越逸，以山字拗日字妙；抑山字且拗满字，更微妙。《春莫》云："杜鹃啼血诉春归，惊落残花满地飞；惟有帘前双燕子，惜花衔起带香泥。"泥在八齐，支微齐佳灰五部相通也；非深于音律，不能用此拗法，解此通法，盖泥叶读雷也。杜鹃啼血，惊花落地；燕子惜花，又衔香泥。以花鸟组织春情，极其深挚。视即事诗之以自然致其逸，斗峭发其隽，又别开法门也。

锷按：谢五娘不知何名，光绪《海阳县志》有传云："海阳人。"其《读月居诗》一卷，今已亡佚。钱牧斋《列朝诗集》，选其诗九首入闰集中。陈双山《古瀛诗苑》三亦采五娘诗九首。除与钱选重复三首，合之共存诗十五篇。（乾隆《潮州府志·艺文门》载五娘诗十一首，即从《列朝诗集》、《古瀛诗苑》两书中采录，而遗钱选之《柳枝词》、《初夏》、《春夜》等四首。《粤东诗粹》、《粤东诗海》、《岭海诗钞》均有选载，而皆不合。）县志虽为五娘立传，然羌无事实，仅就《诗苑》所选诸诗缀录成篇。其云"五娘诗尝经牧斋选录"者，亦沿袭《双山诗苑》语，实则

《列朝诗集》，当时修志诸公未之见也。

陈氏国英《青松居集》　　乾隆《潮州府志》二十九《义行传》。

未见

宗颐按：雍正《惠来县志》十四作《青松集》，无“居”字。

《问禅篇》　　乾隆《潮州府志》二十九《义行传》。

未见

《秋声集》　　乾隆《潮州府志》二十九《义行传》。

未见

乾隆《潮州府志》二十九《义行传》：陈国英，字六辅，惠来人。崇祯甲申岁贡，负气节，其师吴达彝被仇诬盗，力为昭雪，获免。遭乱隐居，以吟咏自适。著《青松居草》、《问禅篇》、《秋声》三集。

宗颐按：陈国英《青松》、《问禅》等集，顺治间，国英子龙光尝裒集刊行（见《惠来县志》十四《龙光本传》），同邑方子孝为之序（见《惠来县志·国英本传》），然今未见传本。《惠来县志》十八艺文下，采国英赋二篇（《石行赋》、《箭鸟赋》），诗七篇（《曹溪参六祖》五言三十四韵一首，《感遇》五古七韵一首，《山中漫兴》五律一首，《赠别吕明府》五律二首，《罗浮歌》七绝二首），其他杂文，无可考矣。

萧氏贻朔《三晋山居草》　　嘉庆《潮阳县志》十六《循吏传》。

未见

锷按：次倩萧大令贻朔，修撰与成孙。道光《广东通志》，乾隆《潮州府志》，嘉庆《潮阳县志·循吏传》并有传。

吴氏从周《海镜堂集》　　嘉庆《潮阳县志》十六。

未见

宗颐按：陵海《吴氏族谱·从周传》谓“明季寇乱，从周奉母避地于海门，得先贤张鲁庵旧隐处，辟海镜堂以居焉。”所著《海镜堂集》，即以此为集名，今已无传。其诗仅存《望仙桥》诗一首，见《潮阳县志》二十艺文下。诗云：“闻道罗浮有铁桥，游人一度俗尘销。天津仙老今何在？玉杵琼如事已遥；黄鹤白云寻旧侣，落花流水忆前朝。银河会接桥中水，愿借浮槎泛九宵。”

又按：南海释通岸有《题吴隐君莹心泉》诗云：“一脉灵渊秘，千秋镇若斯。光涵明月夜，清与白云期；远洽藏春坞，平分浴鹤池。逌然心赏处，尘世未曾知。”考莹心泉在潮阳东山。从周尝居其地也。

〔补〕吴氏悦《吴州牧文存》一卷

存　未梓。

〔补〕陵海《吴氏族谱》：吴悦字朝怿，号丽明；家世业农，独公有远志，好读书。万历癸卯举于乡，摄巴州知州；擢新化州牧，未赴卒。识度汪洋，不矜能，不伐德，上信下孚。巡院王公为作书，贻滇藩伯，有“全蜀循吏第一”云。

宗颐按：吴悦雍正《潮阳县志》有传。

〔补〕林氏崧《峑饴社课》　　乾隆《潮州府志》三十《耆德传》。

未见

〔补〕《北征草》　　乾隆《潮州府志》三十《耆德传》。

未见

〔补〕《莲鹤山居偶集》　　乾隆《潮州府志》三十《耆德传》。

未见

〔补〕嘉庆《潮阳县志》十六《耆德传》：林崧字莲峰，原名干曙；年十八始读书，家贫笃学，领崇祯庚午乡荐第九名。潜心于经史，老而益力。所著有《峑饴社课》、《北征草》、《莲鹤山居偶集》五卷，藏于家。

陈氏一松《玉简山堂集》十卷　　光绪《海阳县志·艺文略》。

存　光绪丙申陈氏创垂堂刊本。

一松《自序》：玉简山人曰：世谓立言为不朽之业，乃諰諰焉竞成一家言，以蕲有声于代。文集之盛，溢于域中矣。夫六经无文法，三代无文人。古先贤圣吐辞为经，足以垂世立教，初何尝雕龙斧藻，而遂曰不朽在是耶？壮夫不为，汉儒盖尝叹之矣。不佞尘忝，学道无成；又鲜奇抱，谢足述作之途。诸所应酬，靡当于心，而乃欲遗灾于木，不亦谬乎！但惟五十无闻，蹉跎且老。去岁病起，检所存稿，逸去过半，顾手泽之谓何？平生泛应，虽无惊世可喜之论；然素性愚戆，亦不能作媚语以取泽于时。为我子孙，倘有贤者，览而绎之，亦足以知我意之所存。于是刻而藏之于山堂，以示我后之人，非敢以闻之大方。万历九年冬阳至日，乔东陈一松书于栖云轩。（《玉简山堂集》首）

陈声爵《跋》：右《玉简山堂集》十卷，族叔祖司空公撰也。公举明嘉靖丁未进士，选庶常，观政驾部，出为湖广佥事。历官苍梧福建陕西江右，暨应天府尹。所至皆有声。入为大理寺卿，工部左侍郎，并能举其职。观集中所载有《寿戚南塘总兵序》，《贺大司马督府自湖吴公平倭凯旋亭》。戚南塘者，戚继光也。吴公者，新建吴桂芳也。其生平雅尚，已可想见矣。是以发为文章，多综核名实，有关于世道人心风俗之言。其尤可传者，如《上军门地方揭》，《复殷军门揭》，《又复殷军门揭》，《议慎任将领稿》，《议籴粟备赈稿》，皆洞悉边害，切实可行；委曲详明，无明季矫激之习。及官大理寺卿，不避权势，于庶狱多所平反，都为一卷，署曰《棘寺平反》，特冠叙于简端；意者是书先成，别行于世；殆纂刻全集，始编列于其中欤？家牒载公著有《文武师资》一卷，《三国机略》一卷，《尚书义》二卷。迭经兵燹，多已亡佚；惟《文武师资》仅存一序。然则是集之获得传于世者，亦幸矣！声爵屡欲寿诸梨枣，以公同好，适有海外之行，因遂辍业。丙申仲夏自南洋返棹，值同邑陈云秋刑部景仁，自都门假归，方倡刻《古瀛丛书》；乃命儿子元焯详为校勘，亟付手民，而云秋刑部意欲删其繁芜；声爵以为汉儒传经，恪守师承，虽字句篇章，亦无敢异同；子孙于其先业，理亦宜然。于是刑部辗然，不复置辨，故卷篇次第，悉仍其旧焉。光绪丙申秋八月，十一世侄孙声爵谨跋。（《玉简山堂集》首）

冯奉初《潮州耆旧集·陈侍郎玉简山堂集题辞》（《潮州耆旧集》十九）（不录）

〔补〕饶宗颐《跋》：《玉简山堂集》，据侍郎万历九年《自序》，乃其手自锓板。明以来，梓本久佚。此本凡十卷，为侍郎族孙元焯于光绪间校刊行世者。中第六卷载《棘寺平反》全文，陈声爵《跋》云："侍郎官大理寺卿，不避权势，于庶狱多所平反，都为一卷，署曰《棘寺平反》，特冠序于简端；意者是书先成，别行于世，迨纂刻全集，始编列于其中欤？"是声爵、元焯校刊所据之本，又非侍郎手定原编；则是集自侍郎自刊之后，复有重梓者矣。集中赠送贺序笺启，几占全书十之七八，虽自谓为酬应之作，而文笔简练，要亦自足名家。杂著中《示子觉书》，有"南潮文士，可敬而不可亲。一扬、子认，俱敏而好学，笃实之佳士，宜夙夜诵法"云云。此尤足征侍郎教子，先行后艺之旨，南潮即薛雍，旧府县志有传。一扬、子认，未审何人？遍检志乘，俱无考。

宗颐按：此书《阮通志·艺文略》八著录，误作《玉简堂集》，夺一"山"字。

林氏熙春《城南书庄草》十五卷

存　乾隆壬子家刻《林忠宣公全集》本。

姜逢元《序》：文未有不如其人者，人亦未有不如其文者。今夫海风发而排山倒峡，吞天吸地；蛟龙出没，变化其间，而不可测；非风为之，而海为之也。申、韩之文刻，其人故不平；欧、苏之文正，其人故不俭；宋濂、洛诸儒之文，深于理，其人故不落声利：岂文为之哉？宛转相似，亦曲符而恰肖焉。殆天之所为，得其神行乎其间者耶？仰晋先生同先大夫举南宫，余生也晚，仅从甲子南闱之役，一奉先生矩诲：蔼然和易，穆若春风；而其规度森严，词旨庄重，不啻峨眉插汉，嵩岳干霄，肃乎示人以不敢犯。子幸师事之亲，而恨父事之后。未几，先生厌世，得就长君邱读先生全集，不觉忾然叹曰："夫文与人何必巧相似乃尔？先生立朝正直，不屈不阿，士绅宗为坊表。孝友敦睦，树德于乡；乡人仪之为凤麟再出，欲尸而祝之。如水木之有本原，人伦之有冠冕。而其所抚小子，处重茧敝跣，不远千里，而思挽先生于箕尾之上，此岂诗若文能动之哉？然而有动焉者矣。文不事钩棘，而崇体要；诗不事纤丽，而抒性灵。总诗若文而论，一为神女玉妃，令人断不敢于罗绮珠贝中求；一为梅岭雪松际月，其傲人处，在骨在色，必有能辨之者。夫文以写照也，妍媸黑白，即未必得尽得其神，亦必不能以彼易此。藉令幽险怪僻，自矜人不易知，而其人固有不可知者矣。今天子痛惩积习，力正文体，始知六朝浮靡，亦有消歇之时；三代衣冠，定有重新之会。请以先生集悬之国门，则天下之真文出矣。崇祯乙亥春王正月，赐进士第资政大夫礼部尚书，兼翰林院学士，协理詹事府事，经筵日讲官，起居注实录副总裁，前礼部左侍郎、掌翰林院事教习庶吉士、国子监署事司业，年家子姜逢元顿首拜撰。（《林忠宣公全集》首）

吴颖《序》：潮州林忠宣公，以直声亮节有名。明万历时，其归老于乡也，简朴醇挚，为乡人坊表；乡人至今称之不能忘。其所为书，有《城南书庄草》、《掖垣出山疏草》、《赐还草》、《赐传草》、《赐闲草》凡数十卷，皆刊行于世。其孙曾之肄业庠序者十数人，皆闭户诵读，有乃祖风。岚瘴火燐中，抱其遗文不忍舍，仅而得存，呜呼难矣！颖有事于纂志之役，贡生有源与其弟应璧拜而请曰："潮城破后，副本无存，乞先生为推而考之，著于卷帙之前，俾先侍郎获有传也。"颖感其意焉。明万历在位四十八年，天下治安，不乐谏官之以言居名高也，一切苛核琐琐之论，概置不问。其时台省，亦多端亮和平，为天子养无事福之。或以言获戾，龃龉去位，旋即召还。尊显之公，由县令入居谏垣，所皆言其大者，具在国史。其去国也，以申救谏官某掌垣气懦不署名，公越次奋然为之夺，数级以出，一时直声震天下。其出山也，以见人主之好受尽言，而又思有以尽直臣之用。颖盖读何穉孝先生《序》，而为论其世。卒乃游历卿寺，晋司徒，乞归者再得请，人主之待老臣之有礼也如此！而公归里，杜门不复言夙昔获谴事，唯昕夕祷祝寿考而已。凡传所云："主圣臣直"何以复加。呜乎！亦云盛矣！至于发为诗歌，唯本乎忠孝；悱恻之意，未有异指。吾故稍为诠次，入郡志中，后世读公之遗集者，见公出处之际，不独以明志节，抑亦征明人主之盛德之无穷也。公讳熙春，赠尚书，谥忠宣；海阳人。其行谊详公志传，不具载。溧阳后学吴颖撰。（《林忠宣公全集》首）

林日华《跋》：先司徒《忠宣公集》共二十一卷，原版毁于兵燹。曾祖，康熙己酉乡贡士。蓝田令世榕公于潮阳宗家得其本，归重锓之，即今版是也；较原刻字略小，行略密，而目录未备。今补刻《书庄草》目录十五页，并总目二页。乾隆壬子秋，礽孙日华谨跋。（《林忠宣公全集》首）

冯奉初《潮州耆旧集·林尚书城南书庄集题辞》（《潮州耆旧集》二十九）（不录）

〔补〕饶宗颐《林忠宣公集跋》：右《林忠宣公集》，明司徒林熙春所著。其文集曰《城南书庄草》者十五卷：卷一，贺序十篇；卷二，赠送序十二篇；

卷三，贺赠序十二篇；卷四，贺序十一篇；卷五，贺序十篇；卷六，寿序十五篇；卷七，序跋十九篇；卷八，碑记十五篇；卷九，墓铭传状十三篇；卷十，祭文十四篇；卷十一，上梁门募疏十篇；卷十二，书启四十一篇；卷十三，书启四十二篇；卷十四，议呈十五篇；卷十五，论说杂文九篇。诗集曰《赐闲草》者二卷，共古今体诗三百四十四首；曰《赐还草》者一卷，共古今体诗一百零三首；曰《赐传草》者一卷，共古今体诗八十四首。疏草曰《掖垣疏草》者一卷，凡十三篇；曰《出山疏草》者一卷，凡二十六篇，综为二十一卷。林日华跋所谓先司徒《忠宣公集》共二十一卷者是也。此书有明刊本，有康熙重刊本，有乾隆壬子补梓本。明本毁于火；康熙本为蓝田令林世榕所刻，较原刻字略小，行略密，今世已罕见；乾隆本为林日华所刻，补入目录十五页，并总目二页，即予所见者也。《忠宣集》、《阮通志》及《海阳县志·艺文略》著录，均有文集，无诗集。《县志》且谓《赐闲》（《志》讹作“赐间”）、《赐还》、《赐传》诸草皆佚。是当时修志者，只据冯奉初《潮州耆旧集》本《林忠宣集》著录。其乾隆所刻《全集》本，犹未寓目也。

宗颐按：林熙春《城南书庄草》，《阮通志》、光绪《海阳县志·艺文略》著录，无卷数。盖未见原书。

《赐闲草》　　乾隆《潮州府志》二十八《名臣传》。

存　《林忠宣公全集》本。

《赐还草》　　乾隆《潮州府志》二十八《名臣传》。

存　《林忠宣公全集》本。

《赐传草》　　乾隆《潮州府志》二十八《名臣传》。

存　《林忠宣公全集》本。

宗颐按：《赐还草》、《赐传草》亦为诗草，《林忠宣公全集》本，所载各一卷。又按：林熙春别有《大方伯黄玉翁重修东津永赖堤碑》，在今潮安县东津堤侧永赖祠；又有《重修韩祠碑》，在今韩山韩祠：（《修韩祠记》，光绪《海阳县志·金石略》载之）此二碑文，《城南书庄草》皆不载。

唐氏伯元《醉经楼集》六卷　　《千顷堂书目》二十五。

存　道光己酉刊本；光绪丙子重刊本。

李祯《序》：夫道至孔子成矣；知后世难于三代也，爰笔六经诏来许；故六经者，明道之书也。经方兴而杨墨并呶嗜于其时，赖孟子舆氏作大声色排决之，令吾道光明，天下吁功亶伟矣。又宁知杨墨之后，突有佛老之徒出乎？其说闳阔要渺，无复伦纪，亦僭称曰经。才一醺（旧本“醺”作“曛”）人，凡厥抟（旧本作“搏”）心摄志之众，匍匐皈依；故其毒之濩也，迄于今千百年不厌，鞠为世道苦。又宁知佛老之后，复有近世新学之徒出乎？至是不佛老著姓，故吾儒标名；不吾儒其浆，故佛老其馂，而纵横其吻。评唱一语，半倡互混。吾道真诠，机锋所触，胥天下之知者，愚者，驱而皆纳诸中。但啜其糟，即褫其魄；醺醺终身，日富趑趄蹢躅，毒惨以烈，乃殊自奇，于世大醒，圣道否剥殆尽，良可惧焉。吾友唐仁卿氏有忧之，自丁亥迄今岁，凡十年来，所著《醉经楼》一集，曰诗，曰经解，曰序，曰记，曰书，曰杂著，凡六卷。时而歌咏，时而解释，时而问答，时而铺衍。无之非是心，何以病道慧？何以伤神直？斢“元酒明水”之味，力酿经术，俾世之醉经而醒道，勿失吾家“无量不及乱”之初意，意念深矣！吾再复之，慁然，窃为世道一快。呜呼！今世来裔，亦庶以此俟之矣哉！万历丙申秋七月念之二日，友人李祯拜赠。（《醉经楼集》卷首）

唐若时《序》：言者，心之声也；言因心发，亦犹声随器出也。金石丝竹匏土革木，为器不同，而声亦异焉。故心为才人之心，则其言必瑰玮奇丽，可以启人之幽缄，辟人之灵府，亦足以传诵于后世而弗衰；若心为学道心，则其言必醇正诚朴，可以阐道术，熄邪说，正人心，继前圣之心传，树来学之模范，更足以纲维世教，上下古今于不穷也。是以君子读书明道，立言贵乎有本；言有本，则见诸行者必实。夫然，言可也；不言亦可也。不言，则吾之道明；吾之道明，夫何必言也。言则吾之道明，人之道亦明；人之道明，而吾之道愈明，又何必不言也。故阿衡有训，姬公有诰，武侯之表，陆宣公之奏议，可以言目之乎？不可也。盖言即道也；言即道又乌可无言也。吾读《醉经楼》一集，知先生慨正学之弗昌，惧新说之日炽，毅然以道自任，直接宋儒之源流，而疏瀹决排之，以广其教于天下。故凡奏疏辩解，书记叙说，以及杂著诗歌，无一不沉酣于六经之津液，而去其糟粕焉。虽片语单词，无不从个中体贴出来，夫岂矜才尚智者，所可同日语哉！亦岂貌为道学，剿袭陈言者，所可同日语哉！今其派孙（旧本“派孙”下有“熺琼偕侄孙”五字）绍奎欲梓其集以行世，是非惧祖言之弗彰；亦心怀学术之忧，将溥其道于当世，使吾儒共知所宗也。丐余一言以为序。以余承乏海邑，与绍奎有金兰之契，兼有同族之谊（旧本“之谊”下有“而其祖叔琼耄年嗜学，不惜已金，倾囊以资剞劂故”二十一字），虽不敏，实有不能已于言者矣！虽然，先生之学，大儒之学；先生之文，大儒之文；渊深鸿博，又岂浅识者，所能道其万一哉！乾隆十四年岁次己巳孟冬中浣，关中后学若时识。（《醉经楼集》卷首）

唐际虞《跋》：仁卿公，际虞八世祖也，事具详《明史·儒林》本传。著有《醉经楼集》。乾隆己巳八世孙绍奎始梓行于世。道光癸未际虞补弟子员，当道诸巨公暨乡先生知公有是集，就际虞索观，时锓板点画已模糊。丁未侄廷珍补弟子员，时际虞已注籍训导；念此后秉铎不知何地，惧祖德之弗克述，而先芬之弗克诵也，命廷珍就锓板，悉心检校；而剥蚀坏缺，已逾其半，因思拾其残而补其阙；检旧□所藏，得明周大廷尉光镐所撰行略，郭大中丞惟贤所撰墓志铭二篇，叙次纪述，较《明史》为详；因附梓于集后，俾世世子孙，守而勿替；而当世儒林君子，亦资以考证云。时道光己酉年孟冬月，八世孙际虞谨识。（《醉经楼集》卷末）

冯奉初《潮州耆旧集·唐选部醉经楼集题辞》（《潮州耆旧集》二十四）（不录）

〔补〕饶宗颐：《方刻醉经楼集跋》：唐伯元《醉经楼集》，明刻本久佚。乾隆时，唐绍奎刻本世亦绝少流传。今可见者，惟道光己酉唐际虞补刻本暨光绪丙子方耀翻刻本两种而已。道光本板多遗失；光绪本板，旧藏四中学校，今亦不存矣。此本凡分六卷：首卷为诗；卷二为经解，即朱氏《经义考》所录《醉经楼经传杂解》；卷三为序；卷四为记；卷五为书；卷六为杂著。前有李祯序，唐若时序，并《明史·儒林传》文。而奏疏及《石经大学》，唐彬《乞赐易名疏》，周光镐撰《曙台唐公行略》，郭维贤撰墓志铭，唐际虞跋尾，并附刻于末焉。据唐彬疏，伯元尚有《醉经楼续集》，李祯序谓集中诗文，乃伯元自丁亥迄于丙申之作；然则其在丙申之后作者，当编入《续集》无疑。考伯元卒于戊戌四月（见郭惟贤作《墓志铭》），戊戌距丙申未及二年，是所谓《续集》，今虽未见，意所载文字，卷帙必无多也。

《千顷堂书目》二十五：唐伯元《醉经楼集》六卷。字□□，澄海人；官文选郎中。

〔补〕光绪《海阳县志》二十六《古迹略》：醉经楼在城西，明唐伯元读书处。楼有八景：曰芦荻洲，曰镜湖，曰新篁邬，曰西湖山，曰渔沧庙，曰桃花邬，曰林副使旧宅，曰李家园。

〔补〕《醉经楼续集》　　《唐彬乞赐易名疏》。

未见

《太乙堂稿》　　光绪《海阳县志·艺文略》。

未见

《采芳亭稿》　　光绪《海阳县志·艺文略》。

未见

周光镐《曙台唐公行略》：君论著，予告，有《醉经楼集》；予宁，有《礼编》、《易注》；在署，有《太乙堂》、《采芳亭》稿。

锷按：太乙堂在户部，采芳亭在吏部验封司，曙台居户部日，裒集所为诗文曰《太乙堂稿》；居吏部日，亦裒集所为诗文曰《采芳亭稿》。周国雍所谓"在署有《太乙堂》、《采芳亭》诸稿"者是也。二稿今无传本；然《醉经楼集》却有《采芳亭》、《对雪》、《观芍药》、《赏菊》诸诗。是《醉经楼集》似不尽于予告时作；而《太乙堂》、《采芳亭》诸稿之裒录，当不限于为郎官时也。今曙台遗文见于他书，为《醉经楼集》所不载者，尚有周孝廉《瑞征堂记》（万历癸未作，见《周孝廉赠录》三），《三贤祠碑记》（万历丁酉作，见雍正《海阳县志》十），《与友人论学书》（见顾炎武《日知录》十八，《心学》条），《告迁寺基诸家文》（万历癸巳作，见嘉庆《澄海县志》二十五），《礼编序》（万历丙申作，见《经义考》一百六十六），《二程类语序》（万历乙酉作，见《类语》本书卷首）七篇；而《吕怀三书本义序》（见周光镐《曙台行状》），及《凤凰塔记》（见曙台《三贤祠碑记》），则篇亡而目仅存。又《澄海县志·艺文》，载曙台诗有《任宪使枉驾南岩兼纪湖堤新成》七言一律，亦为《醉经楼集》所无。凡此诗文作时，俱有年月可考。其孰为《醉经楼续集》中稿，《太乙》、《采芳》二集中稿，实不难一辨也。

《白沙文编》　　光绪《海阳县志·艺文略》。

未见

《昌黎文编》　　陈宏绪《寒夜录》上。

未见

陈宏绪《寒夜录》上：韩退之自选生平所为文二十六篇，题曰《韩子》；今不知二十六篇之目为何？元儒程黟南有《韩文钞》止取十篇，以《李愿归盘谷序》为卷首；余九篇则《送文畅师》，《送王秀才》，《温处士》，《杨少尹》，《盛山十二诗五序》，与《燕喜亭记》，《孔子庙碑》，《获麟解》，《祭鳄鱼文》。此外虽退之极有关系之作，如《平淮西碑》、《谏佛骨表》、《与孟尚书书》，皆在所不录。而文章之妙，如《讳辨》、《送孟东野》、《高闲上人》、《殷员外序》、《祭十二郎文》、《代张藉与李浙东书》，悉被删去；而反有取于《盛山诗序》、《燕喜亭记》，足以验此君之谬妄无识矣。近代潮人唐伯元《昌黎文编》，最称佳选。其谓"昌黎先生殁历二百余年，而欧阳永叔始知之。然永叔尝论先生《二鸟赋》矣。其曰：光荣而饱，则不复云。彼为御史为侍郎，非光荣而饱之日乎？天旱人饥之状，佛骨之表，抵触君臣之所大忌，乌在其不复云也？信如永叔之论，亦可谓尽知先生也。"数语亦是确论。（曹溶《学海类集馀》四）

锷按：曙台有《白沙文篇》，世多知之；其《昌黎文编》，则从未有闻。《周氏行状》及《郭氏墓志》所举曙台著述，亦未之及。是书存目，仅见于新建陈石庄宏绪所著《寒夜录》中记《韩集》条。余谓曙台学宗程子，而私淑白沙。其于隋唐儒者，则服膺王通、韩愈。（曙台《平远县儒学记》："文中子，韩退之间，皇皇羽翊吾道，其功顾不伟欤。"见《醉经楼集》四。）所辑《二程语类》，《白沙文编》，即其所以志景仰之私，《昌黎文编》意亦同此，不独专取其文章也。又石庄所录曙台论韩文一节，即曙台序文，今本《醉经楼集》失载，又疑编在《太乙》、《采芳》诸稿也。

周氏光镐《明农山堂汇草》四十九卷　　《阮通志·艺文略》。

存　民国甲寅重刻本。

方沆子《序》：不佞沆曩为南大司农官属，与潮阳周国雍、新安方思善，而年友吴江顾道行亦郎司勋属；曹务稀简，每胜日邀欢，篇章酬唱。思善别心于古文辞，道行吟咏多斐然之致；独国雍诸所结撰，率深湛其思，而郁跂其趣；不佞则伏在下风，未有以当也。无何而萍踪星散，余载以铅椠之役入滇中；国雍业由铨曹郎出守宕渠，已乃秉宪填抚建昌，越巂间，时假便翼，寄余二什，盥读载过，辄击节叹曰：“兹岂杜子美夔州以后诗耶！”因以二什书国雍所寄行卷畣之。寥寥下里，顾国雍谬藏之椟中，至今楮墨宛然也。自国雍以皋兰廉宪，超拜贺兰中丞，戡定祸乱，绥戢遗黎，中间良工苦心，具于奏疏者，咸謦欬周悉，追踪董贾经国之才；而出峡有草，渡泸有草，大峨有记，西征有记；调日以春融，而词益以鸿爽。盖自《明农草》与《玉峡四记》晚出。则国雍以廷尉请告里居。蒙庄氏所谓“六月一息者，其搏扶摇九万，而背负青天。”且有日矣。丁未抄岁，不佞度岭访戴，南归，过练水，而假馆于邑大夫。国雍闻余至，辄徒行慰藉之，喜动眉睫；把酒剧谈者二昕夕。乃次君仲简遂以乃公集，属不佞一言弁简端。辱在世谊，其曷敢辞？爰拜手序之曰：“诗云：‘崧高维岳，生甫及申。’传曰：山川出云。”余始缔好于国雍，徒以文辞相切劘尔。逮访先生于里居，仰瞻韩山之巀嶭，俯望练水之洸洋。孕秀钟灵，固宜浡发于周先生父子。故典郡为名太守；秉宪参藩，为名藩臬大夫；建牙开府，为名中丞；而以其素所潴蓄者，抒述为古文辞。取裁于《左国》先秦西京，皓皓自濯。所最称通国体而结主知者，贺兰诸疏，可覆而知也。歌行气雄浑，而兼撮拾遗、青莲之秀；五七言近体，友人梅禹金谓其辞恬穆而清和，鸿肆而瑰佹，知言哉！至于《黄河》一赋，采摭掌故，巨细兼赅，则又修汉以来文人墨卿之阙事，其必传于世无疑也。不佞老矣！何敢望执事者之言行，姑重违次君之请，而序其崖略云。万历戊申献春既望，莆中友弟方沆子及父撰。（《明农山堂汇草》卷首）

梅鼎祚《序》：周公之西也，以天官郎守宕渠来。有《出峡草》，其辞恬穆而清和；已拜宪大夫，征西南夷有大功，有《渡泸草》，其辞鸿肆而瑰佹，夫仰亦有所迁虖？其《出峡》自叙也，崖门丹壑，濯濯干霄；荡碛凌涛，嵷巃窈窅，常数惕息于是矣。然境不必尽危，而志不必摩切也。乃一旦提数万之师，洒卬海，铭雪山，纡筹决筴，神鬼风雨，谅为烈士如是哉！瞿塘滟滪之崄戒，象马与泸之毒淫。虓鸟兽，约结剧郡，与秉羽专征，皆不入于其心，而处之如一。其气完，其神定，因概见公之全也。夫善刀者，探无间，操无形；含光之属，望之诚不见其端；及其刭蛟破驷，五步不留行，顾刃犹新焉。本恬穆而鸿肆，由清和而瑰佹，非有所迁因之尔。公故以兵事兴；兵之志曰：“守如处女，发如脱兔。”则因之谓也。昔人以位置履屐，或悖塞争枭，且卜其必克，而况永言如诗者。往余南都从周公游，是时蜀学使郭先生为水部，沈观察征父公同舍，相上下议论。周公沈深，负雅度不泄。余窃语诸君，公必当大事，不已足概见邪？今西南底定，傥天子北顾，而求填抚之臣，其何能隃周公；公出峡有期矣；宜有继渡泸而作者矣。万历戊子长至日，江东梅鼎祚纂。（《明农山堂汇草》卷首）（宗颐按：此文序《西征草》。）

郭子章《序》：夫诗不难言哉？至一镜十年，吟辄双泪，何拙讷甚思苦尔尔。而况乎提挥军壁，蜂轶机骇间，唾咳而珠玉也。吾读周使君先生《西征集》，而深倾先生才情度越，保大定功，不可为量也。夫昔人所称十倍才，先生非耶！当解安汉，一登坛坫，殆荐鍪尸祝然。传发佂遽，宁无鞅掌；顾曾不旦日，遄趣渡泸。所部署诸将偏裨比调募健儿材官，一无至者。而黑骨虏方酣伺桐槽，阻绝行路。先生第敕前驺传呼，翩翩褰帏去，如入无人。此其气吞虏，不足一振槁。而行间图书坟素，无论挥洒酬应，杨篑如驰，却曰拉都护咏歌，扣舷邛海，亦坐拥山人墨卿，幕中胡床毫简相命。比其梗概，且不陵跃大荒万千里哉？而号令词章，抗旌并出。至捷书雄篇，入室同驰也。夫诗之道，律而已；律固丈人之师也。先生以其广贲经正之音，挥之敌忾折冲之气。闻声知胜，太史公固言之。兼资之道，岂不弘哉？彼才涩通方，阍于大较，疆场之事，偏指不参，亦奚怪焉？故文苑传不获若是遄乎？故读是诗者，亦不独其词焉已耳。嗟嗟！侯比管乐，识者方之。伊吕失萧曹，少陵许身稷契，似若稍过。子赡元晦评之，皆以为近，遭时弗辰，未卒所厝，今所传诵，独表与诗耳。国雍际圣明，非章武、天宝之年，吾辈相期许，亦不宜独后二公。是刻其戋戋者，未足概国雍也。（《明农山堂汇草》卷首）（宗颐按：此文亦序《西征草》，原题作《西征集》。）

陈宗虞《叙序》：西京以下，评文与诗，率右武侯《出师》二表，及《杜少陵集》，至埒于训诰，标曰“诗史”。侯表，伐魏时，业已相蜀；少陵避难，依严武成都，卜居浣花里，诗半蜀稿。今错几而两读之，气凌剑阁，色流锦江；杨马让雄，王严谢采矣。顾所以度越千古者，不独其词也。余丙戌入蜀，时建越诸羌弗靖，友人周国雍，由果州守迁观察，监军南征。历沈黎，渡泸江；浴兵邛海，挂旆雪山；扫白马之鼎鱼，夷青羌之穴蚁；归而饮至于锦城。余壮而觞之，解其奚囊，得所为诗若干首。国雍自名曰《渡泸稿》。余卒业之，穷国雍驻师转战，深入不毛，皆侯所经历处；而其横槊赋咏，悲啸雄峭，即草堂、夔府、赤谷、白帝诸作，曾莫是过，庶几追葛、杜而三之矣。当羌夷难起，道途四塞，诸将争言罢兵便。国雍拜命，慨慷赴敌，携二三苍头往。

今其诗曰："何意握兵符，南征六月徂；艰危百战在，羽檄一身忙。"非其赤心，足踏白刃，无以异于葛杜，何能收雍闾，禽孟述，廉蔺达者，重咨且焉，有以矣。昔人谓裴晋公俘执淮蔡明，自女几诗中得之。白少傅为翊夸其篇，拟其山麟阁云。夫此中夏禽一叛夫耳，何至如先生四夷之功乎？然则西征之什，即列之吉甫北伐，方叔南征，何不称者？而况先生太常大雅之业，方蒸蒸钧轴未渠央也。万历己丑五日，巴西野史陈宗虞撰。（《明农山堂集》卷首）（宗颐按：此文序《渡泸草》。）

吴仕训《序》：今有，可以古者无有哉？古之典雅，其文则史，其词多出里巷之歌谣，咸尊之为经。代降区分，萎苶眇秽，滔滔莫回，则何必今？然由朴略而润色，玄黄夺目，丝竹盈耳，无所不有，则何必古？概之发情指事，契理含元；谢披而启秀，摭华以寻根；则今之言，由古之言也。古姬公自东而西，营洛甫毕，遂有明农之志。本怀不遂，九罭在藻，伐柯充庭，农而渔樵矣。乱为四辅，竟老于瀍西涧东之都，农而魏阙矣。故其诗於昭於穆，足弁雅颂之首，而豳独居风之乱。说者谓变而能正，非也。玉列国之风，而金雅颂，非姬公不能耳。我师周公，分陕、夏州，反侧敉宁。未几，即以理卿召，请息肩于东山、玉峡间，明农开径，其有先君之思乎？海隅田园，数千载草莱未辟，公是穮是蓘，不辞胼胝，使日出屡丰年，海隅有公，比之粒食唐虞之后稷矣。或乃以公自西而东，馌彼不谖，曾未如古人偶乘大命之心。不知公为异姓之卿，再疏乞归，誓傍江湖，何必音之哓哓也。秋求旧侣，萝薜初褰，混迹渔父与樵叟。清而不倨，适而不怨，又若野望萧条，率土早耕之愿。宛如彼裕远戾家法江湖魏阙，意岂有二焉？我觏之子，复见周官威仪，奚待衮衣绣裳，而后成之乎姬公也哉？至论古今立言之致，则有所必辩，亦有所必底。古未具陈，如今代所推，始有何、李，近称李、王，信阳源于雅，北地源于风；而公则源颂。故节而能守，序而有度，恢恢乎游刃中程，济南日新，太仓富有。而公之拟议变化，则在季孟之间，新都、汪司马，雁行李王，每目公为作者，始信小子非阿其所好云。顾小子学稼明农之门，九易寒暑，不昏作劳，卤莽相报，无以承后稷之故。僭校公九寒暑之作，蕲以传诸其人。盖公之年弥高，其脱蹝川岳风弥远，日新富有，德业弥不可量。美哉荡乎！姬公之遗乎？小子将汇而藏诸海上名山，虽等之古人其可也。万历甲辰长至日，门人吴仕训顿首书。（《明农山堂集汇草》卷首）（宗颐按：此文序《明农草》。）

周燿南《重刻明农山堂汇草全集缘起》：先十一世祖耿西公，讳光镐，字国雍；明嘉靖甲子举人，隆庆辛未进士，授浙江宁波府推官，转南京吏部主事，升本部郎中，擢守顺庆。万历间，西南不靖，以四川按察使，奉敕监军，征西南夷。旋以平西南夷功，转布政使。驻临巩。复晋佥都巡抚宁夏三边。赞理军务，内升大理寺卿。三疏乞休，暂予回籍，仍给全俸。以历次边功，五赐金币，年八十一卒，崇祀郡邑名贤祠。著有《明农山堂汇草全集》凡四十九卷。先大父继业公，拟重刊未果，迨先考树滋公有志绍成而未及蒇事，临终诏燿南曰："我先人平治秦陇，久著勤施，而《明史》未列专传；平生勋业，俱载集中，一一皆可考证。当日推崇称颂者，宜乎亘古常新；而代远年湮，仅存家藏孤本；若不及今重为校刊，将坠绪茫茫，听其散佚，斯有美勿传，亦子孙之责也。汝宜承先志，勿再因循，以重吾疚！"燿南谨泣志之不敢忘。今距先考下世，垂二十余年，世变纷纭，益不克保存孤本，滋惧，亟鸠工锓梓，并敦请名人校勘。既竣，爰述先考遗训，而志其缘起如此；至卷帙次第，悉仍其旧，非后之人所敢赞一辞者；而因事纪功，传文征信，则以俟诸论世知人之君子。甲寅十二月既望，二十二世孙燿南谨志。（《明农山堂集汇草》卷首）

翁方纲《潮州耆旧集·明农山堂草题辞》：明万历间巡抚宁夏廷尉周公光镐《明农山堂汇草》三十四，卷廷尉白沙弟子，而发之于经济，其贺兰诸疏指陈边政，可补史事。集中实际当以此。顾集自有体，未知兹集编何年？刻者何人？《黄河赋》何以入诗内？而寿叙贺启亦太多否。凡刻一书，期传其人之精粹而已，奏疏式亦不应尔，且传志皆阙焉。若欲重刻，其非真读书之通人弗能办。爰语学官还诸其家，而俟其后人能知此意者。大清乾隆三十六年五月，督学使者、翰林侍读学士，北平翁方纲拜题。（《潮州耆旧集》二十六）

冯奉初《潮州耆旧集·周大理明农堂集题辞》（《潮州耆旧集》二十六）（不录）

〔补〕饶宗颐《重刻明农山堂汇草跋》：右《明农山堂汇草》，明潮阳周光镐所作诗文；而重刊之者，则光镐二十二世孙燿南也。前诗草，共十五卷，初二卷为《金陵草》，光镐由进士官南京户部时所作；次一卷为《嘉陵草》，出守顺庆以后所作；又次一卷为《出峡草》；三卷为《渡泸草》、《后出峡草》，监军西南至补四川右参政时所作；又次一卷为《黄河赋》，一卷为《皋兰草贺兰草》，按察宁夏时所作；又次五卷名《明农草》，则归田以后所作也。后文草共三十四卷：卷一至卷八为序类；卷九至卷十为记类；卷十一至十二为传类；卷十三为行状类；卷十四至十五为志铭类；卷十六至卷十七为祭文类；

卷十八为策三道；卷十九为论类；卷二十至卷二十一为启类；卷二十二至卷二十四为尺牍类；卷二十五至二十六为杂著类；卷二十七至卷三十三为奏疏类；卷三十四为征南军前议题。综前后诗文草，凡四十九卷。潮州明人专集称完备者，此最为巨著矣。此集《千顷堂书目》二十四作文草三十四卷，诗草十五卷。然光镐初刻本实为汇草。燿南云："先十一世祖光镐公著有《明农山堂汇草》全集凡四十九卷。"语可证也。《千顷堂书目》拆为诗文二部，盖为便于著录耳。翁覃溪题此集，讥其寿序贺启太多，不知纪言述行，苟非向壁虚造，亦足与史传相参证。其为本邑人作者，尤足为一乡文献之征。昔有评震川文多寿序者，一昆山人闻之，谓归文之佳正在是。吾昆山人之读《震川集》者，犹之读邑乘外传也。此亦乡献可贵之一证。翁氏又谓《黄河赋》不宜编入诗内；然此乃编辑者之过，非所论于本书。是集明刊本世极罕觏，今通行者乃民国甲寅重梓本。甲寅以前，有无重刊，诸家序文并不提及，今未能详也。

宗颐按：是集《阮通志·艺文略》八著录无卷数，盖未见原书。

郑氏育渐《希言草》　　乾隆《揭阳县志》六《懿行传》。

未见

乾隆《揭阳县志》六《懿行传》：郑育渐，字丹木，方伯旻长子。万历丙子举人。六上计偕，不轻投一刺于权贵。归而杜门习静，笃性命之学。时先达邹颖泉、庞弼唐，湛甘泉高弟也，讲学天关，约招入会，值足疾不能赴。方伯郭子章劝之仕，则以不能刓方随俗谢之。尝谓柳宗元说车赠梅海之，欲其为圆。有诘者，则变其说，谓"圆其外而方其中，不知方圆，不相为用，而外内机实相因；未有中主既定，随时辄易，毁方为圆，而可制行者。迹其生平，竟罹叔文之党，则圆误之也。夫人有邪正，事有是非；持圆之说，则将假颜色于匪人，借游谈于不肖；弥缝其拂理之举，宽纵其违法之事；不知小人冥顽不灵，且愈得意，谓君子犹与之也，是我佐之恶也。以持身则不免党恶，以当官则不免误国，皆圆之害也。"时以为名言。尝与郡佐南城王懋中、吏部澄海唐伯元等，为世美楼之会，切劘道德，厌闻俗务；然关桑梓利病，辄遇事愤发，如上藩使以除盐钞启海令以罢铺监，贻乡宦以革冒籍，至今赖之。著有《希言草》。

锷按：郑丹木《希言草》未见传本。图豁玉泉《孝廉赠录》四，载丹木赠诗一首云："儒术如公旧有声，况兼孝友感神月。梨生实应三冬笋，瓜结还符一紫荆；穆庙初年征令德，海滨百世重清评。最怜牢把青山约，不羡毛生捧檄情。"丹木诗可见只此。

宗颐按：育渐文，今存有《上藩台书》、《上巡台论盐钞书》二篇。

邹氏鎏《可园诗文集》　　道光《广东通志·艺文略》八，光绪《海阳县志·艺文略》。

佚　道光《广东通志·艺文略》八。

锷按：石可邹太守鎏，青那山人迪之孙。乾隆《潮州府志》，光绪《海阳县志》并有传。鎏曾事桂王，官太仆寺少卿，见郭之奇《全潮已恢复陷疏》，及《海阳学碑》。旧志本传皆不载，他书亦无可考。鎏诗有《游北岩》五言律，《游东岩》七言律二首，见《潮阳县志·艺文门》。

吴氏殿邦《古欢堂集》　　陵海《吴氏族谱》。

佚　陵海《吴氏族谱》。

《匏谷诗集》　　光绪《海阳县志·艺文略》。

佚　陵海《吴氏族谱》。

《浮云吟》　　光绪《海阳县志·艺文略》。

佚　陵海《吴氏族谱》。

《芝园文集》　　陵海《吴氏族谱》。

佚　陵海《吴氏族谱》。

《古瀛诗苑·前集》一：吴殿邦，字彤贶，一字海日；海阳人，万历解元，进士；历官尚宝卿。有《匏谷集》。

陵海《吴氏族谱·吴殿邦传》：公博学能文，善书，工诗赋。《浮云吟》三十首，脍炙人口。又为《离合诗》十二字，勒之石屏。自注藏书（胡恂《潮州府志》十四"书"作"诗"）二百四首（《胡志》十四作二百二十四首），无能解者。著有《古欢堂集》、《匏谷诗集》、《芝园文集》，每刻成旋毁其版，故不传。惟书法遒劲峻廓，深得郑文公、云峰遗矩。镌石大字，去古来今，无能出其右者。收藏家得其尺幅缣楮，珍同拱璧。

锷按：海日吴尚宝殿邦，雍正《潮州府志》，光绪《海阳县志》并有传。所著《古欢堂集》、《匏谷诗集》、《芝园文集》及《浮云吟》三十首，据旧志所载，每集刻成，旋毁其版；则海日文字，自明时已属难得。陈园公序叶白也《龙桥诗集》，谓万、泰、启、祯间，郡人讳言诗，塾师授徒，父兄训子弟，皆云此道与制举相左。自吴海日先生居林下，始好为诗云云。（见《莲山续文稿》一）疑《浮云吟》、《匏谷》等集，园公犹及见其原本也。今海日文存者，仅有《祭丽明宗兄文》及《念修堂八发》。（按：《八发》以孝弟忠敬礼义廉节八字为题。每发四言四韵，并见《吴氏族谱》。）诗存者，亦仅有《大宁公馆夜宿》，及《衰柳》（二首皆七言律诗。载《古瀛诗苑·前集》一），《暮秋匏谷结社有赋得园字》（亦七言律诗），及漫题（七言绝句二首，并载雍正《海阳县志·艺文》），四首而已。胡恂《府志》载海日官通政司参议时，附魏党，革职；与《钦定逆案全录》、《迎合首逆》中所纪吴殿邦（原注：广东海阳人，癸丑科尚宝寺丞）媚珰，劾樊王家追赃，通参政尚宝卿破例（见《酌中志余》下）语正合。乾隆《潮州府志》三十三，且言殿邦以忠贤余党，凌轹士民，知府宗万化尝庭叱之，手批其颊。（乾隆《潮州府志》不为殿邦立传，此事附载《官迹·万宗化传》中。）是海日虽以文辞书法见长，而品行卑迂，在当时实为士林所不齿。然陵海《吴氏族谱》则称海日居官廉洁，嗣以忤权贵，被矫旨罢黜。迨崇祯改元，昭雪被诬诸臣，始开复原官；所载海日所行事，与旧志、《逆案全录》完全违异；岂春秋为亲者讳，子孙之于先人固当为之回护耶？

宗颐按：据《吴谱》，殿邦所著有《古欢堂集》、《匏谷诗集》、《芝园文集》，光绪《海阳县志·艺文略》据《张志》本传，"古欢堂"作"古制堂"，"制"字误；考《光绪县志》传文实作"古欢"，不知《艺文略》何以仍承《张志》之误也。其《芝园文集》，本《志》、《列传》、《艺文》皆未著录，今补入。

曾氏希尧《远游集》　　光绪《海阳县志·艺文略》。

未见

宗颐按：《县志》称希尧晚好远游，著有《远游集》，今不可见。

宋氏兆禴《旧耕堂存草》　　道光《广东通志·艺文略》八。

未见

〔补〕黄一渊《仁和令尔孚宋公传》：宋公讳兆禴，字尔孚，号喜公；潮州揭阳人。少颖逸，读书目数行下。登崇祯戊辰进士，授吉之广昌令。未几，以艰归；服阕，补杭仁和令：清简爱民；雅好士，士远迩至焉；民亦爱之，将奏绩；一盐直指，颇执古，见禴鲜洁明易，以为傲慢，怒之。禴乃解印组去。邑人遮道扳辕而留之，不得行，乃与约曰："余暂一归省庐墓，即来湖上与诸君作布衣游，官非本志也。"以夜脱去。杭人相与卜筑湖东以待之。禴归家一年而死，年四十三。杭人迟之逾年而不至也，各怅怅，道路相问讯；及闻其死矣，衢号庵哭，声相闻。乃即近卜筑祀之。西湖佳丽地，百年来歌吹之声，虽霜雪夜不断，是日阒然。余友蔡錬时在端州，倚七星岩为诔歌，祭之尽恸。且以禴诗寄余曰："非若不能传先生!"嗟夫！余与先生同郡，而不获与先生交也；交先生在读诗后，读诗在先生殁后。先生少年，下位好古，无赫赫时名。所著《旧耕堂诗》百余首，余惧至宝之沦落于荒丘深坭而不复出也！尤爱其二诗，为识焉，一《赋得陶渊明无钱对菊花》曰："秋风吹菊遍东篱，百卉无颜不敢奇，天生千古一陶令，人外欣赏深相知；相知相赏成清友，角巾在瓮杯在手；角巾在瓮杯在手，偶然瓶尽花知否？先生无酒亦无求，于焉绕迳自夷犹。东皋日出淡烟锁，采之盈掬清芬朵。陶公爱菊晚节高，菊亦爱公高似我。忘言相对与谈元，有菊空尊亦自可。东家酣畅九日岭，霜枝催辱俗夫前。西家黄白排成队，粉黛无色相为妍。即令有酒洗妆在，花之神理已不全；何似陶公篱落下，不衫不履自翩翩。天生姿骨大疏放，种花亦如其人焉。满迳黄金清富贵，谁云五柳真无钱？有钱何与菊花事，无酒逃却花间禅。陶公得意每如此，书不求解琴无弦。"一《德安道中望庐山》曰："庐山去我不盈尺，我去庐山一只屐。相逢掉臂而过之，以意往还为朝夕。峰尖折合不记痕，历落空苍如展襞。此中名理太深奇，名贤文士而仙释。我于其中何居焉？车马匆匆相谓客。山灵爱客如怜才，分明变现开幽窠。随我路中路不崎，入我舟中舟不窄。为问明日浔阳江上路，庐山将莫从人渡?"黄子曰：

“先生仁人，有如此好诗，如何遂教之死？虽然，与庐山陶君同远矣！”（《潮州耆旧集》三十七）

乾隆《揭阳县志》六《贤达传》：尔孚罢归居旧庐，觞咏其间，怡然自得。有《旧耕堂》存草，其咏屈同姓云：“攘功世之常，何至忧思起？放逐臣之分，何至愤投水？胸有一部骚，不发不能已。骚卷留千秋，何关死不死！”《集》中多老健之作，为一时称。卒年四十三。

锷按：喜公宋大令兆禴，乾隆《潮州府志·循吏传》亦有传。

宗颐按：是草光绪《揭阳县续志》四《艺文》作《旧耕堂存稿》，《古瀛诗苑·前集》一作《旧耕堂稿删存本》，《揭阳县志》又云未刊，是此书今犹存也。

〔补〕《学言余草》　　《宛在堂集》。

未见

〔补〕郭之奇《序》：诗有自然之声，有必然之节奏。其自然者本乎天而遂人，其必然者出乎人而应天。乃世之言诗者，类以才归天，而以学归人，故诸家有畸胜之标目。余以为歧视才学，则必分用天人；而不知分量所受，分用之则短长互见，合发之则多寡在御。今观尔孚诸诗，一往腾凌，不任羁束，则似以才胜者；撷华佩实，濬折多方，则似以学胜者；或为先驱，或为奔属，纷总离合，斑陆不纠，又似才学兼者。尔孚之于天人果何如？而自然之声，必然之节奏，固已见其合发而不见其分用矣；既以见其合而不分，则尔孚之诗，自此远矣。余与尔孚背膺莫辟，时得纵游其场；丄候浅深，庶几不相纬缅；故尔孚惓惓以一言为属，值戒装趋迫，未遑充类，姑为之指其分量所及以告人，而持其所造以相勖也如此。（《潮州耆旧集》三十四）

宗颐按：宋兆禴所著《旧耕堂存草》诗，据《黄传》，有百余首。今仅存《屈同姓柳下邻子卿娶》（均五言古，见《古瀛诗苑》）、《陶渊明无钱对菊花》、《德安道中望庐山》（均七言古，见黄一渊撰传）、《双洞疏烟》、《元塔登高》（均七言律，见《揭阳县志·艺文》下）六首，其文亦仅存《进贤门记》一篇。喜公与同邑郭忠节交谊最笃，忠节《宛在堂诗》为喜公作者，不一而足，又尝为序其诗，曰《学言余草》，不知是否即

《旧耕堂存稿》，姑为补入其目以俟续考。

〔补〕张氏凤翼《四六剩言》　　《城南书庄草》七。

未见

〔补〕林熙春《序》：余友张元辉，称能文章，而文章多不喜传。其素所擅名家者，则无如骈骊语。又自以为雕虫之技，壮夫不为；每应酬辄弃去，不以示人。一日，诸孝廉文学持一帙示余曰："此元辉先生《四六剩言》也。"余乡虽窥一斑，而于全未入目；今而后知元辉技至是哉！大都不抗不谀，而宫商迭奏，珠玑错落，其余也第诸君以为剩言谓何？诸君谓张先生四六甚富，而此四十首者，仅存什一于千百。某等窃付之刻，非先生意也。余以为此未足以尽元辉也。天地精英之气，发之为文章；而粗之为事功，细之为性命，三者常相为不朽。如以其辞而已。自古称工骈骊者，六朝首骆丞；说者犹谓其丰文艺，而俭器识。宋文章之士，不止数十家；而骈骊至今传者，则有苏文忠、文文山二公。二公勋业虽不甚显著；而精忠大节，昭揭天地。千百年而来，片语只字，宝如拱璧；盖有本有末，诚足述也。元辉孝友，有张仲家风；而一腔心事，衾影无怍！即儿童走卒，无不知有先生。故于燕树人，于淮阳、粤西树德，于滇南树表正。宦辙所至，人有遐思。则所谓宫商迭奏，珠玑错落者，就此衡之，始谓之剩。而区区谓存什一千百，非其所以剩也。以是知元辉之文章，虽不喜传，而余料其必传者以此。诸君曰："小子识其小，先生识其大。请书之为《四六剩言》叙。"（《城南书庄草》七）

〔补〕嘉庆《澄海县志》十八《循吏传》。张凤翼，字元辉，下外人；为文工骈骊体，有《四六启集》，藏于家。

宗颐按：张凤翼，乾隆《潮州府志》，嘉庆《澄海县志》并有传。《县志》谓其著有《四六启集》，疑即《剩言》中之一种。其文，今可见者，有《修建冠山书馆记》。

卷　十三

集部别集类

明

黄氏一渊《遥峰阁集》

存　大埔某氏藏写本，未梓；《潮州耆旧集》选本。

李楩《序》：李子曰：吾今学诗而愈知其难矣。间尝论之，文可以竟吾辞，以达吾意；诗不可以竟吾词，而达吾意；文不限于韵，而诗必限于韵，韵所不在，虽有妙语，直当割置，决不敢有牵扯弥缝之事；文可以单行，诗必取配，宜不得其配，遂有默默十年，难焉展转反侧，若文王之思得后妃也。然二者非奇才不可，非深情至性，实有郁于中，而勃于外不可；非好学深思，迟岁月以俟机感不可。"三不得"之说，余得之积水黄子焉。黄子当世奇男子，夙胎于情，长于侠，幼失怙恃，伤于怨，彷徉于山川，而又久于穷；故其为诗，必奇无陈，必高无下，必永无近，必旷无狭，然凡其怪怪元元，望而难即，一皆准于人情、物理、事势以为之端，而绝远夫坚白同异浮游之说。特其寄托深长，笔墨幽郁者，山水之远观，借天空以相际，葱苍淡漠之色，浮山水上耳。陈仲谋先生谓其气格似韩愈，感慨似杜甫，信非虚也。间尝闻之，同人读黄子诗，未有不掩卷拍案，欲急趋其人者。吾乡昔惟张曲江使人如此，孙仲衍未能也。黄子别业之门，有天外数峰，黄子以名其阁，余取以

名其集。噫！当世有黄子者，其天外数峰哉！同社友人李梗其础序。（《潮州耆旧集》三十七）

冯奉初《潮州耆旧集·黄处士遥峰阁集题辞》（《潮州耆旧集》三十七）（不录）

同治《大埔县志》十七《文苑传》。黄渊（宗颐按："渊"上脱"一"）字积水。同仁社人。幼颖悟，笃学能文，与同里隐士蓝嗣兰，程乡孝廉李梗为莫逆交，日以诗文相切劘。有《同韩犹龙蓝朱公放舟梅花潭诗》云："与子归敝庐，岖嵚饫瞑眩。流沙三十寻，状如坠飞溅。曰未悉厥奇，请筏梅花漩。明发换胸眸，饱饭投蛟窟；浣汗水则山，剽骣舫为箭。鬼兽石千林，日要舟为膳。长梢翕空光，女萝怪相恋，禹迹所不及，娲冶所不煎。最小封家姨，别置汤沐县，与比三峡危，则以食鱼伣。肮髒易抽彻，骹骫难纤援，心目胆魂争，奇险怏悸战。高浪扑巅来，三人相莫见，鸭嘴狮狞间，微躯饶一线。我尔悍章惇，篙师岂飞燕！初下黄牛喘，龙眼潮咀羡，及过跌马碇，荔枝万斛燕。自饿罗浮来，此亦河豚宴。"然负才数奇，仅博一明经而终。

锷按：积水黄处士一渊，少而任侠，遭逢乱世，遁迹不士，赍志以终。所著《遥峰阁集》，未悉卷数，闻大埔某氏藏有写本。冯奉初辑《潮州耆旧集》征选其文十四篇。大抵气骨铿锵，笔力宏宕，寝馈于韩、欧者至深。不独修词命意，能不染明人纤佻之习；即就余所见，如《送巫氏之吴越序》，《征金赠之长安序》，《蔡人镜时文序》诸篇，义法整然，蹊径自辟，若厕诸唐宋大家集中，实未易为轩轾也。至其诗，流传绝鲜，以《大埔县志》所载《同韩犹龙蓝朱公放舟梅花潭》一首论之，幽深孤峭，确导源于诗。然积水与人论诗，讥钟伯敬好于嚼蜡咀肋，幽闲而不能远，低回而不能去，始于畏粗而未免退入闺阁。（见《复李其础书》）则积水又非始终瓣香竟陵者。

贺氏一弘《壁墩诗集》二卷　　民国《新修大埔县志·艺文略》。

存　大埔某氏藏抄本，未梓。

《古瀛诗苑·前集》一：贺一弘（宗颐按：《潮州府志》作"浤"，《大埔县志》作"宏"），字毅甫，大埔人。嘉靖举人，萍乡知县。

锷按：毅甫贺大令一弘，乾隆《潮州府志·耆德传》，同治《大埔县志·宦迹传》并有传。

谢氏宗镗《御冷斋诗集》　《宛在堂集》。

未见

郭之奇《序》：儒美求诗序于余，余与儒美披沥交也，义不可辞，然不欲佞也。儒美以英敏绝世之姿，从其令先君宦游，历览风谣，错缪韵籁，博闻强志，有由来矣。其古文词及制义，每一出，辉映四座，千人叹绝。乃抱质无匹，三献犹劳，余窃懑焉；而儒美绝不见有戚然幸然之色，定心广气，以咏以和；故余见儒美，又自哂其固且陋也。噫嘻！儒美！其澹荡洒落，不屑屑于时者乎！然而读儒美之诗，抚情效志，又皇皇乎有"朝搴木兰，夕揽宿莽"之思。噫嘻！儒美！其真不屑屑于时者乎！余怀而不能舍也，急与儒美商之。每念冉冉将至，年岁不与，一兴言于"标梅迨吉"之叶，未尝不怆然内热也。夫怀春之女，与席珍之士，凡其人皆与日月交相愁者，世间惟此等为深情人。惟此等深情人，独悁悁能兴感于居诸，而其忉怛惋怆，窈纠夭绍之志，遂每每足生忧于天地；故由此而春舒断肠之花，秋落惊鬓之木，此日月之愁人也；由此而朱颜凋于晨风，丝发催于暮雨，此人之愁于日月也。交相愁而不能已，而后摛兴会而逞意，抒中情而属诗，由古槩今，淋漓靡极，是以风雅而思矣，骚而怨矣，赋而怀矣，乐府饶歌，长短声律，各以思怨之怀，沿波而抽绪，节奏而受心矣。蔽之曰：情也；情之所钟，正在我辈；伦诸冯生，独吊深而逸浅。若此者，岂天地郁伊之气，或宽冯生，而劳我辈哉？间尝镜贤衷圣，自写忡忡，乃若可忧，则未免乡人为终身矣！乃若可畏，则四十、五十忽尤闻矣！由然而转续变嬗，……春不谢荣，秋不悲落。此则品庶冯生所为逸耳；然而其逸也，则真戚也；或戚戚于利达富贵；或戚戚于得失予夺，而奄奄老洫，茫不回首也。若此者，反不如绿酒洒丹，青蛾凋素者之较适其适矣。噫嘻！儒美其同此忧乎？今读儒美之诗；七歌怫怫，何思孝而纡轸也；怀古瞿瞿，何式高而彷徉也；赋物揭揭，何蕴结而纫神也；纪怀悠悠，何容遂而绳志也。噫嘻！儒美真不屑屑于时者乎？余怀而不能舍也，终愿与儒美商之，儒美勉之矣，将为子歌四马之素丝，岂徒叹七实之标梅哉？若必求今日儒美之诗之品，则刘勰所称"《远游》惠巧，《大招》深华"，儒美有焉。（《潮州耆旧集》三十四）

《观古堂集》　道光《广东通志·艺文略》八，《古瀛诗苑·前集》一，光绪《海阳县志·艺文略》。

阙

陈衍虞《序》：往者声韵之学，我郡阙如。儒美先生，独称诗于万、泰、启、祯间，名藉甚。张公亮、冯邺仙、陈仲谋诸前辈亟推之。仆少与公风尘未偶，游处都同蓂荚。三十更宵，晨鲜间。尔时仆未学诗，于公无所唱酬。后稍以篇叶名，公曾摛藻，弁我落花。自此烽燧震惊，萍踪之聚难常矣。公胎骚骨雅，揽远抱真；于文好班、马、八大家；于诗好子美，好王储，好刘虚，好长卿，好常刺史、昌黎诸家。每当苦吟，髭断肝呕；音瑯瑯戛珠玉。初唐之四杰，大历之十子，方轨并驱，寝欲跨其上驷，及竟陵之书行，公颇费揣抚；然幽卉寒香，辅以秀采，虽涉其津涯，而儒美之本色自在。苟际泰运簪珥，承明璠屿之光，足以黼黻山龙，而辉荫四远；惜斗极缠妖，天痛日碎，声歌之情，夺于剑戟。且天符迅催，珥笔香案，瓦亦珠槃，不留传业。天乎！公属纩日，仆客斋眉，遥哭以七绝三十章。夜台无使，未知能彻芙蓉城否！浪游里归，公已殁二十年。小阮霜厓，删其《观古堂诗》及遗诗若干卷，属余为序，曰："亡叔意也。"予涉笔悲悼，落稿辄不成章。今偶命中书君，用践夙诺。序成，越二期，霜厓已不可及见矣！呜呼！阿大中郎，东山绝屐；乌衣玄度，紫囊销香。我琴欲言，有音谁赏？且素车白马，执绋无期。何时一作驴鸣，体肖声真，传吊客轩渠大笑耶？（《还山文稿》）（宗颐按：此文原题谢儒美《观古堂选诗序》）

《遁斋集》　道光《广东通志·艺文略》八，光绪《海阳县志·艺文略》。

未见

《胜朝粤东遗民录》四：儒美少负诗名，崇祯己卯乡试第一。出分校陆岫青门。

黎遂球尝为序贺陆得人。遭国变，绝意仕进。尝过其同里先辈唐伯元钓台，作诗云："山势依台曲折成，断桥深处藕陂清，高人所寄皆孤回，胜地频年见废兴；春水苔矶枯柳卧，夕阳渔笛野烟横。羊裘亦是寻常事，浪有桐江身后名。"

锷按：儒美谢解元宗镗，乾隆《潮州府志·文苑传》，嘉庆《澄海县志·文学传》，光绪《海阳县志》并有传，儒美生有异才，为诸生时，即以诗驰名岭峤。与郭忠节之奇友善；忠节尝序其诗，极致推挹，后以乡荐抡元，明亡归里，绝意仕进，闭户苦吟，以娱晚岁。寻以酒得脾疾。易箦时，擘纸为遗书犹子元汴曰：“我死，子必以序序我诗。”盖先生无子，故以诗稿属其侄。时元汴方从唐王漳州，得书大泣。既为私谥曰“贞穆先生”，复为作诗十章以哭之（见《霜山草堂诗集》）。既而故人陈园公复贻书元汴，趣早为解元立后，并续刻遗集，以瞑九泉之目。（书云：弟声气颇广，文章性命之友，首屈指令叔儒美先生。三十年砚席同，交游同，屡冠一军同，受宪聘同，晚遇同，拜官文同；呼卢喝雉，论史评诗，风之晨，月之夕，无间也，方逢鼎革，儒翁忽抱重疴，弟谊应视汤药，巡问疾苦，不意鳄弁肆恶，毒打堂弟，家奴重死而苏；不得已控之。郝逆推敲，半月凶卒，始服其辜，然众卒已嗔目环视矣。弟惧不测，迅束装出门，不得一诣卧榻面别，意病不至弥留也。抵齐昌甫二月，旋闻三月晦日之变，伤哉！刎颈交情，更同悠悠行路，推心洒涕，即巧舌如簧，不能解负友之罪矣。年兄既同在客路，襄后事何人？为今之计有二：伯道既已无儿，中郎尚有一女，惜令侄女弱质未髫，溘焉玉碎。闻易箦时，谆谆为乃公嗣续卢，泣下沾襟，听者无不酸鼻，今宜速择应立以承祧，如伏黯之得伏泰，弘微之继公峻，俾没有收子鬼非各敖，可瞑九泉之目者一也。大阮诗行世者，惟《观古堂集》板，焚于兵火矣。文字所遗尚多，柔翰三尺，遍采四库春叶；呕肝万言，便是千秋血胤。恐久之，饱于蠹腹，蚀于水火，逝者精爽无所附丽，是乏子非孤；文章不传，乃真孤也。石曼卿死见梦于友人关咏曰：“平原代意篇，是得意之作，非永言不传也。”弟非永言，传之者，断在阿咸，宜选枣剞梨，命之剞氏。别室铜盘，素赏恬裕于杨畴；芝兰玉树，何止碎金表，中郎可以瞑九泉之目者二也。二事年兄筹之有素，但祈鸿书速发耳。弟哭诗三十章，从者归嘱焚于缌帐之前，以抒哀悃。谭友挽钟伯敬诗。谕钟所亲，时诵于平日鬼所往来之处，冀其来时一听之。弟痴诚如此，聊用效颦。忆曩者儒翁与弟戏言，谓我必铭子窀宫之石；弟亦谓志子墓者必我。今儒翁成佛在前，弟幸未填沟洫。息壤之盟在耳，敬悬笔以待。见《种墨亭尺牍》二）于是元汴遂搜拾残剩，序刻以行。（见《澄海县志》宗镗本传）盖解元诗编，《御冷斋》为其少作；《观古堂》则其及身所刊，而身后元汴所辑者，乃《遁斋集》也。三书闻《观古堂集》尚有传帙，其他二书，未知存佚。要之，解元以骯髒磊落之才，遭逢叔季，晚失爱子，复经离乱，故其发而为诗，多哀厉悱恻之音。读其《京口言怀》、《北上避地》、《过榕城》诸篇，辞旨苍凉，不仅足供诗家史料之采择；而鼎革之际，吾潮纷扰之状，诵此亦可见其梗概也。

宗颐按：谢儒美《遁斋集》，嘉庆《澄海县志》十九《文学传》作《遁庵遗稿》。

黄氏锦《笔耕堂集》　　《古瀛苑诗·前集》一，光绪《海阳县志·艺文略》。

存　旧刻本（澄海蔡氏藏）。

《古瀛诗苑·前集》一：黄锦字孚元，又字纲庵，饶平人；天启进士，由庶常历官礼部尚书；有《笔耕堂集》。

锷按：䌹庵黄宗伯锦，乾隆《潮州府志·文苑传》，康熙《饶平县志·人物传》，光绪《海阳县志》并有传。锦以词臣起家，历官清要。《潮州府志》载怀宗即位，锦由少詹升吏、礼二部侍郎，不言后晋尚书。考黄道周《烈皇召对记》：崇祯十一年夏六月，上御中极殿，召群臣自六卿詹翰以下凡四十人，入殿分班序对。臣为少詹与屈可伸黄锦，及佥院徐矿太常朱国栋为第四班（见《漳浦集》二十四）。是崇祯十一年，锦官只少詹也。又考顾炎武《明季实录》所载甲申三月之变，从逆受戮受刑幸免潜身诸臣录，并无锦名。是闯贼入京，锦早已致仕归田。疑锦崇祯十一年以后即退休，历官仅侍郎而已。其为尚书，以《明季稗史》考之，当在福、唐二王时。据《思文大纪》载，隆武元年七月，上既立，马士英欲入关，有为左袒赞成者，廷议依违，礼部尚书黄锦以为言，始定其罪（见卷三）。又隆武二年三月，晋礼部尚书黄锦太子少傅，以示优重老成之意（见卷五）。又四月准礼部尚书黄锦给假三月，往潮与新抚臣商度机宜，然后乘胜出虔以谢良有所募三千之众，听其调用（见卷六）。此皆锦官尚书在福、唐二王时之确证。《府志》志人物于明季诸臣仕三藩事，皆削而不书，故《传》只云仕至吏、礼二部侍郎，《县志》虽言晋尚书加官保，亦不言在南渡以后，兹据《思文大纪》略为订正。

又按：宗伯诗各县志《艺文门》，均有采录。其《笔耕堂全集》，澄海蔡纫秋家尚有藏本，仅一册，有诗无文，亦不分卷数。余尝辑宗伯遗文，仅得五篇。（《重修潮府文庙碑记》、《改建县署记》二篇，见胡恂《潮州府志》二十二；《灵雨亭记》、《冯侯祠记》二篇，见乾隆《揭阳县志》八；《海丰重修龙津桥记》一篇，见唐熙《惠州府志》十八。）其赠张师益轩诗云："少小班门学斲时，挥斤一解便咤奇，而令构得凌烟就，老大逢人说匠师。"《序》云："张益轩先生，予就外傅时受业焉。先生试以见贤后用之作，大为惊喜。及予领乡书，犹及见之。今一第为词臣，归而先生不可复见矣。其子光舆，又能以世讲请书。予思先生训蒙之功，不可忘也，为书一绝贻之。"（此序见胡恂《府志》，张士琏《海阳县志》录诗无序。）所谓益轩及其子光舆，今府县志皆无考。

宗颐按：黄锦文，尚有《明经恢纮》、《饶公墓志铭》，见大埔《饶氏族谱》。

辜氏朝荐《桑浦行吟》　　光绪《海阳县志·艺文略》。

未见

雍正《海阳县志》七：《辜朝荐传》：甲申以礼科都奉命督江左江右粤东粤西四省粮饷。尽瘁于外。值北都失守，闻变痛哭，遂挂冠归里，著《桑浦行吟》、《辜氏族谱》、《无名氏撰传》。燕京告陷，公北望恸哭，归侍太恭人疾。思文皇帝正位福州，授公太常寺正卿，奉敕勤王。公促装入觐，行抵章贡，而圣驾蒙尘。公复归披缁衣，奉太恭人隐于玉简山（即桑浦山之别名），谢绝世事。日与孝廉谢儒美、李曰仁赋诗言志。其忠爱牢骚之怀，一涉于笔墨间。著有《行吟集》，藏于家。

锷按：辜在公有疏草四卷，已著录。其《桑浦行吟》，今未见传本。余尝访诸辜氏，不可得。府县志及《诗苑》并未采录，盖散佚久矣。谢儒美有赠在公诗云："伊昔洽心许，早达飞华缨。抗怀振颓流，气与秋旻横。"又云："眷阙方子牟，倦游类长卿。坐抚芳时徂，俛仰空复情。"此言在公立朝，谔谔怀方之概，与行吟泽畔时，凄苦之状也。在公以明季遗臣，当国破家亡，遁迹海岛，眷怀故主，始终不渝。其风节实足与徐孚远诸人并垂不朽。乃明季野史，如《风倒梧桐记》，及《明季南略》，记在公事，多肆诬蔑。如谓与何吾驺争权引清兵下广州，又言在公之父，横肆乡曲，潮人激于义愤，诛灭其家。吾师温丹铭先生，尝慨志乘之疏略，野史之失实，为刺取群书，考其始末，别撰在公传。于是公之晚节，始大白于天下。然余按《辜氏族谱》，公于思文蒙难后，伏匿里门，迨庚寅郑成功率师入粤，围潮州。潮镇郝尚久疑公与通谋，欲系之，公乃仓卒奉太恭人逃海上，栖鹭门者三载。后尚久反正，始奉太恭人归。未几，清骑大至，仍走鹭门。庚子岛上风鹤，潮守宋徵璧贻书劝公投顺，公曰："岂有廿年孀妇，白首而改节。"笑而谢之。癸卯，清破两岛，公避氛铜陵。明年春，渡海居东宁；又五年而卒。明岁公子君牧（宗颐按：君牧名储赠，公季子。随公出亡二十年。居海上，生子文麟，见林青门《祭储赠辜太封文》。《县志》所称公子之润，乃公长子，非君牧也），扶榇归里，葬公于邑之上莆都院前埔上。凡此记载，皆足补《温传》之不及。又《温传》据《陈园公哭谢霜崖诗》注（原注：今年，辜在公、庄蛰子、郑锡侯及公而四），谓公卒于康熙七年戊申。考龚鼎孳《祭太常公文》，公实殁于己酉八月；而《辜氏族谱》亦载公生万历庚子，享寿七十。所称在公生卒年月，似与园公诗注牴牾。但考《莲山诗集·哭霜崖诗》，并未明言戊申，不过其诗次于戊申九日诗后，《己酉送春诗》前。霜崖又殁于仲冬，故温氏以为戊申耳。然则在公之殁，自以祭文己酉为可信。兹因录公遗集，及其行事，略为考订如右。

又按：《桑浦行吟》，《辜氏族谱》作《行吟集》。

林氏隽胄《时山集》　　乾隆《潮州府志》二十九《文苑传》。

未见

〔补〕陈衍虞《序》：往余屡困场屋，忆己卯之役，介文翩翩佳公子，发覆额，预棘闱事，余服其奥博，推为畏友。壬午，又同秋试，余偶弋获；介文去而从其尊人侍御先生旅京华，历河朔，巡边塞。挹六朝之金粉，披三楚之雄风。江山助毫，家学濡染；故其才日富，笔日老，高踞十五国坛坫，巍然狎主齐盟矣。无何，长安盗覆，攀髯痛深。余一纪遁荒外，盟鸥友鹿，晚抱琵琶，猿鹤讪笑。介文独励不磷之操，于丛峦绝壑之际，孤灯瘦影，猎秀搜奇。家人告以罍空，仰天一笑而已。穷愁悲愤，矢口成韵，皆足兼汉、魏、唐、宋之长。古者鼎彝，近者璆琬。奇则斗山飞，捷则八叉击钵。盖抱左徒之骚心，兼工部之忠悬。严沧浪所谓正法眼藏，比辟支声闻方之蔑如矣。近同事郡乘，每扬榷今古，辄引入著胜地。读其近诗，益喜竿头进步。拟诸作家，譬祖龙据咸阳。六国诸侯，皆牵牲奉币，衔璧称臣。惜乎子虚有赋，不叹同时；义熙以后，止记甲子；岂诗真能穷人邪？（《莲山续文稿》一）（宗颐按：此《序》原稿题作《林时文时山诗集序》。据是，此书实为诗集，非文集也。）

《胜朝粤东遗民录》四：隽胄少有文名，尤工诗。晚年益肆力于学，著《时山集》，《西溪草堂诗集》。

《西溪草堂诗集》　　道光《广东通志·艺文略》八。

未见

宗颐按：时山为隽胄别字，西溪草堂即其所居之地。时山诗，《古瀛诗苑》所收，有《蜚遯》七古一篇，《花前秋斋》集杜句七绝二首；其见于他书者，《澄海县志》有《赠王山长先生》五律二首，《普宁县志》有《昆山草堂即事》七律一首；又别有题《紫阳朱夫子像》七古一首。

郑氏廷櫆《文湾诗集》　　嘉庆《澄海县志》十八《循吏传》。

佚　康熙《潮州府志》。

嘉庆《澄海县志》十八《循吏传》：廷櫆字文湾，苏湾人。天启甲子举人。性长厚，终其身于人无所忤。初授三水县教谕，入为国子监学录，晋户部郎中；出为湖广驿传道，升福建按察使。尝平反官民冤狱，全活数百人，闽人颂之。后以江南右布政致仕。所著有《文湾诗集》。

锷按：文湾诗今仅《澄海县志·艺文门》载其《沧江夕照》七律一首而已。又《县志》有刘子壮（《黄州课士录》：刘古猷子壮，黄冈人，顺治六年状元，官翰林院修撰。有《屺思堂集》）《书赠郑文湾观察诗》云："古之作诗人，其诗自有情；今之读诗人，其诗乃在评。若复学诗作，我心何所著；若复从诗寻，评者惑我心。昔亦有何韵，今人坐相困；况乃限其声，何以发高论。我心洒然起，天地不敢止。且不知风雅，何况盛唐诸君子。父子不同貌，帝王不袭礼。"（《县志》所载刘诗止此，疑后有脱文。）又有胡兆龙（计东《改亭文集》：胡兆龙字子衮，号宛委，山阴人，官礼部尚书。所著有《息游堂集》）《寄怀郑文湾夫子诗》云："朝簪抽罢卧藤箩，石窦松烟静里过。尺素北来鸿雁少，青山南望白云多。闲园种就三花树，佳句工传五字歌。可忆金陵门下士，春风座远怅如何！”古猷宛委皆清初名士，后皆致身通显；而所为诗歌竟及与文湾赠答，则文湾虽以明臣致仕，其卒或当在顺治末年也。

蔡氏文兰《乱后草》　　乾隆《潮州府志》三十《隐逸传》。

未见

《海东旅人集》　　乾隆《潮州府志》三十《隐逸传》。

未见

《胜朝粤东遗民录》四：文兰字免生，澄海人。崇祯癸酉副榜。少从漳浦黄道周游。甲申之变，更名守文，遁迹岩谷中。穷愁落寞，多发为诗歌，以寄意。著有《乱后草》、《海东旅人集》。

锷按：蔡高士文兰，乾隆《潮州府志·隐逸传》，嘉庆《澄海县志·高洁传》并有传。

〔补〕王氏之骥《存笑稿》　　《蔗尾吟草》上。

未见

〔补〕杨世勋《蔗尾吟草》上：王之骥字蓬村，明季诸生，澄海富砂人，著有《存笑稿》。

宗颐按：王之骥事迹，府县志无考。杨世勋《蔗尾吟草》上，有《读王蓬村存笑稿》诗云：“一代尊贤报，怜君命不辰。凄凉伤故国，慷慨弃儒巾。山水供吟卷，莺花悟性真。从来当晚季，志士独艰辛。”又云：“壮岁甘沦落，斯人邈不群。行踪同野鹤，身世等浮云。破涕聊为笑，逃名岂用文。遗编幸无恙，谁为振清芬。”据此则蓬村固明季遗民；所著《存笑稿》，杨世勋既及见其书。世勋距今未及百年，或天壤间尚有传本，未可知也。

〔补〕黄氏琦《杜集约》　　顺治《潮州府志》六。

未见

〔补〕顺治《潮州府志》六：黄琦字玱闻，饶平人。领万历庚子乡荐，再上春官不第，遂构室山颠，读书其中。所著《杜集约》，与虞赵见解颇有异同。年四十（《饶平县志》作四十九）以攻苦病卒。

李氏士淳《三柏轩文集》四卷　　道光《广东通志·艺文略》八，光绪《嘉应州志》二十九。

存　　光绪《嘉应州志》二十九。

锷按：士淳有《程乡县志》已著录。所著《三柏轩文集》，《嘉应州志》谓书有传本；然今未之见也。士淳在明季颇以文章学术为潮人所宗。吾乡陈园公即出其门。其文散见于胡恂《潮州府志》，温仲和《嘉应州志》者共五篇。（《胡志》有《谢巡道平寇序》、《重修松江书院序》、《倪邑侯平寇记》；《温志》有《重修儒学启圣祠记》、《登奎文阁塔记》。）彭廷梅《国朝诗选》，亦收一首。（《咏蚊》五言律诗）而予考胡恂《府志》二十四，别有《寿山仙迹》、《朋山龙潭》七言律诗二首。嘉庆《平远县志》五有《程处士祠》五言律诗一首。

宗颐按：《古瀛诗苑》云：李士淳有《三柏轩集》，无“文”字。康熙《湖州府志》九作“三集”；士淳诗文，见载于所著《阴那山志》者尚多。

李氏以贞《石塘集》　　道光《广东通志·艺文略》八，光绪《嘉应州志》二十九。

未见

《胜朝粤东遗民录》四：以贞号石塘，孝友著于乡里，国亡，不乐仕进，以布衣终。尝题郑所南画兰呈士淳云：“黍离麦秀叹周原，憔悴兰英散澧沅。才得骚歌吊魂魄，又无王士寄愁根。弃之沙砾花无语，写向雪笺泪有痕。绣槛珠帘重伫目，风流不及赵王孙。”著有《石塘集》，时称其浸淫骚选，大类黎遂球《莲须阁集》，邝露《峤雅》。

锷按：石塘李布衣以贞，光绪《嘉应州志》有传。

廖氏衷赤《五园集》　　光绪《广东通志·艺文略》八，光绪《嘉应州志》二十九。

未见

《粤东诗海》：衷赤字蒑孟，程乡人。崇祯间举于乡，食贫力学，诗酒自娱。

光绪《嘉应州志》二十九：衷赤文章淹雅，援笔立就。邑中著作多出其手，所著有《五园集》。

锷按：廖衷赤，康熙《潮州府志》，光绪《嘉应州志》并有传。衷赤有《悲今昔诗》，见《粤东诗海》。

张氏玿《苍苍亭集》　　道光《广东通志·艺文略》八，光绪《嘉应州志》二十九。

未见

张氏琚《旋溪集》　　光绪《嘉应州志》二十九。

未见

《胜朝粤东遗民录》四：琚字居玉，玿仲弟也。年七岁，咏《鹦鹉诗》三十首。稍长，读书淹贯。学使魏环初称其文，有古大家风。崇祯己卯登乡荐。丁亥兄玿殉难，由是一章泉石，与李楩诸人为烟霞四友。著有《旋溪集》。学者称旋溪先生。

锷按：张孝廉琚，雍正《潮州府志》，康熙《程乡县志》，光绪《嘉应州志》并有传。

李氏一楫《咏史约言》　　光绪《嘉应州志》二十九。

未见

《帝王歌》　　光绪《嘉应州志》二十九。

未见

李氏楩《函秘斋集》二卷　　道光《广东通志·艺文略》八。

存　　道光《广东通志·艺文略》八。

陈衍虞《序》：汤霍林先生有言："我怪今之为文者，己则无胸而借人舌也。借舌已卑，况所借者文唾之余乎？"予谓此道因缘，古人若别畛殊疆，实转转相借：《左》、《国》借《六经》，腐史则借《左》、《国》；声诗莫盛汉魏，而汉魏借风骚；诸体莫备三唐，而三唐又借汉魏。宋元而降，沿蓝出青，薪炭不烬。但高者借其神骨，卑者借其粉泽。至若寻兔枯椿，迟鸿沙爪。茂茂毫毛，变为脂醴。是则柔舌犹存，而张口受唾，不堪为娄家兄弟奉巾帨矣。虽然胸具砂篆，古人不乏李、孟、孙、樊辈，褫脱俗芬，不啻烈风击箨。其言骑危鞭险，或挥肉取瑶，或排菹选蕊。窃谓茫茫古今，无与俪其奥异。兹乃有人焉，承谈、彪之微，风奋迁、固之异。藻蚕丛路，绝斧开云，如来经行搴裳避趾，登昌谷、贞耀之堂，入孙樵、樊宗师之室。方且唾生押忽，舌簇都梁，借云乎哉？其人伊谁？吾友其础也。二河夫子声钟镛而舒国华，其础变本加厉，文振珪琳，而奋逸响。窥其所有云梦吞胸，诚琪苑之遐栖，瑶峰之极跨。君读《函秘集》，望洋而惊，自悔结舌之不早矣。难弟其拔，隽采琰心，每欲火攻伯仁，试质吾言，阿奴当不河汉。（《还山文稿》）

〔补〕《噫吟》　　《遥峰阁集》。

未见

〔补〕黄一渊《序》：吾其础盟兄，前此为诗，未尝出以示人。余尝偶见之，兄攫而还之。余退而喜，喜其不泛滥略易诗也。譬之淬千金之剑，必不于沟渎之流；灌万顷之田，必不用于担石之水也。有如泛滥略易，诗而得诗，是古圣贤垂世之书，行道而拾也。以至清至贵之物，而得之酒肉交攻之中，岂有是？兄志士也，所以不汲汲逐队为诗。余方幸兄为诗必也。皇天悔祸，佑我圣人，赫然夺伐，内清外荡，作乐歌功。尊公为相，兄为史拜而受命，退述公刘、后稷勤劬开国之因，艰难王业之事，以告天地，以讽来兹，以瑞金汤，世世而不谓，乃今为式微黍离之音也；诗成而国事非矣，奈何？嗟夫！甲申之役，尚忍言哉！时兄在天外，不得君父存亡消息，向余抱首泣血，即夜长征；而地方啸聚，乃留余看守二家俯仰，身仗剑独行，陟遍屺岵，扪天门，淋漓尽痛，暨初度之夕，得见尊公生还，搴裳拜舞，秉烛相对；而尊公出锦囊中，血泪斑斑，且吟且啸，且泣且和。昔之攫而还者，而今决积水于千仞之溪，转圆石于泰山之巅矣。余虽欲出千手臂以掩其口，宁有及哉！昔云："曷不赋诗退敌。"余谓兄诗且可退敌，但不能酒肉食诸公已死之心，已冷之气，一刷其平日贪婪无耻之行，媚嫉之胸，门户之见，一切虐民蠹国之技耳。如使良心未死，人气犹存，读兄诗如饮上池水，剖腹濯肠，改弦易辙，同心戮力，专以社稷为忧，矢死灭贼，则其中兴之业，引领而俟之。余复见《江汉》、《常武》诸什出兄怀袖耳。（《潮州耆旧集》三十七）

宗颐按：李其础《函秘斋集》，光绪《嘉应州志》二十九著录，作《函秘轩诗文集》，《阮志》此书云存二卷，予则未见，黄一渊有《噫吟序》，不知即诗集中之一种否，今并录之以俟续考。《古瀛诗苑》收其础诗，仅《谿行》一篇，雍正《潮州府志·艺文门》，所载复有《和于学使》、《蓬辣滩》五言歌行三首，《阴那山》七言长句二首，格调高古，园公所谓“振珪琳而奋逸响”者也。

丘氏道光《来青楼稿》　乾隆《潮州府志》二十九。

未见

《大雅堂稿》　乾隆《潮州府志》二十九。

未见

同治《大埔县志》十七《宦迹传》：邱道光字厚卿，湖寮人。万历丁酉举人。授云梦令，摄孝感事。性刚不媚权要，谪长乐教谕。又五年升肇庆府教授，晋镇远府推官，署铜仁守，会九股苗叛，单骑抚之。制府王公称其才德为黔省第一。闻父丧归；卒于长沙。著《来青楼》、《大雅堂》诸稿。

宗颐按：吴颖顺治《潮州府志》云：诸稿未梓。

饶氏墱《庄言集》　乾隆《潮州府志》二十八《循吏传》。

未见

《谩言集》　乾隆《潮州府志》二十八《循吏传》。

未见

《白笑集》　乾隆《潮州府志》二十八《循吏传》。

未见

李士淳《奉直大夫宁海知州于岸公墓志铭》：公生颖异，总角能文；既归休绿野，饮酒吟诗，以乐余年。著有《白笑集》、《庄言》、《漫言》诸稿。

锷按：于岸用恒饶知州壆，中翰与龄三子，乾隆《潮州府志·循吏传》，同治《大埔县志·宦迹传》并有传。

杨氏时芬《楚游集》　　光绪《海阳县志·艺文略》。

未见

〔补〕《沤游馆稿》　　顺治《潮州府志》六。

未见

〔补〕顺治《潮州府志》六：杨时芬字叔慁，少年有才名，著有《楚游集》、《沤游馆稿》，行于世。诗以李供奉为宗，而字学则宗率更。片简残札，时多秘袭云。年三十卒，士论惜之。

宗颐按：杨时芬为刺史泷子，教授一廉孙。光绪《海阳县志》二十九《艺文略》，《沤游集》案语，谓为一廉子，万历庚子举人，并误；万历庚子举人乃泷之季子时英，非时芬也。

又按：《沤游馆稿》，光绪《海阳县志》二十九《艺文略》作《沤游集》，夺一“馆”字。又三十七《杨一廉传》作《沤游集》，亦误。

杨氏闱《（杨今鹤）诗集》　　同治《大埔县志》十七《文苑传》。

佚　　康熙《潮州府志》十七。

同治《大埔县志》十七《文苑传》：杨闱字今鹤，白侯人；泷之孙，时芬子。好涉猎百家诸史，工诗善书。与弟湘阴令开俱隶埔庠，试屡前矛。壮岁即弃诸生服，与吴冏卿殿邦，徜徉山水，酬唱无虚日。后偕太史郭公之奇、黄公奇遇游吴、越、江、楚，道齐、梁入都门，诗举日进。修揭阳、大埔县志，归老海阳之龟湖，年九十一卒。所著诗盈尺，张公亮明弼序之。

〔补〕康熙《潮州府志》十七：闱所著诗，贫不能梓，散失无存。

宗颐按：杨今鹤诗，据林杭学《潮州府志》，当时未尝付梓，清初已散佚。百侯《杨氏文萃》下所收杨氏诗文，闱有《浮春涘花舟》七言古体，《游崇光岩》五言近体二篇；今鹤诗存者仅此。

蔡氏承瑚《枕善居集》　　光绪《海阳县志·艺文略》。
未见

锷按：用缶少时，与陈园公同入复社（见《复社纪事》），后令昆山，治行称江南第一。去任之日，昆山人朱集璜（集璜字以发，柏庐先生之父。崇祯乙亥以诸生对策殿庭获上策。乙酉南都陷，昆山相继失守，集璜死之，学者私谥为节孝先生）为文以送之。兹从《观复堂稿略》（集璜所著《文集》）迻录之如下，以见用缶在昆治绩，并补志乘所不及焉。（其词曰：粤东用缶蔡侯，治昆浃岁，乐岂周翔，刑政清简，士民爱之，忽奉朝旨，将就改调格，而今去有日矣。侯之去也，在侯诚可庆，而吾邑不造也。邑人心不尽雕刓，然良者良，奸者奸矣，赋若烟海矣，积弊疑鬼神矣，民大贫课不入矣。前此十数公，悉以摧辕败轮，莫可解免。侯舍此去，是起十仞之溺，袭旃厦之安也。侯所以闻报，逌然即爱。侯莫若今开府黄公，侯于公谊故师弟，其不谋之侯，而决计于兹者，或出此。所谓可庆者，不以此乎？若邑则惜之已。邑长致心民依者，自聂、樊两公后，盖难言之：侯以文章名天下，而慈恻自天性，食息无非民者。侯向民，不娓娓作煦濡语，而推燥就湿，殆有深焉，民安矣；厚其交而轻其民，时趋有然，游橐可润，而邑中连破家如射宿鸟，孰能忍之？侯不徇一客子，民安矣；邑宰之堂，珍异日新，至揣意雕琢，益不可言，侯短葛敝褐，不入一丝，又粗粝不厌，使都人士不知逢迎何等者，民安矣；大奸咼薮，司数是已，此辈并以不赀致身，故多售奇技，称富人，以甲移乙，以一诡十，册历字洗，赋弥不登，侯炤之无或匿者，而民又以安：惟是之故，民衽席之，寝梦为帖焉。侯之于民如此，而何以去也？夫天下有足知多才，而事以集；亦有足知多才，而民忍以悖者：两者固不蒙也。侯似不足于才知，然惟不足，则有宁处拙讷，使道足养人，而不忍以所能伤人者，是故而人不忍悖也。今岁旱蝗荐臻，不尽死。粪左岁贵粟，后民大饥，斗米八百钱，民何恃而不揭竿起。徒有侯早夜安辑规画平籴，息讼消萌，以有今日也。侯如此，而何以去也？爱侯者曰："地敝矣，时艰矣，非侯之才所得理。"然道足养人，又众之所恃而卒不免于去，此邑士民之所以为侯惜也。今侯行矣！将何所期于侯；侯又何以慰我都人士。敬酹酒祝曰："侯至仁矣，侯即他徙，愿侯砺威断，资其乐岂，以无负黄公之指。"又祝曰："侯今往，异日者，以循良故得展夙昔，无忘都人士之爱侯也！泽之者不厌深也。"又酹酒以徇于众曰："邑宰之行，扉履衣粮，莫给从者。近世有若侯者乎？尔人士见侯裹襆萧条，莫不咨叹，以为希有。其益崇此懿好，以即尔彝，以不负侯，庶天鉴尔衷，而后来者皆良吏也；则侯之可庆者，乃真可庆；而民之不造，亦永赖成人之有德。")

宗颐按：雍正《潮州府志》二十二有承瑚《乡约序》一篇，未审即《枕善居集》中文否？

郭氏辅畿《洗砚堂文集》　郭心宜撰《传》。
阙　《洗砚堂辑钞》录本。

《秋驾草》　郭心宜撰《传》。
阙　《洗砚堂辑钞》录本。

《情谱》　郭心宜撰《传》。
阙　《洗砚堂辑钞》录本。

辅畿《自序》：美人多怨，烈士多悲，惟其情也；情则奚往不深，而予独钟于伤心扼腕之际。嗟呼！此余所以有感而莫能已于言也！感极思生，孤震静远。每当落花凄雨，芳草斜晖，发吊古之悲音，飒回肠之旧谱，往往怨声透纸，塞心顿开，是则世间忧愤诗草，唏嘘文字，皆余之诗文也；余又焉从而诗之文之，无奈艳思萦人，笔花相副；间亦法香奁而铸句，磨熊胆以书词，虽心织未工，腕墨徒愧；而鹃声莺啭，啼笑因之矣。此所以自名情谱也夫。（《洗砚堂辑钞》）

梁亭表《序》：咨署髫龄而以八股文雄郡邑。至与予倾盖投知者，实定于乙亥之春。旋以文事相商，诗歌印可。则余见其日试万言，倚马可待；抑"清新开府"，"隽逸参军"；诗文并极其致，洵别才，非关学也。近以诗稿授劂工，命曰《情谱》，夫诗文岂有别情哉？故尝流览千载，上下古今。诗变而楚骚兴，太史氏赏其好色不淫，怨诽不乱，情基正矣。嗣是汉、魏朝三唐，泛郁悲壮，惋恻深挚，亦自各称擅场。大都尊雅淡，而绌靡曼，则论诗之品定也。咨署所为诗若文，类脱胎于庄、骚，而寄情于陶、谢。其藻思绮合，清丽芊眠，则“相如、子云，同工异曲”，弱冠地位乃尔，余又乌足以量江海之大哉！虽然，余亦有效宅山于咨署者。夫诗岂有别情耶？诗以写幽遣郁，风流文豪，多索课房帷花鸟间。感甄妖梦，宛转裴徊，秋稚春韶，情事欲绝。而触怀痛哭，遇事唏嘘，类杜老丧乱之悲，效江淹恨别之苦。时复使酒骂坐，拍案豪举。或薄腐鼠于功名，闻嗟冥鸿于遇台。冉耕歌其芣苢，颜阖败其丛兰。语谓诗本穷物，遂能穷人。有情无情，使我墨涛笔花向人色飞魄落。非关诗癖，转眼情痴。则所云“好色不淫，怨诽不乱”者，视此真称神圣于词场中矣。咨署生为名家子，幼而负出世奇才，勇爵争鸣。日者虎视石渠，藉以鼓吹休明之运。会须祖四始六义，灏气浑含，称诗正而葩。咨署肯作铮铮细响耶？余向来学文称诗，癖喜雅朴浑奇之调；而笔墨之涩，不能畅我胸中所欲言；意兴之狂，亦咄嗟世界所未及。何敢为咨署道。愿余与咨署相命千秋，必且互商于只字。袁坤仪先生尝称三百篇中，备极寿考福履之盛者，厥辞未尝不工，固知善端不作牢骚态耳。人言三斛纯灰，浇尽英雄胸中魂磊。余请得以百炼钢为咨署割去绕指情缘，咨署其以余为知言否？（《洗砚堂辑钞》）

《楚音集》　郭心宜撰《传》。

阙　《洗砚堂辑钞》录本。

李枫《序》：余年友琴牧张翁，代间伟人也。夙以文章高视海内；然尤宏奖风流，增益标胜。其蒸蒸雅好，不啻扬祭酒千顷。斯韩吏部于吾家文饶者，必甄曲成就之乃已。余令潮，见吾儿，文□于门墙，因挟所私，著为羔雉。乃辄辱许与，谓孺子可教。其舌端喃喃，若以为足当此间一郭生者。余诧之而廉之，而知为吾咨署也。盖余任后琴张一载，故咨署独先受知，非余之知咨署后也。咨署方结发，辄标表艺坛。其知咨署犹有先琴张而追琢之，则多琴张翁力焉愿与琴张翁，君每谓中原文献之气，若隔□□□□南北。余经此言，未可与岭南君子道。兹复能推奖咨署若此，则咨署所得，方福齿遇于琴张翁者可知矣。夫文章事在千古，当不以隐愁辍务，康乐加思。咨署以申尊孝廉，君枉为俗掎摭，几献齿而后获全。乃神犹渊镜，言必珠玉。恣其忿恨，发为声歌，兹集“楚音”所由命也。词微过秦，义同《吊屈》。感加膝而发清商，惊坠渊而激徵羽。所谓诗三百篇，大抵发愤之作耳。彼嗷嗷者，将以自鸣其坚白，亦直抒臆而出之，奚必楚音非元音哉。若夫《七哀》成于子建。

《吾君》咏自延之。文通赋“恨”以徘徊，中山闻“乐”而窃叹。莫不声宣金石，义贯丹青，咨署勉矣。以子才所到，岂但以一“楚音”鸣者。愿域茶陵顽士间，直不择地而生耶？表龙章于裸壤，奏韶武于聋俗。即微尊君枉，安能宜于贵远贱近，向声背实之耳目乎？虽然，琬炎宏璧，所在钦宝，乌知世之知咨署，不犹琴张翁之后，复有余不佞哉！余儿与咨署曾一握手金城，其声气颇在珀芥间，余援莫知，知以琴张翁之言，亦即以知咨署云。（《洗砚堂辑钞》）

《菱青集》　　郭心宜撰《传》。

阙　　《洗砚堂辑钞》录本。

李榧《序》：咨署之尊人，与余家君同举于乡；家君兄事其尊人，予因与咨署幼而相习，谊同兄弟，称世交。咨署生而碧梧翠篆之容，长而威凤神龙之誉。垂髫时，才名啧啧噪人，当道具眼者，无不愿邀一揖，见形以为美瑞，闻言以为好音；然咨署殊自标帜，不屑与一辈比比者交；而焚琴煮鹤，摧兰折蕙之手，亦谯谯尾羽矣。戊寅（《洗砚堂辑钞》臆改为乙酉。按《序》文作于壬午，安有预言乙酉之理，兹据辅畿与林跻八书改正），尊人团勇撄难，咨署遂以奇人得奇祸，觤觤葛藟，结辖备至，得金坛张公亮师力乃解。予犹忆及先辈袁石公云：“文人九锡奇祸，侠居二焉。”若咨署者，祸可谓奇矣。彼金坛先生虽在师席，正自李白之于汾阳也。予读先生近集，笑语咨署曰：“苏长公文以海外奇，先生令榕城，未海外而亦奇；盖维子之故，子文由先生而奇，先生文未始非奇于子，可谓相与而有成也。”曾以奉似先生，亦相视而笑。咨署今年方望壮，于书无所不读，于文无所不作；然尤好平章风月，调弄佳丽。青楼醉后之歌，“一片孤城”之句，非咨署而谁？咨署殆奇于情，逼于祸，而益烈焉。计自咨署文出，岭以南风物日美，川峦日秀，草木珍错日奇；纷纷郁郁以献于咨署之前，希其一评一唱。今秋遂巍然免阙，独秀东南，则“云里帝城”，“雨中春树”，正待染毫也，予日以望之。（《洗砚堂辑钞》）

《金墉集》　　《古瀛诗苑·前集》一，郭心宜撰《传》。

阙　　《洗砚堂辑钞》抄本。

《闺怨诗》百首　　同治《大埔县志》十七《文苑传》，郭心宜撰《传》。

阙　　《洗砚堂辑钞》录本。

《落花诗》三十首　　同治《大埔县志》十七《文苑传》，郭心宜撰《传》。

阙　　《洗砚堂辑钞》录本。

辅畿《自序》：凡光艳过浓之处，邪气干焉。盖其舒英布萼之时，固既日月竭华，乾坤阐巧矣。巧穷华尽，瞰来鬼神，方彼朝荣，即贻夕悴。天以换世，花以损年，一也。古今落花之什，既罄南筠，观其锼恨柔肠，刻情怨肺，莫不凄还带媚，泪有余芳。忆予髫时，读六如《落花诗》三十律，悯其过而感其心，悉知之。既而悔其过于悲也，置而不录，十有余年矣。嗣后虽欲驾管驱烟，摅我愁慧，而鹿鹿尘务，几坠元珠，忡忡俗忧，殆焚灵藻，且以泣香吊粉，徒向酒食人为之；吾恐花神，亦多鄙夷也。乙酉春，同社人以年伯黄缃庵先生诗六首相示，更取瑶泉、申相国韵，互酬迭知。鸳鸯谥冢，争擒长恨之歌；鹦鹉旌碑，各制伤神之赋。风流锦丽，艳绝一时，予愧智窦已封，情泉渐涸。彩锦初还于郭璞，妙词莫付于雪儿。纵或能南国披香，六朝眠梦；而青楼价贱，谁从蕙殿以诵莲昌；红袖心愚，难向旗亭而唱杨柳。知音不遇，好事无传；焉用文之，徒肝呕耳。乃年来柳月梨云，曾兴悲于短梦；翠霞脂露，空惆怅夫余香。惊乎精卫之冤，思刻潜英之貌。愁山莫徙，恨海添澜；亦复织叹成篇，缀嗟作句。是知《菀枯之什》，人生之所不能忘也；今昔之悲，予心之所未能忍也。矧夫鸮啄灵根，蛰戕珠树。故园蔓草，旧屋寒烟。楚苑既长蘼芜，汉陵方冷麦饭。愁闻漏水，忍见销铜，听风雨于燕子矶边，徒伤金粉；想音尘于墨花台畔，弗续人琴。呜呼悲已！回首旧欢，宛如昨日；还思往事，顿是前朝。阅兴废而壮志将灰，历艰难而雄心殆尽。所谓思牵肠直，忧使眉皴；感慨百年，词非一指，文难骂鬼，诗易穷人。世之哀吾志者，吊禾黍之离离，悼断香兮漠漠；庶无訾于牧之之感旧，与卫玠之言愁矣夫！（《洗砚堂辑钞》）

《饮兰纪咤》　　郭心宜撰《传》。

未见

《洗砚堂辑钞》

存　　道光刻本。

同治《大埔县志》十七《文苑传》：郭辅畿，字咨曙，大麻人；聪颖绝伦，读书过目成诵，发未燥，便能出语惊其长老。稍长，又自刻励下帷，堆积群书于坐榻之四面，日夕翻阅，醎沐俱废，谓之坐书井；读毕乃束起，谓之出井。以故制艺鲸铿玉戛，典赡环玮，为时髦所推许，揭阳令张明弼延致官署，习词赋。张故江南名进士，渊源指授，学业益进。邑学博梁无畴有《柬咨曙》诗云：“茶山翘跂看鹏翥，九万扶摇谁可语；怒飞搏击大惊人，与我相朝郭咨曙。咨曙燥发负琦瑰，灵根异骨自天开。胸中磅礴驱今古，我能拔尔抑塞磊落之奇才。十年读书破万卷，一生元鉴堪吾选。陆海潘江笑未工，《元草》、《易林》浑似浅。登坛仗剑骋中原，左执鞭弭右櫜鞬。汗牛著草时盈笥，倚马挥毫日万言；万言倚马笔如走，竽瑟争鸣兼不朽。两都词赋飨千金，八股文章嫌敝帚。咄嗟咨曙一少年，少年藻思何芊芊？吾生性僻耽佳句，陶谢令渠述作传。此日青云飞白社，凌云献赋称司马。《长杨》、《羽猎》后先名，早晚荐雄文似者。桃花树里百花馨，茶山郁郁何青青。若问陆沈论避世，与尔相期著作庭。”崇祯壬午以第二人举于乡。丁明季沧桑，怀才莫竟生平，著作散佚，仅传《闺怨诗》百首，《落花诗》三十首，脍炙人口。

《古瀛诗苑·前集》一：郭辅畿，字咨署，大埔人，崇祯举人，有《金墙集》。

锷按：郭咨曙少年英颖，聪明绝世；所为诗，锦心绣肠，鲜有伦比。晚遭国变，气益激昂；而美人香草句中，时寓黍离麦秀之意。金坛张公亮（名明弼，崇祯进士，时令揭阳）最激赏之（公亮有赠诗，见《洗砚堂辑钞》)。《古瀛诗苑》载咨曙所著有《金墙集》；《大埔县志》则言生平著作多散佚，仅传《闺怨诗》百首，《落花诗》三十首。今所载举《洗砚堂》诸集，乃从郭心宜撰传补录；其原本皆不可见。道光中，咨曙裔孙中城等，搜集各集遗本，杂糅诗文，重行编次，为《洗砚堂辑钞》。其书选录删汰，颇多失当；字里行间，又往往臆为改窜。如五律中《对莺自咏》、《古瀛诗苑》起句“饥琢红香细”。《辑钞》“饥”改作“空”。既曰“空啄”安得有“红香细”。又如七律中：《木棉庵见诛贾似道碑》，《诗苑》起句：“荒垣落日草芊芊，愁听行人说木棉。”何等含蓄蕴藉，而《辑钞》“草芊芊”改作“断碑悬”。又颔联之“白骨何能闻蟋蟀。游魂疑尚滞歌筵”，《辑钞》改作“白骨有知犹斗蟀。游魂尚醉不朝天”。“不朝天”三字成何语乎？他若“鹦鹉杯前曾细语，芙蓉江上只相思。”“曾细语”之改作“曾共醉”，“只相思”之改作“又相思”；“枕畔温柔真隔世，坐花微笑是何时。”“温柔”之改作“凄然”，皆与原作意旨相违背：诸如此类，不胜枚举。然咨曙遗著，散失已久。中城生二百年后，能追溯先型，加意搜罗，重为编刻，是不可谓非肖子；而后学之欲获睹咨曙文字者，尤终赖此编之存，其间虽少有疏舛，未可以一眚之累，遂弃置也。

辜氏兰凰《啸雪庵集》　　雍正《潮州府志》二十四。

佚

雍正《潮州府志》二十四：兰凰。冏卿辜朝荐女，适贡生夏含曜，癸巳城陷，凰恐受辱，自经死，著有《啸雪庵》、《易解》二集。

《易解集》　　雍正《潮州府志》二十四。

佚

锷按：辜冏卿一门风雅，颇类吴江叶氏。冏卿弟朝采，号愿小，《志》称其筑四香堂，聚书万卷，著述甚富，而至今一字无传。（陈园公有《次韵寄答辜愿小》律诗四首，见《莲山诗集》十。而愿小，原作，今则无传。）兰凰以弱女子死国难，尤不愧其家学。所著《啸雪庵集》、《易解集》，亡佚已久。诗今仅存《春闺》一首，载胡恂《府志·艺文》。（其词云：“入帘双燕傍人飞，二月香巢语尚微，架上落花红点袂，墙东飞柳绿侵衣。琴书难了平生愿，铅粉偏于世俗远，无限凭栏一凝眺，不堪芳草载斜晕。”）同时闺秀与兰凰并以诗称者，有韩古真（字月香，海阳人），邱恭（海阳人），赵巩（海阳人），谢玉娘（揭阳人，海阳文学陈艺衡继室），许蕉（海阳人），洪宝（揭阳人）等。其集均无可考，因录辜氏集，并附识之。

罗氏万杰《瞻六堂集》二卷　　冯奉初《题辞》，《粤东遗民录》四。

存　　乾隆乙酉馀轩刊本；《潮州耆旧集》选本。

沈德潜《题辞》：明揭阳罗公贞卿，以名进士起家，历官吏部员外郎。思陵召对便殿，问修练储备四事，敷陈恺切，深中时艰。冢宰郑三俊，澄清铨政，倚公以理。内艰归里，甲申，闻变，将散家财报国，不果。南渡骏征拜都察院右副都御史。马、阮用事，辞不就职。雅好为诗，凡出处之际，身世之感，无不寓之篇什。其诗真率自矢，不假藻绘，和平温雅，冲澹希夷。格合三唐，体兼刘白。散体之文，真挚朴实，不事矜奇炫异，固风雅之正宗也。

万历中，公安竟陵，矫历下、娄东之弊；倡浅率之调，以为浮响；造不根之句，以为奇突；用助语之辞，以为流转。杳渺幽晦，堕入鼠穴，鬼国、诗归一出，词坛无不降心相从，闻声远应。而公独以风雅为宗，不染余习，即其诗文亦可谓独立不阿者矣。又闻公沧桑之后，披发恸哭入山，日学枯禅，绝口不谈世事，三十年足迹不入城市。国朝收用遗逸，邑令入山劝驾，公答诗有“道人只合孤峰顶，卧听康衢击壤声”句。昔国变后，熊给事鱼山止于华山寺，方简讨密之止于高坐寺，金临清道隐止于丹霞山寺：皆遁入缁流，以公较之，岂非合志同轨者与？公殁，乡人谥曰“文节先生”，洵无愧焉。乾隆甲申中秋，长洲后学沈德潜题并书，时年九十有二。（《瞻六堂集》卷首，亦见《潮州耆旧集》三十五）

饶堂《序》：顾宁人先生曰：“诗，不必人人皆作。”稽古贤豪，树德立勋，奚必借韵语以传。间或性之所近，往往谱声成文，用以发抒其忠悃，陶写其天真，则虽或微词短咏，如吉光片羽，为世宝贵，又奚必杨铁崖之十万首哉？吾埔双髻山之磐湖寺，为明季铨部庸庵罗公托迹地。忆余少时，过游，寺僧之老者，犹能传述当时孤忠慷慨，转入枯禅之状，如见骆宾王祝发灵隐时。越数年，公之元孙绍度、希文兄弟延余司讲事于响叶山房，乃获诵公《瞻六堂诗》。味其中怀宕逸，格韵萧闲，又如读金道隐《遍行堂集》。愿家经兵燹，十不存三，每怂恿其裒集成帙，付之梓以垂后。又十年，希文乃出其所校定者，沈宗伯既序其卷端，受而读之，亦足见公忠悃之发抒，天真之陶写，有不能自已者，虽然，公之高风亮节，为明季潮海中一人，表章之任，自有银台金管，初何庸赘？余惟深嘉绍度、希文之无忘乃祖，相与两夜灯窗，互相校订，而兹既克成厥志云。乙酉花朝日茶岭后学饶堂题。（《瞻六堂集》卷首）

陈际泰《序》　（《瞻六堂集》卷首）（不录）（亦见乾隆《丰顺县志·艺文》）

吴本泰《序》　（《瞻六堂集》卷首）（不录）（同上）

冯奉初《潮州耆旧集·罗吏部集题辞》（《潮州耆旧集》三十五）（不录）

〔补〕饶宗颐《跋》：右罗万杰《瞻六堂集》二卷，为诗一百九十篇，文十三篇。万杰字庸庵，一名贞卿，揭阳人。崇祯甲戌进士，官至吏部员外郎。遭明鼎革，弃家为僧。志行文章，绝似宋末华亭卫宗武。其祝发入山，年仅三十。居山数十年，物外鸿冥，卒成采薇之志。所为诗歌，风格遒迈，鲜蹈江湖粗犷之气；而皆心存故国，抱痛至深。文则冲淡雍容，雅有法度。在明季潮州诸贤中，尤为杰出。今所传《瞻六堂集》上下二卷，乃乾隆中，庸庵曾孙廷祥所辑刊，距庸庵之殁已七八十年矣。考集中《山居杂诗》七绝八首，及《偶成》五绝二首，以《丰顺县志·艺文》所载校之，全诗不同者四首，而《艺文》有《人日游七娘滩值雨》七律一首，《元日值雨用雪樵上人韵》七律二首，今本集中俱阙。又《潮州耆旧集》三十五录庸庵文，有《郭正夫墓志铭》；凤陇《薛氏族谱》，有庸庵《薛氏迁廓祠记》，均为此集所失载；然则庸庵诗文遗佚者多矣。饶堂《序》称家经兵燹，十不存三，以此推之，其言足信。此集虽非完本，然同、光时已非易觏。光绪《揭阳县续志·艺文》，此书注曰“未刊”，可知当时修志者，于庭祥所辑梓本，实未寓目也。

罗濬《文节公传》：公讳万杰，字贞卿，号庸庵，乡人私谥曰“文节先生”。其先世谱出豫章，宋末有讳安者，自闽莆田之官来粤，爱揭之佳山水，因卜居焉。十余传而生公，揭邑诸生乡贤衍六公第三子也。年十八，登崇祯庚午举人；甲戌成进士。甫释褐，丁外艰，服阕，改行人，司行人，两奉册使封吉、荆二藩。庚辰，召对便殿。给笔札，问修练储备四事；敷奏无讳，深中时艰，随擢吏部清吏司，寻转员外郎。时冢宰郑三俊力澄铨政，以公正直不阿，破格畀以选事。公一矢公慎，请托不行。任事一年，复以内艰归里。值揭邑祲，倡境内殷户出粜，全活甚众。甲申三月，变北耗至，辄蹶然起，愤不欲生。会南都举号，尽废其家产，约同志勒兵勤王。已闻朝政日稗，将骄兵悍，上下嬉逐无度，乃声咽气塞。征拜都察院右副都御史，不就。散诸勇健，痛哭入山，结茅于埔阳之双髻峰。林栖谷汲，日习枯禅。时有同里被难诸生，祝发称语山者，相与酬唱诗歌于烟岚竹树中，三十年绝口谈世事，足不履城市；虽家人父子邈如隔世。兴朝定鼎，海宇廓清，简求遗逸。当道为具荐牍，敦劝出山。公有却聘诗云：“竹马迎来冬日温，条风远拂陇头村。首阳亦属同疆里，敢道食薇不是恩。”又云：“一扫浮氛今已清，几家鸡犬月中行；道人只合孤峰顶，卧听康衢击壤声。”著作殊多，率逸其稿。疾革遗命题碣曰“明龙山樵夫之墓”以自志，其躬丁厄运，忠孝未纯云。……康熙癸酉仲春，茶阳族孙濬拜述。（《瞻六堂集》卷首）

〔补〕王宗昌《吏部员外罗万杰墓铭序》：先生遭明季鼎革，弃家为僧。自卜寿藏于岐山之龙湫潭，题其碑曰：“明龙山樵夫罗公之墓。”先生不但隐其身，而且晦其名，殆雪庵静节之流亚欤。（乾隆《揭阳县志》八）

锷按：庸庵罗吏部万杰，乾隆《潮州府志·名臣传》，乾隆《揭阳县志·贤能传》，乾隆《丰顺县志·贤品传》并有传。

宗颐按：冯奉初《瞻六堂集题辞》称："存稿二卷"，与庭祥所辑本合，然其所载文有庭祥本中缺录者，则冯氏所据者，当系别一本也。《古瀛诗苑·前集》一：万杰有《瞻六堂诗前后集》，亦必另是一种，然今无可考矣。

许氏国佐《百洲堂集》　　乾隆《揭阳县志》六《贤达传》。

存　　家刻本。

宗颐按：此书《阮通志·艺文略》八，《古瀛诗苑·前集》一，俱作《百花洲堂集》。多一"花"字。今从《揭志》及刻本。

《蜀弦集》　　《古瀛诗苑·前集》一，乾隆《揭阳县志》六《贤达传》，光绪《揭阳县续志》三《贤能传》。

存　　抄本。

田从典《序》：余承乏英州，秋间奉檄聘与毖院事分房。适阅《璧经》，于时矢公矢慎，务剖璞淘金以副朝庭宾兴至意，故所得诸士卷，皆由精校细骘而入彀中，然隽逸清快，不啻荆刀哀梨者，则莫若许子登庸。撤棘之后，来谒毕，许子欢出一册，对余曰："是《蜀弦集》也，为胞祖伯遗诗稿。祖伯讳国佐，字钦翼，别号班王。中有明崇祯辛未榜，与家王考同怀自幼相师友，颇饶撰著。中遭震业散亡于兵燹之余，仅存百一矣。今而不裒辑，恐并遏佚前人光，敢请如椽弁其首，庶信而可传云尔。"余因捧而吟讽之，觉任真孤诣，动与天游。而微致巉耸，格韵铿锵，视世之描画头角，优孟衣冠，拘拘于规抚唐人者迥别。盖先生未擢司马之前时，烹鲜于富顺、遵义、郁姑、金川之地，时有车辙马迹，于以陶永性情，发抒丝石；而绠桑可以谐律，歌声标其学道，此《蜀弦集》之所由名夫。干将泛阏重壤，而宝气直射斗牛，物华固不可掩。先生篇什埋藏六十载，而一旦锓板盛行，将英爽謦咳，迫露楮墨间，人文岂不斓焉彪炳。若许子者，亟事表章，抑亦谓善绍述也已。余又尝详览郡乘，先生曾王父守愚公令东流，大父公望公尹顺昌，世父有寰公剑州牧，有寅公授司理。三世四孝廉，簪缨绵延，迄先生更式廓之，高踪孝行，具载人物传。今许子，青年克世家学，复起而振丕绪，行见公车北上，一著先鞭，展骏步于黄金台，得意看花，其所以休烈，为尔诸先达宗祖荣施，而无忝绍述者，亦何可胜道，夫宁重梓遗集已也。许子勉乎哉！泽州后学田从典顿首拜撰。（《蜀弦集》卷首）

刘锡埏《序》　（乾隆《揭阳县志》八《艺文》）（不录）

刘鼎《序》　（《蜀弦集》卷首）（不录）

〔补〕饶宗颐抄本《蜀弦集跋》：右写本《蜀弦集》一册，揭阳许班王所作诗也。首有田从典序，刘鼎序。班王字钦翼，本名国佐，又号旧庵。崇祯间进士，仕富顺、遵义二县县令。罢官归，值九军贼破揭阳城，以救母遇害。陈园公有追哭班王诗，所谓"盗终戕孝子，世遂丧奇人"者（见《莲山诗集》卷六），即斯人也。班王诗格，平易健拔，在宋似杨诚斋，在明似袁宏道。《古瀛诗苑》于明人诗选录班王最多，盖取其性灵独抒，意到笔到，为诗而不为诗所囿也。班王著述甚富；诗于《蜀弦集》外，尚有《百洲堂集》、《灵洲山堂集》；文有《旧庵拙稿》，《班斋数句话》。文久无传本，想当时或未付刻；诗经兵火后，多散佚。康熙中，其侄孙登庸始搜辑而刊行之，曰《百洲堂集》，今尚存于世。

《灵洲山堂集》

阙　旧写本。

《班斋数句话稿》　乾隆《揭阳县志》六《贤达传》，光绪《揭阳县续志》三《贤能传》。

未见

国佐《自序》：文以自叙其人也，若文是而人非，无为贵文矣；又加之序，则是既欲以文欺人，而复欲以叙自成就其文也，夫谁信之？故叙人文者，叙其文；自叙者，不必序其文也。然非房非行之文，何为梨之？此不可解也。自叙者，又何可不明所以梨之乎？噫难言矣！夏月，班斋主人许国佐自识于正塔堂。（《百洲堂集》卷首）

冯元飙《叙》：蔡人镜作《剧谱》，语予曰："铨有七十老母，聊作莱子斑衣小儿啼也。"谱中数及班王，吾友许班王也。班王故称善剧，剧于酒，于诗，于谈，于笔，无不可谱；而尤剧于文，古今文人断须呕肝，搔首捉鼻，不可必至之境，班王以嬉笑得之，定自第一，班王亦断断自许第一也。第一文成，必呼大白，拈毫拈韵，发狂大叫，辄惊四筵。是实有剧具，非仅仅以歇后博。宰相安石围棋而奏淝水，平仲樗蒲以定澶渊，他日自须以一剧办天下事；忠孝大业，人镜倘能为班王谱之耶？时崇祯庚午年夏月之吉，凫矶友弟冯元飙顿首书。（《百洲堂集》卷首）

《旧庵拙稿》　　光绪《揭阳县续志》三《贤能传》。

未见

光绪《揭阳县续志》三《贤能传》：许国佐，字钦翼，号班王，一号旧庵，在城人。生有异禀，读书七行并下。性豪宕，嗜酒，好吟诗，诗最工。与番禺黎美周遂球相友善，唱和往来无虚日。著有《百洲堂集》、《蜀弦集》、《旧庵拙稿》、《班斋数句话》若干卷；兵燹后，仅存百一。侄孙进士登庸，网罗散佚，辑而梓之。其诗缠绵悱恻，独抒性灵，出入于青莲浣花。有《行路难》一首云："春日媚人不到室，穿穿欲来一影隔；瓶花此时亦倦眠，郎心妾心不如前。郎不记妾郎有为，妾不记郎泪垂垂；烟尘搏天天亦痴，妾心何容郎去疑，欲识妾心郎来时。妾之一弦已七年，弹来心心不如前。郎不记妾诚何为？何不使妾一知之。妾亦不甚让须眉，烟尘丛中叩天痴。何者妾得知郎为？妾郎丈夫妾知之。郎不记妾郎有为，妾不随郎郎不危。郎且绝意掷愁思，郎且绝意倚酒卮，郎且绝意松文辞，端午郎来煮江鲥。"论者谓其源胎息于汉魏；而预料时势，忧国忧民，尤逼似少陵云。

锷按：班王许县令国佐，乾隆《潮州府志·孝友传》、《揭阳县志·贤达传》并有传。

谢氏元汴《烬言集》　　乾隆《潮洲府志》二十九《文苑传》。

未见

《放言集》　　乾隆《潮洲府志》二十九《文苑传》。

阙　　诗载《霜山草堂诗集》。

〔补〕元汴《自序》：吁，此霜崖既放之所作也。十月至三月，时不一；蘅溪至韩山，地不一；为谷至为陵，事不一；触往述令，迁错零乱，无绪理可寻，风雅颂俱忘矣。后之读此者，甚柳竹枝词乎；非律也，强律之，霜崖之罪也。（《霜山草堂诗集》）

揭重熙《烬言放言叙》：锡磨崖以邓州，昭白水以扶风，休否之气，先见放文心。夫是始扶翳心，而与以大通。固扬休业，美盛德之所自瞩也。乃者，墨墨咸不自得，有豕其冠，熊其衣，虺其心，而霜崖氏以烛龙之焰照之。霜崖之挟霜气以剑戟乎笔墨之间久矣。予三复其《烬言放言》而悲之。首山离家，劫火桃花，不啻叔皮□困井蛙，而退之迫窄于廷凑露刃时也。乃其寄趾翛然，益幽以远，此何止驱来君叔、李西平数十辈。今日月出矣，霜崖以其欻气吹之，际天所覆，犹有氛翳，霜崖之耻也。予仆仆执虎几，同兔走，而犹得以静息，视霜崖之言。予知言乎哉？知之以正夫先生之言而已，夫正夫先生今之所为翼日月而行者也。（《霜山草堂诗集》卷首）

徐孚远《序》：今夫立言之家，得气有厚与薄，抒辞有夷与奥，此其遇之通塞然乎？亦其才分之所出不可强也。太白之于诗，子瞻之于文，虽摈斥流放之余，而浩浩落落，欢情著于笔墨之间。盖性适者不能为悴言，观其所著，固可考也。若夫屈子之骚，愀乎其容，噍乎其音。徘徊悱恻，疑往而还，罕有讫其首尾者。而唐李长吉乃变其音节，以为诗取才僻而辟境邃，骤而咏之，莫测命意之所归。盖深有得于《骚》之神理者。与后世能文之士，习夷惮奥，以同自喜，能至其阃域者，益少。而《骚》之苗裔，经数百年无传于世。粤东梁也谢子，出其诗一编示予。其雕刻山川，驱遣神物，则"天问"不足名其诙诡，九章不足为其纡回。噫！何其怪特也！盖南海之气，灏淼磅礴，其天分之所得者厚，而又不幸身涉乱流，甫登天朝，不暇有所设施。而三京迭陷，窜伏十年，栖山蹈海，往来闽粤之间，无日不有死亡之虞。若夫悲老成之凋丧，伤故交之沦胥，叫呼彼苍，愤郁叹咤，有甚于屈子之行吟者焉。至乃长吉固王孙也，特以官卑众忌，托于篇章，鸣其不平耳，岂与谢子之烦冤同日语哉！谢子之才固高，使不遘是时，亦无以极夫才情之变，而致必传之业如此。予之所遇与谢子同，而思不能似入湛深，辞不能以造奇险；比于昔贤之从容，曾不足以庶几；乃若惊怖于谢子之言，固已旋其面目矣。（《霜山草堂诗集》卷首）

宗颐按：此集但题曰"诗序"，不知所叙元汴何书，姑系于此以俟考。

《和陶集》　　嘉庆《澄海县志》十八《循吏传》。

阙　　诗载《霜山草堂诗集》。

宗颐按：乾隆《潮州府志》二十九，本传作“陶集”夺一“和”字。

《霜吟集》　　乾隆《潮州府志》二十九《文苑传》。

未见

元汴《自序》：岁何以暮？凡岁之烟云、草树、川峦、泉石无不暮也。自坠地至于老死，无日不有暮也，暮何独于岁？自海立山飞，雷喑石言，星孛日蚀，无非感者，感何独于岁暮？系感于暮，系暮于岁，噫！岁暮如是，其可感也夫。我所居在穷山短水，以我处之，山若加而穷，水若加而短。幸龙宾虎仆，咸隶奔走，则山虽穷，水虽短，而我胸浩落若有奇山怪石，栖隐笔端者，感不生于山水，而生于岁；并不生于岁，而生于岁暮。噫！岁暮是如，其可感也夫！每笑韩愈送穷，穷何可送？则暮何可感？余悲夫送穷者，而不自悲其悲，自视视古人，当在何等？然胸有物焉，抑而不吐，必生狂疾。曹邺所云：“必为颠，为沴，为早死人也。”于是以笔为酒，纸为脯，劳而祭之，俾我笔陷纸不活，则感不生，而岁暮诗可以无作；自此四十七年以后，于古人或庶几焉。虽穷山短水，安知非洞庭、彭蠡、王屋，外方在于门而左，门而右乎？（嘉庆《澄海县志》二十五《艺文》）

《霜山堂集》　　康熙《潮州府志》九，《古瀛诗苑·前集》一。

阙　　《潮州耆旧集》选本；道光朱氏重辑《霜山草堂诗集》本。

梁佩兰《序》：燥发时，诵先生之文，便想先生之人；以为先生生于潮，海水汩没，山势崒嵂，鳄鱼怪兽之所出入，其奇莫当，特出先生以应之。其人其文，其文其人，故为中原所推服。忆自前时想先生，而故为揣摩先生者，今十有六年矣。而果承先生枉顾，得见先生，又得见先生近所为文，为古文为歌诗而并读之；而与先生相过，仍自落落也，得无前时所云，想先生者，值当面而又失之也。善乎！苏子瞻、王夫人之言，其与人锐者，其退人必速。兰感于世故，故宁为落落也，先生之文，大率如先生之人。先生自言其文三变，其人亦三变。是以先生近文，比前时愈瘦愈劲，愈削愈刻，愈奇愈放，愈幽愈老；而总之愈严。古文离合奔纵，得之司马子长，而闲得之汲冢古《竹书》，《九危》、《岣嵝》、《石鼓》诸碑文。助其错落幽奥，故于古文别开蚕丛，为从前人所不能为。其在近代，则黄幼元、倪鸿宝，亦其同调也。诗原于《离骚》、《九章》、《天问》等篇，而卢仝之怪，长吉之鬼，孟郊之瘦，贾岛之寒，元次山之朴，鑪锤而出之，故又独成其为先生之诗。执先生所为近文、古文、歌诗以寿世。真是与白日同不落也，拙稿奉览，求为删定，或可教则乞弁言增重。兰之文，素不喜因人热，素不肯易入俗口，世亦目之为怪为诞；而为人不羁，世亦目之为狂为妄。非遇先生，决不如此吐露，如此出丑；则亦弥大王驴其耳化为竹而复不敢鸣也。诗稿待写成帙呈削，欲言未尽，临楮神切。(《潮州耆旧集》三十六)(宗颐按：此文乃佩兰与霜崖书，冯奉初改作序文，今仍之。)

黄钊《残月谢霜崖给谏诗叙》；余尝读宋谢皋羽之诗，如遇其人于荒崖绝嶂，披发呼号，猿闻之而肠裂，雀和之吭喑。妖鸟九头，譆出于树巅；山鬼独脚，彳亍于崖足。呜呼！是奚境耶？是何遇耶？乃三百五十余年，复有望帝子之舟，辞侍郎之屿。茧足荒山，窜身异地。欲填海而石无可衔，欲移山而尘且弗动。天柱折，地维缺，海鱼吹尘，训狐厌血。呜呼！是奚境耶？是何遇耶？何三百五十余年之迹，迷离影响，恍惚依稀耶！而余独怪其所入之劫灰同，其所出之苗裔同，岂三百五十余年之皋羽，五庚申之局既终，一甲申之变复见耶？夫西台之哭，竹如意碎矣；变而哭芷，变而哭石，今古茫茫，一恸几绝。其《放言自叙》曰："风雅颂俱亡矣，风雅颂亡而《骚》作也。"是诗也，祖乎《骚》者也。夫国亡家破，徒以老母故不死，宗祧几无意矣，尚何心于祖《骚》。其为《骚》也，心声之肖也，而尚欲以唐宋诗人方弗之，则是陈叔宝之流也。明亡而我朝兴。道光丁未，其同里朱君□瑞刊《霜山草堂集》，而属钊叙之。其里居出处事迹，见于本传，不复赘云。镇平后学黄钊撰。(《霜山草堂诗集》卷首)

冯奉初《潮州耆旧集·谢给谏霜崖集题辞》。(《潮州耆旧集》三十六)(不录)

〔补〕饶宗颐朱刻《霜山草堂诗集跋》：右《霜山草堂诗集》一册，无卷数。道光戊申仲夏重刻，首有揭重熙《烬言、放言叙》，徐孚远《诗序》，黄钊《残明谢霜崖给谏诗序》三篇，题澄海谢元汴梁也著，同里后学朱以鉴以谏同重校刊。霜崖少以制艺名家，所著《讷斋真稿》，自为惠半农刻入《岭东三家文选》，久已风行海内。其杂文歌诗据潮州府县志所载有《霜山堂集》，《放言、烬言》、《和陶》、《霜吟》诸稿，然世鲜有传本。道光间，顺德冯奉初辑《潮州耆旧集》，始得其遗著写本于城南林孝廉恒亨家。据奉初序，不言集名，只云"诗古文皆全"，而同时朱以鉴亦有《霜山草堂集》之刻。今检朱刻集，以各体分类共得诗二百九十一篇。开卷即为五律《放言》诗三十一首，有霜崖小序。每首以二字命题，用上下平韵目循次吟咏，每韵或一首二首不一。五言古中有《和茧雪》、《和贫士》、《和张常侍》、《和移居》、《和归田园居》、《和游斜川》、《和郭主簿》诸诗。（茧雪为吴太守颖别字，是时霜崖与颖约和陶诗，颖诗见顺治《潮州府志》。）是所谓《放言》、《和陶》二集，已尽载朱刻集中。虽《烬言》、《霜吟》、《霜山堂集》之诗，未能详为析出，疑亦不越朱本之外也（旧府县志、《古瀛诗苑》所录霜崖诗，朱刻本皆有之）。明人歌咏，喜取同类之诗，别本单行；虽名为集，而篇什无多。如霜崖所撰《放言》诸集，是其明证，特朱氏刊行之《霜山草堂诗集》，当时所据何本？以鉴既未明言，各序亦不之及，未知与冯奉初所见是否同一抄本？抑合诸集单行旧本，别为厘定，已无可考矣。〔补〕冯奉初《明兵科给事中谢元汴传》：元汴性聪敏，九岁能属文，父卒，母守节抚之。十岁，祖应诏卒于官，家中落。元汴以孤子奉母，性至孝，能承母意。下帷读祖父书，经史之外，兼及庄、骚、百氏。其所为诗文，奥博权奇，有不可一世之概，雅与其人相称。集中有吊黄道周、陈子龙、揭重熙、张家玉诸公殉节诗，苍凉悲壮，精悍之色，犹存眉睫。他著作多散失；惟制艺及奏疏，与《放言诗集》存。学者称“霜崖先生”。（《讷斋真稿》卷首）

嘉庆《澄海县志》十八《循吏传》：元汴口讷，寡言笑；而刚直负气，事多直行其意，以此不容于时。其文如其人，崛强自喜，不顾绳墨，而豪气奇荡，识者有取焉。所著《放言》、《烬言》、《和陶》、《霜吟》诸稿。后长洲惠士奇视学广东，序刻其文，谓可以疗俗之外腴中枯者，士论韪之。（宗颐按：惠氏半农所刻《岭南三家文选》，乃取霜崖及胡方、梁朝钟三家制义，非杂文。）

宗颐按：康熙《潮州府志》九，《古瀛诗苑·前集》一载元汴所著集，并作《霜山堂集》。冯奉初选其文，称《霜崖集》，朱氏刻其诗，则作《霜山草堂诗集》，疑冯、朱所题，非原集名，今依《府志》及《诗苑》。又《阮通志·艺文略》著录作“雪山堂集”，“雪”字乃“霜”之误。

姚氏喜臣《溪云庐诗集》　　乾隆《潮州府志》二十九《文苑传》。

未见

乾隆《潮州府志》二十九《文苑传》：姚喜臣，字钦飏，潮阳人；于书无所不读。崇祯间拔贡。鼎革后，绝意仕进；庐先人墓侧，日夕哀吟。海内知名士，咸悲其志，为诗，清峭突兀，如其人。与程可则辈，往来唱和。著有

《溪云庐诗集》。(嘉庆《潮阳县志》十六同)

锷按：程可则《海日堂集》，有《罗浮歌寄赠姚千子》诗，见《粤东遗民录》，千子疑即喜臣别字也。

宗颐按：姚钦飏《溪云庐诗集》，未见传本。《潮阳县志·艺文门》录其诗有三首。其《游东岩》一诗，犹及与杨钟岳太史唱和，则钦飏当殁于康熙时也。

〔补〕陆氏宽《诗文稿》　　《回风草堂诗集》。

佚

〔补〕康熙《饶平县志》八：陆宽字元瑜，榜名子林，中万历庚子举人，任永福知县，卒于官。

〔补〕道光《广东通志》二百九十四引《湖南通志》：宽初官善化教谕；工诗文，问奇考业者，履满户外。辑修县志，笔削精严。

宗颐按：陆卿《回风草堂诗集》，有七律一首，题云："先子诗文稿数卷皆自订手录者，携之笈中。方拟编刻，忽西江遭变。舟中所有概不可问。而诗文稿，家中别无副本，每一念及，怆然欲绝。"诗云："微躯幸免欲何为，痛恨遗编散水湄。聚草懒封刘子冢，沽名厌刻杜家碑。奇文应有神灵护，失路偏遭鬼物嗤。不肖如予甚豚犬，父书莫保枉称儿。"卿乃元瑜仲子。如诗所云，则元瑜旧有诗文稿，今据补录。

又按：陆宽有《邀吴过庭登凤山》次韵七律一首，见雍正《张志》。(诗云："浊酒相邀亦可留，新衔曾号'醉乡侯'。浮村剧雨霏霏入，绕郭春涛细细流。移榻孤峰因上巳，开樽千里共瀛州，年来戎马西南急，座有张衡说《四愁》。")

陆氏卿《回风草堂诗集》

存　　旧刻本(澄海蔡氏藏)

朱伯莲《序》：古有以钓传者矣。任公子犗饵十牛，纶世贝北海，引巨鳞而出之。事涉荒唐，不具论。他如磻溪严濑，一大其绩，一高其风，千古仰丰轨焉。然其事传，言不传也。近有韩江陆汉东隐于钓，而以钓传其言。韩江为昌黎所刺郡，故地以人传；不独地传，其言亦与俱传。然吾闻昌黎先曾谪阳山令。考其遗躅，有书钓台石存焉。为政之余，辄咏而钓，盖吏隐者也。汉东之学之才，仰追昌黎，而遭时不偶，浮泛踪迹，亦复相近。今读其《钓者言》，非言也，诗亦然，诗言志，亦言也。每讽一篇，苍凉深浑，寄托无方。至其任放不羁，真有犗牛贯海之意。若夫气格孤回，声出金石，海内诗家，固已久有同好也。异日者，或璜玉磻溪，或羊裘严濑，汉东必居一焉，皆可传也。至若小隐钓，名贪饵丧，实汉东不为。余隐处九江，俗尚渔佃，余亦渔人也，唯渔知钓，故钓者有言渔，宜以言引之。南海社盟弟朱伯莲谨弁。（宗颐按：此篇原作《汉东钓者言引》，疑《钓者言》系别一集名，以今《回风草堂诗集》，冠以此序，姑仍之。）

〔补〕饶宗颐《跋》：陆卿《回风草堂诗集》一册，无卷数。即光绪《海阳县志·艺文略》著录之《陆漾波诗集》也。漾波为陆卿原名，卿又字汉东，永福知县陆宽仲子。所著诗集，有四种。此《回风草堂集》，为其最先成者。别有《放言集》一卷，与陈岱清、胡豹生、陈园公各出新意，次元白原韵作也。《夏草》一卷，己亥四月入珠江至六月杪所作诗文也。《吴越百吟》一卷，则辛丑游吴时所作也。汉东以明季孝廉，入清不仕，携家作汗漫游，风流自赏。善书，能奕，又工诗，所至名士辄与流连。如新城王渔洋，桐城方尔止，皆其交好。《回风草堂集》中，有《赠别王贻上》五律一首，其与尔止赠答诗尤夥。然方氏《嵞山集》中，有《寄怀陆汉东》诗，而王氏《带经堂诗集》无之。即阮亭所辑平生师友之诗之《感旧集》，撮录至三百三十余人，而亦不见有汉东名，是则可异也。

宗颐按：此书《古瀛诗集·前集》一、《阮通志·艺文略》八，作《回风草堂集》，无诗字；又光绪《海阳县志·艺文略》，则作《陆漾波集》。今据刻本著录。

〔补〕《渫园草》　　雍正《海阳县志》十一《文集》。

未见

〔补〕瞿龙跃《序》：嗟呼！祝蜾而似狖之蜾也，况不似乎？余为不似者，怪固矣；更为似者怪，怪其不能自蜾也。今天下诗人不少祝蜾者也；不少祝蜾，而似不似者也。余欲去其甑釜耳目之习，易以山海胸臆之观。然一人为之，不若立同志而共为之。壬辰走南海，得韩江陆子汉东其人。陆子曰：“蟹可龙，不必目；雉可蛟，不必指。”瞿子曰：“枫变人情，将生女化石，情将死，两人相视莫逆矣。”天下人得余两人之说，不独可以言诗，并可以入道。不然，下士闻道大笑，余虑招氏之琴希声也，嗟呼！楚武陵社弟瞿龙跃天门拜手题。（雍正《海阳县志》十一《文集》）

宗颐按：渫园为陆卿别业。卿有诗云：“小窗幽且洁，高卧是良谋。开掩炉烟定，风来花气浮。松阴三径寂，竹响数竿秋。剥啄伊谁子，名僧一刺投。”又有《久客还渫园》诗，今不录。考光绪《海阳县志·古迹》，有渫园名，而未详其址。

《吴游百吟》

存　　原刻本（天啸楼藏）

陈衍虞《序》：古来清庙明堂之什，典制非不煌然；然使人正襟庄对，譬听古乐，几于白日欲卧。大都可传者，劳臣思妇，征夫行役之作为多。盖其感物触事，以嵚砢骚屑之情，舒其牢落怫愲之气。思险则致孤骞，调苦则韵哀澹。至所以然而工，所以然，工而必传，即作者不自知也。吾友汉东当士衡入洛之年，便蜚声词囿；乃蹭蹬名场，渐且头发种种。辛丑之役，至彭城，染恙，遂命棹南返。沦落之悲，迟暮之感，益愀愀不自禁矣。是役也，涉彭蠡之鸿溶，泛江淮之瀇滉。风雪载途，尘砂障目。或观光志士，联辔并舣；或夙昔石交，班荆道旧；或怀伊人于秋水；或寄邈思于山河：发情舒声，公颜吐沈，我乌乎测之！仆曾三序陆子之诗，每见必进，而加上青莲夜郎浣花叟夔州去，陆子何必有间，夫游不期于吴。而竟止于吴；百吟不专乎吴，而概统之乎吴。征夫情况，比劳臣思妇，益凄然不堪再读矣。虽然，予尤有恨。昔苏栾城应试偶病，主者白于朝，展期二十日待之。汉东抱子由之才，竟无展期待我汉东者，致趑趄周道，行行且止。吾悲古今怜才之人，不相及矣。仆本恨人，对斯住集，不觉拊心三叹。里人年家同学弟陈衍虞园公题于西园之似楼。（《吴游百吟》卷首）

林崇履《序》：张燕公谪岳州，诗益凄惋，人谓得江山助。王子安次马当，扬帆东下，一夜七百里，天风相送，遂达南昌；迄今“落霞秋水”之句，侈为美谈。自古文人才士，造物每每挟之以成名，夫山水生文章者也，而文章亦可生山水。诗言志，歌永言，盖心之所之，遇物能铭，登高能赋；而况足迹之所历，眼界之所开。风雪桥头，锦囊马上，□无触景兴怀，抽思索句，以增重夫山水之声价也。□吾友陆汉东，年少领贤书，早已窥《四库》之秘藏。凡词赋碑铭之类，靡不殚精；而于诗尤匠心独妙。数奇不遇，日以苦吟为事，功名富贵之念泊如也。去岁游吴，徜徉于二十四桥，困厄于九十九峰之间。感风景之顿殊，怀朋好以如渴。往来哦咏，共获百首；予取而读之，见其炼字炼句，掷地金石。虎丘晴晓，不足拟其丽；钟山风涛，不足当其奇；秦淮夜月，不足比其清：真所谓咳唾珠玉，吐纳风云者也。夫诗不穷不工，工不游不显，工矣，显矣，而不于名山大川，而其诗其人亦不能增之以为重。文章生山水，汉东其可语于斯乎！昔刘梦得《金陵怀古诗》，先得骊龙珠。《吴吟》刻成，邮致吴中士大夫，予知鳞爪无用，亦当为之罢唱矣。三山同学弟林崇履题。（《吴游百吟》卷首）

魏书《序》：诗必原本三百篇，何也？古人性情之所感发也。性情得其和平，而事有邪正，因是感发而有言，故言必有事。而其所寓者，必见性情。今之诗，吾窃惑焉。其上者，规模前代名高，语必求肖，调必求合，遂以为得其所据。夫纵尽肖前人，则前人既已自肖之矣。下则修字句，摭古事；甚且以帖括之法，绳短长。云某事切不切，某字句工不工；而其所言之邪正，性情之和戾，置焉不讲。粤之东其风特雅，以余所深接，为黎美周、杨伊水所耳熟，为陈玄公、陆汉东、姚六康、程石臞、释一灵；晚乃得与陆子汉东交。汉东之诗，其去古今人如何？吾不言；其诗之邪正如何？吾不言。今之人难与言诗也，姑言其为人；其人修髯而皙，美姿仪，无疾言遽色；对子弟臧获如友朋。琴尊图史，不撤左右，闻一知名士，必获定交方已。或限于时地，心口不忘；非端士，虽不远之，亦未尝近狎焉。自韩江遭劫，挈家流寓，当悬鬲断烟，汉东中有所得，患难饥寒，若不知。嗟夫陆子！《易》称“履道坦坦幽人”者非耶！其为诗也，必指其事；其言事也，必洞见其性情。而读汉东之诗者，但终其篇，已居然一陆子立吾前，其真得三百篇之准者哉！去腊汉东之吴经二水，访余不值，寄近刻数种；余方拟为之序，未果。迨游吴归，复从二水访余，适与余值；两人握手道故，快不可言。因出《吴游草》示余；余旅次挑灯细读，觉与前《回风》、《放言》诸集，性情声调，更进一境。汉东于此道，殆承蜩弹丸之候乎！汉东之言曰：“余兹游也，及吴而止；拟以《吴游诗百吟》质诸同志。”余曰“善。”临别立为之序。辛丑蒲月，宁都同学弟石床魏书题。（《吴游百吟》卷首）

《夏草》　　《古瀛诗苑·前集》一。

存　　原刻本（天啸楼藏）。

汉东《自序》：《夏草》者，钓叟自四月入珠江，至六月杪诗若文也。所得何？仅日饮荒其一，奕荒其一，病荒其一。此不过午梦醒余，月庭茶罢，技痒偶触；如候虫之自鸣自止，弗计工拙，以入耳取悦也。钓叟居无屋，蔬无圃，惟奇云当怪石，密荫当高轩，北窗当南面，长日当小年耳。夫前乎者，伤钓叟既吊蜀魄枝头，舒衫受落花矣；后乎此者，悲钓叟将携楚词江上，拂剑看芙蓉焉。客曰："子不可语冰。"叟笑而答之曰："余不因人热。"己亥立秋水日，陆卿汉东父识于大隐庵之竹亭。（《夏草》卷首）

陈衍虞《序》：夏者何？南任也，兴也；斗指午天下无不任兴。吴季札之言曰：能夏则大之至矣。文人上穷天根、下入玄渚，皆一心为之。心位乎火，火炎上，是故文心与夏最近。汉东自吾里入羊城，与予辈旗鼓相当。适当九暑，唱酬既多，自汇一册曰《夏草》，志时也。其中因物赋形，肤合寸并，峰岞而嵝垒者，似夏之云；蔚蓊蓤葪，吐芬扬荣，插堁而拂宵者，似夏之木。鲜则夏荷，韵则夏蜩，缛则夏董；骈驿骈磕，金铁皆鸣，又若夏雨之骤至。予读之，但觉耳后风生，鼻尖火出，盖温如挟纩焉。虽然，其轻盈韶秀，则不啻娇莺百啭，嫣红千葩，几使渔郎问津，忘其出路，殆三春之色乎？至于肉铲而骨棱，虚生而滓去，别有潦尽潭清，岛瘦郊寒之况，则秋冬之气备焉矣。予将藉冰丝裀，拂龙髯，婆婆其下十日也。同里年家社盟弟陈衍虞题于禺山欲可堂。（《夏草》卷首）

《放言》　　《古瀛诗苑·前集》一。

存　　原刻本（天啸楼藏）。

詹换绿《序》：屈平既放，遂作《离骚》。骚者，放之始也；故非其才不放，非其地不放。读《离骚》者，仅知其满腹幽思，牢落不平，抑知《九歌》、《九章》、《天问》、《远游》等篇，皆有一段豪纵不羁，峥嵘无地，寥廓无天之意。其地放，其材亦放也。陆子汉东，耻居王后，下视沈奴，同嵇、阮之风，伤屈、贾之遇。琴则时碎，履仍长穿。既放之以材，又放之以地，因又放之以诗；故其为言，既缤纷而繁饰，亦块垒而悲思。或哭或歌，无端无绪。惨郁郁而不开兮，蹇侘傺而含慼，盖诗也而骚矣，元、白云乎哉。晋水社盟弟詹换绿题于昨宿处。（《放言》卷首）

《古瀛诗苑·前集》一：陆卿字青芷，一字汉中，饶平人，崇祯举人，有《回风草堂集》、《夏草》、《吴越百吟》（宗颐按："越"字当作"游"）、《放言》诸稿。

〔补〕康熙《潮州府志》九：陆卿风流轶宕，声气半天下，原名漾波，中己卯举人。善诗能草书，吴茧雪太守序其诗。以行卒于广州。

《韩江闻见录》一：明高士陆竹溪有苗裔，为孝廉汉东先生。长于诗，与王渔洋相投契，尝珍藏一砚，乃南汉时物，见《香祖笔记》。予又尝见汉东集，其题古松句曰："矫矫岁寒姿，独存天地骨。"殆不失先人风矣。

锷按：汉东陆孝廉卿，乾隆《潮州府志》，康熙《饶平县志》，光绪《海阳县志》并有传。

郭氏之奇《宛在堂文集》六卷　　光绪《揭阳县续志》四。

存　　旧刻本（揭阳郭氏藏）。

黄道周《序》：汉人敦尚文章，慎教令，每一纸书未颁播，必使诸文学奇丽者讨草，然后乃出。朱博武吏也，其所传教，虽数行，皆跌踔可观。黄霸以循良入拜，声名少损，亦疑其文采不逮前人。郭正夫读书东观，以秀颖越其行辈；及在议曹，综理碎务，与馆伴语咸博奥条达，为外国之所传诵，又方韶年，励志圣贤之业，俯视华侨相如辈为灶下隶人。于时天子方贵吏事，不以文采责公卿。正夫亦慨然以为华容、青神，修能所屈，远出长沙，而上譬之驺虞，不作圈罽。虽其性然，亦有所不为也。正夫既以学宪治建中士，益好古，绣补龙骨，烂然比屋之下。会渔梁盗起。正夫手握两印，朝驰浦城，暮歼其渠首，而归江右诸郡。又方怵风鹤，藩府仓皇，利用迁国。正夫身佐抚军，握一旅，西扼杉关。七建之士，用有底定。向令正夫身坐石渠，口嚼藕汁，手弄柔翰，即日赋百韵诗，批敕十数道，其所成就，岂可令华容、青神见之哉？即使朱博在此，劝令持归，俟圣明出，亦嗒然未有以对也。故如正夫者，所谓备体用适于通变者也。今世摧颓，人才愈下，文吏不武，坐为宵旰所轻。诚得如正夫三五辈，张维振纮，天下廓然，何必诵蒹葭而愁苍霜乎？年家治弟漳浦黄道周石斋题。（《潮州耆旧集》三十三）

冯奉初《潮州耆旧集·郭忠节宛在堂集题辞》　（《潮州耆旧集》卷三十三）（不录）

光绪《揭阳县续志》四：明大学士郭之奇《宛在堂文集》六卷，内分七集：曰《与客纪言》，曰《视学申义》，曰《摄臬陈争》，曰《代兵小称》，曰《剿防合纪》，曰《巡建览要》，曰《视学报政》。

《宛在堂诗集》六卷　　光绪《揭阳县续志》四。

存　　旧刻本（潮安饶氏天啸楼藏）。

之奇《自序》：忆年十五，帖括之余，间学声律；呼夏虫而语冰，执井蛙而问海，必也为他日羞，诗成辄弃，宜矣。既七年读书中秘，与曹允大、方肃之、刘胤平、徐九一、金正希诸同馆，花砖马背，连裾振辔，扬扢风雅，思不懈而至于古。及休沐抵里，得冯令如陶令唱酬不辍，始有《马上》之刻。丁、戊、己、庚历四载，为诗三百一，再削稿，存三之一，由今观之，少年气真狂，有意与春竞，彼一时也。灾之木，仅志少作，辛未浪游，自虔江抵白水，江山闻见，岁月师资，舟中独对，如长日加益焉。流洄频溯，遐心聊聊，一吟一咏，不与人事相接。虽才思疏阔，鲜达词源，而晴川芳草，烟波使人诗之性情大可见。壬申家食，独寐寤歌，爰有《遂初》之吟，亦惟吾友宋尔孚、谢儒美，披衣朝夕，析疑赏异，志相勖也。此诚得意余外，徒缤纷耳。由此而落影冰天，含香粉署，泊夫桐汉水，歌鹿嵩河，历癸酉、甲戌、乙亥、丙子，有感遇骈怀，立言秋思之作。数戴孤愤，间多嵚崎历落之响。前辈文文起，乃以余出翰林官祠部，凛然钦其风范，谓诸作为不考大业，而黄可远则曰："仲尝顷方不得意于词林，诗宜稍阻，顾益勇为之弗衰，古诗之复，其以仲尝为功首。"二先生之意，夫各有所重也。嗟夫！人自负诗耳！官能阻人哉！一阳发阴，气含公鼎，彼沧海千秋，朱鸟名系者，果何人欤？余是以散古史于左右，置风骚于后前，起作者于千载，求得失于寸心，心几疲于弱岁，其益励于来兹也。乃不幸而有何恃之哀，罢蓼居庐；继而分荆怆魄，余挂伤魂，阅丁丑、戊寅、己卯，诗不能半百，总附秋思之末。然闭门一室，破涕为歌，新诗改罢自长吟，非苟焉而已也，庚辰出谷，携小草入长安，则有前辈蒋八公、黄可远、王觉斯，吾友宋文玉、方肃之、徐九一，一时星聚。诸君子皆以诗伯雄海内，金薤之垂琳琅，宝光之烛牛斗，互相映也。余不揣实，左橐右弭，与之升昆仑，蹑姑射，罗缕根角，挈携陬维，属思微茫之表，移情窅寞之中，于戏盛矣！八公之叙余曰："《萤芝鹦鹉》诸赋，几掩江鲍五言古《咏怀》，何必减嗣宗、元亮，《湖江》八律，逼似《秋兴》、《淮南王》诸乐府。置汉人中，殊不可辨"。嗟夫！余诗何能及先生言，而吾友文玉，乃历取前后诸集，次第手评，以证工力之疏密，气候之浅深。余用以劝志，且相读书，自是而视学七律。诸同人若惝恍有失者，读肃之、祖余之诗曰："簪裾满京华，斯人独凭轼。"九一之诗曰："拓落君特甚，风骚自千古。"何言久悲也！驱车而南，以近作示琴张子公亮；公亮辙抚然为问曰："吾于海内罕所低首，读先生近集，而知吾家句曲三峰，或未能与揭岭争高下。”於戏！“文章有神，交有道”，余方悲离索于尘风，而复倾怀抱于白云，有以也。辛壬癸甲，矻矻铸人于八闽，邮筒所至，辄闭目不敢视，微黄、幼冲先辈贵孤骞之凤羽，蔼冈梧之云物，斯道昆源，其不悲芜没于暮芳，嗟荟蔚于朝跻者，鲜矣！先生之赠余曰：“巨秤出袖间，雄风播海内；约此玄冥籥，以作昭明肄。”又曰：“先生秉文珌，遂与六子绩；以尔伯夷风，焕为多士勖。”即以此言赠先生也。可乎？《闽辞》诸作，每篇之中，辄寄意焉，余之情亦既见乎！亡何，而国难遥闻，攀髯长痛，疲津息影，避阱于乙酉，陷邑于丙戌，悲何怙于丁亥，于戊子，四载幽思，愁叹苦神，永怀自广，总标之曰《素得》，中列“九九篇”；则自揭陷至脱身，为日九九日，各有诗志厄也。若夫蝉蜕戈革之中，低昂舒戚之际，囚神鬼于幽玄，弄鲸鳄之牙尾。每于惨淡经营之中，辄存潇疏旷远之意。倘所云：“素位而行，无入而不自得者。”以素得诗歌欤？抑以诗行素欤？光华复旦，负羁绁于肇、梧，绵蕞之余，稽古是力。由戊子而己丑而庚寅，漫赓复旦之篇，一之日口氛再播，辛巳、壬辰，两粤胥沦。由癸巳及辛丑，九载驱驰，东西迭哄。自避地南交，及修矛东土，复有《海上》、《所思》、《徂东》、《稽古》、《瞻云》、《陋吟》、《巢居》之什。是惟榛苓系目，涯角惊心，长歌远望，间以溪囊当纪事；所冀回板荡于疾风，成中天之日月；海内同声，相逢梦寐，或有存者，执手而游汗漫，披腹而呈阖闾，其以是日乎！於戏！兵兴以来，诗亡道丧，有由然矣。回念昔者，如影海，如化城，如无何有乡。故姑取前诗保残追轶，次第篇列，未及前贤，更勿疑也。嗤点流传，复何畏乎？李、杜文章，垂光焰于万丈；卢、王翰墨，存体制于当时。今之学古人者，亦各有能有不能也。余不能绮丽陈、隋，仰齐、梁之后尘于千载；亦何必模棱汉、魏，失邯郸之故步于平生。然则今日之次第诸诗，宜自见乎其已及者，而劝乎其未及者可也。大雅不作，真滥谁分；我法孤行，甘苦自诣。余不及古之人也；如见其不及而不止，於戏！其稍益也哉！总先后诸诗：曰《马上》，曰《舟中》，曰《遂初》，曰《感遇》，曰《骈怀》，曰《立言》，曰《秋思》，曰《出谷》，曰《闽辞》，曰《素德》，曰《复旦》，曰《海上》，曰《所思》，曰《徂东》，曰《稽古》，曰《瞻云》，曰《陋吟》，曰《巢居》，凡十八集，诗二千八百四十首，赋三篇，箴四首，铭十首，词十首，琴操三阕。自丁卯秋至辛丑春，凡三十五载。前后序评，则前辈董公其昌，李公孙宸，何公吾驺，陈公子壮，文公震孟，黄公道周，蒋公德璟，倪公元璐，傅公冠，王公铎，文公安之，黄公景昉，友人冯君飙，宋君玫，刘君若宰，何君瑞征，曹君勋，方君拱乾，徐君汧，金君声，姚君思孝，朱君天麟，宋君兆禴，王君化澄，邹君鎏，罗君万杰，夏君允彝，张君明弼，张君家玉，谢君宗锽：凡三十人，其中品次独详，心心明勖，则八公，可远，文玉，肃之，允大，九一，公亮，儒美八君子也。时辛丑春日，揭岭诗人玉溪子书于南交山中。（《宛在堂诗集》卷首）

董其昌《序》：古人有言："学而从政。"未闻以政学也。词林庶常之称诗，以政学耳。岭南诸君子，若丙戌之林公承芳，己丑之区公大相。□□颛门名家，皆以诗名，为木天重，乃竟不能以诗昌其官，世多为五岳方寸。林公予不及交；而与区用孺年谊最善，见其终日苦吟，虽对客不辍，又诗人主长安游大人者，必以为归。用孺邸舍去执政接街，每豪饮即歌呼拍案，邻若无人。且分韵赋诗，漏下三鼓，客始散去。用孺熟睡至日可中，词林先辈过从鲜所延接，以是失骧。用孺无党，遂困乏耳！余闻林公在馆失骧，状略相似。嗟夫！人自忌诗家耳，诗何负于时哉？甲戌三月，区孝廉以集视予；予方快读一二卷，而郭礼部亦以诗集至。礼部先为庶常，以诗颛门名家，而承明著作之林若靳焉；甚矣，其有类于林、区两公之遇也。予方趣装上道，未及卒业礼部之诗，而书岭南与馆中旧事以志慨如此。礼部大有不朽之业在，必哂为浅中语，予无以辞。甲戌三月七日，华亭董其昌书于宛西耶中。（《宛在堂诗集》卷首）

文震孟《序》：余性落穆寡交与，而独于海内贤人君子，有水乳之投，不自知其声气何由联合也。戊辰诸馆丈，余独有意于岭南郭仲尝之为人。初见辄许为曲江流亚。同社徐九一又盛称其趣操；一再握手，本及卒交。仲尝方请假急归，余亦以休沐还山。及今再入都门，则仲尝已出翰林，官祠部问其所以，益使人凛然钦其风节，嗡自许为不谬知人。及观其所为诗，日有程，岁有课，富有日新，闳中肆外，可几不朽大业。而力追大雅，不逐时趋，又与其人相映发也。仲尝年甚少，骨甚正，所成就何可限量。立言一途，固不足以尽之。若云承明著作之林，抑又不啻苍狗腐鼠焉矣。甲戌五日，长洲友弟文震孟题。（《宛在堂诗集》卷首）

曹勋《序》：忆与肃之、九一、仲尝诸兄弟，芸窗连席，相聚必称诗。余笑谓肃之曰："而毋以其诗傲予也。而美且髯矣；仲尝甫弱冠，双眸炯炯，诗若夙成；行十余年，及子而犹能以诗傲予也，予当贺子。"别且数载，仲尝之称诗日益上。自岭及江，由舟而陆，辄然而啸，凄然以悲。意飘云物之表，思入山水之微。凡予足迹所未至，读仲尝诗，了了如耳目所曾经；又一一如襟怀所欲写也。流连清邵之响，忽惊对属之忙。约略评次，大约神情似供奉，风格本右丞。而韵致渊穆，气骨苍凉，又骎骎乎凌鲍、谢而驾高、岑。子美有云："破的由来事，先锋孰敢争?"由今追昔，辄自诩前言不谬。驯而至乎毫发无遗，波澜独老，以今证后，不益宜持斯论为仲尝近诗卷，为吾辈他日程平？今观其启先祠，罗亲友，缱绻一堂，蜘蹰江上；假令肃之高卧画溪，骤聆斯语，睹健妇持筐，佳儿绕膝，必不作此面孔相对。可见言之善感者，必有感人于未动之先。肃之其来乎？肃之诗令人喜，仲尝之诗令人愁，余不禁愁矣。湖西年社弟允大甫曹勋题。(《宛在堂诗集》卷首)

方拱乾《序》：诗有神有骨有肉。神欲峻，不峻不尊；骨欲坚，不坚不严；肉欲理，不理不粹。顾骨与肉恒不自为致，而听所司于神。神者，骨肉之聚，而才与学之所酝成者也。李供奉淋漓宝袖，千古犹香；少陵独微讽其不细。孟襄阳如枯梅瘦鹤，一字一句，皆具潇湘；至读其结处不振，转处不旷，未免气抑。抑尽说者，谓李患才多，孟患学少；而不知才少亦能骨，学多亦能累肉。两公未必受两公之神，则翛翛在骨肉之先。可见以才归骨，以学归肉者，未可与言诗也。我友郭菽子，于冰衙兄弟行中，年最少。自诣在千古以上，为棱棱须眉，人所不逮。所工不独诗，而于诗更笃，长安冰雪马背间手一编，孤吟苦哦，如与古人对觌而嚼其髓。及落笔为诸体，体必肖，肖必工，工必独成其致，而不袭不离。允大尝谓"英气如其人。"九一亦曰："惟清极乃能奇。"可称菽子诗知已矣。昨年江上题书，以新诗索予序曰："近益不喜读今人诗，只苦心读古人诗。及读肃之诗，肃之其今人为古人诗者耶！夫予何敢望古人，而菽子于古人之诗意已大可见。盖古人之骨之肉，各自为具，而神则千古，诗人所共也。诗从陶、杜而下，开帙悠然，其高奇宏远之句，人能指之，为孰晋，孰魏，孰'初'、'盛'，孰'中'，晚而偶一会心之微觉，有不可告语人；即告语人，而人不我茹者。何物神也？神不在才与学，亦在才与学；惟具其神者，诣之耳。"予久欲序菽子诗，未克成。今年来黄山，复得菽子诗。字字皆心直逼陶、杜，菽子盖以神理为诗者也。今人摸面涂脂，并肤且不得，况肉乎？骨乎？神乎？此予之所以不轻许人，而独醉心菽子，非谀也；乃姑就黄山与菽子言诗。黄山一片嶙峋，如彝鼎斑驳而成，当是骨胜；虬松鹘桧，练碧招提，宁又非肉胜。然于最高峰或晴或雨，一望千里，灏气如影海，如梦国，如缥渺虚无乡，则黄山之神也，予愿与菽子共禀以勖诗也。壬申六月朔。晋州年社弟方拱乾题于天都峰之左。(《宛在堂诗集》卷首)

光绪《揭阳县续志》四：《宛在堂诗集》六卷，内分十九集：曰《马上》，曰《舟中》，曰《遂初》，曰《感遇》，曰《骈怀》，曰《立言》，曰《秋思》，曰《出谷》，曰《闽辞》，曰《素得》，曰《复旦》，曰《海上》，曰《所思》，曰《徂东》，曰《稽古》，曰《瞻云》，曰《陋吟》，曰《巢居》，曰《内文》。

锷按：郭之奇由庶常假归，筑堂，所居四面环水，取《诗》“宛在水中央”句，名堂曰“宛在”（见《遂初集·宛在堂即事诗序》），遂以堂名其集。此集刻于清初，传本至为难得；今惟揭阳郭氏，尚有诗文足本。余家所藏，仅得诗集残本四册。其诗编年排纂，分十九集，前十八集，自《马上》至《巢居》，据《自序》，乃忠节手自编定。其《内文》一集，起辛丑八月忠节被执，迄壬寅八月就义所作，凡二百七十余篇，则后人编刻全集时，录以殿《巢居集》之后，合为十九集者也。忠节诗文，博大典赡，董、黄各序家评，已备。致推扼；至其平生大节，余于《稽古编》条中已略加辨正，兹并不复赘云。

宗颐按：郭忠节所著诗文，《阮通志·艺文略》八仅题《宛在堂集》，不分诗文卷数，光绪《揭阳县续志》始据刻本著于录，今从之。

又按：据忠节《自序》：“及休沐抵里，得冯令如陶令唱酬不辍，始有《马上》之刻”，似《马上集》初曾单独刊行者，又《忠节集》中有《怒流草自序》，《初瞻集自序》，《马上集自序》，《九九篇自序》，《陋吟自序》，此数集想皆备于《宛在堂诗集》中，今不另加著录，至其序文，具见《潮州耆旧集》三十四，不备载。

别　卷[1]

集部别集类

清

郑氏茂蕙《雪净斋诗文集》　《阮通志·艺文》,《古瀛诗苑·今集》。

未见

茂蕙，字日扬，一字百厓，饶平人，崇祯壬午举人。清初开建教谕。

李氏国栋《锄云山房文集》　《阮通志·艺文》。

未见

国栋，字兆梁，澄海人，顺治辛卯举人，新贵令。与陈园公、佘嵋州相唱和。

郑氏匡夏《元白草》　《阮通志·艺文》。

未见

匡夏，字彤右，揭阳人。顺治甲午举人。

① 本卷由校者据饶宗颐先生所纂《潮州志·艺文志四·别集四》依本志体例重整，以补原稿佚阙，使成完璧。

萧氏翱材《松存轩文集》二卷、《诗集》七卷　　《阮通志·艺文》，大埔《温志·艺文》

阙　　《椒远堂诗钞选》。

翱材，字匪棘，号右溪，大埔人。顺治戊戌进士，巴陵令。

《咏史筳音集》二卷　　《阮通志·艺文》，大埔《温志·艺文》。

存　门人吴成象注，仅刻上中二卷。

陈衍虞《序》云："史之继经而起，自三代已然。学人上下千古，眼界自宽，探颐摘微，意见各出。一代作史之手，与千秋读史之目，精神盖刻刻相关也。何者？载笔敷文，只凭记注，别有不欲书，不忍书，不敢书之隐，留以待后人幽索于纪志表传之外。譬玉埋崟山，逢匠石而始剖；剑号'巨阙'，遇薛烛而发铓也。古今善读史者，指不胜屈，若随声附和，臧否随人，纵掷金戛玉，犹老生常谈耳。予少时读钟伯敬先生《史怀》，服其冷眼幽心，别辟异境。今残帙无存，然每披廿一史，未尝不思退谷也。吾友右溪，负异敏奇能，早题名慈恩，继弹琴望县。舒啸公余，珠琲盈箧，楚人竞传之。一旦挂冠神武，种瓜青门，户满问字之车，堂启扶风之帐，搜讨益富，研索愈工。八比宦稿，既幽奇创辟，乃自循蜚以下，南宋以上，见忠佞贞邪，扶轮覆辙，及一切可惊可喜之事，莫不推敲尽致，标题立义，缩以五言，或比事相衡，或单辞定狱，古人所不欲书，不忍书，不敢书者，如燃犀照渚，风霜入毫，史家门户，炜然一新。至音节之古，章法句法之老，可以上追《十九首》，俯视四唐。昔左思诸公《咏史》之作，诗城已坚，吾右溪以偏师捣之。太冲有知，当衔璧待命于军门矣。"（《莲山续文稿》）

李氏应甲《博学古斋集》　《阮通志·艺文》，潮阳《周志·艺文》。

未见

应甲，字凤山，潮阳人。顺治辛丑进士，利津令。

陈氏衍虞《蔚园文稿》四卷　海阳《吴志·艺文》著录。

存　道光丙午补刊本。

陈氏，海阳人。《阮通志·艺文》作七卷。

《自序》云："忆癸巳夏，予乡寨为土寇所破，诸所撰著尽毁于贼；惟《尔尔草》一集，老妪于贼退后，从草莱间拾得，一似有物呵护之者。是秋九月，予郡告陷，图籍篇什之在郡斋者，又毁于兵。时四壁荡然，蹙蹙靡骋。值海上氛恶，人情危疑，予乃走长安，乞片毡以长禺士，屈指于今六祀矣。六年中，谬以文字受知于要路，笔墨之役，多所见属。迟之又久，楮帙遂繁。及门诸子，相与裒而成集，大约代言居十之九。夫既代矣，集古今徽行绝轨，尽割以相奉，必求有当于代者之口，因以快足乎求者之心。其人而簪绂，则事事皋夔；其人而兜鍪，则比比李、郭；韦素则德操让贤；介寿则广成等算。乃至从事声韵，便得谢朓颜峻之美称；一属坤仪，动拟巴清、马媛之淑德。等而上之，皆作是观。其享我文，无愧与否，予总不计也。往哲自云：一生作碑文，惟郭有道无惭。况谫谫如仆者哉！刘叉持韩退之金数斤，去曰：'此谀墓之物，不如与刘君为寿。'予不善谀，不得不代人之谀。自笑砚田荒俭，无金可偷，然闻善而信，称说勿绝，其犹行古之道欤！若夫文章一事，寒木春华，势罕一致。古人所谓绚烂之极，还归平淡。予实欿然有愧斯语，得失自知，不足为外人道也。岭海陈衍虞园公氏，自识于羊城西园之似楼。"

宗颐按：今所传《蔚园文稿》四卷，共二册，《詹言集》一卷，一册；《捉刀集》三卷，一册。《詹言集》有侯良翰序及园公自序，题南海程可则周量、汉阳王世显亦世评阅。《捉刀集》有吴百朋题辞一首，题海昌查继佐伊璜、汉阳王士乾怀人评阅。《阮通志·艺文》谓园公所著文集为《蔚园稿》七卷，盖误合《莲山续文稿》三卷，遂为七卷耳。海阳《张志》本传：文集尚有《捉刀草》、《历试草》。所谓《捉刀草》，即《蔚园文稿》之一部。《历试草》，陈先达谓未授梓，毁于兵火。而园公《自序》称"癸巳夏，予乡寨为土寇所破，诸所撰著尽毁于贼。"是《草》想必散佚于是时。按《历试草》乃园公试艺。尹治进谓"园公壬午闱墨，余酷好之，想慕十年。"（见《禺山草序》）则其文必大有可观，乃未刊而被毁，可惜也。

《莲山续文稿》三卷

存　道光己亥补刊本。

宋嗣京《序》云："郑子产有云：人心不同，有如其面。余尝谓文品不同，有如其心。文以品见，而文品以心见。清奇瑰伟，高旷随之。文章品行，吾儒之大凡也。譬如清夜钟声，本入人耳，而声声自在人心，击者听者固不一，而钟声一。又如月之映万川，水之分百派，月与水固一，而万川百派不一。夫眼界不大者，词不高；阅历不深者，文必浅。少陵蜀川诸作，东坡海外文章，虽悬之国门，千金不能增减一字。故渐老渐熟，乃归平淡。旨哉言乎！余不禁读园公陈先生《续莲山文集》而有发也。先生理学渊源，潮海之望。日据百尺楼头，以写不刊妙论。窥其微直，欲留不尽之经术于作吏之余，纾无隐之行藏为百世之则，至于谥竹铭荷，题崖跋石，剩枝耳。乃知卫武公箴儆国中，曷足耑美前人，而碎琴邀誉，公家所不屑道也。余作令有年，日睹者簿书，耳闻者疾苦，已不能闻清夜之钟声，见万川之月，百派之水，一洗耳目之俗矣。犹幸而接先生，见面知心，读文征品。今《莲山集》具在，有取法之而已矣，遑敢赞一辞？乃先生命余序，将毋问道于盲耶。今试以语先生。不佞曩以文艺求先生序，而先生亦有尺牍嘱余序；因不揣又以拙诗之序请，而先生复命序今集。窃笑瓦砾易珠玉，余计得矣。乃珠玉杂瓦砾，如先生何？今而后凡聆疏钟之声，见水月之色，会于耳目，入于心胸，皆足以悟先生发明之妙。至若高深性理之谈，经济天下之学，具眼者当自识之，奚俟赘为！丙寅秋杪，年家同学弟西泠宋嗣京定山甫拜题。”

《昭潭集》一卷

存　初刊本；道光己亥补刊本。

亦名《昭潭杂撰》。园公令平乐时作，凡文十一篇。

彭而述《序》云：“八荒虽大，间气不常钟，其才人可指而数也。迩来称欧、韩，人号沈、宋，雏儿学语，便殃枣梨。昔人有言：‘会须将祖龙手段，作用一番，当令南山煤炭减价。’然则作者益多，其才人益可指而数也。予于当世名流，屈指岭表园公，幸作令昭潭，相去盈盈一水。寄我公余诸诗，高雅苍凉，风格独高，五言古逼真靖节，各体亦在韦、孟、钱、刘之间。至读其杂著，长篇短札，隽致扑人，大都具史、汉之气骨，而泽以唐、宋之菁华，巧不落纤，藻不伤缛。谢华启秀，望古遥集。身踞百尺楼中，可以虎视八荒，非仅寒山一片石也。予奉命将入黔，忽闻园公有贾长沙之遇，匆匆作数语慰之。文章自可千秋，不须青衫湿泪矣。中州彭而述禹峰题。”

《还山文稿》一卷

存　道光己亥补刊本。

是集有文无诗，凡三十篇，园公归田后作。

《自序》云：“仆既无用于时，冉冉老至，负兹七尺，曾端居自讼。少时落拓不羁，浪掷流光，于偍偍忽忽，按剑频逢，禄不逮亲，恨一。中年以后，颇营学殖，浸浸窥古人涯涘。而中原鹿走，所在揭竿，窜身过虺穴伥林者十年，危机屡发，天幸苟全，千秋之谋，不敌逃祸，恨二。垂老半通，寥索一如缁素，因得其暇，稍肆力搜讨。自谓此道分际前修，去人不遥。尼山夫子有言，吾悉心其中。前有高岸，后有深谷，其视子夏之读书，有人亦乐，无人亦乐，犹以为见表未见里。况仆拾级而登，未及相轮，便思息踵，恨三。赋归以来，志力衰沮，虽圭窦闭云，而胸缠百绪。一年之内，一月之间，操觚不能数日，正以楮笔缘疏，落纸辄恐散失，思质知交，多杀青以代子墨，说在郭忠恕之塑佛也，自隐幔中，窃听人臧否，旋出更理。仆镂枣剜梨，正隐幔中。时若谓僻同鸡爱羽毛，自矜此时，尘缘万品，种种作寒冰观。又猎画地作饼之名，以计身后，老人痴顽，不作此狡狯也。桓谭有无，仆但听之。康熙庚戌六月，秋溪钓叟陈衍虞园公自题。”

《尔尔草》三卷

存　清初刊本。

是草凡五言古诗三十八首，七言古诗十七首，五言律诗四十六首，七言律诗六十五首，七言绝句三十九首，五言绝句二首，又补遗一首。盖顺治辛巳、壬辰、癸巳、甲午四年间所作诗也。时潮州迭经兵乱，自郝尚久反清，海阳各乡土寇，乘势蜂起。园公家居，辄遭毁劫，其妻亦蒙贼衄，死于平溪。是草适成于此时，故所载记乱之诗特多。首题“岭东陈衍虞园公著”有序三，题句一，附燕台偶社校阅姓名，共七十人。

《禺山诗草》

存　清初刊本。

园公于顺治乙未间任番禺县教谕，此《禺山诗草》即遴选其在禺时登临之作。诗凡乐府十一首，四言十四首，五言古三十首，六言十首，七言古八首，五言律五首，七言律八十七首，五言排律一首，五言绝四首，七言绝三十八首，共二百零八首。

陆汉东《序》云：“园公著作十余种矣，兹复以《禺山》名草，志地乎？抑悲遇也？志地则前有山居矣，然有山可居，不必志也；悲遇则前有寄愁矣，然愁有可寄，不足悲也。若夫不山而市，不居而行，欲愁不敢，欲寄不能，斯《禺山草》所由著也。园公笔采翳鸟之毛，墨服橐琶之胆。每脱一稿，近远争传。自癸未蹶公车，匿影里门，越十一载，园残家破，海滨无干净土。乙未之役，当事力劝驾，乃勉就道。闱牍几得复失，以家园不堪，同人拉授冷官。不知者以园公为仕，孰知园公之心犹山也；不知者以园公之仕为乐，孰知园公之心犹寄也。予观其萧然环堵，以花柳为门徒，以鱼鸟为仆从，以研田为俸禄，以课子为比较，以诗筒之往来为文移，以名流之应酬为参谒。园公于此，洎如晏如。且米钱累贯，而日必十里买泉；酒价尚逋，而座恒三餐留客，则又似乎仕而乐者？夫诗，心声也，来清虚者必吹绝响，辞鄙吝者自发浩歌。余不知诗，亦不能言诗，但知园公未作诗前一段怀抱耳。然则谓《禺山草》即山居寄愁也何不可。同里同学弟陆卿汉东拜题。"

《北征草》

存　清初刻本。

是草无卷数，凡古今体诗一百十七首。题"韩江陈衍虞园公著，同社施闰章尚白、吴百朋锦雯同阅。"有序一，题辞一，并载京社同盟较阅姓氏十七人。

施闰章《序》云："地之僻且远者，其钟灵也特异，其生才也不偶。岭南去中州五千余里，可谓僻且远矣，其地之灵异光怪，往往发为丹砂水银，明珠翡翠，象犀珊瑚，以及木石珍奇之属，而未足尽也，则特出而为人，发而为文词。汉武帝时，廖冲出应儒学之选，嗣后文人辈出，张曲江、余靖、赵德，其最著也。明兴，丘琼山、梁公实、霍文敏辈，皆卓然以文章名。今则高第巨公，彬往相望焉。其暂困公车者，则陈子园公。世尝谓岭南多石少人，以陈子观之，岂非今古异耶！玄公两上春官，挟其策，翱翔燕、吴、闽、越之间，文章风流几遍天下。晚遭乱离，踯躅不得志，其诗凡数变，变而益工，足以知其遇之艰，身之将老，而其言之激且悲也。夫丹砂水银，明珠翡翠，象犀珊瑚之属，得岭南灵异之一端，而不胫走天下，王公贵人争宝之；人之表灵负异，得其具体者，乃反弃之泥沙，岂不惜哉！余与玄公交甚欢，数过余邸舍。及其归也，予适卧病，读其《北征》诸草，蹶然以起，愀然以思也，为缀数语于简端。时顺治乙未仲夏，宛陵社盟弟施闰章尚白父拜撰。"

《旅心草》

存

吴应箕《序》："文章一道，无与于诗者也，而可以通诗。今使执天下之士而程量风雅，岂有是事哉！故谓不关理，不关学者，其言未为非也。而吾非通者，则以性情之物，非相渐不深，而感触之寓，有迫而后起者耳。天下无内塞道德之积，外狭耳目之助，蹇情绝物，谓有得于文章之事者，夫诗亦犹是而已矣。吾盟友陈园公，所称文章之雄者也。其言渐积于圣贤之旨，虽未尝不矜尚矩法，而当兴会太飙举，皆自然灵气仿佛，予每三复之，谓此中大有诗意。及读其诗，而缘端肖物，声讫义留者，其言何渊而深，感而不尽也。吾然后知园公相渐之理微而迫之起者，即其见无弗是者也。谁谓音响之寄园公，特以其余及之哉。夫天下不少文士也，而能诗者寡。即亦人而诗也，诗岂为不文之士饰其固陋乎？是故世鲜通人，而吾以属之园公矣。江左同学弟吴应箕次尾拜题。”

《客闽草》

存

有陆庆臻《序》。

《寄愁草》

存

李士淳《序》云：“昔人谓诗有别才，非关学也。余谓诗有别境，亦非全关才。风与水相遭而文生焉，此足以名文之致矣，而未足以尽文之变。水与石相触而波作焉，此足以状文之变矣，而未足以穷文之观。若夫黄河之水，从天而来，过龙门，经积石，终南峙其右，中条环其左，危峰千层，悬崖万丈，疑退而逾进，乍抑而忽扬，排空触浪，如万马之荥腾，后突前奔，若群狮之怒吼，既穷工而极变，亦骇目而洞心，河伯默效其灵，《齐谐》莫志其怪，天下之奇观备于此矣。噫嘻，斯岂水之性也哉！使其循道而下，由地而行，遇谦而流，逢坎而止，无激不发，得平弗鸣，虽有奇焉，乌从见之？乃知水之性本平，其激而为波涛，触而为号鸣者，山与石使之。水之穷也，穷则愁，愁则啸，而奇与变生焉，水何心哉！惟文亦然。昔杜少陵以诗鸣唐，至其间关入蜀，感怀君国，而其诗乃益工；苏眉山以文鸣宋，至其流离海外，饱历山川，而其文乃益老；至今诵其诗，读其文，人尽知二公之别才，而未知夫二公所处之境，盖别境也。吾友陈园公，少负奇姿，长而喜游，辙迹几遍海内，所与游尽当时名宿，胸有万卷，笔无一尘，骋其一往之才，可以并驱中原，俯视一世，而冲然自下，不欲以气岸先人。一日，持其近诗一帙示余，余展而诵之，穆若雍门之琴，凄比孟尝之瑟。寒风萧萧，自窗牖入，作而叹曰：‘噫嘻，此秋声也，胡为乎来哉！’既而思之，园公以和雅之才，际抢攘之世，其意直欲追踪作者，与少陵、眉山颉颃千古，而所遇之世，所处之境，亦与二公约略相似，情随境转，文自情生，水石相遭，变态横出，其亦不得其平之鸣乎！同里同社史氏李士淳二河拜题。”

《秋声草》

存

谢元汴《序》云：“园公踞词坛，称祭酒者二十余年。余与之隔篱而居，接尘而游，诸所撰述，助我秘帐，不知其阅几春秋也。今春杖策壮游，满拟穷幽选胜，值枳棘充路，雰霏翳途，羁栖齐昌，商飔触绪，冷枫伤怀，刻烛成章，命曰《秋声》，志感也。余珥笔无能，去而执殳，与园公相遇逆旅，击缶悲歌，慷慨起舞。挟一册于马上读之，正如珰貂在座，袜軨环侧，红袖隔幕，丝竹盈耳，中夜奏《凉州序》，无不泣数行下者。余虽悲同宋玉，愁似卢邻，能不索铁绰板，唱‘大江东去’之句，以振其萧瑟摇落之情也哉！同里年门同学弟谢元汴霜崖授于马上题之。”

《西音草》

存

郑茂蕙《序》：“昔张燕公岳州以后，诗益凄惋；苏端明海外文字，愈觉雄放苍劲。虽江山之助，亦学由年进，才与境增也。吾友园公夙腾声骚苑，集凡更几刻，海内同声，每获其一字，珍如木难、火齐。顾独以数奇，弗克跻天禄、石渠，掞操扬葩，黼黻典册，大制作与燕、许后先颉颃。蹭蹬迟暮，乃仅得鸣琴昭潭。余思粤西自龙城得子厚，后宦兹地者，虽政绩代有，而风雅寥寥矣。即邹志完气骨峻嶒，然诗歌古文词无传焉。造物或欲为昭州川起色，故借园公一行，勿使子厚独擅千秋，未应遂嗟遇左也。及园公解组东还，以《西音草》见示。余披读之，气雄者如广陵秋涛，汹涌澎湃；韵澹者如东篱寒菊，静穆幽妍。丽色则姚黄魏紫救荣，遒骨则峭岫巉峦壁峙。或刻画时艰，当前疾痛苦辛，似监门图绘；或凭吊曩哲，往日须眉謦欬，如长康写生。至于知友赠酬，家庭告语，缠绵厚意，悱恻蔼怀。又时如风日惠和，使人陶然以喜；时如岩谷窈窅，使人恍然以思。万幻千奇，眩心闪目。即迹其署中，诛茅卜筑，木石怡情，花卉写兴，萧疏逸致，已于五柳称神似。真诗在性情，镂钵字句，抑末矣。异日西山、漓水，应垂不朽，絜之天禄、石渠所得，孰与仲多乎？昔子云《太玄》成，有富人辇钱百千，欲署简末，竟不可得。今余不能知诗，聊缀数言，知不足为园公诗重，或附园公诗以自见也，余幸矣！同里同学年弟郑茂蕙百厓拜题。”

《还山诗》

存

是草为归田后作诗。据朱笏《序》，盖合《耕烟》及《还山纪事》而成篇者，又名《莲山诗稿》。莲山者，园公别墅名也。

《自序》云：“甲乙之际，摄提失方，孟陬无纪，予从戈锬队中，携累宵征，戢戢千函书，与室庐家具俱尽。筮得‘天山’之遁，身如不柁之舟，苦依依其无之也。记走丛山中，幸见礼于‘卯金’。越二年，辞山访旧，忽被窘于程千。尔时宣曲之刁，附灵秀而戴威，自笑乾坤纳纳，无旧地卓锥，既不能如迷阿冈，自应受人割杀，即有韦秀才之气，吞之无庸也。六年以来，寓邸五迁，由发难至复旦，由村里到严城，经如许诪张，如许刀戟。未抵家则如丧狗，迹寄寒荒，既入室又似缩猬，卧分半榻。怊憏无聊，问天不答。赖有声韵一道，可舒郁陶，写歌哭，触事情生，遂繁子墨。惜鸣是野干，不足当鸾哦凤啸。东方生之言曰：‘观其吐唇吻，连尻脽，我即不肖才，足兼数子。’彼所诋者，公孙丞相、倪大夫、江都、龙门之流，何况仆之琐琐？恐见此集者，笑为守木客之巢，而效龙褒之舌已。”

《还山续诗》

存

是草盖合《耕烟草》、《逃雨草》、《锻圃草》诸集而成。锻圃者，亦园公别筑，建于康熙壬戌，时园公年已八十，故此集实为其晚年诗稿。据曹燕怀序，《还山续诗》又名《莲山续诗》云。

曾唶莪《序》：“诗之道，未易言也。使诗而无关于世运之盛衰，人事之得失也，则诗可不作；然使非有性情以为之原本，而又积其学问以深之，则绮艳者等于镂花，卑浅者同于嚼蜡，诗虽作犹不作也。然则诗顾可易言哉？吾师园翁陈夫子，才擅兼人，学窥二酉。甫膺民社，旋赋《归来》。其性情高旷，不留纤毫得丧之感，故其为诗爽迈淡远，寄托遥深，迥非时流敢望项背。前所登剞劂而光梨枣者，固已纸贵洛阳，价重鸡林矣。迩年以来，天步多艰，妖蟆食月，翼虎伺人，溷簑笠于樵渔，寄踪迹于岩壑，盖深痛乎人事之日非，而世运之莫挽也。于是托微吟以写忧，假长歌而当哭。迄今读《莲山》、《逃雨》诸集，缠绵凄恻，布沔水繁霜之遗音焉。然再取而三复之，侘傺之际，不废夷犹，苍凉之中，自饶古趣。虽当悲天悯人之时，而仍不失乎温厚和平之旨，则甚矣，诗之得于性情者深，而养于学者邃也！犹忆甲乙之交，予与夫子，实同斯难。尔时蹙蹙乾坤，伤心靡骋，始也蜡屐入燕，旋以麻衣归里，三年之内，为鸟中子规，朝朝啼血。有时曰《鸿迹猿声》，夫子幸辱为之序。然而洗马之愁过多，宣城之锦易尽，蛩唧蝉鸣，愧乏大雅，以视兹之鸿裁巨篇，有美必臻，无体不备者，不犹巨镛之于土鼓哉。故曰'诗也者，本于性而成于学，其道固未易言也。'夫尼山删《诗》而西河序之，圣门诗教，其传旧矣。予不敏，侍门墙者有年，而于声律一道，犹未能窥其堂奥，则才不逮十子远甚。然以区区愿学之心，窃自附于知夫子之列，故因咏歌之余，而论序之如此。谅世之知言者，必不谓予为阿所好也。同里门人曾华盖喟莪题。"

《落花诗》

存　清初刊本。

《自纪》云："春斋匡坐，闲愁纷来。客传宗伯黄纲庵年伯《落花诗》六首，至二三同好，多有和章。予不禁猎心，妄拟学步，乃又踵事增华，漫成平韵三十味。总之垒块填胸，牢骚欲抒，兴会之所，飙举楮墨，于焉情生，正不知与沈石田、唐子畏诸君子工拙何等也。嗟夫，风景不殊，山河顿异。已痛神州陆沉，又愤䰡䰾奔突。往日之名封胜迹，多断送零雨残烟，即半壁之绣馆丽园，亦削色鲸氛兔雾。悲乎，芳时易度，逝波不停。惧劫火之欲烧，冀光华之再旦。泚笔赋比，几欲发曼声于雍门，非徒寄痴情于锦国者矣。乙酉送春日，陈衍虞玄公记。"

《莲山诗集》十九卷　海阳《吴志·艺文》。

存　道光己亥世馨堂补刊本。

陈珏《跋》："先君子生平所著，有《客闽》、《旅心》、《落花》、《秋声》、《北征》、《尔尔》、《禺山》、《西音》、《耕烟》、《还山续诗》诸草，刊行已久，缘旧板用多，鲁鱼莫辨。伯氏乃命珏汇为全集，并补缺正讹，犹子王猷编次誊稿，遂得重付剞劂。虽诸体各从其类，而悉循所著先后，至各集标名，仍于旧叙存之。季男珏谨识。"

陈先达《跋》："从祖园公先生负海内盛名，施愚山称之曰：'文章风流，几遍天下。'吴次尾亦曰：'世鲜通人，吾以属之园公。'盖为当世贤豪同声推重久矣。所著诗草十余种，既久而板漶，先生季子乃于重校付刊时，条析诸体，各以类从，总为一编，曰《莲山诗集》。是则由分而合，亦善承先生志也。阅今又复百余年，达尝因读是编也，从而搜寻藏板，其间损失者十之二三，心用愍然。窃谓人处友朋之间，见夫往来赠答，有契于怀，犹将瓣香奉之，矧先生为吾宗系之冠冕，而忍令其心声所存，如火齐、木难之见珍于时，而不免玷缺，其何以安？爰与先生礽孙广泽，亟谋循照原本所有，详订补锓以还旧观。失者补之，损者更之，三阅月而蒇事。若乃先生生平著作等身，如《四书讲艺》、《尚书诠元》、《蔚园问业》、《历试草》，皆未授梓，而毁于兵火；如《客窗随笔》、《明世说》、《古今比事》，皆稿本，散佚鲜全，惟《蔚园文稿》、《莲山续文稿》、《还山文稿》、《昭潭集》、《郡乘代言》、《种墨亭启集尺牍全书》具在，第多残板。达与广泽既修诗集，行当嗣是并文集修之，庶几干将、莫邪神物之必合云。道光己亥夏月，七世侄孙先达谨识。"

宗颐按：《莲山诗集》乃陈珏所汇集，盖将园公所著诗草十余种，条析诗体，以类隶从，总而成编者。首载诸草旧序。（计有陆庆臻《客闽草序》，唐诚，吴次尾《旅心草序》，谢宗镗《落花诗题辞》，李士淳《寄愁草序》，谢元汴《秋声草弁言》，王世显、嵇宗孟、黄廷才、王士乾《尔尔草序》，施闰章《北征草序》，陆汉东、詹换绿《禺山草序》，屠德隆、郑茂蕙、袁景星《西音草序》，王仕云、朱筠《还山诗弁言》，仇昌祚、曹燕怀、孙古喤、王岱、曾华盖《还山续诗序》共二十二篇。）园公所作诗，《阮通志·艺文》著录六卷，注曰："《诗集》，为《西音草》、《禺山草》、《旅心草》、《寄愁草》、《客闽草》、《还山纪事诗》各一卷。"海阳《张志》本传云：诗则《旅心》、《北征》、《游闽》、《禺山》、《秋声》、《落花》、《寄愁》、《西音》、《逃雨》、《锻圃》等集。又据陈珏《跋》，尚有《尔尔》、《耕烟》、《还山续诗》三种。先达《跋》言：园公所著诗草有十余种，今综诸书所载计之，有《尔尔》、《旅心》、《西音》、《北征》、《客闽》、《禺山》、《秋声》、《寄愁》、《落花》、《耕烟》、《逃雨》、《锻圃》、《还山纪事诗》、《还山续诗》等共十四种。

《种墨亭尺牍》二卷

存　道光己亥世馨堂补刊本。

分二卷，上卷四十二篇，下卷六十六篇。又附二篇，为园公孙王猷所辑。首《自序》外，又有宋嗣京、孙咏诸《序》，及园公《后序》，与王猷《题记》。

《自序》云："仆既髦荒，旧雨都尽，松窗竹榻，索居无朋。因上援古人，结异代忘言之契。日抽架上一册，见古人欲歌欲哭之情，仆亦为之歌，为之哭；再抽一册，见古人发欲张，气欲塞之事，仆亦为之发张，为之气塞。比末俗之刑牲，今人之桃菊，交情反倍之。一日，偶搜敝簏，得四十年来与数十巨公邮筒往来小札，散在各集，庄言婉言，悲而言，谑而言，依稀忆数十巨公之登答，依稀忆数十巨公之音容，依稀忆十余年海立山飞之情况，虽刍狗已陈，而声光未寝。友人怂恿曰：'不可散也。'乃汇而集之，遂有数十巨公环我，侧理而坐，推襟送抱，相对冥默。当日向数十巨公所陈，欲歌欲哭，发张气塞之言，依依犹在耳目间也。呜呼，旧雨去矣，新雨又来，索居无朋中，前修时彦，重订兰谱，是亦破老之快举。虽然，辞命特文章一体耳，须简贵，无取浩瀚。娄东王先生谓读者易尽而味无穷，方为善于用短。家孟公十吏给写，朱龄石一日百函，大抵落落数言，便足寻味，仆愧靡靡矣。独是中道失路，频逢刺睢；国典庙谟，不关逋客之口；诗评史案，耻剿雷同之文。故鱼腹雁距，无非悲天悯人；宣情通愫，不过寒温琐细。庄生所谓'詹詹'，韩洎所诮'绳枢草舍'者也。仆类照影之鸡，为阅者多一卷覆瓿之纸，藏弆云乎哉！时秋风凄紧，黄花欲开。八十六园道人韩江陈衍虞记，康熙二十四年菊月朔后五日。"

杨氏之茂《霖湖集》、《度岁草》　海阳《吴志·艺文》。

佚

之茂，海阳人。文今存《金山石记》一篇，胡恂称其文嵚崎，不经人道。

杨钟岳《序》略云："文以及远也，行四方，之千年，皆曰远。若非铿锵尔雅，不坠时蹊，虽含英多华，直朝露耳。吾族能文，实繁有徒。岸然特立，俯视一切，往往形之诗歌，而穆然以远者，必推百年兄为祭酒，历险阻绝，无郁抑愁苦之态，而陶咏闲适，手不停披，嗜古忘疲，百兄高于人一等矣。至其为文，思路幽峻，笔力挺拔，不拾人牙慧，举汉魏晋唐，悉融铸奔赴于心腕间。今其子天眉集而梓之，可谓能读父书，而吾道不孤。行四方，之千年，天下后世有赏心独远，知余非一家私言也。"(《搴华堂文集》)

杨氏钟岳《搴华堂文集》

存　康熙壬申刻本。

是集为户部弟远山钟嵤及侄天眉、眉夫所编，而选阅者则南海梁佩兰药亭。书不分卷数，计序文三十三编，记十二篇，寿文十篇，诔文十二篇，传铭八篇，合七十五篇。

梁佩兰《序》云："乐音惟琴德最优，能导引性情，宣幽出滞，故君子无事，斯须不去。配乎礼也，则上弦而下壶，左圭而右璧，合天地中和之气，散于宇宙，而聚于人身。为文亦然。文欲其静以正也，又欲其奥以博也。静以正，则其体严，奥以博，则其用广，千变万化，而不离乎其宗。夫《六经》为载道之文，士大夫所常诵法，得其一二皆可以高望圣贤，卑论王霸，毋容以文章目之。若夫文人学士，以著述为事，则必其平时学殖，搜罗百家，牢笼万有，纵观古今之大，细察品物之盛，见夫山川之流峙，草木之动植，鸟兽虫鱼之飞走吱喙，更通乎天人消息之微，阴阳动静之机，造化往来之数，鬼神屈伸之状，悠然畅然于中，而有以得其所为文也者。始予与大山学使同举于乡，每与披对，不能尽其中藏，然窥其容色，隐若作者，过后辄怀其人。后大山先予成进士，读书中秘，出为尚书郎。已，出榷凤阳，更为八闽督学。中间二十余年，予老空山。大山宦迹辽远，予仅得至凤阳一见，广州再见耳。今大山没，而其子尔海始以其遗集寄予为序。嗟乎，向常侍不忍闻山阳之笛，王子敬人琴俱亡，予惟有登床痛哭而已，何忍序大山集哉！然使谢不敏，而令良友之集不传，予罪滋甚。大山文渊静泛密，抗衡在中垒、南丰之间，其旨远，其词微，结为音响，《咸》、《濩》、《韶》、《韶》，发为光华，黼黻绵绣，譬之大乐大礼，与天地同节和，而瓦丝之乐，鼠拱之礼，无足以当其大雅也。大山固静者，为人素不欲以势位掩其德，于其集见之矣。南海年弟梁佩兰顿首拜题于仙湖斋阁。"

陆氏扆箴《观古阁留花吟》　《周府志》本传。

存

是集为反黄䌹庵《落花诗》而作，共三十首。陆氏，饶平人。

杨钟岳《赠陆二思诗序》："余方退食之暇，陆子二思手执一卷，揖余而请焉。余受读之，曰：'曩吾乡黄宗伯《落花》有作，一往情深，今君作《留花》，思过半矣。'余不知诗，乌能言诗。虽然，余知陆子不尽以诗也。陆子制义文词，夙推祭酒，自壬午掇巍科，优游里门。其胸中澄湛。事至则应，无歷影者，过则已焉，无留滓者。越十余年，驱车长安，以数奇，勉就一职，若有不平欲鸣之隐，姑发诸慷慨淋漓之中，此《留花吟》之所为作也。然陆子之缠绵雅意，悱恻蔼怀，时如春风惠和，令人陶陶然喜之慕之，愿得而亲之。其真诗在性情，非徒矜风月，勤赠答，模声窃律于韦、孟、钱、刘间。今将奉天子命，出而栽花百里，吾知棠音复响矣。昔次山刺道州，作《舂陵行》，后人诵之者，即以其诗而得其吏治。余于陆子亦此意也。若出一言，足蔽二思三十首，则余乌能知之，又乌能言之。”（《搴华堂文集》）

黄氏衍启《合组诗草》　海阳《吴志·艺文》作《笔露合组诗草》，兹析为二书。

未见

衍启与杨之茂、曾华盖倡立简社。黄氏，海阳人。

张氏经《稼村篁吟》、《秋声文集》　《古瀛诗苑·今集》。

未见

经文今存《摩天石赋》、《美人蕉赋》，见惠来《张志》及《鸿迹猿声集序》。诗散见《古瀛诗苑》、《周府志》中。经，惠来人。

谢氏简捷《戒心旅吟》、《南还杂咏》　海阳《吴志·艺文》，《古瀛诗苑·今集》。

简捷，字子茅，海阳人，康熙癸丑进士。

张氏灏《濯春堂集》二卷　惠来《张志》本传。

未见

灏，字晴川，经子。康熙壬子亚元，化州学正。文存《神泉海赋》，诗见《惠志》。

唐氏宽《覆瓿集》、《吹万集》、《拟古集》、《吼雪集》　惠来《张志》本传。

未见

宽，字敬五，惠来人。康熙壬午副榜，邑侯查聘修县志。

郭氏天祯《澹森居诗集》　　《古瀛诗苑·今集》。

未见

天祯，字尔兴，之奇长子。

郭氏天禔《谿堂诗集》、《屯园尺牍》　　揭阳《李志·书目》。

未刊

天禔，号屯园，之奇次子。康熙十七年贡生。

余氏志贞《螭坳草》　　《阮通志·艺文》。

未见

宗颐按：《艳雪全集》今未见，遗文散见他书者，有《海阳县志序》、《潮州府志序》、《澄海县志序》、《饶平县志序》。（俱见各志卷首）记有《澄海儒学蚶蛎沙坪租记》、《樊公书院碑记》、《重建尊经阁记》，别有《儒学真伪论》一篇，颇能阐性命之奥。（见澄海《李志》）诗载《古瀛诗苑》及《岭海诗钞》中。

曾氏华盖《鸿迹猿声集》、《征车草》　　《阮通志·艺文》。

存　　清初刻本，饶氏天啸楼藏。

《阮通志·艺文》，引《广东诗粹》作《曾喟莪集》。

以曹《序》观之，当非另一书。此二集合刊一册，不分卷数。华盖，海阳人。

曹燕怀《鸿迹集序》云："诗以道性情，而性情之正，莫如《三百篇》。盖《三百篇》皆忠臣孝子，以及一时贤者，闵时病俗之所作也。然忠厚恻怛，粹然无不出于正。故虽有正有变，而圣人悉取之以教天下。汉魏而降，极盛于唐，三百年内，以诗名者，何可胜数。独称大家，千古宗之者，惟子美一人，其诗俱出于至性，一腔忠爱，白发丹心，当干戈满地，离乱险艰，一念未尝忘君。故时而泛郁悲壮，时而顿挫波澜，时而春容雄浑，诸体无不悉备。或一题而八章、五章、三章，或一首而纪时、纪事、纪地。章法纪律，起伏照应，离合反覆，神明曲折，非即《三百篇》之微义也欤？客潮南过访，同年曾子文垣，登堂执手，具道迩年避难播迁，继以读《礼》废《莪》，叙述呜咽，相对沾巾。乃出诗稿以示，细读之，知其语语出于至性，与少陵之大旨相符。《北征篇》，视杜之《北征》，前后媲美也。《四忆诗》，其一章‘报刘念切’，即慈竹春阴，维南献寿也；二章‘望岵情深’，即时忆君父，沾洒青霄也；三章即睹月而忆闺中；四章即闻莺而怀骥子也。《章江》、《虔楼》、《阊河》、《竺岭》、《箬溪》、《燕邸》诸作，即杜之间关齐鲁，跋履陇、蜀也。避迹金沙，棉旅夜坐，即《彭衙行》、《无家别》，阅历多难也。《哭丹徒夫子》诸什，即哭仆射、吊太尉而感恸知遇也。夫在三之节，为人生伦性之大端，于此而笃挚弥切，缱绻不忘，宜乎歌声之若出金石也。今服阕趋朝，移孝可以作忠，文章通乎政事，以一已之性情，正天下之性情，将见移风易俗，革薄从忠，圣人之所以为教者，皆得于咏歌之中，而不待他求矣。宁仅仅比声协律之事乎哉！岁在上章涒滩厉陬之月，年弟曹燕怀石间氏记于凤城旅舍。”

张经《弁言》：“余览唐天宝中王右丞为禄山幽于藏经院，暗吟《桃花源诗》，书二章于经卷麻纸之后，人谓其愁中作乐，至今艳之。然昌黎有言：欢愉之辞难工，愁苦之言易好，则古驿离亭，红树芳草，皆羁人逐客，扣钵成篇，摇头即佛者也。余性素善愁，人中子规。每当侘傺之时，停云问天，扫尘凝坐，茗歇香销，月移烛跋，不能一字；重九难句，致恼催租，良可叹也。吾友文垣，少时称‘五字长城’。庚戌，与予同上春官，归，饷予《北征草》一帙，如朝霞呈鲜，春葩竞彩，一时骚擅，咸奉盘敦。甲寅变后，混迹簑笠，蜡屐入燕。时而握蛇骑虎，时而孙啸阮哭，砧声渔唱，野笛寺钟，诸所感闻，一一皆寓于诗题，曰《鸿迹猿声》。读之凄风四起，白日欲晦，行间墨痕，微闻叹息，视‘凝碧池头’之句，又有甚焉。噫，甚矣！文垣才兼也。今鲸浪已恬，狼烟渐靖，行见燕山勒字，磨崖作碑，如欧阳文忠称梅圣俞为雅颂以咏功德，不徒发于虫鱼物类，羁愁感叹之言，则易好者固工，而难工者又好也，宁仅如辋川秋槐乎哉？时康熙戊午桂月初浣，眷年弟张经书于韩江旅舍。”

孟亮揆《征车草序》云：“昔柳子厚云：‘岭海多珠玉、象犀之产，草木亦多殊异之观，以为阳德之炳曜，独发于纷葩瑰丽，而罕萃于人。’予向疑其言之过，及通籍后，得与岭南诸君子交，始知人才有今昔之不同，而柳州所言，果非定论也。喟莪先生，庚戌与余同举南宫，时吾师珊洲祁先生在水部，曾语予曰：‘子亦知同年中有曾喟莪者乎，质乎中而文乎外，其人文并可师也，子宜庄事之。’予服膺弗敢忘。既而追陪榜下，文酒流连，窃窥先生之为人，温冲粹穆，诚如吾师所云者。未几即别去，实未暇读其诗也。自是南北各天，不相见者十余载。后先生由寿昌令奏最，入为天曹郎，僕直之暇，数相过从。因得读其《鷦寄堂诗》数卷，予为俪语序之简端，然亦未窥其全诗也。天曹为主爵之官，先生清通简要，望隆朝端，寻奉命抡材三楚，得人最盛。会予匆匆去国，升泛异路，不通闻问者又数年。丁丑冬，偶游韩江，适先生请假里居，握手话旧，探胜湖山，始得尽读其《楚游纪事》、《鸿迹猿声》诸集，最后复出《征车草》见示，则庚戌途中所作，与吾师张秋倡和诗在焉。披卷卒业，为泫然者久之。既痛吾师之不得见，而又追思二十年间，世故之纷纭，人事之变迁，以及同谱兄弟之沦谢，不觉忧从中来，百端交集。况先生之诗，实发于情而本于性，有令人可泣可歌者乎！假使子厚而在今日，一见是诗，当不知若何击节，而谓先生之才，非独钟于阳德，人不宝先生之才，而惟纷葩瑰丽之是宝者，吾不信也。人生聚散不常，予与先生率别数年而始一见。今又将行矣，或数年或不数年，复得与先生酌酒论文，亦未可知。而独低徊三复于是诗者，盖有感于师弟友朋之间离合聚散之故，论而序之如此，先生亦能无慨于中矣乎！康熙岁次戊寅春月，吴门年眷弟孟亮揆拜撰。”

梁梦剑《序》云：“丁丑榜放，予跄踉赋归，坐东郊斗室中，焚香品茗，足迹不入郡者累月，绝不知人世间有风雅事矣。戊寅春，孟学士绎来，适游览至潮，学士于君虎先兄为同年友，兰茝剩芳，惓惓不忍置。予始以通家礼见，古道高情，上薄云霄。别后，予即过喟莪先生所，适案头有《征车草》一帙，而学士新为之序。先生因谓予：‘此集与难兄庚戌公车时风尘所推敲也，去今三十年，恍如梦中。子再为吾序之。’予笑曰：‘荣瘁异途，枯菀殊观，予何能序《征车》哉！’虽然，忆己酉秋，先兄与先生偕涂山、皆庵、文豹诸君子买舟北上，酌酒洒江，当夫酒酣耳热，击楫浩歌，无不乘风破浪，志在千里。及榜发，先生与文豹并辔联镳，先兄亦幸附骥。方谓文事渐盛，名业或不落人后，乃未几，皆庵卒于京，文豹与先兄同时赋玉楼。今涂山之墓木亦拱矣，独先生跻崇班，拜天官，为天子侍从之臣，望尊泽厚，岿然今日鲁灵光。虽得其天者优，要其光华之气，云蒸霞蔚，鸿笔为国家风雨，信不诬也。今《征车草》具在，和冲浑雅，熊熊奕奕，正如春云映日，流丽可爱，夫岂等悲风惜日，同憔悴于车尘马迹间哉！嗟夫，先兄已矣，回首三十年前诸君子鼓浪扬航，一时献酬言笑之状，志气遒上，仿佛犹在心目间。今思之，鹿蕉蚁柯，都付春梦，惟此集长有天壤，纸窗荧火，抚卷太息。先生幸毋笑予为善愁，试以质之孟学士，其必有以谅予之心也夫！其必有谅予之心也夫！年家同学晚弟梁梦剑平州氏拜题。”

宗颐按：《广东诗粹》称华盖著有《鸿迹猿声》、《楚游记事》、《征车》诸草。海阳志《艺文》据《古瀛诗苑》以《鸿迹》、《楚游》、《鸲寄》各诗集著录，而遗《征车草》，附按谓《诗粹》、《楚游纪事》作《楚游征车》，著录不明，缘未目见其书，兹并为辨正。

《楚游纪事诗集》、《鸲寄堂诗集》　　海阳《吴志·艺文》，《古瀛诗苑》。

未见

吴氏六奇《忠孝堂文集》二卷　　丰顺《李志·艺文》。

存　　旧刻本；《潮州先正遗书》选本，未刊。

是集凡奏疏、记序、书笺、引揭共八十三篇，有目无文者十篇。《先正遗书》删存三十四篇。首有顺恪子启丰《乞言小引》。考杨旬瑛撰墓志，谓顺恪公余，好与绅儒门人稽古讨文。疾革，诫子弟，惟谆谆以忠孝为嘱。是集名《忠孝》，殆取义于此。

洪图光《序》云："今海内以文人自负者，大约芳洲杜若，沅芷澧兰。或泠然可诵，不过骚人逸士之章；即蜃海鲸波，倏忽倾泻，作者气吞云梦，读者亦惊若河汉，而性情不可问，文章亦未可传也。盖古今大文人，即古今大英雄，未有不具忠孝之性者也。昔李青莲供奉翰林，题诗凤凰台上，杜锦里衮职宣储，尧封禹贡，固感时忧事者之作，而忠孝之气自负者若何；至欧文忠力砥狂澜，韩侍郎克平鳄浪，使非以大文人具大英雄气概，其能惊风雨，泣鬼神，震荡古今天地间耶！顺恪公吴老先生少慷慨负气，好击剑，善射博，通《孙吴兵法》，兼事举子业。适天下丧乱，赤眉、铜马相继驿骚，先生谓丈夫当立功疆场，封侯食邑万户，岂能作呫哔语，幸厕一官，迎人色笑为耶！爰投笔去，遂参戎伍，历军功，以上将军节制潮郡。是时金瓯未固，卢循、仙芝之辈出没无常，先生力捍御之。其功已绘麟台，不容更赘。乃其性好诗书，即百万鍪弧中，未尝释卷。盖潮郡滨大海之南，风土郁杂，且烽烟初熄，鳣堂讲帐，厩马鸣嘶，泮水芹宫，刺荆芜塞。先生以潮夙被昌黎遗化，方将建学明伦，申安国之教规，讲伊川之性命，乃令黉序坵墟，文风于何振耶。爰出俸钱，下郡邑，大修孔庙。一时堂皇巍焕，车服礼器，粤人士以时习礼于其中。先生又或登坐堂上，进诸生与语道学，辨古今事宜，惟以忠君孝亲为重。潮之士气丕振，咸先生为倡导焉。先生又素慕平原为人，朱履纷沓，四方从游者，时倒仲宣之屣，时罄疏广之金。或迎秋月而坐共元规，或佩春风而樽开文举。应酬之暇，又乘蓝舆，小憩山寺，对黄面瞿昙，谈释迦佛法。先生以大英雄具大文人丰骨，宜其倜傥自如，为当世人杰也哉！予时奉命出宰程邑，每道过其处，左右红韎，握刀佩弓，立迎道左，宛行细柳营中，赫赫军威，不寒而栗。及入帐，图书满座，翰墨风清，直似偕青黎老人，登天禄阁偶语。酒酣耳热时，先生间出所为文，命予披阅。夫以先生勋高宇宙，即在儒将风流，亦第饮酒娱宾，投壶歌雅，博一乐事耳，而二十年来，兴贤建学，重道崇儒，悉以濂溪、晦庵诸先生为法。有时专征奉命，必诣庙告期，而奏凯旋师，又入泮献馘。昔王文成讲学龙溪，立决不庭，为弁髦伦纪者戒，先生之功，首重庠序，非即以忠孝训世欤！至若奏疏条议，关功国家利病，其恺切不让陆贾，益足以光史册，垂奕世。今先生往矣，度其精诚，固宜环护宫墙，与诸先儒共襄文治。而遗编俱在，令子文源昆仲，雄才博学，善读父书，知先公之文有关君父大义，爰命梓人亟登梨枣。是先生之文章传，而性情与共传，殆又以英雄现圣贤身，为世说法者矣。康熙五年夏六月，知潮州府程乡县事，晚生洪图光敬题。”

《葛如诗钞》一卷

未见

潘存《天涯闻见录吴都督补传》云：“六奇武人，而好文士，见读书者，咸礼敬之。有诗集一卷，名《葛如诗钞》，藏家中。”

林氏世榕《瓦注草》　　海阳《吴志·艺文》。

存。　　旧刻本。（饶氏天啸楼藏）

是集为姜宸英评，共文十四篇，无卷数。世榕，海阳人。

潘宗洛《序》：“文以载道也，非心乎道者，不能为文也。道不存乎动而存乎静，非静者不能心乎道也。使日役役于势位利欲之涂，以薰其心，不复勉强于语言文字之间，以求其近乎道，譬犹登嵩华者用舟楫，涉江湖者策驷马，其势不可也。惟静者不然，其有事也若无事，其有为也若无为，其贫贱也若不贫贱，其富贵也若不富贵。其人常静，而后能读古今之书，而探其奥；涉天下之名山大川，而博其趣；历生平之穷约显荣，而抒其臆，举其所见所闻之可喜可愕者，毕著之于言，而后可以为文。予今岁奉命至秦典试，蓝田令海阳林君可亭实为《礼经》分校，孜孜披览，自晨至暮，未尝见其一言一笑。卷必三阅，不轻荐，荐辄佳，心窃异之，意其必静者也，必心乎道者也。既撤棘，林君告归，袖其文集示余，余受而读之，乃益信林君之为人。蓝田为秦剧邑，岂无簿书期会之烦，而林君所为文，奇崛古峭，得昌黎、柳州遗意，有为词人墨客劳心苦思所不逮者，固知非静者不能。且观其为文，可以知其为政，亦必静以理者也。余既喜读林君之文，又喜得以知林君之为政，故乐序其文以行于世。抑余闻林君之祖大司农忠宣公，明万历朝在谏垣，直声震天下，疏稿诗文若干卷，传于世，今林君之能文，盖实绍其家学云。康熙丙子秋九月季望，赐同进士出身翰林院检讨、陕西正考试官，家弟潘宗洛拜撰。”

释氏道忞《布水台》、《云峤》诸集三十二卷

存　　嘉兴《续藏经》（诸宗部）本。

钱谦益《序》云：“天童山翁禅师忞公，以密云嫡子，坐大道场，无舌说法，有声如雷，施药树味，击涂毒鼓，有‘寂子小释迦’之目。贾其余勇，作为诗文，如涌身云，如灌顶水，文人学士用世间智测度，咸以为抒山昼、石门范之流亚。余顷读其全集，为之心开意解。久之，沉吟低徊，歔欷烦酲，而不能舍然也。大慧杲禅师有言：‘予虽学佛者，然爱君忧国之心，与忠义士大夫等。’所谓忠义士大夫者，魏国张公德远、横浦张公子韶辈也。当是时，贼桧挟滔天之势，把持和议，忘北辕之仇，甘左衽之辱，妙喜以坏衣髹发之人，敢于左袒子韶，抗权奸之议，而冒触其锋刃，故魏国铭之曰：‘嗟师何为，拳拳忠孝？欲返群迷，俾趋正教。’唯其忠诚恻怛之至，根柢种性，槎牙肺腑，虽至于砍臂斩头，亦将怡然顺受，如断藕根，如解胶革，于毁衣焚牒乎何有？於乎，荐严之疏，龙髯马角之深悲也；《新蒲》之录，玉衣石马之遐思也；春葵玉树之什，空坑厓海之余恨也。征之妙喜，以言乎其道则相符，以言乎其志则相协，以言乎其时世，则宋世所谓忠义士大夫，迢然不可再见。独有一禅者，孤撑单出，流连涕泗于陆泛沧海之余，斯尤难矣。於乎！军国，荆弓也；宗社，郑璧也；吾君吾父，秦、燕、楚、凡也。天穹庐，地松漠，今之人何其广大，而禅者如是之隘也？东家食，西家宿，今之人何其圆通，而禅者如是之固也？山河芒茀，世界陶轮，有漏微尘，十方销陨，今之人何大觉大悟，而禅者如是之取著也？岂惟禅者哉！琉璃之诛释种也，世尊树下拒谏，而阿难愁闷恸哭。开宝之师，东山蕲春肉身，为故国而泣血；天宝之乱，荷泽编管残衲，兴檀度以济师，是又何今人之广大，而佛祖之隘？今人

之圆通，而佛祖之固？今人之大觉大悟，而佛祖之取著也？妙喜之言曰：'好善恶邪之志，与生俱生。永嘉谓纵使铁轮顶上旋，定慧圆明终不失，敢直下自信不疑。'吾悉公其几矣乎。三世诸佛，是三世中有血性男子，不忠不义之人，埋没此一点血性，谓之焚烧善根，断灭佛性，披毛戴角，刀途血路，相习以为固然，是可以为人乎？如是而为文，巧言绮语，谭玄说妙，如刻人粪作旃檀形，是可以为文乎？公同体大悲，恻然怜愍，以为今世之所崇尚者，士大夫也。故现忠义士大夫身，而为说法。士大夫之所崇尚者，文字也，故又现声名文句身，而为说法。有人于一言半句，汗下毛竖，留得此一点血性在人世间，即是不断佛种。斯即公出世为人，全提正令人所纲宗也。於乎，公欲广度河沙众生，尽皆作佛，而汲汲然磨牙砺齿，先教之以所以为人，夫焉有不能为人而能为佛者乎？"（《有学集》）

黄宗羲《山翁禅师文集序》："岁乙酉，余游云门诸寺，至平阳，山翁开山经始。坐未定，即出其文集六册，属删为四册。入夜，秉烛相对，阅数卷而止，未卒业也。壬戌，余复至平阳，时天岳继席，出其先师所谓《百城集》者，命删之，以终前诺。明年，天岳诣余于黄竹，申之以币。老懒因循，忽忽三年。顷见《直木堂诗》：'经久胡不报，绿树欢鸲鹏。'是责余之爽约也。有自山晓来者，亦以为言。夏月北窗，蜀山青翠，勉为削笔。既而叹曰：'世无文章也久矣，而释氏为尤甚。释氏以不立文字为教，人亦不以文章家法度律之。故今日释氏之文，大约以市井常谈、《兔园》四六、支那剩语，三者和会而成，相望以黄茅白苇之间，以为瓮中天地，章亥之所不步也。读之者，亦不审解与不解，疑其有教外微言，落于粗野之中，蝃蝀在东，莫之敢指。嗟乎，言之不文，不能行远。夫无言则已，既已有言，则未有不雅驯者。彼佛经祖录，皆极文章之变化，即如《楞严》之叙十八天、五受阴、五妄想，与《庄子》之《天下》，司马谈之《六家指要》，同一机轴。苏子瞻之《温公神道碑》，且学《华严》之随地涌出，皎然学于韦苏州，学范学于苏子瞻，梦观学于杨铁崖，梦堂学于胡长孺，其以文名于一代者，无不受学于当世之大儒。故学术虽异，其于文章无不同也，奈何降为今之臭腐乎？虽然，亦儒者有以开之也。明初，以文章作佛事者，无过宋景濂，其为高僧塔铭，多入机锋问答，雅俗相乱。试观六朝至于南宋，碑释氏者，皆无此法。虞伯生尚谨守之，至景濂而一变，堤决川奔，则又何所不至也。山翁之诗文，亦不免于堆垛妆点，然称情而出，当其意之所之，前无古人，后无来者；既不顾人之所是，人之所非，并不顾己之所是所非，喜笑怒骂，皆文心之泛滥。如是则于文章家之法度，自有不期合而合者，奚有于习染之戋戋者乎？山翁之弟子山晓、天岳，皆觉范、圆至之亚也。视余此删，当有憬然会于心矣。”（《南雷文定·后集》）

宗颐按：山翁禅师所作诗文，《续指月录》谓有《九会》、《百城》、《北游》等录行世。《阮通志·艺文略》题《布水》、《云峤》诸集，无“台”字，误。康熙《林府志》、乾隆大埔《洪志·仙释传》作《布水台集》三十二卷。考梨洲《序》盖为《百城集》而作，而牧斋《序》仅称读其《全集》，而不云何种，未知与梨洲所见本是否相同？《续指月录》、《百城集》与《九会》、《北游》同称为《录》，其《北游录》乃语录，而非诗文集，梨洲《序》言未见《百城集》前，已曾读其《文集》六册，为删存四册。此四册者，又未知与《百城集》是否相同？今据《大埔志》著录。

《弘觉禅师诗文录》二卷　　民国温廷敬选录。

未刊

上卷选序四篇，书后二篇，书简二篇，传二篇，行状、碑各一篇，墓铭二篇，记五篇，雅及赞疏各一篇；下卷诗共三十五首。

温廷敬《序》略云：“忞公生当明季，濡染于士大夫之风气，故其诗文时有故君宗国之思。及一奉新朝宠召，优以殊礼，则顿易其素，宜诸遗老之有所不满。忞公固未为高僧，为诸不失为一时之才士哉！其文如《林公行状》，盘郁处直迫昌黎，固明季所不多得也。其挽黄介子、清世祖诸作，亦有可以证当时遗事者。余故取其诗文选录，类次为一编，以见其概。至其禅悦之作，则从阙焉。”

侯氏畿《海翁诗集》　　《古瀛诗苑·今集》。

未见

畿字定一，一字止庵，程乡人。副榜。

吴氏羔《吴曙朋诗文集》　　大埔《温志·艺文》。

佚

大埔《温志·艺文》云：今传有西华寺记一篇，文体在柳、欧间。清初埔邑文之最有义法者。他文散见《企南轩编年录》。吴氏，大埔人。

杨氏之徐《企南轩诗文集》四卷　　大埔《温志·艺文》。

存　　民国甲子印本。

光山令杨之徐所作诗文。《阮通志》、《府志》作《企南轩集》，或《企南轩稿》。吴羔跋、张灏等序，皆作《企南稿》。据杨梦时撰《先考行述》，之徐一生著述，有已刻《企南轩诗文前后集》近二百篇，又有诗文集若干卷，未付剞劂。诗文悉经姚少庭点定，并为序。盖即旧志著录者也。之徐，大埔人。

《自序》云："余自总丱受学，徒呫哔时艺，于诗古文辞，概未之及。中年仅博一第，又奔走衣食，学殖日就荒落，迄用无成。是故文以载道，诗以言志，二者悉未能工也。然而道之所触，志之所寄，偶发而为言，直从胸坎肺腑流出，不屑屑于妆点粉饰，而其一种肫然不容已之诚，与夫油然不可遏之机，自相得于语言文字之外，则亦何必论其工与拙也？虽自我作古可耳，不敢持以问世。手录编次，俾子孙得寓目焉。"（《编年录》）

陈氏琳《眺春草》　　惠来《张志》本传。

未见

琳，号玉山，惠来人。康熙庚午亚魁。甲申，与修邑志，文今存康熙《惠来志序》。

李氏象元《赐书堂集》　　《周府志》本传，嘉应《温志·艺文》。

未见

象元，字伯猷，程乡人。康熙辛未进士，官检讨。

饶氏璋《雅言轩诗文集》、《西郭别业集》　　《阮通志》、大埔《温志·艺文》。

未见

璋，字上冕，大埔人。康熙癸酉岁贡。

吴氏日炎《浣雪堂稿》、《半秋堂诗集》、《金台后草》　　《阮通志·艺文》；《金台草》，《陵海吴氏谱》；揭阳《李志·书目》。

未刊

日炎，字升谷，揭阳人。康熙己卯举人，刑部员外郎。

陈氏鹗荐《一经堂文集》　　《胡府志》本传。

未见

鹗荐，字飞仲，程乡人。康熙庚辰进士，为文风格高隽，韩宗伯慕庐为之序。

方氏声亮《澹宁堂诗文集》　　普宁《萧志》本传。

未见

声亮，字学虞，普宁人。康熙乙酉举人，武陵知县。

翁氏廷资《韩山诗笺》、《楝花草》、《小署草》　　《阮通志》，海阳《吴志·艺文》。

未见。

廷资，字尔偕，号海庄，海阳人。康熙己丑进士，四川渠县令。惠士奇督粤，具疏题补韶州教授。诗存《韩山书院成落》一首，见澄海《李志》。

林氏景拔《荆崖诗文集》六卷　　《阮通志·艺文》。

未见

景拔，字彦楚，号荆崖，揭阳人。康熙壬辰进士。

饶氏华元《壬癸集》　　大埔《温志·艺文》。

未见。

华元，大埔人。

饶氏溶《克敦文集》五卷、《诗集》三卷　　大埔《温志·艺文》。

未见

溶，字一作克敦（《周府志》作席敦），大埔人。康熙癸巳举人。

范氏元凯《松轩诗文集》　　大埔《温志·艺文》。

未见

元凯，字干岸，号松轩，大埔人。康熙甲午举人。

蔡氏中孚《蔡中孚遗文》　海阳《张志》本传。

未见

中孚，字辅卿，海阳人。康熙庚子举人。

杨氏缵绪《佩兰轩诗文集》　大埔《温志·艺文》。

阙　《潮州先正遗书》选本，一卷，未刊。

大埔《温志·艺文》云："文集存，未梓。"

缵绪，大埔人。文具见《百侯杨氏文萃》。凡文五十八篇，诗一百二首。（大埔《温志·艺文》又有《与欧阳藩台书》，《文萃》缺载。）

李氏琛《一草芦集》　《阮通志》，嘉应《温志·艺文》。

未见

琛，字少游，程乡人。康熙癸酉举人。

李氏铛《五峰草堂诗钞》　《阮通志》，嘉应《温志·艺文》。

未见

《粤东诗海》："铛字允求，诸生。诗法晦翁、白沙。随在有沂水春风之趣。所为诗皆有灵奇之气。"铛，程乡人。

林氏绍鹗《时弋草》二卷　《周府志》本传。

未见

绍鹗，字云立，惠来人。康熙岁荐开平训导。

林氏元棪《暑凉堂诗草》　海阳《吴志·艺文》。

未见

元棪，字拙山，世榕子。康熙间县丞。

黄氏道禧《苐园诗稿》　海阳《吴志·艺文》，《古瀛诗苑》。

未见

道禧，字仲喜，海阳人。诸生。

梁氏日暾《深柳堂集》　　海阳《吴志·艺文》,《古瀛诗苑》。

未见

日暾，字肯新，海阳应龙子，诸生。

李氏明连《药栏诗稿》　　海阳《吴志·艺文》,《古瀛诗苑》。

未见

明连，字宏辑，海阳人。诸生。

陈氏珏《砚痕堂诗文集》

阙　　诗有原刻残本（饶氏天啸楼藏),《莲山家言》选本。

海阳《吴志·艺文》仅著录《诗集》,《古瀛诗苑》称《诗文集》。珏字比之，号双山，衍虞季子，太学生。其诗清丽渊雅，尤工描摹景物，辄能入微。沈归愚《清诗别裁》选之。珏遴潮人诗为《古瀛诗苑》，自选其诗共十四首，《莲山家言》选一百五十首。

张士琏《序》云："余到潮五载，始识双山。双山，积学士，诗辞古文卓然成家。余日奔走簿书，无暇及翰墨，故多疏之，非只愧谢无文也。近补修邑乘，延双山捉刀，始尽其平日手著稿见示。读之，满目琳琅，手不忍释。虽间杂神仙浮屠之说，而触物感时，流连往复，皆能抒写其性灵，而畅达其胸臆之所欲言，有可传双山者。而双山之遇不遇，非所论也。邑志中爰摘一斑，以窥全豹。双山，陈其姓，名珏，海阳秋溪人也。"

宗颐按：《研痕堂文集》，不见传本。珏文今存者，有《岭南谪宦封》（见《胡府志》)、《飓风赋》（见《周府志》)、雍正《海阳县志序》、《上当事救荒策略》、《上当道修堤策略》、《橡木赋》（见海阳《张志》)。

《过庭集》

未见

杨之徐《序》，略云："双山出其《过庭集》，受而卒读，流通不忍释手。才大运以精思，气昌纬以密理，既浑灏而流转，亦芳洁而妍丽。无体不有，无美不备。"（《企南轩编年录》)

林氏青门《自愧集》　　南砂《林氏家谱》。

未见

杨钟岳及峨嵋知县徐上为之序。青门遗文，今存者有《遂溪记》、《祭山长王老先生文》、《郑夫子灼凡传》、《鸿声集序》、《族谱序》、《狮山记》、《回旧里记》、《鱼舟记》诸篇。

陈氏龙光《慎余草》　　惠来《张志》本传。

未见

龙光，字远心，国英子。康熙丁卯与辑邑志，张经称为“诗律长城”。

梁氏梦剑《蓼处堂诗集》　　海阳《吴志·艺文》。

阙　　诗见《古瀛诗苑》。

梁氏，海阳人。

方氏之孝《心远堂集》　　惠来《张志》本传。

未见

之孝，字孺子，镳子，陈园公门人。顺治辛卯，魁省闱。诗见惠来《张志·艺文》。

叶氏拂云《龙桥诗集》　　《古瀛诗苑·今集》。

存　　家抄本。

拂云，字白也，一字铁柯，澄海人。诸生。

陈衍虞《序》，略云：“前此万、泰、启祯间，郡人讳言诗，即有高谈风雅之士，群起而咻之。塾师授徒，父兄训其子弟，皆云此道与制举相左，志缨绂而事声律，犹章甫之适越也。自吴海日先生居林下，始好为诗。当日属和者，独杨公承之，继而叶公华淑唱于澄，最后谢儒美解元声金戛玉，誉望熻然。而唱于揭者，又有郭正夫太史，于是潮士始知有诗，然犹以为一去卮无当也。今际右文之朝，圣天子屡以此试，馆阁诸公且有以诗赋簪笔承明者。故潮益无诗，非无诗也，夫人而能为诗也。夫人而能为诗，究之得此道正法眼藏，必以叶君白也为祭酒。君固华淑公之文若也。承两孝廉家学，渊源深厚，才锋飙迅，而又根原汉魏，泽以四唐诸家，故落腕谋篇，峥嵘博雅，所谓芙蓉错绣，春草芊眠，不足以喻矣。吾不能辨其派为何代何人，但举汉魏则似曹刘陈应，举四唐则似沈、宋、储、王。信白也众美能兼，非寻声斗叶

者流所能衣冠叔敖也。”（《莲山续文稿》）

姚氏振琦《梧庵文稿》　　《企南轩编年录》。

未见

振琦，字梧庵，潮阳姚春元子，贡生杨之徐为序。

孙氏克家《遗音》二卷　　惠来《张志》本传。

克家，字贞棐，惠来人。家世《毛诗》，遁迹陇亩，有皎月寒潭、丹崖翠壁之概。

卓氏伯元《月湄草堂集》　　《阮通志·艺文》。

存　　揭阳《李志·书目》云：稿本未刊。

伯元，字菁岸，揭阳人。诸生。

佘氏士俊《笔樵文集》、《近体诗集》　　《阮通志·艺文》。

未见

士俊，字伯慎，澄海人。岁贡。

贺氏南凤《南凤诗赋古文辞稿》　　《周府志》本传。

未见

南凤，大埔人。

罗氏锐文《麈垢集》　　大埔《温志·艺文》。

未见

锐文，字台臣，大埔人。为诗文有时名。

陈氏泰年《东溪文集》四卷　　潮阳《唐志》本传。

阙

遗文今存《建叠石山志》、《道堂记》、《建水吼桥碑记》等篇。陈氏，潮阳人。

杨氏文宠《菉园诗集》　　海阳《吴志·艺文》。

阙

文宠，字藩卿，海阳人。贡生，诗见《古瀛诗苑》，清切近诚斋。

郑氏开莲《寄园草》、《江浦吟》　　海阳《吴志·艺文》。

阙

开莲，字伯青，诸生，海阳人。诗见《古瀛诗苑》。

陈氏士规《嚥珠堂诗集》　　海阳《吴志·艺文》。

阙　　《莲山家言》选本。

士规，字景之，号鹤洲，衍虞侄。《古瀛诗苑》选四首，《家言》选一百四十首。

陈衍虞《序》云：“我家阿咸，少治经生业，醉心风雅，时论比之潘、陆。羲轮疾走，鹏云失飞，又复砥耿介之操，所至落落寡合。雅好撷瑛瑶于汉、魏、四唐，虽夕漏晨钟，不辍苦吟也。顾其诗纤丽婉约，大不类其为人，时论又比之梅花广平，闲情栗里。乃三冬葛帔练裙，无从索长安米。一片赋手骚情，疑为广柳车中贫鬼所夺矣。近来羽书旁午，狼烽飙回，益无地可以自见，尽舒其悲愤于东阳四声。诗不穷不工，古人信不欺我。马少游谓其弟援曰：‘汝大才晚成。’忆高达夫是岁方始学诗，而绾会稽玺绶者，只早公孙弘十年耳。吾家子侄多喜吟咏，当以是子为孟起，其益磨砺以须，毋谓风尘瓠落，遂不能矫翎奋鬣也。阿咸为谁，景之士规也。乙卯园道人序于羊山草堂。”（《莲山续文稿》）

陈氏士鼎《洞中草》　　《莲山诗集》。

阙

士鼎，字位之，衍虞子。诗见《古瀛诗苑》。

陈氏赍《亦园草》　　海阳《吴志·艺文》。

阙　　《莲山家言》选本。

赍，字元之，海阳人。诸生。

陈氏艺衡《爱园诗草》　　海阳《吴志·艺文》。

阙　　《莲山家言》选本。

艺衡，字博之，一字爱园，海阳人。诸生。

陈氏周礼《自怡堂诗草》　　海阳《吴志·艺文》。

阙　　《莲山家言》选本。

周礼，字心之，号士复，衍虞子，《古瀛诗苑》选六首。

陈氏屿《屏山诗集》　　海阳《吴志·艺文》。

阙　　《莲山家言》选本。

屿，字昆之，号鲁山，海阳人。《古瀛诗苑》选七首。

陈氏王猷《蓬亭偶存诗草》十五卷　　《阮通志》，海阳《吴志·艺文》。

存　　道光己酉补刊本；《莲山家言》选本。

王猷，字良可，号砚村，周礼子，肇庆教授。《清诗别裁》、《广东诗钞》、《粤东诗海》均选载。蓝鼎元称其得力杜、韩，尤工山水诗。梁崇一谓有少陵“万丈潭”神力。《诗集》曾与制义刊于端州。

林景拔《序》云：“郡先哲园公先生，著述等身，称‘岭海文献’，名震寰区。今砚村其孙也，生而循环几杖，目染耳濡，自童髫时，早已过绝人矣。高掇秋魁，方在妙龄，余居相去二百里，未缘一亲謦欬。晚值公车北征，霜风交辔，略窥涵负。嗣偶共入秦，同客蓝田，相与探辋川遗胜，睹其一二遣兴，心眼尤豁。归涂羸马孤船，陟险穿波，砚村蓬勃，不禁洋缅。余既倾倒砚村，自是情好逾密。其后砚村铎响，张文献公旧里，自皋比谈经外，凡情之悲愉，遇之屯亨，物态之暄寒，世路之夷险，一寄之于诗。他如月影风声，山青水绿，亦尽于诗焉发之。诗故宗少陵，兼出入靖节、摩诘、香山之间。博积既久，又日所游寄，唯是笔床茶灶；其他纷挐靡曼，不交于胸。就数往返燕道，得丧亦肝臂随付，无从窥其牢落，冲怀自加人一等，以此学邃神恬，吐属自异。比年，余客金台，所与交率多当代名流，要求质文相宣，如砚村者绝少。砚村岂徒詹詹而与世俗竞长已乎？先生雄长词坫，及砚村而取精用弘，祖武益光，延而过庭闻诗，家擅风骚。砚村但以其诗振音空谷，而作述开继，一生俯仰，藉以无负，是区区者固其绪余，要亦不可以无传也。因为之序。康熙甲午岁仲秋日，同里同学弟林景拔拜撰。”

楼俨《序》云：“吴越之学诗者，标新领异，辄思变化于宋元；而谨守唐音勿失者，惟闽人、粤人。于中粤人尽善，粤人多学而识之，其于初唐之四杰，大历之十子，举凡王、孟、李、杜、张、王、元白、温、李、皮、陆之作，类皆深探力取。乃其自得之也，莫不具体而微，斯真善学唐人者矣，不若闽人之墨守开元、天宝一派者也。潮阳陈子砚村者，园公先生之文孙也，胚胎前光，其家学可知。以名孝廉秉铎连州，余初见之翠中峰下，风神潇散，早识其非苜蓿盘边人物矣。近因摄事来州，得读其新诗一卷，五言古有规模陈拾遗、李供奉者，而间亦出入于韩侍郎，七言古诗则全摹韩矣。五言近体初学王右丞、孟处士，而傍及于钱、刘诸家，七言近体则又有大历风味，而一二佳者不减《松陵倡和集》中。合作杜工部所谓'转益多师是汝师'者，此真学诗之三昧也。风神潇洒，毫无适俗之韵，又奚必阑入于宋元诸贤，而后为新异哉！余初好倚声，即学李义山为诗，继乃喜读王摩诘集，又弃而专攻少陵、昌黎两家，于宋元中又极爱眉山、遗山篇什。迄今老大无成，每一执笔，纤音侧调，集于腕下。虽填词之结习未除，而亦自沿吴越风气。余于是服粤人之善学唐诗，而又不敢轻议闽人也。康熙壬寅嘉平月，西浦同学弟楼俨书于余清轩中。"

《蓬亭文集》　　海阳《吴志》本传。

未见

许氏日炽《何有老人集》　　海阳《吴志·艺文》。

未见

《吴志》本传云：日炽官归，囊橐萧然，自称何有老人，集即以此为名。

张氏淇《嘘云集》一卷　　惠来《张志》本传。

未见

淇，字右川，经次子。

陈氏天生《东村诗文集》　　《古瀛诗苑》，惠来《张志》本传。

阙

天生，字祉典，惠来人。阳江教谕。诗见《张志·艺文》。

张氏钟《留砚堂集》　　《阮通志·艺文》。

未见

钟，字大石，康熙戊子恩贡，张灏子。

李氏于钰《溪声堂集》　　《胡府志》本传。
未见
于钰，字朗山，程乡人。结庐高峰，读书不倦。

杨氏铉《云房诗集》　　《古瀛诗苑》。
阙
铉，字邦鼎，明经，镇平人。

黄氏华《四牧堂诗集》　　《古瀛诗苑》。
阙
华，字太华，茂才。饶平人。

林氏垣《文漪园集》　　《古瀛诗苑》。
阙
垣，字紫君，平远人。明经，仕新安训导。

释氏德薪《劫灰诗文集》　　海阳《吴志·艺文》，《古瀛诗苑》。
未见
德薪，字起南，海阳人。得法崆峒，晚归潮，建华严庵于西郊。

方氏敦际《买笑囊集》　　惠来《张志》本传。
未见
《周府志》该集无“囊”字。敦际字溯崖，惠来人。诸生。

杨氏长发《会城记行诗》
存　　抄本（饶氏天啸楼藏）。
长发，字虬峰，钟岳曾孙，集为长发己亥冬往还会城纪行之什。诗共一百五十首，有“长发”及“虬峰”二印，似作者手写本。末附自跋诗一首，云：“三十八年簪花客，重装行李趋羊城。水陆原分南北路，肩舆却便去来程。寒花经眼多新色，野曲度风尽好声。背囊藏弃有何物？一卷巴词希法评。”

《燕中草》　　《三渔集》杨少山诗注。
未见

林氏一铭《砚田轩诗钞》　　饶平《刘志》本传。
未见
一铭，饶平人。

钱氏士峰《蜗庐里集》、《退思小集》　　《胡府志》本传。
未见
士峰，饶平人。

陈氏沆《百鍊钢文集》　　《周府志》本传。
未见
沆，澄海人。贡生，曲江训导。

郭氏殿捷《慕斋诗文集》　　《古瀛诗苑》。
阙
殿捷，字逊三，普宁人。诸生，《古瀛诗苑》选七首。

陈氏守镔《茧窝诗集》　　《阮通志·艺文》。
未见
守镔，字茧庵，澄海人。贡生。诗见《胡府志》、澄海《李志·艺文》。

林氏鹿鸣《凤城诗草》　　《阮通志》，海阳《吴志·艺文》。
未见
鹿鸣，字芳士，海阳人。举人，雍正庚戌，拣发粤西。

陈氏学典《小蓬亭诗草》六卷　　海阳《吴志·艺文》。
存　道光乙酉刊本。
学典，字潜崖，王猷子。是集为道光间陈广泽所辑。自癸巳至壬子，共诗三百首。据黄钊《序》，亦名《岵庐草》。首又有雍正甲寅重庆周开丰《序》。

黄钊《序》云："诗者，心声也。在心为志，发言为诗。将尚论古人，诵其诗，不知其人，可乎？故知人始可论世，而论世必先知人。海隔陈氏潜厓公，蓬亭翁之次子，莲山翁之曾孙也。莲山翁在国初以诗鸣，施愚山称其文章风雅遍天下，吴次尾亦曰：'世鲜通人，吾以属之园公。'园公者，莲山翁自署其字也。莲山翁解组后，优游林下，年八十余。孙古喤别驾与之游习甚，其推重尤甚。尝序其《莲山家言》，谓'京兆高华，当日无过杜预扶风，继述五世，乃有韦彪，至满目芝兰，一门师友，未有如园公者。'是时蓬亭翁依依膝下，潜厓公犹未与也。蓬亭翁于康熙辛酉举于乡，司铎曲江、连州，教授端州，潜厓公始随侍。迨庚子登贤书，庚戌公车北上，而蓬亭翁捐馆端州。归榇停南岩，潜厓公计偕归，已不及见。乃移苫块，出宿南岩，哀其志者颜之曰'岵庐'。南岩者，西湖山老君岩也。余数游其地，寻积翠亭旧址，见莲山翁父子祖孙衣冠袍笏，左右栗主，从祀穆然。思蔚园当日筑亭讲《易》之胜，比读《小蓬亭诗》，又凄然如见潜厓公倚庐饮泣，猿啼鹤唳，迹灭声销，使吊古者彷徨徘徊，而不忍去。于是叹陈氏之泽，不但风骚嗣续，可百世祀也。夫潮自前明迄今，理学名贤，接踵而起。潜厓公后出宰甘肃金县，所为诗，理致清赡，词旨和雅，其为循吏，益可想见。余尝谓莲山翁当日为词场尊宿，槃敦风流，与国初诸老争鸣于世，何郡志不归之《文苑》，而列之《义行》？于是知苏文忠作《韩文公庙碑》，谓潮之士皆笃于文行，盖文行并重，行先而文后也。读《岵庐草》，知潜厓公之继述，不徒以诗见矣。道光己酉小雪日，镇平后学黄钊序。"

唐若时《序》云："余不知诗，故不言诗。不言诗，又何敢妄序人之诗哉？海阳陈生于烧，持其尊人潜厓公所著诗稿，欲余一言以为序。余乃欣然受之，曰：唯唯。抑又何也，岂不知诗而欲强序其诗耶！然余虽不知诗，窃尝读《三百篇》矣，见贞淫邪正，莫不各肖其人以出，是知诗固道性情者也。自汉、魏、唐、宋以来，无不祖《三百篇》以立言，而变其体，有五七古、五七律、五七绝之分。体制虽变，而性情则必本天而动，初无今古之殊。性情不殊，则今人之诗，何莫非古人之诗？谁谓古今人不相及哉！如必泥一定成法，而曲意以就之，是灭其性情，而强合声律，此中当无复有诗矣。潜厓，海阳名宿也。以孝廉任甘肃金县令，文章经济，啧啧人口，余耳熟者久之。惜公已故，不获一见以慰夙志。余承乏兹邑，令嗣以其集见示，并道其生平。

其为人也，恬澹廉静，爱读书，多所著作，不轻示人。居官有循声，慈惠感人，苞苴屏绝，公余则吟咏不辍，故殁后琴鹤之外，别无长物，惟旧笥中遗稿甚富。今称其诗数卷，曰《小蓬亭集》。《蓬亭》者，潜厓尊公砚村先生集名也。潜厓宗其学而有是集，故小之。凡以见家学之渊源，而继述之克肖也。余虽不见潜厓，而读其诗，以想其人，亦可得生平之梗概于卷轴间矣。至诗之气体高洁，律法精细，余不知诗，不能深悉其奥，故不敢详为论说。然见其词意温厚，音韵和平，莫不有性情流露于楮墨间，是所谓贞而不淫、正而不邪者，已得《三百篇》之宗旨矣。视夫世之专事雕刻，极牛鬼蛇神之态，以诡谲惑人者，又奚啻天壤哉！是说也，人谓余知诗也可，人谓余妄言也亦无不可。乾隆己巳孟冬，关中唐若时拜书。”

杨氏森《此木居集句诗》二卷

存

森，大埔人。

杨氏文焱《南溪吟草》一卷　　大埔《温志·艺文》。

存　　上二种合刊。

焱，大埔人。乾隆壬午举人，琼州教谕。

杨森《后记》云：“计焱所为诗，一百有奇，虽出自年少，然亦有可观者。余悯其千里来省余，而沦没不归，是命也夫。后吾友仇愚谷从思勒回，道经滑石河口，作七言以哀之。又最爱其《流虚》一赋，络绎千言，为之序，拟之于王子安。盖才有不同，而其遇则均也。甲辰腊月，怀庭氏记于潮州城之西斋。”

饶氏赞采《阶云轩诗集》　　大埔《温志·艺文》，《洪志》本传。

佚　　《温志》本传云：“散佚，未梓。”

赞采，字宗鲁，大埔人。雍正丙午举人。

杨氏黼时《撷英斋诗文集》　　大埔《温志·艺文》。

阙

黼时，字式衮，号逊亭，大埔人。乾隆丙辰进士，黄梅令。今存文六篇，诗四十八首，见《百侯杨氏文萃》。

杨氏缵烈《环山书屋内外集》　　大埔《温志·艺文》。

阙

缵烈，号前村，乘时弟。乾隆丙辰举人，和平县教谕，蔺埼延修县志。所撰《邑名音义》、《埔邑赋役》等篇，即当日志稿文。见《百侯杨氏文萃》者三十一篇，诗四首。

杨氏梦时《宝阴馆文稿》　　大埔《温志·艺文》，《洪志》本传。

未见

梦时，字式愚，号蝶庄，大埔人。乾隆丙辰恩贡。

杨氏天培《西岩诗钞》十二卷、附《集唐稿》一卷、《集杜稿》一卷　大埔《温志·艺文》。

存　　初刻本。

天培，大埔人。集凡诗六百余首，分二册。

刘宗魏《序》云："岭南诗学，始于曲江相国。自宋明以迄于今，五子三家，称极盛矣。而潮又岭东一隅也。然昌黎过化，天水倡学以来，所谓浸淫两汉，规模三唐者，代不乏人，未可以海疆僻远，音韵弗通疑之也。赣与潮仅隔一岭耳，予幼学为诗，读五子三家，为之欣然神往。遥思海澨山陬，必有人焉，擅风雅之宗，主骚坛之盟，足以远绍前徽者，特未能一二觏也。其后官词垣，侍少宗伯莘田夫子侧，语及东南人物，诗派源流，宗伯因言同年友大埔西岩杨君诗，本诸性情，不事雕饰，有唐宋人规模。时以不得读为憾。后西岩需次入都，时相过从，乃得睹大略，居然元豹一斑。及西岩休官旋里，予亦请养南归。应容斋太守之聘，司讲席于韩山，西岩复设教龙湖，相距三十里，因得尽读其诗，而叹宗伯之言为不谬也。夫诗，心声也，必其人天怀简澹，超出乎人情世味之外，始能不袭陈迹，而卓然有以自得其性情。西岩潜心学问，专极群书，吟咏而外，无他嗜好。即官黔中，公余，焚香独居一室，声色玩好之侈靡，荣朊利禄之得失，澹然不以撄心。故其根柢性灵，涵泳典籍，有自然之妙，如出岫孤云，趋峡流水，春林鸟哢，清夜猿啼，不自知其揣摩之迹，布置之劳，固可以由唐宋而直追汉魏矣。夫又何难与五子三家，后先树帜哉。西岩以博学将司教铎，欲以其所得者倡诗教于岭南，以继先民之辙，取所著五七言诗付剞劂，而问序于余。余本不知诗，然以所得闻于宗伯者，转质之西岩，或者以为有当乎！乾隆壬午春谷雨前一日，门年眷弟刘宗魏顿首拜撰。”

杨氏中龙《北海诗文稿》　大埔《温志·艺文》。

存　《温志》本传云：集曾付梓。

中龙，号北海，大埔人。乾隆丙辰进士。凌扬藻《岭海诗钞》录其诗。

杨氏文振《种德堂文稿》　大埔《温志·艺文》。

未见

文振，号东川，乘时季弟。乾隆乙丑进士。

杨氏演时《紫来堂诗文集》　大埔《温志·艺文》。

佚

演时，号半崖，大埔人。乾隆乙丑进士，授编修。知府周硕勋延修府志。文存《潮州守周公生祠碑记》、《祭梁夔庵司马》二文。

杨氏缙铨《友梅居全集》　大埔《温志·艺文》，《洪志》本传。

未见

缙铨，字甄品，号衡堂，大埔人。乾隆丁卯举人，会同教谕。

王氏拱《仿槐堂诗钞》

佚

拱，字泽照，号景辰，澄海人。乾隆壬申进士，顺义知县。

陈氏登泰《听涛楼文集》　大埔《温志·艺文》，《洪志》本传。

未见

登泰，号驾山，大埔人。乾隆乙亥举人，琼山训导。

杨氏寿磐《渐亭诗文稿》　大埔《温志·艺文》，《洪志》本传。

未见

寿磐，字展裔，大埔人。乾隆戊子举人，陕西鄜县令。

丘氏殿章《韶濩正音》　　大埔《温志·艺文》,《琼州府志》。

未见

殿章，大埔人。乾隆壬午举人，榜姓萧。

饶氏商《西园初稿》　　大埔《温志·艺文》,《洪志》本传。

未见

《饶氏族谱·文献传》作疏园。

蓝山称其泛酣于《易》，得趣于《庄》，露吟咏以写澄怀。商，大埔人。

饶氏堂《见南轩诗文集》　　大埔《温志·艺文》,《洪志》本传。

阙

堂，字公敬，号寄麓，大埔人。乾隆戊子岁贡，选授开平司训，修族谱。文无传本，有《韩湘子辨》(《周府志·艺文》)、《瞻六堂集序》(集卷首)，他见大埔《饶氏谱》中，所撰家传甚多。

郑氏倩《南楼遗稿》　　《韩江闻见录》。

未见

倩，字南楼，海阳人。乾隆庚寅举人，昌时族叔。

郑氏大进《爱日堂诗文稿》　　揭阳《李志·书目》。

存　　揭阳《李志·书目》云：未刊。

大进，揭阳人。

饶氏崇魁《探云轩文稿》、《水部诗集》　　大埔《温志·艺文》,《洪志》本传。

未见

崇魁，字秀峰，大埔人。乾隆辛卯进士，工部主事。

陈氏元濬《致和堂稿》　　澄海《李志》本传，《广州府志·宦绩》。

未见

元濬，字深雄，澄海人。乾隆乙亥举人，香山训导。

饶氏鸣阳《竹轩文集》　　大埔《温志·艺文》，《洪志》本传。
未见
鸣阳，字举上，大埔人。乾隆庚子举人。

陈氏嘉谟《晓峰集》　　大埔《张志》本传。
未见
嘉谟，号晓峰，大埔人。乾隆庚子举人。

林氏日华《城南诗庄续草》、《留都草》、《纪行草》　　海阳《吴志·艺文》。
存　　《续草》钞本五六册，未梓。
日华，号旦兮，海阳人。乾隆癸卯举人，安东训导。

吴氏常嘏《祉庵诗文集》　　大埔《张志》本传。
存
常嘏，字锡福，号祉庵，大埔人。乾隆壬子举人，倡结东山社，工骈体文。

方氏云起《树木堂文稿》
存
云起，号湘雯，普宁人。乾隆甲寅举人，东莞教谕。

王氏德徽《彤规素言》
存　　民国戊午印本。
德徽，乾隆时揭阳陈毅斋妻，工诗词。南澳人。书凡诗三十七首。民国其裔孙文焕刊行，周易为点校，序称其诗可作家庭轨范，多为有关世道之文。

饶氏鸣镐《凤轩诗文稿》　　大埔《洪志》本传。
未见
鸣镐，字苞九，大埔人。乾隆癸丑进士，南宁思恩知府。本传云：著诗文稿及评释先正文数百篇。饶堂撰传云：为文熔炼经旨，掞华摛藻，人皆目艳心赏。

饶氏咨畴《朴埜诗文集》　　大埔《温志・艺文》。

未见

咨畴，字畏垣，大埔人。茂名训导。

陈氏鸣鹤《耕心堂賸稿》　　海阳《吴志・艺文》。

存　　旧抄本。(饶氏天啸楼藏)

鸣鹤，字和之，海阳人。与林日华唱和诗，录自辛卯至庚戌。

林日华《序》："吾友和之陈君，负颖悟绝特之资，济该博宏伟之学。自其少时，好为诗歌，固禀尊人君典先生庭训，要亦天性使然也。每一诗出，郁如锵如，皎如灿如。当其酒酣耳热，矢口而吟，迅笔而书，藻思佳句，雨集云来，莫不惟心所适，盖有不拘拘求合于古人，而能直造古人之域。余与和之交日久，晨夕周旋，频相示订，若谬以余为知诗也者。然余自反，虽于《风》、《雅》雅好扬扢，究终不能窥厥奥窔，其视和之，不重可愧哉！篇什具在，固知余非痂嗜也。比和之授儿辈，以《耕心堂賸诗稿》寄余陇东冷署问序，一展卷间，向之郁如锵如，皎如灿如者，宛然在目，余馨不散，逸韵犹存，蕴山烛汉，更有睹所未睹者矣。无他，气愈充，语愈壮，志气愈高，光焰愈大，顿挫泛郁，即置诸古人篇章中，几无可复辨。彼世人局工于一联只字，闲者不啻蝇声蚓窍，诗云乎哉！余髦矣，匏系一毡，相见何日？聚散之感，不禁握管而益怦怦也。"(海阳《吴志・艺文》，抄本卷首有嘉庆十年德庆温瑞桃《序》。)

李调元《雨村诗话》："余试粤东诸生古学，先以诗，次必以《竹枝词》，命题盖以观其土俗民情也。海阳陈鸣鹤云：'乍寒乍暑浑无定，当午乘风晚著棉。自是岭南多气候，日中常备四时天。'此诗今抄本《耕心堂賸稿》无之，得此可补其阙。"

郑氏昌时《岂闲居吟稿》　　海阳《吴志・艺文》。

未见

昌时，海阳人。

《鸡鸣集》、《学海集》

未见

《韩江闻见录》"缄口稳"条云："时予徙椅羊城，方著《鸡鸣集》。"又《怀人诗》注，称有《学海集》一书。

饶氏庆捷《桐阴诗集》八卷　　大埔《温志·艺文》。

存　　嘉庆辛酉刊本，民国二十六年重印本。

《阮通志》据《粤东诗海》作一卷，非。集凡八卷，有《趋庭草》古今体诗八十四首，《韩江草》古今体诗七十七首，《粤江草》古今体诗八十九首，《京江草》古今体诗七十首，《瀛洲草》古今体诗一百十五首，《吴淞草》上下集二百首，《薇垣草》古今诗体一百八十首。饶氏，大埔人。

陆锡熊《序》云："学者之为诗古文辞，犹轮人之为车，匠人之为宫室也。车有庳者、崇者、偃者、翘者，辕有修短，辙有广狭，宫室则自重阿飞甍，层栌牙桷，以迄茅苫土涂，伏梁暗槛，纷然不同。然良者为之，则能各尽其巧，否则形虽具而精不存焉，无益也。诗古文辞，源流派别众矣，势不能家摹而人仿之，亦惟竭其聪明才力之所及，优而游之，渐而积之，以蕲至于自然。其卒也乃神明变化以自成其家，而求之于古人，亦无不一一吻合也。漫塘检讨之诗若文，余向者最赏其清俊拔俗，而未得尽睹所作。今年检讨客海上，乃出其《桐阴》初、二、三集，示余商榷，因得而遍读之。见其骈体芊丽而渊亮，古文委折而冲融，诗则诸体俱佳，大抵七言排宕，五言缜栗，时时自出新意，不涉蹊径。庶几能自竭其聪明才力之所至，而不以家摹人仿为工者，检讨苟由而充之，使变化于规矩之中，则进于古人，不难矣。适余将有远行，匆卒不获作序，因题数语简端归之。检讨其以余为知言否也？乙巳小春，沪城友人陆锡熊书。"

万承风《序》云："承风自入史垣，得曼唐先生教，多所裨益。间读其诗，深厚和平，穆乎真盛世音也。覃溪前辈常言于众曰：'岭南颇多诗人，饶曼唐尤卓卓者。'前年承风奉命视学粤东，按临至潮，于大埔尤多佳卷，诗亦不愆于律，知其得于乡先正讲求，匪一日矣。是时先生以忧归，讲学于韩山、端溪二书院。承风按试时，获一询问起居。辛酉八月，试事毕，先生以所镌《桐阴诗稿》八卷，使承风序之，承风受而卒读，五古则追踪陶谢，七古则驱驾元白，五言近体，雄者如孟襄阳，澹者如韦苏州，七言近体则李工部、杜司勋之遗也，短句则逼真右丞矣。盖先生资学并茂，而又邃于诗律，故无美不备如此。八卷始于《趋庭》，不忘亲也，终于《薇垣》，不忘君也。不忘亲，孝也；不忘君，忠也。忠孝根于心，诗之大本既立，故宜其言之纯粹以精也。如先生，可以为诗人之宗矣。庄诵一过，恍然见阴那之山，五色之鸟，翱翔云端；又如过篷辣滩上，万石当波，雷声昼起，疑有十万蛟龙隐现潭中，皆先生诗中所具之境也。因走笔书于简，于以质诸先生。”

邹鲁《序》云：“乾嘉间，潮嘉有两诗人，其一为嘉应宋先生芷湾，其一为饶先生曼唐。两先生皆客人，皆翰林，而官皆不达。宋先生诗，其才凌踔蹈厉，磊磊落落，故其诗若神龙变化，不可方物也；若涉大海，浩浩乎莫测其津涯也。饶先生之品之学，又不独专以诗鸣。而其为诗，自其举进士时，即以‘漏声’、‘人影’一联，受知于嵇拙修相国。迨罢官后，乾隆五十五年东巡，献《集文选诗》十首，《东巡雅》十章。召试‘一目罗’诗，复被眷，谕阁臣，谓其诗尚不荒，可仍在翰林。翌日，授内阁中书舍人。寻以年老告归，修《大埔县志》，累掌韩山、端溪、越秀书院。万和甫侍郎视学粤东，叹为佳卷之多，知其得于乡先生讲求匪一日者，谓先生也。先生诗集刻于嘉庆七年，流播不甚远，故其诗名不逮宋先生。鲁少闻先君谈先生嘉言懿行綦详，盖宋先生为才人，其交游至广；先生为学人，平生师友，只翁覃溪、陆耳山、钱辛楣诸人。而覃溪沆瀣一气，覃溪与之唱和亦最多。观集中《和覃溪题黎瑶石隶书三箴碑拓本》，及《甘泉宫瓦摹本》、《庶常馆后堂欹器图》、《题苏诗施注宋椠残本》诸诗，非读破万卷者，不能道其只字也。然即诗言，其得力于昌黎、眉山两家至深，而世人知先生者鲜。今得先生族人公球、聘伊诸君，集资重刻，复寓书乞鲁为文，序其缘起。鲁谨序之于此。闻先生在翰林时，不为权贵所喜，故借大考黜之。当时权贵即和珅，然则先生非独以学胜，其品尤胜也。孟子论读诗，贵先知人，窃愿与世之知先生者一讽咏之。”

《馆课拟存》　　《井天诗话》。

存　　本传云：曾梓行。

陈氏名仪《慎余堂诗稿》四卷　　《阮通志·艺文》。

存　　嘉庆甲戌刊本；道光甲午重刊本。

名仪，字道来，号讷士，澄海人。乾隆庚子举人，万州学正。据其侄孙先题识云：慎余堂文数百首，读书心得若干卷，未曾付梓。所存《榕阴堂诗稿》，未经手定，则原稿初名《榕阴堂集》，诗选入《岭南诗钞》。

李书吉《序》云：“诗本性情，亦由境遇。性情一成不变，境遇与时推移。故有簪毫禁近，秉节外台，下僚闲散，幕职清华，肆志林间，寄情物外者，又有琐尾播迁，讥谗贬谪，异域羁人，空闺弃妇，生死殊途，盛衰易辙者。境遇既如是其不同，又何能强彼之诗如我之诗哉！然其中性情自在也。

夫岂无富贵不淫，贫贱不移，遇变而以忠节见，际困而以义命安者乎？是性情又不随境遇而迁也。余于嘉庆辛未六月，量移凤山，有诸生陈师愚、师鲁兄弟来谒，执年家子礼甚恭。叩之则其尊甫与余庚子同举于乡，曾秉铎韶之仁化，琼之万州，已物故二十余年矣。察其人，俱恂恂能守卧碑，能读父书，余以是重之。甲戌二月，师愚手其尊甫诗集丐序于余。余虽少好吟咏，奈折腰久，思尽竭，管尽髡，然颇喜读人作，藉以摆脱尘俗，殆犹背痒者，假他人之爪，搔自己之背云尔。爰展诵一过，更往复数过，乃起而叹曰：‘先生真诗人也！’其冥情孤往，戛戛独造，不踏人町畦，不拾人牙慧，黝然者色，渊然者声。惟骨秀，故不为晚唐之绮靡；惟旨深，故不为宋人之率易：此先生诗之体也。若乃居乡则洽比其邻，婚姻孔云也；拔萃则吹笙鼓簧，承筐是将也；筮仕则思乐泮水，薄采其芹也；怀友则风雨凄凄，鸡鸣喈喈也：此先生诗之用也。夫用则因乎境遇，体则根乎性情，否则方先生幼贡成均，内廊官，外令长者若而人，而先生独苜宿寒毡；迨壮偕计吏，上金马，登薇省者若而人，而先生独风霜蹇卫。何以无几微感叹，流露于楮墨间？然则使易先生之地，而内廊官，外令长，吾知先生自若耳；易先生之地而上金马，登薇省，吾知先生自若耳。此非性情之笃实泛潜，冲融骀宕，曷克臻此？余故曰：‘性情不随境遇而迁也。’夫如是，又何是徒以诗人目先生哉！余来也晚，已不获亲炙先生议论丰采，而惟于残膏賸馥，仿佛想像其为人，夫亦可慨也。夫遂命师愚亟付诸梓，俾后之人读是集者，亦如余之抚卷而流连焉，则先生其不朽矣。是为序。嘉庆甲戌仲春，常熟年愚弟李书吉拜序。”

邱庄《序》云：“余同年陈讷士先生，粤之名孝廉也。乾隆乙酉，受知于翁覃溪先生，与冯鱼山、陈观楼、饶桐阴辈联镳并辔，齐名一时。余耳其名，而恨不得一见。迨庚子同举乡荐，辛丑赴礼部试，始获晤于京师。朝夕过从，密迩无间，因窃闻先生论文、论诗之微旨，尝出诗草数篇示余，吉光片羽，璀璨陆离。余读而好之，服膺者三十年于兹矣。去岁，余补澄海教，嗣君捧先生诗稿数卷，问序于余，乃窥全豹焉。顾吾闻之，诗者持也，所以持人性情，使归于正也。先生恬淡寡营，日以读书吟咏为乐，其为诗也，根柢于忠孝，发源于性灵，一本温柔敦厚之教。初秉仁化铎，往来韶峰、浈水间，胜迹名区，留题殆遍。及调万州，观烟波浩瀚，而诗兴益豪。大抵五古出入陶诗，七古宗杜、韩、苏三家，律则间摹刘、钱，辋川五绝，龙标断句，古今特绝，而先生实兼之。若晚唐之纤浓一派，则卑之无足论也。噫，此所以能自立门户，卓然成家与？或曰：‘诗以穷而益工。’夫古今来，穷者未必工诗，工诗者未必皆穷。先生之诗，先生之性情为之矣。区区以风云月露目之，岂知言哉！余非能诗者也，慕先生性情之正，故读先生诗，而乐为之序。嘉庆十五年岁在庚午，蒲月望日，连阳年愚弟邱庄拜序。”

陈氏名仪《诗教录》　门人澄海杨廷科编录。

存

杨廷科《序》云：“温柔敦厚，诗教也。《三百》而后，代有作者，然求其有当诗教，足以垂训，代不数人，人不数篇。前明吾粤陈白沙先生之诗，抒写天机，能令闻者默为转移，如春风之被物。门人湛子甘泉特标出若干首为诗教，自今群奉为指南焉。科不敏，少受业于讷士陈夫子。夫子不徒以文教，而先以行教，真所谓经师人师，合而为一者。所为诗，独具手眼。大兴翁覃溪方纲学士督粤时，早器重之。嗣是浙东邱镁香学敏、三晋姚海帆秉哲、山右折雩山遇兰诸前辈，适官于潮，咸以此事推廷科就慎余堂诗稿三百六十首中，择其有关训诲者四十首，汇为《诗教录》，庄诵焉，犹然坐春风时也。后有与科同好者，读夫子之诗，不啻同奉夫子之教矣，非徒袭湛子之迹而以文词相耀也。门人杨廷科璧堂氏敬录。”

姚氏天健《远游诗钞》十卷

存　道光辛巳爱日堂刊本。

《蔗尾吟草》作《倦游诗钞》。诗凡四册，为洪亮吉、顾汝敬所评选。古今体诗共一千四十四首。首又有唐仲冕《序》，及顾汝敬、王惕甫、李福诸人《跋》。

洪亮吉《序》云：“行轩姚君，天怀冲澹。早岁遨游，备尝世味之酸咸，人情之冰炭。意中先有不容已于言者，而豪素传之，故多缠绵泛挚，慷慨悲凉。其于古人体例，绝不沾沾然专师一家，定仿一格。渊渊乎，穆穆乎，出于至情至性之所流露。敦孝友，重人伦，访故交，寻旧迹，即或风云月露，湘瑟秦箫，任寄所触，往往感喟淋漓，词旨激楚，风流倜傥，语意周环，其洒落之致，骯髒之怀，洋溢于楮墨间者，令人讽咏之，一唱三叹，绰有余音矣。余与行轩未经谋面，屡寄稿问予。读其诗，知其折节虚衷，笃学有志之士，从此竿头猛进，溯流穷源，直可接迹汉魏，上薄风、骚，厚有望焉。余既评定其全集，复跋数语，弁诸简端。时嘉庆丙寅秋仲，阳湖洪亮吉序于更生斋。”

《岭海诗钞》：“姚天健，字行轩，澄海人。著有《远游诗钞》。王惕甫谓不专于雕章绘句，而言中言外，时有与俗殊趣之意，流露其间。”

《井天诗话》：“姚行轩天建，澄海布衣也。有《远游诗钞》行世。吴县董琴南观察谓其诗出于至情至性，得《骚》、《雅》之遗意焉。五言如‘闯石舟斜落，翻涛棹倒穿’，‘梦回疑故里，思定在天涯’，‘木凋山露骨，冰结水吞声’，‘树根淘浪露，篱落逞风偏’；七言如‘东谷鸟呼西谷鸟，上山云叠下山云’，‘黛眉未展东风恨，青眼初窥灞岸春’，‘万峰云影低藏阁，一路松声欲近天’，‘半沼游鱼争午荫，满林啼鸟带春声’，俱佳。而生平杰作，尤在古风云。”（原文姚行轩误作竹轩，《远游诗钞》误作《远游诗草》，今改正。）

郑氏鸿谟《觉来堂集》　潮阳《周志·艺文》。

存　抄本。

鸿谟，字夏川，号懒庐子，廷楫子。是集为其曾孙锦城重辑。潮阳《唐志》作《秦烬集》。

郑氏廷楫《渔村集》　潮阳《周志·艺文》。

存　抄本。

廷楫，字德舟，号渔村，潮阳人。诸生，是集为从孙锦城重辑。

范氏秉元《彝甫诗文集》　据大埔《张志》本传。

未见

秉元，大埔人。

张氏对墀《丹崖诗文集》、《五稔外集》　大埔《温志·艺文》。

原稿佚，有辑抄本。

《潮州诗萃》云：丹崖才藻馨逸，早见知于李雨村、史卓峰两粤使。嘉应宋观察湘以诗文雄视海内，独奉丹崖为畏友。番禺刘朴石选其诗入《岭南群雅》。凌扬藻《岭海诗钞》亦登之。惜为境遇所窘，未尽其才。诗集为后人辑抄，丛杂特甚，然拨榛披沙，固一代之选也。对墀，大埔人。

苏氏才《喷饭集》、《怀德堂稿》　普宁《赖志》本传。

未见

才，普宁人。

张氏树勋《南塘文集》　　大埔《张志》本传。

树勋，号南塘，大埔人。嘉庆乙丑进士，新城令。

黄氏兆荣《警枕诗钞》四卷　　海阳《吴志·艺文》。

存　　刻本。

兆荣，字采南，海阳人。嘉庆庚午举人，主讲龙湖书院。是集前卷为兆荣手定，后一卷由吕玉璜摭拾丛残，为之补编。

《自序》云："少耽吟咏，苦乏骚朋。天籁不择好音，缘情以作消遣。马上枕上，计无日不呕心奚囊也。雪泥鸿爪，旧多散轶无存。兹就屋漏烟熏中，十缮一二，以待质之大雅。始丙寅，迄今。丙子、甲戌无诗，疾为之也。自辛未阅今，手一碗药，日与造化小儿争虫臂鼠肝，拥被呻吟，竟似江文通才尽情况，遂不觉悔从前心思之误用焉。玉溪生云：'今日爱才非昔日，莫抛心力作词人。'夫诗莫盛于唐，而当时诗客已有如是之感愤也。噫！丙子天中节，采南黄兆荣自记。"

徐一麟《序》云："予莅金山五载，公余之暇，与邑中英俊之士游，皆怀文抱质，彬彬乎有邹鲁儒学之风，而尤心折孝廉黄采南先生。孝廉规言矩行，玉色金声，温温恭人也。弱冠为诸生时，蜚华摛藻，茁发颖秀，即受知于今制府砺堂尚书。通籍后，体弱多病，懒赴公车，主讲瑞光龙湖书院，一以研经砥行，为诸生倡。为文原本经术，骎骎登作者之堂奥。出其绪余而为诗，温润缜密，清越以长，殆比德于玉焉。昔师乙论声歌，谓正直而静，廉而谦者，宜歌《风》。孝廉威仪庠序，出言有章，具玉应金春之度，无弦幺徽急之音，其学醇，其养素也。予卸篆金山，行将于役漓江，过罗池之古庙，探灵寿之奇踪，惜未及与孝廉流连光景，形诸咏歌也。略缀数言于简端，以志别。嘉庆丁丑孟夏，平湖徐一麟书于借树山房。"

吕玉璜《序》云："郇卿子曰：'诗者，中声所止也。'情动声宣，声之所感不同。感春气者其声疏以达，感秋气者其声噍以杀；兼是二者以为诗，吾于采南见之矣。采南生而寒素，性刚介，不能和俗。然刻苦自励，兀兀彻寒暑，不少辍。曩曾读书于余问花庄，余年方就傅，每见其酒酣气热，独立苍茫，啸歌自得，隐然有欲得古之传人而尚友之之意。对余独嘻戏久之，若期为他日将伯助者。迨余稍长，慕为诗，窃以为言为心声，声必协中，诗乃可传。君谬许为知言，故酬倡往返，惟余为最密。其自为诗，因益期为廉直劲正庄诚之音。前大学士襄平蒋公，拔采南于众人中，誉望斗起。无何，一病八年。病起，公车凡再上，弗售，归益窘。又遭室人交谪，衅生床笫，愈不自聊，为诗亦无复前日豪伉气。近司铎清远，非其所好，即引疾归。余方与林文峰茂才赋诗，以速其行，而凶问遽至。噫，采南竟死矣！采南死，而身后之可传者仅有其诗。孤子甫离襁褓，缀拾稍迟，恐罹虫鼠，是可痛也。吾闻人有视勋爵如敝屣，弃珍贝如苴土者，独至其文章，生必什袭，殁必魂魄守护。余向以是言为迂，今读采南诗而信之。是岁七月，梦采南羸体惨色，冷风袭人，袖其诗属定，醒而愕然。越日接讣，并其诗归焉。询知弥留所属，宛如昨梦。呜乎，余虽不知诗，其何敢辞编辑之任耶？近方厘其集为四卷，前三卷乃其自定，格高音亮，所谓‘感春气者其声疏以达’也；后一卷摭拾丛残，词多愤懑，所谓‘感秋气者其声噍以杀’也。傥使天假之年，顺其遇以昌其学，笙簧词苑，鼓吹休明，则所谓‘为疏达而噍杀’者，驯致于廉直劲正庄诚之音，如是，又何愧郇卿子中声之旨哉！余所交诗人，采南为先，知我惟采南为最，死生付托，形诸寤寐，亦职有由。兹亟谋付梓，缀言卷首，以质世之读采南诗者。采南名兆荣，海阳人，嘉庆庚午举于乡，官清远县训导。卒时年四十有六云。道光辛卯小除日，同里吕玉璜序。”

吕氏玉璜《刻烛吟馆诗钞》四卷　　海阳《吴志·艺文》。

存　　家刻本，书共二册。

黄钊《序》云：“潮州海阳，有慵于仕宦而勤于声诗，宦不必险而始淡，诗不必穷而后工，冲和闲适，一如其素履，则吕小伊广文其人也。小伊自束发就傅，即喜为诗。比壮，见称于当道名卿大夫，又遍交岭海外诗人，而其诗所造，遂卓然可传。其弟佩仙有隽才，早逝，小伊恸甚，辑其遗诗梓之。同里黄采南者，倜傥士也，司铎清远，侘傺不得志，将告归而疾作。一夕，小伊梦采南袖其诗属定，醒而愕然。越日讣至，并归其诗，知弥留所属，遂哭而梓行之。又尝欲汇潮之诗人所作为《潮声集》。然则小伊于诗，非第己之勤已也。自以诗为性命，推而至于兄弟朋友，莫不以诗为其性命，即旷世相感，犹将搜辑而思有以传之。今读小伊之诗，缠绵温厚，性情见焉。然则小伊又岂第诗人已哉！小伊之言曰：‘诗之境，非可浅尝辄止也。而宦之味，不可不浅尝辄止。’故司训曲江，数阅月即告归。夫司铎之职，非若令长牧守，有宦海风波之险，当急流而勇退也，而小伊亦淡焉置之。皆谓小伊慵于仕宦。有谓小伊家本素封，有田可归，有庐可返，故慵于仕宦。然则小伊固非穷者，世言诗必穷而后工，今观小伊之诗之工，又非信然矣。小伊诗厘为四卷，其子祥麟能世其家学，属予编定。予与小伊为文字交近十年，稔其行谊，因序而及之。道光庚子年八月下浣，愚弟黄钊序。”

黄安涛《诗娱室诗话》：“余守潮州时，有海阳学博吕玉璜、玑璜兄弟，持所作诗求正。玉璜号小伊，玑璜号佩仙，家有恒产，闭户自精。兄弟间自为师友，埙篪唱和，所造正未可量也。小伊论诗绝句云：‘三岛十洲何路登，要从真佛觅传灯。原来诗即参禅法，上一层关更一层。’持论如此，知非安于小成者。其他佳句，如《晚过城南池馆》云：‘竹深多雨意，蕉密易风声。’《生朝述怀》云：‘性灵凭酒养，心事许花知。’《秋兴》云：‘文定羞谐俗，生涯仗读书。’《村宿》云：‘苦吟虫搅枕，短睡鼠窥灯。’《晓过珠坑》云：‘坏堤移纤路，悬瀑助溪声。’《南堤早行》云：‘流水荒阡多种芋，绕篱枯木尚垂瓜。’《秋夜书感》云：‘事到平时空按剑，人从悟后合交僧。’佩仙佳句如：《田家题壁》云：‘花深双犊卧，水断一桥横。’《荒庵小憩》云：‘耕耘僧事业，尘土佛容颜。’《书感》云：‘诗忙长废事，病久暂通医。’《闭户》云：‘幸有微疴堪谢客，苦无余力足抄书。’《岐岭归舟》云：‘天外孤云同我瘦，江干沙鸟笑人忙。’均能发挥性灵，藻绘烟景。韩江人士，未能或之先也。”

张维屏《听松庐诗话》：“海阳吕君小伊，携诗属为题句。小伊，潮州诗人，著有《刻烛吟》。黄霁青太守已采其尤者，入《诗娱室诗话》矣。余翻阅一过，又得佳句数联，录入《听松庐诗话》。中五言如‘溪山霜叶落，风雨酒人来’，‘天黑山泛影，潮青水倒流’，‘腥风吹夜市，乱雨入轻舟’，‘草暗寻诗路，花催病酒人’。七言如‘数重古壁压江山，三折惊涛环寺飞’，‘游子生涯书度日，美人消息雁横天’，‘岩腹泥深蜗聚国，湖唇草没鹭移家’，‘湘桥旧梦波仍绿，楚国相思豆正红’，皆可诵也。又‘水与秧争绿’五字亦佳。”又云：“《刻烛吟》初集，古诗以《南海神庙铜鼓歌》为杰作，篇长不备录。其咏古有云：‘徐福入海海无边，铜人乞露夜上天。铜人上天天有语，岂有神仙患巫蛊。’用笔冷峭，仍复浑涵，极得《乐府》神理。庚子七月，吉士茂才来省，奉其尊甫小伊学博《刻烛吟馆诗》，属为点定。复摘其句之佳者录之。五言如‘待晴僮晒药，趁暖妇移花’，‘身从病后贵，庭觉静来深’，‘秋将虫诉出，凉与雁飞来’，‘拭壁除蜗篆，分花夺蚓泥’，‘雨横风有力，寒极酒无功’，‘途远贪多咏，官闲养不才’。七言如‘抛来文字偿心病，计到功名损性灵’，‘蝌蚪文章争篆壁，蜗牛孙子各分庐’，‘玉敦珠盘今旧雨，花天酒地别离尊’，‘水荡萍蓬无住影，风催杨柳有离声’，‘炎凉能阅成奇士，迟暮同伤有美人’，‘长年不见真愁远，来日能逢转恨迟’，俱佳。”

吕氏玑璜《嘤其鸣斋诗集》　　海阳《吴志·艺文》。

未见

玑璜，为玉璜弟，有隽才，早逝。据黄钊《刻烛吟馆诗序》，是集乃玉璜所编定刊行。

张氏元阳《元阳遗集》　　大埔《洪志》本传。

未见

元阳，大埔人。

李氏永锡《植兰课余草》、《闲吟小草》　　澄海《李志》本传。

未见

永锡，澄海人。

何氏通骏《芑田文稿》　　大埔《温志·艺文》，《张志》本传。

未见

通骏，号芑田，大埔人。诸生。

陈氏延秀《鸿雪草庐诗文集》　　大埔《张志》本传。

未见

延秀，号均亭，大埔人。诸生。

张氏翱《张仪坡太史诗集》

存　　民国三十二年印本。

太史，大埔人。书为太史从曾孙张小春辑。诗及《金陵游草》共七十二首，杂诗拾遗百六十首，外附家传及哀诔，又家书二通。

《金陵游草》　　大埔《温志·艺文》

未见

饶氏重庆《烜圃诗文稿》　　大埔《张志》本传。

未见

重庆，大埔人。

饶氏重光《重光文稿》　　大埔《张志》本传。
未见
重光，号作宾，大埔人。廪生，辨订书画，家藏数千卷。

何氏孚光《三笥草堂诗文集》　　大埔《张志》本传。
佚
孚光，号尹崖，大埔人，贡生。志云：《集》失于兵燹。《温志·艺文》著录，撰者误作重光。

丘氏植《槐庭诗文集》　　大埔《温志·艺文》。
阙　　《潮州先正遗书》辑存，一卷，未刊。
丘晋昕撰《传》：植字槐庭，白侯诸生。琼州教授殿章后也。性伉直，著《槐庭诗文集》若干卷，刚峭如其人。咸丰间，扬州符孝廉葆森选乾嘉以后诗，续归愚尚书《别裁》，名《赏心集》，刊植诗入集内。

倪氏明进《中州初续集》
阙　　《柳堂师友诗录》选本；《潮州先正遗书》辑本，一卷，未刊。
倪氏，海阳人。

廖氏日昌《小丛桂室诗集》　　海阳《吴志·艺文》。
未见
日昌，字寅谷，海阳人。贡生，与黄兆荣、吕玉璜相唱和，所居曰载舟书舫。

陈氏希之《客惠州诗文草》　　大埔《温志·艺文》，《张志》本传。
未见
希之号竹庐，大埔人。嘉庆癸酉举人，主讲丰湖。

饶氏芝《商山文稿三集》、《北征诗集》　　大埔《温志·艺文》。
《诗集》存　　抄本。
芝，号商山，重光次子。嘉庆己卯进士，海盐分水知县。

冒广生《序》，略曰：“饶于潮州，固右姓也。其科第之盛，门材之多且美，海宇贤达，称许无间。聘伊既富有网罗之盛心，则先施其近者，既与其族人重刊饶太史曼唐诗集，复辑其从祖商山先生诗为一卷，将杀青以传，督吾为序。先生以名进士，嘉庆间出为浙江海盐县知县，调分水县知县，尝一充乡试同考官。卒以鲠直忤上官归。其诗自用我法，有规其模李、杜者，先生笑谢之。间酷好明之公安，其《题袁中郎锦帆集后》云：‘见于语言文字中，若散漫而实奇崛’，盖先生之自序也。先王之传不借诗，然读其《莅任》、《阅塘》诸作，则固蔼然仁者之言。其官书条告既不传，传此犹得其万一也。风俗之偷伪日多矣，为子孙者，视其父母、若祖父母箪食豆羹，犹见于色，矧其祖若父精神之所寄乎？矧非其祖若父精神之所寄，而独本敬宗牧族之义，以及其远者、疏者乎？然则聘伊斯举，若之何不叹为麟凤也！抑吾闻先生子曰褒甲者，道光间亦尝成进士，其鲠直乃过于其父，其为学自经传注疏、乐律、天文、河渠、百家、诸子无不窥，所为文下笔立就。聘伊能掇拾于兵燹虫鼠之余，得其一二，附兹集以传，亦犹曝书之有笛鱼也。聘伊亦有意乎？则理而董之矣！”

饶聘伊《跋》云：“右《商山诗集》，为族先达商山公任浙江分水、海盐等县事时所作者也。岁乙亥，余随丹师于役羊石，参编粤乘，因有重刊太史曼唐公《桐阴诗集》之举。今年秋，家茂才量我以此集抄本寄示，敬读一过，觉集中如《励士》、《恤孤》、《劝蚕》、《叹漕》、《延医》诸诗，俱神韵浑厚，力追古人，而一种勤政惠民之心，跃然纸上，尤令人钦敬无既。宜乎分、盐之民，以父母神君颂之。以视今之长吏，日惟从事于簿书筐篚，不知民生疾苦为何物者，相去果何如耶！即无此诗，而公固自有其可传者，诗特其一端耳。余恐其久而湮没也，爰命长男前光照录一帙，用以付梓，以公诸世。”

陈氏其章《蕴堂遗集》　　大埔《张志》本传。

未见

其章，号蕴堂，大埔人。道光乙酉举人。

沈氏佩金《友兰诗文集》　　大埔《张志》本传。

未见

佩金，号友兰，大埔人。道光己酉副榜。

陈氏超《省非诗集》　　澄海《李志》本传。

未见

超，澄海人。善诗赋，汪定圃中丞称其“笔意精到”。

杨氏骏贤《竹窗诗文稿》　　《百侯杨氏文萃》。

阙

杨氏，大埔人。

杨氏晓村《鸦催集》、《吟香集》　　《百侯杨氏文萃》。

阙

晓村，大埔人。该集有杨蓬瀛等《序》。

吴氏亦材《吴任斋先生遗稿》　　丰顺《李志·艺文》。

存

亦材，号任斋，丰顺人。乾隆丙午举人，马平知县。

李介丞《跋》云：“右诗四十九首。《西归曲》二阕，为乡先辈吴任斋亦材先生解组后晚年所作也，余于家渭宾茂才家得之。诗为其先君蕊初明经馆于先生家时手抄本，曲则别一人所手抄。原本字多蠹蚀，且于作者年次先后，间有错乱。追念前贤心血所在，未忍其湮没不传，乃细加校订，次其先后，并以原稿有先生哲嗣吴兰皋进士诗一首附之，汇为一编。因原未定名，故名《吴任斋先生遗稿》。考先生以名孝廉，累官至马平县令，卓有政声。马平称广西左江大县，有道镇府同城，缺本冲繁，先生著称精明强干，以性刚直，遇事不苟阿诺，又勇锐图治，为同城上官所忌，率被议，奉旨降级调京引见，解任不赴，遂拂袖归。《西归曲》即在归途舟中所撰。诗惟《次象舟》、《龙笠衫》二首，及《答劝出山》一首，为解组后取道象舟时作，余皆归田后所作也。先生后半生之情志，皆可于诗曲中想见之。但其作宰之前，自京曹出任龙门、感恩、凌江等县教谕，及嘉应州学正，历官二十余年之所作，当必不少。惜其故家无存稿可稽，此编仅鳞爪而已，邑旧志本传亦未叙其著作，惟先生在籍所建立地方公益事业，为人所共见。今将是编书名于《丰顺新志·艺文》著录之，庶后贤知先生之文词，有与其事功并著者，亦即余辑先生是编之微意也。”

邱氏作霖《甘亭文稿》　　大埔《温志·艺文》。

未见

邱氏，大埔人。

倪氏元藻《涧南遗草》一卷　　海阳《吴志·艺文》。

阙　　《柳堂师友诗录》选本；《潮州先正遗书》辑本，未刊。

《柳堂师友诗录》："元藻字忠昌，号涧南，海阳人，郡廪生。君为晋三大令（明进）哲嗣。陈端崖广文方平，近袖诗二卷至柳堂曰：'此《中州集》，余母舅倪晋三大令遗稿也；此《涧南诗草》，余表兄倪涧南茂才遗稿也。先生留心岭南文献，盍传之？'余曰：'唯唯。'先读晋三集，爱其挽程鹤樵夫子之作，比张南山师哭翁覃溪先生四律同一泛挚，而哀忠吊古，皆有生气真意，以鼓铸其间。越夜，余独坐襟溟阁，海月欲雪，秋心悄然，偶披涧南诗，如读宋玉大小《招》，如读庾信《哀江南》，如读李华《吊古战场》，如读老杜《哀江头》，字字商声，言言血泪，而笔之超，骨之骞，味之隽，思之泛，调之响，词之艳，合集众妙，出以一心。高要莫元伯先生诗所谓'美人病去无灵药，秋士吟成有苦声'也。乔梓诗皆工，必为轩轾，涧南尤高于其父，而抚卷怀人，恨未生平一见。之子落落，彼苍茫茫，是可慨已。"

杨氏世勋《蔗尾吟草》二卷

存　　同治丁卯刊本。

是集上卷凡古今体诗一百四十二首，下卷凡一百三十五首，而附以《省游草》诗五十三首，《澳游草》诗一十首，另有文集未刊。

梁廷枏《序》云："予以壬寅捧檄，及郡，学使者輶轩适至。未百日，又奉调符，不获与人士聚首，而当时见于郡寓者，每籍记焉。增广生杨书麟世勋仅一接晤，望而知为积学之士。座次，缕缕询予著述，亦未暇出以相质也。逾年告养，代者番禺陈仲卿学博，昙同门友也。濒行，问士于予，以杨君告。仲卿诗名震岭海，故目空一世，而两年在澄，实以杨有针芥投，诗筒数还往。尝为书复予，盛称之。予羡其赏析之乐，则怅然久之。先是，予病新入学犒役与投贽等，思求官荒以代行，后或有指杨大山太史钟岳义地旁言者，杨君以贤裔持其间，予闻，遽为禁绝。杨君启谢，鱼雁从此不绝于道矣。今重来，而杨君先已作古，又为怅然者久之。其门下士许君琯岩袖其所为诗诣予曰：'吾师素耽声律，顾过即不复省。晚集为册，自言随兴而发，有时但取亟成篇，收处不无稍率，且声韵亦虑间有未谐。他时付梓，非倩明眼人为我痛校不可’云。因率同门诸友，谆嘱予为点定。会端六闷雨，客履绝稀，穷日夜而卒业，虽地居海澨，然巨题可以抒发情性。然就中忧时感事，课雨问晴，往往再三致意，视流连光景者迥殊。即其运隶之妙，学足纬文，言皆有物，未尝屑屑取均燕雀，而情韵自远。五字则浑灏流转，追音王孟，不愧长城。《峤雅集》中‘落日洞庭’，差可比拟。每遇予意略有致疑者，即作者生平所自歉之故，爰为之稍叶宫角，相与印证，于简端虽不敢谓一字之师，然所以副诸君子之意，以追答杨君当日用情之诚款，胥于是乎在，故不复行以客气。以是起仲卿于九原，亦当为首肯矣。咸丰戊午五月望，顺德梁廷枏章冉甫谨序。”

邱对颜《序》云：“学惟有根柢，而后可以言诗文。根柢何在？明经为先。明经所以复性，性具于人，具于圣人之经。不明乎经，不可谓之儒林；不复乎性，不可谓之道学。若徒托空言，以矜口耳，钓声誉于一时，则叛经侮圣，奚可以言道、言儒，又奚可以言文、言诗？澄海杨竹尹道兄，为邑名诸生，其学以根柢为先，恂恂然笃于道，谨于行。其徒林林然，胥以儒修自励。李方赤方伯来观察时，询潮属勤学好古之士于家瑶林太尹，太尹特举竹尹以对。方伯赠以藏书，又以‘经明行修’四字表其庐。推方伯意，非徒以奖许者；重竹尹，实望潮人之为师、为弟子，尚勿堕于俗学之陋为应世之资，必穷理明善以求经之明，尽性诚身以求经之所以明，庶令潮人知诗文之根柢在于经，夫而后可以言学。夫人之为学，顾在用心何如耳。而用心之道，在于审所择。天生蒸民，有物有则，大而纲常伦纪，小而一言一行，一事一物，莫不各有当然之则。苟审择在经，斯理得心安，邪说暴行无由而作，民生其时，无复震惊诬惑之忧。盖经明则心不蒙，心不蒙则行自修。自天水先生以来，潮士沐昌黎教泽，向学者多臻于道，而足为乡党式型。竹尹尝著《岭南道学录》以贻其徒，李文园学使刊以行世，所以训潮士者深，所以推竹尹之心者亦至。言者心之声，竹尹善为古文，皆心之精。诗尤蔼然可风。其内湛然默乎衷者，日益虚静，其外充然发见于诗文者，日益和粹。故凡风日花鸟所见，无非道妙。壬子仲春，高徒许君瑄岩以道谊为重，不远千里寄以竹尹诗文集，命余为叙。受而读之，见其吟咏之际，即事即物，所以体验涵泳此心者，皆有从容自得之意。此即竹尹之所为道，即竹尹之所以为儒，非独其徒优游弗舍，即凡为学者，皆当就自家意思而深味之，相与磨砻而浸润之，以图不昧此心。因为推竹尹之心，以申其根柢之学，而时观之，并以自警焉。

同郡教弟邱对颜撰于南宾寓舍。”

郭氏铨《小吟山馆诗稿》二卷　　大埔《温志·艺文》。

阙　　《缨谿集》选本。

铨，号铜君，大埔人。庠生，据其子光海、光墀志云：诗草不下三千首。兵燹后多散佚。

《潮州诗萃》曰：“铜君雅负诗名，气豪词赡，间出惊人。而落笔太易，且强半应酬之作，观其《箴儿辈作》诗一首，殆亦笃信仓山旧说者欤?”

吕氏祥麟《漱绿山房诗稿》　　海阳《吴志·艺文》。

存　　未梓。

祥麟，号吉士，海阳人。咸丰壬子举人，玉璜子。

吕氏瑞麟《绿雨窗诗钞》　　海阳《吴志·艺文》。

存　　未梓。

瑞麟，字蔼士，亦玉璜子。

吕氏一麟《红杏山房诗钞》

存　　未梓。

一麟，字守士，亦玉璜子。

林氏植《图南书屋稿》三卷　　海阳《吴志·艺文》。

存　　光绪丁亥，敬文堂刊本。

植，字芸皋。是集第一卷骈文二篇，试帖赋草六首；第二卷古今体诗四十四首，余为试帖诗。植子旭华、英华，门人袁镇、黄芳校刊。《吴志·艺文》著录作《诗钞》。

何氏探源《咏梅山馆诗集》四卷、附文一卷　　大埔《温志·艺文》。

存　　抄本；《蜀游草》刻本。

《温志·艺文》云：“是书抄本为《北游草》一卷，《竹园吟草》一卷，续《北游诗钞》一卷，《宦蜀集》一卷，计诗四百四十余首。又附文一卷。刊本首题《咏梅山馆诗集》，卷三题曰《蜀游草》。”

汪鸣銮《序》曰："潮之文以大埔为最，而何氏尤大埔之名族也。丁亥冬，鸣銮巡试潮属，有埔邑何生传薪者，以其先祖秋槎先生诗文集若干卷呈请弁言，因得卒读之。文寥寥不数篇，然皆有义法。诗体于苏陆为近，律赋试帖类多和声鸣盛之作，固卓卓可传者。先生以名翰林改官知县，莅政不数年，所施未竟，遽殁于蜀中，识者惜之。然今距先生之殁十余年，而遗书具在，后之人且能述先德、扬清芬，以永其传，而垂诸不朽，不可不为先生之有后幸也。爰识数语，以谂后之读是集者。"

邝巘廷《跋》："右《蜀游草》一卷，巘廷幼承庭训，每闻秋槎先生轶事，并诵其《滕王阁诗》，心窃慕之。癸未，读书金山，始得见先生《北游草》。明年，馆何丈榦珊家，时先生令嗣架珊农部遣二子来学，屡过从，述及先德，辄欷歔不置。暇搜遗箧相示，诗多残阙失次。课读之余，拟编《蜀游草》附刊。人事牵阻，忽忽十余年。今春晤何君庄亭于香江。庄亭于先生为兄弟行，幼嗜学，性风雅，谈次，诵及蜀中诗，慨然以剞劂自任，亟索全稿，属代经始。巘廷又请于南海廖泽群师撰传，略使文章政事，有见于世。盖距先生之殁，二十有八年矣。犹忆弱冠时，随家君馆桃源郭氏，阅铜君《中翰笔记》云：先生九龄应试，见赏袁瑾堂大令，赠以诗，一时有神童之誉。晚年主讲韩山，好宏奖人才，衡文尤具巨眼。何子莪宫詹未遇，屡揄扬之，及闻秋捷，以诗贺，有'一双眸子早知才'句，盖自喜藻鉴无虚也。兹集刻成，并摭旧闻附于篇末，庶几见先辈之风流文采云。光绪二十四年岁在戊戌夏四月，后学邝巘廷谨识于广雅书院诗字斋。"

钟氏声和《三余诗集》六卷、《文集》　　海阳《吴志·艺文》。

存　　旧刻本。

《吴志·艺文》著录作《钟榕林诗集》。《文集》附《诗集》后，共记传书序策论二十七篇。据黄宗汉《跋》，声和尚有《古瀛存稿》一书，《文集》即由《存稿》中摘录。声和，海阳人。

任铨《序》："古文不传久矣，后生小子才解操觚，便学举业，疲精劳神，镂肝刿肾，若人生事业无大于此者。及悔而之他，苦于师承无人，且其耳目心思，久为时文锢蔽，虽欲委脱缰锁，绝尘而奔，又如失道野马，尽气力东驰西聚，终无定止。此袁简斋所由以作时文为少年一厄也。盖古文之法，与时文迥异，差以毫厘，失之千里，非深于此道，乌能知之？榕林主政，予畏友也，素以诗豪。杨安卿、冯默斋诸先辈，或叙其端，或跋其后。予既决其必传矣。近又辑其古文词，属序于予。予惟古文一道，作者难识者，亦不易主政。苟不薄予为门外汉，予敢就所知言之。古人论作史三长，才、识、学，缺一不可，古文亦然。无才则边幅窘迫，无识则操纵失宜，无学则词意浅率，三者咸备，然后运以泛郁顿挫之思，出以错综变化之笔，有起伏，有原委，有提掇，有收拾，应有尽有，乃为得个中三昧。今主政之文，胎息八家而不袭其迹，取材六朝而独吸其精，至于论列古今，指陈利弊，状山川难状之景，写登临莫写之情，则又独出心裁，空所依傍，叹观止矣。古有作者，谅如是矣。愿四方同志，读主政文毋以予言为阿好也。同治元年仲秋月上浣，愚弟任铨拜撰于三水之官舍。”

余氏步瑶《覆瓮集》　　《三余文集》。

存　　《三余文集》本。

步瑶，字玉阶，饶平人。诸生。

钟声和《跋》云：“戊午之秋，林子芸皋袖余子玉阶《覆瓮集》见示，且曰：‘吾子试为究覆瓮之义。’予闻言，不禁矍然曰：‘余子贤乎哉！’夫覆者天之象也，而瓮合土而成，则地之形昭焉。《易》曰：‘在天成象，在地成形。’是故时而为日星，时而为雨露，时而为风云，而天之象镕金织锦也；时而为陵谷，时而为山川，时而为河海，而地之形峙翠流苍也。由是升降起没，变化错综，聚焉散焉，伦焉理焉，极天下之至文，蔑以加兹。今余子集成而聚义于此，余子贤乎哉！林子以告余子，余子曰：‘请问其详。’予曰：‘予尝观于治瓮之陶人，而得其旨矣。’陶者曰：‘我善治陶，圆必中乎规，方必中乎矩，器必中乎膊，豆必中乎县，髻垦薜暴不入市，此则我之能也。’今余子聚一生精神心血之所运，拓之为长篇，缩之为短什，以吟咏谢管弦，以推敲代歌舞，笔端香色，照烂人间，百岁而下有扬子云出焉，不患无知己也。此则余子之能也。余子贤乎哉！林子复以告余子，余子曰：‘敢请益焉。’予曰：‘江汉以濯之，秋阳以暴之，皓皓乎不可尚已。’”（《三余文集》）

张氏春介《映霞书屋诗钞》

未见

春介，大埔人。

张薇《跋》云：“家寿堂伯春介以《映霞书屋诗钞》见示。薇受而读之，见其纯任性灵，疏瀹结轖，神流于韵，情生于文。秋月印水，其空明也；春云霭空，其高致也；晓露著花，精神见矣；清风过箫，天籁鸣矣。嗟呼，青毡欲老，白屋长贫，虎仆空携，猪肝谁给？歌因酒发，句对花生。心迹许对人言，齿牙无为世情。读公诗者，想公志焉。白乐天之集，鸡林贾市为重宝；曾南丰之作，山谷翁爇以瓣香。爰跋骈语，缀以七言：'一卷长吟见性情，公于此事足生平。倚兰涤笔花香远，即席分笺酒味清。戒律参将无碍法，宫商流出自然声。迂儒局促拘门户，谁信天机触处呈。'先生品学纯粹，困于童试，始以纸帐，赋得半衿，而老终于家。甲子书来，以诗见示，因题跋如右。"（《且庵集》）

本萧氏锌《买痴集》二卷

未见

锌，大埔人。《椒远堂诗钞》："锌号警斋，诸生，与抟上、抡英、际培等会文赋诗。"

萧氏抟上《慈竹草堂诗》二卷

阙　　《椒远堂诗钞》选本。

抟上，字蘋溪，大埔人。诸生。《椒远堂》辑存七律十五首，七绝三首。

潘飞声《在山泉诗话》："余省先墓于濂泉、蒲涧之间，将至蒲涧，寺前见土坟，竖一碣，题曰：'萧蘋溪先生之墓。'为刘三山孝廉（华东）隶书，因下轿凭吊，良久。因昔阅张南山《诗人征略》二篇，卷五十八有蘋溪诗数联，感而起敬也。按《征略》载蘋溪名抟上，大埔人，诸生，有《慈竹草堂诗》一卷，不行于世。高要黄琴山农部（德峻）舟过南昌，以《蘋溪诗草》及赵石臣遗稿嘱南山辑入《诗人征略》中，谓两君皆怀才不遇，中岁摧伤，所作诗文已多散佚。南山摘录其警句，并称琴山笃于友谊，生死不渝。蘋溪遗句有云：'美人恋别遗芳珮，词客销魂赋《大招》。'下七字若为余凭吊荒坟时咏者。"

丁氏日昌《丁中丞文鉴》五卷　　民国潮安吴鸿藻辑。

存　　《潮州先正遗书》选本，未刊。

计《抚吴公牍约钞》二卷，《抚闽奏议辑要》一卷，《海防条议书序》、《拾遗》各一卷，杂文仅得十篇，搜采未备。

《百兰山馆诗》五卷

存　　刻本。

共二册，凡古今体诗六百三十一首，词及楹联附。

《荔枝唱和集》

存　　刻本。

陈衍《近代诗钞》选录七古三首。

陈氏方平《梅花书屋诗钞》二卷　　海阳《吴志·艺文》。

存　　光绪甲午刊本。

方平，海阳人。咸丰辛酉拔贡。是集为其次男廉所校梓，二册。

联元《序》云：“光绪二十一年秋，余奉简命，由安庆郡守观察广东惠潮嘉，下车逾月，值韩山书院甄别，余扃门试焉，亲阅其文，得陈生名廉，卷中规中矩，学有渊源，亟置正课阅。明年，陈生来谒，并出其先人端匡先生诗乞序于余。余以案牍劳形，久疏笔墨，何敢言文。然陈生显扬其亲之志，抱负宏远，又何敢以不文辞。夫世之显扬其亲者，类皆为其亲捐一秩，博一封，当世则荣，没则已焉。而陈生能窥其大，斯集之刻，不惟欲显其亲于一时，直欲显其亲于百世，洵足多也。而余尤愿陈生本此肫挚之诚，日就月将，始终不懈。异日造就，卓卓可观，则身列金马玉堂，和声鸣盛，俾其亲生前未遂之志，遂之于后人，是更余之所厚望也。陈生勉乎哉！至先生之隐德，与先生之诗之足以继武前贤，诸序已详言之，不复赘。光绪二十三年孟秋之月上浣，岭东使者长白联元拜序。”

西拉木楞瑞诰《序》云：“自古豪杰嵚崎之士，名成于天下后世者，岂必其生平自命而成之哉？夫人之一身所系，有子臣弟友之责，至没世而名不称焉，仅称其文与诗，末矣。然而韩、苏、李、杜以文诗震耀今古，名之称有如江河，何也？则不惟其文与诗，惟其人也。此四公者，方谓一身所责者甚众，将勉焉有以任之，不得已而以文若诗名，岂彼之所自命而乐为之者乎？既自命不在此，而势以迫之，则不得不托之于此，以发其胸中磅礴郁积之气。蓄之厚，故发之雄，辟易万夫，光积万丈，诵之渊然，泣鬼神而动风雨。非其声音文字之工也，是其忠义仁孝之怀，愤惌郁积而不伸者使之然也。故观其诗，当师其人。其人虽亡，其名以立。今世之士，徒取声音文字而揣摩之，辄鸣于人，曰：‘吾以诗名。’其去古人之自命者，不亦远哉！宋元来，工诗者不啻如恒河沙数，而赫然见称于世，无几人也。国朝自阮亭专取新韵，归愚讲求格律，后之学者，奉若准绳。然皆以声音文字为工，不知其所以为诗者别有在。学其诗当师其人，然诗工而人以不废，否则虽工亦奚以为？海阳陈端厓工于诗，光绪二十年，余于吴次士处见其所题‘云帆太仆遗照’，知其为有心之士，隐然抱人心世教之忧。其平日之自命为何如，余不可知，今观其诗，是能知求子臣弟友之任者。惜以学博，终不见用于世，悲夫！”

《自怡草》

未见

陈廉撰《行述》云：“先君博览群书，虽老不懈。尤酷好诗古文词，著《梅花书屋诗钞》、《自怡草》。海南李子虎先生选入《柳堂师友诗录》、《详注七家诗选》行世。”

丘氏晋昕《九十九峰草堂集》　大埔《温志·艺文》。

存　印本。

是集印本二册，文与诗各一集，余俱未刊。晋昕，大埔人。

戴培基《端恪公遗稿序》云：“平沙丘筠岩太守父子，以科第起家，相继典郡，几四十年。其群从昆季，联翩接踵官百里侯者，凫舄相望，洵为吾埔巨族也。公于五旬后服官闽中，初入何小宋制军幕府，飞章草奏，案无留牍；既而校乡闱者二，宰首邑者三，绾郡符者一；其间任榷税务又十余年，悉能洁己奉公，为大吏所推许。然此独政事之昭灿，未言其文学之美也。若其平生，博文强记，簿书之暇，必手一卷以自娱，其所著诗古文辞，厚几盈尺。每一篇出，人争传诵。今仅从其文孙玉如处得读《九十九峰草堂诗》二卷，《文》一卷，盖殁后散佚者已多矣。培基踵公后，权篆泉州，距公之宰晋江二十有四年，邑中父老尚能述其遗爱。公以文章为吏治，一洗海滨嚣陵之习，可谓文学而兼有政事矣。公莅晋未及三年，而居官行政，散见于《温陵留别诗》中。然天怀旷达，视轩冕为脱屣。其《甲申笔记》云：‘自壬午捧檄，为重担压肩，时刻忧虑，至今日始释重负。’其《登潮源山诗》云：‘芒鞋屡约负山灵。’盖可见其襟期之所在矣。岁丁亥，公忧次里居，亟刊丘对颜诗，盖不忍才士英华，俱为澌灭尔。昔丘象昇与弟象随齐名，既病，犹校勘张养重蕲应升遗集，刻成曰：'乃今可报亡友于地下矣！'观公跋尾数行，其拳拳于先辈心血，岂在古人之后哉！外舅莲生别驾以手足而请业于门，同官八闽，知公最深，每述其生平，使人动高山景行之心。玉如又为余管库州署，故得详其巅末。余因以公遗集，质吾师花农侍郎于京邸。师怂恿付梓，俾广其传，因出资合诗文皆授之手民。既成，余同门友邝衮宸见而叹曰：'昔马秋玉酷爱典籍，世人愿见之书，皆不惜千百金付梓，是以名甲海内。今君可以嗣响秋玉矣。'虽然，余何敢拟秋玉？或与公刻对颜诗之意，稍相符合乎！是为序。署泉州府知府后学戴培基。"

《九十九峰草堂试吟》二卷

存　晋昕自抄本（抱残楼藏）。

首卷经镇平钟孟鸿御史批定并圈点，有钟孟鸿《识语》，并张铣、金学献、陈方平、郭春瀛、罗大祐、陈启泰各评跋语。兹录钟、罗二识语于后，余概从略。

钟孟鸿《识语》云："从大门庭来，道路甚正，性情深至，不同猎取浮华，是奄有才人、学人能事者。以此旗鼓中原，足称劲旅矣。卷中古体为上，次之律，次之截。"

罗大祐《识语》云："五古取法汉魏，不袭其面貌，而得其神骨。风格在正字、曲江之间。七古得力杜、韩，近体亦清矫拔俗，是性情真挚而才思又足发之者。必传无疑。"

《潮州诗萃》云："筠岩太守诗以老杜为宗，间出入于太白、东坡。早年诗沉雄锤炼，略嫌摹拟未化。晚岁则脱去町畦，如幽燕老将，身经百战，而神闲意定。百余年来，吾邑诗人，当推为冠冕。印《九十九峰诗文钞》，印本甚劣，但此本今亦罕见。俟将此本影印上石，以广流传。"

何氏如璋《袖海楼诗文钞》四卷　大埔《温志·艺文》。

存　抄本；《茶阳三家文钞》选本。

温廷敬《序》略云："吾邑宫詹何子峨先生，为古文词宗，桐城义法，而尤服膺曾文正公。其碑铭直追欧阳永叔、王介甫。《使日》、《陈献》等作，有关于当日大局。其中如主持朝鲜外交，移民东三省，尤为谋国御侮，绸缪未雨之策。证之今日，皆历历不爽，惜当事者之不能行其言也。余与先生哲嗣士果君游，得尽见先生诗文。尝择而次之，并搜其流传于外者，萃为一编，拟与同时邑人林海岩太仆、丘翰臣太守合为《茶阳三家文钞》。已尝为之序矣，寻以丘君文为抄者失去，仅遗数篇，未能成卷帙，而余又遭时变，故累于衣食，忽忽数年，致兹愿中辍为憾。先生季子季武君独拳拳于先人遗著，初与士果谋梓《管子析疑》一书，属余为点定。未就，已又念是书浩繁，非今人所易卒业，乃谋先梓其诗文集以问世。征余旧所编次者为根本，而更增入其一二遗漏者，附以《使东述略》、《使隶杂诗》，共为四册。呜呼，若季武者，诚可谓尽继述显扬之责，而为今世人所难得者矣。”

《潮州诗萃》云：“子峨宫詹诗文俱宗惜抱，故所作古文极有义法，诗亦声光炯然。使东时，彼国士夫慕其文采风流，执贽者不绝。唱和之什，辉映坛坫，亦一时盛事也。”

陈氏作舟《叠石山房试草》

存　刻本。

《羊城杂咏》、《同声集》　潮阳《周志》本传。

未见

作舟，号笠渔，罗定州训导，与镇平黄钊为诗友。乾嘉以后潮阳论诗，推为领袖。

丘氏对颜《璜钓集》、《粤海镜要》一卷、《古文》三卷　罗家祥撰传。

阙　《赏心集》、《岭南诗钞》俱载其诗。

丘晋昕撰《传》云：“对颜曾纵海舶遨游潮惠琼广间，睥睨厄塞形胜、屯戍战守之备，作诗十六篇，名《粤海镜要》，梓以问世。”

《柳堂师友诗录》：“对颜字金门，一字玉珊，诸生。余少识君于冯子良世丈座上。君长身玉立，议论风生，所至一座倾倒。性喜谈兵，撰《粤海镜要》一篇，海疆厄塞，了如指掌。笃爱探幽，其《石六峰》诸作，如读道元《水经注》、子厚山水游记，尤为奇峭。君负有用才，垂老不遇，竟颠蹶顿撼于蛮烟蜑雨中。年近九旬，每岁犹录近作诗蝇头小楷，千里外邮寄柳堂，频询南园耆旧，情极笃挚。著述等身，兵后多佚。兹《松寮诗》，皆访存者。”

《听松山馆诗钞》

丘晋昕撰《传》云：“金门，槐庭子，豪于诗。郁勃瑰奇，百怪奔赴，性豪迈不羁。每至省垣，与黄香石、张南山诸词宿酒酣耳热，挥霍叫呼，旁若无人，不自知老之将至也。中岁，移廉州，遂家焉。所著《听松山馆诗钞》若干卷。”

《松寮摘存集》三卷　大埔《温志·艺文》。

存　刊本。

丘晋昕《跋》云：“金门先生性倜傥，以能诗名，与先君子交甚稔。道光乙酉，余自江右来粤乡试，先生寓余馆，朝夕得闻绪论，并出手著诗古文词诗话见示。咸丰辛亥，复以应试同寓长兴里丘氏宗祠。嗣闻旋里。后间关戎马，郁不得志，而著述不少衰。辛酉，余以选拔来省，先生邮书勉勖，并以手抄诗稿见寄。嗣后鳞鸿梗塞，不复相闻矣。光绪辛巳、壬午间，宦游来闽，念先生一生心血毕见乎诗，崎岖寇变之余，千里庚筒，不付他人，而独付我，此情何可忘也。欲问剞劂，辄卒卒不得暇。丙戌，奉讳归里。丁亥至郡垣，乃校勘授手民，而志其缘起如此。诗间有删汰，卷帙次第一仍其旧。评论详见诸家，不复赘。先生弟壬辰孝廉对勤，字雨田，清尤温丽，有数册藏余家。己未，发逆窜乡中，失之，不能并寿梨枣，为可惜云。”

罗家祥撰《传》云：“先生本籍大埔，少随父迁灵山。扬州符南樵孝廉续选《国朝诗别裁集》，收先生祖复斋广文、父槐庭广文并先生诗，谓骨力绝似昌黎。番禺药洲孝廉选《岭海楼诗钞》，登先生《璜钓集》。著有《古文》三卷、《粤海镜要》一卷、《诗》十卷。板镌于羊城九曜坊，为火焚去。”

《潮州诗萃》云：“金门诗固源本昌黎，而尤服膺于海雪、二樵，鲸铿春丽，神刻鬼镂。潮人诗之奇者，当推首出。集中以五古为最，刻画吾粤西路山水，其功不让五丁。而忧时感世之作，亦足备当时诗史也。”

林氏达泉《林太仆文稿》

存　《茶阳三家文钞》选本。

丘晋昕《序》云：“有荣世之文，有经世之文，有寿世之文。研京练都，高文典册，荣世之文也；治安政事，酌古准今，经世之文也；翼经卫道，砭顽启愚，寿世之文也。若以心得发为文章，不屑为矞皇典丽之词，其文如布帛菽粟，可以见诸实用，不蹈虚声无用之诮，则经世之文与寿世等。吾友海岩自少喜为古文，俯视制艺帖括之学，观经史必抉其得失之所以然，不肯随声附和。癸亥、甲子间，计偕入京师，名籍甚。中丞丰顺丁公禹生，时方备兵海上，奇君文，以礼罗致幕下。吏治粗密，僚属勤恭，与夫民生利病之由，外夷诇察恫喝之术，江海山川险夷扼要，一切羁縻制胜之机宜，靡不与君商榷。广历精涉，为文益昌。每论事，辄洋洋缅缅，千数百言，必尽曲折利害，晓畅周详而后已。而忠愤之气，往往流溢胸膈间。自言喜《左氏》、《国策》、《庄》、《骚》、《史》、《汉》、昌黎、大苏，及魏禧之文。要其所得，与长公为近。余濩落空山，蜷安蠖伏，闻君宰江阴，牧海州，守台北，政声隆隆，大府交章荐君，谓可膺疆寄。方谓坐论作行，一泄其胸中磊砢磅礴之气，斯民拯溺救焚，不以沾沾方面自喜，而不虞君之一病而终也。夫士抱瑰负异，槁死牖下者，何可胜数？幸而见知矣，且骎骎大用矣，鲲鱼暴鬐，旦夕待奋，卒之掘而起，萎而止，吾不知天之生其才，而不竟其用，稍一自暴于世，不克从容展布，而究若遏之，使不得逞焉者，为可悲也。独记春明解冻，酒酣耳热，齐年诸公，相与俯仰今古，纵论天下人物成败利钝，扼腕叫啸，时有牴牾。余笑曰：诸公以口击贼，惟嗣源以手击贼耳。声音笑貌，宛若目前，今君墓宿草矣。黄垆虽在，邈绝山河。披览遗文，泫然不知涕之何从也。岁丁亥，君嗣子永圃抱君集，请校勘，将以付手民。阅既竟，为编次而识其缘起，俾世知君豪杰自许，学有根柢，由经世蕲寿世，超然媕婀媚世之习。而读其文者，奋发振兴，涵研经史，参之世变事，故期为有用之学，庶不致徇俗依违，以制艺帖括自囿也。”

饶氏云骧《广崇轩遗文》二卷、《潜窝诗集》、《唾余草》　大埔《温志·艺文》。

存　未梓。

何如璋《序》云：“余少读书里中，闻饶君次骏名，众咸推其能文。甲子，候试京师，与吾友林海岩晨夕相励，每论邑中人士，海岩又亟称饶君，谓君少负隽才，卓然能自树立，性孤峭不肯苟合于俗，独与之友久且密。其为学刻苦自力，于人世得丧毁誉之交，泊如也。工诗与制艺，不为婉软浮靡以趋时好，而尤力肆于古。研精探索，有所自得，一于文发之。余心好焉，而未克见其所著也。乙丑南归，偕海岩访君于三河，因得读君所为文，峭刻警快，自成一家，未尝不叹息，益以海岩为知言。既余客金沙，海岩亦宦游江左，道远不复相闻。逾年，而君竟卒。君殁后，妻子贫弱，遗文多散失。其明年，海岩以公事便，旋过君家，检其文得数十篇，汇而刻之。盖伤君之不幸，欲以是存君于久远也。夫儒者好古力学，皆思有所表见。若一衿终老，郁抱不舒，仅仅以文自名焉，悲已。甚者，沉思孤往，孑然寡俦，身殁而文亦不存，举毕生著述，尽付之荒烟蔓草中，不尤可痛耶！君虽不显于时，而其文犹得其友传播之，未尽泯灭，谓非不幸中之大幸欤！余已喜君之文，又多海岩之不忘其友，而能不忘其文，是皆可纪也，作《广崇轩遗文》序。”

丘晋昕撰《传》云：“云骧字次骏，三河诸生，颖敏，闭户力学，遂淹贯百家。操笔为文，穷极折峭，兼眉山、半山之胜。古体学陶，清微澹远，脱去凡近。”

《潮州诗萃》：“次骏上舍，怀才不遇。又生值红羊之乱，故其诗牢骚郁勃，沉酣壮恣，盖深得力于昌黎，而更参以初唐四杰、少陵、东坡，《感乱》诸作，可为当时诗史。”

杨氏淞《养和山馆诗草》六卷　海阳《吴志·艺文》。

存　光绪丁酉刊本。

又名《养和山馆课余草》，前附黄孔芬撰《行状》。淞，海阳人。

联元《序》云：“海阳杨镜川，名孝廉也。联元恭承简命，观察是邦，孝廉因公来谒，得相见。气度雍容，言词渊雅，望而知为博学君子。继海阳黄杓南孔芬教谕以其诗见示，不数日，孝廉复来谒，并乞为鉴定。元不文，又不长于诗，安能妄抒所见？然孝廉殷殷下问之忱，有未敢以固却者。夫诗以言志，孝廉自幼负奇气，四十后领乡荐，屡与部试，不能得志于春官，故其诗多苍凉泛郁之词，悱恻缠绵之思，而又能自写性灵，言近旨远，不背《三百篇》遗意。论其品，在唐似香山，在国朝似愚山。孝廉具如此才，达其遇，尽其学，宜也。天胡为故厄其才耶？盖诗以穷而后工，天欲名孝廉以诗，故先靳孝廉以遇。向使孝廉排金门，登玉堂，与一二儒雅者流，操三寸不律，以歌咏升平，吾恐志在颂扬，体崇台阁，欲求有泛雄俊逸如是卓卓可传之作，未易得也。读竟，谨志数语，以为弁言。孝廉其许我乎？光绪二十二年岁次丙申夏四月，赐同进士出身、翰林院侍讲、分巡广东惠、潮、嘉兵备道、兼管水利驿务，长白联元拜序。”

曾氏习经《蛰庵诗存》

存　番禺叶氏影印手写本。

梁启超《序》云：“刚父之诗凡三变。早年近体宗玉溪，古体宗大谢，峻洁遒丽，芳馨悱恻，时作幽咽凄断之声，使读者醰醰如醉。中年以降，取径宛陵，摩垒后山，斲雕为朴，能皱能折，能瘦能涩。然而腴思中含，劲气潜注，异乎貌袭江西以犷熊向人者矣。乃其晚岁，直凑渊微，妙契自然，神与境会，所得往往入陶柳圣处。生平于诗不苟作，作必备极锤鍊。鍊辞之功什二三，鍊意之功什八九，洗伐糟魄，至于无复可洗伐，而犹若未餍所存者，则光晶炯炯，惊心动魄，一字而千金也。故为诗数十年，而手自写定者，仅此。孟子曰：'诵其诗，不知其人，可乎？'善读刚父诗者，盖可以想见其为人；抑得其为人，然后其所以为诗者乃益可见也。刚父与物无竞，而律己最严，自出处大节，乃至一话一言之细，靡不以先民为之法程，从不肯藉口于俗人所即安者，降格焉以自恕。其于事，有所不为也。于其所当为者，及所可为者，则为之不厌，且常精力弥满以赴之，以求其事之止于至善。不屑不洁，其天性也，顾未尝立厓岸焉，以翘异于众，而世俗之秽累，自不足以入之。其择友至严峻，非心所期许者，弗与亲也。其所亲者，则挚爱久敬，如其处父母昆弟之间者，然一以真性情相见。当其盛年，鞅掌度支，起曹郎，迄卿贰，历二纪余，综理密微，一部之事皆取办。盖在清之季，谙悉食货掌故，能究极其利病症结者，舍刚父无第二人。及清鼎潜移，则于逊位诏书未下之前一日，毅然致其仕而去。盖稍一濡滞，忽已处于致无可致之地。烛先几以自洁，如彼其明决也。鼎革之际，神奸张彀，以弄一世才智之士，彼固夙知刚父，则百计思所以縻之。刚父不恶而严，巽词自免，而凛然示之以不可辱。自刚父之在官也，俸入外，既一介不取，且常以所俭蓄者周恤姻族，急朋友之难，故去官则无复余财以自活。刚父泊然安之，斥卖其所藏图籍画书陶瓦之属以易米。往往不得宿饱，而斗室高歌，不怨不尤，不歆不畔者十五年。呜呼！刚父之所蕴蓄以发而为诗者，其本原略如此。昔太史公之叙屈子也，曰：'其志洁，故其称物芳，蝉蜕于浊秽，以浮游尘埃之外。'喻此志也，可以读刚父之诗矣。刚父长余六岁，其举乡试，于余为同年，余计偕京师，日与刚父游。时或就其所居之潮州馆共住，每瀹茗谭艺，达夜分为常。春秋佳日，辄策蹇并辔出郊外，揽翠微、潭柘之胜，谓此乐非襬襶子所能晓也。甲午丧师后，各忧伤憔悴。一夕，对月坐碧云寺门之石桥，语国事，相抱恸哭。既而余南归，刚父送以诗曰：'前路残春亦可惜，柳条藤蔓有啼莺。'又曰：'他年独自亲调马，愁见山花故故红。'念乱伤离，恻然若不能为怀也。余亡命十余年而归，归后屡值世难，不数数相见。刚父虽谢客，顾以余为未汩于世俗也，视之日益亲。去岁六月，刚父六十生日，余造焉。甫就坐，则出一卷相属，曰：'手所写诗，子为我定之。'余新病初起，疗于海滨，将以归后卒读，而有所论列。归则刚父病已深，不复能相谭笑矣。刚父既没，余与叶玉虎暨二三故旧襄治其丧。玉虎曰：‘此一卷者，刚父精神寓焉，且手泽也。宜景印以传后，子宜为序。’乃序如右。刚父讳习经，亦号蛰庵居士，潮之揭阳人，光绪己丑举人，庚寅进士。起家户部主事，历官至度支部左丞。卒时年六十。其卒后一年，岁在丁卯三月之望，新会梁启超序。”

叶恭绰《序》云：“余校刊亡友曾刚甫遗诗竟，为之序，曰：余读刚甫诗，盖不胜友朋死生聚散之感也。始余光绪壬寅岁来京师，入大学时，年方二十，颇不为当世贤豪所弃，引为忘年交。其时即识刚甫。厥后屡有江海及国外之行，第居京师时为多。今忽忽廿余年，余鬓且斑，中经世局人事之变迁，柴棘盈胸，求如昔者朋侪聚首，琴尊跌宕之乐，盖渺如天上，而刚甫且以贫病死矣。顾念昔时游侣，如梁节庵、陈简持两丈，李亦元、丁叔雅、黄孝觉、罗瘿公先后逝，赵尧生归蜀，久不通问，杨昀谷则穷居京师，知交落落如晨星，一睽殆不可复合。而余流转人海，志业一无所就，求附于数公之末，以文学名世，殆亦无能为役。其怀抱之何若，盖可知也。亦元《雁影斋诗》久已付刊；节庵诗为余越园集刊，尚非其全；瘿公诗近经其弟敷庵编定，不日刊刻；简持遗著，则殆已散佚；叔雅所作，余闻在刚甫许，乃求之刚甫家，不可得；孝觉诗则益不可问。文人一生心血所聚，区区数简册，求其不即湮没，盖尚如是之难也。余往者病居瘿公寓所顺德会馆，孑身无仆从，卧榻不能起，室中寂若僧寮。刚甫每日斜下值，则来馆中。冠四品冠，衣袍褂，躞蹀厨下，为余烹药，情景宛在心目。而宣统庚戌，余以病南下，刚甫辄为诗送别。今集中‘琨玉秋霜绝世姿’一首是也。日月易得，遂成隔世。思旧之怀，其何可任？刚甫于友朋风义至笃。叔雅、节庵、瘿公之逝，伤今悼往，一著之篇章。其为诗，回曲隐轸，芬芳雅逸。盖自《诗》、《骚》、曹、陆、陶、谢、李、杜、王、韦、韩、孟、温、李，以迄宋明欧、梅、苏、黄、杨、姜、何、李、钟、谭之徒，暨夫释家偈句，儒宗语录，悉归融洗，而一出以温厚清远，盖庶几古之所谓风人之言。尚论近三百年诗者，吾知必将有所举似也。刚甫手订诗自写为二册，绵惙中以授余，属为刊印。今得蒇事，庶不负死友之托。而简持、叔雅诸君名具在集中。溯念昔游，风流如昨，而前尘梦影，渺不可追。循诵兹编，益不禁思之连犿而无极也。丁卯三月，番禺叶恭绰。”

《蛰庵文存》一卷

存　《潮州先正遗书》辑本，未刊。

凡记、启、序、墓志各一篇，家传二篇，寿序三篇，共九篇。又有《小凤凰赋》，有目无文者。赴日本考查印制造纸，并度量衡等事，呈复度支部，文残缺不全。

张氏薇《且庵吟草》二卷　大埔《温志·艺文》。

存　《点石》本。

张薇字星曹，大埔人。光绪癸亥进士，官洛阳令。是集分前后二集，上卷古今体诗一百四十首，下卷一百六十首。

《自序》云："诗之为教以理性情，为其本性情而出也，《三百篇》尚矣。自汉以来，始为五七言，由古风而排律，风气日开，于斯为盛。历来名家，遂有宗派之别。门户既分，风格亦异，非有师承，莫窥其堂奥也。予少困场屋，日习举业，于古文诗词等，俱不暇及。且乡居僻陋，亦少师友讲求。故自三十前，少有吟咏。有之，亦随得随失，不复记也。中年，与同邑诸君子何秋槎探源、陈柳生赞尧、杨文坡周桢等游，因涉猎于古今作者，始留意于此。然不敢自信所作，辄匿不示人。何君于诗少所许可，独于余每有誉词，辄以相正，殊有所得。窃思诗者，志之所之也。喜怒哀乐情生于中，而寄诸吟咏，要不外抒其胸臆，以归于性情之正，至于润色之以花鸟风云，谐叶于格律声调，则就其心灵以成章采，亦视其性之所近，而不可强。其穿凿雕刻，以辟新境，拘守风派，以诩专家，则非予之所能至也。林君偶暇，检箧存若干首，删其杂芜，余存若干，大率皆甲子兵燹余者，间有作之于前，然亦仅矣。《且庵》一篇，本作于闽，因拈以名集，故列之于首，并以著斯编不足存，而姑存之意。属后裔留以自珍，切勿妄付梨枣，非我志也。庚寅季冬十六日，悝道人自记。"

林氏长晖《绕绿书庄诗钞内集》

存　光绪庚寅刊本。

长晖，字旭东，水口寨巡检，泰宁典史。是集为同里周易所撰，林凤翔校刊。

《自序》云："仆少时，先君屡延师课读，奈性成痴卤，质囿蠢愚，纵有良工，难雕朽木。迨年及冠，犹寸阴不惜，一事无成，泛酣于风月场中，游戏在神仙队里，花天酒地，纸醉金迷。虽复十年梦觉，赢来薄幸之名；亦空一世情痴，有忝骚人之目。盖其读书不早，学剑无成，心滋愧矣。每睹古今诗卷，留恋依依，因积习难忘，亦歌吟窃效，牢愁满腹，块垒填胸，追之既往，悔之何及。数年来，游历都门，驱驰吴会，寄身东粤，羁迹南闽。或花月流连，感关山跋涉，莫不步旗亭之画壁，弹短铗以酣歌。积之累年，编成一卷。□（燕）石本非秘宝，焦桐犹望斲雕。故不禁低头益友，屈膝良师，爱之者锄开茅塞，指示迷津，则仆当篆泐不浅也。光绪庚寅年八月中秋后一日，榕江旭东林长晖自序。”

谢氏錬《红药吟馆诗钞》

存　民国二十年印本。

是书凡各体诗七十四首，附文五篇，为錬子秉成所编，而鉴定者则新会李星辉。首有辉序，及周易《序》。

黄铭初《跋》云：“右诗九十三首，诗余六首，巢云太老师遗著也。先生学问人品，具邑乘列传。少负盛名，与陈升三司马、许菊坡通判为诗友。顾司马之诗，我未之见，通判之诗，秀丽芊绵，先生则抒写性灵，辅以才藻。集中如《苏六娘歌》、《泉石草树》诸咏，虽梅村祭酒，无以过也。然负才沦落，未免时有不平之鸣。读‘人到无情真是福，生如有命不须才’之句，知先生之寄慨深矣。卷末附《黄烈女歌》一首，则先生哲嗣芷升夫子遗咏也。吉光片羽，不听埋没，附之集后，并垂不朽，取傅小眉附《霜红龛集》例也。中华民国十年秋八月，小门生黄铭初跋。”

卓氏宴春《红蕉吟馆诗钞》二卷

存　抄本。

宴春，字子羲，惠来人。咸丰间廪生。

卓麟魁《跋》云：“先君子少好吟咏，未弱冠，受知于殷述斋学使，补博士弟子员。越年，食饩。是后益致力于诗，从同邑吴子渔司马、广州梁笛舟广文、镇平陈雁皋孝廉游。时当咸丰甲寅陷城之后，身处乱离，蒿目时艰，无不发为诗歌。积数十年，得千余首。晚年择其精者，亲自缮写，分上下两卷。常携诸箧衍，就馆邻县，及先君子弃养，不知落在谁手。乃从旧稿中约略录出，虽不能尽然，亦十得八九矣。迨夫戊辰之乱，家室被焚，先君子文稿词抄图书卷轴，皆付一炬，惟此册为儿辈携带在潮，得幸存耳。”

李氏芳兰《乐和堂賸稿》一卷

存　《潮州先正遗书》选本，未刊。

芳兰，字秋畹，海阳人。同治癸酉举人，与修《海阳志》。

许氏希逸《堆墨斋诗钞》二卷

存　刻本。

希逸，字菊坡，自号嫏嬛逸史，揭阳人。廪生。是集上卷曰《袖海编》，有同治八年《自序》，集癸亥迄己巳诗，取东坡《蓬莱阁诗》意为名。下卷曰《借园草》，集自同治庚午迄癸酉诗。

《借园草自序》云："自己巳编诗，至此又四年矣。少之所习，不能自废。有所感发，辄于此乎寄之。壬申入丁雨生中丞幕府，得纵观群书。又接当代名公卿言论丰采，与其所为经济文章之大且富，耳目竟为之一豗，然蝉吟蚓窍自若也。中丞因示以正法眼藏，于是别裁伪体，始知所规避矣。计四年中，借居百兰山馆，亦居絜园，最后借吾邻何氏园以居。盖无往而非借者，则是编也，余实借以写其抑塞磊落之极思，而又乌可废耶。排纂成，遂以名之。同治十二年岁次癸酉醉司命日，嫏嬛逸史许希逸书于燕红堂。"

范氏菑淑《化碧集》一卷

存　印本。

管幼惺《跋》云："予童时，闻先君子言蒉香女士事甚悉。且言女士工诗，其《落花》及《和闺怨诗》为世所传诵。顾生平以未见女士诗集为憾。今年秋，予往游女士昔年坐化之蒉香静室，询其遗稿，住持人谢弗知，仅取出女士手书自述一篇见示。有顷，梁君达孙至，予告以故。梁君因邀余至其家，出其曾祖墨林先生汇存女士《化碧集》一卷，授余读之。喜甚，即携归，雠校一遍，以女士《自述》冠之卷首。商诸黎茂仙先生，将以付印。茂仙先生为致书星洲闽粤总学会张仲庄先生，属为题辞。时大埔邓奖仙先生亦客星洲，闻其事回里。后复以家藏范沄所编之《蒉香诗集》寄示。予见集中诗较墨林先生汇存稿尚多三分之二，喜是集之得成完璧，因再加雠校而印行之，并跋数语，以识缘起。独惜先君子即世久，不获见是集之刻，是又予临文嗟悼而有不能已于怀者已。民国五年十一月，梅县管幼惺。"

吴俊《轶斐楼墨賸》："茶阳才媛范蒉香，节妇人。祖若父皆名孝廉，以诗书世其家，故媛于文章外，复以诗称一时。年廿一，适同邑邓耿光。居四载而寡，伯若叔以家贫，讽迫改适。媛以累代仕宦，矢以名节自惕，坚贞劲节，固非富贵所可夺。父母怜其遇，召归，晨昏奉侍，颇得亲心。越二十年，椿萱先后殂落，乃誓志空门，以长斋念佛，终余景。尝游梅州，官家闺秀耳其名，争欲北面称弟子。后州人为筑室于珪潭锡类庵侧，颜曰蒉香静室，兰若曰莲社。年八十余，尚强健。梁广文先生复辑其作，曰《化碧集》，镂版行世，风动一时。迄今三十余年矣。其琅玕绮白，尚为世人传诵不已。予曩于友人处得见其遗著一册，把诵不忍释手。兹记其挽吴太守雪帆五章如次上，可见范媛当年诗才清隽之一斑也。”

李氏勋《蕙绸山庄诗集》四卷

存　民国三十八年印本。

勋，澄海人。

周氏易《味菘园诗钞》五卷

存　印本。

易，揭阳人。

黄岱钟《序》云：“史称有唐诗人，惟高适独显。并时若拾遗、供奉所传巨篇瑰制，率得之支离奔走关河戎马羁旅之中。诗以穷工，理或然也。我朝鸿儒辈出，超越古初。诗人如阮亭、愚山、竹垞之流，虽达有早晚，皆遭际承平，声望俱骏，视拾遗、供奉，不啻霄壤。岂古今诗人之遇，有幸有不幸欤？抑磅礴郁积，千载一时，有以昌诗人于未艾欤？岱自乙未过岭，得见前抚军张公丹叔所刊诗，寻又见同年周君子元所著诗数卷，皆环诵，未忍辍于手。抚军所为诗，追蹑拾遗、供奉，其尤者，翘然与之等。然起家京兆，讫于疆寄，立懂荆、鄂、岭海之间，遇与高适侔矣。子元英毅不局，理烦剧有声。抚军甚见器异，辟置宾曹。治牍之暇，论文甚惬。所为诗，古体蹑唐摩诘、襄阳，近体亦苏、陆之裔。每闻海上烽起，或涉足津、沪、香、澳，则俯仰身世，感喟苍凉，俨乎高、李之登吹台，人莫测也。方今列强环伺，川沸波腾，士生其间，非仅以握椠怀铅，谓为不朽盛业。扶翊中土，亟须伟才。子元傥有意乎，愿焠掌自励，经纬百为。他日，出其绪余，鼓吹休明，以上追国初诸老，所据地益尊，所为诗亦益壮，高适未足云也。而论者乃谓欢娱之辞难工，专以此事推之，韦布山崖，憔悴潦倒，不得志于时者之所为，岂不泥哉。岱亦欲涉古作者之藩，而未知所向。读子元之诗而壮之，于是乎言。光绪丁酉仲秋，安化兰崖黄岱钟。”

王氏定镐《焉用斋遗集》二卷

存　民国乙丑印本。

是集上卷凡文三十首，下卷诗二百十四首，其门人吴兆蓉编，吴湘参订。据兆蓉《序》，定镐诗癸、甲两年所作者，本拟编为《耕余》、《内河》二草，皆未竟功。后兆蓉悉编入此《遗集》中。定镐，海阳人。

方氏重光《双桐遗稿》

存　稿本。

重光，字叔宣，号双桐，普宁人。诸生。

戴氏漉巾《归来居诗草》四卷

存　光绪癸未刊本。

漉巾，字潜夫，海阳布衣。是集首有张莘田《序》，称其清新渊雅，卓尔不群，大抵皆自性灵中出。又有张国栋《归来居记》，末附《词钞》。

陈氏云《睡足楼诗集》

存　稿本。

云，字铭轩，海阳人。光绪庚子恩贡。

陈氏锦汉《四如堂诗草》

存　稿本。

锦汉，字卓云，海阳人。光绪丁酉贡生。

林氏大川《钓月山房诗草》四卷　海阳《吴志·艺文补遗》。

存　光绪壬午刊本。

集首有光绪七年邓士濂《序》。大川，海阳人。

《井天诗话》云："每陟高山，见岭堀中有小鱼游泳，询之野老，云：'鸟啄鱼卵，遗矢其内，春至变成小鱼。'予以此事可增入风土记。乃近阅林莲舟先生诗稿，有'二月波深鸟种鱼'之句，不知予意几时入先生腹中，出先生腕下？"

《砚余近录》："张云生明经有句云：'随风吟竹屋，冒雨觅莲舟。'莲舟乃林大川字。明经晚年与林莲舟、戴陶然两人联襟接衽，时以为忘年交云。”

王氏景仁《小辋川诗集》五卷

存　饶平陈氏《绣诗楼丛书》（第二种）本。

扬其光《序》云：“《小辋川诗》，为澄海王寿岩先生稿本，综核古今体若干首。先生力学穷居，老而不遇。每寄情酬唱，藉写其牢骚抑郁之才，儒而隐者也。所为诗，清丽入骨，皎莹鉴发，如大千世界中一片虚明，无毫末尘障，所谓得自性灵者。扬扢其趣，则与袁徵君为近。集中《答林芸阁茂才见赠韵》，有‘两家诗法小仓山’之句，实道其得力之由。以高蹈潮阳，故世鲜知者。吾友陈君子丹，先生之高足也。尝叩师门，搜出遗稿，残篇断简，将与岁月俱湮，慨然携之归，为之芟繁择腴，都成五卷，名《小辋川诗集》，仍其旧也。夫老庄退，山水滋，若以青松白玉之姿，搜发奇致，幽窅怪谲，即隽而不庄，以为秀句清词，无不可瀹心而味道也。于是力付手民，俾传后世，子丹殆有青灯之感焉。悲夫！世之抱先生之才之遇者众矣，震烁浮荣，埋没泉壤，骚人远响，绝少遗音，况足不出里闾，名不达廊庙，仅以林泉著述，冀声誉于名山，抑又难矣！子丹领袖词坛，未忘衣钵，先生之幸，尤为文字之幸。盖风雅一途，日沦横决。苟无倡之者，将词章历劫，何难一炬焚之？斯集之出，固惜薪传之将坠未坠，亦知斯文之不可一日亡也。书成，委序于余。余敬其贤，兼诠其说，聊以纾吾感喟耳。宣统元年二月，番禺杨其统序于香江梦雨楼。”

钟氏佩芳《卧琴仙馆全集》

存

佩芳，海阳人。陈方平门人，《梅花书屋诗钞》有《题芷汀大令卧琴仙馆全集诗》云：“如此清才惬我心，况从世好论交深。千秋放眼无余子，四海倾情有赏音。颖士文章堪迈古，贾生经济最宜今。（集中《上岑中丞书》及《题观海图诗》皆关时务）兰闺更喜联佳偶，一集纫余共苦吟。”

李氏旭升《衡星精舍诗钞》　海阳《吴志·艺文补遗》。

存　海阳《吴志·艺文补遗》云：未梓。

旭升，海阳人。字曜初，光绪乙酉拔贡。

范氏沄《传砚山房诗文钞》 大埔《温志·艺文》。

存 未梓。

《潮州诗萃》云："玉墀为菊町学博孙，诗笔清新绮丽。早岁时，次骏上舍即推赏备至，虽有溢词，亦不为无因也。"沄，大埔人。

郭氏光海《郭小瀛遗著》二卷 大埔《温志·艺文》。

阙 其诗《缨溪集》选录。

光海，大埔人。

郭氏光墀《之钦小草》、《台游草》 大埔《温志·艺文》。

阙 其诗《缨溪集》选录。

光海，字小瀛；光墀，字芹甫，昆仲，为郭铨子。

郑氏心经《鸸鸪吟馆诗钞》

存 稿本二册。

心经，海阳人。

谢氏锡勋《小草堂诗集》二卷

存 印本。

锡勋，海阳人。

陈衍《序》云："诗至晚清同、光以来，承道、咸诸老，蕲向杜、韩，为变风变雅之后，益复变本加厉，言情感事，往往以突兀凌厉之笔，抒哀痛逼切之词，甚且嬉笑怒骂，无所于恤。矫之者则为钩章棘句，僻涩聱牙，以至于志微噍杀，使读者悄然而不怡。然皆豪杰贤知之子乃能之。道、咸以前，则慑于文字之祸，吟咏所寄，大半模山范水，流连景光。即有感触，决不敢显然露其愤闷，间借咏物咏史，以附于比兴之体，盖先辈之矩矱类然也。自今日视之，则为古处之衣冠而已。去秋，余来鹭门，教授大学。学子幼安谢生喜为诗，时作幽忧穷愁之语。久之，出其尊人安臣先生《小草诗》乞叙。读之，既不为逼切凌厉之词，而亦不入于钩棘僻涩，以至于志微噍杀者也。先生以名孝廉官吾东越，知古将乐县事，虽洊晋州牧带郡守，而宦橐萧然，身后家贫如洗，疑廉吏之不可为。宜其诗中必有愤懑不平，与乎感慨时事之作，乃均不出此，唯多纪宦游所及风土民情，而继以咏物咏史诸作，盖犹兢兢守先辈矩矱也。幼安其亦推本家学，勿过为幽忧穷愁之辞哉！甲子春日，治愚弟陈衍序。”

《潮州荔枝词》百首

存　印本。

《自序》云：“天地磅礴之气聚于山川，山川灵秀之精散为人物。神仙佛渺矣，圣贤豪杰又不世出，人之生无益于时，死无传于世者，反不如物焉。物不一物，祥麟威凤，其若有若无，犹神仙佛也，较之圣贤豪杰，更不可数数觏。矿物产如金银珠玉，璀矣璨矣，然矿学不精者，求之不能得，得亦不能分剂焉。植物产中，花之艳称于北人者，为牡丹，至目之为花王，尚矣，然犹有脂粉气，盖王而雌者，犹不及南方之木棉之王而雄焉。木之有松柏也，犹谷之有菽粟，无足奇也。闽粤榕树，乃翘然特出，以与之竞秀，然臃肿不中绳墨，故工鲜度之。果之有荔枝，古今天下所最崇拜者，神也，仙也，佛也，王也，争赞一词，以仿佛而形容之。当是时，汽机之学尚未输入，水陆交通，既乏轮船铁路之利便，而罐藏之法亦缺焉弗讲，徒凭井蛙瓮蠓之浅见，与夫纸谈耳食之讹传，而欲据为金科玉律之定论，无怪持议各不相下，而荔枝之真不出也。我国廿二行省，而荔枝出产地惟蜀与闽粤三省占之。蜀荔枝不甚显，闽粤荔枝争胜最烈。曲江之赋，君谟之谱，其较著也。然乡曲之私，不无过当，必折衷于第三者，乃有以得其平。自朱竹垞谓福州佳者尚未敌岭南之黑叶，而岭南荔枝之价值，遂暴著于天下。况今轮船铁路，我国已逐渐发达，罐藏亦稍稍萌芽矣，自闽抵粤，自各省抵闽粤，近者两三日，远者一二旬，可以周历禹甸，同嗜之味必有能辨之者。数年来，由内国以及外国，无在非粤荔销货场，而闽荔鲜有过问者。虽罐藏之法不讲，亦物品之不甚完美，有以执其咎也。虽然，粤荔之价值固暴著于天下矣，惟粤省界线甚广，不能不求之一郡一邑间，以为狭义之解释。夫增城挂绿、新兴小红，妇孺能道，善矣蔑以复加矣，而我潮荔枝，竟阒寂无闻焉。噫，僻处海滨而不见知于时者，独荔枝乎哉？因摭旧闻，次为韵语，裒成百章，以博一噱。士有不忍与草木同腐者乎？毋让荔枝之专美于乡国，可矣。虽然，又安见天下爱才有如余爱荔枝之痴呆，至于此极者？遇有幸不幸，书有传不传。荔枝之在潮州也，天生之，地域之，人虽有表彰之者，又或以言之无文，行之不远，而不足以征信之。荔枝乃如桃李之无言，任人之视为材不材，而不迁其地，卒以自全其天焉。吁，可爱也夫。光绪戊申岁展重阳日，粤瀛锡勋序于闽垣小鼓楼之听鼓官舍。”

陈氏世骢《吟香室文钞》二卷

存　《潮州先正遗书》选本，未刊。

陈氏，澄海人。

翁氏兰《湖西小庐文集》一卷

存　《潮州先正遗书》选本，未刊。

是集凡书策、图说、序例等二十三篇，皆究心时务之作。湖西小庐者，翁兰讲学处。翁氏，海阳人。

林氏若澜《且闲吟室诗草》

存　稿本。

若澜，字月澄，大川子。其诗武进沈雨人曾选入《近世诗选》。

赵氏维城《悟非诗草》一卷

存　稿本。

维城，字悟非，海阳人。光绪间廪生。

钟氏兆霖《菜根堂诗存》十卷

存　民国二十二年广州印本，二册。

兆霖，大埔人。

丘晋昕《题词》云：“钟君雨农茂才，闻名未得一见。辛卯，以事过里门，邝君衮臣以君诗文见示。读之温厚和平，无噍杀之音，亢厉之旨，冲怀澹雅，隽思络绎，知其所酝酿者深也。古文词亦直抒胸臆，不屑傍人篱下。其于诗皆卓然有以自见。君既负异才，不一泄其奇，乃近而以诗文鸣，视世之裘马自恣，奔走声势者何如耶！太阿在匣，厥光腾霄，异日不有拂拭之以贡天府者。用缀数行，以志服膺。光绪十八年壬辰正月，同里愚弟丘晋昕谨识。”

杨氏立高《爱吾庐吟草约钞》

存　《三渔集约钞》本。

立高，海阳人。

李旭升《评语》:“捧读先生诗集，扫尽浮华，独标真格，正孔宣尼所谓‘质直’，刘舍人所谓‘老干无枝’者。此种诗，如习俗奢靡时，得有朴茂其人者，未始非维世运，挽风气之一助也。昔沈归愚有云：诗有看去……无一二语可密圈，而通体完善，不必以句佳传。集中此类甚多。如《掌关》二首，气体高浑，泯去转接痕迹。摭拾佳句者，何从梦见？即此可以类推。至于《流萤》、《征雁》四首，如幽燕老将，气韵沉雄，妙在别有寄托。自是咏物诗极轨必传无疑。读全集，如食谏果，初啖似觉平易，久之其味可耐人想。总之，必存归愚之见，方可读《爱吾庐诗》。不然，向松柏而索鲜花，对古乐而想新声，几何不望而却步哉。”

杨氏少山《澹如书室约钞》二卷

存　《三渔集约钞》本。

少山，海阳人。

陈锦汉《序》:“诗教之兴，由来尚矣。自《风》、《雅》变而为《离骚》，演而为乐府，区之为五言、七言，别之为古体、近体，鸿篇巨制，代有名家。入国朝来，诗学尤盛。渔洋一派，以神韵标其宗风，袁赵二家，以才藻摅其襟抱。无奇不阐，有巧必臻，述不胜述，夫亦无烦于作矣。然而文生于情，诗以言志，古今人何遽不相及耶？余友广文杨君少山，少禀庭训，性癖《风》、《骚》。浏览诗篇，深有味于温柔敦厚之旨，爰乃兴之所寄，情之所钟，身之所遭，景之所触，举皆于诗乎发之。观其雕镌风月，组织性灵，大抵得力新城、简斋诸前辈为多，而佳构亦时有唐人风格，琳琅璨列，美不胜收。阅数十年，订为《澹如诗钞》六卷，知其浸淫斯道者深矣。晚年诣益进，学益纯，思欲删其少年妒红诸作。余谓唐人《长庆》、《樊川》诸集，未尝自删其冶荡之词，君何必尔耶？且《三百篇》中，贞淫正变，皆为后人兴观群怨之资，圣人有取焉。不然，《郑》、《卫》二风，半为男女戏谑之作，孔圣何不举而删之乎？君韪是言，因不果去。外有《杂著》一卷，附于诗后。近更采辑《北阁诗话》，预先传布，钞印未竟，广文忽归道山。哲嗣承其遗集，请序于余。喜其有肯堂之志也，聊举所为告于广文者归之。至于诗之佳处，读者当能领取，无俟余言之赘云。宣统三年岁次辛亥八月之望，倬云陈锦汉拜序。”

卢氏蕴秀《吟香阁集约钞》

存　《三渔集约钞》本。

蕴秀，号兰闺，女史，海阳人，杨少山妻。

林氏树棠《宗爱文存》

存　印本。

树棠，字荫南，揭阳人。光绪岁贡。是集为荫南孙士楷辑，凡史论、寿序、传记，都二十篇。

曾氏廷兰《吟花别墅诗钞》二卷　海阳《吴志·艺文》。

存　光绪十四年刊本。

廷兰，字秋墅，号吟花主人，海阳人。卷首有同治壬戌《自记》。

饶氏宗韶《铃痴符文集》五卷、《风箫诗草》八卷

存

宗韶，大埔人。

张薇《序》云："壬辰之秋，养疴林下。适痴符子自都归，造庐见顾，欢言促膝，深惬素心。特抱恙未痊，莫能饫聆高论，此日足可惜也。既而以所著诗集见示，古今体总若干余首。窥其气格，大抵渊源汉魏六朝，而出入于唐宋，明窗净几，击节高吟，恍如坐我于鹤峰之巅，而眼界为之一空也。君少负隽才，弱龄淹通经史，傍及于丙、丁二部，靡不博览。其为时文，高华泛实，胎息《史》、《汉》。见者咸谓当扶摇直上，不久于诸生也。乃粤南直北，屡踬文闱。年逾三十六，尚以明经应选。归筑别墅于神泉之滨，斗酒百篇，以诗自娱。或抚时感事，俯仰古今，或触景言情，刻雕花鸟。听王郎之歌，拔剑斫地；携谢朓之句，搔首问天。泣风雨于笔端，起烟云于腕下。兴往情来，感慨系之矣。尔来诗律愈精，篇什弥富，然未尝出以示人也。某上人辄心赏之，谓其宝之箧笥，何若市之鸡林？三万六千日后，此集于君为豹皮矣。君固然之，而犹疑其过繁，因商之于余。余固非深于诗者，顾谬许知。心虽曰信斯未能，亦不敢阿其所好，为择其尤著者若干篇，别为选本，而归其全稿焉。"

《潮州诗萃》云："史琴刻意苦吟，其《自序》云：'初学汉魏，失之蒙糊；继学李苏，失之剽滑；终学韩杜，失之刻涩。'亦可见其用力之深矣。五七古泛雄古郁，独出冠时。近体诗则每多过火处，亦由性之所近，各有短长欤？"

饶氏咸中《豫章游草》、《羊城游草》　大埔《温志·艺文》。

未见

《潮州诗萃》云："谦谷明经与弟次骏上舍齐名，兄弟间相为师友。其诗虽不及其弟之精深，而才力恣肆，不肯寄人篱下，亦骚坛之有丈夫气者也。"咸中，清大埔人。

杨氏国璋《心耕书屋诗稿》　大埔《温志·艺文》。

未见

国璋，大埔人。

张氏倬云、书云《雁后诗存》二卷　大埔《温志·艺文》。

未见

倬云、书云，大埔人。

蔡氏学瀛《自讼斋读史百咏》

存　稿本。

学瀛，字仙舫，澄海人。光绪间岁贡。

林氏家濬《端庆堂诗草》

存　《乔梓诗林》印本。

家濬，字剑泉，惠来人。诸生，端州学博。后其子廷玉合所作诗，汇刊为《乔梓诗林》。

陈氏启益《醉墨轩诗文集》

存　稿本。

启益，字稼寰，海阳人。诸生。

陈氏骏烈《指元别筑吟草》

阙

骏烈，海阳人，清附贡。丁福保《近代诗选》曾录其诗。

郑氏芸经《书带草堂诗集》

存　民国戊辰写印本。

芸经，字耕石，海阳人。清诸生。是集门人詹益智校印。

陈氏经邦《炪斋诗钞》二卷

存　家刻本。

上卷《桐阴鸣蝉集》，古近体诗一百七十六首。下卷《蕉窗听雨集》，古近体诗一百四十八首。有光绪丙申《自序》。陈氏，字纶阁，室名炪斋。澄海人。

民国

丁氏乃潜《匏存室诗钞》

存　民国十二年石印本。

乃潜，字讷庵，一字文涤。日昌次子，副贡。是集题曾刚甫、周子元鉴定，为乃潜民国十年以前诗，凡三百八十七首，末附弟叔雅诗六十九首。饶氏天啸楼藏有《续钞》写本，为其晚年未完之稿。

《序》云："余自养疴浙东，作湖上寓公者，三年于兹矣。自以江湖野服，遁迹烟萝，不复与当世簪缨相晋接，故门鲜达官车轨，然独与丰顺丁君文涤游。文涤为大中丞哲嗣，以观察使分发来浙，固赫然一今之显宦也。顾其人出入风雅，潇洒轶群，无一毫仕宦气。于时下逢迎奔竞之术，懵然不知，故历年垂翅，未得乘云雨腾上，而处之若素，夷然无动于中。只于风晨月夕，山巅水涯，或宾筵梵刹，意有所触，辄为诗歌以倾泻其胸中之所蓄。积之已久，都为一编。问序于予，予受而读之，觉清微杳渺之音，渊懿朴茂之色，恻悱芬芳之情，是真《骚》、《雅》之嗣音，匪特汉魏之具体。近百年来，无此作手矣。其《闲居》十二章，去冬曾录以相示，余爱其淡泊无营，深入禅理，尝展玩不忍释手。盖以其与求退人说法，独有合焉。今乃得纵观全集，寄托遥深，别具怀抱，则又非余之一意求退者所可几矣。余不文，不能如高适为诗与文涤相唱和。生平所得，大率尘俗吏事耳，然颇为名公巨卿所盼睐。犹忆同治初年，谒雨生中丞于吴门节署，一见即有国士之契，嗣后屡见则屡施奖借，今已三十余年矣。好修迟暮，闻誉不彰，无以副当年之佳誉，不图于解组后，又获与文涤观察客中话旧，其惠好之深，一如中丞之所以待我者，则余于此篇虽欲无言，又乌得无言？略不辞谫陋，而为之序。"（此序不署撰人，丰顺《李志》称陈衍作。衍必不及谒见丁中丞也。）

《拟寒山诗》

存　手抄本。

刘寅庵《评语》云：“寒山圆朗，拾得幽峭，翁和诗虽无卓然见道语，惟求知迫切语，最恳挚为难及云。”

丁氏叔雅《丁徵君诗文集》

存　《匏存室诗钞》附本；大埔温廷敬辑本三卷，未刊。

叔雅，名惠康，号悭庵，以字行，日昌季子，揭阳附贡。与南学会谭嗣同等友善。尝东渡日本求学。

《平等阁诗话》：“丁叔雅部郎惠康，一字悭庵，丰顺中丞第三子也。中丞以清德遗子孙，家富有藏书，而啬于资产。君为庶出，幼而耽学，风神散朗，襟期高旷，二十许乃游京师，所交皆一时贤俊，相与讲求新学。己亥岁暮，客沪。废立之议起，沪渎司电经莲山太守名元善，浙江上虞人，抗疏谏诤，君实左右其事，厕名其列。遂见恶于当路，君翛然物外，畅然自适。癸卯，岑西林督粤，延君入幕，主持兴学事，赴日本考查学校。已归，明年以持论不合，辞去。君虽粤人，不乐粤中风土，自是恒羁旅都门沪渎。志不肯事豪贵，与时俯仰，竟以贫病，于宣统元年四月晦日卒于都门客邸，年四十有二。平生富文学政事才，而竟不遇，沦踬而死，哀哉！君善诗，沉著之中，时见风韵。又工尺牍，温雅似六朝人。交友尚博爱，吐辞蕴藉，与人酬对，终日无俗言。兹录存君诗，世之览者，于此可谂君之行谊焉。君家居揭阳，与曾刚甫参议齐名。没后，曾君为理其丧，并藏其遗稿待梓。”

按：叔雅诗，上海《文艺丛刊》及陈衍《近代诗钞》选录，均非全帙。向有罗惇融、姚梓芳合辑二卷，未见刊行。大埔温氏辑诗得一百六十二首，附文三卷，略备，仍未付梓。

陈氏步墀《绣诗楼诗》五卷、《二集》三卷

存　己酉羊城刊本，第三卷附《游吴纪程》。

步墀，字子丹，饶平人，宣统己酉恩贡。工于文、诗词。

韩希琦《序》云：“诗，小道也，然非真性情中人，加之以读书养气之功，深造而自得之，则又不足以语此。盖綦难矣！余友陈子幼侪，雅嗜诗，时与粤中贤师友相过从，颇多酬唱之作。而余僻处一隅，相见日少，初未之知也。戊申冬十有二日，归自香江，以《绣诗楼集》属序于余，并示以《粤东水灾救命词》三十首。余受而读之竟，怃然曰：此郑侠《流民图》也。粤人何不幸，一至于此。虽然，余非目击者，曷为使余欷歔而不能自禁，则陈子之诗，岂所谓笃于性，深于情者非耶？击节叹赏久之。已，审其崖末，知是年夏六月，港人开卖物助赈慈善会，李玉芝女士绣是诗而鬻之，得值五百金。江苏杨星吾太守乃为之作'绣诗楼'署额，以遗陈子，而陈子之集因以得名焉。甚盛事也。顾余非能诗者，偶一为之，尝竟日不能成篇。或草草下笔，阅时再见，辄惭恧不能自止，遂复弃去。以视陈子之珠玉，随风所得，动盈行箧，芳馨悱恻，玲玲可诵者，相去不可以里道计矣。夫乌从而序之？毋亦万不获辞，故不揣冒昧，一著佛头之粪斯已耳。抑又有言者：陈子天才旷逸，不徒以诗显者也。而其诗瓣香香山之遗，为之若易然者。兹编之作，特其初集云尔。他日所造益深，所得益邃，二三集之出，当必更有可喜者。倘复属不敏而操觚扬榷之，其为踌躇满志，宁止是欤！绍安韩希琦君玉，谨序于澄海文范学堂。"

《四朝诗史》："陈步墀字子丹，广东饶平人，有《绣诗楼集》。其《粤东水灾救命词》三十首，泛痛悲恻，不啻郑侠《流民图》。香港开卖物助赈会，李玉芝女士绣是诗而鬻之，得值五百金。姑苏杨星吾乃作'绣诗楼'额以遗之。"

按：杨星吾当即宜都杨守敬惺吾，戊申为光绪三十四年（1908）。守敬卒于民国四年（1915）。韩序称江苏杨太守，出于误记。

《茅茨集》二卷

存　《绣诗楼丛书》（第十七种）本。

有乙卯八月张学华《序》，略称其结庐山上，编竹为篱，种瓜满架，颜曰"茅茨"。日与朋旧唱和，积诗盈帙，即以名其集。

《宋台集》

存　《绣诗楼丛书》（第二十一种）本。

步墀与陈伯陶诸老登宋台怀古作。附伯陶撰《侯王庙碑》及诸人题咏。

《有光集》

存　《绣诗楼丛书》（第三十六种）本。

郑氏国藩《似园文存》七卷、《诗存》二卷

存　民国二十四年印本。

国藩，字晓屏，普宁人。清光绪间拔贡，尝掌铎金山。是书又名《似园老人佚存文稿汇钞》，附《诗稿》、《制义》，为门人杨世泽、蔡丹铭编。

《自序》云："予不能文，谬为侪辈所推许，时时应事握管，以卑无高论，随手弃置，不自省录。今更漏将残矣，及门诸友谓不可不纂辑付梓，以留身后名。爱我者至欲集赀代备梨枣费，谆谆相促。辞不获已，乃搜索旧纸废簏，东鳞西爪，见辄录焉。凡得文百余首，分类八，厘为上中下卷；诗古近体若干首，录附文后，合为一集，命曰《佚存汇钞》。盖剩稿无多，过而存之，不复有所去取芟汰也。昔韩公与冯宿论文，言为文每自意以为好，则人必以为恶。时应事作俗下文字，下笔令人惭，及示人，人必以为好。小惭者谓之小好，大惭者必以为大好矣。予质庸下，复防盭俗，故辞日益肤浅，欲出示人，恐不足以覆酱瓿，何身后名之可得？更何古人之敢拟？然亦有一二慥慥笃实之士，中心好之，极意摹写，以为非是不足表厥庸德，固自以为不恶也。及授诸人，辄遭嗔怪。古今之人，同不同，未可知也。譬诸饮食，各有所嗜，文王嗜昌歜，楚王嗜芹俎，曾皙嗜羊枣，三者孰为正味？而大苏兄弟日食三白，且语刘贡父以为甚美，岂必膏粱之味，始可悦口哉？夫文亦若是则已矣。他日，有操选政者，量采一二入选本中，安知不视同昆山片玉，谓可与时贤分一席耶？故宁兼收而蓄焉，非谓意果以为好也。"

陈氏期昌《培园赋钞》二卷、《诗文集》八卷　丰顺《李志·艺文》。

未见

期昌，丰顺人。

林氏挺芝《林挺芝诗集》

存

周晋《序》略云："潮阳徵君林挺芝先生，字紫荪，号霁嵩，以拔贡举孝廉方正，选授湖南、直隶州判。却聘隐居，不求闻达，有靖节、叠山之风。"

温氏廷敬《补读书庐诗文集》

存　稿本。

温氏，字丹铭，号正斋，坚白老人，大埔人。尝任《大埔县志》、《广东省通志稿》总纂，潮州修志馆顾问。尝讲学岭东同文学堂，长惠潮嘉师范学校。主笔《岭东报》。

王氏师愈《缵槐堂集》

存　印本。

王氏，讳弘愿，号慕韩，潮安人。讲学金山。

崔炳炎《序》云："海阳王子慕韩，以其《缵槐堂文集》示予，并索序。迟之又久，乃为之言，曰：昔曾文正序欧阳生文，述桐城宗派，由皖而赣，而湖湘，流衍于广西，广东则无闻。盖桐城之学至姚先生而始光，至曾文正而益大。文正而后，武昌张濂亭、桐城吴挚甫先生，后先主保阳、莲池讲席，学者被其津逮，于桐城义法，往往能知其然。张论文，标雅健为宗，创因声求气之说。吴先生言三代之文，非独道胜，亦其文崇奥，有以久大之，皆知言者选也。尝论为文之道，先论义法，次论至不至，知义法矣。其能至与否，则视其人之学问与诣力。顾法，百世不变者也，义，随时而变者也。先正有言：为文须令后世读者望而知为某时代之文。比来科学日兴，新理迭出不匮，其要在能以古训阐新学之奥。吴先生晚年之文，尤餍人人之意，在桐城家为后劲以此也。粤之广州，向称人文渊薮，南海、新会之徒，倡言新学，顾其于文繁费，自一时之体，不足语古作者之林。予需次粤垣，询邦人士夫与斯道者盖鲜。岁次丙午，监督潮州中学，识王子慕韩，读其文，嗟赏久之。慕韩宗法昌黎，兼出入半山、眉山二氏。其义法于桐城靡弗合，其于修词，殆由雅健而窥崇奥之域，所谓辛苦而自得之者，可不谓豪杰之士与！他日广览天下名山大川，以充其气，博稽中外社会人情幻态，以尽其变，昌黎所谓因文见道，微慕韩吾谁与归！虽然，此可为知者道耳。以挚甫先生之于文，海内奉为山斗，犹有主司学枋之巨公，斥其破坏中国文字，慕韩勉乎哉！异时容有以破坏文字见斥者，则慕韩之文愈益不朽矣。是为序。"

《圆五居文集》三卷

存

《自序》云："幼时喜文事，研精于韩、欧、《骚》、《选》、枚、马、迁、固之著书，盖未尝一日离也。比长，欧学东来，凡科、哲、算诸译简，颇涉其藩，而于群治、国际之义，稍稍摩其垒。时书院未绝废，赍以应试艺，又尝操笔政报肆。顾其时方纵极其才气，以警动时人耳目，故余于选刻《缵槐堂文集》时，皆屏去不录，而所录者又多淡泊，若未曾学问焉者之为文也，余亦自不善之也。初，余以自力学日本人文法，能阅译东邻籍。顾地僻交寡，衣食于校役，所译书未能印发问世。四十以后，委心大觉，读普贤书，发明性理。盖尝译大和上雷斧大僧正著书言‘三密’者，以公布之。中国净因夙植，大僧正莅潮，而余遂得入其慈悲之室，沐两部法雨。自尔得秘笈益多，随时译编，颁之同志，自成卷帙矣。集中诸文，大抵戊辰以前关于佛教之杂著，因依类编次，以前时之为世俗文者附入。昔白氏乐天有言：愿以今生世俗文字，放言绮语之因，转为将来世世赞佛乘转法轮之缘。余于所谓绮语放言者，荡涤殆尽矣。若夫赞佛乘转法轮，则虽勿能为役，而自兹以往，誓世世勇进，勿懈息，则靡异于白公也。三宝在上，愿摄受斯言。中华民国十八年二月，王弘愿序。”

《韭香斋诗集》

存　油印本。

《东游吟草》

存　印本。

弘愿于丙寅夏游日本，此沿途所作诗，寥寥二十首。有郑晓屏《序》。

王氏皞《愚隐斋诗草》二十七卷、附《文》六卷、《诗续录》九卷、《文》二卷

存　印本。

皞，字逸叟，其先籍山阴，迁居丰顺汤坑。集共九册。

《自序》略云：“昔李氏论三教优劣，而有日月五星之喻。今予以建安七子与盛唐李、杜之诗亦然。李、杜二家，异曲同工，殊途同归，前人既已论定。乃耳食者流，袭元稹之瞽说，推杜而抑李，犹聋者之于宫商，亦恶足与深辩哉！夫然，则李、杜之诗，若羲娥之耀两间，经旷劫而不少损其精华者乎！视夫七子具体而微，而尚有优劣者，殆不可同日而语也。何则？七子之作，丽则丽矣，然未免有伤诗教者。如刘桢《赠五官中郎将》诗，于曹操辄称‘元后’，如汉献何？又曰：‘遇彼丰沛’，如汉高何？观仲宣之《侍操燕

诗》也，曰：‘守分’，曰‘克符周公’，既窥其微，则寓规于颂，以视公幹，则优劣判然矣。沦胥迄于晋宋，而惠连《捣衣诗》‘簪玉鸣金’，而忘‘首如飞蓬’矣。予于是知李、杜崛起，突过西京，而于建安乎何有！故曰：‘绮丽不足珍’也，又安可以子美之教子自道‘精熟《文选》理’，遂昧厥大成哉！必也如昌黎之推李杜光焰万丈，朱子之称太白圣于诗者，庶几得窥李、杜之禅关，然后知《离骚》之怨，变《风》变《雅》之遗，犹匪其至。其才力之雄奇，襟怀之浩落，性情之忠爱，直与《国风》、《雅》、《颂》相表里，如是不失二公，始可论二公也。皞弱以好弄，既而成癖，悲欢哀乐，一寓于诗，春鸟秋虫，自鸣自息。三十九时，勉录三百余首，为四卷，内景别为一卷。自此力戒妄作。至壬戌秋，复得二千余首，羁旅无聊，检理行箧，姑将逆旅中劫火不到者，序而录之。虽虫吟鸟唱，不足言诗，然亦可以怨云尔。民国癸亥岁上巳，王皞逸叟氏自序。”

李氏钓鳌《清史百咏》

存　民国二十三年印本。

钓鳌，字云屏，号鸿泥老人，潮安人。诗悉五古，共一百零九章，各系小传。起黄宗羲，讫邓承修。

姚氏梓芳《觉庵丛稿》

存　北京印本。

姚氏，字君悫，号学庵、秋园老人，揭阳人。历任法部主事，暹罗华侨宣慰使。

共文十篇，林畏庐评。

《秋园文钞》三卷

存　民国二十八年印本。

共文五十二篇，门人洪一湖编。

侯氏节《侯乙符遗诗》

存　抄本。

节，字乙符，澄海人。与吴贯因、许伟余合称“澄海三才子”。

陈衍《序》云：“呜呼，乙符仅以数卷之诗传世，而翻使七十余岁之衰翁序之耶？乙符以旅食养母，卒于暹京。余闻讯痛悼，既为五言古诗五首哀之，其挚友石铭吾乃邮书报余，其东道主廖君已归其丧而恤其孤，同人将谋刊其遗诗以慰其沈泉之悲，请余为之序。忆乙符执贽请业于余，即邮其生平所为诗千余首，使医治其病痛所在。其诗颇患才多而未尽遒紧。余题五言律其后，勉以磨砺镃凿，推排臼窠。岭学师资，韩苏具在也。已而乙符捐去故技，颇能由容易而入艰辛，复出艰辛而见容易。余曾录其尤雅者入诗话，可按而知其非过言也。旧时吟侣，见其每事苦吟，多怪诧之。同志者惟铭吾与刘仲英，皆因乙符而请业于余。余所称为'潮州三杰'者也。余所识岭南诗人，若番禺梁节庵、顺德罗掞东、敷庵兄弟、黄晦闻，属首郡；揭阳曾刚甫、丰顺丁讷庵、叔疋兄弟，及乙符诸子，皆潮郡人：岂真昌黎、眉山流风余思，旷千百年而能相感耶。乙符年五十，学问如日方升而遽止。此则吾于欧公'诗能穷人'，与'穷而后工'之说，向所不敢深信者，亦几无辞以自固矣。噫!"

《南溟诗钞》

存　民国十五年印本。

石氏维岩《慵石诗存》四卷

存　稿本。

维岩，字铭吾，潮安人，陈石遗门人。石遗赠诗云："岭东诗人有三杰，皆未谋面称及门。二子缟纻各投报，惟于君也缺赠言。君诗八十又八韵，层峦叠嶂笔能奋。残筝邻笛极哀吟，如此性情宁晚近。乙符已逝仲英穷，惟君吐气如长虹。粤东循海本南迤，断章取义吾道东。"又为之序，谓"诗有仁气、义气。仁气近风，义气近雅。君诗奇肆挺拔，为近雅者"云。

吴氏沛霖《泽庵诗集》

存　民国二十三年印本。

沛霖，字泽庵，揭阳人。尝执教于榕江、礐石等校。是集为其兄汝霖所编，有谭愚生等《序》。

邓氏尔慎《丙丁吟》二卷

存　广州刊本。

邓氏，讳籍香，字季安，潮安人。光绪间岁贡，尝预革命，历任蕉岭县长、援闽粤军总司令部咨议。

《籍香诗钞续钞》

存　民国十八年印本，末附《外国宫词》。

陈氏龙庆《潜园老人诗稿》

存　稿本。

龙庆，海阳人。清光绪二十八年岁贡。

陈氏燕如《语冰吟草初集》二卷、《续集》一卷

存　印本。

燕如，澄海人。

饶氏锷《天啸楼文集》四卷、《诗集》一卷

存　印本。

郑晓屏《序略》云："君学长于考据，著述甚富。《潮州艺文志》一书，尤其殚极精力而为之者。书未成，而君病死。予志君墓，既深致其惜之之意矣。君锐意立言，方从事不朽之业，文固非所措意，所存止五十余篇，厘为四卷。君文前后凡三变，少作刻意模韩，而未能至；中年出入唐宋明清诸大家，各有其所似，则志于传世不忘意匠之经营者也；晚近一变而归于平易，下笔在有意无意之间，则既神明于法，而不复以法囿，文境之上乘矣。君诗亦有法度，故录其尤，附文后，不别行云。"

《慈禧宫词百首》

存　印本。

《自序》云："在昔灵囿启銮，热河驻跸。中原烽火，当洪杨蛙怒方殷；绝域干戈，正英法鸱张入寇。尘黯京阙，伤大厦之倾颓；灾及禁园，慨阿房之灰烬。既而穆庙御极，璇宫临朝，群凶收破竹之功，六合奏清尘之效。康衢讴歌，四民上颂。庙廊拜舞，百辟陈诗，骎骎乎有中兴之象焉。尔乃辇奉大安，旗悬明月，避炎暑于郊圻，寄遥情乎泮奂。同治以前，犹崇朴素，光绪而后，益事奢华。苑修北海之坡，园构西山之麓。纡萦池沼，引入玉泉；

巀嶭楼台，偷来金窟。望层红叠紫之花，亭知春色；穿回栏曲槛之榭，轩写秋心。盖其钩心斗丽，尽态极妍；岂徒若隋苑迷楼，丹楹玉楯；陈宫三阁，锦幕珠帘已哉！若夫行乐赏心，骋怀游目。张灯泛湖，画舫则宫监齐撑；焚香礼佛，篴舆则福金亲挽。金轮千里，坐汽车之殊观；玉食三餐，尝黄鱼之新味。昆明湖畔鳌山，银花灿烂；德和园里鹂殿，法曲缠绵。莲英阉宦，宠冠千官；鑫培优伶，俸食三品。或承恩兰掖，或供奉梨园。声色晏游，可谓极一时之盛矣。惟是调羹荐饼，难掩东后之酖；纵匪仇洋，终酿西巡之祸。骡车晓出，草草之豆粥堪哀；胡骑夜追，纤纤之指甲可念。虽复宝鼎有归，金瓯无恙，然而秉钧卿佐，已赐投缳之诛；卧榻河山，几蒙划淮之耻。清室陵夷，声威扫地。胡儿乘衅，肆虐滔天。此则赴新亭之饮，周顗所由兴悲；登广武之场，阮籍因之叹息者也。仆生丁阳九，才乏阴铿，夷考觉罗之亡，实兆那拉之立。牝鸡司晨，知吕雉之危汉；龙漦易貌，识武曌之覆唐。于是掇彼史编，谱为歌咏。参百家之途说，拟注《津阳》；翻七绝之《宫词》，效颦王建。录托《梦华》，略识行都之概；诗题《红叶》，聊抒禁掖之情。虽辞惭《三都》，徒供覆瓿；而事关一代，足为鉴龟。嗟呼，玉桥石舫，烟屿云岩。昔则胜游，今成陈迹。卧驼丛棘，依稀废冢之墟；衰柳斜阳，指点故宫之路。叹一角之剩水残山，空留图画；问九重于离宫别馆，只见寒鸦。”

李氏华芝《芝兰室诗草》二卷

存　稿本。

华芝，潮阳人。

吴氏之藻《梦兰先生遗稿》

存　丁丑印本。

吴氏，号袖海，澄海人。清禀生。

邹氏鲁《澄庐文存》

存　印本。

鲁，大埔人。革命元老，尝长中山大学。

黄氏仲琴《嵩园诗草》、《湖边文存》

存　印本。

仲琴，潮安人。尝讲学金山中学、中山大学。

李氏介丞《寥天一庐诗存》

存　民国二十六年印本。

李氏，丰顺人。

林氏毓琳《璞山集》二卷、《续集》五卷

存　印本。

林氏，字清扬，号璞山，揭阳人。尝讲学榕江。

杨氏光祖《沙溪吟草》

存　稿本。

光祖，号瘦子，潮安人。《石遗室续诗话》选录其诗。

吴氏其瀚《养源堂诗文集》二卷

未见

吴氏，丰顺人。

李氏沧萍《高斋近诗》

存稿

沧萍，丰顺人，黄节门人。尝讲学岭南大学。

张氏应旸《柏斋韵言》三卷

存　印本。

张氏，大埔人。

许氏伟余《庶筑秋轩诗稿》

存　稿本。

伟余，讳挹芬，澄海人。尝主讲韩山师范，办《大岭东报》，宣传革命；主笔《汕头时报》。

何氏爵三《湟江吟草》、《鸿迹集》

存　印本。

何氏，大埔人。

王氏韶生《怀冰文录》

存　印本。

王氏，字怀冰，丰顺人。历任中山、岭南、广州、国民大学、文理学院教授。

陈氏筹《半饱文存》

存　印本。

陈氏，名添，又名渔民，普宁人。尝讲学于汕头之月济、孔教会、进一。

詹氏安泰《鹪鹩巢诗稿》

存稿

詹氏，字祝南，号无庵，饶平人。讲学于韩山师范、文理学院、中山大学。

邱氏汝滨《瞩云楼诗草》

存　印本。

邱氏，号峰子，潮安人。

丘氏玉麟《回回纪事诗》

存　印本。

丘氏，潮安人。尝讲学金山、韩山师范。

翁氏一鹤《庑下集》

存　印本。

翁氏，潮安人。

黄氏鸣岐《癖庵诗存》

存　印本。

黄氏，大埔人。

补遗

明

周氏孚先辑《甘泉先生文录类选》二十一卷

存

孚先，潮阳人。初师同里吴鲁庵，继从甘泉于白下。此书有序，作于嘉靖乙丑，同门经正、经哲均预重订。

清

谢氏学圣《耕读集》　《谢氏宗谱》引《交城志》。

未见

学圣字复守，揭阳人。康熙庚子解元，仕交城令。

郑氏鸿谟《秦烬集》

存　刻本二册。

郑氏，潮阳人。是集有郑之侨《序》。

郑氏之侨《东里公文存》　民国郑克堂辑。

存　民国二十七年印本。

之侨，潮阳人。

郑氏家兰《正初文集》四卷　丰顺《李志·艺文》。

存　未刻。

家兰，丰顺人。

林氏炳章《文峰诗稿》

存　家刻本。

文峰，海阳人。道光乙巳岁贡。有光绪二年《自记》。

陈氏兆兰《香生吟草》

存　绍闻书屋刻本。

兆兰，澄海人。

黄钊《序》云："诗以理、性、情，《三百篇》中，大率从性灵流出。后世佐以典故，铺排摭拾，淹博自矜。典故繁则性灵愈汩，多雕琢之功，少天然之趣。此错采镂金，所以不若芙蓉出水也。然善诗者，则又未尝于此分而二之。吾邑香生陈君，二如先生之长嗣君也。先生以书画名世，诗赋亦见重一时。香生承家学，久为吟坛上将。余自丁酉归田，与先生过从甚密，因得稔悉香生，且得读香生之诗。大抵五古出入六朝，余则盛唐，以及前明，皆所取则。清真质朴，警练雄深，抒写性灵，不沾沾于典故，而典故自赴。恬吟静诵，但觉香生之诗，不拘一格，不专一家。集中有质朴胜，有隽永胜，有淡远胜，有风华胜，可谓兼众美矣。兹择其尤雅者，选存百余首。诗可传，固不在多也。道光丙午清明后一日，香铁居士钊手定并识。时寓凤城菘韭之舍。"

许氏虞音《莲洋村人诗学》

存　书未刊。

虞音，字琯岩，澄海人。

彭氏景云《碧桃山房文钞》八卷　丰顺《李志·艺文》。

存　未刻。

彭季鸾《序》云："自《左》、《国》、庄、马以文词胜，历代名家挺出。有以古雅胜者，有以豪雄胜者，有以情隽胜者，有以泛思变化胜者，有以藻翰绮丽胜者，而要非湛深经术，浸淫子史者，不能道其只字。予二兄玉鸾先生少承庭训，好读书，手不释卷。每为诗古文，拈笔便成。尝言：为文不寝舍于秦汉，则少古雅豪之气，不折衷于唐宋，则少清隽变化之笔，而不揣摩于六朝，则少泛思藻翰之致。故其所为文，杂出不齐。光怪陆离，目不给赏。至功令之文，尝不屑道。间有所作，脱稿后不加改窜，亦不自爱惜。故多散佚不存者。今搜破簏，得其所作若干首。虽不若诗古文之悦魂动魄，而其所谓古雅豪迈，清隽变化，泛思藻翰之工，亦时见一斑。爰录而存之，以贻厥后谋云尔。"

《击钵草》二卷　丰顺《李志·艺文》。

存　未刻。

《自序》云：“余闲居寡欢，又复善病，一岁之中，养疴居半。白驹往忽猝猝，无须臾之间，得竭志意。石阁将倾，又阙吴刚之斧；西山已堕，复夺五丁之魂。窃为恨焉。今岁，从吾君子明经书室，日与弟辈遨游于著作之林，诗书之府。山川云物，打破我历城；汉、魏、晋、唐，大放我愁狱。喜笑怒骂，愧无坡老之材；砚匣笔床，喜有左思之具。偶搜故箧，爰索新诗。白鱼吞吐，不啻什存三四。予季叹不早为之所。余曰：雕虫篆刻，壮夫不为。小儿号嗄，何复悔其少作。姑录而存之，颜曰《击钵》，言其率易也，亦以自励而已。”

《春情集》一卷　丰顺《李志·艺文》。

存　未刻。

《自序》云：“春风满袖，柳絮盈怀，回首东邻，伤心西邸。朱鸟窗前，佳人歌歇，青牛帐里，芍药情深。攀桃李于三秋，结藕丝于万里。我见犹怜，谁能遣此。自来有别必怨，有怨必盈。矧年属芳卿，情如秋子，人非木石，不能销魂？仆昔岁闺情之作，都为百首。山川云物，久藏宿怨；春秋冬夏，虚赋归期。虽非黄绢之词，亦曲尽红颜之志矣。今春偶步南园，但见柳眼窥人，桃颜含笑。黄莺几两，粉蝶成双，慨然有感，拉杂书之，又得百，汇为一集。”

余氏用宾《三益轩诗草》　潮阳《周志》本传。

存　未梓。

用宾字昌泽，号苹坡，潮阳人。道光甲午举人，主讲东山书院。

王氏寿仁《抱琴山馆诗》　何探源《注》。

未见

王氏，大埔人。

饶氏菊庄《小隐山庄吟稿》　郭铨《赠诗》。

未见

菊庄，大埔人。

徐氏赓华《近思轩诗钞》　大埔《温志·艺文》。

存　未梓。

徐氏，大埔人。

李氏其仪《笔花书屋诗文钞》四卷　大埔《温志·艺文》。
存　未梓。
李氏，大埔人。

饶氏宗羲《乌思堂集》十卷　大埔《温志·艺文》。
存　未梓。
饶氏，大埔人。

何氏朝章《寿根山舍集》　大埔《温志·艺文》。
存　未梓。
何氏，大埔人。

何氏汉昭《何卓卿诗草》　大埔《温志·艺文》。
存　未梓。
卓卿，大埔人。

曾氏述经《曾撰甫先生集》　《揭阳新志·艺文》。
未见
述经，字撰甫、月樵，揭阳人。习经兄。尝任上杭知县。

《揭阳新志艺文书目稿》云："述经字月樵，号撰甫，光绪己丑举人，官福建建宁、上杭等县。以道学为乡里倡，尝刊《薛中离遗书》，有功名教。所为诗文，皆有法度，雍容雅健。是集仅录诗，不及其文。"

饶氏鼎华《南溪集》
存　民国三十三年印本。
鼎华，字爱荃，大埔人。光绪廪生，集有罗卓英、李维源序。

林氏焯镕《蛣寄庐诗媵》
存　稿本。
焯镕，海阳人。

盛氏良弼《寄园吟草续草》
存　稿本。
盛氏，海阳人。

饶氏炳麟《借一枝斋集》　大埔《温志·艺文》。
存　未梓。
饶氏，大埔人。

饶氏鸣谦《思永楼诗文集》　大埔《温志·艺文》。
存　未梓。
鸣谦，大埔人。

张氏守仁《守仁诗存》　大埔《温志·艺文》。
存　未梓。
守仁，大埔人。

罗氏卓英《呼江吸海楼诗集》　大埔《温志·艺文》。
存　未梓。
罗氏，字尤青，别字慈威，大埔人。北伐骁将，抗战名帅，胜利后任广东省政府首届主席。虽常于军旅，而性好书，善吟咏，致篇章间出，蜚声于时。

罗氏为雄《听潮楼吟稿》　大埔《温志·艺文》。
存　未梓。
为雄，大埔人。

罗氏柏麓《柏麓诗钞》、《华光集》　大埔《温志·艺文》。
存　未梓。
罗氏，大埔人。

罗氏淑和《枫叶吟草》　大埔《温志·艺文》。

存　未梓。

淑和，大埔人。

罗氏筹九《杜滴集》、《罗浮游草》　大埔《温志·艺文》。

存　未梓。

罗氏，大埔人。

陈氏瞻菉《凤楼诗集》四卷、《咏花百首》

存　稿本。

陈氏，潮阳人。

曾氏清河《宿云楼诗钞》

存　稿本。

曾氏，潮安人。

翁氏辉东《涵晖楼诗文集》

存　撰本。

翁氏，字辉东，潮安人。尝署理韩山师范。

总集类

明

刘氏志学编《东湖胜概集》

存　载抄本《刘氏族谱》。

志学字行甫，号肯斋，海阳东津人，嘉靖戊子举人，福建漳州府同知。东湖在韩山后，为刘氏胜游之地，是集又有林东莆《序》。

周成《序》云："广之岭东，巨郡为潮，潮之望族，刘氏为古。刘以宋评事为始祖，继而推官、朝请、金紫、宣抚、太常，诸公辈出，德业相继，文献足征，茂烈休功，昭晰当世。由是子孙科甲不绝，乃知祖德厚而流泽长也。稽诸刘氏，旧居东湖，四山环拱，草木葱蔚，其麓绵延袤广，宗祠在其东，与文笔山相对；祖墓宅其南，与凤凰山相对。墓侧有石凸，若幞头之状，名幞头石，下有荷花弥望，柳榆夹植，湖中州山，有湖山观，有清暑、纳友、水月三亭，输奂棱翼，矢枣翚飞。湖之滨有沃田若干亩，如翠浪，如黄云。沿湖而东，由麓而升，有寿乐堂，为游观之所。有小桥、寒谷、仙关、山阁诸景。山口有扁，曰龙图坊。四时物态献呈，秀岚光霭，变幻交辉，时一纵目，宛然小瀛洲也。此刘氏故居，为东山胜概。邦人士夫，登临游玩，时在于此焉。湖之北有刘氏墓碑数道，列于道左。十五世孙琯字伯衡，由乡进士任广西横州学正。忠爱宅心，清勤修职，致仕归家，念居城中无由朝夕睹湖景色，即景思人之念，或有间忽，乃命工绘图，以展孝思。以予交厚，邮书至金台，命余为之序。余时掌京卫武学事，日与诸生讲习韬略，尚未暇也。迨余归田，复以前事请。余览图玩诗，慨然喜。喜者，喜三五年历几离变，历几兵燹，富贵室坟，多不能保，而桃坑景物如故；慨者，慨湖山观、寿乐亭名存物泯，恐世变无常，愈久而愈失其真也。嘻，孝哉，善继人之志，善述人之事，刘氏子孙，敏达不一，苟能恻心，相与兴复焉。因迹而思其人，因人而思其业，文献功业，立身行道，扬名后世，继述有光。刘氏家声，不由此益振，东湖胜概，不由此可保于无穷哉！伯衡，刘氏白眉，为族长，尝竭力倡宗人竖碑修墓，造祠堂，立宗子，置祭田，定祭器，为刘氏宗祠无穷之训，乃孝子慈孙同心所敬服者。况有命，敢以不文辞？遂僭书于简首。岁正德四年正月，邑人周成书。”（《东津刘氏族谱》）

邬氏如领、须明《邬氏汇刻诗文稿》　大埔《温志·艺文》。

佚

如领，大埔人。父子稿仅须明存《永济渡碑》一篇。

饶氏埙编《椿桂集》二卷

存　民国九年重印本。

埙，字用和，大埔人。嘉靖甲子贡子。此书合饶相《三溪诗草》及其子与龄《宾印诗草》而成，分上下卷，附《林下赠言》。

杨泷《序》云：“《椿桂集》者何，集三溪饶先生暨长君宾印之所题咏也。三溪翁旧有《集略》，少白李君别驾尝叙之矣。宾印公亦有《诗草》录布，览者每谓其各自为帙，无以睹济美之盛。文孙国子生埙等辑之，属余弁诸首。余于饶姓称世讲，且忝姻谊，盖稔知二先生者，遂喟然曰：猗，休哉！饶氏自国初来，科第接武。茶山公领乡荐，司牧剑州，首倡辟埔邑，以昌文治。文献之传，彪炳邑乘者旧矣。三溪翁卓通古今，弱冠举进士，历官宪伯。甫强仕，即挂冠归养，盖其孝友，天植然也。居恒筑东廓山居以自适，时或为物外游，则吞吐江山，嘲弄风月，超然于尘嚣世味之表。凡所吟咏，悉摅写性灵，不事绘藻。然其清超之趣，直雄视词坛，驰骋汉魏，诚有德有言哉！宾印公朗爽豪迈，绰有乃翁风度。嘉靖戊午，偕余游黉序，共笔砚。时方总角，即雅意诗赋，开口便逼真开元人语。万历己丑，公登甲第，时余读《礼》家居，计冬杪可北上，从公燕游。无何，余至都门，而公则告养南归矣。乙未春，公补阙中书，余倅楚辰阳，彼此参商，末由聚晤。孰知今竟不得觌公颜，而徒得读公诗也，悲夫！公本源念重视，簪笏功名，藐不为意，迹其孝思之忱，与三溪翁前后若一辙，而讽咏陶情，真与《三溪集》金玉相宣，由其得于庭训者严也。虽然，二先生学探本源，诗词为末技，平生声律身度，允足楷范后学。是辑特其一斑耳。若以是观二先生，浅乎其知二先生矣。说者又以宾印宦未罄其才为惜。余谓盈虚，数也；剥复，时也。不竟于身者，必昌大于其后。今身观埙、堪、墱、垍诸昆季，兰馨桂馥，济济盈庭，则所以垂不朽之业，而光世德者，殆骎骎未艾矣。孰谓芝草无根，而醴泉无源也与？余不文，不能揄扬盛美，谨略次其家学之渊源，用弁于诗篇之首云。时万历戊戌岁孟冬朔日，乡进士、承德郎、湖广辰州府督理边储通判、前奉训大夫、知山东济南府武定州事，眷生讷初杨泷顿首拜撰。”

周氏易辑《垂徽集》

存　民国三十三年印本。

是集为明万历间易辑其先人嘉言懿行，裒录而成。吴仕训名曰《垂徽集》，并为之序。清雍正间，周隽斋重梓之。光绪戊申，周梦熊再加搜辑。入民国，周佩之为重辑刊行，首诸家序及题词，次志传，次诗，载郭真顺及子周碏所作，又次《谍录》，抄各祠堂记，及墓谱志序等。易，字子元，又字芷沅、芷园，揭阳人。光绪丙戌拔贡。历任广西博白县知事，揭阳民政长、广东参议员。

周氏光镐编《百朋汇钞》

未见

光镐，字国雍，号耿西，潮阳人。明隆广辛未进士，历官巡抚宁夏，大理寺卿。

《自序》云：“余幼好奇服，夙秉微尚。自髫丱时，窃发先中宪公所藏书读之，嘅然有所慕也。一务勤览，旁求友生，嗟昔人之已徂，慕宇内之代兴。乃其居在海湄，见同蛙井，何由以知天地之广，接大方之席哉！既谬通籍，遂涉世路，而又拙自杜机，志在检束，耻为浮荣之好，终鲜游扬之誉。所至知交，愈益寥寥。间有搢绅先生，学士闻人，鉴所衷之愚款，谅矢志之孤贞，或一言偶合以定交，或千里驰神而寄伫。所喜宦途虽局，莅皆名区：南国为佳丽之都，东越乃文名之薮，蜀西剑北，则司马、子云之故墟也。形胜所经，褰帷弥眷，英耆攸萃，倒屣增怀。匪云交游渐广，庶几忠益日资。于是怀文抱质之士，动相推求；耽奇振藻之流，间多引掖。谬褒采于一介者，謦欬重于珠玑；或抽扬其小善者，竹素侈是华衮。缀浩瀚于鸿篇，畴匪荃藻；寄寂寥于雁足，总结芝兰。间或四韵抒思，沨沨乎悲商激楚；亦有微言示志，矫矫乎揭日披云。故投分有岁寒之盟，安仁集咏于金谷；睽途有烟煴之讯，宣远酬贶于灵通。意念深矣，金石皎然。虽陆泛之迹，乌敢企踵于云霄；枋榆之栖，焉能求和于皋野。我非其人，斯焉取斯。然而嗜芰未始无同，逐臭岂其罕遇。故示我周行，诗人重'食苹'之歌；君必有邻，尼父昭立德之训。古良有之，今何不然？乃其云泥异迹，进止殊怀。人有合而必离，物有积而必散。羲驭如流，音徽莫续。疆途伊阻，晤语何期。故明月在梁，离群起杜陵之悲；停云不飞，怀人重元亮之叹。三载字不灭，我实思之；开椷对玉树，宁无怀焉！是用采其雅驯，眷言披睹，爰汇一帙，名曰《百朋》。盖慕诗人之雅咏，广《周易》之交贞。匪美遨游，实要永好云尔。"（《明农山堂汇草》）

李氏士淳选《古今文范》　嘉应《温志·艺文》。

存

《自序》云："昔孟子舆之论友也，曰'以友天下之善士为未足，又尚论古之人？'古人往矣，其人与骨皆已朽矣，吾从千百载之下而溯千百载以上之人，音容未接，梦想不到，又乌从而友之？曰诵其诗，读其书耳。诗书者，古人之言，而即古人之心也。人心常存，古今一揆；东海、北海，皆有同然；先圣、后圣，终无异轨。而文质递降，风会日迁，一代有一代之气候，一日有一日之气候，古之不可为今，犹今之不能为古。虽大圣大贤，不免受转移于造化消长之中。不论其世，安知其人，不知其人，安知其言？故子舆又进而断之曰：'是以论其世也，是尚友也。'此古人读书要诀心法。得子舆氏一番指点，六籍始开生面。至今读《孟子》者，尚自聩聩，则甚矣读书之难也。余尝持此意，以提衡古今之人之文，以语同人，然不然者居半，甚且迂而笑之。因取秦汉以来，学士居尝诵习之文，折衷于古人，而以己意论断之。不徇人，不执己，不泥古，不趋今，不贵同，不尚异，惟取其有关于世道人心，卓然可裨名教者，博采而精择之，于以开后学而垂来兹。有以一人之文而开一代之气运者，汉之董仲舒也：天人三策，辟炎刘四百年之洪基，其汉世之金声乎！有以一人之文而收一代之气运者，汉之诸葛亮也：《出师》二表，留炎刘四百年之余焰，其汉代之玉振乎！有以一人之文而起八代之衰者，唐之韩愈也：《佛骨》一疏，至今与日月争光。所称一言而为天下法者，非乎？有以一人之文而生一代之色者，晋之陶潜也：《归去》一词，挺然与松柏同坚，所称一系而系九鼎者，非乎？有以一人之文而任三百年之纲常者，宋之文天祥也：《正气》一歌，千载而下，读之凛然犹生，所称成仁取义，庶几无愧者非乎？抑此其显而易见者耳。日星在天，万目共睹，不必智者而知之也。古之文人，遭逢不偶，感慨系之，触境生情，借题说意，夺他人之酒杯，浇自己之块垒。使知者得其意于语言之表，不知者闻之不以为罪。英雄欺人，以嬉笑作怒骂，借赞扬为规讽，读者不另具一只眼，则觌面失之，被其瞒过。一片苦心苦口，埋没楮墨中，千年长夜矣。今试摘取一二，约略言之。如苏东坡《赤壁》两赋，读者尽以为登山玩水，自鸣得意之作，而不知其忧谗畏讥，情深言远。相歌也，已而相泣，旁若无人。所云‘一时之雄而今安在’，非骂曹瞒，骂时相也。所云‘如怨如慕，如泣如诉’，非怜嫠妇，怜逐臣也。所云‘造物无尽藏，我与子共适’，若自誉，实自嘲也。两赋皆同此意。前赋描情，后赋写景，取象不同耳。试取两赋熟读而详玩之，恍然而自见，始信予言之不诬。范希文《岳阳楼记》，盖因滕子京谪守巴陵，意多感怆，故借岳阳楼可悲可喜之状，极力阐发，以荡涤其愁肠，开拓其胸次。末复拨转数语，云：‘仁人之心，不以物喜，不以己悲。居庙堂则忧其民，处江湖则忧其君。’作者之意，结穴全在此。今人读之，皆以为善写岳阳之情景，而不知其隐讽子京之心绪也。凡集中批评，多自出己眼，发前人之所未发。但取苏赋、范记，触类而旁通之，则作者之手，阅者之眼，于此思过半矣。由前五公之文论之，则知文章中自有正派，可以维风，可以觉人。由后二公之文论之，则知文章中另有别致，可以垂世，可以立言。所云论世者论此，知人者知此，尚友者尚此，起孟子舆于九京，未必不以予为百代之功臣者。愿以请正海内诸君子。”

清

陈氏衍虞编《明文选》四卷　海阳《张志》本传

未见

陈氏，海阳人。

萧氏翱材编《韩江苹英录》　《莲山续文稿》。

未见

萧氏，大埔人。陈衍虞有序。

陈氏珏选《古瀛诗苑》五卷

存　道光丁未世馨堂补刊本。

珏，海阳人。

是书辑潮州先贤之诗，都五卷。卷一曰《前集》，纂元明诸家之诗。首陈希伋，终梁之鼎，凡三十九人。卷二曰《今集》，首陈衍虞，终郭殿捷，凡五十人。卷三曰《今集》，首林景拔，终陈王猷，凡三十八人；曰《方外》，首释印元，终释海会，凡五人；曰《闺秀》，首郭真顺，终谢氏，凡五人。卷四、卷五曰《别集》，为宦谪游寓之作，首韩愈，终洪份，凡九十人。方外为释今、释大汕，计二人。据珏《自序》，原选诗二千余首，后经洪方崖提军重加选订，存五百余首。

《自序》云："吾潮之昔以诗鸣者，唐以上无稽已，宋元虽有作家，亦寥寥可数。迨胜国以及昭代，诗学寖盛，然而卒有传有不传，非其诗之不足传也，所以不传者，其间盖有幸有不幸焉。夫萃一方山川之秀，钟为诗人；又萃其人之身之秀，发之于诗，顾以僻处海隅，无由出而与中原争长，已足惜矣，乃复使之多所失坠，卒与爝火萤光同其销灭，不重可慨乎！余于是取诸家之诗，汇为一编。或摘之全集，或采之志乘，以至残编散见，及曩所记忆他人所口授者，苟有可录，皆亟登之。岁月积累之久，遂得古今人诗至二千余篇，而以宦谪游寓者附于后，分为前集、今集、别集，颜之曰《古瀛诗苑》。然复不敢妄施丹黄，必以俟高明之删订，不过以尺捶呵群羊，使就庖人相肥瘠耳。方崖都督，故以书生从戎，干城海国，垂二十年，屡上奇功，重邀天眷。其诗之镂版行世者，已有数种，海内知名久矣。虽曰师贞武臣，实则文坛飞将也。军公之暇，辄延余及犹子砚村于幕府，商榷风雅。余因出是集相质，公谓诗非工不传，选不精亦不能行远。于是就中遴其佳者外，复有增人，宁严毋宽，宁约毋滥，务令一一谛当，而斯集以成。比公提师海上，以所选定全卷寄余及阿咸，命再加详校。谓当捐俸授之剞劂，以公诸世，属余为序。窃念自宋迄今，几阅时代矣，而为是邦之诗操选政者，从前未有。然是选也，非有学有识不能，即有学有识，而非其所乐亦不为。即乐为矣，而复无杀青之力，亦终于已耳。而后叹公于吾潮古今诗人，大有表彰之功，为千秋仅事也。余则何能，第幸附公以不朽尔。康熙乙未嘉平，海阳陈珏题于锻圃之玉华堂。”

陈王猷《序》云：“古者輶轩之使所至，采诗于其国，贡之朝而掌之太师，《王制》命太师陈诗以观民风。故自邶以下诸国之诗，谓之风，意其时国之史官，各有成书，荟蕞编纂，登之简册。使者至，举而授之。不然，亦安能家访而户听之。而吴、楚两大国无风，或曰：‘孔子以其僭王而删之。’或曰：‘不立其名于太师。’太师之本无也，是未可知。又谓‘陈、蔡并列《春秋》之会盟，而蔡无诗，为有司之失其传。’信乎，《诗》之传，殆有幸焉，恃有司之者也。又安知吴、楚之非失其传者耶？今一郡当古大国，县亦不下一小国，官其地者，能撰录境内历代诗人之诗，以成其一郡一县之风，亦足以考当时政治之得失，民俗之贞淫，人心之悲愉欣戚，世道之升降污隆，未必非居官之一助也。吾潮自韩昌黎为刺史，延赵德为学者师，文学向臻矣。窃疑唐以诗取士，而唐时郡人诗无一存者，宋诗见郡邑《艺文志》中者，亦寥寥无几，明代先辈云兴，诗学称盛，至近而为诗者益夥。然其诗之或存或不存，其集之或传或不传，非有表章之者，力不能以自存而传，岂非其人之不幸欤！方崖先生少力学好古，最工诗。已而投笔从戎，累功，骎骎至大官。十余年间，棨戟皆在潮境，固温然儒者也。所著诗数种，盛为宗工所推许。先是余叔父双山先生尝纂集郡人诗，方崖见而喜之，更加删汰，及广所未备。自宋迄今，得若干篇，名曰《古瀛诗苑》，将捐官俸付开雕。余于是叹方崖之所为，类非今仕宦者之所能为，亦其所不暇为，其志趣邈然远矣。诸诗世代既殊，风尚不一，要自有其人之真性情流露纸上，如杜之圣，李之仙，韩之雄，郊岛之寒瘦，卢仝、李贺之诡怪，自成其为一人之诗；如列国之风，皆太师所必录，唐魏之俭，齐音之敖辟，郑卫之好滥趋数，自成其为一国之诗云尔。方崖自海上书来，问序于余。余谓潮郡风雅，赖以振兴，厥功匪细，此集固数百年来义安人士精神所寄，自不必向海内骚坛争长齐盟耳。异时国家行采风之典，其拜手以授使者，谓之《潮风》可也。《前集》一卷，《今集》一卷皆郡人诗。《别集》二卷，则游宦过客之作。郡人诗附以衲子、闺媛，游客诗附以赠送。潮人及官于潮者，是皆不可以无传也夫。秋溪陈王猷撰。”

陈氏士规等编《莲山家言》

存　道光己亥，世馨堂补刊本。

此书合陈士规《嚥珠堂集》陈贲《亦园草》、陈艺蘅《爱园草》、陈周礼《自怡草》、陈珏《研痕堂草》、陈屿《屏山草》、陈王猷《偶存集》七种，选刻成编。

孙钵《序》云："俗艳公沙，无闻乃祖；人钦诸葛，未表伊孙。赋著《洛阳》，平子之流徽不振；文成博望，大圜之贻绪何人？即曰京兆高华，当日无过杜预；纵谓扶风继述，五世乃有韦彪。未有满目芝兰，一门师友，如我园公陈先生之盛者也。系分虞后，宗遂亢于颍川；族自齐奔，氏因称夫敬仲。门题'通德'，早过绛县之年；里识柴桑，又越武公之岁。架上则香飘芍药，悉传王氏诸郎；床头则艳比珊瑚，分向郗家群幼。更若盈庭云耳，不夸斗鸭之风；绕户诗书，远驾乘羊之彦。仿之荀氏，则慈光、慈明之下，更见幼慈；拟于刘家，则孝威、孝仪之外，复称孝绰。驰情锻圃，无非斧月之刚；讲义莲山，尽出《法华》之舌。爰成诗史，号曰《家言》。元之才地通明，襟期朗达。新亭堕泪，每在酒阑灯灺之间；旧内行吟，不无地老天荒之什。博之清言玉屑，藻思云飞。《铙歌十八》之余，间述《前溪》、《子夜》；载籍《五千》之暇，偶怀无著、天亲。比之笔散天花，早入江郎之梦；乌传《玄草》、知为杨子之经。若乃《恋蝶》、《摸鱼》，柳郎中之小令；偷声、减字，杜书记之填词。昆之五言，则摩诘联镳，七律则长卿却步。池塘春草，时吟小谢之诗；爨下枯桐，不愧中郎之目。心之托高怀于嚼雪，寄逸兴于怡云。简子秋红，情舒玳管；君迁晚翠，韵谱乌丝。客到堂前，咸称载酒；儿名膝下，允足传经。扬徽于大阮、小阮之中，接武于元方、季方之后。惟我良可，尤擅无双。黄琬童年，已成佳士；孟嘉末座，便冠名流。羡入洛之机、云，更兼门第；数过江之王、谢，洵足家风。纷披五色之笺，洋洋博物；奕耀千行之锦，洒洒登高。适逢骑省之伤，又附蚕丝之作。禽名比翼，树号相思。人之情也，能不悲乎！至于群从之中，有景之者。居惟种竹，性爱看花。或张骞西域之余，携来数本；或元献、吴中之后，剩此残枝；或虢国之蛾眉，或寿阳之妆额；或曼佗示现，或佛果呈奇；或周茂叔之遗风，或陶先生之雅尚：莫不分题刻韵，列卉成吟。唐苑含娇，声声欲出；随宫学艳，剪剪难工。深宵宵烛之词，居然阁笔，短梦梦香之句，定尔销魂者也。仆与高门，谬膺夙契，酒人击筑，偶为变徵之声，商妇当舷，时有不平之调。掞华授简，诸公乐以忘疲；射猎韝鹰，老子兴复不浅。惟是康乐为灵运之祖，而司马即太傅之兄。

惠连竞秀于同时，宣远齐名于再从。面识家家骥子，眼著世世鲤庭。斯固太丘，乃可颉颃；洵非苏门，所能鼓吹。时康熙二十五年岁次丙寅春仲，浙西年家世弟孙铩拜题于韩山旅次。”

梁氏犹龙、梦剑《二梁合稿》 《韩江闻见录》。

未见

梁氏，海阳人，此为其昆仲集。

杨氏之徐集《汇辑家珍》

未见

杨氏，大埔人。《企南轩编年录》有《自序》云：所选文凡六百九十余首。

杨氏天培辑《潮雅拾存》 大浦《温志·艺文》。

存 北平图书馆藏东莞伦明旧藏本不分卷。

始宋陈希伋，终清饶时英，共一百一十八人，闺秀七人，方外六人。

子钟《跋》云：先君自壬午教授惠州时，即有志辑《潮雅》，至庚寅授徒惠来，汇为一集。因诗存人，不因人存诗。

郭氏光墀录《唇楼豁览图题词》一卷 大埔《温志·艺文》。

存

郭氏，大埔人。其词自冯钺以下题者五十一人。

钟氏声和编《岭南文选》 丘景湘《岭海菁华记序》。

存

钟氏，海阳人。《韩江记》云：钟中翰曾评选岭南诸名人文集，是书孙留生藏。

林氏梦鹗《唐诗笺注》 潮阳《周志·艺文》。

未见

林氏，海阳人。

吕氏玉璜编《乔木友声集》

存　羊城富文斋刊本（潮安杨氏藏版）。

吕氏，字小伊，海阳人。书为吕小伊移居福谦堂裒辑时人和赠之作，仅一册。小伊首唱长句二首，和者二十六人，共诗五十六首。

黄安涛《序》云："吕子小伊，与诸弟谊敦同气，门无异烟。岁喜添丁，宅愁错趾。因就老屋西偏，拓地卜屋，始析箸焉。顾踦裳联袿，家弄仍通。接叶分阴，棣华无恙。酒熟则过墙而饮，诗成则隔壁而归。士龙住东头，士衡住西头，今犹古也。小伊移居有诗，其弟佩仙和之，金石相宣，箎埙迭奏，一时名流胜侣，投赠文翰，争为颂祷。小伊裒而辑之，题曰《乔木友声集》。夫木之树也，惟乔以表其故家；声之和也，须友以征其同志。风人之义，名教之乐，在于是矣。且小伊盛年劬学，乘时策名，其言足兴，未测所止。释《卷阿》者，谓菶菶萋萋，臣尽力也；噰噰喈喈，民协服也，又岂徒谋一枝之栖鸣，盍簪之豫已乎？马推五常，姜弱一个，佩仙有才而夭，流览斯集，又不能无风条寸断之感，鸰原折翼之叹矣！道光十年岁次庚寅三月，嘉善黄安涛序。"

杨氏立高等《三渔集约钞》

存　民国丙辰刊本。

杨氏，海阳人。是书合立高《爱吾庐吟草》与子少山《澹如书室诗》及妇蕴秀《吟香阁集》三种，共二册。

谢氏锡勋《鮀江春饯集》一卷、《附录》一卷

存　印本。

谢氏，海阳人。是书为锡勋之官福建将乐，一时人士赠别之作。作者自崔景元以下二十余人。

佚名《古瀛文钞》

存　旧抄本（澄海蔡氏藏）。

《前集》二册，无卷数，由唐至明。

佚名《增补古瀛诗苑》

存　旧抄本（澄海蔡氏藏）。

分前后《集》，全部二册，补四十六家，合原四十二家，共八十八家，共

诗三百九十八首。

佚名《凤山文钞》

存　旧抄本，分二册（澄海蔡氏藏）。

佚名《凤山诗别钞》

存　旧抄本，一册（澄海蔡氏藏）。

佚名《潮属先达诗赋》

存　旧抄本，一册（澄海蔡氏藏）。

自《古瀛文钞》下五种，均澄海蔡氏藏，俱不详辑者姓名。

林氏焯镕等《同人纪游集》

存　油印本。

海阳林氏等纪罗浮游览之作，计林硕高十九首，金韩南五首，陈蔚南一首，许少岳绝句三十首。有宣统元年硕高（焯镕号）《序》及《游黄龙观图跋》。

陈氏步墀编《四先生诗存》四卷

存　宣统元年绣诗楼镌本。

是书集刻饶平陈廷光晦洲、陈士矿璞亭、陈多缘种玉，及步墀业师番禺许之斑介珊四先生诗。

《自序》云：余叔祖晦洲公出宰直隶赞皇，晚归里门，泽及远近重宴，后得享大年，载之志乘。其孙璞亭公以明经为粤西浔洲守，享寿八十有八。种玉公乃其叉侄，坎壈青襟，吟醉一世。许介珊孝廉则番禺老宿，讲学于潮，余所受业。四子虽有著作，湮远之后，散失无存。余谓晦、璞二公，生平盛业，转掩诗名，固一憾事；而种玉公后嗣至于中绝，介珊师没后，世兄继逝，存者依伯氏以生，诗人末路，尤可悲矣。戊申冬，归，亟搜残缺，以付枣梨，名之曰《四先生诗存》，词亦附后，庶几一鳞一爪，得见于时，聊慰步墀扬幽景行之意云尔。

民国

陈氏龙庆编《龙泉岩游集》十三卷、《补遗》二卷

存　戊午印本。

龙泉岩在蓬洲西郭外，为明翁万达读书处。是《集》乃潮安陈氏搜采诸家题咏，卷一杂文，卷二至卷十二为古今体诗，卷十三为词，卷十四、十五补遗。起嘉靖甲辰，讫民国甲寅，古今共一百二十一家。

温氏廷敬辑《茶阳三家文钞》

存　印本。

《自序》云："吾埔自唐以来，废万川旧邑，并入海阳。其间文人，多湮没不传，惟有宋张夔（据杨西岩考定，知即吾邑人）著有《禄隐集》，亦已散逸，仅传其《训子诗》二语而已。而蓝震龙之姓名文章，则赖出地之《张雷墓志》以传。明嘉靖间建邑以后，人文继起，其采于冯氏《耆旧集》者，惟饶相之《三溪集》、黄一渊之《遥峰阁集》。清代科名鼎盛，冠于全属，然求其著作足与中原抗敌者，亦复寥寥，而于古文辞尤乏。固由士第溺于科举，古文一道，非殚心毕力以为之者不能；亦由集之者无其人，为之而不传，传焉而不远也。余心焉愍之。有《潮州文萃》之役，而一时未易告竣，乃先从事于近者、易者。盖咸、同之间，吾邑一时有志者，颇知励志诗古文词，追古作者，而林太仆达泉、何詹事如璋、丘太守晋昕实为之魁。其穷而在下者，则有饶茂才云骧、钟上舍雨农，与相应和。饶、钟二君之文，余求而未得。（按饶君文后由其犹子爱荃君携示）若三先生之文，林自谓学魏叔子，而实近蓝鹿洲；何最心折于曾文正，虽所作不多，而其文最有义法；丘志欲兼六朝、唐、宋，虽摹拟未化，而典型尚在。若就其文以求其实，则林丘以吏治著，何以外交著。而何之建白，尤有关于大局；丘之著述，则兼有裨于史。盖三先生之文，皆所谓一国天下之文，而非徒一乡一邑之文也。自欧化输入，国粹日微，浅学之徒，惟日摭拾岛国名词，以盈篇幅，而诩新奇。忧时者至有斯文坠地之叹。余谓中国凡法可变，而古文必不可废。盖古文者，蕴之至富，出之至慎，推之至尽，约之至精，穷之至奥，著之至明，凡百事理，人所不能达，或达之而不胜其烦者，而为古文者则必能抉其要义而无遗，乃至数语而不嫌其简，万言而不觉其多。此其体传于唐虞三代，盛于秦汉，而演于唐宋元明，以及有清。虽见浅见深，各亢其才力之所至，要其体则固有独绝者，而非东西各国文词所可及也。三先生之文，置之一国之中，未为极至，然其体固自不偭于古，而可法于今。余故乐取而并存之，固非徇于乡曲之私也。宣统庚戌冬月，大埔温廷敬序。"

温氏廷敬辑《潮州唐宋元人吉光集》四卷

存　稿本。

《自序》云："潮州唐宋元人之诗文集，无一存者，即志乘所采，亦寥寥可数，余窃病之。暇日就所见辑得十首，虽一鳞片甲，然要多吾潮人向所未睹者，名曰《吉光》，以示物少见珍之意。后有所得，当更续补之。"

温氏廷敬选辑《潮州诗萃甲编》十二卷、《乙编》三十六卷、《闰编》二卷

存　印本。

《甲编》起唐陈元光，讫明陈守镔。《乙编》起清姚士裘，讫温廷玉。《闰编》方外起释道忞，终性晓。闺阁起黄氏，讫濮九娘。

《潮州诗萃·序》：潮州诗咏结集之业，肇于南宋知州常祎。元《三阳志》云："古瀛集，帙三，凡著述之关于州，常候祎命编为集。"此说已见引于王象之《舆地纪胜》。《永乐大典》（卷五千三百四十五）"潮"字号所录"题咏"一门，殆即出自常氏之集，其中多难见之篇，如陈知柔《读潮本韩集》是也。明时《潮志》简略，于诗未有专辑。入清《潮志》，遂有"古今文章"之类别，吴颖、林杭学皆诗家，故选录益备，尤以《康熙志》，操纂政者为陈衍虞（园公），其子珏、孙王猷、曾孙学典皆工吟事，陈氏一门，以诗世其家，焜耀一时，楼俨序《蓬亭诗》备致推挹之词；珏编《古瀛诗苑》五卷，有世馨堂刻本，流传闾里，风行至今。我家旧有《潮州诗征》稿本十数册，密行批注，传出谢锡勋之手，未遑董理，惜乎经乱亡佚，无从踪迹。大埔温丹铭太夫子，居汕市日久，留心潮事，网罗放失，数十年锲而不舍，成此《潮州诗萃》五十卷，计甲编十二卷，乙编三十六卷，闰编二卷，共二十五册，精抄工整，凡辑录唐、宋、元、明迄于清末，共四三六人，六五三〇余首，为集大成之总集，条流昭晰，闳博精详。考作者生平，兼扬榷其风格，古今作品，咸萃于斯，诚海涵地负之巨观，足为来学矜式，厥功伟矣。此书原稿保存完好，仍岁以来，余力促先为整理，以广其传。顷者标点勘校毕事，绣梓在即，行见不胫而走。考陈氏《诗苑》，分前集、今集、方外、闺秀共三卷，卷四、卷五则曰别集，为谪宦游寓之作，自韩公至洪份凡九十人。温先生书，大体承陈书旧例，而未暇广及宦寓之篇，似不无遗憾焉。

盖自赵宋以降，诗人墨客之官是邦者，模山范水，不乏名篇，联吟诗刻尤夥。王汉之于金山，棣嘌之于西湖，陈炜黄耆之咏湖平，赵汝柿之于东山，

正宜征之摩崖，补入诗苑，至若明清胜流，喜以潮地名集，普宁教谕邓希文有《铁山稿》，典史周宏桧有《澄海集》，揭阳知县张明弼之《榕城集》，方外释大汕之《潮行近草》，皆有关地方掌故。泛览史志，广事搜求，原始要终，覃及域外，纂为别集外编，以配温先生之书，正是后学之责，庶以竟其全功，跂予望之。庚辰春，饶宗颐。

温氏廷敬辑《宫闺古藻集》五卷

存　稿本。

《自序》云："余尝慨自唐以前，妇人之能文者往往不下于男子，若班婕妤、曹大家、蔡文姬、左贵嫔、鲍令晖、刘令娴诸人，其见于史册者，至今读其诗文，抑岂减于当时之名流硕学者哉！自唐以下，除徐贤妃一疏足追古作者外，其他若上官婉儿、薛涛、李冶、鱼玄机之流，不过工为浮词艳语，聊自鸣于当时而已，其于古人之根本盛大处，纯乎未之睹也。盖唐代以前，视男女之学无二趣，故推其至者如曹大家，乃可以代兄修史；唐代以后，女子虽间有学者，亦但聊事吟咏，非如男子之极深研几，盖已视学问非女子之事，而惟以无非无议为职。故当时之有诗文名者，皆佚荡失节之妇，而贞淑之媛反无与于其间。古今之不相及，岂不以此也欤？抑吾考古代多重名门世德，即女子亦然，若婕妤、大家，为彪、固之姑妹，文姬为中郎之女，左芬、令晖为左思、鲍昭之妹，道韫为谢傅之侄女，刘孝标之有三妹，沈休文有孙女满愿，皆传其家学，不忝门风，此又见渊源之有自，而贵族之风之犹未替也。顾《隋》、《唐》二志所载妇人专集及总集，至《宋志》俱不载，其目盖大抵皆亡。惟明人《世善堂书目》有《蔡文姬集》，未知其果为原书否？然寻即湮没不传，盖汉魏六朝妇人之集，至今已无一存者，可不惜哉！余闲居无俚，爰拾诸史、《玉台新咏》、《艺文类聚》所采，及杂见于他书者，依体类次，集为一篇，以存自周秦至隋妇人文学之概，备好古者之涉览，及为女学尚论功。鸣呼，时艰正亟，世事方殷，有志者方讲求济世存身之学，旰夕不暇，而余乃从事摭拾无用之文，摒挡不急之务，作《彤管》之舆台，拾《香奁》之咳唾，抚躬自问，宁不愧汗？虽然，即其文而考其实，就其末以穷其本，则此篇之出，亦不为无禆世之有志女学者，可以兴矣！民国三年十一月，大埔温廷敬序。"

饶氏鼎华辑《汇山遗雅》十二卷

存　印本。

饶氏，大埔人。是书辑大埔三河先达遗诗，首夏一泓，终范蕾淑，凡十九人。

邝㪊廷《序》略曰："华表山人姓饶氏，名鼎华，与余同出徐侍郎之门。其先代多有攻诗及古文辞者，遭国变后，锐意著书，以三河词宿列科名、仕宦者固多，其秀才、明经终老牖下者亦复不少。开邑四百年来，先辈遗编剩稿，多半沦于洪流兵燹之中，其子孙抱残守缺有十余家，爰竭半载心力，辑为此编，约计四册，名曰《汇山遗雅》，分先达、亲系、师门、友谊、姻娅、闺阁六门，共十二家，附录者七人。就其中评论所长：贺萍乡音节入古，雅近唐人；乾、嘉两代以张、范二公最负时望；丹崖先生之作，杰出一时，宋芷湾观察奉为畏友；范氏六七人，儒行称于邑乘；而彝甫广文以宦迹著，任月坡大令称其'才情依旧翻苏海，诗律何人撼岳军'；如蕉太守能传家学，惜其诗毁于闽中榷厂；次骏先生久为林太仆心折，见于《松水遗文饶处士传》。范菊町学博，三代科名，俱登县志，传及玉池明经，六叶芸香，著述尤富；徐选拔友仁，诗笔清新，酷似随园一派；仲勋丈为圣绎先生中子，夙以裁成后进为己任，吴学使称其诗字字极有推敲；其他各抒怀抱，类不出袁、赵范围。若雁宾、玉仙、梧生诸子，皆同时旧友，类能拔戟自成一队，惜中年遽殁，藉此以传，实为文人幸福。余喜山人网罗散失，效古人编辑耆旧遗意，使乡先达声音笑貌，宛若目前，而交谊游踪，因之益显，又惜吾友陈州判倬云为张文襄、朱侍御所赏识，而遗稿丛残，不能附骥以行，殊令山人有千虑一失之叹也。"

温廷敬《序》曰："三河当潮梅之冲，汇汀河、梅河、清远河而为韩江，经丰顺、潮安而入于海，此前人所以别名为汇川也。而其山发源于南岭之一支，自铜鼓嶂迤而东北，散为巍龙、翔凤、华表诸山，而结于阴那。其隔河东文部，则分支于清远之西岩，自东而西，浒梓诸村，则又延脉于梅县之王寿山；自北而南，横纵顺逆，交互峙列，丘峦岩壑，错综起伏，此吾友饶子爱荃所以复名为汇山欤？其地秉山川灵淑之气，人物清秀，自明代开邑以来，诗人名士，踵出其间，文采风流，辉映岭左。而先辈之诗文遗集，多困于财力，未付梨枣，洪流骤发，室庐被浸，随以漂没。子孙不识，饱诸蠹鱼，投之一炬，其湮没不传，或仅存百一，惜无人起而拾之者，为可叹也。饶子憨然有感于此，发愿于搜得贺香九之诗，而因广诹博访，共得十二家；其附录者复数人。饶子已自述其缘起，邝子衮宸为序其梗概，而复不嫌鄙陋，寄示而征言于余。余披诵之，其中诸家，多为余《潮州诗萃》所已及者，而所选互有出入。惟范彝甫之《白云山诗》为余所未见，其诗奇峭，为镇平诗人黄香铁所深赏；而贺香九、徐兰士、唐笠云则余向所未闻其名。贺、徐二家之诗，清新而婉约，唐山人诗，幽隽而淡远，余深爱之，而喜饶子之能觃余也。余惟汇川诗人，前当推张丹崖，后当推饶子伯父次骏。丹崖天才旷逸，颇近李白，次骏兼学诸家，具备众体。次骏诗，此选大概略备矣，丹崖诗，生已困于酬应，死复厄于洪水，其所存者，后人随手抄集，金沙珠砾，杂然并陈，不足以见其真面目，饶子之所选较洁矣，然犹未足尽其所长也。若贺、徐、唐三家之诗，才力远不及于次骏，然一丘一壑，一花一草，自足供人之玩赏。味之真者不在多，余之喜此，殆犹欧公之厌太牢而思螺蛤欤？饶子此选，虽限于一隅，然其诗已略备众长，其小传可参补邑志乘，其体例亦复严谨，固自可传。余乐序之，因纵论所见。饶子其以为何如也？”

萧氏济川辑《椒远堂诗钞》三卷

存　广州印本。

萧氏，大埔人。是书为济川辑其族人诗，首翱材，次宸捷、俊章、虞、咸、光国、际培、抡英、抟上、锝、应奎、启元、润章、传霖，共十四家。

《自序》云：“世传萧淳之至潮州也，自漳州与赵汝钥调，未几即隐于白堠，是为白堠萧氏始祖。淳，宋庆元间进士，善为诗，潮人称为诗伯。（据福建长泰县岭兜乡《萧氏族谱》）今淳之诗已不可见矣。非独年代久远，数经丧乱而致然也，新到之地，初立室家，与其土著竞争生存，文事未遑，盖亦原因之一。夫诗所以陶冶性灵，变化气质，使读者舞蹈不自知，然而不切实用。当时子孙居深山中，生计迫人，何暇及此？则遗篇残帙，只供虫蚁之饱蚀，水火之焚烂，或以之覆瓿，何足怪哉！数传而后，子姓蕃衍，衣食之事备，而《诗》、《书》之教兴，乃稍有入庠序，列王官者。阅十二世，则有名元溥者，著《知濠园诗集》。元溥，明清间人，孙曾辈相继登科，宜其诗有传人矣。然卒亦泯灭，不可得见，岂其无可传之实哉？而道光之际，又有所谓雨亭先生者，幕游福建，彼都人士，称道其诗，至以为仙才，今族人不能举其名，是又何说乎？由此以推，其湮没无闻者，岂可胜数乎！考族中先辈，诗稿尚存于今者，除右溪之《松存轩诗集》、《咏史筳音集》外，未有刊本。余惧其久而散失也，爰多方搜采，复加选择，而整理之，共成三卷，名曰《椒远堂诗钞》。椒远堂者，吾始祖之祠堂也。于是吾宗诗人之诗，略具于此间。

尝以谓右溪之诗，缒幽凿险，卓然名家；筠洲之诗，气静神恬，雍容闲雅；而蘋溪则斐然文采，独具风神；警斋则一壑一丘，自得佳致；其余诸贤所作不多，殆难举似，要之不离乎清真雅正者近是，览者将自得焉。抑国内儒者所习，莫尚乎《诗》、《书》，而《书》之言诗也，曰‘诗言志，歌永言，声依永，律和声。’盖诗有诗之体，而音响节族者，诗之所以为体也。故自‘喜起明良’，下逮《五子之歌》，大抵皆有韵以为之节。若夫《诗经》，为诗之准的，而其《风》、《雅》、《颂》用韵，尤为特显。班固有言：‘赋者，古诗之流也。’故赋亦尚韵，其他骈文不得谓之赋也，以其无韵也，词曰‘诗余’，亦仍诗例，此固无容置辨者。夫句有长短，韵无改易。有韵者未即为诗，而既已为诗，则不宜无韵。余所闻于古者若兹，乃自近人倡诗学革命以来，悉破古人之藩篱，而别拓一境，于是有所谓新体诗者，余观之是犹语体文之较简者尔。运会迁流，未有所极，循此以往，诗之变化，又乌能测其所至哉？此则编纂之余，所为不胜今昔之感者也。”

翁氏辉东编《潮州文概》十卷

存　民国二十二年初印本；三十三年增订本。

所辑始唐赵德至清末郑国藩，共一百四十二人。

《自序》云：“言者，心之声也。文者，辞之藻也。古人有言：‘言之无文，行之不远。’岂非缘文之不足，遂致言之可信重者亦不传，故昔人谆谆如是耶？然因缘时会，往往文之传者不必工，而文之工者转不传，有令人不胜其慨惜者！吾潮先贤，能文者众，惜传之者鲜也。清初邑人陈双山先生，尝辑《古瀛诗苑》矣，然囿于有韵之文。洎乎中叶，顺德冯奉初学博，教谕潮州，剌取有明一代二十家，辑订《潮州耆旧集》，又皆偏于无韵之作，且断代成书。辉东不敏，窃以为所采之未广，而取名之泰泛也。辉东少时，喜采乡先哲文为读文，久而益多，爰择尤辑著，题曰《潮州文概》。民国癸酉春，刊行于上海。都八十家，共一百二十八首。方以谫陋自愧，乃承当世巨人硕彦，谬加称赏，是岂辑录之功可取，毋亦斯文之足见重于当世乎？顾吾潮作者如林；傥仅以数十名家著闻于世，于发潜阐幽之道，斯为未备。是以回皇憧憬，若有所遗。丙子秋，以榷政还潮，政务余闲，旁加搜检，续得潮文数与前辑敌，录而存之箧笥。戊寅又至沪，综挈新抄旧刻，重行编订于历代作者，少增阙遗，名曰《潮州文概增订本》。出视诸同乡郑笑海、邓介卿、侯洁夫、卢佛眼、张春台、郑柏侯，暨及门王名灿，佥谓兹编有关潮州文化綦巨，奋然醵资付刊。夫往者吾潮百十家之文字菁英，几经沧晦，丁兹乱离板荡，柴米价越数千倍之秋，陡承诸君之力，得以灿朗出现于世，且其地非乡邦，而为上海，是讵偶然？而辉东濩落无成，独以抄纂微劳，获对诸乡先生，稍致其绵薄，是亦困顿中所略引以自慰者。曩者不揣梼昧，曾拟辑刊《潮州丛书》，倘以此引其端，而他日得竟其绪，宁非潮人之所同愿？讵止辉东一人之私也已。”

翁氏辉东辑《唐明二翁诗集》二卷

存 民国十六年印本。

集唐翁承赞、明翁万达诗。

《自序》云：“大埔林太仆达泉推先五十六代伯祖襄敏公，为岭南第一名臣，既拟于唐之文献，宋之清献，明之文庄、忠介，又拟于汉图麒麟阁首称之营平。盖襄敏仕明，起家名进士，南平登庸，北惩俺答，筑边城八百里，赈饥民三十万。于兹三百余年，南北妇孺皆知公名，吁！可谓盛矣。公所著书有《稽愆集》、《东涯文集》、《平交纪略》、《总督奏疏》，共若干卷。家孙粤初辑《襄敏纪略》，以冠其端，都为一部，题曰《翁襄敏公集》，初梓于汴，姻家邹一山刻也。重梓于潮，侄孙翁粤华刻也。惟年远代湮，传者盖寡，辉东弱冠，尝见是书，篇幅多有阙轶，详加审度，疑自重印时已如是矣。其后廿年，于温师丹铭处，仍见是本，盖逆知《襄敏集》海内已属罕见之物。爰将家藏未刻稿数十篇，赍呈温师，俾少弥其阙，然仍未璧完，滋足憾也。丙寅，有《昼锦堂诗集》之辑，序既成，复假温师《稽愆集》归，录公所著诗，合之家乘所载者，裒而辑之，得《稽愆诗》一卷，以与《昼锦堂诗》合刻，称曰《唐明二翁诗集》以闻于世，俾景仰襄敏公者，得知襄敏不徒以功名勋业显也。是为序。”

饶锷《昼锦堂诗序》云：“莆田翁晋公承赞，当李唐朱梁之交，尝两为册礼使，受诏至闽，封王审知为王，遂留相闽以卒。晋公事迹不见史传，惟《福州府志》载，登乾宁二年进士，寻擢宏词科，出任京兆参军。其去梁仕闽，盖目击朱温篡逆，凶悍难与为治，而审知虽偏安一隅，在当时时君中，颇有贤主之称，史言其为人俭约好礼，唐末知名之士如王澹、杨沂、徐寅辈，皆渡海依审知仕宦，况公闽人，安得不乐而为之用？以是知公至闽不返，固时与势使然也。公能诗，有《昼锦堂词》等集，皆佚不传。今其裔孙梓关大令，乃从《全唐诗》及志乘中裒集，都得四十余首，别录重刻，于是公诗复显而可见者，仅此矣。梓关才足以任使事，顾好学稽古，甚勤忘劳，往岁尝编辑《潮州历史地理教科书》，及为其尊人辑《得闲居士年谱》，近又倡修《翁氏族谱》，皆成书刊行于世。今复辑公遗诗，夫当兹世衰学废，彝伦道丧之余，而有人焉能励名行，自约束于矩矱，已自可贵，矧不忘乎先人，拳拳以搜罗遗泽为事。此非勇于自任，而不劫于流俗者，能若是哉！余既钦梓关之意，而又喜敦尚古谊之未尽无人也，故乐为序其书，以致余之意焉。”

杨氏朝珍编《百侯杨氏文萃》三卷

存　民国十八年印本。

朝珍，字琼石，大埔人。是书辑大埔百侯杨氏族派诗文，分辩论、序跋、奏议、书牍、赠序、教令、传状、碑志、杂记、箴铭、颂赞、哀祭、诗赋十三类，依世次排列。序称自明讫清，文士不下五百余人，约辑五分之一，首有杨富臣、虎臣等《序》，共三册。

杨虎臣《序》云：“言为心声，而文从意顺。是故无意为文者，方达文学之极轨，刘勰《文心》所谓‘情者，文之经；辞者，理之纬。经正而后纬成，理定而后词畅’。溯之古籍，《易》称‘其指远，其辞文’，《书》称‘辞尚体要’，《诗》称‘辞之辑矣，民之洽矣’。近人如章实斋致力文史，亦谓言所以明理，而文辞则所以载之之器也。良以文体所寄，是在真情实理，发于情理之不得已，始得收文字茂美之功。吾宗卜居百侯，垂数百年。其间代有文人，凡所载笔，俱见醇雅。惟以后生衣食粟六，坐使简篇散佚，此不独一族之遗憾，亦一代文献之所系也。比者吾家琼石，有《杨氏文萃》之辑，甚盛事也。富臣慨解宦囊，以资刊布，虎臣以不才亦得襄助其间，发潜德之幽光，彰先业之遗绪，留椟遗珠，在所未免。今灾梨有日，乃略述立言本旨如此。虽曰事寻故纸，技学雕虫，然咀诵一过，颇有真性情流露其间，于世道人心，或不无小补。薄海同文，如能匡政，无以敝帚自珍讥之，可也。”

吴氏鸿藻编《潮州灵光集》六卷

存　稿本。

吴氏，潮安人。集乡邦历代硕彦诗文，虽零玑断碣，亦所采摭，以人存文，人各为传，而诗文附焉。始唐陈元光，迄民国饶锷，共一百一十人。

《自序》云：“《灵光集》者，我潮先正嘉懿，零篇片碣，及当时表扬轶事，搜而辑之，附而录之，以为文献之征，民族之镜也。潮州素号海滨邹鲁，开化不后于人。自汉季以来，吴砀以孝廉而著义行，南齐之世，程旼以忠信而名乡，世敦明德，代有达人。允殖兆民，播自中土。洎乎唐代，陈元光夙习韬略，岂乏兵书；杜竹轩能保公安，当纪团练。只以年久湮没，史多阙文。当时风气已开，人材迥出尘表。潮阳惠照，归自曹溪，深契南宗，发明唯心哲学，导宋儒之先路，为唐代之明星。先贤林大春谓李翱尝从惠照游，《复性》二书，多其宗旨，即惠照所传，尤影响于后世人心，默化潜移，所关者巨。潮州《周志》称其精持戒律，博通词翰。然其语文不著久矣，惟陈昭烈《请置漳州表》、赵德《昌黎文录序》尚有遗文存焉。故是集起自唐代，迄于逊清，分卷有六，为《潮州先正遗书丛刊》之冠。至于诗选、词钞，皆起自宋，专集则采自明。数典知本，沿流溯源，以此集为称首。虽国体变易，号令递更，潮州地域，亦不无今昔沿革之异，而惟此忠孝仁爱、信义和平之道理几希，一线之留遗，则得乎人心所同然，历万劫而不可磨灭。兹就其岿然存者，依次编纂，颜曰《灵光》，此物此志也。昔康长素游历欧洲诸邦，见其保存名迹古器，习焉成风，蕞尔若荷兰海滨渔家，其厅事卧内，犹置古磁累累，宝同拱璧。夫一物有关古代文化，而外人尚珍爱之若此，况我潮仁人庄士之遗文，其沾被来世，又将何如哉？”

吴氏鸿藻辑《古瀛诗选》十卷

存 《潮州先正丛刊》本，未梓。

《前集》起宋陈希伋，讫明赵玑娘，五十人。《后集》起清陈衍虞，讫卢国梁，共一百人。

林氏家濬等选《桥梓诗林初集》八卷、《续集》七卷

存 印本。

是集乃惠来林家濬暨子廷玉撰。

蔡氏卓勋编《壶社丛选》

存 印本。

卓勋，字竹铭，号瀛壶居士，澄海人。曾集同人倡设壶社。是书选录社友课艺诸作，另有《小瀛壶仙馆丛刊》多种，已印行。

蔡氏卓勋编《文字续因》六卷

存　印本。

是书卷一至卷三为赠答之诗，卷四为方外唱。卷五为题画。卷六为癸甲得士之咏。并附书札。

杨氏睿聪选《明人绝句选》三卷

存　二十五年印本。

遴选明人绝句词旨之遥深清隽者，得一千余首，又曾采元人绝句五百余首，定为《元人绝句选》，未刊。

邹鲁《序》云："诗至唐而盛，两宋以降，已不逮前。元明诸家，作者如林，然不失之浅陋，则失之浮薄。盖时会推移，风尚斯变。若夫元气浩瀚，追踪前哲，有若黄钟大吕，犹存旷代遗音，则检校篇章，殊多未逮。顾古人有言：'十步之内，非无芳草。'矧绵延两代，地穷海表，岂无杰出之士，足绍前徽？即以一人一集而论，披沙砾以求金，玩碔砆而相玉，所得虽少，不可云无。所贵有识之士，撷精扬芬，删芜启秀，出遗珠于沧海，拔良驷于下厩，斯得之矣。杨君睿聪，有鉴及此，因仿严道甫、毕秋帆诸公纂集宋诗之例，选录明人绝句一千余首，元人绝句五百余首，厘为二集。虽出一时兴会所至，取便吟讽，然用力之勤，方诸前贤，殊未多让。予惟作诗难，选诗尤难。盖嗜好既殊，抉择自偏。非于诗道深得三昧者，未易刊除成见也。杨君既耽于诗，又'寝馈日久，则兹集所采，或亦咀啜精华，将以抗颜唐宋乎？'是为序。"

郭氏汉鸣编《缨溪集》

存　民国三十六年印本。

郭氏，大埔人。是书辑录桃源郭氏一门诗，始郭维潮缨溪，次郭铨铜君、郭懋祯西樵、郭镛笙斋、郭佩璋子达、郭有声仲吹、郭有光月槎、郭光海小瀛、光墀芹甫、郭兆霖雨村、郭祖培穀荪、郭寿萱嗣崖、郭汝霖福初，终于郭寿柸翊崖，并附录文五篇。

詹安泰《序》云："诗必真必贞必正，而毗刚毗柔，则随其性之所近，故曰'修辞立其诚'，曰'思无邪'，曰'有赤子之心'。盖未有中无所立，虚与委蛇，涂傅掇拾，而可以称诗者。余于岭东诗人，独意嘉应宋芷湾、黄公度及揭阳曾刚父，以为若宋诗之雄浑，黄诗之浏亮，曾诗之深婉，皆中有所立，自辟门户，足以骋骅骝于千里，成一代之名作，不徒光泽吾岭东已也。顷者余友郭君瘦真，集其先人缨溪、铜君、芹甫诸先生之遗诗为《缨溪集》，将梓行，属余为之序。余受而读之，然后知曩之所见有未尽。若铜君先生所作，殆又足与宋、黄、曾诸前辈并峙于岭东，而永垂不朽者也。先生之诗，大氐宗尚自然，不为巉刻恢诡之言，而清超迈俗，具悠悠之思，醰醰之味。其五言律格韵尤胜。高者步趋王孟，下亦敬业、佘山之流亚者。昔施愚山序潮安陈园公诗，谓世言岭南多石而少人，读园公诗而知其不然。愚山以五律驰名当时，力之所会，与先生如出一辙。使其及见先生《缨溪集》，不尤击节惊叹哉！尝怪胜清诗学，自程香瀣、祁香圃、曾涤生诸公提倡风气，承学之士，几无不以杜、韩、苏、黄为宗。以气势骨律相尚。先生生丁其际，一无濡染，转与尊神韵、重性灵之王渔洋、袁简斋为近，斯固由名位未震于方域，故不受同道之引，而卒以此高自命，而尚友古人，超绝尘壒之外，以成其为铜君之诗。则信乎士之不可不有以自立，而势位富厚之未足以昌吾诗也。瘦真专地政之学，而好为诗，为之且有年矣，其亦以余言为有合乎？饶平后学詹安泰敬序。"

林氏培庐编《榕江诗钞》

存　印本。

林氏，揭阳人。是书集王德徽、陈雄思、雄略、周易、林枚、林毓棻、吴沛霖、余芷逸八家诗。

姚氏亚民编《潮阳列代名人诗存》

存　民国二十七年印本。

姚氏，潮阳人。是书凡辑九十七家诗，末附苏福《三十夜月诗比较》。

词曲类

宋

陈氏经国《龟峰词》一卷

存　《四印斋宋元三十一家词》本；《唐宋词钞》本（天津图书馆藏）；《全宋词》本。

《千顷堂书目》、倪文灿《补宋史艺文志》、丁丙《善本书室藏书志》著录，称陈经国撰。陆漻《佳趣堂书目》、唐圭璋《全宋词目》作陈人杰撰。词皆《沁园春》，共三十一首。

宗颐按：《宝祐四年登科录》第四甲进士有陈经国，字伯夫，小字定父，本贯潮州海阳县南城坊，或谓即《龟峰词》撰人。然朱彝尊《词综》称经国嘉熙、淳祐间人，不著爵里。《千顷目》、《补宋志》云：闽三山人。

考《集》末陈所斋《跋》称："长吉、惇夫，俱不尽其才而死。"知经国为啬于寿者。集中词题有年月可考，仅见嘉熙、淳祐两年号，而陈跋署甲辰夏五月，即淳祐四年。全集止三十一首，其最末第二首，即第三十首，题淳祐壬寅黄钟之月，盖淳祐二年十一月。揆以陈跋，经国之殁，应在淳祐三年间，似不应卒后十年，始于宝祐四年登进士第。又集中《送陈起莘归长乐》末句云：'君归日，见家林旧竹，为报平安。'长乐即福州，宋曰福州长乐郡，又名三山。词称长乐为'家林'。当是闽三山人，是作《龟峰词》之陈经国，又名人杰，与海阳人宝祐四年进士之陈经国，恐非一人也。吴子律《莲子居词话》引《知不足斋》，以《龟峰词》作者即宝祐进士之陈经国，丁丙《藏书志》仍之，刘承幹亦采入《词林考鉴》，惟陆心源《皕宋楼藏书志》分《龟峰词》为二，一陈经国撰，一陈人杰撰，实为复出。因《丁志·龟峰词》乃劳巽从知不足斋藏魏柳洲抄本录出，四印斋本《龟峰词》，题作陈人杰，盖用皕宋楼本，间有讹脱。唐圭璋曾取劳抄本校订，是丁本与陆本实同一书，不应判为二。是集《省志·艺文》及旧府县志俱不载，惟裒辑潮州诗文者多沿吴子律说，以为潮人，兹姑著之，而附辨如此。"

明

郭氏辅畿《翠薇琴》

存　《洗砚堂辑钞》本。

郭氏，大埔人。

清

陈氏王猷《蓬亭诗馀》一卷

存　《蓬亭偶存诗草》附，刻本。

陈氏，海阳人。

姚氏行轩《远游词钞》

存　《远游诗钞》附，刻本。

姚氏，澄海人。

王植《后跋》云："行轩先生以所制《远游词钞》示为商榷，读其词，知其学苏、辛诸大家者有素。兹自小令及长调，谨登其尤佳者若干首，其余词意可采，或以一字累全句，或以一句累全章者，概行割爱。即所登入选者，妄加臆见评点，非敢为严刻。盖以名家著作，在精不在多，与其乱沙杂金，何如吉光片羽，为可传耳！然其间遗珠污玉，势所难免。斯则我之咎，将无所逃避者也。时嘉庆丁卯夏中，吴门弟王植拜跋。"

饶锷《跋》云："澄海姚行轩先生天健，嘉庆中以诗驰声江淮间。殁后未及百年，遗书零落，乡人至不能举其名姓。余既喜读其诗，顾以未窥全豹为憾。岁甲寅，有以《远游诗钞》告售者，审之，行轩初刻原本也。诗共十卷，末附词一卷，凡小令、长调七十三阕。乃知行轩不仅能诗，且工于词焉。为评选者吴门王晓林编修植。据编修跋文，知行轩平生为词实不止于是编。潮阳陈蒙庵者，临桂况蕙风先生高弟也，故与吾友郑雪耘善。余闻之雪耘，蒙庵家藏有《粤东词钞》，潮人入选者二人，一为陈园公，一即行轩。乃属雪耘抄其本来，而蒙庵果精写一卷见贶，亟持与初刻本对勘。语句间有异同，而粤东本所选者，又溢出王选二十余阕，汇而刊之，不独可补王本之阙，盖行轩所作词，于是乎大略备矣。夫行轩词学稼轩，而时有屯田风味，故吐辞豪不坠俗，丽不伤雅，与其诗实足并传。晓林本儒者，不善倚声，其选行轩词殊未尽当，而李福跋《远游诗钞》，谓诗胜于词者，今以其书观之，亦非笃论也。"

丁氏日昌《百兰山馆词》

存　《百兰山馆诗》附，刻本。

丁氏，丰顺人。丁中丞词附见《百兰山馆诗集》后者，仅十四首。

曾氏习经《蛰庵词》

存　《沧海遗音》刻本。

曾氏，揭阳人。是书为朱孝臧侍郎所校刻，一册，无卷数。《蛰庵词》原名《秋翠斋词》，今尚存。以校朱刻本，为朱刻所未录者尚多。

陈氏启益《稼寰词钞》一卷

存　稿本。

陈氏，海阳人。

林氏家濬《剑泉诗馀》一卷

存

家濬，惠来人。

民国

吴氏鸿藻选《古瀛词钞》九卷

存　《潮州先正丛刊》本，未梓。

以上各家，除郭辅畿外，皆入选。另收明郭廷序词及明杨鸾、清陈衍虞、陈廷光、陈多缘、林世忠、郑清、丘逢甲七家词。吴氏，潮安人。

陈氏步墀《双溪词》三卷

存　《绣诗楼丛书》（第四种）本。

有己酉秀山黄映奎《序》。

《十万金铃馆词》二卷

存　《绣诗楼丛书》本。（第十一种）

《在山泉诗话》：子丹先人晦洲先生有诗一卷，附词三首，情思清绝。余昔辑《粤东词钞》三集，竟尔遗珠，致为抱憾。今子丹已刊入《陈氏丛书》，特采录一阕于此。《卖花声》云：

花气雪肌肤，艳影难摹，月明潮暗记曾无。旧日歌喉今日泪，全是玲珠。　小病费支吾，梦也模糊，恹恹酒半又茶初。一夕秋荷江尽脱，瘦了西湖。

而子丹亦工词，《采桑子》云：

软尘才踏京华路，谁似潘郎，又历山塘，消受江花七里香。

湖烟湖雨迷离处，不见金阊，分付垂杨，绾取船灯入睡乡。

梦回真个消魂也，一叶舟飘，寒怯珠跳，徙倚篷窗听晚潮。

姑苏自古风流地，同是兰桡，玉漏迢迢，可有吴娘伴寂寥。

相思再要图红豆，肠断天涯，人在谁家？一夜风横雨又斜。情知前事都成梦，应记琵琶，面掩桃花，眼底分明隔馆娃。

羡君短簿名同重，好剪吴淞，汗漫游踪，飞到寒山半夜钟。画中来写迦陵意，问讯征鸿，何日归篷？瘦了梅花又一冬。

此数阕，亦极似王中仙。

詹氏安泰《无庵词》

存　印本。

《无庵说词》、《词铎》

存

詹氏，饶平人。作者在澂江中山大学讲授《说词》，此为其随笔札记，载《文学》第一期。

吴氏莈《蕉声词》

存　印本。

吴氏，潮安人。

温廷敬《序》："词必溯源于《楚骚》，而始臻其极，犹诗之必溯源于《三百篇》也。虽其体制别出于歌楼舞馆，旷夫佚女，流荡忘返，靡靡之音，得文人学士，孤臣逐客而张之，藉以寓其忠爱之诚，芬芳悱恻，哀怨掩抑，得屈宋之遗旨。《国风》好色而不淫，《小雅》怨诽而不乱，斯为词之极则也。吾潮自昔有诗人，而无词人。自清季曾君刚甫始以其诗之绪余，衍而为词，忠爱恳挚，与彊村诸老并峙，为海内大宗。鼎革以来，潮之能词者凡四人，海上陈君蒙庵、郑君雪耘，皆尝问津于晴皋沤尹。余尤喜吴君懋缠绵宛转，得《离骚》九章之遗；詹子祝南，清刚隽上，接《九歌》、《九辨》之绪，为能探其极也。余向未知君懋，庚辰秋，自沪归汕省视，始闻陈君学儒盛道君词之佳，亟欲得而读之。寻君懋叩门过访，持其己卯以前旧作《蕉窗长短句》一集见示，且录其近作诵之。寄托遥深，馨香流溢，盖尝流寓沪上，以门下士侍沤尹最久，得其指授，专以梦窗为师，卓然为彊村后劲。近岁以来，流离转徙，悼民生之憔悴，痛国势之陵夷，一唱三叹，言者无罪，而闻者足戒，此岂徒以貌袭神离，自诩为清真、梦窗，而实远于骚人之旨者哉！抑又有进者，词之道，原通于史，古有韵之史，尤先于无韵之史。歌谚童谣，皆史也；《诗》三百篇，为有周一代正变之史；《楚骚》屈、宋，为楚怀顷襄二代之史；《天问》、《招魂》，则兼存上古远荒之史；汉、魏、六朝、盛唐诸诗之著者皆然。至少陵，遂为诗史大宗，开元、天宝、肃、代二宗之兴衰得失，莫不见于篇什，与正史相辅，且足补正其阙失。五代两宋词家，复举而一切寓之于词，朝政之是非，闾阎之休戚，夷狄寇盗之侵凌，宗社邦邑之丘墟，文与诗所不能言，言之而不能尽者，皆于词焉发之。故词虽小道，而根本盛大，充其量必兼才、学、识三长，且有章实斋所谓史德者，乃足以尽之。故言词之艺，则清真、梦窗至矣，若其境则犹未尽也。君懋年事方壮，虽有幽忧之疾，而能以道自遣，其技已成，但优游渐渍，以待其从容自得，必有不止于是者。君懋勉乎哉！”

陈氏运彰《纫芳簃说词》

存

陈氏，潮阳人。况蕙风门人。

陈氏守谊《冰谷词》

存　稿本。

守谊，潮安人。

黄氏勖吾《白云红树馆词》

存　稿本。

黄氏，澄海人。

张氏荃《荪簃词》

存　油印本。

张氏，揭阳人。

黄氏泽浦《关汉卿评传》

存　稿本。

黄氏，揭阳人。

诗文评类

明

郭氏之奇《古诗唐诗大观评语》

存　抄本（澄海蔡氏藏）；《潮州先正丛刊》选本。之奇，揭阳人。南明阁臣。

郑国藩《序》云："严沧浪有言：诗有别材，非关书也。诗有别趣，非关理也。然非读书多，积理深，亦必不能造乎其极。是有天分焉，有学力焉。初日芙蓉，晓风杨柳，落花依草，起絮因风，任体物之自然，去雕饰而勿事，此由于天分者也。裁红剪翠，错彩镂金，擘海翻云，穿心出胁，洞精微于奥窔，度修短于秾纤，此由于学力者也。若乃天马行空，羚羊挂角，有神无迹，得兔忘筌，环万象于当前，觉会心之不远，是又不可斤斤于天分、学力之间，所谓文本天成，妙手偶得者也。故知岛瘦郊寒，各有其妙，元轻白俗，未是公评。非泛浸于诸家，敢雌黄之在口。菽子先生，气节文章，结有明一代之局，固已泰山北斗，共仰昌黎，取义成仁，同符耜、敞矣。乃复回瞿塘、艳滪之奔流，作品月批风之腻语。自六朝以逮晚唐，高下在心；合三品而授冶人，鲈锤应手。挥活色生香之妙笔，洒钩玄提要之清词，非实神明格律之中，安能领略酸咸之外如此乎？昔司马君实、欧阳、庐陵，一代名臣，其为小词，乃如二八女郎，唱'杨柳岸，晓风残月'，盖有峻节者，未有不具深情者也，而何疑于菽子哉！披缃朗诵，齿颊流芳，式企前徽，曷胜引领？匪曰青蝇污玉，聊表桑梓敬恭云尔。"

清

张氏国栋《井天诗话》

存

国栋，字云生，潮阳人。举人。

钟声和《序》云："岁在己丑，月惟孟秋。檐梧叶落，瑟瑟响逗，三更窗竹，风飘萧萧，凉生四壁，予方谋闭门索句，对景抒怀。慨旧识之寥寥，伤新交之落落。讵意鲁壶方酌，双鲤递于清宵；秦筑未敲，群鹊噪于平旦。则有棉阳张明经云生者，叩蓬门，入斗室，纵殊吴札订交，解带而赠子产；宛若郈原感旧，买舟而觅孙菘。于是深蒙矜宠，特示华编。草堂问序，不嫌安国少文；曲水乞言，谬诩右军有笔。予盥手奉持，息心披阅。见其聚珠玑于笔底，收翡翠于囊中。鲍赋全登，非炫边韶便腹。庾诗摘录，竟同匡鼎解颐。累累然，秩秩然，斯固无俟擢秀谢庭，汲华刘井。予知与笔谈、载记仅备闲观；牴字斗声，徒资小学者迥别也。抑予又闻，作乐者必钟磬并扬，乃协采菱延露，否则大小未由相贯，难语八风相宣矣。染采者必赤黄异色，方成黼黻文章，否则浓纤未见得衷，莫云五色无间矣。乃明经本通今博古之才，殚博采旁搜之力，游目于蟫红竹素，结情于露白葭苍，非惟名公巨卿有奇当赏，即游人幕客抒辞苟谐竞病，必使升诸作者之堂；不但耆儒硕士妙句宜收，即渔唱樵歌出口果堪品题，亦令附乎骚人之列。而且芬流贝叶，检草不弃缁流；色润风花，裁笺爰及彤管。鳞鳞兮江云起，浩浩乎海波兴。窥测津涯，流连原委。真所谓凫钟万石，鼗柷助其声；虹采千寻，日星增其色者矣。彼国初渔洋书出，倭国购颖士之文；嗣后《随园》集传，鸡林诵香山之句。兹卷之登，直欲方轨前贤，追踪往哲。予知龙山高士，摩挲梨枣，罔敢诮元子之声嵎；邺下清流，咀嚼芬芳，无复嗟仲宣之体弱已。（《三余文集》）

饶氏庆中《诗赋论》　大埔《张志》本传。

未见

庆中，大埔人。

林氏大川《蠡测诗话》　《井天诗话》。

未见

大川，海阳人。

杨氏少山《北阁诗话初集》

存　油印本。

清末宣统庚戌，陈寿清发起诗社，与贺逸然、罗息民、赵鲁生、曾经舫、林元夫、林彦卿、吴允升、蔡寿山、陈作宾、余凯、杨少山等集潮城北阁，结为诗社，曰韩江诗社。是书杂记诸社友文字，首有宣统二年罗衡《弁言》，及陈云《题辞》。

丘氏对颜《诗话》二十二卷　大埔《温志·艺文》。

未见

丘氏，大埔人。

饶氏宗韶《诗学琐言》一卷　大埔《温志·艺文》。
未见
饶氏，大埔人。

民国
何氏爵三《修辞学草创》　大埔《温志·艺文》。
存　勷勤大学印本。
何氏，大埔人。

温氏廷敬《温飞卿诗发微》
存　印本。

卷一至卷十三，原载《岭南学报》第四卷、第五、六合卷，广州：1935年、1936年；别卷，原载《潮州志·艺文·集部》，汕头潮州修志馆，1949年。1993年潮汕历史文化研究中心将之结集重印，收入《潮汕文库》之首，上海古籍出版社，1994年。

《广东新通志·艺文略》集部潮州一，为饶宗颐纂，原稿藏广东省中山图书馆。有2001年影印本，全国图书馆文献缩微复制中心出版，内容与本书大致相同。附记为此，以备参考。

饶宗颐

二十世纪学术文集

卷九　潮学（下）

中国人民大学出版社
· 北京 ·

目录

潮汕地方史论集

卷九

饶宗颐二十世纪学术文集·潮学

目　录

韩江流域史前遗址及其文化

本书略记1941年以来，韩江流域各地对于史前遗物采集经过及所得遗物，作初步报告。前后承英人 N. D. Fraser，T. W. Waddell，美人 W. E. Braisted，及潮安苏悦真先生，澄海王浩真先生，普宁王道文先生，暨两广地质调查所周仁沾、张伯楫、刘毓初、陈君拔诸先生，各以所见或所得石器，惠借采录。中央研究院地质研究所研究员陈教授恺，为鉴定石器质料。潮州修志馆同人吴珏、林德侯、刘陶天、李明睿诸君，于器物之记录，图片之绘制，诸多帮助。而本书初稿，曾荷东友台湾大学人类学教授金关丈夫阅过；附印前，又蒙叶恭绰先生及华西大学教授郑德坤博士校阅一遍；而意大利神父 R. Maglioni 及台大史学系教授国分直一诸先生，于海丰及台湾所得史前遗物，惠允借观。江西饶惠元先生亦以清江大姑山陶片拓本，远道寄示，裨益良多，尤足心感，而潮州修志馆于揭阳黄岐山从事田野考古工作，所有费用，概承方继仁先生勷助。本书之付刊，复荷饶韬叔先生及述德堂、燕诒堂慨助印费，得以问世。诸先生热心文化之诚，至可景佩，谨致谢意，以志不忘。

1950年5月识于香港

一、发见史略

中国新石器时代石斧之采集，莫早于广东雷州之雷斧，盖远在五六世纪时。刘恂《岭表录异》已著其事，故雷州半岛可谓中国石器最先发见地。[①] 光绪间，陈席儒曾于香山拾得石斧[②]，未曾引起一般人注意。至1932年英籍神父Daniel J. Finn. 始于香港舶寮州（Lamma Island）从事先史考古工作。1934年秋，芬神父复于海丰发见史前遗址甚多。其后意籍神父R. Mag Lioni在海丰传教，继续工作，采集更夥，著有《海丰考古学的发见》（*Archaeological Finds in Hoi fong*）[③] 一文。1935年W. Schofield于香港大屿山之石壁，发见与舶寮州文化相同之古物，中有石模、石玦等。[④] 1942年春，中山大学教授杨成志等再至海丰探检，为期三十八日，经历十六处遗址，所得石器陶片计万件以上；继寻得汕尾天主教堂麦神父所采集资料，挑取一部分运返坪石，迨坪石失陷，各物多遭遗失。[⑤] 目前广东先史遗物之发见，除香港、海丰外，尚有韩江流域地区，其分布之广，尤值得考古者之注意。

1941年夏，苏悦真于潮安县登塘墟路旁发见碎陶，散布于花生园地面；几经探检，于山地拾得断石箭镞一件及石斧二件，此等遗物后赠与汕头福音医院医生英人裴义礼（N. D. Fraser）。[⑥]

1942年，揭阳真理医院医生美人卜瑞德（William E. Braisted）于揭阳经五经富富美崃采集得石镞，又于崇光岩山上拾获小石锛，后陆续得石镞有孔石斧、石环等多件。

1943年，英人卫戴良（T. W. Waddell）于揭阳南塘山山径拾获小锛三枚，陶片甚多。[⑦]

1946年笔者在汕头市主持潮州修志馆事，曾晤裴义礼君。据云："揭阳西境河婆墟与五经富，及县北黄岐山阴，并有绳纹网纹与双F纹陶片发见。又距河婆八里许地方，因建学校曾掘出铜刀头、矢镞、陶碗等物。澄海城北山

---

① 见章鸿钊：《石雅》，参罗香林：《中夏系统中之百越》。

② 据罗原觉君口述。

③ 载香港自然科学杂志（Vol. V，Ⅲ）。

④ 其论文印行于新加坡。

⑤ 顾铁符：《广东海丰先史遗址探检记》上，载《文学》第一期，中山大学出版社。

⑥ 据苏君函告。

⑦ 据卫君口述。

地，曾发见磨光石斧。”裴氏所藏之物，除少数寄藏伦敦，余均于抗战期间遗失。继予闻卜瑞德君所采集者，尚保存完好。乃于 1948 年 2 月 22 日，先派志馆编纂吴珏、林德侯二君前往揭阳，访问卜君。25 日，二君赴黄岐山考察，于竺岗岩上山路及战壕侧拾获多量陶片，惟尚未发见石器。4 月 5 日，余亲偕林焘六（矿学家）、林越（揭阳真理中学校长）、吴珏三君，同往黄岐山，于山坳距表土二公尺处，发见石镞。又于战壕附近，采集石斧、石锛及陶片甚夥。时修志馆为调查潮属各县地质，得方继仁先生慨助调查费用，并邀中央研究院地质研究所研究员陈恺君莅汕工作。6 月 16 日，余复与陈恺、林德侯二君至崇光岩虎头岭考察，复于山顶拾得石器，并于山上战壕处采集陶片甚多。此消息既发表，国内学术界大加注意，纷纷来函询问。是时王浩真君于饶平黄岗福鼎金村农场掘得石器残片，经余鉴定为石锛。同年 11 月两广地质调查所派人至潮属一带考察地质，因告以沿途顺便注意采集石器陶片。不久该所工作人员周仁沾、陈君拔，于普宁铁山大棚山、苦肠腹一带，采集得石斧、石锛、石镞、石刀及陶器。同月 8 日，该所张伯楫、刘毓初二君，亦于丰顺汤坑拾得石斧，又于 12 日在兴宁水口墟采集石斧、石锛及陶片甚多。是为潮属各地发见史前遗物经过情形。

兹将各县发见遗物时间地址表列于下：

县别	地名	方向里程及高度	器物	发见及时间
潮安	登塘	县西 12 公里	石斧　石镞	1941（民国三十年）苏悦真
揭阳	富美岽	县西陂头墟附近	石镞	1942（三十一年）美人卜瑞德（William E. Braisted）
	崇光岩	县北 6.5 公里虎头岭附近	有孔石斧　石镞　石锛　石环	1943（三十二年）前人
	南塘山	县西 1.5 公里，高 37.8 公尺	石锛	1943（三十二年）英人卫戴良（T. W. Waddell）
	黄岐山	县东北 6 公里，高 276 公尺	石镞　石斧　石锛	1948（三十七年）饶宗颐等
	虎头岭	县北 6.5 公里，高 218.1 公尺	石镞　石锛	1948（三十七年）前人
潮阳	澳头		陶片	
普宁	洪山		石斧	1946（三十五年）王茂发
	铁山	县南 8.5 公里，高 462 公尺	石斧	1948（三十七年）两广地质调查所周仁沾、陈君拔

续前表

县别	地名	方向里程及高度	器物	发见及时间
	大棚山	县东 6 公里，高 371 公尺	石斧　石镞　石刀	1948（三十七年）前人
	苦肠腹	大棚山西南附近	石斧　石镞　石刀	1948（三十七年）前人
丰顺	汤坑	县南 20.5 公里	石斧	1948（三十七年）两广地质调查所张伯楫、刘毓初
饶平	黄岗（福鼎金）	县东南 36.5 公里	石锛残片	1948（三十七年）王浩真
兴宁	水口墟	墟东南 3 公里高山	石斧　石锛	1948（三十七年）张伯楫、刘毓初
澄海	城北山地		石斧　陶器　钱币形印纹陶片	据英人裴义理（N. D. Fraser）口述

二、遗址

韩江流域史前遗址的分布，可以兴宁、普宁、揭阳三县山地为中心。兹就此三县所发见主要遗址，略记其地形地质与出土情况，其余附带及之。

（一）兴宁

水口　位于兴宁县南，为梅江与兴宁河交叉点。水口墟即建于红色砂岩所成之小冈。红砂岩直接覆盖于火山岩系及变质岩之上，依江流方向，形成一宽约三公里之狭带状。近代之河流冲积层，则沿江之两岸及墟南小河谷间，为狭长之分布。小河循此河谷以南，偏东而行，约二千五百公尺，渐降而成山涧。史前遗址，即在此之东缘，距水口墟三公里，当蓝田至大坑里之中间，高出河床约八十公尺之山巅上。其地海拔为一百六十公尺。遗物所在，散见于一厚不及一公尺，宽广各约廿公尺之山巅的褐色土层中。其北部山势特陡，表土剥蚀最甚，故石器、陶片等物，皆呈露地面，山上陶片遗留极多，不胜拾检。

（二）普宁

大坝后及铁山　自普宁县城南八公里，循省道西南行，至大坝墟后，登山即遗物出露之地。共有两处：一在铁山尖东边韩信点兵山与斩关山间山地北坡，遗址高海拔三百公尺，石器及陶器出见于此（铁山主峰海拔四百六十二公尺)。一在后岭，当大坝墟和铁山之间，海拔约一百公尺。铁山上部为变质岩，下为花岗岩侵入体，而后岭仅见花岗岩，石器、陶片散布于花岗岩区中。其附近有泛积岩，东起捍塘之北，经铁山到果陇之东，成西北向长条状，其岩石多为细砂岩及页岩。故此间所发见石器之石质，亦以砂岩、页岩为多。

大棚山苦肠腹　遗址在普宁城东，大棚山之南，宝镜园村东二公里，土名苦肠腹，海拔约一百八十公尺。所存遗物最丰，保存亦佳，地质为花岗石，其巨大花岗岩块，经风化后，遗留地表，石器陶片散布其间。①

洪山　在普宁城北西四公里许，海拔二百公尺。洪山地方之山冈有陶片发见。1946 年，贡山乡民王茂发，曾于洪山老坑，拾得石斧一件，系由山坑水冲出者。洪山顶海拔二百四十五公尺，其地层属太古代花岗片麻岩，露头自山顶循东南向下坡，而与花岗岩接触。②

(三) 揭阳

五经富　在揭阳县西陂头墟附近富美崃。有石镞（板岩）发见。其地地质属侏罗纪花岗岩，迤东及南部至灰寨一带，则为侏罗纪煤系，多为黑色板状页岩，中有植物化石。

黄岐山（崇光岩）　虎头岭　黄岐山在揭阳县城东北七公里，高二百七十八公尺。虎头岭在县北五公里许，高二百一十八公尺。两山相接成东西走向长岭，岭西端更西北向，接陈吊岭。岭之南为揭阳城北平原，岭之北为宽谷。全岭悉为花岗岩构成，风化已深。黄岐山半竺岗岩上山路及战壕侧，陶片散见地表。在半山亭上山坳，距表土约二公尺，有石镞发见。自黄岐山至虎头岭一带，前此日军挖掘战壕，蜿蜒数里，于附近采集石器陶片甚夥，当即古文化层所在。1946 年，乡人廾辟道路，曾翻动山顶之土层，深者且四至五公尺，故陶片出现地表，几随处皆有。

(四) 丰顺

汤坑　地处榕江平原之北角，东南去揭阳县城三十公里。附近岩石以流纹岩为主；惟东南约一千五百公尺处，则为花岗岩。石器即发见于烧水田崃南麓之流纹岩与花岗岩接触带附近，离汤坑东偏一公里，高出现河床八十公尺之山地。

---

① 据刘毓初君调查及周仁沾君口头报告。

② 详拙纂《潮州志》中陈恺撰《地质志》。

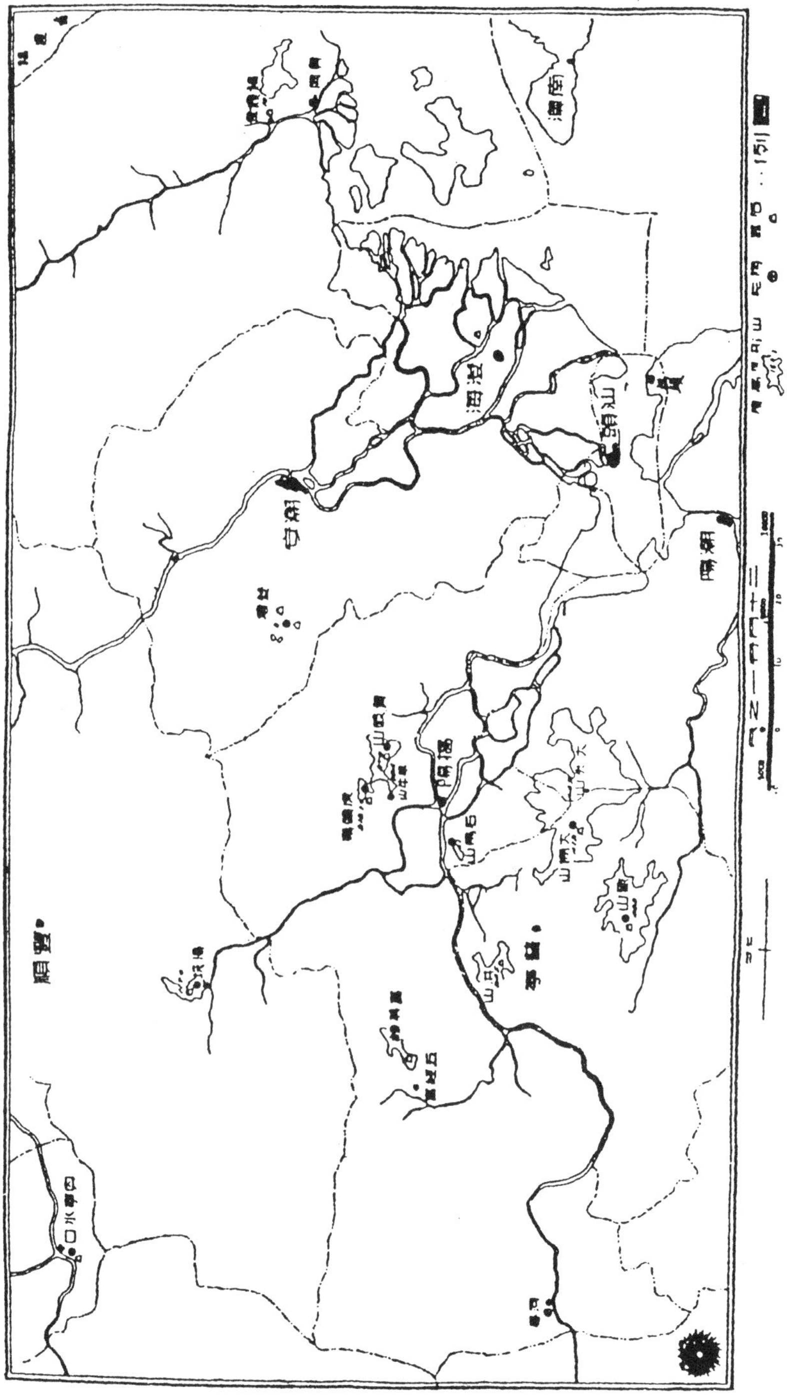

图一 韩江流域史前遗址分布图

（五）潮安

登塘　登塘墟在潮安县西十二公里东南，与有名产瓷之枫溪毗接，其地为近代冲积层。西北之白水至飞鹅岭，地质属侏罗纪媒系，其西南部全为花岗岩，石器陶片在距登塘西北半里之山园发见。

（六）饶平

黄岗　石器发见地址，在黄岗福鼎金废村（属饶平县第三区区北乡增多墩村）山坳柑橘研究院农场西南蜜柑园，入土深一公尺。黄岗地质本身为近代冲积层，其东南东北则属侏罗纪花岗岩。

三、石器

（一）石器制作　石质　石器种类

韩江流域石器因由采集得来，未经正式发掘，所得数量较少，故未能把握其特征，以定制作标准。试就其技术而论，包括打制、打磨、磨制三类。而普宁与揭阳两地石器，似可分为二个时期。

1. 普宁之铁山及苦肠腹发见之圆柱形（cylindrical）石器，纯为打制，未经琢磨。海丰亦有此类，于麦神父处见过，盖为一种石槌（Hammer stone）。亦与湖州钱山漾之粗石器相似①，此类时代较揭阳为早。

2. 揭阳崇光岩石器，多小型，经精细磨制，其中扁豆状（Lentoid shape）者，或微凸或两面凸（little coves，double-convex）之斧锛皆极精细。与海丰 Pat 区最接近，盖已经过一长时期之进化。黄岐山之扁长式石斧，崇光岩之石锛、石环，普宁苦肠腹之有孔石斧、扁棱式石镞，与海丰几全无少异。

关于石质，揭阳所得石器有基性侵入岩（Basic intrusive）、辉绿岩（Dolerite）、结晶细密火成岩（Felsitic rock）、长英岩（Aplite）、板状页岩（红棕色）（Slaty shale，Reddish brown）、板岩（Slate）、沙质板岩（Sandy slate）、泥板岩（Mudstone）、细沙岩（Sandy Stone）。内以辉绿岩基性侵入岩为最多，板岩次之，结晶火成岩次之，细沙岩均各一片。以上各种岩石，皆揭阳

① 参《吴越文化论丛》慎微之文附图版一、二。

坑内所有。辉绿岩质坚硬，可用作武器，板岩质松，可用作日常器具。兴宁所得石器，石质有脉岩砂岩及基入岩。普宁铁山所得为砂页砂岩。大棚山所得，多为砂岩及板岩。此种岩石普宁境内均有之。

其以结晶细密火成岩为之者，如黄岐山所得磨制小锛及石镞二件，呈赭色斑点，表面光亮。洪山之石斧为辉绿岩，正面为黄土染作黄褐色，有光泽，均极美观。

石器种类，有石斧、石锛、石凿、石刀、石镞、石环等，兹分述之：

石斧 潮属各地所得石斧，以扁长式较多。扁平式、厚扁式、短形式、狭长式，间有之。圆柱式最少。有孔者，仅崇光岩大棚山各一件。而普宁洪山所得扁长式梯形斧，长 25.5 公分，为各器中最巨者。

潮安登塘所得石斧，仅二件：一为铲状斧（Shovel-shaped），一为椭圆形斧（Ellipsoidal），原先未见，故不附图。

石锛 潮属所得石器，锛类最多。锛与斧之分别，大致斧之刃对称，锛则扁刃；斧用于劈，锛用于斫，故锛刃较利，形亦齐整。揭阳所得小锛，其细巧者，为錾为凿。大锛类则一面有刃，极铦，一面为背，磨光，较斧类体短，而刃多倾侧。其刃有作半弧形，如状者，亦有作梯形，锋下宽而上狭，如者。《集韵》：“锛，平木器也。”其以铁为之者，亦曰锛，曰镤（俗作铇），用于削平木上斧迹。[1]

石凿 斧锛之小者，用于钻削。《通俗文》：“石凿曰錾。”《说文》：“铣，一曰小凿。”揭阳所得小锛，极细，考疑即此类（见石器图版（二）黄岐山图版及石器图版（一）崇光岩图版）。海丰有矩形小斧，据麦神父云：“有微矩及纯矩二种。纯矩者较少，除有几枚短小之斧，或用以作货币者外，恐以之作细木工。各式细小石斧，皆适宜于木器之铇工凿工雕工。”[2] 揭阳所见精巧石凿，如崇光岩图，纯为矩形，其用途或如麦氏所言。

石刀 崇光岩所得者，为粗刃式，普宁大棚所得残片，则皆长方式，刃磨光作椭圆形。

石镞 揭阳、普宁所得，大别有二类：一为扁棱式（见石器图版（一）富美崃图版），一为片状式，以板岩为之，质不甚坚，薄扁无棱（见石器图版（一）虎头岭图版）。

---

① 见《广韵》。
② 见原书，221 页。

石环 崇光岩有三件，石质细密，黝润如玉，盖装饰品。

古越族使用之石器，分布于浙江、福建、台湾者，即东南亚细亚系，其特征为有肩式、有段式、靴形式。

有肩式 为环绕太平洋地区所习见者。广东如香港、海丰均有之，韩江流域所得石器不多，仅于水口见一件，为钝角形之肩斧。[①] 或谓之曰“钺”。[②] 盖用于切割。麦神父于海丰所得之 Shouldered lentoid，shouldered shovel-shaped 及 unguiform Series 之带肩者，均属此类。裴义礼语余：五经富曾得爪状式（unguiform）斧，与麦神父所举海丰石器第十五种型相类，其柄作半圆爪形（half-circular nail）盖亦属于肩斧一类。

有段式 沿海各地，如浙江、台湾均有之。福建武平最多，以北有一沟，或称有沟石斧（如《良渚图版》14，2a，2b）。亦南洋各岛所盛行者，此类揭阳黄岐山拾得一件，背呈沟状，惟不甚显著。

靴形式（Haches piediformes） 杭州、台湾均习见，为古越族文化特征，国外分布，远及印度支那、爪哇等地。为农耕除草之用。[③] 揭阳黄岐山得一件，亦属类似靴形斧。

韩江流域石器采集数量不多，故上述三项石器不多见，如再经发掘，相信必有陆续发见。至北方系之磨制有孔石镞、石戈、半月形及有孔石刀均未见。

综上论之，韩江流域石器，自属于南方系文化，至北方系文化成分则不甚显著。据麦神父分析海丰各地石器结果，认为最初使用扁豆状斧，继替以有肩爪形斧，最后演进为矩形斧。潮属各地有肩爪形斧尚未多见，是否如麦氏所言，犹有待研究。

关于使用此种器物之人类入居广东的年代，据裴义礼意见谓可能在公元前二千年至前一千年[④]，此种推测，此时尚难证实。又据裴氏云，曾发见铸造空前铜斧之石模[⑤]，查香港大屿山石壁所得石模亦不少，恐同一范型。又云曾发见构成 Fibula 型之石模，如瑞士湖上村 Lake Villages 所发见者，并记于

---

① 参日人国分直一《有肩石斧与有段石斧》一文。

② 见施昕更著《良渚图版》15，16。

③ 东友金关丈夫、国分直一有专文详论。

④ 见裴著 *Archeology in Eastern Kwangtung*。

⑤ 裴氏 *Stone Moulds For Casting Hollow Bronzc Adzcs*。

此[1]，以未寓目，故缺不论。

（二）各地石器记录

揭　阳

崇光岩石器

有孔石斧（石器图版（一）崇 A）　（A）全长 11.5 公分，上部断口阔 4.8 公分，下部尖端阔 2 公分，厚 1.3 公分，圆孔距顶端 3.4 公分。（B）淡灰褐色。（C）扁长式，磨制，当孔处已断为两片，边缘表面多剥蚀。（D）板岩。

石斧　（A）长 3.8 公分，厚 0.5 公分，平面阔 2.5 公分，锋口 0.5 公分。（B）绿色。（C）矩形式，磨制，腹微凸，上端残蚀，带一石脉。（D）辉绿岩。

石斧断片　（A）残片全长 0.45 公分，上部断口阔 3.5 公分，下端断口处阔 2 公分，厚 0.5 公分。（B）淡灰褐色。（C）磨制，面平边削，上部残断。（D）砂质板岩。

石凿（图版（一）崇 H）　（A）长 4.6 公分，厚 0.6 公分，阔 2.2 公分。（B）淡灰绿色。（C）矩形式，细磨。（D）辉绿岩。

又一件　（A）轴心长 2.5 公分，上端阔 1.4 公分，锋口阔 2 公分，厚 0.5 公分。（B）淡灰褐色。（C）矩形式，近刃处稍宽，细磨光滑，似是小凿。（D）板岩。

石锛（图版（一）崇 C）　（A）轴心长 6.7 公分，腰厚 1.5 公分，上端阔 3.2 公分。锋口阔 4.1 公分。（B）绿色。（C）扁方式，磨制。（D）辉绿岩。

又一件　（A）轴心长 6.7 公分，腰厚 1.5 公分，阔 4.8 公分。（B）绿色。（C）矩形式，磨制，刃甚锐，上端稍残。正面下左端为自然蚀，有沟。（D）辉绿岩。

又一件　（A）长 3.5 公分，平面阔 3.4 公分，厚 0.6 公分，锋口 0.5 公分。（B）绿色。（C）扁长式，磨制，正面下左端为自然蚀，有沟。（D）辉绿岩。

又一件　（A）长 3.8 公分，平面阔 2.2 公分，厚 0.5 公分，锋口 0.6 公

---

① 亦见上揭裴氏文。

分。(B) 淡灰白色。(C) 扁长式，腹微凸，细磨。(D) 辉绿岩。

又一件　(A) 全长 4.5 公分，平面阔 2 公分，厚 0.6 公分，锋口 0.6 公分。(B) 灰白色。(C) 长方式，精制上端倾右稍残，似锛。(D) 辉绿岩。

又一件　(A) 轴心长 3.7 公分，腰厚 1 公分，上端阔 2.7 公分，锋口阔 3.5 公分。(B) 灰白色。(C) 刃作半弧形薄锐，磨光，精制。(D) 辉绿岩。

又一件　(A) 轴心长 5.2 公分，上端厚 2 公分，腰阔 3.5 公分，锋口阔 3 公分。(B) 绿色。(C) 方柱式磨制，上端略厚，左正面绿有凹纹，极规则化，锋口稍残。(D) 辉绿岩。

石刀（图版（一）崇 B）　(A) 轴心长 8.5 公分，平面阔 3.6 六公分，按柄处 2 公分，尖端锐角 1 公分，上部厚 10.7 公分。(B) 灰褐色。(C) 粗刃式，锋口及背均剥蚀。(D) 砂质板岩。

石镞（图版（一）崇 F）　(A) 平面阔 2.5 公分，轴心长 4.4 公分，最厚处 0.2 公分。(B) 淡灰褐色。(C) 扁平式无棱，磨光极薄。(D) 板岩。

又一件（图版（一）崇 G）　(A) 轴心长 4.4 公分，上端阔 2.6 公分，厚 0.4 公分。(B) 浅灰黄色。(C) 扁平式，磨光无棱，尖端较锐，按杆处残缺。(D) 板岩。

石环断片（图版（一）崇 D）　一、(A) 直径 3.2 公分，断径 3 公分。(B) 灰色。(C) 细磨，内面齿端圆滑无棱。(D) 板岩。一、(A) 长 3.5 公分，厚 0.5 公分，高 1.4 公分。(B) 深灰蓝色。(C) 扁条状，细磨极精，上内缘圆，外缘有棱。(D) 泥板岩。一、(A) 长 2.7 公分，厚 0.4 公分。(B) 深灰色。(C) 扁条状，下面平，两侧磨光。(D) 板岩。

石圆形器（图版（一）崇 E）　(A) 全器直径 8 公分，厚 1 公分，断为两片。(B) 淡灰褐色。(C) 磨制两片异色，似原物断折后埋土中，上下面倒置，故合成原状时颜色恰相反。(D) 砂质板岩。

上器藏美人卜瑞德先生处。

虎头岭石器

石斧残片（图版（一）虎 B）　(A) 断口最厚处 1.6 公分，锋口阔 5.4 公分。(B) 灰绿色。(C) 似是厚扁式石斧残片。(D) 辉绿岩。

石镞断片（图版（一）虎 A）　(A) 轴心长 2.8 公分，厚口厚 0.6 公分，阔 2.6 公分。(B) 深灰色。(C) 片状式。(D) 板岩。

上器原藏潮州修志馆。

富美峡石器

石镞（图版（一）富）（A）轴心长3.5公分，平面阔1.5公分，锋口2.2公分。（B）灰绿色。（C）扁棱式。（D）板岩。

上器藏卜瑞德处。

黄岐山石器

石斧（图版（二）黄A）（A）全长9.7公分，腹阔4.6公分，上端阔4公分，下端阔4.7公分，腹厚2公分。（B）灰绿色，正面低洼处，呈深褐色，带石英脉。（C）扁长式，正面后面腹部均稍凸，左右两缘斜椭，正面上右巷端至左腹缘，有石英脉凸出石面0.2公分，侵入后面之脉长8公分，阔0.3公分。（D）基性侵入岩。

又一件（图版（二）黄C）（A）全长6.7公分，上端阔3公分，下端阔3.6公分，上端厚0.8公分，腹厚1.2公分。（B）浅灰色，正面粗洼处呈赤褐色。（C）扁长式，左右缘斜椭，腹处略凸。（D）细砂岩。

石凿（图版（二）黄E）（A）全长4公分，上端阔2.2公分，厚0.7公分，下端锋口2.5公分，腹厚1.1公分。（B）灰绿色。（C）长方式，正面平，腹略凸，为锛式小凿。（D）基性侵入岩。

石锛（图版（二）黄I）（A）正面长4.3公分，腹阔3.2公分，后面长5.2公分，腹阔3.6公分，锋口高1.3公分，阔3.9公分，上端厚0.9公分，右缘腹厚1公分。（B）灰绿色。（C）扁长式磨制。（D）基性侵入岩。

又一件（图版（二）黄F）（A）正面长3公分，后面长至锋口4公分，上端阔2.5公分，锋口阔3.1公分，腹厚1公分。（B）浅灰白色。（C）正面边缘刓圆，左角洼蚀，口作弧形，极薄锐，背面平整，细磨精制，土花斑斓，朱渥夺目。（D）结晶细密火成岩。

又一件（图版（二）黄D）（A）正面长10.4公分，阔4.3公分，上端厚1.5公分，后面长11公分，阔5.8公分，腹端厚1.9公分，锋口长1公分。（B）灰绿色。（C）短形式，腰稍凸，刃处残缺，似未经细磨。（D）基性侵入岩。

小石锛（图版（二）黄H）　（A）全长2.9公分，上端阔1.9公分，下端2.1公分。（B）浅灰色。（C）薄方式，正面右端洼蚀，左端切直，锋颇钝。左右上三缘均平滑，殆铣錾之类。（D）长英岩。

石镞（图版（二）黄G）　（A）全长右缘3.3公分，左缘2.5公分，上端缺口处阔2公分，直径0.5公分。（B）原浅灰色，经土侵蚀，呈赤赭色。（C）扁棱式，磨光，按杆处残缺（此器在黄岐山半山亭至塔上路旁，距表土二公尺处发见）。（D）结晶细密火成岩。

有段石斧　（A）全长8.1公分，阔5.3公分，厚2公分。（B）红棕色。（C）矩形式，背面左及上下三缘均凸凹不平，半打半磨，只右缘及正面局部磨光，中间有洼凹，呈段状。

石器断片　（A）正面长2.6公分，阔1.2公分，后面长1.9公分，阔1.2公分，上端厚1公分。（B）灰绿色。（C）圆柱形，腰微凸，上部左端削蚀，似是小錾。（D）基性侵入岩。

靴形石斧（图版（二）黄B）　（A）轴心长9.2公分，下部阔4.2公分，下部背厚1.2公分，磨制，发见于黄岐山竺岗岩坑中。笔者曾持示日人金关丈夫教授，据谓系未成形靴形斧。（按：《良渚图版》16，2a形略近此类，据金关等著《台湾先史时代靴形石斧考》一文所定，应属B型，参阅该文。）（B）辉绿岩带沙质。

上器藏潮州修志馆。

丰顺

汤坑石器

石斧（图版（二）汤）　（A）全长10.4公分，腹1.7公分，腹阔2.7公分，上端阔1.8公分，刃阔2.7公分。（B）深褐色。（C）狭长式，中刃两翼略对称，顶端稍斜，作拗曲状，两侧磨尖。（D）板岩。

上器藏两广地质调查所。

饶平

黄岗石器

石锛残片（见图版（二）饶平黄岗）　（A）左边长5.5公分，腰厚4.4

公分，锋口阔 4.7 公分，厚 1.7 公分。（B）灰色。（C）磨制，刃处完整。（D）辉绿岩。

上器藏潮州修志馆。

普宁

洪山石器

石斧（图版（三）洪）　（A）轴心长 25.5 公分，腰阔 2.9 公分，上端厚 2 公分，上阔 5.8 公分，锋口阔 7.2 公分。（B）原绿色，正面为黄土染成黄褐色。（C）器极完整，上端右角自然蚀，两面磨光，扁长式，似梯形，侧面作圆凸势，向刃处稍锐。（D）辉绿岩。

上器由坑水冲出地面，藏王道文先生处。

铁山石器

石斧（图版（三）铁 A）　（A）全长 13 公分，腹厚 2.5 公分，腹阔 5 公分，上端阔 3 公分，下端阔 5 公分。（B）正面深褐色，背灰黄色。（C）上狭下宽，近腰低陷，锋处成圆状，全体除刃处加工外，均未经琢磨，背面风化特甚。（D）砂页岩。

又一件（图版（三）铁 B）　（A）全长 11.5 公分，腹厚 2 公分，腹阔 4.5 公分，上端阔 3.5 公分，下端阔 4 公分。（B）紫褐色杂铁锈色。（C）矩形式，腹近刃处稍丰，刃处斜削，略加工，他处凹凸不平，均未经琢磨。（D）砂岩。

大棚山苦肠腹石器

石斧（图版（三）苦 A）　（A）全长 12.5 公分，腹厚 2.8 公分，腹阔 4.7 公分，上端阔 3.7 公分，下端阔 5 公分。（B）深褐色。（C）圆柱式，腹特丰，脊凸而缘削，背面大体磨平，刃甚短促。（D）板岩。

又一件（图版（三）苦 D）　（A）全长 7.2 公分，腹厚 1.1 公分，腹阔 4.3 公分，上端阔 3.7 公分，下端阔 4 公分。（B）绿色有紫褐土蚀斑点。（C）扁平式，磨制。（D）板岩。

又一件（图版（三）苦 C）　（A）全长 8.5 公分，腹厚 2.3 公分，腹阔

3.5 公分，上端阔 2.5 公分，下端阔 3.3 公分。（B）铁锈色。（C）方柱式，打磨，侧刃土蚀颇深。（D）砂岩。

又一件（图版（三）苦 B）　（A）全长 6.8 公分，腹厚 1.2 公分，腹阔 3.8 公分，上端阔 3 公分，下端阔 4 公分。（B）黛色。（C）扁平式，上杀下丰，刃甚锐，经细磨，色光黝。表面呈半卵纹，似未出时周缘掩于土中，其暴露部分受风化作用后，稍为低蚀；质坚处间现石纹数条。（D）板岩。

有孔石斧断片（图版（三）苦 F）　（A）长至孔口 3.2 公分，腹厚 1.4 公分，孔阔直径 1.2 公分。（B）灰蓝色，正面朱斑，璨烂可爱，磨光。（C）斧孔内外及折处铁铓甚利。（D）板岩。

石镞（图版（三）苦 E）　（A）全长 5 公分，中厚 5 公厘，阔 1.2 公分。（B）灰色。（C）扁棱式，与海丰出土者同。（D）板岩。

石刀断片（图版（三）苦 G）　（A）刃至背 3.5 公分，背厚 1.7 公分，腹厚 1.6 公分。（B）赤色，背现褐斑。（C）长方形，背厚锋薄，前锐后钝，刃经磨光成椭圆形，近柄处崩缺。（D）砂岩。

一、（图版（三）苦 I）　（A）刃至背长 5 公分，背厚 1 公分，腹厚 8 公分。（B）赤色背有黑斑。（C）长方形式，体平扁背厚锋薄，刃处磨光成椭圆形，近柄处崩缺。（D）砂岩。

一、（图版（三）苦 H）　（A）刃至背 5 公分，背厚 1 公分，腹厚 8 公分。（B）赭黄色，刃背现紫斑。（C）亦长方形式，体平扁背厚，锋薄刃崩缺。（D）砂岩。

兴宁

水口石器

石斧（图版（三）水 A）　（A）全长 13 公分，上端阔 5 公分，刃阔 6 公分，腹厚 2.5 公分。（B）背赤褐色，腹黑褐色。（C）矩形式，打制全未磨，偏刃对称。（D）脉岩。

又一件（图版（三）水 C）　（A）全长 10 公分，上端阔 2.7 公分，刃阔 3.8 公分，厚 1.5 公分。（B）背深灰色，腹灰褐色。（C）狭长矩形式，对称，未经细磨凸凹不平。（D）侵入岩。

石锛（图版（三）水 B）　（A）全长 8.5 公分，上端阔 4.5 公分，刃阔 5.7 公分，腹厚 2.2 公分。（B）背灰绿色，腹灰色。（C）偏刃似锛，扁平式，两面稍凸，打磨上端残蚀。（D）砂岩。

有肩石斧（图版（三）水D）　（A）全长8公分，柄阔2.2公分，刃阔5公分，厚1.5公分。（B）浅灰色。（C）与良渚所得者同，上具柄，下刃作钝角形，面经细磨。或谓为钺，此为越族使用器物，韩江流域仅见此件。（D）砂岩。

图形石断片（图版（三）水F）　（A）直径4公分，厚1公分。（B）浅灰色。（C）边缘呈螺旋纹，似经车制，用途未明。（D）变质岩。

石断片（图版（三）水E）　（A）厚2公分。（B）浅灰色。（C）上下右三面均为圆钬孔，每孔直径约7.3公分，其好之边缘均呈螺旋形纹亦似经轮制。（D）变质岩。

上自普宁铁山以下至兴宁水口各器，均藏两广地质调整所。

四、陶器及陶片

（一）陶器

本书所记潮属各地出土陶器，惟普宁苦肠腹所得有完器一件，为壶类。高6.5公分，口径4公分，厚4公厘，腹凸直径7.3公分，底径6公分，灰赭色，细泥质，轮制，山字纹，腹带凸饰一道（见陶片图版（五），1）。与福建武平甚相似。①

残罐一件，似簋，肩至底高6.5公分，腹径10.2公分，底径7.9公分，底厚2公厘，灰色，粗泥质，含砂，斜条纹，腹下呈凸饰一道（陶片图版（五），2）。

残罐形器，口直径18公分，口边唇阔4公分，厚6公厘，灰褐色，篮纹。

又小残罐形器，口直径7公分，厚极薄3公厘，口高2公分，本浅灰色为黄土侵蚀，呈浅红色，细泥质，绳纹。

（二）陶片简述

颜色　兹所采集陶片，以灰陶为多。水口、汤坑，大部分为深灰色；铁山、洪山顶多半灰色、灰蓝色，苦肠腹多灰色、灰褐色；黄岐山虎头岭则灰

---

① 见 *Third Congress of Prehistorians*，Singapore，1938. Plactc XIV。

褐、灰蓝、灰黑为多。虎头岭有银白色，涂薄釉，与灰青色敷蓝色薄釉者。

黑色陶多灰黑，或与他色内外相关，其原质细腻表里有光泽如蛋壳陶（egg shell pottery）者，绝无之。红色陶，为砖红色，或呈紫褐色，间夹黄色，盖受强力氧化所致。而未见有彩绘如仰韶期之制作者。

形制 五经富曾发见完整陶器，多为锅罐（pot），与海丰所见者同。苦肠腹所得亦为壶类及罐形器。黄岐山虎头岭残碎陶片口肩，有瓶碗罐形器及圈足类器。惟三足鬲及陶豆（如良渚所见者），尚未发现。制法则手制多而轮制较少。

质料 粗泥质、细泥质均有之。黑色陶红色陶含砂极多。砂粒大者至四公厘。①

纹饰 韩江流域古陶片之纹饰，纯为拍印。其属彩绘（painted）者绝无，刻划（incised）者亦极鲜见。兹略记其花纹式样如下：

方格纹——即网状纹。可分粗方格、细方格、正方格、斜方格诸种。各地皆有，最为普遍，与福建、海丰及南洋群岛均相类。其精细方格者，可名麻布纹，盖仿制麻布式样。兴宁水口、揭阳黄岐山崇光岩均有之（崇光岩平底罐形器，麻布纹间叙方格纹，深蓝色。见陶片图版（三）崇光岩 1）。其复式方格纹，即麦神父所谓双网纹（double net），普宁大坝山及海丰均发见。

条纹——可分直条纹、横条纹、斜条纹、交叉条纹等。其特异者，有交错条纹如栅状者，虎头岭曾发见。尚有间条纹，即竖条纹而间以若干凸出横条纹箍饰者，铁山有之（见陶片图版（五）之铁山陶片），或间以横线条，水口有之（见陶片图版（三）之水口陶片 5），铁山有之（见同上铁山陶片），此类非如齐家坪之为凸出线条，乃由折印而成者。

绳纹——可分为竖绳纹、横绳纹、粗绳纹、细绳纹等。揭阳石马山，又有波浪式绳纹（见陶片图版（三）石马山陶片 2），似用粗绳或纤维质物扎于木头，当陶泥未干时重压于其表面而成。

篳纹——此类纹式其线条大抵作巛或[illegible]形，如晒谷之笪纹。安特生曾用席印纹之名，或称篮纹，或谓篦筐纹。今人每与绳纹混，兹定名曰篳纹，因篳亦竹席之义。北方系陶器有以竹编织物压印而成者，与此类仿佛。惟此似先制成范，再加印于器物之上，有粗细及错综各式。错综篳纹，如苦肠腹图（陶片图版（六）苦肠腹陶片 5、8），或纵斜线条交错，或间以横篦状条饰

① 见黄岐山陶片概述。

（同上苦图 9）。水口亦有之，式样甚为复杂。

山字纹（人字纹）——此类与篦纹略近，西人谓为 chevron 花纹，往往交错作形者。江南奄城金山常见之，福建武平亦习见，呈锐角状（Acute angles），林惠祥谓为武平文化之代表型态。亦由拍印而成，可分无规则及有规则二种。前者线条凌乱，后者较为齐整。虎头岭所见灰黑色陶几全属此类，水口亦有（见陶片图版（三）水口陶片 3）。

叶脉状纹——如叶脉状者，西人或谓之鲱骨状纹（herringbone）、树椏纹（branch），揭阳犀牛山（陶片图版（三））普宁铁山有之（陶片图版（五）铁山陶片 4），海丰及台湾均常见。

雷纹——此类初呈圜形，虎头岭铁山苦肠腹（陶片图版（六）苦肠腹 4）及水口均有之。细分可得数种：有若干复式圜状排列相联接者（陶片图版（三）虎头岭图 34 与江西清江全同），有圜状中间以绳纹者（陶片图版（五）铁山图 1），有两圜状纹相交对称如 S 形者（陶片图版（六）苦图 1），与铜器钩连雷纹颇相似。有若干独立圜状纹之间，以方形线条联系成方格状，而方格中又间以半弧形线条者（陶片图版（三）水口图 2）。有圜状似钱币形者（陶片图版（五）铁山图 2）。圆雷纹几何化，遂成为方角雷纹如回字，此类花纹浙江江西俱常见，苦肠腹及水口均有之。有线条呈方形如织席状者（见苦肠腹图 4 及水口图 1），或作复式圜状而间以树椏状条纹者（如苦肠腹图 2）。此种雷纹，形制与铜器所见纹饰多同。①

粒状纹——崇光岩所得陶片，有呈凸起碎圆点类苦瓜皮者，黄灰蓝色均有。西阴村陶片有具凸饰粒状，与此略近（见《西阴村史前遗存图版》4 第一版）。有一种带菱形方格内具凸起圆点（见陶片图版（三）崇光岩 2）。海丰亦有之，即麦神父所谓（diaper type）者，此类纹饰与铜器上雷乳纹无甚异。

V 字纹——揭阳黄岐山虎头岭俱有之。具凸起线条刻划相向斜纹。潮属所见陶片，皆由拍印而成，只此类花纹出于刻成者（见陶片图版（四）黄岐山图 12，陶片图版（二）虎头岭图 27）。海丰有一种精致刻纹，据麦神父观察似用蚬壳刻划而成者，此间未见。

韩江流域各地先史遗址有石器出土者，必见陶片。其中最值得注意者，为揭阳黄岐山虎头岭一带。兹就笔者检拾所得，详为记录，以资参证。并附崇光岩与揭阳城西石马山陶片。其余但揭花纹之特异者，附图于后，不遑详

① 《梦溪笔谈》所谓云雷之象。

细列举。

（三）黄岐山虎头岭陶片概述

黄岐山虎头岭两处出土之陶器，尚无获得完整者，其器物原形，殊难详言。兹就笔者采集所得，依其颜色分为灰陶、黑陶、红陶三类。其花纹概为拍印而成，稍加类列，再由残片测度其形制，记其大要。灰陶所得最多，兹列为首。

黄岐山陶片

（1）灰陶

①方格纹　皆作网形，其精细者，宛似麻布花纹。兹依其纹理分别述之：

（A）粗方格纹——灰褐色，方格较大，粗泥质，含砂。

（B）斜方格纹——形制有五件可推测者，多属于罐形器直唇平肩者二件：（a）口缺连肩处有凹带一道，高 4 公厘浅灰色，内有微凹箍一道。（b）灰色，口浅而平，高 1.2 公分，厚 4 公厘，与腹略成垂直，腹部较薄，约 2 公厘，又弯唇宽肩者三件：灰蓝色、轮制、口内有轮纹一道，细泥质，口高如瓶形。

（C）细方格纹——颜色有浅灰、灰褐、灰蓝、灰绿、赭等色。其形制可推测者四片，余皆腹部片。

平底类二：底下有纹，粗泥质。

口部类二：（a）弯唇带肩，瓶形，细泥质。（b）阔口钵形器，口有凸起边缘一道，粗泥质。

（D）正方格纹——颜色有灰蓝、灰褐、淡灰、灰黑等色，形制可考者，腹部片最多，其一花纹如陶片图版（四）黄岐山 1。

口部带肩片三件。其一口至肩高 3.7 公分，口作瓶形，轮制，细泥质含砂。其一口与肩间有绳箍，粗沙质，口内有轮纹。

平肩片四件，分二种：（a）口边缘凸起者。（b）口边缘凹落者，纹理交错，口高 1 公分（同上，黄岐山 2）。

肩部一片，灰色，粗泥质，肩有凸箍一道（同上，黄岐山 3）。

平肩一片，底下有纹，粗泥质，浅蓝色。

另一种系细沙质，极坚硬，其中有一花纹，亦属拍印而成，但于交错处可窥见拍印时衔接情形，厚三公厘（同上，黄岐山 4）。

又有极薄者厚仅二公厘。

（E）麻布纹——有粗细二种：（a）粗纹，腹部片二件，灰白色与灰色各一，细泥质（同上，黄岐山 5）。（b）细纹一件，有口，外深蓝色，内棕色，极精细，年代似较近，阔口钵类，口高 2.2 公分（同上，黄岐山 6）。

②条纹

（A）直条纹——仅一件，肩部片，灰色，粗泥质（同上，黄岐山 7）。

（B）交叉和纹——二件，腹部片，灰蓝色，一粗泥质，其一细泥质坚硬（同上，黄岐山 8）。

③绳纹　仅一件，腹部片，淡黄色，粗泥质，含砂甚多（同上，黄岐山 9）。

④篝纹　外边灰黑色，内红者三片，皆腹片，厚 7 公厘，肉为紫褐色。其中一肩部片有凸箍，极薄，厚度仅 1 公厘至 2 公厘，细泥质（同上，黄岐山 10），与虎头岭之灰蓝色带凸箍之陶片，形制纹理相同。

⑤山字纹　灰绿色，与虎头岭相同，腹部片多，色近赤。中含砂粒，内外表皮系细泥质，间有涂上灰绿色薄釉一层，其中有具绳箍两道者一片，最可注意（同上，黄岐山 11）。

⑥V 字纹　一片口部连肩，口部边缘有凹，厚 3 公厘，肩上刻相同斜纹，中作 V 字形，灰色，粗泥质（同上，黄岐山 12）。

（2）黑陶

残片大都质薄，厚度最薄者 2 公厘，最厚者 8 公厘，含砂成分极多，砂粒大者至 4 公厘（与高井台子黑陶含砂情形相似，往往因沙脱落现出空隙。此种系用天然泥质，即田中黑土，非人工配和者。见吴金鼎：《高井台子三种陶业概论》）。

（A）颜色

（a）纯黑：表里全黑，仅二片，似经风化，线条变银灰，略见光亮。

（b）间黑：此色较多，有黑灰及赭黑，表里均深黑，其他有外黑内灰，内黑外灰者。又有一片半体为黑，半为银灰色，似风化使然。

（B）形制

（a）尖足式脚（是否陶鬲未由断定）。含粗砂，外浅灰，内深黑，高 3 公分，底尖阔 2.5 公分，厚 5 公厘。

（b）口部一片（似是罐形器），高 5 公分，近肩处厚 1 公分，至口处愈薄，仅 1 公厘，含砂，外灰内黑。

（C）花纹——无花纹者多，或经风化过深，难以辨别，其可辨认者，有方格网形纹，或斜方格纹。

（3）红陶：此类多属残片

（A）颜色

（a）砖红色一片，细泥质，无杂砂，有绳纹。

（b）外浅黄内带灰色者三片。

（c）余片为粉红色，含有粗砂粒。

（B）形制——腹片居多，其中口部带肩者四片，口部不带肩者三片。其一宽肩敛口，细泥质轮制，黄色，有网纹。颈高 4.7 公分，近肩厚 1.2 公分，近口处厚 3 公厘。

又一片颈带肩，轮制，网纹，内灰色，含细砂。

又一片颈带肩，赤色，轮制，粗方格纹，含细砂，颈高 4 公厘，厚 1 公分。

又圈足类一件，喇叭口式，细泥质，含砂少许，黄色，轮制颈厚 2 公分，口端厚 1 公分。

（C）花纹——有密网纹、斜方格纹、粗网纹、细方格纹及绳纹多种，无彩绘，与仰韶期之红陶绝不类。

此外有陶片五片含砂粒甚夥。浅灰色，受风化极深，似是砂陶。

虎头岭陶片

（1）灰陶

（A）粗方格纹——灰蓝色者一片，轮制，细泥质，含粗砂，砂粒厚度 4 公厘，近口处 3 公厘，弯唇侈口，口内有轮纹（陶片图版（一）1）。

又一件极大，轮制，粗泥质，口内有阴轮文六道，折唇侈口，颈高 5 公分，内口直径 1.5 公分，似为瓮形器，下有网纹（同上，图 2）。

灰褐色者共五片，亦作菱形。腹片二，肩片三，其中有口带肩一片，粗泥质，含砂，砂粒径 3 公厘，片厚度 1 公分，弯唇侈口，轮制。

（B）细方格纹——有四片，灰蓝色，网形，肩部片，粗泥质，含细砂。肩处厚 1 公分，腹厚 3 公厘。

①条纹

（A）直线纹——较多，皆腹部片。

灰白色九片，其一具凸绳箍，细泥质，含细砂，厚度 2 公厘，坚硬，手制（同上，图 3）。

灰绿色四片，皆腹片，轮制，细泥质，内有薄釉，含砂坚硬。

灰褐色三片，皆腹部片，粗泥质，厚度 5 公厘，内有薄釉，手制。

（B）斜条纹——灰绿色者多腹部片。灰褐色二片，口带肩者一片，肩高 23 公分，内涂青灰色薄釉，细泥质含细砂，轮制，似为罐形器（同上，图 4），灰黄色六片，其一肩带口者，口高 2 公分，粗泥质，含细砂，轮制，属罐形器。

又肩三片，一具凸箍，一具凹箍，粗泥质。含砂（同上，图 5、6）。又一碗形器足部尖高 1 公分，底无纹，粗泥质，手制厚 5 公厘（同上，图 7）。

（C）交叉条纹——共五十件，此类寿县出土者，王湘云："制法似为泥条卷成"。虎头岭所得者，细审之为拍印成纹（同上，图 8）。以颜色分之，得三类。

灰白色，内外带薄釉者，厚仅 1.5 公厘，多腹部片，有二片带绳箍，最薄处 1 公厘，手制，细泥质。

灰绿色，足部一片，高 1 公分，粗泥质，含砂，底有条纹。又一片有横交叉条纹，具手捏凸饰二处，细泥质，厚度 2 公厘（同上，图 9）。

灰褐色，皆腹片，以灰白色为多，灰绿色次之。

（D）交错条纹——似栅形，拍印成纹，仅一片，细泥质。手制，灰色厚 3 公厘（同上，图 10）。

②绳纹

（A）竖绳纹——共七件。灰蓝色四片，细泥质，含细砂，灰白色三片，粗泥质含砂，带凸箍者二片（同上，图 11）。

（B）粗绳纹——共三十三片。灰白色十八片，灰青色八片，灰褐色七片，纹饰较异者一片，风化极深，绳纹纵横，粗泥质，拍印而成（同上，图 12）。又带凸箍如鸡冠形者一片（同上，图 13）。

（C）斜绳纹——共十七片，灰白色者十一片，灰褐色三片，深灰色三片，其中带绳箍者一片（同上，图 14）。又一片带牙齿状（同上，图 15），与李济西阴村遗存图版 4 第 10 具凸饰牙齿状，极相似，最足注意。就中属肩者二片，余皆腹片。细泥质者五片，外皆粗泥质。

（D）细斜绳纹——一片坚度为各片之冠，深蓝色，似加薄釉刷面，内赤，边缘为极细方格纹，似器盖。有浅凸箍，阔 1 公分，粗泥质，厚 4 公厘（同上，图 16）。

（E）细横绳纹——一片，灰蓝色，极薄，腹部片，厚 1.5 公厘，细泥质，手制（同上，图 17）。

③簟纹　有粗细纹二种，粗纹多而细纹少。细簟纹，拍印，仅见一肩部片，有凸纹二道，凸起处宽 5 公厘，手制，灰蓝色，细砂质，含砂厚 3 公厘（同上，图 18）。

就颜色论之，有灰白、灰蓝、灰褐、灰黄、灰青等，灰白色仅一片，最值得注意，呈银白色；表面有薄釉一层，白夹蓝色，火候已过陶类限制。殷墟发见有似此者，或称之曰带釉陶片。细泥质，坚硬，手制，有凸炼一道，乃于印纹之后黏上者，内外磨光，厚度1公分（陶片图版（一）19）。

灰蓝色，共十八件，皆腹片。中有一为肩部片，甚薄，厚度1.5公厘，带磨平凸箍，手制，细泥质，含砂（同上，图20）。又属于底部者一片．有脚高1公分手制。底下有曲绳纹，甚薄，厚度3公厘，手制（同上，图22）。

灰褐色，十一片，多为腹部片。其中一片带凸箍一道，粗砂质。

灰青色二十三片，多为腹部片，其中三片，为肩部片，缀条形凸炼，手黏磨平，有蓝色薄釉，细泥质，手制，含砂，厚度1.8公厘（同上，图21）。

④山字纹　细区分之，可为二种：

（A）无规则者，花纹线条凌乱，多腹片，手制。

灰白色，似加一重白色釉彩，有三十二片，带肩者一片，厚2公厘，粗泥质。灰黄色二片，一具带状凸箍（同上，图23），灰蓝色二片，灰褐色六片，其中带锯齿形炼者二片，可衔接为罐形器，肩部片。厚1公分，粗泥质（同上，图24）。

（B）有规则者，线条较整齐。

灰绿色，二十片，有凸箍者三片，厚4公厘，薄者1.5公厘，细泥质，内外涂浅灰色，手制（同上，图25）。

灰白色，十六片，有一片中间凹饰（同上，图26），细泥质，厚度4公厘，含砂粒，手制，有手模型。青色一片，极薄厚度1.5公厘，细泥质，印纹凹处甚深，约1公厘（同上，图28）。

⑤V字纹仅一片，外灰褐色，内浅灰色，刻划相向斜纹，成V字形，与黄岐山相同（同上，图27）。粗泥质，含细砂，有纵凸起条纹，凹处距离3公厘，有横凸炼，厚者6公厘。

（2）黑陶：大小多属残片，颜色有①外黑内灰，②外黑内绿，③外黑内褐，④外褐内黑，⑤内外皆黑，质甚坚硬，粗泥质，含细砂，薄者2公厘，厚者1公分。

花纹以篦纹鲱骨状纹为最多，次为绳纹，仅一片（同上，图29），多属粗泥质含砂粒，内外磨光，手制，厚者达4公厘。篦纹鲱骨状纹（同上，图30、31）者，奄城金山均习见。又有无纹罐形器腹片一件，另一件具有双条凸饰二道，上下皆印篦纹（同上，图32）。此类或呈深灰褐色，磨光，内外薄釉，中色赤，属粗泥质者九片，皆腹部片（陶片图版（三）33），厚3公厘，其最薄者约1.3公厘，厚者1公分以上为黑色陶，而龙山期之标准黑色有光而薄壳之陶器，则全未见。

（3）红陶：残片大小十三件，颜色有砖红色，紫褐色，惟多黄色，最厚者5公厘，薄者3公厘。雷纹仅一片，粗泥质，厚4公厘，浅红色，腹片（同上，图34），与江西清江大姑山所得陶片雷纹相同。

其他全属粗泥质，含砂极多，腹部片，花纹有横条纹一片（同上，图35）。

斜条纹四片，细方格纹三片，人字纹一片（同上，图36），余皆风化甚深，纹理难以辨认。

（四）与北方系陶器及安徽寿县陶片之比较

有一事须论及者，即凸箍之纹饰。其手捏凸饰无纹理者，虎头岭所得，有呈锯齿形、牙齿形或带形者，则系捏上泥条后，加之雕刻而成。

其他最足注意者有二类：

1. 鸡冠形凸箍，此鸡冠形为龙山期遗物特征，或用为耳把，或凸箍饰。安徽寿县古城子有一陶片，凸箍鸡冠耳（见王湘文图十二之三），与虎头岭发见者（陶片图版（一）13）极相似。

2. 绳形凸箍，此绳形凸饰，为小屯期遗物特征。（王湘曰："用此种绳形凸箍主要目的，似在使其坚固。因为甗的腰部甚细，易于破碎，即有凸箍而仍多从此破碎。这种作绳形箍，很可能是模仿绳子捆着的样子。在早期黑陶文化中的甗，多无此凸箍，似为后来因甗常从此破碎，就用绳子来捆着。因为绳子容易被烧坏，遂成作泥箍。"见《寿县史前遗址报告》。）

黄岐山有一陶片，带凸绳箍、骈列两道（见陶片图版（四）11）。虎头岭陶片凸绳箍，有粗细二种，粗者绳条交织较疏，细者极巧致（陶片图版（一）14）。皆为灰白色陶片，面涂薄釉，与小屯遗物更相近。

就揭阳所发见陶片而论。黄岐山以方格纹为多，虎头岭则多为条纹。此类花纹，与山东、豫东、安徽陶器纹饰多相似，均为龙山文化纹饰之特征。试取山东城子崖，与河南永城县之造律台，及安徽寿县之陶家祠、刘备城诸地陶片花纹比较，其中不无相似之处。

又揭阳所得灰白色陶片特夥，且有带薄釉之白陶，又具有绳纹及绳纹凸箍之罐形器，此二事则均为小屯期陶器之特征。

（五）文化层及年代之推测

杭县与台湾曾经正式发掘，其文化层现已大体明了，兹表列以供参考。

杭县文化层			台湾文化层		
上文化层	中文化层	下文化层	上文化层	中文化层	下文化层
印纹陶片素陶与砖瓦相杂	少数晚期黑陶 精制琢磨石器及玉器	早期红陶粗制石器及粗制琢磨玉器	印纹陶片	混砂无纹陶	红陶（或彩陶）
上层到下层深达二公尺至三公尺			各层都有石器多打磨混合		

韩江流域遗物。未经发掘，详情未由熟悉。以予亲在黄岐山采集所得，石镞距表土约二公尺深，硬度高之陶片，散见地表，其低火含砂质陶片，在战壕拾得者，露头往往在二至三公尺以下。海丰、香港出土之印纹陶片，与韩江流域为同一典型。惟海丰、香港所见较精致，如双螺旋纹、双F纹，黄岐山一带不习见。海丰则甚多。可推知两地文化应有先后。又韩江流域史前遗址，皆在山地，如兴宁水口遗址，当海拔一百六十公尺，普宁铁山后岭遗址，约三百公尺，大棚山遗址，约一百八十六公尺，揭阳黄岐山，约二百七十公尺。大约在海拔一百五十公尺以上，三百公尺以下。而海丰所发见者，则大都在山坡沙丘积沙，高出海面最高不过二十五公尺（如三角尾），最低只七至八公尺（如东坑北）。海丰文化之年代必较晚，可以断定。

揭阳山洞，据志书所载，秦汉时已有居民，乾隆《潮州府志·古迹》云："小有洞天在侣云庵左，僧寂升出之榛莽中，岩石青古，中有一隙，斜通上界，其下可坐数人。石罅处镌'小有天'三字，雨后乃现，晴明不能辨，相传秦汉岩居也。"侣云庵在黄岐山腰，州志以小有天洞在其左，然今黄岐山岩洞，仅有一竺岗岩，规模极小。惟黄岐山附近，全为花岗岩，风化既深，易于剥蚀，故坚硬大石块，见于山坳山沟，其累叠特多者，每成岩洞。今存洞之大者，首推崇光岩。光绪《揭阳志》云："松岗岩（即崇光岩）在黄岐山西，巨石嵯峨覆其顶，锐而有棱，状如狮子。宽广可容数十人。岩之前，有石罅仄径斜下，复有一岩，傍有屋数椽，可以偃息。石上有'小有天'三字。山后最高处，有小石室曰'兰岩'，人迹罕至。"此小有天洞及兰岩遗址，此次尚未查出，仅于洞内获见明嘉靖间薛宗铎（薛侃子，揭阳人）书"崇光岩"三字，及潜龙洞题字，为旧志所未载。松岗岩前一洞门，为后人封闭，所谓"小有天"者，不能辨认其处。又乾隆《潮志·古迹》云："兰岩在黄岐山后，康熙间，一跛足僧，见榛莽中巨石崚峥，遂芟荆棘，得古人所藏铁锪铁锨，因辟胜概作石堂，高二丈余。"观志书所载，岩洞规模，远较今所见者为大。

或因高山剥蚀率较大，致岩洞不能长存。以此推之，秦汉以前，岩洞当更多且深广，可为古人避身所也（参看下图）。秦汉时揭阳有人岩居，则黄岐山史前文化，远推至秦汉以前当有可能。

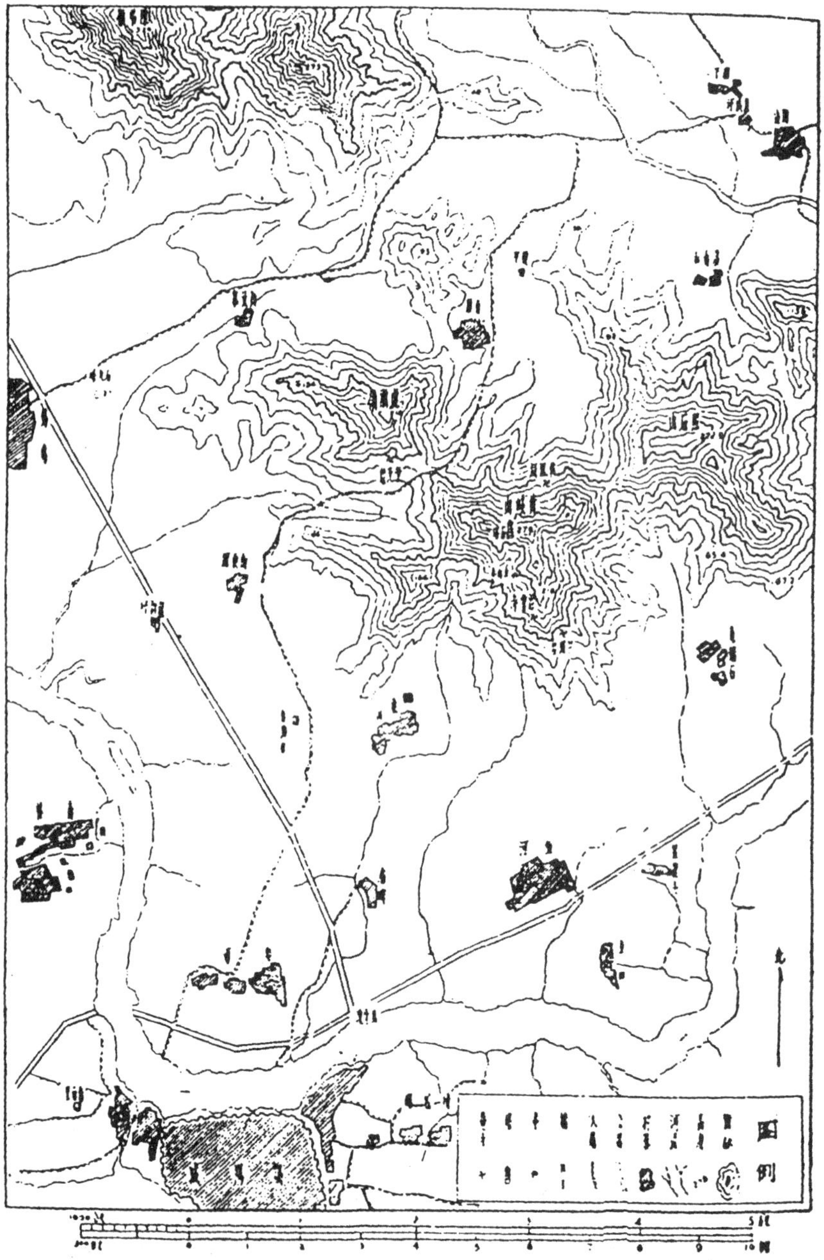

图二　揭阳黄岐山及其附近村落图

五、后记

韩江流域之古住民，据文献上所载，即越系之僚族、俚族。

《旧唐书》一〇九《冯盎传》："仁寿初，潮、成等五州僚叛，盎驰至京，请讨之。"（《新书》一一〇同。）《隋书》八十《谯国夫人传》："时番州总管赵讷贪虐，诸俚、僚多亡叛，夫人……宣谕上意，谕诸俚、僚，所至皆降。"

《通鉴》一九〇云："武德五年，正月己酉，岭南俚帅杨世略以潮、循二州来降。"可知隋末（约公元600年间）潮州地域之土著通称为俚及僚。

《漳州志·陈政元光父子传》云："唐高宗总章二年（公元669），泉潮间蛮僚啸乱，陈政以岭南行军总管来镇绥安。"

《丁氏古谱》云："六朝以来，戍闽者，屯兵于龙溪，阻江为界，西岸尽属蛮僚。"

则唐初漳潮之间，亦僚人所居。考陈政子元光征讨之蛮，据福建志乘所载，其酋曰雷万兴，而手刃元光有曰蓝奉高者，从其姓为蓝与雷证之，即后来所谓畲民。是畲民在唐初亦名为僚，盖僚为原有土著之通称。其后中原士族相率南来，原有土著被迫入居山洞，宋以后概被目为畲。僚为越族，汉晋时曰里曰俚，乃粤东之初民。[①]《淮南子·人间训》称："尉屠睢攻越，越人皆入丛薄中，与禽兽处，莫肯为秦虏。"故隋唐间之蛮僚，当有不少古越民之孑遗。僚与俚为一音之异称，俚亦作黎，今潮属畲民所居地尚保存黎之名，如潮安县北溪尾村畲民聚落，有山黎（音Loi），旧时饶平弦歌都东洋堡有黎坑，大埔清远都同仁社有黎家坪，古时必为俚人居地。今揭阳棉湖西北有山黎潭，普宁鲤湖大南山有乌黎，其乡村犹存黎称。乾隆《潮州志》记："明时林兴祖奉母，遇僚贼，母被掠，后见之畲中。"是明时犹呼畲为僚。

古僚族以产幏布著称。《说文》："幏，枲裙，蛮夷賨布。"《风俗通》："盘瓠之后，输布一疋二丈，是为賨布。"《玉篇》释幏为蛮布。后代黎人，有用五色吉贝织布者（见《南州异物志》《桂海虞衡志》等书）。韩江流域向产蕉布，唐宋以来，用为贡品[②]，顺治《潮州志·物产》云："布帛之属：为葛布，以凤葛为上。为苎布，为麻布，潮揭出者皆佳，为蕉布，为绸绢，出海阳。

① 见谭其骧文，载《禹贡》半月刊。

② 见《元和郡县志》、《新唐书·地理志》、《元丰九域志》。今揭阳特产为夏布，犹存古之遗风。

为蚕绸，出程乡（今梅县）者佳，为竹布。”潮属各地出土陶片，其花纹多麻布纹，浙赣所得亦同。而北方系陶器，则甚少见，此点允为南方系越族文化之主要特征。从上列韩江流域古住民及文化特征论之，可知出土之石器陶器，可能为古代僚族遗物。

按庙属考古工作，近三十年有极大之进展，潮安发见贝丘遗址①，潮阳新石器遗址亦多②，饶平尤为重要，兹不缕述。揭阳、兴宁所出巨大石戈石磅，现存北京历史博物馆。此文为第一篇本地区之新石器考古记录，聊复存之，以供参考。

单行本初版于香港，1950

后收《选堂集林·史林》，香港，中华书局，1982

---

① 《考古》，1961（11）。

② 《考古通讯》，1956（4）。

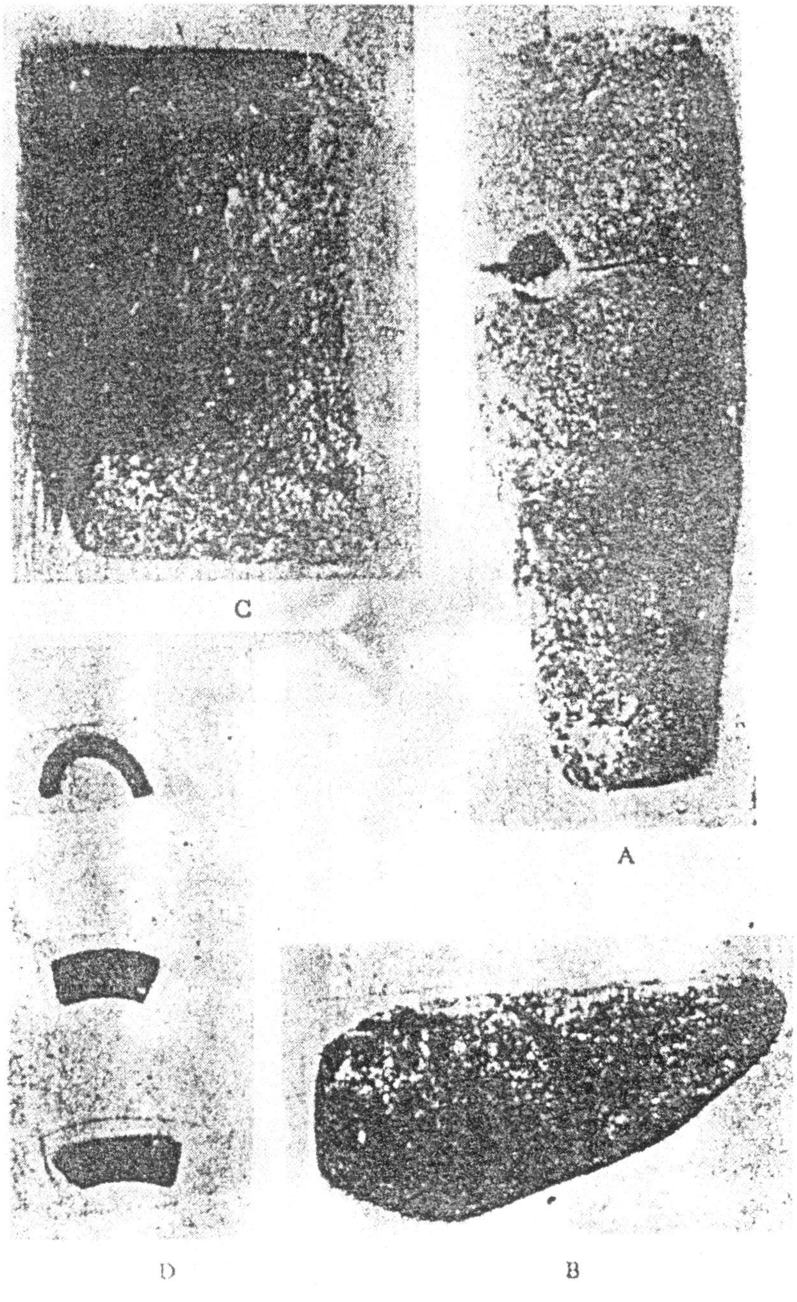

石器图版（一） 揭阳崇光岩（A～D）

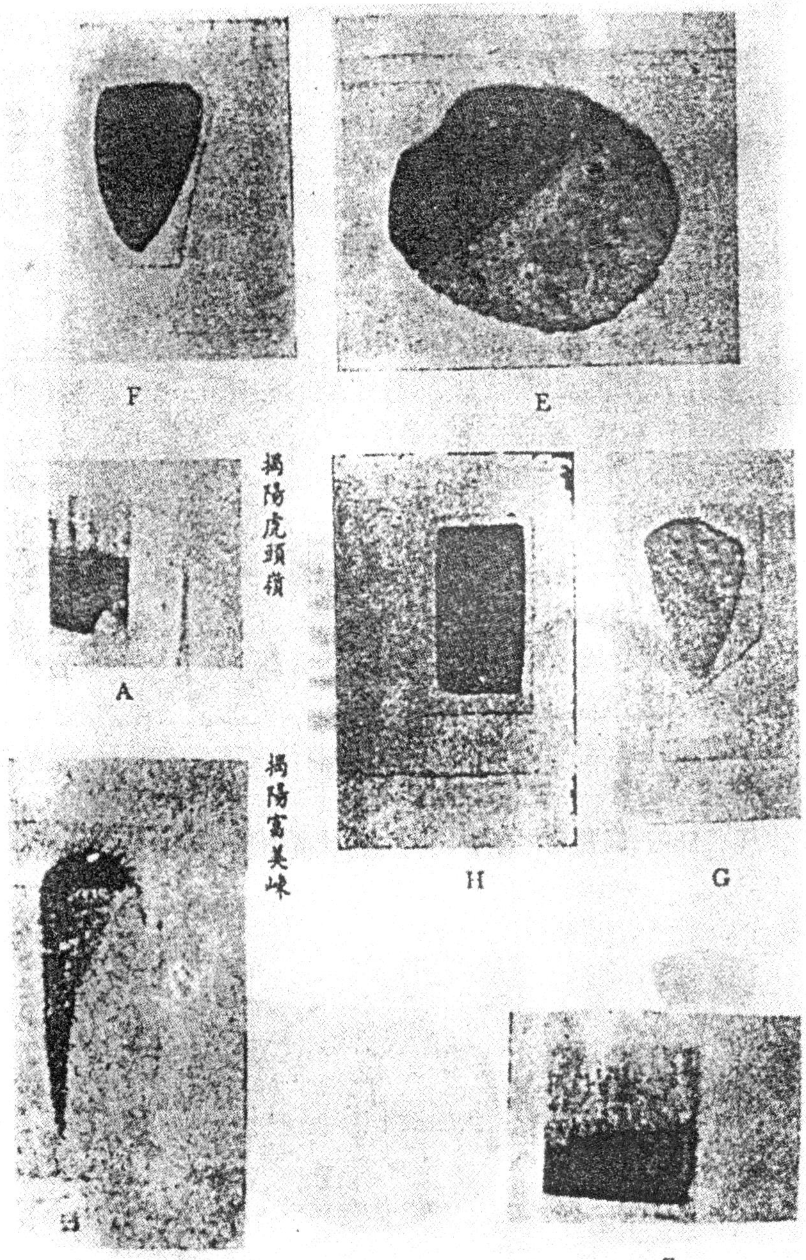

石器图版（一）　揭阳崇光岩（E～H）；虎头岭（A～B）；富美岽

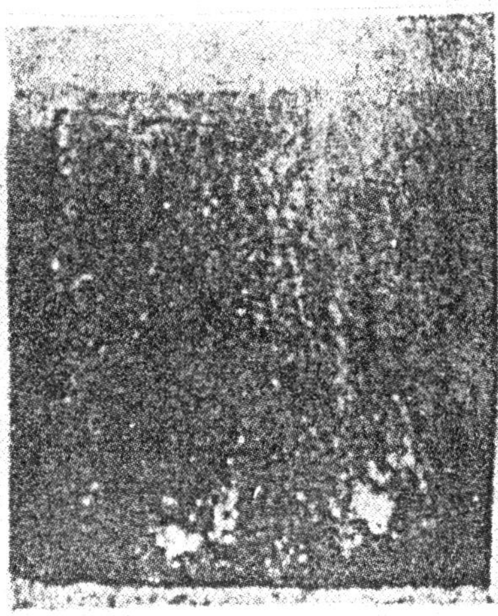

B

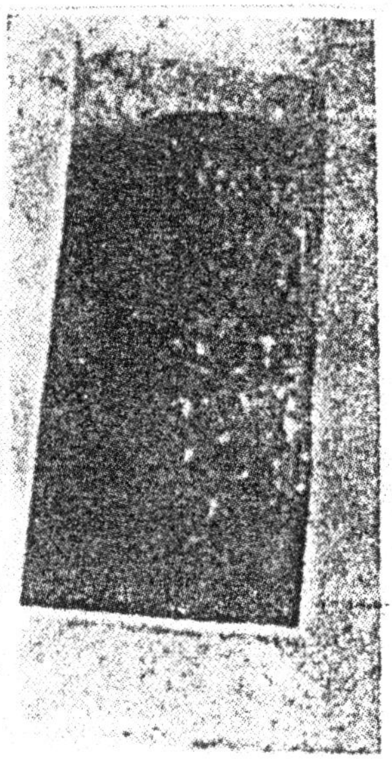

A

D

C

石器图版（二）　揭阳黄岐山（A～D）

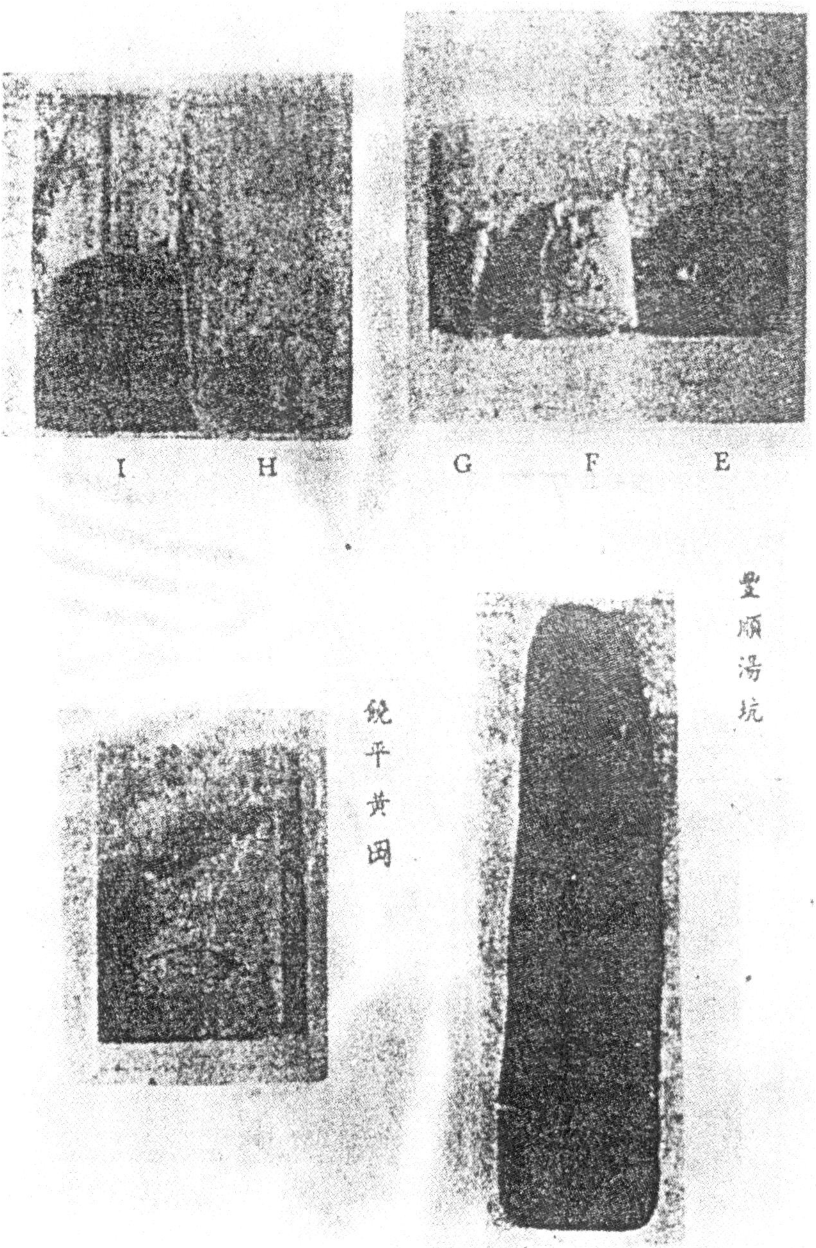

石器图版（二） 揭阳黄岐山（E～I）；丰顺汤坑；饶平黄岗

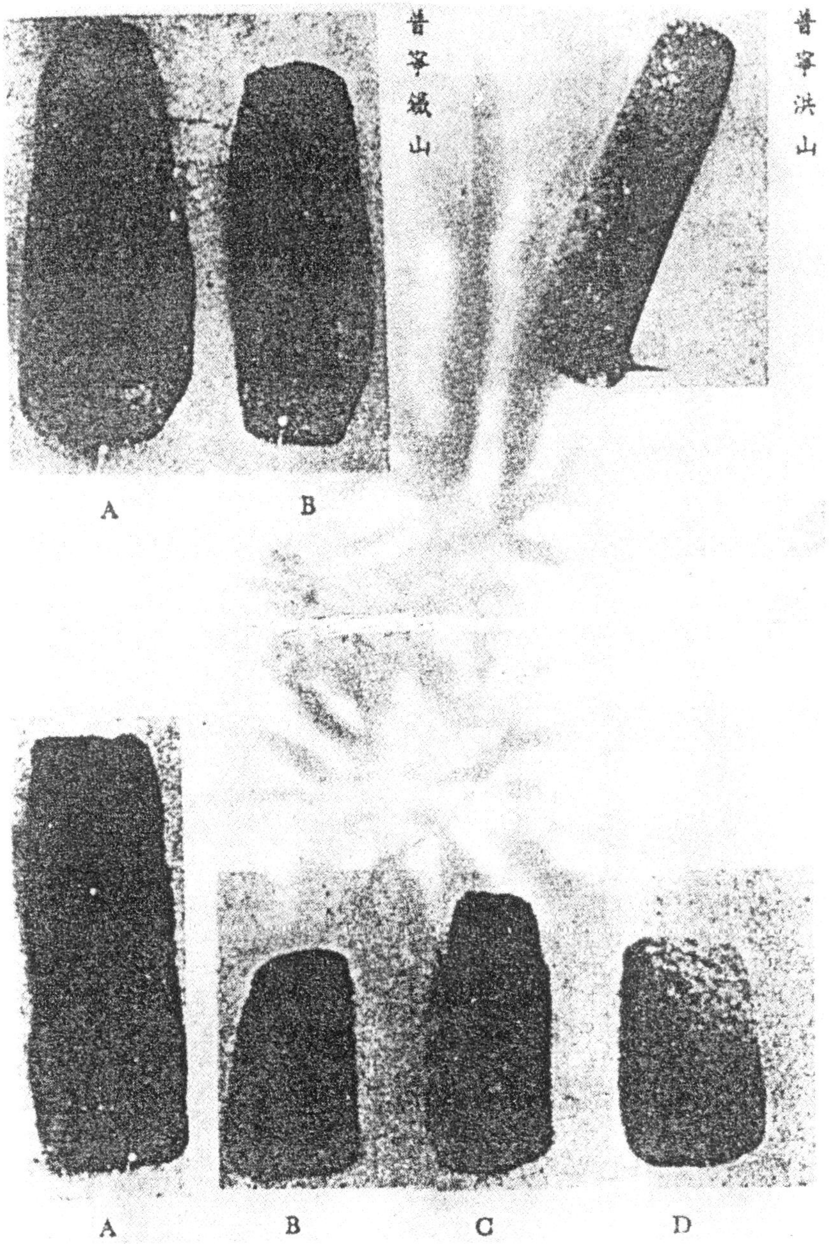

石器图版（三）　普宁洪山；铁山（A～B）；苦肠腹（A～D）

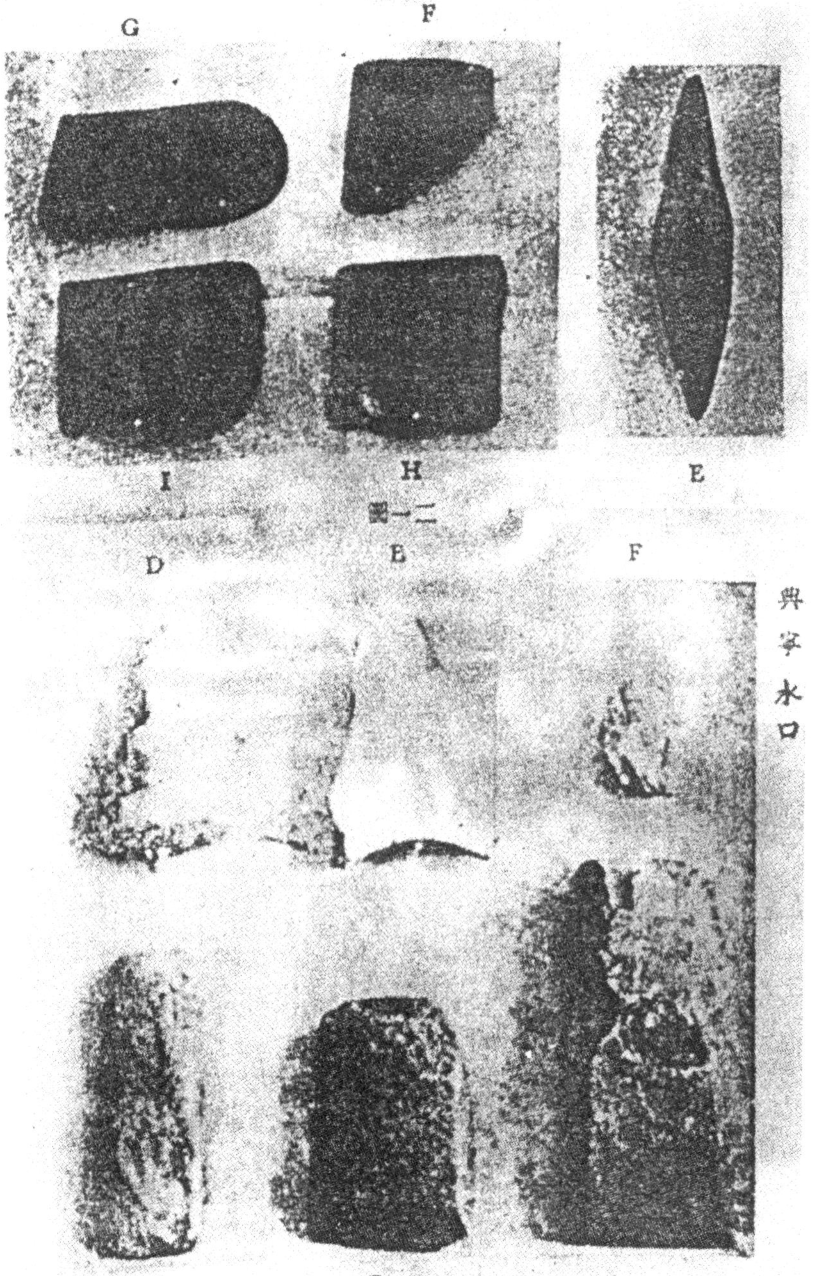

石器图版（三）　普宁苦肠腹（E～I）；兴宁水口（A～F）

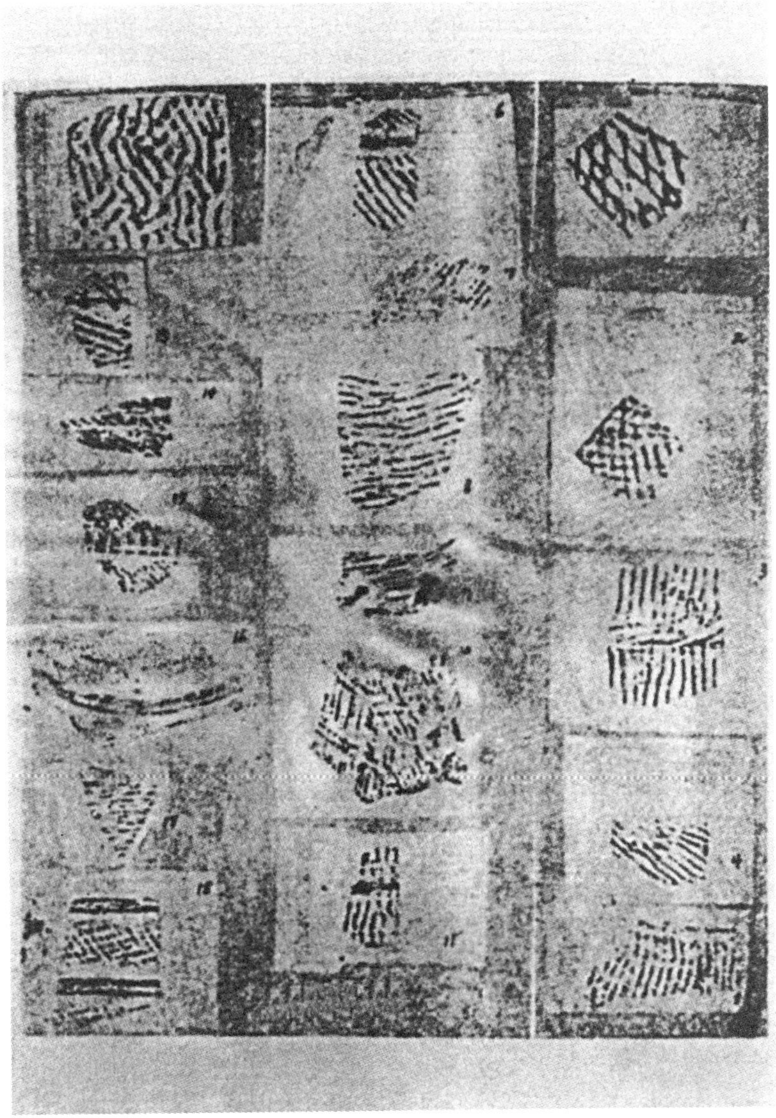

陶片图版（一）

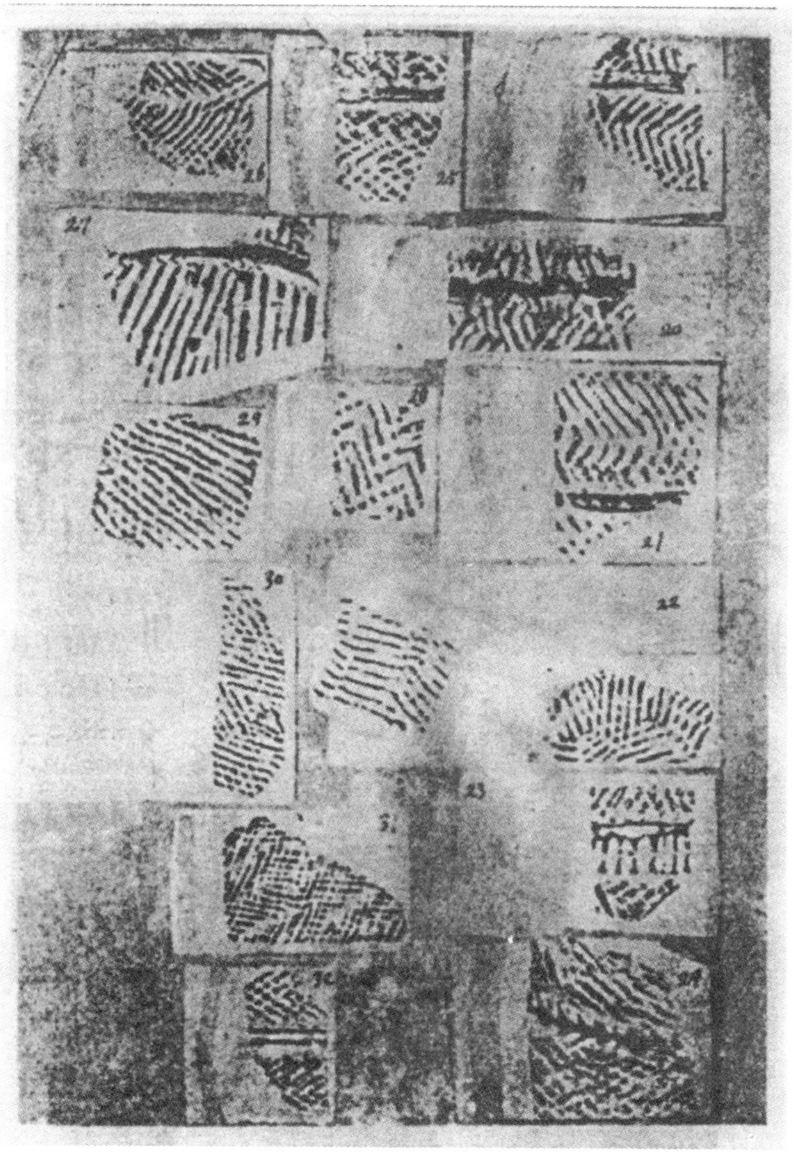

陶片图版（二）

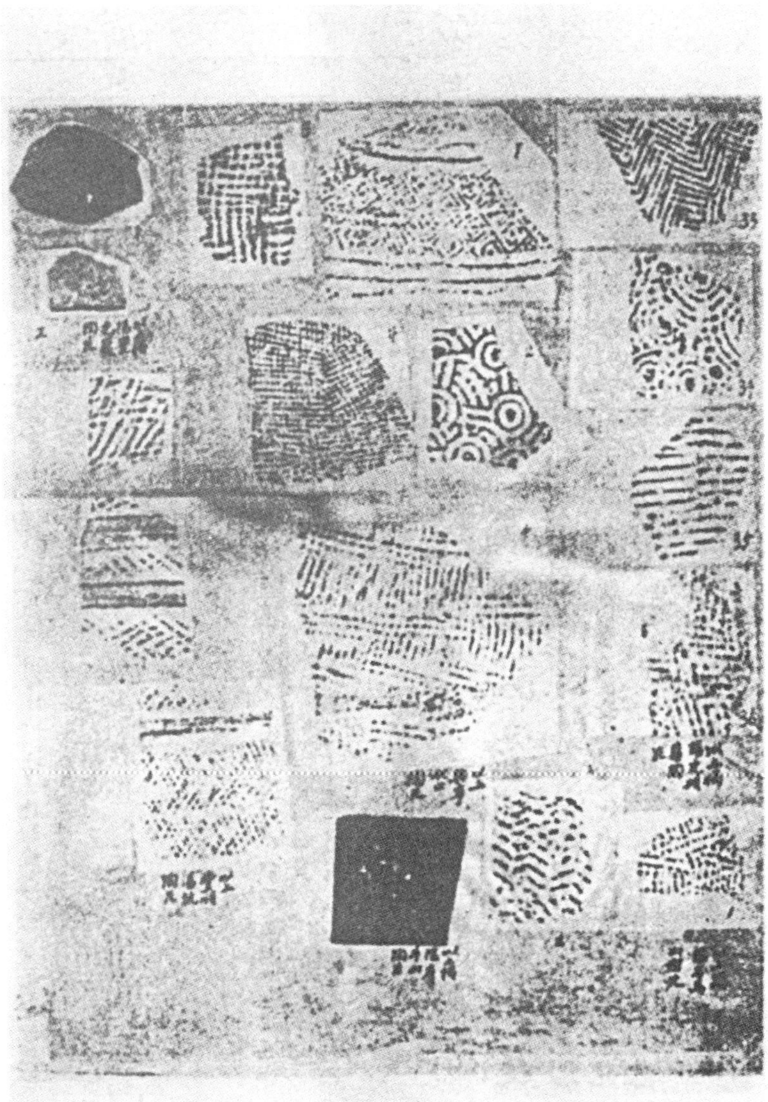

陶片图版（三）

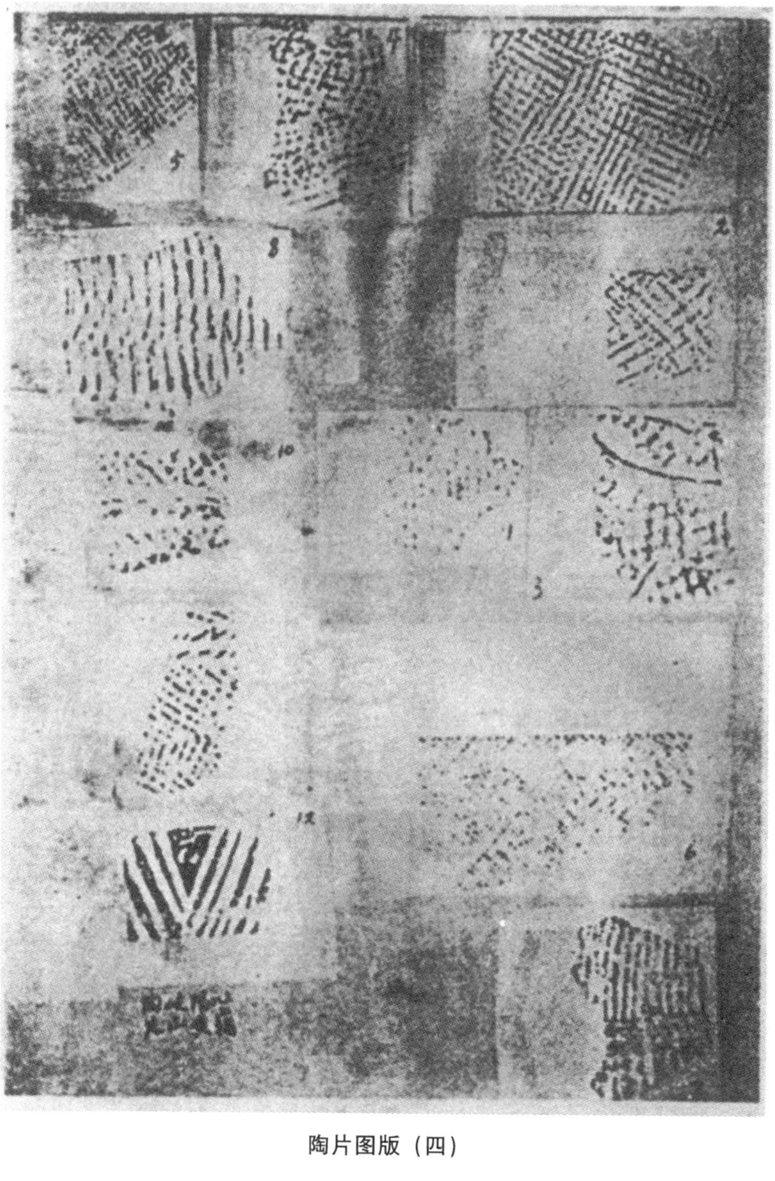

陶片图版（四）

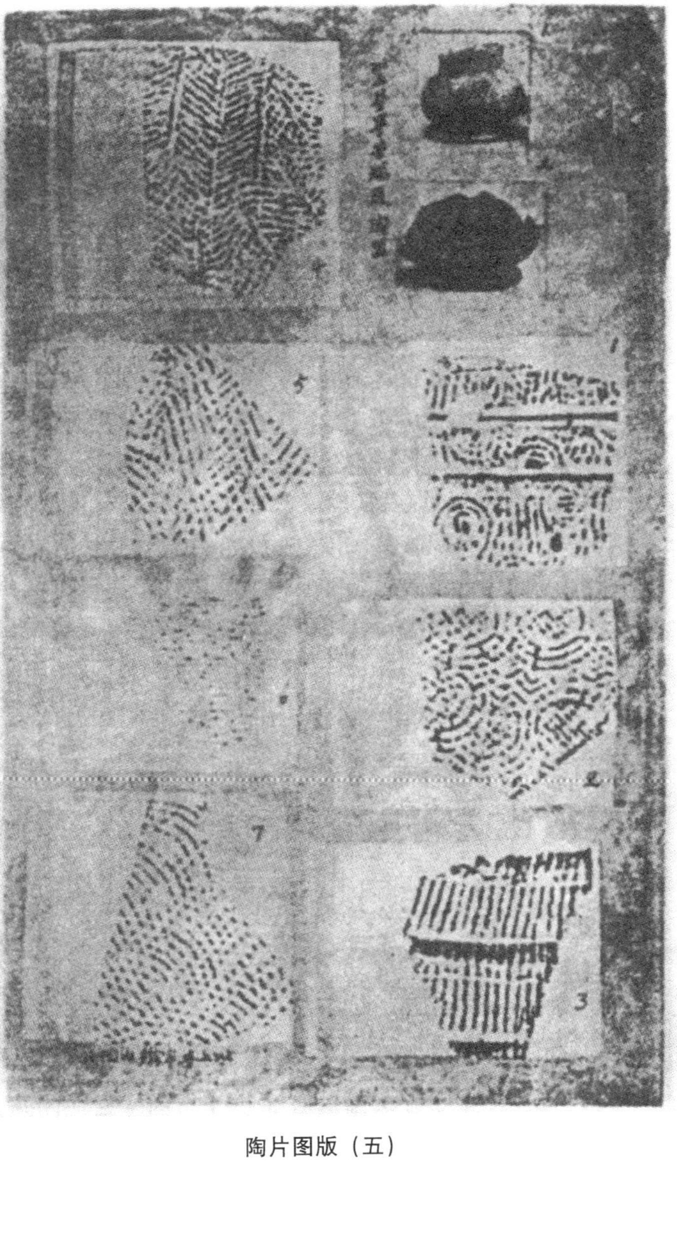

陶片图版（五）

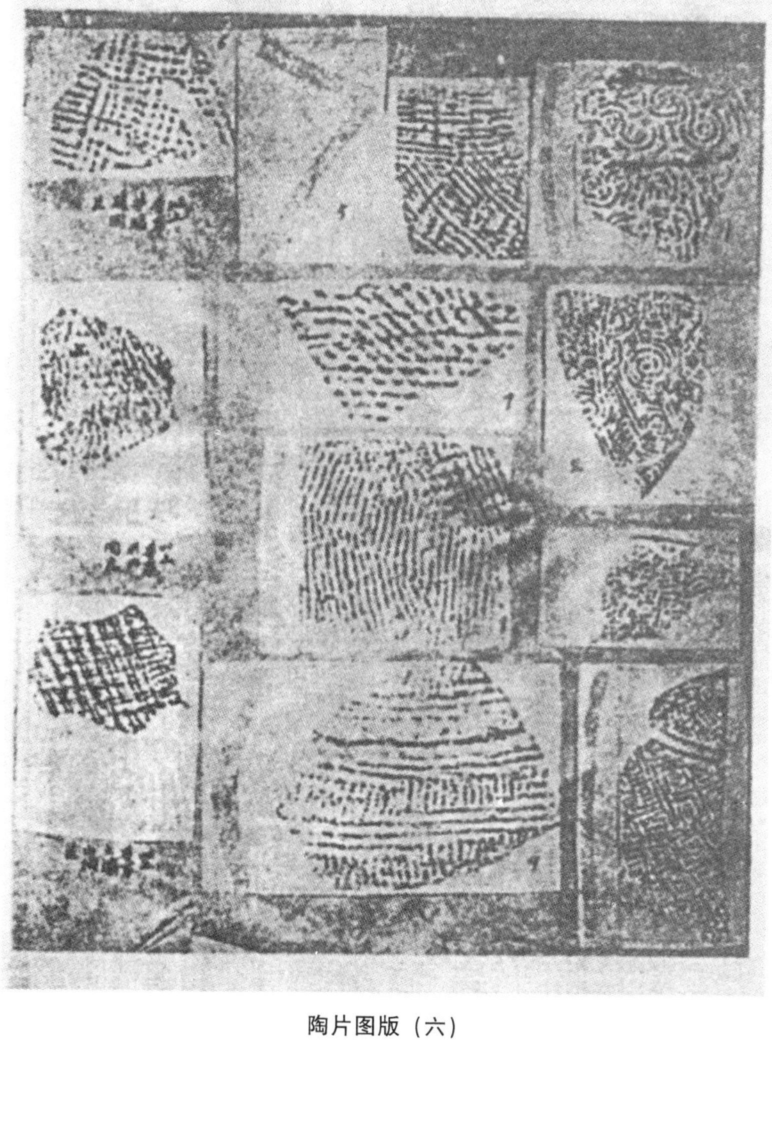

陶片图版（六）

潮州宋瓷小记

谈中国陶瓷史者，每称及“广窑”，大抵指阳江所制而言。阳江窑起于南宋，至明时徙南海县石湾村。旧时所谓“广窑”，无异以阳江为代表，然广东东部与江西、福建接壤之韩江流域，设窑烧瓷，为时极早，惜乎言瓷史者多未之及。

惟程哲《窑器说》云：“广东窑出潮州府，其器与饶器类。”[①] 寥寥数语，无关重要。程氏书盖止论明瓷，于宋代潮窑产品，尚无所知。自1922年于潮安城西南羊鼻冈发现治平、熙宁时制水东瓷佛，上有嫠书“潮州水东”及“匠人周明”姓名字样，潮窑始为人所乐称道。水东佛像四尊，故友罗原觉著《谈瓷别录》特记其形制，以彰其事，文载《岭南学报》[②]。余以州人，且曾撰《韩山志》，韩山即水东窑所在地，故于潮窑原委，向略究心。薄有记录，1955年夏旅东京时，为小山富士夫教授取去，由长谷部乐尔译为日文，载于陶瓷协会出版之《陶说》二四，该文屡见学人征引。近二十余年，考古工作之蓬勃，对潮瓷发掘益多，兹就所能记忆者，参以新知，以明潮窑之历史背景，撰为小记，藉供谈宋瓷者之采览焉。

① 《美术丛书》初集第三辑。

② 第五卷第一期。

一、窑址之发现

韩山去潮州城东一里，一名笔架山，以唐时潮州刺史韩愈曾登览得名。韩山迤东北三四里一带山地，产瓷土极丰，其地露出流纹岩层中，长石成分特富，伴生之石英，又每结集成簇；其岩石经风化后，石英易于析出，由长石变化之纯洁磁土，采掘淘洗，极为方便。故自唐、宋时，已有开采，如黄金塘、康厝山、白岭、猴伯岭，及飞天燕之磁土，皆有名于时，至今犹有人采掘，为烧瓷之用。北宋窑址即在此一带地区。故老相传，自韩山前山仔垒村至山后，宋时有窑九十九，窑长二丈八尺五寸，夙有“百窑村”之目，潮州城厢附近，居民每于其他掘得碗罐之类。西人斐利（Malcolm F. Ferly），曾调查福建、广东古窑址，亲至笔架山采集磁片，所得甚夥，著有《中国古代窑址》（An Ancient Chinese Kiln-Site）一文①，称其平生在中国所见之古代窑址，以笔架山窑址为最大，残片遍布几及一英里而外，河边积土十余尺均与陶片结合。1954 年 3 月，因韩山学校建筑校舍，发现宋代窑址。经勘查结果，据称“由笔架山东南山脚，至西北涸溪塔山脚，约四五公里均属窑址，并在笔架山东约一公里多整窑址地区，发现砖砌窑口一个，宽约 1.50 公尺，砖被火烧，变成红褐色，内部砖满黏褐色釉。又在笔架山拾回各种瓷片。此古窑遗址之正式发现，在目前乃为首次”②。

曩者，余于《韩山志》与《潮州志》二书中，尝考查瓷土之产地及窑址所在之村落。瓷土除笔架山极为佳良之外，大埔高陂一带，距韩江之东岸约十里亦产磁土；其中以山坪、雷公坪之土质最良，故高陂制陶业异常发达。其他产地，尚有丰顺之横居山阳坑墟、饶平之九村，而惠来梅林之陶土，向亦负盛名。潮州窑址之分布甚广，而乡村之名称亦冠以陶窑之文字者亦夥，例如：

潮安县 百窑村（即水东窑）。

南窑村（现在竹蠕，离县城六里，在意溪西南）。其他桑浦山间，昔时亦有瓷窑云。

饶平县 砌窑村（宋代属于海阳县太平乡，后为宣化都大港之瓷窑村）。

---

① 载《亚细亚杂志》，1940。

② 载《文物参考资料》，1954（4）。

澄海县 陶畲村（县北三十里处）。

丰顺县 畲前寨（距县城七十里处）。

惠来县 北溪窑山（县志载称：在县西北六十里，山名员墩，临一小涧，庵美角乡人，搭茅屋水碓，舂泥陶碗，备乡邑器用）。

大埔县 窑子里（南接大麻）。

青碗窑（西连黄坑村，为高陂、同仁两区交通之要地）。

碗窑溪（区署南边约十里）。

窑脊村（溪口附近）。

碗窑村（余粮坑附近）。

近年发现之古窑址，大抵即在上述区域之潮安县境。

二、窑名之考证

水东北宋瓷佛像座，四围有铭文。治平四年（1067）像云："潮州水东中窑甲，弟子刘扶，同妻陈氏十五娘，发心塑释迦牟尼佛，永充供养，为父刘用母李二十娘，阖家男女，乞保平安。治平四年丁未岁九月三十日造，匠人周明。"共六十三字。又熙宁三像文字略同。"水东中窑甲"一名，颇值得研究。"水东"即指韩山一带之地。韩山在潮州城东，宋时人又名东山[1]，以靠韩江东岸，故名"水东"。余曾于韩山麓废关帝庙内，发现清顺治间潮镇总兵郝尚久所立庙碑，题额曰："溪东关帝庙碑记。"清初碑记称"溪东"，与此北宋佛像称"水东"，正相符合。"中窑甲"者，考韩山后临韩江滨一带村落，北宋时有"白瓷窑"之名。潮州城内开元寺有"潮州静乐禅院政和四年（1114）"铜钟，其上款识舍钱人姓名，中有一行云：

> 白瓷窑住弟子刘满、王长、慎德、邝一娘各舍钱五贯文，各祈平安。

政和为徽宗年号，后于治平。其地名曰"白瓷窑"，即因窑址所在而取名。《永乐大典》潮字号引元《三阳志》："郡以东，其他曰白瓷窑，曰水南。"明黄佐《广东通志》记庄典墓在韩山东白瓷窑，郭大鲲墓在郡城笔架山白瓷窑。庄典墓址在今韩山后，近黄金塘。合此三条，可知宋、明时所称之"白

① 见王象之：《舆地纪胜》。

瓷窑”，正当今窑址发见之处，以其擅制白瓷，故以此为名；后人讹白为百，遂有“百窑村”之称。[1] 嘉靖郭春震修《潮州志》谓：“海阳县东厢统五村：曰东津、水南、南窑、仙田、恶溪。”光绪《海阳县志》有地名“南窑村”，谓“即今竹蜡，距城六里之涸溪西南处”。观最近查勘宋代窑址，在笔架山至涸溪塔山麓四五里之地，竹蜡正近涸溪，旧称“南窑村”，以证“中窑甲”之名，则宋时可能就窑区所在，以划分中部及四方各村落，故有“中窑”、“南窑”之称；至“白窑村”则为其总称也。于此可见宋代潮州窑址之广，及瓷业发达之程度矣。

三、潮窑之衰落

潮窑盛于宋，周明所造佛像，技巧之精，即其明征。惟入元以后颇衰弱，制作亦大不如前。最大原因，以予推测：宋时潮窑集中于笔架山，为取磁土便利之故。笔架山地带，当宋时，许氏、刘氏两盛族住居于此，有“山前许、山后刘”之目。许氏之先，自泉州迁潮。有许申者，大中祥符初，举贤良，仕至广东转运使。孙开义，官明州观察使，广南西路兵马都监。曾孙珏，娶太宗曾孙女德安县主，一门鼎盛。山后刘氏居桃坑及东津，至今尚为巨族。刘氏之先，有曰嵩者，自唐末偕清海军节度使至广州；子颖，移居于潮。其后有曰允者，登绍圣四年（1097）进士，历知化州、桂州。允子昉、景。昉官荆湖南路转运副使，直龙图阁。景知台州、南雄二州。昉子四人，景子九人，皆显仕。造佛像之刘扶，其父名刘用，其子名刘育，洂钟之刘满，皆住百窑村，当系其族人。许、刘二氏俱宋时潮州巨室，当元兵来潮，韩山前后，颇遭蹂躏，居民星散。[2] 水东瓷业，或因此而中落欤？

四、潮窑在瓷史上之地位

北宋瓷器有长文者不多，有备记窑名、制造年月、供奉人及塑像匠工姓名者尤少。如此治平、熙宁佛像，实为仅见。[3] 瓷器铭文最长如余姚唐大中四年瓷壶，有铭四十三字。

---

① 近日发见窑址共数十处，余以为百窑村之“百”字，仍是约辞。

② 钞本《韩山许氏族谱》载其事甚详。

③ 瓷器上刻画年月文字及匠者姓名者，晋器有之。见《桯史》“晋盆杅”条，惟不记窑名。

潮窑出品，有北宋英宗治平四年时物，后于江西景德镇瓷仅六十余年（景德1004—1007）。胎质莹白，釉作卵青色，色制介于定窑与景德窑之间，已如是精致，则其设窑可能更早。前潘氏抱残室藏瓷杯，牙白色釉，杯身锥拱花卉，杯内有底款“宣和内府”四字篆字，据谓系潮州出品。[①] 如是，则潮窑在当时亦为进御之物。1954年，潮安北郊发现两窑址，有青黄釉碗及莲花纹圆瓦当，共三十二件，与西安大明宫所出圆瓦当相同，故可定为唐代之物。[②] 又刘景墓经于1958年由广东省博物馆加以发掘，随葬品有影青缠青花白胎青釉瓷碗，为宋潮州窑之典型制作，又圆形盖面作墨书“五谷龙”三字之陶盒，素面无花纹，胎色灰白而不釉，火候极高。[③] 小山富士夫引仁和寺本《唐本草》“白瓷屑……广州良，余皆不如”句，至欲改广州为“潮州”[④]，以潮州之白瓷，在北宋时已有其极高之成就故也。笔架山之瓷片，亦有雕刻莲瓣之碎片，陈万里亲临其地考察，加以仔细分析，认为瓷片种类虽有青釉、黄釉等，但以白釉及影青二者为主，水东窑之产品，大致如此。[⑤] 潮瓷最引起人之兴趣者，为近宋龙泉型之双鱼瓷碟，一般已目为潮安产品。附图乃香港中文大学文物馆藏品，标明出自潮安，屈志仁君近日在中大举办之东南亚贸易瓷研讨会中宣读论文，亦提出龙泉与潮瓷有密切关系之见解。以予所知，此类双鱼青瓷碟，1956年曾在长沙发现[⑥]，与此完全一样。据称在湘南桂阳于1955年曾出土有二十余件，如是湖南此一批龙泉双鱼碟，可能来自潮州。[⑦] 惟查龙泉县金村出土之南宋龙泉青瓷中亦有双鱼洗[⑧]，则此类瓷碟，自应属于南宋。潮安城南洪厝埠出有梅子青双鱼碗碎片，究在何代？其划有皇祐及治平年号之压锤，出土地点乃在城北郊竹竿山古窑址。洪厝埠则在城南，其他原为南山寺，据嘉靖《潮州志》：“南山寺即广法寺，在南厢一里，洪武间建。”[⑨] 则洪厝埠之遗物，恐难及于北宋，潮之双鱼碟，与浙江龙泉，孰先孰后？仍待研究。潮州梅子青间有开片之冰纹，观治平四年九月佛像，冰冻开

① 有图，见《广东文物》第二辑。

② 《考古》，1964（4）。

③ 图见《考古》，1963（9）。

④ 《中国陶瓷》上，36页。

⑤ 《文物参考资料》，1957（3）。

⑥ 图见《文物参考资料》，1956（8）。

⑦ 南宋初，潮州水东人刘昉官潭州安抚使，必带有潮人来湘。

⑧ 见朱伯谦等：《龙泉窑址发掘的主要收获》，载《文物》，1963（1），图十二。

⑨ 陈万里谓南山寺建于宋绍兴，未详所本。

片，微近哥窑，则此种开片技巧，北宋时水东窑工，已惯用之。

唐代青釉凤头壶残片，据冯先铭云：近年于潮州韩山及广州西村窑址，屡有发现，凤头壶为吸收波斯作风之制作，泉州海上贸易，唐宋甚盛，故广东潮州亦有发现。[①] 此类凤头壶如果为本地产品，合北郊发见之莲花纹圆瓦当二事论之，唐代潮州瓷器与外地最少已有相当交往，瓷业发轫甚早，故北宋中期，水东窑制作遂有此种成就，非偶然也。

附　徐让《陶瓷史上古潮州》（节录）

昔日曾为“御赐品”

广东陶瓷工艺，历史悠久。晋代的广东白瓷，就曾经作为帝王的“御赐品”，赏给大臣诸葛恢。晋陶渊明《搜神后记》，也有关于广东白瓷用作驱邪的记述。事虽属于志怪，亦足说明广东白瓷在晋时已很有名。去年（1954）粤东潮州地区所发现的古代陶瓷遗址——百窑村、洪厝埠、凤宪埠、竹竿山四处，对于广东的陶瓷史，提供了许多新的资料……

“龙泉窑”与“三王坝”

潮州南郊春社楼附近的洪厝埠，除了有“青釉带黄”的六朝期瓷片出土之外，还有一系列釉色浓淡不一的器物，从这些器物的胎质、造型、釉色各方面，用类似式方法排列起来，它的发展是由“青釉带黄”而到“杏黄”、“草绿”，最后是“梅子青”。这类“梅子青”器物，是和现代一般人认为“龙泉”、“哥窑”之类的器物同属一种类型的。市上的这类器物，过去没有人知道究竟是何处所烧，只从釉色和器物内底的“双鱼”来判断是“龙泉”、“哥窑”器[②]，而洪厝埠出土的“梅子青”当中，就有一块碎片，碗内底有残存突出的鱼，因为破碎的关系，只有鱼一条，原来该是“双鱼”的，这个发现，很耐人寻味，就是说：在广东方面，市上所称“龙泉”、“哥窑”，其实是潮州的产品。潮州“梅子青”和浙江“龙泉”器，细分起来，釉色和暗花虽然相同，但潮州较“龙泉”稍微闪黄；胎质则“龙泉”带白，潮州带灰；火候的坚实程度是相等的。又潮州“梅子青”间有开片（即冰冻纹），“哥窑”也有开片，“龙泉”则无开片，这也是互有异同的地方。市上的古董商，还有一种

---

① 《文物参考资料》，1958（2）。

② 南宋浙江处州章氏兄弟同造窑，兄造者名“哥窑”，弟造者名“章窑”。

分别，是将这类古瓷中有铁色护胎釉的才叫“龙泉”，没有的则称“三王坝”，现在由洪厝埠古周的发现，说起来“三王坝”也其实是“宋潮州”。

潮州北郊两古窑

潮州市北郊窑上阜的韩江大堤工地上，发现了两个可能是北宋时代的古窑。形制是斜坡式的；在火口里面，是一条斜坡的火栈；后为拱顶的穹窿窑室，内有气窗、烟筒。这种结构和现在广东各地的瓷窑不同，是南方烧柴的古窑特点。离窑上阜一里多的竹竿山，有厚达一公尺的制陶瓷工具的压锤、匣钵、渣饼等堆积物，其中的两个压锤，划有“皇祐二年”（1050）、“治平丁未年”（1067）等字，可以证明竹山陶瓷遗址最低限度是北宋的古窑。如从出土瓷片来看，还可能上至唐代。又竹竿山和潮州西门外八里路的凤宪埠，出土的匣钵划有吴、许、莫、蔡、张、余等陶工姓氏，这种情况，只有在福建宋代建州窑址才发现过，可能为南方古窑的特征。[1]

原载《选堂集林·史林》，香港，中华书局，1982

① 《大公报·新野》，1995。

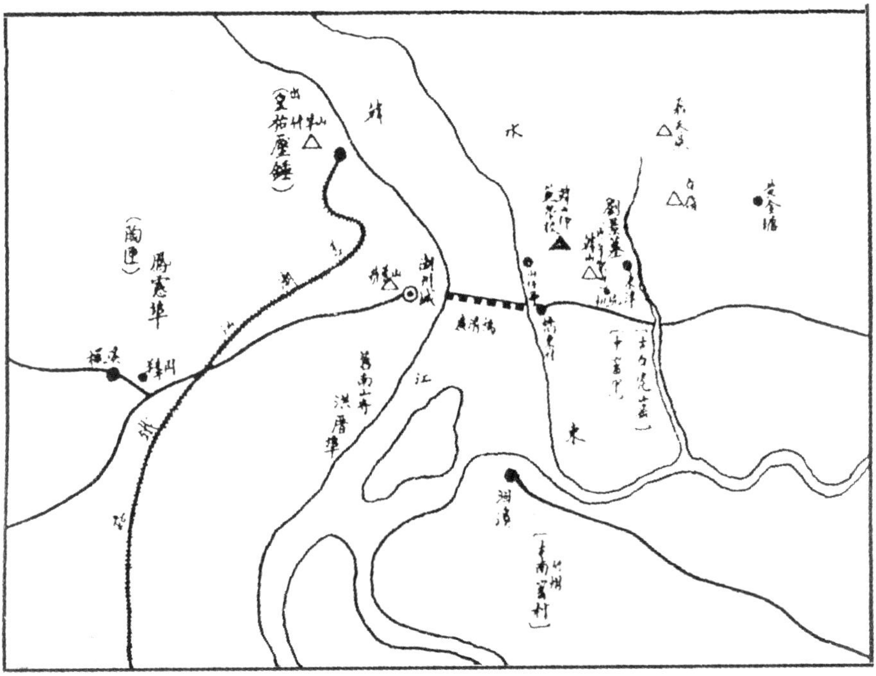

潮州水东窑址图

说明：飞天燕、白领为磁土产地。桥东村宋代许氏居此。桃坑、东津自宋以来刘姓所居。山仔垒附近旧称拐窑村。韩山学校、胡芦山、竹竿山与百窑村并有陶瓷窑址发现。羊鼻冈即治平熙宁佛像（周明造）发现之地。枫溪今为潮州唯一瓷业中心。

治平四年九月像（背面）

治平四年九月像

北宋佛像伴出之莲瓣香炉

熙宁元年五月像

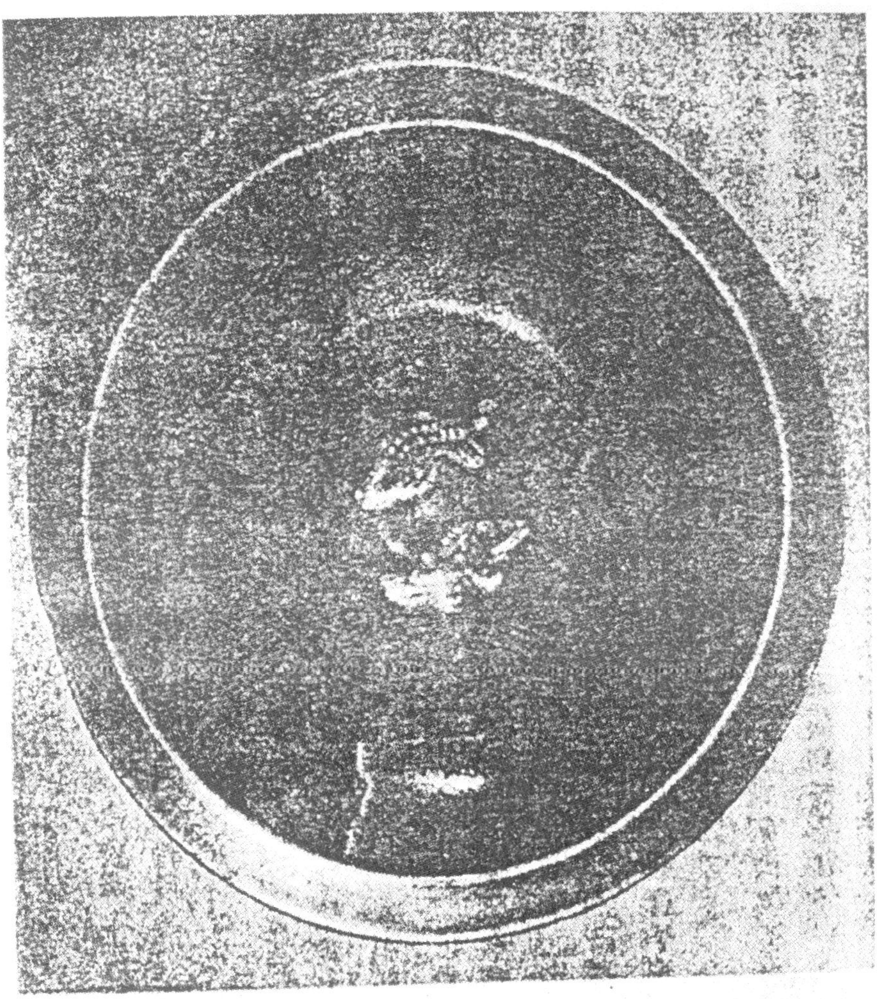

潮安双鱼龙泉瓷碟（中文大学文物馆藏）

宋治平四年瓷佛四面刻书文字

制陶瓷压锤拓本　释文：皇祐二年十一月十四日张世丑

潮州出土文物小识

此次广东省博物馆与香港中文大学文物馆合办南汉至清文物展览，展品中潮汕地区出土文物占有相当分量，循览之余，顿引起乡梓之思。虽诸位专家论著说明，周详精辟，已无遗蕴，然涉及史迹方面，尚有不少可以补充者。爰不揣固陋，略举数事，以供谈助：

一、南汉宫砚

广州东郊石马村南汉墓出乾和十六年砖，有瓷器多件（展品一—五）。王渔洋《池北偶谈》记其“故友陆汉东卿孝廉有小砚，是南汉刘张宫中物，有张宫人离非女子篆铭”。陆卿，饶平人，原名漾波。余家旧藏有其《回风草堂集》与《吴越百吟》合为一册，清初刻本，陆卿与渔洋以诗交往。渔洋深惜是砚，汉东殁后不知流落何许。此次展品有宋砚二（展品四十四、四十五），联想及此，因附记之。

二、王大宝铜镜（展品三十九）

镜在大宝墓出土，有铭文云：“临安府承父陆家真炼铜照子。”大宝于宋高宗建炎二年（1128）廷试第二。时宋室南渡，初建都于钱塘，此镜必在浙所得者，当是临安府镜匠所造。大宝《宋史》有传，又明潮州知府王源亦为其撰传。曩年见《王氏族谱》，载其建炎二年龙飞榜，主司本拟为第一，时车驾驻扬州，偶次名李易为扬州人，遂取易，以之居二，故其诗有云“对策丹墀中上游，天颜抚谕逊龙头”之句。潮州府城大街有坊曰“榜眼”，即为大宝置者，文革时已拆去矣。大宝封开国男，食邑海阳登瀛三百户，乾道六年四月十三日卒，御葬于登瀛神前山，登瀛领有今之龟湖。郭春震嘉靖《潮州志》：“登瀛都，统龟湖、山洋、曲湾三村。”

此次展品又有揭阳渔湖及黄岐山出土之宋代铜镜（展品四十），则必为当地铸造。潮剧《荔镜记》演陈三（泉州陈伯卿）磨镜故事，宋镜形状，可于展品观之。

三、桃坑刘氏与笔架山窑

广东潮州宋墓有纪年者以1958年发掘乾道八年之刘景墓最受人注目，彭如策有文记之。[1] 曾广亿《陶瓷》一长文引《广东通志》卷六十三称：“刘景为广东潮阳县人。”按景乃刘允之子。嘉靖《潮州志》七《人物志》：“刘允字厚中，海阳人。子昉，龙图阁学士；景，举贤良方正。孙纹、渭、滋、渔、少集，皆绳绳继美。”吴颖顺治《潮州志·科名部》：

> 海阳刘允，默子，绍圣四年第三甲。
> 海阳刘昉，允子，宣和六年第三甲……
> 海阳刘少集，昉孙，乾道八年第四甲……

往年曾见钞本《桃坑刘氏族谱》：“刘景，海阳人，赐爵开国男，食邑三百户。刘渔，景次子，荫官食邑三百户”。昉与景俱为刘允之子。《夷坚志》卷十四“开源宫主”条记其事云：“刘允，潮州海阳人。……（临绝前）呼二子昉、景。……潮人陈安国尝叙其事。昉后更名旦，……知潭州，景尝知台州。”又同书庐陵人张敦梦医条，记其侨寓潮州，与提举刘景事。据上诸记载，刘景为刘允之子，当是海阳人。宋初潮州领海阳、潮阳二县。《宋史·地理志》：“宣和三年，新置揭阳县，绍兴二年，省揭阳潮阳并入海阳”。故刘景当为海阳人，作潮阳者非是。据《刘氏族谱》，刘氏族居韩山（笔架山）后之

---

① 见《考古》，1963（9）。

东湖，其地方称桃坑，刘氏蔚为盛族。允子昉、景，昉子四人，景子九人，皆一时显仕。

潮窑所以集中于笔架山，以其附近白岭出产瓷土之故，北宋有治平四年（1067）款佛像铭云："潮州水东中窑甲弟子刘扶……为父刘用……造，匠人周明。"潮州城内开元寺之"静乐禅院"政和四年（1114）钟款云："白瓷窑住弟子刘满……舍钱……祈平安。"白瓷窑为地名，在笔架山，刘扶、刘满疑皆刘允、刘景之族人，笔架山窑所在地，为桃坑刘氏聚族之区，故有刘姓多人制造供养。倘以刘景作潮阳人看待，则显违事实。惜《桃坑刘氏族谱》抄本，经乱久佚不可复问，兹就记忆所及参以旧作《潮州宋瓷小记》补述于此。

四、关于吴六奇与郝尚久

诸展品以大埔湖寮墟出土吴六奇墓诗铭（辅助图片五）最有史料价值。其殉葬遗物已见杨豪简述[①]，墓志铭之额泐刻康熙六年七月十四日谕祭，铭辞出杨旬瑛手笔，旬瑛福建人，进士，任广东巡按御史。[②] 书丹者杨钟岳，澄海人，著有《搴华堂文集》，梁佩兰选阅，并为撰序，康熙壬申刻本。篆额者罗万杰，揭阳人。甲申后祝发入山，著有《瞻六堂集》，余家旧藏为乾隆乙酉馀轩刊本，前沈德潜序，称其人格可与熊鱼山、方密之、金道隐比伦。其次女嫁吴六奇之子启镇，故称为姻弟。六奇有子十一人，皆与当时权贵结为姻亲，如启师即聘海澄公黄梧之女；又有女适潮州镇总兵刘伯录。伯录，辽阳广宁人，顺治十年以都督同知任潮镇总兵。

志多记六奇征讨功绩，如钟凌秀、张文斌等征抚之事，可参吴颖顺治《潮州志·兵事部》"钟凌秀之变"、"张文斌之变"诸条。六奇归附清在己丑之冬即顺治六年（1649），时清兵南下。《清史稿·尚可喜传》云："七年正月，尚可喜克韶州，下英德、清远、从化诸县，明将吴六奇等迎降。二月师陈广州……复招潮州守将郝尚久、惠州守将黄应杰，皆以其城降。"六奇与尚久同时降清。继而尚久杀车任重，九年，结寨金山顶。此墓志云："潮将郝尚久据潮以叛，清藩统帅至讨。"尚久以顺治十年三月，正式叛清奉永历正朔，自称新泰侯。王昶撰《陆振芬传》亦称曰新泰侯。吴颖"郝尚久之变"条所

---

① 《文物》，1982（2）。

② 《广东通志》四十三《职官表三十四》。

记亦同。[①]《清史稿·耿继茂传》："（顺治）十年，潮州总兵郝尚久据城叛，继茂与端南将军喀喀木、总兵吴六奇合军讨之，围城逾月。城将王立功为内应，树云梯以登。尚久入井死，余贼尽歼，潮州及饶平、揭阳、澄海、普宁诸县悉平。"是役六奇与有功焉，故墓志特表之。

六奇早年与查伊璜之事，见《觚賸》、《聊斋志异》、《香祖笔记》，已近小说家言。此墓志记其一家子女及姻亲关系，足为地方志征献之助，故略为考证以供参考。

郝尚久事迹，《明季潮州忠逸传》为立专传，余弱冠于溪东关帝废庙搜得尚久于辛卯（顺治八年）所立之碑记，自署籍贯古汴守潮州等处总兵官，盖与六奇同降清后所建者。此碑省州县志均不载，全文收入拙作《固庵文录》中。

原载《广东出土五代至清代物》，香港，中文大学文物馆，1989

① 乾隆《潮州志》作"新泰伯"，误。

潮州历代移民史

——民族志之一章

中原人民之南移，或以屯戍，或以避乱，或则迁谪而留住，或因勤王而播迁，要不出此数因。潮州古属荒陬，瘴海连天，鳄鱼野象，所在为害。意其地一如今之南洋群岛，人稀地旷，宜于殖民。

自宋迄明，南来者多，日臻繁盛。洎清初严禁通海，筑界迁斥，沿海各地，悉为废墟，民始有内徙者。历史上大量移民，自中原南来可考者，有如下数：

（一）秦 《史记·南越王尉佗传》，秦时已略定杨越置桂林、南海、象郡，以谪徙民与越杂处。《汉书·高纪》，秦徙中县之民，南方三群，使与百粤杂处。考《史记》徐广五十万人守五岭，揭阳岭为当日戍处。《方舆纪要》，揭阳山在县西北百五十里，南北三支，直抵兴宁海丰二县界，亦曰揭阳岭。始皇伐百越，命史禄转饷，留家揭岭，或以为即此山。又有谓揭阳令史定即其后，顾无确证，然此即中原人士最早居潮州者也。

按：秦之开发岭南，三十三年发逋亡赘婿贾人，略取陆梁地，以为南海郡，以遣适戍。其先越叛，使尉屠睢南来，以监禄凿渠通道，时发卒五十万，分五路。一军据镡城（潮南黔阳），一军守九疑（潮南宁远），一军处番禺（广州），一军守南野（江西南康西南赣江南岸），一军守余干（南昌东余干县）。而越人皆入丛薄中，秦师大败，屠睢被杀。后始皇遣赵佗为龙川令，击越，谪徙五十万戍五岭，三郡遂获控制。至三十四年筑南越地。据《尉佗传》，任嚣谓佗欲兴兵绝新道。苏林云，秦所通越道。考南康有揭阳，即五路军所屯南野之塞，史禄所家，是否为南康之揭阳，抑曾至今潮州境，年远代湮，莫由详悉矣。

（二）汉 武帝元鼎五年，余善请以卒八千从楼船击吕嘉，兵至揭阳，以海风波为解[①]，可见其时中原戍卒八千人来揭阳，盖由闽遵海来潮者。[②]

（三）吴 揭阳曾夏率众拒吴，所部数千人。[③]

按：汉末安成长揭阳吴砀，拒吴不敌，突走。大埔《温志》谓曾夏即砀还揭阳所号召以抗吴者。考砀据攸县，在湖南中部，去潮之揭阳尚远。吴时赣有揭阳，夏所籍之揭阳，是否南海之揭阳，尚难遽断，然其部曲数千人，分布区域，疑当远及赣边。查《宋书·州郡》义安户 1 119，口 5 522，使此数为实，宋时潮地仅千户，则夏所领人数，非限于潮之揭阳明矣。

（四）晋 义熙九年以东官五营立全义招县。《南越志》：义招县，昔流人营，此五营之兵，皆当时流人也。

（五）唐 总章二年；陈政统岭南行军总管事，率府兵五千六百名，将士自副将许天正以下一百二十三员[④]，此为福佬之祖。开元二十一年，唐循忠于潮虔福间检避役百姓三千余户，因奏置汀州。此三千余户，为中原人民徙入较迟者，当为客家之祖。

唐末随王潮自中州来者亦夥。中和元年八月，寿州屠者王绪聚众五百，陷光州，固始县佐王潮及弟审邮审知应之。光启元年，绪悉举光寿二州兵五千人渡江，转掠江洪虔州，遂入闽，陷临汀漳浦，有众数万。绪前锋将擒绪，

---

① 见《汉书·闽粤王传》。

② 东汉移民人数无可稽考，然以永和与元始人口比较，南海郡增十五万人左右，平均每县可增二万人，揭阳处荒陬，疑无此数也。

③ 见裴注引《会稽典录》。

④ 《饶平大巷陈氏族谱·陈政传》，《漳州志》同。

奉潮为将军。景福二年五月，陷福州，拾月，为福建观察使。是时光黄寿州之民，多充潮将，随之入闽[1]，其时因避乱而南徙者尤众，大率扶老携少以行。

（六）宋　《宋史·文天祥传》，景炎元年，天祥出江西，收兵入汀州，十月，取宁都于都。刘洙、萧明哲、陈子敬，皆自江西起兵来会。此赣人之入闽也。二年，天祥自兴国兵败，元军破汀关。闽赣义兵，相率随帝室播迁，辗转入粤。当日巨姓南迁者，有吉水徐氏[2]、宁都谢氏[3]、颍川陈氏。[4]

中原人民之南徙，约如上述。清初，郑氏称雄海上，清廷于滨海各县，迁界徙民，如澄海全县毕裁。于是民多内迁。抗战时间，潮汕陷落，有资产者多迁入自由区，或北徙兴梅，远则至贵阳、重庆、昆明，然为数甚少。穷困者流转道路，或尽鬻田产，徒步入闽赣，或至桂林。此近岁移民之大概也。[5]

本州境内移民，则以南山移垦一事最为足述。当民国十七年，共党盘踞南山，二十一年独立第二师大举围剿，暂著其地人民离境。至共党敉平，为善后计，成立南山移垦委员会，将昔日离境之人民移回，举行登记，并发给移垦证。时分惠来、流沙、云落、两英四处登记，自民二十二年七月起，至二十四年四月止，登记人数共 44 728 人。于是南山恢复旧日之繁荣，其后因有管理局之设焉。

至于户口增减，与移民关系甚大，兹略论之。刘宋时户 1 119，口 5 522。是时义安郡领县五：海阳、绥安、海宁、潮阳、义招，包括今闽之漳浦、漳

---

① 《崇正同人系谱》云：沈氏五代时，其族有从王潮入居福建汀州，又吴氏云，散处中州，其后有随王潮入闽，皆其例。

② 《和平徐氏谱》，载元年南下豫章，道隆起兵勤王死之，德隆随宋帝度岭南下，卜居龙川乌龙头。

③ 《崇正同人系谱》云：宋景炎间，江西宁都谢新随文信国勤王，收复梅州，长子天祐家于梅之洪福乡。

④ 《崇正同人系谱》云：陈氏郡望颍川，宋末中原士族纷纷南随帝室播迁，有陈魁者，率其族九十三人，移居福建汀州府之宁化上杭，其曾孙孟郎、二郎、三郎，由闽迁粤之程乡，散布于大埔，兴宁、长乐、龙川等处。

⑤ 据三十三年七月调查，潮民入闽，迁徙平和、诏安、云霄、南靖、永安、上杭，难民数达十万人，以朝安、澄海、揭阳为多。其入赣者，据三十二年五月九日，粤赣当局合组赣省救济粤东移民委员会登记，总数七万余人，其中以揭阳、普宁、丰顺、潮阳为多，大埔、海丰次之。其中分配，为自动集资垦殖者仅万余人，自动谋工商业者二万余人。难民散布于泰和北门华侨垦殖场、永昌南侨公司、沙村、白沙、冠朝、河东郭家祠。其挈家入桂橼者，有结茅住于穿山，为人佣作，仅三数家耳。

州，粤之大埔、梅县，及第五区全境，仅有千一百余户，可见地旷人稀。惟考汉时南海郡，户 19 613，口 94 353，而苍梧户 24 379，口 146 160，交趾户 92 440，口 746 237，九真户 35 743，口 166 013。交趾比南海多四倍弱，南海户数反在苍梧、九真之下，知汉时粤西南部，与安南广西接壤之处，人口最多。证以桂林监居翁谕告瓯雒四十余万口，及东汉苍梧广信人物之盛，可审其故。至粤东南角，即潮州一带人口，实为最稀少也。平帝元始时，南海户 19 613，口 94 353。时南海县六，平均每县可 15 726 人。经王莽之乱，至永和五年，南海户 71 477，口 250 282。较元始时户增 51 864，口增 156 029。时南海分七县（番禺、揭阳、博罗、中宿、龙川、四会、增城），平均每县可二万二千三百余人。潮之揭阳，户口绝不及广府之盛，然较《宋志·州郡》所列之口数仅 5 522，多三倍以上。疑当日多半流民，未经土断，故户不满二千也。

隋户 2 606。此户数不知何时调查，如当大业初，则其时已省绥安入龙溪，海宁不久亦废，并入海阳，州境较刘宋时为缩，而户口增多，将及一倍。唐开元户 9 327，元和户 1 955，《新唐志》载户 4 420，口 26 745。开元户口，较隋增逾四倍。时潮境更缩，旧时绥安、海宁均分割，只余海阳、潮阳、程乡三县十六乡，而户口激增，疑有数因。自隋整理户籍，往时土断未行之弊始革，强豪浮客，均获著籍，此其一；唐武德初，潮属俚帅杨世略来归后，土著始为编氓，此其二；陈元光所带府兵来漳潮者，据《陈氏族谱》载，有五千六百名，时分四行台，其一自南诏抵揭阳，则增加之户数，一半为陈氏戍卒，此其三。惟畲蛮负阻山谷，虽以陈元光亦不克平定，则当时必无编户。《长汀志》载唐昭宗乾宁元年，黄连洞蛮二万围汀州。此洞蛮即长汀东南与大埔程乡交界处之畲民。即此一隅之畲民人数，已与《新唐志》全潮人数相埒，诚堪惊人。此可见唐时闽潮间土著为畲民也。元和时，潮州人数，据《元和郡县志》所载，仅 1 955 户，较开元时减 79%。其故安在？考天宝十四年，全国 891 万户，经安史之乱，至乾元三年，仅 193 万户，五年之间，减少 78%。与潮州户开元元和间之比差相似。以全国论，固由于锋镝死亡，与离居荡析。而潮州当日兵事，只有开元二十六年刺史陈思挺之叛，大历十年哥舒晃与节度使伊慎战于潮阳。时地方未经重大兵燹，不得为户口锐灭原因。窃疑天宝以后，方镇肆暴，岭南与中枢脱节尤甚，私设簿籍，隐漏户口，而大姓荫户，闻吏匿报，大乱之后，图籍散佚，荒远之地，鞭长莫及，莫之谁何。元和户数之锐灭，其故殆由于此。自宋以降，户口增减，已详《户口志》

中，兹不具论。

台海去潮一衣带水。清初郑氏踞台抗清，潮属滨海各县，多举兵勤王。而名公巨卿从渡台者，若辜朝荐随郑经移台，其子文麟，即生于台，长始还潮。故台中潮人，向来为数不多。至今全台操潮州语者，有189 900人，占全人口3%。[①]

至潮人之移殖南洋群岛者，为移民史一大事。据统计，同治八年至十一年，汕头出口共101 261人，光绪三十年至民十二年，实际出口共52 069人，就中以民六年73 000人为最多。盖其时南洋橡椰有价，垦殖利多，商场畅旺，故州人咸趋之也。民二十八年，因抗战时期，人民及儒属避地南徙故，实际出口又越62 233人。三十三年，州境沦陷，交通梗阻，其经揭阳县出口者仅二十人耳。复员后，出口人数虽略有缺乏，外移之数，亦大不如前矣。详《户口》、《侨况》二志。

原载《大光报·方志周刊》第三十七期，汕头，1947

① 据民国三十五年八月二十五日《侨声报》郑启中调查。

福　　老

福老初非潮州土著，大率来自福建，而间接徙自晋豫，与客家同为中原遗族，惟客家播迁于山岳地带，而福老则循海岸线由闽迁粤，《天下郡国利病书》云，漳徭人与虔汀潮循接壤错处（中略）常称城邑人为河老，谓自河南迁来，谓之由陈元光将卒始也。按就其来自河南而言，则曰河老，就其处于福建而言，则名为福老，今漳潮尚自称曰河老，而他省及客家则称之为福老也。

叶钧云：内地流人侨家者，闽人谓为犵佬人，粤人谓之客人。按犵佬为溪峒。五溪蛮自湘入粤，与福老来自闽者，迁徙异地，其说实非，或疑福老即獦獠音转，黄山谷《青草湖诗》云："蕉林追獦獠。"《坛经》也有"獦獠"二字，盖唐宋人，对湘粤人的贱称，尤与福老无与，又福老之佬，或以为即狫字，含有鄙视之义。晋时北人同视南人，每呼为獠，徐松石《元史·萧乃台传》，有刘大僚、邓大僚，以大僚即大佬，佬本字作老，从人者，当属后起，粤人称人均为老，盖古俚语，如外江老、上海老、广东老，至如老师简称曰老，头目曰头老且具尊重之义，老与兄父公，今均为称人推长之美词，特有雅俗之分。至若俗称荒伧曰大老，读阳上声，亦犹通语之乡巴老，谓其老于乡里耳。獠为族名，不得谓即佬也。至老字读LO，则以闽音读豪为歌，已见宋人笔记，即东坡诗亦歌豪合用矣。潮州古属闽，十道志，寰宇记，俱言潮古闽越地，《舆地广记》亦云：潮州春秋七闽地，战国为越人所居，汉初无诸为闽越王[①]，潮地东部亦属焉。晋义安郡，领县有绥安、海宁，即闽之漳浦龙溪地。《方舆纪要》：义安郡以绥安为郡治，梁时亦治绥安。[②] 则今之漳浦，六朝为全潮之道府，唐时潮州两度属闽[③]，则闽南之民，其初亦潮人也。

中原故族，入闽始于晋之南渡，唐林谞《闽中记》：永嘉之辞，中原仕族，林、黄、陈、郑、罗先入闽[④]，《姓纂·二十一侵·林姓下》：晋安林放后，晋永嘉渡江，居泉州。《福建通志》：永嘉末，中原丧乱，士大夫多避难入闽，今福州曰晋安，泉州曰晋江，均以晋时徙得名。

《崇正同人系谱》：林氏秦汉以降，聚族于河南光州，在永宁三年，林世荫守晋安，因家于是，为入闽之始。《西河林氏族谱·林文迪序》：晋元帝东渡，以禄为招远将军，合浦太守，还即晋安之温陵，因居焉。

潮州自秦时，史禄留家揭岭，汉余善以八千兵至揭阳，中原人士，入处于潮，秦汉已有之，然以永嘉之乱，南来者为多，晋时徙入潮州，有潮阳范氏[⑤]，此潮州氏族可考之最古者。

唐时中原氏姓迁入者，有潮阳洪氏，来自莆田。[⑥] 大颠之先世，则来自颍川。其成群而南下者，厥为陈政、元光父子率领戍卒。考其自带兵，前后二批，首批府兵五千六百名，镇于绥安故地，次批军校五十八姓，为政兄敏、敷所领，屯梁山外云霄镇，时立四行台，其一自南诏下游直抵揭阳。

《饶平大巷陈氏谱·陈政传》云："泉潮间，蛮獠啸乱，政统岭南行军总管事，与府兵五千六百名，将士自副将许天正以下一百二十三员，并赐医士李如刚偕行，出镇于绥安故地，旋退九龙岭下，顾其地势险固，可耕可守，奏请援兵。朝命二兄敏、敷领军校五十八姓南下。咸亨元年，奉母同行，至浙之江山，不幸二兄俱故，诸侄沦亡，公迎其母，葬其二兄暨诸侄于蒲城，由是尽得其父之兵，合姓五十八进屯梁山外之云霄镇，建宅于山之火田村，营城置堠。"又《陈元光传》云："立行台于四境，一在泉之仙游乡松洲堡，上游直抵苦竹镇（苦竹镇，今龙岩县治），一在漳之安仁乡南诏堡（安仁南

---

① 越王勾践，七世初自立为闽越王，秦以其地为闽中郡，至汉高帝五年，复立为闽越王。

② 汪士铎：《南北史补志》。

③ 开元二十一年至二十二年，天宝元年至十年，称福建经略使。

④ 《书录解题》引，又漳浦《林志》同。

⑤ 《潮阳志》云：范思禹十世祖昌谷，仕晋郎官，始开榛莽于潮阳者。

⑥ 洪良缵《岐北续修谱序》：洪氏祖，在福建兴化府莆田镇前涵头上，祖瑀，唐中宗时，知潮州府，遗一男适，适遗一男圭，字大丁，赐进士工部郎中，授潮州府知府，因见潮邑山水之胜，创立龟山，后迁嘉定岐北，为洪氏之始祖可证。

诏，今诏安县地），下游直抵揭阳，一在常乐里佛潭桥，直抵沙澳里大母山（常乐佛潭沙澳大母山，今漳浦县地）；一在新安之大峰山河入清宁芦溪太平堡，上游直抵太平镇（新安大峰清宁芦溪太平，今平和县地）。

此当日所领兵数及屯戍情状，至其援军五十八姓诸将，据《陈谱》载，宋理宗追赠受荫人名如下①：

陈克耕（元光父），李如刚（医士，妇彦氏），许天正（前锋将宣威车，妇姚氏），马仁（殿前都检点，妇韩氏），李伯瑶（定远将军，妇丘氏），欧哲（宁远将军，妇尤氏），张伯杞（丁荫封，妇徐氏），沈世德（军谋祭酒，妇吴氏，漳浦志作黄世纪），郑时中（府兵长史，妇阴氏），杜孔著（行军司马，妇令孤氏），魏有仁（行营赞善，妇孙氏），朱秉英（粮储主薄，妇卢氏），卢如金（妇翟氏），刘举（妇司马氏），涂本顺（妇瞿氏），欧真（妇朱氏），沈天学（妇李氏），张公达（妇詹氏，漳浦志作光达），廖公远（妇曹氏），汤知（妇杨氏），郑平仲（妇上官氏），涂光彦（妇曾氏），吴桂（漳浦志作贵，妇雍氏），林章（妇陈氏），李牛（妇方氏），周广德，戴仁，柳彦深等，以上十六人，皆府兵校尉。陆明（妇麦氏），苏道，欧阳传惠，司马仲章，杨永，詹英，曾仲规，萧闰，胡宝，赵瑞，蔡或，张耒，叶清，颜伯矩，柯敦颐，潘节，钱仲先，魏仁溥，郑业，余良，朱参，罗幼僯，姚洁，余充，郑惠，汤公简，韩器，吴弼，王华，陈叔章，王一中，张本仪，林走非，陈马，詹次孙，梁文，何德，方子重，赵伯恭，庄肃鸾，唐宗礼，陈实，邹牛容，丘安道，冯俊水，江延兴，石子尊，韩求，李彪，郭鱼，曹敦厚，李仙客，高盛，钟汝兴，徐睦，翟怨，汪子固，韩翘，洪有道，章鳌，宋用，李宏，杨珍，王祐甫等，以上六十四人，皆任府兵队正。

章敦复（妇金氏），汪乃君（妇王氏）等，三百零八人，皆任府兵火长。②

今潮之望族，若许氏、李氏、卢氏，皆当日随从之胤③，冠平以后，占籍

① 康熙《漳浦林志·丛谈》引，陈元光家谱亦载，从元光来闽，有婿卢但道、戴君胄及医士李始，前锋将许天正，分营将马仁等五人，军谋祭酒黄世纪等五人，府兵校尉卢如金等十六人，又从唐侯来者五十八姓及许天正以下一百二十三员，与饶平《陈谱》同。

② 漳浦《林志》引《西潮蔡氏谱》，从陈政入闽者，又有蔡长眉，为漳蔡氏之祖。

③ 许陶随元光平寇，封昭应侯，见韩江许谱，李伯瑶助平蓝雷，封辅胜侯，见《李氏谱》卢震助李诱蓝雷。

漳潮，福老之民，即以此为主干。元光本河东人[①]，其部曲亦然[②]，如许天正，亦太原人[③]，河东人民大量徙潮，盖始于此。考闽、潮语与山西方言多组合，如潮音特殊声母之b、g二音，出于山西之mb、ng。mb、ng二特殊音，仅见于山西之归化、太谷、文水、兴县、平阳等地，瑞典高本汉，以为闽语b、g，与北方之mb、ng，当有历史关系，不知闽潮语之b、g，即因陈元光戍卒徙来，此尤足证陈氏所挈河老之为河东，而非河南也。唐代河东来潮者尚不止此。如释维俨，本绛县人，来潮阳事惠照禅师于西山，而东津刘氏亦于唐末自河东来潮云。[④] 唐末王潮入漳，从来者，多中州人民，后辗转入潮。[⑤] 其为王室之胤者，如潮安汤头王氏，即其一例。[⑥] 其他自固始迁来者，唐初有东津薛氏[⑦]，宋有柳冈陈氏云。[⑧]

自宋以来闽人多迁潮，而仕宦占籍者尤众，以莆田最多，蔚为望族，兹略举之。

南安林氏 林从周，其先西河人，自南安（即泉州）徙潮州（当来自五代），为海阳著姓（见余靖《林从周墓谒》）。

晋江陈氏 陈坦，福建晋江人，元符中，知海阳，占籍为秋溪陈氏始祖（见府县志，不注出处者下同）。

莆田黄氏 黄詹，莆田人，建炎进士，潮州通判，后知军州事，家潮阳。

莆田郑氏 郑徽，莆田人，南渡偕子诚来潮，卜居隆井都。

福州林氏 林绍坚，福州人，绍兴进士，入籍潮阳，再迁澄海蓬州富沙。其弟廷璧，潮州通判，占籍揭阳渔湖都。《崇正同人系谱》云：至正间，有林

---

① 《元和姓纂》：鹰扬将军陈元光河东人。朱翌《威惠庙记》，亦云元光河东人；《漳州志·陈政传》，谓其渡云霄，指江水曰："此水如上党之清。"漳州名始此。又《大巷陈氏谱》，政父字克耕，隋末义安郡丞，太宗时曾率精兵五万取霍邑临汾，均为元光及其先世为河东之证。

② 《天下郡国利病书》，谓元光将卒，悉河南人；温廷敬撰《许申传注》，此河南当作河东，唐宋光州属淮南不属河南，元始改隶河南。果元光为光州人，当称淮老，不当称河老。

③ 《许氏谱》：天正望出汝南。温撰《许传注》云：《姓纂》汝南自许劭、许慎后，无闻，惟太原一支自云许劭后。天正为元光偏裨，元光将卒已皆河南东人，则天正亦当为太原人，故望出汝南，其说是也。

④ 《刘氏谱》云：世居河东，唐末刘嵩子颖，始居于潮。

⑤ 《崇正同人系谱》：吴氏世居渤海，散处中州，其后随王入闽，入于潮嘉等处，吴六奇即其胤。

⑥ 《宋史·王大宝传》：其先由温陵徙潮州。《汤头王氏谱》：其先世自闽王审知其玄孙坦，始由泉州徙漳浦，移饶平黄岗，复迁海阳登瀛，又四传而至大宝。

⑦ 盛端明《薛亹墓志》：远祖光州固始人，垂拱间，有参寇事于闽漳者，遂家于漳，后始迁东津。

⑧ 《潮阳志》：陈汤征河南固始人，淳祐潮阳令，家于潮阳之直浦乡。

积福者，世农莆田，其第三子名梁懋，官潮州主簿，遂家焉，是为林氏入潮之始。

莆田方氏 方骥之，莆田人，淳熙潮阳尉，侨居惠来，为惠来方氏始祖。

莆田陈氏 陈憺，莆田人，嘉定知潮，家于潮阳濠浦。

龙溪萧氏 萧洵，龙溪人，端平间潮阳令，卜筑南侨，为潮阳萧氏始祖。

莆田魏氏 魏廷弼，莆田人，嘉熙知潮。占籍潮阳。

兴化蔡氏 蔡规莆，兴化人，淳祐间知潮，澄海丙门蔡氏始祖（见《济阳族谱》）。

莆田丘氏 丘世乔，祖成满莆田人，咸淳中，潮州安置，家海阳（见《丘氏族谱》）。

晋江洪氏 洪璞，洪适孙。绍兴中，授闽泉州晋江尉，遂家焉。裔孙贵生，自晋江迁丰顺阳田布心，为洪秀全先世迁粤始祖（见《洪氏宗谱》）。

宁化张氏 张衍，淳正时中宪大夫，自宁化迁上杭，其七世孙淑芳，端宗朝移居潮州竹竿山下，寻入兴宁，大埔张氏亦出此派（见《崇正同人系谱》）。

上杭郑氏 孝宗时，郑清上杭梅溪巡检，遂家焉。其后分籍惠、潮、嘉各属（同上）。

宁化刘氏 黄巢之乱，刘祥奔走宁化县，传十余世，至宋中叶，有开七者服官，移家潮州，寻迁居程乡（同上）。

庐陵彭氏 彭延年，江西庐陵人，元丰知潮州，延年第四子钱从潮阳，隐揭阳浦口占籍。

龙游袁氏 袁琛，浙江龙游人，元丰谪潮，因家焉，墓在今潮阳灵步百井坪，潮、揭、澄三邑袁氏始祖。

常州丁氏 丁允元，常州人，淳熙知潮，占籍海阳，为仙田丁氏始祖。

道州周氏 周敦颐裔孙梅叟，湖南道州人，淳祐知潮，占籍潮阳。

为数无多，亦皆同化于福老。宋末闽人随宋帝来潮，实繁有徒，如镇平邱氏、揭阳谢氏、海阳程乡江氏，即其例。

邱氏 《客家研究导论》引刘士骥《梅州邱创兆堂记》云：梅州邱氏始迁祖文兴，文信国参军。先世由中州迁闽，信国勤王师起，与谢翱同仗气入幕，信国北行，与翱同归闽，道梅州北，今镇平县文福都，因卜居焉。

谢氏 《灵光集·谢翱轶事》：揭阳梅都翔龙厦乡永思堂谢氏有始祖翱公木主。《谱》载祥兴元年，翱公来潮之室母氏妈，生子怀壶，已八月。冬十一月，潮阳溃，公与妻子避居伺士村。元末子孙居移翔龙，怀壶公生子二，长东山公为桃山祖，次西河公为翔龙祖。潮阳隆井都九曲水，有翺墓。

江氏 《崇正同人系谱》：江万里，江西都昌人，弟万载、万顷，俱官要职，宋亡，其子孙避兵，迁闽家汀州，其后有迁广东澄海、海阳、程乡。

或谓福老有新旧之分，其来自莆田者为旧族，来自漳东者为新族，亦不能辨，约而论之，福老族之构成，不出如下四者：

(1) 隋唐以前，福建区域之旧潮人。

(2) 陈元光所领之戍卒。

(3) 隋唐末王潮南来之中州仕族，及宋末从宋室南迁之赣闽士民。

(4) 谪宦之占籍。

元明以后，闽人迁来尤众，且多沿海岸西迁，惠属海丰惠阳，广属东莞南路之雷州以至海口，均有福老民族足迹云。[①]

原载《大光报·方志周刊》第四十四期，汕头，1948

① 民国《儋县志》：天后宫清初为福潮会馆，可见闽人迁海南远在明以前。嘉庆《雷州志》：海康英风社，有潮阳村，郑姓世居，必以潮人迁徙得名。

古海阳考

《周书·王会》言八方所献，“海阳大蟹”。潮州府县《志》皆以为潮州海阳县贡献之始。明郭子章《潮州革考》言海阳县名最古，援《周书》此语为证。吴颖修《府志》依郭书为说。其后林杭学、胡恂、周硕勋诸《府志》，暨张士琏《海阳县志》、《古今图书集成·职方典》[①] 皆仍之。

今录张《县志》以示例，其言曰：“周成王十四年，东越海阳贡蚌蛤。《汲冢周书》云：‘成王定四方贡献，东越蚌蛤，瓯人蝉蛇大蛋，海阳大蟹。’注云：‘东粤瓯人皆交州属。’盖自汤定南越献令之后，大蟹始著于海阳，亦献令之一端也。”[②] 按《周书》原文“东越海蛤”，不作“蚌蛤”。孔氏《传》：“东越则海际；蛤，文蛤。”又《志》引注：“东粤瓯人皆交州属。”《周书》云：“瓯人蝉蛇。蝉蛇顺，食之美。”[③] 孔《传》：“东粤，瓯人也。交州蛇为上珍。”（瓯一作欧。）下句一作“北交州，蛇特多，为上珍也”。何秋涛曰：“北当作比，比，近也。”是张《志》引文亦误。秋涛又曰：“《王会》此篇，瓯人次于东越干越之间，则其非珠崖交阯之瓯，灼然可见。《注》又云：‘交州蛇为上珍’者，引以证食蛇之事耳，非谓此瓯人即交州之瓯也。”言甚明核。而张《志》以为交州属，尤谬解《注》而妄著论。《周书》，海阳次于瓯越之后，会稽之前，是海阳地必近会稽。而《志》被之潮州，又潮地秦前隶东越，非

---

① 《集成》盖据林《府志》。

② 《张志》八《事业·杂记》。

③ 依俞樾读，见《群经平议》七。

臆说而何？下文言南越，又似以南越赅东越，益纠结而不清矣。

惟潮州，北有梅岭之障，与中州未易交通。谓僻在恶溪之海阳县（今潮安），周成王时而有“盈车大蟹”之贡，殊难置信。潮州海阳县，晋始置，厥名起于后世，尤不得指为《周书》之所云。然则《周书》之海阳，当别有其地矣。

孔晁《注》曰：“海水之阳，一蟹盈车。”不云地名。王应麟《补注》曰：“《史记》：苏秦曰，楚东有海阳。”苏氏语本见《楚策》。《策》云：“楚地西有黔中巫郡，东有夏州海阳，南有洞庭苍梧，北有汾陉之塞。”海阳，鲍《注》云：“海之南耳，非辽西部也。”与孔《注》同以为泛称之名。然苏氏举其名，与巫郡、苍梧对称，则为专有地名无疑也。刘伯庄言：“楚并吴越地，东至海，海阳盖楚之东南境。”亦未能确指其所在。吴师道引卢藏用曰：“在广陵东，今扬州海陵县矣。”程恩泽不主卢说，而以为潮之海阳，云：“《地理通释》，楚威王六年，败越，尽取吴故地，至浙江。《左传》，楚奄征南海。则自春秋以来，楚已跨及蛮越矣。若仅以今扬州府泰州当之，似不足以尽其疆域。”[①] 予观苏秦所言楚四境之地，皆举其著。东之夏州即汉阳，若以为潮之海阳，则去汉阳殊远。虽楚疆域甚博，然较黔中之与巫郡，洞庭之与苍梧，甚不相称。《左传》：“楚庄伐陈乡取一人以归，谓之夏州。”是也。海阳又在夏州东，若云其地如汉之揭阳县，跨有豫章南境，则当云“东南”，于“楚东”二字，犹未尽合。

然则其地果何在耶？间曾博考众说，惟何秋涛最为评核。其言曰：“海阳后为楚地。……当在今江苏扬州府常熟县北，萧刘尝于此置海阳县，属南徐州晋陵郡。所以知其然者，……《吴越春秋》云：‘越王追奔，攻吴兵入于江阳、松陵，欲入胥门，望吴南城，见伍子胥头云云，子胥乃与种、蠡梦曰：越如欲入，更从东门，我为汝开道贯城以通汝路。于是越军明日更从江出，入海阳。于三道之翟水，乃穿东南隅以达。越军遂围吴。’《吴越春秋》汉人所作，其时近古，于古地名当不舛错。所云海阳在吴之东，正常熟之海阳也，与楚东之形势正合。凡苏秦所言列国地名，皆举其最显著者。《王会篇》之海阳，即此无疑矣。若晋徐州广陵郡有海阳县，当在今江苏扬州府境。刘宋广州义安郡有海阳县，即今广东潮州府海阳县治。此二海阳，虽在楚东南，然未见于周秦之书，盖名起于后世，非其地矣。又汉辽西郡有海阳县故城，在今直隶永平府滦州西北。其地在东北陬，非楚之东南境。或以为此篇之海阳，

① 《国策地名考》七。

果尔，则不应列于瓯、越之间矣，其说非是。”[①]《王会篇》、《国策》之海阳，何氏所考，得之矣。

《史记·高祖功臣年表》、《汉书·高惠高后文功臣表》又有海阳斋信侯摇毋馀。《注》云：“以越队将从（高帝）破秦，入汉（《潮中杂纪》‘汉’作‘关’），定三秦，以都尉击项羽。侯千七百户（《史记》作‘百’）。六年三月庚子封，九月薨（《史记》无九月语）。”此海阳旧无注释，后魏郦道元始以为在辽西，其《濡水注》云：新河故渎，自右北平昌城来。东出，合封大水，谓之交流。又东出海阳县，合缓虚水。又合素河水。又至九過口，皆为二，一南注海，一东径海阳县故城南。高帝封摇毋馀为侯国。《魏土地记》曰：“令支城南六十里有海阳城者也。”《汉书·地理志》辽西郡有海阳县，故郦氏依以为说。其后《清一统志》十四《永平府》二、钱大昭《汉书辨疑》六、钱大昕《廿二史考异》、周寿昌《汉书注校补》八、沈钦韩《汉书疏证》三等皆从之。

唐司马贞为《史记索隐》，又别为说曰：“毋馀，东越之族也。海阳亦南越县，《地理志》阙。”[②] 按：此文言毋馀为东越族，下文忽言南越县，又用“亦”字，于文理不顺，疑或有误（“南”字似当作“东”）。然后人因《索隐》有“亦南越县”语，遂以为毋馀必封潮州之海阳。罗泌《路史·国名纪二》云：“海阳见《王会解》，汉之揭，亡馀所封。见今潮之海阳县，潮旧谓南越地，二越之间尔。”是直以为汉之揭阳矣。郭子章撰《潮中杂纪》，言：“海阳之名，始于摇毋馀，盖秦以来有此县矣。”[③] 于是潮州府县《志》皆以毋馀为“封爵之始”。[④] 书之于《职官》[⑤]，祀之于名宦。[⑥] 而摇毋馀者，俨乎潮州官员之元祖矣。

考潮州沿革者，亦因《索隐》而言海阳为南越县，秦时已置焉。阮《通志》曰：“考封摇毋馀，在高祖六年。毋馀乃东越之族，以都尉击秦。都尉亦是秦官，疑即秦时海阳之都尉，当时即以所治封之也。”[⑦] 又光绪《嘉应州志》二曰：“或曰，海阳，汉初属南越，高帝何得封侯？不知此乃虚封，如象郡、

---

① 《王会篇笺释》上。

② 《史记索隐》六。

③ 见《古今图书集成·潮州府部汇考》引。

④ 吴、林、胡三《府志》，雍正、光绪《海阳县志》并同。

⑤ 阮元道光《广东通志》及诸《潮州府志》、《海阳县志》皆有之。

⑥ 顺治《潮州府志》十二《古今文章》郭子章《请从祀名宦议》云“海阳侯摇毋馀，从汉高帝灭秦、破项，为东越功臣之最”云云。故旧《志》载潮州名宦祠，祀有海阳侯摇毋馀。

⑦ 亦见光绪《海阳县志》一《沿革》，光绪《嘉应州志》三十二《丛谈》。

桂林、南海，高帝时尚属南越，遥虚以封吴芮耳。然则武帝开南海郡六县，何以无海阳？此殆开县时并诸揭阳也。海阳之名已久，所以晋人复因而置县耳。”又三十二《丛谈》曰：“《元和郡县志》：‘晋置义安郡海阳。’意者当废于后汉，在晋复立耳。”又光绪《海阳县志》曰：“海阳侯封于汉，《索隐》又明言‘海阳南越县，《地理志》阙’，不得谓西汉时无海阳也。故阮《通志》又引《太平寰宇记》云，‘潮阳本汉晋海阳也’，乐史之言必有所据。是亦未尝专据《地理志》断西汉为无海阳也。”于是世以秦汉间南海郡有海阳矣。

以海阳在辽西或南海，二说均未的。谓封于辽西，则地太远，虽云“越境而封，亦间有之事”①，然毋馀子孙世居余杭，自与辽西无关。且《索隐》言“《地理志》阙”，则此海阳非属辽西郡甚明。若谓为潮州之海阳，则“晋始置为县。且其时地属赵佗，高祖安所取而封之？”② 谓为虚封，然《汉书》明云千七百户，非封而何？至其据《寰宇记》“潮阳”条，“潮阳本汉、晋海阳县地”一语，执以为汉南有海阳之证。然检《寰宇记》百五十八“海阳”条，但云：“县本汉揭阳县地，晋立郡于此。”③ 又“潮州”条云：“亦古闽、越地，秦属南海郡，秦末属尉陀，汉初属南越，后属南海郡，东汉因之。”④ 绝不言汉有海阳县。岂有言海阳事，略于本条而反详于他条乎？所谓“潮阳为汉、晋海阳县地”，“汉”字必为衍文⑤，乃执为证，诬矣。《南越志》：“海阳县南十二里即大海。”⑥ 又《郡县志》：“南滨大海，故曰海阳。”此海阳县之形势及其得名之由也。海阳处海陬，极瘴毒之恶，宋时尚为毒蛇窟宅。《宋史·五行志》，乾道十年“潮州野象数百食稼”。况远在秦、汉，其害当益难究诘。岂有以开业之功臣，而封于蛮貊之地哉？《舆地广记》：“海阳县，汉揭阳县地，属南海郡。东越王余善请以卒八千击南越，兵至揭阳，以海风波为解，即此地也。后置海阳县，为义安郡治。”盖古地志无以秦、汉南海有海阳县者，而《索隐》“南越”一语，非有所本，实未足信。遽依为说，亦见其乖离而已。

前两说，梁玉绳亦并以为非，而别依《国策》吴注引卢藏用，谓在扬州海陵。然《国策》之海阳究非汉县，周寿昌驳之是也。

---

① 周寿昌语。

② 梁玉绳语，见《史记志疑》十一。

③ 《元和郡县志》三十五亦同，又《御览》百七十二引《十道志》同，乐史盖袭此。

④ 此语亦见《十道志》。

⑤ 又使汉时有海阳。其地亦必不如今日之狭小。

⑥ 《寰宇记》一五八引，又《舆地纪胜》一百《广南东路》引。

愚意毋馀所封，当在今江浙间，如何秋涛所说江苏常熟之地。《越绝书》二：“摇城者，吴王子居焉，后越摇王居之。稻田三百顷，在邑东南。肥绕水绝，去县五十里。”又云：“通江南陵，摇越所凿以伐上舍君，去县十五里。”是摇地本在吴。郑名世《古今姓氏书辨证》十“摇氏”条云：“勾践之后，东越王摇子孙，以王父字为氏。《汉功臣表》：海阳侯摇无馀，本越将，以都尉击项籍。千七百户，谥齐侯（按脱一信字）。子哀侯昭襄生康侯建，建生襄侯省（《史》、《汉》‘襄’并作‘哀’，此误），六世孙不更未央生贤，爵关内侯。世居余杭。”《姓觿》三“摇”注引《姓考》云：“勾践之裔，抟越王摇后，因氏。《千家姓》云：会稽族，《汉书》有海阳侯摇毋馀。”此摇氏非封于辽西及南海，而在江浙之明证也。徐广曰：“摇，东越之族也。”毋馀盖越摇王后，故封于楚东海阳，子孙世居余杭。楚东之海阳，不见于汉地志，故《索隐》云“阙”，亦相应也。

由是言之，古楚东海阳，实处今常熟东南滨海之地。自《周书》、《史记》、《吴越春秋》，其地望皆指此。后世以为在辽西或南海者，殆因同名牵涉而误矣。

原载《禹贡》（半月刊），第七卷，六—七期合刊，北平，1937
复收入《潮州丛著初编（广州市立中山图书馆丛书之三），1938

附一　与郭伟川函

伟川如晤：

摇毋馀封侯一事，《汉书·高惠高后文功臣表》云：

> 海阳齐信侯摇毋馀，以越队将从破秦，入汉，定三秦，以都尉击项籍，侯，千七百户。三月庚子封，九月薨。（位次）三十七

考高祖功臣百四十七人，中以越将受封者，毋馀之外，又有下列四人：

> 阳都散侯丁复，以越将从起薛，至霸上，……破项籍叶，为将军，忠臣，侯，七千八百户。（位次）十七
>
> 齐合侯傅胡害，以越户将从破秦……以都尉击项籍，侯，六百户，

功比台侯。（位次）三十六

终陵齐侯华毋害，以越将从起留，……击臧荼，侯，七百四十户，从攻马邑及（英）布。（位次）四十六

煮枣端侯革朱，以越连敖从起薛，别以越将入汉击诸侯，侯，九百户。（位次）七十五

诸人位次，以丁复第十一为最高。其从汉时之官职，有将、队将、户将、连敖之别。连敖者如淳云："楚官，《左传》楚有连尹、莫敖，其后合为一官号。"摇毋馀盖以队将从破秦。越人喜以毋为名，华毋害与摇毋馀正同一例。由是观之，此诸越将，当为勾践余裔。

司马贞《索隐》："（海阳）亦南越县，《地理志》阙，毋馀，东越之族。"以此毋馀为东越之族。《汉书·惠帝纪》："三年夏五月立闽越君摇为东海王。""秋七月南越王赵佗称臣奉贡。"应劭曰："摇，越王勾践之苗裔也，师百越之兵助高祖，故封。东海，在吴郡东南滨海。"师古曰："即今泉州是其地。"据此，惠帝初年赵佗已称南越王矣。广东之海阳当为揭阳县地。《景武昭宣元成功臣表》云：

安道侯揭阳定，以南越揭阳令闻汉兵至，自定降，侯，六百户。

是表明言"南越揭阳令"，是揭阳为越境可知。东越之摇毋馀，无由封于南越，故知海阳不得为南越县。《水经·濡水注》别称摇毋馀所封在辽西，王先谦《补注》云：

小司马谓（毋馀）越人，宜封越地，未必然也；果在何地，则不敢臆决耳。

亦不以《水经注》说为然，余曩年以为在楚东之海阳，名见《楚策》，或较近理，故钱穆《史记地名考》即采取余说。

《汉书·地理志》辽西郡领县十四，二曰海阳，郦注引《魏土地记》："令支城南六十里有海阳城者也。"故郦氏以毋馀封于此，西汉时惟辽西有海阳县。诸越将所封邑，丁复封阳都，在瑯邪，傅毋害封贳，在钜鹿；革朱为煮枣，在冤句（山东）；华毋害封终陵，未详所在，皆去越地遥远，则毋馀封之

辽阳，亦非无可能也。

此颂

时祺

选堂　白　1994 年 9 月 14 日

原载《华学》创刊号，广州，中山大学出版社，1995

附二　《南阳集》序

伟川兄集其近年所著论文若干篇，题曰“南阳集”者见示，折衷群言，辨析精当。余特赏其论潮属文化应溯源于秦，不宜轻承旧志从汉元鼎讲起之说。考赵佗为龙川令，事在始皇之时，三十三年，秦兵方南屯五岭，揭阳令史定于元鼎六年降汉，则赵佗时已有揭阳县，当时承自秦制。

观五经富出土铜刀有二柄上镌有“秦”字，足证秦戍卒之南下，已及揭境。秦人置县之制，友人史念海有《秦县考》一文详论之，此可申证伟川之说者一也。伟川论赵佗本以中原名宦远来岭表，其上书文帝，自称“蛮夷大长”，彼固非南方土著，以处蛮夷之地，故亦以蛮夷自居。其上表言：“南方卑湿，蛮夷中，西有西瓯，其众半嬴，南面称王；东有闽粤，其众数千人，亦称王；西北有长沙，其半蛮夷，亦称王。”伟川谓是时赵佗建国，土著已从平原退处入山是也。而各地蛮夷均自称为王，以近年考古资料证之，南越墓出银带上有“王”字，揭阳中夏村战国墓铜矛镌“王”字。西江流域铜刀以刻双钩“王”符号为其特征。饶平浮滨出土大尊陶器，肩部及其他部位镌“王”字者凡四件。此即闽、粤称王之佐证。蛮夷称王，比比皆是，不仅西瓯、长沙为然。故佗之称王，原有其历史背景，此可申证伟川之说者二也。

至于秦汉以来，揭阳县地所在及其沿革，仍有待于详考，他日容续论之。

伟川嘱序其书，因就所见，揭橥二事，以备商榷，尚望究心地方史事者共论定之。是为序。

1993 年 5 月

原载《南阳集》卷首，深圳，海天出版社，1994

海宁考

一、沿革

古义安郡于晋安帝义熙九年分东官郡立，领县五，一曰海宁。海宁，吴时始为县，属高兴郡，晋武改海安。《晋书·地理志》："高兴郡吴置，有海安。"注："海安吴曰海宁。"

《宋书·州郡志》："东官太守领县六，一曰海安男相，吴曰海宁，晋武改名，太康地志属高兴。"

至义熙析东官郡为义安郡，海安乃分而为二县，属东官者仍名海安，其属义安者改为海宁。

《宋书·州郡志》："义安太守有海宁。何志，与郡俱立；晋地记，故属东官。"《南齐·州郡志》东官之海安与义安之海宁分而为二。

历宋齐梁陈，海宁相沿属于义安郡，为领县之一，《隋志》义安郡领县五，仍有海宁。唐初省海宁为潮阳县地①，海宁自此遂废。

① 阮元：《广东通志·沿革表》。

二、海宁地望

海宁所在有二说，一谓为漳州之龙溪，一谓在潮属之惠来。

（一）陈天资《东里志》云："海宁今龙溪。"又云："开皇十年，析海宁置龙溪。"[①] 周硕勋乾隆《潮州府志·沿革》："梁时析海宁置龙溪县，以属南安郡，即闽之漳州府龙溪县。"此一说也。

（二）阮《通志·古迹略》引旧《府志》云："海宁废县，晋置，在惠来县西"。此又一说也。

考《隋书·地理志》，海宁县有龙溪山[②]，《元和郡县志》："潮阳县龙溪山，今名海宁岭，在县西南一百七十里。"[③]《太平寰宇记》引《南越志》云："海宁县在潮阳郡东六里，西接东官县界。"《清一统志》谓"在郡东"，盖因此误。阮《通志》按云："海宁属义安，义安今潮州，时其址与东官毗连，故《南越志》云西接东官也。"今按：《南越志》为最古记载，其言海宁西与东官相接，为惠来地无疑。则第二说是，而第一说非也。

三、海宁与惠来

考惠来置县在嘉靖三年。因正德七年间，御史熊兰疏请立县，至是遂析潮阳之惠来、西头、大泥、隆井（三分之一）四都，又析海丰龙溪一都置县，以惠来为名。乾隆《海丰志》："嘉靖三年，析龙溪六图之地为惠来县。"[④] 是惠来县所属有龙溪，原为海丰地。据《元和志》，海宁岭在潮阳西南百十里，以此计之，海宁故县应在今惠来与海丰接壤地。海宁岭一名龙溪山，而海丰有龙溪都，都名龙溪，必因山以为名。考漳州又号龙溪，与此同名。旧府志以海宁为漳州之龙溪者，殆以同名牵涉而误，斯不可不辨也。雍正《惠来志》于海宁县一字不提，故撰此文，以裨其缺。

---

① 《东里志》书成于明万历年，时惠来犹未设县。

② 《南北史补志》同。

③ 阮《通志》引此文下有"以故县得名"语。

④ 雍正《惠来志》同。

附　惠来未置县前沿革表

汉		南海郡揭阳县地。
吴		高兴郡海宁县。
晋	武帝时 安帝义熙九年	高兴郡海安县。 东官郡海安男相、义安郡海宁县。
南朝	宋齐梁陈相仍	义安郡海宁县。
隋		义安郡海宁县。
唐		潮州潮阳郡潮阳县、循州海丰县。
五代		潮州潮阳县、祯州海丰县。
宋		潮州潮阳县、惠州海丰县。
元		潮州路潮阳县、惠州路海丰县。
明	嘉靖三年置	潮州府惠来县。

原载《大光报·方志周刊》第五十四期，汕头，1948

潮州滨海地带之冲积

潮州滨海斜地，及韩江下游，多属冲积层。昔时潮州之地幅，当不若今日之广大。沧海桑田，转变有自。据海定施丹冲积造陆计算，海岸线每经60年向外伸张1英里，丁文江则谓每69年扩展1英里。自意溪至澄海外砂出海口，直线里程为24英里，以丁氏69年扩展1英里计算，需时1 650余年。则意溪以南之冲积地，当晋惠帝永康二年（公元301）以前，犹是汪洋大海也。

考《韩江闻见录》，乾隆丙午丁未间，潮城有人于东堤浚井丈余，发见土中有大海船桅。今之东堤在城内，于古当为堤岸，则其地滨海无疑。又载，嘉庆庚辛间，筑韩山书院，于意溪上数里许氏田掘得多量海蛏。田上之山号海角山，由山名可知此地在海之角。此又足证古时海至意溪，则今冲积层于古为海明矣。又晋置海阳县，在海阳山下，《寰宇记》引《南越志》云："县南十一二里即大海。"亦可为证。考晋海阳县旧城所在有二说：

（一）谓在鸭潮，《舆地纪胜》引《潮阳图经》云："州治旧在鸭湖。"鸭湖无考，今潮安三区有鸭背乡、鸭头洋，疑以地在鸭湖之背得名，则当在龟湖一带。《闻见录》谓海阳故城在今之龟湖。是也。

（二）谓在凤山，郑昌时云："志称海阳故城北二十里海阳山，亦号凤山，是彩凤岭也。察汉以前，鳄溪下流皆溟渤，则此二十里内为沃壤，建城于此宜也。今为上流积水湖，是曰龟湖，萃泥沙焉。然发土者，犹时见古城砖器物。又城东门之址，沿存在彩凤岭下。"

以上二说，虽无定论，然海阳县建置在晋义熙九年（公元413），则当日去城所在地南十里许，即为沧溟固可推知。

潮阳县治亦有足考。《元和郡县志》云：“潮阳故城，在今县城西北。晋安帝义熙九年（公元413），分东官郡置义安郡，潮阳属焉。在大海之北，故曰潮阳。贞元九年（公元793）移于今里。”潮州《吴府志》云：“旧县城在今治三十五里临崑山之麓，里人犹称其地之疆为官厅坽。”唐时县治今亦久废夷为民田，潮阳《唐志》云：“旧城唐置，疑即元和所置，其城广袤，至北关外，环社稷坛而西，底于桂桥河，转接于今城之南垣，其北有故濠迹，西有墙基。惟东西距河而止。”考义熙九年至贞元九年，凡距376年，以海岸伸展率计算，约伸展5.45英里，倘因滨海县治距海口3英里计，则晋时和平以东，即为海滋，而唐时县治东迁10英里，盖以榕、练两江之冲积土地加速增长故也。

他如澄海之东陇，今东距盐鱼港出海口5.37英里，若上推384年，当明嘉靖四十二年（1563）澄海县时，固面临汪洋之地，非如今之深入。[①] 又相传南砂乡创自大宋元符年间，今之溪当时尚为内海也。[②]

是海阳、潮阳、澄海之设治，皆为滨海地区伸张，人口滋生之后果。至若汕头港口，据1908年英教士黎德尔所绘潮州地图，其北岸尚作斜平状。及1925年，韩江治何处之韩江下游图，则所谓金山墈地向南突出，增陆可0.4平方英里。此又显而易见之现象也。

原载《大光报·方志周刊》第三十五期，汕头，1947

附　汕头释名

汕头旧称沙汕头，在澄海蓬州郡。澄海《李（书吉）志》云：“沙汕头地临大海，有淤泥浮出，作沙汕数道。”滨海村落，多以沙汕为名。海丰有汕尾，饶平海山有东汕头，澄海苏湾有汕头仔。汕头仔又名南砂。

据《南砂林氏家谱·杂记》云：“父老相传，其乡古为海底，平处名汕头仔（即南砂），高阜处名大汕头（即江墘、内厝、内蚁、外蚁、弓兜等乡）。亦犹今之汕脚，高处为汕，深处为海是也。浮聚之后，高处为乡、为埔、为

① 依海岸伸展率384年可增地5.5英里。

② 见《南砂林氏家谱》。

园，底处为田、为洲，深处为溪。”据是，俗以海旁之高地为汕也。按汕头义为以簿取鱼。《诗》：“南有嘉鱼，蒸然汕汕。”《传》：“汕汕，樔也。”《尔雅·释器》：“樔，谓之汕。”郭《注》：“今之撩罟。”《说文》：“汕，鱼游水貌。”今濒海犹多设簿栅以捕鱼，知“汕”亦指捞鱼之所。澄海有两汕头。顺治《吴志》但载苏湾北汕头，而蓬洲沙汕头无之。南砂乡创自宋元符间，其由来已久矣。鮀浦有沙汕之名，始见于明翁万达《与姚巡按》书云：“济何跨揭之鮀浦，其地西北距蓬洲所城，为海、揭下流。洲西二溪，夹而入海。岸有沙汕头，脊出横激，巨浪滔涌拍天。”刘子兴《海壳蚶蛎场碑记》云：“豪民某等占据鮀浦之沙汕坪海壳蚶蛎租。”盖指溪东港、厦岭港、牛田洋海面，以沙之积聚而名也。乾隆周《府志》：“康熙五十六年，建沙汕头炮台。”蓝鼎元《澄海县图说》云：“在海中则有大莱芜、放鸡山二炮台；在各港则有溪东、沙汕头、三湾、东湖、平洲、山头子、东陇、盐灶诸炮台。”又《潮州海防图说》云：“澄海出师，不过沙汕头。”又云：“港澳虽多，沙礁暗阻，风涛不测，商艘往来，不过旗岭、汕头、神泉、甲子。”沙汕头简称“汕头”，始见于此，自清初已为船舶必经港口矣。

沙汕头古盖为渔村，澄海未置县前，为蓬州都，地属揭阳延德乡。明初为夏岭村地，蓬洲守御所辖之。《方舆纪要》：“蓬州守御千户所，旧在揭扬阳县东南九十里滨海。洪武二十年置所于下岭村，以扼商彝出入之冲，二十七年移建于西埕村。”明李龄《赠郡守陈瑄荣擢序》云：“揭邑有沿海而村曰夏岭者，以渔为业，出入风波岛屿之间，素不受有司约束。”[①] 下岭、夏岭今作厦岭。天顺七年，夏岭贼魏崇辉攻劫沿海。嘉靖四十二年，许朝光剽掠牛田洋大海之滨。沮洳之宅，寇氛既恶，乃于是岁析揭阳之蓬州、鮀江、鳄浦三都，置澄海县，自是沙汕头遂属澄。康熙三年巡界，三都均迁斥，至七年展复。八年澄海复县，仍属澄。康熙时建炮台为海防要隘，而商船多停泊焉。（按：汕头始设关在同治三年，而《全国统计提要》谓汕头嘉庆设海关，其说误。）澄海《李志》：“嘉庆十四年六月，海盗朱渥入沙汕头港，焚劫商船。”又云：“邑自展复以来，海不扬波，商贾巨富，卒操奇赢，舆贩他省，千艘万舶，东西两港以及溪东、南陇、沙汕头、东陇港之间，扬航捆载而来者，不下千万计。”可见未辟埠前汕头地位之重要，盖自复界后，与暹罗帆樯络绎，遂日趋繁荣也。

---

① 《李宫詹遗稿》。

咸丰八年，辟潮州为通商口岸。[①] 至同治纪元，始于汕头开埠互市。[②] 汕头于明代但称沙汕，清康熙时曰沙汕头，继简称汕头，嘉庆时称沙汕头港，同治后开埠称汕头埠，至民国十年设汕头市政厅，乃称汕头市云。

汕头居韩江三角洲西南角之尖端，值西溪之尾闾。陆地面积369平方华里。[③] 地质至为简单。自汕市澄海一带，均为现代冲积层，角石则全属花岗石，大小不一。宽度自数公分至二三公尺，花岗石风化甚深，剥蚀作用进行颇烈，其中之长石，受风化作用后，不少变为高岭土（磁土），惟不甚适用。

汕头附近，港湾分歧，沙滩甚少，岛屿星罗。从地形论，属于泛降岸线。盖中国海岸，自舟山群岛以南，大体上均属于此类。惟近代则颇有上升趋势，角石公路沿途上升浪蚀阶地之痕迹，处处可见。民国三十七年十月，两广地质调查所研究员周仁沾君来潮考察地质，曾发见此种现象，以潮阳海门间之了哥岭一带，最为显著。今海门之莲花峰灯塔，即建筑于此种阶地之上，高出海面约十公尺。此种上升浪蚀阶地，九龙半岛，香港之长洲、浅水湾、利玛群岛，与澳门附近，均曾见之。据陈国达氏意见，粤省泛降海岸，曾有部分逆向运动，乃近代（第四纪末朝）地质之事（约四十万年）。由此知南中国海岸，并非属于单纯下降型，而系复式岸线，即当海岸泛降，可能有迟慢或局部之微小隆起，插于其间。并指出自泉州至汕头沿海，为有名之地震带，如宋治平四年及民国七年二月十三日之大地震（震带达五十余万里），均足证明此间系地壳弱带，同时属于近代地壳运动类型。至此等复式岸线之成因，则系出于块状断层活动之影响。

原载《大光报·方志周刊》第三十三期，汕头，1947；第九十三期，1948

又见《固庵文录》，1989

① 中英《天津条约》订立于1858年6月26日，即咸丰戊午五月十六日。1860年10月24日互换。其第十一款略云："牛庄、登州、台湾、潮州、琼州等府城口，嗣后皆准英商任意与无论何人买卖。照通商五口（指广州、福州、厦门、宁波、上海）无异。"

② 见光绪癸卯二月初六《岭东报》。

③ 民国十年汕头市区测量委员会测，见《新汕头》。

清初潮州迁界考

清初郑氏踞台抗清，滨海各省，风鹤屡警。满人苦于应付，爰发迁异之议，行坚壁清野之策。沿海一带、庐舍为墟，尤以潮州受祸为最照。此事于清初史实关系綦重，而读史者，多予忽视。中央大学教授谢国桢，始撰为《清初东南沿海迁界考》，麦应荣继之，有《广州五县迁海事略》之作，虽征引晐博，惟于吾州迁界之事，则略焉弗详。本馆总纂饶君宗颐，有见及此。爰钩稽往籍，辑为斯篇。发当日之痛史，补旧志之阙文。用特公诸海内，世之治清史者，幸留意焉。《方志周刊》编者附识。

顺治三年（鲁王监国元年），郑芝龙降清。先是芝龙曾居台湾，其子成功未忘明室，翌年，起兵鼓浪屿，破同安，占厦门金门诸岛，踞闽沿海之地，张煌言、张名振相继归附。顺治七年（监国五年），成功入潮阳。八年入南澳（监国六年），鲁王入厦门。翌年，鲁自去国号。五月，永历帝（时即位七年）封成功延平郡王。顺治十二年，成功奉鲁王居金门。顺治十三年，成功将黄梧以海澄叛，清封海澄公。十四年三月，黄梧献平海策，请发郑氏坟墓，于江、浙、闽、粤沿海居民迁内地，设立边界布防[①]，始发迁界之议。或云其策为方星焕所献，王沄《粤游记略》云："倡为迁海之说者谁欤？辛丑余从蔡襄公在淮南，执政遣尚书苏纳海等，分诣江、浙、粤、

① 详《台湾外记》。

闽，迁濒海之民于内地。蔡公曰：'此北平酒家子方星焕所献之策也。'其兄星华，官至漳南太守，星焕从之官。海上兵至，漳城陷，兄弟皆被掠入海，旋纵之归。其主因问海外情形，星焕乘间进曰：'海舶所用钉铁麻油，神器所用焰硝，以及柴帛之属，岛上所少，皆我滨海之居民阑出，贸易交通接济。今若尽迁其民入内地，斥为空壤，划地为界，乃厉其禁，犯者坐死，彼岛上穷寇，内援既断，来无所掠，如婴儿绝乳，立可饿毙矣。'其主深然之。执政遂布新令，其说得行也。"

顺治十七年，福建总督李率泰奏迁同安之排头，海澄之方田，沿海居民八十八堡入内地[①]，是为迁界之始。时苏纳海同侍郎伊里布，奉命赴江南、浙江、福建会勘督迁。康熙元年壬寅，命吏部侍郎科尔坤、兵部侍郎介山，同平南王尚可喜、将军王国光、提督杨遇明等，巡勘潮濒海六县，建墩台七十有三。三年甲辰，遣吏部尚书伊里布、兵部侍郎硕图，偕藩院将军提督复勘，令再徙内地五十里。海阳迁去龙溪、上莆、东莆、南桂四都，秋溪、江东、水南三都之半；潮阳迁去直浦、竹山、招收、沙浦、隆井五都，附郭、峡山、举练三者之半；揭阳迁去地美一都，桃山半都；饶平迁去隆眼、宣大、信宁三都；惠来迁去大坭、隆井二都，惠来、酉头、龙溪三都之半；澄海迁去上外、中外、下外、蓬洲、鳄浦、鮀江六都，仅存苏湾一都。增筑墩台八十有四，各设栅栏，以严出入。[②] 康熙八年正月，以巡抚王来任、总督李率泰先后疏请，始稍展界，纵民采捕。[③] 二十二年十月，遣吏部侍郎杜榛等，勘测闽粤沿海边界，招民开垦，始开海禁。当日潮属各县迁斥复界情形，兹分述于下：

海阳：康熙三年，冢宰伊里布等，再巡勘海阳，迁去龙溪、上莆、东莆、南桂四都，秋溪、江东、水南三都之半。尔时与迁之民，流离琐尾，少者转徙他邦，老者死填沟壑。甚而掺掺女手，执钵街衢，青春子衿，混迹佣竖。一二壮悍者白日袖刃奋食。康熙七年，抚院王来任绘流民图上流，蒙恩依议复界，督院周有德合力奉行，而哀鸿始集。[④] 自三年严海禁，迁民内地，南桂以下堤斥界外，遇洪水，冲决尤甚。上莆、南桂、龙溪都，田地尽遭淹没。

① 《台湾郑氏始末》。

② 见阮《通志·海防》、周《府志·兵防》。

③ 《海防总论拟稿》。

④ 海阳《张志》。

八年展界，乡老许重晦、生员卢继尚、林振秀集数都民力，始行修筑。[①]

澄海：三年再行巡勘，迁去上外、中外、下外、蓬洲、鳄浦、鮀江六都，存苏湾一都。五年，迁去苏湾，全县毕裁。建墩台戍卒守之。康熙甲辰，奉诏沿海滨民斥入内地。幸都督许公乞为转奏，自南洋至南砂十余里，缓斥三年。及丙午，有司迫迁，吾乡圮毁，人神俱迁。时斥居于意溪，情惨难状。[②]县城，嘉靖四十五年，张濬兴砌。康熙二年，因滨海寇患，三次迁斥。七年展复，八年署县通判阎奇英始依旧重建。[③]

潮阳：康熙元年正月，勘边界，迁居民入内地，招收、沙浦、隆井、竹山、附郭等都共迁六十二乡[④]，三年四月，再迁直浦、峡山、举练等共一百二十四乡。斥地后，民穷蹙，日啸聚为盗。自巡抚王来任、总督周有德先后奏准复地。惟达濠海岛仍为界外。[⑤]

揭阳：康熙七年，遣内大人狄堪等七员，会同总督周有德、提督杨过明、平藩尚可喜，带兵马一万七千余，由惠经揭之桃山巡勘，议撤排栅，改设各泛墩台。八年，民治复业。[⑥]

惠来：康熙元年四月，斥除沿海地三十里，移民入内地，迁去田地四十顷四十二亩。自潮阳交界和平寨起，至本县浮埔、靖海所驿后止，建立，东北自潮阳交界坑起，至本县南门外墩止，南自南门外起，至海丰交界吊旗山止。八年春，始展复旧界，开垦田地。[⑦]

南澳：康熙二年，廷议，徙民内地，俾寇无所掠，势将自困，遂悉徙粤、闽、浙江、山东之在界外者。降者接踵，澳地遂墟。[⑧]（按：明洪武十二年，徙澳民于内地。永乐二年，拨澳民回籍耕种。七年，迁澳民于苏湾，墟其地。至康熙三年，再行遗弃。徙民于南澳，为第三次，时南澳属饶平信宁都。）八年，诏展界。至二十三年，以界外弃地给民耕种，始复旧业。[⑨]

初，巡抚王来任巡界，具疏请展界，不许。逮康熙七年，还京，旋病且

---

① 海阳《卢志·建置略》。

② 《南砂林氏家谱》。

③ 澄海《李志》。

④ 计466户、男妇2 679丁口。

⑤ 潮阳《周志》。

⑥ 揭阳《刘志》。

⑦ 惠来《张志》。

⑧ 《齐志》、《忠孝堂集》。

⑨ 《齐志》。

卒，遗疏极言其状。同时御史杨拥廷，亦条奏利害，诏可之。至八年二月，诏复迁海居民旧业。

《香山县志》云："自元年以来，大臣岁来巡界，以台湾未平故也。是年前总督李率泰遗疏，请宽两广边界。康熙七年，迁民结党为乱，巡抚王来任遗疏请展界。先是迁者委居捐产，流离失所，而周李余党，乘机剽掠。巡抚王来任，安插赈济，存活甚众，旋病且卒，遗疏极言其状。及御史杨拥廷条奏，诏可之。遣都统时某、副都统鲁某、户部侍郎雷某等，会同平藩尚可喜、总督周有德巡勘，议撤排栅，改设各泛墩台。"

麦学程《遥识篇》云：康熙七年正月十三日，王巡抚病危，遗疏请复村。北京自春徂夏大旱，五月初六日至初八日，太白画见，但星微体暗，术雨亦在此时，命各衙门大放囚狱，十五日令准复村。八月，总督、藩、提同往惠潮展界。①

按：康熙四年，闽浙总督李率泰在任病卒，遗疏请宽两广边界。② 至展界执行者，为周有德（康熙六年两广总督），继具奏者为王来任，事见阮《通志·宦绩》。

《粤游纪略》云："从惠州始由界外行至潮州，东抵分水关闽界而还。所至民皆扶老携幼，张乐焚香，欢声动地。其还也如之，则有负耒而拜者矣。以予所观界外所弃，若县、若卫所城郭故址，断垣遗础，骷髅枯骨，隐现草间。粤俗乡村曰墟，惟存瓦砾；盐场曰湿，化为沮洳。水绝桥梁，深厉浅涸，行者病之。其山皆丛莽黑菁，豺虎伏焉。田多膏腴，沟塍久废，一望污莱，良可措也。向所谓界者，掘地为沟，广不盈丈，插竹引绳以表之；或过山则绕山，址为沟，曰此界外山也。亦有去城不里许为界者，民间畏同陷井，侧足不前，而愚憯无知，往往误入其中。是时所司，尚有以出界坐辟、爰书请者，皆贫礬村竖，往拾蚌蛤之属，为吏所掩护者，命出之。所司持之曰：'此未开界之犯也。'公曰，今界已关矣，立命出之，因叹八年之间，冤狱殆不可胜数矣。"可见迁界之惨酷情状。

兹就潮属各县顺康之际户口表列于下：

---

① 见麦应荣文引。

② 李氏、王氏上疏俱见《榄屑》，兹不录，王氏两次上疏。

县别	年　代	户　口	年　代	户　口	年　代	户　口
海阳	顺十七年	73 839	康元年	30 182	康十一年	42 389
澄海	顺十七年	60 282	康元年	38 055	康十一年	24 104
潮阳	顺十七年	32 134	康元年	20 509	十一年	22 349
饶平	顺十七年	49 088	康元年	27 617	康十一年	37 951
揭阳	顺十七年	48 577	康元年	27 106	康十一年	34 121
惠来	顺十七年	31 211	康元年	11 841	康十一年	12 742
普宁	顺十七年	10 486	康元年	51 390	康十一年	91 390
大埔	顺十七年	15 012	康元年	15 017	康十一年	15 012

观上表除普宁、大埔外，海、澄、潮、揭、饶、惠六县为迁斥县份。海阳于康熙元年比顺治十七年少 43 657 人，至十一年增多 12 207 人。潮阳，康熙元年比顺治十七年，少 11 625 人，至十一年增 1 840 人。揭阳，康熙元年比顺治十七年少 21 471 人，至十一年增 7 015 人。惠来，康熙元年比顺治十七年少 19 370 人，至十一年增 901 人。澄海，康熙元年较顺治十七年少 22 227人，至十一年续减 13 951 人。（按：《澄海志》，顺治十四年十一月，郑成功陷鸥汀，屠居民六万余人。杭世骏《岭南集》云：八堡避贼者七万余，同日被屠。然顺治吴《府志》载十七年，全澄户口仅 60 272 人。《古今图书集成》38 067，谓鸥汀邻村八堡而有七万人，乃溢辞耳。）普宁，康熙元年比顺治十七年，增 40 954 人。大埔无增减。普宁人口反有增于前，自顺治十七年至康熙元年，相去仅一年，而户口之数悬殊若此，殆因迁斥之故，普宁则康熙元年比顺治十七年增四万余人，盖以其非迁斥区，而人相率迁住也。

考当日广东迁界，东起饶平，西迄钦州[1]，以潮为最甚。夫迁界为坚壁清野之计，以防郑氏，然郑氏既得台海，按地开垦，自率自给，即竹邑一带垦田数十甲，亦颇自足，故迁界于郑氏，实无大损，徒害沿海生灵而已。

附年表

顺治十八年　有旨迁界。

康熙元年　吏部侍郎科尔坤等巡勘海、潮、揭、饶、惠、澄六县，令徙内地五十里（《海阳志·杂录》）。

四月　以王国光、沈永忠、杨遇明驻潮州等处，会同平南王尚可喜及督抚商榷具奏，军务亦公同酌议（《东华录》）。

八月　以江南、浙江、广东濒海地方，时为海寇侵犯，令移民内地，因谕户部连给迁民田地居屋，并着该督抚躬临其事（《东华录》）。

二年十一月　侍郎科尔坤勘明潮州近洋六厅县，所有蛋民，悉徙内地，一切田园卢舍，概行拆毁，地方文武，严其出入，以杜海寇（《蛋族年表》）。

三年三月　再巡界，遣吏部尚书伊里布、兵部侍郎硕图，偕藩院将军提督，复勘令再徙内地五十里、增筑墩台八十有四，各设栅栏，以严出入。[2]

八月　先是碣石苏利抗迁沿海地方，其党陈烟鸿据靖海，余煌据神泉，王国光督师由潮达惠来，至靖海围剿，利败死（《惠来志》）。

五年正月　裁澄海县归并海阳。时澄海仅存苏湾一都乃归并海阳（《澄海志》）。

七年七月　潮阳展界，知县张宏美令民归故土垦殖。（《潮阳志》）

八年三月　复设澄海县。先是巡抚王来任疏请四事，请亟复迁民，及御史杨继建条奏，奉旨遣大臣会同平南王尚可喜、总督周有德勘复（郝《通志》）。

诏展界，纵民得采捕近海，澳民乃复故土（《南澳志》）。

复潮阳地，广东巡抚王来任，血疏垦请，周有德继之，奉旨展复，惟达濠海岛仍为界外，为丘辉所据（《潮阳志》）。

二十三年　开海禁（郝《通志》）。

命吏部杜榛，内阁学士石柱，巡视广东福建界外弃地，给民耕种，澳民尽复故业（《南澳志》）。

---

① 详道光《钦州志·纪事》。

② 阮《通志·海防略》。按，墩台详周《府志·兵防》。

附迁斥都名表

县别	康熙三年迁斥范围	备考
海阳	迁去龙溪、上莆、东莆、南桂四都，秋溪、江东、水南三都之半。	《海阳志·杂录》作迁龙溪、上莆、南桂三都，东莆、秋溪、江东、水南四都之半。
潮阳	迁去直浦、竹山、招收、沙浦、隆井五都，附郭、峡山、举练三都之半。	先后共迁百八十六乡。
揭阳	迁去地美一都、桃山半都。	
饶平	迁去龙眼、宣化、信宁三都。	南澳岛信宁都全境尽弃。
惠来	迁去大坭、隆井二都，惠来、酉头、龙溪三都之半。	共迁去田地四十□顷四十二亩。
澄海	迁去上外、中外、下外、蓬洲、鳄浦、鮀江六都。	仅存苏湾一都，五年全县毕裁。

编者按：顺康之际户口表，所征引数字，散见之广东《金志》、潮州《吴志》、《周志》、海阳《吴志》、潮阳《周志》、揭阳《刘志》、饶平《刘志》、澄海《李志》、普宁《萧志》、《古今图书集成》中。但此户口数字，何其少邪？虽明清之际，干戈扰攘，亦不致如斯之尠。夷考当日，其所谓丁口者，系指成丁应役之男子，与食监课税之大口女子，实编而言，此吴《府志》所称，除逃绝及老幼免编外之实编人丁者是也，盖其时徭役频繁，赋税重敛，人民多避役与税而短报耳，故其数字多不实，是以康熙末年，户口编审未见增加，因谕嗣后编审人丁，以康熙五十年征粮丁册为额，其新增之丁，永不加赋之令，故户口始稍见增。至乾隆间，始行保甲法，于是老弱男女，及奴隶贱民，咸均载册籍。户口数字，始称完备。事见新修《潮州志·户口志》中，余不具述。

原载《大光报·方志周刊》第三十一、三十二期，汕头，1947

海阳山辨

张士琏雍正八年《海阳县志》八《事集·杂记》，志海阳县转饷之始云：“秦始皇帝使南海尉屠睢伐百粤，以史禄转饷。凿渠海山下，通粮道，并收灌田之利，民称‘灵渠’。”考吴颖顺治十八年《潮州府志》、林杭学康熙二十三年《潮州府志》、胡恂雍正十年《潮州府志》，俱有此条，文并同。是张《县志》盖采自诸《府志》也。《古今图书要成·职方典》一千三百三十八《潮州府部·纪事》、卢蔚猷光绪二十六年《海阳县志》卷二十四《前事略》又卷四十六《杂录》亦有此条。以上诸书，皆以史禄凿渠在潮州海阳县海阳山下，故载是说。

今按：潮州海阳县海阳山，郭子章《郡县释名》云：“海阳县名最古……今城北二十里有海阳山。”《明一统志》八十云：“海阳山在海阳县境，因南有大海，故名。”阮元道光二年《广东通志》一百六《山川略七》云：“海县有海洋山①，在县北二十里，高四十八丈，周围三里，南望大洋。晋名县以此。”② 上诸记载，大致相似。惟阮《通志》据《纪胜》作“海洋山”。考《纪胜》一百《广南东路·潮州·景物下》，“海阳山在海阳县”。《清一统志》二百四十四引并同，又《广东图说》三十三：“海阳山，城西北二十里。”皆作“海阳”。是作“海洋”者误也。

---

① 据《舆地纪胜》。

② 据《广东舆图》。

考海阳县，晋置。其称县曰“海阳”者，《明一统志》八十云：“海阳县，本汉南海郡揭阳县也，晋属南康郡。义熙中，置海阳县，为义安郡治。以南滨大海，故名。”是或因海山南望大洋，而置县则近海阳山，故取山名以为县名耳。① 是山处绝徼，濒大海，荒僻辽敻，固不需粮道以资交通。谓史禄凿渠于此，于理似未合。

《方舆纪要》一百三别载：“史禄（按原作“越”，非。）转饷，留家揭岭。”或谓即今揭阳县西一百五十里分抵兴宁、海丰界之揭阳山。温仲和曰：“非也。禄转饷必自北，面南之境，何能深入百越。”②《水道提纲》记揭阳山之形势云：“（揭阳山）有龙川县东南之天柱山，又南为大梧山，又南为永安县东北之紫帘山、鸡公嶂，又东为天云岭、为排岭，又东南为北琴江、北岸山，又东为嵩螺山，又东稍北为瘦牛岭、为飞泉岭，其东南为贵人山、龙发山、双山石母山，其北为揭阳山。连峰相接为五岭，极东南之秀。”此可见揭阳山脉所属之广。其西北复岭重冈层岩峭壁，联绵盘互，与五岭之系接。此揭阳山，尚非史禄足迹所能至。况海阳山远在海区，高不满五十丈，周仅及三里。其非史禄所到之地，明矣。

《史记·主父偃传》严安上书云：“（秦）使尉佗、屠睢将楼船之士，南攻百越。使监禄凿渠运粮，深入越。越人逃遁。旷日持久，粮食绝乏。越人击之，秦兵大败。秦乃使尉佗将卒以戍越。”《汉书·严助传》淮南王安上书及《严安传》俱作“尉屠睢”，无“佗”字。《索隐》分佗及屠睢为二人，梁玉绳曰：“《南越传》，无尉佗攻越事，乃尉屠睢也。”③ 按：《淮南子·人间训》正作尉屠睢，其言当日攻战之事甚详。文曰：“（秦）乃使尉屠睢发卒五十万为五军，一军塞镡城（一作成）之领，一军守九疑之塞，一军处番禺之都，一军守南野之界，一军结余干之水，三年不解甲弛弩。使监禄无以转饷，又以卒凿以通粮道，以与越人战。杀西呕君译吁宋，而越人皆入丛薄中，与禽兽处，莫肯为秦虏。相置桀骏以为将，而夜攻秦人，大破之。杀尉屠睢，伏尸流血数十万。乃发适戍以备之。”高诱《注》：“镡城在武陵西南，接郁林；九疑在零陵；番禺，南海；南野在豫章；余干在豫章。”屠睢五军所到，核以今地，当在湖南南境，广西东境，广东北境、中境、西北境及江西西南境。是

---

① 光绪《海阳县志》四《舆地略三》：“海阳山去城北二十里……距城西北十里曰阳山。其地名海区，依山面野，南尽平原，或疑置县当于此。”盖晋时置县恰近海阳山也。

② 见光绪《嘉应州志·考》。

③ 《史记志疑》三十四。

其时兵力犹未及于大庾东南，故守南野之界，而结余干之水也。海阳处南越极东南之境，西北有梅岭、揭岭之障。汉出师入东粤，出梅岭者，由赣、汀入。[①]《舆地广记》："汉，闽越反，武帝令诸校屯豫章梅岭待命。"是其证。屠睢之师屯于豫章，正在梅岭之外，何能深入海阳哉。是又史禄凿渠通道，非在潮州海阳之别一证也。

然则"海阳山"、"灵渠"，果何在也？考高诱《人间训注》："监禄，秦将，凿通湘水、漓水之渠。"全祖望《困学纪闻笺》："监禄者，史禄也，渠乃零渠。"[②] 依是知在桂林境矣。唐鱼孟威《桂州重修灵渠记》："灵渠乃海阳山水一派也，谓之漓水焉。旧说，秦命史禄吞越峤而首凿之。"[③]《御览》六十五引《临桂图经》云："漓水出县南二十里柘山之阴，西北流至县西南，合零渠五里，始分为二水。昔秦命御史监史录（按：此作"录"与《困学纪闻注》同，疑当作"禄"）自零陵凿渠，出零陵下漓水是也。"（按：《太平寰宇记》与此略同。）《唐书》四十三上《地理志》云："理定有灵渠，引漓水。故秦史禄所凿，后废。"按理定本称兴安，至德二年更名理定，唐属桂州，亦桂林地。又《宋史》九十七《河渠志》云："灵渠源即漓水，在桂州兴安县之北，经县郭而南。其初乃秦史禄所凿，以下兵于南越者。"又《舆地纪胜》一百三《广南西路·静江府·古迹》云："'秦凿渠'，在兴安县，即秦御史史禄所凿。"[④] 由是言之，史禄所凿之灵渠，实在今广西兴安县[⑤]，即秦桂林郡、汉零陵郡。与潮州海阳，绝无涉也。灵渠即湘水，漓水之源。湘水盖出自海阳山，与漓水本无关。其引湘通漓者，史禄力也。王先谦曰："史禄通漕分湘流入漓是矣。"[⑥] 又范成大、全祖望亦谓禄作灵渠，派湘流而注之漓。

阳海山者，《汉书·地理志》云："零陵，阳海山，湘水所出。……又有漓水。"《说文》云："湘水出零陵阳海，北入江。"是也。《续汉郡国志》"阳海"作"阳朔"。《水经·湘水篇》："湘水出零陵阳海，东北过零陵县东。"郦

---

① 陈寿祺说，见《左海文集》。

② 翁元圻辑《纪闻注》十二《考史》。

③ 《文苑英华》，又见光绪《广州府志》七十五《前事略》引。《舆地纪胜》一百三《静江府·碑记》，此文题无"桂州"两字。

④ 《舆地纪胜·静江府·景物上》别有"灵渠"条。又《清一统志》三百五十六："灵渠，《宋史·沟洫志》或谓之'秦凿渠'。"

⑤ 《一统志》：渠在兴安县西十里。

⑥ 《汉书补注》。

道元《注》云："即阳朔山也。"[①] 又《漓水篇》："漓水亦出阳海山。"郦《注》："漓水与湘水出一山而分源也。湘、漓之间，陆地广百余步，谓之始安峤，峤即越城峤也。"按：越城峤即鱼孟威所谓"吞越峤而首凿之"者也。《衡州图经》："湘水阳海发原，至零陵而营水会之，二水合流。谓之潇、湘。"[②]《元和郡县志》三十六《桂州全义县》云："湘水出县东南八十里阳朔山下，经零陵郡西十里。"[③]《太平寰宇记》："阳海山……属兴安县，一名阳朔山。其山自永州零陵县西，迤逦冈峦，边亘不绝。此山即湘、漓二水之原。"按上诸书，所举阳海山所在之郡县，或称"零陵"，或称"始安"，或称"全义"，或称"兴安"，颇不一致。考零陵郡，汉元鼎六年置。东汉为始安侯国，吴归命侯甘露元年，始置始安郡。兴安县，即汉始安县地，隋置临桂镇，唐析置临源县，改曰全义。宋改曰兴安。其称郡名者如《汉书·地理志》，《说文》止作"零陵"。其称县名者，《水经》用汉县名，故称"始安"。《元和志》用唐县名，故称"全义"。《寰宇记》用宋县名，故称"兴安"。名号虽殊，而究同一地也。

诸书言"阳海山"，言"阳朔山"，亦同一山。《清一统志》："阳朔即阳海之殊名，非今阳朔县之阳朔山。"考《元和郡县志》："阳朔县本汉始安县地，隋开皇十年分置朔县，取阳朔山为名。"盖汉时称阳海山，晋后又称阳朔[④]，唐宋以降，专称"阳海"，而"阳朔"之名，遂为阳朝县之山所掩有矣。《山海经·海内东经》"湘水"郭《注》云："今湘水出零陵营道县阳湖山，入江。"[⑤] 郝懿行曰："今本作阳湖山，讹。"是阳海，又曾字讹为阳湖也。

是山又或作"零陵山"。《水经·湘水注》："应劭曰：'湘出零陵山。'盖山之殊名也。山在始安县北，县故零陵之南部也。"校云："'零'下近刻衍一'陵'字。"《清一统志》三百五十五《桂林府》按语云："零陵乃汉时阳朔山所在之郡。应劭盖云湘出零陵郡之山，非阳朔外又别有零陵之称也。"考《元和郡县志》三十六："阳朔山即零陵山也。"其考证曰："此云阳朔山即零陵山，殆因前人有湘出零陵山语。然彼以郡县名统称，犹言零陵之山，实非是

① 《水经注》三十八。

② 《舆地纪胜》五十六《荆湖南路·永州·景物下》引，又同书卷五十五《衡州·景物上》"湘水"条文同，惟不云引《图经》。

③ 《舆地纪胜》一百三《广南西路·静江府·景物上》同。

④ 《元和志》按语。

⑤ 李善注《江赋》引此注作"阳朔口"。

山本名‘零陵’。”今按：《汉书·地理志》“长沙国临湘县”下应劭曰：“湘水出零山。”（据百衲本）是应氏原语，固作零山无“陵”字也。《元和志》、《一统志》按语，谓山非本名零陵，乃以郡县统称，说殊未的。予按：《舆地纪胜·静江府·景物上》有“零水”①，夫有零水，必有零山。亦犹有漓水②，则有漓山也。③ 零山当即阳海之殊名，《水经注》引应劭语可证。其名“零陵”者，当为后来转讹。此又是山名称之一歧也。

“阳海”又作“海阳”。鱼孟威《重修灵渠记》：“灵渠乃海阳山水一派也。”是其例。《明史》四十五《地理志·桂林府》：“兴安，府北县，有海阳山，湘水出其北。”《清一统志·桂林府·祠墓》有海阳祠，云：“在兴安县海阳山下……雍正十一年重修焉。敕封‘安流襄绩海阳山神’，御书‘阳阴灵源’扁额。”又《舆地纪胜》一百三《静江府·景物上》“漓水”条，引《舆地广记》：“漓水湘水，二水皆出海阳山。”又引《唐书》：“桂有漓水，出海阳山。”予检《舆地广记》三十六《广南西路上·兴安县》，有云：“（县）有阳海山，漓水，湘水二水皆出一山而源。”不作“海阳”而作“阳海”，知《纪胜》之作“海阳”，盖误誊也。考是山古地书并作“阳海”，窃疑作“海阳”者，或由于后来传讹。李商隐《文集》有《祭海阳文》，疑即指此。是则是山讹称为海阳，自唐已然。《古今地名大辞典》有“阳海山”“海阳山”二条。于“阳海山”下云亦作“海阳山”，是直以“海阳”为“阳海”之别名矣。此地名传讹为实之例，无足怪者。

由上诸论证观之，知桂林之阳海山，亦名“阳朔”，曾讹为“阳湖山”；又曰“零山”，曾讹为“零陵山”；又别以“阳海山”讹为“海阳山”。

夫桂林阳海山，固史禄凿渠所在地也。其名称淆乱已如此。而潮州旧志，不辨“阳海山”、“海阳山”之别，见史传有“史禄凿渠在海阳山”语，遂以为海阳县之海阳山。是尤以讹传讹。自吴颖以下诸书，皆踵其讹，未能考证。苟不订正其妄，则其误将不知伊于胡底也。

原载《禹贡》（半月刊），第六卷十一期，北平，1936

复收入《潮州丛著初编》（广州市立中山图书馆丛书之三），1938

① 在兴安县西北八十里，出郁金山下，南合漓水。

② 漓水，详金武祥《漓江杂记》，见《小方壶斋舆地丛钞》第七帙。

③ 漓山，见《寰宇记》及《舆地纪胜》。

揭岭揭阳山辨

揭岭为秦五岭之一，置戍所。裴渊《广州记》，大庾、始安、监贺、桂阳、揭阳为五岭。《元和郡县志》：五岭有揭阳。《水经注》，五岭不数揭阳，而以大庾为最东之岭。温仲和曰：汉揭阳一县，地兼有今潮州九县，嘉应一州平远、镇平两县之地，正与汀赣交界。由大庾之东，穷至于海，为汉揭阳地。

自北而来，虔赣与汉揭阳县相接之地，皆复岭重冈，深林丛谷，即嘉应镇平、平远、长乐、兴宁、汀赣相连之界，其山皆可以揭岭统称之。[①] 李勋曰：《府志》秦始皇戍守处，在飞泉岭。《方舆纪要》：揭阳山南北二支，直抵兴宁海丰二县界。上曰揭岭，始皇伐百越，命史禄转饷，禄留家揭岭，或以为即此山也。盖秦皇置戍，虽以一山，其曰揭岭者，当为揭阳山、瘦牛岭、飞泉岭、贵人山，以及猴子崇、巾明独等处之总名。[②] 此揭阳岭及秦汉揭阳地所属之范围也。考晋南康郡统县五，其一揭阳。盖其以南海郡揭阳地为曾夏所据，历十余年，故于南康别置揭阳县。南康亦旧揭阳所辖境也，《宋书·武帝纪》：永和三年正月，南康揭阳蛮反，郡县讨破之。《番禺志》：区金，南海人，宋孝武孝建末，客揭阳，会齐武帝在潜，起义师，讨豫章贼。《崇正同人系谱》：赖硕，晋末避居南康，寻迁揭阳赤竹坪，家焉。揭阳后改虔化，今江

---

① 《求在我斋集》。

② 《说映》。

西宁都。此晋宋时之揭阳，均在南康也。南康揭阳，亦有揭阳山。《南史·齐武帝纪》：帝仕宋为赣令，会江州刺史晋安王子勋反，上不从命，南康相沈萧之絷上郡狱。族人萧颀祖，门客桓康等，破郡迎出上，上遂率部曲百余人，起义避难揭阳山。是其地。康熙《漳浦志》："梁山名梁岳，在县南二十里八都境，其峰曰莲花，相传齐武帝所赏，名齐帝石。考《南齐书》，武帝初举义兵，避屯揭阳山，惟时漳浦未建，梁山固揭阳境。"① 按：《漳浦志》盖误，《齐书》武帝居揭阳山，乃在南康，与潮州之揭阳无关，至以为漳浦，殊属悬揣。此揭阳山讹传之地，尤不可不辨也。

原载《大光报·方志周刊》第五十二期，汕头，1948

① 亦见"齐帝石"条。

《金山志》序

金山，一名金城山。其以“金”或“金城”名是山，昉自何年，今无可考。郡县志仅云，山旧为金氏所居而已，而未云及得名之年也。予按王象之《舆地纪胜》引《潮州图经序》云：“一潮州耳，或曰金城者，以是山旧属于金氏。”《纪胜》所引《图经》，为唐或北宋时书。以此推之，是山得名之始，已在唐或北宋之前，其遐远盖莫得而计矣。旧时地志，言金山者，率与城东韩山混。阮《通志》以《舆地纪胜》引大观《九域志》云“金城山有韩木”，遂疑金城山别名“韩山”。

不知潮州亦称金城，此云金城山，殆谓金城中之山也。光绪《海阳县志》则以金山有郑伸《建韩文公祠记》，更谓“金山”称“韩山”，必以韩祠得名。是又过于臆度。凡此皆是山名称，为旧《志》引述之讹，有不可不辨者。至若是山往昔形势，古地志虽有可稽，而语焉不详，不足以尽其实。《明一统志》曰：“金山东临鳄溪，西瞰大湖。”《广舆记》亦云：“金城山在府治后，西瞰大湖，一碧万顷。”大湖或谓即今西湖，予谓大湖非西湖，而实西湖前之别一湖也。西湖，俗所称北濠者也，唐为放生池。宋庆元间，林嘌浚。开庆元年，林光世续浚。明万历间，王一乾又疏拓之，始成湖。其始盖韩江滨一小潭耳，未足为大湖也。《古今图书集成》谓湖山在府治西，前连鳄溪。[1] 是古湖山与鳄溪相接。而大湖在金山西，西湖在湖山前，则西湖固与大湖通，

① 疑本林杭学康熙《潮州府志》。

而大湖又与鳄溪通也。往予游金山，跻山巅，览山川远近景物。西瞻湖山，指古林嘌、林光世、王一乾之所疏凿放生池遗址，去韩江咫尺，中有田塍房舍之隔，而潭水多错聚其间。意其地古或尽为湖泽也。且以金山位于西湖东北，鳄溪西南，西湖古与鳄溪通，则金山当居二水之中，而韩江抱其前，大湖扆其背，又意旧时金山之形势如此；及读地志，知曩昔金山，后瞰大湖，益信予意不妄。

去岁辑《韩山志》既竣，颇欲以余力志金山胜迹，附此意以质考古之士。曾稍事裒辑，得遗闻轶事，暨诗文若干篇。会同邑黄仲琴先生有《金山志》之作，以志稿属予补录，因将所辑附入，并为推论金山在昔形势，及其名称之可辨者，归以质之。民二十年四月。

原载《潮州丛著初编》，广州，广州市立中山图书馆，1938

韩山名称辨异

山以韩名，从昌黎韩文公愈之姓也。公刺潮时，曾即是山为亭，而手植橡木于亭隅，故后之人，称亭为“韩亭”①。木为韩木②，从而名山曰“韩山”，山下之水曰“韩江”③。

山据潮安县城东，初名东山。王汉《金城山记》云：“韩文公曾即东山为亭，以便游览。”④ 王汉，大中祥符间知潮州军州事，是此山之名东山，当在北宋之前。王大宝《韩木赞》称：“东山有亭，唐韩文公游览所。”王象之《舆地纪胜》亦云：“东山在州东，韩昌黎文公旧游览。”大宝、象之，皆南宋人，则是似于南宋初，此山仍作“东山”之称。然旧府县志皆载有陈尧佐、刘允《韩山诗》。尧佐，咸平二年倅潮；刘允，绍圣四年进士。以是推之，韩山得名，已远在北宋时矣。大宝、象之之称“东山”，特袭用故名耳。盖自陈尧佐题诗，“韩山”之名始著于世，其后丁允元建韩祠于山麓，而名乃益显焉。

韩山名称，地志载述，率多乖缪。谨条辨于下，用释疑牾云。

---

① 《舆地纪胜》一百：“韩亭，旧址为揭阳楼，唐韩昌黎登览地也，俗呼曰‘侍郎亭’。”按：梅尧臣《宛陵集》有《送胡都官知潮州诗》云：“自昔揭阳郡，刺史推贤侯。……更寻贤侯迹，书上揭阳楼。”即此，余别有考。

② 《夷坚续志·后集》：“昌黎韩文公谪潮州守，从乡中带一木种，栽之潮州隔江山中，其叶厚而长，开花白如柑橘实，人称之曰‘韩木’。”

③ 《读史方舆纪要》一百三：“韩江在府城韩山下。”

④ 见光绪《海阳县志》三十《金石略一》。

韩山与东山

《舆地纪胜》一百："东山在州东，韩昌黎文公故游览之地，亭榭多建于此。"又云："韩山与州山相对。"

宗颐按：《舆地纪胜》韩山条云："韩山与州山相对。"别有湖山条云："湖山与韩山对。"是其所谓"州山"当指湖山。湖山，今之西湖山也。《纪胜》以"东山"、"韩山"分为二，盖未明"东山"即"韩山"，故复出耳。

又按：周硕勋乾隆《潮州府志》十六（下简称周《府志》）："东山一名竹篙山，在县北三里，高四十六丈，周围五里。"又《大清一统志》三百四十四："丰顺县有韩山，在县西少南三十里，高五百丈。"皆与此山同名而实异地。

《明一统志》八十："东山在潮阳县治东，与韩山相接。上有一巨石，有七孔，若北斗状，中一孔，出水，不盈不涸。又有二峰，曰'双旌石'，唐韩愈游览之地，亭榭多见于此。"

《读史方舆纪要》一百三："潮阳县东山在城东，其相接者亦曰'韩山'，叠嶂层峦，参差奇胜。"

《古今图书集成·方舆汇编·职方典》一千三百三十三："潮阳县东山，在县东三里，与韩山相望。叠嶂如层云，多砂石，无草木，其中有窦，状如北斗，曰'七星石'。石七孔，中孔有水，不盈不涸。按《一统志》，山上有二峰，曰'双旌石'，韩愈游览之地，亭榭多见于此。"

《广舆记》十九："东山，潮阳，与韩山相接，上有巨石，七孔若北斗状。又二峰曰'双旌石'，韩愈曾建亭于此。吴颖顺治《潮州府志》八（下简称吴《府志》）：潮阳县东三里曰'东山'，与韩山相望。……唐昌黎、宋文山尝游其地。"

阮元道光《广东通志》一百六（下简称阮《通志》），潮阳县东山条，引《舆地纪胜》曰：《图经》云："州东山之肩，有二峰，曰'双旌石'。"又引黄佐嘉靖《广东通志》云："韩昌黎曾游于此。"

宗颐按：嘉庆《潮阳县志》二："东山在龙首山东三里，高百丈，绵亘六十里，接连莲花峰。"《广东图说》三十三："潮阳东山，城东三里，有紫云岩，石室，帘泉，怪石屹立。山外海汊，磊石为门，夙称天险，为县东屏嶂。"所言潮阳县东山之形胜如此，不云"与韩山接"也。予历其地，询山居之民。亦不闻有云韩山与相接者。

考韩山亦名东山，与潮阳县东山名同，而地复相近。故地志载述东山者，辄以相混。如上诸书所言潮阳东山形胜，皆误引韩山之记载以为潮阳之东山也。《舆地纪胜》："东山在州东，韩昌黎文公故游览之地。"其所谓"州"者，即指"潮州府治"。是此之"东山"，即为"韩山"。凡《纪胜》载潮州景物之例：其在府治者，则曰"居州之某处"；其在属县者，则曰"居县之某处"。如仰斗亭云"居州东山之腹"，就日亭云"在州治后"，此言景物之在"州治"者也。龙首山则引《元和志》云"在潮阳"，水帘亭云"在潮阳县东山"，此言景物之在属县者也。其对于在"州"者，与在"县"者，地名虽同，而称述有例可求，固明晰而有别。撰地书者，不加细察，率妄据引述，牵合傅会，与事实益乖离矣，是以不可不辨！

又按：吴《府志》及《图书集成》谓"潮阳县东山与韩山相望"。考《舆地纪胜》称，"东山在州东"，又称，"韩山与州山相对"。疑《府志》据此，遂误"州山"为"东山"，因而谓其与韩山相接，亦当蒙《纪胜》此语极讹，惟误"相对"为"相接"耳，至《方舆纪要》、《广舆记》则当是承《一统志》之误。

又按：《舆地纪胜》"双旌石"条引《图经》云："州东山之肩，有二峰，故曰'双旌石'。"所谓"州东山"即"韩山"也。《明一统志》、《图书集成》、《广舆记》、阮《通志》，皆误以《纪胜》双旌石条系于潮阳县东山。周《府志》十六、嘉庆《潮阳县志》二，潮阳东山有双旌石。吴《府志》："潮阳东山有双旌石，以张许庙见玄旗故名。"似潮阳东山，亦有双旌石者。予躬历其地，遍访弗得，问居民，咸谓从无是石，岂府县志亦与《图书集成》等同误耶？又李调元《南越笔记》四："潮阳东山有二峰曰'双旌石'，昌黎曾建亭于此。"盖袭《一统志》，不足据。

韩山与金城山

《舆地纪胜》一百引《元城志》云："金城山有韩木，韩退之所植也，不知名，土人以岁开花，为登第之兆。"

阮《通志》一百六《山川略》七："谨按：《舆地纪胜》引大观《九域志》云，'金山有韩木，不知名，土人以岁开花，为登第之兆'，则韩山又名'金城山'矣。"

光绪《海阳县志》四《舆地略三》："谨按：宋王汉《金城山记》云：'韩文公曾即东山为亭，以便游览，人呼为侍郎亭。'又《舆地纪胜》：'金城山有韩木，不知名，土人以岁开花，为登第之兆。'以今考之，金城山在城中北境，韩山则隔江而东，不相及也；岂韩山又一名'东山'，一名'金城山'耶?"

宗颐按：阮《通志》引《舆地纪胜》金城山条作大观《九域》，与《舆地纪胜》作《元城志》不同。考《宋史·艺文地理类》，无《元城志》一书；而"元城"二字与"九域"二字形似，今本《纪胜》之作"元城"，或误刻耳。

又按：金城山居城北，即今金山也。《纪胜》引《九域志》："金城山有韩木。"然韩木实在东山，即今之韩山，《通志》、《县志》据《九域志》此语，因谓韩山又名"金城山"。考《纪胜》载《旧图经序》曰："一潮州耳，或曰'金城'者，以是山故属于金氏"，是金城即潮州也；而所称金城山，犹言金城之山也。《九域志》谓金城山有韩木，非谓城北之金城山有韩木，乃谓金城之山有韩木，盖韩山为潮州城之山，故得云尔。《通志》、《县志》皆以金城山为韩山之别名，非也。

韩山与金山

《舆地纪胜》一百，金山石刻："金山有《始开金城山记》及《韩山祠记》、《郡守题名》，并刊于石。"

光绪《海阳县志》三十《金石略一》："《舆地纪胜》别载金山亦称韩山。象之，宋人，论必有据。金山之称韩山，必以韩祠得名。"

宗颐按：《舆地纪胜》所举金山石刻，其《始开金城山记》，即王汉所记者；《韩山祠记》、《海阳县志·金石略》以为即郑伸公祠记。余考“韩山”二字，故时常用为纪念韩公之称，郭之章《韩公二祠沿革》引《三阳志》云：“韩山书院地在州城南昌黎庙故址。”是城南书院，昔尝称为韩山书院。而元至顺四年吴澄《韩山书院记》有云：“潮城东隔水有山，潮人称为韩山，后取城东之韩山，以号城南之书院。”依是知“韩山”二字，实为纪念韩公之称，虽地不在城东之“韩山”，亦得以“韩山”称之也。金山文公祠，《纪胜》称之为“韩山祠”，犹城南书院之称为“韩山书院”也。《海阳县志》以《韩山祠记》即《文公祠记》，说甚是。

又按：《海阳县志·金石略一》称：“《舆地纪胜》别载金山亦称‘韩山’。”又称：“金山之称韩山，必以韩祠得名。”余考《纪胜》实无是言，县志所举，殊误，其云金山以韩祠名为“韩山”，尤属臆测。韩山在城东，金山在城北，迥不相及，绝无名称互用之理。

原载《禹贡》(半月刊)，六卷十一期，北平，1936

《韩山志》自序

山岩之为志者，盖地志之旁支，山经之流裔也。在昔充之集吴兴之名[1]，宗测撰衡山之记[2]，征诸坟典，是其权舆，亦有曰疏与图，则又此科之系。[3]

言其总著，纂述亦夥。康乐有居游名山之志[4]，刘澄有山川古今之记[5]，虽简袠沦佚，体例蒙昧，然紬后儒援据之余绪，亦可窥其源本之编制，大都文士丛缀，词客杂纂，匪有义类，可资研绎者也。爰逮唐宋，乃有专书，部居分别，配隶驯精，则以地志之例，兼及人文之载。山志之体，斯为备焉。[6]潮州韩山，陪县城之东，昌黎之所游观，诚斋于焉题咏。元明以还，兴造日众，亭庙馆榭，逦倚嶕峣，山水增灵，林泉获幸。于是谪宦游寓之客，洪笔丽藻之士，陟远寻幽，劘奇剔怪，镌铭木舌之舍，著句鸶鹥之章，洞宗涬溟，雕镵岩壑，瑰诡惠巧，吁何其盛！惜乎释地征文，犹未纂为专袠。虽司马有

① 《寰宇记·江南东道》引张充之《吴兴山墟名》。王象之《舆地碑记目》作张元之。又云晋吴兴太守王韶之撰。

② 《隋书·经籍志》有宋居士《衡山记》一卷。《南齐书·高逸传》：宗测曾游衡山，著《衡山记》。章宗源曰：《隋志》宋当作宗。按此书《文选·江淹杂体诗》注，《艺文类聚·地部》并引之。

③ 《御览·香部》引有竺法真《登罗山疏》。《寰宇记·淮南道》引有陶宏景《山图》。

④ 谢灵运《游名山志》，《文选》注、《艺文类聚》引之。又有《居名山志》，《水经·渐江水》注引之。

⑤ 《御览·州部》引有刘澄之《山川古今记》，《隋志》多永初二字。

⑥ 唐《王屋山志》、宋《赤松山志》，皆纲提领絜，而旁采人物文章，颇近地志之体。

韩祠沿革之考①，学正有东潮胜概之集②，而疏缺未备，研讨靡资，履绚何人，代之愧矣。予闲居多暇，稍事搜括，辄用剌陈编，访遗耇，搜残竭于废宇，揽奇迹于穷谷，采辑撰记，星纪一周，居然成卷。考是山北出黄田之岭，而南尽韩水之汇，峘岌之所居，广袤盖三十里，其峰有三十二，其湖有四，其村大小一十又三。岩窟之间，厥上唯壤，草木丛茂，山水明秀，故居民成聚。自宋以降，望族辈出，若桥东许氏、桃坑刘氏、东津薛氏、梁氏，皆子姓蕃茂，而各以科第文章，显烁于畿宇郡国。乃知是山之所为美，非唯由退之之留迹，亦其土居人士嘉德文采休曜英馥之召之也。故并采生长山间之名贤鸿哲，陈其行迹，著之于编。后之游览乎是山者，欲考韩公之遗事，征前代之耆献，其于吾书，或有取焉。

志为载事之书，故以事为类次，夫其综萃文献，义通乎传记；剬辑故实，例涉乎政书。条目浩博，辨析宜精。而志山川者又有图经之全例③，其于义类，自亦不容纷舛也。是书为编凡二：曰正编，曰副编。为类凡七，属正编者四：曰地理，曰胜迹，曰建置，曰人物。属副编者三：曰金石，曰文辞，曰撰著。正编者，盖史迹之记述，旨期证要，义取考实。副编者，盖志料之理董，则意存晐博，用资征验。正、副畛分，简繁斯别。实斋有言：欲经纪一方之文献，必立三家之学，仿纪传正史之体作志，仿律令典例之体作掌故，仿文选文苑之体作文征，三书相辅而行，缺一不可，合而为一，则尤不可。④夫山岩非朝廷州邑之比，自无律令典例之足征，而史料有实事载籍之分，固应示志书文苑之别。今师其意，略加变通，撮机要为正编，纳浮辞于副帙，判文事于两途，别资料于正志，义有师资，例匪臆创，谨论厥要略，觊与学者商榷焉。

是书分类之次第，盖有明晰之系统。兹试论之：夫物事发生，自然环境盖其因素。有地斯有物也，故首地理。地必增饰而后美，因人而后传，高贤兴建，时为名胜，学士咏觞，动成故实，故次胜迹。舆梁学舍，虽为州郡民人而设，亦是岩壑林泉之丽，故次建置。岳渎清淑，挺为英秀，扬厥善绩，足资推表；又卜筑寓贤，题咏游士，增美山川，亦宜彰著，故次人物。至若镌墨宝于贞石，发文藻于鸿笔，陈轶事于坟典，山岩文献，赖以有征，史料

① 郭子章：《韩公二祠沿革》。

② 刘琯：《东湖胜概集》。

③ 徐霞客：《鸡足山志》跋语。

④ 《方志立三书议》。

攸存，掇录宜备，故次石刻、文辞、撰著。昔徐霞客撰《鸡足山志》，标由天及人之旨，辨类至精，取义良善，今之编纂，实奉为圭臬焉。

此志弱冠所著，全书经乱沦失，不可踪迹；仅录序例，以存少作之一斑云。

原载《固庵文录》，台北，新文丰出版公司，1989

潮州韩文公祠沿革考

潮州之有韩文公祠，由来久矣。祠址迁建，不止一处。恽敬《潮州韩文公庙碑文》曰："潮州韩文公庙有二。其一在城南，宋元祐中，知军州事王涤始建，苏文忠铭之，今城南书院是也。其一淳熙中，知军州丁允元迁城南庙于城西（按'西'字当作'东'），即忠祐庙也。"[①] 余按城南书院、忠祐庙二祠，皆历年久而名著称者。

然前乎此之韩祠，盖别有刺史堂、金山、圣者庵三祠焉。考韩祠凡五迁，其初在刺史公堂后，宋咸平二年，陈尧佐始辟。郭子章云"陈文惠倅潮，辟王室东为祠"者是也。次迁于金山，至和甲午，郡守郑伸建，自为记泐石。王象之《舆地纪胜》所谓"金山有《韩山祠记》、《郡守题名》，并刊于石"者是也。又次迁于州城之南七里，郑昌时《韩江闻见录》谓为圣者庵故址。即恽氏所云"元祐五年王涤建，苏文忠铭之"者也。淳熙己酉，丁允元又迁于韩山麓。即恽氏所谓"忠祐庙"者也。元至正丙午，总管王翰以圣者庵故祠遭兵火，鞠为茂草，乃择地于城西南，前临方塘，后依小金山，曰大隐庵者迁焉。即恽氏所谓"今城南书院"者也。自刺史堂、金山、圣者庵三祠废，而忠祐庙与城南书院二祠，益为世所称。彼三祠者，遂无闻焉。是祠沿革，明郭子章曾为《韩公二祠沿革》一文以志之[②]，而语焉不详。恽氏《庙碑》仅

---

① 《大云山房文稿二集》卷四。

② 顺治《潮州府志·古今文章》。

称城南书院、忠祐庙二祠，且误合圣者庵、城南书院二祠为一，尤考之未周。是皆不足以尽悉是祠迁建之颠末。今剌取志乘，旁以碑记为证，撰成斯篇。俾留心粤东文献者，知所考览焉。①

宋元间韩祠之兴废

宋咸平二年己亥（公元999），通判陈尧佐，始辟韩文公祠于刺史堂正室之东。

陈尧佐《戮鳄鱼文》："乙亥岁（按：乙亥当作己亥。宋真宗元年为戊戌，尧佐倅潮，辟韩祠在二年，正为己亥也。乙己二字，形似易讹），余在潮州，建昌黎先生祠堂，作《招韩词》，载鳄鱼事以旌之。"②

《舆地纪胜》一百："陈文惠公为韩公祠，为文以招之，曰《招韩词》。"

《宋史》二八四《陈尧佐传》："通判潮州，修孔子庙，作韩吏部祠，以风示潮人。"

《广兴记》十九："韩公文庙，府治后。"

光绪《海阳县志·建置略》四："韩文公祠，即昌黎伯庙。宋咸平中，通判陈尧佐，始建于金山麓。苏轼《碑》中称'庙故在刺史堂后'。（按：苏碑原文作'刺史公堂'，此脱一'公'字。）刺史堂，即今镇署。其地后依山麓，当即指此。"③

按：郭子章《韩公二祠沿革》引《三阳志》称："宋咸平二年，陈文惠公倅潮，辟正室之东为韩公祠。"据此，尧佐辟韩祠，实在咸平二年。《海阳县志》仅云咸平中，盖未详也。尧佐所建之祠，据郭氏言，乃在正室之东。按正室即刺史公堂，苏轼《碑》所谓"庙始在刺史公堂后"者也。今合郭苏两氏之说观之，是祠址，当在宫署内公堂后座之东。顺治《潮州志》九："思韩堂在府治后，宋知州孙叔谨建。堂东亭曰'叠翠'，陈尧佐书。北曰'独游'，今废。"叔谨，宝庆三年知潮州，后尧佐二百二十余年。其筑思韩堂，或因尧佐韩吏部祠旧址。果尔，则吏部祠南宋时已废矣。

---

① 潮阳、揭阳、澄海皆有韩祠，兹所不论。

② 见乾隆《丰顺县志》八《艺文》，乾隆《潮州府志》四十一同。

③ 顺治《潮州府志》九："潮州府旧署，在金山之麓。通衢置堠，唐韩愈有《路旁堠》诗。"

又按：《古今图书集成·职方典》，顺治、康熙、乾隆《潮州府志》，雍正《海阳县志》，均云韩公祠在河东韩山，宋咸平中，陈尧佐始辟为祠。是以尧佐所辟韩祠，在韩山矣，甚谬。（后人碑记，如许锡龄康熙十六年《韩文公祠堂记》，谓祠在州东三里，韩山之阳，宋咸平中别驾陈文惠公尧佐建立，亦误。）

至和元年甲午（1054），郑知州伸建文公祠堂于金山。十二月为记刊于石。

《明一统志》八十："韩文公庙旧在金山。"

光绪《海阳县志·金石略》："《郑伸文公祠记》：'至和甲午岁，建文公祠堂。知州事郑伸、权监押史□、签判陈□[①]、知县欧阳景、推官雷应昌落成之，时十二月知吉记。'……右刻在金山南面独秀峰前。正书。谨案，《宋史·陈尧佐传》：'通判潮州，作孔子庙、韩吏部祠。'……郑伸所建，想沿其址。惟王汉以大中祥符间，始开金山，尧佐判潮，在咸平二年，核计岁月，尚在其前。当时金山榛莽未辟，或疑未必即有祠堂。然据苏文忠《碑》称：'韩庙旧址，在刺史公堂后。'刺史堂，今为总镇署，金山正在其后，王汉《金城山记》所谓'其地逼近廪库'是也。据此与《舆地纪胜》所载合。知苏《碑》所称故祠，盖即指此。特《舆地纪胜》称'韩山祠'，不称'文公'，差异耳。然《舆地纪胜》别载金山亦称韩山，象之宋人，论必有据。金山之称韩山，必以韩祠得名。则韩山祠，即文公祠，亦不足疑也。"

按：郭子章《韩公二祠沿革》引《三阳志》云："陈文惠倅潮，辟正室东为公祠，寻迁于金山。"是韩祠实初在正室之东，而后迁于金山也。按今金山有郑伸始建文公祠堂碑，则迁祠者，当为郑伸无疑。《县志·建置略》谓"尧佐所建韩祠在金山之麓"，又《金石略》谓"郑伸建韩祠，乃沿尧佐所建韩吏部祠故址"，说殊未当。余谓郑伸所建韩祠在金山，而尧佐所建者，则在刺史堂正室之东。与金山无关。郭子章所引故《志》，即其确证。而苏轼《碑》云："庙始在刺史公堂后，民以出入为艰。"其所谓"公堂后"者，当指官署内公堂之后座。以州治所在，故民有出入

① 此缺字，据《筑城碑》，当系陈应。《筑城碑》末云："圣宋至和二年乙未岁二月初吉，虞庠博士知郡事郑伸磨崖识之。侍禁权监押史职殿直监押师永安佐著签署判官陈应推官雷应昌。"碑初载吴《府志》九，其后林、胡、周各《志》并载之。

之艰也。王汉《金城山记》："金城距州治二百步，而闾阎占其南。"果如《县志》所言，则韩祠处山麓，已在郡署之外，民亦何致艰于出入？且王汉以大中祥符六年始开金山，而尧佐倅潮，则在咸平二年，先王汉已十四年。尧佐所建韩祠，果在金山，则王汉《始开金城山记》中，何无一语言及，是皆可证尧佐所建韩祠，与金山无关也。依上述地址及年代之辨证，知郑伸所建文公祠，非沿尧佐故址。又考尧佐建祠，在真宗咸平间，郑伸建祠，则在仁宗至和间。至和后于咸平，则尤为郑伸建祠金山，在尧佐辟正室东为祠之后之证。与郭子章所引故《志》"寻迁于金山中"事正合。

元祐五年庚午（1094），知州王涤迁城南七里。期年，庙成，苏轼撰《碑》。

苏轼《潮州韩文公庙碑》："庙在刺史公堂之后，民以出入为艰。前太守欲请诸朝作新庙，不果。元祐五年，朝散郎王君涤来守是邦……卜地于州城之南七里。期年而庙成。元丰七年（1084）诏封公昌黎伯。故榜曰昌黎伯韩文公之庙。"

《舆地纪胜》一百："昌黎伯庙。韩愈元和中，贬潮州刺史，至今庙食。皇朝元祐五年，封昌黎伯。庙旧在州后，今移水南。"

《韩江闻见录》卷九："志称：'宋知州王公涤，移刺史公堂后文公庙于此。'抑余又闻故老云：'王所建庙，在州南七里，今圣者庵也。后毁于火。'"

按：王涤，字长源，莱州人。元祐五年知潮州。[1]

又按：《王忠文公集》二十七有《寄曾潮州诗》，其题目略曰："曾潮州到郡未几，首修韩文公庙，次建贡闱，可谓知化本矣。"曾潮州者何人，集中既未明言，旧府县志亦不载。考十朋殁于乾道七年（1171）。[2]则此诗当为乾道七年以前所作。乾道七年前，潮州郡守曾姓者，有曾楷，

① 阮《通志》三百三十八《宦绩录八》、周《府志》三十三《宦绩》并有传。

② 汪应辰撰《墓志铭》云："乾道七年三月除太子詹事……三上章乞致仕，乃诏以龙图阁学士致仕。命下而公薨。"据是十朋之卒，正在乾道七年。

治平间任。[①] 曾造，乾道元年（1165）任。[②] 曾汪亦乾道间任，在曾造之后。[③] 楷，爵里及治绩无考。造，赣州人，其在潮政绩，惟顺治《潮州府志·官师部》载其曾建放生池而已。汪则以首创广济桥墩著名。三人者府县志皆无传。其修韩祠事，末由详悉。曾造，《放生池记》称“其莅兹邦政事条举，期年而治”。与此诗题所云“到郡未几，修韩祠，建贡闱，可谓知化本”者，颇相合。然遍检《忠文公集》，绝无与曾造往复之文。谓十朋所赠诗曾潮州为造，殊无确证。至于曾汪，则《十朋集》中有曾知郡汪答书二通。[④] 其一云：“昔游宦于乐成，最留心于乡校。”又云：“龙虎成名，功实归于常衮。”隐然以曾汪治绩比之常衮退之。虽不明言其书寄汪于何处，以是语推之，当为汪在潮州时十朋与往复之札也。唯汪在潮曾否重修韩庙，亦迄无实证。谨志疑于此，以俟博识者详考焉。

又按：诗题所谓“首修韩文公庙”者，当即指修王涤所创城南祠。盖其时韩山祠犹未建也。

宋淳熙十六年己酉（1189），知州丁允元始建昌黎祠于韩山。

郭子章《韩公二祠沿革》引古《三阳志》：“淳熙己酉，丁允元以溪东之山，乃韩公登览之地，手植木在焉，乃建庙于其地。”

刘克庄《潮州修韩文公庙记》：“淳熙己酉，丁侯允元又徙韩山，夷石为庙。”

《明一统志》八十：“韩文公庙……宋迁韩山，封文公为昌黎伯，赐额忠佑。”

按：丁允元，字叔中（一作牧仲），常州人。淳熙中，以忠谏谪潮州。[⑤]

---

① 见阮《通志·职官表》。

② 《放生池记》云：乾道乙酉，守臣曾造来守是邦。乙酉即乾道元年。

③ 周《府志·职官表》列曾汪于宋敦书之前。敦书，乾道七年任知府。据是汪任知府当在七年以前也。阮《通志·职官表》，汪乾道七年任广南东路转运使。疑汪即以潮州军州事转官转运使也。

④ 见卷二十及二十三。

⑤ 阮《通志》二百三十八《宦绩录八》、周《府志》三十三《宦绩》有传。

庆元五年己未（1199），知军州事沈杞建盍簪亭于州南七里韩祠故址。

光绪《海阳县志》二十六《古迹略一》："盍簪亭在城南书院。谨案，郭子章云：'沈杞即墟创亭。'其称曰墟，盖指州南七里之故址也。"

按：沈杞，字廷幹，常州人。《吴府志》四《官师部》有传。据阮《通志》十六《职官表七》，杞实于嘉泰年间知潮州军州事。

淳祐三年癸卯（1242）知州郑良臣因盍簪亭地，改祠堂，建斋舍，以课诸生，匾曰"城南书庄"。

郭子章《韩公二祠沿革》："淳祐癸卯，郑良臣以韩公有功于潮，书院独缺，相故地而开创焉。外敞二门，讲堂中峙，匾曰'城南书庄'，后堂匾曰'太山北斗'，公之祠在焉。"

按：郑良臣，福州人。淳祐二年（1242）任知州。（郭棐《粤大记》、阮《通志》二百三十八《宦绩录八》、吴《府志》四《官师部》、周《府志》三十三《宦绩》并有传。）

又按：黄佐嘉靖《广东通志·陈圭传》云："曾新原道堂，匾其前楹曰'书庄'。"顺治《潮州府志·官师部·陈圭传》亦云："修建原道室，署曰'书庄'。"是皆以匾"城南书庄"者为陈圭，与郭氏《沿革》所载异。

淳祐五年乙巳（1245），郡守陈圭即祠址建南珠亭。

顺治《潮州府志》九："南珠亭，宋太守郑厚建。"

光绪《海阳县志》二十六《古迹略一》："南珠亭，在城南书院。宋淳祐间，知军州事陈圭建，祠本郡九贤，取韩愈别赵德诗意而名。"

按：陈圭，字表夫，兴化人。（阮《通志》二百三十六《宦绩录》，吴《府志》四《官师部》，周《府志》三十三《宦绩》并有传。）

淳祐十一年辛亥（1251），郡守刘希仁以韩山之韩祠地湿屋老，捐俸倡修，属郡文学吕大圭掌其事。已而去官。

宝祐元年癸丑（1253）季秋，新庙落成。

刘克庄《潮州修韩文公庙记》：“淳祐辛亥，刘侯希仁……属郡文学吕君大圭修废，捐俸楮三千以倡。俄而刘侯去。众曰：‘役巨费阔且奈何?’会臬使吴侯燧，行部全侯昭孙至郡，各助楮三千；倅樊君应亨、海阳令王君衜翁各半之。仕于州与游于校者皆有助。吕君又裨以俸金。自门及奥，轮奂新美。柱若壁之用土木者，皆易以石。糜楮四万，以宝祐初元季秋落成。”

按：宝祐元年，新建韩山韩文公庙。据刘克庄《记》，倡修者刘希仁、佐其事者吕大圭外，尚有臬使吴燧、上阁外补全昭孙、临川樊应亨、温陵王道翁诸人。刘希仁、全昭孙，里籍俱无考，阮《通志》十六《职官表》七仅载其淳祐间曾知潮州军州而已。[1] 樊应亨，阮《通志》、周《府志·职官表》皆云抚州人，淳祐间官潮州通判。王道翁、吕大圭，据潮州西湖山石刻《陈炜题名》，皆清源人。吕又名圭叔，王又名宏道。（按：阮《通志》、周《府志·职官表》，宋海阳县令有王衡翁，宝庆间任。光绪《海阳县志·金石略》，宝祐甲寅（1254）《陈炜题名》按语云：“王衡翁，见阮《志·职官表》，惟载衡翁宝庆中知海阳县事。宝庆无甲寅，据此知甲寅乃宝祐二年。阮《表》误也，当从石刻订正。”按：《县志》卷九《职官表》一仍列衡翁于宝庆间，又卷三十三《列传一》，据雍正《海阳县志》，亦谓衡翁宝庆间任，修南堤，与按语乖忤。作宝庆者自是疏忽。以衡翁为知县当在宝祐年间，语甚明核。予按湖山原刻所署年号正作宝祐甲寅，而王衡翁乃作衜翁，《县志》作衡翁，实讹。《潮州西湖山志》亦依《县志》作衡翁，未能辨正。吴《府志》九录此题名作王道翁，道字不误。）至吴燧，旧志皆无考。此记可补其阙。

元至元十五戊寅（1278），州南韩庙，经兵燹后，亭院无存。二十一年甲申（1284），重建韩山书院，祀孔子及诸贤，而以韩祠附。

吴澄《潮州路韩山书院记》：“愈潮州刺史，其后潮人立庙以祀。宋元祐间庙徙州城之南七里……皇元奄有此土，室屋灰烬于兵。至元甲申，韩山书院重兴。即庙之故址，为先圣燕居，先师衮郕沂邹四国公侍，而韩子之专祠附。”

---

[1] 周《府志·职官表》有希仁而无全昭孙。

按：郭氏《韩公二祠沿革》云："至元戊寅兵火后，亭院无遗。迨廿一年甲申，复建书院，山长以一员主之。寻立夫子燕居室于公祠之前。"所言至元间重建韩祠之始末如此，而未言建者为何人。惟下文云："城南祠，元至元间，郡守王用文创祀。"则似建者为王用文。考《明史·陈友定传》，用文盖王翰，仕元为潮州路总管。周《府志·职官表》，王翰为潮州总管，在至正二十五年。郭氏以王用文为官在至元，实误。是说光绪《海阳县志》曾辨之。

泰定三年丙寅（1326），郡长亚中马合马，委教授何民先重建韩山韩祠。

郭子章《韩公二祠沿革》引古《三阳志》："淳熙己酉（1189），丁允元又迁于州东韩山之麓……庆元丁巳（1197）赐今额，己未（1199）进封公爵。泰定三年，郡长亚中马合马委教授何民先重建。"

按：亚中马合马。周《府志》无考，据此可补其阙。何民先泰定间潮府教授，见周《府志》三十一《职官表上》。

至顺二年辛未（1331）夏，总管王元恭（按：阮《通志》作允恭）**以州南韩祠营缮多缺，命韩山书院山长陈文子计其费，撤旧构而新之。五月经始，九月落成。三年壬申（1332）七月，临川吴澄为之记。**

吴澄《潮州路韩山书院记》："至顺辛未夏，总管王侯至。（按：此文录自光绪《海阳县志》三十一《金石略二》，查同书十九《建置略三》亦有些文，于此句下多"偕其长阿里涉、其贰师赖哈蛮协谋"十四字。）命山长陈文子计其费，爰撤故构，新韩祠燕居。位置相直，宽袤齐等。后有深池，广十丈许，备土实之，建构堂其上，匾曰'原道'……夏五月经始，九月落成。海阳县长忻都实董其役。"

郭子章《韩公二祠沿革》："至顺辛未夏，郡守王元恭议改创新祠，迁公像于燕居堂之后。以天水先生赵公德、文惠陈公尧佐坐堂上左右配享。两庑之东西，则以前代贤守王涤、李迈、丁允元、廖德明、郑良臣、林寿公、陈圭从祀，所以表有功也。书院之前，复创故南珠亭，祀本郡九贤，所以崇有德也。书院后有池，广十余丈，深亦丈余，复僦工填塞，建堂于其上，匾曰'原道'。堂之两庑，辟二斋，西曰'由道'，东曰'进学'，以为诸生肄习之所。董是役者，海阳宣差忻都、山长陈文子、直学郭宗苏。”

按：王元恭，字敬居，蠡州人。至顺二年为潮总管。[1] 忻都，大德间任同知。[2] 陈文子、郭宗苏，旧志无考。

又按：光绪《海阳县志》十九《建置略三》称，韩山书院，至顺四年总管王元恭拓建。考至顺止三年而已。《县志》谓四年殊误。

至正十二年壬辰（1352），城南韩山书院毁于火，祠亦废。

按：刘嵩《重建韩山书院记略》：“韩山书院，故在城南外七里许。至正壬辰火，遗址鞠草，名存实亡。”考王元恭所构韩祠，实在书院内，书院既毁，祠亦必废。

至正二十六年丙午（1366）冬十一月，总管王翰迁州南七里之韩祠于城西大隐庵。明年春正月落成，晋安刘嵩为记。由是州地七里之韩祠遂废。

刘嵩《重建韩山书院记略》：“丙午岁，灵武王公以江西省左右司郎中兼郡守事，追修故典，相其地非礼法之所，乃毁城西大隐庵而迁焉。经始是岁冬十一月，迄工明年春正月。”

顺治《潮州府志》九：“鸢飞鱼跃亭，元王朝建。正统三年，知府王源修。在韩山书院前。”光绪《海阳县志》二十六《古迹略》：“鸢飞鱼跃亭，在城南书院池中。元至正间，总管王翰建。戴希文诗：‘西郭云连沙树晚，前池风荐水花凉。’即谓此也。”

按：王翰，庐州独山人。至正二十五年（1365）潮州路总管。[3] 据刘嵩《记略》，王翰重建书院，赞之者有同知骆希仲，通判逯文约，推官周泌，经历黄庄、黄英，知事赵祐，教授林仕猷，太史元学宾戴世昌，山长吴期诸人。

又按：光绪《海阳县志》十九《建置略三》：“王翰迁书院于大隐庵，

① 阮《通志》二百四十一，《宦绩录十一》有传。

② 见周《府志》三十一，《职官表上》。

③ 事迹见《明史·陈友定传》、阮《通志》二百四十一《宦绩录十一》、周《府志》三十三《宦绩》。

在至正三十四年。”考至正仅二十八年，《县志》谓三十四年，殊误。

又按：郭子章《韩公二祠沿革》云：“城南祠，至元间，郡守王用文创。祀韩文公、赵天水先生、陈文惠公。”郭氏误王用文于至元仕潮，辨已见前，至称其创祀韩文公庙。光绪《海阳县志·金石略二》言：“其云创祀者，以由州城南始迁大隐庵始也。若仍故址，安得云创。”按：自王翰新建韩祠于大隐庵，而州城南七里之韩祠废。然大隐庵之祠，仍名城南，故人每与州南七里之祠混。

自此以后，潮州韩祠，仅有韩山、城南两处而已。

明以后韩山城南二祠之沿革

韩山祠

明永乐十三年乙未（1415），知府雷春、训导邓祐重修。

按：永乐十三年重修韩祠者，郭子章《韩公二祠沿革》谓为知府雷春、训导邓祐。然周《府志》二十五《祀典》，仅举雷春，而不及邓祐。阮《通志》三十一《职官表二十四》、周《府志》三十一《职官表上》，雷春，福建汀州人，永乐七年（1409）任知府。至明代潮州训导，无邓祐名。据郭氏文，可补其阙。

宣德二年丁未（1427），佥事顾立重修，教谕袁均哲记。

按：明宣宗二年（1427）重修韩祠者，郭氏《韩公二祠沿革》引古《三阳志》谓为顾立。考阮《通志》二十《职官表十一》，顾立，余姚人，监生。宣德元年（1426），任按察司佥事。郭氏又云，教授袁均哲作记。考袁氏《记》今无传。检周《府志》三十一《职官表上》、光绪《海阳县志》三十一《陈察附传》：均哲，建昌人，宣德五年（1430）任海阳县教谕。依是知袁氏以五年庚戌到任，而撰记当在丁未后也。

正统四年己未（1439），知府王源增修。海阳丞江仪凤建“泰山北斗”亭于庙前。八年（1443）四月，源撰记刊于石。

王源《增修韩祠之记》："正统元年（1436），巨飙作，挠韩祠。堂庑亭榭，瓦木尽拔，几成荒墟。源廓其规制，岑缉宫围，夷置阶阤。海阳丞江仪凤，又益'泰山北斗'亭于当途。"

按：郭氏《韩公二祠沿革》谓王源建祠，在正统己未。己未为明英宗四年。考王源撰记泐石，则在八年（1443），相去四年，据是王源盖于四年建祠，而八年始刻石记其事也。

又按：王源，字启泽，龙岩人。永乐二年（1404）进士，宣德十年（1435）知潮州。事迹具《明史·循吏传》、阮《通志》二百五十一《宦绩录二十一》、周《府志》三十三《宦绩》。江仪凤，开化人，正统间任海阳丞。[1]

天顺五年辛巳（1461），参政刘炜重修，并立韩文公祠石坊，自为记泐石。

刘炜《重修韩文公庙记》："今幸备员广东，得拜祠像……惜堂宇萧颓，门庭荒落，不能不为公所慨。少间，潮之缙绅，同知余佑、通判许纲、义官黄尚年、郭吾辈，闻余兴此，即罗拜于前，而曰：'存此举，佑等素心也，但未有倡之者耳。'于是城之耆彦陆英、陈鼎，郡庠生方舆，邑庠生戴明，咸率先以总其事，就各捐资鸠工。□日立石扁以表门楣，易栋梁以新堂殿，辟廊庑以便祀祭，重灰土以坚故基。复构旁所，以乐余享。"

《古今图书集成·职方典》一千三百三十八："天顺五年，参政刘炜立石坊，题曰韩文公之祠。"[2]

按：刘炜《记》称"立石扁以表门楣"，即《图书集成》所谓"立韩文公祠石坊"者。炜重修韩祠泐石之年，据碑记所载，为天顺五年辛巳，与《府志》同。惟郭氏《韩公二祠沿革》，独异其说，谓刘炜重修韩祠，为天顺壬辰（1472）。考英宗复位，改元天顺，自丁丑迄于甲申在位共八年。以干支之名，合年数推之，八年中，不应有壬辰。疑壬辰或为壬午之讹。盖炜立石在辛巳冬十二月，迟算一月，则为壬午。谓修庙在壬午，

① 见光绪《海阳县志》十《职官表二》。

② 顺治《潮州府志》三同。

说犹可通。

又按：刘炜，慈溪人。《明史》、阮《通志》三百四十四《宦绩录十四》、周《府志》三十三《宦绩》有传。余佑、许絅，旧志俱无考。

成化二十年甲辰（1484）御史徐瑁重修，侍讲江朝宗记。

翁方纲《粤东金石略》："苏轼《韩文公庙碑》，明成化二十年春三月重刻于石。提举广东市舶前翰林侍读学士古渝江朝宗撰记，叙重建祠宇刻石之事，云苏《碑》经兵燹倾圮，弗立二百年。"

按：徐瑁修庙，周《府志·祀典》不载。瑁，直隶永平人，进士。[①]江朝宗，字东之，四川巴县人。景泰辛未（1451）进士。[②]

弘治十七年甲子（1504），知府叶元玉重修。正德十年乙亥（1515），按察副使林廷玉记其事。

乾隆《潮州府志》二十五《祀典》："韩祠，宏治十七年甲子，知府叶元玉重修。"林廷玉《重修韩文公祠记》："正德四年（1509）春，余……以按察使董岭南学政。三月，抵潮试士。视学毕，谒文公庙，见其创制崇广……因叩孰惟是图，时张守时泽进曰：'前守叶廷玺也。'"

按：叶元玉，字廷玺[③]，福建清流人，成化辛丑（1481）进士。以户部郎谪潮州，《福建通志》有传。考周《府志·职官表》，元玉为潮州守，在弘治十三年（1500）。张时泽为守，在弘治十八年（1505）。[④]是元玉修此祠，适当其去官之年。

嘉靖二十五年丙午（1546），知府郭春震重修。

《古今图书集成·职方典》一千三百三十八："嘉靖二十五年，知府郭春震修，土垣易以石，额曰'泰山北斗'。"[⑤]

---

① 见阮《通志》十八《职官表九》。

② 事迹详阮《通志》二百六十《谪官录二·黄谏附传》。

③ 周《府志》误作廷璧。

④ 阮《通志》三十三《职官表四》同，惟张时泽误作张时济。

⑤ 顺治《潮州府志》七同。

按：郭春震修韩祠事，郭氏《韩公二祠沿革》、周《府志》十五《祀典》亦载之。春震，字以亨，江西万安进士。嘉靖二十四年任知府。周《府志》三十三《宦迹》有传。

万历三年乙亥（1575），副使金淛重修，郡人刘子兴撰记。县丞柴钲泐之于石。

郭子兴《重修韩文公庙碑记》："万历二年（1574），藩大夫松涧金公饬备于岭东，展竭公庙，瞻慕久之……遂檄郡县葺而新之。既逾年，讫工。郡守汪君属兴为记……其勤于程督，则县丞柴君钲。"

按：刘子兴此记，泐石之年，为万历三年乙亥，与郭子章所称乙亥正合。金淛，浙江东阳进士。万历元年（1573）任海防兵备道。[①]《记》中所称郡守汪君，其名宙，江西弋阳进士。万历二年任。[②] 柴钲，仁和人。[③]

万历三十七年己酉（1609），知府金时舒重修。林熙春撰记。

林熙春《重修韩祠碑记》："金公始欲专其力于韩庙，会藩臬入贺，以资望当行，乃属守陈公应堂、丞桂林杨君可成、别驾刘君昭、理豫章黎君道灿。相与协谋曰：'今日之事，民力竭矣，经费余实任之。第日入粤入虔，时不可失，谁与共此者？其惟良二千石及相君力也。'檄署邑令皖城阮君以临，宣令而布之民。仍与参车张文栋、□□□，父老林逢器□□役，自春三月经始，于五月讫工。自原道堂以及庙门，莫不坚完。自一览亭以及曲水，莫不爽垲。材无杂瑕，工无浮食。材无□绌，民无□劳。适金公虔旋，辄偕郡邑落之。"

按：金时舒，字邦泰，福建晋江人，进士。万历二十四年（1596）任潮州知府，后升海防分巡道。[④] 陈应堂，福建泉州南安进士。万历三十

① 见周《府志》三十一《职官表》。

② 见阮《通志·职官表》二十四、周《府志》三十一《职官表上》。

③ 见光绪《海阳县志》十《职官表二》。

④ 见阮《通志》三十三《职官表二十四》、周《府志》三十一《职官表上》。

六年（1680）任潮州知府。[①] 杨可成，临淮举人，任海防同知。黎道灿，南昌举人，任推官。俱在万历二十四、二十六等年。[②] 刘昭，字建明，四川富顺贡生。万历三十四年（1606）任潮州通判。[③] 阮以临，字象原，桐城人。万历三十六年，由普宁知县摄海阳令。林熙春《城南书庄草》云："岁在丁未（1607），古皖象原阮公以天子命来侯吾潮之普宁，戊申，摄海阳令。"考戊申为万历三十六年，而光绪《海阳县志·职官表二》谓以临三十七年（1609）任，与此异。以临，阮《通志》二百五十一《宦绩录二十一》、周《府志》三十三《宦绩》并有传。

崇祯三年庚午（1630），知府黄日昌捐俸重修。六年癸酉（1633）正月，自为记泐石。（据碑刻）

按：黄日昌重修韩祠，周《府志·祀典》不载。日昌，字源简，福建晋江进士。崇祯三年知潮州。阮《通志》三十三《职官表二十四》、周《府志》三十一《职官表上》、阮《通志》二百五十一《宦绩录二十一》有传。

顺治十四年丁酉（1657），知府黄廷献（按：周《府志·祀典》作廷献。《职官表》作廷猷，《职官表》误）**重修。而以唐进士天水先生赵德配享，列像于祠堂之左。**

康熙《潮州府志》三："顺治十四年，知府黄廷献修。吴颖题额曰'百世师'，仍于城南行祀礼。以天水赵德配享。"

按：黄廷献，辽东人。顺治十二年（1655）任潮州知府。[④] 吴颖，字见末，号茧雪。江南溧阳人。顺治十五年（1658）以刑部郎中出守潮州。[⑤]

---

① 并见阮《通志》、周《府志·职官表》、《潮州职官名记碑》。

② 见周《府志·职官表》、光绪《海阳县志》三十一《金石略二》。

③ 见周《府志·职官表》。

④ 见阮《通志》五十《职官表四十一》、周《府志》三十一《职官表上》。

⑤ 乾隆《潮州府志》三十三《宦绩》有传。施闰章有《潮州知府吴君墓志铭》，见《愚山文集》二十，又见《碑传集》九十。

又按：光绪《海阳志》二十《建置略四》“韩祠”云：“入国朝，在城南者，顺治十四年知府黄廷献重修。以唐进士赵德通判陈尧佐配。”以廷献所修祠为城南，殊误。

康熙十九年庚申（1680），知府林杭学重修。郡人曾华盖撰记刊于石。

曾华盖《重修韩公祠及广济桥碑记》：“潮有韩祠非一日……岁在丁巳（康熙十六年，1677），刺史果庵林公祖下车……以庚申秋捐吉鸠工，至今春告成。□□植之，蠹者易之，墉之圮者饬之，丹黝之漫灭者增饰之。自堂宇门庑，以及文昌阁曲水流觞之属，莫不次第修举。”

《古今图书集成·职方典》一千三百三十八：“康熙十九年，林杭学重修。祠故有官埔田地八十三亩七分，年带租银一十八两二钱，坐饶平县漳溪社金屋厝岭等处，又守邑魏绍芳捐俸一十五两，邑人翰林杨钟岳捐俸十二两，买揭阳县杨钟元户内下田七十一亩。年带租粟七十石，官民米二石零八升，坐落盘溪都大白寨等处，为每年香火之资。”

按：魏绍芳，直隶文安举人，康熙三年（1664）任巡道。[①] 林杭学，字宇武，江宁人，康熙十六年知潮州。[②]

又按：钟岳有《募韩祠缘田序》称：“丙午冬（康熙五年，1666）与当邑缙绅，各捐资，卜吉，再塑再修之，使僧董其事。”是为韩祠驻僧之始。

康熙三十四年乙亥（1695）仲秋，巡道鲁超题“功不在孟子下”一额于庙内，今尚存。

按：鲁超，号谦庵，会稽人。副贡生，康熙三十一年由通政出为惠潮道。后擢广东布政使。[③]

同年，知府张克嶷以祠为僧典守，不合儒道，乃易民人。嗣以民不谨，逐去，仍属之僧。

---

① 见周《府志》三十一《职官表上》。

② 阮《通志》二百五十八《宦绩录二十八》、周《府志》三十三《宦绩》有传。

③ 阮《通志》二百五十六《宦绩录二十六》、周《府志》三十《宦绩》并有传。

乾隆《潮州府志》三十三《宦绩》："克嶷由庶常历部曹知潮州府事。始至，谒昌黎祠。有僧来迎，询为守者。笑曰：'昌黎有灵，岂能容此。'立驱之。"又二十三《祀典》："祠初招僧典守。康熙年间，知府张克嶷易民人。嗣以不谨，逐去，仍属之僧。"

按：张克嶷，字伟公，山西闻喜进士。康熙三十四年知潮州。[①]

四十六年丁亥（1707），大中丞范时崇重修。十月，潮州知府江都许锡龄将去任，撰《韩文公祠堂记》泐于石。

按：大中丞范公重修韩祠事，仅见许锡龄撰《祠堂记》，他书皆不载。范时崇，奉天人，康熙四十五年（1706）任巡抚。[②] 许锡龄，江苏江都人。岁贡生，康熙四十五年任知府。[③]

雍正十二年甲寅（1734）秋八月，知府渝州龙为霖于羊城得退之书《白鹦鹉赋》，归而摹泐于是祠之东壁。

按：龙为霖，字雨苍[④]，四川巴县人。雍正十年（1732）任潮州知府。[⑤]

乾隆二十四年丁丑（1759），知府周硕勋重修。徙祠内大士像于祠左，以康进士赵德、宋知军州事丁允元、通判陈尧佐、清学使惠士奇配祀。重立苏轼撰《韩文公庙碑》，惠潮嘉兵务道梁国治书字。

乾隆《潮州府志》二十五《祀典》："僧于祠左奉大士像，朔望妇女焚香络绎。知府周硕勋、运同马兆登、知县金绅佥议建小庵于山麓，徙大士象居之。"[⑥]

---

① 阮《通志》二百五十八《宦绩录二十八》、周《府志》三十三《宦绩》并有传。方苞有《潮州知府张君克嶷墓表》，见《望溪集》，又见《碑传集》九十八。

② 见阮《通志》四十三《职官表三十四》。

③ 见阮《通志》五十《职官表四十一》、周《府志》三《职官表上》。

④ 见《雨村诗话》十一。

⑤ 阮《通志》二百五十八《宦绩录二十八》、周《府志》三十三《宦绩》有传。

⑥ 依据光绪《海阳县志》大士庵虽徙，仍在韩祠左。

按：周硕勋，湖南宁乡举人。乾隆二十一年由廉州府调任潮州。[①] 马兆登，乾隆间盐运使司运同。金绅，字尔佩，浙江山阴人，举人，乾隆二十一年任海阳县知县。[②]

嘉庆二年丁巳（1797），海阳县令韩异又葺治之。

按：恽敬《潮州韩文公庙碑文》云："潮州韩文公庙有二，其一在城南……其一淳熙中，知军州丁允元迁城南庙于城西，即忠佑庙。自前明至本朝，春秋祀事，皆行于城西。嘉庆二年，知海阳县韩君异葺治之，阳湖恽敬为碑文邮之潮州。"韩异修韩公祠，府县志并失载，今据恽氏《碑文》补入。

十六年辛未（1811），知府温承志重修韩文公祠之门额（据碑刻）。

按：温承志，山西太谷人。贡生，嘉庆十一年（1806）任潮州知府。[③]

道光二十四年甲辰（1844），海阳县知县史朴重修。[④]

按：史朴，直隶人。进士，道光十七年（1837）任知县。[⑤]

光绪十三年丁亥（1887），广东总督张之洞巡潮，檄知府巴陵方功惠动帑大修。移祠左大士庵于山坡，拓宽界址，而翼以亭阁，山麓架石桥以便往来。其规模瑰丽倍于昔。[⑥]

---

① 见阮《通志》五十《职官表四十一》、周《府志》三十一《职官表上》。

② 光绪《海阳县志》三十三《列传二》有传。

③ 见阮《通志》五十《职官表四十一》。

④ 光绪《海阳县志》二十《建置略》。

⑤ 见光绪《海阳县志》十一《职官表上》。

⑥ 光绪《海阳县志》二十《建置略四》。

二十八年壬寅（1902），方功惠撰《记》，书而刊诸石上。

民国十五年（1926）五月，潮安县长刘侯武募千金重修。韩山师范学校校长惠来方乃斌撰《记》，广东省教育厅厅长许崇清刊于石。

十八年（1929）二月，韩山师范学校校长将祠改建为附属小学，辟教室二，办公室、成绩室各一间。

二十五年（1936）四月，潮安县长辛煌桥恢复祀典，定岁春秋分后三日致祭。广东民政厅厅长林翼中作《记》，刊于石。

城南祠

明永乐间，指挥赖洪重修。增塑宪佥梁公像。

《韩公二祠沿革》：“永乐甲申，增塑宪佥梁公像，指挥赖洪重建。斯院前有池亭，扁曰‘鸢飞鱼跃’。”

《献征录》：“梁观没于官，潮人哀思之，塑像韩山书院祀之。”

按：韩山书院即城南祠[①]，梁观，永乐十六年为广东按察佥事，分巡潮州。[②]《沿革》谓永乐甲申塑梁公像，甲申乃永乐二年，时梁公犹在。疑甲申为甲辰之误，盖永乐二十二年也。

正统三年戊午（1438），知府王源重修书院前“鸢飞鱼跃”亭。[③]

天顺七年癸未（1463），参政龚毅市地拓之。[④]

嘉靖间，教谕陈察建原道。邹守益为《记》。

邹守益《记》云：“虞山陈君，原习自太常卿贰，谪署海阳县之教事，恻恻思进诸士于道……乃请于前郡守山阴王君袍，深以为然。始与郡丞萧君世

① 吴澄《韩山书院记》云：“取城东之韩山，以号城南之书院。”此城南书院名韩山之故。

② 阮《通志》二百四十五《宦绩录十五》，周《府志》三十三《宦绩》并有传。

③ 顺治《潮州府志》九。

④ 《韩公二祠沿革》。

科、郡倅陈君硕，计赀庸而授厥事。既先后代去，功未用就。今郡守莆田丘君其仁继至，亟谋诸郡丞，刘君秉鉴，力图厥终。胥相葺祠宇，复侵田，以树风声。鼎建原道堂，辟斋舍，以居诸士。”[①]

按：城南祠自元王元恭拓建，仍旧为韩山书院。吴澄《记》云：“建堂其上，扁曰‘原道’。两庑辟斋舍，馆诸生。”则陈察之建原道堂，盖沿前规。陈察，常熟人，海阳教谕。王袍，字子章，浙江山阴进士，嘉靖二年任知府。邱其仁，字主静，福建莆田进士，嘉靖九年任知府。刘秉鉴，安福人，嘉靖间同知。陈硕，晋江举人，嘉靖间通判。并见周《府志·职官表上》。萧世科，无考。

万历五年丁丑（1577），巡道副使夏道南重修后堂，曰“明经馆”，潮阳林大春书。[②]

按：夏道南，余姚进士。万历五年海防分巡道。[③]

十一年癸未（1583），知府郭子章重修，名堂曰“浩然堂”。

《韩公二祠沿革》：“城南祠，虽集诵读，裂为蓬荜。予守潮，命海阳典史林汝瀚督工修葺，以光俎豆……查匿田八十四亩，上之巡道副使郑公岳，批发祠中。并祠前塘租，永为修葺之资。郑公来祀，扁其堂曰‘三代遗英’（对联不录）。后仍为明经馆，子章扁其堂曰‘浩然堂’（对联不录）。浩然堂左右官房，为斋宿所。前门内贮二碑：一刻苏文忠公手书《韩庙记》，元总管灵武王那木罕立，碑阴刻元至正丙午《重修韩山书院记略》，晋安刘嵩记，张泰书。一刻吴临川澄《韩庙记》，碑阴刻文信国题双忠庙《沁园春》。门前仍扁‘韩文公祠’，门外新砌屏扁曰‘泰山北斗’，潮阳林大春书。庙中原有文公并赵天水二土像，子章以其似浮屠，敬为藏之，易以木主。”

按：子章，字相奎，泰和进士。万历十年，任潮州知府。[④] 郑岳，山

① 康熙《潮州府志》十二《艺文》。
② 《韩公二祠沿革》。
③ 见周《府志·职官表上》。
④ 周《府志·宦绩》有传。

东长乐进士，万历九年海防巡道。林汝瀚，福建侯官人，万历十二年海阳典史。[①] 栽潞《藤阴杂记》载：京师土地神，俱祀韩愈。赵瓯北有《谒祠长歌》，句云："幸未改塑浮屠像。"注："潮州有公像，作浮屠形。郭青螺易以木主。"即本此文。

清顺治四年丁亥（1647），署巡道曾弘重建。[②]

《韩江闻见录》："城南书院，国朝顺治四年巡道曾公宏，又题额曰'昌黎过化'。"

康熙十二年癸亥（1683），巡道仇昌祚、知府林杭学重修，改明经馆为原道堂。昌祚为《记》。[③]

仇昌祚《重建韩文公祠原道堂碑》："潮州府韩文公祠后，旧有'明经堂'一匾，藏久颓圮。数十年来，无复议及修举之者。予奉简命，监守是邦，奋然起修复之志。检涩囊得若干缗，兼谋诸府县同志，共得若干缗。卜日兴工，起于某，竣于某。落成之日，乃更'明经'之旧名，而易以'原道'之新额，盖因韩子之有原道论也……爰伐贞珉，揭诸亭表。"[④]

按：昌祚，山西曲沃贡生。康熙十八年由同知升巡道。

嘉庆三年戊午（1798），知府韩义重修。[⑤]

按：韩义，乾隆五十五年知海阳县[⑥]，后升知府。[⑦]

又按：康熙三十年，巡道史起贤于城东蔡梦悦祠别建韩山书院，城南祠之韩山书院遂仍名城南，专为海阳生童肄业之所。院凡三楹，前为文公庙，中为讲堂，后祀文昌。同治十年，巡道张铣重修书院。光绪二十七年，奉文改为学堂。[⑧] 入民国，改为县立第一小学校。庙祀日废。

---

① "瀚"字，周《府志》、《海阳县志·职官表》皆作"翰"。见周《府志·职官表》上。

② 康熙《潮州府志》三《学校》。

③ 光绪《海阳县志》十九《建置略三》刊于石。

④ 康熙《潮州府志》十五《艺文》。

⑤ 光绪《海阳县志》二十《建置略四》。

⑥ 见《凤台记》刻石。

⑦ 光绪《海阳志》三十三有传。

⑧ 见光绪《海阳志》十九《建置略三》。

附录一　韩祠著述考

叶氏性谈氏伦《韩祠录》三卷[1]

未见　（道光《广东通志》一百九十《艺文略二》注曰“存”）

《四库全书总目》六十《史部传记类存目二》：“《韩祠录》三卷。浙江巡抚采进本。明叶性、谈伦同编。性里籍未详，官潮州府同知。伦，上海人，天顺丁丑进士，官至工部右侍郎。然是编前有翰林院检讨盛端明《序》，称性编《录》未成，以述职北上。伦时为潮州知府，因续成之。考书成于正德甲戌，上距天顺丁丑已五十八年。且作《序》之端明，为弘治壬戌进士，上距天顺丁丑亦四十六年，与伦似不相及。即伦老而尚序，亦不应七八十岁尚为知府，后乃忽至九卿。疑为别一谈伦，名姓偶同也。其书首载韩愈道像，及韩山书院、鳄鱼、韩木诸图。次《唐书》本传，及愈谪潮州时所作诗文。次记祠制、祭仪，乃后人碑记、诗赞。末载赵鼎《得全书院记》、陆秀夫《马发祠记》，以皆在潮地，故并录之。其《南珠亭记》一篇，则又以潮之人物代兴归于愈云。”

按：此书《四库提要》据盛端明《序》称，叶性编《韩祠录》未就，谈伦续成之，因题叶性、谈伦同编。道光《广东通志》及光绪《海阳县志·艺文略》，亦皆以叶、谈著录。今从之。叶性，闽县举人，正德间潮州府同知。谈伦，四川邻水人，正德八年潮州府知府。并见乾隆《潮州府志》三十一《职官表》。此之谈伦，与《四库》所称天顺丁丑进士之谈伦，姓名同，而实各为一人。

又按：黄虞稷《千顷堂书目》八《史部》有谈钥《韩祠录》六卷，又《附录》一卷。著者姓名，称谈钥，而不及叶性，与《四库》异，而卷数亦不同。二书或不类，惜未见其书，莫能详之。虞山钱曾《述古堂藏书目》三，有《韩祠录》六卷，不著撰人名姓。疑即《千顷堂书目》所收者，但阙《附录》一卷。又钱谦益《绛云楼书目》一亦有《韩祠录》，不详撰人及卷数，未审即此书否。

---

① 光绪《海阳县志》二十九《艺文略》。

王氏思《韩祠录》

未见

郭子章《韩公二祠沿革》："韩祠有二，一在河东韩山，一在城南……二祠沿革，近志未备，即王翰林思《韩祠录》亦未载。"

按：据郭子章《韩公二祠沿革》：《韩祠录》叶性、谈伦所编外，尚有王思撰。王思，正德九年以言事谪潮州三河驿丞。谈伦则正德八年为潮州知府。二人官潮州，年相接。似王思《韩祠录》，即谈伦所编者，与《四库》著录同书。考《四库》称谈伦续编叶性《韩祠录》，成书于正德甲戌为明武宗九年，亦即王思谪三河之年。时王思初到官，谓其即为知府编纂未完之书，亦足成理。果尔，则《韩祠录》盖历叶氏、谈氏、王氏纂辑始成。然郭子章《韩祠沿革》，举此书著者姓名，不曰叶性，不曰谈伦，而曰王思。岂仅举完编者姓名，而略始编者与？今姑两存，用俟再考。

郭氏子章《韩公二祠沿革》

存

此文初见载于顺治《潮州府志》十二，其后各府县志皆载之。乾隆《潮州志》四十一录此文，多删节。题作《韩祠沿革》，盖简称也。文颇长，其末附载《告韩公文》并韩祠田塘租谷，殊嫌冗蔓。惟屡引及《三阳志》。不特宋元间韩祠建置事迹，赖以有征，即久沦之古志，亦藉以尝其一脔，则不能谓无裨于考史也。

附录二 韩亭考

韩亭，旧址为揭阳楼，唐韩昌黎登览地，梅宛陵所谓"更寻贤侯迹，书上揭阳楼"是也。[①] 俗呼为侍郎亭。[②] 或以其在韩山上，称韩山亭，又简称韩

① 《送胡都官知潮州诗》。

② 《舆地纪胜》一百。

亭。[1] 咸平二年，陈尧佐倅潮，登韩山，有诗曰："侍郎亭下草离离。"似咸平中是亭犹在。大中祥符三年，王汉为潮州军州事，重辟金山，自为《记》云："韩公曾即此山为亭，以便游览，人呼曰侍郎亭。今亭已久坏。"明亭已自大中祥符间颓圮矣。《明一统志》称："韩亭元延祐中张处恭建。"然宋孝宗时，杨诚斋有《题韩亭诗》。溯此而上，哲徽之际，刘允有"惆怅昌黎去不还，小亭牢落古松间"句（允绍圣四年进士，故云哲徽间人）。是亭自王汉之后，废而复兴者屡。至元延祐，又有修造之举。刘子兴《重修韩庙记》："庙左有亭曰侍郎，宋景炎间毁于兵燹。"似此亭在景炎前尚存。郭氏《韩祠沿革》引古《三阳志》言："元至正甲申，郡守张弼建思韩亭，知事张宗元记。"阮《通志》曰："韩亭亦名思韩。"是韩亭至正（1341—1368）间又有修建矣。自明以来，废兴莫由详考。清乾隆时，亭尚存。郑昌时《侍郎亭诗》注："亭在韩祠左，多木棉花。"其胜概可知。同光之世，亭又鞠为茂草，迄今竟无修复之者。

按：《纪胜》一百云："韩亭在州衙。"别有"侍郎亭"条云："侍郎亭在州东山，又曰韩亭。"是宋时名韩亭者，有二也。

又按：阮《通志》云："韩亭亦名思韩，后人沿讹有谓思韩堂在东山者，然亭与堂有别也。"按：思韩，堂名，见《舆地纪胜》所引《潮阳旧图经》，盖北宋时建者。

附录三　韩木考

韩木为韩祠一胜迹，潮州八景有韩祠橡木之名。今木已朽矣，而州人想慕者，久而弥殷。今辑录前贤记载于此，以存故实。其词赋歌咏，详见鄙著《韩山志》中，兹不具。

（一）潮东山有亭，唐韩文公游览所也。亭隅有木，虬干鳞文，叶长而傍棱。耆老相传，公所植也。人无识其名，故曰韩木。旧株既老，类更滋蕃。遇春则华，或红或白，簇簇附枝，如桃状而小。每值士试春官，邦人以卜登

---

[1] 顺治《潮州府志》、郭子章《沿革考》云："唐韩愈刺潮之日，尝建揭阳楼。故《图经》以为今之韩亭，即其地，是必有据。"

科第之祥，其来旧矣。绍圣四年丁丑，华盛，倾城赏之。未几，捷报三人，盖比前数多也。继是榜不乏人，繁稀如之。最盛者崇宁五年、宣和六年也。今不花十五载，人材未遇，或时运适然。[①]

按：此文撰者，顺治《潮州府志》十二、雍正《海阳县志》十一皆作王大宝。康熙《潮州府志》十二，误“宝”字为“宾”。其后雍正、乾隆二《府志》及《古今图书集成》，皆沿其讹。予别有考证，详《潮州艺文志》卷十一“王元龟遗文”条。绍圣四年进士，海阳三人，张参、刘允、陈洵仁；潮阳二人，杨献章、陈仲达。崇宁五年进士，惠来三人，林经国、郑民宪、夏侯履道；海阳一人，郭瑶臣。至宣和六年进士，海阳二人，刘昉、张希傅；饶平一人，张昌裔。[②] 王尚书所谓登第最盛之崇宁五年、宣和六年，今可考者，不过兹数人而已。

（二）韩文公曾即东山为亭，以便游览，人呼为侍郎亭。渡恶溪，陟峻岭，嘉葩美木。亭已久坏，惟一树独存。[③]

（三）韩木，《图经》云：邦人以此卜登第之祥。其奏名多寡，视瑯花之繁稀。有无亦如之。[④]

（四）潮州韩文公祠，有异木，世传退之手植。去祠数十步，种之辄死。有题文公祠者，云“韩木有情春谷暖，鳄鱼无种海潭清”者是也。[⑤]

（五）昌黎韩文公谪潮州守，从乡中带一木种，栽之潮州隔江山中。其叶厚而长，开花，白如柑橘实，人称之曰“韩木”。宋时科举年，潮士每以此觇科举之事。开一花则次年一人登第。开五七花，则五七人登第。此亦可谓之瑞木也。[⑥]

（六）予尝校士（韩）山祠，求韩公手植木不可得。今山中橡树，特其所遗种耳。详子章《韩山校士录序》。序曰：“癸未秋月，予偕二三僚友，苍梧何君、石门梅君、滇南王君，聚诸文学诸生，讲业韩山之阳。日亭午，振衣

---

① 王大宝《韩木赞》节录。

② 俱见周《府志》二十六《选举表》。

③ 王汉：《金城山记》。按：此树即韩木。

④ 王象之：《舆地纪胜》一百。

⑤ 周紫芝：《竹坡诗话》。亦见李调元《南越笔记》卷四、《图书集成·职方典·潮州府外编之三》。

⑥ 《夷坚续志·后集》二。

山椒，求《志》所称韩木，不可得。予惟鲁桧秦松，今尚蓊翳，岂唐之枝而潮独遗？稍倦，坐翠微。父老折木枝，并进其实。予熟视，橡也。以视三君，三君曰：'橡也。'橡凡植，在在著地，潮人何神其名曰韩木？且韩子奚取焉？父老曰：'不然。潮无橡，橡始韩子。韩枝橡兹山，移其种之地，不橡也。故名曰韩木。木花于春，簇簇附枝而桃，邦人以卜科举兴衰。'"[①]

按：此文见顺治《潮州志》十二。《校士录序》，见乾隆《潮州府志》四十《艺文》。考林熙春《谭艺录序》曰："忆壬午、癸未之间，先师郭司马守潮，曾镌《韩山校士录》。予实《录》中爨下桐也。"[②] 壬午、癸未为万历十年、十一年，即子章知潮之年。

（七）唐昌黎韩公，以刑部侍郎谏迎佛骨谪岭南，为潮州刺史。既去，潮人祀公于郡城之东江浒山麓，有祠在焉。祠之中，轮囷盘屈，老干而无枝者，又有木存焉。迄今阅千百年，潮人于橡树之苍苍矗矗，如虬龙之攫拏而不可方物者，名为韩木。相传斯木为韩公刺潮时所手植，故不曰橡木，而曰韩木也。[③]

（八）潮城之东有双旌峰焉。峰之下，有树一株，曰橡木。桃其花，而红白。并簇簇附枝，郡人以之卜科名。峰为韩公刺潮故游处，木乃公所植。潮人不忘公，故号其峰曰"韩山"，木曰"韩木"。闻乾隆甲子岁，橡木花稠，是科潮人科甲特盛。今存古迹。有故干盈尺，且化石，作漆光色。为大埔李明经诗捷所取，略作立体，奉为韩公像。庚午辛未，余司事重建韩山书院及修公庙于双旌峰麓。李拟以此木奉于院中书楼，题为橡木楼。以闻当道，未果行。李尝属余题咏，余有句云："花开八代文章丽，干倚南天星斗高。"盖据其花繁以符者为言，又云："飘香几阅科名盛，化名不知霜雪深。"则纪故干之实也。[④]

（九）橡久不花。乾隆九年，岁次甲子，花忽盛开。或红或白，簇簇附枝。士民欢忭，咸称文明之兆。是科中谢文在第二十人，国朝乡榜以甲子

① 郭子章《韩江韩山韩木》篇节录。
② 文见《城南书庄草》七。
③ 张昭美：《韩木记》。按：文见雍正《惠来志》十八《艺文中》。
④ 郑昌时：《韩江闻见录》一。

为最。[1]

按：此事周《府志》、光绪《海阳县志·前事略》并载之。谢文在二十人，俱详周《府志》二十七《选举表下》。

原载《潮州丛著初编》，广州，广州市立中山图书馆，1938

① 林大川：《韩江记》一。

郝尚久《潮州溪东关圣帝庙碑记》跋

清初郝尚久立溪东关圣帝庙碑，在韩山麓猛虎岗下关帝废庙内。高五尺一寸，广二尺八寸，篆额曰“鼎建潮州溪东关圣帝庙碑记”。横列双行，行六字，字大二寸五分，无题目。碑文凡十六行，行三十二字，字大一寸一分，正书。四十年前所见，碑尚卧废址蔓草中。

道光《广东通志》、光绪《海阳县志·金石略》，郝氏此碑俱失载。碑中所记，足资考证者有三事：

（一）郝尚久之籍贯。尚久事迹，顺治吴《府志·兵事》，乾隆周《府志·征抚》，曾著其事，而语焉不详。温丹铭先生《明季忠逸传》为立专传，惟于尚久之籍贯出身，略而勿道。此碑末署古汴，乃知为河南人。据《明清史料丙编》，顺治四年五月，“两广总督李成栋揭帖”，载尚久初隶成栋麾下，与杨大甫、张道瀛、梁得胜、闫可义、张月俱为栋协副总兵，入闽转战广东。此其出身之可考者。又《东明闻见录》，《行在阳秋》，尚久均作“尚文”，据此碑可勘正“文”必为“久”字误。

（二）陆振芬任惠潮道之年代。是碑言徙关帝庙之议，出于兰翁陆公。陆翁即惠潮道陆振芬，《碑传集》七十八王昶撰《振芬传》云：

> 振芬字令远，顺治六年进士。会两粤未平，廷议破格用人，令随大兵进讨，振芬奏对称旨，特命为惠潮巡道。是年十二月，师克南雄；七年三月度大庾岭抵韶州府，巡抚李栖凤倾兵倚毗，……同总兵郭虎等，

由省城至惠州府，剿抚归善海丰诸寨，……至海丰，薛进抗守不下，振芬与镇兵驻五坡驿，总兵班某兵亦自羊蹄岭合攻之，两日城遂下，……八年抵潮州任。[1]

据是，振芬虽于六年受命为潮道，至八年始莅潮就任也。

（三）至所言龙翁班公，即班志富。顺治吴《府志》卷七“平远寇变”条记：“顺治八年冬十一月，班志富徇镇平县，赖其肖降，从征平远。”又“郑成功之变”条云：“（顺治）八年春闰二月，总兵郭虎帅兵至，群盗遁去，时巡道陆振芬、知府薛信辰以次。……五月，郭虎之广州，以总兵班志富代之，……十年五月，以郝尚文（久）乞援至。……”乃知碑文所记之班公，当即为总兵班志富。

此碑署辛卯仲冬，即顺治八年（1651）。光绪海阳《卢志》以其年代浅近，不加收录。记往年曾过洛阳关林，知关圣祀典，自明以后益隆。清人入关，崇奉更甚。顺治二年乙酉五月甲午，遣官祭关帝君。[2] 三年复祭[3]，流风所被，郝尚久以顺治六年己丑镇潮，亦复重修关庙。此碑文向曾录存于行箧中，原石已不可踪迹，故附于后，以备乡邦征文考献之助云。

附：郝尚久《潮州溪东关圣帝庙碑记》

关圣有言：日在天之上，心在人之中。迄今天下学士大夫，以至妇女孺子，类能尊而敬之。盖精诚所郁，金石矢坚，历始卒如新者，总不以间关废兄弟，不以离乱废君臣；此其所以英雄直诣圣贤，亘古而犹神也。予介胄从戎，二十有载，所至必尸祝圣容，其峙如者山岳，澄如者川流，炳如者日月星辰矣。己丑春，奉简命镇潮；潮之中，有山魑木魅，啸雨啼烟，凭阻播虐于潮区，匪朝伊夕。今仗神庥，渐次而扑灭之，无烦再讨。是岁夏，有揭之白塔，仍为丑逆哨聚，敢抗颜行，予乃卒所部协援剿灭，龙翁班公，大举直捣其穴，俾无噍类，人心加额，从今可安枕也。因见关圣宫宇，能遍寰区，岂复与寇地竞此一坯之土。虽然，在天之灵，不临恶坏，而贞淫淑慝之别，

① 亦见《春融堂集》，阮《通志》二百五十六《宦绩录二十六》、《清史稿·列传三十四》有振芬传。

② 《世祖章皇帝实录》卷十六。

③ 同上，卷二十六。

肯效泰山于林放哉？遂与共事班公、兵使者兰翁陆公，议徙庙于溪东韩山之麓；苍翠接眉睫，而斐亹于虬龙虎豹间，庶几神得所栖依焉。佥怂恿曰善。于是鸠工庀木，廓庑咸备，土木征费，不劳公帑；庶民子来，阅月而庙貌告竣。呜呼，余不敢独攘己功，而凡有至心者亦能求。日在天上，心在人中，一念精诚，可质关圣而勿忒。后之君子，顾瞻庙庭，即当计靖乱安民，思所以垂不朽者，尊而敬之，更求而光大之可也。予武人，曷能文？特一言勒石竖之，以示永永。记落成月岁，辛卯仲冬吉旦，钦命镇守潮州等处地方总兵官，古汴郝尚久撰记，督造副中军楚黄张士奇书勒。

原载《大光报，方志周刊》第九十五、九十六期，汕头，1948

恶溪考

恶溪为韩江旧称。所指地域，叠有变迁。昔为全江之总名，今为支流之专号。苟不讨其别，将无以明其实。故特草成此篇，究心粤东地理者可考览焉。

韩江上下游之水，古曰恶水，又名恶溪。

《太平寰宇记》百六十《岭南道》："梅州程乡县恶水，即州大江，东流至潮州出海。其水险恶，多损舟船。水中鳄鱼，遇江水泛涨之时，随水至州前。"

柳宗元《愚溪对》："予闻闽有水，生毒雾厉气，中之者温屯呕泄。藏石走濑，连盘麋解。有鱼焉，锯齿锋尾而兽蹄。是食人，必断而跃之，乃抑噬焉。故其名曰'恶溪'。"①

《清一统志》三百四十四："韩江，……亦曰'恶溪'。唐韩愈《潮州刺史谢表》云'过海口，下恶水，涛泷壮猛，难计程期'是也。"

按：韩江上游曰"汀江"，自福建入境，至大埔三河坝，合梅县之梅溪，始名韩江。柳宗元所谓闽有水名曰"恶溪"，盖指汀江而言。乐史所谓程乡恶水，东流至潮州出海，则合梅溪及韩江下游而言也。宗元唐人，乐史宋人，是唐宋时韩江上下游统称为"恶水"矣。

① 《柳柳州全集》四。

以地产鳄鱼，或称为鳄溪。

《舆地纪胜》一百《潮州·景物上》："恶溪有鳄鱼，韩退之作文逐之。陈文惠公尧佐网得，为图记其状。"又《纪胜》一百《潮州·景物下》："鳄溪以鳄鱼得名，旧传为恶溪。"

其水处潮汀之交，下流滨海，上据万山，地势险恶，舟行甚苦。故自梅州（即今梅县）之小河、松源溪、梅溪，以及海阳（即今潮安）之溢溪（即意溪），皆有"恶溪"之称。

《舆地纪胜》一百二《梅州·古迹》："恶溪在州之东六十里，导源自汀之武平溪。溪有七十二滩，急流湍险，上下百余里。舟难至滩，谓之'入恶'，过摊安流而去，谓之'出恶'。"（按：光绪《嘉应州志》云："此条所云'恶溪'，当即指镇平小河。"）

《明史·地理志》："程乡南有梅溪，即兴宁江之下游，一名'恶溪'。"（按：光绪《嘉应州志》云："安济庙，昔号为恶溪庙，今仍称为梅溪宫。"可知梅溪、恶溪，名殊而实一。）

光绪《嘉应州志》十七："按《舆地纪胜》，载梅州程乡县古迹，……云：'安济王行祠在城东隅，其庙在恶溪之滨。'……今考嘉应州之东，有镇平小河，与松源河皆源出武平。是象之所言'恶溪'者，即此二河也。然《纪胜·潮州·景物上》'鳄溪'注云：'今程乡松口，俗号恶溪庙，安济庙乃其所也。'此即所谓'其庙在恶溪之滨'者也。所以后人留题诗，又有'古庙岩岩镇恶溪'之句，是明以松口之松源河为恶溪矣。"

《元丰九域志》九："海阳有恶溪。"（按：《舆地纪胜》一百有"恶溪水"，注云见《九域志》云。）《读史方舆纪要》一百三："潮州府海阳县恶溪，在城东北，一名鳄溪，亦名意溪……韩江经此，合流而南，则又韩江之别名矣。"

温仲和曰："恶者，谓是溪滩石险恶，瘴雾毒恶，及鳄鱼犷恶。"[①] **此殆恶溪得名之由来欤。**

按《舆地纪胜·梅州·古迹》："恶溪在州之东六十里，……有七十二滩。"周去非《岭外代答》言："南方凡病曰'瘴'，有'冷瘴'、'热

① 《潮州西湖山志》说同。

瘴’、‘瘂瘴’。”刘恂《岭表录异》谓：“鳄鱼身上黄色，有四足，修尾，形如鼍，口森锯齿，往往害人。”① 观此诸记载，可以知古时是溪滩石险恶，瘴雾毒恶，及鳄鱼狞恶之状。

唐时，韩江但名恶溪。观唐人诗，可证也。

殷尧藩《寄张明府诗》：“春草正萋萋，知君道恶溪。”②（按：张名元素，唐初潮州刺史。）

韩愈《泷史诗》：“恶溪瘴毒聚，雷电常汹汹。鳄鱼大于船，牙眼布杀侬。”③ 又《潮州谢上表》：“臣所领州，在广府极东。过海口，下恶水，涛泷壮猛，难计程期。飓风鳄鱼，患祸不测。州南近界，涨海连天。毒雾瘴气，日夕发作。”④

李德裕《过恶溪夜泊芦岛》诗：“风雨瘴昏蛮日月，烟波魂断恶溪时。”⑤

其后潮、梅之间，居民日众，瘴雾之毒恶已开，鳄鱼之狞恶他徙，即滩石之险恶亦渐平矣。于是恶溪之泛称渐失，而其各支流之专名乃著。其经镇平者，曰镇平小河。

王之正乾隆《嘉应州志》：“小河，河北之水，在城东四十里。发源武平，经镇平县，至柚树溪，会平远诸水；至白渡前，入州境；出严子渡泛，会梅溪。”（按：《读史方舆纪要》：“程乡县锦江南流五十里有小溪。”即此。）

出松源者，曰松源溪。

王之正乾隆《嘉应州志》：“松源溪，河北之水，在城东南一百里。自松源来，出松口下店，会梅溪。”（按：吴兰修《南汉纪考异》：“梅口镇……梅溪所经，松江合之。”梅口即今松口，松江即松源溪。）

在梅州者曰梅溪。

按《文献通考·征商》篇：“梅之梅溪，深村山路，略通民族。”是梅溪

---

① 张华《博物志》九、沈括《梦溪笔谈》二十一《异事》亦记鳄鱼甚悉，可参看。

② 《全唐诗》。

③ 《韩昌黎集》六。

④ 《昌黎集》三十九。

⑤ 《李卫公别集》二。

之名，宋时已著称矣。光绪《嘉应州志》四云："疑此水（按：即梅溪）自唐以来，即有二名，如《明史·地理志》之说。唐宋以其地远恶，迁谪有苦之，故恶之名特著。明以后，诸恶已除，故梅之名独显。"

在海阳者为溢溪，或称意溪。

《明史·地理志》："潮州府，海阳。倚南滨海，有急水门。东有鳄溪，一名恶溪，亦名韩江，又名意溪，东入于海。"

康熙《潮州府志》二："鳄溪，一名恶溪，亦名澺溪。"[①]

按：意溪原作溢溪，见梁梦剑《修东厢堤记》，盖取义于泛溢。作"意"者本无义，以与"溢"同音，故俗书为"意"耳。亦有作"澺溪"者，见康熙《潮州府志》、雍正《海阳县志》"韩江"条，及吴震方《岭南杂记》，则是蒙"意"而讹。[②] 溢溪、意溪，本为水名，后乃假以号其地之村曰"意溪村"[③]，堤曰"溢溪堤"[④]，书院曰"意溪书院"[⑤]，则转为其地之代称矣。

盖恶溪本为通名，地域广泛，殊难确指。其支流既各有专名可用，而通名遂为所掩盖矣。故自宋以降，不复以"恶溪"为韩江上下游之总称。

光绪《嘉应州志》："恶溪……自海阳恶溪而上，至梅州大河小河，皆有'恶溪'之名。"又云："不独梅州南之大江称恶溪，而源出武平者，并有'恶'号。不独与宁江之下流称恶溪，而委在海阳者，亦有'恶'名。正不能专之某某处也。"

然恶溪以多产鳄鱼著于世，特名"鳄溪"。后之人则又以此转谓"恶溪"为"鳄溪"之别名。是以其地有鳄鱼掌故流传者，"鳄溪"之名乃得以存。"鳄溪"之名存，则"恶溪"之名亦复存焉。

---

① 康熙《潮志》皆作澺溪。

② 府县《志》"韩江"条作"澺溪"，又别有"意溪"条。同一书中，而同地名互歧，足证"澺"乃"意"之讹。

③ 《广东图说》三十二：海阳县东厢都，城东三里，内有小村七。曰蔡家园，一名意溪。

④ 光绪《海阳县志》二十六《古迹略》载鳄溪书院在溢溪堤。

⑤ 见《海阳县志》十龚崧林《意溪书院记》。

松口有恶溪庙，庙有鳄鱼余骨。王象之因谓其地为“鳄溪”，亦曰“恶溪”。

《舆地纪胜》一百《潮州·景物上》：“鳄溪以鳄鱼得名，旧传为恶溪。韩公《刺潮谢表》云：‘过海口，下恶水，涛流壮猛。’是自广惠而循潮，顺流而下。今程乡松口，俗号‘恶溪庙’，乃其所也。庙有鳄鱼余骨，尚存。”（按：此专以“松口”为“恶溪”。）

梅县东南三十五里，有鳄骨潭，俗传陈尧佐戮鳄鱼，弃骨其处，故或谓其水曰“恶溪”。王之正《嘉应州志》：“鳄骨潭，在城东三十五里。梅溪东流过郑均两山，矗起，河身稍狭，里许，方出口。水涨则湍急，舟不敢行。相传宋通判陈尧佐戮鳄鱼，弃其骨于各处深渊鱼穴中，以示戒，因名。《明史》讹作‘恶溪’。”①

欧阳修《太子太师致仕赠司空兼侍郎文惠陈公神道碑铭》：“潮州恶溪，鳄鱼食人，不可近。公命捕得，鸣鼓于市，以文告而戮之。鳄患并息。”②

按：陈尧佐驱鳄地，王之正以为在嘉应州鳄骨潭，顾祖禹则以为在海阳之意溪。③ 考尧佐《戮鳄鱼文》云：“己亥岁，……明年夏，郡之境上地曰万江村，曰硫磺，张氏子年始十六，与其母濯于江涘。倏忽鳄鱼尾去。……余闻而伤之，……命县令李公讼（吴《府志》十二作诏）、郡吏杨勋（吴《府志》作勋），挐小舟操巨网驰往捕之。……既而鸣鼓，……斩其首而烹之。”考硫磺为今丰顺地，非在梅州，或海阳之意溪也。王《志》及《方舆纪要》并误。④

潮安县北溢溪（即意溪）有鳄渚，韩文公曾驱鳄其地。俗因名其水曰“鳄溪”，曰“恶溪”。其误者则专指此地为“恶溪”。

《大清一统志》三百四十四：“按韩江入海阳县境，又名鳄溪。”

《广东舆图》：“意溪，故名恶溪，在县东五里，韩昌黎驱鳄鱼于此。韩江则总名也。”

---

① 光绪《嘉应州志》四云：“《明史》不误。”

② 《欧阳文忠公集》二十。

③ 见《方舆纪要》一百三“恶溪”条。

④ 蒋超伯《南漘楛语》：“愈刺潮州，作文驱鳄，西徙六十余里，仍复为害。后有刺史以毒法杀之，鳄害遂绝。其人姓名无考。”今按：即尧佐，惟时为通判，非刺史耳。

雍正《海阳县志》二：“意溪一名恶溪，以鳄潜水中，多伤人物，故名。”

按：韩公驱鳄处，自来传说，皆谓在潮安城东之意溪。意溪亦称鳄渚，《舆地纪胜》引《潮阳图经》云：“曰‘鳄渚’者，以韩公驱鳄之旧。”据此，意溪为韩公驱鳄之处无疑。顾韩公《祭鳄鱼文》，仅云“投恶溪之潭水”，《旧唐书》一百十一《韩愈传》则云：“愈初至潮阳，询民疾苦，皆曰：‘郡西湫水有鳄鱼，卵而化，长数丈，鱼民畜产将尽，以是民贫。’居数日，愈往视，令判官秦济，炮一豚一羊，投之湫水，咒之。……咒之夕，有暴风雷起于湫中。数日，湫尽涸，徙于故湫西六十里，而鳄鱼不为患。”① 是则以韩公驱鳄处，为郡西之湫水。郡西湫水，或因李德裕化象潭，谓即今潮安县城西湖山下之西湖。乾隆《潮州府志》云：“化象潭在郡之西湖。唐李德裕谪潮，携二玉象，至恶溪，跃入潭中，时作光怪。”陈槤《罗浮志》四：“李德裕……南迁至鬼门关，逢终南，怒索二象。……德裕俛首不予。至鳄鱼潭，风雨晦冥，玉象自船飞去；光焰烛天，金象从而入水。德裕至朱崖，饮恨而卒。”按：德裕失象事，道光《广东通志·杂录》引李石炎《博物志》亦云“至鳄鱼潭”。旧志谓此潭在今恶溪。考刘恂《岭表录异》，别载：“德裕贬官潮州，经鳄鱼滩，损坏舟船，平生宝玩，一时沈失。”鳄鱼滩，光绪《嘉应州志》四云：疑即嘉应之蓬辣滩。凡此皆疑似之说，未有确证，殊不足以为据。按宋林光世《浚湖铭》，首四句云：“凤凰山朝，鳄鱼潭空。祝网旧址，地不满弓。”凤凰山在今潮安县东，光世以与鳄鱼潭并列，则鳄鱼潭当在潮安县境无疑。惟不知为潮安恶溪之别名欤？抑恶溪别一潭水之欤？又《罗浮志》谓德裕南迁，先至鬼门关，次至鳄鱼潭，又次至朱崖，说亦怪妄。考鬼门关，《舆地纪胜》一百四《容州·景物》注曰：《旧唐书》云：‘在北流县之南，有两石相对，俗号为鬼门关。’……唐宰相李德裕贬崖州日，经此关，因赋诗云：‘一去一万里，千知千不还。崖州在何处，生度鬼门关。’”是此关乃德裕贬崖州时所经之地。鳄鱼潭，苟确在潮州之恶溪，则德裕南迁路线，当先至容州，次至潮州，然后至崖州也。按：《资治通鉴》二四八：“大中元年冬十二月戊午，贬太子少保分司李德裕

① 《新书》百七十六《传》同。

为潮州司马。大中二年秋九月甲子，再贬潮州司马李德裕为崖州司户。”[①] 又《旧唐书》德裕本传：“大中二年，自洛阳水路经江淮，赴潮州。其年冬，至潮阳。又贬崖州司户。三年正月，达珠崖郡。”《南部新书》卷戊亦云：“以二年正月贬潮州司马，其年十月，再贬崖州司户。”[②] 是德裕徙崖州实在贬潮州之后。况鬼门关，《纪胜》明谓为德裕贬朱崖地所经之地。则当无过容州先于贬潮州之理。此足证《罗浮志》之谬妄矣。按：西湖为韩公驱鳄处，旧志从未有言。而宋时潮州《放生池记》[③]、许骞《重辟西湖记》，亦皆不载。考是湖在潮安县西北一里（周《府志》作二里），宋庆元间，林嘌浚。开庆元年，林光世续浚，乃成今湖。始在唐时，仅为放生池耳。湖处湖山下，西北冈阜环绕，地甚浅隘，长仅一千七百三十七步，宽一百六十步[④]，又去韩江颇远，无长流巨浸，与之贯通（西湖今与三利溪通，然三利溪浚自宋知州王涤，唐时未有也）。使韩公驱鳄确在是处，则《唐书》谓鳄鱼徙于旧湫水西六十里，将何可徙耶？且西湖之西北，池塘杂错，其近意溪者尤夥，鳄鱼亦可涵淹卵育于其间，固不必指其涵淹卵育之所必为西湖也。依是，知西湖为韩公驱鳄处，其说实难为定论。

谨按：《唐书》明谓鳄鱼产于郡西之湫水，又明言鳄鱼徙于旧湫西六十里，则当韩公驱鳄时，恶溪必有小流在郡城之西，以与湫水相通，而后可徙六十里也。间尝考其山川，意溪与西湖间以韩江为界，而北堤障于韩江之西。自北堤至于西湖，地卑洼尽田野，潭水多错聚其间，盖古时河道之胜迹，犹有存焉。陈珏《修堤策》谓“北堤筑自唐韩文公”。考韩文公驱鳄，在莅潮之数日，筑堤当在驱鳄之后。是驱鳄时犹未有北堤也。以此推之，凡今郡西北堤下山圩之田塍池沼，盖为故时水道之遗。则是谓恶溪当有小流西绕郡城以与湫水通者，是说固确然有据矣。而以证之《唐书》所谓“鳄西徙六十里”，亦相吻合。

又按：《广舆记》十九：“金城山在府治后，西瞰大湖。”《明一统志》八十：“金山东临鳄溪，西瞰大湖。”《古今图书集成·职方典》一千三百三十五卷：“湖山在府治西，前连鳄溪。”是古金山之西，湖山之东北，

① 《唐大诏令集》五八亦载此。

② 诸书所言德裕贬官年月虽互异，而其贬潮在贬崖州之前则同。

③ 旧志以此文为真德秀作，或曰，非是。

④ 见《绅耆公建周侯德政碑记》。

有大湖泛滥其间，而鳄溪之水，又西流至湖山前也。所谓郡西湫水，疑在此处。其地当在今西湖之北，鳄渚之前。意者，韩公驱鳄，即投豚羊于此。至祭祝则在恶溪中之洲，此洲当为今意溪村。以此地旧有鳄渚之名证之，可信也。夫自唐去今已千百年，陵谷变迁，河道移徙，欲确求其地之所在，难矣。顾以《图经》及史传为证，则我说虽不中，或亦不远耳。

又按：光绪《海阳县志》二十六《古迹略一》云："鳄溪即恶溪，在城东北，为韩文公驱鳄处。"盖专指意溪。又载李德裕《过恶溪诗》于此条，不知德裕诗，非作于海阳之恶溪（予别有辨），而恶溪亦非是所独有也。意溪乃恶溪之一段，谓之即为恶溪，谬矣。

凡今所称之"恶溪"或"鳄溪"，皆古时恶溪之一段。古之恶溪为总名，今则变为分名。作总名用者，其地域广，其所指泛，为一水之通称，不得专指某某处也。用为分名，则其地有限矣，其所指有定矣。故名难同，而地实迥异焉。盖地名演变之大例如此，言地理者，当分别而观之，庶不致于舛误云。

附一 韩江得名考

郭子章《韩江韩山韩木》篇云："自韩公过化之后，江故名'恶溪'改曰'韩江'。"[①] 是江称曰"韩"者，盖由韩愈而得名也。《邱氏族谱》载刘昉（海阳东津人，宣和三年进士，官龙图阁）《赠刺史莆阳邱君与由梅州乞养归隐》诗，有"名德重韩江"之句，则韩江之名，北宋已著称矣。按：故时所谓"韩江"，仅以名韩山下之江，《方舆纪要》一百三"韩江在府城东韩山下"即在明证。若今统括江上下游总名曰"韩江"者，则殊非昔之畛域云。

附二 化象潭辨

《府志》："郡之西湖，唐李德裕谪潮，携二玉象，至恶溪入潭中。"如志言，化象潭为恶溪之一潭，亦即西湖。按：恶溪潭水众多，谓化象潭为恶溪

① 见顺治《潮州府志》十二《古今文章》。

之一潭，自无可议。若必其为西湖，则恐未然。李石炎《博物志》、陈樋《罗浮志》，皆谓德裕失象在鳄鱼潭。林光世《浚西湖铭》："凤凰山朝，鳄鱼潭空。祝网旧址，地不满弓。"西湖者，唐放生池，此云"祝网旧址"，即西湖也。审林氏语，以"祝网旧址"与鳄鱼潭分别为言，则鳄鱼潭不得为放生池之西湖甚明。古鳄溪即恶溪别名，梅县有鳄骨潭、鳄鱼滩。以是例之，鳄鱼潭为恶溪之潭水，不当专属之西湖也。今知鳄鱼潭既异于放生池之西湖，则德裕失象所在，其不得为西湖也亦明矣。《罗浮山志》载德裕南迁，至鬼门关，逢终南索二象。至鳄鱼潭，二象化去。德裕至朱崖卒。此说可为二解：其一，德裕南贬。先至容州，次至潮州，又次至崖州。其二，鳄鱼潭不在潮州，而在容州至崖州途中。按：第一说殊误，《恶溪考》中有详辨。至第二说，以潮州方面记载观之，鳄鱼潭自是指潮州恶溪之潭水。与其谓鳄鱼潭在鬼门关，以应《罗浮志》之说，不如谓《罗浮志》所记有舛误，为近实耳。《恶溪考》已略论之，犹有未尽，故复辨之如此。

附三　安济王考

潮安所祀神，以安济圣王为最尊。潮安人称神曰老爷，于安济圣王则称曰大老爷。所以冠大字者，示其于诸神中为尤尊显也。旧《志》："相传神为蜀汉永昌太守王伉，诸葛征蛮，伉守城捍贼，殁为神。前明滇人有宦于潮者，奉神像至此。"[①] 耆老所传，则此神乃明时南关外谢姓宦游云南奉祀于潮者。黄仲琴先生曰："明云南监司有王伉，所祀或此人，未必永昌太守之王伉也。"按：两王伉皆宦于滇，出处相同，所祀为谁，今难臆断矣。神又称曰王公，王公者，王伉公之简称。其名安济圣王者，周《府志》曰："安济，其封号也。"[②] 又曰："滇人奉王伉神像至潮，号安济圣王。立庙镇水患，遂获安澜……宋沈存中有《彭蠡小龙记》：熙宁中，出师南征，小龙负舟护军，仗有司以状闻，封济顺灵王。……证诸沈《记》，安济、济顺，盖从其类。"[③]

按：安济王庙，又名青龙庙，故周《志》释安济之义，以为得之于龙，窃谓非也。《舆地纪胜》："梅州有安济王行祠，在城东隅。其庙在恶溪之滨，崇宁三年赐额。"又云："程乡松口俗号恶溪庙，安济庙乃其所也。"温仲和

---

① 周《府志》十五《寺观》、光绪《海阳县志》十《建置略四》同。

② 卷二十五《祀典》。

③ 卷十五《寺观》。

曰："南宋以前，当以溪流险恶，而求安济。故祀此水之神，以安济为名，而或封侯，或封王，又素著显灵之验也。"[1] 是安济庙，不独潮州有之，梅县亦有之。名曰安济，乃以镇水患而名，谓取义于龙，误也。潮安之安济王庙，跨南堤，当韩江之滨，临水为庙。疑昔时此庙本祀水神，故名安济，如梅州安济王行祠者。其后别祀王伉，复仍安济之旧名耳。此庙亦名青龙古庙，潮人所谓青龙，实指青蛇。吴震方《岭南杂记》："潮州有蛇神……盘旋鼎俎间，或倒悬梁椽上，或以竹竿承之，蜿蜒虬结，长三尺许，苍翠可爱。闻此自梧州来。"潮俗每遇此蛇出现，即以为神，以石榴供其攀援。石榴者，潮人所目为红花，瑞木也，故取为奉神之具。青蛇随处有之，故潮安庙宇称青龙者，不一而足。惟安济王庙之蛇神为尤灵，且安济王又最为潮人所崇奉，故青龙古庙之名独著。曰古庙者，神庙之通称，例如韩山古庙、关帝古庙，非谓青龙庙之名，较安济王庙为古。以《舆地纪胜》证之，安济王祠之名，已著于宋，则青龙庙之名当不能古于安济王庙矣。青龙庙乃后起之号，人以加诸安济王庙，为别称耳。安济王，潮人皆崇祀之，而少能道其神之由来，故略为考证。倘亦留心民俗者所乐闻欤。

原载《禹贡》（半月刊），第七卷六至七期，北平，1937
后收入《潮州丛著初编》，广州，1938

① 《嘉应州志》十七。

隋代潮州与琉球之关系

一

潮州与琉球之交通，始自隋炀帝之世，阮氏省志、潮州府县志俱失载，惟明陈天资《东里志》云：“大业四年遣虎贲中郎将陈棱等自义安浮海击破之。”

此事备载《隋书》，文凡三见。

(一)《流求国传》云:

大业三年，炀帝令羽骑尉朱宽入海求访异俗，……因到流求国，明年帝复令宽慰抚之，流求不从，……帝遣武贲郎将陈棱，朝请大人张镇州，率兵自义安浮海击之，至高华屿，又东行二日，至鼊鼊屿，又一日，便至流求。①

(二)《陈棱传》云:

大业三年，拜武贲郎将。后三岁与朝请大夫张镇州发东阳兵万余人，自义安泛海击流求国，月余而至。流求人初见船舰，以为商旅，往往诣军中贸易。棱率众登岸。

(三)《炀帝纪》云:

大业六年二月乙巳，武贲郎将陈棱，朝请大夫张镇州，击流求，破之，献俘万七千口。

---

① 《北史・流求传》文同。

按：《东里志》系此事于四年，盖误读《流求国传》文，因《传》记三年事，下连言明年，又接陈棱击流求事，中间不书明年月，陈氏因误以陈棱往流求在大业三年之明年，乃系于四年，非也。

隋时之潮州，自文帝开皇十年罢义安郡，省阳海县，而于郡廨置义安县，以属循州，至开皇十一年，于义安郡立潮州，时领县六，海阳（今潮安），潮阳，海宁（今惠来，一云漳州，非是，见拙作《海宁考》），绥安（今福建漳浦），义招（今大埔），程乡（今梅县），是时辖境及于福建。至十三年省绥安县[①]，炀帝大业三年罢潮州，仍为义安郡。时领县五，海阳、潮阳、万川（义招）、海宁、程乡，乃不再奄有闽地。则大业六年陈棱兵自义安出发，必自海阳动程。是时之海阳，包有饶平、南澳一带，故《东里志》云："其自义安浮海，即必维舟岛屿，隆南青深四澳，皆所经历。"惟当日隋兵是否曾经南澳，则殊难断定耳。

《陈棱传》云"发东阳兵"，此语颇费解。因东阳郡在浙江金华，吴置。梁、陈称金华郡。隋平陈，废金华郡。大业三年，复置东阳郡，领金华、永康、乌伤、信安四县。自潮州出海，而发浙南之兵，道途遥远，于理似为不宜。考《隋书·地理志》，义安郡，梁置东扬州，后改曰瀛州。及陈，州废，平陈，置潮州。《寰宇记》作东阳州，如此处所称东阳，乃用义安旧名，则所领仍是潮州兵也。

二

陈棱所至之流求，中外学人考证纷纭，冲绳及台湾二说凡有争执，顾鄙意冲绳说为胜。兹就当日由义安郡至流求之时日及经过岛屿，略为疏说。

（一）时日

《炀帝纪》谓"陈棱于二月乙巳出兵"，《棱传》谓"泛海月余而至"，《流求传》谓："棱自义安浮海至高华屿，又东行二日至䵶鼊屿，又一日至流求。"是由高华屿至流求航程仅三日，自义安至流求全程逾月，假定以一月十五日计，减去三日，则由义安泛海至高华屿，需时一月又十二日。《流求传》于至高华屿句上，语有省略，故不详记日期，似当日由潮州出发，途中遇风，诸

① 《清一统志》说，《漳浦志》作开皇二十二年。

多阻折。自饶平之拓林经基隆宫古岛，至流球之那霸，水程714海里，《流求传》谓自建安郡（福州）东水行五日至流求，福州至流球，海程390英里，论者谓此即朱宽往航冲绳之日数，是自闽往流球，与自潮航流球，其时间相差甚巨，以航程之长推之，则陈棱兵由海阳界出发，盖为可能，惟二月正逆节季北风之时，途中必有停泊，故濡滞如是之久。

《福建通志》载隋开皇中遣虎贲将陈棱略澎湖地，其屿屹立巨浸中，环岛三十有六。按《陈棱传》不载此事，《隋书》棱以大业三年拜武贲，不应于开皇时为虎将，则此云开皇，当为大业之误，疑是一事而非二。或析言之，恐非。抑棱自义安至高华中间为期一月，或者曾经澎湖也。

（二）经过岛屿

高华屿　有谓即澎湖西南之花屿（藤田丰八说），有谓即南澳岛（和田清说）。如依《陈棱传》，则自潮州至南澳，航行须月余，殊无是理，南澳说可不攻自破。又有谓即台湾基隆口外之澎佳屿，丁谦疑即宫古岛或八重山旧名，均难断定。惟以流球为冲绳岛，则花屿之说又不可言，宫古与高华音尚相近。

𪓰鼊屿　主流球为台湾说者，谓𪓰鼊屿即澎湖东北之奎壁山。清《澎湖厅志》云：奎壁山原名𪓰鼊，以形得名，论者执此为证。主流球为冲绳说者，驳之，谓陈棱与张镇州发东阳兵万余人，如以每舰战兵百人，须百余舰，奎壁山周围二里十九町，屿岸皆为沙滨，暗礁极夥，绝不容此多量战舰泊碇，故定𪓰鼊屿应即今冲绳那霸口外之久米岛，久米为𪓰鼊音讹，𪓰鼊二字，见《文选·吴都赋》刘注，龟属。沿海岛取状于龟，以之为名者至夥，𪓰鼊犹言龟鳖，无须肯定其必为奎壁山也（梁嘉彬说）。

丁谦《隋书四裔传地理考证》云："义安今潮州，由潮州往流球为先经八重山，次经宫古岛，乃至那坝，那坝彼国所都地也。"按以𪓰鼊屿为那坝外久米岛，于地理当无大误。张其昀曩撰《对日和约中之流球问题》，近汪诒孙作《流球与中国之历史关系》，二文均证实丁说，兹不赘。

凡棱自潮州征流球途路所历可考者大致如此。

附案：法人圣第尼、德人里斯，倡流球为台湾与冲绳之总称，荷人希勒格著《古流球国考证》，谓明代以前，所谓流球，但称台湾。日人藤田丰八、市村瓒次郎二博士和田清教授，均主隋代流球为台湾。秋山谦藏则主流球为冲绳。或为折衷之论者，谓《隋书·流求传》所记事物属于冲绳者七，属于台湾者五，如秋山谦藏学士是。两派争辩，以台湾论者较占优势，详加藤三吾《流球之研究》，其结论谓自隋至元，均以台湾为流球。又币原坦向《南方文化建设》一书，其结语亦谓隋代流球为台湾南部之一部分。吾国学者于台湾说颇持异，均主隋代流球确即冲绳，详梁嘉彬《流球史论正谬》，其说晚出，辨证益密，可参看。

原载《大光报·方志周刊》第六十七期，汕头，1948

柘林在海外交通史上的地位

柘林现在是潮州市所属饶平县辖下的小镇，在明清历史上为海防要地，与南澳对峙，和黄岗、大埕相犄角，形势险要。明时设柘林寨，为海上门户，其地一带称为柘林澳。嘉靖丁未（二十六年，1547）郭春震《潮州府志·地理志》云：

> 柘林澳：暹罗诸倭及海寇常泊巨舟为患，今调拨潮碣二卫军士，更番哨守，益以募夫，以指挥一员领之。水寨：凡舟之过秋溪及樟水港者必由之。洪武初，置石城，造战舰以拒番舶。今官军往来防御，以夏秋为期。[1]

郭氏在这段记录的后面复加上一番备倭的议论，指出领饷金募海夫不足，复益以东莞乌船子弟兵之数百。复论该地无法遏止为乱之原因有三："一曰窝藏，一曰接济，一曰通番。"所谓"通番"，"闽粤滨海诸郡人，驾双桅，挟私货，百十为群，往来东西洋，携诸番奇货，因而不靖劫掠"[2]。

《明史》三二四《暹罗传》："嘉靖元年暹罗、占城货船至广东。市舶中官午荣纵家人私市，论死如律。"当日禁绝通番如是之严。春震是篇他书屡加以

---

① 《潮州志汇编》，70页。

② 同上。

转录，足见其重要性。[1]

嘉靖时，番舶已经常往来，知暹罗与潮人之移殖交流，由来已久。顾祖禹《读史方与纪要》（卷一〇三）饶平大尖峰下云“柘林澳在其南，暹罗、日本及海寇皆泊巨舟于此”，即抄袭郭志之说。

万历二年陈天资修《东里志》云：

> 洪武二十六年，置水寨，兼哨柘林。洪武二十七年，置大城守御千户所。（倭）寇海边，自澄莱（莱芜）至广东千余里，咸被其害，至是命安胜侯吴杰率武职于沿海以总备。仍置寨建所，于是有东陇之水寨，柘林之东路，而大城所亦因以建置焉。（传钞本）

洪武初，只在柘林东路置哨而水寨则与大城所同时设立。水寨在东陇，郭志所谓樟水港，即指澄海樟林。明泰和杨彩《南澳赋》云：“柘林樟林，苍苍郁郁。”柘林、樟林每联称在一起。1972 年在澄海县东里和洲村出土远洋木船，舷板上有下列字样：

> 广东省潮州府领□字双桅壹佰拾伍号蔡万利商船。[2]

红头船有单桅和双桅，此即当日出洋的双桅渔船，为蔡万利商号所造者。柘林造船业亦盛，至今尚然。水寨去柘林约一日程，洪武三年指挥俞良辅筑城周不及二里[3]，而大城所即大埕城所，为洪武二十七年百户顾实创筑，高二丈七尺，周围六百四十三丈，城之四门，各建城楼，规模宏伟，东面城垣至成保存完整，四面城门尚在。柘林东路于嘉靖时改为寨，刘忭《饶平县志》云：

> 嘉靖四十五年改东路为柘林寨，东路之兵，时聚时散，海寇伺其往来，以为肆掠，民无宁岁。提督吴桂芳奏募民兵一千七百一十六员名，领战船大小四十五只，以指挥一员统之，建牙于天妃宫之东南，屹然一巨镇焉。

---

① 如《东里志》、吴颖顺治《潮州府志》。
② 《南海丝绸之路文物图集》，123 页。
③ 见《方舆纪要》。

寨址位于镇东北小山岗之山，营房已废，寨墙尚存。《东里志》云：

象头山在柘林，旧有天后宫。嘉靖初，镇守东路官，即庙树栅为营，戊戌（十七年，1538）同刘晴川（魁）与知县翁湘湖（五伦）行部至此，有诗。（不录）

今天后宫后摩崖有玉湖书“披云洞”三大字，这是柘林寨见于志乘的记录。由设一哨进一步而设寨，经过许多地方官的倡议与经营的。嘉靖壬寅（二十一年，1542）饶平知县益阳罗胤凯议云：

窃惟柘林前金门一道，上据白沙墩，下距黄芒、南洋，外跨隆、南、云、青四澳，内则延裹黄岗、海山、钱塘、樟林等处多村，闽广货舟所经，……每有番舶据海劫掠……连年官府雇募黄芒等处兵夫三百名，协同官军驾船屯聚……往往海滨骚扰，然必以柘林兵夫易之，安知柘林兵，不为黄芒之为乎……

嘉靖乙卯（三十四年，1555）知县应天徐梓有建海八议，略论：“沿海多设备倭官军，故于宣化（都）柘林之东北，特建大城备倭之千所户，而今则无益矣。”以其“隐处内地，去柘林十里之遥，海寇登岸劫掠，尚不知闻……而柘林地方，旧尝设一指挥以守之矣，为今之计，宜设一员于南洋……分一员柘林，以大城官军为主，而以某处募兵若干翼之”[①]。

在嘉靖正式设寨以前，柘林自明初以来只有指挥一名，而兵额及战船都无明文规定。这一期间，倭寇为患频仍，海上寇盗活动加剧。兵夫所以御寇，往往摇身一变而为寇。嘉靖四十三年，柘林海兵谭允传等以缺额称乱，进犯东莞，即其一例。柘林原仅有极薄弱的设防，称乱的活动分子往往以柘林为攻取据点，故柘林遂成为海上往来的重要交通站。

潮州沿海的军事活动，在明代是寇乱最多的时期。万历十年潮州知府泰和郭子章著《潮中杂纪》卷十即为《国朝平寇考》上下篇，记载详尽。拙编《潮州志·大事志》系年纪要，存其大略。兹举其与柘林有关的事件，列出

① 具详《东里志·公移》议地方一项。

如下：

嘉靖五年（1526） 柘林民吴大与吴三聚众驾海舟十余艘劫杀惠潮。

嘉靖二十三年（1544） 李大用船近百艘合攻东路官兵并柘林，下岱乡民竭力守御。

嘉靖三十二年（1553） 八月东莞何亚八寇东路柘林，协守指挥马骧、东路指挥张夫杰不敢迎战。

嘉靖三十三年 亚八弟亚九肆掠海上，是年六月初六日攻柘林，千户夏琏死亡。

嘉靖三十四年 柘林海兵谭允传作乱，广东提督吴桂芳平之。

万历元年（1573） 林凤初遁钱澳求抚，自澎湖九奔东番（台湾）魍港，为胡守仁所败，是年冬凤犯柘林、靖海、碣石。①

万历二十六年（1598） 四月，闽中盗引倭大艘十余，入犯柘林、竭石，惠潮副使任可容剿之。②

隆庆元年 李锡为福建总兵官，海寇曾一本至闽，锡出海御之，与大猷遇贼柘林澳，三战皆捷。③

以上诸役以林凤事件最为著名，事详《明史·凌云翼传》及《菲律宾史》。《潮中杂纪》言："林凤拥众数千，为官兵所逐，因奔外洋，攻吕宋玳瑁港，筑城据守，且修战舰，谋胁番人，福建巡抚刘尧诲遣人谕吕宋国主集番兵击之，至是又从外洋突入广。云翼……与福建总兵胡守仁兵合……追至淡水洋……凤走外夷。"

林凤的名字，一般谈中国殖民史者都耳熟能详，不必深论。在嘉靖三年（1559）至万历二年（1575）这段时间，由于倭寇的肆虐，入潮阳，侵大埔，海上若干首领人物大都诱导倭寇为乱，像许朝光会倭攻海门，略黄岗、蓬州；林国显导倭寇上里（林凤即其族人）；吴平导倭陷大埕所，据南澳；平党夥林道乾、曾一本，无不挟倭以自重，失败而远遁外洋。官方参与此次战役经过，详《明史·俞大猷传》及《洗海近事》一书。吴奔安南，道乾至浡泥，略其地，号曰道乾港，聚众至二千人。④ 成为开拓外洋之历史人物。自吴平、林凤辈兵事平定以后，明廷乃于万历四年，因闽巡抚刘尧诲之奏，而有南澳镇副

---

① 《明史·凌云翼传》。

② 黄佐：《海上事略》。

③ 《明史》二一二《李锡传》。

④ 《明史》三二三记道乾淡水洋扬帆直抵浡泥，攘其边地营港，即此婆罗洲之汶梨。

总兵之设，柘林的军事地位遂逐渐为所取代。《明史》二二三《吴桂芳传》："（吴）平初据南澳，为戚继光俞大猷所败，奔饶平凤凰山，掠民舟出海，自阳江奔安南。……平党林道乾复窥南澳，时议设参将戍守。桂芳言：澳中地险而腴，元时曾设兵戍守，戍兵即据以叛，此御盗生盗也，不如戍柘林便。"故先于柘林设寨，然只有常备兵一千七百一十六名，何以御海上狂飙之聚？故不十年而改于南澳设镇。当日请设海防的重要文件，《潮中杂纪》卷五奏疏加以钞存，十分重要，固取与此有关者略加介绍，以供治海防史者的参考：

（1）提督两广军务右都御史吴桂芳《请设海防参将疏》："倭寇海贼出没无常，先年议设南头、碣石、柘林三哨兵船分地防守，立法虽善，但原无口朝除将官专管，每哨止委指挥一员，管督官卑权轻，号令不肃，以致兵无忌惮，得恣猖獗。近日柘林哨兵之变（亦指《谭允传》事）可为永鉴……臣等欲并三哨之兵而稍减其数……特设参将一员，总领……名曰督理广州惠潮等处海防参将。"

（2）吴桂芳《请设沿海水寨疏》："请添设守备一员领兵一千二百名，住扎潮州柘林，以严东界门屏之守。"

（3）巡抚福建右佥都御史刘尧诲奏《请设南澳副总兵疏》："照得海贼林凤开遁外洋，不知向往。……今欲为两省久安计，必先治南澳……今宜得一总兵，领水兵三千人，专守南澳，而兼领漳潮二府兵事。……且南澳中有石城，乃近时贼人许朝光所造，雉堞濠堑屹立雄镇。……不惟海寇驻足无地，抑且逋贼出没不便，虽从此以为久安可也。"

南澳既设镇，初置副总兵，而柘林照旧有守备一员，互为犄角之势。南澳有四澳，孤悬海外，南宋淳熙七年沈师犯南澳，杨万里自广至潮，讨平之。宋季帝昰避元兵，曾驻此地数月，今有太子楼遗址。郑和下西洋舟经南澳，黄省曾《西洋朝贡录》云："南澳又四十更至独猪之山。"独山或即刣猪澳。《东里志》："宰猪澳，一在深澳东。戚继光从此间关道破吴寨穴。"潮语宰猪的"宰"字，读为透纽。上述诸事，足见南澳，虽为蕞尔小岛，久已著名于史书。柘林寨的遗物，现存有风吹岭东麓雷震关口上的石刻。其文如下：

崇祯十三年季春立

盘诘　奸细

缉获　盗贼

管柘林寨事都司曹

楷书字大如斗，令人触目惊心。盖此处为重要关隘，由海路登陆必经之途径，故设防以备不肖之徒。

风吹岭巨石林立，南澳镇总兵官员多摩崖刻石镌名其上，有第二任总兵晏继芳及梁东旭等题字："闽广达观　万历丁丑（五年，1577）季夏之吉闽粤副总兵晏继芳。""天水一色　万历甲戌季冬　黔南梁东旭。"[①] 又雷震关巨石碑刻著下列题记："协镇广东黄岗等处地方副总兵官吴讳启镇招抚各岛伪镇官兵人民万数在此登岸。"

两旁小字略记："……予自癸亥之岁莅任斯土，觉夫海波不扬，兵民安乐……康熙庚申岁协镇吴招抚之功所致也。是其功之上佐朝廷，下庇军民者大矣。但功大宜传，年久恐湮，爰敢勒石，以垂不朽云……立。"

庚申是康熙十九年，是时清兵平达濠，潮州底定。吴启镇是吴六奇的儿子。六奇所著《忠孝堂集》有招抚南澳杜（煇）吴（陞）两镇书多篇。六奇时为饶平镇挂印总兵官。据《潮州志·职官志》潮州镇四黄岗协副将，吴启镇、康熙十四年任，十七年又任，二十年继之者为沈阳许登联。[②] 是十九年黄岗协镇正是吴启镇。此巨碣为纪颂吴氏招抚的功绩。考湖寮出土康熙六年《吴六奇墓志铭》称："丈夫子十有一，长启晋，次启丰，嗣职镇守广东饶平等处地方总兵。次启镇，邑庠生，娶甲戌进士都察院右佥都御史罗万杰公次女。"启镇妻即是罗万杰之女。碑云"各岛伪镇官兵人民，在此登岸"，可能亦包括降清的南澳前明总兵陈豹、吴陞、杜煇等人，当日归顺清室的海外反动分子，都要从柘林的雷震关登岸，关外即面对汪洋大海，形势险要，万夫莫开。这一片石的纪录即是柘林在海防史上的地位重要见证。可惜立石的人名不清楚，从旁款所言"癸亥之岁莅任斯土"，癸亥是康熙二十二年，如果勒石是饶平县知县，二十二年癸亥莅任者当为颍州刘忭（忭尝修《饶平县志》），尚待核实。

风吹岭上的摩崖石刻群，新印《饶平文物志》大概多有记录并附图片，可以参考。上举晏继芳的摩崖原文记"万历丁丑"即是五年；而《文物志》作"九年辛巳"，显为笔误。九年的南澳副总兵则是于嵩。于嵩于万历十一年建南澳镇城汉寿亭侯祠记，碑今尚存于深澳的碑廊。

---

① 此据《文物志》录文。按南澳《陈志》，"梁东旭，崇祯二年任副总兵"，与此年代不符。

② 见《潮州志汇编》，1147 页。

我于本年二月三日（元宵前三日），至饶平柘林考察，由该镇穿过宋白雀寺古刹，又登元至正癸巳（十三年）的镇风塔，在风吹岭、雷震关上，凭吊石碣遗迹，低徊者久之。与柘林相去百里之遥的三百门港，位于汫洲与海山的交界，当年林凤带领徒众多人即从此三百门港上船出海。现在，三百门港正在开发为新的城市，回顾海上活动的历史故事，发思古之幽情，令人神往。

最近澳门举办“东西方文化国际学术研讨会”，向我征稿，窃念谈中外关系史者多知林凤等攻犯柘林，而柘林所在，其历史形胜，向不明了，因取柘林为题目，草成此一短文。不贤识小，聊备商榷。记起南澳万历九年任副总兵而倡修《南澳志》的于嵩有“题柘林”五律一首云：

地险壮嵬峨，行穿翠霭过。潮平两岸阔，云密万山多。剑舞吞牛斗，旗摇剪薜萝。年来经几泛，瀚海息鲸波。[①]

附缀于此，以殿吾篇。

又按：浙亦有柘林，为异地同名。《明史》三〇二《日本传》：“（嘉靖）三十三年六月（倭）由吴江掠嘉兴，还屯柘林，纵横来往，若入无人之境。”又云：“浙西柘林、乍浦……皆为贼巢，前后至者二万余人。”证之《明史·俞大猷传》：“贼犯金山，大猷战失利，时倭屯松江、柘林者盈二万。”此为另一柘林。

1993 年 2 月于香港

原载《潮中杂纪》附录，香港潮州商会，1993

① 《东里志》艺文。

南澳——台海与大陆间的跳板

郑成功据台时，借南澳为跳板，进兵江南，潮人随他迁台的甚多，想不到几百年后经间历史关系的葛藤仍未切断，宗族伦理观念之深入人心，正是中华文化的特色。

从汕头市乘小艇向东行三小时即抵达南澳，这是一个蕞尔小岛，面积只有106平方公里，在历史上却对东南沿海地区起了重大的桥梁作用。眼见逝川白浪滔滔，不知淘尽几多英雄人物。被浓雾锁闭着的危峰果老山，俯瞰汪洋无际的碧海，猎屿、青屿环抱有如襟带，镇慑云、深两澳的交界。横跨南北的雄镇关，气势雄伟，不问而知是历来兵家必争的形胜地。远在郑和下西洋时候，南澳的名字已登上航海针路的记录。[①] 屹立雄镇上的石城为海寇许朝光所造，嗣后吴平、林道乾出没外洋，都窃据其地，故福建巡抚刘尧海奏请“为闽、粤两省久安之计，必先治南澳，领水兵三千人专守，兼领漳、潮二府兵事”。于是遂有南澳镇副总兵之设，肇始于万历四年（1576）。当时即物色曾供职于卫所而富有海防经验的人物来充任。首任副总兵是北直昌黎人白翰纪，由雷州卫指挥升任。第二位是晏继芳，来自漳州卫，饶平风吹岭上有他的摩崖“闽广达观”四个大字；第四任是倡修《南澳志》有名的于嵩，他由杭州卫指挥来此，深澳的碑廊，尚有他在万历十一年立的《南澳镇城汉寿亭侯祠记》碑文，这是关公尚是侯爵，还没有升上帝座。深澳又有规模宏大的

① 见黄省曾：《西洋朝贡录》。

郑芝龙坊，芝龙于崇祯十三年十二月莅澳任总兵，十七年升为福建都督，以后即由他的部将陈豹接任，陈于康熙元年降清。陈豹前后镇守南澳，与金门、厦门首尾为犄角之势，奉晚明正朔历二十余年之久。在明、清易代之际，沿海军事部署全在他控制之下。郑成功出师北上，是以南澳为基地，作为跳板。请看下在几椿重要的大事：

顺治三年　忠孝伯行驸马都尉事郑成功莅南澳，收集士卒数千人。

顺治十一年（明永历八年）　监国鲁王自金门移跸南澳，越年幸金门。

顺治十五年　延平王郑成功会师浙海，鲁王在南澳。

顺治十六　郑成功全师北指，张煌言抵瓜州，成功攻镇江，克之。迁鲁王于澎湖。

康熙元年（永历十六年）　三月，陈豹降清。杨金木起为镇将，数月去这。郑成功部吴升，挂观武将军印，旋由杜煇继任南澳总兵。

康熙二年　十一月，清总兵吴六奇招降杜煇，授以清广东水师提督。

康熙二十二年　施琅入台湾，郑氏亡。

陈豹被迫降清，据说起于郑成功的猜忌，南澳长官相继叛去，郑氏自戕其臂助，终告失败。吴六奇《忠孝堂文集》载有招抚南澳杜（煇）吴（陞）两镇文书多篇，他委实花了不少“统战”工夫。当日潮州方面六奇任饶平镇总兵，康熙六年去世。他的儿子启丰嗣职。另一儿子启镇两度出任黄岗协镇，在柘林的雷震关上有康熙十九年巨石刻碑“启镇招抚各岛伪镇官兵人民数万在此登岸”的记录，字在如斗，令人触目惊心。可见吴六奇一家在当地举足轻重，影响之大，近年大埔湖寮出土《吴六奇墓志》更可说明这一事实。

满清入关，统治能力本来非常薄弱，对沿海施行“迁界”政策，更是怯懦无能的表现，受害区域北起山东，南迤江、浙、闽、广，“片板不许下水，粒货不许越疆”，生灵涂炭，庐舍为墟。由顺治十二年到康熙二十三年，先后五次颁布海禁苛令，历时二十九年之久。整个海岸线变成“荒原废垅”，真是无可补偿的损失。

荷兰人于天启二年（1622）已占领澎湖，立足于台湾共四十年，开辟了闽南和海上商业路线。由于迁界的自我封锁，对外完全隔绝，造成中国对西方认识的阻碍与误解，拖缓了海外贸易和资本主义的抬头。

我游南澳，参观“海防史博物馆”陈列的东西，馆方介绍我看一幅有关南澳总镇府署金漆贝雕画屏风的放成 40.64 公分彩色照片，整个屏风宽 6 公尺，高 3 公尺，上面绘制三面环的南澳镇城内当日的主要建筑和郑芝龙坊贵丁街的仪仗队，亭阁中官兵饮宴、乐坊演唱景色，缕金着色，光彩夺目。屏风背面书写康熙三十八年孟夏曾华盖撰写的《麟翁周镇台寿序》，文长一千二百字。是时海宇敉定，南澳镇总兵是直隶龙门人周鸿升，为庆祝他的六十寿辰，故制造这幅屏风，表扬他的军功劳绩，撰文者曾盖是海阳人，康熙九年庚戌进士（不是武进士），著有《鸿迹猿声集》等，广东图书馆藏有其书。

这类的屏风制作，在 18 世纪非常盛行，欧洲人称之为印度罗曼多（Coromandel）式。荷兰东印度公司惯于经营这些漆屏运往欧洲，印尼的万丹（Buntan）即其贸易站。当时徽州、福州都出有名的雕刻家。[①] 这是 17 世纪以来中外交流习见的工艺品。赠送屏风颂寿的风气，清代非常流行，我们看《红楼梦》贾母八十大寿，亲朋即馈以十六架围屏祝寿。这一南澳周鸿升总兵祝寿屏风照片，原由法国工程师雅克·马兰德君所赠，南澳当局要我托人向其商量转让，他没有同意。其实，法京博物馆尚有同类的屏风多件，不是十分稀奇的东西。南澳孤悬海外，由于陈豹扼守其地，没有受到清人“迁界”的破坏，从这屏风镂刻当日该镇关隘、街道、庙宇、各种风物形气色色的现状，清初繁荣景象，可见一斑。

记得抗战胜利之翌年，我回汕头主持修志工作，在揭阳黄岐山发现一些新石器时代遗物。我后来携带陶片到台北帝国大学，和日本考古学家金关丈夫、国分直一两教授交流探讨，那时陈奇禄兄还是学生。日人未完全撤退，值魏道明当政，草山仍是一片荒凉，百废待举。我又在南方资料馆搜集有关资料，顺便到屏东南部的潮州郡调查，方才知道该地住民全部都说客家话，不懂潮语。后来于新竹县图书馆见到一本日文书名曰《呜呼忠义亭》，是记述为清室殉职的客属人物，然后了解施琅入台，继而助清兵平定朱一贵的多是客属人，而说潮语，从郑成功来自海阳、潮阳、饶平的人们在清代后期几乎全被视为反动而归于淘汰。

我在南澳听说近时有数万台湾人士来此寻根，明末镇总兵于嵩所建的关公庙，粉饰一新，香火顿时复旺盛起来。郑成功据台时，借南澳为跳板，进兵江南，潮人随他迁台的甚多，想不到几百年后彼此间历史关系的葛藤仍未切断，宗族伦理观念之深入人心，正是中华文化的特色。回想我为研究历史初次去台旅行至今将近半个世纪，时序的推移，许多年青后辈逐渐据上高位，

---

① 荷兰国家博物院藏中国款彩的《汉宫春晓》六曲屏风，即其著名之一件，详周功鑫所著论文，见台北故宫博物院出版《中国艺术文物讨论会论文集》下册。

衰病的故交相继凋殂，不是“生存华屋处，零落归山丘”，而是旧日的山上搭起了华屋。“人事有代谢，往来成古今”，转瞬即逝的历史事实，还值得回头去一顾。

本年八月，“海上丝绸之路”研讨会，将在南澳举行，来函邀请参加，不能分身前往，因草此文，聊当芹献。

原载《潮学研究》(三)，汕头大学出版社，1995

潮民移台小史

一

潮州去台湾一衣带水耳，海上交通为时甚早。隋炀帝时遣虎贲陈棱发东阳兵万余人，自义安浮海击流求。魏源《圣武纪》云：大业中，陈棱至澎湖。而法人 Hervey do Sdint-Dong 亦谓隋之流求即今台湾。后人多从其说。果尔，则潮台发生关系，已肇自隋时。[①]

明嘉靖四十二年，惠来海盗林道乾勾结倭寇，剽掠海上，俞大猷追击之，林遁至澎湖，又至打狗。[②] 而吴平、曾一本、林凤诸渠魁亦曾逃窜至台湾。是时潮州滨海无赖之徒，随之逋逃者，度必有之。至清初，郑氏据台抗清，攻略潮属滨海各县。《海上闻见录》载："成功谋举义，而兵将战舰百无一备，往南澳召募。"则南澳乃郑氏兵源之地。今居留台南高雄一带潮人，多南澳籍，非无故也。其时名公巨卿渡台者，若海阳辜朝荐。当郑经之立，朝荐与宁静王，泸溪王诸宗室自厦门渡海，留台六年，至康熙七年卒。其子文麟，即生于台，及长始返潮者。台南延平郡王祠，从祀两庑诸臣，有兵科给事中辜朝荐，今其牌位犹存。可见当日潮人从郑氏移台者，盖繁有徒矣。

---

① 此事迄未有定论，惟核其往来里程，似指冲绳，详《隋代潮州与琉球之关系》，载《方志周刊》六十七期。

② 打狗即高雄之打鼓山，事详《澎湖厅志》。

台湾孤悬海外，奸人既视为逋逃薮，而荒山朊朊，游民则目为拓殖之乡。盖以郑氏之招徕，于是挈眷而趋者日众。

康熙二十二年八月，清靖海将军施琅既平台，郑氏降。翌年设海防同知于鹿耳门，申海锢之令。以潮惠之民多通海，特悬厉禁，而闽人私渡者日多。康熙二十五六年后，潮人亦继至焉。移民初至台南，其滨海肥沃之区，已为闽人所据，乃之下淡水溪平原地带，辛勤开垦，所居成聚。迄康熙六十年，潮属之程乡、镇平、平远、大埔籍客家人，与福建之永定、武平、上杭诸县籍民助清军平朱一贵，壮丁即有一万二千人以上。三阳、饶平、澄海之潮籍人，及嘉应属之女丁不与焉。尔时自潮移台人数之夥[1]，盖尤盛焉。旧凤山县属十四里中，其村庄多存潮惠名号，如：

赤山里有寓潮埔，
仁寿里有程乡庄，
港西里有潮州厝、揭阳庄、海丰庄及两大埔庄，
小竹里有潮州寮，
观音里有海丰庄，
港东里有潮州庄。

又所凿溪有揭阳溪、客厝沟、海丰溪（俱在港西里），圳有寓潮埔圳（在赤山里）、海丰圳（在港西里），街有潮州庄街（在港东里），皆因潮惠人居住而得名者也。[2]

二

雍乾之际，潮人多移殖台北新竹，举其荦荦大者。

乾隆十六年，镇平人林洪、吴永忠、温殿玉、黄日新、罗德达等于上下田寮地营垦老头份、二份、三份、四份、五份、河唇、中肚、新屋下望更寮各地，各招流氓数十名开拓。

三十年，镇平人吴有浩，聚百名秦茄苳坑附近，垦成后中东兴、下东兴、

---

① 《潮州镇访问记》，载《方志周刊》八十二期。

② 见庐德嘉：《凤山采访册稿本》。

桃仔园三庄。

三十六年，镇平人徐明贵九十名，移民于上东兴、枫树坑、瓦窑三庄。

三十八年、三十九年，饶平人林钦堂开垦员山。（按：《新竹县采访册稿本》有《员山子番子湖塚牧碑》。文略云："立合约人林钦堂、曾日辉为代众给埔以便牧牛事，（中略）番仔湖田嵌上埔地一所，土名员山仔，界址注明垦单，议定估银一百五十元，（中略）约内垦单系林钦堂收存，永为牛场云云，乾隆四十一年七月立。"此碑在新竹县东十里头重埔，高四尺八寸，正书，据此知员山一带乃潮州人所开拓，此碑为重要文献，故备录之。）

五十九年，镇平人十余户在新埔建庄[1]，又海陆丰人移垦亦多。[2]

新竹本土番地，自郑克塽时，王世杰以运饷有功，特许开垦。继其后者多潮惠人，筚路蓝缕，苦心营垦，拓荒之功，贡献至钜。今新竹、大溪、中坜、竹东、竹南、苗栗诸郡，几全操客语，惟桃园较少，皆潮嘉之移民也。据昭和元年调查，新竹州各郡潮州嘉应二府人数：

籍贯及人数 / 地属	潮州府	嘉应府
新竹郡	15 800 人	27 800 人
中坜郡	5 900 人	29 500 人
桃园郡	600 人	2 900 人
大溪郡	3 500 人	10 700 人
竹东郡	9 700 人	13 700 人
竹南郡	3 200 人	26 900 人
苗栗郡	9 500 人	43 200 人
大湖郡	5 400 人	13 600 人

而新竹竹北堡旧时村庄有两埔庄[3]，当缘大埔县人居住而得名也。

居留台湾潮州府人数，以台中州为最多，新竹次之。而台中一州，以东势郡为最，据昭和元年调查，共 20 400 人，次为员林郡，共 18 000 人，又次为丰原郡，共 9 100 人。统全台诸郡，以东势之潮州府人为最多。[4] 考《台湾通史·罗冠英传》云："广东潮州从祖某来台，居彰化东势角庄，庄据大甲溪

① 以上移垦事迹，详日人管野秀雄著《新竹州沿革史》附录"住民之沿革"。

② 详连横：《台湾通史》三十一《王世杰传》。

③ 一在县北十七里，户 42，丁 347 人；一在县北 76 里，户 49，丁 341 人。见《新竹县采访册》。

④ 嘉应州人在台中亦不少，丰原郡有 5 200 人，东势郡有 8 700 人，能高郡有 9 600 人。

左，群山环抱，中拓平原，居民多力穑尚武。”是冠英之祖，盖自潮迁东势也，东势之开拓，始于杨廷理。嘉庆十七年，设噶玛兰厅，廷理任通判。时西势之地，民垦已定，而东势未辟，自浊水大溪南至苏澳凡十六社，均属荒芜。廷理乃招漳、泉、粤人开垦，计有 2 583 甲。[①] 东势潮嘉人数之多，殆是时被招往开垦者。

潮嘉人在台南州者，则以旧嘉义郡人数最夥。据昭和元年调查，计潮籍 7 400人，嘉应籍 5 800 人。考乾隆五十一年林爽文之乱，其南路以庄大田为盟主。是时六堆义民助清师福康安，统率各村民人为官兵先导，分队堵击，镇平曾中立功为最，而嘉应李安善，死事尤烈。[②] 五十三年乱平，以粤庄撄城有功，乃改诸罗为嘉义。知嘉义之得名，实缘潮嘉人之故也。

三

募民开垦，向为治台重要策略。[③] 郑氏时代，行屯田之制，开拓荒芜，故泉漳潮嘉之民多赴之。至光绪元年，台省于厦门、汕头、香港设招垦局，立章程，保护应募者，予以便宜，日给口粮，人授地一甲。然是时海路已畅，冒险谋生之徒，多改辙趋南洋群岛，遂鲜有移台。[④]

据最近调查，全台操潮州语者有 189 900 人，占全人口百分之三[⑤]，而日本昭和元年末（民国十五年），统计全岛潮州府人数，共 134 800 人，突增 55 100人，则抗战胜利以后所迁往者也。

附民国十五年（昭和元年）台湾在籍潮嘉二府人数调查

地属＼籍贯及人数	潮州府	嘉应府
台北州	1 800 人	1 900 人
新竹州	51 800 人	168 300 人
台中州	54 700 人	38 300 人

① 亦见《台湾通史》。

② 详温仲和：《嘉应州志・丛谈》。

③ 荷人入台时，福建沈铁上书陈六策之一。

④ 当日潮嘉人移台湾，多先经厦门办理手续，详黄钊：《石窟一征》。

⑤ 民国三十五年八月二十五日《侨声报》郑启中调查。

续前表

地属 \ 籍贯及人数	潮州府	嘉应府
台南州	11 300 人	7 100 人
高雄州	12 800 人	76 900 人
台东厅	200 人	76 900 人
花莲港厅	2 100 人	3 500 人
澎湖厅	100 人	…………
合计	134 800 人	296 900 人

原载《大光报·方志周刊》第八十六期，汕头，1948

台湾省高雄县潮州镇访问记

自高雄市乘车南行，经屏东、西势，即为潮州站，其地于日人时代属高雄州。高雄原辖屏东、潮州、东港、恒眷四郡。而潮州郡则辖有潮州庄、万峦庄、内埔庄、竹田庄、新埤庄、枋寮庄、枋山庄，凡七庄。台湾收复以后，改行区乡镇制。潮州郡易为潮州区，仍属高雄县，并于潮州庄设潮州镇，火车经过置站于此。考清代潮州庄亦为汛地，属下淡水营管辖。旧设外委一，兵四十名，同治八年以后裁存二十①，光绪时存兵五名。汛地在潮州庄街东三十里，租民房五间为之②，此高雄之潮州镇沿革概略也。

此次游览台湾，南至高雄，因偕廖少东君至潮州镇，访问潮州人移殖经过。现潮州镇内操闽语者五分之四，操客家语者五分之一，而潮州全区则操客家语者几占五分之四，其中万峦乡全部属客家，附近旗山区之美浓乡，屏东区之高树乡，东港区之佳冬乡，恒春区之满州乡，客家亦众。据日人时代台湾总督官房调查课（昭和三年）调查，台湾在籍汉民族乡贯别，高雄州潮州郡内潮州梅县籍民人数如下：

地属	籍贯	人数
潮州庄	潮州府 嘉应州府	2 200 人 600 人

① 见连横：《台湾通史·军备志》。

② 见光绪二十二年卢德嘉撰《凤山采访册》，此书仅有稿本，笔者系在台湾博览会文献室钞录。

续前表

地属	籍贯	人数
万峦庄	潮州府 嘉应州府	1 100 人 6 600 人
内埔庄	潮州府 嘉应州府	………… 14 400 人
竹田庄	潮州府 嘉应州府	………… 5 900 人
新埤庄	潮州府 嘉应州府	500 人 3 500 人
枋寮庄	潮州府 嘉应州府	………… 100 人
枋山庄	潮州府 嘉应州府	………… …………

现高雄县下操客语者约十万人左右。

潮州镇潮州国民学校校长为张君启宽，其人操客家语，云本台应州镇平县东厢堡人。其祖父于八十年前始迁台湾，迄今三代。又言郑成功时，客家人尚少来台，大量迁台约为二百五十年前事，至则居新竹高雄山地与平原中间之硗瘠地带，从事养殖。万峦乡客家人，每年多回嘉应州省视乡里，至今客家语言风尚仍保留不替，虽经日人五十年统治，仍不致被其同化云。

西势亦属潮州区，全部操客语者有内埔乡，内有韩文公祠。祀昌黎伯之风，以广东之潮州人为最盛，此庙盖亦潮州人移殖所建也。又有庙曰忠义亭，极宏伟，康熙六十年闽浙总督觉罗满保为粤庄义民建，雍正十一年重修，乾隆二十年监生黄其兴，侯欲达、赖安仲相继修，迄光绪二十年，江永日等复修建，今石刻犹存。粤庄义民盖指康熙六十年佐清兵荡平朱一贵之潮属客家人。忠义亭内有匾额，录康熙六十年觉罗满保题奏，记是役经过甚悉。节录如下：

凤山县属南路下淡水，有漳、泉、汀、潮四府之人，垦田居住。潮属之潮阳、揭阳、海阳、饶平数县，与漳、泉之人语言声气相通。而潮属之程乡、镇平、平远三县，则又有汀州之人自为守望，不与漳、泉之人同伙相杂。

（康熙）六十年四月廿二日，贼（指朱一贵，下同）犯杜君英等在南路淡水槟榔林招竖旗，抢劫新园，北渡淡水溪，侵犯南路营，多系潮之

> 三阳及漳、泉人同伙，而镇平、程乡、平远三县之民并无入伙。三县义民内有李植三、侯观德、涂文煊、邱永月、黄思礼、刘魁材、林英泰、钟国虬、林文彦、赖君奏等，几谋起义，誓不从贼，纠集十三大庄、六十四小庄，合镇平、程乡、平远、永定、武平、大埔、上杭各县人之，共一万二千余名，于万丹社竖大清旗号，庄民侯观德指画军务。遣艾凤礼、涂延尚、邱若瞻、兵克用、朱元位等，率众剿平笃家贼人。刘庚甫、陈展裕、钟沐纯等，率众剿平姜园贼人。遂分设七营，排列淡水岸，连营固守，每营设立统领二人。先锋则刘庚甫为统领，带一千三百余人，驻守阿猴地方。中营则赖以槐、梁元章为统领，带一千三百余人，驻守万丹地方。左营则侯欲达、涂定恩为统领，带一千五百余人，驻守小赤山地方。右营则陈展裕、钟贵为统领，带三千二百余人，驻守新园地方。前营则古兰柏、邱若瞻为统领，带六千一百余人，驻守水流冲地方。后营则钟沐纯为统领，带一千五百余人，驻守搭楼地方。巡查营则艾凤礼、朱元位为统领，带一千七百余人，驻守巴六河地方。又以八官仓廒贮谷一十六万石，国课重大，遣刘怀道等又带乡壮番民固守仓廒，拒河严守，一月有余，不容贼伙一人南渡淡水。……六月十九日，贼众败逃，搜得朱一贵，收军四府。……闰六月初二日，侯观德、李植三等率三千人，护送圣旨牌位至台湾府，奉入万寿亭。……分别奖赏，各给以外委都司、守备、千把。又前后捐赏银九百五十两，米三百石，谷一千三百石，彩绸一百疋，制“怀忠里”匾额旌其里门。又拔李植三、侯观德、丘永月、刘庚甫、陈展裕、钟沐纯为营中千把……

据《疏》知康熙六十年，潮属镇平、程乡、平远①、大埔及福建之永定武平上杭各县人在下淡水一带，壮丁有一万二千人以上。考自郑成功略潮州，沿海各县人从之者甚众，陆续移台，实繁有徒。当日潮属三阳、饶平等县移民人数，必亦可观。惟以与漳泉人同伙朱一贵，卒为清兵所戡，自此遂告式微。故今高雄潮州一带居民，几纯操客语，而操“汕头”语者绝少也。②

高雄一带客家人自称为六堆人。六堆之取义，即由于助讨朱一贵时，分前、后、左、右、中、先锋六队（堆犹言集团也）。忠义亭中所祀牌位有“平

① 嘉应州至雍正十年始置，是时三县仍属潮州府。

② 有则为新近赴台营商或就业者，屏东后壁林糖厂主持者为潮人，故比年潮人往屏东高雄者甚众。

北六堆忠义烈士神位”、“六堆历代忠勇义士神位”等。乾隆时赐六堆人以褒忠牌，故凡六堆人所住乡村，皆悬此牌于门首。乡筑堡，辟四门，榜曰褒忠门。而佐平朱一贵之李植三、侯观德诸人，县志特为立《义民传》云。[1]

自朱一贵平后，殖台客家人又屡佐清兵荡平叛乱。乾隆元年总督郝玉麟题准：台湾北路大甲西等社凶番肆逆，有义民赴难。乾隆五年总督德沛题准：雍正十年北路番不法，南路奸匪吴福生等乘机纠众，义民侯心富等先于康六十年朱一贵案内立功，至雍正十年复率众九百余人渡河应援，乡众出力，功授千总。乾隆十年总督马尔泰、巡抚周学健议剿捕匪犯吴福生等，并北路凶番，义民亦立功。其事亦具揭载忠义亭中。

又《凤山县采访册·义民传》云：“义民率粤之镇平、平远、嘉应州大埔等州县人渡台后，寓县下淡水港东西二里，列屋聚廛，别成村落，两里设里正副共四人，应公差，通音译。课稽奸匪，来往内地，但由县给义民照。”并列乾隆五年给札一百四十二名，六年给札二百十二名。

此事为粤台二省历史关系极重要之事迹，而吾粤志乘皆未之及。兹就此次实地调查，参以台省志书所载，书其梗概，以备考史者之一助，至潮人移台，容再为文论之。

原载《大光报·方志周刊》第八十二期，汕头，1948

① 见《凤山县志》。

《潮州丛著》自序

方志之体，昉自典书。杜郑两家，斯其胎息。尔乃博综政制，囊括文物，丘陵原隰之殊，风土人伦之细，靡不具载，以垂典训。自非鸿博，难为遍征。故宋后地志，数逾千万（现存者五千八百余种，见朱士嘉《中国地方志综录序》）。寻厥佳记，戛乎其难；且夫辑为通史，必借专书。志材已病其猥多，专文固难与毕载。究其一端，蔚为宏著，资详裨简，庶尽其全。诚地志之要删，亦专门之绝业也。予少耽丛残，志存乡献，平居访耆，时有嘉获。前岁冬与纂省志，窥览所隶，苴缀弥多，虽复窜写成篇，而诠弟犹未。今春简暇，稍事整比，爰取数篇，刊为一帙。世变方亟，东门已芜，际故里之垂墟，哀斯文其谁托？傥有同好，踵是广搜，抚兹蕞品，敢云噆矢，聊充敝帚之享，更俟渊雅之正云尔。

本书承罗香林先生之嘱，列为“广州市立中山图书馆丛书”之三，隆情盛意，谨此志谢。

民国二十七年五月 湖安饶宗颐自序

原载《潮州丛著初编》卷首，广州，广州市立中山图书馆，1938

广东潮州旧志考

广东潮州之有志，或曰：明弘治间知府车份所修五卷，实其蘿蕍也。[①] 然予稽诸史籍，乾道、淳熙之际，盖犹有书名可考见者。[②] 明文渊阁所庋《潮州府志·图志》共六部[③]；而宋王象之《舆地纪胜》所引《潮州图经》，则又有二种焉。是潮州虽处禹域极南之地，其有方志，盖已昉自赵宋之世矣。惜夫旧籍湮没，存目无征，遂使后之人误以《车志》为始；而未知车氏之前，更有志书也。兹广为蒐集，勒成斯编，粗存辜较，并加疏证，用备研讨旧志者之助耳。

方志之书，名目綦繁，兹所称述，厥名有五：曰“记”（如王中行《潮州记》），曰“图志”（如《文渊阁书目》所载《潮州图志》），曰“图经”（如《舆地纪胜》所引赵师岌《潮州图经》），曰“府志”，又或简称曰“志”（如《千顷堂书目》中雷春永乐间修《潮州志》），其名称虽有歧异，而义例实未有不同者也。予考《千顷堂书目》所列明代潮州方志，皆称曰《潮州志》；惟清吴颖所修者，独作《潮州府志》。按：潮州之置为府，实肇于洪武元年。自废

① 康熙《潮州府志·凡例一》：“《潮州志》修于明弘治中郡丞车份。”周硕勋乾隆《潮州府志》卷首，录《车份志叙》，附按曰：“《潮志》自明弘治以前，无可考矣。”

② 《宋史·艺文志三》有王中行《潮州记》一卷。中行，揭阳人，淳熙十二年，曾知东莞县。又顺治《潮州府志》四官师部：“常祎，邛州人，曾修潮州图经。”考祎为郡守，在乾道年间。

③ 《文渊阁书目》卷十九暑字号，旧志有《潮州府志》一册，《潮州图志》二册，又《潮州府三阳志》二册，又《潮州三阳志》二册，又《三阳志》一册；卷二十往字号，新志有《潮州府并属县志》一册，共六部。谨按：所谓“三阳”者，即海阳、潮阳、揭阳也。

路为府，方志乃有“府志”之称；而其简称曰“志”者，盖沿宋代旧规也。乾隆《潮州府志》言潮州之有府志，车份实创其例[1]；然《文渊阁书目》中，有潮州府新旧志各种。是“府志”之名盖已权舆乎明初矣。

《文渊阁书目》所载各《潮州志》（见上注），皆未言修于何时。考《书目》卷首有杨士奇正统六年《题本》，称各书自永乐十九年，由南京取来移贮文渊阁，则此数志者，当为永乐十九年以前所修辑也。其所谓《潮州三阳志》，则必修于宋宣和以后，盖宣和三年，析海阳置揭阳，潮州始领有三县也。至各书为何人所撰，《文渊阁书目》并未著录，今亦不可考矣。谨附记于此，不更别录于后云。

兹编采录之例，特限于州；其属各县之志，率不列入。至于排比之先后，一依修纂之年代云。

宋

《潮州记》一卷　王中行撰。

佚

谨按：此编著录于《宋史·艺文志》卷三，又见于道光《广东通志·艺文略五》。考《千顷堂书目》无其名[2]，书之佚盖已久矣。潮州方志最古而可考惟此，然书仅一卷，当为粗具雏形之志书也。

《潮州新图经》　失名。

佚

王象之《舆地纪胜》一百：“《潮州图经》教授陈宗衢序。”

谨按：此书道光《广东通志·艺文略》有著录。其撰著人未详而陈宗衢序，今亦不可考也。

《潮州图经》　常祎修。

佚

① 见卷三十一《职官表》。

② 《千顷书目》仅录其《增江志》四卷，而王中行则作王仲行。

王象之《舆地纪胜》一百：“《潮州图经》郡守常祎序。”

谨按：顺治《潮州府志》称：祎曾修《潮州图经》（见上注）。

而《纪胜》载有其序文二节，兹移录于下：“一潮州耳，或曰‘金城’者，以是山旧属于金氏；曰‘凤凰山’（下当有阙文），一水缘溪而出（按：《舆地纪胜》一百《景物》类凤水条引《图经》云：在凤凰山下，曰‘凤水’者，以凤凰山一水缘溪而出。所引《图经》或即此序。是语足弥其夺漏也）；曰‘鳄渚’者，以韩公驱鳄之旧；曰‘揭阳’者，盖有取于古之旧县；曰‘潮阳’者，盖有取于今之郡名。”

又曰：“太平兴国间，始有联名桂籍者。”

此断章賸句，盖为乾道间祎所修《图经》之自序也。

《潮州图经》二卷　赵师岤修。

佚

吴颖顺治《潮州府志》四官师部：“嘉泰间，潮州刺史有赵思岤，字会时，开封人。”[①]

谨按：此《潮州图经》二卷，原著录于《宋史·艺文志三》。

道光《广东通志·艺文略》据之采入，竟误题为“一卷”，并谬引《舆地纪胜》曰：“郡守常祎序。”考祎为郡守在乾道年间，距师岌刺潮，先三十余年。师岌于嘉泰间修《图经》，不应祎为作序也。其以常序为赵书而作者，盖未知常曾自修《潮州图经》也。

明

永乐《潮州志》　雷春修。

佚

《千顷堂书目·地理类中》：“雷春《潮州志》，永乐间修。”乾隆《潮州府志》三十一《职官表》：“雷春，福建汀州人，永乐七年任知府。”

---

① 赵师岌，顺治《潮州府志》讹化“思岤”；康熙、雍正两《潮州府志》，并误作“师岤”。兹从《宋史·艺文志》。

正统《潮州志》　王源修。

佚

《千顷堂书目》七《地理类中》："王源《潮州志》，正统间修。"

《万姓统谱》四十五："王源，龙溪人（龙溪当作龙岩），永乐初进士，为庶吉士，历官兵部职方郎中，广东潮州知府，所至有声。"

谨按：乾隆《潮州府志·官迹传》，不云"源曾修《潮州志》"。

景泰《潮州志》　沈声修。

佚

《千顷堂书目》七《地理类中》："沈声《潮州志》，景泰间修。"

谨按：沈声，籍贯行实未详。

天顺《潮州志》　失名。

佚

《千顷堂书目》七《地理类中》："□□□《潮州志》，天顺间修。"

谨按：此书撰人未详。

弘治《潮州志》五卷　车份修，盛端明辑。

佚

潮州府同知车份序："……弘治丙辰，余来佐潮郡，阅旧志而窃有疑焉。一日，潮士盛端明进见，余以其意语之，端明忻然，退而重为纂辑成编，以质于余，簿书碌碌，未暇也。近余以疾乞归，得以参之旧志，考正其讹谬，补其阙疑，为书四卷，汇分为二十篇，科贡、职官，别为年表一卷。……"（乾隆《潮州府志》卷首）

《千顷堂书目》七《地理类中》："车（今本"车"误作"东"）份《潮州志》五卷，弘治间修。"

乾隆《潮州府志》三十一《职官表》："车份，会稽进士，弘治间任同知，创修府志。"

光绪《海阳县志》卷三十六："盛端明，字希道，饶平学，海阳人。……

累官至礼部尚书。”

谨按：此编，道光《广东通志·艺文略三》，亦有著录，惟题曰“府志四卷”，误也。旧以是志为车份所撰，然观车叙，乃份延端明纂辑；虽后经份稍为补订，而草创之功，固当属之端明也。又《车序》言此志共二十篇，其名今已无考。惟吴颖顺治《潮州府志》有述车《志·贪吏论》，乃知诸编中，《贪吏》为其一也。

然颖所引者，乃从郭春震志中迻录，非曾目睹其书，盖车《志》，清初已亡佚矣。

嘉靖《潮州府志》八卷　郭春震修。

佚

林庭㭿《序》：“林子续郭公渐斋读修潮志，……其凡例有八：首‘地理’……次‘建置’……次‘田赋’……次‘祠祀’……次‘官师’……次‘选举’……次‘人物’……终‘杂志’。比方类记，而义例以灿；灾祥附着，而天人以判……”（乾隆《潮州府志》卷首）

《千顷堂书目》七《地理类中》：“郭春震《潮州志》八卷，嘉靖间修。”

乾隆《潮州府志》三十三《宦迹传》：“郭春震，字以亨，江西万安进士。嘉靖二十四年修府志，重建文庙，有碑记。”

谨按：此志著录，见《明史》九十七《艺文志二》，又《江西通志》卷一百三。周硕勋旧志序，附以跋语曰：“《潮志》……迨嘉靖二十六年，太守郭春震重修之……縢蠹飘零，世亦罕见……”是嘉靖《潮州府志》，乾隆初已鲜有传本矣。道光《广东通志》录此书，亦题曰“佚”，乃作十二卷，与各书标曰“八卷”者异，未审何所据也。

清

顺治《潮州府志》十二卷　吴颖修。

存　顺治辛丑刊本。

乾隆《潮州府志》三十三：“吴颖，号茧雪，江南溧阳人。顺治十五年，出守潮州，时郡志修自前明嘉靖丁未，已百二十余年，颖搜罗残编，偕诸生邹（志作‘郭’，误）庆春等，重加修辑，辛丑志成。”

谨按：顺治潮州府志分十一部：曰“地书”，曰“赋役”，曰“祀典”，曰“官师”，曰“科名”，曰“人物”，曰“兵事”，曰“山川”，曰“古迹”，曰“轶事”，曰“古今文章”，都十有二卷。是时程乡、平远、镇平，仍属潮州，故志皆列入。其书为潮州知府吴颖所亲定，参稽考订者，有诸生杨闱、曾栋奇、陈士稼、邹庆春诸人①，而庆春搜讨尤力。颖于兵燹之后，乃能留意及此，网罗遗闻，编成卷帙，其存吾乡文献之功，不为不多也。

康熙《潮州府志》十六卷　林杭学修。

存　康熙丙寅刊本。

澄海县知县湘潭王岱叙：“……郡守林公守潮数年志事遂兴……与耆旧陈园公（海阳人，名衍虞），林介文（普宁人，名隽胄），两君笔削点定。草创稿成，复就佘（艳雪）、杨（钟岳）诸先生厘正之。……予适待罪澄海，与陈、林两先生为故交，因得窃窥其书，深叹马文班实，二者俱备。”

潮州府知府江宁林杭学《叙》：“……开局修纂，始于康熙二十二年七月，越二十三年十月而志成，为修目二十有八。……”

谨按：康熙《潮州府志》，清《学部图书馆方志目》有著录。道光《广东通志·艺文略》题曰：“知府林杭学修，郡人杨钟岳辑。”光绪《海阳县志》仍之。考此志撰稿，实出于陈衍虞、林隽胄两先生手，杨钟岳不过稍加厘正而已。钟岳是志序曰：“叨越敦请，辞不获命。”又曰：“不意两竖时侵，未能与诸生同人，汇帙而分门，删繁而举要；及志将告成，始得肆力一览观焉。”由此可知当时钟岳虽被总纂之职，实未能始终其事也。②

又按：陈衍虞所著有《序录》一卷，其文与是志各门小序，大同小异，盖即当时草稿，更加订定者也。此足证康熙潮志撰稿多出自衍虞手也。

---

① 杨闱字今鹤，大埔人。栋奇字砥慈，海阳人。士稼里贯俟考。庆春字豫来，海阳人。

② 府县志《钟岳传》不载其有修志事。

雍正《潮州府志》二十四卷　胡恂修。

存　雍正壬子刊本。

谨按：胡恂，浙江萧山人，贡生，雍正五年任潮州知府。癸丑重修郡志，成书二十四卷，列目三十，较吴、林两志，搜采参订，更为详备。乾隆《周志》，实取之为蓝本也。

乾隆《潮州府志》四十二卷　周硕勋修。

存　光绪癸巳重刊本。

谨按：周硕勋，湖南宁乡举人，乾隆二十一年，由廉州知府调任潮州。乾隆辛巳仲春，续修府志，至壬午季冬始竣事。成书四十二卷，分三十六门，皆手自纂定。其条目虽较旧志为详博，而义例实瞀杂而寡法；且去取好凭臆断，实其所短，如赵德《昌黎文录》曾经大儒朱子鉴定，清嘉庆钦定《全唐文》亦有载入，实可毋庸置疑，而周氏竟以为赝质，刊而不录，皆疑古太过之病。至其迻录旧文，每率臆沾媮涂窜，而自谓为之剪裁润饰[1]，此尤乖于史法者也！

原载《禹贡》（半月刊），二卷五号，北平，1934

① 见卷首《例言》。

清以前潮志纂修始末

一、潮志纂修不始于明

潮州之有志乘，实肇于唐宋之世。然清代修志之官吏，颇昧于考史，误解滋多。如林杭学康熙《潮志·凡例一》云："潮志修于明弘治中郡丞车份。"

周硕勋乾隆《潮志》卷首载车份序文，附按语云："潮志自弘治前无可考矣。"

又同书《职官表》云："车份创修府志。"

此说实不足信。唐宋时已有《潮州图经》，见于著录。大中祥符三年，翰林学士李宗谔等上《新修诸道图经》一千五百六十六卷，不知潮志是否在其中。考明永乐时《文渊阁书目》卷十九"暑"字号记当时内府所藏潮志，计如下列：《潮州府志》一册，《潮州图志》二册，《潮州府三阳志》二册，又《潮州三阳志》二册，又《三阳志》一册。又同书卷二十"往"字号称："《潮州府并属志》一册。"共得六种，似多非完本。再征之史籍，宋时潮志名称，有"记"、"图经"、"三阳志"三类。三阳乃合海阳、潮阳、揭阳三县之总称。徽宗宣和三年，始析海阳置揭阳，在此以前潮州仅领二县。故《三阳志》必修于南宋以后。

二、宋时之图经

《潮州记》一卷，揭阳进士，东莞知县王中行纂，《北史·艺文志》载之。阮元《广东通志·艺文略》收入“风土杂记”门，非是。考《永乐大典》潮字号云：“《潮州图经》，郡守常祎序。”同书引（宋孝宗）淳熙二年七月知潮州军州事常祎序略称：“潮旧有图经，兵火以来，散逸殆尽。……予郡事稍闲，因举是以属之教授王君中行。……予既锓板郡斋，君谓不可不序。”是王中行之《潮州记》即淳熙间邛州常祎所修之《潮州图经》矣。《夷坚志》卷七“刘方明（昉）”及“九月梅诗”注云：“左二事见潮人王中行教授所作《图经》。”即指此书也。

王象之《舆地纪胜》卷一百，著录有《潮阳图经》，郡守常祎序，则书名作《潮阳图经》。该书同卷潮州风俗形势及景物上下凤水、鸭湖、鳄渚、桑浦山共引《潮阳图经》五条。

据常祎《序》，其前尚有《旧图经》，《纪胜》卷一百潮州古迹“思韩堂”下引《潮阳旧图经》一条，《大典》潮字号“学校”条亦引《旧图经》，当即此。唐宋潮州亦称潮阳郡，此所谓潮阳，乃郡名，非县名也。

嘉泰间，郡守开封赵思穷修《潮州图经》。见《宋史·艺文志》，而名作思岌。然《永乐大典》潮字号引端平二年黄梦锡《潮州图经·序》云：“淳熙二载，常侯祎方裒而集之，继阅二纪，赵侯师穷又从而修之。”即指此事，顺治、康熙《潮州志》其名皆作赵思穷，与《大典》同，可正《宋史》之误。

端平间，郡守叶观继修《潮州图经》，《永乐大典》引黄梦锡《序》云：

> 潮有《图经》，其来尚矣，昔昌黎文公，将至韶石，贻诗于郡使张端公曰：“愿借《图经》将入界，一逢佳处便开看。”则知诸郡图经，唐已有之。参诸旧序，具言一经兵火，散逸殆尽。淳熙二载，常侯祎方裒而集之，继阅二纪，赵侯师穷又从而修之。历年二十有五，孙侯叔谨檄梦锡偕同志编辑校定，仅成全帙，以岁数计之，自淳熙乙未至于绍定己丑，几六十稔，更三十政，纂修者仅三焉。端平改元之四月，郡侯围观辍朝行而守兹土，……再令梦锡与唐曾林刚中点勘编修，续而新之。……始事于七月之望，迄成于闰月之晦。

此篇他志不载，仅见于《大典》，为即珍贵之文献，可以考知南宋时郡守孙叔谨叶观皆曾倡修，而黄梦锡且两预其役，此一事实，可补志乘之缺。

《舆地纪胜》卷一百，又载《潮州新图经》，教授陈宗衜《序》。阮《通志·艺文》据之著录，不知即黄梦锡所述之《图经》否？《大典》潮字号屡引《图经志》，如“归附始末”所引述及洪武元年三月事，又“户口”条亦及洪武，似永乐时修《大典》者所增，可知《图经志》，自宋迄元，递有增修也。

三、《三阳志》与《三阳图志》

《三阳志》之书久佚，《文渊阁书目》所记，谨存其名。其他志书间有援引，如吴颖顺治《潮志》载郭子章之《韩公二祠沿革》，乾隆间刘忭《揭阳县志》山川、古迹、庙宇亦屡引之。

《永乐大典》残存卷第五三四三、五三四五两卷潮字号二册，缺中间“五三四四”一册。检其目录，知即缺自“宦迹、人物、纪异、山川、宫室、保里、津渡、堤岸”各项，仅存“总图、历代序文、建置沿革、星分野、道里、归附始末、风俗形势、城池坛场、户口、田赋、土产、官制、公署、学校、古迹及文章”等类。此残册自苏联取回，现得影印流通，可谓奇迹。明以前潮州遗闻旧事，赖以保存不鲜，有裨于文献多矣。

《永乐大典》现存他卷，如六模之“湖”字，九真之“门”字，十八阳之“堂”字、“仓”字，一送之“梦”字下俱引《三阳志》，又“平理堂”条且引有《续三阳志》一条，诸如此类，倘加以集录，可成《三阳志》辑佚一篇。

《永乐大典》引洪武八年乙卯林仕猷《序》云：

> 潮郡乘曰《三阳图志》……自宋历元……其板藏于宣圣庙之万卷楼，至正末毁于兵。民间所藏全本仅有一二本。……（洪武）八年广东佥宪赵公……令邑长鲍与侃旁求博采，得其坏烂残缺之余以足成之，……锓梓以永其传。

此记洪武时补修及重梓《三阳志》之事甚详，所谓《续三阳志》者非耶？《文渊阁书目》所记之《三阳志》，殆必有指此者也。

四、《千顷堂书目》中之潮志

黄虞稷《千顷堂书目》潮州志有下列各种：

(1) 雷　春《潮州志》永乐间修
(2) 王　源《潮州志》正统间修
(3) 沈　声《潮州志》景泰间修
(4) □□□《潮州志》天顺间修
(5) 东（应作“车”）份《潮州志》五卷弘治间修
(6) 郭春震《潮州府志》八卷嘉靖间修

考《文渊阁书目》“往”字号，新志有《潮州府并属县志》一册，不详何年。据杨士奇正统六年题记，称各书自永乐十九年由南京取来，移贮文渊阁者。雷春，汀州人，永乐七年任潮州知府，则所谓潮州之新志，倘即雷氏所修者欤。

由上知车份以前，尚有数度续修潮志。车份，会稽进士，所修《潮志》，今已亡，旧志载车《序》一篇，略云：

> 弘治丙辰，余来佐潮郡，阅旧志而窃有疑焉。一日，潮士盛端明进见，余以其意语之。端明忻然，退而重为纂辑成编，……为书四卷，汇分为二十篇。科贡职官，别为年表一卷。……弘治庚申，会稽车份书。

与黄目所载五卷正合。车《志》残文，可考者，有吴颖顺治《潮志》引其《贪吏论》一篇，又《潮阳志》杂志，钟元濬《乡厉坛誓文》内亦引车《志》一段。

五、现存之嘉靖《潮州府志》

嘉靖间知府郭春震所修《潮志》八卷，《千顷堂书目》著录之外，他书所记，颇多讹误。徐𤊹《书目》，误称弘治间修。《明史·艺文志》称“郭春”撰，脱一“震”字。阮元道光《广东通志》作十二卷，并云已佚。实则其书仅八卷。此皆模糊影响之谈。

此郭《志》，国内仅南港中央研究院书库残存卷一壹册。日本内阁文库有完整一部，天壤唯此孤本而已。书为嘉靖二十六年丁未刊行，九行、行二十二字，白棉纸，题曰"万安郭春震校辑"。有丁未四月郭氏《序》云："檄县丞叶文鼎刻于仰韩堂，少府龙溪陈君，令前都谏三山林君庭壆，咸同议襄成。"故卷首有庭壆《序》。春震字菊坛，官至云南按察属副使，事迹详陈昌积《龙津原集》卷五（嘉靖毛汝麒校刊本）中《菊坛郭公墓表》。

六、郭子章之《潮中杂纪》

《潮志》当万历之际，知府泰和郭子章曾议重修，未果。郭氏有《陆丞相墓辨》云："余来潮二年，四境稍敉定，乡先生请予续郡志。"据此知郭氏有志未逮，惟捃拾旧闻，撰为《潮中杂纪》十二卷，《自序》略云：

> 潮州郡志，予先伯大父春震守潮时，集而刻之，今四十余年矣。此予来潮，博士叔与京手而授之，曰是书先人笔削稍严，其故颇略，春秋弥旷，子其卒之。子章敬诺。……年余日稍隙……下令搜十邑之故而来其籍……又搜之山穴残碑，故族半编，久之簏盈。……遂杂次其略。凡通志、前志载者不书，书其逸者新者若干卷，命之曰《潮中杂纪》，而托之剞劂。

《杂纪》原书未见，仅于此《序》，窥其概略。《明史・艺文志》、《千顷堂书目》并著录之。郭子章全集号曰《春螺公遗书》二十三卷（有光绪八年刊本），今尚流传于世，内多有关潮州掌故之作。至吴颖顺治《志》录郭文尤多。如卷一之"象纬解"、"沿革考"为整篇，"物产考"及兵事部"封爵之始"，节录数条。又卷十二"古今文章"，载子章文《陆丞相墓办》外，若《韩公与大颠书》、《昌黎别传辨》、《韩公二祠沿革》、《韩江韩山韩木》诸作，皆极重要，殆采自《潮中杂纪》也。[①]

---

① 见吴颖：《顺治潮志・自序》。

七、后语

以上所述，为清以前《潮志》纂修事迹之概略。入清以后，志凡四修，顺治辛丑知府吴颖《志》，皆十一部都十二卷。[1] 康熙丙寅林杭学《志》十卷，为目二十八。[2] 雍正壬子胡恂《志》二十四卷，列目三十。乾隆壬子周硕勋《志》四十二卷，分三十六门，事增于前，而移录旧文，每擅沾娼自云“为之剪裁润饰”，致多失真。乾隆本最通行，其他三志人间亦不易觏矣。

光绪辛巳，惠潮嘉道刚毅知府张联桂与盐运司方功惠禀请重修，海阳翁兰为发凡起例[3]，迄无所成。民国州治既废，35 年胜利复员，广东第五区行政专员郑绍玄先生倡重修，以宗颐为总纂，嗣刘侯武先生卸两广监察使，赓续其事，馆费不继，至鬻字为给。而海外侨领佽助益力，暹罗余子亮、香港方继仁两先生于馆费及一切开销，支柱数载，该志稿得于扰攘艰难中刊行一大部分，可十八册，余遂中梗，亦事之无可如何者也。

1963 年 7 月，余旅读印度，10 月自锡兰、缅甸、高棉来泰国，诸同乡款待良殷，潮州会馆主席苏君谦先生以会馆馆刊编印之事垂询，并嘱略记历代潮州志乘修纂经过，为海外同侨作一报道，荏苒年余，未有以应。去岁，余历访日、美各大图书馆，所见珍籍，间有关涉潮州文献者，颇多新知。而嘉靖郭《志》，向以为亡佚者，今得寓目，尤为快事。兹趁暑期之暇，缀为短篇，命曰《清以前潮志纂修始末》，略近详远，钩沈辑佚，用补旧志纪述之缺漏，以见唐宋以来，名宦乡贤致力于地方文献之事业，不绝如缕，其精神对于后人之感召，有如斯也。

1965 年 6 月记于香港

原载《潮州志汇编》，香港，龙门书店，1965

① 是时程乡、平远、镇平三县皆属湖，故在论述之列。

② 始事于康熙二十二年七月，越年十月而书成。

③ 文载《湖西小庐文集》。

《三阳志》小考

——《潮汕文化研究》序

去岁11月，中国历史文献研究会第十一届年会暨潮汕历史文献与文化学术讨论会假汕头大学举行，汕大因之成立潮汕文化研究中心，甚盛事也。余以州人获参预其役，更所忻幸。记曩年地方人士有纂辑《潮州志》之举，余尝谬掌其事。其时限于地域，囿于见闻，资料深感不足。迩岁海宇大通，秘籍稍出，所知略胜于前，以潮州最古志书之《三阳志》而论，得从《永乐大典》中“潮”字号窥其厓略，就中有关宋元史料，至为珍贵。故余于1965年复有《潮志汇编》之印行。《大典·三阳志》虽非全本，乃获流通于世，影响所及，陈香白君因有《三阳志辑稿》之作。

《三阳志》者，潮州旧志罕见载录，仅顺治志引用二事，盖吴颖未见其书。在此之前，万历间知府郭子章著《潮中杂纪》，其卷七书目类云：

> 《潮州记》一卷，宋揭阳进士王仲行撰，今亡。
>
> 《潮州图纪》二卷，宋知州事邛州常祎撰，今亡。
>
> 元《三阳志》七卷，元人著，今无刻本。郑布政旻家藏有抄本。

据此知《三阳志》实元人所著，有七卷流传本。又明初《文渊阁书目》卷十九“暑”字号，有关潮州旧志共五部，计：

> 《潮州府志》一册，又《三阳志》一册，又《潮州府三阳志》二册，

又《潮州三阳志》三册，又《三阳志》一册。

同书卷二十"德"字号新志又有一部书，名为：

《潮州府并属县志》一册。

文渊阁中秘藏书皆系实录，故兼记册数；而《三阳志》竟有四部之多，册数又复不同，想必不止一种。其中《三阳志》有称《潮州府》者，改路为府，分明为明初之作。考《千顷堂书目》，永乐间知府雷春有《潮州志》，文渊阁之《潮州府志》当即雷《志》。又据郑义永乐《潮阳志序》云："第以图志，附于《三阳郡志》之一，其所登载，弗克备举。"殆新志项下所称有"并属县志"者也。①

细察《永乐大典》，"潮"字号采用之书，最重要者，有《图经志》、《三阳志》，又有《三阳图志》，兹略记其引书之例如次：

"归附始末"下引《图经志》，又引《三阳志》。

"韩木"注下引《图经》、《方舆胜览》、《三阳志》。

在此之下方，引用各书名称先后则为：

(1)《三阳图志》：《潮州府志书序》……洪武八年三阳林仕猷撰。

(2)《三阳志》：《潮州图经序》……淳熙二年常祎序。

又端平二年……黄梦锡序。

(3)《三阳志》：《州县总叙》。

由上引明确记载，林仕猷《洪武序》乃从《三阳图经》中抄出，则《三阳图志》当作于洪武之后，或即文渊阁著录之《潮州府三阳志》乎？

林仕猷《序》云："《三阳图志》……自宋历元……靡不具载，百无遗一。其板藏于宣圣庙万卷楼，至正末毁于兵。大半虽存，已非完璧，民间所藏，全本仅有一二。"《三阳志》所记郡刊之书，其中有《新修潮州图经》、《古瀛乙丙集》一百二十五板、《古瀛丁集》五十板。此新修《潮州图经》、《古瀛乙

① 正统间知府王源亦修《潮州志》。但据《文渊阁书目》前杨士奇正统六年题本，王源知府在潮十年，已在其后，故非王源之志。

丙集》、《古瀛丁集》及《古瀛集》，盖皆常祎所辑。万卷楼在文庙，黄惟贤句云："潮州书楼天下稀，摩插云汉吞秋晖。"此万卷楼为宋时书板庋藏之所，规模可见。林序原题曰《潮州府志书序》，则其文中所言之《三阳图志》，谓三阳之图志，乃泛指潮州志书，非专指《三阳志》而言也。从常祎、黄梦锡两《序》，可证王中行即常祎图经之撰者，郭子章作王仲行，"仲"字应作"中"，其书均称曰"图经"，《永乐大典》所引之《图经志》当指常、黄所序之书，非《三阳志》明甚。香白以常、黄二《序》系于《三阳志》之前，是无异糅《图经志》与《三阳志》为一也！而《三阳志》有七卷本，必为元人所作，故书中屡屡采及元人文章，如元何民先、元熊炎等是。香白以林仕猷《序》视作《三阳图志》之《序文》，又谓"《三阳图志》宋、元均有之"，似误解林《序》之意，不悟其《序》原题分明指"潮州府志书"，故得奄有宋以来之著述，若以专指元之《三阳志》，何得有"府"之目？又复忽略林《序》之上分明揭橥《三阳图志》之名，明著其文之出处，《序》又称"佥宪赵公令邑长鲍与侃旁求博采，锓梓以永其传"。洪武当日所授梓者，乃宋历元潮州旧志经整理后之稿，香白泥于《图志》之名，谓鲍书即《三阳图志》之辑佚本，恐有未安。[①] 总结诸书所著录，《三阳志》应有下列各种：

(1)《三阳志》。

(2)《三阳图志》。分别见《永乐大典》征引。

(3) 元七卷本《三阳志》，郭子章著录。

(4)《续三阳志》，《大典》十八"阳"引一条，见张国淦《中国古方志考》。

《三阳志》收采及洪武林仕猷之文章，与文渊阁著录标明潮州府之《三阳志》疑即是一书，故《三阳志》有元人所著者，又有更后出为明初人续修者。至于宋人之"潮州志书"应即是《图经志》，不得与《三阳志》、《三阳图志》混为一谈也。

作为文献学者，对于史源认识须掌握确切材料，方不至于误解而导致不确之判断。地方史足为国史之辅车，由于记载较为翔实，又富有亲切感，大有助于史学，自未容忽视。今举《三阳志》一书为例，考其原委，以见文献

---

① 辑佚二字，尤不符合事实。

学与史源学关涉之深，聊备商榷之资。值本届会议论文集杀青在即，杜教授来书督“序”，爰不辞固陋，觇缕陈述，未敢作为考寻史源之鼓吹，还望有以教之。

1991年4月22日于香港

原载《潮汕文化论丛初集》，广州，广东高等教育出版社，1991

《潮州志汇编》序

方志，地方史也，亦国史之要删也。从事方志者，非从国史入，则所见也隘；治国史者，非自方志出，则所得也肤。良以桑梓之邦，耳目睹记，以参为验，于所接最亲切者尽心焉；庶乎著手之非难，而持论斯较可信。余自三十以前，颇留心地志之学，既于中山大学参预粤《志》之修纂，复于新修潮《志》，忝董其役，遭时多难，两无所成。向者囿于见闻，即古潮志之《三阳图志》，暨嘉靖间郭春震所修《志》，深以未获寓目为憾。去岁读书南港，始于插架见《郭志》残本；嗣如东京，悉内阁文库庋有完帙，友人日比野丈夫教授复影见示。因取嘉靖《志》合顺治《志》，益以《永乐大典》所收《三阳志》，及余所纂民国《志稿》，成一帙，用备省览。龙门书店以为合元、明、清、民国诸《志》为一书，无异方志之创体，慨允锓梓，以广其传，刊印既竟，爰略举所知，叙于其端。

阮元道光《广东通志·艺文略》（卷一九一）著录潮州志书凡八种，言佚者四[①]，言未见者三[②]，盖只获见乾隆壬午周硕勋四十二卷本之《潮州府志》而已。阮《志》所采潮州资料之贫乏，从可知矣。然郭春震《志》实未亡佚，《图经志》亦部分保存于《永乐大典》中，兹得重为影刊；今人眼福，迈胜前贤，抑何幸也。蒲圻张国淦撰《中国古方志考》，著录宋元潮《志》七种。计

---

① 宋赵师岌《潮州图经》一卷，失名《潮州新图经》，车份《潮州府志》四卷，郭春震《潮州府志》十二卷。

② 顺治吴颖、康熙林杭学、雍正胡恂《潮州府志》。

《潮阳旧图经》、常祎《潮阳图经》、陈宗衜《潮阳新图经》[①]、赵师岌《潮州图经》、王中行《潮州记》[②]、《三阳志》[③]、《续三阳志》[④]，于《大典》十三萧"潮"字号，未曾见及，故有疏失。今考《大典》载淳熙二年常祎《序文》，言所修《潮州图经》，属教授王中行为之；是中行所记即常祎之书，故《夷坚志》卷七"刘方明（昉）"及"九月梅诗"注云"左二事见潮人王中行教授所作《图经》"，即指此也。又端平二年黄梦锡《序》，记赵师岌[⑤]以后，又有郡侯孙叔谨及叶观所修郡《志》，梦锡曾两预其役，此皆宜增补者。明初又有《三阳图志》之续梓，见《大典》所载林仕猷洪武八年《序》。凡此诸《志》，向所未悉，非《大典》之重出，孰能详之？《大典》潮字号所引潮《志》之名目有四：除《三阳图志》外，又有《旧图经》[⑥]、《三阳志》、《图经志》。考吴颖顺治《志》载郭子章《韩公二祠沿革》引《三阳志》一段，乾隆刘忭《揭阳县志·山川》"瘦牛岭"下引《三阳图志》，《古迹》"夹山湖"下引《三阳志》，又《庙宇》"天庆堂"下云见元《三阳志》，此似可补张国淦辑本之缺。[⑦] 至于《旧图经》者，《舆地纪胜》一百，"思韩堂"下引《潮阳旧图经》，或即其书。

《永乐大典》潮字号为卷第五三四三至五三四五，共三册，惜缺去中间五三四四号一册，自"宦迹"至"堤岸"各项，幸目录尚存，可以稽考。《大典》中所引《三阳志》虽非本足，然宋元遗闻佚事，多赖以保存。如"营寨"条可考元代兵制，郡东白瓷窑一名，可证瓷史。（按：潮州静乐禅院政和四年钟识，后列舍钱人名，有"白瓷窑住弟子刘满、王长、慎德、邝一娘"。此一条向来言潮瓷者俱未之及。[⑧]）叙畲民有"崎鬃、平鬃"[⑨] 二种（按：知《天

---

① 以上据《纪胜》。

② 据《宋史·艺文志》。

③ 据《文渊阁书目》。

④ 据《大典》十八阳引。

⑤ 《永乐大典》及吴林潮志皆作"赵师㝑"。㝑，古"会"字，见《集韵》十四卷。《宋史·艺文志》作"师岌"疑误。汲古阁刊吕渭老《圣求词》，有嘉定壬申赵师㝑序，即此人也。《词综》卷十又误作赵师秀。

⑥ 见"学校"条。

⑦ 《古方志考》，618页；宋《三阳志》，有蒲圻张氏《大典》辑本。

⑧ 潮瓷，详《潮瓷说略》，长谷部乐尔译日文本，载东京出版《陶磁杂志》。又小山富士夫《中国名陶百选》内中国陶瓷概说记"百窑村"。陈万里：《从几件瓷造像谈到广东潮州窑》，载《文物》，1957（3）。冯先铭《故宫博物院十年来对古窑址的调查》文内潮州水东窑一段，见《故宫博物院院刊》总第二期，1960。

⑨ 潮州畲民，参 *The Shê People of the Han River Region——Symposium on Historical Archaeological and Linguistic Studies on Southern China*，Hong Kong University Press。

下郡国利病书》说自此出），记水南去城不五七里，另操一音，俗谓之“不老”[①]，并民族方言之新资料。“学校”条记宋时潮州之大成乐及乐工音谱，“古迹”条越王走马埒之考证，“济川桥”引《三阳志》备述元时是桥兴废[②]，皆明清志之所不逮。插图如韩木图，尤为矜贵。至于记述宋时潮州刻书板数，极为详悉。(举其要者，如《濂溪大成集》、《韩文公集》，有大字并考异及中字之分。考北宋大观初潮郡以昌黎庙香火钱刻《韩集》，事载《滂喜斋藏书记》。朱子《韩集考异》入校之本，另有潮本、蜀本、泉本。《大典》载陈知柔《读潮本韩集》诗，此谈韩集板本者，不可不知。又潮州《通鉴总类》千五百版，今中央图书馆藏宋沈枢撰《通鉴总类》，嘉定元年潮阳刊本存卷九[③]，当即是书。又林贤良撰《草范》五十板，则州人著作之镂板者。）徐信符氏曩称宋代粤东无刻书[④]，今以潮州一隅观之，斑斑可考如此，兹可补苴王静安《两宋刊本考》之遗，亦言汴宋板刻者所不可忽也。

嘉靖郭春震《志》，南港中央研究院书库残存卷一壹册。本书据日本内阁文库所藏完本影刊，内缺一叶，有佐伯侯毛利高标藏印。此志各书著录，颇多讹谬。除𤊹《红雨楼书目》，误为弘治间修，《明史·艺文志》撰人作“郭春”，脱一“震”字。阮《通志》误作“十二卷”，实八卷耳。余读明陈昌积之《龙津原集》[⑤]，内有《菊坛郭公墓表》（卷五）称“其惠政，详所修潮郡志中”。可见其修成潮志，在当日极为人所称道。然以笔削精严，或病其太略。万历十年，郭子章知潮，欲续修未果；谨杂次所见，为《潮中杂纪》十二卷。春震，盖子章之伯大父也。[⑥]

观郭《志》“风俗考”殊为疏简，似未充分用《三阳志》材料。嘉靖以前，潮《志》累有纂修。据《千顷堂书目》，雷春修于永乐，王源修于正统，沈声修于景泰，□□修于天顺，车份修于弘治。车《志》勒成四卷，汇分二十篇，而“科贡”、“职官”别为年表一卷。郭《志》立“官师”、“选举”二

---

① 《大典》引《三阳志》云：“郡以东，其他曰白瓷窑，曰水南，去城不五七里，乃外操一音，俗称之‘不老’。或曰韩公出刺之时，以‘正音’为郡人诲，一失其真，遂不复变，市井间六七十载以前犹有操是音者，今不闻矣。”按不老，疑即北老。

② 《广济桥考》，载《史学专刊》一之四，中山大学文科研究所出版。

③ 参《中央图书馆善本书目》史类。

④ 徐信符《广东板片记略》（载《广东文物》）云：“宋代雕刻粤东寂然无闻。”观于《大典》，可知其不然。明周弘祖《古今书刻》广东书目潮州府只有七种。

⑤ 《龙津原集》，嘉靖毛汝麒校刊本，“中央图书馆”藏。

⑥ 见《潮中杂纪》序。

志，则体例视车《志》大有更张也。

郭《志》资料之可珍异者，如“杂志”记潮属各县明代之村名。“潮州卫”条，记屯田之事实。“榷盐厂”条，书广济桥榷盐制度与淮浙之异。“市集”条，记细绢与诸番贸易，及潮阳云葛之价格。（按：潮州以产布名，《唐书》、《宋史》、《寰宇记》、《九域志》俱载以蕉布为贡品。大埔角西泉寺钟款，书永乐至正统间，清远都黄兰保男女捐舍白布蕉布之数，亦可参证。）“柘林澳”条，记暹罗诸倭及海寇常泊巨舟为患，兼说明“通番”一词之意义，知饶平柘林港在明代海外交通地位之重要，而潮暹来往见之志书记载，实昉于此。

惟记叙人物，未臻详尽，后之览者难以细稽；故郭子章撰《韩祠沿革》，至不知元王翰与王用文即为一人。潮阳白牛垒，有灵武王用文汉隶题字，钱大昕为之《跋》，颇置辨诘。余曾见王翰《友石山人遗稿》[①]，尚有不少其总管潮州所作诗文，为志书所未采者。

顺治吴颖《志》十二卷，多用纪事本末体。“兵事记”一二二篇，“山川记”三十八篇，“古迹”三十九则，“轶事”五十三则，“古今文章”共一六一篇。据其“发凡”，是时车份《志》已不存，惟据郭春震志及《潮中杂纪》耳。若参用之各县《志》，则有林大春《潮阳志》，及吴光卿《续志》，郭之奇之《揭阳志》，李士淳之《程乡志》，及万历修之惠来、澄海、普宁《志》，崇祯修之饶平、大埔、平远、镇平诸《志》，与陈天资之《东里志》[②]，凡所取材如是而已。其论“转饷之治”条，误史禄凿渠湘漓同源之海阳山为潮州之海阳。“封爵之始”条，亦误东越之海阳侯摇毋馀为潮州。[③]“古迹”条，似误王莽县名之南海亭为亭台。“轶事”书《韩文公年谱》，韩郁注云：“潮阳灵山所刻。”然据朱子《考异》，灵山石刻乃张系所撰；其伪撰之昌黎《与大颠书》三首，东坡《杂说》暨陈振孙辨之至明。文既刻于唐时大颠禅师堂壁，则殆出后人所作。大颠与昌黎交往事，成为儒学史一大公案[④]，郭子章有文辩之，载于吴《志》。明清之际，考证之学未兴，方志家亦罕事考核；惟辗转稗贩，吴《志》亦复尔也。

吴《志》“古今文章”，征录颇多；然见闻拘墟，未能博采。余曾检读明

① 《友石山人遗稿》，钞本，余见之“中央图书馆”，有朱彝尊、钱大昕印记。

② 陈天资《东里志》，向有钞本。吴《志》采其“潮汐考”。

③ 《海阳山辨》，载《禹贡》，六卷十一期。《古海阳地考》，载《禹贡》，七卷《古代地理专号》。

④ 参钱锺书：《谈艺录》。详拙作《宋代潮州之韩学》。

人别集近千种，其有关潮州文献者，如陈察《虞山先生具庆堂集》（文有《海阳县学重梓“学史”序》，诗有《和盛希道登韩山高节亭咏》、《嘉靖丁亥夏将赴潮阳诸台寮饯诗》[①]），蔡清《虚斋集》（正德十六年刊，有《送郑仲平教谕揭阳序》），金幼孜《金文靖公集》（新淦金氏家刊本，首有成化四年潮阳李龄《序》），吴道南《吴文恪公集》（崇祯崇仁吴氏刊本，内《御虏议》记翁万达御敌事），王邦瑞《王襄敏公集》（隆庆五年刊，有《闻翁东涯去世》诗），顺德罗虞臣《司勋文集》（有《书翁仁夫惠谦卦图后》、《与翁东涯书》），陈道潜《淇园编》（有嘉靖三十一年翁万达《序》。），欧阳德《南野文集》（嘉靖三十七梁汝魁陕西刻本，有《答翁东涯薛中离书》及《刻薛先生〈约言〉序》、《祭薛东泓文》），蔡羽《林屋集》（嘉靖八年刊，有《与薛中离书》），尹昌隆《尹讷庵遗稿》（旧钞本，有唐伯元撰《中允是隆传》），陈文烛《二西堂诗文集》（万历甲申龙膺刊本，首有潮阳周光镐《序》），邹迪先《郁仪楼集》（万历甲辰刊，有诗《被谪揭阳尉》[②]），皆罕观之集，吉光片羽，倍觉可珍，故略记之，以为他日征文者之助。

自宋时常祎撰《古瀛集》，《舆地纪胜》云：“帙三，凡著述之关于州。”《大典》著其目而书久亡。郭子章曾集次韩愈、苏轼、文天祥、王思四人在潮文字，撰为《四贤潮语》四卷，有《序》见其《粤草》，《千顷堂书目》著录之。明时此类之总集、别集名目可考者，若大埔令吴思立之《天印山集》（目见《大埔志·艺文》，存饶相序），普宁教谕邓希父之《铁山稿》（有郭子章序），谪三河驿丞王思之《改斋寓潮集》（阮《通志》著录五卷），澄海典史周宏禴之《澄海集》（万历十一年谪潮，《脉望馆书目》著录），揭阳知县张明弼之《榕城集》（见《古瀛诗苑》，张公亮崇祯间知揭），皆以潮地名集。其时代与吴颖相接，惜乎吴氏未之采掇也。

其明人所作遗闻琐记，涉及潮事为吴志所未及者，如谈伦、叶性之《韩祠录》，俞大猷之《洗海近事》（记荡平海寇策划，《世善堂书目》著录，隆庆刊本，又道光二十三年味古室刊本），见载于《四库》；严尔珪（崇祯时潮州海防道）之《岭东记》、林庭机之《平曾一本叙》、霍尚守之《翁襄敏安边记》（南海人，有自序，载《广东文征》），名著于《千顷堂书目》。天启间，南澳把总安国贤之撰《南澳游小记》（十二卷，见《明史·艺文志》），崇祯间人之

① 《具庆堂集》明刊本，日本内阁文库藏。

② 上列各明刊别集，除罗虞臣《司勋文集》藏于南港“中研院”外，其余自蔡清至邹迪先各集，皆中央图书馆所藏。

《惠潮兵纪》（四册见《全毁书目》），惜多失传；用著其目，以俟搜访。明时潮州为海上交通重镇，郭春震著《备倭小论》，言窝藏、接济、通番三事。郭吴两《志》，保留此类海防文献特夥，此则治明史者所宜措意者也。

顺治以后，因应功令，备《一统志》参考之用。康熙、雍正、乾隆三朝潮州知府，叠有修志之举，并皆成书刊行。门类因仍，转相蹈袭。胡恂之雍正《志》，今亦罕观[①]，惟乾隆志最通行耳。

民国三十五年新纂之《志》，以旧府属为范围，可谓创格。而着重实际调查与专家合作，此则大与前志异趣。故若干新立门类，延聘自然科学家撰稿，《地质志》出于“中央研究院”地质研究所，《气候》、《地形》、《水文》诸志之出于中国地理研究所，即其例也。新志原分三十门，沿旧志者只十之四；而撰写方法，复多所变通。若《大事志》，则采提纲旁注之法。《户口》、《交通》志，均侈列图表，颇异前规。赖众擎之力，事虽艰巨，稍有所成；而仓促付印，未能首尾检覆，虑多讹谬。原稿拟订五十册，而刊成十有八册。一志之中，原有数项，而刊出者或只一部分。如《物产志》，只印药用植物、矿物而已。故此书乃未完成之制，仅得目为长编，题曰《志稿》，非谦词也。然自乾隆迄今，多历年所，人事之纷错，政体之更长，华洋之接触，迥异畴昔，不可不书。况本志宗旨，略古详今，所补事实，至民国三十五年为止。以沿革而言，若南山管理局之设置，与民国十九年至三十五年乡镇之分并，今皆成为陈迹，赖本书记录，他日或可稽考。自知体例容有未纯，然以史料论，似亦不尽可废乎。

潮州地区，以语言之故，风俗、饮食、戏剧[②]、音乐，皆别具特征；而侨民海外拓殖，与南洋关系，尤为密切。比岁以来，韩江流域古物日有发见。若潮安梅林湖之贝丘，韩山竹竿山之唐宋窑址，脍炙人口。凡此均宜独立研究。[③] 本志对于上列各项，原有专篇，惜属稿粗具，未遑写定付梓，惟有期之他日耳。

久去乡关，累十余稔，山川乔木，望之畅然，往日藏书，不可复问。而

---

① 朱士嘉《中国地方志综录》（增订本），未收胡恂《潮州志》。

② 潮州剧本现存明代资料，藏于海外有二种：一为嘉靖本《荔镜记戏文》，英国牛津大学、日本天理大学，各藏一部，吴守礼曾加校勘；一为《潮调金花女大全》，现藏东京。

③ 详拙作《韩江流域史前遗址及其文化》（1950），又《广东潮阳新石器时代遗址调查简报》（载《考古通讯》1956（4）），他如《广东梅县大墓岌（岗）晋唐墓清理简报》（载《考古通讯》，1956（5）），《潮州北宋刘景墓清理》（载《考古》，1953（9）），《广东潮安北郊唐代窑址》（载《考古》，1964（4）），《广东潮安的贝丘遗址》（载《考古》，1961（11））各篇，皆重要文献。

余为学之方，日益旁骛，旧记都忘，何论新知。矧于煨烬之后，掇拾之余，集腋成编，取资异国；叹精力之将衰，惭韦编之莫就；姑存初稿，未遑删订。敢谓足以谀闻，庶不没其苦心，以俟后之君子，斟酌去取云尔。

1965年6月饶宗颐识

原载《潮州志汇编》，香港，龙门书店，1962

《潮中杂纪》序

往岁忝任潮志总纂，深憾郭春震嘉靖《志》及其侄子章《潮中杂纪》二书，无从寓目。嗣于南港获见郭《志》残卷，喜出望外；洎得完本于扶桑，遂取与《三阳志》合刊于《潮志汇编》。又恨《杂纪》未能觅得，其后门人李锐清从东京谋得景本，前有万历乙酉（十三年，1585）子章自序，字大如钱；全帙共十二卷，犹是万历间原刊本。前钤"明治九年文部省交付"印，知其书清时流入东瀛。朱士嘉《方志综录》所未著录，诚可宝也。

《序》称："凡通志前志载者不书，书其逸者新者若干，命之曰《潮中杂纪》，而托之剞劂。"其《志》在补黄佐嘉靖《粤志》、旧《三阳志》暨嘉靖《潮志》之所略。目录之后，校阅姓氏，自潮州府通判靖州梁义卿以次，至潮、揭、饶、澄、大埔、惠、普、平远各知县均具名，盖刻于潮郡署者也。子章博学好文，宦履所历皆有诗文草如《粤草》、《黔草》之类，多见于《四库存目》著录。子章《明史》无传，《江西通志》本传称"其于书无所不读，著述几于汗牛"。潮中是纪，仅其戋戋者耳。赣《志》谓其"出为湖州知府"当是"潮州"之误。

是书特色在保存史料，大量撮录当日官方文移，若卷二录《万历南澳敕》、卷五《请设海防诸疏》；又卷九《郡邑志补》，卷四《韩公二祠沿革》、《韩公与大颠书及昌黎别传辨》。前志略于古事，子章博雅，苴益辨证特多。其尤出色者为卷七之《艺文志》，共分二类，上为《书目》，下为《碑目》。自吴颖顺治《潮志》迄乾隆周硕勋《志》，皆忽视金石纪录，而此书所列碑目，万历以前潮属诸县石刻，悉具于斯，诚难能而可贵。至于书目，弥为珍异，其例先刊潮地名宦著述与所刊刻之书，多为他志所漏载，如称："元《三阳志》七卷，元人著，今无刻本，郑布政旻家藏有抄本。"幸《永乐大典》潮字号部分尚存，可以互证；又谓："天顺《志》，载事颇核，成化十三年《志》，不知谁著，止载海、潮、揭、程四县事，其字颇小。"《千顷堂书目》于潮志颇有著录，凡此均可补其不及。

潮中名宦寓潮时之著述，自宋陈尧佐有《潮阳编》，明王源有《韦庵守潮文集》四卷，王思有《寓潮集》五卷（时贬三河驿丞），均宜入《潮志·艺文》之"外编"。其涉潮州文献者，邻水谈伦著《韩祠录》三卷，钱塘于嵩著《南澳志》二卷，普宁教谕南海邓修贤著《铁山稿》二卷，一刻于郡署，一刻于南澳署，一则子章为序。前者《四库存目》著录，子章所著《韩公二祠沿革》必有取资于是。其非郡人著述而刻于郡署，举其荦荦大者，括苍何镗刻《韩文》，又刻叶子奇《草木子》，郭春震刻《一统志略》十六卷，同知泰和刘魁刻其同乡罗钦顺之《困知记》，通判梁义卿合《西京杂记》、《三辅黄图》刻为《汉图记》十二卷。私家刻本有《宋简录镌》、《欧苏表启》，刻存于郑旻家。潮中刻本，渊源甚远，《三阳志》述宋刻，历历可征，清季韩江书局盖又承其遗绪者。至于所记郡人著述，多向来之所未详，林异之《草范先生文集》，盛端明之《知微录》、《五行论》，是其例也，均宜补录。

曩年撰《韩祠沿革考证》，刊于北京《禹贡》杂志，仅据郭氏《韩公二祠沿革》，所见乃周硕勋节本，恨未见《潮中杂纪》所载原文。今见此本，至为欣快，日后拙作当据以苴正充实。就中潮州城南书院，郭氏指出"城南祠，即《三阳志》所谓书院也，由元入国朝"。至"城南"二字，取自韩公《符读书城南诗》，亦为子章所揭出。而城南书院历史应溯元以上，据此可成定论。

是书有《平寇考》计上下二卷，于海疆夷氛平寇诸役，记述特详。饶平张琏之变，叙其擒获在五月十三日，证以闽广交界九峰仙石所镌"嘉靖肆拾壹年壬戌孟夏拾捌日俞大猷进征琏等首从俱就擒次月尽班师"之文，相差五日，而志其就逮则同，足以正《明史》言琏流寓三佛齐之讹。

其余琐事，如"杨主簿梦"条，记杨彩延平人，来南澳修志。石刻条，《南澳赋》下言明主簿延平杨彩撰，是此赋曾泐诸石。又记万历十一年嘉禾产南澳地，教谕邓修贤、主簿杨彩作《嘉禾颂》，杨彩事迹，赖以有征。又石刻著录：王锡爵撰《翁襄毅公神道碑》，与《明史》万达本传作襄毅正合，新印《翁万达集》据《明文海》附王文作襄敏，郭书刊行在明史纂修以前，距万达之卒甚近，未必误刻。近贤考证应作“襄敏”者，似仍非定案。又物产志“茶”条云：“潮俗不甚用茶，故茶之佳者不至。”由是观之，潮人饮工夫茶，非万历以前流行之风俗矣。

此书虽缺脱之字不少，且有挖改处（如书目王源文集下万历“十六年”数字），仍是万历镌刻原貌。宋明潮本，沦胥已久，得此不啻尝鼎一脔。爰商诸郭伟川君，谋诸剞劂，用广其传。潮州市文物馆收藏有沪渎苏乾英教授馈赠郭子章行书直幅，今并附载于本书之前。余近时著文论《柘林在海外交通史上的地位》，有关资料多取自郭氏此书，足见其史学价值之高，故作为附录，以供参考云。

1993年3月饶宗颐谨识

原载《潮中杂纪》卷首，香港潮州商会，1993

记康熙林杭学修之《潮州府志》

明代潮州《志》多次重修。《千顷堂书目》所载，有雷春（永乐时修）、王源（正统）、沈声（景泰）、□□□（天顺）、车份（弘治）诸《志》，仅粗具规模。迨嘉靖年间郭春震《潮州府志》八卷，体例始有可观。陈昌积颇称道之（见《龙津原集》内《菊坛郭公墓表》）。清顺治十八年辛丑，知府溧阳吴颖再修潮《志》，共十二卷，据该书“发凡”所记，其时弘治车《志》已在未见之列，只赖郭春震嘉靖《志》、郭子章《潮中杂纪》及陈天资《东里志》，加以潮属各县奉功令而修志，若潮阳有吴光卿续成林大春前《志》未付梓之稿本，揭阳有冯元飙《志》，程乡有李士淳《志》，纂者皆有名人士，十县之《志》均及时征到，得为采摭之资，故吴颖之《志》尚能翔实可据，所可惜者，元代《三阳志》及其前《图志》，皆沦势灰，无从采摭。

康熙二十三年甲子，知府林杭学继起重修潮《志》，其《序文》云：

> ……潮州有《志》，其来旧矣；自有《志》以来，坏而复修者亦屡矣。历岁郡城数经盗据，人物为之伤残，载籍为之散逸。自余承乏，拊循之暇，量其力之可为者，若学校、祠庙、署亭、桥梁之类，次第兴筑，焕然改观矣。独郡《志》一书，以军檄旁午，未遑修举，至是时属廓清。乃喟然叹曰：“是志不修，窃恐岁久而湮后难征也。”于是从缙绅先生暨各庠诸友，与郡之耆老而谋之，请于各宪，愿捐俸开局修纂。始于康熙二十二年七月，越二十三年十月而《志》成。为条目二十有八，凡系于

潮而为史家吏治之所必考者，具是已……

康熙甲子秋九月，潮州府知府加正一品仍加六级秣陵林杭学撰。

是此《志》成书仅耗时十六个月耳，仓卒完稿。立条目二十八，以风俗、物产、古迹列艺文之前，仙释附属于寺观，既沿前《志》辟人物一门，而另分孝义至列女四类，皆有未妥，其余新增星野，形胜关隘水利附属于疆域，亦嫌苛碎，体例殊有可商。其他条目大抵沿袭吴《志》。艺文占六卷之多，因吴《志》"古今文章"而更多所增益。参看下面三《志》条目表，其承袭相因之处与得失之由，可思过半矣。

郭《志》八卷	吴《志》十二卷	林《志》十六卷
卷一　地理志	卷一　地书部　10 篇	卷一　星野　潮汐　疆域形胜　关隘　水利附
卷二　建置志	卷二　赋役部	卷二　山川　建置沿革　城池
卷三　田赋志	卷三　祀典部	卷三　公署　学校　祠祀
卷四　祠祀志	卷四　官师部	卷四　贡赋　监政　驿传
卷五　官师志	卷五　科名部	卷五　兵防　兵事
卷六　选举志	卷六　人物部　列传 245 篇	卷六　职官
卷七　人物志	卷七　兵事部　记事 122 篇	卷七　选举
卷八　杂志	卷八　山川部　38 篇	卷八　名宦
	卷九　古迹部　39 则	卷九　人物　孝义　隐逸　流寓　列女
	卷十　轶事部　53 则	卷十　风俗灾祥附　物产　古迹　丘墓　寺观仙释附　杂记
	卷十一　古今文章部	卷十一—十五　艺文　文部
	卷十二　古今文章部	卷十六　艺文　诗部

林《志》前有《序文》四篇，摘要如下：

（1）康熙乙丑（二十四年，1685），分巡广东省驿传盐法道兼管水利按察司佥事杨佐国《序》云：……果庵林年翁以江左名流继昌黎守兹土……顾念圣天子……混一八荒，车书万国，特征各省郡邑方书，用志一统，诚盛举也。而潮《志》时久人湮，煨烬多遗即间有父老记忆一二，无异白首宫人说天宝事耳。爰博访宿儒，旁搜断简，捐俸纂修，用成信乘。……

(2) 甲子（二十三年，1684），翰林院编修佘艳雪《序》：今上御极之二十有三年，薄海内外，罔不率俾。台湾浴日之区，咸知稽首效顺……果翁林公祖以卓荦之才，来守是邦。其为治也，好整以暇，独于虎符未停之会，即留意蒐葺郡乘，旁采历年故实，敦请耆旧核営纂修，以旧《志》颇杂，更定铨次，谋付剞劂，以成一郡完书。……

(3) 杨钟岳《序》：……我潮郡《志》不知始何年。有明郡丞车公份于弘治间一修之矣。太守郭公春震于嘉靖间再修之矣。至国朝顺治庚子，郡侯吴公颖修之，去今二十五载，虽日月无几，而沧桑多故，复虞遗缺，无以登诸简编。果庵林公来守是邦，慨然以为己任，日与缙绅士夫考镜图经，搜罗掌故……念余八闽督学归来，计离潮忽忽十余年矣，风景不免殊观，见闻讵能周至，惭无一得，何有三长，乃叨越敦请，辞不获命，窃向诸同人矢愿曰：综核古今，文与实副，庶郁为鸿裁，永传来兹乎。……不意二竖时侵，坐卧丘园之日多，积月成岁，未能与诸同人汇帙而分门，删繁而举要，及《志》将告成，始得肆力一览观焉。……

(4) 陈衍虞《序》：国家混一寰宇，威振八遐。……圣天子益励精图治，特征十五国方书，以志一统……潮《志》续修于吴郡侯颖，将历三纪矣。……郡侯果庵先生筹之熟矣，先生笔挟风霜，义严斧钺，犹以事关对扬，谦逊不遑，爰咨之乡达，采之刍荛。缺则补，讹则正，芜则删，疑则核，幽则阐，逾年而《志》成。……先生条画已详，搦管者特踵其事而点染耳。……康熙甲子季夏之吉，八十五园道人海阳陈衍虞拜撰。

循上录诸《序》观之，林《志》乃因应当日修《一统志》之功令而属稿，急于成书，其凡例，仅言及车份、郭春震、吴颖三《志》，余皆未及。自言以十《志》为纲，分为二十八条，每条有《序》。序文皆雅丽可诵，想多出自陈衍虞润饰。艺文部分，凡例谓“前《志》所收虽主于严，……今广为收采，……然非巨篇鸿制及不关潮景潮事者，敢烦剞氏”，大抵杭学所重在文，故于此三致意焉。此书又有澄海知县王岱《序》，略称：“郡守林公守潮数年，志事遂兴……与耆旧陈园公、林介两君笔削点定，草创稿成，复就佘（艳雪）、杨（钟岳）诸先生厘正之。”今本无王岱《序》，然点定大体出自陈衍虞之手可以推知。道光阮元《广东通志·艺文略》，此书题曰“知府林杭学修，郡人杨钟岳辑”。今观钟岳《序》文但云：“及志将告成，始得肆力一览观焉。”彼但过目审阅而已，非真主操笔政者也。

此《志》之条目及纂修经过略如上述，兹更揭橥每类记载之可称述而应予以注意者。

山川

分志各县之山川，撰写“小记”，每记及顺康时事，如“金山”条谓叛帅郝尚久筑寨。“西湖山”条记康熙戊午林杭学……代山主陈衍虞修建佛殿，己未主事塞楞格、郎中朱臣重建北帝殿，庚申潮镇马三奇同夫人李氏重建三官堂，八月知府林杭学率盐商移建关帝庙于漱石亭旧址之类。

“三利溪”条记顺治间郝尚久拓之，水涨决民居数百十间，九月大师克城，乃筑为直堤。

城池

府城内　记康熙戊午潮镇马三奇、守道仇昌祚、知府林杭学会议将西湖山周围置建灰城，十一县合力为之。

澄海县城　记康熙五年迁斥，七年展复。通判阎奇英重建樟林寨，新建围一百四十丈高丈四尺。

公署

揭阳县公署　记顺治十三年毁于海寇，暂移于按察分司。康熙十一年，知县张方圣重建。

程乡县公署　记康熙丙辰，潮州叛镇刘进忠焚库延烧大堂、后堂，康熙十六年大师克恢郡邑，知县王吉人重建。

祠祀

韩公祠　详叙顺治以后及康熙建置事情。

安济庙　言“乡人祈祷时，有青蛇屡见梁节上，饮酒食肉而独不伤人”。即青龙古庙之由来。

盐政

特别盐政一项，记榷盐、行盐、场盐。对广济桥盐商明代盐饷，尤为详尽。

驿传

详记顺治、康熙之际府驿留存银两与南工部匠饷银，皆经济史有关资料。

兵防

记南澳兵署诸卫所清初制度兵额兵饷，附清初潮州卫所屯田尤详。

兵事

此章十分重要。林凤之变条称凤“退至广州，随往吕宋国玳瑁港筑城据栽，且修饬战舰，谋胁番人复图内逞；闽抚刘尧海遣谕吕宋国王捣巢焚船”。记崇祯十七年以后诸变，如黄海如之变、陈斌之变、刘公显之变、车任重杀官之变、郝尚久之变、郑成功之变，皆有关南明史材料。

续记部分，记六县迁地，陈豹、杜辉之降，王围光潮惠之捷，杨洪之变，丘辉之变，尤以刘进忠之变，最为有用。按：清初有人著《惠潮兵记》四册，见《全毁书目》，其书已失传。林《志》所记，足以征信。

其中林杭学自言：“丁巳……二月初九日，复泉州。郑经密召何佑等回，弃漳州出据门。进忠先令营将陈文弢至福省康亲王军前投占诚，授征逆将军。六月六日令士民剃头归正。时余为漳郡同知，以入观，阻留在浙，随大师恢复闽、粤。以六月中督饷，首先入潮，安抚百姓。嗣而新镇马三奇、又喇、赖二将军、达部堂等继至安辑，民庆更生。”林以漳郡同知有功升任潮州知府。所记极有史料价值。

职官

武职记清初镇守潮州总兵官、水师总镇达濠副将、饶镇总镇（即吴六奇）与所属黄岗、澄海协副将、标左营游击等职人名，甚为赅备。余弱冠著《广济桥志》收录《宁波寺碑记》，当时原名尚存，据拓本钞出碑后各地方文武官职衔人名，考证极为费力，今覆之本《志》卷六，其人名一一均可查出，足见其有裨于考证。

选举

《仕宦考》之下列出吴标以下诸名如下：

吴标　六奇胞弟，顺治十一年连州游击，十七年升江南江宁府提标中军参将。

吴汉　六奇从弟，大城所守备，升琼州游击。

吴启丰　六奇子，康熙四年，内袭职镇守饶平总兵官。康熙八年裁缺，改补贵州安笼总兵官。

吴启镇　六奇子，康熙十四年初任黄岗副将。

吴启爵　六奇子，康熙四年授二等侍卫加三级。

按本《志》人物，武功部分已为六奇立传，修志时吴氏已前卒，故于选举之末补其家族职衔，大埔湖寮出土六奇碑志，可与此互证。

丘墓

有一特色，即详记所在地、墓碣撰人，如：

王大宝墓　胡铨铭。

林从周墓　余靖撰碣铭。

参议林兴祖墓　大学士杨士奇铭，在韩山南。

陈廷策墓　修撰缪彤铭。

姚琼墓　陈子壮撰墓表。

王昂墓　苏葵铭。

太仆寺卿吴裕墓　吴宽撰神道碑。

郑一初墓　王栽仁有祭文。

知县吴继乔墓　冯元飙撰墓碑。

襄敏翁万达墓　大学士王伯爵铭。

今不殚烦为之列出，因诸碑碣文字可在作者文集中觅得，余靖、杨士奇、吴宽等《集》俱在，非难得之书，本《志》翁万达谥是“襄敏”，不若他书之误作“襄毅”，弥觉可贵。

林《志》以艺文卷帙最繁，几占全书三分之一，为重点所在。潮人自沐昌黎教化，有海滨邹鲁之誉，一向重视文学。南宋郡守常祎已编成《古瀛集》，其书名见元《三阳志》。《永乐大典》“潮”字号最后部分即为诗文，若干宋元有关文献，赖以保存，足补明清志书之缺略，与林《志》正可互参。林《志》艺文按年代先后为次，不再区别当地人士与仕宦者流；其选取标准，大致以有关地方建置、人文为主，所收皆一时巨匠。艺文小序略云：

> 经天纬地之谓文，又曰文者载道之器……至今日始多规模八家，气运升降之故，可得而知也。古今名宦词客，操不律贶潮山水者，珠霏霞灿，美不胜收；而乡之先生长者，振秀扬华，足追三代四唐之胜，汇而葺之。……所以征文献也。然不关郡事者，不敢滥登焉。

其著书旨趣如此。郡守顺治之吴颖，康熙之林杭学二人者皆能文之士，咸擅诗且以理学倡导，一时士大夫翕然从之游。吴颖《菜根堂记》云：“戊戌夏六月，予抵潮州，海舰初解，援兵四集未散，居民之居而尽有其地，盖潮自郝帅之变，焚略无算，追兵至而加甚焉……邑井萧然，细民欲乞一种菜之区而不可得。”又其己亥元旦诗云：“嘶马不停芳草短，哀鸿欲集远沙平，谁将姓氏惊童稚，漫使文章溷老兵。”兵燹之后，文事重兴之难，形于楮墨，数百年后犹可想其仿佛。林杭学于刘进忠乱后来潮，海上初告敉平，粤东大师巡海南来者屡见其人，吴兴祚有题韩祠、巡达濠、巡南澳诗，杜臻、林杭学皆有和作。杭学癸亥六月陪吴兴祚又李抚台巡历南澳排律三十韵最为出色，文长不录，录其和巡达濠韵云：“积盗全销影，春临广漠场。遥看旌日暖，无复阵云黄。翰墨开山色，车骑染涧香。百年逢此日，人吏庆潮阳。”俨然是升平气象！

是时来潮官吏与寓贤，不少江南名士，如知府宋徵璧尚木，与华亭宋徵舆齐名。徵璧《潮州竹枝词》十首，郡邑《志》全录之。试录其二：“潮城风景亦堪夸，采葛家家并绩麻，甘蔗恰当丹荔熟，槿花还号佛桑花。”“丝素含悲墨客车，常将官舍比蘧庐，韩山漫说能栖凤，韩水何曾走鳄鱼。”澄海诗家谢元汴《题宋尚木郡伯亲览轩》句“独有韩陵一片石，相将疏影对斜阳”，推挹备至。徐乾学至潮州有《杂兴》之咏，其“无分晴雨穿高屐，岂是风流学晋人”句，久为人传诵。是时潮郡诗伯推陈园公为宗匠，本《志》载其《湖山祭诗文》，典丽高夐，藻采芬溢；又《滕司马恤商碑记》有关广济桥税务，又为经济史料可诵之宏篇。

潮州久沐周敦颐、朱子之教，理学师儒多与结缘，佳作缤纷，见采本《志》者尤多，举其荦荦大者：

元人之作，若吴澄撰《潮州路儒学记》，周伯琦作《马公祠记》，欧阳玄因赵鼎六世孙赵继清出为潮州推官为撰《得全书院记》以纪念故相赵鼎。入明以后，陈献章作《三利溪记》，推崇周濂溪，撰《程乡县儒学记》与《程乡县社学记》，论地方之学以扶世教为第一义。其后贤若张诩之《揭阳县学尊经阁记》、《射圃记》，湛若水之《新溪记》，咸于儒术三致意焉。王守仁开潮州理学之先路，王慎中撰《送陈员溪先生之任永定序》，谓潮自二杨首闻阳明学说于虔台，薛侃继之。阳明文章若《书黄梦星卷》、《批揭阳县主簿季本约呈》，皆有关潮州之作。邹守益为《原道堂记》，论尽性之义在昭伦、昭仪、昭政、昭养、昭文、昭用，立意尤为剀切。陈察以御史谪海阳教谕，盛端明为撰《虞山书院记》，论反求于心之旨，察所著《具庆堂集》中有关海阳县学之作已可补郡乘之遗。唐伯元《三贤祠碑记》，言郡丞车份修郡《志》，至论王源为人喜夸张，若此类毋乃责之已详乎，他书所未记，亦足以备掌故。

他若陈璘《南澳山种树记》，述万历丙子设澳为重镇兼及其时漳州、澄海、潮州卫所人物。崇祯间严尔珪《集诸生会课檄》、《再檄》，二檄之俪体文字，时严氏官潮海防道，著有《岭东记》，见《千顷堂书目》，今已沦佚，赖此片羽，可尝一脔。本《志》艺文于郡人所作有关当地风化建置者，薛侃、翁万达、林大春、林熙春、王天性、黄一龙、黄锦、郭之奇、蔡承瑚、李士淳、谢元汴诸胜流，无非精骑不凡之制，足为后贤模楷。再以诗论，彭延年之《浦口村居好》，梁克家之《榕邑书舍九月梅花》，高启《咏韩子》："自古南荒窜逐过，佞臣元少直臣多，官来泷吏林相诮，天要潮人识孟轲。"原为读史二十二首之一。戚继光《督兵过潮州渡》："汗血炎方七见春，又随残月渡江津，行藏莫遣沙鸥识，一片浮云是此身。"直是振聋发聩之作。陈献章之《悼李龄》，杨慎之《半闲园为萧太史咏》，季本之《咏中离山》，汤显祖之《九月宴别奉赠任太府开宪潮阳》，徐熥之《谒陆丞相祠》，周弘禴之《抵澄海》，皆足为地方增重。弘禴于万历十一年谪潮为澄海典史，著《澄海集》，《脉望馆书目》著录，均有足记。杨闱《贺谢韶石公祖平平远寇》、《送程乡僧之京请藏》诗，有关地方文献。闱佐吴颖修潮《志》，出力尤多。艺文雕板有误刻者如撰《韩木赞》之王大宝，误宝为宾，此则无关宏旨，附为指出。

记 1934 年，余在顾颉刚先生主编之《禹贡》（半月刊）第二卷五期发表《广东潮州旧志考》，述清代潮州《志》历四次续修，康熙林杭学《志》十六卷，雍正九年胡恂《志》二十四卷三十目，乾隆二十七年周硕勋《志》四十二卷三十六门。为类踵增，胡《志》始终未能寓目。林杭学《志》，由清学部图书馆载入北京图书馆收藏，近时蒙柴剑虹先生代谋景印一部，不意六十年后，耄耋之年，始获快睹，为之惊喜累日，爰记其大要，以飨读者。

潮人崇尚文事，已成优良传统，林杭学此《志》"艺文"尤为典要。甚望有人为加标点，重新排印，供州人讽诵，可作"古瀛文苑"读，与陈珏之书并行。含英咀华，别开生面，扬州里之遗芬，必有好事乐意为之也。1997 年 5 月记于香港。

原载《潮学研究》（六），汕头，1997

又收为复印康熙《潮州府志》代序，潮州市地方志办公室，2000

《潮州先贤像传》序

亭林有言，士之求友也，或一方不可得，则求之数千里之外；今人不可得，慨想于千载以上之人。昔之撰次氏姓，记其言行，为《尚友录》者，其用意与此相仿。夫数千里之外，苟志意相契，追思怀慕，往往声应而气求。况夫钓游之地，桑梓之乡，前贤声光之所届，耆老提命之所被，其感召奋发，更何如耶？至于千载以上之人，邈焉莫及，仰止高风，徒深遐慕。故或图其遗像，悬诸座隅，仿佛旁皇，时若或见。庶几如日月之丽天，瞻仰而不坠。诗云："虽不能至，心向往之。"其尚友之意，不尤深且远乎。地方名贤之有像传，以张胜《桂阳先贤画赞》为最先。近日番禺叶氏、贵阳凌氏，或摹有清学者，或图黔中人物，以像合传，流布海内，扇扬芳烈，识者多之。予曩窃有志于此。民国三十一年，避地揭阳，以语邑宰陈暑木，访诸故家，得乡贤遗像二十余帧。维时寇氛压境，兵火仓皇，董理无暇。未几，予走桂林，兹事遂废。今年春，汕市民教馆长吴长坡，倡为先贤遗像展览之议。兵燹之余，故家藏像，诸多散佚。吴君辗转搜求，夺之蠹简丛残中，得七十余像，发其光华，以为普及之教，其用心可谓微矣。会之日，士女争观者，肩踵相接，浃旬不休。吴君感群情之向往，念征集之艰难，爰议先就像中遴其中若干刊为《像传》，以垂久远；而以其事谋诸潮州修志馆。时余谬董馆政，闻之跃然，喜宿愿之获践也。用为系以传略，溽暑键户，斟酌群书，汰繁正讹，阅月而功毕。吾州之学，启自赵德，惜乎图像无存，是编以年代先后为次，自唐大颠禅师至清曾右丞刚甫，凡三十人，并缀各传援据书目于卷末，备参稽焉。曾怪近世教民之法，略近而详远，侈陈九州之博大，父母之邦，反漠焉若不足以措意。思古之情不发，怀旧之意未纾，数典忘祖，学者所为深屏营也。是书之刊，俾吾州前代巨人长德，于此一帙中，得以朝夕亲炙。申仰止之诚，偿尚友之志，启爱乡之心，长思齐之念，随在皆足发人深省。百世之下，倘有闻风而兴起者乎。是为序。

民国三十六年九月潮安饶宗颐撰

原载《大光报·方志周刊》第四十三期，汕头，1948

宋代潮州之韩学

宋世崇尚韩文，一如诗家之尊杜，蔚为风气，柳开号“肩愈”，石介著《尊韩篇》，北方之儒重倡尊王攘夷之说，欧阳修因之作《本论》。宋世文章，实以韩愈为中心，姑名之曰“韩学”。以各地韩集之刻本论，有潮本、京本、蜀本、杭本、饶本、闽本等，至朱子之《考异》为一大总结。

潮州当地从事韩学最早，唐时充任潮州乡校之海阳人赵德，在李汉结集韩文之前，已编选韩公文，以教于乡，名曰《昌黎文录》。宋吕大防、朱熹皆据其本以入校。《考异》称：“吕夏卿以为《明水赋》、《通解》、《崔虞部书》、《河南同官记》皆见于赵德《文录》，计必德亲受于文公者，比他本最为可信；而李汉不以入集。”此《外集》之文见于赵德书者。《滂喜斋藏书记》载大观初，海阳刘允以韩庙香火钱刊《韩集》，即以京、浙、闽、蜀刊本及赵德旧本为据。元《三阳志》所载有大字《韩文公集》并《考异》一千二百板，中字《韩文公集》九百二十五板。此宋时潮本《韩集》之大略也。潮本久无传，陈振孙曾见之。若《与大颠三书》，《直斋书录解题》云：“潮本《韩集》，不见有此书，使灵山旧有此刻，集时何不编入？可见此书妄也。”惟《东雅堂韩集注》引杭本注云：唐元和十四年刻石在潮阳灵山禅院，宋庆历丁亥江西袁陟世弼得此书疑之，因之滁州谒欧阳永叔览之曰：实退之语。《考异》云：杭本不知何人所注，疑袁（陟）自书耳。

此三书东坡、放翁皆深辨之，放翁言：“尝得此书石刻，语甚鄙，不足信也。”如放翁言，宋时确有石刻。按元和十四年即韩公贬潮之岁，据《袁州谢表》:“其年十月二十四日准例量移袁州刺史。”彼与大颠留衣服为别，当是本年十月间事。若此三书刻石在元和十四年，必出颠师亲手，颠师风格高峻，纵有贻书，何劳泐石？观南唐保大间泉州《祖堂集》所记：“侍郎令使往彼，三请皆不赴。”可以见之。疑三书之依托，即由三请而生。直斋所见潮本无此三书，彼疑灵山旧无此刻。然放翁明云“得此书石刻”，当出宋人所为。灵山禅院者，据海阳许申撰景祐元年十二月碑记云：“天圣七年诏改以护国禅院为开善禅院。”袁陟得此书，正在天圣灵山禅院赐号后十八年。东坡谓有“一士人……又诬永叔”，殆即隐指袁氏。欧公《集古录》跋尾称：“文公与颠师书……其后书‘吏部侍郎潮州刺史’，则非也。……颠师遗记虽云‘长庆中立’，盖并韩书，皆国安重刻，故谬为附益耳。”是杭本注所称“元和十四年刻石”，明为谬妄。欧公所记，“长庆中立”，然于称韩公官衔有误，颇纠其违矣，谓为国（宋）初重刻，则近是矣。

东雅堂本廖莹中注引《考异》谓《外集》中《与大颠书》“诸本皆无之，唯嘉祐小杭本有之”。顾嘉祐蜀本刘煜所录者，并无《与大颠三书》。则始以此三书入集，实肇于嘉祐之小杭本，正在袁氏之后。刘允于大观初刻韩集，所据诸本中有浙本，浙本即是杭本。考北宋时杭本有二：一为真宗大中祥符二年杭州明教寺刊本，时未有《外集》。一为仁宗嘉祐七年刊本，赵希弁《郡斋读书附志》言“以嘉祐壬寅所刊杭本是正”者也。小杭本当为后者，直斋云潮本无此三书，则所见之“潮本”必为刘允之大观本；而刘允所采之浙本，必为明教寺本而非小杭本可知矣。

方崧卿又注云：“今（灵山）石刻乃元祐七年重立。”东坡为潮州守王涤撰《韩庙碑》，在元祐五年，元祐在嘉祐后近二十年，重立之事，潮州地志无考。廖莹中注云，“灵山石刻，张系所撰，其间载韩问大颠云西国一真之法，何不教人”云云。张系未详何人。前此袁陟所见，只刊三书，不及韩公与大颠问答之语。后来乃有所谓《韩愈别传》者，今《灵山正弘集》所误题为《大颠别传》“孟简集”者也。考元《三阳志》碑刻一项内只有“韩文公像，方略刊”，及“《昌黎伯庙碑》，东坡撰并书”，并无灵山寺《与大颠三书》及问答、《别传》之石刻。康熙癸酉，本果撰之《正弘集》亦不记三书刻石之事。郭子章于万历十年知潮州府，著有《潮中杂纪》十卷，其书《艺文志》上记开元寺佛书，内有《大颠传》一书，又著录《心经注》，僧大颠注。考《正弘集》第一篇即为《潮州大颠祖师本传》，末题“大德五年辛丑住山比丘了性拜编”，郭青螺所见之大颠传或即此文，盖元时僧了性所撰。又《潮中杂纪》卷四有《韩公与大颠书及昌黎别传辨》一文，郭氏从朱子之说，信《三书》为真。而于《别传》则谓"诬公太甚，不可以不辨"。略云："夫以徐君平戏作之书，而今潮寺所刻者，诬为孟简，既诬作欧公跋，又诬作虞伯生（集）赞。而薛林桥序之首篇，亦无一语为韩公辨诬。是何视僧道高视退之过卑也!"是此《别传》果出于灵山石刻。洪兴祖《辨证》引吴源明语，直指为徐君平少时之戏作。宋四时志磐《佛祖统记》亦引苏轼云："近世所传《退之别传》，深诋退之。……吾友吴源明云，徐君平见介甫不喜退之，故作此文耳。"志磐加以按语述云："至若《别传》之辞，诚为凡鄙，是不能逃东坡之鉴也。"志磐此书成于理宗宝祐戊午，《别传》之妄，禅门宗匠，亦斥其非，无劳饶舌。原文题作《退之别传》，许景衡《横塘集》十五《答义仲书》，及刘谧《三教平心论》下引，均作《退之别传》。见于明觉岸《释氏稽古略》元和十四年下则作《韩子外传》，如郭子章言，彼所见潮寺所刻，正诬为孟简作，与《正弘集》同，而《正弘集》复误题作《大颠别传》，自出僧人妄改。宜其见讥于《四库（提要）》也。薛侨为揭阳薛侃之弟，曾事阳明，于此竟无所辨正。此题孟简作之《别传》，石刻今已湮灭，侨为制《序》，似明时又曾有刊本也。

《与大颠三书》及《别传》皆出好事者所为，宋明人记之，明确有据，宋时潮阳灵山僧乃屡为刻石，未详其故。

宋人亦以退之与大颠往来事，作为绘画题材。南宋四川双流人邓椿著《画继》，在"铭心绝品"中列举其同乡广都宇文时中家，藏有《退之见大颠图》。据《式古堂书画汇考》，水丘览云为《昌黎见大颠图》。《杭州志》："水江南能画米家山，兼工写照。"即其人也。明教大师契嵩居武林灵隐寺，坐化于神宗熙宁五年，其《镡津集》中《非韩》共三十篇，已言及韩愈问大颠、三平击床事。水丘，杭州人，谅是所闻于契嵩者流，故图其事。契嵩与潮人屡有交往，《镡津集》中《送林野夫归潮阳序》，言及卢元伯，元伯即卢侗也。

《三阳志》所记石刻，有"韩有公像，方略刊"。方略，泉州人，建炎初知潮州。邵博《闻见后录》称："旧于温城孔宁极家，见孔戣《私记》一篇，有云退之丰肥喜睡。……近潮阳刘方明摹唐本退之像来，信如戣之记。"孔戣与韩公交好，韩集中《论孔戣致仕状》、《孔戣墓志》、《海南神庙碑》皆涉及孔戣事迹。戣之所记必极可信。方明乃刘允之子昉，南宋官龙图阁学士，家在韩山后之东湖。方略所刊文公像，未知即出于昉所摹之唐本否?

韩公刺潮，为时仅八月，驱鳄鱼，置乡校，教化所至，潮人思之深，至名其山曰韩山，水曰韩江，手植木曰韩木。宋咸平二年四川陈尧佐为潮通判，有诗云："侍郎亭下草离离。"而其诗题曰《韩山》，则咸平时其山已姓韩矣。南宋初杨万里过潮诗句："亭前树木关何事，亦得天公赐姓韩。"海阳王大宝亦有《韩木赞》之作。木实橡木，郭子章于《韩山校士录序》考证至详。东坡为王涤撰《韩庙碑》，称其"来守是邦，凡所以养士治民者，一以昌黎为师"。嘉靖郭春震《潮志》，即假此数语为涤立传。其实不独王涤为然，历任州刺史、州倅，无不以韩公为师。韩以驱鳄名，宋人亦有《戮鳄》之作。陈尧佐之作《戮鳄鱼文》，即其著例也。尧佐摹仿韩公，显而易见，即韩公本人之作，唐人有谓其多由前贤脱胎者，契嵩《镡津文集》十六引余知古《与欧阳生论文书》称其"作《原道》则崔豹《答牛享书》，作《讳辨》则张诏《论旧名》，作《毛颖传》则袁淑《大兰王九锡》，作《送穷文》则扬雄《逐贫赋》，作《论佛骨表》则刘昼《诤斋王疏》"。知古，唐文宗时人。检《全唐文》卷七百六十只收其《谢段公五色笔状》一篇。契嵩所引，可补其缺。《驱鳄》之作，有谓似相如《论巴蜀檄》，当另有所本。段成式《酉阳杂俎》亦有《送穷文》。叶梦得谓："《毛颖传》仿南朝俳谐文《驴九锡》、《鸡九锡》而少变。"周密举姚熔作《喻白蚁文》即仿《驱鳄》。特出文章之作，往往出于夺胎换骨。若乎《谏迎佛骨表》，余知古谓其仿刘昼。邵博则谓乃广傅奕之言。余尝举晋世蔡谟亦辟佛，有文云："佛者，夷狄之俗，非经典之制。"即昌黎"佛者夷狄之一法"之所本。古今文人，互相摹仿，昌黎亦从此中锤炼得来，不足为奇也。

两宋莅潮官吏，蜀士及闽贤为多，于昌黎崇奉最力。庆元以后，莅潮诸仕宦，不少为朱子门人，如通判廖德明是。故朱学亦传播及于潮。潮刊大字《韩集》中，有朱子《考异》，朱子著述亦在潮镌板（为《中庸辑略》、《朱子家礼》）。廖德明更以"遥碧"变名"拙窝"乞朱子书匾，并濂溪《拙赋》刻石，则又与理学结缘矣。元明以后，理学地位益隆，韩公在潮之地位遂与日月争光，此与仕宦理学关系尤为密切。余将于另文《宋代潮州名宦之尊韩与师韩》中详之。

综上而言，宋代潮州之韩学，可称述者，学有三端：一为潮本《韩集》之刊刻；二为名宦之尊韩，而多所兴建；三为大颠与韩公来往事，演为灵山问答。好事者假托《三书》及伪制《退之别传》，潮州禅门为之上石。第三点站在佛氏立场，意欲正韩与化韩，可谓韩学之反面。缁流之渲染，为韩学添重重公案。然契嵩之《非韩》不以佛拒儒，而以儒衡儒，持之以中道，其言曰："苟不以圣人中道而裁其善恶，正其取舍者，用庸人之私。"立论较为宽博。至于宗门所记，欲抑韩以自高，事涉矫诬，反为不智。《三书》及《别传》出于好事之妄作，对韩公与颠师实无所加损。灵山泐石，未久而已磨灭，传讹日滋，不能不为之刊正，非好辨也。

又记：欧阳修于庆历元年时为谏议大夫，慕韩愈之斥佛老，著《本论》三篇。四年，左迁滁州，明年，经庐山入东山圆通寺，谒祖印禅师居讷（师出蹇氏，梓州中江人），与之论道，折中儒佛，蜀沙门祖秀特记其事作《欧阳外传》，苏庠及张浚为序。文中大旨具见《佛祖统记》四十五，释氏辈以欧公之见祖印，比之韩公之见大颠。作《欧阳外传》者，为祖印之同乡僧祖秀（秀住潭州得法于黄龙新禅师）。若《退之外传》则出于除君平之手。东坡谓据其友吴源明之言，洪兴祖从之，说必可信。因知《韩子外传》，一如《欧阳外传》，出于宋人佞佛者之所为，自是一时风气。至韩公之《答孟简书》据志磐《统记》，兼载孟简复书，有“彼杨墨老氏之书，于理偏虚，非中道要切，释氏之教则不然，大明善恶之异路”一段，亦是重要文献。以《韩子外传》嫁名于孟简，洵属无知。元华亭念常作《佛祖历代通载》于元和十四年，潮州刺史韩愈到郡……因祀神海上，登灵山遇禅师大颠以下问答，全录《外传》，一字不易。其识见远不如志磐矣。

志磐称：“退之《与大颠三书》具存本集，……谓之妄撰，恐成过论。”朱子正同此说，惟疑有脱误。郭子章云：“明潮郡丞车份谓韩《答孟简书》云自山召至州郭，未尝言以书请之，则书为后人所托。潮阳林井丹又谓车太泥，可以造庐留衣，独不可以书遗之乎？海阳林东莆直指朱子之说，可以折衷欧阳、苏二家之论。”此为明时乡先辈之说。车份会稽人，弘治庚申以同知修《潮州志》五卷，时海阳盛端明为诸生与纂修事，车说或出盛氏之手。井丹为潮阳林大春，尝修《潮阳县志》，东莆即林大钦，有《东莆先生集》。诸家均未细辨潮本《韩集》何以不载此三书，亦未知陈振孙之论。其说可代表地方人士之意见，故附记之。

原载《韩愈研究论文集》，广州，广东人民出版社，1988

宋代莅潮官师与蜀学及闽学

——韩公在潮州受高度崇敬之原因

韩愈地位之受到高度推崇，起于唐季皮日休作《请韩文公配飨太学书》，只建议韩公宜配食孔圣庙而已。及石介著《尊韩篇》，列出十四圣人、五贤人，以为“吏部《原道》，自诸子以来所未有，可以上继孟、荀、扬、王（通）诸氏”。欧公著《本论》，效其辟佛，兼尊重韩文。至北宋中期，韩公在学术及文学上之地位，逐渐被肯定。元丰七年诏封昌黎伯。南宋庆元己未，复进封公爵。

韩公刺潮，为时仅八月，驱鳄鱼，置乡校，垂询民间疾苦，教化所被，潮阳之地遂有“海滨邹鲁”之称。[①] 潮人思之深，至名其山曰韩山，水曰韩水，登临之处曰韩亭，手植之木曰韩木。观咸平时，通判陈尧佐已有“韩山”之咏，则山川之被韩姓，北宋初已然矣。

唐代莅潮官吏，其中不少为佞佛之士，如常衮即其一也。代宗时，衮以翰林学士与开府鱼朝恩及大兴善寺不空暨义学沙门良贲十四人，奉诏主持新译之《仁王般若经》、《陀罗尼念诵轨仪》[②]，与韩公思想大相径庭。唐世潮州刺史，地方志官师部所载凡十人，祀名宦祠者六人，韩愈之外为常怀德、李皋、常衮、刘暹、杨嗣复，官阶不在韩之下。又以宰相身份贬潮者，常衮、杨嗣复外，又有李德裕，今皆为人所淡忘。惟韩愈深入人心，建有专祠，历

---

① 见陈尧佐：《送人登第归潮阳》诗。

② 《惠灵序》，见《大正藏》，第十九册，513页。

久而弥显。迹其渊源，大抵出于仕潮州诸名宦之提倡。

宋代韩学最盛之地区有蜀、闽两处。蜀士于韩公多有专门著述，如金堂人樊文霖，宣和六年进士，著《韩氏年谱注》，朱子《考异》引称曰“东蜀樊氏者”。南渡而后，高宗时，晋慈人文谠著《韩集详注》，书今存北京图书馆，眉州青神杜莘老为之序。又淳熙三年丙申（1170）临邛韩谆著《韩集全解》，朱子《考异》引之，称为临邛韩氏者。故蜀士仕潮者多以尊韩为倡导，举其著例。

（一）宋咸平二年通判陈尧佐初立韩公祠。《三阳志》：“忠佑庙即韩文公庙也。尧佐辟正室之东为公祠。”尧佐撰《戮鳄鱼文》云：“己亥岁，予于潮州建昌黎先生祠堂，作《招韩辞》，载鳄鱼事以旌之。后又图其鱼为之赞。”此文载于吕祖谦《宋文鉴》卷一百二十五，世多传诵。又为仰韩堂，《三阳志》云：“其亭额，陈文惠（即尧佐）笔也。文惠倅郡之日，实名之复记之也。”尧佐，四川阆中人，尧叟之弟，端拱元年进士。其仕潮不过官州倅，竟效韩公著文驱鳄，开地方官尊韩之先例。傅增湘集《宋蜀文辑存》，收尧佐文十篇，若《仰韩堂记》等均不传。《三阳志》，陈文惠公祠有二，一在仰韩堂，与韩公并祀。碑刻有陈文惠公像。宋时官吏画鳄鱼为图，尧佐之外，又有王举直，见江少虞《宋朝事实类苑》卷六十九，云其知潮州，“钓得鳄鱼，其大如舡，画以为图”。吴颖《志》作王举元，皇祐间人。

（二）元祐五年知州事王涤建韩文公庙，榜曰“昌黎伯庙”，苏轼为撰碑。王涤，莱州人。东坡与涤书，称其寄示韩庙图，又称其先伯父与陈文惠相知。东坡眉山人，其家与尧佐向有交往，彼对潮州之认识，当从尧佐诸文字获知详细，盖亦深受尧佐之影响。王涤有《拙亭记》，言“建韩庙以尊先贤”[①]。

（三）南宋乾道间，郡守临邛常祎建仰韩阁于广济桥西岸。《三阳志》五《桥道》：“乾道七年，太守曾公（汪）造舟为梁八十有四只，名曰广济桥。……太守常公（祎）创杰阁于西岸以镇江流，名曰仰韩。以韩文公遗迹，实与是阁对也。……董是役者军事推官曹耑。”按《三阳志》十二《文章》收有曾汪《广济桥记》，称：“乾道七年六月己酉始经之，落成于九月庚辰。”此文为最早之广济桥记，以后诸潮志不收，资料极为可珍。曾汪为福建长乐人。又张羔《仰韩阁记》云：“太守临邛常公祎……复计余缗，创杰阁于岸右。………福建舶使虞公似良以古隶扁之曰‘仰韩’。”常祎籍临邛，与韩谆

① 文见《三阳志》。

（著《韩集全解》）为同乡同时人。《三阳志》收其《潮州图经序》，末署淳熙二年（1175）七月。王象之《舆地纪胜》一百："《潮阳图经》，郡守常祎序。"《三阳志》收新修《潮阳图经》、《古瀛乙、丙集》三百二十五板，即指此书。此《图经序》可补傅增湘《宋代蜀文辑存》之缺。

以上为蜀人仕潮崇韩，有所建置之卓著者。若乎闽士仕潮者，以南宋为盛。上举曾汪而外，又有下列诸人：

（一）绍兴十四年（1144）潮州学教授莆田林霆建学舍，修补雅乐。时郡人东津刘昉记其事云："教官莆田林霆考古制，按音律，……潮学一新，士知古乐，教授林霆之力。"[①] 霆于绍兴十四年典教于潮，诸生复为立祠于大成殿之东庑，迨宝祐（戊午）六年，其孙光世守潮，遂卜地改创，建删定林公祠于郡学仰韩堂之侧。[②]

（二）庆元四年（1198），通判廖德明。《三阳志》："文惠堂创于赵君（善践），后增祠昌黎、濂溪。景定壬戌，通判程（应斗）重建。……以贤良许公（申）尝从文惠游，槎溪廖公（德明）尝倅此州，故并祠焉。前为堂，扁曰'梅竹旧游'。拙窝在文惠堂之下，旧名遥碧，廖公更今名，朱文公书扁。"后陈圭于韩山书院增塑周濂溪、廖槎溪二像。《三阳志》云："槎溪尝倅此州，继而为本路宪帅，威德至善，使人不忘。"按：槎溪即廖德明，南剑（建阳）人，朱子门人。

（三）嘉定十二年（1219）曾噩修仰韩堂，乃县之旧学。[③] 噩字子肃，福建长乐（永福）人，与张元乾同邑。元乾《芦川集》，卷末有曾噩序，文中引韩子"气，水也；言，浮物也"一段论文气，称其"与孟、韩同一本"。盖用《答李翊书》语，可见曾噩受韩文熏陶之深。噩尝令潮人除去高髻，废畲民旧俗。

（四）绍定二年（1229），知州为孙叔谨，建仰斗亭及思韩堂。《三阳志》："思韩堂在万卷堂之东。绍定初，孙侯叔谨重建直院，陈常伯（贵谊）记之。后有亭曰仰斗，刻韩公像于其中，刻韩公及诸贤墨迹于两庑。莆田王迈为之记。"又称："八贤祠，绍定二年孙侯……卜韩庙之左而迁焉，立于亭前，扁曰'海山风涛'，取韩公《别赵子诗》语也。邦人黄梦锡记之，文见《古瀛丙集》。"

---

① 元《三阳志》卷十《学校》条。

② 《三阳志·祠庙》。

③ 《三阳志》。

按：孙叔谨，字信之，漳州人。王迈，字实之，事迹详刘克庄《大全集》卷一五二《臞轩王少卿墓志铭》。克庄于嘉定间为潮州通判。《古瀛集》有乙、丙集（见《三阳志·书籍》），久已无传。

（五）淳祐二年（1242），郑良臣莅任，翌年，于城南建韩山书院，榜曰“城南书庄”。《三阳志》：“后有堂曰‘泰山北斗’，公之祠在焉，旁立天水赵德像，山长郡博士为之，此书院创始之规模也。”良臣，福州人。

（六）淳祐五年（1245）陈圭继任潮守。圭为复斋（陈宓）嫡嗣，于韩山书院复有所更张，捐金市朱子所著书实于书庄。又刊其父所书《仁说》于二壁，增塑周濂溪、廖槎溪（德明）二像并祠其中。复修原道堂。圭字表夫，福建兴化人。

上举长乐曾汪、曾噩，莆田林霆，漳州孙叔谨，福州郑良臣，南剑廖德明，兴化陈宏规、陈圭父子，皆福建籍，有功于潮，或景仰韩公，有所兴建，或以学术为人崇祀，而配享于韩庙及其近邻。南宋时，闽学对潮州影响至巨，官师之尊韩，盖亦与理学息息相关。

《韩集》之校刊，蜀、闽两地致力独多。欧阳修已见到蜀刻，苏溥在其《韩集后序》中称：“尝见益州雕《韩集》，又从嘉州李推官借欧、尹（洙）二本。”其序系年为嘉祐六年（1059）。溥为仁宗时蜀士。方崧卿云，溥所校者为刘、柳（开）、欧、尹四家本。朱子《考异》引眉山孙氏汝聪之合解本，又东坡之乡人也。南渡而后，闽本最流行，莆田方崧卿，孝宗时知台州，著《韩集举正》，至朱子著《考异》，《韩集》遂得一总结。潮州《韩集》刊本，自宋迄明，叠有刊刻。列举如次：

赵德《文录》。

刘允大观刊本。刘昉《序》云：“先君集京、浙、闽、蜀刊本及赵德旧本。”

大字《韩文公集》并《考异》一千二百板。中字《韩文公集》九百二十五板。[1] 此为朱子《考异》之潮刻本。

《韩文》四十卷，明知府括苍何镗刻于郡署，有序。万历甲申推官蒙自王国宾补刻。见郭子章《潮中杂纪》七《艺文志》著录。

以上各种，仅知其目，惜书均沦佚。观此，潮州地区对韩集刊刻亦不遗

① 见《三阳志》十。

余力。固不让蜀、闽专美于前也。官师提倡，自是主要原因。

由上陈事实，可得一结论：两宋莅潮官吏，蜀士与闽人，对昌黎崇奉最力，且挟蜀、闽之《韩集》，传入于潮。自庆元以后，官师不少为朱子一系人物，如通判廖德明即朱子门人也。潮刻大字《韩集》所刊即为朱子《考异》。朱子其他著述亦在潮镌板。[①] 廖德明以遥碧更名曰拙窝，朱子为书扁并周濂溪《拙赋》。淳祐乙巳，陈圭捐金市朱子之书以实城南书庄，韩学且与理学结合，成为当时潮州文化思想之重镇，而韩公在潮州之地位，亦日益提高。此辈名宦，既倡导为韩公建祠缔构以表景慕，倡导者继而复为后人所尊崇，且得与韩公配享，入祀于名宦祠之列，如林光世为其祖林霆建祠，陈圭为廖德明塑像，韩学与理学相得益彰。元明以后，朱子理学大行，韩公地位遂与日月争光。韩公在潮地位之隆，因上地方官师尊韩之结果，而朱子与理学风气助力尤多。此种直接间接之关系，尚论地方学术史者不可不知。因略为抉发，以就正于关心乡邦文献与治韩集诸大雅君子焉。

原载《刘子健博士颂寿纪念宋史研究论集》，日本，同明舍，1989

① 《三阳志》所载又有《朱文公论孟或问》六百板、《中庸辑略》一百八十板、《朱文公家礼》一百七十板。

新刊《丁禹生政书》序

1970年秋，余执教美国耶鲁大学研究院，则闻全美有研究生三人以丁日昌与洋务运动为博士论文题目。时耶大图书馆方购得温丹铭先生整理之《丁中丞政书》一部，借读者甚众。此即是编点勘者据以入校之本，而为中丞曾侄孙家骏助资付梓者也。丁中丞于同治初以洋务吏精能罕匹，最为李鸿章所倚畀，西方史家论“同治中兴”，数其人物，中丞以能斡济时艰列其首。

中丞《政书》，包有巡沪、淮鹾、藩吴、抚吴、抚闽各时期之文件，共三十六卷，都四十余万言。综其一生，由苏松太道，而两淮盐运使，而江苏藩司，而江苏巡抚，最后官福州船政大臣、福建巡抚。方面之任，绵历海疆，其嘉谟远猷，翊赞朝野，使人想闻令轨，迄于今兹而不替。中丞始以下吏起家，熟悉刑名钱谷，讼庭无事，奸宄尽除。重刊牧令之嘉言，留心西炮之秘巧，太平敉定，实借乎外力，常胜军遣散，尤赖斡旋之功。方其抚苏，兴利祛弊，前后清理积案二十七万余宗，四方翕伏。迨其抚闽，躬问民瘼，赈灾救溺，日不暇给。尝巡台湾，自苏澳以至恒春，披草莱，立城邑，番民夹道欢呼，其烈盖伟矣。若其远瞩高瞻，睥睨中外，折衷尊俎，固我藩篱。受江南制造总局之职，条其精细事宜，陈外海水师火轮，斯为第一利器，宏规富强之策，首重海洋之御。他如注重人才，与容闳同建博选幼童留美之倡议，百年树人之计，非学又复何求！至于革新军械、增设实用科技科目诸条陈，豪杰之士无不服其远见，而乃屡扼于守旧者用夷变夏之腐论，清廷之蹶，未始不由于此。同治洋务之得失，足为今日之龟鉴。重览中丞议论，温旧省新，可以辜较而知。遥瞻未来之资，足致善谋之利，于历史中求教训，乌可忽乎哉！此家骏所以急欲重刊是书，其用心之足尚，又不待余之缕言矣。是为序。1987年1月。

原载《国际潮讯》第七期，香港，1987

复见《丁禹生政书》卷首，香港，丁氏，1987

重刊《曾刚父诗集》跋

晚清粤中诗人必数梁节庵、曾蛰庵师弟。梁诗温丽悲远，世所共识。曾诗任公推许备至，称其腴思中含，劲气潜注，晚岁所得，每造陶柳圣处，可谓知言。公丁易代之交，抚己深怀，履运增概，其遭际正与陶公同符；及躬耕杨漕，不啻归园田居矣。夙耽禅悦，故能因情而尽性。今读《静中花下纳凉》诸作，一归性境之真。其论《桃花源记》，谓直是性境现量。其诗云："相逢便问今何世，始觉陶潜是恨人。"实前贤所未道，足见其于陶公所得者深。钟记室品陶言："每观其文，想其人德。"窃谓读公诗亦当以此义求之。夫其夐出尘表，若清飙厉翮，劲气生襟，造境之高，又岂并时才俊所可企及耶？公诗向有手写定本，没后遐庵丈为印行，惜印本不多。比者韩君穗轩斥资重刊，以广其传，有足多者。以余与公谊属同州，属为一言。予生也晚，未获奉手，然每诵公诗，如接謦欬，往往中夜徊皇，不能自已；重感韩君之意，爰为推论如此，以谂世之读公诗者。抑公之志悬诸日月，昭在天壤，何劳后生妄赞一辞。其所不能已于言者，亦以区区私淑之心，而识小之旨，想为贤者之所乐许云。癸巳嘉平后学潮安饶宗颐敬跋。

原载《固庵文录》，台北，新文丰出版公司，1989

《明本潮州戏文五种》说略

地不爱宝，随着考古工作的发展，许多向来完全消失不见于记载的文物，陆续不断地出土。戏文亦是其中之一个重要项目。1967 年上海嘉定县宣姓墓地发现明代成化年间北京永顺堂书坊刊印的《白兔记》戏文，轰动一时。在广东则 1958 年从揭阳县渔湖公社西寨村的黄州袁公墓出土一种题名《蔡伯皆》（即《琵琶记》）三个写本，其一上有“嘉靖”年号题记。① 1975 年 12 月，潮州市凤塘公社后陇山园地出土对折纸本《刘希必金钗记》，封面朱书“迎春集”三字；第五页第四出，上面写明“宣德六年六月十九日”。全剧末尾又写“宣德七年六月日在胜寺梨园置”等字样②，年代非常明确。二者都是潮属当地民间的唱本和演出手册，后者还附有《锣鼓经》，更觉宝贵。成化刻本已由上海博物馆精印为《成化本说唱词话》一巨帙，被称为“我国迄今所见年代最早的戏文刊本”③。这一册宣德六七年间写本的《金钗记》，早于成化本三十余年，而且还是手写本，不是刊刻，这才真正是我国目前所见最早的戏文写本，其价值可想而知。

四十年来，国内外学人对于民间戏曲和民族音乐的探讨与钻研，引起极

---

① 曹腾騑：《广东揭阳出土明抄戏曲“蔡伯皆”略谈》，载《文物》，1982（11）。

② 陈历明：《明初南戏演出本“刘希必金钗记”》，载《文物》，1982（2）。又《前人“刘希必金钗记”的来龙去脉》，载《文物》，1982（11）。

③ 见孙崇涛：《成化本白兔记与元传奇刘智远》，见《文史》，第二十册，211 页。

大的热潮，运用社会学的方法去寻究当地祀神的风俗与戏剧的联系诸问题①；在欧洲大陆，对于华南各地民间戏曲唱本的搜集和研究更不遗余力。从福建的南音以至纸影戏，都有专家作过重要研究工作。② 关于潮州戏文的古代刊本流落在海外者，亦有人加以汇集印行成书。台湾大学退休教授吴守礼先生即竭一生精力从事这方面的工作，特别从语言学观点，做出许多贡献③，他编印的“明清闽南戏曲”四种便是一个例子。④ 可是他所收集的《荔枝记》戏文，以牛津藏的嘉靖本而论，分明标题曰“重刊五色泉、潮”，是合泉州、潮州二本加以会刊。奥地利的万历本标题曰“潮州东月李氏编集”，东京的《潮调金花女》，分明出自潮州，具有“潮调”名目，把这单纯列入“闽南”的范围，似乎不甚公允。说它们是用广义的闽南方言来写作，虽则潮语与闽南同属于一个语言系统，实际上仍有许多距离。

最近广东人民出版社决定把新近出土的二种戏本及流落国外的三种明刻本，合刊为《明本潮州戏文五种》，是一桩值得赞扬的古籍整理工作，为元明戏曲史的研究提供了无上的可靠第一手资料。我个人对这桩事，在开始筹备的时候和征集有关资料过程上做了一点协助和促成的事务。出版社要我写几句话，虽然我对于戏剧研究是门外汉，却有几点看法想说一说，也许对于爱好古典戏曲的人们，有点滴的帮助。

《琵琶记》在《辍耕录》所记的金院本称为“蔡伯喈”，列于“冲撞引首”之类，引首是开场的意思。《九宫正始》亦题作《蔡伯喈》，注云：“元传奇”。《南词叙录》的“宋元明篇”作《蔡伯喈琵琶记》。在宋元南戏都习惯以剧中主角的名字作为全剧名称，此嘉靖写本题名正同于金院本，而“喈”字作“皆”，有好几处写“蔡伯皆”三字。西班牙圣路宁佐的皇家图书馆里收藏一部嘉靖癸丑岁（1553年）詹氏（子和）进贤堂重刊的《风月锦囊》戏文总集。

---

① 田仲一成著《中国祭祀演剧研究》，东京大学东洋文化研究所报告。

② ［荷］施博尔（Kristofer Schipper），Une couection de manuscrits de Pieces de théâred′ ombres chinoises（《中国纸影戏残本集目》），载 *European Association of Chinese Studies*（2），1979（《欧洲学会中国研究》第二册）；及该书73页，拙作《钞本“刘龙图戏文”跋》。

③ 吴守礼：《荔镜记戏文研究序说》（《日本神田博士还历纪念书志学论集》，昭和二十二年，587～598页；吴氏又著《荔镜记戏文研究》的《韵字篇》（1962）和《校勘篇》（1961），收入《亚洲民俗社会生活专刊》第七册。

④ 《定静堂丛书》本。

此书《文渊阁书目》有著录，首编卷一即为《伯皆》，目录作《蔡伯皆》[①]，这和揭阳出土本一样作《伯皆》是很有趣的。[②]《风月锦囊》一书在国内还很少人注意，甚有需要加以整理影印，以广流传。要校勘出土本的《蔡伯皆》，嘉靖本的《风月锦囊》是不可缺少而应该互校的本子，比较利用明代嘉靖苏州坊刻本和清陆贻典抄校本似乎更为重要。

关于域外三种戏文版本有若干事须加以讨论：

（一）牛津大学 Buldeian Library 藏本《荔镜记》[③]，末叶有"告白"称："买者须认本堂余氏新安云耳，嘉靖丙寅年。"即明世宗最末一年的嘉靖四十五年（1566）。新安余氏的来历，龙彼得教授（Van der Loon）曾举出在欧洲和日本的藏书中有几种具有新安堂名号的：

> 《新刊韩朋十义记》二卷，万历丙戌十四年（1586），新安余绍崖自新斋刊本（巴黎国立图书馆藏）。
>
> 《新刊京本增和释义魁字千家诗选》二卷，万历间书林余幼山新安堂刊本（英国剑桥大学图书馆藏日本宽文七年重刻本）。
>
> 《新刊徐氏家传针灸捷法大全》六卷，万历乙酉（十三年，1585）书林余苍泉新安堂刊本（日本内阁文库藏）。

可见余氏刻书，用新安堂名义前后有余绍崖、余幼山、余苍泉诸人。苍泉的籍贯是福建建阳（余苍泉名良进，又名余良堂，其书堂又称怡庆堂）。这本题"余氏新安"必与上述诸人有关。

此书日本天理大学藏有二册，比牛津本为完整而印刷较为清晰，蛀损地方，两本可彼此互补。有"千叶文库"及"小汀氏藏书"印记。服部宇之吉《佚存书目》附载三曾加著录，现有天理（大学）图书馆《善本丛书》复印

---

① 刘若愚：《西班牙藏明板风月锦囊考》（The Fêng-yuêh Chin-Nang——A Ming Collection of Yuan and Ming Plays and Lyrics Preserved in the Royal Library of san Losenzo, Escorial, Spain），香港大学《东方文化》（*Journal of Oriental Studies*, vol. 4, 1957, 1958, pp. 79—107）。

② 金院本的《蔡伯喈》当为元高明写《琵琶记》时的版本。在高明以前宋时亡有《赵贞女蔡二郎戏文》（《宋元明篇》）。钱南扬作高明传，谓"高明生长戏文发源之地，必曾见演出，曾见脚本"（《汉上宧文存》）。关于《琵琶记》的来源，清徐石麒（坦庵）认为牛相国即牛僧孺。潮本云："赐婚牛氏。"焦循在《剧说》卷二颇同意徐说，谓指"牛僧孺之女，因为适合"，故疑原作《蔡伯皆》，或非蔡邕本事。但高明已将伯喈视作蔡邕。

③ 此书向达最先于 1936 年加以记述（见《记牛津所藏的中文书》），《北平图书馆馆刊》第十卷第五号，后又收入《唐代长安与西域文明》，617～652 页。

本，由八木书店印行。

（二）奥地利万历本《荔枝记》。此书原藏于奥国维也纳（Vienna）的国家图书馆（Österreichische National bibliothek），其前身为宫廷图书馆（Hofbibliothek），为龙彼得教授于1964年所发现。卷一首题“书林南阳堂叶文桥绣梓，潮州东月李氏编集”，末有牌记“万历辛巳（九年，1581）岁冬月朱氏与畊堂梓行”。据龙氏考证，朱氏亦为建阳书堂，现存刻书有下面一例：

《新刊京本通俗演义全像百家公案全传》十卷，扉叶署“书林与畊堂朱仁斋绣梓”，书末牌记云“万历甲午（二十二年，1594）岁朱氏与畊堂梓行”。知朱氏与畊堂主人乃是朱仁斋。此《荔枝记》原本或为南阳堂叶文桥刊刻，其后板归于朱氏欤？

（三）《重补摘锦潮调金花女大全》二卷。无序目，传为万历时刊。缺第二十五、二十六两页。书分两栏，下栏为《金花女》戏文，写书生情州刘永上京赴试途中遇贼投水获救，金花女水边祭灵，纪年为“大宋熙宁七年十二月朔”。是剧亦以“金姑看羊”一段闻名，可知其故事原亦出于北宋。上栏为苏六娘与郭继春事，乃出潮州本地故事。苏六娘是揭阳雷浦村人，清时谢锛尝将她的故事写成长诗，载于其所著的《红药吟馆诗钞》。[①]

此册为孤本，原东京长泽规矩也博士所藏，现归东京大学东洋文化研究所，详《双红堂文库分类目录》页三、四，是书昔年傅芸子在《东京观书记》中曾有介绍[②]，吴守礼亦撰有校记。[③]

潮州正字戏出自南戏，渊源甚早。牛津嘉靖本《荔镜记》篇末有跋文云：因前本《荔枝记》字多差讹，曲文减少。今将潮、泉二部，增入《颜臣》、勾栏诗词、北曲，校正重刊。……嘉靖丙寅年。又在插图之上一栏开头题云：

《颜臣》全部。

这一嘉靖本原是潮本、泉本和《颜臣》三种的糅合本。在《颜臣》戏文内屡次提及颜臣，又称陈彦臣。

例如：

---

① 《潮州志·丛谈志》。

② 见《白川集》，110页。

③ 收入《民俗丛书》第四辑，台北印。

〔普天乐〕只一封书信寄去还前日陈彦臣……不是娘仔细时（幼年）亲柑许彦臣何敢想来……

〔一封书〕陈彦臣书拜禀连氏靖奷（娘）是我有情妻。……

可见彦臣即是陈彦臣。龙彼得君认为《颜臣》与宋人笔记罗烨《新编醉翁谈录》乙集卷一《静女私通陈彦臣》是同一桩事，那是对的。《荔镜记》此本题目把“彦臣”写成“颜臣”，但内容分明是陈彦臣。唐圭璋《宋词纪事》收连静女的《武陵春》“人道有情须有梦”及失调的《朦胧月影》各一首，其本事即出自《醉翁谈录》，连静女与连靖女正是一人。此本的“颜（彦）臣全部”，虽不能说是宋时《烟粉欢合》所记陈彦臣的戏文原本，可能是经过多少损益润饰，改编而成，但本事同出一源，则毫无疑问。我们可以从这本书恢复陈彦臣戏文全出的原貌，堪为研究南宋戏曲以及它渐变为地方戏曲的历史提供一无上资料，应该把它拆出单行。

再谈《刘希必金钗记》，即是刘文龙的戏文。《南词叙录·宋元旧篇》中收有《刘文龙菱花镜》。《永乐大典·戏文九》著录作《刘文龙》。元时，史敬德和马致远尝合写过《萧淑贞祭坟重会姻缘记》一戏，又名《刘文龙传》[①]。这宣德本有一段文云：

阿不干哰噜、答剌速末叫番奴唱番曲丑净唱〔雁儿舞〕。

阿不干沃庆（虔）答剌速，嗷哩答夕，蒙古嗄噜噜，干别吉忐可□速也，呵罕独满八木里。

声齐哩哇啰，哇哩哇，唻啰哩，啰啰哩，哇啰哇哩哇！啰哩哇啰啰哩哇啰哩哇！末白

其中渗入一些蒙古语，可见与元时的《刘文龙传》有多少关系，其祖出于元人。

至于哩哇啰的助声，在成化本《白兔记》的开场中《红芍药》一曲便有：

① 庄一拂：《古典戏曲存目汇考》，“刘文龙菱花镜”条，78页。

末唱：哩啰嗹，啰啰哩，嗹嗹嗹，哩啰哩，嗹哩嗹，啰嗹哩嗹，啰哩嗹，哩嗹啰嗹，哩嗹啰嗹……哩嗹啰，哩啰哩。

和《金钗记》一样有缠声的哩啰嗹。用哩啰唱词的习惯，可追溯到南宋。史浩在《鄮峰真隐漫录》中《粉蝶儿》劝酒上阕内有“解教人，啰哩哩啰。把胸山一些磊块，一时熔化”[1]。董解元《西厢记》卷五乔合笙云“和——哩哩啰，哩哩啰，哩哩来也。”金时，全真教诸大师若王重阳、谭处端写的《捣练子》，都喜欢用哩啰唛、哩唛啰作为助声。这类啰哩嗹是有声无义，至今潮州歌谣中仍有这种助声。潮州人在形容人们高兴时顺口唱无字曲，叫做“唱嗹啰曲”。福建莆仙戏还保存唱“哩啰嗹”作为“下词尾”的习惯。据《莆剧谈屑》记载：“莆剧在未演出时，后台先打三锣鼓，过后有彩棚，念四句大白，念完唱‘下词尾’。下词尾只用‘哩啰嗹’三字颠倒唱出。这三字是咒文，为得怕舞台上秽渎了神明，唱完这咒文，便可保台上大家平安。”这三字作为“下词尾”是由全体演唱，据说这是七煞曲上的“打讹”——亦即“打和”[2]。清初曹寅听闽乐，听到“啰哩嗹”的词句，作出下列的诗，加以揶揄。句云：

一拍幺弦一和缠，舞余无复扫花细；团郎漫纵哄堂笑，摘耳犹闻啰哩嗹。

以此取笑。台湾台南现时道曲的唱本还存有遗声，摘出一段如下：

出仙宫，哩啰嗹。离了蓬莱，腾采云，哩啰嗹（你来），出离了天堂。哩啰嗹哩啰嗹。（法国施博尔藏陈荣盛抄本）

上述各例，可见这一类“打和”的帮声，从南宋、金、元以来流传演变的情形。《刘希必》此本亦提供了极宝贵的材料。莆剧认为唱“哩啰嗹”等于念咒，可以避凶趋吉，我以前曾研究这一类和声（打和），是从《悉谈章》的“鲁流庐楼”而来，演变为唐人《渭城曲》的“剌里离赖”。原出于佛家《涅槃经》文字品。全真教采用它，变为“哩啰唛”，禅家作“啰啰哩”，再变成

① 《全宋词》，1929页。
② 据胡忌《宋金杂剧考》中，宋剧遗响一节引用。原为复写本。

为“哩啰嗹”。由莆剧把它看成咒文一层看来，鄙说是可以成立的。[①]

明代以来，地方戏曲的演出，各有不同的脚本。以最流行的《琵琶记》为例，其演化极为复杂，大抵有京（金陵）本、闽本、吴本、徽本之差别。[②]揭阳《蔡伯皆》戏文的出土计有三本，其中一本是总纲，一本是小生使用的己本。有些宾白，为元本所无，正表示演出时有地方性发展的特点。据说同时出土原又有《玉芙蓉》二本[③]，惜已被虫蛀坏。该墓葬主人题“黄州袁公妣江□陈氏墓”，可能是外地人。但潮州墓碑常有冠以祖宗原籍地名的习惯，故也可能这位袁公已久住潮州。从戏文中杂有一剧潮州俗字方言看来，可能是当时潮州民间艺人配合当地条件的演出本。祝允明为兴宁县令，所著《县志》谓：“弘治前后，兴宁有南杂剧演出。”又《潮阳县志》莆田宋元翰传云：“其治人以礼教，椎结戏剧之俗，一时为之丕变。”元翰令潮阳在正德九年，可见弘治、正德之际，潮州一带，南戏已甚盛行。《琵琶》、《金钗》两记之出土，正足以说明这一事实。这两本均见于《永乐大典·戏文》[④]，惜已佚去。尤其《金钗记》卷终下记着“在胜寺梨园置立”，有“梨园”二字，当时戏班之具体规模，可想而知。潮剧戏班亦祀田元帅，即唐明皇时的雷海青，雷字可省作田，如雷万春之作田万春是。[⑤] 与福建莆仙戏所奉相同。

明代刻本的剧文多少带点综合性的宣传意味，喜欢用全像（相）、南北插科等字样，由下列诸本书名可以见之：

宣德《金钗记》云：《新编全相南北插科忠孝正字刘希必金钗记》。

嘉靖《荔镜记》云：《重刊五色潮泉插科增入诗词北曲勾栏荔镜记戏文全集》。

万历本云：《新刻增补全像乡谈荔枝记》。

嘉靖本《风月锦囊》：《新刊耀目冠场擢奇风月锦囊正、杂两科全集》、《新刊摘汇奇妙戏式全家锦囊》。

---

① 《梵文四流音Ṛ、R̄、Ṛ、L̄及其对中国文学的影响》，金文京日文译本（日本京都大学《中国文学报》三十二册）。

② 参田仲一成：《十五、六世纪を中心とする江南地方剧の变质について》（《东洋文化研究所纪要》七十二册）。

③ 《玉芙蓉》为曲牌名，见《拜月记》。王骥德《曲律》“论须识字”谓：“《拜月》、《玉芙蓉》曲‘富五车’之‘车’字，当作居音乃叶。”

④ 戏文四与九。

⑤ 读岳珂《桯史》卷十“万春伶语”条。

可以看出这些带宣传性的字眼，是明代书林刻书常用的伎俩。

宣德本《金钗记》篇题有“忠孝”名目和《永乐大典·戏文》著录的《忠孝蔡伯喈琵琶记》称谓一样，最可注意的是“正字”一名称的使用。潮州戏称正字，亦称为正音，意思是表示其不用当地土音而用读书的正音念词。元本《三阳志》风俗条有云：“或曰韩公出刺之时，以正音为郡人诲。”韩愈为潮州刺史不到一年，这一说法并不准确。但可以理解“正音”是与本地乡音相对立的雅言。① 潮州语每一字多数有两个音，至今尚然。一是方音，另一是读书的正音，例如歌字方言 Kua 入麻韵，雅（正）音则为 Ko，歌韵。清季海阳王定镐的《鳄渚摭谈》说：“潮俗菊部，谓之戏班。正音、白字、西秦、外江凡四等。正音似乎昆腔，其来最久。”正音即是正字，与白字（潮音）分为二类。以前不知“正音戏”起始于何时，现在从宣德抄本的正字刘希必（文龙）一名称，可以看出南戏传入潮州之早，正音戏分明是受到南戏的影响。虽然宾白仍不免杂掺一些土音，但从曲牌和文辞看来，应算是南戏的支流，所以当时称曰“正字”，以示别于完全有潮音演唱的白字戏。

这一部《明本潮州戏文五种》，名称虽止五种，其实《荔镜记》上栏为《颜臣》，《金花女》则合《苏六娘》为一，原是不同的两种戏，合计应得七种戏文，其中大半属于徐渭所称“宋元旧篇”。今刊五而获七，尤以《颜臣》全部，可以看做《醉翁谈录》中“烟粉欢合”的实例。同时，从《苏六娘》戏文还可以看到潮剧从南戏逐渐演变成地方剧种，并早在明代已有将地方故事编写成戏文的实例，说明了潮剧源远流长的古老历史。这两个资料，更值得重视。此书之印行，特别有裨益于宋元南戏之探讨，故乐为喤引，略举所见，以求教于博雅君子。1985 年 1 月于香港。

原载《明本潮州戏文五种》卷首，广州，广东人民出版社，1985

① 地方旧时称曰“孔子正”，是指读书讽诵的语音。

钞本《刘龙图戏文》跋

施博尔先生曩旅居台南，颇留心闽粤传入鲲岛之民间文学作品，前后采集纸影戏唱册旧写本，共得一百九十八册。其中最早者为《司马都戏文》，写于嘉庆二十三年。又《刘龙图》一册，为光绪四年十月廿九日陈廷宽手抄本。年月及书写人名并具，尤为难得。与《刘龙图》戏出相同者，又有《刘昉骑竹马》一本，内容无大差异，惟昉字从耳，诡怪不见于字书，实应作刘昉也。

昉字方明，潮州海阳县桃坑人（今属东津乡），为化州知州刘允长子，绍兴中知潭州，官龙图阁学士，《宋史》无传[①]，惟《系年要录》颇记其事。桂林伏波山有刘昉题名。[②] 昉精医术，尤擅儿科，著有《幼幼新书》[③]。《滂喜斋藏书记》宋刻《昌黎集》下引绍兴己未刘昉序一叶，称："大观初，先大夫尝集京、浙、闽、蜀刊本及赵德旧本，参以石刻订正之。"先大夫即指允也。昉仲弟景，官台州、高雄二州知州，其墓近年在笔架山发现。[④] 刘允及子昉、景，《夷坚志》颇著其佚闻。[⑤] 昉他事尚多，他日当为《宋史》补选昉传。三十年前，尝见钞本《东津刘氏族谱》，记昉一家事迹甚备，故书蕾落，已不可

① 《宋史》卷四九四《蛮夷传》，绍兴十四年，潮南安抚使刘昉奏武冈军徭人事。

② 桂林伏波山还珠洞摩崖题识："潮阳刘昉方明，自蜀还乡过桂林寓八桂堂，治舟伏波岩下。……男汶、渭、溱，孙驹哥、骥哥、鸾哥、鹏哥、鸿哥，外甥叶骐哥侍行。绍与戊寅六月中瀚。"真书字大四寸，自称潮阳者，盖用郡名。

③ 《幼幼新书》尚有传本，见《潮州艺文志》第二册子部（《岭南学报》）。

④ 《考古》，1963（9），南宋刘景墓。

⑤ 《夷坚志》甲十四、支景七、补七记刘允及刘昉，甲十四、丁二记刘景事。

问。施君又藏有《萧端蒙汀死江西王》戏文，传钞相同者共四册，其中有云："霄禹承教子不忠。"考端蒙之父为萧与成，霄禹承即萧与成之音讹。端蒙潮阳人，字曰启，嘉靖辛丑进士，巡抚贵州，寻按江西，病卒。事迹详乾隆《潮州府志·名臣传》。

施君所集诸册得自台南，故悉题曰《闽南皮影戏》，然刘昉原籍在今潮安，萧端蒙原籍在今潮阳，均与福建无关，此刘、萧二出，应是潮州当地纸影戏本，后来辗转入于邻省者。

《刘龙图》写本别字累累，如韩擒虎作翰禽虎，太行山作太降山，唐山作长山，西园翰墨林句作韩木林，皆为潮音沿讹。其俗字或书其偏旁，如以亘为就，讹取其半体，如以佮为命，皆字书所无者，不特可推究方音，且保存"方文"（此谓 local script，与方言实同样重要），可为俗字谱添入不少资料，言小学者不应以其鄙俚而轻视之也。

余在法京，喜得睹此诸册，恐刘昉、萧端蒙之名，较为冷僻，非湛于地方文献者不易道其详，爰不揣固陋，为跋其后，而于施君之爱好闽粤文献，嘉其毅力之不可及，以视邦人之自弃旧家乔木，漠然以为不足以珍爱者，其识见之高下，为何如也！饶宗颐，1979 年 4 月于法京。

原载 P. Van des Loon 编 *Occasional Papers European Association of Chinese Studies*，1979，Paris

后收入《固庵文录》，台北，新文丰公司，1989

潮州学在中国文化史上的重要性

——何以要建立“潮州学”

潮州地区人文现象，有需要作为独立而深入探讨之研究对象，应该和“客家研究”同样受到学人的重视。因此，潮州学的成立，自然是顺理成章不用多费唇舌来加以说明；更有一个充足理由，客家学以梅州地区为核心，在清雍正十年（1732）嘉应直隶州未设立以前，整个梅州原是潮州所属的程乡（后来分出镇平、平远），长期受到潮州的统辖。大埔、丰顺二县，亦属潮州所管。北京的潮州八邑会馆，只有说客家语的大埔没加入，但大埔仍是潮属的一邑，至近时方才割出独立。所以研究雍正以前的潮州历史，梅州、大埔都应该包括在内，这说明客家学根本是潮州学内涵的一部分，不容加以分割的。

中国文化史上，内地移民史和海外拓殖史，潮人在这二方面的活动的记录一向占极重要的篇幅，这是大家所熟悉的。潮人若干年来在海外拓殖成果和丰厚的经济高度发展的各种表现，在中国以外各个地区孕育出无数繁荣美丽的奇葩，为中外经济史写下新页，久已引起专家们的重视而且成为近代史家崭新的研究对象。因此，潮州地区人文现象的探讨，更使多数人发生热烈而广泛的兴趣。本人对这一件事，多年以来屡加以积极提倡，汕头潮汕历史文化中心的成立，正说明这一工作已经取得相当成就。此次在香港潮州商会鼎力资助下，香港中文大学举办首次为期三日的潮州学研讨会，这无疑是非常有意义的事。

潮州人文现象和整个国家的文化历史当是分不开的。先以民族而论，潮州土著的畲族，从唐代以来，即著称于史册。陈元光开辟漳州，筚路蓝缕，以启山林，即与畲民结不解缘。华南畲民分布，据专家调查，皖、浙、赣、粤、闽五省，畲族保存了不少的祖图和族谱，无不记载着他们始祖盘瓠的传说和盘王祖坟的地点，均在饶平的凤凰山。换句话说，凤凰山是该族的祖先发源地。我曾引用宋晁补之集中《开梅山》一长诗，和泰国北部发现的《徭人文书》里面《游梅山》的记述，来讨论宋代畲、徭的关系。又引用元《三阳志》记载宋时水东有"不老"的土音来探索畲族什么是他们自己称呼的名号。这些问题，牵涉甚广，还有待于进一步的深入研究。

近十余年来潮汕地区的考古工作，成绩斐然可观。饶平浮滨类型的文化遗存之发现，震烁中外，但正式报告尚未有人着手编写。我曾到饶平该地考察，深觉发掘及研究工作尚未认真展开，例如该地出土重要文物带有"王"字符号的大口陶尊，长达 17.3 公分的铜戈，还有铜觯与鸟形壶，都是珍品。江西新干商代遗址的奇异绚美的铜器，亦有鸟形文物，吴城亦出凤鸟形握手青铜器盖，它们彼此间之关系如何？均有待于考古学家的探索。其他各地出土文物林林总总，只有各县《文物志》作一些简单报道，我们正期待一本完美周详图文并茂的报告。

再谈戏剧问题，在清代福建蔡爽的《官音汇解释义》卷上的"戏耍音乐"条，记着："做正音，唱官腔，做白字，唱泉腔，做大班，唱昆腔，做潮调，唱潮腔。"其时的潮调与官、泉、昆三腔并列。由于多年来我国民间戏剧调查研究的跃进，温州南戏、闽剧特别是莆田戏的深入钻研，对潮剧研究的来龙去脉有一定帮助。中外人士已写成一些专著，灿然可观。出土新材料若宣德本《金钗记》、嘉靖本《琵琶记》已引起世界学人的注目，异国收藏如奥地利、日本都有旧本，这些珍异文物得到潮州商会的大力资助才印出《明本潮州戏文五（七）种》，风行一时，有口皆碑。其中《刘希必》写本所附板拍，对南戏音乐研究开创了一新纪元。现经中日学人共同探索，温、潮原出一脉。永嘉郑孟津君对宣德本点板的解读认为与《琵琶记》的明初臞仙本正是一脉相承，更属创见。

潮州方言的研究久已展开，卓著成绩，述作之富，毋庸赘述。惟潮州地区，澄海与潮阳、普、揭，各成语系，语音的差异如何进一步分析，及与古音的比较，还有待专家之探索。至于潮乐方面，器乐的专题研究，和活五音位律吕的研究，近时在国内成为热烈讨论题目，甚至可与曾侯乙钟律的四颟、四曾音位作出比较研究，其重要可知。

凡此种种，俱见潮州文化若干特殊现象，已不仅是地方性那样简单，事实上已是吾国文化史上的重要环节与项目。若失潮史新文献的发掘，我在编纂《潮州志汇编》时候，将《永乐大典》里面的元《三阳志》残本加以重印，已引起人们的重视和采用。近时我又将久已失传的万历知府郭子章所著的《潮中杂纪》，从日本影回，即由潮州商会出版，订于十二月在潮州学会议开幕时推出，以供大家参考。这更是香港潮州商会对潮州学的又一次贡献。

潮州学的内涵，除潮人在经济活动之成就与侨团在海外多年拓展的过程，为当然主要研究对象，其与国史有关涉需要突出作专题讨论，如潮瓷之出产及外销、海疆之史事、潮州之南明史等论题，有潮汕已有不少文化机构着手从事编写，十年以后，研究成果，必大有可观，钩沈致远，深造自得，蔚为国史之要删，谨拭目以俟之。

原载《潮学研究》(一)，汕头大学出版社，1993

潮人文化的传统和发扬

本年 11 月 18 日，第五届国际潮团联谊年会在澳门隆重开幕，特设专题讲座，以上列的题目要我主讲。什么是潮人文化传统？说来话长。自从苏轼在《韩公庙碑》上说：“始潮人未知学，公命进士赵德为之师。”故向来一般都认为潮之有学，由韩公开始，这一点殊为不确。姑勿论东汉末三国吴时，揭阳人物已有安成长吴砀，晋时程乡人程旼，宋人称颂之曰：“万古江山与姓俱。”潮州在唐代学术范畴之内，无论儒、释，均有特出魁杰之士。中唐之际，名宦谪潮者众，常衮先韩公莅潮，“兴学教士”，故明、清方志都说“潮人由衮而知学”①（郭春震及吴颖《潮州志·官师部》如是说），非始于韩。兹将代宗广德至穆宗长庆四朝有关学术大事列下：

代宗广德二年（公元 764） 常衮与大兴善寺不空及鱼朝恩等新译出《佛顶尊胜陀罗尼念诵供养法》一卷（慧琳《一切经音義》卷三十五）。

代宗大历初（公元 766?） 潮阳僧惠照自曹溪归，大颠与药山惟俨同师惠照于西山，后游南岳参石头（希迁）禅师。

大历十三年（公元 778） 赵德进士授推官（《吴志》）。

大历十四年（公元 779） 德宗即位。五月常衮贬潮州，九月十一日到州

① 《新唐书》一五〇《常衮传》云：“德宗即位，……再贬潮州刺史。建中初，杨炎辅政，起为福建观察使。始闽人未知学，衮至，为设乡校，使作为文章，亲加讲导，……由是俗一变，岁贡士与内州等。卒于官，年五十五。其后闽人春秋配享衮于学宫云。”衮卒于福建任所，其贡献在闽，于潮州任期较短，而兴学则同。

（《全唐文》常衮《潮州刺史谢上表》），兴学校，潮州由此知学。

德宗建中元年（公元780） 五月常衮为福建观察使（梁克家《淳熙三山志》）。

德宗贞元元年（公元785） 大颠灵山寺创地基（《郭志》）。

德宗贞元七年（公元791） 灵山禅院落成，门人传信千余人。

宪宗元和十四年（公元819） 韩愈贬潮州。十月愈移袁州，与大颠留衣服为别（《答孟简书》）。

穆宗长庆四年（公元824） 大颠坐化，年九十三（《国志·仙释》）。

由上列史实看来，韩愈不是第一位在潮兴学的潮州刺史，实际应该归功于常衮。衮以丞相南迁，道经惠州而至潮，所驻山冈，后人名为丞相岭。潮州城北金山上有“初阳顶”摩厓，旧传出于常衮手笔。[①] 又潮州开元寺内有尊胜佛顶陀罗尼经幢，为广东唐时唯一的密宗石幢，题曰不空和尚译。然唐代各地经幢一般都用波利译本，如福建泉州即据波本镌刻，独潮州乃用不空译者，盖常衮于大历间与鱼朝恩及大兴善寺不空等奉诏译陀罗尼念诵轨仪，开元寺之有不空译加句本，可能由彼谪潮州时携来的。

潮地释氏，在常衮未到之前，已先有惠照禅师传曹溪的法乳，药山惟俨，与大颠共师事惠照于西山。[②] 潮阳的西山在县西十里，形势巀嶭，源上有砖塔[③]，其地当即惠照之所居。相国李绅铭其石室云：“曹溪实归，般若观妙。体是宗极，湛乎返照。”宋时余靖题惠照小影，有“已向南宗悟，犹于外学精，士林传字法，僧国主诗盟”之句，则其人亦擅长文学。惟俨“年十七，度大庾岭，至西岩师惠照。大历八年受具足戒于衡岳”。惟俨于贞元初还药山，韩公门人李翱时与之游，至今禅门尚传为佳话，溯其师承所自，实出于惠照。大颠创灵山禅院的年代为贞元四年（公元788），在韩愈谪潮之前三十二年，彼深得施主洪大丁之助，大丁亦进士也。[④]

《吴志·仙释》称大颠“长庆四年，年九十有三，无疾而逝”，则元和十四年愈谪潮州，年方五十有二，而颠师已臻大耋，八十八岁矣。愈《与孟简书》呼之为老僧，正符事实。泉州《祖堂集》记“侍郎令使往彼，三请皆不

---

① 《海阳县志·古迹略》。

② 《景德传灯录》十四：“澧州药山惟俨……姓韩氏，年十七依潮阳西山惠照禅师出家。”

③ 《郭志》。

④ 吴《府志》唐进士列三人，洪奋虬下云：洪大丁亦举进士，为灵山施主。或云：洪圭字大丁，即奋虬祖。

赴”，其风格高峻可以见之。是时内学在潮州，高僧间出[①]，皆禅门之龙象。故论潮人学术，唐世先得禅学之薪传，继起乃为儒学，在韩公未谪潮之前。已卓然大有成就，是即潮人文化——传统之源头，儒佛交辉，尤为不争之事实。

至于如何发扬，愚见海外潮人，团结精神表现最为特色，惟传播知识，发扬学术，其热诚则远比他处为落后，可谓勇于生财，而短于散财，能聚而不善于散。释氏之学，以慈、悲、喜、舍四无量最能开拓人们的心胸，而财施、法施，对于人类社会的融和与智识思想的推进，贡献尤巨。唐代虽三教并立，而佛教诸宗的建树及教义的阐扬，使整个社会浸润于“无上圆觉”追求之中。儒家伦理更与释氏之仁道交融为一体，在朝注重密宗，在野则盛行禅悟，人们在精神上由顿悟更得到“向上”与“超越”的安顿。唐代两位在潮兴学的贬谪刺史，一则信佛，而一则辟佛。韩公到潮以后，与大颠来往，知其“实能外形骸以理自胜，不为事物侵乱”，“要自胸中无滞碍”。最少他本人在精神修养上已受到大颠的影响，是不用否认的。韩公所以“不助释氏而‘排’之者”，由于不愿“舍先王之法，而从夷狄之教”[②]，完全从狭隘的夷夏观念出发。今天站在人类文化立场，我们需要知彼、知己，不能一“排”便了事，许多历史问题，还要从多方面智识的帮助，才能获得正确的了解。我于1963年在印度研究婆罗门经典，方才明白中国人何以吸收佛教，无条件接受，复加以发扬光大，反而排斥原始佛教所从出的印度教为外道，是别有他的道理的。去年冬天到过唐宪宗、懿宗先后迎佛骨的“法门寺”，看见当时大兴善寺密教和尚智慧轮供奉的法器，方才知道当日韩公谏迎佛骨失败之由，及唐室对佛教迷信积重难返的社会背景。又从《佛顶陀罗尼》译本的比勘，才悟出潮州开元寺经幢之用不空加句译本，是和常衮谪潮有密切关系。凡此种种，都是近年研究所得，以前是完全不了解的。近日汕头大学人员来港，告知最近汕头大学招生，历史系与数学系没有学生修读，在生前“唯利是视”的社会风气影响之下，人们精神处于封闭和空虚状态，很需要禅宗的清凉剂为之指出“向上”一路，加以提撕的。我们如果真的有诚意去发扬潮人的传统文化，并不是在开一轮会议作一次演讲，事同粉饰，说了便算，还要切实出具体的方案来扭转目前这种轻视理论科学的人文科学的歪风。我认为潮团

① 程乡阴那山有惭愧祖师，明理学家杨起元有《阴那山访唐僧法堂》诗。

② 《答孟简书》。

在联谊之外，应该做出一些有建设性的行动，例如设置某种有计划有意义的学术性基金和奖金，来嘉励人们去寻求新的知识，继承唐代常、韩两位地方刺史“兴学”的精神，在海外培植一些人才，发展某些学术研究，这样才能使潮人传统文化有更加灿烂的成果，我想各位必会同意我的建议而努力去促其实现的。

原载《国际潮讯》第十一期，香港，1990

中国历史文献研究会第十一届年会暨潮汕历史文献与文化学术讨论会演讲摘要

今次，中国历史文献研究会第十一届年会暨潮汕历史文献与文化学术讨论会在汕头大学隆重举行，本人应邀出席，感到十分荣幸和由衷的高兴。因为从潮州文化历史的角度来说，像此次集全国各地许多专家学者于一堂，以潮州历史文献与文化学术作为专题进行讨论，从而将潮州历史文献与文化学术的研究提升至全国性的层次，这可说是潮州文化历史上的空前盛事。作为潮州人，作为一名浪迹海外的学者，首先我要对促使此次盛会得以顺利举行的中国历史文献研究会及当地各机构领导人和来自全国各地的专家学者，表示衷心的感谢！

刚才几位发言，都说我是潮州历史文献方面的专家，这一点我是愧不敢当。应该说，几十年前我曾负责编修过地方志，但那些作品已经是“少作”了。半世纪来，我的主要精力已转移在其他的学术领域，在研究和整理乡邦文献方面，我已经是个落伍者。通过今次的盛会，我愿追随在座诸位，为整理和提高潮汕历史文献与文化学术水平而共同努力。

回忆几十年前我们修地方志时，条件既差，各种志书史料又十分缺乏。现在本地学人所共知的几个地方志版本，如古潮志之《三阳图志》和明嘉靖年间修纂之郭春震《志》，那时尚未寓目。上述志书连同郭《志》，是我在日本时，获悉东京内阁文库庋有完帙，夜间托友人日比野太夫教授影印。后来（六十年代初）我就将《嘉靖志》合《顺治志》，以及《永乐大典》潮字号所收《三阳志》，和我编纂的《民国志稿》，这就是1965年香港龙门书店出版的《潮州志汇编》。

随着地下文物的不断出现，新的史料日益丰富，关心和有志于地方文献的人才亦越来越多，如果能在旧有的基础上进一步提高地方志的质和量，在史料采用的综合性和科学性方面，在思想内容的广度和深度上，进行开掘拓展，相信在地方文献和文化学术的研究上，必能超迈前人，取得更加丰硕的成果。

有关潮汕历史文献和文化学术问题，我认为海外与内地一样，都要进行研究。正如杜经国教授在发言中所说的，内地有潮汕人一千万，而海外亦有同等数目的潮汕人，这显然是一种很不寻常的现象。另一方面，潮汕人很会经商和向外开拓，这种特性，究竟是怎样形成的？这些问题都值得研究。我的一位德国朋友、汉学家傅吾康先生，很留意类似的问题，但他的研究对象不仅是潮州人，而是整个华人社会海外拓展的历史。他收集中国人在海外建立会馆的碑记，从碑记中收集史料，这是很可靠而又实际的文献。法国又有一位施博尔先生，也很关心我们潮汕的民间文学，他曾前后采集潮州歌册一百九十八本，其中《钞本刘龙图戏文》曾请我写了跋文。[①] 这个例子也可窥见外国学者对潮州历史文化感兴趣和重视的程度，他们的研究精神和成就是很令我们感到汗颜的。傅吾康先生在海外收集华人会馆碑记进行研究一事，令我想起潮州人在海外也有许多会馆。[②] 1968年我初到新加坡大学任教时便留意到星、马及东南亚国家有关潮州会馆的碑记史料。所以，我向今天与会有志于此的同人提供这一课题，希望能搜集众多的海外潮州会馆碑刻，从实录中研究潮人拓殖和创业的历史。

参与潮州瓷器的研究，我认为那是古代潮州历史文化的一个很重要的部分。我因为早年曾经编撰《韩山志》，韩山即潮州水东窑所在地，所以对潮州瓷窑向有留心。1955年旅东京时，我有一篇关于潮窑历史的论文，即为日本弓山富士教授取去，由长谷部乐尔译为日文，载于日本陶瓷协会出版之《陶说》二十四期，该文屡见学人征引。后来变写为《潮州宋瓷小记》一文[③]，其中谈到“潮窑盛于宋，周明所造佛像，技巧之精，即其明征”。且上述佛像刻有长文，而“北宋瓷器有长文者不多，其备记窑名、制造年月、供奉人及塑

① 编入拙著《固庵文录》。

② 数十年前在内地许多大城市如北京、上海、广州等都设有潮州会馆。

③ 后载入拙著《选堂集林·史林》中册，中华书局，1982。

像匠工姓名者尤少。如此治平、熙宁佛像，实为仅见”。上述佛像曾为我家所收藏，载于拙著《选堂集林·史林》的《潮州宋瓷小记》，即附有上述佛像图片。有关唐宋潮瓷的海外出口贸易问题，“唐代青釉凤头壹残片，据冯先铭云，近年于潮州韩山及广州西村窑址，屡有发现。凤头壶为吸收波斯作风之制作，泉州海上贸易唐宋甚盛，故广东潮州亦有发现[①]，此类凤头壶如果为本地产品，合北郊发见之莲花纹圆瓦当二事论之，唐代潮州瓷器与外地最少已有相当交往，瓷业发轫甚早，故北宋中期，水东窑制作遂有此种成就，非偶偶然也”[②]。有关汉唐中国对外贸易的途径，我曾在拙作《蜀布与 Cinapatta——论早期中、印、缅之交通》[③] 一文中曾有论及，我认为西北新疆一带之交通贸易是通过陆上丝路，南方交广一带，则由海上丝路，故文中专立一章附论《海道之丝路与昆仑舶》。日本友人三上次男著有《陶磁之路》一书。潮州应该是海上陶瓷之路一重要站。我听说讨论会上[④]，有的学者也以此为专题进行探讨，我感到由衷的高兴。

另外，在有关潮资历史人物的研究上，我听了一位从甘肃来的学者作关于丁日昌的研究报告。（按：为兰州大学汪受宽副教授所作《抚闽奏稿篇序厘正》。）他对丁日昌的研究方法既细致又新颖，有不少真知灼见，令人感佩。从这些事例，和此次交给大会讨论的众多外地学者以潮州历史文献、文化学术与人物为题材的大量论文题目看来，说明这次讨论会在潮州的文化历史上，确实具有十分重大和深远的意义。末了，我仅此向促成此次盛会的机构的各位领导和工作人员，对来自全国各地的专家学者，再一次表示衷心的感谢！

郭伟川整理记录，并经饶宗颐教授过目

原载《国际潮讯》第十三期，香港，1991

① 《文物参考资料》，1958（2）。

② 引自拙著《潮州宋瓷小记》。

③ 载《选堂集林·史林》。

④ 有一个上午我因事请假，杜经国教授特准，因此未及聆听。

《潮汕史》读后小记

潮汕历史文化研究中心在刘峰先生领导之下，多年以来，广搜史料，发扬幽潜，懋著业绩，出版书籍，至今一百多部。最吃力的工作，是着手第一部《潮汕史》的撰写。史作通史体裁，取材宏博，煞费苦心。杜、黄、陈三位专家，花去若干年的心力，才能成此伟构。顷者黄挺兄以上册稿本见示，刘峰叮嘱切要提出不同意见，不敢违命，因略举数事论之。

过去方志所载，潮州第一个地方官是揭阳令史定，本书只在注释中提及。第一位乡贤是揭阳人吴砀，本书完全没有提及，主要问题似乎是因为处理史料过于谨慎，故不采录。以余观之，南越国晚期的揭阳令史定，其人互见于《史记》、《汉书》的《建元以来侯表》，他与毕取、杨仆三人，同于汉武帝元鼎六年（公元前111）三月乙酉日封侯，定被封为安道侯六百户。嗣子各当时。安道地在南阳，《史记》表称：

以南越揭阳令，闻汉兵至，自定降，侯。

意思是说自定以下皆投降于汉，定的名字同时出现于《史》、《汉》的南越赵佗传，《汉书》卷九十五《南越传》称：

粤揭阳令史定降汉，为安道侯。

以《汉书》与《史记》互证，定即是史定。由此可知赵佗的南越国确实没有揭阳县令，及汉武于南海郡内置揭阳县，显然是继承南越的旧制，不必怀疑。史定和他的士兵大部分当是中原南下的人，我们不能说中原人从南越转入本区，没有证据，当时本区自然是南越所管辖的地方。

至于吴砀事迹，郭春震嘉靖《潮志》已为立传，清郑大进的文章亦提到吴砀。有关吴砀的史料，取自《三国志·吴志》的《吕岱传》，其传云：

建安二十年（吕岱）督孙茂等十将从取长沙三郡。又安成、攸、永新、茶陵四县吏共入阴山城，合拒岱。岱攻围即降，三郡克定，权留岱镇长沙，安成长吴砀及中郎将袁龙等首尾关羽，复为反乱。砀据攸县，权遣横江将军鲁肃攻攸，砀得突走。

《吴志》不载砀为揭阳人，《潮志》可补其缺。砀官安成长。《岱传》言其与袁龙首尾关羽，考建安是年刘备已得益州，孙权索回荆州诸郡，备不许，权遂遣长沙、零陵、桂阳三郡长吏。关羽尽逐之。权乃遣吕蒙督兵二万以取三郡。备自蜀亲至公安，促羽争三郡，权遣鲁肃将万人屯益阳。后备求和于权，遂分荆州，以湘水为界，长沙、江夏、桂阳以东属权，南郡、零陵、武陵以西属蜀①，安城属长沙郡。是时吕岱镇长沙，砀据攸抗拒，为鲁肃攻败，突围回里，正在此时。近年长沙走马楼出土大量吴简，吕岱名字不止一见，其行事有简牍可证，自是可信。清钱大昭著《东汉郡国令长表》收安成令，而不见吴砀名，应据《吕岱传》补入。本书据《三国志》裴注引《会稽典录》记录曾夏一事，何以《吕岱传》中的吴砀，弃而不录，殊不可解。

唐宋之间贬潮州的大官。韩公为众人研究之重点，有关文献其他尚多可考，兹举李德裕为例，《资治通鉴》记载：宣宗大中元年（公元 847）戊午贬太子少保分司东都李德裕为潮州司马。大中二年（公元 848）秋九月甲子再贬潮州司马李德裕为崖州司户。德裕居潮的时间约几个月与韩愈差不多。

德裕莅潮年月，新、旧《唐书》所记颇有歧异，《唐大诏令集》卷五十八载德裕潮州司马制末题大中元年十二月，可证《旧唐书纪》作七月为误，《通鉴》从《新书·本纪》是也。《南部新书》称其以大中二年正月三日贬潮州司马或指成行时间。关于德裕之贬死年月，先前有陈寅恪之《辨证》，近有傅璇琮《年谱》之订讹，均足参考。

《李卫公别集》卷四有《到恶溪夜泊芦岛》诗，与谪岭南道中作诗“五月畲田收火米，三更津吏报潮鸡”，同为谪潮时之作。

余弱冠曾妄有著论②，于今重省少作，恍如隔世。是年德裕在潮又有《舌箴》，《自序》言戊辰春月戊申夜，宿于洞庭西，仲夏月达于海曲。戊辰为大

① 《资治通鉴》标点本，2136～2138 页。

② 见《中山大学文科研究所语言文学专刊》第一卷第二期，1936。

中二年（公元848），即莅潮之期，时德裕六十二岁。是年九月德裕再贬崖州司户参军。[①] 是在潮仅正月至九月短暂时间，而有化象潭等故事流传，足与韩公驱鳄事相辉映。

温（庭筠）李（商隐）均有诗伤其南贬。又《李卫公文集·外集》四卷亦称，《穷愁志·序》自言作于崖州，其中有些可能出后人假托。但对南迁的李卫公，有不少史料可以研究，潮汕史稿唐代只举韩愈一人，似嫌过于疏略。

通史所以难写，不是史实铺叙之难，而是史料取舍抉择之难，上面仅举出三个例子，以供商讨。作为读后的一点小小补充，既够不上书评，何况序言，由于此书出版在即，匆匆写此，聊当跋尾小记，尚请指正。

原载《潮汕史》（上），广州，广东人民出版社，2001

① 《唐大诏令集》文年月相同。

饶宗颐教授与“潮州学”

郭伟川

选堂先生是蜚声国际的汉学大师，在学术和艺术上具有多方面的辉煌成就，然其自昔至今始终十分关心家乡潮汕，对于乡邦文献之学和历史文化艺术，倾注了不少心血，作出了极大贡献。今年十二月将于香港中文大学举办的“国际潮州学研讨会”，也是经选堂先生首为之倡和积极推动，在香港潮州商会的大力支持下，中大和有关各方进行精心策划和筹备，其使“潮州学”逐渐成为国际学术界关注的课题，并将受到深入研究而发扬光大，是必然可期的。

潮州历史文化之成为“学”，当有其根源和特色，这是经二千余年来的酝酿、积渐而逐步形成的，其中包含历代先贤的辛勤劳动。而在地方文献和学术文化的探究上，以近世而论，选堂先生堪称是一个杰出的代表人物，其学术成就和贡献，至今尚无出其右者。

选堂先生对潮州地方志在文献方面的重要贡献，主要有如下若干方面：

一、于三十年代后期，继承其先君饶锷老先生未竟之志，补辑校注《潮州艺文志》，使其得以成为完帙并刊行问世。此书乃潮州有史以来在艺文方面首次进行系统的著作实录，网罗古今，博采众家，遍录自唐赵德《昌黎文录》迄本世纪四十年代可考之潮籍名家著述创作，按经、史、子、集四部分类，收集书目千余种，并附作者简介，选堂先生且加精警之评论。所以，这部发端于饶锷老先生，而完成于选堂先生之手的《潮州艺文志》，其内容实际包罗潮州千余年来的文学、哲学、史学、诗词、文学评论等著作，成为后人探究潮州文化学术史之重要文献。而《潮州志》之包含有《艺文志》，至此在体例上始称完备，此也为饶志超迈前修之处。

二、1936年前后，选堂先生考证潮州湘子桥史料，为撰《广济桥志》，刊于中山大学文科研究所语言文学专刊上。桥之有志，在潮州是史所未有的事。其间先生并撰《韩山志》，惜稿已佚。序例见《固庵文录》。

三、1937年至1938年之交，选堂先生在国立中山大学广东通志馆纂修省志，期间撰成《潮州丛著》一书，自序中云："予少耽丛残，志存乡献。平居访朁，时有嘉获。前岁冬与纂省志，窥览所隶，苴缀弥多。虽复窜写成篇，而诠弟犹未。今春简暇，稍事整比，先取数篇，刊为一帙。"此书遂为中山大学罗香林教授列为"广州市立中山图书馆丛书"之三，由是以一州之乡献遂得弘扬于省垣。

四、1938年10月，广州沦陷前，选堂先生暂返故乡潮汕，期间曾对古代潮汕土著畲民进行深入研究。翌年，先生被中山大学聘为研究院研究员，时该校已迁往云南澄江，遂取道鲨鱼涌至香港拟转赴滇，但途中因深入畲族地区作调查研究，竟染上恶性疟疾，大病经月，遂罢入滇之计，在港居停。然而先生这一时期对潮汕畲族之研究，却对粤东先民的源流问题，作了导夫先路的探索。及后，选堂先生于1961年用英文发表《韩江流域之畲民》（*The Shē Settlements in the Han River Basin*，*Kwangtung*）一文，载于香港大学金禧纪念刊上，后收入《选堂集林·史林》下卷。

五、抗战胜利后，选堂先生于1946年由桂返穗垣，应聘为广东文理学院教授。年中，即由穗返潮汕主持潮州修志馆，肩负总纂重职。并兼任南华大学文史系主任。至1947年被广东省政府聘为广东省文献委员会委员，故经常往返于汕穗之间。其间先生曾东走台湾，调查潮人旅台资料。1948年复亲往潮属揭阳县黄岐山虎头岭勘查出土的新石器时代遗物，并亲涉兴宁之水口，普宁之大坝后山、铁山、大棚山、苦肠腹、洪山，揭阳之五经富，丰顺之汤坑、潮安之登塘以及饶平之黄岗等地，勘察史前遗址，研究出土文物，比勘自1941年以来韩江流域各地新石器时代遗存。初稿撰成后，选堂先生曾专为此赴台与东友台湾大学人类学教授金关丈夫、国分直一两教授切磋，付印前，叶恭绰先生及华西大学郑德坤教授又为校阅，可见选堂先生对此文是抱着何等重视及谨慎的态度。1950年，《韩江流域史前遗址及其文化》一书终于出版，它不仅是第一篇本地区之新石器考古记录，在该时期，也是广东省首本考古方面的专书，因此具有十分重要的意义。

六、1947 年，由选堂先生总纂的民国《潮州志》终告出版。此志以旧府属为范围，但应用新体例、新内容和新形式，用科学的方法分门别类，有关地质、气候、地理、水文诸志，均延聘自然科学家撰稿。而撰写方法也多所变通，特别是对史料的撷采取舍，各专志之编排次序，均极具匠心，“若大事志者，则采提纲旁注之法。户口、交通志，均侈列图表，颇异前规”（见饶志序言）。凡此种种，显示选堂先生能够跟随时代的步伐，为方志开创新体例，增添新内容，使志书不仅发挥乡邦文献之功能，而且起到济世利民的实际作用。而事实也证明，此志书出版后，对地方之人文和建设诸方面，裨益甚多。《潮州志》至选堂先生之手，可谓是一个重要的里程碑。

七、1965 年，选堂先生将未曾寓目之元《三阳志》（载《永乐大典》）、明嘉靖郭春震志，连同顺治吴颖志及先生自己所编之民国潮志，都为一集，名曰《潮州志汇编》。先生于序言中，述其端绪云：“方志地方史也，亦国史之要删也。……良以桑梓之邦，耳目睹记，以参为验，于所接最亲切者尽心焉，庶乎著手之非难，而持论斯较可信。余自三十以前，颇留心地志之学，既于中山大学参预粤志之修纂，复于新修潮志，忝董其役。……向者囿于见闻，即古潮志之三阳图志，暨嘉靖间郭春震所修志，深以未获寓目为憾。去岁读书南港，始于插架见郭志残本。嗣如东京，悉内阁文库庋有完帙，友人日比野夫教授复影见示。因取嘉靖志合顺治志，益以《永乐大典》所收《三阳志》，及余所纂民国志稿，汇成一帙，用备省览。”全书长达 1270 多页，香港龙门书店 1965 年版。此书合元明清及民国诸志，可谓为古今潮志之集大成者，允称中国方志史上之创体。而其内容涵盖所及，举凡历史沿革、大事记载、地理、交通、气候、水文、地质、农工渔猎、志异丛谈等，共有十五个专志之多。是书对于潮州之人文历史及风土民俗，灿然赅备，允称是潮州文献史上前无古人的巨大贡献，弥足珍贵。后来香港大学授予选堂教授博士学位，其中一个原因，也是在于表彰其纂修《潮州志》之功绩。

八、选堂先生为表彰潮州先贤之令德节概，先后为明代揭阳二志士薛中离、郭之奇撰写年谱，每谱皆五万余字之多。另撰潮州先贤像传三十篇，使乡邦之历史资料与文化精神透过这些乡贤的行状功德而得到发扬光大。

九、选堂先生对潮州韩学研究之推动，不遗余力。1986 年 11 月 30 日，由其倡议，汕头大学、韩山师专和潮州韩愈研究会联合主办的我国第一次“国际韩愈学术讨论会”在汕头市召开，来自美、法、日、新加坡、香港和国内各地的专家学者70多人参加了这一盛会。选堂先生作为首位主讲人，在讨论会上作了《宋代潮州之韩学》讲演，受到了与会者高度之重视。及后先生又发表力作《宋代莅潮官师与蜀学及闽学——韩公在潮州受高度崇敬之原因》。拙编《国际潮讯》在转载此文时，因其重要性而特加编者按："韩愈治潮八月，办乡校，驱鳄鱼，固有功于潮者。然其名位迄宋始显扬，至是江山姓韩，庙祀香火不绝，令誉之隆，并世无二，潮人其何厚于韩愈耶？——饶老此文，钩既泛之史料，提发幽微，指出此乃由于'两宋莅潮官吏，蜀士与闽人，对昌黎崇奉最力，且挟蜀闽之韩集，传入于潮。……而韩公在潮州之地位，亦日益提高'。另者，'此辈名宦，既倡导为韩公建祠缔构以表景慕，倡导者继而复为后人所尊崇，且得与韩公配享，入祀于名宦祠之列'，实质上扬韩亦在于扬己，故倡导者不遗余力；而'韩学与理学相得益彰'，更使韩公在潮地位日隆——其见解之精辟，为前人所未阐发者。而文中人物与史料俱在，尤具说服力，因此是关心乡邦文化和治韩集者不可不读的一篇重要文献。""韩学"研究而今之成为潮流，先生之首倡与推动，实在功不可没。

十、1993年，选堂先生赴澳门参加"中西方文化交流国际学术研讨会"，选堂先生在会上宣读论文《柘林在海外交通史上的地位》。先生为撰此文，将于1993年年初专程赴潮属饶平县考察，柘林为饶平出海口，先生为弘扬潮汕历史文化，不顾辛劳，风尘仆仆，实在令人仰佩。

以上所举，皆荦荦大者。其他如《华南史前遗存与殷墟文化》，其中引用揭阳、普宁等地之出土文化，与安阳小屯发见之殷代遗存相联系，而推论殷商文化向南传播。《潮瓷说略》一文，乃选堂先生五十年代初所作，日本著名学者小山富士夫十分推崇，特由长谷部乐尔译成日文，刊于日本陶瓷协会机关刊物《陶说》杂志上。潮州宋瓷之得以弘扬日本，乃得力于此文之推介。《潮剧溯源》、《钞本刘龙图戏文跋》和《南戏剧神咒哩啰嗹问题》诸篇，则可窥见先生对潮剧源流及其演进之研究的深厚功力。尤其《明本潮州戏文五种说略》，可谓为潮剧理论研究的权威之作。此文从元明戏曲史的角度，考证了潮剧与南戏的关系。先生旁征博引，论证了剧本的语言、声调、节拍乃至戏文的唱法，无不为知者之言，十分令人倾服，且屡为国内外所征引。而《明本潮州戏文五种说略》之出版，也是先生敦请香港潮州商会和香港潮州会馆捐巨资赞助广东人民出版社刊印的。先生对潮州戏剧史所作出的贡献，十分巨大。至于对潮汕先民之探讨，先生也用功甚早。其《说蜑》和《畲瑶关系新证》等篇，则为粤东先民之研究，提供不少翔实之论证，具有十分重要的史料价值。

选堂先生论潮专著及文章，可说自成系统，而且在客观上，也是“潮州学”重要的组成部分。尤其难能可贵的是，他对潮汕历史文化之弘扬，不仅形诸文字，而且在重要的全国性和国际性会议上，更多次发出呼吁，对乡邦文化研究之宣扬，不遗余力。

1989年11月18日，第五届国际潮团联谊年会在澳门举行，大会特敦请选堂先生作专题讲座“潮人文化的传统和发扬”。先生除在会上精辟地阐述潮州历史文化的源流和演变之外，并特别呼吁国际潮团在联谊之外，“应该做出一些有建设性的行动，例如设置某些有计划有意义的学术性基金和奖金，来鼓励人们去寻求新的知识；……发展某些学术研究，这样才能使潮人传统文化有更加灿烂的成果”①。他的讲演受到与会者的重视与关注。

1990年11月15日至19日“中国历史文献研究会第十一届年会暨潮汕历史文献与文化学术讨论会”在汕头大学举行，选堂先生专程从香港前往参加，受到与会学者的热烈欢迎，中国历史文献研究会会长、北京师范大学刘乃和教授在大会上特别指出：“这次会议，有海内外著名学者饶宗颐老专家、老学者参加。饶老研究的方面广：古代史、敦煌学、方志学、目录学等等，我也数不清了，尤其是自青年期就钻研潮汕文化写出多种撰著，可以说是著作等身，我们非常佩服。饶老的莅会，为会议增添了光彩，提高了质量。我们仅向饶老致意，表示我们崇敬之情。”②

选堂先生在大会发言中指出：“从潮州文化历史的角度来说，像此次集全国各地许多专家学者于一堂，以潮州历史文献与文化学术作为专题进行讨论，从而将潮州历史文献与文化学术的研究提升至全国性的层次，这可说是潮州历史文化上的空前盛事。”他并着重指出：“有关潮汕历史文献和文化学术问题，海外与内地一样，都要进行研究。”③ 由于其渊深的学养和丰富的阅历，选堂先生看问题，往往能从全国性和世界性的角度加以比较和评论。他的许多见解所以不同凡响，显然也缘于此。这是因为站得高，看得远。对于潮汕历史文化的地位问题，他往往也是从比较广阔的层面去加以审视的。而他对如何在海外弘扬乡邦文化，一直予以极大的关注。

1991年9月2日，第六届国际潮团联谊年会在巴黎隆重举行，来自香港、

① 《国际潮讯》第十一期，1990年6月。

② 《国际潮讯》第十三期，1991年3月。

③ 同上。

泰国、马来西亚、新加坡、澳门、美国、加拿大、澳大利亚、菲律宾、印尼、比利时、荷兰、瑞士、丹麦、德国、英国、法国和中国大陆等国家和地区的32个潮人代表团和祝贺团，一千多位代表参加了此次盛全，会议场地设在曾举行七国经济高峰会议的巴黎拉德坊大会堂，法国政府内阁部长出席会议并发表了热情洋溢的讲话，对国际潮团联谊年会的宗旨和表现出来的凝聚力，赞赏备至。选堂先生应邀在大会上发表了发人深省的演说，他一开始就指出："第六届国际潮团联谊年会在巴黎召开，这是海外潮人国际大团结的一件盛事。此次年会首次跨出亚洲，迈向欧洲，是前所未有的创举，具有十分深远的意义。它为中国华侨史写下了新的一页，也为亚欧文化的交流，作出了有益的贡献。"他在讲话中赞扬了法国潮州乡亲在短短数年之间，事业拓展十分迅速，使潮人善于经营的美誉在巴黎被传为佳话。同时指出，整体而论，海外潮人的经济实力十分强大，这是有口皆碑，十分了不起的事。选堂先生最后仍然向大会发出了十分恳切和重要的呼吁："不久前我在香港与杨振宁博士谈及如何以财力去开发智力的问题。我们都认为，这是一个十分重要的问题，因为财力与智力的结合，将会产生无穷无尽的力量。我们海外潮人创业有成，财力雄厚，如果能重视智力的开发，以财力去培养智力，那么对乡邦民族将会作出更大的贡献。记得在澳门召开的第五届国际潮团联谊年会上，我曾提出成立'中华潮州文化研究基金'的问题，已经引起我潮有识之士的重视和响应。……如果这一基金能够真正成立，其对潮州文化的推动和贡献，将是无可限量的。我在这里再次呼吁大家鼎力支持，共襄盛举，使潮汕文化能够借助各位的力量，更加发扬光大。"[①] 选堂先生的讲话赢得了与会者的热烈掌声。随后法国巴黎法兰西学院汉学研究所所长施博尔博士应邀登台发言，其中特别提到："饶宗颐教授不仅是我们法国汉学界的老师，而且也是全欧洲汉学界的老师。"他除高度赞扬选堂先生学术和艺术各方面取得的巨大成就外，对于先生热心弘扬乡邦文化的拳拳之心，也深表仰佩之忱。

1992年11月，选堂先生应邀参加在汕头举行的"潮汕历史文化座谈会"和"翁万达国际学术研讨会"。先生在大会发言中提出了许多富有启发性的意见，并提出在香港举办"国际潮州学研讨会"的可能性问题，令与会者大为兴奋。及后先生对涉及"潮州学"的若干重要学术问题，从内容至形式，乃至如何物色学有专长的学者参会负责论题主讲等事项，进行深入考虑，精心

---

① 《国际潮讯》第十四期，1991年12月。

筹划，周章备至。我因自1987年起负责《国际潮讯》编务兼主笔政之后，与先生接触日多。先生才高八斗，文史哲艺皆精，因此其稿件的大力支持，使本刊增色不少，并大大提高其层次与质量。而在治学上，我得以追随先生，聆听教诲，获益良多。日常耳濡目染，习其著作，如入宝库，益知先生学术上之博大精深。而其有关潮州历史文献和文化学术之论著，虽为饶学之一部分，然已甚具规模，自成系统，足以为“潮州学”奠基。而本文所引选堂先生在历次国内和国际会议上对潮汕文化之弘扬与推动，我因大都参与其役，亲聆其言，并为之整理记录，故缕述如上，以作他日研究“潮州学”与“饶学”者参考之史料。1993年2月22日于香港。

原载《饶宗颐潮汕地方史论集》卷首，汕头，汕头大学，1996

薛中离年谱

卷九

目　　录

Preface

All students of the history of Far Eastern thought know that Wang Yang-ming's intuitive, dynamic, and purposive idealism exercised a tremendous influence in China for over one hundred and fifty years and inspired the new leadership of the 1868 Restoration in Japan. He has continued to inspire modern Chinese leaders such as Sun Yat-sen.

Wang's doctriner spread all over China in his own time. The one who was responsible for their spread in South China was his pupil, Hsüeh K'an (d. 1545). Hsüch not only recorded part of Wang's conversations that make up the *Ch'uan-hsi lu* (Instructions for Practical Living), in which his most important doctrines are set forth; Hsüch was also the first one to publish the work. Of far greater importance is the fact that he defended his Master in a bold and constructive way. Wang was vigorously attacked as a Buddhist in Confucian disguise. Instead of denying any Buddhist element in Wang's philosophy, as most of Wang's defenders did, Hsüch frankly admitted the presence of the element of hsü (vacuity, emptincess) in Wang's philosophy but showed how it is truly Confucian in spirit and not Buddhistic or Taoistic, in that it does onto mean nihilism but the concrete, selfless observance of one's moral duties within society.

Hsüeh was a man of great integrity. He applied his Master's doctrine of the extension of the innate knowledge of the good throughout his life, leading a simple life and devoting many years to lecturing on his Master's doctrines.

Professor Jao's chronological biography of Hsüch not only provides important information about this man. It also gives an excellent picture of Wang's influence in South China. This is the first and only chronological biography of his. Professor Jao's exhaustive coverage of original sources, his extensive research, and his scholarly and judicious use of the material have resulted in a biography of the highest standard. No serious student of the history of Chinese thought can afford to overlook this work.

Wing-tsit Chan (陈荣捷),
Professor of Chinese Philosophy and Culture,
Dartmouth College, N. H., U. S. A.

引　言

先生讳侃，字尚谦，姓薛氏，曾号钝子，又号常思子（《中离全书》，下简称《全书》）。《知非记》云："有钝子者，性僻而狂，窘于病，与物多忤，仍于思中得惩忿去欲之几，题其斋曰'思斋'。及往省于闽，历常思岭，复觉其思之不常，因号为常思子。"师事阳明先生。

先生以其质虚，赠号中离。后结茅虎山讲学，遂称其山曰中离山。薛侨撰行状曾凿渠于东莆，人呼曰中离溪。《全书·开溪记》一世祖讳兰，字文芳，闽之廉村人。宋淳熙末，始迁于潮，卜居揭阳龙溪之凤陇。（《薛氏族谱》）按龙溪都，明初属揭阳县，为揭邑十三都之一。至嘉靖三十四年（1555）析揭之鳄浦、鲍江、蓬州，置澄海县；割龙溪一都隶海阳县。故先生时为揭阳人，殁后十年为海阳人。龙溪今属广东潮安县安龙乡庵埠地。有子二：洪绩、洪鼎。洪鼎字汝器，通《尚书》《三礼》。（《薛氏族谱》）宋宁宗嘉定四年辛未（1211）赵建大榜进士。（光绪《海阳志》十三《选举表》）洪鼎遗迹，今存白云岩题字，在桑浦山，即梅林湖西之石牛头山径口，字大一尺五寸，署款宝庆三年（1227）三月日进士薛洪鼎书。洪鼎修白云岩，别号云岩山人。四世讳恬与恂者，伯仲俱志行高洁，子孙蕃衍。人因其姓，名其居里曰薛陇。（罗万杰《薛氏迁凤廓祠记》）按《全书》十一《薛靖轩传》云："居陇上，姓薛氏，人称为薛陇，亦曰凤里。"（见先生《行状》）先生高大父讳良，字仕为，号昆冈。曾大父讳田，字用业，号梅叟。大父讳志安，字本仁，号清易，代有隐德。父讳骥，字孔乘，号让斋，以先生贵，赠文林郎行人司司正。继以先生弟侨贵，加赠奉政大夫兵部郎中，母曾氏加赠太宜人。（《行状》）先生昆季六人：长俊，字尚哲，一字尚节，号靖轩。弘治甲子（1504）亚魁，仕终国子监博士。以子宗铠贵，赠刑科右给事中。次杰，字尚弼，恩授七品散官。次即先生。次僎，字尚勉，恩授将仕郎。次伟，字尚英，太学生，以诗名。又次侨，字尚迁，号竹居，嘉靖癸未（1523）进士，兵部郎中，改春坊司直，兼检讨。先生配黄氏，生子三：长宗铎，字子化，号敬庵，国子生。次宗釜，字子荐，号笔山，治《尚书》，补邑庠生，与讲一真，刊行父书，为士林所重，娶杨骥女。季宗锐，字子渐，号月松，庠生，娶翁万达女弟。女一，适通判唐泽。《海阳县志》选举表：唐泽，正德五年（1510）庚午科举人，与中离同科。泽字东湖。（见《行状》）

薛氏谱系

一世　兰 始入潮，号文考，子二

二世　洪绩 号德隐，子一
　　　洪鼎 号云严，进士（下略）

三世　基 字景元，号绍，子二：恬、恂

四世　恂 字佳处，号凤岗，子一缵

五世　缵 字曰绪，号承庵，子三：可久、可学、可容

六世　可久 字仲德，号仁斋，子二：谷仁、谷贞

七世　谷贞 字幹之，号东山，子一恭

八世　恭 字时敬，号松江，子五：成、惠、庚、艮、尾

九世　艮 字仕为，号昆冈，子五：趋、武、阳、保、田

十世　田 字用业，号梅叟，子四：志倍、志类、志乐、志安

十一世　志安 字本仁，号清易，子一

十二世　骥 子六

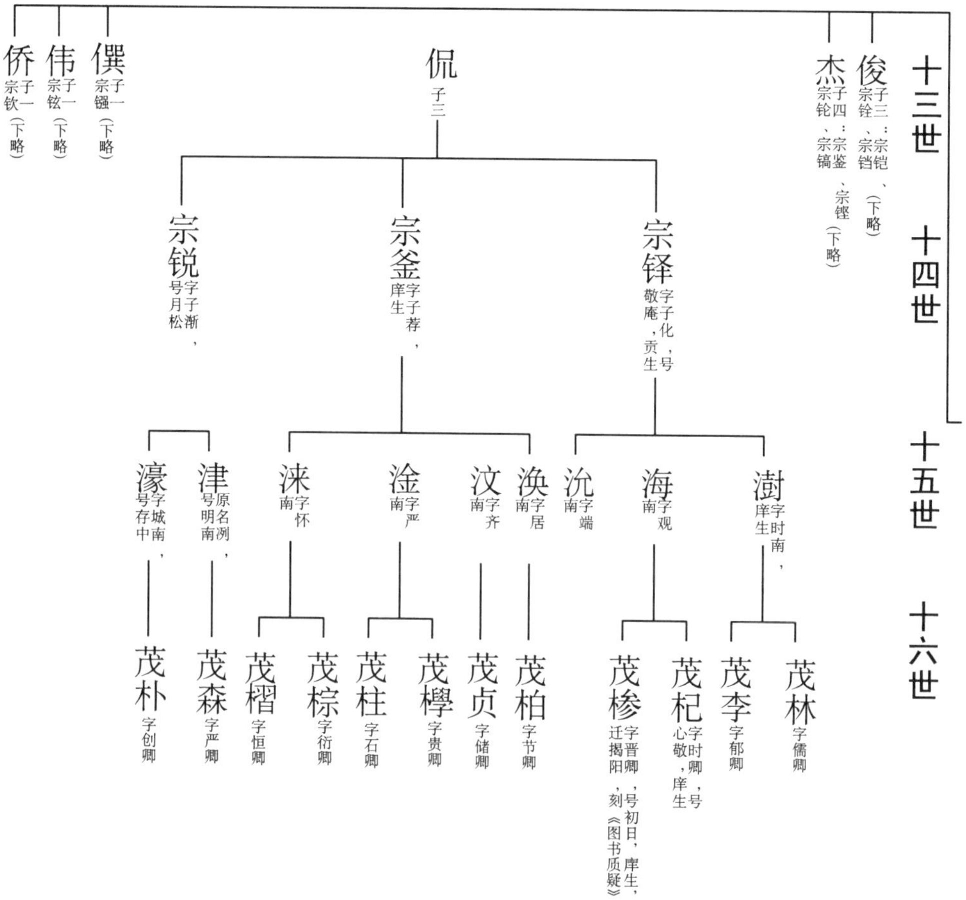

十三世
十四世
十五世
十六世
俊 子三：宗铠、宗铨、宗锴（下略）
杰 子四：宗鉴、宗铿、宗轮、宗镐（下略）
侃 子三
僎 子一 宗镃（下略）
伟 子一 宗铉（下略）
侨 子一 宗钦（下略）
宗锐 字子渐，号月松
宗釜 字子荐，庠生
宗铎 字子化，号敬庵，贡生
濠 字城南，号存中
津 原名冽，号明南
涞 字怀南
淦 字严南
汶 字齐南
涣 字居南
沆 字端南
海 字观南
澍 字时南，庠生
茂朴 字创卿
茂森 字严卿
茂榴 字恒卿
茂棕 字衍卿
茂柱 字石卿
茂櫸 字贵卿
茂贞 字储卿
茂柏 字节卿
茂椮 字晋卿，号初日，庠生，迁揭阳，刻《图书质疑》
茂杞 字时卿，号心敬，庠生
茂李 字郁卿
茂林 字儒卿

年　谱

明宪宗成化二十二年丙午（1486）　一岁。

六月二十九日戌时先生生。（《行状》）

按：先生长兄俊，生于成化十年甲午（1474）九月二十七日。二兄杰，生于成化十三年（1477）丁酉八月初五日。详《薛氏族谱》。

孝宗弘治元年戊申（1488）　三岁。

弘治二年己酉（1489）　四岁。

八月十三日四弟僎生。（《薛氏族谱》）

八年乙卯（1495）　十岁。

十月十八日五弟伟生。（《薛氏族谱》）

十一年戊午（1498）　十三岁。

三月初一日侄宗铠生。（《薛氏族谱》）

六月二十八日翁万达生。（《稽愆集》卷首）

十三年庚申（1500）　十五岁。

先生自幼受学于兄俊，天资颖迈，（《行状》）性僻而狂。年十五就学，始知天地间有大人君子一等事业，心窃慕之，得格言懿行，辄识于壁。（《全书》十一《知非记》）

按《薛氏族谱·让斋公传》云："乡有陈琨者，博学善士。公遣子从游，文行使取则焉。而陈督六子皆成名。"则先生蒙父兄之教也深矣。

七月初十日六弟侨生。（《薛氏族谱》）

十四年辛酉（1501）　十六岁。

年十六，闻讲《中庸》，心遂志圣贤之学。（郑三极《研几录序》）

十七年甲子（1504）　十九岁。

先生补郡弟子员。（《行状》）

兄俊领是科乡荐（《海阳吴志·选举表》）中乙榜。（《全书》十一《薛靖轩传》）

九月十二日父让斋公卒。（《薛氏族谱》）让斋公遘疾，先生尝粪以验，比弃禄养，哀毁尽礼。水浆不入口者数日。事母益谨。（《行状》）

让斋公生于景泰三年壬申（1452）九月二十二日申时。卒于弘治十七年（1504）甲子九月十日午时，享年五十三。（见《薛氏族谱》）

弘治十八年乙丑（1505）　二十岁。

友人郑一初成进士。

一初字朝朔，揭阳人，读书紫服山，因号紫坡。乙丑登进士，后告归。率子姓宗族事耕读。（《全书》一一《郑紫坡传》）

武宗正德二年丁卯（1507）　二十二岁。

十月二十六日长子宗铎生。（《薛氏族谱》）

正德三年戊辰（1508）　二十三岁。

兄俊授连江训导。（《薛谱家传》）

正德五年庚午（1510）　二十五岁。

中亚魁。（《薛谱家传》）《海阳县志·选举表》云：侃正德庚午科举人。刻文以传。主司争欲先生为首选，及见先生曰：大才即宜北上。（《行状》）

题斋曰“思斋”。（《知非记》）

八月，刘瑾伏诛。郑一初起为试御史。（《紫坡传》）

六年辛未（1511）　二十六岁。

冬，阳明在铨司，郑一初因陈世杰请受学（《传习录》栏外语），日与徐横山、顾箬溪问质究竟，始闻圣人之学。（《紫坡传》）

《传习录》上郑朝朔问“至善”一条云：郑朝朔问：“至善亦须有从事物上求者？”先生曰：“至善只是此心纯乎天理之极便是，更于事物上怎生求？且试说几件看。”朝朔曰：“且如事亲，如何而为温清之节，如何而为奉养之宜，须求个是当，方是至善，所以有学问思辨之功。”先生曰：“若只是温清之节，奉养之宜，可一日二日讲之而尽，用得甚学问思辨？惟于温清时，也只要此心纯乎天理之极；奉养时。也只要此心纯乎天理之极。此则非有学问思辨之功，将不免于毫厘千里之谬，所以虽在圣人，犹加‘精一’之训。若只是那些仪节求得是当，便谓至善，即如今扮戏子，扮得许多温清奉养的仪节是当，亦可谓之至善矣。”（《王阳明全书》一）

按《阳明年谱》引《同志考》：壬申，顾应祥、郑一初、徐爱等同受业，潮人入王门者，当以一初为首。考阳明祭一初文云：“辛未之冬，朝于京师，君为御史，余留铨司，君因世杰，谬予是资，予辞不获，抗颜以尸。”（《王阳明全集》三十三、三十五）是一初事阳明在辛未，不在壬申也。

八年癸酉（1513）　二十八岁。

上春官，过南畿，见河经自洛，泗水出于邳，秋风夜月，蓬斗清辉，瞿然而动，百度皆有自新之意，因作《知非记》。（文见《全书》十一）

冬，先生友人杨骥创东津精舍，号曰玉林。

杨鸾《玉林寻乐记》云：“玉林，津头之一林也，面黄田，带韩江，背金山……为亩二十有奇。……盖闻白沙诗曰：‘海上花开万玉林。’古词有之：

‘云是玉林人，人闲共此清。’斯地称之，故因以为名。”

九年甲戌（1514）　二十九岁。

五月，王阳明在南京，（《阳明年谱》）阳明于四月升南京鸿胪寺卿。先生往师之。

先生是岁赴南宫不第，闻阳明官南畿，讲孔孟周程之学，遂就南监师事焉，服良知之教（《行状》），是为先生隶王门之始。时先生同门徐爱、黄宗明、马明衡、陆澄、季本等皆来聚，日夕渍砺不懈。南畿论学，重教学者存天理去人欲，为省察克治实功。（《阳明年谱》一）

七月壬戌朔，郑一初道卒于杭，阳明为文哭之。

文云：“维正德九年，岁次甲戌七月壬戌朔，越十有六日丁丑，南京鸿胪寺卿王守仁，驰奠于监察御史亡友郑朝朔之墓。呜呼！道之将行，其命也与！道之将废，其命也与！呜呼朝朔，命实为之，将何如哉！将何如哉！……君尝问予，圣学可至？余曰然哉，克念则是。隐辞奥义，相与剖析，探本穷源，夜以继日。君喜谓予：昔迷今悟，昔陷多歧，今由大路。呜呼绝学！几年于兹。孰沿就绎？君独奋而。古称豪杰，无文犹兴。有如君者，无愧斯称。当是之时，君疾已遘；忍痛扶羸，精微日究。人或劝君，盍亦休只？君曰何哉？夕死可矣。君遂疾告，我亦南行，君与世杰，访予阳明。君疾亦笃，遂留杭城，天不与道，善类云倾。”（下略）（见《阳明全书》二十五）

紫坡性善饮，能多而不乱，后知戒而内伤已积，以疾告归，淑后进以明正学。抵杭，疾遽不起。（《全书》十一《紫坡传》）

先生有《祭郑侍御文》。（《全书》十二）

十年乙亥（1515）　三十岁。

兄俊升玉山教谕。（《海阳县志》列传）

按：玉山亭在江西上饶县东北，以境有怀玉山，故名。《薛谱家传》作丙子升玉山教谕，则在翌年。

先生益笃于学。

按：《行状》云："三十守益定，举业益精，累试监元，大司成汪公器重之。爰阁笔砚，惟笃志学问，若将终身焉。"

杨思元来学于阳明。

阳明有《书杨思元卷》云："杨生思元，自广来学，既而告归。曰：夫子之教，思元既略闻之。惧不克任，请所以砭其疾者而书诸绅。予曰：子强明者也，警敏者也。强明者病于矜高，是故亢而不能下；警敏者病于浅陋，是故浮而不能实。砭子之疾，其谦默乎！谦则虚，虚则无不容，是故受而不溢，德斯聚矣；默则慎，慎则无不密，是故积而愈坚，诚斯立矣。彼少得而自盈者，不知谦者也；少见而自炫者，不知默者也。自盈者吾必恶之，自炫者吾必耻之。而人有不吾恶者乎？有不吾耻者乎？故君子之观人而必自省也。其谦默乎！"（《阳明全书》）

按：思元杨琠子，琠龙溪人，与弟玮俱师事陈白沙。正德戊辰（1508）进士，官监察御史，著有《庭训录》，阳明为之序。

十一年丙子（1516）　三十一岁。

兄俊初事阳明。九月，阳明巡抚南赣汀漳。（《阳明年谱》一）过玉山。（《揭阳县志·贤能》俊传）俊遂执弟子礼，问行己之要。阳明曰："自尚谦与予游，知子笃行久矣，试自言之。"俊曰："俊未知学，但凡事依理而行，不敢出范围耳。"阳明曰："依理而行是理与心犹二也。当求无私行之，则一矣。"自是所学日进。（《海阳县志》俊传）

秋，杨骥、杨鸾兄弟领乡荐。（《海阳县志·选举表》）拜湛甘泉于荷塘（《全书·杨复斋传》作"莲塘"），有忘归意。鸾先归，理旧业于玉林。（杨鸾《玉林寻乐记》）骥则会试入京师，遇先生，闻阳明之教，遂赴赣州。

数月有省，驰简示知友云："古人致知工夫，自是直截易简，视后支离，茫无可入，大径庭矣。"（见《全书》十一《毅斋传》）又有《与弟士鸣书》云："近处泉石嘉趣，名师益友，此千载奇会。当知百年内，这等光阴不可多得，务尽去平日旧习，直从一念好善良心，真切发见处，卓然立起，不为耳目玩好所摇夺，使日切一日，必期表里透彻而后已。……来书谓无定性，甚中今日之病。凡人临事不能静者，只务外为人之心胜，能于此持醒此心，将名货声色诸病一齐攻下，无有闷心之意。当时潇洒自在，《复斋号说》议论自胸流出，立志之坚，向道之勇，服膺不失，即不远复，是亦颜子而已！来归一事，非无是念，但以二十四年之旧习，一旦得闻先生至教，仅掇粃糠，未能脱然自立；遽舍而归，必为流俗旧染所汩，成无日矣。”

《传习录》上有士德问格物一则：“格物之说，如先生所教，明白简易，人人见得。文公聪明绝世，于此反有未审，何也?”先生曰：“文公精神气魄大，是他早年合下便要继往开来，故一向只就考索著述上用功。若先切己自修，自然不暇及此，到得德盛后，果忧道之不明。如孔子退修六籍，删繁就简，开示来学，亦大段不费甚考索。文公早岁便著许多书，晚年方悔是倒做了。”士德曰：“晚年之悔，如谓‘向来定本之误’，又谓‘虽读得书何益于吾事’，又谓‘此与守书籍，泥言语，全无交涉’，是他到此方悔从前用功之错，方去切己自修矣。”曰：“然。此是公文不可及处，他力量大，一悔便转，可惜不久即去世，平日许多错处，皆不及改正。”（《阳明全书》一）

十二年丁丑（1517）　三十二岁。

先生登进士第。（《海阳县志·选举表》云：“由揭阳学。”）

王阳明在赣州，有《与希颜、台仲、明德、尚谦、原静书》云：“闻诸友皆登第，喜不自胜。非为诸友今日喜，为野夫异日山中得良伴喜也。入仕之始，竟况未免摇动。如絮在风中，若非黏泥贴网，恐自主张未得。不知诸友却何如？想平时工夫之须有得力处耳。”（《阳明全书》四）

又有《与顾惟贤书》云：“闽寇虽平，而虔南之寇，乃数倍于闽。善后之图，尚未知所出。……”曰：“仁近方告病，与二三友去畊雪上。雪上之谋，实始于陆澄氏。陆与潮人薛侃皆来南都从学，二子并佳士，今皆举进士，未免又失却地主矣。”（《阳明全书》二十七）又《与黄诚甫书》云：希颜、尚谦、清伯登第，闻之喜而不寐。（《阳明全书》二十七）

旋告归侍母于玉山。先生既登第，自谂曰：仕以行道，吾斯未信。乃告归，过怀玉。时太宜人就养兄俊官邸。（《行状》）

《全书》八有《书怀玉王翁本仁序》云：“丁丑日南至，予就省怀玉官邸，庠友方子夔、李子珠、徐子佑征言以寿。”先生将归，阳明贻先生及杨骥书云：“即日已抵龙南，明日入巢，四路兵皆已如期并进，贼有必破之势。某向在横水，尝寄书士德云：‘破山中贼易，破心中贼难。’区区剪除鼠窃，何足为异？若诸贤扫荡心腹之寇，以收廓清平定之功，此诚大丈夫不世之伟绩。数日来谅已得必胜之策，捷奏有期矣。何喜如之！日孚美质，诚可与共学。

此时计已发舟，倘未行，出此同致意。廨中事以累尚谦，想不厌烦琐。小儿正宪，犹望时赐督责。”（《阳明全书》四）

按：此文《阳明全书》云丁丑，而《年谱》系于戊寅正月征三浰时。考书中云“向在横水”，阳明平横水诸寇，在是年十月，则当是冬杪。作书时，先生归省在玉山也。

杨鸾延陈明德讲学玉林。

是年春，鸾及龚、谢二友延致海涯先生于玉林，讲明正学。复得刘大章、廖朝肃、郑大衷交相丽泽；又得邱、饶二友讲学，王改斋辈亦往来，各遗珠玉。（《玉林寻乐记》）明德字思准，号海涯，海阳辟望（今隶澄海）人。闻白沙倡道东南，遂弃举子业苦心砺行，迨中离归自虔，始闻精一之旨。（《全书·陈海涯传》）

十三年戊寅（1518）　三十三岁。

春，阳明在赣，征三浰诸寇，至四月班师。（《阳明年谱》）有与先生书三首。

其一云：“沿途意思如何？得无亦有走作否？数年切磋，只得立志辨义利。若于此未有得力处，却是平日所讲，尽成虚语，平日所见皆非实得，不可以不猛省也。经一蹶者长一智，今日之失，未必不为后日之得。但已落第二义。须从第一义上着力，一真一切真。若这些子既是，更无讨不是处矣。此间朋友聚集渐众，比旧颇觉兴起。尚谦既去，士德又往，欧阳崇一病归，独惟强留此，精神亦不足。诸友中未有倚靠得者，苦于接济乏人耳。乞休本至今未回，未免坐待。尚谦更静养几月，若进步欠力，更来火坑中乘凉如何？”

又一云：“得书，知日孚停舟郁孤，迟迟未发，此诚出于意望之外。日孚好学如此，豪杰之士必有闻风而起者矣。何喜如之！何喜如之！昨见太和报效人，知欧、王二生者至，不识曾与一言否？欧生有一书，可谓有志，中间述子晦语颇失真，恐亦子晦一时言之未莹尔。大抵工夫须实落做去，始能有见，料想臆度，未有不自误误人者矣。此闻贼巢，乃与广东山后诸贼相连，余党往往有从遁者，若非斩绝根株，意恐日后必相联而起，重为两省之患。故须更迟迟旬日，与之翦除。兵难遥度，不可预料，大抵如此。小儿劳诸公勤勤开诲，多感多感！昔人谓教小儿有四益，验之果何如耶？正之闻已到，何因复归？区区久顿于外，徒劳诸友往返，念之极切悬悬。今后但有至者，须诸君为我尽意吐露，纵彼不久留，亦无负其来可也。”

又一云：“日来因兵事纷扰，贱躯怯弱，以此益见得工夫有得力处。只是从前大段未曾实落用力，虚度虚说过了。自今当与诸君努力鞭策，誓死进步，庶亦收之桑榆耳。日孚停馆郁孤，恐风气太高，数日之留则可，倘更稍久，终恐早晚寒暖欠适。区区初拟日下即回，因从前征剿，撤兵太速，致遗今日之患。故请示以久屯之形，正恐后之罪今，亦犹今之罪昔耳。但从征官属已萌归心，更相倡和，已有不必久屯之说。天下事不能尽人意，大抵皆坐此辈，可叹可叹！闻士德失调，意思何如？大抵心病愈则身病亦自易去。纵血气衰弱，未便即除，自亦不能为心患也。小儿劳开教，驽骀之质，无复望其千里，但得帖然于皂枥之间斯已矣。门户勤早晚，得无亦厌琐屑否？不一。”（以上俱见《阳明全书》四）

先生偕兄俊、弟侨及侄宗铠辈来赣。先生居玉山数月，承颜顺志，孝养弥纯。一日，太宜人曰：吾闻孝以养志为至，儿能尽孝致居行道泽民，是吾志也。吾安汝兄养，亟再往虔，再侍阳明，以终汝所学。兄俊曰：是宜从命。乃催侨暨诸侄往，处于虔者年余。（《行状》）

阳明有《与陆元静书》云：“尚谦至，闻元静志坚信笃，喜慰莫逾！人在仕途，如马行淖田中，纵复驰逸，足起足陷，其在驽下，坐见沦没耳。乃今得还故乡，此亦譬之小歇田塍，若自此急寻平路，可以直去康庄，驰骋万里。不知到家工夫，却如何也？”云云。系于戊寅，即作于先生再回赣时。（《阳明全书》四）

时阳明出入贼垒，未暇宁居。先生与同门欧阳德、梁焯、何廷仁、黄弘纲、杨骥、郭治、周仲、周冲、周魁、郭持平、刘道、袁梦麟、王舜鹏、王学益、余光、黄槐密、黄鎏、吴伦、陈稷刘、鲁扶黻、吴鹤、欧阳昱，及兄俊、弟侨、侄宗铠，相与讲聚不散。（《阳明年谱》一）阳明提督军务，忘其冗剧。先生与友骥、元亨、惟乾、郭浅斋、梁众峰复日进请益发明，以迪初学。风声鼓动，四方学者远集，沨沨乎洙泗之遗，大有功于师门也。（《行状》）四月丙戌，阳明为先生母题遥祝图。（《薛氏族谱》）

七月阳明刻古《大学》，复刊《朱子晚年定论》。（《阳明年谱》一）

按：《定论》卷末有正德戊寅（1518）六月雩都袁庆麟跋云：“揭阳

薛君尚谦旧录一本，同志见之，至有不及钞写，袖之而去。众皆惮于翻录，乃谋而寿诸梓”云云。是阳明《朱子定论》，乃初为先生手录也。钱德洪云：“《定论》首刻于南赣。隆庆壬申（1572），虬峰谢君廷杰刻师《全书》，命刻《定论》附《语录》。”今《阳明全书》《朱子定论》附刊《传习录》后，远溯其源，盖肇于此。

八月先生刻《传习录》。

是年徐爱卒。先生得爱所遗《传习录》一卷序二篇，与陆澄各录一卷，刻于虔。（《阳明年谱》）

按《阳明年谱》云：《传习录》薛侃首刻于虔，凡三卷。至嘉靖三年（1524）十月，南大吉取先生论学书复增五卷，续刻于越。考《传习录》明时前后凡数刻，计有：

薛本：即正德十三年（1518）中离先生刻于虔州者。凡三卷，第一卷徐爱录，第二卷陆澄录，第三卷为先生录。编者徐爱，所录为阳明中年语。

欧阳本：凡二卷、一百七十一面，欧阳德刻，见《明南雍经籍考》下，付刊年月未详。

南本：嘉靖三年（1524）南大吉增刊，多阳明晚年语。〔日本佐藤一齐《传习录》栏外书云：南元善兄弟校《传习录》二册，嘉靖二十三年（1544）德安府重刊本，上册分为四卷：第一徐曰仁录，第二陆原静录，第三薛尚谦录，第四为答欧阳崇一书一首，答聂文蔚书三首。下书四卷。第一至第三为书札，第四为《示弟立志说》四则，《训蒙大意》六则。上册讨论书系门弟子旧录，下册四卷则出于元善兄弟所云续而刻之是也。〕此本嘉靖二十三年（1544）重刻于德安府。

钱本：钱绪山刻。以南本下卷采摭书移入文录，而别摘文录问答语补之。附以陈惟濬、黄省曾所述，汇为续录，初刻于荆，名曰遗言，后芟汰繁芜，刻于宁国。

此外福州及桂之南宁亦有刻本（见周弘祖《古今书刻》），要以先生所刻为最早。《传习录》旧有七卷（见《百川书志·经志》类）、四卷（见《绛云楼书目》、《千顷堂书目》、《明史·艺文志》），今通行本分上中下三卷。（《阳明全书》及日本松山堂本同）先生所录，概在上卷（当时先生所刻《传习录》三卷本，即全在此上卷中）。据松山堂本标明，右尚谦所录者计三十五条。（《阳明全书》则不标明）其第一条侃问持志如心痛。据佐藤云：南本无之。分后侃问条以下为上卷三，此条恐系绪山所补者。凡先生手述各条备载《传习录》，兹但揭先生与阳明问答七条于下，以见当日师弟讨论问题，余则摒不采云。

一问："持志如心痛，一心在痛上，安有工夫说闲话，管闲事？"先生曰："初学工夫，如此用亦好。但要使知出入无时，莫知其乡。心之神明，原是如此工夫方有着落。若只死死守着，恐于工夫上又发病。"

一问："专涵养而不务讲求，将认欲作理，则如之何？"先生曰："人须是知学，讲求亦只是涵养。不讲求只是涵养之志不切。"曰："何谓知学？"曰："且道为何而学？学个甚？"曰："尝闻先生教，学是学存天理。心之本体，即是天理，体认天理，只要自心地无私意。"曰："如此则只须克去私意便是，又愁甚理欲不明？"曰："正恐这些私意认不真。"曰："总是志未切。志切，目视耳听皆在此，安有认不真的道理？是非之心人皆有之，不假外求。讲求亦只是体当自心所见不成，去心外别有个见。"

一问：去花间草。因曰："天地间何善难培，恶难去？"先生曰："未培未去耳。"少间，曰："此等看善恶，皆从驱壳起念，便会错。"侃未达。曰："天地生意，花草一般，何曾有善恶之分？子欲观花，则以花为善，以草为恶；如欲用草时，复以草为善矣。此等善恶，皆由汝心好恶所生，故知是错。"曰："然则无善无恶乎？"曰："无善无恶者理之静，有善有恶者气之动。不动于气，即无善无恶，是谓至善。"曰："佛氏亦无善无恶，何以异？"曰："佛氏著在无善无恶上，便一切都不管，不可以治天下。圣人无善无恶，只是无有作好，无有作恶，不动于气。然遵王之道，会其有极，便自一循天理，便有个裁成辅相。"曰："草既非恶，即草不宜去矣。"曰："如此却是佛老意见。草若有碍，何妨汝去？"曰："如此又是作好作恶？"曰："不作好恶，非是全无好恶，却是无知觉的人。谓之不作者，只是好恶一循于理，不去又着一分意思。如此即是不曾好恶一般。"曰："去草如何是一循于理，不着意思？"曰："草有妨碍，理亦宜去，去之而已。偶未即去，亦不累心。若着了一分意思，即心体便有贻累，便有许多动气处。"曰："然则善恶全不在物？"曰："只在汝心循理便是善，动气便是恶。"曰："毕竟物无善恶。"曰："在心如此，在物亦然。世儒惟不知此，舍心逐物，将格物之学错看了，终日驰求于外，只做得个义袭而取，终身行不着、习不察。"曰："'如好好色，如恶恶臭'，则如何?"曰："此正是一循于理，是天理合如此，本无私意作好作恶。"曰："如好好色，如恶恶臭，安得非意?"曰："却是诚意，不是私意。诚意只是循天理。虽是循天理，亦着不得一分意，故有所忿懥好乐，则不得其正，须是廓然大公，方是心之本体。知此即知未发之中。"先生曰："先生云'草有妨碍，理亦宜去'，缘何又是驱壳起念?"曰："此须汝心自体当。汝要去草，是什么心？周茂叔窗前草不除，是什么心?"

一问：多悔。先生曰："悔悟是去病之药。然以改之为贵，若留滞于中，则又因药发病。"

一问：先儒以心之静为体，心之动为用，如何？先生曰："心不可以动静为体用。动静时也，即体而言用在体，即用而言体在用，是谓体用一源。若说静可以见其体，动可以见其用，却不妨。"

一问：上智下愚如何不可移？先生曰："不是不可移，只是不肯移。"

一问："子夏门人问交"章，先生曰："子夏是言小子之交，子张是言成人之交，若善用之，亦俱是。"

此外先生所问见于陆元静所录者，又有一条云："问孟子之不动心与告子异?"先生曰："告子是硬把捉着此心要他不动。孟子却是集义到自然不动。"又曰："心之本体原自不动。心之本体即是性，性即是理。性元不动，理元不动，集义是复其心之本体。"（《阳明全书》一）

介乡人余善及阳明之门。

善字崇一，号土斋，潮阳人，从白沙游，操履端确。正德戊寅（1518）应贡北上，遇先生于南监，因入见阳明。（《全书》十一《余土斋传》）

十四年己卯（1519）　三十四岁。

夏，仍在玉山，杨骥来共论学。

初，骥偕先生归自赣，发明合一之旨，锐浣旧习，直培本根，以圣人为必可师，万物皆吾一体，一时士友翕然兴起。己卯，复往卒业，值洪都之变，冗攘不复追侍，适先生省亲怀玉，同处庠舍，砥砺日进。（《全书》十一《杨毅斋传》）

按：宸濠之乱在六月，据传则夏间先生尚在玉山也。

先生北归。（《全书》十九《乡约序》）

按：《行状》云："先生亲师取友，凡六年始归。先生师事阳明，在甲戌之岁，至是恰六年。"

议行乡约。

初，阳明于戊寅十月倡举乡约。（《阳明年谱》一）先生北归，乡族有久讼者，为解息之，告以行约之意，约为十事，呈府给照。（《全书》十九《乡约序》）立齿德者数人为约长约正，劝善惩恶，乡闾化之。（《行状》）

兄俊聘典云南考官。（《薛谱家传》）

十五年庚辰（1520）　三十五岁。

先生居乡，与杨氏兄弟讲学金山之麓。

按《全书·陈海涯传》云："中离归自虔，始闻精一之旨，毅斋邀处北山精舍，三年乃豁然。"薛雍《金山读书记》云："潮廓有金山，玉华书院在焉。有精舍、有玉华堂、有北山书屋。"据杨鸾《玉林记》，杨氏有旧庐在金山下。而杨氏昆季三人，长凤号北山（见薛侃《三贤墓志》），所谓北山书屋，其杨氏之居欤？光绪《海阳县志·古迹》：玉华书院在金山，明天顺中知府陈瑄建，延邑人陈明德讲学于此。

结斋于梅林（即梅林湖）。

率群子姓而教之曰：德业进则举业精。三年间，游其门者日益众，大叩则大鸣，小叩则小鸣，淬涤瑕垢，而甄陶乎德业，津津如也。（《行状》）

友人杨骥卒，是春骥以疾驰归，病革犹讲学弗辍，拱手正衾而逝。（《全书·杨毅斋传》）年三十七。（《三贤墓志铭》）

阳明有《奠杨士德文》云："呜呼！士德之资，精一之志，笃信往勇，真足以任重致远，亦既有闻矣。忽中道而夺之，天也，吾谁归咎乎！士德素多病，得去冬怀玉书云：'扶病还潮。'谓亦常耳。秋初，士鸣过赣，凶变适传，且疑且愕，谓为不信。既而尚谦报至，而果然矣。呜乎痛哉！其之不幸，往岁曰仁之恸，吾已不忍其烈；今复恸吾士德，其何以堪之。昔尚谦为吾言，潮有二凤，盖指士德昆季也。后皆相继为吾得，自以为斯文之瑞，而今失其一矣，呜呼伤哉！士鸣归，聊附一奠，痛哉士德，今日已矣，复何言！复何言！（见《饶平县志》二十艺文。原书误作奠少默，《阳明全书》缺。）

骥弟鸾下第，见阳明，闻兄讣，遂南归。（《全集·复斋传》）

十六年辛巳（1521）　三十六岁。

先生还京（何维柏撰《传》），授行人司行人。（《礼部议谥策》，《薛氏族谱》同）

按《明史》本传云："世宗立，授行人。"是年阳明有《与士鸣杨鸾书》云："差人来，知令兄已于去冬安厝，墓有宿草矣，无由一哭，伤哉！所委志铭，既病且冗，须朋友中相知深者一为之，始能有发耳。喻及'日用讲求功夫，只是各依自家良知所及，自去其障，扩充以尽其本体，不可迁就气习以趋时好'。幸甚幸甚！果如是，方是致知格物，方是明善诚身。果如是，德安得而不日新！业安得而不富有！谓'每日自检，未有终日罕成片段'者，亦只是致知工夫间断。夫仁，亦在乎熟之而已。又云：'以此磨勘先辈文字同异，工夫不合，常生疑虑。'又何为其然哉？区区所谓致知二字，乃是孔门正法眼藏，于此见得真的，直是建诸天地而不悖，质诸鬼神而无疑，考诸三王而不谬，百世以俟圣人而不惑！知此者，方谓之知道，得此者，方谓之有德。异此而学，即谓之异端；离此而说，即谓之邪说；迷此而行，即谓之冥行。虽千魔万怪，眩瞀变幻于前，自当触之而碎，迎之而解，如太阳一出，而鬼魅魍魉自无所逃其形矣。尚何疑虑之有，而何异同之足惑乎！所谓'此学如立在空中，四面无倚靠，万事不容染著。色色信他本来，不容一毫增减。若涉些安排，着些意思，便不是合一功夫'。虽言苟时有未莹，亦是士鸣见得处，足可喜矣。但须切实用力，始不落空。若只如此说，未免亦是议拟仿象，已后只做得一个弄精魄的汉，虽与近世格物者症候稍有不同，其为病痛，一而已矣。诗文之习，儒者虽亦不废，孔子所谓'有德者必有言'也。若着意安排组织，未有不起于胜心者，先辈号为有志斯道，而亦复如是，亦只是习心未除耳。士鸣既知致知之说，此等处自当一勘而破，瞒他些子不得也。（《阳明全书》五）

冬，过越，聚同门于会稽书院，讲学数月。（《行状》）据《阳明年谱》阳明于是年八月至越。

世宗嘉靖元年壬午（1522）　三十七岁。

在京师。（王渐逵撰《墓志》）

弟侨以《尚书》登是科第六名。侄宗铠亦于是年领乡荐。（《薛氏族谱》）

兄俊聘典湖广。（《薛谱家传》）

二年癸未（1523）　三十八岁。

春，先生在越。时阳明丁外艰在越，先生与同门邹守益、黄宗明、马明衡、王艮等侍讲，为讲“乡愿”一章。（《阳明年谱》）

请问乡愿狂者之辩。曰：“乡愿以忠信廉洁见取于君子，以同流合污无忤于小人，故非之无举，刺之无刺。然究其心，乃知忠信廉洁所以媚君子也，同流合污所以媚小人也。其心已破坏矣，故不可与入尧舜之道。狂者志存古人，一切纷嚣俗染，举不足以累其心，真有凤凰翔于千仞之意，一克念即圣人矣。惟不克念，故阔略事情，而行常不掩。惟其不掩，故心尚未坏而庶可举裁。”曰：“乡愿何以断其媚世？”曰：“自其讥狂狷而知之，狂狷不与俗谐，而谓生斯世也，为斯世也，善斯可矣，此乡愿志也。故其所为，皆色取不疑，所以谓之‘似’。三代以下，士之取盛名于时者，不过得乡愿之似而已。然究其忠信廉洁，或未免致疑于妻子也。虽欲纯乎乡愿亦未易得，而况圣人之道乎？”曰：“狂狷孔子所思，然至于传道，终不及琴张辈而传曾子，岂曾子亦狷者之流乎？”先生曰：“不然，琴张辈狂者之禀也，虽有所得，终止于狂。曾子中行之禀也，故能悟入圣人之道。”（《阳明全书》三十五）阳明又有《与黄宗贤书》曰：“近与尚谦、子莘、宗明讲《孟子》‘乡愿狂狷’一章，颇觉有所警发，相见时须更一论如何？四方朋友来去无定，中间不无切磋砥砺之益，但真有力量能担荷得者，亦自少见。大抵近世学者无有必为圣人之志。闻引接同志孜孜不怠，甚善！善善！但论议之际，必须谦虚简明为佳，若自处过任而词意重复，却恐无益有损。”（《阳明全书》五）

阳明又与先生书论轻傲及士鸣、海涯事云：“承喻‘自咎罪戾，只缘轻傲二字累倒’。只知用力恳切。但知得轻傲处，便是良知；致此良知，除却轻傲，便是格物。致知二字，是千古圣学之秘，向在虔时终日论此，同志中尚多有未彻。近于古本序中改数语，颇发此意，然见者往往亦不能察。今寄一纸，幸熟味！此是孔门正法眼藏，从前儒者多不曾悟到，故其说卒入于支离。

士鸣过虔殆常与细说，不审间中曾论及否？谕及甘泉论士德处，殆一时竟有所向而云，抑亦未见其止之叹耳。士德之学，未敢便以为至，即其信道之笃，临死不贰，眼前曾有几人！所云‘心心相持，如髡如钳’，正恐同辈中亦未见有能如此者也。书来，谓士鸣、海涯大进此学，近得数友皆有根力，处久当能发挥。幸甚！闻之喜而不寐也。海涯为谁氏？便中寄知之。”（《阳明全书》五）

阳明又有《与杨骛书》二通：“别后极想念，向得尚谦书，知士鸣工夫日有所进，殊慰所期。大抵吾党既知学问头脑，已不虑无下手处，只恐客气为患，不肯实致其良知耳。后进中如柯生辈，亦颇有力量可进，只是客气为害亦不小。行时尝与痛说一番，不知近来颇能克去否？书至，来相见，出此共勉之。前辈之于后进，无不欲其入于善，则其规切砥砺之间，亦容有直情过当者，却恐后学未易承当得起。既不我德，反以我为仇者，有矣。往往无益而损，故莫若且就其力量之所可及者，诱掖奖劝之。往时亦尝与士鸣论及此，想能不忘也。”“前者是备录区区之语，或未尽区区之心，此册乃直述士鸣所得，反不失区区之见，可见学贵乎自得也。古人谓‘得意忘言’，学苟自得，何以言为乎？若欲有所记札以为日后印证之资，则直以己意之所得者书之而已，不必一一拘其言辞，反有所不达也。中间词语，时有未莹，病中不暇细为检点。”（上俱见《阳明全书》五）

兄俊升国子监博士。（《薛氏族谱》、《全书·薛靖轩传》）

弟侨及侄宗铠联登是科姚涞榜进士。（《潮州府志》、《海阳县志·选举表》）侨改国子监助教，继升工部主事。宗铠授贵溪令。（《薛氏族谱》）

三年甲申（1524）　三十九岁。

先生归养。奉使湖广，掌行辽恭王祀礼。事竣，便道入潮。（《薛谱家传》及《行状》）母曾太夫人卒。

七月二十二日，兄俊卒，年五十一。（《薛氏族谱》）俊病，闻母丧，荤浆不入口。奔走贵溪、宗铠官邸而卒。（《全书·靖轩传》）葬海阳东厢都九郎山。

阳明有《祭文》云：“呜呼！良知之学不明于天下，几百年矣。世之学者，蔽于见闻习染，莫知天理之在吾心，而无假于外也。皆舍近求远，舍易求难，纷纭交骛，以私智相高，客气相竞，日陷于禽兽夷狄而不知。间有独觉其非而略知反求其本源者，则又群相诟笑，斥为异学。呜呼，可哀也已！

盖自十余年来，而海内同志之士稍知讲求于此，则亦如晨星之落落，乍明乍灭，未见其能光大也。潮阳在南海之滨，闻其间亦有特然知向之士，而未及与见。间有来相见者，则又去来无常。自君之弟尚谦始从予于留都，朝夕相与者三年，归以所闻于予者语君，君欣然乐听不厌，至忘寝食，脱然弃其旧业如敝屣。君素笃学高行，为乡邦子弟所宗依，尚谦自幼受业焉。至是闻尚谦之言，遂不自知己之为兄，尚谦之为弟，己之尝为尚谦师，而尚谦之尝师于己也。尽使其群子弟侄来学于予，而君亦躬枉辱焉，非天下之大勇，能自胜其有我之私而果于徙义者，孰能与于此哉！自是其邑之士，若杨氏兄弟与诸后进之来者，源源以十数。海内同志之盛，莫有先于潮阳者，则实君之昆弟之为介也。其有功于斯道，岂小小哉！方将因籍毗赖，以共明此学，而君忽逝矣，其为同志之痛，何可言哉！虽然，君于斯道亦既有闻，则夕死无憾矣，其又奚悲乎？吾之所为长号涕洟而不能自已者，为吾道之失助焉耳。天也，可如何哉！相望千里，靡由走哭，因风寄哀，言有尽而意无穷。呜呼，哀哉！”（《阳明全书》二十五）

服阕，结茅中离山，以正学接引，潮士为之一变。（《薛谱家传》）

黄佐《中离山记》云：“中离山之名，古未有也。其得名于时，则自中离先生始。盖天壤间物无常主，时焉而已矣，时至则名因主而始彰。是故濂溪之得名以周濂溪主之，象山之得名，以陆象山主之，倡时道学，照映今古。由今视昔，离山之得名，非以薛中离为之主乎？故曰：天地间物无常主，时焉而已矣，时至则名因主而始彰。且中离之说，昉于谁乎？余尝读《易》至离卦，而知中离之义矣。夫中离一中虚而外实，体柔而用刚。故《易》于离卦曰：‘离，利贞亨。’《彖》曰：‘离，丽也，日月丽乎天，百谷草木丽乎土，重明以丽乎正，乃化成天下。’《象》曰：‘明两作离，大人以继明照乎四方。’而程传以为阴丽于上下之阳，取其中虚则为明义。朱子《本义》曰：‘阴丽于阳，其象为火，体阴而用阳也。’中离山之义，盖本诸此。夫丽易至于不正，丽而正焉，则教泽之在离山，见于当时，垂于后世，与‘重明以丽乎正，乃化天下’、‘大人以继明照乎四方’者何异哉？聚处四方生徒，讲明正学于时，竹居子筑东山之岩曰一真岩，东泓子筑石门之麓曰大中岩，三山并耸，中通外直，有似于离，遂名曰‘中离山’。迹其形胜，登山则有迎仙桥、步云阶之异，入门则有中离洞、会讲堂之奇。以观天文，云中层、偃月窝可观也；以察地理，观海亭、望陆坛可赏也。至于酌清泉以自洁，则活水流觞之亭建焉；茂对时以育物，则莲塘钓矶之台筑焉。他如岩前岩后，奇峰耸秀，则有联句十八景寓焉。此盖离山之大观也。余叨年谊，受中离先生教益不浅。今中离往矣，乃弟竹居命中离仲子宗釜来谒请记。余尝思之，中离学有渊源，师靖轩，宗阳明，以忠信不欺为主本，以良知良能为实学，其有得于孔孟正传之深者乎！盖其学本至诚，未有诚而不动者。当时名宦若季彭山、刘晴川诸君，日诣离山，互相讲论；乡士大夫若黄子国卿、成子子学、郭子维藩、林子光祖、杨子日赞、杨子惟执，处士若陈明德、郑万化，罔不离山是游，景行行止。而士之以文学显、以德行称者，彬彬多出其门；中离子孙，亦皆心学相传、科第流芳，方兴而未艾也。虽然，方今道学大朗，人心复古，中离一倡群和，皆有志于圣贤之学，而独能穷其秘。此所以擢巍科，擅芳誉，而名重于天下。回视濂溪，象山，至今耿耿不磨，殆异世而同符矣。余得离山形势之奇，而又感于一时相与倡明道学之盛，故特详为之说，以传不朽焉。”（《揭阳县志》）

阳明去越，辟稽山书院。先生侄宗铠及杨鸾、黄梦星皆来学。

《阳明年谱》云：“辟稽山书院，聚八邑彦士，身率讲习以督之。于是……杨士鸣、薛宗铠、黄梦星等来自广东，王艮、孟源、周冲等来自直隶，何泰、黄弘纲等来自南赣，刘邦采、刘文敏等来自安福，魏良政、魏良器等来自新建，曾忭来自泰和，宫刹卑隘，至不能容，盖环坐在听者三百余人。先生临之，只发《大学》万物同体之旨，使人各求本性，致极良知以止于至善。”（《阳明全书》三十四）

按《复斋传》云：“庚辰下第见阳明先生，遂领大意，得毅斋讣南归。……率徒百余师事海涯于玉林，磨切汲引。……丙戌，上春官。”不载甲申从阳明于越事。

阳明《书黄梦星卷》云：“潮有处士黄翁保号坦夫者，其子梦星来越从予学。越去潮数千里，梦星居数月，辄一告归省其父；去二三月辄复来。如是者屡屡。梦星质性温然，善人也，而甚孝。然禀气弱，若不任于劳者。”（《阳明全书》八）

乡人林文亦来从学阳明。

文字载道，号希斋，揭阳人。曾掌教西安，颇能以身率物。时阳明先生居越，往来侍讲，学日益明。（《全书·林希斋传》）

四年乙酉（1525）　四十岁。

讲学中离山。日与士友讲习不辍。四省同志闻风远来，至不能容，各自架屋以居，会文考德，兴发益多。（《行状》）先生《离山书院钟铭》云："晨昏二十四敲钟，声彻前峰并后峰。试问岩前诸学士，已闻尝与未闻同?"（顺治《潮州府志》）

乡士大夫黄国卿、成子学、郭维藩、林光祖、杨日赞、杨惟执，与陈明德、郑国化皆时来讲论。（详上黄佐《中离山记》）

五年丙戌（1526）　四十一岁。

辟中离洞。今中离洞三大字犹存。署款"皇明嘉靖五年进士薛侃书"。洞位于梅林湖西石牛头山对面之虎肚地。

山中有十八景之胜。季本有诗云：

览遍离山好洞天，杖藜到处尽云烟。中离此日藏修地，应作人间胜迹传。（藏修地）

九华三岛客来频，洞口云毡作主人。论药谈伭酬酢处，薜痕苔色共车巾。（迎仙桥）

上上云阶步步平，云阶百尺接壶天。登云且作栖云客，入洞还为出洞仙。（登云阶）

二实中涵一太虚，乾坤万古自如如。取将各洞缘天造，谓有真人向里居。（中离洞）

一石两石耸云烟，千山万山匝洞天。风月半帘悬太古，图书满榻对先贤。（石壁岩）

白云堆里一楹存，两窦虚明日月奔。万壑千峰浑脚底，考槃独寤世稀伦。（云中屋）

万古乾坤此月明，人间何许夜迷人。窝中终日蟾光照，谁识窝中不夜春。（偃月窝）

滆渺连天自有津，日知多少往来人。在山亭子当潮立，直看沧溟欲变尘。（观海亭）

中离洞里中离老，仰离台上仰离人。瞻依已遂依归愿，携瑟应同舍瑟春。（仰离台）

泗水涓涓一脉流，向来寒閟几经秋。如今浚出源头活，任派乾坤万古流。

（活水亭）

一泓疑是古蟠溪，水色天光浸石矶。月作钓儿萝作线，垂竿意不在夫鱼。

（钓鱼矶）

龙卧离山睡欲吟，石床天巧跨松阴。他年若际风云会，起作苍生四海霖。

（龙睡岩）

石井峰头八面飞，擎天石下见柴扉。书签药裹披霜磴，碧草琼花映翠微。

（后岩）

叠石东峦敞石砑，琴书一榻自仙家。鹤翻老乾窥晴曙，花放幽香簇晓霞。

（东岩）

丹崖翠壁耸岩扉，荒草疏枫映夕晖。久住高人忘水石，相将鹿豕日同归。

（西岩）

白云飞我北伭天，中有谈伭不世人。住久浑亡寒与暑，四时风月四时春。

（北伭岩）

一径千峰透白云，往来都是卧云人。埜夫亦欲穿云去，一掬收回六合春。

（连云径）

三石分明品字函，上奇下偶自天缄。中开玉洞迎仙侣，此是离山第一岩。

（叠石岩）

（上俱见《揭阳县志》）

先生同门友季本，以御史摘揭阳主簿，时相过从。（《行状》）

季本字明德，浙江会稽人。正德辛未（1511）进士，授建宁府推官，擢河南道监察御史。以言事谪揭阳主簿，官至长沙知府，学者称彭山先生。（《揭阳县志》五）

先生言于知府王袍，重修南阳。（《海阳县志·建置略》）又越冬，先生撰《修堤记》。

《记》略云：潮治东南夹溪为堤，一遇崩溃，巨浸百里。自侍御杨琠请以广济桥盐课易石为固，府主谈公（伦）克襄其事。嘉靖丙戌（1526），府主王公归自述职，乡达郑玉之暨予以告公曰："此予责也。"遂率民修之，益崇三尺，广一丈。是年飓风发，水陵旧堤三尺，其不没者仅一尺耳。越冬，会节推李公重修，益石崇其险。（《耆旧集》五）

按：王袍字子章，浙江山阴人。南堤起潮城南门越角，至庵埠许陇涵澄海界止，计长八千四百五十一丈，袤七十余里。

友人杨鸾上春官，卒于南雍（《全书·杨复斋传》）甘泉之邸，年三十五。（《三贤墓志》）十二月十四日，营葬于双溪山左。迁北山墓于上，毅斋前安浮山黄田埔，乃葬其衣冠于右。称曰三贤之墓，先生为之铭。（《全书·三贤墓志》）

阳明有《祭少默文》云："呜呼士鸣！吾见其进也，而遽见其止耶！往年士德之殁，吾已谓天道之无知矣，今而士鸣又相继以逝，吾安所归咎乎？呜呼痛哉！忠信明睿之资，一郡一邑之中不能一二见，而顾萃于一家之兄弟，又皆与闻斯道，以承千载之绝学，此岂出于偶然者！固宜使之得志大行，发圣学之光辉，翼斯文于悠远。而乃栽培长养，则若彼其艰；而倾覆摧折，又如此其易！其果出于偶然，倏聚倏散，而天亦略无主宰于其间耶？呜呼痛哉！潮郡在南海之涯，一郡耳。一郡之中，有薛氏之兄弟子侄，既足盛矣，而又有士鸣之昆季，其余聪明特达毅然任道之器，后先颉颃而起者以数十，其山川灵秀之气，殆不能若是其淑且厚，则亦宜有盈虚消息于其间矣乎？士鸣兄弟虽皆中道而逝，然今海内善类，孰不知南海之滨有杨士德、杨士鸣者为成德之士，如祥麟瑞凤，争一睹之为快；因而向风兴起者比比，则士鸣昆季之生，其潜启默相以有绩于斯道，岂其微哉？彼黄馘槁毙，与草木同腐者，又何可胜数！求如士鸣昆季一日之生以死，又安可得乎？呜呼！道无生死，无去来，士鸣则既闻道矣，其生也奚以喜？其死也奚以悲？独吾党之失助而未及见斯道之大行也，则吾亦安能以无一恸乎！呜呼痛哉！"（《阳明全书》二十五）

湛甘泉有《祭少默文》云："於乎士鸣，而至于是耶！而止于是耶！孰主张是耶？今学者患无受道之器；有其器矣，患无必为之志；有其器有其志矣，所贵遵道而不贰；有器有志而不贰矣，彼重任道远者，必天假之遐龄，而远乃可致；若夫不遵道而贰，致远而泥，假之遐龄，彼苍苍者将何意耶？於乎！昔者子也与仲骥也，承命伯氏，千里而来，同负笈笥，及再见于荷塘之庐；联举秋试，慨然圣学之并诣，岂非后生可畏耶？士德北游，子居予樵之屺，讲合一之学于勿忘勿助之际。士德乃来，予有砭剂。予顾谓子，尔辙勿异，是以有支离之说、易途之诫也。於乎！昔在夫子之门，称好学者颜氏之子，终日而愚，独以默识。故曰万言万中，不如一默。於乎！尔旧字少默，宜默不默，而乃以鸣易尔字耶？多言伤气，气以动志，行往以谈以歌，彻夜不寐。

不寐固励志也，以能养其身，将指为祸生之戒，夫然后知勿忘勿助者，绝无丝毫人力，乃为学之至也。於乎！海内同志者无几，得尔兄弟，又五六年相逐而逝，此夫子所以恸丧予之慨，岂天果无意于斯文也耶？岂天无意于斯文也耶？（《饶平县志》）

友人翁万达、陈思谦同登是科龚用卿榜进士。（《潮州府志·选举表》）

六年丁亥（1527）　四十二岁。

秋告季本重建龙头桥。（《全书》十一）

桥为宣德壬子（1432）僧惠庆修，弘治间仅存其半。先生告主簿季本重修，并为记云。计费三百二十有奇，肇功嘉靖六年（1527）秋，期年告成。（《全书·重建龙头桥记》）

冬，开中离溪，有《记》。

《开溪记略》云："潮有二水，自西北来，东曰洲溪，西曰西溪，东南绕郡治之南。二水回流，相错弗通仅十里，或为渠为池，旱干水溢，农者弗便也；其地出橘柚诸果，贩鬻以脚，商者弗便也；人家一瓦一木，动费资运，居者弗便也；舟楫转海而后达，风涛寇贼，民之死者无虚岁，行者弗便也。嘉靖丁亥冬，予过其处，察其可浚而通也，以告府主王公子章。公命经卫涂子相之，具以事复。公曰：'事则尔矣，地理若何？'曰：'其乡之言云：浚之风水且有益。是故水上不产溪物，是岁则产焉，地气兆矣。'曰：'地兆则事基矣。天时若何？'曰：'东南无经岁之旱，自秋徂春，沟渠皆涸，工易为力，天时应矣。'曰：'天应则事协矣。人力若何？'曰：'古之兴事者必云从众，然亦有寡而弗愿者矣，今则异是，是故人力齐矣。'曰：'人齐则事集矣。'遂依里甲分布，东莆凿田百四十丈，浚渠百丈，造桥四所；上莆凿田百二十，浚渠二百五十丈，水派百八十丈；龙溪浚池百尺，修溪三百丈，修桥七所；桃山浚渠二百六十丈，修桥四所；地美凿田四十丈，修溪百丈，桥一所；登云修溪四百丈，修桥三所。布讫，赴功如归市，梅冈以后至，输工值弗受，以筑修堤石亭。计凿田一十余亩，压田二十余亩，应偿时金百两；洼田受益者偿之，计田二顷余亩，亩出时金二钱；里之益尤者偿之，东莆五十里，米千余石，出时金四分。其新塞者弗偿，浚渠衡不亩者弗偿，出纳有籍有稽。噫！是举予与涂子洎林子孚中，焦思涉泥，肇功正月二十四日，越三月哉生魄工毕。放舟试之，是夕乃雨。民喜，呼其溪曰中离溪，呼其桥曰涂公桥。（《全书》十一）

按：桑浦山华岩前为宗山书院，中离溪在其前。溪上有二石亭，一镌《中离开溪记》，一镌林熙春《续浚中离溪记》，两碑今俱存。

是时又建通济桥，并修砌桥路三十余所。（《行状》）

《薛氏族谱》载先生遗乡功绩十二事，兹列于下：

一　浚海阳县上莆等都溪三十余里，上通潮城揭阳，下通鮀江鳄浦等都，商民舟楫，往来由里河，免航海劫溺之患。

一　造中离桥路大小共一十五所，乡民往来与耕田，牛畜利便。

一　设龙溪都里社祭坛引道三条，并石亭二柱，社庙一座，门楼一间。舍围一十二亩，带租银二两六钱，坐落蓬州都士名蚬港等处。

一　舍园一十五亩，带租银三两二钱，坐落海阳县南桂都土名磨枋洲等处。

一　架龙溪都乡约所二处，与乡都会约行约便利。

一　造龙溪都通济桥九明，上通潮城，下达蓬州所潮阳县等处。

一　造桃山都登岗桥五门，上通府城，下达潮阳惠来等县。

一　造地美都龙头桥七门，上通揭阳县，下达龙溪蓬州等都。

一　修地美都鸡笼山径路一十余里，与民便利。

一　造龙溪都庵头桥三门，并修石路至海阳县上莆等都二十余里，与民便利。

一　筑许垄子堤，并砌矶头三座，御咸潮育淡水，海、揭二县溉田苗利便。

侄宗铠起补将乐令，调建阳。（《薛谱家传》）

阳明南征来粤。时受命三广，征讨蛮夷，过其乡。先生起复曰：“志存天下，毋专美于一方也。”（《行状》）

按：《阳明年谱》阳明十月至南昌，十一月至肇庆，不经潮州也。

七年戊子（1528）　四十三岁。

先生入京师（《薛氏族谱》及《行状》），起故官。（《明史》本传）

初，季本推行乡约，以先生所定十事酌为三十四条，普行一邑。（《乡约序》）并上呈阳明。阳明批委潮州府通判张继芳，历属县督令各县勤习。（《阳明全书》十八《批揭阳县主簿季本乡约呈》）

按：潮有乡约，始宣德间知府王源时曾举行。府治明时西湖山犹有旧约全址。

先生有《庆彭山季子治成奖异序》。（见《全书》八）

弟侨典试顺天，于落卷中拔马一龙为解元，卒成名臣。转武选司郎中。

是岁阳明在梧州，六月，兴南宁学校。

《阳明年谱》三云："日与各学师生朝夕开讲，已觉渐有奋发之志。又恐穷乡僻邑，不能身至其地，委原任监察御史降合浦县丞陈逅主教灵山诸县，原任监察御史降揭阳县主簿季本主教敷文书院。"按据此季本于是年六月已离揭阳任。

吴继乔来梧州从学阳明。（顺治《潮州府志》）

继乔字世达，号之溪，揭阳梅冈人。嘉靖戊子（1528）举人，闻阳明讲苍梧，往从之游。（《揭阳县志》本传）

陈明德见阳明先生于羊城。（《陈海涯传》）

按《阳明年谱》三：七月，破断籐峡。十月，祀增城先庙。十一月二十五日逾梅岭。是其来羊城，应在十月十一月间。

冬十一月乙卯，阳明先生卒于南安。（《阳明年谱》三）先生闻阳明讣，为于兴隆寺，率侨与四方同志欧阳南野、魏水洲辈数十人朝夕哭焉。（《行状》）

八年己丑（1529）　四十四岁。

二月庚午阳明丧至越。（《阳明年谱》）

秋，先生求使山东，趋王宅。时先生欲弃职奔迎。或曰：即选言官，且少俟。先生弗听。方西樵（献夫）时为冢宰，劝曰：重望舆论攸属，亦不听。求使山东，公事暇，趋王氏家，事无大小，咸为经理。（《行状》）

有与诸同门轮年为阳明抚孤题单。（《阳明全书》三十八）

《抚孤题单》云："先师阳明先生同祖兄弟五人：伯父之子曰守义、守智，叔父之子曰守礼、守信、守恭。同父兄弟四人：长为先师，次守俭、守文、守章。先师年逾四十，未有嗣子，择守信第五男正宪为嗣，抚育婚娶。嘉靖丙戌，生子正聪，明年奉命之广，身入瘴乡，削平反乱，遂婴奇疾，卒于江西之南安。凡百家务，维预处分，而家众欺正聪年幼，不知遵守。吾侪自千里会葬，痛思先师平生忧君体国，拳拳与人为善之心，今日之事，宜以保孤安寡为先。区区田业，非其所重。若后人不体，见小失大，甚非所以承先志也。乃禀太夫人及宗族同门戚里，佥事汪克章、太守朱衮，酌之情礼，参以律令，恤遗孤以弘本，严内外以别嫌，分爨食以防微，一应所有，会众分析，具有成议。日后倘复恩典承袭，亦有成法。正聪年幼，家事立亲人管理，每年轮取同志二人，兼同扶助，诸叔侄不得参挠。为兄者务以总家爱弟为心，以副恩育付托之重；为弟者务以嗣宗爱兄为心，以尽继志述事之美；为旁亲者亦愿公心扶植孤寡，以为家门之光。则先师在天之灵，庶乎其少慰矣。倘有疏虞，执此闻官。轮年之友，亦具报四方同门，咸为转达。明有宪典，幽有师灵，尚冀不爽。所有条宜，开是于后。”（《阳明全书》三十八）

九月登泰山。

《游泰山记》云：“是秋使鲁，适叔谦张兄寓平原，乃申旧约。九月乙卯，偕杨生世禄十人自鲁至，步谦偕马生珪十人自平原至。……及登，雨雪蒙蒙寻丈。……”（《全书》十一）

又登峄山。

有《记》示诸生云：“扶舆之秀，自昆仑而东为岱，而南为峄，二山之间，一钟为吾夫子，再钟为颜、曾，再钟为思、孟，皆为万世师。故岱曰岱宗，峄曰络绎，已兆名山之始矣；然则二山者，吾圣贤根本之地，当时游衍授受之所也。今岱祀有典，峄为琳宫梵宇所据，使登临之士，追怀景止之心亦微矣。余使鲁来游，见斯岩通明中正，犹数楹之厦，命曰大通岩。谋诸守土，塑夫子小像于中，四子侍焉，俾游者礼其容，思履其道，是亦世教之一助也。谋既集，或疑而问曰：‘学无方，其以游与?’曰：‘游者，学之方也。子不闻与点之意乎?’曰：‘游无方，其以山与?’曰：‘山者，游之方也。子弗闻仁智之语乎?’未达，复谂之曰：‘天得以一清，地得一以宁，人得一以灵，物得一以生。故一者其本体也，无弗同也，学问之道，复其本体而已矣。然山水无私，而人物有情，有情者变，无私者存；是故登其山，本体形焉。清者感之旷其情，浑者感之涤其虑，郁者感之散其怀，蔽者感之豁其意，忙者感之息而怿，闲者感之静而益幽。’或悟而起曰：‘有是哉！游之益也，然则亦有损乎?’曰：‘有。旷其情而无主，其失则忘；涤其虑而无主，其失则荡；散其怀而无主，其失则逐；豁其意而无主，其失则流；息而怿而无主，其失则隳；静而以幽而无主，其失则僻。忘焉隳焉僻焉，离物者也；荡焉逐焉流焉，着物者也。着物也者，俗之谓也；离物也者，禅之谓也。匪禅匪俗，其圣贤之道乎！其圣贤之学乎！传曰：‘上下与天地同流。’又曰：‘充之便是尧舜气象。’此之谓也。”（《全书》十一）

过兖州，谒孔孟家庙。会诸士于大通岩，刻杏檀讲授之议于石，以记其盛。（《行状》有《重修兖州儒学记》）

文略云：“兖州，吾夫子之乡也。士生千载之下，犹思同堂共席，慰倾慕之怀，而况于其地者乎？仕于四方，虽远在荒服，则亦俎豆周旋，凛乎如在，而况仕于其地者乎？然则生斯地者必求其道而学焉，斯无愧夫子之乡人也；仕斯地者亦必求夫子之道而行之，以迪是邦之人，然后为能以其出夫子者而反事夫子也。永新刘君子正，自守是邦，刑清讼理，既楼其城，壮其郡治，公宇之外，焕然改观。则曰：‘斯夫子之区域也，而政弗在是也。’乃轻其徭，平其赋，益和辑其民。既而曰：‘斯政也，而学弗在是也。’乃修殿庑，修明伦堂、尊经阁，新棂星门，新斋堂一十二楹，号舍三十楹，又辟地为门为射圃，黉宫之内，焕然改观。则曰：‘斯学也，而夫子之道弗在是也。’方迪诸多士而进诸道，侃适有事于鲁，从而质之曰：‘道有异于学乎？’曰：‘无必异也。而今之学则异乎道矣，居庠序者知训诂则谓之学，能文章则谓之学，博闻强记则谓之学，外身心而骛声利，得则盈焉，失则馁焉，夫子之道，宁若是耶？然则学有异于政乎？’曰：‘无以异也。而今之政则异乎学矣：法制以驱于民，簿书以成其务，责人之善不必其己勉，夫子之政，宁若是耶？是故道一而已，一则贯，贯则一。一者何？无欲也，无欲则静虚而动直。静虚则明，明则通，王道之本，学之体也。动直则公，公则溥，天德之发，学之用也。此精一之传，圣门之宗要也。岂不易简，岂为难知？人病弗为耳。世学不明，舍心而求之外，是故知、行二矣，人、己二矣！知、行二，宜其有外道以为学者，入于记诵、辞章而弗反矣；人、己二，宜其有外学以从政者，流于刑名、功利、术数而弗知矣。间有知之，而弗反之者，则又非拘滞于仪容格式之粗，则泛沦于玄虚空寂之谬，是皆不知一即贯也，贯即一也。贯而弗一，其动虽直，是义袭也，是多学而识也，忘其体者也。一而弗贯，其静虽虚，是遗物也，是以己性为有外也，废其用者也。然则欲明夫子之道，亦惟一贯而已矣，欲为一贯之学，亦惟无欲而已矣。’诸士闻之，亦幸生于夫子之乡，而以获修其道是庆。侃归，训道陈子炜辈，与合庠之士，德刘君之惠，征言为之记，予喜明夫子之道自吾夫子之乡始，故不辞而为之记。”（《全书》十一）

十一月至越城，奠阳明先生。仲冬癸卯，阳明先生窆于越城南三十里高村，会葬者数千人，先生与弟侨、侄宗铠及同乡主事翁万达，各就位哭奠。（《阳明全书》三十七）

有与翁万达合《祭阳明先生文》云："呜呼！世有一长一善，皆足以自章明。而吾夫子学继往圣，功在生民，顾不能安于有位，以大其与人为善之心；岂非浅近易知而精微难悟，劣己者容而胜己者难为让耶？且自精一之传歧而为二，学者沦无滞有，见小遗大，茫无所入。吾夫子发明良知之说，真切简易，广大悉备。漫汗者疑其约，而不知随遇功成，无施不可，非枯寂也。拘曲者疑其泛，而不知方员无滞，动出规矩，非率略也。袭古者疑其背经，考之孔孟，质诸周程，盖无一字一意之弗合。尚同者疑其立异，然即乎人情，通乎物理，未尝有一事一言之或迂。是大有功于世教圣门之宗旨也。盖其求之者也备尝艰难，故其得之也，资之深若渊泉之莫测，应之妙若鬼神之不可知，教之有序，若时雨之施，弗先弗后；而言之易入，若春风煦物，一沾一长。其平居收敛，若山林之叟，了无闻识；其发大论，临大难，断大事，则沛然若河海之倾，确然若蓍龟之信而莫知其以也。世之议夫子者，非晏婴之知，则彭更之疑；非互乡之惑，则子路之不悦；非沮溺荷蒉之讥，则武淑、淳于髡之诋；用是纷纭，非夫子之不幸，世之不幸也已。侃也不肖，久立门墙而无闻。顷年以来，知切淬励。夫子逝矣，慨依归之无从，虑身世之弗立，郁郁如痴，奄奄在告，盖一年于兹矣。方将矢证同志，期奉遗训，尚赖在天之灵昭鉴启牖，使斯道大明于天下，传之来世，以永芘于无穷，是固夫子未尽之志也。灵輀将驾，薄奠一觞，衷怀耿耿，天高地长。於乎哀哉！"（《阳明全书》三十七）

《阳明全书》三十八载陈惟濬引先生语云："昔见有侍于先生者，自称可与行师。先生问之，对曰：'某能不动心。'曰：'不动心可易言耶？'对曰：'某得制动之方。'先生笑曰：'此心当对敌时，且要制动，又谁与发谋出虑耶？'又问：'今人有不知学问者，尽能履险不惧，是亦可与行师否？'先生曰：'人之性气刚者亦能履险不惧，但其心必待强持而后能。即强持便是本体之蔽，便不能宰割庶事。孟施舍之所谓'守气'者也。若人真肯在良知上用功，时时精明，不蔽于时欲，自能临事不动。不动真体，自能应变无言，此曾子之所谓守约，'自反而缩，虽千万人吾往'者也。"（《阳明全书》三十六）

弟侨主试武闱。（《薛氏族谱》）

九年庚寅（1530）　四十五岁。

先生转官行人司右司副。（《谱传》、《行状》授司副，年月未详，在使山东后。）

五月建精舍于天真山，祀阳明先生。（《阳明年谱》附录二）

天真距杭州城南十里，山多奇岩古洞，下瞰八卦田，左抱西湖，前临胥海。师昔在越讲学时，尝爱择地当湖海之交，目前常见浩荡，图卜筑以居。将终老焉。起征思田，洪、畿随师渡江，偶登兹山，若有会意者。临发以告，师喜曰："吾二十年前游此，久念不及，悔未一登而去。"至西安，遗以二诗，有'天真泉石秀，新有鹿门期'及'文明原有象，卜筑岂无缘'之句。侃奔师丧，既终葬，患同门聚散无期，忆师遗志，遂筑祠于山麓。同门董澐、刘侯、孙应奎、程尚宁、范引年、柴凤等董其事，邹守益、方献夫、欧阳德等前后相役；斋庑庖湢具备，可居诸生百余人。每年祭期，以春秋二仲月仲丁日，四方同志如期陈礼仪，悬钟磬，歌诗，侑食。祭毕，讲会终月。（《阳明全书》三十五）

舍成，先生有勒石文，并告天真土神及竖柱二文。（《全书》十二）

《勒石文》云："嘉靖庚寅（1530）秋，天真精舍成。中为祠堂，后为文明阁，为藏书室，又为望海亭，左为嘉会堂，左前为游艺所、传经楼，右为明德堂，为日新馆，余为斋舍。周以石垣，界则东止净明，西界天龙，北暨天真，南抵龟田路。是举也，成夫子遗意，四方同志，协而成之，勒之于石，俾世守者稽焉。"

《告天真土神文》云："维年月日，侃等谨致告于天真山土地之神。伏以先师阳明夫子倡道千载之下，海内同志，得其归依，黄钟一宣，群梦咸觉，恩莫大焉。追维夫子，尝图卜筑此山，以便讲学，二诗可以识其志矣。将命南征，生还无日，诵其遗教，能不痛心！今以是日兴事作室，朝夕讲肄，承事夫子之灵，以免于离居，以终永图。维神含德无疆，发祥有待，文明之象，实惟其时。尚赖潜扶默佑，永观大成，俾夫子未尽之意，已明之学，日博以行，同于无疆，实惟神之所锡类也。敢告。……"（上俱见《全书》十二）

十月二十四日，上《正祀典以敦化理疏》，陈七事，请以象山、白沙从祀。（月日据《薛氏族谱》以下各疏同。）

疏文略云：

一、宋儒陆九渊，生而清明，学术纯正。四岁侍父，遇事物必致问。一日，问天地何所穷际？父笑不能答。及长，读书至上下四方曰宇，往古来今曰宙，忽大省曰：宇宙内事，即吾分内事，吾分内事，即宇宙内事。又曰：宇宙便是吾心，吾心即是宇宙，东海有圣人出，此心同、此理同也；南海、西海、北海有圣人出，此心同、此理同也；千百世之上、千百世之下有圣人出，此心同、此理同也。盖实见人心之妙，而能以天地万物为一体也。自孟子没而心学晦，至宋周敦颐程颢追寻其绪，九渊继之，心学复明。故所至从游云集，虽乡曲老长，俯首听诲。当时吕祖谦、张栻辈莫不敬服。今诸子皆已从祀，而九渊独未从祀，盖以蚤岁尝与朱熹论说不合，故其徒遂挤之为禅。臣考九渊赴荆门时，朱熹延入白虎洞讲喻义喻利之旨，僚属诸生，听者为之流涕。熹亦叹服以为不及，且请笔之书，又自为之跋，以为不迷于入德之方，则非禅明矣。夫禅空寂其心，遗人伦，弃物理，要之不可以治天下国家者也。使九渊之学而果若是，则诚禅矣。然其书具在可考。如曰："惟天上之至一，为能处天下之至变。"曰："先立乎其大者。"曰："学莫先义利之辨。"则皆孔子、孟子之旨也，此岂空寂其心者？或曰："某何尝不理会文字，但理会与人别耳。"曰："在人情事势物理上用功。"曰："己德明，然后可推其明以及天下。"此岂遗弃伦理者哉？况荆门之政，可验躬行之效，则见于贤相之称；超然独契乎本心，以俟圣人百世，则见于名儒之赞。而宋朝议谥文安，亦极尊美之词。及先儒吴澄、许衡，国朝名臣程敏政、席书，皆有撰述，每称其学之纯。独陷于记诵词章而莫自觉者，乃以躬行实践为近禅，则世学之悮也。不然，则天下岂鲜文学之士，而为臣未必皆忠，为子未必皆孝，士习未必皆正，民风未必皆淳者，何哉？正以不求诸心，不能实践之过也。仰惟皇上复古，正人心，变士习，如九渊者，乞赐赠从祀，风示四方，使学者反诸心以精义利之辨，笃于行以成淳厚之风，则善人多而天下治矣。谨将程敏政、席书所撰之书，随本进览，伏惟圣明裁择。

一、人才国家之盛，而从祀庙庭，尤见人才之盛也。我朝造士百六十年，未尝有从祀者。诚无其人，则作养无征，国家之耻也；苟有其人，而莫之行，岂非尊崇好尚，未以是为先乎？臣考当代文行名节，忠勤之士固多，而潜心理学者，数人而已。然究其所造，又皆未免以人性为仁义，其于所谓"一以贯之"之旨，则时出时入，而未或自得也。惟翰林院检讨陈献章，博而能约，不离人伦日用，而有鸢飞鱼跃之机，虽无著述，观其答人论学数书，已启圣学之扃钥矣。其言曰："道以天为至，言诣乎天曰至言，人诣乎天曰至人。"又曰："夫道至无而动，至近而神，故藏而后发，形而斯存。"又曰："此心通塞往来之机，生生化化之妙，非见闻所及，在人深思而自得也。"又曰："舍繁求约，静坐久之，然后见吾心之体，隐然呈露，日用酬应，如马之有衔勒也；体认物理，稽诸圣训，各有头绪来历，如水之有源委也。”且能养俗藏修，默回士气，又善淑人成物，则其造诣可知矣。数十年来，四方士子于文字功利之外，而知有所谓学。山林兴恬退之风，仕宦励廉节之志，良由我宪宗纯皇帝，征聘献章，特授馆职，故风动若此。臣观宋淳祐元年，即诏以周程张朱四子从祀，士习为之丕变。仰惟皇上以道化天下，伏乞将献章赐谥从祀，以彰我皇明之盛德，鼓舞人心，当有不疾而速者矣。伏惟圣明裁择。（《全书》七）

按：《正祀典以敦化理疏》陈七事，今谨节摘二事。

十二月迁司正。（《族谱》载敕命在九年十二月十九日。）追赠先生父骥为文林郎，行人司司正，如官。母曾氏为太孺人。敕命月日同。

十年辛卯（1531）　四十六岁。

在司正任。

二月初二日，上《明正学以安圣躬疏》。

《疏》云：臣伏惟陛下励精以来，圣躬日强，臣民胥庆。顷者愆和虽已平复，仰瞻天颜，犹尔清癯，意者积劳所致，非特感冒而然也。陛下奉先思孝，接下思恭，不迩声色，不殖货利，自朝至夕，不遑暇豫，惟以问学政事为念，可谓有圣人之资，圣人之志矣；独未臻圣人之治，是以圣心焦劳而致此也。臣谨因问安之诚，推明圣学，倘蒙采纳，则圣地清定，圣躬安矣。古称大有为之君，必曰无为而治，非有为自有为、无为自无为也，亦非有为而后无为也，盖为乎无为，无为而为也。无为者道也，有为者人也。道者，天理也。天理者，吾心之本体也，即陛下所谓一者也。人者，自用功而言，用功者吾心之存，主应用者也，即陛下所谓敬者也。主一之谓敬，敬则一矣。有意为公，非一也；先事而迎，后事而将，非一也；物而不化，行而有息，外内体用有间，非一也。故主一者，圣贤之学，主则一，一则贯矣；弗主则二，二则杂而昏矣。故曰：“聪明睿智，皆由是出，以此事天飨帝。”是故用功非道，则愈求愈远，劳而“无功”；用功合道，则虽劳弗劳，是谓深造自得，居安资深，是谓易简而天下之理得，故曰“无为”。或曰：“如此何以能了天下之事，而成天下之治乎?”曰：“学患其弗一，胡患乎弗贯?”夫天下之道，敬天也，勤民也，用人行政也，一而已矣。故曰："天得一以清，人得一以灵。"敬天者，非独苍苍之表天也。由太虚有天之名，自中心之虚，以达前后左右，莫非虚也；莫非虚，则莫非天也。莫非天，则无适而非事天之地矣。故主一则无欲，无欲则静虚而动直，是故戒慎恐惧，不愧屋漏，所以事天也；出入起居，罔有弗钦，发号施令，罔有弗臧，所以事天也。以此事天，天、人一矣。人之所以为人，以其有善也，非以其有生也，故治民者，于钱谷兵刑治生之务虽非可缺，然不过足食已矣，足兵已矣，富强已矣，非王道之重，孔门不得已而可去者也。故称唐虞之治，必曰"百姓昭明，黎民敏德"；称三代之治，必曰"人人君子，比屋可封"，曰"耕者让畔，行者让路"，而逸居饱暖不与焉。故惟主一则能以善养民，而民兴于善，夫然后君、民一矣。人皆可能者，善也；有能有不能者，才也。以才用人，人求之外而不足；以善取人，人求诸内而有余。是故鲁欲使乐正子为政，孟子闻之，喜而不寐。公孙丑问曰："乐正子强乎?"曰："否。""有智虑乎?"曰："否。""多闻识乎?"曰："否。""然则奚为喜而不寐?"曰："其为人也好善。""好善足乎?"曰："好善优于天下。"《秦誓》论大臣之道，亦曰"若有一个臣，断断兮无他技，其心休休焉其如有容"焉。盖善者一也，休休者，亦一也，主一则上以是求之，下以是应之，而九德咸事矣。《书》曰："谁敢不让，敢不敬。"应如此，则君、臣一矣。为政必有纪纲制度，然非有意而为之也，因之革之，与时宜之。由周而来，虚文日繁，其弊未之有救也；为今之治，莫若导民务实，返朴还淳，此复古急务也。如以纪纲制度已焉，则三皇之制，不如五帝之备也；五帝之制，不如三王之备也。然而论治，王不及帝，帝不及皇。何也?且禹嗣舜，典章由旧，九官十二牧由旧也。乃曰："尧舜之人，以尧舜之心为心，寡人为君，百姓各自以其心为心。"何也?盖禹入圣域，未优精一之纯异，故感孚之机殊，此禹所以泣也。由是言之，为政之道，不在文为之间明矣。故曰："笃恭而天下平。"笃者，纯而不已也；恭者，敬也，主一也。故君子不动而敬，不言而信；夫然后不赏而劝，不怒而威，愈纯愈化，此圣帝明王之事也。动而后敬，言而后信，则亦必赏而后劝，怒而后威，英君谊辟之事。若夫动而不敬，言而不信，则虽赏弗劝，虽怒弗威，后世庸君之君也。陛下不由师傅默契敬一之旨，此天启贞元之会，欲使斯民蒙至治之泽也。臣愿陛下无假外求，无亲细务，无事词藻，惟纯之又纯，内外一，上下一，君民一，天人一，无为而治矣。陛下时时主一，则自安静以养和平，圣虑不烦，精神凝固，圣躬安矣，圣躬安，则臣民安天下安矣。臣无任恳悃陨越之至。（《全书》七）

六月二十六日，上《复古制以新士习疏》。

闰六月初九日，上《仿古更化疏》。

同月二十六日，上《复旧典以光圣德疏》（《薛氏族谱》），乞择亲藩贤者居京师，慎选正人辅导，以待他日皇嗣之生。帝方祈嗣，讳言之，震怒。立下先生狱廷鞫，究交通主使者。（《明史》本传）

疏云："臣闻圣帝明王之道，必有远猷。陛下践祚以来，明大礼以事亲，举大禘以事祖，皆品节古人，以垂万世。而惟旧典一事，系关宗社，未及举行者。臣仰稽祖宗分封宗室，犹留最亲殿下一人在京，原藩为宗人令四字，俗呼为守城王。有事或为居守，或代行礼。其为国家虑，至深远也；列圣相承，莫之或改。正德三年，逆瑾怀异，遂并出封。瑾败，廷臣但俟宗嗣繁衍，因循未之议复。今者陛下入继，十年于兹矣，未有以为陛下告者。臣知陛下之心，天下之至公也，于事未尝有所讳避，惟其是而已。伏愿查复旧典，于亲藩中择其亲而贤者，迎取一人，入京为守城王，抡选端人正士，为之辅导，他日东宫生长，其为辅王，亦非可缺焉者也。如有以次皇子，则仍出封大国，彼得以自郡王而为亲王，亦足以展其亲矣。万一不然，则系陛下躬亲诲育，自于太后有恩，世庙有恩，其与仓卒之间，阔然无情不侔矣。陛下聪明，首出庶物，弗虑及此乎？帝王图事，动出万全，譬之弈棋，由前以俟，特一着耳。由今以处，是有二三着、四五着矣。多算者胜，少算者负，此防微虑远之道，当如是也。矧此处人之所难处，行人之所难行，诚帝王之所盛节也，陛下何惮而弗为乎？且陛下出而临朝，有君臣之乐；入而在宫，有母子之乐，有夫妇之乐；独自藩邸，及今未尝有兄弟叔侄之乐也。圣衷渊曲，机事邃密，有臣下不得闻而可与议者，有宫闱不得预而可与言者，时节高会，优游德义，亦人间之至情，天伦之真乐也，陛下亦何惮而不为乎？其视深居孤立，上无以系九庙之安，下无以慰四方之望，相去一何远哉！臣备员下僚，区区忧爱，敢为陛下陈者，知陛下有纯孝之心，有忘我之仁，有天下无疆之图也。伏惟陛下，深思远顾，悯臣之愚，留臣之奏，特降手敕，下廷臣会议施行，天下幸甚，宗社幸甚。臣无任悬悃陨越之至。（《全书》七）

初，"南海彭泽为吏部郎，无行。因议礼附张孚敬，遂与为腹心。后京察被黜，孚敬奏留之，复引为谕德，至太常卿"。先生以疏草示泽，泽与先生及少詹事夏言同年生，而言是时数忤孚敬，泽默计储副事触帝讳，必兴大狱，诬言同谋，可祸也。给先生稿示孚敬，因报先生曰："张公甚称善，此国家大事，当从中赞之。"与为期，趣之上。敬孚乃先录先生稿以进，谓出于言，请

勿先发以待疏至，帝许之。先生犹豫，泽频趣之，乃上。（《明史》本传）

自六月二十九日至七月初四日，连鞫八次，具得其实。初六日，谕革先生为民，构陷者彭泽谪戍。

二十八日，先生被提，次日廷鞫。（《廷鞫实录》）搒掠备至，先生独自承。累日狱不具，泽挑使引言。先生嗔目曰："疏，我自具。趣我上者，尔也。尔谓张少傅许助之，言何豫？"给事中孙应奎、曹汴揖孚敬避，孚敬怒，应奎等疏闻。诏并下言应奎、汴诏狱，命郭勋、翟銮及司礼中官会廷臣再鞫。具得其实。帝乃释言等，出孚敬密疏二示廷臣，斥其忮罔，令致仕。先生为民，泽戍大同。（《明史》本传）先生免归，翁万达时为地官郎，寄书乃父曰："薛为彭愚，彭为张愚，语直而心不动，两京士夫咸壮之。千载而下，名照汗青，吾乡为有人矣。"（《行状》）

至潞河，遇圣节，焚香叩祝甚谨。

先生至潞河，遇圣寿节，焚香叩祝其谨。或报参政项乔曰："小舟中有民服而祝圣者。"乔曰："必薛中离也。"迹之果然。（《明史》本传）

复至越。（《行状》）

按《行状》云："先生归至越，建天真精舍以萃同志，善类孚助，不月而成。"系于是年。《阳明年谱》作九年五月，异。

侄宗铠召拜礼科给事中，迁户科。（《薛谱家传》）

十一年壬辰（1532）　四十七岁。

先生还乡，明农讲学。（《行状》）

筑书院于宗山中，建祠祀阳明先生，旁为精舍，延陈明德居之。（《全书·陈海涯传》）

邹守益《怀惠祠记》云："怀惠祠者何？潮士若民怀阳明先生之惠而祠之者也。……先是小靖石骨寨允蠢，行旅罹其害，先生征漳寇至杭，亲临境土，抚谕平定，害斯已。厥后总制四省，班师五羊，多士赴讲，故政教沾被，士民思之。乃乡耆洪瞻、生员王垆辈，请于大巡吴君麟，允建宗山书院，尸而祝之，……中为祠堂，左为讲堂，右为经楼、为宴会厅，翼而环之以书舍，萃生儒肄业，可居百人，诚一方之胜也。然景僻烟远，风高易圮，直冬閴寂，非二三人可守。中离薛子自出租五十，募人看守香灯。继而贰守刘君魁置租九十，大巡洪君垣拨废寺租二百石，续正祀典，徭编门役，令府县佐贰官致祭。中离收回原租。顷因奉例鬻寺田，龚守湜取其寺租而鬻之民。竹居子克承厥事，入直于官，仍以百租归宗山。岁延有学行一人主教，给租四十石。增募守看二十，差输十有五，春秋遣官主祭，服从约二十人，……乡绅及乡耆生儒陪祭约百人，或五六十人，……官租九十。岁征海阳县给方里，按二祭授为香灯募役修葺之费。（《海阳县志·建置略》）

按：宗山书院在今潮安东蒲都塔下乡南，在内桑浦山之中部，石坊犹存，面华岩山。坊正面题“宗山书院”，背书“仰止”二字。后改建于城北。

友人林大钦登是科一甲一名。

大钦字敬夫，世居东莆。“嘉靖辛卯（1531）就试，督学王公奇其文，为荐于巡按御史吴公，更试《李纲十事》，考据详核，词旨凛烈，读之觉奕奕有生气。相与叹赏曰：‘此苏公笔墨、胡公封事也，必然大魁天下。’”明年上春官，连举进士状元及第，如二公言。（中离撰《林东莆太史传》）

十二年癸巳（1533） 四十八岁。

先生乡居。

十三年甲午（1534） 四十九岁。

先生乡居。

十四年乙未（1535） 五十岁。

诏复冠带。（《行状》）

二月，《阳明文录》刻成于姑苏。

《阳明年谱》云：“洪、畿奔师（阳明）之丧，过玉山，检收遗书，越六年，洪教授姑苏，过金陵，与黄绾、闻人铨等议刻《文录》，洪作《购遗文疏》，遣诸生走江、浙、闽、广、直、隶搜猎逸稿，至是年二月，鸠工成刻。”

先生与王汝中萃阳明文词之简切者，集为《阳明先生则言》二卷。

先生有《则言序》云：“先生之言，始锓自赣曰《传习录》，纪其答问语也。锓于广德曰《文录》，纪其文辞者也。锓于姑苏益之曰《别录》，记其政略者也。录既备，行者不易挟，远者不易得，侃与汝中萃其简切为二帙曰《则言》。盖先生之教，贵知本也。大本立而达道行，则天地以位，万物以育，乃天则也。学者患无志焉尔；能志乎此，则戒慎恐惧而致其中和，自不容已矣。孰戒慎？孰恐惧？此良知也。孰云为中？良知廓然而弗倚者也。孰云为和？良知顺应而无滞者也。是故天曰太虚，圣曰通明。虚、明者，良知之谓也。致也者，去其蔽全其本体之谓也，去其蔽者，非谓有减也；蔽去则知、行一，人、己一，本体复矣；本体复，非有增也，吾之性本无方，体无穷尽者也，能复其性则可以抚世，可以酬物矣。夫是之谓学。然胡为而证其至也？考之书焉已矣。质诸圣焉已矣，资诸师友焉已矣，夫是之谓问学。问学之道无他？致其良知而已矣，此《则言》之意也。或曰：'先生之学，不厌不倦，其道荡荡，其思渊渊，士羹墙而民尸祝矣，诵其遗言，皆可则也。譬之树然，芽甲花实，皆生意也，子独摘其实而遗余焉，无乃不可乎？'曰：'道之在我人也，孰彼此焉？而其见于言也，孰众寡焉？惟其切于吾之用也，则一言一药矣，而况于全乎？如其弗用也，则六籍亦粕烬耳，而况于一言乎？且夫树之生也，居者玩焉，绘者象焉，有国有家者，梁焉栋焉。'今子之爱树也，则将若是焉已乎？抑亦摘而艺之，俾复生生已乎？或质诸周子文规？'曰：'然。'遂命锓之。"（《全书》九）

按《内阁书目》五云：《阳明则言》二册，明王守仁语录，门人潮州薛侃等辑。《脉望馆书目》载《则言》有二册，《学海类编》有王守仁《传习则言》一卷，所采语录共二十条，见于《传习录》者九条，其余不知是否采自《则言》。考先生《与闻北江书》有云：《文录》、《别录》之多，士友不易得，即采诸友杂记再刻一本。又摘《后录》中要言别为二册，庶自便览。所谓摘要二册，当即《则言》也，惟编集年月未详。以其书采及《文录》观之，当在《文录》刊行之后，姑附系于此。

构行屋于东津，高士陆竹溪时相往还。（《潮州耆旧集·陆竹溪传》）

竹溪讳大策，字一士，海阳人，隐居东皋。郡守叶元玉闻其名，召见，辞以诗，有"野心甘老碧山云，蓑笠如何可出村"之句。（《海阳县吴志》）所居门首有石联云："白社重开三径竹，红尘隔断一条溪。"（《韩江记》）翠竹清流，夐绝尘境。

按《竹溪传》言："暮岁中离养疴，构竹屋东津池上。""竹溪临终之岁，往宿离斋，旬月不忍去。"不明言系何年之事。考竹溪墓有盛端明题字，署嘉靖丙申（1536）季冬，则竹溪之殁，应在丙申之际，姑附其事于此。

七月二十七日，先生侄户科左给事中宗铠上疏，劾吏部尚书汪鋐奸佞。（《薛氏族谱》）九月，斥宗铠为民，廷杖八十。越五日，赋诗见志而卒，年三十，时二十日戌时。甘泉撰《东泓墓志铭》。（《薛氏族谱》）

宗铠字子修，号东泓，靖轩先生子也。（先生撰《薛东泓传》）少有大志，长善文辞，历治三邑，洞见民隐。（湛甘泉撰《墓志铭》）及迁户科左给事中，汪鋐以私憾斥王臣等，宗铠白其枉，事具《明史·戚贤传》。其后鋐愈骄。会御史曾翀、戴铣劾南京尚书刘龙、聂贤等九人，鋐覆疏，具留之。帝召大学士李时，言鋐有私，留三人而斥其六。宗铠与同官孙应奎复言鋐肆奸植党，擅主威福，巧庇龙等，上格明诏，下负公论，且从二子为奸利。鋐疏辨乞休不许。而给事御史翁溥、曹逵等更相继劾。鋐又抗辨，且极诋宗铠等挟私。翀复言："鋐一经论劾，辄肆中伤。诤臣杜口已三年。蔽塞言路，罪莫大，乞立正厥辟。"帝果罢鋐官，而责宗铠言不早。又恶翀"诤臣杜口"语，执下镇抚司鞫讯，词连应奎、逵及御史方一桂，皆杖阙下，斥宗铠、翀、一桂为民，镌应奎、浦、逵等级，调外。宗铠、翀死杖下，时十四年九月朔也。隆庆初，复宗铠官，赠太常少乡。（《明史·冯恩传》）其见志诗云："大奸在位，毒流缙绅。爰及三年，愤积神人。乃披忠悃，乃吁帝宸。惟帝时嘉，俟时而行，惟彼奸谗，捏构诬绳。惟帝赫然，逬兹佞人，爰逮小臣，亦寘于刑。于皇明圣，实余寡诚。大奸既去，遑恤我身。阳德方亨，永底乂宁。"（《薛东泓墓志铭》）

冬，潮州府同知刘魁为刻《研几录》。

薛侨跋云："是录也，山居诸友录其所尝闻耳。录成，贰守刘晴川先生至，访离山，乃命工锓梓。侨适顺归自公，因谓诸友曰：'循是修之，可以入德，可以上达矣。'执此而谓先生之训止是也，则谆谆恳恳，引而不发之意孤矣。"

郑三极序云："人之生也，受天地之中，蕴之曰性，由之曰道，动之微曰几。性也，道也，人皆有之，人皆可能者也。丧其有而弗能，非他，慢于几而已矣。故研几者，率性之括，修道之枢要也。是故学圣也者，致中焉已矣；致中也者，惟精焉已矣；惟精也者，精于几也。精于几则莫非道心之运，而人心无自萌矣。此理、欲之源，王、霸之分，圣、愚之判，毫厘千里，不可忽焉者也。《易》曰：'惟几也故能成天下之务。'《书》曰：'敕天之命，惟时惟几。'学者舍是无所用其力矣。是故克己非几弗净，图事非几弗遂，感物非几弗通。圣人知几，大贤庶几，学者审几。大哉几乎！一真百真，一妄百妄，有即百有，无即百无，毫厘千里，不可忽焉者也。是故征于色发于声而后喻，非几也；言而后信，动而后敬，非几也。视于无形，听于无声，志常存，念常一，精神意思，常凝定而虚明，而后一有萌焉，必觉也，一有觉焉，必克其善去其不善，是之谓研几。吾老师中离先生，年十六闻讲《中庸》，邃志圣贤之学，然求之十余年而不得其门。迨获师承，修之二十余年而未成厥志。一旦悟曰：吾慢于几已乎？吾无贰其事而德弗崇，无弛其功而质弗变，吾慢于几已乎？乃严乃惮，惟良知是则，惟万感之微是慎焉，斯日新矣。三极等早侍而日见其精也，录其言曰《研几录》，皆发明要约以贞夫一者也。谋诸同志梓而受之，用作于观者。"（《研几录》）刘魁字晴川，泰和人。《明儒学案》：正德中，登乡荐，受业阳明之门，为潮州同知。先生讲学中离山，魁常盍簪取益。（《全书·陈海涯传》）乾隆《潮州府志·职官》：魁于嘉靖十四年（1535）任同知，知到任在是年。

十二月，先生弟侨撰宗铠行状。（文载《薛氏族谱》）

十五年丙申（1536）　五十一岁。

先生游江浙，会罗念庵于青原书院。（《明儒学案》）

是岁，浙江诸友数出期一会，先生命驾往至吉安，为邹东廓罗念庵辈留处青原书院者旬月，四方同志听讲数百人。（《薛氏族谱》）

按：钱穆《罗念庵年谱》引《鹅溪彭君墓表》，甲午邹东廓大会士友于青原，知青原之会起于甲午也。

往天真修阳明祠。（《薛氏族谱》）钱绪山、王龙溪、王渐逵皆来会。（王渐逵撰《墓铭》）

督学少湖徐公闻之，檄吉安临江各郡之士赴讲授，郡心翕然归依。先生语诸同志曰："不可。"遂辞而避之，往天真修葺祠宇，访阳明之孤，阐遗教以维同志。常曰：学须见万物一体，乃是孔门正法眼藏。沾沾自足，不能成乎物，硁硁自是，不能通乎众者，去道远矣。（《薛氏族谱》）

二月二十三日，先生友人林大钦有《祭东泓（宗铠）文》。（《东莆集》）

闰十二月，湛若水为东泓撰《墓志铭》。

好友翁万达有《祭薛给事文》。（《翁襄敏东涯集》）

十六年丁酉（1537）　五十二岁。

五月初六日，先生仲兄杰卒。（《薛氏族谱》）

友人翁万达为广西副使，略定诸夷。（王锡爵撰《襄敏神道碑》）

万达有与先生书云："赤壁行边，经略诸务，会入交近地，龙、凭二州部酋，杀官相踵为乱，交人伺变，境内震骇。某出万死，擒韦应，械李寰，毙赵楷，皆巨魁也。又格杀其余党百十人，二州始帖帖屏息，交人亦悚服。"（《稽愆集》）

十七年戊戌（1538）　五十三岁。

春，先生与王汝中登天目山，憩金山，门人陆南卿与俱。（《全书·祭陆南卿文》）

湛甘泉《答王汝中书》云："前此闻与薛子诸贤为天台雁荡之游，此心飘然，若相与徜徉于两山之巅。"（《甘泉文集》七）

弟侨分考春闱，寻迁东宫右春坊右司直，兼翰林院检讨。

侨分考在是岁。至迁东宫官年月无考，姑系于是年。后侨告归，集潮士立一真会所，发明良知之学，先生五弟伟亦聚讲一真会，埙篪唱和。（见《薛氏族谱》）湛若水有《代简寄薛竹居》诗云："八十六年怀竹居，一真会后定何如？若知真处元无事，连此空名亦破除。"作于辛亥，即嘉靖三十年(1551)，附载于此。

二十一年壬寅（1542）　五十七岁。

三月上巳，与林东莆（大钦）翁东涯（万达）谢前山游桑浦之宝云岩。（《林东莆集》三）

《宝云岩记》：宝云"岩与老君、甘露二岩俱有名。……甘露岩洞虚敞，可千人坐，跨玉简峰之胜；而宝云则由桑浦径口南，入两山夹道逶迤，纡曲曲折。……前有宋时，先四世祖秘书潜峰公，与郡人翁庆僎、纪善甫蔡渤讲学于此。时知军州事高寿卿题额曰'聚奎阁'。……岁壬寅，届修禊之辰，余偕同人薛中离、翁东涯、谢前山三君入山，作踏青游。……三君询及往迹，……遂同质于郡侯郭以享明府，……命山僧以惠董其役，因遗址而架木集工，越十月工竣。”

按：郭以享名春震，江西万安人。周《府志·职官》称春震二十四年任知府，据此记二十一年春震已在任。

夏，游罗浮朱明洞。

是岁夏，先生入罗浮朱明洞，潮士三人从。题壁间曰：“张弩非极力弗开，磨镜非得药弗明。定水非去滓，脚挠之必浊，烧坯非足火力，遇雨终碎。”盖目击时事，因以自箴。未几，岚瘴损一人。（明本《廷鞫实录》附识叶萼《答杨复所询先师寓惠事作郡志传书》）

十二月过惠州，居半径之寻乐堂。

季冬，遣衬还潮，过惠州。叶惠江、谢惕斋、刘古狂留先生居半径之寻乐堂。（叶萼答书）按：《全书》十二《祭陆生南卿》文云：“予与蓝生入罗浮，蓝生遂故于山。”所谓损一人者，即蓝生也。

二十二年癸卯（1543） 五十八岁。

春，迁丰山永福寺。

先生居寻乐堂三阅月，避湿迁丰山永福寺，从游数十人。林鹏举、叶萼日侍讲席，雍见川以河图、洛书、太极图来问，于是著《图书质疑》梓之。惠初未闻阳明先生之学，士多见毒于魏庄渠，讳言学。然天真衣钵来，孰无艳慕？既而钟寇潭、林艾陵、卢康衢自东莞，翟极江、张白野、胡曙峰、车鹤岑自博罗，刘象龙自江右，陈舜夫、沈希周自闽，何古林、王青萝、庞弼塘自五羊，魏立峰自蒲阳，周狮峰、周崦山行部闻之，道旧竟日谈。四方之士，负笈接武至，公日与游衍西湖论学，作《西湖记》。惠人于是广见闻，知法门自有真矣。失不入城，刺不投缙绅，居常静坐，少观书，时盼湖山，洒然物外，歌咏则左右二三子，因事点化。来谒教缘问，翩翩曲引，不作经传见解，有时而不答。惟请托者接人嬉嬉，不见纤毫畛域，和冲蒸人，腹肠浮躁为之夺魄。供具虽瓠叶二簋，与其徒或对客啖之亡厌。出口非世道则古今学脉，亡一剩语。见人寡言曰：此不见底，难入真境。人寡与曰：此路径太窄，未知一体。人高谈曰：此没头脑，大肆迷妄。人执泥曰：小家相，未识其大善。于讽譬以竦动，其人虽闭塞之甚，一闻忽开；虽胶固之深，一闻遂活。尝曰：人非万物一体，便失孔门命脉，非学也。孳孳以无欲为事，其为言曰：吾学以无欲为主，然无欲亦精之不尽也。目前见其无矣，精之不几时，又见其无者未尝无也，一生精神，若未希天知命不已也。此外更亡所事。（叶萼答书）

按：丰山一名慧丰，镇丽湖边，山左丰渚，山为归云洞。先生有《丰山步月和周狮峰韵》诗云："野寺湖中景，月上绿杨堤。矫矫鸣阳鸟，飞过倍参差。别去惠锦囊，落我白云居。呼童拈香读，词雄湖海姿。往事已陈迹，逢辰正忧危。行行凌霄汉，维屏壮猷为。寂寂卧烟坞，虚庭花影移。元窍嗟久塞，探赜谁端倪。鲁阳戈入手，宁讶夕阳时。悠哉无穷思，抱独守其雌。"《惠州西湖志》：永福寺在丰山前，宋时为无量寿院。入清先后为万寿宫，为惠阳书院，为丰湖书院。

又按：叶萼《延鞫实录序》云："先师居罗浮，迁西湖之永福寺，时嘉靖甲辰（1544）岁也。"与其答杨复所称癸卯春略异。

二十三年甲辰（1544）　五十九岁。

东莞奇石人刘颐斋迎先生居玉壶洞。（王渐逵撰《墓志》）著《经传论义》。（王渐逵《墓志》作《正义》）

是岁，庞弼塘以东莞善士刘颐斋迎居玉壶洞，同门日质经传，著《经传论义》，更请疏《二论全书》，谓论在不精不粗之间，易杂邪说，正学明，则支离之说自破，著《鲁论真诠》，每书疏数十，令鹏萼侍坐，师同高声诵，叹赏则止。（叶萼答书）

王渐逵访先生于奇石。

逵撰先生《墓志》云："及来奇石，余往访焉。联床数宵，始克合一。盖公涵养日深，大本融逸，所见益明，沛然无所抵石碍。"（王渐逵《墓志》）

夏，刊《图书质疑》、《惠生八问》。

先生自作《质疑小引》云："有气斯有象，有象斯有数，皆理也。数以尽象，象以尽理，理以尽物者，图书也。予少阅弗领，考观众说，只见芜蔓，竟莫释然。顷忽开悟，似甚昭晰，人皆可知可由，而非玄且远也。盖道本一不可二也，本完成不可折也，本具足不可补也；二则杂，折则离，补则赘。后儒动裂而二之，折而补之，道丧其真，学失其枢纽矣。故图书者，心性之源，文字之祖，政治之基本，一差则百差，不可以弗明者也。乃即数为图，即图成卦，皆造化自然，无俟拆补训释，而天地易简之理，圣人精一之义彰矣。诸生闻之，恍然有省，请次图解，并录答问，用质诸君子。然与未然，必有以教我者。寓罗浮西湖，中离薛侃谨识。”（《图书质疑》卷首）

林大钦有与先生书云：“近蒙寄《惠声（生）八问录》，虽辨问周明，莫非实事，然觉毁誉之心未忘，而精察之功少慢。若顾形迹声色之末，非吾廓然无情之体，势将治己约而望人周矣。夫人各有见，是非岂能同？君子尊德性，道问学，非必人人之信己也。同我者欣，异我者矜。或曰：‘以善养人。伊尹以天下为己任，一夫不获，时予之辜。’古人至诚恳怛，以万物为一体如此。此乃生人之根。从此养习充达，方为无上实际。故不见人非，不见己是，物我无间，廓然同春，此吾侪平昔讲究之旨，造次颠沛必于是者也。夫匡章，孟氏与游，而通国以为不孝。伊伯奇至顺，而其父以为不义。人心不同，至亲尚隔，况人人乎？夫子温良和易，至为无忤，而之陈之楚，每至不容，或谓德修谤兴，名高毁来，此犹常谈。夫子曰：‘丘也幸，苟有过，人必知之。’圣人之忘于内外如此。故乐天而无忧，圣人之事也；希圣而敦仁，学者之职也。今不孜孜于道之所当务，而徇众人之所知见，则慢易鄙吝之心易生，而精微神化之体难入，此吾与丈之所共忧也，幸相与戮力勉之。”（见《东莆集》）据此则《惠生八问录》者，又曾别帙单行。

门人叶萼撰《廷鞫实录》。

萼《序》云：夏桂州居首相，修《实录》，索此入选，故备述之。

门人成子学、郭维藩同登是科秦鸣雷榜进士。（《潮州府志·选举表》）

先生长子宗铎辟崇光岩于揭阳。今石刻题字犹存。

二月，友人翁万达擢右副都御史，巡抚陕西。（《明史·翁万达传》）

二十四年乙巳（1545）　六十岁。

秋七月返揭阳。（叶萼答书）

邑令王凤辑《揭阳县志》成，先生为之序。

凤，江西吉水人，举人，创修《县志》凡五卷。先生《序》云：“王公穷陬博采，委郑君峻甫，再月而告成。”峻甫，湛甘泉门人，名大仓，号仙桥，揭阳官溪人。嘉靖壬午（1522）举人，德清教谕。

八月十九日弟僎卒。（《薛氏族谱》）

十一月十九日配黄孺人卒。

孺人生于弘治戊申（1488）十一月二十一日，卒于是年十一月是日，年

五十八，私谥敦济。（《薛氏族谱》）

十二月二十四日酉时，先生卒（《行状》），年六十。葬揭阳地美都之桃源洞凤鸣山。（《薛氏族谱》）

谱　　后

嘉靖二十五年丙午（1546）二月，广东按察司佥事施雨致祭。

同月，揭阳县知县王凤、县丞蔡楠、主簿喻利、典史蔡伯实、儒学训导黄元厚、梁世珊亦来祭。

四月，惠阳东莞刘常、叶时来奠。（祭文俱载《薛氏族谱》不备录，下同。）

同月，惠阳东莞门人姚淮、郑一雅、姚澜、陈沛、姚浤、刘文洽、姚深、李佳、李鹏举、叶万达、胡世祥、陈守经、刘文岳、廖见曾、龚卿、张文道、石俊、刘以成、姚濂、任九河、叶萼、刘彦珣、叶梦奎、李经、刘绍稷、钟岳、杨彦璋、罗烈、罗延寿、欧应选、罗宗学、莫如齿、卢存礼同致奠。

祭文云："於乎！伤哉夫子！吾复何言矣。良知之教，犹在吾耳；乐易之容，犹在吾目；作圣之志，犹在吾心也。伤痛可如何哉！追思去岁洪石泉之来玉壶也，云离翁脉理，至八月戎疾当作，今欲奉迎东归。淮等窃谓夫子之摄疾罗浮也，不迩声色，不殖货利，疾从安作？每致疑于石泉子之言。夫子亦不忍弃二三子而遽归也，惟欲適观二三子之学有所就，而经传之训直底于成也然后归；二三子依依之志，亦不忍遽违夫子之侧也。惟欲夫子久居于此，得以领教于无穷，其于石泉子之言若罔闻也。而子化诸兄，屡以四师叔之恙来报而后归。二三子时各系于庠序，不能遐随于离山之巅，临别乃为丁未武夷、白鹿之约，拟与龙溪诸君打归一而后归。於乎！相期之志，可谓远且毅矣。讵知仲秋过旬之后，脐患重作，而春冬书来，则云疮已渐愈，是为再世之人，当复无患矣。淮等又幸石泉子之言无征也，而依归之愿，何慰如之！今春闻夫子奄逝，淮等且疑且骇，遍访潮，言人人殊，然犹未敢以为然也，不数日而讣音继至。於乎！天乎！胡夺吾夫子之速乎！吾夫子之筮仕也，志未大行于天下，而与当世之士讲求阳明夫子良知之学，其成己成物之志，亦可谓远且大矣，而竟不获以跻期颐之域。於乎伤哉！天之不相斯道也固如此矣，吾复何言哉！虽然，朝闻夕死，夫子固已无憾，而淮未有成。疑也，谁其解之？回也，谁其释之？成章也，谁其化裁之？於乎！天胡夺我夫子之速，而俾淮等学问之无所成也。於乎痛哉！闻讣之下，未能即哭于潮，不胜伤悼，乃率二三子就夫子所游之馆，制服悬像，对泣竟日而还。淮等不得亲供殡殓，罪莫无极，所幸幼嗣皆能，必诚必信，当勿使有悔矣。淮等学未有成，而秋阳之思，奚啻曾子。夫子大知，其尚默相于冥冥之中，知也启之，行也翼之，庶几不至昏而且怠。而二三子者，质虽不敏，敢不互相鞭策，以承我夫子之教乎。试期渐迩，不能奔哀于潮，谨具菲仪，属洽先往奠焉。惟夫子有灵，其尚来鉴之也。於乎伤哉！”（《薛氏族谱》）

是月，弟侨撰先生《行状》。（文载《薛氏族谱》）

五月，同门聂豹、邹守益、欧阳德、罗洪先、陈大纶致奠。

祭文云：“呜呼！圣学湮晦，降自周程。天启先师，以觉我人。兄闻风而崛起，昆季翩其蜚英。始钻坚于南都，继仰高于虔城。曰大道其不远，惟寡欲以养心。察良知而烛炯，见天性之孔神。亶日乾而夕惕，若临履于渊冰，剪康衢之榛秽，塞多歧之纷纭。慨任重而道远，刚迈远而遐征。置毁誉于若一，何得丧之能婴？既遭蹶以林卧，益钩极于精深。谓困苦与郁抑，殆天意之可谌。胡六十而温化，曾不假以遐龄？豹别兄八载，恍昨暮与今晨。读《研几》、《质疑》之录，若面命而耳聆。得伏忱之琅函，惠进修之好音。矢尽涤其偏蔽，酬雅志于平生。此缄未启，讣音先承。谅渺末之在念，取近譬以相箴。敬服膺而勿堕，敢忘垂绝之殷勤。知灵爽之不昧，听斯语于冥冥。”（《薛氏族谱》）

九月乙卯，应天府通判庞嵩遣门人刘文岳致奠。

十二月，巡抚都御史张岳遣揭阳县儒学训导黄元厚来奠。

同月，门人徽州府同知杨日赞遥奠。

二十六年丁未（1547）正月，都察院都御史顾燧、潮州府知府郭春震俱致奠。

二月庚子，广东布政使司左布政使朱纨，右布政使龚辉，左参政张鳌，右参政张烜，左参议顾中孚、朱宪章，右参议方民悦，广东等处提刑按察使屠大山，副使陈恺、袁载、张宝、周宗镐，佥事何元述、陈捷、施雨、陈崇庆来祭。

三月，门人成子学过天真精舍，谒阳明先生祠，见先生神位在左，亦为文致奠。

九月，少师兼太子太师吏部尚书华盖殿大学士夏言，缄词束帛，托总督大中丞静峰遣官致祭。

吴鹏、柯乔、韩柱来祭。（月日未详）

二十七年戊申（1548）正月，潮州知府郭春震、同知王贵、推官赵沚、海阳县知县褚宗录、潮州府儒学黄仲阳、训导江用舶、陈伯容、吴全、王茂，海阳县教谕宋楫、训导杨枢、黄仪致祭。

七月，漳浦门人林成纲、林一新、林楚哭奠。

八月，朔，巡按广东监察御史黄如桂，遣揭阳县儒学教谕黄启初致祭。

同月朔，广东按察司按察使李遂来奠。

二十八年己酉（1549）二月，揭阳县教谕黄启初、训导黄元厚请崇祀典。奉巡抚张批，入祀府学乡贤祠，提学蔡批，入祀县学乡贤祠。（《薛氏族谱》）

八月，潮州府通判黄懋允、涂渠、推官赵沚奉奠。

同月，揭阳县知县郑用宾、县丞蔡楠、主簿杨继嘉、典史蔡伯实来奠。

九月，先生仲子宗釜，往谒少詹兼翰林院侍读学士前南京国子监祭酒黄佐，为撰《中离山记》。

又谒南海何维柏，乞为先生传。（文载《薛氏族谱》）

同月十九日，湛若水撰《宗山祠堂记》。（《薛氏族谱》）

文云："新建伯阳明王先生，其豪杰之必为圣人者乎！中离子薛子，其阳明先生之入室弟子乎！阳明公道义在人心，勋业在朝廷，然而君子必以教言焉。中离子行义在乡里，名节在朝野，然而君子必以学言焉。何居？重道教也。阳明子之教，良知之教也。正德丙寅，与甘泉子初定交于京师，兵曹清黄语人曰：吾从宦三十年，未见此人。其时共尊明道仁者浑然与天地万物为一体之学是矣。谪去龙场，归而教人也，一变而为正念头之说亦是矣，再变而为致良知之说亦是矣，皆是也。然而致良知者，阳明之定教，其说出于孟子，夫岂有差别哉？或曰：新建公于孟子良知良能章，独举良知为教，何居？或者有深意存焉否也。欲人知知之贯乎行，知行为不贰也乎否也？甘泉子亦尝有言：学问思辨开其知也，笃行恒其知也，学至恒知焉尽之矣。天包乎地，知通乎行，通乎行而知者，圣学之始终也，其与阳明公举良知之说，不约而同矣乎否也？虽然，学必会其全。问之曰：良知何知矣？则应之曰：无不知爱亲，无不知敬兄可也。爱敬之真心，即天理也，是其同也。问之曰：良知能为亲亲敬长，何以为仁义矣。则应之曰：达之天下可也，扩爱敬之心以达之天下，通天下以为知焉，伊尹之先知先觉乎，斯道可也亦是矣。或曰：如斯而已乎未也？曰：仁之实，事亲是也；义之实，从兄是也；知之实，知斯二者弗去是也；礼之实，节文斯二者是也；乐之实，乐斯二者是也；乐则生矣，生则乌可已也；则不知手之舞之、足之蹈之。夫天下之道皆原于爱敬焉，发之，曰：如斯而已乎未也？曰：以其所不忍达之于其所忍，以其所不为达之于其所为，义也，此孟子之大全也。尧、舜、禹、汤、文、武、周、孔之蕴而孟子发之也。或问曰：说良知者则曰常知，曰常觉，不曰爱敬，不曰达之天下，岂阳明公之意异于孟子固如是乎？甘泉子曰：吾为惧，往往为之明辨，以间阳明之道，岂得已哉！间阳明之道以间孔、孟、周公、文、武、禹、汤、尧、舜之大道，岂得已哉！中离子入室弟子，所著《研几录》、《图书质疑》，皆以发明师之的指，无后来毫厘之差也；然则其所得必不可量矣，惜我与之离索之久，未得闻其详耳。曰：然则薛子之忠义在朝野也云何？曰：行人尚谦，遭大狱于朝，明目张胆于天子之廷，义气冲空，百折不挠，若有之死而不可回者，则其中之所存，与平素之所养，一念真切，浩然刚大之气，无愧于天地，无愧于日月，无愧于鬼神，是宜其在潮感潮，在惠感惠，闻于诸司感诸司。诸司可其白，立祠宗山精舍，上祀阳明公，下以中离子配焉，凡若干楹，有田凡若干亩，以永住守焉。以其德之所感若此，可以知师傅之学哉！其弟竹居子尚迁能世其学，复置田贰百亩于祠，以赡学者，乃令中离次子来居学天关精舍，请予记。予老且病，乌能文哉？苟力疾捉笔述其始末之说，以剖学者之藩篱，以不贰于阳明中离授受之的指云。”（《薛氏族谱》）

二十九年庚戌（1550）六月，吏部稽勋司行取金豁、黄直来奠。

三十三年甲寅（1554）九月十一日，先生长子宗铎卒。（《薛氏族谱》）

三十九年庚申（1560）十二月，门人饶平县教谕漳浦林成纲、生员张时翀来祭。

四十三年甲子（1564）四月十五日，先生六弟侨卒，年六十有五。（《薛氏族谱》）

隆庆元年丁卯（1567）十二月，有诏赠先生承事郎河南道监察御史。（《明史》本传、《薛氏族谱》）

二年戊辰（1568）冬，先生侄孙洪，集其父宗铠前后奏疏并行状墓志诸祭奠文，辑为《光裕录》。南京通政使司右通政琼山海瑞为之序。（《薛氏族谱》）

万历十二年甲申（1584），大学士申时行请从祀阳明。（《明史·王阳明传》）先是有从祀之议，澄海唐伯元独排之，并讥及先生。疏下，为南京给事中钟宇醇所驳，伯元坐谪海州。（《明史·儒林传》）

附唐氏《疏》云：正德嘉靖间，乃有新建伯王守仁者，始倡为致良知之说，行于江南，而其旨顿异；彼其初意，非欲有异于熹也，但以识太敏，才太高，任道太勇，立言太易，当其谈锋溢出，前无古人，故往往不觉其抵牾于熹。而为之徒者，推波助澜，争高门户，益以疑天下之心，而遂为敌国。往该浙江抚臣题请祠额，伏蒙皇上赐以勋贤之号。夫守仁以道学自名矣，不与儒者之称，而只曰勋贤，天下之人，有以知我皇上厚恤勋臣之意，而惟恐其学之有戾于道或以骇见闻也。又近该台省诸臣，后先疏请从祀，经时累月而不遽定。乃者虽蒙俞允，然伏读御批有曰：操修经济，都是学问。夫祀典之所重可知已，必以经济与操修并言者，天下之人，又有以知我皇上念守仁有殊功，则当有殊报，不必其学问之有异同也。大哉皇言，一以劝功，一以正学，所以立天下万世臣民之极者至矣。但祀典既新，人情观望，学术歧路，从此遂分。故祭酒张位拳拳以今准从祀布衣胡居仁为言，而洗马陈于陛、少詹事沈一贯又欲并祀祭酒蔡清，无非欲全朱熹以安守仁，皆委曲以明不得已之意。观其言曰：恐学者过于信守仁而轻于诋朱子，则守仁岂能一日安于庙庑之间哉？又曰：恐学者谓朝廷尊宠王氏，此重彼轻，则今之进王，乃所以斥朱，而道术将从此裂；祖宗表章朱学，以为制考之意亦从此坏。甚矣诸臣之忧深而虑远也！不知我皇上以诸臣之见，是耶非耶？夫察之也未详，则其虑之也不周，见之也未审，则其防之也不预。当此祀典初颁之时，正观听移易之始，如其虑之不周，防之不预，使诸臣之忧，验于异时，是我皇上崇贤报功之殊典，适以违正学明道之盛心，岂惟诸臣之忧，亦皇上他日之所必悔也。何也？其察之也未详，而见之者未审也。皇上深居九重，万几之暇，所稽者祖宗训典，所对者圣贤诗书，所探讨者古今帝王治乱兴衰之迹。若欲考真儒，上自鲁邹，下逮濂洛关闽止矣，何暇详于守仁之学，而辨其是与非？乃天下之疑守仁者，皇上亦从何而闻且见也？臣是以不避烦琐，敬为皇上陈之：世之訾守仁者有六，而守仁之可疑者不与焉。訾守仁者，一曰：道不行于闺门也。臣以为守仁少负不羁，长多机谲，一旦去而学道，遽难见信于妻子，亦事之常。人见其妻朱氏抗颜而揖门生诟守仁也，遂执以盖其生平，此未足为守仁病也。一曰：乡人不信也。臣以为乡曲之誉，必其人无子弟之过者，而守仁固不能也。夫老而无述，圣人羞称，士能闻道，一日千里，况以守仁之才之识，而可量乎！人见其议论过高，而言动气象，未见有异于常人，其一二为之徒者，又多蒙不洁以冒天下之大不韪也，益以暴其短也。而臣以为抑末也。一曰：宸濠之功状疑似也。臣以为宸濠之不能有为也，不待守仁而办也。说者谓其未发既无先事之防，既发又有张皇之状，踪迹诡秘，行止支吾；使非吉州忠义伍守方略，江藩之变，未可知也。道路讹传，至今不解，其徒又呶呶而为之辨，故令听者愈疑。夫朝廷之劝功也，但考其成，君子之论人也，贵成其美；如守仁之功，报之以伯爵诚当，即进而配享于功臣之庙，亦无不可。故曰：宸濠之功状不必疑也。一曰守仁之学，禅学也。臣以为守仁非禅也，夫禅者泊然一空寂于内，澹然绝慕嗜于其外，彼其道亦有可以治心养性者，使能不屏伦理而自为一家，君子犹有取焉；若守仁者，机多而智巧，神劳而形疾，傥所谓禅者，亦呵佛骂祖之流，窃无修无证之糟粕者耳，而守仁非禅也。一曰：守仁之儒，霸儒也。臣以为圣人之道，得王而信，得霸而尊。夫圣人未尝不与霸也，一匡九合，春秋著之特详。何者？彼固窃圣人形迹之似，而非敢曰我圣人也。若守仁之自处，则已断然自为圣人，其徒亦推崇之，跻之颜、曾、思、孟之上矣。是故守仁非霸也。一曰：守仁良知之旨，弄精神也。夫六经无心学之说，孔门无心学之教，凡言心学者，皆后儒之误也。是故《大学》言诚意正心矣，而必以修身为本，孟子言存心尽心矣，而归于修身以俟君子，引而不发，但言工夫，不说本体。故曰：必有事焉而勿正心，此则臣平日之论也。虽然，弊也久矣，苟不至陆九渊"六经皆我注脚"之猖狂，皆有可恕者；此不宜又独疵守仁，而守仁之可疑，亦不在于弄精神之失也。夫立于不禅不霸之间，而习为多疑多似之行，功已成而议者不休，骨已朽而忿者愈炽，吁！可以观守仁矣。臣未暇论其良知是否，且就其说之自相矛盾者论之。守仁之言曰："心即性也，心即理也，心即道也，心之良知，是谓圣也，心之良知，即天理也，学者学此心也，求者求此心也。"灵丹一粒，点铁成金，可谓自其言矣。然又曰："致其良知，以精察此心之天理。”又曰：“精察此心之天理，以致其本然之良知。”然则良知与天理为一乎？为二乎？曰“佛氏本来面目，即圣门良知”，曰“良知即是道”，曰“至善者心之本体”，似夫知性矣；又曰：“无善无恶者心之体。”又曰：“无善无不善，性原是如此。”然则人之有性，果善耶？果恶耶？曰“良知生天生地，成鬼成帝”矣，曰“天地无良知不可以为天地，草木瓦石无良知不可以为草木瓦石”矣。然又曰：“良知本体，原来无有，人心本体，亦复如是。”然则良知之在人，果无果有耶？驳朱注曰：“‘格物者，穷至事物之理也’，功夫在穷，实落在理，若上截穷字，下截理学，但曰至事，则其说难通是矣。”彼其自为解则曰：“致我心之良知于事事物物，则事事物物各得其理。”致良知者，致知也，事物得其理者，格物也。然则致知与格物，孰先乎？孰后乎？守仁之言后先矛盾而不顾，大率类此。又有间为奇险之论以反经者，如谓曾孟非孔颜之传，则是颜曾异学也；谓知即为行，则是目足齐到也；谓明德在于亲民，则是本末先后倒施也；谓冬可以为春，则是阴阳昼夜易位也。又有故为互混之论以遁藏者，如曰：“无善无恶心之体，有善有恶意之动。”不知心体本无，则善恶之名，从何生也？曰：“不睹不闻是本体，戒慎恐惧是工夫。”又曰：“戒慎恐惧是本体，不睹不闻是工夫。”不知本体工夫，从何别也？曰：“有心是实，无心是幻。”又曰：“无心是实，有心是幻。”不知实与幻、有与无，从何定也？苏秦、张仪，缙绅之所不道也，守仁则曰：“秦仪窥得良知妙用，圣人之资也。”孔子之圣，生民之所未有也，守仁则曰：“圣人犹金，尧舜万镒，孔子九千镒也。”又曰：“求之吾心而非，虽其言之出于孔子，不敢以为是也。”大发千古所无之异论，欲为千古所无之异人，彼谓不忍操戈而入朱熹之室，不知其操戈而入于孔氏之室也；彼谓朱熹之学为洪水猛兽，不知其自陷于洪水猛兽也。当时尚书湛若水与守仁至契，亦尝答吕怀曰：迩来横议，汤沸火燎，眼中已无尧、舜、禹、汤、文、武、周、孔矣。尚书张邦奇答唐顺之曰：今之讲学者，至于狎侮天地，秤停诸大圣人分两轻重之类，开辟以来，未有无忌惮若此者。太常卿魏校答崔铣曰：自守仁说行，而杨简逆天侮圣人之书出祸天下，其邪说甚于无父无君。提学林希元作《四书存疑》曰：天地间自来有此妖怪，如许行邪说，至为无谓，犹有从之者，无怪良知之说惑人也。夫此四人者，皆世所谓贤人君子，且素重守仁者也，而力诋之若此，是必有大不得已者，夺其情也。且自国朝以来，真儒如薛瑄，已从祀无议矣，从祀之道自任者，莫如今准从祀检讨陈献章，守仁之徒所推服亦莫如献章，今献章之书具存也，有无忌惮如此者乎？彼为之徒者，往往推守仁于献章，而不知其不类也。何以明其然也？彼驳朱熹穷物理之说曰：如求孝之理于亲之身，如恻隐之理于孺子之身。不知熹无是教也。又曰：亭前竹子，穷物不通，七日成疾，以为格物误人。不知熹无是学也。以一心好酒，一心好色为主一之功证，居敬之失，不知好酒好色不可以为敬，亦未有敬而好酒好色者也。如此之类，欲以病朱熹而愚天下，至指之为神奸所伏，考献章之言有如此者乎？观其诗曰："吾道有宗主，千秋朱紫阳。"又曰："一语不遗无极老，十年无倦考亭翁。"吁！何其尊之至也。守仁之奖借其徒，人人闻道，处处颜曾。如哀主事徐爱之亡曰：汝与颜子同德，则是颜子在门也。别山人董澐之序曰进于化也无难，则是自处已化也。指王畿心意知物善恶俱无之见，为明道颜子不敢当，则是王畿过于明道颜子也。臣之郡人杨氏兄弟仅及门，而一皆称之为闻道，此外又有薛氏兄弟子侄之盛，又有毅然任道数十人之多，则是邹鲁诸贤，不足以当臣一郡也。奖人以所无之善，诱人以伪成之名，枉其心之公，贼夫人之子，惑世诬民，莫此为甚！考献章之言，有如此者乎？观其语李承箕曰：世卿以欧苏人物自期，安能远到？其伦张诩曰：廷实是禅矣，但其人气高，且不可攻。吁！何其严之主也。夫朱注之行久，学士遵为矩矱，而求其体验于身心者实少。自献章以静入诚养见大无欲之旨迪人，而学者始知反求诸内，可谓有启佑之力；然其补偏救弊之言，亦不无时有稍过者。昔程颢有言：学者须先识仁。仁者，浑然与物同体，常时皆谓发前圣所未发，而朱熹独谓其太广而难入。献章之言曰："吾能握其机，何必窥陈编。"又曰："此道苟能明，何必多读书。"虽出于救末学之弊，而臣亦谓其语意尚须善会。又曰："谁家绣出鸳鸯谱，不把金针度与人。"则极喜程颢与物同体之说。或者病之，又谓金针之语不当喻学，而臣则以程颢献章各就己所至而言朱熹之意，则为圣教而发，若乃所引禅语，诗家借用，似无嫌于同辞者。要之，圣人无是也。夫道中而已矣，教中道而立而已矣，卑之不可，高之不可。贤者立言，往往不能如圣人大中而无弊也，此圣贤之分也。虽然，不意守仁之好异一至于此也！考胡居仁与献章同时，同受业于吴与弼者，然尚以献章之学为禅，使其生于守仁之日，将不知其指守仁为何如人也？守仁之学，实从湛若水而兴，若水献章之徒也，所谓良知，岂能出献章造悟之内？而生平论著满车，曾不挂口献章一语。呜呼！彼固上薄孔子，下掩曾孟者，固宜其不屑为献章也。或者比而同之，过矣。推守仁之意，生不欲与献章齐名，殁岂欲与献章并祀。傥如守仁者，而欲议祀典，则必巍然独当南面，而孔子为之佐享，如颜曾思孟周程，犹得列之廊庑之间，彼程颐朱熹而下，当并弃之，不与同中国矣，岂能一日同堂而居也。呜呼！此皆由守仁自任之太过，虽守仁或亦不自知其至于此也。臣少年读其书窃喜，盖尝尽弃其学而学焉；臣之里人，亦有以臣将为他日守仁者。赖天之灵，久而悔悟，始知其自奇智解者，乃工于获短之谋也；其借口一体者，乃巧于盗名之术也；终日招朋聚党，好为人师，而忘其身之可贱也；稍知廉耻之士所不肯为，于是颜忸怩而心愧畏者累月，是以宁谢交息游，不敢学媒约之言以奖进人物，宁其中一无所有，不敢高阔其谈以骇人惊世。何者？自顾其才非其才，其道不敢道也。昔马援戒其子侄曰：杜季良忧人之忧，乐人之乐，吾爱之重之，不愿尔曹效之，学而不成，所谓画虎不成反类狗也。里妇效颦于西施，其姑见之曰，此吾妇也，胡然化而为鬼也。故守仁之学，有守仁之才则可，无其才而效之，不为狗成则从鬼化。夫人之所以异于禽兽别于鬼魅者，以其平正明实，守经守礼，虽愚夫愚妇，可望而知也。今若此则又何贵焉？然以臣昔日之误，则天下之为臣者，宜不少也，以臣之迷而后悔，则天下之迷于其说者，皆可原也。孔子曰："天下国家可均也，爵禄可辞也，白刃可蹈也，中庸不可能也。"夫宁学中庸而未至，不欲以一善而成名，君子之所以戒慎恐惧也。负三者之行，索隐行怪以为中庸，而欲以凌驾古今，小人之所以无忌惮。虽然，中庸之难能久矣！如献章之与居仁，皆学中庸者也，敌求其至，即献章之诚笃光辉，臣犹未敢轻许；况居仁乎？而又何责于守仁也？若舍中庸而论，则守仁者，亦一世之雄，而人中之豪杰也。乞宥言官一疏其气节足尚，江西广右之功，其勋名足尚。《传习录》虽多谬戾，拔一塞源之论，亦不免借一体以行其私，独训蒙大意一篇，能道先王之旧，而象山祠、文山祠二记，与客座谕俗数语，有可以警发人心，其文章足尚。三者有其一，已得祀于其乡，合之以祀于孔庙，似亦不为甚过。乃臣之所为过虑者，亦窃比诸臣之忧耳，诸臣之忧，实天下之人之所同忧，不可不为之防也。《书》："朕塈谗说殄行，震惊朕师。"又曰："何畏乎巧言令色孔壬。"孔子曰："恶利口之覆邦家者。"其论为邦曰："远佞人。"佞人殆是以共工之流。两观之诛，自后世观之，皆若大远于人情，而不知圣帝明王，皆急急以正人心为第一义也。今守仁挟秦仪之术，薄孔孟之教，张皇告子佛氏杨简之论，而自谓千古一人，举世皆知其利口巧语，而拟于谗佞，是大舜孔子之所畏恶也。我皇上方隆唐虞之治，崇孔氏之学，而又以祀典宠守仁之功，事虽若可以并行，义不可以不明辨。（下略）（见《醉经楼集》）

三十七年己酉（1609），林熙春跋《研几录》。

文略云："余少从家大人受书，则有中离先生《研几录》。曰：'先生为阳明首座，读此有裨圣学。'时有事帖括，解者十七，所未解者十三。比杖斥家食，搜此书无有，始就先生裔孙诸生士彦茂椮得抄本读之。见其精密恢扩，直发前人未发，圣人复起，不能易矣。近来姚江标柄，人间疑其支离。先生之学，有入门归宿，而一生气魄，百折不回，真为姚江功臣。第此书阙，只存千百什，姑缀数语简端。俟获全书，当叙付剞劂，为先生传神。岁己酉，乡人后学林熙春识。"（《研几录》）

四十二年甲寅（1614），都察院准礼部咨请谥先生。（文载《图书质疑》末）

四十四年丙辰（1616），先生文集刊行。（曾彭年撰《全书题记》）

按：此即先生孙德卿所梓，《千顷堂书目》著录四卷本。（详《潮州艺文志》）

四十五年丁巳（1617），先生曾孙茂杞重刻《图书质疑》及《研几录》。（见《图书质疑》卷末）

崇祯六年癸酉（1633）四月，揭阳县知县陈鼎新撰《中离集序》。（文载《薛氏族谱》）

十年丁丑（1637），邑人为先生侄东泓建祠于金山。（《海阳县志·建置略》）

十一年戊寅（1638），先生曾孙茂椮刻《廷鞫实录》。

十二月，张明弼撰先生文集序。（文载《薛氏族谱》，文又见张氏《榕城集》卷五。）

十三年庚辰（1640），张明弼撰《东泓祠堂记》。（文载《薛氏族谱》）

清顺治十八年辛丑（1661），潮州府知府吴颖建理学名贤祠，祀先生。（《海阳县志·建置略》）

记略云：郡之金山，有周濂溪先生祠，由来旧矣。廖槎溪以紫阳高弟判郡事，今从祀孔庙。王阳明抚虔，潮人士多从之游，为建祠城西。独紫阳先生曾游于揭，主同年郑氏家，题诗石壁去，而缺焉无祠。后之宦游潮者，郡丞刘晴川、揭簿季彭山，位诎道伸，潮人以为师。而此邦所称闻道好学之人，如三薛立朝，不愧名节，二杨兄弟，自相琢磨，陈海涯笃实躬行，林龙湖陈员溪讲学不倦，皆圣贤之徒也。呜呼！濂溪祠改而贮火药矣，阳明祠茀为马厩矣，兴废之故，可胜感矣。岁辛丑元旦，谒庙，见郡学侧有旧屋三楹，故为复礼祠，今盐贾僦居，因议新之，以祀理学诸先生十有四人。首濂溪，次紫阳，又次槎溪，从乎濂闽之传者也。于明则首阳明、晴川以下，或游宦，或授业，或私淑，皆衍王氏之学者也。发一堂之问学，化三古之异同，予窃于合祠有深幸焉。榜曰理学名贤合祠，并次第其事，以永之无穷。（《海阳县志·建置略》）

道光二十四年甲辰（1844），惠潮嘉道诸城李璋煜，委教授顺德冯奉初，刻《潮州耆旧集》（《耆旧集》冯奉初序），选先生文编为《薛御史集》。（列于《耆旧集》第四卷。）

民国四年乙卯（1915），揭阳曾彭年编印《中离全书》。

题记云："先生书存者凡三种：曰《研几录》，刊于嘉靖乙未（1535）；曰《图书质疑》，有先生自序，不言付刊；曰《文集》，刊于万历丙辰。今乙未丙辰二板久无存，《文集》尚有旧家藏本，《研几录》《图书质疑》则皆辗转传抄本也。三书各为卷数，惧其散而易佚也，用陆文安王文成二书例，合而刻之，另加编次，订为二十卷。先之以《研几录》，《图书质疑》次之，《文集》又次之，而附以先生任东泓给谏《疏草》终焉。道光朝，冯氏奉初辑《耆旧文集》，于先生作，具见搜罗，恨非足本；当日校雠尚精，抄本讹脱，往往借以是正，其校无可校者，则姑仍之，不敢轻易窜易，示慎也。又案杨文恿公起元《惠州寓贤记》，称先生所著有《研几录》、《图书质疑》、《经传正义》、《中说》、《西湖记》诸作，《鲁论真诠》未成，稿藏李鹏举家，又十余年，叶萼得之其蔽笥中，追忆续成之。王氏渐逵《墓志》、何氏维柏《传》，均称所著有《研几录》、《图书质疑》、《经传正义》，湛甘泉氏《宗山祠堂记》则仅称所著有《研几录》、《图书质疑》，以上四家所叙先生著述，互有不同，然考文恿所称前三书与王氏何氏同，其《中说》寥寥短篇，已见《文集》中。《西湖记》无存，至《鲁论真诠》，则明言叶氏续成，非尽出先生手著，且叶氏续书时，在先生既没十余年之后，则为家传与志墓之文所不及见，亦自有说。惟《经传正义》为甘氏《祠堂记》所不载，则一疑案耳。冯刻《耆旧集》，亦不及《正义》、《真诠》二书只字，冯氏去今近百年，搜辑较易为力，乃亦仅此，则此二书之亡，盖亦久矣。附著于此，以谂后之读先生书者。"（《全书》卷首）

跋

中离先生为王门高弟，首钞《朱子晚年定论》，刻《传习录》，于师门宗旨，多所敷发。阳明居赣州，先生偕兄俊及群子弟往问业。由是杨骥、鸾兄弟，黄梦星、林文、余善、杨思元、陈明德、翁万达、吴继乔辈，闻风兴起。王学盛行于岭南，论者咸推功于先生焉。先生之学，有入门、有归宿，一生气魄，百折不回，其节概具见《明史》及府县志本传。而弟侨所撰《行状》一文尤详，载钞本《薛氏族谱》。予曾录刊《方志旬刊》，僻在岭东，流布未广。比者，广东文献馆将刊行《广东文物》特辑，叶玉虎、简驭繁两先生征文于余，以中离思想事迹为题，乃于凤陇薛家假得《薛氏族谱》，参以先生《文集》，撰次为谱，著其行事，系年纪要。至其学说，《全书》具在，故不详及。附载王门潮籍诸君子，其谊兼师友者，有郑一初，事阳明盖在先生前，亦并列焉。先生廷鞫经过，向有叶萼《实录》，不复覙缕。至若先生《著述考》、《学侣考》，以征稿限迫，未及写定，兹暂从阙。是稿以半月之力，仓促成篇，疏漏知所不免。容俟异日，再行苴正。

戊子冬十月朔日，饶宗颐附识

原载《选堂集林·史林》，香港，中华书局，1982

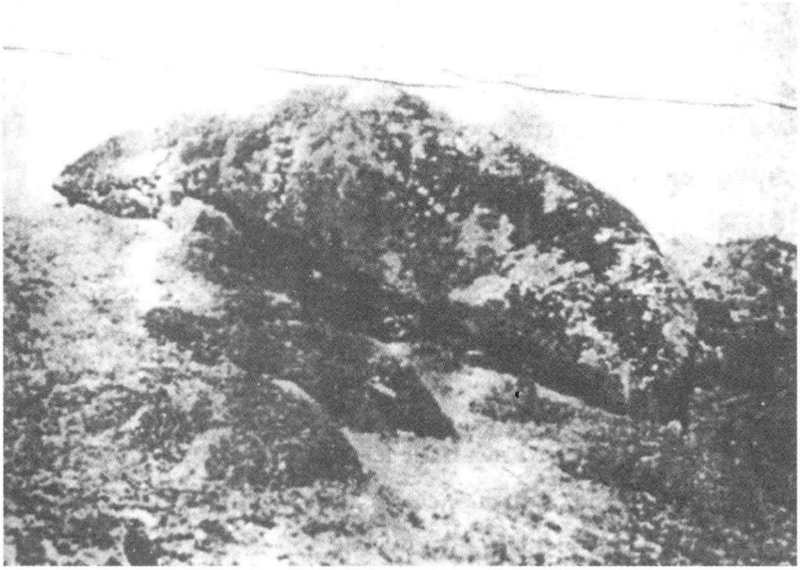

图一　东岩（中离山十八景之一）薛侨所辟

图二　中离洞（在今桑浦山，中离先生辟）

郭之奇年谱

卷九

饶宗颐二十世纪学术文集·潮学

目　录

引　言

此年谱稿弱冠时草创，抗战中，播迁揭阳县城，曾造郭氏旧居，得睹其家乘，故于世系能详加胪列。公之著述若《稽古篇》、《宛在堂集》，均余家中庋藏之物，先君撰《潮州艺文志》，时常考览，小子侍笔砚，知之独详，因据以载录。溯自鞆张以来，奔走异地，先人故庐，文籍荡尽，不可复问；而此稿弃置箧衍，绵历星霜，忽忽四十年矣。比岁屡尝旅游粤地，北至乳源，西南适新州，谒六祖出生之地，甚思南极雷、廉，凭吊公晚岁循海流离转徙之所，而人事沧桑，骤不易得。顷者汉升先生征稿，因取此文略加点窜，聊付剞劂。呜呼！迭遭丧乱，积稿沦于兵燹者不可胜计，独此尘封累载之丛残，幸告无恙，似公之灵实呵护之。

检谢国桢《晚明史籍考》重订本，于公著述各种，只字不提《宛在堂集》，东京内阁文库犹有其书，而诸夏竟成稀本。以谢君殚极数十载之力，于公遗事尚陌生如此，故此年谱于南明史事大有裨益，刊布夫岂容缓？用志其成稿颠末，以见一文之刊，其成毁显晦，亦有缘遇，非可力强而致也。此稿整比誊正，赖门人郑炜明勷助之力，不可不书。

己巳（1989）端午后十日，饶宗颐识

谱　　前

先生名之奇，字仲尝，号菽子，一号正夫，又号玉溪。广东省潮州府揭阳县东门人。生于万历三十五年丁未（1607）八月十八日庚辰，于明永历十六年、清康熙元年壬寅（1662）八月十九日己未就义，年五十有六岁。乾隆四十一年（1776），朝定《殉节录》，复先生原官，赐谥忠节。嘉庆二年（1797），奉旨崇祀忠庙，兼祀乡贤。

按：先生事迹，详具先生长子天祯所撰家传，载《榕东郭氏族谱》。

郭氏之先，福建莆田人。太始祖有处士曰毅山者，其裔孙为宋节推，官于潮，卜居海阳县登云都，有德于乡。孙六人，次名曰诚，号原兴，始移居揭阳县城东关，是为榕东郭氏之祖。

元兴公有子二，其次名立，号刚直。配陈氏，生子二。长名善，字南峰，即先生之曾祖，以先生贵，累赠如先生官；配柯氏，生子一，名明作，即先生之祖父也。

明作公号静湖，庠生。秉德礼让，以文行显，祀乡贤。以先生贵，赠如先生官。生于嘉靖十八年己亥（1539）五月廿一日，卒于万历三十三年乙巳（1605）五月十三日，年六十七。配洪氏、陈氏。

先生父名应试，字国征，号首鸿。静湖公长子。邑庠生，授州同知。生平恂恂，闭门扫轨，人称为南极老人。生于万历十二年甲申（1585）八月初五日，卒于隆武二年丙戌（1646）十二月十五日，年六十三；配林氏，南安州学正林益盛（隆庆二年明经，揭阳人）孙女。

首鸿公生子八人。长用章，次即先生，三之章，四之廉，俱嫡出。五之宰，六之产，七之竑，八之音为庶出。

长兄用章，字伯尝，号俊夫。由府学廪生援例加勋，署补武英殿中书科中书舍人。配曾氏，子二。长锡禄，字尔功，由选贡授兵部职方清吏司员外郎；次天祝，字尔山，国学生。（《年月志》）

三弟之章，字叔尝，号文夫。意气轩昂，及冠食饩。隆武丙戌（1646）八月登明经，九月以御寇守城战死。配谢氏，子二：天禧，字寡庵，监生；天价，早卒。

四弟之廉，字季尝，号介夫，永历中，奉敕以兵部员外郎集义旅，应西师事，泄败。

按：《府志》载之廉顺治辛卯恩贡。其时选举未兴，恐后来追赠。配方氏、洪氏，子三。天礼、天祀，俱庠生，以文学显。另一子名天禄。

五弟之宰，字立夫，六弟之产，具庠生。七弟之竑，字昱夫，增生；迁居棉湖。八弟之音，国学生。

先生元配林氏，海阳人，林尚书谥忠宣熙春长孙，兵部职方司主事林绍铉长女，三加锡命一品夫人。年三十三。

继室周氏，澄海冠陇人，庠生周良泽三女，再加锡命一品夫人。年六十九。

继室张氏，直隶顺天府人，中极殿大学生张翼凤长女，敕封一品夫人。年十六来归，十九岁卒于石井。

侧室陈氏，海阳人（年十七归先生，二十五岁生天禔）。年八十六。

谢氏。

侯氏。上二人并死于壬辰（1652）马鞍山之难，赐祭葬，褒嘉义烈，诰封淑人。

先生子四人，义子一人。

长天祯，字尔兴，号二则。康熙九年（1670）岁贡，荫尚宝司丞；娶崇祯戊辰（1628）进士浙江仁和县知县宋兆禴季女。年六十一。

次天禔，字尔肃，号宓庵。康熙十七年岁贡，荫尚宝司丞；娶尚书黄奇遇女。明末从父走荒域，及父入交趾被获，以身蔽父，刃挥其颅，血涔涔不少却。洎父死桂林，扶榇归里，负土筑茔，结茅芦墓。事前后母能尽孝。著有《屯园尺牍》、《溪堂诗集》。卒年七十四。

按：事迹详《府志·孝友传》及《揭阳续志》。

三天社，原聘右佥都御史罗万杰女，未娶。从仲兄天禔走交趾省亲，殇逝文渊旧州，年十六。荫中书舍人。

四天裯，字尔甸，号潜园。荫征仕郎中书舍人，娶天启丁卯（1627）举人兵部主事大埔杨世乔第五女。早卒。

义子天祉，从先生桂林。荫国子监生。

先生有八女，均不育。一女名玉，年十三死于壬辰（1652）飓风之变。

按：以上各人事迹，俱据《郭氏族谱·日月志》。

先生墓与林夫人合葬揭阳蓝田都。周夫人、张夫人墓葬官溪都盐埕陈吊岭（见《揭阳县志》）。

乾隆四十年（1775），赐谥忠节。《钦定胜朝殉节诸臣通谥录》云：“文渊阁大学士、吏、兵二部尚书郭之奇，揭阳人。明亡跋涉闽、粤、滇、黔，往来万里；闻孙可望杀严起恒，团聚乡勇，守乐民所，为陈奇策等声援。后被执，至广西省城，不屈死之。”

兹列先生之谱系如下：

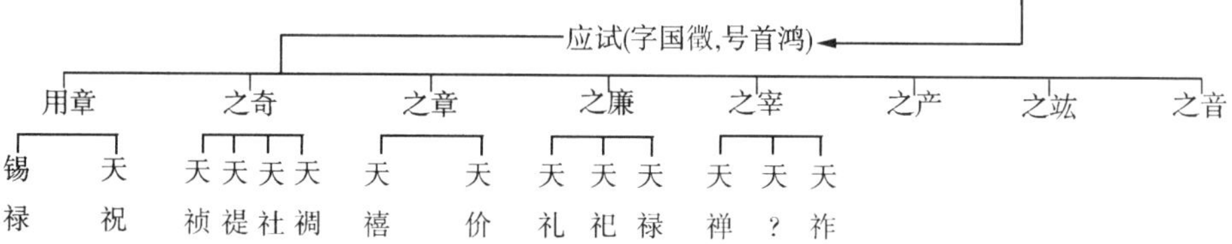

年谱（1607—1662）

明万历三十五年丁未（1607）　先生一岁。

先生于是年八月庚辰生于揭阳东门。生而不接人乳，母爱而自乳之。（《家传》）

三十六年戊申（1608）　先生二岁。

八月初三日申时，室林夫人生。（《榕东郭谱·年月志》）

三十七年己酉（1609）　先生三岁。

侧室陈氏生。（《年月志》）

四十三年乙卯（1615）　先生九岁。

春，黄道周应潮州守詹佐雨聘，来潮。时年三十一。（《漳浦年谱》）

四十五年丁巳（1617）　先生十一岁。

先生充邑庠生。时宗师为杨瞿崃。（《家传》）

天启元年辛酉（1621）　先生十五岁。

初为诗。《编年诗总序》云："忆年十五，帖括之余，间学声律。"二月初九日，先生三弟之章生。（《年月志》）

二年壬戌（1622）　先生十六岁。

食饩。宗师为杨启华。（《家传》）

五年乙丑（1625）　先生十九岁。

九月十一日，继室周夫人生。（《年月志》）

七年丁卯（1627）　先生二十一岁。

举于乡，主考为张茂熙（丙戌进士）、曾栋（丙辰进士）。（《家传》）

是年有诗二十首。

八月十一日，长子天祯生。（《年月志》）

崇祯元年戊辰（1628）　先生二十二岁。

上进士第，殿试以孟夏一日。（《马上集》）

时总裁首相施凤来，次辅张瑞图。房师雷躍龙得先生卷，惊叹以为异才；与何吾驺同荐为元卷。总裁以大英异，抑置之。既撤闱相见，雷公语何公曰："此子姿仪朗越，弱冠负曜魄，以之进金闺，修天禄石渠之业，舍斯人其谁属？"（《家传》）

按：先生戊辰会试策问，载《耆旧集》三十四。

选授翰林院庶吉士。

先生为歌诗，骏发踔厉，鞭挞一时，既为同官者所忌，又严气正性，不肯委随以附权贵。宜兴周玉绳、乌程温长卿皆嫉之。（《家传》）

《宛在堂文集》有《戊辰会闱作，为拟"上御文华殿讲读毕，召见部院诸臣，咨询时政，俾各条陈职掌，随出御礼，申诫大小臣工：务修实事，共佐平康"群臣谢表》及《正人君子所深愿文》；阁试有《条陈急切时宜疏》、《拟应诏陈言时政疏》；馆课有《拟昭雪忤当被螫诸臣诏》上下及论四篇（一、《上下交而志同论》，馆选第十名；一、《生知安行论》；一、《心存无尽性之理论》；一、《孔子称伯夷、叔齐而不及伊尹、太公；孟子尝称之，至论百世之师，独推夷惠而不及尹，其旨何如》）。诸篇皆载集中。

有《怒流草》。

《自叙》云："《怒流草》，何以名也？曰：'天地怒流人事错，错则文章一道，盖本怒气以生，而后天精既下，五色并见。'孔曰'不惧'，孟曰'浩然'，此气出之篇章，拂扬其华，犹令毛孔生动。吾人甫学搦管，便已腹孔胎孟，而成败两念纵之，窃吾气以行焉，亦重所不忍也。壮士冲锋，冒矢突刃，稍计成败，顾影狂奔，不在他人后矣；斩将搴旗，不属之冒矢突刃，而属之顾影狂奔者哉？人生坠地，我法自尊。奈何总角方弁，而奴颜婢膝；先见方城尺幅之下，备办天下事者，伊而人未之闻焉。究竟收功，此又反不偿彼，亦重为鬼揶揄也。余志疏质顽，终岁少成一文，而顾呶呶口天下事，冥行蜚词，何敢逃讥？虽然，语有之：'萍树根于水，木树根于土，各有其性焉；两木相摩而然，金火相守而流，各有其势焉。'因其性之所赋，行其势之所旺，而以摛其气之所生，则《怒流草》之名，盖取诸此。若夫凿茨泄溪，取铁作剑，登城而麾军破卒，或自有文中真欧冶在，余吃吃，何能多言？"（《潮州耆旧集》三十四）

八月二十八日，先生四弟之廉生。（《郭谱·年月志》）

二年己巳（1629）　先生二十三岁。

给假归省。

冯奉初撰传云："崇祯戊辰成进士，选庶常。明年请假归。"《视学报政集》："崇祯二年，给假省亲。"

自燕都至白门，有《纪行诗四十韵》。（见《马上集》，不录）

由浙江、闽至潮，有《百山行五十韵》。

诗云："山行尽一月，逾山历万乡；入山又出山，宛在山中央。《山图》所未及，《山经》或未详；夏山翠如滴，秋山净若妆，冬山深如睡，春山远更芳，不尽山四时，山情那可量？江山自严厉，溪山转幽凉，神山未获见，海山意中荒，我闻山异德，始知山各疆。朝涉东山巘，山日飞混茫；午憩南山侧，山风扑面扬；晚出西山岫，山云尽可囊；夜倚北山麓，山雨欲浮床。山岚时结瘴，山露乍凝霜；何木不山落，何草不山黄？落木悲山末，黄草敝山旁；山木犹有枝，山草孰堪攘？此尽山糟粕，岂见山英芒？山草非芝瑶，山木愧扶桑；山樵恣斤斧，山牧自徜徉。欲穷山变化，久为山低昂。穿穴看山鼠，扑树突山獐；彼俩凭山鬼，依倚任山狼。迁鸟出山谷，雌雄立山梁；求山仍求友，山集又云翔。颇怪山中物，未必与山忘。何人买山隐？何士构山堂？紫霞依山栋，碧霭吐山房；山葵供小摘，山竹表幽篁，山居虽暂许，山意岂堪偿？山不厌人闲，人莫厌山长；心能与山静，山亦与人商。久从山终始，姑使山颉颃，山朝复山暮，与山俱未遑。我仆叹山砠，我马鸣山冈；采山人不见，何处置山筐？山巅余鸟道，山径及羊肠；崔嵬极山致，屈曲探山藏。举头问山隐："山书秘何方？"低颜语山客："山柱伊毋戕。"山盘五十余，惟有泰山当；山池二十八，或倍华山阳；彼山标千古，山以名益昌，此山阻遐僻，名晦山何妨？山之言产也，不产山无良；或曰山为宣，非宣山曷扬；我有家山在，俟我山始彰：东山与西山，咫尺共山光；近山情可悉，遥山意可望，聊以家山绪，先矢《百山行》。"（亦见《马上集》）

按：《马上集》序："驱车方夏仲，抵家而秋既老。"故知先生抵家在秋后。

有《初瞻集》。

《自序》略云："矢诗不多，强半家思，实凄且远，言志遂歌，终不畔于《归去来》之旨云尔。"（《耆旧集》）

又有《马上集》。

《序》云："思远则心劳，抚时则意杳，吊古则神壮，感物则气连；四者积而导乃情，情之所钟，莫能伪也。旷之以见闻，展之以梦寐，致之以山水，配之以友朋，悠之以岁月；五者备而言乃志，志之所之，莫或杂也。天地殊观，古今快事，不有韵人，朗之声歌，煜之编简，后死者安得与于斯哉？追尚往者，孰情深而言永？孰志坦而词昌？孰违情而易性？孰惑志而干时？为真为伪，为正为杂，未繇廋识者之眸矣。余守燕三载，尘风游倦，白云思深；蒙恩归省，途历八千里，水陆虽兼，然马上强半也。驱车方夏仲，抵家而秋既老。积情备志，盖匪朝夕之故；寤言啸歌，若或速之；念不及转，私不及谋；虽意浅文轻，为伪为杂，亦庶几其免夫。"（《耆旧集》三十四）

《编年诗总序》云："读书中秘，与曹允大、方肃之、刘胤平、徐九一、金正希诸同馆，花砖马背，连裾振辔，扬扢风雅，思不懈而至于古；及休沐抵里，得冯令如陶令，唱酬不辍，始有《马上》之刻。"

按：先生《宛在》诗，断自《马上集》，其前作《怒流》、《初瞻》二集俱不存。同馆诸人即曹勋、方拱乾、刘若宰、徐汧、金声。冯令指冯元飙。

三年庚午（1630）　先生二十四岁。

正月，海贼犯城，先生与诸绅议城守之法。

时海贼八十余艘，用佛朗机大铳攻城。先生与诸绅议分城战守；另募壮丁百四十余人，杀一贼给二十两。十九日，开北门与战，诸生范应龙、郑祖绍与焉。贼退。（《揭阳县志·兵燹》）

三月二十四日，先生募壮丁击退丰政贼。

流贼自长乐入境。时丰政贼叶阿婆、张文斌等乘势并入，劫蓝、霖二都。先生捐赀募壮士，与知县冯元飙率兵逐之。（《揭阳县志·兵燹》）

先生家居。邑侯冯公元飙聘修邑志。

《辑志旧指·凡例》（《辑志旧指》下称《志指》）云："旧志成于嘉靖年间，知县王公凤创稿，孝廉郑君大仑校增，迄今几九十年岁。庚午前令冯公元飙申请修刻，之奇以省觐家食，函币再至，力辞不可，因敦语及冯君牒学分请诸庠士，搜寻事迹备采；既以浪游，未获援笔。"

先生撰《冯元飙传》："侯字尔弢，浙慈溪人。壬戌进士，选澄海，以忧归；后补揭邑，天启六年任。"

秋，有《题苏子瞻睡乡记后》（《耆旧集》）。

是岁大祲。先生父应试，罄禀藏以赈饥，远近就食者以万计。（《郭谱·年月志》）

四年辛未（1631）　先生年二十五岁。

家居，任邑志总纂。

《志指》："一岁辛未，署篆江公愈敏，捷学呈报庠士王生阳春、谢生焘、袁生年、陈生仕清、黄生梦选，督之分纂，而以奇总其成。属有犬马疾不能与闻。"

有《谢儒美（宗镆）御泠斋诗序》（《耆旧集》三十四）。

五年壬申（1632）　先生年二十六岁。

家居，邑志成。

陈鼎新《揭阳志序略》："前令冯君，早已具仪币请郭太史为政，而偶未属稿。新猥承冯君后，幸太史尚居邑中，即敦请其终事，阅数月而告竣。"

冬十一月，作邑志《凡例》。

《志指》："岁壬申诸君稿成，录呈今令陈公鼎新，始及见副稿。再承仪币，督奇改正增辑；逊谢不获命，起稿秋中，告成于仲冬之晦。”又《凡例》云：

一、图志所由设，本以通天下之志，达天下之情，使一道同风，治教所开，法戒所垂，莫斯为大。今郡邑诸志，皆不领于王官有司，故或苟且应事，其于是非理乱之故，可以招鉴明本，示之将来者多略不书，其去古远矣。是以忘其固陋，策鞭于古今之域，定辔于时事之冲，考所学以立言，矢诸心而直著，不敢徇人，不敢欺己，奇之志也，即奇之罪也。

一、是志为纲六，为目三十有九，叙次之指，著于各篇之端；间或兴感时事，缀以俚言，为论、为议、为赞，则附各篇之末。

一、乘中人物，除科目封赠及旧志所载者依之外，如例仕、黄耆、素行、节烈等项，俱今君酌定。

一、搜核省府志事实同异。磨勘年代后先，则杨生闹、陆生应登，劳不可泯。

一、诸志皆首著沿革，分纪灾异；兹独志年、表事之巨著，悉见于编年之下。

一、凡各项记序、诗赋诸文，恐厕杂事下，病于冗长，俱汇见文纪，分而类之，以便省览。

一、旧志遗文不概见，文献不足，先圣忧之；兹所搜录颇多，或不厌其烦也。

又作《修邑志成感赋四律》，修《揭志》作《榕城八景诗》及有《挟改数字不得者，再吟二律》诸篇，见《宛在堂诗集》中，《遂初集》。（不录）

按：此志原帙久亡。据之奇《志指》，知原编分六纪：曰《地纪》、曰《时纪》、曰《政纪》、曰《献纪》、曰《文纪》、曰《余纪》。《地纪》分“分野”、“疆域”、“山川”、“潮汐”、“津梁”、“水利”、“墟市”、“物产”诸目；《时纪》分“气候”、“年表”、“风俗”诸目；《政纪》分“赋役”、“职制”、“位署”、“祠祀”、“学校”、“城池”、“兵防”、“官师”、“坊表”诸目；《献纪》分“选学”、“例仕”、“封赠”、“武科”、“隐逸”、“素行”、“黄耆”及“传记”诸目；《文纪》、《余纪》细目未详。

作《兵防七议》。

有《乡约考》附邑志“疆域”下。其为邑志撰传，有知县汪起凤、曾应瑞、冯元飙诸传，载《政纪》“官师”门下。又郑一统、林熙春、孙森诸传，载《献纪》中。

又为《广文先生赞》、《林熙春赞》、《宋汝翼墓铭》，皆载邑志中。有《宋兆禴学言余草序》。（《耆旧集》）

六年癸酉（1633）　先生年二十七岁。

假满。偕兄用章晋京。（《家传·年月志》）

坐失权贵，散馆左迁礼部主客请史司主事、提督会同馆。

《文集》：“解馆，有《圣王明教化以善俗论》。”

方左迁时，报至，祖母叹曰：“儿之邀于天下者早，是必不能援手于人；儿之行所志而不能干时也，吾知之稔矣；确然。宁为此，勿为彼。”（《郭谱·家传》）

七年甲戌（1634）　先生年二十八岁。

三月七日，华亭董其昌为先生撰诗序，长洲文震孟亦为之序。（见《宛在堂集》卷首）

五月，奉使册封荆藩，即蕲州府德安王。便道归觐。（《郭谱·家传》）

兄用章补武英殿中书舍人。（《郭谱·年月志》）

八年乙亥（1635）　先生年二十九岁。

九月报命，再接馆务。

先生目击朝鲜馆垣低颓，逼迈居民，恐奸人乘机舞法，密地交通，自捐俸修筑。（《郭谱·家传》）

十月，朝鲜入贡。又提督三阅月。（《郭谱·家传》）

十二月，转本司员外郎。

九年丙子（1636）　先生三十岁。

主试河南。事竣，转郎中。（《郭谱·家传》）

王铎有《送礼部主事郭菽子主试河南序》。（《拟山园集》卷十三）

按：《永历实录》谓先生授河南□□知县，盖以此误。

七月十二日，母林太安人卒，年五十二。（《郭谱·年月志》）

有疏乞假，亦见《耆旧集》。

与兄用章痛哭回籍。（《郭谱·年月志》）

十月二十三日，先生五弟之宰生。庶出。（《郭谱·年月志》）

十年丁丑（1637）　先生年三十一岁。

闰四月初二日，先生继室张氏生。

十一年戊寅（1638）　先生年三十二岁。

冬，服除，补原职。

十月，母林太安人归葬普宁山步塘。（《郭谱·历代墓志》、《郭谱·年月志》）

十一月初四日寅时，兄用章以喙疮卒（状如张素），年三十四。（《郭谱·年月志》）

十二年己卯（1636）　先生年三十三岁。

正月初十日，先生元配林夫人卒，年三十三。（《郭谱·年月志》）

《编年诗编序》："乃不幸，而有何时之哀。罢蓼居庐，继而分荆，怆魄余挂伤魂。阅丁丑、戊寅、己卯诗，不能事百，总附秋思之末；然闭门一室，破涕为歌。"

按：据此，先生是时仍家居也。

十三年庚辰（1640）　先生年三十四岁。

《诗总序》："庚辰出谷，携小草入长安，则有前辈蒋八公德璟、黄可远景昉、王觉斯铎；吾友宋文玉玖、方萧之拱乾、徐九一汧相讨论。"（参《郭谱·家传》）

又云："驱车而南，以近作示琴张子公亮。公亮辄怃然为间曰：'吾于海内，罕所低首。读先生近集，知吾家勾曲三峰，或未能与揭岭争高下。'"（见《郭谱·家传》）

按：《家传》云及"休沐抵里，以诗集示张明弼先生"，知先生本年北上，后又曾返梓也。张明弼读郭菽子近诗，时先生将视学闽中。（《张明弼文集》）。

十四年辛巳（1641）　先生年三十五岁。

升福建提督学政，布政使司右参议兼按察司佥事。（《郭谱·家传》）

名虽擢，实体仁党排之也。

《忠逸传·黎士弘小传》云："督学闽中，盖不得于乌程也。"

按：先生《诗总序》云："辛壬癸甲，矻矻铸人于八闽。"《郭谱·家传》云："公四载学校中。"知先生主闽四载，盖始于辛巳岁。

按：试长汀学，题为"悃而不愿，倥倥而不信"。诸生黎士弘读牍，征用张禹、卢杞故事，先生拔置第一，批其牍曰："竟是乌程一幅小影。"时圆峤尚当国，而先生置书不阿，"其崖岸崚厉，不以屡挫易其节"如此。按试两期，诸生从无一人倖进者。

按：据黎氏《小传》，此事系于壬午前，故知为辛巳事。

先生受事匝岁，诣关公庙自誓："正文体；禁提调通揭荐，禁诸生坐保官颂德。"士风为之一肃。

按：誓词及禁示，俱载《耆旧集》。

十五年壬午（1642）　先生年三十六岁。

是年闽闱得人为盛，门下士中式五十余人。（《郭谱·家传》）

李世熊《寒支岁纪》："辛巳七月，学宪郭正夫之奇较订士，拔予第一。壬午值郭公再较订士，复拔予第一。十月郭公延予阅下南四郡岁考卷，备劳瘁。"（《寒支集》卷二目）

时郑成功名森，为泉州诸生，其父芝龙势力方盛，百计乞置成功高等，得饩廪；抚按两司亦为缓颊，先生奋曰："若辈鹰鹯之性，岂一廪生所能羁縻乎？"卒不许。成功仅得以二等应试。

十六年癸未（1643）　先生年三十七岁。

是年榜发，捷南宫者十八人，俱先生门下士。（《郭谱·家传》、罗万杰撰

《墓志》)

方先生视学于闽也，父戒之曰：“勿遗闽一士，慎勿以货取于人。”故先生四载视学，孜孜罔怠，勿敢陨越，诸人士至今犹能道之。力振文风，奋兴士气。严绝竿牍，力杜蹊径，虽权要弗避；提调之同心者嘉兴之，馆县之传邮者申夺之。若夫发假印林东晓等，借赃助饷，靡勘历科，红案摘出，提等续八百余名，严行另考。黜革三百余名，降春社二百七十名（明制诸生考四等挞责，五等降春衿社学，六等黜退社学，训童蒙地。弘治十六年，行府县，立社学）。隔省改学三百余名。黜退四十余名，降春社五十余名。所黜所降，几至七百余人。此辈非为是不僵，则孔方有灵，聚其族可以得有力者之把持，合其谋可以兴含沙之巧中（时按临汀州揭榜，黜降稍多，有数百人在场咆哮，递呈为黜降者辩，先生特批斥，严禁乃止）。先生独任劳任怨，务使宫墙芜秽，廓然汰清，从前滋蔓，根株尽绝；以及劾革徇私提调，奏逐放利教官，选送卫所子弟（明制卫所生员谓之军生，每卫军生三十名，大卫四十名，卫各建学宫，立学官）。严厢学，蠹劣衿。凡花红廪馈饩，已载裁解，设处以补其额；建按较书，捐俸置租。有言必行，有诗必果，陵援俱捐，怨劳独矢。（《郭谱·家传》）

先生转副使，寻摄按察司事，又摄兵备事。（《忠逸传》）

断强豪，平冤狱，修会城，弭通夷，苏疲驿，催裁站，知无不为，为无不力。

九月，平尤溪贼。

尤溪贼魁吴绍兄弟，集伙剽掠闽清、永福，先生约会官、乡兵，披寻窟穴，馘吴绍，随获贼总吴应开、贼伙林一烟、陈十等及首恶林定宇等。时闽清贼首徐三、伪军师罗明华等，倡率贼众百余人，谋与远寇虔刘七闽，乘署县，不戒遂于九月初十夜，攻劫县治。先生乃于九月十四日辰时，督兵五百余人，历一昼夜，驰三百里，十五日午时到闽清，与地方官遍察地势，分兵搜剿。先生介马逼贼至四都笔架山上，舍骑徒步督兵围搜，擒、斩首伙军师共百二十八人，乃亲临各都，分里按籍，稽查保甲，搜剔奸徒，远近反侧之谋，因潜消而默夺焉。（《耆旧集》）

十一月八日，流寇近突袁吉诸郡，益藩邕宁王亡国走闽；邵武樵川告急，全闽震动。先生抵邵武，请于抚军；提师扼于关，谒益藩，请归国，建南赖安。

尤溪贼平月余，而袁、吉告陷。赣川既困，民乃大亡其郡；当事者有奉藩封，疾趋杉关。关人告逼，再危；传烽之辰，盖仲冬八日也。十日庚子，公誓师南郊；十二日壬寅，即介马督劲卒西驰，午至芋原；十三午抵水口；十四日泊舟需；十五日至黄田，十六日至茶阳；十七日至延平，十八日至王台，十九日抵顺昌；廿日抵富屯；廿一日抵拏口，特申笠诛之禁，兵皆肃然。廿二日抵邵郡，益藩将治驾至三山；守令曰：藩王将疏职等拒藩，詟“守土之臣，不知所云”。先生曰：“樵川蕞土，敢辱朱缨之临，将为保障全闽安危，视此一丸泥耳。”廿五日，复谒藩王，先生曰：“职等彷徨踧踖，趋侍恐后，第流氛尚远，江右有司，何以失于护卫，俾殿下造次入闽？”王意不怿，先生揖长史而言曰：“臣惟防守为首务，抚台即至于关防守。王自以意传令皆归国，两得之矣。”遂至于关，察险隘；隘，布置防守以周知其藩塞之阻，戒治士座驿骚，藩遂如约归国，于是内奸不得发而流氛以远，民赖以安。（《耆旧集·督兵日录》、《郭谱·家传》）

闽人思慕，建坊于诏安邑郊。学士黄道周为题其额曰“一代儒宗”，又曰“八闽山斗”。（见黎士弘撰《小传》）

复叙先生集略云：“正夫既以学宪治建中，士益好古，绣补龙骨，烂然比屋之下。会渔梁盗起，正夫手握两印，朝驰浦城，暮歼其渠首而归。江右诸郡，又方怵于风鹤，藩府仓皇利用迁国；正夫身佐抚军，提一旅西扼于关。七建之士，用有底定……如正夫者，所谓备体用，适于通变者也。今世攉颓，人才愈下，文吏不武，坐为宵旰所轻；诚得如正夫三五辈，张维振纮，天下廓然。”（《黄漳浦集》卷三十一）

按：《漳浦集》卷十六有《答郭菽子文宗书》，又卷三十七有《郭正夫文宗构尊经阁诗》及《读郭正夫集并观校士有作》二诗，并未详为何年所作。

崇祯十七年甲申（清顺治元年，1644）　先生年三十八岁。

擢太仆寺少卿。

抚院萧奕辅、张肯堂，按院李嗣京、陆清源先后荐举，秩满以廉卓升太仆寺少卿。（《郭谱·家传》）

三月，李自成犯居庸，进陷京师，帝崩于煤山。（见《通鉴辑览》）

时拜命甫下而北都陷，先生闻变哀恸。群议哭临，而巡抚张肯堂犹援常例，欲待哀诏至乃发丧，先生力争，帅闽士哭临，始得成礼；时闽士犹汹汹

讽议，公示禁之，乃止，然以是忤巡抚意。（罗万杰撰《墓志》、《郭谱·家传》、《忠逸传》一）

五月，兵部尚书史可法等奉福王由崧监国于南京，以明年为弘光元年。（《圣安本纪》）

是年先生第三子天社生。（《郭谱·年月志》）

九月，升詹事府詹事，便道归里。

时诬讦百出，幸巡抚陆公先以清廉卓异荐，宰相王公铎得书，遂揭荐于上；奉端品政绩之旨，特升詹事府詹事。（《郭谱·家传》）

按：《四库提要》五十引《类姓登科考》，载先生官至詹事府詹事，但书先生至崇祯末之官阶。非是。

先生为《宠命殊常事疏》云："臣视学闽海……忽闻神京之变……欣逢皇上正信南离……臣方署篆建南，从按臣陆清原……忽于九月廿日传来邸抄，为特申优擢司成之请事，奉圣旨：'郭之奇端品，复有政绩，原系词林，著升詹事府正詹事。'……自自天……臣闻命即拟单车星驰，亟瞻宸阙。……自臣发建州，即闻汀寇数千，刈杀兵将，靡有孑遗，间道师里，与父臣抱头痛哭……自孟冬望日抵漳界之云霄镇，甫一日而此镇报陷、屠城，集众复至数千。今臣郡且岌岌震邻矣。……俟臣乡寇盗稍定，臣即单车就道。"（《耆旧集》、《文集》，此疏弘光元年上。）

按：《长汀志》："十七年，粤寇阎王总出没虔州部境，渐逼汀州，郡邑告急，督抚张肯堂遣兵五百救援，时贼陷汀之古城镇，焚戮备惨。"《疏》中所言汀寇，当即阎王总也。

十二月，先生输金千两助饷。

疏云："臣于元年十二月初七日，为罄产效涘，以尽臣悃，以倡义风。事奉圣旨：'郭之奇毁家输助，数以千计，可谓急公之最。即著下游抚臣刘柱国察收，著的当员设解赴建宁备用。'"（《耆旧集》）

李世熊《代郭宫詹助饷启》："方今国仇未诛，司农告乏，乃拥封营窟，疾呼罔闻，心窃耻之。自惟一官茹蘖，膏不润唇，仅余肝胆可涂，奚有羽毛足恤？仅将祖父遗产，变措千金，聊括针头之铁，拟助飨士一醪。"（《寒支

集》卷四）

弘光元年乙酉（后半岁为隆武元年；即清顺治二年，1645）　先生年三十九岁。

先生在揭阳。

四月，清兵南下。二十五日陷扬州，史可法死之。（《通鉴辑览》一百十六）

六月，兵部尚书张国维等以鲁王以海称监国于绍兴。（同上一百十七）

九军起揭阳，僭号后汉（详《揭阳志·兵燹》）。

乙酉六月，武生刘公显，聚兵蓝、霖二都，建营南塘山，号九军贼。九军者曾铨、马麟、马殿、马登、傅达、邱瑞、黄甲、吕忠、吕玉也，又以潘俊为东军，陈云任南军、陈汝英为北军、陈侃如为西军，共十三军；又以温韬鲁为都军、吴元为大将、曹懋昭为二将，共十八将，伪号后汉，僭称大升；立十五大营，十三大府，铸印选官，攻城破县，势甚猖獗。（《揭阳志·兵燹》）

闰六月二十七日，礼部尚书黄道周、福建巡抚张肯堂、南安伯郑芝龙奉唐王聿键，称号于福州，号隆武，以福州为天兴府。（同上）

七月，林学贤侵惠来，称兵部。（《惠来志》）

先生遭谗去职。吏部尚书张肯堂、南安伯郑芝龙，俱有拥立功，挟宿憾力挤先生落职。以偲宪何楷、总督万元吉及蒋德璟、黄景昉、陆清源、童天阅、张家玉等连章昭雪，推毂赐璩，起用经筵讲官，詹事府詹事兼翰林院侍读学士。（《郭谱·家传》、《忠逸传》）

隆武二年丙戌（清顺治三年，1646）　先生年四十岁。

先生仍家居。

先生既遭谗，家食，未有出山意。（罗万杰撰《墓志铭》）

二月十五日，奉旨，先生再捐银一千五百两。命义子天祉解赴军前。（《文集》）

疏云："随将捐银一千两如数倾足，于正月初四日解交抚臣刘柱国。抚臣以解役未便，臣踖踧靡宣。谨冒险差臣义男自解。……谨于前解千两之外，悉索微赀，再捐五百两；而臣父，累封中宪大夫、督学副使臣郭应试，忠爱激发，愿捐赀五百两；臣胞弟，现增侯廪生员郭之章，闻义踊跃，亦愿捐赀五百两，合臣前捐再捐，凑足二千五百两。臣与臣父臣弟先完二千两赍解，现在伏乞勒下御营户部察收；更五百两，再候措办另解，稍展微臣一门恋主无已之寸悫。”

按：《家传》：“春，二月，公捐银二千五百两，父捐银五百两，三弟之章捐银五百两。”《文集》：“七月初十日，公具奏。续完捐银。有旨：‘父子兄弟，一捐再捐，可谓一门风义。’”

跸移延平。

帝决意出汀州入赣，与湖南为声援。郑芝龙不欲聿键行，令军民数万人，遮道呼号，拥帝不得行，遂驻延平。（《通鉴辑览》）命户科给事中李日炜督催汀、邵、惠、潮四府粮饷（其借助过者，准作三年预征）。（《思文大纪》）

二月，上《为恢复先审定略事疏》。

略言：“今国家肇基闽南，当以江右、两浙为枢。……窃计徽、饶未靖，建抚伤残，则两关广信，皆非砥道，陛下非暂住富沙，绸缪牖户，必当移跸章贡，号召楚江。臣愚以富沙之后户，章贡之咽喉，莫要于汀州，盖建昌间道抵汀，四日而遥，广昌接连宁化……今建广虽浅，而宁汀安堵者，敌畏闽兵之议其后也。假令闽兵失援，寇突汀境，徽饶烽火，缀我三关，则前后周章，闽地为在箕舌，章贡断为外府。臣之愚计，谓下游巡抚，宜镇汀州，漳南兵道，宜驻宁化；东连虔吉，北策建昌，指臂相连，呼应如响。陛下如暂驻富沙乎？其利有四：繇此而长驾远驭，移跸章贡乎？其便有五。何谓四利：勋臣在关而藩篱固，抚道在汀而寝奥安，一也；转输供亿，江闽如咫，二也；指顾千里，从枕席上过师，三也；有犬牙交错之势，无添兵措饷之扰，四也。何谓五便？背枕两粤，咫尺湖广，粤饷源源，不忧匮乏，一也；六龙临江，士气百倍，鞭箠江右，运掌而定，二也；江督万元吉，才略逾群，西江人才，忠义奋发，闻风响应，所向无前，三也；粤督楚督，东南来会，舟师顺流，直抵金陵，四也；渐通襄邓，襟带湖浙，聊络川贵，控引江淮，五也。计之万全，诚无逾此。”（《耆旧集》三十二）

二月二十一日，奉旨。奏内尽进取情形及四利、五便、养民、政贤之说，具见留心时务。近着行在该部看议。（《文集》）

三月，敕惠潮巡抚刘柱国，加意绸缪三府，以为中兴根本。（《思文大纪》）

准礼部尚书黄锦，给假三月，往潮州与新抚臣商度机宜，然后乘胜出虔，以谢良有所募三千之众，听其调用。（《思文大纪》）八月，清兵越仙霞岭。关门无一守兵，遂长驱直入。二十一日，帝自延平奔汀州。清兵奄至汀州，遂陷帝入清军中，至福州崩。

按：隆武以失援败，果如先生言。

张家玉来镇平。隆武二年，请给三月假，返粤募兵，惠潮将籍饷八万，练兵一万，为进取江西计。帝许之，赐营名武兴，以家玉为监督总理；八月，至镇平。（《忠逸传》五）

是月上旬，先生弟之章膺明经。（《郭谱·家传》、《郭谱·年月志》）

九月，九军刘公显、吴元等陷揭阳城。

九月十一日，九军贼刘公显连金甲贼吴元等陷县，由新河渡北溪，五鼓入进贤门，毁文庙，拆城隍，开库狱，焚黄册，大肆杀掠。缚执仕宦高氏，酷刑拷朴，体无完肤，分踞镇营县署，杀在籍都司黄梦选、进士许国佐、黄毅中、推官邢之桂、知县谢嘉宾、学人杨琪华、黄三槐、杨世俊、岁贡林鼎辅、谢联元、武学杨德威、监生王之逵、郑之良、例贡郭之章，诸生被杀者七十余人。（《揭阳县志·兵燹》）

九月二十二日，先生弟之章以御九军巷战死，年三十六。（《郭谱·年月志》）

时之章奉邑侯及先生令，团聚乡勇，堵御流寇。至是夜，闻警，帅师登陴巡守，内奸忽起，城陷。之章巷战死之，面如生。先生为文以祭，作诗哭之。（《郭谱·年月志》）

同月二十五日，先生祖母陈夫人亦死于难，年八十三。（《郭谱·年月志》）

二十八日，先生长嫂曾氏骂贼死，年四十一。（同上）

曾氏为用章公夫人，江西东乡知县曾敬之女。九军破城，将掠去，厉声骂贼，不屈死。（事载《揭阳志》卷六《列女》）

先生父应试及先生皆被掳。

十月初十日，丁魁楚、瞿式耜迎永明王监国。十四日即皇帝位，仍称隆武二年，以明年为永历元年；以肇庆府署为行宫。（《明季南略》）

冬至日，先生父应试出贼庭。（《郭谱·家传》）

之奇长子奔普宁。故人林侍御铭球输金赎之，贼先纵应试归普。（《忠逸传》）

十一月二日，苏观生拥立唐王聿𨮁于广州，改元绍武。

有潮人杨明竞者，诡称精兵满惠潮间可十万，即特授惠潮巡抚。（《通鉴辑览》一百十八）

郑芝龙以福州降清。（《粤游见闻》）

十二月一日，先生脱虎口。依林铭球家。

先生以腊之一日脱虎口。计在寇庭八十一日，有《九九》之序。（《郭谱·家传》）《序》略云："自邑陷至脱身，为日九九，颠沛无聊中得诗八十一律，以九九名篇，志遇也。吁嗟！予之濒死于九者，不知其几，与夫痛定思痛，不暇自痛，而深有痛于九者，亦不知其凡几矣。子夜闻变，登陴巡御，内奸蜂起，长矛及胸，几出于不意死。孑身赴濠，踉跄获济，几颠踣死。窜伏寺后，为强人所获，露刃相逼，余正颜叱之，几不测死。既而以余归予室，且以甘言相诱，将有所索也；诘朝而诸营豨突，跆籍相残，几从乱兵之中死。余既舍予室而狂奔，适有邹姓者，匿之小舍，次儿从而后，逐中失焉；越十七偕长儿之山寨，骨肉星散，卧病旬余，几以忧患死。既而长儿获归普阳，喜后事之有托也，呻吟歌啸，聊以永日，旋为诸强所迫，以仲冬三日复自寨归邑，鱼釜再游，雉罗重入，自审无日而不邻于死。首难之长，颇念斯文，爰以六日之夜，获省先君子，余见先君子之疲病颠连也，抱首长号，几以不得为子而愤懑以死。幸而普阳侍御，脱骖为赎，先君子获于至日归普养疴……有黄姓者，馆余别室，礼待有加；诸军筮于明神，谓出余最吉，遂以腊之一日，引余出西门，至钓桥，得就扁舟，溯流往普，维时风帆助顺，瞬息出鲸波，就安澜。铁山一枝，亲友互集，幼女稚男，参差继至。先君子虽枯瘠之甚，而神气清宁，言谈娓娓；喜而悲，悲而痛，痛定思痛，痛如何哉！吁嗟！曩之濒于九死也，几不暇自痛；今之痛定思痛，而深有痛于九者：数百年生聚之邦，有朝血殷，有野燐熠，有君子而猿鹤，有小人而虫沙，有弟沟壑魂消骨化，有父奄奄逢此百罹，有琴既爨，有鹤既烹，有书万卷祖龙一炬，余之痛可以九尽，而不可以九尽也！先哲之言曰：'世事不堪逢九九，休言今日是重阳。'余生不辰，甫丁阳九，戏马台中，俄长铜驼之棘，龙山帽落，羞同短发之吹。吁嗟兮！风景不殊，黄花无色，山河草木，胡不幸而与余同此九九乎？昔之人，履盛平而歌九以劝，涉末流而辨九以悲，有同有不同，亦各言其遇矣。余以九九名篇，志遇也。世之悲予遇者，有同有不同，

亦将有感于斯作。云岛逸人书于居此之处。”(《耆旧集》三十四)

是月，清兵自闽攻潮州。总督佟养甲、总兵李成栋，甲士六万人南来。

十五日巳时，先生父应试卒于普宁林铭球家，年六十三。(《郭谱·年月志》)

是日，清兵陷广州，绍武君臣死难。

十五日，清兵突至，破城。时潮州山寨私拥赵王，佟、李遣兵往，赵王即自归，削发，居光孝寺。(《粤游见闻》)

按：《永历实录》谓先生就李成栋乞降，其时先生仍在潮，未免厚诬。

十二月十八日，桂王即位肇庆府署，改元永历，以晏清为吏部尚书，瞿式耜为吏部尚书兼内阁大学士，黄奇遇为礼部尚书，先生为詹事正詹。(《台湾外纪》六)

李世熊《丙戌与郭正夫老师书》云：“徂夏一函，意崃麟羽，嗣知贵潮寇乱，底于秋终，而敝乡寇乱底于冬仲。半岁之内，草庐三徙，真使茗华叹息无生，虎兕悲其率旷也。”又《答郭仲常老师书》：“某以为老师执正蒙谗，生徒寥散，即不能伸诉公卿，戟胸动帝，亦已辱矣！……所为汗颜愤叹，不寝不寐也。”姑系于是年之末。

永历元年丁亥（清顺治四年，1647）　先生四十一岁。

正月朔，帝出梧州。李成栋入肇庆。(《高要县志》)

先生居普宁。友人林铭球卒（卒于何月未详）。

先生初与林铭球谋起义兵，图恢复，而铭球以楚役积劳，悒悒逢疾，卒年六十。(《忠逸传》)

二月，赖其肖（《小腆纪年》误作天肖）与张家玉等先后起兵。

清兵入广州，其肖遂与弟其贤及应殿据镇平，以明宗室朱慈沓主军政。丁亥二月，家玉起兵东莞，其肖与应殿亦起兵镇平，出攻各州县，以应家玉。叛将文贵金及陈虎、余成隆来战，克二寨，至勒马寨，贵金单骑先入，其肖伏兵起，遂杀之，虎及成隆俱死。(《忠逸传》二)

二月十三日，先生第四子天禂生。(《郭谱·年月志》)

八月，东阁大学士陈子壮攻广州，死之。

九月，朱由榛入揭阳，附九军，称监国。

由榛流寓潮州，丁亥至揭阳，招抚土贼许元烈、刘有、潘俊、吴元、程缨、吴英、吕耀、林梦祥、林西畴等，据城拥由榛为监国，将发兵攻潮州。清镇道闻之，先檄乡兵攻揭阳，及诱吴元为内应，开城门放乡兵入潮；镇车任重兵寻至，擒由榛，杀之。（《忠逸传》三）

永历二年戊子（清顺治五年，1648）　先生年四十二岁。

正月，金声桓反正于江西。

二月，帝幸柳州。（《东明闻见录》）

旋自象州奔南宁。（《通鉴辑览》）

闰三月，李成栋夺佟养甲兵柄。十二日布告奉永历正朔。

（《粤事记》云：“四月初十日，成栋归明。”盖以清历算。）

四月，封郝尚久新泰伯。（《小腆纪年》）

二十五日，上《陈中兴事疏》（《文集》），又上《为光华复旦疏》云：

“臣生不辰，甫还侍从之班，遂遭揭邑之陷。身出烬余，家门荡尽。臣父封詹事臣郭应试甫脱虎口，辄正首丘，臣凄其苦块，糊食旅邸，自戊冬以及今夏，泥首塞窦，跂足瞻云。忽闻皇上奋迹粤西……省檄遥传，黎民于变。”（《文集》）

二十七日，刘公显犯府城不逞。

明定国公郑鸿逵率舟师三千人，至潮阳港口，九军附之。

先生以九军散故，回揭阳，仍里居，结陶社，与罗万杰等唱和以寄意。（《忠逸传》二）

七月，帝幸肇庆，太后中宫俱往福州。（《东明闻见录》）

车任重杀潮州知府凌犀渠等。（《东明闻见录》）

李成栋反正后，明道臣李光垣、知府凌犀渠、海阳知县岳桂皆改调他任。桂以事笞任重部卒；愬之府，府责之；愬之道，道责之；任重怒，令众兵诡称山寇至，突入三人署，擒杀之。（《小腆纪年》）

八月，先生至惠州。时两粤湖南尽复，先生闻讯至惠州，以父丧未进。（《忠逸传》）

十月十八日，上《为积悃未舒等事疏》云：“臣通籍二十一年矣，梯荣报国之思，不能苟同时俗，报国捐躯之志，窃尝久矢生平。自戊辰馆选，观中秘者六周，以触忤权奸，摈春曹者八载；屡奉优擢之纶，谨视八闽之学，两考孜孜，三年报政，署兵、署臬，荡寇防关，八闽之事，臣以一身任之；威宗皇帝，鉴臣清执，特拔臣于京堂；圣安皇帝，褒臣端品，特还臣于词局；只缘神京之变，闯氛薰灼，抚臣张肯堂，心怀疑贰，濡滞哭临，臣率八闽士子，痛哭力争，深中忌讳，遂起戈矛。及思文皇帝奋迹闽南，肯堂邀天为己，冒厕家席，罔忘国仇，惟寻私隙，再疏诬讦，谗谤频兴，不至杀臣不已，赖三山舆论昭明，辅臣蒋德璟、黄景昉、总宪臣何楷、陆清源、总督臣万元吉、冏臣童天阅、翰科臣张家玉等力洗臣冤，连章推毂，思文皇帝知臣孤立，屡锡温谕，还臣旧官，悼臣生坎壈，甫闻赐环，顿遭挹邑之陷，三月系累，几从信国之游。及北兵抵郡，臣脱身至普，不幸而丧臣父，泥首苫次，幸而不辱臣身，日与台臣林铭球联络义勇，潜图恢复。天祚明圣，勋臣成栋，手植乾坤，俾臣获全，顶踵再睹光华，从此有天可戴，靡怀不伸。忽闻六驭，近跸端州，臣虽身在草土，敢不踊跃企瞻？况臣郡频受寇躏，复值兵哄，漳泉密迩，腥秽勾连，袖手坐观，势将及溺，用是不遑启处，匍匐观光。既至惠阳，偶犯霜露，呻吟床褥；屈指腊月，已为臣父大祥，稍俟新春择吉，即当茧足脂车，依云就日，执羁以从。不啻深愧攀附之侣，及时而起，敢复远忘袍泽之歌，别敷芹曝，仰希大鉴，臣无任瞻依慕恋之至。”（《耆旧集》三十三）

按：《清鉴》记吴楚之党交哄，事在戊子八月，并列之奇名。案之奇是时犹未赴行在也。

十月十八日，上《潮事可忧有四等事疏》。（《文集》）

以黄奇遇为詹事、礼部左侍郎，充经筵官。（《永历实录》）

十一月初九日，奉旨。著照原官另用。（《文集》）

十二月，先生父大祥，服除。

永历三年己丑（清顺治六年，1649）　先生年四十三岁。

正月元旦，郝尚久杀车任重，李成栋题为潮州总兵。（《台湾外纪》六）

庚辰，清兵入湘潭，督师武英殿大学士何腾蛟死之。（《小腆纪年》）

二月甲寅，清兵取长沙。乙卯二十六日，李成栋兵溃于信丰，渡水溺死。（同上）

兵部尚书揭重熙兵败程乡。（同上）

三月，郑成功戍兵分水关，命部将黄山从靖海破惠来。（同上）

四月初六日，孙可望遣龚鼎、杨可任等六人诣肇庆，求封秦王。（《粤黔纪略》，《行在阳秋》系二十六日。）

四月二十二日，上《外惧不足忧，内治必操胜算疏》，又上《恳恩补给诰命疏》。（《文集》）

七月，堵胤锡承制；封孙可望为平辽王，可望不受。（《小腆纪年》）

八月，王化澄奏题原官起用，先生遂奉召敦趋。（《郭谱·家传》）

八月十五日，上《遵召趋觐疏》，遂召见，朝疏。（《文集》）

十一月初六日，先生在肇庆，召问，翌日上《为恭承召问等事疏》言："皇上锐意恢复，不遑宵衣；但中兴一统，必定规模。张皇六师，先求次第；可守而后可战，攘闽必先安潮；傥盗贼不散，则兵多内顾，难以全力办敌；且师行粮食，飞鸿满目，征饷何从？故求安民散盗之术，莫如慎选守令，久任责成；其提纲挈领，激浊扬清，则巡抚监司之责也。至于恢闽次第，当如廷议近旨，速简重臣督师，合力分路：一从黄岗入诏安取漳，则伯镇臣郝尚久能办其事；一从大埔入永安取汀，则新命佥宪臣罗万杰，宜速与敕印，俾统吴六奇、赖其肖等，同心规闽；而科臣谢元汴，现在平远监军，使之犄角于武平、上杭之间。先以文告，耀以德威，有不角稽争前，云霓恐后者乎？其不愿从戎者，应尽追前劄，驱之南亩，以安内地；此当专责抚道守令，令其一心办此，盖力田为积粟之本，积贮系天下之命。内而休养，外而输将，胥从此也。以息民者用民，即以安潮者恢闽，虽一统全局，在指顾中矣。臣更区区有进者，方卧尝宵旰之时，视朝接下，不宜仅循故事，务与大小臣工，日商安攘全局，遍询远近情形，满朝之精视毕举，上下之心德既孚，自能化异为同，涣小成大。皇上既能不迩不殖，以礼制心；尤宜独断独行，以义制事。但使二祖十三宗有赫之灵，日在左右；三帝未伸之痛，时系心胸。默消水火之渐，共发同仇之心，倘蒙葑采，获见施行，未必非刍荛之一得。"（《耆旧集》三十三）帝不能用。蒙谕褒典，赐银三十两。（《郭谱·家传》）

十月，王化澄、何吾驺罢，惟严起恒独相。（《小腆》）

十一月，拜礼部右侍郎兼翰林院侍读学士（加一级）。（《郭谱·家传》）

按：《永历实录》："公为礼部，在于是月。"

《文集》有《为宠召谕詹事疏》云："臣于前月廿七日见朝后，面阁臣，即谕臣八月十一日已经推臣礼部右侍郎兼翰林院侍读学士，协理詹事府事，充经筵讲官。臣逡巡不敢就列，忽于本月初七日吏科抄出行在大学士臣士俊、臣起恒、臣化澄奏单，奏圣旨：'览卿等奏郭之奇，词林翘楚，人望攸崇；既经陛见，著即到任供职'云云。"

此疏上于永历三年十一月初九日。

二十六日，大学士堵胤锡卒于浔州。遗疏劾楚党袁彭年等五人揽权。（《十国略》）

时吏官乏员，诰敕多出中书，帝欲归其职于翰林，阁臣严起恒、黄士俊奏请考选，留守瞿式耜疏荐部属之堪备官职者，而帝意特在科名。于是礼臣黄奇遇请效唐、宋开科取士。帝命廷臣三品以上，各举所知，卿贰等自举其属，汇送吏部，敕尚书晏清会同礼、詹、翰诸臣，严加考核，取及格者若而人，其乙榜知名未仕者亦与焉，是日，帝临轩亲试经艺三道，论一道，诗一首。外廷密奏阅卷诸臣通关节，帝即遣出，独留辅臣宿文华殿宫中，赐卧具，内小竖司饮馔。拆卷日，鸿胪传各官侍班，诏科道面举情弊，以示至公。且曰："朕即位来，始有是举，毋于用后尔等又多言也。"拆后，御笔填写六卷，遽命已，辅臣再三请，更允两卷。合得八人，曰刘茝、钱秉镫、杨在、李来、吴龙桢、姚子壮、涂宏猷、杨致和，改庶吉士；辅臣以诸臣有资俸深者，引先朝推知考选例，请授编检，王（帝）曰："此朕特典，与考选不同。"择日送馆教习，推礼、詹、翰大臣有品行者为馆师。（《小腆纪年》十六）

十一月初七日，先生以帝左右终虚无人，而上《为补牍再陈事疏》，倡科场宜急开，为国储材。（《耆旧集》三十三）

先生奏言：宜急开科以收士心，勿俾不羁者赴敌闽浙试，及杜近日纳贡纳秀之弊。馆员固急须考选，然特宜慎重，宜敕礼部速行颁布，以四年二月乡试，三月会试，新旧公车，一时可集，廷试之后，即选庶常。必欲近循威宗末年之例，则宜以俸满中行知推，发访考授，第其甲乙，分为词林科道部属；或另荐另考，不问资格来历，是词林一带，反为授受私途。如以讲读急需，宜敕辅臣会同九列大臣佥举数员，取其才志确然可备开讲者，置之史局，倘所举不公，言路得执白简，以从其后。（《文集》）

先生所言与主张荐考诸臣忤，帝卒用荐考法，取士八人，授庶吉士。（《忠逸传》）

先生与同邑黄奇遇意不合，争为馆师。

先生与奇遇为同年进士，复俱以詹事兼礼部。而是时朝中分吴楚二党，先生荐由杜永和，与吴党习，奇遇则与楚党习，忌者交构其间，遂有隙。二人曾以小嫌，争于杜永和前；及是，当推馆师，先生曰黄由推知改选，安知庶吉士典故，奇遇亦力诋先生，相争久之；士俊乃请并推，候帝亲定。而奇遇前所荐黄维璟不入选，兵部侍郎万翱与杜永和交章劾奇遇得维璟贿，奇遇抗疏，辨得直。（《忠逸传》）

按：先生与奇遇不合事，《永历实录》记最详。金堡论万翱讦奏黄奇遇疏，见《岭海焚余》卷下。惜以党见，对先生丑诋，恐未得实。

十二月，郝尚久降清。

尚久子在南京未降时，已遣人与马部院国柱通。（《东明闻见录》误作尚文）初尚久闻成栋败死，遣人乞降于尚可喜，可喜以沈时署巡道。（《温传》）

按：《所知录》下云："尚可喜、耿仲明久屯江西、吉安未发，惠潮道李士琏，本田仰中军，吉安人，与潮州镇将郝尚久，密往投诚，自从迫胁，缴敕印，受北官惠潮两郡，谓：'北有士琏，悉以国情输之；督西郡饷，接应北兵，导之入关。'凡江右宗室依士琏、寓惠州者尽杀之，没其家，执郡王十三人以献，北兵遂长驱而进。"

《录》系此事于四年庚辰二月。又《行在阳秋》载尚久降清为五年辛卯三月事，亦非。

四年庚寅（清顺治七年，1650）　先生年四十四岁。

正月乙卯朔，帝在肇庆，北兵破南雄；七日报至，百官争窜；九日，帝登舟；十三日解维。（《行朝录》三）

按：《小腆纪年》："正月戊辰，清兵复取韶州，明总兵吴六奇降。"

初七日，复以王化澄为大学士。（《阳秋》）

是年正月，邓耀据龙门。（《钦州志》）

二月甲申朔（七日），帝至梧州驻跸。

丁亥（《小腆纪年》），先生与吴贞毓等十二人合疏，论袁彭年等五人误国十大罪。帝究五虎罪。

五虎失势，于是尚书吴贞毓、詹事府礼部右侍郎郭之奇、兵部左侍郎程源、右侍郎万翱、礼科都给事中李用楫、户科右给事中张孝起、吏科给事中朱士鲲、户科给事中李日炜，御史朱统镝（《小腆》作钥）、王命来、陈光胤、彭佺（《小腆》作全）等合疏，论袁彭年、金堡、丁时魁、蒙正发、刘湘客五人把持朝政，罔上行私，朋党误国十大罪。奉旨，彭年反正有功，免议，余下锦衣狱，狱具，堡与时魁各杖八十，堡边遣，时魁附近名终身充军，湘客、正发徒三年，各赎。帝登位三年，至始见声色。（《行朝录》三、《所知录》下）

初七日，瞿式耜上《救刘湘客等五臣疏》。（《瞿忠宣集》）

先生充经筵讲官，掌詹事府礼部尚书事，兼翰林院学士。（《郭谱·家传》）

时东西交讧，百官悃愊挠衰，颠踣窜逃，先生手书示子天祯曰："儿当勉力有成，毋坠家声，予死生随吾君，未知相见何日也。"（《郭谱·家传》）

四月，转礼部尚书（《永历实录》），加太子少保，赐诚正儒臣国书。（《郭谱·家传》）

成功攻揭阳之新埠寨，降之。（《小腆纪年》）

六月，郑成功围潮州。陈斌烧断广济桥。（《小腆纪年》）

六月，孙可望复遣使求封。大学士严起恒持不可，兵部侍郎杨鼎和、给事中刘尧珍等助之。（《通鉴辑览》）先生与文安之亦以为不可当许，疏论其事，有云："滇封之议，创为平辽，已非典则；失名义，矫而为秦，变而为雍，遵何制而定何名，臣俱不得其解。"又云"所忧在天下，不在一隅；所忧在异日，不在今兹……万代瞻仰在此一举，毋令天下后世执笔而书者，曰'举朝皆妇人也'"等语。（《耆旧集》）

会飓风荡舟，求直言。先生复言风变由滇封，议遂寝。（《忠逸传》一）

按：《永历实录》谓先生力请封孙可望真王，观此疏，亦知其诬。又此疏署衔行在礼部尚书兼翰林院学士，掌詹事府事，知作于是年。

十月，成功据南澳。（《小腆纪年》）

十一月辛亥（初一），清兵取广州。（同上）

甲寅，清兵入桂林，执督师瞿式耜、总督张同敞。（同上）

己未，帝幸浔，陈邦傅叛，遂奔南宁。（同上）

报至梧州，仓卒幸浔。初，邦傅欲留王以自重，不果，乃劫百官卤簿之舟在后者。内阁王化澄、吏部尚书晏清走北流，入容县港，严起恒、马吉翔、李元胤追扈及于南宁，百官稍集，饥冻无人色。（《小腆纪年》）

时分两股从帝者，上右江若严起恒、马吉翔等，余则入容县港，若王化澄等。上右江者，至浔州道上，兵各溃走；散入容县港者，于北流境上为土寇劫夺，弃妻失妾。（《明季南略》十四）先生随王化澄走北流，暂寓白州（今博白），会谋匡复。（《郭谱·家传》）

按：《行在阳秋》谓化澄从严起恒、马吉翔等往南宁，《小腆》等载误也。化澄后降清。《永历实录》记先生降虏，殆因随化澄同奔而误欤？

闰十一月十七日，留守瞿式耜，兵部尚书张同敞死之。（《阳秋》）

以副都御史张起孝抚南宁。（《小腆纪年》十七）

帝幸南宁，遁入土司。擢孝起为巡抚，兼巡抚高、廉、雷、琼四府；城破，走入龙门岛，被执，不食七日死。（《小腆》十七）

明封孙可望为冀王，犹不受。（同上）

五年辛卯（清顺治八年，1651）　先生年四十五岁。

正月朔，帝在南宁。

二月朔，孙可望遣贺九义带兵至南宁，假称护驾，杀首相严起恒，余臣星散；拜杨畏知为东阁大学士，旋为可望所杀。（《南略》十二）

可望怒起恒等之阻秦封也，闻王至南宁，遣其将贺九义、张胜、张明志等，率劲兵五千迎扈，直上起恒舟，怒目问："王封是秦非秦？"起恒曰："君等远迎主上，功甚伟，朝廷当有隆恩。若专问此，是挟封，非迎主上也。"九义怒格杀之，投尸江中；遂杀给事中刘尧珍、吴霖、张载述，追杀尚书杨鼎和于昆仑关。鼎和、尧珍以阻议故，而霖与载述则曾劾主秦封者也。（《小腆》）

先生自思州趋召。未至三十里，值可望发兵迎跸，至南宁，入贵州。时可望兵威张甚，亦以先生在尚书时曾抗疏力争，言可望不当封，乃密旨留先生于外。（《郭谱·家传》）

按：先生自此以后，逋播雷、廉之间，遥领科命而已。（《明清史料》）

是月清总兵徐有功，复陷高州。（《辑览》）提督李明忠之龙门。（《石城县志》）

按：《乱离闻见录》："海康伯李明忠，自辛卯携眷遁牙山、龙门。"

回防城，泛海之啼鸡山（交趾前属海岛）。

三月，至钦州之龙门。（《郭谱·家传》）

高州提督李明忠师溃，清兵追至电白，遂克高州。道臣郭光祖、吴人龙，知县文振义、副将王邦友降清。（《小腆》、《阳秋》）

按：二月拜东阁大学士。制曰："惟师学术渊源，道风遐畅，协相天工，克堪寅亮。板荡之天，其眷注为独至。"（《郭谱·家传》）

四月，至雷州乐民。（《郭谱·家传》）

七月，特敕督师闽粤，兼制江浙等处，恢剿军务，监催勋镇官义兵马，综理粮饷，赐上方剑，便宜行事，太子少保，礼兵尚书，东阁大学士。（《郭谱·家传》）

先生上疏言师首重闽广策应，略云："东南半壁，赖此长城，其中倡义绅士，则有枢臣卢若腾，枢贰臣王中孝、郭贞一，副宪臣沈佺期、林兰友等，俱能毁家为国，鼓忠教义，系千钧于一线，砥狂澜于既东。而臣乡潮郡，衣带漳泉，趾相错也；近臣役自虎贲营回（王兴，为虎贲将军），据阳江知县臣饶章禀报，是镇守惠潮，原伯臣郝尚久，反正有日；辅臣黄士俊、刑贰臣黄公辅，起义于广；铨贰臣李士淳，佥宪臣罗万杰、赖其肖，兵科都臣谢元汴起义于潮；但得蜡诏相通，修矛敌忾之众，其一呼万应也必矣。臣方蒿目而思，思得冒险矢贞之士，趋间道，通声势，而兵部职方清吏司主事臣包嘉允出自行畿，抵臣行营，抵掌而谈，义形于色，臣观其英资挺特，谠议秀出，倘以此充宣谕之使，衔漳国臣成功及八闽诸绅士之敕，必能丕畅皇灵，令海隅率俾，士气百倍。又如兵部武选清吏司主事臣邢祈长，萧条困处，蓬居塌户，不蔽风雨，泊如也；臣进而扣之，励以艰贞之节，遂能不辞跋涉，远之浔横，晤同官臣晏清，共商机宜，联络近远，倘获给以粤中绅士士俊、公辅、士淳、万杰、其肖、元汴及伯臣尚久等各敕，臣即令之直趋虎贲营联络花山，由肇广溯惠潮，其从兹百粤风动，皆帝光之及也。”（《耆旧集》三十三）

时潮镇郝尚久密奏以全潮归正，旨特敕为故臣书家：豪杰黄奇遇、林绍竑、吴六奇、郭之廉等九人以兵部员外郎起用，哨集兼旅，以应西师。事泄，寻败。（《郭谱·年月志》）

十一月朔，巡督田西、后田、草塘诸闸。时清兵入雷州，移攻木内闸，连战十余天，大胜。（《郭谱·家传》、冯奉初撰《传》）

十二月，之龙门，至牙山。（《郭谱·家传》）

按：《忠逸传》以先生晋东阁学士及礼兵尚书以下至攻内闸等事，系于壬辰之春及七月。兹据《郭谱·家传》及冯奉初撰《传》。

道光《钦州志》一：“牙山，州东南一百里龙门外海之东，距龙门六十里。海中峙起三峰，形如排牙。距排牙山二十里，名金鼓嘴，迤东为乌雷港，迤西为马鞍山，皆海外扼吭之地。”

六年壬辰（清顺治九年，1652） 先生年四十六岁。

正月十六日戊子，孙可望遣总兵高天贵、耿三品、王爱秀等迎扈。（《小腆纪年》）廷臣从者，文武止五十余人。（《南略》）

二月初六日戊申，帝至安隆所，改名安龙府。（《纪年》十八）所居宫室卑陋，服御粗恶，将吏罕人臣礼。

四月，先生移舟贵明（钦州海岛）。

五月，移舟双墩（同上）。

七月癸酉，李定国复取桂林。

八月十八日，建极殿大学士朱天麟卒于西板村。

是月先生泊马鞍山（钦州海岛中），舟覆，三妾二女没于珠澳。

按：《内文集·清明悼亡诗序》云：“壬辰秋，五节没于珠澳。”秋八月，舟泊马鞍山，夜，飓风盛，室人促过臣舟；舟即漂出海口，仍碎于巨石，从鼓涛奔浪中，获登绝岛，越日飓风息，觅小筏之牙山；前舟已覆，家人尽没，幼妹玉时年方十三耳。时家人五人，三妾一女一侄女，先是五人因乱，誓志不屈，风起，一绳相系，泛海不绝，逆流至先生筏前，得以收葬。先生具疏，特请奉旨褒恤，祭葬一所，表其墓曰五节。是岁慰勉之敕凡三至。（《郭谱·家传》）

构椽以居。《所思集》中有《壬辰避地马鞍山，治一枝未就。兹春闻儆，复于前址构栖，感赋诗十律》。

十一月，帝密敕西宣王李定国入卫。时可望内阁六部。拟国号曰后明，画尧舜禅受图，有僭窃之意。

是年清师至雷，擒高雷总镇海康伯李明忠。（《雷州志·沿革》）

雷人王之翰据西海一带。（同上）

七年癸巳（清顺治十年，1653）　先生年四十七岁。

正月人日，先生自号三士道人。

自序云："癸巳人日，自号三士道人。何言乎三士？余出身系进士，选馆为庶吉士，历官大学士；所求乎臣，未能一敢，问其次，至于三职，思其名，可不同于良士之瞿瞿乎？曰：三士何言乎道人？今之自标者，曰渔父、曰牧子、曰耕夫、曰樵叟，同曰道人也，予从同，同可不道人乎？若有人兮山之颠、水之湄，身在江湖，心悬魏阙，进忧退忧，独善兼善，展如之人也，可以为士矣。我生不辰，有志未逮，未闻巢由之买山，窃愧阳襄之入海，我不敢知；曰不降不辱之民，我则异是，我亦不敢知；曰避地避人之士可同？斯观世观生，终未望乎素履，思山思隰，独永叹于沧州云尔。"（《所思集》）

二月十五日，移居蓬罗山。

按：道光《钦州志》："大观港在州东南九十里，其东为蓬罗港。"

序云："马鞍一枝，粗得休憩，群居逼杂，回禄频惊于左右。遂以仲春之望，溯汐蓬罗，拾溟渤之大观，就幽深之窈谷，非薄于海而厚于山，我爱其静，远斯嚣烦而已。登彼蓬阳，瞻望岛屿，日月烟云，靡不记睹，时乃惠风和畅，群青奔目，高林肃错，历落相比，森森于上陵下麓之际者，惟苍松千百株。山之近民，既以煮海为业，不暇治山，青莎杂树，复不与诸松争峣瘠之土。人亦有言：'松竹有林，及尔臭味。'舍予其谁属哉！"（《所思集》）

二十二日，新泰侯郝尚久与恢剿总兵蔡元督同副将蔡俊、蔡杰等举潮州

反正。元遣参将管万赍奏至先生行营。(据先生《为全潮恢正疏》)

先是先生在梧州，已谋结纳二人，请加尚久新泰侯，蔡元以恢剿；既得报，遂奏请加元太子少保，实授后军都督同知、挂巩潮将军，给敕印。亦遣管万入奏对。(《耆旧集》、《忠逸传》)时清惠潮道沈时知府薛信辰，再事与尚久抗，尚久愤甚，会尚可嘉以其将刘伯禄代之，而檄尚久为参将，尚久遂执时、信辰，与故明南京礼部尚书黄锦、襄阳知府邹鎏、太仆寺少卿梁应龙、兵科给事中洪夔奉永历正朔，据潮属各县。(《小腆纪年》、《忠逸传》附《尚久传》)

按：沈时署巡道为顺治六至七年间事，不与薛同时，薛在八至十一年间。尚可喜以刘伯禄代郝，檄郝为参将事在三月，做《小腆》、《阳秋》以为尚久叛清在四月。疑尚久先闻，其子不待檄至而举义也。《行在阳秋》、《小腆纪年》均以尚久反正在四月事，今据郭之奇疏，知举事为二月二十二日。

五月四日，飓。有《飓风行》。(《所思集》十)

作《胡无人》四章。(同上)

六月四日，潮阳再陷。(《行在阳秋》)

六月，攻竹山，将犯潮阳；碣石兵迎战于华阳，陈万权当先赴敌，郝兵败走。(《潮州忠逸传·尚久传》)

先生重葺山居，作诗九绝。

序略云："敝庐既倾，课奴重葺……三旬竣事，息诸童竖。于组署之朔因书，满目微勤，劝之以九歌，后之居此者，亦当有感于斯作。"(《所思集》)

又有《蓬栖及空山中有诗》。

闰六月初九日，李定国出师广州，攻肇庆。(《阳秋》)由开建抵府城。(《高要县志·前事略》)

二十六日，总兵周金汤取遂溪，守将陈琪降。(同上)

七月，李定国复化州、吴川、信宜、石城，以施尚义守化州。(《阳秋》)

十三日，定国取贺县、平乐。(同上)

按：是时定国势张甚，尚久复反正，人皆以中兴可望。

敕谕再至，改督师为视师。先生有诗二首纪其事。（《所思集》）

按：罗万杰撰墓志云："甲午春，改督为视。"又《家传》："九年乙未，督师改为视。"

闰八月，耿继茂与靖南将军哈哈木统满、汉兵十万，以闰八月至潮，吴六奇、苏利引兵来会，蔡元、许龙亦弃尚久，后附于清，合兵围城。尚久遣部将杨清时乞援于郑成功。九月十一日夜二鼓，舟师自东门入，尚久退金田山垒，与子尧投井死。（《小腆纪年》、《尚久传》）

九月，潮州再陷。郝尚久父子投井死，潮州道李兆京死之。（《阳秋》）

十月，先生至防水练水军。（《家传》）

有《初冬十二至防水见黄花喜吟诗》。（《所思集》十）

按：清师以八月初五攻陷石城、遂溪，十月尚可喜陷吴川，杀陈彝典、陈其策，故先生退守防水。

先生以潮郡复陷，上疏优恤，并陈拯救之方，略云："臣于七年十二月二十日，据镇臣□□赍奏管万塘报恢复情形，随经两疏题奏。不虞臣郡，运当百六，于去岁闰八月复为强敌所破，侯臣郝尚久血战三日夜，迫于内变，投井而死；城陷之后□□□□□□□□□□□□□□□□□□□□；不屈而死之乡绅，则有原户部主事林佳抱其父先臣忠宣之柩，詈骂而死；其余士庶，难以更仆，今其存者，仅鸠形鹄面，茕独无告之残喘耳；此谁非三百年噢咻生聚之余，义不负国恩而一旦至于此极也？伏惟圣明恻念，念以死勤事之勋臣：功最高，节最著，于侯臣尚久，全畀五典，并死忠死孝之林佳，从优赠祭；诸被难最惨之家，俟恢复后，敕地方官核实议恤。臣前所请奉旨之敕宜速行补发。太常少卿臣辜朝荐，毁家避敌，现依勋臣成功，左右拮据，资望著于中外，忠愤盈于怀抱，宜敕部会推枢贰或发实推闽抚；佥都臣罗万杰、兵科都臣谢元汴，苦节抗敌，百折不磨，宜敕部会推枢贰佥都；又太仆少卿臣邹鎏、臣梁应龙、吏科右给臣洪梦栋、监军兵科臣陆漾波，各宜分别升擢；兵部试主事臣袁龙、夏光天、杨宫、林绍铉、郭之廉、林隽胄，宜实授职方，以册立恩给之诰命。臣虽屡奉便宜委任之敕，然小心翼翼，臣子之谊，诚慎之重之，不敢不一一题请也。"（《耆旧集》三十三）

八年甲午（清顺治十一年，1654）　先生年四十八岁。

正月朔，帝在安龙府，以吴贞毓为大学士。（《阳秋》）

先生在防城，有《防筑初成即事诗》。（《所思集》）

监国鲁王，移居南澳。（《小腆纪年》）

二月，李定国入高州，张月降。（《阳秋》）

邓耀设快马船于钦州石滩，为海上封锁之计。（《钦州志》）

三月三日，先生舟次龙门，有诗。（《徂东集》）

得晋文渊阁及太子太保之命，作《愧感诗》三首。

按：《家传》系晋太子太保加文渊事于九年乙未二月，与集异。

十三日，由牙山之雷州。十七晚抵乐民所，有闻西师下高凉及《宿乐民所诗》。（《徂东集》）

作《十八忠节吟》。

按：是月孙可望杀大学士吴贞毓等十八人，先生诗即记此事。（详《南略》、《安龙纪事》及《小腆纪年》十八）

李定国入高州，道经雷、廉，破之。清将先启玉降。（《雷州志·沿革》）

按：《石城县志》："定国率骑兵数万，象十二头，由西粤突至。"又陈舜纂《乱离闻见录》据当日目击，定国入高州，实在甲午十一年三月二日。

四月初十日，李定国兵至雷、廉，攻复罗定、新兴、石城、电白、阳江、阳春等县。（《阳秋》）时可望憾定国益深，定国恐其来袭，故出掠雷、廉以避之。（《小腆纪年》十六）

六月，李定国攻梧州不克。（《阳秋》下）

作六贤祠，祀寇准、苏轼、辙、李纲、赵鼎、胡铨，为诗六首志之。（《徂东集》）

按：集中《六贤祠诗》系在立秋前，作于何月莫考。

作《东征颂》百韵。（见《徂东集》）

七月，太监刘九皋赍永历诏，航海至闽与郑成功。时帝驻跸浔州，被掠于南陵，从行者惟严起恒、王化澄等，因遣九皋从龙门渡海，求援于成功，成功整师趋粤，至潮阳港蓬索坏，不果行，回扎金门。（《台湾外纪》六）

按：据《小腆》，严起恒于永历五年为孙可望将贺九义所杀。据《小腆纪年》王化澄已于永历四年降清。又南陵或即南宁之误也。

立秋前三日，由乐民之高凉，初秋朔抵步，有诗。（《徂东集》）

八月中秋，先生在高凉，作《秋月篇》。（见集）

二十八日，道经大墟，有七律二首。（见集）

九月至阳江。重九登高之会九人，值暮雨，作《九秋篇》。（见集）

十五日，发鼍江，之百宜，有诗。（同上）

晦日，在宜山中作《秋招诗》五首。（同上）

十月，李定国围广州。（《小腆纪年》）

陷高明，进围新会城。（《通鉴辑览》）

先生有《五羊秋》、《五羊冬》诗二首。

集中有《王师以季秋晦拔高明，冀露布遂达行鑾》十绝。

按：是事《阳秋》、《小腆纪年》均不载。

十一月六日，先生发自百宜，经开平，马上有诗。

十一日，抵新会南开，会李定国之师，有诗纪之。

十三日冬至。与胡卫国率诸文武，设龙位，行十二拜礼。（《徂东集》）

是月郑成功遣林察督、王秀奇、苏茂配战舰送林云瓒奏旨行在。并会定国合师。（《小腆纪年》）

十二月初六日，李定国攻新会。（《阳秋》）

十四日，清援兵至，新会困遂解。

定国既入高州，遂进围新会。知县黄之正死守，不下。是月十八日，平、靖两藩协同将军朱马喇，统领满汉兵战于河头，用火箭破其象阵。定国大败

遁去，结筏而渡，奔回广西。(《雷州志·沿革》)

先生有《致败诗》，其序略云："十四□□大至，王师一战而溃。溃者何？败之忽也，如水之忽尔而溃也。兵不讳乎败。此何以书致？致之自我，不予口以能也……泓之战，先后一揆矣。"又有"闻闽师数百艘至澳门，喜其来而悲其晚……"(《徂东集》)

时尚可喜、耿继茂急请满兵会剿。清命都统朱马喇为靖南将军，率江宁驻防兵赴之。可喜结营山颠，伏兵江隘，与朱马喇合兵败定国于珊洲。(《小腆纪年》)

二十七日，先生由百宜移居石井，有诗。

按：石井在石城县，今廉江。《石城县志》卷二："石井在城东十五里西岸村前。深七八尺，广丈余，不溢不涸；时或久旱，足灌田千百亩。"

督虎贲将军王兴营文村。(《郭谱·家传》)

自定国败，兴退保新宁之文村。文村处万山中，左联戈壁，右挹大海，地接新会、开平、恩平、阳江、阳春，连广、肇二郡六邑。兴筑城其间。去城五六里，四面皆卤田；田中惟鸟道一线，不得径入。兴负固坚持数年。

是年得诗一百二十六首。

按：自定国攻新会失利还黔，时靖氛将军邓耀屯龙门岛。所集逋播臣，有两郡王、一巡抚、六部监，有知府以下凡数十人，东结凌海将军陈奇策之援，并解漳平伯周金汤之斗，近连交趾属，远约延平水军。(《番禺县志·屈士琼传》)

九年乙未（清顺治十二年，1655）　先生年四十九岁。

春正月，作《稽古篇》诸论，作诗五绝。(《徂东集》)

二月，李定国自高州退入南宁。定国败于兴业，又败于横州，遂退南宁。(《纪年》十八)

按：《行在阳秋》："四月二十六日，李定国兵败于新会。是年清设高、雷、廉总管。"(《雷州志·沿革》)

六月，郑成功取揭阳，遂入普宁。（《纪年》十八）

七月七日，先生第五男不育。卧病石井山中。（《郭谱·家传》）

八月九日，夫人张氏卒。有《悼内》四绝，见集。

草《稽古篇》。是岁除夕有《为稽古诸传未竣漫吟》五律。不录。

是年得诗二十四首。

十年丙申（清顺治十三年，1656）　先生五十岁。

正月，帝在安龙，仍改为安隆。帝涂苇薄以处，日食脱粟。守将承可望意，更相凌逼。

李定国败孙可望于田州，进扈安龙。（《纪年》）

清尚可喜遣左翼总兵徐有功、潮州总兵刘伯禄败郑成功将苏茂于揭阳。（《纪年》十八）

先生于石井山中，筑涧石圃。（《徂东集》）

序云："从石井右行可三里，有山深幽。山之后多巨石，石喷珠泉；日落虹蜺见，天清风雨闻，依稀乎飞流直下三千尺也，俗呼响泉。予激流植援，筑室其左，名之曰润玉圃。夫玉以比君子之德，君子之冥栖于兹，谅非衒玉求售之日矣，故以为攻之以他山之石，不如润之以此山之泉。"（《徂东集》）

三月，定国奉帝由安南卫西奔云南。既抵曲靖。时滇守刘文秀迓之。居可望第，改为滇都。（《纪年》、《通鉴辑览》）

按：《行在阳秋》系于四月。

进李定国为晋王，刘文秀为蜀王，以扶纲为东阁大学士。定国奏先生数年拮据苦心。承嘉赖之敕。（《郭谱·家传》）《徂东集》有诗三首。

六月，先生之下川。

自闰月五日，病潮热。

为《杂诗二十首》，取古今清节能言之士二十人（伯夷……）各以咏之。（俱见《徂东集》）

八月，拔高明。会诸水师同之雷、廉。（《郭谱·家传》）有诗曰《瞻云集》。

仲秋六日，自寨门解缆。有诗。

时粤省州县悉陷，其存者仅雷、廉海中之陈奇策、冯应骝、文村之王兴、龙门之邓耀而已。先生往来海上，委蛇观变。（《忠逸传》）

按：《家传》记拔高明于是年。冯奉初撰传系于乙未，陈伯陶《遗民录》本之，相差一年；罗万杰撰墓志不载此事。考《徂东集》有《甲午季秋晦，拔高明十绝》，是拔高明一事，有丙申八月（《郭谱·家传》说），乙未（冯《传》）、甲午季秋（《徂东集》）三说之异。考定国陷高明在甲午（《通鉴辑览》作十月，《行在阳秋》作二月，集作季秋），合兵围新会，当以集所载为是。乙未定国已退南宁，丙申奔云南。诸书所载，此二年中无明兵重拔高明事。温《传》谓一时事析为二，是也。

九月九日，泊东汕头。集有诗。

十六日，大会水陆之师。东海之众，观者如堵。有诗。

十月四日，先生抵乐民。其诗序云："自辛卯孟夏，甲午春，合此日而三至矣。"

《诏使抵乐民，喜闻季春幸滇之诗》（有诗三首），为《幸田颂》。（俱见《瞻云集》）

视巩、雷营。（《郭谱·家传》）

先生诗第十五集曰《稽古》，共诗一百首，俱丙申年作。

十一年丁酉（清顺治十四年，1657）　先生年五十一岁。

正月，次子天禔、叔子天社间道至乐民趋省。（《郭谱·家传》）

按：罗万杰撰墓志："丙申，仲、叔二子由间道趋省先生于乐民。"当系丙申自揭启程，至翌年正月抵达也。据《瞻云集》诗，二子以是月二十六日至乐民。

朔，帝在滇都。（《阳秋》）

二月，恩晋少保，武英殿大学士。（《郭谱·家传》）

敕书曰："倡义孤危之际，云旅倾依，誓师板荡之余，龙骧倍奋。"又曰："曩帷幄之筹，爰借出麾旌钺，厪庙堂之策，式宜入秉钧衡，患难君臣，其延伫倍切也。"（《郭谱·家传》）

先生有《恩晋少保及武英殿疏辞自述诗》。

九月，孙可望叛，移师犯滇。李定国、刘文秀奉命讨之。（《阳秋》）

有《雷海秋兴》八首。

十一月，又自乐民之龙门，过龙头沙望莞头，有诗。（见《瞻云集》）

是月十五日，孙可望降清。（《阳秋》）

明追赠安龙死难大学士吴贞毓以下十八人。（《小腆纪年》）

十二月，明复取南宁。（《小腆》）

除夕，先生在龙门，有诗。

十二年戊戌（清顺治十五年，1658）　先生年五十二岁。

春，节使漳平伯周谷城、职方郎许作庵由龙门之闽，册赐姓，为延平王，兼敕会师恢粤。先生有诗作：《周许二君承入直之召挑选所部随行有诗》。（《赡云集》）

三月，先生附奏粤事有机可乘，其雷、廉、钦、宁关两粤入闽咽喉，臣去留为安危，复须敕慰劳。（《郭谱·家传》）

五月，清兵分三路入黔。尽下南丹、那地、独山诸州，会于贵阳。（《通鉴辑览》）

六月，入上恩州。（《郭谱·家传》）

清兵陷遵义。（《辑览》）

季夏由龙门解缆，自大直登陆至那洞，至思州，俱有诗。（见集）

十二月，先生抵安隆。（《郭谱·家传》）

是月清兵入滇，卓布泰兵取安龙府。清兵三路会于平越府之扬武堡。李定国遣冯双礼守鸡公背，张光壁守黄草坝，白文选守七星关。蜀兵出遵义，趋天生桥，由水西直取乌撒。文选惧，弃关走沾益州，从下流潜师宵济，遂入安隆。安国使其将吴子圣拒战，溃走，定国以全军据双河口。（《小腆纪年》、《通鉴辑览》）

十五日，帝离滇都。（《行在阳秋》）

是年《稽古篇》五十五卷成。

按：《稽古篇》有《稽古篇止于秦汉唐以下，先以诗述其概六首》。

又《稽古篇竣事十绝》，其自序书□□于二年著雍阉茂，乃戊戌岁，知成于是年也。

编年诗有《答光□王赠行》、《之叶邕行》、《断桥行》、《洗村行》。（见《瞻云集》）

自序云：《稽古篇》之作，非作也，述也。取《汉书·古今人表》，正以《春秋》，订以《左丘》、《公》、《穀》、《国语》、《国策》、《史记》、《通鉴》，求其至当，毋罔古而惑今也。春秋二百四十二年耳，繇邃初迄周秦，前乎此有人有事矣，后乎此有人有事矣，曷为正乎？春秋正以春秋之义例焉尔。今繇班史所列，分以三科，别以九等，迹其论断圣仁智愚，上次中，亦拳拳于先师之牙后，何乃折中，无闻名乖义谬贻来者之讥。谪臣以为班生搦三寸之管，驰骛数千载，仰窥坟索，旁贯百家，扢芳轨于未沦，砭污嗤于既腐，班生之志则大矣。独悲其蔽乎暗而误乎臆也。何暗尔？若圣与仁，则吾岂敢，圣仁匪异也。仁者见之谓之仁，智者见之谓之智，智仁非分也。上上曰圣，上中曰仁，上下曰智，懵其旨矣。夫妇之愚，可以造端，虽有下愚，自灾其身，犹愈于足智多能之乱贼也。下下之列，独归愚人，于勤惩曷取焉？况乎人类既滋，群生嗤嗤，书契以来，畸踪隐迹，律度量衡，所弗能数，统章元会，所未繇穷，嗟夫！史班探索，钩致而参伍之，一名一字，或分两人，此彼轩轾，错综矛盾，有繇来矣！若字圣君圣佐，于今为烈，以及德功差等，忠佞分行。安得阿其所好，外其异己？鸿荒沕穆，结绳之故，不可得而详矣！盖亦观乎三代以来，少康祀夏，帝杼师禹，今古兴王，首推弓治，康居上下，杼且中中，甚可诧也。芒泄虽贤，岂能方康？扃仅守府，顾反高杼，此抑扬夏后，不可为平者。太丁早卒，何闻而并思道之君？辛巳不竞，何竖而驾任贤之主？此低昂有殷不可为准者。至于伊尹元圣，一德齐汤，说命箕畴，心传稽古，比辙管晏，然欤？否欤？又如宗圣曾子，不如左丘；兴周八士，不如诸伶。胶鬲商容，厕于师涓之列；祝鮀孙贾，乃入史鱼之班。繇斯类推，可为三叹！即如下下方列，以待元恶，鲁隐让国，菟裘弗终，君子愍之。比诸长狄，不及围荦，薰莸倒背，一至于斯！又如武丁射天，分身河渭；二世积市，殒首望夷，穷凶极暴，载籍稀闻。视夫逃债赧王，处松饿主，丧师坠国，积威使然。宜从哀矜之列，不在痛疾之科。下中下下，反有轩轾。臣故断断乎谓班史之蔽于暗，而误夫臆也。臆以成暗，暗以锢臆，虽欲仰瞻尼麓，流渐洙源，终南辕而北向矣！臣不惮折衷，别为序次。上焉者为圣人、大贤、贤者、希贤；亦曰圣贤之号，光被四表；圣人如日，大贤如月，贤者如星辰，希贤如云汉，三光为昭，将互相映发也。次者为畸人，如辟历夜明，以助化工之神奇。次之为中人，如暑雨寒风，与四时同消息。尔下之为妄人、凶人，则霞虹霰雾，天之杂气；五残六贼，天之逆气。最下为乱贼元恶，则蚩尤枉矢，天之乱象，星移宿易，天之杀机。发于天者见于人，发于人者以人治之而已。总之，曰圣人，曰大贤，曰贤者，曰希贤，曰畸人，曰中人，曰妄人，曰凶人，曰乱贼，曰元恶。天有十日，故人有十等也。何谓圣人、圣君、佐圣师？勋放天地，德昭古今，出乎其类，拔乎其萃也。周孔以下，不再见矣。何谓大贤？充实而有光辉之谓大，与夫大忠大孝、至清至节之谓贤，楷模天下，风起后人者也。何谓贤者？希于圣而贤于人，富强礼乐之英，多闻多见之隽也。何谓希贤之人？不忮不求，必信必果，有所不为，可以有为之俦也。凡斯三者，以语夫仲尼之门，识大识小之士，区以别矣。若夫春秋以下之人物，人之有猷有为有守，羞其行而昌其邦，三者之称，或稍恕焉。将望古而遥集，亦因时而尚论也。何谓畸人？曰博闻强志，精于术数，工于技能，与夫重言诺，轻死生，气矜自得之夫，跅弛不羁之侣也。何谓中人？曰希贤之下有中人，凡着职官服，书名氏于经史，遭时际会，附青云以声施者，则书之。畸人之次亦有中人，习仿流渐，虽小道必有可观者，亦如子舆子之圣娄输师旷，先告子，分黥舍，而巨擘于陵也。何谓妄人与凶人？曰天下之恶一耳，有索涂冥行者，有驱诸罟阱之中而莫知避者，有下愚不移者，有为不善而惟日不足者，所归之恶各有已甚未甚也。何谓匪类？曰子弑其父，臣弑其君，奸回阴鸷，为鬼为蜮。《诗》曰：投彼豺虎。《传》曰：进诸四夷。彼哉彼哉，非斯人之徒也。匪类何以有二等？所播之恶，亦有已极未极也。繇前后所列，古今之贤不贤尽于此乎？曰弗尽。弗尽则曷为书乎？此立少观多，存其略焉尔。曷为存其略？书缺有间矣，非书传所纪，言行无得而称焉。不可以为有，不可以为无，不可遽没其名氏。若夫诵其诗，读其书，知其人，论其世，立乎今日以指上古，上古之日远矣；所闻异词，所传闻异词，从同同而阙疑殆。臣不佞，师先圣而述者也。始乎盘古，首出御世人之始也。何以止乎战国？曰备矣。汉唐以下，有志未逮者。何取乎叙赞论说？臣生也晚，窃取汉宋诸大儒，较诸班史，择精而语详也。解嘲分谤，以俟后之君子；则未知其为是欤？其诸好古阙文之意欤？繇后所述，君师之统八，侯国之纪二十。统者，总也，总天下之大同而归于作君作师之人也。纪者，记也，记分治之遗法而彰其建侯设屏之意也。附以列传百，外传四，总传三十。传者，传也，传于微，传于著，一人之言行而褒讥互见，一事之义类而善恶分途。为百为四，善善长而恶恶短也。总传之次，善善先而恶恶后，中国内而夷狄外也。终以六训。训者，循也，遵也，循天地人之理道，遵皇帝王之典谟，以窃附于祖述宪章之微旨也。三古远矣，章之自明，述而不作，信而好古，臣惟终身守此勿勿也。故曰《稽古篇》之作，非作也，述也，时□□拾贰年著雍阉茂之岁，律中黄钟，赐进士第光禄大夫行在少保兼太子太保武英殿大学士礼兵二部尚书，臣郭之奇谨叙。

凡例云：曰若稽古，曰鸿荒，冒天下者三皇。德如五帝，功如三王，统至嬴而中绝，道繇孔而日昌，初一为八统。曰若稽古，曰春秋战国，五伯莫盛于桓文，七雄同归于诈力，观征伐之自侯，嗟王者之迹熄，次二为二十纪。曰若稽古，曰君子疾没世而名不称，春秋大夫，同道为朋，战国人士，从善如登。择而从，择而改，观其所感而自兴。次三为列传百、外传四。曰若稽古，微微彰彰，其道日光，彰善瘅恶，千载旁皇，俾斯人之畏慕，垂汗简于秋霜。次四为总传三十。曰若稽古，曰君子言有方则而行有式，多识前言往行以蓄其德，观乎天之象，地之域，人之情，物之则，可大可久，而天下之理得。次五为六训。稽古之编，初一曰八统，取象乎八卦也；次二曰二十纪，取类于八方十二州也；次三曰列传百、外传四，取物于盈，取义于闰也；次四曰总传三十，取法于惟月也；次五曰六训，取则于六经也。合为五，凡五行之理也，分为五十卷，天数二十五，地数三十，天地之数也。

朱希祖跋略云：《稽古篇》五十五卷，明揭阳郭之奇撰。本书自序题赐进士第光禄大夫行在少保兼太子太保武英殿大学士礼兵二部尚书。其上所载年号已为人剜去。清代《四库全书总目·史部类存目》载此书，亦云"所载年月，上有阙文，第云著雍阉茂戊戌岁，当为顺治十五年。"案顺治十五年为是永历十二年，郭氏所题年号，必为永历，为清所禁书，故清代此书皆剜去其年号，以避禁毁；则此序必作于永历十二年无疑矣。序中自称谪臣，盖其时正由交趾入居雷、廉间已三年也。此书盖在交趾时始作，至此三年中乃告成耳。至此书之付梓，由其子天禔校字，且称此书为《交山遗史》，则作书在交趾，刻成在康熙，之奇已卒，故曰《遗史》也。（《郦亭书跋》）

十三年己亥（清顺治十六年，1659）　先生年五十三岁。

春正月初三日，清兵入滇都。（《行在阳秋》）

初四日，帝幸永昌。（同上）

闰月十八日，帝幸腾越州。二十日遂行，二十八日帝入缅关，二十九日帝留蛮莫。（同上）

二月十七日，清兵入永昌腾越州。（同上）

十八日，帝幸井梗。（同上）

三月，南宁陷。（《郭谱·家传》）

先生至龙州。

《宛在堂诗集》：己亥禊日（三月上巳）在江州。初七日至思忠练村，闻警。初九日自练州回江州。初十日至龙州板村。十三日憩龙州荒署。十五日发龙州，晚寓香村。十九日寓上石江村。二十日寓上石油村。沿途俱纪以诗。（见《瞻云集》）

先生以行辍路绝，由思忠（属南宁）至上石西州（太平府属，西至铜柱）二十余日，越数日入南交之文渊州。（《郭谱·家传》）

清师入滇，音问隔绝。海上诸部亦渐甃。先生与光泽王俨铁（按《明清史料》作俨鏾）、总兵杨祥亡命交趾，才数里，入文渊州，州官僦舍居之。（《忠逸传》）

按：《行在阳秋》载是年九月，光泽王俨铁、大学士郭之奇、总兵杨祥被获，不屈死之。考先生被执为辛丑八月四日，就义在壬寅八月十九日，此误。

五月初四日，缅王遣官迎帝。初五日，帝离井梗。初八日，缅王羁帝于孟坑城外。（《阳秋》）

是月，先生移文渊旧州。（《郭谱·家传》）

仲夏有《题宝英洞诗》，序云："之文渊旧州一里许……出于己亥仲夏也。"又有《题泉始洞飞液岩诗》，时阮郡请振铎铧南邦，先生辞，作《至于斯》二首，诗见《陋吟集》。

七月三日，作《百日殊方诗》。（见《陋吟集》）是月上旬，有《文渊官骑象来谒，询问天朝捷音》及《忆新会之北，三十二牙同没于虏，感作》、《喜传磨盘之捷，兼闻缅国助兵感吟》三绝。先生虽居夷，犹眷眷不忘君困。

秋八月，第三子天社殇于旧州，年十六。（《郭谱·家传》）

按：天社即罗万杰婿。

十月，郑成功修表遣太监刘九皋同内司镇中营副将江玉振自龙门间道见

永历，请会师恢复。（《台湾外纪》九）

按：龙门昔日为内地近海孔道。

是岁先生手抄《周易》，撮其义为歌，又为《读易诗》四首。是年先生居夷，得诗三百六十首，定为《陋吟集》，其自序云："君子居夷，非得已也。素夷行夷，以不得已之心，入而自得，愈非得已也。予以春末抵文渊，一枝暂休，腥氛四逼，栗栗乎若高崖之欲倾，深谷之将陨；恐惧之余，犹不废我啸歌。或曰入山恐不深，入林恐不密；山深林密，思幽调远，歌声所自出也。或曰长歌以当泣，远望以当归；歌而望，望而歌，即见兴怀，有触于心，若钟鼓之考，不知声之发也。是二说者皆然。然予之居夷非得已，居夷而作诗数百，又岂得已乎？（中略）所恨孑影星遁，经史莫随，偶见次儿手抄古文两卷，取其惬于心者，韵而为诗。（中略）古思我获，陋室堪铭，韵于古者必不陋于今。予以陋吟名诗，志学古而未逮也。或曰居夷何陋，君子之余思也。诗止于冬腊，四时之气已备，七日之心可来，陋吟止而颂声作矣。（下略）"（《耆旧集》三十四）

按：是年又有诗十二首，编入《瞻云集》。

十四年庚子（清顺治十七年，1660）　先生五十四岁。

帝驾在缅甸孟坑城外。

三月，先生自文渊往上禄，移啼鸡山。

自文渊往上禄，行李从者为下州洞妖所截（赖常上禄阮文渊声义执言，仍归故里）。自上禄往先安至班衣山，为交人所阻，困泊凉台村。自凉台至江坪，穿山泛海，跋履尤艰，汉夷杂居，殆非人境也。旋卜筑草潭，春三月，移啼鸡山中。（《郭谱·家传》）

四月，泛海抵先安之帽山（在海中交州东南）。（《郭谱·家传》）

五月，泊板则。上筑村中，粮食俱绝。（同上）

九月，之禄州，旋寓板山，又之那突。（同上）

清海北道方国栋，总兵张伟入龙门。邓耀被擒于广西千隆山寺。（《钦州志·纪事》）

十月，女辰殇，年四岁。（《郭谱·家传》）

庚子至班衣山，为交人所阻，泊凉台村；自凉台抵木簰，自木簰抵黄约尤艰苦。自黄约村穿山至马爹，人迹几断；自马爹抵万宣，行海坪数十里；自台宣涉水则汉地矣。自罗洞至松林，由松林至江坪，汉夷杂居之地也。所至殆非人境，结茅以处，犹赋诗不辍。（《忠逸传》）

是年得诗百六十五首，定为《巢居集》。

是年王兴自焚死。（事详《明季忠逸传》、陈恭尹跋《王将军挽歌》）

按：兴殉节之年，各书所记不同。惟《续明纪事本末》以为庚子，疑《忠逸传》从其说。兹据之系年于此。《番禺志》：兴阖室自焚，清兵义之，葬于河南籂箕村，题其墓曰“明虎贲将军……之墓”。

是时闽受永历封眷，郑成功遣杨廷世同刘九皋泛海从龙门间道往粤西，永历召见，问成功兵船钱粮多寡。永历大喜，封成功延平王。（《台湾外纪》十）

十五年辛丑（清顺治十八年，1661）　先生五十五岁。

春，自编诗共十八集。自丁卯秋至是年春凡三十五载，得诗二千八百四十首，赋三篇，箴四首，词十四首，琴操三阕，总曰《宛在堂集》。

《宛在堂诗集》自序云：忆年十五，帖括之余，间学声律，呼夏虫而语冰，执井蛙而问海，必也为他日羞，诗成辄弃，宜矣。既七年读书中秘，与曹允大、方肃之、刘胤平、徐九一、金正希诸同馆，花砖马背，连裙振辔，扬扢风雅，思不懈而至于古。及休沐抵里，得冯令如陶令，唱酬不辍，始有《马上》之刻。丁戊己庚，历四载为诗三百，一再削稿，存三之一。由今观之，少年气真狂，有意与春竞彼一时也。灾之木仅志少作。辛未浪游，自虔江抵白水，江山闻见，岁月师资，《舟中》独对，如长日加益焉。流洄濒溯，遐心聊聊，一吟一咏，不与人事相接。虽才思疏阔，鲜达词源，而晴川芳草烟波，使人诗之，性情大可见。壬申家食，独寐寤歌，爰有《遂初》之吟，亦惟吾友宋尔孚、谢儒美披衣朝夕，析疑赏异，志相勖也。此诚得意，余外徒缤纷耳。由此而落影冰天，含香粉署，泊分桐汉水，歌鹿嵩河。历癸酉甲戌乙亥丙子，有《感遇》、《骈怀》、《立言》、《秋思》之作。数载孤愤，问多嵚崎历落之响。前辈文文起，乃以余出翰林，官词部，凛然钦其风节，谓“诸作为不朽大业”。而黄可远则曰：“仲尝顷不得意于词林，诗宜稍阻，顾益勇为之弗衰，古诗之复，其以仲尝为功首。”二先生之意，夫各有所重也。嗟夫！人自负诗耳，官能阻人哉？一阳发阴，气含公鼎，彼苍海千秋朱鸟，名系者果何人欤？余是以散古史于左右，置风骚于后前，起作者于千载，求得失于寸心，心几疲于弱岁，其益励于来兹也。乃不幸而有何恃之哀，罗蓼居庐，继而分荆怆魄，余挂伤魂。阅丁丑戊寅己卯，诗不能半百，总附《秋思》之末，然闭门一室，破涕为歌，新诗改罢自长吟，非苟焉而已也。庚辰《出谷》，携小草入长安，则有前辈蒋八公、黄可远、王觉斯，吾友宋文玉、方萧之、徐九一，一时星聚，诸君子皆诗伯雄海内，金薤之垂琳瑯，宝光之烛牛斗，互相映也。余不揣实，左橐右弭，与之升昆仑，蹑姑射，罗缕根角，挈携陬维，属思微茫之表，移情窅窦之中。於戏！盛矣！八公之叙余曰：“萤芝鹦鹉诸赋，几淹江鲍。五言古咏怀，何必减嗣宗元亮。湖江八律，逼似《秋兴》。淮南王诸乐府，置汉人中殊不可辨。”嗟夫！余诗何能及先生言，而吾友文玉乃历取前后诸集，次第手评，以证功力之疏密，气候之浅深。余用以劝志，且相读书。自是而视学七建，诸同人若惝怳有失者。读肃之祖余之诗曰：“簪裾满京华，斯人独凭轼。”九一之诗曰：“拓落君特甚，风骚自千古。”何言之悲也！驱车而南，以近作示琴张子公亮，公亮辄怃然为间，曰：“吾于海内罕所低首，读先生近集，而吾家句曲三峰，或未能与揭岭争高下。”於戏！“文章有神交有道”，余方悲离索于尘风，而后倾怀抱于白云，有以也。辛壬癸甲，矻矻铸人于八闽，邮筒所至，辄闭目不敢视，微黄幼冲先辈，贵孤骞之凤羽，蔼冈梧之云物，斯道昆源，其不悲芜没于暮芳，嗟荟蔚于朝阹者鲜矣。先生之赠余曰：“巨秤出袖间，雄风播海内，约此玄冥籥，以作昭明耩。”又曰：“先生秉文珌，遂与六子绩。以尔伯夷风，焕为士勖。”即以此言赠先生也可乎？《闽辞》诸作，每篇之中辄寄意焉。余之情既见乎辞，亡何而国难遥闻，攀髯长痛。疲津息影，避阱于乙酉，陷邑于丙戌，悲何怙于丁亥，于戊子，四载幽思，愁叹苦神，永怀自广，总标之曰《素得》，中列《九九篇》，则自揭陷至脱身，为曰九九，日各有诗，志厄也。若夫蝉蜕戈革之中，低昂舒戚之际，囚神鬼于幽玄，弄鲸鳄之牙尾，每于惨淡经营之中，辄存潇疏旷远之意，倘所云“素位而行，无入而不自得”者，以素得之欤？抑以诗行素欤？光华复旦，负羁绁于肇梧，绵蕞之余，稽古是力。由戊子而己丑，而庚寅，漫赓《复旦》之篇，一之日□氛再播，辛卯壬辰，两粤胥沦，由癸巳及辛丑，九载驱驰，东西迭哄。自避地南交，及修矛东土，复有《海上》、《所思》、《徂东》、《稽古》、《瞻云》、《陋吟》、《巢居》之什，是惟榛苓系目，涯角惊心，长歌远望，间以奚囊当纪事，所冀回板荡于疾风，成中天之日月，海内同声，相逢梦寐，或有存者，执手而游汗漫，披腹而呈阖闾，其以是日乎？於戏！兵兴以来，诗亡道丧，有由然矣。回念昔者，如影海，如化城，如无何有乡，故姑取前诗，保残追轶，次第篇列。未及前贤，更勿疑也。嗤点流传，复何畏乎？李杜文章，垂光焰于万丈，卢王翰墨，存体制于当时。今之学古人者，亦各有能有不能也。余不能绮丽陈隋，仰齐梁之后尘于千载，亦何必模棱汉魏，失邯郸之故步于平生。然则今日之次第诸诗，宜自见乎其已及者，而勤乎其未及者可也。大雅不作，真滥谁分？我法孤行，甘苦自诣。余不及古之人也；如见其不及而不止，於戏！其稍益也哉。总前后诸诗，曰《马上》，曰《舟中》，曰《遂初》，曰《感遇》，曰《骈怀》，曰《立言》，曰《秋思》，曰《出谷》，曰《闽辞》，曰《素得》，曰《复旦》，曰《海上》，曰《所思》，曰《徂东》，曰《稽古》，曰《瞻云》，曰《陋吟》，曰《巢居》，凡十八集，诗二千八百四十首，赋三篇，箴四首，铭十首，词十四首，琴操三阕，自丁卯秋至辛丑春凡三十五载，前后序评，则前辈董公其昌、李公孙宸、何公吾驺、陈公子壮、文公震孟、黄公道周、蒋公德璟、倪公元璐、傅公冠、王公铎、文公安之、黄公景昉，友人冯君飙、宋君玫、刘君若宰、何君瑞徵、曹君勋、方君拱乾、徐君汧、金君声、姚君思孝、朱君天麟、宋君兆禴、王君化澄、邹君鎏、罗君万杰、夏君允彝、张君明弼、张君家玉、谢君宗鍹，凡三十人，其中品次独详，心心相勖，则八公、可远、文玉、肃之、允大、九一、公亮、儒美八君子也。时辛丑春日揭岭诗人玉溪子书于南交山中。

帝在缅甸孟坑城外。（《阳秋》）

六月十九日，缅酋杀文武官僚三十余人。（《阳秋》）帝左右仅存眷属二十五人。（《南略》）

秋七月，先生移居板及。（《郭谱·家传》）

按：先生《巢居集》收诗有八十五首，均在被执之前作。

长子天祯附家报，劝先生归。先生责之曰："予以眇躬为纲常谋，虽有家，义不得顾。非不念子弟侄，而怒然兴怀，瞻故都，眺邱陇，而怆然志伤以悲也。光复则归，扫垄有日，陆泛则望乡无期。儿继吾志，葬吾祖、吾父，传吾文，予蔑复有言矣。"（《郭谱·家传》）

八月四日，与光泽王俨铁、总兵杨祥，为交夷永福诱执，献于两广之使。

(《明清史料》)

时次子天禔被夷人殴击几毙，犹扶创追随，越三日至明江，创甚，乃留仲弟于明江，独与义子天祉(《史料》作天禧)就道。途中作《八月四日作纪事诗》(《郭谱·家传》)，诗云："十载艰虞为主恩，居夷避地两堪论。一时平地氛尘满，几叠幽山雾雨翻。晓涧哀泉添热血，暮烟衰草送归魂。到头苦节今方尽，莫向秋风洒泪痕。"其一云："成仁取义忆前贤，异代同心几自鞭，血比苌弘新化碧，魂依望帝久为鹃。曾无尺寸酧高厚，惟有孤丹照简篇，万卷诗书随一炬，千秋霜管俟他年。"(《内文集》附)礼部残题本顺治十八年十月二十八日《准两广督臣李栖凤咨为报解伪王官事内开》："顺治十八年九月二十三日据马提督分巡左江道塘报称，(中略)今接安南辅国政东致镇道内称：案照本国臣事天朝，惟以恭顺为心，昨见咨来使夹剿海逆邓耀，即为剿除，俾上国得宽一方之忧。续见移会各词，使擒献伪王伪镇，已屡差侦探，但彼逃匿山林，变易姓名，假为庶民，未知真伪，难于应命。兹始查访的实，并郭之奇等，已差调就关上，交付献纳，以息上国遗患之忧，以昭本国助顺之义等情。又据谅山处文渊州都督韬郡公阮廷禄，为具牒呈报事，称本年闰七月初四，蒙道牌等因奉此依依斋公文，投递本国王，令遣朝官已擒伪逆，献纳关上，与差官领行解献，合备缘由具牒等情，各到镇道，即行南宁府同提督中军游击佟天年点押，伪光泽王、伪阁部郭之奇、伪总兵杨祥、李联芳、张仕朝等，赴公衙门。本镇道会同并南宁府署印、同知薛尔宾、推官李廷棨、宣化知县王原朗、署思南副将事李明、游击杨国荣会审。"(《明清史料》丙编第十本)又《光泽王朱俨铁等事关题诘残件》："计问伪光泽王朱俨铁，妻室萧氏，家人四名周凤、陈祥、吉兆、进贵，丫头四口宋氏、纪氏、曹氏、方氏，以上共拾名口；伪阁部郭之奇，妻室张氏，病在广东，男壹名郭天禧，家人一名郭有义，以上共四名口；伪总兵杨祥，妻室刘氏，又刘氏、王氏、李氏、吴氏、伍妹、四妹、三大，家人八名杨进宾、陈二、李四、张铙、仁素、陈奇凤、周瑞、白生；伪水师李联芳，妻室黄氏，妾吴氏，男叁名李杜祐、李兆生、李亚凌，孙媳孀妇梁氏，家人壹名李亚三，丫头二口大妹、细妹，以上共拾名口；伪水师张仕朝，妻室叶氏病故，妾姚氏、黄氏，男二名张大苟、张细苟，家人二名五子、陈亚养，以上共捌名。通共男妇肆拾玖名口。郭之奇伪视师银方印壹颗，伪诰轴表壳拾壹道，伪诰轴黄绫贰件，黄绢伪敕谕贰道，黄纸伪敕谕捌道，伪敕封伏波将军黄敕贰道；杨祥伪敕谕壹道，伪令旨肆道，伪兵部勘合贰张，广南府粮册壹本，解银批壹张，广南土知府农鹏启本壹个，袁洪年手书壹扣，王三才红单壹个，抄白伪敕将军王才敕壹道，伪铜印壹颗，木雕伪将军正印壹颗；又伪王朱俨铁，伪阁部郭之奇，伪总兵杨祥，伪水师李联芳、张仕朝，各随诉词壹张。”（《明清史料》丙编第十本）

按：又据《史料》载，顺治十八年九月廿七日，先生男天禧《状诉》称“父原任大学士郭之奇，因疏参孙可望，避地交南。因交彝韦永福谋杀刘监生主仆，罄卷宝物。禧父正言规责，以此生仇，乘机刻害，幸际部院差官陈端超在关招抚光泽王及杨祥等，刘监生家丁罗有得，脱身至关告知差官，书达彝官救父，送出将敕印诰命等物，开单察缴……讵料诸差欲以为功，听思明土官黄戴炫贿嘱，曲禀左江道插入杨祥等一案”云云。此当日先生被交夷误执经过，可补家乘及诸书之缺。

八月初七日，出南关，十四日至太平，廿一日至邕江（南宁）。

九月七日，过乌蛮滩，谒伏波祠。十三日，泊藤县。十五日，抵苍梧。念二日，抵端水。以上沿途均有诗。既抵肇庆，两广李栖凤礼待有加；先生不为少屈，手书示天祯，曰：“予负国重恩，义当死成吾志尔；事之废兴，天也。”旋咨回桂林。（《郭谱·家传》）

十月十五日，上马滩至昭平。二十三日至阳朔。（有《西奥石峰篇》）

十一月一日，冬至，午移桂城，寄城隍庙，有诗云：“年年日至为谁至，忽忽时来愁又来，惜寸惜分凭一线，观微劝动倚诸灰；未知人事长和短，且任天心去复回，满目寒烟空际搅，暮光谁许数峰开。”（《内文集》）

九日，诸当事集庙中询避地始末，诗以代供云：“明室孤臣抱苦忠，十年逋播此微躬，苞桑无地堪休否，歌麦何人许共同。《稽古》漫留《洪范》在（避地著《稽古篇》百卷），生今那得辱冠终，便教扶亡我安适，谁念西山薇尽空。”（《内文集》）一日，诸当事集庙中，询入交始末，曰：“汝何愿？”先生应之曰：“余何愿哉？余登籍三十四年，身为大臣，尺寸未立，生有余愧，死有余责，流放诛殛，引头以俟，早一日则一日之赐也，余何愿哉？”或呼伪相国。先生曰：“明有天下几三百年，二祖十五宗之勋业，焯焯照天地间，何谓伪？诸人咸食旧德，一旦臣事新朝，遽以伪相加，可乎？天下后世，其谓之何？”（《郭谱·家传》）

十一月二十四日，吴三桂兵入缅境。（《阳秋》）

是月三桂兵至旧晚坡。初三日缅首叛，执帝献于军前。（《阳秋》下）

除夕，先生羁馆，读《老》《庄》，赋诗十首。

十六年壬寅（清康熙元年，1662）　先生五十六岁。

正月十三日，吴三桂以帝还滇都。(《阳秋》)

按：《小腆纪年》作三月丙戌事。

春，在羁。定《道德经》为六十四章，系诗八首，序云："晋王弼注《道德经》八十一章，段落纷驳，予窃取义卦，定为八八，以《易》配玄，由玄参《易》，道非常道，名非常名，观有观无，知终知至，众妙见于今古，四德行于乾坤。岂惟函谷五千，牛背生人间之紫气；将使庖牺一画，龙德归君子之粹精云尔。"又檃括《南华经》，述内篇六言七章，读外篇四言十五章，杂篇述五言十一章。

清明，赋《悼亡》二首，序云："予自己丑秋鳄江解缆，遭时多故，未能合严殡于慈丘，四尺有待，雨泪终垂。由是泛泛东西。壬辰秋，五节没于珠溟；乙未秋，内子丧于石井，并一子弗育；己亥秋，阙儿没于文渊；庚子冬，辰女殇于禄平。诸榇分置一方，各未归浅土，虽魂气无不至而山川绝阻，死而有知，不知其聚怨何所也。今予羁系此地，自冬徂春，雨露既濡，凄凄默默。能不默默然四望而魂销乎？退之有云：'致尔无辜皆我罪，百年惭痛泪阑干。'予之明发有怀，固百身莫赎，而今前后妻妾四，大小儿女五，飘陨若此，其惭痛为何如乎'"诗云："死别生羁倍黯然，桂江榕浦共朝烟，松楸在目三千里，戈戟藏身十四年。故国方诛驼马料，荒茔孰挂鬼神钱？眼看数日残春了，五月书邮竟绝传。"其一云："晦晦明明此日天，生生死死孰相怜？余身久作青编汗，诸髑谁分白打钱？绝壤魂迷风雨外，故丘目断水云边，肠回九曲千轮转，泪浥三春万点连。"

夏，读《易》，为《矫志》、《励志》诗各二首。

四月十五日，吴三桂弑帝于云南。(《小腆纪年》二十)

先生闻永历帝在滇被害，作《滇云叹》三首吊之，其辞甚哀，诗云："日落风飘万里云，天阴雨坠百城氛，金戈铁马威灵怒，白骨青燐怨恨纷，野哭安知九夏鬼，战场谁吊古今文，泛泛幕幕伤魂处，姓灭名销那可论？"（三首录其一）

八月十九日，先生被害。

帝人缅甸，光泽王俨铁、总兵杨祥亦亡入其地，交人惧祸及，并执送广西，两司以下官多先生门下士，委曲谕降，不屈，饮酒赋诗而已。祥，蜀人，不识字而以忠义自许，同日遇害，望西叩头谢恩，危坐就刑，神色不变，观者无不流涕焉。（《小腆纪年》二十）

自被执至授命，计羁居三百七十五日，日惟赋诗见志。诗二百七十五首，其眷君、忾国、忧世、伤民，每寄托于山川云物间。（《郭谱·家传》）

按：黎士弘撰小传云："先生就义之日，慷慨从容，面无改色；康熙元年八月十九日也，莆田薛生英舒亲见之。"李世熊《寒支集》亦云，与《郭谱·家传》合。

子天禔与莆田门人薛英舒扶柩归。（冯奉初撰《传》、《郭谱·家传》、《郭谱·墓志》）

考　异

《行在阳秋》（《明季稗史》本）：作之琦。又误以《十载》、《艰虞》二律为绝命诗。又误以清师陷潮州时，谓大学士郭之奇、礼科给事中郭朝荐相传殉节。

《永历实录》：卷二十有《郭之奇传》。一误以先生为东莞人，又误以先生曾为河南□□知县，又误以先生降清。

黎士弘撰《小传》：文载《宛在堂诗集》卷首。士弘，长汀人。先生按试长汀所取士。此传详先生在闽时事，又谓莆田薛英舒亲见先生就义，足正他书之误，惟谓先生出入两粤滇黔，则非。

傅以礼《残明宰辅年表》：永历三年郭之奇太子太保礼部尚书，二月以原官兼东阁大学士，在杨畏知前。

五年，之奇二月遁入交趾，后为交人执送军前，不屈死。

按：《郭谱·家传》：永历三年八月，之奇始赴行在，拜礼部右侍郎，表误。拜东阁系五年二月事。又五年二月泛海之啼鸡，其后仍督师雷、廉。谓遁入交趾，亦非。

《恤谥考》：郭之奇，文渊阁大学士，吏、兵二部尚书。揭阳人，明亡，跋涉闽、粤、滇、黔，来数万里。后闻孙可望杀严起恒，团聚乡勇，守乐民所，为陈奇策等声援。后被执，至广西省城，不屈死。

温睿临《南疆逸史》卷四《列传》十八：有《郭之奇传》，记晚年播迁雷、廉、交趾事极详确。温氏《明季忠逸传》全录其文。

按：各家为忠节立传者，惟此文为最可从，似睿临曾见过《宛在堂诗集》。

李世熊《郭宫詹传略》：文见《寒支二集》卷四。

原载《新亚学报》，第十六卷上，香港，1991—1993

饶宗颐

二十世纪学术文集

卷十 目录学

中国人民大学出版社
· 北京 ·

目录

词集考

卷十

饶宗颐二十世纪学术文集·目录学

目　录

赵 序

短晷饯腊，宛春宜藹，人惟雅言，座移佳茗。辟世云乐，犹尚空山之足音；乘桴而南，未忘嶰谷之长律。饶子宗颐，惠然促客，侑我肴蒸，出其珠玉，所著《词籍考》若干卷，纷如亦裒如也。以喻鲰生，颇托同好。见闻踱踖，则记诵益姱；搜讨汗漫，则校雠弥备。积岁累黍之劳，镫窗无间；穷年排日之役，翰墨有灵。经师虽屏之为小道，词客辄窃比于知音。始治阳春，张吾宗之清事；终窥石室，网六州之前修。继兹而往，薄有所述，播诸澥甸，每自汗颜，披睹斯编，感不去手。试申喤引，容有当夫。兹编部居既严，蒐罗至当。沿流必溯其源，导长江于积石；探本兼寻其脉，汇九流为具区。题名陈晁，开珠尘兰畹之先；踵事李黄，负曲海词山之誉。云礽有自，奕叶可征，目录之传，重在统绪。此其嘉惠士林者一也。中土幅员袤广，地望纷披。饮井水处，咸工崇安之丽辞；绣弓衣上，亦著宛陵之秀句。列邑萃其遗文，巴人珍其敝帚。衙官每通气类，薇省自集同声。扬葩氏族，或合三李于一堂；余韵燕支，竟掇众香于百衲。尤且朔北暨南，声教远播。岩疆泽薮，风颂攸同。重译充夫海外，扶桑亦绍弦歌；备礼比诸小邦，高丽犹存乐志。自非勤披珊网，安能陟兹昆岗。此又其嘉惠士林之一也。溯自乐府和鸣，清商促拍。中唐以降，词曲递承；五代迄今，筹桑娄易。风裁视时代为隆替，则尊古者嗜之如玄酒太羹；简册随兵燹以散佚，则考制者契想夫椎轮大辂。而况相公曲子，风焚红叶之章；邑尉方山，已失金荃之旧。然草堂四卷，升庵卒发之尘封；尊前一选，梧芳犹疑出手纂。凡兹若存若亡之作，容为垂断垂续之征。辑者市骏骨于金台，标芳型于梦弼。县目以待，存佚为心，泽古之功，尤不可没。此嘉惠士林之盛业又其一也。至绣梓源于孟蜀，绵历在千载以前；传钞秘于莫高，缮写有数本之异。南唐十国，导以先河；天水一朝，张彼词囿。枣梨广被，间同集而异名；丹黄所加，或攻错而补夺。事汉家之师法，则旁谱勤求；珍宋椠为单传，则精思邈属。又或蘊尘队简，中绝于百十年之间；沉井藏山，欣获于二三子之手。天府列诸奎璧，秘其流馨；藏家济以诡谋，流为嘉话。板本之学，固通于词林；雠勘之严，同功于管色。允当众篇毕举，庶隋珠与和璧争辉；片楮不遗，使杜库与陆厨竞爽。凡学人所艰致，惟斯集为独长。此尤嘉惠士林之盛且至者一也。夫词之为学，窥之则隐，穷之则深。昔人惑于名教之偏，徒以事功相许，著作虽夥，传布不遑，包举至繁，类别未审。饶子斯篇，不特涉堂庑之胜，抑且发岩穴之幽。以例相从，隶兹六属。孔门六艺，渊渟于覆载；吕氏六论，研讨夫天人。同符异代，由来远矣。尝试言之：其曰词集，则别行专著，俶落晚唐；景写覆锲，盛于南宋。选辑以花间肇其始，丛刊以彊村殿其最。其曰词谱，则啸余以下，迄至碎金。淮海虽陋而犹存，宜兴特精而待补。其曰词韵，则菉斐远出宋季，翠薇盛于道咸。李仲之作，原只郢书；赵谢诸家，姑存燕说。其曰词评，则解诗著匡鼎之名，玉林丹黄于氏籍之次；论文出刘勰以外，苕豁掇采于丛残之林。熏香摘艳，菊庄征其博识；童求蒙拾，渔洋扇其流风。新都矜博学为多能，人间昌词心之极至。其曰词史，则罗述师承，比渊源之有录；钩稽掌故，识体尚之所趋。自来学案之作，学以史传；年谱之行，史以学重。畴日凡儒冠独具之格，今兹则词海亦沿其波。而尤艰辛卓绝，迈越古人者，则曰词乐。存李赵之堕绪，传薪火于烬微；探海国之奇书，孳法乳于点滴。明镫曲苑，秘箧龙威。乐府混成，修内惊其辑逸；云谣杂曲，乐世复其和声。白石庶资以切磋，玉田可倚为揩鞁。是则新体宏宣，陈篇再出，阐述之劳，固不可废，而开先之导，尤属难能。景星庆云，间世始见，微言绝学，何幸以传者已。饶子素秉清芬，霜珠在握，含姿粹美，麝墨拈毫。拾虫鱼于文府，蠹简勿删；办豹鼠于兔园，囊萤是赖。一槎浮海，探二酉之名山；千卷随车，舒三余之长昼。更复颔获骊珠，裘工狐缀。肆情均令，视治词如治经；题辑歌章，由征今而征古。输万里十年之心力，奠一家绝学之镃基。好事者讶其专精，弄翰者绳其渊雅。矧在愚情，尤殷夙契。敢张名类之别，用申轩冕之言。传之其人，公诸于世，芸笺叶叶，自胜朱谢之遗篇；珠字行行，庶附马郑之通志。

丙申燕九节，武进赵尊岳序

吉川序

为裒录之业于清代，似莫盛于小长芦钓师。汉、魏以来，说经之书，汗牛充栋，乃录《经义考》。虞山蒙叟，采列朝之诗，不无偏颇，乃录《明诗综》三千四百余家。而学者或议其钩而未沉。翁覃谿云，竹垞《经义考》，纲领节次，详整有要，为功于经学非细。顾所载序跋，多删去其末行年月，致使作者先后，无所按据，翁著其言于《复古斋文集》，至于再四。何义门云，竹垞先生《明诗综》，去取几于无目，二十年来所敬爱之人，一见此书，不觉兴尽。义门为虞山之徒，言有所激，然不尽门户之见也。至于《词综》，尤为钓师经意之作，承词学久晦之后，以兴衰自任，且始用心于南宋，梳姜、史之细腻，栉二窗之密勿，使人知《花》、《草》之外，又复有词。幸次郎少年读词，亦津逮于此。而觉其发明，有所未尽，盖其时限之，得失之故，颇难言也。虽然，幸次郎不读词者久矣。始谓纳兰成德亦外国人也，何必废然返。而才力所限，竟自废然，弃之者几三十年。今获读饶固庵教授《词籍考》，而叹息焉。教授之书，以考为名，犹谢氏之《小学》，近人之《许学》、《老子》，体裁有承乎钓师，而非勤勤录序跋，如吏胥之写官牍已也。有疏证，有品隲，考词人之生平，叙词流之升降，字句异同，亦举其要，词之史、之话、之平议寓焉。盖乾、嘉以还，词学极明，与经史之学，分镳争驰，教授尽平生之心力，集大成于此。至于甄录板本，言之盘盘，尤非钓师之所梦想。顺、康之世，渔洋不知《山谷精华录》之伪，其余可知。今则词山曲海，源流粲然，教授掩而有之也。幸次郎昔亦治目录之业矣，而厌之，以类贾人之簿录者多，能为读书者目如宋之晁、陈者寡也。今教授之书，诚可谓读书者之目，自此以后，读词者必发轫于此，犹三十年前幸次郎之读词，发轫于钓师之《词综》也。其难其易，岂可同日语哉。昔人辄谓古今人不相及，自严氏《天演》之译出，人皆知其不然。力今而胜古，日进无疆，教授有焉。

辛丑立春日，日本京都大学文学部教授吉川幸次郎谨序

别集类

卷一　唐五代词集考

唐　金筌词　温庭筠撰

庭筠（或作廷筠、庭云），本名岐，字飞卿，太原祁人。累举不第，尝贬隋县尉及方城尉。咸通七年（866）为国子助教。（《全唐文》七六八有咸通七年十月试官温庭筠牓）才思绮丽，与李商隐齐名，时号温、李。精音律，能逐弦吹之音，为侧艳之词。事迹详《旧唐书·文苑传》、《新唐书·温大雅传》、《唐才子传》、夏承焘著《温飞卿系年》。

庭筠所著多佚，见于《唐书·艺文志》别集类者，有“《握兰集》三卷，又《金筌集》十卷、《诗集》五卷、《汉南真稿》十卷”。《郡斋读书志》别集类（中），止著录“《金筌集》七卷外集一卷”。《直斋书录解题》诗集类（上），则著录“《温飞卿集》七卷”（明弘治刊本卷数同）。按欧阳炯《花间集序》云：“近代温飞卿复有《金筌集》。”此为五代时记唐词之彰明较著者，与旧志之诗词莫辨者不同。又有温飞卿《金奁集》传本，乃总集，所收温词，除《花间集》载六十六首外，余为韦庄及他人之词。康熙三十六年顾嗣立《跋飞卿集笺注》云：“今所见宋刻，止《金筌集》七卷，别集一卷，《金筌词》一卷。”是顾氏所见，比《读书志》多《金筌词》一卷，未知与《花间集序》之《金筌集》同异如何。郑文焯《温飞卿词集考》云：“《花间集序》称飞卿复有《金筌集》，其书所收六十六首，或即出于原集之末卷，学者得此，无俟他求。”（晁《志》、《唐书》、顾《跋》及景南宋本《花间集序》，“筌”字皆从竹。《庄子》“得鱼忘筌”，《释文》“字亦作荃”，是筌、荃字通。）

法京敦煌卷列伯希和目三九九四为一折叶，双面书写，其第二首“金鸭香，红腐泪”，讫“一叶叶，一声声。空阶滴到明”。已见《金荃集》。知温氏此阕久为人所传诵。陆游《渭南文集》一四徐大用《乐府序》及卷二七《跋金奁集》，并称飞卿《南乡子》八阕，高胜不减刘梦得《竹枝》。而温词见于《花间》、《尊前》、《金奁》者，皆无《南乡子》，放翁殆沿旧题，以总集之《金奁》为温作也。

宋刊《金筌词》一卷，附“《金筌集》七卷《别集》一卷”之后，此本仅见顾嗣立《跋》文。按毛晋刊《金荃集跋》云：“仅见宋刻《金荃集》七卷《别集》一卷，参之迩来分体本子，略有不同。其小词亦名《金荃集》，尚容嗣镌。”知小词乃在宋刻之外；张金吾《藏书志》称：“曾假钱遵王抄宋本勘过之本校汲古刊本，卷同晁《志》。”知钱抄宋本亦无《金筌词》；故《四库提要》引及顾氏《跋》文，直删其“《金筌词》一卷”之句。章钰校证《读书敏求记》，谓顾笺与钱记本同，尚未辨其是否另有《金荃词》也。项廷纪有“读《金荃词》题后《采桑子》”，似见其本矣；然其友吴子律（项氏有《征招》悼子律）著《莲子居词话》，以顾氏不并传所见宋板《金荃词》为可惜；则《金荃词》者，吴、项诸词人并未之见，故项氏之题后，殆泛称飞卿词阕耳。顾《跋》所谓宋刻，岂钱抄外另一宋本欤？（明曾益合飞卿诗为四卷，名《八叉集》，即顾笺底本，与词无涉。）

华纲《唐宋词钞》本。

何梦华钞本（丁氏八千卷楼藏），又补遗一卷。

王国维辑《唐五代二十一家》词之《金荃词》一卷，共七十首，收《花间》六十六首，《草堂》、《尊前》各一首，《诗集》二首。有民国十七年《王忠悫全书》本、民国二十一年六艺书局印本。[1]

唐范摅《云溪友议》云："裴郎中諴、举子温岐，好作歌曲，二人又为新添声《杨柳枝》词，饮筵竞唱其词而打令也。有周德华者，乃刘采春女，虽《罗唝》之歌不及其母，而《杨柳枝》词，采春难及。温、裴所称歌曲，请德华一陈音韵；以为浮艳之美，终不取焉，所唱者七八篇，乃近日名流之咏。（以下列举所唱滕迈、贺知章等七言四句《杨柳词》从略）"又云："裴君《南歌子》词云：不是厨中串，争知炙里心。井边银钏落，展转恨还深。"（下列两首，同为五言四句。）按温庭筠《诗集》六《开成末书怀百韵》原注云"予去秋试京兆，荐名居其副"，知温、裴同作歌曲，乃开成间在京兆事。温之《南歌子》见《花间集》者七首，皆五言四句之后增三字，殆逐弦吹之音时，于送声中填入三字也；而其友裴諴所作，尚沿旧不加字句，疑开成间随乐音增加文句之风，尚非盛行。（如《泛龙舟》曲，隋炀帝作七言八句，任二北《敦煌曲校录》有一首，七言八句下加三言两句，亦同此例。）在《金荃集》以前，歌词之概况如次：

《旧唐书·音乐志》三云："（开元）二十五年，太常卿韦绦等铨叙前后所行用乐章为五卷，时太常旧相传有宫、商、角、徵、羽燕乐五调歌词各一卷，皆近代词人杂诗；至绦又令太乐令孙玄成更加整比为七卷。又自开元已来，歌者杂用胡夷里巷之曲，其孙玄成所集者，工人多不能通，相传谓为法曲。"据上述，如燕乐五卷之歌，传至开元之季仍是杂诗；孙玄成整比之法曲七卷，其工人所不能通者，殆非中国歌文也，换言之，止是乐谱。（《梦溪笔谈》："今蒲中逍遥楼楣上，有唐人横书类梵字，相传是《霓裳谱》，字训不通。"殆与此相类，如敦煌之琵琶谱然。）前此中宗时，有李景伯、沈佺期等之《回波乐》，郭茂倩《乐府诗集》（卷八〇）入近代曲辞，止是六言四句。开元中，张说歌词见于本集（卷一〇）者，有《踏歌词》、《苏幕遮》、《破阵乐词》、《舞马词》等，或为七言四句，或为六言八句及四句；《全唐诗》及康熙《词谱》指《舞马诗》所注"圣代升平乐"、"四海和平"为"和声"。又称为大历十才子之卢纶撰《天长地久词》，前三首为五言四句，其"和"为"天长久，

① 刘昫：《旧唐书》一九〇《文苑》下；宋祁：《新唐书》九一附传；辛文房：《唐才子传》八；陆游：《渭南文集》二七；张金吾：《爱日精庐藏书志》二九；郑文焯：《温飞卿词集考》（见《词学季刊》一卷三号）；《四库提要》一五一"温飞卿集笺注"条；章钰补辑钱遵王：《读书敏求记校证》四之中；项廷纪：《忆云词丁稿·采桑子》、《丙稿·征招》；吴衡照：《莲子居词话》卷一"飞卿《菩萨蛮》二十首"条；刘毓崧：《通义堂集》一三《李太白温飞卿精于词律说》；顾学颉：《新旧唐书温庭筠传订补》。

万年昌”（《乐府诗集》八二、《全唐诗》乐府一二及卷一〇卢纶诗三并同。日本五弦琵琶谱中有“天长久”、“三台”等曲名）。按《乐府诗集》之“相和歌辞”、“清商曲辞”，多并载其“和声”及“送声”，张说、卢纶等之“和声”，仍沿六朝乐府之例也。又后人目为《谪仙怨》之刘长卿六言八句，在《刘随州集》卷八止以诗之本事为题，附录严维酬答二首，并同此例。又《乐府诗集》卷八〇近代曲辞之《盖罗缝》（疑即《教坊记》之《合罗缝》）、《婆罗门》，所录歌词，乃王昌龄之“秦时明月”及李益之“回乐峰前”二首，在作者言，自是“出塞”“受降城闻笛”之七言绝句耳；而《乐府诗集》乃以音乐命题，且不署主名，即《唐诗纪事》所谓“其受降闻笛诗，教坊乐人取为声乐度曲”也。又《乐府诗集》卷七九近代曲词中，有《水调歌》，起“第一”至“第五”，接续者为“入破第一”至“第六彻”，前后共十一叠，其“第五”及“第六彻”为五言四句，余皆七言四句，而“入破第二”，乃杜甫《逢李龟年绝句》也。又有《陆州歌》，起“第一”至“第四”；其第一首乃王维《终南山》五言律体之下四句也。又有《伊州歌》，起“第一”至“第五”，续之者为“入破第一”至“第五”，而歌之第三首，则沈佺期五言律体杂诗之上半也。又有《凉州歌》，其解题云：“《凉州》，宫调曲。开元中，西凉府都督郭知运进，……至贞元初，康昆仑翻入琵琶。”此歌起“第一”至“第三”，续之者为“排遍第一”“第二”，而“第三”首“开箧泪沾臆”四句，则高适五言古体《哭梁少府》之起段，即旗亭画壁时所唱四句也；知贞元初琵琶名手康昆仑奏技时，尚无逐弦音为之撰新辞者。（上引《水调》、《陆州》、《伊州》、《凉州》，又见康熙《词谱》卷四〇。）凡此割裂五七言诗，杂乱凑成而文义并不连贯之歌辞，与汉、魏乐府之任由伶工割裂者何异。元稹《乐府古题序》所谓：“由乐以定词”，“选词以配乐”，“遇兴纪题，往往兼以句读短长为歌诗之异”，皆就元和、长庆及其以前之歌与诗立论，然所指之歌，乃乐府之新旧题，尚未涉及后来之词也。陈旸《乐书》云：“唐末，俗乐盛传民间，然篇无定句，句无定字，……故止于五代，百氏所记，但志其名，无复记辞，以其意亵言慢，无取苟耳。”此言长短句未定型前，其歌辞之“总杂”如此。

宋释文莹《湘山野录》上载“平林漠漠”一首，谓魏道辅（泰）见于鼎州沧水驿楼，不知何人所作。后得古集（影黄荛圃藏宋椠作《古集》，他书引作《古风集》）于长沙曾子宣（布）家，乃知李白所撰。按王琦注《太白集》，谓古本无《菩萨蛮》、《忆秦娥》二首，萧注本乃有之。又黄花庵谓唐吕鹏《遏云集》载李白应制词；如白有此词，鹏应早已收录，何待惯于作伪之魏道辅始见之？李之仪已有《忆秦娥》用太白韵。则北宋人已认此词出于李白手。

然《花间集》欧阳炯《序》云："在明皇朝则有李太白应制《清平乐》词四首"，不云有《菩萨蛮》也。沈括所见小曲，以张泌之"咸阳沽酒宝钗空"混为白作；黄花庵亦疑《遏云集》应制词后二首非白作；知唐、宋间所传太白歌词，原属混乱。故《乐府诗集》止收其《清平调》三章，而不收其《菩萨蛮》、《忆秦娥》二词，刘后村亦称此二首为唐词，而不目为白作。近人断断于《教坊记》之有《菩萨蛮》曲：不知曲调与填词，并非同为一事。如《教坊记》有《胡渭州》曲名，而《乐府诗集》卷八〇之《胡渭州》二首，乃晚唐张祜之七言与五言绝句耳。而《忆秦娥》之名，且非《教坊记》所有也。以《乐府诗集》之近代曲辞及开元太乐令所编杂诗推之，太白当无此作。且作者风格、诗词大体相同，如秦少游之诗，同人笑其入小石调，姜白石之诗与词，同其峭拔，而《菩萨蛮》、《忆秦娥》之神理沉郁（参《莲子居词话》卷一及近人屡经援引或翻驳之胡应麟说），则与太白歌行之豪放不类。（《尊前集》载李白词，无《忆秦娥》，其《菩萨蛮》三首，前一首为韦庄词，后一首尘下不堪，并不足辨。）

罗振玉藏《春秋后语》，为作《背记》，以木笔书之。末有词三首，一为《菩萨蛮》。《菩萨蛮》此殆因宣宗所喜，令狐绹著温飞卿密进之。是卷"背记"内有咸通皇帝判官王文瑀语，或书于咸通间，去大中不过数载耳，是则写本有关于词史者，故特记之。[1]

沈括《梦溪笔谈》云："古乐府皆有声有词，连属书之，如曰贺贺贺、何何何之类，皆和声也；今管弦中之中缠声，亦其遗法。唐人乃以词填入曲中，不复用和声；此格虽云自王涯始，然正（贞）元、元和之间为之者已多，亦有在涯之前者。"（《唐会要》卷三三"惠昭太子庙乐章六"，注"王涯等共撰"，乃雅乐，似非沈括所指。《宋史·艺文志》"王涯翰林歌词一卷"，内容未详。《乐府诗集》所收涯诗，多讹作王维。）此就形成长短句之朔言之，李之仪、王灼、胡仔、陆游、朱熹等所论正同，此外宋人亦别无异说，李之仪且谓以《花间集》所载为宗也。然在贞元（785—804）前后，尚有撰作可记者，条列如下：

（一）张志和词　志和，字子同，金华人。父游朝著《南华象罔说》。年

① 范摅：《云溪友议》下"温、裴黜"条；《泛龙舟》见《乐府诗集》四七及《敦煌曲校录》，85页；沈括：《梦溪笔谈》五"霓裳羽衣"条；《乐府诗集》、《张说之集》、《刘随州集》各卷数，并据《四部丛刊》本；计敏夫：《唐诗纪事》三〇"李益"条；《元氏长庆集》二三；陈旸：《乐书》卷一五七；刘克庄：《后村大全集》九九《跋刘叔安词》；王鸣盛：《蛾术编》七七《温飞卿新添声杨柳枝》；王国维：唐写本《春秋后语卷背记跋》。

十六游太学，以明经擢第，肃宗令待诏翰林，寻贬南浦尉，自称烟波钓徒，又号玄真子。志和述太易十五卷，凡二百六十五卦，以无为宗。《颜鲁公文集》九有《玄真子张志和碑》，谓大历九年（774）秋，讯真卿于湖州，赠以舴艋；释皎然有歌落之。李德裕《文集》别集七有长庆三年撰《玄真子渔歌记》，略谓“宪宗写真求访玄真子《渔歌》，叹不能致，……今乃获之”。（向子諲云“《渔父词》，张志和之兄松龄所作也，有招玄真子归隐之意。”以为松龄所作。）明刊本记后载《渔歌》五首，畿辅丛书本删之，殆以混附和章也。（吴师道《敬乡录》亦载五首，然如青草、巴陵之语，非玄真足迹所及。）《直斋书录解题》一五载“《玄真子渔歌碑传集录》一卷”，注云：“玄真子《渔歌》，世止传诵其‘西塞山前’一章而已。尝得其一时倡和诸贤之辞各五章，及南卓、柳宗元所赋，通为若干章，因以颜鲁公碑述、《唐书》本传，以至近世用其词入乐府者，集为一编。”《西吴记》谓递相唱和者，为刺史颜真卿与陆鸿渐、徐士衡、李成矩。清道光间，黄本骥重编《颜鲁公集》，所采逸诗存目，有和玄真子《渔父词》，注云：“公与陆、徐、李，共二十五首。”而宋高宗《和渔父词序》云：“绍兴元年七月，余至会稽，览黄庭坚所书张志和《渔父词》十五首，戏用其韵。”故曹元忠《跋金奁集》，谓：黄庭坚所见本《渔父》十五首已题张志和，高宗又从而和之，则《金奁集》之题张志和，实出宋本，宋贤不尚考据；明吴讷编《四朝名贤词》即用其本云。要之，宋人所谓唐自中叶以后，渐变成长短句之说，以张志和《渔歌》及诸贤递和者皆破七绝第三句为两句，乃其最显著之例。皎然《观玄真子置酒张乐舞破阵画洞庭三山歌》云：“……手援毫，足蹈节，披缣洒墨称丽绝。石文乱点急管催，云态徐挥慢歌发。”知志和本自能歌，故《渔歌》虽乐已失传，而当时之可以合乐，亦意中事也。山谷《鹧鸪天》小序云：“表弟李如篪云：‘玄真子渔父语，以《鹧鸪天》歌之，极入律。’”可为左证。日本五十岚力著《平安朝文学史》，称弘仁、天长为汉文学全盛期中之全盛期。弘仁为嵯峨天皇年号（起唐宪宗元和五年即810年—唐穆宗长庆三年即823年）。嵯峨撰《渔歌》五首，同时奉和者有公主二首、滋贞主（或作滋野贞主）五首，体制与张志和“西塞山前”相同。志和原作，殆由空海携归（当唐宪宗元和元年即806年），距志和受鲁公舴艋时约三十年耳，而东方唱和者皆五首，殆携归者为张、颜、陆、徐、李之作也。嵯峨等唱和载《经国集》卷一四，其第一首云：“江水渡头柳乱丝。渔翁上船烟景迟。乘春兴，无厌时。求鱼不得带风吹。”

（二）韦应物词　应物，京兆长安人。天宝时为三卫，大历时除栎阳令，建中二年出为滁州刺史，改江州，又改左司郎中，贞元初又守苏州。宋嘉祐间王钦臣编校《韦苏州集》，序其事略如此。集末有《调啸词》二首、《三台词》二首。《三台》有“未报长安平定”之句，按本集卷三《寄诸弟》诗注云：“建中四年十月三日，京师兵乱，自滁州间道遣使，明年兴元甲子岁（784）五月九日使还，作。”指德宗幸奉天事也。词之“未报”句上云“后日花开”，次首云“冰泮寒塘”，当是兴元春间遣使未还之作。其体制仍是六言四句，与《回波乐》、《舞马词》，以至王维之《田园乐》七首并同。又本集《调啸乐》“东望西望路迷”下接云：“路迷，路迷，迷路。”上四字顺承前句，下二字才倒转换韵，于文情乐意，有婉顺而又顿挫之致，此调又名《转应曲》，或以此故。苏辙自编《栾城集》一三有“效韦苏州《调啸词》二首”，体制正同。元祐间，吕南公有《调笑令》仿韦苏州作，见《灌园集》。东坡词有此二调，混乱不可据，而转应之句少二字，同于王建（大历十年登第）、戴叔伦（贞元十六年登第），不如苏辙自编之集，同于韦集也，康熙《词谱》于此失考。王建词收入《全唐诗》（卷三二）者十首，即《三台》六首、《调笑》四首。

（三）白居易词　元微之《重赠》诗云“休遣玲珑唱我诗”，白乐天《竹枝》云“怪来调苦缘词苦，多是通州司马诗”，知元、白时歌唱仍是诗体。《白氏长庆集》（《四部丛刊》本）卷六七，律诗七十五首中，有《忆江南词》三首，审其前后编次，当是开成三年（838）作于洛阳；同时刘梦得有《和乐天春词依忆江南曲拍为句》一首，其体制并为三、五、七、七、五字句，既大破歌唱五七言诗之旧例。而乐天自编之集，竟次于律诗之中，与他卷之《杨柳枝》、《浪淘沙》等作七绝者同例，知其时并不以长短句脱离诗体而别立领域也。此外如卷一八题为《小曲新词》者，止是绝句体。其《花非花》一首见卷一二者，万树《词律》卷一引之，并注云：“此本《长庆集》长短句诗，而后人名之为词者”，故不以词论。黄花庵《词选》载有白氏《长相思》二首，然本集卷一二《长相思》，乃五言古体诗。顾梧芳传刊之《尊前集》，有白氏《宴桃源》三首，词语尘下，本集并其题而无之。《长庆集》后有会昌五年（845）乐天自记云：“《长庆集》五十卷，元微之为序；后集二十卷，自为序；今又续后集五卷，自为记；前后诗笔大小凡三千八百四十首。又有《元白唱和因继集》、《刘白唱和集》、《洛下游赏宴集》，其文尽在大集内，录出别行于时，若集内无而假名流传者，皆谬为耳。”如上述《花庵》、《尊前》所载，殆“谬为”者乎。（景宋本卷七一末附《醉吟先生墓志》云：“大历六年正月二十日生于郑州，以会昌六年月日终于东都履道里私第，春秋七十有五。”）

（四）刘禹锡词　刘梦得《外集》卷四有《和乐天春词依忆江南曲拍为

句》一首，起句为“春去也”，《全唐诗》多“春过也”一首，非本集所有。又本集卷九后注云：“右已上词先不入集，今附卷末。”殆指《竹枝词》九首、《杨柳枝》词九首、《浪淘沙》词九首、《潇湘神》词二首、《抛球乐》词二首、《杨柳枝》词二首、《竹枝》词二首、《纥那曲》词二首等。《竹枝》最有名，山谷跋梦得《竹枝歌》云：东坡闻余咏第一篇，叹曰：此奔软绝尘，不可追也。《直斋书录》载《刘宾客集》三十卷外集十卷，注云：“集本四十卷，逸其十卷，宋次道裒辑其遗文为外集，然未必皆十卷所逸也。”今传《四部丛刊》本《刘梦得文集》，源出日藏宋椠，民国徐氏景印宋绍兴刊本同，即直斋著录之本也，诗与词并无严格分别。①

檀栾子词　皇甫松撰

松，字子奇，自号檀栾子，新安人，韩门弟子湜之子也。著《醉乡日月》三卷，《直斋书录》卷一一注云：“唐人饮酒令。”《唐诗纪事》卷五二指为“自叙”，谓自序其书也。《纪事》又二：“松丞相奇章公表甥，怨不荐举，因襄阳大水，极言诽谤。”按《新唐书·牛僧孺传》，汉水溢，坏城郭，僧孺坐下迁，乃会昌元年（841）事。康骈《剧谈录》云：“自大中之后，如皇甫松等，皆苦心文华，厄于一第。”《容斋三笔》载：“唐昭宗光化三年，左补阙韦庄奏：遗贤李贺、皇甫松、陆龟蒙、温庭筠等衔冤抱恨，伏望追赐进士及第。”（《唐摭言》、《北梦琐言》并载此事。）知松未及第而卒也。《花间集》载松词十二首，其《采莲子》八句，前四句与后四句不同韵，应作两首（《词律》亦取前四句为一首，谓即七言绝句），而晁谦之本、玄览斋本目录皆合作一首，遂使《花间集》第二卷止有四十九首，非其例也。《尊前集》载松词十首，与《花间》无一相同；其《竹枝》以两句为一首，每半句皆加“和声”，以“竹枝”二字和于句中，“女儿”二字和于句尾，与一句一和声者异。然

---

① 沈括：《梦溪笔谈》五“五音”条；李之仪：《姑溪集》四〇《跋吴思道小词》；王灼：《碧鸡漫志》五“杨柳枝”条；胡仔：《苕溪渔隐丛话·后集》三九“唐初歌辞”条；陆游：《渭南文集》一四《长短句序》，又三〇《跋花间集》；《朱子语类》一四〇；《释皎然集》七《奉和颜鲁公落玄真子舴艋舟歌》，同卷《奉应颜尚书观玄真子舞破阵画三山歌》；《新唐书》列传一二一《隐逸》；张宗橚：《词林纪事》一“张志和”条引《西吴记》；宋高宗《渔父词》见《全宋词》一及《声画集》《陈子高奉题渔父图》注；曹元忠：《笺经室遗集》一三《钞本金奁集跋》；《经国集》见日本《群书类从》第六辑；《唐才子传》三；王右丞《田园乐》见《四部丛刊》本卷四，赵注本卷一四、万树《词律》一、钦定《词谱》一并载《花非花》一首；《豫章黄先生文集》二六《跋刘梦得竹枝歌》；Hellmut Wilhelin：The Fishman with Balt（*Asiatishe studien*，1966）。

《怨回纥》两首，见于《全唐诗》卷一三者乃五言律体诗，次首题为《江上送别》（《词律》、《词谱》并举此首为式）；而《尊前集》乃以前四句为上半阕，后四句为下半阕，统以《怨回纥》名之，岂以《闻笛》七绝为《婆罗门》之例耶。又《抛球乐》二首，毛刻顾本及《全唐诗》一三及三二皆五言六句，与刘禹锡同体；而别本于第二句下增复上文三字为一句，成为三十三字体（见林大椿《唐五代词》）。康熙《词谱》以为和声之例，《词律》失此体，或未见其别本。

王国维辑《唐五代二十一家词》本《檀栾子词》一卷，从《花间》、《尊前》、《全唐诗》共辑得二十二首。有《王忠悫全书》本、《六艺书局》印本。[①]

香奁词　韩偓撰

偓，字致尧，（《新唐书》本传作致光，《唐诗纪事》云，偓字致尧，今曰致光，误矣。胡仔《丛话》又误作致元。）小字冬郎，自号玉山樵人，京兆万年人。龙纪元年（889）擢礼部第，累官翰林学士、兵部（本集署衔作户部）侍郎，以忤朱全忠贬濮州，后复召，不敢入，挈眷居闽，梁亡之年卒。事迹见《新唐书》一八〇、《唐诗纪事》六五、《唐才子传》九、清震钧《香籢集发微》附《韩承旨年谱》（宣统三年刊本）。

偓有《诗集》及《香奁集》，各家著录各异。《四部丛刊》本《玉山樵人集》及《香奁集》不分卷，各以四言古、五言古等分体类钞，与影宋写本合，殆《艺文志》著录之各一卷本也（汲古阁刊本亦各作一卷）。吴汝纶评注本《韩翰林集》三卷，后附《香奁集》三卷，有偓自序而无评注（民国二十五年《关中丛书》覆吴本），其分卷较近《书录解题》。《读书敏求记》载《香奁集》三卷，《韩偓诗集》一卷，又较近元刊。《全唐诗》二五云："韩偓《翰林集》三卷、《香籢集》一卷，今合编四卷。"《花间集》无偓词。（《说文》止有籢字，段玉裁以奁为俗书。）

沈括《笔谈》一六谓在秀州和凝曾孙家，见凝旧藏诸书，称凝有艳词名《香奁集》，后贵，乃嫁名韩偓。同书一七谓庆历中在南安偓四世孙家见偓手集，字极淳劲。是括曾见两家真本，说似可信。然葛立方《韵语阳秋》五，以《香奁集》中辛酉、丙寅等纪年，与偓序及《唐书》本传相合，定为偓作。

---

① 《新唐书·牛僧孺传》；洪迈：《容斋三笔》卷七"唐昭宗恤士"条；《竹枝》并见《词律》、《词谱》卷一，《怨回纥》并见卷三，又见林大椿：《唐五代词》，42页。

方回《瀛奎律髓》亦以同时吴融集有依韵和作，定为韩偓无疑。岂世传者非沈括所见本耶？他如《苕溪渔隐》引《遯斋闲览》、《文献通考》引叶石林语以及刘后村《诗话》、《唐音统签》、毛晋跋文等，展转互辩，不备录。（或谓《香奁集》为韩熙载作，以俞正燮《癸巳类稿·韩文靖事辑》勘之，亦不足据。）王国维《唐五代二十一家词》辑《香奁词》一卷。王氏云："唐人诗词尚未分界，故《调笑》、《三台》、《忆江南》诸调皆入诗集，不独《竹枝》等本系七言绝句也。致光词见于《尊前集》者，仅《浣溪沙》二阕。然《香奁集》中之长短句尚十阕许。《忆眠时》本沈隐侯创调，隋炀帝继之，升庵视为词祖，惟致光词少二句耳。《春楼处子》三首，比《三台》多二韵，比冯延巳《寿山曲》少一韵，考唐人刘长卿、窦弘余等名《谪仙怨》，今从之。至《玉合》、《金陵》二首，皆系致光创调，而金陵尤纯乎词格。"有《王忠悫全书》本、六艺书局本。林大椿《唐五代词》校记中转录其《谪仙怨》三首、《玉合》一首、《金陵》一首、《三忆》三首。①

五代　红叶稿　和凝撰

凝，字成绩，郓州须昌人。十九岁登进士第，历仕五代，石晋天福五年，拜中书侍郎同中书门下平章事，契丹入汴，称为曲子相公；周显德二年（955）卒，年五十八。《旧五代史》凝传云："平生为文章，于短歌、艳曲尤好声誉，有集百卷，自篆于板，模印数百帙分惠于人。"附注引《宋朝类苑》称："凝有艳词一编，名《香奁集》，后贵，乃嫁名为韩偓，今传韩偓《香奁集》，乃凝所为也。"说本《梦溪笔谈》、《韵语阳秋》、《瀛奎律髓》皆证为偓作无疑，详见《香奁词》条。《花间集》收凝词二十首。王国维《唐代二十一家词》辑《红叶稿》一卷，王氏跋称：《词综》唯云凝有《红叶稿》，《历代诗馀》即以为凝之长短句，按《宋史·艺文志》有凝《红药编》五卷，焦竑以入制诰类，非长短句也，今辑凝词仍用此名，不过取便称举而已。王氏又云：《历代诗馀》所选凝词，除见《花间》、《全唐诗》者，其《抛球乐》、《喜迁莺》二首又见冯延巳词，余无增益。有《王忠悫全书》本、六艺书局本。②

---

① 沈括：《梦溪笔谈》一六"和鲁公"条，又一七"唐韩偓"条；王定保：《唐摭言》六"韩偓"条；郑方坤：《五代诗话》六；施蛰存：《读韩偓词札记》〔《中华文史》，1979（4）〕。

② 旧、新《五代史》一二七、五六《和凝传》；孙光宪：《北梦琐言》六"以歌词自娱"条；阎简弼：《香奁集跟韩偓》（《燕京学报》第三十八期）。

浣花词　韦庄撰

庄，字端己，京兆杜陵人。黄巢入长安，庄陷其中，后由洛阳流寓江南，诗集中于金陵、苏州、扬州、浙西、湖北、湖南、江西、安徽各地，皆有题咏。乾宁元年，五十九岁第进士，官至左补阙，应聘入蜀，后劝王建称帝，定开国制度，武成三年（910）七十五岁，卒（见《蜀梼杌》）。事详《唐诗纪事》六八、《唐才子传》卷一〇及夏承焘撰《韦端己年谱》。（夏谱谓庄约少于飞卿二十岁。）

端己词与庭筠齐名，号曰温、韦。张炎《词源》云："词难于令曲，当以《花间集》中韦庄、温飞卿为则。"庄弟蔼编其诗为《浣花集》，而词则散见各书，向无专集。今传者：《花间集》有四十八首；《尊前集》有五首；《全唐诗》三二附词四，并收《花间》、《尊前》及《草堂诗馀》一首，共得五十四首。明正统间，吴讷编《四朝名贤词》中之《金奁集》，有庄词四十八首，与《花间集》相同。《历代诗馀》又有《玉楼春》一首，共五十五首，近向迪琮合上辑为《浣花词》集，附所校订《韦庄集》之后。

王国维辑《唐五代二十一家词》之《浣花词》一卷（即《全唐诗》五十四首），有《王忠悫全书》六，六艺书局本。

刘毓盘《唐五代宋词集六十种》辑本。

林大椿辑《唐五代词》本。

向迪琮校订《韦庄集》本。

刘金城《韦庄词校注》本（北京）。①

薛侍郎词　薛昭蕴撰

昭蕴，《花间集》题称侍郎，字里无考。《唐摭言》一二云："薛保逊，大中朝尤肆轻佻，其子昭纬，颇有父风，天复中（901—903）自台丞累贬澄州（《旧唐·志》岭南道有澄州贺水郡）司马。"《北梦琐言》四云："唐薛澄州昭纬，保逊子也，恃才傲物，亦有父风。每入朝省，弄笏而行，好唱《浣溪沙》词。知举后，一门生献规曰：侍郎重德，某乃受恩，尔后请不弄笏与唱《浣溪沙》，即某幸也。"同书一一又称："唐侍郎薛公衔命梁国，时梁已兼四镇。"

① 陈寅恪撰：《秦妇吟校笺》；夏承焘：《又玄集后记》；施蛰存：《读韦庄词札记》（《词学》一）。

考朱全忠于天复元年兼四镇，三年进梁王。然则薛昭纬之官侍郎，盖在昭宗之季。以其时“同平章事崔昭纬字蕴曜”例之，则薛昭纬与《花间集》之薛侍郎昭蕴可能同为一人。王国维则以昭纬、昭蕴为兄弟行。李调元《全五代诗》四六谓薛昭蕴于王衍时官至侍郎，不知何据。（《摭言》一五记昭纬之兄名昭俭。）

《花间集》存薛昭蕴词十九首（《尊前集》收《谒金门》一首已见《花间》）。《全唐诗》词六所收阕数同，而编次异。

王国维《唐五代二十一家词》辑《薛侍郎词》一卷，即《花间》之十九首。有《王忠悫全书》本、六艺书局本。①

牛给事词　牛峤撰

峤，字松卿，一字延峰，陇西人。自言僧孺之后，博学有文。乾符五年（878）以第四人擢进士第，累官尚书郎，后从王建辟为判官，建开国，拜给事中，卒。有集三十卷，自序谓“窃慕李长吉歌诗”云。事迹具《唐诗纪事》七一、《唐才子传》九。

《花间集》收峤词三十二首。《全唐诗》三二附词四，收峤词二十七首，盖以《柳枝》五首为七绝，故从删也。然《花间集》之《玉楼春》，《全唐诗》乃作《木兰花》，殆从宋人混乱两调以后之本入录，不知《花间集》之《木兰花》，从无与《玉楼春》混同者也。（详见康熙《词谱》）

王国维《唐五代二十一家词》辑《牛给事词》一卷，录自《花间》。有《王忠悫遗书》本、六艺书局本。②

牛中丞词　牛希济撰

希济，陇西人，峤之兄子。仕前蜀，累官翰林学士、御史中丞。随王衍入洛，后唐明宗命各降臣赋诗，叹希济不伤两国，迥存忠孝，拜雍州节度副使。

《花间集》存希济词十一首。《全唐诗》词五较《花间》多《生查子》一首（林大椿《唐五代词》据《词林万选》收《生查子》四首，即较《花间》

---

① 王定保：《唐摭言》一二“轻佻门”，又一五“没用处门”；孙光宪：《北梦琐言》四“薛澄州”条、同卷“薛保逊”条，同书一一“薛侍郎”条；郑方坤删补《五代诗话》四引杨慎《丹铅录》一则，无发明。

② 康熙《词谱》卷一一“木兰花令”条，又卷一二“玉楼春”条。

多三首）。《十国春秋》云："希济素以诗词擅名，次牛峤《女冠子》四阕，时辈啧啧称道。"按此四阕，王国维谓今不可考。

王国维《唐五代二十一家词》辑《牛中丞词》一卷，十四首。有《王忠悫全书》本、六艺书局本。①

毛司徒词　毛文锡撰

文锡，字平珪，高阳人。登第后，入蜀，仕王建，累官司徒，随王衍降唐，未几，复仕孟氏，与欧阳炯等五人以词章供奉内廷。宋人目词之庸陋者，必曰此仿毛司徒之赞成功云。

《花间集》存文锡词三十一首。《尊前集》有文锡《巫山一段云》一首，与《花间》所存不同。《全唐诗》词五合收两集共得词三十二首。《花间集》以四十二字者与四十八字者同目为《浣溪沙》，宋贺铸词亦同此称；《全唐诗》于四十八字者加"摊破"二字，殆其底本经后人增改也。

王国维《唐五代二十一家词》辑《毛司徒词》一卷，三十二首。有《王忠悫全书》本、六艺书局本。②

魏太尉词　魏承班撰

承班，父宏夫为王建养子，赐姓名曰王宗弼。承班为驸马都尉，官至太尉。

《花间集》存承班词十五首。《尊前集》载承班词六首，皆《花间》所无。《全唐诗》词七载二十一首，即合两集所有也。

王国维《唐五代二十一家词》辑《魏太尉词》一卷，二十一首。有《王忠悫全书》本、六艺书局本。③

尹参卿词　尹鹗撰

鹗，成都人，仕王衍为翰林校书，累官至参卿。性滑稽，尝以诗嘲李珣，

---

① 《十国春秋》四四《前蜀》一〇；《五代诗话》四。

② 《十国春秋》四一《前蜀》七；胡仔：《苕溪渔隐丛话》后集一二"刘梦得"条；黎树添：《毛文锡茶谱辑逸》（*HKIA J*.6，1982）。

③ 李调元：《全五代诗》四六。

详《琼瑶集》条。

《花间集》存鹗词六首。《尊前集》载鹗词十一首。两集并无复见。《全唐诗》词七合两集共载十七首，分目误作十六首。（林大椿《唐五代词·清平乐》第二首校云：“《花间集》赚作赠，从《全唐诗》。”按《花间》无此首，《尊前集》赚亦不作赠。）

王国维《唐五代二十一家词》辑《尹参卿词》一卷，王氏疑其九十四字之《金浮图》，是柳耆卿、康伯可手笔。有《王忠悫全书》本、六艺书局本（又有排印《蜀十五家词》本）。[①]

琼瑶集　李珣撰

珣，字德润，梓州人。《鉴戒录》云：“珣本蜀中土生波斯，尹鹗尝嘲以诗曰：异域从来不乱常，李波斯强学文章，假饶折得东堂桂，胡臭熏来也不香。”《茅亭客话》云：“李四郎名玹，其先波斯国人，随僖宗入蜀，授率府。兄珣，有诗名，预宾贡。玹文雅有节行，以鬻香药为业。”珣妹舜弦为王衍昭仪，亦能诗。（见《全唐诗》二九）按僖宗以中和元年入蜀，迄前蜀王氏之亡为四十五年，其时珣当在四十岁左右。日本人著《宋以前医籍考》，载珣著《海药本草》六卷，见《通志》及宋《绍兴秘省续目》。（多纪元胤《医籍考》卷一二注，以李时珍认此书即《南海药谱》为误。）李珣向有“李波斯之目”，故清周之琦诗云“扣舷自唱南乡子，翻是波斯有逸民”云。

珣著《琼瑶集》，《补五代史艺文志》作一卷。《碧鸡漫志》“长命女”及“喝驮子”条下，并举李珣《琼瑶集》有此曲。刘毓盘《词史》云：“光绪初，曾于苏州见秀水杜氏（文澜）藏宋本《琼瑶集》。”

《花间集》卷一〇收李秀才珣词三十七首。《尊前集》卷下收珣词十八首。《尊前》之《西溪子》次首，与《花间》相复，其不复者风格却极相似。《全唐诗》李珣词并收两集，除复得五十四首。

王国维辑《唐五代二十一家词》本《琼瑶集》一卷，五十四首。有《王

① 《十国春秋》四四《前蜀》十；刘承幹：《历代词人考略》五。

忠悫全书》本、六艺书局印本（又有排印《蜀十五家词》本）。①

附 李珣及其著述考

《唐诗纪事》六八、《唐才子传》、《新五代史》六三《前蜀世家》、《十国春秋》四〇俱言韦庄曾被李询辟为判官，李询两度入蜀，为两川宣慰和协使，欧史“光启二年”条字作“珣”，同书“乾宁四年”条又作“洵”，颇易与能词之李珣相混，按其年代不合，非是一人，李询事迹详夏承焘《韦端己年谱后记》二。

《花间集》卷一〇称“李秀才珣”，绍兴晁本、万历茅本、玄览斋本《花间集》作“李洵”。按珣弟李四郎名玹，亦作玉旁。珣字见《尔雅》：“《书·顾命》所谓夷玉也。”玉有五德，其一“润泽以温，仁之方也”。珣字德润，义即本此，知作“洵”者误。考韦庄有与李秀才往还之什，《浣花集》卷六有《送李秀才归荆溪》七律，又卷七有《衢州江上别李秀才》七绝。其诗明作于江南，又贯休《禅月集》卷七有《览李秀才卷》五律，观其前后诗题，亦在江南所作，韦庄、贯休诗中之李秀才，与梓州李秀才珣，无从确定是一人也。

陈援庵、方豪俱言李时珍《本草纲目》引李珣《海药本草》，按《纲目》又有《南海药谱》（《永乐大典》卷一一五九九草部亦引《南海药谱》），李时珍云：“此《海药本草》也，凡六卷。”按李说非也。绍兴中《秘书续编》到《四库书目》有李珣《海药本草》六卷，郑樵《通志·艺文略》袭取之，亦收《海药本草》六卷，李珣撰，是此书南渡后尚存。若《南海药谱》见于《宋史·艺文志》医书类及《崇文总目》，皆作一卷，而重修《政和证类本草》列补注所引书传云：“《南海药谱》，不著撰人名氏，杂记南方药所产郡县及疗疾之验，颇无伦次，似唐末人所作，凡二卷。”乃另是一书，不宜与六卷之《海药本草》混误为一。

政和《经史证类本草书目》，《南海药谱》在《唐本草馀》之下，而别出《海药》一书，当指李珣所著，其目录标明引自《海药》者：计卷三玉石部，车渠、金线矾、波斯矾，卷一〇草部，瓶香、钗子股、宜南草，卷一二木部，藤黄、返魂香、海红豆、落雁木、莎木、栅木皮、无名木皮、奴会子，卷二

① 何光远：《鉴戒录》四“斥乱常”条；黄休复：《茅亭客话》二“李四郎”条；杨慎：《词品》；日本冈西为人著：《宋以前医籍考》；多纪元胤：《医籍考》；张星烺：《中西交通史料汇编》第一册“唐人所知大秦国矿石及动植物”条，又第四册“波斯人中国文学家”条；况周颐：《餐樱庑词话》引周草窗语；《十国春秋》四四《前蜀》一〇；《历代词人考略》五；陈垣：《回回教入中国史略》（《史学论著选》，223页）。

一虫鱼部，郎君子、海蚕，其他引《海药》者散见凡百条以上，欲复李珣原书，当取资于是，胜于李时珍《纲目》多矣。《海药》书中记波斯出产者，如荔枝、无漏子、金线矾等条，又多记岭南药物，间述巴蜀、嘉、渝之事，似其书写成乃在蜀时，其中援引地志颇多，如《异物志》、《临海志》、《五溪记》（犀角条）、《广州记》，徐表（衷）《南州记》、刘斯（昕）《交州记》，可为辑佚之助。

惟有一事须阐明者，李珣仕蜀，蜀主孟昶曾取《唐本草》加以增益为《蜀本草》二十卷（见《直斋书录解题》、《通志·艺文略》），当日乃命翰林学士韩保昇等与诸医士共为之，图说药物形状。李珣之为《海药本草》或就其家鬻贩香药之实物智识，益以南方地志之记载，纂录为书，以备蜀主增订《唐本草》参考之用，未可知也。本草之学，至唐而极盛，大抵以为博闻广识之助，诗、书、画三绝之郑虔且撰有《胡本草》七卷，李珣以词人而作《海药本草》，与郑虔前后正可辉映。

政和《证类本草》卷三引《海药车渠》条：

> 车渠，《集韵》云：生西国，是玉石之类，形如蜯蛤，有文理，大寒，无毒。

李时珍引此略有改易，而删去"《集韵》云"三字，按《集韵》成于北宋，李珣当不及引用其书，疑《海药本草》当北宋时传钞不无增窜之处。至李时珍所引，较之政和《证类本草》，更多违异。故欲恢复李珣原书，应以现存若干种之《本草》汇辑而校订之，闻陈援庵曾有辑本云。

顾太尉词　顾夐撰

夐，字里无考，前蜀时以小臣给事内廷，后事孟知祥，累官至太尉。

《花间集》存顾夐词五十五首，《全唐诗》词六同（《尊前集》无夐词）。

王国维《唐五代二十一家词》辑《顾太尉词》一卷，五十五首。有《王忠悫全书》本、六艺书局本。[1]

---

① 何光远：《鉴戒录》六"怪鸟应"条；《十国春秋》五六《后蜀》九；《五代诗话》四引"知本堂读杜"条。

鹿太保词　鹿虔扆撰

虔扆，孟蜀时登进士第，广政间（938—950）出为永泰军节度使，检校太尉，加太保。虔扆与欧阳炯、韩琮、阎选、毛文锡五人俱以工小词供奉后主，忌之者号曰五鬼。其词有："双带绣窠，盘锦荐泪，侵花暗香消"之句，词家推为绝唱。

《花间集》存鹿词六首，《全唐诗》词六同。（《尊前集》无鹿词）

王国维《唐五代二十一家词》辑《鹿太保词》一卷，凡六首。王氏颇疑其《临江仙》为伤前蜀作。有《王忠悫全书》本、六艺书局本。[1]

欧阳平章词　欧阳炯（《宋史》作"迥"）撰

炯（905—971），华阳人。少事王衍为中书舍人，随衍降至洛阳。后仕孟蜀，仍为中书舍人，广政二十四年，拜门下侍郎、兼户部尚书平章事，随孟昶降宋，俄充翰林学士。开宝四年卒，年七十六，距撰《花间集序》时，逾三十年矣。事迹具《宋史》四七九西蜀孟氏世家之末，史臣谓其歌诗虽多而不工，掌诰命亦非所长。高步瀛评其《花间集序》，谓为生香活色，但终不免律赋句调云。

《花间集》存炯词十七首（《金奁集》收十三首均见《花间》）。有二首见录于敦煌写卷（伯三九九四），《尊前集》载炯词三十一首，无一与《花间》相复；但其《春光好》第九首，《花间》题为和凝作。《全唐诗》词八共载四十八首，盖并《花间》、《尊前》之所载也。

王国维《唐五代二十一家词》辑《欧阳平章词》一卷，收《花间》十七首、《尊前》三十一首。有《王忠悫全书》本、六艺书局本（又有《蜀十五家词》本）。[2]

毛秘书词　毛熙震撰

熙震，蜀人。孟蜀时官秘书监。

---

① 《十国春秋》五六《后蜀》九；《历代诗馀》一一三引倪瓒语；《历代词人考略》五。

② 《历代词人考略》六；《全五代诗》五八有炯长歌二首；《益州名画记》；《唐宋文举要》。

《花间集》存熙震词二十九首。《全唐诗》词七同。（林大椿《唐五代词》校记所指《花间·酒泉子》第二首之“帘半卷”、《何满子》第二首之“眠过晓”有讹脱，据影绍兴晁本，“卷”字不误，“过”字不脱，不知林氏指何本也。）

王国维《唐五代二十一家词》辑《毛秘书词》一卷，二十九首。有《王忠悫全书》本、六艺书局本（又有《蜀十五家词》本）。①

阎处士词　阎选撰

选，孟蜀时布衣，人目为阎处士。

《花间集》存选词八首。《尊前集》载二首。《全唐诗》词九合两集共得十首。

王国维《唐五代二十一家词》辑《阎处士词》一卷，凡十首。有《王忠悫全书》本、六艺书局本（又有《蜀十五家词》本）。②

张舍人词　张泌（或作佖）撰

泌，字子澄，常州人。仕南唐后主为内史舍人。随煜入宋，以故臣在史馆。后官河南，每寒食，必亲拜后主墓。李氏子孙陵替，常分俸赡给焉。按欧阳炯序《花间集》为蜀广政三年（940），集中已称泌为舍人。其后二十一年为宋建隆二年（961），李煜始嗣位为国主，句容尉张泌上书言治道，征为监察御史，累迁内史舍人。故有疑《花间集》之张泌，与仕南唐者未必同是一人。而评注《花间集》者，则仍以为同一人也。

《花间集》存泌词二十七首。《尊前集》载《江城子》一首，与《花间》之二首不同。《全唐诗》词十合两集共收二十七首，盖剔去《花间·浣溪沙》“枕障熏炉”一首，以为阿灰作也。

王国维《唐五代二十一家词》辑《张舍人词》一卷，从《全唐诗》。有《王忠悫全书》本、六艺书局本。③

---

① 《五代诗话》四；《全五代诗》五九。

② 《十国春秋》五六《后蜀》九。

③ 孙光宪：《北梦琐言》八“张曙”条；《十国春秋》三〇《南唐》一六；《全五代诗》三六；淮南张泌见陈鳣：《续唐书》五一。

孙中丞词　孙光宪撰

光宪，字孟文，自号葆光子，剑南道陵州平贵人。天成初避地江陵，为高氏掌书记，历检校秘书监兼御史大夫。后劝高继冲悉献三州之地，宋太祖授黄州刺史。乾德末（967）卒。性嗜经籍，遇发使诸道，未尝不厚金求购，孜孜校雠，或手自钞写。平生诗文名《巩湖编玩》，又著《续马总通历》十五卷，今传《北梦琐言》二十卷。

《花间集》存光宪词六十一首。（《总目》六十一首不误，但第八卷分目则少一首，盖以《竹枝》二首为一首也；苟如是，则《总目》止可著六十首，而第八卷止得四十九首，与每卷五十首之例不符。）《尊前集》载二十三首，并无复出。《全唐诗》词九共载八十首，盖合两集所有而删《花间》之《杨柳枝》四首也。

《荆台佣稿》一册，共词八十四首。刘毓盘于费文恪家见宋元残本有《荆台佣稿》，因录副刊入所辑《名家词集六十种》中。按《补五代史艺文志》，孙光宪所著：别集类有《荆台集》四十卷；表状类有《笔佣》十卷。刘氏所刊，似合两种言之，然其词八十四首，则合《花间》、《尊前》所载者耳。

王国维《唐五代二十一家词》辑《孙中丞词》一卷，并收《花间集》及《全唐诗》。有《王忠悫全书》本、六艺书局本。[①]

南唐二主词　李璟李煜撰

璟（916—961），字伯玉，初名景通，南唐烈祖李昇元子也。嗣位十九年，年号保大。以宋太祖建隆二年卒，庙号元宗。后世称曰嗣主，或曰中主。

煜（937—978），字重光，又有锺隐、莲峰居士等别号。嗣位前已奉宋正朔，开宝八年（975）宋将破金陵，煜出降，随军至汴，封违命侯。四十二岁卒。徐铉撰其《墓志》。二主事迹见《宋史》四七八、《五代史记》六二《南唐世家》、马令《南唐书》、陆游《南唐书》及夏承焘撰《南唐二主年谱》。（《年谱》征引颇备。近刊“南唐二陵”详其御用遗物。）

后主词墨迹宋时流传颇多，《墨庄漫录》云：“宣和间，蔡宝臣收南唐后

① 《十国春秋》一百二《荆南》三；《五代诗话》七引《三楚新录》；卢见曾：《北梦琐言序》；《全五代诗》八八；陈鳣：《续唐书》六五。

主书数轴来京师，又有看经发愿文，自称莲峰居士。李煜又有长短句《临江仙》而无尾句。”《耆旧续闻》称“家藏李后主杂书二本，中有《临江仙》，涂注数字。”王国维云“宋人所编《南唐二主词》，《玉楼春》下注：传自曹功显节度家，曹功显即曹勋，勋以绍兴二十九年拜昭信军节度使。《谢新恩》下注：已下六首真迹在孟郡王家，郡王即孟忠厚。《外戚传》：忠厚以绍兴七年封信安郡王，二十七年卒”。以此推之，则编辑者当在绍兴之季。

《直斋书录解题》二一“《南唐二主词》一卷”，注云：“卷首四阕：《应天长》、《望远行》各一，《浣溪沙》二，中主所作，重光尝书之，墨迹在盱江晁氏，题云‘先皇御制歌词’。余词皆重光作。”又此后第九二条“《笑笑词集》一卷”，注云：“自《南唐二主词》而下，皆长沙书坊所刻，号《百家词》。”按《笑笑词》乃应长沙刘氏书坊之请，序刊于嘉定元年（1208）至三年，可云《百家词》最后刊本。由此推论，其初刊当不能前至北宋，然北宋陈世修既有辑钞本（据《增订四库简目标注》），洪武本《草堂诗馀》前下冯延巳《谒金门》后，引《雪浪斋日记》有《南唐词集》之称，知不始于长沙书坊也。此三种未知内容同异如何。今传者有明吴讷编《唐宋名贤百家词》、李西涯辑《南词》两传钞本，及吕远刊本。（《全唐诗》词一载嗣主三首；后主三十五首，而标目则作三十四首。《尊前集》前后收李王十四首，更无别择。林大椿《唐五代词》校记中引《南词》本注颇详。《三李词》传钞本颇率。）

明万历庚申（是年八月以后改元泰昌）虞山吕远墨华斋刊《南唐二主词》，存后主词三十三首。有谭尔进《序》称：“是集世所传。”编次与汲古阁旧钞本同。然校注所引《花间集》，乃温博补本。其卷末多“云鬓乱”一首，似刊时有增辑。且目录下虽引《书录解题》注语，而编词乃中主与后主不分。清康熙二十八年侯文灿刊《十名家词集》本，《二主词》一卷。与吕刻殆同出一源，无最末“云鬓乱”一首。有光绪十三年江阴金氏《粟香室丛书》覆刊本。

清光绪十六年印刘继增校笺本《南唐二主词》，以汲古旧钞、吕刊、侯刊（侯刊乃据金本）三种古本，及诸选本合校。别为补遗附后。其以康熙《词谱》所引调名不同，疑馆臣所见为别本，似未核。又继增自谓《二主词》编辑缘起不可考云。有民国七年无锡图书馆覆印。

清光绪十七年刊朱景行编《南唐二主词集》，辑自《历代诗馀》。

清宣统元年刊沈宗畸《晨风阁丛书》本《南唐二主词》。有王国维《跋》称：“《南词》本《南唐二主词》，与毛钞、侯刻同源，犹是南宋初辑本，殆即《直斋书录》所著录，长沙书肆所刊行。”又以注引孟忠厚、曾慥、曹勋诸人，

"推为编辑者当在绍兴之季，且半从真迹编录，尤为可据"。又云："另补遗及校附后。"按李西涯辑《南词》一部，见彭元瑞《读书跋》；凡五代一家、宋十八家、元四家、总集二家，分目见四印斋本《阳春集》后。又后主词与曹勋《松隐乐府》相混者有《清平乐》、《玉楼春》二首，据朱彝尊跋曹勋《赋》、《四库提要》一五六"松隐文集"条，知康熙以前，曹集止有家传钞本（嘉业堂本刊于民国九年），原注所谓墨迹故弊难读者，乃传曹集者以李王墨迹混入，《彊村丛书》本《松隐乐府》据明钞本入梓而无此二首，可信也。

刘毓盘辑《六十种》本《二主词》，凡中主词三首，后主词四十六首。据自跋，于吕本、侯本、刘笺、王校沈本，皆有论列，然考证颇疏。

王国维《唐五代二十一家词》辑《南唐二主词》一卷附补遗一卷校记一卷，即沈本。有《王忠悫全书》本、六艺书局本。

民国二十三年海宁赵氏景印墨华斋刊本《南唐二主词》一卷。

民国二十五年排印唐圭璋《南唐二主词汇笺》本，以吕本为主，凡中主词六首，后主词四十六首（中有两存者十首），附有简明年表。自序谓刘继增不知有《南词》本，王国维不知有吕本，刘毓盘不知有毛钞，故所校互有阙略。然唐氏以吕本有谭序，遂别出一谭本，亦不能自见其睫也。又有卢前《补正》本，颇少见。

近印王仲闻《南唐二主词校订》及詹安泰《李璟李煜词》，或征引较详，或断制较慎，并可称后来居上。惜多列明季不足据之本，徒乱人目。

李后主词译本　李后主词之外文译本，存下列各种：

1. Liu Yik-ling and Shahid Suhrawardy, *Poems of Lee Hee Hou-chu*.（英译）

   Calcutta：Orient Longmans Ltd. 1948.

2. Alfred Hoffmann, *Die Lieder des Li Yu*　（德译）

   Köln：Greven Verlag. 1950.

前者在印度加尔各答出版，或病其芜杂；后者在德国科伦印行，注释详明，共译四十五首，起"红日已高三丈透"之《浣溪沙》，终"帘外雨潺潺"之《浪淘沙令》。附论词调及后主词之板本。原书略依戴景素编注《李后主词》（民国十六年，商务《学生国学丛书》本），戴书简陋，今沿用之，故去取未精，若干词应入附录，如《阮郎归·呈郑王十二》第一首亦见于冯延巳《阳春录》王仲闻考证乃延巳所作，后主曾录之以遗郑王，后人遂据墨迹以为后主作，《蝶恋花》"遥夜亭皋闲信步"，杨绘《时贤本事曲子集》以为山东李冠作，《浣溪沙》"转烛飘蓬一梦归"，亦冯延巳作，译者皆确信出自后主之手，说实可商。又异本异文，抉择非易，若《虞美人》，《尊前集》作“春花秋叶何时了”，刘须溪所见本亦然（其词云“谁唱春花秋叶泪偷流”可证）。译者未能举似。凡后主亡国后之作，译者语其内容（Innalt），辄以“无常”（vergänglichkeit）说之，颇具新意。其评释《浪淘沙令》一首，尤深入腠理，惟谓举流水、落花与春三事作为无常之象征（drei sinnbilder），按流水、落花即象征春之消逝，不必区分为三事，“春去也”即暗伤国之亡也。此词坊本《草堂诗馀》题作《怀旧》，“梦里不知身是客”句轸念当前，“一晌贪欢”句追悔过去，《文中子》评汉武《秋风辞》“乐极哀来，乃悔心之萌”，今观此词“贪欢”二字，正追悔愆尤，宴安佚乐，致召亡国之祸。向来未见及此，聊为抉发，以见后主之深悲隐痛，岂仅无常而已耶。

村上哲见译注（日文）《中国诗人选集》之一六，昭和三十四年岩波书店印行，凡选后主词四十首，起《浪淘沙令》，迄《虞美人》，与《唐五代词选》合刊。[①]

阳春集词　冯延巳撰

延巳（903—960），字正中（按《离骚》王逸注初度云：“度其日月，皆合天地之正中。”正中二字出此。《夏谱》引《焦氏笔乘》释氏六时：“正中时，午也。”故其名应为辰巳之巳，尚未究其朔），广陵人。少与吴王璟同游处，保大中一再入相。卒年五十八。事迹见马令《南唐书》二一《党与传》、陆游《南唐书》八、夏承焘撰《冯正中年谱》。

冯煦《蒿庵论词》云：“词至南唐，二主作于上，正中和于下，宋初诸家，靡不祖述二主，宪章正中。”近人以延巳与温、韦分鼎三足，影响北宋诸家尤巨，南唐歌词向江西发展，冯氏实其中心人物，治词史者所不容忽云。

宋嘉祐三年（1058），正中戚属陈世修序《阳春集》云：“公薨之后，吴王（李煜）纳土，旧帙散失，十无一二，今采获所存，勒成一帙，藏之于家。”罗愿称：《阳春录》，冯氏子孙泗州推官瑑尝以示晏元献公以为真赏。至元丰中，高邮崔公度伯易跋称其家藏手抄最为详确。（按《中山诗话》称：公度，熙宁初人。）《直斋书录解题》二一载《阳春录》一卷，注云：“崔公度题其后，称其家所藏最详确，而《尊前》、《花间》诸集往往谬其姓氏，近传欧

---

① 徐铉：《徐公文集》二九；彊村本《笑笑词》有嘉定元年跋及嘉定三年序；彭元瑞：《知圣道斋读书跋》“二宋未刻词”条；朱彝尊：《曝书亭集》五三《跋曹勋迎銮七赋后》；王国维：《观堂集林》二〇《蜀石经残拓本》跋；启功：《李后主临江仙词》（《丛稿》）。

阳永叔词亦多有之，皆失其真。世传‘风乍起’为延巳作，或云成幼文也（《古今诗话》云：江南成幼文为大理卿），今此集无有，当是幼文作，长沙本以置此集中，殆非也。”北宋时，冯词既颇混乱。崔题之《阳春录》无“风乍起”阕者，其本今已失传。而四印斋本《阳春集》有“风乍起”阕，当是长沙本，但卷端有陈世修序，未知是否为世修辑本。（《尊前集》载十首，《全唐诗》词一〇载七十八首，林大椿《唐五代词》似以四印斋本入录。《增订四库简目标注》称《知不足斋丛书》有《阳春集》，不知另为米友仁著。）

钱叔宝钞本《阳春集》。

赵辑宁校钞本《阳春集》。（存北京图书馆，即今中国国家图书馆，下同。）

康熙间侯文灿刊《十名家词》之《阳春集》一卷。有《粟香室丛书》覆刻。（王闿运有选本）

王氏《四印斋所刻词》之《阳春集》一卷，从彭元瑞传钞汲古阁未刻词录出，前有陈世修序，凡词一百二十首，夹行有况夔笙校记，并注明互见，王氏又辑补遗七首。

陈秋帆校笺本《阳春集》一卷，据四印斋本排印。[①]

拨棹子三十九首　船子和尚

张雨《渔父词》赞船子和尚二首，其一云：“上钓金鳞不用多，蹋翻船子便高歌。犹有在，问如何，问取侬家张志和。”（《全金元词》，915页）

《机缘集》本。

《词学》（第二期）本。[②]

附记

道教徒伪词考　词肇于唐，论者或溯源于乐府，余考道书所载，有伪木华《法曲》及陶弘景之《菩萨蛮》、《望江南》，为向来言词史者所未及，因附记于此，以供谈助。

木华《法曲》　黄梨洲《南雷文案》卷二，记其于崇祯十四年辛巳在金

① 四印斋本有冯煦序；胡仔：《渔隐丛语》后集三九引《古今诗话》；刘攽：《中山诗话》“太宗时”条；罗愿：《新安志》一〇记冯相国《阳春集》。

② 周泳先：《唐宋金元词钩沉》；神田喜一郎：《日本之中国文学一》（《全集》第六卷）；施蛰存：《船子和尚拨棹歌》（《词学》第二期）。

陵朝天宫手钞《道藏》，有《丹山图咏》，以四明山名胜制为《法曲》，而托之木玄虚撰、贺知章注。作《海赋》之木华乃有《法曲》之制，岂非怪事，故梨洲哂为子虚乌有云。

陶隐居《望江南》、《菩萨蛮》。　《道藏·太玄部》别五为《海客论》，题渤海人李光元自述，内记陶隐居词数首，兹录如次：

陶隐居《望江南》：“长生药，重鼎复重温。子午二门闻卯酉，四时运火合乾坤。龙虎自相吞。”

又：“十月满，开鼎一团红。数片残霜含五彩，解胎神水响玲珑。气馥异香浓。”

又：“还丹诀，妙术口相传。若信古方应自误，颠来倒去枉烧钱。不得怨神仙。”

又《菩萨蛮》云：“家家尽有长生药，时人取用皆差错。气候尚浮沉，问君何处寻。眼看犹不识，误向铅中觅。此物没黄芽，徒劳岁月赊。”

此类丹鼎铅汞之语，显出伪托。

《全唐诗》卷三二载吕岩词三十首，又卷三一载吕岩诗四卷，其小传云：“岩字洞宾，礼部侍郎渭之孙，河中府人，咸通中举进士不第。”按“吕”字、“回”字俗书并从二口，故世人或目吕岩为回仙。苏东坡有《次回先生韵》诗，陈后山同作，题为《次韵回山人》。胡仔《渔隐丛话》前后集并有回仙专卷，皆无名字，嗣后陆续有碑传记载，略如上述。近人酹江清撰《八仙考》，以为洞宾名姓都很渺茫，其传说起于北宋仁宗庆历年间，而发源地在岳州（见《浦江清文录》）。然山西蒲州永乐宫全真教徒立庙，图绘其行迹，碑碣林立，金时已盛传其事，不得谓始于岳州。其“明月斜”一首，胡仔谓回仙于京师景德寺壁上所题，相传自宋初时即有之。除此首外，余皆丹鼎之谈。又有词名《酹江月》，则显起于东坡赤壁词以后者矣。日本内阁文库有明崇祯九年序刊《吕纯阳文集》十卷。其他乩笔传刊者，不及备举。

论王涯新声　《梦溪笔谈》云：“唐人乃以词填入曲中不复用和声，此格虽云自王涯始，然贞元、元和之间，为之已多，亦有在王涯之前者。”按赵殿丞《王维集笺注》例略云：“王涯在翰林时，与令狐楚、张仲素所赋宫词诸章，俱误入《王维集》中，今吴兴、武陵二本所载《游春辞》三十余首，即王涯等所作。”此事洪迈已曾辨之。赵氏《笺注》卷一五外编所载，若《游春曲》、《太平乐》、《送春辞》等，皆五言四句，《游春辞》、《秋夜曲》、《塞下曲》等皆七言四句（此若干首或称张仲素作）。是王涯之新声，仍是五七言四句式，非长短句也。

和声与联歌　G. W. Baxter 在所作 Metrical Oisins of the Tz 中曾引上举《梦溪笔谈》和声之说，于注中“引万树《词律》解说‘竹枝’、‘女儿’乃歌时群相随和之声”，又引皇甫松《采莲子》之“举棹”、“年少”以说和声（见 *Harvard Journal of Asiatic Studies* XVI，1953）。按随和之声乃帮腔，后写为衬字，此长短句之所由形成也。词之兴起，有源于民间山歌者，刘禹锡、白居易之《竹枝》是矣。《梦得集》卷九《竹枝词》引云：“余来建平，里中儿联歌竹枝，吹短笛，击鼓以赴节……故余亦作《竹枝词》九篇，俾善歌者飏之，附于末，后之聆巴歈，知变风之自焉。”所谓联歌，即诗所谓“倡余和汝”，一唱一和，今壮族畲民客家之山歌皆然。王灼谓“《竹枝》、《浪淘沙》、《杨柳枝》，乃诗中绝句而定为歌曲”。按刘梦得《竹枝》九篇，乃联章，故不得纯以绝句目之，其联章之格，即出于山歌之“联歌”，原非一人所唱，此荆蛮之旧习。《隋书·地理志》（荆州总志）记“蛮属拾骨，其行伍前却，皆有节奏，歌吟叫呼，亦有章曲”，及“盘瓠遗裔送终之挽歌凡数十阕”，亦联章见于巴歈民谣之例证。王禹偁《小畜集》卷五《唱山歌》诗云：“滁民带楚俗，下俚同巴音。岁稔又时安，春来恣歌吟。接臂转若环，聚首丛如林。男女互相调，其词非奔淫。”男女互调，遂成联歌。同集卷八《畬田词》记上雒畬俗，称其民“空有歌声未有词”，是取畬歌之声而制为词，自唐至于宋初，其风未沫，不特《竹枝》而已。特山歌之联歌与词之联章，其间不无关系，故为指出，为谈词之起源者进一解云。

卷二　宋代词集解题

逍遥词　潘阆撰

阆，字逍遥，大名人（词后附阆《与茂秀书》，自称“大名老夫”。《湘山野录》记“柳开过维扬，阆迎谒江涘”，故或作广陵人）。《舆地纪胜》卷三七引《长编》云：“潘阆，扬州人，至道元年（995）自布衣赐进士及第，授国子四门助教（今本《通鉴长编》无授助教事，然陈直斋称阆为四门助教）。”《宋史》四六六宦者《王继恩传》云：“有潘阆者，能诗咏，卖药京师，继恩荐之，召见，赐进士第，寻察其狂妄，追还诏书。”正史所见阆事如此。王禹偁《小畜集》九有《寄潘处士》诗、《补集》一〇有潘阆《咏潮图赞》、卷一三有神童刘少逸《联句诗序》，知禹偁自商州量移后，阆自京寄白银相赠，阆卖药钱塘会稽时，教刘少逸以诗，且以其兄之子妻之。宋人杂记多谓阆坐卢多逊党亡命，如沈括《笔谈》且谓阆以僧服入中条，许洞密赠之诗，洞为括母族，说似可信，然卢多逊坐大逆流贬，其书吏有遭大辟者，如阆因卢党亡命，而友人乃赠诗嘲戏，恐非情理之常。又晁公武《读书志》谓“王继恩下狱，捕阆甚急”。按继恩下狱，真宗诏：“中外臣僚，曾与交识及通书尺者，一切不问。”则晁说亦非其实。惟刘攽《诗话》云：“太宗晚年，烧炼丹药，潘阆尝献方书，及帝升遐，惧诛亡匿。”说较平易近人。若叶靖逸《闻见录》、韦居安《梅硐诗话》，称阆为秦王记室参军，吴曾《漫录》则指为“移太平州散参军”，说亦参差。《四库提要》述阆事，竟舍正史而采杂说；余嘉锡辨之亦有未备。阆有《潘逍遥集》。（晁氏

《读书志》作三卷，陈氏《解题》作一卷。陈注云："严陵刻本少卷末三首。"）景定《严州续志》卷四"书籍门"有潘《逍遥诗》，殆绍定元年知州陆子遹刻梓于郡者，陆跋云："句法清古，语带烟霞。"朱竹垞《词综·发凡》有潘阆《逍遥词》一卷，所收阆词三首，亦引陆跋。《四库提要》著录《大典》辑本《逍遥集》一卷（《知不足斋丛书》本覆此），明钞《南词》本，及善本书室藏明钞七家词本，明钞九家词本，皆《逍遥词》一卷。

四印斋汇刻《宋元三十一家》本《逍遥词》，止《酒泉子》十首，每首四十九字。后附潘阆尺牍及北宋黄静、南宋陆子遹、近人况夔笙跋各一首。黄跋云："阆虽寓钱塘，而篇章靡存，《酒泉子》十首，另得之蜀人，其石本今在彭之使厅，予适为西湖吏，宜镵诸石，庶共其传。崇宁五年重午，武夷黄静记。"知阆词之传，原赖石刻，《湘山野录》谓阆尝作《忆余杭》一阕，钱希白爱之，自写于玉堂画壁，《野录》所载，即石刻第四首，其所谓《忆余杭》似非自立调名，但叙其为忆念杭州之事尔，故吴曾《漫录》称"阆作西湖曲"。杨升庵《词品》三增改数字，谓之忆西湖《虞美人》，又以钱希白为苏东坡，此乃升庵痼癖，不足置议。朱竹垞《词综》录阆词三首，并作《酒泉子》，即石刻之第五、第六与第四首，而第四首文句及所增三字，竟同《词品》。万树《词律》三亦列此多三字者为《酒泉子》又一体。《词综》注引《古今词话》载"石曼卿绘词为图事"，疑此《古今词话》乃佚名之作，与杨湜、沈雄之书不同。沈雄《古今词话》"词辨门·忆余杭"条，录《词品》、《词综》二说后云："沈雄起而辩之，非《虞美人》，亦非《酒泉子》，乃自制《忆余杭》也。"又云《词综》共刻三首，"其二首首句俱失三字"，因各加"山影独"、"添碧溜"于首句；况夔笙跋讥沈雄未见其他七阕，非苛论也。而《历代诗馀》卷一一四全据沈说，杜文澜《词律校勘》又引《湘山野录》数句，乃文莹原文所无，以上枝蔓，可见词自杨升庵后，实乃荆棘满途，不读本集者，每为所误。

《全宋词》（指初印本，下同。）卷二一潘阆词十首，收四印斋本，以明钞本校改一字。[①]

① 王禹偁：《小畜集》九、一三；刘攽：《中山诗话》"太宗晚年"条；僧文莹：《湘山野录》下"潘逍遥"条，又"如京使"条；沈括：《梦溪笔谈》卷二五"潘阆"条；吴曾：《能改斋漫录》卷一一；晁公武：《郡斋读书志》卷四中"潘逍遥诗三卷"条；叶靖逸：《四朝闻见录》甲集"潘阆不与先贤祠"条；韦居安：《梅硐诗话》上"潘阆"条；杨慎：《词品》三"潘逍遥"条；厉鹗：《宋诗纪事》卷五；《四库总目提要》卷一五二"逍遥集"条；王国维：《两浙古刊本考》卷下；余嘉锡：《四库提要辨证》卷二一，1322页。

珠玉集　晏殊撰

殊（991—1055），字同叔，抚州临川人。七岁能属文，十四岁以神童与进士试，仁宗朝，累官同平章事兼枢密使，卒谥元献。著述多佚，宜秋馆近刊宋人集，其《元献遗文》及《劳辑补篇》只四卷。事迹具《宋史》三一一，夏承焘有《二晏年谱》。

《珠玉词》百三十余首，皆小令。宋刘攽《中山诗话》云："元献尤喜冯延巳歌词，其所自作亦不减延巳。"泗州推官冯璪尝以《阳春录》示元献，所叹为真赏也。清冯煦《蒿庵论词》云："同叔去五代未远，馨烈所扇，得之最先，和婉而明丽，为北宋倚声初祖。"按近人汇辑敦煌出土曲子，其不俚者，与晏、欧词极相近，故其渊源实应上溯中晚唐也。《直斋书录解题》载《珠玉集》一卷，长沙坊刻《百家词》本。许氏鉴止水斋藏明钞本，从宋本出，疑即直斋著录者。此外并见明李四涯辑《南词》本，吴讷辑《唐宋名贤百家词》本。又《名臣录》称《珠玉集》有张子野序，今不见。（《花庵词选》三，晏同叔下注："公有词，名《珠玉集》，张子野为序。"）

毛晋汲古阁刻《六十一家》本《珠玉词》一卷。一百三十一首，删去明钞本混入者六首，而讹字不免（毛斧季校本据宋本校正汲古讹字，仍收误混之六首）。清光绪间有钱唐汪氏重刻《六十一家》本，有《四部备要》排印本。

晏端书刊《珠玉词钞》一卷。从《历代诗馀》辑出，而以毛本补钞。端书咸丰间河督，书刻于扬州。

林大椿校本《珠玉词》一卷，商务印书馆版。全依毛本，多出补遗三首。

《全宋词》卷二六晏殊词一百三十二首，据毛校本有删补，以各本混收之十二首入附录。[①]

欧阳文忠公近体乐府　欧阳修撰

修（1007—1072），字永叔，吉州永丰人。天圣八年进士甲科，累官知制

① 宋祁：《景文公笔记》上"晏相国"条；胡仔：《渔隐丛话》前集二六；《四库提要》一九八；《词话丛编》本《蒿庵论词》（即《六十家词选例言》）；近人宛敏灏：《二晏及其词》；郑骞：《珠玉词版本考》（《大陆杂志》三五，一二）。

诰翰林学士，历枢密副使参知政事，神宗朝致仕，卒谥文忠。知滁日号醉翁，晚号六一居士。著述甚富，《五代史记》、《诗本义》等书外，自编诗文五十卷，曰《居士集》。（元季曾鲁撰之《欧阳文忠文集考异》，洪武丙寅刊者，即此五十卷本。）绍熙、庆元间，周必大集郡大胡柯、罗泌等遍蒐旧本，历六年，成《欧阳文忠公全集》一百五十三卷。事迹具《宋史》三一九。撰公年谱者，清有杨希闵、华孳亨等刊本，今附全集卷端者，胡柯编也。

文忠公词传者二百二十余首。《蒿庵论词》云："宋初大臣之为词者，并有声艺林，然未为专诣。独文忠与元献，学之既至，为之亦勤，词家遂有江西一派。其词与元献同出南唐，而深致则过之。宋文至文忠，风尚为之一变，即以词言，亦疏隽开子瞻，深婉开少游。"然公词多互混，曾慥《乐府雅词序》云："欧公一代儒宗，世所矜式，当时小人或作艳曲，谬为公词。"故罗泌跋云："此三卷或甚浮艳者，殆非公作，疑以传疑可也。"

《直斋书录》载《六一词》一卷，长沙坊刻不经见。罗泌编公词《跋》云："公为歌词，有《平山集》盛传于世，曾慥《雅词》不尽收也，今定为三卷。"即现传全集中卷一三一至一三三之三卷也，凡词二百零四首。泌即《路史》作者也。但所谓《平山集》，不经见。又宋人编各名家词题为《琴趣外编》者数种，颇有甄择，非如长沙坊刻《百家词》之滥；然《吴礼部诗话》云："近有《醉翁琴趣外编》凡六卷，二百余首，所谓鄙亵之语，往往而是，前题东坡居士序，词气卑陋，不类坡作，益可证词之伪。"此外有明辑《南词》本，《唐宋百家词》本。（《季沧苇书目》有"欧文忠、秦淮海、真西山《琴趣》四本宋刻"。）

宋椠《欧阳文忠公全集》一百五十三卷。前京师图书馆藏不全者三部，其第二部庆元二年吉州刊本，卷一三一至一三三《近体乐府》三卷具全，十行十六字，首为《乐语》，次长短句一百九十三首。中有"续添"、"又续添"标识，卷二《渔家傲》后有阙名及朱松跋《鼓子词》文，卷三末有罗泌跋其编校之意，各卷末略有校记。（校中曾引《兰畹集》第五卷）其《越溪春》结语："沉麝不烧金鸭冷，笼月照梨花"二句，宋本《琴趣》"笼"字作"陇"。总之，两宋本此十二字皆作上七下五读。朱竹垞《词综》不知据何误本，"冷笼"二字作"玲珑"，或出周青士意校。万树《词律》因之作六字两句，四库馆臣又资以讥毛刻"冷笼"之讹，此古本所以可贵也。台北"中央"图书馆藏宋本《醉翁琴趣》一册，存卷四，有"清绮斋书画记"印。

金人瑞批欧阳永叔词十二首列为《圣叹外书》，在《唱经堂才子书汇稿》中。

吴氏双照楼景刊庆元吉州本《欧阳文忠公近体乐府》三卷。抽印前京师图书馆藏之卷一三一至一三三，有缪荃孙《跋》。

《四部丛刊》初编影印元刊《欧阳文忠公全集》一百五十三卷，其一三一至一三三《近体乐府》，大体同宋刊，但第二卷末少收京本《时贤本事曲子》之《渔家傲》十二首，校记亦微异。所谓元刊，前藏涵芬楼（《四部备要》有排印全集本），实明刊也。周必大编《欧阳文忠全集》有明天顺六年程宗刻本，正德七年刘乔刻本，隆庆五年邵廉刻本，并藏北京图书馆。武进陶氏涉园景宋《醉翁琴趣》六卷。前三卷据毛氏景写宋本，后三卷据宋椠。（双照楼景刊版十七种，后归陶氏，统名《景刊宋金元明本词四十种》。）吴礼部所指伪东坡序，此本不见。

汲古刻《六十一家》本《六一词》一卷。毛晋跋云："今删乐语，汇为一卷。"盖自全集中裁篇别出。然因删《乐语》遂并删《西湖念语》，不知此《念语》一百五十余字，不异十三阕《采桑子》之小序。宋黄昇《花庵词选》录此《采桑子》二首，一题《颍州西湖》，一题《西湖》，以同一组之词而异其题，当是未见《西湖念语》之故。毛氏既已见之，何为亦并删去。且既汇为一卷，因改用《直斋书录》"《六一词》一卷"之名，而又擅改罗泌"定为三卷"作"一卷"。故毛氏传词之功虽可佩，而其播弄痼癖，亦不可不察。此本钱塘汪氏有覆刻，又有《四部备要》排印。

林大椿校《欧阳文忠近体乐府》三卷。据涵芬楼元椠，以乾隆间祠堂本及毛本校勘，有校记。商务精印单行。

《全宋词》卷二七至二九，欧阳修词二百二十九首。据吴本删去误入者凡收一百五十八首；又据宋本《琴趣》删去重复及误入者凡收六十八首；又补辑三首；而以各本混收之三十七首入附录。卷末跋云："欧词之可信者，具在于是矣。"然删《乐语》而并删《西湖念语》，仍沿毛氏之失。[①]

乐章集　柳永撰

永，字耆卿，福建崇安人。景祐元年（1034）进士，官至屯田员外郎。永初名三变，磨勘及格，仁宗以其浮薄罢之，乃更今名。叶梦得《避暑录话》下云："永为举子时，多游狭邪，教坊每得新腔，必求永为词，始行于世（节

① 范镇：《东斋记事》五有"堂吏"条；胡仔：《苕溪渔隐丛话》前集二九及三〇；《直斋书录解题》一七"刘状元东归集"条；《四库提要》一九八；《东方学》第七集田中谦二撰：《关于欧阳修词》。

去干物议事)。余尝见一西夏归朝官云，凡有井水处即能歌柳词，言其传之广也。永死，殡润州僧寺，王和甫为守时，求其后不得，乃出钱葬之。”此说较《独醒杂志》、《方舆胜览》等葬枣阳说为可信（近人潘氏《柳永事迹考》、储氏《柳永生卒考》多不可据)。永尝监晓峰盐场，《宋诗纪事》引《昌国州图志》录其《煮海歌》云：“官租未了私租逼”，“虽作人形俱菜色”，所谓哀民生之多艰也。王灼以为不知世间有《离骚》，似太苛。日本五山版《古文真宝》内有柳屯田《劝学文》。

柳词二百一十首。作风约分两种，一为镕景入情之词，如晁无咎所称不减唐人高处，陈振孙所称尤工羁旅行役者是。一为即事言情之词，如李清照所谓尘下，王灼所谓野狐涎者是。近人谓其长调风格，实源于唐代民歌；持与敦煌所出《云谣集》比较，则柳词略如《玉女摇仙佩》、《斗百花》次首、《昼夜乐》前首、大石调《倾杯乐》、《凤衔杯》次首、《传花枝》、《慢卷䌷》、《征部乐》、《婆罗门令》、《法曲》第二、《古倾杯》次首、《少年游》八九两首等，皆可得到印证。《历代诗馀》所引《古今词话》谓永以无名氏《眉峰碧》一词，遂悟作词章法，非无因也。

柳词传诵已广，别墨实多，《直斋》著录之长沙本《乐章集》九卷，及《汲古秘本书目》之《柳公乐章》五本，俱不经见。今展转传录之宋本有二，并依宫调分类。一为毛斧季据含经堂宋本及周氏、孙氏两钞本校正《乐章集》三卷，由劳巽卿传钞。一为皕宋楼旧藏宋本，由缪荃孙引入校记，附刻《山左人词·乐章集》后。两宋本篇次悉同，而字句颇有乖违。至元刊《乐章集》九卷，仅见《结一庐书目》。此外有李西涯《南词》本，赵元度校焦弱侯本，梅禹金及鉴止水斋藏明钞本，皆三卷；吴讷《唐宋百家》本不分卷。

汲古刻《六十一家》本《乐章集》一卷，词二百九十四首。其《秘本目》“《柳公乐章》五本”下注云：“今世行本俱不全，此宋版特全。”殆一卷本先刻也。彊村疑其出自校焦本，但删去二调，并为一卷耳。四库据此著录，而讥其殊少勘正。有汪氏覆刊、《四部备要》排印。

吴氏石莲庵刻《山左人词·乐章集》一卷，《逸词》一卷，缪荃孙《校记》一卷，曹元忠《校勘记补遗》一卷。覆毛刻未善，二校记采及宋本、梅本及诸选本，则颇具殊勋。

《彊村丛书》本《乐章》上中下三卷，续添《曲子》一卷，词二百零六首。从劳钞出，毛斧季跋称续添乃宋本所无。彊村《跋》谓：“斧季据校周、孙二钞非宋本；劳钞则经写者据《词律》点窜；而《词律》校勘及拾遗所举宋本，又与毛校不尽符合；姑钩稽各本，粗为諟正。”

傅增湘《藏园群书校记》（见《北海图书馆月刊》二卷二号），《乐章集》以赵元度手勘本校毛本，此手勘本与彊村引赵元度校焦本时有异同，如开卷第一首《黄莺儿》“恣狂踪迹”四字，朱校云“梅禹金钞本迹上空一格”，而手勘本空格作“浪”字，又手勘本调下时立题名，如此首题作《咏莺》，《斗百花》次首题作《春恨》之类，似非耆卿原貌。又夏承焘尝举《乐章集》以说词乐，详见所著《唐宋词论丛·词律三义篇》。

《全宋词》三一至三三柳永词二百一十首。据朱本，另补四首，又引他本误作柳词者九首入附录。①

张子野词　张先撰

先（990—1078），字子野，浙江乌程人。天圣八年进士，官至都官郎中。年老退居，犹蓄声伎，苏东坡所谓“诗人老去莺莺在”者也。词甚著名，当时称为张三影郎中。张先能画，宛陵寄张郎中诗云：“画鹤能同薛少保”，《中兴纪闻》载先诗有“欲图江色不上笔”均可证之。《宋史·艺文志》载先诗集二十卷。事迹详夏承焘著《张子野年谱》。（同时有两张先，皆字子野。其一博州人，天圣二年进士，欧阳修为作《墓志》，与此张三影异。夏谱谓同时有三张先，指枢密使张逊为高唐人，故其孙名先者为另一人，而非博州子野，盖不信《玉照新志》之说；又不知高唐为博州所领县；检欧公志文，博州子野即逊孙。）

子野词一百六十余首。晁无咎云：“张子野与柳耆卿齐名，而子野韵高，是耆卿所乏处。”陈廷焯《白雨斋词话》云：“张子野词古今一大转移也，前此体段虽具，声色未开，后此则发扬蹈厉，气局一新，子野适得其中，有含蓄处，亦有发越处。”（吴幵《优古堂诗话》谓其“云破月来花弄影”句，意本古乐府“风动花枝月中影”。）

《直斋书录》载《张子野词》一卷，长沙坊本。侯氏刊本则自明钞出，未知视直斋本如何。此外有吴讷《唐宋百家词》写本。至乾隆间鲍氏得葆斐轩

---

① 陈师道：《后山诗话》；叶梦得：《避暑录话》下；王灼：《碧鸡漫志》二；胡仔：《渔隐丛话》前集五九、后集三九；吴曾：《能改斋漫录》一六；曾敏行：《独醒杂志》四；张端义：《贵耳集》“项平斋”条；《直斋书录》二一；《镇江府志》三六附注引葛胜仲《丹阳集·陈胡请墓志》述朝请与太守王安体葬柳永事及《柳永墓志》残文；厉鹗：《宋诗纪事》一三；《四库提要》一九八；《史学集刊》第二期潘承弼：《柳三变事迹考》；唐圭璋：《小畜集中关于柳永家世的记载》（《艺林丛录》）；《乐章集源流考》；梁丽芳：《柳永及其词之研究》（三联），罗忼烈：《话柳永》。

钞本二卷，以宫调编次，乃见珍异。

清康熙二十八年侯文灿亦园刻《十名家词集》，《张子野词》一卷，底本为明钞，凡词一百零三首。光绪十三年江阴金氏《粟香室丛书》有覆刻。

乾隆辛丑安邑葛鸣阳刊《安陆集》不分卷。楷书精刻，即四库著录之本。葛因刊先孙有谦中之《复古编》，因并及先父维曾《乐轩稿》，与先《安陆集》。《安陆集》凡诗八首词六十八首，皆葛所辑。间注词话，如《师师令》下引《词苑丛谈》曰，“子野赠李师师作”，未免疏妄。附录东坡、宛陵、姑溪等集有关子野诗文颇详，亦白石词附辑遗事之例，《四库提要》并取材于此。

乾隆间鲍廷博得菉斐轩钞本二卷，凡百有六阕，区分宫调，独属宋时编次；又从侯本去复得六十三阕，从诸选本辑十六阕，为补遗上下卷；刊入《知不足斋丛书》。《丛书集成》初编《张子野词》共四卷，即覆此刻。（王国维手钞本《张子野词》四卷，未知视鲍本同异如何。）

《彊村丛书》本《张子野词》二卷补遗上下卷。收鲍本，有黄子鸿、朱彊村校记。（《四部备要》收此本）

《全宋词》二二至二五张先词四卷。据朱本删补，凡词百六十四首，附录二十四首。①

寿域词　杜安世撰

安世，字寿域，京兆人。《直斋书录》、《四库提要》，并谓未详其人。按《能改斋漫录》云：晁以道谈：韩魏公以《诉衷情》一词赏杜公，杜云乃王益作，荆公时在座，闻语离席云云，即花庵《唐宋词选》所录之杜安世词也。盖与韩琦同时，王安石尚属后辈。

《直斋书录》载长沙书坊百家词本《杜寿域词》一卷，注云：“词不工。”有南词本、吴讷编《唐宋名贤百家词》本。

汲古刻《六十一家》本《寿域词》八十六首，疑出长沙本，中有误混，且多讹脱。

《全宋词》五三杜安世词七十九首。收毛本七十八首，赵万里辑一首，其余九首入附录。又据陆敕先校钞本改正四字，但《玉阑干》“风飘絮绿苔暗

---

① 范公偁：《过庭录》；胡仔：《渔隐丛话》前集三七、后集三九；王明清：《玉照新志》一；周密：《齐东野语》一五；《四库提要》一九八；阮元：《揅经室外集》三《名家词十卷提要》。

侵”之“侵”字，校云“此字疑误”，以全阕无平韵也；按《史记·武安侯列传》“武安者貌侵”，《集解》引韦昭曰“侵音寝”，即读仄。①

临川先生歌曲 王安石撰

安石（1021—1086），字介甫，临川人。庆历二年进士，神宗朝拜同中书门下平章事，晚居金陵，自号半山老人。有《临川集》。事迹具《宋史》三二七。年谱有多种，以清蔡上翔著二十五卷为最详（燕京大学重订排印），民国沈卓然所撰，则谓生于天禧三年（1019）（上海书局排印本），盖沿《宋史》之误，蔡《谱》已力辟之。

王灼云：“王荆公长短句不多，合绳墨处，自雍容奇特。”

《临川集》一百卷，有宋绍兴二十一年浙西转运司王珏刻元、明递修本及明嘉靖十五年应氏刻本、万历四十年王氏刻本、清光绪九年刻本，并藏北京图书馆。日本内阁文库藏有明初刊本、嘉靖二十五年序刊本、嘉靖三十九年序刊本。

《彊村丛书》本《临川先生歌曲》，从绍兴重刊《临川集》第三十七卷写出，介甫曾孙钰所谓：临川龙舒刊行，尚循旧本者也。除去曾慥、黄大舆误认之《甘露歌》乃集句诗外，得词十八首，又从他书辑得补遗六首，并撰有校记。他本《临川集》，如重和间薛昂奉诏编集者，旋即散落，尚有临川、金陵、麻沙、浙西及后刻各通行本，不备录。荆公佞佛，有《皈依赞》三首，其解“揭帝”二字，为揭其所以为帝而示之，不知乃梵译，甚为朱子所讥。（《朱子语类》一三〇）

《四部丛刊》初编《临川先生文集》，景明嘉靖本，即从绍兴重刊本出，其第三十七卷后半、词十八首，同朱本。（朱本《渔家傲》缺两字，此本不缺。）

《全宋词》三六王安石词，收朱本，加辑断句一则。②

东坡乐府 苏轼撰

轼（1036—1101），字子瞻，号东坡居士，眉州眉山人，嘉祐初与父洵、

① 吴曾：《能改斋漫录》十七“烧残绛蜡”条；《四库提要》二〇〇。

② 王灼：《碧鸡漫志》二；胡仔：《渔隐丛话》前集三三至三六。

弟辙至京师，时号三苏。次年登第，累官杭州通判，知密、徐、湖三州。元丰三年以谤新法谪黄州。元祐初起知登州，累除翰林学士、礼部尚书，中间尝知杭州、颍州。绍圣初自定武帅谪惠州，徙昌化。徽宗立，赦还，卒于常州。高宗朝赠太师，谥文忠。史称其言有猷，行有为，节义有守云。著《易》、《书》、《论语传说》外，诗文集八十八卷。事迹详《宋史》三三八，及弟辙撰墓志。宋王宗稷有《东坡年谱》，傅藻有《东坡纪年录》，明郑鄤，清查慎行、王文诰各有编年谱、表。

东坡词，凡三百四十余首。王灼云："东坡先生偶尔作歌，指出向上一路，新天下耳目，弄笔者始知自振。"胡寅序向子諲《酒边集》云："眉山苏氏，一洗绮罗香泽之态，摆脱绸缪宛转之度，使人逸怀浩气，超乎尘埃之外；于是《花间》为皂隶，而柳氏为舆台矣。"二说并能道出东坡展拓词境之实。

《东坡词》向与全集别行，版本颇杂，可知者：一为元延祐刊《东坡乐府》上下卷，原椠尚存，近有景印。一为宋绍兴辛未（二十一年）曾慥刊《东坡词》二卷拾遗一卷，黄荛圃转录慥跋，谓镂版后，得张宾老所编并载于蜀本者悉收之，有汲古阁景宋写本，现传《唐宋百家词》、《宋元名家词》两钞本，似从之出，其拾遗词凡四十一首。一为《东坡词》二卷，见《直斋书录》，现传《南词》本题名卷数并同。一为《苏轼词》一卷，见《宋史·艺文志》，抱经楼藏钞本作《东坡词》一卷，未知同异如何。一为汲古刻《东坡词》一卷，毛跋谓近有金陵本，人喜其详备，多混入他作，今悉删去云云，则非《艺文志》著录者可知；金陵本似即焦竑所编《东坡二妙集》本，汇调编成，曾慥拾遗已散入同调之内。以上五种，皆互异之本也。此外有《注坡词》二卷，宋傅幹注，《直斋书录》作二卷，其从天一阁藏明钞转录者则作十二卷，自《容斋续笔》（原文云绍兴初傅洪《注坡词》镂板钱塘）以后，多讥傅注浅陋。又有《注东坡乐府》，《千顷堂书目》云：孙镇注；元遗山为孙安常《注坡词》撰《东坡乐府集选引》，论列坡词去取，并皆允当。至顾禧、景繁《补注东坡长短句》，则仅见《耆旧续闻》称述共四五事而已。禧，吴郡人，与吴兴施元之共注苏诗。

元延祐庚申叶曾序刻于云间之《东坡乐府》上下卷，原椠旧藏海源阁近有景印二种，一照原椠大字，一则略为缩小，共词二百八十一首，较毛刻多十三首。同调汇列，编次以字数多少为先后，但区分并不甚严。题目无本意、春景等陋习；然如《南歌子》下引《冷斋夜话》，《浣溪沙》下之"公守湖"云云，《翻香令》下之"老人自制腔"云云，皆后人附注，与坡公自题相混。又《调笑令·效韦应物体》一首，见苏辙自编《栾城集》，原作二首，此本混收，而句调又与《韦苏州集》、《栾城集》不同。此皆显属后来编者之误。

明海阳黄嘉惠（长吉）校刊本《东坡小词》二卷，现藏台北“中央”图书馆。起《水龙吟·咏笛》，讫《哨遍·赋归去来》，乃精选本。有海阳黄氏校一行。

汲古刻《六十一家》本《东坡词》一卷。以字数分调编次，三百二十四首。毛跋谓出自金陵本（疑即焦竑所编）。多于元刻六十一首，元刻有而毛本无者十首。宋、元人记坡词佚事多荒诞，此本竟撮录调下，与原有题序或旧注无别，《四库提要》舍此不辨，但摘其小节。此本有汪氏覆刻，《四部备要》排印。

光绪戊子四印斋所刻词《东坡乐府》上下卷。借海源阁藏延祐元椠覆刻，有黄丕烈跋。

《彊村丛书》本《东坡乐府》三卷。以元刻为主，间取毛本諟正，卷一、卷二为编年词，撰年难审者入第三卷，凡词三百四十首。其交游事迹或异文，附注每阕后，体例可称完善。稍有可商者，如第三卷《点绛唇》（明月清风我）一首，乃守杭时为别驾袁轂作，此类尚可移编。

商务印书馆排印《东坡乐府》二卷。以字数分调编次。

民国二十五年商务印书馆排印龙沐勋《东坡乐府笺》三卷，据朱本撰笺，并录傅注。其圈点则据彊村手批本，间有大鹤评语，亦录自郑氏手批本。最近印本有增删。

《全宋词》三八至四〇苏轼词。依朱本删补得三百四十四首，他本误混者十三首入附录。

曹树铭校编《东坡词》本。①

山谷词　黄庭坚撰

庭坚（1045—1105），字鲁直，号山谷道人，洪州分宁人。治平四年进士，为叶县尉，历秘书丞。绍圣初，坐修《神宗实录》失实，谪黔州。徽宗立，召知太平州，九日，复谪宜州卒。高宗朝追谥文节。山谷诗与东坡齐名，号苏、黄。词与秦观齐名，号秦七、黄九。诗文集编次多寡不一，今传宋刊《豫章黄先生集》诗文骚跋三十卷而无词，盖词集别行，犹是北宋旧习，事迹具《宋史》四四四《文苑传》，任渊、黄䓨所撰《年谱》具诗目中，《山谷全

① 王灼：《碧鸡漫志》二；胡仔：《渔隐丛话》前集三九、五九及后集三九；《遗山文集》三六；《四库提要》一九八；赵万里景印延祐本《东坡乐府跋》；曹树铭：《东坡词籍著录》。

书》有《年谱》三卷，清杨希闵有《黄文节公年谱》。

山谷词百七十余首。佳者迥出慧心，妙脱蹊径；诨者用字至为字书所无；亵者则法秀诃为当入犁舌地狱。晁无咎谓鲁直间作小词固高妙，然不是当行家语，自是著腔子唱好诗云。

《宋史·艺文志》黄庭坚《乐府》二卷，或即明刊《山谷先生文集》附词二卷之底本。《直斋书录》载长沙本《山谷词》一卷，疑毛刻《六十一家》从之出。明嘉靖刊宁州祠堂本《黄先生词》一卷，词同毛刻，而编次则异（四库集本据此）。至南宋闽刻《山谷琴趣外篇》三卷，词数仅得一卷之半，讹文夺字，芟节题序，祝穆讥为俗本者也。黄荛圃藏书有《校宋本山谷词》一卷，其题识云："乾道刊本类编《黄先生大全文集》，后有乐章一卷，通殿五十卷之末"云。（明周希令编《山谷文集》三十卷、《外集》十四卷、《别集》二十卷、《年谱》十五卷、《尺牍》二卷、《小词》二卷，乃以万历方沆、李友梅分刊内、外集本配补王氏光启堂刊本。又嘉靖五年宁州知州婺源叶天爵刊、知州九谿乔迁订补之《豫章先生词》一卷。两种现并藏台北"中央"图书馆。）此外《唐宋百家词》乃一卷本，《南词》本则用《琴趣》三卷。又曹见石印本《山谷尺牍》后附词一卷，略有眉批，词不多，不另著。

汲古刻《六十一家》本《山谷词》一卷。一百七十九首，删留有未尽中的处。有钱塘汪氏覆刻，《四部备要》排印。

南宋闽刻《山谷琴趣外篇》三卷。词九十一首，张元济辛酉岁所得，十行十八字。陶湘《涉园四十种》本、黎氏《续古逸丛书》本、《四部丛刊》三编本，并景此椠。

《彊村丛书》《山谷琴趣外篇》三卷，词九十首。先是劳巽卿以《琴趣》校明祠堂钞本，彊村以宋刻比勘，一一符合，因据劳校移写入梓；并举明本为校记，附后。

《全宋词》四六至四八黄庭坚词。收朱本，而以毛本及另辑者增补删误，共得一百七十九首，附录十二首。然如《水调》"瑶草一何碧"阕，《碧鸡漫志》谓石耆翁言此莫少虚作，并能详道此词本始；今各本皆仍作《山谷词》。

《山谷词》，近日排印本《苏门四学士词》：计《豫章黄先生词》一册，《淮海居士长短句》一册，《晁氏琴趣外篇》附《柯山词》共一册。校记附各阕之后，每册具列作者年谱或传记，并各辑参考资料（即词话）附其后。①

---

① 陈师道：《后山诗话》；王灼：《碧鸡漫志》二；胡仔：《渔隐丛话》前集四七至四九；《提要》一五四及一九八；《荛圃藏书题识》卷一〇。

淮海居士长短句　秦观撰

观（1049—1101），字少游，一字太虚，高邮人。从苏轼游，久之，始举进士。元祐初，以轼荐除秘书省正字，兼国史院编修官。绍圣初，坐党籍，谪郴州，编管横州，徙雷州。徽宗立，赦还，至藤州卒。观长于议论，文丽而思深。有《淮海集》共四十九卷。事迹具《宋史》四四四《文苑传》。其后裔秦瀛编《年谱》附同治刊本集内，日本中田勇次郎有《秦淮海诗文年谱》。

《淮海词》八十首。《铁围山丛谈》载范温"山抹微云女婿"事，使歌席绝倒，可见其词之倾动时人。叶梦得称其工而入律。知乐者谓之作家歌。张炎《词源》云："少游词，体制淡雅，气骨不衰，清丽中不断意脉，咀嚼无滓，久而知味。"

《淮海词》版本，有单词本与全集本两种。《直斋书录》歌词类载长沙刻《淮海集》一卷，《传是楼书目》载《淮海琴趣》一本（黄子鸿校毛本，引宋本《琴趣》入校记），并单刻，不经见。明正德辛巳嘉兴孟春晖编刻《淮海长短句》三卷，茅承德序，天一阁藏本。又《唐宋百家词》抄本不分卷。至全集本，《直斋书录》别集类载《淮海集》四十卷、《后集》六卷、《长短句》三卷，今传宋椠尚有两残本，明、清两代，覆刊颇多。其长短句并作上中下三卷，共七十七首。《四库提要》疑三卷为张綖重编，固非；近人序宋本者，又以一卷本乃三卷合装单行，则仍未审长沙《百家词》及闽刊《琴趣》之一卷本皆坊刻也。此外，明初闽刻及正德山东黄瓒刻集本无长短句。曾季貍谓章质夫家子弟有注少游词者，疑无传本。

吴湖帆藏宋椠《淮海居士长短句》。除《闲居文集序》外，属词者，目录二叶，上卷七叶，中卷存二叶；余十六叶由朱卧庵据张綖本钞补，乃潘文勤滂喜斋旧藏。桓字缺笔，词之换头提行，据推测为乾道间杭郡刊本（宁宗时有蜀刻《淮海集》）。

故宫藏宋椠《淮海居十长短句》。原为无锡秦氏世守之全集本，词存九叶。与吴藏原同一版，但付印较后，故漫漶有整句朽脱者。其缺叶似据李之藻本钞补。（严绳孙跋称"先生自叙云十卷"，盖未辨十卷乃《淮海闲居集》编次。）

叶遐庵并影两宋本《淮海长短句》。凡七十七首，合并吴氏及故宫两藏本，钞补则采吴本。撰有《版本系统》、《经见本概要》、《各本字句异同》、《宋本比较》共四表，及序跋汇录。叶氏别藏宋刻《淮海集》照片二纸，得自日本，据日本内阁文库藏宋高邮军学刊《淮海居士长短句》三卷、《后集》六卷，乃足本宋椠。

明正德嘉兴吴孟晖编《淮海长短句》前有茅承德正德辛巳序。向所未闻。一九八五年登天一阁得睹是书。

明嘉靖己亥张綖鄂州本《淮海集》四十卷、《后集》六卷、《长短句》三卷。词七十七首，其上卷末之《迎春乐》，据宋本乃在中卷之首。张綖序谓“北监集板漫漶，黄瓒山东新刻不全，乃以二集校刻”，故未能悉同宋椠。下卷末有綖《跋》。《四部丛刊》初编影此。（嘉靖间高邮知州胡民表刊本，张及李、段各刊本，现藏台北“中央”图书馆，并无残阙。）

明嘉靖乙巳高邮守胡民表覆刊张綖本，止增江盛仪序、綖弟绘跋，各一篇，并谓綖板毁于火，故州守复刻之。台北“中央”图书馆外，香港大学冯平山图书馆亦藏有此本，有“汪森”藏印。

明万历李之藻高邮刊本，名称、卷数，全同张本。词后题王廷俊校，当时高邮州知州也。有校正张本二三字，亦有手民误雕二三字。清康熙余恭刻本、乾隆何廷模刻本，并覆此。

明末段斐君武林刊本。大体与张本、李本无异。（美国国会图书馆现藏《淮海后集》六卷《长短句》三卷，明刻，九行二十字，有批有点，殆即段刊；因无《前集》，又异于李本之九行二十一字，故不见刊者姓氏。）书眉录徐渭评语。

明戏鸿堂刻本《淮海集长短句》一卷，有钱曾、何煌、张允亮校并跋，北京图书馆藏。

清道光王敬之高邮刊本。根据李本，另行编补。

清同治秦元庆家塾刊本。与武林本同，卷首附年谱，其词有徐渭眉批。

《彊村丛书》本《淮海居士长短句》上中下三卷。七十七首，据黄荛圃曾以两宋本校过之旧钞本付梓，末附校记。此刻有石印通行本。

汲古刻《六十一家》本《淮海词》一卷。八十七首，由少至多按字数排列。毛晋跋云：“订讹搜逸，集为一卷。”按各词下有注“时刻不载”，或“旧刻不载”者，知毛氏不过混增他作十首，改旧刊集本为按字数排列耳。跋中“山谷特瘦健”句，盖袭张綖语。此本有汪氏覆刻，《四部备要》排印。

《全宋词》五〇至五二秦观词三卷。收两宋合并本，剔去混入之山谷《茶》词一首，加辑四首；而以各本从来误补之三十三首入附录。

饶宗颐编校宋本《淮海长短句》。（香港龙门书局印）[1]

---

① 胡仔：《渔隐丛话》前集五〇、后集三三；曾季貍：《艇斋诗话》；曾敏行：《独醒杂志》五；《四库提要》一五四及一九八；秦小岘集：《淮海墓考》；周济：《宋四家词选叙》；《矩园余墨序跋》第二辑。

晁氏琴趣外篇　晁补之撰

补之（1053—1110），字无咎，巨野人，昭德之族也。年十七，受知于苏轼，举进士第一，元祐中为著作郎，绍圣末，谪信州，徽宗立，以著作召还，出知河中、湖州，坐党籍还家，大观末，起知泗州，卒于官。补之才气飘逸，文章温润典雅，尤精《楚辞》。自定《鸡肋集》七十卷，宣和以前世莫敢传；南渡后，从弟谦之始为刊布。词别行。事迹具《宋史》四四四《文苑传》。

补之词一百六十余首。陈直斋云："晁尝谓'今代词手，惟秦七，黄九，他人不能及'，然晁词佳者，固未多逊。"冯蒿庵《论词》云："晁无咎为苏门四学士之一，所为诗馀，无子瞻之高华，而沉咽则过之。"

南宋闽刻各名家词，概冠以别号为某人《琴趣外篇》，遴择家数非如长沙《百家词》之滥竽部帙（详郭应祥《笑笑词》条），而内容审校，仍付阙如，故祝穆、吴师道并讥为俗本。其已见近人景传者，有《醉翁》、《山谷》、《闲斋》、《晁氏》四种；见于引校著录者，有《淮海》、《介庵》、《石林》、《西山》四种。毛晋跋晁词，谓诗馀不入集，故为外编，又以介庵词亦名《琴趣》为书贾眩人；清四库馆臣嫌其名淆混，改《晁氏琴趣》为晁无咎词；盖当词籍湮沉五六百年之际，故并有此隔壁语。迨宋椠山谷、欧公等《琴趣》出见，世人始明为汇刻，而《陶湘叙录》叹为珍秘也。至《直斋书录》载长沙本《晁无咎》词一卷，已佚。《柳塘词话》误混江西杨逃禅词与晁词为一种，以名字偶互同故。

汲古刻《六十一家》本《琴趣外篇》六卷。毛晋删原题"晁氏"二字，盖误以《琴趣》为无咎词专名也。持校景宋本，则《引驾行》缺半首，又缺《江神子》等三首，其他互有得失。

吴氏石莲庵刻《山左人词琴趣外篇》六卷。大体同毛刻，文字略有订正。

双照楼景宋本晁氏《琴趣外篇》六卷。词一百五十七首，源出毛氏景钞本，故与汲古阁、石莲庵本大体从同，但此本存南宋坊刻原貌耳，有误收词，有讹脱字，目录有不照处。

商务印书馆排印本《晁氏琴趣外篇》六卷。

《全宋词》五五至六〇晁补之词一百六十五首。据景宋本而删其误收三首，又补辑成上数。其宋本讹字，引毛本订正者四，引《山左人词》订正者二；又以宋本订正毛本十余处。然宋本《摸鱼儿》"堪爱处"脱一"处"字，而毛本不脱，《全宋词》未据补正，是有一百一十五字之《摸鱼儿》矣。[①]

后山词　陈师道撰

师道（1053—1101），字履常，一字无己，号后山居士，彭城人。受业曾巩之门。元祐二年苏轼等荐授徐州教授，绍圣初以余党罢。徽宗立，起为棣教，擢秘书省正字；与郊祀礼，寒甚，妻假裘于姊婿赵挺之家，却不御，遂以寒疾卒。为文简重典雅，其诗精妙，与山谷齐名，世号黄、陈。谢克家云："世徒喜诵其诗文，乃若奥学至行，或莫之闻也。"事迹具《宋史》四四四《文苑传》。任渊注其诗，寓年谱于目录，冒广生有《后山诗注补笺》，于宋人评述后山诗文轶事者，搜罗颇广（商务排印）。

《后山诗话》云："余他文未能及人，独于词不减秦七、黄九。"王灼云："陈无己所作数十首，号曰《语业》（《宋史·艺文志》作《语业》一卷），妙处如其诗，但用意太深，有时僻涩。"故《四库提要》谓其词如诗。

《后山集》见于宋人著录者：有魏衍编本，谢克家序本，陈同甫编本；锓木者有蜀本、四明本、临川本；卷数有二十卷、五十五卷、三十卷之异。《直斋书录》歌词类载长沙本《后山词》一卷；别集类载刘孝韪刊临川本《后山集》共三十卷，其末为长短句二卷。此外《唐宋百家词》本不分卷，《南词》本分三卷。

明弘治王鸿儒、马暾校刊《后山集》三十卷，大体殆出宋临川本，末二卷为词，何焯尝讥其错误。此本原藏陆氏十万卷楼，今归日本静嘉堂文库。（潘景郑藏弘治刊两本，跋称已非魏衍辑本旧观。）王鸿儒校者又有朝鲜刊古活字本。清雍正陈唐刊《后山诗集》十二卷，末卷为诗馀，见《四库存目》。

清雍正赵骏烈刊《后山集》二十四卷，其末卷为长短句四十九首。源出传钞之明马暾刻本。（弘治十二年潞安知府彭城马暾刊三十卷，据魏衍编，现藏台北"中央"图书馆。）《四部备要》据之排印。三首《减字木兰花》并作《木兰花减字》，《蝶恋花·九里山》前一首脱"送彭舍人罢徐"六字。汲古刻《六十一家》本《后山词》一卷，颇有讹字，余同赵本。

《全宋词》五四陈师道词收毛本，加辑四首。又据何义门校正弘治本之字

① 胡仔：《渔隐丛话》前集五、后集三三；《提要》一五四及一九八；张耒：《柯山集》拾遗《晁无咎墓志》。

改正毛本二十余字。[1]（二十余字中，赵本讹十一字。）

小山词　晏幾道撰

幾道，字叔原，号小山，殊之幼子，尚气磊落。熙宁七年（1074）郑侠上《流民图》被罪，衣箧有幾道治平间所作诗，因牵入狱，旋释出。尝监许田镇，手写自作长短句，上府帅韩少师（维，或作缜），韩报书："愿郎君捐有余之才，补不足之德，不胜门下老吏之望"云（刘后村《题跋》则以报书属冯当世）。年未至乞身，退居京城赐第，不践诸贵之门，蔡京重九遣客求长短句，欣然为作《鹧鸪天》，竟无一语及蔡。此殆崇宁间（1102—1106）京初当权时事。年颇老寿，晁说之志其墓（《四部丛刊》本晁说之《嵩山集》无此文）。《耆旧续闻》谓叔原寿亦不永者，揣测之词也。夏承焘有《二晏年谱》。

小山词二百五十余首。初号《乐府补亡》，其后目为《小山集》。自序云："篇中之意，昔人定已不遗，第今无传耳，故今所制，通以补亡名之。"四库馆臣及后之读者，多疑此序语气有不类自述处，盖只据毛刻及各钞本，未以《碧鸡漫志》对勘也。余嘉锡《四库提要辨证》谓今本《小山词》皆有调无题，而花庵选小山词十二首往往有题，疑传写删削；不知花庵从坊本转录者，多有二字标题，以便应歌，如小山词题中之"佳会"、"别恨"、"闺思"等字，何能信为原稿所有乎？又人所喜诵之"落花人独立，微雨燕双飞"十字，乃用晚唐桂州翁宏《春残》诗句，见《全唐诗》卷二八。（《十国春秋》七五翁宏传目此十字为宫词）宋人诗话分举小山及其他词人套用古诗句者不少，但无贬语，周密论美成用元、白全句为能事，即其例也。

《直斋书录》载长沙本《小山集》一卷，与王灼所见本同名。赵辑宁星凤阁藏明钞本《小山词》一卷，有黄山谷序，有叔原自序，或即《文献通考》著录之本。又有鉴止水斋藏明钞及陆敕先校本，大致并同汲古刻本，而各分二卷。此外《唐宋百家词》本不分卷，《南词》本分二卷。

汲古刻《六十一家》和《小山词》一卷。二百五十四首，有不署名之自序，而无黄山谷序。自序之"叔原往者沉浮酒中"句，据《碧鸡漫志》作"往与二三忘名之士"，则明为幾道自序矣。毛晋《跋》谓诸名胜词集，独《小山集》直逼《花间》，乃袭《直斋解题》语。

---

① 胡仔：《渔隐丛话》前集五一；《四库提要》一五四及二〇〇；潘景郑著：《砚楼书跋》"后山集"两条。

晏端书《二晏词钞》。先收《历代诗馀》等选，后以毛本作补，读者谓其本末倒置（有咸丰刊本）。

《彊村丛书》本《小山词》一卷。二百五十二首，据星凤阁藏明钞入梓，有山谷《序》及《自序》，朱氏校记附后。

商务排印本《小山词》一卷。

《全宋词》三四晏幾道词二百五十三首。收朱本，加辑一首；而以各本误混之词十四首入附录。[1]

东堂词　毛滂撰

滂，字泽民，衢州江山人。元符元年（1098）知武康县，就县舍改筑东堂，故以名集。政和中知秀州，修建月波楼，与贺方回登楼唱和，并见于词。马氏《经籍考》引《百家诗序》，及《清波杂志》、《花庵词选》、《直斋书录》，皆称苏轼守杭，滂以《惜分飞》词见知。据施注苏诗，则轼之知滂，早在出守前，东坡尺牍，可以覆案，野乘杂说，好摘艳为诬，多不足信。但滂初受轼知，后乃一再转投权奸，故终取辱于蔡卞妇耳。《东堂集》今传《大典》辑本十卷，词别行。（集中《暮山溪序》记东堂事甚详。）

《东堂词》约二百首。其诗文自先秦诸子中来，颇具汪洋之势；而词则情韵特胜。

《直斋书录》别集类载《东堂集》六卷、诗四卷、书简二卷、乐府二卷，已佚。歌词类载长沙本《东堂词》一卷，未知与汲古刻之一卷本同异如何。有《唐宋百家词钞》本。

汲古刻《六十一家》本《东堂词》一卷，二百零三首。颇多脱误。

《彊村丛书》本《东堂词》一卷，二百零二首。据璜川吴氏景写宋本，讹脱有与毛本同者，而编次绝异；朱氏又以善本书室藏明钞补脱校订，撰校记附后。

《全宋词》七二毛滂词二百零一首附录三首。收朱本，又有删补校订。[2]

---

① 赵令畤：《侯鲭录》四；邵博：《闻见后录》一九；王灼：《碧鸡漫志》二；胡仔：《渔隐丛话》前集二六；张邦基：《墨庄漫录》三；周煇：《清波杂志》八；陈鹄：《西塘集耆旧续闻》八“前辈”条；周密：《浩然斋雅谈》下；陆友仁：《砚北杂志》上；厉鹗：《论词绝句》；《四库提要》一九八；余嘉锡：《辨证》二四；宛敏灏：《二晏及其词》；夏承焘：《二晏年谱》；郑骞：《夏著二晏年谱补正》。

② 蔡絛：《铁围山丛谈》；王明清：《挥麈后录》七；《四库提要》一五五及一九八。

宝月集　僧挥撰

挥，字仲殊，又字师利，姓张氏，安洲人。初为士，与乡荐。后为僧，居苏之承天寺、杭之宝月寺，与东坡游，东坡尝作《安州老人食蜜歌》赠之，有《宝月集》。

《花庵词选》云："仲殊有词七卷，沈注为序。"今佚。赵万里跋其辑本云："《碧鸡漫志》论北宋人词，以僧仲殊与贺方回、周美成、晏叔原并举，且云殊之赡，晏反不逮，今录为一卷，聊以备宋词一格。"

赵万里辑《宋金元人词》之《宝月集》三十首，断句六则，附录四首。

《全宋词》二八四仲殊词四十四首，收赵本，又从《梅苑》、《嘉定镇江志》加辑十四首。

《诗渊》收仲殊词多首，见《全宋词补辑》。[①]

信道词　舒亶撰

亶，字信道，明州慈溪人。治平二年（1065）进士，神宗朝为御史中丞，徽宗朝累除龙图阁待制。王渔洋以其诬陷东坡，比为闾邱晓之害王龙标。

王灼云："舒信道、李元膺（绍圣间人），思致妍密，要是波澜小。"

易大厂校刊劳巽卿钞本《信道词》，五十首。

《校辑宋金元人词》舒学士词四十八首。跋云："刘毓盘先生尝云：于范氏天一阁见《舒学士集》十卷，其词一卷。所谓天一阁本，非依托即误记也。"

《全宋词》四三舒亶词，收易刊本。[②]

冠柳集　王观撰

观，字通叟，高邮人。嘉祐二年（1057）进士。以赋应制词被谪，自号逐客。著有《芍药谱》、《冠柳词》。《耆旧续闻》以应制赋狎词，受宣仁太后

---

① 赵德麟：《侯鲭录》一；王灼：《碧鸡漫志》二；龚明之：《中吴纪闻》四；吴曾：《能改斋漫录》一一；陆游：《老学庵笔记》；厉鹗：《宋诗纪事》九一。

② 魏泰：《东轩笔录》一一"熙宁中"条；《宋诗纪事》二三。

指摘之王逐客为王仲甫，又谓祖饯者独晁叔用一人。兹据《能改斋》属之王观。又据《过庭录》，则章惇执政时，观仍蹭蹬不达也。

《花庵词选》云："《冠柳集》，序者称其高于柳词。"又云："踏青词风流楚楚，词林中之佳公子也。"

《直斋书录》载长沙坊本《冠柳集》一卷，注云："词格不高，以冠柳自名，则可见矣。"以集久佚。

赵万里《校辑宋金元人词》之《冠柳集》十五首，附二首。

《全宋词》四二王观词，收赵本，又加辑四首。[①]

闲斋琴趣外篇　晁端礼撰

端礼（或作元礼），字次膺，其先澶州人，后徙彭门。熙宁六年（1073）进士，两为县令，坐保甲事废徙，晚以承事郎为大晟府协律，到京逾月而卒，从侄说之志其墓。晁补之与其唱和，称为十二叔，又称为节推。

次膺词一百四十首。胡仔云："中秋词自东坡《水调歌头》一出，余词尽废；然如晁次膺《鸭头绿》一词殊清婉，但樽俎间歌喉以其篇长惮唱，故湮没无闻。"张表臣亦尝称其移船出塞之曲为妙绝。

《直斋书录》载次膺《闲适集》一卷，长沙《百家词》本，已佚，疑此为次膺词集本名。世传其《闲斋琴趣外篇》六卷，亦闽刻坊本，赵辑宁校抄者为黄荛圃旧藏，今在北京图书馆。

双照楼景宋本《闲斋琴趣外篇》六卷。从汲古景写本出，子目完备，而第六卷《雨中花》后半以下，佚二十余首，实得词一百一十七首。第一卷题名作晁元礼，卷三《庆寿光》题序实自称端礼。

《全宋词》六一至六六晁元礼词。收景宋本，所缺者以赵辑宁星凤阁钞本录补，又自《乐府雅词》加辑一首，凡词一百四十首，而以《词林纪事》误收一首入附录。然宋本原目尚有新填徵调八目无从辑补。[②]

---

① 范公偁：《过庭录》"王观"条；王灼：《碧鸡漫志》二；胡仔：《苕溪渔隐丛话》后集三九；陈鹄：《西塘集耆旧续闻》九；吴曾：《能改斋漫录》一七；黄昇：《唐宋词选》五；《直斋书录解题》二一；《宋诗纪事》二二。

② 赵令畤：《侯鲭录》二；晁说之：《嵩山集》一九《平恩府君晁公墓表》；张表臣：《珊瑚钩诗话》三；胡仔：《渔隐丛话》后集三九；吴曾：《能改斋漫录》一六。

姑溪词　李之仪撰

之仪，字端叔，晚号姑溪老农，沧州景城人。元祐八年（1093）辟苏轼定武帅幕，徽宗初，坐为范纯仁草遗表、作行状，编管太平州，政和间卒，年八十。乾道三年吴芾假守当涂，聚其稿五十卷锓版于学。集中不少论长短句之文，其跋吴思道（即著《藏海集》及《藏海诗话》之吴可）小词云："长短句自有一种风格。唐人但以诗句和声抑扬以就之，若今之歌《阳关词》是也。唐末，遂因声之长短，而以意填之。大抵以《花间集》为宗，至柳耆卿始铺张衍展，韵终不胜。张子野独矫拂而振起之；良可佳者晏元宪、欧阳文忠、宋景文。其妙见于卒章，语尽而意不尽，意尽而情不尽。思道以《花间》为准，苟辅之以晏、欧阳、宋，而取舍于张、柳，其进也将不得而御矣。"事迹附《宋史》三四四《李之纯传》。

《姑溪词》九十余首，冯蒿庵论之云："长调近柳，短调近秦，而均有未至。"

《直斋书录》歌词类载长沙本《姑溪集》一卷，汲古刻卷数相同，又《宋元名家词》本、《南词》本，皆单词本也。别集类载《姑溪集》五十卷《后集》二十卷，有《粤雅堂丛书》据钞本付梓，其《乐语》附词卷中，与欧阳公《近体乐府》同例；其与贺方回诸人和词，先列原唱，体例亦善；此全集本也。

汲古刻《六十一家》本《姑溪词》一卷。共八十六首，即前集中三卷词并为一卷，而缺其卷末三首及《乐语》。颇有讹缺。有汪氏覆刻，《四部备要》排印。

《粤雅堂丛书》本《姑溪全集》，前集五十卷后集二十卷。其第四十五卷至四十七卷、及后集第十三卷，共载词九十四首。讹缺特少。《丛书集成》初编覆此本。

吴氏石莲庵刻《山左人词》本《姑溪词》三卷。

清宣统三年刊《姑溪居士文集》附吴尌撰校勘记，有傅增湘跋，北京图书馆藏。

《全宋词》七〇李之仪词九十四首，收陆敕先校补毛本，即增补原缺之第四十七卷末三首，及未收之后集五首，改正之字不少。然与粤雅本校勘，尚有多字须订；如词题之《杨姝》，亦见《山谷集》及他书引述，乃姑溪晚年因以受大累者；陆校仍沿毛本全误“姝”为“妹”。①

清真词　又名《片玉集》　周邦彦撰

邦彦（1057—1121），字美成，号清真，钱塘人。元丰六年，以太学诸生上《汴都赋》，一命为学正。元祐末知溧水县。元符初召对，除正字。徽宗朝历校书郎、卫尉、宗正少卿，兼议礼局检讨，以直龙图阁出知隆德府，徙明州。入为秘书监，进徽猷阁待制，提举大晟府，出知顺昌，旋以提举南京鸿庆宫卒于斋厅，年六十六。楼钥《攻媿》序其集，备称其学行，且为《汴都赋》作音释。所著《清真文集》二十四卷，又有《清真杂著》、《操缦集》等，词别行，事迹具《宋史》四四四《文苑传》。又山西忻县出土周邦彦撰《田茂墓志》，茂葬于政和六年。此篇邦彦具衔曰“直龙图阁权知隆德军府”，时尚未赴明州也。又郑文焯有《清真词校后录要》，王国维有《清真先生遗事》（附年表），陈思有《清真年谱》。其他《贵耳集》、《浩然斋雅谈》等所记李师师事，证以官职年代，皆不足信。或谓清真少年少检，故传者以李邦彦事属之，李邦彦有浪子宰相之称，其孙曾伯则能干蛊者也。《武林藏书录》记吾子行（衍）云：刊书版始于周美成，谓之“倚书床”，见《美成文集》云。

《东都事略·文艺传》称邦彦能文章，世特传其词调。《直斋书录》称其词富艳精工，词人之甲乙。陈郁《话腴》称贵人、学士、市僧、妓女皆知其词为可爱。盖清真本通音律，下字用韵，皆有法度，故方千里等和之，不敢稍失尺寸。至清常州词派，则标举“清真浑化”为至高之境矣。

今传周词源出宋本者，有编次大异之两种：一为《清真词》二卷本，淳熙庚子强焕序刊于溧水，为词一百八十二章，汲古《六十一家》本《片玉词》似从此出，其次序以陈允平《西麓继周集》为较近原貌，疑各卷之下半皆为强焕裒益也。见于《直斋书录》者多《后集》一卷。一为分类十卷本，嘉定辛未刘肃序刊，凡一百二十七首，有陈元龙集注，（袁寒云所藏《宋本提要》云：“《片玉集》宋麻沙刊之最精者，另一宋刊为汲古故物，序缺‘嘉定辛未’等十二字，注中亦间有异同。”）《彊村丛书》本《片玉集》据之，方千里、杨泽民《和清真词》次序相同，而不曰《和片玉词》，依刘序“片玉”二字，乃指所集之注言，汲古覆强序本而题为《片玉词》，不知其底本究如何也。（唐

① 周紫芝：《竹坡诗话》；《道山清话》“范纯仁遗表”条；王明清：《挥麈后录》六；吴曾：《能改斋漫录》一七“杨姝”条；《四库提要》一五四及一九八。

钱起《考功集》有《片玉篇》七古，片玉名见此。）《宋元名家词抄》本作《片玉集》，不分卷。他所著录古本：《严州续志》及《花庵词选》曰《清真诗馀》，《乐府指迷》曰《周词集解》，《词源》曰《圈法美成词》，《直斋书录》曰《清真词》二卷《后集》一卷，曰曹杓注《清真词》二卷；其与方千里、杨泽民和词合刻者曰《三英集》，毛氏尚有皆不满百阕之《清真长短句》及《清真集》。（其《氐州第一》，集本作《熙州摘遍》。）

《永乐大典》"席"字号引《清真词》间有词题，可校订今本。

汲古刻《六十一家》本《片玉词》上下二卷。首有淳熙强序，凡词一百八十四首，间有题序，非如分类本但求应歌之便，仅泛撮两字为题也，末有毛氏增辑十首为补遗，全非周词。《四库》著录者即此本，有汪氏覆刊，《四部备要》排印。

仁和丁氏《西泠词萃》本《片玉词》二卷，从汲古本出。

大鹤山人校本《清真词》二卷，补遗一卷，校录一卷。汪东、黄侃批语（《活页文史丛刊》一六），蒋礼鸿笺记（《活页文史丛刊》三八）。

林大椿校本《清真集》，商务印书馆排印。

宋刊《片玉集》十卷，阮元《四库未收书》尝为提要，后归孙驾航，毛氏《秘本书目》谓为元刻，王半塘本因之，及朱彊村见黄荛圃别藏本，卷端刘序有"嘉定辛未"字，始知真宋椠也。每半叶十行，行十七字，分春、夏、秋、冬景、单题、杂赋等类，每阕注明宫调，共一百二十七首，题陈元龙集注，盖集旧注而有所增删，故前后有不照处。陶湘景宋本详注周美成词《片玉集》十卷从此出，题为陈元龙集注，后有"建安蔡庆之校"一行，盖原为闽本也，卷五注中有刓缺，目录中卷七"侧犯"乃"倒犯"之讹。

《彊村丛书》本《片玉集》十卷，覆宋椠，原卷刓抹者补正甚多，末附校记（比王刻《清真集》少五十余首）。

中华书局《四部备要》单行本《片玉集》，据朱本。（目录卷七"倒犯"不误。）

四印斋所刻词《清真集》上下卷，从明隆庆间照录元巾箱本出，曾借孙藏宋本对勘，其编次体例正同，特无陈注，及分卷、题号撰耳。（卷下之《吉了犯》，朱本、陶本并作《倒犯》，《旧唐书·音乐志》云："《万岁乐》，武太后所撰也。武太后时，宫中养鸟能人言，又常称万岁，为乐以象之。今按岭南有鸟似鸜鹆，笼养久则能言，南人谓之吉了。"按《吉了犯》一名，疑源出武则天时。《唐音癸签》一五引遯叟云："柘枝用浑脱解，甘州用吉了解。"解字当卒章字用，谓曲终复加"吉了"为解音也。）又取见于毛刻而为此本所无者五十四首，编为《集外词》一卷，附后。毛本强序、陈注刘序原钞不载，亦皆补入。（元巾箱二卷本分类编次并注宫调，已与陈注十卷本同，可见两者乃同出一源俾便歌者之编。而《清真集》之名，则沿其朔；及后加注，篇幅稍增，因分十卷。至《片玉》一名，则因注而新改者也。王国维谓毛晋未见陈注本无从改题，盖未见毛氏《秘本书目》，不知晋有“元刻《片玉集》”耳。又劳巽卿手写十卷本，词目下稍有注语，疑即陈氏所集旧注之一部也。王鹏运手校四印斋手抄本《清真集》，见《文物》一期，1973。）

《全宋词》六八及六九周邦彦词一百七十九首，附录十九首。收四印斋本而剔去《集外词》之误入者，又从《能改斋漫录》增辑一首，原文讹脱者多从毛本校补。

杨易霖《周词订律》十二卷，民国二十四年开明书局排印。每调先举周词，次列方千里、杨泽民、吴文英、陈允平，以及逃禅、碧山诸作，逐字比勘其四声及句法，而加以说明，于此而谈格律，可云谨密，所据周词，以彊村本一百二十七首为主，其他录入《补遗》上下卷八十一首，其伪托或误题美成姓字者亦过而存之，诸家继声之词，则凡四百五十一首。

罗忼烈《清真集笺》，上编为词笺，中编为佚诗佚文笺，下编参考资料，辑录最为赅备。[1]

东山词 又名《东山寓声乐府》 贺铸撰

铸（1052—1125），字方回，宋太祖孝惠后族孙，开封有赐第，故称开封人，祖遵家训葬卫之共城，徙贯焉，故又称卫州人。铸自序其诗，引《家牒》载谢承《会稽先贤传》谓：贺本庆氏，系出庆忌，庆忌奔卫，妻子隐会稽，名其田曰庆湖，音讹为镜湖，汉安帝时避讳，改氏贺。铸十五代祖知止令阳谷，卒官，故贺有北宗。铸自号北宗狂客，晚年南归，更号庆湖遗老。历仕右班殿直、徐州宝丰监、和州管界巡检、泗州太平州通判，以承议郎致仕，退居吴下，宣和七年卒于常州，程俱志其墓。铸豪爽精悍，哆口竦眉目，喜谈当世事，遇贵势不肯从谀。然极谨细，狡吏不能欺。雠书至万卷，无一字脱误。《诗集》二十卷，今传前集九卷。自裒歌词名《东山乐府》。事迹具

---

① 王灼：《碧鸡漫志》二；王明清：《玉照新志》二；庄绰：《鸡肋编》中；楼钥：《攻媿集》五一；岳珂：《宝真斋法书赞》二一；张端义：《贵耳集》下；周密：《浩然斋雅谈》下；《四库提要》一九八；王国维：《庚辛之间读书记》“片玉词”条；寒云手写所藏《宋本提要》二十九种；吴则虞：《清真词板本考辨》（《西南师范学报》）；罗忼烈：《周邦彦诗文辑存附记》。

《宋史》四四四《文苑传》，夏承焘有《贺方回年谱》。

方回词，《墓志》称五百首，今只传二百七十余首。张文潜序云：“余友贺方回博学业文，而乐府之词婉绝一世，大抵倚声而为之词，皆可歌也。”王铚云：“贺方回遍读唐人遗集，取其意以为诗词。”陈直斋解《寓声乐府》曰：“以旧谱填新词，而别为名以易之，故曰寓声。”王灼评其词云：“柳（永）何敢知有《离骚》，惟贺方回、周美成时时得之，贺《六州歌头》、《望湘人》、《吴音子》诸曲，周《大酺》、《兰陵王》诸曲最奇崛，或谓深劲乏韵，此遭柳氏野狐涎吐不出者也。”

《直斋书录》载《东山寓声乐府》三卷，与《敬斋古今黈》所引《东山乐府》别集，皆不经见。瞿氏铁琴铜剑楼藏宋椠《东山词》残本，上下卷目录俱全，而词则仅存上卷一百零九首，乃汲古阁旧藏。又有贺方回词二卷，劳巽卿传录鲍渌饮钞本，一百四十四首，复见宋本者只八首。（《宋元名家词》抄本《东山词》不分卷。赵辑宁钞校本《东山词》二卷。）

清康熙二十八年侯文灿亦园刻《名家词集》之《东山词》一卷。从汲古未刻本出，仅得宋本之上卷及毛辑数十首，非足本。光绪十三年江阴金氏《粟香室丛书》有覆刻。

道光二十八年钱塘王廸（惠庵）汇录《东山寓声乐府》四卷。第一、二卷方回词出鲍渌饮钞本。第三卷出宋本上卷。第四卷补遗，亦即毛氏所辑。此写本见《皕宋楼藏书志》。

四印斋初刻《东山寓声乐府》一卷。从汲古未刻本出，但易名为《寓声》，调名改题旧谱，反以新名注调下，其有题序者，从别本录注，合一百六十九首。次刻《东山寓声乐府补钞》一卷。从王惠庵本出，并附惠庵原跋，合一百一十三首。

《彊村丛书》本《贺铸词》分三编，首为《东山词》卷上，据宋椠百九首。次为贺方回词卷一、卷二，据劳巽卿传录本，后又见鲍渌饮覆校本，因再斠订，除复，得一百三十五首。又次为《东山词补》，据吴伯宛所辑三十八首，注明辑自《乐府雅词》、《阳春白雪》等书。次两编附有校记。

陶湘涉园景宋椠《东山词》上卷。出瞿氏旧藏，十行十八字，首为张耒序，次为卷上卷下目录，皆用旧调名，下卷目录下栏有缺脱。次为词，皆取阕中三字为新名，而侧注旧名于其下，并与目录相应，后来张辑《东泽绮语》同此例。其异于他宋人集者，如《浣溪沙》乃四十八字，而四十二字者则名《减字浣溪沙》。又词中文句，有朱本不缺者景本或缺或讹，殆朱本曾经校订也。凡词一百零九首。

林大椿校辑重编《东山乐府》一卷，1927年印，共二百八十四首。

《全宋词》七四至七六贺铸词二百七十九首。收朱本二百七十六首，赵万里辑本三首，而以各本混收之八首入附录。①

北湖诗馀　吴则礼撰

则礼，字子副，兴国州人。以父荫入仕，崇宁间，以妇翁曾布之故，谪荆南数年。再起，官至直秘阁、知虢州。晚居豫章，自号北湖居士，所与唱和者，若唐庚、韩驹、曾纡、陈师道诸人，皆知名于时。诗学山谷，略得俊逸之趣。长短句亦自铸新词，力避肤滥。《提要》据《永乐大典》载有韩驹《北湖集序》，推为卒于宣和辛丑（1121）。

《直斋书录》著录吴则礼《北湖集》十卷，长短句一卷，久佚。今传《大典》辑本五卷。

宜秋馆刊《宋人集》乙编，《北湖集》五卷，覆八千卷楼钞《大典》本，其第四卷后半载词二十七首。

湖北《先正遗书》之《北湖集》五卷。

《彊村丛书》本《北湖诗馀》，覆《大典》集本。

《全宋词》八七吴则礼词，收朱本二十五首，剔出其误引《梅苑》二首入附录。②

了斋词　陈瓘撰

瓘（1062—1126，《宋史》纪生卒俱早二年），字莹中，号了翁，南剑州沙县人。元丰二年进士。绍圣初为太学博士，因试士题，潜消蔡卞党人议毁《资治通鉴》之焰。徽宗朝，历右司谏、权给事中。尝著《尊尧集》，谓绍圣史官专据王安石日录变乱是非。崇宁中除名，展转编管以卒。史称其立朝寡援，而力发惇、布、京、卞之奸。有《了斋集》四十二卷。事迹具《宋史》三四五，及《元祐党人传》、《陈忠肃言行录》（附宋陈载兴撰《年谱》）。

《了斋词》一卷，见《词综·发凡》，今不传。赵万里《校辑宋金元人词》

---

① 李之仪：《姑溪集》四〇；王铚：《默记》下；蔡絛：《铁围山丛谈》四；叶梦得：《建康集》八；吴曾：《能改斋漫录》一六；龚明之：《中吴纪闻》三；陆游：《老学庵笔记》八；《四库提要》一五五。

② 《杨诚斋诗话》；《宋诗纪事》三二；《四库提要》一五五。

辑存《了斋词》二十三首。

《全宋词》七三陈瓘词，据赵本入录。[①]

溪堂词　谢逸撰

逸，字无逸，临川人，屡举不第，然以诗文名一时。尝师事吕希哲，吕本中列逸与其从弟薖于江西诗派中，刘克庄序《诗派》云："宣政间有歧路可进身，二谢乃老死布衣，其高节为不可及。"绍兴二十二年，抚州守合刻谢逸《溪堂集》、谢薖《竹友集》于学宫，顾禧注东坡诗引有谢无逸《杂编》。今只传《大典》所辑诗文词本《溪堂集》十卷。薖有《竹友词》十七首，见《彊村丛书》，不另著。

逸词六十余首。《复斋漫录》记逸题《江神子》于黄州杏花村壁，驿卒苦传录者之索笔，因以泥涂去，可见其词之清丽动人。王灼则谓"无逸字字求工，不敢辄下一语，如刻削通草人都无筋骨，要是力不足"云。

《直斋书录》别集类有《溪堂集》五卷补遗二卷，歌词类有长沙本《溪堂词》一卷。汲古刻本毛晋跋称：依全集本末载乐府一卷章次，又谓有时本，有抄本；并未审与合刻本及直斋著录本同异如何。此外有《唐宋百家词钞》本、《南词》本。

汲古刻《六十一家》本《溪堂词》一卷。六十三首，有误入，有讹脱，词题亦有不似原貌者。有汪氏覆刻，《四部备要》排印。

民国四年刊《豫章丛书》之《四宋人集》本，《溪堂集》十卷补遗一卷。覆文澜阁本，有校记。

《全宋词》八二谢逸词六十二首，附录二首。据毛斧季校本订正汲古刻六处。[②]

断肠词　朱淑真撰

淑真，号幽栖居士，钱塘人，世居桃村。晓音乐，工书画。《铁琴铜剑楼藏书目录》卷二一："旧钞本《断肠集注》十卷后集一卷"，注云："诗为淳熙九年通判平江军事宛陵魏端礼所辑并序，郑元佐注亦详赡，末有嘉泰二年孙

---

① 吕本中：《师友杂志》；《苕溪渔隐丛话》后集三九；《中吴纪闻》五；《宋诗纪事》二七。

② 吕本中：《师友杂志》；王灼：《碧鸡漫志》二；《四库提要》一五五及一九八。

寿斋后序。”况夔笙据其诗谓淑真与曾布妻魏氏为友，从父从夫俱游宦；《池北偶谈》称曾见淑真绍定二年手书，乃绍圣之误云。按《情史》有朱希真，能词，嫁为商人妇，后人或有误混者。

《四库总目》著录《断肠词》一卷，提要云：集前有《纪略》一篇，称其匹偶非伦，又称为文公侄女，未必确。乂指出“人约黄昏后”词载欧阳修《庐陵集》一三一卷，杨慎收入《词品》，既为失考，毛晋因之，益为卤莽。但《提要》谓《书录解题》载其词一卷，似误记。《宋元名家词》抄本不分卷。

毛晋刻《诗词杂俎》初集之《断肠词》一卷，即四库著录本，源出明洪武三年钞本，词二十七首。其“人约黄昏”一首注云：见《词品》，盖非原钞所有。

丁丙辑光绪二十三年刊《武林往哲遗著》，有《新注朱淑真断肠诗集》十卷后集七卷补遗一卷，郑元佐注。（此底本有明初刊十行本，现藏台北“中央”图书馆。）

四印斋所刻本《断肠词》，校补汲古未刻本，得词三十一首，据《乐府雅词》及《提要》所指，剔去“人约黄昏”一首。跋谓：与所刻《漱玉词》附载易安《事略》，始足以传贤媛云。有况夔笙校记。

《全宋词》二九〇朱淑真词，收王本二十三首，又断句一则。而以王本误收之八首入附录。

近冀勤辑校之《朱淑真集注》（浙江古籍出版社排印）外编收词二十七首，补遗四首。[1]

虚靖真君词　张继先撰

继先，字嘉闻，嗣汉三十代天师，崇宁中赐号虚靖先生。

虚靖词五十首。有明钞《九家词》本、《唐宋百家词》本。其《西源好》题序百余字，风致幽秀，颇与后来白石、玉田相仿佛。余皆玄谈，不以词论。夏元鼎有《沁园春·和张虚靖》。《全宋词》二八六收张伯端词二十五首、萧廷之词二十四首，以及陈楠、薛式等人词，并同此类，不另著。（《道藏》中存词不少，如“海客论”且载伪托陶隐居之《菩萨蛮》、《望江南》数阕。）

《彊村丛书》之《虚靖真君词》，覆知圣道斋藏明钞《南词》本。

---

① 杨慎：《词品》五；王士祯：《池北偶谈》；《宋诗纪事》八七；《四库提要》一九九及一七四；况夔笙：《蕙风词话》四；孔凡礼：《朱淑真佚诗辑存及其他》（《文史》第十二辑）。

《全宋词》二八五张继先词一卷，收朱本，凡五十首。[①]

大声集　万俟咏撰

咏，字雅言。元祐诗赋科老手也，三舍法行，不复进取，自称大梁词隐。政和初，召试补大晟乐府制撰之职，时新广八十四调，患谱弗传，咏请以祥瑞事迹制词实谱，有旨依月用律，月进一曲，自此新谱稍传。与咏同时供职制撰之田为，字不伐，著《芊呕集》，赵万里辑存词六首，不另著。（按：万俟音墨其，源出拓跋魏十姓之一。）

王灼云："雅言初自集分两体，曰雅词，曰侧艳，目之曰胜萱丽藻。后召试入官，以侧艳体无赖太甚，削去之，再编成集，分五体，曰应制，曰风月脂粉，曰雪月风花，曰脂粉才情，曰杂类，周美成目之曰《大声》。"又云："沈公述、李景元、孔方平、处度叔侄、晁次膺、万俟雅言，皆有佳句，就中雅言又绝出。然六人者，源流从柳氏来，病于无韵。"

《直斋书录》载《大声集》五卷，周美成、田不伐皆为作序，久佚。

《校辑宋金元人词》本《大声集》，共词二十七首，附录二首。赵万里跋云："考大晟府之立在崇宁四年，周邦彦提举大晟则在政和六年，当时僚属：典乐则有徐伸、田为，协律郎则有姚公立，寺丞则有晁冲之，制撰官则有江汉、晁端礼并雅言而三，除周、晁外，余集不传。"

《全宋词》八八万俟咏词，据赵本入录。[②]

箕颍词　曹组撰

组，字元宠，颍昌人，纬弟。宣和中诏赴廷试，赐第，仍给事殿中，未几卒，有《箕颍集》。组以《红窗迥》谑词名于时，《庶斋老学丛谈》及《词品》乃以为曹豳，按豳，温州人，理宗朝官左司谏，有直声，当时号嘉熙四谏，时代人品，截然不同。

《碧鸡漫志》云："组之子知阁门事勋，尝以家集刻板，近有旨下扬州毁其板。"《箕颍集》不传于世，或由此故。

《校辑宋金元人词》本《箕颍词》三十五首（内三十一首为曾慥《乐府雅

---

① 《宋诗纪事》九〇；《道藏·大玄部》"别五"。

② 王灼：《碧鸡漫志》二。

词》所收），附录《红窗迥》一首。赵万里跋云：“谑词见于小说平话者居多，当时与雅词对称，此外尚有俳词，亦两宋词体之一，与当时戏剧实相互为用。”按王灼云：“滑稽无赖语起于至和，嘉祐之前，犹未盛也。”

易大厂刊劳巽卿钞本，曹元宠词三十二首。内《小重山》一首为赵辑所无。

《全宋词》一百零一曹组词三十六首，收赵本，据易刊本补一首。跋文已正《词苑萃编》以曹豳改名元宠之误，然卷二一二曹豳词，又据《簷曝杂记》收《红窗迥》谑词而不辨正。①

沈会宗词　沈会宗撰

会宗，或以为字文伯，吴兴人。《渔隐丛话》载沈会宗为贾耘老水阁赋小词；按东坡为贾赋《双荷叶》在元丰二年守湖时，沈之赋词，或在哲宗、徽宗之交。《梅硐诗话》转载此事作沈蔚会宗，证以《乐府雅词》题字不题名之例（如欧阳修题作欧阳永叔），则会宗应非其名，岂名蔚，字会宗，为北宋人，而文伯为另一南渡之人耶，其详待考。《宋诗纪事》有沈长卿，字文伯，亦湖州人，以忤秦桧贬化州；与《雪山集》之《赠沈文伯》为同一人，未审与见于蔡伸词者同异如何？

曾慥《乐府雅词》下卷载沈会宗词十六首。黄昇《唐宋词选》收沈会宗词四首，内二首见《乐府雅词》，而文句小异；黄昇选例，于宋词作者题别字，而下注名某，此四首止题沈会宗而不注名，与《乐府雅词》同。朱竹垞《词综》收沈会宗词四首，内一首为曾、黄两选所无，殆录自《花草粹编》，因《词综·发凡》并未著录沈集也；然《词综》题作沈会宗而注云字文伯，疑混会宗与文伯为一人者始此。

赵万里《校辑宋金元人词》沈文伯词都二十三首附录二首。直题为“沈文伯”词，似可商。

《全宋词》一一一沈会宗词二十二首附录三首，订改赵辑中一首入附录。②

---

① 王灼：《碧鸡漫志》二；胡仔：《苕溪渔隐丛话》前集五四、后集三九；王明清：《挥麈后录》二“徽宗制艮岳记曹组为赋”条；王明清：《玉照新志》二“眉峰碧”条；《直斋书录解题》一七《箕颍集》；赵与时：《宾退录》六“曾端伯”条；《宋史》四一六《曹豳传》；盛如梓：《庶斋老学丛谈》中之下；杨慎：《词品》四“天仙子”条。

② 曾慥：《乐府雅词》下；胡仔：《苕溪渔隐丛话》前集五九“贾耘老”条；王质：《雪山集》一二《赠沈文伯》诗；黄昇：《唐宋词选》八；韦居安：《梅硐诗话》上“贾收”条；《词综》一〇；《宋诗纪事》四九“沈长卿”条。

李萧远词　李祁撰

祁，字萧远，雍丘人。崇宁间与王尧明同在学校，萧远先登科，官至尚书郎，事亲至孝，两人乐善，出于天性，吕居仁集有与尧明、萧远和韵诗。

况夔笙论萧远词，谓意境不求甚深，而词笔轻倩，故浙西派宗之。

李萧远词，《直斋书录》、《词综·发凡》并不见著录，惟《乐府雅词》存十四首。

《全宋词》一一二李祁词，据《乐府雅词》入录，小传据《词综》，不知为雍丘人也。①

演山词　黄裳撰

裳（1043—1129），字冕仲，延平人。元丰五年（《直斋书录》作二年，恐误）进士第一，崇、观间累官端明殿学士，卒于建炎三年。著《演山集》六十卷。《宋史》三九三另有一端明殿学士黄裳，普城人，著《兼山集》四十卷，卒于宁宗朝。兼山与张栻门人陈平父讲学，以伊、洛为宗，故尝荐朱熹。刘后村未察其学术渊源，惑于地域接近，以为荐熹者乃延平演山，恐误。

《四库》著录《演山集》六十卷，与《直斋书录》所载相同，乃乾道初其季子辑刊于军学，有词二卷，都五十三首。民国二十三、四年间，景印珍本初集有之。鲍渌饮藏明钞本《演山词》，亦作二卷。

江标辑思贤书局刊本《演山词》二卷，从知圣道斋藏《宋元人小词》本出，有讹脱。

《全宋词》四四及四五黄裳词二卷，收江本，以四库本校订。②

聊复集　赵令畤撰

令畤（1064—1134），字德麟，燕王德昭玄孙。熙宁中，黄庭坚入宫教其兄弟（令畤《侯鲭录》卷二自述如此，《山谷年谱》失载为诸王宫教事）。元

① 吕本中：《师友杂志》；吕本中：《东莱诗集》一及九；《宋诗纪事》四二。

② 张邦基：《墨庄漫录》五“元丰五年”条；《刘后村大全集》九三《芹涧桥记》；《直斋书录解题》一八；《爱日斋丛钞》二；《宋诗纪事》二八；《四库提要》一五五。

祐中，签书颍州公事。坐与苏轼交通，罚金，入党籍。南渡后袭封安定郡王，绍兴四年卒。著有《侯鲭录》，词名《聊复集》。事迹具《宋史》二四四。

王灼云：赵德麟、李方叔皆东坡客，其气味殊不近，赵婉而李俊。

长沙本《聊复集》一卷，见《直斋书录》，久佚。

赵万里《校辑宋金元人词》之《聊复集》一卷，三十六首，辑自《乐府雅词》及《花庵词选》。又于《侯鲭录》得《商调蝶恋花》十二首，赵跋云："此十二首咏莺莺故事，与曾布《水调歌头》咏冯燕，董颖道《宫薄媚》咏西施，体制相似。曾、董所作为大曲，故曲外无叙事之文，德麟则置本事于曲前，以首阕起，末阕结之。观堂先生以为视后世戏曲之格律，几于具体而微。考宋时鼓子词，以一调连成十数阕，欧阳修、洪适集中均有之，殆即此体之滥觞。"

《全宋词》二赵令畤词以赵本入录，而删去夹行中校记。[①]

宋徽宗词　徽宗赵佶撰

徽宗（1082—1135），姓赵名佶，神宗第十一子。元符三年继哲宗立，在位二十五年内禅，太子尊为教主道君太上皇帝。又二年，金兵入汴，胁以北行，殁于五国城，庙号徽宗。史臣论其狎近奸谀，淫佚困民，骄奢召祸。北行后所为词，犹南唐李后主在汴时也。

绍兴十年置敷文阁藏徽宗圣制（《宋史》一六二《职官》二"敷文阁"条，又据《建炎系年要录》注，徽宗词二百首），非有刊本流传也，清光绪间曹元忠辑其词十八首为《宋徽宗词集》，以《书画大观录》所载高宗御制百卷本序文附其后。

万氏《词律》十五《燕山亭》注谓"天遥地远"宜作"地远天遥"，乃合上片之"新样靓妆"，然据张镃词下片"犀帘黛卷"不同于上片"竹槛气寒"，知前后段相合之说，初不必泥也。

《彊村丛书》本《宋徽宗词》一卷。据曹元忠辑本付梓。

《全宋词》卷一宋徽宗词十六首附录三首。收朱本十五首。又加辑一首，而以曹氏误收三首入附录，并补阙文二字。[②]

---

① 李廌：《济南集》三；《侯鲭录》二；王灼：《碧鸡漫志》二；岳珂：《宝真斋法书赞》二四有《被谪三十年召还行在诗帖》；《宋诗纪事》八五。

② 吴曾：《能改斋漫录》一六；赵彦卫：《云麓漫钞》四；李心传：《建炎系年要录》一六七注；曹元忠：《笺经室遗集》一三。

初寮词　王安中撰

安中，字履道，中山阳曲人。元符三年进士，累官尚书左丞，靖康初谪象州，绍兴初卒，年五十九。安中未弱冠，师事苏东坡及晁以道，晁教以为学当谨初，故牓其室曰初寮；后谄事宦者以进，遂讳晁学；书法初学东坡，宣、政间更其习，南渡后又还其旧；《四库提要》讥为小人之尤，祸贻宗社者也。事迹具《宋史》三五二。

安中词四十余首。其颂天宁节之《徵招》调中腔，当即姜白石所谓“政和间大晟府制数十曲，音节驳矣”之调，《宋史·乐志》载：诏令大晟府刊行新徵、角二调曲谱，在政和三年。晁元礼《闲斋琴趣》目录第六卷有新填《徵调》八首，第三第四首并作“中腔”，而第四首注云“与前腔不同”，但其词全佚，又未知视初寮之“中腔”同异如何。其《虞美人·赠李士美》，即浪子宰相李邦彦，词亦轻脱无大臣之体。

《直斋书录》别集类载《初寮集》共七十四卷，《宋史》本传作七十六卷，疑羡出之二卷为词。又歌词类载长沙本《初寮词》一卷，汲古阁景钞、《唐宋百家词》、《宋元名家词》、《南词》并作一卷。

涉园景汲古阁钞《宋金词七种》之《初寮词》一卷。有避御讳空格，殆源出宋本。词五十首，混入朱翌词一首。其“按伴”、“蜃膏”、“飞尽”三处，据《全宋词》引毛斧季校本应订为“接伴”、“唇膏”、“飞盖”。其《安阳好》、《连破子》十首，《四库提要》谓安中未曾镇安阳，因据吴曾《漫录》属之韩魏公。细按此词，如云“王谢族”、“世多贤”、“相君园”等语，若谓魏公所作，岂不自夸；又如“两世风流今可见”、“曾映两貂蝉”、“簪绂看家传”、“乔木几春秋”等语，则直似徽宗初，韩忠彦拜尚书仆射后，他人献颂之词；又如“来劝学”、“泮水戏儒宫”等语，则作者似是相州学官。且此阕后之《小重山》题云《相州荣归池上作》，又不能藉口安中未到安阳也。以理推之，谓建中时，安中作此以颂韩忠彦，当无大误；确证虽尚待考，而词则应照旧本存《初寮集》中；吴曾所云，疑记闻有参差欠惬处。

汲古刻《六十一家》本《初寮词》一卷。实源出其所景藏钞本，但卷末加辑《洞仙歌》一首，又移同调词之在后者汇并于前耳，景钞误字，此刻并同。但毛晋移调有大谬者，如《安阳好》题下原注“九首并口号破子”，其九首之后“烟云千里”一首，原题《破子清平乐》一，所云“锦堂风月依然”，即结束前九首之词，实共为一套；试与毛东堂《调笑》对勘，以“白语”起，以“破子”结，其组织正同；但东堂最后尚有遣队七言诗，而初寮无之，又晁无咎《调笑》则并破子遣队而无之，盖繁简不一也。毛晋昧此，竟移“烟云千里”首于其他《清平乐》后，又删去两处“破子”二字，不知古籍之不能妄改也。有汪氏覆刻，《四部备要》排印。

《全宋词》九八王安中词四十五首。收汲古刻四十首，加辑五首，以疑误十首入附录，又据毛斧季校本订正毛刻六字。其《破子清平乐》“烟云千里”一首，仍沿误汇列他首《清平乐》后；而附录《安阳好》后反缺此《破子》一首，缘毛晋于《安阳好》下侧注及《清平乐》上两“破子”字一并删去，非其景本传出之后，不易察也。[①]

① 吴曾：《能改斋漫录》一七；张邦基：《墨庄漫录》七；周煇：《清波杂志》六；王明清：《挥麈后录》四及《挥麈余话》二；曾敏行：《独醒杂志》一〇；《益公题跋》八及一〇“题初寮赋帖”条；《直斋书录解题》一八；《四库提要》一五六及一九八。

卷三　宋代词集解题

漱玉词　李清照撰

清照，自号易安居士，章丘县明水镇人（据李格非撰《元丰八年廉先生序碑》）。父格非，元祐名士。母王氏，状元拱辰孙女。清照生于元丰七年（1084），于建中辛巳（1101）嫁太学生东武赵明诚，时赵父挺之官吏部侍郎，格非官礼部员外郎，两家素贫俭，明诚朔望谒告，每质衣市碑文，相对展玩。后明诚知青、莱二州，暇即共校旧藏，著《金石录》二千卷，考证精凿，足正史书之失。靖康二年，金人陷青州，火其书十屋。建炎三年，明诚被旨知湖州，道卒于建康。清照有弟远，任敕局删定官，遂往依之，展转台、温、越、杭间，老于金华。清照有《金石录后序》，述婚后三十四年间忧患得失，年已五十二矣，野乘传改嫁事，难信，俞正燮、陆心源、李慈铭、况周仪、夏承焘、王学初诸氏反覆辨之甚悉。或谓《云麓漫钞》所载启事，乃张汝舟与其妇李氏事，非清照也（同时有二张汝舟并与清照无涉）。清照幼有才藻，文诗词皆工，尝论唐、宋以来歌词，各摘其短，似苛而皆中的，说见《渔隐丛话》。其《声声慢》连用十四叠字，人咸服其奇隽。然一首中三用怎字，不免重遻，故《词鹄》讥为终成白璧微瑕。清照与其母并附见《宋史》四四四《李格非传》。黄盛璋撰《赵李夫妇年谱》、王学初撰《李清照事迹编年》，皆甚翔实。

易安《漱玉词》传者约四十余首。善以浅近语发清新之思，词意并工，宋人喜举其佳句，《四库提要》推为词家一大宗。

《直斋书录》歌词类载长沙本《漱玉集》一卷，注云“别本分五卷”，《花庵词选》作三卷，《宋史·艺文志》作《易安词》六卷，晁氏《郡斋志》有《李易安集》十二卷，清陈氏《世善堂藏书目》有《李易安集》十二卷，是十二卷本清初尚存。《乐府雅词》载二十三首，最可信。汲古刻附载《金石录序》，仍非完篇。杨文斌编《三李词》本，少审择。

汲古阁《诗词杂俎》本《漱玉词》十七首，真赝杂出。所附《金石录序》，似辑自《容斋随笔》，非其旧也。

赵万里辑《漱玉词》一卷。词四十三首，附存疑辨伪十七首，备列引本加按语，见《校辑宋金元人词》。

民国李文裿辑本《漱玉集》，诗文词兼收，非全本，且多伪作。附有年谱。

四印斋刻《漱玉词》一卷补遗一卷附录一卷。收词五十首，欠精审。所附俞正燮《易安事辑》，及陆心源、李慈铭诸文篇，发宋人诬传之覆，最善。

吴氏石莲庵刊《山左人词》本《漱玉词》一卷。

《全宋词》二九〇李清照词四十四首。依据赵本删一首，增辑二首，比较可称定本。其他滥辑之坊本颇多，不备录。日本花崎贞（采琰）有日文译《漱玉词》。

中华书局《李清照集》本，收词四十四首，附录三十五首及逸句。

王学初编《李清照集校注》卷一收词四十三首，每首并附参考资料，又失调二首，存疑十五首。①

王周士词　王以宁撰

以宁（阮元本作以凝），字周士，湘潭人。由太学生仕鼎澧帅幕，靖康初征天下兵，以宁走鼎州，乞师解太原围。建炎中，以宣抚司参谋制置襄、邓。胡仔尝称其诗于《丛话》，盖宣和间有友谊也。

阮元《四库未收书提要》云：“以凝词，句法精壮，绝无南宋浮艳虚薄之习。”

---

① 胡仔：《苕溪渔隐丛话》后集三三；周烨：《清波杂志》八；赵彦卫：《云麓漫钞》一四；张端义：《贵耳集》上；《四库提要》一九八；孙致弥：《词鹄》；吴衡照：《莲子居词话》二；俞正燮：《癸巳类稿》一五；夏承焘：《唐宋词论丛》；黄盛璋：《李清照事迹考辨》；于中航：《廉先生序石刻与李清照里籍问题》，又《赵明诚题名和乡居青州考》〔均见《文物》，1984（6）〕。

《直斋书录》载长沙本《王周士词》一卷，明钞本卷数相同。《唐宋百家》本、《宋元名家》本、《南词》本及厉樊榭、梁山舟藏汲古《四家词钞》本，则不分卷。

《彊村丛书》据汲古阁钞本入梓，词三十二首。

《全宋词》一一〇王以宁词，收朱本。[①]

栟榈词　邓肃撰

肃（1091—1132），字志宏，南剑沙县人。少与李纲唱和，为忘年交。宣和四年，艮岳成，肃在太学，上诗独言花石之扰，诏屏逐之。靖康初，以李纲荐，召对，赐进士出身，张邦昌僭位，肃奔南京，高宗擢为右正言，以谏罢李纲罢归。绍兴二年，避寇福唐，病卒。有《栟榈集》，今传诗一卷、词一卷、文十四卷。事迹具《宋史》三七五。《永安县志》八《艺文》有明官志涵咏邓栟榈故里诗。

词四十五首，皆小令。《提要》称其笃励名节，然不少宋广平赋梅花意。

明正德十四年罗珊刊本二十五卷，万历邓崇纯刊本十二卷，清道光刊本《栟榈集》，并有《栟榈乐》。

四印斋汇刻《三十一家》本《栟榈词》四十五首，似从十六卷集中裁篇别出。上海有排印本。

《全宋词》一〇二邓肃词，收王本。[②]

赤城词　陈克撰

克（1081—1137），字子高，有甲午岁所作诗，云三十四，知生于元丰四年。临海李庚跋其集云："删定，乡人也，少随侍，宦学四方。"知为临海人，故自号赤城居士。集中首末多在建康，致曾慥《诗选》误为金陵人。所云"删定"，盖吕安老荐授之官，安老名祉，绍兴七年，迁兵部尚书，往淮西节制诸军，克以参谋从行，会郦琼执祉以叛，克不屈，被焚死。各书纪克仕履时代，多矛盾失实，且不知为忠烈之士也。克与吴若、吕祉进编《东南防守

---

① 吕本中：《东莱诗集》一四《赠王周士诸公诗》；张邦基：《墨庄漫录》八"木犀"条；《宋诗纪事》四二；阮元：《揅经室外集》三。

② 王明清：《挥麈后录》二"徽宗艮岳记"条；《宋诗纪事》四二；《四库提要》一五七；《永安县志》杂志。

利便》三卷，又有《天台集》十卷外集四卷长短句三卷，曾慥已选其诗，又录其词至三十六首。

词传四十余首。李庚跋云："诗多情致，词尤工。"陈直斋云："词格颇高丽，晏、周之流亚。"周止庵云："子高不甚有重名，然格韵绝高，晏氏父子俱非其敌，以方美成，则又拟不于伦，其温、韦南弟乎，比温则薄，比韦则悍，故当出入二氏之门。李慈铭推其可与永叔、子野抗行一代。"

《直斋书录》诗集类载《天台集》附长短句三卷，又歌词类载长沙本《赤城词》一卷，并不经见。后来辑本，以《乐府雅词》之三十六首为主。

《彊村丛书》本之《赤城词》四十一首，据林无垢校补旧钞付梓。

赵万里《校辑宋金元人词》之《赤城词》四十一首，剔去朱本误入一首，另从《翰墨全书》收一首。

《全宋词》九五陈克词四十一首，收赵本，但剔去误入一首，从库本《乐府雅词》收一首（此首已见朱本），又收《大典》所引可疑之《赤城词》二首入附录。[①]

无住词　陈与义撰

与义（1090—1138），字去非，号简斋，洛阳人。登政和三年上舍甲科，累迁大学博士。丁外艰，会汴京失陷，避兵襄邓间，由湘入桂。绍兴元年，召至行在，授中书舍人，七年，拜参知政事，明年以疾辞，冬卒。简斋学诗于崔鶠，当崇、观间世尚王氏经学，风雅几废，而简斋独以诗鸣，其后方回标杜甫为一祖，而以山谷、后山并简斋为三宗云。事迹具《宋史》四四五《文苑传》。胡穉编有《年谱》，表侄张嵲撰其《墓志》。近白敦仁著《陈与义年谱》，尤翔实可观。所著《简斋诗集》，宋刊有吴兴本、武冈本、闽本，皆已佚。今传胡穉笺本三十卷，刘须溪评点本十五卷，分体本十六卷。其《无住词》十八首，各刊本皆编次于卷末，无大差异。

《无住词》十八首。黄花庵云："词虽不多，语意超绝，识者谓可摩坡仙之垒。"张玉田云："令曲末句最当留意，若简斋'杏花疏影里，吹笛到天明'之句，真是自然而然。"

《直斋书录》载长沙本《简斋词》一卷，明钞《南词》本、《唐宋百家词》

① 王灼：《碧鸡漫志》二；胡仔：《丛话》后集三五；《直斋书录解题》二〇及二一（《吕祉传》见《宋史》三七〇）；周密：《齐东野语》二"淮西之变"条；《三朝北盟会编》（《宋诗纪事》四六引）；《浙江通志》一六四；李慈铭：《越缦堂读书记》。

本、《宋元名家词》本，名称卷数并同。

宋椠增广笺注《简斋诗集》三十卷，末载《无住词》十八首。目另标，无卷数，胡氏并为之笺，且略记本事。卷首有年谱，有绍熙楼钥、胡穉序，附有刘辰翁序。为《四库》未收本，原藏瞿氏铁琴铜剑楼，有《四部丛刊》初编景印本。此词集异于他刻者，乃以大字列词题，而小字侧注调名于题下；后来魏了翁寿词，大略近此。又有民国江宁蒋氏湖上草堂刊笺注集本。（刘序似入元后作。）

武英殿聚珍版《简斋集》十六卷，其诗分体编次，第十六卷《无住词》十八首。篇次同宋椠三十卷本，惟每词先列调名，次行低格载题序，与常见之词集同。聚珍版有苏、浙、赣、闽、粤各省覆刊本，有《丛书集成》初编本；《四部备要》覆印此集，有张嵲撰《陈资政墓志》，乃托人数年，始从《紫微集》钞得，附载后印本卷末。

刘须溪评点《简斋诗集》第十五卷载《无住词》十八首，须溪序文，与见于胡笺本者相同。旧有元刊及明刊，并未经见。今传为嘉靖二十三年甲辰五月朝鲜柳希春跋刊本，及日本覆朝鲜本。

汲古刻《六十一家》本《无住词》，同集本，毛跋摘须溪序语，似从笺本出。有汪氏覆刻，《四部备要》排印《六十家》本。

《彊村丛书》本《无住词》一卷，有胡笺。出影宋钞本，经鲍渌饮引明刻、毛校互勘。然毛校多违误，故不如影钞之原出集本也。

《全宋词》一〇二陈与义词十八首，收朱本。惟《法驾导引》之“玉舟”，则据毛校订改为“玉尊”，并跋云：“玉舟确为玉尊之误。”盖不识玉舟之为酒器尔。[①]

梁谿词　李纲撰

纲（1083—1140），字伯纪，邵武人。政和二年进士。靖康初，授尚书右丞，力主战守，不克行其志。南渡时，拜尚书右仆射兼中书侍郎，又为汪黄所谮，罢知潭州。卒年五十八，谥忠定。有集百余卷，以父夔葬锡山，尝庐墓焉，故集名《梁谿》。事迹具《宋史》三五八—三五九。宋李纶、清杨希闵并撰有《忠定公年谱》，及赵效宣著《李纲年谱》。

---

① 胡仔：《渔隐丛话》前集五三；《直斋书录解题》一〇；《四库提要》一五六及一九八；阮元：《揅经室外集》三；刘熙载：《艺概》“词之好处”条；郑骞：《陈简斋诗集考》（《幼狮学报》第二卷第一期）。

四印斋刻《四名臣词》本《梁谿词》五十首。附嘉熙元年刘克逊跋云：“樵川官书，兵后仅存《李忠定公大全集》，犹散阙。今左司赵卿以夫守郡日，刊补成全书，其家集尚有长短句数十首，谛观熟味，其豪宕沉雄，风流酝藉，所谓进则秉钧仗钺，旋转乾坤，不足为之泰，退则短褐幅巾，徜徉丘壑，不足为之高者，亟锓版附集后，庶真所谓大全云。”

《全宋词》九二李纲词，收王本，加辑一首。案忠定五十八岁卒于绍兴十年，逆推当生于元丰六年，今小传作元丰八年，盖沿误也。①

紫微词　吕本中撰

本中（1084—1145），字居仁，学者称东莱先生。元祐宰相公著曾孙，生于元丰七年，以公著遗表恩授承务郎。宣和六年，除枢密院编修官。绍兴六年，召赴行在，特赐进士出身，累迁中书舍人兼权直学士院，以忤秦桧罢，避谤居上饶而卒。世皆以诗人目本中，不知其祖希哲师程颐，本中又从杨时、游酢、尹焞游，即其忤桧，亦以元祐之学也。著有《春秋解》、《童蒙训》、《师友渊源录》，诗集有曾茶山《序》。文集有陆放翁《序》。事迹具《宋史》三七六。

今传景宋刊本《东莱诗集》二十卷，不收词，殆别行也。《乐府雅词》录存十九首，王灼论其词佳处如其诗。

赵万里《校辑宋金元人词》之《紫微词》二十六首。

《全宋词》一二六吕本中词，收赵本，又从《艇斋诗话》加辑一首。②

圣求词　吕渭老撰

渭老（一作滨老），字圣求，嘉兴人。嘉定壬申赵师岃序其词，略云：“宣和末，圣求以诗名，其‘尚喜山河归帝子，可怜麋鹿入王宫’等句，皆具诗史气象。圣求名滨老，尝位周行，归老于家云。”集中题年干者：一为壬寅，当是宣和四年（1122），一为甲子，当是绍兴十四年（1144），其词亦云“人既老”矣。张宗橚《词林纪事》误以赵师岃为永嘉四灵之赵师秀。因《词

① 《直斋书录解题》一八；《宋诗纪事》三八；《四库提要》一五六。

② 曾幾：《茶山集·拾遗》；韩元吉：《南涧甲乙稿》一五《两贤堂记》；陆游：《渭南文集》一四；陈鹄：《西塘集耆旧续闻》二“作文要悟人”条；《宋元学案》三六；《宋诗纪事》三三；《四库提要》一五八。

综》亦误作“师秀”。按：“岃”为古会字，见《集韵》十四泰。赵师岃曾撰《潮州图经》，《宋史·艺文志》著录作“赵师岦”。“岦”必是“岃”之形误。郭春震《嘉靖潮州志》，赵师岃字会时，开封人，嘉泰间知潮州事。《永乐大典》卷五三四三“潮”字号亦作“赵师岃”。序《圣求词》者，当即此人也。可正《宋史》之讹字。

词一百三十四首。冯蒿庵云：“赵师岃谓其婉媚深窈，视美成、耆卿伯仲；实只其《扑胡蝶》之上半在周、柳之间。此外佳构，不过《小重山》、《南歌子》数篇。”按杨慎《词品》举张翥梅词为圣求作，或出谪籍中误记。毛晋袭其说，而又闪烁其词；读毛氏《跋》，每每使人兴叹。

《直斋书录》载长沙本《吕圣求词》一卷，《南词》本、明钞本，卷数相同，汲古阁刻殆从此出。《唐宋百家词》本不分卷。

汲古刻《六十一家》本《圣求词》一百三十四首，颇多脱误。前有赵师岃序，文不甚工，而圣求贯履，实赖以传。有汪氏覆刊，《四部备要》排印。

《全宋词》九九吕渭老词一百三十四首，收毛本，而以《词品》、《词律》各误混一首入附录。又据明钞本补正毛本数处。①

丹阳词　万胜仲撰

胜仲（1072—1144），字鲁卿，江阴人。绍圣四年进士，历官华文阁待制，如湖州，绍兴元年丐祠，十四年卒，谥文康。胜仲历官内外，气节干略，并足称述。有《丹阳集》八十卷，今传《大典》辑本二十四卷。事迹具《宋史》四四五《文苑传》。子立方有《归愚词》，另见。

词八十余首。《提要》谓与叶梦得酬唱颇多，品格亦复相埒；冯蒿庵则于其父子之词，并致不满。《直斋书录》载长沙本《丹阳词》一卷，《南词》本及汲古刻卷数相同，《唐宋百家》本、《宋元名家词》本不分卷。《大典》辑本《丹阳集》分编词为一卷，比汲古刻多二首。

光绪间盛氏刊《常州先哲遗书》本《丹阳集》二十四卷，覆文澜阁传钞《大典》本，内词一卷。《提要》以《大典》本指证毛刻讹误多条，然《大典》本亦有未尽是者。

汲古刻《六十一家》本《丹阳词》七十九首。讹脱颇多。有汪氏覆刊，

---

① 杨慎：《词品》二“梅辞”条；《宋诗纪事》四二；《四库提要》一九八；张国淦：《中国古方志考》；拙作：《潮州志汇编序》。

《四部备要》排印。

《全宋词》八一葛胜仲词八十二首。收汲古刻，又据毛斧季从孙氏旧录本校补一首，据《大典》本补二首，并据两本正汲古刻讹脱多条。[1]

得全居士词　赵鼎撰

鼎（1085—1147），字元镇，自号得全居士，解州闻喜人。崇宁五年进士。金人议立张邦昌，鼎与胡寅、张浚逃太学中，不书议状。高宗即位，累拜尚书左仆射同中书门下平章事，为秦桧所忌，出知绍兴府，徙泉州，谪潮州，再移吉阳军，桧意犹未已，遂不食卒，时绍兴十七年也。有《忠正德文集》、《得全居士词》。事迹具《宋史》三六〇。

《提要》云："鼎，南渡名臣，气节学术，彪炳史书，盖有物之言，有不待雕章绘句而工者。"所辑《大典》本《忠正德文集》十卷，有诗馀二十五首。

《别下斋丛书》本《得全居士词》四十五首。《丛书集成》初编覆此。（与王本同）

四印斋刻《南宋四名臣词》本《得全居士词》四十五首，从况夔笙钞本出，疑与《直斋书录》所载《得全词》一卷相同。（四名臣中，李庄简词十三首，不另著。）

《全宋词》九三赵鼎词，收王本。[2]

石林词　叶梦得撰

梦得（1077—1148），字少蕴，吴县人。绍圣四年进士，崇、观间骤贵显，三十二岁官至翰林学士。中废，绍兴初帅金陵，馈饷不乏，移帅福建（绍兴十四年甲子），削平群盗，后忤秦桧，致仕。居卞山，奇石森列，因取《天问》"石林"二字为号。梦得为蔡京门客，章惇姻家，持论尊熙宁而抑元祐；然本晁无咎甥，犹及见张耒诸人，故文章高雅，有北宋遗风。著述颇富，清宣统末长沙叶氏刊《石林遗书》五十余卷。事迹具《宋史》四四五《文苑

---

① 《直斋书录解题》一八；《宋诗纪事》三四；《四库提要》一五六及一九八；冯煦：《蒿庵论词》。

② 《直斋书录解题》二一及一八；《宋诗纪事》三六；《四库提要》一五六。

传》。道光刊《建康集》附有《纪年录》。《石林词》今传百五首。关注序谓“婉丽有温李之风，晚岁落其华而实之，能于简淡时出雄杰。”王灼亦谓“后来学东坡者，叶少蕴亦得六七。”各本《石林词》有复韵者，按以他集和作则不然，《四库提要》尝略举一二，然如《江城子·和葛鲁卿韵》，复押宫字，毛幵用叶韵则押翁字，可见“翁”字为是。

《直斋书录》载江阴曹鸿注叶石林词，名《注琴趣外篇》三卷，不经见。又载长沙本《石林词》一卷，疑即后来毛刻。《唐宋百家词》钞本、《宋元名家词》钞本，皆不分卷。

汲古刻《六十一家》本《石林词》一卷。九十九首，有绍兴十七年关注《序》。《四库》本据此，有钱塘汪氏覆刊，《四部备要》排印。

道光承恩堂刊《石林词》二卷。词九十九首，似祖毛本，以意分二卷。

道光叶廷琯重刊《石林词》一卷。据戈顺卿、潘功甫、叶廷琯校补承恩堂本，凡词一百零三首。宣统间叶德辉刊《石林遗书》，其词一卷据此。

《全宋词》八四叶梦得词一百零五首附录一首。收叶本，加辑《大典》二首，补毛刻所缺十五字。①

阳春词　米友仁撰

友仁（1089？—1151），字元晖，自称懒拙老人，襄阳人，芾之长子，父子尝居吴，故《宋史》以为吴人，并工书画，世号小米。绍兴中擢兵部侍郎，终敷文阁直学士。事迹具《宋史》四四四《文苑传》。（芾有《宝晋长短句》十六首，见《彊村丛书》，不另著。）

友仁于绍兴戊午（八年）得守滁阳，待次平江大姚村妹家，自书小词十八首以应女甥之索。墨迹旧藏金陀岳氏，清鲍廷博从《宝真斋法书赞》录出，梓入《知不足斋丛书》，题作《阳春集》，后有友仁自跋。其藉书法以传一斑，与元赵雍待制词同。

《彊村丛书》覆刊聚珍版《法书赞》，并录鲍跋。

《全宋词》一〇一米友仁词，收朱本。②

---

① 韩元吉：《南涧稿》一六《书许昌唱和集后》；洪迈：《夷坚丁忠》一二“西津亭”条；王楙：《野客丛书》二八“禽经”条；刘昌诗：《芦浦笔记》一〇；《宋诗纪事》三五；《四库提要》一九八；叶德辉：《郎园读书志》八；余嘉锡：《四库提要辨证》二四。

② 岳珂：《宝真斋法书赞》二四；夏文彦：《图绘宝鉴》四；吴宽：《匏翁稿》五三《跋米元晖大姚村所书诗》；《宋诗纪事》四五；翁同文：《画人生卒年考》。

颐堂词　王灼撰

灼，字晦叔，遂宁人。尝为幕官。所著《碧鸡漫志》，成于绍兴十九年(1149)，序谓“顾将老矣，方悔少年之非”。词有政和癸丑《减字木兰花》。按：政和无癸丑岁，殆三年癸巳之讹，距《漫志》之成，三十余年矣。灼著尚有《糖霜谱》(洪容斋尝摘录之)、《颐堂集》。

宋乾道刊本《颐堂先生集》五卷，江南图书馆藏。《四部丛刊》三编、《续古逸丛书》并景此本。《彊村丛书》裁篇别出，以乾道本中《颐堂词》二一十一首付梓。

《全宋词》一五五王灼词收朱本。但词题之“令狐公才”误“才”作“子”，卷末所注收“朱本”误“朱”作“王”。[①]

后湖词　苏庠撰

庠，字养直，澧州人。伯固之子，初以病目，自号眚翁。后徙居丹阳之后湖，更号后湖病民。绍兴间居庐山，与徐俯同召，不起。卒年八十余，有《后湖集》。

《直斋书录》载长沙本《后湖词》一卷。

易大厂校刊劳巽卿钞本《后湖词》二十三首。

《全宋词》七七苏庠词，据易刊本入录。[②]

友古词　蔡伸撰

伸，字伸道，自号友古居士，福建莆田人，忠惠公襄之孙，官至左中大夫。崇宁初进士试为蔡京抑置第二之蔡佃，字耕道，应是其兄弟行。集中题年干者：最早为宣和壬寅（四年）与向伯恭俱为大漕属官；最迟者为丙寅(绍兴十六年，1146）吴门之集。宦游之地，则彭城、燕山、南徐、历阳等处。

---

① 《宋诗纪事》四四载灼绍兴丙子（二十六年）《铜马歌》；《四库提要》一一五及一九九。

② 《碧鸡漫志》二；《中吴纪闻》五“臞庵”条；岳珂：《宝真斋法书赞》二二有苏庠手简诗帖十余通；《宋诗纪事》四一。

伸词一百七十四首。舍其诨亵者不论，则《提要》所称“伸词固逊子禋，而才致笔力，略相伯仲”，亦属平允。冯煦更推其《菩萨蛮》“花冠鼓翼”首，雅近南唐，《蓦山溪》“孤城暮角”首，《点绛唇》“水绕孤城”首，几入清真之室。

《直斋书录》载长沙本《友古词》一卷，汲古刻及《全宋词》所引明钞本、《唐宋百家词》本，卷数并同。

汲古刻《六十一家》本《友古词》一卷，一百七十四首。《提要》摘其疏舛数点。此刻有汪氏覆刊，《四部备要》排印。

《全宋词》一〇〇蔡伸词，收汲古刻，以明钞本校订八则。[①]

酒边集　向子禋撰

子禋（1086—1153），字伯恭，号芗林居士，世为开封人，神宗向后再从侄。元符末以恩补官，南渡后历官户部侍郎，绍兴八年和平江府，请却金使，忤秦桧，致仕。卜筑临江之清江，仍以中原旧居芗林号新墅。江应辰志其墓，谓胡安国推为气节忠鲠，徇公忘私，正今日扶持三纲之人云。事迹具《宋史》三七七。

词一百七十六首。胡寅《序》云：“芗林居士，步趋苏堂而哜其胾者也。退江北所作于后，而进江南所作于前，以枯木之心，幻出葩华。”冯煦亦谓其绍兴乙卯之《阮郎归》与鹿虔扆同一辞旨。按：集中用苏公韵者不少，于坡、谷事并津津乐道。

《直斋书录》载长沙本《酒边集》一卷，《唐宋百家》本、《宋元名家词》本、《南词》本并同，似即毛刻《酒边词》祖本。汲古刻《六十一家》本《酒边词》二卷。前有胡寅序，卷上江南新词，卷下江北旧词，通一百七十六首。（又附曾端伯、韩叔夏二首）疑分上下卷及改集为词，并出毛晋手。以较景宋本，编次并同。此刻题序略有减少字句处；而《虞美人》“去年不到”首又增题“春恨”二字；景宋校语有谓“旧云某某”者，此刻或竟同旧。若手民偶误，则两本互见。但下卷戏代人作之《梅花引》一首，一百一十四字，毛晋分作五十七字两阕，谓向合作一阕为非。按：贺铸《东山词》目录有《小梅花》二首，其词各用新名，一篇《将进酒》，一为《行路难》，两首各一百一十四字，正同向子禋词；如王晋卿《烛影摇红》五十字，大晟府为加一片九

---

① 《宋诗纪事》三六“蔡佃”条；《四库提要》一九八；冯煦：《蒿庵论词》。

十六字，亦同此例；知毛晋乃强作解事。万树《词律》既引贺、向二词比勘，而杜文澜校记，仍举毛说以非万氏，何不考也。《四库全书》据此本，有汪氏覆刊，《四部备要》排印。

双照楼景宋本《酒边集》一卷。底本汲古阁旧藏，遇“銮辂”、“乾龙节”等字，皆敬空一格；夹行校记，或作“旧云”，或作“一作”，殆传本不一；夹注中有称子諲为公者，当是后人加注；编次词数，并同汲古刻，而无胡《序》。刻工不精，讹夺颇多，可参毛本改订者不少，然尚存宋人真貌，乃大胜毛晋之妄为加减也。陶湘《跋》云：“汲古《秘本书目》称：宋词百家，元词二十家，钞校精工，远出旧刻之上，惜斧季时无力汇刊。”

《全宋词》九六向子諲词，收景宋本一百七十六首（另和作二首），而以《大典》误引一首入附录。然《梅花引》“得相逢。须信灵犀、中自有心通”两韵，旧本因脱去三字，故改刻以夹行安放“得相逢须信灵”六字，排印本似不必东施效颦，仍作夹行也。[①]

筠溪乐府　李弥逊撰

弥逊，字似之，福建连江人。弱冠登大观三年上舍第。绍兴中官至户部侍郎，以争和议忤秦桧，致仕。隐居连江之西山十六年，自号筠溪居士，绍兴二十三年（1153）卒。有《筠溪集》二十四卷，楼钥为《序》。事迹具《宋史》三八二。

词八十余首。《提要》云：“其长调多学苏轼而力稍不足，短调则不乏秀韵矣。”集中屡见“次尚书兄韵”，指李弥大也，《宋史》误兄为弟。又《提要》所疑之“连鹏举”，乃忤和议而落宝文阁学士之连南夫，绍兴十三年卒于福州寓舍，韩元吉集有《连公墓碑》。

《四库总目》载《筠溪集》二十四卷，与《直斋书录》相同，乃汪氏藏本。又载《筠溪乐府》一卷（皕宋楼藏旧抄本同），乃两淮进本，《提要》谓乐府原别行，旧本附缀《筠溪集》末。善本书室藏旧抄本，及赵辑宁校抄本则作《筠溪词》一卷。是筠溪之词有单本与集本两种。

《四库全书》本《筠溪乐府》一卷，词八十一首（有景印珍本初集，词附

---

① 汪应辰：《文定集》二一《向公墓志》；王明清：《挥麈后录》八；吴曾：《能改斋漫录》一七“烛影摇红”条；《益公题跋》卷四“康王与向子諲御笔”条、卷五“向子諲遗书”条；楼钥：《攻媿集》五二《芗林大集序》；万树：《词律》八；《宋诗纪事》三五；《四库提要》一九八；冯煦：《蒿庵论词》。

集末）。

四印斋刊《宋元三十一家词》本《筠溪词》八十七首，与《提要》所云《筠溪乐府》异名，殆从全集本，中有讹脱。

《全宋词》一〇三李弥逊词收王本，又以赵万里辑一首入附录，据《四库》本《筠溪乐府》订改四五处。①

鄱阳词 洪皓撰

皓（1088—1155），字光弼，鄱阳人。政和五年进士。建炎三年，假礼部尚书使金，不屈，被留十五年始还，除徽猷阁直学士。寻忤秦桧，谪英州，居九年，徙袁州，行至南雄卒，与桧死适相先后，讣闻，复官，谥忠宣。有《松漠纪闻》、《鄱阳集》。事迹详子适所撰《先君述》（见《盘洲文集》七四）。清洪氏《晦木斋丛书》有《四洪年谱》。

《直斋书录》载《鄱阳集》十卷，久佚。今传《大典》辑本四卷，《晦木斋丛书》亦四卷，加拾遗一卷（同治九年刊）。

《彊村丛书》本《鄱阳词》十七首，据吴伯宛校补旧钞《鄱阳集》本，其北人所传《四笑江梅引》，至是始获完璧。

《全宋词》九一洪皓词，收朱本。②

竹坡词 周紫芝撰

紫芝（1082—1155），字少隐，号竹坡，宣城人。绍兴十二年六十一岁，始登第授官，历枢密院编修、右司员外郎，秦桧疑其诗讥讽，出之，知兴国军，秩满奉祠，居庐山以卒。《四库提要》讥其为桧、熺生日作诗达七十余首。然方回跋其集，孙兢序其词，并称得师法于张文潜、李姑溪，故诗在南宋之初，特为杰出。有《太仓稊米集》及《竹坡诗话》。毛晋跋其词，引《宣城志·文苑传》具其始末。

词一百五十首。其《水调歌头》题云："世固未有自作生日词者，盖自竹坡老人始也。"颇有自赏之致。其《鹧鸪天》题序云："予少时酷喜小晏词，

---

① 韩元吉：《南涧甲乙稿》一九；王明清：《挥麈后录》七"李撰"条；楼钥：《攻媿集》五二；《直斋书录解题》一八；韦居安：《梅磵诗话》；《宋诗纪事》三八；《四库提要》一五六及一九八。

② 《宋诗纪事》三九；《四库提要》一五七。

故时有似其体制者，此三篇是也。”故《提要》云：“紫芝填词，本从晏幾道入，晚乃刊除秾丽，自为一格。”冯煦云：“少隐误认幾道为清倩一派，不知北宋大家，每从空际盘旋，故无椎凿之迹；至竹坡、无住诸君子出，渐于字句间凝炼求工，而昔贤疏宕之致微矣，此亦南、北宋之关键也。”

《直斋书录》载长沙本《竹坡词》一卷，不经见。乾道九年，其子栞汇校宣城、浔阳两板之三卷本，则有毛晋刊传。《唐宋百家词》本作《竹坡词》，《宋元名家》本作《竹坡老人词》，并不分卷。

汲古刻《六十一家》本《竹坡词》三卷，一百五十首，前有乾道二年孙兢序，后有男栞跋。《四库》本据此，有汪氏覆刊，《四部备要》排印。

《全宋词》七八至八〇周紫芝词三卷，收汲古本，而据毛斧季从锡山孙氏本校订者改十一字。①

顺庵乐府　康与之撰

与之，字伯可，号顺庵。父子无赖，背恩兴狱，为士论所不齿。与之于建炎初，上《中兴》十策，不得用；后附秦桧，擢为台郎，专以歌词献媚，桧死，与之贬岭外。词传三十余首。赵辑本有陶安世序云：“君尝谓余曰，昔在洛下，受经传于晁四丈以道，受书法于陈二丈叔易。”可知其学有渊源。陈直斋云：“世传康伯可词，鄙亵之甚；此集颇多佳语。”

岳珂《桯史》云：“开禧初，曾见《顺庵乐府》，乃板行故本。”又云：“《顺庵词》，今麻沙尚有之，但少读者，与世传俚语不同。”《直斋书录》载长沙本《顺庵乐府》五卷，《花庵词选》云：“书肆刊本，多假托其名，今得官本，乃其婿赵善贡及其友陶安世校定。”当即直斋著录者，已佚。今传赵万里本。

《校辑宋金元人词·顺庵乐府》三十五首，附录他本误作康词者七首。赵万里跋谓：《四库提要》于小说存目《昨梦录》下，注康与之字叔闻，又字伯可，乃混为一谈云。

《全宋词》一一六康与之词三十九首，附录六首。大体依据赵辑。②

① 方回：《桐江集·太仓稊米跋》；《宋诗纪事》四六；《四库提要》一五八及一九八。

② 汪应辰：《文定集》二〇《常公墓志》；韩元吉：《南涧稿》二〇《苏公墓志》；周必大：《二老堂诗话》；王明清：《挥麈余话》“二康倬”条；罗大经：《鹤林玉露》一〇；岳珂：《桯史》三“稼轩论词”条，又四“宣和御画”条；沈伯时：《乐府指迷》；《直斋书录解题》二一；《宋诗纪事》四四。

樵歌　朱敦儒撰

敦儒，字希真，洛阳人。志行高洁，避乱客南雄，绍兴二年（1132），敦诣行在，赐进士出身，累迁浙东提刑，被论与李光交通，遂罢，十九年归居嘉禾。秦桧晚年用其子为删定官，又欲敦儒教秦伯阳作诗，遂除鸿胪寺少卿，敦儒惧祸不敢辞，未几，桧死，敦儒亦废，士论惜之。而《白雨斋词话》乃颂其《渔父词》，有晚遇之兆，异矣。敦儒有《岩壑老人诗文》一卷，词名《樵歌》。事迹具《宋史》四四五《文苑传》。

词二百四十五首。《宋史》以婉丽清畅称其诗词，阮元又称其音律谐缓，情至文生。然引《贵耳集》举其《念奴娇·月》词为不食烟火人语；不知胡仔正疵此首收拾不佳，远逊晁无咎《洞仙歌》之善救首尾。近人歌颂朱敦儒词者，每立为白话赤帜。不知词之佳与不佳，系于内蕴之精神，与表达之技术，其分野并不在文言与白话也；如朱词“指荣河峻岳，锁胡尘，几经秋”，何尝以“荣河”（《尚书中候》：“帝尧即政，荣光出河。”陆游诗屡用“荣河温洛”字，又见刘勰《文心雕龙》）是僻典而减其悲壮；又如“明朝尘世，记取休向人说”，则胡仔讥为全无意味矣。

《直斋书录》载长沙本《樵歌》一卷已佚。（《贵耳集》称其词集曰《太平樵唱》）阮元《四库未收》本《樵歌》三卷，从汲古阁旧钞过录。爱日精庐、皕宋楼、铁琴铜剑楼、范白舫、吴枚庵各藏钞本，并三卷，与《宋史·艺文志》卷数相同。《唐宋百家词》本、《宋元名家词》本、知圣道斋藏明钞《南词》本并不分卷。

光绪间梅里许氏巨楫听香仙馆刊《樵歌》三卷。前有刘继曾序，谓“此旧钞本得自常熟书贾，元无序目，今排比为调七十七，为词二百四十五”。又谓：“《钦定词谱》促拍《采桑子》下注调见朱希真《太平樵唱》；《聒龙谣》下注调见朱敦儒《樵歌》；不知是否一本两名。”又谓“列谱之词，与此旧钞及不知出自何人之原校，文义互有短长”云。卷后有巨楫《跋》，谓“此刻自光绪庚寅至癸巳始竣”，盖最先刊本也。

四印斋汇刻本《樵歌拾遗》三十余首，钞自知圣道斋所藏汲古未刻本，光绪癸巳付梓。

四印斋单刻本《樵歌》三卷，据吴枚庵钞校本，前刊拾遗，原载卷中，惟删去沿杨慎误收之《生查子》一首。

铁琴铜剑楼藏钞本三卷，有“常熟周左季家钞本书”一印，台北“中央”

图书馆藏。

《彊村丛书》本《樵歌》三卷，二百四十五首，据范白舫藏本付梓，并举吴钞本、许刊本异文列为校记。《跋》谓"《词综》所选《念奴娇》为此三本所不载"，盖《词综》误收也。

《全宋词》一二三至一二五朱敦儒词，二百四十五首，收朱本，而以小脉望馆钞本所收：《词谱》、《词综》、《草堂诗馀》等误混之七首入附录。

最近文学社排印本《樵歌》三卷，覆朱本，卷末附辑参考资料。①

知稼翁词　黄公度撰

公度（1109—1156），字师宪，号知稼翁，莆田人。绍兴戊午（八年）大魁，坐与赵忠简往来，得罪秦桧，流落岭表，更化召对，为考功员外郎，未几，卒。有集十一卷，子沃命工锓木，后又搜拾其词，详注本事，皆可据信。明天启刊本并为一编，分上下二卷，《四库》本据之。此外《典雅词》本、陆敕先校本、《唐宋百家》本、《宋元名家》本、道光间福建重刊本，并与《直斋书录》同作一卷。

汲古刻《六十一家》本《知稼翁词》，疑即直斋著录之本，词凡十五首，前有曾丰序后有沃跋。有汪氏覆刊，《四部备要》排印。

陶氏景汲古七种钞本《知稼翁词》，大体同《六十一家》本而稍逊。

《全宋词》一二二黄公度词十五首，收毛本，以集本订正数字。②

绮川词　倪偁撰

偁，字文举，吴兴人。受业张横浦之门，绍兴八年进士。官太常寺主簿，倪文节公思之父。《直斋书录》著其《绮川集》十五卷。

《绮川词》有知圣道斋藏《宋元人小词》本、劳巽卿钞本、《典雅词》本，并一卷。

四印斋汇刻本《绮川词》三十三首。

---

① 胡仔：《渔隐丛话》后集三九；王明清：《挥麈后录》一一"雪溪集序"条；周必大：《二老堂诗话》；陆游：《渭南文集》一五《达观堂诗序》及三一《跋朱希真杂钞》；张端义：《贵耳集》上；赵与时：《宾退录》六"颜渊"条；黄昇：《中兴词选》一有评语；陈振孙：《直斋书录解题》一八；《宋诗纪事》四四；阮元：《揅经室外集》三。

② 《宋诗纪事》四五；《四库提要》一五八及一九八。

《全宋词》一二七倪偁词，收王本。[①]

苕溪乐章　刘一止撰

一止（1078—1160），字行简，湖州归安人。宣和二年进士，绍兴初除校书郎，九年擢中书舍人，忤秦桧罢，桧死，以敷文阁直学士致仕。绍兴庚辰卒，年八十三（此据《宋史》及行状，《直斋书录》作八十二）。吕本中、陈与义并极称其诗。所著名《非有斋类稿》，今传钞本《苕溪集》。韩元吉撰其行状，事迹具《宋史》三七八。

词四十二首。韩南涧云："公文章之余，笔法甚工，乐府亦尽其妙，而实戏于翰墨，自布衣至侍从，不蓄声色。"陈直斋云："尝为晓行词，盛传于京师，号刘晓行。"即集中《喜迁莺》"晓光催角"阕也。

《直斋书录》载长沙本《刘行简词》一卷，不经见。《唐宋百家》本、《宋元名家》本并作《苕溪词》，不分卷。朱刻《苕溪乐章》，从善本书室藏钞《苕溪集》本出，未知视《四库》所收朱彝尊家旧钞五十五卷本，同异如何。

清宣统三年沈耀勋刊《苕溪集》（五十五卷）本。

《彊村丛书》之《苕溪乐章》四十二首，以善本书室钞本付梓，诚善本也。

《全宋词》八九刘一止词，收朱本。[②]

芦川词　张元幹撰

元幹（1086—1163?），字仲宗，号芦川居士，福建长乐人。向子諲之甥，太学上舍，后以将作监丞致仕，其诗云"放罪丙午末"，盖在靖康元年，其词云"四十归来犹赖早"，则为四十岁也。（其孙钦臣刊《芦川归来集》跋称："挂冠之年甫四十一。"）李伯纪为行营使时元幹尝为其属。绍兴十二年胡铨以福州签判除名，编管新州，元幹以《贺新郎》词饯行，后数年，秦桧闻之，时元幹挂冠已久，以他事追赴大理寺削籍，其《水调歌头·癸酉（绍兴二十三年）虎丘中秋》云："老境一伧父，异县四中秋。"当是削籍后之辞。其后

---

① 《直斋书录解题》一八；周密：《癸辛杂识》前集记倪氏园林；全祖望：《宋元学案》四〇。

② 韩元吉：《南涧甲乙稿》二二；《直斋书录》一八及二一；《宋诗纪事》四〇；《四库提要》一五六。

韩滮和其韵而不敢举其名；杨冠卿过垂虹，闻溪童歌张仲宗“目尽青天”等句，因用其韵；可见此词之流传，遍而且久也。南、北宋间诗人多与仲宗唱和，如陈简斋、吕居仁、沈龟溪诸集，皆可见。卒年七十七，殆在绍兴、隆兴之交。有《芦川归来集》，《大典》辑本十卷。《四库》著录又有六卷本，则残阙掇拾者也。（宋人野乘记胡铨三次贬谪及坐送行诗词得罪之王庭珪、张元幹等事，于降职与时地皆有参差。按胡铨于绍兴八年十一月抗疏请斩秦桧，诏除名，编管昭州，以群臣引救，谪监广州都盐仓，改签书威武军福州判官事。时宜兴进士吴师古锓铨疏于木，金人募之千金；寺丞陈刚中以启事贺铨之谪，各以贬死。至十二年，韦太后自金还，以铨前言弗效，诏除名，勒送新州编管；送行之王诗、张词，并此时作。至十八年，新州守张棣以高东溪词诬铨讪上，再谪吉阳军。元幹饯词殆因此牵连被闻，据其《水调歌头》，被追削籍在绍兴二十年左右也。至王诗因欧阳安永飞语，被贬稍前，据其《江城子》、《菩萨蛮》二词，当在绍兴十七、八年，《宋史·高宗纪》系于绍兴十九年六月。）

词凡一百八十首。周益公称其在政、宣间已有能乐声。集中《豆叶黄》自注云：“唐腔也。”可正康熙《词谱》以为创于秦观之失。其寿词用格天阁者两见，冯煦疑寿秦桧作，审词意，盖桧之戚串，其《采桑子·和秦楚材》，即秦梓，桧之弟也。

《芦川词》，《直斋书录》载长沙本一卷，汲古刻卷数相同。《唐宋百家词》本、《宋元名家词》本则不分卷。又《宋史·艺文志》载二卷，今传景宋本、明钞本，卷数相同。然两本并一百八十余首，与周益公《跋》称一百六十篇异。

双照楼景宋本《芦川词》二卷，词一百八十五首。卷末有何焯跋一则，黄荛圃跋七则，又诗二首，缪荃孙跋三则。缪《跋》云：“明钞《芦川词》二卷，黄荛圃藏，半叶七行行十三字。何跋谓得于钱遵王家，检《读书敏求记》，乃吴文定公手书。宋本仍在瞿氏，此书亦从瞿氏流出。”

汲古刻《六十一家》本《芦川词》一卷，一百八十六首。篇次与吴氏景本相同；但毛氏删去《石林词》一首，又从《草堂别集》混收数首耳。其以送胡铨词为第一首，及跋中所云“稷雪”等字，或底本仍出有宋也。《四库》本据之，多所辨正。有汪氏覆刊，四部备要排印。

文渊阁《四库全书》钞本一册（台北“中央”图书馆藏）。

《全宋词》八五及八六张元幹词。收吴本一百八十首，附录各本误混者八首。小传谓元幹绍兴十三年卒，不知集中题明乙丑（绍兴十五年）至己卯

（绍兴二十九年）之词几十首也。[①]

归愚词 葛立方撰

立方，字常之，丹阳人，以父胜仲官吴兴，徙居之。绍兴八年进士，累官吏部侍郎，绍兴二十七年罢归。隆兴二年（1164）卒。有《西畴笔耕》、《韵语阳秋》、《归愚集》等著。徐林序《韵语阳秋》云："隆兴元年，常之由天官侍郎罢七年矣，于是《韵语阳秋》之书成，贻书谓余序之，会予以病，未暇也，明年常之卒。乾道改元三月九日，夜梦常之如平生，既寤，怆念畴昔，泫然流涕，乃题其首。"据此序，知《宋诗纪事》、《全宋词》谓隆兴间官至侍郎之误，毛晋跋《归愚词》，谓梦中索徐为序，尤诬妄。

《常州先哲遗书》本《归愚集》十卷。《四库总目》著录《归愚词》一卷，与《直斋书录》所载长沙本、《唐宋百家词》本、《宋元名家词》本卷数相同。（黄荛圃所见宋刻《归愚集》，并不载词。）

汲古刻《六十一家》本《归愚词》三十七首，间有讹脱。《四库》本据此，有汪氏覆刊，《四部备要》排印。

《全宋词》一二九葛立方词，收毛本，又据毛斧季从周氏旧钞本所校，改订三四字。[②]

华阳长短句 张纲撰

纲（1083—1166），字彦正，金坛人。政和四年登上舍第，绍兴二十六年参知政事。自号华阳老人，华阳者，茅山也。著《华阳集》四十卷词一卷，有《四库全书》本。事迹具《宋史》三九〇。

《彊村丛书》之《华阳长短句》三十五首，据善本书室《华阳集》钞本付梓。

《全宋词》九四张纲词，收朱本。[③]

---

① 胡仔：《渔隐丛话》前集五四、后集三六及三九；王明清：《挥麈后录》一〇；《益公题跋》二《跋张元幹送胡邦衡词及跋陈刚中诗》；曾季貍：《艇斋诗话》；罗大经：《鹤林玉露》九；胡穉：《注简斋诗集》四；《宋史·高宗纪》七；《四库提要》一五八及一九八。

② 《宋诗纪事》四五；《四库提要》一九八。

③ 《直斋书录解题》一八；《宋诗纪事》三九；《四库提要》一五六。

逃禅词 杨无咎撰

无咎，字补之，号逃禅老人，清江人。高宗朝屡征不起，人品甚高。所画墨梅，历代宝重，世称为江西墨杨。周草窗见其《双清图》，奇悟入神，辞语清丽，欣然追和；又有所谓三香三逸者，并为逃禅作也。集中与向芗林唱和颇多，其闰中秋词，为绍兴十八年戊辰，其癸未秋社词，则孝宗隆兴元年（1163）也。袁清容称其能绍子云之宗；《图绘宝鉴》亦谓其姓从扌不从木云。

词一百七十余首。《提要》云："词格殊工，在南宋初不忝作者。"近人纂《周词订律》，亦取其用清真韵之作，与各家比勘。

《直斋书录》载长沙本《逃禅集》一卷，汲古刻卷数相同，名为《逃禅词》。毛晋跋云："可恨坊本无据。"岂其《秘本书目》之《宋词百家》，即《直斋书录》之长沙坊刻《百家词》耶。此外，《千顷堂书目》作《逃禅集》二卷，明钞本、《南词》本作《逃禅词》一卷，《唐宋百家》本、《宋元名家》本不分卷。

汲古刻《六十一家》本《逃禅词》一卷。一百七十三首，脱误俱多。其毛晋臆改者，《提要》亦纠其谬。有汪氏覆刊，《四部备要》排印。

《全宋词》一一七杨无咎词收毛本，加辑四首，共一百七十七首。已据《提要》改正毛氏臆改，又据毛斧季校本订正十余处。①

樵隐词 毛幵撰

毛幵，字平仲，信安人。礼部尚书友之子，母亦能诗。幵仕止宛陵、东阳二州倅。乾道二年（1166）王木叔序《樵隐诗馀》，略谓平仲傲世多忤，独与尤袤善，临终以书嘱志其墓。袤已为铭，又序其集。纬南涧有《挽毛平仲》诗。《四库提要》谓陈正晦《遯斋闲览》载：幵为郡，有《清平调》词，乃小说之诬云。

词四十余首。王木叔《序》云："或病其诗文视乐府颇不逮。"冯煦《蒿庵论词》云："樵隐胜处不减溪堂，情味差薄耳。"

《直斋书录》载长沙本《樵隐词》一卷，明钞《九家词》本、《唐宋百家》

① 《刘后村大全集》一〇七"杨补之词画"条；袁桷：《清容集》四六及四七；《四库提要》一九八。

本、《南词》本并同。汲古《六十一家》本《樵隐词》，从杨梦羽秘藏《宋元名家词》抄本二十七种出，原名《樵隐诗馀》。《提要》举其《江城子》次叶石林韵后半“争劝紫髯翁”句之“翁”韵，可正《石林词》刊本复押“宫”韵之讹。

汲古刻《六十一家》本《樵隐词》四十二首，卷端有王木叔题词。其《玉楼春》有注讥幵袭欧阳公现成对子。《提要》尝举其讹误数则。此本有钱塘汪氏及《四部备要》覆印。

《全宋词》一六一毛幵词四十一首，收毛本，附录六首，从各本误收者剔出。又据毛斧季校本及《提要》所举，改正八事。[①]

惜香乐府　赵长卿撰

长卿，籍隶南丰，自号仙源居士。按《宋史・职官志》，宗正寺修纂牒谱有《仙源积庆图》、《仙源类谱》，此号盖宋三祖下宗室派系，但玉牒派下无长字，亦无卿字，疑长卿乃其字也。集中附记张孝祥画灰成小词为近事，则《笛鼓慢》所题甲申，殆为隆兴二年（1264）。其《西江月》、《如梦令》词题之蔡坚老，见《直斋书录》。

《惜香乐府》十卷，乃当时乡贡进士刘泽所编，分四时景及总词、拾遗等卷。（刘泽与长沙刘氏书坊不知有无关系）毛斧季校本又多“门生迪功郎峡州夷陵尉胡赓校正”一行。《提要》称为“随意成吟，多得淡远萧疏之致”。所讥剿袭及俳体，亦颇中其失。至谓追和张先词，句读不协，则其说嫌固。

汲古刻《六十一家》本《惜香乐府》十卷，都三百六十二首。但误入颇多。零本四册，莫友芝印（台北“中央”图书馆藏），有汪氏覆刻，《四部备要》排印。

《全宋词》一一至二〇赵长卿词，收毛本。剔去误入十五首为附录，又据陆敕先校本补入《昭君怨》一首，并订正讹脱不少。[②]

哄堂词　卢炳撰

卢炳，字叔阳，毛晋跋称其自号丑斋。履贯未详。《四库提要》以集中庚

---

① 《直斋书录解题》一八“樵隐集”条；韦居安：《梅磵诗话》上“毛友龙”条；《宋诗纪事》四九；《四库提要》一九八。

② 《直斋书录解题》二〇“云壑隐居集”条；《四库提要》一九九。

戌为建炎四年（1130），并谓多用周邦彦韵，以其时代适相接云云，亦姑为之说耳。

《提要》谓集名《哄堂》，炳盖谦言博笑，若作烘堂，于义无取。又适举其俚句，而称其咏物诸作尚细腻熨帖，间有可观。密韵楼有黄丕烈旧藏《烘堂集》，今存台北“中央”图书馆。

《直斋书录》载《哄堂集》一卷，长沙坊本，《南词》本卷数相同。《唐宋百家》本、《宋元名家》本皆不分卷。

汲古刻《六十一家》本作一卷，但集名作“烘”字，又有缺文，有衍文。此本有汪氏覆刻，《四部备要》排印。

《全宋词》卷二一四卢炳词一卷，六十三首。以汲古本入录，又据毛斧季从孙氏钞本校正者改订。[①]

嬾窟词　侯寘撰

寘，字彦周，东武人，南渡后似寓居湖南。《直斋书录》云：“其曰母舅晁留守者，谦之也，绍兴中以直学士知建康。”按谦之，即绍兴十八年刊《花间集》于建康者，《直斋》“知建康”句，自属谦之；四库馆臣乃误会以属侯寘，审《嬾窟词》作于建康数首，并有颂府主意，如“甘棠”、“归觐”之句，不应自誉自祷也。集中有饯朱少章词，少章为晁说之兄女婿，建炎初使金，绍兴十三年始归，次年卒。词云“三年牢落荒江路”，当是建炎二年春间饯其奉使之作。集中题年干者最后为“壬午元宵”，则绍兴三十二年也。杨诚斋《江湖集》有《和侯彦周知县招饮诗》，乃乾道二年（1166）丙戌所作，此彦周当是侯寘。（馆臣称侯寘知建康，似误从《千顷堂书目》。）

词九十余首。《提要》云：“婉约娴雅，无酒楼歌馆簪舄狼藉之态，在南宋诸家中，要不能不推为作者。”

《直斋书录》载长沙本《嬾窟词》一卷，《宋元名家词》本及汲古刻本，卷数并相同，疑即出长沙坊本。至毛氏影宋写本《典雅词》，只存零本，见《日本静嘉堂书目》。

汲古刻《六十一家》本《嬾窟词》九十五首，舛误颇甚。有汪氏覆刊，《四部备要》排印。

石莲庵刻《山左人词》本《嬾窟词》一卷。

---

① 《四库提要》卷二〇〇词曲类存目。

《全宋词》一三〇侯寘词收毛本九十四首，剔误收一首入附录，又据毛斧季校本改订十五字。但小传仍称寘“以直学士知建康”，未辨《提要》之误。①

相山居士词　王之道撰

之道（1093—1169），字彦猷，号相山居士，庐州濡须人。宣和六年，兄弟三人同登科。建炎寇乱，之道团乡人据险共保，干略颇有足称，以功改京官，疏论九不可和，慷慨激烈，坐是论废二十年，气节尤不可及。卒后尤袤为作墓碑。有《相山集》，今传《大典》辑本三十卷。子蔺，光宗初以参知政事拜枢密使（《宋诗纪事》谓之道官枢密使，盖误混）。

词一百八十余首，《提要》谓韵语虽非所长，而抒写性情，具有真朴之致。今观其词，如《石州慢》、《望海潮》、《念奴娇》诸阕，并能曲传抑郁怀抱，亦所谓“自苏、黄门庭中来”者，不仅和东坡韵至十余首也。

《直斋书录》载长沙本《相山词》一卷，不经见。梅禹金藏明钞本，与《唐宋百家》本、《宋元名家》本同，不分卷，又有齐召南手校知足知不足馆钞本一卷（台北“中央”图书馆藏），并不知同异如何。《词综·发凡》作二卷，与《宋史·艺文志》同。四库馆臣从《永乐大典》辑成之《相山集》，内载词一百六十首。

《四库全书》珍本初集景印文渊阁藏《相山集》三十卷。内载词一百零六首，有四首为明钞所无，但其中一首误收蔡伸作。

《彊村丛书》覆梅藏明钞《相山词》一百八十三首。脱讹颇多，有二十七首为《大典》本所无。

《全宋词》一〇四王之道词一百八十六首。收朱本及集本三首，而以集本校补四十余处。但《江城子》“三白频占”句，集本误“白”为“日”，《全宋词》亦订为“日”字，盖未审为赋雪之词也。②

汉滨诗馀　王之望撰

之望，字瞻叔，谷城人，后居台州。绍兴八年进士。孝宗朝，附汤思退

① 影印宋本《花间集·晁跋》；《朱文公集》九八《朱弁行状》；《直斋书录解题》二一；《宋史》三七三《朱弁传》；《千顷堂书目》三二；《四库提要》一九八。

② 《直斋书录解题》一八；《宋诗纪事》四一；《四库提要》一五六。

拜参知政事兼同知枢密院事，罢后曾知温州。乾道六年（1170）卒。《宋史》讥其专以割地啖敌，地割而敌势益张云。有《汉滨集》，周益公序之，今传《大典》辑本十六卷。事迹具《宋史》三七二。

《彊村丛书》本《汉滨诗馀》二十七首，据《大典》本。又辑补遗三首。

《全宋词》一二七王之望词二十六首，收朱本，而剔出四首误收者入附录，颇缜密。[①]

① 《宋诗纪事》四五；《四库提要》一五八；《宋诗纪事》四二补遗。

卷四　宋代词集解题

于湖居士乐府　张孝祥撰

孝祥（1133—1170），字安国，学者称于湖先生，历阳乌江人。绍兴二十四年廷试第一，历中书舍人、建康留守、广西及荆湖北路安抚等职。乾道五年自江陵请祠归，旋卒，年止三十八。孝祥登第出汤思退门，后力赞张浚恢复，不为思退所悦，中间历官，多被论罢。有《于湖集》四十卷。事迹具《宋史》三八九，本集附录又有陆世良撰《张氏信谱传》。

词传二百二十余首。门下士谢尧仁序其集云："其文章如大海之起涛澜，是亦以天才胜者也。……是时先生诗文，与东坡相先后者已十之六七；乐府之作，虽得于燕笑之顷，而胸次笔力皆在焉，人皆以为胜东坡，但先生当时意尚未能自肯。"陈郡汤衡赏其歌颂凯歌，登无尽藏，岳阳楼诸曲，所谓骏发踔厉，皆《水调歌头》也。按《于湖词》下字命意，诚欲接武坡公，而卒未化者，年为之也。于湖诗词刊本颇多，韩元吉序刊本，《直斋书录》载长沙一卷本，并不经见。钞本有《唐宋百家》本《于湖词》不分卷，《宋元名家》本《于湖长短句》不分卷，《南词》本《于湖词》二卷。今传宋本有二：一为宋椠全集四十卷本，其第三十一至三十四载词一百八十二首，似经修改之定稿；一为景钞宋本《于湖长短句》五卷拾遗一卷，共词一百七十四首，文句似属初稿，以较集本，互有得失；可珍者，目录下各注宫调，今传词集，不数数见。此外有汲古本，乃先录《花庵》所选，后得《长短句》本，始补分三卷，

《提要》以为从全集另编者，尚未细勘文字同异也。

宋椠《于湖文集》四十卷，嘉泰元年，弟孝伯尽以家藏与诸家所刊属王大成校雠付梓。其《乐府》四卷，同调并列之词，核以于湖官迹，知其先后有序；但词题删节太甚，有需合观单词本题意始全者，有误索靖为隋人者；行中间有校语，所云一本，与五卷本有同有异，殆皆出王大成手也。原椠旧藏慈溪李氏，现藏台北"中央"图书馆，《四部丛刊》初编影此。与盛伯希藏宋椠有三数字笔画微异，民国初《四部丛刊》未出之前，上海书坊石印从盛本出。

吴氏双照楼景刊宋本《于湖居士乐府》四卷，即盛伯希藏宋椠之三十一至三十四卷，裁篇别出，由袁寒云夫人刘梅真景摹，十行十六字，间有二三误字。

陶氏涉园景刊《于湖先生长短句》五卷拾遗一卷，底本藏铁琴铜剑楼，十行十八字，前有乾道辛卯（七年）汤衡、陈应行两序，次为目录，题状元张孝祥撰，目中各调下侧注宫调，五卷后为拾遗，不分卷，其目录之叶亦题状元张孝祥，各目下并侧注宫调，与集本异文不少，但题序详明，可为读集本之助。有可疑者：如"扶路看遨头"妄改为"鳌头"，"渝子才"妄改为"才子"，邢姓屡误作"刑"（邢、刑古虽通用，在此则非其义）。触目多陋，疑与目录之特标状元，并出坊贾手。又汤、陈两序题作"雅词"，与书题"长短句"不照。汤《序》云："建安刘温父又别集乐府一编，属予序之。"意者，其祖刻殆为麻沙本乎。《花庵词选》一云："紫微雅词，汤衡为序。"两本似是同源。如《满江红》"秋满漓源"首，《花庵》本"漓"字不误，似胜陶刊祖本；原题作《思归寄柳州林守》，《花庵》本改作《秋怀》，是又《花庵》只拈二字为题之结习；至集本此题作《思归寄柳州》，明为出于删节，失去作者当时交谊。台北"中央"图书馆现藏清李子仙景宋钞本二册，经孙原湘四五人递校，内有原湘手书跋，又海虞张蓉镜跋云："黄荛圃以是册赠先祖观察，为李子仙孝廉影宋钞本系原刻面目。"其卷耑即张子和观察像。

汲古刻《六十一家》本《于湖词》三卷，词一百八十一首，先刻之第一卷。覆录《花庵词选》二十四首，加辑四首；其后得《长短句》五卷本，因除复外，分作二、三两卷，并收汤、陈二序，编次尚非大乱，但毛氏时加强作解事按语耳。此本有汪氏覆刊，《四部备要》排印。

近徐鹏校点《于湖居士集》卷三一为乐府，又补遗，据《全芳备祖》及《永乐大典》梅字号补（上海古籍出版社印）。

《全宋词》一三八至一四二张孝祥词五卷，二百二十三首，以陶刻一百七十四首为主，从集本补四十五首，从赵辑、《花庵》、《大典》补四首，而以陶本、毛本、《花庵》、《大典》误收五首，及平话伪托三首入附录，又据集本改正陶本多处。然如卷一三八《满江红》“秋满离源”，乃指靖江之漓水，应依集本作“漓”。又卷一四二《柳梢青》，题序二十七字，不可句读，集本作“饯别蒋、粟诸公”，与词之“后夜相思，东西南北”相应，然则此题之“蒋文”等三“文”字，并订为“丈”字，岂非与集本同义。又同卷《南乡子》结云：“俱贤。便是朱张与少连。”乃用《论语》原文，以切晦庵、南轩之姓及邢监庙之字，邢少连已见前卷《送末利词》，其时殆为监南岳庙之祠官，而此卷词题，殊不了了，遂并汩没词之巧句。卷中类此者不少，不备举。又《全宋词》于某人词卷内例无分目，故陶本目录中所注宫调，一并遗弃，亦欠事也。①

乐斋词　向滈撰

滈，字丰之。幼不凡，叔父宣卿遣从王卢溪游。卢溪窜夜郎，道出伊山，宣卿与滈出三十里流涕而别。绍兴间为萍乡令，惜早亡。《袁州府志》有其诗，厉鹗《宋诗纪事》卷四六已出向滈，卷五一又出向丰之，谓杨诚斋称其诗，不知诚斋亦尝从王泸溪游，故称之也。滈即丰之之名。

《乐斋词》见于《直斋书录》者长沙本一卷，《唐宋百家词》、明辑《南词》各钞本，卷数并同，或不分卷，但《词综·发凡》作二卷。

侯刻《十名家词》本。有粟香室覆刊。

又《典雅词》本。

江标辑刊《宋元名家词十五种》，用汲古未刊本，四十二首，讹脱颇多。

《全宋词》九七向滈词四十三首，以明钞本校补江本。②

浮山诗馀　仲并撰

并，字弥性，江都人。绍兴二年（1132）进士。孝宗朝知蕲州，终朝请大

---

① 韩元吉：《南涧甲乙稿》一四《张安国诗序》；王质：《雪山集》五《于湖集序》；汤衡：《张紫微雅词序》；《诚斋诗话》“刘侍郎”条；魏了翁：《题跋》；叶绍翁：《四朝闻见录》乙集“张于湖”条；《直斋书录解题》一八；《齐东野语》一三“张才彦”条；《吴礼部诗话》；《宋诗纪事》五一；《四库提要》一五八及一九八；宋翔凤：《乐论》。

② 《宋诗纪事》四六及五一。

夫、淮东安抚司参议。尝与陆放翁唱和。其词有《点绛唇·赠外孙猷》，乃隆祐太后族，后官南安太守，为幷编《浮山集》之孟猷也。《浮山集》今传《大典》辑本十卷（见景印《四库珍本》初集）。

况夔笙尝举其《咏木犀》句："钗头常带，一秋风月。"谓可药纤滞。

《彊村丛书》本《浮山诗馀》二十三首，覆《大典》本。

《全宋词》一一六仲幷词，收朱本。剔出混收李易安一首入附录。[①]

卢溪词　王庭珪撰

庭珪（1079—1171），字民瞻，庐陵人。初游太学，独犯禁挟六一、坡、谷之书以入，每伺同舍生酣寝，必起坐吹灯，纵观三书。登政和八年进士第，仕不合意，隐居五十年。后坐作诗送胡铨，流辰州。孝宗初政，召为国子监主簿，乾道六年，除直敷文阁奉祠，卒年九十三。著《卢溪集》五十卷，门人刘江编，有胡铨、周必大、杨万里等序跋，淳熙间刊于吉州。按杨万里年十七拜师庭珪，又以其孙王时可为婿，但所记庭珪事，有与《卢溪词》歧异者：如杨序王文集云："隐居卢溪者五十年，自号卢溪真逸。"是流谪前事。然《卢溪词·辰州上元再和呈马守》云"卢溪太守未还朝"，则明指辰州说。据《雪山集》引《方域志》黔郡有卢溪，然观诚斋他文，则庐陵又有卢溪也。又杨撰《胡铨行状》云："王庭珪以诗赠行，有'痴儿不了公家事，男子要为天下奇'之句，为欧阳识所告，坐贬辰州。"此事系于绍兴十三年（《宋史·高宗纪》系于绍兴十九年六月）。然《卢溪词·菩萨蛮》题序有"绍兴十九年谪夜郎，时初至贬所"之句。惟文集序云："流夜郎，时先生年七十矣。"当属绍兴十八年，与《卢溪词·满庭芳》戊辰（绍兴十八年）上元所云"卢川元古郡"相合。

词凡四十二首。周必大称卢溪王公主庐陵文盟者六十年。杨万里称其诗出自杜、韩，大要主于雄刚浑大。今观其词，亦时露迈往之气。

今传嘉靖刊本《卢溪文集》不收词，《直斋书录》载长沙本《卢溪词》一卷，不经见。

赵万里《校辑宋金元人词》本《卢溪词》四十二首，附录一首。跋云："平生所见，有吴讷《四朝名贤词》本及毛斧季《紫芝漫钞》本。康熙间，朱彝尊、沈辰垣等尚及见之，同光以后，王、朱诸氏校刊丛书，均未列入，盖

① 王明清：《玉照新志》五；《宋诗纪事》四五；《四库提要》一五八。

隐晦非一日矣。”

《全宋词》九〇王庭珪词，据赵本入录。[①]

王梅溪词　王十朋撰

十朋（1112—1171），字龟龄，乐清人。绍兴二十七年大魁。孝宗朝，累官吏部侍郎，后除太子詹事，以龙图阁学士致仕，立朝刚正，为当代伟人。有《梅溪集》三十二卷续集五卷，刘珙为序。汪应辰志其墓。事迹具《宋史》三八六。

《梅溪集》（有明正统刊本，《四部丛刊》景印）不收词，《温州府志》录存十八首。

《全宋词》一三二王十朋词二十首，据《府志》入录，又从《全芳备祖》辑二首。[②]

信斋词　葛郯撰

郯，字谦问，吴兴人，绍兴二十四年进士。（各本名并作郯，其群从郛、邲，俱从邑旁，独《全宋词》作剡。）

《直斋书录》载长沙本《信斋词》　卷。又有《唐宋百家》本、《南词》本、《常州先哲遗书》本。

康熙间侯刻《十名家词》本，有粟香室覆刻。

江标刻《宋元名家词十五种》本《信斋词》一卷，次序大异明钞。

《全宋词》一四三葛郯词三十首，收江本。又据鲍以文所校明蓝格钞本改订十余字。[③]

东浦词一卷　韩玉撰

玉，字温甫。《四朝闻见录》云：“司马朴使金不屈，生子名通国，有

---

① 杨万里：《诚斋集》八〇《卢溪文集序》、八三《杉溪集后序》、一一八《胡铨行状》、一一四《诗话》；罗大经：《鹤林玉露》一三；岳珂：《桯史》一二；《直斋书录解题》二〇；《瀛奎律髓》四三；《宋诗纪事》三九；《铁琴铜剑楼藏书目录》二一；《四库提要》一五七。

② 汪应辰：《文定集》二三；《宋诗纪事》五一；《四库提要》一五九。

③ 《直斋书录解题》二一。

大志，尝结北方之豪韩玉举事，皆未得要领。绍兴初（按绍字疑是隆字），玉挈家以南，授京秩，江、淮都督府计议军事。其兄璘犹在敌中，以弟故与通国善。癸未（孝宗隆兴元年）九月，璘因张魏公之使以诗扇赠玉，次春，魏公讽通国、璘等举义，事泄，通国、璘等三百余口遇害。魏公将白其事而旌之，会罢去，玉亦窜谪岭表。”《闻见录》又谓此事为韩大监玉所记。按《宋史·职官志》乾道六年，以少监韩玉往建康点检物马，当即此人。《四库提要》谓是时有二韩玉，一为《闻见录》所记，即撰《东浦词》者；其一引刘祁《归潜志》云：“韩府判玉，字温甫，燕人。为凤翔府判官。大安中（大安三年当宋宁宗嘉定四年）被诬死狱中。”朱竹垞《词综》以入宋与康伯可和词者，为仕金诬死之韩玉，似沿《千顷堂书目》之误，前人尝略辨之，然亦有谓赠康词之韩玉再仕金者，盖未细审其时代也。（诬死之韩玉，诗与传并见《中州集》九。《金史》一一〇《韩玉传》，即据《中州集》文。）

《东浦词》传者二十八首，毛晋颇加嗤诋，《提要》又称其凄清宛转，义各有当。但《提要》讥及明人重南轻北，内宋而外金，则涉及题外而不中理。其《贺新郎》再出“泠”韵冯蒿庵指为偶误者，今误刻已校改“另”字，《全宋词》则校改为“令”字。

《直斋书录》载《东浦词》一卷，长沙坊刻。明钞本、《唐宋百家》本、《南词》本、《宋元名家》本，卷数并同。

汲古阁《六十一家》本《东浦词》二十八首，间附二三校语，余讹颇多。毛晋跋谓玉家东浦，因以名其词云。有汪氏覆刻，《四部备要》排印。

吴伯宛景刊汲古阁钞《宋金词七种》本《东浦词》一卷。比《六十一家》本略有是正，殆经毛斧季校过。

《全宋词》卷二一二韩玉词二十八首，据《六十一家》本入录，从明钞本校改，稍胜吴刻。①

松隐乐府　曹勋撰

勋，字公显，阳翟人。父组，以谑词著。伯父纬，工书，尝为李伯诗《九歌图》书辞，勋亦有跋。勋以恩补官，宣和五年赐同进士出身，仍任右职。从徽宗北迁，奉御书自燕山遁归，多年不得迁秩。绍兴二十九年，副王

① 叶绍翁：《四朝闻见录》丙集“司马武子”条；《宋史·职官志》五；《四库提要》一九八。

伦使金，金已定侵淮计，而勋、伦还言无他，人讥其妄。孝宗朝，加太尉，提举皇城司，淳熙元年（1174）卒。有《松隐集》。事迹具《宋史》三七九。词一百八十余首。其《酒泉子》下注云："朱希真跋此词及《谒金门》'春待去'词云：读二词，洒然变俚耳之焰烟，还古风之丽则，宛转有余味也。"其中咏物词，如《隔帘花》、《夹竹桃花》、《二色莲》各调，下并侧注"咏题"，即后来坊本所谓"本意"也。其《法曲》子目为散序、歌头、遍第一至第三、第四攧、入破第一至第四、第五煞。亦宋词中不多见。

《松隐文集》三十九卷楼钥为《序》，不言卷数，不言付梓；至清初朱彝尊从其后人借钞，亦止有家传钞本；今传其词，即自钞本来。王灼谓勋以家集刻板，近有旨下扬州毁其板，乃指曹组集言；岂勋集亦因此并不付梓耶。

《彊村丛书》本《松隐乐府》三卷，词一百二十七首，从卢抱经藏明钞文集本出；又补遗一卷，词五十六首，从善本书室藏钞《松隐词》补。

《嘉业堂丛书》本《松隐文集》。

《全宋词》一六〇至一九〇曹勋词一百八十三首，收朱本。[1]

莲社词　张抡撰

抡，字才甫，娶宗室女，孝宗朝与曾觌同知阁门事，自号莲社居士。

《直斋书录》载《莲社词》一卷，善本书室藏有《典雅词》本及劳巽卿钞本。抡别有应诏撰《鼓子词》一百首，后人采《花庵词选》中张才甫词九首加于卷端，标题为《莲社词》，咸丰间劳巽卿见丁氏钞本，始识其伪，并疑是汲古毛氏所为。《藏园经眼录》有《道情鼓子词》一卷，莲社居士张抡才甫应诏撰。是《鼓子词》曾别帙单行。

《彊村丛书》之《莲社词》一百一十一首，据善本书室藏钞本入梓，前九首为《花庵词选》中词，次一百首为《鼓子词》，最后补遗二首，从《阳春白雪》及《武林旧事》录入。但《武林旧事》之《壶中天》一首，草窗原云："此词或谓是康伯可所赋，张抡以为己作。"

《全宋词》一七八张抡词一一一首，收朱本。并据《韵石斋笔谈》补足《诉衷情》"闲中一弄"全阕，又谓《笔谈》以此阕为杨妹子词，则非是云。[2]

---

① 王灼：《碧鸡漫志》二；洪适：《盘洲集》六二《跋曹公显书》；楼钥：《攻媿集》五二；朱彝尊：《曝书亭集》五三《书曹勋赋后》；《宋诗纪事》四〇；《四库提要》一五六。

② 周密：《武林旧事》七；《藏园经眼录》。

介庵词　赵彦端撰

彦端（1121—1175），字德庄，宋宣祖八世孙。绍兴八年，与父公旦同登礼部第。后知饶州馀干县，因籍馀干。孝宗朝迁太常少卿，直宝文阁，知建宁府。赵汝愚初冠多士，修谒礼，德庄语之曰："谨勿以一魁先置胸中。"人皆称为名言。《直斋书录》称为乾、淳间名士。有《介庵文集》十卷，韩元吉志其墓。

词一百五十余首。《提要》称婉约纤秾，不愧作者。

德庄词传本凡三：一为《介庵词》一卷，一百五十三首，汲古刻传之，当即直斋著录之长沙本；一为《宝文雅词》四卷，阕数同《介庵词》，而文字较胜，有毛斧季校本，当即《宋史·艺文志》之四卷本；又一为《介庵琴趣外篇》六卷。计《介庵词》所有，而《琴趣》不载者三十三首，《介庵词》所无而见之《琴趣》者四十首；但此四十首中，复见赵师侠《坦庵词》者三十六首。此外有《唐宋名贤百家词》本，名《介庵词》，不分卷。

汲古刻《六十一家》本《介庵词》一百五十三首。颇有讹脱。毛晋跋云："余家旧藏《介庵词》一卷，板甚精良，惜未得全集。又有《文宝（与跋晁补之词同误称文宝，盖不知赵彦端补外时，曾除宝文阁直学士之加恩贴职）雅词》四卷，误入孙夫人《雪词》。又曾见《琴趣外篇》六卷，赝作颇多。"知毛氏取此，盖以雕工精良故。此刻有汪氏覆刊，《四部备要》排印。

《彊村丛书》本《介庵琴趣外篇》六卷，附补三十二首。据汪阆源藏旧钞付梓，以《介庵词》及复见《坦庵词》撰校记。朱氏跋谓二家踪迹颇同，编者未能抉别；不知《琴趣》为书贾所编，如《坦庵词》有题为《尹先之索净圆子词》者，尹为《坦庵词》作序，不应入《介庵词》也。

《全宋词》卷八赵彦端词一百五十六首。收毛本，从《琴趣》增收三首。又据毛斧季校本《宝文雅词》订补十处，据《琴趣》订补六处。①

宣卿词　袁去华撰

去华，字宣卿，豫章奉新人。绍兴十五年（1145）进士，改官，知石首县。其《送杨廷秀赴国子博士词》，乃乾道六年作；所题年干最后者为淳熙三

① 韩元吉：《南涧稿》二一；张端义：《贵耳集》上；《宋诗纪事》八五；《四库提要》一九八。

年。有《适斋类稿》八卷。

词传九十九首。陈直斋云："宣卿善为歌词，尝赋长沙定王台，见称于张安国，为书之。"即集中《水调歌头》"雄跨洞庭野"一首，当是乾道间安国知潭州时。

《直斋书录》别集类有《适斋类稿》，歌词类有长沙本《袁去华词》一卷。朱竹垞辑《词综》，谓未见宣卿只字。今传四印斋刊本，从皕宋楼出，殆即《静嘉堂书目》所载汲古影宋《典雅词》十四种中之《宣卿词》也。缪艺风有善本书室旧藏《典雅词》，后归北京图书馆。

四印斋刊《宣卿词》一卷，九十九首。夹行间有校记，半塘翁跋，引皕宋楼转录《直斋书录解题》语。

《全宋词》一三三袁去华词，九十八首。收王本，而剔出《柳梢青》一首入附录，谓此词见《于湖长短句》也。按《于湖集》本乐府不载此首，玩其语气风格，应是袁作。①

梅词　朱雍撰

雍，绍兴中乞召试贤良，有《梅词》一卷。（此据《词综·发凡》。汲古未刻本、劳巽卿钞本并同作一卷。《千顷堂书目》、《宋史艺文志补》并作三卷，《词综》卷一二雍传作二卷。）

四印斋汇刻本《梅词》二十首。况夔笙跋谓通卷咏梅，行间自无一点尘俗。又谓柳永《塞孤词》、《笛家词》，《乐章》旧刻有误，《词律》力为辨正，朱雍和作，政与万氏说合。

《全宋词》一六一朱雍词，收王本。②

方舟诗馀　李石撰

石，字知幾，资阳人，有盛名于蜀。少尝客苏符尚书家，绍兴末（1162）为学官，乾道间为郎中，守眉州，皆以论罢。赵丞相雄，其乡人也，石以晚辈视之，雄秉政，石以是晚益困。有《方舟集》，门人刘伯龙编为七十卷，已佚。清馆臣从《大典》辑其诗文经说成二十四卷，词编第六卷，有景印《四

---

① 《杨诚斋集》一三三"国博告词"条；《直斋书录解题》一八。

② 黄虞稷：《千顷堂书目》三二；倪灿：《宋史艺文志补》词曲类。

库珍本》。

词三十余首。《提要》称其“诗文闳肆跌宕，渊源出于苏氏”，而词则轻倩悦人。陈廷焯论词主沉郁，与方舟异趣，故以张皋文选其《临江仙》为“令人不解”。

《彊村丛书》本《方丹诗馀》三十四首，从《大典》本出。

《全宋词》一五七李石词三十九首，收朱本及赵万里所辑五首。小传误为乾道中进士，不知何据。①

澹庵长短句　胡铨撰

铨（1102—1180），字邦衡，号澹庵，庐陵人。建炎二年进士，绍兴五年除枢密院编修官。八年，秦桧决策主和，铨上封事请斩桧，初议编管昭州。十二年，慈宁太后南归，台臣追劾铨，始除名编管新州。十八年，新守张棣摭高登词句诬铨怨望，移谪吉阳军。桧死，量移衡州。孝宗朝，官至侍郎，致仕卒。铨师萧楚，明春秋。请诛桧疏，金人至，以千金购之。王庭珪、张元幹以诗词送行，并自闽谪新时事。事闻追究，又绍兴十八九年间事。各书记此，时地参差，多欠吻合。铨有《春秋解》、《澹庵文集》。事迹具《宋史》三七四。

《典雅词》本、汲古阁景写宋本，并作《澹庵长短句》一卷。

乾隆二十二年练月楼刊《澹庵文集》本。

咸丰六年蒋光煦重刊《别下斋丛书》之《澹庵长短句》十五首。《丛书集成初编》覆此。

四印斋刻《南宋四名臣词》本《澹庵长短句》十五首，据况夔笙钞本。

《全宋词》一一五胡铨词，收王本。②

竹洲词　吴儆撰

儆（1125—1183），字益恭，号竹洲，休宁人。绍兴二十七年进士。历朝散郎、广南西路安抚使，致仕。有《竹洲集》，端平乙未敷文阁学士程珌序。

---

① 李心传：《建炎以来朝野杂记》乙集一二卷；《直斋书录解题》一八“方舟集”条；《宋诗纪事》五四；《四库提要》一五九。

② 《杨诚斋集》一一八《胡公行状》；王明清：《挥麈后录》一〇“绍兴戊午”条；《宋史》三〇《高宗纪》十二年至十九年；《四库提要》一五八。

《提要》称其具吏才，有卓识，盖以元祐诸人为法者。其行状附集中。

《竹洲词》有明刊集本、《唐宋百家》本、《南词》本。

明弘治六年刊《竹洲文集》本。

又万历七年刊本《吴文肃公集》，有词三十首。

康熙侯文灿刻《十名家词》本。有粟香室覆刻。

江标刊《宋元名家词十五种》本《竹洲词》一卷，二十一首，比明刊少九首，又脱一字。

《全宋词》一四六吴儆词，收明本。①

盘洲乐章　洪适撰

适（1117—1184），字景伯，鄱阳乐平人。忠宣公皓长子，忠宣奉使时，适甫十三岁。后与弟遵同中绍兴十二年宏博科，又三年弟迈继之，世号三洪。隆兴元年，自淮东总领入为太常少卿，一年而入右府，又半年而拜相，使三月乞休。目其退居园林曰盘洲，凡十六年卒。周必大志其墓。著有《隶释》及《盘洲集》。事迹具《宋史》三七三。洪氏《晦木斋丛书》有《四洪年谱》。

词一百三十三首。适以宏博起家，工于俪偶，词为闲居酬应及兄弟唱和之作。

《直斋书录》载《盘洲集》八十卷，刊本今传，其第七十八至八十卷题作乐章，首为《转踏调笑》，次两卷多小令。

宋椠《盘洲集》八十卷，藏涵芬楼，海内孤本也。《四部丛刊》初编初印时收汲古阁影写本，再印时改影宋椠，仍有阙脱及手民讹字，张元济撰有札记附后。末三卷乐章一百三十三首。

洪氏《晦木斋丛书》本《盘洲集》八十卷，源出宋本，有道光刊，有同治刊，附清洪汝奎校记一卷。末三卷载词。

《彊村丛书》之《盘洲乐章》三卷，自集本裁篇别出，朱氏参《晦木斋》本撰有校记。

《全宋词》一三四至一三六洪适词，收朱本。②

---

① 《宋诗纪事》五一；《四库提要》一五九。

② 《直斋书录解题》一八；《宋诗纪事》四五《误以陆游诗为洪诗》；《四库提要》一六〇。

南涧诗馀　韩元吉撰

元吉（1118—1187），字无咎，颍川人，晚居上饶，号南涧翁。《宋史》无传，著《南涧甲乙稿》七十卷已佚，清四库馆臣从《永乐大典》辑成二十二卷。据集知为韩维玄孙，曾知婺州、建宁，官至吏部尚书，封颍川郡公。又据陆放翁诗注，知卒于淳熙十四年。《提要》称元吉为文献世家，学术出程子再传，诗体文格，均有欧、苏之遗；其婿吕祖谦为世通儒，其子淲亦清介自守，以诗名世。

词传八十首。同唱和者多为茶山、石湖、放翁、稼轩、张安国诸人。淳熙九年序自编词集云："予所作歌词，间亦为人传道，有未免于俗者，取而焚之；然犹不能尽弃焉，目为焦尾集。"盖旨取雅正，将以和其心也。其蛾眉亭词，宋人诗话喜称之。

《直斋书录》载长沙本《焦尾集》一卷，《千顷堂书目》有《南涧诗馀》一卷，并不经见。《大典》集本第七卷，载词六十四首。

《聚珍版丛书》之《南涧甲乙稿》，第七卷字句微有脱误。《丛书集成》初编本覆此。

《彊村丛书》本《南涧诗馀》八十首，据吴伯宛校补《南涧甲乙稿》本，卷末十六首从他书增辑。

《全宋词》一三七韩元吉词八十首，收朱本，从钞本《全芳备祖》增补吴辑一字。①

雪山词　王质撰

质（1135—1189），字景文，号雪山，东平人，南渡后籍兴国军。少游太学有声，绍兴三十年进士。辟张浚都督江淮幕，入为太学正，以谗罢。后辟虞允文川、陕幕，入迁枢密院编修官，允文荐质等三人鲠亮有文，可为谏官，为中贵人所惮，阴沮之，出判荆南，不赴。生卒年见《雪山集》五《退文序》及王阮撰《雪山集序》，所著《雪山集》今传《大典》本十六卷。事迹具《宋史》三九五。

---

① 黄花庵：《中兴词选》三；叶绍翁：《四朝闻见录》乙集"去左右二字"条；《宋诗纪事》四八；《四库提要》一六〇。

词传七十四首，骏发豪迈，为张安国作者，犹骖与靳也。

《宋史·艺文志》载《王景文集》四十卷，又别出《雪山集》三卷；《直斋书录》诗集类载《雪山集》三卷；并佚。清四库馆臣从《永乐大典》辑成十六卷，存四五而已。今传各本，并从此出。

《聚珍版丛书》本《雪山集》末卷载词七十五首。有苏、赣、浙、闽、粤各省覆刻。《丛书集成》初编本从此出。

民国十二年《湖北先正遗书》本《雪山集》，覆《聚珍》本。

《彊村丛书》之《雪山词》七十五首，从《聚珍》本裁篇别出。

《全宋词》一五六王质词七十四首，收朱本，剔出误混一首入附录。[①]

竹斋词 沈瀛撰

瀛（1135—?），字子寿，号竹斋，吴兴人。游太学与王质俱有声誉，绍兴三十年进士，仕四十余年，绌于王官，再入郡，三佐帅幕。《攻媿集》有沈瀛知江州外制，杨诚斋《答沈子寿书》，谓九江水国，鸥鹭候门，以为江山贺者；即瀛将到江州任时也。有文集，叶适为序；又有《旁观录》，杨诚斋为之题诗。

词九十首平铺直叙之外，语录体尤多。

《直斋书录》载长沙本《竹斋词》一卷，今传彭氏知圣道斋藏明钞《南词》本，原汲古阁物。又有《唐宋百家》本、《宋元名家》本。

《彊村丛书》本《竹斋词》八十六首，以彭氏藏本入梓，而删其《野庵曲》四首，字句间有讹脱。

《全宋词》一四八沈瀛词九十首，收朱本，以丁氏八千卷楼藏明钞有注本订补。又据赵万里补回朱删四首，谓与杨诚斋《归去来》体制相似云。[②]

澹斋词 李流谦撰

流谦，字无变，汉州德阳人。以荫入官，虞允文宣抚全蜀，置之幕下。陆心源《宋诗纪事补遗》录其投晁子止（公武）制置诗。有《澹斋集》，附其

① 周密：《齐东野语》一一“王沈趋张”条；《宋诗纪事》五一；《四库提要》一五九。

② 张孝祥：《于湖集》二《和沈教授子寿赋雪》；王质：《雪山集》一五《送徐圣可诗》自注；《杨诚斋集》六六《答沈子寿书》，卷三〇有《题沈子寿旁观录诗》；《叶水心集》一二《沈子寿文集序》；周密：《齐东野语》一一“王沈谒张”条；《宋诗纪事》五一；《提要》一五九“雪山集”条。

兄益谦所作行状及其子廉渠刊集跋。

四库著录《大典》辑《澹斋集》十八卷。《提要》谓《宋诗纪事》未睹本集，致传闻异词，又谓其笔力峭劲，边幅稍狭。有词二十五首，亦间伤平浅。

《彊村丛书》之《澹斋词》，据《大典》本入梓。

《全宋词》一二六李流谦词，收朱本，据善本书室藏钞本《澹斋集》补缺一字。[①]

审斋词　王千秋撰

千秋，字锡老，号审斋，东平人，流寓金陵。毛晋跋其词，录有衡山令梁次张《赠审斋》诗，中云："中州文献儒一门，异县萍蓬家百口"，"岂无厚禄故人来，为办草堂留野叟"，"审斋乐府似《花间》，何必老夫挤篇右"；殆科举不第，其时旅食长沙也。次张名安世，绍兴二十四年进士，淳熙中官桂林运使。审斋寿韩南涧词云"乘轺"，似是乾道二年间，韩为江东漕时作。

词传七十二首。《提要》称其"出入于东坡门径，风格秀拔，不杂俚音，南渡后卓然一作手"。按集内《虞美人》同韵二首，一为《和姚伯和》，一为《简伯和借战国策》，考绍兴十六年校刊《战国策》之姚宏，字令声，表德之字，"声"与"和"义亦相应，疑即简姚宏或其家人借读新校刊本也。词云"欲正书中句"，又云"万水千山，聊为借书来"，非精校新刊，何足以当之。此举可为词家公案。

《直斋书录》载《审斋词》一卷，《唐宋百家》本、《宋元名家》本、汲古本卷数相同。

汲古刻《六十一家》本《审斋词》七十二首，多讹脱。有汪氏覆刊，《四部备要》排印。

石莲庵《山左人词》本《审斋词》一卷。

《全宋词》一三一王千秋词，收毛本，据毛斧季从孙氏旧录本校勘，止订补二字。[②]

① 《宋诗纪事》五二；《四库提要》一五七；《宋诗纪事补遗》四九。

② 吴师道剡川姚本《战国策题跋》；《四库提要》一九八。

箫台公馀　姚述尧撰

述尧，字进道，华亭人，以钱塘籍登绍兴二十四年进士第，乾道四年知温州乐清县。述尧以笃于内行称，交友以张九成为最知名，《宋元学案》列为横浦讲友。事迹具《咸淳临安志》。

词传六十九首，皆官乐清时作，县有箫台峰，故取以名词。陆心源跋其词云："清丽芊绵，绝无语录气，亦南宋道学家所罕见也。"

《宋史·艺文志》载姚述尧《箫台公馀》一卷，朱彝尊曾藏之，陆心源得仁和劳氏钞本一卷，清光绪十二年丁松生将刻宋元明杭彦词集，尝向陆氏借钞，彊村本亦从陆出。此外有《典雅词》本、知圣道斋藏《宋元人小词》本。

《彊村丛书》之《箫台公馀词》六十九首，卷后有陆心源跋。按龚氏刊张玉田长短句名曰《山中白云词》，朱氏议为非其朔，以增一"词"字也；此卷亦加"词"字，与《艺文志》异，想沿钞本之旧尔。

《全宋词》一四五姚述尧词，收朱本。[①]

应斋词　赵善括撰

善括，字无咎，号应斋，太宗第四子商王元份六代孙，籍隶隆兴。尝登进士，倅三郡，知鄂州，终于岳州漕佐。其《满江红·辛卯生日》二首，当属乾道七年（1171），但词为寿他人之作，题有脱误也。诗文集名《应斋杂著》，杨万里为序，集久佚，《大典》辑本六卷（馆臣不知有杨序）。《应斋词》多与洪景卢、辛稼轩酬赠，《提要》称其词气骏迈与辛相似。按《贵耳集》载孝宗极喜赵介庵《谒金门》"波底夕阳红湿"之句，今应斋《念奴娇》亦有"波底斜阳红湿"句。二赵皆乾淳间人，不知谁创谁袭也。大抵运用古语，如晏小山之"落花人独立"二句，乃晚唐翁宏诗，李重元之"雨打梨花深闭门"（复见秦观词），吴聿《观林诗话》据王半山谓出于唐乐府。张玉田之"醉里眉攒万国愁"乃山谷诗，其同时人袭用者，如《桯史》所举辛稼轩与康伯可之《满江红》三韵相同，又如卢蒲江之《江城子》与刘龙州、刘学箕之《唐多令》亦无大异，柳三变袭唐诗句屡见宋人诗话、宋人词集中，此例并非罕

---

① 宋施德操：《北窗炙輠录》；朱彝尊：《曝书亭集》五二《书北窗炙輠后》；全祖望：《宋元学案》四〇；《宋诗纪事》四八。

见。况夔笙谓两宋人填词往往用唐人诗句，金、元人制曲往往用宋人词句云。

《彊村丛书》本《应斋词》四十八首，覆《大典》本。

《豫章丛书》九《宋人集》之《应斋杂著》六卷，覆八千卷楼钞本，附有校记，民国八年刊。

《全宋词》卷五赵善括词，覆朱本。①

克斋词　沈端节撰

端节，字约之。《直斋书录》作苕溪人。《四库提要》据《湖州府志》、《溧阳县志》，考定为吴兴人，寓居溧阳。尝令芜湖，知衡州，提举江东茶盐，淳熙间（1174—1189）官至朝散大夫。今按其《青玉案》云："卧治姑溪"，"又作南昌去"，似令芜湖时送同官作。又如"灯宵渐近，更兵尘初息"，"正干戈耆定，禾黍丰登"，似采石大捷后之作。至《挽张于湖》诗云"竹林陈迹"，"抚榇江皋"，则于湖友也。

《克斋词》四十余首。多有词而无题，如《念奴娇》数首咏花词，并花名而无之，殆传写苟简也。冯煦《蒿庵论词》云："《提要》谓沈端节吐属宛约，颇具风致，似尚未尽克斋之妙"；周氏济论词之言曰："初学词求空，空则灵气往来，既成格调求实，实则精力弥满；克斋所造，已臻实地。而《南歌子》'远树昏鸦'阕，尤为字字沉响，匪仅以婉约擅长也。"

《直斋书录》载《克斋词》一卷，长沙坊刻。《唐宋百家》本、《宋元名家》本、《南词》本、陆敕先从两钞校本，卷数并同。

汲古刻《六十一家》本词四十四首，殆与上述各本同出一源。有汪氏覆刻，《四部备要》排印。

《全宋词》卷二一三沈端节词一卷，以汲古刻入录，据毛斧季本订正数字，又从张侃《拙轩集》补《感皇恩》一首，共词四十五首。（张侃卜居吴兴，《提要》载《拙轩集》六卷，《大典》辑本，今有《四库全书珍本》。）②

晦庵词　李处全撰

处全，字粹伯，号晦庵，本丰县人，后迁溧阳。绍兴三十年进士，乾道

---

① 《诚斋集》八三《应斋杂著序》；岳珂：《桯史》三；张端义：《贵耳集》上；《全唐诗》卷二八翁宏诗；《四库提要》一六〇。

② 《宋诗纪事》五七；《提要》一九八；周济：《介存斋论词杂著》；冯煦：《蒿庵论词》。

六年除秘书丞，迁殿中侍御史，淳熙二年知袁、处诸州。六年序从兄《处权崧庵集》，时年五十。《建康志》有小传。词传四十首，颇豪放。其《减字木兰花》题云："甲午在婺州韩守坐上。"盖淳熙初韩南涧初守婺时。其《送王景文词》即王质，质著《雪山集》，有《与李处全书》、《和李粹伯诗》。

《直斋书录》载长沙本《晦庵词》一卷。知圣道斋旧藏明钞《南词》本，卷数相同。

四印斋《三十一家》本《晦庵词》，凡词四十七首。似从旧钞本出。

《全宋词》一八九李处全词，收王本。[①]

燕喜词　曹冠撰

冠，字宗臣，号双溪居士，东阳人。居秦桧门下，教其孙壎，与同登绍兴二十四年甲科。桧亡，夺前恩数，再赴廷试，得初品，仕至知郴州。有文曰《双溪集》，词曰《燕喜词》。

词传六十三首，有淳熙十四年丁未（1187）宣城丞詹效之及陈倅二序，略云："检正曹公，三十年台省旧人，来游宣幕，太守大监詹公赏其文，刊诸郡庠。复以所著乐府析为别集，名曰《燕喜》。"况夔笙举其"飞絮撩人花照眼，天阔风微，燕外晴丝卷"，谓全帙中，似此佳句，竟不可再得。然下五字乃用杜句。

《燕喜词》，有淳熙丁未刊文集本、清初钞文集本、《典雅词》本。现于《直斋书录》者为长沙本《燕喜集》一卷。朱竹垞辑《词综》时未见其只字。阮元《四库未收书提要》，据毛晋藏景钞宋本入录。

道光中蒋光煦刊《别下斋丛书》之《燕喜词》一卷，首列阮氏提要，次陈序、詹序，次词六十三首。中有《和归去来》一首，非词体。末阕《望海潮》佚去下半，蒋氏乃以上半分为二片。《丛书集成》初编覆此。

黄氏士礼居旧藏景淳熙本《燕喜词》一册，末有咸丰戊午六月韩应陛隶书小字手跋，荛圃等印（台北"中央"图书馆藏）。

四印斋汇刻本《燕喜词》一卷，用传钞本，据蒋本改订。卷中《和归去来辞》一首，低一格。又跋云："近杭州书贾仿袖珍本石印，讹误几不可读。"

《续金华丛书》本《燕喜词》一卷，覆王本。

---

① 王质：《雪山集》八及一四；韩元吉：《南涧稿》一五《婺州贡院记》；周煇：《清波杂志》一〇"敖波"条；《四库提要》一五七"崧庵集"条；陆心源：《宋诗纪事补遗》五二。

《全宋词》一五四曹冠词六十二首，收王本，剔去《归去来辞》一首。[1]

海野词　曾觌撰

觌，字纯父，汴人。绍兴中，以寄班祗候与龙大渊同为建王内知客，孝宗受禅，以潜邸旧人，权知阁门事。怙宠依势，世号曾、龙，罢宰相，易大将，待其言而后决，觌用事二十年，至于谮逐大臣，贬死岭外。淳熙六年（1179）以开府仪同三司加少保。《宋史》入《佞幸传》。有《海野集》。词传一百零四首。黄花庵推其《过京师》、《邯郸道》诸词，凄然有黍离之悲。《提要》谓其人不足齿，而才华可观。其《壶中天》题序云："是夜西兴亦闻天乐。"毛晋竟傅会为天神不以人废言，岂未忆刘禹锡诗"重闻天乐不胜情"耶。

《直斋书录》载《海野词》一卷，汲古刻卷数相同，毛斧季校本分上下二卷。

汲古刻《六十一家》本，词一百零四首。有汪氏覆刊，《四部备要》排印本。

《全宋词》一七九曾觌词，收汲古本，据斧季校本改正二字。[2]

石湖词　范成大撰

成大（1126—1193），字致能，号石湖居士，吴县人。绍兴二十四年进士。后以起居郎使金，抗其主于殿陛间，归除中书舍人，历四川制置使，淳熙五年参大政，两月，奉祠，卒谥文穆，周必大志其墓。有《揽辔录》、《桂海虞衡志》、《吴船录》及《石湖集》一百三十六卷。《四部丛刊》传其诗集三十四卷，据原目当有第三十五卷为词，但未锓版。事迹具《宋史》三八六。

《直斋书录》载《石湖词》一卷，明钞本、何梦华钞本及天津图书馆藏钞本，卷数相同。今传刊本，从和词本分出，非范氏原编也，详下条《和石湖词》。

鲍渌饮刊《知不足斋丛书》本《石湖词》一卷，七十一首，附补遗十八

---

① 《杨诚斋集》二四《谢曹宗臣惠双集诗》；《直斋书录解题》卷一八"双溪集"条及二〇"景物类要诗"条；阮元：《揅经室外集》一。

② 周密：《武林旧事》；《四库提要》一九八。

首。据吴伯宛所见鲍原钞本，词后有小齐云江立跋，补遗仅九首，其余乃渌饮增辑云。《丛书集成》初编覆此。

《彊村丛书》之《石湖词》七十一首，补遗二十三首。（删鲍本末一首，增《步虚词》六首。）底本为半塘翁手校鲍本，附有“校记”，又附“校记二”，乃曹君直以韩氏藏毛子晋钞本入校。朱氏跋据《爱日精庐藏书志》可得二事：一为石湖与陈三聘词，唱和相间，原编为一卷。二为《满江红》第二首脱“始生之日，丘宗卿使君携具来为寿词，坐中赋词，次韵附之”，二十二字。按宗卿词正同此韵，陶氏影印本不缺，详下条《和石湖词》。孔凡礼从《诗渊》辑得《鹧鸪天》、《洞仙歌》等共八首（见《范成大佚著辑存》）。

《全宋词》一五一范成大词收朱本，又增赵万里辑不全四首，自辑一首。[①]

和石湖词　陈三聘撰

三聘，字梦弼，东吴人。事迹未详，似欲以和作干进，词后自识云：“客怀诗词数十篇相示曰：此大参范公近作也，辄以芜言属韵，然使三聘获登龙门宾客之后尘，平时之愿，至足于此。”举前人所作而尽和之者，始于东坡和陶，后有陈晞颜和简斋，皆诗也。若词，则有陈三聘和石湖，及方千里、杨泽民、陈允平和清真等作。况夔笙举三聘“相逢细把银釭照，犹恐今宵梦似真”，为翻新入妙。

陶氏影印汲古阁精钞七种本影宋《和石湖词》一卷。曹元忠云：“首题吴郡范成大至能、东吴陈三聘梦弼两行，以下倡和相间，自《满江红》至《醉落魄》都一百四十四首，惟《醉落魄》‘碧天阔’下接‘酸何人为我丁宁驿使来至江干’，其间脱去一叶，据目录为《醉落魄》半首外，尚有《醉落魄》、《眼儿媚》，倡和各二首，则原本固一百四十八首也。鲍刻分倡和各自为卷，范词《满江红》次首脱题序二十二字，和词‘碧天阔’下未注阙字，《眼儿媚》尾十三字未收，鲍刻所据，当非此本。观和词《念奴娇》次首‘麝馥萦妆愁花凝恨’所注‘一作’，正同毛钞也。”按陶本无曹跋，其书缺第三十五叶，一如曹氏所云。

《知不足斋丛书》本《和石湖词》一卷。《丛书集成》初编覆此。

《彊村丛书》之《和石湖词》一卷，总目云据汲古钞本，但陶本所有之题

---

① 《杨诚斋集》八二《石湖文集序》；陆游：《渭南集》一四《范待制诗集序》；刘昌诗：《芦浦笔记》九“白玉楼”条；岳珂：《桯史》四“乾道受书礼”条；周密：《齐东野语》一〇及《澄怀录》下。

序及《眼儿媚》断句，未补入。

《全宋词》一五二陈三聘词七十一首。收朱本。此卷及范成大卷无编者题跋，应补之题序及断句，概付阙如。[①]

拙庵词　赵磻老撰

磻老，字渭师，以妇翁欧阳懋待制泽入仕。乾道六年随范成大使金，历官工部侍郎。《直斋书录》载磻老《拙庵杂著》三十卷外集四卷。毛晋影写宋本《典雅词》有《拙庵词》一卷（见《日本静嘉堂文库目》）。

四印斋汇刻本《拙庵词》十八首。

吴氏石莲庵刊《山左人词》本《拙庵词》一卷。

《全宋词》一五三赵磻老词收王本。[②]

金谷遗音　石孝友撰

孝友，字次仲，南昌人。乾道二年（1166）进士。尝以《满庭芳》上张于湖，"愿作老门生"云。有词名《金谷遗音》。

词一百四十八首。《蒿庵论词》云："《金谷遗音》，隽不及山谷，深不及屯田，密不及竹山，盖皆有其失而无其得也。"《四库提要》编入存目，略无好评。

《直斋书录》著录《金谷遗音》一卷，长沙本、《南词》本名称卷数并同。《唐宋百家》本、《宋元名家》本，同作《金谷词》，不分卷。

汲古刻《六十一家》本《金谷遗音》一卷，凡一百五十首，颇多脱误。有汪氏覆刊，《四部备要》排印。

《全宋词》一八〇石孝友词一百四十八首，收汲古本，据毛斧季校本订正二十余字，又剔出混入二首为附录。[③]

渭川居士词　吕胜己撰

胜己，字季克，吕祉之子（参本书《赤城词》下）。其词有"愿归隐闽

① 《杨诚斋集》七八《陈晞颜和简斋集序》；曹元忠：《笺经室遗集》一三。

② 《直斋书录解题》一八；淳熙本《孝肃包公奏议集》有《赵磻老题后》。

③ 《宋诗纪事》五四；《四库提要》二〇〇。

山”句，与彊村本题“建阳”相应。有《瑞鹤仙·渭川行乐词》，序云：“予有一洲，可五百亩，植花竹其上，号小渭川。”集名盖原于此。《全宋词》遽目为渭川人，殆沿瞿氏《书目》之误。又有饯张南轩赴阙词，知为孝宗朝人。其《满江红·题辛丑年假守沅州》，则以潭帅幕官摄守属郡，盖淳熙八年（1181）也。《负暄野录》谓其善隶书，范成大曾于江州琵琶亭见其隶书《琵琶行》石刻。

《渭川居士词》向少著录。吴伯宛景刊汲古阁钞《宋金词七种》，皆毛氏写样待刊本，内有《渭川居士词》一卷，与丁氏善本书室藏劳巽卿钞本、瞿氏铁琴铜剑楼传钞本（此本避讳字盖钞自宋刻，现存台北“中央”图书馆），阕数相同，殆同出一源。吴本次行题名上无“建阳”二字；又似经伯宛意校一二字。若《醉桃源》下“即阮郎归”等注，则毛氏附加之陋习也。

《彊村丛书》覆丁氏旧钞本，而以瞿氏钞本及吴伯宛所校改补，附有校记。其《木兰花慢》“对轩辕古镜”首下片“楼居共真仙伴侣”句，彊村按云“伴侣二字，当衍其一”，此就一百一字者言也。然渭川另有“平生花恨少”首，下片此句云“感生生自然造化”，亦与前首同多一字，并共一百零二字，彊村又无校语，似不必以后人所订之律拘束宋人也。（康熙《词谱》收刘应雄一百零二字体，句读微异。）

《全宋词》卷二〇五吕胜己词八十九首。据朱本入录。[①]

养拙堂词　管鉴撰

鉴，字明仲，临川人。范成大制置四川时，道经峡州，管鉴为峡州守。后累官至广东提刑、权知广州经略安抚使。词题所署年干，最迟者为甲辰生日，盖淳熙十一年（1184）。

词凡六十八首。词中数见之文倅元益，名好谦，见《宋史》三八四《陈康伯传》。

《直斋书录》载长沙本《养拙堂词》一卷，《唐宋百家》本、《南词》本，卷数并同。

四印斋汇刻《三十一家》本《养拙堂词》六十八首，未详所出。

《全宋词》一七七管鉴词，收王本。[②]

---

① 范成大：《吴船录》卷下“泊江州”条；陈槱：《负暄野录》；《铁琴铜剑楼藏书目录》二四。

② 范成大：《吴船录》及《石湖诗集》卷一六《麻线堆诗》。

鄮峰真隐大曲二卷词曲二卷　史浩撰

浩（1106—1194），字直翁，明州鄞县人。绍兴十四年（据《宋史》）进士，以事孝宗于潜邸，隆兴元年拜尚书右仆射，与张浚锐意恢复之议不合，遂与祠；淳熙五年，复以侍读为右丞相，未几求去，拜太傅兼侍读；十年致仕，封魏国公，薨后追封郡王。全榭山谓乾、淳诸老连茹而起者，皆直翁力云。门人周铸编其所著为《鄮峰真隐漫录》五十卷。事迹具《宋史》三九六。

《漫录》中第四十五至四十八为《大曲》五十二首、《词曲》一百二十九首，近人吴梅跋云："《大曲》二卷，有歌词，有乐语，且诸曲之下，各载歌演之状，宋人大曲之详，无有过于此者。夫词之与曲，犁然为二，及究其变迁蝉蜕之迹，辄不能得其端倪，今读此曲，则源流递嬗之所自，昭若发矇。"按"大曲"之名见《魏书·乐志》，沈括、王灼皆有论述，元稹诗之《凉州大遍》凡数十解，宋人裁截用之。谓之"摘遍"，大曲亦是裁用，非大遍也，王国维有《唐宋大曲考》。

范氏天一阁进呈四库馆之《鄮峰漫录》五十卷，与《直斋书录》及《宋史·艺文志》符合，朱彊村校梓其词四卷以传。（乾隆间会稽继锦堂刊本与天一阁底本，未知同异如何。）

《彊村丛书》本《鄮峰大曲》二卷《词曲》二卷。朱氏初得史氏裔孙传写《库》本，后借阅缪艺风藏天一阁进呈底本始知写进时出妄人手，多所窜改，因撰"校记"一百四十余条，附刊卷末。其《柘枝舞》校云"缺文有旁谱"，惜未录出。又词末从《阳春白雪》增辑二首。

《全宋词》一一八至一二一史浩词，收朱本，但遗漏辑补之《杏花天》、《临江仙》二首。[①]

龙川词　陈亮撰

亮（1143—1194），字同甫，婺州永康人。才气超迈，喜谈兵，尝诣阙四上书，大略欲激孝宗恢复，迄报罢。后擢绍熙四年进士第一，未禄而卒。有《龙川集》四十卷、《外集》四卷。事迹具《宋史》四三六《儒林传》，何格

---

① 元稹：《连昌宫词》及《琵琶歌》；沈括：《梦溪笔谈》五；王灼：《碧鸡漫志》三；全祖望：《宋元学案》四〇"横浦同调"篇。

恩、童振福各著有《陈亮年谱》。

传词七十四首。叶适《书龙川集后》云："又有《长短句》四卷，每一章就，辄自叹曰：平生经济之怀，略已陈矣。"而陈振孙则指其"自负经纶在是"之意，为不可晓。

叶适所序之《龙川集》，乃子沆（叶水心集作沅）所聚，不著卷数，且其时尚未入梓。叶适所跋之《龙川集》，乃丘太守刻于州学本，亦不著卷数，但《春秋属辞》三卷、长短句四卷，似未付刻。《直斋》著录之"集四十卷外集四卷"（直斋注云"外集皆长短句"），当是足本。《金华丛书》本有胡丹凤撰《考异》，所引有明崇祯刻本、长沙明辨斋本、清道光绣湖刻本，并三十卷，其词三十首编第十七卷，标为词选，当与《直斋》著录之四卷大异，此三十卷疑为州学本也。毛晋跋及《四库提要》并以删去绮艳之作为子沆所编，似属无的放矢。此外不分卷者，有《典雅词》本、《唐宋百家》本、《宋元名家》本。称一卷者，有明钞《宋五家词》本、应氏刊本、《南词》本。

明龙川书院朱彦霖等刻《龙川文集》（三十卷）本，北京图书馆藏。

同治刊《金华丛书》之《龙川集》三十卷，其第十七卷载词三十首。胡丹凤从《词综》收十三首，载第三十卷后补遗。

汲古刻《六十一家》本《龙川词》及补，共三十七首。其三十首从本集出，而移其同调者汇列，毛晋讥集本无甚诠次，殆不知有编年体也。所补七首，录自《花庵词选》。晋又跋云："本集云《词选》，则知同甫之词不止此。"斯言得之，但不知主选者属何人耳。此本有汪氏覆刊，《四部备要》排印。

四印斋汇刻《三十一家》本《龙川词》补二十八首。内有二首已见汲古刻，疑源出知圣道斋藏《宋元人小词》本。

《全宋词》一八一陈亮词七十四首。收汲古刻三十首，《花庵》选七首，四印斋二十六首，赵万里补九首，自补二首。并据明钞本校正汲古本四处。

夏承焘《龙川词校笺》本，附牟家宽注。①

文简公词　程大昌撰

大昌（1123—1195），字泰之，徽州休宁人。绍兴二十一年进士，孝宗朝累官权吏部尚书，出知泉、明二州，绍熙五年，以龙图阁学士致仕，卒谥文

① 叶适：《水心集》卷一二、卷二四、卷二九；《直斋书录解题》一八；《宋诗纪事》五八；《四库提要》一九八。

简。大昌博学，长于考究，著《雍录》、《演繁露》等书。事迹具《宋史》四三三《儒林传》。

词传四十七首。多生日词，亦具雅韵，况夔笙所谓“非性情厚阅历深未易道得”者也。其水晶宫题序，可作地志故实。卷末《水调歌头》半首，注云“下阙”，然卷中《感皇恩·生日》词云“七十有三番”，既是卒年之作，所阙当属无多。

文简词止有《典雅词》传本。《典雅词》者，据朱彝尊前后所得凡五册，知为中秘所储，其跋云：“《典雅词》不知凡几十册，盖宋日胥吏所钞南渡以后诸公词，予所得不及十之二。”汲古阁影宋本《典雅词》十四种，今藏日本静嘉堂文库。

《彊村丛书》本《文简公词》四十七首，据《典雅词》入梓。

《全宋词》一四四程大昌词，收朱本。[1]

坦庵词　赵师侠撰

师侠（《宋史》、《直斋书录》及各书同作“侠”，毛晋作一名“师使”，恐不可信），字介之，燕王德昭七世孙。其跋孟元老《梦华录》云：“余侍先大父，亲承謦欬，校之此录，多有合者，今甲子一周，故老沦没，因镌木以广之，淳熙丁未（1187）十月浚仪赵师侠介之书于坦庵。”似师侠生于建炎元年丁未（1127）以前。集中有重明节词，则当光宗以九月四日为重明节之世。所署最后年干为丁巳，则宁宗庆元三年（1197）也。门人尹觉序其词，谓“连收两科，如俯拾芥”，盖尝登进士第。其宦游之地，则往返于湘、赣、桂、闽间。

《直斋书录》载《坦庵长短句》一卷，长沙本。《宋元名家词》钞本、陆敕仙校本，并同作长短句，疑称《坦庵词》者乃毛晋所改。《四库提要》云：“萧疏淡远，不肯为剪红刻翠之文，但微伤率易。”

汲古刻《六十一家》本《坦庵词》一百五十四首，前有尹觉序，似即直斋著录之本，讹误颇多。《四库全书》据之。有钱塘汪氏覆刊，《四部备要》排印。

《全宋词》三赵师侠词收汲古本，据毛斧季校本及钞本有所改订。然如

① 《直斋书录解题》一八；朱彝尊：《曝书亭集》四二；《宋诗纪事》五〇。

《风入松》之“沿椵衡永”，应援周密《拜星月慢》“沿檄荆溪”之例订正。[①]

澹轩诗馀　李吕撰

吕（1122—1198），字滨老，一字东老，邵武军光泽人。四十岁弃科举，七十七岁卒。尝立社仓，朱熹为作记，叹其负经事综物之才，老而不遇。其《墓志》则周必大作也。《志》称《澹轩集》十五卷，今传《大典》辑本八卷。第四卷诗馀二十四首，中混有非李氏作。

《四库全书珍本》初集《澹轩集》八卷。

《彊村丛书》本《澹轩诗馀》，据《大典》本付梓。

《全宋词》一四三李吕词，收朱本，剔出馆臣误收六首入附录。[②]

晦庵词　朱熹撰

熹（1130—1200），字元晦，一字仲晦，世为徽州婺源人。少孤，依父友刘子羽寓崇安，后徙建阳之考亭。绍兴十八年进士。淳熙五年知南康军，复白鹿洞书院。后提举浙东常平，孝宗以为政事可观，以忌谮者多，除职皆辞。宁宗即位，召为焕章阁待制、兼侍讲，未几，以韩侂胄谮罢。伪学禁起，削官。庆元六年卒。侂胄死，追谥曰文，理宗朝从祀孔庙。著述甚富，其《大学》、《语》、《孟》、《中庸》训说立于学官。事迹具《宋史》四二九《道学传》。宋、明、清及日本人撰《朱子年谱》有十九种，王懋竑撰者刊本最多。

朱子诗文集，名称版本颇多，《四部丛刊》初编景明嘉靖本《朱文公文集》一百卷，其第十卷后半总题作乐府，凡词十六首，又卷五诗篇中有《奉怀敬夫》二阕，盖《忆秦娥》也（《花庵词选》以《忆秦娥》二首为张于湖词）。《唐宋百家》本不分卷。

侯刻《十名家词》本《晦庵词》一卷。有粟香室覆刊。

江标刊《宋元名家词十五种》之《晦庵词》十八首，从集本出。

《全宋词》一五五朱熹词十八首，收江本，另以他本混收之胡明仲词入附录。[③]

---

① 《郡斋读书志》附志五“梦华录”条；《宋史》一一〇及二一八；《宋诗纪事》八五；《四库提要》一九八。

② 周必大：《平园续稿》三五；《四库提要》一五九；《宋诗纪事补遗》六〇。

③ 叶绍翁：《四朝闻见录》丁集“庆元党”条；《四库提要》一五九。

松坡词　京镗撰

镗（1138—1200），字仲远，豫章人。绍兴二十七年进士。孝宗朝，以工部侍郎帅蜀。庆元初，累迁左丞相；当韩侂胄用事，朋奸取容，所荐胡纮、刘德秀，皆乐为排击善类之鹰犬，故《宋史》讥其流为千古罪人。有《松坡集》。《墓志》为杨万里撰，事迹具《宋史》三九四。

词传四十三首。庆元己未（镗卒前一年）门下士黄汝嘉跋云："《松坡居士乐府》一卷，大丞相京公帅蜀时所赋，抑扬顿挫，吻合音律。辄再锓木豫章学宫，附于诗集之后。"（按帅蜀前后不应无词，《宋史·艺文志》载其词二卷，似可信；然所载乃在诗七卷之后，仍是黄汝嘉本耳，"二"字疑误。）

《直斋书录》歌词类载长沙本《松坡词》一卷：又诗集类载《松坡集》七卷《乐府》一卷。今传知圣道斋藏明钞《松坡词》一卷，末有黄汝嘉跋，当是源出豫章本之长沙坊刻。又有《南词》本，卷数同。

《彊村丛书》本《松坡词》四十二首。先据知圣道斋明钞入梓，后得吴兔牀手写本，缺词二首，而多《水调歌·陪白使君游春城再次韵》一首，因录跋中，而以其他异文，撰校记十条。

《全宋词》一四七京镗词四十二首，收朱本。其卷端题四十二首，当是明钞原数，卷末注"以上朱本《松坡乐府》四十三首"；然朱跋中词尚未加入，又改朱本所题"词"字为"乐府"二字。①

梅山词　姜特立撰

特立，字邦杰，丽水人。淳熙中除阁门舍人，命充太子宫伴读。及光宗即位，以旧人用事，恃恩无所忌惮，时人谓曾（觌）、龙（大渊）再出。丞相留正论其招权纳贿，遂与外祠，旋再召，留正乃出国门待罪六和塔，凡百四十日，始命特立还浙东。宁宗初，拜庆远军节度使，卒。其壬戌生朝词，盖嘉泰二年（1202）作。有《梅山诗稿》六卷，《续稿》五卷。事迹具《宋史》四七〇《佞幸传》。

《四库》著录《梅山续稿》十七卷，出汪森家传钞本，附以杂文及诗馀。

---

① 《直斋书录解题》二〇及二一；杨万里：《诚斋集》一二三《京公墓志》；《宋诗纪事》五一。

四印斋汇刻本《梅山词》二十首，疑从《库》本出。

《全宋词》一八三姜特立词收王本，据《梅山续稿·长短句》校正三字。①

客亭乐府　杨冠卿撰

冠卿，字梦锡，江陵人。生于绍兴八年（1138），尝举进士，为九江戎司掾。又尝知广州，以事罢职，集中有《自罗浮归过于湖哭张安国》词。陆游于嘉泰三年（1203）撰《杨梦锡集句杜诗序》，时冠卿六十六岁矣。所著《客亭类稿》，有知不足斋藏书刊小字本，不分卷，四库馆臣辑录《大典》所载戕表诗馀，参合刊本，厘为十四卷，附书启一卷。

传词三十六首。《提要》谓京镗极称其集杜之工，而稿中乃无一篇，今按陆游序，知其别行；而词中《卜算子》集杜浑成，亦可以管中窥豹矣。其和韵之吴斗南，当即著《离骚草木疏》之吴仁杰。其《闻溪童歌》"目尽青天"句，则张仲宗送胡邦衡词也。

《大典》辑本《客亭类稿》十四卷，存词三十六首，有民国十二年辑《湖北先正遗书》覆印本。

《彊村丛书》之《客亭乐府》三十六首，据《大典》本入录。

《全宋词》一五八杨冠卿词，收朱本。②

龙洲词　刘过撰

过（1154—1206），字改之，号龙洲道人，吉州太和人（作襄阳者误）。尝叩阍上书，不报，屡试不第，放浪荆楚，客食诸侯间，卒于昆山。改之跅弛不羁，岳珂在京口与之相交，杂以嘲戏。故《桯史》记改之事较可据，他野乘多不足信。其名与苏叔党相同，后人传其诗多与《斜川集》混，清乾隆间镌《三希堂法帖》，亦误以刘过诗为苏过书。其集经弟澥手辑、刊于端平间者，十五卷，词入第十三第十四两卷。清李调元刊《函海》本，止传诗十卷。

词传八十三首。《花庵》云："词多壮语，盖学稼轩者也。"《提要》云："凡赠稼轩者则学其体，其余虽跌宕淋漓，实未尝全作辛体也。"其《贺新

---

① 《宋诗纪事》五七；《四库提要》一六一。

② 张孝祥：《于湖集》二八《题客亭类稿》；陆游：《渭南集》一五；姜白石：《集外诗》；张端义：《贵耳集》上；《四库提要》一六〇。

郎·赠娼》自跋所称邓南秀，乃丰城人（见《游宦纪闻》一）。又有词一卷名《漫堂集》，载《直斋书录》。龙洲《沁园春·咏美人指甲》是，颇为《四库》所讥，实开明人先例。

《直斋书录》载《刘改之词》一卷，非长沙坊本，惜不经见。明钞《宋五家词》本虽同作一卷，而称为《龙洲词》。旧钞《唐宋名贤百家词》本，虽同名《龙洲词》而不分卷。《南词》本则作《龙洲词》二卷。其澥辑集本有天一阁藏旧钞。明王朝用所刊集本，名覆宋刊，词分两卷，然多讹脱，似据钞本入梓，非覆端平椠本也。钱遵王校本、汲古阁刊本，并从此出。善本书室藏旧钞《龙洲诗集》十二卷，词载十一及十二卷中，末二三首较王本稍完。明沈愚《怀贤录》载《龙洲词》六十九首，比他本为多，蟫隐庐传刊之。

明嘉靖间昆山令王朝用刊《龙洲道人集》十五卷。载词四十五首，卷末脱《好事近》、《清平乐》二调名，最后又脱词二首。

汲古刻《六十一家》本《龙洲词》，源出王刊，但从《辍耕录》辑二首加于同调之后，又从《吴礼部诗话》辑一首加于卷末，而《六州歌头》附载李沈和作不低一格，他首或间夺词题，或误从《花庵》，皆纰漏也。此本有汪氏覆刊，《四部备要》排印。

《彊村丛书》初刊《龙洲词》二卷，据士礼居藏钱遵王校本，有曹元忠跋，大体同毛刻而稍胜。后得蟫隐庐本，除去复出，再刻补遗，有彊村跋及校记。

明沈愚刊《龙洲词》一卷，词六十九首。为他本所无者三十一首，他本有而沈本无者十三首。据彊村校记所引文字，多以沈本为胜。范氏天一阁旧藏也。

罗经之蟫隐庐刊足本《龙洲词》一卷，以沈本为主，罗氏又从他本及《全芳备祖》等续补十七首，但《玉楼春》一首，则从《词辨》误收。

《全宋词》一八五刘过词八十三首，收沈愚本六十八首，朱本补十五首，而以沈本罗补及康熙《词谱》误收各一首入附录，又《水龙吟》"庆流阅古"首，从《翰墨大全》补两字。

《龙洲集》本卷二（上海古籍出版社）。[①]

招山乐章　刘仙伦撰

仙伦，一名儗，字叔儗，号招山。淳熙间（1174—1189）江湖游士，与

① 岳珂：《桯史》二；张端义：《贵耳集》上；张世南：《游宦纪闻》一及八；《宋诗纪事》五八；《四库提要》一六二及一九九；邓广铭：《辛稼轩年谱》"开禧二年"条。

刘改之齐名，称为庐陵二布衣。岳珂《桯史》卷六云：“淳熙甲辰（十一年）乙巳（十二年）间，余兄周伯持浙东庾节，（仙伦）以二诗遗周伯，遂约之入浙，明年叔仙伦过会稽，留连累月，饷之缗钱甚夥。”又论所见仙伦诗云：“余反覆四诗，大概皆一轨辙，新警峭拔，足洗尘腐而空之矣，独以伤露筋骨，盖与改之为一流人物云。仙伦后亦终韦布。”仙伦所著，今传者有《招山小集》一卷，见陈氏《两宋名贤小集》。

词传三十余首。《花庵词选》云：“招山有诗集行世，乐章尤为人所脍炙，吉州刊本多遗落，今以家藏善本选集。”按《花庵》所选十七首，其《霜天晓角》“倚空绝壁”一首，魏菊庄《诗人玉屑》、周草窗《绝妙好词》并同作招山词，殆所谓吉本遗落以善本选集者。然《花庵》所谓善本，不无可疑。检《大典》辑本韩元吉《南涧甲乙稿》收有此词，《大典》采自南涧《焦尾集》，自较坊刻为可据。（王奕词亦题《和韩南涧》）至《全宋词》跋谓此首《乐府雅词》作韩元吉词，检《四部丛刊》本《乐府雅词》无此首。

《招山乐章》不见于《直斋书录》，《花庵》所称吉本亦不见留传。赵万里于《花庵》、《草窗》二选外，从《翰墨大全》搜得七首。《全宋词》又从《截江网》加辑五首。

《校辑宋金元人词》本《招山乐章》二十七首附录一首。

《全宋词》卷二〇四刘仙伦词三十一首附录二首（内一首为《霜天晓角》）。①

① 《南涧甲乙稿》七；岳珂：《桯史》卷六“快目楼”条；黄昇：《中兴词选》五；魏菊庄：《诗人玉屑》二一；《绝妙好词笺》二；《宋诗纪事》六三。

卷五　宋代词集解题

稼轩词　辛弃疾撰

弃疾（1140—1207），初字坦夫，后改幼安，号稼轩居士。宋南渡之十四年，生于齐之历城，南归后，卜筑上饶之带湖，后移居铅山期思渡，遂世为铅山人。当二十二岁时，与耿京图恢复，衔命南来，京为其下张安国所害，弃疾后归，缚安国还朝，差江阴佥判。后上《守淮疏》及十论、九议，皆复国大计。累官江西提刑，湖北、湖南、江西、福建、浙东等安抚使，进枢密都承旨，龙图阁待制，未受命卒。稼轩才气奋发，谋猷经远，以气节自负功业自许，大儒朱熹亦深相推重，惜闲退时多，即用亦不尽其才。事迹具《宋史》四〇一。所著诗文，有邓广铭校补《稼轩诗文钞存》。年谱有辛启泰、梁启超、陈思等编本，以邓广铭著后出最胜。如辨正《宋史》幼安无师蔡松年事，可信。

词凡六百二十余首。潘牥称："东坡为词诗，稼轩为词论。"门人范开序其初刻词云："公意不在于作词，而其气之所充，自不能不尔，其间固有清而丽，婉而妩媚者，又坡词之所无，而公词之所独也。"《四库提要》称其于剪红刻翠之外，屹然别立一宗，慷慨纵横，不可一世；观其才气俊迈，似乎奋笔立成，然《桯史》记其使客指摘所作，乃日事改易，累月未竟，则未始不经苦思也。况夔笙云："词嫌琢嫌率，但看梦窗何尝琢，稼轩何尝率，可以悟矣。"

辛词刊本有二系：一为《文献通考》著录之四卷本，名曰《稼轩词》，共四百三十九首，分甲乙丙丁集。甲集有淳熙戊申门人范开序，四百余首中无晚年作，殆稼轩生前所刊，当时最为通行，《直斋书录》载长沙本《稼轩词》四卷，似从此出。今传毛氏影钞本、吴讷编《百家词》本、北京图书馆藏《南词》本，皆此系也。一为《宋史·艺文志》著录之十二卷本，名《稼轩长短句》，共五百七十三首。有稼轩卒年丁卯病中作，当是刊于稼轩卒后，陈直斋所谓"信州本十二卷，卷视长沙为多"者也。又视四卷本文字多所改定，大都较胜。然四卷题序或具当时真率之趣，改成严谨之文，则兴象减矣；又交游中一律改称最后之官，于考校年月，亦多不便。今传元广信书院一本、明李濂本、汲古《六十一家》之四卷本、辛启泰本、四印斋本、石莲庵本、小草斋本，皆此系也。又《荛圃藏书跋》有张讱庵校元本十二卷，《佳趣堂书目》有曹秋岳选定四卷，此外《后村集》有《辛稼轩集序》,《须溪集》有《辛稼轩词序》（称宜春张清则刻之），《桯史》引待制词集中序语，《玉堂嘉话》称吴序《稼轩乐府》，今并不经见。其各家书目所载同卷数者，不备录。

影宋精钞《稼轩词》甲乙丙丁集四卷，原藏毛氏汲古阁，光绪之季，涵芬楼得甲乙丙集，至民国二十七年又收得丁集，始成全璧。卷端范开《序》谓："近时流布多赝本，因裒集亲得于公者，才逾百首，将以祛传者之惑。"即指甲集之一百一十一首也（疑卷末九首非经范手）。梁任公、张菊生于范《序》多所悬揣，然范《序》实无甲集之名，殆后来续刻，始以甲集名开所裒本，而以乙丙丁名续刻耳。四卷中有范开序后词，而无晚年帅浙东守京口词。民国二十九年张菊生序印之，有夏敬观跋、胡文楷校记（邓广铭指胡氏校记颇疏）。

陶湘涉园景宋本《稼轩词》甲集（一百一十一首）、乙集（一百一十四首）、丙集（一百零七首）各一卷，十行十八字，款式与涵芬楼本全同，亦自毛影本出，而缺其丁集。梁任公见此，怪其缺佚，因从直隶图书馆假得吴讷辑本《百家词》，发见中有丁集，始为世人注意。

明吴讷辑《唐宋名贤百家词》本《稼轩词》。分甲集、乙集、丙集、丁集，与涵芬楼本同源，即《通考》著录之四卷本。书藏天津省立图书馆，惜钞手拙劣。（别条所称《唐宋百家》本即此，有民国排印本。）

赵万里辑《稼轩词》丁集，凡一百零四首，录自吴讷本，而以信州本正其讹误，欲补陶湘本之缺也。载《校辑宋金元人词》第二册。

元大德己亥广信书院刊《稼轩长短句》十二卷。元椠旧为黄荛圃藏，今归聊城海源阁。顾千里为荛圃补缺三叶，集卷中所有字为之，并跋谓出信州本，不知即信州之广信书院也。卷一《贺新郎·和徐斯远》词两押“赋”韵，据丁集及黄机和徐词，上阕乃“付”字，知元椠不无微误。最近影印原椠有二种，一为大小悉照原样，一为缩小本。

明嘉靖十五年丙申历城王诏刊于开封之李濂批点本《稼轩长短句》十二卷六册，台北“中央”图书馆藏，有朱彝尊藏印。源出广信本，但少十一首，词有误连，讹字亦多，盖未审其底本有缺叶也。有万历间覆刻。

汲古刻《六十一家》本《稼轩词》四卷。起《哨遍》，终《忆王孙》，编次及错误并同李濂本，知源出十二卷，特改编卷数以符《通考》之四卷耳，疑付刊后始得甲乙丙丁本也。《四库全书》据之，馆臣虽未见信州本，已察觉其讹矣。毛氏尚有未刊之斧季手校本，旧藏皕宋楼。《六十一家》本有汪氏覆刻，《四部备要》排印。

清嘉庆十六年辛启泰编刊《稼轩集》，附辛启泰编撰《年谱》。计辑存诗文四卷，其词四卷，后《六十一家》本出。又补遗一卷，乃法式善从《永乐大典》所辑词三十六首。

清光绪三十年四印斋刻《稼轩长短句》十二卷。借杨凤阿海源阁藏元椠翻梓，世人公知信州本内容者自此刻始。

清光绪二十七年吴氏石莲庵辑刊《山左人词》本《稼轩词》十二卷，翻元椠信州本。此刻与四印斋刻并出元椠，故书之首行并题“稼轩长短句卷之几”，然书耑又作《稼轩词》，盖未见吴讷本之前，尚不知四卷本（词），与十二卷本（长短句）异名也。

陶湘涉园景印小草斋钞本《稼轩长短句》十二卷。明小草斋影写大德己亥广信书院本，前藏清学部图书馆，陶氏影印，不失信州本真貌，异于王氏吴氏之翻刻。商务印书馆排印《稼轩长短句》十二卷，从大德本出。（排此本时，尚未景印四卷本。）

厉樊榭手书本《稼轩词》八卷。《郎园藏书志》云：较信本词无缺佚。

《彊村丛书》本《稼轩词补遗》一卷。以辛启泰刊本颇少流传，因别刊其补遗三十六首，撰校记十二条，其复见大德本一首、混入朱希真二首，于校中注明。

梁启勳编年本《稼轩词疏证》六卷。共词六百二十三首，计收：十二卷本五百七十三首，四卷本十五首，辛补三十三首及《草堂诗馀》、《清波别志》各一首。但失收、误收各一首。

《全宋词》一六三至一七四辛弃疾词十二卷。收四印斋本，又据梁本所补而订正其失误二首，共词六百二十三首。跋中称长沙本一卷，及广信书院本出自信州本，并沿前人之误。

近印邓广铭撰《稼轩词编年笺注》八卷，又增订本。前四卷编年，五卷疑年，六卷越、杭、润、信诸什，七卷补遗，八卷旧本序跋。邓氏此笺，与撰年谱同时，于交游、时地、文字校勘，特见审慎，邓氏自谓非专于词，此编乃治史过程之一段，故不无待补之处。但今日言辛词者，当以此为佳本。又有蒋礼鸿《拾补》（《活页文史丛刊》八六）。①

丘文定公词　丘崈撰

崈，字宗卿，江阴人。隆兴元年（1163）进士。光宗朝，以侍郎擢四川安抚制置使，革世将之患，识者服其先见。宁宗朝，颇谏韩侂胄轻举北伐，旋以江、淮宣抚使力保淮南，侂胄诛，改任江、淮制置大使，嘉定元年（1208）拜同知枢密院事，卒。事迹具《宋史》三九八。《直斋书录》有《丘文定集》，十卷，《拾遗》一卷。

传词七十九首。有《典雅词》及《宋元人小词》各钞本。多与南涧、石湖、稼轩诸公唱和。陈直斋称其文慨慷有气，词亦如之。

四印斋刊文定公词，似从元钞本出，末二首《如梦令》有目无词，又多缺字。

《彊村丛书》本《丘文定公词》，据朱氏结一庐藏旧钞本入梓。末二首不缺，与丁氏八千卷楼藏劳钞本相同。

《全宋词》一七六丘崈词七十九首，据彊村本，以四印斋本校补一字。②

放翁词　陆游撰

游（1125—1210），字务观，号放翁，山阴人。漕试解首，触秦桧怒被黜，以荫入仕。历枢密院编修，幕游梁、益，九年乃归，晚知严州，诏同修国史兼秘书监，以宝章阁待诏致仕。著述甚富，诗篇逾万，为中兴之冠。有《南唐书》及《渭南文集》五十卷，《剑南诗稿》、《续稿》八十七卷。事迹具《宋史》三九五。赵翼、钱大昕、铃木虎雄各著有《放翁年谱》。

词一百四十余首。《直斋书录》载长沙本《放翁词》一卷，《唐宋百家》

---

① 岳珂：《桯史》三，《稼轩论词》；《四库提要》一九八；陈模：《怀古录》下。

② 《直斋书录解题》一八。

本不分卷，附本集者分二卷。其《水调》多景楼，张安国书而刻之石。《艺概》云："放翁词安雅清澹，其尤佳者在苏、秦间；然乏天然之韵。"

宋椠《渭南文集》五十卷，嘉定十三年子遹刊于溧阳学宫，用庐陵刊欧阳公集例，乐府附集后，传于今者所谓游字缺笔本也。

双照楼景宋《渭南词》二卷，即《文集》五十卷之末二卷，载词一百三十首。子遹跋述放翁之言曰："剑南乃诗家事，不可施于文，故别名渭南。"盖放翁手定本也。十行十七字，缪荃孙摹付吴氏入梓（陶湘《叙录》误为嘉定三年）。

明弘治间锡山华氏覆嘉定本《渭南文集》五十卷，遇宋帝字样皆提行，惟游字不缺笔。原本藏江南图书馆，《四部丛刊》初编景此，末二卷载词，与双照楼本同。此后有正德中新安汪大章刻本，又有汲古阁刊《放翁全集》，覆华氏本，其《文集》四九及五〇卷载词。中华《四部备要》，商务《国学基本丛书》并覆此。（坊间排印全集本不备录）

汲古刻《六十一家》本《放翁词》一卷，一百三十一首。源出其前刻全集之二卷，但从《花庵词选》加辑一首，而又略乱原集之编次，改从《直斋书录》之名，毛晋跋谓全集本章次错见，因载订入名家云。有汪氏覆刊，《四部备要》排印。

《全宋词》一四九及一五〇陆游词一百四十三首。收双照楼本，又加辑《花庵词选》及《剑南诗稿》等十三首，而以《花草粹编》误混之稼轩词一首入附录。

夏承焘、吴熊和《放翁词编年笺注》（《古典文学丛书》本）。[①]

省斋诗馀　廖行之撰

行之，字天民，衡阳人。淳熙十一年（1184）进士，尝官巴陵尉，以亲老丐养，注授宁乡主簿，未赴。《行状》称其内行修饬，入仕多循绩云。有《省斋集》十卷，今传《大典》辑本。

词传四十一首，多祝寿之作。《提要》称"其文切近事理，词意笃实"，诗馀亦如之。

《直斋书录》载《省斋诗馀》一卷，行之籍贯仕宦皆在湖南，故长沙坊刻

① 叶绍翁：《四朝闻见录》乙集"放翁"条；《于湖居士文集》二八《题跋》；周密：《齐东野语》一"放翁前室"条；《宋诗纪事》五三；《四库提要》一九八；赵翼：《瓯北诗话》。

《百家词》收之。（厉鹗《宋诗纪事》无其诗，殆《提要》所谓诸家罕著录也。）明钞《南词》本卷数同。《唐宋名家词》本、《宋元名家词》钞本不分卷。

《彊村丛书》本《省斋诗馀》四十一首，据姚氏邃雅堂藏钞本入梓，疑与《直斋书录》之长沙本同源。

《全宋词》一八四廖行之词四十一首，收朱本。①

书舟词　程垓撰

垓，字正伯，眉山人。淳熙间尝游临安，绍熙甲寅（五年，1194），乡人王称序其词，谓："尚书尤公（袤）以为正伯之文过于诗词。"又谓："当涂诸公方以制举论荐。"知正伯当光宗之季，尚未宦达。毛晋谓正伯与子瞻中表兄弟，不知其为子瞻中表程正辅之孙，当序集时，距子瞻之卒已九十余年矣。

词凡一百五十七首。《蒿庵论词》云："正伯词，凄婉绵丽，与草窗所录《绝妙好词》相近，与子瞻门径绝不相入。若《四代好》诸阕，在《书舟集》中极俳薄，不类他作，而升庵乃亟称之，真物色牝牡骊黄外矣。"

《直斋书录》载长沙本《书舟词》一卷，注云："王称季平为作序。"（王称即《东都事略》作者）毛晋刊本有王序，两本殆同源也。《唐宋百家》本外，鉴止水斋、善本书室，并藏有明钞本。

汲古刻《六十一家》本《书舟词》，存一百五十八首。毛晋跋云："多溷苏作，如《意难忘》、《一剪梅》之类，今悉删正。"按《意难忘》阕袭用清真步伐，何致指为苏作而删之。至《一剪梅》仍存三首，未知曾否经晋删减。有汪氏覆刊，《四部备要》排印。

《全宋词》一九七程垓词，一百五十七首。无跋，无注。审其编次，盖以毛本入录，而补回《意难忘》一首于卷末。②

和清真词　方千里撰

千里，衢州信安人，尝官舒州签判。黄花庵列其词于《中兴词选》，其《西河》赋钱塘都会，并可证为南渡后人。《直斋书录》及《宋史·艺文志》不载其著述，毛晋谓方千里、杨泽民有《和清真全词》各一卷，或合为《三

---

① 《四库提要》一六一。

② 陆游：《渭南集》三一《题正伯藏山谷帖》；杨慎：《词品》三；《四库提要》一九八。

英集》行世。

词传九十三首。编次与陈注《片玉集》相同，自第一卷首篇《瑞龙吟》起，至第八卷末《满路花》止，逐阕和作。其第九、第十两卷，及第八卷之《归去难》、《黄鹂绕碧树》两阕，则付阙如。

《四库提要》云："周邦彦妙解音律，所制诸调，不独音之平仄宜遵，即仄字中上、去、入三音亦不容相混，所谓分刌节度，深契微茫，故千里和词，字字奉为标准。"近人杨易编《周词订律》，取方、杨、吴、陈诸同调词，汇校其四声，龃龉者盖甚少。

汲古刻《六十一家》本《和清真词》一卷，九十三首。《四库》录此，《提要》多所订正。有汪氏覆刊，《四部备要》排印。

《全宋词》七一方千里词九十三首。收汲古刻，以毛斧季校本订正七字。[①]

和清真词　杨泽民撰

泽民，江西乐安人。观其《蕙兰芳》题，知曾为赣州推官。又《六幺令》题云："壬寅四月，扶病外邑催租，寄内。"有句云："今岁重更甲子。"是泽民生年为壬寅岁。按南宋有两壬寅，前者为淳熙九年（1182），后者为淳祐二年，泽民殆生于淳熙，而《六幺令》作年为淳祐也。词中宦迹，不出赣、浙、湘、鄂。

词传九十二首，编次四声，悉同陈注《片玉集》及方千里词。但比方词少《垂丝钓》一首，易《过秦楼》调名为《选冠子》。泽民和词，较有个性表现，非如方词止是依样葫芦也。有知圣道斋藏汲古未刻本、小山堂等各钞本。

侯文灿刊《十名家词》本。有粟香室覆刊本。

光绪二十一年江标辑刊《宋元词十五种》本《和清真词》九十二首。为《四库》未收本。

《全宋词》二二〇杨泽民词九十二首，收江本，无校跋，小传称为《续和清真词》。[②]

方是闲居士词　刘学箕撰

学箕，字习之，崇安人，子翚之孙，玶之子（《四库提要》误以玶为玶）。

---

① 《宋诗纪事》三二；《四库提要》一九八。

② 《四库提要》一九八"方千里和清真词"条。

闲居不仕，自号种春子，有《方是闲居士小稿》二卷。其《啃遍》题云“己未”，应是庆元五年（1199）。

词三十八首。刘淮序称为“笔力豪放，词拍稼轩之肩”。可异者，其《唐多令·登多景楼》词，凡歇拍、换头、结韵三处，与同时人刘过之《安远楼小集词》雷同。

《四库总目》著录《方是闲居士小稿》二卷。《提要》云：上卷诗，下卷赋、文及词三十八首，前有嘉定间刘淮、赵蕃、赵必愿三序，末有学箕自记及门人游彬等跋。初已锓版，因乱散失，元至正辛丑（二十一年）裔孙重刊于南山书院。

元至正二十年南山书院重刊《方是闲居士小稿》二卷，藏台北“中央”图书馆。

汲古阁景元抄本《方是闲居士词》，有严元照跋，藏北京图书馆。

《彊村丛书》本《方是闲居士词》三十八首，底本为善本书室藏钞《方是闲居士小稿》本。

《全宋词》一五九刘学箕词三十八首，收朱本，又从黄荛圃校毛钞本补入三脱字。①

西樵语业 杨炎正撰

炎正，字济翁，庐陵人，诚斋族弟也。年五十二始登第，甚为京丞相（镗）所知。庆元中，任吏部架阁，嘉定中改大理司直，历守藤、琼等州。《文献通考》误“炎正”为“炎止”，毛晋初刻《六十一家》词，沿误以杨炎为姓名，以止济翁为别号，后印本始改正。

词传三十八首。《四库提要》云：“词因辛弃疾作者六首，其纵横排奡之气虽不足敌弃疾，而屏绝纤秾，自抒清俊，要非俗艳可拟。”

《直斋书录》载长沙本《西樵语业》一卷，《唐宋名家词》本、《南词》本、明钞《宋五家词》本卷数相同。汲古刻多误字，毛斧季校本藏北京图书馆。

汲古刻《六十一家》本《西樵语业》三十七首。有汪氏覆刻，《四部备要》排印。

---

① 《朱文公集》九二《从事郎刘君（玶）墓志》；赵蕃：《章泉稿拾遗》；《宋诗纪事》六三；《四库提要》一六二。

《全宋词》一八二杨炎正词三十八首，收毛刻，从《截江网》加辑一首，又据傅沅叔以明钞本校正毛刻八字。[①]

梅溪词　史达祖撰

达祖，字邦卿，号梅溪，汴人。《浩然斋雅谈》云："史邦卿，开禧堂吏也，当平原用事时，尽握三省权，一时士大夫无廉耻者皆趋其门，呼为梅溪先生，韩败亦贬死。"《四朝闻见录》载韩侂胄诛后臣寮上言云："苏师旦既逐之后，堂吏史达祖等随即用事，公受贿赂，共为奸利。"又云："韩专倚省吏史邦卿，拟帖撰旨俱出其手，权炙缙绅，侍从简札至用申呈。有人于史几间大书云危哉邦卿，侍从申呈，未几致黥云。"按嘉泰元年（1201）张镃序《梅溪词》尚称之曰生。阅六年为开禧二年，七月，苏师旦以罪谪，达祖始弄权。翌年冬，侂胄诛而达祖送大理寺根究矣。

《梅溪词》一百一十二首。黄花庵谓姜白石序称其"奇秀清逸，能融情景于一家，会句意于两得"。周止庵云："梅溪甚有心思，而用笔多涉尖巧，非大方家数。"其为人盛称之"自怜诗酒瘦"二句，王湘绮、王国维并讥之。

《直斋书录》载《梅溪词》一卷，有张镃、陈造为序，非长沙本也。汲古刊本卷数相同，惟《千顷堂书目》作二卷（《词综》据之），《唐宋名家词》本、《宋元名家词》本不分卷。

汲古刻《六十一家》本《梅溪词》一百一十二首，卷端仅存嘉泰辛酉张镃序。有汪氏覆刊，《四部备要》排印。

四印斋所刻《梅溪词》收毛本，夹行中附引选本作校记，惟周稺圭、戈顺卿两选好臆改，故参校此两选者特为标明。半塘翁跋称：毛氏丛刻外绝少单行，历斠宋以来选本，别无补遗，其附录《词统》及《古今词话》所引《喜迁莺》一首，实蒋竹山词也。相传朱彊村重校王本最精善，未刊。

《全宋词》卷二一六史达祖词一百十二首，据王本入录。[②]

① 杨万里：《诚斋诗话》；周密：《武林旧事》；《宋会要·职官门》；《宋诗纪事》五七；《四库提要》一九八。

② 黄昇：《中兴词选》七；叶绍翁：《四朝闻见录》戊集"诛韩侂胄等本末"条；《四库提要》一九九。

竹屋痴语　高观国撰

观国，字宾王，山阴人。始末不可考，与史达祖唱和颇多，殆同为社友。其《东风第一枝》壬戌立春访梅溪同赋，为嘉泰二年（1202）。其《寿梅溪》云："调羹雅意，好赞助清时廊庙。"则梅溪为堂吏时也。其《寿放翁》云："赐杖清朝，命堂绿野。"则放翁最后起修国史时也。其《凤栖梧》"湖头即席，长翁同赋"，即为竹屋作序之江湖长翁陈造也。

陈造序《竹屋痴语》谓："高竹屋与史梅溪皆周、秦之词，要是不经人道语，其妙处，少游、美成亦未及。"其《贺新郎·赋梅》云："开遍西湖春意烂，算群花正作江山梦。"颇为后人传诵。周止庵则谓竹屋凡响，得名之盛，当由社中标榜而成。

《直斋书录》载《竹屋词》一卷，非长沙本，并云"陈造并与史二家序之"，谓造并为梅溪、竹屋二家作序也，《提要》以为"陈造与史达祖二家为之序"，恐有误会。有汲古刊本及《唐宋百家》、《宋元名家》钞本。

汲古刻《六十一家》本题作《竹屋痴话》，与《花庵词选》注相符。有汪氏覆刊，《四部备要》排印。

《彊村丛书》据汲古阁藏钞本付刊，凡词一百零八首。

《全宋词》卷二一七高观国词一卷，据朱本入录。末附断句，乃误收冯深居《喜迁莺》词，胡元仪注《词旨》，亦谓《竹屋痴语》一百零八阕无此词。[①]

白石道人歌曲　姜夔撰

夔，字尧章，鄱阳人。父噩，绍兴三十年进士，隆兴初知汉阳县，卒于官。夔孩幼随宦，姊嫁山阳，因往来沔、鄂几二十年。萧德藻爱其诗，淳熙间妻以兄子，携之同寓湖州，友人潘德久字之曰白石道人。庆元三年（1197）进大乐议，五年上《圣宋铙歌》，诏免解与礼部试，不第，以布衣终。据韩淲诗原注，白石与潘德久同卒于嘉定十四年左右，年约六十七岁。所著诗、词、《绛帖平》等共十三种。杨守敬《经籍访古志》有元刊本姜夔批点《极玄集》。（毛晋跋《极玄集》云："向传姜白石点本最善，竟不行于世。"）近人陈思有

① 毛晋：《跋竹屋痴语》引陈造《序》；《四库提要》一九九；周济：《介存斋论词杂著》及《宋四家词选叙论》。

《白石年谱》，尤以夏承焘之《姜白石系年》为详慎。清人所撰白石传多不可据，好以梦窗词中之姜石帚为白石，亦误。

杨诚斋称白石文无所不工，其似陆天随，白石诗词中亦时申向往天随之意，近人已曾提及。按二人固穷有守，品格之高，可谓相似；诗中五古与七绝两体，且常觉笙磬同音。然白石之时，偏安既定；天随则毕生在黄巢震撼中，苦语尤多。盖天随根底六经，发意高远，而铸辞则巉刻与浅易互见。白石则致力词章，故诗句较浑圆，时露晋、宋间人隽逸之韵，观自序其诗与曾批点《极玄集》，当知其悟入处。

张玉田论词不满晦涩，故特标清空之说，以白石之"野云孤飞"针对梦窗之"七宝楼台"。清代浙派所谓家玉田而户白石者，即墨守此说。然白石尝谓薰沐山谷数年，一语噤不敢发，其后悟到"不求与古人合而不能不合，不求与古人异而不能不异"时，尚谓蜕而未化，意其所谓已化者，或指其词。沈伯时《乐府指迷》谓白石清劲知音亦未免有生劲处，岂非与后人评山谷诗者同一鼻孔。张辑为白石及门弟子，柴望自序《秋堂词》谓仿佛白石衣钵，试于其中讨消息，当可与白石诗序印证。至如《暗香》题序"隶习之"之"隶"字，郑文焯诸氏斤斤指为"肄"字之讹，则忘"肄"、"隶"、"肆"三字古常通读耳。

《直斋书录》载《白石词》五卷，非长沙本，不经见。《南词》本则作《白石先生词》一卷。惟元至正间陶宗仪校钞叶居仲本乃现传祖本，题为《白石道人歌曲》六卷，附《别集》一卷，第六卷末有嘉泰其间钱希武题识，《别集》后有淳祐赵与訔跋。卷一《铙歌》十四首《琴曲》一首，卷二《越九歌》十首，卷三令三十二首，卷四慢二十首，卷五自度曲十首，卷六自制曲四首，此六卷当是白石手定。其别集十八首，殆嘉泰锓版后之作，未知何人续收。此本惟一特点，乃自制曲等十七首旁注音谱，与《词源》、《事林广记》所载略可相通。《永乐大典》卷二二六五所收《角招》，其旁谱稍有移动，即音谱与歌词之位置不照，已失"旁"字意义。所描谱字，与诸本不无异同，近校姜谱者尚忽略《大典》所录也。

白石言丙午岁留长沙登祝融，因得《黄帝盐》、《苏合香》。沈作喆《寓简》八："政和间，搜访古曲遗声，得《黄帝盐》、《荔支香》二谱。《黄帝盐》本交阯来献，其声古朴，弃不用。"与《梦溪笔谈》"《黄帝盐》得于交趾乃杖鼓（羯鼓）曲"之说合。又《寓简》一〇："千官维扬春纵观芍药真一时胜赏。"陈思笺《扬州慢》"桥边红药"引《一统志》，殊未恰当。

陈抱碧《词话》讥"白石开口便说庾郎《愁赋》，捏造故典"，不知吴兆宜注本《庾子山集》已收此赋，不独见引于《海录碎事》也。彼又嗤《扬州慢》“豆蔻词工”句，考姚氏《西溪丛语》云“阅《本草》南人取其未大开者，谓之含胎花”。陈氏妄作讥弹。夏氏笺校未能订正。今并论之。

康熙五十七年曾时灿华萃书屋刻本《白石词集》一卷，北京图书馆藏，未见。

陶钞本清初藏楼敬思所，由此递传者有四种，一陆锺辉乾隆八年刊本，一张奕枢乾隆十四年刊本，一江炳炎乾隆二年手钞本，一厉樊榭乾隆二年手钞本。（江、厉两本皆于乾隆二年四月在扬州从符药林借钞，而陆锺辉于数年之后，谓符自都下寄扬，故丘琼荪疑之。）

江都陆锺辉得符药林寄示陶钞本，于乾隆八年癸亥付刊，并六卷为四卷（与诗集、诗说、大乐议、唱酬诗集评同刻）。版后归江春，乾隆三十六年增刻集评、投赠等条。再归阮元，燬于火。此本锓木较早，覆刻最多，但因移并行款，旁谱有失原貌。《四库全书》著录之翻宋刻，其底本实为陆刻。（丘琼荪谓：康熙间倪灿撰《宋史艺文志补》，著录《白石道人歌曲》四卷《别集》一卷，乃在陆氏并卷之前；疑即《直斋》著录之五卷本，倪氏殆曾经见此宋刻或旧钞。又谓陆刻有同于《花庵》及《词源》，而异于张、朱两刻者凡十一点，故指陆序所称以陶钞开雕为妄。）

华亭张奕枢于雍正壬子在北京同见楼藏本，共襄录副，后与黄痁堂、厉樊榭、陆恬浦、姚鲈香诸氏勘梓于乾隆十四己巳。集凡六卷，是为松桂读书堂刻本，北京图书馆藏，有周南跋、吴梅圈点批注并跋。旁谱较少差误。版亡于兵火，宣统间沈曾植景印者，疑即张本。（近人丘琼荪谓所见张本无赵氏、陶氏二跋。）

仁和江炳炎于乾隆二年遇符药林于扬州，得见转钞楼藏本，因手录之。至彊村始据以付梓。

厉樊榭于乾隆二年见符幼鲁所得楼本，亟假手录。以旁谱难解故去之。他本别集《小重山令》、《虞美人》等首，并同他首先出词调，次为题序；此本则以词调已见序中，故不另出，略似魏了翁词集之例。至第二卷录《砚北杂志》一条，第六卷录《宋会要》一条，疑钞者因赵与訔跋“未能尽见”之话而增录之，非谓二条“概具此编”也，宋淳祐间跋，安能见元元统初之书乎？夏承焘承罗振常说，对此有误会。近有袁寒云题为“厉樊榭手写本”者，误字不少，笔迹不类，恐是转录。书之内容，则如上述。

姜文龙本，乾隆二十一年丙子自跋，谓在京得公集钞本，欲积余赀付梓。论者谓实即陆刻，但较陆多《续书谱》。

鲍廷博单刊本，嘉庆初据陆本重刊，不入《知不足丛书》。莫友芝谓陆本最佳，鲍本亦可。

华亭姜熙本，道光二十三年癸卯刊，诗词合十卷，次第同沈本，有小像，无旁谱。自跋谓家藏诗及诗说，其大父于乾隆丁卯复取诗馀及遗事等汇刻附编，悬购古文及骈体不获，今付手民云。

倪鸿本，同治十年桂林倪氏合刻诗集、诗说、歌曲、《续书谱》，名《白石道人四种》。扫叶山房付之石印，流传最广。

王鹏运本，四印斋所刻《双白词》，以姜词与《山中白云》合编。依陆本而去《铙歌》及旁谱，编令、慢、自制曲、集外词为四卷。

许增《榆园丛刻》本，序刊于光绪十年，卷数、旁谱，并据陆本而转录张奕枢序。间有校语。其《石湖仙》之“雨”字，据张本而无校记。其缀言称“近又有闽中倪耘劬本”，或谓从陆本出。中华书局《四部备要》本，陈柱《笺平》本，《丛书集成》初编本，并据许刻排印。

宣古愚本。宣，高邮人，光绪间重刻鲍本。

陶福祥本。陶，番禺人，据陆本刻，题镕经铸史斋。后入广雅局，削去斋名。

范锴本，道光辛丑乌程范锴全椒金望华刊词三卷于汉口，与王沂孙、张炎合为三家。

四川官书局本，即《宋四家词》本，据陆本刊。

《四部丛刊》初编本，封面题《白石道人诗集》，其诗集、诗说、歌曲，以至序跋、评论、集事等，并从江春印本影出，亦即陆本真貌也。

沈逊斋本，宣统二年庚戌沈曾植刊。后附《事林广记》卷八《音乐举要》，卷九《乐星图谱》二卷，欲与旁谱互证也。词分六卷（陈柱笺本列其分目与许本对照），无别集。郑文焯批校时指出宋讳缺笔，及卷后空白两行然后题卷目，《虞美人》题作《巫山十二峰》，皆可证为景宋旧刻；而谓不知逊斋从何处得此本。其《淡黄柳》之“桥”字，《石湖仙》之“雨”字等，并胜陆本，然笔画小讹之字则较多。夏承焘谓张奕枢本无传刻，今惟见此沈本。

《彊村丛书》本，据江炳炎手写本。彊村民国二年跋谓：陆本并卷失次；张本字画小讹，又经樊榭等勘定，或有据他本点窜者；惟江氏手自写校，未经剞人，亥豕自较二刻为鲜，爰一依江本。别撰校记，兼录张文虎《舒蓺室余笔》第三卷《白石歌曲校语》。

汲古刻《六十一家》本，止从《花庵词选》收得三十余首。（此后所录，除陈思考证本外，皆自郃以下之本。日本静嘉堂藏之《白石词》与《克斋词》

合缀一卷，皆汲古刻。）

陈撰本，康熙五十七年戊戌玉几山人陈撰刻于广陵书局。诗、词各一卷，词凡五十八首，其题序多经删窜，有《越女镜心》等首，《四库提要》入存目类。（丁丙藏明钞本《白石先生词》一卷，较汲古刻多二十余首，疑即陈刻底本。）

洪正治本，雍正五年丁未歙县陔华洪正治序刊，实即洪氏得陈撰旧板而改其序跋付印。

俞兰本，题为《白石词钞》一卷，不署年月，序谓出于吴淳还之广搜，实即洪本之五十余首。（张菊生藏吴淳还编本为康熙间精刊。）

姜忠肃祠堂乾隆写本，灵鹣阁旧藏。乾隆九年甲子姜虬绿书。有洪武姜福四、万历姜鳌志。所记世系綦详，年谱仅就诗词自述类编。词句多沿洪正治之误，乃伪称为白石晚年手定本。附录陈、洪二本所收之《越女镜心》二首，况夔笙好奇，特赏之。陈柱《笺平》之版本考，分此本为两种，以乾隆写本列第七，忠肃祠堂本列十一。（《全宋词》跋亦称灵鹣阁藏祠堂本及乾隆写本。）

陈元龙《白石词选》，词六十余首，伪托本，所注宫调多不可信。

《辽海丛书》收陈思考证《白石道人歌曲》六卷《别集》一卷。

《全宋词》一九一至一九四姜夔词八十三首，收王鹏运本。

夏承焘辑《姜白石词编年笺校》本。①

双溪诗馀 王炎撰

炎（1138—1218），字晦叔，婺源人。乾道五年进士，尝佐张栻江陵幕，其《小重山》至后一日词，守湖州时作也，仕至军器少监。与朱熹交谊颇笃，有诗题姜夔旧游卷。所著《读易笔记》、《老子解》、《编年通纪》等十六种，名《双溪类稿》，已佚。诗文名《双溪集》，明万历、清康熙并有刊本，《四库》收万历本，词为二十七卷中之一卷。又淳熙中观文大学士王炎，名姓偶同，非一人也。

词五十二首，与自叙合，末两首丙子生朝，当是七十九岁作。自叙云：

---

① 《四库提要》一九八；《词学季刊》一卷四号《白石非石帚辨》；道光管以金跋刊《姜白石四种》；张鉴：《冬青馆集》拟姜夔传；《诂经精舍文集》内徐养原等拟南宋姜夔传；夏承焘：《唐宋词人年谱》及《白石词编年笺注》（此与陈柱笺本并有版本考）；丘琼荪：《白石道人歌曲通考》；《永乐大典》“湖”字号；姜夔笔斗〔《文物参考资料》，1957（7）〕。

"今之长短句，盖乐府曲之苗裔，取其曲尽人情，惟婉转妩媚为善，豪壮语何贵焉。不溺于情欲，不荡而无法，可以言曲矣。"王半塘跋云："此集以方音叶者，十居三四，取便歌喉，所谨者在律而不在韵也。纳兰侍卫云：'韵本休文小学之书，以为诗韵，已误，今人又为词韵，谬之谬也。'余谓戈载动谓宋词失韵，似尚隔一尘。"

皕宋楼藏汲古影宋本《双溪词》，未见。明嘉靖刊《双溪诗馀》（《四库》本收此），与《典雅词》同。善本书室藏劳巽卿校旧钞本，文字较胜。北京图书馆藏清抄本二种。

四印斋汇刻《双溪诗馀》五十二首。卷端有"吴氏"印，有炎自叙，其目次、首数、讹脱，并同嘉靖刊本。

《全宋词》一六〇王炎词收王本，以劳校订补十余字。[①]

南湖诗馀　张镃撰

镃，字功甫，又字时可，号约斋。张循王俊曾孙，居临安，卜筑南湖，服玩豪侈，为天下冠。生于绍兴二十三年（1153），三十四岁通判临安。开禧三年，参与史弥远诛韩之谋，反为弥远所忌，贬雪溪，赦还，又欲以故智去史，谪象台而殂。北大研究所《国学月刊》一卷三号有《张镃略传》云："镃已八十有四，犹未下世。"盖据镃《临江仙》叙"余年三十有二，画七圈于纸，……今已五十有二"，因以三十二加五十二，谓是时八十四岁，不知"今已五十有二"，乃谓作《临江仙》之年五十二岁也。镃有《南湖集》及《玉照堂词》，久佚。今传《大典》辑本十卷，前九卷为诗，末一卷为词。

词传八十四首。《浩然斋雅谈》云："陆放翁会饮于张功甫南湖园，主人出小姬歌自制曲。"姜白石《齐天乐》题序亦称"功甫约予同赋，以授歌者，功甫先成，词甚美"，知功甫所作，乃可歌之词也。

《玉照堂词》一卷，见《千顷堂书目》，朱竹垞纂《词综》借以入录者三首，其《兰陵王》一首为《大典》本所无，惜未见传本。《大典》本《南湖集》第十卷载诗馀七十三首，各刊本并从此出。黄荛圃据鲍刻校吴绣谷钞本，名《玉照堂词钞》一卷，未见。

知不足斋刊《南湖集》十卷，据《大典》本，鲍氏补辑诗馀五首，其恐触清廷之忌者，字作空格，又附录二卷采辑功父遗事颇完备。有《丛书集成》

① 《宋诗纪事》五四；《四库提要》一六〇。

初编覆印本。

《彊村丛书》之《南湖诗馀》七十八首。以鲍本入梓，据沈颀校本订正九处，撰有校记。卷末附张枢词九首。枢，玉田父也。

《全宋词》一八六张镃词八十四首，收朱本七十七首，补赵辑及自辑七首，以他本误收一首入附录。①

笑笑词 郭应祥撰

应祥，字承禧，号遯斋，又号笑笑先生，临江军人。据己巳生日自作词云五十三，当是生于绍兴二十七年丁丑（1157）。自作《笑笑先生传赞》云："既冠，漫试有司，偶然中第，从官一纪，未离乎州县间。"与词中"凫舄"、"莲幕"等句亦相应。按开禧二年丙寅词已云："急须抛县印，归去隐家山。"阅二年，始为嘉定元年戊辰，《全宋词》以为嘉定中进士，不知何据。又《笑笑词》有《嘉定元年滕仲因序》云："词章之派，端有自来，昔闻张于湖一传而得吴敬斋，再传而得郭遯斋。"按吴镒，字仲权，著《能改斋漫录》吴曾之族，与楼攻媿同登隆兴元年乙科，官终湖南转运判官，有《敬斋词》一卷，张于湖知抚州所得士，应祥乡先生也。嘉定三年詹傅序云："岂惟足以接张于湖、吴敬斋之源流而已，其措辞命意下语造句，虽参诸欧、苏、柳、晏，曾无间然。"此溢美之辞，集中求如《满江红》一二阕差有词味者，并不易得。又滕序云："长沙刘氏书坊，既以二公（张、吴）之词锓木，予叩遯斋，愿并刊之，庶来者知其气脉，且成湘中一段奇事。"按《直斋书录》：《笑笑词集》一卷下注云："自南唐二主词而下，皆长沙书坊所刻，号《百家词》（《直斋》著录者九十二家）。其前数十家皆名公之作，其末亦多有滥吹者，市人射利，欲富其部帙，不暇择也。"观此，则坊贾欲刊满百家之情如揭矣。《笑笑词》百余首，多著年干，止嘉泰二年至嘉定二年七载间奔走靴板酬应庆寿所作。《千顷堂书目》，天一阁藏本，毛斧季校本，《唐宋百家词》本，卷数并同。

《彊村丛书》据毛斧季校紫芝钞本入录，凡一百二十九首，前有詹序，后有滕序，又附滕作《像赞》一首，自作《传赞》一首。其《踏莎行》"乙巳正月"疑为"己巳"之误。

---

① 杨万里：《诚斋诗话》；叶绍翁：《四朝闻见录》丙集"虎符"条；周密：《癸辛杂识》后集、《武林旧事》、《齐东野语》卷三"诛韩本末"、卷一五"玉照堂梅品"条；《宋诗纪事》五七；《四库提要》一二三"仕学规范"条。

《全宋词》二二五郭应祥词一卷，覆朱本。[1]

蒲江词　卢祖皋撰

祖皋，字申之，又字次夔，号蒲江，永嘉人。庆元五年（1199）进士。嘉定十四年（1221），以军器少监权直学士院，俄卒于官。祖皋为楼钥之甥，学有渊源，尝与永嘉四灵以诗相唱和。（杨慎攀附，以卢为四川蒲江人。）

词凡九十六首。其《木兰花慢》五首中，有三首换头三句内少一字。又《锦园春》、《三犯》二首及《月城春》一首，同以《解连环》、《雪狮儿》、《醉蓬莱》三调交互填词，皆宋词之少见者。其《渔家傲》所寿之白石，疑是乐清钱文季宗正少卿，而非鄱阳姜尧章、三山黄景说。周止庵云："竹屋、蒲江，并有盛名，蒲江窘促，等诸自郐，竹屋硁硁，亦凡响耳。"

《直斋书录》歌词类载《蒲江集》一卷，非长沙本，不经见。明钞《南词》本《蒲江词稿》不分卷，名与《花庵词选》注同，未知视《直斋》本如何。《唐宋百家》本名《清江词》，不分卷。

《彊村丛书》本《蒲江词稿》不分卷。凡九十六首，据知圣道斋藏明钞《南词》本入梓，附校记十八条。现传《蒲江词》以此为最完整，乃壬戌十月三次校补本。冒鹤亭永嘉诗人丛刊复有辑补。

汲古刻《六十一家》本《蒲江词》二十五首。毛晋跋谓惜《蒲江词》一卷仅二十五首，欺人语也。毛刻实转录《花庵》所载二十四首，又于《花庵选》中窃吴梦窗一首溷入卷末，而诡称《蒲江词》一卷，盖未收到《蒲江词稿》前付刊。《四库》本据之，有汪氏覆刻，《四部备要》排印。

《全宋词》一九八卢祖皋词二十五首，仅以汲古刻入录，并无校注，比彊村本少七十二首，疑与卷一九七皆非完稿。[2]

涧泉诗馀　韩淲撰

淲（1159—1224）字仲止（字或作虎，或作琥，或作漉，并非），号涧

---

① 《攻媿集》五二《环溪文集序》；《直斋书录解题》二〇；《宋诗纪事》五三"吴镒"条。

② 楼钥：《攻媿集》五八《池州教厅记》；张端义：《贵耳集》上"蒲江"条；叶寘：《爱日斋丛钞》卷二"姜尧章"条；《绝妙好词笺》一；《宋诗纪事》五八；《四库提要》一九八；周济：《宋四家词选·序论》。

泉，尚书元吉子，寄籍上饶。尝官判院，年甫五十即休官不仕，赵章泉以其甲申秋三诗为绝笔，人品学问，具有根柢，方回为作传称为“名下无虚士”。有《涧泉日记》及《涧泉集》，《瀛奎律髓》称其诗四十余卷，《宋史·艺文志》失著，今传《大典》辑本《涧泉集》二十卷，《四库全书珍本》有景印。

词传一百九十七首，以丁氏藏明钞为最足本。其词题“有举昔人《贺新郎》词极壮酒半用其韵”，乃张元幹寄李伯纪丞相词。涧泉娶晁以道孙女，集中与诸晁词，盖妻党也。朱彊村云：“宋人父子并有词集，临川晏氏、江阴葛氏外不多观；余方刊南涧词，又获此本，尤可喜”云。

《大典》辑本《涧泉集》存词九十八首。《提要》云七十九，丁丙跋云九十七，并误，且非足本。此外尚有《宋元名家词》钞本。

《彊村丛书》本《涧泉诗馀》一百九十七首，据丁氏善本书室藏明钞本入梓，卷末《浣溪沙》一首从《大典》本增补。朱氏撰校记并跋云：“此本传写甚夥，余凡三见，略有同异，下辄摘词中三数字标题，恐出后人臆注。或谓如《东山寓声》、《东泽绮语》之例，寻绎辞义，殊不尽然，校录若干条，其摘注之题并依次移附，以俟读者斠订。”

《全宋词》一八七韩淲词，据朱本入录。[①]

方壶诗馀　汪莘撰

莘，字叔耕，休宁人。与朱子颇相善。嘉定间（1208—1224）以布衣三上封事，不报，退而筑室柳溪之上，圃以方渠，自号方壶居士。

《四库总目》录《方壶存稿》八卷，有程珌、孙嵘叟、王应麟三序，据各跋，知莘本有自编之集名《柳塘集》，此本为裔孙灿等重编，先生著述多不存，存者此耳，故名存稿。其第八卷为诗馀。《提要》颇讥其“持志”、“存心”二题为以词讲学。台北“中央”图书馆藏有影钞万历二年汪粲编刊《方壶存稿》八卷。按汪粲刻本原为九卷，今在北京图书馆。

《彊村丛书》之《方壶诗馀》二卷，卷一词三十七首，卷二词三十一首，覆传钞《方壶存稿》本，卷数与《四库》著录者不同。前有自序略云：“余于词喜三人，盖至东坡而一变，其豪妙之气，隐然流出言外，天然绝世，不假振作。二变而为朱希真，多尘外之想。三变而为辛稼轩，乃写其胸中事，尤

---

① 韩元吉：《南涧稿》一八；辛稼轩词《贺新郎·韩仲止判院见访》阕；张世南：《游宦纪闻》一“余俦”条；《戴石屏诗集》四；魏庆之：《诗人玉屑》一九；方回：《桐江集》；《宋诗纪事》五九“韩淲”条；《四库提要》一二一及一六三。

好称渊明。”“今五十四岁，自中秋之日至孟冬之月，得三十篇。乃知作词之乐，过于作诗。”“乃刊本而模之，以寄吾友。”“嘉定元年（1208）仲冬朔日柳塘汪莘叔耕书。”此序为填词数月后刊付友人之辞。词则奇气排宕，驱使骚经诸子，颇似稼轩。

《全宋词》卷二一八至二一九汪莘词二卷，共七十八首。据朱本入录，以雍正九年刊本（四卷本）《方壶集》校补四处。又收《历代诗馀》误为汪作之《南州春色》一首入附录。

清初休宁汪森合刊汪莘、汪元量词，其《方壶词》作三卷，载于《提要》词曲类存目。[①]

竹斋诗馀　黄机撰

机，字幾仲，一云字幾叔，东阳人。《宋诗纪事》及《补遗》并不见姓名。《提要》谓事迹无考，词有“时欲之官永兴”题语，知尝仕于州郡，游踪多在吴、楚之间云。按《竹斋》有寿遯斋词，郭遯斋《笑笑词》有次黄幾叔韵二首，殆开禧、嘉定间同官湖南之作。其《木兰花慢》“政胡尘满野”之词，疑即开禧用兵事，亦即词中称岳珂为总干时。

《竹斋诗馀》传者九十六首。《提要》称其与岳珂唱酬者皆沉郁苍凉，不复作草媚花香之语。其次徐斯远韵寄稼轩《贺新郎》词，上片押“付”韵，与稼轩丁集同，若十二卷本则两押“赋”字。《提要》又云：“毛晋跋惜《草堂诗馀》不载其一字，按《草堂诗馀》乃南宋坊贾所编漫无鉴别，朱彝尊指为选词无目，其去其取，何足为机重轻欤。”（按黄溍称《草堂诗馀》为胡仔所编。）

《直斋书录》载沈瀛《竹斋词》，而无黄机《竹斋诗馀》，谈版本者或有误混。此《诗馀》见于藏书目者，天一阁钞本、汲古阁刊本、毛斧季校本、《唐宋百家词》本，皆同作一卷。

汲古《六十一家》本《竹斋诗馀》一卷，讹字颇多。《四库》本据此，有汪氏覆刻，《四部备要》排印。

民国十三年刊《续金华丛书》本《竹斋诗馀》一卷，覆毛本。

《全宋词》二三九黄机词一卷，九十六首。收汲古本，又据毛斧季校本及

① 《宋诗纪事》六二；《四库提要》一六三。

精钞本校订，颇有是正。若“庭柯”误作“定柯”，或出手民疏忽。①

玉蟾先生诗馀　葛长庚撰

长庚，字白叟，又号白玉蟾，闽清人，家琼州。（阮元《四库未收书提要》谓其“幼时父亡母嫁，弃家游海上，至雷州，继白氏后，改姓白”。然罗浮陈楠称白为海南子，又似为琼州人。）入道武夷山，嘉定中征赴阙，封真人。草书飘逸，有石刻留惠州西湖玄妙观。所著《海琼集》，附词。

白玉蟾词百余首，富而工，迥异其他道流。杨慎《词品》称其武昌词雄壮，有意效东坡，又举其他佳句为有思致。但续编十余首，则纯乎丹鼎气。其丙子中元词，当是嘉定九年（1216），其《永遇乐·寄鹤林靖》则彭耜也。

元刊本白玉蟾《上清集》附词仅二十五首，道藏本同。明正统七年刊本《白玉蟾集》，乃宁献王朱权重编，新安刘懋贤校刊，有端平三年潘昉序，及嘉熙元年彭耜所书事实一篇，凡上清、玉隆、武夷三集内未收者咸汇集之，共词一百二十五首（内混收《蒲江词》一首）。此本群碧楼旧藏，今存南港史语所。

明嘉靖十二年唐胄刊《海琼摘稿》（十卷）本（北京图书馆藏）。

《彊村丛书》本《玉蟾先生诗馀》一卷（词一百二十四首）续一卷（词十一首），据唐元素校旧抄《玉蟾集》本，与正统本略同。

《全宋词》二八七葛长庚词收朱本，又从《鸣鹤余音》补辑一首。②

鹤山先生长短句　魏了翁撰

了翁（1178—1237），字华父，蒲江人。庆元五年进士。韩侂胄诛，宁宗收召诸贤，了翁力辞，授徒白鹤山。后知汉州、眉州，安抚潼川路，蜀名士吴泳、牟子才造门受业。理宗初，被劾为欺世盗名，谪居靖州，湖、湘、江、浙之士多来从学。史弥远卒，理宗召回权礼部尚书，俄兼吏部，忌者合谋出之，以同签书枢密院事督视京湖军马，甫二旬，动受牵制，遂力辞。嘉熙元年，疾卒于福建安抚任。鹤山与真西山齐名，著有《鹤山集》、《九经要义》、

---

① 《四库提要》一九九。

② 杨慎：《词品》二；《宋诗纪事》九〇；阮元：《揅经室外集》一“重编白玉蟾文集”条；《广东文献知见录》；宫川尚志：《南宋道士白玉蟾之事迹》（《内田吟讽颂寿集》）。

《周易集义》、《易举隅》、《周礼井田图说》、《古今考》、《经史杂抄》、《师友雅言》。事迹具《宋史》四三七《儒林传》。缪荃孙撰有《魏文靖公年谱》。鹤山词凡一百八十六首。全集本外，有《宋元名家词》钞本。宋人词皆具调名，惟鹤山词止以事为题而不标何调。又百余首中，十九为寿词，皆宋人所罕有。《词源》云："难莫难于寿词，倘尽言富贵则尘俗，尽言功名则谀佞，尽言神仙则迂阔虚诞。"鹤山词虽不必语法新奇，然学养所臻，意多规勉，亦少犯玉田所举三蔽，黄花庵称为寿词之得体者。（季沧苇《书目》有"欧文忠、秦淮海、真西山《琴趣》四本，宋刻"。《西山琴趣》惜不经见，附记于此。）

宋刻重校《鹤山先生大全集》一百零九卷。半叶十一行，行二十一字，有开庆改元刊跋，其九十四至九十六卷为词。今《四部丛刊》之《鹤山集》景印此本，《总目》编次有不照处。

吴伯宛从诸暨孙氏所收宋刻《大全集》景写长短句三卷付刊，陶湘编入《景宋金元明本词四十种》。卷末有端平丙申之作，鹤山卒前一年也，所收词当无若何遗漏。

明锡山安氏馆活字本从宋开庆本出。

嘉靖辛亥四川兵备副使高翀印州重刻本，校订草率，与目多不相应（疑沿宋刻之误），清四库馆臣重加校定为一百零九卷，名《鹤山全集》，诗文词各自分卷，其长短句仍为三卷。

《全宋词》二〇一至二〇三魏了翁词三卷，共一百八十六首。据吴刊入录，略有讹字，如以"戌"为"戍"则沿旧之误，以"失人"为"夫人"则手民之误也。[1]

洺水词　程珌撰

珌（1164—1242），字怀古，休宁人，以先世居洺州，因号洺水遗民。绍熙四年进士。累官礼部尚书，出抚福建，以端明殿学士致仕卒。毛晋跋称：珌幼时，舅氏黄寺丞携以自随，以所得二吴之学，及闻于程大昌者，悉以付之。有《洺水集》。事迹具《宋史》四二二。

词传四十三首。《四库提要》谓珌以经济自任，诗词皆不甚擅长。又指出以乡音叶韵，尤不可为训。冯蒿庵《论词》云："与辛幼安周旋而效其体者，

① 黄昇：《中兴词选》七；张炎：《词源》下；《宋诗纪事》五八；《四库提要》三经部易类；陶湘：《景宋元明本词叙录》。

若西樵、洺水两家，惜洺水味薄，西樵笔亦不健。”

《洺水集》六十卷，乃曾孙景山辑刻（见嘉靖刊跋，《提要》误称载于《直斋书录》），经元季兵燹失传。嘉靖间，裔孙元昞以间有残缺之钞本，编梓为二十六卷，视《四库》著录之崇祯刊三十卷本差胜。

明嘉靖丙辰刊，程端明公《洺水集》二十四卷附录二卷，涵芬楼旧藏本，张元济撰有解题，见《烬余书录》。

汲古刻《六十一家》本《洺水词》四十首（毛晋跋称二十一调，《提要》误为二十一阕）。从二十六卷本出。有汪氏覆刻，《四部备要》排印。

《全宋词》一九〇程珌词四十三首，收毛本及赵万里据《洺水集》二一增补三首。小传中“绍兴”乃“绍熙”之讹，“淳熙”乃“淳祐”之讹。[①]

东泽绮语　清江渔谱　张辑撰

辑，字宗瑞，自号东泽，鄱阳人。连州守履信子，得诗法于姜尧章。《游宦纪闻》载其赓汤仲能三叠泉诗为绍定癸巳（六年），知词题中之乙未为端平二年（1235）。

词传四十一首，皆以篇末三数字另立新名，盖贺方回《东山寓声乐府》例。词中颇用白石歌曲语，如“象笔鸾笺”、“高柳晚蝉”之类，其浅显者也。有《贺新郎·寿湛卢先生》，殆即序其词之朱湛卢，亦似乙未丙申同舟赴淮海之高邮朱使君也。朱希直《应制词韵》，辑为衍义以释之。

黄昇《中兴词选》九称东泽“有词二卷，名《东泽绮语债》，朱湛卢为序”。《千顷堂书目》有“债”字，作二卷，与《花庵》注全同。明钞《南词》本、明钞《九家词》本、劳季言校《典雅词》本，并同有“债”字，同作一卷。

《彊村丛书》之《东泽绮语》二十五首，据善本书室藏明钞本入梓，删节题序与《花庵》本同。又《清江渔谱》十三首，据吴伯宛辑本付梓，有十二首出《大典》本《江湖后集》，内复《绮语》（《沁园春》）一首而题序较详明。

《全宋词》一九五张辑词四十一首。凡收朱本《绮语》二十四首，《渔谱》十三首，赵万里辑补三首，自辑一首。又以《花草粹编》误混二首入附录。[②]

---

① 《宋诗纪事》五八；《四库提要》一六二及二〇〇；张元济：《涵芬楼烬余书录》。

② 张世南：《游宦纪闻》一〇“谷帘三叠”条；《宋诗纪事》六四；陶宗仪：《韵记》（《词征》引）。

随如百咏　刘镇撰

镇，字叔安，号随如，学者称随如先生，南海人。嘉泰二年（1202）进士。性恬淡，初与仲弟镕、季弟铎，自相师友，后皆以文名，有司名其所居坊曰丛桂以旌之。尝谪居三山二十余年。《宋季三朝政要》记三学抨击史嵩之夺情，刘镇亦有封事，则淳祐四年也。明黄佐撰《广州人物传》卷七有《刘镇传》，颇略。词传二十六首。刘后村跋其《感秋》八词云："叔安落笔妙天下，丽不至亵，新不犯陈，借花卉以发骚人墨客之豪，托闺怨以寓放臣逐子之感，周、柳、辛、陆之能事，庶乎其兼之矣。"

《花庵词选》八称镇有《随如百咏》刊于三山，不经见。

赵万里校辑《宋金元人词》之《随如百咏》二十六首，据收《花庵词选》二十二首，《阳春白雪》、《翰墨全书》、《全芳备祖》、《花草粹编》各一首。按赵以夫《虚斋乐府》有《和刘随如尾犯》、《风流子》、《永遇乐》三首，随如原唱已佚。

《全宋词》一九六刘镇词二十六首，收赵本。[①]

平斋词　洪咨夔撰

咨夔（1176—1236），字舜俞，号平斋，於潜人。据本集《亡弟子文圹志》，知生于淳熙三年。据《跋陶同年诗卷》，知为嘉泰二年进士（《宋史》作嘉定）。崔与之帅东淮、西蜀，并甚器重之。理宗绍定四年复官，累擢翰林学士知制诰加端明殿学士。端平三年卒，御笔称为鲠亮忠懿。著《春秋说》及《平斋集》。吴潜为作行状，事迹具《宋史》四〇六。

《平斋集》三十二卷，《四库总目》著录与《直斋书录》相同，然非足本，民国十七年从日本影回，始成完璧，即《四部丛刊续编》之三十二卷本也。诗馀别行，有《宋元名家词》钞本、陆敕先钞本。《四库》词曲类著录者为毛刻本，词四十余首，寿其父及和韵者占五之一。按咨夔父名铖，号谷隐，有诗名，《宋史》称咨夔慨然直言悟主，其父见疏曰吾能吃茄子饭，汝无忧，可谓贤父矣。冯煦《蒿庵论词》称其"《沁园春》四首工于发端，皆有振衣千仞气象，惜其下并不称"。

---

① 《刘后村大全集》九九《跋刘叔安词》；《宋诗纪事》五九。

汲古刻《六十一家》本《平斋词》一卷，四十三首，有讹缺。有汪氏覆刊，《四部备要》排印。

《全宋词》卷二二〇洪咨夔词四十四首，以汲古刻入录，据毛斧季校本补正数处，又从《花草粹编》增收一首。①

文溪词　李昴英撰

昴英（1201—1257），字俊明，号文溪，番禺人。宝庆三年廷对第三。累官龙图阁待制吏部侍郎，封番禺开国男，食邑三百户，宝祐三年劾巨阉不行，留疏辞归。昴英为崔菊坡门人，直声甚著。有集十卷。其文简劲，诗、词并骨力遒健。词题中之王子文，乃著《贵耳集》张端义之外祖。杨慎谓李公昴名昴英，资州人，乃误记；毛晋刻词，又题作李公昴（《千顷堂书目》云一作公昂）；《四库提要》已辟其强诬。事迹详《广州人物传》卷九。《宋史》无传。附见卷四二四《黄师雍传》（《提要》脱“师”字），止纪其劾史嵩之、赵与篙事云：“昴英去国，善类日危矣。”新安县王志：“大奚山……宋以为李文简食采。”近年九龙梅窝发见“李府食邑税山”石碑，殆其遗迹也。

《广州人物传》及《四库》著录本皆称《文溪存稿》二十卷，元至元间门人李春叟辑，明成化中重刻，有陈白沙序。嘉靖十年有李翱刻本，崇祯三年李振鹭重修（北京图书馆藏）。清乾隆十八年，杭世骏校本《文溪集》二十卷（日本内阁文库藏）。道光二十年伍氏刊《粤十三家集》作《文溪集》二十卷。光绪二十三年裔孙久远堂刊作《文溪集》二十卷，多首一卷。（厉鹗所见亦作《文溪集》）集本并分词为二卷。《南词》本、陆敕先校本及天一阁藏本，并作《文溪词》一卷。《唐宋百家词》本、《宋元名家词》本不分卷。

汲古刻《六十一家》本《文溪词》三十首，讹其名为李公昴。有汪氏覆刊，《四部备要》排印。

《全宋词》二三〇李昴英词三十首，收毛本，并据《文溪存稿》补订十余处。②

① 《崔清献公集》附李昴英撰《崔公行状》；《提要》一六二及一九八。

② 张端义：《贵耳集》下“李昴英”条；黄昇：《中兴以来词选》九；周密：《齐东野语》七“洪君畴”条；杨慎：《词品》五；《宋诗纪事》六四；《四库提要》一六四及二〇〇。

虚斋乐府　赵以夫撰

以夫（1189—1256），字用父，号虚斋，宗室子，居长乐。嘉定十年进士。历官枢密都承旨，刑部、礼部尚书、兼侍读，与刘克庄同修国史。著有《易通》、《庄子解》等书。事迹具刘克庄所撰《神道碑》。

《虚斋乐府》卷端有淳祐己酉（九年）自序，自称芝山老人。其倚白石自度曲者：如《角招》第二韵九个字，可为姜集误衍一字佐证；如《扬州慢》歇拍十一个字，可证姜词以三字四字分读于义为长。《探春慢·四明除夜》云"鲸海停波"，殆指迅速消弭监军擅斩禁卒激变事。又张榘《芸窗词》附录虚斋二首，语较平实，疑是初稿，与本集比勘，可见后来修削之功。传本有景宋钞，有明钞，皆二卷，而《千顷书目》作一卷，《唐宋名家词》本不分卷。钱遵王影宋抄本有顾广圻、黄丕烈跋（北京图书馆藏）。

康熙间侯刻《名家词》本作一卷，有粟香室翻刻。

光绪间江标刊《虚斋乐府》不分卷，颇多讹脱，少《沁园春》一首。

陶湘涉园景宋《虚斋乐府》上下二卷，末有"临安府棚前北睦亲坊南陈解元书籍铺刊行"一行，黄荛圃藏汲古钞本也，黄先有钱遵王家钞本，后跋此卷云："藏书如毛、钱，可云精矣，而汲古较胜于述古，即此一书，已分优劣。"《四部丛刊三编》景此本。

《全宋词》卷九卷一〇赵以夫词六十七首，收陶本，以江本校订数字。其小传谓"（嘉熙）二年拜同知枢密院事"，仅见《宋史·宰辅表》，而刘克庄撰《神道碑》及《宋史·理宗纪》，并不云以夫大拜。①

芸窗词　张榘撰

榘，字方叔，润州南徐人。集中有"钟阜石城何处是"句，知尝官建康，有"何时脱了尘埃墨绶"句，则官乃县令，又有《和赵以夫》、《寿贾似道词》，则理宗朝后期人也。

《四库提要》云："词仅五十首，而应酬之作凡四十三首，寿贾似道者五，寿似道母者二，其余亦谀颂之作，尘容俗状，开卷可憎，惟小令时有佳语，然不能掩其全集之陋。"按集附赵以夫词二首，取校虚斋词，盖互有得失。

---

① 《后村大全集》一四二《虚斋赵公神道碑》；《宋诗纪事》六二；《提要》三"易通"条。

汲古《六十一家》本《芸窗词》一卷，即《四库》所著录者，颇多讹脱。毛晋跋谓与了翁相友善，乃因有次了翁韵词，妄加揣测。有汪氏覆刻，《四部备要》排印。

《横山草堂丛书》本《芸窗词》一卷，宣统三年刊，以榘为丹徒先辈也。

《全宋词》卷二一五张榘词五十首，以汲古本入录，据毛斧季校本改订几三十字，如孤鸾之“好喜”校改为“好寻”，与《康熙词谱》合，显胜于《词律》所据误本失律矣。①

风雅遗音　林正大撰

正大，字敬之，号随庵。开禧中（1205—1207）为严州学官。按景定《严州续志》州学教授题名有林式之，嘉泰二年八月到任，开禧二年二月任满。未知即林正大否。

词四十一首，每首先录古人诗文，然后檃括为词，论者多谓此体始于东坡檃括《归去来辞》为《哨遍》。按敦煌出土有檃括《孝经》之《皇帝感》，存十二首，乃七言四句体。

《四库》著录《风雅遗音》二卷，从汪如藻家藏本，钦跋称：南宋刊本，季沧苇旧藏，林序前七行及卷末《清平调》，皆旧时脱落其半云。《结一庐书目》有影写本，作四卷。

黄荛圃旧藏明刊本与江标刊本同，惟卷端自序外，多竹隐懒翁、陈子武、易嘉猷三序，文字讹脱亦少。

康熙间侯刻《十名家》本作一卷，有粟香室翻刻。

光绪二十一年江标刊本二卷，词四十一首，据汲古未刻本。

《全宋词》一九九及二〇〇林正大词四十一首，据明刊入录，跋记江本所脱二十余字。②

鹤林词　吴泳撰

泳，字叔永，号鹤林，潼川人。嘉定二年（此据《宋史》本传，厉鹗《绝妙好词笺》同，而《宋诗纪事》谓《咸淳临安志》嘉定无二年榜，《提要》

① 《四库提要》卷二〇〇词曲存目。

② 《四库提要》卷二〇〇；任二北：《敦煌曲初探》，102页。

作元年）进士。理宗朝，历官起居舍人兼直学士院权刑部尚书，终宝章阁学士知泉州，以言罢。著有《鹤林集》。事迹具《宋史》四二三。泳曾官洪都，史已失载，词有洪都作二首，一首为《满江红》乃六十七岁自述；一首为《沁园春》乃读刘潜夫往岁辞建宁初命和作，考后村词知建宁为淳祐十二年壬子，鹤林和作，当在次年癸丑，即宝祐元年（1253）也，其时鹤林六十七八岁左右。

《四库》著录《大典》辑本《鹤林集》四十卷（有景印《四库珍本初集》本），称为明辨骏发有苏氏风，足继《鹤山集》后无多让。按其词亦宋末豪放一路，尚不浮浅耳。如云“见老鹤翩跹飞下”，“更不消檀板标苏姓”，知其向往乡先哲者深也。（《直斋书录》载《鹤林词》一卷，刘光祖撰，与此异。）

《彊村丛书》本《鹤林词》一卷，覆《大典》之《鹤林集》，词三十二首。

《全宋词》卷二二〇吴泳词三十四首，收朱本外，据《永乐大典》湖字韵增补二首。考吴履斋、洪平斋、刘后村集与鹤林唱和词不少，今《鹤林词》不能全见，知遗佚尚多。[①]

履斋先生诗馀　吴潜撰

潜（1195—1262），字毅夫，号履斋，宁国人。据其自寿及戊午九月词，推知生于庆元元年端午前一日。嘉定十年进士第一。淳祐十一年拜丞相，次年罢。开庆元年拜左丞相，次年为贾似道嗾论，一再窜谪，景定三年卒于循州。《宋史》称其忠亮刚直，事迹具卷四一八。其兄渊有词六首，见《全宋词》二二一，不另著。

《四库》著录《履斋遗集》四卷，乃明末宣城梅鼎祚禹金重编，重要文奏多散佚。诗馀一卷，只一百零一首。《提要》云：“其诗馀，激昂凄劲，兼而有之。”

姚氏邃雅堂藏旧钞本《履斋先生诗馀》一卷《续集》一卷，朱彊村所见知圣道斋《南词》本与此相同而续集不另卷，梅本亦不分续集而次序略异，知皆出姚本之后。又有《别集》二卷，乃南汇江韵秋校录宋本开庆《四明志》所改题。志载之《履斋词》，为宝祐四年丙辰至开庆元年己未守庆元时作，原分二卷，其复见姚氏诸本者只一首，惜原书佚一叶，缺词二首。其他传本，《唐宋百家》作《履斋诗馀》，皆不分卷。千顷堂、也是园、孝慈堂等书目则

---

① 《后村大全集》一九四林希逸撰《后村行状》；《四库提要》一六二。

作《履斋诗馀》三卷。

《彊村丛书》于民国十年辛酉采姚、江两本付刊，编为《履斋诗馀》一卷（一百零七首），《续集》一卷（原六首，又从《家谱》、《嘉禾志》、《建康志》增补遗四首），《别集》卷一（六十四首）卷二（一百四十二首），共四卷，撰有校记。

《全宋词》二二一至二二三吴潜词三卷。覆朱本，但续集不另卷，并剔出混收刘过《长相思》二首入附录。①

篁嵲词　刘子寰撰

子寰，字圻父，号篁嵲，建阳人，居麻沙。早登朱文公之门，嘉定十年（1217）进士。其杜若诗云："钦州五月土如炊"，"伊予假禄二千石"，盖尝宦于钦州。刘后村序其诗云："圻父幸在世故胶扰之外，为事物忧患之所恕，养气益充，下语益妙，他日余将求续集而观老笔焉。"有《篁嵲集》及己未《文公语录》一卷。

赵万里《校辑宋金元人词》本《篁嵲词》一卷。跋云："江阴缪氏旧藏《典雅词》本《篁嵲词》，仅存中间一叶；兹据《花庵词选》、《全芳备祖》、《翰墨大全》补之，尚得十有九首。《皕宋楼藏书志》一一九载汲古阁影宋本《篁嵲词》，未知视缪本何如。"按日本《静嘉堂文库目》毛氏影宋《典雅词》有《篁嵲词》一本。

《全宋词》二二四刘子寰词，收赵本。②

秋崖先生词　方岳撰

岳（1199—1262），字巨山，号秋崖，祁门人。绍定五年别院省试第一，殿试甲科。淳祐中为赵葵参议官，移知南康军，以杖舟卒忤荆帅贾似道。后知袁州，又忤丞相丁大全。景定三年卒，年六十四。林希逸志其墓。门人吴龙翰挽诗称为"欧苏唤不起，文印属秋崖"云。（著《深雪偶谈》之方岳为别一人。）《四库总目》著录《秋崖集》四十卷，乃馆臣删并三本编成，一为

---

① 方岳：《秋崖词》有《寿吴尚书》阕；《宋史》本传及《理宗纪》；《四库提要》一六三；朱彊村跋。

② 《刘后村大全集》九四；《宋诗纪事》六三；杨应诏：《闽南道学源流》一二。

《秋崖新稿》三十五卷，从宋宝祐五年刻本影钞；二为《秋崖小稿》，凡文四十五卷、诗三十八卷，为明嘉靖乙酉裔孙方谦所刊。（诗三十八卷，又有明活字本。）三则别行本《秋崖小简》也。三种中止《小稿》内第三十五至三十八为词四卷。厉鹗笺《绝妙好词》所引《秋崖词稿》，未详何本。况夔笙跋其词云："疏浑中有名句，不坠宋人风格。应酬之作亦较他家为少。置之六十家中，不在石林、后村下。"集中之吴侍郎吴尚书，乃履斋兄弟也。集中《哨遍》之《问月》、《月对》，设为问答如《天问》与《天对》，间用时文体入词，如《瑞鹤仙·寿丘提刑》连用若干"也"字，亦有新趣。

陶湘涉园景元本《秋崖先生词》四卷，即《秋崖小稿》之三十五至三十八卷，凡七十四首。每半叶十一行，行十九字，微有脱讹。

王氏四印斋汇刻《三十一家》本《秋崖词》一卷，分注一二三四卷及编次阕数，并同陶本，疑从明活字本出，陶本脱误者此不脱误，经况夔笙校过，有短跋。《全宋词》举其《哨遍·问月》之"凡三千五百廿年余"之"廿"字为"二十"之误省，不知次首《月对》此句同为八字，且正与《词律》引东坡词符合。

《全宋词》二二七方岳词一卷，据陶本入录。除上举"廿"字误从元本外，其他据王本改补。[①]

蓬莱鼓吹　夏元鼎撰

元鼎，字宗禹，号云峰散人，又号西城真人，永嘉人。博极群书，开禧间赴童子试屡不第，嘉泰间，辟贾涉帅幕，出入兵间，后弃官入道，今永嘉有夏仙里云。所著《南岳遇师本末》，自识为嘉定甲申（十七年，1224）。集中有《贺新郎·和刘宰潜夫韵》，即后村别调中"北望神州路"一首，元鼎所注道书，后村有跋。

《蓬莱鼓吹》词不多，《满江红》"人世何为"一首，不愧词人吐属，其他可视作铅汞歌诀。《唐宋百家》本、《南词》本，并有其词。

《彊村丛书》之《蓬莱鼓吹》三十首，据知圣道斋藏明钞本付梓。

《全宋词》二八八夏元鼎词收朱本。[②]

---

① 宋吴龙翰：《古梅吟稿》；周密：《齐东野语》四"方巨山争体统"条；方回：《瀛奎律髓》二七；《宋诗纪事》六四；《四库提要》一六四。

② 《刘后村大全集》九九《跋夏元鼎三书注》；《宝颜堂秘笈·南岳遇师本末》；方回：《桐江续集》三一；《宋诗纪事》九〇。

白云小稿　赵崇嶓撰

崇嶓，字汉宗（按名与字，盖取义嶓冢，《全宋词》作磻，失之），号白云。太宗九世孙，籍南丰。嘉定十六年（1223）进士，官至大宗丞。工书法，有《白云稿》。

《白云稿》未经见，吴伯宛辑有《白云小稿》，凡词十九首。按陈君衡《日湖渔唱明月引》题云："和白云赵宗簿自度曲。"周草窗和之，以为实即《梅花引》，今辑本无原唱矣。

《彊村丛书》本之《白云小稿》，以吴本入录，乃辑自《江湖后集》、《绝妙好词》、《阳春白雪》。

《全宋词》赵崇磻词，收朱本。[1]

清江欸乃集　严仁撰

仁，字次山，邵武人。与同族严羽、严参齐名，世号邵武三严。

《直斋书录》歌词类《欸乃集》八卷，昭武严次山撰。注云："欸音暧，乃如字，余尝辨之甚详。"花庵《中兴词选》五严次山下云："词集名《清江欸乃》。杜月渚为之序，其词极能道闺闱之趣。"

《欸乃集》不经见，今传者止《花庵词选》所收三十首。涉园景宋本略有缺脱，《四部丛刊》景明本略有误字，其中《玉楼春》一首，他本或误作刘过词。词中之上官伟长，号阆风山人，同邑人，盛传沧浪诗派（见《福建通志》）。

《全宋词》二三二严仁词，以《花庵选》入录。不知所据何本，编次异宋明两本而无其脱误，但题《天风海涛词》之"谁榜佳名空翠"句，又独讹"榜"为"傍"，按朱子摘赵忠定《题鼓山寺》诗中"天风"与"海涛"字书牓，故词有"紫阳"、"银钩"、"东山"、"哀筝"等语。[2]

① 周密：《齐东野语》七"洪君畴"条；刘壎：《隐居通议》九；《宋诗纪事》八五。
② 杨慎：《词品》"天风海涛"条；《宋诗纪事》六三。

石屏词　戴复古撰

复古（1167—?），字式之，天台人，所居有石屏山，因以自号。以诗鸣江湖间，楼攻媿跋式之诗卷，称其在三山登陆放翁之门而诗益进。石屏寿逾八十，其诗集及身，曾刊数次。

词传四十一首。《艺概》云："诗有西江、西昆两派，戴石屏《梦江南》云：'谁解学西昆'，是学西江派人语，吴梦窗一流当不喜闻。"石屏与严羽等读唐诗作《论诗绝句》十首，故《四库提要》称其以诗为词，时出新意，无一语蹈袭。其寄钦州刘叔冶史君，乃随如弟，名镕。传本以宋刊《石屏长短句》一卷为佳。其称《石屏词》，不分卷者有《唐宋百家》本、《宋元名家》本，作一卷者有明钞《宋五家词》本。

《四部丛刊续编》景明弘治刊《石屏诗集》十卷，其第八卷为石屏词二十五首。《台州丛书》本同作十卷。

汲古刻《六十一家》本《石屏词》，即诗集中之二十五首，加辑《花庵词选》八首。毛晋跋撮录各家序语，称石屏为四灵之一，盖不知四灵为何人也。《四库》著录即此本，有汪氏覆刻，《四部备要》排印。

陶湘《涉园四十种》本《石屏长短句》一卷，四十首，乃毛氏据后得之宋椠《石屏续集》景写待刊本，卷尾有"临安睦亲坊陈宅印行"九字，曾经毛斧季校补（《汲古秘本目》：岳倦翁《宫词》、《石屏词》合一册），文字胜弘治本。又有武进董氏刊本。

《全宋词》二三一戴复古词四十一首，收景宋本，又增收汲古刻一首。其校改景宋本《鹊桥仙》之"即时杯酒"为"醒时"，及沿汲古本误以"邵武"为"郡武"，皆太疏。[1]

梅屋诗馀　许棐撰

棐，字忱夫，海盐人。居于秦溪，自号梅屋，环屋皆书，悬白香山、苏东坡二像事之。其自序《献丑集》为嘉熙元年（1237）。《四库总目》著录其《梅屋集》五卷，谓厉鹗《宋诗纪事》载其集名有混误。又谓其诗为江湖末

① 楼钥：《攻媿集》七六；《刘后村大全集》一〇九《跋二戴诗卷》；魏庆之：《诗人玉屑》一九；陶宗仪：《辍耕录》四"贤烈"条；《宋诗纪事》六四；《四库提要》一六一及一九九。

派，以赵紫芝等为矩矱，以高翥等为羽翼，以书贾陈起为声气之联络，以刘克庄为领袖云。

厉鹗《绝妙好词笺》载《梅屋诗馀》一卷。按今传者并小令，颇有风致。

《涉园四十种》景宋本《梅屋诗》一卷，十八首。陶湘叙录云："江宁邓邦述得汲古景钞宋人小集数十册，词只戴（石屏）、许（梅屋）二家，半叶十行，行十八字，即临安陈氏本也。"（按《石屏词》卷尾有陈宅书牌，《梅屋词》无之。）又有武进董氏刊本。

四印斋汇刻词《梅屋诗馀》十八首，编次同宋本，但夹行间有校语。

《全宋词》卷二三〇许棐词，据吴氏双照楼本（刊版后归陶湘）入录。①

古洲词　马子严撰

子严，字庄父，自号古洲居士，建安人。赵万里云："子严事迹无考（《八闽通志》失载），观集中《金陵怀古》、《咏琼花》诸作，知其足迹及大江南北。"又云："《花庵》误举子严为字，《历代诗馀》从之，非是。"按《直斋书录》载《岳阳志甲集》二卷，马子严庄父修，注云：郡守也。宣统间湘西陈氏刊《麓山精舍丛书》作《岳阳甲志》一卷。

赵万里《校辑宋金元人词》之《古洲词》二十七首。

《全宋词》一六二马子严词，收赵本，又从《截江网》辑得《自寿》一首，似即守岳阳时作。②

空同词　洪瑹撰

瑹，字叔玙，自号空同词客。厉鹗《宋诗纪事》及陆心源《补遗》并无瑹传。

花庵《中兴词选》卷末录叔玙词十六首，小有风致，其《阮郎归》题作《壬辰邵武试灯夕》似是绍定五年（1232）。有汲古刻本、钞本，又有《唐宋百家》本、《宋元名家》本、《南词》本。

汲古刻《六十一家》本《空同词》十七首，全录自《花庵词选》，末一首

---

① 厉鹗：《绝妙好词笺》三；《宋诗纪事》六五；《四库提要》一六四。

② 魏庆之：《诗人玉屑》一九"马古洲"条；黄昇：《中兴以来绝妙词选》六；《直斋书录解题》八；《宋史·艺文志》三地理类；《宋诗纪事》七三。

混收连可久《清平乐》，此首在《花庵》选中，正列叔玙之前，毛晋所辩证者，语亦袭自《花庵》。晋又云“宜《花庵》全录之”，即跋所刊白石词三十四首，谓为“选录无遗”之见，故《提要》著于存目类中，谓其摘出别行，非真有传本云。至误“瑹”为“瑹”，误“玙”为“屿”，并毛刻所习见。此本有汪氏覆刻，《四部备要》排印。

洪氏《晦木斋丛书》有同治十二年刊《空同词》一卷。

怀清堂刊本《平斋文集》，附《空同词》一卷（江苏图书馆藏）。

涉园景汲古钞本《空同词》一卷，止名字改正，余同《六十一家》本。

《全宋词》二四七洪瑹词十六首，收毛刻，以宋本《花庵选》校订一二字，但“瑹”字尚未据宋本改正。[①]

① 《四库提要》二〇〇。

卷六　宋代词集解题

龟峰词　陈经国撰

陈经国，即陈人杰，字刚父，闽人。以才气自负，弱冠随牒江东漕闱，不第，北历淮山，自齐安薄游巴陵，嘉熙四年庚子回京师，未到中年也，越三年淳祐癸卯（1243）卒。《龟峰词》中可考见者如此。《莲子居词话》引知不足斋说，谓宝祐四年《登科录》有潮州陈经国，《龟峰词》即其所著，于是《词征》、《词林考鉴》、《云自在龛随笔》、《全宋词》等并踵其误。不知闽陈卒后十余年始为宝祐四年（1256）。且登科之陈经国。于景炎元年陆秀夫谪潮时，为立学士馆以讲学，非啬年如李长吉邢敦夫之陈刚父所及待也。拙纂《潮州志·艺文志》既辨之。

《龟峰词》三十一首，无异调，才气英迈，仇山村所谓四字《沁园春》也。《宋史艺文志补》、《千顷堂书目》、《词综》、《宋诗纪事》并题陈经国撰，似即《词征》所称之闽刻本。又有皕宋楼藏本，及劳巽卿覆录知不足斋藏魏柳洲钞本，则并作陈人杰撰。两种编次阕数相同，文句与《词综》同，跋文与《宋诗纪事》同，固非异本。凡明钞《南词》本、《唐宋百家》本、《宋元名家》本，皆同此三十一首。此外尚有蟫盦本，据振绮堂本钞，五叶以后作《龟峰公词》（见《云自在龛随笔》四）。

四印斋汇刻本《龟峰词》一卷，从皕宋楼出，原见《知圣道斋书目》。卷末有甲辰（淳祐四年）陈容跋，已哀刚父前卒。文字略有讹脱，其“说和说战多难”句，“多”字《词综》、劳钞并作“都”。

《全宋词》二六一陈人杰词三十一首，收四印斋本，以劳钞校订三字。但其一：加补“蹉”字，令全句作“面蹉长江”，颇费解。其二：原文“边头依旧防秋”，正针对题中之“愁”字，不应从他本改“防”为“阳”。又小传“人杰，潮州人”，据《登科录》，潮州之陈经国与人杰二字无关。凡此，并过疏。

附录　陈经国《龟峰词考略》

（一）《词征》著录词籍，有闽刻本陈经国《龟峰词》，又有旧钞本陈人杰《龟峰词》。《词综》、《宋诗纪事》载陈经国《龟峰词》二首及陈合跋一首。与四印斋本题陈人杰者相同，故知两种《龟峰词》实为同本，经国与人杰应是一人。

（二）《龟峰词》云：“闽山路，待封侯事了，归去非迟。”又有《送陈起莘归长乐》云：“君归日，见家林旧竹，为报平安。”按，长乐郡为唐天宝元年改立，宋为福州长乐郡威武军，《宋史艺文志补》注经国为闽三山人，与词符合。所谓三山者，曾巩《道山亭记》云：“城之中三山，西曰闽山，东曰九仙山，北曰粤王山。”盖就福州言也（梁克家有《淳熙三山志》四十二卷）。此词又有“龟山下”句，或即集名龟峰之由，《清一统志》：龟山在莆田县西二十里，一名龟洋山。其“黎岭天高”“建溪雷吼”所指山水，据《清一统志》皆在建宁府崇安县境。知词中之“家林”属福建。

（三）弱冠漕试及纵游回杭事见“记上层楼”阕题序。所指庚子，为嘉熙四年，次年改元淳祐。

（四）“未到中年先老苍”句，见淳祐元年《辛丑自寿》词。

（五）集中略具编年，最后为“淳祐壬寅（二年）黄钟（十一）之月”，此阕所称之陈月潭，有诗见《全芳备祖》。

（六）卷末有淳祐甲辰（四年）所斋陈容跋，既以不尽其才而死为重可哀，又云：“刚父兄悼其旧作已轶，盖尝所哜嚅者，惜不及见之。”似经国卒后，友人始汇为《龟峰词》以传。陈容晚号所翁，福唐人，端平二年进士，倅临江，入为国子监主簿，出守莆田。《图绘宝鉴》称其诗文豪壮，善画龙。作跋时既登第十年，疑即守莆田之日。容与经国同宗同乡，年辈雁行，为故友汇传所著，乃情理之常。（原跋甲辰下有“悖五”二字，疑为“夏五”

之讹。）

（七）最后有陈合跋云："《龟峰词》有所斋诸兄为之跋，安用复著赞语，漫书《癸卯（淳祐三年）冬怀旧》一绝系于后：'西晋风流自一家，忆君魂梦到梅花。梅花深处无人迹，明月一枝霜外斜。'"此用卢仝《有所思》语，诗中"无人迹"三字，及题云"怀旧"而不云"哀挽"，疑经国卒于冬日之前矣。合，字惟善，长乐人，称所斋为兄，亦与经国同宗里同辈行也，淳熙四年进士，官终资政殿学士。（《齐东野语》一二载其《寿贾似道词》）《宋诗纪事》引此诗作"题陈经国《龟峰词》后"，其中"赞"字"漫"字，四印斋本并讹。①

双溪词　冯取洽撰

取洽，字熙之，号双溪翁，延平人。其《自寿词》云："戊申重见。"当是淳祐八年作，溯生于孝宗淳熙十五年（1188）也。集中多与黄花庵、魏菊庄唱和，亦楼秋房所谓泉石清士欤。子名艾子，字佛寿，号云月，精于律吕，词多自制腔。早卒。《花庵词选》录其词六首。

《双溪词》与花庵风调相近，感时语较多，故花庵称为"落落元龙湖海气"。传本具《雅典词》中，原目《蓦山溪》以下十七首佚。陶宗仪云："朱希真《词韵》，冯取洽重为缮录增补。"是有功于韵字。

《彊村丛书》收《典雅词》存者二十二首，又从他选补二首。

《全宋词》二三三冯取洽词二十四首，据朱本入录。②

散花庵词　黄昇撰

昇，字叔旸，号玉林，又号花庵词客，以所居有玉林，有散花庵也，淳祐九年胡德方序其所选词云："玉林早弃科举，雅意读书，阁学受斋游公尝称其诗，闽帅秋房楼公闻其与魏菊庄为友，并以泉石清士目之。"菊庄即撰《诗人玉屑》之魏庆之也。《提要》以胡序推知昇为闽人，亦可信。其《淳祐五年

---

① 曾巩：《南丰类稿》一九；朱彝尊：《词综》一八；厉鹗：《宋诗纪事》六五陈容及六六陈合；吴衡照：《莲子居词话》三；张德瀛：《词征》四；缪荃孙：《云自在龛随笔》四；刘承幹：《词林考鉴》；蒋逸雪：《陆秀夫年谱》；阎简弼：《龟峰词及虚斋乐府撰者质疑》（《文学年报》七）。

② 黄昇：《中兴词选》一〇；魏庆之：《诗人玉屑》一九；陶宗仪：《韵记》（《词征》三引）。

（1245）乙巳病中》词云："念少日书痴，中年酒病，晚岁诗愁。"则寿当逾六十以外。

《花庵词选》卷末附自作三十八首。《提要》称为"上逼少游，近摹白石"。冯蒿庵称为"专尚细腻"。所染江湖末派，如"间者阔焉今久矣"之句极少，其酝酿东坡诗句颇有味。传本题作《玉林词》者，有《唐宋百家》本，《宋元名家》本。

涉园景宋本《中兴以来绝妙词选》，源出《石渠宝笈》（缺唐宋诸贤十卷），卷末花庵三十八首中讹字六七见，所谓"悉存旧式"也。明万历二年翻宋本讹字较少，《词苑英华》本、《四部丛刊》本并从之出。

汲古刻《六十一家》本《散花庵词》四十三首，作者之名与字皆谬，多出末后六首，乃《花庵词选》中戴石屏之末后五首，编次可覆按也（所刻《石屏词》亦复见），毛子晋岂为书舶所欺耶？有汪氏覆刻，《四部备要》排印。

《全宋词》二四八黄昇词三十九首，收毛刻外从《翰墨大全》加辑一首，而以作伪之《石屏词》入附录，然《南乡子》之"衾铁"仍沿毛误作"铃铁"。①

碧涧词　利登撰

登，字履道，号碧涧，南城人。淳祐（李之鼎《骳稿跋》引《建昌郡志》误作淳熙）元年（1241）徐俨夫榜进士，仕止宁都尉。与赵汉宗、黄希声、曾子实等为诗友。今传《登骳稿》古近体诗六十余首，多绍定间避石城寇乱之作，即《梅硐诗话》称严坦叔《兵火后还家诗》所述之事，时碧涧尚未登第。刘埙谓碧涧尤工长短句，或涵婉沉细，或丽语层出，但儿女情多，终伤正气。所指诸阕，殆与《骳稿》中玉台体诸首同一本事。

赵万里《校辑宋金元人词》本《碧涧词》十首，并从《阳春白雪》出。

《全宋词》二二九利登词收赵本，又从《隐居通议》辑得《水调》一首、《虞美人》半首、《断句》三则，但《虞美人》漏却"赋虞美人草"词题，其断句应至"抚寒江千里"止，此下"意气"二字，应连"又豁然矣"为句，

① 《四库提要》一九九"散花庵词"条及"花庵词选"条。

乃《通议》按语。[1]

处静词　翁元龙撰

元龙，字时可，号处静，黄岩人（他本作四明人，此据《通志》）。客右相杜清献成之之门。沈伯时《乐府指迷》云："壬寅秋，始识静翁于泽滨。"朱彊村谓静翁即处静。所谓壬寅，理宗淳祐二年（1242）也。

周密《雅谈》云："处静与吴君特为亲伯仲，作词各有所长，世多知君特，而知时可者甚少。"并摭其数小阕（即《绝妙好词续钞》所录），谓为真"花间"语。厉鹗《绝妙好词笺》引杜成之云："时可之作，如絮浮水，如荷湿露，萦旋流转，似沾非著。"（《杜清献集》一七《跋翁处静词》）朱竹垞《词综》不能举其集名。近赵万里从《阳春白雪》、《绝妙好词》、《浩然斋雅谈》、《全芳备祖》等书，共辑得二十首，见《校辑宋金元人词》。其《齐天乐·游胡园书感》，盖悼故姬作，有曹松山和词可参证。

《全宋词》二三三翁元龙词，据赵本入录。[2]

梦窗词集　吴文英撰

文英，字君特，号梦窗，晚号觉翁，四明人。与翁元龙、逢龙为亲伯仲。知音律，能自度曲。尝佐苏州仓幕，为嗣荣王与芮客，从吴潜、史宅之、尹焕诸人游。约六十余岁卒于景定中（1260—1264）。其年不与姜夔相接。或以集中之石帚即姜夔，或以淳祐十一年《莺啼序》为绝笔者，并误。夏承焘著《吴梦窗系年》及《梦窗词集后笺》，说较详慎。

尹焕云："求词于吾宋者，前有清真，后有梦窗。"沈伯时著《乐府指迷》，所揭律协、字雅、用字不可太露、发意不可太高四标准，殆与梦窗讲论所得。又谓梦窗太晦处，人不可晓，故《提要》比之诗家之有李商隐。自周济标举四家，并谓"梦窗奇思壮采，腾天潜渊，返南宋之清泚，为北宋之秾挚"，于是风气转移，梦窗词与后山诗并为清季所宗，如清初之家白石而户玉

---

① 元刘壎：《隐居通议》卷九"利碧涧"及"黄希声"条，卷四"总评"各条；《宋诗纪事》七三；民国十年南城宜秋馆刊《宋人集》丙编《骳稿》及李之鼎跋。

② 周密：《浩然斋雅谈》下；《浙江通志》一八一《文苑》四；朱孝臧：《梦窗词小笺》"解语花处静"条；夏承焘：《吴梦窗系年》。

田矣。近人治吴词最专者，彊村四校附笺外，有陈洵《海绡说词》。（杨铁夫《梦窗词选笺释》，后印者为改正本。）

元至正二十年写本《吴词稿》之《瑞鹤仙》至《还京乐》等十六首，题“文英皇惧百拜”，有“至正二十年十二月二十日紫芝生为又玄炼师写”一行。《铁网珊瑚·书品》著录，原物存台北“中央”图书馆。

汲古刻《六十一家》本《梦窗甲乙丙丁稿》四卷《补遗》一卷，刻非一时，后人移并合为一集，多重复误收。毛跋谓丙丁稿为丙丁两年之稿，尤误。有汪氏覆刊，《四部备要》排印。

清初张学象夫人手书《梦窗词集》，有残跋云：原四册。张为太原望族，从父名拱端侨居吴门。所钞词不分卷，与毛氏刻《甲乙丙丁稿》不同。中有标宫调者六十余阕，自是旧本。倪颉塘（承茂）用毛本通卷校过。”又承茂硃笔题记。有张皋文等印、“群碧校读”（即邓邦述）章。原物亦存台北“中央”图书馆。卷末一行云：“康熙六年岁次丁未太原张女古图存录。”又“张女学象”、“字古图”印。按张学象著有《砚隐集》，见《国朝闺阁诗钞》。

戈载批校本旧钞四卷二册，台北“中央”图书馆藏，有“瘶木轩”等印。

杜氏《曼陀罗华阁丛书》本《梦窗甲乙丙丁稿》四卷《补遗》《续补遗》各一卷。毛本误收者，删汰未尽，王半塘谓其失在妄校（咸丰十一年刊）。

四印斋刊《梦窗稿》四卷《补遗》一卷，就毛、杜二本定五例校勘，今不传。有赵氏惜阴堂本。

民国二十一年张氏约园刊《四明丛书》本《梦窗甲乙丙丁稿》各一卷《补遗》一卷《文英新词稿》一卷《附录》一卷。又附朱氏校勘记、小笺各一卷，郑文焯《校议》二卷，张寿镛《校补新词稿》一卷。覆光绪戊申归安朱氏无著庵本，参《彊村丛书》本、校汲古阁本、铁网珊瑚明钞本。

《彊村丛书》本《梦窗词集》一卷，补一卷（八十四首），小笺不分卷，校记附各阕后。朱氏跋云：“梦窗词，毛刻外传椠极鲜，此旧钞本，不分卷，明万历中（二十六年）太原张廷璋藏，今归涵芬楼，疑即子晋所称一卷者也。通卷分调类次，略同甲乙稿，汰去误入，凡得二百五十六首，视毛本少六十八首，标注宫调者六十有四，为从来著录所未载。”张学象夫人抄本即就张廷璋家藏传录也。又云：“其为词也，沉邃缜密，脉络井井，缒幽抉潜，开径自行，学者匪造次所能陈其义趣。余治之二十年，一校于己亥，再勘于戊申，深鉴戈氏（《宋七家词选》）、杜氏肆为专辄之敝，一守半塘翁五例，不敢妄有窜乱，迷误方来。今遘是编，覆审曩刻，都凡订补毛刊二百余事，并调名亦有举正者。”此癸丑三版本也。（初版为四印斋本，二版为无著庵本。）

《彊村遗书》本《梦窗词集》一卷，为彊村手校写定，先生殁后，至民国二十一年壬申付刊，题为四校定本。无补编及小笺，阕后校语亦概删去。持校《丛书》本，各宫调间有订改，题文、词句，并采各本之最胜者。

《全宋词》二三五吴文英词，以《彊村遗书》之四校本及《丛书》之《补编》入录，共收三百四十首。又从《词旨》收断句两条，其末条“醉云醒月”句，胡元仪以“醉云又兼醒雨”当之，按《词眼》所举，皆四字整句，胡注所指之六字，恐非陆氏例，故仍当从《全宋词》以佚篇论。①

后村长短句　刘克庄撰

克庄（1187—1269），字潜夫，号后村，莆田人。嘉定初以荫入仕，知建阳县，后师事真西山，淳祐六年，以文名久著，史学尤精，特赐同进士出身，除秘书少监，兼国史院编修官，官至龙图阁学士。咸淳五年卒，年八十三。有《后村大全集》一百九十六卷，其行状、墓志，并附卷后。张荃有《刘后村年谱》（见《之江学报》）。

真西山编《文章正宗》，以歌诗门属后村，且约以世教民彝为主。后村虽未墨守师说，然其词则感激豪宕，羞学流莺百啭者也。《后村诗话》有云：“放翁、稼轩，一扫纤艳，不事斧凿，但时时掉书袋，要是一癖。”所谓扫纤艳掉书袋，实皆后村自道。冯煦《蒿庵论词》云：“后村词，与放翁、稼轩，犹鼎三足，如‘男儿西北有神州，莫滴水西桥畔泪’，‘帐下健儿休尽锐，草间赤子俱求活’，‘不要汉庭夸击断，要史家编入循良传’，胸次如此，岂剪红刻翠者比。”《后村大全集》三四有《自题长短句后》诗一首。

后村诗文有前、后、续、新四集，并已刊行。咸淳六年，其子山甫汇聚为《大全集》二百卷，付刊时遭闽阃之忌，遂上其板而中辍（见咸淳八年刘希仁序）。今传赐砚堂钞本一百九十六卷，其第一百八十七卷至一百九十一卷为长短句共五卷（卷末阙《西江月》末二句及以下四首，与各钞本同），此外五十卷本、二十卷本、六十卷本，各有词二卷。《唐宋百家词》本、《后村诗馀》，同作二卷。

① 《四库提要》一九九；夏承焘：《唐宋词人年谱》及《唐宋词论丛》；《铁网珊瑚·书品》六；刘毓崧：《通义堂集》内《吴文英集跋》四篇。

汲古刻《后村别调》一卷，凡一百二十三首。《四库》列入存目，《提要》谓《后村集》已著录，其《诗馀》已附载，毛晋复摘出别刻云。

门人林秀发编《后村居士集》五十卷，《诗馀》编次为第十九第二十凡两卷。宋刻残存此两卷尚完整，陶湘裁篇别出，景刊入《宋金元明本词四十种》，共词一百二十首。（据称宋本存京师图书馆度内阁旧库书。其《贺新郎·凯歌》阕有二格空白，据五卷本乃“胡儿”二字，疑元人付印划去。）

康熙间白纸精抄本《后村先生长短句》二册，硃笔批校，有席鉴印。（台北“中央”图书馆藏）

华亭姚培谦校订本《后村后集》二十卷，康熙五十九年姚氏软体字精刊，内诗馀二卷。

《晨风阁丛书》本《后村别调》一卷补一卷。（覆新校本宣统元年刊）

《彊村丛书》据刘燕庭藏钞本《大全集》卷一八七至一九一长短句五卷付梓，以张氏爱日精庐钞本《大全集》及残宋本、汲古本改补，撰有校记，有大全本卷末原阙《西江月》末二句及《朝中措》四首，据旧钞《后村集》六十卷本补入，共词二百五十八首，视毛、林二本几倍之。（彊村《跋》云：“鲍渌饮得明钞《后村词》，以为胜于毛刻，未获寓目。”按善本书室藏有明钞《后村诗馀》二卷。）

王国维辑《后村别调补遗》一卷，见《王忠悫公遗书》。

《四部丛刊》景印赐砚堂钞本《后村大全集》卷一八七至一九一。

《全宋词》卷二〇七至二一一刘克庄词五卷，据朱本入录，又收赵万里补二首，自补四首，共得二百六十四首。附录汲古本误收端午《贺新郎》一首。

钱萼孙《后村词笺注编年》本。①

抚掌词　欧良辑

良，南城人，官司户。刘后村跋其行卷云：“盱江欧君，示余古文赋诗俪语二十七篇，其言质而绮，诗如《贞女采莲》之篇，尤有古意，《杂兴》云：‘璧固君所奇，镜亦妾所惜，乍可返君璧，妾镜不可得。’语尤高简于《还珠吟》矣。”

四印斋本《抚掌词》十八首，从《典雅词》出。补录皕宋楼藏本劳巽卿

① 《后村诗话》；刘熙载：《艺概》；陶湘：《宋金元本词叙录》；朱彊村：《后村词跋》。

跋云："《抚掌词》卷前不署姓名，从《典雅词》传出，盖南渡人词也。欧良乃编集者之名，此本去'后学'二字，遂以当作者矣。""咸丰癸丑五月廿三日午后，据曝书亭钞本《典雅词》校过，饮香词隐劳巽卿记于沤喜亭池上。"王本题"后学"二字，亦据劳跋加补。（清刘喜海辑《宋元人词稿》本之《抚掌词》，题作"宋□□撰宋欧良缉"。）

《全宋词》二九九抚掌词，据王本，而剔去所附乐府体《十二月宫乐词》。①

矩山词　徐经孙撰

经孙（1192—1273），字仲立，号矩山，江西丰城人。宝庆二年进士，历官刑部侍郎，拜翰林学士知制诰，以忤贾似道罢归。卒于咸淳九年，世换人亡，迟四十三年始克安葬，熊朋来表其墓。著有《矩山存稿》，或称《徐文惠公存稿》，明万历间裔孙徐鉴等搜索父兄传抄之遗，仅得五卷，与徐鹿卿《清正存稿》同刊，名《二徐集》。矩山奏疏，敷陈剀切，独得雄直之气，诗词则浅近似《击壤集》。事迹具《宋史》四一〇。

民国四年李之鼎宜秋馆刊《宋二十家集》本《徐文惠公存稿》五卷，覆万历二徐合刻本。卷四末载词五首。其《哨遍》一首八十九字，与宋人二百余字者迥异；然上半檃括《赤壁赋》，下半檃括《归去来辞》，语意完足，当非有所缺脱，可以列备一格。又本卷七言诗中有出朝赋《归来好》十一首，三字一句，七字三句。按敦煌写卷列伯希和目二二五〇及二九六三两卷有法照撰《归去来》十首，字句与矩山《归来好》相同，写卷后记"大历九年冬初十月于北京（太原）龙兴寺"。据日本大正新修《大藏经》八十五卷《法照集》，此《归去来》作于大历元年，有七言者，有五言者，有和声者。矩山此十一首，犹宋人仿唐人《江南好》为《维扬好》之例，固应编入词卷中。

《彊村丛书》本《矩山词》，据宜秋馆本，有李之鼎识，但不收《哨遍》。

《全宋词》二二六徐经孙词，收朱本。②

---

① 《刘后村大全集》一〇九。

② 《四库提要》一六三；任二北：《敦煌曲初探》246页及《敦煌曲校录》105页；塚本善隆：《唐中期之净土教》第六章；吉冈义丰：《关于归去来辞》（《中国文学报》第六册）。

可斋词 李曾伯撰

曾伯，字长孺，号可斋，覃怀人，南渡后寓嘉兴。生于庆元四年(1198)，由著作郎两分漕节，七开大阃，官至观文殿学士。素知兵，所至有实绩，称南渡后名臣，卒为贾似道所嫉，咸淳元年褫职。越五年庚午，以小本刊所著，似曾伯卒后其子所为。当宝祐二年川局崩坏，御笔授曾伯四川宣抚使，特赐同进士出身，《全宋词》谓其时登第者误也。曾伯尝为娄机《班马字类》作补遗，于景定末序而并刊之。事迹具《宋史》四二〇。

《四库》著录《可斋杂稿》三十四卷《续稿》八卷《续稿后》十二卷。《杂稿》编于淳祐壬子，《续稿》编于宝祐甲寅，《续稿后》不著年月，皆有曾伯自序，其子杓汇刻之荆州，湖北仓使刻之武陵，咸淳庚午书肆又刊小本而杓为之序，后人合名《可斋类稿》，非其旧也。有《四库全书珍本初集》景印。《提要》极称其奏疏明时势可施用，惟诗词才气纵横，颇不入格，要亦戛戛异人，不屑拾慧牙后。今观其词，差可肩随于湖，每次奏捷，悉推功后进，殊有休休风度。其《瑞鹤仙》全押"也"字，又为蒋竹山开游戏先路。

吴氏双照楼景宋《可斋词》七卷，殆出荆州本。陶湘《叙录》云："汲古景宋本《可斋杂稿》卷三十一至三十四，《续稿前》卷七、八，《续稿后》卷十一，凡七卷，亦专存其词也。每半叶十一行，行二十字，《续稿前》并摹大字序三叶，是曾伯手书，有曾伯、长孺、可斋、河内开国、郷亭李氏五印。"《续稿》第七卷《八声甘州》题有空缺，幸目录完整，可补订也。

《全宋词》二四〇至二四六李曾伯词七卷。前四卷《杂稿》词一百一十六首，次两卷《续稿》词三十四首，末一卷《续稿后》词五十二首，都二百零二首。据吴本入录，但缺字未补，且不留空格。[①]

雪坡词 姚勉撰

勉，字述之，又字成一，高安人。生于嘉定九年（1126），宝祐元年廷对第一，除校书郎兼太子舍人。勉受业于乐雷发，诗法颇有渊源。有《雪坡文集》五十卷，文及翁、方逢辰为之序。

① 周密：《癸辛杂识》别集下；《宋史》四四及四二〇；《四库提要》一六三。

《雪坡词》三十二首，附文集内，多祝寿送行之作。

双照楼影印宋本《姚舍人文集》附词三十二首。

光绪二十一年江标刊《宋元名家词十五种》之《雪坡词》一卷。

民国五年刊《豫章丛书》本《雪坡舍人集》五十卷《补遗》一卷，附校记三种，源出文澜阁。

《全宋词》二五〇姚勉词一卷，据影宋本入录，并举江本数误字。又跋云："《贺新郎·唱彻阳关调》一首，升庵《词品》以为苏雪坡作，实大误也。"按杨慎又攀附雪坡为蜀人，欲正杨者，恐不胜其正。[①]

碎锦词　李好古撰

好古，高安人，有《碎锦词》。集题乡贡免解进士，故王半塘目为白石老仙人之亚。其题《扬州词》云："百万貔貅夜筑。"似贾似道筑扬州城事。

《碎锦词》有《八声甘州》二阕，起韵十三字，皆首三字一读，次作五言对句，此格颇少见。

四印斋汇刻本《碎锦词》十四首。跋谓皕宋楼藏有二本。按半塘汇刻词在光绪十九年，故得见陆本。

迨光绪三十三年丙午，陆氏皕宋楼、十万卷楼、守先阁之书四万余册即售于日本，今静嘉堂文库所藏毛氏影宋本《典雅词》第二册有《碎锦词》一卷。至艺风堂藏《典雅词》则存北京图书馆。

《全宋词》二六一李好古词收王本。跋谓半塘所疑《谒金门》一首，据《贵耳集》乃卫元卿词，另见卷一二八。[②]

章华词　佚名撰

《章华词》残存三十二首，作者姓名失考。况夔笙《跋》云："词笔清隽有生气，宋人传作，或有不逮。"按词中驱使东坡诗句如"愿骑白凤"之类，亦颇自然。

四印斋汇刻本《章华词》，从皕宋楼景宋本出。（景宋本即今藏日本静嘉

① 杨慎：《词品》五"苏雪坡"条；厉鹗：《宋诗纪事》六六；《四库提要》一六四。

② 《静嘉堂文库略史》（附《静嘉堂汉籍目录》卷末）。

堂文库之毛氏影宋《典雅词》）

《全宋词》二九九章华词，收四印斋本。其《咏梅》一首调名《好事近》，误连上首《点绛唇》之末。

白雪遗音　陈德武撰

陈德武著《白雪遗音》一卷，《千顷堂书目》著录，编次南宋之季，注云："三山陈德武，不知何人。"

其词云"之官路远"，"十分官事"，似尝出仕。其旅游闽、粤，羁留睢宁之词，待考。

《白雪遗音》六十四首；词意恬淡，铸句亦有曲子中缚不住者。传本有彭元瑞藏明钞《南词》本、何梦华藏钞本及《词征》所载闽刻本，并同《千顷堂书目》。《唐宋百家词》及《宋元名家词》作《白雪词》，不分卷。（彭元瑞《知圣道斋读书跋》"宋未刻词"条云："得宋元人词二十二帙，题曰汲古阁未刻词，行款字数与已刻六十家同。""余旧藏李西涯辑《南词》一部，又《宋元人小词》一部，合此三书，于六十家外又可得六十二种。"）

《彊村丛书》本《白雪遗音》，据彭藏明钞本付梓，其《百字谣·弄花香满衣》一首，目存词佚。

《全宋词》二七陈德武词，据朱本入录。①

龟溪二隐词　李彭老　李莱老撰

彭老，字商隐，号筼房，德清人。淳祐中沿江制置司属官。弟莱老，字周隐，号秋崖。咸淳六年（1270）尝知严州。周密云："筼房词笔妙一世，秋崖与其兄竞爽，号龟溪二隐。"朱彊村以周草窗诗词中之日熙堂，疑二人为李大监仁永子。陆行直《词旨》并摘有二隐警句，而《宋史·艺文志》及朱竹垞编《词综》时不能举其集名。

《彊村丛书》本《龟溪二隐词》一卷，据汪谢城辑本，得商隐词二十一首，周隐词十七首。

《全宋词》二四九李彭老词、李莱老词共一卷，覆朱本，加辑《词旨》彭

① 《千顷堂书目》三二；清彭元瑞：《知圣道斋读书跋》二。

老二断句。[①]

秋堂诗馀　柴望撰

望（1212—1280），字仲山，号秋堂，衢州江山人。嘉熙间为太学上舍。淳祐六年丙午诏求直言，望上《丙丁龟鉴》十卷，起周威烈王丙午讫五代天福丁未，指其治乱得失。忤时相意，下府狱，京尹赵与簒疏救，放归。景炎间授迪功郎史馆国史编校，以疾归。至元十七年卒，年六十九。望与从弟通判随亨、制参元亨、察推元彪，称柴氏四隐，有《柴氏四隐集》（各本多作二卷）。今传《秋堂集》三卷，《提要》谓出自后人杂裒，末附苏幼安所撰《墓志》。

望词名《凉州鼓吹》，自序云："词起于唐，盛于宋，尤莫盛于宣、靖间，美成、伯可，各自堂奥。近世姜白石一洗更之。大抵词以隽永委婉为尚，组织涂泽次之；呼嗥叫啸抑末也。白石词感今悼往之趣，托物寄兴之思，殆与《古西河》、《桂枝香》同风致，余不敢望靖康家数；白石衣钵，或仿佛焉。"此集已佚，今《秋堂集》第三卷诗馀十首，乃明万历间裔孙于蠹简中蒐得，宜秋馆刊本又从《阳春白雪》增辑三首。别有嘉庆十七年戴光曾抄本《四隐集》二卷及《秋堂补遗》一卷（北京图书馆藏）。

《彊村丛书》本《秋堂诗馀》十三首，据善本书室藏钞《秋堂集》本付梓，末三首似出自宜秋馆本，但删重复一首。

《全宋词》二四七柴望词收朱本。[②]

本堂词　陈著撰

著，字子微，号本堂，鄞县人。宝祐四年（1256）进士。官著作郎，知嘉兴府，忤贾似道改临安通判。《四库总目》著录《本堂集》九十四卷，其第三十五至三十九为词五卷。

本堂《沁园春·示诸儿》云："八十岁，是这般多活，堪吊堪羞。"盖入

---

① 周密：《浩然斋雅谈》下；周密：《齐东野语》及《武林旧事》并有彭老小诗；厉鹗：《绝妙好词笺》六；朱彊村：《蘋洲渔笛谱疏证补》。

② 《丙丁龟鉴》（《丛书集成》本）；《宋诗纪事》六五；《四库提要》一六五；明林志：《蔀斋文集·书柴望传后》。

元后词，并少比兴深微之作。《提要》谓其诗多沿《击壤集》派，文亦杂语录之体。

光绪间四明陈氏刊文集本《本堂词》五卷。

《彊村丛书》本《本堂词》一卷，覆善本书室藏钞《本堂集》，《水龙吟》以下原缺，得词一百二十二首，夹行中间有校语，与《四库》著录五卷者似乎不同。但未登第前嘉熙、淳祐之作，及七十九岁八十岁之词，并见其中，所缺当属无多。

《全宋词》二五九陈著词一卷，据朱本入录。[①]

日湖渔唱　西麓继周集　陈允平撰

允平，字衡仲，一字君衡，号西麓，题集又称莆郰澹室后人，四明人。资政殿大学士卓之侄，学于慈湖之门。德祐时官制置司参议官。入元，以仇家告变，遭榜掠，袁洪解之得脱，被荐，以病免归。有《西麓诗稿》，方回为序。词有《日湖渔唱》及《继周集》两种。《词源》称其词"本制平正，亦有佳者"。周草窗、王碧山有怀君衡北游词，张玉田有拜西麓墓词。

《日湖渔唱》见阮元《四库未收书提要》，《千顷堂书目》作二卷，然传本并一卷。词凡八十四首，分慢与引令、寿词三种，其西湖十景有慢有引，故别立一目，与《白石歌曲》以令慢分卷同义，观此，知明人立中调诸名之不经。《绛都春》旧上声韵，陈改平声；《渡江云》旧平声韵，陈改入声；知改韵者不止叶石林、姜白石也。《西麓继周集》有汲古阁景写宋本，词一百二十三首，和美成韵者一百二十一首。朱彊村云："方千里、杨泽民和周词并据分类本，此与迥异，足以见美成旧本面目。"传本中单作《日湖渔唱》一卷者，有赵辑宁钞校本、士礼居藏钞本、劳巽卿录罗氏写本。单作《西麓继周集》一卷者，有《典雅词》本、何梦华钞本、劳巽卿校本。合两种各作一卷者，有知圣道斋藏《宋元人小词》本。

江都秦恩复刊《词学丛书》之《日湖渔唱》一卷、《补遗》一卷、《续补遗》一卷。朱彊村云："秦本《补遗》廿二首，与慢令通为一卷，盖前人所为；秦辑《续补遗》，云于诸名家词中搜得，实皆见《继周集》中（似从《历代诗馀》辑出），以补《渔唱》，殊失旧观。"《白雨斋词话》所谓《西麓集》

① 《宋诗纪事》六七；《四库提要》一六四。

中和美成者十有二三，殆止见秦本《日湖渔唱》也。

南海伍崇曜《粤雅堂丛书》之《日湖渔唱》覆秦本，《渔唱》、《补遗》、《续补遗》各列分目。《丛书集成》初编覆此。咸丰丁巳双声阁录新城罗氏写本，有吴昌绶跋尾（台北“中央”图书馆藏）。

《彊村丛书》本《日湖渔唱》一卷，收吴伯宛校录劳钞本，词八十四首，与秦本同，末附《瑞鹤仙》、《垂杨》二首，盖秦本不知从何辑补，以非《继周集》中词，故仍附此。又《西麓继周集》一卷，收劳巽卿传录本。（日本静嘉堂文库藏汲古影宋本《典雅词》有《西麓继周集》，台北“中央”图书馆亦有《西麓继周集》，册面题《典雅词》，硃笔竹垞藏，则为另一本。）都词二百二十三首，其《过秦楼》前一首、《琴调相思引》一首，并非周韵，疑宋时周词别有此二首也。又目载《苏幕遮》等五首而缺其词，朱氏疑周词经强焕增辑，故较衡仲所和有溢出。以上二卷，各附校记。

《全宋词》二五七至二五八陈允平词二卷，前卷为《渔唱》，后卷为《继周集》，并收朱本。[1]

花外集 王沂孙撰

沂孙，字圣与，又字咏道，有碧山、中仙、玉笥山人诸号，会稽人。能文工词。其词题云“甲戌冬别周公瑾丈于孤山”，时为咸淳十年（1274）。《绝妙好词笺》引袁桷《延祐四明志》云：“至元中王沂孙庆元路学正。”《四朝闻见录》附录载其题保母塼诗，正赵孟頫丁亥八月跋之后、鲜于枢戊子再观之前。《志雅堂杂钞》记辛卯十二月降仙云：“王中仙有滞未化。”盖卒于至元二十五（戊子）至二十八年（辛卯）间。集有丙午（1246）春题《花光卷词》，距是已逾四十年，其《三姝媚·故京送别》有“相看华发”句，而夏承焘推测其卒年为四十左右，似可疑。词名《花外集》，又名《碧山乐府》。

碧山与草窗诸公酬唱，玉田称为琢语峭拔有白石意度。周济选《宋四家词》，望为词者问途碧山，历梦窗、稼轩以还清真之浑化，又云“词以思、笔为入门阶陛，碧山思笔，可谓双绝，幽折处大胜白石，惟圭角太分明，反复读之，有水清无鱼之恨”。集中有《乐府补题》数首，为番僧发陵作，四印斋

---

① 《山中白云》张昱疏证引《续甬上耆旧传》；《袁清容集》三三《先大夫行述》；《宋诗纪事》六六；阮元：《揅经室外集》一。

跋载许玉瑑释语，亦能窥豹一斑。

《千顷堂书目》、《词综》并载《碧山乐府》二卷，不见传本，明王九思撰《碧山乐府》卷数不同，当非误混。此外江都秦氏藏明钞本、天津图书馆藏旧钞本、孙人和校本，并作《花外集》一卷。《唐宋百家》本、《宋元名家》本并作《玉笥词》，不分卷。又有明文端淑女史手钞本，作《玉笥山人词集》一卷，《郎园藏书志》谓此本转入鲍氏、秦氏，足以订补鲍刻及王刻者颇多云。

《知不足斋丛书》本《花外集》不分卷，注云一名《碧山乐府》，词五十一首，又自《绝妙好词》等书辑得十四首为补遗，卷端附玉田、草窗题词三首，夹行中有校语。有道光十五年张开福覆刻知不足斋本，有《丛书集成》初编覆印本。

清道光间乌程范锴刻《三家词》，其《碧山词》据鲍刻兼采金桐孙所校本。

四印斋所刻词《花外集》不分卷，取鲍刻重加校订，兼采不可尽信之戈顺卿校语数则（如戈改"三星"为"双星"，前人已讥其陋），又有鲍本不误而王刻手民错误者。

盐城孙人和校本，民国二十二年刊，间附考证，如题《花光卷》一首尤精。

《全宋词》二六二王沂孙词六十四首，采孙人和重校本，剔去各本误辑之《望梅》一首入附录，加收《词旨》之断句四条。但《醉蓬莱》以后十余首乃自选本辑录，故各本此首之上并题"补遗"二字，《全宋词》则从删。[①]

中斋词　邓剡撰

剡（1232—1303），又名光荐，字中甫，又号中斋，庐陵人。德祐丙子夏，避地入广，寓家香山，冬，就广东制置使赵溍辟。丁丑，妻子十二口死于寇。戊寅，随驾厓山，除礼部侍郎。己卯二月师溃，光荐蹈海者再，为北军钩致，张弘范命子珪师事之。自广之北，与文天祥同行，舟中唱和，有诗名《东海集》，天祥序而书之（尹廷高《玉井樵唱》有《题东海集诗》，乃文山墨迹），且嘱弟璧以墓铭托焉。至金陵，光荐以病留，累请为缁黄，不许，

① 叶绍翁：《四朝闻见录》附录（知不足斋本）；江昱：《蘋洲渔笛谱疏证》及《山中白云疏证》分引周密：《志雅堂杂钞》；厉鹗：《宋诗纪事》八〇；夏承焘：《周草窗年谱》；汪兆镛：《微尚斋杂文》三《碧山乐府书后》。

久之放还，刘须溪有《辛巳冬和中斋梅词》，殆其时也。须溪寿中甫词称“齐年”，是同生绍定五年，元大德七年卒（据程钜夫《书邓中斋名谢氏子说后》称“至元戊子倾盖剧谈，别后十五年，闻讣于武昌”一语推算）。初，陆秀夫记二帝事为一书，授光荐曰，若后死，幸传之；元修《宋史》成，其家始以《填海录》等书进。所著有《续宋书》、《德祐日记》、《中斋集》。见于《文文山集》附录之《文丞相传》、《督府忠义传》，及黄溍所称《祥兴本纪》，即《续宋书》中篇目也。黄培芳《香山县志》录存其《浮虚山记》，陶宗仪《辍耕录》录其诗，称为以义行著云。

赵万里辑《宋金元人词》之《中斋词》一卷十二首，仅据须溪和韵，已知所佚不少。赵氏颇以无由考见中斋行事为憾。刘诜与中斋交往颇密，其《桂隐文集》可考见其行事。

《全宋词》二七二邓剡词，据赵辑入录。而剔出《唐多令》（雨过水明霞）一首为文信国词，据引《中州乐府》云“冯子骏使北不屈，词亦不减信国雨过霞明之句”云云，似认元遗山编《中州集》时，预知文信国有此词者。按元时庐陵凤林书院《草堂诗馀》并录文、邓二公词，而以此首属中斋，编者与二公皆庐陵人，当无误混。又刘须溪《唐多令》题云《龙洲曲已八九和复为中斋勉强夜和》，其词虽仍用刘改之韵，而意与中斋此词有关照，并可为邓作旁证。《永遇乐序》：“余方痛海上元夕之习，邓中甫适合易安词至，盖以其事吊之。”是中斋亦曾和“落日镕金”之词，惜已不存。[①]

须溪词 刘辰翁撰

辰翁（1232—1297），字会孟，庐陵人。须溪，其所居地名也。《百字令》自注“仆生绍定之五年壬辰”，陆心源《宋史翼》谓生端平者误，《宋诗纪事》谓曾登陆象山之门更误。景定壬戌廷对，忤贾相，置丙第，以亲老请濂溪书院山长，屡荐不起，宋亡，隐居以卒。有《须溪集》，明人已不易见，今存

---

① 《文文山集》卷五、卷一四及《集杜诗》；《程雪楼文集》二四《书邓中斋名谢氏三子说后》；刘诜：《桂隐文集》；《唫呓集》有邓光荐至元三十一年序；元吴师道：《礼部诗话》有邓诗；黄溍：《金华黄先生集》三；《宋史》四五一《陆秀夫传》；《元史》一五六《张弘范传》及一七五《张珪传》；《中州集》五及《中州乐府》；《宋遗民录》龚开撰：《陆君实传》；明黄佐：《广州人物传》二四；《宋诗纪事》七九及《宋诗纪事补遗》七八；《清一统志》“广府山川”条有中斋文句；杨德恩：《文天祥年谱》咸淳三年有《回邓县尉中甫书》按语；拙著《选堂集林·史林》内《补宋史邓光荐传》；刘诜：《桂隐文集》。

《大典》辑本十卷。（文澜阁本题作《须溪集略》）

须溪早著鲠直，遗民之痛，寄托尤深。《提要》谓其门生祭之，称为韩、欧后巨笔，惟专以怪奇磊落为宗，甚或不易句读。况夔笙云：“须溪词风格遒上似稼轩，情辞跌宕似遗山，有时笔意俱化竟略似坡公，或以为别调，非知言也。”

《豫章丛书》本《须溪集》七卷，覆八千卷楼钞本，有校记。民国六年刊。

《彊村丛书》之《须溪词》一卷，补遗四首，有校记。彊村《跋》云：“兹刻初据丁氏嘉惠堂藏旧钞，不分卷，一再校勘授剞。庚申，传录文渊阁《须溪集》词三卷（即卷八至卷一〇）比勘遵改，惟卷叶未分，但于目录标明卷次。丁本虽讹文叠出，然资以提正阁本，若《莺啼序》之千载能胡语，颇疑阁本非本来面目也。”

《全宋词》二五六刘辰翁词三百五十一首，据朱本，又加辑一首，而以朱本之《踏莎行》及《须溪集》误收之二首入附录。惟须溪小传，一再沿误。[1]

蘋洲渔笛谱　周密撰

密（1232—1298），字公谨，号草窗，又有四水潜夫、弁阳老人诸号。其先济南人，南渡后寓湖州。兵火毁家，遂依妻党杨氏居杭不返。宋季尝为临安府幕属，监丰储仓，为义乌令未几，遭宋亡，遂不仕。家有累世藏书四万余卷，金石刻一千五百余种。所著《云烟过眼录》、《齐东野语》、《癸辛杂识》多种，殆寓故家乔木之思焉。诗名《草窗韵语》，词名《蘋洲渔笛谱》。夏承焘著《草窗年谱》，凡年岁、别号、仕途、述作诸端自《宋诗纪事》以后，人所疏忽误混者，可资考正。草窗令义乌时，旧说或云淳祐中，或云宝祐间；夏谱推断为德祐乙亥、丙子之间。按黄溍《日损斋笔记》有清陈熙晋考证，谓周密，宋末义乌县令，亦可为夏谱佐证。

公谨早登紫霞翁杨缵之门，妙解音律，故翁称“草窗乐府妙天下”。周济《四家词选》则云“草窗镂冰刻楮，精妙绝伦，但立意不高，取径不远”。观其《西湖十景》小序云：“词不难作而难于改，语不难工而难于协。”可以知

① 《宋诗纪事》六八；《四库提要》一六五；王鸣盛：《蛾术编》七八；况夔笙：《蕙风词话》二；马群：《刘辰翁事迹考》（《词学》一）。

其甘苦矣。

阮元《四库未收书》之《蘋洲渔笛谱》二卷《提要》云："《词综》以为《草窗词》一名《蘋洲渔笛谱》，今考《草窗词》比斯谱增多数阕，知《笛谱》是当日原定，《草窗词》或后人掇拾所成，特以此为蓝本耳。"按张炎《一萼红》题云："弁阳翁词名《蘋洲渔笛谱》。"此公谨友人之说，最可据信。传本题《草窗词》者，《唐宋百家》本、《宋元小词》本不分卷；江鱼亭藏钞本作一卷；天一阁等藏钞本作二卷。题《蘋洲渔笛谱》二卷者，源出毛斧季影写宋钞，宋讳阙笔。《西湖十景》词末二首，乃毛氏从《钱塘志》钞补。

鲍氏《知不足斋丛书》并刻二种，一为《草窗词》上下卷，共一百十五首（上卷见《笛谱》者五十首，见《乐府补题》者三首，下卷见《笛谱》者四十一首，见《绝妙好词》者六首）。附鲍氏辑补上下卷共四十首（上卷十八首从《绝妙好词》补，下卷二十二首从《笛谱》补）。一为《蘋洲渔笛谱》二卷，据毛斧季本，中有缺页，阮元曾传写呈内府。两种并有《丛书集成》覆印。

江昱《疏证》本《蘋洲渔笛谱》二卷，缺脱同毛斧季本，存词一百一十四首。昱又辑集外词一卷三十九首。其《疏证》不及《山中白云》详备。有乾隆五十一年江恂刻本，《四部备要》本。

《曼陀罗华阁丛书》本《草窗词》二卷补二卷，咸丰十一年刊。

《草窗词》二卷一册，休宁汪季青藏印（台北"中央"图书馆藏）。

《山左人词》本《草窗词》二卷补二卷，光绪二十七年金陵刊。

《彊村丛书》本《蘋洲渔笛谱》及集外词据江本，朱氏于考证略有加补。

《全宋词》二五三至二五五周密词，据朱本，以鲍本《草窗词》误收二首入附录。[①]

覆瓿词 赵必𤩪撰

必𤩪，字玉渊，号秋晓，太宗十世孙，居东莞。咸淳元年（1265）与父同登进士，文信国开府惠州，辟摄军事判官，入元后隐居温塘村。有《覆瓿集》六卷（日本静嘉堂文库有写本六卷），元皇庆元年郭应木序其集，谓年甫三十而宗国陨。行状为陈纪撰，附集后。纪工词，朱竹垞《词综》三二录存

① 阮元：《揅经室外集》一；夏承焘：《周草窗年谱》。

一首。

《四库》著录《覆瓿集》内长短句一卷，中多用美成韵，知于此道颇深。其“只为相思怕上楼”一首，两结句各多三字，乃题作《浣溪沙》，与贺方回集同。

清道光二十年伍氏诗雪轩刊《粤十三家集》本《覆瓿集》四卷。

四印斋汇刻《覆瓿词》一卷。

《全宋词》七赵必𤩪词三十一首，收四印斋本。①

在轩词　黄公绍撰

公绍，字直翁，邵武人。咸淳元年（1265）进士，尝官架阁，宋亡，隐居樵溪。著有《古今韵会》，有名于世，今传者非原本也。又有《在轩集》一卷，疑亦佚后掇拾。

《四库全书珍本》之《在轩集》（非辑《大典》本）内诗馀二十八首。《提要》云：“公绍在当时为耆宿，虽残编，犹可宝也。”

《彊村丛书》本《在轩词》二十八首，收邃雅堂藏钞本。

《全宋词》二七二黄公绍词，据朱本入录，增赵辑二首。按各选本多以《青玉案》“年年社日”一首为公绍作，《全宋词》据《阳春白雪》五定为无名氏作，然未入附录。②

潜斋词　何梦桂撰

梦桂，字岩叟，初名应祈，字申甫，学者称为潜斋先生，严之淳安人。咸淳元年（1265）进士，官至大理寺卿，引疾去，筑室小西源，元至元中屡召不起。自寿词有“七十年来都铸错”句，又有《寿南山弟七旬》词，盖享高年也。有《潜斋集》十一卷。

明成化本《潜斋集》，乃其八世孙访得旧印本校正刊行，其后有远孙之纶重刊，有万历间檇李校刊，三种明刊，并藏台北“中央”图书馆，载词四十七首。其《摸鱼儿》两阕，与刘须溪《酒边留徐云屋词》用韵相同，赋意相

① 《四库提要》一六五；《宋诗纪事》八五。

② 《宋诗纪事》七五；《四库提要》一六五。

同，缠绵幽咽亦不下须溪，何无题序，未知与刘、徐二人有关否。

《四印斋汇刻》本《潜斋词》一卷，四十首，夹行中略具校语，字句微有脱误。王氏跋以其和邵清溪自寿词，推为年逾大耋。

《全宋词》二七三何梦桂词，四十七首，据成化刊本入录。跋谓王本阙卷末七首，但两本夹行校语相同。①

竹山词　蒋捷撰

捷，字胜欲，号竹山，阳羡人。系出巨族，登德祐（1275）进士第，宋亡，遁迹不仕。《宋史艺文志补》有蒋捷《小学详断》不分卷。

《竹山词》九十余首。练字精深，《提要》推荐词家矩矱。《蒿庵论词》则云"全集实多可议，嘉、道间吴中七子类祖述之，去其质而俚者自胜矣。"传本有元钞及《唐宋百家》、《宋元名家词》等。

元钞本卷前题记"竹山先生义（宜）兴旧族，南渡后有名璨字宜卿者，善书，仕亦通显，子孙俊秀，所居擅溪山之胜，故先生貌不扬，长于乐府。此稿得之于唐士牧家藏本。至正乙巳秋七月录"，有"杨梦羽"等印。末又有嘉庆庚午黄复翁跋，称得之吴枚庵许。旧题元人抄本，古拙良是。是本藏台北"中央"图书馆。据此可订《竹山词》湖滨散人序作"璨"者之误，知其先世出于蒋璨。

汲古刻《六十一家》本《竹山词》，九十三首。有至正乙巳（二十六年）秋七月湖滨散人题词，谓得于唐士牧家，则据元钞本。其中《金蕉叶》阕下直接《小重山》阕。据黄荛圃藏元钞本，《金蕉叶》下有《忆秦娥》上半，次为《谒金门》至《点绛唇》共存目十四首，次为《昭君怨》下半及《如梦令》一首，又次始为《小重山》，虽词佚而目存。今毛刻从删，而《如梦令》则补录卷末，多题"村景"二字，殆出转钞者所为。但《喜迁莺·暮春》阕题下竟误删"改前词"三字，其次首文句亦大异元钞本。《四库》著录即毛本。有汪氏覆刻，《四部备要》排印。

《彊村丛书》收黄荛圃藏元钞本，卷端有明孙唐卿记云："乙巳春季假锡山剑光阁本校一过。"佚去十四首尚存其目。《喜迁莺·暮春》词无题，而换

---

① 盛如梓：《庶斋老学丛谈》卷中下"何探花"条；《宋诗纪事》七五；《四库提要》一六五；《浙江通志·儒林传》下。

录改作之次首。彊村撰有校记。(校中所举毛本与排印本异)

陶湘涉园续刊景元钞本《竹山词》一卷。卷前题字四行,不标“序”或“题词”,无末二句及湖滨散人之名。佚词存目,卷内则空三十余行。《喜迁莺·暮春词》有初稿及改作二首,但与毛刻同韵而异文,且缺“金村阻风”一首,借剑光阁本校过一行在卷末,无孙唐卿之名。其词凡次行以后皆低一字。陶湘《叙录》惜其辗转迻写,不能尽如原本云。(调名《虞美人》,此本作《虞姬》,亦少见。)

《全宋词》二七五蒋捷词九十四首,据朱本入录。其《昭君怨》缺去之上半,从《永乐大典》补足,亦稍偿彊村所蕲之志已。①

水云词　汪元量撰

元量,字大有,号水云,钱塘人。度宗时以善琴供奉掖庭,宋亡,随三宫入燕,于宋少帝迁吐鲁番后,为黄冠南归,往来匡庐、彭蠡间,颇老寿。《四库总目》载元量所撰《湖山类稿》五卷、《水云集》一卷。《千顷堂书目》载《水云词》二卷,善本书室旧钞本作一卷,《唐宋百家》本不分卷。

李鹤田(珏)《跋湖山类稿》称为宋亡之诗史,其词亦深黍离麦秀之思。集中唱和之徐雪江,精于琴,与杨守斋游,见张炎《词源》。

《彊村丛书》本《水云词》三十首,据赵氏小山堂钞《湖山类稿》本,微有脱误。

丁丙辑《武林往哲遗著》本《水云集》一卷附录三卷。(光绪中丁氏嘉惠堂刊)

汪森刊汪氏《二家词》本,乃合汪莘、汪元量词同刊。(见《四库存目》)

《增订湖山类稿》本。

《全宋词》二七六汪元量词,收朱本,增赵万里从《大典》所辑二首。又据知不足斋《湖山类稿》及康熙《词谱》、《永乐大典》补订三字。②

---

① 《宋诗纪事》七八;《四库提要》一九九;蒋敦复:《芬陀利室词话》二;冯煦:《蒿庵论词》;杨海明:《关于蒋捷家世和事迹》,载《中华文史论丛》,1982(3)。

② 《四库提要》一九九;《宋诗纪事》七八;《词源》下;《观堂集林》一七《书宋旧宫人诗词水云集湖山类稿后》;邓之诚:《桑园读书记》;孔凡礼:《全宋词补辑》(中华书局)。

静春词　袁易撰

易（1262—1306），字通甫，平江人。少敏于学，有堂曰静春，藏书万卷，悉所手校。署石洞书院（在东阳）山长，推明饶双峰之说，上及于考亭。大德五年自石洞归，遂弗仕，大德十年卒。黄溍志其墓。有《静春堂诗集》八卷。

袁静春与张玉田为至交，故词境亦空灵疏秀，与《山中白云》相似。

黄荛圃藏旧钞本《静春集》有八卷之目，施国祁《礼耕堂丛说》称张讱庵藏有诗集后四卷佚目，诗馀目亦在焉（见赵万里引），与元刊本《金华黄先生文集》通甫《墓志》所称八卷相合。

《词综·发凡》亦经见《静春词》一卷。今传知不足斋本《静春堂诗集》仅四卷，无诗馀，不全本也。（集附之黄溍撰《墓志》，与《金华丛书》本《黄文献集》所载袁通甫《墓志》下半，并误作四卷。）集附明正统三年吴讷跋两通，天津图书馆藏吴讷编《唐宋百家词》中之《静春词》，当从本集录出，赵万里推测其非别见他本，尚未知吴氏曾作两跋也。

赵万里辑《宋金元人词》之《静春词》三十首，从吴讷编本出。

《全宋词》二七七袁易词三十一首，收赵本，又从《截江网》加辑一首。其中《南柯子》题序“旧矣”二字，乃习用语，竟从赵校谓“旧当作久”，并千虑一失也。[①]

山中白云　张炎撰

炎，字叔夏，号玉田生，又号乐笑翁。居临安，勋臣张循王裔孙，故署其祖籍为西秦。生于淳祐八年戊申（1248），宋亡时，年二十九。故国王孙，落寞以终。其友钱良祐（黄溍撰《钱冀之良祐墓志》，见《文集》卷三三）跋《词源》，称玉田于乙卯岁来寓钱塘县之学舍，跋撰于丁巳，即元延祐四年（1317），玉田年七十矣。著《词源》二卷，词集名《山中白云》。（冯氏撰《玉田年谱》，似颇简略。）邓牧心序叔夏词集云：“《春水》一词，绝唱今古，人以张春水目之。”当时传其衣钵者，有陆行直之《词旨》。清初朱竹垞自题

① 《叶水心集》九《石洞书院记》；《四部丛刊》本《金华黄先生集》三三。

词集云："倚新声玉田差近。"尔后浙派盛行，有"家白石而户玉田"之风。然流波披靡，《提要》推为苍凉激楚，即景抒情者，或未易得。嘉、道间周止庵《宋四家词选》出，谓"春水词逐韵凑成，毫无脉络"，又谓"玉田惟换笔不换意"。自此多循其"问途碧山"之轨，偏重于碧山者为庄中白，偏重于苏、辛者为王半塘，偏重于梦窗者为朱彊村，盖自蒋鹿潭外，其他仍习玉田蹊径者，多被目为饾饤矣。

《千顷堂书目》载《山中白云》八卷，而《唐宋百家》本作《玉田词》，明水竹居钞本作《张玉田词》二卷，所谓旧钞一百五十首者也。迨陶南村手钞本三百首出，玉田真貌，始传于世。

清初钱庸亭藏《山中白云》凡二百九十六首，乃成化间井时转录陶南村手钞本，朱竹垞厘为八卷，龚翔麟与李符校刻于康熙间。

清雍正四年上海曹炳曾重刻龚本，题曰《山中白云词》，非旧称也。《四库》著录此本，乾隆元年有赵昱重印。

江昱《疏证》本《山中白云》八卷，序刊于乾隆十八年，以龚本裁缀成帙，词后所附别本全章，概未之载。然如玉田北行之年，昱已知应从别本作庚寅矣，他如《渡江云》"江山居未定"一首，江本题作《怀归》，而词乃赋归后之事，是亦应从别本作"写兴"，其他类此者不少，今概从删，亦欠事也。至其参考互证，则具疏凿之功。有《四部备要》聚珍本。

乾隆辛未（十六年）汪中刻于扬州，以龚本、曹本互斠。

道光间范锴刻《三家词》本，颇有校正龚本处。

《榆园丛刻》本《山中白云词》八卷，低格附载别本全文，易资比较。（光绪八年重刊龚本。其时南中书贾复得曹氏旧板，整比印行。）

四印斋所刻词《双白词》本《山中白云》二卷补录二卷续补一卷。盖光绪七年始得钞本二卷开刊，至十四年一再录补，自跋谓得词二百九十六阕，特颠倒凌杂，殊失旧观。

《彊村丛书》本《山中白云》八卷，覆刊江氏《疏证》，彊村撰校记，并补疏五十余事。

《全宋词》二六三至二七〇张炎词八卷，收朱本。又补《疏证》大观录《甘州》一首，四印斋引《词源》跋《台城路》一首外，再补辑《大典》二首，实共诗词三百首。（按《大典》尚有玉田遗词数首，见周泳先所辑。）

吴则虞校点《山中白云》，辑校最善。[①]（中华书局）

心泉诗馀　蒲寿宬撰

寿宬，泉州人，系出西域，信奉回教，初官右职，咸淳壬申（八年）知梅州。《八闽通志》云："宋季益、广二王航海至泉州，守臣蒲寿庚据城不纳，皆出其兄寿宬阴谋。寿宬佯著黄冠野服入法石山下，自称处士，而密令寿庚纳款于元。"大明《舆地名胜志》之《泉州志胜》亦云："寿宬授知吉州，不赴，劝寿庚据泉以降元。"故《提要》指寿宬为狡黠叛人。至《蒲氏谱系表》云："寿晟，宋咸淳九年官蒲州知州。"因"晟"、"宬"异字，遂生歧说，然官于元之蒲州而用宋之正朔，自是《谱》不可信。《谱》又云："寿宬不赴吉州，迨至元二十三年世祖遣程文海诏求江南人才，公赴试，中第一甲第一名，赐状元及第。"按程钜夫搜访遗逸，荐举二十余人，寿宬或缘此干进耳，至状元云云，则狃于俗陋之说，不知元世祖、成宗、武宗皆议科举而未行，至仁宗皇庆二年，始诏明年八月省试，次年二月会试京师，寿宬安得于无科举时而中状元？寿宬有《心泉学诗稿》，清馆臣从《大典》辑编六卷。（陆心源《宋诗纪事补遗》八五误蒲心泉即寿庚。）

《提要》称心泉诗有闲远冲淡之致，观其词，如"把青樽独自笑余生，成何事"，"算伯夷盗跖俱尘土"，亦颇冲淡。至如"老来况味酸如醋，念儿曹南北几时归，情朝暮"，又似心境不无矛盾。

《四库全书珍本》初集《心泉学诗稿》，载诗馀十八首。

《彊村丛书》本《心泉诗馀》十八首覆朱学勤结一庐藏《心泉学诗稿》本。

《全宋词》二七七蒲寿宬词，收朱本。[②]

---

① 宋邓牧：《伯牙琴》；元陆行直：《词旨》小序；清朱彝尊：《曝书亭集》二五《江湖载酒集中解佩令》；《四库提要》一九九；周济：《宋四家词选·序论》；陈廷焯：《白雨斋词话》论庄中白各条；吴则虞：《玉田词板本述略》。

② 《四库提要》一六五；《元史》卷一四《世祖纪》一一及《元史》卷二四《仁宗纪》一；阮阅：《诗话总龟》；顾炎武：《日知录》一七"禁锢奸臣子孙"条；余嘉锡：《四库提要辨证》卷二三；《晋江县志·蒲仲昭传》；《福建金石志》至元四年重建清源纯阳洞记；前嶋信次：《泉州之波斯人与蒲寿庚》（见《东西文化交流之诸相》，339 页）。

附　清初举人蒲奇成所修《蒲氏谱》稽疑

蒲奇成《谱》云："夫人蔡氏生三子：寿晟、寿宬、寿庚。"又云："寿晟，宋度宗咸淳九年官蒲州知州，性俭约，于民一毫无所取，曾建曾井，汲水二瓶，置于座右。人颂曰'曾氏井泉千古洌，蒲家心事一般清'。"按奉宋正朔而官元境，自不可信。再就"曾建曾井"事言之。蒲氏凿井，何致取名曰"曾"，据颂人之言，凡曰"曾氏井泉"，曰"千古洌"，则旧时曾氏所凿，蒲氏再于井上有建造耳。然此说并非始见于清初所修《蒲谱》。明郭棐《粤大记》云："蒲寿晟，咸淳七年知梅州，性俭约，每思曾井遗泽，建石亭于上，日汲水二瓶置庑右，进士杨圭题其亭，有曰'曾氏井泉千古洌，蒲侯心地一般清'。"考梅州之曾井而曰遗泽，则因井为南汉程乡令曾芳所凿也，岂广东之程乡令而凿井于山西蒲州乎？杨圭所题止指蒲侯一人，而谱改为"蒲家"，是真"家人言"耳。又明凌迪知《万姓统谱》称，"蒲寿宬于咸淳七年知蒲州"，盖因姓蒲而误连其地。疑奇成修谱时误依之耳。《福建金石志》元至元四年戊寅重建清源纯阳洞记："我朝至元十有八载，四松僧法昙按迹吁悼而谋兴复，过心泉蒲公，同其弟海云平章协力捐财以资之，规制比之曩昨。"寿宬《心泉学诗稿》卷一有《梅杨壬申劭农偶成书呈同官诗》，壬申，为咸淳八年，劝农，乃宋代州县例兼"主管劝农公事"之职。以建曾井、心泉诗与郭棐、凌迪知二书合证，则咸淳七、八、九年知梅州者为蒲寿宬此外并无同时知蒲州之蒲寿某。钱大昕《补元史艺文志》著录蒲寿晟《心泉学诗稿》六卷，注云"晟亦作宬"，是二字向有异文。然《后村大全集》一二三，乙丑生日回蒲领卫启，题下注"寿宬"二字，《四库提要》谓《永乐大典》卷卷皆作"宬"字；故知或作"晟"作"宬"者皆形近之讹，而蒲《谱》分作二人，所谓长寿晟次寿宬者，其"寿晟"一名，乃乌有先生，不足据信。〔吴文良《泉州宗教石刻》28页附庄为玑借抄《泉州南门忠所蒲姓族谱》称"六世蒲仕滨夫人蔡氏生三子。七世曰寿晟、寿宬、寿庚三兄弟。八世寿晟生子，籍陕西。宬生师孔日和"。谓据《谱》可知蒲寿晟与寿宬是两人。近刊《增订四库简明目录标注》（71页附录）采是说，不可不辨。按永乐十五年郑和下西洋行香碑，为镇抚蒲和日立（图见《泉州石刻》，57页）《谱》作"蒲日和"，与石刻亦不合。《谱》称"师孔日和"，"师孔"一词当如元时白话碑常见"仙孔"之例，"孔"为蒙古语"人"（Kun）之音译，然其人则为寿晟之子。〕

《蒲氏谱》又称其第一世云："蒲孟宗，字传家，谥恭敏。……至嘉祐中，以左丞治蜀，遂为西蜀人，居阆州。与周茂叔语三日夜，明年，以妹归之。"所述孟宗事，大致即《宋史》三二八之蒲宗孟。然宗孟之父太常丞蒲师道（见周茂叔《濂溪集》卷一〇附录《年谱》"嘉祐四年娶宗孟妹为继室"条下），何以不入世系？且宗孟日刲十豕，断非奉清真教者之所为。据黄溍《金华先生文集》一八（《金华丛书》本编入卷六），为御史蒲机之父道源撰《顺斋文集序》云："按公行状。……逮乎立年，复以濂、洛诸儒之说倡于汉中。……皇庆延祐间，公入通朝籍。……时上新即位，设科目以网罗四方贤俊（此亦皇庆以前无科举之证），而御史君以公在班列之日，策名于昕陛。……公讳道源，字德之（《永乐大典》卷二五三五斋韵有蒲道原撰《顺斋记》）。系出汉蒲将军，至晋安西大将军遂避乱入蜀，而宋资政殿学士赠太师楚国公宗孟，居眉之青神，公之皇考赠礼部郎中讳政午，又以国（元）初徙兴元。……"按《晋书斠注》卷一一二苻洪《载记》云："洪字广世，略阳临渭氐人也。其先盖有扈之苗裔，世为西戎酋长，始其家池中蒲生，长五丈，时咸谓之蒲家，因以为氏。……永嘉之乱，宗人蒲光、蒲突遂推洪为盟主。……永和六年，帝以洪为征北大将军。……洪亦以谶文有艸付应王，又其孙坚背有艸付字，遂改姓苻氏。"同卷洪子健《载记》："……健密图关中，……既而自称晋征西大将军都督关中诸军事。"此蒲洪之晋征北大将军，及苻健之晋征西大将军，与《蒲道源行状》中之晋安西大将军，尚非完全吻合。然自汉以来，秦、陇、蜀北之地，氐人不少，"避乱入蜀"之蒲氏，与略阳蒲生五丈之蒲氏，其关系如何，仍待考证。但西北腹地之蒲姓，与东南沿海世为舶主之蒲，自截然不同。乃《蒲氏谱》云："寿晟因官立籍陕西，今山西、陕西是苗裔。"然则蒲机是其苗裔乎？蒲机之祖明由蜀徙（陕西）兴元，岂黄溍所记不足信乎？《蒲氏谱》又称蒲寿庚五世祖国宝云："国宝，字维善，号叙本，别号汶溪居士。中宁宗开禧元年乙丑科状元。"按《宋史》三八《宁宗纪》开禧元年："五月己巳，赐礼部进士毛自知以下四百三十有三人及第出身。"其状元并非蒲国宝也。蒲寿庚子孙于明初受惩戒，故清初举人蒲奇成所修《蒲氏谱》，于寿庚小传只留空白，乃孝子慈孙百世欲改之深意（参《日知录》一七"禁锢奸臣子孙"条），然于罪恶有所规避，则于先世自不无攀附，上述稽疑，不过举其荦荦大端。又按《宋史》四九〇《大食传》云："淳化四年，其国舶主蒲希密献表曰：'大食舶主臣蒲希密上言，……谨备蕃锦药物附以上献，臣希密。'"此表上称"蒲希密”，下款减去“蒲”字，已效中国以首一字为姓之例。又云：“至道元年，其国舶主蒲押陁黎赍蒲希密表来献，……译者代奏云：父蒲希密，因缘射利，泛舶至广州，迨今五稔未归，母令臣远来寻访，……”此似为始居广州之蒲氏。凡来华之大食人中姓名之首为“蒲”字者，其挂名仕籍之始，似即在嘉祐之初。赵汝适《诸蕃志》所称三佛齐国人多姓蒲。文莱曾发现宋季景定甲子（理宗五年）泉州判院蒲公墓碑，即是大食国人。按蒲本非姓，阿拉伯人称阿蒲（abu），义为父亲。凡闪族语皆然，其远源可追溯至阿克得语（Akkadian语abu即父亲）。回教徒只有名无姓，其名前冠以“阿蒲”，但示为“某某之父”。汉人译省称为蒲耳。后之修谱者，攀附前代汉族蒲姓之名公巨卿，于是蒲宗孟遂成蒲寿庚之远祖，岂不可笑！此拙著于蒲寿宬事迹仍参往哲撰著，不敢据信蒲奇成之《谱》也。余嘉锡《四库提要辨证》卷二三“心泉学诗稿”条，不信其友陈援庵《西域人华化考》之为寿宬作辩，而引全祖望斥心泉写经诗为肤话；又自举心泉《己卯六月十一日题壁》诗及《山庄》诗之“无南北”、“君恩遂”，为“心不可问”，谓许其为循吏者不免轻信；盖平情中而又碻切之论也。

兰雪词　张玉娘撰

玉娘，字若琼，自号一贞居士。《四库提要》云：“元松阳女子张玉娘，明慧知书，少许字沈佺，既而父母有违言，玉娘不从，适佺属疾，玉娘析简贻佺，以死自誓，佺卒，玉娘遂以忧死。至嘉靖中，邑人王诏得其遗诗于《道藏》中，乃为作传，卷首题张献集录，盖玉娘族孙也。”王诏撰《传》谓玉娘宋仕族女，卒年二十八，佺其中表也。按词中有云：“蓟燕秋劲，玉郎应未整归鞍。”又《春思》诗云：“玉勒雕鞍燕北春。”并指佺从父宦游燕京时。其《王将军墓》诗小引云“宋亡，与元兵战死”，亦入元以后作。《彊村丛书》以殿宋词，故著于此。玉娘有《兰雪集》一卷。

《兰雪集》有凯歌乐府。自跋谓俱闲中效而不成者，词有和李易安、姚孝宁等数首，亦效古之作，似皆取资于《草堂诗馀》。其《次东坡韵》云：“玉关愁，金屋怨，不成眠。粉郎一去，几见明月缺还圆。”则效古中有自我之境也。

清顺治间有孟称舜刊本，后又有狄氏活字本。

民国十年李氏宜秋馆刊《宋人集》丙编《兰雪集》上下卷，据孔氏藏钞本校刊。下卷载词十六首，有三首朱本缺字者，此本不缺。其《玉蝴蝶》“细自温存”句，朱本误作“细与温存”，恐不合贞女口气。

《彊村丛书》本《兰雪词》十六首，据孔氏微波榭传录小山堂钞本。题作张玉，乃传钞之误。李本阕中脱字，此本依律补回空格者凡五首。

《全宋词》二九〇张玉娘词收朱本，又据《宋人集》丙编填补脱佚三字。[1]

① 《四库提要》一七四；陈衍：《元诗纪事》三六。

卷七　辽金元词集考

辽　回心院词　辽道宗懿德皇后撰

后小字观音奴，好音乐，枢密使萧惠女。清宁初（宋至和二年，1055），立为懿德皇后。后以十香词冤案，自经死，年三十六。事见《辽史》七一本传。此《回心院词》共十首，载王鼎《焚椒录》卷二。（《津逮秘书》及《宝颜堂秘笈》本）

周春《辽诗话》云："咸雍之末（宋熙宁七年，1074），后希得幸御，因作词曰'回心院'，被之管弦，以寓寄幸之意。（下录全词，有丁福保订《清诗话》本及周松霭遗书本）"清朱彝尊、纳兰性德并有词咏其事。王仲瞿为作《回心院传奇》，今不传（见蒋瑞藻《小说考证拾遗》引《花朝生笔记》）。况周颐《蕙风词话》，刘毓盘《词史》俱目此为长短句。第五句复起句。其词为单片二十八字，几与《忆江南》全同，只变末句五字为三字两句，且叶韵耳。陈述《辽文汇》列入诗（亦见缪荃孙《辽文存》），非是。[1]

---

① 徐本立：《词律拾遗》一补调；姚从吾：《十香词冤狱的文化分析》（载台湾大学《文哲史学报》第八期）。

金　东山乐府　吴激撰

激，字彦高，自号东山，福建建州人，米芾婿（《中州集》称激为宋宰臣栻之子。《金史》称栻官终朝请郎）也。使金被留，仕为翰林待制。皇统二年（宋绍兴十二年，1142），出知深州，到官三日而卒。事迹具《金史》一二五。《中州集·激传》云："《（东山）乐府》：'夜寒茅店不成眠'、'南朝千古伤心事'、'谁挽银河'等篇，自当为国朝（金）第一手。而世俗独取'春从天上来'，谓不用他韵；《风流子》取属对之工；岂真识之论哉。"《直斋书录》有《吴彦高词》一卷，久佚。赵万里从《永乐大典》等书辑得十首，附录误混二首，视叶申芗《闽词钞》所录为详确。

赵万里《校辑宋金元人词》（孙德谦《金史艺文略》称搜得吴词七首，赵辑虽未引录，然已包有其词）。[1]

萧闲集　蔡松年撰

松年（1107—1159），字伯坚。父靖，宋燕山守，陷敌。松年仕金，由行台尚书省令史累官至尚书右丞相。其镇阳别业有萧闲堂，自号萧闲老人。事迹具《金史》一二五《文艺传》、毛汶《补金史蔡松年传》（《国学论衡》六期，1935年12月）。遗山谓百年以来，乐府推伯坚与彦高，号"吴蔡体"。《中州乐府》录其词十二首，而删去题序。《直斋书录》有《萧闲集》六卷，久佚。清道光间芙川张蓉镜影钞金源旧椠萧闲老人《明秀集注》前半，即第一卷《广雅》上二十首，第二卷《广雅》下三十四首，第三卷《宵雅》上一十八首。后半已佚，尚存其目为第四卷《宵雅》下二十六首，第五卷《时风》上三十二首，第六卷《时风》下四十五首。以广雅、宵雅、时风分类，最为特色。每卷次行题雷溪子魏道明元道注解。道明，易县人，仕至安国军节度使，暮年居雷溪，号雷溪子，有《鼎新诗话》行世。张跋谓所注博洽，可考一代人文。按《滹南诗话》摘魏注不确者四条（《诗话》举《满江红》"好在斜川三尺玉"句，"尺字不安；注以为漱玉堂泉，亦无干涉；予官门山，尝得板本，乃三亩字"。知《萧闲词》在当时不止一种版本），元遗山《中州乐府》

---

① 《中州集》一及《中州乐府》（存吴词五首）。

蔡松年《江城子》后注云："道明作注，义有不通。"亦魏注小疵也。

四印斋汇刻，覆张氏小鄉嬛阁影钞金椠《明秀集注》残本三卷。

光绪三十年海丰吴氏石莲庵汇刻《九金人集》之《明秀集注》三卷，覆四印斋本，有吴重憙辑补遗一卷（江宁刊）。①

重阳全真词　王喆撰

喆（1112—1169），字知明，号重阳子，咸阳人。初业儒，卒成道，教人必先读《孝经》、《心经》、《道德经》，佯狂垢污，人不可测。先居终南山刘蒋村。大定中，聚徒山东宁海州，得马钰、谭处端、刘处玄、丘处机、王处一、郝大通诸人，名其教曰全真，信奉者众。元道士李道谦集文士所作碑记诗歌为《甘水仙源录》十卷，具详其教本末，元遗山、姚牧庵、程雪楼、虞道园诸金、元人集，并多为全真教而作之文。王秋涧云：道家至宣和而弊极，于是全真之教兴，耕田凿井，自食其力，有古逸民之遗风焉。喆至宁海，又名嚞。著《重阳全真集》十三卷、《重阳教化集》三卷、《分梨十化集》二卷及口诀等，并见景正统本《道藏太平部》第七九四册至七九六册，及光绪三十二年刊《道藏辑要》胃集。他若金之西京，有玉虚观，以阎得源为宗主大师。近年大同出土阎氏《墓志》，称道教丕阐于朔方，赖其力也。寿九十六，终于大定己酉。此又全真以外，炼师之别支也。

《全真集》卷三至卷七全载词；卷八卷九诗词杂编中，有词五十余阕；卷十一至十三，凡词一百四十余阕；皆喆自撰。至《教化集》、《分梨集》，乃王喆首唱马钰继韵之什，诗与词相杂。据各刊序，皆称马钰裒集。诸家撰《金艺文志》，于全真教籍，详略不一，惟孙德谦《金史艺文略》，纂录各集序跋，故无影响之谈。全真师徒之词，主旨不外劝道，但有特殊者：一为文字中尚可领会其音乐性，即泛声中不以实字填入，而仍记其乐声也，如《捣练子》每阕末皆用"哩啰唛哩啰唛"六字，殆与李冶《古今黈》所记《阳关三叠》唱法同例。又其《卜算子》有云"前后各带喝马一声"，即集中"黄鹤洞中仙"下自注"俗喝马《卜算子》"也（谭《水云集》有《青玉案·喝马》）。陆游诗："至今孤梦里，喝马有遗声。"原注："喝马皆七字韵语，闻之悲怆动

① 王若虚《滹南遗老集》四〇论萧闲词凡七条；《中州乐府》；黄丕烈《题影钞金椠蔡松年词残本后》诗八首。

人。”当即此事。一为藏头拆字格，以阕末一字之半，为全阕第一字；又以上句末一字之半，为次句第一字。一为《钦定词谱》缺收之调，如《恣逍遥》六十四字，上下片句韵相同；《词谱》第十四卷未收，其他类此者尚有数调。其第三卷有《莺啼序》长调，远在吴文英前，亦可补《词谱》之阙。所用当时口语，如“兀底”之类，颇同元曲。一为《五更出舍郎》（三十二字），《五更令》（五十五字），与佛曲中之《五更转》其源流殆不无关系。又重阳爱看柳词，称晓风残月“为仙格调，自然开发”，马钰词屡借柳韵，盖借耆卿之“邻鸡唤起”以谈道也。①

丹阳词　马钰撰

钰，号丹阳子，宁海人。初名从义，业儒，郡中豪杰也。大定三年（宋隆兴元年）王重阳至宁海，钰与妻孙不二卒皈依之。后与谭处端、丘处机、刘处玄从重阳西游，重阳道卒于汴，谭、马、丘、刘遂传其教。大定二十三年，钰撰《委形赞》而卒。著有《洞玄金玉集》十卷、《渐悟集》二卷、《丹阳神光灿》一卷，并见景正统本《道藏·太平部》；又见光绪三十二年刊《道藏辑要》胃集，卷数微异。

《洞玄金玉集》由第七卷至第十卷全载词，凡三百三十余首（《道藏》第七九〇册）。《渐悟集》上下卷凡载词三百四十余首（《道藏》第七八六册）。《神光灿》，乃全真教徒为《声声慢》所立之别名，又如《更漏子》改名《无漏子》。此卷前有大定乙未（十五年）宁师常序，称其“作《神光灿》百首，俾使歌扬紬绎，互相警策”，盖道友酬赠之作也（《道藏》第七九一册）。又《道藏》第七八七册有《自然集》一卷，题为《道词》，不著撰人，《道藏辑要》胃集题“马□撰”，盖散曲也。②

仙乐集　刘处玄撰

处玄，号长生子，莱州人，全真教中七真之一，世俗所谓谭、马、丘、刘者也。著《仙乐集》五卷，第四卷载词六十四首。其《满路花》“霜林飘赤

①② 《四库提要》一四七“甘水仙源录”条；王昶：《金石萃编》一五八完颜璹撰《全真教祖碑》；陈铭珪：《长春道教源流》（《聚德堂丛书》）；陈垣：《南宋初河北新道教考》；中田勇次郎：《见于道藏之诗馀》（载《东方宗教》第七号）；《金阎德源墓简报》，载《文物》，1978（4）。

叶，遍地涌黄金”，亦清切可诵，余如藏头拆字等并同王重阳，且落理障。《道藏》本见第七八五册，《辑要》本作《仙乐集》一卷。[1]

水云集　谭处端撰

处端，号长真子，宁海人。撰《水云集》三卷。集前有大定丁未（二十七年，即宋淳熙十四年）东牟州学正范怿序，略称：重阳上升，谭、马、丘、刘四子礼终，挈徒而西，至终南山，传袭其道，十有余年，厥后各从所之。长真先生往来于洛川之上，述作仅数百篇，浚州镂板广传，值丙午大水，漂没其板，刘长生先生（处玄）遣门人诣吾乡，属余为序，欲再发槧；又称长真先生与余同乡里，年相若，幼为儿童之戏，长为朋友之游，而先生中年遇师，蝉蜕登真云。集后有二次序刊，一为范怿子（圆曦）序称：长生刘公既重刊于东莱，今又值累年兵革，路铃高君复镂板于山阳。一为佚名序称：萧师谓予曰，道友张志金遗《水云集》，屡经兵火，全真之书，板集俱已焚毁，幸好事者藏此集于屋壁，若不再行镂板，诚恐泯绝，愿为重刊之序云。后题“己丑年重阳日”，殆为至元二十六年，在至元十八年辛巳焚经之后。《道藏·太平部》第七九八册《水云集》三卷，题“昆嵛山长真子谭处端述”，中下两卷载词，起《酹江月》，终《浣溪沙》，共一百五十余阕。其《捣练子》五阕，每阕第二韵及第三韵下，各有“啰哩唛哩唛啰”六字。

《道藏辑要》本《水云集》一卷。[2]

云光集　王处一撰

处一，号玉阳子。王重阳与谭、马、丘、刘西行，王处一与郝大通则留昆嵛山。金章宗屡诏丘、王、刘诸师诣阙修醮，其再诏王处一赐修真观者为承安丁巳（二年，宋庆元三年，1197）。撰《全真教祖碑》之密国公完颜璹，玉阳子友也。处一著《华山志》一卷，《四库提要》竟称处一始末未详云。《道藏·太平部》第七九二册有《云光集》四卷，题“圣水玉阳王处一撰”。第四卷为词，自《沁园春》以下共九十五首。《道藏辑要》胃集作《云光集》

① 见“王重阳”条。
② 见“重阳集”条。

一卷。[①]（郝大通著《太古集》不载词）

拙轩词　王寂撰

寂，字元老，蓟州玉田人。天德三年（绍兴二十一年，1151）进士，大定二十六年，河决卫州，寂以户部侍郎被命驰传备御，而寂视灾民不为拯救，黜为蔡州防御使。其后官终中都路转运使，寿六十七。有《拙轩集》，久佚。《中州集》录其诗，而《中州乐府》不收其词。清代馆臣从《永乐大典》裒缀为六卷。

《聚珍丛书》本《拙轩集》六卷，有闽省覆刻，杭州缩刻。

石莲盦《九金人集》之《拙轩集》六卷，吴重憙增辑补遗一卷（光绪二十年信阳刊）。

《彊村丛书》收聚珍本《拙轩词》三十五首。[②]

庄靖先生乐府　李俊民撰

俊民，字用章，泽州人。承安五年（庆元六年，1200）以经义举进士第一，未几，弃官教授。南迁后隐嵩山，得荆隐士传皇极数学。元世祖以安车召见，仍乞还山，卒，赐谥庄靖先生。（施国祁云：李俊民长元遗山十四岁。）事迹具《元史》一五八本传。有《庄靖集》十卷，泽州守尝为刊行，明正德间郡人重梓，《四库提要》云：版全佚，只存写本而已。

石莲盦《九金人集》覆正德刊本（光绪十六年开封刊）。

《彊村丛书》覆汪渔亭藏钞本《庄靖先生集》，收词六十八首。据存目尚阙后半三十四首。

《山右丛书》初编《庄靖先生集》十卷（民国排印本）。[③]

---

① 见“重阳集”条。

② 《中州集》二；《金史》二七《河渠志》；《四库提要》一六六；余嘉锡：《四库提要辨证》二三。

③ 《宋元学案》一五；《四库提要》一六六；陈衍：《金诗纪事》七；《元诗纪事》三〇；《四库提要辨证》二三。

耶律文献公词 耶律履撰

履（1131—1191），字履道，《金史》九五本传作移剌履，辽太祖长子东丹王七世孙。通六经百家之书，尤邃于历象推步。以文章行义受知金世宗，官礼部侍郎。章宗即位，累进参知政事，尚书右丞。耶律楚材，其第三子也。履有《文献公集》，见《文渊阁书目》九，明以后佚。赵万里《校辑宋金元人词》，从《永乐大典》辑得其词三首。①

黄华集 王庭筠撰

庭筠（1156—1202），字子端，熊岳人。大定十六年（宋淳熙三年，1176）甲科，累官翰林修撰，年四十七，卒于官。平生爱天平黄华山水，居相下十年，自号黄华山主，有集四十卷。事迹具《金史》一二六。庭筠诗文有师法，《元遗山集》中极称道之，《中州集》存其诗二十八首，《中州乐府》存其词十二首。

《辽海丛书》金毓黻辑本《黄华集》七卷附录一卷，其第三卷载词一十三首（民国二十年至二十三年辽海书社排印）。②

遗山乐府 元好问撰

好问（1190—1257），字裕之，太原秀容人。登兴定五年（《墓志》作三年）进士，官至行尚书省左司员外郎。金亡不仕，世称遗山先生。事迹具《金史》一二六《文艺传》。凌廷堪、施国祁、翁方纲各撰有《遗山年谱》（张穆刊元集并收三谱）；李光庭撰《广遗山年谱》，有同治间自刻本（民国二十二年刊《适园丛书》覆李氏家刻）；缪钺辑《元遗山汇谱》，见《国风月刊》七卷三期；丁晏撰《遗山年谱》，未刻。

遗山从王汤臣（中立）学诗，王氏题裕之《乐府后》句云："常恨小山无后身，元郎乐府更清新。"（《中州集》九）遗山词有效《花间》体及《绣香奁

---

① 《元遗山集·耶律公神道碑》；《中州集》九；《金诗纪事》六。

② 《中州集》卷三。

曲》（《江城子》），其《永遇乐》小序称“梦中有以王正之乐府相示者，但记其末数句”。正之即崞县王特起，其词见《词品》、《词综》，实无此句也。遗山论词主味。其自题《乐府引》举山谷《渔父》、简斋《怀旧》，谓之言外句。含咀之久，乃可言其隽永。岁甲午，录《遗山新乐府》成，……拊客背云：“那知许事，且噉蛤蜊。”此其词论可考见者。甲午为金哀宗天兴三年（1234）手订词稿始于此时。是篇不见《遗山集》，故为举似。

遗山卒后，严忠杰求其完集刊于中统间，书佚已久，传录各序皆不言卷数，惟徐世隆序称“诗祖李杜，文宗韩欧，乐府则清雄顿挫，变故作新，东坡、稼轩而下不论”，殆诗文与词并刻也。至元庚午曹氏刊其诗二十卷，一千二百八十首（汲古阁亦止刊诗集二十卷）；至顺二年余谦序刊本二十卷，诗七百余首，乃据黄公绍选钞本。明李瀚初刊其诗集，又于弘治戊午刊诗文四十卷（施国祁疑其削去完集之词），即《四部丛刊》所据储巏本也。清康熙四十六年锡山华希闵刊诗文四十卷，似覆订弘治本（张穆谓有坊肆新覆此本），皆不载词。众词传本有三种：一为明凌彦翀云翰选编本一卷，载词一百二十首，比五卷本增多十三首，题“前乡贡进士钱唐凌云翰编选待梓”一行（台北“中央”图书馆旧钞一册），劳巽卿谓即《词综·发凡》之二卷本。（汪森裘杼楼旧藏）一为五卷本，《文渊阁书目》著录。爱日精庐、铁琴铜剑楼（见罗振玉跋）、鉴止水斋（见《四库标目》附注）并有藏本；彭元瑞跋谓第五卷全是寿词，虑抱经谓五卷本源出义门何氏，阮元《四库未收书提要》著录此本；张穆刊全集，其词似从此出，但止四卷。（北京厂肆旧有缮而未刻之《遗山新乐府》，论者谓张氏刊书未竣而中卒，此缮好未上板者，疑即其底本。）一为明弘治五年高丽晋州绣梓《遗山乐府》上中下三卷，词二百一十九首，杨惺吾刻入《留真谱》中，原藏江安傅氏。台北“中央”图书馆藏三册，有辛巳吴庠眉孙跋，枕山书房印。称“高丽本最晚出，以长篇词题，后来五卷本字多不载，不独溢出词二十余阕也”。以上三种，存词多寡各有参差，详见彊村校记。

清道光三十一年平定张穆阳泉山庄刻全集本，附新乐府四卷，原序并未述及新乐府。

清咸丰四年乙卯华亭张家鼒南塘刊本《新乐府》五卷，有订误一卷，补遗五首。上海石印本从此出。

清光绪七年平定州牧方戊昌重刻《遗山集》，得辑刊《畿辅丛书》之保阳王灏协力，附刊考证三卷，然新乐府仍为张穆之四卷，止增词四首而已。

石莲盦《九金人集》之《遗山新乐府》五卷补遗一卷（光绪三十一年乙巳江宁刊），缪荃孙补辑逸词十八阕，详缪氏跋。

罗振玉《殷礼在斯堂丛书》本《遗山新乐府》五卷（民国十七年刊）。跋谓张穆本佚去末卷。

陶氏汇刻《宋金元明》本词景印明高丽本《遗山乐府》三卷，十行十七字，后有东人李宗准跋，略谓："吾东方不知引声，只介平侧为长短句协韵，亦如使中国人作郑瓜亭、小唐雞之解，则必使人抚掌绝缨"云。卷中颇有亥豕之讹。

《彊村丛书》移刻高丽本三卷，附校记三卷，卷端有遗山自题《乐府引》，后有李宗准跋，集中附以同赋之词低二格。彊村跋称："新乐府者，别乎诗中之乐府而言，三卷本有廿余阕溢乎五卷本外，五卷钞本，流传谬乱，故二张所刊未尽善，今援凌、张诸本勘举若干条"云。

明吴讷辑《百家词》本《遗山乐府》一卷，有民国二十九年上海商务印书馆排印。

吴庠编《遗山乐府编年小笺》本，1982年香港中华书局印。例言称：三卷者有赵蜚云借校大德高丽本，下注"假定"二字。又，遗山自题《乐府引·按语》云"《乐府》大德三卷本有之"。考《藏园经眼录》一九，此三卷朝鲜古刊本前遗山自题《乐府引》草书，实有弘治李宗准识语。所谓高丽本仍是弘治本也。①

遯庵乐府　段克己撰

菊轩乐府　段成己撰

克己（1196—1254），字复之，号遯庵。弟成己（1199—1279），字诚之，号菊轩。河东人。赵秉文目其兄弟曰"二妙"，与元遗山数以诗赠遗，值金季乱亡，避地龙门山中。遯庵既殁，菊轩徙晋宁北郭，闭门读书，逾四十年。清孙德谦撰有金稷山段氏《二妙年谱》。至元七年曹刊《元遗山诗》二十卷，

① 《四库提要》一六六；卢文弨：《抱经堂文集》七《遗山乐府》及《遗山乐府选题辞》；《四库未收书目提要》五；罗振玉：《丁戊稿·遗山新乐府跋》；邵瑞彭重刊阳泉山庄本《遗山乐府跋》（《词学季刊》一之三）；吴眉孙书邵氏此跋后，指出其误处（小笺卷末）；台北"中央"图书馆《善本题跋真迹》。

有段成己序。遗文多散佚，诗词三数百篇，遯庵子手录，孙辅梓于泰定四年丁卯，即段氏《二妙集》也。其第七卷为《遯庵乐府》，凡词六十七首；第八卷为《菊轩乐府》，凡词六十三首；多兄弟师生酬唱。元泰定四年河东段氏刊《二妙集》本（台北“中央”图书馆藏）元刻九行十六字，陶湘汇刻本据以影写。又有明成化辛丑贾定补刊本，爱日精庐旧钞所从出。

宁藩参家清写本（《藏园经眼录》一五）。

涉园景《宋金元明词》续刊本。

石莲盦《九金人集》覆传钞成化本《二妙集》（光绪三十二年江宁刊）。

《彊村丛书》本《遯庵》、《菊轩乐府》各一卷，据邃雅堂藏钞本付梓。

明吴讷辑《百家词》本，《遯庵乐府》、《菊轩乐府》各一卷，有民国二十九年上海排印。

《二妙集》旧写本（《藏园群书经眼录》一五）。[①]

元　磻溪词　丘处机撰

处机（1148—1227），字通密，号长春子，登州栖霞人。少学道于全真教王喆，后住磻溪龙门十三年，暮年居栖霞，宋金大吏邀请俱不赴。岁己卯（宋宁宗嘉定十二年，金宣宗兴定三年，成吉思汗十四年，1219），成吉思汗自乃蛮命近臣至莱州求之，从至燕京，于辛丑二月离宣化，历昆仑，至萨马儿干，观见于附近行在，以好生戒杀为劝，甲申春返抵燕京。时元兵践蹂中原，处机使其徒持牒购救，得更生者，毋虑二三万人。丁亥七月，卒于燕。著有《磻溪集》。事迹具新旧《元史·释老传》，及其弟子李志常著《长春真人西游记》，姚从吾撰《丘处机年谱》。

《广会图》松岛论天章，引其词二首。

金刊本三卷，半页九行，版心记“磻溪”字样。前有大定丙午五月中条山玉峰老人胡光谦序。全书题“栖霞长春子丘神仙《磻溪集》”。有徐乾学、刘喜海藏印。（《藏园经眼录》一五）

《彊村丛书》覆晦木斋藏旧钞《磻溪集》本，收词一百三十四首，又补遗二首。（是集《道藏》本在“友”字号。）

陶湘景《宋金元明本词》汇刻本，其《叙录》云：“此本首题栖霞长春子

---

① 《河汾诸老诗集》卷六、卷七。

丘神仙《磻溪集》，凡诗词七卷，九行十七字。核其卷中，无一入元后作，版本亦与元代绝异，审为金刻无疑。借摹第三卷上板，卷中原缺二十一、二两叶。”（计缺《汉宫春》下半，及《留客住》、《梅花引》、《六幺令》、《芰荷香》、《喜迁莺》上半。）按《道藏》本卷前录存大定丁未、泰和丙寅、泰和戊辰三序，可信集为金刻。朱本与陶本全同，但不缺叶。尝取集本与《道藏》本（词载第五第六两卷）互勘，计得校记八十余则，其要点：一为集本中题序及自注较详明；《藏》本则修成谨严文字（如自注刘蒋村祖庵及关中土俗，《藏》本全删）。一为集中《沁园春》六首，末首题为《赞佛》，《藏》本删去此首；又集本《报师恩》阕题为《削发留髭》，《藏》本作《嘲有髭僧》；似此迹象，殆长春已卒，全真受到番僧谗谤以后之所为。一为集本于词调别名之下必注“本名某”，《藏》本从略。一为集本讹字较多，《藏》本文义较可据（手民误笔亦略见）。[①]

小亨诗馀　杨宏道撰

宏道，字叔能，淄川人。初仕金，尝监麟游酒税，赵闲闲、元遗山皆极称其诗。后入宋，理宗端平元年（1234）为襄阳府学教谕，次年出摄唐州司户。七月，元取唐州，因复留北，此后似未复仕，卒年八十余（《千顷堂书目》云：延祐三年谥文节）。尝于己酉岁（1249）编成《小亨集》十五卷，元遗山序之，论极透辟。（虞集序杨叔能诗，乃另一人。）原集失传，清馆臣从《大典》辑成诗五卷、文一卷。

赵万里《校辑宋金元人词》，收《大典》集本词七首，又从《大典》补辑一首。

民国二十四年景印《四库全书珍本》收《小亨集》。[②]

① 姚燧：《牧庵集》一一《长春宫碑》；姬翼：《云山集·长春真人成道碑》；陶宗仪：《辍耕录》卷一〇“丘真人”条、卷二九“全真教”条；清陈铭珪：《长春道教源流》；《长春西游记》有王国维注及张星烺注；傅增湘：《金刊磻溪集跋》（《藏园群书题记》三集卷六）；《元诗纪事》三三；姚从吾：《东北史论丛·全真教的民族思想、丘处机年谱》，175～276页；《广会图》松岛论天章（日本天理大学《善本丛书》本）。

② 《元遗山集》三六《小亨集引》；鲜于枢：《困学斋杂录》；《四库提要》一六六；《元诗纪事》三〇。

葆光集　尹志平撰

志平（1169—1251），字太和，系出横海，占籍东莱。明昌辛亥（二年）执弟子礼于丘长春。成吉思汗遣刘仲禄起长春于宁海之昆仑山，闻志平为其上足，假道于潍以见之，长春为肯首西行从者十八人，志平为之冠。后长春卒，命志平嗣主玄教，寿七秩，以教门付李真常。后十年赐号清和演道至德真人。有《葆光集》、《北游录》传世。专迹具王恽撰《玄门掌教大宗师尹公道行碑铭》。

《葆光集》三卷，前有门弟子己亥（大德三年，1299）序称：葆光为大长春宫宝玄堂之轩名，沁州长官杜德康镂板以广传此集云。上卷载诗，中下卷载词共一百六十余阕。其《凤栖梧》云“劫运刀兵，个个都亲见”，其《临江仙·袁夫人住沙漠十年后出家回都》云“休看苏武传，莫说汉昭君”，则金元兵争，其杀戮掳掠之残酷，亦可见一斑，固不以理障为嫌也。景《道藏》本见《太平部》七八七册；《辑要》本作一卷，见胃集。[1]

草堂集　王丹桂撰

丹桂，字昌龄，号白云子，居昆仑山，称重阳为师祖，丹阳为师父。《道藏·太平部》第七八六册有《草堂集》一卷，无序跋，标题“五峰白云子王先生撰”，起《满庭芳》讫《昭君怨》，共词一百四十余首。其《水调歌头》题云“赵舍人又写日本国人词，索和其韵”，盖词中所少见。其《齐天乐》下片四字对句作“啰噔哩噔，唇歌舌诞”，亦全真《捣练子》之类。《辑要》本编入昴集，题王丹桂撰。[2]

云山词　姬翼撰

翼（1193—1268），字辅之，泽州南平人。系出长安雍姓，避金讳，改姓姬。元兵下河东，居民半为俘虏，翼孑然流窜，遂为棲云王真人弟子（王棲

---

① 王恽：《秋涧集》五六。

② 中田勇次郎：《见于道藏之诗馀》。

云为全真郝大通弟子）。后继楼云居汴朝天宫，主教事，至元丁卯（四年）赐知常真人号，明年卒。有《道德经》、《周易》、《南华》、《冲虚》等注解。其《云山集》八卷收入《道藏》，《补元史艺文志》误以为十卷，有元延祐刊本。其第三四五卷流转厂肆，民国二年双照楼刺取其第三卷影刊，载词一百六十三首。

《道藏》本《云山集》（在“友”字号），有王鹗序。

景《宋金元明》本汇刻词，卷首有知常真人行实及章钰跋。[①]

藏春乐府　刘秉忠撰

秉忠（1216—1274），初名侃，字仲晦，自号藏春散人，邢州人。年十三为质子于帅府，十七为节度府令史。后为僧，名子聪。元世祖即位，凡建国号，及规模制作，皆所草定，拜太保，赐今名。卒后追封常山王。事迹具《元史》一五七。有至元丁亥刊本诗文集十卷，而明天顺二年马伟序刊《藏春集》，诗并词六卷，盖佚杂文四卷。沈子培所藏则为天顺五年刊，伟官处州知府。

明弘治元年顺德府刊本，梁蕉林藏印（《藏园经眼录》一五，又旧写本三种）。

明正德刊六卷本（见王半塘跋）。

四印斋汇刻《宋元三十一家词》，从云自在庵钞本（底本为正德刊）录副，又从元《草堂诗馀》补辑二首，共八十首。半塘跋云：“雄廓而不失之伧楚，蕴藉而不流于侧媚，周旋于法度之中，而声情识力，常若有余于法度之外，庶为填词当行。藏春词境，雅与之合”云。

清汪曰桢辑《宋元十家词》稿本。[②]

淮阳乐府　张弘范撰

弘范（1237—1279），字仲畴，易州人。忠武王柔第九子。官至蒙古汉军都元帅，灭宋于厓山，师还而卒，累赠太师淮阳王。事迹具《元史》一五六。

---

① 中田勇次郎：《见于道藏之诗馀》；陶湘影刊《宋金元明本词叙录》；章钰：《四当斋集》卷二。

② 《四库提要》一六六；《增订四库简目标注》。

其遗诗百余篇词三十余首，燕山王氏尝刻之，后其曾孙旭重刊，明正德六年周钺又重刊之，《四库》本从周刻传录。其《喜春来》词，据《草木子》所传，乃弘范与伯颜席上同作。《古今词话》又称其风调不减晏小山云。

四印斋汇刻本《淮阳乐府》三十一首。卷末《天净沙》二首，其一与乔吉词同；另一首比乔词多一字，康熙《词谱》忽略未收。[①]

鲁斋词　许衡撰

衡（1209—1281），字仲平，号鲁斋，河内人。世祖时累拜中书左丞，谢病归。事迹具《元史》一五八，及欧阳玄撰《神道碑》。元刊《鲁斋遗书》分六卷，乐府次诗章之后，有大德九年杨学文序。后有正德刊《鲁斋全书》七卷；万历刊十一卷，仍称《遗书》；日本宽文九年刊四卷附录三卷。其康海编刊于嘉靖九年者称《鲁斋全集》仍为六卷。今传其七世孙婿郝亚卿等所辑八卷附录二卷，复称《遗书》，嘉靖乙酉（四年）刊于汴梁，乐府编入第八卷（光绪十六年刊正谊堂本《鲁斋集》六卷，有清郑士范撰《许鲁斋年谱》，而无词），即《四库》所收本。钱大昕《补元史艺文志》于两种《遗书》外，又著录《许文正公大全集》三十卷。

《彊村丛书》覆明刊《遗书》本，词四首，增辑元《草堂诗馀》一首。[②]

双溪醉隐诗馀　耶律铸撰

铸（1221—1285），字成仲，辽东丹王八世孙楚材之子。官至中书左丞相，追赠懿宁王。事迹具《元史》一四六。著《双溪醉隐集》，附词四首，有元王万庆重刊本。（《千顷堂书目》载耶律铸《双溪醉隐乐府》十一册，分前、续、别、外、断五集。）

清写本，法式善、樊樊山旧藏（《藏园经眼录》一五）。

《知服斋丛书》本（谢国桢藏）。

《彊村丛书》覆善本书室钞本《双溪醉隐集》。

---

① 叶子奇：《草木子》四之上“伯颜丞相”条；《四库提要》一六六；《元诗纪事》四。

② 欧阳玄：《圭斋集》九《许公神道碑》；《宋元学案》九〇；《四库提要》一六六；《元诗纪事》四。

《辽海丛书》第六集清李文田笺《醉隐集》（昭和十年大连右文阁印）。[①]

月屋漫稿　黄庚撰

庚，天台人。卷四为古风，长短句，旧写本，有汪森裘杼楼印（《藏园经眼录》）。

兰轩词　王旭撰

旭，字景初，东平人。未登仕版。《山东通志》称："旭与王构、王磐俱以文名，时称三王。"有《上许鲁斋书》云："旭布衣穷居，独尝有志于古，披尘编，扣断简，盖十年于此。"至元庚寅（二十七年，1290），受砀山宰招至其邑讲习，其《水调歌头》云"白首课儿童"，可以见其梗概。有《兰轩集》二十卷，已佚，清馆臣从《大典》辑为十六卷。

《彊村丛书》从传钞《大典》集本收其词二十九首，有孙德谦跋。

民国二十四年景印《四库全书珍本》初集。[②]

樵庵乐府　刘因撰

因（1248—1293），字梦吉，初名骃，字梦骥，保定容城人。爱诸葛孔明"静以修身"之语，表所居曰静修。至元十九年征擢右谏议大夫，数月辞归，后再征不起。至元三十年卒，年四十五岁。事迹具《元史》一七一。著有《四书征要》、《易系辞说》及自选诗五卷号《丁亥集》，余文则尽焚之。卒后，门人裒其轶稿，有《樵庵词集》一卷，及遗文等合成三十卷，至正九年牒各路儒学刊传（牒见《畿辅丛书》本），即《四库总目》所据本也。此本有永乐、成化一再重刊；至弘治所刻，已非其旧（嘉靖修补弘治本同）。今传至顺庚午刊《静修文集》二十二卷（较牒刊时前二十年），乐府编第十五卷，凡三十二首。至明万历刊文二卷诗五卷，康熙及道光刊容城《三贤集》四卷，清光绪间《畿辅丛书》本诗文凡十二卷，并无词。

---

① 《四库提要》一六六；《元诗纪事》三；《藏园群书题记》续集卷四。

② 《四库提要》一六六。

元至顺庚午（元年）宗文堂刊小字本《静修先生文集》二十二卷，涵芬楼旧藏，《四部丛刊》初编据此景印。文字略有讹夺。

明吴讷辑《百家词》本《静修词》一卷，有民国二十九年上海排印。

陶氏涉园景印至顺庚午本第十五卷乐府三十二首，讹字较《丛刊》本为多；亦有《丛刊》本误而此不误者。卷末《喜迁莺》换头脱五字，不补空格，与《丛刊》本同（《丛刊》本、陶本皆十三行二十一字，丁禹生藏元刊本则十三行二十字）。

四印斋汇刻本题作《樵庵词》，从知圣道斋旧钞本录刊。原词三十二首，较至顺本多《西江月·赠赵提学》一首而少《喜迁莺》一首，编次亦大异，脱字凡十余空格，然无讹字。卷末据《历代诗馀》另增补遗二首，况夔笙跋已讥其气格不逮刘词矣。

《彊村丛书》本据元刊《静修文集》收《樵庵词》二十二首，又据元刊《静修遗诗》收《樵庵乐府》十一首，共得三十三首，即至顺本与四印斋本之合并数也。彼本讹夺者，朱本既諟正或补空格，但各本不误而朱本有误者，如《太常引》云“百东坡”，朱本误为“子东坡”。[①]

西岩词 张之翰撰

之翰，字周卿，晚号西岩老人，邯郸人。至元末（1294），自翰林侍讲学士出知松江府，次年卒于任内。府志载其《西岩集》三十卷。清馆臣从《大典》辑为二十卷。其第十一第十二卷载词六十五首。赵万里《校辑宋金元人词》，校补《大典》集本，又从《大典》增辑四首，内有和魏初词。

民国景印《四库全书珍本》。[②]

青崖词 魏初撰

初，字太初，号青崖，宏州（属大同路）顺圣人。学出元遗山。仕元世祖，官至南台御史中丞，尝请优护儒户，请修孟子庙。卒年六十一。事迹具《元史》一六四。有《青崖集》十卷，已佚，清馆臣从《大典》辑成

---

① 《宋元学案》九一；《四库提要》一六六；《元诗纪事》五；王灏：《静修先生文集》一二卷跋（《畿辅丛书》本）。

② 陶宗仪：《辍耕录》二七“桃符”条；《四库提要》一六七；《元诗纪事》四。

五卷。

赵万里《校辑宋金元人词》，校《大典》集本收词四十三首。

民国二十四年景印《四库全书珍本》。①

紫山词　胡祗遹撰

祗遹，字绍闻，磁州武安人。中统初，辟大名宣抚幕，官至翰林学士。大德二年（1299）卒。事迹具《元史》一七〇。集久佚，清馆臣据《永乐大典》辑成《紫山大全集》二十六卷，内赋、诗、诗馀共七卷。《聚珍》本、《四库珍本》俱未印此集，莫郘亭有钞本。②

天籁集　白朴撰

朴（1226—?），字仁甫，后改字太素，号兰谷，真定人。金季枢密院判寓斋仲子（王博文序称，白寓斋尝为元遗山乐府撰序），生长兵间，父子相失，赖元遗山鞠养成人。中统初，开府史公将荐之，再三逊谢。岁庚辰（至元十七年，1280），徙家金陵，滑稽玩世。其《水龙吟》词称“丙午秋到维扬”，即成宗大德十年（1306），时朴已八十一岁。其卒当在此之后。苏明仁撰《白仁甫年谱》，编至皇庆元年（1312）止，见《文学年报》第十期。近时为白朴补撰年谱者，有郑骞、叶德钧、幺书仪诸家。至元丁亥，友人行御史台中丞王博文名其长短句二百篇曰《天籁集》。《增订四库标注》有洪武丁巳刊本《天籁集》一卷附《世系图》二卷，即四印斋录存孙大雅序本也，清康熙庚辰，六安杨希洛（友敬）得是集于其裔孙驹，属朱竹垞订为上下二卷以付梓，卷首有仁甫小像，竹垞跋称：兰谷词源出苏、辛，当与张蜕庵称双美。明陈霆有《酹江月·题天籁老人像》内云：“天籁有词人肖像，还是遗山风骨。”（《水南集》十上）。

康熙杨希洛刊本，环溪王皜手书上版，书法如铁画银钩，清初刊本之至精者（《藏园经眼录》一九）。

四印斋汇刻本。借皕宋楼藏杨刻覆刊。有王博文、孙大雅（陶宗仪《辍

① 《王秋涧集》八〇“行中书省职官”条；《四库提要》一六六。

② 《王秋涧集》四〇《紫山胡公祠堂记》、卷四三《紫山易解序》；《辍耕录》二〇“珠帘秀”条；《四库提要》一六六。

耕录》有至正丙午孙大雅序）、朱彝尊三序。

缪荃孙光绪三十一年校刊本。

王文才《白朴戏曲集校注》本（北京1984年印本）。[①]

清庵先生词　李道纯撰

道纯，字元素，都梁人。其赠白兰谷“三元秘秋水”三首，据《天籁集》乃至元丙戌（二十三年，1286）间作。词皆道家言。大德丙午原刊清庵先生《中和集》，前、后集各三卷。明覆刊大德本，附《道德会元》一卷。光绪三十二年重刊《道藏辑要》本作一卷。

《彊村丛书》覆元刊《中和集》本，载词五十八首。有况周颐跋。[②]

养蒙先生词　张伯淳撰

伯淳，字师道，嘉兴崇德人，赵孟頫姊婿也。官至翰林侍讲学士，卒于大德六年（1303）。事迹具《元史》一七八。所著《养蒙集》，为其孙炯编次，刊于至正六年；至明宣德七年又有重刊。凡十卷，第十卷载词二十二首，版久佚，厉樊榭自绣谷氏藏明刊本钞出，辗转迻写，颇有讹阙。

元至正刊本，武林陈仁甫刊，有泰定三年邓文原序（北京图书馆藏。《藏园经眼录》一五）。

《彊村丛书》本录自明刊。有吴昌绶跋，称虞集撰序为至顺三年；《增订四库标注》误会以为另有至顺刊本。又《临江仙·寿程雪楼》词，据《雪楼集》附录，上下起句皆七字，此本上起作六字，盖脱句末“永”字。[③]

秋涧乐府　王恽撰

恽，字仲谋，卫州汲县人。幼年见称于元遗山，官至翰林学士。卒于大

---

① 《元遗山集》卷二五《南阳县太君墓志》、卷二九《与枢判白兄书》；《全金诗》卷五一《白君举补传》；郑骞：《景午丛编·白仁甫年谱》；么书仪：《白朴年谱补证》（《文史》一七）；沈善钧：《白朴籍贯商榷》（《山西师范学报》，1957）；李修生：《白仁甫二三事》〔载《中华文史论丛》，1982（2）〕。

② 白朴：《天籁集》卷上。

③ 虞集：《道园学古录》五《张师道文稿序》；《四库提要》一六六；《元诗纪事》六。

德八年（1304）。事迹具《元史》一六七。有《秋涧大全集》一百卷，自卷七四至七七为乐府，共二百八十三首。延祐时朝命江、浙省刊梓，嘉兴路学刊本毕工于至治壬戌，十二行二十字（此本明代有修补）。又明弘治中河南按察副使车玺校正至治本翻刻，乐府编次同元本（元刊、明刊均有缺叶）。

陶湘景《宋金元明本词四十种》本，景印至治本卷七四至七七。

《彊村丛书》本，以朱竹垞藏写本比勘至治本，撰有校记。

明弘治戊午序刊本《秋涧大全集》一百卷（江南图书馆藏）。

《四部丛刊》影弘治本。

宋宾王景元钞本《大全集》（江南图书馆藏）。[①]

默庵乐府　安熙撰

熙，字敬仲，槀城人。少欲从刘因游，会因卒，不果；然论学仍守因说，一以朱子为宗。虞集序其集，举因与熙告先圣文，称其平实善学；《元史》一八九《熙传》即节虞序为之。门人苏天爵辑其诗文十卷，曰《默庵集》，今传五卷。集中最后纪年为至大庚戌（三年，1310）。有嘉庆十一年赵辑宁手钞本。

《畿辅丛书》本《默庵集》五卷，卷末附词五首。《丛书集成》初编本据此排印。

《彊村丛书》据善本书室钞本，收默庵词五首，原集脱一二字，照谱补填空格。[②]

牧庵词　姚燧撰

燧（1238—1313），字端甫，号牧庵，洛阳人，枢从子。受学于许衡，官至翰林学士承旨。事迹具《元史》一七四，刘致撰年谱附集后。其《牧庵集》五十卷，久佚（黄梨洲称胡孝辕《笔记》引《姚牧庵集》，胡子令修言有其书。此万历季年事）。清馆臣从《大典》辑成三十六卷，诗馀载三十五、六两卷，凡四十七首。

① 《四库提要》一六六；《元诗纪事》四。

② 虞集：《道园学古录》六《安敬仲文集序》；苏天爵：《滋溪集·安敬仲行状》；欧阳玄：《圭斋集》五《安先生祠堂记》；《四库提要》一六六。

武英殿聚珍本，有《四部丛刊》初编影印，又有闽、浙等省覆刻。

《彊村丛书》覆聚珍本两卷，又从《程雪楼集》补辑一首。

清汪曰桢辑《又次斋词编》稿本《牧庵词》二卷。[①]

勤斋词　萧𣂏撰

𣂏（1241—1318），字维斗，秦中奉元人。累官不赴，大德十一年拜太子右谕德，寻力请去职。事迹具《元史》一八九《儒学传》、《新元史》二三四《儒林传》。苏天爵撰其《墓志》，又于至正四年辑其遗稿十五卷，有乐府二十八篇，官为刊版于淮东。沈子培藏有景元钞本。清馆臣从《大典》辑订《勤斋集》八卷，有词四首。[②]

中庵乐府　刘敏中撰

敏中（1243—1318），字端甫，章丘人。官至翰林学士承旨。事迹具《元史》一七八。有《中庵集》二十五卷，清馆臣以为已佚，从《大典》辑成二十卷。近年赵万里见估人售聊城杨氏书，中有元刻《中庵集》二十五卷。因跋云："篇首题中庵先生刘文简公文集，十一行二十一字，卷后有后学叶森校正一行，知为浙刻，以校《大典》本，知其讹误错落。《大典》本诗馀二十六首，元刻则四倍之，其元刻无而《大典》本独有者，亦得四首。"

元刊本，魏谊编类。半叶十一行，前有元统二年番吴善序及安阳韩性序。卷二十五乐府上下，得词共一百二十六首。（《藏园群书经眼录》一五）

《彊村丛书》之《中庵诗馀》收《大典》本三十二首，补遗一首。

赵万里《校辑宋金元人词》据元刻集本卷二四、二五，收词一百四十四首，据《雪楼集》补一首，据文津阁本（即《大典》本）《中庵集》补四首，共得一百四十九首。[③]

---

① 黄宗羲：《南雷文集》二《天一阁藏书记》；《四库提要》一六六；《元诗纪事》四。

② 《揭傒斯全集》七《与萧维斗书》；陶宗仪：《辍耕录》二"萧先生"条；《宋元学案》九五；《四库提要》一六七。

③ 《四库提要》一六七；《藏园群书题记》三集卷七。

雪楼乐府　程钜夫撰

钜夫（1249—1318），初名文海，以字行，建昌人。少与吴澄同学。季父官建昌通判，以城降元，钜夫入为质子，累官学士承旨。至元二十四年（1287），荐举江南遗逸赵孟頫等二十余人，皆擢用。尝以郢州白雪楼名所寓，故世以是称之。事迹具《元史》一七二。所著各自为部，其子大本合辑为四十五卷，门人揭傒斯校正之（有至正十八年刻本）。至正间，其曾孙潛并编为三十卷，誊写于癸卯，前十五卷刻而复燬，后二十卷写而未刻，至明洪武辛未（二十四年），始以写本印本并刻。十四行二十二字。第三十卷十一叶至二十二叶载乐府五十五首，附同人唱和数首。题"奉直大夫秘书监著作郎男大本辑录"。

陶湘续辑景刊《宋金元明本词四十种》之《雪楼乐府》，景元写明印本。

《湖北先正遗书》本《雪楼集》三十卷，景文津阁本，民国十二年印。

江标辑思贤书局刊《雪楼乐府》一卷。[①]

疏斋词　卢挚撰

挚，字处道，一字莘老，号疏斋，涿郡人。至元中以能文荐（《元诗纪事》以为至元五年进士），大德初授集贤学士。其题程雪楼《岁寒亭词》，署："大德辛丑（五年）书于长沙肃政公宇。"后再迁为翰林学士承旨，卒。事迹具《新元史》二三七《文苑传》及李修生撰《卢挚年谱》。张雨极称之，许为人物西清第一流。《补元史艺文志》著录《疏斋集》无卷数，盖明以后久佚。文廷式尝从《大典》辑得诗文各十篇。赵万里辑得词十七首，较《天下同文》多出六首。

赵万里《校辑宋金元人词》本。（套数小令别有辑本）

李修生辑笺《卢疏斋集辑存》（北京师大印行）第三卷词共二十一首。[②]

---

① 《四库提要》一六六；《元诗纪事》五；《藏园群书题记》续集四。

② 《辍耕录》九"文章宗旨"条又"万柳堂"条；《元诗纪事》四；陶湘景刊《四十种词叙录》"天下同文"条；《纯常子枝语》二三。

寓庵词　李庭撰

庭，字显卿，号寓庵，奉先人。尝为安西府谘议。盛如梓称其诗有唐体。（《元文类》一二载平章李庭赠谥制当是另一人）

《彊村丛书》覆孔荭谷藏钞本《寓庵集》收词五首。①

稼村乐府　王义山撰

义山，字元高，丰城人。宋景定三年（1262）进士乙科。入元官提举江西学事。退老东湖，扁书室曰稼轩。子惟肖编其集曰《稼轩类稿》三十卷，有明正德刊本，其十世孙刊于万历癸未者十卷。

《彊村丛书》覆明刊《类稿》本，载词九首，又乐语中唱词二十一首。

民国二十四年景印《四库全书珍本》初集本。②

青山诗馀　赵文撰

文，字仪可，一字惟恭，号青山，庐陵人。宋季上舍生，入闽与谢翱、王炎午同佐文天祥幕。后为东湖书院山长，授南雄文学。程雪楼为作《墓志》，刘将孙为作《墓表》。所著《青山类稿》三十一卷，久佚，清馆臣从《永乐大典》辑订《青山集》八卷。其弟晚山功可，有词见凤林书院《草堂诗馀》。

《彊村丛书》收《大典》集本词十首，又从残元本凤林书院《草堂诗馀》补九首，据《花草粹编》补五首，共二十四首。

民国二十四年景印《四库全书珍本》初集本。

赵万里《校辑宋金元人词》，视朱本增七首，跋谓《花草粹编》所引赵词，均出《翰墨大全》，而《大全》所载尚有七首云。③

---

① 盛如梓：《老学丛谈》卷中下“安西府”条；《元诗纪事》四。

② 《四库提要》一六六；《元诗纪事》六。

③ 《四库提要》一六六。

水云村诗馀　刘壎撰

壎（1240—1319），字起潜，号水村，南丰人。年三十七而宋亡，后十余年，荐署昭郡学正。清冯云鹓撰《刘水村年谱》，附《水云村吟稿》后。所著《隐居通议》，尚多传本；又有《水云村稿》，裔孙凝辑编，原目二十卷，有道光十八年山东刊本，卷数相同。惟十六卷后皆青词祝文，故《四库》所收本止前十五卷。道光十年刘爱馀堂刊止十二卷。

《彊村丛书》覆南丰刘氏家刻本，收词三十首。[①]

玉斗山人词　王奕撰

奕，字敬伯，江西玉山人。至元癸巳（三十年，1293）前，曾特补玉山教谕。有集十二卷，久佚。明嘉靖壬寅，其乡人陈中州为刊《玉斗山人集》三卷，《四库》本据此。有民国三年刊《枕碧楼丛书》覆库本。又有清吴云旧钞本，多附录一卷。

《彊村丛书》覆刊金氏文瑞楼钞本，收词二十七首。词多黍离之感。[②]

无弦琴谱　仇远撰

远，字仁近，一字仁父，号山村，钱塘人。《月泉吟社》、《乐府补题》并有其诗词。至元中为溧阳州教授。尝为张玉田《山中白云》作序。张翥、张雨、莫维贤皆出其门。翥有《最高楼》为山村七十四岁寿，颇能道其隐逸之趣。事迹附见《新元史》二三七《文苑上·吾邱衍传》。有《金渊集》，止传《大典》辑本六卷；又有《山村遗集》，亦辑本。其词二卷，名《无弦琴谱》。

道光九年孙尔准刻《无弦琴谱》（北京图书馆藏）。

丁丙《西泠词萃》本。

《彊村丛书》据邃雅堂旧钞本付梓，共词一百一十九首。[③]

---

① 《四库提要》一六六；《元诗纪事》六。

② 《四库提要》一六六。

③ 《月泉吟社诗》第四四名；《四库提要》一六六“金渊集”条及“山村遗集”条；孙尔准：《泰云堂文集·无弦琴谱序》。

天游词 詹玉撰

玉，字可大，号天游，古郢人。四印斋本《天游词》二十四首。吟湘病叟跋云："光绪甲申，于封丘败肆中得抄本词一巨册，首尾断烂，完善者，唯《安陆词》及此耳。"按凤林书院《草堂诗馀》收天游词九首，并见于此。《词苑》讥其《齐天乐》绝无黍离之感云。

四印斋汇刻本。

养吾斋诗馀 刘将孙撰

将孙，字尚友，庐陵人。辰翁子，濡染家学，有小须之目。尝为延平教官，临汀书院山长。事迹见《新元史》二三七《刘辰翁传》。著《养吾斋集》四十卷，久佚，清馆臣从《大典》辑为三十二卷，有词二十首，其己卯（宋祥兴二年，元至元十六年）元夕词，即匡山兵溃之岁也。

《彊村丛书》覆印《大典》集本，况夔笙跋又添录元《草堂诗馀》刘将孙《忆旧游》一残阕。

民国景印《四库全书珍本》。[1]

芳洲诗馀 黎廷瑞撰

廷端，字祥仲，鄱阳人。登咸淳七年进士，尝官肇庆府司法参军。词多黍离之感。称所寄之奥屯、竹庵为南台御史，已入元代称号，其《唐多令》题年乙未，殆为元贞元年（1295）。

《彊村丛书》覆鄱阳《五家集》本，收词三十二首。

《豫章丛书》覆文澜阁鄱阳《五家集》本《芳洲集》三卷，题宋黎廷瑞撰（民国八年刊）。

① 《四库提要》一六六。

乐庵诗馀　吴存撰

存，字仲退，鄱阳人。饶鲁私淑弟子，与黎廷瑞有唱和。延祐元年(1314)强起为本路学正，不及代而归。

《彊村丛书》覆鄱阳《五家集》本，收词三十首。

《豫章丛书》覆文澜阁鄱阳《五家集》本《乐庵遗稿》二卷（民国八年刊）。①

顺斋乐府　蒲道源撰

道源，字得之，号顺斋，由蜀徙兴元。皇庆癸丑（二年），与袁桷同为国史院编修官，年已六十，越岁引归。事迹具《新元史》二三八《文苑》下。其子机裒辑遗文曰《闲居丛稿》二十六卷，卷十二为乐府。黄溍序之。

元刊本见《藏园经眼录》，又有明南监板本。

《彊村丛书》据善本书室藏钞《顺斋闲居丛稿》本，收词二十八首。②

古山乐府　张埜撰

埜，字埜夫，邯郸人。有《古山乐府》三卷，与卢挚、元明善，俱有和韵，题年最后者为延祐戊午（五年，1318）。至治元年临川李长翁序刊云："可与苏、辛二公齐驱，然其词林根柢，实得于西岩先生嫡传。"所谓西岩，即邯郸张之翰也。

侯文灿刊《十名家词》本。有《粟香室丛书》覆刻本。

江标辑思贤书局刊《宋元名家十五种》本《古山乐府》一卷。

《彊村丛书》据知圣道斋藏明钞汲古未刻本，分二卷，载词六十四首。

明吴讷辑《百家词》本《古山乐府》二卷，有民国二十九年上海排印。③

---

① 《宋元学案》八三《双峰学案》。

② 袁桷：《清容集》五〇《跋蒲传正帖》；黄溍：《金华黄先生集》一八《顺斋文集序》；《四库提要》一六七。

③ 本卷"西岩词"条。

松雪斋乐府　赵孟頫撰

孟頫（1245—1322），字子昂，湖州人。宋秦王德芳之后，入元，官至翰林学士承旨。事迹具杨载所撰《行状》及《元史》一七二。有《松雪斋文集》十卷，附外集一卷，并《子雍编类》。后至元己卯吴兴沈璜花溪义塾刊本，十二行二十二字，字效松雪体，写刻绝工。第十卷末载乐府二十一首。此本有元覆刊本（季沧苇《书目》元板有画像）。其后有天顺、正德、万历、康熙各刊本，或有诗文为沈本所无者。《青楼集》记刘氏歌《骤雨打新荷曲》，子昂为赋《万柳堂即席诗》，今本集不载。汪珂玉《珊瑚网》卷九"子昂漫书"有《雨中花》二首、《点绛唇》一首。其《雨中花》二首，本集亦失载。邵亨贞称其长短句深得骚人意度云。

清侯文灿《十名家词》集本，有《粟香室丛书》覆刊。

清汪曰桢辑《又次斋词编》稿本，《松雪词》一卷补遗一卷。

《四部丛刊》初编景花溪本（词载第十卷）。

陶氏涉园景刊至元本。如"冰肌"、"绿水"讹作"水肌"、"丝水"，乃摹工失检；若"杨子"讹作"场子"，则花溪本并失之。

江标辑《宋元名家词十五种》本。[1]

草庐词　吴澄撰

澄（1249—1333），字幼清，学者称草庐先生，崇仁人。宋末举进士不第，入元，以荐擢官至翰林学士，卒谥文正。诏揭傒斯撰《神道碑》，略谓当时以澄及许衡为南北学者之宗云（今传揭集佚此文）。《词苑》称其和揭浩斋《渡江云》流传一时。事迹具《元史》一七一。明危素撰其《年谱》附全集后。有《文正集》一百卷，季沧苇《书目》称元板百卷，有蒙古字叙。《四库标注》称明正统元年刊本前有蒙古字诰命。（按宣德乙卯刊本只前一年，殆同一本。）其后有万历壬子及乾隆丙子（丙辰？）刊本。另有成化刊本止四十九卷。

① 欧阳玄：《圭斋集》九《赵文敏神道碑》；元雪篝钓隐辑《青楼集》"解语花"条；《珊瑚网》九；《四库提要》一六六；《元诗纪事》八；《赵孟頫系年》。

四印斋汇刻本《草庐词》十一首。[①]

瓢泉词　朱晞颜撰

元代有两朱晞颜。一为作《鲸背吟》者，自署字曰名世（《新元史》以为即宋无）。一著《瓢泉吟稿》，即《瓢泉词》作者，字景渊，长兴人。吴澄称其能诗文而为良吏，盖以郡邑卑吏终其身者。清馆臣从《大典》辑订诗二卷、词一卷、文二卷，仍存牟巘原序。中有简周晴川教授及与周晴川兄弟会饮词，殆即作《十六字令》之周晴川也。

《聚珍丛书》之《瓢泉吟稿》五卷，有闽浙等省覆刻。

《湖州词征》本，据章怡用校，删去混入七首。

《彊村丛书》据钞校《大典》本覆刻，已据章校删七首，实存词四十首。

民国景印《四库全书珍本》。[②]

汉泉乐府　曹伯启撰

伯启（1255—1333），字士开，砀山人。官至御史台侍御史，事迹具《元史》一七六。有《曹文贞诗集》十卷，一名《汉泉漫稿》，子复亨类集，国子生胡益编录。第十卷乐府三十五首，有汲古阁景杭元刻，陶湘据以景刊，十行二十字。其复亨家塾刊大字本，九行十五字。

《彊村丛书》覆善本书室藏旧钞本，所有元刊夺二字，讹一字，并依律补作空格。

陶湘续辑《景刊宋金元明本词四十种》本。[③]

云峰诗馀　胡炳文撰

炳文，字仲虎，婺源人。官兰溪学正。与陈栎讲学，皆以朱子为宗。元

---

① 虞集：《道园学古录》四四《吴公行状》；《宋元学案》九二；《四库提要》一六六；《元诗纪事》七。

② 《新元史》二三七《文苑上·宋无传》；《四库提要》一六七“瓢泉吟稿”条及“鲸背吟”条。

③ 虞集：《道园学古录》三三《汉泉漫稿序》；《四库提要》一六六；《元诗纪事》九；陶湘：《景刊宋金元明本词叙录》。

统元年癸酉（1333）卒。事迹具《元史》一八九《儒学传》。有《云峰集》二十卷，燬于兵。明成化中七世孙用光掇拾为十卷，先刊于弘治戊申，重刊于正德丁卯，清道光中裔孙又有重刊。其第八卷有词三首。《大酺》一阕，差可肩随清真，与他首诗词不类。

《彊村丛书》收明刊集本。①

定宇诗馀　陈栎撰

栎（1252—1334），字寿翁，休宁人。所居堂曰定宇，学者称定宇先生。吴澄谓其学有功于朱子为多。延祐元年，年六十三，有司强之举乡贡，仍不赴礼部。不出户者数十年。揭傒斯志其墓，与吴澄并称。事迹具《元史》一八九《儒学传》。清陈嘉基撰其《年谱》，附文集后。有《定宇集》十六卷，其族孙刊于清康熙间。第十六卷词十六首，几全为庆寿之作。

《彊村丛书》收裘杼楼藏钞《陈定宇文集》本。②

王文忠词　王结撰

结（1275—1336），字仪伯，易州定兴人。仁宗在潜邸时充宿卫，元统中官至中书左丞，卒谥文忠，事迹具《元史》一七八。有集十五卷，已佚，清馆臣从《大典》辑为六卷，其第三卷载诗馀十三首，第五卷问答，乃与吴澄往复语。

《彊村丛书》收《大典》钞本。

景印《四库全书珍本》。③

白云先生词　许谦撰

谦（1270—1337），字益之，金华人。问道于金仁山，延祐中以讲学名一时，世称白云先生。事迹具《元史》一八九《儒学传》、《新元史》二三四

---

① 《宋元学案》八九；《四库提要》一六六；《元诗纪事》一四；《藏园经眼录》一五。

② 《宋元学案》七〇；《四库提要》一六七；《元诗纪事》一二。

③ 《四库提要》一六七。

《儒林传》。有《白云集》四卷，乃明正统中李伸得其草稿所编次；成化丙戌江浦张瑄刊于广东。又有正德戊寅陈纲重刻本。卷末载词二首，颇饶风致，《四库提要》称其诗含兴象，讲学家兼擅文章云。

清雍正十二年覆正德刊本。

《金华丛书》覆雍正本。《丛书集成》覆金华本。

《四部丛刊续编》题景印正统刊本，据正统李伸序，乃缮藏本；又据成化张瑄序，得此集于李伸，乃誊写不佳本。涵芬楼所谓正统刊本，实则成化刊也。[①]

此山先生乐府　周权撰

权，字衡之，号此山，处州人。袁桷荐诸朝，报罢。赵孟頫尝写“此山”二字为额以赠。有《此山先生诗集》，元刊有二种：一为四卷本，半叶十行，行十六字；一为十卷本，半叶十一行，行十九字。《四库》著录四卷本，称袁桷、欧阳玄、揭傒斯各为其序跋，然今传三家集，并无其文。十卷本题陈旅校选、欧阳玄批点；卷末有《洞仙歌·谢欧阳学士偕陈众仲助教过访》，亦其交游之迹也。陈旅题衔作江浙儒学副提举，盖在元统二年至后至元四年之间。此山《念奴娇》数阕，句读多同东坡《赤壁词》即下片第二第三句，作上五下四读；第六、七、八句，作四、五、四字读。知朱竹垞、郑大鹤之读法，皆不免固哉高叟之见。

《彊村丛书》覆元刊集本，收词三十四首。

陶氏续辑汇刻景印元刊《此山先生诗集》第十卷，收词三十四首。所谓欧阳玄批点者，批语止有一句，甚泛；其他或圈或点，几于首首皆有。[②]

赵待制词　赵雍撰

雍，字仲穆，孟頫仲子。官至集贤待制。至正中，清宁殿成，敕画史图其壁，雍以朱玉名闻（见《新元史》二四二《方技朱玉传》）。有《赵仲穆遗

---

① 黄溍：《金华集》三二《白云许先生墓志》；《辍耕录》九《许文懿先生》；《宋元学案》八二；《四库提要》一六六。

② 《松雪斋集》五《题周秀才此山堂》；《四库提要》一六七；《元诗纪事》一二。

稿》一卷，后有文徵明跋。盖从延祐六年仲穆书寄其姊丈王国器墨迹钞出，清乾隆七年援鹑居士付梓，凡诗十八首词十七首。王国器，字德琏，自号筠庵，吴兴人，王蒙父也。杨铁崖称其长于今乐府。清康熙季，吴焯据仲穆墨迹校正松雪志状之误，因从《铁网珊瑚》辑录德琏词二首，附于卷末。援鹑居士刊《仲穆遗稿》时，并刊之。（沈禧《竹窗词》有《追和王德琏韵香奁八咏》）

《知不足斋丛书》之《赵待制遗稿》，附王国器词。《丛书集成》初编覆此。

《彊村丛书》收《知不足斋》本词十七首，但无王词。

清汪曰桢辑《宋元十家词》（即《又次斋词编》）之《赵待制词》一卷。[①]

墙东诗馀　陆文圭撰

文圭（1256—1340），字子方。江阴人。宋咸淳九年中乡选（《元史》作咸淳初，此据《新元史》），时年十八。元延祐设科，再中乡举，以老疾不应召。卒年八十五。事迹具《元史》一九〇《儒学传》、《新元史》二三七《文苑传》。（《四库提要》谓为至正初卒，与史不合。）尝为张玉田《词源》作序。所著《墙东类稿》已佚，清馆臣从《大典》辑成二十卷。有道光十八年陆氏世德堂校刊《大典》本，光绪刊《常州先哲遗书》覆世德堂本。（《聚珍版丛书》及景印珍本并遗此集）

四印斋汇刻本收词二十八首，附存一首。其题作《减字木兰花慢》者二首，盖一百字体，句读又与康熙《词谱》所收卢祖皋词不同。[②]

贞一斋词　朱思本撰

思木，字本初，临川人。出家上清宫，从吴全节宗师居大都，敷祀名山，所至考求地里，作《舆地图》，明人据之作《广舆图》，顾祖禹撰《读史方舆纪要》，尝模写之。有《贞一诗文稿》及《贞一斋杂著》（《元诗》癸集及《千

---

① 夏文彦：《图绘宝鉴》五；叶子奇：《草木子》四“赵仲穆”条；《四库提要》一七四；《元诗纪事》一四；《画人生卒年考》。

② 《四库提要》一六六；《元诗纪事》八。

顷堂书目》未见《杂著》，误以为名本初)，虞集、范椁、柳贯等为之序。其《红梨花》诗，吴全节、李溉之、虞伯生皆有和作。

《彊村丛书》据吴匏庵钞《贞一斋集》本，收词三首。①

去华山人词　洪希文撰

希文，字汝质，号去华山人，莆田人。群庠聘为训道。事迹见《新元史》二三七《文苑传》。其父岩虎，咸淳丁卯乡贡，宋末尝为教谕，诗名《轩渠集》，故希文集名《续轩渠》。希文自序及至治辛酉（1321）林以顺等题词在未刻前，皆不言卷数。嘉靖癸巳，其七世族孙请蔡宗兖刊定，编为十卷，附刻一卷。《四库》著录与蔡宗兖所序篇数不符，疑传写者有所刊削。

洪氏《晦木斋丛书》之《续轩渠集》十卷补遗一卷（光绪六年刊）。

《彊村丛书》据善本书室藏钞集本，收词十三首，《如梦令》下注云："此下原钞缺叶。"

赵万里《校辑宋金元人词》本收词三十三首。赵跋云："此足本《去华山人词》，据傅氏校旧钞本《续轩渠集》卷九内录出。"但赵氏谓库本脱落二十首，则未考《四库提要》明著"词三十三首"。赵校于《沁园春》"千仓"下作二空格，注云："原钞作腐红，不可通。"按《汉书》："太仓之粟，陈陈相因，红腐而不可食。"词句作"千仓腐红"，正承起句"农乐丰年"说下，原钞非不可通。②

道园乐府　虞集撰

集（1272—1348），字伯生，蜀人，宋丞相允文五世孙，随父侨寓临川之崇仁。幼受业于家，出则以契家子从吴澄游。官至翰林直学士。尝撰叶宋英《自度曲谱序》，称其曲有传授，词华有周、姜余韵。又引陈众仲语：称《贺新郎》调词妙则声劣，律稳者语卑。盖于此道颇深，无怪机坊织其"杏花春雨江南"之句以为帕也。事迹具《元史》一八一。翁方纲撰《年谱》，附翁刊

① 吴宽：《题元朱本初道士贞一稿后》有自注；《千顷堂书目》二九；《元诗纪事》三三；《四库未收书目提要》五。

② 《四库提要》一六七；《元诗纪事》卷六及卷一四"洪德章"条。

诗集十卷本后。

其存稿自题曰《道园学古录》。至正元年门人李本与先生幼子翁归等编次，分《在朝》、《归田》等稿五十卷，有李本跋（本跋卷数，与欧阳玄碑有参差），刊于建宁。其后夏台刘伯温刊于江右者，十三行二十三字，有欧阳玄至正六年序（疑即抚州路儒学本）。至明景泰七年，郑逵以刘刊元纸黏版重雕，即《四部丛刊》景印底本也。又有嘉靖四年抚州刊本，乾隆丙申崇仁刊本，皆称《道园学古录》五十卷。有明初覆刊至正五年抚州路本（疑即刘本），则称《道园类稿》五十卷，文有出《学古录》之外者，卷端补绘道园像甚工（有董授经藏本）。又有《道园遗稿》六卷，其从孙堪辑编，以补《学古录》之遗，刻于至正十四年，有杨椿序（黄荛圃又补黄溍序）。此外有至元庚辰（六年）刘氏日新堂刊行书十行十五字精本，题《伯生诗续编》三卷。有雍正刊本，称《虞文靖公集》。有元庐陵孙氏刊十一行二十字本，大题占双行，称《翰林珠玉》，凡六卷（有洪武间古杭余氏传刊本）。有嘉庆刊《虞文靖诗集》十卷，附《年谱》一卷。《四库提要》称：自元暨明，屡经刊雕，然皆从建本翻刻云。

《道园乐府》无专集，《学古录》中《在朝稿》载词七首，《归田稿》载词六首。《遗稿》中载词四首，又附《鸣鹤余音》十三首，乃道园和冯尊师作。至正二十四年，金天瑞并编录冯词二十首，附遗稿后。（金跋称“天瑞昔刊《道园遗稿》”，殆即至正十四年刊本，亦即陶氏景印本，以陶本尚未并编冯词，可以为证。）

《彊村丛书》从《学古录》及《遗稿》辑词十七首（吴昌绶跋称十八首）、《鸣鹤余音》十三首，即道园词共三十首。末附冯尊师《鸣鹤余音》二十首，冯称全真者，道家中丘长春派也，《无俗念》一调，即长春派为《念奴娇》另立之别名。

陶氏涉园续汇刻本，收词四首、《鸣鹤余音》十三首。陶湘叙录称：“据至正十四年刊十一行二十字《道园遗稿》景印。”陶又引缪荃孙跋云：“至正十四年堪跋刊本十行二十字。”疑“十行”乃“十一行”之讹。

吴虞辑《蜀十五家词》本《道园乐府》一卷。（民国排印）[1]

---

① 欧阳玄：《圭斋集》九《虞雍公碑》；陶宗仪：《辍耕录》卷四“广寒秋”条、卷一四“风入松”条；《道藏》本《彭致中集》、《鸣鹤余音》虞集：《序》；瞿佑：《归田诗话》下“翰院忆江南”条；《四库提要》一六七。

五峰词　李孝光撰

孝光（1296- 1348），字季和，温州乐清人。少居雁荡山五峰下。至正七年（顾瑛《草堂雅集》作至正八年戊子）征为秘书监著作郎。杨维桢举元代作者四人，以孝光与姚燧、吴澄、虞集并称云。事迹具《新元史》二三七。诗文散佚，明弘治甲子乐清令钱杲访得全集于周纶家，因俾纶编次刊版，为《五峰集》六卷。《永嘉诗人祠堂丛刻》本作十卷，有冒广生辑补遗一卷。

四印斋汇刻本收词二十二首，风格颇近稼轩。[①]

桂隐诗馀　刘诜撰

诜（1268—1350），字桂翁，自号桂隐，庐陵人。宋亡，年十二，以处士终。欧阳玄志其墓，称邓公中斋（光荐）尝延之家，使范其子。事迹具《元史》一九〇《儒学传》。有《桂隐文集》四卷、诗四卷，明嘉靖间族孙志孔所刊。

《彊村丛书》从钞本《桂隐集》收词六首。[②]

梅花道人词　吴镇撰

镇，字仲圭，自号梅花道人（倪云林《题仲圭山水》云："道人家住梅花村"），嘉兴人。以画传，无专集。其乡人钱棻捃拾题画之作，编为《遗墨》二卷，载词十二首。有题序云"倚钱塘潘阆仙《酒泉子》"，可证潘词滥立别名，乃出于明人所为。《四库提要》指其题骷髅之《沁园春》，鄙俚荒谬，决非镇之所作。又考定其生于至元十七年庚辰（1280），卒于至正十四年甲午（1354）。

有光绪二年刊《啸园丛书》本，民国排印《美术丛书》本，并作《梅道人遗墨》一卷。

---

① 顾瑛：《玉山草堂雅集》卷一收李孝光诗一百二十二首，同书卷七有李孝光、张雨联句。

② 虞集：《道园学古录》三三《桂隐存稿序》；欧阳玄：《圭斋集》卷八《桂隐集序》及卷一〇《桂隐墓碑》；《四库提要》一六六；《元诗纪事》卷八。

《彊村丛书》收吴伯宛校补《梅花道人集》本，词十二首。其《酒泉子序》末作“梅花道人劝缘”，与《四库》本所称“梅花道人镇顿首”不同。[①]

药房乐府　吴景奎撰

景奎，字文可，兰溪人。年三十，曾为浙东宪府掾从事。至正十五年（1355）卒。黄溍志其墓。有《药房樵唱》三卷，乃其子履所编，宋濂为序。《四库》著录者为鲍廷博家钞本。

《彊村丛书》从传钞集本收词十一首。[②]

渔家傲鼓子词　欧阳玄撰

玄（1273—1357），字原功，浏阳人。延祐乙卯进士，官至翰林学士承旨。修《辽、金、宋史》时为总裁官，史称其文章道德，卓然名世。事迹具《元史》一八二。危素撰其行状，见成化刊集本附录。揭傒斯序其集称四十四卷，又宋濂序谓旧集燬于兵，其孙佑持编录所存为二十四卷，皆已佚。今传宗孙铭编成化辛卯刊者，为《圭斋文集》十五卷，即《四部丛刊》据景本也，弘治、乾隆、道光中各有覆刊。《四库简目标注》称“路有元刊本二部”，又称洪武中有刊本，皆不明卷数。

《四部丛刊》初编《圭斋文集》卷四杂体之末，为《渔家傲南词并序》，凡十二首，盖仿六一居士《鼓子词》。有长序称“至顺壬申二月，玄修《大典》既毕，属春雪连日，无事出门，腹稿具成，枕上不寐，稍谐叶之”。

《彊村丛书》据明刊集本收《渔家傲》十二首，无“南词”二字，与《四部丛刊》有三数异文。[③]

贞居词　张雨撰

雨，一名天雨，字伯雨，号贞居子，又号句曲外史，钱塘人，隐茅山。

---

① 《四库提要》一六八；《元诗纪事》二一。

② 《四库提要》一六七。

③ 《宋元学案》八二；《四库提要》一六七；《元诗纪事》一三。

少与张翥同受学于仇山村，二十岁为黄冠，至正十年（1350）卒于钱塘开元宫（据顾瑛《草堂雅集》卷七附跋）。平生诗文，手录成帙而未梓，明成化间姚绶始得其稿，嘉靖甲午陈应符始校刊为《句曲外史集》三卷，附有刘基所撰《墓志》。崇祯中毛晋得闵氏所录佚诗为补遗三卷，又搜其集外诗为一卷。以上共七卷，即《四库》所据本。丁丙刊《武林往哲遗著》之《贞居集》七卷，多补遗、附录各二卷。《四部丛刊》初编景元刊之《贞居诗集》五卷，不载词。其词之专集有吴讷辑《百家词》本，李西涯辑《南词》本，并称《贞居词》。《词林万选》收伯雨《满江红·玉簪花次班彦功诗》一首。刘大彬著《茅山志》，雨为写刊（今存卷十、卷十一，藏台北"中央"图书馆）。

《知不足斋丛书》刊厉樊榭手抄本，载词五十三首。樊榭称其词翰高绝，乐章气韵亦不凡。《丛书集成》初编覆此。

《彊村丛书》覆邃雅堂旧钞本，收词五十三首，又补遗二首，编次略异鲍本。

丁丙辑《西泠词萃》本光绪十二年刊。

吴讷辑《百家词》，有民国二十八年排印。①

圭塘乐府　许有壬撰

有壬（1287—1364），字可用，汤阴人。延祐二年进士，历官集贤大学士中书左丞。事迹具《元史》一八二。《续文献通考》称其有《至正集》一百卷。有壬既卒，稿即沦佚，惟明杨士奇家传其副本，清宣统间聊城邹氏石印乾隆本，止八十一卷，与《经籍志》、《千顷堂书目》，及《四库提要》著录相同。又有《圭塘小稿》十三卷，乃有壬手订，其弟有孚重加编次时，增辑别集二卷，时已为洪武二年，至成化己丑，五世孙容始校刊于南康。民国十二年有河南官书局刊本，在《三怡堂丛书》中。又民国十二年刊《宋元人小词》本称《圭塘长短句》。

《彊村丛书》收《至正集》本词四卷，凡一百三十首。又收别集本词十六首，附有孚词六首。（《四库提要》作二十三首）

周泳先据《至正集》补《沁园春》残词一首。有壬墨迹，有跋宋仁宗

---

① 《辍耕录》九"漱芳亭"条；《草木子》四《谈薮篇》"赵仲穆"条；《四库提要》一六八；《元诗纪事》三三；孙克宽：《张雨》（《大陆杂志》四六卷第四期）。

（赵祯）《临兰亭序》（香港敏求精舍印《文物集珍》）。①

燕石近体乐府　宋褧撰

褧，字显夫，大都人。泰定元年（1324）进士，历官翰林直学士。文学与兄本齐名，人称曰二宋。事迹附《元史》一八二《宋本传》后。有《燕石集》十五卷，欧阳玄、苏天爵、许有壬等五人为序，至正八年诏江浙行省刊行，《四库》著录本有刊行咨呈一道。其《鹧鸪天·题应山二宋读书处》，盖寓窃比之意。

《彊村丛书》覆梁氏藏《燕石集》本，载词四十首。②

天锡词　萨都剌撰

萨都剌，字天锡，本答失蛮氏后，居于雁门。登泰定四年（1327）进士。至正三年擢江浙行省郎中，晚年寓居武林，后入方国珍幕府卒。事迹具《新元史》二三八《文苑传》。有《雁门集》，原八卷（《千顷堂书目》著录《萨天锡诗集》二卷，又《雁门集》六卷）；毛晋得别本刊之并为三卷，又别为集外诗一卷。《四部丛刊》景印弘治刊本，并载成化刊序，名《萨天锡诗集》，分前后集而不载词（日本有旧刊黑口本《新芳萨天锡杂诗妙莲稿》一卷）。

清康熙侯文灿辑刊《十名家词》本《天锡词》一卷。有光绪十三年《粟香室丛书》覆刻。

江标辑《宋元名家词》刊《雁门集》一卷，光绪二十一年刊。③

蜕岩词　张翥撰

翥（1287—1368），字仲举，晋宁人。幼从父官于杭，与张伯雨俱学于仇山村。至元末，用隐逸荐为国子助教，寻退居淮东。会修宋、辽、金三《史》，起为编修官，后以翰林学士承旨致仕。卒于至正二十八年（即明洪武

---

① 《四库提要》一六七“至正集”条、“圭塘小稿”条；《元诗纪事》一三。

② 《四库提要》一六七；《元诗纪事》卷一四及卷一五“宋本”条。

③ 瞿佑：《归田诗话》中；《四库提要》一六七；《元诗纪事》一五；陈垣：《萨都剌的疑年》（《陈垣史学论著选》）。

元年），年八十二。事迹具《元史》一八六。（金明昌间亦有张翥，字仲扬，诸书援引，或误为一人。）史称仲举仅传律诗乐府三卷，而洪武刊本作《蜕庵诗集》四卷，十三行二十四字，《四部丛刊》续编景此，有洪武十年释宗泐序。

朱竹垞所藏为明初释大杼（《千顷堂书目》作大诉）手钞五卷本，大杼与翥为方外交，翥卒无嗣，大杼取其遗稿别为选录也，《四库》本据此。又振绮堂有钞本诗集五卷，《蜕岩词》二卷。厉樊榭则于金绘卣家钞得《蜕岩词》二卷。下卷《虞美人》称："叶宋英多自度腔"，可与虞伯生序文印证。

清初写本有曹楝亭钤印，又一有光绪乙巳张鸣珂跋（《藏园经眼录》一九）。

《知不足斋丛书》之《蜕岩词》上下二卷，有雍正元年厉樊榭《跋》云："是本为余友金君绘卣钞于袭田居侍御家，余从绘卣令子以宁借钞。"又跋云："校定《蜕岩词》讹字。"其《水龙吟·败荷》首下片不全，次年始在赵谷林小山堂得李西涯《南词》本校添。《丛书集成》初编覆此。

《彊村丛书》覆《知不足斋》本，以传钞汪季青、金绘卣两本校勘，撰校记附后，共词一百三十五首。《四部备要》排印本。①

东山词　赵汸撰

汸（1319—1369），字子常，休宁人。经术出于黄泽，文律得于虞集。至正间，以保守乡井授江南行枢密院都事。洪武二年，应召修《元史》，归未逾月，卒。事迹具《明史》二八二《儒林传》。有《东山存稿》七卷，嘉靖间付梓。又清曹溶手校钞旧本《东山赵先生文集》十一卷，藏台北"国立中央"图书馆。

清康熙辛酉赵吉士重刊嘉靖本，诗与词编第一卷，即《四库》著录本。②

柔克斋词　高明撰

明，字则诚，永嘉人。至正五年（1345）中第，授处州录事，为苏天爵

---

① 顾瑛：《草堂雅集》收翥诗二百二十四首；陶宗仪：《辍耕录》卷一四"张翰林"条、"倜傥"条，卷二〇"皇舅墓"条；《宋元学案》九三；《四库提要》一六七；《元诗纪事》一九。

② 《四库提要》一六八；《元诗纪事》二七。

属掾，与葛元哲同编苏集。洪武初召修《元史》，以老病辞归。所撰《琵琶记》最有名，又有《柔克斋集》二十卷，词附。[①]

云林词　倪瓒撰

瓒（1306—1374），字元镇，号云林，无锡人。工诗善画，有洁癖，所居有云林、清閟阁诸胜。张士诚屡欲致之，不能得，洪武七年还乡，寓邹氏家，病卒。事迹具《明史》二九八《隐逸传》。沈士良撰《倪高士年谱》，有宣统元年刊本、《岭南遗书》本、《湖杜月刊》本。万历中，八世孙汇刻其所著为《清閟阁遗稿》十五卷，后有毛晋刊《十元人集》本行世。先是，天顺四年荆溪蹇曦编刻《云林诗集》六卷，末附小词，秀水沈氏藏有此本。明潘是仁刊，乾隆四年刊，皆诗集六卷。

清康熙中曹培廉编刊《清閟阁集》十二卷，其外纪二卷备列瓒之始末，《四库》本据此。

清光绪间盛氏刊《常州先哲遗书》之《清閟阁全集》十二卷。

江标辑刊《宋元名家词十五种》本《云林词》一卷。

《四部丛刊》初编景印天顺本，乐府二十六首。其《水仙子·观花间集作》，风格极似《花间》；《太常引》于去声字亦殊不苟。（同卷中有复见之诗，乃编者失检。）[②]

贞素斋诗馀　舒頔撰

頔（1304—1377），字道原，绩溪人。至正十年，由丹徒教谕调台州学正，以道梗不赴。明兴，屡召不出，名所居曰华阳贞素斋。事迹见《新元史》二三八《文苑传》。清舒正仪撰其《年谱》，附《贞素斋家藏集》后。有《古淡稿》、《华阳集》，皆不传。明嘉靖中，其曾孙旭等辑为《贞素斋集》八卷，绩溪知县赵春刊之。又有道光刊本。

《彊村丛书》覆善本书室藏钞《华阳贞素集》本，收词二十二首，多忧生

① 顾瑛：《草堂雅集》七收高明诗五首；《辍耕录》“三岳王”条；《四库提要》一六七“滋溪文稿”条；《元诗纪事》一九；冒鹤亭：《柔克斋诗辑》；钱南扬：《高明传》（《汉上宧文存》）。

② 顾瑛：《草堂雅集》九；《四库提要》一六八；《元诗纪事》二一。

念乱之作，其《满江红》述苗军假柄侵渔，所谓“词亦有史”也。①

可庵诗馀　舒逊撰

逊，字士谦，頔弟也。元末明初，兄弟偕隐，有《寿贞素兄七十三岁词》。著《搜枯集》一卷，道光刊本，与兄《远北庄遗稿》并附兄頔《贞素集》后。

《彊村丛书》覆善本书室藏钞可庵《搜枯集》本，收词五首。②

书林词　袁士元撰

士元，字彦章，鄞县人，袁珙（见《明史》二九九《方伎传》）父也。以荐授县学教谕。有《书林外集》七卷，危素为序。

《彊村丛书》覆传钞《书林集》，收词七首。③

韩山人词　韪奕撰

奕，字公望，吴人。生于元文宗时（1328—1332），少目眚，筮得《蒙卦》，遂扁其室曰蒙斋，王彝为之记。与王宾、王履偕隐于医。有《韩山人集》（《千顷堂书目》作《蒙斋集》）钞本、《韩山人诗续集》不分卷，末有词三十阕（《藏园经眼录》一五）。

《彊村丛书》收明刊集本词二十八首。④

竹窗词　沈禧撰

禧，字廷锡，归安人。钱大昕《补元史艺文志》有沈禧《竹窗词》一卷。

《彊村丛书》据知圣道斋藏明钞《南词》本收词五十五首。⑤

---

① 《四库提要》一六八；《元诗纪事》二二。

② 《千顷堂书目》一七；《四库提要》一六八“贞素集”条。

③ 《千顷堂书目》二九；《四库提要》一七四。

④ 《四库提要》一七四；《元诗纪事》二二。

⑤ 《千顷堂书目》三二。

龟巢词　谢应芳撰

应芳，字子兰，武进人。自幼笃志好学，构小室曰龟巢，因以自号。后避地吴中，乱定始归，年逾七十矣。有司征修郡志，年益高，学行益劭。卒年九十七。事迹具《明史》二八二《儒林传》。《四库》著录《龟巢集》十七卷，《诗馀》载第十二卷。又有《龟巢摘稿》三卷，洪武十二年刊本。道光丙午谢兰生本作二十卷，词为第十一卷，四明卢氏抱经楼旧藏《龟巢集》写本二十卷，出季沧苇所藏，十一卷为词（《藏园经眼录》一五）。

《彊村丛书》本《龟巢词》一卷，补遗一卷，共五十八首，据善本书室藏钞《龟巢集》本入梓。①

石门词　梁寅撰

寅，字孟敬，新喻人。累举不第，辟集庆路儒学训导。天下兵起，隐居教授。明太祖征名儒修礼乐，寅年六十余，就征在礼局中，讨论精审，书成授官，以老病辞归。士多从学，称为梁五经，又称石门先生，卒年八十二。事迹具《明史》二八二《儒林传》。有《石门集》七卷。明新喻令暨用刊本，及清乾隆刊本并作十卷，大致与七卷本不甚相远。又有金氏刊本；有拜经楼旧抄本作十五卷。

《彊村丛书》据唐鷦庵钞本入梓，共词三十三首。②

蛾术词　邵亨贞撰

亨贞，字复孺，华亭人。生于至大二年（1309）己酉（据词题《赵文敏卒年予十四岁》及《己卯除夕词》推算）。至正间为松江训导，入明后卒，年九十三（据况夔笙跋）。所著全集为《野处集》四卷、《蛾术诗选》八卷、《蛾术词选》四卷，钞本有隆庆壬申沈明臣后序称，上海陆深之孙郯出其书授汪稷校刊。《四库提要》谓诗词选已佚，阮元《四库未收书》始复

① 《四库提要》卷一六八及卷五九“思贤录”条。

② 《四库提要》一六八；《元诗纪事》二七。

著录。光绪十七年，况夔笙借得知不足斋影钞《词选》四卷，覆校付梓，卷首题新都汪稷校，末题长洲吴曜书袁宸刻，即阮氏所称陆郯授稷校刊本也。次年壬辰，王半塘并《天籁集》合刻之，原刻目录觇缕，经况氏削去，半塘另简编之，况刻异文亦从皕宋楼藏本校出。又故宫博物院有《宛委别藏》本，卷首亦题汪稷校，涵芬楼借以影印。台北“中央”图书馆有旧抄汪稷校本，石研斋秦氏印记。按《蛾术词》以令慢编次，犹是宋人遗法。

况刻《蛾术词》，光绪间刻于广西，况跋称一百四十三阕。

四印斋汇刻本《蛾术词》四卷一百三十五首。半塘跋称：“复孺、兰谷二词，不在山村、蜕岩、伯雨诸贤下。”

《四部丛刊》三编影宛委本，有张元济跋。[①]

沧浪櫂歌　陶宗仪撰

宗仪，字九成，黄岩人，寓居松江。尝师事张翥、李孝光。至正间累辞辟举，洪武六年举人材，亦以疾辞，建文中卒。事迹具《明史》二八五《文苑传》，及昌彼得撰《南村年谱》、《白石道人歌曲》、《山中白云》皆赖九成转录友人叶广居钞本以传。自著有《辍耕录》及《南村诗集》。其《沧浪櫂歌》一卷，有正德丁丑唐锦序，谓宗仪自编，诗与词合为一卷，词凡六首。

嘉庆四年顾氏刊《读画斋丛书》本。《丛书集成》初编覆顾刊。[②]

西斋渔家傲　释梵琦撰

梵琦（1296—1369），字楚石，四明人。初为杭州昭庆寺僧，既居海盐之天宁寺。号西斋老人。年七十五。所著《西斋净土》诗，内有《娑婆苦》、《渔家傲》十六首，《西方渔家傲》十六首。

《琳琅秘室丛书》本，《丛书集成》影此。

---

① 《四库提要》一六七“野处集”条；阮元：《揅经室外集》卷三。

② 宋濂：《銮坡后集》八《送陶九成辞官归华亭序》；朱彝尊：《静志居诗话》；《四库提要》一六九“南村诗集”条。

望江南净土词十二首　白云法师撰

《画史会要》："静宾禅师，号白云，能作松石。"至大二年己酉（1309）赵孟頫写卷，北山堂藏。

总集类

卷 八

云谣集杂曲子

敦煌莫高窟石室所出《云谣集》有二本，余皆曾目睹，摩挲者再。其藏于法京国家图书馆者，列伯希和目二八三八号。原卷甚长，正面为（唐僖宗）中和四年（884）正月十九日都僧统悟真（淡墨行书）署名之杂物单据，接书光启二年丙午（886）十二月安国寺上座胜净等条状，卷背为金山天子时代所书之斋文、庆幡文、开经文、散经文、四门转经文、入宅文等，下即接写“《云谣集杂曲子》共三十首”一题，实仅十四首。其笔迹有二种：《凤归云》

等为一类，笔较挺劲；《倾盃乐》为一类，笔画拙重，显出二人之手。此卷刘复最先录刊于《敦煌掇琐》中。其藏于伦敦大英博物院者，列斯坦因一四四一号，L. Giles 新编《敦煌卷目录》列于七二六六号，正面卷前为王伯玙之《励忠节钞》，卷背钞《安伞文》至《燃灯文》，空数行，即接写"《云谣集杂曲子》共三十首"一题，实仅十八首，最后记《倾盃乐》一名，止存词牌而不录词，此卷罗振玉最先刊于《敦煌零拾》。是为两写本之情状。（参拙著《敦煌曲》，221 页）

王国维首据狩野君山录出之词牌八调名目，及《凤归云》、《天仙子》二词，因撰跋称："八调均见《教坊记》。《天仙子》与皇甫松作大体相似，可见唐人词律之宽。"（《观堂集林》卷一七）所云八调，即指英伦本也。

朱孝臧初见此本，推其为"倚声之椎轮大辂，千余年未睹之秘籍"。惟冒鹤亭以其中慢词多同于柳永《乐章集》之词牌，断为北宋写本（《新斠雲谣杂曲子发凡》），张尔田《与龙榆生书》及赵尊岳《识疑》均订正之，是也。群公未睹原物，故多作猜测。巴黎卷接书于金山天子张承奉文件之后，可定为梁、唐间写本。任二北定写于梁末帝龙德二年壬午。下距欧阳炯序《花间集》后蜀广政三年庚子，计前十九年，亦无确证。只可知其时代下限不晚于朱梁，无由定其年份。"雲谣"一名，唐、五代人诗文习见之。皮日休《秋夕文宴得谣字》诗："逸才偏称和雲谣。"曹唐诗："偷写雲谣暗赠人。"欧阳炯《花间集序》云："唱雲谣则金母词清。""雲谣"一名出西王母为穆天子谣事，见《穆天子传》卷三；唐人则以此泛指歌词也。"集"者，通称，唐、宋间，词与诗或文之汇纂者皆得以集称之，如五代有《花间集》，罗泌称欧阳公歌词有《平山集》，黄昇称晏元献有词名《珠玉集》，皆是。杂曲之义，详见郭茂倩《乐府诗集》之"杂曲歌辞"下解说。诸家皆读"云谣"为"雲谣"。

《敦煌零拾》本。罗振玉印（民国十二年），在《六经堪丛书》内，东方学会印。列于《敦煌零拾》二。题曰："《雲谣集杂曲子》共三十首。"最末《倾盃乐》只存词牌，自注云："出敦煌，今藏伦敦博物馆。"盖即依斯一四四一号卷著录者。国人初见之《雲谣集》，即出英伦本，乃日本狩野氏自英京录回者，实得十八首。又《零拾》之六有小曲三种，即《渔歌子》（上王次郎）、《长相思》三首、《雀踏枝》二首。罗氏甲子年题记云："此小曲三种，写《心经》纸背，讹字甚多。"此殆罗氏私藏之物。有人强调《雲谣集》有三本，谓罗氏《零拾》乃据另一伯希和本。按罗振玉跋云："癸亥冬，伯希和为邮寄其全文，则存十八首，末为《倾盃乐》，但存其目。"细核实是伦敦本而非法京本。实只有二本而已。

双照楼石印本。朱孝臧跋云："旋从吴伯宛索得石印，用疏举若干条，质之况蕙风。"原本未见。据朱跋此本所据者，即是英伦本，亦十八首。

《彊村丛书》本。此为第二次校印之《彊村丛书》本，在首册。朱氏校记云："毗陵董授经（康）游伦敦手录见贻。题三十首，存十八首。《倾盃乐》以下佚。"是仍为英伦本。

《敦煌掇琐》本。刘复辑录。收法京伯二八三八《云谣集杂曲子》。存十四首。在上辑第二册127—131页（民国二十年），中央研究院历史语言研究所印行，此为法京本刊布之始。

《彊村遗书》本。朱孝臧重校定，共三十首。起《凤归云》讫《喜秋天》，以英、法二本合校，始于此本。附校记一卷，据龙沐勋壬申《跋》云"两本重出，合之适符三十之数"。由彼与香山杨铁夫（玉衔）共为参校。民国二十二年龙沐勋刊。

《敦煌文钞》本。卢前校定，民国二十一年印。

又《世界文库》本。郑振铎校订。在该《文库》第一卷第六册，民国二十五年版。

《新斠雲谣杂曲子》本。冒广生著。有《同声月刊》本（第一卷九期）、《东方学报》本（第一卷第二期），星洲重印。

《冒校雲谣集识疑》。赵尊岳撰。于冒说多所商榷，有《东方学报》本（新加坡马来亚大学印）。

《敦煌曲子词集》本。王重民著。初印本，1950年商务印。修订本三卷，1954年。共录曲子词二百十二首，有1955年11月阴法鲁序，1956年11月王氏自记，描述每卷子内容情况，记录甚详。

《敦煌词掇》本。周泳先辑。载《唐宋词钩沉》（107—111页）收二十一首。

《敦煌曲校录》本。任二北撰。在普通杂曲内，1955年上海印。

《雲谣集杂曲子》校辑。唐圭璋著。见中央大学《文史哲季刊》第一期。

《雲谣集杂曲子》。胡商纂《诗选》末，1971年版。

《敦煌曲》（*AIRS de Touen-Houang*）本。饶宗颐、戴密微（Paul Demiéville）合著。中、法文本。1971年巴黎国家科学中心印行。首次将法京所藏《雲谣集》全文及有关敦煌曲子词之原件影印。又将英、法两卷原本细校，著其异文异形，以存原貌（见该书，246—254页）。

饶氏又撰《敦煌曲订补》，载《历史语言研究所集刊》五十一本第一分册（1980）。

《雲谣集新书》本。潘重规著。潘氏手写本。台湾石门图书公司印。时潘氏未见王重民《敦煌曲子词集》之第二次修订本。其谓菸即“数”字，实早见杨铁夫《彊村遗书》本《校记》。所校订者甚少，只指出芬芬即纷纷，栏即兰二处，余皆沿袭他人之说。

又有沈英名《敦煌雲谣集新校订》一书（1979年及1982年再版），只以潘氏《新书》为依据。其他各家所著，全未寓目。不知冒鹤亭早用同调同体比勘之法。

《敦煌词话》本。潘重规编。台湾石门图书公司印（1981）。集录报端杂文。语多前后重遝无诠次。《雲谣集》两卷皆有照片，惜模糊不清。其论校敦煌曲子之法，不宜任意轻率改字，甚是。举畨之即香字，按日本古钞《汉书·扬雄传》颜师古注：“苓，畨草名也。”引晋灼说有“光畨”语（京都大学景旧钞本第二集）。其订斯二六〇七卷“五雨竿头风欲平”句，五雨即五两。不知蒋礼鸿先有此说。按唐人如李白、王维、权德舆诸家诗，皆用“五两”为舟之代语。《太平御览》卷七七一《舟部》四有“五两”一项。潘氏补校任著，知彼已见到王重民之重订本，故所论视前作《新书》为胜。

云谣集杂曲子（斠证）　林玫仪编

在《敦煌曲子词斠证初编》之内。全书分上、中、下三编，《云谣集》刊上编，中编为普通杂曲子，下编为新增及残缺曲子，共收一百七十六曲子；大曲不录。就敦煌卷子所见曲子，作全面整理，论断精严，信为后来居上之作。指出《云谣集》英、法两卷三十首中所见“雲”字皆不省书作“云”不应狷省“雲谣”之字，不主张读“云谣”为“雲谣”，甚有见地。附录三表，尤便查检。惜所附图版多模糊。（台湾东大图书公司印本，1986）

《敦煌书法丛刊》本。饶宗颐编。日本二玄社精印，列于第十六册诗词类。收伯二八三八号《云谣集》原寸影刊，自来印本，当以此册为最精。

麟角集　唐　王棨撰

朱晞颜跋《坱篥乐府》云：“旧传唐人《麟角》、《兰畹》、《尊前》、《花间》等集，富艳流丽，动荡心目。其源盖出王建《宫词》，而其流则韩偓《香奁》、李义山《西昆》之余波也。”元好问《新轩乐府引》云：“《麟角》、《兰畹》、《尊前》、《花间》等集，传播里巷，……谣言媟语，深入骨髓。”（《遗山集》）朱、元二氏举其书名与《尊前》、《花间》骈列而厕于其前。金、元间尚流行。按王棨集名《麟角集》，其裔孙王蘋辑录者一卷为律赋及诗，与此同名而实异。（参《唐集叙录》，316页）

遏云集　后唐　吕鹏编

《花庵词选》收李白《清平乐》令二首，注云：“按唐吕鹏《遏云集》载应制词四首，以后二首无清逸气韵，疑非太白所作。”南宋时黄叔旸有其书。刊本未经见。（陈元靓《事林广记》引《遏云要诀》、《遏云致语》，似与吕鹏《遏云集》无关。）

花间集十卷　后蜀　赵崇祚编

崇祚字宏基，事孟昶，官银青光禄大夫、卫尉少卿。

《花间集》，晁氏《郡斋读书志》不著录。尤袤《遂初堂书目》始存其名。《直斋书录解题》云：“其词自温飞卿而下十八人，凡五百首，此近世倚声填词之祖也。”今全书凡十卷，卷五十首，以蜀士为多。即温庭筠、皇甫崧、韦庄、薛昭蕴、牛峤、张泌、毛文锡、牛希济、欧阳炯、和凝、顾夐、孙光宪、魏承班、鹿虔扆、阎选、尹鹗、毛熙震、李珣十八人。（毛晋跋云：“坊刻往往谬其姓名，续其卷帙，大非赵氏本来面目。”）前有广政三年（孟昶年号，即晋高祖天福五年）夏四月武德军节度判官欧阳炯序。此书于一人之词，时割数首入前后卷，以就每卷五十首之数，《四库提要》颇讥之，谓其体例为古所未有。

《五国故事》记宋齐丘言及“花间柳曲”，此花间一名所由昉也。顾櫰三《补五代史艺文志》有《花间集》十卷，注云：“裴说集唐人词，按孙氏（祠堂）《书目》题作蜀人赵崇祚编。”今按裴说所集不见其他著录，殆《补志》偶混。（裴说，天复六年登甲第，官至补阙。）

崇祚事迹无考。《四库提要》云：“蜀有赵崇韬为中书令赵廷隐之子，崇祚疑即其兄弟行。”谨按后蜀又有赵崇溥，广政中为威武军都监，为周丘所卤

（见《十国春秋》五四）。廷隐本开封人。后封宋王，薨于广政十一年十二月。《十国春秋》四九称：广政三年正月上元节，帝观灯露台，召舞倡李艳娘入宫。六月，教坊部头孙延应、王彦洪等谋逆，伏诛。延应，故赵廷隐之伶人，以技选入教坊，……为其党赵廷规所告，尽禽焉。”欧阳炯序《花间集》即在是年三月。观孟昶暱于舞倡，赵廷隐家养有伶人。时教坊部头且以俳优为乱，《花间集》之编成，正为教坊歌舞演唱之用。赵廷规与赵廷隐，必为一家兄弟行，如崇祚、崇韬、崇溥之比，惜其世次莫考，然皆广政时人也。崇祚官卫尉少卿，欧阳序称其字弘基。卫尉官职，详《十国春秋·百官表》。欧阳炯署衔武德军节度判官。《十国春秋》本传称其著有《武信军衙记》一书。按武德军为梓州，前蜀永平十二年改剑南东川为武德军。武信军则为遂州，唐光化二年置。以遂、合等五州隶焉。前、后蜀因之（见《十国藩镇表》）。欧阳炯尝拟何氏《讽谏》五十篇献孟昶，又应命作宫词，人谓其淫靡甚于韩偓云（《十国春秋》一一五《拾遗》）。

现传宋椠《花间集》有二：一为绍兴晁氏刊本，属此系者有正德陆本、光绪徐本、双照楼景本及明茅氏增补之底本。一为淳熙鄂州本，属此系者，有如样景写之四印斋本、排印之《四部备要》本，又有汲古阁本，似出宋椠，《四库全书》本据之。此外坊刻尚多，分述如次：杨慎《词品》二云：“此集（《花间集》）久不传，正德初，予得之于昭觉僧寺，乃孟氏宣华宫故址也。后传刻于南方。”（“毛文锡”条）（按：汤显祖序其所评《花间集》，止复述《词品》传于南方之言，非谓见有蜀本为汤本所从出也。）

宋绍兴十八年（1148）济阳晁谦之刊本十卷。谦之字恭道，无咎从弟，敷文阁直学士，知建康府。（自《千顷堂书目》、《四库提要》以后，多误断《直斋解题》句读。以直学士知建康属于晁甥侯寘。）晁跋云：“建康旧有本。又他处本皆讹舛，乃是正而复刊。”书半叶八行，行十七字。卷首有总目，每卷有分目，但目录阕数，时与卷内之词不照。按《碧鸡漫志》五云“《花间集》和凝有《长命女曲》”，今晁本和凝词有《薄命女》一首，晁校云：“一名《长命女》。”（淳熙本作《薄命女》，无校语。）是王灼所见本不同，或即晁氏所谓他处本。晁校有“旧作”，有“一本”，知前此传本不一。又欧阳炯序文“阳春之甲”句下，疑有夺句。毛本“甲”作“曲”，鄂本并无此句。明后翻本，可从有无此句而窥其源流。又卷七顾太尉《浣溪沙》次首有晁校云：“旧前作‘天际鸿，枕上梦，两牵情’；后作‘小窗深，孤烛背，泪纵横’。”此谓上片“塞鸿惊梦”四字，旧作“天际鸿，枕上梦”六字，下片“小窗孤烛”

四字，旧多“深”、“背”二字，即晁校删旧本四字，使全阕共为四十二字也。然四十二字者，与贺方回题作《减字浣溪沙》同。旧本多四字者，与贺方回词题作《浣溪沙》同。知《浣溪沙》与《摊破浣溪沙》实同一宫调，但字数有增减，则唱时有伸缩耳。晁氏校语可使后人于宫调中多所明了。近印李一氓《花间集校》比前人校勘为慎密，惜尚不及此校语。此宋椠曾藏虞山钱氏述古堂（详见钱曾《敏求记》及《书林清话》），有1955年文学古籍刊行社覆景本。明俞弁《逸老堂诗话》及冯金伯《词苑萃编》引有《花间集注》，实即晁本之夹行校记也。

宋淳熙鄂州刻本十卷。半叶十行，行十七字。每卷分目之词数，亦有与卷中不照者。前不署赵崇祚、欧阳炯官衔。聊城杨氏海源阁旧藏，有传是楼徐氏等印。用淳熙十一、十二等年册子纸印行，纸背监税官衔甚多。详王鹏运跋（周叔弢有此书书影，见《中国印本展览目录》四十二叶）。杨氏《楹书偶录》指为淳熙十四年刊本，尚无确证。尤袤为淳熙、绍兴间名臣，其《遂初堂书目》著录之《花间集》，不知为何本也。近人叶景葵以淳熙本与陆元大本校对，撰校记六十余则，见《卷盦书跋》。又有光绪间王鹏运影写精刻，收入四印斋刊词，覆此者有坊间石板景印本，《四部备要》排印本，世界书局铅印本。

明正德十六年吴郡陆元大覆锲宋绍兴晁本。半叶十行，行十八字，每卷无子目，连章标“其二”“其三”等字。卷末晁跋，后有“正德辛巳吴郡陆元大宋本重刻”一行。他印本多划去此行以充宋刻。瞿氏《铁琴铜剑楼目》则误为嘉靖重雕。按明翻宋本，又有孙星衍手跋，详《皕宋楼藏书志》。（叶氏《椝园序跋》第二辑《跋花间集》有十行十八字。陆放翁跋本，藏印有武功伯、天籁阁二章，此本后归日人桥川氏。）元大晚岁业书，浮沉吴市，为书贾之能诗者（见顾元庆《夷白斋诗话》、吴伯宛《双照楼题跋》）。其校正晁本误刻约三十处，然颇有删剟，如和凝《天仙子》校记“夘古柳字”二行，陆本无之，明人所见《花间集》多为陆本，故俞弁《逸老堂诗话》有以“夘”为“卯”之误。覆陆刻者有徐氏、吴氏二本，分见下文。傅增湘藏此本有顾芸美（苓）藏印。（《藏园经眼录》一九）

汲古阁《词苑英华》本。半叶九行，行二十字每卷前有分目，与晁本、鄂本异文互有差差。按汲古阁《藏书目》有北宋本《花间集》四册，南宋精钞本《花间集》二册，毛晋跋云：“余家藏宋椠，前有欧阳炯序，后有陆务观跋，真完璧也。”考陆氏二跋，亦载《渭南文集》卷三〇，其一题开禧元年十二月，并不言曾刻是集。世目毛氏重刻本，即据陆务观开禧本，恐无据。又毛跋引陈直斋“凡五百首”下接云：“今逸其二，已不可考”，殆谓逸去二首也。按晁本卷二皇甫松《采莲子》八句，卷八孙光宪《竹枝》八句，皆后四句与前四句异韵，各应分作二首，而两卷分目皆混为一首，故题作四十九首，所谓分目与词数不照者即此。（鄂本分目词数，陆元大本不分其二，皆同此误。）毛氏以为逸其二首，亦即此也。汲古阁版后归洪氏因树楼，再传为歙宣古愚重刊毛本。

明万历四卷本。汤显祖评，闵映璧朱墨套印。前有万历乙卯汤序，后有万历庚申闵跋。就全书顺移叙次，别定为四卷，每卷后有音辨，又有眉批，并加圈点，孙氏《祠堂书目》著录。张德瀛《词评》述之，日本京都大学中文部藏二册。此本有覆刊，不用朱墨套印，音辨移于每卷之前，行款虽同而不及闵氏原版之佳。日本传入之《花间集》即为汤显祖评本。林罗山第四子靖著《读耕斋文集》卷一四有《书花间集后》云：“往岁曾阅藤子默（即加藤明友）家藏之此书，尔后欲待新渡到者以求之而未之得也。属者乃僦而命侍史写之，凡四卷……每卷下署曰‘唐赵崇祚集明汤显祖评’。”故知林靖所见，即是此本。又闵氏原版有删去评语、圈点等朱印部分，美国国会图书馆藏四册，八行，行十八字，有莫友芝印。每卷音释亦皆略去，而字迹已不及套印时之清晰，殆后来简印本也。以上三种，台湾“中央”图书馆均有藏本。

明万历庚辰（八年）茅氏凌霞山房刊增补本。底本为陆元大本，于《花间集》原词外增补李白以下十四人，词七十一首，分上下二卷。又《音释》二卷，书名次行题“西吴温博编次，茅一桢订释”（温博字允文。茅一桢字叔贞），即顾梧芳序《尊前集》所称“吴兴茅氏兼有附补”之《花间集》也。现藏北京图书馆。此刊实开以后增补一系统，玄览斋本、钟人杰本、雪艳亭本皆从此出。

明万历玄览斋刊巾箱本十二卷又补二卷。此书较茅刊多分二卷，温博增补者，但取五十四首而不收温博序文，署万历壬寅（三十年）玄览斋（疑坊肆名）重梓。另欧阳序原文“分为十卷”作“十二卷”，殊为剌谬。杭州叶氏藏六册，《四部丛刊》据以影印，书影见《明代版本图录》。

明天启钟人杰刊本。钱塘钟氏自题笺校，其实止有删节，并无笺校。全书分二卷，混合原辑与增补之词，统以字数多少为先后，原编五百首，止存三百九十四首（阕数与《天禄琳琅续》卷七所记相同）。作者主名间有误署。人杰曾参辑《唐宋丛书》，此本与《草堂诗馀》合刻。李氏校《花间集》指为滥刻，无参考价值。有天启甲子张师绎序及人杰序。

雪艳亭活字本。此本板心叶数下有“雪艳亭”三字，未详何人。全书分上下卷，混合原辑与增补之词，以同调汇列，李一氓定为清初间活字排印本。

明吴勉学师古斋刻本。万历间徽州勉学尝校刊《楚辞》。所刻《花间集》十卷、集补二卷。《歙县志》著录。亦以茅刻为底本。李一氓尝得其书，有题记。

震泽王氏本。见陆漻《佳趣堂书目》、邵氏《四库标注》。（吴伯宛疑陆元大版归王氏）

姚氏刊本。多补二卷。

清赵味辛刻本。

邵武《徐氏丛书》本。在第二集。光绪十四年刊。徐幹跋称：“底本借自无锡朱氏，十行十八字本，连章题其二其三字作别。”实乃陆元大本而划去“正德”一行者。

吴氏双照楼景正德陆元大本。有吴伯宛甲寅跋，谓自《敏求记》以降，储家书目所收，大率皆陆本。

旧坊本。朱彝尊《书花间集后》（《文集》卷四三）云：“《花间集》十卷，……坊板讹字最多，至不能句读，比旧刻稍善，爰藏之。”殆非近今流传本也。

明吴讷传钞二卷本。目以人分，原钞存天津图书馆，有民国二十九年上海排印本。

毛斧季手校紫芝漫钞本。同吴钞，存北京图书馆。

民国四年上海碧梧山庄影印厉鹗藏断句本。

明蓝格钞本。台湾“中央”图书馆藏残本，存毛（司徒）、顾、魏、孙、牛（学士）、鹿、阎、尹、李九家，与本书目次相同，而与他传本不同。有“毛扆”等印章。特殊者，有“琴川慷盦所藏古今词曲之二百十五”，其“二百十五”四字，乃墨笔填入，于此可见毛氏搜罗词曲，颇具条理。台湾《“中央”馆藏善本目》又有精钞本十卷，钞者未详。又《楹书偶录》称“予藏明人钞本，末附贯酸斋跋”。

京都琉璃厂炳文斋李刻本。赵尊岳《词籍提要》误为日本之京都，实即四印斋本。

《花间集索引》，日本青山宏编。东洋文献中心丛刊之二，汲古书院刊。

《花间集注》，华连圃撰。前者顾随序，民国二十三年著者自序及发凡。

商务印书馆出版。

《花间集评注》，李冰若注。香港乐知出版社重印。

附　《花间集》注本辨

《花间集》向未闻有注本。（至近人华连圃始为作注。）明俞弁（子容）《逸老堂诗话》言：

> 唐诗云："残霞蹙水鱼鳞浪，薄日烘云卵色天。"东坡诗云"笑把鸱夷一尊酒，相逢卵色五湖天"，正用其语。《花间集》词云："一方卵色楚南天。"注以卵为泖，非也。注东坡诗者，亦改卵色为柳色，王梅溪亦不及此，何邪？（卷上）

况夔生《蕙风词话》（卷四）引俞氏此语，并云：

> 《花间集》注，未之前闻，俞子容所引，作者谁氏，不可考。

况氏门人赵叔雍，援上两说，乃谓"《花间集》必有注本"（《词籍提要》见《词学季刊》第三卷第三号）。

考"一方夘色楚南天"，乃孙光宪《河渎神》第二首句。宋晁谦之绍兴本在卷第八，原书于夘字下有识语云："作夘、夘，古柳字。作泖，泖水名。"共十一字。正德吴郡陆元大重刊宋本（据双照楼景陆本）亦同。四印斋影刊淳熙鄂州本则作："一方'柳'色。"《四部丛刊》景万历玄览斋本则作"夘色"，并无注语。

检晁本全书校注共十条。晁氏《跋》云："他处本皆讹舛。乃是正而复刊。"则此各条校语，乃晁氏所加。俞子容未睹绍兴晁本，所见乃正德陆元大本，其所谓"注以卵为泖"，即指此校语。况氏辈以为《花间集》别有注本，非是。

至子容谓夘字当是卵而非柳，实不亦然。考晁本和凝《天仙子》"柳色披衫金缕凤"词末，亦有校云："夘，古柳字，后方从木。又一本作夘，两存之。"

此条陆元大本无之（正文亦作"柳色"），盖重刻时削去。足证俞氏所见，乃陆本而非晁本。

晁校夘、卯二形两存，又谓夘古柳字。今按《说文》一四下，卯篆作戼；而丣“古文酉，从戼，戼为春门，万物已出，丣为秋门，万物已入；一，闭门象也。”《虞翻别传》云：“翻奏郑玄解《尚书》违失云：‘古大篆丣字，读当为桺。’”古桺丣同字。盖指《尧典》之柳榖，凡桺、畱、劉等，字原皆从丣不从戼（卯），隶变丣与卯无别，故刘字有“卯金刀”之说。丣桺同字，后书作柳或夘，故夘色即柳色无疑。至泖字为水名者，《广韵》上声三一《巧》云：“泖（莫饱切），水名，在吴华亭县。”而《集韵》六：“泖（水貌）又音柳。”其作夘者，卩中有点，当是俗写，但与鱼卵之卵，截然异字。（卵篆作卵，《九经字样》云：《说文》作卝，隶变作卵。）《四部丛刊》影钞北宋本《淮南子·修务训》：“契生于夘。”注：“吞燕夘。”两“卵”字皆从“卩”。又影宋本《分类坡诗》“相逢卯色五湖大”，其“卯”字从卩，即别本之“柳”，此两宋本可证晁校“夘古柳字”之确。而俞氏误夘为卵，惜乎未睹宋本。明人空疏，昧于小学；此虽一字之微，足见读书之难，与校勘之重要，故备论之。

赵氏言《花间》有笺注本，复援冯金伯《词苑萃编》，引用书目云，“《花间集》引张子澄，时有露艳语，露浓香泛小庭花”为说。考《萃编》卷三《品藻》引《花间集》此条，乃袭自张宗橚《词林纪事》（卷二）。张书同卷引《花间集》语又有孙光宪著《北梦琐言》一条。冯书卷九“指摘”又引和凝“曲子相公”一条，此并注出据《花间集》。今观两宋本《花间集》俱无注，知此决非笺注，乃为评语；如汤显祖附著批语之类。惟出自何本，已不可知。[1]

家宴集五卷

《直斋书录》二一：“序称子起，失其姓氏，雍熙丙戌岁也，所集皆唐末五代人乐府，视《花间》不及也。末有《清和乐》十八章，为其可以侑觞，故名家宴也。”按宋太宗雍熙三年丙戌，上距欧阳炯序《花间集》时凡四十余年。子起何人，未详。

① 《词品》卷二；赵尊岳：《词籍提要》（《词学季刊》第三卷三号）；李一氓：《题跋》：《花间集校后记及补记》、《明万历本花间集》、《明天启本花间集》、《清初活字本花间集》诸篇；神田喜一郎：《日本填词史话》。

尊前集

《尊前集》屡见宋人记载，《直斋书录解题》"阳春录"条云："冯延巳撰。崔公度称其家藏最详确，而《尊前》、《花间》诸集，往往谬其姓氏。"然《书录》歌词类中不载《尊前集》。而张炎《词源》下云："粤自隋唐以来，声诗间为长短句。至唐人，则有《尊前》、《花间集》。"列《尊前》于《花间》之前。万历壬午（十年）顾梧芳刻为二卷，其自序云："素爱《花间》，余斯编第有类焉。"毛子晋重刻之，跋称："《尊前集》本不传，梧芳采录名篇，厘为二卷。"然朱彝尊《书尊前集后》云："康熙辛酉冬，见吴文定公手抄本，取勘顾本，词人之先后，乐章之次第，靡有不同。始知是集为宋初人编辑。"《四库提要》于朱说尚有怀疑，不知集中载南唐李后主亡国后之词，究不能称为五代旧本也。（宋庆元中，罗泌编欧阳公《近体乐府》，跋云："延巳之词，往往自与唐《花间集》、《尊前集》相混。"此"唐"字殆因《花间集》连带漫称。）欧公《乐府》卷一校记云："《长相思》第二篇（"深画眉"阕）《尊前集》作唐无名氏词。"此首为今本所无，吴伯宛疑其流传稍有遗易。然是集编撰之意有不可解者：如词已分人编录，何以李后主、冯延巳之词分列三处或二处；又如词之宫调，何以不注者多，所注者少，且何以不注于初见之阕；又如温庭筠《菩萨蛮》不见于《花间集》之一首，乃尘下不堪；皇甫松词不见于《花间集》之《怨回纥》二首，乃五言律诗；又所载李太白、白乐天二大诗人之词，乃有极其鄙秽之句；以上诸端，似有陆续增编，读者要须慎择。吴讷编《百家词》有《尊前集》一卷，民国二十九年排印。万历壬午顾梧芳刻本二卷，收唐五代人三十九家，词二百六十首。（《千顷堂书目》载此本）

汲古阁《词苑英华》本覆顾刻（洪氏因树楼补毛本）。《四库》著录本二卷，有顾梧芳序。

《彊村丛书》据丁松生藏梅禹金钞本一卷付梓，附有校记，其脱误处以毛本斠补，词人先后、乐章次第与顾本同。[1]

---

① 景宋本《欧公乐府》卷一、卷二校记；《直斋书录解题》二一；朱彝尊：《曝书亭集》四三；《四库提要》一九九；日本雩石皓撰：《尊前集杂考》（见《汉学会杂志》第九卷，1941）；汪兆镛：《汲古阁本尊前集跋》；《曾刚甫跋》；夏承焘：《四库词籍提要校议》；王仲闻：《考尊前集编辑年代》。

卷　九

兵要望江南　唐　易静撰

《宋史·艺文志》有易静《神机武略歌》一卷。《崇文总目》："《神机武略兵要望江南》"一卷。《郡斋读书志》二："易静，唐人。"《读书敏求记》：《神机武略望江南》一卷。

《蕙风词话》："《兵要望江南》，武安军左押衙易静撰。起《占委任》，止《占霞》。收五百二十首。词虽不工，具征天水词学之盛，下至方技之士，亦谙宫商。云自在龛藏旧钞本。"（《续二》）

缪荃孙《艺风堂藏书续记》："《兵要望江南词》一卷，旧钞本，撰人题武安军左押衙易静撰。前有李靖序，后有贞明三年七月刘郛跋。《敏求记》作《神机武略望江南》，浙江遗书录作《李卫公望江南歌》，今据《崇文总目》改题。某氏手跋云此从明督抚浙江都御史晋江苏茂相校本录出。"按据艺风说题易静之《兵要望江南》与题《李卫公之望江南》原即一书。

按武安军为楚潭州。僖宗时，邓处讷、刘建锋为武安军节度。马殷于光化元年官武安留后。易静为此军之衙官，事迹待考。

周中孚《郑堂读书记》："写本《兵要望江南》一卷，前有李靖序，后有刘郛跋。自《占委任》以迄《占霞》凡二十六门，计五百有八首。每首之后，间有附注四十余处，其奥妙与词相等。"（卷三十八）按此书有附注四十余处，至为可贵，未知尚存否。

李卫公望江南二卷

《文渊阁书目》十四："《李卫公望江南》一部一册。《兵要望江南》一部一册，阙。"叶盛《菉竹堂书目》五同。

北京图书馆藏钞本《兵要望江南》一册，跋云："此从明督浙江都御史晋江苏茂相校本录出，题作'白猿寄书兵法杂占家词，唐开府仪同三司卫公三原李靖著'，即易静所著亦被以李靖之名。"

《浙江采集遗书录》作"李卫公《望江南歌诀》"。《四库存目》云："一本题唐李靖撰。"台湾"中央"图书馆藏旧钞本二卷（该馆《善本书目》，512页）。此书目录如下：委任第一（二十七首），风角第二（二十二首），占云第三（二十四首），占气第四（三十二首），占雾第五（十首），占霞第六（十一首），占虹霓第七（十一首），占雨第八（十七首），占雷第九（十一首），占天第十（十一首），占日第十一（五十五首），占月第十二（二十三首），占星第十三（四十三首），占北斗第十四（十六首），占地第十五（二十一首），占树第十六（五首），占蜂第十七（五首），占鼠第十八（十首），占蛇第十九（十二首），占兽第二十（三十四首），占水族第二十一（七首），占鸟第二十二（八十一首），占怪第二十三（四十四首），禳压第二十四（四十三首），占梦第二十五（九首），周易占候第二十六（三十七首），太乙第二十七（三十一首），占六壬第二十八（四十五首），医方第二十九（十六首），马药方第三十（四首）。

卷前有贞观七年李靖序。略云："撮取诸家兵道要妙……作为诵歌计七百首，目之曰《望江南》。"此疑出于伪托。

又贞明三年中休安刘鄩刭《跋》。后有识语云："考明刘鄩乃后梁名将"，则钞本衍"刭"字。前注云"考《白猿奇书》"补入。其跋言："余观卫公所述兵法，……惟《望江南》最为奇焉。……然收得者往往篇目不周，多寡差错，至得多者不过三百。余自与晋人久战，交兵洹水，设伏丛来（木），大败晋师还军莘邑。军行在道，有一野老持书来献。……乃李卫公所制《兵法望江南曲》，展视品题，甚（其）数五百，兹始得定本。"按刘鄩为密州安丘人。《旧五代史》、《新五代史》俱有传。《新史・梁臣传》第十："庄宗与诸将谋曰：刘鄩学《六韬》，喜以机变用兵。"（卷二二）《旧史・梁书》二三言：

“（末帝贞明元年）六月，晋王入魏州，鄩以精兵万人自洹水移军魏县。晋王来觇，鄩设伏于河曲丛木间，俟晋王至，大噪而进，围之数匝……遂军于莘县。”序称遇野老献书，即在是时。鄩序颇合史实。序云《望江南》为数五百，而李靖《序》乃有七百之数，足见为后人增益。“占六壬”下注云：“旧载二十四首，今考《白猿奇书》补入二十首”可证。此钞本“占天”第二首“天气赤”后有注语云：“宋咸淳甲戌秋月初六日庚辰酉时，在天有一丈余高霞，映地如血。当年十二月过江，至丙子约降，江淮军民如涂炭。”咸淳甲戌，即度宗十年（1274），丙子即端宗景炎元年（1276），为宋亡于元之岁，此注必出于元人之手。又卷下题名有“凉州镇总兵润亭哈丰阿校”。可见此书叠经后人整比校补。观其列“委任”第一，“占霞”第六，则易静之《兵要望江南》一书已囊括于其中。而“风角”第二，恐即是《宋史·艺文志》之《望江南风角集》。故此书必后人会集宋以来占卜《望江南》诸书，而托诸李卫公，故有七百首之多。

万历十年保定府辛自修刻本《李卫公望江南》（北京图书馆藏）天启二年苏茂相校《白猿奇书兵法杂占彖词》一卷（台湾“中央”研究院史语所、东北师范大学图书馆藏）苏氏序略云：

> 兵家有杂占彖词，名曰《白猿奇书》，相传为李卫公作。后有梁将刘鄩序。……其词明白易于成诵，用兵者喜谈之。顾余闻为将者，不制天，不制地，不制人，故我往彼亡，则天时不必拘；置死后生，则地利不必纽。……天启二年壬戌晋江苏茂相书。

乾隆三十六年王垂纲钞本《李卫公望江南》二卷本（首都图书馆藏）。
浙江图书馆藏明钞本（应即浙江采集之本）。
四川省图书馆藏旧钞本《李卫公望江南》一卷。
张璋、黄畬《全唐五代词》本。
任二北、王昆吾编《隋唐五代燕乐杂言歌辞集》本。
陈尚君编校《全唐词补编》本。

望江南风角集二卷

《宋史·艺文志》五行类著录。上述《李卫公望江南》“风角”第二有二十二首之多，疑部分出自此书。

周易断卦梦江南一卷

见《崇文总目》。《通志略》不著撰人。《李卫公望江南》第二十六为“周易占候”三十七首，疑即出此书。①

大道梦江南

见《绍兴四库阙书目》。

按《十国春秋》一一五《拾遗》记伊用昌云：“妻有殊色，音律女工。皆曲尽其妙，用昌狂逸善饮，人呼为尹风子。多游江左、庐陵、宜春等郡，爱作《望江南》词。遇物即有所咏，其词皆有旨。《咏鼓词》云：‘江南鼓，梭肚两头栾。钉著不知侵骨随，打来只是没心肝，空腹被人谩。’”伊，楚人，夫妻唱《望江南》乞钱，其事为人传诵。可见《望江南》一词牌，在五代时之流行。

牧护词　李燕撰

《崇文总目》入五行类。

道原《景德传灯录》：“苏溪和尚《牧护歌》‘听说衲僧牧护，任道逍遥无托。’”六言三十四句，注云即五泄小师也。（卷三〇箴歌类）李燕所撰不知视此如何?②

玄真子渔歌碑传集录一卷

《直斋书录解题》：“张志和《渔歌子》，世止传诵其‘西塞山前’一章而已。尝得其一时倡和诸贤之辞各五章，及南卓、柳宗元所赋，通为若干章，因以颜鲁公碑述、《唐书》本传，以至近世用其词入乐府者，集为一编，以备

---

① 王兆鹏:《兵要望江南》版本及作者考辨（《国学研究》四）。

② 拙作:《穆护歌考》(《选堂集林》中册)。

吴兴故事。”（卷一五）参阅卷一“张志和词”条。

按其时玄真子流传有图，张元幹《芦川词》中有题句。

李氏花萼集一卷　宋　李洪等撰

赵辑《宋金元人词》本。

兰畹曲会　宋　孔夷辑

《宋诗纪事》：“夷，字方平，号滍皋先生。元祐中隐士。”《碧鸡漫志》：“《兰畹曲会》，孔宁极（韩维极重孔宁极，事见《过庭录》）之子方平所集，其自作者称鲁逸仲，皆方平隐名。孔平日自号滍皋渔父，与侄处度齐名，李方叔诗酒侣也。”盖哲宗、徽宗间人。（《花庵词选》卷八收鲁逸仲词三首，无小传。）

朱晞颜《瓢泉吟稿》跋周埙篪《乐诗行》云：“旧传唐人《麟角》、《兰畹》、《尊前》、《花间》等集，富艳流丽，动荡心目”云云，以为唐人辑。王弇州亦谓唐人词有集曰《兰畹》，乃用杨升庵说，沈寐叟已订正之。梁启超引欧阳文忠《近体乐府》、《南唐二主词》、《阳春集》校语，并举《兰畹集》名（《饮冰室文集》之四四下书籍跋）。胡仔《丛话·后集》迭称旧本《兰畹集》，亦有讹作“《聚兰集》”（《渔隐丛话》后集三九引《聚兰集》载东坡《西江月》词）或“取《兰畹集》”者（《元遗山诗》疑作“金荃怨曲兰畹辞”）。但《容斋四笔》（卷一三）称予家有建本《兰畹曲集》，又二主词注作“出《兰畹曲令》”与《漫志》称“《曲会》”者异，梁氏以为“曲会”犹言词集，是也。欧公《乐府水调歌头》下注云：“此词载《兰畹集》第五卷”，可推知其卷帙颇富。至少有五卷。《南唐二主词》，及冯延巳《阳春集》中校语，俱引《兰畹曲会》周泳先尝据此辑得一卷，共十六首。（杨慎《词品》二云：“《兰畹》，词曲集名，与《花间集》出入，而中有杜牧之词。”而自序中云“南唐之《兰畹》”，又《词品拾遗》载张于湖送朱元晦《南乡子》云：“此词见《兰畹集》”，则升庵自相矛盾之说并不足据。）①

① 《苕溪渔隐丛话》后集九；《碧鸡漫志》；陈耀文：《花草粹编》卷四；《海日楼札丛》七；《饮冰室合集》四四书籍跋。

谪仙集

朱彝尊《词综·发凡》云："古词选本，若《家宴集》、《谪仙集》、《兰畹集》等，皆佚不传。"书名见此。与《家宴集》并列。

乐府混成集一百零五册

《齐东野语》云："《乐府混成集》，修内司所刊本。巨帙百余，古今歌词之谱，靡不具备。只大曲一类，凡数百解，他可知矣。然有谱无词者居半。《霓裳》一曲共三十六段。……"万历《内阁书目》此书内有腔板谱分五音十二律类次之，原一百二十七册，全。《千顷堂书目》词曲类有《乐府浑成集》一百零五册。又入经部乐类。

明王骥德《曲律》云："予在都门日，一友人携文渊阁所藏刻本《乐府大全》又名《乐府混成》一本见示。盖宋、元时词谱，止'林钟商'一调。中所载词至二百余阕，皆生平所未见。以乐律推之，其书尚多，当得数十本。所列凡目，亦世所不传。所画谱绝与今乐家不同。有《卜算子》、《浪淘沙》、《鹊桥仙》、《摸鱼儿》、《西江月》等，皆长调，又与诗馀不同。有《桥木笪》则元人曲所谓《乔木查》，盖沿其名而误其字者也。"（姚燮《今乐考证·缘起》有《乐府混成谱》目，盖自此转录。非尝见其书也。）按今止存"林钟商"一类之娋声谱、小品谱三段于《曲律》中，不满五十字。娋字，《说文·女部》云："小小侵也。"娋声或即《芝庵唱论》所言之小唱。[1]

梅苑　宋　黄大舆编

大舆（倪灿《宋史艺文志补》作大隅），字载万，又号岷山耦耕，蜀人。自序此书成于己酉，盖宋高宗建炎三年（1129）。王灼云："吾友黄载万歌词，号'乐府广变风'，有赋梅花数曲，亦自奇特。"又记载万追和曾布夫人虞美人草一词，谓压倒前辈，又记其《更漏子》曲，赏其用事之工。分见《碧鸡漫志》各卷，载万盖卒于《漫志》成书之前。《昭德先生读书志》后二有黄大

---

① 《词乐丛刊·浑成集残谱小笺》；《词学》第二辑，239页"混成集"条。

舆《韩柳文章谱》三卷。《宋诗纪事》卷四三从《成都文类》辑存其诗一首。

书十卷。自《序》云："己酉之冬，予抱疾山阳，三径扫迹，所居斋前植梅一株，晦朔未逾，略已粲然。于是录唐以来词人才士之作，以为斋居之玩，目之曰《梅苑》。"周辉《清波杂志》一〇云："绍兴庚辰，在江东得黄大舆《梅苑》四百余阕，……成三十卷，辉续以百余阕。"是《梅苑》原编如此，可称集北宋咏梅词之大成。其后读有用书斋藏何小山、戈顺卿校本，目录都五百八阕，仅存四百十二阕，目录后题《群贤梅苑》，又皕宋楼旧藏汲古阁景宋本《群贤梅苑》（卷五、卷一〇脱文与何、戈校本同），曹元忠指"群贤"二字，与睦亲坊陈道人所刊《群贤小集》相同，知何、戈所校，汲古所景，皆出于陈氏书棚本，踵载万原编，略有增益。《全宋词》除去有主名之词，转载二百五十六首。

毛氏汲古阁景宋写本。

康熙丙戌扬州使院重刻《楝亭十二种》本（江苏图书馆藏）。有古书流通处影印。

《四库存目》本《群贤梅苑》十卷《提要》云："题朱鹤龄编，取大舆本颠倒割裂之，乃书贾售伪者所为。"武进李氏圣译楼新刻本。曹元忠序称为书棚本，视楝亭本有过之而无不及。赵万里《群贤梅苑》佚文，据李本卷五补十一首，卷一〇补七首，盖从《永乐大典》蒐补，见《校辑宋金元人词》。①

乐府雅词三卷拾遗二卷　宋　曾慥编

慥字端伯，又号至游子，晋江人。绍兴间，官至尚书郎，直宝文阁。奉祠家居，著述甚富。《宾退录》云："端伯：观诗有《百家诗选》，观词有《乐府雅词》，稗官小说则有《类说》，至神仙之学亦有《道枢》十巨编。"本书自序为绍兴十六年丙寅（1146），时慥为虔州守。

自序谓裒合所藏名公三十四家长短句而成。首为九重传出之"转踏"，次为诸公"转踏"及"大曲"；又次为诸家"雅词"；末为"拾遗"，即不知主名之雅词百余阕；计转踏三家，大曲一家，雅词三十一家，内晁无咎一家两见。其中郑仅、董颖两家传者较少。按郑仅字彦能，彭城人，徽宗朝，官至侍郎，

① 《碧鸡漫志》二；《清波杂志》一〇；曹元忠：《笺经室遗集》卷八；《永乐大典》"梅"字号；傅增湘：《宋代蜀文辑存》；《词学》第一期。

与黄山谷、陈后山有酬唱，事迹具《宋史》三五三；董颖字仲达，饶州德兴人，与韩子苍、徐师川游，著有《霜杰集》，朱子题《霜杰集》称为“未肯轻为折腰客”。集又见《直斋书录解题》。又如李萧远等词集已佚，姓名不显，亦赖此编以传。

是书所录词，凡涉谐谑者，托艳曲以诬欧阳公者，悉皆删除，故名“雅词”。盖熙、丰以后，滑稽之词渐盛，政和间，曹元宠作《红窗迥》及杂曲数百解，闻者绝倒，尤为无赖之魁；又万俟咏自分其集为雅词与侧艳两体；汴京末造之风如此，皆曾慥欲加裁别者也。观其所收曹元宠三十一阕，并无侧艳谐谑之词，悉与序旨相合。朱彝尊跋云：“作长短句必曰雅词，盖词以雅为尚，得是编，《草堂诗馀》可废矣。”又云：“《九张机》词仅见此，而《高丽史·乐志》则节度犹具，所谓礼失而求诸野也。”张文虎《舒艺室杂著》以此本《薄媚》之排列次序，证《花草粹编》为不知而作。知古本可为后人之准绳如此。《书录解题》载“《乐府雅词》三卷，《拾遗》二卷”，《文献通考》作“《乐府雅词》十二卷，《拾遗》二卷”，陈第《世善堂书目》作十四卷。朱竹垞钞自上元焦氏者词三卷拾遗二卷，跋称三十四家与自序合，因信为足本（朱跋以《通考》卷数为《书录解题》卷数）。按各本卷数不同，而人名篇次悉同，但卷首等曲或各自为卷，或以原三十一家之三卷析为六卷，或拾遗卷数分析不同，要以朱跋所云三十四家为可据。拾遗中多有佚名之词，各本间有补名，亦颇参差。书中有误认作者，胡仔已举出，并不能尽信，赵万里云：“《四库全书》本于空缺处辄臆为填补，不足据。”

孙星衍平津馆藏影写本五卷。

赵辑宁星凤阁校钞本。（赵万里云：“与秦刻《词学丛书》本无甚出入。”）

士礼居藏明钞本八册，有焦弱侯、毛子晋印。曹元忠谓此本与竹垞传钞本同出宋刊，原有烂脱，为钞胥所乱，然可知秦刻从此两本出，且秦刻转多臆改，又推知《拾遗》中自寇平叔以前各阕，亦从九重传出。

华亭韩氏读有用书斋藏朱竹垞传钞本四册。（《四库全书》本同出竹垞传钞）

江都秦恩复嘉庆二十一年享帚精舍刊三卷，拾遗二卷。（又有光绪六年重修本）

《粤雅堂丛书》本（伍跋题咸丰癸丑）分八卷，卷一转踏大曲，卷二至卷六各家雅词，拾遗分上下二卷，所补主名五十余人，各卷有校语，各家名下有小传。《丛书集成》初编覆此。

《四部丛刊》影鲍渌饮校钞圈点本，分上中下三卷及拾遗上下卷，补名只数人，各人无小传。

旧写本八行十六字，有支煋、栖云印（《藏园经眼录》一九）。[①]

全芳备祖（乐府祖）　宋　陈咏编辑　祝穆订正

咏字景沂，浙江天台人。自署江淮肥遯、愚一子，并见书中每卷题署。祝穆，名丙，字和甫，福建建阳人。受业于朱熹。理宗时，录进所撰《方舆胜览》七十卷，除迪功郎，为兴化军涵江书院山长。此书前有安阳韩境宝祐元年癸丑序。景沂自序为宝祐四年丙辰（1256）。自言："所集凡四百余门，非'全芳'乎？凡事实、赋咏、乐府，必稽其始，非'备祖'乎？"即此书命名之由来。《绛云楼书目》不题卷数及辑订者姓名。文渊阁及菉竹堂二目均称八册，谅是不全本。本书卷端题："天台陈先生类编花果卉木《全芳备祖》。"《四库提要》称明王象晋《群芳谱》，即以此书为蓝本云。赵万里《校辑宋金元人词》引用书目云："此书未见刻本。旧钞本凡五，以临清徐氏旧藏有祁国郡图书一印者为佳；他本颇有删节，此本独全。"前集二十七卷为花部，后集三十一卷：一至八卷为果部，十至十二卷为卉部，十三卷为草部，十四至十九卷为木部，二十至二十二卷为农桑部，二十三至二十七卷为蔬部，二十八至三十一卷为药部。书凡分三纲，每一物分为"事实祖"、"赋咏祖"、"乐府祖"三类。赋咏祖收咏物诗，乐府祖则为词，多他处所未见者，大有助于辑佚。如万俟咏《大声集》、僧仲殊《宝月集》皆赖以抄存。《彊村丛书》收谢薖《竹友词》十六首，是书花棠门有其《念奴娇》一首，却漏收云。

临清徐氏藏旧钞本。

西浦楼（敬思）俨旧藏印写本（见孙星衍《平津馆鉴藏记》三）。

劳氏校钞本，今藏太仓图书馆（见《书舶庸谭》二）。

---

① 赵令畤：《侯鲭录》一"东坡送郑彦能词"条；王灼：《碧鸡漫志》二；胡仔：《苕溪渔隐丛话》前集五九"曾端伯"条；王明清：《挥麈余话》三"吴幵窜逐"条；洪迈：《夷坚乙志》一六；《朱文公文集》卷一〇；赵与时：《宾退录》六"曾端伯"条；《直斋书录解题》一七刘状元《东归集》、一八《霜杰集》；杨慎：《词品》四"天仙子"条误作曹西士；《道藏·太玄部》为曾慥撰《道枢》四二卷；朱彝尊：《曝书亭集》四三；厉鹗：《宋诗纪事》四八，《四库提要》一九九；张文虎：《舒艺室杂著》"花草粹编"条；曹元忠：《笺经室集》一三《乐府雅词跋》二首；《词学》第一辑。

北京图书馆藏清万竹楼钞本，朱和羲（著有《万竹楼词》一卷）增订《全芳备祖》乐府六卷，有戈载校跋。

故宫藏明钞本六册（见《天禄琳琅录外书目》）。

日本图书寮藏宋刊本。前集缺一至十二卷，后集缺十四至十七卷。其《善本目》云："文政中，毛利出云守高翰所献。日本书志学会编《宋本书影》有《全芳备祖》卷之十四第一面，记云'宋讳有阙'。董康《书舶庸谭》题作元本。"

台湾"中央"研究院史语所藏旧乌丝栏钞本，十行，行十九字，十二册。前集花部二十七卷，后集果部三十一卷。事实祖分碎录、纪要、杂著。赋咏祖分五七言散句、古诗、散联、绝、律、律诗散联等。乐府祖为词。实为全本。

《中国农学珍本丛书》本（1956）据北京图书馆藏徐氏积学斋钞本，影前集卷一至卷一三。合以日本藏宋本卷一四至二七。后集用宋本卷一至卷三一。中间缺卷一四至一七，则以钞本补足之。[1]

百家词

《直斋解题》"笑笑词"条下云："自《南唐二主词》而下，皆长沙所刻，号《百家词》。"按此为词集丛刻之始。《直斋》著录自南唐二主至《笑笑词》凡九十二家，《彊村》本《笑笑词》，有嘉定元年滕仲因《跋》称："长沙刘氏书坊既以二公（张于湖、吴敬斋）之词锓诸木，予叩遯斋，愿并刊之（《笑笑词》），以成湘中一段奇事，遯斋笑而可之，于是并书于后云。"遯斋即郭应祥。知《百家词》殆杀青于嘉定之初。沈痳叟疑《录鬼簿》"胡正臣"条，所记潭州易氏印行诸家乐府，即长沙书坊所刻《百家词》（《海日楼札丛》七），混曲为词，非是。

赵氏辑宁星凤阁抄《五代宋人词》本（台湾"中央"图书馆藏），第四册为《笑笑词》，其滕仲因跋，文字与朱彊村本小异。

---

① 《千顷堂书目》；《四库提要》一三五；孙星衍：《平津馆鉴藏记》三；董康：《书舶庸谭》；赵万里：《校辑宋金元词》；日本宫内省《图书寮汉籍善本书目》；《台州经籍志》；《涉园序跋集录》；梁家勉撰日藏宋刻《全芳备祖影印本序》。

琴趣外篇　南宋坊刻

南宋闽刻，盖汇各名家词而别立《琴趣外篇》之名。朱彝尊序《水村琴趣》云：“《琴趣》者，取诸涪翁词集名也。”盖尚未知为坊间汇刻所特标者。据长沙《百家词》下，今可知者凡八家。于其刻中有真西山《琴趣》及陈直斋已著录注《石林词》，即注《琴趣外篇》两事，可推知汇刻时殆在理宗朝，比长沙《百家词》稍后。

汲古阁初刻《晁氏琴趣外篇》，毛晋跋云：“晁补之诗文七十卷，自名《鸡肋集》，惟诗馀不入集中，故名《外篇》。昔年见吴门钞本，混入赵文宝（宝文之误）诸词，亦名《琴趣外篇》，盖书贾射利，眩人耳目。”及四库馆臣撰毛刻晁词《提要》云：“至《琴趣外篇》，宋人中如欧阳修、黄庭坚、晁端礼、叶梦得四家词，皆有此名，并补之此集而五，殊为淆混，今仍题曰《晁无咎词》。”至民国十一年武进陶湘叙录书刊四十种，于醉翁、闲斋、晁氏三家“琴趣”条云：“然其时所见（指四库馆臣），只汲古阁刻补之一集。武进董大理（康）始得毛钞欧阳、二晁三家，伯宛（吴昌绶）据以摹刊。劳巽卿曾见《山谷琴趣》，标其卷次于（祠堂本）书眉。辛酉岁（民国十年）张元济始得宋椠《山谷琴趣》三卷，与欧阳公《琴趣》后三卷，盖毛钞即从此宋本出，益足征流传有绪也。原本半叶十行，行十八字，写刻精整。别有汪阆源藏旧钞赵介庵《琴趣外篇》六卷，今可考者凡六家，惟《石林琴趣》未见。意当时欲汇为总集，而蒐采名流，颇有甄择，非如长沙《百家词》欲富其部帙，多有滥收者比。”此各家著录《琴趣外篇》之说，有可据，有不可据者。按《季沧苇书目》有“欧文忠、秦淮海、真西山《琴趣》四本，宋刻”。是陶说六家外，可考者尚有淮海、西山二家。淮海《琴趣》之藏传是楼者，康熙间黄子鸿曾据以入校毛刻，与醉翁、山谷、闲斋、晁氏、介庵、石林、西山等词集，并分详本书宋词籍解题各条下。（真西山《琴趣》附见“魏了翁鹤山词”条。《四部丛刊》本《西山真文忠文集》卷二二有致语口号而不载词。）至于批评此汇刻者，《彊村丛书》中《山谷琴趣》有朱跋云：“宋词称《琴趣》传于今者，醉翁、二晁、介庵诸家，捃摭繁备，甚或阑入他人之作。惟山谷此编，较别本仅得其半，卷中讹文脱字，往往而有；题尤芟节太甚，或乖本恉。”“然则‘琴趣’者，祝穆所议俗本。”又吴师道《礼部诗话》云：“近有《醉翁琴趣外篇》，凡六卷，二百余首，所谓鄙亵之语，往往而是。前题东坡居士序，词气卑陋，不类坡作，益可以证词之讹。”又按《介庵琴趣》中混收坦庵词至三十余首，检坦庵原集，题中之年干、人名、地名，多被混收时删去，盖亦坊贾有意售欺之惯技。然究不失为宋刊，可资参伍取证，其裨益亦不少也。

《醉翁琴趣外篇》六卷，有陶氏景刊四十种本。

《山谷琴趣外篇》三卷，有陶氏景刊四十种本，《续古逸丛书》本、《彊村丛书》本（附朱氏校记）、《四部丛刊三编》本（附张元济校记）

《闲斋琴趣外篇》六卷，有陶氏景刊四十种本。

《晁氏琴趣外篇》六卷，有陶氏景刊四十种本，近印《苏门四学士词》本（附补遗、校记、参考资料）。其标题无“晁氏”二字者，有汲古阁《六十名家词》本、汪氏覆《六十家》本、石莲庵《山左人词》本、《四部备要》六十家本、商务印书馆单印本。

《介庵琴趣外篇》六卷，有《彊村丛书》本（附朱氏校记）。[1]

复雅歌词五十卷　宋　鲖阳居士辑

《直斋书录》载此书云：“题鲖阳居士序，不著名姓。末卷言宫调音律颇详。然多有调而无曲。”按《汉书·地理志》，汝南郡有鲖阳县，鲖字应从《广韵》上声“四十四有”，与“纣”同音。（此为除柳切。另有徒红切及直冢二切，《广韵》入东部及肿部，乃鱼名。）疑南渡之士，不忘祖籍，因称鲖阳居士，犹周草窗自号为华不注山人也。增修笺注本《草堂诗馀》卷下最末有“鲖阳居士云”一则，实转录《花庵词选》卷二苏轼《卜算子》词下所引。自至正癸未本误“鲖阳”为“衡阳”，洪武本、荆聚本、陈锺秀本皆沿之，惟顾从敬本不误。赵氏辑本未辨其原委，其校记于“衡”、“鲖”二字有疑词，非是。《直斋》载此书五十卷，谓末卷言宫词（疑调字）音律颇详。黄花庵称“《复雅》一集兼采唐、宋，迄于宣和之季，凡四千三百余首”（《中兴以来绝妙词选序》），知其书为兼著词话之总集巨帙。书名《复雅》，当与曾慥编名《雅词》同义。观张皋文《词选》引其“缺月刺明微”之说，虽并被穿凿之讥，而其欲尊词体之意，则灼然矣。赵万里云：“明刻重校《北西厢记》引李

① 仓石武四郎：《关于琴趣外篇》（《支那学》四卷一号）；陈尚君：《欧阳修著述考》，载《复旦大学学报》，1985（3）。

郉《调笑令》”，“出《复雅歌词·后集》”，知其书又分前、后集。

书佚已久。故他书引其说者不多。若《岁时广记》引七则。赵万里所辑共十则，载《校辑宋金元人词》第五册。[①]

绝妙好词　宋　周密编

密事迹已详本书卷六。

此书凡七卷。编选南宋人歌词，始张孝祥，终仇远，凡百三十二家。词不满四百首。张炎《词源》云：“近代词如《阳春白雪》集，如《绝妙好词》选，亦自有可观，但所取不精一，岂若周草窗所选《绝妙好词》为精粹。惜此版本不存，墨本亦有好事者藏之。”钱遵王述古堂收藏钞本，乃绛云楼故物，其藏书题跋云：“弁阳老人撰此词，总目后又有目录，卷中词人，大半余所未晓。此本经前辈细看批阅，姓氏下各标其出处里第。或曰弁阳老人即周草窗，未知然否?”（《读书敏求记》）按张炎《山中白云词·西江月》序云：“《绝妙好词》乃周草窗所集也。”是时张集尚未通行，故遵王未知弁阳即周密也。钱婿柯煜借钞藏本，与从父崇朴于康熙二十四年校刊，书始传布。天津查为仁（康熙辛卯举人）、钱塘厉鹗合为之笺，或因词而考其事，或因人而附其佚闻，以及诸家评语，与其人之名篇秀句，咸附录之，其疏通证明之功，有不可泯者。笺成于乾隆十四年己巳（1749）。其后余秋室（余集字蓉裳，号秋室，仁和人，乾隆三十年进士）从徐楙先后从草窗他著所录词，辑为《续钞》二卷。附笺本后。迄今盛行者，并出自此本。宋翔凤《乐府余论》云：“南宋词人系情旧京，凡言归路，言家山，言故国，皆恨中原隔绝，此周公瑾《绝妙好词》所由选也。”

汲古阁精钞元本二册，旧为顾鹤逸藏，后有黄荛圃印，又有朱祖谋跋，举其胜处可正他刻。原物今藏北京图书馆。章钰毛钞《绝妙好词》跋云：“此本与钱本均同，盖影写述古堂藏本者。”

康熙二十四年小幔亭刊《绝妙好词》七卷（小幔亭为柯崇朴室名），日本中田勇次郎藏。首有柯煜序。

朱竹垞点校本。

---

① 《直斋书录解题》二一；《汉书补注·地理志》八“鲖阳”下采王引之说；黄生：《字诂义府合校》，68页。

康熙三十七年钱塘高士奇覆刊柯本。康熙戊寅，士奇叙。每卷下有“清吟堂重订”印记。间有误字，如黄昇之误作晷是。小瓶庐刻本，扉页有“宋本重刊”字样，乃坊贾妄加。以上正本为同板片之重印异本。

雍正三年项细群玉书堂刻本。有澹斋项细序，每卷末有勘定人姓名，校者如陈撰、洪正治、程鸣，皆杭城扬州名士。

乾隆戊辰十五年天津查氏澹宜书屋刊查、厉合笺本七卷。有乾隆戊辰厉鹗序，刊刻极精。

道光戊子（八年）钱塘徐楙重刻笺本七卷，附续钞二卷。录存柯《序》、高《序》及朱竹垞五十三岁《年谱》，可证世传竹垞诡得此书之诬。另有光绪覆印本。

同治十一年会稽章氏式训堂刻笺本（附续钞）。《四部备要》排印本，及中华书局排印本（1957）。

戴熙手校本。《绝妙好词笺》前武林汇勘姓氏有戴熙名。

汪兆镛过录陈澧评点本（新加坡大学中文图书馆藏）。汪氏题记一行：“孝坚世兄出视东塾师评点本用墨笔照录一过。”用同治章氏本。

上海扫叶山房石印本，世界书局排印本，及坊间标点小字本。以上皆从徐本出。

清姚燮有《绝妙好词校稿》，未见。郑文焯《大鹤山房全书》有《绝妙好词校录》一卷，附刻于《冷红词》之后。王闿运尝为《绝妙好词选》。[①]

① 朱彝尊：《曝书亭集》四三《书绝妙好词后》；《四库提要》一九九；夏承焘：《唐宋词人年谱》；李一氓：《清康熙本绝妙好词》（《题跋》，194 页）；舍之：《历代词选集叙录》二（《词学》第二辑）。

卷　十

绝妙词选（《四库提要》作《花庵词选》）　宋　黄昇编

昇，字叔旸，号玉林，又号花庵词客，闽人。游受斋颇称其诗，闽帅楼秋防目为泉石清士，自作有《散花庵词》。此书自序署己酉，即淳祐九年（1249）。玉林为魏庆之撰《诗人玉屑序》，在淳祐四年。

书凡二十卷，前十卷曰《唐宋诸贤绝妙词选》，共一百三十四家。第一卷起唐李白，终五代冯延巳；第二卷至第八卷起宋欧阳修至宋王昴，第九卷禅林，第十卷闺秀。后十卷曰《中兴以来绝妙词选》，共八十九家。第一卷起南宋康与之，至第十卷洪叔玙，末附自作词三十八首。词人排列先后不甚严。自序云："长短句始于唐，盛于宋，唐词俱载《花间集》，宋词多见于曾端伯所编。而《复雅》一集（指鲖阳居士《复雅歌词》），又兼采唐、宋，迄于宣和之季，凡四千三百余首。"其意盖欲继三书之后，集南渡以来作者而有所去取。《四库提要》云："昇本工词，故精于持择，非《草堂诗馀》之类，参杂俗格者可比。每人名下各注字号里贯，每篇题下间附评语，俱足以资考核，在宋人词选，要不失为善本。"

《提要》之论，可谓持平，然其取材，常非出于专集，如刘叔拟《招山词》下，谓"吉州刊本多遗落，今以家藏善本选集"，不知所据乃误本也。如《六一居士词》，赋颍州西湖者，十余首为一组，前有致语，花庵选录两首竟异其题目，其他词题多与本集不合。余嘉锡《四库提要辨证》于此颇多误会，不知花庵有采自坊本者，故不免坊刻应歌之陋。《西圃词说》云："宋人词集，大约无题，自《花庵》、《草堂》增入闺情、闺思等，深为可憎。"（《词综·发凡》同有此论）又魏庆之《诗人玉屑》卷二一有"中兴词话"一门，注云"并系玉林《中兴词话》补遗"，所录十六则，除刘招山一则外，大率撮录宋人杂记，然为今本《花庵词选》所无，今本《草堂诗馀》所引玉林评语，对玉林称号不一，盖或取自《花庵词选》，或取自《诗人玉屑》也。

宋刊本，半叶十三行，行二十三字，双栏，每卷之后上加黑盖子，卷尾有木记三行，略云："玉林此编亦姑据家藏文集之所有。……其体制不同，无非英妙杰特之作，观者其详之。"有陈道复印、圣雨斋印（《藏园经眼录》一九）。

宋淳祐九年刘诚甫刻本（见玉林自序）《中兴以来绝妙词选》十卷，现藏北京图书馆。（是否即石渠旧藏，未见著录，其详见袁寒云《宋本提要》。又《天禄后目》有元刊本。）

《四库提要》著录内府藏本《花庵词选》二十卷。

明万历二年龙丘舒伯明翻刻宋本。无锡孙氏小渌天藏后半《中兴以来绝妙词选》十卷，《四部丛刊》本后十卷景此，卷端有玉林自序，卷末有舒氏梁溪寓舍印行木牌。

缪艺风藏明柏岳胡氏刊本，只存前半唐、宋词十卷，与舒刊款式相同，半叶十行，行二十字，卷端有宋胡德方季直序，序后"季直"小印，下有钟形"柏岳胡氏"印。《四部丛刊》前十卷景此。

民国十三年武进陶氏涉园景宋本《中兴以来绝妙词选》十卷，从《石渠宝笈》旧藏本影刊，每半叶十三行，行二十三字，卷前有玉林自序及同时胡德方序。今《四部丛刊》两明本以胡序冠唐宋词，以自序冠中兴词，而此本则汇冠于中兴词。或疑此二序原皆在《中兴以来》一选中，观玉林白序言"中兴以来作者继出，及乎近世，人各有词，词各有体，岂能尽录"，似初以南渡为限，后乃续为唐宋诸贤，或另有自序亦未可知。

汲古阁刊《词苑英华》本九行二十字，六册。从万历本出，毛晋跋二则，美国国会图书馆藏。台湾"中央"图书馆藏汲古阁此本，有清王禧手批并跋，称"南渡后制词者大半闽越人有不按谱而不能成句者欲为删六存四"云云。又乾隆十七年曲溪洪振珂重印本，又有上海书坊石印本。

蟫隐庐影宋刊本二十卷。

北京图书馆藏汲古阁景宋钞本《唐宋诸贤绝妙词选》三卷，每卷各删数家，存者六十八人，有毛子晋、汪阆源等印。①

回文词聚　宋　桑世昌编

世昌，字泽卿，淮海人，世居天台，陆放翁诸甥。尝著《兰亭考》，高文虎为序，题嘉定元年。此书原称《类聚》（《宋史·艺文志》有西湖寓隐《回文类聚》一卷，内容未详），《书录解题》一五云："以璇玑图为本初，而并及近世诗词。"与《绛云楼书目》并作三卷，《四库总目》著录四卷，补遗一卷（《补遗》为康熙中苏州朱存孝所采），《四库标注》称康熙中刊本四卷，又续编十卷。

近人周泳先《钩沉》辑本《词聚》一卷，凡五十五首。江苏图书馆藏四卷（红格钞本），京都大学文学部又藏麟玉堂刊本四卷、续编十卷（续编为清朱舄贤辑），洞庭杨氏重刊本同十四卷（香港大学冯平山图书馆藏）。

草堂诗馀　宋书坊编集

《草堂诗馀》二卷，《群公诗馀》前后编二十二卷，并见《直斋书录解题》二一，注谓皆书坊编集者。（原录坊本五种，其次序为：《草堂诗馀》、《类分乐章》二十卷、《群公诗馀》前后编、《五十大曲》十六卷、《万曲类编》十卷。）黄溍文集记《居士公乐府》云："居士公和东坡《百字令》，见苕溪胡仔所编《草堂诗馀》。"（《四部丛刊》初编黄集卷三）未知黄溍所见是否祖本题胡仔所编，抑因书中多引《渔隐丛话》遂混为胡仔编也。《四库提要》一九九引王楙《野客丛书》，述《草堂诗馀》张仲宗《满江红》"蝶粉蜂黄"条引《草堂诗馀》注语，知其书编于庆元以前，且既有注。然至正本《草堂新添》之周美成词，其注全录自嘉定四年序刊之《片玉集》（后于庆元十余年）。且直斋不见《花庵词选》（周密《齐东野语》一五引直斋《跋十吟图》自述以淳祐九年辑《吴兴人物志》，盖与《花庵词选》刊序同年。《书录解题》中无花庵书），但其注赵粹夫编《阳春白雪》云："取《草堂诗馀》所遗及近人之词"

---

① 厉鹗：《宋诗纪事》六九；《四库提要》一九九；田同之：《西圃词说》；《涵芬楼烬余书录》；余嘉锡：《四库提要辨证》二四"小山词"条；舍之：《历代词选集叙录》（《词学》第二辑）；台湾"中央"图书馆《善本题跋真迹》。

（按赵粹夫淳祐十年寓都下），今《草堂》词复见于赵编者七首，增添者多从花庵而来，此皆非直斋所见本之证。又《后集》上胡浩然《万年欢》注云“宋陶穀词”，则又入元以后加添者矣。

书之内容，据现传最古之元至正本，明洪武本，知以春景、夏景、秋景、冬景、天文、地理、人物等分类编次；又删作者原题为“秋闺”、“闺怨”等鄙陋之短目；殆便于酒楼应歌之用。书分前后集，每集又分上下卷，总目题“类选群英诗馀总目”；书内首行题“增修笺注妙选群英草堂诗馀卷上（下）”，下题“前（后）集”；次行题“名贤词话”；后集卷上此行题作“群英词话”。所录各阕或题下有“新添”、“新增”字样（其无新增新添字样之刘克庄、冯伟寿诸词，已非庆元本所应有）；又编中分类，与总目之“初春”、“早春”等不甚照应。观其标名，殆坊贾以《草堂诗馀》、《群公诗馀》等旧本混并编成。就洪武本周美成词五十首中，增添者居其半数，且周词之注，皆录自陈元龙集注之《片玉集》；其上卷分类，亦大体仿自《片玉集》。其引用词话，就多数言，“新添”、“新增”者多引黄花庵《词选》（亦有不作增添，而低格列于词话中者）非新添者多引《苕溪丛话》（如前集卷上《鱼游春水》词后所载词话，乃录自《苕溪丛话后集》卷三九，原文先引《复斋漫录》，次引《古今词话》，宋末句作“二说不同，未详孰是”，乃胡仔按语。《草堂》止举《复斋》及《古今词话》二书，而删去《丛话》之名，则“二说未详”之句，竟不知何指。他条类此者尚多，不备举）；而花庵语又或作玉林，或作词话，或作词选，称谓不一。（亦有虽引《花庵词话》，而词题与《花庵词选》不同者，此类似由《诗人玉屑》转录。）殆淳祐九年《花庵词选》结集以后，混并者不止一人，故题曰“增修笺注”。据明顾从敬传本，有词话而无笺注，其阕数多七十余首，又似增修者与笺注者异本。据至正辛卯本题“建安古梅何士信君实编选”，则增修者与《花庵词选》同出闽中，又与校正《片玉集》之建安蔡庆之（双照楼景本有此行），皆不无地理关系。此《草堂诗馀》之概况也。

至明嘉靖中，上海顾从敬称其家藏宋本，比世所行本多七十余阕，因从新刊行。（杨升庵《诗话》八云：“《草堂诗馀》旧本，书坊射利欲速售，减去九十余首，兼多讹字，余抄为拾遗辩误一卷。”按杨云多九十余首，不知视顾氏底本如何。）据《野客丛书》所引之《满江红》，见于顾本而为元刊所无，则顾刊出于宋本，当可据信。但其编次，词以调汇，调以字之多寡挨次排列，于是有小令、中调、长调之分，与宋人令、引、近、慢之称异矣。近人目顾刊为分调本，而谓分天文、地理等类之旧本为分类本。陆蓥、王国维、赵万里、中田勇次郎诸氏且证明分类本从古本出，而分调本则在后妄作者也。按编词以便应歌，则文之雅郑，容有不辨。故朱竹垞斥为陋本。然自宫调失传，此种以字数排列之本，最便于文人浏览，故宋人所无之名（如中调、长调之类），乃盛行于明中叶以后，盖作俑于顾氏也。毛子晋跋《竹斋诗馀》云："《草堂诗馀》，向来艳惊人目。"王渔洋所著《词话》，且自称为《花草蒙拾》，如当时多视《草堂诗馀》为枕中鸿秘矣。书既盛行，版本最夥，大抵不出分类本、分调本两大系（《千顷堂书目》著录《群英诗馀》，无卷数）。元本《草堂诗馀》可称述者有以下二种。

增修笺注妙选群英草堂诗馀前集二卷后集二卷

元至正三年癸未刊本，目录后题"类选群英诗馀总目"，有"至正癸未新刊、庐陵泰宇书堂"二行木记，半叶十二行，前集下有洪武本所脱落之柳永《望梅》一阕。日本狩野直喜氏旧藏，为现存最古本。但后集半叶十三行，乃以洪武刊本补配。

京都大学《汉籍善本丛书》第九卷，景印本，附作者索引。[1]

增修笺注妙选群英草堂诗馀前集二卷后集二卷

元至正十一年辛卯刊本，首行题"妙选笺注群英诗馀"，次行低五格有"建安古梅何士信君实编选"一行，半叶十三行，行大二十三字，小二十九字，黑框，左右双栏，首总目，分春景、夏景、秋景、冬景、节序、天文、地理、人物、人事、饮馔、器用、花禽十二类，不记调名，目后有"至正辛卯孟夏双璧陈氏刊行"牌子，前后集又各具细目，收词三百六十八首。此元刊元印本，有编者姓名者，亦止此本。卷首有季沧苇藏书一印，北京图书馆《善本书目》有此刻本。（另有影元抄本）

---

① 清水茂：《解说》。

阳春白雪　宋　赵闻礼编

闻礼，字立之，一字粹夫，号钓月，临濮人，自著有《钓月集》。此书所选知名词人如王圣与（沂孙）辈，多入元后尚生存者。其第八卷丁无隐《齐天乐》题云："庚戌元夕，都下遇赵立之。"此庚戌岁，应是理宗淳祐十年(1250)。

书八卷，外集一卷。共选词六百六十八阕。阮元《揅经室外集》卷三、《四库未收书提要》云："此从旧钞依样仿写，所选凡二百余家（除无名氏十八阕外，共有二百四十八家），宋代不传之作，多萃于是，去取亦复谨严，绝无猥滥之习。自录词如《玉漏迟》、《法曲献仙音》、《瑞鹤仙》等阕，字炼句琢，非专以柔媚为工者可比。"张炎《词源》下云："近代词人用功者多，如《阳春白雪集》，如《绝妙词选》，亦自可观。"至《直斋书录》云："《阳春白雪》五卷，取《草堂诗馀》所遗，以及近人之词。"所述内容，与九卷本无大差异。秦恩复谓非完书，以传本证之，无编时序跋，且体例不划一，甚至有误以他人词为己作者，疑结集非出赵氏之手，早已经人窜乱也。（周草窗尝讥赵氏窃取他人之作，以集中大半皆楼君亮（采）、施仲山（岳）所作，不悟非出赵氏。）

天一阁旧藏有元赵松雪手写草书《阳春白雪》。徐楙于道光清吟阁刻本跋称"真球璧也。鲍渌饮借缮正书，始有传本行世。此写本后为吴春林携去，春林名纯，仁和贡生。"赵子昂钞本现已不可踪迹。后来传钞所以多误，殆缘草书改为正楷，辨认不易云。朱竹垞《词综·发凡》云："赵粹夫《阳春白雪集》见李开先《小山乐府后序》，则嘉隆间犹未散佚。"惜未能一见。按李开先《闲居集》（卷九）此后序所云《阳春白雪集》，乃指杨朝英编之北曲集，非赵编词本也。此书朱彝尊未见，万树亦未寓目，故价值尤高。

元赵孟頫写本，天一阁旧藏，后归吴氏。书合外集共九卷，篇幅殊巨，孟頫草书字数最多之一，惜已失去。

赵氏星凤阁抄本。

道光己丑江都秦恩复刊《词学丛书》本。似与阮元写本同出。秦跋云："世鲜传本，虽有钞借，得失互见，句读押韵不同者，条注句下，不能强通者，空格以俟考补。"

道光十年钱塘瞿氏清吟阁刻本。取星凤阁及澂怀堂两钞本参校。有瞿世英撰《考异》一卷，并附“词人姓氏爵里”。赵万里云：瞿本较善于秦本。

咸丰癸丑《粤雅堂丛书》本，从秦本出。《丛书集成初编》覆此，然总目有而书似未印。

民国二十四年商务印书馆景印《宛委别藏》本（即阮氏九卷本）。

台湾“中央”图书馆藏旧钞八卷、外集一卷，有清浣花氏朱校并跋，谓“从鲍渌饮缮出之赵孟頫草书本乃于赵氏铁眼斋得读”。又番禺徐榮墨校并跋称此本多录自秦本。又北京图书馆藏道光十九年边浴礼钞跋本。

光绪重修巾箱本。[①]

群书会元截江网

不著撰人名氏。首题太学增修，中有淳祐、端平年号，盖理宗时程试策论之本。（《四库提要》称：元时麻沙刻本有至正七年胡助序，故《千顷堂书目》误为助撰。故《千顷堂书目》十五作“胡煦群书会元《截江网》十六卷”。）全书三十五卷，凡分六十五门，罗辑旧文以应科场考试之用。此种类书，出自士大夫者，如《永嘉八面锋》之类是，出自坊本者，则为是书之类，在当日为俗书，在后世则为古籍矣。

《截江网》所收诗词甚富，《全宋词》于有主名之作，已分载各人卷内，另汇收失去主名之庆寿词为一卷。又类书中佚名之词，《全宋词》所收者，于二九八卷中有《事林广记》九首，《岁时广记》十二首，不另著。《全宋词》二九六《截江网》一卷，九十九首。采自原书第四、第五、第六各卷，意主搜罗，不必尽为佳作。[②]

翰墨大全（翰墨全书）　宋　刘应李撰

应李，字希泌，号省轩，咸淳中乡贡进士，建阳人。书有大德十一年熊禾序，称应李与之讲学武夷山中。禾字去非，建阳人，咸淳十年第进士，宋亡不仕，有《勿轩集》。

---

① 周密：《浩然斋雅谈》下；李开先：《闲居集》卷六张小山《小令序》及卷九张小山《小令后序》；厉鹗：《宋诗纪事》七七；赵万里：《校辑宋金元人词·钓月词》；张珍怀：《赵闻礼阳春白雪词选》（载《大公报·艺林》198期）；台湾“中央”图书馆《善本题跋真迹》。

② 《四库提要》一三五。

元大德十一午坊刻本题《新编事文类聚翰墨大全》，凡一百八十二卷（《四库存目》及各家著录卷数不一），书仿祝穆《事文类聚》之例，分二十五门。中录宋元诗馀凡千余首，以庆寿门排目诗词数卷为最富，大半皆建安人作，卷首有熊禾序。又元泰定元年麻沙吴氏友于堂刻本，书名易“大全”二字为“全书”，乃建安詹友谅益友编，内容与刘应李编本悉同，但略异其编次与分卷，卷首载泰定甲子毛直方序。以上二种并藏台湾“中央”图书馆涵芬楼（《烬余书录》著录《大全》三十五册），又见该馆《金元本图录》。余嘉锡《四库提要辨证》谓：《翰墨全书》或改称为《启劄天章》，卷帙不同，据其所考，已有七八种之多云。

文求堂《善本书目》有明刊二三六卷，分前、后、续、别、新、外、遗七集。

《全宋词》从《全书》本于有主名之作分载各人卷内，其佚名者汇为一卷，载于卷二九七，凡词八十一首，计采自原书后甲集卷八、乙集卷九、丙集卷二、丁集卷二、辛集卷十、庚集卷二四。又卷三百排曰断句三百六十条，采自丁集卷四。按所谓佚名者中有误收，如《贺新郎·寄陈同甫》“把酒长亭说”一首，《稼轩词》乙集及十二卷本第一卷，并载有此词。[①]

乐府补题

书无编者名，或以为陈恕可，或以为仇远，或曰陈、仇合编。（刘毓盘《词史》作周密撰，未确。）

书中同时分赋者十四人，皆宋遗民，即王沂孙、周密、王易简、冯应瑞、唐艺孙、吕同老、李彭老、陈恕可、唐珏、赵汝钠、李居仁、张炎、仇远等，及佚名一人。因唐珏曾改殡宋陵遗骸，义声著闻，此书始为人注意。佚名一人疑为王英孙，号脩竹，宋故名族，收骸赀用，悉其所出，故深自讳匿而佚其名。所云宛委山房，则陈恕可之居也。

书载《天香》赋龙涎香八首，《水龙吟》赋白莲十首，《摸鱼儿》赋蓴五首，《齐天乐》赋蝉十首，《桂枝香》赋蟹四首。先是元江、淮诸路释教都总统杨琏真伽发掘越州宋帝后六陵，骸骨弃草莽中，人皆痛愤。唐珏（字玉

---

① 《四库提要》一三七及一六五“勿轩集”条；赵万里：《校辑宋金元人词》引用书目；《宋元学案》。

潜)、林景熙（字德阳）遂相率为采药者，至陵上，以草囊收拾之，盛以二函，托言佛经，葬于越山，移植故殿冬青树为识，林景熙诗所谓“年年杜宇泣冬青”者也。大德十年（1306）张孟兼为撰《冬青树引别玉潜序》，张及罗灵卿撰《唐义士传》，郑元祐亦作《书林义士事迹》以彰之。（文载康熙《绍兴府志》及《嘉庆山阴县志》）陶宗仪《辍耕录》卷四亦著其事。据黄梨洲说，其岁应为戊寅（宋景炎三年，元至元十五年，1278）。近人夏承焘推论本书赋题，大抵龙涎香、蓴、蟹乃指宋帝，蝉与白莲则托喻后妃。

清初黄梨洲、万季野、全谢山诸氏议绍兴冬青义士祠祭，尚未见此书。朱彝尊序刊时，亦仅知唐玉潜拾骸而已。厉樊榭《论词绝句》，始以《补题》之蝉、蓴与冬青并说。夏承焘撰《乐府补题考》，分考事、考人、考年三章，谓周止庵《词选》以玉潜词为元僧发陵而作。但据金启华等考证乃出于误解，止庵原无是说。杨成凯评《词集考》亦指出此事。

此书旧刊本未见，朱彝尊序称：常熟吴氏钞本，休宁汪森携至京师，宜兴蒋景祁激赏之，遂镂版以传。《四库》本据之，谓康熙中始传于世。

汲古阁钞本。

康熙中蒋氏刊本（《四库标注》别有乾隆刊本）。

《知不足斋丛书》本，略有校语，而无朱竹垞序。《丛书集成》初编本从此出。

《彊村丛书》本，跋称出知不足斋，但中有校语二条微异。

道光庚子二十年（1840）仁和王氏刻《潄六编》本。题陈恕可辑。

杭州顾氏刻本。（见张德瀛《词征》四）

徐珂校本。（在《天苏阁丛书》第一集）

吴讷《百家词》本，近有排印。[①]

明昌词人雅制　金　赵秉文编

明昌，金章宗年号。《元儒考略》云：“赵周臣曾取党承旨同时诸家诗词

---

① 陶宗仪：《辍耕录》四；黄宗羲：《南雷集·冬青树注》；朱彝尊：《曝书亭集》三六；陈旅：《安雅堂集·陈行之（恕可）墓志铭》；林景熙：《霁山集》；《四库提要》一九九；李越缦：《日记》“辍耕录”条；陈其年：《俪体文集》七；宋翔凤：《乐府余编》；周庆云：《两浙词人小传》；《饮冰室合集》四四书籍跋有南宋六陵遗事；夏承焘：《唐宋词人年谱》之《草窗年谱》附录之二《乐府补题考》；陈桥驿：《绍兴地方文献考录》“六陵劫余志”以下各条。

以传，曰《明昌词人雅制》，世人多称之。”秉文，字周臣，自号闲闲，滏阳人。大定二十五年进士，累官礼部尚书，著有《滏水集》，卒年七十四。事迹具《中州集》、《金史》一一〇。

中州乐府　金　元好问编

元好问编《中州集》十卷，录金一代之诗，每诗人各有小传，后附《中州乐府》不分卷，则金一代之词也，收词人三十六，词阕一百二十四，词人未见诗集者补录小传，已见诗集者不复。《中州集》有张德辉后序云：“己酉秋，得真定提学赵侯国宝资藉之，始锓木以传。”毛斧季、何义门曾各见其零卷，称为蒙古宪宗五年刊本。按张德辉即类次遗山诗集者，己酉为宋理宗淳祐九年，蒙古海迷失二年，其后六年为宋理宗宝祐三年乙卯，即蒙古宪宗五年，张序溯其朔，毛、何据其成，所称实同一本，且刊在遗山未卒前。义门《跋》称“时北方新出水火，故开雕亦无良匠”云。至明嘉靖中，九峰书院单刊其乐府。崇祯季钱谦益题程嘉燧《中州集钞》，有诗而无词。

蒙古宪宗五年原刊本，有元好问引，张德辉后序，家铉翁题后，当即此本。《四库标注》云：“丁氏金刊本归瞿氏。”

元至大庚戌（三年）刊《翰苑英华中州集》十卷，《中州乐府》一卷，每半叶十五行，行二十八字，白口双栏，《乐府》与《中州集》款式悉同，末有“至大庚戌良月平水进德斋刊”木记。北京图书馆现藏者为递修本，凡二部：一为白丕烈跋本，无乐府。一为傅增湘跋本，注云：乐府配影元抄本。德化李氏藏有张芙川家景写本。《书林清话》云：“龙山赵氏刻《翰苑英华中州集》十卷，见缪氏《续记》。叶德辉按，是年平水曹氏亦刻是书，不知一时两刻，抑以刻板转售，疑莫能明。”（详《藏园经眼录》一八）傅氏藏者有徐乾学、传是楼印。又记曹氏进德斋刊明印本及封面式样。又此本景写本，有姚氏畹贞等印。

日本五山仿刻至大本，目录题乙卯新刊《中州集》（《藏园经眼录》一八）岩崎文库藏一册，云：吉野期至织丰期刊本。神田喜一郎曾谈董氏诵芬室所影元刻，实即五山版云。

元广勤书堂刊（叶德辉云：“建安余氏书业，衰于元末明初，继之者有叶氏广勤堂。”），配补影钞本《中州集》十卷，附《乐府》一卷，现藏台湾“中央”图书馆。

武进董氏影元本，《四部丛刊》初编覆影董本，卷端止元好问一引，卷首书名皆跨行大字，总目冠“翰苑英华”四字，半叶十五行，行二十八字。汲古本《乐府》中删去数人小传；而影本俱全，可正其误。《丛刊书录》云：“董氏以元延祐二年本影刻。”按延祐二年与宪宗五年太岁同在乙卯，书录漫题，似嫌含混，据涉园景刊四十种词本陶湘《叙录》云：“近授经大理，据傅氏藏园元椠《中州集》重刊，原阙乐府，以五山版补完。”

明弘治九年沁水李瀚刊本，有严永濬序称：“末又以乐府终之。”知此《中州集》原附有乐府，江苏图书馆现藏者并全。汲古阁缁刻此本，偶逢不全者耳。（北京图书馆现藏者亦缺乐府）

明嘉靖十五年嘉定守高登刊九峰书院本，有嘉靖十五年彭汝寔及毛凤韶二序，皆阐述乐府而不及诗，又称俨山先生偶得是编，图刻之，彭序原题“近刻中州乐府叙”，知陆深此本只有乐府。（按毛氏《写本书目》有《中州乐府》一卷，元板影钞。）

汲古阁刻本，毛晋跋称家藏《中州集》十卷，逸其乐府，后得乐府一帙，乃九峰书院刻本，不胜剑合之喜。又称小叙已见诗集中，不复赘。然折元礼等数人无诗，小传止载于乐府，毛氏一概不载，故朱彊村讥其疏（《四库提要》著录此本）。有何焯校（《藏园经眼录》一八）。

《彊村丛书》本据九峰书院本。词人小传见诗集中者，悉为移入。又以五山、汲古等本互订，附有校记。

吴氏双照楼景元至大本，从旧藏张芙川家景写本上版。

中华书局1959年排印金元总集本《中州集》附乐府。①

精选名儒草堂诗馀三卷　元　庐陵凤林书院辑

《总目》后有木牌，略云：“方今车书混一，名笔不少，而未见刊本。是编采摭所得，才三百首，不复次第，刊为前集。倘有佳作缄示，陆续梓行。”厉樊榭跋云：“至元大德间诸人（凡六十三家）所作，皆南宋遗民也。词多伤感故国，卷首冠以刘藏春、许鲁斋二家，厥有深意。至采撷精妙，弁阳老人《绝妙好词》而外，渺焉寡匹。”《四库未收书目》云：“《千顷堂书目》始著录，一名《续草堂诗馀》。”

① 《藏园群书题记》续集卷五、三集卷八。

元凤林书院刊本，九行十八字。黑口双栏，有“上鄗冯氏藏书”印（《藏园经眼录》一九）。

元刊本《精选名儒草堂诗馀》上中下三卷，藏台湾“中央”图书馆，有缪氏艺风堂钞补。

嘉庆四年桐川顾氏刊《读画斋丛书》本，鱼鲁颇多。

嘉庆十六年秦氏刊《词学丛书》本，以樊榭手校本厘正顾本。此书原序云“摭拾所得，才三百余首，不复次第，刊为前集”。则尚有后集可知。今本经厉鹗、秦恩复厘订，共六十三人为词二百零三阕。

咸丰癸丑跋刊《粤雅堂丛书》本，有秦恩复跋，厉樊榭五跋，及陈皋、严长明跋，增刘藏春小传，及樊榭据《天下同文》加收数首。《丛书集成初编》覆此。

涉园《宋金元明词四十种》景元本三卷，陶湘叙录云：“半叶九行，行十八字，元时坊肆所为，姓氏标题，多不画一。缪艺风昔得元刻上卷，纸墨粗率。傅沅叔有何梦华景钞本，初据以上版，嗣沅叔复得元刻全本，因重加补云。”按此本仍缺中卷第十、十一两页（即粤雅本原注：“原本空白十六行，每行二十一字”）。

丁氏八千卷楼有明钞本，故宫有《宛委别藏》钞本。樊榭跋有朱竹垞家钞本。台湾“中央”图书馆藏旧钞本有邓邦述手校并题记称此景元钞本，前有总目四叶，有朱竹君藏印。[①]

天下同文　元　周南瑞编

《四库总目》著录《天下同文集》四十四卷。《提要》云：“元周南瑞撰，南瑞始末未详（《千顷堂书目》注：元初广陵人），吴澄《支言集》有《赠周南瑞序》。”“观其目录末标‘随有传录续刊行’九字，其体例与今时坊本无异。”“卷首刘将孙一序似乎依托。”“盖麻沙旧式，分卷破碎，传钞易于佚脱。”《铁琴铜剑楼藏书目录》云：“《天下同文》一卷，录元卢挚等七人词，见《文渊阁书目》，亦毛氏钞本。”吴昌绶跋景印毛钞《天下同文》一卷云：“董授经购获述古堂旧钞《天下同文》前甲集五十卷，乃知卢疏斋词在四十八

---

① 厉鹗：《名儒草堂诗馀后记》；马群：《名儒草堂诗馀探索》（《文史》十二辑）；台湾“中央”图书馆《善本题跋真迹》。

卷，姚江村以下为四十九，罗壶秋以下为五十。寥寥七家，分占三卷，实无缺遗。汲古裁篇别出，意或汇入所编元人词中。唯第四卷歌颂类尚有疏斋四首，今补录于后。樊榭辑补卢疏斋词，不知是周南瑞辑，遂以作序之刘将孙当之。”曹元忠景元钞本《天下同文集》跋云：“壬寅岁，前辈半唐侍御尝欲假敝藏《天下同文集》、《翰墨全书》，尽刻其所存宋、元人词。”疑所藏即一卷本。按《四库》本非全帙，然目后有陆续刊行之语，是四十五卷以后，乃陆续刊行者，述古旧钞为前甲集五十卷，是否尚有余卷，或乙集后集等，不得而知。今传一卷本载七人之词，已见明杨士奇所编《文渊阁书目》，则裁篇别出，非始于汲古阁也。七人为疏斋卢挚、江村姚云（凤林书院《草堂诗馀》作姚云文）、静得王梦应、吟竹颜奎、壶秋罗志仁（原作可）、天游詹玉、梅溪李琳，收词二十五首，又吴补四首。台湾“中央”图书馆藏汲古阁景钞元大德刊本前甲集五十卷二册。邓邦述旧藏此书，其跋《名儒草堂诗馀》谓其王梦应所录又与《天下同文集》不同。

江苏图书馆藏旧钞本前甲集五十卷，民国四年排印。

《雪堂丛刻》本前甲集五十卷，宣统辛亥吴兴朱氏刊彊村所刻词乙编一卷本，《彊村丛书》一卷本（有吴补四首）。

陶氏景《宋金元明本词四十种》景汲古钞本一卷（无补遗，吴昌绶跋另见叙录。北京图书馆藏汲古钞本一卷，或即其底本）。邵氏《四库标注》有元板麻沙刊本、《浙江图书馆善本书目》有旧钞本三卷，秦恩复、艺风堂印。[1]

鸣鹤余音九卷　元　彭致中编

致中自署仙游山道人（仙游山在江西崇仁县）。为非非子余希圣（1280—1339）门人。虞集撰有《非非子幽室志》，表扬其坚苦志行。

虞集《序》称：会稽冯尊师，赋《苏武慢》二十篇，费无隐更作十篇。其后仙游山道士彭致中采集古今仙真歌辞并而刻之。其中全真教中人有王嚞、马钰、丘处机、孙不二、郝大道、宋德方所作亦采入，更益以张继先、白玉蟾、朗然子（金刘真一）、莫月鼎各家词，又虞集和作十二首。虞序题“昭阳协洽之年”，即至正三年癸未。冯尊师所作《苏武慢》第五首后来为百回本之《西游记》采摭，作为第八回之引首，足见其流传之广。

---

① 《蛾术篇》一四“天下同文集”条；邓邦述：《元名儒草堂诗馀跋》。

元刊本。十行黑口双栏，前虞道园序。残存上卷四十八叶（《藏园经眼录》）。

《道藏》本（正统本及影本），在《太玄部》。

重刊《道藏辑要》本，觜集。

《函海》本（第十三函），不分卷，止《苏武慢》一调，计虞集十二首附冯尊师二十首。[①]

圭塘欸乃一卷　元　许有孚编

此为元时安阳许有壬、其弟有孚及其子桢，与客马熙联吟唱和之词，共六十四首。圭塘为其别业，在相城西二里，有孚作《圭塘十二咏》，欧阳玄为撰《圭塘记》。有壬事迹见本书卷七。有孚字可行，官太常。许桢字元幹。熙字明初，左卫率府教授。书前有至元十年周伯琦序。

《平津馆鉴藏记》有景钞本一卷，每页二十行。

台湾"中央"图书馆有旧钞本，卷首曹溶藏印，吴绣谷、黄丕烈、鲍廷博（得闲居士）诸家题记。

《艺海珠尘》本。

《艺圃搜奇》本。

周泳先《钩沉》辑本。

宋旧宫人诗词

宋宫人王清惠、陈真淑、何凤仪、周静真、叶静慧、孔清真、郑惠真、方妙静、翁懿淑、章妙懿、蒋懿顺、林顺德、袁正淑、章丽真、袁正真、金德淑等十七人，所作诗词，汇编成册。但书内未题编辑者姓名，知不足斋本编作汪元量《湖山汇稿》附录。（荛圃《藏书志》八有旧钞本"湖山汇稿五卷汪水云诗钞一卷补遗一卷，旧宫人诗词一卷附录一卷"，有钱谦益识记，潘耒跋。）

王清惠，字冲华，位昭仪，能属文，虽鹤骨癯貌，但度宗即位后，批答画闻，皆出其手。赴北时，有题驿壁《满江红》（文信国邓中斋有和作。《渚

① 虞集：《道园集古录》（《遗稿》卷六《鸣鹤余音序》）；太田辰夫：《西游记解说》；柳存仁：《全真经教和小说西游记》（载《明报月刊》，233期）。

山堂词话》引《佩楚轩客语》谓原词为其位下宫人张琼瑛所作，题之夷山驿中)，后为女道士。汪元量有女道士王昭仪《仙游词》，盖卒于汪氏南归之前。其他并宋旧宫人。

本书据知不足斋本，卷首有不记名小序云：“水云留金台一纪，琴书相与无虚日。秋风天际，束书告行，此怀怆然，定知夜梦先过黄河也。一时同人，以‘劝君更尽一杯酒，西出阳关无故人’，分韵赋诗为赠。”书载分韵诗十四首，及章丽真三人词三首，又附王清惠和呈水云诗三首。按水云为汪元量别号，字大有，钱塘人，布衣。以善琴事谢太后。宋亡，随三宫留燕，后为黄冠师，于元世祖至元二十五年（1288）南归。著有《湖山汇稿》、《水云集》。谢翱《晞发集》有《续琴操》、《哀江南》四章，序谓：“汪（水云）南归，旧宫人会者十八人，酾酒城隅，与之别。”（世传扬州仙露坊为宋宫人饯汪水云处。清沈传桂为赋《西湖月词》，见《清词玉屑》卷五。）此书作者十七人，并汪计之，则谢序所谓“会者十八人”，数亦相合。而王国维指此事为伪作，谓：“王昭仪卒于水云南归之前。”又谓：“宋少帝在至元二十五年学佛于吐番，瞿佑《归田诗话》载少帝送水云南归诗，一若少帝此时尚在大都者，可谓拙于作伪”云云。按《元史》十五《世祖纪》：“二十五年十月丙子，瀛国公赵显学佛法于吐番”，然书中郑惠真诗：“归见林逋烦说似，唐僧三藏入天西。”汪元量亦有《瀛国公入西域为僧号木波讲师诗》。俱言帝有西行之后。元释念常《佛祖历代通载》三十二亦谓：“元世祖敕令瀛国公往脱思麻路学习梵书、西番字经。”又明初释恕中之《山庵杂录》记其为僧后，至英宗朝，适兴吟诗，为谍者所害。王尧据藏文资料，考定帝显于至元二十五年（1288）至吐番，住萨迦大寺（寺在今西藏日喀则市之萨迦县）曾任总持，更名合尊法宝。藏语“本波”义为长官，与总持同意。汪水云称木波讲师，宜作“本波”。《佛祖通载》三十二：“至治三年（1323）四月赐瀛国公合尊死于河西。”帝显赐死于元英宗是年。水云则早于至元二十五年，得以黄冠南归矣。详孔凡礼撰《元量事迹纪年》。

知不足斋丛书本（二十四集），《丛书集成初编》覆此。[1]

---

① 陈世崇：《随隐漫录》；陈霆：《渚山堂词话》；王国维：《观堂集林》一七；王尧：《南宋少帝赵显遗事考辨》，载《西藏研究》，1981（1）；孔凡礼：《汪元量事迹纪年》（《增订湖山类稿》附录二）。

外　　编

卷十一　词评类

骫骳说二卷　宋　晁无咎撰

词话之始，书已佚。（胡仔《渔隐丛话》及《诗人玉屑》末卷所载无咎论词语，疑从此出。）

朱弁《续骫骳说》（壬戌）自序云："予居东里，或有示予晁无咎《骫骳说》一卷，其大概多论乐府歌词，皆近世人所为也。"《直斋解题》云："《骫骳说》者以续晁无咎《词话》而晁书未见。"则此书南宋之季已不易得。李调元《雨村词话》云："词话始于陈后山。"未确。按"骫骳"二字，出《汉书·枚皋传》。

时贤本事曲子集一卷 宋 杨绘撰

绘（1017—1088），字元素，绵竹人。皇祐初，擢廷试第二（见冯山《安岳集》自注），仁宗朝，知兴元府，神宗时，官御史中丞，陈新法之害，罢知亳州。哲宗元祐初，以天章阁待制再知杭州卒，年六十二。有集四十卷。张子野、苏东坡并有和元素自撰腔《劝金船词》，所谓“霅溪六客”之一也（见张先《定风波令序》）。事迹具《宋史》三二二。

全书久佚，就辑本观之，盖先叙本事，次录其词，犹孟棨之《本事诗》也，是为最古之词话。宋、元人词籍中引及者，有“京本《时贤本事曲子后集》、《本事曲集》、《本事集》、《本事曲》等异名。就《后集》说，可推知尚有《前集》。据赵万里辑本引毛斧季校坡词有《本事集》记苏轼守杭，为诗僧清顺赋《减兰》事。按《东坡年谱》：元祐四年赴杭守时，过吴兴，有《定风波》题序，略谓“昔与杨元素等会吴兴，子野作六客词，凡十五年而五人者皆已亡矣”云云。是绘已前卒于元祐初矣，安能记坡守杭事。傅注坡词，于《减兰》题上有“本事集云”四字，当为毛校所据，然延祐本坡词无此四字也。事并可疑。岂所谓《后集》者，又有他人续撰耶？梁启超辑有佚文数则，撰《记时贤本曲子集》一文。盖罗泌编欧阳公《近体乐府》及吴讷宋贤词本之《东坡词》，凡引杨绘此书有五则也。（梁任公录存《本事曲》佚文，其“欧阳公近体乐府”条，末二句乃罗泌编欧集时按语，非《本事曲》原文。）赵万里从《渔隐丛话》、《敬斋古今黈》续有所辑，通计叙事九则，录词二十首。近时孔凡礼又从《诗渊》第二十五册辑出《醉蓬莱》一首。

赵万里《校辑宋金元人词》第五册《时贤本事曲子集》一卷。①

复雅歌词 宋 鲖阳居士集

详见本书卷九。

---

① 《东轩笔录》七；《东坡乐府》编年本卷一；《张子野词补遗》上；《郡斋读书志》四下“杨元素”条；宋冯山：《安岳集》；《饮冰室全集》书籍跋（《文集》第十六册）；《全宋词补辑》。

碧鸡漫志　宋　王灼撰

灼事迹已见上别集类《颐堂词》条。

自序云："乙丑（绍兴十五年）冬，客居成都碧鸡坊，日有歌酒之会。每饮归，即录是日歌曲出所闻见，仍考历世习俗，追思平时论说，信笔以记。"故所述曲调源流，就其传授分明，核其名义宫调，以著倚声所始，皆出自亲历之境（《四库提要》列举二十八条），迥非向壁虚造之谈。《郡斋读书志》称可以见乐府之源。《四库提要》称为考古者所必资。按灼称《东坡词》为向上一路，又指万俟咏自分其集为雅词、侧艳两体，与同时曾慥辑《乐府雅词》持论相同。可证专目词为侧艳之科者，乃异宋人旨趣。所述"文溆子"条，并见唐赵璘《因话录》、段成式《酉阳杂俎》所记俗讲僧文溆事。灼又谓"俗讲不可晓"，按敦煌发见今列伯希和目三八四九号卷子背面，有俗讲仪式一段。（日本那波利员博士有《中唐时代俗讲僧文溆法师释疑》，见《东洋史论丛》，308 页。）以上分见三、四、五各卷，其一、二卷总论古初至唐、宋声歌之递变，及评述北宋词家与词坛掌故。余三卷就传授可考之《霓裳羽衣曲》等二十九调，溯其得名之由及递变沿革。《读书敏求记》著录者五卷，乾隆己亥陆绍曾据钟人杰《唐宋丛书》本校读，知钟本删节过半。后开五卷乃足本；其一卷者，皆删节本也。

明天一阁钞本五卷，二册，十行，行十八字，有沈曾植手跋云："右天一阁钞本，前缺后烂，不可复触手，爰付陈生修治，校知不足斋刻本，是正十余字，甚快意。甲寅冬月记。逊公。"有"海日楼"、"霞秀景飞之宝"印记（台北"中央"图书馆藏）。

《说郛》本一卷（宛委山房本）。

明钟人杰《唐宋丛书》本一卷（用《说郛》本）。

清曹溶《学海类编》本一卷。

清《四库全书》本一卷。

《古今说部丛书》本一卷（扶轮社刊）。

《知不足斋丛书》本五卷，据钱曾、毛斧季本校过（第四七册）。

道光六安晁氏刊本。

《增补曲苑》本五卷。

《词话丛编》本五卷（据知不足斋校本）。

《文史小丛书》本（近刊）一卷。

《中国古典戏曲论著集成》本（首册）。[①]

古今词话　宋　杨偍撰

偍（或作湜），字曼倩（赵辑本题“景倩辑”，而《红窗迥》校记引《白獭髓》又作“杨曼倩”，此据丁福保校本《草堂诗话》），里贯未详。按胡仔《苕溪渔隐丛话》前、后集尝引之，故赵万里推为与胡仔同时。

此集采辑五代以下词林逸事，乃唐、宋说部体裁，且侧重艳冶故实，然大都得之传闻，多不可信。胡仔屡引他证驳其说无根蒂，称为“野哉杨湜之言”，而嗤其锓板行世。今按所述东坡《满江红》，于守密与守徐之时间、地点，混作一谈，盖不学者之所为。书久佚，卷数不可知。《历代诗馀》词话中所引《古今词话》多涉宋南渡后及元、明人事，当是别为一书。又清康熙间吴江沈雄亦著《古今词话》八卷，二者名同而实异。

赵万里从《岁时广记》、《草堂诗馀》、《花草粹编》、《绿窗新话》等书中，辑得六十七则，载于《校辑宋金元人词》第五册。按蔡梦弼《草堂诗话》卷一引《古今词话》：“蜀人将进酒，尝以少陵诗作《瑞鹧鸪》唱之。”末谓：“不知杨曼倩何所据。”（此条为赵辑所遗）近人据周麟《海陵集》考出实为后蜀郫人周某所作。又董康《书舶庸谭》四载：“在日本见旧钞本《绿窗新话》二巨册，题皇都风月主人撰，所录纯涉丽情，强平出《太平广记》。记得吴兴刘氏嘉业堂有此书，乃借归录目。”所引杨湜《古今词话》目录十四则，内六则已见赵辑，赵欠者如下八则：“张公嫌李氏丑容”、“柳耆卿欲见孙相”、“张子野逢谢媚卿”、“柳耆卿因词得妓”、“聂胜璠事李公妻”、“盼盼陈词媚涪翁”、“点酥娘精神善对”、“翠鬟以玉篦结主”等。

《校辑宋金元人词》第五册。[②]

---

① 赵璘：《因话录》；段成式：《酉阳杂俎》；《颐堂先生文集》（《续古逸丛书》本）；《四库提要》卷一九九；《海日楼札丛》。

② 胡仔：《苕溪渔隐丛话》；蔡梦弼：《草堂诗话》；陈霆：《渚山堂词话序》六引；刘熙载：《词概》；丁绍仪：《听秋声词话》；董康：《书舶庸谭》；赵万里：《校辑宋金元人词》；拙存：《杜甫瑞鹧鸪考》（《文史》二辑，1963）。

能改斋漫录　宋　吴曾撰

曾字虎臣，崇仁人。高宗朝，官郎中。出知严州，致仕卒，年七十三。著《能改斋漫录》，考证赅洽，《四库提要》称之，但因攀附秦桧受攻讦。其书卷数增减不一。绍熙初，京镗为刊十八卷，其第十六、十七两卷，专谈乐府，或述逸闻，或录佚词。《全宋词》卷二九九收其词至十三首。唐圭璋析此两卷入《词话丛编》。

乾隆间武英殿聚珍本。（以下各刊皆以此为祖本）

《守山阁丛书》本。

《丛书集成》初编本。

《词话丛编》本，单刊十六、十七两卷。

《宋元笔记丛书》本（上海古籍出版社印）。

苕溪渔隐丛话　胡仔撰

仔，字元任，绩溪人，舜陟子，以荫补官，官至奉议郎，尝知晋陵县，后居湖州，故自号苕溪渔隐。其《丛话》前集六十卷，自序题戊辰（绍兴十八年）春，后集四十卷，自序题丁亥（乾道三年）秋。自序称阮阅《诗话总龟》编于宣和间，其时禁用元祐文章，阮因略之，今依其例，纂集元祐以来者，其后继有所得，又纂为后集云。前集第五十九卷，后集第三十九卷，皆专谈长短句，共四十八则，然他卷亦有涉及长短句者。其书援引旧闻，皆标出处，屡辟杨湜《古今词话》之谬，指出曾慥《乐府雅词》之误。又云：唐初歌辞多是五七言诗，自中叶以后至五代，渐变成长短句，皆可以正视听。前集自序后有“绍兴（应作熙）甲寅（光宗绍熙五年）陈奉议刊于万卷堂”一行，疑为最早之宋刊本。

康熙间赵氏耘经楼据宋椠重刊本。

道光间潘氏《海山仙馆丛书》本。

《四部备要》本（中华书局）。

《丛书集成》覆海山仙馆排印本。

《词话丛编》据海山仙馆本割印前集五九后集三九两卷。

《诗话丛编》第一集本（世界书局）。

人民文学出版社1981年排印本。

魏庆之词话　宋　魏庆之撰

庆之字醇甫，号菊庄，建安人。撰《诗人玉屑》，淳祐甲辰（四年），黄昇为之序云："醇甫有才而不屑科第，惟种菊千丛，阁学游公受斋赋诗嘉之。"《诗人玉屑》有宋刊本、元刊本、明嘉靖六年刊本、嘉靖十七年武林谢氏刊本（重刻元本）、清道光间古松堂刊本（重刊宋本）皆作二十卷。日本宽永十六年刊本（重刊高丽本）则作二十一卷。二十卷本末卷诗馀门共载十五则，二十一卷本末卷诗馀门共二十五则，除相同外，溢出十则，错列原十五则中。然第二十卷禅林、方外、闺秀各门亦杂有词话。又此二十五则之后别出《中兴词话》（注云："并系黄昇《中兴词话》补遗。"）凡十六则，并为各本所无。宽永本多讹字，原藏北京图书馆经王国维以宋本校过。1959年，中华书局据以排印，并据宋本、古松堂等本撰校勘记甚详。唐圭璋《词话丛编》仅据古松堂本析取十五则，题曰《魏庆之词话》。

拙轩词话　张侃撰

侃字直夫，邗人。知枢密院张岩子，尝监犇牛镇酒税，上虞丞。所著《拙轩集》卷五有词话二十余则。

《四库珍本》初集本。

周泳先《钩沉》辑本。

守斋作词五要　杨缵撰

缵字继翁，一作嗣翁，号守斋，又号紫霞翁，浙江严陵人。官至司农卿、浙东帅。度宗朝，女为淑妃（帝昺生母）。擅琴，著《紫霞琴谱》。工度曲，周密记"幼日随其祖郡王曲宴禁中，太后令内人歌之，凡用三十人，每番十人，奏音极高妙。翁一日自品象管作数声，有驻云落木之意"。

《词源》附本。分择腔、择律、填词按谱，随律押韵，要立新意五事。[①]

---

① 《齐东野语》；《词源疏证》；拙作：《九龙与宋季史料·杨太后家世考》，又《杨守斋在词学及音乐上之贡献》。

中兴词话　宋　黄昇撰

宽永本《诗人玉屑》卷二一，载《中兴词话》十六则，既见前条。按十六则中，仅末二则游子明、游子西两阕，为黄昇《中兴词选》所无，余词皆已见《词选》、洪武本《草堂诗馀》、《名贤词话》所引。《玉林词话》、《花庵词客》、《玉林词选》、《绝妙词选》等，并见《花庵词选》二十卷中。但加简略之通套评语而已。至《词苑丛谈》及《历代诗馀》所引俞国宝《风入松》本事，则宽永本无之，即《中兴词选》亦未收其词也。

乐府指迷　宋　沈义父撰

义父，字伯时，一字时斋，平江府吴江县人。理宗嘉熙元年（1237）领乡荐，为白鹿书院山长。致仕归，立明教堂讲学，以程、朱为宗，学者称时斋先生。遭宋亡，隐居以终。著有《时斋集》、《乐府指迷》。

本书自述壬寅、癸卯间（1242—1243），识吴梦窗兄弟，讲论作词法，其后条列以示子弟。现传二十八条，所举“律欲协”、“字欲雅”、“用字不可太露”、“发意不可太高”四标准，及论造句、押韵、去声字等，俱独标新义。

宋词虽盛，然论词专著不过三数家。本书实与张炎《词源》同其重要。张炎尊白石，开清空一派；沈氏主清真，吴梅证其词法得自梦窗，以梦窗为清真接武，是又一派也。又沈氏论去声最精审，厉樊榭谓万树《词律》严上去之辨，说本沈氏。蔡嵩云谓后此声情并茂之作，人多归功万氏，其实乃发端于沈氏此书也。

本书向无单行本。明季陈继儒《宝颜堂续秘笈》有之，题作张玉田撰，与陆辅之《词旨》混合为《词源》上下卷。其他陶珽《续说郛》本、冯可宾《广百川学海》本、明人《欣赏编》本、曹溶《学海汇编》本，并同误混，《蒙香室丛书》直目为玉田先生《乐府指迷》一卷。清开四库馆，陆锡熊以家藏明万历癸未（1523）刊陈耀文《花草粹编》进呈，卷首附刻沈氏《乐府指迷》二十八条，由是始知他本之谬，故订正著录为沈氏《乐府指迷》一卷。此书当元、明间，传本如何？此二十八条是否足本？均不可知。下列诸本之不误者，多从此附刻出。蔡嵩云著《笺释》尤为详赡。

番禺叶氏藏明祝枝山手写大草卷子与《海岳遗事》合装一册。首段自序之末有“时斋沈乂伯时书”七字，为各本所无。或者另一钞本作“乂”，且夺去“父”字，而祝氏因之。叶恭绰校语已刊行，见《矩园余墨》。

万历刊《花草粹编》附本。

明蓝格钞本。题“右伯时号时斋，吴兴人”。天一阁佚书（《藏园经眼录》一九）。

《四库全书》本题沈氏《乐府指迷》一卷（据万历《粹编》本）。

乌程范氏汇刻本一卷，附记一卷。

《砚北偶钞》本一卷。

《指海》本一卷（第十集，有道光本、景道光本）。

咸丰间金氏评花馆翻印瞿氏藏《花草粹编》本。

《昭代丛书》本。

咸丰四年吴江翁大年《晚翠轩丛书》校梓本（母本出杭州文澜阁）。

光绪八年翁棨重刊其父大年校本（据文澜阁传写本）。

赐砚堂本。

《宛邻词选》七种本（木板）。

光绪十五年四印斋校刻本（有景光绪本）。乾、嘉间刊朱琰辑《诗触》本一卷，误题张琰撰。

光绪十七年《蒙香室丛书·宋七家词》后附本。

民国陈去病《百尺楼丛书》中《笠泽词征》附刻本。

唐圭璋《词话丛编》本（据金氏本。唐有校记）。

民国十四年影印道光《词林纪事》后附本。《一瓻笔存》手钞本。

民国三十七年蔡嵩云《乐府指迷笺释》本（中华书局版）。①

词源　宋　张炎撰

炎事迹已详前。世居临安，张循王裔孙，故署籍为祖贯西秦。生于淳祐八年戊申（1248），宋亡时年二十九岁。炎父枢，与杨守斋诸人游，晓畅音律，有《寄闲集》，旁缀音谱，刊行于世。每作一词，必使歌者按之，稍有不协，随即改正。炎著《词源》，所论盖得之家传。卷末有友人钱良祐（《钱良

---

① 《四库提要》卷一九九“沈伯时乐府指迷”条及卷二〇〇“张炎”条；胡元仪：《词旨畅》；吴梅：《词学通论》；朱东润：《文学批评史大纲》；《矩园余墨》序跋（第二辑）。

祐墓志》见黄溍《文集》卷三三）丁巳年跋，称："乙卯岁（元仁宗延祐二年，1315）玉田来寓钱塘县学舍。"末附杨缵《作词五要》。

阮元《揅经室外集》三：《词源》二卷《提要》云："是编依元人旧钞影写。上卷：详论五音十二律，律吕相生，以及宫调管色诸事，厘析精允，间系以图，与姜白石歌词、《（越）九歌》、琴曲，所记用字纪声之法，大略相同。下卷：历论制曲、句法、字面、虚字、清空、意趣、用事、咏物、节序、赋情、离情、令曲、杂论，《五要》十四篇，并足以考见宋代乐府之制。"按沈氏《乐府指迷》与张氏《词源》为宋末论词专著。凡论协律、雅、正，及字面须从温李诗中来，是其所同。然沈氏谓作词当以清真为主，张氏则谓多效清真体制，失之软媚；沈谓发意不可太高，张则主不蹈袭，举东坡、半山、白石之清空有意趣者为例；沈学梦窗讲作词法，而不满白石生硬处，张则不满梦窗质实，而极称白石之清空骚雅。清初浙派，皈依清空，至于家玉田而户白石；及其流弊，不免浮滑。于是常州派起，主问途碧山、稼轩、梦窗以还清真之浑化，流风余韵，直逮今兹。三百年来词学转变，大体乃辗转于《乐府指迷》与《词源》二说间耳。

是书《四库全书》失收，但钱遵王《读书敏求记》卷四已有著录。清嘉庆庚午（1810）秦恩复刊本跋云："元明收藏家俱未著录，陈眉公《宝颜堂秘笈》只载半卷，误以为《乐府指迷》，又以陆辅之《词旨》为《乐府指迷》之下卷。至本朝云间姚氏又易名为沈伯时，承讹袭谬，愈传而愈失真（《蒙香室丛书》亦收误本）。此帙从元人旧钞誊写，误者涂乙之，错者刊正之。"道光戊子（1828）秦恩复再刊本跋云："是书刻于庚午，阅十余年而得戈子顺卿所校本，勘订讹谬，精严不苟，自哂前刻卤莽，爰取戈本重付梓人。"兹列各版本如次：

影写元钞二卷本（故宫藏，见《宛委别藏书目》）。

陈继儒《宝颜堂秘笈》本第二二册（谬误见上）。

蔡松筠校本。

嘉庆庚午秦恩复刊《词学丛书》本。

道光戊子秦恩复重刊戈顺卿校二卷本。

《守山阁丛书》本（道光本，景道光本二种）。

道光乙未乌程范锴汇刻书本（《词源》二卷，附记一卷，底本影元钞）。

咸丰三年刊《粤雅堂丛书》本（二编第十三集）。

光绪十年《榆园丛刻》本。

《宛邻词选》七种本（光绪间木板）。

民国北京大学排印本。

《词话丛编》本（附序跋七首）。

《四部备要》本。

近人蔡桢《词源疏证》（金陵大学排印本）。①

浩然斋雅谈　宋　周密撰

密事迹详本书别集类“蘋洲渔笛谱”条。《浩然斋雅谈》著录于《千顷堂书目》，清馆臣从《永乐大典》辑成三卷，上卷论文，中卷诗话，下卷词话二十六则。收录宋词多为他书所未见，《四库提要》称是书宜广其传。然谓宣和中李师师善歌舞，时“周邦彦为太学生”条，于邦彦年龄，不无误混。唐圭璋收其下卷入《词话丛编》。

浙刻《聚珍版丛书》本。

南昌重刻《聚珍》本。

清光绪间山阴宋泽之刊《忏花庵丛书》本。

《词话丛编》本。

词旨　元　陆行直述

行直，字辅之，又字季道，号壶天，亦号壶中天，或称湖天居士，吴江人。生于宋德祐元年（1275），元大德中，任翰林典籍，皇庆间，致仕归，年才四十。行直年二十时，得钟繇《荐季直表》真迹，中道散失，经二十六年重得之，跋以志庆，时已七十五岁矣。《菉竹堂书目》、《千顷堂书目》收陆辅之《吴中旧事》一卷。

陆辅之少从乐笑翁游，得度曲之法，因述《词旨》一卷，俾初学易于入室。书分词说、属对、乐笑翁奇对、警句、乐笑翁警句（吴衡照又补玉田警句，见《莲子居词话》）、词眼、单字集虚七目。尚有两字三字集虚，已佚。陈继儒误以其书为《乐府指迷》下卷，曹溶《学海类编》则题曰《词旨》。清

① 《图绘宝鉴》；阮元：《揅经室外集》卷三；《黄文献（溍）集》；彭甘亭：《小谟觞馆集·征刻宋人词学四书启》；江昱：《山中白云疏证》；拙作：《宋季金元琴史考述》；夏承焘：《读张炎词源》（《月轮山词论集》）。

光绪间长沙胡元仪以《词旨》为书，与张叔夏《词源》同条共贯，因取《词源》为之注。所列词句，又取原词全阕缀于下，题曰《词旨畅》，分为二卷。其自序，于作者名字颇有混淆，民国二年陈去病刊入《百尺楼丛书》，叙文中为之提正。

《广川学海》本。

《说郛》本。

《诗触》本。

《艺海珠尘》本。

《学海类编》本。

《词林纪事》附录本。

四印斋刻本。

光绪间刊《宛邻词选》七种本（以上皆一卷）。

民国二年排印《百尺楼丛书》本《词旨畅》二卷有胡元仪、陈去病序文。

《词话丛编》本《词旨畅》二卷覆陈本。

民国二十五年开明书局景印四印斋本。

明刻本《词旨》题陆友仁撰（见胡元仪序）。[①]

吴礼部词话　元　吴师道撰

师道字正传，兰谿人。尝师金履祥。至治元年进士，仕至国子博士，致仕后，授礼部郎中，卒于至正四年，年六十二，事迹具《元史·儒学传》。著有《敬乡录》、《战国策校注》、《吴礼部诗话》等书。

《吴礼部诗话》后附词话九则，《词话丛编》割取为《吴礼部词话》。然原本“欧公小词”与“姚子敬”分两则，《丛编》本误并为一。其评《醉翁琴趣》外篇多鄙亵语，及所题东坡居士序文词气卑陋，可证编《琴趣》者属坊贾所为。此书《吴礼部诗话》本外，尚有以下数种。

《知不足斋丛书》本（《丛书集成》初编本）。

《续金华丛书》本。

《萤雪轩丛书》本。

---

① 杨廉夫：《东维子集》；朱存理：《铁网珊瑚》；汪砢玉：《珊瑚网》；顾嗣立：《元诗选》；厉鹗：《绝妙好词笺》；《四库提要》卷二〇〇。

《历代诗话续编》本。

词话总龟　失名

见《千顷堂书目》。钱大昕《补元史艺文志》著录，殆如阮阅《诗话总龟》之类。

卷十二　词乐词韵类

词乐类

教坊记　唐　崔令钦撰

是书所记确为盛唐时乐苑实况。书中列举曲名二百七十八，大曲名四十六。又记事之部别见曲名六，大曲名十三，共得三百四十三调，足见盛唐词调已极蓬勃。中唐而后，教坊之业，为俗论僧徒所吸收。如文溆善吟经，其声宛畅，乐工黄米饭为作《文叙子》之曲。唐文宗善吹小管，采其声以为曲子。故其时有“和尚教坊”之目。曲子之兴，与僧徒有不可分关系，五代时，僧、道有声赞科，为必修科目故也。

唐郎官石柱记题名仓部郎中有崔令钦。令钦注《哀江南赋》。又尝为柳芳之《唐历》撰目录，见《通志略·艺文略·史部》。高似孙《史略》称“《唐历》起义宁元年（617），讫建中三年（782）”，则其生年实与柳芳同时。

任半塘《教坊记笺订》考述綦详，此书板本详任书附录四，不复赘。[①]

---

① 王国维：《唐写本春秋后语背记跋》；陈直：《古籍述闻》（《文史》三）；金冈照光：《再论文溆法师》，载《东洋学研究》，1969（3）；拙作：《法曲子论》，载《中华文史论丛》，1986（1）。

乐府杂录　唐　段安节撰

安节为成式子，温庭筠婿。乾宁中，为国子司业，仕至吏部郎中，沂王傅。善乐律，能自度曲（见《新唐书·段成式传》及《金华子杂编》、尉迟枢《南楚新闻》）。

此书杂论乐部歌舞、俳优，及乐器乐曲。《新唐书·艺文志》著录。《直斋解题》又收安节撰《琵琶故事》一卷。

《唐语林》作《乐府新录》。

有《续百川学海》本、《学海类编》本、《唐代丛书》本。汲古阁有旧钞本，合《教坊记》为一册。

Martin Gimm 德文译注本（Das Yueh-Fu Tsa-Lu des Tuan An-chieh, Studien Zur Geschichte von Mask, Schanpiel und Tanz, der Tang-Dynastie），《亚细亚研究》一九卷，1966，极详尽。①

教坊正数曲

宋秘书省续编四库目。宋代教坊状况详《宋史·乐志》。

龟兹乐谱

《酉阳杂俎》前集十二《语资》："玄宗常伺察诸生，宁王尝夏中挥汗鞔鼓，所读书乃《龟兹乐谱》也。"

唐韩滉有《龟兹乐图卷》，见清方士庶《画笔记》。宋沈辽有《龟兹舞》诗，皆重要史料。

《太子入山修道赞》："共奏《天仙乐》龟兹韵宫商。"伯三〇六五作"皈资用宫伤"，龟兹写作皈资，天仙即敦煌曲之《天仙子》，《苏幕遮》与《天仙子》皆属龟兹乐。

《辽史·乐志》记胡谱用八（合）々（四）一（乙）L（上）等半字谱，

① 《四库提要》；方南生编：《段成式年谱》（《酉阳杂俎·附录》）；《唐语林校证》二。

即出胡乐之龟兹，宋人称为工尺谱。[1]

荆南琵琶乐曲谱

孙光宪《北梦琐言》“王氏女”条云：王保义女“善弹琵琶，因梦异人，频授乐曲，……所传曲，有道调宫、玉宸宫、夷则宫、神林宫、蕤宾宫、无射宫、玄宗宫、黄钟宫、散水宫、仲吕宫。商调，独指泛清商、好仙商、侧商、红绡商、风抹商、玉仙商。角调，双调角、醉吟角、大吕角、南吕角、中吕角、高大殖角、蕤宾角。羽调，凤吟羽、背风香、背南羽、背平羽、应圣羽、玉宫羽、玉宸羽、风香调、大吕调。其曲名一同人世。有凉州、伊州、胡渭州、甘州、绿腰、莫靼、项盆乐、安公子、水牯子、阿滥泛之属，凡二百以上曲。所异者，徵调中有湘妃怨、哭颜回，常时胡琴不弹徵调。”吴任臣《十国春秋》一〇三《王贞范传》云：“（其）女弟故所称荆南仙女者，恒时梦异人授琵琶乐曲二百余调，命曰：此曲谱属元昆制序，当刊石于甲寅之方。”“于是贞范如女弟指为制序，刊所传曲（曲调从略）而曲名有同人世者，如凉川（《琐言》多《伊州》一曲）、渭州、甘州、绿腰、莫靼、倾盆乐、安公子、水牯子、阿泛滥之属。摹本流传，一时咸诧以为异。”（中华书局点校本，1466 页）仙女即平江节度使王保义之女，善琵琶。

贞范与孙光宪相善，此琵琶曲谱，由贞范撰序，惜其文不传。其曲调中“莫靼”当是《（苏）幕遮》，《项盆》、《倾盆乐》当是“倾盃”之误，《水牯子》即《水鼓子》。《伊州》、《倾盃乐》、《水鼓子》，均见敦煌之《琵琶谱》。

敦煌琵琶谱三种

（一）列伯希和目三八〇八，正面抄《长兴四年中兴殿应圣节讲经文》，其后接书十九首七言四句弹词体。反面即写乐谱，共收曲谱二十五首，计十曲。起《品弄》、《倾盃乐》、《西江月》、《心事子》、《伊州》、《水鼓子》、《急胡相问》、《长沙女引》、《撒金砂》、《营富》。其中《伊州》有二、《水鼓子》有第二遍，而同一曲有急、慢之别，表列如下：

---

[1] 铃木修次：《龟兹乐考》（《诸桥博士古稀论文集》）；拙作：《敦煌曲》，216 页；关也维：《关于苏只婆调式音阶理论研究》，载《音乐研究》，1980（1）；周菁葆：《试论龟兹乐与大食乐的关系》，载《交响》，1985（1）。

急：《倾盃乐》二　《西江月》　《心事子》　《伊州》　《胡相问》
慢：慢曲子三　慢曲子二　慢曲子一　慢曲子一　又曲子二
急：急曲子二　　　急曲子一
重头（《品弄》）　　　“第二遍至王字末”（《伊州》急曲子）
重头至亻（《倾盃》急曲子）“却从头至王字末”（《急胡相问》）
同“今”字下作至“合”字（《撒金砂》）王字末、第二遍（《水鼓子》）

慢曲子与急曲子相对为用者，《宋史·乐志》记：“太宗所制曲……凡新奏十七调，总四十八曲。……其急、慢诸曲几千遍。”《碧鸡漫志》：“唐中叶，渐有今体慢曲子。”证之敦煌乐谱，慢曲子与急曲子并存，有时同一曲可有若干变化，《倾盃乐》竟有三个慢曲子与急曲子，可见不是大曲。

重头诸号有如琴谱之“从冂（再）乍”。琴曲中《渭城谱》竟有“从头五乍”（明袭经《浙音释字琴谱》），谱中有尾及重尾两式，宋谱《愿成双》令慢五曲，给遍均有一“尾”字，又《狮子序》有重头之称，亦与是谱同。

是谱自 1938 年日本林谦三以《天平琵琶谱》、近卫家藏《五弦琵琶谱》比勘，证知确为《琵琶谱》，余于 1959 年撰文亦证其为琵琶谱，可以论定。

（二）列伯目三五三九反面，写于《归义军节度使牒文》之后。记云：

散打四声　头指四声　中指四声　名指四声　小指四声

共二十谱字，属于指位谱，据此证知必为琵琶谱。

（三）列伯目三七一九号《尔雅》背面，记云：

浣溪沙　慢二急三慢三急三

旁书“琵琶谱”字共两行。

摹本初载《唐声诗》图谱二九，多有疏失。详拙文《敦煌琵琶谱浣溪沙残谱研究》（载《中国音乐》，1985（1））。

过去多误以上谱为工尺谱，现已公认是琵琶谱，自 1982 年以来，译谱已有多家，大致不出林谦三之范围，最歧出者为节奏问题。琵琶谱中只有“▭”、“□”两号，《事林广记·愿成双谱》以“○”号表句或拍，“▭”为拍号可无疑问。其中大多数为六字一大拍，亦有八字、四字者，以证《碧鸡漫志》“今音节皆有辖束，而一字一拍不敢辄增损”之说，正是事实。又谱中煞曲三字一拍者屡见，亦与张炎《词源》所云“前衮中衮六字一拍，煞衮则三字一拍，盖其曲将终也”完全符合。由《琵琶谱》之曲子调名，若《倾盃乐》、《西江月》等，明为曲子词，虽以琵琶合乐，而乐曲本身则为词调，唐代曲子之真相得以大明，有功于词学者尤伟。

惟译谱者囿于工尺谱之板眼说，或取南音之撩拍相比况，译作一板两眼（三拍子），或取西安鼓乐之三点水译作一板三眼（四拍子），去原谱甚远。

余按“、”之记号与日本琵琶古谱《三五要录》之“只拍子”最为接近。只拍子与表示太鼓之乐拍子之作“○”者不同，乐拍子必求一定之节奏，且与舞蹈配合；若作为只拍子，则每拍长度不固定。在敦煌谱中，带着“□”号者有时表示掣，即减去一个字之时值，可紧接其前之谱字，以合成一拍。在六字一拍之乐句中，有时可带一至二、三之“、”号，即成为今之五拍子、四拍子、三拍子。如此，对于谱中所记“▭”两号叠见之现象，始可得合理解释。故知“、”号乃指不固定之拍子，与日本之只拍子相似。若“▭”号之拍，当是配合舞之动作，与扶桑之乐拍子，正相仿佛。

关于是谱破译工作，至于晚近，人各异说，而大体皆从林谦三依笔迹不同分为三组定弦，其第二组与第三组，有《水鼓子》之前后相符合，可得印证。第一组则林氏之说屡有更易，他家亦持论不一，仍待厘定。众说纷纭，具见近年音乐杂志，众所习知，今不多及。

敦煌舞谱

（一）列伯希和目三五〇一。存《遐方远》（怨）、《南歌子》、《南乡子》、《遐方远》二、《双燕子》、《遐方远》三、《浣溪沙》、《凤归云》六词调十四残谱。据背书知此谱写于周显德五年以前。

刘复《敦煌掇琐》本。

神田喜一郎《敦煌秘籍留真新编》本。

法京《敦煌曲》本。

水原渭江《敦煌舞谱之解读研究》本（Pelliot 关系资料）。

（二）列斯坦因目五六四三。存《蓦山溪》、《南歌子》、《双燕子》三调，其余失题，可与伯谱互校。书于《心经》之后。

最先印入拙作《敦煌琵琶谱读记》(《新亚学报》)。

水原氏《敦煌舞谱之解读研究》本(Stein 关系资料)。

(三)列斯五六一三。在书仪与夫书下方共四行，只记《南歌子》一谱。初载于李正宇文(《敦煌研究》第九期)，颇有讹字，兹重录校正如下：

上酒曲子《南歌子》：两段，慢二、急三、慢二。令至据，各三拍。单铺双补。近令前揖。引单铺舞挼诛。双补。令挼，急三三拍，折一拍。遇挼三拍折一拍。双补舞、据后，后送。开平己巳岁七月七日闷(悶)题。德洨(深)记之。

此为后梁太祖朱温三年所书写，唯一有年号之舞谱，与《雲谣集》杂曲子钞写年代度相去不远。钞者疑是僧人。开端明记上酒曲子，盖侑觞之酒令。《东京梦华录》(九)十月宰执百官上寿所记九盏御酒慢曲子，其舞容可以比观。辞言单铺双补。单铺亦见伯谱，云“三段单铺，中段倒四位，令后送”。《梦华录》云“舞曲破攧，前一遍舞者入场，至歇拍，续一人入场，对舞数拍。前舞者退，独后舞者终其曲，谓之舞本”。故知单铺指一人独舞，双补谓二人对舞。

(四)列斯七一一一号。卷背有《别仙子》三首，序题云“曲子《别仙子》，拍、段、慢三急三、慢二急三”与《浣溪沙》曲谱及上列诸舞谱相似，亦为曲子与舞乐结合之例。

(五)北京图书馆藏敦煌残片八二〇号。参考姜伯勤《敦煌“令舞”曲谱的再发现》，载某《敦煌艺术宗教与礼乐文明》一书，571 页至 591 页(中国社会科学出版社，1996)。[1]

古公乐律通谱

宋王洙《王氏谈录》云：“公洞晓音律，自能辨声度曲。尝究今乐与古乐之所由变，而总诸器之同归，以籍于谱如言黄钟某声则属弦之某，抑按金石之某声，考管之某穴，皆衡贯为表而别之。至于胡部诸器亦然。虽不知音者，

① 李正宇：《敦煌遗书中发现题年南歌子舞谱》，载《敦煌研究》，1986(4)；柴剑虹、徐俊：《敦煌词辑校四谈》(《古籍整理简报》一七四期)。

可一视而究。号曰《古今乐律通谱》。”①

行在谱　宋　张镃撰

《朱子大全集》云：“张镃在行在，录得谱子大凡压入音律只以首尾二字，章首一字，是某调，章尾即以某调终之。”

德寿宫舞谱

见周密《癸辛杂识》后集，称“有二大帙”。

姜夔十七谱

《白石道人歌曲》，南宋嘉泰壬戌赵与訔（菊坡）始刊于云间，其书世所未见。元至正十年，陶宗仪尝发见手抄《白石道人歌曲》，其中二十八首词，旁有减字谱。今存《白石歌曲》有旁谱者，仅十七首，除《玉梅令》为范成大所作曲、《醉吟商小品》、《霓裳中序第一》为古曲外，其余概为白石自制之曲。

姜夔在南岳庙于乐工故书中，得《商调霓裳羽衣曲》十八阕，皆虚谱无辞（《霓裳中序第一》小序）。沈括《梦溪笔谈》五：“蒲中逍遥楼楣上有唐人横书类梵字，相传是《霓裳谱》。”《碧鸡漫志》引《嘉祐杂志》：“同州乐工翻黄幡绰《霓裳谱》，钧容（班）乐工程士守以为非是，别依法曲造成。”王灼叹其“不载黄谱宫调，……今并程士守谱皆不传”。依上所说，宋时唐谱已不易见。敦煌所出《琵琶谱》正是无辞之虚谱，与白石等所见之《霓裳谱》同是虚谱，足见唐代多是无辞之乐谱，白石乃于此中吸取营养焉。

陶钞本多有误字，清初楼俨始购得其书。乾隆癸亥乃有陆锺辉刻本，嗣是有张（奕枢）江（炳炎）诸本，实均出于楼氏所藏之陶钞本，同为一源。

白石旁谱，清以来学人攻治者多，自方成培（《香研居词麈》）、戴长庚（《律话》）创解于前，张文虎（《舒艺室余笔》）、郑文焯（《词源斠律》）推阐于后，已稍稍得要领矣。近贤研讨寖罪，若唐兰（《白石道人歌曲旁谱考》）、

① 《香研居词麈》（三）。

夏承焘皆有所建树。译谱成书亦不一而足，国内如杨荫浏、丘琼荪，域外有Picken Laurence，世所共知，丘书最为详尽。大抵旁谱记号，实有二类，一为管色字谱，表音阶之高下，A（合）マ（四）之类也。一为应指字谱，所以表指法之迟速、大小住、掣、折诸法是也。前者各家诠释已无余蕴，意见皆同。后者则说法多歧，尚乏一致之结论，故夏氏于1962年重订所著《唐宋词论丛》，仍抱阙疑态度，彼于十七谱译稿中，谱字右方及下方各应指字谱号自言“还不能完全认识”，而以“○”号表示之，甚为矜慎。至于拍眼方面，尤为争论之焦点，应指字谱多为沓字，如么丿之属，近时余研治敦煌《琵琶谱》，其记拍号之“▭”、“□”有时亦见“、”、“□”两号叠记，此等现象，与白石旁谱之表示住掣等有密切关系，尚待于抉发，故前此各家所试译白石诸谱，未有视为定说，仍须进一步之探讨也。①

依声集　宋　张枢撰

周密《浩然斋雅谈》下：“云窗张枢字斗南，又号寄闲。忠烈循王五世孙也。笔墨萧爽，人物酝藉，善音律，尝度《依声集》百阕。音韵谐美，直承平佳公子也。”张炎《词源》云“先人晓畅音律，有《寄闲集》，其旁缀音谱，刊行于世”。按：张氏此书可惜失传，否则百阕之谱，令人挹注不尽，不让白石专美于前矣。

乐星图谱　宋　陈元靓撰

元靓自署曰广寒仙裔，《事林广记》成书当在宋绍定至宋亡之前。其文艺类三锦门庭，酒令多收词曲及赚词，其中保存古谱如《愿成双》，对宋词研究裨益殊多。清季沈曾植初为之表彰，卞赵如兰以英文著论，更多所扬榷。《乐星图谱》中口诀四种有人作独立研究，《事林广记》所刊管色谱字，论白石旁谱者，又多所取资焉。

《广记》原名《增类纂图事林广记》共四十二卷，有元建安椿庄书院刻本。

---

① 丘琼荪：《白石道人歌曲通考》；陈应时：《论白石道人歌曲集曲谱中的调》，载《南艺学报》，1982（3）；刘明澜：《论白石词调歌曲的拍眼》，载《音乐研究》，1986（3）。

日本元禄翻刻元泰定增补本。

元至顺增补本。

宣统二年沈寐叟刻《白石歌曲》本。

《音乐举要》本。[①]

词韵类

应制词韵十六条　宋　朱希真撰

许昂霄《词韵考略叙》："宋朱希真尝拟《应制词韵》十六条，而外列入声韵四部，其后张东泽（辑）释之，冯双溪（取洽）增之。元陶南村（宗仪）讥其侵寻、盐咸、廉纤闭口三韵混入，拟为改定。今其书既不传，目亦无考，可惜也。"戈载《词林正韵·发凡》、张德瀛《词征》（卷三）仅引述此事。

按旧制词盛于北宋，若柳永应制《醉蓬莱》（见《花庵词选》卷五），王观应制撰《清平乐》（《能改斋漫录》）。朱希真倘为朱敦儒其人，至绍兴五年方克登第。大晟府之置，始于崇宁四年，罢于宣和七年，时彼方为布衣。《宋史·职官志》："（大晟府）有按协声律制撰文字谱等官，以京朝官候选人，或白衣士人通乐律者为之。"疑朱氏于此时以布衣拟词韵进呈。为应制而作，仅十六条而已。迨南宋张、冯乃为增释。其书恐不甚为人所重，故张玉田不之及，而南村则深置贬词。然词之有韵，实肇端于此。[②]

菉斐轩词林要韵

《四库未收书目提要》云："此书不分卷，不知撰人姓名。目录标题《新增词林要韵》，书中标题则曰《词林韵释》"。其书分一东红、二邦阳、三支时、四齐微、五车夫、六皆来、七真文、八寒闲、九鸾端、十先元、十一箫韶、十二和何、十三嘉华、十四车邪、十五清明、十六幽游、十七金音、十八南三、十九占炎，共十九部。而以上去二部依部列于平声之后，而入乐不独为部，凡入声之作平声、作上声、作去声者，又各依类分隶于平上去之后。

---

① 王蘧常撰：《沈寐叟年谱》；吴钊：《宋元古谱愿成双初采》，载《音乐艺术》，1983（3）；何昌林：《乐星图谱口诀四种之译解研究》，载《艺苑》，1983（4）。

② 吴梅：《词学概论》；小川环树：《苏东坡古诗用韵考》。

要皆统于平声十九部之内。其中每字皆有训释，一字数意，备载无遗，而词简句妙，精而不支。书缝有“菉斐轩”三字。近人厉鹗《论词绝句》云：“欲呼南渡诸公起，词韵重雕菉斐轩。”世人知重此书，实自鹗诗始发之。然自来作长短句者，未尝不以入声押韵，而此以入声分隶平上去三声，盖后来曲韵之嚆矢。或以曲盛于元，而此书实出于南宋无疑。今按《书录解题》歌词类有《五十大曲》十六卷、《万曲类编》十卷，则宋时未始无曲也。此影宋钞本，卷端标题“词林”者，犹艺林之谓，非必指长短句而言。以此为词韵，殆鹗误会“词林”二字之义耳。

秦恩复跋云：“吾乡阮中丞家藏有《词林韵释》一卷，一名《词林要韵》，不知何人所撰。《宋史·艺文志》不载此书。《厉樊谢集》中《论词绝句》注云：‘绍兴二年菉斐轩刻本，分东、红、邦、阳等十九韵，与元周德清《中原音韵》略同。以上、去、入三声配隶平声，与宋沈义父《乐府指迷》相合。’窃疑此书出于元明之季，谬记南宋初年刻本，又疑此书专为北曲而设，或即大晟乐府之遗意。嘉庆庚午。”

叶遐庵跋略云：“秦（敦夫）本与此本全同。今考书中中缝，悉写‘绍兴二年刊’，与厉太鸿所称同，而藏印则有‘子固私记’一章，‘仇远’一章。子固当是彝斋，与山村约略同时，其生皆及南宋之末。此二印既不似伪作，则秦氏谓此书为元、明之季所谬托，已可证其非是。（此外尚有‘梅花草堂’一印，当为明之张大复。‘学海’二字印，则不知何人。）惟此书既以词韵、诗韵同刻，而词韵分部之法，于前无据，证以宋人各词，亦不尽合。其诗韵之分部，则完全与现行之本同，无丝毫差异。按现行诗韵之分部，实祖南宋平水刘渊淳祐壬子所刊之《礼部韵略》，元初黄公绍《古今韵会》因之。惟刘、黄二氏皆分一百七部，现行韵乃分一百六部，则以黄公绍之后，复经阴氏时夫删去上声之拯部，故黄、阴二氏皆元初人，不应绍兴时已先采刊其分部之法。且南宋自高宗至理宗，功令用韵，皆仍沿用景祐所定之《礼部韵略》，其部为一百零七，从无绍兴时诗韵为一百六部之说。是此书之非绍兴时所编刻，已无疑义。惟究系何时所编刻，尚难臆断。考黄公绍《韵会举要》中刘辰翁序文，所称‘壬辰十月’，乃元世祖二十九年，而编《韵府群玉》之阴时夫，乃元初人，其书中尚有赵子昂题字，此书之出，当与之同时或稍后，则赵彝斋、仇山村自能有之，此或可释赵彝斋死于宋代之疑，亦一趣事也。至元初刊物，假托绍兴，则殆亦如其他书籍冒名居奇无足深论。故余定此书为元初刊物，或可无误。民国二十四年。”

按吴子律、冯蒿庵均论及此书。宋翔凤《乐府通论》云："元人菉斐轩《词林要韵》为北曲而设，乃谓之词韵，则曲亦词也。"说颇通达，以为元人书，与叶说同。夏承焘言"菉斐隅《嗣韵》，陶凫香曾见一本有元人仇山村藏印"（《作词法》五八）想即叶氏所见之本。《千顷堂书目》："《词林要韵》一卷，陈铎撰，字大声。成化癸卯序。"赵荫棠《中原音韵研究》云："菉斐轩《词林韵释》，大概出成化间陈铎手，由江苏第一图书馆钞来朱权《琼林雅韵》，可见其剿袭痕迹。"彼未见叶跋，其所推断，有待覆核。

此本曩年于叶氏处亲见之，与《诗韵》合刊共六册，碧绫红线，装潢富丽。菉斐轩未详何人。叶氏称其"此外曾刊行宋人词集数种，殆亦陈起之流亚"。此书为词韵之祖，且为元本，故详记之。

元刻本（番禺叶氏恭绰藏）不分卷，与所刊诗韵共装六册。

秦氏《词学丛书》本，《粤雅堂丛书本》（第十七集）。

光绪南陵徐乃昌《随庵丛书》影宋本。中华《四部备要》本。

故宫有《新增词林要韵》一卷二册影宋钞本（见《宛委别藏书目》）。[1]

① 《莲子居词话》；《蒿庵论词》四三；赵诚：《中国古代的韵书》（第八章《词韵》）。

后 记

拙著《词籍考》，于 1963 年 2 月由香港大学出版社印行。其时新增订本《全宋词》五册与《全金元词》皆未问世。明以前词人别集，勾稽整比，其事维艰，兹编摭拾丛残，条理粗具。今修订再版，益以总集，及外编词评、词乐、词韵之属，以存自唐五代讫于金元词书之全貌，易名为《词集考》。其间略有苴正，只将补记部分隶于各书之下，存其旧观而已。至于整体增订，仍待来兹，尚望贤达，赓续为之。

1986 年 2 月饶宗颐识

香港大学冯平山图书馆善本目录

卷十

饶宗颐二十世纪学术文集·目录学

目　录

序

香港大学冯平山图书馆[①]所藏善本书籍，以得自吴兴嘉业堂刘氏（承幹）为多[②]，次为南海劬学斋黄氏（慕韩），计刊本、钞本共二百余种。嘉业堂书来源，大半为甬东卢氏（址）之抱经楼、独山莫氏（友芝）之影山草堂、仁和朱氏（一勤）之结一庐、平湖陆氏（烜）之奇晋斋旧物。卢氏、朱氏以钞本及明清集部珍籍著名，如沈瀚本《说郛》，其尤重要者也。陆氏之书，以侍姬沈彩手缮本（如《尚书义》），最为精奇。[③] 刘氏当日收购群书，长洲叶昌炽、江阴缪荃孙辈皆佐其考订鉴定。今《缘督庐日记》卷十五、十六颇记当日经眼诸书。其归香港大学者，如钞本《金石录补》、《说郛》、《神道大编历宗通议》、沈彩精钞《尚书义》，与毛利高标旧藏《左传注疏》、赵善璙《自警编》、敖继公《仪礼集说》、曾鲁《欧阳文忠集考异》等，叶书均备记得书情况（见序后附录该日记摘钞），可为考索之助。嘉业堂藏书，黄孝纾曾撰为记略，其宋元本亦有书影问世，明本之善者，亦有书目印行，惟钞本则未见部勒为目。其秘笈如朱彝尊之《五代史辑注稿》（刘凤诰曾见之），

---

① 冯平山图书馆为新会冯平山先生捐建，落成于民国二十一年十二月，港督贝璐爵士（Sir W. Peel）主持揭幕。该馆历史，参看冯平山图书馆创办述略。（《中华图书协会会报》第十三卷第一期）

② 刘承幹嘉业堂藏书记，见《图书馆学季刊》第一卷第三期（1926）。

③ 参看黄孝纾：《吴兴刘氏嘉业藏书楼记略》，见《青鹤杂志》二、一二、一六，1934，本文未完，仅刊至第三章宋元善本书序目。

郝莲之《国朝诗选》七十六册（收四千九百八十二人），海内孤本，尤天壤之瑰宝已。

近世海内藏书，颇流散国外。若邓氏群碧楼书，以归于“中央”研究院，今得保存于南港。粤东徐氏南州书楼藏书向寄庋澳门者，今已尽归加拿大不列颠哥伦比亚大学。嘉业堂佳椠，幸有少数由港大中文系林仰山教授购存，虽百无二三，而尝鼎一脔，亦快事也。本编所录宋元明刊本，为数无多，非尽秘笈，而钞本则不少为清代经学家手稿，吉光片羽，弥为可珍，亦足矜耀于士林矣。冯平山图书馆中文藏书，三十年来，总数积至十六万册，其中清初至中叶刻本为数尚夥，以今日得书之难，允宜厕诸善本之列，本编仅附记一二，他日得暇，再为橐笔载录，以续余绪。

本编经始于1961年，前冯平山图书馆长唐博贤君，曾相助为理，而门人香港大学讲师何沛雄，联合书院讲师阮廷焯，暨梁伯钜、马幼垣、黄兆汉、黎树添、曾影静诸君，均曾就原书与题词参校，匡其讹误，惠我者多，例得具书。

1969年饶宗颐识

附录　叶昌炽《缘督卢日记钞》（王季烈辑本卷十五至十六）

癸丑（1913）六月初十日：

得益庵书，送至《金石录补》一簏十六本，云是许丹臣手稿，未刻，属为估直。函盖镌邑里，误长洲为常洲，已可哂。及启而视之，非许撰，而叶九来之书也。硖石蒋氏已刻之，海上书估朱槐卢又刻之。九来自序裒然在首，但有许心扆藏印。许为叶九来之婿，九来身后遗书，归于婿家，安得谓即许所撰耶？书估作伪，而又不善于作伪，所谓心劳日拙也。即作一函直告之。……

乙卯（1915）二月二十六日：

过翰怡斋见扬州书估王姓持一残本类书，后有光绪己丑一跋，前有题款，皆下走馆江夏时所书，惘然若梦，使非自认其笔迹，几疑为嫁名矣。书估坚持为宋本，实元刻也。又敖继公《仪礼集说》首二册，前有大德序，刻画清劲，原刻可信，或为明印耳，索五百元，残类书索百元。

丙辰（1916）七月初六日：

抱经（卢氏青崖）书昨阅二十册，今日又阅六十册……次于二书者，有陶南邨《说郛》，据前有陆樵云祥题，云共二十五厚册，尚未经坊间增窜，有嘉靖己未进士沈翰藏印，则尚是嘉靖以前写本，可谓旧钞矣。……

八月初八日：

翰怡出示旧钞本两种，一《玄珠密语》十二卷（三册），每卷首题《素问六气玄珠密语》，次行题启玄子述，即唐王冰也，每页栏外，有贞节堂袁氏钞本七字，卷一有袁廷梼印，寿阶，海宁陈鳣观三朱记；又有得此书，费辛苦，后之人，其鉴我，及仲鱼图象印。又《神道大编历宗通议》十八卷，不题撰人，前有自序，称学述与荆川唐公论历之余云云，是其人与唐荆川同时，学述其名也。绵纸绿格，尚是明人钞本，有当湖胡篴江珍藏印，及陆时化印，润之两朱记。四库不著录《玄珠密语》，守山阁刻入丛书中。此书无刻本，两部共索值三百二十元。……

十一日：

……《尚书义》一部，平湖陆烜子章撰，尚是未刻稿。经学无师法不足论，其书全帙皆侍妾沈虹屏所书，小楷娟秀，装池者，其小印亦钗而非弁，诚为玉台之佳话，镇库之尤物。既劝翰怡藏之，亟先录之。共十二册，所见为首尾二册，分篇不分卷，首册唐虞二典，末一册《吕刑》、《文侯之命》、《柴誓》、《秦誓》，开卷《尚书》传授，显晦始终，考次篇目，次《尚书大义》，次乾隆五十一年正月自序，序后署侍史沈彩书，有某谷陆烜私印，陆氏子章诸印，每卷后题平湖陆烜子章学，或无子章字，子章或作某谷，学字或作释，亦作疏，不一律也。《尧典》后有题识云；“主君作《书义》，皆命彩手钞，故尝赠彩诗有‘传经可有粲花舌，诘屈聱牙记伏生’，又‘妙笔簪花非玩物，藉传皇极答苍生’之句。此三易稿也，始写于乾隆丙午十二月十七日，为立春日，时连朝雨雪，江梅初包，天寒手颤，仅免呵冻云。胥山蚕妾沈彩识。”下钤沈采印。《舜典》后题侍妾沈彩缮写，下钤沈采，绣窗余暇二印。《吕刑》后题女史沈彩虹屏钞，下钤先辔各（即簪花格三字）、虹屏二印。《文侯之命》后题女史沈彩写，有希卫印。《费誓》后题侍史沈彩书。《秦誓》后题女史沈彩手书，下钤某谷掌书画史、虹屏翰墨两印。《秦誓》后又有跋云：

“彩受主人命校誊《尚书义》，一日，玉嵌夫人谓曰：‘妇人之事精五饭，幕酒浆，缝衣裳而已。今尔乃如此，虽属难得，终为废业。且煌煌大典，出簪裾膏沐手，毋乃近亵乎?’彩因告主人，主人即呼夫人，谓曰：‘《关雎》化本，始于房中，尧舜大典，亦先厘降，道本夫妇与能也。天象紫微垣北极帝星后，即为尚书五星，其星主天下，道明则见，道不明则晦。《尚书》之名，圣人盖取义于此，非先有《书》而后有星也。至后代以尚书命官，则又在其后，皆以星为朔也。其尚书星左即为女史星，故今文二十八篇，亦以伏胜女传，若无今文，则古文亦无由考而传也。今誊校之役以授虹屏，是亦天道也。’夫人诺之，因命彩书于后。时乾隆五十二年腊月廿四日女史沈彩识。”下钤沈彩虹屏二方印，末一叶钤飘香手装方印。飘香亦似侍儿小名也。

二十六日：

醉愚为翰怡　书椟盖字，出示藏本，分别宋元明椠共六种……《春秋左传注疏》，宋刻，元明递修，即世所谓十行本也。每半叶十行，行大十七字，小二十三字，中有朱墨绿三色校笔。此书从海舶来，有岛田翰字彦桢精力所聚十字墨图记，四边不起线。又有篁邨岛田氏家藏图书，岛田氏双桂楼收藏，岛田重礼诸印。又太学藏书，佐伯侯毛利高标字培松藏书画之印，又有昌平阪学问所长方墨印。……

九月初一日：

醉愚又持旧椠四种。……一为《欧阳文忠集》，每半叶十二行，行二十一字，前题临江后学曾鲁得之考异，卷后，间有熙宁五年秋七月男发等编定。熊忠《韵会举要》，有元至顺余谦序，又有大方印，阳文中有三复雠校，并无讹误。窃恐嗜利之徒，改换名目，节略翻刊，已经所属陈告，乞行禁约云云，后学陈寀谨白，亦书肆所为也。……

初七日：

薄莫，同紫东赴蒽石之招。主人……又出宋本《春秋左氏经传集解》，大字疏朗，每半叶八行，行十六字，季沧苇、徐健庵皆有藏印在首叶，卷后记经传若干字，注若干字，音义若干字。……

丁巳（1917）二月初八日：

四月十五日：

……至晚，赴翰怡之约，钝斋外，尚有佩鹤、子培、彊邨、履樛、夔一、益庵、宾主共九人。主人出宋椠书共赏，窦氏《联珠集》最精，有顾大有藏印，又有百宋一廛及荛圃藏书诸印。钱叔宝手抄《华阳国志》，南宋刻《尚书孔传》附释音重言重意本。其次赵善璙《自警编》，真西山《大学衍义》，元明间刊本。闻皆蘜风老人物，欲归翰怡，而谐价未成也。……

宋元本（覆刻附）

《附释音尚书注疏》二十卷 九册

元刊明修十行本 清周星诒旧藏

此祥符周氏瑞瓜堂藏物，缺第一第二两卷，今存卷三《舜典》第二起。检《嘉业堂善本书景》，此书题宋本，前有孔安国《尚书序》，知原本无缺。《铁琴铜剑楼》、《皕宋楼》俱有此本。《瞿目》云："《附释音尚书注疏》二十卷，宋刊本。"首《尚书正义序》，题："国子祭酒上护军曲阜县开国子臣孔颖达奉敕撰"。卷一同。惟"达"下有"等"字，余卷但题"孔颖达疏"。此即世所称"十行本"。岳氏《经传沿革例》所谓："建本有音释、注疏也。书中匡、贞、惇诸字皆阙笔。"

每半页十行，行大字十七字，注双行，行二十三字。栏外加刻篇名。版心双鱼尾，上记大小字数；下记刻工姓名：子明、文仲、王荣、天易、古月、以清、安卿、君善、君锡、住郎、（陈）伯寿、和甫、茂卿、国祐、瑞卿、寿甫、德元、德甫、（叶）德远、应祥。"补刻刻工"王才、文昭、元善、刘立、深、兴（以上板口标明正德年修补）。王仲友、元清、江贵、江富、江元富、成广、吴珠、余文贵、余添环、周同、施肥、施永兴、袁琏、张尾郎、陆四、陆荣、陆基郎、陈亨、陈珪、陈德禄、黄永进、曾坚、曾椿、杨俊、叶二、叶采、叶雄、叶再、友、詹弟、詹蓬头、熊山、刘京。

按十行本注疏，现存者多明修本，所谓“南雍本”也。顾千里云“‘南雍本’世称‘十行本’，盖原出宋季建附音本，而元明间所刻，正德以后递有修补，小异大同耳”（《思适斋集》卷七，《抚本礼记考异叙附记》），考黄佐《南雍志》十八，著录经疏，南宋“监本”多与十行本不同。举例言之，如《春秋左传疏》：南宋“监本”《春秋正义》三十六卷；而“南雍”别有“十行本”《左传注疏》。又如《春秋公羊疏》，南宋“监本”三十卷；而“南雍”别有“十行本”《公羊注疏》二十八卷（用王国维《两浙古刊本考》说）。本馆藏之附《释音左传注疏》，系六十卷，“监本”《附音公羊疏》系二十八卷，则与“南雍”之“十行本”符合。此“南雍”十行本，卷数行款显与南宋“监本”不类。真正宋刊宋印“监本”经疏，长泽规矩也氏举出，仅有足利学校遗迹图书馆所藏，附《释音毛诗注疏》二十卷，及《附释音春秋左传注疏》六十卷：二本。行款说明，具详长泽氏所编《十三经注疏影谱》。其余所谓“十行本”多为“元刊明修本”，据《经籍访古志》所载，如：

（1）《春秋公羊传注疏》二十八卷，元椠本，求古楼藏，元大（泰）定四年刻《十三经》之一。明正德补刊，所谓“十行本”者。

（2）《论语注疏解经》二十卷，元泰定四年刊本，昌平学藏。每半页十行，行十八字……板心上有大小字数，下方记泰定四年并刻工名氏，间有明正德补刊。此即“元刊十行本”也。

凡现存正德补刊之“南雍十行本”，多属此系统，向来以“元刊十行本”与“宋十行附释音本”淆乱为一。而“南雍正德十行本”实出于“元刊明修”。长泽氏作《十行本注疏考》，已发其覆（原文载《书志学》第三卷第六号），其说可取。正德间十行本《十三经注疏》，且以《仪礼》白文、《仪礼图》、《旁通图》合入。今核本馆所藏之“正德十行本”，其刻工多同，有与大德本《仪礼集说》刻工相同者，如王荣、齐明辈，即其显证。此类“十本行”，向题“宋刊明修”，今概改题“元刊明修”，以符其实。请参附录《十行注疏本刻工表》。

印记

温陵张氏藏书　星诒印信　瑞瓜堂　嘉业堂　翰怡欣赏

参考

《铁琴铜剑楼书目》二及《书影》 《皕宋楼藏书志》四 《“国立中央”图书馆善本书目》上，8页 《“中央”图书馆宋本图录》 《文禄堂访书记》卷一，20页 长泽规矩也《十三经注疏影谱》

《仪礼图》十七卷《仪礼旁通图》一卷《仪礼正文》十七卷

二十六册 宋 杨复撰

元昭武谢子祥刊本 明正德间修补

卷首“晦庵朱文公《乞修三礼奏劄》”，次为绍定戊子秦溪杨复自序，附宁德陈普序，低一格，序略云：“大渊献之岁，昭武谢子祥刊《仪礼》本经十七篇及信斋杨氏图”，如此即“谢氏本”。图见《嘉业堂善本书景》。

每半页十行，行二十字，注小字双行。[①] 双鱼尾，板心上记大小字数，中《仪礼》卷几，下记页数及刻工姓名。

印记

吴兴刘氏嘉业堂藏书记

参考

《铁琴铜剑楼目》卷四 《文禄堂访书记》卷一，13页 罗振常《善本书所见录》及《美国国会图书馆善本书目》记此书元刊明印本，有“闽何校”或记“正德六年”、“十二年”、“十六年重刊”字样。《“中央”图书馆善本书目》，19页 《仪礼图刻工表》

原刻

汉臣三、四，文甫三、四十五、五十五，昭甫三、季和三，宗文三、二十四、四十五、欧，希孟三、四、二十九，子兴三、四，子应三、四，伯玉四，（郑）七才三、四、二十七、三十二，进秀，子仁明、三、四十三，时中二十八，王君粹四、二十二，范兴，智文二十八、二十九，黄仲、谦左，施，粹。

---

① 与《拜经楼藏书题跋》所记元刻本相符。

补刻

李红钞誊正德十六年，刘景福正德年，吴春五正德十六年，杨尚旦正德十二年，文昭正德年，刘立、周同、廷器正德年，陈泗正德年，余富、佛员、吴三、陆三、世澄、乌、清四、曾、余。“附注”“欧”：本馆欧阳文忠集，明洪武本。三至四：十行元本注疏。二十六至三十二：胡注《资治通鉴》，元。四十三：《文献通考》。

《仪礼集说》十七卷 十六册 元 敖继公撰

元大德刊本 叶树廉旧藏

每卷题“敖继公《集说》”一行。继公字君善，长乐人，寓居湖州。[①] 卷前为大德辛丑孟秋长乐敖继公自序。此书向有《通志堂经解》本，卷末原有后序，此本缺。《皕宋楼藏书志》谓字体遒劲，为元版中之最精者。图见《嘉业堂善本书景》。

每半页十二行，行十八字。双鱼尾，白口，板心上记字数，其下间记刻工姓名：孙仁、孙元、王兴、汪惠、王荣、齐明、徐永、茅文、禹、舒、关俚等（刻工与长泽规矩也《元刻工表》大德本合）。

通志堂本每卷后有正误数条，此本卷一、卷二、卷四、卷十一、卷十三皆无之。又卷十五缺第 49 页。卷十一“大功三而小功二”句，下空三字。《仪顾堂续跋》记“元刊此处损破四字，以白纸补之”。窃诸通志堂本，只空三字，非四字。又陆氏藏元椠作“大功二”此本则“大功三”，略异。

印记

叶树廉印　石君　树廉　陆僎字树兰　陆沆字冰篁　茶半香初之馆珍藏书画图章　盱眙吴氏藏书　吴兴刘氏嘉业堂藏

参考

《皕宋楼藏书志》六　《仪顾堂续跋》二　《郎园藏书志》一（秦敦夫藏元本）　莫氏《五十万卷楼题跋》二　《中华文物集成首辑》第五册，58 页　《“中央”图书馆善本书目》甲，19 页　《文禄堂访书记》卷一，13 页

---

① 事迹详《菰城文献》。

《春秋释义集传》十二卷 六册 元 俞皋撰

元刊本

钱曾《读书敏求记》云："俞皋《春秋释义集传》十二卷，先取各家注释，以己意采集于前，申之以程子之言；后详列《三传胡氏传》，使人得备览而寻绎其说。元刻中之佳者。"日本《经籍访古志》记此书："元椠本，泰定丁卯吴澂序……凡例后匡中有：'至元后戊寅日新堂刊行'十字。《读书敏求记》所载，盖此本也。"据此本记，是书殆刘锦文日新堂刊。[①] 图见《嘉业堂善本书景》(惟题作宋刊本，不碻)。

此本缺卷一至卷四，其卷五僖公元年亦残，起"八月公会齐侯宋公郑伯曹伯郲人于柽"句。每卷前题："后学新安俞皋述"一行，书名不一致，题作"春秋释义集传大成"。卷十一则无"大成"二字。通常有《通志堂经解》本。

每半页十行，行大字二十字，注二十七字。小黑口，双鱼尾，四周双边，栏外加刻某公名。又于某公某年栏外，另刻干支。

印记

钱氏　思济　子孙永保　吴越钱氏世家　日用　又任

参考

《留真谱》　《增订四库简明目录标注》

《附释音春秋左传注疏》六十卷 二十六册

元刊明递修十行本　日本佐伯侯毛利高标旧藏　岛田篁村批校

此亦"元刊十行本诸经注疏"之一。每行十七字。注双行，行二十三字。双鱼尾，上记大小字数。有三色校笔。世间传本甚多，本馆所藏，即有三部。此本为毛利氏旧藏，有图见《嘉业堂善本书景》。

明刊部分，板框较小，有正德前后二次修补，第二次修补距正德十三年，必不甚远，其中刻工如江达，两次皆参与镌刻。其刻工人名列下：

---

① 《书林清话》四。

原刻

王荣、仁甫、以德、仲高、朱文、朱来、安卿、君美、余中、英玉、国祐、善卿、善庆、德成、德甫、德远、寿甫、铁笔、祥、李、茂、亨、粹、谦。

正德十三年以前修补　江洪、汪达、吴三、吴六耳、李红（钞誊）、李豪、周同、余富、黄仲、黄富、黄友富、杨尚旦、刘立、曾、豪。（以上有明确年份记载。）

正德十三年以后修补　王荣、王仕荣、尤共三、江四、江达、吴一、吴生、吴佛生、余坚、施肥、范元福、陆荣、陆记青、陆基郎、陈亨、陈德禄、华福、黄永进、黄道林、曾坚、詹弟、叶采、叶雄、杨四、杨全、蔡顺、熊山、谢元庆。（以上板口上有"怀陈校"中有"林重校"等字。）王元保、王仕荣、元清、江田、江四、江盛、江长深、余旺、余坚、余文贵、余天理、余天礼、余添进、张尾郎、陈珪、詹蓬头、曾坚、叶马、叶再友。（以上板口上鼻有"侯吉刘校"数字。）

山井鼎误称此为"正德本"。馆藏此本卷六十，18 页以下残缺。

印记

大学藏书　佐伯侯毛利高标字培松藏书画之印　昌平阪学问所（木记）　岛田氏双柱楼收藏　敬甫　岛田重礼　篁邨岛田氏家藏图书　岛田翰读书记　岛田翰字彦桢精力所聚（印）　"先子所训　母氏所诲　井井夫子所教"（印记）　嘉业堂　刘承幹　翰怡

附记

毛利高标，丰后佐伯藩主，宝历十年继父高丘后为藩王。天明元年创设文库，其书目曰：《佐伯侯献书总目》。初佐伯侯以善本献德川将军，一藏枫山文库，一藏昌平阪学问所，今皆归内阁文库及宫内厅。[1] 此左传注疏，流入中土，叶昌炽谓"从海舶来"者也。佐伯市为毛利氏封地，现属九州大分县。

岛田重礼（1838—1898）为日本武藏大崎人，号篁邨，明治间东京大学教授，藏书二万卷，著有《历代学业》。

---

① 详小野则秋：《日本文库史》。

岛田翰著有《古文旧书考》，日本有名目录学家，其印记所称“井井”，即指竹添进一郎，名渐，字光鸿，井井其号也。日本肥前天草郡上村人，文学博士，东京帝国大学教授经学，著有《左氏会笺》。

又一部　六十册

元刊明印本

每卷订成一册，无补刻，补页，较之他本、原板存者最多。板极残，序缺二页，补钞间有缺页（如卷三十一），缺板（如卷三十二），卷六十末两页，被已模糊莫辨。刻工姓名见前。

印记

刘承幹字贞一号翰怡　吴兴刘氏嘉业堂藏书印

又一部　三十册

元刊明修本　清钱谦益、沈浚旧藏

此本多缺页，如序起“者则有沈文何（阿）苏宽刘炫”句，上缺。卷六十18页以下并佚。其卷六十尚多保存旧刻。如第一页，上举之佐伯藏本，板心有侯吉刘校，并记刊工余天礼，则为正德以后补刻者；而此本是页，仍是元刻。明补有黑口，与正德十一至十三年间补页。其正德补页间亦有被挖去者，如卷七（桓公十一年），卷九，仅存“正德□□年”字样，隐约可辨。

印记

蒙叟谦益　盱眙吴氏藏书　琴川邑庠生孤子沈浚藏书　仲雝山下人家　茶半香初之馆珍藏书画图章（即铁保）　吴兴刘氏嘉业书堂藏

《监本附音春秋公羊注疏》二十八卷　十二册

元刊明修十行本

《平津馆鉴藏记》云：“《监本附音春秋公羊注疏》二十八卷，前何休序疏不在卷中，每卷某公俱与大题相连。每页廿行，行十七字，小字行廿三字。

岳珂云：'旧新监本不附释音'，此监本亦附音，当出于岳氏所见刊本之后。"《天禄琳琅书目》、《铁琴铜剑楼书目》、《皕宋楼藏书志》，俱著录此书。[①] 向以为宋本，实即日本《经籍访古志》著录之《公羊注疏》二十八卷，盖元椠明正德补修之十行本也。

书框外左角加刻某（公）某年字样，如隐元年是。其补刊者，则框外无之。双鱼尾，版心上记大小字数，下记刻工姓名。其原刻及正德补刊之刻工姓名如下：

原刻

文粲、王荣、天易、仁甫、古月、以清、以德、丘文、安卿、君美、君锡、住郎、伯寿、余中、英玉、茂、善卿、善庆、齐明、禔甫、寿甫、德甫、德远、应祥。

补刻

王良富、王进富、江四、江盛、江达、江元寿、江长深、吴一、吴珠、余天礼、张郎、张尾郎、陆四、陆记青、陆基郎、陈珪、曾坚、曾椿、詹蓬头、叶起、叶再友、蔡顺、谢元庆。（以上板口上鼻有"侯吉刘校"、中有"林重校"或"运司蔡重校"等字。）李红、吴郎、王邦亮、余富。

原刊刻工中齐明、王荣二人，曾参加锓刻《大德本仪礼集说》，故此十行本乃元刊，非宋椠，斯其明证。

印记

刘承幹字贞一号翰怡　吴兴刘氏嘉业堂藏书记

参考

《平津馆鉴藏记》　《"中央"图书馆善本书目》，31—32 页

附　十行注疏本刻工表

子明　尚㊍四三，一〇三。㊄二，五，九，二三。

文仲　尚㊍九三。㊄二，八四，八五。

---

① 图见《嘉业堂善本书景》。

文粲　公。(元)七，二七。

王荣　尚、公、仪说（大德）(元)二，六，七，九，二二，六六。

天易　尚、公。(元)二，七，八。

仁甫　公、左。(元)二，七，八，一九，五〇，八五。

古月　（姓胡）尚、公、左。(元)二，七，九。

以清　尚、公。(元)一，二，七，八，九。

以德　公、左。(元)七，八。

丘文　公。(元)二〇，二一，二二。(元)七，八。

安卿　（姓余）尚、公、左。(元)八四，二，六，七。

朱文　左。(元)六。

朱来　左。

仲马　左。(元)八。

君美　公、左。(元)二，六，七，八，二二，二三，三一。

君善　尚。(元)二。

君锡　尚、公。(元)二，七，九。

住郎　尚、公。(元)二，八，九。

伯寿（姓陈）　尚、公。(元)二，八，九。

余中　公、左。(宋)一四，二〇，九二。(元)六，七，八。

和甫　尚。(元)二，八四（大德）。

英玉　公、左。(元)二，六，七，八，九，二二。

茂　　公、左。(宋)一一。

茂卿　尚。(元)二，八，九，二二。

祥　　左。

国祐　尚、左。(元)二，五，九。

善卿　公、左。(元)六，八

善庆　公、左。(元)一，七，八。

瑞卿　尚。(元)二，九。

齐明　公、仪说（大德）。(元)一三，六四。

粹　　左、仪图。

提甫　公。㊄二，七，八。

寿甫　尚、公、左。㊄六，七，八，九，五五。

德山　尚。㊄二，九。

德元　尚。㊄二，九。

德成　左。㊄二，六，九，二二。

德甫　尚、公、左。㊄七。

德远　（姓叶）尚、公、左。㊄二，七，八，九。

谦　　左、仪图。

应祥　尚、公。㊄二，七，八，九。

铁笔　左。

“附注”尚：附音释尚书注疏　　　　本馆

公：附释音春秋公羊注疏　　本馆

左：附释音春秋左传注疏　　本馆

仪图：仪礼图元昭武本　　　本馆

仪说：仪礼集说元大德本　　本馆

其他㊄㊄数字，见长泽规矩也：《宋元刊本刻工名表初稿》。

《古今韵会举要》三十卷　三十册　元　黄公绍辑　熊忠举要

元刊明修本　清莫棠旧藏

卷首壬辰（1292）十月庐陵刘辰翁序，丁酉（1297）武阳熊忠自序，均行书。熊序页背有“陈宲”《禁约》方木记十行，文云：

宲□□　先师架阁黄公在轩先生委

刊士　□《会举要》凡三十卷，古今字画

音义□□在目，诚十百年间未睹之秘

也。今绣诸□梓，三复雠校，并无讹误，愿与

天下士大夫共之。但是编系私著之文，

与书肆所刊见成文籍不同，窃恐嗜利

之徒，改换名目，节略翻刊，纤毫争差，致

误学者；已经□所属陈告，乞行禁约外，

收书君子，伏幸

藻鉴。　后　学　陈　寀谨白。

木记间有缺字，全文可参《皕宋楼藏书志》。叶昌炽以为书肆所为者。继为元统乙亥（1335）翰林侍读学士孛术鲁翀序，及至顺二年（1331）辛未余谦题记。次《古今韵会举要凡例》，题“昭武黄公绍直翁编辑”。“昭武熊忠子中举要”二行。又附《礼部韵略七音三十六母通考》。

每半页八行，小字双行，行二十二字。小黑口，双鱼尾。分甲乙至壬癸十支分册，共十集。间有补页。涵芬楼藏有明覆元本，其书录称：“元本以天干十字分册，每三卷一字，是本无之，核其字体椠工印术，均已去元入明”。今是本均有天干编号，则仍是元刻本也。图见《嘉业堂善本书景》。

莫棠手笔题记云：“仲武兄尝语余云：‘吾家景山旧藏《韵会举要》，元椠初印，纸黑精绝，后为人窃去’。光绪癸未，兄为淮南书局提调官，更假一元本重梓，其时先君曾命以所收日本缁嘉靖本付兄备梓。顷获此本吴下，犹系元刻，在今日已希遇矣！亟重装订，而以旧纸补其缺页之数。己亥十月记。”下钤：“莫棠之印”、“楚生”二。

印记

(赤)山文库　刘承幹字贞一号翰怡　吴兴刘氏嘉业堂藏书印

参考

蒋光煦《东湖杂记》卷五　《皕宋楼藏书志》卷十七　《涵芬楼烬余书录》卷一　莫氏《五十万卷楼题跋》卷三　《平津馆藏书记》　《爱日精庐藏书志》　《著砚楼书跋》

《重刊孙真人备急千金要方》三十卷目录一卷　三十二册

元刊本　清赵氏旧山楼藏

卷首为《校正备急千金要方序》（版心刻“经进序”三字），高保衡、孙奇、林亿、钱象先四人联衔。次为“《校正备急千金要方凡例》”（版心刻“修例”二字）。又次为“孙真人《备急千金要方序》（版心题作‘自序’），《经进校定备急千金要方后》”，末为“治平三年（1066）正月二十五日进呈，讫至四月二十六日奉圣旨镂板施行”。

每半页十二行，行二十二字，双鱼尾，小黑口，左右双栏，栏外左上有篇名，缺文甚多。卷十一及卷二十九，原缺，补钞。涩江氏《经籍访古志》于元板此书云，不记刊行年月，比之宋椠，脱误甚多。与此行款相合。又记此书宋椠本十三行，行二十三字，行款颇异。又宋本无“重刊”二字，而此本有之，图见《嘉业堂善本书景》。惟题作“宋刊本”，未确。

《日本图书寮善本书目》卷三有此书，其目录后有识语云：“近得前宋西蜀经进宫本”，以为宋本。《莫氏五十万卷楼目》著录蔡一帆旧藏元刊本，各序次第与此不同，无孙真人自序，又目录后有墨图记七行，此本无之，乃别一元本。

此本有“次公”印，即常熟赵宗建字（亦作次侯），然《旧山楼书目》不载此书。

印记

旧山楼劫余　次公　昆山徐氏鉴藏

参考

《日本图书寮善本书目》卷三　《宋以前医籍考》，795—835 页　《经籍访古志补遗》　《五十万卷楼群书跋文》卷十　《四库目录标注增注》，426 页

《自警编》五卷　十二册　宋　赵善璙撰

宋端平元年九江郡斋刊　乙丙两编配钞本　清莫棠旧藏

卷首嘉定十七年甲申（1234）正月，汉国赵善璙自序，称其纂集宋朝名公言行成编，以资警饬。卷首有“不远复斋”木印。卷末有跋云：“锓木于九江郡斋，端平改元三月旦，善璙再书。”可考知是书刊行年代。乙丙编有朱笔点校，知是配补。

每半页十行，行二十字。断句。白口，双鱼尾。板心题：“《自警编》甲至戊”上不记字数，下记刻工姓名如下（与日本静嘉堂藏本《自警编》相同）：苟道、谢友、王必文、志才、志中、子秀、旱成、梅保、人中、陈汉、文只、文民、周宗贵、朱禹。

乙丙两编皆后来钞补，字体不同，乙编较精。图见《铁琴铜剑楼书景》及《嘉业堂善本书景》。

戊编第102页背盖有“韶州府印”一方，知此书曾经韶州府收藏。

汪镛手书题记云：“宋赵氏善璙《自警编》，起甲迄戊，凡五卷，所纪皆当代名公嘉言懿行，为世楷模。其后序云：‘却埽八年，安之义命；宦驰六载，粗不愧见吏民，皆是编之助也’。则赵氏为时良吏可知矣。余家向有周乐园先生藏本，卷首有其印记，惜多残阙。今春偶从汉阳故家得其全书，如获和璧，焚香危坐，庄诵移日，褊隘习气，悠然顿消，忻喜何似。箧中旧藏吕氏《童蒙训》，可与此编汇为一函，朝夕读之，以作针砭膏肓之药石云尔。

嘉庆二十一年二月十有一日，晚香居士汪镛书于芸窗。”（下钤“汪镛颂堂”印。）

莫棠手跋云：“宋兴百余年间，未尝有道学之名，而正人君子接武而起，事功足以安天下，言行足以法后来，虽千百世，忠厚笃实之意，使人爱而信之。国朝康、雍、乾、嘉时，亦有此博大宽闲之象，岂非世运为之乎？抑诸公者有以致世运之隆哉！赵氏以宗子生末季，而其书断自靖康南渡以降，只寥寥数事，虽曰自警，亦有匪风，千泉之思也。明刊本分九卷，此犹原帙，中有重出之条，殆草创付刊，未及删定之故。惜缺一卷，予买之吴下，补缀而藏，所引各家纪载者尚多，然梓而类之，甚便寻省。明人续编之书，无此雅驯矣。往岁有持《仕学规范》求售者，亦宋椠残本，恨未收而合之，他日当与《事实类苑》诸书并求焉。”（钤“莫棠之印”。）

“此书吾得之盖久，常在左右，壬寅四月至广州，未携以行，癸亥岁二月，乃从山庐附邮而至，越海数千里矣。”（下钤“楚生”。此页背面钤“西江后沥厘金厂之关防”官印。）

印记

韶州府印　汪镛颂堂　独山莫氏铜井文房藏书记　吴兴刘氏嘉业堂藏

参考

《天禄琳琅书目续篇》　《楹书隅录》三　《铁琴铜剑楼书目》一六及《宋本书影》，194页　《滂喜斋藏书记》二　《“中央”图书馆善本书目》，10页

《天如和尚剩语集》二卷 二册 元 释惟则撰 释善遇编

元 至正十二年吴郡张善遇刊本 清高士奇旧藏

题："师子林天如和尚《剩语集》，小师善遇编。"天如惟则禅师姓谭氏，吉安永新人。元至正元年住苏州师子林，扬临济之宗风。（惟则中峰弟子，至正初传法平江，于城东辟狮子林，倪瓒为之绘图。惟则有《筚篥引》，见《元诗选》初集壬集引《狮子林别录》。）著《楞严经会解》二十卷，推阐天台永明之教旨。[①]

此书首有至正壬辰弟子遂昌郑元祐序。《日本续藏经》第一辑第二编（第二十七套第五册）收天如惟则禅师《语录》九卷，小师善遇编，但无《剩语集》。又《丁氏善本书室》有《师子林天如和尚别录》五卷，亦题小师善遇编，行款与此书略同，末有至正八年戊子善遇《识语》，《盋山善本书景》《天如语录》。《别录》，及此《剩语集》，俱善遇所编，《剩语集》尤所罕觏，惟日本静嘉堂文库有一部，殊可宝也。图见《嘉业堂善本书景》。

每半页十一行，行二十一字，小黑口，单鱼尾。卷一前有小引云："师之语录，向已刊行矣。此集乃刊后续编，其间开示宗乘者十有六段，答《净土》修法之问者二十六章，今并录以传意，在广被机宜，各随所求，于是离为二卷。而别目之，一曰《宗乘要义》；一曰《净土或问》；而又总名之曰：《剩语集》焉。'剩语'者，非旧刊未尽之谓也，乃欲览者得其旨于语言之外也。"

卷二"或问"后有题记云："是集发明禅净土之旨，亦颇详矣。今吴郡菩萨戒弟子张善照施财入释。……至正壬辰夏善遇题。"

卷末为欧阳玄（至正十四年）《师子林菩提正宗寺记》，依石本录出。按此篇《圭斋文集》所无，《续藏天如语录》附于末，但缺下列四行。文云："《师子林记》成，老夫念欲自书，适抱病连月，弗克如愿，太朴楷法可尚，他日此文增重，亦幸事也。致意天如师，上石以拓本见寄。欧阳玄顿首。"太朴即指危素也。

印记

高士奇图书记 曼陀罗室 晦堂 麟瑞 刘印承幹 翰怡

---

① 详《五灯严统》第二十三，《净土圣贤录》第四。

参考

《佛书解说大辞典》第八卷下，150 页　《静嘉堂书目》

《碧岩录》十卷　十册

元大德刊本

题《佛果圜悟禅师碧岩录》，宋时圜悟克勤所编。前有建炎二年普照，及大德四年方回（万里）序云："嵎中张炜明远燃死灰，复板行。"又大德八年三教老人，同九年休休居士聊城周驰（景远）等序。卷末有宣和六年阁友无党后序，重刊《碧岩集疏》及大德六年净日，延祐四年希陵，同年海粟老人冯子振后序。

每半页十一行，行二十一字。双栏，小黑口。

卷一后有"夹山无碍禅师《降魔表》"，下署"慧芳附刻"。

在三教老人序之末行，有"古杭朱子成刊"数字，朱子成曾刻《自警编》，未知即其人否？图见《嘉业堂善本书景》，题曰"元大德本"。

延祐相丁巳希陵序云："嵎中张昭远偶获写本后册，又获雪堂刊本及蜀本校订讹舛，刊成此书，流通万古。"

卷末多有"嵎中张氏书隐刻梓"一木记。卷五有木记云："此集自大慧一炬之后，而又重罹兵燹，世鲜善刻，今得蜀本校正。……嵎中书隐白。"又卷六有文云："嵎中书隐鼎刊圜悟《碧岩录》，幸已讫事，四方禅友，或收得《祖庭事苑》，《万善同归录》，及禅宗文字，世罕刊本者，幸乞见木，当为绣梓，以广禅学。……"云云。则此书可定为"张氏书隐刊本"。（每卷张氏木记下有"有禅"、"道人"两印记。）

此书日本翻刻尤多，此本为江户前期覆刻五山版。《大正藏》收入第四十八卷诸宗部，乃用大谷大学藏延宝五年刊本，持校此本，如《藏经》本"乃此北人种族"，元刊张本无"此"字。按日本覆元本，瑞龙寺本，安政六年本，俱无"此"字。"汝等还护惜也无"，亦作"护惜"，但"覆元"、"瑞龙"、"安政"诸本，皆作"护借"，非。知此本较胜。又室町覆元刊者，有"应永八年辛巳八月"一行，见《旧刊书谱》。

印记

有禅道人　吴兴刘氏嘉业堂

参考

《日本访书志》卷十六　《旧刊书谱》，84 页

《祖庭事苑》八卷　二册　宋　释睦庵编

（云门雪窦等语录、语义纂释）

日本　南北朝覆刻五山版

卷一题："睦庵善卿编正"前有四明苾刍法英叔，卷末为绍兴甲戌（1154）中秋，尽庵比丘师鉴跋。（其末有"眉山王似刻"五字。）图见《嘉业堂善本书景》，题曰："宋刊本。"然据日本内阁文库福井保与长泽规矩也先生意见，此应是室町时代覆刻宋本。书为蝴蝶装，半页八行，行大字十五字；小注双行，行二十八字。书眉间有朱墨批点，有《佐伯文库》一章。福井保以为乃京都医师佐伯理一郎之藏章。考毛利高标藏书之《红粟斋藏书目录》载其子得见"祖庭事苑八卷二册，宋板"，与此册数相符，但恐是别一本。按室町初期之覆宋本，现东京之《大东急记念文库》藏有一部，罗振玉曾据此本重刊，其第二跋略称："另一本于师鉴跋外，更有一跋，末题大观二年八月二十七日，建武军节度使同知大宗子学事上柱国谨题。后有绍兴甲戌季夏重别刊行十字，皆彼本所无"。又云："跋有澄兄再刊语，殆此书北宋已刊行"。日本内阁文库藏有宽永刊本，末一行云"洛阳富小路通赞州寺町中村长兵卫刊"，为林道春手校，即从绍兴甲戌本翻刻者。日本《续藏经》刊入第一辑第二编（第十八套第一册），即用上举日本重刻绍兴甲戌本，但无"眉山王似刻"一行。

印记

佐伯文库　花园韶阳　人间孤本　寒云秘笈珍藏之印（查袁氏《宋本秘笈目》无此书）　刘氏嘉业堂　翰怡玩赏

参考

罗振玉《大云书库题识》三　《禅籍目录》，268 页　（日本）《贵重书解

题》（佛书之部）

附记

睦庵上人生东越，姓陈氏，号善卿，字师节。幼出家访道诸方。元符中，以母老归乡里，纂睦州尊宿陈氏织履养亲之风，因名所居为睦庵。

日本名族有花园家，花园韶阳是其胤也。

《范文正公集》二十卷《别集》四卷　附年谱补遗　七册

南宋乾道饶州刊嘉定五年重修本　清王原祁、缪荃孙旧藏

卷首原有苏轼序，此本原缺补钞。别集卷四末有乾道丁亥（1167）俞翊跋，淳熙丙午（1186）綦焕跋，后有年代及衔名三行云：

> 嘉定壬申（1212）仲夏重修。
> 朝奉郎通判饶州军州兼管内劝农营田事宋钧。
> 朝请大夫知饶州军州兼管内劝农营田事赵旧櫼。

缪氏《艺风藏书记》著录，此书间有误字。[①] 惟谓尚有《言行拾遗》一卷，今缺。图见《嘉业堂善本书景》。据康熙本《范文正集》范能濬跋，元天历中，世孙国隽始刻年谱，则年谱乃元刊也。

每半页十二行，行二十字，板心记字数及刻工姓名。宋讳马、恒、贞、桓等字，间有缺笔。

印记

娄东太原王氏穀诒堂书画记　留江　章紫伯鉴藏　章绶衔印　荻溪章紫伯珍藏善本　荻溪章紫伯珍赏　磨兜坚室　庸笙　瓜纻外史　归安章绶衔字紫伯印　读骚如斋　但读离骚可无烦　紫伯秘玩　荃孙　云轮阁

参考

《天禄琳琅书目续编》　《皕宋楼藏书志》　《楹书隅录》　《艺风藏书

---

① 如宋钧误作“均”，旧櫼误作“用櫼”，印记“庸笙”误作“莆笙”。近印“中央”图书馆《宋本目录》又误作“田櫼”。

记》六　《宝礼堂宋本书录集部》　《浙江省立图书馆善本题识》　《涵芬楼烬余书录》集，34 页　《五十万卷楼藏书目录初编》十六　《滂喜斋藏书记》卷三，9 页　《文禄堂访书记》卷四，23 页　罗振常《善本书所见录》卷四　《“国立中央”图书馆宋本图录》，274 页

又《范文正公集》二十卷　附年谱及补遗　十八册

宋刊元修本

每半页十二行，行二十字，白口，单鱼，不记字数。刻工姓名如下：“张允、章益、周成、陈子仁、祐之、方才卿、吉、肖”等。与上著录之本刻工相同；惟多：守中，走，二人。《宝礼堂》藏本，刻工，行款同此。《文禄堂访书记》，此书天历本，其刻工多出若干（如张仲、张寿、周言、周全、夏潮、夏淮、杨惠、杨鸾、唐林、唐其、章仁、陈鉴、冯相、守仲、文祥、李约等），此其异也。

是本间有元板补配之页，大都板心细黑口，双鱼尾。上记字数。诚如《宝礼堂书录》所言，其宋刻字体方整，覆配本则转而圆润。此其大较也。

又一部　十二册

此本仅有《范文正集》二十卷，缺别集四卷。册面题署：“宋版《范文正公集》　朱氏珍藏。”卷前苏轼序完整。间有修补者：如卷十七前二页。《范文正集》另有元天历中重刻綦氏本，序后有“天历戊辰重刊题记”[1]，而此本无之，故知为宋本。

藏印

翰怡欣赏　吴兴刘氏嘉业堂藏

本馆藏宋元本，自《尚书注疏》至《范文正集》各种，日本阿部隆一曾至港调查，撷要著录，详所著《中国访书志》香港大学部分（昭和五十八年东京刊），可以参阅。

① 见《爱日精庐藏书志》，《铁琴铜剑楼书景》，《皕宋楼藏书志》，《宝礼堂宋本书录》。

《范文正公政府奏议》二卷　二册

元元统甲戌岁寒堂刊本

每半页十二行，行二十二字。白口，双鱼，有字数，无刻工。目录缺首二页。末有牌记：“元统甲戌褒贤世家岁寒堂刊”。图见《嘉业堂善本书景》。

末范文英（隶书）跋：“先文正公奏议十七卷，韩魏公为序，在昔板行于世，虽不复存。其《政府奏议》二帙，卷中不载，兹得旧本，惜多漫灭，将缮写锓梓；而乡士钱翼之见口，乐为之书，于是命工刊成，置于家塾，期在传之。元统二年甲戌九月，八世孙文英谨识。”

参考

《宝礼堂宋本书录》　《浙江省立图书馆善本题识》

《文正公尺牍》三卷　一册

元元统甲戌岁寒堂刊本

尺牍末至元丁丑（1337），甲子　八世孙文英题语。

另有遗迹等及《鄱阳遗事录》一册。

板心记字数，无刻工姓名。中有缺页。书中多举出元年号，如“国朝至元初平江路学官”，“至正七年八月辛酉朔”等字样，故知亦元刻。

参考

《皕宋楼藏书志》　《仪郑堂续跋》

《东莱先生分门诗律武库》二十卷　六册

宋刊本（《据嘉业堂书景》）

此书分前后集，前集宋刊，后集十卷乃配钞本，二册。目录题：“东莱先生《诗律武库目录》　东莱吕氏编于丽泽书院”。内题：“东莱先生《分门诗律武库》卷之几　吕氏家塾手编。”考婺州丽泽书院亦曾刊吕祖谦《新唐书略》，世称为“书院本”。（见《书林清话》三）前集有牌记四行，文云：

今得吕氏家塾手钞校《武库》一帙，用是为诗戟（黄荛圃记作战）之具，固可以扫千军而降劲敌，不欲秘藏，刻梓以淑诸天下。收书君子，伏幸（黄记作乞）详鉴！谨咨。①

每半页十一行，行十九字。双鱼，双栏。印记多处被挖去。卷十九，二十末俱有缺页补钞。又卷十五末条“投壶”目录，误作“御花摔巾”，重出。图见《嘉业堂善本书景》，题：“宋刊本”。

黄荛圃所见宋本及《金华丛书》本皆十五卷，起“庆诞”门，至“赠送”门。此本为二十卷，多“佳人”（二十一事），“旷达”（二十一事），“感慨”（四十一事），“警惧”（一十四事），“贤豪”（一十八事），五门。《皕宋楼志》入总集类云“按此宋季麻沙刊本，每页二十二行，每行十九字，语涉宋帝皆空格。”与此本行款同。惟麻沙本仍是十五卷。此前集为二十卷，世所罕觏。此书又有康熙五十四年洞庭东山郑氏桃源书藏刊本、金华丛书本。

藏印

吴兴刘氏嘉业堂藏　刘印承幹　翰怡　翰怡欣赏

参考

《荛辅藏书识》十　《皕宋楼藏书志》一一三静嘉堂文库藏　《书林清话》六　《增订四库简明目录标注》，564 页　《北京图书馆善本书目》五，8 页（有清影宋钞本六册）

① 《皕宋楼志》一一三录此记，有缺文，误字，如“幸”误作“奉”是。《书林清话》宋刻书之牌记录文亦有异。

明刊本

《仪礼注疏》十七卷 二十册　汉　郑玄注　唐　贾公彦疏

明正德陈凤梧刊本　毛晋旧藏

每卷前题："《仪礼注疏》卷第几　汉郑玄注　唐贾公彦疏　后学庐陵陈凤梧编校。"瞿氏《铁琴铜剑楼书目》云："经作大字，注与疏皆双行小字。经下接注，不标'注'字；疏文上标一'疏'字。"按《南雍志》云："《十三经注疏》刻于闽者，独缺《仪礼》，以杨复《图说》补之。嘉靖五年巡抚都御史陈凤梧刻于山东，以板送监，是此本即南雍本也。"

此书每半页十行，行大字二十。小字注双行，亦二十。黑口，双鱼尾，版心间记刻工姓名，如：行、礼、期、元、记等。卷十五被水渍。

卷前有邵恩多手书题识云："马廷鸾曰：余生五十八年未尝读《仪礼》之书。一日从败箧中得景德官本《仪礼疏》四袟，正经注语皆标起止，而疏文列其下，盖宋刊本。不载郑注，分卷五十，与《文献通考》之说合。余曾于吴门士礼居一见之，实镇库物也。是书为明初椠本，最为近古。余按卫湜云：公彦同李元植编《仪礼疏》，则结衔中等字，是统元口而言；今监本及汲古阁本悉去之，其谬何如？又按晁公武《读书志》云：齐黄庆，隋李孟悊各有疏义，公彦删二疏为此书。国朝尝诏邢昺是正之，今疏中绝无邢氏说；惟景德本末有'邢昺校题'衔一条，是可知正之者校之也，固无与于疏也。读书必求古本，信然。"（下钤"康节二十四世孙朗仙图章"）

藏印

毛晋私印　子晋　邵印恩多　沛霖　吴兴嘉业堂藏书印

参考

《铁琴铜剑楼书目》四　《双鉴楼善本目》一　《五十万卷楼书题跋》二

《春秋传》三十卷　十二册　宋　胡安国撰

明朱墨套印本

首《春秋传》序，又图一页。次《春秋总例》，次《诸国兴废说》。每半页十行，行二十字。卷二六昭公有缺页。加硃点及眉批。

藏印

屈氏望仙山房藏　执甫　陈百斯藏书印　番禺陈百斯藏书　吾意独怜才

孙月峰批点《春秋左传》十五卷　八册　明　孙矿　评点

明万历丙辰（四十四年）吴兴闵氏朱墨套印本　明善堂旧藏

首万历丙辰韩敬撰《孙月峰先生左评分次经传序》。次闵氏家刻《分次春秋左传凡例》，中述套印方法。次为目录。每半页九行，行十九字，加硃点及眉批。每卷末有木记云："万历丙辰夏，吴兴闵齐华闵齐伋闵齐泰分次经传。"

藏印

明善堂藏书画印记（清贝子奕绘）　俞氏禹重勋藏书画记　俞氏伯子名庫桐字良植号酎五分号雨琴又号松庵安徽婺源县人也　刘允煜印

参考

《"国立中央"图书馆善本书目·甲编》卷一，31页　《美国国会图书馆善本书目》，27—28页

《春秋左传节文》十五卷 五册 明 新都汪道昆撰

万历刊本

有章句评语。道昆字伯玉，江都人。与王世贞齐名，有《太函集》。自序署万历五年（1577），每卷末附音义，间有硃笔批语。每半页九行，行十八字，白口，单鱼尾。

《乐律全书》三十八卷附《历书》十卷（附图） 四十八册 明 郑世子朱载堉撰

万历间成府刊本

此书《乐书》总目为《圣寿万年历》，《操缦古乐谱》，《六代小舞谱》，《小舞乡乐谱》，《二佾缀兆图》，《灵星小舞谱》，《旋宫合乐谱》，《乡饮诗乐谱》，《律吕精义内外篇》，《乐学新说》，《乐经古文》，《算乐新说》，《律乐新说》。《明史·艺文志》著录称“朱载堉《乐律全书》四十卷”。

书内有万历二十三年六月十九日郑藩朱载堉进《历书》奏疏。万年历末有同年同月日载堉开纸数目。《算学新说》末记万历三十一年八月初三日刻完。第七册乐书有万历三十四年七月初九日载堉《进律书奏疏》，后为三十五年正月初三日将所造乐器，并书启王知会设仪仗望阙谢恩事。由此可见此书镌刻非一载，而刊成须在万历三十五年以后。

每半页十二行，行二十五字。小黑口，小下双鱼尾。

参考

《浙江省立图书馆善本书目题识》明本，17—19页 《美国国会图书馆善本书目》，54—56页 刘复《发明十二平均律的朱载堉》（“中研究”庆祝蔡元培专刊）

《论语注疏》二十卷 二册 魏 何晏集解 宋 邢昺疏

明崇祯十年汲古阁本

扉页题：“毛氏《论语注疏》正本 汲古阁绣梓”有“毛氏正本”、“汲古阁”二印记。目录第一行云：“皇明崇祯十年　岁在彊圉赤奋若，阳月，古虞毛氏订正镌。”内题“《论语注疏》解经卷第几魏何晏集解　宋邢昺疏”共三行。每半页九行，行二十一字，版心刻“汲古阁”三字。注小字单行，疏双行，行亦二十一字。册面有题记云：“晚明之佳本，殿明板之终。叶焕彬评此书虽横轻直重，已用当时宋体字，而犹有楷书风范，汲古他种不逮也。此初印本，尤可贵。”

藏印

耐庵

参考

《汲古阁校刻书目》(《小石山房丛书》)

以上经部

《史记测议》一百三十卷　二十四册　　明　华亭陈子龙徐孚远撰

明崇祯庚辰刊本

此本首页缺，原题：“陈卧子先生《测议史记》”，卧子即子龙号也。首有庚辰季秋陈子龙序，徐孚远序，及孚远撰《凡例》，次司马贞《索隐后序》，《补史记序》，次张守节《正义序》等篇，及目录。徐序称：“构文之家神简，征实之家采事迹，此二者所为折衷也。”所重仍在于评文。至诸家评论，则揭于栏外眉端。

每半页九行，行二十。

藏印

浧（汪）养云藏阅书　陈光烈印

参考

《史记书录》，187 页　《“国立中央”图书馆善本书目·甲编》卷二，3 页

《汉书评林》一百卷 三十六册 题吴兴后学凌稚隆辑校

明万历九年凌氏原刊本

按稚隆字以栋，明末乌程人。此书多阙页，补钞。

光绪甲申有重刊本。

印记

濠上草堂藏书

《金史》一百三十五卷 二十册 元 脱脱等撰

明嘉靖南监刊（清初补本）

卷一有“大明南京国子监祭酒臣张邦奇，司业臣江汝璧，奉旨校刊”两行。版心记“嘉靖八年刊”。

每半页十行，行二十二字。白口，双鱼尾。间有“顺治十五年补刊”，“康熙三十九年补刊”字样。《四库提要》云：“卷三十三卷七十六，监本有脱文，殿本从内府所藏元刊本补足。”此本有缺页（如卷七十六缺第2页是）

藏印

冰壶山馆图书

参考

柳诒徵《南监史谈》（江苏省立国学图书馆第三《年刊》） 《“国立中央”图书馆善本书目·甲编》卷二，17页

汲古阁刊《十七史》 三九八册 明 毛晋编

明崇祯间毛氏刊本

前有张能鳞《十七史》序，及顺治丁酉侯于唐重刻《十七史》序。又毛

晋《重镌十三经十七史缘起》，末署“顺治丙申……题于七星桥西之汲古阁”，并记各书开雕及补辑时间，题曰：“《编年重镌经史目录》”。钱大成《毛子晋年谱稿》：崇祯元年起，开雕晋书，至顺治十三年，《十七史》刊成。例如《史记目录后记》云：“皇明崇祯十有四年。岁在昭阳大荒骆陬月上日琴川毛氏开雕”一行。《集解》序有：“琴川毛凤苞氏审定宋本”木记。书口题“汲古阁”三字，下有“毛氏正本”方印。

每半页十二行，行二十五字。

参考

《汲古阁校刻书目》　《汲古阁刻板存亡考》(《小石山房丛书》)

《国语》二十卷 六册　吴　韦昭解　宋　宋庠补音

明蜀张一鲲等校刊本

首巴郡张一鲲《刻国语序》，略谓：“先是同年李惟中刻内传于督学署中，不佞与郭相奎取外传各分四国订之。注仍韦氏，益以宋氏补音，条注其下。字画剞劂一放内传，庶几称左氏完书云。”

各卷前题：

吴高陵亭侯韦昭解　宋郑国公宋庠补音
　　蜀张一鲲　虞部郎豫章郭子章
明侍御史　　阅　　校
　　楚李时成　选部郎东粤周光镐

二行。每半页九行，行二十字，注双行，行二十字。白口，单鱼尾，下注页数。

《四库标注续录》云：“此书有万历乙酉新都吴汝纪重刻张（一鲲）本云张、李、郭、周四先生南都《校本国语》。张归蜀，其本入蜀，此又重刊。”是此本原刊于南都也。四先生中周光镐盖广东潮阳人，官至右佥都御史，大理寺卿，著《明农山堂汇草》。

藏印

梁信修读　澹逋辛亥后得　濠上草堂藏本　放意肆志

参考

罗振常《善本书所见录》，42 页　《五十万卷楼藏书目录初编》卷五　《“国立中央”图书馆善本书目·甲编》卷二　《国立北京图书馆善本书目》史部杂史类

《路史》四十卷（有缺页）　十五册　　宋　罗泌撰　罗苹注释

明嘉靖洪楩刊本

泌字长源，庐陵人，书成于乾道六年庚寅（1170），计《前纪》九卷，《后纪》十三卷，《国姓衍庆纪原》一卷，《国名纪》六卷，《国名纪信》一卷，《路史发挥》四卷。首有罗泌乾道庚寅序（首页残缺），费辉序（淳熙丙申六月）。题：“钱塘洪楩校刊，庐陵罗泌撰，苹男承命注。”

每半页十行，行二十字，注双行，行二十字。白口，下注页数。

参考

《增订四库简明目录标注》，229 页　《“国立中央”图书馆善本书目·甲编》卷二，4 页　《丁氏善本书室藏书志》卷十

《宋史质》一百卷　二十四册　　明　王洙撰

明嘉靖刊本

《四库存目》著录。洙正德十六年进士，《明史》无传。卷首有嘉靖庚戌（1550）临海秦鸣夏序，及洙自撰《史质叙略》。末有自叙略称：“取元臣脱脱所修《宋史》，考究颠末，参极群书。……始于嘉靖壬辰，迄于丙午，凡十六年，九脱稿乃就，名曰《史质》。”

每半页十一行，行二十一字。

藏印

刘承幹字贞一号翰怡　吴兴刘氏嘉业堂藏书记

参考

金毓黻《中国史学史》　《国会图书馆善本书目》，128 页　《日本访书志》卷六　《国立北京图书馆善本书目》

《吾学编》六十九卷　二十二册　明　郑晓著

明隆庆海盐郑氏刊本

首有隆庆元年（1567）丰城雷礼叙，叙末镌“海盐夏儒刻”五字。总目后有晓子郑履准跋，记校梓该书经过。末为隆庆纪元郑履淳后叙。每卷终有“子履准校正”一行。

每半页十行，行十九字，版心记刻工姓名，有士、文、子、九、罗、忠、之，等。缺《大政记》卷五至卷十，及《逊国记》一卷。

此书《四夷考》内《女真考》，乾隆间曾遭抽禁，是本总目《四夷考》内“□□考”，即被剜去之痕迹。雷礼叙内字句亦有挖补。万历时重刊本有李富泰跋，及郑心材后语，而此本无之，知系隆庆刊本。

参考

《国会图书馆藏中国善本书目》，130 页　浙江省立图书馆《善本题识》明本甲，一八　孙殿起《清代禁书知见录》，76 页　《国立北京图书馆善本书目》史部杂史类

《人镜阳秋》二十二卷附图　十一册残　明　汪廷讷撰

明万历庚子新都环翠堂精刊本

此书《千顷堂》书目卷十史部著录。廷讷休宁人，字昌朝，一字无如，官盐运使，有《环翠堂集》。与汤义仍、王伯穀诸人游（事迹详《明诗综》六十四）。全书分忠、孝、节、义，四类。卷一题：“明新都无夕居士汪廷讷昌朝父编”。书口有“环翠堂”三字。

每半页九行，行十八字，白口，附图。首册皆叙文。此本至卷十九止，似缺末册。

序文作者有：（温陵）黄汝良叙万历戊戌（二十六年，1598），祝世禄序

万历己亥（1599），李福澂序，李登序万历戊戌，袁黄赞序、詹景凤序万历戊戌汪可进序，杨武烈序，张凤翼序万历己亥，骆日升序，余孟麟序，（长水）沈懋孝人镜阳秋录，王穉程登万历己亥程巨原序万历己亥张金砺序，郑之惠弁言万历己亥，张大蕴序。

藏印

詹印伯贵　詹印绍治　柿书阁　庭芳　桃源主人　南林刘氏求恕斋藏

参考

《“中央”图书馆善本书目·甲编》卷二，59页

《读史便览》二卷附图　二册　　明　张名坤著

明万历刊本

书题：“锲主静张先生《读史便览》，晋蒲张名坤著，罗庠门人高位校正。”

每半页十行，行二十二字。

黎跻明序万历甲午（1594），自叙万历二十二年（同上）。

《大明一统志》　九十卷　四十册　　明　李贤等奉敕修

明万寿堂刊本

《续文献通考·经籍考》云：“天顺五年（1416）成。初成祖命儒臣纂修未就，至是命李贤、吕原等重修，凡九十卷。”卷首御制《大明一统志序》，署天顺五年五月十六日。又天顺五年李贤等上表。版心记“万寿堂刊”，封面题；“文林阁梓行”。〔此书明刊又有弘治乙丑（1505）慎独斋刊本，及嘉靖己未（1559）归仁斋刊本。〕

每半页十行，行二十二字，小字双行，行二十二字。白口，单鱼尾。

参考

内阁文库《汉籍分类目录》，104页　《“国立中央”图书馆善本书目·甲编》二，83页

隆庆《潮阳县志》十五卷 四册 明 林大春修

明刊本

题："明中宪大夫前浙江提学副使预修世庙实录邑人林大春著。"前有隆庆六年广东布政使司左布政使海阳刘子兴序，又同年潮阳县知县晋江黄一宠序。目录后有大春跋语，略谓："右志作于隆庆辛未（1571）之秋，越明年壬申冬十月而梓人告成，为书凡十有二万五千余言。"跋后有"邑诸生萧端渐、林大达、陈由衷、林灵芝、陈达衢分校"五行。

每半页十行，行二十字。白口，单鱼尾。

朱士嘉《地方志综录》此书惟天一阁藏有二部，北京残存卷一至卷四。南港"中央"研究院亦有之。明代粤东方志存者甚稀，此亦罕觏之本。

刘子兴序隆庆六年（1572）黄一宠序，隆庆六年林大春跋。

参考

《潮州志·艺文志》 《中国地方志综录》

《筹海图编》十三卷 十六册 明 胡宗宪撰

明天启刊覆印本

题："明少保新安胡宗宪辑议 曾孙庠生胡维极重校 孙举人胡灯 举人胡鸣冈阶庆同删"。首有嘉靖壬戌河南按察司副使茅坤《刻筹海图编·序》称："闻昆山郑君伯鲁……好言兵事……于是币聘其过幕府，裒次其事。"又云："其体裁多出自邵君芳，邵丹阳人。"伯鲁名若曾，号开阳，嘉靖初贡生，别有《开阳杂著》，《筹海图编》实出其手。此书另有隆庆刊本，题："昆山郑若曾辑，男应龙一鸾校。"又有天启四年胡思伸叙，此本俱无之。

每半页十二行，行二十二字〔茅坤序即嘉靖四十一年（1562）〕。

藏印

伏氏珍藏 东莞莫伯骥号天一藏书之印 东莞莫氏五十万卷楼 汪宗洙屠维单阏拾遗

参考

王庸《中国地理图籍考》（甲编《明代海防图籍录》，93 页）　《国会图书馆善本书目》，388 页　《北京图书馆善本书目》甲编卷二，93 页　缪凤林《筹海图与经略复国要编》①　浙江省图书馆《善本书目题识》明本二，48 页

《谥法通考》十八卷 十六册　明　王圻编

明万历刊本

题："云间王圻编辑　巴郡赵可怀校正　平湖孙成泰，郢中朱一龙，龙江王应麟，西陵吴化：参阅。"

每半页九行，行二十字，大板，单鱼尾，双栏，板心记刻工姓名及字数。

（巴郡）赵可怀序万历二十四年（丙申，1596），凡例。

《博古图录》三十卷 十巨册　宋　王黼等撰

明嘉靖乐安蒋旸翻元至大本　莫友芝藏

卷前："大明嘉靖七年乐安蒋旸《重刊博古图序》"。每卷题曰："至大重修《宣和博古图录》"。此书乃大观初效李公麟之《考古图》而作，宣和乃殿名。《永乐大典》鼎字号，几全袭录其文。明代重刊本甚多。

蒋旸序明嘉靖七年（1528）。

藏印

莫友芝　郘亭聑叟　莫印绳孙　莫印彝孙　独山莫绳孙字仲武印　吴兴刘氏嘉业堂藏书记

参考

《"国立中央"图书馆善本书目·甲编》卷二，126 页　《北京图书馆善本书目·史部·金石类》　《永乐大典》鼎字号　《铁围山丛谈》　《殷周青

① 《史学杂志》一卷四期。

铜器通论》，140 页　容媛《金石书录》卷二，2 页

以上史部

《纂图互注杨子法言》十卷 四册　汉　扬雄撰　宋　司马光集注

明覆元本

首景祐三年尤溪知县宋咸重广注杨子法言序，景祐四年十月十六日宋咸表，元丰四年十一月司马光《注杨子序》，次为篇目，又次《浑仪图》，《五声十二律图》，皆附说。

卷一题："《纂图互注杨子法言》卷第一，晋李轨唐柳宗元注，圣宋宋咸、吴祕、司马光重添注"三行。

双栏，双鱼尾，小黑口，栏外左上有篇名。半页十一行，行二十一字。注双行，行二十五字，与元建阳坊刻《六子本法言》行款同。惟元刊本叙后有木记六行，此本无之，当是明初覆刻。《涵芬楼书录·宋刊纂图互注法言》，孙心青跋谓：宋本《声律图》"徵"字缺末笔，元刻改足；"圣宋"之"宋"字，作两点。又邵充跋谓：宋刊序中"廓"字缺笔。今此本"徵"，"廓"俱不缺笔，"宋"字亦不作两点，当是明刊。刻工：文显、文富、友员、道成、福庆。书根墨题："蝨（蠹）隐鉴藏"。

印记

天锡收藏

参考

《仪顾堂续跋》九　《平津馆鉴藏记》一　《皕宋楼藏书志》三九　《铁琴铜剑楼目》三　《郎园读书记》卷五　《五十万卷志》九　《涵芬楼烬余录》三　罗振常《善本书所见录》，79 页　《"国立中央"图书馆善本书目·甲编》卷三，6 页　金毓黻《纂图互注六子残本考》[1]

---

① 《国立沈阳博物院筹备委员会汇刊》第一期。

《考亭渊源录》二十四卷 六册 明 薛应旂编

明隆庆己巳刊本

每卷题："后学莆阳宋端仪初稿，后学武进薛应旂参修，后学莆阳林润校正"三行。卷一书口题："江阴缪渊写，无锡张邦敬刊"。

每半页十行，行二十字。版心记字数及刻工姓名，如：何贞、何成、何钊、王忠、邵埴、张敬、俞庭、何器、何昇等。白口，单鱼尾。有缺页。

卷首隆庆己巳徐阶序。隆庆戊戌武进薛应旂序，目录后又有隆庆己巳薛应旂跋。

参考

《增订四库简明目录标注》，256 页

《师律》九卷 十二册 明 范景文辑

明崇祯刊本

景文字梦叔，号质公（1587—1644），吴桥人，事迹见孙奇逢集《范文贞公传》。《师律》，《千顷堂书目》（卷十三子部兵家类）著录十六卷，此仅九卷缺。自序引《易》："师出以律"语，以明其命名之由。内容分兵制、练将、足兵、足食、较阅、制器、营阵、城守、攻战等项，可考见明代兵制，其旗帜图样尤为珍贵。此书有硃笔圈点、批语。评阅参订姓氏有：溧阳宋献献孺，武康茅元仪止生，沂州王昌时穉公，宛陵刘振自我，乌程陈肇英止宜，江宁张可仕文本，鹿城李静修龙静，溧阳宋之绳其武。

每半页九行，行十八字。

自叙

陈肇英书后〔崇祯己卯（十二年，1639）凡例〕

印记

吴兴刘氏嘉业堂藏书印　清白吏子孙

参考

《千顷堂书目·子部·兵家类》　《日本内阁书目》，182 页　《“中央”图书馆善本书目·甲编》卷三，21 页

《钱氏小儿直诀》四卷　四册　　宋　钱乙（仲阳）撰

明嘉靖刊本

题：“门人阎孝忠集，后学薛铠校注”二行。有薛铠，薛已按语。书末有：“侄勉学类录”一行。

每半页十行，行十八字，白口，单鱼尾，下有页数。

薛已《校注钱氏小儿直诀序》，嘉靖三十年（1551）按薛已为薛铠子。

藏印

吴兴刘氏嘉业堂藏书记　小岛氏图书记

参考

嘉业堂《明善本书目·子部》　《郑堂读书记》卷四二　《平津馆鉴藏记》续编　《宋以前医籍考》三七九

《保婴撮要》十卷《续集》十卷　二十六册　　明　薛铠撰　薛已续增

明嘉靖刊本

正集题：“赠太医院院使薛铠编集，前太医院院使男薛已治验。”后集题：“明太医院院使薛已编集。”正集末有：“孙男薛凤、鹍、鹄，侄孙勉学，门人沈子禄对录。”五行。续集末有：“男薛鹄，侄勉学，门人陈谟，严束对正。”四行。

每半页八行，行十七字。白口，单鱼尾，下注页数，有朱点。

林懋举序，嘉靖丙辰（1556）；薛已序，嘉靖三十四年乙卯（1555）。（以上正集）温景葵序，嘉靖己未（1559）（续集）。

藏印

吴兴刘氏嘉业堂藏书记

参考

《明史·艺文志》卷三　丹波元胤《中国医籍考》，1294 页　嘉业堂《明善本书目·子部》　《北京图书馆善本书目·子部·医家类》。

《新刊袖珍方》四卷　十册

明永乐乙未（十三年）袖珍刊本

此书首为总目，以仁、义、礼、智为序；次分目，又以文行忠信为序。半页十六行，行二十六字。双框，黑口，上下鱼尾。药方名为阴文，高一三点五公分，行密字小。末册似有木记被剜去。

前序文颇多剜改，试录一段于下：

> 至□□（被剜去）庚午，寓居滇阳，知彼夷方山岚嶂疟，成疾者多……令本府良医编类，锓诸小板，分为四卷，方计三千七十七，门八十一，名曰“袖珍”。袖者，易于出入，便于中笥；珍者，方之妙选，医之至宝，故名袖珍。数年已来，印板模糊，今于“元丰”十三年春，令良医等复校订正，刊行于世。……时岁乙未季秋书（至此过叶）成，广行印施，岂曰小补云耳。　鳌峰熊宗立道轩谨识。

> 按据北平图书馆藏正德间《袖珍方》，前有定王朱棣序文，与此相同，实作“洪武庚午寓居滇阳”，“今于永乐十三年春令良医”云云。知“洪武”二字被剜去，而“元丰”二字，原是“永乐”，亦为书贾剜改，讹充宋刊。“元丰”二字出于补改，字迹显然。至岁乙未正是永乐十三年。是此序乃朱棣序文；而此本自“成广行施”句以下过页，忽接熊宗立题识，亦出重装者所羼乱。

《书林清话》七：“周府《袖珍方》，皆狭行细字，宛然元刻，字形仍作赵体。”又卷五称：“鳌峰熊宗立种德堂，正统五年，天顺八年，成化二年，刻医书八种。丁丙谓熊宗立字游轩，建阳人，此本为建阳麻沙板式，或即宗立以《普济方》摘为是书。”[1]

洪武刊本 前后无序跋，亦无撰人名氏，行款与此永乐刻本相同，题“《新刊袖珍方》四卷”，无“大全”二字。涵芬楼藏十六册，见该楼《烬余书录·子部》。

弘治乙丑集贤堂刊本 前有周王二序，后序为典宝臣瞿佑撰，卷末有正统十年熊宗立识语，及“弘治乙丑仲春吉旦集贤书堂校正新刊”木记，见《丁氏善本书志》，题《新刊袖珍方大全》。增“大全”二字。

正德四年刊本 前正德四年沈杰序，亦有定王朱櫹序。又丘永后序。四卷，十六册，北平图书馆藏。

馆藏此本乃永乐乙未刊，弘治本所自出也。叶昌炽《缘督庐日记钞》（卷二）记“熊宗立所刻袖珍方，书贾割去洪武及重刻年号，伪充宋本，可笑也”。或指此本。

附记

《明史》卷一一六，“定王櫹，太祖第五子……二十二年弃其国，来凤阳，帝怒，将徙云南；寻止，使居京师。”似櫹未至滇，与此书序不合。《千顷堂书目》：李恒《袖珍方》四卷。注称：“恒字伯常，合肥人，洪武初周府良医，奉宪王命集。”张菊生谓李恒既为周府良医，与周王之序亦合，此当为其手集。又《合肥县志》亦称：“李恒……类集袖珍方诸书，后以老致仕，王亲赋诗以饯，命长史钱塘瞿佑序其事。”

印记

遵王[2] 瞿氏鉴藏金石记 平原陆氏藏书记 平原陆氏寿椿堂藏书记寅恭 陆印绍良

参考

《天禄琳琅后编》 《丁氏善本书室藏书志》十六 罗振常《善本所见录》，86 页 《涵芬楼烬余录·子部》，22 页 《美国国会图书馆善本书目》，

① 按《普济方》原共一百六十八卷，北平图书馆有永乐刻本。

② 查《述古堂书目》无此书。

495 页《类编伤寒活人“书”条》　丹波元胤《中国医籍考》，916 页　《北京图书馆善本书目・子部・医家类》

《医学九种》九卷　六册

明刊黑口大字本　清永瑢旧藏

九种者：即《脉赋》一卷（附洁古老人《论入式歌》），王叔和《脉诀》一卷，复真刘三点先生《脉诀》一卷（首页末有：“嘉熙五年上巳日后学刘开述”一行），《药性赋》一卷，《珍珠囊》一卷（首附《药物阴阳补泻之图》），《伤寒活人指掌提纲》一卷，《用药歌诀》一卷，《诸病论》一卷，《难经》一卷。

每半页十行，行二十字。黑口，双鱼尾，双栏，断句。栏高二四点八公分，阔一七公分，与中国《医目》中明板《医要集览》内数种，行款板式全同。

印记

钦训堂书画记　士戊之印　吴兴刘氏嘉业堂藏书记

参考

日本冈西为人《宋以前医籍考》　丹波元胤《中国医籍考》　嘉业堂《明善本书目・子部》　《古今伪书考》　《百川书志》　《宋史・艺文志》　《千顷堂书目》　《北京图书馆善本书目・医家类》　黑田源次《中国医学书目》

附记

《古今伪书考・子部》

《王叔和脉诀》一卷　　佚

《宋史・艺文志》卷六载《王叔和脉诀》一卷，然宋熙宁初，林亿等校正“脉经”时，未曾见称有《脉诀》。而《隋书・经籍志》亦只载王叔和《脉经》十卷。吕复曰：“《脉诀》一卷，乃六朝高阳生所撰，托以叔和之名。”赵希弁《郭长阳医书跋》亦曰：“右题曰王叔和，皆歌诀鄙浅之言，后人依托者，然最行于世。”

按王叔和名熙，以字行，西晋高平人。《中国医学书目》录有明刊十行二十字本一册，共三十页，与此同。

《复真刘三点脉诀》一卷　　佚

宋，刘开撰

（《千顷堂书目》卷十四，子部，《医家补》，宋）

按《医籍考》，268页，引《南康府志》曰："刘开，字立之，习释老学，常游庐山，遇异人授以《太素脉》行世，元帝召赴阙，赐号复真先生，卒葬于西古山。著有《方脉举要》。"并按云："刘开南宋人，不知府志何以称为元人，而赴阙赐号之说，亦未见所据。"

《王氏书苑》十卷《画苑》十卷《画苑补益》四卷　二十八册

明　王世贞编　詹景凤补

明刊本

《书苑补益》詹景凤序有云："王弇山公得五种以为《书苑》，与《画苑》同刻于楚之郧阳。无何，板为洪水漂去，王孟起重刻而谋诸予，各以所得续为后编而更题曰：《金陵王氏书画苑补益》。"按詹景凤有《书画补益》各四卷，今仅存《画苑补益》四卷。

目录题："皇明朱衣、姚汝循同校"。《画苑》卷十末有："万历庚寅岁夏五月王氏淮南书院重刊"一行。《补益》题："皇明新安詹景凤，秣陵王元贞同校二行。"

每半页十行，行二十字。白口，单鱼尾。

王世贞《书苑叙》两篇，《画苑叙》两篇。詹景凤《书补益叙》万历十九年（1591），《画苑补益叙》万历十八年。陈文烛《画苑补益叙》万历辛卯（1591）。

参考

《八千卷楼书目》卷十一　《国会图书馆善本书目》，591—592页　余绍宋《书画书录解题》　《四部总录艺术编》

《方氏墨谱》六卷 六册 明 方于鲁（廷元）撰

明万历刊本 周栎园旧藏

版心题："《方氏墨谱》国宝""美荫堂集"（卷一）"《方氏墨谱》国华"（卷二）"《方氏墨谱》传古"（卷三）"《方氏墨谱》传物"（卷四）"《方氏墨谱》法宝"（卷五）"《方氏墨谱》鸿宝"（卷六）。卷一目录末行题："守吉刻"。卷二目录后题："黄德时刻"。此周亮工旧物。

汪道昆序〔万历癸未（1583)〕，李维桢序，王穉登序〔万历己丑（1589)〕，莫云卿《题方氏墨杂言》八则，王世贞《墨赞》，王敬美《墨评》，朱多炡口及钱允治《墨谱歌》〔万历甲申（1584)〕，方宇后序〔万历戊子（1588)（卷末)〕，潘之恒《水母泉记》，王世贞、汪道贯等题语。

藏印

栎园居士印记　栎园旧物　王礼治印　检叔　清吏子孙　息翁

参考

《"国立中央"图书馆善本书目·甲编》三，78页　叶遐庵《谈艺录》

《吕氏春秋》二十六卷 四册 秦 吕不韦撰 宋 贺铸评 明 凌稚隆批

明万历庚申凌氏朱墨套印本 温汝适旧藏

前有方孝孺撰《读吴氏春秋》，王世贞序，万历己丑（1589）凌稚隆以栋序，（侯濛初）书。总目后有："《镜湖遗老》记"及按语，以镜湖为陆游。又次万历庚申凌毓枏跋。第一卷前题："宋镜湖遗老陆游评，明天目逸史凌稚隆批。"按镜湖应指贺铸，非陆游也；方东树、叶德辉均已辨正之。每半页九行，行十八字。白口，有朱点及眉批。第二十六卷末有朱文："吴兴凌毓枏殿卿父校"一行。

藏印

汝适鉴藏。

参考

《郎园读书志》卷五　《“国立中央”图书馆善本书目·甲编》卷三，83页　《“国立中央”图书馆善本书目·子部杂家》　蒋维乔等《吕氏春秋汇校》，17页

《天禄阁外史》八卷　四册　伪题后汉汝南黄宪撰

明隆庆四年留春书馆刊本

首题：“《秘传天禄阁寓言》外史卷之口　后汉汝南黄宪撰　宋后学韩洎赞”。前有嘉靖二年王鏊序，及先贤评外史三则：即晋谢安、唐田弘、陆贽（俱伪托）。又补抄目录二页，计宾八国文，共一百三篇（分宾韩文、宾魏文、宾秦文、宾晋文、宾蜀文、宾楚文），分元、亨、利、贞，四集。末有牌记二行云：“皇明隆庆庚午昆山沈松石校刊于留春书馆”。

此书《千顷堂书目》入子部杂家类，题：“王逢年《天禄阁外史》八卷，伪托黄宪作。”王渔洋跋称：“万历间学士多撰伪书以欺世，如《天禄阁外史》之类，人多知之。”钱牧斋《列朝诗集》称王逢年“著书一编曰《天禄阁外史》，妄男子辑《东汉文》误入之，益自喜，以为当吾世得追配古人也。”《四库提要》亦据朱国桢《涌幢小品》及李诩《戒庵漫笔》，定为明季昆山王逢年伪托。”此书又有明何允中辑《广汉魏丛书》本王谟增订《汉魏丛书》列在卷末，王谟跋谓此书始出嘉靖时，万历间屠纬真采入《汉魏丛书》。又言序亦非王守溪（鏊）作。周中孚《郑堂读书记》中亦云：“每篇后间有宋韩洎赞，亦伪托也。”丁氏《松轩书录》记此书板心下有“花斋藏板”，乃天启间重刊本，又有钟惺《秘书十八种》本，足见此书在明季之流行。

每半页九行，行二十字。白口，单鱼尾，下注字数。有朱点，间有眉批。

藏印

徐氏泰然　吴兴刘氏嘉业堂藏

参考

王士祯《蚕尾文集》卷八《跋天禄阁外史》　《列朝诗集》丁集《青阳山人王逢年》条　《北京图书馆善本书目·子部·杂家类》　《古今伪书考》

《伪书通考·史部杂史》　《“中央”图书馆善本书目·甲编》卷二，86 页　嘉业堂《明善本书目》　《松轩笔录》

《笔麈》十八卷　四册　明　于慎行（无垢）撰

明万历刊本

全书分三十五类，记明代故实，题：“明东阿穀山于慎行著，门人福唐郭应宠编次，男于纬校梓”。

每半页九行，行十八字。白口，单鱼尾。首册略沾水渍。

（北海）冯琦题辞，郭应宠跋万历癸丑（1613）。（在目录后）

印记

山阴刘石夫藏书　南海黄伯子慕韩劬学斋金石书画之章　贤者而后乐此　宜尔子孙

参考

《“国立中央”图书馆善本书目·甲编》卷三，88 页　《国会图书馆所藏中国善本书目》，622 页

《经制考略》八卷　二册　明　陈子壮辑

明末刊本

目录题：“新刻陈太史《经制考略》”、“编修秋涛陈子壮辑　盐官渭璜陈鼎新正”。

每半页十行，行二十字，白口。

藏印

吴兴嘉业堂藏书记

参考

嘉业堂《明善本书目·子部》

《大明仁孝皇后劝善书》二十卷 大本二十册 明仁孝皇后徐氏撰

永乐五年刊本

《明史列传》，成祖仁孝皇后徐氏，中山王徐达长女，幼贞静，好读书，称女诸生。成祖即帝位，册为皇后。尝采《女宪》、《女诫》作《内训》二十篇。又类编古人嘉言善行作《劝善书》，颁行天下。永乐五年七月乙卯崩，年四十六，论曰仁孝皇后。又《千顷堂书目》卷十二，子书杂家，亦有此书，卷数与此合。（北平图书馆有明刊本二部，又明刊小字本一部五册。）前有徐后自序，残泐不完，篇末年月“永乐三年二月初九日”尚完好，盖“厚载之记”大印，即仁宗后序所云：“亲为之序，用训于下，间以赐高炽及弟汉王赵王”是也。

全书二十卷分装二十册，书末有仁宗（称孝子皇太子高炽），汉王高煦，赵王高燧后序各一篇。最终附有群臣太子太师淇国公丘福领衔，翰林学士胡广撰文之上奏启事一道（各后序写作时间，同署永乐五年十一月初四日）。每卷前皆钤“厚载之记”大印。每半页十四行，行二十八字。黑口。

参考

《明史列传》五　《明成祖实录》　《千顷堂书目》十二　《“中央”图书馆善本书目》　李晋华《明代敕撰书考》　酒井忠夫《中国善书の研究》

《灼艾集》十卷 十二册 明 万表辑

明万历辛丑（二十九年）万邦孚刊本

计《灼艾集》二卷，《别集》二卷，《新集》二卷，《续集》二卷，《余集》二卷。首有万历辛丑武林钱养廉序。每卷题：“四明万表选集，男达甫订证，孙邦孚重梓”。是书杂缉小说笔记，正集卷一起《唐语林》，终《吴礼部诗话》；卷二起《世说新语》，终《三余赘笔》。《续集》卷一起《鹖峰杂著》，终《蓉塘诗话》；卷二起《余冬序录》，终《景行录》。《余集》卷一起《杜阳编》，终《松窗寤言》；卷二起《自警编》，终《郊外农谈》。《别集》卷一起《绿雪亭杂言》，终《否泰录》；卷二起《双溪杂记》，终《玄斋闲录》。《新集》上卷起《西征记》，终《彭文献公笔记》；下卷起《冷斋夜话》，终《名臣经济录》。每集之末，有九沙山人万表跋；其正集跋云："是集者，山人灼艾时所集也，山人废书久矣，乃以灼艾余暇，日涉诸说，凡有会于心者辄手录之，不觉成帙，遂名之曰《灼艾集》云。"此是书命名之故实也。《余集》跋署嘉靖癸卯（二十二年），《新集》署乙未（十四年）盖不同时所辑。

每半页十行，行二十字，白口，单鱼尾。

印记

崔氏循陵堂印　崔氏蓂生藏书　黄裔之印　劬学斋藏　蓂生氏鉴藏记　濠室藏书　澹逋辛癸后得

参考

《四库提要》　《存目》　《国会图书馆所藏中国善本书目》，939—940页（误入集部）　《"国立中央"图书馆善本书目·甲编》卷三，112页　《嘉业堂明善本书目·子部》　《国立北京图书馆善本书目·子部·杂家类》

《艺文类聚》一百卷　二十册　唐　欧阳询等撰

明覆陆采本

前题："唐太子率更令弘文馆学士欧阳询撰"。每半页十四行，行二十八字，世称"小字本"。前有浙江布政使司左参政天水胡缵宗序，题门人王宠书，次欧阳询序。

《类聚》明代刊本，《郎园藏书志》六论述最详。明刻今可见者：有正德中慎独斋本；胡缵宗为陆采序刊本，书口有刻工姓名；嘉靖戊子（1528）陆采加跋本；又覆陆跋本，无刻工姓名；嘉靖乙酉（1525）山西平阳府张松刊小字本及万历王元贞刊本；兰雪堂活字本等。此本第一百卷末页残缺，有无陆采跋不可知？考郎园所见陆采本二部：其一有胡序而无陆跋，其一序跋均无，皆早印者。此则有胡序而不见陆跋，但无刻工姓名（只卷二13页版心有"中"字而字体亦略异），应是覆陆本。间有缺页补钞。

黄氏劬学斋丙寅春跋语谓："此即陆采本，行二十八字，页二十八行，悉依元椠。采字子元，粲弟，号天池"云云。不知陆采本当日只印二百本，故前后刊刻有三次，此特其覆本者耳。又谓："小字本原依元椠"，考《皕宋楼藏书志》有元宗文堂本，每页二十八行，行二十八字，明小字本即从此出，郘园已详言之，不具论。

印记

守拙子　雪岳　东莱吕锳　汉鸣　吕锳之印　葛天氏之苗裔　南海钟氏藏书　润园黄诰黄裔私印　南海黄伯子慕韩劬学斋金石书画之章

参考

《郘园藏书志》卷六　景印宋绍兴本《艺文类聚前言》

《唐宋白孔六帖》一百卷（残阙不全三十本）　唐　白居易撰　宋　孔传续撰

明嘉靖刊本

白居易《六帖》及孔传《续六帖》，合为一书，起于何时？由六十卷分为一百卷，起于何人？《四库总目》考之綦详，兹不赘述。续撰人孔传字圣传，为孔道辅之孙，官曾知《抚州》（《五十万卷楼题跋》，著录此书称一百零六卷）。

全书缺卷一至卷九，及卷八十至一百。

印记

莄泉家藏

参考

《四库全书总目》卷一三五，《子部・类书类》一

《记纂渊海》一百卷　七十六册　宋　金华潘自牧纂集　明　东鲁王嘉宾补遗

明万历七年刊本

按《浙江通志》，自牧，金华人，庆元元年进士，官龙游令。事迹详《浙江通志》。此书《宋史艺文志补》著录。

目录半页十行，正文半页十二行。

自卷一《混元部》、《五行部》至卷一百《虫豸部》。

万历己卯陈文燧序　同年胡维新序

印记

丁福保校读印

参考

《四库全书总目》卷一三五，《子部·类书类》一　酒井忠夫《中国善书の研究》

《图书编》一百二十七卷　附章斗津《行状》一卷　六十册

明　南昌章潢撰

明万历四十一年刊本

潢字本清，南昌人，万历乙巳以荐授顺天府学训道，时年已七十九。不能赴官，诏用陈献章例，官给月米。后至八十二岁终于家。《明史·儒林传》附载《邓元锡传》末（见《四库总目》卷八，《经部易类存目》二）。《四库总目》"谓明人图谱之学惟此编与王圻《三才图会》号为巨帙，然圻书……不及潢书之体要；其所系诸说……漫无考证，亦不及潢书之引据古今，详赅本末。"（《四库总目》卷一三六《子部·类书类》二）。前万历癸丑，门人万尚烈序，自序，凡例，年谱，采辑书目，及《图书编目录》。

《三才图会》一百六卷附图　七十六册　明　王圻纂　王思义续纂

明万历刊天启崇祯印本

半页九行，行二十二字。书口下有："秣陵陶国臣刻"、"金陵吴云轩刻"。每卷题："云间元翰父王圻纂集，曾孙尔宾重校。"自时令以后，改题："云间允明父王思义续集。"盖三十五卷以下，其子思义所续也。此不写圻曾孙尔宾所刷印，改卷内"男思义校正"一行为"曾孙尔宾重校"。

全书汇辑诸书图谱，计天文四卷，地理十六卷，人物十四卷，时令四卷，宫室四卷，器用十二卷，身体七卷，衣服三卷，人事十卷，仪制八卷，珍宝二卷，文史四卷，鸟兽六卷，草木十二卷。

临川周孔教序〔万历己酉（1609）〕何尔复序，陈继儒序，顾秉谦序，王圻自序〔万历丁未（1607）〕。凡例（天文、地理每编多有序，不具录）。

印记

白河文库

参考

《“国立中央”图书馆善本书目·甲编》卷三，132 页　《国会图书馆所藏中国善本书目》，1172—1173 页　米泽《善本の研究と解題》。

《山堂肆考》五集二百二十八卷补遗十二卷 四十八册

明　彭大翼撰

明万历刊本

全书分宫、商、角、徵、羽五集，每集前题：“明古扬彭大翼云皋父纂著，张幼学仪伯父编辑”。扉页记“类书《山堂肆考》、竹�轩藏板”。

（秣陵）焦竑（弱侯）叙〔万历乙未（1595）〕，（黄冈）廖自伸（伯常）序（乙未），杜业叙〔壬辰（1592）〕，（海陵）凌儒序（乙未），（句章）冯任叙，（麻城）王兆云序〔丁酉（1597）〕，张幼学小记（乙未）彭大翼自叙（乙未），弟大翱（云健）跋，子取第跋。

藏印

叔安黄蔡之章　瘦弱书生　黔中志清室黄蔡藏书印

参考

《明史·艺文志》卷三　钦定《续文献通考·经籍考》　《国会图书馆所藏善本目》，717 页

《子史经济言》十二卷 六册　　明　陈子壮辑

明天启刊本

前题："南海陈子壮集生纂　盐官陈鼎新仲因订"。

每页十行，行二十字，有圈点批语。陈子壮序〔天启乙丑（1625）〕，陈鼎新题：《经济言并经制考略叙》，参阅姓氏及纂例。

藏印

吴兴刘氏嘉业堂藏书记

参考

《日内阁书目》，247 页　《国会图书馆所藏中国善本书目》，734 页

《六子摘粹》二卷 二册　　明　刘伯渊选　明　彭以圣注

明万历精刊小字本

题："新刊精选《六子摘粹》，赐进士第慈谿念庭刘伯渊选，乡进士安福彭以圣注。"三行。所谓六子即《老子》、《扬子法言》、《庄子》、《荀子》、《列子》、《文中子》也。

知泰兴县事四明刘伯渊序（万历四年，1576），安成彭以坚跋（万历四年）。

每半页十二行，行二十五字。白口，单鱼尾。

印记

博古斋收藏善本书籍　柳蓉春经馆印　刘印台拱子阶　万年口戴大章藏书　洪氏藏书万卷　书直白金三百两

参考

《嘉业堂明善本书目·子部》

《古今粹言》四十一卷 十册 明 陈继儒集

明末刊本

集录《孔子家语》以下至《艺苑卮言》各书粹语，卷一题：“《艺林粹言》，华亭陈继儒仲醇父编。”目录题：“陈眉公《汇选古今粹言》。”取材庞杂，如卷十九且录及《天禄阁外史》，并次于《说苑》《新序》前，是为王逢年所愚矣。

每半页十一行，行二十一字。白口，单鱼尾。缺卷二十八至三十五页。陈继儒有《古今粹言引》，自称《白石樵史》。

印记

颐斋 慕韩

《八编类纂》二百八十五卷附图 八十册 明 陈仁锡编

明天启刊本

八编者：丘濬《大学衍义补》；唐顺之《史纂左编》，《右编》，《稗编》；章潢《图书编》，邓元锡《函史编》，冯应京《实用编》，冯琦《经济汇编》。

序跋：陈仁锡《八编经世类纂序》〔天启六年（1626）〕，丘濬《大学衍义补序》，宗臣《重刊大学衍义补序》〔嘉靖己未（1559）〕，吴用先《史纂左编序》，唐顺之《左编自序》，焦竑《荆川右编序》，刘曰宁《右编序》，茅坤《稗编序》，唐顺之《稗编自序》，章潢《图书编自序》，冯梦祯《经济类编序》，冯应京《经世实用编序》〔万历卅一年（1603）〕，顾起元《六经图序》。

《经世八编类纂总目》：题“明翰林院编修经筵日讲官陈仁锡评纂”。凡分三十六类。目录末行题：“颜季亨订正”。

卷首，序一册，目录二册。

每半页十行，行二十字。白口，单鱼尾。

参考

《“中央”图书馆善本书目·甲编》卷三，138页 宋定国《国史经籍志补·子部》

《世说新语补》二十卷 十册 宋 刘义庆撰 明 何良俊增

明万历刊本

每卷前题："宋刘义庆撰，梁刘孝标注，宋刘辰翁批，明何良俊增，王世贞删定，王世懋批释。张文柱校注。"有朱笔批点。

每半页九行，行十八字。注双行。

旧叙有：刘应登序，袁褧序〔嘉靖乙未（1535）〕，何语林序，文徵明序，陆师道序。

高似孙，董彝，陆游：旧跋。

王世贞序〔嘉靖丙辰（1556）〕。王世懋序〔万历庚辰（1580）〕，再跋〔万历乙酉（1585）〕。琅琊王泰亨跋（万历乙酉，在卷末）。

印记

杨季印信 吴兴刘氏嘉业堂藏

参考

《松轩笔录》 《四库标注增注》，58页 《国会图书馆善本书目》，754页 《北京图书馆善本书目·子部·杂家类》

《癸辛杂识前集》一卷《后集》一卷《续集》二卷《别集》二卷 四册 宋 周密撰

汲古阁《津逮秘书》零本

前题："宋弁阳周密辑 明海隅毛晋订"。每集末有毛晋识语。此册在《津逮秘书》第十四集。

每半页九行，行十九字。书口有"汲古阁"三字。

参考

《八千卷楼书目》卷十四 汲古阁《校刻书目》

《密庵禅师语录》一卷 二册 宋 释咸杰撰

日本五山板刊本（附）

密庵即咸杰，福州人，姓郑氏，临济宗。（见《续传灯》三四）书题："密庵和尚住衢州西乌山乾明禅院语录。参学小师崇岳了悟等编。"前有淳熙十五年张镃序（1188），卷末有"参学约斋居士助钱一百贯开板。"一行。正应元年刊本，南北朝重刊略。此书在《大正藏》第四十七册，末有："乾道丙戌正月吉旦（二年，1166）守诠识语"，为《大正藏》本所无。识语前有葛邲撰塔铭。

每半页十一行，行二十字，左右双边，此盖室町时代五山板，图见嘉业堂《善本书影》。

印记

求恕斋藏　刘印承幹

参考

《日本古刻书史》，115 页　《图书寮汉籍善本书目》卷三，171 页

《横川和尚语录》上下卷 二册 宋 释如珙撰 释本光等编

日本五山板刊本（附）

卷首题："《横川和尚语录》。门人住持雁荡山罗汉禅寺本光等集"。日本《续藏经》第一辑第二编（第二十八套第二册）有《横川行珙禅师语录》二卷，持较此《五山本》略有不同，《戊子冬跋》《续藏本》为序，并有目录；而此本无之。《续藏本》塔偈、塔铭在卷末，此本则在《示恩藏主》及《寄冢间和尚二绝句》之前。又此本"冢间"二字，《续藏本》作"冢洵"，疑误。

每半页十二行，行二十字，白口，单鱼尾，沾水渍。卷末有："上四十丁（即下）三十七"，即记每卷页数，今查上卷仅三十九页，如合序计算，恰为四十。如是此《戊子冬自序》应移前为是。《天理图书馆》亦有精翠轩旧藏本，但无记页数。此本图见嘉业堂《善本书影》。

印记

嵏（赤）山文库　长沙张氏岳云楼藏　欢萑　刘印承幹　求恕斋藏

附记

行珙殆即如珙，至元中卒，嗣天童，事迹详《增集续传灯》四，《续灯存稿》四，及《五灯严统》二一〇。此五山板，日本《古刻书史》中《五山刻书目》不载。

《诸佛世尊如来菩萨尊者神僧名经》 一厚册　　明成祖敕

永乐十五年内府刊本

“中央”图书馆藏有此册不分卷十册，见该书馆《善本书目》上，180页。

《诸佛世尊如来菩萨尊者名称歌曲》 一厚册　明成祖敕　撰

明初内府刊本

全书分北曲南曲两部分。每部各为《佛名称歌曲》、《世尊名称歌曲》、《如来名称歌曲》、《菩萨名称歌曲》、《尊者名称歌曲》等类。《千顷堂书目·释家类》著录题，“成祖御制《诸佛世尊如来菩萨尊者名称歌曲》一卷”。《明史·成祖纪》：“永乐二十二年……己亥次威远州，复宴群臣，自制词五章，命中官歌之。”《明词综》瞿祐条引《西湖志余》“永乐己亥降佛曲于塞外，选子弟唱之”。成祖之嗜歌曲如此。是编可考知南北曲与梵唱之关系，诚明初佛曲之渊薮也。

参考

李晋华《明代敕撰书考》　《世间解》（第一号）吴晓铃文　周一良《跋观音偈赞》

《庄子鬳斋口义》十卷　十册　　宋　林希逸撰

明施观民精刊本

卷首题：“《庄子鬳斋口义发》题，鬳斋林希逸”二行，卷一则题：“宋福清膚斋林希逸注，明同邑后学施观民校。”首卷前附《庄子》释音。有《庄子后序》，景定改元中和节宣教郎知邵武军建宁县林经德撰。《皕宋楼藏书志》，此本题明万历施观民刊本，且有万历二年赵秉忠序；此本缺赵序，乃施刻《三子口义》之一。（瞿目十八，有元刊本《膚斋口义》，前有景定辛酉石塘林同序，此万历本则无之。）

每半页十行，行二十二字，小字双行，行二十二字。版心刻工姓名为：何昇，张本，何道，曹祐，何经，何器，何贞，曹仕，何鲸，邵埴，何铨，何钊，王成，何贞，何序，俞廷，何钥，王约，何庸等。《四库标注》云：“施本所刻，正文皆佳，可据以补正经文脱误。”

印记

吴兴刘氏嘉业堂藏书记

参考

《皕宋楼藏书志》卷六六　《郘亭书目》一一　《四库标注》，623 页
《八千卷楼书目》卷一四　《嘉业堂明善本书目·子部》

以上子部

《楚辞章句》十七卷附录一卷　八册

明万历十四年冯氏绍祖观妙斋刊本

书前题：“汉刘向子政编集，王逸叔师章句”、“明后学武林冯绍祖绳武父校正”二行。

每半页九行，行十八字，第一页书口有：“杭州郁文瑞书”记。

《楚辞章句》议例五则。钱塘黄汝亨序〔万历柔兆阉茂（1586)〕，冯绍祖《校楚辞后序》〔万历丙戌（同上)〕。

印记

刚日读经柔日读史　潋生氏　得意

参考

《楚辞书录》　《皕宋楼藏书志》卷六七　《北京图书馆善本书目·集部·楚辞类》　《日本内阁书目》，323页

《楚辞辨证》二卷 二册　宋　朱熹撰

明正德刊本

此为朱熹《楚辞集注》散本，每半页九行，行十七字。黑口，双鱼尾。盖正德间知休宁县事平湖沈圻所刊。丁氏《善本书室志》卷二三，此本《集注》后，有正德十四张旭跋，此则未见。

沈圻《重刊楚辞跋》正德十四年己卯

印记

南海黄伯子慕韩劬学斋金石书画之章

《杜律五言注解》 二册　唐　杜甫撰　伪元赵汸注

明嘉靖穆相刊本

此书共二册，上册题："《杜律五言注解》，东山赵汸子常选注批点"，为嘉靖刊本。每半页九行，行二十字，小字双行。下册题："《杜工部五言律诗》下卷，元赵汸子常注"，清刊本，每半页八行，行十八字，乃合二种，配成一部。

董玘《杜律赵注引》〔正德九年（1514）〕，（浮山）穆相刊《杜律注解序》〔嘉靖七年（1528）〕

印记

拙斋阅本

参考

程会昌《杜诗伪书考》　洪业《杜诗引得序》　《增订四库简明目录标注》，651页

《昌黎先生集》四十卷《外集》十卷　集传　遗文各一卷

二十四册　唐　韩愈撰

明徐氏东雅堂原刊本

每半页九行，行十七字，双鱼尾。板心："东雅堂"三字，上有大小字数。每卷末有："东吴徐氏刻梓家塾"牌记，卷一刊名"李潮刊"。东雅堂主人东吴徐时泰，万历进士，历官工部郎中，此仿世彩堂本韩集。本馆所藏东雅堂本有二，一即明刊明印此本，另一为乾隆补修徐氏原版，末有："乾隆十有一年皋月洞庭东山王金增师李氏题于壑舟之云津堂。"识语。

参考

《书林清话》卷五　《天禄琳琅后编》卷十　《艺风堂藏书续记》　《善本书室藏书志》卷二十四　《国立北京图书馆善本书目·集部》

《河东先生集》四十五卷《外集》二卷《龙城录》二卷《附录》二卷《集传后序》一卷　三十六册　唐　柳宗元撰

明嘉靖中济美堂重刊宋本

每半页九行，行十七字，注双行。白口，双鱼尾。每卷末有："东吴郭云鹏校寿梓"篆文木记。板心有："济美堂"三字。间有刻工姓名。书末有："郭氏家传"木记。有刘禹锡序。

参考

《"国立中央"图书馆善本书目》甲四，26页　《图书寮汉籍善本书目》卷四　《国立北京图书馆善本书目·集部·唐别集》

《白氏长庆集》七十一卷《目录》二卷　三十六册

唐　白居易著

明万历马元调校刊本

目录末有："鱼乐轩"三字。题："《白氏长庆集》卷第几，唐太子少傅刑部尚书致仕赠尚书右仆射太原白居易乐天著，明后学松江马元调巽甫校”。此本多据嘉靖戊戌伍忠光龙池草堂刻本《白集》改订。

每半页十行，行二十一字，小字双行。白口，单鱼尾。娄坚重刊序〔万历三十四年丙午（1606）〕。

印记

梁印鹤鸣　番禺黄子安珍藏之印

参考

《四库简明目录标注》，668 页　《“中央”图书馆善本书目》甲卷四，32 页　《国会图书馆所藏中国善本书目》，848—849 页　《图书寮善本书目》花房英树《白氏文集の批判的研究》，184 页

《欧阳文忠公集考异》五十卷 二十四册　宋　欧阳修原著　明　曾鲁考异

明洪武丙寅刻本　清吕葆中旧藏

此书每卷次行题：“临江后学曾鲁得之考异。”宋濂撰《中顺大夫礼部侍郎曾公神道碑》称：“其自著书有《六一居士集正讹》”（《宋学士全集》十八。又《千顷堂目》三十二《笺注类》）《明文衡》邹缉《书居士外集后》云：“（李维武）者尝得故礼部侍郎曾鲁得之所校欧阳公《居士内外集》，知以为奇宝而藏之。余曾借得其外集，盖板本大字，上下边幅最高阔，曾公皆手自校雠，中间颇多缺板，又手自补完。曾氏家多古书，所校诸本，有吉本，家本刊诸集，辨其同异；及其改易增损，皆朱书小字于其上下旁边，字极谨细。……是时曾公没已久，其子坐事见籍，官散鬻其书，故维武购得之。……又以《外集》之文，罕有传者，其所考异，尤为难得，因取而备录之。惟所校《居士集》五十卷，洪武初永丰县令蔡玘已为之镂板；而建宁书坊又为之传刻，则此外集亦当与之并行也。”是所谓《居士集正讹》应包括《外集》，邹缉见其稿本，言之凿凿，故备录之。

卷二十四，三十五，五十卷末，俱有：“时柔兆摄提格，县人陈斐允章重校”一行，此丙寅乃洪武十九年也。东莞莫氏《五十卷楼书目》（卷十六）有《欧集残本》三十四卷，前题：“临川后学曾鲁得之考异，后学李均度校正”

两行。前均度序备述刻书原委，谓洪武辛亥秋（1371）忝承永丰，首谒学官，得蔡侯行素新刊（欧阳）先生文集。末题："洪武六年龙集癸丑"，则又在陈斐此本之前矣。清《学部图书馆善本目》亦藏是集，则题："临川曾鲁得之考异，古舒后学蔡玘行素订定，番阳后学李均度校理，古溧后学俞允中校正"四行，可知邹缉所称蔡玘镂板《居士集》，应先于洪武六年癸丑李均度校刊本，约在洪武四年辛亥略前。

此洪武十九年《欧集考异》，向来著录者有三误：其一误为宋元刊，钱竹汀据其对"有宋诸帝"不跳行，故以为元刻。乾隆间无锡邹炳泰（晓屏）藏有是书，其《午风堂丛谈》谓"《居士集》五十卷，即欧公自定本。《考异》亦精核，此本尚是元刻"，邹氏此书后归海源阁，杨氏绍和《楹书隅录》著录，重定为明洪武本是也。嘉业堂《善本书影》亦误题作元刻。若江标《宋元本行格表》下，据《留真谱》收曾鲁此书，款式相同，行二十一字，而题作宋本，更谬。其一误与蔡玘本相混，岛田翰《古文旧书考》（卷四），已知此本刊于柔兆摄提格，即洪武十九年刻本，惟因邹缉语遂懵然谓《居士集》五十卷，洪武丙寅永丰县令蔡玘依吉学所藏曾氏手定本，始为之镂板，遂称此本盖刻之者蔡玘，覆校之者陈斐。因题此本为"洪武丙寅蔡玘刻本"。不知蔡玘知永丰在洪武辛亥以前，不能下至丙寅也。又一误为明正统刊，王重民《北平图书馆善本题识》稿九一二，题此书为正统间刻本。所据理由为《永丰县志》选举表，陈斐北坊人，永乐间诸贡，名次在永乐二十一年举人周宁之后，以为陈斐当洪武丙寅，年应尚幼，故移迟六十年，而定斐此本为正统间重刻。按杨绍和、张菊生、赵万里皆定此本为洪武刊。今核之诸刻工人名，皆当元末明初，张菊生谓与元刊《辽》、《金》二史刻工相同，恐其年寿不能下至正统丙寅，故以洪武刻为合。方志贡生例厕于举人之后，尤不宜据周宁之名以定陈斐之年次也。王氏又据《永丰县志·名宦传》，蔡玘安庆人，吴二年乙巳知永丰，乙巳为元至正二十五年，因谓此书初刻犹在元季。今按乙巳下至洪武辛亥，不过十年，邹缉谓："洪武初永丰县令蔡玘镂板"，则玘宰永丰尚及洪武初年，李均度序谓洪武（四年）辛亥得蔡侯行素新刊《欧阳先生文集》，可为证明。是谓此书初刻犹在元季，亦非；当以邹缉说为是。总之，是集洪武间刊刻不止一次，最初为蔡玘刊，在四年辛亥略前；次为六年癸丑李均度序刊；又次为十九年丙寅陈斐刊，即此本也。

每半页十二行，行二十一字，版心下记刻工姓名，《涵芬楼烬余书录》及《古文旧书考》均详记之。兹不复著。

印记

御儿南城吕氏家藏印清井翁　吾研斋藏书记清石门吕葆中悉苑弡生　潘印和甫　潘氏仲子鋠印　泉塘耀松　杨祚昌经眼　嘉业堂　荣阳世家　玉乳山房

附记

曾鲁，江西新淦人，至元十六年举人，洪武初修《元史》。五年十二月卒，年五十四，事迹见《明史》卷一三六。蔡玘刻此书时，曾鲁犹健在；迨李均度覆刻则在其没后一年。

参考

《明文衡》卷四八　《古文旧书考》卷四　《楹书隅录》卷五　《五十万卷楼群书跋文》集二　《涵芬楼烬余书录集》，38 页　王重民《北京图书馆善本题识》（显微影片本）　《图书寮汉籍善本书目》卷四。

附录

危素后记云“周丞相必大用诸本较定重刻，比他本为胜，然于凡诸缪误脱漏不可读者，亦莫从是正，仅疏注疑误其下而已。迨病革，始得写本于李参政光家，周公子纶属旧客订定编入，今每卷所谓‘恕本’是矣。然亦徒摭其时笔误处，指以为疵，不复加意精校，甚可惜也。写本后归军器监簿曾天麟家，纸墨精好，字画端楷，有唐人风致，皆识以公印章，藏诸曾氏且四世，兵后独存。曾氏孙鲁避乱新淦山中，始能取它本为定，其异同详略，颇仿朱氏《韩文考异》义例；若吉本所阙，而见于它本者，别为拾遗一卷。龙舒蔡玘来知永丰县，以公乡邑，首出禀禄倡率好义者，取曾氏所校，刻诸学宫。邑士夏巽属素识其成。”

莫天一跋：明洪武新刊《欧阳文忠公集考异残本》：“前有均度序云：‘予幼时读欧阳先生文集乃苏本，中间遗脱不可一二数，每至讹缺，未曾不为之叹息。洪武辛亥秋，予忝丞永丰，实先生之旧乡也，首谒学宫，得蔡侯行素新刊先生文集，予甚嘉之曰：侯之德亦至矣，夫当兵燹煨烬之余，文物凋丧之后，乃能留心斯文，捐俸铤梓以广其传。及三四读，又惜其断简讹字，有模糊而不能辨者，因与蔡侯及俞侯允中，邑庠李实，胡启，复参互考订，颇知其说。俾断者续之、讹者正之、缺者补之，计三十余简，历三越月，五十卷仅完。嗟夫！公之文议论正大，变化不测，凛然而秋霜严，郁然而庆云丽，实与韩柳相比肩，更千古而不磨也。今幸与蔡侯诸君完集是编，非惟有益于后学，欧阳公实有赖焉。'”末题：“洪武六年龙集癸丑九月鞠节后八日，番阳李均度谨序”。有“番阳世家”、“陇西郡”二木刻章。次有署名古溧者，题字略云：“读公文集，有吉苏二本，兵后罔求全帙。洪武辛亥，予官庐陵，属邑曰永丰，有欧乡焉，始知为公生长之地。洎阅蔡侯新刊公之文集，遂大欣慰，乃与李侯均度续其断章，正其讹字。洪武昭阳赤奋若冬十月，古溧。末有：‘俞氏允中’木刻章。”

《东坡文选》二十卷　八册　明　钟惺评注

明万历刊本

题：“明景（竟）陵钟惺定”，有批注，书头有评语。

每半页八行，行十七字。白口。

钟惺序〔万历庚申（四十八年）（1620）〕

参考

《“国立中央”图书馆善本书目·甲编》四，52 页　《国会图书馆所藏中国善本书目》，868 页

《淮海集》四十卷　五册　宋　秦观著

明嘉靖乙己（二十四年）刊本　清汪森旧藏

此本盖据嘉靖己亥（十八年，1539）张綖鄂州本覆锲，较张本前多嘉靖乙巳江都盛仪叙，卷末又有綖弟张绘跋，略云：“先兄倅鄂时，考证《淮海文集》刻之郡斋，家居藏板别墅，岁甲辰（嘉靖二十三年）燬于火。适龙山胡侯来视州事……命重加校正，捐俸翻刻。”胡侯指高邮守胡民表，乙巳即嘉靖二十四年也。叶氏刊宋本《淮海长短句》，所附《淮海词板本系统表》，及唐氏《宋词四考》，列有胡民表高邮本，俱云未见；此本为汪森旧藏，可宝也。“中央”图书馆藏胡本《淮海集》有三，其一为明覆本。

每半页十二行，每行二十一字，白口，单鱼尾。

印记

休阳汪氏裘杼楼藏书印　碧巢秘笈定本

参考

《“中央”图书馆善本书目》甲四，56 页　《北京图书馆善本书目·集部·宋别集类》　叶刊《淮海长短句》

《陆放翁全集》《渭南文集》五十卷《剑南诗稿》八十五卷《放翁逸稿》二卷《南唐书》十八卷附《音释》一卷《家世旧闻》一卷《斋居纪事》一卷　五十二册　宋　陆游撰

明汲古阁刊本

每半页八行，行十八字。书口有“汲古阁”三字。

《渭南文集》，《剑南诗稿》，《南唐书》，《家世旧闻》：卷末皆有毛晋题记。《放翁逸稿》及《斋居纪事》后有汲古后人毛扆识语。

参考

《汲古阁校刻书目》（《小石山房丛书》）

《渭南文集》五十卷　八册　宋　陆游著

明汲古阁刊本

自卷一至卷四十一，为文集。卷四十二《天彭牡丹谱》，《风俗记》及《致语》。卷四十三至四十八，为《入蜀记》。卷四十九、五十两卷为词。

前系《陆游传》，末为《嘉定》十三年（庚辰，1220）陆游幼子遹跋及毛晋题记。

每半页八行，行十八字。白口，书口有“汲古阁”三字。

参考

《汲古阁校刻书目》（《小石山房丛书》）

《元遗山诗集》二十卷　四册　金　元好问著

明汲古阁刊本

每半页九行，行十九字。书口有“汲古阁”三字。末缺数页。此即《元人十集》之第一集。

印记

徐氏搴芙蓉轩藏书记　濠堂藏本　南海黄伯子慕韩劬学斋金石书画之章

参考

《汲古阁校刻书目》(《小石山房丛书》)

《停云馆摘稿》十一卷　四册　明　莆阳康大和撰

明嘉靖刊本

每卷题：“江东许谷评选，柳州徐养正校刊。”

每半页九行，行十八字。双栏，白口，单鱼尾。

徐养正序〔嘉靖壬戌（四一年，1562)〕，康大和自序于柳湾公署（嘉靖壬戌)。

印记

吟香山馆　餵霞主人书画之印记

《区西屏集》十卷　三册　明　新会区越撰

明嘉靖乙丑刊本

题：“乡贤区西屏诗集，粤南新会区越文广著　闽东兴化余一鹏天池校，莆田周鲲章岩编”。按《广东通志》卷二七四载《西屏集》六卷；岭南大学藏嘉靖本亦十卷，与此本同。

每半页九行，行二十字。白口，单鱼尾，双栏。

（莆田）黄廷用序〔嘉靖乙丑（1565)〕（巴陵）易道谈序〔嘉靖四十四年

乙丑（1565）〕林云同跋〔嘉靖乙丑（1565）〕

印记

蔚岚　南海黄伯子慕韩劬学斋金石书画之章

参考

《岭南大学图书馆藏善本图书题识》，62 页　《广东通志》卷二七四

《郁洲遗稿》十卷　八册　明　梁储撰

明刊本

卷二前附《纶音》。题："郁洲梁储稿，男次挹，孙孜编辑"。

每半页九行，行二十字，白口，单鱼尾。

有黄衷序，黄佐序，王渐逵后序，王世贞后序〔嘉靖三十二年（1553）〕，朱大韶序〔嘉靖四十五年（1566）〕

印记

濠上草堂藏本

参考

《四库提要》卷一七一　《国会图书馆所藏中国善本书目》，922 页　《八千卷楼书目》卷一六

《空同子集》六十六卷《目录》二卷《附录》二卷　二十二册　明　李梦阳撰

明万历壬寅（三十年）刊本

每卷前题："北郡李梦阳撰，东莞邓云霄，歙潘之恒蒐校"。卷三十八及五十一末有潘之恒笺语。每卷末有参阅者姓氏，如：归隆阅，钱允治，洪大德，吴文策，程可中，潘凤，董其昌，陈继儒，黄叔暘，梅守箕，张桂芳，刘一爆，何白，乔一琦，曹以植等，二十许人。

每半页十行，行二十字。

邓云霄序（万历壬寅），冯梦祯序（万历壬寅），沈时可序（万历壬寅），黄尚温序。

印记

曹氏珍藏　执甫　陈百斯藏书印　百斯过眼

参考

《国会图书馆所藏中国善本书目》，925—926 页　《八千卷楼书目》卷一六

《空同先生集》六十三卷　十六册　明　李梦阳著

明嘉靖壬子（三十一年）朱睦㮮刊本

每半页十一行，行二十字。

王廷相序〔嘉靖十年（辛卯，1531）〕，黄省曾序〔嘉靖九年（庚寅，1530）〕，朱睦㮮撰《空同先生传》，（嵩陵）吕柟《后序》〔嘉靖十一年（壬辰，1532）〕，睦㮮《题识》（记刊书经过）〔嘉靖壬子（三十一年，1553）〕。

印记

遗经斋藏书印　宗熙所读之书

参考

《“国立中央”图书馆善本书目》甲四，119 页

《渼陂王太史集》十四卷《续集》三卷　十一册　明　王九思撰

正集明嘉靖癸巳（十二年）王献刊　续集嘉靖丙午（二十五年）翁万达刊　玉函山房观古堂旧藏

每半页十行，行二十一字。张治道《续集序》云：“《渼陂先生旧集》十六卷，监察御史王君惟臣（献）刻之山西，其《续集》三卷，今抚台东厓翁公又刻之，鄠邑将同前刻并传焉。”是此书刊刻之经过也。《渼陂全集目录》尚有：《碧山乐府》，《碧山诗馀》，《南曲次韵》，《游春记》，《中山狼院本》：

此仅有《正续集》而已。续集末有："门人王九泽、焦心逸、王渡、阎性校正，咸宁种赋辑录。"六行。

王献序〔嘉靖癸巳（1533）〕，康海序〔嘉靖十一年（1532）〕，自序〔嘉靖辛卯（十年，1531）〕，（以上《正集》）。《翁万达》序〔嘉靖丙午（1546）〕，张治道《续集序》〔嘉靖廿四年（乙巳，1545）〕。（以上《续集》）

此书《正续集》刊期不同，旧藏者不同，援《"中央"图书馆目》例，宜分列二种。《正集》内有："重刻《渼陂……全集》目录"，字体与原本不同，恐后人所插入。〔按张宗孟于崇祯十三年（1640）将王，翁分刊本合为全集，加以修补。然《正集》坏板甚多，似未经修补者；《续集》第二册有修补页二〕

印记

叶氏德辉鉴藏　观古堂（以上《正集》）玉函山房藏书（《续集》）

参考

《"国立中央"图书馆善本书目》甲四，121页

《太史升庵文集》八十一卷《目录》四卷　十二册
明　杨慎撰　杨有仁编

明万历壬午（十年）张士佩刊本

此书前题："成都杨慎著，从子有仁编辑，后学赵开美校。"按赵开美即著《脉望馆书目》之赵琦美。[①]

每半页十行，行二十字，白口，单栏，单鱼尾。

张士佩序（四川都察院，右副都御史），宋仕序（四川监察御史），（揭阳）郑旻跋〔万历十年（1582）（四川监察御史）〕，蔡汝贤用跋（缺页仅存末一行）。

参考

《四库总目》一七二　《四库简明目录标注》，844页　《八千卷楼书目》卷一六　《图书寮汉籍善本书目》卷四

① 见孙楷第：《也是园古今杂剧考》。

《升庵文集》八十一卷《目录》四卷 二十四册 明 杨慎撰 杨有仁编

明万历辛丑（二十九年，1602）王藩臣刻本 金元功旧藏

题："成都杨慎著，从子有仁编辑，书后学赵开美校正，高安陈邦瞻重校，江阳王藩臣，内江萧如松同校。"附新增五种。每半页十行，行二十字，白口，单栏，单鱼尾。

王藩臣《重刻杨升庵先生文集序》〔万历二十九年（1602）〕，陈邦瞻《杨用修太史集序》，张士佩序，宋仕序，陈文烛序〔万历十年（壬午，1582）〕，萧如松后序〔万历二十九年（1602）〕。

印记

金元功藏书记 碧梧栖老凤凰枝 苕溪沈氏所藏

参考

《"国立中央"图书馆善本书目·甲编》卷四，130 页

《夏桂洲先生文集》十八卷附《年谱》一卷 十二册 明 夏言撰

明崇祯刊本 斤桂草堂藏板

每卷前题："闽漳后学林日瑞廷辑甫汇编，后学郑大璟妟尹订阅，外孙吴一璘淑采校行。"三行。

前有：崇祯十一年（1638）浙江提刑按察使林日瑞序，万历三年（1575）尚宝司丞杨时乔旧序及崇祯十年（丁丑）吴一璘跋。

每半页十行，行十九字，白口，卷首祭文有缺页。

参考

《艺风堂藏书记》七 王国维《庚辛之间读书记》

重刊《荆川先生文集》十七卷《附录》一卷　十六册　明　唐顺之撰

明万历元年（癸酉）纯白斋刊本

每半页十一行，行二十字。白口，单鱼尾，下注页数。

自序末有："万历元年孟春吉旦重刊于纯白斋"一行。

王慎中序〔嘉靖己酉（1549）〕，孙慎行《读外大父荆翁集识》。

参考

《"国立中央"图书馆善本书目》甲四，139 页

《许文穆公集》六卷　六册　明　许国撰

明万历刊本

国字维桢，号颍阳，歙县人，事迹具《明史》二一九本传。每卷前题："门人琅琊焦竑，海阳邵庶，金沙王尧封，豫章刘日宁校阅。男立言辑梓"。每半页十行，行二十字。有焦竑序〔万历辛亥（1611）〕，王家屏撰《许氏墓志铭》卷末。

印记

王印焕业　闲喜堂藏书　王氏珍藏　雪帆　王雪帆藏书印

参考

《国会图书馆所藏中国善本书目》，996 页

《歇庵集》十六卷　十六册　明　陶望龄撰

明万历刊本

望龄号石篑，会稽人，万历十七年进士，《明史卷》二一六有传。《石篑诗集》曰《天水阁集》，与《歇庵集》同入《全燬书目》。首页题："陶石篑先生著《歇庵集》，聚奎楼刊行。"每卷前有："明会稽陶望龄周望著，晋陵张师

绎克隽校。”二行。卷十三以下有：“真如斋校梓”一行。

每半页九行，行十九字。白口，双栏。

（武林）黄亨序，（新安）余懋孳序〔万历辛亥（1611）〕，（山阴）王应遴序〔万历庚戌（1610）〕。

印记

南海黄伯子慕韩劬学斋金石书画之章

参考

《“国立中央”图书馆善本书目》甲四，171 页　《国会图书馆所藏中国善本书目》，1003 页

《六家文选》六十卷　四十八册　梁　昭明太子撰　唐　六家注

明嘉靖吴郡袁氏刊本

首题“《六家文选》卷第一”、“梁昭明太子撰”、“唐五臣注”、“崇贤馆直学士李善注”共四行。大版，每半页十一行，行十八字。注双行，行二十六字。第二十卷 27 页印重。

第四十一卷有“藏亭”二字，各卷末识语仅存下列二处：

第三十七卷末“嘉靖二十五年腊月十二日吴郡袁氏校刊”

第四十卷末“此蜀郡广都县裴氏善本今重雕于汝郡袁氏之嘉趣堂　嘉靖丙午春日”

“国朝改广都为双流县　属成都府”

刻工姓名：信、淮、圭、儒（卷三，5 页）周、启明、湛、李宅等。

嘉靖吴郡袁褧刊《文选》，天禄琳琅本，丁氏善本书室，寒瘦山房，及日本静嘉堂藏本，与此本颇有不同：

《天禄琳琅本》，吕氏《进表》后有袁褧识语，卷五二末有识语，卷六十末有袁氏木记，卷五六有“戊申孟夏十三日李清雕”一行，卷四四有“丁未六月初八日李宗信雕”一行：此本俱无之。

《善本书室本》：卷一第四行铲去一行（不明所指），卷三十后有题记，此本无之。

《寒瘦山房本》：大抵与《丁氏本》同，惟卷六十后无袁褧木记，卷五六

后无识语，与此本同。但卷三二，卷四六后并有题记，此本又无之。

《静嘉堂本》：卷三十七，卷四十尾题记与此本同。其他卷二十，卷三十，卷三十二，卷三十三，卷三十四，三十五，三十八，三十九，卷四十一，四十二，四十三，四十四：并有题本，此本俱无之。又《故宫周刊》第九期第三版及第二十二期第一版书影，神态体例，与此相同；然此本卷一第一页书口无刻工，卷六十末阙牌记。

疑此本为较早刻本，别本后来始加刻识语。

印记

春草堂印　臣芝和印　太传公曾孙　伯驹　松泉书屋　松泉　谢紫芝印　安德谢氏五郎　霞绮楼藏书印　画石斋印　藏书阁印　四香精舍（其他闲印尚多，不具记）

参考

《书林清话》卷十（《坊估宋元刻之作伪篇》，记此本伪刻甚详）　斯波六郎《文选索引》　《图书寮汉籍善本书目》卷四（表后有识语）　《国立北京图书馆善本书目·集部·总类》

《文选六臣注》六十卷　三十册

明刊本

题“梁昭明太子萧统撰，唐李善、吕延济、刘良、张铣、李周翰、吕向注　大明新安岩镇潘（惟时惟德）校刻”。

每半页九行，行十八字，盖自吴勉学重校本出。

印记

苏式之所读书　南海梁氏　缉椵一字与伯　西樵山人　梁印绍熙　兴公长寿　九江旧学　朂学斋藏

参考

莫友芝《郘亭书目》　斯波六郎《文选诸本之研究》（《文选索引》）

《文苑英华》一千卷　一百册　宋　李昉等奉敕编

明隆庆元年（丁卯）巡按福建胡维新刊　万历间补刊本

每半页十一行，行二十二字，版心记刻工姓名。

前有隆庆元年涂泽民序，《纂修文苑英华事始》，隆庆刊行姓氏及目录。

补刊各页有："万历六年重刊"字样（如卷一二四第三页至第八页，卷一二五第九第一〇页）。有不书年号，但称六年（如卷一五七第十四页），卅六年刊（如卷三五第一二页，卷一二八第七至第九页），有："壬申重刊"者（如卷一三五第三、四页，卷二七七第七、八页）壬申即隆庆六年也。

此本间又有缺页（如卷二二三第六页，卷二八二第七、八页俱缺）及补钞者（如卷二六〇第十页，卷二六一第一页，右半皆补钞）。

又一部　二百册

隆庆元年闽刊　万历补刊本

补刊各页有记"万历六年重刊"及（隆庆）"壬申重刊"者，与上举之本页数相同，知是同一本；惟此本卷五一至卷五七系补抄。

参考

《四库简目标注》，886 页　《北京图书馆善本书目·集部·总集》

《二范集》　十册　宋　范仲淹《文正集》及子范纯仁《忠宣集》合刊

明嘉靖覆岁寒堂本　清果亲王静远斋旧藏

元天历元年戊辰（1328）范氏岁寒堂刊《二范集》，至明嘉靖间，文正十六世孙惟元等就天历本翻刻。本馆所藏缺《范文正文集》，仅有《文正别集》四卷，《尺牍》三卷，《奏议》二卷，《年谱》，《年谱补遗》，《言行拾遗事录》，《鄱阳遗事录》，《遗迹》等共五册。及《范忠宣文集》及附录二十卷，共五册。

《忠宣集》目录题款五行："后学时兆文校正　后学黄姬水校正　后学李凤翔校正　十五世孙启文同校　十六世孙惟元同校"。

序跋皆与元刊本同，刻工姓名与元刊本不同，知是明覆元本也。每半页十二行，行二十一字。白口，单鱼尾。上有页数，刻工姓名在下。

印记

果亲王宝（即允礼，清圣祖第十七子）　静远斋藏书记

参考

《艺风藏书记》

附《二范集》刻工表

冯相　夏潮　雇锦　唐琪　周言　夏淮　吴江　陈鉴　文瑞　杨惠　章仁

以上文正《尺牍》。

张溱　杨鸾　章相　章仁　曹恺　何　文祥　刘颉　唐其　唐林　李叶　沈乔　李约　章松　子厚　夫言

以上文正《奏议》。（有元统木记）

《三苏文定》十八卷　十八册　明　杨慎选

明崇祯刊本

原题："合诸名家评选《三苏文定》，成都杨慎用修原选，京山李维桢本宁评注，秣陵杨士骥龙超参阅。"卷一作："公安袁宏道中郎参阅"，共收老泉四卷，东坡十二卷，颍滨二卷。每半页九行，行二十字，白口，单鱼尾，有圈点评注。

李维桢序，杨士骥序〔崇祯壬申（1632）〕，刘经题辞同上。

印记

梅隐

《苏门六君子文粹》七十卷　二十二册　宋人编辑

明崇祯六年胡仲修刊本

计《淮海文粹》（秦观）十四卷，《宛丘文粹》（张耒）二十二卷，《豫章文

粹》（黄庭坚）四卷，《济北文粹》（晁补之）二十一卷，《济南文粹》（李廌）五卷，《后山居士文粹》（陈师道）四卷。每卷前并题校阅人名：如《淮海文粹》题“虞山钱谦益校阅”，《宛丘文粹》题“云间陈继儒校阅”是其例。扉页背面有：“癸亥仲冬雕刊”牌记。钱谦益《序》略云：“崇祯六年冬，新安胡仲修氏访余苫次，得宋人所缉《苏门六君子文粹》归刻之武林，而余为其序。”

每半页九行，行十九字。

钱谦益序　陈继儒序　《凡例》　《六子杂记》

印记

徐氏搴芙蓉馆藏书记（南海徐良琛）　南海钟氏藏书记

参考

《国会图书馆善本书目》，1099 页　《千卷楼书目》一九　《增订四库简明目录标注》，899 页　《皕宋楼藏书志》卷一一五

《唐宋八大家文钞》 三十二册（缺） 明　茅坤辑

明崇祯元年重刊本

本书缺三家，存《韩文公文钞》十六卷，《柳柳州文钞》十二卷，《欧阳文忠公文钞》三十二卷，《苏文忠公文钞》二十八卷，《苏文定公文钞》二十卷。每卷首题：“归安鹿门茅坤批评”。每半页九行，行二十字。

信安方应祥重刻序（崇祯元年）茅坤自序〔万历七年（1579）〕凡例。

参考

《增订四库简明目录标注》，912 页　《八千卷楼书目》卷十九（一百六十四卷）　《国会图书馆所藏中国善本书目》，1097 页

《续古文奇赏》三十四卷 三十册　明　陈仁锡编

明刊本

每卷题：“古吴陈仁锡选评”。此为续编。《古文奇赏》正集原二十二卷；万历四年（1576）序刊。每半页十行，行二十字。陈仁锡自序天启辛酉（元

年，1621）

印记

东野　吴且震　东吴坦亟　东野吴氏家藏

参考

《八千卷楼书目》卷十九，14页　《“国立中央”图书馆善本书目》甲四，223页　《增订简明四库目录标注》，916页

《三续古文奇赏》《广文苑英华》二十六卷　三十册　明　陈仁锡编

明奇赏斋刊本

每卷题：“史官陈仁锡明卿甫评选”。

每半页十行，行二十字，书口有：“奇赏斋”三字。

陈仁锡自序〔天启四年（1624）〕。

印记

文懿公太史房宗子章

参考

《“中央”图书馆善本书目》甲四，223页　《八千卷楼书目》卷十九　《增订四库简明目录标注》，916页

《启隽类函古体》二卷《近体》一百零一卷《职官考》五卷《目录》九卷　四十册　明　俞安期编

明万历刊本

此书集录自东汉迄明代奏记书启之精骑。排比为编，故曰“启隽”。（缺募缘部二卷）《古体》卷一题：“东吴俞安期羡长汇编，高凉韩仲雍璧哉订定。”《职官考》卷一则题：“安吴俞安期羡长汇编，豫章李国祥休徵辑撰，侯官曹学佺能始订定。”每册“同辑”及“订定”姓氏多不相同，不

具录。

书前有万历戊午（1618）李太史□□序及凡例十一则。

每半页十行，行二十字，白口，单鱼尾。

参考

日本《内阁文库目录》，426 页　《国会图书馆所藏中国善本书目》，1137 页

《文体明辨》　（残存）五十三册　明　徐师曾编

明建阳活字本

此书《国史经籍志》著录八十四卷，盖原书六十一卷，《文章纲领》一卷，《目录》六卷，又《附录》十四卷，《目录》二卷，共为卷八十四。本馆所藏缺本甚多，（计《目录》第二卷，《纲领》缺卷一，本书缺卷四，卷七，卷十二，十五，二十七，二十九，三十，三十六，三十七，三十九，五十，及五三至六一全缺。《附录》、《目录》缺上卷，共缺二十六卷，仅存五十八卷。）似由两部合并而成，故大小及纸色间有微异。（按此书有日本刊本，正作八十四卷。又日本内阁文库藏有明崇祯十三年序刊，沈芬、沈淇注者，乃四十八卷。）

序卷前题："大明吴江徐师曾伯鲁纂"，又徐师曾自序末有："归安少溪茅乾健夫校正，闽建阳游榕制活字板印行"二行。每半页十行，行十九字。白口。

徐师曾自序〔万历元年（1573）〕

印记

臣士瑮印　菊农　马鉴之印

参考

《国史经籍志》　《四库提要》卷一九二　《文体明辨》序说（北京文化学社印）

附录

徐师曾序云："《文体明辨》六十一卷，《纲领》一卷，《目录》六卷，《附录》十四卷，《目录》二卷：通八十四卷。撰述始嘉靖三十三年甲寅春，迄隆庆四年庚午秋凡十有七年而后成。其书大抵以同郡常熟吴文恪公讷所纂《文章辨体》为主……"

"中央"图书馆有八十四卷，万历十九年吴江刊本，国会图书馆有崇祯刊本四十六卷，总论一卷。

《六艺流别》二十卷 十册 明 黄佐汇纂 门人欧大任校正

明宝书楼刊本 徐信符南州书楼旧藏

佐（1490—1566）字才伯，香山人。粤东大儒，详《明史》二八七本传。及《明儒学案》五十一。

此书分诗艺，书艺，礼艺，乐艺，春秋艺，易艺，以析论文体，自序论之綦详。大致谓所有文体皆源于经，挚虞《文章流别》已亡，故为此编，统之以六艺云云。每一文体前附小引，颇扼要语。于徐师曾《文体明辨》外，别树一帜，亦文体论之重要资料也。

《四六法海》十二卷 十二册 明 王志坚编

明天启张氏校刊本

扉页题："王闻修先生编辑，《四六法海》 傧孺堂藏板"。每卷首题："吴郡王志坚论次 友张我城，弟志长志庆参阅，男偲，偕，效，编校"。卷一缺，补钞，行款与余卷同。

每半页九行，行二十字。白口，单鱼尾。

有王志长序〔天启丁卯（七年，1627）〕自序（同上）门人陆符序 王志庆小引（天启七年）

印记

星渚干元仲珍藏书籍 元仲所藏 南海黄伯子慕韩劬学斋金石书画之章

参考

《八千卷楼书目》卷十九

《西汉文鉴》二十一卷　十二册

《东汉文鉴》二十卷　十二册　宋　陈鉴编

明刊巾箱本

目录题："石壁野人陈鉴编"，西汉文起高祖朝董公《乞为义帝缟素行师》，终平帝朝严尤《周秦汉策用兵五难》。东汉文起光武朝班彪《王命论》，终献帝朝曹操《表留荀彧军中》。

每半页九行，行十八字。

建安陈鉴序〔端平甲午（理宗端平元年，1234）〕

印记

吴兴刘氏嘉业堂藏　翰怡欣赏

参考

《爱日精庐藏书志》卷三五　《"国立中央"图书馆善本书目·甲编》卷四，233页　《皕宋楼藏书志》卷一一四

《乐府诗集》一百卷　十六册　宋　郭茂倩编

明汲古阁原刻本　南海潘氏藏

扉页题："宋本勘定，郭茂倩《乐府》解题，汲古阁藏板。"

前有李孝光序至元六年十二月□□日，次目录上下，末有毛晋跋。每卷之后有"东吴毛晋订正，男扆再订"一行。版心有"汲古阁"三字，下镌"毛氏正本"方印。

毛氏跋云："至元间童万元家本，凡目录小序率意节略，岁月既久，黯灭不能句读，因丐大宗伯钱师荣木楼所藏宋刻手自雠正，九阅月而告成。"则是本乃据元刻镂板，以宋本勘定，其祖本为旧常熟瞿氏所藏。陆敕先校宋本跋

言毛氏依绛云楼宋本重雕，则大误矣。元刻前有至元李孝光、至正周慧孙二序，今汲古阁本阙周慧孙序，故沈曾植跋谓所据已非完本矣。

每半页十一行，行二十一字。左右双边栏，小黑口，单鱼尾。

印记

南海潘氏藏书

参考

《铁琴铜剑楼藏书目录》卷二三　《五十万卷楼藏书目录初编》卷二一　沈曾植《海日楼题跋》卷一

《古诗解》二十四卷　十四册　明　唐汝谔选

明崇祯李潮刊本

原题："华亭唐汝谔士雅父选释，弟汝询仲言父参定，建业李潮时行梓行"。另卷或作："绣谷李潮时行父梓行"。

每半页九行，行二十字，注双行。白口。单鱼尾。

钱龙锡序（崇祯年间），凡例。

印记

伍氏森宝堂秘笈图章　伍元莲书画印

《唐诗所》四十六卷阙文一卷　十二册　明　吴兴臧懋循纂辑

明刊本

前有万历丙午（三十四年）自序，次凡例，目录及各家历朝名氏爵里。臧氏自序云："余因乃辑《唐诗所》若干卷，与前书[①]合，各体类从，仍如前例，搜引厘正，力倍于前，敢复私寓轩轾，以初盛为前集，寻以中晚为后集，中晚之可抑者为别集，抑之而不忍废者尚为后乎。"是书只刻前集，始自太宗迄于玄宗，凡五百九十一人（据卷首所列各家名氏爵里）。依诗体列为四十六

---

① 指《古诗所》。

卷，不复准世次先后。末附阙文一卷。

每半页十行，行二十一字，注双行。日本内阁文库、蓬左文库皆藏此书。《古诗所》，吉川幸次郎博士有之。

印记

劬学斋藏

参考

八木泽儿《明代剧作家研究》第八章臧懋循《传》　《负苞堂集》卷三

《唐僧弘秀集》十卷　四册　宋　李龏编

明刊本

李龏一字和父，菏泽人。此书有宝祐六年序，所选高僧起皎然，讫于智暹，凡五十二人。《四库提要》讥其误录周朴之诗，乃混朴与清塞为一人，余季豫已订正之。此书原刊本今存，有"临安府棚北大街睦亲坊南陈解元宅书籍铺刊行"牌记。每页十行，行十八字，巾箱本一册。旧装古雅冷金笺褙。绸签"弘秀集"三字。有"濮阳李廷相双桧堂书画私印"，及"季振宜"、"徐健庵"等印，现藏台北"中央"图书馆。余曾摩挲久之。此明本间有校语。卷末光绪丁酉香山黄绍昌题跋云："此本系从何义门校本录出，虽非原本，亦可宝贵"。何氏于康熙间曾假杨君谦景钞本批校。又毛氏写本书目内此书有宋板精钞二本，盖清初钞本甚多、本馆所藏虽为明本，然历经南海叶灵谷，香山黄芑香及徐氏南州书楼收藏，亦粤东之秘笈也。

印记

叶氏箓竹堂藏书　梅花喜神之室

参考

《"中央"图书馆善本目》甲四，237 页　《四库提要辨证》二十四，1572 页

《文心雕龙》十卷 四册 梁 刘勰撰

明梅庆生音注

明天启二年刊本

原题："杨升庵先生《批点文心雕龙》，梁通事舍人刘勰著，明豫章梅庆生音注。"版心镌："天启二年（1622）梅子庚第六次校定藏板"。

每半页九行，行十八字。

顾起元序〔万历己酉（1609）〕，（天启壬戌宋榖重书）旧跋有都穆及万历癸巳朱谋玮二跋（朱跋缺半页"朱谋玮跋"数字）。校雠姓氏，杨升庵《与张禺山（含）书》，梅氏《校刻音注例》。按梅氏此书原有万历三十七年校本，此乃天启二年第六次校定本。

参考

杨明照《文心雕龙校注》　王利器《文心雕龙新书》（序录）

《尊前集》二卷 一册 明 顾梧芳编

明汲古阁原刊本　丁氏嘉惠堂藏　揭阳曾刚甫手书题

扉页题："毛氏正本，《尊前集》，汲古阁藏板"。

首有万历壬午（1582）存一居士顾梧芳《尊前集引》，末有毛晋跋，每卷首末有"琴川毛晋正本"木印及版心有"毛氏正本"方印。

曾刚甫硃笔手书题记云："顷得《明词汇选》，系康熙壬寅间顾璟芳宋梅所编，卷首胡胤瑗序称《尊前集》散逸无传，神宗朝得宋梅族祖起凤公收遗拾隐，始获备观云云。则今所传《尊前集》确为顾梧芳所编无疑。起凤，梧芳字也。甲寅（1914）十月蛰庵又记。"

"《尊前集》二卷，汲古阁原刻本。

宣统三年（1911）清明后一日，题藏湖楼。刚甫。"

"《提要》称此书不著编辑者名氏，仅据毛跋所称顾梧芳，而仍多疑词；引朱竹垞定为宋初人作，故列置《花间》之后，《梅苑》之前。盖未见顾氏原序，为此说，予前得一本亦缺顾序；此本为丁氏八千卷楼旧物，顾序具在，前疑顿失。顾序论乐于华夷之辨三致意，当时或以字句违碍抽燬，采进四库，无从见也。蛰庵记。”

每半页九行，行二十字，白口，双鱼尾。

印记

八千卷楼藏书记　嘉惠堂丁氏藏书记　湖上书藏　雨屋深灯词客　汪印兆镛　伯序心赏

参考

《汲古阁校刻书目》之《小石山房丛书》　《八千卷楼书目》卷二十

《南北宫词纪》十二卷　十六册

明万历陈氏继志斋刊本　马国翰旧藏

《南宫词纪》前有万历乙巳俞彦叙，顾起元题辞及凡例。

《北宫词纪》扉页题：《北九宫谱》，有万历甲辰龙洞山农（焦竑）题词，及万历甲辰朱之蕃小引及凡例。与《古今品词》同旨。二书分称“新镌《古今大雅南北宫词纪》各六卷，署秣陵陈所闻荩卿辑选，陈邦泰大来辑次”。

此书半页十行，行二十字。惜无插图，略有缺页。是书明本已不易得，良可宝也。

印记

玉函山房藏书　南海读经堂藏书　潇洒书斋

参考

郑振铎《西谛书目·西谛题跋》

吴晓铃《南北宫词纪校补》

以上集部

钞　本

《了斋易说》　乙册　宋　陈瓘撰

明钞本　清曹溶藏　有翰林院印

卷末题"绍兴十二年（1142）十月日男右宣义郎权发遣常州军州事陈正同谨题"。胡一桂云："了翁子正同，绍兴十二年知常州，刊于官舍，止题《了翁易说》，初不分卷"。焦竑《国史经籍志》："《了斋易说》乙卷，陈萑即陈瓘也"。浙江《采集遗书总录》甲集，有《了斋易说》乙卷。山阴祁氏澹生堂写本《振绮堂目》，有钞本乙册。皕宋楼有文澜阁传钞本，皆题作《了斋易说》。

此钞本内贴有："分校吴甸华签"条多处，并识语。不分卷，每半页九行，行二十字。

印记

曹溶私印　洁躬　翰林院印（有满文）　吴兴刘氏嘉业堂藏书印

参考

《四库全书提要》卷二　《经义考》卷二　《四库标注》卷一，8页

（淙山）《读周易》二十一卷　十册　宋　方实孙撰

祁氏澹生堂校钞本　抱经楼藏

书分《读周易上经》八卷，《读下经》八卷，《读系辞》，《读序卦》，《读说卦》，《读杂卦》，《读周易后序》共五卷。

《经义考》卷三十六引曹溶曰："实孙字端仲，其书宋志八卷，《澹生堂目录》作十卷，《聚乐堂目》十六卷，今本不分卷，不知孰合之?"按此澹生堂钞本实作二十一卷，与《四库总目》卷数合。

每半页十行，行二十字，蓝丝栏，纸背有"澹生堂钞本"五字。

印记

澹生堂经籍记　旷翁手识　子孙世珍　山阴祁氏藏书之章　澹生堂中储经籍主人手校无朝夕读之欣然忘饮食典衣市书恒不给后人但念阿翁癖子孙益之守勿失——旷翁铭　抱经楼鄞县卢址　徐恕读过　海宁陈琰友年氏曾观　吴兴刘氏嘉业堂藏书印

参考

《仪顾堂题跋》卷一　《四库提要辨证》，18 页　《经义考》三六　《浙江采集书目》甲集（有曝书亭写本）

附记

《刘后村集》一〇七有《方实孙经史说跋》。祁承爜号旷翁，浙江山阴人，有《澹生堂藏书约》。[①] 参钱亚新：祁承爜。[②] 李玄伯：赵东潜《旷亭读书图歌注》(《中央图书馆馆刊》，1947)。

《易义别录》　四册　清　张惠言撰

稿本　臧庸校

此书《学海堂经解》已刊，颇有增益。此乃其手稿本，朱墨批语极多，

---

① 按爜即㸌字，见《五音篇海》，俗音业，非。

② 《图书馆》，1962。

盖出张皋文亲笔。内夹有其子张成孙签条，有“成孙谨校”字样。又《困卦》内贴有臧庸（在东）按语签条，臧亦武进人（吉川幸次郎撰《臧在东年谱》）。

每半页八行，蓝丝栏。

藏印

黄节读书之记　吴兴刘氏嘉业堂藏

《周易消息》十四卷 八册 清 纪磊撰

稿本（册面题第六稿）

首题：“乌程后学纪磊推”。此书民国甲子（1924）吴兴刘氏嘉业堂刊行。此稿录于丁巳（1857）年，己未年（1859）校毕。每半页十行，行二十一字。

纪磊（住三）序，同治元年（1862）癸亥（于北麻之丰玉堂）。

藏印

吴兴嘉业堂藏书印　刘承幹字贞一号翰怡

《尚书今古文集解》三十卷 六册 清 刘逢禄撰

精钞稿本

有圈点硃笔批校签条。按此书已刊入《续清经解》。

每半页十二行，行二十四字。

印记

吴兴刘氏嘉业堂藏书记

《尚书义》五十八篇 十二册 清 平湖陆烜撰

乾隆五十二年（1787）沈彩精钞本

前为：《尚书传受显晦始终考》，次：《尚书目》，又次：《尚书大义》。

陆烜《尚书义序》末署：“大清乾隆五十一年（丙午）平湖陆烜制，侍史沈彩书”。卷末题：“平湖陆烜子章学”，“女史沈彩手书”。

各卷末，沈彩每系以诗词，如《洪范》末“书《洪范》毕，感箕子事偶成一律”，《咸有一德》末题《望江南》词二首云：“晨妆罢，端坐展瑶函，红日半帘风旖旎，紫藤一架燕呢喃，天色正蔚蓝”。“书写毕，细校不辞三，笔误已知无一字，镌时应附我同参，聊识《望江南》。”下署“青要山人”四字。

沈彩乾隆五十二年腊月跋云：“彩受主人命，校誊《尚书义》，一日，玉嵌夫人[1]谓曰：‘妇人之事，精五饭，幕酒浆，缝衣裳而已，今你乃如此，虽属难得，终为废业。且煌煌大典，出簪裾膏沐乎？毋乃近亵乎？’彩因告主人，主人即呼夫人谓曰：‘《关雎》化本，始于房中，尧舜大典，亦先厘降，道本夫妇与能也。天象紫微垣北极帝星后即为尚书五星，主天下道明则见。道不明则晦，《尚书》之名，圣人盖取义于此；非先有书而后有星也。至后代以‘尚书’命官，则又在其后，皆以星为朔也。其尚书星左即为女史星，故今文二十八篇亦以伏胜女传，若无今文，则古文亦无由考而传也。今誊校之役以授虹屏，是亦天道也。’夫人诺之，因命彩书于后。时乾隆五十二年腊月廿四日，女史沈彩识。”

卷末字一行云：“男坦坊重校一字无讹”、“飘香手装”印。

朱诏签条云：“陆烜字子章，一字梅谷，又号巢云子，平湖人，隐居胥山，藏书极富，工诗画，有《梅谷集》。”

每半页九行，行十九字，乌丝栏。

藏印

朱诏　嘉宾藏书　刘承幹字贞一号翰怡　吴兴刘氏嘉业堂藏书印　奇晋斋　春申楼　贞隐彭贞隐印　玉嵌

参考

《藏书纪事诗》卷五　罗振常《善本书所见录》，5页

附记

沈彩字虹屏，浙江长兴人，平湖庠生陆烜妾[2]号青要山人，胥山蚕妾，梅谷侍史（本书题款）。著《春雨楼全集》十四卷。[3]

---

① 玉嵌夫人即陆烜大妇彭贞隐字。

② 《历代妇女著作考》，281页。

③ 《历代妇女著作考》。

彭贞隐字玉嵌，浙江海盐人，彭孙遹女孙，平湖陆烜妻。著《铿尔词》二卷，及《鼓瑟集》。[1] 本书《牧誓》末有贞隐题五言古诗一首，沈彩代笔。

《陈兰甫手批方望溪周官辨》 乙册 清 方苞撰 陈澧批

清乾隆七年混同顾琮序刊本 徐氏南州书楼旧藏

兰甫手笔朱批，颇多讥弹，略谓望溪于著书之法，全不了了，其学空疏，不能考据，未足以说《周礼》云。

《郑学》 乙册

清陈澧手钞本

此册共十九页，录《周礼》郑注，略加疏说。

卷面题“陈东塾写本《郑学》”。

印记

慕韩三十岁以后所得

《礼记参订》十六卷 八册 清 陈鳣撰

手稿本

首有元本《礼记集说跋》稿。此书原题“《礼记集说参订》卷第一”，后涂去“集说”二字及“第”字。眉批增订签贴甚多，书内夹一纸云“朱韶编《四维堂书目》第一页《礼记参订》十六卷，海宁陈鳣手稿本”。

每半页十行，行二十一字。

印记

朱嘉宾图书印 吴兴刘氏嘉业堂藏书记

① 《历代妇女著作考》，476 页。

参考

陈鳣《经籍跋文》(《元本礼记集说跋》)

《左传义法举要》 二册 清 方苞口授 乾隆间王兆符手录 王艺孙跋

此书抗希堂本《方望溪先生全集》已刊出。此乃长洲王氏钞本，卷前王芑孙题识云："此先大父宣城府君所手录，子孙保之，嘉庆庚午正月，沤波舫记。"有"铁夫"、"真州城南天下稀"二印，铁夫即芑孙号也。

芑孙又跋云："此先大父馆云间时，从宛平钟励暇先生借本钞存，惟首篇为他手所录，自郯战以下，皆大父所手自书之者。时先大父年逾六十，右臂以酒后射鹄，筋骨受病，故举笔战掣如此，然犹勉力自写，亦冀以古文律度传付子孙耳。计尔时犹未成童，今年五十六矣，齿发皆衰，而纸本亦渐敝坏，因书以示后人，使知宝惜。嘉庆庚午（十五年）正月，楞伽山人记。""芑孙"（朱印）。

书末有朱嘉宾手笔云："芑孙长洲人，字念丰，号惕甫，一作铁夫又号楞伽山人。乾隆举人，诗癯然以瘦，戛然以清，与法式善，张问陶辈相唱和。书仿刘墉，尤负重名，有《渊雅堂诗文集》。嘉宾记。"

印记

王印世琪　说岩　念丰　蜕读　安復　抝谦　苏州渊雅堂王氏图书　太原旧族　世琪私印　说岩号树萱又号芷畦　三十六鸳鸯馆主　芑孙私印　铁夫　真州城南天下稀　一床书　此庵　文恪之后　井叔　臣绳私印　虚泽　朱嘉宾　吴兴刘氏嘉业堂藏书记　马上读书　蜕庵　芑孙

《经腴》 乙册 清 翁方纲手稿

叶志诜藏

册面题《经腴》二字隶书。又记云："《春秋经传》应另录"。此为翁氏读经随手劄记，内有"方纲按"字样。又有壬寅（1782）年签条，时翁氏正四十九岁。

印记

叶志诜　东卿过眼　孙　樵卿

翁引达　苏孙过眼　吴兴刘氏嘉业堂藏书记

《字形声辨》　乙册　清　（吴兴）沈棠臣（爱庐）纂

精钞本

卷前为手写例言十则，略谓此书为应试而编纂，形依《康熙字典》，声据《佩文韵府》，眉批增注甚多。一册二十七页，有签条。

印记

曾经民国二十五年浙江省文献展览会陈列　吴兴刘氏嘉业堂藏书记

《古今文字假借考》四十九卷　十二册　清　嘉定钱庆曾（又沂）撰

稿本

（寿阳）祁寯藻序同治五年。

钱氏自序及凡例同治二年。

罗振玉手笔题识："六书中叚借之谊，至我朝始大明，高邮王氏注《博雅》，栖霞郝氏笺（《尔雅》）《释诂》，于同声假借诸字，阐发无余。钱又沂先生又为专书，多至数十卷，以数十年力成之，前辈力学至此，可为后学矜式。己卯八月。"

印记

吴兴刘氏嘉业堂藏书印　刘承幹字贞一号翰怡　罗振玉印

《说文声表标目》　乙册　清　陈澧录

乌丝栏写本

目，十六卷，都三十九页，第十七卷不全。

卷面题“陈东塾写本《说文声表标目》”。第一卷有批点。

每半页十行，乌丝栏。

印记

黄裔之印　慕韩三十岁以后所得

《经字异同》（一册不全）　清　番禺张维屏辑

红格写本

仅存卷二十，有硃批，此书光绪间已刊行。

卷面题“张南山写本：《经字异同》。”另有硃题：“《经字异同》卷二十”，又朱注云：“五月十七日发，廿七日取。”存十五页。

每半页十六行（小格），行二十格。

印记

慕韩三十岁以后所得　黄裔之印　劬学斋藏

《广韵增加字考略》　乙册（不全）

清陈澧手钞本

书存“七之”至“五质”，共十六页。

识语云：“此书及《广均切语考异》，《广均切语下字考》，合为《切韵订》，不必口三书也。”是此册原属《切韵考》一部分，而原书名本称《切韵订》也。

每半页九行，黄丝栏。

印记

慕韩三十岁以后所得　黄裔之印　劬学斋藏

《韵会举要》三十卷　四册　清　严可均纂

钞本

此乃严可均校《说文》时所录。有硃墨批校圈对记号，卷前题云：“此书所引，皆徐锴《系传本》，间亦涉徐铉本，然不过百一而已。”有签条云：“肥字引徐铉语”。“十七洽”之末有硃批云：“凡入声引一千三百〇三条，大凡韵会引六千八百七十九条。”即出严氏手笔。

严氏题记云：“右《韵会举要》三十卷，相传黄公绍撰。杨用修谓黄氏书亡，世所行《举要》，乃熊忠课。后此刊本之题熊忠者，从用修也。其书合并部分，略依平水韵，又纽以字母，甚失《唐韵》之旧。所援群籍，都从转贩得来，惟《说文》用小徐《系传》本，《系传》本宋世已不全；此书所引，起系部止卯部，亦用大徐及旧韵所引补入；而木、禾、马、心等部彼时尚全；今复有烂缺，故《韵会》可作宋本《系传》观也。余方造甲、乙、丙、丁长编四部，以校定《说文》，凡群籍所引，苟非大徐本，皆载入甲编。因钞取《韵会》所引凡六千八百七十九条（重见者不在此数），综核异同；或间用二徐及张次立语，改窜原文，是其所短。若乃改之不尽，而义长可定从者，尚千许事，就中橦、翀、冬、穒、磁、沩、颀、繇、捞、颙、僜、偷、柑、鼺、黺、聄、缜、傯、娈(嫡之籀文)、爹、㠯、椓、飚、眛、蹬、檮、攟、薖、昊、钾、押：文三十一，大徐本所无；而颀、娈、㠯、蹬、昊，小徐本有之；穒、黺，《经典释文》引有之；其余《篆韵谱》及《集韵》引有者弱半。辛酉（1801）八月廿二日，严可均记。”

印记

吴兴刘氏嘉业堂藏书记

以上经部

《五代史辑注》 九册（残） 清 朱彝尊辑

（未成稿） 清初钞本

书仅存《晋本纪》第九起，至《五代史》七十二《四夷附录》止。每卷前题：“徐无党注　秀水朱彝尊辑注　汾阳田畿校”。间有硃笔，与薛《史》校过，并记“朱彝尊曰”（例如“出帝”下）云云。《曝书亭集》有《五代史记注序》，略称：“余年三十，即有志注是书，引同里钟广汉为助，广汉力任抄撮群书，凡六载，考证十得四五，俄而卒于都城逆旅，检其巾箱遗稿，不复有也。予从云中转客汾晋，历燕齐，所经荒山废县，残碑破冢，必摩挲其文响拓之，考其与史同异。又薛氏旧史虽佚，其文多采入《册府元龟》，《太平御览》诸书。……是编置之笥中，归田视之，则大半为壁鱼穴鼠所啮，无完纸矣。抚躬自悼，五十年心事，付之永叹。”竹垞盖为徐健庵子章仲（炯）《五代史补注》撰序，深慨彼以五十年排纂而未就，章仲乃以五年之力成书，时竹垞已八十一岁矣。其所注《五代史》既未成编，彭元瑞撰《五代史记注》尚未及见。嗣彭氏门人刘凤诰董理彭书，始获睹之，于《五代史记注例述》谓：“得朱手稿千七百余条，大约采《通鉴》、《册府元龟》、《太平御览》、《玉海》、《文献通考》诸书，其小者不过《九国志》，《十国春秋》，马、陆《南唐书》之类，由其未见薛史，不足称备。又所采兼及元、明以后人书，亦无限断；惟闽、粤、云、朔间为朱游迹所经，金石尚存，堪资掇取。今悉入注，并他家金石有据者备采焉。”[①] 此本九册，乃经汾阳田畿手校者，与凤诰所见出竹垞手稿者似不同。朱书向无刊本，此虽非完帙，而尝鼎一脔，至可宝也。《五代史》之学，自宋陶岳，吴缜以后，至清而极盛，其已成书者：徐炯、彭元瑞、刘凤诰而外；吴兰庭、吴光耀、周寿昌辈，俱有纂误补续之作。然开山之业，实启自秀水朱氏，亭林赠诗谓“书能搜五代”者也。此段事实，治《五代史》者不可不知，故为表出云。

校者汾阳田畿，据《汾阳县志》卷七科目，乾隆嘉庆间贡监之列仕籍者三四十人，其中有田畿，宝庆知府，殆即此人。[②]

印记

虞山钱曾遵王藏书（查遵王藏书目录无是书）　吴兴刘氏嘉业堂藏

参考

《曝书亭集》三十五　刘凤诰《存悔斋集》中“朱竹垞《五代史注稿识语》”，及《五代史记注例述》　《汾阳县志》卷七　《亭林诗集》卷四

刘樊《清人五代史学著作述要》（谓朱书不可睹）（《责善》一，十）

① 刘氏《存悔斋集》道光庚寅刊本卷十一有朱竹垞《五代史注识语》。谓“将按魏博，出门日，有持是来售者，车中番阅首尾一一，亟驰报芸楣师”。

② 一海知义君代查此条。

《宋史记》九十四卷 三十册 明 王惟俭撰

钞本 朱复庐旧藏

惟俭事迹见《明史》卷二八八《文苑传》，此书自本纪卷一至卷第七十四（二卢二朱等传）止。第一册目录。墨笔眉校云："列传第七十五以下皆未钞"。

王渔洋跋《宋史记凡例》云："汴梁王司空损仲删正《宋史》，为《宋史记》二百五十卷，钱宗伯受之谓大梁之乱，损仲图书尽没于水，吴兴潘昭度家有《宋史》钞本，此或即吴兴本也。目录，列传，删并涂乙甚多，云是汤义仍手笔，义仍亦删《宋史》，则此书或王本，或汤本，皆不可知。"《北平图书馆善本目》卷二："《宋史记》二百五十卷，明王惟俭撰，钞本，宋宾王校"。金毓黻云："检王惟俭稿本，其间朱墨涂乙，添注甚多，粘签无虑百数十纸，皆作蝇头细书，凡订七十二册。"有跋云："此为汤若士（显祖即义仍）改本……又时有墨注，尾标宾王二字。"按宾王即宋定国，此则为定本之《宋史记》。

《振绮堂书目》（第二格）《宋史记》三十册，原书二百五十卷，今存九十四卷，明河南王惟俭损仲撰。赵氏一清有朱笔按语，小山堂仁和赵昱钞本。与本馆所藏九十四卷本相同，此朱复卢校本，与小山堂本殆出一源。

本书卷六十二末有硃校云："《宋史》之弊，凡叙官阶必详，不知《职官志》已叙官阶升进资格矣。凡合资格者，悉可删也。或此中有躐跻及淹滞者，不妨点缀一二耳。即如年若干卒，亦取其或非命，或才而夭，或寿逾常期，乃书之；不然，亦何取乎？"不知出朱复庐手笔否？

每半页十行，行二十字。

印记

仁和朱复庐校藏书籍　吴兴刘氏嘉业堂藏书印　刘承幹字贞一号翰怡

参考

王士祯《蚕尾集》卷八《跋宋史记凡例》

金毓黻《中国史学史》，137—144 页

《三朝圣谕录》三卷　乙册　明　杨士奇辑录

蓝丝栏钞本

每卷前题“臣士奇辑录”，只存上、中两卷，下卷缺。《千顷堂书目·史部》：《杨士奇三朝圣谕录》三卷，永乐、洪熙、宣德三朝。此书有清吴弥光《胜朝遗事》二编刻本。

杨士奇序正德壬戌，硃笔点改。每半页十行。

印记

嘉宾藏书　朱韶　吴兴刘氏嘉业堂藏书记

《曾子志》（不分卷）　乙册（缺）　无撰人姓名

棉纸明钞本

残存目录一纸，起《世系图》，《世系谱》，终《诗类》，可窥全书梗概。《世系谱》末云：“右亦按宋濂文集”，附录记至“国朝宣德元年”，则此书乃明人所撰。考徐乾学《传是楼书目》：“《曾子志》六卷，曾承业编”。（金星轺）《文瑞楼书目》：“《曾子志》四卷，明裔孙曾承业辑梓。”[①] 疑即此书。

又《天一阁书目·史部》：“《曾子志》一卷，棉纸钞本，不著撰人名氏。”与本馆藏本相似，本馆所藏得自南浔刘氏，明蓝丝钞本如：《三洞珠囊》，《神仙感遇传》，皆天一阁旧物，此《曾子志》想亦出自天一阁者也。

印记

嘉宾藏书（残）

参考

李云光《曾子学案》（《台湾师大国文研究所集刊》第四期）　《天一阁书目·史部》　《文瑞楼书目》卷四

---

① 承业又编有《曾子全书》三卷，明万历乙卯，曲阜曾氏刊。

《国史贰臣传甲编》三卷《乙编》三卷又《贰臣表》一卷 六册

黑丝栏钞本

清乾隆敕编，卷前为甲乙编人名表，每表分上中下三栏。盖当时降附之臣，分为六等，区以甲乙二类。[①] 次为目录，次为乾隆五十七年上书奏折。

按《晚明史籍考》十七："《钦定国史贰臣传》二十卷，国立北平图书馆藏钞本"，"卷首有谕旨五通"。谢国桢《书录》，乾隆四十一年十二月一通，又录傅以礼跋。本馆所藏者既无谕旨与傅跋，而卷数与表相应仍分甲乙上中下，似较近原书面目。

此书《烟画东堂小品》仅刻甲乙表乙卷，坊间流行之都城琉璃厂半松居士排字本，分为十二卷，卷首漏载甲乙表，名次亦淆乱。得此旧钞，可订其缺讹。

每半页十行，行二十一字。

印记

澹逋丙辰所得

参考

《晚明史籍考》十七

《国史逆臣传》四卷 四册 清 乾隆敕编

黑丝栏钞本

记吴三桂、马宝，至马逢知共二十四人，又有若干附传。北平图书馆有钞本。又有"楚之梼杌"本，持较琉璃厂半松居士排印本，半松本缺总目；且附传多漏列人名，如卷二《张国柱传》即其例。

① 甲类有三：（壹）明臣投诚后，遇难殉节者；（贰）投诚后著有勋绩者；（参）投诚后略有劳绩者。乙类亦有三：（壹）投诚后无功可纪者；（贰）投诚后曾获罪者；（参）明臣从贼后又投诚及贼党降明后投诚者。

每半页十字，行二十一字。

印记

澹逋丙辰所得

参考

《晚明史籍考》

《史外》三十二卷 十册 清 （无为）汪有典（订顽）纂

万绿山房乌丝栏钞本

此书一名：《前明忠义别传》，起方孝孺，终于明季死难诸臣。据其门人范允袋所撰《忠义别传凡例》云：“《太平御览书目》引古人‘别传’数十种，谓之‘别传’，所以异于史家也，先生亦仿此例而总目之曰‘史外’，取胡文定公‘史外传心’之语，亦异于正史也。”可见此书命名之旨。

每半页八行，行十九字。板心刻：“万绿山房藏”数字。

有眉批，间有删改，如卷一“黄子澄”传涂去，是其例。目录第二页与第三页错互。书后有一印记。

卷三十二《国变难臣钞》记云：“雍正癸丑夏，沙博士伟业出敝纸一卷曰：‘《国变难臣钞》，凡分目为七……此卷在当日为六等之刑书，在异日为千秋之铁案。’末署乙丑二月八日，无为汪有典记。”

王梦鲸序　王又朴序①　冯愿序②　王斌序③

按此书道光二十五年木活字刊本，有镇洋邵廷烈识语略云：“秦君味芸以《史外》示余曰：‘此书备载前明一代忠烈，虽刊本，而坊间售贸甚鲜，急宜广之，以阐潜往，遂与味芸订约，各集钱若干，命梓人仿照原书摆字，并易其名，而标之曰《前明忠义列传》。’是此书刊刻非一次，而《前明忠义列传》乃出自邵氏辈，非汪（起谟）之本意也。”

---

① 天津人，乾隆十三年戊辰。
② 贵州人。
③ 金沙人。

参考

李慈铭《越缦堂祥琴室日记》(有此书目录)

《晚明史籍考》卷十七　《清代禁书知见录外编》

《说药斋史賸稿》三百六十卷　六十册　(长洲)陆世泰撰

乌丝栏稿本

此书自《史记》至《元史》，纂录地志笔记作为补证，浩博淹贯，于史学颇有贡献。

世泰自序略云：“……纸五钞而未已，稿两屋而几盈，自同治初元始属草，粗毕于光绪三十三年，亘岁四十余，为卷三百六十，而余年耄矣。……”云云。

版心题《说药斋史賸稿》。

每半页十二行，行二十四字。

印记

吴兴刘氏嘉业堂藏　朱嘉宾印

《高丽史郑道传》　乙册　高丽郑麟趾撰

白皮纸乌丝栏钞本　翁方纲藏

此为《高丽史》第一百十九卷，列传卷三十二残本。卷前题：“臣郑麟趾奉教修”。

每半页十行，行十七字。

印记

大兴翁氏石墨书楼珍藏图书(朱文大印)　嘉兴刘氏嘉业堂藏书

《崖山志》五卷　五册　明　万历丁未黄淳撰

(旧钞本)

起题：明进士新会黄淳纂修，举人李之世校正，庠生陈俨，黄云登同校。

黄淳自序。

《饶平县志补订》二十二卷 十六册 饶平陈光烈（梅湖）纂

韵古楼钞本

《饶平县志》昉自明嘉靖刘忭，至清光绪间惠登甲续修，先后共四次。此书旨在补正刘、惠二志，故名补订。写定稿本待刊。书口记《韵古楼丛书第十五种》。

陈氏手写自序（民国辛卯）

又跋（民国癸巳）

印记

韵古楼　饶平陈沅　陈印光烈

《民国南澳县志》二十五卷 八册 饶平陈光烈撰

钞本

卷一《舆地》前九页已刻，板心镌“榴香别墅”；余皆誊正稿，盖付印而未蒇事也。全书钩稽蒐访，颇为详核，胜于乾隆齐翀南《澳志》多矣。板心或作“伟斋书屋”，或涂去。

温廷敬序（民国三十四年）

陈氏自序（同上）

每半页十行，行二十四字。

印记

许伟齐　陈光烈印

《新疆大记》　《西域地理志》稿 八册 撰人未详

稿本

第一、二册为《新疆大记》、《沿革考证》钞正本，分天山北路、南路。第三至第六册，题曰：《西域地理志》，手稿本，其中天山南北路划分，与第一册目录微有出入。第七、八册为《人物志》，封面题“辅之辑”，所记人物，至嘉庆而止。

按清合肥阚凤楼有《新疆大记》六卷，光绪三十四年刊；又沈斌亦有《新疆大记》，徐文贵校；未知视此稿如何？

每半页八行，行十九字。

印记

汩偕　陪园

《楚漕江程》十六卷　十六册　清　董恂撰

松竹斋朱格钞本

恂字醖卿，江苏甘泉县人，道光进士，官户部尚书，著《荻芬书屋文稿》。

书前列总纲，记其自长沙府城至扬州府城水程，二千六百二十八里，一路经历山川形胜。

自序略云：“咸丰壬子（二年）秋八月，奉命漕湖南粟，时长沙在围中，大江犹晏然也。治漕以运道为亟，出都以来，循潞水而南，历漳、卫、汶、洸、泗、沂，逾河、涉淮，周视利病，扼塞，纤悉毕记，迄吾扬郡而止。……其间山川、城郭、关塞、村镇、道里，凡有见闻，备识诸册。通纪‘楚漕’江程，而‘运道’崖略，于是乎全。……”云云。

每半页九行，行二十五格。版心有松竹斋三字。

印记

吴兴刘氏嘉业堂藏书之印。

又一部　十六册　前人撰

亦松竹斋钞本、加题“新本”二字。

卷首缺一至五数页。增辑史事及历代题咏，较初稿为详。恂它著尚有：

《江北运程》。

卷一，23 页有签识云："恂按《餕䬿亭集》，祁春圃师著"。是恂乃祁寯藻门人。卷末有"子婿齐长鸿谨校"，又夹校条上有"丁酉甫子"印。按恂此书有光绪四年甘泉黄氏刊本。[1] 事迹详其年谱。

每半页九行，行二十五格。版心有"松竹斋"三字。

印记

吴兴刘氏嘉业堂藏

《皇朝三通识要类编》六十五卷 三十二册 清 武进黄隽编

稿本

此书就清《三通》分类纂辑，共析类目四千零三十有九，每卷前题："武进黄隽子逸恭辑　同邑吴斌遯斋恭校"。

缪荃孙序〔光绪壬寅（1902)〕华世芳序（同上）

黄隽自序云："今天下之法弊于吏，夫吏何足以弊法？曰明律例、熟掌故。而士大夫之族，其熟复详者，则三代以上之陈迹，降及两汉而下，知者已鲜。其中铮铮者又好驰域外观，凡东西国政治，艺学之粗略，或能言之；至询我国家之掌故，类皆瞠乎罔闻知。呜呼！为中国今世之人，则所为皆中国今世之事，不此之务，而徒高与远，或将以古之法治之耶？抑以泰西之法治之耶？其有不窒碍而难通者几希。故时文虽废，亦犹是所学非所用之习耳。而吏独以其明律例，熟掌故，窥测意旨，上下其手，法纵万变，天下之弊终不得革者以此。然则欲救其弊，其惟究心于我国家政治之册，以洞悉其因革损益之故，得失利病之原，于是而参以古法可，即参以西法亦无不可。隽固窭人也，欲求我朝载籍而读之，如《通礼》、《会典》、《东华录》、《皇朝三通》，则皆缥帙充栋宇，购阅维艰，盖虚志徒存也久矣，嗣以肄业入致用讲舍，因得见所谓《皇朝三通》也者，间一披览，窃喜其包孕《通礼》、《会典》、《东华录》诸书而汇于一编，凡雍、乾全盛时国家政治之损益，已具载靡遗，洵足为世所法守。然犹虑其详缛易遗忘，因节录其尤要者，稍稍成卷帙，同邑吴君遯斋为校其讹误，怂恿之俾付石印。……共厘为六十五卷，析

① 日本京都大学人文科学研究所藏。

类目四千三十有九，颜曰：《识要》，亦贤者识大，不贤者识小之意云尔。例言如左：时光绪横艾摄提格，乾明节，武进黄隽谨识。”

每半页十一行，行二十八字。版心题《皇朝三通识要类编》。

印记

吴兴刘氏嘉业堂藏书印，刘承幹字贞一号翰怡　御赐平衡清格

《琉球入学见闻录》四卷　四册　清　潘相辑

清钞本

相字云逵，又号经峰，安乡人，乾隆时琉球官学教习。

此书有道光（二十年）庚子刊本。

仁和陆宗楷（凫川）序，（乾隆甲申）。

凡例略谓：“国朝编修臣徐葆光之《中山传信录》，侍讲臣周煌之《琉球国志》，留心考证，颇称详明。兹与入学陪臣郑孝德、蔡世昌，同居四年，逐条核问；又参阅其国人程顺则所编诸本，颇多同异；用是频加考订，别为义例，其文较简，其事亦该；——总四卷，凡千万言，皆就所见所闻，而类次之者，故名之曰《琉球入学见闻录》。”

印记

韵古楼　饶平陈沅　饶平陈氏韵古楼藏

《四部寓眼录》　二卷　清　周广业（耕崖）撰

稿本

是书癸酉夏蟫庐已印行，版心刻“万洁斋校刊”。

此为耕崖稿本，于《六家文选》条后有硃笔题识两行云：

> 壬戌十月初六日，男勋懋重校讫此本，五月间勋懋将北游，属陈子建邦钞誊，多错落讹字，途中曾粗校一过，今复细读，因谨识之。

间有批校硃改，如宋度正条，眉校云：“度当作庹，音托”。末钤“庭”、

"芬"两印，万洁斋印本多据校语改正。

第四册为《知不足斋丛书目》，有嘉庆元年丙辰耕崖自序云："命甥孙陈鹏砻为一册。"

卷末题识云："壬戌初夏日男勋懋谨校字一过，砻录者系勋懋学子钱兴校也。时十三岁。"是《目万洁斋本》削去不印。

每半页十行，行二十字。

印记

吴兴刘氏嘉业堂藏书记

《登科记考》三十卷 六册 大兴徐松撰

硃丝钞稿本

前有贞元十七年校书郎赵傪《登科记序》（从《文苑英华录》出），道光十八年徐松自序，次为凡例及目录。序页上题：《登科记考》，下题：礼部铸印局员外郎大兴徐松撰。是书按年编次，卷一至卷二十四起唐高祖武德元年尽昭宣帝天祐四年。卷二十五至卷二十六，起梁太祖开平元年尽周世宗显德六年。卷二十七附考，卷二十八至三十别录。此系正楷精钞。其中增删校改别纸粘贴，笔迹类多如一，殆出著者手笔也。徐星伯《登科记考》刻本在《南菁书院丛书》，间有疏失，安得好学深思者，取此稿本一校勘之。

每半页九行，行二十五字，注双行，字数悉同，硃丝双栏，单鱼尾。版心下记页数（第一册间有缺记），有硃笔校改。

印记

吴兴刘氏嘉业堂藏书记　费念慈印　君实叚读

参考

岑仲勉《登科记考订》（《史语所集刊》一一）　又《唐人行第录》

《金石录补》 十二册 清 （昆山）叶奕苞撰

常州许心扆钞稿本

此书已刊行，有《别下斋丛书本》二十七卷，《涉闻梓旧本》，又续刊跋七卷。两刻本与此稿本相较，间有异同，是本前有诸人题名，自曹溶、朱彝尊以下，共二十二人，为《涉闻梓旧》本所无。卷首有叶奕苞致竹老信残稿，略云：

卅年缘订，十载革离，擢玉堂中邂（残）……未能倾倒积忱，所谓别久思……情难遽尽，理固然耳。冀尽蠲西还，荒园扳叙，虽未能平原十日，或秉烛达旦，少尽□李之谊，而陈仓之渡，令弟黯然，惟有西望神驰也。……颤如许，病骨支离，笔砚之缘即以君苗为我师矣……积习未尽，于二十年来曾耘《金石补遗》一书，凡三……来鼎彝碑板文字，补赵明诚所遗者，不余……种……亲翁好古能文，官于南徼，见闻所及，（有）汉唐……未拓下，凡能忆记可示者……祈……笔录惠以助……至于元道州次山在次永州故迹甚多，如《中兴颂》……《次山墓志》，皆系颜平原书，前承老亲翁面许检……赠，弟不寐之喜，越旬日矣。其他有拓本最冷最……一一惠我，至感……于舍侄回舟之便，即令寄来，九……之请，至诚至笃，谅老亲翁不忍不思……坏也。一笑。……翘……竹老老亲翁，小弟奕苞顿。

前有字两行云："丙寅年秋寄，……寅年五月订，去秋所□金石 先子……遗录此尺牍：于甲子秋，时先子楚任归田也。"

又有□公奭手答致丹姊丈函（有一印记），"丁丑初夏寓……武陵，所草两札……"。

钱嘏《金石录序》

叶氏自序

印记

许氏霏玉轩珍藏书画记　借观　香广秘笈　海宁陈鳣观　许印心扆　午峰　七研斋海岳庵第七砚斋　墨茉主人　□堂　纸衫　得此□赏辛苦□□人其监我　泉塘耀松杨祚昌经眼　义然号

参考

《别下斋丛书》本蒋光煦跋

《燕庭金石丛稿》 五册 清 刘喜海撰

手稿本

此为刘氏待访碑目，自第一至第四册，分府钞录，前各记“待访”二字，皆四川地方。第五册为官名号，乃未成之稿。《燕庭丛稿》（文集）钞本部分今藏日本天理图书馆。

稿纸版心记《嘉荫簃杂著》、《燕庭丛稿》。

每半页八行，蓝丝栏。

印记

吴兴刘氏嘉业堂藏

《西医入粤记》 梁乾初述

民国二十四年手钞稿本（附）

此书记其自十八岁入博济医院——五十年间见闻，如述西医之流入中国，以嘉约翰为第一人。又书郑士良（弼臣）事，则有关革命史料。其中早期基督教传入事迹，颇多珍闻。共十九页，末题：“爵士韩尼路港大校长斧正，民国廿四年梁道贞敬送”一行。

每半页七行，行二十字，硃线行。

以上史部

《孔氏家语》十卷 二册

虞山述古堂影钞宋本

此书卷首卷末栏外有楷书小字一行，题云“虞山述古堂钱曾遵王影钞宋本”。每卷题“《孔氏家语》卷第几”，“王肃注”，又墨摹“东坡居士珍藏”一印。

按《读书敏求记》：“王肃注《家语》十卷，此从东坡居士所藏宋椠本缮写，流俗本注中脱误弘多，几不堪读。余昔藏南宋刻，亦不如此本之佳也。”《汲古阁书目》：“北宋板《孔子家语》五本，有东坡居士折角玉印，系蜀本大字，旧为东坡所藏。”黄荛圃云：“有东坡居士折角玉印，曾见真本。”此宋蜀大字本，贵池刘氏玉海堂覆刻之。劳权云：“《恬裕斋藏书记》有景宋钞本，半页九行，行十七字”，与此本同。钱遵王《述古堂藏书目》称：“《家语》十卷，四本，宋板景钞”。今翻装作两册。

此书后归胡澍藏。胡字荄甫，咸丰举人，官户部郎中。萧劲华跋，民国甲申。

印记

胡氏长守阁藏书印　无涯斋主鉴赏　胡澍壬戌年后所得　无涯斋

参考

《读书敏求记校证》

《学思录》　乙册

清陈澧手稿本

册面朱批云：“有‘要钞’二字者即钞为王肃、虞翻、李谍乙卷”。又墨批云：“内尚有最要：两汉祭天及六宗之礼”。有朱、蓝、黄笔批注。有序文草稿，上批“再誊清”。曾于港中另见《学思录》二册，乃摘录朱子文集语类，有兰甫朱墨手批，语极精，朱批云：“此册内宜入《学思录》者甚多，其振聋发聩，真可宝也。”此盖《学思录劄记》，以备取材，仅朱子便有十二册以上，足见前贤用力之勤，诚不可及云。

《诗意项》上栏有钤朱印：“己卯年七十”。己卯为光绪五年。朱丝栏，灰丝栏格。

每半页十一行，行二十二字。稿纸口有《学思录》三字。

《神农本草经》三卷　二册

钞本　孙星衍手校

卷一题：“魏吴普述”，“阳湖孙星衍学”。卷末有：“乙卯六月十五甲子日，校于问字堂，蝉道人记。”一行，此乃孙氏校定《本草经》钞本。间有朱批，如目录有朱批，引《大观本草》校。

邵晋涵《神农本草经序》。

乌丝栏，每半页九行，行二十四字。

印记

吴兴刘氏嘉业堂藏书记　京江赵氏式愿堂藏书之印章　丹徒赵彦偁收藏经籍记

《黄帝八十一难经纂图句解》七卷　六册

白鹤山房钞本

首题：“卢国秦越人撰　临川晞范子李駉子埜句解”。

卷二题：“籍二”。

每半页十行，行十七字。书口有“白鹤山房”款。按清江都魏永吉好藏书，手录书甚多。此未知其所录者否？

印记

吴兴刘氏嘉业堂藏书记

《神道大编历宗通议》十八卷　六大册　明　周述学撰

明钞蓝丝本　陆时化、胡惠墉旧藏

述学浙江山阴人，字继志，号云渊子，精历算，《明史》卷二九九本传称其曾“与武进唐顺之论历图书，皇极，律吕……莫不各有成书，凡一千余卷，统名：《神道大编》。曾入胡宗宪幕，以布衣终”。事迹又详《明史稿》列传第一七六，《国朝献征录》卷七九。

《千顷堂书目》有周述学《历宗通议》，即此书。每半页十行，行二十字。按《松轩书录》（见《江苏省立国学图书馆第三年刊》）：钱塘丁氏旧藏有《神道大编历宗通议》，半页八行，行十八字。丁松生手写跋语。乃另一钞本。又《浙江图书馆善本题识》，有周述学《神道大编历宗算会》十五卷，钞本八册。按黄梨洲为云渊传，谓“邂逅其诸孙周仲，访之于木莲巷，架上堆云渊《神道大编》数十册，其册皆方广二尺余。仲言遗书散失，此不能十之一二也。”《神道大编》全帙千卷，此区区者盖流落人间泰山毫芒已耳。

述学题辞略云：“……述学与荆川唐公论历之余，乃取历代史志之议，正其讹舛，删其繁芜，凡诸仟之论历者入之。……乃撰《皇明大统》、《万年二历通议》，而华夷之历理咸为之贯通矣。又以天度与地理推其远近相准之数，撰为《度里通议》，更采宋、元仪象法式并议以附之。合凡一十八卷。题曰《历宗通议》，以成论历之全书以云。”

印记

陆时化印　当湖胡篴江珍藏（道光间藏书家，即胡惠墉）　润之　吴兴刘氏嘉业堂藏书记

参考

《南雷文案》卷九：《周云渊先生传》　平步青《霞外捃屑》卷六：《象宗图学》条　赵鸣谦《松轩书录》

附　《神道大编历宗通议》目录

卷一

历代历总叙　上古六历叙　调历议　颛顼历议　夏历议　殷历议

卷二

周历议　鲁历议　秦历议

卷三

两汉四历叙　太初议　三统议

卷四

四分议　乾象议

卷五

魏晋七历叙　景初议　长历议　三纪议后秦姚　南朝五历叙　元嘉议　大

明议

卷六

北朝四历叙　正先议西魏　天保议北齐　周隋六历叙　天象议　张宾议　张胄元议　皇极议

卷七

唐朝八历叙　戊寅议　大衍议上

卷八

大衍议下

卷九

五代七历叙　钦天议　两宋十七历叙　明天议　淳熙议　会元议　开禧议

卷十

金元五历叙　授时议

卷十一

赵缘督革象论

卷十二

天体七曜循环论　周东皋治历三考　唐荆川论历三书

卷十三

皇明大统万年通议

卷十四

度里通议

卷十五

沈括仪象议

卷十六

苏颂仪象法式

卷十七

郭守敬仪象法式　西域仪象法式　赵缘督仪象论

卷十八

詹希元沙漏法式

《推策小识》四卷　一册　题乌程汪曰桢学

钞本

内容分《古今诸术考》上下卷，《岁余度余考》（卷三），《朔余考》（卷四）。

印记

南汇行恕堂藏　吴兴刘氏嘉业堂藏书记

《观象玩占》四十八卷《拾遗》乙卷　二十册　题唐李淳风撰

明清虚馆皮帋蓝丝钞本

书口有“清虚馆”三字，上下双鱼。

按《明史·艺文志·子部·天文类》载此书十卷，注：不知撰人，或云刘基辑。《四库存目》则辨旧本题“唐李淳风撰”为非。此书向有刻本。[1] 岭南大学有明红格钞本，不分卷，盖有明善堂、六篆山堂藏印。

---

① 详《中央大学国学图书馆馆刊》，赵鸿谦《述刻本观象玩占》一文。

印记

吴兴刘氏嘉业堂藏书　闲孝梅印

参考

岭南大学图书馆藏《善本图书题识》

《乙巳占》十卷　八册　题唐李淳风撰

明钞蓝丝双栏本

印记

吴兴刘氏嘉业堂藏书记　御赐抗心希古

《占候奇门遁法》(残本、存卷九卷十)《对敌阴符经》　乙册

明钞本

红框双栏无格，每半页八行，行十六字。

卷末题："鬼谷子注、《风后九天玄女对敌阴符经》"（刘氏定为明钞本）。

印记

刘承幹字贞一号翰怡　吴兴刘氏嘉业堂藏书印

《乾象通鉴后编》一百卷　(又名《中西历髓》) 共五十册

清　蕉林逸史辑

钞本

半页九行，行二十四字。

印记

蕉林逸史　振藩手翰

吴兴刘氏嘉业堂藏书记　妙思六经逍遥百代

《诗境笔记》 十册

清翁方纲手稿本

末有孙雒卿跋云："翁覃溪阁学天姿极高，笃学好思，尤精于考据，手著甚富，服官数十年，公余之暇，专心经义字学，其平居无一日无一刻废书也，又焉得不博哉，不仅徒以书法传也。同治癸酉（十二年）十二月中澣、钱唐孙雒卿识于秋月芙蓉馆"印一：孙浪之印。

又跋云："《诗境笔记》十册，凡五卷，为学士手写杂记，不独是其真迹为可宝，阅之亦足长学问也。越一日，又书，时在吴门舟次。"印乙：秋月芙蓉馆。

稿第一册封面封："《诗境笔记》卷一"分书。

右册乃随手杂录金石目录，书画朱墨齐下，如册二，张丹叔所藏唐张萱《乞巧图》绢本，卷三记宋徽宗题王齐翰《勘书图》，黄居宝（按疑应作居寀）画北齐《斛律光像》绢本，卷四记李唐画《山谷像》绢本，皆珍贵绘画史料。所记金石或为《两汉金石记》及《粤东金石略》材料。

印记

孙氏蕙花仙馆印章　少筠审定　惠花馆印　孙颂之印　翁引达　苏孙过眼　素心居士

参考

《云自在龛随笔》卷四，158页

《珩璜新编》（不分卷） 乙册

明金俊明（耿庵）钞本

半页十一行，字作行书。书名下题："临江孔平仲毅父"一行。

此册持校《墨海金壶本》，少"文帝七年令列侯太夫人，夫人，无得擅征捕"条。再校《学海类编》四卷本，又少"汉家初十五税"，"《汉书》言酎"，"武帝时作歌者七"，"汉赐诸侯王令"，"陆机言千里蓴羹"，"观刘梦得祭退之文"诸条。

卷末题记云："右《珩璜新编》一卷，崇祯（元年）戊辰春邵子瓜畴所钞，瓜畴没后归方子南明，甲辰秋，南明尽鬻所有书籍，未几亦下世，此卷乃为陈生润甫得之。丙午春正月予从润甫借钞，追距瓜畴时，忽忽垂四十年三阅主矣。上元后七日，雨窗耿庵谨识。”钤“俊明”、“孝章”二印。按耿庵即金俊明（1602—1675），苏州人，名钞书家。

印记

凤巢藏书（清吴县吴慈鹤称凤巢山樵）　瑞轩　家在芬陀利中　名余沈字㟙人　笼鹅馆　曾经东山柳蓉邨过眼印　朱嘉宾　嘉宾藏书　吴兴刘氏嘉业堂藏书记

《庶斋老学丛谈》三卷　乙册　元　盛如梓著

精钞本　蒋凤藻藏　周星诒跋

首题：“《庶斋老学丛谈》，从仕郎崇明州判官致仕盛如梓”。末有康熙（五十八年）己亥十月，鹿原林佶二跋。有朱笔校语，殆出周星诒手。

周星诒朱笔跋云：“同治（四年）乙丑闰月十九日，祷雨城隍庙归，以《知不足斋校本》对勘，鲍以文是据钱功手钞本校郁潜亭赠本，末其校语曰：‘郁本作某著，与此悉同’。以文跋中所记某公有善本，借不肯出，仅录林吉人二跋相授云云。盖谓汪启淑也。此本林跋具在，第二跋低一格，当是元式如此，或即出自汪本也。其藉鲍本校补脱误者固多；而与鲍本互异处，亦复不少，宜以文之以不见为恨矣。校毕，记此。……星诒在邵武记。庶斋杨洲人，曾为衢州教官。见鲍跋，并记。”

印记

敦宿好斋珍藏书画印　祥符周氏瑞瓜堂图书　周印星诒　寿潜室手校　武昌柯逢时收藏校定本　柯氏珍玩　茂苑香生　蒋凤藻秦汉十印斋秘匧图书　周子校

《意林》五卷附录一卷　二册

钞本　周广业手录

首“御制题《意林》四绝句”，末云“乾隆己亥之岁，秋七月三日，臣周广业拜手稽首恭誊并识”。是此乃周广业手抄精写本。

次戴叔伦序，柳伯存序。又录旧、新《唐书》二传，韩愈《祭马仆射文》（并注），又例言（末题海宁周广业识）。又录略若干则，又次目录。

卷一下题“唐扶风马总元会编，海宁周广业附注”。

此本书眉有朱校，乃出陶濬宣手，以聚珍版校。

《四库标注附录》云：“周（广业）勤补此书本名《意林翼》，又附《搜逸》一卷，稿本在荃孙处，已刻入《聚学轩丛书》。”按此书贵池刘世珩刊入《聚学轩丛书》第五集，以校此钞本，颇有异同，如此本有《附录》一卷，《聚学轩》本之。《聚学本》有《逸文》及《附编》，而此则缺；知缪荃孙所得乃周氏后定本。

第五卷尾有朱笔二行云：“光绪壬午秋九月，会稽陶濬宣校读一过，时匆匆北征，未及细雠也。”

每半页十行，行二十字。

印记

吴兴刘氏嘉业堂藏书记　陶文冲治书记　临安志百卷人家　陶氏文冲　稷山民文冲（手校过眼）　稷山居士

参考

朱希祖《跋》（谭）复堂校本《意林》（《明代史籍题跋》）　阮廷焯《意林板本考》（《大陆杂志》）

《说郛》六十九卷　二十四册　元　陶宗仪辑

明沈瀚钞本　卢氏（址）抱经楼旧藏

此书首题“《说郛》卷第”，“第”字下不书数字（只第二十册写卷第六），白棉纸，每页版心有“沈”字。又每册首页皆有“嘉靖乙未进士夷斋沈瀚私印”，盖沈氏钞本也。沈瀚字原约，吴江人。[1]《苏州府志》六十选举表，嘉靖十四年乙未韩应龙榜进士有“吴江沈瀚原约广东副使”，道光《广东通志》二

① 见浙江《通志》卷一一九《职官》九，同书卷二三五陵墓有“封布政参议沈瀚墓《钱塘县志》在桃源岭下”。亦载《杭州府志》三冢墓一。

十《职官》表十一。“沈瀚江南吴江人进士，（嘉靖）三十年任广东（按察司副使）”。瀚仕履可考如此。

此书每半页十四行，行二十二字，乌丝栏，白口三鱼尾，下象鼻处署“沈”字。

卷前有陆樵跋语四篇。

第一跋：“陶九成《说郛》，未经镂板。藏书家录本，俱不分卷部，此系吴兴氏故物，每帙图记现存（按即指吴江沈瀚），后归姬水氏（按即黄省曾子，详《列朝诗集小传》及《藏书纪事诗》），今属余家收贮，乃信文史流传，自有分缘。昔刘子骏家传《汉纪》，止分甲乙，此书共廿五帙，以便观览，仅数记面叶。若近日坊间增加芜秽，妄置次第，却愧王维旧图矣。① 约计贰千参百余叶。”②

第二跋：“琴水毛子晋跋《辍耕录》云：陶九成著书四种，《说郛》百卷，未能卒业，据此则当年真本无出兹编外耳。陆樵又跋。”（有“云祥”、“陆樵”印。）

第三跋：“此书据首行卷第，共得六十九卷，必欲凑足百卷，便续貂矣。又跋。”

第四跋：“此得于吴氏。已丑八月廿三日，索其分授书籍底簿，在五号橱内，《说郛》一部，计廿五本，相传无失。”③

《书影》卷三言，“宋本贾秋壑仿《说郛》为《悦生堂随钞》，亦百余卷。”其说未详所本。

张宗祥本《说郛》卷首有杨维桢序云“纂成一百卷，凡数万条”（此文不载《东维子集》）。

孙作撰《陶宗仪传》亦称其“有《说郛》一百卷”。惟都穆父邛之《三余赘笔》则称“《说郛》本七十卷，后三十卷乃松江人取《百川学海》诸书足之”。《四库提要》因此三说互异，乃云“岂邛时对原书残缺仅存七十卷耶”。叶盛《水东日记》陶九成条，“近闻《说郛》百卷尚存其家，九成涂改去取处，不知如何？其亦未成之书欤”。今观沈瀚嘉靖钞本既无卷数，又仅六十九卷，最符都邛之说。知陶氏此书原未及身定稿，或原初拟编成百卷，后屡经涂改，仅得七十卷乎？

---

① 按摩诘山水伪品至多，此借用以讥郁文博重刊之《说郛》，已失本来面目。

② 跋首有“甫里清风”印。末有“云祥之印”、“嘉卿”二章。

③ 按今馆藏止二十四本，勘以页数，不及叶氏所言二千三百之数，知平山图书馆缺一册。

《说郛》版本，近人考证，颇不乏其人，自1924年伯希和（P. Pelliot）撰《说郛考》（*Quelgues remargues sur le Chous fou*。冯承钧有中文译本，载《北平图书馆刊》第六卷第六号）。1926年，张宗祥为涵芬楼辑刊《说郛》，有序记其所见明钞本，计有六种。1938年，日本渡边幸三另撰《说郛考》[①]，1945年景培元撰《说郛板本考》[②]。其后仓田淳之助又撰《说郛版本诸说之研究》[③]，以至最近昌彼得撰《说郛考》（分上下二篇为《源流考》及《书目考》共二七六页），皆未提及沈瀚钞本。是此书乃人间瑰宝，在本馆所藏诸善本书，可谓铮铮者矣。

印记

嘉靖乙未进士夷斋沈瀚私印[④]　四明卢氏抱经楼藏书印　吴兴刘氏嘉业堂藏书印　“刘承幹字贞一号翰怡”

附　论明钞本《说郛》

张宗祥《新编说郛》曾集明抄本六种合。校所谓六种明抄本，即：

（一）前京师图书馆残卷（第三、第四、第二十三至第三十二）

《京师图书馆善本书目》十四云：“黑格棉纸旧抄本。眉上别有阑标目，半叶十二行，行二十五字，旧清内阁书”。张氏云“似隆万间写本”。

（二）傅氏双鉴楼藏书明抄本三种

《双鉴楼善本书目》云：“明钞本，合弘农杨氏本，弘治乙丑（十八年）本，丛书堂本（按即吴宽抄本）配全”。弘治本张宗祥跋，称为洪武间抄本，与傅说异。

（三）涵芬楼藏抄本

涵芬楼《烬余书录》，“明钞本《说郛》卷一至卷一百，存九十一卷，二十九册，与杨铁崖序所称卷数合编次，亦与陶（珽）本迥殊”。张宗祥云：“似系万历抄者”。按此本目录详见《烬余书录》。

---

① 《东方学报》京都第三册。

② 中法汉学研究所《图书馆馆刊》第一期。

③ 《京都大学二十五周年纪念论文》。

④ 北平图书馆藏明《唐愚士诗》集钞本亦有沈氏此印。

（四）孙氏玉海楼藏抄本

陈准编孙氏《玉海楼藏书目录》，有"《说郛》全书残本，十八册，钞本"（见《图书馆学季刊》第二卷），《札迻》十一《列仙传》条，即据所藏写本《说郛》中"《列仙传》序"全文入校。

张宗详本《说郛》校订未精，即杂入明人之作（如卷八四《钱谱》，卷八七《格古论》，卷九七《劝善录》、《效颦集》是。渡边氏曾指出）。而荟萃其他子目，另标新名，前后重沓，又不逐卷标出所据，遂使采集六种之明钞，末由复原。即欲覆勘，无从着手，顾明钞《说郛》，实不止此六种，且向来即有一百卷本与六十卷本之异：

（一）一百卷本：

（1）祁承㸁藏本

《澹生堂藏书目》："《说郛》六十册一百卷，陶宗仪编钞本。"

（2）钮石溪钞本

近刊《北京图书馆书目》著录一百卷（书存。石溪明末越中名藏书家，崇祯庚午间，其书初散，黄宗羲犹及见其人）。

（3）钱曾藏本

《述古堂书目》："陶宗仪《说郛》钞本一百卷三十二本。"

（4）季振宜藏本

《季沧韦书目》，《说郛》钞本一百卷四十本（《传也是楼书目》，有《说郛》抄本四十本，未知即一百卷本否）。

（5）"中央"图书馆藏本

该馆《善本书目·甲编》："《说郛》一百卷六十四册，蓝格旧钞本"。卷第一题云：天台南村陶宗仪纂。上海后学都（应作郁）文博校正，知即出自郁本。昌彼得云："此本较涵芬楼校印明钞本略少数种，分卷大抵相同。后与《培林堂书目》所著录之旧抄《说郛》无甚差异"。是百卷本实多出自弘治郁氏整理之本。

（二）六十卷本（汲古阁抄本）：

《四库》标注，孙诒让批："黄岩举人王咏霓得有一部汲古阁《说郛》钞本六十卷，附有毛斧季考证。辛未余在京师借读之，完全与寻常本不同，诚罕见之本"。黄雨亭君曾见示张宗祥函云："彼后来续见之《说郛》不下十二三种，于台州见一汲古阁钞本，引书止二百多种，而以文体分类尤为特出"。不知视此如何。

此外《郘亭书目》载“朱脩伯言浙东有两旧抄残本，尚是南村原本，刊本不足凭，最多谬误”（西泠印社本，《郘亭书目》上有眉注云：“原本残卷现藏东浙沈杜二家”）。此类钞本惜不获见，是否南村原本殊难质言，至于《说郛》刊本者，以明代论，尚有下列三种：

（1）陶珽重辑本

渡边氏谓陶珽重校《说郛》，应在万历三十八年（1610），珽成进士前流寓杭州之际，现所流传陶珽《说郛》多为顺治刊，京都大学所藏者，渡边定为万历原刻本，杭州宛委山堂藏板，前有杨维桢序及弘治九年郁文博二序。

（2）熊佑重编本

“中央”图书馆藏有“重编集类《说郛》存七卷，七册，熊佑重编明钞本，存卷二至卷八”。

（3）陈时删评陶本

傅芸子谓曾见明刻《说郛》有四卷四册，内题漳浦陈时三陟删次评释，四炤堂刊。前有癸未冬至编者眉识云：“元季陶九成取古今书瀕二千家，剪其语名《说郛》……昭代续之，又瀕六百家，综一百六十卷”。按癸未即崇祯十年，据顺治本陶珽《说郛》王应昌序云：“板燬于辛酉武林大火”辛酉为天启元年（1621），是陶书天启间板曾被火，此则崇祯间删本。

凡此皆重行编次，去陶氏原书真相弥远，陶书原本如何，是否果如杨维桢序称百卷，然汲古阁所得仅六十卷，毛子晋《辍耕录跋》称：《说郛》百卷，未能卒书，则所谓百卷本《说郛》，当出后来明贤补足，以符期颐之数。诸明抄本有年代者，若《双鉴楼》之弘治乙丑本，及丛书堂本（吴匏庵成化八年进士，此本或较早）。原本真相未明，无从评论，今观本馆所藏沈瀚抄本，当是出于嘉靖间序次，视张宗祥本，颇多乖异，卷第又不书数字，足证陶氏《说郛》原未成书，惟沈钞所收各书次第，似能以类相从，不如张本之紊乱，必陶宗仪原稿大致如此，未经郁氏之窜乱，诚如陆樵所言，此可谓最接近真本。又世所传者有六十卷及百卷，此本独作六十九卷，尤为可贵，诚《说郛》板本之无上资料，惜乎伯希和辈不及见也。

参考

叶盛《水东日记》

E. W. Mote：Notes on the Life of T'ao Tsung-I（京都大学人文科学研究所银禧纪念论文集，1945）《辍耕录通检序》　昌彼得《陶南村年谱》

《王氏说删》　十六册　明　王志坚编

明钞稿本

志坚（1576—1633）字弱生，更字淑生，亦字闇修，明万历进士，官至湖广提学佥事，以《四六法海》名于世，《明史》卷二八八有传。此书《千顷堂书目》所无，摘录唐至明各书，起《尚书故实》，终焦氏《笔乘》，共十六册，初未定稿，清程穆衡称之曰：《王氏说删》。其以“无念尔祖聿修厥德永言配命自求多福”每字按册标题，盖出后人所诠次。自《说郛》以降，藏书家喜摘钞旧籍，辑为丛刊，王氏有《说删》，祁氏（承㸁）有《说集》，皆沿宗仪之例，亦可见一时之风尚也。书前有序，仅残存末行：“……迓亭程穆衡书于鹤市西廛之投绒堂，时年七……”数字。此序另有钞正二页，略云：

> 昆山王淑士先生《说删》十六册，盖与《表异录》同纂者，今《表异录》已刊行；而是书未也，其名见《表异录》序中。此草稿不知流传几手？乾隆甲午（三十九年），吾友张君勖齐购得之，以示余。余见其弊碎已甚，不治将废，原书之前，旧有总目录一纸……为粘缀装治，稍加编次，分定卷帙，其甲乙不尽依目录也。盖尝反覆寻求其不即付梓之故，而知此乃先生未定之书耳。……此书曾入妄庸手，改去昆山王氏，而思窃为己作，且有字本非误，强以意易者。故余名之曰：《王氏说删》，使后来者不得而窃之。乾隆庚子（四十五年）春分日。

按序称之《表异录》，即《千顷堂目》十二著录之“《名句文身表异录》二十卷”，日本《内阁文库》有其书，康熙间序刊。

此书第十册有“吴正裕号书商之印”，知曾经书贾之手。

印记

吴兴刘氏嘉业堂藏书记

《王氏说删》目录

第一册　　“无”

尚书故实　　史通　　归田录

六一诗话	东坡志林	龙川别识
东莱诗话	贡父诗话	后山诗话
后山丛谈	珊瑚钩诗话	师友谈记
可谈	竹坡诗话	庚溪诗话
许彦周诗话	清虚杂记	贵耳集
画墁录		
第二册		“念”
梦溪笔谈补笔谈	石林燕语	后石林燕语
避暑录话	岩下放言	石林诗话
第三册		“尔”
梁溪漫志	寓简	宾退录
曲洧旧闻	墨庄漫录	南唐近事
晦庵政训	林下偶谈	冷斋夜话
云麓漫钞		
第四册		“祖”
因话录	南部新书	玉泉子
江邻几杂志	道山清话	国老谈苑
麈史	鼠璞	晁氏客语
渑水燕谈	青箱杂记	说苑
乐善录	东轩笔录	儒林公议
随隐漫录	泊宅编	道院集要
桯史	懒真子	墨客挥犀
侯鲭录	省心录	经外杂钞
遂昌杂录	乐郊私语	
第五册		“聿”
袁氏世范录	集事诗鉴	
第六册		“修”
老学庵笔记	心传录	能改斋漫录
野客丛谈	清波杂识	
第七册		“厥”
鹤林玉露	困学纪闻	辍耕录

第八册　　　　　　　　　　　　　　　“德”

梅硐诗话　　　　　席上辅谈　　　　　癸辛杂识

齐东野语

第九册　　　　　　　　　　　　　　　“永”

水东日记　　　　　菽园杂记　　　　　枝山野纪

雨航杂录　　　　　蜩笑偶言　　　　　笔畴

溪山余话　　　　　金台记闻　　　　　愿丰堂漫书

玉堂漫笔　　　　　西堂日记　　　　　摭言

说储

第十册　　　　　　　　　　　　　　　“言”

余冬序录　　　　　公余目录　　　　　水南翰记

暖姝由笔　　　　　延州笔记　　　　　明良录

清暑笔谈　　　　　长水日抄　　　　　寤言

耄余杂识　　　　　震泽长语　　　　　贤奕编

第十一册　　　　　　　　　　　　　　“配”

世庙识余录上（徐学谟）

第十二册　　　　　　　　　　　　　　“命”

世庙识余录下

第十三册　　　　　　　　　　　　　　“自”

“此册目录后题数字云：‘前书目恐邪亭先生手笔’”

太室麈谈　　　　　随意录　　　　　　七修类稿

西山墨谈　　　　　江陵杂著　　　　　山居随笔

第十四册　　　　　　　　　　　　　　“求”

升庵杂说汇录、　　丹铅总录

第十五册　　　　　　　　　　　　　　“多”

觚不觚录　　　　　艺苑卮言　　　　　充要余编

艺圃撷余　　　　　澹思子　　　　　　二酉委谭

窥天外乘　　　　　金罍子

第十六册　　　　　　　　　　　　　　“福”

焦氏笔乘

《后鉴录》　乙册　明　谢蒉纂

蓝丝栏钞本

每半页十行。朱笔点断。

记刘瑾、宸濠事。存卷三乙册。《千顷堂书目》五："谢蒉《后鉴录》三卷，闽县人，正德辛巳进士，官礼科给事中，以争大礼，劾张、桂，出知直隶太平府。录皆正德时诸叛逆爰书也。"

印记

朱诏　吴兴刘氏嘉业堂藏书记

按右蓝格钞本明史料四种四册，行二十四字，书脚写：文、行、忠、信，但非完帙，间有朱笔批校。《持静斋书目》卷二云："《三朝圣谕录》，旧钞本，起永乐至洪熙，尚漏宣德一朝，皆士奇自述思遇居多。又有《立斋闲录》（记太祖及成祖兴师事）、《野记》、《后鉴录》三本，皆一人手。与此共为一函。"

此钞本似为丁氏持静斋旧物。蒉字惟盛。"中央"图书馆又有明蓝格钞本。

参考

《千顷堂书目》　《持静斋书目》　《"中央"图书馆善本·甲编》卷二，44 页

《立斋闲录》　乙册　明　宋端仪撰

蓝丝栏钞本

记洪武（元年）至建文两朝事。《千顷堂书目》，五："宋端仪《立斋闲录》四卷"此仅存卷一。此书万表《灼艾集》（别集卷二）选录，万历刊本。

每半页十二行，朱笔点改。

印记
朱韶　吴兴刘氏嘉业堂藏书记

《野记》　乙册　明　祝允明纂

蓝丝栏钞本

每半页十二行。朱笔改。

存卷三乙册，首题：“《野记》卷三”，“勾吴祝允明纂”。起景泰末。《千顷堂书目》五：“祝允明有《九朝野记》四卷”。此残一卷。原有《说郛》续卷七、《历代小史》、《丛书集成》等本。

印记
朱韶　吴兴刘氏嘉业堂藏书记

《剿闯通俗小说》　一册　明　无名氏撰

题西吴懒道人口授　（校钞本）

首无竞氏序。《禁书总目》（《外省移咨应燬书目》）著录，日本内阁文库存明刊本，见孙楷第《中国通俗小说书目》二。

此册钞本，每半页九行，行款相同，前有近人芼翁题记，谓“丙子春以重值得于西溪汪氏。”有朱笔校误。

《引书法》　一册　清　陈澧撰

朱笔圈点，钞本。题“陈兰甫先生引书法”。此书曾刊行。

每半页九行，行二十五字。

藏印
劬学斋

《楞伽阿跋多罗宝经注解》 二册 宋 求那跋多罗译

明钞《北藏》本

此书在《大正藏》第三十九卷《经疏部》七，题"大明天界善世禅寺住持臣僧宗泐，演福讲寺住持臣僧如玘奉诏同注。"

藏经号数为"主一"，"主二"。按《大明三藏圣教北藏目录》卷四，称此经注解原注四卷，今作八卷。《南藏》缺。故知此书为《北藏》本。[①]

蓝丝栏钞本，每半页十行，行十七字。

印记

吴兴刘氏嘉业堂藏书记

《太清金液神丹经》三卷《太清修丹秘诀》 二册

《道藏》本 明皮纸蓝丝栏钞本 天一阁藏

半页十一行，行十七字。卷上题："兴一"，卷中题："兴二"，《修丹秘诀》题："兴十一"，皆《道藏》号数。参考拙作《太清金液神丹经与南海地理》。[②]

《神仙感遇传》五卷 二册 蜀 杜光庭纂

明皮纸蓝丝钞本 天一阁藏

每半页十一行，行二十二字。起王杲，终僧契虚。卷一首行题："恭五"，即《道藏》号数。

印记

御赐抗心希古

---

① 《北藏》明成祖敕修，自永乐八年迄正统五年，版藏内库。万历十二年复续刻四百十卷。
② 香港中文大学中国文化研究所《学报》第三期。

《三洞珠囊》十卷　六册　唐　王悬河撰

明皮纸蓝丝钞本　天一阁藏

卷一首行题：“怀一”，亦《道藏》号数。每半页十一行，行十八字。

以上三种，皆明《道藏》钞本，《天一阁书目》子部并著录。

印记

吴兴氏嘉业堂藏书记

《老子道德经发隐》二卷　四册　明　释德清著

安乐堂旧藏明钞本　黄之裳跋

此书每半页九行，行十九字。

前题：“明曹谿憨山道者释德清著，门人真杲用晦父笔受，新都黄之裳吉甫父校”。

首有墨笔题记云：“《道德经发隐》，明憨山大师著，三世佛化人念佛龛藏。”又题语云：“憨山为明南岳沙门，又字匡山逸叟，临济下第二十九世法孙也。所著有《法华通义》六卷，《圆觉经直解》二卷，《庄子内篇注》及此书，皆探本于清净无为，得‘初禅天通明禅’之旨。弟子颛愚，受其衣钵，有请录三十卷，冰台居士得此，樊舆书以识笔。”

黄之裳《道德经跋》云：“夫大道之原，《义经》详哉其言之矣。溯天命之渊微，析理性之阃奥，小而出入起居，大而齐治均平，人事与天载相通，粗迹与精微一贯，至简至易，至高至大，古之学术出于一，一于《易》而已矣。老子精于《易》者也，五千者矢口而谈，孰非《易》之奥义，以五千言参之于《易》，以此思《易》，思过半矣。夫子有‘犹龙’之叹，谓其能乘六龙以御天与《易》合也；及闻其教戒数语，唯唯敬承惟谨，其见与于夫子如此，非与其学术之同乎？何后世之学术出于二也。索隐行怪，假诡异以惑世，欲有所托以为尊，推其为道家之祖，今五千言具存，有一言及于黄白，有一言及于铅汞，有一言及于修炼，有一言及于丹鼎乎？善哉白乐天有句云：‘玄元圣祖五千言，不言药，不言仙，不言白日升青天。’故谓其经为衍《易》之奥义则可，谓其为仙道之滥觞则不可，于是知借之以为尊者，其失也诞。其诋之者，至谓申韩本于道德，曾不思申韩乃惨刻之诡术，道德乃驭世之权宜，参之于《易》，内存中正之实心，外行委宛之权宜，见于爻象，不一而足，如‘若濡有愠，遇主于巷’之类，所谓德慧术智，皆是类也，申韩可同日而语哉？唯其言之出于天命之本然，人心之同然，非虚立诡异，以故俟之百世不惑。注《易》者千有余家，注《道德》者，亦千有余家，非同为口代天言，何以能使人人脍炙，不约而同。若汉文帝访道于河上公，河上公有《道德注》，今不少概见。燕中见憨山注，亦是一种见解，于《易》有合处，剞劂以备一班，洋洋乎大海哉！酌海水者，虽人人殊乎一勺，而与众尝之，或亦可慰望洋之思云。万历甲寅春月，新都黄之裳跋。”

憨山此书成于万历丙午（三十四年），黄之裳跋作于万历甲寅（四十二年），距成书已八年，时憨山尚健在也。①

憨山自序云：“往成如刻于岭南，重刻于五云，南岳与金陵，今则刻于吴门。”是此书于憨山生前已一再刻板。

《“中央”图书馆善本书目·甲编》三，306 页，有释德清《老子道德经解》二卷二册，明玉溪菩提庵刊本。

印记

安乐堂藏书记（清宗室允祥印）　御赐介景堂印　元茂堂项氏珍藏图书　黄氏再同收藏　金石书画印记

《列仙传校正本》二卷《列仙传赞》一卷《梦书》一卷

一巨册　清　王照圆撰

朱丝双栏精钞本

照圆，栖霞郝懿行之妻。此书与同治刊《郝氏遗书》本相同。嘉庆十七年序刊本，《列仙传校正本》二卷，《赞》一卷，则无《梦书》。

每半页十行，行二十一字。朱栏。

---

① 憨山《圆觉经直解序》，撰于天启二年，仍在其后。

印记

刘文典　叔雅

以上子部

《樊川集》二十卷《外集》一卷《别集》一卷《附录》一卷

八册　唐　杜牧撰

清初王藻（梅沜）手钞本

卷前题："《樊川集》、《附录》"下题："梅沜居士，王藻纂辑"双行。藻事迹见《藏书纪事诗》卷五。有某苑签记一条云：

樊川集二十卷《外集》乙卷《别集》乙卷，原序裴延翰，唐杜牧撰。此本多梅沜（泮）居士王藻纂录，附录乙卷，《沈元沧序》一篇，兼有梅沜手钞图记及名印二印，系王藻真迹无疑矣。

书中夹有楷书题签"杜舍人《樊川集》，檇李潘德舆题签"一纸。潘字残泐。按德舆字四农，山阳人，有《养一斋集》。

每半页十一行，行二十一字。

印记

梅沜手钞　王藻　某沜朱文　吴兴刘氏嘉业堂藏书记　曾经东山柳蓉邨过眼　朱嘉宾

《钓矶文集》十卷　二册　唐　徐寅撰裔孙玩重编

沈霞西精钞本　清顾沅藏

首"唐秘书省正字先辈徐公《钓矶文集序》（宋建炎三年），朝请郎编修《道史》检察官兼次《崇文总目》管江州太平观守秘书省著作郎赐紫鱼袋族孙师仁撰"。

次为先辈裔孙玩可珍识语。按玩乃徐夤之五世孙。

末有题记云：

是书山阴沈霞西精钞本，善价得之，后之贤者，慎勿轻视。咸丰改元五月，访书绍郡，获此如得奇珍，蕈海楼主人偶笔。

记末钤“湘舟”印，即顾沅也。此钞本极有名，《藏书纪事诗》顾沅条亦载之。

徐夤字昭梦，登唐乾宁年间进士，试《止戈为武赋》魁天下，授秘书省正字。先辈，时人尊称之也。沈霞西（乾隆四十四—道光三十年）为沈复粲字，会稽人，详《续碑传集》。

此集为徐玩重编，是本卷四缺赋一篇，卷五全缺。昭文张氏爱日精庐藏有旧钞影写本，张氏持以较《全唐文》，颇多出入。此本有文二十一篇，为《全唐文》所未载，与张氏本略同。《振绮堂目》、《铁琴铜剑楼目》，俱有钞本。《四部丛刊三编》所印者，则为钱曾遵王影钞本。是本内有朱笔校语，似用钱本校过。

每半页十行，行十九字。

印记

徐乃昌读　朱嘉宾　朱嘉宾图书印　吴兴刘氏嘉业堂藏书记

参考

《刘后村题跋》(《大全集》一百十一)“《徐氏二诰》”条　《爱日精庐藏书志》卷二十九　《铁琴铜剑楼藏书目》卷十九　《藏书纪事诗》卷六　朱倓旧钞本《钓矶文集跋》[①]

《公是集》十卷　六册　宋　刘敞撰

《钦定四库全书》钞本　有文源阁印

此本出钱塘吴允嘉本，仅十卷。今《四库提要》著录者为五十四卷，注

---

① 《文史杂志》三，九、十。

云：《永乐大典本》。

末页题："总校官检讨臣何思钧，校对官待诏臣胡士震，誊录监生臣朱恩。"三行。《聚珍版》本有刘攽序，末有西蜀九华子员某书跋，而此无之。

末录《四库提要》，题云："《四库全书·集部三》，《别集类二》，宋。"查今本乃在《集部·别集类六》。《聚珍版》五十四卷本所附《提要》称乾隆四十六年，纂修者题名为纪昀、陆锡熊、孙士毅、周永年。此十卷之钞本录提要，则题作：乾隆四十八年；纂修者无周永年名，而多总校官陆费墀。此钞本似未用《永乐大典》参订。又《提要》文字与今本不同，兹录于下：

《提要》

臣等谨案：《公是集》十卷，宋刘敞撰，敞字原父，袁州人，庆历中举进士，廷试第一，编排官王尧臣以亲嫌寘等二，累迁知制诰知永兴军。史称其学问渊博，为文尤敏赡。公是乃其私谥，因以名集。叶梦得《避暑录话》记敞集一百七十五卷，《通考》载七十五卷已亡其半，至明代并佚不存。此本乃钱塘吴允嘉志止从诸书中搜辑而成，所存不及什之一。考《宋文鉴》尚有敞所作《谥法》一篇，唐顺之《右编》有《奏议》六篇，此集均未收入；又误载刘攽诗文，重复文同题异者数篇；又舜让禹以下三篇，抄录舛错；原目亦颇失先后之序，编次殊未精审，故稍加厘订而著之于录焉。乾隆四十八年五月，恭校上。

总纂官臣纪昀臣陆锡熊臣孙士毅。总校官臣陆费墀。

朱栏。每半页八行，行二十一字。

印记

文渊阁宝　圆明园宝　信天主人　希古天子　吴兴刘氏嘉业堂藏书印　刘承幹字贞一号翰怡

参考

庐文弨《抱经堂文集》卷十三，《刘公是集跋》

《邕州小集》一卷 乙册 宋 陶弼撰

道光萧山王氏钞校本 王端履跋

陶弼字商翁（1015—1078），宋永州人。《宋史》卷四三四有传。

卷末有王端履跋云："陈起所编《宋名贤小集》，本名不同，近知不足斋所刻，经鲍以翁增删重订，非旧观也。同邑汪氏环碧山房旧藏钞本四十种，内《邕州小集》一卷，为各本所无，因别为录出，以傍插架之一种。此书已蒙文渊阁著录，吉光片羽，幸登秘府，实为荣遇，受恭录《四库全书提要》冠于卷首，而以《宋诗纪事》所纪，补附于卷末。道光乙酉五月既望，萧山王端履跋记。"有端履印。

每半页六行，行十六字。间有朱笔校字。

印记

吴兴刘氏嘉业堂藏书记

参考

《嘉业堂藏书目》集部（别集类）

《乐圃余稿》十卷《附录》一卷 三册 宋 朱长文撰

精钞本 汪士钟、蒋凤藻藏

卷前题："吴郡《乐圃朱先生余稿》（目录） 侄孙中奉大夫知汉阳军事赐紫金鱼袋思裒次。"首有绍熙甲寅侄思《乐圃余稿序》。

叶昌炽题记云："《乐圃余稿》十卷，《附录》一卷，宋绍熙甲寅，其侄孙思蒐缉刊本。明陆嘉颖复采赞诗各一首为《补遗》。此书《附录》之后，有《三高赞》，而脱去一诗，盖录自明以后本，非出宋椠矣。然舜渔先生笔法精绝，露轻口沉。假曲蹑峻，焚香摩挲，如对陶华阳书，骨体甚峻峭也。光绪壬午腊月朔记，鞠裳。"又云：

> 《补遗》：《三高赞》后有"西郊草堂"四字，疑舜渔先生旧有跋，书估割去其跋，因并诗去之耳。昌炽又记。

末有翁绶琪识语，略云："……是稿幸而仅存，刊本源委，鞠师详载前题，此为舜渔先生手录，亦希观之本矣。光绪庚子七月二日，松陵翁绶琪谨志。"

按此集，《振绮堂目》著录钞本，多《补遗》一卷，八千卷目有康熙仿宋乌丝栏钞本，有怡府印。

乌丝栏，每半页十一行，行二十一字，版心有乐圃二字。

印记

曾藏汪阆源家　子孙保之　舜渔　九世培校正手录本　世培　柳胥　世培之印　舜渔氏茂苑香生　蒋凤藻秦汉十印斋秘箧图书　参议公十世孙　绍美传家　绶琪私印　建霞过眼　张叔平　吴兴刘氏嘉业堂藏书记

参考

《抱经堂集》卷十三，《乐圃余稿跋》

《艺风堂文存》卷五

《于湖集》四十卷　六册　宋　张孝祥撰

旧钞本

卷首有提要，文云：

案《于湖集》四十卷，宋张孝祥撰。孝祥字安国，历阳乌江人，绍兴二十四年进士第一，孝宗朝累迁中书舍人直学士院，领建康留守，寻以荆南湖北路安抚使请祠，进显谟阁直学士，致仕，事迹具《宋史》本传。《书录解题》载《于湖集》四十卷，此本卷数相合，前有门人谢尧仁及其弟敷文阁直学士孝伯序。尧仁序称孝祥每作诗文，辄问门人视东坡何如？而尧仁谓其《水车诗》活脱似东坡，然较苏氏《画佛》……，《次韵水官韩幹画马》等十数篇，尚有一二分劣。又谓以先生笔势，读古书不十年，吞东坡有余。今观集中诗作，大抵规模苏诗，颇具一体，而根柢稍薄，时露竭蹶之状，尧仁所谓读书不十年者，隐寓微词，实定论也。然其纵横兀傲，亦自不凡，故《程史》载王阮之语，称其平日气吐虹霞；陈振孙亦称其天才超轶云。

次为谢尧仁序及张孝伯序文。

半页八行，行二十一字。钞本非出一手笔。

印记

微尚斋（汪憬吾室名）

《高峰先生文集》十二卷　五册　宋　廖刚撰

旧钞本

廖刚字用中，顺昌人，绍兴中，御史中丞。

此本卷数与《四库总目》合。《提要》谓“其集久无刻本，传写多误、脱字，或至数行，无从校补。”《四库总目》（卷一五九）所录者为两淮马裕家藏本。此钞本有翰林院印，亦经馆臣校过。此书《四库全书珍本》已印行。此钞本眉端有批校，每卷有目，与《四库》本不同。

《振绮堂目》有钞本四卷，《增订四库标注续录》谓《八千卷楼》有林佶人刊本，按此误，林氏乃是钞本，见该目卷十五。每半页十行，行二十字。末页记云：“计二百八十五页”。

首题高峰先生文集，每卷删去先生二字。间有朱笔及墨笔校字。

印记

翰林院印　吴兴刘氏嘉业堂藏书记

《盘洲文集》八十卷　有《拾遗》及《附录》　八册　宋　洪适撰

彭氏知圣道斋钞本

彭氏首页题记云：

是书世不多见，从馆中稿本录出，乃内府《天禄琳琅》所藏，虞山毛氏影宋钞本也。洪氏父子兄弟以忠节文章著于南渡，而遗集传刻绝少。予尝欲取忠宣之《松漠纪闻》及重辑文集，文惠此集，文安之《泉志》，《翰苑群书》，文敏之《野处类稿》，《容斋随笔》、《续笔》、《三笔》、《四笔》、《五笔》，《夷坚志》，《经子法语》，《史记法语》，《南朝史精语》：总为一部，曰《洪氏全书》，计不下数百卷。今饶歙间诸洪多祖忠宣，安知无好事数典者刊布之。乾隆丙午秋分后三日，芸楣记。[1]

后又有三行文字云：

师以晋唐笔法作小行楷，因借钞斯集，展玩不能释手，请于师而珍袭之，师命书此以补。嘉庆癸亥中秋前一日，受业汪守和谨识。

按《四部丛刊》影缪荃孙精钞本，有目录一卷，而此本无之。此本《拾遗》次于《附录》之前，缪本则列于末。此本《拾遗》末篇“《转校司乞移免折斛钱劄子》全缺，缪本则存二行。至《户部乞免督见钱劄子第二篇》，缪本有残缺，可据此本校补。”

每半页九行，行二十一字。每页版心有“知圣道斋钞校书籍”一行。附录内有朱笔校改。

印记
吴兴刘氏嘉业堂藏书记

《清容居士集》五十卷　二十册　元　袁桷撰

彭氏知圣道斋钞本　结一庐藏

每半页十行，行十六字。

第十三卷，第十四卷，似另补钞。第一卷亦有钞配。《四部丛刊》景元刻本五十卷，此本原题：“卷第四十三终”，后人补钞七卷，合为五十卷。末附苏天爵撰《袁文清公墓志铭》，为元刊本所无，惟间有缺页。钞本字体不一，

① 按此文已载入《知圣道斋读书跋》卷二。

用纸不同，间有朱笔校字。

印记

南昌彭氏　知圣道斋藏书　唐栖朱氏结一卢图书记　吴兴刘氏嘉业堂藏书记　欲出第一等言得有第一等意欲为第一等人须作第一等士子

《丁鹤年先生诗集》(不分卷)　一册　元　丁鹤年撰

旧钞本　劳巽卿校本

朱彊村（祖谋）手笔题耑“劳巽卿校本《丁鹤年集》”。

前录《四库提要》及至正戴良序及至正跋（序多缺字），末有四明乌斯道撰《丁孝子传》(按即鹤年)，杨士奇跋。又补遗《小孤山》一律。

劳氏朱笔跋云：“丁鹤年诗从宋宾王（按即宋定国）校本传出，随校一过。原本卷首四番及序跋补遗诗，皆宾王手录。卷中误字尚有涂铅未补者，俟再值本校之。癸卯九月四日灯下，书于玉参差阁卧室。巽卿。”

此书旧本分卷多异，《爱日精庐》卷三四有元刊本四卷，可参看黄荛圃《藏书题识》。《艺海珠尘》本《丁孝子诗集》分三卷，无杨士奇跋及《补遗》。

每半页十行，行二十三字。有朱笔校字。

印记

沈韵斋藏书记　丹铅精舍（即仁和劳权室名）

吴兴刘氏嘉业堂藏书记　巽卿

朱嘉宾藏书印　彊村遗民

《西村集》八卷　四册　明　史鉴撰

明钞本　祁氏澹生堂藏

版心题：“静安堂秘本。”前有嘉靖八年兵部职方郎中前进士卢襄师陈甫序，残缺，起“章如也”句，至终。附录为吴宽撰墓表，末页残。

史鑑字明古，明吴县人，不仕。此书有嘉靖间，其孙周刊本。又有乾隆丙寅，裔孙开基刊本。

每半页九行，行二十三字。乌丝栏，单鱼尾，版心题字（见上），间有朱墨笔圈句。

印记

澹生堂经籍记　吴亦先藏　亦先珍藏

吴兴刘氏嘉业堂藏

参考

《丁氏八千卷楼目》卷十六　《四库标注》，838 页

《尔雅斋文集》不分卷无目录　十二册　明　殷都撰

明钞本

都字无美，嘉定人。稿纸版心镌“尔雅斋”三字，乃原钞本。起《报周襄阳书》。第一、二册：书。第三册：记，传，疏，颂，赞，题跋，书。第四—七册：皆书。第八册：启。第九册：书。第十册：序，记。第十一册：墓志铭。第十二册：墓铭，行状。

有朱笔校改。

书末有郑文焯手书跋一纸，略云：“右《尔雅斋文集》若干卷，明嘉定殷都无美撰，余家旧藏，其定稿凡八册。即得曲园世丈，云孙检讨考见其里居仕履，余复据集中系夫文献者，条数事以补史阙，附以轶闻，弃诸箧衍有年已。惟其间董寿言，赠序一类，窃疑文体未备，或非完帙？欲访之于其故乡遗胄，冀得要寔，卒卒有志未逮焉。……今春有估客以丰顺丁氏持静斋藏书求售者，中有一集，稿褎然丛录，若出一手，却不著撰人。考丁氏录目，集钞百余种，内亦不载。……审之，固殷无美遗集也。翰怡以其新获殷集见示，敕加检校，诠第可观，独叙赠中寿赠诸作，□付缺如，证之余所藏本，增合之乃成全集，因其固请并入，遂割爱以贻之。癸丑冬孟既望，樵风逸民高密郑文焯题于剪淞阁。”

有王以正批识语。“后学张灏谨校”字样在第七册及第十二册。每半页八行，行十八字。乌青栏。版心镌尔雅斋三字。间有朱笔点句及校字。

第一册末数页有墨笔删改。第三册《与徐尚书书》，残半页。第三四册有残页。

印记

吴兴嘉业堂藏书记

《吴节孝诗选》七卷《诗馀》一卷　四册　明　吴闺贞撰

钞本

题：“《吴节孝诗选前后集》吴兴温室吴闺贞著　婿吴时辅，外孙吴景先重订”。

前集共诗二一八首，词六首，有批语。

末册为祭文及《先夫温伯生公行状》。又附“吴梦旸字允兆号北海《与侄女温节孝手札》”。

又乾隆吴启褒跋：略谓闺贞与允兆公，臧晋叔，钟伯敬评定，名曰：《节孝诗选》，刊板行世。日久诗板俱亡，乾隆庚申于书肆中仅得其前集，而后集刻本，遍求不得。后见前后集钞本，因录存后集，续成全璧云云。闺贞始末，具见此跋中。

又有六世孙吴清跋。

每半页十行，行二十一字。

第三册有朱笔校字。

印记

吴兴刘氏嘉业堂藏

《陆射山诗钞》附《诗馀》十六首　二册　明　陆嘉淑撰

钞本

嘉淑字冰修，号射山，又号辛斋，浙江海宁人，嘉兴府学生，入清不仕。有楼曰蜜香，藏书万卷。（《云自在龛随笔》中）查初白即陆氏婿也。词亦称《辛斋诗馀》。有海宁三家词（排印本）。

末有同治二年管庭芬跋，文略云：

道光十九年秋，硖川蒋广文生沐校刊《冰脩先生遗集》，合十三家本，汇为二十六卷，武林陈大令文杰为之序，授梓甫竣，或有中以蜚语，遂不印行。余曾见其样本六册，庚申（咸丰十年）寇变，并板咸燬于火，《广陵散》绝矣！余读此册，仅五七古一门，细考之，强半出于十三家之外，惜当日未见纂录，以成大观，然其事多阐幽纪事之作，可资佚闻。蛰庵主人当珍守之，勿以残帙捐弃，行将有輶轩者见访焉。同治二年嘉平月乡后学管庭芬子佩跋于斜川馆舍，时年六十有七。

又云：

客冬余于石泾徐氏检得先生所作五律二百余首，亦多蒋本所无，知先生吟咏甚富，其散佚者不少矣。又记。

每半页九行，行二十四字，封面黑绢，金点。

印记

吴兴刘氏嘉业堂藏书记　（曾经民国二十五年浙江省文献展览会陈列）

参考

《静志居诗话》下　《文澜学报》第二卷三、四期

《屈翁山佚文》四卷　二册

近钞本　徐氏南州书楼藏

起《御琴记》，讫《致知说》，若干篇为《文外》所无，内《河南死节大臣传》，《三原泾阳死节贰臣传》，《诸死孝者传》，《割股死者三孝子传》，除前两篇已收入《皇朝四朝成仁录》外；后两篇为他书所未见，亦可宝贵矣。

印记

徐信符藏

参考

屈大均《皇朝四朝成仁录》（《广东丛书》第二集一——六册）

《愿学斋文集》四十卷　四册　清　黄与坚撰

雍正六年谢氏手钞本

与坚字庭表，号忍庵，太仓人，顺治己亥进士，与修《明史》及《一统志》。

前有熊赐履、陈廷敬、汤斌等序。[1] 本书末又有徐元文《黄庭表文集序》。汤斌序文题亦作《忍庵集文稿序》。

继为总目。目录后有题记三行云："同里浦泰惺壓氏（谢姓）雍正六年，岁次戊申三月上巳白钞录，识于王馆中，共计五百零八页。"

卷末题字一行："雍正六年戊申三月上巳日，太仓浦泰心传钞讫载识。自注：'本姓谢'。"又钤四印，下记"时年五十四岁"。

末附钞《江南通志·文苑传》，《太仓直隶州志》（《列传》），《鹤征录》（《事实》），《先正事略》。又东仓书库主人缪朝荃跋，谓："此集于苏州抱经堂书肆得之，亟为重装。"

每半页十二行，行二十四字。版心有《愿学斋文集》五字及卷数。乌丝栏。间有朱笔校字。

印记

尚论堂　娄东谢氏家藏　抄书老更痴　浦泰之印心传　别字惺壓　杏花小楼　吴兴刘氏嘉业堂藏书记

参考

《贩书偶记》卷十五

《南涧文集》（不分卷）　二册　清　李文藻撰

钞本

是书无目录，起《颜太守父母寿序》，终《代冯氏族人祭节妇孙氏文》。《功顺堂丛书》刊有《南涧文集》二卷（民国二十五年刊）。上海晖隐庐印行

---

① 汤序后有庚午重阳后三日，黄与坚跋。

“《南涧文集遗文》二卷，补编一卷。《益都县志》载《南涧文集》三卷，阎湘蕙辑。即王献唐所谓钞本《李南涧先生古文》者，与此不分卷钞本，俱非完书。南涧以《琉璃厂书肆记》一文著名，清初若汪文柏之《琉璃厂监造屋宇册籍诗》，劳之辨之《琉璃厂行》[1] 皆可比肩雁行。亦书史之文献也”。

每半页十行，行二十四字。

印记

吴兴刘氏嘉业堂藏书记

参考

《越缦堂读书记》八　《山东省立图书馆季刊》（王献唐《李南涧之藏书及其他》）

《权斋文稿》一卷《权斋老人笔记》四卷　二册　清　沈炳巽撰

吴兴严氏写本

文稿第二行题：“苕南沈炳巽权斋著”。笔记第二行题：“归安沈炳巽雪渔著”。版心记：“吴兴严氏《随分读书斋》写本”。文稿末识语：“癸丑元月十九日，校于京邸之《随分读书斋》，梦庐。”下钤“迪庄读过”朱印。

笔记末题云：“《沈权斋先生文稿》一册，笔记一册，余于吴印臣中翰处得之。复钞一过，校正数字，行款阙文一仍其旧，庐山真面目犹可复观云。印臣名昌绶，仁和人。”

“据印臣云：权斋尚有《年谱》一册，为沈小屏携去。”

“是日大风，砭人肌骨，余自署旋，篝灯静坐，校竣是卷。楚材为煮茗，伴余清谈，亦人生泡景中不可多得之乐事也。壬子十二月廿二日，吴兴严启丰识于京邸之随分读书斋。”

每半页九行，行二十四字。乌丝栏。

此书民国五年，刘承幹刊入《吴兴丛书》，即用此本。

① 《清诗纪事》，727～761页。

印记

随分读书斋　迪庄藏本

吴兴刘氏嘉业堂藏

《花庵诗钞》 一册　清　海昌许奎著

稿本　吴氏拜经楼旧藏

题署《花庵诗钞》，戊戌六月砚翁题签。

卷前有题识云：

许子冠娄名奎，海宁人，父名全子，号悔斋，从国初陈乾初游，隐居讲道，著作等身。冠娄深家学，弱冠能文，工诗词，为赵寄园所赏，当时如杨耑木，查声山诸名流，互相倡和。所著《东坨诗稿》，曾采入《杭郡诗辑》。《花庵稿》仅于吴氏《蠡塘渔乃》中述之，皆未刊行于世；此为全豹，诚足珍也。又按稿首有陈世仁序，世仁为实斋尚书之子，康熙乙未进士，官检讨。以上均详入《海昌备志》。癸丑仲冬，晓霞谨注。

有元只陈世仁序有墨笔改，沈嵩士题词（残缺）

杨中讷序（残缺）

每半页十行　行二十二字。

印记

乐行善言　养拙　松龄之印　海宁杨氏耑木臧弆翰墨图书传之有绪　西山樵子　蕴山眼福　吴云之印　平斋　拜经楼吴氏藏书　兔床过眼

为新　苗怀

吴兴刘氏嘉业堂藏书记

《筠楼诗草》二十卷 十六册　清　归安沈昆（兼山）撰

钞本

首有嘉庆十三年周兆基序，嘉庆癸亥（常熟）吴谦序。嘉庆九年王宗洹跋，袁枚、冯应榴、管世铭等题辞。

全书计分：《雁塞集》，《覃怀集》，《村西集》，《入秦吟》，《滇行随侍吟》，《倚庐杂吟》，《逵鸿集》，《绛帷集》，《退直吟》，《鞅掌吟》，《遂物吟》，《春明小草》，《计偕草》，《金台集》。

每半页九行，行二十一字。间有墨笔校字。十五、十六、十七、十八卷，钞字不同。

印记

吴兴刘氏嘉业堂藏　朱韶　嘉宾藏书

《北湖焦理堂诗册》　一册　清　焦循撰

此理堂手书诗稿，首为《和吴薗次归湖诗》七律五首。

硬皮面，由云湖外史题：《北湖焦理堂先生诗册》。

每半页八行，字数不定，幼乌丝栏。

印记

黄叶声中自著书　理堂　焦循　理堂诗翰

《日新书屋诗钞》一卷《文钞》一卷　一册　清祝淦撰

钞本

淦海昌人，又号人斋。此书首辛卯周勳懋跋，谓曾读其所辑：“《下学编》，《淑艾录》”，其析理之精，论学之正，一本杨园宗法，朱子之意而其要只不外《中庸》“庸德之行，庸言之谨”八字。

末附与周吾堂来往书札，亦有周勋懋跋。

此书道光间有新城陈用光精刊本，题曰：“《祝人斋集》二卷。”①

每半页十一行，行二十二字。

间有朱笔校字。

① 《嘉业堂藏书》题为“《祝人斋集》一卷一册”。

印记

吴兴刘氏嘉业堂藏书记

参考

《贩书偶记》卷十七

《苏阁吟卷》 一册 清 吴寿旸撰

稿本

寿旸字虞臣，自号苏阁，海昌人，吴骞子，与奚铁生同时。此卷皆诗，无文及词。第一首题云：“侍家大人谒卢抱经学士于龙城讲院，即席二首。”即指其父吴骞也。

此书名屡改，原作《蘧盦賸稿》，继改《春庭小稿》，又改称《蘋花馆賸稿》，最后易以今名。校改极多，并朱笔圈点及校字。每半页十行，行二十一字。

印记

蒨蒨士子涅而不渝 曾经东山柳蓉邨过眼 家住海华谿上 嘉兴刘氏嘉业堂藏书记

《栖碧山房诗钞》（不分卷） 一册 清 冯庆撰

道光二十六年自钞本

庆字杏村，吴人。前有道光六年自序。序后题记：“丙午秋九月重钞于岑南公廨，杏村冯庆。”

每半页六行，行十九字。前有三题词。

印记

栖碧山房 冯庆之印 杏村

劬学斋藏

《枫江草堂诗》七卷《词》乙卷 乙册 清 长兴朱紫贵（立斋）撰

钞本

开首，目录下云："前三卷已刊"。此写本从卷四起，至卷十为诗，后附《清湘瑶瑟读谱》一卷（词）。

前有题记云："立斋先生长兴籍，侨寓吴门，以廪贡生为广文，道光辛丑一壬寅间，曾摄吾郡府学——教授篆，家柿庵从叔即于是年补博士弟子员，出先生门下，曾道《枫江草堂诗》已刻之集，惜未见也。此册唐兄端甫得之武林旧家，系先生手稿，读而爱之，因共传录。……乙丑闰月下浣，□□书于蛰庵。"

又有题云："我之购书，匪与人同，既艰于财，又多苦衷，后人开卷，当念斯言，世世宝之，慎毋舍旃。己未春初，迈叔甫题于梦芝仙馆。"（青蓝笔字）

末卷题记云："咸丰戊午长夏，假唐镜香藏本付钞。迈叔。""六月十日钞讫，校字一过。迈叔寓潭水山居识。""己未正月二十三日，雨窗复读一过。梦芝仙馆志。"有蓝笔圈句。

每半页十二行，行二十三字。

印记

海昌徐迈叔所藏书　梦芝仙馆　眉庵手校

吴兴刘氏嘉业堂藏书记

《东塾集余稿》（红格钞本） 二册 清 陈澧撰

徐氏南州书楼藏

起：《覆杨柳岑书》，讫：《祭温伊初文》。

印记

南洲书楼所藏　信符

《恩福堂集》 十四册 清 吉林英和著

稿本 顾氏谡闻斋藏

首题《恩福堂诗钞》。此集始道光辛巳年起，第二册有目录，编至卷九，末有题识云：“以上按所乙，分为十卷。惟第十卷中题《刘伶故里诗》，亦曾加乙，如另分为一卷，则成十一卷，卷原定卷数不对。是以直至《惜骢马》，合为一卷，未知是否?”

其《乐贤堂诗钞》，在第五册，《步魁集》在第十一册，《水部集》在第九册，第八册《贴签》云：“春农（按汪承霈、蒋宗海皆号春农）校定，存一百七十七首”。又第十二册《水部集》下题：“嘉庆十三年冬，法式善复读一过”。第十三册首有胥叟识语。第十四册内有阮元、陈晋百、郑祖琛、彭邦畴、徐松、张祥河、祁寯藻、程恩泽、郝荣安、陈石士诸人手笔题句，可宝也。附《英和列传》，子奎附，《恩福堂年谱》，并记“殊遇”、“恩荣”、“赏赉”、“摄任”、“校阅”、“家庭盛事”、“行在”诸事。此书已有刊本，《八千卷楼目》著录十卷。

半页九行，行十八字。第十四册《英和传》，以朱栏小格写之，半页九行，行二十二字。版心有“恒源”二字。

第二册第五，十页补签甚多。第六册《山居新成乐府》十首，校字改正甚多。第十二册，有朱笔校字及墨笔圈句。钞写人手笔不同。

印记

谡闻斋 竹泉珍秘图籍（皆顾锡祺印）

吴兴刘氏嘉业堂藏书记

参考

《八千卷楼书目》卷十八 《贩书偶记》（有《恩福堂诗钞》十二卷，道光间钞本）

《古红梅阁》《未定稿》 五册 清 刘履芬撰

手稿本

履芬字彦清，号泖生，江山人。以同知直隶州充苏州书局提调，光绪五年代理嘉定知县（《藏书纪事诗》卷六，引高心夔撰《刘君墓志》）。

第一册为《红梅阁未定稿》，《古红梅阁诗录》，《古红梅阁诗》。第二、三、四册为：《写秋心馆小集》。第五册为：《古红梅阁诗馀》及《鸥梦轩词》。后者为戈载手校，有甲寅山塘债屋题识。《古红梅阁集》，光绪六年苏州刊行，共八卷，附录一卷，又《紫藤花馆诗馀》一卷。此为手稿，有戈载、蒋敦复、谭献、孙麟趾、冯煦等词家手笔评语。其《鸥梦词》有《清名家词》本，持较此手稿（如《洞仙歌》、《高阳台》等阕）多有全首更改者。

首有：咸丰辛酉沈兆霖题：《古红梅阁集》。次，第二题："壬戌仲春，扬州李汝约读于袁浦旅次，循环雒诵，敬服无已"。钤印为"沈印兆霖"，"汝约读"。

每半页十行，行二十一字。第一册《古红梅阁诗录》十二页，为朱格《翰文斋》稿纸。有朱墨笔圈句，眉有墨笔批语。

印记

吴兴刘氏嘉业堂藏书印　刘履芳字彦清　写秋心人　前度刘郎　鸥梦轩诗词尺牍之章 以上四印为作者自用之章　绂庭过眼 潘曾莹题词　见山 杨岘题词　琴西 孙衣言题词　戈载手校　剑人　臣献 谭献题词　心夔 高心夔题词　翔风 宋于廷题词　应浦 钱氏题字　红豆词人 汪承庆题字　曼叔眼　老曼眼福　曼叔父　遍采新歌补竹枝 以上皆吴兴陈鸿诰曼寿印　五马诸侯是绣衣序伯　序伯藏 程庭鹭有识语　蒿庵　公羊堂诗笔　（舒）茗生　（毛）叔美心赏　韫斋读过　庾生墨批　吴嘉洤王复

（宋）沂印　芸士棻　二印为杨文荪章　老荼　绎思　运　杏农

臣印彦起　（潘）锺瑞读过　于原辛伯　于源　（尚有数印印文源不明，待考。）

参考

《八千卷楼书目》　《贩书偶记》卷十八

《晚翠轩诗钞》三卷　三册　清　张安保撰

钞本　许宗衡校

安保字怀之，仪征人。其《晚翠轩集》二卷，光绪七年刊于淮浦，前有康发祥题识，又有吴铠、程畹、夏祯、鹤龄题词。此抄本有朱批二行，署名宗冲，“同治甲子七月廿日廿一日校过”，即许宗衡也。

中卷末有《读史杂诗》八首，补签题云：“以下各章，先君自删。兹从稿本中补录于此”。

每卷间有补签题：“此首先君自删”。

半页十三行，行二十五字。

印记

吴兴刘氏嘉业堂藏　发祥之印

参考

《贩书偶记》卷十八

《天隐堂文录杂著》二卷　二册　清　凌霞著

钞本

霞字子兴，浙江归安人，精金石之学，曾为赵之谦序《六朝别字记》。此书中序跋，颇有裨于考证，刘承幹刊入《吴兴丛书》，即用此本。

卷上多为序，如：《癖畋堂收藏金石小学书目叙》，《绩语堂碑录叙》，《梅花草庵石刻钩本叙》卷上末有《大隐堂诗录叙》。

卷下为记事文、赞、跋、铭。末题“男文司校字”。

每半页十行，行二十字。

印记

凌瑕之印　二金蝶堂藏书　鹤语　凌病鹤

吴兴刘氏嘉业堂藏书记

参考

《戴子高遗札》，胡适跋

《卓庐初草》　五册　清　陈墉撰

精钞本

墉字作甫，钱塘人。

起“赠送序”，终“时戊”。

每半页九行，行二十字，乌丝栏，小黑口，书口有：“卓庐初草”四字。及目录。

印记

吴兴刘氏嘉业堂藏书记

民国二十五年浙江省文献展览会陈列

《唐诗选玄集》　二册　明　万表编

钞本　天一阁藏

万表（弘治十一—嘉靖三十五）字鹿园，有《灼艾集》。

此书起五言排律杨炯，终七律雍陶，题濠梁万表编选，盖效唐姚合之《极玄集》，韦庄之《又玄集》也。内有书签题云：“《唐诗选玄集》二卷，明万表编选，明皮纸蓝丝钞本，天一阁旧藏。”查《天一阁书目集部》，称为唐万表《编选》，表乃明人，此题唐人，误也。

每半页九行，行约二十字。蓝丝栏，版心上册刻“白鹤山房”，下册刻“聚好楼”。第一册及第二册版式不同，第一册单蓝丝栏，第二册，上下双蓝丝栏。

印记

吴兴刘氏嘉业堂藏书记

《国朝诗选》 七十六册 清 郝莲辑

精钞本

前有“钱塘郝莲青门甫辑”长印，首册详载作家姓名，所选始顾炎武，迄于徐驷。共四千九百八十二人（间有复见）。每人名下有朱批，略著其生平仕履。每册另有作者姓名。

半页十行，行二十三字。有朱笔校字及圈句，眉批。

所钞字体有正楷，有行草，非出一人手笔。首册末页有“辛卯正月二十二日辑起”朱笔一行，下镌“石甑山樵”朱印一枚。

印记

小山草亭 吴兴刘氏嘉业堂藏书记

附本书各册所收诗家起讫及人数表

《文澜学报》第二卷 《浙江文献展览专号》内云：

《国朝诗选》 陈刊二册，手稿本。清钱唐郝莲著，嘉业楼藏。

莲字青门，号饭山，工六法，尤长于琴，娴吟咏；潘氏《辅轩续录》亦采及焉。著有《说饼齐吟草》，《饭山杂录》等。此选无序例题署，据目所收，自康琨至张邦弼凡一百二十七人。首有“钱唐郝莲青门甫手辑”朱文长印，目录末钤“小山竹亭”小朱记。首册卷尾有壬辰九月十六日点读一周一行，尾盖“怀烟阁”（白文方印）（153 页）按康琨至张邦弼应为此书之第五十七册，当日展出，仅抽取二册，未加细核耳。

首册始顾炎武终王光承共七人。第二册始王烈终乔出尘，共四十四人。第三册始吴棠桢终刘道开，共四十四人。第四册始钱澄之终李邺嗣，共四十六人。第五册始彭士望终彭而述，共三十一人。第六册始孙廷铨终王崇简，共十一人。第七册始张文光终岑徵，共八十八人。第八册始黎遂球终徐兰，共十七人。第九册始吴文溥终沈安，共二十三人。第十册始郭麐终亟可，共九十五人。第十一册始正志终柴绍炳，共二十三人。第十二册始沈谦终缪永谋，共十八人。第十三册始徐真木终吴智，共二十七人。第十四册始李御终计东，共五十人。第十五册始谢良琦终李光昭，共八十八人。第十六册始彭泰来终贞归刘氏，共三十七人。第十七册始曹霂终黄体中，共六十五人。第十八册始叶正夏终沈见龙，共一百零三人。第十九册始冯樾终何世澄，共一百二十七人。第二十册始叶永终宋恒，共一百二十人。第二十一册始宋与之终张泽忻，共一百零七人。第二十二册始张钛终胡源，共一百人。第二十三册始钮王鉴（字斐章）终贺炌，共九十二人。第二十四册始姜文灿终万涵，共一百二十人。第二十五册始陈深终陆之泓，共一百三十四人。第二十六册始计敬终陈宗达，共一百二十五人。第二十七册始李果终朱文藻，共八十三人。第二十八册始金廷荣终上官周，共八十人。第二十九册始张钦终董伟业，共一百零六人。第三十册始王儆终刘履恂，共一百三十人。第三十一册始刘兆彭终乔方立，共一百三十九人。第三十二册始张锡祚终陆苍培，共一百人。第三十三册始濮阳模终严晙，共三十四人。第三十四册始董廷镗终周若金，共一百一十一人。第三十五册始杨鸿观终查伊璜，共七十三人。第三十六册始吕大器终甘日懋，共八十一人。第三十七册始岳钟琪终赵山魏，共九十四人。第三十八册始杨益介终王世章，共七十八人。第三十九册始朱符登终秦时昌，共九十九人。第四十册始朱肇璜终钟于宫，共一百零八人。第四十一册始吴学炯终邹隆远，共一百零九人。第四十二册始邹寄终刘搢文，共一百零七人。第四十三册始梅士已终孙文明，共九十四人。第四十四册始朱辉垣终林铧，共一百零三人。第四十五册始陈大瑜终毛师桂，共一百三十人。第四十六册始张衍懿终怀应聘，共四十四人。第四十七册始王自超终张源浚，共一百零三人。第四十八册始杜光德终刘锴，共一百一十三人。第四十九册始黄桂终沈寿旭，共八十九人。第五十册始施誉终朱昂，共六十二人。第五十一册始段标麟终赵忠藻，共八十六人。第五十二册始叶永堪终侯凤芝，共七十九人。第五十三册始王垚终王刚，共六十四人。第五十四册始吴贤终华之望，共一百零七人。第五十五册始顾改终华纮，共一百零四人。第五十六册始秦仁溥终姚燮，共一百零二人。第五十七册始康琨终张邦弼，共一百三十二人。第五十八册始陈汝为终梁用古，共三十九人。第五十九册始姜虬绿终徐济，共一百零九人。第六十册始张人纲终詹尧广，共一百七十人。第六十一册始萧景云终壬新，共九十五人。第六十二册始沈志云终茅栻，共一百三十二人。第六十三册始晋灏终陈好谦，共二百三十八人。第六十四册始丁克振终姚腾虬，共一百一十九人。第六十五册始杨安寿终许振声，共一百二十八人。第六十六册始袁士达终徐淳本，共九十八人。第六十七册始龙共陈尧终虞锦，共十二人。第六十八册始沈文藻终马估涧，共六十八人。第六十九册始吴川终张南誉，共一百零一人。第七十册始吴元雯终吴晓，共一百三十六人。第七十一册始杨廷球终秦联镳，共一百五十四人。第七十二册始蔡四辅终蔡耀，共一百三十二人。第七十三册始马元勋终吴清寿，共一百三十四人。第七十四册始韩云终沈允相，共一百零一人。第七十五册始陈敦让终项树业，共一百二十五人。第七十六册始戚芸生终徐驷，共八十六人。

《武林文献内外编》三十三卷 四十册 撰人未详

蓝格钞本

此书钞录武林文篇，始吴孙坚。第二册杂入清人：陆进、柴绍炳、丁澎作品，编次杂乱。第四十册有俞樾文。自第一册至第二十三为内编，收武林人之作。第二十四册至第四十册为外编，收外地人对武林有关之作。

每半页十二行，行二十四字，蓝格钞本。版心半鱼尾。第二册版心有标题，卷数及作者。有墨笔校字，第二册有朱笔校字。

第三册，首为目录，题唐代作者。第四册唐至后周，第五册题宋，第六册题元，第七册题明代作家，至第十六册题清作家，至二十三册为止。二十四册题唐及五代，二十五册至卅一册为宋元；第三十二册至四十册题明代。

《文澜学报》第二卷《浙江文献展览会专号》著录此书，题钱塘丁丙辑。又收残本五册原稿本，浙馆所藏。云："此仅五帙，封面题'翰林司后里民编辑。'翰林司后，孙康侯峻居所也。则是编盖康侯助丁氏合纂之一种，而与刘氏藏本有别欤?"

印记

吴兴刘氏嘉业堂藏　嘉宾藏书

《海隅遗珠录》附《渟溪杂事诗》四十首 十二册

清 管庭芬辑

精钞本

庭芬字培兰，海昌人。所选诗起宋管焕，迄清许元燮、附闺淑、缁流、羽客等人若干篇。末附自撰《渟溪杂事诗》四十首及补遗十五首。

前有道光十四年冬甘泉钱泰吉序。次为道光癸巳周勋懋序，硖川蒋光煦题词。庭芬又撰论例八则。庭芬《渟溪杂事诗》自跋云："余辑《海隅遗珠录》竟，梓乡文献，略备于斯。至于佚事旧闻，亦可借资谈柄，未可弃而不传，客窗听雨，戏拈绝句四十章，取材琐屑，依次注之，岂敢言诗，聊作渟溪欸乃可耳。癸巳新秋，海昌管庭芬志。"此书《杭州府志》九十五《艺文》著录。

每半页九行，行二十字。有墨笔眉批，墨笔圈点，朱笔校字。

印记

臣庭芬印　培兰一字芷油　管印庭芬　芷湘　庭芬　海隅苍生　由拳钱四　臣印泰吉　臣懋

竹泉二印为周勋懋

吴兴刘氏嘉业堂藏　嘉宾藏书

《双溪诗征》 四册 清 许晋逵辑

稿本

双溪即余杭。题："里人许晋逵揖青编辑"。此书光绪《杭州府志·艺文志》未著录。

每册首有目次，有墨笔记作家时代。末附闺秀二人。

每半页九行，行二十字。朱丝栏，版心半鱼尾。每册有黑笔圈句。眉有墨笔批校语。第二、四册用行草书，第一、三册用楷书，似非一人手笔。

印记

吴兴刘氏嘉业堂藏书记　徐印世昌　名宦之孙　天理国法人情　名宦儿孙　下大夫

《李杜七古钞》 一册　清　黄培芳评

钞本

每半页十行，行二十五字，共二十四页。

香石别有《评点唐贤三昧集》，此专录李杜二家七古，附有评语。

印记

云泉　劬学斋藏

《古诗评林》六卷 二册　清　太仓赵兆熊辑

思补过斋蓝丝钞本

辑录古今论乐府，及汉魏六朝诗详语共四百四十四条，补四十条。

前有道光甲辰其兄赵兆熙序，此书道光间已有活字刊本。钞本眉端批语有“灿按”，“悉按”字样。

每半页九行，行二十一字，蓝丝栏。

印记

赵氏耳山　吴兴刘氏嘉业堂藏书记

参考

《贩书偶记》卷二十

《唐诗评林》二十六卷 十册　清　太仓赵兆熊辑

思补过斋蓝格钞本

十册分“未知古人心，且从性所玩”二句，分题册面。

前有咸丰四年伯瑜钱宝琮序，咸丰六年兆熊外舅毕华珍序。次为例言及总目。卷一，初唐，盛唐；卷二，论李；卷三至七，论杜；卷八至十，中唐；卷十一，论韩；卷十二及十三，晚唐。卷十四，古近诗体；卷十五及十六，诗范；卷十七至二十，诗评；卷二十一，辨疑；卷二十二及二十三，纪事；卷二十四及二十五，杂记；卷二十六，备览。

每半页九行，行二十一字，青丝栏。版心有“思补过斋”四字，半鱼尾。眉端时有兆熊按语。

印记

赵氏耳山　缪荃荪父氏印信长寿

吴兴刘氏嘉业堂藏书记　镇洋缪氏凝修堂

师白曾观

《宋四六话》四卷　四册　清　彭元瑞辑

知圣道斋钞本

册面署名北堂题记云：“此为彭芸楣先生手校本，每卷后所添数段，皆先生真迹，朱墨烂然，至可宝贵！北堂识。”此书已刊行，有道光丙午《海山仙馆丛书本》（《丛书集成初编》覆印），署曰：“南昌彭元瑞芸楣定本”，且有歙曹振镛所编总目，钞本悉无之。此本中多朱笔添改之处，校以今本，诸多违异。又有芸楣手录补缀若干条，尤足矜贵。卷前题语云：“予既撰《宋四六选》，而碎文剩语，为当时脍炙，散在群书，有关典制事词者甚夥，爱不能割，辄取王性之《四六话》，谢景思《四六谈麈》增益之，为《宋四六话》，随手捃录，略以制诏，笺表，书启，杂文分类，不复诠次岁月前后，凡□卷。南州彭元瑞。”文字与今本不同。

半页九行，行二十五字左右，黑线双栏，单鱼尾，版心有“知圣道斋钞校书籍”八字，有朱笔校字圈句，钞者不同，卷一卷二末用别纸钞写，可能是补钞。卷一末节录《宋史・綦崇礼传》，卷二节录《宋史・朱胜非传》、《许奕传》、《奸臣传》、《逆臣传》。卷四节录《宋史・萧燧传》。

卷四首有朱笔题句云：“此卷皆杂体文，各归各体为类，不拘时代先后；铭、策、赋、檄、露布、弹文、判、致语、上梁文、婚书、祭文、祝文、青词、功德疏、谥议、墓志、酬、文、请疏、俪语、戏语、杂论。”

印记

考廉方正　写书之官

吴兴刘氏嘉业堂记

《白石道人歌曲四种》　二册　宋　姜夔撰

清陈澧批　任世杰孝廉朱笔过录　徐信符南州书楼旧藏

陈兰甫原批本《白石词》，由任氏用鲍延博本过录，卷末题记云："丙戌嘉平月由王子展处得陈兰甫先生所评定，照誊一通，凡五日录毕。智斋。"惟间有误失，如卷四《角招》旁谱批云："柳字旁当用可字，垂字旁缺一字也。"按柳旁谱字应是"$\overline{の}$"录者不识，误认为"可"。陈批颇有新解，如说"折字法"云："折字即今俗工吹笛，所谓豁也。上下二字同声，上字用豁，则分为二段谓折字。"可补夏承焘《姜词编年笺校》所未及。

参考

《姜白石词编年笺校》，128 页

《粲花斋传奇四种》　八册　明　吴炳撰

马裕话山重订　精钞本

吴炳字石渠，别署粲花主人，江苏宜兴人。崇祯间历官江西提学副使。万红友其婿也。此四种为：《画中人》、《西园记》、《绿牡丹》、《疗妒羹》。每种有目录。炳所制传奇名《粲花斋新乐府》，刊本甚多，现有崇祯金陵《两衡堂本》、刘世珩《暖红室传奇本》、吴梅《奢摩他室曲丛》（二集）本，近年影印古本《戏曲丛刊三集本》（翻两衡堂本）。

此钞本题："话山主人重订。下目录后有识语云：'……粲花主人清词艳曲，……予诵读之暇，酌为更易。'己酉嘉平，话山主人识。"按话山为马裕之号，扬州马曰琯子，字元益，精长短句。又有《方本序》略云：

吾友马君话山，多才而博记，出其余绪，讲声韵之学，恒足以正从前之讹，而坚后来之信。……《粲花四种》脍炙人口者非一日，不经明眼人正而订之，供后人之咏叹者多，留后人之口实者亦不少。话山于每种略为点窜，复撮每出之大指，集唐句以为之殿，遂使通体了如指掌，予每读一出，辄一击节。姻愚弟方本拜题。

方本字立堂，仪征籍，居扬州。己酉科举人（《扬州画舫录》十）。
又《画中人》有集唐人句题辞。
每半页九行，行大字二十四，小字册七。有朱笔眉批。

印记

赐书楼　古歙曹坚子刚氏图书　曹子刚家珍藏　话山　惜华人　方本　刘承幹　吴兴刘氏嘉业堂藏

参考

傅惜华，《明代传奇全目》，352 页
《明史》卷二百七十九　《扬州画舫录》卷四

以上集部

《清代中兴名贤手札》

	第一册	编号	收发年月
沈葆桢	三纸	九	咸丰　八年八月四日收。
	三纸	六	咸丰　八年八月三日收。
	四纸	六	咸丰　八年九月四日收。

按葆桢字幼丹，侯官人，道光二十七年进士，官至两江总督。《清史稿》卷四一九有传。（嘉二五—光五）

郭嵩焘	二纸致幼丹尚书		十一月六日发。

按嵩焘字筠仙，湘阴人，道光丁未年进士，官至兵部左侍郎，《清史稿》卷四五二有传。（嘉二三—光一七）

黎兆棠	六纸		十一月二十五日发。
彭玉麟	二纸	一	同治　元年三月六日收。

	五纸	二	同治　元年七月七日收。
	一纸	二	同治　元年七月七日收。

按玉麟字雪琴，衡阳人，官至兵部尚书，《清史稿》卷四一六有传。（嘉二一—光一六）

	第二册	编号	收发年月
蒋家棫	八纸	五	同治　七年三月二十二日发。

蒋家棫，字纯卿，江苏长洲人。

袁甲三	六纸	一	咸丰　九年十月十四日收。
	三纸	一	咸丰　九年十月十四日收。
彭玉麟已见	二纸	三五	同治　元年三月九日收。
	三纸	二九	同治　元年四月二日收。
	二纸	四三	同治　元年四月三日收。
	二纸		二十八日到。
	二纸	二九	同治　元年闰八月二日收。
郭崑焘	五纸	二〇	五月十日发。

按崑焘字意城，湘阴人，官至内阁中书。《清史稿》卷四五二有传。（道三—光八）嵩焘弟，道光举人。

（徐）子苓	一纸	二	同治　三年十月二十日收。

按子苓字西叔，合肥人。举人，官至和州学正。所著有《敦艮斋文存》六卷。（嘉一七—光二）

张运兰	三纸	一八	咸丰　十年八月八日发。

按运兰字凯章，湘乡人，官至福建按察使，卒于同治三年。《清史稿》卷四三八有传。

张　芾	二纸	五	咸丰　十年四月二十九日收。
	二纸	一	咸丰　十年六月一日发。

按芾字黻候，泾阳人，道光十五年进士，官至江西巡抚。《清史稿》四〇五有传。（嘉一九—同元）

	第三册	编号	收发年月
彭玉麟已见	二纸	一	同治　四年四月十五日发。
	二纸	二	同治　四年四月六日发。
	一纸		

李续宜	二纸致胡文忠	一〇	三月初四日发。
	三纸	一三	咸丰　八年十月二十四日收。
	十一纸		闰五月十日收。

按续宜字希庵，湘乡人，续宾弟。童生从军，官至安徽巡抚。《清史稿》卷四一四有传。（道三—同二）

第四册　　编号　　收发年月

李鸿章	三纸		咸丰　十一年三月七日收。

按鸿章字少荃，合肥人，道光二十七年进士。官至伯爵，大学士。《清史稿》卷四一七有传。（道三—光二七）

彭玉麟已见	二纸	一	同治　四年五月八日收。
	一纸	四	同治　五年九月十一日收。
	三纸	一	同治　六年九月三日收。
	一纸	一	同治　七年一月二十四日收。
沈葆桢已见	三纸	五	咸丰　八年九月十四日收。
刘　崑	四纸	八	同治　五年七月七日发。
	一纸		四月三日收。

按《清史列传》卷六五及《碑传集》卷九一皆有《刘崑传》，为康—雍时人，惟严懋功《清代巡抚年表》同治六年载崑任湘抚，十年罢。字韫斋，云南景东厅人。辛丑进士。可以备考。

毛树棠	五纸	二	三月八日收。

按树棠字芾村，武陟人，嘉庆二十二年进士，官至户部侍郎。梅曾亮《柏枧山房文集》十四，有毛氏墓志铭。（乾四五—道二五）

第五册　　编号　　收发年月

朱　琦	四纸	一二	咸丰　十年七月二十六日发。

按琦字伯韩，临桂人，道光十五年进士，官御史。《清史稿》三八四有传。（？—咸十一）

邓辅纶	十纸	三	咸丰　十年七月二十日发。

按辅纶字弥之，武冈人，咸丰辛亥副贡，军功擢至道员。卒于光绪十九年，六十六岁。

胡瑞兰	三纸	一五	咸丰　八年九月二十二日收。
苏廷魁	八纸	五	同治　四年闰五月五日收。

按廷魁字赓堂，高要人，道光十五年进士。官东河总督，光绪四年卒。《清史稿》卷三八四有传。

周腾虎	八纸	五	咸丰	九年四月十六日收。
	二纸	二		同上

按腾虎，咸丰十一年十一月，曾国藩奉保量材录用，见李瀚章著《曾文正年谱》卷六。

第六册		编号		收发年月
李元度	五纸	三		三月十二日。
	四纸	二一	咸丰	十年一月二十八日收。
	六纸	一	咸丰	十年七月十九日发。

按元度字次青，平江人，举人，官贵州布政使。《清史稿》四三八有传。（道元—光一三）

翁同书	五纸	二七	咸丰	十年一月六日发。

按同书字药房，心存子，常熟人。道光二十年进士，官至安徽巡抚。《清史稿》卷四三三有传。卒于同治之年。

丁日昌	九纸			六月二十八日发。
	一纸			

按日昌字雨生，丰顺人，廪贡生，以军功官福建、江苏巡抚，总理各国事务衙门大臣。《清史稿》四五四有传。

蒋益澧	五纸			

按益澧字芗泉，湖南安福人，监生，以军功，官至广东巡抚。《清史稿》卷四一四有传。（道一三—同一三）

严树森	四纸	四	咸丰	十一年十月二十四日收。

按树森字渭春，四川新繁人，道光二十年举人，军功官至广西巡抚。《清史稿》卷四三三有传。（道一九—光二）

第七册		编号		收发年月
袁甲三已见	三纸	二〇	咸丰	十一年七月二十九日收。

按甲三字午桥，项城人，道光十五年进士，官至漕运总督。《清史稿》卷四二四有传。（嘉一一—同二）

乔松年	八纸	一	同治	六年二月七日收。
	三纸	二	同治	三年八月十五日收。

	五纸	五	同治	三年四月二十二日收。
	四纸	五	同治	四年十月　日收。

按松年字健侯，山西徐沟人，道光十五年进士，官至河道总督。《清史稿》卷四三一有传。（嘉二〇—光元）

刘　蓉	四纸	六	咸丰	九年八月一日收。
	四纸			
	三纸		咸丰	八年一月十八日收。
	四纸			六月三日收。
	四纸			九月二十一日发。

按蓉字孟容，湘乡人，诸生从军，官至陕西巡抚。《清史稿》卷四三一有传。（嘉二一—同一二）

第八册		编号	收发年月	
郭崑焘已见	一纸	一〇	同治	元年十一月二十九日收。
	四纸		同治	三年九月十九日发。
郭嵩焘已见	六纸	五	咸丰	九年六月二十九日收。
	五纸	四	同治	二年九月一日发。
	十纸	六	咸丰	十年九月十一日收。
	三纸			三月十七日收。
陈光亨	二纸		咸丰	八年七月八日收。

按光亨字秋门，湖北兴国洲人，道光六年进士，官至户科掌印给事中。

严　咸	六纸	七	同治	三年七月二十四日发。

按咸字受安，湖南溆浦人，道至光四朝间文人。王闿运《湘绮楼文集》五，有传。

第九册		编号	收发年月	
黎庶昌	三纸			闰十月八日

按庶昌字莼斋，遵义人，同光间应诏上书论时政，以廪贡生授知县，官至川东道。《清史稿》卷四五二有传。

蒋超伯	四纸	三	咸丰	九月四日收。

按超伯字叔起，江都人，道光二十五年会试第一。咸丰十一月以后，历任南宁及广东之高、潮、广三府知府，署广东按察使，乞休，卒年五

十五。(《碑传集补》卷一七引《江都县志》蒋传)

(徐)子苓已见	六纸	三	同治	四年六月十五日发。
徐树铭	二纸	三三	同治	五年一月二十一日收。
	八纸	五	同治	六年一月十六日收。

按树铭字寿蘅,长沙人,道光二十七年进士,光绪末官工部尚书。《清史稿》卷四四八有传。卒于光绪二十六年。

许振祎　　三纸

按振祎字仙屏,江西奉新人,癸亥进士,光绪二十一年广东巡抚,河道总督。《清史稿》卷四五六有传。

刘坤一致李文忠　　三纸　　六月十二日收。

按坤一字岘庄,湖南新宁人,附贡生,以军功官至两广、江南等处总督。《清史稿》卷四一九有传。(道一〇—光二八)

(刘)以怀	二纸			六月十二日收。
罗嘉福	三纸	三三	同治	二年二月一日收。

按嘉福字讦庭,大兴人,道光二十五年进士,官终汾州知府。(严懋功《清代馆选分韵汇编》卷四,14页。)

第十册		编号		收发年月
冼心斋	五纸	一	同治	四年七月十二日收。
丁宝桢	四纸	六	同治	五年二月二十九日收。

按宝桢字稚璜,贵州平远州人,咸丰三年进士,官终四川总督。《清史稿》卷四五三有传。(嘉二五—光一二)

陈源兖	三纸			六月二十日发。
	五纸			八月十九日发。
	二纸		咸丰	七年七月二十一日收。
	四纸		咸丰	八年十月二十七日收。
	五纸		咸丰	八年三月十八日收。
	抄件一纸		咸丰	八年三月十八日收。
张运兰已见	五纸	三	同治	六年十一月二十六日收。
毛树棠已见	五纸	一四	咸丰	九年二月三日收。
	三纸	一五	咸丰	九年二月三日收。

第十一册		编号		收发年月
冯袭云	三纸	三〇	咸丰	十年八月四日收。

张家驹　二纸　七　咸丰　九年四月七日收。

　　六纸　五　咸丰　八年十月十七日收。

　　六纸　一　咸丰　九年一月二十日收。

　　四纸　一二　咸丰　九年十一月十日收。

按家驹，建昌团绅。咸丰六年，太平军陷城，偕知府何栻诣曾营求救。（见《曾文正年谱》四）

罗忠祜　三纸　一五　咸丰　十年七月十日收。

　　四纸　五　咸丰　十年二月二十一日收。

　　八纸　一三　咸丰　十年九月二十九日收。

按忠祜字少村，宿松人，事迹详谭献《复堂文续》四，忠祜家传。

（罗）音鸿　二纸　四　同治　二年一月二十日收。

王正谊　四纸　二五　同治　四年六月一日收。

（王）景恬　二纸　五五　咸丰　八年九月十二日收。

第十二册　编号　收发年月

刘　崑已见　三纸　一　同治　七年二月十一日收。

　　二纸　一　同治　六年十月三十日发。

刘长祐　二纸　三　同治　四年十月二十五日发。

　　二纸　一　同治　四年十一月九日发。

　　二纸　一　同治　四年十月十八日收。

按长祐字印渠，新宁人，拔贡生，官终云贵总督。《清史稿》卷四二五有传。（嘉二三—光一三）

易润坛　三纸　二三　咸丰　十年四月二十九日收。

按润坛字荷生，长沙人，诸生从军，获按察使衔。（嘉二四—光四）事迹见萧穆《敬孚类稿》一一，易氏墓志铭。

唐景皋　五纸　八　同治　三年三月十四日收。

劳崇光　三纸　四〇　同治　元年八月二十七日收。

　　七纸　四　同治　元年六月二十九日收。

按崇光字辛阶，善化人，道光十二年进士，官至云贵总督。《清史稿》三九九有传。（嘉七—同元）

乔松年已见　四纸　三　同治　五年二月十七日收。

　　三纸　二　同治　三年十月二十一日收。

陈廷经　　五纸　　三　　同治　三年二月十五日收。

按廷经字执夫，蕲水人，道光二十四年进士，官至内阁侍读学士。（《清代馆选分韵汇编》卷三，10页）

吴纷荣　　三纸　　六　　咸丰　九年一月二十九日收。

第十三册　　编号　　收发年月

（王）必达　　四纸　　二七　　咸丰　一年四月十一日收。

按必达字质夫，临桂人，道光癸卯举人，官至广东惠潮嘉兵备道。（道元—光七）

潘鸿泰　　四纸　　二　　同治　五年五月六日发。

　　四纸　　一　　同治　五年十一月十八日发。

王茂荫　　二纸　　一　　咸丰　十一年七月四日收。

按茂荫字椿年，歙县人，道光十二年进士，官至吏部侍郎，卒于同治四年。《清史稿》卷四二八有传。

朱桂模　　十二纸

按桂模上元人，字崇峄，事迹详顾云《盋山文录》卷五。

黄锡焘　　三纸　　二五　　同治　三年一月十七日收。

李瀚章　　二纸　　　　同治　五年十月二十八日收。

按瀚章字筱泉，合肥人，鸿章兄。拔贡生，官至两广总督。《清史稿》卷四五三有传。光绪二十五年卒。

廖鸿荃　　四纸　　一　　同治　三年六月二十六日收。

按鸿荃榜名金城，字斯和，侯官人，嘉庆十四年榜眼。道光十九年授工部尚书，同治三年卒。（严懋功《清代八卿年表》三，17—18页）

何　璟　　二纸　　二　　同治　三年十月二十五日收。

按璟字小宋，香山人，道光二十七年进士，官至闽浙总督。《清史稿》卷四六四有传。

沈祖懋　　四纸　　二　　同治　六年三月十日收。

按祖懋字念农，杭州人，道光十八年进士，官至国子司业，同治九年卒。（缪荃孙《续碑传集》卷十七）

恽世临　　三纸　　五　　同治　四年五月五日收。

按世临字季咸，阳湖人，道光乙巳进士，官至湖南巡抚。（嘉二二—同一〇）（《续碑传集》卷一七）

第十四册　编号　收发年月

毛鸿宾已见　八纸　九　咸丰　十一年六月二十五日收。

按鸿宾字翊云，历城人，道光十八年进士，官至两广总督，同治七年卒。《清史稿》卷四三有传。

(庞) 际云　五纸　一　十一月七日发。

按际云字省三，直隶宁津人；咸丰二年进士，云南布政使，光绪十一年署湖南巡抚。(徐世昌《大清畿辅先贤传》卷三十五，15 页)

庞用中　三纸　四　咸丰　九年十一月二十日收。

张裕钊　三纸　一六　咸丰　十年闰三月二十一日发。

按裕钊字廉卿，武昌人，举人，内阁中书。《清史稿》卷四九一《文苑传》有传。曾国藩门人。

薛　焕　八纸　一一　咸丰　十年六月七日发。

按焕字觐堂，兴文人，道光二十四年举人，官至工部右侍郎，总理各国事务大臣。《清史列传》卷五三，22 页。(嘉二〇—光六)

周开锡　三纸　咸丰　十一年九月五日收。

按周开锡 (1826—1871)，字寿珊，湖南益阳人，官至福建延建道署布政使。《湖南通志》一八〇有传。

文希范　三纸　六　咸丰　十一年九月五日收。

按开锡字受山，湘阴人，举人，同治五年布政使护理福建巡抚。(嘉六—同一〇) 郭嵩焘《养知书屋文集》一九，有周氏墓志。

俞锡爵　四纸　三　咸丰　九年六月二十三日收。

李临驯　三纸　四　咸丰　九年四月二十七日收。

按临驯字友春，上饶人，道光十八年进士，官至吏科给事中。(《馆选分韵汇编》卷八，21 页)

王有龄　四纸　七　咸丰　十年四月十一日收。

按有龄字雪轩，侯官人，监生，咸丰十年任浙江巡抚，十一年十二月太平军攻下杭州，自杀。《清史稿》卷四〇一有传。

杨载福　三纸　四　咸丰　十年七月十三日收。

按载福后改名岳斌，字厚庵，善化人，同治三年授陕甘总督。(道二—光一八)《清史列传》卷五四 30 页有传。

第十五册　编号　收发年月

李续宾　四纸　七　咸丰　八年九月十五日收。

九纸　　　　　　　　　　咸丰　七年七月二十九日收。

按续宾字迪庵，湘乡人，诸生从军，官至浙江布政使，战死。《清史稿》卷四一四1页有传。

黄　倬　　　　七纸　　　四　　　同治　五年十一月三十日收。

四纸

按倬字恕陔，善化人，道光二十年进士，官至兵部右侍郎。（《馆选分韵汇编》卷六，16页）

何　栻　　　　二纸

按何栻字廉舫，江阴人，道光辛丑进士，官至建昌知府，著有《我媿之集》，咸丰七年自刊本。见《晚晴簃清诗汇》卷一四四（嘉二一—同一一）。

张锵鸣　　　　二纸　　　　　　　　　九月二十八日发。

吴廷栋　　　　八纸　　　一　　　同治　三年五月七日收。

按廷栋字竹如，霍山人，拔贡生，官至刑部右侍郎。《清史稿》卷三九七有传。（乾五八—同一二）

黄锡彤　　　　四纸　　　一　　　同治　二年十一月十五日收。

二纸　　　一二　　同治　四年一月十八日收。

按锡彤原名兆白，字晓岱，善化人，咸丰六年进士，官至四川道监察御史。（《馆选分韵汇编》卷六，16页）

第十六册　　编号　　收发年月

毛树棠已见　　二纸　　　一八　　同治　元年六月二十四日收。

陈士杰　　　　八纸　　　一七　　咸丰　九年五月二十四日发。

按士杰字隽丞，桂阳州人，拔贡考取小京官，铨户部，光绪七年任浙江巡抚，改山东。《清史稿》卷四五三有传。（道五—光一九）

李士棻　　　　六纸　　　四　　　同治　二年五月初十日发。

按士棻字芋仙，忠州人，（道一—光九）陈三立《散原散舍文集》卷四有传。（《清代碑传文通检》，81页）

潘涣龙　　　　诗一纸

按焕龙字卧园，罗田人，道光五年举人，官县令。有《四梅花屋诗钞》十三卷，《卧园诗话》十卷。《清史列传》卷七三22页有传。

廖鸿荃已见　　三纸

李传芾　　　　五纸

吴大廷　　十六纸　　三　　同治　二年十月二十三日

按大廷字桐云，沅陵人，拔贡捐阁中，咸丰乙卯举人，官至台湾兵备道。（《续碑传集》卷三八）（道四—光三）

第十七册　　编号　　收发年月

黄锡彤已见　　三纸

方鼎锐　　四纸　　　　同治　六年五月二日发。

王定安　　六纸　　一　　同治　五年六月二十二日发。

陈鸿翊　　三纸　　三五　　同治　元年九月二十六日收。

张家驹已见　　六纸　　　　　　七年十一月二十一日发。

程桓生　　四纸　　四　　同治　元年九月十四日发。

按程桓生（？—1897），字尚斋，安徽歙县人。官至两淮盐运使。石国柱修《歙县志》卷六有传。

（程）用中　　五纸　　五五　　同治　元年四月十九日收。

冯卓怀　　八纸　　　　　　戊午年

按卓怀长沙人，四川万县知县，官至四川候补知府。咸丰十年，曾国藩奏请来营差委。（《曾文正年谱》六）

第十八册　　编号　　收发年月

朱　兰　　六纸　　三　　同治　元年三月二十五日收。

按兰字久香，余姚人，道光九年探花，官至内阁学士。（《馆选分韵汇编》卷二，5页）

石景芬　　十一纸　　四　　咸丰　九年六月二十七日收。

按景芬字志祁，乐平人，道光三年进士，官至皖南道。（《馆选分韵汇编》卷十一，19页）

徐国桢　　三纸　　二四　　同治　元年八月十一日收。

（徐）兆熊　　三纸　　二九　　咸丰　十一年九月十六日收。

方宗城　　十七纸　　　　同治　九年七月十一日收。

按方宗城（1818—1888），字存仁，号柏堂，安徽桐城人。《清史稿》卷四九一有传。

袁凤桐　　五纸　　八四　　同治　元年六月二日收。

按凤桐字莲伯，宜春人。《清代碑传文通检》，182页。

彭申甫　　三纸　　一七　　同治　元年十二月二十二日收。

李才端	二纸			五月十六日发。
吴坤修	三纸			五月七日发。

按坤修字子厚，新建人，监生，官安徽布政使，同治七年署巡抚。（嘉二一—同一一）《清史稿》卷四三九有传。

吴　虚	一纸			

第十九册　编号　收发年月

李续宾已见	二纸		咸丰	八年六月二十九日收。
都兴阿	四纸	二八	咸丰	十一年十月七日收

按兴阿字直夫，郭贝尔氏，满洲正白旗人，官至盛京都统。《清史稿》卷四二三有传。

刘秉璋	二纸			四月二十五日发。

按秉璋字仲良，庐江人。咸丰十年进士，光绪十二年任四川总督，二十一年革职。（道八—光三二）严懋功《清代总督年表》卷三，11页。

徐士穀	三纸	九	同治	二年五月六日收。

按士穀原名文炳，字稼生，丰城人，道光十六年进士，官侍讲。（《馆选分韵汇编》卷一，18页）

梅启照	十纸	四	同治	二年五月六日收。
	二纸	九	咸丰	十一年九月三日收。

按启照字筱岩，南昌人，咸丰二年进士，官至河东河道总督，光绪三年浙江巡抚。（严懋功《清代巡抚年表》卷四，6页）

卞宝第	二纸	二	同治	七年八月十日收。

按宝第字颂臣，仪征人，举人，光绪十四年任闽浙总督，十九年卒。《清史稿》四五四有传。

罗忠祐已见	八纸	三六	同治	二年三月二十九日收。
毛鸿宾	四纸	八	同治	元年十一月十九日发。
何绍京	四纸	四	同治	四年七月七日发。
周寿昌	三纸	二	同治	三年十一月十三日收。

按寿昌字荇农，长沙人，道光二十五年进士，官至户部右侍郎。《清史稿》卷四九一有传。

第二十册　编号　收发年月

徐　棻	二纸	二九	咸丰	十年七月一日收。

按棻长沙人，道光二十一年进士，官至工部员外郎。《馆选分韵汇编》卷一，18 页。

张曜孙　　四纸　　一一　　咸丰　十年闰三月七日收。

按曜孙字仲远，阳湖人，道光二十三年举人，官至道员。（嘉一三—同二）（《续碑传集》三六，21 页）

刘良驹　　二纸　　一四　　咸丰　九年二月十二日发。
　　　　　三纸　　三　　　咸丰　九年八月六日发。

按良驹字叔千，南丰人，道光九年进士，官至两淮盐运使。（《馆选分韵汇编》卷七，14 页）

赵烈文　　三纸　　　　　　　　　四月二十五日发。
　　　　　六纸　　五　　　同治　三年二月十四日收。

按烈文字惠甫，阳湖人，官至易州知州，光绪十九年卒，年六十二。（详闵尔昌《碑传集补》卷二六，1A 页。）

邵懿辰　　七纸　　二　　　咸丰　九年四月二十八日收。

按懿辰字位西，仁和人，道光十一年举人，官至刑部员外部。《清史稿》卷四八六页三七有传。（嘉一五—咸一一）

王永时　　二纸　　一二　　咸丰　十一年十一月一日收。
刘长佑已见　四纸　　五三　　同治　元年一月二十四日发。
　　　　　五纸　　三五　　咸丰　十一年三月二十五日收。
庄受祺　　三纸　　六　　　咸丰　九年十月十日发。

按受祺字卫生，阳湖人，道光十八年进士，官至湖北布政使，诗人，书家。（窦镇《国朝书画家笔录》卷四，3 页。）

第二十一册　　编号　　收发年月

王庆云　　五纸　　八　　　咸丰　八年十一月五日收。
　　　　　三纸　　　　　　　　　闰五月二十四日收。
　　　　　二纸　　六　　　咸丰　九年八月二十九日收。

按庆云字雁汀，闽县人，道光九年进士，官至四川总督，成都将军，同治元年卒。（《清史稿》四三二，1 页）

傅　桐　　三纸　　　　　　　　　十一月十九日收。
胡兴仁　　二纸　　三　　　咸丰　八年八月二十九日发。

按兴仁字恕堂，长沙人，咸丰八年任浙江巡抚，九年内召。（嘉四—同一二）（陈乃乾《清代碑传文通检》，151 页）

刘翰清　五纸　八月三日发。

咸丰十一年十一月与周腾虎同被曾国藩奏保录用。（见《曾文正集》六）

按刘翰清，字开生，江苏武进人，举人。

杜学礼　三纸　四月二十五日发。

按学礼字召棠，湖南临武人，道光二十七年进士，官至户部员外郎。（见《馆选分韵汇编》卷九，6页）

黄赞汤　五纸　一四　咸丰　九年十二月二日收。

三纸　四　咸丰　八年九月十日收。

按赞汤字莘农，庐陵人，道光癸巳进士，官至河东河道总督，同治元年迁广东巡抚，二年卒于任所。（《续碑传集》卷二六，1B页）

严树森已见　八纸　一二五　同治　元年八月十三日收。

桂超万　四纸　六　咸丰　十年十月十七日收。

按超万字丹盟，贵池人，道光十二年进士，官至福建按察使，年八十卒于任所。（乾四九—同三）《清史稿》卷四八四，16A页有传。

第二十二册　编号　收发年月

丁应南　二纸　一八　咸丰　八年十月六日收。

三纸　五　咸丰　八年八月十日收。

二纸　一六　咸丰　八年十二月十日收。

二纸　四七　咸丰　九年四月二十五日收。

二纸　一五　咸丰　九年五月九日收。

二纸　五　咸丰　九年四月十七日收。

邵亨豫　五纸　二九　咸丰　十一年九月九日收。

按亨豫字汴生，常熟人，道光三十年进士，官吏部右侍郎，湖南、北巡抚（嘉二二—光九）。（《续碑传集》卷一三，11页）

何　栻已见　六纸　五　咸丰　十年六月十一日收。

陈　鼐　三纸　三　咸丰　九年一月二十日收。

按鼐字作梅，溧阳人，道光二十七年进士，官清河道，署直隶布政使。（《馆选分韵汇编》卷三，9页）

（王）必达已见　四纸　三〇　咸丰　十一年十一月二十五日收。

张世准　七纸　同治　二年二月十三日收。

第二十三册　编号　收发年月

瑞　昌　三纸　四　咸丰　十年八月五日收。

十纸　　五四　　咸丰　十一年八月十一日发。

按瑞昌字云阁，钮祜禄氏，满洲镶黄旗人，咸丰五年杭州将军，十一年太平军陷城，自杀。（《清史列传》卷四四，1页）

韩弼元　　七纸　　　　同治　六年五月　收。

王　堞　　十纸　　一八　　同治　元年五月九日收。

按堞字鲁园，怀宁人。（乾五〇—同六）《碑传文通检》，8页。

石景芬已见　八纸　　六　　咸丰　十年七月二十三日发。

邓　瑶　　八纸　　四二　　同治　元年八月二十九日发。

按瑶字伯昭，新化人，诸生，官麻阳县令，拣发江苏知府。（《碑传集补》卷五〇，13B页）

第二十四册　　编号　　收发年月

骆秉章　　三纸　　二　　咸丰　九年三月十三日收。

按秉章字文石，花县人，道光十二年进士，官至四川总督，协办大学士。（嘉一六—同一）《清史稿》卷四一二，1B页有传。

莫友芝　　三纸　　一　　同治　五年六月二十三日收。

按友芝字子偲，贵州独山人，道光举人，诗人书家金石家。（嘉一六—同一）详见《清史稿》卷四八一，8页。

张之万　　六纸　　二　　同治　六年九月二十日收。

按之万字子青，南皮人，道光二十七年状元，官至东阁大学士。卒年八十七。（《清史稿》卷四四四，2B页）

官　文　　六纸　　二　　同治　五年二月十八日收。

按官文字秀峰，王佳氏，满洲正白旗人，官至伯爵，大学士。详见《清史稿》卷三九四，3B页。

穆图善　　三纸　　一　　同治　七年三月十七日收。

按图善字春岩，那哈塔氏，满洲镶黄旗人，光绪福州将军。（《清史稿》卷四六〇，9B页。）

沈锡广　　三纸　　二　　同治　五年八月十九日收。

严树森已见　二纸　　一七　　同治　元年五月二十一日收。

程垣生已见　三纸　　二　　同治　四年五月二十五日收。

李兴锐　　二纸　　七　　同治　三年三月十七日收。

　　　　三纸　　二三　　同治　元年十二月七日收。

　　　　三纸　　七　　同治　三年二月八日收。

按兴锐字勉林，浏阳人，诸生，官至两江总督。详见《清史稿》卷四五三，10B 页。

郭嵩焘已见　八纸　一　同治　元年二月二十一日收。

第二十五册　编号　收发年月

程垣生已见　四纸　二　同治　五年九月二十日收。

李兴锐已见　四纸　一　同治　二年一月十八日收。

　二纸　六　同治　三年三月十三日发。

李鹤年　三纸　七　同治　五年十一月二十八日收。

　三纸　一　同治　五年九月二十七日收。

　一纸　九　同治　五年九月八日收。

按鹤年字子和，奉天义川人，道光二十五年进士，官至河东河道总督。光绪十六年卒。（《清史稿》卷四五六，1B 页）

杨岳斌已见　四纸　一　同治　四年八月一日收。

　三纸　一　同治　四年三月二十五日收。

　三纸　一　同治　四年四月十九日收。

按岳斌原名载福，字厚庵，善化人，官至陕甘总督。《清史稿》卷四一六 5A 页有传。

黄赞汤已见　二纸　二　同治　五年九月十三日收。

吴　棠　六纸　一三　同治　五年五月四日收。

按棠字仲宣，盱眙人，道光十五年进士，官至四川总督。《清史稿》卷四三一 1B 页有传。卒于光绪二年。

程　湜不详　四纸　二　同治　五年十月四日收。

英　翰　三纸　一一　同治　五年十二月十七日收。

按英翰字西林，萨尔图氏，满洲正红旗人，道光二十九年举人，官至两广总督。（道八—光二）《清史稿》卷四三一 3A 页有传。

第二十六册　编号　收发年月

曾国藩批：

信玉不详　二纸　二三　咸丰　十年十月二十五日批。

鲍　超　四纸　一五　咸丰　十年十一月十二日批。

按超字春霆，奉节人，官至提督，封子爵。《清史稿》卷四一五 7A 页有传。

鸿 烈	一纸	三	咸丰	十年一月二十九日收，即批。
胡林翼批：				
蕲州应办急务	三纸		咸丰	八年二月十四日收，即批。
	一纸			四日批。
附二种：				
《霞仙笔记》	二纸		咸丰	七月三日。
			咸丰	八年三月。

按霞仙为刘蓉字，已见前。

桐城方宗诚上曾帅书	二三纸	咸丰	十年二月二十三日。

按宗诚桐城方东树从弟，字存之，诸生，官县令。（嘉二三—光一四）《清史稿》卷四九一 13B 页，入《文苑传》。

以上皆中兴大吏致曾国藩函札，共二十六册，均编刊号码。兹录其目，并著收发年月，与各人仕履大略，以备治近代史者之参考。

饶宗颐
二十世纪学术文集

卷十一　文学

中国人民大学出版社
· 北京 ·

卷十一 文学

目录

楚辞论丛

卷十一

饶宗颐二十世纪学术文集·文学

目　录

屈原与经术

从表面看，屈原与经术似乎不该连在一起，况且《楚辞》在四部里是列在集部之首的。可是从事实上观察屈原的学问，却与经术有相当的渊源。现在我试拈出一些问题来讨论：

一、《离骚》的称经

（一）王逸称《离骚》为经

《离骚章句叙》：“《离骚经》者……乃作《离骚经》。离，别也；骚，愁也；经，径也。言已放逐离别，中心愁思，犹依道径以风谏君也。”

（二）班固称淮南王安作《离骚传》

《汉书·淮南王传》：“淮南王安入朝，献所作内篇。新出，上秘爱之。使为《离骚传》。旦受诏，日食时上。”[①]

（三）汉宣帝认为合于经术

刘勰《文心雕龙·辨骚》：“汉宣嗟叹，以为皆合经术；扬雄讽味，亦云体同诗雅。四家举以方经。”

（四）扬雄对“经”字的看法

扬雄《法言·吾子》篇：“或问：君子尚辞乎？曰：君子事之为尚。事胜

① 师古曰：传谓解说之，若《毛诗传》。惟王念孙于《读书杂志》中谓传当作傅。傅与赋通。近人杨树达又从而引申之。

辞则伉；辞胜事则赋；事、辞相称则经。足言足容，德之藻矣。”

综合上列各点，我们由汉武爱骚，淮南作传，汉宣帝认为合于经术，及汉人以“事、辞相称则经”的尺度推论，那么，《离骚》的称经，应该在西汉时已经开始。到了王逸，承继前人未竟之业，用经生离章析句的方法去整理它，并且加上“章句”两字。以后宋人中的周必大就认为王逸将《离骚》称经是合理的。至于朱熹，仍然将它当作经书看待，称曰“离骚经”，保持传统的称谓，在《天问》各章都冠上“离骚”两个字。

二、屈原时，学术上还有九流十家的分别，他的学问属哪一类？他的辞赋是否配得上称经？

现在我首先谈谈各家对屈原的批判：

（一）刘向称他做节士

《新序·节士》篇，刘向列举多个节士，屈原是其中的一位（文繁不录）。

（二）扬雄称他颇为有智

《法言·吾子》：“或问：屈原知乎？曰：如玉如莹，爰变丹青。如其智，如其智！”

（三）班固不同意扬雄的说法，但称许屈原是“妙才”

《离骚序》：“虽非明智（哲）之器，可谓妙才者也。”

（四）王逸称他为大雅之士

《楚辞章句·序》：“《离骚》之文，依托五经以立义焉。”“诗人怨主刺上曰：‘呜呼小子，未知臧否。匪面命之，言提其耳。’风谏之语，于斯为切。然仲尼论之，以为大雅，引此比彼。屈原之词，优游婉顺。……诚博远矣。”

（五）刘勰称他“雅颂之博徒，词赋之英杰”①

《文心雕龙·辨骚》：“观兹四事，同于风雅者也。……摘兹四事，异乎经典者也。故论其典诰则为彼，语其夸诞则为此。固知《楚辞》者，体慢（宪）于三代，而风雅于战国，乃雅颂之博徒，而词赋之英杰也。”

（六）颜之推承袭班固的话，批评他“露才扬己”

《颜氏家训·文章》：“自古文人，常陷轻薄。屈原露才扬己，显暴君过。”

① 博徒之博，即王逸其词博之博。

（七）洪兴祖对屈原有深度的了解，称他是“圣贤之变者”，并且极力驳斥各家的批判

《楚辞补注》：“屈子之事，盖圣贤之变者。使遇孔子，当与三仁同称。雄未足以语此。班孟坚、颜之推所云，无异妾妇儿童之见。”

（八）朱熹说“不敢直以辞人之赋视之”

《楚辞集注·序》：“窃尝论之，原之为人，其志行虽或过于中庸，而不可以为法，然皆出于忠君爱国之诚心。……虽其不知学于北方，以求周公仲尼之道，而独驰骋于‘变风’、‘变雅’之末流，以故醇儒庄士，或羞称之。然使世之放臣、屏子、怨妻、去妇，抆泪讴唫于下，而所天者幸而听之，则于彼此之间，天性民彝之善，岂不足以交有所发，而增夫三纲五典之重？此予所以每有味于其言，而不敢直以辞人之赋视之也。”

以上八说，大体都是从屈原的行为下断语。其中朱子之说，我最不同意。他可惜屈原不到北方去接受正统文化，因此变成变风变雅的末流，这点是很可商榷的。

春秋时代的楚国，虽受中原诸国的摈斥，不能参与中原的盟会，在政治上，没有重要的地位，但在文化上，并不见得怎样隔阂。《左传》里记载楚人“赋诗”的事不少，《国语》里记申叔时对楚庄王的谈话，及左史倚相的能读三坟五典等等，都充分显示出当时楚国与中原文化的紧密联系，五经之学老早已经在楚国植根传播起来，屈原不必到北方去，已有足够的机会接受正统文化了。《史记》本传说他是个“博闻强记”的人。在《离骚》本文里，他常常引用经语，而《离骚》所表现的思想，也与经学息息相通，那么，屈原实在深受正统文化的熏陶。现在试从文辞及思想两方面加以探索。

三、《离骚》与群经

（一）《论语》（有引号者，句出《论语》，下文见于他经者，例同。）

恐年岁之不吾与。[1]
“日月逝矣，岁不我予。”
恐修名之不立。

① 《离骚》。

"君子疾没世而名不称焉。"
已矣哉，国无人莫我知兮。
"已矣哉，吾未见好德如好色者也。"
不吾和其其亦已兮。
"莫我知也矣。"
愿依彭咸之遗则。
吾将从彭咸之所居。
"窃比于我老彭。"①

（二）《易》

吾固知謇謇之为患兮。②
"王臣謇謇，匪躬之故。"
结幽兰而延伫。
"同心之言，其臭如兰。"

（三）《书》

循绳墨而不颇。
"无偏无颇。"
皇天无私阿兮。
"皇天无亲，惟德是辅。"③
忽吾行此流沙兮。
"余波入于流沙。"④

（四）《诗》

忽奔走以先后兮。

---

① 老彭：包咸注《论语》、《大戴记》都说老彭是殷贤大夫，与王逸所说的，当同是一人。
② 《离骚》。
③ 王逸引《周书》。
④ 《禹贡》。

“予曰有先后。予曰有奔奏。”

众女嫉予之娥眉兮。

“螓首蛾眉。”

见有娀之逸女。

“有娀方将。”

（五）《春秋》

恐皇舆之败绩。

“大崩曰败绩。”[①]

以上所举的例子，可见屈原对于《论语》、《易》、《书》、《诗》、《春秋》这些书，都读得相当烂熟，并且吸收了它们的词语。

屈原在《离骚》里表现的思想，与经学息息相通的有四点：

（1）修能与内美——“纷吾既有此内美兮，又重之以修能。”

修能

《易·乾·文言》：“君子进德修业，忠信所以进德也；修辞立其诚，所以居业也。”

内美

《易·坤·文言》：“君子黄中通理，正位居体，美在其中；而畅于四支，发于事业，美之至也。”

“修能”与“修辞”，是“进德”的一体两面。屈原的“修能”，正是《易经》的“进德修业”、“修能与内美”，是分内外两层讲的。在儒学里，是最重要的一环。

（2）善与义——“夫孰非义而可用兮，孰非善而可服?”

“善”与“义”，不用说，是儒家学说的中心。《大学》引《楚书》曰：“楚国无以为宝，唯善以为宝。”

（3）时——“哀朕时之不当”，“愿俟时乎吾将刈”，“吾独穷困乎此时也”。

《易经》：“时义大矣哉！”

“时”是易学中心思想，屈原“时”的观念，无疑是出源于《易经》的。

① 《左传》庄公十一年。

(4) 中正——“耿吾既得此中正”，“依前圣以折中兮”。

“中”的观念也是《易经》的主要观念。

总括来说，屈原的文章吸收了经书的词语，屈原的学问，会通了经学，而他的思想跟儒家思想的主要部分，有相承关系。不过他不是像一个章句之儒，只会在一章一句里讨生活。他对经学有深度的造诣，并且接受了若干主要思想。因此，可以说他深受儒家影响。虽不能说他完全是儒家，如果用汉人（扬雄）称经的标准去衡量他的文章的话，《离骚》称经大致不会有问题的。

至于他的学问究竟属于哪一类呢？明方以智在他的《象环寤记》论庄子、孟子与屈原有这么一句话：“扇扬大成药肆者也。”我的见解跟他大略相同。现在就引这句中肯的话，作为本题的结束——屈原是大成药肆的扇扬者。

在联合书院讲，李达良笔记

骚言志说

《诗》言志，《骚》亦言志。淮南之论屈子云："推此志也，虽与日月争光，可也。"史公录以入传，故假《骚》以言志，其事汉、唐已然，而特盛于宋、明，盖又与义理之学有关。近世治《楚辞》者多措意于训诂校勘，而颇昧斯义。诗言志之说，朱自清已有专书讨论，若骚学则尚阙如。贾谊谪长沙，为文以吊屈原，其云"方正倒植"，又云"瞝九州而相君兮，何必怀此都也"，既以自况，亦以自宽也。班固以《诗经》之《小弁》，与《离骚》相提并论。《汉书·冯奉世传》赞云：

谗邪交乱，贞民被害，而自古而然，故伯奇放流，孟子宫刑，申生雉经，屈原赴湘，《小弁》之诗作，《离骚》之词兴。

班氏虽议其露才扬己，然于骚之文辞，良深嗟叹，日月争光，非淮南之私褒，固天下之公言。借骚以言志，不特出于儒生，即缁流亦沿此途径，法琳即其例也。释彦悰著《唐护法沙门法琳别传》卷下云：

帝（太宗）曰法琳虽毁朕宗祖，非无典据，特可赦其极犯，徙在益郡为僧。法师见放，意不自得，因作《悼屈原》篇，用申厥志。其词曰："何天道之幽昧兮，乖张列宿。使忠正之屈原兮，而见放逐。谗佞从旨兮，位显名彰。直言不讳兮，遂焉逢殃。和璞捐于山泽兮，燕石为珍。

西施嫈而不幸兮，嫫母见亲。抚心思会屈原兮，博达广识。君王不察其贞正兮，斥逐去国。纳谗谄之该惑兮，自昏厥德。燕苏弃于荒野兮，蘩藩见殖。鸺鹠鸣啸于君林兮，鵷鸾戢翼。豺狼当路而从横兮，麟麋伏匿。凤鸟尚知怀德兮，见覆巢而高翔。麒麟犹忻有道兮，瞩不仁而腾骧。忠谏之不入兮，箕子佯狂。杜伯之谅直兮，遭尤逢殃，比干正而剖心兮，伍子胥贞而抉眼。痛清白之屈原兮，沉汨罗而不返。”……（琳）谓三五友人曰……昔屈原被谗放逐，原岂不为忠？卞氏献璧加刑，谁言是瑕？此亦时君用与不用也。屈原虽放逐，《离骚》盛行。……因为诗曰：仆秉屈原操，不探《渔父篇》。问言蓬转者，答为直如絃。[①]

法琳见放，即以屈原自比。吊屈原之文字，历代甚多，如僧皎然有《吊灵均词》[②]，王守仁有《引屈原赋》[③]，若法琳之作，世罕知之，故为表彰于此。

两宋骚学盛行，晁无咎、朱考亭皆其尤也。晁氏重编楚辞；复取历代拟骚之作，自王逸《九思》至韩愈《复志赋》二十六人，其六十篇，为《续楚辞》；又录荀卿《成相》至顾况《招北客》等三十八人，通九十六首，为《变离骚》。区楚辞之流派为“续”与“变”。朱子因之，厘为《楚辞后语》，共五十二篇，起荀子《成相》，终吕大临之《拟招》，而揭其遴选之准则有二：曰“辞”，曰“义”。其言云：“晁氏之书，固主于‘辞’，而亦不得不兼于‘义’。今因其旧，则其考于辞也宜益精，而择于义也当益严矣。”夫辞者，文之外形；而义者，文之寓旨。治骚者于“辞”与“义”固皆宜措意。惟义为一切文学之内蕴，举凡诗文词曲，有幽忧穷蹙怨慕凄凉之意者，无不与《离骚》之微旨相通。如是而博稽遍考，则将泛滥而莫知所裁矣。

宋人之治《楚辞》，有二途焉：一拟其文，如黄山谷是也；一求其文或思更有以正之，如东坡经屈原祠下为赋以诋扬雄，而申原之志。其辑之乱曰：“君子之道，不必全兮。全身远害，亦或然兮。嗟子区区，独为难兮。虽不适中，要以为贤兮。夫我何悲，子所安兮。”朱子以为此有发于屈原之心，故其论屈原也，称其不能合于中庸之道。即洪兴祖论“屈子之事，盖圣贤之变者。使遇孔子，当与三仁同称”。朱子虽援其说于后语，而始终以为“屈原之忠，忠而过者也，屈原之过，过于忠者也”，似缘东坡以立说。此宋人治《楚辞》

① 《大正藏》第五十史传部二。

② 《昼上人集》。

③ 《王文成公全书》卷十九外集一。

而又有以正之者也。

朱子收吕大临《拟招》，谓此词寓夫求放心、复常性之微意，故附之使游艺者知有所归宿，尤具深意所在，此则因辞而正之者也。复云："上帝若曰：哀我人斯，资道之微。……圈豚放驰，散无适归。……魂兮来归反故居，盍归休兮复吾初。……曷自苦兮一方拘，魂兮来归故居。"则不为屈子招魂而亦为一己招魂。如孟子云求其放心，用意尤深长也。

朱子谓屈子志行过于中庸，不知《离骚》自言"耿吾既得此中正"。《九章·惜诵》云："指苍天以为正，令五帝以析中。"中正之义，本于易教。《骚》云"我固知蹇謇之为患兮，忍而不能舍也"二句，实用蹇卦语。屈子尝熟读《易》，盖无疑也。

宋人注《楚辞》者特多，盖托《楚辞》以言志。洪兴祖之为《楚辞补注》是也。兴祖《楚辞》学，远有所承。直斋称其从柳展如得东坡手校《楚辞》十卷，凡诸本异同皆两出之。《郡斋读书志》著录此书引洪氏自序，今本无之。可能因其获罪而为人所删削，故意没著者名姓，故其序不载于今书。《宋史·儒林传》称其南渡后，知真州、饶州，忤秦桧，编管昭州，卒。据《建炎以来系年要录》卷一六七记：

> 绍兴二十四年十二月丙戌左朝散大夫主管台州崇道观洪兴祖送昭州编管。先是右正言王珉言：故龙图阁学士程瑀本实妄庸，见识凡下……其窃世之誉如洪兴祖者，则为文以冠其首……朋附鼓唱异说。珉又言：兴祖天姿阴险，趋向不正，如程瑀妄人之雄者，兴祖倾心附之，结为死党。……于是刑部尚书韩仲通乞将兴祖送熙州，并编管。

《宋史·艺文志·子部·杂家》兴祖有"圣贤眼目一卷"，其人以希圣自居。其论屈子长文，今附载《补注》中。自序虽亡，而微旨可见。

其后朱子著《楚辞集注》，则为赵汝愚而作。《历代诗馀》卷一一八引宋名家词评云："汝愚谪后，晦庵注楚辞以表之。"此说亦见周密《齐东野语》记绍熙内禅事。

余考嘉庆间谭抡纂《福鼎县志》卷八有杨楫作《朱子楚辞集注跋》云：

> 庆元乙卯，楫侍先生于考亭精舍。忽一日，出示学者以所释《楚辞》一篇。楫退而思之，先生平居教学者，首以《大学》、《语》、

《孟》、《中庸》四书，资以六经，又次而史传，至于秦汉以后词章，特余论及之耳。乃独为《楚辞》解释，其义何也？然先生终不言，某辈亦不敢有请焉。

又题后自注云："时朝廷治党人方急，丞相赵公谪死于永，公忧时之意，屡形于色，因注楚辞以见志。"乙卯即宁宗庆元元年。此篇端平本不载，至可宝也。

杨楫字通老，杨兴宗从弟，与杨方、杨简为朱门高弟，时号三杨，官莆田尉、湖南提刑。《县志》入《理学传》（卷六）。选举表楫淳熙五年戊戌进士。朱子《答黄直卿论杨通老书》，即此人也。《县志》黄崎山条："闽穷海也。有屏风山为障。又有文星明山，朱子避伪禁到此止焉。作《中庸·序》于民家，乡僻无纸，写序于屏，后舁入州库。"朱子晚岁因伪学之故，转徙至于福鼎。《县志》所言，可补史传，故并记之。

太史公以屈贾并论而作合传，明人则喜言"屈、扬"。举例言之：

（一）李贽

李生曰离骚，离，忧也。反骚，反其辞以甚忧也。

屈子夷之伦，扬雄者惠之类，虽相反而实相知也。[①]

史公《屈传》引《易》"王明并受其福"，李贽云：

故知王明则臣主并受其福，不明则臣主并受其辱，又何福之能得乎！此以人臣事君之道，臣之所以广忠益者，真大忠也。

此誉屈原为大忠。

（二）明诸城邱志广《为离骚太玄作》一篇云：

《离骚》、《太玄》，千古奉之为"经"。屈原本于忠，扬雄嗜其奥。

文以明白简易入情入理为主。如《论语》、《孟子》在十三经中，是千古奉之为经者，何曾有诘屈之词如屈、艰深之词如扬哉？

① 《温陵集》十六"反骚"条。

古人云屈原之忠，忠而过者也，况其文耶。且文章关乎人之性情，阅乎人之祸福，文如《离骚》，文中之鬼道……屈之文虽不足为法，而品犹可重。……[1]

其说屈子忠而过，其文亦过，则拾朱子议屈失于中庸之余唾。称骚为鬼道，尤异乎常论。

《王祎忠文集》述《骚》云："粤义命之是安兮，弗舍己而人从，虽一身之终绌兮，固百世之耿光。"

义与命之所安，忠耿不渝，明人则深誉其忠，不似宋儒议论之苛。方震孺《读离骚诗》云："信美修能莫认真，独褰兰芷复谁亲。乾坤若有同醒者，憔悴江潭增一人。"[2] 亦颇哀其志。

明季拟骚之作大行。堵允锡作《坠龙骚》，哀甲申之变。其文五章，皆用"些"字。自序云："楚臣楚声，寸肠断矣。"死节之士，若夏允彝作《招魂》、《九哀》，黄道周为《续离骚》、《续招魂》、《续天问》及《丛骚》十五首[3]，尤为集大成之制。黄文焕因坐道周党下狱，著《楚辞听直》一书，取《惜诵》"命咎繇使听直"以名其书，亦借《骚》言志之作也。

清乾隆间高安陈远新特著《屈子说志》一书，读其凡例数则，对灵均作骚之用心，颇多抉发。兹摘大要如下：

（一）《离骚》有三答问："众不可户说"以下，答女媭之詈；"民好恶其不同"以下，答灵氛之占；"汤禹俨而求合"以下，答巫咸之告是也。今一一就其两下语气，机锋相对处，寻其脉理，似觉辞旨分明。

（二）《骚》、《问》原是一时之作，观《天问》起手，便为女媭"鲧婞直"一句洗刷可见。"鲧营"、"禹成"二句，足翻千古罪鲧德禹之案。其不满禹、启，而于汤武无讥者，一以病其塞传贤之路，一以大其创兴王之门，为当世舍贤立爱，偏霸自安讽也。屈子生楚仕楚，尽忠于楚，正不得以《春秋》之义绳之。大意归于自奋用人，自明己忠，只末一句。然通篇许多话说，而云"吾告堵敖以不长，则何试上自予忠名弥彰"之语，又不为短矣，此《骚》心微渺，令人探索不尽处也。

（三）《卜居》自叙竭尽忠而障蔽于谗。是《九章》提纲，故以冠《九章》

① 《紫村文集》十二"杂著"。
② 《方孩未集》卷八。
③ 文见《漳浦先生集》卷三十六。

之首。《惜诵》通篇发忠蔽于谗，末云“重著自明”，又是以下各章冒子，故次之。《思美人》，著明其不得于君之故；《惜往日》，著其先信后疏之寔；《抽思》是四章结尾，因《惜往日》，不毕辞以赴渊二句而反覆著明之也，合为一章。《橘颂》著明己之内美，借物以自况，《悲回风》，著明“依彭咸之遗则”，“从彭咸之所居”，此二篇始终《离骚》之义，应为一卷。

所论虽未必真能尽窥古人心事，诚如沈澜序所云“别具会心”，“融释贯串，屈子之考既得，读者亦旷若发蒙”矣。此书有慎余斋刻本，流传不广。向于京都大学文学部获见其书，因为补记于此。

故《诗》以言志，《骚》亦言志，取义谅有同然。论汉文学者，盛言“《诗》言志”，而不及《骚》，因试摭若干事，发其端倪，论其大略如此。年前在香港中文大学退休演讲稿《楚辞学及其相关问题》，其中有一节论及“骚言志”，原文未刊布，今附载于末。

戴密微教授晚岁治大谢诗，特赏其临终“本自江海人，忠义感君子”之句，因广及中日文士僧徒易箦前作品。积稿盈尺，未遑写定。曩曾与余论及文天祥就义前之《正气歌》，嗣因读《远游》，方知“正气”二字，实出该篇“内惟省以端操兮，求正气之所由”句。惜先生墓木已拱，不及举以请益，临文握管，为之泫然。

附录 楚辞学及其相关问题

中文大学文学院和新亚书院为我的退休特别举办这一次演讲会，我非常感激他们的安排。

《楚辞》与《诗经》同是古代中国文学作品的宝库；尤以南方文学作品，到了《楚辞》即成为第一部总集。《汉书·艺文志·诗赋略》诗与赋并列，赋大部分即是楚辞。《隋书·经籍志》以来，集部以《楚辞》为首，自成一类，后此相承不替。《诗经》既厕于经之列，汉代《楚辞》的首篇《离骚》亦被人称为“离骚经”。它在文学和历史上，跟《诗经》有着同样重要的地位。

（一）“楚辞学”建立的意义

过去研究《楚辞》的专书和论文，到1958年为止，计有专书228种，论文447篇[1]；就中以朱子的《楚辞集注》而论，最早刊本印于南宋宁宗嘉定四年（1211）而非（如姜亮夫所说）庆元四年。[2] 自刊布以后，几乎成为一部极流行的教科书。它的翻刻次数最多，计宋有四次，元有四次，明有十次，清有四次，在日本刊印了一次，朝鲜四次，总共合计二十七次。《楚辞》的外文译本，到David Hawkes的英译可说成为一个总结。该书出版于1959年。由于近年三楚地区考古成绩的卓著，新资料层出不穷，对于《楚辞》的了解，有许多需要进一步的研究。

中国文学重要总集，如《诗经》与《文选》，都已有人著书成为专门之学，像《诗经》学，《文选》学之类，《楚辞》尚属阙如。本人认为今日治学方法的进步，如果配合新材料和新观念，《楚辞》的研究，比《诗经》更有它的重要性。由于研究领域的开拓，楚辞学的建立，成为一种独立的学问，是极其重要而有意义的。

（二）屈原人格的影响

行吟泽畔、憔悴投江的屈原，在历史上人们对他的评价有许多不同的说法。董仲舒取他与伍员相比，誉其“无所后顾”（《士不遇赋》）；淮南王安谓《离骚》兼有《国风》、《小雅》之美，可与日月争光；刘向称他为节士（《新序》）。从司马迁、班固以下，诸家抑扬不一，后来刘勰《辨骚》已有折中之论。屈原的身后遭遇，倘若泉下有知，应该感到莫名其妙。在唐哀帝的时候，他竟被封为昭灵侯（《全唐文·哀帝封屈原敕》）[3]；宋神宗元丰六年改封忠洁侯（《神宗纪》）；又封为清烈公（《宋史·礼志》）；元延祐五年七月，又被加封为忠节清烈公（《元史·仁宗纪》）。虽然朱熹曾批评他的志行或过乎中庸，但清季还有人要请他入圣庙（记得是王颂蔚），我想他应该是受宠若惊呢！

屈原的人格对后人影响极大，死后愈走红运。近年世界各处对屈原作品研究的热烈，令他在地下一定发生不可思议的惊讶。他如果看到一些对他曲

---

① 第一部楚辞著作目录考证是拙作的《楚辞书录》，于1956年印行；其后姜亮夫再编撰《楚辞书目五种》。兹据姜氏书统计。惟拙著所收，有姜氏所不载者。

② 明人如毛以阳疑朱熹《楚辞集注》为伪，姜亮夫辩之。称及庆元四年戊午刻本。谓在熹生前已有刊行本（《楚辞书目五种》，42页）。查大正三年内阁文库目原书，实作庆安四年，非庆元四年。庆安乃日本年号，即顺治八年。姜说有误。此庆安本乃据成化何乔新本刻刊。参拙作《楚辞书录》，11页。

③ 《旧唐书》二十一《哀帝纪》，三闾大夫祠，先以澧朗观察使雷满奏，已封昭灵侯，宜依天祐元年九月二十九日敕处分。

解的文章，一定又要叫屈。历代对他的评论之多，真如万花筒，有关礼赞和评骘方面，我曾搜集了许多资料；而且为他写过“屈原论”的人，尤属不少。现在试举二例来谈谈：

(1) 明末方以智的《屈原论》，见《浮山文集·前编》卷八，大意谓：

> 古人（指屈子）不以死生介意，而并不以文介意。古人之心，翱翔乎天地，呼吸乎古今：随所出处，倘然自适。或著书以垂教，或发声以言志，何与乎死生！屈子以不死之文，死其所不必死，以成其不死之死。后人爱惜其死，以爱惜古人之死。何能知古人耶？

方氏对屈子之死，确有进一步的看法。

(2) 清季陆懋修（润庠父）的《屈原论》[①]，竟谓屈原“不过为一骄且咎之人耳”；他的见观十分支离，不足为训。

以上两种极端的说法，可以看出“褒贬任声”（《文心雕龙》）的情形。倘若能够把历来各种各样对屈子的评论汇集起来，对于知人论世，当然是很有帮助的。这正是楚辞学的一项应该做的工作。

（三）楚辞研究者的“以骚言志”问题

古人喜欢以《诗》言志，后人亦喜欢以“骚”言志。中国文学史上作家著为文章，每每有所寄托。不特文学作品如此，即注解古人之书亦有这种习惯。故就注《骚》而申己志的，大不乏人。

丹阳洪兴祖的《楚辞补注》，是王逸以后，朱熹以前的名著。他少时曾从柳展如得到东坡手校《楚辞》十卷（见《直斋书录解题》），这一项特殊资料，正为他这本书打好基础。《宋史·儒林传》说他“南渡后知真州、饶州，忤秦桧，编管昭州，卒”。他著这书，究在何时，尚难论定。最可惜的是他的原有序文[②]失去了，或为人所删去，故意没著者名姓。[③] 洪氏以忤秦桧获谴，也许这篇序是著者言志之作（说明著书缘由）。著录家有所忌讳，故不敢举其名。[④]

---

① 见《窳翁文钞》。

② 晁公武《郡斋读书志》引洪氏自序，但对此却云：“未详撰人。”

③ 参看游国恩《楚辞讲录》，载《文史》第一期，139 页。

④ 今观卷一王逸《离骚经序》注语，论屈子之事云：“盖圣贤之变者。使遇孔子，当与三仁同称。”可见其对屈子的推崇。

朱熹之著《楚辞集注》，据《齐东野语》云："赵汝愚永州安置，至衡州而卒。朱熹为之注《离骚》以寄意焉。"杨万里《诚斋集》，《退休集》有《戏跋朱元晦楚辞解诗二首》，其一云："霜后藜枯无可羹，饥吟长作候虫声，藏神上诉天应泣，与赐江蓠与杜蘅。"（卷三八）今看书中解说，每每言及忠君之意思，可见他的确有所寄托。吴仁杰著《离骚草木疏》，据他庆元丁巳（1197）自跋，以芗草比之忠义独行传，薋菉葹之类犹佞幸奸臣传，亦意有所指，与庆元党案有关，似在攻击韩侂胄。[①]

注《楚辞》以言志，明清以来尚有其人，如黄文焕《楚辞听直》。崇祯中，文焕坐黄道周党下狱，在狱中著此书，其序例已言之甚明："朱子因受伪学之斥，始注《离骚》，余因钩党之祸，为镇抚司所罗织，亦坐以平日与黄石斋前辈讲学立伪，下狱经年，始了《骚》注。屈子二千余年中，得两伪学，为之洗发机缘，固有奇异。而余抱病狱中，憔悴枯槁，有倍于行吟泽畔者。著书自贻，用等招魂之法。其惧国运之替，则尝与原同痛矣。"可见其著作之意。

又魏元旷有《离骚逆志》，惜原书未见。

陈远新，乾隆间人，撰有《离骚说志》。姜亮夫有此书，称其章有章旨，用意极细极深。从他们所著书名称看来，应是属于言志一派。

（四）《楚辞》的作者及时代、地理问题

关于《楚辞》各篇的作者，楚辞学史上存在着相当有趣的问题，因为向来有不少的人认为《楚辞》的作者并不是屈原。亦有人以为连《九辩》、二招亦是屈原所作，像乾隆时山东栖霞人牟廷相，他著《楚辞述芳》便是持这样的主张。他说《楚辞》被王逸误注，考其时地，重定《九辩》、《招魂》、《大招》的作者，都应是屈原。结果招来李慈铭的讪笑，说他是"心劳日拙"（《越缦堂读书记》，1166 页）。清季廖平作《楚辞讲义》，更为大放厥词，主张《大招》、《招魂》为道家神游说，与屈子无涉。《楚辞》即秦时的《仙真人诗》，其书序略云："秦本纪始皇三十六年，使博士为《仙真人诗》，即《楚

---

① 鲍廷博《跋》六："是书成于庆元丁巳，维时宁王初政，韩侂胄方专拥戴功，与赵汝愚相轧，既而斥汝愚，罢朱子，严伪学之禁，从而得罪者五十九人。先生官止国录，未敢诵言。乃祖述《离骚》，譬之草木，按《神农本草》诸书，为之别流品，辨异同。薰莸既判，忠佞斯呈。用补刘杳旧疏之亡，因以畅其流芳遗臭之旨。庶几言者无罪，闻者足戒。观其自序，厥意微矣。至前三卷，首列名衔，而末卷自薋菉葹以下，缺而不署。又隐然寓不屑与小人为伍之意。"

辞》也。楚词即《九章》、《远游》、《卜居》、《渔夫》、《大招》诸篇。著录多人，故词意重复，工拙不一，知非屈子一人所作。当日始皇有博士七十人，命题之后，各有呈撰，年湮岁远，遗佚姓氏。及史公立传，后人附会改说，多不可通。”“著书讳名，文人恒事，使为屈子一人拟撰，自当整齐故事，扫涤陈言，不至旨意重复，词语参差若此。”他竟然大胆到要把《楚辞》变成秦代的仙诗，实在是毫无根据。

胡适读《楚辞》，曾怀疑屈原并无其人，后来更有人主张《楚辞》作于汉代之说。[①] 最近日本学者曾把这一桩事重新提出讨论。

关于《楚辞》地理方面，过去钱宾四先生在《先秦诸子系年》，论过《楚辞》所说洞庭、沅、澧诸水，皆指江北地名；又写过一篇《楚辞地名考》，根据地名相同，可能由于人民迁徙的缘故，又以为湘域在两汉时尚为蛮陬荒区，岂得先秦之世已有此美妙典则之民歌。基于这两个理由，因而推论屈原放居宜在汉北，不惜把《楚辞》中所见的江、湘等地，北移于汉水流域。当然，长江、汉水两区域可以有相同的地名，但地名尽管相同，屈原书中所记的“上洞庭而下江”等句，如果放在汉北，是很难解说得通的。四十年前，我在中山大学广东通志馆，利用馆藏的地方志写成《楚辞地理考》一书（商务出版）和钱先生讨论（该书最近有人翻印）。我想如果现在看到安徽六安所得的鄂君启舟、车两节，具体地说明楚怀王时楚国通行证经过的路线，和《九歌》所说完全一致。[②] 至于长沙马王堆出土的《相马经》，虽不知出自谁氏之手，而词藻文采，比之荀卿《赋篇》，尚有过之，不必怀疑汉初湘境文化程度之低了。新资料可以帮助我们解决不必要的疑难。关于《楚辞》中作者、时、地的考证，虽是无关宏旨，但在楚辞学史上仍应占一页之地位。

（五）《楚辞》与其他科学及艺术关系问题

《楚辞》与其他科学最有密切关系的无如音韵学。利用《楚辞》考证古音及先秦韵部分音，自陈第以来，已极著成绩。在古代《楚辞》一书，原有数家的“音”。晋徐广的兄长徐仙民（邈），著有《楚辞音》。该书宋时尚存，洪兴祖补注于《离骚》“索”字引徐邈读作“苏故切”，这一条可说是现存最早

---

① 如何天行、朱东润等，因《九歌》、《封禅书》同出现“寿宫”一名。

② 《文物精华》第二集，商承祚《鄂君启节考》，节云：“大司马阳败晋师于襄陵。”即楚世家怀王六年（公元前323年）昭阳攻破襄陵事。舟节屡言“内江”，“让江”，又见资、沅、澧、淡诸水名，可见不必移于汉北。

的音训。敦煌所出列伯希和目二四九四的僧道骞的《楚辞音》，虽只存84行，但为朱子所未见；是卷对于中古音的探讨及协韵说的重订，极有贡献，已有许多人写过研究文章。

其次谈到考古学。近若干年来，楚地出土文物十分丰富；我于1957年曾在德国慕尼黑所举行的第二十四次东方学家会议上提出《楚辞与考古学》一文，那时候信阳、马王堆……各处的楚遗物尚未出土，材料至为贫乏。以现在新获考古资料而论，如能加以适当的运用，可以写成一本像“圣经考古学”之类的专书，来供研究者参考。最可惜的，信阳的简书，马王堆第三号帛书，湖北江陵的竹简，尚未正式完全公布，就所知而论，信阳简上记着“犹芑蕑与（钦）”，兰字写作蕑，可证《离骚》“滋兰九畹”，象征贤者之义。简上又记载许多儒家、先王的言论，和楚语申叔时的遗教亦可印证，说明楚人文化和中原向来已有非常密切的联系。

考古资料还需要和纸上资料取得印证，对于《楚辞》帮助尤多，像《天问》谈开辟之初，明明暗暗，和《楚缯书》说“瞢瞢墨墨”，马王堆《道原篇》的“湿湿梦梦”，是同样句型，正可得到恰当的理解。

从神话学的观点来研究《楚辞》，在当前已成为一主流，日本学者藤野岩友曾著《巫系文学论》（1951，大学书店），把巫术和《楚辞》联系起来研究《九歌》、《天问》，可能得到若干新解，有关 chamanisme 一类著述（著者如 Mircea Eliade），已有专章讨论《招魂》、《远游》等篇（350—352页）。昆仑山与不死之乡，在《楚辞》屡屡被提及。唐段成式言“昆仑为天地之齐（脐）”，虽出道家之说《酉阳杂俎》卷二，亦见《云笈七籤》，必有远源。近世讨论昆仑山的学人，大都认为即神话中铁围山的苏迷卢（Sumeru），或比附西亚 Ziqqurat。帕米尔（Pamirs）有地名 Garan，有人以为即是昆仑，说得更为泛滥。其实，人类对 Piller du Monde（天柱或地轴）的观念，古埃及、印度（Rig-Veda x89.4）、希腊、巴比伦皆有之，中国亦然。古代不死观念，甚为普通；《山海经》有不死树，《淮南子》谈到不死民。不死和印度吠陀的 Amrta 观念很相似。神话是诗，诗与神话本来已很难分别。《楚辞》与《山海经》一方面是人类史上远东地区有关 myth 的最重要题材，同样的，用比较神话学的方法来处理《楚辞》，自然可以得到许多旁证与合理的解答。

《楚辞》因为保存着南方文化的传说，它的文字及内容，后来给人多方面的运用，已成为所有文学的典故及各种艺术的题材。绘画史上的《九歌图》，与古琴曲中有《离骚》、《屈原问渡》、《搔首问天》、《宋玉悲秋》等等，都说明《楚辞》给予后来影响之大及如何与艺术结上了不解缘。这些问题，本人另有专书论述[①]，这里恕不再赘了。

（六）楚辞是否受到域外文化影响问题

《楚辞》中《天问》体裁是否受过域外文化的影响，苏雪林认为它是有蓝本的，但她只引用《赞诵明论》（即《梨俱吠陀》）一段话及《旧约·约伯传》第三十八章两处作为佐证。其实，在印度经典中，这类句式甚多。《吠陀》是和《火教经》最有密切的关系。苏氏认为："或者《圣经·约伯传》先传入印度，印度学人拟其体作《吠陀颂》，《吠陀颂》又传入我国，乃启发了屈原写《天问》的动机。"这一说法，证据似乎未够充足。《吠陀》各篇的年代，本来就很难确定。[②] 尤其《吠陀》卷十、一二九的《创造之歌》，因为其中表现着极浓厚的高度一元论思想（monism），如 tad ekam（that one）观念的出现，正如我们的"太一"。此歌开头便说："太初无无，亦复无有。"有点像老子一派主张："建之以常无、有，主之以太一。"（《庄子·天下》篇）太一观念，在战国以后已经神化了。[③] 而《吠陀》中的 tad ekam 是纯理的、抽象的，所以被认为是很晚出的。[④]

屈原的《天问》，文体很奇怪；光是这个题目，过去学人就有许多聚讼。英国 Arthur Waley 在他编选的 *The Temple and Other Poems*，竟说《天问》好像是一些试题，不知何以渗入屈原的作品。这引起苏雪林带着讥讽的口吻，说他"强把'升学南针'的'考题汇刊'一类书来看《天问》，未免太可笑了。[⑤]"其实，从比较文学的观点来考察，这种"发问型态"的文学作品，自有它的源远流长的历史。印度最古经典的《吠陀经》和伊兰《火教经》中的祀歌，都出现同样的句型；《圣经·旧约·约伯传》亦有类似的问句。中国在战国以来，随着天文学的发展，"天"的观念有很大的转变。有些学者对一切事物，抱着怀疑态度，对宇宙现象的形成，尽量提出问题，如惠施同时的楚人黄缭，便是这样一个著名的人物。屈原的《天问》，是在这种风气下茁长起

---

① 见拙著《楚辞书录·图像第四》及《楚辞与词曲音乐》。

② 印度学者 B. G. Tilak 著 *The Orion*（《猎户星座》）一书，提出吠陀年代可能在公元前 4000—前 2500 年，但未为西方印度学者所承认。

③ 如《九歌》有东皇太一。宋玉《高唐赋》云："醮诸神，礼太一。"

④ 参看 Swami Ghanananda，*The Dawn of Indian Philosophy——The Cultural Heritage of India* I，p. 333。

⑤ 见苏氏著《天问正简·引言》，23 页。

来。《天问》文体确立以后，晋六朝以来，便有不少摹仿他的作品，在中国文学史上，且成为一条支流，可参看拙作《〈天问〉文体的源流》一文。

《天问》中注意到“东西南北，其修孰多？南北顺椭，其衍几何”等问题，在《山海经》的《中山经》，《管子·地数》篇及《河图括地象》都已举出宇宙广袤的一些数字，恐怕《天问》作者，尝接触过这类记载，所以会提出质问。屈原到过齐国。[①] 当时喜欢谈天的邹衍，他的议论，也许对屈子不无影响。屈子所获得的世界地理知识，有无取自域外，这是极有趣而值得研究的问题，但一时尚难解决。然而，《天问》本身却是先秦神话资料的渊薮，这是不能不承认的。我们对于神话的追寻（quest myth），这当然是非常重要的文学史上的工作。如果我们放开视野，把世界古代文学上的具有发问句型的材料，列出来作为比较，以及从同样文体推寻它的成长、孳生的经过，来作深入的探讨，这种研究的方向，亦可以说几乎接近 Northrop Frye 所说的“文学的人类学”的范围，而《楚辞》正为这一科学提供东方古代最重要的资料。

（七）《楚辞》对后代文学的沾溉问题

《楚辞》和《诗经》是中国自汉代以后文学作品的泉源。历代的文人，很少没有受到诗骚的影响而能够卓然成家的。沈约说：“自汉至魏四百余年，辞人才子，各相慕习，原其飙流所始，莫不同祖《风》《骚》。”其实这一段话的时间性并不局限于梁朝，时至今日喜欢研究旧文学的人，同样也接受《诗经》和《楚辞》的沾溉。

历朝的韵文固然是从《诗》、《骚》取法，但散文亦一样从那里吸取精华。柳宗元说过“参之《离骚》，以致其幽”。更指出幽字，是他得力于《骚》的地方。唐宋八家当中，韩愈、苏轼的文章气势，一向被推誉为韩潮苏海，他俩亦自称尝向屈子学习。韩云：“上规姚姒，下逮《庄》《骚》。”（《进学解》）苏轼对屈子更景慕不已，他说：“终身企慕，不能及于万一，惟屈子一人。”后来明蒋翚也有这一番话：“诗文有不从《楚辞》出者，纵传弗贵；能于《楚辞》出者，愈玩愈佳。如太史公文，李太白、李长吉诗是也。”因此，《楚辞》在中国文学的地位，有如昆仑溟渤，为百川所汇归，万派所朝宗，可见历来文人对它景仰的程度。

萧统在《文选》中特立“骚”一类，刘勰《辨骚》篇，用“骚”来统摄

---

① 有人说屈子到过燕国，但细查《说苑》八云：“苏子屈景，以周楚至。”原文是屈景，非屈原。

全部《楚辞》。后代文集中往往有骚体。晁无咎且谓：《诗》亡《春秋》微而后有《骚》，其后复变为赋，他的《鸡肋集》收有《离骚新序》、《续楚辞序》、《变离骚序》数篇，畅论此义，十分有意思。历代拟《骚》作品甚繁，自庄（严）忌《哀时命》、扬雄《反离骚》以来，遽数之不能终其物，大抵有二类，一为出于有意的摹仿，只具形式之类似，有其文而无其情，一为幽愁忧思同于屈子，环境相似，故摹仿之以表达抑郁之思，则每每文情兼茂。

东坡说："熟读《国风》、《离骚》，诗之曲折尽在是。"是不特治散文须读《骚》，即诗歌韵文，亦须根柢于《骚》。六朝以来，名篇不少脱胎于《楚辞》，梁简文帝有《生别离》（即取《九歌》之"悲莫悲兮生别离"句），李白有《远别离》，余如杜牧的《杜秋娘》篇末数句，即摹仿《天问》，李长吉、李商隐诗皆得力于《骚》，而所体会到的又各有其独到之处。

《楚辞》对于后代文学沾溉之深，已如上述，不特骚人墨客为然，即遁入空门的和尚缁流，亦未能忘情，隋释道骞作《楚辞音》，唐初法琳作《悼屈原》篇，便是哀感动人。如果能够从文集中作进一步的搜讨，把历代拟《骚》的作品，详细加以论列，这亦应该是"楚辞学"的重要项目。

本文目的在指出《楚辞》的研究范围，由于今后学问领域的扩大，中国文学、史学、考古学、语言学各方面都有新的发展，与《楚辞》有深切的联系，《楚辞》应该成为一专门之学，故有建立楚辞学的必要。现在因时间的限制，不能缕述太多，他日有暇，当草成《楚辞学》一书。今天所讲，到此为止。

1978年讲稿，原载法国《远东学院学报》戴密微教授纪念号

小南一郎寄示《朱熹楚辞集注考》一文（《中国文学报》三十三期），据嘉定四年同安郡斋刊大字本《楚辞辨证》杨楫跋文，即拙作所录杨楠之文。余据志书则作杨楠。

《天问》文体的源流

——“发问”文学之探讨

屈原的《天问》，文体很奇怪。光是这个题目，过去学人已是聚讼纷纭。英国韦烈（Arthur Waley），在他编选的《神庙与诗》（*The Temple & Other Poems*）竟说《天问》好像是一些试题，不知何以渗入屈原的作品。这引起苏雪林带着讥嘲的口吻，说他“强把‘升学南针’的‘考题汇刊’一类书来看《天问》，未免太可笑了”①。

其实，从比较文学的观点来考察，这种“发问形态”的文学作品，自有它的源远流长的历史。印度最古经典的《吠陀》，和伊兰《火教经》中的祀歌，都出现同样的句型；《圣经·旧约·约伯传》亦有类似的问句。中国在战国以来，随着天文学的发展，“天”的观念有很大的转变。有些学者对一切事物，抱着怀疑态度，对宇宙现象的形成，尽量提出问题。和惠施同时的楚人黄缭，便是这样一个著名的人物。屈原的《天问》，是在这种风气下茁长起来。《天问》文体确立以后，晋六朝以来，便有不少摹仿他的作品，在中国文学史上，且形成一条支流，可惜没有人加以注意。是篇特别把本人所知见的零碎材料，胪列在一起，加以讨论。

《天问》在王逸的《楚辞章句》里原列为第三篇，但《楚辞释文》旧本却

① 见苏氏著《天问正简·引言》，23页。

列于第四（《九辩》列于第二）。作者为屈原，当然不成问题。太史公说："余读《天问》、《哀郢》，悲其志。"作者中心思想所在很不易了解，所以，宋高似孙《骚略》云："《离骚》不可学，可学者，章句也；不可学者，志也。"可见《天问》所陈的志，非可遽作蠡测。洪兴祖云：

> 天地变化，岂思虑智浅之所能究哉！天固不可问，聊以寄吾之意耳。楚之兴衰，天耶？人耶？吾之用舍，天耶？人耶？国无人，莫我知也！知我者，其天乎？此《天问》所以作也。

然《天问》开端，对天地问题发问，次及神话历史，知其所问者原不限于"天"。

治《楚辞》者每谓《天问》为四字句式，与《诗经》文体接近，可能是屈子早期作品。《天问》中心思想，在说明天的因果律，本在劝善惩恶；但世事不尽如此，故发为若干疑问。仍是依据《离骚》："皇天无私阿兮，览民德焉错辅，夫惟圣哲以茂行兮，苟得用此下土。瞻前而顾后兮，相观民之计极。夫孰非义而可用兮，孰非善而可服？"一义加以引申。《哀郢》云："皇天之不纯命兮，何百姓之震愆？"亦即此意。《天问》意隐而《离骚》意显，必先有《离骚》之心，而后换另一形态，加以抒写，故《天问》不必早于《离骚》。又四言长篇句式，战国韵文每每有之，《楚缯书》、荀子《成相》，都是其例证。[1]

《天问》文体之特殊形态，在于用韵而作连续的发问。此种对天地问题加以发问，在楚国文献颇为普遍。兹略举之：

（一）楚昭王问观射父曰："《周书》所谓重黎，实天地不通者何也？若无然，民将能登天乎？"（《楚语》）这是对书《吕刑》"重黎绝地通天"一语加以质问。

（二）《庄子·逍遥游》："天之苍苍其正色耶？其远而无所至极耶？"在《晋书·天文志》里引述汉秘书郗萌记先师相传论"宣夜说"云："天了无质，

---

① 方孝岳《关于屈原天问》，刊《中山大学学报》1955（1）。又收入《楚辞研究论文集》，153—176页。论《成相》篇即打糠鼓，即古之搏拊（应如东南亚民族之拍鼓），其体式句法为六言四言句，与《逸周书·周祝解》为一类。《天问》文体（乃齐学）出自与《楚骚》不同系统，是北方调子。按长沙缯书亦用四字句，兼用韵。

仰而瞻之，高远无极，眼瞀精绝，故苍苍然也。譬之旁望远道之黄山而皆青，俯察千仞之深谷而窈黑。夫青非真色，而黑非有体也。”取此语以证庄，知庄子之发问，乃用宣夜说。先师相传，虽片鳞只爪，至为可贵。

又《庄子·天运》篇云：“天其运乎？地其处乎？日月其争于所乎？孰主张是？孰维纲是？孰居无事推而行是？意者其有机缄而不得已耶？意者，其运转而不能自止耶？云者为雨乎？雨者为云乎？孰隆施是？孰居无事淫乐而劝是？风起北方，一西一东，有上仿徨，孰嘘吸是？孰居无事而披拂是？敢问何故？”① 这何异一篇《天问》，只是表现的句式略有不同而已。《天问》之作，似乎袭用《天运》的老套加以扩大，明人以为屈子是见过《天运》的。

《庄子·天下》篇：“南方有倚人号曰黄缭，问天地所以不坠不陷，风雨雷霆之故，惠施不辞而应，不虑而对，遍为万物说。”可惜黄缭所问的原文，今已失传。

（三）《逸周书·周祝解》云：“故万物之所生也，性于从；万物之所及也，性于同。故恶姑幽？恶姑明？恶姑阴阳？恶姑短长？恶姑刚柔？故海之大也，而鱼何为可得？山之深也，虎豹貔貅何为可服？人智之邃也，奚为可测？跂动哕息，而奚为可牧？玉石之坚也，奚为可刻？阴阳之号也，孰使之？牝牡之合也，孰交之？君子不察，福不来……”（《四部丛刊》本）《逸周书》是篇连续提出问题，亦近于“遍为万物说”一类，只是句法构造，和《天问》颇有不同。

其在印度，古《吠陀》及《奥义书》对宇宙问题亦多所发问，举例如次：

《梨俱吠陀》（Ṛig-Veda）一〇·一二九为《创造之歌》，其第一章云：

> nāsad āsīn, no sad āsīt tadānīṃ;
> There was not the non-existent nor the existent then;
> 太初无无，亦复无有；
> nāsīd rajo no viomā paro yat.

---

① 戴密微教授著 *Enigmes Taoistes*（《道家隐语》），已先我言之，引《庄子·天运》加以法译。见 Kyoto 大学，《东方学报》，第 25 册，1954。又 Y. Hervouet 之 Sserr－ma. siang－jou dan L'Historr Litteratre p. 139 亦言及。

there was not the air nor the heaven which is beyond.

其间无元气，其上无苍穹。

kim āvarīvaḥ? kuha? kasya śarmann?

What did it contain? where? In whose protection?

何所覆之? 伊谁护之?

ambhaḥ kim āsīd，gahanaṃ gabhīram?

Was there water，unfathomable，profound?

何处非水，深不可测?

其第六段云：

kŏ addhā veda? ka iha pravocat?

Who knows truly? Who shall here declare?

孰知其真? 孰穷其故?

kuta ājātā，kuta iyam visṛṣṭiḥ?

Whence it has been produced，whence is this creation?

何所自生? 何因而作?

arvāg devā asya visarjanena;

By the creation of this (universe) the gods (come) afterwards;

明神继之，合此造化;

athā ko veda yata ābabhūva?

Who then knows whence it has arisen?

是谁知之? 孰施行之?[①]

① Rig-veda 10，129 的英译，据 Arthur A. Macdonell：A Vedic Reader for Students p. 207，211 Hymn of Creation。这二章兹再录 Karl F. Geldner 的德译于下，以供参考：

Der Ursprung der Dinge：

1. Weder Nichtsein noch Sein war damels; nicht war der Luftraum noch der Himmel darüer.

Was strich hin und her? Wo? In wessen Obhut? War das unergrüdliche tiefe Wasser?

6. Wer wei β es gewi β，wer kann es hier verkünden，woher sie entstanden，woher diese Schöpfung kam? Die Götter (kamen) erst nachher durch die Schöpfung dieser (Welt) . Wer wei β es dann，woraus sie sich entwickelt hat?

又Ṛig V. 1，185 对天地父母亦多用问句。而Ṛig V. Asya Vāmasya Hynm 4 云：

ko dadarśa prathamam jāyamānam?

Who has been seeing the first-born possessing bones?

初生之骨，谁实睹之？

asthanvantam yad anasthā hibharti?

Which what has no bones has been bearing?

其无骨者，复孰致之？

bhūmya asur asṛg ātmā kva svit?

Where then is the life, the blood, the self of the Earth?

大地之我，命耶？血耶？何处有之？

ko vidvāmsam upa gāt praṣṭum etat?

Who went near the wise to ask this?

谁依智者，往而咨之？①

Atharva Veda 10，7 言宇宙支柱（skambhā），亦用发问句式。《奥义书》之由谁书（kena upaniṣad），开端数句云：

Keneṣitam patati preṣitam manaḥ?

By whom willed and directed does the mind light on its objects?

由谁所驰？心思如射。

Kena prāṇaḥ prathamaḥ praiti yuktaḥ?

By whom commanded does life the first, move?

由谁所勒，生气前适？

keneṣitām vācam imāṁ vadanti cakṣuh?

At whose will do (people) utter this speech?

由谁所策，作此言语？

---

① Rig-veda V. Asya Vāmasya 的英译，据印度 C. Kunhan Raja 所著 Asya Vāmasya Hymn (The Riddle of the Universe) Translation and Notes p. 12。

śrotraṁ ka u devo yunakti?

And what god is it that prompts the eye and the ear?

谁神所驱，耳目从役?[①]

《天问》所用的发问代名词，有谁、孰、何、焉、安诸字，在梵经则有 Ka (who，what，which)、Kim (what，why)、Ko (what，how) 等等。

《火教经》(Avesta) 中 yasna 44，3-4 云：

This do I ask Thee，Oh Lord，tell me truly;

Who is the creator，the first father of Righteousness?

Who laid down the path of the sun and stars?

Who is it through whom the moon now waxes now wanes?

All this and more do I wish to know，Oh wise One.

谁为创造主，正义之祖?

谁干大钧，日星异路?

谁借畴力，致月盈亏?

呜呼智人，我愿知之!

This do I ask thee，Oh Lord，tell me truly;

Who holds the earth below the sky as well from falling?

Who (created) the waters and the plants?

Who harnesses the (two) coursess to wind and clouds?

Who，Oh wise One，is the creator of Good Mind?

谁分天地，下丽于天，以免其倾?

水与植物，谁孳生之?

谁役风云，周道是遵?

呜呼智人，谁更启我善心?（据 Richard N. Frye：*The Heritage of*

① 《奥义书》Kena I 的英译，据印度 S. Rad hakrishnan 的 The Principal Upanisads p. 581。此颂有徐梵澄汉译，名曰《由谁书》，南印度 Pondicherry 版，1957。

Persia, pp. 55-56 英译①)

《圣经·旧约·约伯传》:

Who determined the measures thereof, if thou knowest?

Or who stretched the line upon it?

Whereupon were the foundations thereof fastened?

---

① 《火教经》的资料，据 M. W. Smith, *Studies in the Syntax of the Gathas of Zarathushtra*, University of Pennsylvania, Philadelphia 1929, p. 108。

Yasna 44

transcription

translation

3

tat θwā pərəsā ərəš mōi vaočā ahurā
kasnā ząθā ptā ašahyā paouruyō
kasnā xvə̄ng strə̄mčā dāt adwānəm
kə̄ yā må uxšyeitī nərəfsaitī θwat
tāčīt mazdā vasəmī anyāčā vīduyē

4

tat θwā pərəsā ərəš mōi vaočā ahurā
kasnā dərətā zą̄mčā adə̄ nabåsčā
avapastōiš kə̄ apō urvarå̄sčā
kasnā vātāi dvąnmaibyasčā yaogət āsū
kasnā vaŋhə̄uš mazdā dąmiš manaŋhō

3. This do I ask thee, tell me truly, O Ahura.
What being (was), by creation, the original sire of justice?
What being established the path of the sun and of the stars?
Who (is he) through whom the moon (now) waxes, now wanes?
Both these, O wise—one, and other-things do I wish to know.
4. This do I ask thee, tell me truly, O Ahura.
What being set—firmly both the earth from below and the sky, (to keep them) from falling?
Who (created) the waters and the plants?
What being yoked swiftness to the wind and to the clouds?
What being (was), through wisdom, the creator of good purpose?
此处所引《火教经》中古波斯文原文如下:
Avesta edited by K. F. Geldner
Avesta Stuttgart 1896
Yasna 44 Vol. 1, p. 148.

3

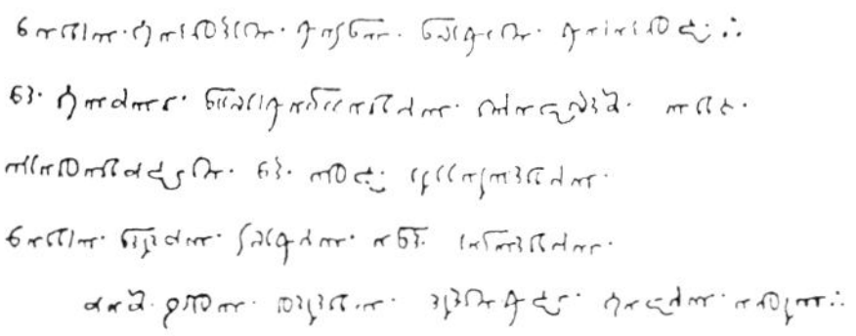

4

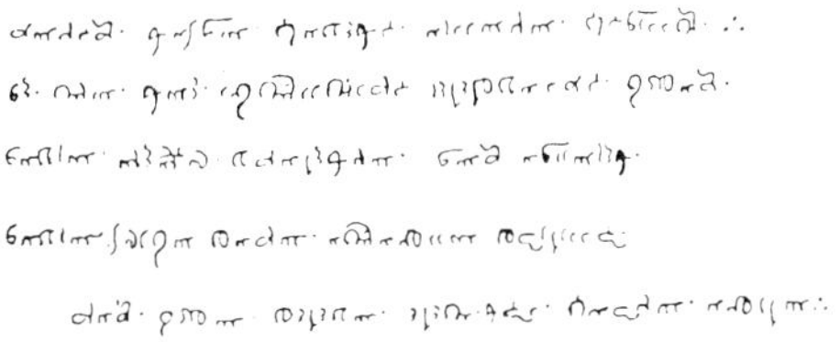

(此材料承吴其昱博士抄示，特此志谢。)

Or who laid the comer stone thereof?

……

Where is the way to the dwelling of light?

And as for darkness, where is the place thereof?

—Job XLVI, *Old Testament*

是谁定下地的尺度；是谁把准绳拉在其上？

他的根基安置何处？地的路标是谁安放的？

……光明从何而至？黑暗原来位于何所？

《圣经》中这一些文字甚长，一如《天问》：“明明暗暗，惟时何为?”等句，意思亦有点相似。已见苏氏《天问正简》引言所征引（28 页），今不详述。

至于历代摹拟《天问》之文学作品，试就所知，略举如次：

（一）晋傅玄《拟天问》。今存断句：“七月七日，牵牛织女，时会天河。”① “月中何有？白兔捣药。”②

（二）梁江淹《邃古篇》有序云：“仆尝为造化篇，以学古制，今触类而广之，复有此文，兼象《天问》，以游思云尔。”其文云：“闻之遂古，大火然兮。水亦溟涬，无涯边兮。……上有刚气，道家言兮。日月五星，皆虚悬兮。……太一司命，鬼之元兮。山鬼国殇，为游魂兮。迦维罗卫（Kapilavastu），道最尊兮。黄金之身，谁能原兮。……茫茫造化，理难循兮。圣者不测，况庸伦兮。笔墨之暇，为此文兮。薄暮雷电，聊以忘忧，又示群兮。”③ 此文四字为句，似不甚次第，所述历史，从开辟以至宗周，兼叙鬼神，次及四裔，结句仍用《天问》“薄暮雷电归何忧”句，摹拟痕迹太显著。

（三）北齐颜之推《归心篇》。此文亦见唐法琳《辩正论·九箴篇》引，《法苑珠林》一百唐萧宣慈有《归心篇》三十卷，即用其名。本文对不信佛者，加以赞述，言俗之谤佛，有五端，其一为“以世界外事及神化无方为迂诞也”。关于此点因佛氏宇宙观易于眩惑，故作解释，其文略云：“……星有坠落，乃为石矣，精若是石，不得有光，性又质重，何所系属？……石既牢密，兔焉能容？石在气中，岂能独运？积水之下，复有何物？江河百谷，从

① 《北堂书钞》一百五十五引，原见宗懔《荆楚岁时记》。

② 《御览》四，又见严可均辑《全晋文》四十六。

③ 宣城本《醴陵集》，又《广弘明集》三。

何而生？东流到海，为何不溢？归塘尾闾，渫何所到？沃焦之石，何气所然？潮汐去还，谁所节度？天汉悬指，那不散落？水性就下，何故上腾？……”《珠林》卷六即畅论星坠为石之说。王应麟《困学纪闻》九：“颜之推《归心篇》、孔毅父《星说》，亦仿屈子《天问》之义。”

又颜之推有《稽圣赋》三卷。陈振孙《直斋书录解题》云：“之推《稽圣赋》三卷，本拟《天问》而作。”惜今已佚。

（四）唐杨炯《浑天赋》。此赋末有一段云：“灵心不测，神理难诠。日何为兮右转？天何为兮左旋？盘古何神兮立天地？巨灵何圣兮造山川？……钟何鸣兮应霜气？剑何伏兮动星躔？列子何方兮御风而有待？师门何术兮验火而登仙？……女何冤兮化精卫？帝何耻兮为杜鹃？……”亦叠用若干诘问句式。

（五）唐柳宗元《天对》。见《柳先生集》卷十四，宋杨万里为之解。《天对》提出元气为天地本原，认为宇宙是无限的，本来如此，故云：“无营无成，无功无作。”又云：“焉恃夫八柱？”“乌际乎天则？”“棋布万荧，咸是焉托？”诚如是说，屈子的发问，是多余的。文中具有鲜明的无神论观点。宋代楼钥云：“河东《天对》最杰作，释问多本《山海经》。”[①] 认为《天对》资料是取自《山海经》的。子厚驳斥“八柱”，道教书籍有《中黄八柱经》，存《道藏》太平部，则袭用“八柱”之说，且取以作书名。

（六）刘禹锡《问大钧赋》。见《梦得文集》卷十一，首段云：“圆方相函兮，浩其无垠。窅窅翕辟兮，走三辰以腾振。孰主张是兮？有工其神。迎随不见兮，强名之曰大钧。倚以临下兮，巍乎雄尊。天为独阳，高不可问。工居其中，与人差近。身执其权，心平其运。循名想象，斯可得以讯。”此文改变作为赋体，虽篇名《问大钧》，而作法则与屈子的《天问》大异其趣。清彭兆荪有《广问大钧赋》（《小谟觞馆文集》）。

明人学《天问》的文章，实繁有徒，最重要的有三篇：

（一）方孝孺《杂问》

文见《逊志斋集》卷六《杂著》。通首从头至尾悉用问句。第一段仍是《庄子·天运》的老问题；其次为历史上所有学术、政制、民生、国计问题，随想随写，没有连贯性，又有点像连珠。历来摹仿《天问》，通篇为发问句式，只有这篇最为出色。摘取数段以示例：

① 《攻媿集》卷六《题林德久（至）楚辞故训传诗》。

天曷为而运乎？地曷为而处乎？日月降升，曷为而有寒暑乎？峙者曷为而山？流者曷为而水乎？鸟曷为而飞？兽曷为而走乎？孰明而可见？孰幽而不可睹乎？上下千载，孰不变乎？四方万里，孰不异乎？人何由而出庶类乎？心何由而参天地乎？有生芸芸，奚不朽乎？有为而成，孰长久乎？

三代异尚，道亦异乎？忠质化原，文何贵乎？秦之继周，岂尚刑乎？汉之宽大，亦善承乎？唐尚谏诤，自其始乎？宋尚儒术，奚而中圮乎？奚王奚霸？奚为美乎？

天孕兆民，犹厥子乎？既受而生，奚复死乎？

人之生死，果有命乎？桎梏岩墙，孰非正乎？

君以出命，将不然乎？猛虎黠盗，岂皆天乎？

孰非民乎？孰富孰贫乎？孰衣文绣？孰如悬鹑乎？屈为佣隶，天宁不仁乎？仁莫如井田，井田不易，在任人乎？封建莫复，天下为私乎？择贤命爵，尚庶几乎？刑措民滋，世有不熙乎？

（二）王廷相《答天问》九十五首

廷相为明七子之一。此文见《王氏家藏集》卷四十一。其序云：

楚屈原有《天问》一篇，汉刘向、扬雄、班固，晋（此误）王逸，宋朱子皆有注释，但其言多天地、日月、星辰、山川之秘化及夫羲、黄、尧、舜三王之遗迹，且诬谬奇诡，神怪之说参半，以故诸儒虽援引传记以解其文，而发问之意尚蒙蔀而未彰。唐柳氏子厚，虽有《天对》，然多依文凭故为辞，而正诸经要之道者无几。后生来学，无由取裁，附诬传奇，踵谬袭怪，邈哉其尚蔽于圣途也。余读其书病之，暇日取所问者，每一事相属作一首，共得九十五首。每首以数语答之，务取于符道，故其论多刺；止求于意达，故其文不工。天地造化之秘阐而大明，圣人贤士之心皭而不污，则于三闾之问，未必无指迷辩惑之助也。嘉靖八年九月朔日，浚川王廷相子衡序。

从序文可见他撰写的旨意。兹录二则以示例：

阴阳三合，何本何化（《天问》句）？三灵既合，一性乃成。气为物始，厥维本根。形有有无，俟机而化。

圜则九重，孰营度之？惟兹何功？孰初作之（《天问》句）？元气始化，辟此寥廓。积阳九重，厥论荒凿。既无功只，亦非营只。不我以信，请问太始。

他只求意达，故文不求工。蒋之翘曾评柳宗元《天对》云：“《天问》一篇，原屈子不顾其可问不可问，只是矢口而谈，纵笔之所之，以发言之牢骚焉。……柳宗元不知，乃作《天对》以摭其实，词多附会可笑。”① 子厚的《天对》已受到明人的讥评；王氏的《答天问》，更是蹈此覆辙。不过，子厚采取唯物观点，廷相则以明代儒家天道观置答，立场各有不同。

（三）黄道周《续天问》

文载《漳浦集》卷三十六“骚”类。黄氏精熟纬候之学，故杂用神话资料特多。兹摘一段如下：

甲子之晁，有神下集。勒数鸿相，剔栉玉发。授余《鱼书》曰：“获厥借灵，策五九以纪天地。九首之皇四万五千岁，凡三千七百余岁，辟一天地。以唐甲辰，讫胡丁未。数文以龟，贤士出涕。”余曰：“疑然！孰固而移？孰画得避？”余将迅之。曰：“二隐五章，孰从比只？修越短差，孰从理只？别干派支，何所系只？厥遄浑宦，行何止只？何与人谋，为众规只？列宿何施？与人相觗只。轸还蒙鸿，触何戾只？孰愍孰丑？荒洞曷择？百神冯冯，何所暨只？帝何慕奇？为世厉只。众曷所远？圣曷嬖只？日安不及？曷偏昧只？背元阳亏，胡不得砥只？月死复育？星曷克坠只？盘古曷殁？瘗骨南海，而曷流膏，以漫渤澥只？”

甲子是天启四年，文或作于此时，文中兼用《大招》句法，每用“只”字语助词。道周又有《丛骚》十五章，其第四章为《天式》，即取《天问》“天式纵横”语，加以引申，亦摹拟《天问》之作。

此外，陈雅言有《天对》六篇，《千顷堂书目》著录，未见。清初李雯《蓼斋集》有《天问》一篇，全文甚长，兹摘一段以示例：

① 《七十二家集注楚辞》卷三。

……诞稽开迹，畴号旌之？汉垠未属，何以形之？冯冯沈沈，夫谁恶之？剨然以昭，畴尚慕之？冥滓螽烦，曷帝自庭？厥初不有，奚知其圣？太濛肇启，厥从何始？羲和未司，摄提安纪？……何有不足？陷于东西？何幽黑澒洞？智而益愚？

篇末以“智而益愚”作结，愤慨之情，不忍卒读。

《列子》有《汤问》篇，亦论宇宙原始，其言曰：

般汤问于夏革曰：古初有物乎？……物无先后乎？……夏革曰：……朕所不知也。……汤又问：四海之外奚有？革曰：犹齐州也。……汤又问：物有巨细乎？有修短乎？有异同乎？革曰：……

这分明是受到《天问》及《庄子》的影响。所以从古初有无物问起，追诘到四海之外的东西和物的大小、修短、同异问题。据说《汤问》篇中所记周穆王欣赏的木造巧人，与晋太康六年竺法护译出的《生经》（Jātaka-nidāna）中的故事完全一样。[①]《汤问》既有剽窃内典的证据，而周穆王又大半采摭泰康汲冢出土的《穆天子传》，故《列子》成书年代显然在于晋初，故《汤问》应是很早的一篇从《天问》脱胎而成的文章。不过，虽然这是一篇宇宙问题的对话，有问兼有答，但屈子文体之特异处，是在有问而不置答。此外《列子·天瑞》篇记杞人忧天事，其人问曰：“天果积气，日月星宿，不当坠耶？”这又与黄缭问天地所以不坠不陷者相同。《庄子·逍遥游》中分明说道：“汤之问棘也是已。”棘即是革，二字音近。可见汤问于革的故事，庄周已见过了。那么，《列子·汤问》篇中汤和革的对话未必没有所本，好像“天倾西北，日月星辰就焉；地不满东南，故百川水潦归焉”和《天问》的“东南何亏”及“墬何以故东南倾”意思正是相承袭的。

《论衡·卜筮》篇说：“俗信卜筮，谓卜者问天，筮者问地。”“如实论之，卜筮不问天地，蓍龟未必神灵；有神灵，问天地，俗儒所言也。”又云：“无其实则知其无神灵；无神灵，则知不问天地也。且天地口耳何在，而得问之？”“夫言问天，则天为气，不能为兆；问地，则地耳远，不闻人言。信谓

① 参季羡林《列子与佛典》，见《中印文化关系史论丛》，83页。

天地告报人者，何据见哉?”王充破除迷信，认为天不可问。且把卜与筮分开来，把卜属于天而筮属于地。汉人原有这种说法，单独把问天的事列入“卜”的范畴，今观楚辞中《卜居》文体，亦复重用问句句式，凡叠用“乎”字至十六次，总结以此孰吉孰凶?何去何从?日本学人著《巫系文学论》便把《天问》称为占卜型的文学，未曾没有道理。可是将王充的意见，证之《卜居》，原文分明说道“詹尹乃端策拂龟曰”，是卜与筮二者并用，不能说他单纯用龟卜，而不用蓍，可见欲把问天的事，一概目之为“卜”，是有点勉强的。

先秦典籍，每每于篇中发为问答，如《庄子·逍遥游》之肩吾问于连叔，《齐物论》啮缺问乎王倪曰、瞿鹊子问乎长梧子曰，罔两问景曰，《大宗师》南伯子问乎女偊曰，颜回问仲尼曰，此为《内篇》之例，皆假托人物互为问答。其他尚多，不能毕举。

近日马王堆三号墓出土《老子》乙本卷前古佚书的《十大经》有下列各段：

(1) 黄帝问阉冉曰：“吾欲布施五正（政），焉止焉始?”对曰……（《五正》）

(2) 黄帝问▨辅曰：“唯余一人，兼有天下。今余欲畜而正之，均而平之，为之若何?”果童对曰……（《果童》）

(3) 力黑（即力牧）问：“……高阳为之若何?”太山之稽曰：“……以临天下。”（《正乱》）

(4) 高阳问力黑曰：“天地▨成，黔首乃生。莫循天德，谋相复（覆）顷（倾）。吾甚患之，为之若何?”力黑对曰：“勿忧勿患，天制固然。……”（《姓争》）

这种问答文体在战国末期很是盛行。洪迈说：“自屈原词赋假为渔父日者问答之后，后人作者悉相规仿。”举《子虚》、《上林》等为例（《容斋五笔》卷七），他的意思是指《卜居》（詹尹）和《渔父》两篇。这二篇的作者问题，由于《荀子·不苟》篇有“新浴者振其衣，新沐者弹其冠”句，是抄袭《渔父》的，而贾谊《吊屈文》中“吁嗟默默，生之无故”，和《卜居》“吁嗟默默兮”语亦相同，足见二篇在荀卿、贾谊之前已存在，故王逸定为屈原所自作。至于《卜居》叠用反诘句的方法。可以追溯到《管子·心术》：“能专乎?

能一乎？能毋卜筮而知吉凶乎？能止乎？能已乎？能无向人而自得于己乎？”《内业》及《十大经》亦有相同的语句，叠用若干“乎”字句式同于《老子》之“卫生之经能抱一乎”一段，而《庄子·杂篇·庚桑楚》亦见之。后来魏晋间人的作品，若曹植的《髑髅说》、嵇康的《卜疑》，都是摹仿《卜居》的叠用反问句式，这是战国以来散文发展的成果。至于佚书中假托黄帝对天地、政体的发问，在这时候对天道的看法已相当确定，所以力黑（牧）的对答有“天制固然”、“天地已定”等语。而屈原在《天问》中则仍存着“天命反侧，何罚何佑”及“皇天集命，惟何戒之？受礼天下，又使至代之”等等疑难，因为他作《天问》时的心情是十分苦恼，所以对宇宙、历史、人生都抱着怀疑的态度。屈原作《天问》的动机，是受了一切委屈而无处申诉，故把心中一切抑郁，通过向天叩问来发泄的。这样逆境在他人或者可以忍受过去，在感情奔放和富于正义感的屈原便忍受不住的。以正道直行、竭忠尽智的人，反而没有好结果，可见天道真是无凭的了。所以他终于忍不住要发问。《史记·屈原贾生列传》云：“夫天者，人之始也；父母者，人之本也。人穷则反本，故劳苦倦极，未尝不呼天也；疾痛惨怛，未尝不呼父母也。”这几句话，太史公已很清楚地指出屈原作《天问》的动机了。

《天问》文章之体裁，无论其内容与形式方面，比较其他文学作品，总是别创一格，尤其有问而无答，和其他问答文体判然有别，是十分奇佹的。《天问》全篇共三百七十四句（其中至少有脱简六句不算）一千五百五十三个字，是屈原作品中的第二首长诗。最特色的是一遇到不合理的事情，便加以诘问，因而形成了一百七十多个组合的疑问语句。

它的形式，除了少数句子外，基本上以四言为主。通篇四句为一节；每节为一韵，亦有两句为一韵者，其例很少。通体全用问语，而参差历落，错综变化，不但不单调、不板滞，而且非常奇倔。《天问》在文学上的价值，于《楚辞》中向来被认为最低，但它却有最特出的一面，为他篇所不及。其句式虽以四言为主，但最短的有三言，最长的有七言，又有五言及六言。那些句子长短不很规律，但兔起鹘落，给予人以多姿多彩的感觉。此外，篇中所用的疑问代名词及疑问副词、形容词等，亦极复杂，神明变化，不可方物。《天问》唯一的好处便在这一点。所以孙鑛评它道：“或长言，或短言，或错综，或对偶，或一事而累累反覆，或数事而熔成一片；其文或峭险，或淡宕，或佶倔，或流利，诸法备尽，可谓极文章之变态。”这真能了解他写作的艺术手腕。

文学作品是人类精神的产物，人类学领域中的奇葩异卉，当然可以包括文学作品在内的。在古代神话与文学糅合之下，愈觉资料缺乏，所以更当加以重视。屈原的《天问》，不特是卓绝的文学产品，亦是无可忽视的人类学上的素材。本文特别注意《天问》在文体上的特色，从这一点去探究，摭拾东方各处相同的有发问句式的文学资料，加以比较，以说明人类写作的共同心理。而《天问》全文充分使用发问句式，为古今各处所未见，实在是一最崭新的创作，而后人的摹仿，亦只有点滴片段的类似，没有屈原的魄力，从开天辟地，呵问到底，可见一位伟大作家自有他的万万不可及的地方。

至于《天问》体裁之是否受过域外文化的影响，苏雪林认为它是有蓝本的，但她只引用《赞诵明论》（即《梨俱吠陀》）一段话及《旧约·约伯传》第三十八章两处作为佐证。其实，在印度经典中，这类句式甚多，所以我特别举出一些梵文原句，以供参考。《吠陀》是和《火教经》最有密切关系的，苏氏认为："或者《圣经·约伯传》先传入印度，印度学人拟其体作《吠陀颂》，《吠陀颂》又传入我国，乃启发了屈原写《天问》的动机。"这一说法，证据似乎未够充足。《吠陀》各篇的年代，本来就很难确定，尤其《吠陀》卷十·一二九的《创造之歌》，因为其中表现着极浓厚的高度一元论思想（monism），如 tad ekam（that one）观念的出现，正如我们的"太一"，此歌开头便说"太初无无，亦复无有"，有点像老子一派主张"建之以常无、有，主之以太一"（《庄子·天下》篇）。太一观念，在战国以后已经神化了。[①] 而《吠陀》中的 tad ekam，是纯理的、抽象的，所以被认为很是晚出（参看 Swami Ghanananda：*The Dawn of Indian Philosophy—The Cultural Heritage of India* I，p. 333）[②]。《天问》中注意到"东西南北，其修孰多？南北顺椭，其衍几何"等问题，在《山海经》的《中山经》、《管子·地数》篇及《河图括地象》都已举出宇宙广袤的一些数字，恐怕《天问》作者，尝接触过这种记载，所以会提出质问。屈原到过齐国[③]，当时喜欢谈天的邹衍，他的议论，也许对屈子不无影响，屈子所获得的世界地理知识，有无取自域外，这是极有

---

① 如《九歌》有《东皇太一》，宋玉《高唐赋》云："醮诸神，礼太一。"《汉书·艺文志》中，兵阴阳有《太一兵法》，天文家有《泰一杂子星》、《泰一杂子云雨》，五行家有《泰一阴阳》及《泰一》二十九卷，可见西汉时太一在术数上支配的力量。

② 印度学者 B. G. Tilak 著 *The Orion*（《猎户星座》）一书，提出《吠陀》年代可能在公元前4000—前2500年，但未为西方印度学者所接受。

③ 有人据《说苑》认为屈原可能到过燕国，但查《说苑》八原文云：苏子屈景，以周楚至，是屈景而不是屈原。

趣而值得研究的问题，一时尚难解决，但《天问》本身，却是先秦神话资料的宝库，我们对于神话的追寻（quest myth）当然是非常重要的文学史上的工作。如果我们放开视野，把世界古代文学上的具有发问句型的材料，列在一起作出比较，以及从同样文体推寻它的成长、孳生的经过，作深入的探讨，这种研究的方向，亦可以说几乎接近 Northrop Frye 所说的“文学人类学”的范围了。

原载《选堂集林》

唐勒及其佚文

——《楚辞》新资料

唐文宗时，余知古著《渚宫旧事》称：“楚文王至顷襄王四百年间楚产之尤者，儒学则观射父、左尹然丹、左史倚相等，文章则屈平、宋玉、唐勒、景差。”其说盖本之《史记·屈原传》：“屈原既死之后，楚有唐勒、景差之徒，皆好辞而以赋见称。”唐勒名，《汉书·古今人表》列于第六等中下。《艺文志·诗赋略》唐勒赋四篇，注云：“楚人。”又宋玉赋十六篇，注云：“楚人，与唐勒并时，在屈原后也。”唐勒列于宋玉之前。唐勒有赋四篇，已亡。严氏《全上古文》卷十只据《水经·汝水注》录其奏土论二十四字。

《水经·汝水注》“又东南过郾县北”下云：

> 醴水又屈而东南流，迳叶县故城北。春秋昭公十五年（杨守敬订正应是成公十五年），许迁于叶者也。楚盛周衰（杨守敬云：此处疑脱“庄王”二字），控霸上南土，欲争强中国，多筑列城于北方，以逼华夏，故号此城为万城，或作方字。唐勒奏土论曰：“我是楚也，世霸南土，自越以至叶垂，弘境万里，故号曰万城也。”余按春秋屈完之在召陵，对齐侯曰：“楚国方城以为城。”杜预曰：“方城，山名也，在叶南（杨疏引《元和志》在叶县西南十八里，互详《沅水篇》）。”未详孰是。

《永乐大典》楚字号（卷一〇九三五）云：“方城山冈阜自唐州比阳县连接，

西至方城，又西至汝州叶县南。楚国方城以为城，即此。”

全祖望云：“方城当以《左传》为是。唐说晚出，盖方讹为万，流俗若有以万字为萬字者。”全氏意谓方讹作万，以万字为俗写。然萬舞之萬，在殷墟卜辞作万（《小屯甲编》），万字出见甚早。清新化邓显鹤作《方城考》，略谓：“《楚宝》引盛宏之《荆州记》：叶东界有故城始犫县，东至滍水，连泚阳界，南北联络数百里，号为方城；一谓之长城……故屈完云云。《尸子》曰：楚狂接舆耕于方城之南。郭仲产亦谓苦莱东俱有方城。”又引唐勒文云：“宏镜（应作境）万里，故号万城。方、万二字相似。杨升庵疑方城即为万城，非也；又袁小修谓万城在当阳，亦非。”（《南村草堂诗文钞·二十·楚宝考异》）按唐勒楚人，称万城得名由于弘境万里，万城一名必非误传。《奏土论》赖《汝水注》征引，得剩此廿四字，至可宝贵。万城、方城，郦氏两存其说，最为公允，未必是方而非万。或当日有二名，不必肯定万（萬）为方字之讹，如全谢山之说。阙疑可耳。

《渚宫旧事》云：

> 襄王与唐勒、景差、宋玉游于云阳之台（《古文苑》作阳云），王曰：“能为大言者上坐。”王因曰：“操是太阿剥一世，流血冲天，军不可以厉。”至唐勒曰：“壮士歘（此据《吉石盦丛书》青芝山堂钞本，墨海金壶本等作‘愤’）兮绝天维，北斗戾兮太山夷。”（以下景差、宋玉语，从略）“若此之大也何如？”王曰：“善”。（《古文苑》少末二句）
>
> 襄王登云阳之台，令诸大夫景差、唐勒、宋玉等并造《大言赋》。赋毕，而宋玉受赏。王曰：“此赋之迂诞，则极巨伟矣，抑未备也。……有能为小言者，赐云梦之田。”景差曰：（从略）唐勒曰：“折飞糠（吉石庵本如此，他本作尘）以为舆，刻粃糟（此吉石庵本，他本作糠粃）以为舟，泛然投乎杯水中，淡若巨海之洪流。凭蚋背以顾盼，附蠛蠓而遨游，宁隐微以无准，浑（《古文苑》作原）存亡而不忧。”又曰：“馆乎蝇须，宴于毫端，烹虱脑（《古文苑》作胫）、切虮肝，会九族而同哜，犹委余而不殚。”（以下宋玉曰从略）

以上为《渚宫旧事》之记载。襄王时，唐勒、景差、宋玉三人均受命作大（小）言赋，《旧事》摭录其辞。余知古为唐文宗时人（《四库提要》引《唐书·艺文志》说），又有《汉上题襟集》十卷，《唐志》注段成式、温庭筠、余知古，则与段、温同时。唐时唐勒之赋尚未失传，则《汉志》所称《唐勒赋》四篇，大言小言应居其二。宋绍定间，章樵整理唐人所藏佛龛中之古文章，次为《古文苑》，无唐勒文，惟收《宋玉赋》六首，有大言赋与小言赋。细审之，即《渚宫旧事》所采之篇。则题以大言小言赋，概视为宋玉之作。如是则唐勒、景差之赋，乃宋玉撰时所依托者，与《旧事》所言三人并受命作赋，事实不合。《隋志》著录有《宋玉集》，惜久佚无从参校，今据《旧事》仍视作唐勒赋之残文。

近岁山东临沂出土残简有《唐革赋》，共九号，兹录如下：

（1）唐革（原编号一八四）仅二字书于简背

唐革与宋玉言御襄王前，唐革无（抚）髯曰：人谓□马登车，嗛濮马冲临

□□□□不□步驺□（下缺　一八四）

（2）马也愈而安劳，轻车樂进，骋若蜚蛩（飞龙），兔若归风，反驺逆马□□起□，夕日而□均□（下缺　一九〇）

（3）月徒□□冲星跃而□愪，子神贲而鬼走，进退诎信，莫见亓（其）墴埃。均□（下缺　二〇四）

（4）（上缺）胉中，□神俞六马，不叶（稽）啫，不挠扣□，步趋（下缺　四九三）

（5）龙□能急若□，起□若蜚兔若纟□（绝），反趋逆马□，□起□，夕日而入日蒙三（巳），此□（下缺　四〇三）

（6）（上缺）不能及就又趋步彳□御者诎。（下缺　一七一七）

（7）厺临濮衡（下缺　三六五六）

（8）（上缺）□有三而王□京□（下缺　三五八八）

（9）（上缺）□籥义御　（下缺　三五六一）

以上残简九，出临沂一号汉墓，据罗子期先生整理录出（在《偻翁一得录》中）。唐革即唐勒。诗“如乌斯革”，《释文》引韩诗“革”作“勒”，可证。

罗先生仅举第三简与《淮南子·览冥训》参校，而疑《淮南子》袭自唐勒。今按《览冥训》文云：

昔者王良造父之御也，上车摄辔，马为整齐而敛谐。投足调均，劳

逸若一，心怡气和，体便轻毕，安劳乐进，驰骛若灭，左右若鞭，周旋若环，世皆以为巧。

若夫钦负大丙之御也，除辔衔，去鞭策，车莫动而自举，马莫使而自走。日行月动，星燿而玄运，电奔而鬼腾，进退屈伸，不见朕垠，故不招指，不咄叱。……

骋若飞，骛若绝，纵矢蹑风，追猋归忽，朝发榑桑，日入落棠，此假弗用而能以成其用者也。非虑思之察，手爪之巧也，嗜欲形于胸中，而精神谕于六马，此以弗御御之者也。

此段论弗御之御，其说甚精。临沂简开端记唐勒与宋玉言御于襄王之前，主题亦是御，故文字颇多雷同，可以比证。

第二简言“马也愈而安劳，轻车犨（乐）进”，以校《淮南子》“体便轻毕”句，轻毕应是轻车，车与毕二字形近。又“安劳乐进”，即简文之“安劳”“犨进”，知犨字即乐。

第三简宜再以《淮南子·兵略训》校之。其言曰：

善者之动也，神出而鬼行，星耀而玄运，进退诎伸，不见朕埜，鸾举麟振，凤飞龙腾，发如猋风，疾如骇电。

《览冥训》亦作“星燿而玄运”。临沂简原作“星跃而□愪”，其缺文可以“玄”字补之。则跃即燿，而愪可读为运。左宣四年郧字或作䢵。春秋之郓，公羊作运，是其比。高注：“燿，光也；玄，天也；运，行也。”

简“子神贲而鬼走”句，《兵略训》作“神出而鬼行”，语最接近。《览冥训》作“电奔而鬼腾”，刘家立臆改为电奔而云腾，“云”字无据。《御览》七四六引“腾”作“骇”，与《文选·绝交论》李善注引同。贲为奔之借。星与玄（天）相从，神与鬼互为比方。故知《览冥训》之作“电奔”，应据简文之“神贲”，《兵略训》之“神出”订之。电字古从申，申读为神。刘殿爵曾疑电当作神，只从上下为说，方大成《淮南校释》非之。今得此简，则作“神”是也。简文“莫见其壙埃”句，《淮南子·览冥训》作“不见朕垠”，《兵略训》作“朕埜”，《御览》七四六引作“塍毁”，皆异文。《玉篇》：“埜，古文垠。”“进退诎信”即“进退诎伸”，《览冥训》、《兵略训》语并同。

第四简“胉中”以《览冥训》“形于胸中”校之，即“胸中”，而“神俞六马”即“精神谕于六马”。《御览》引谕作喻。高诱注：“藏嗜欲之形于胸臆之中。喻，和也。以弗御御之，以道术御也。”此说亦见《主术训》。

第五简与第二简语有重复。如“骋若蜚蚩，兔若归风”，第五作“起□若蜚兔若纟□。”以《览冥训》“骋若飞，骛若绝”校之，纟□殆“绝”字。“兔若归风”者，《淮南子·说林训》：“以兔之走，使大如马，则逮日归风。”孙诒让据《吕览》“遗风之乘”改归字为“遗”。今简文正作归风，则孙改非。杨树达《淮南证闻》谓归风与追风同，二字皆从自声，故得假借。彼尚未知有此资料可证《说林训》“归风”之不误。“入日蒙三”句，据《览冥训》“朝发榑桑，日入落棠”，高注：“落棠，山名，日所入也。”以是为例，则“蒙三”或为日入之地。《尔雅》：“西方日入处曰大蒙。”《楚辞·天问》：“出自汤谷，次于蒙汜。”三或巳之坏字未可知。《览冥训》之“遭迴蒙汜之渚”。《览冥训》：“日入落棠”句，王念孙谓：“日入当为入日。今本作日入，盖涉高注‘日所入’三字而误。上文云‘入日抑节’，正与此‘入日落棠’定意。”今按临沂简正作“入日”，王说是也。

第二简“夕日而□”，第五简亦见夕日，与入日对文。古假昔为夕。《穀梁经》：“辛卯昔恒星不见。”《左传》：“为一昔之期。”故夕日即昔日，指朝而言。

第一、第七简有檏马字，从重木，疑读为秣马。《荀子·劝学》篇：“六马仰秣。”秣通饫。《说文》饫训食马谷。

临沂此残简，赖《淮南子》比勘，略可通读一部分。罗氏称其书体一致，可证原出一篇。其作者为唐勒，殆无疑问。言御马驰骋之术。惜失其篇题。残缺之余，合敷简可得百三十字左右。吉光片羽，亦足珍矣。

梁玉绳《清白上集·人表考》六：“唐勒惟见《史·屈原传》。楚灭唐，子孙以唐为氏。”盖据《通志·氏族略》二。《文心雕龙·夸饰》篇：“文辞所被，夸饰恒存。自宋玉、景差，夸饰始盛。”语不及唐勒，其名已渐晦。惟《西京杂记》卷二霍光妻一产二子，光言楚大夫唐勒一产二子，一男一女，男曰贞夫，女曰琼华，皆以先生为长。洪迈《容斋随笔》（五笔）言：“唐勒有子曰正夫。”事即本此。唐勒遗闻无多，可考见者，略备于此云。

1980 年 6 月 30 日于京都

原载九州大学《中国文学论集》第九号

拙文发表后，谭家健据此考证宋玉之大、小言赋之不伪，李学勤进而论其文中有“一阴一阳”之句，以推论《系辞》成书之年代（见李著《唐勒小言赋和易传》）。

重读《离骚》

——谈《离骚》中的关键字“灵”

“骚”在《文选》中独立为一类，乃是作者对神明宣示已志，援天引圣，以自证明。既云“指九天以为正兮”，又云“皇剡剡其扬灵兮”，离不开了群神，所谓“扬灵”，亦可说是一种文学上的譬喻手段。

礼器之有钟与鼎，鼎所以表“定”，亦即示安定也；钟则以扬灵，借音乐以昭和睦，故钟铭屡言“扬灵”，试举一例：

> 邾公釛钟：“陆融之孙邾公釛作氒（厥）禾（和）钟，用敬恤盟祀，祈年眉寿，用乐嘉宾，及我正卿。敭（扬）君霝，君以万年。”（《西周金文集成》一〇二）

钟铭常用“霝”字，甚至施用于和钟之和，作为增饰偏旁，其字从霝，其省形作“禾”，一如湖南四人面方鼎之以“大禾”为“大和”。钟铭云：“扬君灵，君以万年”，此“扬灵”一词见于楚礼器的证据。

《离骚》有它的主题，有贯串全文的关键词，就是“灵”字。屈原自己的字叫灵均，君主的代词叫灵修。替他占卜的人叫灵氛，玄圃上天帝之居叫灵琐。屈子何以对“灵”字这样重视？有什么道理？很值得去研究。《楚辞》是当代的显学，多年来讨论的文章，车载斗量，掀开《楚辞文献百年巡礼》

一文①，令人惊讶，加上考古丰收的硕果，地下文献层出不穷，使人对楚文化的真貌更有深入的了解。本人重读《离骚》，以地下材料合训诂古义，略有一些新的认识，谨在此提出向诸位专家求教。

（一）高阳、巫咸与“扬灵”问题

《离骚》开宗明义地追溯远祖帝高阳，高阳是楚和秦的共同祖先。以前读《史记·秦本纪》，未敢深信，及见秦景公大墓磬铭：

> 高阳有龗，三方以鼏平。

秦人已自言之。灵字异写作龗，增龙旁为繁形。《说文》十一龙部：“龗，龙也，从龙，霝声。”《集韵·十五青》灵字有四个异形，但无此字；另有龗、䨼、𩄣、龛同文，下引《说文》“龙也”，以为是龙字；证之磬铭，当释“灵”为是。《离骚》以高阳始，以巫咸终，大神巫咸亦是楚与秦的共神。从巫咸叩问吉凶，辞云：“皇剡剡其扬灵兮，告予以吉故。”王逸注：“言皇天扬其光灵，使百神告我。”他决心离开楚国，是取决于巫咸。春秋以降，秦、楚、齐诸大国均向巫咸祷告。秦《诅楚文》作于秦、楚丹阳大战前一年，秦诅楚之十八世，历数楚主之罪，时张仪骗楚献商于之地六百里，怀王会秦武关，被拘留不返，故屈原惦念怀王。《诅楚文》控告怀王“不畏皇天上帝及丕显大神巫咸之光列（烈）威神”。又言秦：“应受皇天上帝及丕显大神巫咸几灵德赐，克剂（制）楚师。”从王逸之说，皇指皇天，即《诅楚文》的皇天上帝，灵谓光灵，即《诅楚文》所言的光烈威神与几灵。用《诅楚文》与《离骚》合证，可取得正解。“扬灵”亦屈赋的习语，重见于《九歌·湘君》：“横大江兮扬灵。”此处王逸训灵为精诚，言扬己精诚，冀能感悟怀王使还己也。屈子于《湘君》再次言扬灵。有人读灵为舲，引《后汉书·文苑·杜笃传》章怀注引“灵”作“舲”为证。刘师培《考异》云：“未知何据。”因下文续云“扬灵兮未极，女婵媛兮为余太息”，强调扬灵，两度叠用，故王逸及《文选》五臣注都谓“言我扬精诚未已”。如改读作舲，文义完全不能接榫。姜氏《重订校注》采扬舲之说，黄君《九歌考异补》订其非是②，可从。

---

① 黄灵庚著，见《文献》第75期。

② 见《文史》第45期。

（二）“灵”的含义

《说文》灵字在玉部，云：“灵，巫也，以玉事神，从玉，霝声，灵或从巫。”段注引《九歌》“灵偃蹇兮皎服”诸句。王注皆云：“灵，巫也，楚人名巫为灵。”训灵为巫，亦见《广雅》。《离骚》、《九歌》多处王注分别甚清楚。灵亦指神，《楚帛书》云：“曰非九天则大峠，则毋取敢蔑天霝。帝夋乃为日月之行。”霝与行协韵，所谓天霝，指天的命令，谓地有灵，此处之霝，均不得训巫。《老子》马王堆本“地毋已霝（将）恐歇”。刘向《九叹》：“合五岳与八灵兮。”王注：“八灵，八方之神也。”（《远逝》）按在《离骚》“灵均”下王注：“灵，神也。养物均调者，莫神于地。”是其例。神与灵，同训。从《谥法》讲：灵有六义，如“极知鬼事曰灵”，“好祭鬼神曰灵”之类。宋马永卿《嫩真子》引云：“德之精明曰灵。”“扬灵”之灵，即取精诚之义。楚与秦二国都重祭祀、信神灵。新出《秦祠华山玉版》云：“毉毉栗民之事明神，孰敢不精。”正极言事神要很精诚。

灵可训为巫，王念孙因之读灵氛为巫氛。《山海经·海内经》有灵山十巫从此升降，巫咸、巫肦、巫彭等均在其列，故有人读灵氛为巫肦。

灵又一义训善，有其远源。卜辞有霝妃（《后》上十六，十一），石鼓文有霝雨，《尚书·盘庚》下篇：“吊由灵。各非敢违卜，用宏兹贲。”孙诒让谓吊即淑之古文，当训为善。[①] 曾星笠以灵各断句。引谥法“极知鬼神曰灵”，读各为“格”，如“格人元龟”，“罔有降格”。“吊由灵各”者，指迁殷之意，实由神灵降格，故不敢违背占卜，正以彰大宝龟之灵。此处“灵格”与占卜有关系。《离骚》之作，通过灵氛告以吉占，及巫咸大神告以吉故，离心已定，“将远逝以自疏”，亦是出于灵格，情形正相似。又《周书》屡次使用“灵承”一习语。

王若曰：尔殷多士，今惟我周王丕灵承帝事，有命曰割殷，告敕于帝。（《多士》）

乃大降罚，崇乱有夏，因甲（狎）于内乱，不克灵承于旅……天惟时求民主，乃大降显休命于成汤，刑殄有夏。（《多方》）

---

① 见《尚书骈枝》。

周之割殷，殷之殄夏，都由天帝之命。周能丕（大）力善承天帝的任务，故能克殷；夏因内乱，不能善承于祭祀上帝之旅（旅祭），故天降福于成汤。《多方》下文亦云："惟我周王灵承于旅，克堪用德，惟典神天，天惟式教我用休，简畀殷命，尹尔多方。"说明周人能够善承于旅，故得到天休，代替殷命。因革之间，成败关键在能否灵承祭祀之事，取得上天的认可。两篇三次用"灵承"一成语。灵训为善，训诂家意见佥同。灵所以训善，由于"能事鬼神"不坠天之宝命，故能取得胜利。灵承之"灵"，含义深远，殷周以来已是如此。

《尔雅·释诂》训善之字，自仪、若以下共十六文，就中之"令"乃出"灵"之假借（详郝氏义疏）。《诗》、《书》所见灵字，故训多说"灵，善也"。《吕刑》"苗民弗用灵"，今本《礼记·缁衣》引《甫刑》作"匪用命"，上海本《缁衣》仍作"非甬霝"。但郭店本《缁衣》缺此一段。如以灵训善解之，弗用灵训为不行善，亦可通。灵之训善，已成通义。"扬灵"谓表扬精诚之德，正是屈子全篇中心思想，文中反复申明耿得忠正，九死未悔，"孰非义而可用兮，孰非义而可服"。责"世之幽昧，孰能察予之善恶"。其执"善"不放，以事神之道事君，故知扬灵正是扬善。《大学》引《楚书》云："楚国无以为宝，惟'善'以为宝"。《离骚》之重用灵字，及再三申言神之扬灵，与己之扬灵者，其用意正在此。

2000 年 4 月稿

一般学人，太侧重巫术，视楚为淫祀信巫鬼之邦，实则楚已久沐中原文化，故有《楚书》一类之著述。至于屈原，经术更所精研，故首陈三后之纯粹。世目楚辞为巫系文学，视屈原为巫师，余期期以为不可，故揭此一"灵"字与"善"相通，以见楚人沐周教之深，知者谅不河汉予言（请参看《荆楚文化》）。

楚辞地理考

卷十一

饶宗颐二十世纪学术文集·文学

目　录

童　序

考据之学，愈近愈精，读宗颐饶君之书，而益信也。君治古史地学，深入堂奥，精思所及，往往能发前人所未发，近著《楚辞地理考》，凡三卷二十篇，钩深索隐，多所自得，乍闻其说，似讶其创，详考之，则皆信而有征；并治世治古地理者，未能或之先也。钱君宾四，为学深博，与君持论异，而途辙实同。往尝读钱君之书云："屈原放居，地在汉北，《楚辞》所歌，洞庭、沅、澧诸水，本在江北。"余于《楚辞》地理，未曾深究，虽有所疑，未能明辨也。及观君是书，举凡洞庭、沅、湘诸名，靡不博征详考，确定其地，叹观止矣！余于二君之说，固未足以平其得失，然窃有所见焉。屈子早居，旧说在汉北，实无明证，饶君辨之已详。至《楚辞》所陈洞庭、沅、湘诸地，疑在江南。《九歌·湘君》："会沅湘兮无波，使江水兮安流，驾飞龙兮北征，邅吾道兮洞庭。望涔阳兮极浦，横大江兮扬灵。"此明谓由沅、湘北征，徂江，邅道于洞庭，上两言指出发与所往之地，中两言指所出之方向与途径，故其下曰望涔阳而横大江，似毋庸改旧说以从新也。[①] 尤有进者，《九歌》多汉世之文，太一、东君、云中、司命，汉氏之命祀也；未央、椒堂、寿宫、紫坛，汉皇燕居与礼神之所也；"《九歌》毕奏"，又汉代郊祀歌之词也。钱君之言曰："湘域在两汉时，尚为蛮陬荒区，岂得先秦之世，已有此美妙典则之

① 至江北亦有洞庭、湘水等地名，自是可信，然不必以之释《楚辞》耳。

民歌。”则《九歌》者，果为湘域之作，不得出于先秦之世矣，岂汉贤善拟古者若贾子、相如者之所为乎？不敢臆断，姑陈其疑，以质二君。

民国二十九年七月二十四日童书业谨识于上海

自 序

予为《古地辨》，此其一种也。以篇帙较多，故抽出单行，兹当刊布，因撮要略序其首。

自来言《楚辞》者，多误以屈原放居汉北，此说倡自王船山，后人信之甚多。考其说所资为证明者有四事：

（一）以《抽思》篇言“有鸟自南，来集汉北”。即指屈原居汉北。不知“鸟集汉北”乃托怀王会秦武关，渡汉而北，非屈原自谓也。

（二）以《渔父》辞言“沧浪之水”，沧浪为汉水别名。案沧浪之句，盖出《孺子之歌》，《孟子》已载之，为汉、沔流行风谣，屈原采之入于《渔父辞》。故辞中所言沧浪，非屈原亲到之地，乃《孺子之歌》所产之域，无关于屈原迁放之地也。

（三）以《湘君》言“涔阳极浦”，涔阳即汉水之阳。实则涔阳乃涔澧之涔，非沱涔之涔；涔阳浦即澧浦也。

（四）以屈原曾官三闾大夫，遂谓三闾即丹水之三户。考三闾乃公族名，即指楚三大强宗之昭、屈、景。三户之名，见于哀四年《左传》，哀四年为楚昭王二十五年，是昭王时已有“三户”之地名，而三闾三姓之昭，盖以昭王为号，得名实在昭王后，知三户名称，非由于三族，则三闾非三户，明矣。且《渔父》辞言：“子非三闾大夫欤？何故至于斯?”“斯”字殆指屈原流放所在，其谓文中所言之江潭及湘流，灼然甚明。而三闾者，指其故职；是在文义上，三闾亦不得为屈原贬所也。由此知彼主屈原放居汉北，本无其事，说者误解文义，遂别生枝节，不得不亟为辨正者也。

《楚辞》地名，多有未详。如《离骚》："朝搴阰之木兰兮。"王逸注："阰，山名。"《抽思》"宿北姑兮。"王注："地名。"皆不言所在。依予考之，阰即《汉志》庐江郡沘水所出之沘山；北姑即齐都之薄姑。地望既明，而后《离骚》、《抽思》写作时也可据以考定。《招魂》云："路贯庐江兮左长薄。"此追记原放江南之事也；阰在庐江，则搴木兰于阰，自为路贯庐江时事，是《离骚》当作于顷襄贬原于江南之时明矣。北姑者齐都，原时盖为齐使，《抽思》之作，在伤怀王入秦之无识，又无善谋能谏之臣在其侧，则作期当在怀王入秦之后也。又高唐为观名，古音"唐"、"阳"相通，知高唐即高阳，高阳氏为楚先，故楚人禘之，高唐观即祀高阳氏之处。凡此皆属新见，尤愿质正于高明者。

曾谓考古代地理，其方法有二：一曰辨地名，二曰审地望。前者为考源之事，所以穷其名称之由来，与所指之范围也；后者为究流之事，即求其地之所在与迁徙沿革也。辨名者，当知地名之种类不一。有泛称之地名，如"江南"之指大江以南一带之地是也；有专称之地名，如江南亦为邑名是也；有合称之地名，如"鄢郢"为宜城之鄢及江陵之郢之合称是也；有别称之地名，如楚徙陈后，所谓鄢、郢乃转指鄢陵及郢陈是也；有借称之地名，如楚都江陵曰郢，复假为楚都代称，故在纪谓之纪郢，在鄢谓之鄢郢，在陈谓之郢陈是也；有混称之地名，如边裔地名，多所淆乱，南方苍梧之名，亦讹传于东西方是也。故宜详加辨析，庶无舛误。至于审地望，则当留意于其民族迁徙与建置沿革。迁徙之例，如郝为楚亡，徙之江夏，仍号曰郝；蔡为楚灭，迁于武陵，谓之高蔡[①]；建置之例，如楚黔中之疆域及所治，异于秦汉之黔中郡，并宜区别而论之。古代地名，多同号而异地，或殊名而同实，其纷纽繁赜，至难悉究，然亦有大例，可资寻考，循是以求，或可得其情实；兹编所论，揭其梗概，尤望览者有察乎此云。

民国二十九年一月潮安饶宗颐识于香港寓庐

---

① 尚有上蔡下蔡，例同。

卷 上

高唐考

(一)

宋玉《高唐赋》:“楚襄王与宋玉游于云梦之台,望高唐之观。玉曰:昔者先王曾游高唐,梦见一妇人曰:妾巫山之女,为高唐之客,闻君游高唐,愿荐枕席。王因幸之。去而辞曰:妾在巫山之阳,高丘之阻,旦为朝云,暮为行雨。朝朝暮暮,阳台之下。旦朝视之,如言,故为立庙,号曰‘朝云’……”

如赋言,高唐是观名。①

《渚宫旧事》三:“襄王与宋玉游于云梦之台,望朝云之馆,其上有云气,……玉曰:昔者先王游于高唐,怠而昼寝,梦一妇人……王悦而问之,曰:我夏帝之季女也,名曰瑶姬,未行而亡,封乎巫山之台。……所谓巫山之女,高唐之姬。……闻君游于高唐,愿荐寝席。王因幸之。既而言曰:……今遇君之灵,幸妾之搴,将抚君苗裔,藩乎江、汉之间。王谢之。辞去。曰:妾在巫山之阳,高丘之阻,旦为朝云,暮为行雨,朝朝暮暮,阳台之下。”②

---

① 《汉书·司马相如传》孟庚注称:“云梦中高唐之台。”按,台与观义同。

② 原注云:见《襄阳耆旧传》。《御览》三百九十九引同。字句间与《文选》本赋稍异。考《文选》三十一江文通《杂体诗》第三十首《潘黄门》篇,“尔无帝女灵”句下注,引《宋玉集》文与此同。惟“云梦之台”,台字作野,夏帝之季女,“夏”字无,稍异耳。《水经注》三十四《江水注》引宋玉云云,亦与《旧事》同,疑今本《文选》有脱漏。

《旧事》所引，高唐之观，作朝云之馆，名虽异而所指同。

《子虚赋》："云梦者，方九百里……缘以大江，限以巫山。……于是楚王乃登云阳之台。"

按五臣本《文选》云阳作阳云，李善注："孟康曰：云梦中高唐之台，宋玉所赋者，言其高出云之阳。"翰曰："阳云台即高唐观，言高出云之阳，故以名焉。"是云阳之台，亦即高唐之观也。《渚宫旧事》引宋玉赋，别称"巫山之台"。考《寰宇记》（百四十六）巫山县："阳云台高一百二十丈，南枕长江。"是阳云台在巫山间，亦以所在之山为号也。

综上言之，高唐之观，朝云之馆，云阳之台，阳台，巫山之台，实一处而殊名。

寻台所以称高唐者，盖高唐即高阳也。唐阳古通，春秋昭十二年"纳北燕伯于阳"，《左传》作"唐"。杜注："阳即唐。"《说文·口部》："啺，古文唐，从口昜。"甲骨文，汤皆作唐，齐侯镈钟铭，"成汤"作"成唐"，《吴都赋》："啺夷勃卢之旅"，《越绝书外传》作"肠夷"，《吴越春秋》作"唐夷"，《汉书·高纪》"芒、砀"，苏林注"砀音唐"。凡此皆昜古读唐之证。故高唐之即高阳，绝无可疑。《史记·楚世家》："楚之先祖出于帝颛顼高阳。"屈原者楚同姓也，其《离骚》亦言"帝高阳之苗裔"。由是观之，楚之先，出于高阳，故楚人禘高阳，高唐之观，当即祀高阳之所在，故名高唐也。

（二）

自唐阳之通假不明，高唐之义遂晦，古地名有高唐、上唐，说者因误高唐为地名。王闿运谓："高唐，齐地。玉因怀王以绝齐交致祸，故讽襄王使结婚于齐。"按本赋明云："游云梦之台，望高唐之观。"又云："惟高唐之大体兮，殊无物类之可仪比；巫山赫其无俦兮，道互折而层累。"则高唐之观，与云梦、巫山正相迩，于齐绝无涉也。钱穆则言："巫山为今随县大洪山，高唐乃在随水右壤，春秋时有唐国，灭于楚，地在安陆随县西北八十五里，汉为上唐乡，属春陵，上唐之称高唐，犹上蔡之称高蔡。"[①] 按高唐乃观名，上已论之；以为地名，与本赋所言不合。且大洪山亦不得为巫山。[②] 高唐赋中所言之巫山，自是巫郡之巫山，其所以然者，此篇作意，极陈巫山之险，示其地

---

① 《楚辞地名考》。

② 见下文《湘水巫山辨》。

为楚西厄塞，宜屯兵固守，以其时巫黔为秦人所觊觎，故赋之，冀楚王之有所悟也。章炳麟曰：

> 《楚世家》："怀王至秦，闭武关，因留怀王，要以割巫、黔中之郡。怀王不许。及顷襄王立二十一年，秦将白起遂拔我郢，烧先王墓夷陵，楚襄王兵散，遂不复战，东北保于陈城。二十二年，秦复拔我巫、黔中郡。"盖巫、郢一航可达，所谓"朝发白帝，暮宿江陵"，楚上游之险，惟在于此。怀王虽被留，犹不肯割以予秦；襄王既立，宜置重兵戍守，而当时绝未念及，故玉以赋感之。人情不肯相舍者，莫如男女，故以狎爱之辞为喻。《神女赋》但道瑰姿玮态，《高唐赋》则极道山川险峻，至有"虎豹豺兕，失气恐喙，雕鹗鹰鹞，飞扬伏窜"诸语，岂叙狎爱所当尔乎？此二赋盖作于襄王初载，至二十年后，其事乃验。[①]

是说至确。赋之末言："王将欲往见之，先必斋戒，差时择日。……往自今，思万方，忧国害，开贤圣，辅不逮。"即劝王于巫山，宜加措意，其托讽之意尤显。明乎此，则《高唐赋》之述巫山，非寻常之敷陈，实有至大之含旨。而此巫山即巫、黔之巫无疑。

尚有证者，祀高阳之高唐观在巫山，故亦称"巫山之台"。其台所以在巫山者，亦非出于偶然。考楚人发迹丹阳，丹阳盖在丹山之北，地正与巫山为邻，《山海经·海内南经》："夏后启之臣曰孟涂，是司神于巴人。……居山上，在丹山西。丹山在丹阳南。"[②] 郦道元曰："丹山西，即巫山者也。"楚人居丹阳，必禘其远祖高阳于此。巫山与丹山接境，楚人踪迹所及，故巫山亦有高阳之庙焉。故知高唐观所在之巫山，非丹山西之巫山固莫属矣。

或问，《江水注》云："丹山西即巫山，帝女居焉，宋玉所谓天帝之季女瑶姬。"高唐既为楚祀其远祖高阳氏之观，何以有瑶姬故事流传于其间乎？答曰：瑶姬盖瑶台女，即有娀女。《离骚》："望瑶台之偃蹇兮，见有娀之佚女。"有娀女见于古本《竹书纪年》云："后桀伐岷山，进女于桀二人。曰琬，曰琰，桀受其二女，而弃其元妃于洛，曰末喜氏。末喜氏以与伊尹交，遂以间夏。"[③] 盖为夏桀故事。按《渚宫旧事》引宋玉赋作"夏姬之季女，名曰瑶

① 《制言》十四期《葑汉闲话》二十五。

② "丹山在丹阳南"语，《水经注》引作郭景纯云云。

③ 《御览》百三十五引。

姬”。是高唐之传说，确与夏有关，证之《纪年》，乃后桀事。《天问》：“桀伐蒙山，何所得焉。”蒙山即岷山，为蜀地山名，以是知瑶姬故事曾讹传及于蜀，岷巫相迩，故岷山之故事，复流传于巫山。[①] 巫山有高阳观，高阳称“帝高阳”，而瑶姬称“帝女”，故遂傅会为一，于是祀高阳之高唐观，遂有夏帝季女瑶姬之神话矣。

《山海经·大荒西经》：“有人无首操戈盾立，名曰夏耕之尸，故成阳伐夏桀于章山克之，斩耕厥前。耕既立，无首，走厥咎，乃降于巫山。”郭注：“于章，山名。”今按“于”字乃助词，当云“章，山名”。章山今湖北安陆西章山，巫山今四川巫县巫山，由章山西百里，可抵巫山。夏亡之传说，既与巫山有关，而古书皆载夏亡由于有仍女[②]，有仍女即瑶姬，是知巫山有瑶姬故事，乃因夏亡故事而牵合附会也。古代神话，多出于若干传说之凑合演变，斯其一例矣。[③]

附　伯庸考

（一）

《离骚》：“帝高阳之苗裔兮，朕皇考曰伯庸。”王逸注云：“父死称考。”此以皇考为屈原父。《文选》五臣注驳之，谓“为人子忍直斥其父名”。王闿运、闻一多俱谓皇考当训祖考，即屈原远祖，亦楚太祖，而未详何人。案皇字，古金文多作“皇”形，像日光四射，本义即“煌”，所以表盛美，故与“光”、“烈”、“文”等字同义。金文颂辞屡用“皇祖”、“皇父”、“皇叔”，《诗》、《书》有“烈考”、“文考”与“皇考”，义并同。“皇考”即“太祖”，原与楚同姓，则原之皇考，当亦楚之太祖，诚无疑也。伯庸者何人，以予考之，其殆祝融乎！

《楚世家》：“楚之先祖，出于帝颛顼高阳，高阳生称，称生卷章，卷章生重黎，重黎为帝喾高辛氏居火正，甚有功，能光融天下，帝喾命曰‘祝融’……楚其后也。”

《周语上》：“夏之兴也，融降于崇山。”韦昭注：“融，祝融也。”

《郑语》：“楚为重黎之后，其言曰：融之兴者，其在芈姓乎！”

---

① 按桀伐蒙山本东蒙，在鲁西，详顾颉刚《有仍国考》。蜀地有蒙山，故传为一事。

② 即有娀。

③ 按闻一多有《高唐神女传说之分析》一文，可参看。

是祝融盖楚先，其名本单称曰“融”。“融”、“庸”音同，字通，《路史后纪》四“祝融”，字正作“祝庸”。“伯”者，爵名，庸之称“伯庸”，犹“鲧”之称“伯鲧”，禹之称“伯禹”。伯爵自后人所名，“伯”字于古当训大。《汉书·地理志》：“河南新郑为高辛氏正祝融之虚。”郑为祝融之虚，《诗桧风谱》、《续汉郡国志》俱言之。即伯庸之所封也。

其称“祝融”者，“融”本其名；“祝”则附加形容词。左昭二十九年《传》：“火正曰祝融。”贾逵注：“祝，甚也；融，明也。”又《史记注》引虞翻曰：“祝，大；融，明也。”又引韦昭曰：“祝，始也。”是“祝”即甚大之意，《楚世家》所谓“甚有功，能光融天下”，即其名之取义也。

梁玉绳《人表考》云：“古帝有祝融氏，《庄子·胠箧》、《六韬·大明》，及《白虎通》、《风俗通》诸书俱述之，介羲、农之间，以火施化号炎帝。后世因而神之，遂以‘祝融’名官。”按融古或有其人，后加以神化耳。其取之列于四时之夏官者，当由五德之说盛行，始以配合。《左传》：“颛顼氏有子曰犁，为祝融。”《楚世家》则以重黎为颛顼曾孙。古帝王世袭，传闻多歧出；要其出于颛顼，为楚先祖，各书皆同，与《离骚》所云“帝高阳之苗裔兮，朕皇考曰伯庸”说正吻合。刘向《九叹·逢纷》云：“伊伯庸之末胄兮，谅皇直之屈原。云余肇祖于高阳兮，惟楚怀之蝉连。”所称“伯庸末胄”，则“伯庸”之非“屈原”之父，于此益信。观《离骚》伯庸之与高阳并提，其为楚远祖之“祝融”，非无据矣。

（二）

楚始封创业之君，实为熊绎，熊绎亦作熊盈，盖取远祖作庸之名以为名。

《楚世家》：“周成王封熊绎于楚蛮，封以子男之田，姓芈氏。”

左昭十二年《传》：“右尹子革对楚子云：‘昔我先王熊绎僻在荆山，筚路蓝缕，以处草莽。’”

《逸周书·作雒解》：“周公立，相天子，三叔及殷、东、徐、奄及熊盈以畔。”

“熊盈”与“熊绎”，并当成王之世，盖同为一人，孙海波氏已证明之。予按“融”、“庸”、“盈”、“绎”四字，俱隶喉音喻纽，以声类求之，实同一名。观《周语》、《郑语》，“祝融”之名，本只称曰“融”，是其加爵号或形容词者，则称为“伯庸”，为“祝融”或“祝庸”；其加楚之姓者，则呼为“熊绎”或“熊盈”，盖本一名，特所加姓氏爵号不同而已。祝融为熊盈之祖，或必诘曰：“祖孙何得而同名?”答曰：“古之祖孙，常同称谓，如楚顷襄王父称怀王，其孙心于楚汉间立为帝，亦称怀王。”固不嫌同号，祝融为高辛氏后之光大者，故熊绎取其名以自名，或者示其功绩足与侔比欤。熊绎为楚始封之君，亦屈原之远祖，《离骚》称“皇考伯庸”，苟谓为熊绎，似亦无不可，特不知屈子作骚时，意指“祝融”抑为“熊绎”，九原之下，难起质证，故存二说，以备参考，庶几不悖多闻阙疑之旨云尔。

此文少作，未有定见，姑存之备览。英儒《楚辞》研究巨擘 David Hawkes 君颇韪余号，屡称道之。此岁铜器出土甚夥，长安张家坡窖藏器云：

伯庸父作叔姬鬲（金文集成六一）

字作“白父”，称父为尊称。他器如“白狱（猃）父”（《集成》六七一）之例。是“伯庸”一名，已见于西周彝铭。屈原先人名号与之相同。而祝融屡见于楚简与帛书，皆称“祝融”，无借用他字者，是伯庸不必读作“伯融”。赵逵夫谓熊渠世子勾亶王，封于勾澨，在古庸国。以“伯庸”说之，视伯庸是勾亶王，仍觉牵强。以资料所限，无须穿凿。刘向《九叹》开端即言“伊伯庸之末胄兮，谅皇直之屈原。云余肇祖于高阳兮，惟楚怀之蝉连”。王逸《章句》：“言屈原承伯庸之后。”与《离骚章句》“屈原言我父伯庸”，先后矛盾。固知西汉时学人，原主“伯庸末胄之说”，不以伯庸是原之父名也。

释阰

《离骚》：“朝搴阰之木兰兮。”王注：“阰，山名。”《史记·叔孙通传索隐》引《埤苍》云：“阰山在楚，音毗。”《玉篇·阜部》“阰”下云：“山名，在楚。”《广韵·六脂》“阰”下云：“山名，在楚南。”洪兴祖《楚辞补注》与《广韵》同。阰之为楚南山名，自王逸以来无异辞。戴震《屈赋通释》：“南楚语：小阜曰毗，大阜曰阰。”而俞樾谓：“下句‘夕揽洲之宿莽’，‘洲’非水名，则‘阰’亦非山名。阰者，坒之叚字，《说文·土部》：‘坒，地相次比也。’地相次比谓之坒，水中可居者谓之洲，皆非实有可指之地。”[①] 胡韫玉亦云：“《说文》无‘阰’字，惟陭、陂、阺，皆为陵坂之名，三字俱与阰音相

① 《俞楼什纂》二十四读《楚辞》。

近，疑即相类。观下句‘洲’字只通言之，则‘阰’亦未必有专属之山也。”[①]俞、胡从文例说“阰”非地名，乃普通名词。李翘《屈宋方言考》则据王注《埤苍》以非俞说。

今按：《离骚》经文偶句，若“朝发轫于天津兮，夕予至乎西极”。王注：“天津，箕斗之间汉津也。”而“西极”乃泛称地名；他若《涉江》：“步予马兮山皋，邸予车兮方林。”方林为地名[②]，“山皋”则通名；司马相如《上林赋》：“左苍梧，右西极。”苍梧为地名，西极则非地名，以是例之，地名不必以地名为对语，亦文例之一种。“阰”与“洲”为对文，以“阰”为实指山名，亦无不可也。惟叔师释沘字为山名，后人更实之云“在楚南”。惜各家诠释太简，莫详其为何山。考《广韵·六脂》有云：“沘，水名，在楚。”沘水在楚，沘山亦在楚。沘、阰俱从比声，则沘水与沘山当有关。《汉书·地理志》庐江郡灊下云：“沘山，沘水所出，北至寿春入芍陂。”沘山即阰矣。《水经》：“沘水出庐江灊县西南霍山东北，东北过六县东北入于淮。”郦注云：“《地理志》云：‘沘水出沘山’，不言霍山，沘字或作淠。”[③]按今安徽霍山县淠河出县南境山，北流至六安，一名白沙河[④]，即沘水也。《集韵》：“沘水出庐江天柱山。”然《汉志》庐江郡灊下言：“天柱山在南。”又言：“沘山，沘水所出。”是天柱山与沘山明为二山。《水道提纲》：“淠河出霍山县南灊山县西北境山。”《汉志》所谓“沘山”，当即此一带之山矣。《水经》：“淮水又东至九江寿春县西，沘水泄水合北注之。”注引文颖曰：“《史记·货殖列传》曰：‘衡山、九江、江南、豫章、长沙为南楚。’”是沘水在南楚之境，沘水出于沘山，沘山即阰，旧注：“阰山在楚南”，与此正合。

或必疑阰山见于《离骚》，而《离骚》据《史记·屈原传》乃作于怀王见疏之后，时未见放，不宜有淮域之地名。予谓《报任安书》言：“屈原放逐，乃赋《离骚》。”似作《骚》在顷襄王怒迁屈原之时，龚景瀚据《史》文推勘，言“《离骚》作于怀王不返，顷襄未立时”。近人游国恩以《骚》中有“美人迟暮”、“老冉冉其将至”语，定作于顷襄三年以后。郭沫若则谓《离骚》与《怀沙》、《惜往日》等篇之言赴渊，辞旨多合；且有“济沅、湘以南征”语，

① 《离骚补释》，见《国粹学报》第71期。

② 即《范林》。

③ 按此淠字非《说文》出汝南弋阳垂山之淠。吴卓信引《说文》淠以说沘，非也。段玉裁曰：“《说文》有淠，无沘，前志有沘无淠，不得混为一水。”是。

④ 《汉书地理志水道图说》，亦详《清一统志》。

足证其作期在到江南以后。说皆甚辨。总之，《离骚》作期，当如郭说。原之放于江南，《哀郢》云："当陵阳之焉至。"《招魂》云："路贯庐江兮左长薄。"则庐江固屈原所亲履之地也。《离骚》："汩予若将不及兮，恐年岁之不吾与。"二句下即接"朝搴阰之木兰"语。又言"惟草木之零落兮，恐美人之迟暮，不抚壮而弃秽兮，何不改乎此度也。乘骐骥以驰骋兮，来吾道乎先路"。即自言衰年逢谴，乃守贞固，以赴长路。《骚》末言"仆夫悲余马怀兮，蜷局顾而不行"。则其追记南征时，思乡之忱甚明。所谓"搴阰之木兰"，自为"路贯庐江"时之事。然则如王注以"阰"为山名，有所专指，依予所考，即庐江沘山也。[①]

说沧浪之水

《楚辞·渔父》云："屈原既放，游于江潭。行吟泽畔，颜色憔悴。渔父见而问之，曰：'子非三闾大夫欤？何故至于斯？'屈原曰：'……宁赴湘流，葬于江鱼之腹中。安能以皓皓之白，而蒙世俗之尘埃乎？'渔父莞尔而笑，鼓枻而去。乃歌曰：'沧浪之水清兮，可以濯我缨；沧浪之水浊兮，可以濯我足。'遂去不复与言。"近人多疑《渔父》出自伪托。[②] 其理由为：

（一）此篇首言屈原字姓，用第三者口吻。

（二）文体与他篇迥殊。今按用第三者口吻者，盖以其文假为渔父问答，不能不尔。[③] 至于文体，则属难言，观《天问》之异乎《离骚》、《九歌》，岂《天问》亦非出屈原之手乎？此种反证，难为的论。而世人又别于渔父所歌之沧浪为疑，究亦误解。

《孟子·离娄》曰："不仁者可与言哉，安其危而利其菑，乐其所以亡者。不仁，不可与言，则何亡国败家之有。有孺子歌曰：'沧浪之水清兮，可以濯我缨；沧浪之水浊兮，可以濯我足。'孔子曰：'小子听之，清斯濯缨，浊斯濯足，自取之也。'夫人必自侮，然后人侮之，众必自毁，而后人毁之；国必自伐，而后人伐之；太甲曰：'天作孽，犹可违，自作孽，不可活。'此之谓

---

① 《离骚》："朝发轫于苍梧兮，夕予至乎县圃。""夕归次于穷石兮，朝濯发乎洧盘。""朝发轫于天津兮，夕予至乎西极。"等地名，乃驰骋设辞以表其申诉无由之怨，与"朝搴阰之木兰"之有所实指者异矣。

② 如崔述《考古续说》、游国恩《楚辞概论》等是。

③ 后世自撰之文章用此例者甚多。

也。”考孔子以哀公六年自楚反乎卫①，孺子之歌，当为孔子闻于楚者，盖汉、沔间流行童谣也。其寓指见于孔子所申明者，为清浊由人自取。孟子因推之谓人之安危，皆由于己，而其所以亡者，以不仁，而又不可与言故也。屈原伤怀王之无用，不明忠臣之分，蹙地丧师，昏愚无知，不仁至极；又悲顷襄之复不纳其言，于是假渔父之问答，采孺子之歌，用托其意，要亦以示不仁者，安危利菑，乐其所以亡者，不足与为言耳。其义本取乎此，故不得不以文体为问答，宋玉之《对楚王问》，即放此也。② 史公为《屈原传》，叙其见迁于顷襄，至江滨，披发行吟泽畔，有渔父与之问答，即取此篇以为原被放江南之实录。③ 此篇言游于江潭，宁赴湘流，则其时屈原行迹，自在江南可知。《沧浪之歌》，盖屈原取其辞以为意，无与于流放之地望也。然后人不问作者取义所在，妄以其文有“沧浪”之语，遂据以定屈原流放之地，理纷说纽，而本指益乖矣。

王夫之《楚辞通释七·渔父序》曰：“汉水东为沧浪之水，在今均州武当山东南，渔父触景起兴，则此篇为怀王时，退居汉北所作可知，《孟子》亦载此歌，盖亦孔子自叶、邓适楚时，所闻汉上之风谣也。”案：《沧浪之歌》，自为汉上流行之风谣，观孔子、孟子所述，此歌非为无聊之倡，实含极深之旨者。屈原，楚人，故采用之，以寓其意。此歌初见于《孟子》，盖为“孺子之歌”，而屈原采之，则以为“渔父之辞”，由是观之，渔父之出于假托，非真有其人甚明。④ 王谓渔父触景起兴，盖以为实，误也！沧浪所在，自来各执一说。

（一）有泛言其地在汉水、夏水之域，而不明指在某州某县者，此近古之说也。

(1)《地说》：“（汉）水出荆山，东南流为沧浪之水，是近楚都。故《渔父歌》曰：沧浪之水清兮。”⑤

① 见《史记·孔子世家》。

② 《新序》以《对楚王问》当故事记载，或谓可为古代用第三者语气之文章多非本人自作之证。然《新序》乃杂采前人之文为书，其剪裁改体之例实夥，不足为据。

③ 《史记》多采寓言，盖史公借以抒愤耳。

④ 《汉书·古今人表》屈原下有渔父。王若虚《滹南集辨》曰《离骚·渔父》篇假设以见意尔。

⑤ 见《水经注》二十八引。《史记正义》引作《地记》。《禹贡》郑注、《汉书·地理志》颜注，即援此为说。《水经·沔水注》云：“按《尚书·禹贡》言导漾水东流为汉，又东为沧浪之水，不言‘过’而言‘为’者，明非他水决入也，盖汉、沔自下，有沧浪通称耳。缠络鄢郢，地连纪、都，咸楚都矣。”（胡渭曰：“自均州以至汉阳，皆名沧浪之水，故曰是近楚邦。”渔父歌之，不违水地。考按经传，宜以《尚书》为正耳。）洪兴祖《楚辞补注》、戴震《屈原赋通释·山川地名》采此说。

(2)《初学记七·地部·汉水》条："沔水故有汉、沔之名，又东至竟陵，合沧浪之水。"注："即屈原遇渔父处。"

上以为在汉水，近楚都。

(1)《永初山川记》："夏水，古文以为沧浪，即渔父所歌也。"①

(2)《史记索隐》②："马融、郑玄皆以沧浪为夏水，即汉河之别流。《渔父歌》曰：'沧浪之水清兮，可以濯我缨。'是此水也。"

上以为在夏水。③

（二）有确指其地在某州某县者，此后人之说也。

(1)《汉水记》："武当县西四十里，汉水中有洲名沧浪洲也。"④

(2)《沔水注》："武当县西北四十里，汉水中，有洲名沧浪洲，庾仲雍《汉水记》谓之千龄洲，非也⑤。是世俗语讹，音与字变矣。"

(3)《括地志》："均州武当县有沧浪水。"⑥

(4)《荆州图经》："武当县西北四十里有沧浪洲，长四里，广十三里。《禹贡》称：'汉水东流为沧浪。'疑此洲是也。"

(5)《元和郡县图志》二十四均州武当县："汉水去县西北四十里，水中有洲名沧浪洲，即《禹贡》云'又东为沧浪之水'。"

上以为均州武当县。⑦

(1)《舆地纪胜》七十九汉阳军景物上："汉水即孺子歌沧浪濯缨处。"《寰宇记》云："汉水一名沔水。"又刘澄之《永初山川记》云："沔口古文以为沧浪水，即屈原遇渔父，所云'沧浪之水'是也。"

---

① 《水经注》三十二夏水注引。

② 《夏本纪》沧浪之水注。

③ 按吴卓信《汉志补注》曰："夏水在今荆州府监利县东南，所谓鲁洑江也。马融、郑康成皆以为夏水，即沧浪之水来会，误矣。"

④ 《夏本纪正义》引。

⑤ 按《正义》引作沧浪洲。

⑥ 《夏本纪正义》引。

⑦ 今湖北均县，案皆本《水经注》为说。《隋图经》："汉水径琵琶谷至沧浪洲，即渔父棹歌处。"《太平寰宇记》一百四十三引在郧乡县。乾隆《襄阳府志》五古迹云："沧浪亭均洲东北三里，滨汉江。《水经注》于此载渔父《沧浪之歌》，今有'孺子歌处'四大字，刻于崖石。案此亭去沧浪洲不四十里，而去州城仅三里，当为置州后所建。"

上以为在汉阳汉水。[①]

(1)《元丰九域志》：龙阳有沧浪水。

(2)《明一统志》："自沧、浪二山发源合流，为沧浪之水，《楚辞》屈原行吟泽畔，遇渔父歌沧浪即此。"[②]

(3)《太平寰宇记补阙》下六龙阳县："沧浪水在县西，《清一统志》注引《寰宇记》：'沧、浪二水合流，乃渔父濯缨之处。'"

(4) 嘉庆《常德府志五·山川考》龙阳县："沧浪水，县西十五里，一名沧港，上有沧溪寺，三闾大夫祠。"

上以为在龙阳县。[③]

(1)《御览》六十二地部二十七汉沔条引《水经注》及《山海经》云："汉水东南至葭萌与羌水合，至江夏安陆县名沔水，故有汉沔水之名，又东至竟陵合沧浪之水。"注："即屈原遇渔父处。"

上以为竟陵汉水。[④]

(1)《太平寰宇记》："邵阳县有渔父庙，屈原所逢渔父于此，今有渔父庙在焉。"[⑤]

上以为在邵阳。[⑥]

(1)《舆地纪胜》六十二荆湖南路武冈军景物下："沧浪水即屈原见渔父处。"

(2)《太平寰宇记》武冈县有招屈亭、沧浪水、渔父亭，即渔父见屈原处。[⑦]

上以为在武冈。[⑧]

---

① 今湖北汉阳县。

② 沧水源出武陵沧山，流四十里，合浪水；浪水源出龙阳浪山，二水合流谓之沧浪水。

③ 今湖南汉寿县。案《御览》引《永初山川记》云："沧浪之水合流出镡成界，此盖后人名之，非古沧浪也。"《古逸丛书》本《寰宇记》镡成作镡城，亦引此。同治《武陵县志》三沧水按语以为屈原遇渔父，当在枉渚辰阳间，即沧水，殊误。

④ 今湖北天门县。

⑤ 《古逸》本。

⑥ 今湖南宝庆县。

⑦ 《古逸》本。

⑧ 今湖南武冈县。

(1) 光绪《荆州府志》七："濯缨台在城西，疑取《楚辞》中沧浪水清，可以濯缨"句意。

上以为在江陵。[①]

(1) 又《纪胜》六十四江陵府上景物下："濯缨台在监利县东三里，《旧经》云：屈原濯缨处。"[②]

上以为在监利县。[③]

诸家所述，至为纷纽。大抵后来之说，多出于附会，盖本诸传说而造为地名以实之。予案，《孟子》未曾明言其地所在，今乃欲确指其在某州或某县，微特必不正确，且亦属无谓。近古之说，但泛言汉、夏之域，虽非定见，究亦有理。[④] 惟必引渔父之歌为证，则太信有渔父其人，终未近情实耳。予意不若指为孺子之歌，较为适当。盖渔父乃屈原所假托，非实录也。明乎此，则辞中所言之沧浪，自非屈原亲到之地，乃孺子歌所产之地哉。究无与于屈原迁徙之地望，可不必沾沾执为居汉北佐证。[⑤] 焦循《孟子正义》曰："歌出孺子，孔子所闻，远在屈原之前，屈原取此假为渔父之辞耳，非其本也。"此论最洽，可破数千载之惑。又其论沧浪之义曰："沧浪是夏水，本以清得名，则其清是水，然浊乃习染。下云'自侮自毁自伐'，俱从'浊斯濯足'相贯，是本可濯缨，由自浊而濯足，人本可活，由自作孽而不可活，自作孽不可活，是本清而自变为浊，由善而恶也。不仁而可与言，是既浊而自改为清，由恶而善也。清斯濯缨，承上；浊斯濯足，起下；尊而贱，贱而尊，皆自取矣。"说亦谛。屈原感楚王不用其言，故托此歌假为渔父以寓意，征诸《孟子》，其用意所在至显也。后人不悟其义，哓哓地望之辨，亦徒见其词费，而因以致疑于《渔父》之为伪作，又无谓已。

予谓据《渔父》文中"宁赴湘流"，可为原时行迹在江南之证。惟"湘

① 今湖北江陵县。

② 亦见光绪《荆州府志》七，云在县北七十里。

③ 今湖北监利县。

④ 《明一统志》："山东兖州府峄县北车稍山下有沧浪渊，即孺子濯缨处。"或言即"孟子之沧浪"，不知沧浪之水，必不若是其小，此乃后人所名。乾隆《襄阳府志》曰："康熙中，知州王民皞修《太和山志》谓孺子所歌在邹鲁之峄山，渔父所歌，在湖南龙阳。"析为二地，尤不足为确论。

⑤ 沧浪之为何水，清王鸣盛辨证，至为详覆，谓常为夏水，见《尚书后案》。又阎氏《四书释地》亦详，可参考。

流”《史记》作“常流”，《索隐》：“常流，犹长流也。”贾生《吊屈原辞》有云：“侧闻屈原兮，自沉汨罗，造托湘流兮，敬吊先生。”贾生谪长沙，则此“湘流”自是湖南之湘水无疑。观史公引《渔父辞》后即接以“《怀沙》之赋”，所谓“汨徂南土，浩浩沅、湘”。正以为原自郢下湘矣。《渔父》篇追叙其既放，游于江潭，则其时原尚未入湘境，故下云“宁赴湘流”，则表示其将“汨徂南土”甚明也。近人钱穆先生以《渔父》沧浪为原居汉北一助证。谓：“郦元以汉沔自下有沧浪通称，而不知渔父所歌，屈原所居，自在汉北，故必引而南之，谓其不违水地。”① 是亦误认以沧浪为屈原流放之地，盖未深考。

涔阳考

《湘君》：“望涔阳兮极浦。”许慎《说文》云：“涔阳渚在郢。”② 王逸《楚辞章句》：“涔阳，江碕名，附近郢。”《文选》吕向注：“涔阳浦接于楚都。”③ 是本许、王说。曰“渚”曰“江碕”曰“浦”，盖从本文“极浦”设训。④ 此以为洲渚名，近郢，汉、唐人之说也。

洪兴祖《楚辞补注》：“今澧州有涔阳浦。”胡渭《禹贡锥指》谓：“《九歌》涔阳，公安旧县东南有涔阳镇，即其地。”《寰宇记》百四十六：“公安县，涔港在县西六十里。”⑤ 曰“镇”，曰“港”，当由后人推而名之，此以为在公安或澧，宋后人之说也。

《玉篇》十九：“涔，字廉切；涔阳，地名。”唐戎昱诗：“涔阳儿女花满头，毵毵同泛木兰舟。”⑥ 又诗云：“寒食涔阳诸小儿，齐歌齐舞带花枝。”又云：“不须桂岭居天末，但见涔阳在眼前。”⑦ 卢肇诗：“君梦涔阳月，中秋忆棹歌。”⑧ 又李群玉有《送客往涔阳诗》，又有《登涔阳城诗》⑨，是唐时有涔阳城矣。杜牧之有《登澧州驿寄京兆韦尹诗》云：“一话涔阳旧使君，郡人回

① 见《楚辞地名考》。

② 此据《系传》。铉本有“中”字。

③ 《哀江南赋》倪璠注引此。

④ 碕，江岸，与渚浦义近。《九叹·离世》：“迈江曲之逶移兮，触石碕而冲游。”言碕不及涔阳之名。

⑤ 当缘涔水得名。杨守敬《隋书地理志考证》采此。

⑥ 《全唐诗》十《采莲曲》第三首。

⑦ 《舆地纪胜》七十澧州引。《全唐诗》无之。

⑧ 《送李群玉》。

⑨ 俱见《李集》。《后集》四。

首望青云。”① 又有《为堂兄慥求澧州启》云：“授以涔阳，活于阖门。”② 求澧州而曰“授涔阳”，是唐人称澧州曰涔阳也。所云“涔阳城”，即指“澧州城”也。两《唐书·地理志》，澧州不称涔阳，知词人以古地名称之。此又涔阳之变称矣。

考涔阳以在涔水北得名，涔水者，《水经》：“澧水又东过作唐县北。”注云：“澧水入县左合涔水，水出西北天门郡界，南流迳涔坪屯，屯堨涔水溉田数千亩。又东南流注于澧水。”《澧州志》：“涔水为岷江别派，从公安入境为四水口，又东南流过焦圻一箭河至汇口入澧，故称涔、澧。”③ 胡渭曰：“自屈原《九歌》云：‘望涔阳兮极浦，横大江兮扬灵。’盖涔阳在涔水之北，大江又在涔阳之北，则战国时固以北江为正流而南江为涔水矣。”汪士铎亦曰：“虎渡口为南江遗迹可信，曾证以‘望涔阳兮极浦，横大江兮扬舲’，惟澧为江流涔河，始云极浦，涔河南入澧，在今扬潭河东。”④ 涔水是否南江，姑勿论，而涔阳之名由于涔水可无疑。

段玉裁不以胡说为然。谓：“许曰‘在郢’，王曰‘附近郢’；许云‘渚名’，王云‘江碕名’，皆不云有涔水，谓近郢滨大江之洲渚耳，近儒说未可信。”⑤ 案《湘君》“涔阳极浦”初意当谓涔水以北之远浦。涔阳未必为浦名。考其文曰“驾飞龙兮北征，邅吾道兮洞庭”，此湘君转行向北，故取道于洞庭。涔水在洞庭西北，适当洞庭前，自南遥瞩涔水以北之远渚，则云“望涔阳兮极浦”。涔水以北，大江在焉，故续曰“横大江兮扬灵”也。盖湘水以北为洞庭，洞庭以北为涔水，涔水又北则为大江，以涔阳为涔水，位置固甚合。且从其对文之大江言之，涔亦以指涔水为当。在文理上，“望涔阳兮极浦”，涔阳亦不宜解为浦名。⑥《湘君》文本意当如此。而后人乃误解其意，从“浦”字着意，遂呼近涔水之渚，或江碕曰“涔阳”。盖渚也，江碕也，浦也，之称“涔阳”，自是后人因《楚辞》而名之，非《楚辞》本指也。汉儒说亦未可信。至宋人言，澧州涔阳浦亦当是后人所名。然不名于滨江之郢，而名于近湖之澧，必有其故。《说文》“郢中”，但言楚都前后，未必指其地在郢境，古人语

① 《樊川外集》。《舆地纪胜》荆湖北路此诗两见，一作杜牧，一作李群玉。

② 《樊川文集》十六。

③ 《锥指》“至于东陵下”注引。又桂馥《说文义证》、王筠《说文句读》引同。

④ 《汉志志疑》。

⑤ 《说文·水部》涔字注。

⑥ 近人钱穆释《湘君》此文曰：“自大江北征邅道洞庭，洞庭固在大江之北。”按本文固未言自大江北征，钱君殊误解。

尚概括，而澧与郢相去匪远，谓“涔阳在澧”与近郢说亦无违也。

又考自来涔澧合称亦复掍称，盖涔、澧源异流同。涔水在澧州七十里，会澧水入洞庭[1]，自澧州以东水为涔澧之合，故称为澧水，为涔水，皆可，后世澧州称曰涔阳以此。《湘君》“涔阳极浦”与大江对举，而下文言“捐予玦兮江中，遗予佩兮澧浦”，以澧水之浦与大江对，可知澧浦即涔浦矣。唐李群玉有“涔浦纵孤棹，吴门渺三千”之句，此涔浦亦即指澧浦。由是言之，《九歌》“涔阳极浦”但泛指涔水以北之远浦，与澧水之浦异名同实。而江南初未有涔阳之名，后人乃以《楚辞》推之以为渚名、江碕名、浦名、镇名、港名，更进而以为滨涔水澧州城之名，则又递变之称号，与《九歌》异指。于儒率以为解释，非其本矣。

涔阳所在，亦有异说。近人钱穆以为涔即汉，涔阳即汉水之阳。意欲证成其屈原放居汉北之说，故牵合为言。不知涔出于汉，已另为一水，而非汉矣。《水经》：“涔水出汉中南郑县东旱山，北至安阳，南入于沔。”胡渭曰：“或以为禹贡之潜，非是。”郦注涔水即黄水，此黄水乃汉源之一水，其不得指为汉水[2]甚明也，且据《九歌》言涔北为大江，涔阳浦即澧浦，地望亦与汉域不合。[3] 庾信《哀江南赋》：“辞洞庭兮落木，去涔阳兮极浦。”《古今乐录》：“楚之王子质于秦，思归，作歌：‘洞庭兮木秋，涔阳兮草衰。’”以涔阳与洞庭齐举，亦以为在江域也。[4] 又考古书言涔水者：《山海经·东次二经》：“耿山又南三百里曰卢其之山，无草木，多沙石，沙水出焉，南流注于涔水。”此经之山，毕沅注在山西河南，则此涔水乃在晋、豫之间，是又一涔水矣。《北次三经》：“北嚣之山，涔水出焉，而东流注于邛泽。”《说文·水部》、《广韵》引《文字音义》，“涔水”作“涂水”，王筠曰：“是‘涂’误‘涔’。”仍无确证。若作“涂”者为“涔”误，则又有一涔水在河、汾之间矣。由是知水之名“涔”者至夥，不独江、汉之域有之而已，固不应以有“涔”字而必其为汉水也。

又《荆湖》之涔水，字或作“涔”。《隋书·地理志》（二十六）南郡松滋有“涔水”（百衲本），《集韵》：“涔，郎丁切，水名。”引《楚辞》“望涔阳兮

① 《方舆纪要》七十九《图书集成山川典》三百九十八。

② 郧穰之汉水。

③ 洪兴祖《补注》：“澧州有涔阳浦。”而引《水经》黄水之涔水，殊误。

④ 汉北无洞庭，予有辨。

极浦”。洪兴祖曰：“其字从令。”① 桂馥曰：“未知何据。”② 予意恐系误刻。

北姑考

《九章·抽思》篇：

> 低佪夷犹，宿北姑兮。烦冤瞀容，实沛徂兮。

王逸注：“北姑，地名。”而不言所在。自来释《楚辞》者，皆未能详。予考，北姑即齐地之薄姑也。

左昭九年《传》：“蒲姑、商、奄，吾东土也。”服虔曰：“蒲姑、商、奄，滨东海者也，蒲姑，齐也。”又二十年《传》：“晏子曰：‘昔爽鸠氏如居其地，季萴因之，有逢、伯陵因之，蒲姑氏因之，而后太公因之。’”《史记·齐世家》：“胡公徙都薄姑。”

蒲姑即薄姑，古为奄君之名。③ 后人取以名其所居之地。后为齐都。北，薄声同，知北姑与薄姑、蒲姑本一名而异文。《续汉郡国志》：“乐安博昌县北有薄姑城。”④《史记正义》引《括地志》：“薄姑城在青州博昌县东北六十里。”薄姑地，盖在今山东博兴县东北也。

知北姑为薄姑，而《抽思》言宿于北姑，则《抽思》当作于使齐时。考屈原两为齐使，古史书载之颇详。《史记·屈原传》云：

> 屈平既疏，不复在位，使于齐，顾反，谏怀王曰：“何不杀张仪？”怀王悔，追张仪不及。

此原第一次使齐也。《新序·节士》篇：

> 复用屈原，屈原使齐。后秦嫁女于楚，与怀王为蓝田之会，屈原以为秦不可信，群臣皆以为可会，怀王遂会，果见囚拘，客死于秦。

---

① 《楚辞补注》。
② 《说文义证》。
③ 见《周本纪》。
④ 《左传杜注》同。

此原第二次使齐也。如《新序》，言怀王之会秦武关，正值屈原第二次出使在齐，时虽力主不当会秦，卒以远隔朝列，不能死谏而获效。《抽思》之作，其意在伤怀王入秦之无识。所谓："有鸟自南兮，来集汉北。好姱佳丽兮，牉独处此异域。既茕独而不群兮，又无良媒在其侧。"即指怀王与细人入秦，渡汉而北，孤处异域，无謇直善谋之臣在其侧也。[1] 故《抽思》作期，当在怀王入秦之后。以"宿北姑"语证之，原时正在齐也。观《抽思》文曰"实沛徂兮"，曰"路远处幽，又无行媒"，曰"道思作颂"，则其时原或被召，自齐将返郢也。

自"北姑"地望不明，言《楚辞》者于《抽思》写作时地，遂无定说，今得考正，知彼主《抽思》为原放居汉北或江南时所作，说并诬妄，且借见《九章》非尽南迁之作品也。

附录 抽思解

屈原居汉北，史籍绝无明言，征诸《楚辞》，亦无确证。然自来论《楚辞》者多主其说，自王船山[2]、屈复[3]、林云铭[4]、蒋骥[5]、方晞原[6]，至近人钱宾四、游国恩诸先生皆是，其所资为证明者，多以《抽思》"有鸟自南兮，来集汉北"一语，然兹事究不足以为证。按屈赋中有"汉北"二字者，《抽思》此语而已。兹应探究之问题者，即"鸟"字果何所指，为屈原自请乎？抑别有他喻乎？世之解者，皆谓屈原自喻，故执为屈子放居汉北之证。

游国恩曰："《九章·抽思》一篇，乃自叙述放逐之作。盖汉北今郧、襄之地，在郢都之北，屈子以鸟自喻，而言来集汉北；又以美人自喻，而言独处异域，则其为迁谪之辞无疑也。观其欲自申而南望，魂游郢而南指，聊娱心而南行，则所谓自南而来汉北者，明指自郢而北迁于此，又无疑也。"[7] 予谓"有鸟"一语，非屈子自喻，乃指怀王也。姚姬传谓："此指怀王入秦，渡汉而北，故屈子托言有鸟，而悲伤其南望郢都而不得反。"此说有是有不是。

---

① 详《抽思解》。
② 《楚辞通释》。
③ 《楚辞新注》。
④ 《楚辞灯》。
⑤ 《楚辞注》。
⑥ 戴震《屈原赋注》引。
⑦ 《读骚论微初集》。

以“有鸟”指怀王，至确；以“望郢都”亦怀王之事，则非也。刘永济斥姚说与下文意不通贯，未得文义，不可从。[①] 因亦谓此为屈子居汉北之喻，亦未中肯。今录《抽思》自倡曰以下文于下，为疏释焉。

有鸟自南兮，来集汉北。

此言怀王入秦，渡汉而北。“自南”，言自楚也。“汉北”非必指楚属宛、邓，凡汉水以北，皆可有是称。秦在楚北，故云然也。词章家立言多浑括，况假托之辞，自不明指。[②]

好姱佳丽兮，牉独处此异域。

“好姱佳丽兮”，美人也；美人，即君王也。秦非楚土，故云异域。

既茕独而不群兮，又无良媒在其侧。

此指怀王最显。《思美人》：“思美人兮，擥涕而伫眙，媒绝路阻兮，言不可结而诒。”

此篇下文亦云：“理弱而媒不通兮，尚不知余之从容。”意皆相似。《周礼·媒氏》注：“媒之言谋也。”《广雅》四：“媒，谋也。”《楚辞》言“媒”盖即“谋”也。旧注作左右之臣或良友解，并谬。此二语伤怀王入秦之孤窘，无善谋之臣在其侧也。

道卓远而日忘兮，愿自申而不得。

按此言与怀王相去道远，且日忘矣。欲自申其谋，亦不可得矣。《思美人》所谓“申旦以舒情兮，志沉菀而莫达”是也。自“有鸟”以下，至“道卓远而日忘”七句，皆指怀王。“愿自申而不得”句，始折入自己。自来多以八句尽为屈原自谓，究非。读者审其文义可知矣。

---

① 《九章通笺》。

② 王逸以为此屈原自喻生楚国，尤非。

望北山而流涕兮，临流水而太息。

《章句》曰："北山一作南山。"王氏《通释》作"北"，戴本作"南"。刘永济指戴氏《屈赋注》谓"北山即纪山，以位纪城北，故名北山。屈子在汉北，望故都之山而流涕也"。是亦不然，此盖泛言汉北之山，不必指定何山。《思美人》："指嶓冢之西隈兮，与纁黄以为期。"嶓冢在今陕西沔县西，战国时秦南境也，怀王入秦，故屈子举以为言。《抽思》之"北山"，大约亦指嶓冢一带之山汉水以北，近秦之山也。盖有怀于怀王，故云然。王夫之曰："北山，襄邓西北楚塞之山。"刘永济曰："姜齐盖亦以纪山在汉南，不应称北，故以楚北塞之山当之。不悟北固山名，不必以在望者之南为嫌也。"按"纪山"又名"北山"，迄无实证，不得据以驳王。北山要宜以泛指为是。一本作"南山"，刘永济曰："因说有鸟自南，来集汉北，为屈子退居汉北，纪郢位汉南，从汉北望之，则山在南，故改为南山也。"亦是一说。惟作"北山"义为尤达。

望孟夏之短夜兮，何晦明之若岁。

上文言："曼遭夜之方长，悲秋风之动容"。与此异时。刘永济曰："明此为追述往事，彼乃即目之景，洪氏朱子以为一时，并认。吴氏以为'孟夏短夜'，盖代设怀王梦归之幻梦，尤为设想太过。"

惟郢路之辽远兮，魂一夕而九逝。

"惟郢路之辽远"句，亦见《哀郢》，意同。"哀故都之日远"是也，刘向《九叹·逢纷》："思南郢之旧俗兮，肠一夕而九运。"注："言思念郢都邑里故俗，肠中愁悴，一夕九转，欲还归也。"

曾不知路之曲直兮，南指月与列星。愿径逝而未得兮，魂识路之营营。何灵魂之信直兮，人之心不与我心同。

一本作"曾不知路之曲直兮，魂识路之营营，何灵魂之信直兮，南指月与列星，愿径逝而未得兮，人之心不与我心同”。文中两言“路”，盖指“郢路”。月与列星，王注：“参差转运相递代也”，盖言岁时之迁递。南指云者，乃作者自抒其南望郢都历数时日迁递之忧思也。指有数义。心切望郢，故曰“魂一夕而九逝，愿径逝而不得”。又姚姬传以“南望郢都”为解，且属之怀王，不悟下文接言“人之心不与我心同”为屈原自述甚显，尤误解文义也。

理弱而媒不通兮，尚不知余之从容。

此亦原自伤楚王之不纳谏也，按自“望北山”以下十四句皆屈原自述之辞。

乱曰：“长濑湍流，泝江潭兮，狂顾南行，聊以娱心兮，轸石崴嵬，蹇吾愿兮。”

王逸曰：“言以思得君命，缘湍濑之上流，上泝江渊而归郢也。”颐谓非也，此原在齐南望郢都，非自江南北望郢也。潭者，洪兴祖曰：“潭水出武陵。一说楚人名深曰潭。”[①] 按此未必指潭水，就其所言之景象观之，则作赋者，盖冀还归于楚。蹇犹言乖也，王夫之以为助词，非也。言临流眄石，佯狂四顾聊以自娱，“南行”乃姑作快意之谈。王夫之以殊时殊地为解，而刘永济申其说曰：“上文南指，乃追维在汉北之情；此文南行，乃远放江南之事。”亦欲曲符其说，不得不分为二时，尤灭裂为解矣。

超回志度，行隐进兮。

王夫之曰：“远忆昔日所秉之志度欲行而伤于进，是以心终不可得而娱也。”

低徊夷犹，宿北姑兮。烦冤瞀容，实沛徂兮。

王夫之曰：“追思前事，故迟回旅宿，心烦容瞀，念此所行，颠沛无聊也。”北姑即薄姑，齐都。原时出使其地。

---

① 《渔父》有“游于江潭”语。“江潭”二字连用，皆非专有名词。

愁叹苦神，灵遥思兮，路远处幽，又无行媒兮。

“无行媒”者，王注：“无绍介也，言无有代道其意者也。”王船山曰：“虽神驰君侧，终无能自达，此即承上神灵遥思而言。”此言“路远处幽”，足见其时身居异国。

道思作颂，聊以自救兮，忧心不遂，斯言谁告兮！

此言无能达情志于君，聊自表白始志。

《抽思》一篇，旧解多未悭。盖皆误以“有鸟”为屈原自喻，今故不揣固陋，别为笺释，以姚说为本，或更得其情实云。

考游国恩必以屈原初放在汉北者，乃信《新序·节士》篇言屈原两度被放，而初放盖尝召回。考之史籍，既无征验，故以《抽思》所言汉北，为原放地以实之。不知《抽思》“有鸟集汉北”不得为屈子自喻，即屈子初放曾召回事，亦属疑问。

《史记·屈原传》：

上官大夫见而欲夺之。屈平不与，因谗之。……怀王怒而疏屈平。……作《离骚》。……屈平既绌，其后秦欲伐齐，齐与楚从亲。惠王患之。乃令张仪佯去秦，厚币委质事楚，曰：“秦甚憎齐；齐与楚从亲，楚诚能绝齐，秦愿献商于之地六百里。”楚怀王贪，而信张仪，遂绝齐，使使如秦受地。张仪诈之曰：“仪与王约六里，不闻六百里。”楚使怒去，归告怀王，怀王怒，大兴师伐秦，秦发兵击之，大破楚师于丹淅。……是时屈原既疏，不复在位，使于齐，顾反，谏怀王。……时秦昭王与楚婚，欲与怀王会。怀王欲行，屈平曰：“秦虎狼之国，不可信，不如无行。”怀王稚子子兰劝王行：“奈何绝秦欢。”怀王卒行。……竟死于秦，而子顷襄王立。……楚人既咎子兰以劝怀王入秦而不反也。屈子既嫉之，虽放逐，系心怀王，不忘欲反，冀幸君之一悟，俗之一改也，其存君兴国而欲反覆之，一篇中三致意焉。然终无可奈何，故不可以反，卒以见怀王之终不悟也。……令尹子兰卒使上官大夫短屈平于顷襄王，顷襄王怒而迁之。屈平至于江滨，披发行吟泽畔。……于是怀石自投汨罗以死。

《新序七·节士》述屈平事云：

> 屈平为楚东使于齐以结强党，秦国患之，使张仪之楚，货楚贵臣上官大夫靳尚之属，上及令尹子兰司马子椒、内赂夫人郑袖，共谮屈原。遂放于外。乃作《离骚》。张仪因使楚绝齐，许谢六百里。……楚既绝齐，而秦欺以六里。怀王大怒，举兵伐秦，大战者数，秦兵大败楚师。……是时怀王悔不用屈原之策，以至于此，于是复用屈原，屈原使齐。……后秦嫁女于楚，与怀王欢，为蓝田之会。屈原以为秦不可信，愿勿会，群臣皆以为可会。怀王遂会，果见拘囚，客死于秦，为天下笑。怀王子顷襄王……反听群谗之说，复放屈原，屈原遂自投湘水汨罗之中而死。

按《新序》之言，与《史记》互有详略。然取二文对勘之，《史记》叙屈原作《离骚》于楚绝齐之前，与《渔父》事为实录。《新序》亦同。核其事实，前后大致尽合。是《新序》尽依《史记》而稍增益润饰者。而其言屈原放逐两次，非确有所本，则谬解《史记》之意，而妄著论。《史记》云："王怒而疏屈平。"又云："屈平既绌。"又云："屈平既疏，不复在位，使于齐"。是史公但云疏绌，不在位而已，未曾言放逐也。而《新序》以为"放于外"则推其意而从为之辞耳。又其言"复用屈原，屈原使齐"，亦依《史记》而足辞以增意。然《史记》但云："既疏，不复在位，使于齐。"盖使齐之前，王惟疏之，仅落职而已，未曾放逐。使齐亦非既放而复召回也，乃复起用耳。而《新序》叙屈原使齐在"放于外。乃作《离骚》"之后，则明以为既放而复召用，说本《史记》，而叙事先后失其意矣。由是观之，使齐之前，屈原但疏于王，不复其位，未尝遣放于外也。刘永济曰："居汉北乃被疏绌，与至江南之被逐不同，不应据此遂谓屈子曾两度被放。"按"居汉北"乃误解《抽思》文义，已见上辨；至言不应据《抽思》谓屈子两度被放，甚是。足以驳正游说也。

三闾辨

钱穆氏为《屈原放居汉北考》所举证除《湘君》"涔阳"、《抽思》"汉北"外，别有"三闾"即"三户"之说，引《南阳府志》内乡县有屈原冈，为屈原居汉北佐证。[①] 今按“涔阳”、“汉北”，皆不足证屈原放居汉北，予并有辨。而此“三户”即“三闾”，说亦可商。楚南公曰：“楚虽三户，亡秦必楚”[②]。解者：臣瓒曰：“楚人怨秦，虽三户，犹足以亡秦也。”苏林曰：“但令有三户在，其怨深，足以亡秦。”虽望文为解，于辞顺。[③] 韦昭则以为“三户，楚大姓昭屈景”也。按昭、屈、景为楚强宗，楚汉时，其族尚存，《史记·高祖纪》：“九年，徙贵族楚昭、屈、景、怀、齐田氏关中。”是其证。谓“三户”指此三族，则当云楚有三户，亡秦必楚，示其强宗犹在，必期于恢复也。而其文乃用“虽”字，于文理殊悖。钱穆力持韦说，谓“南公意谓楚之公族，虽只三家，足以亡秦，不泛指民户言[④]”。然楚族之大者，何只此三家。观《高纪》所载尚有“怀氏[⑤]”。知不仅此数矣，不应独举此三姓，谓为实指，亦于辞有不顺。司马贞《索隐》不从韦说，主“三户”为地名。张守节《正义》引孟康言：“三户津峡名，南公辨阴阳，识废兴之数，知秦亡必于三户，故出此言，后项羽果渡三户津，破章邯军，降章邯，秦遂亡，是南公之善谶。”说亦迂曲，与此文义不相应。“三户”要为虚设，言楚即虽存三家，亦有亡秦之志，以楚最无罪，而遭秦灭，怀王入秦，又不得反，楚人哀痛之至深也。“三户”自对楚人民言，非指公族，察其文义可见，三者虚数，不必限以三，亦不必其果为三。[⑥] 此文但谓少数之家，亦存恢复之心耳。诸家说惟臣瓒、苏林最可从。[⑦] 今“楚虽三户”之义既明，请进而论地名之三户。

钱穆曰：“三户之为地名，本由楚起丹阳，以其三族而名发迹之地。”案是说殊不可解。昭、屈、景，楚之三大公族，其始与楚之发迹无涉。昭盖出自楚昭王。邓名世曰：“楚昭王熊轸有复楚之大功，子孙蕃衍，以谥为氏。”[⑧] 屈盖出自屈瑕。《姓源》曰：“楚武王子瑕食采于屈，所谓莫敖屈瑕是也，后

---

① 见《楚辞地名考》及《先秦诸子系年考辨卷三·屈原放居汉北为三闾大夫考》。钱云：“以沧浪三闾之地望证之《抽思》之汉北，则屈原放居之地可推之，以《九歌》‘涔阳’之地望证之，则为此歌者自为身居汉北之谁氏。”

② 《史记·项羽本纪》，《汉书·项籍传》。

③ 王先谦《汉书补注》三十一取是说。

④ 《楚虽三户亡秦必楚解》。

⑤ 怀，《姓谱》云：“楚怀王之后”，是与《左传》“怀姓九宗”异源。

⑥ 见汪中《述学·释三九上》。

⑦ 《史记官本考证》张照曰：“三户只依瓒说为是。作地名解，迂矣。曰‘虽’曰‘必’，其义何居？其后兵渡三户，亦偶然合耳。正义亦是曲为傅会。”此从文义说之最合！

⑧ 《姓氏书辨证》十。案郑氏《通志·氏族略》四以《楚辞注》言昭屈景楚之三族，入“以族为氏类”，非。《姓觿》三引《战国策》楚有昭奚恤，昭阳、昭常、昭睢，周有昭献、昭剪，《庄子》有昭文，按《战国策》又有昭衍、昭过，盖皆出昭王后。

因氏。”[①] 景盖亦楚公族，别为氏者。[②] 此三族得姓之由来也，皆芈姓后，为楚王族之强者，故合称之曰“三闾”[③]。掌此三姓之官，谓之“三闾大夫”[④]，此又三闾之名之由来也。由是观之，昭、屈、景三姓，非楚之初祖，实皆楚公族。其得姓也，或由于谥，或由于族，或由于邑，而昭之为氏，又在昭王之后，自与楚起丹阳无异。

《水经·丹水注》：“古商密之地，昔楚申息之师所戍也，春秋之三户矣。”申息戍商密事，见《左传》僖二十五年。商密今南阳丹水县。《续汉郡国志》：“南阳丹水县有三户亭。”《左传》“三户”，杜预注：“今丹水县北三户亭。”商密、三户，咸在今丹水县，其地近矣。是三户古在商密间，楚北侵，始有其地，亦与发迹丹阳无与。[⑤]

钱穆又曰：“鄀本商密，后南迁，为楚附庸，楚遂踞其故地，易名三户；三户者，盖指楚昭、屈、景三族。”[⑥] 三户之名，见于哀四年《左传》[⑦]：“晋士蔑执蛮子与其五大夫以畀楚师于三户。”鲁哀四年即楚昭二十五年，是昭王在时，已有“三户”之名，而“三闾”之昭姓，则又得自昭王之后[⑧]，是谓三户之由于三族，亦非确论。又考楚易商密名为三户，殊无的证。《通志·氏族略》三：“楚邑有商密氏，注：‘楚大夫食采之邑。’”是楚得鄀商密并未即易其名，实仍商密之称以为邑。《汉书·项籍传》：“羽使蒲将军引兵渡三户[⑨]，军漳南。”服虔曰：“三户，漳水津也。”孟康曰：“津峡名也，在邺西三十里。”[⑩]《水经·浊漳水注》：“漳水又东迳三户峡，为三户津，张晏曰三户地名

---

① 《姓觿》九引。亦见《元和姓纂》。《通志·氏族略》三入“以邑为氏类”。邓名世曰：“自瑕及屈重、屈完而下，世系具《春秋人谱》。”见《辨证》三十七。按《风俗通》有屈侯。罗泌云：“屈武子瑕邑，号屈侯，后以为氏。”张澍曰：“当云楚武王子瑕。《淮南子》有纣臣屈商，此另一氏。”

② 《通志·氏族略》四入“以族为氏类”。一说：出自姜姓齐景公之后，以谥为氏。战国时，景氏世为楚相，景翠、景鲤、景舍尤显者。后有景差。见《集韵》，又《辨证》二十七。然《姓苑》云：“景，楚公族芈姓之后。”《姓纂》同云“芈姓”，则楚之景与齐恐不同源。

③ 见《姓纂》、《千家姓》引《楚郡族姓考》。

④ 王逸《离骚经序章句》，又《后汉书·孔融传》“忠非三闾”李贤注：“掌王族三姓曰昭、屈、景，故曰三闾。”

⑤ 钱氏谓楚南阳依宋翔凤《过庭录》考定在丹、淅入汉之处。近人或据甲骨金文考楚族源于东方。胡厚宣《楚民族源于东方考》、孙海波《记周公东征》又《周金地名小记伐楚条》说皆甚辨，盖楚起源之问题，仍有待于论定，不应遽从宋说。

⑥ 《楚辞地名考》。

⑦ 徐文靖《竹书统笺》误作十四年。

⑧ 《姓氏书辨证》十一“昭出自芈姓，与旧族屈、景皆为楚大族”。盖三族，惟昭得姓最后。

⑨ 《史记·项羽本纪》作“度”，字通。

⑩ 此据《史记·项羽本纪正义》引。《浊漳水注》、《史记索隐》引孟康并作“西四十里”。

也，在梁期[1]西南……又东，汙水注之……昔项羽与蒲将军英布济自三户，破章邯于是水。”《括地志》：“浊漳水又东经葛公亭北经三户峡，为三户津，在相州滏阳县界。”是三户原为津峡之名。《竹书纪年》：“显王二十三年壬寅，孙何侵楚入三户郛。”[2] 郦元以为即左哀四年《传》之三户。阚骃《十三府志》：“三户，邺北五十里，梁期故县。”[3]《水经·丹水注》：“丹水又东南迳一故城南，名曰三户城，昔汉祖入关，王陵起兵丹水，以归汉祖，此城疑陵所筑也。”《一统志》：“三户城在邓州内乡县西南。”[4] 曰“郛”、曰“城”，则三户又为城名。惟不知城因津峡得名欤？抑津峡因城而得名欤？书阙有间，莫得而明。三户名称之由来，既弗可知，则谓楚易商密名为三户，自为臆说。

今知三户与昭、屈、景三族无关。而三闾又即三族，则三闾即三户之说，自难成立。“三闾氏”，郑氏《通志·氏族略》三入“以邑为氏类”。然注仅云“芈姓，楚屈原为三闾大夫，因氏焉”，不言其邑所在。考三闾为邑名，不见于他书，而自来氏书，若《风俗通·姓氏篇》、《姓觿》言三闾氏者亦皆云屈原为三闾大夫后，因氏，与郑氏《通志》同。盖“三闾氏”者，乃后人因屈原之官为氏，非以三闾邑为氏也。当入以族为氏，或以爵为氏之类。而郑渔仲入“以邑为氏”类，于其邑所在，又略不道，未谕其故。钱穆氏从之，遽定三闾为邑名，立说诚卤莽矣。

三闾既非三户，自不当取为屈原居汉北之证。予考《渔父》：“子非三闾大夫欤？何故至于斯？”审其词旨，“斯”字指屈原放居之所在；而三闾乃指其故职，王逸[5]、刘良[6]谓为原故官是也，在文义上三闾绝不当为原时贬所，读者绎其文可知。故无论三闾是否为邑名，是否即三户，然由《渔父》文义观之，终不得指为屈原放居之地。而钱氏乃执以证原曾放居汉北，尤谬解文义矣。至云内乡县有屈原冈，然原放居，固不在汉北，即使曾偶居汉北，亦不得指为迁谪所在。况屈原遗迹，随处皆有。言其故居，则秭归县北乐平里[7]、湘阴县

① 《史记·项羽本纪索隐》作“淇”，司马贞引《晋八王故事》云当作“淇”。
② 《水经注》引。王国维《辑古本纪年》并同。
③ 《项羽本纪索隐》张澍辑本。
④ 沈钦韩《春秋左氏传地名补注》十二则引《一统志》三户城在南阳府淅川县西南。
⑤ 《章句》。
⑥ 《文选注》。
⑦ 《水经·江水注》，戴震《屈赋注》。

北玉笥山[①]、巴陵县东太平寺[②]、归州东屈沱[③]、夔州[④]等处皆有之，又澧阳县有三闾大夫山[⑤]，是多由后人因缘傅会，不可凭信，内乡之有屈原遗迹，固亦犹是。且《南阳志》言：“昔怀王兴师伐秦，为秦兵所击，败北，楚至此地，追念屈原，亟呼之，后人因以名其地。”则屈原冈非因屈原所居而得名亦甚明。然则以此遂谓屈原居汉北，为三闾大夫，在南阳之三户者，益足见其不征耳。

苍梧考异

稽诸古籍，边徼之地，称苍梧者，不独于南方，东之海，西之流沙，皆有之，兹略考其梗概，以广异闻。先言南方之苍梧。

《逸周书·王会解》：“仓吾翡翠。”次在长沙下。孔注：“仓吾，亦蛮也。”仓吾即苍梧。《楚策》：“苏秦说楚威王曰：楚南有洞庭、苍梧。”吴师道《校注》：“苍梧山在道州南。”《吴越春秋》云：“禹济江南，省水理。……南到苍梧，而见缚人。”《山海经·海内经》：“南方有苍梧之丘，苍梧之渊。其中有九疑山，舜之所葬，在长沙零陵界中。”《海内南经》：“苍梧之山，帝舜葬于阳，帝丹朱葬于阴。”是苍梧本山名。《大荒南经》：“赤水之东，有苍梧之野，舜与叔均之所葬。”《礼记·檀弓》：“舜葬于苍梧之野，二妃未之从。”《史记·五帝本纪》亦与《山海经》同说。他如《列女传》、《尚书伪孔传》、《淮南子·齐俗训》、《国语》韦昭注、《水经·湘水注》，皆载舜葬苍梧事，后人果于零陵造为舜陵。因舜葬之故，而南方苍梧之名，遂益昭著矣。《后汉书·南蛮传》：“吴起相悼王，南平蛮越，遂有洞庭、苍梧。”新出里耶秦简十六·五正：

> 二十七年二月……今洞庭兵输内史，及巴、南郡、苍梧。（《中国历史文物》二〇〇三，一）

始皇廿七年已置洞庭及苍梧郡。广州南越王宫署出土陶文，有“苍梧”印。（见附图）

---

① 《湘阴县志》。

② 《一统志》。

③ 《归州志》。

④ 杜甫《最能行》。

⑤ 《寰宇记补阙》六。

汉有苍梧王赵光，后平南粤，以其地为苍梧郡。《汉书·地理志》："苍梧郡，武帝元鼎六年开。"盖因秦郡之旧。

东方亦有苍梧。《海外东经》："都州在海中，一曰郁州。"郭注："今在东海临朐县东，世传此山自苍梧从南徙来①。上皆有南方物。"《水经·淮水注》："东北海中有大州，谓之郁州，《山海经》所谓郁山在海中者也②。故崔季珪之叙《述初赋》言郁州者，故苍梧之山也。"《舆地广记》本此，谓郁州山，一名苍梧。司马相如《上林赋》："左苍梧，右西极。"旧注以苍梧为交州郡。③吴仁杰独谓"零陵在长沙南，不得云左，以为相如用郁州之苍梧"④，甚为有见。《离骚》云："朝发轫于苍梧兮，夕予至乎县圃。"洪兴祖以九疑苍梧说之，游国恩谓："'济沅、湘以南征兮，就重华而陈词'。下文接言'发轫苍梧'；及乎巫咸将降，又言'九疑并迎'，即放于江南之明征。"予谓"发轫苍梧"，乃假设驰骋之辞，与济沅、湘事无涉；盖即所谓"将往观乎四荒"之一事也。发轫苍梧之上文为："驷玉虬以乘鹥兮，溘埃风予上征。"是其明证。观其对文县圃为西方地名，试以"朝发轫于天津兮，夕予至乎西极"句例之，苍梧亦不妨指东方郁州之苍梧山。

《山海经·海内东经》："西胡白玉山，在大夏东，苍梧在白玉山西南，皆在流沙西，昆仑墟东南。"此非南海苍梧，盖西方之苍梧也。以白玉山例之，此苍梧亦山名也。

综上所述，东西南方之苍梧，皆为山名，又东方之苍梧，或谓其由南海苍梧徙来，足见此数苍梧，虽异处而实是一事，而传说歧出。今按汉初马王堆地形图，九疑山上记有"帝□（舜）"二字，即指舜陵所在。近时于其地进行发掘，在宁远县瑶族乡发现陵墓遗址，初步探测，占地约三万二千平方，规模十分宏大。《史记》称舜"崩于苍梧之野，葬江南九疑"。汉以前已有舜陵之建。然则屈原所以南征就重华而陈词，亦有所实指也。

方林考

《涉江》："步予马兮山皋，邸予车兮方林。"王逸《章句》："方林，地

① 刘昭《郡国志注》引，无"从南"二字，郝以为衍文。
② 中引郭注略。
③ 文颖及李周翰同。
④ 《两汉刊误补遗》六。

名。”《文选注》吕延济亦曰：“方林，地名。”而不言所在。今从其上文“旦予济乎江湘”及下文“乘舲船予上沅”言之，方林之地，自在湘南。《续汉郡国志》：“武陵郡有作唐城。”盛弘之《荆州记》：“零陵东接作唐。”[①] 王粲《赠士孙文始诗》：“悠悠淡、澧，郁彼唐林。”李善注：“唐林即唐地之林也。”[②]“唐”、“方”声近，方林或作唐林，此可为一说也。

钱穆以《汉志》“南阳叶有长城，号曰方城”，谓方林即方城之野[③]，此又一说也。

今按“方城”之说，与本文地不合，可弗论。唐林之说，仍是迂曲。考《山海经·海内南经》：“苍梧之山，帝舜葬于阳，帝丹朱葬于阴，氾林方三百里，在狌狌东，狌狌在舜葬西。”是氾林在湘南。[④] 氾林即方林也。《海内北经》：“昆仑虚南所有氾林三百里。”毕沅以为即《淮南子·坠形》之樊桐，《广雅》之板桐。郝氏从之。然考《河水注》引《昆仑说》云：“昆仑之山三级，下曰樊桐，一名板桐。”樊桐为山，与氾林不类，不宜冒为一事。[⑤] 又《海外南经》：“狄山……其范林方三百里。”郭注曰：“林木泛滥布衍也。”又《海外北经》：“范林方三百里，在三桑东，州环其下。”

“范林”即“氾林”。《山海经》四言之，皆云“方三百里”，足见其同为一名。方有溥义，故城之大者谓之“方城”，而其山曰“方城山”。[⑥] 林之广布者谓之“方林”[⑦]，“氾”、“范”、“方”音同通假，故“方林”亦称“范林”，亦称“氾林”，“方林”本为通名，即凡林木泛滥布衍者可有是称。故昆仑、苍梧、狄山、三桑间皆有之，其初非专有之地名也。《涉江》“方林”从其对文“山皋”言之，但指广林而已，未必为地名；若乎求其所在，则以《海内南经》之“氾林”当之最合。

---

① 《文选》二十三李善注引。《寰宇记补阙》六安乡县，汉孱陵县地。后汉建武十六年分置作唐县。

② 《水经注》：“江又东迳作唐县，北合涔水，又东南流注于澧水，又东淡水出焉，澧水又南经旧郡城东；东转迳作唐县南，又东迳安南县南，淡水注之。”

③ 《楚辞地名考》。

④ 郭注：“今交州封谿出狌狌。”郭注《尔雅》：“交阯封谿县出猩猩。”

⑤ 《楚辞·哀时命》：“望阆风之板桐。”顾实《穆传西征讲疏》：“板桐即氾林，则昆仑附近多林村。”按此处板桐，仍宜为地名，顾说非。

⑥ 《续汉郡国志》：“南阳郡叶有长山曰方城。”《左传》：“屈完曰：‘楚国方城以为城，汉水以为池。’”以方城与汉水对词，则方城为山可见。杜预曰“方城山在叶县南”是也。

⑦ 见郭注。

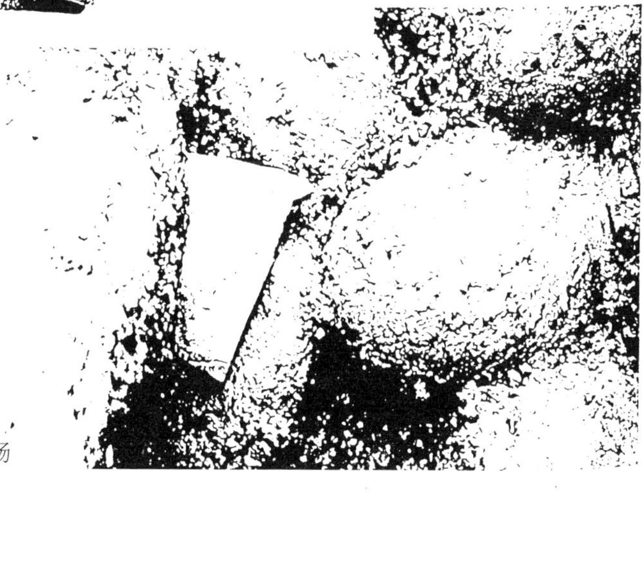

上："苍梧"陶文
下："苍梧"陶片出土现场

卷　中

洞庭辨上篇

顾栋高曰："遍考《诗》、《书》、《春秋三传》，《职方》、《尔雅》之文，无有及洞庭两字者。至屈原放废江滨，彷徨山泽，作为《九歌》，抒其愤懑，乃始曰'袅袅兮秋风，洞庭波兮木叶下'。（中略）意其时非特不隶版图，且洞庭亦尚微渺。如屈原所云，亦是微波浅濑，可供爱玩，无今日浩渺大观。盖当时云梦涸，而水悉归洞庭湖，乃始包山络泽，而洞庭山浸其内，因以山得名。"[①] 王庸曰："是说仍有须地文上之实证。"[②] 余谓《九章》"上洞庭而下江"，则当屈原时，洞庭已与大江上下相通，如今日之形势矣。洞庭之名，不见于古经，而独详于《楚辞》，故学者多疑之。如顾氏之说，不过谓战国时洞庭无今日之浩渺大观，犹以其地在湘南也。近岁钱穆先生更言屈原放居在汉北，《楚辞》洞庭不在江南。[③] 又谓《魏策》吴起言三苗之居，"右洞庭之水"即《禹贡》荥波，地在河域。[④] 说甚奇诡，游国恩、方授楚二先生皆撰有专文辨正[⑤]，俱依《楚辞》本文，加以驳诘。而游说尤详覈可取，惟皆以未窥钱文

① 《春秋大事表四·春秋时楚地不到湖南论》。

② 《四海通考》。

③ 见钱著《先秦诸子系年考辨》，353 页；《清华学报》九卷三期《楚辞地名考》。

④ 见《燕京学报》十二期《古三苗疆域考》。

⑤ 游文见《读骚论微初集》，方文见《禹贡三周年纪念专号》。

之全，凡厥所论，不能尽中其失，故钱君于答方君文，仍甚肯定其说，今略陈鄙陋之意，愿高明商榷之。

《后汉书·南蛮传》："吴起相悼王，南并蛮越，遂有洞庭、苍梧。"此洞庭在悼王时已属楚，故苏秦说威王曰："楚南有洞庭苍梧。"① 如苏秦所述，时洞庭在楚南，自即今江南湘域之洞庭也。悼威时，楚境已及今湖南南部，故顷襄之世，屈原得放于江南辰溆间。辰溆地近巫黔，蛮夷所聚，盖楚臣迁谪之地，原放臣，故流窜于此。②《涉江》有"哀南夷之莫吾知"之叹，南夷，即泛指楚南之夷。③ 尤足为其时迁在江南之证。苟谓原放居在汉北，则汉北乃楚都邑会聚之区，固不应为贬所。况《离骚》云："济沅、湘以南征兮，就重华而陈词。"《九歌》云："九疑缤兮并迎。"并指江南之舜迹，是原放逐，在沅、湘之南，近于九疑苍梧之野，可无疑义矣。由是言之，《楚辞》洞庭，自在江南，证之苏秦之语，则战国时楚洞庭之地望当即今日江南洞庭又明甚。钱先生说战国时洞庭在江北，而未稽苏秦此语，何不征之甚耶！此应明辨者一。

钱先生论江南洞庭之由来云："盖汉北洞庭，沅、湘诸水之名，至汉初乃迁至湖南。"④ 厥意以为江南之洞庭，汉初始由北人南迁，肇锡嘉名。不知战国时人苏秦论楚域，已有"楚南洞庭"之目。又《吕氏春秋·本味》云："鱼之美者，洞庭之鲑。"高注："洞庭江水所经之泽名。"此亦战国时人言江南之洞庭者，足与苏秦语相印证，乌得谓江南洞庭之名肇自初汉时乎？《山海经·海内东经》："湘水出舜葬东南陬，西环之，入洞庭下，一曰东南西泽。"又云："沅水出象郡镡城西入，东注江，入下嶲，西合洞庭中。"《海内四经》虽非作于战国，然最迟必汉初人之所造，其言沅、湘二水注入洞庭，则其时湘域洞庭为众水所潴成之大泽，气象固如今日。《淮南子·人间训》："江水之初出于岷山也，可攓衣而越也；及至其下洞庭，骛石城，经丹徒，起波涛，舟杭一日，不能济也。"高注："洞庭在长沙，石城在丹阳。"由是观之，初汉时洞庭非无浩渺大观；战国去汉初未及百年，地文上必无剧变，则屈原时洞庭自非微波浅濑，又足征《九章》"上洞庭而下江"一语之为记实，与顾栋高说为虚揣矣。此应明辨者二。

---

① 见《楚策》及《史记·苏秦列传》。

② 参看《江南解》。

③ 旧解释为楚，殊误。游国恩辨之，而谓即指吴起所言之三苗，尤失之专指。

④ 见《答方授楚》文。

屈赋言洞庭者三：

(一)《九歌·湘君》云："令沅、湘兮无波，使江水兮安流，驾飞龙兮北征，邅吾道兮洞庭。……望涔阳兮极浦，横大江兮扬灵。"

钱先生释曰："自大江北征，而邅道于洞庭，洞庭固在大江之北也。"① 近又变其说，谓："大江即湘，湘即汉水，益证屈原放在汉北。"② 予按：《湘君》文言"沅、湘无波"、"江水安流"，湘与沅联称，与江分别为言甚明，江自为江，湘自为湘，本文已显，可毋庸论。涔阳亦不得指汉北，涔为涔澧之涔，非沱涔之涔。予别有辨。③ 此处涔阳，钱解殊误，游国恩辨之详矣。至谓屈原放在汉北，亦非；原迁江南，史公、叔师皆云然，贾生与原年代相迩，谓"待罪长沙，造托湘流，敬吊先生"，尤明确可信。刘向《九叹·逢纷》云："驰余车兮玄石，步余马兮洞庭，平明发兮苍梧，夕投宿兮石城。"洞庭苍梧，证之苏秦语，在楚南，不待言；玄石石城，王逸曰"山名"，《太平寰宇记》："玄石山在华容县。"④ 石城，高诱《淮南注》"在丹阳"，是并江域地名，则刘向不以屈原迁于汉北也。又《远游》云："见南郢之流风兮，殒余躬于沅、湘。"又《思古》云："违郢都之旧闾兮，回沅、湘而远迁。"又云："还余车于南郢兮，复往轨于初古。"则明指放在南郢、沅、湘之间。《越绝书》十五："屈原隔界，放于南楚，自沉湘水。"南楚正犹南郢，《史记·货殖传》："江南豫章长沙为南楚。"此云沉湘则南楚谓长沙无疑矣。由是知初汉人固无不以屈原放在江南者，盖其事实昭在人之耳目，故载述皆同。而钱先生乃谓："贾生侧闻屈原自沉汨，为出乎行道传闻者。"诚异于我人所闻矣！

(二)《湘夫人》曰："袅袅兮秋风，洞庭波兮木叶下。"

钱先生释曰："此绝非江南洞庭湖水广员五百余里，日月若出没其中之所有也。"此本顾栋高说。张云璈《选学胶言》亦谓："屈赋言洞庭，详玩辞意，似属微波浅濑，可以眺玩。"按顾说之误，予已辨之，五百里洞庭，安得无袅袅秋风萧萧木叶乎？注言："秋风疾则草木摇，湘⑤水波而树叶落。"是也。游国恩亦已论之。⑥

---

① 《楚辞地名考》。
② 见《答方授楚》文。
③ 请看拙作《涔阳考》。
④ 《古逸丛书》本。
⑤ 《御览》二五引作湖，是。
⑥ 详《读骚论微初渠》。

(三)《九章·哀郢》云:“将运舟而下浮兮,上洞庭而下江,去终古之所居兮,今逍遥而来东。”

钱先生释曰:“洞庭在北,称上;大江在南,称下。”又曰:“自郢泛汉,洞庭在北,居上游,故曰上;大江在南,居下游,故曰下。”按上篇为屈原东迁之作,盖自郢浮江东下,所谓“路贯庐江”,即是时也。蒋骥说曰:“自荆达岳东向而行,洞庭在其南,故以洞庭为上,而江为下。”其说是也。游国恩论之尤详,今不赘。

核诸《楚辞》言洞庭者,钱说亦未合,可知旧说非轻易而得推翻也。

钱先生论洞庭在江北,自谓切证乃其所著《诸子系年》,《楚辞地名考》所举《国策》、《韩非》、《史记》“秦袭郢,取洞庭五渚江南”诸文之互证,然细审其说,究亦疏舛,盖此洞庭仍在江南。别详《说五渚》、《江南解》。

《山海经·中次十二经》有洞庭之山,钱穆据此定古洞庭之泽应在楚之随阳右壤,当今湖北安陆应山一带,其水脉与云梦相连。考《中山经》原文云:

(1)《中次十二经》洞庭山之首,曰篇(或作“肩”)遇之山。

(2)又东南五十里曰云山,无草木,有桂竹,甚毒,伤人必死。

(3)又东南一百三十里曰龟山,多扶竹。

(4)又东七十里曰丙山,多筀竹。

(5)又东南五十里曰风伯之山[1]。

(6)又东一百五十里曰夫夫之山[2]……神于儿居之,其状人身,而身采两蛇,常游于江渊,出入有光。

(7)又东南一百二十里曰洞庭之山……帝之二女居之,是常游于江渊,澧沅之风,交潇、湘之渊,是在九江之间[3]。……

(8)又东南一百八十里曰纍山[4],其木多棕楠荆芑竹箭䉋箘。

(9)又东南二百里曰即公之山。

(10)又东南一百五十九里曰尧山。

(11)又东南一百里曰江浮之山。

① 《初学记》作风伯之山。

② 《释义》本作大夫之山。

③ 按《初学记》八《江南道》十引作洞庭山,帝女居之,其上沅、澧之交,潇、湘之源,是在九江之门。

④ 《文选·鵩鶠赋》注引作景山。

(12) 又东二百里曰真陵之山[①]。

(13) 又东南一百二十里曰阳帝之山。

(14) 又南九十里曰柴桑之山。

(15) 又东二百三十里曰荣余之山。

凡洞庭山之首自篇遇之山，至于荣余之山，凡十五山，二千八百里[②]。

此为洞庭山山系。洞庭山，或以巴陵洞庭湖之君山说之[③]；或以太湖之包山说之[④]，或以应山县一穴中洞庭山说之[⑤]，群言淆乱，故所属诸山，解者亦不同其说。如山首之篇遇山，其据巴陵之洞庭立论者，谓即偏于洞庭东北部之艑山[⑥]；其据应山县洞庭山立论者，则谓即随阳西畔之偏头山[⑦]。他如柴桑之山，阳帝之山，柴桑，郭《注》："在寻阳柴桑县南，与庐山相连。"《广舆记》："柴桑山在（九江）府城西南。"此最有实地可指，小川琢治因据柴桑又北九十里，推知"阳帝"即今大冶铁山之南阳辛河近旁之山，而疑"帝"字乃"辛"之误，洞庭山系诸山可考见者略如此。是山系所及之疆域，小川琢治据巴丘洞庭寻阳柴桑推测之，谓自湖北南部沿长江过江西北部以及于安徽；钱穆据应山洞庭推测之，则谓诸山尽在江北。今按所据之山，惟柴桑山在寻阳无有可疑，至洞庭山则颇难说。如谓为太湖包山，则经明列于柴桑之上，在柴桑西北千零四十九里，不应反在寻阳东南[⑧]；若谓为应山县之洞庭山，又与经文"澧沅之风，潇湘之渊，在九江之间"弗合；若以为巴丘洞庭之君山，则又为湖中之山，其与篇遇山之间，东南五十里有云山，又百三十里有龟山，又东七十里有丙山，又东南五十里有风伯之山，又东百五十里有夫夫之山，道里亦不合；若指艑山即篇遇山，又遥在西南沅江上流，次从洞庭之山，至阳帝之间，距离又似失之太远。小川琢治主洞庭即巴丘说，而疑其不合于经，谓："恐是中州人士，未谙边裔之地，故所举地理，不能正确。"今按小川说，虽亦出乎推测，仍较上两说为胜。《山海经》所记道理方位，多未正确，自不

① 《初学记》作直陵。

② 郝曰："才一千八百四十九里。"

③ 郭璞注，毕沅《新校》正从之。

④ 郝懿行《笺疏》。

⑤ 吴任臣广注引刘会孟《评山经》。

⑥ 日人小川琢治说，见《山海经考》。

⑦ 钱穆《楚辞地名考》。

⑧ 按今江西景德镇东北有洞庭山，在柴桑之东，亦不得以《中山经》之洞庭当之。

可讳；苟定洞庭山即巴陵洞庭之君山，则篇遇山又不得为艑山，常为另一山矣。或疑巴陵之山，不得列《中山经》，然予考之《中山经》，实有西南之山存在，故此洞庭山仍以在巴陵洞庭为正。谨列证以明之。

（一）经载："云山有桂竹。"郭注："今始兴郡桂阳县出筀竹，大者围二尺，长四丈。"郝氏《笺疏》云："《吴都赋注》引《异物志》：'桂竹生于始兴小桂县，大者围三尺，长四五丈。'""龟山多扶竹。"郝曰："刘逵注《蜀都赋》云：'邛竹出兴古，盘江以南，竹中实而高节，可以作杖。'""丙山多筀竹。"郝曰："筀亦当作桂，桂阳所生竹，因名。""椉山竹箭䉋箘"，戴凯之《竹谱》云："箘簬二竹亦皆出云梦之泽。"此从产物言之，洞庭山系当及湘南。[1] 证一。

（二）经载篇遇山，郭注：或作"肩"，小川琢治曰："郭注实或作'扁'。因'肩'、'扁'形近而误，《淮南子·地形训》：'西南方曰编驹之山。'想即篇遇之山，位置虽不能明，而所举当为西南边裔之山。"按以声音相近推之，小川琢治说实可信。经又载"江渊"，考张衡《思玄赋》注引作"江川"。《水经》："赣水……入于江。"注云："大江南赣水……会注于江川。"以此例之，江川即指大江，下文又有江浮之山，名曰"江浮"，当在江域，以江渊及江浮之山证之，洞庭山系不应在江北可见[2]，又载潇湘之渊。[3] 澧沅之风，亦在湘境[4]，又载九江，九江早见于《禹贡》，昔贤所释，有二说，一以为在庐江寻阳者，《汉书·地理志》、《续汉郡国志》主之，一以为在长沙下隽者，《水经禹贡山水泽地所在篇》主之，然《禹贡》九江，所谓"过九江至于东陵"者，即《山海经》之九江，当指长沙下隽间者也。[5]《楚地记》云："巴陵潇湘之渊在九江是也。"此与寻阳九江殊地，郭注《中山经》九江以《禹贡地理志》寻阳之九江为说，实纰缪也。又《经》言尧山，《初学记》二十四引王韶之《始兴记》云："含洭县有尧山"，亦在今湘南。此从地理言之，洞庭山系当在江湘之境，证二。

（三）洞庭山言"帝之二女"。即指舜二妃，帝尧之二女，亦即《楚辞》

---

① 古云梦南至洞庭。

② 钱穆曰："江渊即潇湘之渊。"不知潇湘之渊"渊"当作"浦"，且经明以潇湘与江渊分别为言，不应冒为一。

③ 《水经·湘水注》引作"浦"，胡渭从之，是。

④ 详《水经注》，钱穆说在江北，按非，见游国恩《读骚论微初集·论屈原放死》及《楚辞地理》篇。

⑤ 别详拙作《九江新考》。

所歌湘夫人也。考《始皇本纪》：“之衡山南郡，浮江，至湘山祠，逢大风，几不得渡，上问博士曰：‘湘君何神?’博士对曰：‘闻之，尧之女，舜妻，而葬此。’”是自秦时已目湘水之神为舜妃。《离骚》：“济沅、湘以南征兮，就重华而陈词。”又云：“九疑缤其并迎。”《九歌》湘君、湘夫人亦寄托舜与二妃事[①]，则帝舜及二妃之传说盛于江、湘之间，屈原时已然矣。推之，《五藏山经》之时代，当有此故事流传，故作者叙洞庭之山为采入耳。汉后之书，载此传说者，如刘向《列女传》：“舜既嗣位，升为天子，娥皇后，女英为妃，舜陟方死于苍梧，号曰重华，二妃死于江湘之间，俗谓之湘君（湘夫人也）。”[②]《礼记·檀弓》：“舜葬苍梧之野，盖二妃未之从也。”郑注：“《离骚》所歌湘夫人，舜妃也。”王逸《楚辞章句》释湘君之首云：“尧用二女妻舜，有苗不服，舜往征之，二女从而不反，道死于沅、湘之中，因为湘夫人也。”张衡《思玄赋》：“哀二妃之未从，翩缤处彼湘滨。”《博物志六·地理考》：“洞庭君山，帝之二女居之，曰湘夫人。”《荆州图经》曰：“湘君所游，故曰君山。”《水经·湘水注》：“大舜之陟方也，二妃从征，溺于湘江，神游洞庭之渊，出入潇湘之浦。”凡此诸说虽略有同异，然二女之为尧女，死于江湘则同。游国恩谓此乃湘水之神，民俗相传，附以舜事，甚为有见。[③] 由上所论，知二女传说之地望，亦在湘域。《拾遗记》十：“洞庭浮于水上，其下玉女居之，时闻金石丝竹之声，彻于山顶。”游国恩谓此殆本《楚辞》“吹参差”事，盖此洞庭山亦指巴陵洞庭君山者，故记又曰：“楚怀王之时，举群才赋诎于水湄，故云潇湘洞庭之乐，听者令人忘老。”是已。此从故事言之，证三。

观上举三方面之证，知此山系仍以在江、湘之域为正，则《中山经》洞庭山之为君山，说近是矣。

《庄子·天运》：“北门成问于黄帝曰：帝张咸池之乐于洞庭之野。”又《至乐》：“咸池九韶之乐，张之洞庭之野，鸟闻之而飞，兽闻之而走。”钱穆亦谓此洞庭当在江北，而不言所以然。窃亦有疑。夫黄帝行迹，史公谓其“南至于江，登熊湘”。汉时传说，固谓其曾及江域，《管子》：“舜禅夏禹于洞庭之野。”[④] 或谓当征三苗时，无论此文是否伪托，然战国时，关于古帝王故

① 说见游国恩《读骚论微初集》。

② 案此四字据王圆照《列女传补注》增。

③ 详《论九歌山川之神》篇。郭璞以为二女乃天帝之女。顾炎武《日知录》亦谓湘夫人不为尧女。盖湘夫人与尧女，本为二事，而后人傅会为一也。

④ 又见《御览》八十一引《符子》。

事之地望，亦有言及于江南洞庭者，犹《离骚》言舜事在沅、湘、九疑也。推之，庄周言黄帝张乐于洞庭，谓为指江南之洞庭，何曾不可。惟在另一方面论之，周年代去黄帝辽远，所说仍止为传闻，不尽实录；周又擅为寓言，黄帝此事，或虚设假楚地名言之，未可知。[①] 观《天运》此语，上下文未有与江南江北有关之地名，则欲断其所言洞庭在江北或在江南，良难推定。若徒以不信黄帝足迹不当及于江域，而必谓《天运》之洞庭应在江北，殊无明证。夫不能证出《天运》文所说之洞庭必指江北，又安知周意不指江南乎？此非起周于地下，乌能定之。且洞庭二字，成玄英疏云："洞庭，天地之间非太湖之洞庭也。"则不以为地名。是《庄子》之洞庭是否地名仍成问题，不应遽定其地望也。予意不如阙疑。《文选》谢元晖《别范零陵诗》云："洞庭张乐地，潇湘帝子游，云去苍梧野，水还江汉流。"李善注正引《庄子》说之。吕向曰："洞庭山名，黄帝奏咸池之乐于上。"则以张乐在湖南洞庭矣。然此后人牵合之说，亦不足信也。

洞庭辨下篇

钱先生所以执此洞庭必在江北者，其理由：

（一）"凡称野盖以水草沮洳而兼陆土，犹如潘党之猎麋于荧泽，此皆河域有之，洞庭称野，必在河域。"按野乃泛称广远之处，其字古训郊外，凡辽廓之地皆可称之，非言沮洳有土者也。南方有苍梧之山，故有苍梧之野；有畴华之泽，故有畴华之野；他如九野、夭野[②]、天穆之野[③]、大乐之野、大遗之野[④]、呕丝之野[⑤]、阪泉之野[⑥]，皆以其地有原野，故以野称之。[⑦] 高诱注《齐俗训》："三苗之国，在彭蠡、洞庭之野。"高意彭蠡洞庭当指在江南之泽。《舆地纪胜》七十荆湖南路引《彭山庙碑》："崇山连天，外界越嶲，冈阜靡迤，如舞如驰，遏千里之势于洞庭之野。"此指湘域洞庭之野，可见称野非河

① 战国时，楚有洞庭之名，已无疑义。《经典释文》称庄子书，凡诸巧杂十分有之言，有诡诞，或似《山海经》，或类《占梦书》，足见其说不足尽信。

② 《海外西经》。

③ 《竹书纪年》。

④ 《海外西经》。

⑤ 《博物志・异人》。

⑥ 《史记・五帝纪》。

⑦ 《史记正义》："按曰：阪泉之野，则平野之地也。"余可例推。

域所专有甚明。

（二）则谓："野非所语于浩汗黏天日月出没之江南洞庭。"不寤洞庭之野，乃指其湖附近空旷之地，湖泽不可栖止，称野乃指近湖之域耳。《潜确类书》云："合九江五溪而汇为一湖，则洞庭张乐之地，殆不可以道里计，春则雪消水来，溢为洪波，冬则水落石出，涸为平野。"[①] 此以张乐之洞庭必在湖南，自属果断。至陈仁锡释野字仍嫌牵强，夫冬日虽水涸，必不能尽全湖以成野；足见不得以水涸为野，以为"野"字解释也。

钱先生又以通名之例说洞庭曰："凡水之潜行暗达地脉相通者，俱可有'洞庭'之目。其先起亦在大河之域；以洞庭二字之声义，及《魏策》吴起言三苗疆域四至求之；河域洞庭，即《禹贡》荥波，语音转讹，遂为洞庭，而乃以被之江南。"予考洞庭之为荥波，征之古籍，殊无明证。况《魏策》左右之说，不尽可据，则钱说殊难成立。[②] 洞庭为地穴通称，钱先生所执有力证据，惟郭璞语。考《海内东经》"湘水入洞庭下"注云："洞庭，地穴也，在长沙巴陵；今吴县南太湖中有包山，下有洞庭穴道，潜行水底，无所不通。"按今核其文，洞庭实为专名。云"洞庭地穴"者，谓巴陵之洞庭为地穴也。云"洞庭穴道"者，谓太河有名洞庭之地穴也。郭意在解释两地有洞庭名者之现象为地穴，非谓凡地穴皆可以洞庭称之也。郭注与周处《风土记》说同。《风土记》"洞庭地穴"作"洞庭地脉"。顾启期《娄地记》："太湖东边别小山名洞庭，其山有三穴，有潜门二道，北通闰瑯琊东武县，南通长沙巴陵胡。"山谦之《吴兴记》："太湖中有巴山，傍又有小山，山有石穴，东南入通洞，深远莫知所极，名曰洞庭。"又曰："乌程县有穴，通包石洞庭。"[③]《初学记》八引《玄中记》："吴国西有具区泽，中有包山，有洞庭。"凡此皆言太湖地穴之称洞庭也。《北堂书钞・地部・穴篇》载地室水脉相通者，太湖、巴陵外，无有以洞庭为名者，足见洞庭之为专有地名，实起于江域也。《说文》洞本训疾流，洞训空洞，后起之义。洞庭既不得为水有地室者之通称，则其据是谓荥波即古洞庭，洞庭乃荥波音讹者，其为臆断，不待辨矣。

钱先生据《魏策》讹文，定河域有洞庭，其引证较有实地可指者，为《淮南子・本经训》"尧使羿诛凿齿于畴华之野，杀九婴于凶水之上，缴大风于青丘之泽……断修蛇于洞庭，禽封豨于桑林"一文。钱依洪亮吉"畴华即

① 又嘉庆《常德府志》五洞庭条"张乐洞庭之野"下引。

② 别详拙作《三苗考》。

③ 俱见《北堂书钞》一百五十八引。

《国语》‘依畴’、‘历华’二地”之说，谓即春秋郑地在河域者，不知洪说实误。按《山海经·海外南经》：“羿与凿齿战于寿华之野，羿射杀之，在昆仑墟东。”《大荒南经》：“大荒之中，有山名曰融天，海水南入焉，有人曰凿齿。羿杀之。”毕沅曰：“此似释《海外南经》，羿与凿齿战也。”寿华即畴华，实为一地，不得在河域而在南荒甚明，故高诱注曰：“南方泽名。”又凶水，高注：“北狄地。”青丘，高注：“东方泽。”按青丘见于《吕氏春秋·本味》、《逸周书·王会》、《山海经·南山经》、《海外东经》，实非处中国之境，而钱先生独就高注“东方”二字解云：“古称东方皆齐鲁一带，则此两地亦在河域。”然此但从青丘说之，于北狄地不应弃而不言。桑林，宋地[①]，即桑山之林。[②] 虽在河域，然不得以此一地在河域，而推言寿华、青丘、凶水等亦在河域，又推而言之洞庭亦在河域，无以实之，强指为荥波。不知《淮南子》所言，诸神话地名，除桑林外，皆指夷蛮戎狄之地，不应随意纳于河洛之间。所谓“断脩蛇于洞庭”，洞庭，高注“南方泽名”。证以《海内东经》“湘水入洞庭下，一曰东南西泽”，正合。故断蛇故事，旧说在巴陵。《寻江记》：“羿屠巴蛇于洞庭，其骨若陵，故谓之巴陵。”[③]《禹贡锥指》：“巴丘山在岳州府城内西南隅，亦名巴陵，又名天岳山，《水经注》湘水北至巴丘山入江是也。”胡以为《寻江记》事涉诞妄，郭景纯《江赋》所称巴陵地道，则指此山。按巴陵得名之由，当因于巴丘山，惟江域洞庭悼王时始入楚版图，其前尚为南蛮，淮南取以比况，其弗为河域地名，盖断然耳。

新出湘西里耶秦简，言及“洞庭郡”者多处，举例如下：

> 迁陵以邮行洞庭（《里耶简选粹》六·二）
>
> 卅三年四月……衷戍洞庭郡，不智（知）何县署。……（同上九·四正）
>
> 盐戍洞庭郡……（同上九·五正）

具见秦人已置洞庭郡，此一新知，可以纠正以往诸误说。

---

① 见左襄十一年《传》，又《墨子·明鬼下》。

② 《淮南子·修务训》。

③ 《元和郡县图志》二十六同。

说五渚

《燕策》："秦告楚曰：'蜀地之甲，轻舟浮于汶，乘夏水而下江，五日而至郢；汉中之甲，轻舟出于巴，乘夏水而下汉，四日而至五渚。'"① 汶者，岷江；江者，长江；而浮汶所在，程恩泽以为当在成都一带，是也。② 巴者，巴江，其流在渠县会渠江，以入西汉水，即嘉陵江，《策》言汉中之甲，出巴，下汉，即指自南郑出巴江而经西汉水也。巴江为西汉水上流，则所称汉为西汉水无疑。苟谓为东汉水，则东汉水上流，无称巴者，可以知其不然矣。惟《策》言"下汉而至五渚"，五渚，鲍注引《史》注云"在洞庭"，则是下汉必经大江，而后达五渚，《策》文略去江而不言者，谅为辞句整洁，避复见之故耳。③ 程恩泽亦谓汉即西汉水，说曰："由汉中浮巴，至合州，乃合西汉水直达洞庭也④。其必由巴入西汉者，巴近而西汉远，兵贵速且贵奇也。若是东汉，则由沔县迳褒城、南郑城、固洋县、西乡、石泉、紫阳、洵阳、平利、白河入湖北界，即可抵楚之郧阳、襄阳诸府，不必绕道巴江矣。"⑤ 知汉常为西汉水，则《史》注谓五渚在江域洞庭，自无弗合。

五渚所在，《水经·湘水注》亦云："湘水左会清水口，资水也，世谓之益阳江，湘水之左，迳鹿角山东，右迳谨亭戍西，又北合查浦，又北得万石浦，咸湘浦也；侧湘浦，北有万石戍；湘水左则沅水注之，谓之横房口，东对微湖，世谓之麋湖也；右属微水，则经所谓微水经下隽者也，西流注于江，谓之麋湖口。湘水又北迳金浦戍，北带金浦水，湖溠也，湘水左则澧水注之，世谓之武陵江。凡此四水，同注洞庭北会大江，名之五渚。《战国策》曰：秦与荆战，大破之，取洞庭五渚者也。"《舆地广记》⑥、《通鉴地理通释》⑦、《舆地纪胜》⑧，并主是说。裴骃《史记·苏秦传集解》，亦因《国策》有"袭郢取

① 《秦召燕王章》。亦见《史记·苏秦传》，《江陵县志三·方舆山川》江水条。
② 《国策地名考》二汶水条。
③ 因上文言乘夏下江故。
④ 五渚在洞庭。
⑤ 《地名考》二汉条。
⑥ 二十八。
⑦ 《十道山川考》。
⑧ 六十九荆湖北路。

洞庭五渚”语，谓五渚在洞庭，按此即鲍注所谓《史注》者也。①

此所引，为《秦策》。其原文云：“秦与荆人战，大破荆，袭郢，取洞庭五都江南；荆王亡走，东伏于陈。”② 是“五渚”本作“五都”，与郦《注》裴《解》引并异。注云“《续史记》引作五渚”，则作五渚异文，亦有明征，非徒见郦、裴所引也。韩非《初见秦篇》与《秦策》此章尽同。③ 而“五渚”别作“五湖”。吴师道曰：“《策》既言袭郢，而五者，郢在其中，‘都’字必误，当从韩。”因谓五湖即太湖。张琦《国策释地》上亦曰：“五湖即太湖，在苏州府西南三十里。”然秦袭郢，兵力必不远及吴地。故程恩泽以为非也，谓“五都”或者“五渚”之讹。④ 杨守敬《战国疆域图注》从之。清世校勘家黄丕烈、卢文弨、顾广圻、王先慎辈，皆不韪吴说，则谓《秦策》“五都”，即《燕策》、《苏秦传》之“五渚”，“都”、“渚”同字。予按“都”、“渚”、“湖”音同通用。《山海经·中次三经》：“和山实惟河之九都。”郭注：“九水所潜，故曰九都。”日人小川琢治谓九都即黄河九渚。⑤ 都之为“渚”，斯亦其例。《风俗通》：“湖，都也，流渎四面所隈都也。”是五湖即五都，既非太湖，亦非“渚”字讹也。都字今写作“瀦”，亦作“豬”。⑥ 故五渚或作五瀦⑦，又或作“五豬”⑧ 也。

今本《策》文“五渚”作“五都”，鲍注释曰：“五都，即丹阳、江陵、郢、都与鄢。”盖以指楚之国都。吴师道驳之曰：“怀、襄之世，仍都南郢，其后徙陈又徙寿春，实不止五都。”程恩泽则说都为都会，谓即巫郡、上庸、西陵、夷陵、鄢郢。今按《策》明言“袭郢取洞庭五都江南”，察其攻取之势，先捣其国都，后即吞灭其附近之地。考《秦本纪》，楚北部之南阳、鄢、邓，西南部之黔中，昭王二十七八年，已为秦得；至二十九年，白起破郢，

① 《初学记》七地部下五渚条引《史记》作裴骏注，“骏”为骃字误。

② 《张仪说秦王章》。

③ 一作张仪，一作韩非者，吴师道曰：“张仪误，当作非。”考仪以魏哀王九年卒，当秦武元年，楚怀十九年。白起破郢，在秦昭二十九年，楚顷襄三十一年，时仪死已三十余年，自不见秦破郢事。谓仪固非，谓韩非亦无确证。详容肇祖《韩非子考证》。

④ 《地名考》六五都条注。

⑤ 《山海经考》。

⑥ 朱一新《无邪堂答问》三：“都是本字，豬是同声假借，瀦则俗加水旁。”按郑注《檀弓》：“豬、都也，南方谓都为豬。”《周礼·稻人》：“以豬畜水。”又如孟诸，一作明都，一作明豬。诸、都、豬，皆音近字通。

⑦ 陈士元《江汉丛谈》二三楚条云：“《国策》秦与楚战取洞庭，五渚者，九水中惟沅、湘、溆、资、澧五水最大，故称五渚。”按此说以溆水代微，又别入一资水，与《水经注》异，不知何据。

⑧ 《太平寰宇记补阙》引《水经注》。

故荆王东伏于陈。《秦纪》，取江南在昭王三十年，取郢在二十九年，取郢在取江南之前，与《秦策》先言袭郢，继言取洞庭、五都、江南，先后正合。故若以五都为五处都会，如程氏所说，则秦袭郢后，即取洞庭，后分兵取巫郡、上庸、西陵、夷陵、鄢郢；然上庸鄢西陵之被拔，已在袭郢前，不应反在郢被拔之后，是其不应入五都之数明甚！于时事既乖迕，则解五都为五处都会，实望文生义，非的论矣。据上所说“都”与“豬”、“湖”、“渚”字通，则五都之即五渚，亦即五湖，灼然甚明。鲍氏、程氏盖不谙字通而误说也。

据《水经注》，五都[①]即入洞庭之五水，以其同注洞庭，故或以为洞庭别名，然实后起之说，胡渭《禹贡锥指》曰：“九江，至春秋时为江南之梦，战国时称洞庭五渚，《韩非子》谓之五湖。”又引《巴陵旧志》云：“洞庭一名五湖，又名三湖。”顾祖禹《方舆纪要》：“洞庭湖在岳州府城西南一里，或谓之九江，或谓之五渚，或谓之三湖，又谓之重湖。”是即以五渚或五湖为洞庭也。《史记·苏秦传索隐》：“或说五渚即五湖”，意谓韩非之五湖，即《秦策》、《史记》之五渚，而后若吴师道、张琦，乃以为指太湖，谬矣。[②]

吴南屏曰：“郦注‘四水同注洞庭，北会大江，名之五渚’者，谓资、沅、微、澧四水，与湘而五也。原其意，盖谓渚为潴。或以每水之口，必有州渚，窃谓《楚辞》‘帝子降兮北渚’，北渚当即君山，所谓五渚，当以东西南北中言之，君山在北，为北渚，则艑山东，磊石南，明山西，团山中也。要之，五渚，洞庭之别称，犹九江矣。”[③] 案，《索隐》：“五渚，五处州。”此即释“渚”为州者也。《岳州府新志》：“沅水称鼎江口者，一谓之横房口，五渚之一。”[④] 此即释“渚为水口者也”。吴氏据渚即州渚说，以君山、艑山等，配合有五数，故取以当五渚厥说甚新，然《楚辞》北渚，未必即君山，指渚为山，恐有未当。予谓五渚实为地名，滨洞庭湖，因五水而赐号者。《秦策》高诱注：“洞庭、五都、江南，皆楚邑也。”是其证，细审《策》文，袭郢取洞庭五都江南，此处洞庭五都，当非指湖泽，江南亦非泛称地名，江南为邑

---

① 即五湖、五渚，下同。

② 朱凤起《辞通》四：“洞庭亦五湖之一。《集解》云，五渚在洞庭。是即五渚即五湖矣。”而引《汉书·地理志序》：“吴有三江五湖之利。”《吕览·长攻》：“夫吴之与越……燕秦齐晋山处陆居，岂能逾五湖九江。”《楚辞·九叹》，就申胥于五湖诸语，按所言之五湖乃为苏州之太湖。朱盖误以《楚辞》之洞庭为太湖之洞庭也，今附为纠正。

③ 同治《巴陵县志》一。

④ 《图书集成》二百九十九引。

名，予别有考。[①] 洞庭即古巴丘之号。[②] 则五渚为五水入洞庭处之邑名，亦何疑乎，此盖假水名为地名者也。惟五渚为楚南绾毂之口，所谓乘夏水下汉，四日而至五渚，秦人以之与郢都齐况，则其地滨江，为楚南要津，位置之重可知，是五渚之非虚指五水，或五处州，当为邑名，如高氏所注，又审矣。

由上所论，五渚、五都、五湖皆同一义，本为五水，亦为邑名，在湘域，与洞庭江南两邑相迩也。

五渚亦有异说，《索隐》引刘伯庄[③]云："五渚，宛、邓之间，临汉水，不得在洞庭。"吴师道《国策鲍注校正》云："今详本文，下汉而至五渚，则五渚乃汉水下流，洞庭在江之南，非其地也。"不悟汉不得为东汉水，乌得言在汉域，近人钱穆论洞庭在江北，据刘说为证释《秦策》云："袭郢用兵，主力所趋，自郢而北，取洞庭五渚，自郢而南，则取江南，若洞庭即今地，则秦人用兵，自西而东，应曰江南洞庭，不得曰洞庭江南，且不得偏趋于郢南，而不及郢北。"[④] 不知秦兵自江东下，先及郢都，而郢北上庸、鄢、郢早为秦得，故用兵不及郢北，亦势所必然。洞庭五渚江南，为郢西南扼要之地，秦人必欲尽有之，故兵力偏趋于此，亦势必然。秦昭三十一年楚襄王西进兵，复秦所拔江旁十五邑，是两国交兵，其重视郢南之地，可概见矣。《华阳国地·蜀志》，司马错中尉田真黄曰："蜀……水通于楚，有巴之劲卒，浮大舶船以东向楚，楚地可得。"是秦盖自巴、蜀出兵，循江而下，郢滨江，故先受袭，洞庭五渚，江南诸邑，在郢南，故见取稍迟，《策》叙取洞庭等在袭郢后，记载甚分晓也；至云应曰江南洞庭，不得曰洞庭江南，不悟两邑地望相近，故随意为言，固弗必泥也。

江南解

《史记·货殖传》："夫山西饶材竹谷纑旄玉石；山东多鱼盐漆丝声色；江南出楠梓姜桂金锡连丹沙犀玳瑁珠玑齿革；龙门碣石北多马牛羊旃裘筋角；

---

① 见《江南解》。

② 《方舆纪要》七十五引《旧志》谓洞庭即巴丘。嘉庆《常德府志》五《山川考》引同巴丘为湖名，亦为邑名，而洞庭为湖名，未必非邑名，有彭蠡泽因有彭泽邑，则有洞庭湖，安得无洞庭邑乎。孙吴初作巴丘邸阁后置巴陵城，证诸巴丘即洞庭。则此当为古洞庭邑地。

③ 《史记地名》。

④ 《楚辞地名考》。

铜铁则千里往往山出棋置；此其大较也。”又云：“自淮北沛陈汝南南郡，此西楚也；（中略）彭城以东，东海、吴、广陵，此东楚也；（中略）衡山九江江南豫章长沙，是南楚也。（中略）江南卑湿，丈夫早夭，多竹本；豫章出黄金，长沙出连锡，然堇堇物之所有，取之不足以更费。九疑、苍梧以南至儋耳者，与江南大同俗，而扬越多焉。”《水经·淮水注》：“文颖曰：‘《史记·货殖传》曰：淮以北，沛、陈、汝南、南郡为西楚；彭城以东，东海、吴、广陵为东楚；衡山、九江、江南、豫章、长沙为南楚。’是所谓三楚者也。”徐广《音义》曰：“高帝所置江南者，丹阳也；秦置为鄣郡；武帝改名丹阳。”以为江南，郡名，张守节《正义》非之曰：“秦置鄣郡在湖州长城县西南八十里，鄣郡故城是也，汉改为丹阳郡徒郡宛城，今宣州地也。上言吴有章山之铜，明是东楚之地，此言大江之南豫章长沙二郡，南楚之地耳。徐、裴以为江南，丹阳郡，属南楚，误。”又曰：“淮南衡山九江二郡及江南豫章长沙为楚也。”近人贺次君曰：“江北之衡山国、九江郡，及江以南之豫章郡、长沙郡等地，是南楚之范围。”① 此二说皆以江南为泛称地名。然《史记》本传，衡山九江之上，明无“淮南”或“江北”之文，不应以豫章长沙上有“江南”二字，而从为之辞，张氏贺氏之说，实并增文足义；且以传文“彭城以东，东海、吴、广陵，此东楚也”等句例之，“江南”二字，夹于衡山、九江、豫章、长沙等地名间，似亦当为地名，不宜独为泛指，然再参核本传，既云“江南出楠梓姜桂金锡连丹沙犀玳瑁珠玑齿革”，又云“豫章出黄金，长沙出连锡”，又似江南可赅长沙豫章，而本传之与山西、山东比况之江南二字，乃泛指之地名，则其在豫章长沙上之“江南”二字，以为泛称地名，亦无弗可。古书行文简括，难为定说，易陷于模棱之论者类如此。

段玉裁《说文·草部》“芺”字注云：“汉人谓豫章长沙为江南。”钱竹汀云：“江南谓今湖广江西之地。”② 此盖本《货殖传正义》，然是说也，征之古书，未能尽验。盖大江以南，俱可有“江南”之称，不独湘、赣而已也。《尔雅·释地》：“江南曰扬州。”郭注：“自江南至海。”《史记·夏本纪》：“太史公曰：或言禹会诸侯江南，计功而崩，因葬焉，命曰会稽。”《越世家》：“滨于江南海上。”《正义》：“今台州临海县。”此自长江南及海之称“江南”也。《吕氏春秋·古乐》：“商人服象于东夷，周公遂以师逐之，至于江南。”《平准

---

① 《史记货殖传新诠正误》，见《禹贡》三卷四期。

② 《十驾斋养新录》十一。

书》：“江南火耕水耨，令饥民就食江、淮间。”此言江、淮间之称“江南”也。《楚策》：“今边邑之所恃者，非江南泗上也。”《越世家》：“江南泗上，不足以备越矣。”《正义》：“江南、洪、饶等州，春秋时楚东境。”此指豫章之为“江南”也，《五帝纪》：“舜崩于苍梧之野，葬于江南九疑，是为零陵。”《吴越春秋》：“禹济江南，省水理，南到计于苍梧，而见缚人。”此指长沙以南之为“江南”也。盖“江南”统指大江以南之地，故不专限于湘赣也。高士奇曰：“楚初都丹阳，在枝江，后徙郢都，在荆州，居江北，别都鄂，即武昌，亦在江南。自荆州以南，皆楚所谓江南也。”张琦曰：“江南今湖南及湖北之武昌，东包两江皆是。”所释地域较广。王逸《楚辞章句》：“江南在湘、郢之间。”则嫌窄矣，江南之为泛称地名，见于《方言》、《说文》綦多。今不具引。

予考楚之江南亦为邑名。《秦策》：“袭郢，取洞庭、五都、江南。”高诱注：“洞庭、五都、江南，皆楚邑也。”即其明证。《齐策》：“杜赫为邹忌说楚宣王曰：‘王不如封田忌于江南，以示田忌不返齐也。’楚果封之于江南。”《新序·义勇》：“芈尹文者，荆之欧鹿彘者也，（王）使文为江南令而大治。”上举诸例，指江南为邑最显[①]，《秦本纪》：“昭襄三十年，蜀守若伐取巫郡及江南为黔中郡。”此江南即秦昭置黔中郡之一部，当即故楚江南邑也。《秦本纪》：“三十一年，楚人反我江南。”《正义》：“黔中郡反归楚。”《楚世家》：“（襄王）西取秦所拔我江旁十五邑以为郡，距秦。”《秦始皇本纪》：“二十五年，王翦遂定荆江南也。”此云江南，所包地广，即江旁十五邑，所谓“荆王献青阳以西”也，其地指秦昭置黔中郡全部而有余，自四川之涪陵至湖南之巴丘皆其地矣。[②]

楚江南，自悼王时，吴起平蛮越，遂有洞庭苍梧，然仍属南蛮，故称难治，惟其在楚为遐壤，于是以为黜臣窜逐之所。王逸《楚辞章句》：“迁屈原于江南。”[③] 又云：“屈原放于江南之野。”[④]《史记·郑世家》：“楚庄王入自皇门，郑襄公肉袒掔羊以迎，曰：孤不能事边邑，使君王怀怒弊邑，孤之罪也，

① 《越绝书》四《计倪内经》：“越王乃著其去治牧江南，七年，而禽吴。”此江南，乃指越地，实取泛称之号，与楚邑无与。

② 详《楚黔中考》。王先慎《韩非子集解》引王先谦曰：“秦取江南为黔中郡。”不悟秦昭置黔中郡，乃合巫郡、江南及楚故黔中为一，不应独举江南而遗巫、黔也。

③ 《离骚序》。

④ 《九章序》。

敢不惟命是听，君王迁之江南，及以赐诸侯，亦惟命是听。”[①] 又《张仪列传》：“郑袖日夜言怀王曰：‘王未有礼而杀张仪，秦必大怒，攻楚，妾请子母俱迁江南，毋为秦所鱼肉也。”此可见楚江南，自来为迁谪之地。[②] 屈原《涉江》且言“哀南夷之莫吾知”。后汉黔中，尚属五溪蛮，灵均时，自益难说。楚人之视江南为僇人贬所，亦犹汉后之视交、广耳。

昔之释地名，皆知江南为泛称地名，而不解其为楚邑名；知其为楚荒鄙，而不解其为罪臣贬所，今故述其梗概云，用俟方闻君子匡正焉。

湘水巫山辨

湘水在长沙，为屈原自沉处，自汉以来无异辞，至近人钱穆先生始呈异议。谓湘在江北淮域，其证见于《楚策》庄辛之言。庄辛谓楚襄王曰：“蔡圣侯南游乎高陂，北陵乎巫山，饮茹溪之流，食湘波之鱼；左抱幼妾，右拥嬖女；与之驰骋乎高蔡之中，而不以国家为事，不知夫子发方受命乎宣王，系己以朱丝而见之也。”高诱注：“高蔡即上蔡。”钱氏据此定湘水在上蔡，谓即《水经注》出汝南吴房县之灈水，《山海经》“东过上蔡县南”之视水，谓“瞿相视三字，训诂可相通，故灈湘 溉三字为一水之名”。考杨守敬《战国疆域图注》，高蔡在武陵；湘波高陂在湘阴之南。钱氏驳之曰：“是蔡之为国，包环洞庭之外，较楚邦为大，何以先秦典籍绝不言此？彼惟觉湘之必在南，而不悟蔡之必在北；今与其迁蔡于湘南，不如移湘于淮北，以地名迁徙之例说之，则豁然也。”[③] 颐谓杨氏移高蔡于武陵，未曾无所本，盖圣侯之蔡国，实在楚西。蔡故都上蔡；至灵侯，为楚灭；平王即位，复封蔡，是为平侯，徙都新蔡；至昭侯又徙州来曰下蔡；至侯齐四年，复为楚灭，后复封，徙于楚西；至圣侯为子发所执，蔡自是始绝。此事程恩泽论之颇详，其言曰：《楚策》庄辛谓楚襄王章，“蔡圣侯之事”，鲍改“圣”为“灵”，“子发方受命乎宣王”，鲍改“宣”为“灵”。原注“高蔡即上蔡”，恩泽案此说盖误，其改“圣侯”

① 此本《左传》宣十二年文。

② 《史记・高祖本纪》：“高祖，元年（项羽）使使徙义帝长沙郴县。……阴令衡山王、临江王击之，杀义帝江南。”《项羽纪》“江南”作“江中”，《黥布列传》、《汉书・高纪》则并云“杀义帝郴县”。又同纪：“（二年）汉王为义帝护丧，发使者告诸侯曰：项羽杀义帝于江南，大逆无道。”郴县为江南极荒僻之地，故义帝徙其间，亦江南为迁地之证。

③ 《楚辞地名考》。

为“灵侯”，“宣王”为“灵王”，尤为武断。《荀子》：“子发将西伐蔡，克蔡，获蔡侯归，致命曰：‘蔡侯奉其社稷而归之楚，舍[①]属二三子而理其地。’既楚发其赏，子发辞。”《淮南子》：“子发攻蔡，逾之，宣王郊迎，列田百顷，而封之执圭，子发辞不受。”二说相符，并与《策》文合。又云：“其后子发为上蔡令，盘罪威王而出奔。”威王，宣王子也。于时亦非不相及，惟以为上蔡，其地似稍差。[②] 然子发所伐为高蔡，所宰为上蔡，不害其为两地也。盖蔡虽一灭于灵王，再灭于惠王，复并于悼王，其后仍国于楚之西境。所谓高蔡者[③]，相其地望，当在今湖北之巴东建始一带，故曰“北陵乎巫山，饮茹溪之流，食湘波之鱼”。而荀子亦云“西伐蔡”也。若是上蔡、下蔡，则其地并在楚之东南，何得言“西”，且距巫山绝远，又何有茹溪湘波之可言乎？《楚世家》云：“宣王六年，三晋益大，魏惠王尤强，故蔡亦往朝之，与乎十二诸侯之列。”[④] 迨至子发获蔡侯归，而蔡乃真不祀矣。然则以《荀子》、《淮南子》、《史记》证之《国策》，其人其地其时，无不若合符节，与《春秋》楚灭蔡事毫不相涉。鲍彪不知蔡屡复国，率意妄改，反以古人为失考，亦可谓不知量矣。[⑤] 程说至核。战国之蔡在楚西。盖下蔡为楚灭，复徙其民于巫山之南而邑之；是犹邹为楚灭，而楚迁其余民于江夏，故江夏又有邾城也。[⑥]

刘向《新序》亦云：“蔡侯南游乎高陵，北陵乎巫山。……嬉游于高蔡之囿。……不知子发受命宣王，厄以淮水，填以巫山。庚子之朝，缨以朱丝，臣而奏乎宣王也。”所载与《楚策》同一事。高陵即高陂，且多“扼以淮水，填以巫山”二语。苟如程说，高蔡在巴东、建始间，则于出桐柏之淮水，相去绝远。又出桐柏之淮水与巴东之巫山，实当楚国东；西伐蔡，而东扼淮，西填巫，则蔡已跨有楚域矣，殊弗近理。钱穆因别说巫山为随县西南之大洪山，以“巫”、“洪”声相近为证。然《楚策》、《新序》俱云“北陵乎巫山”，是巫山明在高蔡之北，姑如钱说，以高蔡即淮域之上蔡，而大洪山在今湖北随县，西临汉水，在上蔡南数百里，安得言北！是大洪山非巫山显甚。

《楚策》：“庄辛去之赵，留五月，秦果举鄢、郢、巫、上蔡、陈之地，襄

---

① 原注盖子发名。

② 原注：“《说苑》作‘下蔡’，‘威公’亦误。”

③ 原注：“《新序》以高蔡为囿名，亦似有见，然必与国都相近。”

④ 原注：“秦齐二策所言十二诸侯皆无泗上二字。”

⑤ 原注：“吴氏《补注》亦谓‘圣’当作‘灵’，其谬一也。”

⑥ 《续汉郡国志》：“江夏郡有邾。”刘注引《地道记》曰：“楚灭邾，徙其君于此城。”

王流揜于城阳。”《新序》作：“十月，王果亡巫山、江、汉、鄢、郢之地。”钱穆曰：“考其事在襄王二十一年，明年，秦人复拔楚巫黔中郡；则二十一年所举之巫，在鄢、郢、上蔡之间，地在郢东北，与二十二年所拔之巫在郢西南者不同。”颐谓：《楚策》秦举“鄢、郢、巫、上蔡”之巫，以《新序》证之，为巫山无疑。盖《楚策》、《新序》所言秦举鄢、郢、巫、江、汉、上蔡、陈之地，非仅指楚襄二十一年事，实合二十年、二十一年、二十二年诸事言之。《史记·六国表》：“楚顷襄二十年，秦拔我鄢、西陵。二十一年，秦拔我郢，烧夷陵，王亡走陈。二十二年，秦复拔我巫黔中郡。”是其明证。① 《楚策》、《新序》之巫，自为郢都西南之巫山，即楚襄二十二年秦拔巫黔中之巫。钱氏以为别在郢东北者，又非也。

巫山之非大洪山既明，《楚策》、《新序》载秦所举之巫，即巫郡巫山又明，则其言蔡侯北径之巫山果亦巫郡之巫山乎？曰，是又非也。古书载巫山至多，河域有之②，济水之间有之③，沅江上游亦有之，而皆非此。此之巫山，以予考之，当在澧阳。《说苑·正谏》：“楚昭王欲之荆台游，司马子綦进谏曰：‘荆台之游，左洞庭之陂，右彭蠡之水，南望猎山，下临方淮。’边让《章华台赋》云：‘荆台之上，前方淮之水，左洞庭之陂，右顾彭蠡之隩，南眺巫山之阿。’”猎山即巫山，按《魏策》又作“崩山”，一作“崇山”，《淮南子·道应训》作“料山”，此盖同地异名。《舆地纪胜》七十引《彭山碑》云：“崇山连天，外界越嶲，遏千里之势于洞庭之野，屹立郡治，并为彭山，盖澧邦之所瞻也。”彭、崩声近，彭山即崩山。今以《楚策》庄辛语高蔡之地理证之，“北陵乎巫山”之外，又云“南游高陂，饮茹溪流，食湘波鱼”。湘波正近澧。茹溪，《国策》姚注云：“《后语》饮茹溪之疏注：‘茹，巫山之溪。’”《水经·澧水注》：“澧水又东，茹水注之，水出龙茹山，水色清澈，漏石分沙。庄辛说楚襄王所谓‘饮茹溪之流’者也。”《初学记》引《荆州记》：“茹溪，《离骚》所谓‘遗予佩兮澧浦’，其地为临澧、零阳二县，西北与巫山相近。”高陂，《新序》作“高陵”。考澧、沅之间多陵，因澧水而名者，有醴陵；因酉水而名者，有酉陵；以武山、武水而名者，有武陵；以黄山、黄溪而名者，有黄陵；疑高陵亦在此间，凡高陂、巫山、茹溪、湘波诸地望，依予所考，绝无暌隔，然则高蔡之囿，当在今湖南西北澧沅之间，大致可信。

---

① 详下《释鄢郢》。

② 见《大荒西经》、《吕氏春秋》。

③ 左襄十八年有巫山，杨氏《春秋列国图注》在长清县南。

程恩泽不悟巫山郎崩山崇山在澧阳，误以为在巫县，故以巴东建始说高蔡之地，故嫌未惬。或必曰：如是，则将何解于《新序》“扼以淮水”一语乎？曰：淮水即方淮，所云“荆台下临方淮”，“南望料山，以临方皇”。“前方淮之水”，则此水在台下；荆台在云梦，此水当在郢南，澧水东，为古入洞庭之水。湟水亦作潢水，而“潢”、“常”古通。[①] 湘水亦称常流。[②] 由是言之，方皇之水，疑即湘水别名也。[③] 高蔡在澧沅间，淮水巫山当其北，一左一右，故子发系蔡，先填厄此二地，而蔡侯束手受执宣王时，都在郢，高蔡正在郢西南，与《荀子》云“西伐蔡”正吻合。苟如钱说，既不合于《荀子》，尤无解于“厄淮水填巫山”二语也。

蔡屡为楚灭，后再封之，故国之于江南澧沅间。或必疑沅澧当蛮夷僻陬，不宜取为都邑。予考《寰宇记》，“澧阳申明公城，皆楚大夫邑于郡地。”[④] 则楚臣尚然，况于蔡乎。澧阳有楚申明公城，幸见载于乐史书，故至尚足征；至高蔡则旧记阙落，莫由详考，然依《荀子》、《国策》、《新序》诸书互证之，其地望固在楚西，无可疑也。[⑤]

附录　方淮考

（一）

古淮水有三，其一出桐柏山，《禹贡》“淮泗其乂”是也；其一在今安徽南陵南，《汉书·地理志》：“桑钦言，淮水出陵阳县东南。”《禹贡》“过九江，至于东陵，东迆北，会于汇”是也[⑥]；其一即湘水别名，亦作方淮，或作方皇；此前人所未详，试论证之。

> 《魏策》：“楚王登强台而望崩山，左江而右湖，以临彷徨，其乐忘死。”[⑦]

---

① 为常阳亦作潢阳。

② 《史记》引《渔父辞》。

③ 详《方淮考》。

④ 《古逸》本。

⑤ 钱穆解《楚策》“食湘波鱼”之湘为淮域瀷水，解《渔父》辞“宁赴湘流”之湘为汉水襄河，淮与汉固不相及，而钱君说屈原沉渊在汉水，乃取《楚策》“湘波”为之证明，尤自相矛盾也。

⑥ 别详拙作《尚书地理辨证说汇篇》。

⑦ 《艺文类聚》引作方湟。

《淮南子·道应训》："强台者，南望料山，以临方皇，左江而右淮，其乐忘死。"

《说苑·正谏》："荆台之游，左洞庭之陂，右彭蠡之水，南望猎山，下临方淮。"

《后汉书·边让传·章华赋》："楚灵王既游云梦之泽，息于荆台之上，前方淮之水，左洞庭之陂，右顾彭蠡之隩，南眺巫山之阿。"

诸书记地名，文字多歧，而所指同事，故知：彷徨、方湟、方皇、方淮，本一名而异文。其水所在，吴师道[①]程恩泽[②]俱缺疑弗论。杨守敬《战国疆域图》始以淮水当之，钱穆《楚辞地名考》依其说，定为出桐柏之淮水，而谓彷徨等字乃方淮字讹。按此说可商之点有二：

1. 自上引诸文证之，《道应训》"南望料山，以临方皇"句，下云"左江而右淮"，足见方皇之水，乃在台前，而淮水在台右，是方淮与江淮之淮，明为二水，其不合者一。

2. 以地理言之，荆台在云梦，方淮在荆台下，则方淮正当云梦以南。今淮水自桐柏迤东入皖，西南去云梦悬隔数百里，苟定方淮为出桐柏之淮水，是无异移桐柏之淮水于云梦矣。其不合者二。

（二）

予谓方淮盖湘水，方淮、方皇，同音通用。古音湘可读为潢或湟，屈原《渔父辞》："宁赴湘流。"《史记·屈原传》作"常流"，《墨子·尚贤下》："舜灰于常阳。"《公孙尼子》及《路史·有虞纪》作"潢阳"，又《海内东经》"潢水"，《汉书》作"湟水"，《史记》作汇水。[③] 据此，湘、常，与湟、潢、汇、淮，古并同音可通假。相、常为S母，湟、淮、汇为H母，H为喉音摩擦声，S为舌齿摩擦声，二者同为摩擦声，音近变转至易。故湘水之湘，其音本常为淮，后始由H→S，声转为湘。此如汉水音汉，而其下流今呼曰襄河，

---

① 《国策校注》。

② 《国策地名考》。

③ 王念孙《读书杂志》云："《史记》作汇，汇字实匯之讹。"不知汇湟俱H一声之转，王说误。别详拙作《说汇篇》。

亦由 H→S 也。“方淮”、“方皇”即“淮”、“湟”之声变，方亦读 H 母[①]。与“皇”、“淮”双声，故急读则为“潢”，为“湟”，为“淮”，缓读则为方皇、“彷徨”、“方淮”也。[②]

方淮本但称曰淮，此又可于《新序》文证之。

> 蔡侯南游乎高陵，北陵乎巫山……嬉游于高蔡之囿。……不知子发受命宣王，厄以淮水，填以巫山。

高蔡，程恩泽[③]谓在湖北、巴东、建始一带，杨守敬[④]注在武陵，大约在醴、沅间，盖蔡被楚灭，西迁于此，复其国，仍名高蔡。[⑤] 湘水、巫山皆近其地，正当其东北，一左一右，故子发系蔡，先填厄此二地。据上所考，湘为淮音变，则《新序》所称与巫山对举之淮水，为湘水无疑。

按湘水自湘阴县北会洞庭，至临湘县，入江。《汉书·地理志》：“零陵郡零陵，湘水所出。至酃入江。”《说文·水部》：“湘水出零陵阳海山，北入江。”《水经》：“湘水北至巴丘山，入江。”俱不言注洞庭湖，而直言入江，明其水贯洞庭以北，亦得有湘之目，不仅湖以南始有湘名。强台在云梦[⑥]，台之南，恰为湘水，诸书记台之位置，曰“南望料山，以临彷徨”，曰“下临方淮”，曰“前方淮之水”，形势正合，知方淮非湘，固莫属矣。

又出桂阳通四会之湟水，一名汇水，其水出湖南郴县黄岑山，与湘水源近，古人地理观念至为含糊，且江、湘以南，战国秦、汉时为蛮夷之地，其地理状况，亦难明了，或古时所谓湘水，兼指湟水，湘又作淮，湟亦作汇，可见先秦时自湘水南至湟水，统名为“淮”，音变作“方淮”、“方皇”。至后代知湘、湟二水源流不同，而湘水之名，复由淮音变为湘；惟湟水独存“淮”名，字别作“汇”，而“湘”自是遂不复有“淮”之称矣。今表列其异文音变如下：

---

① 方古不尽读重唇邦母，今通语转入轻唇，潮州语方读如 Huan，正属 H 母，盖重唇入腭，变转至易也。

② 《方言》：“伤谓之怅惶”，“怅惶”即“伤”之声缓，与“方淮”、“方皇”急读为“淮”、“湟”例正同。

③ 《国策地名考》。

④ 《战国疆域图》。

⑤ 详《湘水巫山辨》。

⑥ 约当监利华容。

音 变	H母→S母		声 缓
地名异文	淮（《新序》）	湘（《渔父辞》）	方淮（《说苑》《边让传》）
	湟（《汉书》）	常（《屈原传》）	方皇（《淮南子》）
	汇（《史记》）		方湟（《类聚》引《国策》）
	潢水（《山海经》）		彷徨（《魏策》）

考地理者，不悟淮、湟、汇、湘可同音假借，见有“淮”字，以为必出桐柏山之淮水，故于《国策》、《新序》、《说苑》、《淮南子》所记之淮水、方淮、方皇，并以出桐柏之淮释之，无怪其扞格不通也。

友人吴君珏谓“方淮”为匯之分文，匯字从匚从淮，以甲文报丙报乙之作⿷匚丙⿷匚乙例之，知匯为匚淮二字合文。此亦一解，故并著之。

卷　下

释鄢郢

（一）

楚自鬻熊曾孙熊绎，以子男之田，封于楚蛮，居丹阳。[①] 六世，熊渠兴，封长子康为句亶王，治江陵[②]。数世，至文王，熊赀始大，都郢。[③] 至于平王，畏吴，更城郢。[④] 后昭王复为吴迫，北徙鄀。[⑤] 惠王又曾徙鄢[⑥]，其后复

① 《楚世家集解》徐广曰："在南郡枝江县。"又《正义》引"《舆地志》秭归县东有丹阳城，周回八里，熊绎始封。"欧阳忞曰："归州东南有丹阳城，周成王封楚子熊绎，始居于此，后徙都枝江。"吴师道曰："熊绎初封丹阳，武徙枝江，文都南郢。"程恩泽曰："未是，枝江之徙当在熊绎时。"

② 《集解》引张莹说。

③ 《世本》作"武王徙郢"。《汉地理志》毛本作"武王"，杨守敬《汉志补校》云："志丹阳郡丹阳下云'文王徙郢'，本《史记》。《左传正义》引志亦作'文王'。然则志毛本后人所改。"杜预曰："国都于郢，今南郡江陵眇北纪南城是。"《寰宇记》引《荆州记》云："昭王十年吴通漳水，灌纪南入赤湖，进灌郢，遂破楚。"是先攻纪南而后破郢。桂馥据此谓南郢在纪南之南，郢及纪南不同地，见《礼璞》八。

④ 余知古《渚宫旧事》二注引盛宏之云："江陵东北七里有郢城，城之周回九里是。"《楚世家正义》云："案《传》，城郢在（鲁）昭公三十三年，下重言城郢。杜预曰：楚用子襄遗言以筑郢城矣，今畏吴，复修以自固也。"

⑤ 《括地志》："楚昭王故城在襄州乐乡县东北三十三里。"详下篇。

⑥ 余知古曰："昭王避敌，迁鄀，惠王因乱迁鄢。"案此以"鄢"为"郾"。《国策》鲍注："昭王徙郢，又徙都与鄢。"以郢为昭王所徙，程恩泽已辨其非。钱穆说楚昭王曾自鄀徙鄢盖依鲍注，实当作惠王。

归郢，而旧史缺载。然昔人皆谓昭、惠之后，仍都南郢。班固《汉书·地理志》鄀下云："楚昭王畏吴，自郢徙此，后复还郢。"又江陵下云："故楚郢都，楚文王自丹阳徙此；后九世，平王城之；后十世，秦拔我郢，徙东。"[①]后世如唐余知古[②]、宋欧阳忞[③]、罗泌[④]、王应麟[⑤]、元吴师道[⑥]皆主其说，确无可疑矣。

（二）

近人钱穆先生说洞庭在江北，谓："楚自昭王徙都，后遂无复还江陵之明文；先秦旧籍，斥言楚都，亦率曰'鄢郢'，以别于旧郢也。"举白起拔郢，即鄢郢以为证。盖以楚自昭王后，皆都在汉北宜城之鄀，以证战国时，洞庭不在江南，其说颇有可商：

（1）鄢曾为都，故称鄢郢，犹在纪之称纪郢，在陈之称郢陈也。钱氏知鄢之置都，为时不久，而以鄢郢被之于鄀，谓其近鄢，故以为名，此在前人亦有是说；然实鄢郢当为鄢都别称，不得强指为鄀。一也。

（2）鄢郢虽为鄢都之称，然鄢与郢究非一地，实楚南北两大都，古书多合言，而实分指，不可混合为一。二也。

（3）鄢与鄀，秦并为县，而白起所拔之郢，秦实以为郡。[⑦] 尤不得指鄢或鄀为郢。三也。

（4）悼、威、怀、襄之世，史称楚都，但曰"郢"，或"郢都"，而不称"鄢郢"，盖皆指江陵；其称"鄢郢"者，乃指鄢或分指宜城之鄢及江陵之南郢，而鄢未曾简称曰"郢"。故鄢，人以为别都，其非都可知，不应云"古籍斥言楚都，率曰鄢郢"，含混为言。四也。

---

① 齐召南曰："当作陈。"吴卓信《补注》直易为陈。杨守敬曰："淮阳国陈县，楚顷襄王自郢徙此。则此'东'字为'陈'误无疑。"案此不言徙"鄢"。

② 《渚宫旧事》一："案惠王之末，墨翟重茧趋郢，班子折谋；宣王之时，江官遇盗，郢宰见黜；怀王入秦，齐人使郢中立王；是皆昭惠后叶，莫不依焉根本。则知郾即鄢，鄀之迁，权道也，非久都明矣。"

③ 《舆地广记》八京西南路："宜城县，故鄢，楚之别都。……鄀县故鄀国，春秋时，自商密迁此，为楚附庸；楚灭之。昭王畏吴自郢迁焉，征复还郢。"

④ 见《路史·国名记》。

⑤ 见《通鉴地理通释》四说同《广记》。

⑥ 《国策校注》："《楚辞·哀郢》、庄辛说襄王，郢都必危。白起拔郢始徙陈，知怀襄之世，仍都南郢。"

⑦ 《白起传》："拔郢，以为南郡。"

今取古书言鄢郢者，解释如下。《荀子·议兵》篇："庄跻起，楚分而为三四。……汝、颍以为险，江、汉以为池，限之以邓林，缘之以方城；然而秦师至，而鄢、郢举，若振稿然。是岂无固塞隘阻者哉？其所以统之者，非其道也。"注："鄢、郢楚都，谓白起代楚，一战举鄢、郢也。"[①] 褚少孙《补史记礼书》亦引荀子此语。《史记正义》曰："鄢音鄾。《括地志》：'故城在襄州安养县北三里'，古鄾子之国，邓之南鄙也。又率道县南九里，有故鄢城，汉惠帝改曰宜城也。郢城，荆州江陵县东北六里。即吴公子光伐楚，楚平王恐，城郢者也。又楚武王始都郢，纪南故城是也，在江陵北十五里。"张守节解鄢、郢分为两处。盖鄢、郢乃指楚南北两都，旧书合言，实分指也。钱先生乃曰："荀子言鄢郢，在鄀，不在江陵。"遂以证白起拔郢，乃汉北之鄢郢，非江域之纪郢。按此盖本吴卓信说[②]，前人虽亦曾言之，然非古书本义也。

《楚策》曰："苏秦为赵合从，说楚威王曰：'大王不从亲，秦必起两军，一军出武关，一军下黔中，若此，则鄢、郢动矣。'"高诱曰："秦兵出武关，则临鄢；下黔中，则临郢。"《史记·苏秦列传正义》亦援此为说。是因南北两都，故分为二军也。张琦《国策释地》疑此语"黔中"当作"汉中"。说云："时秦未举巴、蜀，无缘至辰沅。"不知楚黔中治应在唐黔州，究不与秦郡治在沅陵西二十里者同地。[③] 《史记·张仪列传》："苏秦死，仪说楚王曰：秦西有巴、蜀，大船积粟，起于汶山。浮江以下，至楚三千余里。舫船载卒，一舫载五十人，与三月之食，下水而浮，一日行三百余里。里数虽多，然不费牛马之力，不至十日，而拒扞关；扞关惊，则从竟陵[④]以东，尽城守矣。黔中、巫郡，非王之有。"扞关，《集解》："徐广曰：'巴郡鱼复有扞水、扞关。'"《索隐》："扞关，在楚之西界。《地理志》巴郡有鱼复县。"《正义》："硖州巴山县界。"是知楚之西境扞关，秦兵尚可越巴、蜀而至，况黔中在巫郡之下，当西汉水入江稍东之地，秦兵不更易下哉。至云"时秦未举巴、蜀"，不知张仪复相秦，在秦更元八年。其明年，司马错灭蜀，至十二年，张仪相楚，苏秦死。仪说楚王当在是年前后，时巴蜀被灭已久，不应云仍未举

① 《淮南子·兵略训》文略同。
② 见《释鄀篇》。
③ 说详《楚黔中地考》。
④ "竟陵"二字原作"境"，今据《国策》及《七国》考引改。

也。[1]《史记·苏秦传》亦作“黔中”。是黔中之不为汉中之误，可无疑义。黔中字既无误，则高注所谓临郢，自指循江下逼江陵，证之《张仪传》，益灼然矣。[2] 由是言之，出武关为北路，下黔中为南路，则所谓鄢、郢动者，鄢、郢为两地至明。若以鄢、郢但指宜城之都，则只说北路，而南路“下黔中”一语无着矣。

考郢与鄢为楚南北两大都。楚地广，故言其柱国者，辄南北连称，而实则分指。《齐策》三：“国子曰：‘安邑者，魏之柱国也；晋阳者，赵之柱国也；鄢、郢者，楚之柱国。故三国欲与秦壤界，秦伐魏，取安邑；伐赵，取晋阳；伐楚，取鄢、郢矣。’”（详下）《史记·楚世家》载射者对楚顷襄王曰：“秦为大鸟，负海而处，东面而立，左臂据赵之西南，右臂傅楚鄢、郢。”《通鉴地理通释》十引林氏曰：“江陵，郢也；襄陵，鄢也。”《楚策》一张仪相秦谓昭雎曰：“楚无鄢、郢、汉中，有所更得乎?”鲍注：“此皆楚之要地，无此，则危亡。”此鄢、郢、汉中三地，合言也。依是知鄢郢亦分指南北两都，验之苏秦指陈当时形势，南北两路并重，可以概见。而钱先生引苏秦语，竟谓秦、楚兵争，在西而不在北，殆放弃“下黔中”一语而不说矣。

《史记·秦本纪》：“昭襄二十八年，大良造白起攻楚，取鄢、邓，赦罪人迁之。二十九年，大良造白起攻楚，取郢为南郡。”此鄢、郢分言甚明。而取鄢在先。《六国表》：“楚顷襄二十年，秦拔我鄢、西陵。二十一年，秦拔我郢，烧夷陵，王亡走陈。”此亦鄢、郢分述。《楚世家》：“顷襄二十年，秦拔我西陵。二十一年，秦将白起遂拔我郢，烧先王墓夷陵，楚襄王兵散，遂不复战，东北保于陈城。”又《六国表》：“秦昭王二十九年，白起击楚，拔郢，更东至竟陵，以为南郡。”此则不书取鄢。《白起列传》：“后七年，白起攻楚，拔鄢、邓五城。其明年，攻楚，拔郢，烧夷陵，遂东至竟陵。楚王亡去郢，东走徙于陈。秦以郢为南郡。”以上诸条，事并同，皆鄢与郢分别为言。而白起所拔，但曰郢。《秦策》曰：“顷襄二十年，秦白起拔楚西陵；或拔鄢、郢、夷陵，烧先王之墓；王徙东北保于陈城。”据《六国表》、《楚世家》，秦拔郢、夷陵在二十一年，此不与二十年攻楚西陵事析开，盖策文略也，而鄢与郢又不依年代先后为言。据《史记》，知此处鄢、郢亦合言而分指者矣。《秦策》

---

① 此本《秦纪》为说，秦举巴蜀年代，近人马培棠、钟凤年、张公量，皆有考办，俱载《禹贡》，可参看。

② 参看《方舆纪要》八十常德府条。

三："蔡泽曰：白起率数万之师，以与楚战，一战举鄢、郢，再战烧夷陵。"[①]《史记·平原君传》："白起，小竖子耳。率数万之众，兴师以与楚战，而举鄢、郢，再战而烧夷陵，三战而辱王之先王。"烧夷陵在拔郢后，拔郢又在举鄢后，鄢与郢为楚南北两大都，二年间并为秦得，故说者每连举为言。《楚策》四："庄辛谓楚襄曰：……郢都必危。"又曰："庄辛去之赵，留五月，秦果举鄢、郢、巫、上蔡、陈之地，襄王流揜于城阳。"[②] 此言楚都但曰"郢都"，下文言"鄢"、"郢"则兼鄢与郢二地为言也。例如上述。《秦策》又云："应侯责武安君曰：楚地方五千里，持戟百万，君前率数万之众，入楚，拔鄢、郢，焚其庙，东至竟陵，楚人震恐，东徙不敢西向。"武安君即白起。鲍注："二十八年取鄢，二十九年取郢。"此鄢、郢合言，亦为分指。《春申君传》："秦已前使白起攻楚，取巫黔中之郡。拔鄢、郢，东至竟陵，楚顷襄王东徙治于陈县。"《范雎传》："昭王已立，三十六年，南拔楚之鄢、郢。"又《秦策》三："谓应侯曰：'（武安君）南亡鄢、郢、汉中。'"《魏策》一："秦果南攻蓝田、鄢、郢。"[③] 又《白起传》："武安君所为秦战胜攻取者七十余城，南定鄢、郢、汉中。"《正义》："鄢在襄州夷道县南九里；郢在荆州江陵县东六里；汉中，今襄州之地。"是鄢、郢、汉中为三地甚明。《史记·李斯列传》："惠王用张仪之计，拔三川之郡，西并巴、蜀，北收上郡，南取汉中，包九夷，制鄢、郢，东据成皋之险，割膏腴之壤。"《索隐》："《地理志》：'南郡江陵县云，故楚郢都。又宜城县云故鄢也。'"此鄢、郢亦分指矣。《水经·沔水注》，郦道元按曰："汉、沔自下，有'沧浪'通称。缠络鄢、郢，地连纪、鄀，咸楚都矣。"案四地皆楚都，故云然。鄢与鄀在楚北宜城，纪与郢在楚南江陵，此不云鄢、鄀、纪、郢，而云"鄢、郢、纪、鄀"，盖错综为说，纪、鄀非为一地，则鄢、郢当为两处明矣。《晋书·地理志》："荆州，六国时，其地为楚。及秦取楚鄢、郢为南郡，巫中（案即黔中）地为黔中郡。"案此以"巫、中"为二地例之，鄢、郢亦兼两都为言也。《寰宇记》："秦以鄢、郢为南郡"，说本此。今若以鄢郢只为宜城之鄢，则其地非秦南郡所在；若以

① 《史记·蔡泽传》作"一战举鄢、郢，以烧夷陵；再战南并蜀、汉"。

② 按秦拔楚鄢、郢、巫，历三年，不得云五月。《新序》卷二作"十月，王果亡巫山、江、汉、鄢、郢之地。"十月恐亦未是，又无"上蔡、陈"三字。策文有者，张琦《释地》以为衍文。程恩泽曰："上蔡疑是上庸之误，陈，衍文；是时楚方保陈，则陈、蔡未举。"予案，《新序》无之，或衍文，未可知。

③ 案《楚策》一："张仪为秦破纵横说楚曰：'楚曾与秦构难，战于汉中，楚人不胜，通侯执珪死者七十余人，遂亡汉中。楚王大怒，兴兵袭秦，战于蓝田，又却。'"是时楚已失汉中。

为郢，则南郢无鄢之名，是知鄢、郢当为合称，不得为独指也。观上所述，白起所拔郢，即南郢，其称鄢、郢者，乃合两都为言。钱君曰："《白起传》之郢，即鄢郢。其前年先拔鄢城者，楚昭王曾自都徙鄢，逾年而复，鄢都相近，而非一地[①]。楚既都鄀，鄀亦称郢，以其近鄢，故名鄢郢。"鄙意，鄀不得以与鄢近而以鄢郢为名，鄢郢当鄢之名也。《水经·沔水注》[②] 说鄢云："城故鄢郢之故称，秦以为县。"又下文说鄀云："楚昭王为吴所迫，自纪郢徙都之，即所谓鄢、鄀、卢、泌之地也，秦以为县。"鄢、鄀分说，又以"鄢郢"说鄢；说鄀，则不言有"鄢郢"之号，是鄢郢但必鄢之号，非鄀别名，斯其证矣。[③]

近时出土湘西里耶秦简一六·五二：

> 鄢到销百八十四里，销到江陵二百四十里。（《中国历史文物》二〇〇三，一）

鄢地正在宜城。楚曾徙鄀，又曾徙鄢，鄀鄢虽地相近，乃谓鄀可有鄢郢之号，说至诬妄。夫其都在鄀，乃不称郢鄀，而复假邻邑之名，称曰鄢鄀，恐无是理也。[④]

（三）

钱先生引《沔水注》："夷水东注沔，昔白起攻楚，引西山长谷水，即是水也。水溃城东北角，百姓随水流死于城东者数十万，城东皆臭，因名其陂为臭池。城故鄢郢之故都，城南有宋玉宅。"谓："秦兵先得鄢，遂破郢，当郦氏时，白起破楚鄢、郢之遗闻逸事，尚未全失。"意欲以证白起拔郢，楚都仍在宜城之为实。窃谓起固曾取鄢，在拔郢前一岁。今如钱说，时楚都在鄀，则去鄢城只数十里，据《秦纪》，鄢拔后，赦罪人迁于其地，是秦所得之地必广，所谓"取鄢、邓五城"者，鄀或在其中。设退一步言，鄀时未为秦得，则以相距数十里之地，又为国都所在，安有不一举而摧陷之，必待一岁而后

---

① 原注《方舆纪要》："鄢城在宜城县西南九里，鄀城在宜城县东南九十里。"

② 卷二十八。

③ 《水经·江水注》："秦昭襄二十九年，使白起拔鄢、郢。以汉南地，置南郡焉。"案拔郢在二十八年，不当云二十九年，郢上鄢字疑衍，非然，则郦氏偶失考也。

④ 参看《释鄀篇》。

取得耶？钱先生又引《楚世家》言："前一年，楚既割汉北，鄢、郢之屏蔽已失；故翌年，秦即下鄢，又明年，遂破郢，西陵夷陵皆鄢郢附近，楚先王冢墓所在耳，《水经注》：'鄢水东南流历宜城西山，谓之夷谿。'所谓西陵、夷陵者，殆即在宜城西山一带。"按，是未必然。西陵、夷陵，地非密迩。[①] 而夷陵为楚先王墓之所在，自熊绎发迹丹阳，其后皆都南郢。据古书皆言拔郢烧夷陵，则夷陵地实邻郢，谓在江域，自无弗合，亦不必另易一说。《水经·江水注》三十四云："北对夷陵县之故城，城南临大江，秦令白起伐楚，三战而烧夷陵者也。应劭曰：'夷山在西北，盖因山以名县也。'"此即郦道元说夷陵之所在矣。亦以为在江域。而钱先生必引《水经注》为证，不知郦道元自有所指，别为新说，终难越乎悬拟。钱先生又曰："秦拔郢，襄王众散，始东退保陈。若当时楚都在江陵，秦兵已取鄢、邓，长驱南下，楚都既破，何能转迎秦锋，越其兵路，东北遁地于陈。"是亦误解。程恩泽曰："《策》云：拔鄢、郢，东至竟陵，为今天门县，则当时秦兵所及，亦仅至安陆而止，未曾越汉阳、武昌而至黄州也。"[②] 李吉甫、欧阳忞并谓湨州竟陵县，盖即白起所至处，其时楚王乃循江东下，再折而北，故曰东走，曰东北徙绝非北冲秦锋，越宛、邓以至陈也。其取涂必如此。[③] 若如钱先生说，楚都在都，则汉北早为秦得，而鄢又先一年为秦有，都与鄢相去只数十里，都当益受其困，则欲越秦兵路，东北徙于陈城，其难不更甚邪。是又其时楚邦不在都之反证矣。

（四）

据上所论，"鄢郢"之所指有二：其一为宜城之鄢及江陵之郢之合称；其一为宜城鄢都之专名。考宜城鄢都之名，古书所言，但称曰鄢，罕曰鄢郢，其称"鄢郢"者，殆后起之别名，如郢陈之类。[④] 习凿齿《襄阳耆旧记》一："宋玉者楚之鄢郢人也。故宜城有宋玉冢。"此言鄢郢。即指宜城之鄢也。《史记·秦本纪》："（昭襄）二十四年，与楚王会鄢。"[⑤] 又云："白起攻楚，取鄢、邓。"皆称之如常邑，其非楚都，可以概见。今知鄢郢之称，为鄢别名，则古

---

① 策文言："拔鄢西陵。"是西陵当近鄢。

② 《地名考》六西陵引。

③ 王船山《楚辞通释》说《哀郢》"民离散而东迁"为迁都避秦。游国恩曰："初或沿江东下，取便于速奔，然其势应至江夏鄂渚附近，即折而遵陆北行，出穆陵关经河南光蔡之地，以达于陈较为直捷，断不至迂道陵阳。"见《哀郢·辨惑》篇。今按游说是。

④ 观《水经注》可证。陈，《国策》不云郢陈，亦其证。

⑤ 亦见《楚世家》顷襄十六年。

言鄢郢者，不得指鄀。其合称者，当为宜城之鄢与江陵之郢无疑矣。

昔人称楚都，率呼曰“郢”，今观白起之破楚都，亦但曰“拔郢”，曰“去郢”，曰“以郢为南郡”。又如曰“越宛有郢，置南郡”①。“袭郢，取洞庭，五都，江南”②。皆不以鄢郢称之。他如《庄子》“南行至于郢，北面③而不见冥山”④。《墨子》“至郢”⑤。宋玉对楚王问：“客有歌于郢中。”《韩非》：“郢人有狱”⑥，“张仪在郢”⑦，苏代为周说楚王曰：“周绝于秦，必入于郢”⑧。此战国时人说楚都，亦但曰“郢”。他又如屈原之云“发郢都而去闾”⑨，庄辛云“郢都必危”⑩，则曰“郢都”，亦不称“鄢郢”也。《史记·货殖传》：“江陵，故郢都。”《正义》：“荆州江陵县故为郢，楚之都。”《说文·邑部》：“郢，故楚都，在南郡江陵北十里。”皆言楚都在南郢。《齐策》：“杜赫说楚宣王：王如封田忌于江南，以示田忌不返郢。”《渚宫旧事》：“初，郢以两版筑垣，起变之，用四国人恶之。”⑪ 是宣、悼时所都在南郢。沈括《笔谈》：“今郢州本谓之北郢，亦非古之楚都。或曰，楚都在今宜城界中，有故墟尚在，亦不然也；此鄢也，非郢也。”盖昔人于宜城之鄢之误为郢，亦有详辨矣。

（五）

予考战国襄王徙陈前，楚仍都江陵之郢，亦别有证：

(1)《燕策》：“秦告楚曰：‘蜀地之甲，轻舟浮于汶，乘夏水而下江，五日而至郢。’”是时秦已得蜀，两国之君，在秦当为昭襄，在楚当为怀或顷襄。《楚策》一：“张仪为秦说楚王曰：‘秦西有巴、蜀，方船积粟，起于汶山，循江而下，至郢三千余里。’”时楚尚都郢，临江，故下江便可抵郢，若在宜城

---

① 《史记·秦本纪》。

② 《秦策》一。

③ 一本无。

④ 《天运》篇。《释文》：“郢，楚都也。”程恩泽《国策地名考》十二北郢注：“冥山在今信阳州，正楚北境也。”又十三引《括地志》：“楚之冥厄亦曰冥山，冥山即黾塞也。”此处当指南郢，故云北面不见冥山。

⑤ 《贵义》篇，《公输》篇。又见《淮南子·修务训》。注：“郢，楚都也，今南郡江陵北纪郢。”是。

⑥ 《说储》。

⑦ 《楚策》。

⑧ 《周本纪》。

⑨ 《哀郢》。

⑩ 《楚策》。

⑪ 孙校注：出典为《韩非·和氏》，《吕览·贵卒》。

之都，必不云下江可至也。且此皆但称曰“郢”不称“鄢郢”，亦予说之证。

(2)《哀郢》云：“遵江、夏以流亡，发郢都而去闾。”又云：“惟郢路之辽远，江与夏之不可涉。”使郢在宜城，亦不当云涉江矣，此证与上同。《哀郢》又云：“顾龙门而不见。”《招魂》云：“魂归来兮入修门。”洪兴祖曰：“龙门即郢城之东门。”《寰宇记》一百四十六引伍端林《江陵记》：“南门三门：一名龙门，一名修门。”《寰宇通志》：“江陵一名龙门，一名修门，两东门郢都东关，有二门也。”此未必后人因《楚辞》而制其名以实之。夫其迹之在南郢亦足为证，宜城固无所谓龙门及修门者！

(3) 鄢与鄀为秦得，秦并以为县。《元和郡县图志》二十三宜城县：“故宜城，在县南九里，本楚鄢县，秦昭王使白起伐楚，引蛮水[1]灌鄢城，拔之，遂取鄢，即此城也。”《寰宇记》百四十五：“宜城县本楚之鄢都。”《舆地广记》八：“宜城县故鄢，楚之别名都也。秦为南郡之北部。”皆云为县；然于江陵则不然。《寰宇记》百四十六：“春秋以来，楚国之都，谓之郢都。”秦以鄢、郢为南郡，今州也。[2]《舆地广记》二十七：“江陵县地，故楚郢都之地；战国时，秦使白起分郢，置江陵县，及置南郡，而楚徙都陈。”[3] 此与《史》、《策》并合。鄢、鄀秦为县，自与郢为郡者异矣。是知白起所拔当为南郢，楚时所都，当在南郢。

(4)《秦策》一：“秦与荆人战，大破荆，袭郢，取洞庭，五都，江南，荆王亡走，东伏于陈；当是之时，随荆以兵，则荆可举。”五都即五渚。洞庭、五渚、江南，皆在郢南。[4] 郢既为秦得，则郢南一带，皆秦有矣。夫秦之要怀王割巫黔中者何哉？亦惟觊先得楚西南要地，以为东侵之机耳。

所谓“一军出武关，一军下黔中，则鄢郢举”，盖南北相掣，则楚危矣。今秦兵出武关，昭襄二十年得鄢、邓，遂长驱南下；其明年，下郢，楚王东徙，郢南一带，遂为秦有。故《楚世家》言：“二十二年，秦复伐我巫黔中郡。”《秦本纪》言：“三十年，蜀守若伐取巫郡及江南，为黔中郡也。”郢都既为秦得，故其西南之地，翌年即为秦占。钱先生误信刘伯庄说，五渚临汉水，故谓洞庭、鄢城必近汉域，故曰：“岂有鄢郢既破，楚王方避地向东北而去，乃秦兵穷迫，转远往长沙、洞庭之理。”不知郢不当指为宜城之鄢，五渚

---

① 按即夷水。

② 此处鄢、郢亦兼南北两都为言。

③ 班志陈县属淮阳国，注云：“楚顷襄王自郢徙此。”郢指南郡。

④ 参看拙作《说五渚》。

亦不得在汉域。由是言之，此不特不足证洞庭之在汉北，乃足反证实郢之在江南。江南所在，钱君无以易旧说，乃迁就之，谓："白起既破楚都（指鄢郢），不敢逼取楚王，而秦之偏归自蜀东下，又取楚巫、黔中地，在襄王二十三年，游兵所及，至于江陵以西一带之南岸，此则所谓江南。"又云："江南当远在今洞庭西北，正值江陵之南以西，与洞庭五渚之在汉北者非一地。则亦非泛指大江之南，谓秦兵直至今巴陵、岳州一带也。"予谓如钱君言秦师可抵江陵以西，又何不可抵江陵，何必远移楚都于汉北哉？洞庭西北，与洞庭相去咫尺；洞庭西北，秦兵可到，则洞庭何不可到耶？况秦置黔中郡于武陵，则江陵与洞庭为秦兵所经，亦何疑焉。由当时兵争之形势观之，顷襄所都，仍在南郢。

综上诸证，可见昔人谓昭、惠后仍都南郢，其说盖至确不可易也。

（六）

《史记·王翦传》："李信攻平与，蒙恬攻寝，大破荆军。信又攻鄢、郢，破之；于是引兵而西，与蒙恬会城父。"《通鉴》："秦始皇二十二年，李信攻楚鄢、郢。"胡三省曰："时楚迁寿春，所谓鄢者，即《春秋》'郑伯克段于鄢'之鄢；郢则陈州也。"案宜城之鄢，江陵之郢，昭襄时已为秦得，始皇时，拔楚鄢郢，自非此二都甚明。平与，《正义》："在预东北五十里。"寝，徐广云："今固始寝丘。"《索隐》："寝，固始县，属淮阳。"城父，《正义》引《括地志》："汝州郏城县东四十里，有父城故城，即服虔云'城父，楚北境'者。"观当时东攻西合形势，鄢郢二地，当在淮、汝之域，鄢即颍川鄢陵，郢即陈无疑。胡说至确。《齐策》六："即墨大夫入见齐王（建）曰：'鄢郢大夫，不欲为秦，而在城南下者百数，王收而与之百万之师，使收楚故地，即武关可以入矣。'"案，入武关即进故秦境。《始皇本纪》："二十一年，昌平君徙于郢；二十三年，秦王复召王翦，强起之，使将击荆，取陈以南至平与，虏荆王。秦王游至郢陈。荆将项燕立昌平君为荆王，反秦于淮南。[①] 二十六年，齐王建与其相后胜发兵守其西界，不通秦。"是齐被秦灭，在楚后，故即墨大夫有使鄢郢大夫收回楚故地之计。宜城之鄢，江陵之郢，久为秦得。则此处鄢、郢，当如王翦传在淮、汝之域者矣。此又鄢、郢两地合称之别例，考史者所当知也。

---

① 一作江南。

附　本文提要

（一）略论楚都之沿革，及前人主昭、惠后仍都南郢之说。

（二）论古书鄢、郢合言，而实分指。白起拔郢，当为南郢，非鄢之郢。又鄢郢亦为鄢都之别称，非鄀之号，订钱穆说"鄢郢"之谬。

（三）论白起拔郢，时楚都不在宜城之鄀。

（四）论鄢郢当为鄢都别名，不当属鄀。古称楚都，率曰郢，不称鄢郢。古书载宣、悼、威诸都，在郢，即南郢。

（五）论昭、惠后仍都南郢之证。

（六）论李信攻鄢、郢乃指淮、汝之鄢陵及郢陈。

释鄀

（一）

《方舆纪要》十九，宜城县下云："鄀城，县东南九十里。春秋时鄀国，自商密迁于此，为楚附庸，楚灭之，而县其地。定六年，'楚令尹子西迁郢于鄀'是也。秦置若县，属南郡；汉因之，后汉改为鄀县。"案此鄀即所谓"南鄀"。《左传》僖二十五年："秦晋伐鄀。"杜注："鄀，本在商密秦楚界上小国。其后迁于南郡鄀县。"盖以别于商密之鄀。《汉书·地理志》南郡鄀注："楚昭王自郢徙此。"《路史》："鄀，今襄之宜城，西南有鄀亭山，上有城，险固，有鄀乡，鄀水，此即鄀城也。楚灭为邑。昭王曾徙于此。"此统言昭王所徙在鄀也。《水经》："沔水又经鄀县故城南。"郦《注》云："鄀县南临沔津，津南有石山，山上有烽火台，台北有大城，城即楚昭王为吴所迫，绝郢徙鄀之所。"据是，昭王所城为大城，在鄀县故城南石山上烽火台之北，与"鄀县故城"非一处也。《括地志》："楚昭王故城，在襄州乐乡县东北三十三里，去故都城东五里。"又云："故都城在乐乡县东北三十三里。"又云："鄀城东五里有楚王城，西南去乐乡县三十三里。"[①] 观上所举，里数并合，知昭王故城即楚王城，亦即故都城（与鄀城有别），在乐乡县东北，为一地无疑。曰"故都城"者，当即昭王所徙。曰"鄀城"者，即楚灭鄀所置之县也。曰"故都城"，揆其里道，似即鄀城，疑"都"字，"鄀"之讹也。《通典》："鄀在襄阳

① 《方舆纪要》引。

宜城县东，今襄州南二百二十里废乐乡县，是其地，有鄀乡，在鄀水旁。”《元和郡县图志》二十三：“襄州乐乡县，本春秋鄀国之城，在今县北三十七里鄀国故城是，在汉为鄀县地，晋安帝于此置乐乡县。”《舆地广记》八：“故鄀城为楚所灭，昭王自郢迁焉，后复还郢。唐改为乐乡。”右举皆以鄀即乐乡。曰“鄀国故城”者，则又非楚昭所徙故鄀城，乃春秋鄀国，楚鄀邑也。按鄀国故城与昭王所徙，不同其地。此概括为言，不加严别，当以《水经注》所言，最为明白可从。

（二）

吴卓信《汉书·地理志补注》云：“鄢本古国，后入楚为别都，其后昭王徙郢于鄀，更称‘鄢郢’，以鄢与鄀俱在宜城县，治相近，故称‘鄢郢’以别于江南之纪郢也。”乾隆《襄阳府志》二《沿革》云：“宜城，汉县，其地在周为楚之鄀，为鄢郢，为鄢鄀。《春秋》定公四年，吴入郢，楚几亡国；秦师救之，复归郢；明年，昭王迁郢于鄀，而改纪其国政，以定楚国，遂以鄀为都，而亦名曰‘郢鄀’，与鄢同地，故谓之‘鄢鄀’，亦谓之‘鄢都’。”《史记·楚世家》：“顷襄王二十一年，秦将白起拔我郢，即鄢郢也；二十三年，楚复取秦所拔之江旁十五邑，鄢郢复归于楚：迨秦灭楚以为县，属南郡。汉初其地分为三县：曰‘鄢’，曰‘鄀’，曰‘邔’，皆属南郡。惠帝三年改鄢为宜城，县名所自昉也。”同治《宜城县志五·秩官志》鄢郢条注云：“楚附庸，鄀城昭王轸之迁国也。鄀地有鄢水郾子国，故改为鄢郢，亦号鄢鄀，即今县故襄城也。”按《右储说》，皆以鄀亦称“鄢郢”，不知鄀与鄢实非一地，鄢亦曾为都，“鄢郢”、“鄢都”乃指鄢，不得谓鄀也。昭十三年《传》：“灵王沿夏，将入鄢。”杜注：“本为楚别都，故灵王欲入。”盖鄢自昔为别都，故惠王迁于其地，迁鄀，迁鄢，实两地两事，不应混为一，以鄢郢被之鄀。高士奇曰：“楚曾自鄀徙鄢，逾年而复，非鄀即鄢，鄢称鄢郢，鄀称郢鄀，乃后人以其地曾为楚都，故名。”此说是也。《宜城志》谓楚改鄀为鄢郢，说尤臆度。至谓鄀有鄢水，故称鄢郢，亦强为之解。《府志》谓：“楚以鄀为都，谓之鄢都，秦灭楚以为县。”夫使鄀为鄢，即白起所拔之郢，则秦实取为南郡，不应以为县也。拔鄢、拔郢，据《史记》相差一年，又可见鄢都之非鄀矣。至其以楚复秦拔江旁十五邑时，鄢郢复归楚，是无异以其时楚所复地，北及襄阳，则秦所置南郡时，亦为楚有矣，尤不熟史事而妄论者也。

附录 楚昭王墓辨

楚昭王墓，湖北凡三见。《通志》谓："在当阳县东南五十里。"此一说也；《襄阳府志》："昭王墓在襄阳习家池北。"此又一说也；《府志》宜城县下又云："昭王墓在城南，故襄城内，墓大逾亩许，左数十余步有井，至今目为昭王井。"此又一说也。

襄阳之昭王墓，《府志》据《南雍州记》："齐建元中，盗伐王冢，得玉器古书竹简。"疑为周昭王墓。① 案《记》所载，亦见《南齐书·文惠太子传》。《南史·江淹传》，辞各稍异。《府志》谓此墓旧志亦称楚昭王，盖因《南齐书》有"相传为楚王冢"句，遂加一"昭"字。然《南史》等所记，但皆云古冢而已。相传一语，原是疑词。据是，襄阳楚昭王墓，尚且阙疑。

宜城之昭王墓，《府志》以为："宜城故襄城，为昭王迁郢故地，内昭小城犹存故址，文有昭王井，证据确凿。"《宜城志》同其说。予案，《孔子世家》："楚昭王卒于城父。"《楚世家》："昭王军城父，十月，病于军中。"考昭王自十二年北徙都鄀，至二十七年春，吴伐陈，昭王救之，军于城父，十月庚寅卒。自徙都至卒，凡历十五年。其二十一年，吴王阖闾伐越，越王勾践射伤吴王，遂死，吴怨越，不西伐楚；而楚亦于二十年灭顿、灭胡，是昭王自二十年后，国稍强；而吴自二十一年后，加怨于越，而不西伐楚。夫楚之北徙者，畏吴耳，今吴势如此，楚必南还郢也。班固《地理志》云："昭王畏吴自郢徙都，后复还郢。""后"字义甚泛，甚稔指昭王后人，抑其本身之事。惟鲁哀四年《左传》："夏、楚之人，既克夷虎，乃谋北方，左司马眅、申公寿余、叶公诸梁致蔡于负函，致方城之外于缯关。曰：'吴将泝江入郢，将奔命焉，为一昔之期。'"是时为楚昭王二十五年，则其时已还郢，故惧吴复来也。② 是昭王之身，即已还郢，今以宜城故襄城为昭王迁都所在，而定其墓地，恐亦未确，其本身曾还南郢，则所葬或不应在宜城。

予考近古史家言昭王墓者，皆主在当阳。郭仲产《荆州记》："昭王墓，在江陵西北百余里，沮水之西。"王粲《登楼赋》："西接昭丘。"《水经注》："沮水南经昭王墓，东对麦城。"《文选》李善注引《荆州图记》亦以沮水南墓即粲所云者。综此数说，地望尽合。《襄阳府志》谓王《赋》昭邱乃指在襄阳

---

① 《府志》云："考周昭王南征而不复，史载王巡狩，返济汉，汉人以胶舟载之，至中流，胶液，王及祭公皆溺死。夫昭王之崩于汉水而葬于汉滨，事之未可知也；竹简玉器，岂王故物而用为殉欤。"

② 吴此时已入越，复盛，故楚恐。左哀元年《传》："吴师在陈，楚大夫皆惧。"可证。

者，又言仲宣楼当在襄阳东南城角[①]，予谓王《赋》明谓“夹清漳之通浦，倚曲沮之长洲”，度其形势，应以当阳为合，盛宏之《荆州记》：“当阳县城楼，王仲宣登之，而作赋。”[②]《水经·漳水篇》：“漳水又南迳当阳县，王仲宣登基东南隅，临漳水而赋。是矣。”[③] 由此观之，《襄阳志》、《宜城志》所说，殊不足信；且借知昔人谓墓在当阳者，非傅会之语。

同治《宜城志》记昭王墓，言“有穹碑突立，残剥已甚，字迹篝体，而无一完字可读：俗传曾被龙爪，乃由剥蚀之形而妄称之；然断非秦汉后物。”是其碑已残蚀，亦无明文可证，不得谓其说较在当阳者更为确凿。又考故襄城内昭王小城，并庙俱见韩愈《宜城驿记》，而记中独不言墓，是知此墓未必为楚昭王；而府志强解之曰：“盖庙树即墓旁树，于颇尽砍伐以供用，愈与颇善，故讳言墓。”恐无是理。若然，岂其时昭王卒于城父，去南郢辽远，故姑葬于宜城之鄀，而当阳则乃衣冠之葬者邪？总之，墓在宜城，乃后起之说，未必可据。[④]

《楚世家》：“子闾与子西、子綦谋，伏师闭涂，迎越女之子章立之，是为惠王。然后罢兵归葬昭王。”证诸昭王本身已还郢，则其兵所归，当在南郢，而惠王初都，亦在南郢矣，时人或以班固说昭王后复还郢为谬妄，不知稽诸旧文，实无有误，特人自疏忽耳。

哀郢辨惑

屈原《哀郢》，王船山以为指顷襄王东迁[⑤]，误信之者甚多。[⑥] 王说之谬，前人已辨之。[⑦] 近人游国恩亦有专文驳正。[⑧] 惟游泥于“不知夏之为邱，孰两东门之可芜”二语，谓《哀郢》为屈子再放九年，于道路间闻秦人入郢所作。因之，定屈原卒年在顷襄王二十二年，年 67 岁，《哀郢》之作在二十一年，

---

① 案荆州江陵、当阳并有仲宣楼。

② 《文选》注十一，《舆地纪胜》七十八引。

③ 祝穆《方舆胜览》云，刘良《文选注》以登楼作赋在江陵，非也。详光绪《荆州府志》七。

④ 陈锷乾隆《襄阳府志》五：“此墓旧志失载，县志虽载，而不详。”陈志始增入，其非实录可见。

⑤ 《楚辞通释》。

⑥ 近人郭沫若《屈原》、钱穆《楚辞地名考》亦从其说。

⑦ 蒋骥《楚辞余论》下辨最详。

⑧ 见《读骚论微初集·哀郢辨惑》。游辨谓《哀郢》指屈原东迁于陵阳，非遥逐于沅湘，亦非指东迁于陈，其说是。

当白起烧夷陵，襄王走陈之时。是恐未然。[①]《哀郢》有云："哀州土之平乐。"则其时非遭乱可知。曰"楫齐扬以容与"，岂离乱逃荒之情邪？曰"出国门而轸怀"，曰"发郢都而去闾"，曰"哀见君而不再得"，则其时乃初去郢也。或疑下文"至今九年不复"，为原迁于外之期，不知"不复"者言不复职耳。[②]曰"哀故都之日远"，则以楚曾徙都，后复还郢，故亦称曰"故都"[③]。屈子言故乡，但曰"日远"，盖以初违其地，渐去渐远。若耳闻秦袭郢，则何以无沦亡之语？且其沉痛，见于文词者，必不止如此。至"夏之为丘"二语，乃假设以寓讽谏之意，谓楚之将亡，故曰"曾不知"，谓彼狡童者，犹不知国之垂危也；曰"孰可芜"，谓泱泱之国，乌可任其废坠也。盖郢亦曾亡于吴矣，今复丧权失地，垂于危殆[④]，故屈子不忍而言之，是即伍子胥"吴其墟矣"之意。[⑤]夫哀郢者哀其国之垂亡，非已亡而哀之也。解者不察，徒见其有"夏为邱"、"东门可芜"之语，遂指为秦兵入郢事，不其诬乎！

楚黔中考

（一）

昔人说楚地黔中，多本秦汉郡地为说，谓其所理在武陵，说始于郦道元。《水经·沅水注》云："临沅县治武陵郡下，本楚之黔中郡矣。秦昭襄王二十七年，使司马错以陇、蜀军攻楚，楚割汉北与秦；至三十年，秦又取楚巫黔及江南地以为黔中郡。汉高祖二年，割黔中故治为武陵郡。"[⑥]后之释地者多从是说，《史记·苏秦列传》，秦说楚威王曰："楚西有黔中巫郡。"张守节

① 朱子亦谓两东门之废芜在秦拔郢烧夷陵后，然终以秦拔郢在襄王二十一年，原其时是否尚在为疑。盖以此推原之卒年，自不可恃。

② 《九叹·离世》云："九年之中不吾反兮，思彭咸之水游。"注："言已放出九年，君不肯返我。"范希曾《屈子生卒年月及流放地考》，依汪中《释三九》谓"九"非实数，但言为时之久。王白田《草堂存稿》三《书楚辞后》则谓："《哀郢》九年不复，则初无召用、再放之事。"咸解为放逐九年，予谓由"发郢都"、"出国门"之语观之，是原时初去郢，再由"冀一反之何时"、"信非吾罪而弃逐之"之语观之，则其时为初放。谓弃外九年，殊与此弗合。"复"字苟如予说更可通。

③ 游国恩以故都即故乡故宇故居之义，不知题曰"哀郢"，都字自对郢言，非泛指也。钱穆曰："《哀郢》为顷襄东迁陈作，以'哀故都之日远'一言证之已信。若非迁都，则郢不称故都。"是亦未明楚迁都后复还郢，郢可称故都之义。

④ 谅指怀王事。

⑤ 请参看光绪《荆州府志》七《古迹》龙门条注。

⑥ 全祖望曰："省巫，盖并入黔中。《水经注》谓割黔中置武陵，非也；汉改其名，非割也。"

《正义》曰："今朗州[①]，楚黔中郡，其故城在辰州西二十里，皆盘瓠后也。"[②]《御览》一百六十八朗州引《史记》曰："秦惠王十四年，求以武关外就楚，易黔中地。"[③] 此并以秦郡为说。清全祖望曰："黔中，故楚置，昭襄王三十年因之，汉之武陵。"[④] 张琦曰："黔中，今湖南辰、沅、常德、永顺、保靖诸府，及岳州府之澧州皆是。"[⑤] 程恩泽曰："揆之《汉志》，大约今湖南常德、辰州、沅州、永顺、澧州、靖州，岳州之华容，及湖北荆州之公安，宜昌之长阳，皆古黔中地。"[⑥] 此又皆以荆湖地说之。予按，《汉书·地理志》但云："武陵郡，高帝置。"不及黔中。《续汉郡国志》："武陵郡注：'秦昭王置，名黔中郡，高帝五年更名。'"[⑦]《旧唐书·地理志》："朗州，汉临沅县治，属武陵郡，秦属黔中郡地。"则言秦之黔中，而不及楚。考《策》、《史》诸言楚黔中者，揆其形势疆域，迥异乎秦汉，且所理亦不在武陵，《水经注》盖误以秦汉之郡治说之。唐宋元地学者，如杜佑、李吉甫、欧阳忞、乐史、胡三省辈，不从其说，良为有识；清人不察，误依郦注，仅以湖南说楚黔中疆域，而反以《通典》说为误，非也。今更为纠正解释如下。

《通典》一百八十三州郡十三："黔中郡黔州[⑧]，古蛮夷之国，春秋战国皆楚地，秦惠王欲楚黔中地，以武关外地易之，即此是也，通谓之五溪，秦属黔中郡。"是说甚确。盖楚黔中，本治在唐黔州，秦移治于武陵[⑨]。《御览》一百七十一引《十道志》云："黔州黔中郡，战国为楚黔中地。秦昭王伐楚，置黔中郡，其地又属焉。"《太平寰宇记》百二十："黔州[⑩]，历古蛮夷之地，战国时楚黔中地。昭王伐楚，得其地，因置黔中郡于今辰州，是故《汉书》通谓之五溪之地，在汉为武陵郡之酉阳县地。"此指秦移置最显。考《十道志》于朗州条，别云："《春秋》及战国时，属楚，秦为黔中郡。"立言殊有分寸。[⑪]

① 即今湖南常德。

② 《通鉴地理通释》十采是说。

③ 案是意以黔中为朗州。

④ 《汉书地理志稽疑》一。

⑤ 《国策释地》上《秦策》"南有黔中巫山之限"注。

⑥ 《国策地名考》七楚黔中条，案云"见秦"。以秦、楚黔中混为一说，未曾加以厘别。

⑦ 《宋书·州郡志》，二志文俱见引。

⑧ 原注，今彭水县。

⑨ 即朗州。

⑩ 原注黔中郡，今理彭水县。

⑪ 同治《武陵县志》一《地理志》谓武陵，战国属楚，秦为黔中郡地，亦不言武陵即楚黔中地所在。

《秦本纪》："昭襄二十七年，使司马错发陇西，因蜀，攻楚黔中，拔之。"《正义》："今黔府也。"《正义》成于开元二十四年八月，所言"今黔州"，当为先天、开元时置者。《元和郡县图志》三十一："先天二年，罢播州都督府，复以黔中为都督府。"即此是也。[①]《秦本纪》又云："三十年，蜀守若伐取巫郡及江南为黔中郡。"《正义》引《括地志》："黔中故城，在辰州沅陵县西二十里。江南，今黔府亦其地也。"[②] 又："三十一年，楚人反我江南。"《正义》："黔中郡反归楚。"此处黔中，《正义》皆以今湖南地为说。云"故城在辰州沅陵西二十里"，乃说秦黔中郡，非楚黔中也，其说楚黔中者，于《秦本纪》昭二十年注"在黔府"；而《苏秦传》则云："朗州故城在辰州西二十里。"前后差异，其《苏秦传》言"在辰州西"者，乃误引《括地志》言秦郡者为说，当以《秦本纪》释在黔府为正。楚黔中之疆域，《国策》吴师道注引《大事记》曰："今黔、辰、施、沅等州。"说本无误，而张琦非之，曰："此以隋唐之黔州为秦楚之黔中，其误始自《通典》。"不知张守节已前言之，且秦楚之黔中，《通典》实分言甚晰，未曾殽掍为一。《通典》："朗州[③]，春秋战国时，皆属楚地，秦昭王置黔中郡，汉高更名武陵郡。"此言秦之黔中郡也。"澧州[④]，春秋时，楚地，秦属黔中郡。"此言秦黔中郡之所属，而不言楚黔中也。"巫州[⑤]，古蛮夷之境，楚国黔中之地，秦属黔中郡。"此兼言秦、楚黔中之所属也。杜佑分析至显，后之学者，大率以楚秦之黔中混为一谈，而转疑杜氏为误，不自知其不曾详察也。《史记》苏秦说楚西有黔中，裴骃《集解》引徐广《音义》曰："今之武陵地。"考晋时，武陵郡统县十：临沅、龙阳、汉寿、沅陵、黚阳、酉阳、镡城、沅南、迁阳、舞阳[⑥]，宋时县数同，惟省

① 《通典》称："黔中，大唐复为黔州或黔中郡。"考《元和志》："天宝元年，改为黔中郡，六年，都督萧克济以旧城倾攲，移筑江畔，乾元元年，复为黔州。大历四年，以辰锦等五州为辰锦观察使。至十年，奉敕郤隶黔府。"《通典》："奏上于贞元十九年二月。"（此据《唐会要》三十六，《旧唐书》十三作贞元十七年十月。）则杜所记州郡，当为贞元前置者。

② 《地理通释》十引无"江南"二字，非。

③ 原注，今理武陵县。

④ 原注，今理澧阳县。

⑤ 原注，今理龙标县。

⑥ 《晋书·地理志》。

镡城[①]；入辰阳[②]，武陵郡酉阳即唐宋黔州黔中郡地。[③] 徐氏以楚之黔中当晋宋时武陵地，约略为说，虽不言其所理，要示楚黔中疆域固西及于今彭水。可见杜氏等说，与之无忤，彼清世学者，徒以荆湖之辰、沅、岳澧为说，而反目“语及黔州”者为谬妄，又益见其不征耳。

（二）

《元和郡县图志》三十一：“黔州，本汉涪陵县理。……宇文周建德三年，改为黔州。隋大业三年，又改为黔安郡。因周隋州郡之名，遂与秦汉黔中郡犬羊难辨。其秦黔中郡所理，在今辰州西二十里，黔中故城是。汉改黔中为武陵郡，移理义宁，即今辰州溆浦县是。后魏移理临沅，即今辰州是。今辰、锦、叙、奖、澧、朗、施等州，实秦、汉黔中郡之地，而今黔中及夷、费、思、播，隔越峻岭，东有沅江水，及诸溪并合东注洞庭湖，西有延江水，一名涪陵江，自牂柯北历播、费、思、黔等州，北注岷江。以山川言之，巴郡之涪陵与黔中故地，炳然分矣。”[④] 此论甚详悉，秦置黔中郡，其疆域与所理，可以概见。此但言秦汉之黔中与隋唐异耳，而未论及楚之黔中也。程恩泽乃据志以山川隔绝，分别唐黔州与古黔中之异，谓古黔中地，仅湖北西南郡，湖南西北部、西南部而已，因定秦楚黔中不及四川之境，不知《元和志》言古黔中，乃指秦汉，不宜与楚之黔中同论。今本张守节、杜佑之说，楚黔中当在唐黔州，惟疆界则稍广，跨有湖南西南，及四川东北一小部分也。后魏武陵治临沅，故郦元以临沅为楚黔中，乃误以秦黔中郡为说，盖未能细加厘别耳。[⑤] 予考楚黔中治，当在唐黔州，稽之史策言秦楚疆界，及当时交兵形势，亦有可为佐证者。

(1)《通鉴》二：“周显王七年，楚自汉中南有巴、黔中。”《正义》：“楚自梁州汉中郡南有巴、渝，过江，南有黔中、巫郡。”[⑥] 由是观之，巫、黔二

---

① 《元和郡县图志》云晋文帝省。

② 《晋书》徐广本传：“孝武世，除秘书郎，与校秘书。义熙初，封乐成侯。”《宋书》及《南史》本传并云：“永初元年，诏除中散大夫。”是徐广盖晋末宋初时人，所著《音义》成书年代无考，姑从其时州郡为说。

③ 前续《汉地志》武陵郡并有酉阳，晋、宋因之。

④ 亦见《寰宇记》百二十涪州案语，胡三省《通鉴》四注，《清一统志》二百八十四辰州府古迹黔中故城下注同。

⑤ 史念海氏《秦县考》据沅水《注》以临沅即楚秦之黔中郡治，殊误。

⑥ 自湖北巴东、恩施、建始，皆楚巫郡之地。程恩泽说。

地在江之南，而复接壤。此黔中非唐黔州不足以当之。《秦策》，苏秦说“秦南有巫山黔中之限”[①]。《楚策》：“苏秦说楚西有黔中巫郡。”黔中在秦之南，楚之西，形势尤合。若为沅陵，则正居郢南之西，去洞庭不远，不当云秦南矣，与楚西亦未尽合。

(2)《燕策》苏代约燕王曰：“楚得枳而国亡。”[②] 鲍《注》：“枳属巴郡[③]。谓失地，秦昭廿七、廿八、廿九年连拔楚郡。”《史记正义》：“今涪州城在秦枳县，在江南。”《元和郡县图志》三十一云：“《华阳国志》曰：‘涪陵，巴之南鄙，从枳县入泝涪水枳县，即今涪州所理是也，与荆楚界相接，秦将司马错由之取黔中地[④]。汉为涪陵县地。’”胡三省《通鉴注》：“汉之涪陵今彭水县；今之涪陵，乃汉枳县。”洪亮吉曰：“今四川重庆府之涪州及长寿南川二县，皆汉枳县地。”盖汉涪陵即隋后之彭水[⑤]，亦即唐黔州所理，亦即楚之黔中；汉巴郡枳县，即唐后之涪陵，亦即战国之枳，今涪陵长寿南川地与彭水正相接，所谓“自枳取黔中”，形势甚合。李吉甫奏：“涪州去黔州三百里。”[⑥]是秦兵自陇循西汉水顺流而下，即达枳地，稍东，遂可获黔中[⑦]矣。《秦本纪》：“使司马错发陇西因蜀伐楚黔中，拔之。”楚黔中在今蜀极东南之境，故秦师因蜀发兵，一举而得。胡三省曰：“秦兵时因蜀，出巴郡枳县，以攻楚之黔中。”是也。[⑧] 若在今湖南沅陵，则蜀师东下，应越峻岭，入五溪蛮夷之地，乃可进窥之；不然，则当在袭郢取洞庭、五渚、江南之后，再击取之。然据《秦本纪》，拔黔中早在袭郢前二年，可以知其不然。是楚黔中地，宜当西汉水，故秦师下枳，即能得之也。

(3)《秦本纪》：“昭襄二十七年，拔楚黔中；二十九年，取郢为南郡；三十年，取巫郡江南为黔中郡。”是秦黔中郡地广，盖包有楚故黔中，及巫郡江南诸地。旧楚黔中，即楚置黔中郡之一部也。《六国表》：“楚顷襄王二十二

---

① 《史记》不载此文。近人张公量《苏秦游说辨伪》疑苏秦此语有误，不知此乃言秦南接壤之境，非谓即秦地，应善会。

② 亦见《史记·苏秦列传》。

③ 此据《汉书·地理志》。

④ 《清一统志》三百十七酉阳州援此说。

⑤ 彭水，隋始置。《隋书·地理志》：“黔安郡有彭水，开皇十三年置。”唐后因之。

⑥ 《元和郡县图志》三十一引。

⑦ 即今彭水。

⑧ 同治《涪州志》一涪陵江下引郦道元曰：“更始水即延江枝分之始（见延江水注），盖皆涪陵江矣，昔司马错泝舟取黔中即此。”（即本《元和志》说。）

年，秦复拔我巫黔中郡。”其旧黔中，秦昭二十七年已为秦所拔，而三十年[1]复拔之者，盖前次之被拔，楚献汉北地以和，而秦归之；至秦拔郢，楚都沦陷，其西南一带，秦人拱手而得，黔中遂复为所有矣。《通鉴》四：“司马错发陇西兵，因蜀攻楚黔中，拔之，楚献汉北及上庸地。”《水经·沅水注》：“昭襄二十七年，使司马错以陇蜀军攻楚，楚割汉北与秦。”是并黔中前次被拔，而秦复归之之证。楚黔中，处今四川东境，秦得其便，故先拔之；逮秦得郢都以南巫郡洞庭江南一带之地，疆土开拓，乃移其郡治于武陵。《晋书·地理志》荆州：“（秦）取巫、中地为黔中郡。”中上脱“黔”字，毕氏未校，此指秦置黔中郡，盖合楚旧黔中及巫郡为之。[2]《晋志》又云：“灭楚之后，分黔中为长沙郡。”甄烈《湘川记》：“（秦）分黔中以南长沙乡为长沙郡。”[3]《通典》：“分天下为三十六郡，初分黔中地为长沙郡。”据是，知秦昭置黔中郡所领之广，即长沙亦由黔中析置者矣。而楚旧黔郡之偏窄，其不得冒秦黔中治以为楚者，不待辨矣。

(4)《秦本纪》:“伐巫郡及江南为黔中郡。”《水经·沅水注》：“取楚巫、黔及江南地以为黔中郡。”是江南亦即秦昭置黔中郡之一部，而别于旧时巫郡黔中者。王逸谓：“屈原放于江南之野。”江南，楚时为邑，地为郢西南，盖居沅、湘、辰、溆之间。《秦策》：“袭郢取洞庭、五都、江南。”高注：“洞庭、五渚、江南皆楚邑。”是也。[4] 秦昭置黔中郡，治于辰州西，乃楚故江南之境。知彼以故楚黔中在辰州者，其说非也。《舆地广记》二十八：“辰州，古蛮夷地。春秋战国属楚。秦昭襄三十年，取楚巫、黔中及江南地，置黔中郡。”欧阳氏说辰州，但言战国时楚地，而不云属黔中。征之杜佑、李吉甫、乐史之说，皆同。杜佑说巫州云：“楚黔中之地。”巫州今湖南黔阳县。《舆地广记》二十八黔阳县：“唐正观八年，置朗溪县，属叙州，后置黔江城，元丰三年，升为黔阳县。”是湖南西南角，古为楚黔中地，可证楚黔中疆域，当跨有今四川东南、湖南西南、贵州东北一带之地矣。

(5)《史记·西南夷传》:“楚威王时[5]，使将军庄跻将兵，循江，上略巴、蜀、黔中以西。”《舆地广记》三十二夔州路黔州引此。又云：“秦昭王伐楚，

① 见楚顷襄二十二年。

② 程恩泽云此似误，非。

③ 见王应麟《王会篇补注》引。《古逸丛书》本《寰宇记》引“长沙乡”，无“长”字。

④ 详予《江南解》。

⑤《后汉书》作顷襄王。

取黔中以属黔中郡。”是亦以为楚黔中，当在彭水黔江一带也。[1] 丁谦《西南夷传考证》云：“黔，水名，于义为黑，今曰乌江[2]，古黔中郡，即汉武陵。章怀注：黔中故城在辰州沅陵县西，按辰州古黔水，必郡虽置此，其辖境均在乌江流域耳。”按此说是也。《华阳国志·南中》篇：“周之季世，楚威王遣将军庄跻，泝沅水出且兰，以伐夜郎，植牂柯，系船杉。且兰既克，夜郎又降。而秦夺楚黔中地，无路得反，遂留王滇池。”是楚黔中正当沅水西及西南之地。《元和郡县图志》三十一辰溪县五城山下引《武陵记》云：“楚威王使将军庄跻，定黔中，因山造此城。”辰溪即汉辰阳，即《楚辞》所谓“夕宿辰阳”者。据是知辰州乃攻黔中西经之路，或黔中东境，是辰州非黔中郡所理，又明矣。

（三）

胡三省《通鉴注》：“黔中，汉为牂柯郡之地，唐为黔中节度。”[3] 程恩泽以为误，不知胡乃说楚之黔中非秦之黔中也，虽不尽确，亦未可厚非。今贵州东北地，楚为黔中，可无疑义。《后汉书·南蛮传》：“秦昭王使白起伐楚，略取蛮夷，始置黔中郡。”是其时仍为蛮夷聚集之区耳。[4]

又考黔中形势，战国时在楚关系至重。《通鉴》三：“张仪说楚王曰：秦西有巴、蜀，治船积粟，浮岷江而下，一日行五百里；不十日，而拒扞关；扞关惊，则从境以东，尽城守也，黔中、巫郡非王之有。”[5] 此可见其地之扼要，故苏秦说威王曰：“一军出武关，一军下黔中，则鄢[6]、郢动。”下黔中则临郢也。[7]《史记·张仪列传》：“楚发兵而至秦，至蓝田，大战，楚大败。于

① 宋黔州治彭水、黔江二县。

② 原注，今乌江下游，仍有黔江河之名。

③ 事在周显王七年。

④ 同治《武陵县志·沿革》按曰：“黔本置自张若。《后汉书》乃谓置自白起。是时起方鏖兵鄢、郢，安得南反沅、澧。”案《史记·白起传》：“攻楚拔郢，秦以郢为南郡。白起迁为武安君。武安君因取楚，定巫、黔中郡。”是白起固曾伐巫、黔中也。《方舆纪要》八十：“秦白起取巫、黔中，自是楚势益削；而沅湘以南皆秦境。”又武陵县临沅城下云：一名张若城。《地记》：“秦昭王三十年，使白起伐楚，起定黔中，留其将张若守之，若因筑此城以拒楚”（《明一统志》说同），是张若为白起将，谓白起伐楚，并无误也。《武陵县志》八《建置志》引《旧志》云：“白起伐楚黔中，楚人张若筑城以拒之。”以张若为楚人，则尤转述而误矣。

⑤ 原见《楚策》一，及《史记·张仪传》，《七国考》。胡注：“境，楚境也，扞关，楚之西境，‘从境以东’，谓扞关以东也。”然《楚策》境作“竟陵”，《通鉴》盖本《史记》文。

⑥ 《楚策》。

⑦ 高诱说，《史记·苏秦传》，《正义》同。

是楚割两城以与秦平，秦要楚欲得黔中地，欲以武关外易之。楚王曰：‘不愿易地，愿得张仪，而献黔中地。’”又云：“怀王十八年，秦复约与楚亲，欲以汉中之半易楚黔中；怀王愿以黔中易张仪。……怀王既惑之，又重出黔中地，竟释张仪。”《楚世家》：“秦留楚怀王，要以割巫、黔中之郡。”盖巫、黔之地，故秦人所窥伺也，其在楚西形势之重，可知矣。

《华阳国志·蜀志》：“周赧王七年，司马错率巴、蜀众十万，大舶船万艘，米六百万斛，浮江，伐楚，取商于之地，为黔中郡。”按《六国表》，秦击楚，楚与秦汉北及上庸地，在楚怀王十九年，即秦昭王二十七年，周赧王三十五年。《张仪列传》：“秦、齐共攻楚，斩首八万，杀屈匄，遂取丹阳汉中之地。楚又复益发兵，而袭秦。至蓝田，大战，楚大败。于是楚割两城以与秦平。秦要楚欲得黔中地，欲以武关外易之。”武关外，《正义》云“即商于之地”，盖商于在汉北之境。《蜀志》述司马错即赧王三十五年事，而误以为七年，且谓取商于之地为黔中郡，亦与旧记不合，今附为辨正。

（四）

《秦本纪》：“昭王三十一年，楚人反我江南。”《正义》：“黔中郡反归楚。”《六国表》：“秦所拔我江旁十五邑反秦。”《楚世家》：“襄王收东地兵，复西取秦所拔我江旁十五邑以为郡，距秦。”按据上诸文互勘之，知“江旁十五邑”，即楚反秦之江南，亦即秦昭王时置黔中郡，是秦得楚黔中，翌年，即被楚取回，且以为郡。楚所立郡，今无考，未知仍名黔中否，观反者十五邑，则其疆域非小可知。考《秦始皇本纪》：丞相御史曰：“荆王献青阳以西，已而畔约，击我南郡，故发兵诛，得其王，遂定荆地。”青阳，《集解》引苏林以为长沙县。《汉书·邹阳传》所谓“越水长沙还丹青阳”者[①]，是“青阳以西”，即“长沙以西”，所谓“江旁十五邑”，疑即此一带之域。云“畔约击南郡”，即自江南出兵也。《秦始皇本纪》：“二十五年，王翦遂定荆、江南地。”此江南当即秦昭三十一年反秦者，若然，则秦拔楚之黔中郡，自反归楚后，至始皇二十五年始定之。乾隆《辰州府志·沿革考》：“楚顷襄王二十二年，秦拔我巫中及江南为黔中郡。次年复归于楚，又五十四年，为秦始皇二十四年，秦灭楚，置黔中郡如故。”与鄙说正同也。盖秦得楚黔中地，为时至短，其黔中郡亦瞬刻为楚废，故论楚黔中郡，应分三时期为说：（1）未为秦拔前之楚旧

---

① 嘉庆《长沙县志·疆域》：“临湘故城，在府城南，今善化县界楚青阳地。”

黔中；（2）秦昭拔楚黔中而新置者三十五邑；（3）反秦而楚取为郡之黔中。今但论楚旧郡未为秦拔之黔中，及秦昭置黔中之形势，至反秦后黔中之割置，旧记缺略，今所不论。

附按《寰宇记》旧缺百一十三至百一十九，凡七卷。杨守敬于日本取得残本，补刻入《古逸丛书》。今检百一十八澧州条云："澧州，春秋战国时，其地属楚，秦为黔中郡；汉改黔中为武陵郡。"此但云澧州属楚，是不及楚黔中。又朗州条："春秋及战国时，并属楚为黔中郡，汉高帝五年，更名武陵。"此条阙言秦，以本书澧州条，及《旧唐书·地理志》核之，盖脱"秦"字，当云"春秋及战国时，并属楚，秦为黔中郡"乃合。附辨于此。

附说　黔中与二酉

《楚辞地理考·楚黔中郡考》一文，为余弱冠时所作。据《通典》所记唐代黔州及乐史《太平寰宇记》黔州在汉为武陵郡之酉阳县地，区别楚的黔中，与秦置郡的黔中管辖广狭不同。由苏代对燕王言"楚得枳（巴南郡之涪陵）而国亡"一语，足证楚人的黔中地宜广及于四川东境。2002 年 6 月 4 日，湘西龙山县里耶镇古城于井中出土大批秦简，近二万枚，提及之地名有酉阳、迁陵、沅陵等。里耶古城在酉水流域，与四川接壤，即汉之酉阳，地在辰州、沅陵之北，遗址有古城四座，其中可能有张若等所筑之城堡。

最有趣的是六朝以来的地方传闻，谓酉阳有秦人藏书。降及后代，酉阳遂成为藏书的典故，有"二酉"之称。明人胡应麟藏书处名二酉山房，王世贞为之记，实缘其地有大、小酉山，因以为名。考湖南方志，都说大、小酉山在辰州府的沅陵县。《湖南通志》卷二十四，引（清）《一统志》："小酉山在县西北二十里，一名乌连山，亦名酉阳山，又引《九域志》沅陵有小酉山。"《方舆胜览》：山在酉溪口，昔秦人避地之所。尧时善卷、唐张果皆尝隐居在此。又有大酉山条云："在县西北四十里，上有龙湫。山巅有善卷墓（据《明统志》）。又引杜光庭《洞天记》第二十六洞天志：大酉山，周回一百里，名大酉华妙（洞）之天，在辰州。"按杜说出其《洞天福地岳渎名山记》中的"三十六洞天"条，原文但言"在辰州界"。别有"妙华洞"条引《方舆胜览》记唐时瞿柏庭"戏跃入井，忽自妙华洞中出"。但杜光庭书实称"大酉山大酉华妙洞天"不作"妙华"。流传名字，微有出入。又辰溪县下有"大酉洞，出丹砂”。大西山一名异地重出。[1]

这一事有关的最早记载是刘宋时盛弘之的《荆州记》。《太平御览》四十九西楚南越诸山有“小西山”条。文云：“盛弘之《荆州记》曰：小西山上石穴中有书千卷，相传秦人于此而学，因留之。故梁湘东王云：访酉阳之逸兴是。”湘东王即梁元帝萧绎，今查《全梁文》，其遗文有《玄览赋》长篇，实不见“访酉阳”一句。《金楼子》亦无之。然自李昉引述是语，此说遂屡见后人征引。唐段成式著《酉阳杂俎》，其书有南宋嘉定七年永康周登后序云：“段成式为宰相文昌子也。文昌少客荆州，酉阳，荆之属，成式岂尝寓游于此耶?”余闻《方舆记》云：“昔秦人隐学于小酉山，石穴中有所藏书千卷。梁湘东王尤好聚书，故其赋曰‘访酉阳之逸典’。”段氏此书所以取名曰“酉阳”，即据这一故实。方南生撰《段成式年谱》引段文昌《修仙都观记》：“贞元十五年，余游岷蜀。”《酉阳杂俎续集》卷七“金刚经鸠异”云：“贞元十七年，先君自荆入蜀，应韦南康所命。”盖文昌曾参韦皋幕，元和元年，刘辟之变平定，文昌已离蜀返长安。据方氏《段成式年谱》，其随父在蜀时年方三四岁。迨穆宗长庆元年，成式十九岁，复随父赴成都。《唐书·宰相世系表》：“长庆元年，文昌为西川节度使。”新旧《唐书·文昌传》：“长庆二年，黔中蛮叛，观察使崔元略以闻，文昌一介开晓，蛮即引还。彭濮蛮大酋蹉禄来请立石刊誓修贡献。”成式时年方二十岁，随父在成都，想必曾同至黔州。及太和六年，成式复随父自荆州来成都，时文昌复为西川节度。其《修仙都观记》即作于太和七年正月。成式前后三度随父居蜀，故后来取酉阳以名其书。

余犹记往年游酆都，见壁间有文昌刻石，即杜光庭《道教灵验记》所言：“段相国修丰都县平都山仙都观。”当日漫游所至，记忆犹新。湖湘方志言大小酉山在沅陵及辰溪，其地明清皆属辰州。但最先出秦人书简一说，依萧绎赋所言，乃在“酉阳”。汉武陵郡领县十三，索、孱陵、沅陵、迁陵、酉阳诸县名，均见里耶秦简。《元和郡县图志》谓今（唐）黔州彭水、黔江、洪杜三县，本汉酉阳县地，又云：“今思州在楚为黔中地。”金早岁考证楚黔中，即用此说。酉水源出充县酉原山，南至沅陵，入沅行千二百里。里耶即其所经。以里耶秦简证先代秦人出千卷藏书，知此传闻必有根据。但不能确定大小酉山必在沅陵，沅陵有吴阳墓简册出土，岂昔年亦有秦简流散，故其山被目为大小酉山耶？道教徒取之为洞天之一，因之其名益著。今以段文昌抚黔中蛮

[1] 《正统道藏》册九，14286页（艺文本）。

事证之，当依《汉书》之酉阳地为合理。

明王士性《广志绎》卷四云：

> 辰州在五溪、二酉之间，盖汉五溪也。亦曰武陵蛮，雄溪、樠溪、酉溪、沅溪、辰溪，俱在今泸溪县辖。……余行其地，登水边石洞数处。咸云：伏波避暑洞。……由辰溪八十里即大酉，云黄帝藏书处，黔中他洞皆湿，唯大酉独干洁，遥望洞口石脊，亦似桥山。小酉在贵竹酉阳。（唐晓峰兄举出）

这是明人的记载，王氏曾亲至酉水，说大酉石脊似黄帝葬处的桥山。又说大酉是黄帝藏书处，《晋语》司空季子说：黄帝之子二十五宗，得姓者十四人为十二姓，其中一是酉，殷周铜器有“酉”族徽二十余器。酉爵出土陕西耀县，罗泌《路史·国名纪》：“酉即酉水，为黔之彭水。”是黔中酉水流域原为黄帝子“酉”氏封地，酉水一名即来自黄帝子酉氏姓，故其地又有“黄帝藏书”的传说，由是言之，二酉地望应以“黔中”近川境为宜，与里耶有简牍出土之事亦相符合。

《楚辞》地名索引

《春秋》云防风氏也。”按即《山海经》大人之国。）

长人何守？（《天问》）

长人千仞。（《招魂》）

〔介山〕

封介山而为之禁兮。（《九章·惜往日》）

〔丹丘〕（《尔雅》：“自齐州以南戴日曰丹穴。”王注：“《九怀》曰：‘夕宿乎明光。’明光即丹丘也。”）

仍羽人于丹丘兮。（《远游》）

〔方林〕

邸予车兮方林。（《九章·涉江》）

五画

〔代水〕

代水不可涉，深不可测只。（《大招》，一作伐水）

〔北山〕

望北山而流涕兮。（《九章·抽思》）

〔北姑〕

宿北姑兮。（《九章·抽思》）

〔北渚〕

夕弭节兮北渚。（《九歌·湘君》）

帝子降兮北渚。（《九歌·湘夫人》）

〔北极〕

魂乎无往，盈北极只。（《大招》）

〔台桑〕

焉得彼嵞山女，而通之于台桑。（《天问》）

〔四荒〕

忽反顾以游目兮，将往观乎四荒。（《离骚》）

〔四极〕

览相观于四极兮。（《离骚》）

〔四海〕

横四海兮焉穷。（《九歌·云中君》）

名声若日，照四海只。（《大招》）

〔玄趾〕（一作沚，王注：“山名，在西方。”）

黑水玄趾。（《天问》）

〔白水〕

朝吾将济于白水兮，登阆风而緤马。（《离骚》）

〔汉〕

有鸟自南兮，来集汉北。（《九章·抽思》）

六画

〔交阯〕

北至幽陵，南交阯只。（《大招》，一作交趾。）

〔回水〕

北至回水萃何喜。（《天问》）

〔有狄〕

昏微遵迹，有狄不宁。（《天问》）

〔有娀〕

见有娀之佚女。（《离骚》）

〔有莘〕

成汤东巡，有莘爰极。……夫何恶之，媵有莘之妇。（《天问》）

〔有虞〕

及少康之未家兮，留有虞之二姚。（《离骚》）

〔有扈〕

该秉季德，厥父是臧，胡终弊于有扈，牧夫牛羊。……有扈牧竖，云何而逢？（《天问》）

〔江〕

使江水兮安流。（《九歌·湘君》）

横大江兮扬灵。（同上）

朝骋骛兮江皋。（同上）

驰余马于江皋。（《九歌·湘夫人》）

捐余玦兮江中。（同上）

捐余袂兮江中。（同上）

旦予济乎江湘。（《九章·涉江》）

遵江夏以流亡。（《九章·哀郢》）

江与夏之不可涉。（同上）

上洞庭而下江。（同上）

悲江介之遗风。（同上）

泝江潭兮。（《九章·抽思》）

遵江夏以娱忧。（《九章·思美人》）

隐汶山以清江。（《九章·悲回风》）

浮江淮以入海兮。（同上）

屈原既放，游于江潭。（《渔父》）

湛湛江水兮上有枫。（《招魂》）

〔江南〕

魂兮归来哀江南。（《招魂》）

〔羊肠〕

西薄羊肠，东穷海只。（《大招》）

〔羽山〕

日鲧幸直以亡身兮，终然夭乎羽之野。（《离骚》）

永遏在羽山，夫何三年不施。（《天问》）

〔西海〕

指西海以为期。（《离骚》）

〔西澨〕

夕济乎西澨。（《九歌·湘夫人》）

〔西极〕

夕予至乎西极。（《离骚》）

〔汤谷〕

出自汤谷，次于蒙汜。（《天问》）

朝濯发于汤谷兮，夕晞全身兮九阳。（《远游》）

魂乎无东，汤谷寂只。（《大招》）

七画

〔扶桑〕（《说文》作榑桑，《山海经》作扶木。）

总余辔乎扶桑。（《离骚》）

暾将出兮东方，照吾槛兮扶桑。（《九歌·少司命》）

〔苍梧〕

朝发轫于苍梧兮。（《离骚》）

〔庐江〕

路贯庐江兮左长薄。（《招魂》）

〔岐〕

何令彻彼岐社，命有殷国。迁藏就岐何能依。（《天问》）

〔岐山〕（一作㟭；一作汶）

隐岐山以清江。（《九章·悲回风》）

〔穷石〕

夕归次于穷石兮。（《离骚》）

阻穷西征，岩何越焉。（《天问》按《山海经》“轩辕之国在穷山之北”，即此。）

〔沅〕

济沅、湘以南征兮，就重华而陈词。（《离骚》）

令沅湘兮而无波。（《九歌·湘君》）

沅有茝兮醴有兰。（同上）

乘舲船予上沅兮。（《九章·涉江》）

浩浩沅湘，分流汩兮。（《九章·怀沙》）

临沅湘之玄渊兮，遂自忍而沉流。（《九章·惜往日》）

〔沧浪〕

沧浪之水清兮，可以濯吾缨；沧浪之水浊兮，可以濯吾足。（《渔父》）

〔赤水〕

忽吾行此流沙兮，遵赤水而容与。（《离骚》）

〔辰阳〕

朝发枉渚兮，夕宿辰阳。（《九章·涉江》）

〔县圃〕

夕余至乎县圃。（《离骚》）

昆仑县圃，其尻安在。（《天问》）

〔阰〕（王注：“山名”。《埤苍》：“山在楚。”）

朝搴阰之木兰兮。（《离骚》）

〔条〕（王注：“鸣条也。”）

何条放致罚，而黎服大悦。（《天问》）

八画

〔空桑〕

逾空桑以从女。（《九歌·大司命》）

〔於微闾〕（《尔雅》作医无闾，一作微毋闾。）

夕始临乎於微闾。（《远游》）

〔枉渚〕

朝发枉渚兮。（《九章·涉江》）

〔河〕

与女游兮河之渚。（《九歌·河伯》）

河海应龙，何尽何历？（《天问》）

胡射夫河伯，而妻彼雒嫔？（同上）

望大河之洲渚兮，悲申徒之抗迹。（《九章·悲回风》）

〔昆仑〕

邅吾道夫昆仑兮。（《离骚》）

登昆仑兮四望。（《九歌·河泊》）

昆仑县圃，其尻安在？（《天问》）

登昆仑兮食玉英。（《九章·涉江》）

冯昆仑以瞰雾兮。（《九章·悲回风》）

九画

〔南州〕

嘉南州之炎德兮。（《远游》）

〔南土〕

昭后成游，南土爰底。（《天问》）

汨徂南土。(《九章·怀沙》)

〔南夷〕

哀南夷之莫吾知兮。(《九章·涉江》)

〔南国〕

受命不迁,生南国兮。(《九章·橘颂》)

〔南疑〕

我将往乎南疑。(《远游》)

〔南岳〕

吴获迄古,南岳是止。(《天问》)

〔幽陵〕

北至幽陵。(《大招》)

〔咸池〕(王注:"日浴处也。")

饮余马于咸池兮。(《离骚》)

与女沐兮咸池,晞余发兮阳之阿。(《九歌·少司命》)

〔洞庭〕

邅吾道兮洞庭。(《九歌·湘君》)

洞庭波兮木叶下。(《九歌·湘夫人》)

上洞庭而下江。(《九章·哀郢》)

〔洧盘〕(王注:"洧盘,水名。《禹大传》洧盘之水出崦嵫之山。")

朝濯发乎洧盘。(《离骚》)

〔重泉〕

汤出重泉,夫何罪尤。(《天问》)

十画

〔夏〕

遵江夏以流亡。(《九章·哀郢》)

江与夏之不可涉。(同上)

遵江夏以娱忧。(《九章·思美人》)

〔夏首〕(王注:"夏水口也。")

过夏首而西浮兮。(《九章·哀郢》)

〔夏浦〕

背夏浦而西思兮。(同上)

〔阆风〕

登阆风而緤焉。(《离骚》)

〔流沙〕

忽吾行此流沙兮。(《离骚》)

西方之害,流沙千里些。(《招魂》)

魂乎无西,西方流沙漭洋洋只。(《大招》)

〔郢〕

发郢都而去闾兮。(《九章·哀郢》)

惟郢路之辽远兮。(同上,又见《抽思》)

〔高丘〕(王注:"楚有高丘之山。")

哀高丘之无女。(《离骚》)

〔涔阳〕

望涔阳兮极浦。(《九歌·湘君》)

十一画

〔梦〕

与王趋梦兮课复先。(《招魂》)

〔黄棘〕

施黄棘之枉策。(《九章·悲回风》)

〔崦嵫〕(王注:"日所入山也。"按《山海经》鸟鼠同穴山西南曰崦嵫。)

吾令羲和弭节兮，望崦嵫而勿迫。（《离骚》）

〔淮〕

浮江淮而入海兮。（《九章·悲回风》）

〔逴龙〕（王注："山名。"）

北有寒山，逴龙绝只。（《大招》）

〔陵阳〕

当陵阳之焉至兮，淼南渡之焉如。（《九章·哀郢》）

十二画

〔寒山〕

北有寒山。（《大招》，《淮南子》曰："北极之山曰寒门。"）

〔傅岩〕

说操筑于傅岩兮。（《离骚》）

〔朝歌〕

吕望屠于朝歌兮。（《九章·惜往日》）

〔湘〕

济沅、湘以南征兮。（《离骚》）

令沅湘兮无波。（《九歌·湘君》）

且予济乎江湘。（《九章·涉江》）

浩浩沅湘。（《九章·怀沙》）

临沅湘之重渊兮。（《九章·惜往日》）

宁赴湘流，葬于江鱼之腹中。（《渔父》，《史记》作常流。）

使湘灵鼓瑟兮。（《远游》）

〔溆浦〕

入溆浦余儃佪兮。（《九章·涉江》）

〔鄂渚〕

乘鄂渚而反顾兮。（《九章·涉江》）

〔黑水〕

黑水玄止。（《天问》）

十三画

〔蒙山〕

桀伐蒙山，何所得焉？（《天问》）

〔蒙汜〕（《尧典》："宅西曰昧谷。"《淮南子》："沦于蒙古，是谓定昏。"并此异名。）

出自汤谷，次于蒙汜。（《天问》）

〔斟寻〕

覆舟斟寻，何道取焉？（《天问》）

〔嵞山〕

焉得彼嵞山女，而通之于台桑。（《天问》）

〔雒〕

胡射夫河伯，而妻彼雒嫔？（《天问》）

〔雷渊〕（《文选》作雷泉，《山经》作雷泽。）

旋入雷渊。（《招魂》）

十四画

〔瑶圃〕

吾与重华游于瑶之圃。（《九章·涉江》）

十五画

〔嶓冢〕

指嶓冢之西隈兮。（《九章·思美人》）

十六画

〔冀州〕

览冀州兮有余。（《九歌·云中君》）

二十画

〔醴〕（亦作澧。）

沅有茝兮醴有兰。（《九歌·湘夫人》）

〔醴浦〕

遗余佩兮醴浦。（《九歌·湘君》）

遗余褋兮醴浦。（《九歌·湘夫人》）

附宫阙名

〔春宫〕

溘吾游此春宫兮。（《离骚》）

〔瑶台〕

望瑶台之偃蹇兮。（《离骚》）

〔璜台〕

璜台十成，谁所极焉。（《天问》）

〔两东门〕

孰两东门之可芜。（《九章·哀郢》）

〔修门〕（王注："郢城门也。"）

魂兮归来，入修门些。（《招魂》）

〔龙门〕（王注："楚东门也。"）

顾龙门而不见。（《九章·哀郢》）

〔寒门〕（王注："北极之门也。"）

逴绝垠乎寒门。（《远游》）

此编以《四部备要》本《楚辞补注》为据。自《惜誓》以下为汉人拟骚之作，不加采入。兹缀录地名，并著其文，略附注语，以备参稽。至郑、卫、秦、楚、陈、吴诸国，名属常见，概摈不录。《九辩》"放游志乎云中"，近人或谓此"云中"即指云梦，与《九歌·云中君》之"云中"所指相同，然细审其原文，《九歌》云："猋远举兮云中。"洪兴祖引《大人赋》"猋风涌而云浮"解之；《九辩》一语，王逸注云："上从丰隆而观望。"说俱是也。以为地名，与原意不合，附辨于此。

编者识

楚辞书录

卷十一

饶宗颐二十世纪学术文集·文学

目　录

曾 序

余尝以为治学一也，而古今难易殊焉。古者阻山川、艰锓镂、秘藏庋，故得书非易；其能以博赡名者，非其智有以大过乎人；其势位所遭，耳目所及，取精用宏，斯乃非乡曲一孔之儒所可几。而凡为学者，势必置之通邑大都，知风会所扇，获友师之益，非独闻见博，而故书雅记，尤得恣其广罗穷搜也。今者海寓大通，印刷术日猛进，举古所谓不能通之域不能得之书，无不可恣吾力以通之得之；则扬阐国学以光被四表，当大异乎前。而际兹汇通绝续之交，朝野肩斯文任者，独未闻有博综远绍之举，值亘古无前之会，而所见不越往乡曲之儒，岂智不若人邪？抑以其劳多而获寡，任重而名轻，故谢不为邪？吾独以为居今日而言学，于吾三古之书，百家之说，苟不能尽取海内外所藏秘本遗编，博稽而精校，穷本以钩玄，然后疏通而证明之；虽日号于众曰：吾日以著述为务，而究其所得，非向壁虚造，即掇拾唾余，或义新而鲜征，或理肤而辞费，足以骇庸众而不足以诒识者，固无以学为也。深识之士，卓然有立，其必有不随流俗为移转者在，而肩是者谁邪？间尝与饶子固庵言之，饶子因以所次《楚辞书录》示余，曰：是或子之志欤？其为我序之。余受而读之，则闳博精审，大异今士所为。诚治骚之先路，而乃于饶子发之，其能探治学之本，故著书满家，非苟为炳炳烺烺者也。抑余以为故书广矣，其待为目录提要者亦夥矣。饶子独于此时以《楚辞》先者，是岂仅赏其文辞之美邪？殆以身世所遭，与屈子无殊。《哀郢》、《怀沙》之痛，明王宗国之思，无人故都之叹，虽避地海隅，固未尝梦寐忘也。则以纂辑之劳，寄怨悱之旨，其精神肸蚃，若屈子之灵，有以默相而阴启之也。其微旨所寄，所以诏国人范来学，意至深切警悚矣。世之有志于学者，苟本其义例，以讨究三古之书百家之说，博综约说，废起幽豁；其于发扬国故，作新民德，庶有豸乎！余以其著一书而二义备，因不辞谫陋而为之序。

乙未嘉平福州曾克耑

自　序

余辑《楚辞书录》竟，乃为序曰：屈子之书，自汉以来，或举以方经，而孟坚谓不合于传。彦和则为调停之说，揭其同于风雅者四，异于经典者亦四。今观《离骚》，每摭经语，如奔走先后，明出于《诗》；謇謇为患，则本诸《易》。设非浸淫于经典者深，能如是？晦翁谓其志行或过于中庸，不可以为法。窃不谓然。其言曰：“耿吾既得此中正。”又曰：“所非忠而言之兮，指苍天以为正。”此其深契于《易》中正之义，从容中道，信道笃而自知明，固昭昭可睹也。《中庸》有言：“君子之道，本诸身，征诸庶民，考诸三王而不谬，建诸天地而不悖，质诸鬼神而无疑，百世以俟圣人而不惑。”今读《离骚》纷有内美，信姱练要，亦予心之所善，虽九死犹未悔，此本诸身者也；长太息以掩涕，哀民生之多艰，怨灵修之浩荡，终不察乎民心，瞻前而顾后，相观民之计极，此征诸庶民者也；法三后之纯粹，依前圣以节中，此考诸三王而不谬者也；指九天以为正，虽体解犹未变，此建诸天地而不悖者也。夫其缱绻恻怛，不能自已者，所以自道其好修之故；援天引圣，以自证明，终不见省而无悔；以至于曲折反覆，累欷而重言之，盖当众阴疑阳之际，不如是，不足以宣其内美也。夫内美者何？《易》曰：“君子黄中通理，正位居体，美在其中，而畅于四支，发于事业，美之至也。”屈子所谓内美者，非此而何耶？晦翁谓其不学于北方，以求周公、仲尼之道，而独驰骋于变风变雅之末流，是不知屈子之用心者矣。窃尝试论：自王子朝以典籍奔楚，于是楚史倚相，能读《三坟》、《五典》、《八索》、《九丘》，而申叔时对楚庄论九教，亦以

《诗》、《礼》、《乐》为先。故史老语楚灵王则引《说命》，伍举则引《灵台》，俱见于《楚语》，此北学南被之明征也。由是观之，屈子之学，源出于儒，盖不诬已！或以《离骚》侈陈怪谲，周流于天，升降上下，至目之为天学，如廖平之所云；不知此乃所为建天地质鬼神，要以明其耿吾中正之志耳，又乌得以天而限之哉？夫古人远矣，诵其书者，贵能窥其志之所存。善夫太史公之赞曰："予读《离骚》、《天问》、《招魂》、《哀郢》，悲其志。"盖《诗》、《书》隐约，欲遂其志，于《骚》何独不然？故《离骚》者，诗也。其论次前古治乱之故，则诗中有史矣。若史公之作，其文则史，而其志则兼《诗》、《骚》而有之，可谓以《诗》、《骚》为史者也；是不特《骚》源于《诗》而通于史，而史亦出于《诗》而合于《骚》，此史公所为独绝千古也。虽以晦翁沉潜之深，犹有未达，益见知人论古之不易。予悲屈子内美之合于《易》、《庸》中正之义，犹暗晦而不见白于后世也，故因是书而发之。

乙未端午，饶宗颐选堂序

书　录

知见《楚辞》书目第一

《楚辞章句》十七卷　汉沛国刘向编集　后汉南阳王逸章句

晁公武《郡斋读书志》云："《楚辞》十七卷，后汉校书郎王逸叔师注。屈平自伤忠而被谤，乃作《离骚经》以讽。及襄王立，又放之江南，复作《九歌》、《天问》、《九章》、《远游》、《卜居》、《渔父》、《大招》（以《大招》为原作，乃皮日休说，非刘向编次），自沉汨罗以死。其后宋玉作《九辩》、《招魂》，及贾谊《惜誓》、小山《招隐士》、东方朔《七谏》、严忌《哀时命》、王褒《九怀》、刘向《九叹》皆拟其文，而哀平之死于忠。汉武时，淮南王安始作《离骚传》。刘向典校经书，分为十六卷。东京班固、贾逵各作《离骚章句》，余十五卷阙而不说。至逸自以为南阳人，与原同土，悼伤之，复作十六卷《章句》。又续为《九思》，取班固二序附之，为十七篇。然谓《大招》为原辞，可疑。夫以招魂为义，死非自作，或曰景差，盖近之。卷后有蒋之翰跋，云晁美叔家本也。"《四库提要》云："刘向编集《楚辞》十六卷，是为总集之祖。天圣十年陈说之《序》谓旧本篇第混并，乃考其人之先后重定，知自宋以来，已非逸之旧本。"姚振宗云："逸进于朝，其本十六卷，自序言之甚明，是为经进本；其十七卷者，盖私家别本也。"（《隋书经籍志考证》）

北宋本　即明夫容馆本所祖。夫容本篇目后题宋版重雕；一行大题《楚辞》

卷之几，次行汉刘向编集，三行王逸《章句》；较俗本多刘向一行，犹存原式。书中避钦宗讳桓嫌名，特为谨慎。故叶德辉云："当为北宋靖康时刻。"惜世未之见。（季沧苇《书目》有宋刊本《离骚》四本，又宋版《楚词》三本，未审为何本。）

元刊本　许维遹《楚辞考异补》稿引之。（原书未见，据闻一多《楚辞校补》引。季沧苇《书目》有《楚辞》十四卷，四本，元刊。未详何本。）

明正德十三年戊寅刊本　西蜀高第刻，吴郡黄省曾勉之校。此为明代《楚辞章句》第一刊本。首题"汉刘向子政编集王逸叔师章句"一行，加"后学西蜀高第吴郡黄省曾校正"一行。每半叶十行，行十八字。有正德戊寅王鏊序。（《郎园读书志》卷七有跋。考邵懿辰《四库标注》、闻一多《楚辞校补例言》分王鏊与黄省曾为两本，皆误。）北平图书馆藏。王国维《跋》云："书中不避宋讳。然目录自《九章》（按当作《九歌》，明刊《楚辞补注》及端平本《集注》皆同）至《九思》均有'传'字，与洪兴祖《补注》所引一本合。"（《观堂别集三》）

隆庆五年辛未刊本　豫章王孙用晦夫容馆仿宋刻。十七卷，前附《楚辞疑字直音补》一卷。每半叶八行，行十七、十八字。宋讳缺笔。有王世贞序，云："宗人用晦得宋《楚辞》善本，梓而属序。"篇目后有"隆庆辛未豫章夫容馆宋版重雕"一行。（《郎园读书志》、《经籍访古志》、莫氏《五十万卷楼群书跋文》并有考。）北平图书馆藏。双鉴楼有杨守敬旧藏并跋。又嘉业堂藏八册。

万历翻夫容馆本　行款同夫容本，卷一末有姑苏钱世杰写、章芝刻双行，为隆庆本所无。万历凌迪知刻《楚骚绮语》，版心有"钱世杰写"字样，可证此为万历翻本。此本宋讳不缺笔，详缪氏《艺风堂续记》。（郎《志》云：森立之《访古志》载有无名氏明翻宋本，无刻行年月，宋讳缺笔。又有此本云宋讳不缺笔，双边，当为重写而非影模。然与朱燮元本又各异。）

万历苏州郡守朱燮元刻本　行款与夫容馆同，亦附《疑字直音》。题朱燮元懋和朱一龙官虞校刻，无刊刻年号。前有予告大学士申时行序（时行以万历六年三月官东阁大学士，据署衔知此书为万历寺重雕夫容本，详《郎园读书志》）。六册。章句后附篆文《楚辞》，题朱官虞辑。《故宫善本目》著录。燮元，山阴人。生嘉靖四十五年，卒崇祯十一年。上海会文堂有石印本，眉上附蒋骥注。

万历十四年丙戌冯绍祖校刊本　题："汉刘向子政编集王逸叔师章句"，"明后学武林冯绍祖绳武父校正"二行，第一页书口有"杭州郁文瑞书"，半叶九行，行十八字，凡十七卷。前有"冯绍祖万历丙戌序"，又有万历柔兆阉茂之岁钱塘黄汝亨贞父序：谓"绳武博物能裁，蒐自刘王，讫于近代"。首有观妙斋重校《楚辞章句》议例五则：一印古，二铨故，三遴篇，四核评，五译响。又附《屈原传》（《史记》）、各家《楚辞》书目（钞晁氏《读书志》及《直斋解题》）。又有《校楚辞后序》，署"万历丙戌盐官冯绍祖绳武父书于观妙斋"。见《皕宋楼藏书志》六七，《善本书室藏书志》二三。浙江图书馆收入善本目。香港大学冯平山图书馆藏八册。又一本题《楚辞句解评林》，仍作十七卷，而实得一册，冯绍祖《后序》原题万历丙戌月轨青陆，此则改"丙戌"为"丁亥"，黄汝亨《序》亦缺末叶，两种皆日本内阁文库藏。

万历十四年俞初校刊本　十卷，有新都吴琯万历丙戌（十四年）序，谓王孙本已漫漶，予友俞太初氏复校以入梓。日本内阁文库藏四册，有林道春罗山手校并跋。（书影见本编卷首。）

万历凌氏刊陈深批朱墨本　十七卷，朱题王逸叙次，首楚骚，附录《史记·屈传》，题万历庚子（二十八年）九月王稺登书，每卷末附音义，移王世贞序于书末，卷终题吴兴凌毓楠殿卿父校。日本多藏此书，内阁文库八册，尊经阁、岩崎文库、京都大学语文学研究室俱藏四册。陈深，字子渊，长兴人，嘉靖乙酉举人，官雷州推官。（内阁文库《目》题陈深为宋人，尊经阁《目》作元人，皆误混为著《宁极斋集》之陈深。）

明杨鹤刊本　八卷。邵氏《四库标注》著录。

清嘉庆六年辛酉大小雅堂刊本　用隆庆重雕宋本，四册。杨守敬《日本访书志》云："此刊草率殊甚，盖实祖万历翻本也。"

光绪十七年赵尚辅《湖北丛书》本　十七卷，版藏三余草堂。三册。

外国刊　日本宽延三年（即乾隆十五年）庄益恭（子谦）校刊本。首有服元乔序，附《楚辞音》。（刘师培《楚辞考异》据校，谓明刊而外，惟日本庄益恭此本较为精善。）

重定《楚辞》十六卷《续楚辞》二十卷《变离骚》二十卷　宋济北晁补之无咎撰

补之少从苏轼游，著有《鸡肋集》七十卷。《楚辞》十六卷，旧录也；《续变》四十卷，新录也。（集中卷三十六有《离骚新序》三篇、《续楚辞序》一篇、《变离骚序》二篇，古少其例，可谓颛门之业。）其《离骚新序》中篇曰："刘向《离骚楚辞》十六卷，王逸传之。按八卷皆屈原遭忧所作，故首篇曰《离骚经》，后篇皆曰《离骚》，余皆曰《楚辞》（《集注·续离骚·九辩》第八下注晁本此篇以下有'传'字）。天圣中有陈说之者，第其篇，然或不次序。"补之以《大招》古奥，为原作，故迁次《渔父》后，是为《楚辞》上八卷。以宋玉《九辩》、《招魂》及贾谊、褒、向等西汉以前文为《楚辞》下八卷。而以王逸《九思》、韩愈《复志赋》等凡二十六人，共六十篇，为《续楚辞》。又录荀卿《成相》至李白《鸣皋》、顾况《招北客》等凡三十八人，通九十六首，为《变离骚》。《续》、《变》二编皆《楚辞》流派，又区别之云："《楚辞》已非《离骚》，《楚辞》又变，则无《离骚》矣，无以复知此始于屈平矣。"朱熹《楚辞后语》，即据晁书增删而成。《文渊阁书目》（九）有《续楚辞》、《变离骚》二部各三册。《四库提要》谓补之书不传。《山东通志·艺文》著录，未记存佚。但近人王泗原自述校勘《离骚》异文所据本，有道光十年重刊本晁补之《重编楚辞》。

《楚辞补注》十七卷《考异》一卷 汉王逸章句宋丹阳洪兴祖庆善补注

兴祖，政和进士，南渡后授秘书省正字，知真州、饶州，忤秦桧，编管昭州卒，见《宋史·儒林传》。晁公武与兴祖同时，其撰《读书志》著录《补注楚辞》十七卷《考异》一卷，而称未详撰人。《直斋书录》云："兴祖少得东坡手校《楚辞》十卷，凡诸本异同皆两出之，后得洪玉父而下本十四五家参校，遂为定本，始补王逸《章句》之未备者（其篇次与《四库》著录王逸本同）。书成，又得姚廷辉本作《考异》，附《古本释文》之后。其末又得欧阳永叔、孙莘老、苏子容本，校正以补《考异》之遗。"知《考异》原别为一卷，然明刊本已散入各条之下。

明复宋本 每叶十八行，行十五字，注行二十字，宋讳缺笔，《考异》不别出。（详《皕宋楼藏书志》六七，及丁丙《善本书室藏书志》二三。）《四部丛刊》重影印底本为钱塘丁氏旧物，现藏江苏省立图书馆。明版又有后印刓改本，兴宁罗氏藏。

按《四部》影本，乃初刊本，间有误字，如《离骚》"纷秋兰以为佩"之"纷"字，及《大司命》注"其非宫中少神明矣"之"少"字，后印本则刓改为"纫"、"小"。（图一九）

汲古阁毛氏重刊宋本 半叶九行，行十五字，注双行二十字，每卷首尾各叶版心有"汲古阁"字（见汲古阁《校刻书目》）。北平图书馆善本书室藏四册，有王念孙校笔。（日本京都研究所《汉籍目》注：汲古阁校吴郡宝翰楼刊本。）

清同治十一年金陵书局仿汲古刊本　五册。日本静嘉堂藏竹添光鸿手校本。（竹添光鸿字渐卿，称进一郎，号井井，天草人，居东京。著有《左氏会笺》。）

《惜阴堂丛书》本　清道光间李锡龄辑，在第十五函。光绪二十二年长沙重刊。

湖北崇文书局本　十七卷，四册。

外国刊　日本宽延二年（即清乾隆十四年）刊本，静嘉堂、内阁文库并藏，八册。

《楚辞集注》八卷《辨证》二卷《后语》六卷　宋建安朱熹元晦撰

《四库提要》云：朱子以王、洪二书，详于训诂，未得意旨，乃檃括旧编为此本。以屈原二十五篇为《离骚》五卷（《离骚经》第一至《渔父》第七，凡七题），宋玉以下十六篇为《续离骚》三卷（《九辩》第八至小山《招隐士》第十五，凡八题）。其订正旧注者为《辨证》二卷。又刊定晁补之《续楚辞》、《变离骚》二书，录荀卿至吕大临凡五十二篇为《楚辞后语》。然后语非成书，自《思玄》、《悲愤》及《复志赋》以下至于《幽怀》，仅存其目。故嘉定六年江西本只刊《集注》及《辨证》；后五年重校刊时始并刻《后语》，而《思玄》以下十九章则用归来子（晁补之）之说。《直斋书录》云："至谓《山海经》、《淮南子》殆因《天问》而著书，说者反取二书以证《天问》，可谓高世绝识。"周密《齐东野语》记南宋光宗绍熙内禅事曰："赵汝愚永州安置，至衡州而卒，朱熹为之注《离骚》以寄意。"与陈直斋谓熹此书"注在庆元（宁宗）退归之时，放臣弃子，有感而托"，其说相合。（赵希弁《郡斋读书附志》亦有是说。）

宋嘉定四年同安郡斋刊大字本　叶八行，行十九字，白口双栏，附门人长乐杨辑跋。《善本书室藏书志》二三著录，仅《辨证》二卷。《双鉴楼善本目》著录，有"范从楫印"，"清誉堂藏书记"。又云："叶焕彬认为高丽本，不可解。"此本傅增湘旧藏，现归台湾"中央图书馆"。

嘉定六年癸酉江西刊本　此书初刊时，原只有《集注》、《辨证》。据端平本朱在（熹子）跋，谓《后语》六卷，至嘉定十年丁丑，在始刊行。《铁琴铜剑楼目》一九云："每叶十四行，行十五字，双行夹注，字数同。后附扬子云《反离骚》一篇，前有嘉定癸酉三月甲子□阳王涔序；云刊于□

贡郡斋，有陆时化印。”（陆，名润之，太仓人。王昶志其墓。）《天禄琳琅续目》著录亦无《后语》。

端平二年乙未朱鉴（熹孙）刊本　版匡高22公分，宽16.5公分，叶九行，行十八字，注双行，行十八字。《后语》有嘉定壬申邹应龙、嘉定丁丑朱在、端平乙未朱鉴三跋，为元本所无（丁丙《善本书室藏书志》作端平乙未孙镒，“镒”字误）。此本旧藏山东聊城杨氏海源阁，后归东莱刘氏。1953年上海文学出版社影印本。有原尺寸影印及缩印两种。杨绍和《楹书隅录》云：“惟第一卷序首一叶影宋钞补，字极工。”

咸淳三年丁卯（湘阴令）施南向文龙刻本　《天禄琳琅目》著录。明蒋之奇重刻之。

元至治元年辛酉刊本　建安虞信亨宅重刊。日本有朝鲜复本。

天历三年庚午（即文宗至顺元年）刊　有《辨证》、《后语》。半叶十一行，行大字二十，小字二十四。陈忠甫宅刊。台湾大学图书馆、日本内阁文库并藏。八册。

元至元丙子（元顺帝后至元二年）刊本　邵氏《四库总目标注》附识：“元刊半叶十一行，行大二十字，小二十四字，《后语》叙目后有建安傅子安宅重刊，至元丙子孟春印行，今在常熟翁氏。”《双鉴楼善本目》载此本。《集注》八卷，《辨证》二卷，《后语》六卷，黑口双栏。

至正二十三年癸卯刻本　黎庶昌《古逸丛书》据此复影，有宝胜院印，行款字数与至元本同，《后语》叙目后有记云：“岁在癸卯孟春高日新宅新刊。”四册。光绪十年东京使署刊。

明成化十一年乙未何乔新刊本　乔新，字廷秀，江西广昌人，景泰进士，官河南按察时刊此。其自序称：“坊本刓缺。偶与佥宪吴君原明论朱子著述，吴君出家藏善本，正讹补缺，锲梓以传。”书半叶九行，行十七字。为明刊《集注》最早之本。（乔新著有《椒丘文集》，事迹详《明史》卷一八三。）

正德十四年己卯休宁沈圻刊本　行款同何乔新本，前附何序。《集注》后有正德十四年张旭跋，《辨证》后有沈圻跋。（见丁氏《善本志》二三，持静斋旧藏。日本成篑堂藏四册。《郘亭目》云：正德沈圻休宁刻本善。）香港大学冯平山图书馆藏沈刻仅《楚辞辨证》二册，末有正德己卯冬十二月知休宁县事平湖沈圻跋，略称：幼承家君以原明吴君所刊《楚辞》授读，迩承尹休阳，会婺源乡进士汪济民以吴君旧本送圻，乃请于郡守新淦文林张公，遂捐俸锓梓。

嘉靖十四年乙未吴县袁褧仿宋刊本　《集注》八卷，《辨证》二卷，《后语》六卷，翻宋本，半叶十行，行十八字。北平图书馆、嘉业堂并藏六册。双鉴楼《目》著录。

嘉靖杨士林刊本　《集注》八卷，叶十行，行大小均二十字，翻元本，见缪《记》，双鉴楼《目》有。

万历二十五年丁酉吉藩府刻本　重刊成化本，行字略同，有陆长庚庄天合序，目录后题万历丁酉季春月谷旦吉府承司常山旸谷魏椿奉宣王翊銮命重刊。东莞熊氏劝影斋曾藏，有太仓陆润之印。缪《记》、《故宫善本目》、昌彼得《明藩刻书考》并著录。

万历四十八年庚申（即泰昌元年）乌程闵齐伋校刊本　朱蓝套印，题曰"评点《楚辞》"，无《辨证》、《后语》。

天启六年丙寅檇李蒋之翘楚稚评校本　《集注》、《辨证》、《后语》之外增《附览》二卷。十二册。称"七十二家评林"，又有清刊本。

崇祯十年丁丑庆城沈云翔千仞编《楚辞集注评林》本　八卷，附《总评》一卷，或称"八十四家评点"，剽窃蒋之翘本。刘氏嘉业堂藏四册，日本内阁文库藏六册。《四库提要·楚辞类存目》著录。

崇祯十一年刊本　五卷。小田切藏四册，有"国瑗"、"怀璧"二印。

明吴讷校刊本　日本内阁文库《目》有。明版四册。讷字敏德，常熟人。宣德间，官至右都御史。著《文章辩体》。

清乾隆五十三年戊申刊　吴堂听雨斋后印八十四家评点朱墨本，无《辨证》、《后语》，袭沈本。

同治十年洪汝奎刊《唐石经馆丛书》本。

光绪三年崇文书局本（无《后语》）。

光绪八年江苏书局本（无《后语》）。

外国本　日本庆安四年（即清顺治八年）刊本，底本为成化何乔新刊，无《辨证》。（西村硕园疑是林罗山训点，京都村上平乐寺刻本。）京都大学吉田分校藏六册。尊经阁藏五册。内阁文库藏一部四册，一部三册。静嘉堂藏十一册，称《详解楚辞全集》。

朝鲜活字本　《郎园读书志》有高丽仿南宋嘉定本《楚辞辨证》二卷，避讳缺笔；疑即双鉴楼所认为嘉定本。

朝鲜复宋端平本　编首补钞明何乔新序文一篇。日本内阁文库藏。其邹应

龙《后语跋》中“应龙”二字概改为“余”。（图一六）

朝鲜复元刊活字本　《后语》目录后有“建安虞信亨宅重刊，至治辛酉（元英宗元年）腊月印行”木记，又有“甲戌五月密阳府开板”一行。日本《图书寮汉籍善本书目》云：“三册，甲戌即景泰五年也。庆长十九年（即明万历四十二年）德川家康在骏府贻其子秀忠云。”又静嘉堂藏二册。

朝鲜刊本　静嘉堂藏四册。（《静嘉堂目》于复元本朝鲜刊二册下注“活”字，此本不注。）

《离骚草木疏》四卷　宋河南吴仁杰斗南撰

本书题河南人，《四库提要》作昆山人。书取屈赋二十五篇之荪兰芝菊以至萹茾椓篁，悉按《尔雅》神农书面疏之，自比于史之有忠义奸臣传。《提要》谓：“不必合于骚人寄兴，而征引宏富，博物者资焉。”按陆九渊有答罗田令吴斗南书。吴氏此书上梓，时适为县宰。（参《郘亭书目》）

南宋庆元六年湖北罗田县庠原刻本　末有庆元丁巳（三年）仁杰自序，及庆元庚申（六年）方灿《跋》，称国录吴先生属刊于罗田县庠（吴氏官国子监学录，故称为国录），又有州学生张师尹杜醇吴世杰校正三行。《楹书隅录》云：每半叶十二行，行二十一字。一册。

影钞宋本　《四库》著录。又见《天禄书目》。

旧钞本　钱曾《敏求记》云：此书经屠本畯删改，从曹秋岳处钞得原本。（前北京人文科学研究所有旧钞本二册。）

清乾隆四十四年己亥海昌祝氏刊本　附祝德麟《辨证》四卷。

知不足斋复郘南江藏宋刊本　乾隆四十五年庚子校刊，在第七集。鲍廷博跋：“维时宁皇初政，韩侂胄方专拥戴功，与赵汝愚相轧，罢朱子，严伪学之禁。斗南未敢诵言，乃祖述《离骚》，譬诸草木，薰莸既判，忠佞斯呈，因以畅其流芳遗臭之旨。”

《龙威秘书》本　石门马俊良辑，乾隆甲寅大西山房刊行。在第二集。

《榕园丛书》本　仪征张丙炎辑，同治中刊。复知不足斋本，在《丙集》内。

崇文书局本　清光绪三年刊。

日本写本　内阁文库藏一册。

《天问天对解》　宋庐陵杨万里诚斋撰

《四库提要》云：是书取屈原《天问》、柳宗元《天对》比附贯缀，各为之解。（案黄伯思《新校楚辞序》云：“《天问》之章，辞严义密，最为难诵。柳柳州独能作《天对》以应之，深宏杰异，析理精博，近世文家，亦难遽晓。故分章辨事，以所对别附于问，庶几览者莹然。”诚斋此篇，犹黄氏例也。）

明崇祯刊本　江苏省立图书馆藏一册。

《诚斋集》卷第九十五本　新昌胡氏校刊。

《豫章丛书》本　清胡思敬等辑，复江南图书局旧钞本，民国六年刊。

《离骚集传》一卷　宋晋陵钱杲之撰

《宋史·艺文志》、钱曾《敏求记》著录。止解《离骚》一篇，大体本王逸《章句》。篇末注言：骚文分十四大节，某几句为一节。

南宋刊本　瞿氏《铁琴铜剑楼藏目》一九云：“半叶九行，行十八字，卷端有方熏（字樗庵）画兰，末有舜城居士朱承爵校雠讫一行。”按此黄荛圃旧藏。孙延跋云：“嘉庆壬戌夏，士礼居主人新得桐乡金氏所藏宋刻钱杲之《离骚集传》。”汪士钟《艺芸书舍宋元本目》有此书一卷，盖得之荛圃者。

影钞宋本　旧为毛子晋物，《荛圃题识》云：“检汲古阁《珍藏秘本书目》，钱杲之注《离骚》一本，宋版影钞，影写本闻在小读书堆，宋版今又在余处。”阮元《四库未收书目提要》云：“借宋版影钞。”丁氏《善本志》有影宋本。又故宫藏影钞宋本一册。傅增湘《藏园群书题记》有影宋本《离骚》跋云：“此卷绝无毛氏印记，卷首钤珊瑚阁印，或为纳兰容若所模写。桐华馆为纯庙皇六子印。书底面用楠木板与书衣连缀，即便护持，仍不碍翻阅，故宫旧籍多有此装。此书必当时籍入禁中，后乃随皇子分府以俱出也。”

《龙威秘书》本　乾隆甲寅刊行，复宋本，在第二集。

《知不足斋丛书》本　歙县鲍廷博辑刊，在第十二集。

清光绪三十年南陵徐氏随《随庵丛书》景模宋本重刊　在第九册。

崇文书局本　日本静嘉堂藏有《离骚合缀》一卷，光绪三年刊，即《集传》与《辨证》合订。

《古书丛刊》本　在第一辑第十八册。

上海文瑞楼《离骚》三种本　吴《疏》、龚《笺》外；钱杲之《传》，影印徐氏本。（有通行石印本）

《楚辞芳草谱》一卷　宋长溪谢翱皋羽撰（宋邓牧《伯牙琴》有《谢皋父传》，称翱延平人）

倪灿《宋志补》著录。《千顷堂书目》作“楚辞芳草图谱”，有《说郛》本，在卷一〇四中。

《骚苑》四卷 明吴郡黄省曾撰，张所敬补

《千顷堂书目》、《四库提要》子部著录（入类书类存目）。是编摘《楚辞》字句，以供剽剟之用。后一卷为所敬所补。版本未详。

《楚骚绮语》六卷 明华亭张之象月鹿编

《四库提要》子部著录（入类书类存目）。

之象一字玄超，事迹附《明史》二八七《文苑·文徵明传》内。（又著有《古诗类苑》百二十卷，《唐诗类苑》二百卷。）此编摘录字句，参差杂录，不详出处，其失与黄省曾《骚苑》同。

明万历五年刊本 此凌氏编《文林绮绣》本，有万历四年凌迪知序。版心有钱世杰写，王伯才刻等小字。

清光绪六年刊会稽徐友兰《融经馆丛书》本 即八杉斋巾箱本。

光绪二十二年《文林绮绣》石印本。

日本文政四年（即道光元年）官版翻本 内阁文库静嘉堂藏三册，目入类书类。

《楚范》六卷 前人撰

《千顷堂书目》、《四库提要》诗文评（存目）著录。是书割裂《楚辞》之文，大分十二编，曰辨体、解题、发端、造句、丽词、叶韵、用韵、更韵、连文、叠字、助语、余音，以为拟作之法，盖专论《楚辞》修辞之书也。

明高濂（即刻《遵生八笺》者）校刊本 前北京人文科学研究所藏。

《楚辞》七卷 《三忠集》本 明晋江郭惟贤编

《四库提要》总集类存目著录。于《离骚》取朱子注。编为七卷。惟贤万历甲戌进士。官左副都御史。

万历二十二年刊本 有万历甲午湖广巡抚惟贤自序，谓哀楚屈原、汉诸葛孔明、宋岳鹏举三公遗文为三楚重，全书共十四卷。《四库》诋为书帕本。日本内阁文库藏六册。（图二三）

《楚辞述注》十卷 明莆田林兆珂孟鸣述

兆珂为万历甲戌进士。明人重举业，好以时文之法评古籍。兆珂此编外，尚有《檀弓述注》、《选诗约注》等。并科举之学也。此书有林氏万历辛亥《书楚辞述注后》，云“取王、朱二注订之”。

明万历三十九年刻本　日本内阁文库藏四册。（图二二）

《离骚经订注》一卷　明高邑赵南星梦白撰

《千顷堂书目》作《离骚经订诂》。南星事迹详《明史》卷二四三。《自序》云："于王逸所注，稍加删改，名曰订。"（序载《味檗斋文集》五）

明万历四十一年癸丑刊本。

《楚辞集解》八卷《蒙引》二卷《考异》一卷　卷首附《楚辞》大小序明新安汪瑗玉卿撰，侄仲弘补

瑗，万历间诸生。《四库提要》著录卷目如上，《明史·艺文志》作《集解》十五卷，《好古堂书目》作《离骚集解》附《蒙引》、《考异》七册。所谓大序，乃录班固以至王鏊等序刊文。小序则分录王逸、朱熹、吴讷等文于各篇。盖仿《毛诗》大小序为之。《集解》惟注屈原诸赋。《蒙引》皆辨证文义。《考异》则以王、洪、朱三本互校。

万历四十六年刊本　不分卷，共八册。首有汪瑗自叙及万历间仲弘《楚辞集释补纪由》。又仲弘有题识谓："《天问补注》将竣。"此刊正缺《天问》一篇。日本京都大学藏。

万历乙卯（四十三年）焦竑序刊本　日本真轩旧藏十册，焦《序》为京都藏本所无。

日本旧钞本　长尾子生藏四册，原本不完，借内阁文库明版本补写。（内阁藏明刊四册，日写本四册。小田切藏明刊及补写十册。又写本《楚辞蒙引·离骚》二卷，二册。）

《离骚直音》六卷　明张学礼胡文焕同音

明万历二十年刊本　日本内阁文库藏一册。（文焕字全庵，钱塘人，刻《格致丛书》。）

《屈宋古音义》三卷　明连江陈第季立著

第又号一斋，以诸生从军，官至蓟镇游击。是书自跋及焦竑序皆题万历甲寅（四十二年）。于屈原赋，删《天问》一篇，宋玉赋加《高唐》等四篇，大旨在发明屈宋之音与《诗》、《易》等相合，力辟合韵叶音之谬，以羽翼其前著《毛诗古音考》。然自敦煌遗籍出世，若东晋徐邈《毛诗音》、隋骞公《楚辞音》，俱主协韵，知朱注叶音之说，远有所本，惜乎季立之未及见此也。此书音义具第一卷中。后二卷则录屈宋全文，删润旧注。

明万历刊《一斋全集》本　又道光二十八年重刊本。

清嘉庆十年乙丑《学津讨原》本　在第四十册，题张海鹏订。

清同治二年长沙余氏刊本　余肇钧《明辨斋丛书》第四集。

清光绪六年武昌张氏刻本。

《楚辞韵宝》　明孝感夏鼎铭章撰

鼎，万历三十四年武科举人。《湖北通志·艺文》云：“鼎善读《离骚》，晚年以沈约四声部勒其书为《楚辞韵宝》。书成，参政夏时亨为其镂版于蜀。”是此书曾有刊本。

《楚辞疏》十九卷《楚辞杂论》一卷　明桐乡陆时雍仲昭疏

时雍，崇祯癸酉贡生。著《古诗镜》、《唐诗镜》，有名于时。

缉柳斋刊本　有周拱辰等序，题古檇李陆时雍疏。日本内阁文库、尊经阁并藏明刊本，六册。

学山堂梓行本　日本京都大学藏六册。

《楚辞権》八卷　明檇李陆时雍叙疏　吴兴金兆清参评

明天启间刊本　四册。涵芬楼《烬余书录》有王伯申全部评点。翁覃溪旧藏。其第七卷为小山《招隐士》、扬雄反《离骚》，及时雍自作之《短招》，末附《读楚辞语》一卷。

《楚辞述注》五卷　明萧山来钦之圣源撰

明崇祯刊本　题明会稽王亹校定萧山来钦之述注。有戊寅（崇祯十一年）来氏序，及陈洪绶绘屈子像九歌图共十二幅。北平图书馆藏。（丁氏《善本书室藏书志》二十三著录，称崇祯间刊。）

清康熙辛未重刊本三册。题萧山黄象彝象玉象霖同校。挖来刻书版，袭为己有。

《楚辞听直》八卷《合论》一卷　明莆田黄文焕维章撰

文焕，天启进士，崇祯中坐黄道周党下狱，因著此以寓感。其曰“听直”，取《惜诵》“皋陶听直”语也。其篇次为《离骚》、《远游》、《天问》、《九歌》、《渔父》、《卜居》、《九章》，而以《大招》、《招魂》附篇末，与旧本皆异。其合论一篇者为《听离骚》以至《听二招》共七篇（《听卜居》、《渔父》共一篇），合论全书者，为《听忠》、《听孝》以至《听礼》共十篇。

明崇祯十六年刊本　日本京都大学中国语文研究室藏。

《离骚经纂注》一卷　明宝应刘永澄撰

兴让堂刊本　王邃《离骚辑评》屡引其说。（永澄有《刘练江集》。）

《楚骚品》 明歙县汪道昆伯玉撰

道昆，嘉靖进士，官至侍郎。

明陶珽《说郛续》本在卷三九，清顺治三年宛委山堂刊本。

《骚筏》一卷 明江西永新贺贻孙子翼撰

贻孙以文人习气说骚，有时亦可得言外意。惟以不求甚解为不落学究气，则浅薄不学者，多借口矣。（他著有《诗触》，以后人诗法诂经，《四库》讥其不免佻巧，论骚亦有同然。）

《水田居丛刊》本 道光咸丰间刊。

《读楚辞语》一卷 明秀水冯梦祯开之撰

梦祯，万历进士，官至祭酒。著有《快雪堂集》。

明版陆时雍《楚辞疏》及日本庆安四年刊注解《楚辞全集》并附有此卷。

《楚骚协韵》十卷附《读骚大旨》一卷 明鄞县屠本畯田叔撰

本畯初名畯，以门荫入仕。此本未改名以前刻，大旨以朱子《集注》于韵为未备，故广为此书，然说多未当。详《四库提要·楚辞类存目》。（本畯刻书颇多，如《山林经济籍》，是其一也。）

《离骚草木疏补》四卷 明屠本畯撰

是书于吴仁杰《疏》门类多所增删，自谓明简，实则反失疏略，说见《四库提要》。右二书《四库》著录并范氏天一阁藏本。

《楚辞笺注》四卷 明李陈玉撰

《好古堂书目》著录。钱澄之释《怀沙》为怀长沙，即本其说。

《楚辞评注》十卷 明竟陵王萌逊直撰

《孝慈堂书目》著录。《湖北通志·艺文》作三卷，误。《志》云：萌天门人，字逊宜，诸生。此书题高安朱轼可亭等校订（朱轼著有朱高安十三种，《朱文端公集》）。附侄王远《考音》，有自序。

康熙十六年丁巳刊本 日本西村硕园藏。

乾隆二年丁巳鲈香居士刊本。 按鲈香为姚培谦号，郑文焯曾书作鲈乡，非。

乾隆三十五年庚寅致和堂刊本。

《离骚草木史》十卷附《离骚拾细》一卷 明桐乡同拱辰孟侯撰

拱辰生当明清鼎革之际，有《圣雨斋集》八卷。

嘉庆八年癸亥圣雨斋重刊本。

道光二十六年刊《周孟侯先生全书》本 第二至第四册。

《楚辞通释》十四卷 明衡阳王夫之而农撰

是书删王逸本《七谏》以下五篇，而加入江淹《山中楚辞》二篇及己作《九昭》一篇，共四十四篇。每篇分段立释。《远游》则采方士铅汞之谈。有乙丑序例。大意论叔师之释《骚》未得“属辞比事”之旨。又谓必审其作品之异事，方不刺谬瞀乱。船山盖主屈子曾放居汉北者。

道光二十八年桂东郭孔岚补刊本。

同治四年金陵刊《船山遗书》本 分十四卷，并自作《九昭》为卷末。

《楚辞约注》 清高秋月撰

康熙二十八年己巳《庄骚合刻》本，二册 秋月著《庄子释意》。

《联骚》一卷 清新安张潮山来撰

康熙三十六年河南新安张氏霞举堂刊《檀几丛书》本 在第三帙。

《楚辞灯》四卷首一卷又附《怀襄二王在位事迹考》 清侯官林云铭西仲撰

西仲，顺治戊戌进士，官徽州府通判。

《四库提要》云：“此乡熟课蒙之本。《九章》篇次变易，其说本之黄文焕《楚辞听直》。”王邦采《离骚汇订》采之。

康熙三十六年丁丑挹奎楼刊本 四册

岳雪楼《书目》有校抄本。又通行石印本。

民国六年北京石印本 改题为《楚辞易读》。

日本宽政十年戊午（即清嘉庆三年）翻刻本 题尾张秦鼎士铉校读，有鼎序。

又天保十三年（即清道光二十二年）刊本 嘉业堂藏。

《屈辞洗髓》五卷附《简明音释》 清宜兴徐焕龙友云撰

王邦采采入《离骚汇订》。

康熙三十七年戊寅无闷堂刊本。

《离骚辩》一卷 清苏州朱冀天闲撰

此书力攻林云铭之说，然二人均以时文之法解古书。朱氏或袭旧以传讹，或创新而失当，纰缪乃所时有。王邦采《离骚汇订》采之。

康熙四十五年绿筠堂精刊本。

《山带阁注楚辞》六卷卷首一卷《余论》二卷《说韵》一卷 清武进蒋骥涑塍注

是书又名《三闾楚辞》。《四库提要》云：“注前冠以《史记·屈原传》、沈亚之《屈原外传》、《楚世家》节略，次列《楚辞》地理五图（首总图，次《抽思》、《思美人路图》、《哀郢路图》、《涉江路图》、《渔父怀沙路图》)。《余论》二卷，驳订旧注。《说韵》一卷，每部列通韵、叶韵、同母针韵三例。”按屈子行踪，以图表之；采摭书目，达四百种。非率尔苟作者比。其世父蒋金式弱六著《翠缕居说骚》，专主评文，不另录。

康熙五十二年癸巳山带阁初刊本　有癸巳七月自序。

雍正五年丁未刊本　有涑畻后序，题雍正丁未。目后题男蒋桀等校。并备列采摭书目。

来薰阁景雍正五年原刊本　民国二十二年印，地图五幅并全。

通行本　略去原目考正地图。

《离骚节解》一卷卷首附《离骚本韵与正音》　清长洲张德纯能一撰

《清史稿·艺文志》著录。德纯号松南，康熙庚辰进士。

康熙五十三年读书松桂林精刊本　有康熙甲午（五十三年）德纯自序。

乾隆乙巳（五十年）梓州郡署重刊朱黑套印本。

《离骚九歌解义》二卷　清安溪李光地晋卿撰

《四库提要》作《离骚经注》一卷《九歌注》一卷。其书谓《九歌》当止于九，不载《国殇》、《礼魂》二篇。

康熙五十八年《安溪讲义》本。

《榕村全书》本　第四四册，与《参同契》合帙。

张丙炎《榕园丛书》本　在丙集内。

《饮骚》二卷　清丹阳贺宽瞻度撰

宽号柘庵，顺治九年进士，大理寺评事。此书又名离骚笺释。前卷为《离骚》、《九歌》、《天问》，后卷为《九章》、《远游》、《卜居》、《大招》、《招魂》、《九辩》。书中如以女喻郑袖，丰隆蹇修喻上官子兰之徒，后人颇诋为曲说。

约康熙间刊本。

《天问补注》一卷　清萧山毛奇龄大可撰

《四库提要》著录。是编前为总论。后凡三十四条，先列《天问》原文，次列朱子《集注》，而后以《补注》继之。

《西河合集》本　在六十六册。(侄孙览辉重辑，萧山陆凝瑞堂刊。)

《庄屈合诂》　清桐城钱澄之饮光撰

澄之自号田间老人，尝问《易》于黄道周，经学笃实。《四库提要》著录是编于子部杂家类存目。其《庄子》止诂内篇，《楚辞》则诂屈原所作，先列朱子《集注》，次列己注。标以“诂曰”二字，实则衍绎朱注之义。

澄之当明末造，发愤著书，盖以《离骚》寓其幽忧，而以《庄子》寓其解脱也。

康熙刻本　《田间遗书》第二三至二六册（又同治二年刊《饮光先生全书》本）。

《离骚经解》一卷　清淳安方楘如文辀撰

楘如康熙丙戌进士，官丰润知县。是编所解甚略，马其昶《屈赋微》曾引用之。《四库提要·清史稿·艺文志》著录。

乾隆甲戌佩古斋刊本　附《集虚斋学古文》后。

《离骚汇订》三卷附首一卷《杂文笺略》二卷　清锡山王邦采贻六撰

卷首有康熙六十一年（壬寅）自序。取王逸、洪兴祖、朱熹、徐焕龙、林云铭、朱冀六家之说，随文诠释，然于林、朱二家，多列举为抨击之资。其《杂文笺略》，乃《九歌》、《天问》、《九章》、《远游》、《卜居》、《渔父》之笺释，什七仍录旧注，参以己意者亦二三云。此书总目，以像传吊文自序书后及《离骚》白文为第一帙。其《离骚汇订》为第二三四帙。杂文为第五六帙，又名《楚三闾大夫赋》。

康熙六十一年壬寅精刊本。

光绪二十六年庚子《广雅丛书》本。

《楚辞注》一卷　清任邱庞恺霁公撰

恺，康熙己未翰林检讨。终建宁知府。著《丛碧山房集》。

钞本　前北京人文科学研究所藏。

《离骚经正义》一卷　清桐城方苞望溪撰

苏惇元《望溪年谱》云："所著《离骚正义》，不知其撰著年月。"

《抗希堂全书》十六种本　康熙嘉庆间方氏刻。

光绪二十四年娜環阁重刊活字本　在第十二种。

《楚辞疏》八卷　清贵池吴世尚注　曹文超等参订

《清史稿·艺文志》著录，又名《楚辞注疏》。

雍正五年丁未尚友堂刊本　江苏省立图书馆藏（六册）。

《屈骚心印》五卷　清衢州西安夏大霖用雨撰

大霖又号梅皋。《四库提要》云：此书因林云铭《楚辞灯》而改订之，自述于林本外惟见朱子、来钦之、黄维章三家本，论韵称沈约为晋人。立说多不知何据。

雍正十二年刊本（有图）二册。

乾隆间一本堂刊本。

《楚辞新注》八卷 清蒲城屈复悔翁撰

《四库提要》云："是编自以新意疏解旧注，复颇工诗，故能求骚人言外意。然果于师心，亦往往臆为变乱。"或题为"楚辞新集注"。

乾隆三年戊午居易堂刻本 末一卷附《楚怀襄二王在位事迹考》。

《天问校正》一卷 清蒲城屈复撰

是编随意移置其前后，谓之错简。

《昭代丛书》本 在辛集别编中，杨复吉辑，道光十三年刊。

《离骚解》一卷 清娄县顾成天良哉撰

成天，雍正庚戌进士，翰林院侍讲。作诗多至二千首，有《金管集》。

《四库提要》云："是编成于乾隆六年辛酉。大旨深辟自王逸以来求女譬求君之说。"

《九歌解》一卷 清娄县顾成天撰

上二种《清史稿·艺文志》著录。

《四库提要》云："其说以《湘君》、《湘夫人》为一篇，《大司命》、《少司命》为一篇，并十一篇为九，以合《九歌》之数。每篇所解以林云铭《楚辞灯》为蓝本，而加以穿凿附会。"

《读骚别论》一卷 前人撰

《四库提要》云："此书又举《九章》以下诸篇末及解者，一一评其大意。如以屈原之死乃身殉怀主，以《惜诵》为河、洛间人伪托，以《卜居》为战国时人所托，渔父即庄周，皆不免武断。"

《离骚中正》 清栖霞林仲懿山甫撰

仲懿，康熙辛卯举人，官铜陵知县。《山东通志·艺文》著录。

《四库提要》云："是编首载读骚管见数则，谓屈赋以执中为宗派，主敬为根柢，自叙学问本领，陈述帝王心法，与四子书相表里。又附会屈子名字与《中庸》天命之性率性之道相合。"

《骚屑》九卷 清沈无咎辑

清刻本 见北平图书馆《善本乙目》。

《楚辞节注》六卷附《叶音》一卷 清华亭姚培谦平山撰

乾隆六年辛酉刊本 有张奕枢序，题鲈香居士读本。《叶音》，刘维谦撰。（培谦又著《古文斵》等。）

《楚辞详解》五卷 清黄州奚禄诒苏岭撰

乾隆九年甲子知津堂精刊本。

《屈子说志》 清陈远新撰

乾隆十四年刊本 日本西村硕园有钞本三册。

《屈原赋注》七卷《通释》二卷《音义》三卷 清休宁戴震东原撰

戴氏精小学，诂注颇确。卢文弨序谓：微言奥旨，具见疏抉（亦见《抱经堂文集》六）。然此书成于早年，卢序不无溢美。所注为《离骚》以下屈赋二十五篇。《通释》上卷疏山川地名，下卷疏鱼虫草木。有歙汪氏梧凤《音义》，列举别本异文，足资考证。

乾隆十七年庚辰刊本 有汪梧凤跋。（汪氏有《松溪文集》）

光绪十七年《广雅丛书》本。

民国十二年沔阳卢靖慎始基斋编《湖北先正遗书》影印精钞本。

民国二十五年《安徽丛书》（第六期）影歙县许氏藏《屈原赋注初稿》本三卷。

民国建德周氏校刊本 称戴氏《屈原赋注》，不分卷。

《万有文库》本。

《楚辞订注》四卷 清闽漳许清奇订

乾隆二十年乙亥刊本。

《楚辞心解》 清江中时撰

乾隆二十九年刊本。

《楚辞韵解》八卷 清滋阳丘仰文襄周撰

仰文号省斋，济宁人，滋阳籍。雍正癸丑进士，历官保安知县。《山东通志·艺文》著录（又有《省斋自存草》）。

陆耀序谓：省斋邃于《易学》，由《易韵》通诸《楚辞》，以毛检讨（奇龄）五部三声两界两合之说读之，进退出入，无不就范（见《切问斋集》四）。

乾隆三十七年丘氏硕松堂刊本。

《楚辞读本》 清方人杰撰

乾隆三十七年刊《庄骚读本》本。 《楚辞》四册。西村硕园藏。

《屈骚指掌》四卷 清武进胡文英撰

王鸣盛有序 载《西庄始存稿》十五。

乾隆五十一年刊本。

《离骚草木疏辨证》四卷 清海昌祝德麟撰

祝氏以吴仁杰《疏》多有未当，故辨证其舛误而并判之。钱泰吉有跋，见《甘泉乡人稿》。

乾隆四十四年刊本。

《离骚笺》二卷 清闽中龚景瀚海峰笺

此书采王、洪、朱三家注、《文选》五臣注及吴氏《草木疏》，而别以己意笺其大义。其总论《离骚》谓作于怀王未返顷襄未立之时，略同陈第、顾成天之说。

乾隆五十九年刊本。

同治八年刊《澹静斋全集》本　子丰谷校刊。

光绪三年湖北崇文书局本。

上海文瑞楼石印《离骚》三种本　即龚氏《笺》，及影宋本钱杲之《传》，知不足斋本吴仁杰《疏》。

《楚辞述芳》二卷附《杂记》三篇 清栖霞牟庭相撰

栖霞牟氏俗园刊本　序题乾隆六十年乙卯，为《雪泥书屋全书》之一。（牟氏又著有《周公年表》及《杂志》等，咸丰间，其子房刊行。）

《离骚解》一卷 清全州谢济世石霖撰

石霖别号梅庄，康熙进士，乾隆时官湖南驿盐道。

《梅庄杂著》本　在卷九中，　长沙梁家钰刊。

同治十一年重刊本　归义徐维益等刊。

《屈子贯》五卷 清嘉定张诗原雅撰

此书初刊当在康熙后期，题受业杨梦熊男吉同编。蒋骥采摭书目称为《楚辞贯》。

嘉庆三年戊午嘐城万春堂重刊本。

《楚辞达》一卷《总论》一卷 清雷川鲁笔雁门撰

嘉庆九年甲子赵州师范校刊　范著有《滇系》。

《屈子章句》七卷附《屈子纪略》 清蕲水刘梦鹏云翼订

云翼，乾隆辛未进士。《四库提要》云："是书就诸本字句异同，参互考订，亦颇详悉。然不注字出某本，篇次尤多以意窜乱，皆未足依据。"

乾隆五十四年刊本　又名《楚辞灯章句》。（有乾隆二十五年序）

嘉庆五年藜菁堂刊本。

《屈辞精义》六卷 清江都陈本礼嘉会撰

本礼又号素村，生乾隆四年，卒嘉庆二十三年。是编光绪《江都志》著录名《楚辞精义》，大旨在发明微言大义，其说之独异者谓“曰黄昏以为期”以下为经，而其上则为叙。

嘉庆十七年（壬申）裛露轩刊本　自序题嘉庆十六年辛未。

陈氏读骚楼刊《陈氏丛书郄室四种》本　《楚辞精义》、《汉乐府三歌注》、《协律钩玄》、《急就探奇》四种。

《离骚精义原稿留真》一册　附今人陶秋英《离骚精义原稿综合校记》与《第三稿绎读》及姜亮夫《离骚精义手稿本跋》，1955年上海出版。

《九歌解》一卷　清万载辛绍业撰

嘉庆十八年癸酉笃庆堂刊本。

《楚辞新注求确》十卷　清分宁胡濬源撰

嘉庆二十五年务本堂刊本。

《楚辞韵读》附《宋赋韵读》一卷　清歙县江有诰晋三撰

《清史稿·艺文志》著录。

嘉庆原刊本　咸丰重刻本，版皆旋毁。有诰著《音学十书》。（已刻者为《楚辞韵读》、《群经韵读》、《诗经韵读》、《先秦韵读》、《唐韵四声正》、《谐声表》、《入声表》、《等韵丛说》等八种。）

民国十七年影《音学十书》本。

《屈子正音》三卷　清桐城方绩撰

有管同序　载《因寄轩文》二集。

道光七年江宁邓廷桢精刊方植之《杂著》本　题邓廷桢方东树（绩子）订补。

光绪六年网旧闻斋重刊袖珍本。

光绪十年名德堂重雕袖珍本。

《离骚经章句义疏》一卷　清新城张象津汉渡撰

象津，号莪石，别号雪岚，乾隆庚子举人，官济宁学正。《山东通志·艺文》著录。有嘉庆丁丑象津自序。

道光十六年拜经堂刊本　为《白云山房诗文集》附刻三种之一。

《楚辞辨韵》一卷　清海康陈昌齐宾臣撰

昌齐官翰林时，与修《四库全书》。曾勉士云：“是书原为音韵流变而作，记于《楚辞》篇中。先生殁后，吴石华（兰修）从简端录出刻之，名曰《楚辞音义》；其实当名辨韵。”（曾跋又见《面城楼集钞》二）伍氏刊《岭南遗书》，因改题付梓。

道光三十年刊《岭南遗书》本　第五集。

《赐书堂集》本　嘉应吴兰修校刊。

《楚辞贯》一卷　清博川董国英撰

《清史稿·艺文志》著录。

道光间正谊斋刊本。

《离骚赋补注》一卷　清吴郡朱骏声丰艺撰

道光间刊本　自序亦载《传经室文集》。

光绪八年临啸阁刊《朱氏群书》本。

《三益斋离骚注》一卷　清贺性灵撰

咸丰九年吴门刊本　后有诗樵自跋，封面刊有“古汲郡三益斋贺氏读本”十字。

《离骚注》　清顺德梁夔谱注

梁氏订注《离骚》、《哀江南赋》二篇名曰《古赋首选》。

同治八年镜古堂原刻《古赋首选》本。

又翻刻本、排印本、石印本。

《离骚释韵》一卷　清阳湖蒋曰豫侑石撰

曰豫，直隶候补知县。《清史稿·艺文志》著录。

光绪三年刊《蒋侑石遗书》本（莲池书局版）　在《滂喜斋学录》中。

《离骚启蒙》一卷　清江宁端木埰子畴撰

光绪二年刊本。

《楚辞释》十一卷　清湘潭王闿运壬秋注

自叙谓：仿郑笺申毛之例，因章句而为笺，叔师义有隐滞，笺以表明。亦有不依章句者，如郑笺与毛异义，是其例也。

光绪十二年丙戌成都尊经书院精刊本。

光绪二十一年乙未仪征李氏刊本。

光绪二十七年《湘绮楼全书》本　衡阳刊。

《天问笺》一卷　清山阳丁晏俭卿撰

光绪十七年《广雅丛书》本。

《离骚九歌释》一卷附录李篁仙《离骚音韵》　清善化毕大琛撰

光绪十八年补学斋刊本。

《楚辞杂志》　清高邮王念孙怀祖撰

高邮王氏著书本　在《读书杂志·余编》中，共二十六则。

《读楚辞》 清德清俞樾荫甫撰

在《俞楼杂纂》中。

《楚辞人名考》一卷 清德清俞樾撰

右二种光绪二十五年重刊《春在堂全书》本 坊间有俞樾评点《楚辞》，疑出依托，故不著录。

《屈赋微》二卷 清桐城马其昶通伯撰

是书依王船山说以《九歌》之《礼魂》为前十篇，通用送神曲，用黄、林、蒋诸家说以二《招》为屈原作，因总为二十五篇，以合《汉志》之数。各篇义训上采王、洪、朱三家以至方苞、姚鼐、吴汝纶、姚永朴诸说，颇合博观约取之义，其尊敬乡先辈之意，亦可于言外得之。

光绪三十二年合肥李国松刊《集虚草堂丛书》甲集本 第十三册。

《离骚注》一卷 清新城王树枏撰

在陶庐丛刻中。又光绪间文莫室刊本。

民国十六年印本。

《离骚分段约说》一卷 清宁阳黄恩彤石琴撰

光绪间刊本 恩彤著有《知止堂集》。

《楚辞翼》 清北越董瓯州撰

日本西村硕园藏手稿本。

《楚辞串解》 清陈大文简亭撰

光绪间刻本 西村收入《读骚庐丛书》乾集中。

按《昭明文选》骚类选屈赋诸篇，注家多有疏说；选学书如方廷珪《文选集成》竟列骚为首卷；他若《古文辞类纂》等选本亦多及屈文；为笺证者，若近人高阆仙所著，考证详审。以非《楚辞》专著，故并从略，谨发其凡于此。

古写本

《离骚残卷》 《招魂》 《招隐士》

日本小川睦之辅氏藏古写本《文选集注》第六十三卷，为《离骚》残文，自起至“恐导言之不固”注“复更回移”止。又金泽文库藏古写本《文选集注》第六十六卷，全卷完整为《招魂》、《招隐士》二篇。（本卷目录为“骚四”，次行低一格刻“宋玉《招魂》、刘安《招隐士》”二目。）此三篇学者认为唐人写卷，罗振玉曾印入《文选集注》。昭和十年京都大学影印全部时，收《招魂》、《招隐士》入第三集，《离骚》入第八集。

宋刊六臣《文选》《离骚》“不抚壮而弃秽兮”下云：五臣本无“不”字，故戴震谓“不”为衍文。然唐本《文选集注》有“不”字，与朱、洪本同，知五臣乃夺误。其有裨丁校勘者此一例也。另详《外编校记》。

正文本

《楚辞》二卷

明新安吴勉学师古校刊本　题汉沛国刘向。江苏省立图书馆藏。（勉学又著有《唐乐府》等。）

《屈集》二卷　屈陶合刻明刊本　明戴尔望等评

按孙氏《祠堂书目》又有《楚辞》明蔡文范无章句本　文范字伯华，江西新昌人，以忤张居正谪官。

《离骚经》

明仁和金堡《经术丛书》本　堡，字道隐，崇祯庚辰进士，临清知州。永历后为僧，号澹归，又号今释，有《偏行堂集》。

按《经术丛书》为《考工记》、《大戴礼》、《离骚》、《公羊》、《穀梁》、《太玄》、《春秋繁露》七书。《堡刻丛书》尚有《道德》、《玄书》等共七种。

《屈子》六卷　（总评一卷、章评一卷、译韵一卷、译字一卷、参疑一卷、传一卷。）

明毛晋校　《郘亭书目》有《屈子》绿君亭刊本，无注。即此，按绿君亭为子晋书室名，子晋早年刻书，绿君亭与汲古阁并用，中年后则专用汲古阁之名。

《楚辞》

康熙二十年刊本　清胡介祉校，郭鼎京书。

《楚辞》五卷　清桐城姚莹长洲顾沅同辑订

道光二十八年泾县潘锡恩求是斋刊《乾坤正气集》本　复《四库全书》本。

《楚辞》七卷卷首一卷附录一卷

光绪二年丙子黎阳端本堘刊巾箱本　卷首为《屈子生卒年月考》，清江宁陈玚撰。谓屈子生于楚宣王二十七年戊寅，即周显王二十六年。卒年约在顷襄王九年后数年中，寿五十余。附录为《离骚启蒙》一卷，端木埰撰。所云："自诞生以至毕命，由始进以迄放斥，处万难合之时，而有不忍离之谊，无轻其生之心，而有不容不死之势。"可谓善达骚情。

《屈贾文合编》 清夏献云校

光绪三年长沙刊本 屈文三册。

《离骚经》 清含山张燮承订

张氏五种本。

《离骚》一卷 清田砚池撰

光绪二十五年戊戌梦鷓鴣楼刊 以上二种内容未详，姑列于此。

《楚辞正文》

日本川田监山校刻 明和八年（即清乾隆三六年）八月刊，有纪德氏序。

篆文本

《篆文楚骚》五卷 明长沙熊宇刊

卷首分书熊宇序，题曰正德庚辰（十五年）。

明刊本 《故宫善本目》八册。日本内阁文库藏十册。（图二〇）

《篆字楚辞》 明朱官虞辑

明万历刊本 附万历朱燮元刻《章句》本后。

日本硕园藏篆文《楚骚》六册，万历二十八年刊本，未知是否即朱刻。

《篆文离骚经》五卷 明陆士仁撰 池永道云写

日本静嘉堂文库藏，六册。

日本人著述

《离骚传》二卷 日本长井江衍撰

莫天一藏 见《群书跋文》。

《楚辞师说》 日本浅见安正（䌹斋）著

日本明治四十四年《先哲遗著汉籍国字解全书》第一七集 早稻田大学编。

《楚辞考》四卷 日本冈松辰（瓮谷）撰

日本明治（四三年）庚戌（即清宣统二年）东京刊 《汉文大系》二二册。

《楚辞玦》 日本龟井昭阳著

西村硕园藏。

《楚辞纂说》 日本西村硕园辑

按西村氏于大正七年辑成《读骚庐丛书》乾坤二集，共八册，未刊。此书自《历代诗话》、《四六丛话》录出有关《楚辞》之评语。

《楚辞》 日本桥川时雄著

日本昭和十八年印 日本评论社《东洋思想丛书》之一。

《楚辞考》 日本儿岛献吉郎著

原收入《支那文学杂考》中。有隋树森译，合《毛诗》研究，称《毛诗楚辞考》。民国二十五年商务印。

《巫系文学论》 日本藤野岩友著 1951年，大学书局出版。

按氏著又有《天问与卜巫》，1952年角川书店版。

元以前《楚辞》佚籍第二

《离骚传》 汉淮南王刘安撰

《汉书》本传："武帝以安善文辞，使为《离骚传》，旦受诏日食时上。"据班固《离骚序》以《史记·屈传》"国风好色而不淫"至"与日月争光"一段，即淮南《传文》。（西汉时"故"与"传"对称，训诂为"故"，采杂说著通论者为"传"。）班《序》又引淮南说"五子以失家巷"，谓伍子胥。

《天问解》 汉刘向撰

《天问解》 汉成都扬雄撰

上二种见王逸《天问叙》。（王《叙》云："至于刘向扬雄援引经传以解释之，亦不能详悉。"）

《离骚经章句》一卷 后汉扶风班固撰

见王逸《离骚章句叙》，只解《离骚》一篇。姚振宗、顾櫰三《后汉艺文志》并著录。洪兴祖《补注》载班固文二篇，其《离骚序》云："故博采经书传记本文，以为之解。"《文选·吴都赋》刘逵注"扬"字下，《魏都赋注》释"纯粹"释"畹"，俱引班氏《楚辞说》。

《离骚经章句》一卷 后汉扶风贾逵撰

见王逸《章句叙》，姚氏、顾氏《后汉艺文志》并著录。洪兴祖《补注》"羿"下引贾逵说。《说文·女部》"嫈"字下亦引贾侍中说，许《序》所谓"博采通人，考之贾逵"者也。

《离骚注》一卷　后汉扶风马融撰

范书本传称注《离骚》，姚氏、顾氏《后汉志》俱著录。《补注》《大招》“鹔鹴”下引马融说。

《楚辞》三卷　晋河东闻喜郭璞注

《隋志》著录，两《唐志》作十卷，《宋史·艺文志》无。敦煌本道骞《楚辞音》“兹”、“鸩”、“珵”、“鸩”下并引郭注。详外编郭璞《楚辞遗说摭佚》。

《楚辞》十一卷　宋庐江何偃删王逸注

《隋志》著录已佚，姚振宗云：“盖亡于江陵沦陷时。”

《离骚草木疏》二卷　梁平原刘杳士深撰

杳于梁天监中，代裴子野知著作郎事，仕至尚书左丞。博综群书，事详《梁书·文学传》。此书《隋志》著录。两《唐志》并草木下有“虫鱼”二字。宋宁宗时，吴仁杰撰《草木疏》，自序称杳书已亡。

按阮孝绪《七录序》：“文集录内篇四：《楚辞》类五种五帙二七卷。”所称五种，不知视现存者同异如何？序谓有梁普通四年始述此书。又谓平原刘杳所抄集，尽以相与，叹为康成传释，尽归子慎。此指杳所著《古今四部书目》。杳又有《寿光书苑》二百卷。

《参解楚辞》七卷　皇甫遵训撰

《隋志》著录。姚振宗云：此殆取王逸、郭璞、何偃三家注本而参考为训解也。（按遵又著《吴越春秋传》十卷。）

《楚辞音》一卷　东晋东莞徐邈仙民撰

邈，东莞姑幕人。广兄，仕至中书侍郎，太子前卫率，事详《晋书·儒林传》。他著有《毛诗音》。

《楚辞音》一卷　孟奥撰（始末未详）

上二种隋、唐《志》并著录，《宋志》无。

《楚辞音》一卷　宋处士诸葛氏撰

《隋志》著录，又见《册府元龟·学校部》，唐、宋《志》并无。姚振宗疑即琅琊诸葛璩。

《楚辞音》一卷　不著撰人

《隋志》著录，《唐志》无。

《楚辞音》一卷（残）　隋僧道骞撰

隋、唐《志》并著录。《隋志·楚辞类》序云：“隋时有释道骞善读之，能为楚声，音韵清切，至今传《楚辞》者，皆祖骞公之音。”《宋志》不见著录，疑佚于宋时。

敦煌出唐写本　此卷存《离骚》残八十四行，列伯希和目二四九四。日本神田喜一郎影入《敦煌秘籍留真新编》下册。王重民有考证，见《巴黎敦煌残卷叙录》。闻一多有《校勘记》，见《全集》卷二。起“驷玉虬以乘鹥兮”之“乘”字，终“为余驾飞龙兮，杂瑶象以为车”之“瑶”字。按卷内有“骞案弇兹之神”句，是字本作“骞”，从鸟（骞与骞异字。《说文》“骞，飞貌”）。日本古写本《文选集注·招隐士》“薠草靃靡”句下注云：“案萧（该）骞等诸音咸以为薠音烦，非。”知骞音亦及小山文。按《日本见在书目》有释智骞《楚辞音义》，或谓《隋志》僧道骞即智骞之误（周祖谟说，见《辅仁学志》）。《续高僧传》记：隋东都内彗日道场沙门智骞，江表人。偏洞字源，造众经音，及苍雅字苑，宏叙周赡（卷四十《杂科声德篇》释智果传）。《玉海》有释智骞撰《尔雅音义》二卷（《日本见在书目》作《尔雅音决》三卷）；唐慧苑《华严经音义》、慧琳《一切经音义》俱引骞师注《方言》（慧琳书三十三引解“淡”字一条），盖缁素中之湛深小学者。（《楚辞音》敦煌残卷影本，见本编卷首。）

《离骚谱》一卷　唐陈康士安道撰

《唐书·艺文志》经部乐类著录，钱东垣辑《崇文总目》云：“依《离骚》以次声，阙。见天一阁钞本。”案绍兴十二年向子固奏：“以《唐·艺文志》及《崇文总目》所阙之书，注阙字于其下，付诸州军照应搜访。”是此书佚于绍兴以前也。康士，僖宗时人，善琴，撰琴曲百篇，谱十三卷，内有《离忧》七章，《沉湘》七章，进士姜阮、皮日休皆为序以述其能。见《文献通考》。（按《皮子文薮》无此文。）

《楚辞章句》二卷　宋王勉撰

《宋志》著录。

《楚辞释文》一卷　古本　无名氏撰

《宋志》著录在王勉下。洪兴祖得此本于吴郡林虙德祖，其篇次不同今本。洪氏按王逸《九章》注云皆解于《九辩》中，则《释文》篇第与王注旧本相同，《补注》目录所引，如《离骚》下云：“《释文》第一，无‘经’字。”《九辩》下云：“《释文》第二。”皆洪本与《释文》歧出之易见者。洪氏《补注》已成，又得姚本作《考异》，附古本《释文》之后，当即上本。晁氏《读书志》云：“《释文》一卷未详撰人。以《离骚经》、

《九辩》、《九歌》、《天问》、《九章》、《远游》、《卜居》、《渔父》、《招隐士》、《招魂》、《九怀》、《七谏》、《九叹》、《哀时命》、《惜誓》、《大招》、《九思》为次，盖旧本也。后人始以作者先后次第之耳。或曰天圣中陈说之所为也。”黄伯思《序》云：“陈说之本以刘勰《辨骚》，在王（逸）序之前。”

《离骚约》二卷 失名

《崇文总目》、《宋志》并著录。

《楚辞赘说》一卷 宋宣城周紫芝少隐撰

《宋志》著录。《直斋书录》作四卷，谓紫芝尝为《哀湘累赋》以反贾、扬之说，又为此书，颇有发明。

《龙冈楚辞说》五卷 宋永嘉林应辰渭起撰

《直斋书录》云：“以《离骚》章分段释为二十段，《九歌》诸篇亦随长短分之。又推屈子不死于汨罗，比诸浮海居夷之意。”《浙江通志·经籍志》著录。

新校《楚辞》十卷《翼骚》一卷 宋昭武黄伯思长睿撰

《宋志》、焦竑《国史经籍志》、《世善堂书目》并著录，伯思于政和中官秘书郎，卒年仅四十。朱子尝论此本与洪庆善本并优于杭本及晁本。其自序云：“屈宋诸骚，皆书楚语，作楚声，纪楚地，名楚物，故谓之‘楚辞’。”（序见《宋文鉴》卷九十二）又述版本云：“近世秘书晁监美叔，以春明宋氏赵郡苏氏本参校得失，其子伯以又以广平宋氏及唐本与太史公记诸书是正。而伯思亦以先唐旧本及博士杨建勋及武林吴郡椠本雠校，始得完善。”又述篇目云：“旧十六篇，并王逸《九思》为十七，而伯思所见旧本有扬雄《反骚》一篇，在《九叹》后，与《九思》共十八篇。而王逸诸序并载书末，犹《古文尚书》汉本《法言》及《史记·自序》、《汉书·叙传》之体，骈列于卷尾，今放录之。”又云：“自《屈原传》至陈说之序，附以今序，别为一卷，目以翼骚。”惜其书已亡。

《楚辞协韵》一卷 宋崇安黄铢叔垕撰

《宋志》著录。朱子尝以此编寄漳守傅景元刻版，又采附《集注》中，《文集》有跋语二篇（见《朱文公集》卷八十二）。铢著有《谷城集》。

《离骚章句》一卷 宋金华吕祖谦伯恭撰

见晁氏《读书附志》。《浙江通志·经籍志》有吕成公所分《楚辞章句》一卷。

《楚词补旨音释》 宋宁海刘庄孙正仲撰

钱大昕《补元史艺文志》著录如上。按庄孙从舒岳祥游，著述甚富。袁桷志其墓，称此书为《楚辞补注音释》。（见《清容集》卷二十八。）

又《补元志》有“吴莱楚汉正声”二卷，集宋玉、司马相如、扬雄、柳宗元四家赋，兹不著。

《九歌谱》 元衢州吾衍子行撰

钱《补元志》著录。按吾衍一作吾丘衍，家于钱塘。

拟《骚》第三

《反离骚》 汉成都扬雄撰

《汉书·扬雄传》云："怪屈原文过相如，至不容，作《离骚》，自投江而死。悲其文，读之未尝不流涕也。以为君子得时则大行，不得时则龙蛇。遇不遇，命也，何必湛身哉？乃作书，往往摭《离骚》文而反之。自岷山投诸江流以吊屈原，名曰《反离骚》。"

唐写本　东瀛藏古钞卷子《汉书·扬雄传》，卷端残阙，起《反离骚》之"反"字，终传之上卷。卷尾有天历二年（即五代后汉乾祐元年，公元948）藤原良秀题记。日本官定为国宝（神田喜跋语），京都帝国大学编入景旧钞本第二集（昭和十年版，本册名。《汉书·扬雄传残卷》）。神田喜（一郎）有校记。其昭和九年跋云："书法率更，精健俊逸"，"渊"、"民"二字缺笔，盖初唐人书。栏内外有良秀校语，所征引皆六朝隋唐佚籍，有曰"训"曰"察按"者，乃姚察"汉书训纂"；有曰"集"者，乃顾胤"汉书古今集义"，多至百余条。服（虔）应（劭）古义，韦（昭）晋（灼）佚训，横遭颜监割弃者，亦得借存什一。今并录姚顾古训，附本书外编《反离骚》校记之后，借见唐宋以前佚籍之一脔，谅为汲古者所不废也。

宋刊本　半叶七行，行十五字，左右双栏。现藏台湾国立"中央图书馆"。此书盖朱子《楚辞后语》卷二之第十六篇，但叶数由一至十四自为起讫，前后及中缝并无卷次，故张钧衡跋谓颇似单行。又因"瞿氏书目《天禄续目》定为嘉定六年本，而疑《后语》未刊，仅刊此《反离骚》十余叶”。按端平本朱鉴跋云“《反骚》一篇亦附卷末”，乃指初刊《集注》时言，故此附末之十四叶似为单行本也。（参本编《楚辞集注》宋嘉定本条。书影见《中华文物集成》第五册440页及本书卷首。）

乾隆间绵州李调元《函海》本　《函海》雕版始乾隆辛丑秋。

民国五年吴兴张钧衡《择是居丛书》初集影宋尹家本　第十三册。

《古书丛刊》第二辑本　即从择是居本出。

《广骚》一篇　汉扬雄撰

《畔牢愁》一卷　汉扬雄撰

《汉书》本传云：“又旁《离骚》作重一篇，名曰《广骚》。又旁《惜诵》以下至《怀沙》一卷，名曰《畔牢愁》。文多不载。”李奇曰：“畔，离也。”宋祁引萧该案“牢”字旁著水。韦昭曰：“浶，骚也。”王念孙曰：“牢读为懰，忧也。牢愁，叠韵字也。畔，反也，或言‘反骚’或言‘畔牢愁’，其义一而已矣。”杨树达《汉书窥管》云：“畔牢愁为离忧，亦《离骚》之义。畔训离，牢训骚，《畔牢愁》即《离骚》。”又云：“《广骚》、《畔牢愁》皆旁骚为之，乃拟骚，非反骚也。王念孙以‘畔牢愁’与反骚为一义，误。”

《悼离骚》　汉扶风班彪撰

顾櫰三《补后汉书艺文志》著录。文见《艺文类聚》。

《悼骚》一篇　汉安定梁竦叔敬撰（事详范晔《后汉书·梁统传》）

姚振宗《后汉艺文志》著录。文载《东观记》。竦又著书数篇，名曰《七序》，文已佚，姚志从《七谏》列入《楚辞》类，兹不著。

《九咨》　汉涿郡崔琦子玮撰　（事详范书《文苑传》）

《九愤》　汉荥阳服虔子慎撰　（事详范书《儒林传》）

《感骚》三十卷　汉汝南应奉世叔撰

范书本传云：“及党事起，以疾自退，追愍屈原，因以自伤。著《感骚》三十篇，数十万言。”

上三种，顾《补后汉志》著录。文并佚。

《九惟》　汉陈留蔡邕伯喈撰

顾《补志》著录。文见《太平御览》，四字句，无兮字。

《楚辞九悼》一卷　杨穆撰

《隋志》著录，《四库提要》云至宋已亡。（姚振宗云：北周有杨穆字绍叔，弘农华阴人，仕至并州刺史，不知是否即此人。疑后汉梁竦作《悼骚》赋，北周杨穆为之注。）按审其书名，或为拟骚之制，姑列于此。

《天对》 唐柳宗元撰

《唐柳先生集》本（卷十四）， 宋杨万里为之解。

《九讽》 唐襄阳皮日休袭美撰

始《系述》（即序），次《正俗》、《遇谤》、《见逐》、《悲游》、《悯邪》、《端忧》、《纪祀》、《舍慕》、《洁死》。其《系述》略谓：屈平既作《离骚》，止诡俗而为《九歌》，辨穷愁而为《九章》，是后词人，摭为《九辩》、《九怀》、《九叹》、《九思》，皆相去数百祀，足知其词罕继矣。又怪王逸不以扬雄《广骚》、梁竦《悼骚》为《离骚》两派。复嗣数贤之作，以九为数，命曰《九讽》云。

《反招魂》 前人撰

序谓："屈原作《大招魂》（原注：或曰景差作，疑不能明）。宋玉作《招魂》。皮子以为忠放不如守介而死，奚招魂为？故作《反招魂》一篇以辨之。"

上二种见《皮子文薮》卷二（《四部丛刊》景明本），唐懿宗咸通中，日休登第以前作也。

《骚略》三卷 宋鄞高似孙续古著

似孙所著《骚略》共三卷，凡十八题。卷一《九怀》中之《苍梧帝》、《思禹》诸章，其下注《湘夫人》、《湘君》诸骚题；卷二《秋兰辞》下注《少司命》；乃自写登临感兴之为，所谓旁骚者也，亦仿佛杜甫乐府立新题写新事之意。卷二中之《花飞引》乃送友词，《蓬莱游》则记筑台游处之乐。卷三中《松江蟹舍赋》、《读易赋》等皆借题以抒恬淡之趣，与生平仕迹不类。然《九怀序》言《离骚》可学者章句也，不可学者志也，故自许为知原志云。《四库》著录在别集类存目。

宋刊本 半叶十二行，行二十字。双鉴楼旧藏。

明刊本 半叶十二行，行二十字。亦双鉴楼藏。

《百川学海》己集本 左圭辑刊《百川学海》为宋度宗咸淳九年。

民国二十年鄞县张寿镛《四明丛书》第一集本。

《答天问》 明仪封王廷相子衡撰

廷相官至尚书。著有《浚川集》，诗文列名七子中。

《王氏家藏集》本 在卷四十一。日本尊经阁藏。嘉靖刊本。

《广离骚》 明余姚孙镰文融撰

镰，别号月峰，万历进士，官至兵部尚书。此编引言自题曰“东海孙镰”。

明刊本 日本内阁文库、尊经阁藏并一用。（图二四）

《广离骚》 明惠安张正声撰（郑胤夙等校）

卷首有癸未春日梓行自序，言岁辛巳读礼家居课士岳阳时作。

明刊本 日本内阁文库藏，一册。（图二五）

《续离骚》一卷又《謇骚》一卷 明漳浦黄道周撰

《千顷堂书目》、《明史·艺文志》著录共三卷。

万历刊本。

《天对》六篇 明陈雅言撰

《千顷堂书目》著录。按自此以下各篇，刊本莫详，著之以备征云。

《拟离骚》二十篇 明嵊县张灿蕴之撰

《千顷堂书目》、《浙江通志·经籍志》著录。《明志》作二十卷，非。

《拟骚》一卷 明安邱黄祯德兆撰

《山东通志·艺文》著录。祯，嘉靖癸未进士，官文选司郎中。

《补楚辞》一卷 明绍兴姚舜明著

《浙江通志·经籍志》引万历《绍兴府志》著录。

《变离骚》九卷 明浙江高元之撰

《续文献通考》、《浙江通志·经籍志》并著录。

《藏骚》一卷 明湘阴徐摇举撰

《广骚》 明邵阳唐正宗撰

上二种皆《湖南通志·艺文》著录。

续补

《九咏》 魏陈思王曹植撰

《四部丛刊》复明活字本《曹子建集》（卷九）（下各本多为《四部丛刊》景本）。

《九愍》 晋吴郡陆云士龙撰

分《修身》、《涉江》、《悲郢》、《行吟》、《纡思》、《考志》、《感逝》、《□征》等篇。（其一篇名阙，《全晋文》一百一列《纡思》在《行吟》前。）

明正德复宋本《陆士龙文集》（卷七）。

《山中楚辞》六篇　梁考城江淹文通撰

文六篇，不分目。王船山采其二篇入《楚辞通释》。

明翻宋本《江文通文集》(卷十)。

《五悲》五篇《释疾》三篇　唐范阳卢照邻升之撰

《五悲》分《悲才难》、《悲穷通》、《悲昔游》、《悲今日》、《悲人生》五篇，《释疾》分《粤若》、《忠夫》、《命曰》三篇。

明刊本《幽忧子集》(卷四卷五)。

《吊灵均词》　唐释皎然撰

景宋钞本《昼上人集》(卷七)。

《吊屈原辞》　唐长沙刘蜕复愚撰

分《哀湘竹》、《下清江》、《招帝子》三章。(按蜕文，《别下斋丛书》本题《文泉子集》。)

明问青堂刊本《刘蜕集》(卷一)。

《后招魂赋》　宋晁补之撰

序谓屈原作《大招魂》，宋玉作《招魂》。似用皮袭美说。此篇为贤且孝之亡友王安仁作。

明刊本济北晁先生《鸡肋集》(卷二)。

《惜交赋》一篇，《幽誓》、《愍游》、《交难》、《归将》各一篇　宋吴郡范成大致能撰

赋序谓：屈原既遭子兰子椒之谮，伤楚国之俗，朋友道薄，故著《惜交》之词。《幽誓》以下四篇，以交难之前后事，隐括作次第。

爱汝堂刊《石湖居士诗集》(卷三十四)。

《招隐操》　宋朱熹撰

序谓：小山作《招隐》，左太冲、陆士衡相继有作，乃自为隐遁之辞，与本题不合；故王康琚作诗以反之，乃老氏言，又非小山本意。因推本小山遗意作一阕，又作一阕以反之；并请谷城（黄铢）共赋之。

明刊本《朱文公集》(卷一)。

《广招》　宋郭世模从范撰

从范为丞相赵公（鼎）作《广招》，友人张安国为作后序（序见景宋本《于湖居士文集》卷一)。按从范文不可见。《群贤小集》附录有其诗，《阳春白雪》卷五有其词。

《雪谿仙隐》　宋鄞县楼钥大防撰

序谓：双流宋德之来四明，访其大父阆中君雪谿之仙踪，为作《楚辞》以招之。

景聚珍本《攻媿集》（卷六）。

《黄河九昭》 金磁州赵秉文周臣撰

大安元年出守宁边作。曰九昭者，思圣道之昭也。凡《发源》、《洑流》、《化道》、《通塞》、《匡俗》、《避碍》、《种粹》、《入海》、《通天》九章。

汲古阁本闲闲老人《滏水文集》（卷一）。

畿辅丛书本《滏水文集》。

《愍逝》、《广招》各一篇 元会稽袁桷伯长撰

序云：《愍誓》哀谢（叠山）先生，《广招》悼（王）深宁先生。

元刊本《清容居士集》（卷二）。

清道光刊《宜稼堂丛书》本《清容居士集》。

《拟招》 元闽县吴海朝宗撰

闽人林升有贤德，为荣县簿，卒官；其子入蜀负丧，为赋《招魂》一篇。

《正谊堂全书》本吴朝宗先生《闻过斋集》（卷三）。

《九叹》 明青田刘基伯温撰

共九首，用刘向篇名，而文似《九辩》。

明隆庆六年括苍本《诚意伯文集》（卷九）。

《九诵》 明义乌王祎子充撰

序谓庚寅去国，戊戌避兵，中间悲苦之词，合次之得九篇。取《九章·惜诵》之语，题曰九诵。分《远游》、《皇天》、《世连》、《哀古人》、《皇纲》、《戎葵》、《崦嵫》、《瞻乌伤》、□□九篇。

清同治刊《金华丛书》本《王忠文集》 卷十六。同卷又有《述骚》一篇。

《吊屈平赋》 明新建王守仁伯安撰

正德丙寅，伯安谪龙场，经沅湘时作。

明隆庆刊本《王文成公全书》 卷十九《外集》一。同卷有《咎言》一篇，狱中作。

《短招》 明陆时雍撰

文见所撰《楚辞榷》。

《九哀》 明华亭夏完淳存古撰

夏允彝既殉节，仲子完淳荫授中书。弘光亡后二年，仍走吴易军为参谋，被执，不屈死，年十七。著有《南冠草》。《九哀》目为《曜灵》、《思群

公》、《南浦》、《结玉芝》、《云中游》、《临清流》、《秋士悲》、《王孙》、《望首阳》。

《艺海珠尘》本《夏内史集》(卷二)

《九昭》 明衡阳王夫之撰

序谓：有明王夫之生于屈子之乡，而遘闵戢志，有过于屈者，爰作《九昭》而叙之，并自注。附刻《楚辞通释》后。

《姜斋文集》本(卷五)《船山遗书》四十六。

《反招隐辞》 清长洲汪琬苕文撰

景林佶写刊本《尧峰文钞》(卷一)。

《拟招隐士》 清大兴朱筠笥河撰

《畿辅丛书》本《笥河文集》(卷四)。

《小山招隐图赋》 清大兴方履篯彦闻撰

《畿辅丛书》本《万善花室文稿》(卷一)。

《七招》 清阳湖洪亮吉稚存撰

序云："昔宋玉赋《大招》，枚乘著《七发》，予读而善之，因合其体仿焉。"

《北江遗书》本卷《施阁文乙集》(卷二)。

《九招》 清山阴王诒寿眉叔撰

序云："用效吴客之设辞，仍假巫阳之本旨，成文十首，命曰九招。"盖合二体为之，与稚存同。

《榆园丛刻》本《缦雅堂骈文》(卷八)。

按历代拟骚之文，皆有所为而作，深符离忧之旨。本编捃摭，初以有单刊者入录，继思丁部散漫，更难搜寻，因稍为补辑，用便初学。惟挂漏滋多，苴订有待。若仅效骚体如江文通《应谢主簿骚体》、沈亚之《湘中怨》、韩南涧《羁凤辞》等，则姑从略。至其见于《章句》及《后语》者，世所习知，故不录。

图像第四

《九歌图》 宋舒城李公麟伯时绘

《宣和画谱》（卷七）有“《九歌图》一”。未记卷子情状，后世所传，为本非一。

一绢本（有曹纬吴说跋）

明文嘉《钤山堂书画记》：“李公麟《九歌图》一，绢本，白描，凡六段。真笔，上上。有曹、吴等跋。”（据知不足斋本。《佩文斋画谱》引《严氏书画记》作“六卷”，非。《天水冰山录》〔即分宜籍没之册〕有李公麟《九歌图》一卷，即此。）

明张丑《清河书画舫》未集：此《九歌图卷》定为检法（按公麟熙宁进士，官大理寺丞，故称检法）真笔，其画止六段，实全本也。检法《九歌图》有二，此卷则检法别本，未知作于何年；而笔迹极精细，其在皇宋元丰之初乎？向后二十余年，而曹纬书词与跋，实徽宗崇宁壬午（即元年）岁也。纬书前有序后有跋，词悉同《昭明文选》，而绢素完好，中间无断缝，固知其为全本耳。然亦因词非灵均之旧，坐是不入宣和御府，以免靖康之难，斯又不幸中之幸者与！其后五十有四年，而吴说题后，实高宗绍兴丙子岁也（即二十六年）。说字傅朋，为宋小楷第一，墨迹传世绝少，仅见游丝书律诗与此跋为二，真可宝已。乃张浚题名，略无年月可考，或在放逐之岁乎？其后八十有六年而二谢书跋，实理宗淳祐壬寅岁也。二谢，天台人，兄曰奕恭，弟曰奕修，并好古成癖，尝建养浩斋以藏法书名画，详载周密《云烟过眼录》中，称李伯时画《九歌》，曹纬吴傅朋跋者，指此。其后百五十年，而嗣四十三代天师（师名无为）为叔本舆公识尾，实高皇帝洪武壬申岁也。师书体婉丽，源出羲献，可与倪瓒并驱。又其后篆跋为刘珏佥宪笔，佥宪以画著名，天顺中，上距皇宋元丰之初几四百年矣。斯皆历历可考证者也。是后不著相传之次，直至韩存良太史获此卷于朱太保家，为著跋语甚详。寻为僮仆藏匿，割去太史跋语，以售王征君百谷（卷首尚存太史书签）。故百谷题识仅叙检法曹吴书画之妙，余皆莫及云。壬子冬百谷赋白玉楼，其所藏书画，亦颇有散失者。窃计检法此卷，向为府君所留意，奚可任其去来，因备物易归，并志韩朱以下相传之概，以示后人。末书万历癸丑。（又载于卞永誉《式古堂汇考》十二。杂录张丑鉴别《九歌》图语多条。）清吴升《大观录》卷十二："李伯时《九歌图》卷，绢本。高八寸，长八尺余。图只按《文选》所载《东皇太乙》、《少司命》、《云中君》、《湘君》、《湘夫人》、《山鬼》。凡九歌，其删去者，不图也。墨笔，作山水树石屋宇舟与人骑俱极纤细。人物间施浅绛色。图之景各随歌所诠次而描摹之。每图虚其左，曹纬为书歌，书法殊清劲。绢尾吴傅朋（说）题小楷一行及长跋，最精妙。"按此卷之为真本，张青父丑考辨至详。惟不言曾在钤山堂，岂有所讳耶？曹、吴诸跋，备载丑书中。曹纬，颍昌人，字元象。此为刘昌子明题。吴说钱塘人。此卷说父师礼（安中）于崇宁间得自刘子明，后归曹纬犹子功显。南渡之初流传经过如此。又明王稚登跋称："所见李伯时《九歌图》非一，此卷尤精密遒劲，用笔如屈铁丝，盖得意之作。"谢奕修跋尾言"借临于青屿，躬自模写"。是自淳祐以来，临摹非一。青父谓：龙眠画"流传日久，真迹罕存，以故赝鼎满天下。即今《孝经》、《九歌图》，摹仿不下千百，翻成恶道，令人起厌"。后世传本之多，诚无足怪！据张丑、吴升所说，此卷书《九歌》，无《大司命》、《河泊》、《国殇》三篇。考黄伯思与龙眠时相接，其跋此图云："《楚辞·九歌》凡十一篇，九神。而梁昭明取六章，载于《文选》，故是图贝阙珠宫乘鼋逐鱼，亦可施于绘素，后人或能补之，当尽灵均之清致也。"（《东观馀论》）是龙眠所画，乃依《文选》，仅六段而已，与文嘉、张丑所言者合。是卷著录，见周密《云烟过眼录》外（《佩文斋画谱》引），明茅维《南阳名画表》并记李公麟《九歌图》，有曹吴等跋，盖即张丑云"韩存良家藏"者也。

一澄心堂纸本

清孙承泽《庚子消夏记》云："龙眠作画，凡临古则用绢素，自运则不设色，独用澄心堂纸。《九歌图》载在《宣和画谱》。上有'宣和中秘'印，纸系澄心堂，画法灵秀生动，即湘夫人一像，萧萧数笔，嫣然欲绝。龙眠收藏法画极多，留心书学，所书《九歌》，隶法劲逸，在宋亦称第一。卷旧在贾似道家，上有其印。元人题跋，诗多可观。"

明张丑《清河书画舫》云："李检法《九歌图》有二：一卷凡十一段，乃检法自书，是曾经宣和睿赏者。宋末藏赵（都丞）与懃家（按兰坡赵都丞《画目》中有《九歌图》）。此白描神鬼之像而无景界。近世摹撮本，皆祖此。真迹传至成化间，为吴江史明古所得，语具都穆《寓意编》中。"（按一卷为别本，即上有曹纬书词者。）

按此卷即《宣和画谱》著录者。都玄敬《寓意编》有李龙眠《九歌图》一卷，汪砢玉《珊瑚网》史明古藏有公麟《九歌图》（《式古堂汇考》二，九五），并即此，《消夏记》所载为龙眠自书歌词，亦与此同卷。

一素笺本

现藏故宫。卷高一尺四寸，广二丈二尺六寸。《石渠秘笈》（《初编》卷四十四）著录列上等。墨画，款署"（缺数字）年七月望日，臣李公麟画"。前有内府书印，吴瑞征等印，清高宗御识云："此卷藏上海顾中舍家，为董香光品题四名卷之一。"卷末张若霭奉敕画，题"屈子行吟图"。高宗御书《九歌》全文于图中，影本载《故宫周刊》357～377期。

按此卷以乾隆御题，故目为真。既乏《九歌》书词，又无元人题识，殆出后仿。

胡敬《西清札记》三亦著录。引吴其贞《书画记》谓此为检法别本，然据张丑说，检法别本即有曹纬书词之绢本，胡氏以指此，殊误。

一素绢本（有米芾篆书）

《石渠秘笈》（《初编》卷三十六）著录，列次等地一，每段有米芾篆书歌词，白描画。卷首署"九歌图，龙眠居士制"八字。末熙宁丁巳仲夏芾题识。

按以龙眠画而有南宫书篆，殊可疑；列次等，宜也。

一素本笺本

《石渠秘笈》（《初编》卷十六）著录，题宋李公麟《九歌图》，列次等宙三。白描画，凡九段，未署款。书《楚词》本文，末有王槺、洪勋、王稚登诸跋。按此无姓名，不足信。

一纸本（有吴炳篆书）

清陆时化《吴越所见书画》三著录。宋纸本，高八寸七分，长一丈四尺五寸（《鉴影》作高一尺三寸，长二丈三尺）。图缺《国殇》、《礼魂》。首有屈子像及《九歌序》，俱篆书。元延陵吴炳彦晖篆书《九歌》文。有延祐旃蒙单阏炳题记，及宋权识，与江上逸史跋。

按李佐贤《书画鉴影》二，记此卷颇详。厉鹗《南宋院画录》有吴炳其人。其卷疑临本。

一本（有赵雍〔松雪子〕书赞）

曾为霍邱裴氏藏。有文明书局影本。闻原卷现在日本，较故宫藏者多《国殇》一段，共十图。按《赏溥杰画目》有李公麟《九歌图》，列“静”字二百七十一号，未详何卷。

《九歌图》宋时有木刻，宋曾宏父《石刻铺叙》（此书有《贷园丛书》及《知不足斋丛书》本，民国古物同欣社石印本。）“画帖”条云：二卷中有“伯时《九歌图》十二段”。

《九歌图》 南宋钱塘马和之绘

和之生当高孝两朝，擅山水人物。杨绍和《楹书隅录》云：“往得马和之画屈子《九歌图册》，董思翁跋，征仲小楷书《离骚·九歌》长卷。”是海源阁旧藏有此卷也。

宋人临《九歌图》

见明朱之赤《卧庵藏画目》。有大少《司命》、《东君》、《湘君》、《湘夫人》、《河伯》、《山鬼》七图、篆，又有《卜居》，缺《国殇》、《东皇太乙》，与他图颇异。

临龙眠《九歌图》 元吴兴钱选舜举绘

汪砢玉《珊瑚网》著录（亦见《佩文斋画谱》），文嘉万历戊寅跋：“求龙眠不得，得舜举斯可矣。”

《九歌书画册》 元吴赵孟頫子昂绘并书

自题“大德九年八月廿五日画并书”，首为屈原像附书《渔父》篇，次为《九歌图》，每图附书歌词，共十篇，无《礼魂》。有明崇祯（十年）丁丑宜兴蒋如奇盘初跋，清吴荣光题字，现归张大千大风堂藏，有影印本。民国己卯刊。其《云中君》一图，似后人强补。

赵本清末有木刻及石印本。石本出自木刻，颇失真。

按孙承泽《庚子消夏记》三云“余在袁六完家见赵文敏所画《九歌》，为仇山村作，乃其少年笔，亦自奇异”，上图题大德为文敏五十二岁，而此则为少作。

《九歌图》 元赵孟頫绘并书

素绢本，行楷书，白描。书画相间。卷后题延祐六年四月十八日画并书。有自跋。卷首署“九歌图”三字，下有甲寅刘德新记。《石渠宝笈》（《初编》二十五）著录，列上等天二。

按文敏卒于至治二年，去延祐六年仅三载，此为其晚岁作品。

《九歌图》 元淮南张渥叔厚绘

此卷明初贝清江记其图状最详。自《东皇太乙》至于《国殇》凡二十一人，盖叔厚所作以赠周克复者。

贝氏言在三吴时，所见凡二，此其晚年之笔（洪武本《清江集》卷二十三）。然后世流传犹不止此。

一本 （有坡翁大篆书《九歌》）（即上举卷）

明贝琼《书九歌图后》云：“《九歌图》，淮南张叔厚作，以赠周克复者。越二十年而神气益新。克复既宝之，不翅金玉。而先左丞玉雪坡翁又以大篆书《九歌》之辞于各图之后，可谓二绝。”

按元和顾云彬录此文于《过云楼书画记》卷二，与吴睿书小篆《九歌》混而为一，似未深考。

一本 （有元吴睿篆书《九歌》）

清安岐《墨缘汇观》名画上云：“张渥临李龙眠《九歌图》，吴睿书词卷。”白宋纸本，凡十接，高八寸五分，长一丈五尺六寸。前画屈原像，卷首篆书“楚屈原像”四字。后篆书《渔父》一首。后图首篆“《九歌图》”三字。每图题名皆篆书，图后歌词隶书。后题“至正六年丙戌，淮南张渥叔厚临李龙眠《九歌图》为言思齐作，吴睿孟思以隶古书其词于左。”下押吴睿私印吴孟思章二白文印。后款“淮南张渥临”小行书五字，下押张渥叔厚白文印。纸尾倪云林题记壬子六月，观于思齐西斋。（吴升《大观录》十八：“此卷牙色纸本，临龙眠白描法。吴孟思隶书《九歌》在画之前。”）明詹景凤《东图玄览》：“吾休刘氏，世藏有元人张叔厚摹龙眠居士《九歌图》。孟思小篆书《九歌》，皆能品。”按孟思即吴睿字，湖州人，精篆隶，至正十五年卒。刘基铭其墓（见《诚意伯文集》卷八）。

清吴修《青霞馆论画绝句》："张渥《九歌图卷》，纸色纯白，载《东图元览》，向藏余家。《庚子消夏记》称伯时《九歌图》，画法灵秀生动，元人张叔厚曾临此图，吴孟思以小篆书其文，在江南人家。"即此卷也。清胡敬《西清劄记》二："张渥临李龙眠《九歌图》，纸本，设色，画分十一段。后为至正六年吴睿题语，后幅倪云林跋。篆书《渔父篇》，八分书《九歌》，附《礼魂》，无图。"即此。

一本　（有元褚奂隶书《九歌》）

陆时化《吴越所见书画》三云："元弭贞期（渥号）白描《九歌图》褚士文隶书《九歌》卷，纸本完好，高七寸七分零，长一丈二尺四寸六分。大宗伯沈归愚物。末河南褚奂至正廿一年辛丑三月题记。"奂每书《九歌》一段，多有图记，款在《礼魂》后。（案奂字士文，钱塘人。至正间，官杭州路海宁州判官。）今归徐邦达藏，共十一图。部分影入《晋唐五代宋元明清名家画集》（二次全国美展专集）列第七十五，只印四段。又收入近刊《楚辞图》。

一本　（与赵文敏书合装横卷）

清李葆恂《无益有益斋读画诗》下："张渥《九歌图》赵文敏书合装纸本，横卷。白描仿李龙眠。工谨中有逸趣。文敏书作小行楷甚精，自题'秋日苕上归舟作'。兴到笔也，陆子英大令得于大梁。"

按《高江村书画目》"送"字号有张渥《九歌图卷》。注云"纸本，不真"，知此卷颇多赝作，美国波士顿美术馆藏《九歌图卷》，影本载《支那画帖》（一四八、一四九、一五〇、一五一）。题云："旧传张敦礼笔，又旧传张渥笔。毕秋飒藏，载《石渠宝笈三编》、胡敬《西清劄记》，日本山本悌二郎《澄怀堂画书目录》。"篆书《九歌》自《东皇太乙》至《礼魂》，无署款。按《西清劄记》二载此卷甚详。签题张敦礼；而后幅题跋称张渥作，审其文即钞贝清江跋也。胡氏不能辨，惟谓"此或市侩割张渥他图跋语，装入此卷以炫售。而又误题签，图有《礼魂》而跋不及，其为作伪益明"。则此卷为赝鼎也。

又《故宫已佚书画目》有张屋（渥）临李龙眠《九歌图》（静字五百十号），未详何卷。

《屈原问渡图》　明江夏吴伟小仙绘

《珊瑚网》著录（在分宜严氏画品中）。

《屈原图》　明朱约佶云仙绘

绢本，着色。现收入《画苑掇英》上册第二十四，约佶又号弄丸山人，明宗室靖江王朱守谦之后。

《离骚九歌图》 明丹徒陆谨柽居绘

纸本一卷，白描写《东皇太乙》至《礼魂》。款云：明癸巳中秋，隗台陆谨写于娄文昌云泉山房。接幅陈白阳行书《九歌》及《卜居》。之后有文伯仁、王伯谷等跋。

胡敬《西清劄记》二著录。陆谨始姓杜，亦称杜堇，又号古狂。丹徒人，占籍燕京。

《湘君湘夫人图》 明长洲文徵明徵仲绘

高士奇《江村销夏录》云："纸本，立轴，长三尺五寸，阔一尺外，运笔如丝，朱碧简淡。"此图作于正德丁丑二月。自题"少时阅赵魏公所画湘君湘夫人，行墨设色，皆极高古。石田先生命余临之，今二十年矣。俄见画娥皇女英者，顾作唐妆，虽极工细，而古意略尽，因仿佛赵为此，而设色则师钱舜举"。万历六年仲子文嘉跋云："先君写此，时甫四十八岁。"王百谷云："先属仇实父写一幅，未惬意，乃自为之。"吴修《青霞馆论画绝句》云："钱梦庐得之高氏，后归于余。"此帖盖作以赠王履吉者。上方楷书《九歌》二首。（又详顾文彬《过云楼书画记》，惟误谓见《大观录》，该书实无之。）现藏国内。影入近刊《楚辞图》。

《九歌图册》 明太仓仇英实父绘

《佩文谱》九八引王世贞《尔雅楼藏画》仇英《九歌图》，凡九章，章各有文待诏书。纸本，自《东皇太乙》至《国殇》十幅（无《礼魂》）。文徵明行书《九歌》于乌丝栏，徵明题记：嘉靖甲寅书于玉磬山房，时年八十有五。《吴越所见书画》卷一著录。

王弇州《续稿》："仇实父图《九歌》，凡九章，各有徵仲待诏书。余所见数本，皆阙《招（按当作礼）魂》，而此并《国殇》去之。"（《佩文谱》八十七引，又见《式古堂汇考》二，一一四。）

按此卷现存有临本。

《九歌图》 明吴周官懋甫绘

纸本，高七寸五分，长一丈七尺七寸五分，白描临龙眠。自《东皇太乙》至《国殇》，有王雅宜书小楷。题"嘉靖丙戌秋七月，后学王宠书"。有高士奇康熙庚辰跋。

《吴越所见书画》二著录称：其"笔如游丝，远望竟如素纸，细看则人物森严，云气滃郁，如出鬼工”。

《九歌图》 明华亭董其昌玄宰绘

吴修《论画绝句》云：“董文敏为焦弱侯（竑）作《九歌图》，仿李伯时白描人物，工细绝伦，余得于金陵，后为江心农购去。”

《九歌图》 明诸暨陈洪绶章侯绘

图起《东皇太乙》，终《礼魂》，共十一幅。每幅绘人物一，各题《九歌》篇名。末有屈原像，题曰“屈子行吟”。洪绶友人来风季子钦之撰《离骚述注》，绶少与风季同学《离骚》，故绘是图雕镌《述注》中，事详洪绶戊寅自序。

来《注》有崇祯戊寅及康熙辛未刊本，书前并附陈氏图。

重刊本有陶湘《喜咏轩丛书》丙编本（民国十八年印）。罗振常辑陈萧二家绘《离骚图》本，蟫隐庐石印。又收入近刊《楚辞》图中。

按陈氏又有《饮酒读骚轴》，见《退庵金石书画跋》。

《离骚图》 明当涂萧云从尺木绘

是图旧钱塘丁氏有影摹本（见《善本室志》），江阴缪氏复因丁本重摹之，均极工细。萧图前有李楷序。

原本刊于弘光乙酉（即清顺治二年），日本大正十三年泷川资言跋云：“尺木卒于康熙七年，年七十八。崇祯丙子壬午两科副榜，明亡不仕。忠义之气，流露笔墨间，是书可尚，不独绘事也。又称我邦（日本）得其《太平三山图》，传诸池霞樵，因悟六法，南宗之画，于是盛行。”

日本大正十五年“图本丛刊会”重刊本二册。底本出泷川家藏。《离骚》称经，《九歌》以下称传，计卷端合绘三闾大夫、郑詹尹、渔父为一图，次《九歌》九图，《天问》五十四图。其《远游》五图，有目无画，凡例谓因兵燹阙失，俟续云。

武进陶湘《喜咏轩丛书》丙编本，此图与陈氏《离骚图像》并收（民国十八年印）。又罗振常辑印本。

近刊《楚辞图》本 日本静嘉堂藏有《天问传》一卷，萧云从画一册。

《钦定补绘离骚全图》二卷 萧云从原图，乾隆廷臣门应兆补绘

《清史稿·艺文志·石渠三编》及清《国朝院画录》并著录三册。乾隆四十七年特命内廷诸臣门应兆（一作诏）等补绘《离骚经》为三十二图，《九章》九图，《远游》五图，《九辩》九图，《招魂》十三图，《大招》七图，香草十六图；合萧画凡一百五十五图，为《四库全书》绘本。（案乾

隆中修《四库全书》，门应兆以工部员外郎充绘图分校官。）

陶湘《喜咏轩丛书》戊编本（复文津阁本，又据江南图书馆藏宋本《楚辞》校字。民国十九年印）。又收入近刊《楚辞图》下卷。

按《沅湘通艺录》八邵阳樊锥拟作萧尺木《补绘离骚图序》（骈文）及汪家骧铁樵批邵氏经籍笔记俱误门应兆补绘骚图为尺木事，应正。罗振常纠《郘亭目》之失以汪氏笔记为莫友芝语，亦考之未审。

《九歌图》一卷 清丁观鹏绘

宣纸本。仿李公麟笔意设色，并书《九歌》其上。《石渠宝笈续编》（养心殿一九〇）、《国朝院画录》著录。《赏溥杰画目》有之。列一千九十八号，原卷现存。

《陈萧二家绘离骚图》 民国上虞罗振常辑

取来钦之《楚辞述注》中陈洪绶图，与萧云从绘刻《离骚》八十四图合并影印。附《陈萧二先生事辑》。

民国甲子蟫隐庐印本　四册

《楚辞图》二卷

近刊本　收屈原像四，及李公麟《九歌图》（十四图）、张渥《九歌图》（十一图徐邦达本）、文徵明《湘君湘夫人图》，与陈洪绶《九歌图》（十二图《楚辞述注》本）、萧云从《离骚图》、《卜居》、《渔父》及《九歌图》（九图）、《天问图》（五十四图）为上卷；门应兆补绘《离骚图》（《四库全书》本）为下卷，末附解题。

按屈子画像，有藏之奇木刻者，及汨罗图，附载隆庆版《楚辞集注》。明弘治戊午刻《历代名人像赞》，万历癸巳刻《历代圣贤像赞》，明彩绘《历代圣贤图像》，清南薰殿藏《历代圣贤名人像》（见《故宫周刊》204期）并有屈原像。（此四像俱载入近刊《楚辞图》。）萧云从言："屈子有石本名臣像，暨张僧繇图，俱丰下髭旁，不类枯槁憔悴之游江潭者。"（见《离骚图》凡例。）知陈老莲所绘盖出于想象，而赵文敏《九歌图》首屈子像，自有所据。今依张氏大风堂藏原册真迹复影，取以冠于本书之首。

又按《楚辞》有关之图绘，裴孝源《贞观画史》载顾恺之有"沅湘像"，夏侯瞻有《楚人祠鬼图》（梁《太清目》作马瞻），《图画见闻志》有宋王齐翰楚《襄王梦神女图》，均不可考。萧云从言：曾"见宋史艺作《渔父图》，李公麟作《郑詹尹图》皆有三闾真仪"。"香草图名，载之《蜀中画纪》，乃黄荃所作。”又明陆治包山亦有《湘夫人图》，汪氏《珊瑚网》有元织绣《屈原问渡图》，并附记于此，不别为著录。《九歌图》自李龙眠以来，临摹至多，诸家所记，重床叠屋，而真赝杂出，良莠不分。今不殚繁琐，考索古近著录目，为理董一遍，或于研讨画学者不无少助云。

补记

李公麟《九歌图》　（澄心堂纸本）

清朱彝尊跋云：“李伯时《九歌图》，用澄心堂纸作。每图书三闾大夫辞于后，笔法娟妙，匪特画居绝品也。题识残阙，止存‘年七月望日臣李公麟画’十字。上有宣和大小印玺。卷末元人题咏甚多。康熙庚戌秋九月九日，偕昆山顾炎武宁人、嘉定陆元辅翼王、永年申涵光凫孟、嘉兴谭吉璁舟石观于宛平孙氏研山斋。”（《曝书亭集》卷五十四）

按宋王质《雪山集》五有《题九歌图》云：“《九歌》世未有能畅其旨者也。盖诉神之辞乎。顾神漠焉，至使抱石投沙以殒其躯，司命湘君之流，其有负于兹贤哉!”王质在高孝两朝，以时代度之，所题疑指公麟原本。并小长芦是跋观之，则清高宗所题素笺本，即仿自孙承泽藏卷，其出于后人临摹，昭然若揭。

《九歌图》　朱季宁绘

明吴宽跋云：“朱子之注《离骚》，可谓无遗憾矣。后人既无容赘词，则有为《九歌图》者，其初盖出李龙眠，人从仿之。此本则崑山许君鸿高所藏也。图后各系其歌，许君谓为其乡先辈朱季宁中书之笔。予观之，信其书之妙，犹有晋唐人遗意也。歌名九，其为章实十有一，《楚辞辨证》亦以为不可晓。至于《礼魂》则画家所不能及者，故其图缺云。”（《匏翁家藏集》卷五十）

译本第五

一、德文

Das Li Sao und die neun Gesänge（《离骚与九歌》）

August Piizmaier 译。载 Dem Ⅲ，Bande der Denkschuiften der Philo-sophisch-historischen Classe der Kaiserlicher Akademie der Wissenschaften（《皇家科学院哲学史传记论丛》之三）p. 32，Wien，1852。

T'ien Wen，die，"Himmelsfragen" des Küh Yüa（屈原天问）Das älteste Dokument zur Chinesischen Kunstgeschichte（《中国美术史之最古资料》）

A. Conrady 与 E. Erkes 合译。Leipzig，1931。

Aus den neun Liedern des Küh Yüan（屈原《九章》，译《抽思》、《怀沙》）

F. Biallas 译。分载 Jubiäumsband，Herausgegeben von der Deutsehen Gesellschaft für Natur und Völke-rkunde Ostasiens anlässlich ihrer 60 Jahrigen Bestehens（德国《东亚自然科学及民俗学会六十周年纪念刊》）1873，1933，Tokyo，1933，Teil Ⅰ，pp. 395－409。

又载 Bulletin no. 9 of the Catholic University of Peking，1934。（译《思美人》、《惜往日》）

又“Die Letzten der neun Lieder Kith Yüan's”（屈原《九章》，译《涉江》、《哀郢》、《橘颂》、《悲回风》）

载 Monumenta Serica Ⅰ. 1935。

Küh Yüan's Fahrt in die Ferne（《屈原远游及注释》）

F. Biallas 译。载 Asia Major 7，1931，pp. 179－241。又通论，《史记·屈传》译文，载同杂志 4，1927。

Das Zurückrufen der Seele des Sung yü（宋玉《招魂》）

E. Erkes 译。Leipzig，1914。

Sung Yü's Chiu-pien Text，Ubersetzung und Erlüutungen（宋玉《九辩》，原文及译注）

E. Erkes 译。载《通报》31，1935，pp. 363－408。

Sung Yu's Chiu-piei (Neun Umstimmungen)（宋玉《九辩》）

E. Von Zach 译。载 üt de Mededeelingen van het china Institut，Batavia，1939，pp. 15－25。

二、英文

The Sadness of Separation（《离骚》）

E. H. Parker 译。1879。

The Li Sao Poem and its author（《离骚》及其作者）

J. Legge 译。分载 *Journal of the Royal Asiatic Society* 27，Oxford，1895。

pp. 77－92 有屈原小传及《怀沙》英译，pp. 571－599 为《离骚》解，pp. 839－864《离骚》译文。

The Li Sao，An Elegy on Encountering Sorrows，by Chu Yuan（《离骚》）

Lim Boom Keng（林文庆）译，附刘勰《辨骚》英译，及论屈原生平时代背景与草木疏人名考释，上海商务印书馆出版，1929。

The Nine Songs，A Study of Shamanism in Ancient China（《九歌》译文兼论巫）

A. Waley 译。Allen and Unwin，1955。（《国殇》另见）

Kih Yüan，His Life and Poems（《屈原之生平及其诗》）

F. Biallas 译。载 JNCBRAS 59，1928。为《东皇太乙》、《山鬼》、《惜诵》、《卜居》、《渔父》五篇译文。

The God of Death in Ancient China（《大司命》,《少司命》）

E. Erkes 译。《通报》35，1939。

Determining a Calling by Oracle（Pu chu）（《卜居》）

H. Giles 译。在 *Gems of Chinese Literature*，*Prose*，1923，pp. 33 - 34。

又 F. Biallas 译在 Küh Yüan，His Life and Poems 中，JNCBRAS 58，1928，pp. 244 - 246.

The Fisherman（Yu fu《渔父》）

F. Biallas 译。ibid.，p. 246.

The Ta-cao（《大招》）Text，translation and notes.

E. Erkes 译注。London，*Asia Major* 1，1924.

The Great Summons（《大招》）

A. Waley 译。*Chinese Poems*，1946，pp. 36 - 42. 同书 p. 35 为《国殇》英译一篇。

《大招》又收入林语堂 *The Wisdom of China*，pp. 318 - 323。

The Chao-hin-shi（《招隐士》）

E. Erkes 译。*Asia Major* 1，1924.

Nine hymns，Nine declarations，Li sio.

上《九歌》、《九章》、《离骚》，又有 R. Payne 译。共十三篇。载 *The White Pony*，1947，pp. 81 - 109。

Li Sao and Other Poems of Chu Yuan

Yang Hsien - yi and Gladys Yang（杨宪益等）译。包括 Li Sao（The Lament《离骚》）、The Odes（《九歌》）、The Elegies（《九章》）、The Soothsayer（《卜居》）、The Fisherman（《渔父》）、Reguiem（《招魂》）诸篇，多据郭氏白话译本，Peking，1953。

三、法文

Le Li Sao Poème du Ⅲe Sièele avant notre ère（《离骚》）

Marquis d'Hervey de Saint-Denys 译注。Paris，Maisonneure，1870，in - 8 PP. Liv - 66 sans le texte.

按 H. Maspero 曾译《九歌·东君》，载所著 Lègendes mythelogiques dans le Chou King（《书经中神话故事》，有冯元君译）Journal Asiatique 214，1924，pp. 21－23。

La Deyination（《卜居》）

Élègie du Pêcheur（《渔父》）

G. Margouliès 译。载 Le Kou-wen Chinois（《中国古文》），1926，pp. 39－42。

四、意文

Kiu-Youen-Li Sao：Grande Poema Chinese del Ⅲ Secolo a C（《离骚》）

Nino De Sàanctis 译注。Milano，Sonzogno，1900，p. 79.

五、日文

《楚辞辨证》

浅见安正译　明治四十四年刊，《汉籍国字解全书》第十七集。

《离骚》

铃木虎雄译　1907 年重刊于《支那文学研究》中。

《国译楚辞》十四卷

释清潭万仞译　大正十一年初版（《国译汉大成文学部》第一卷）。是编首《解题》，次《离骚》至《招隐士》凡十四卷，并选译王逸、朱熹、林云铭三家注，次《楚辞后语》四十九篇，末附屈复《楚怀襄二王事迹考》，及戴震屈赋地理、草木、鸟兽考证。

别录

近人《楚辞》著述略第一

《楚辞考异》八卷 仪征刘师培撰

此编以毛刊洪本为主，凡古籍类书所引异文，按条分缀。余惟订正误字，章句是非，概弗议及。序题辛亥正月。

宁武南氏校印《申叔先生遗书》本。

又见《中国学报》二期至五期，《国学丛刊》二卷一期。

《读骚论世》 长沙曹耀湘撰

民国四年本。

《天问疏证》 前人撰

《楚辞考异》附《读骚摘注》 洪宪元撰

民国五年印本四册。

《楚辞新论》 梓潼谢无量撰

是编略注《离骚》一书。又论屈原思想为南方文化，与北方学派不同，以爱国及超人间为其特征。

民国十二年商务版。

《屈原》 陆侃如编

民国十二年上海亚东图书馆印本。

《离骚章义》 傅熊湘撰

民国十三年铅印本。

《屈宋方言考》 瑞安李翘述

民国十四年劳熏馆刊本　是编考证楚语约七十字。

《楚辞讲义》一卷 井研廖平撰

廖氏谓：并无屈原其人，“帝高阳之苗裔”是秦始皇自序，其他屈赋多是秦博士所作。开后来瞽说之端。

《六译馆丛书》本　民国十四年成都存古书局刊。

《楚辞之研究》 支伟成著

民国十八年印本。

《读骚大例》一卷 湘阴郭焯莹子燮撰

杨树达有跋（《积微居文录》下）。

民国二十年北平文字同盟社排印本。

《楚辞札记》二卷 永年武延绪撰

民国二十二年武氏印本《所好斋札记》之一。

《楚辞概论》 游国恩撰

是编目次为：一、总论，二、《九歌》，三、屈原，四、宋玉，五、楚辞的余响，六、楚辞的注家。

民国二十二年商务本。

《楚辞拾遗》 镇江陈宜进宧撰

是编诂训，引古为证，约四十余条。

民国二十三年甲戌《摹庐丛书》石印本。

《楚辞札记》八卷 徐英撰

民国二十四年钟山书局校印本。

《离骚集释》 衡瑜章撰

是书网罗古近之说以释《离骚》一篇，附有《史记·屈原传疏记》及《离骚韵谱》。

民国二十五年商务本。

《读骚论微初集》 游国恩撰

著者欲撰《楚辞笺证》，搜罗捃摭，先取所聚讼者一一撰为专文，总成斯集。其目次为：《屈赋考源》、《论屈原之放死及楚辞地理》、《论九歌山川之神》、《天问题解》等。

民国二十六年商务本　著者又续收近作为是集下卷，总名《楚辞论文集》。

《楚词研究》　卫聚贤、何天行等著

民国二十七年《吴越史地研究会丛书》本。

《离骚研究》　陈适著

是书分渊源、内容、外形、注家、影响五部研究。

民国二十九年商务本。

《屈原研究》　郭沫若撰

重庆印本　又有近印本。

《楚辞校补》　闻一多撰

此书用力甚勤，不少新见，惟征引多属类书，《楚辞》善本惜不多觏。民国三十年初印单行本，后收入《全集》中。

《楚辞发微》上卷　路百占撰

民国三十三年河南镇平禹廷中学图书馆印本。

《屈原之思想及其艺术》　郭银田著

民国三十三年重庆独立出版社印本。

《楚辞地理考》三卷　饶宗颐撰

是书考释自高唐至楚黔中共二十篇，大体主屈原本无放居汉北之事。末附索引，及《楚辞地名讨论集》。

民国三十五年商务本。

《楚辞义述》一卷　陈培寿撰

石印本。

《楚辞作于汉代考》　何天行著

中华书局印本。

《离骚浅释》　缪天华著

1952年台湾商务印书馆印。

《诗人屈原及其作品研究》　林庚著

1952年棠棣出版社印。

《离骚语文疏解》　王泗源著

1954年版。

《离骚正义》　佘雪曼著

1955年香港印。

《离骚九歌辑评》 王瀣著

《中华丛书》本 辑录诸家，不著己意。

按近刊《楚辞》研究或白话译注之作颇多，大都坊间易得，有目共睹，兹暂从略。

《楚辞》论文要目第二

一、屈原与楚辞

《屈子发微》	陈介石	《唯是杂志》（一）
《屈原研究》	梁任公	《文哲学报》（三）
《笺屈六论》	刘永济	《武汉大学史哲季刊》（四，二）
《屈原研究》	周而复	《国学月刊》（三，八）
《读楚辞》	胡　适	《文存二集》
《楚辞略说》	刘大白	《立达季刊》（一，一）
《楚辞各篇作者考》	陈钟凡	《图书馆学季刊》（一，四）载中国韵文通论
《楚辞与毛诗异同论》	磬　宾	《莽苍社刊》（二，一）
《屈原贾生列传讲记》	陈　柱	《学术世界》（一，七）
《楚辞研究》	周干庭	《齐大月刊》（一，四）
《屈原生卒年月及放流地考》	范希曾	《国学季刊》（一，一）
《屈原》	苏雪林	《学术季刊》（一，四）（台北）
《屈原之死》	陶　光	《大陆杂志》（一，八）
《屈原の立场》	日本白川静	《立命馆文学》（一〇九，一一〇）
《楚辞校补》	易培基	《国学丛刊》（一，一）
《楚辞校勘记》	范　午	《文学丛刊》（一）

《楚辞识疑》	许笃仁	《浙江图书馆馆刊》（四，四）
《楚辞补说》	陆侃如	《文学年报》（三）
《敦煌旧钞楚辞音残卷跋》	闻一多	《大公报图书副刊》一三六 收《全集》中
《骞公楚辞音之协韵说与楚音》	周祖谟	《辅仁学志》（九）
《楚辞音韵》	周干庭	《齐大月刊》（一，六又二，一）
《屈宋韵谱》	王天受	《华西学报》（四，五）
《楚辞韵释》	陆志韦	《燕京学报》（三三）
《王逸楚辞章句识误》	刘永济	《武汉大学文哲季刊》（二，三）
《楚辞旧注考》	骆鸿凯	《制言》（三四）
《楚辞义类疏证》	骆鸿凯	《制言》（一九）
《楚辞文句集释》	骆鸿凯	《制言》（四四）
《楚辞章句征引楚语考》	骆鸿凯	《国学丛刊》（一，二）
《楚辞连语释例》	骆绍宾	《湖南大学期刊》
《楚辞用夏正考》	游国恩	《文学杂志》（二，三） 收入《楚辞论文集》
《楚辞地名考》	钱　穆	《清华学报》（九，三）
《楚辞与中国神话》	玄　珠	《文学周报》（六，八）
《楚辞与文学》	郝立权	《中山大学语言历史所周刊》（七，七，八）
《屈原赋说》	日本西村时彦	《艺文》（一一，六、七、八、九）
《楚辞概说》	日本桥本循	《立命馆大学论丛》一五辑
《楚辞概说》	日本盐山清	《国语》（香川）（三，四）
《关于楚辞所表现之思想》	日本本田成之	《支那学》（二，二）
《楚辞诸本之内容异同考》	日本斋滕护一	《斯文》（一七，三、七）
《浅见䌹斋之楚辞观》	日本斋滕护一	《斯文》（一七，一一）
《汉镜文与楚辞文学》	日本驹井和爱	收入氏著《中国古镜の研究》第二章

《上代支那之神话传说与楚辞》　日本星川清孝　《汉学会杂志》（二，一）

Kü Yüan，His Life and Poems. Biallas，JNCBRAS 59（1928）（互见译本）

Chü Yüan Studies，J. R. Hightower　　《日本京都大学人文科学研究所创立廿五周年纪念论文集》下册，1954

二、离骚

《离骚释例》	廖　平	《中国学报》（三）
《离骚经补释》	胡韫玉	《国粹学报》（六，八，七，八）
《离骚文例》	胡光炜	《国学丛刊》（二，四）
《离骚研究》	游国恩	《国学月报汇刊》（一）
《屈子作骚时代考》	唐景升	《国学年刊》（一）
《屈子作骚时代考》	王蘧常	《大夏》（一，一）
《离骚作者新考》	沈筱瑜	《中日文化》（三，一）
《离骚讲话》	钱基博	《青鹤》（三，三）
《离骚本义》	徐　英	《安徽月刊》（二，四）
《离骚章义》	卫仲璠	《学风》（五）
《离骚解诂》	闻一多	《清华》（一一，一）又《全集》本
《释离骚》	郑思苓	《国文月刊》（六五）
《离骚摘注》	许本裕	《中国学报》（四，五）
《离骚薋菉葹释》	徐　复	《制言》（二，三）
《离骚漫录》	日本青木正儿	《支那学》（二，二）重刊于《支那文学论丛》1927
《离骚的用比》	蒯涤非	《清华周刊》（三五，二）
《离骚辨名》	杨观震	《中华季刊》（一，四）
《离骚文字版本异同之比较及其纠谬》	黄焕文	《东吴》（一，一）
《离骚浅论》	苏雪林	《中国语文》（二，五、六）（台湾）
Notes on the Li-sao Riddle	萧叔平	Studa Serica 8，1949《华西协合大学中国文化研究所集刊》

三、九歌

《九歌的作者和时代》	杨观震	《中华》（一，一）

		又有《九歌的演变》载《中华季刊》
《什么是九歌》	陆侃如	《国学月报汇刊》(一)
《九歌之来源及其篇数》	李嘉言	《国文月刊》(五八)
《九歌解题》	姜亮夫	《学原》(二,二)
《楚辞九歌之篇章》	日本龙川清	《会津短期大学学报》(二)
《楚辞九歌之研究》	汪　馨	《中日文化》(三,五—七)
《九歌新编》	闻一多	《文学什志》(二,七) 又《全集》本
《九歌通笺》	刘永济	《武汉大学文哲季刊》(一,一)
《屈原九歌考》	日本藤田秀雄	《佐贺大学文学论集》
《九歌湘神考》	孙作云	《留日同学会季刊》(二,四)
《九歌山鬼考》	孙作云	《清华学报》(一一,四)
《九歌九辩考》	徐中舒	《华西协合大学中国文化研究所集刊》(一,三)
《九歌为汉歌词》	孙楷第	《上海大公报文史周刊》1916
《再论九歌为汉歌词》	孙楷第	《学原》(二,四)
《读孙楷第九歌为汉歌词考》	许文雨	《天津大公报文史周刊》1947
《楚辞九歌之舞曲的结构》	日本青木正儿	《支那学》(七、一) 纪庸译　《国文月刊》(七二)
《楚辞九歌叙事文学的要素与神话传说》	日本星川清孝	《汉学会杂志》(五,三)
《铜鼓图文与楚辞九歌》	凌纯声	《台北"中央研究院"院刊》
《楚辞国殇新解》	苏雪林	《大陆杂志》(四,七)
《司命考》	闻一多	《全集》本
《论九歌大司命》	苏雪林	《文艺创作》(二五—三一)(台湾)
《论九歌少司命》	前　人	《祖国周刊》(香港)

四、天问

《天问校笺》	刘盼遂	《国学论丛》(二,一)

《天问研究》	游国恩	《国学月报汇刊》(一)
《楚辞天问管见》	李　翘	《文澜学报》(二，一)
《天问通笺》	刘永济	《武汉大学文哲季刊》(三，二)
《楚辞天问补注》	周悦让	《金陵学报》(一一，一、二合刊)
《天问释疑》	徐旭生	《读书杂志》(四)
《天问释天》	闻一多	《清华学报》(九，四) 又《全集》本
《天问里旧约创世记》	苏雪林	《说文月刊》吴稚晖八十纪念号
《天问里的后羿射日故事》	前　人	
《天问里的印度诸天搅海神话》	前　人	上二篇俱刊于《东方杂志》
《天问九重天考》	前　人	《中央周刊》(民国三十六年)
《天问雄虺九首考》	前　人	《国文艺》
《关于楚辞天问篇》	日本星川清孝	《汉学会杂志》(一，二)
《天问之原型及类型》	日本滕野岩友	《国学院杂志》

Zu Ch'ü Yüan's T'ien-wen（关于屈原之天问）E. Erkes，Monumenta Serica 6（1941）273 - 339 On the T'ien Wen "Reconstrution" by Prof. Erkes，A. Fang，Monumenta Serica 7（1942）285 - 287Bemerkungen zur T'ien-wen Frage（关于天问之问题）H. Wilhelm，Monumenta Serica 10（1945）427 - 432

五、九章　九辩

《九章通笺》	刘永济	《武汉大学文哲季刊》(五，一)
《九章解诂》	闻一多	《清华学报》(一四，二)
《楚辞九章之研究》	方授楚	《学术丛刊》(一)
《九辩通笺》	刘永济	《武汉大学文哲季刊》(四，四)

六、远游　招魂　大招

《大招招魂远游的著者问题》	陆侃如	《读书杂志》(二)
《驳远游大招为东汉人伪作说》	范希曾	《文哲杂志》(三)
《招魂非宋玉作说》	郑　沅	《中国学报》(九)
《宋玉赋辨伪》	刘大白	《中国文学研究上》

《宋玉评传》	陆侃如	《小说月报》（十七）号外
《见于先秦文学之招魂》	日本铃木虎雄	《支那文学研究》1925
《楚辞远游篇作成年代考》	日本上岛一夫	《汉学会会报》二，1934

按近代中西学者有关《楚辞》之论著颇繁，大都散见各杂志中。时人所编如《文学论文索引》、《国学论文索引》一至四篇、《民国学术论文索引》，日本京都大学人文科学研究所历次刊行《东洋史研究文献类目》（现出至昭和二十六、二十七年度）日本学术会议所编《东洋文学语学篇文献目录》（1954年版）于论文采摭颇备。其专为《楚辞》论文编目者，近哈佛大学 James R. Hightower 所作《屈原研究》（*Chü Yüan Studies*）末附目录列举《楚辞》论文计一百三十八篇（刊于《日本京都大学人文科学研究所创立廿五周年纪念论文集》下册，214—223 页），合以上举书，虽不无缺漏，而大体已具。兹删其要，并且补缺略，以日文西文附焉。其先为论文后收入专书与无关宏旨者，概行剟削，学者欲知其详，盍取上列索引诸书而翻检之。

外编 《楚辞》拾补

“离骚”异文亦作“离慅”考第一

《史记·屈原传》：“屈平疾王听之不聪也，谗谄之蔽明也，邪曲之害公也，方正之不容也，故忧愁幽思而作《离骚》。”按司马贞《史记索隐》本“离骚”作“离慅”。单行《索隐》（卷二十）“而作离慅”句下云：“慅亦作骚，按《楚辞》慅作骚，音素刀反。应劭云：离，遭也；骚，忧也。又《离骚序》云：离，别也；骚，愁也。”（据《广雅丛书》复毛晋本）若宋绍兴初杭州刻本，刘氏嘉业堂景宋蜀大字本裴骃《集解》则作“离骚”。

日本泷川资言《史记会注考证》云：“《索隐》本、枫、三本‘骚’作‘慅’。”枫盖指日本枫山文库本《史记》，三指日本三条西实隆写本《史记》。是屈传之作“离慅”，东瀛古钞本多与《索隐》同。

《史记》三家旧注，古各单刊。明毛晋复刻《索隐》三十卷，据晋《跋》乃取北宋秘省大字本。又元世祖中统二年曾刊《史记索隐》（见《拜经楼题跋》二），较毛刻注尤备。自三家注合刻，于原注多所芟节，今存南宋黄善夫本（百衲本《二十四史》据影）字作“离骚”。引《索隐》文，无起句“慅亦作骚”以下十字，已有删削。而“音素刀反”句下，又有“一音萧”三字。余藏明嘉靖金台汪谅本与黄本同，而“素”字作“索”。今依足本《索隐》，知“离骚”二字《史记》一本作“离慅”，与《楚辞》异。洪氏《补注》、朱氏《集注》皆未及校，此古本所以可贵也。

慅字不见于字书。张文虎曰：“《索隐》本作慅，疑今本史文皆后人所改。”则一本作“离慅”。《广雅·释诂》：“慅，愁也。”又《释训》：“慅慅，忧也。”《九叹》：“蹇骚骚而不释。”慅慅即骚骚也。慅与骚通。《诗·陈风》“劳心慅兮”，《释文》云“慅，忧也”。重言则曰“慅慅”。《尔雅·释训》：“慅慅，劳也。”《释文》“郭：骚、草、萧三音”。慅亦音“萧”，与《索隐》“骚一音萧”正合。可知“慅”、“骚”乃一字。又形声字从叟从蚤每同音通用。如《诗·生民》“释之叟叟”，《释文》字又作溲，“淘米声也”。《尔雅·释训》：“溞溞，淅也。”郭音骚，即其例证。故与慅亦一文，“慅”训忧训愁，与《离骚》之为离忧正合。

晋郭璞《楚辞》遗说摭佚第二

自叔师而后，注《楚辞》者以郭璞为大家。《隋志》：《楚辞》三卷，郭璞注；两《唐志》：璞注《楚辞》皆作十卷，其书已亡。《一切经音义》颇引璞所注书，独不及《楚辞》。自敦煌僧道骞《楚辞音》残卷出，其中引璞说凡四，遗文剩义，世皆宝之。闻一多《跋》益以《江赋》一条，以为景纯注骚，今所见者，略尽于此。然郭注《尔雅》、《方言》、《山经》、《穆传》，其书俱在，间每援引《楚辞》为说，比而辑之，亦可窥其崖略，未可忽也。

惟郭注《山海经》引《离骚》文，间称曰"离骚经"，与王逸注本同，唐皮日休《九讽序》亦云"屈平既放，作《离骚经》"。晋唐皆然。可见洪兴祖引《释文》无"经"字，未必真为古本也。

又引《九章》、《天问》、《远游》语，则称曰"离骚"，引《九歌·湘夫人》则曰"《离骚·九歌》"，引《招魂》则曰"楚辞"，颇与宋人辑注《楚辞》统称屈原所作为"离骚"相符。知晦庵《集注》目录题曰《离骚·九歌》，而云"檃括旧编，题屈原二十五篇为《离骚》"者，其说固远有所据也，疑自晋以来本子已如此。彦和《文心·辨骚》篇以"骚"名统《楚辞》，正六朝以来之习惯焉尔。兹就郭注各书引及《楚辞》者辑录如下：

陬 《尔雅·释天》："正月为陬。"郭注："《离骚》云：摄提具于孟陬。"

江离 洪氏《补注》引郭璞云"江蓠似水荠"。

宿莽 《尔雅·释草》："卷施草，拔心不死。"郭注："宿莽也，《离骚》云。"

又郭氏《尔雅图赞》云："卷施之草，拔心不死。屈子嘉之，讽咏以比。"（《艺文类聚》八十一）

车 《尔雅·释草》："藒车芞舆。"郭注："藒车香草。见《离骚》。"

薜荔 《山海经》二《西山经》："小华之山，其草有萆荔，状如乌韭，而生于石上，亦缘木而生。"郭璞《传》云："萆荔，香草也，蔽戾两音。"

按洪兴祖引以"缘木生"句为郭注文，与明本《山经》异。郝懿行云萆荔、薜荔古字通。

鷖 《山海经》十八《海内经》："北海之内有蛇山。……有五彩之鸟，飞蔽一乡，名曰翳鸟。"郭璞《传》："凤属也。《离骚》曰：驷玉虬而乘翳。"（"而"各本并作"以"）

按《广雅·释鸟》："翳鸟，凤皇属也。"字作翳，即郭说所本。唐本《文选集注》作"乘翳"，引王注亦作"翳"，与洪氏《补注考异》一作同。骞《音》及宋本朱熹《集注》并作"鷖"，从鸟。

崦嵫 《山海经》二《西山经》："崦嵫之山。"郭璞《传》："日没所入山也，见《离骚》。奄兹两音。"

又骞公《楚辞音》作"兹"，下引："郭云止日之行，勿近昧谷也。"

若木 《山海经》一《南山经》："其华四照"，郭璞《传》："言有光焰也，若木华赤，其光照地，亦此类也。见《离骚经》。"（按《离骚》："折若木以拂日。"）

蜺 《尔雅·释天》："蜺为挈贰。"郭注："蜺，雌虹也。见《离骚》。"（郝懿行云蜺者霓之假借。按《离骚》云："帅云霓而来御。"）

鸩 《楚辞音》鸩下："郭云：凶人见欺也。"

珵 《楚辞音》珵下："郭本止作程字，取同音。"

巫咸 郭璞《山海经图赞》云："群有十巫，巫咸所统。"又有《巫咸山赋》，序云："巫咸者实以鸿术为帝尧医，生为上公，死为贵神。"（《艺文类聚》七《全晋文》一二〇）

糈 《山海经》一《南山经》："糈用稌米。"郭璞《传》："糈，祀神之米名。先吕反。今江东音所，一音婿。稌，稌稻也，他睹反。糈或作疏，非也。"（按《离骚》云："巫咸将夕降兮，怀椒糈而要之。"郭训糈为祀神米，本此。）

《楚辞音》鸩下："郭云：奸佞先己也。"

以上《离骚经》

帝子 《山海经》五《中次十二经》："帝之二女居之。"郭璞《传》："《离骚·九歌》所谓湘夫人称帝子者是也。"（按《九歌·湘夫人》："帝子降兮北渚。"《山经》郭注文甚长，不录。）

褋 《方言》四："禅衣，江淮南楚之间谓之褋。"郭注："《楚辞》曰：遗余褋兮澧浦。音简牒。"（按句见《九歌·湘夫人》）

涷雨 《尔雅·释天》："暴雨谓之涷。"郭《注》："今江东呼夏月暴雨为涷雨。《离骚》云：'令飘风兮先驱，使涷雨兮洒尘'是也。涷音东西之东。"（按句见《九歌·大司命》）

以上《九歌》

凭 《方言》二："凭，怒也，楚曰凭"。郭注："凭，恚盛貌。"《楚辞》曰："康回凭怒。"（按句见《天问》）

烛龙 《山海经》十七《大荒北经》："是谓烛龙。"郭璞《传》："《离骚》曰：日安不到？烛龙何燿？"（按语见《天问》，作"烛龙何照"。郭引"照"作"燿"也。）

九衢 《山海经》五《中山经》："其枝五衢。"郭璞《传》："言树枝交错，相重五出，有象衢路也。《离骚》曰：靡萍九衢。"（按句见《天问》而称曰《离骚》。）

毕日 《山海经》九《海外东经》："汤谷上有扶桑，十日所浴。"郭《传》："庄周云：'昔者十日并出，草木焦枯。'《淮南子》亦云：'尧乃令羿射十日，中其九日，日中乌尽死。'《离骚》所谓'羿焉毕日？乌焉解羽？'者也。《归藏·郑母经》云：'昔者羿善射，毕十日。'"（下略。按毕日二句见《天问》。明本字作彃日。）

朴牛 《山海经》三《北山经》："（敦薨之山）其战多兕旄牛。"郭《传》："或作撲牛。（郝懿行《疏》作'樸牛'，此据成化本。）撲牛先《离骚·天问》，所未详。"

按《天问》云："恒秉季德，焉得夫朴牛？"是郭璞本作"樸"或"撲"。洪氏《补注》谓"朴无樸音"，非也。《大荒东经》"王亥托于有易河伯仆牛，有易杀王亥，取仆牛。"徐文靖（《管城硕记》）以为朴牛即仆牛，音同字异。然郭说乃以樸牛说旄牛，视为动物名，与王逸训朴为大，义别。（"恒秉季德"，王静安以为即卜辞所见先公之王亘及季，可备一说。）

以上《天问》

王英 《山海经》二《西山经》："黄帝乃取峚山之玉荣。"郭《传》："谓玉华也。《离骚》曰：'怀琬琰之华英。'又曰：'登昆仑兮食玉英。'"（按上句见《远游》，下句见《涉江》。）

棘 《方言》三："凡草木刺人，江湘之间谓之棘。"郭《注》："《楚辞》曰：'曾枝剡棘'。亦通语耳。音己力反。"（按句见《九章·橘颂》）

任石 《文选》郭璞《江赋》："悲灵均之任石。"李善注："《楚辞》（按见《九章·悲回风》）曰：'骤谏君而不听，重任石之何益？'又曰：'怀沙砾而自沉兮。'《史记》曰：'屈原作《怀沙》赋怀石自投汨罗。'怀沙即任石也。义与王逸不同。"

以上《九章》

大壑 《山海经》十四《大荒东经》："东海之外大壑。"郭《传》："《诗含神雾》曰：'东注无底之谷。'谓此壑也。《离骚》曰：'降望大壑。'"（按句见《远游》）

以上《远游》

巫阳 《山海经》十一《海内西经》："有巫彭、巫抵、巫阳、巫履、巫凡、巫相。"郭《传》："皆神医也。《世本》曰：'巫彭作医。'《楚辞》曰：'帝告巫阳。'"（按句见《招魂》）

以上《招魂》

隋僧道骞《楚辞音》残卷校笺第三

《隋志》著录《楚辞音》，有晋徐邈、宋诸葛氏、孟奥、隋僧道骞及失名五家，书皆失传。朱子《集注》独言："道骞能为楚声之读，今亦漫不复存，无以考其说之得失。"盖自赵宋以来，骞音已不可得见。近岁敦煌所出，乃有骞《音》《离骚》残卷，旷世瑰宝。王重民、闻一多先后为考校，惟多疏略。周祖谟复发其协韵之说，然未及全文也。时贤有注《离骚》者，颇采摭骞音，惟或误增（如县圃其高一万一千里句，原卷万上无"一"字），或误夺（如引"汝者，灵氛汝屈原也"句，漏"灵氛"二字，致不可解），知据他处转引，似未睹原卷影本也。兹为复影，并重加补校如下（以下引骞公《音》简称曰"音"）。

乘鷖 唐钞《文选集注》作乘翳。刘永济《离骚通笺》据戴本，以翳字为正，然证此卷，隋本乃作鷖，知二字通用，作鷖未必非。

溘 《文选集注》引王逸曰："溘犹奄也。"而此卷作"掩"，洪氏《补注》引王作掩，与此同。又骞《音》引《埤苍》："溘，依也。"今本《广雅·释诂》云："湆，依也"。王念孙据《众经音义》引作"溘"，此卷可为佐证。

轫楮 《音》于楮下引《迩疋》（即《尔雅》）："楮，柱也。"又轫下引王逸云："枝，轮木也。"是王注又作"枝"，然洪《补注》引王作"揸，轮木"。又言"揸一作支"。考唐钞《文选集注》正作"支"，《诗·小旻》疏引注同，可见字有楮、揞、枝、支数本之异。

圃 《音》引《广雅》："高万一千里百一十四步一尺六寸。"乃《释地》文。与《淮南子·地形训》合。（据影钞宋本。惟《淮南子》作二尺稍异耳。）今本《广雅》作"万一千一百一十里一十四步二尺六寸"，疑数字有误。

奄兹 《音》引《山海经》，乃《西山经》文，其中獐作"麞"。"其实如瓜"句"实"下无"大"字，并与成化本《山经》小异。《音》又引《禹大传》，亦见《西山经》郭注。成化本"淯盘"误为"消盘"，可据此卷正。又引《穆传》："逆驱升于弇山。"郭注："弇，弇兹山，日所入也。"明天一阁本作"日入所"，非。《音》于"奄"下云宜作"崦嵫"。于"兹"下云"宜嵫"。闻校：唐写本《文选》残卷作"奄兹"，按《文选》原卷实作"崦嵫"，闻氏未见影刊，故误。

胡刻《文选》引王注："不可卒遍；吾方上下左右，以求索贤人。"唐本《文选》同，明正德刊《楚辞》亦同，与此卷合。知《补注》及今本《章句》作"卒至"者非是。

须臾 唐钞《文选》作"须臾"，陆善经本作"逍遥"，骞公以消摇为非。而云"须臾者，谓待卜日也"，义较长。

《音》引《广雅》证王逸说，语见《释训》。按《说文》："僔，聚也。"《广雅·释诂》："蕁，总（原作緫，依王念孙改），聚也。"张衡《南都赋》："森蕁蕁而刺天。"又扬雄《甘泉赋》："齐总总撙撙其相胶轕兮。"蕁蕁、撙撙与僔僔并通。

溷 《音》引《广疋》"浊也"。乃《释诂》文。

女 《音》云"以谕女也"，本王逸说，洪《补注》"谕"作"喻"。

溘 《音》云："奄并作晻字。于感反。引《广疋》：'晻晻，暗也。'"按此诂王逸义。《广雅》文见《释训》。《博雅音》"乌感反"，同。

字诂 《音》引《字诂》共二则：一溘字下，（晻）《字诂》云"亦陪字也"。其一荪下云："《字诂》：蕵、荃，今荪。"考《尔雅·释言》："陪，暗也。"《玉篇》："陪同晻。"又蕵，《玉篇》云"同荪"。并与《字诂》义同。按《字诂》即张揖著。《隋志》有《古今字诂》三卷。《唐志》作《古文字诂》二卷，张揖撰。《一切经音义》引称张揖《字诂》。《匡谬正俗》、《两汉书》注、《文选》注并引之。任大椿《小学钩沉》有辑本。上二条可补其缺。

贻　与《补注》一本同。唐本《文选》亦作贻。

宓　《音》云："亡笔反。"按洪《补》宓音伏。然隋时固读如密也。

纬繣　《音》云："宜作敎，同许韦反。""宜作 愐，同夫麦反。"引《广疋》："敎愐，乖刺也。"

按《博雅音》："敎音挥；愐，呼获反。"（据王念孙校）公孙罗《文选音决》："纬音挥，繣，呼麦反。"音正相近。《说文》："敎，戾也。"謇公据《广雅》为说，所引乃《释训》文。《玉篇》："愐，乖戾也。"分言之，马融作"徽𡢃"（《广成颂》），字亦通。

骄　《音》引《字林》云："怚也，子恕反。"按《淮南子·缪称训》"矜怚（据茅本）生于不足。"高注："怚，骄也。"（怚或误为怛，王念孙已订正。）又《说文》："怚，骄也。"即《字林》所本。宋刻大徐本作"矫也"，非。据此可正其误。段云："此与女部嫭，骄也，音义同。"又《方言》郭注："怚音骄怚。"

违　《音》云："本或作遥字，与招反。"按唐本《文选》亦作"违"。《补注考异》及各本无作"遥"者，此当是隋以前别本。

偃蹇　《音》三引《广雅》。一为《释训》文（卷六），一为《释言》文（卷五）。今本作"偃，仰也"，其一"偃蹇，㤿也"。今本《广雅》不见。謇公湛精雅故，征引独多，惜王氏为《疏证》时，未及见此以为考校之资。

鸩　《音》引《广雅·释鸟》文。《淮南子·缪称训》："晖日知晏，阴谐知雨。"许慎记云："晖日，鸩鸟也。阴谐，晖日雌也。"张揖本此。謇云《淮南子》作"云日，字或作䲰"。按今所见《淮南子》各本，如景钞北宋本、茅坤批本、《汉魏丛书》本、庄逵吉本、《道藏》本并作"晖"，无作"云日"者，而"日"或误作"目"。刘文典《集解》，王叔岷《斠证》均校定"目"为"日"误，而不知唐以前《淮南子》本又有"作云日"也。刘逵《吴都赋注》："鸩鸟一名云日。"（以下数语略同《中山经》郭璞注，兹从略。胡刻《文选》"日"误作"白"。）与古本《淮南子》合。其作"䲰日"者，王念孙《疏证》言《御览》引吴普（按普，庆陵人，从华佗学）《本草》："运日一名羽鸩，运或作䲰。"《名医别录》："鸩鸟毛有大毒，一名䲰日，生南海。"刘氏《新语·殊好》篇"䲰日嗜虵"，《说文》："鸩，毒鸟也，一名运日（小徐误作目）。"知"䲰"与"云"、"晖"、"运"字并通。

唐本《文选》作“鴂鸠”，字同。洪《补注》《释文》：“雄作鸠，误。”刘师培《考异》云：“《汉书·扬雄传》颜注引‘鸠’作‘鸩’，似以作鸩为正。”然证之隋唐本，其说亦非。

宅 《音》云“如字。或作穹音”。按《补注》：“宇一作宅。云若作宅，则与下韵叶。”今骞本正作宅，下韵：“孰云察余之善恶。”骞《音》“恶，乌各反”。与好恶之读“乌故反”别，是宅正与恶叶也。闻一多《校补》谓作宅为非；或据陈第拟音以斥洪说，盖于骞《音》未细核故。

畣 按《广雅·释言》：“对，畣也。”经传通作答。《音》作畣从曰。《晋公盦》有此字。（《筠清馆金文》三，一七，吴荣光释。）《汗简》：“㑒，荅。出《牧子文》，俗作畣字。”与此异。

珵 按《玉篇》：“珵，除荆切，美玉也，埋六寸光自辉。”可与王注及此所引《相玉经》参照。《相玉经》，《汉志》不载。魏《志》钟繇《传注》引《魏略》太子与繇书曰“窃见玉书称”云云，姚氏《汉志拾补》列在形法家，据骞《音》，则《相玉经》隋时书尚存也。又据骞《音》，知隋前古本有误珵作“瑶”者，洪氏《考异》所无。

苏 《音》云：“宜作苏，同私胡反。”按《说文》：“稣，把取禾若也（按若即穛）。”樵苏字当作稣，骞公据《说文》正之为是。

幐 《音》云：“杜絙反。”按王《注》：“帏谓之幐。幐，香囊也。”《玉篇》：“帏，香囊也。”

帏 《音》云：“又袆，又纬，同许韦反。”按帏通作袆。《尔雅·释器》：“妇人之袆谓之缡。”亦见《诗·东山》毛《传》。《说文》：“帏，囊也。”段《注》谓：“凡囊皆曰帏，非《毛诗》之帏。”清人多取其说。今核骞《音》，则隋以前本，帏与袆固通用也。

糈 《音》云：“宜作禤字，驶吕反。”按大徐本《说文》：“私吕切。”音同。他本有作“稰”，（《汉书·扬雄传》颜注引孟康说）未见作“禤”者。骞公盖据《说文》正。

又云：“依字宜先吕反。”按《山海经·南山经》：“糈用稌米。”郭注：“糈谓祀神之米名，先吕反。”是骞公取郭璞音也。

日勉升降以上下 《音》云：“曰灵氛之词。”按五臣谓“此巫咸之言”说异。清戴（震）、张（惠言）、姚（鼐）、曾（国藩）、吴（汝纶）以至蒋（骥）、龚（景瀚）、叶（树藩）各家亦皆以“曰”为巫咸之词。

《音》云：宜作矱。按《广雅·释诂》：“矱，度也。”《说文》：矱，规蒦商也。一曰度也，或作擭。引《离骚》“求榘擭之所同”。骞公乃依许慎说。

严 《音》引《迩疋》云：“俨，敬也。”按《释诂》文。《释名》：“严，俨也。”《文选》各本作“俨”，骞公盖读“严”为“俨”。

鹎鸩 此条引《文释》云：下言：“按江之意，秋时有之。”《文释》为书名，闻一多《跋》疑系“释文”之倒误。（然无名氏《楚辞释文》为宋人所传，骞公隋人，年代悬绝，不应引及其书。况《释文》未见为旧本，说详《四库提要》。）今考《文选·思玄赋》：“鶗鴂鸣而不芳。”善《注》引服虔云：“鶗鴂一名鶪，伯劳也，顺阴气者生，贼害之鸟也。王逸以为冬鸟，缪也。”与骞公引《文释》语正同。《一切经音义》引书有曰《文字释训》、《文字释要》者。“文释”可能为其省称。又《思玄赋》有旧注，李善云“未详注者姓名”，此句胡刻《文选》善注前有“鶗鴂，鸟名也；以秋分鸣”九字。当是旧注文。骞公言“江之意”，其人无考，江或注字之误，岂指《思玄赋》注欤？疑莫能明也。

又《音》引《广疋》：“鹎鴂，布谷也。”按《后汉书·张衡传》章怀注引《广雅》语亦同。然《广雅·释鸟》原文云：“鹎鴂、鷤鴂，子鳺也。”“击谷、鴶鵴，布谷也。”骞公实混为一条。至章怀之误，王念孙《疏证》已纠其失矣。

迎 《音》云：“鱼敬反。”陈第谓“迎”恐是“遻”字误。戴震以迎为迓，古音御或讹作迎，方绩同其说。今证以此卷，知“迎”字自不讹，戴说非也。

调 《音》云：“徒雕反。调，和也。”调上与同叶。朱骏声疑调为 调形讹，殊为臆说。而吴才老谓调音同，证以此卷，隋时仍读如字。自宋以来，韵学盛行，注家于骚不讹之韵，每轻为改字，如上举二字，是其著例，实多无据。以骞《音》观之，古读殊不尔。惜骞公书自宋已亡，使吴才老、陈季立辈能及见之，其立论必不如是之悍耳。

沬 按《广雅》：“沬、既、央、极，已也。”《招魂》亦云：“身服义而未沬。”王逸注云：“沬，已也。”说同骞《音》。沬，亡盖反，沬与兹叶。诸家以沬为沫，陈第云：“古音迷，读平声。”殊无据。证以骞《音》，字当从未作沬，非沫也。宋本《集注》正作沬。段玉裁以“兹”“沬”乃之脂合韵，是。

今按骞公此卷有裨于《楚辞》之考证者，约有八事：

一曰：可校隋以前古本之异同也。如求索作“⿱宀索”（《方言》同），瑶，《音》云“或作璠”，是。

二曰：可校王逸《注》之异文也。如上举“卒至”之作“卒遍”，“勃勃”之作“浡浡”，与《补注》一本合。“凿”之作“鑿”，与他本异。

三曰：可考古章句之遗义也。如“勉升降”句云“灵氛之词”，可息清人之异论。

四曰：可考古协韵及古音切也。协韵说周祖谟已发其凡。至若音切则当合郭璞《尔雅》、《方言》注之音，及《博雅音》与《文选集注》所引公孙罗《音决》等而综辑之，可别撰为“楚辞旧音”。

五曰：可据以辑《楚辞》佚注也。如郭璞遗说，辑已见前。

六曰：可据以辑校古小学书及其他古籍。残卷引《字诂》、《字林》，俱可补清人《小学钩沉》等之缺；所引古籍如《淮南子》之“云日”，可正今本之讹。

七曰：可辨古文字之异体也。如畣之作㿷，与《广雅》及《汗简》异，而同于金文。

八曰：可据以订古之韵读也。如“怀乎故宇”之作“故宅”，与“恶”读乌各反相叶，足正陈第之误。

是卷注音之字二百八十有奇，惜乎残缺不全，然残膏剩馥，沾溉后人多矣。其他见于《文选集注》引公孙罗《音决》者，尚有四条：

> 岐，骞音奇，又巨支反。（《吴都赋》，《集注》卷九）
>
> 刈，骞上人鱼再反。（《离骚》，《集注》卷六十三）
>
> 严，骞上人鱼检反。（同上）按卷见此条，作鱼检反。
>
> 蘋音频。即《字林》所谓青蘋草也。萧（按指萧该《文选音》）骞等诸音，咸以为蘋音烦，非。（《招隐士》，《集注》卷六十六）

兹并录之，以存其概。

唐本《文选集注·离骚》残卷校记第四

日本所藏失名钞本《文选集注》，《日本国见在书目》未著录。据冈井博士《柿堂存稿》引《御堂关白记》：长保六年（即一条天皇年号，为宋真宗景德元年，1004年）九月，乘方朝臣集注《文选》并元白集持来，“感悦无极”。又其卷八卷九末并有源有宗嘉历元年识语（即日本醍醐天皇年号，当元泰定三年，1326年），盖此书自北宋时传入扶桑，卷中于唐诸帝讳，或缺或否，其写自东瀛，抑出唐手笔，不能遽定，要所据为唐本，则无疑也。《集注》共一百二十卷，全帙旧庋金泽文库，后散出各处不全。东京大学仓石教授为余言：当原卷发觉被人剪拆盗出，岛田翰即以此负咎自戕。今《集注》有罗振玉影刊十六卷，及京都帝国大学影印旧钞本（自第三集至第八集），惜非全貌。其卷六十三为《离骚经》，起注引王逸《序》至“恐导言之不固”为上卷，自“时溷浊而嫉贤兮”以后为下卷，今仅存上卷而已。兹撷其要，撰为校记，至王注异同亦多，从略。

（一）唐本无“曰黄昏以为期”二句。六臣本《文选》亦无之。洪兴祖疑后人误以《九章》二句增此。今唐本正无二句，可为洪说佐证。

（二）“聊须臾以相羊”句，及所引王逸注并作“须臾”，与骞《音》作“媭臾”合。明本则并作“逍遥”，骞公云：“本或作消摇二字，非也。”

（三）“长顑颔亦何伤”句，唐本“顑颔”作“减淫”，《集注》引：“曹，减摇二音，陆善经曰：顑颔亦为咸淫”。

按《说文》：“顑，饭不饱面黄起行也。从页咸声，读若戇。”又：“颔，面黄也。”《集注》引曹宪音读“减摇”。唐本作“减滛”，及“咸滛”，他本所未见，当是音假。“颔”与“顉”通。《玉篇》及《一切经音义》引《说文》云：“摇其头也。”（见《古本考》）《左传》“迎于门顉之而已”，本作“颔”，杜注“颔摇其头”。《释文》：“颔本又作顉。”曹音颔为摇，疑取音义于此，“摇”又转为“滛”，故又作咸滛耳。

（四）唐本有，而明本无者，如“皇览揆余于初度”之“于”字，又“重申之以揽茝”之“重”字。

（五）唐本无者，如“折若木以拂日”之“以”字，似夺。

（六）唐本异文多与《考异》引之一作同。如：

齐怒之“齐”（明本作斋）。

按六臣本《文选》亦作“齐”同，《考异》斎一作齐。刘师培引《匡谬正俗》、《御览》、《事类赋注》并作齐。作斎者乃通假字。

夭平羽之野之“夭”（明本作殀）。

“何不改此度也”及“道夫先路也”（明本无二“也”，而注云一本句末有也字）。按《屈赋音义》：“与上也字一呼一应。俗本删去者非。”核以唐本，其说是。黄省曾本有“也”字。

（七）唐本“世”字避作“代”，或作“时”或作“俗”，又“民”字避作“人”。按洪氏《补注》云：“李善注本有以‘世’为‘时’为‘代’，‘民’为‘人’之类，皆避唐讳。”

（八）众皆竞进以贪婪句，唐本注云：“陆善经本无众字。”

（九）唐本误者如“好朋”误为“好明”，“凿枘”误为“凿柄”。其注文亦有一二误笔。

（十）唐本有异体字，如“蘂”、“澊”等。

唐陆善经《文选·离骚》注辑要第五

日本旧钞《文选集注》卷第六十三屈平《离骚经》，注引公孙罗《音决》按语言："序不入，或并录后序者皆非。"《集注》作者按曰："此篇至《招隐》篇钞脱也。五家（即五臣本）有目而无书，陆善经本载序云云。"（即王逸《离骚序》）《集注》既载陆氏异文，又时著其说于王逸旧注之下，有裨于骚学至巨。《集注》为天壤孤本，残帙虽经景刊，而购求不易，故不惮繁琐，移录其要，以饷读者。

善经，玄宗时人。《集贤注记》云："开元十九年三月萧嵩奏：王智明、李元成、陈居注《文选》。（中略）明年五月，令智明、元成、陆善经专注《文选》，事竟不就。"（《玉海》五十四引）惟《文选集注》屡称引"陆善经本"。（上举外，又如六十一上，江文通《杂体诗》下云："《音决》陆善经本有序，因以载之也。"）则善经注《文选》似曾独力成书。日本新美宽著《陆善经之事迹》，即主是说，详《支那学》中（九卷第一号）。

陆注《离骚》，不少新义，如解胡绳为冠缨，皆与叔师异诂。颇颔亦作咸摇，独殊于他本，并足以资考镜而广异闻。治《楚辞》者向未捃摭（洪氏《补注》引《文选异文》及五臣说不及善经），断玑碎璧，其可宝贵为何如耶！《集注》本《离骚》残存其半，自《九歌》至《九辩》并缺，不力稽其同异，是可惜耳。（《集注》《招魂》及《招隐士》尚存，兹不录。）

王逸注 逸字叔师，南郡宜城人，后校书郎中，注《楚调》，后为豫章太守也。

按楚调，调当是词字之误。

庚寅 岁月日皆以寅而降生，为得气之正也。

按此本王逸说。

皇览 言父观揆之为初法度。

内美 内美谓父教诲之。

扈 扈，带也。

纫 纫谓纪而缀之。《礼·内则》曰："衣裳绽裂，纫针请补缀。"

迟暮 喻时不留，已将凋落，君无与成功也。

先路 言君何不改此度而用贤良，求入于正，吾则为先道也。

申椒 申椒，椒名。菌桂，生于桂枝间也。

窘步 窘，迫也。尧舜行耿介之德以致太平；桀纣猖狂，唯求捷径，而窘迫失其常步，以至灭亡。

踵武 言己急欲奔走先后以辅翼君，望继前王之迹。

齐怒 君不察我中情，反信谗言而同怒己也。

按此释"齐"为"同"。

灵修 灵修，谓怀王也。言己知謇谔之言以为身患，忍此而不能舍。指九天以行中正者，唯欲辅导君为善之故也。

数化 化，变也。言我不难离别放流，但伤君数变易耳。

畦 为区隔也。

萎绝 萎绝，犹将死也。言所种芳草，冀其大盛，忽逢霜雪，遂至萎死。喻修行忠信，乃被放流，不惜身之时亡，恐志士亦罗（罹）害也。

婪 婪，贪之甚。此句原按："陆善经本无众字。"

凭 凭，每也。

嫉妒 谗谄之徒，行皆邪僻，乃内恕诸己以度人，各与其嫉妒之心。

顑颔 顑颔亦为咸淫（按原卷作"长减淫亦何伤"）。

木根 贯，穿；蘂，花也。木根取其顾本也。

胡绳 胡绳，冠缨也。庄子云："曼胡之缨。"

按《庄子·说剑》："曼胡之缨，短后之衣"，成玄英《疏》："曼胡之缨，谓屯项抹额也。"《释文》："曼胡，司马云：曼胡之缨。谓粗缨无文理也。"《魏都赋》："三属之甲，缦胡之缨。"铣《注》："缦胡，武士缨名。"此说与王逸注训胡绳为香草义独异。

謇吾法夫前修 带佩芳草，蹇然安舒。

朝谇　谇，告也。告以善道，所谓谏也。好自修系，以为羁饰，謇然朝谏而夕见废，言忠之难也。

九死　亦心之所善，虽死无恨。九，言其多也。

谣诼　谓共为谣言而诼诉也。谚曰："女无善恶，入宫见妒。"《方言》云"楚以南谓诉为诼"，音涿。

按《方言》十："诼，愬也。"此以愬为诉。

追曲　随曲而行。

竞周容　皆竞比周相容以为法，言败乱国政也。

所厚　所以屈忍者，欲伏清白以死，直节坚固，乃前世之所共厚也。

相道　相道，谓君侧之人；不敢言君，指其左右。

按此与王《注》释相为视迥异。

止息　言步马于兰泽之中，驰往椒丘，且焉止息，犹俟君命也。

信芳　虽不我知，情其信芳也。

四荒　观乎四荒，欲之他国也。

繁饰　言外服鲜华，喻内行修洁也。

博謇　博謇，宽博偃蹇也。原按"陆善经本謇为蹇"。

按五臣《文选》作蹇，同陆本。

历兹　己之所行，皆依前圣节度中和之法，而被放流，经历于此，故抚心而叹。

陈辞　谓兴亡之事也。

九歌　言夏启能修禹之功，奏《九辩》、《九歌》之乐以和神人。《九辩》亦见《山海经》。

五子　太康但恣娱乐，不顾祸难以谋其后，失其国家，令五弟无所依。

羿　羿，夏诸侯，《左传》云："羿因夏人以代夏政。"

浞　《左传》曰：寒浞，伯明氏之谗子弟。羿以为相，杀羿，因其妻而生浇。

严而祗敬　原按"陆善经本严为俨"。

按《补注》，俨一作严，与此同。

周论道既莫差　原按"陆善经本'既'为而"。

阽　临也。

按《补注》云："阽，临危也。"

未悔　临我身于死地，亦未悔于初。

凿枘　枘将入凿，须度其方圆，犹臣欲事君，先审其可否。

哀朕时　自哀不与时合也。

陈词　陈辞于重华也。

中正　言我耿然既得中正之道而不愚，时将游六合以后（疑应作俟）圣帝明王。

轫　轫，止车木也。苍梧舜所葬也。

灵琐　琐门铺道，言欲留君门侧以尽忠规。

勿迫　弛节徐行，忽迫令急也。

须臾　原按“陆善经本须臾为逍遥”。与明本《章句》同。

奔属　奔走以属继也。

雷师　雷声赫赫，以兴于君也。

云霓　云霓恶气，以喻臣之蔽拥。

上下　言欲求贤辅君，而谗佞之人，聚相离绝，纷纷众多，乍离乍合，斑然参差，或上或下，言其盛也。

延伫　暧暧，光渐微之貌。犹政令渐衰，不可以仕，将欲罢归，故结芳草，迁延伫立，有还意也。

蹇修　言先解佩玉以结诚言，令其蹇然修饰以达分理，冀宓妃之从己也。

按《广雅》：“理，媒也。”此释分理，采王逸说；惟解蹇修为修饰，则与王逸训伏羲臣名迥异。

洧盘　王逸曰蹇修既通诚言于宓妃，而谗人复相上（下）离合而毁之，令其意乖戾，暮则归舍穷石之室，朝沐洧盘之水，而不肯相从。

按此引王说，语与《补注》本多出入。

二姚　幸及少度未有室家，留取二姚与共成功，不欲速去之意也。

不固　欲留二姚，则辞理愞弱，媒氏拙短，恐相导之言不能坚固，复更回移。

唐宋本扬雄《反离骚》合校第六

《魏书》常景赞扬子云云："蜀江导清流，扬子挹馀休。含光绝后彦，覃思邈前修。"《汉书·扬雄传》："怪屈原文过相如，至不容，作《离骚》自投江而死。悲其文，读之未尝不流涕。以为君子得时则大行，不得时则龙蛇；遇不遇，命也；何必湛身哉！"雄盖亦有不平之意乎？其为《反离骚》往往摭原之文。如"混申椒以菌桂"，是以"混"诂"杂"也。曰"横江湘以南往兮，云走乎彼苍吾。驰江潭之泛滥兮，将折衷乎重华"。是证原济沅湘南征之为实也。是篇不独文辞之美，而汉师遗训，往往乎在。朱子《集注》既录《反离骚》于《后语》中，今端平及嘉定两宋本俱存，而《汉书》景祐本亦影刊流布于世（即百衲本）。东瀛又有唐人旧钞卷子《汉书·扬雄传》，《反离骚》文俱完整。合储本而参校之，亦可互见其得失，或于骚学不无涓埃之助也。班书宋祁校语多可采，王怀祖每引之，以纠时本。张菊生取以校景祐本，亦多相合（详《校史随笔》）。今持校唐钞，符契者夥。是可匡谢山之疏失（《鲒埼亭集·外编》辨宋祁《汉书》校本）而为宋氏辨白者也。又据唐钞，知三宋本间有并讹者，弥见古本之可贵。惟唐本亦有误写之处，今随文举似。此唐钞《扬雄传》，神田喜氏曾为校记，惟未及端平嘉定两本。兹重为校核，但揭其荦荦大者，庶免骈枝之诮。嘉定本现藏台湾，未克寓目，惟乌程张氏已影写刊行，故据校云。

（一）唐本义长可证宋本之不讹者

超既离乎皇波　注：“超，远也。”景祐本嘉定本端平本，并讹“远”为“速”。

骋骅骝于曲　三宋本并讹“于”为“以”。宋祁曰“以字疑作于”，是。

神龙之渊潜兮　景祐本无“兮”。宋祁曰“渊潜”下当有“兮”字，是。

“阳侯素波”注　言屈原袭阳侯之非，景祐本讹“非”为“罪”。宋祁曰“罪当作非”，是。

何恐日薄于西山　三宋本并无“何”。宋祁曰“疑有何字”，是。

“崦嵫勿迫”注　景祐本“勿”作“忽”，审注言“崦嵫勿迫，喜于未暮，何乃自投汨罗”云云。“何”、“勿”二字，应从唐本。

“薜芷”注　景祐本讹“芳芷”为“于芷”。

傅说　嘉定本讹“傅”为“传”，注同。

雄鸠作媒　“鸠”三宋本并作“鸩”，误。应从唐本作鸠。参王念孙说。

焉驾八龙　景祐本误脱“焉”。宋祁曰：“古本驾上有焉字，淳化本无，《刊误》据史馆本添。”是也。按师古注含有焉字意。

圣哲之不遭　景祐本脱“不”字。

（二）唐本误字

后土方贞注　“图累”讹“圆累”。

“琼茅”注　“《离骚》云”上脱“《离骚》曰怀椒稰而要之晋灼曰”十二字。

“圣哲不遭”注　“不遇”讹“不过”。

斐斐迟迟　脱一“斐”字。

“由聃所珍”注　“二人守道，不为时俗所污”。唐写本“污”作“行”，非。

“《九招》、《九歌》”注　“茹惠”讹作“茄惠”。

（三）两义可通者

杨侯　唐写本“杨”字从木，三宋本并从扌。

欃枪　唐写本端平本并从木，景祐本嘉定本并从扌。

素初眝　唐写本景祐本并作“素”，嘉定端定两朱注本作“累”。

驾鹅　唐写本作“驾”，而注作“驾”。三宋本并作“驾”。案司马相如《子虚赋》“连驾鹅”，《史记》作“驾”，汉书作“驾”，是通用之证。（泷川资言《史记会注考证》云：各本作驾，《索隐》单本中统本作駕。《汉书·古今人表》作驾，知《史》、《汉》各本皆混用。）《左传》之“荣驾鹅”，唐宋石经从马，而刊本于定元年及襄廿八年又从马从鸟者互用。《山海经·中山经》“驾鸟”，郭注：“或曰当作駕”。顾亭林以驾为误。日本神田喜又以駕为误。钱大昕《金石文跋尾再续》谓：“《说文》无駕字，当用鴚，假借作驾也。”《广雅》作“鴚鹅”，是其证。

（固）不如嬖而幽之离房　景祐本端平本两“固”字并无，嘉定本则上有下无。

固相态以佳丽　宋祁说：监本两“固”字皆有，神田喜谓唐本于文势为长。

旖旎　三宋本并作旖柅。

奚必（云）女彼高丘　三宋本并有“云”字。

其他异文无关于文义者不记。

附　陈姚察唐顾胤佚训条录

唐钞《汉书·扬雄传》卷，栏内外缀有后人校语，时征引旧文。有曰训、曰察，有曰集者，即陈吏部尚书姚察《汉书训纂》（《隋志》著录三十卷）及唐弘文馆学士顾胤《汉书古今集义》（新旧《唐志》著录二十卷）。两书《日本见在书目》并有之，则曾传入海东，今书已亡。校语所引，吉光片羽，弥觉可珍。（校语书法，与卷尾“天历二年五月点了藤原良秀”十二字相同，似即出良秀笔。）今就《反离骚》录出共约四十条。班书旧注，为师古割弃者，可借窥一二。姚察仕履，世所共知，顾胤吴人，永徽中，累迁起居郎，兼修国史，事附《唐书·令狐德棻传》，与李延寿、李仁实同以史学显称当世云。

婵嫣　《集义》：“晋曰：《方言》：蝉出口未也，言胄出于周，雄是其末也。韦云：历远，绵连之貌也。顾云：蝉连，相系续之言也。”（案钱绎《方言笺疏》一云：“蝉，出也。楚曰蝉，或曰未及也。”与晋灼所引异。）

豐烈　《训纂》：“如曰：豊，美也，烈口也；离，入也。应曰：皇，美也。韦曰：豊烈，大业也。”

潭　《集义》：“应云：楚人深渊云潭。”《训纂》：“苏曰：音滛。”

往　《集义》：“《说文》：往，远行也。”

累　《训纂》：“□□，察案：《公羊传》宋督弑其君与夷，及大夫孔父。及者何？累也。何休口累累从君死，齐人语也。徐邈力追反，相累而死也。又力伪反，亦谓相累从也。”《集义》：韦曰（以下漫漶）。

澳潒	《训纂》："苏曰：澳音《礼》不澳之澳；潒音燃。晋云：俗谓水浆不寒不温为澳潒，以字义言之。"（按王先谦《补注》引宋祁说作不寒而温。） "苏音是，察案《方言》：曰撚音诺典反。《楚辞》以为切澳潒之流俗是。"
缤纷	《集义》："王逸云：缤纷，盛貌。"
十世	《集义》："虽有始生之年、始仕之年二说，而晋□□说是也。"
钩矩	"□曰：钩矩，尺寸度也。李……衡也。张云：鏇玑……也。如云：象椒兰，佞人之徒也。履以蓁，欲蹈□恶人也。韦云：上言带钩矩，此宜为称上之衡，衡有斤两之数也。"
欃枪	察案："《尔雅》云：彗星为欃抢。"
资	《训纂》："如曰，资者以为资货。韦曰：资，取也。"
娵娃	《集义》："如云：韦昭作颈，云闾颈，梁王魏婴之美人。《通俗文》云：南楚以好为娃。"（案王先谦《补注》曰："官本注末有'韦昭曰，娵，当作颈，梁王魏婴之美人曰闾颈'十七字。"）
鬻	《集义》："如曰：□□也。韦云：鬻，卖也，索求也。言取二美之麺，卖之九戎，无利也。"
捷	《训纂》："如曰：捷，接也。"
鸛	《集义》："韦云：道曲而难也。"
蘽	察案："《广雅》云：木蘽牵为榛。《字林》云：音口人反。"
拟	察案："《说文》云：拟，相向也。"
灵修	《集义》："韦云：灵，神；修，远也。言君德当神明高远，故以喻□□□灵善修智也。"
椒兰	案："韦云：并楚佞臣也。"
唼佞	《集义》："案《诗传》云：虫声也。"
茄	《集义》：音何。
淖约	《集义》："韦云：淖约，争美好貌。"
啍	《集义》："韦云：言美目如茱萸之啍坼。"（案王先谦《补注》引官本作"言其目如茱萸之拆也"。）
被离	《集义》："音光被，离音丽。"
庆	《集义》："案：《小雅》云：羌，发音也。刘逵注《吴都赋》云：羌，楚人发语端也。"

横　　《集义》："《广疋》云：'横，茷也。'《方言》云：'方舟谓之潢'，郭璞云：'扬州呼渡津船为杭，州□潢，潢音横。"
（案钱绎《方言笺疏》九引郭注云"扬州人呼渡津舫为航，荆州人呼潢"，语略异。）

阳侯　　《集义》："案□非度江中□阳候之波起也。"

靡　　《训纂》："如曰：靡音河水浼浼之浼；靡，琼玉之华。"

汨罗　　《集义》："韦曰：汨罗二水名，音幂。"

薜芷若惠　《集义》："韦云二四，皆香草也。"

糈　　《集义》："韦云：糈，祭糈也。王逸云，糈，精米也。"

灵氛　　《集义》："案王逸云'灵氛，古贤明，知吉凶'。江皋，江边平泽也。"

鹎鴂　　《集义》："大如博谷，杂黑色，常以春分鸣，鸣则百草不芳。"

摎流　　《集义》："苏云齐恭音摎缚之摎。晋云摎流，犹缭绕也。"

涛　　《训纂》："如曰：大波之回转者。察案：许慎注《淮南》云，湖（?）水涌起，还者为涛也。"

溷　　《集义》："案《埤苍》云，溷，乱也。"

彭咸　　《训纂》："李云，殷大夫。"

上辑约四十条，其漫漶难晓者不录，所云晋曰韦曰诸氏，指晋灼、韦昭、如淳、应劭、苏林、李奇、张晏、服虔诸旧注也。

跋

近人侈谈骚，述作充栋，其间率尔操觚，虑居泰半；于骚学流变，漠如也。频年为诸生讲授《楚辞》，颇着意于板籍同异，薄有论次，妄冀综掇遗芬，以为初学津逮。既东渡日本，于彼邦所藏旧椠秘笈，耳目所及，辄为移录。已故西村硕园氏，嗜骚成癖，平生庋藏《楚辞》书籍，为数近百，余从京都大学吉川幸次郎教授假其藏目，亦多稀觏之本，间为补记，即本编所著硕园藏者是也。自元以来，朱晦庵《楚辞集注》最为通行，复刻之繁，较王逸《章句》，有过之而无不及，而有明尤甚，故本编于此二书版本，胪列独多。自惭黯陋，又僻在海隅，得书匪易；近贤有关目录之书，若晚清端木埰《藏楚辞目》及胡光炜《楚辞学考》、刘纪泽《楚辞书录》，皆未目睹。自知徒殚旬集之勤，仅具椎轮，遑论全豹；纰缪挂漏，惧多弗免；非敢充贫粮之馈，但聊备友生之问，沾婿厘订，请俟他日。至于戏曲中以《离骚》为题材者（若元睢景臣、吴仁卿，杂剧之《楚大夫屈原投江》，已失传。清尤侗、嵇永仁之《读离骚》，郑瑜《汨罗江》，锞情子《纫兰佩》，吴藻《香饮酒读骚图》），实繁有徒；而方志中艺文一类，著录之书，有关《楚辞》者，为数尚夥，其刊行与否，多不可知；编者耳目所限，未遑遍采，凡兹二者，姑从盖阙。又《楚辞拾补》数篇，于异邦所藏唐宋古本，异文剩义，覃思所及，略为发正，并附于后，别为外编，或于校雠训诂之学，不无少助也欤。

乙未重阳饶宗颐识于香港大学中文学系

本书写成，多蒙友侪之助。张大千先生惠以赵松雪绘屈子像影片，并允刊出。日本内阁文库所藏明刊本诸书，承京都大学水野清一教授远道影赐。图像部分，荷陈君仁涛将所藏绘画有关著录各书，惠假披阅，俾得广搜博采。译本资料更得熊式一博士、牛津大学 David Hawkes 及澳州雪梨大学 A. R. Davis 诸教授惠寄参考。良朋嘉贶，诸所心感，并书以识弗谖。

作者附识

后　记

此书为第一部《楚辞》书目，继起而作者多家，以姜亮夫之书最流行。近期《楚辞》之学，如日中天，楚地出土文物，包括两湖及湘西的简帛资料，更倍蓰于前，待增入书录，遽数之不能终其物，应有第三次之增补工作。

以清代《楚辞》著作版本而论，有崔富章纂辑，吴宏一、陈炜舜校补之目录，共七十一种，具见《清代诗话知见录》附录一一二："中央研究院"文哲研究所图书文献专刊之六，可以参阅。

敦煌卷子骞公之《楚辞音》残卷，作者僧名，有道骞智骞之殊，骞字又或作骞，从马（据《日本国见在书目》）。日本《文选集注》中《文选音决》引《骞公音》有四条，赞宁《法华传》卷七释僧映传中言及之骞师，开皇中卒于江阳永齐寺，年代与隋之道骞符合。门人黄耀堃著《道骞与楚辞音残卷作者新考》，曾加考证。

2003年宗颐记

图一　赵孟頫绘屈子像（张氏大风堂藏赵文敏《九歌书画册真迹》，原图宽 **16** 公分，长 **27** 公分）

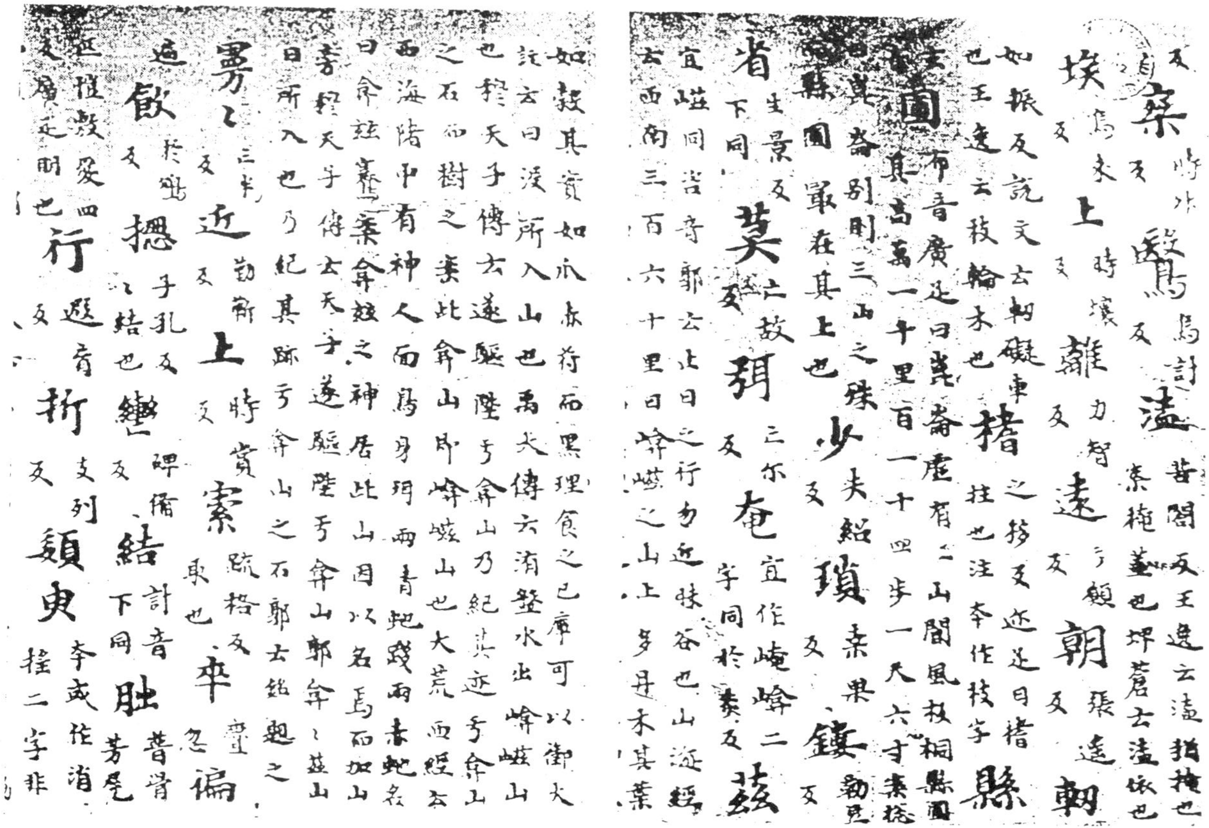

图二　敦煌唐写本隋僧道骞《楚辞音》残卷一（据《敦煌秘籍留真新编》复影）

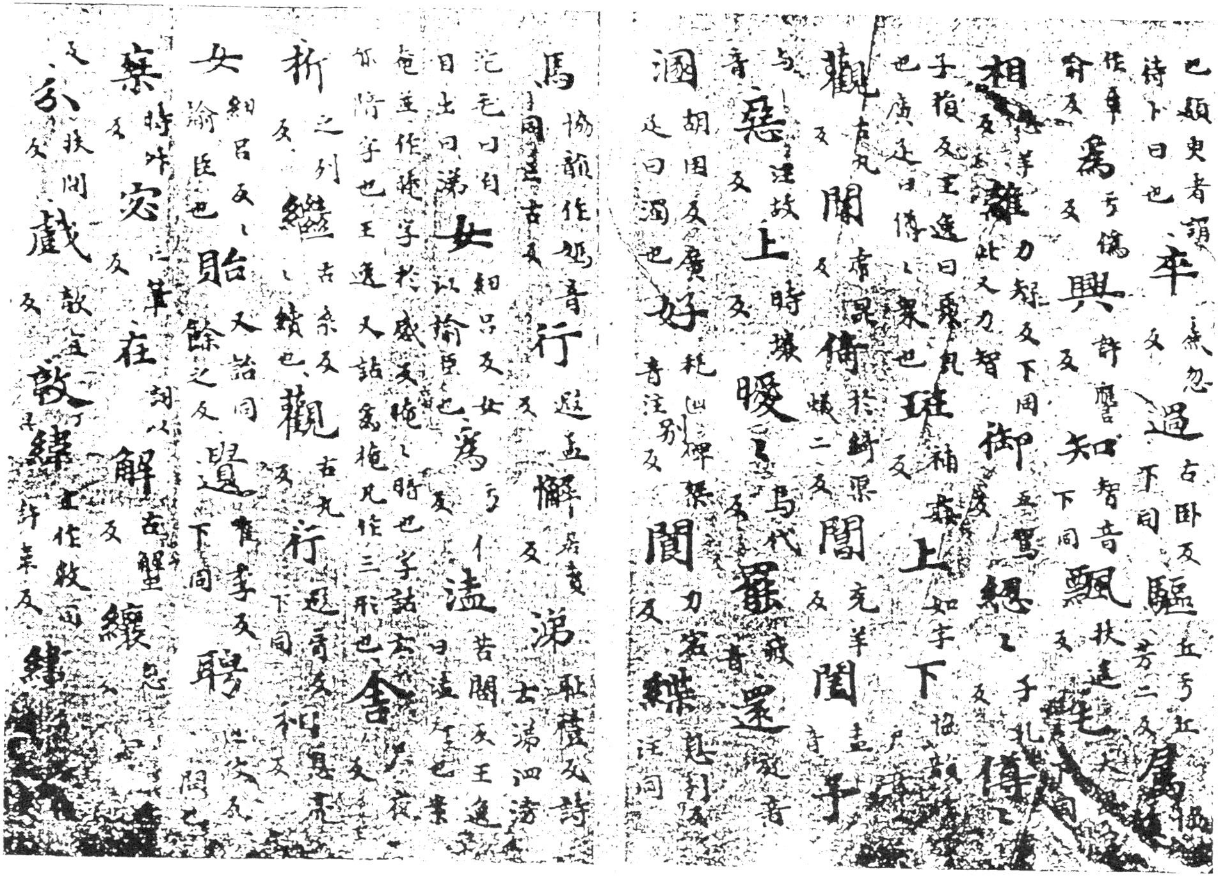

图三 骞音二

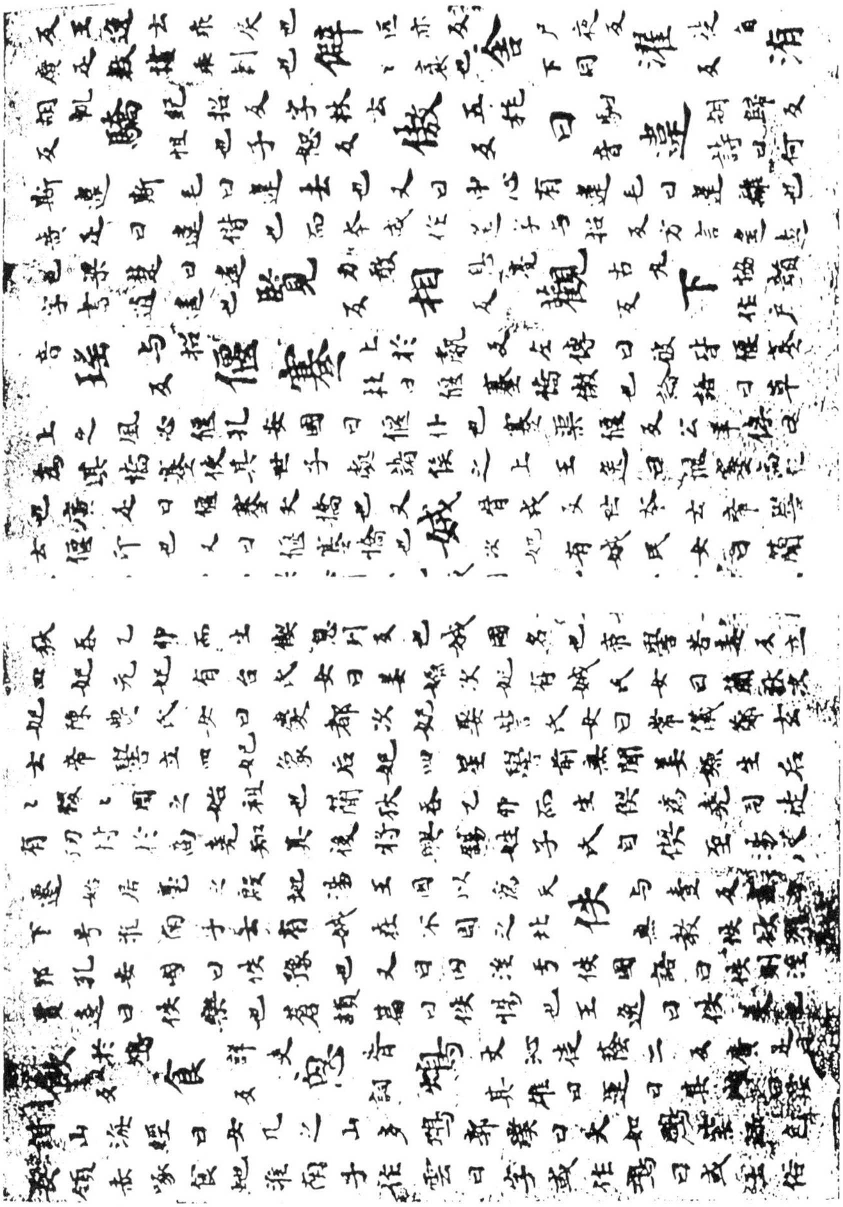

图四 篆音三

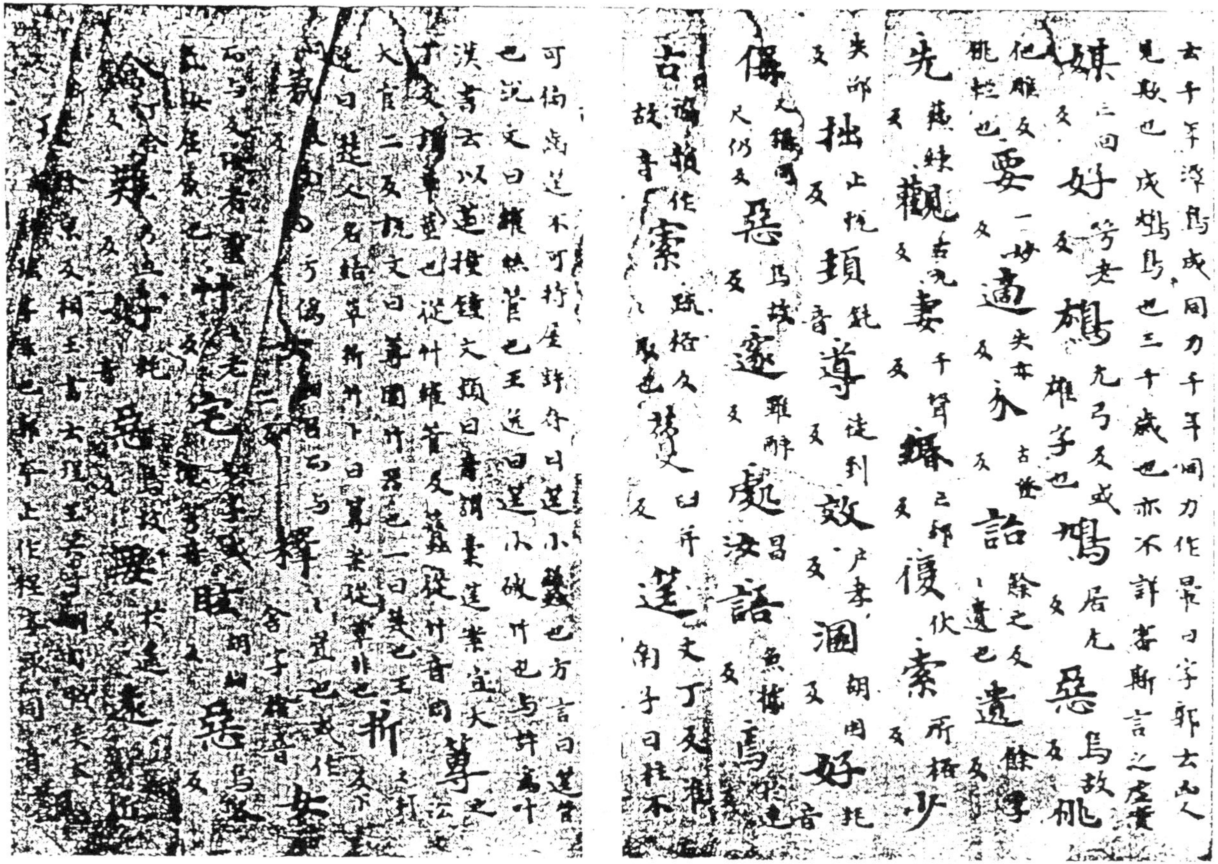

图五　謇音四

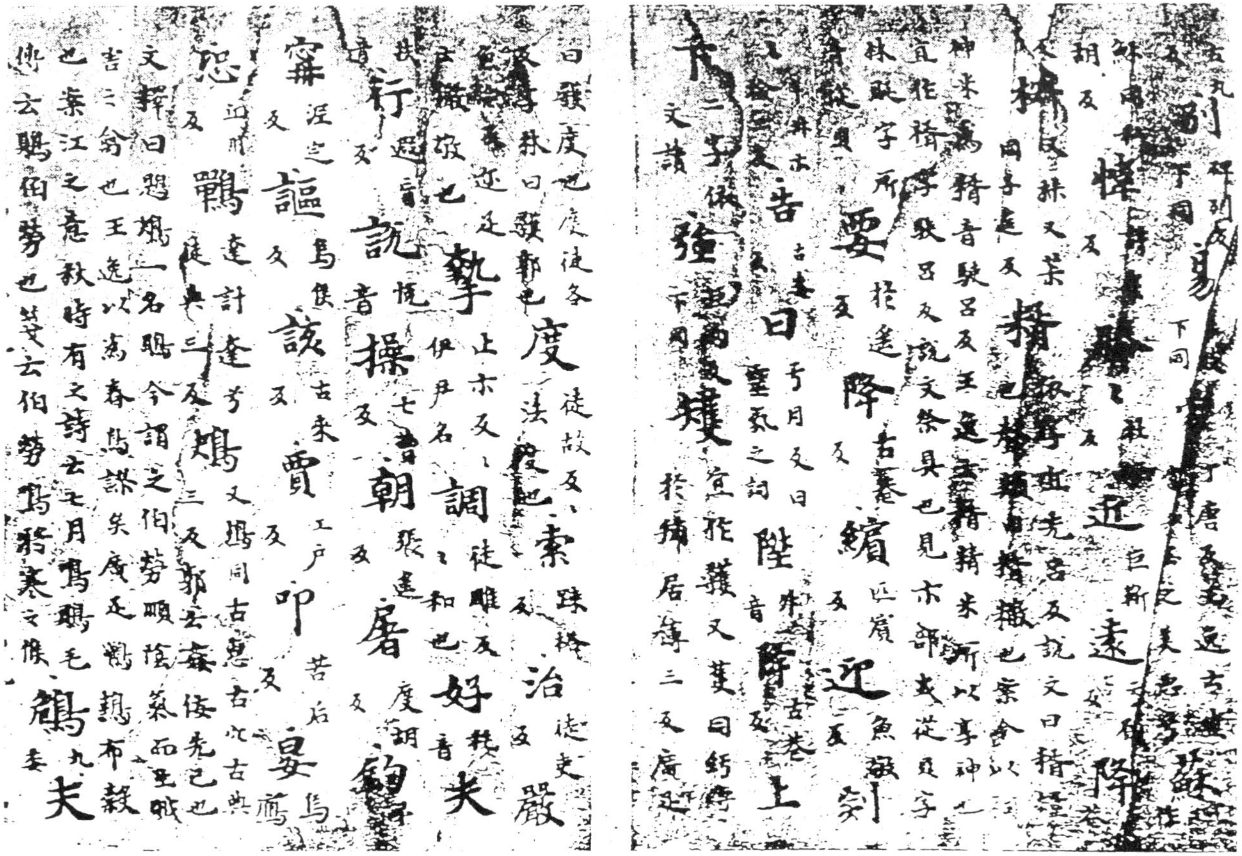

图六　骞音五

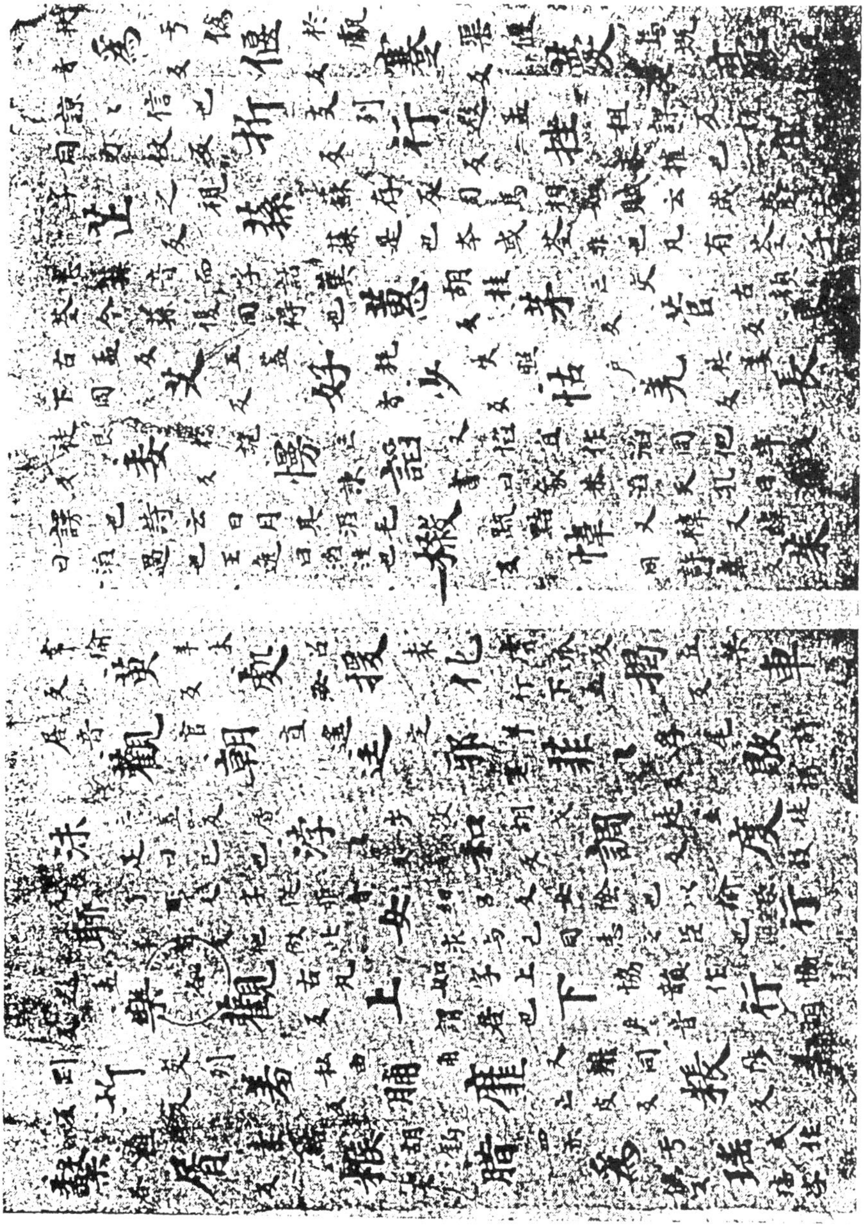

图七 謇音六

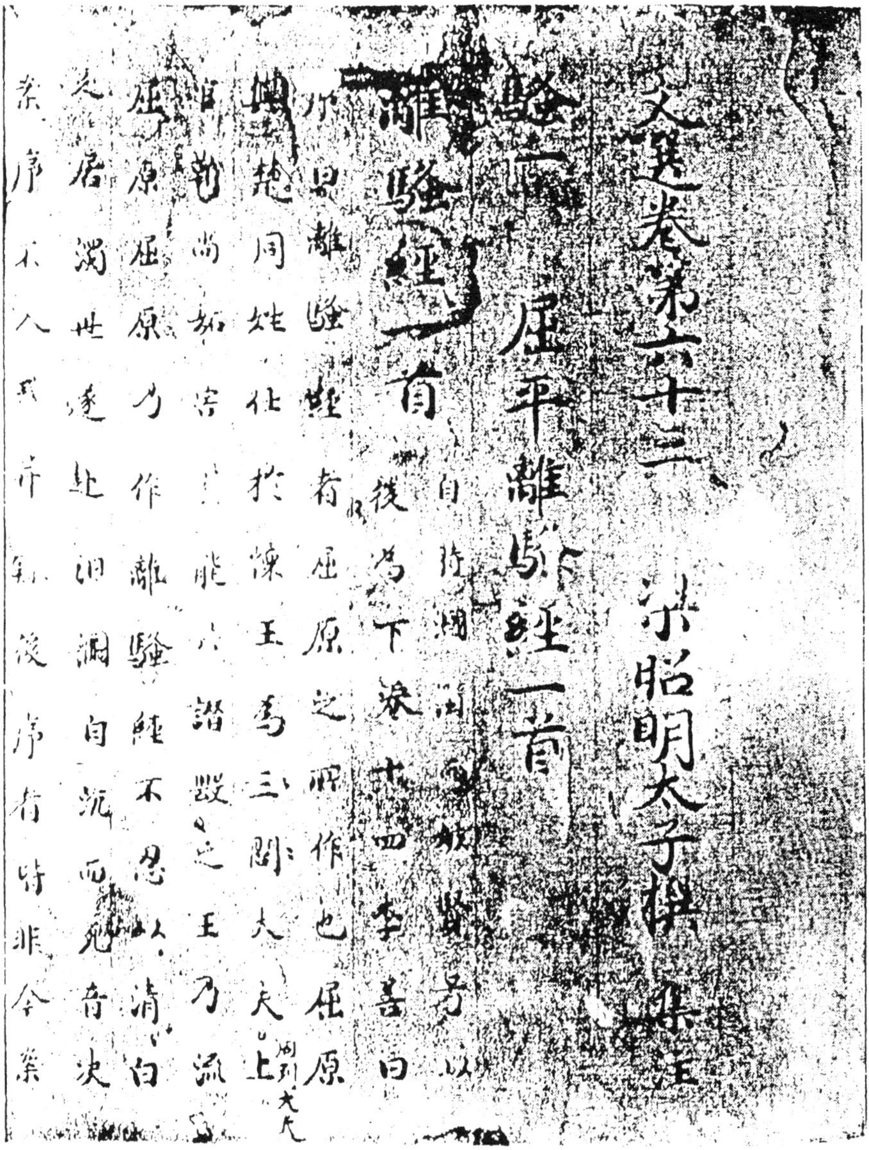

图八　日本藏唐写本《文选集注·离骚》(采自京都帝国大学文学部影印旧钞本第八集)

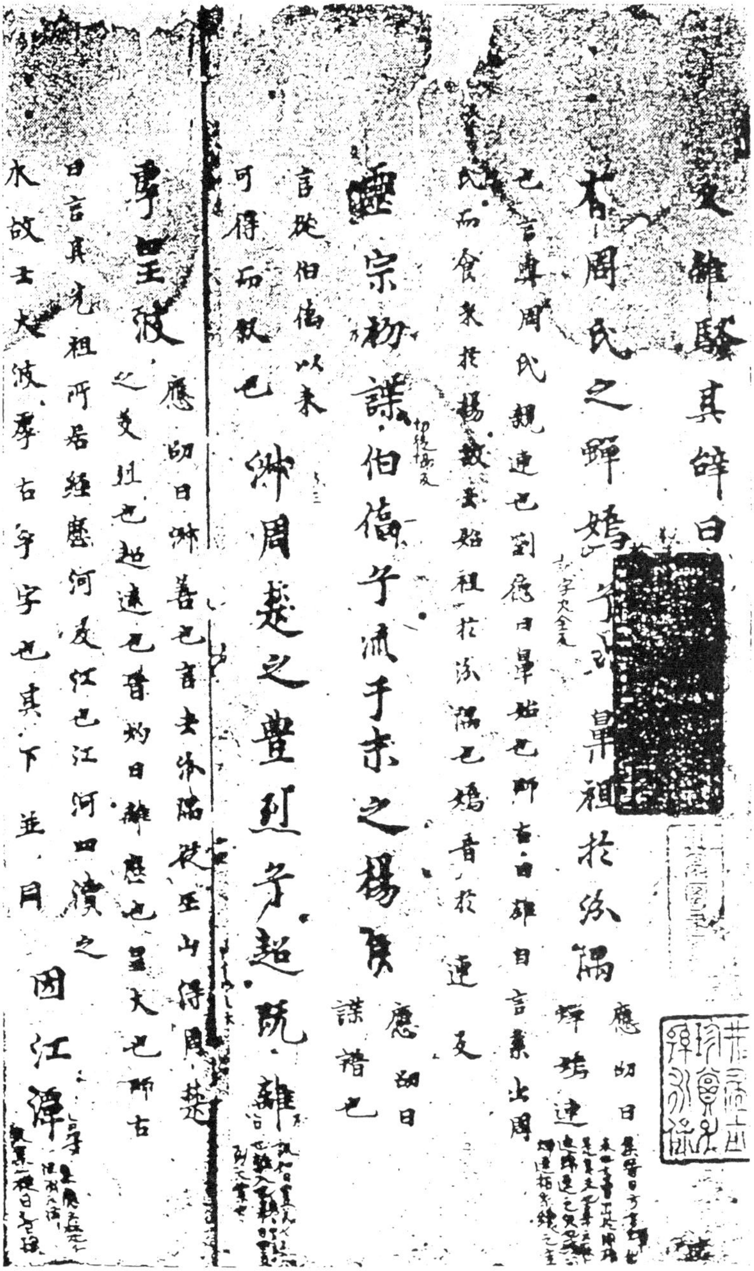

图九　日本藏唐写本《汉书·扬雄传·反离骚》(采自京都帝国大学文学部影印旧钞本第二集)

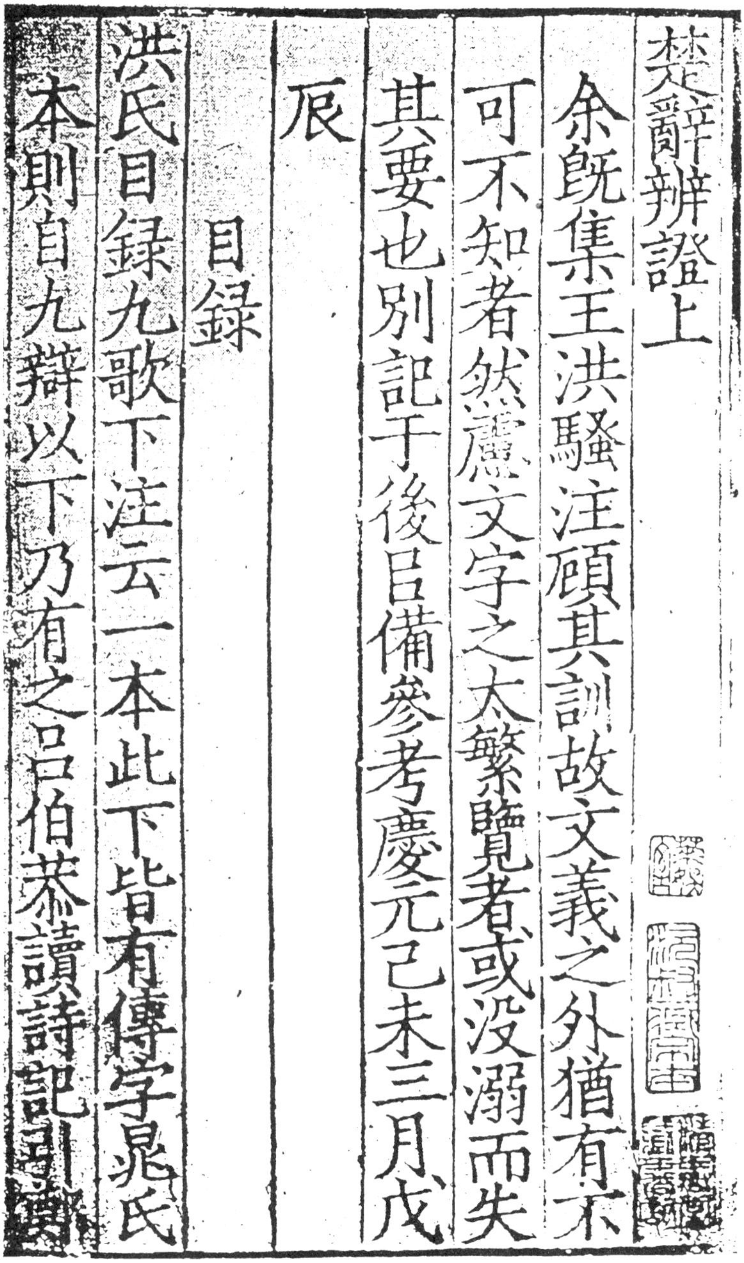

楚辭辯證上

余既集王洪騷注顧其訓故文義之外猶有不可不知者然慮文字之太繁覽者或没溺而失其要也別記于後以備參考慶元己未三月戊辰

目録

洪氏目録九歌下注云一本此下皆有傳字鼂氏本則自九辯以下乃有之呂伯恭讀詩記引鼂

图一〇　南宋嘉定四年（1211）同安郡斋刊《楚辞辨证》（亦见《文求堂书影》及《中华文物集成》第五册）

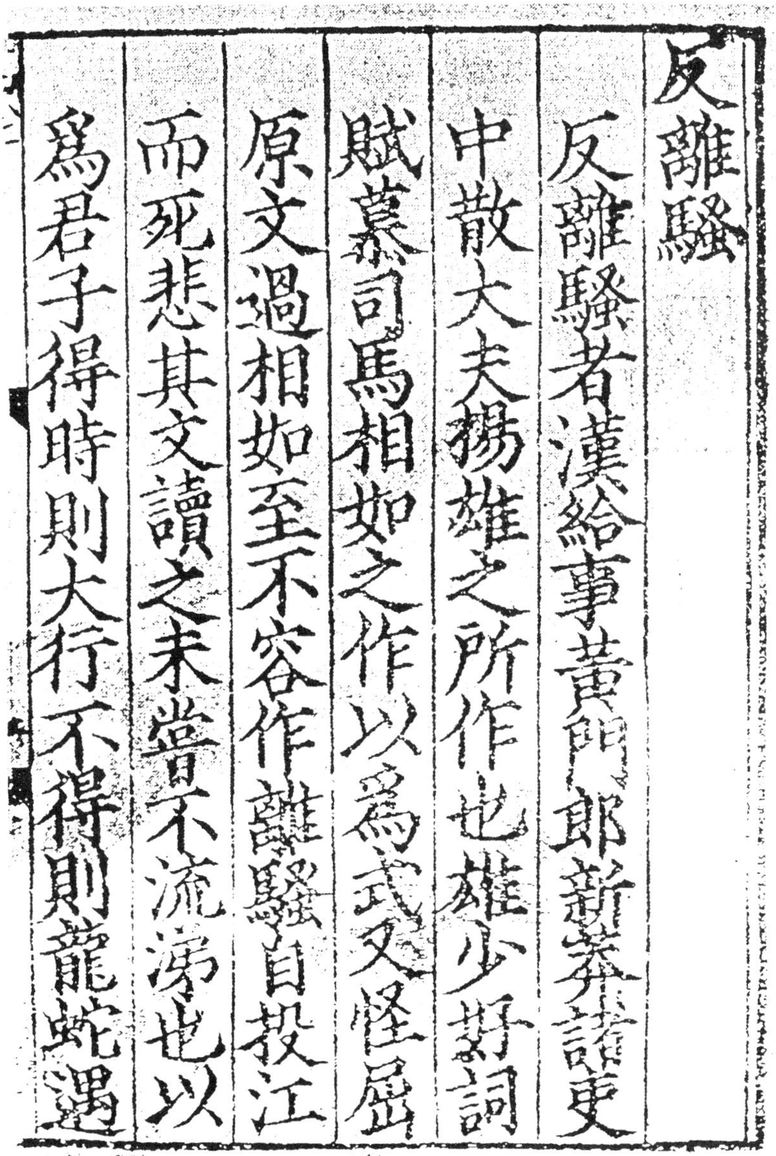

反離騷

反離騷者漢給事黄門郎新莽諸吏
中散大夫揚雄之所作也雄少好詞
賦慕司馬相如之作以爲式又怪屈
原文過相如至不容作離騷自投江
而死悲其文讀之未嘗不流涕也以
爲君子得時則大行不得則龍蛇遇

图一一　南宋嘉定间刊本《反离骚》

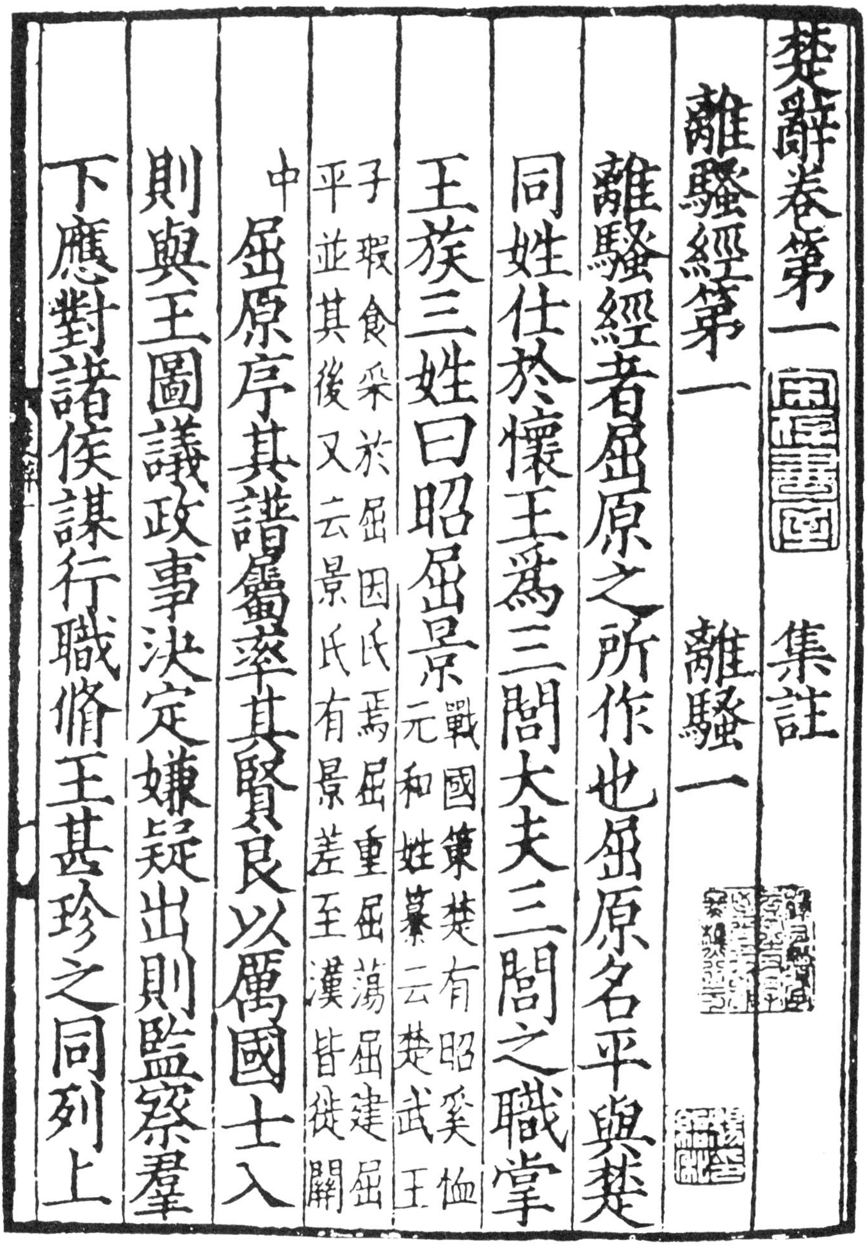
楚辭卷第一　集註
離騷經第一　離騷一
離騷經者屈原之所作也屈原名平與楚
同姓仕於懷王爲三閭大夫三閭之職掌
王族三姓曰昭屈景戰國策楚有昭奚恤元和姓纂云楚武王
子瑕食采於屈因氏焉屈重屈蕩屈建屈平並其後又云景氏有景差至漢皆徙關
中屈原序其譜屬率其賢良以厲國士入
則與王圖議政事決定嫌疑出則監察羣
下應對諸侯謀行職脩王甚珍之同列上

图一二　南宋端平二年（1235）朱鉴刊《楚辞集注》
（据复影本）

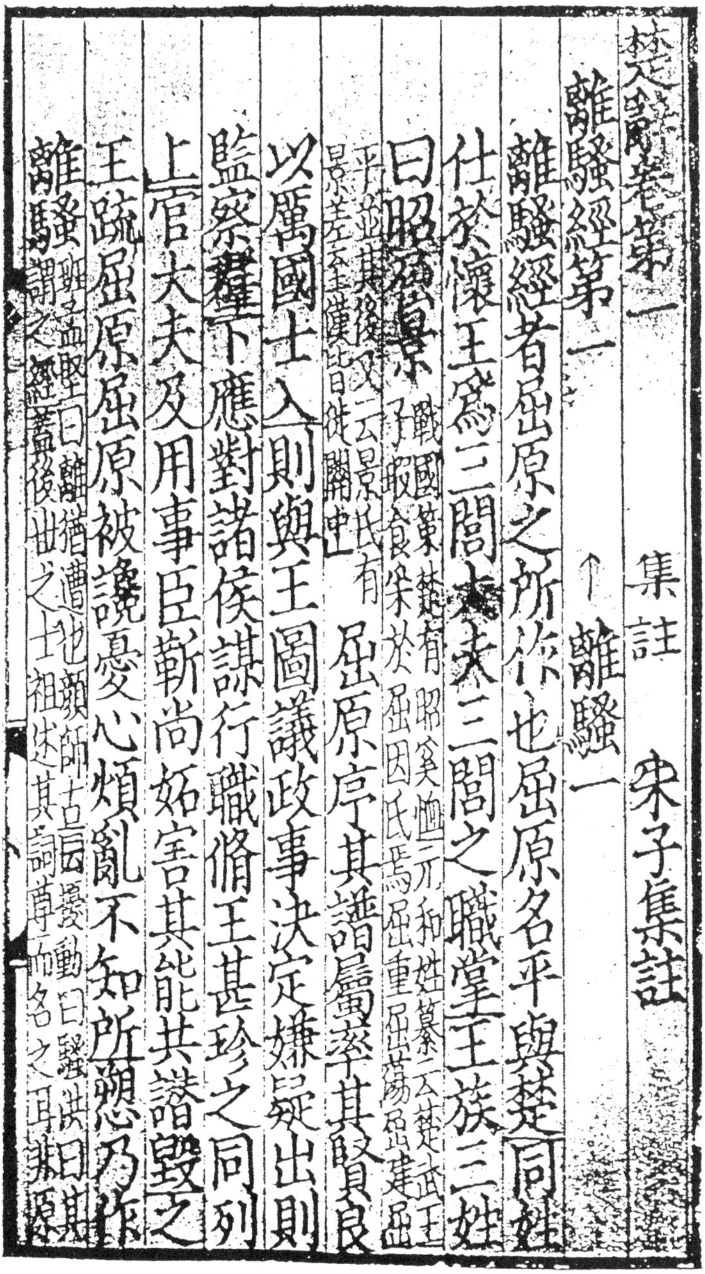

楚辭卷第一　集註　朱子集註
離騷經第一　離騷一
離騷經者屈原之所作也屈原名平與楚同姓
仕於懷王爲三閭大夫三閭之職掌王族三姓
曰昭屈景戰國策楚有昭奚恤元和姓纂云楚武王子瑕食采於屈因氏焉屈重屈蕩屈建屈
平並其後又云景氏有景差至漢皆徙關中也　屈原序其譜屬率其賢良
以屬國士入則與王圖議政事決定嫌疑出則
監察羣下應對諸侯謀行職脩王甚珍之同列
上官大夫及用事臣靳尚妬害其能共譖毀之
王疏屈原屈原被讒憂心煩亂不知所愬乃作
離騷班孟堅曰離猶遭也顏師古曰憂動曰騷洪曰其謂之經蓋後世之士祖述其詞尊而名之耳非屈原

图一三　元至正二十三年（1363）高日新宅刊《楚辭集注》

（据《古逸丛书》本）

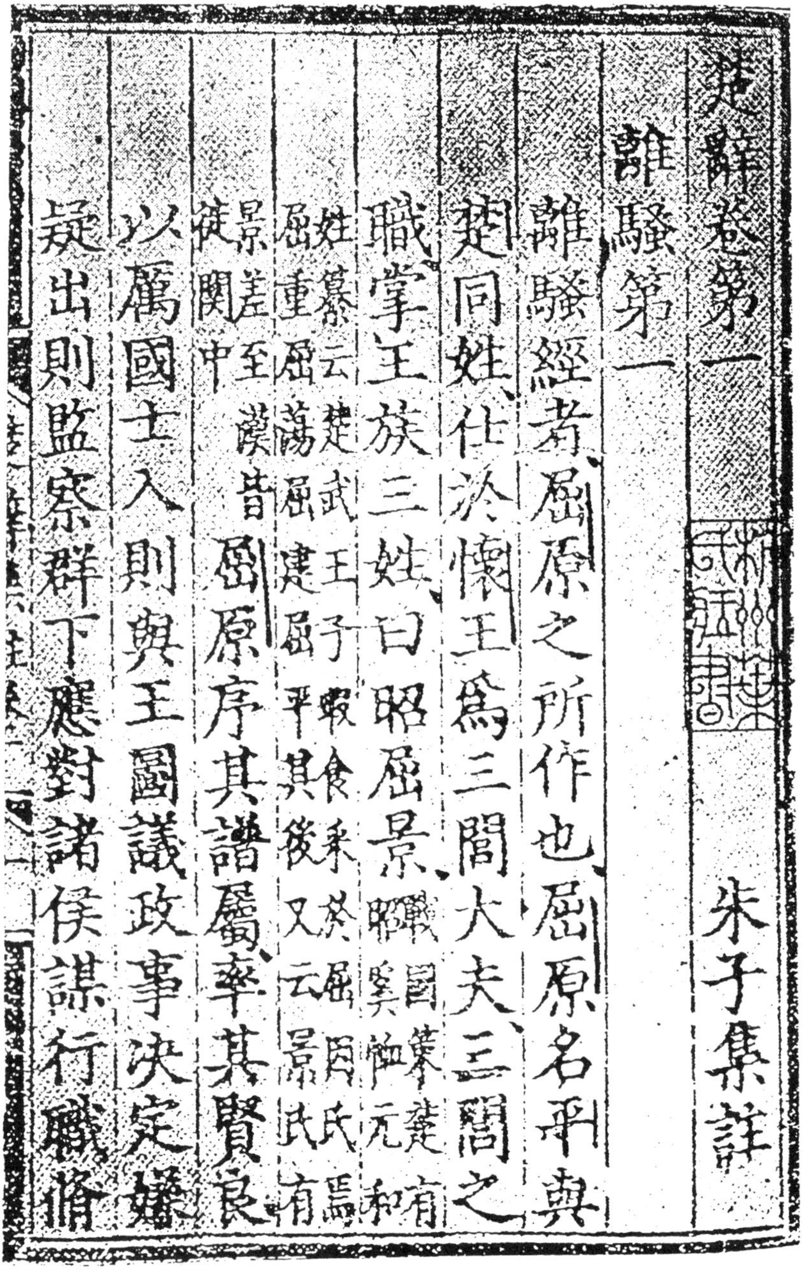
楚辭卷第一

朱子集註

離騷第一

離騷經者，屈原之所作也。屈原名平，與楚同姓，仕於懷王，爲三閭大夫。三閭之職，掌王族三姓，曰昭、屈、景。（戰國策楚有昭奚恤。元和姓纂云：楚武王子瑕食采於屈，因氏焉。屈重、屈蕩、屈建、屈平，其後。又云：景氏有景差，至漢皆徙關中。）屈原序其譜屬，率其賢良，以厲國士。入則與王圖議政事，決定嫌疑；出則監察群下，應對諸侯，謀行職脩。

图一四　明成化十一年（1475）何乔新刊《楚辞集注》

（亦见《明代版本图录》）

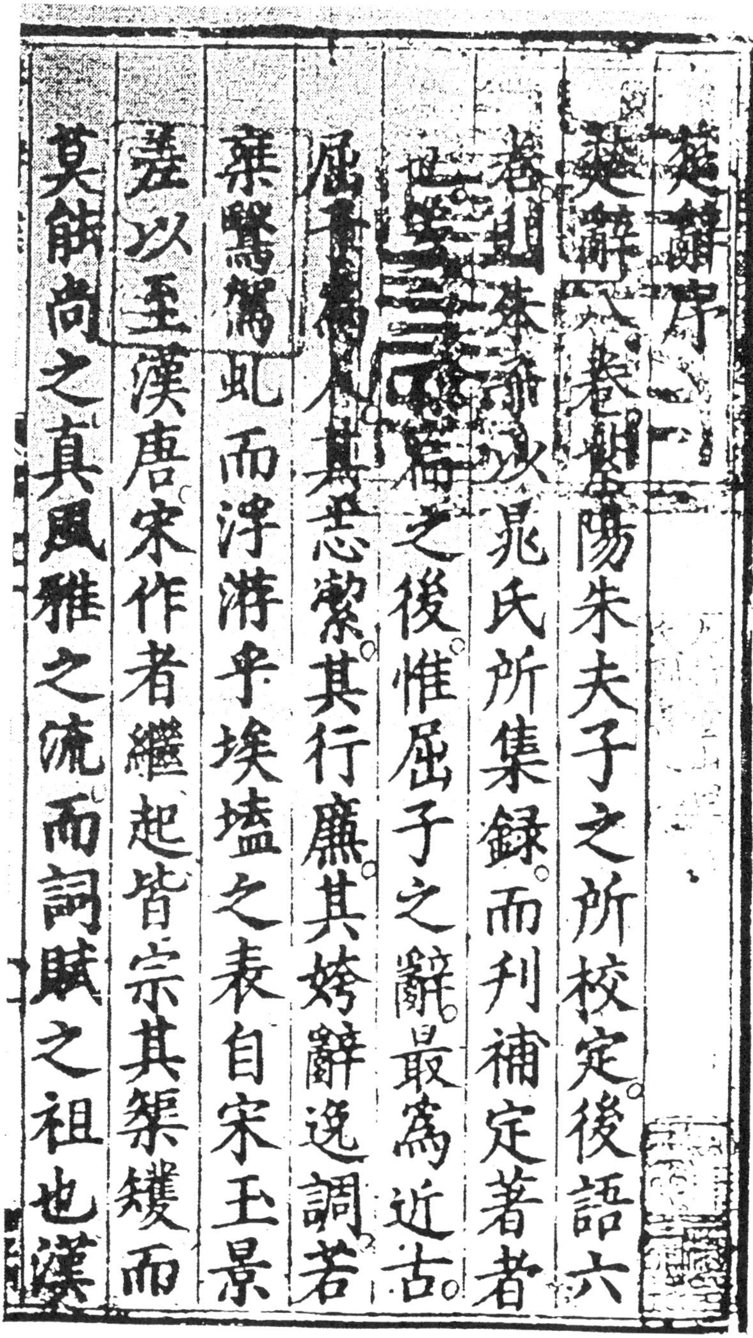

楚辭序

楚辭八卷紫陽朱夫子之所校定後語六

卷其先亦以晁氏所集錄而刊補定著者

也[illegible]篇之後惟屈子之辭最爲近古

屈平爲人其志絜其行廉其姱辭逸調若

[illegible]驚鸞虬而浮游乎埃壒之表自宋玉景

差以至漢唐宋作者繼起皆宗其絜矱而

莫能尚之真風雅之流而詞賦之祖也漢

图一五　明万历二十五年（1597）吉藩府刊《楚辞集注》

（以下并日本内阁文库藏）

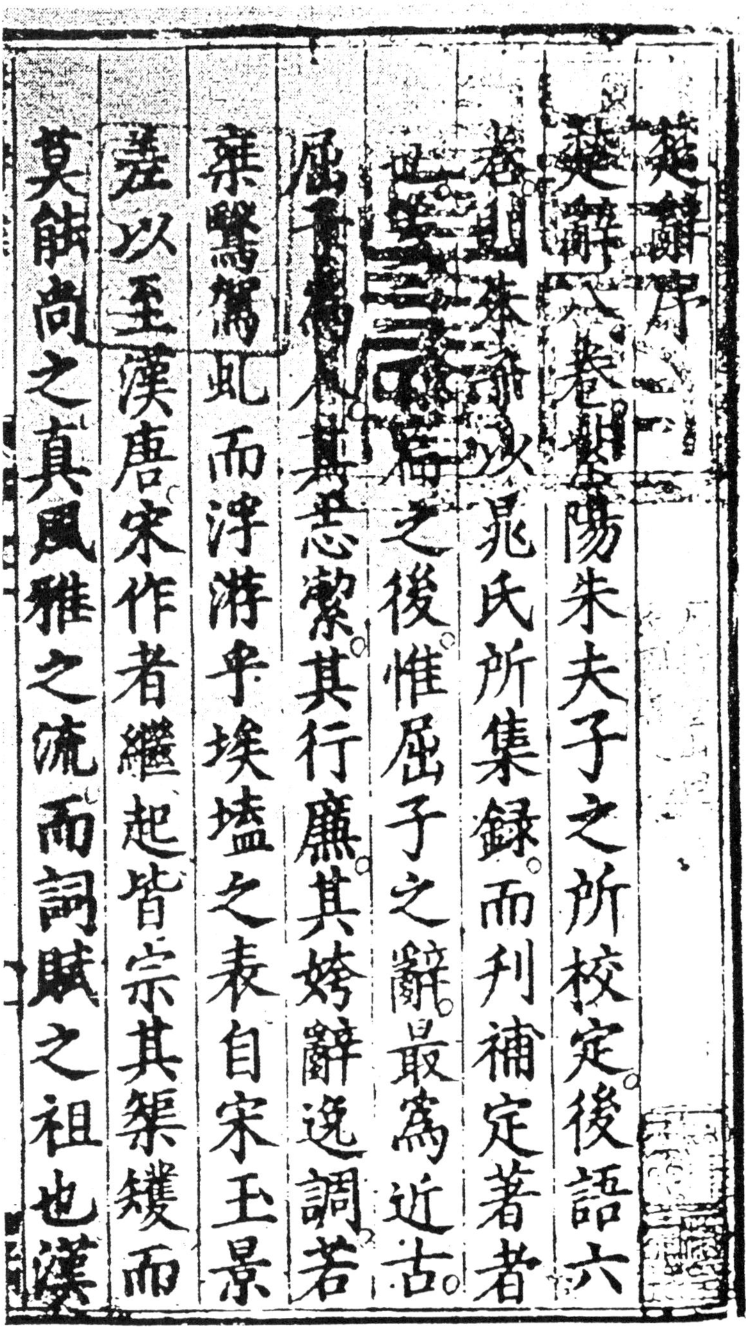

楚辭序

楚辭八卷紫陽朱夫子之所校定後語六
卷[illegible]朱子以晁氏所集録而刊補定著者
世[illegible]篇之後惟屈子之辭最爲近古
屈子[illegible]其志潔其行廉其姱辭逸調若
乘鷖駕虬而浮游乎埃壒之表自宋玉景
差以至漢唐宋作者繼起皆宗其槼矱而
莫能尚之真風雅之流而詞賦之祖也漢

图一六　朝鲜刊《楚辞后语》（祖本为端平本，此为邹应龙跋，文中凡“应龙”二字改为“余”）

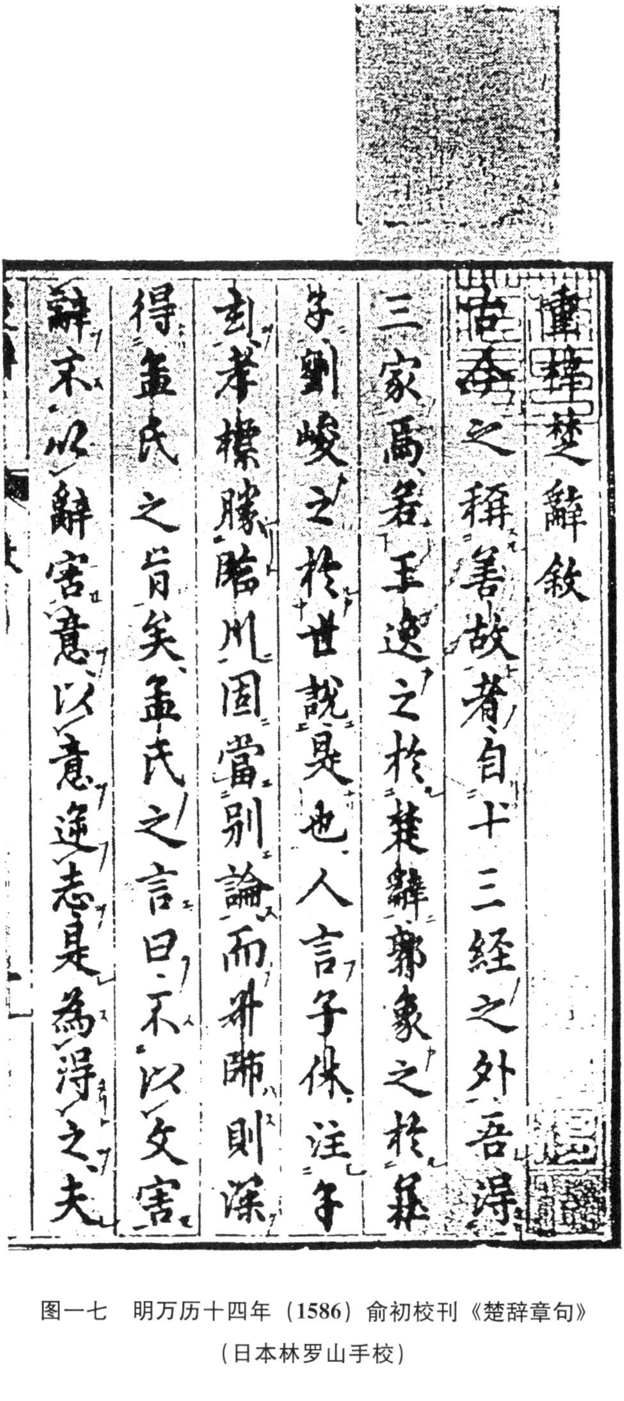

楚辭敘

之稱善故者自十三經之外吾得三家焉若王逸之於楚辭鄭象之於莊子劉峻之於世說是也人言子注子至若標勝臨川固當別論而升晰則深得孟氏之旨矣孟氏之言曰不以文害辭不以辭害意以意逆志是為得之夫

图一七　明万历十四年（1586）俞初校刊《楚辞章句》

（日本林罗山手校）

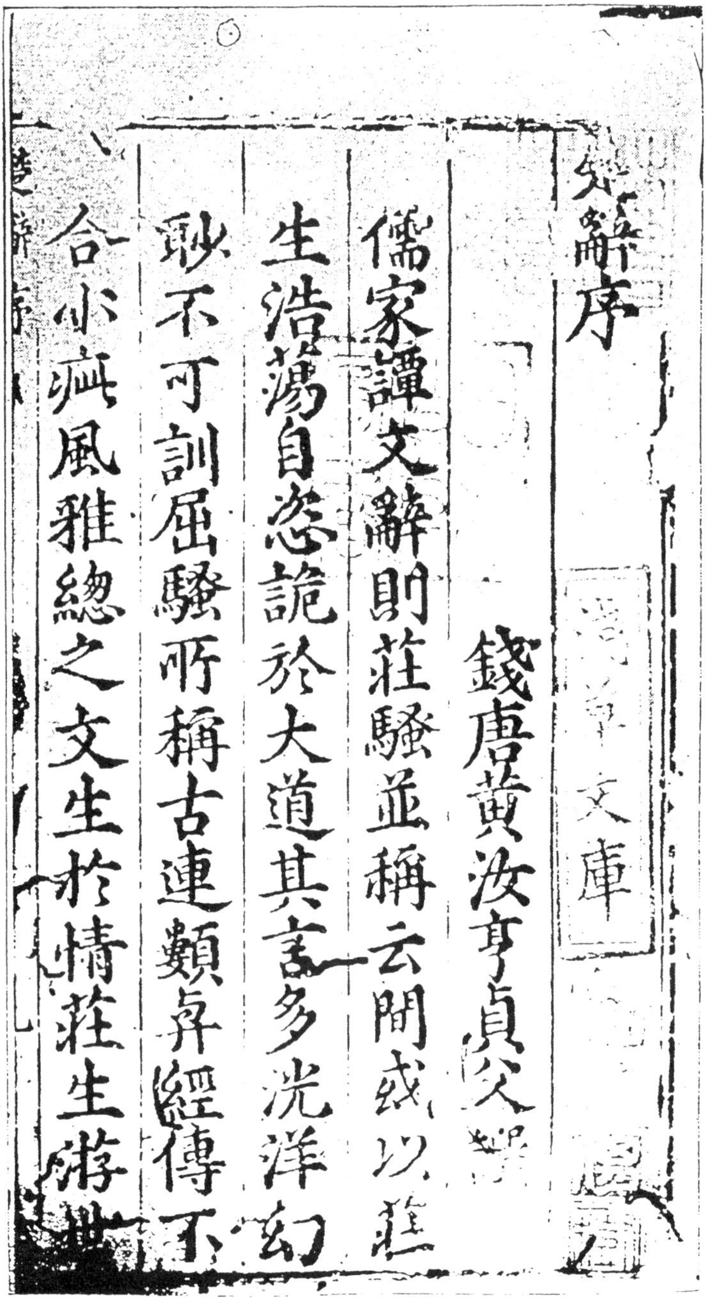

楚辭序

錢唐黃汝亨貞父撰

儒家譚文辭則莊騷並稱云聞或以莊
生浩蕩自恣詭於大道其言多洸洋幻
渺不可訓屈騷所稱古連類彝經傳不
合小疵風雅總之文生於情莊生游世

图一八　明万历十四年（1586）冯绍祖校刊《楚辞章句》

之藥

紉秋蘭以爲佩

紉索也蘭香草也秋而芳佩飾也所以象德故行清潔者佩芳德仁明者佩玉能解結者佩觿能決疑者佩玦故孔子無所不佩也言己脩身清潔乃取江離辟芷以爲衣被紉索秋蘭以爲佩飾博采衆善以自約束也補曰紉女鄰切方言曰續楚謂之紉說文云繟繩也古者男女皆佩容臭香物也又曰佩帨茝蘭則蘭芷之類古人皆以爲佩也相如賦云蕙圃衡蘭顏師古云蘭即今澤蘭也本草注云蘭草澤蘭二物同名蘭草一名水香李云都梁是也水經云零陵郡都梁縣西小山上有渟水其中悉生蘭草綠葉紫莖澤蘭如薄荷微香荆湘嶺南人家多種之此與蘭草大抵相類但蘭草生水傍葉光潤尖長有岐陰小紫花紅白色而香五六月盛而澤蘭生水澤中及下濕地苗高二三尺葉尖微有毛不光潤方莖紫節七月八月開花帶紫白色此爲異耳詩云士與女方秉蕑兮陸機云蕑即蘭也其莖葉似藥草澤蘭廣而長節節中赤高四五尺漢諸池苑及許昌宮中皆種之文選

图一九　明复宋刊改本《楚辞补注》（兴宁罗氏守先阁藏）

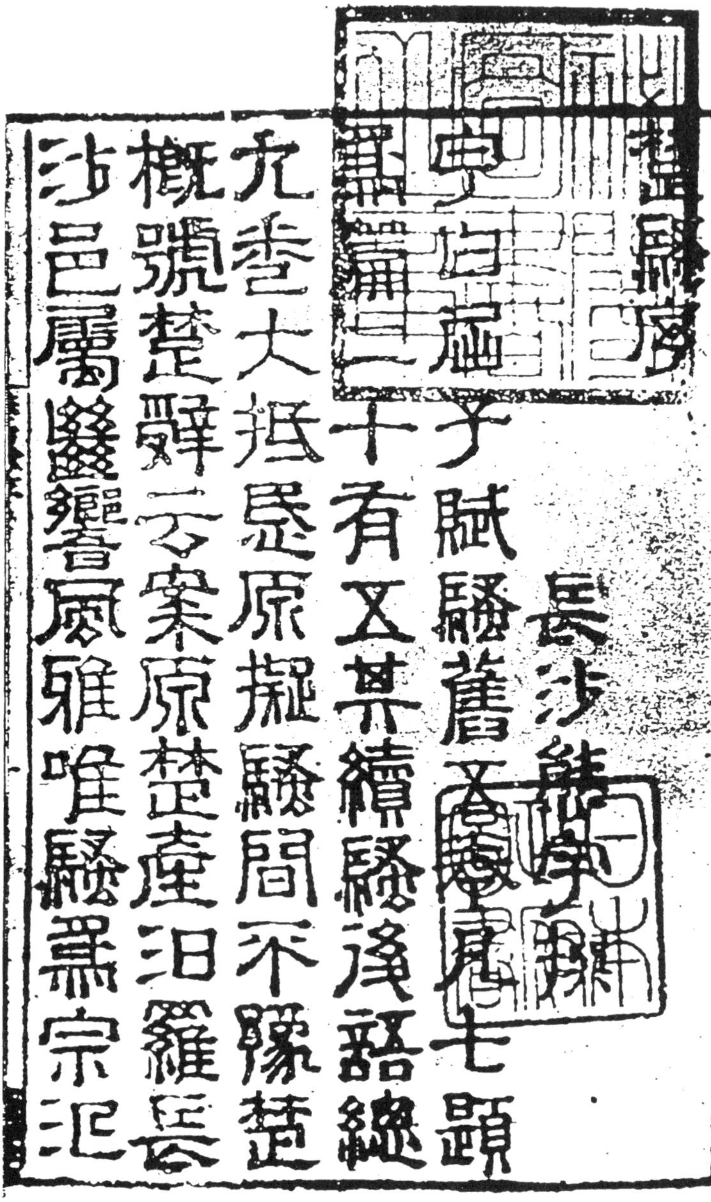

图二〇　明正德十五年（1520）熊宇刊《篆文楚骚》

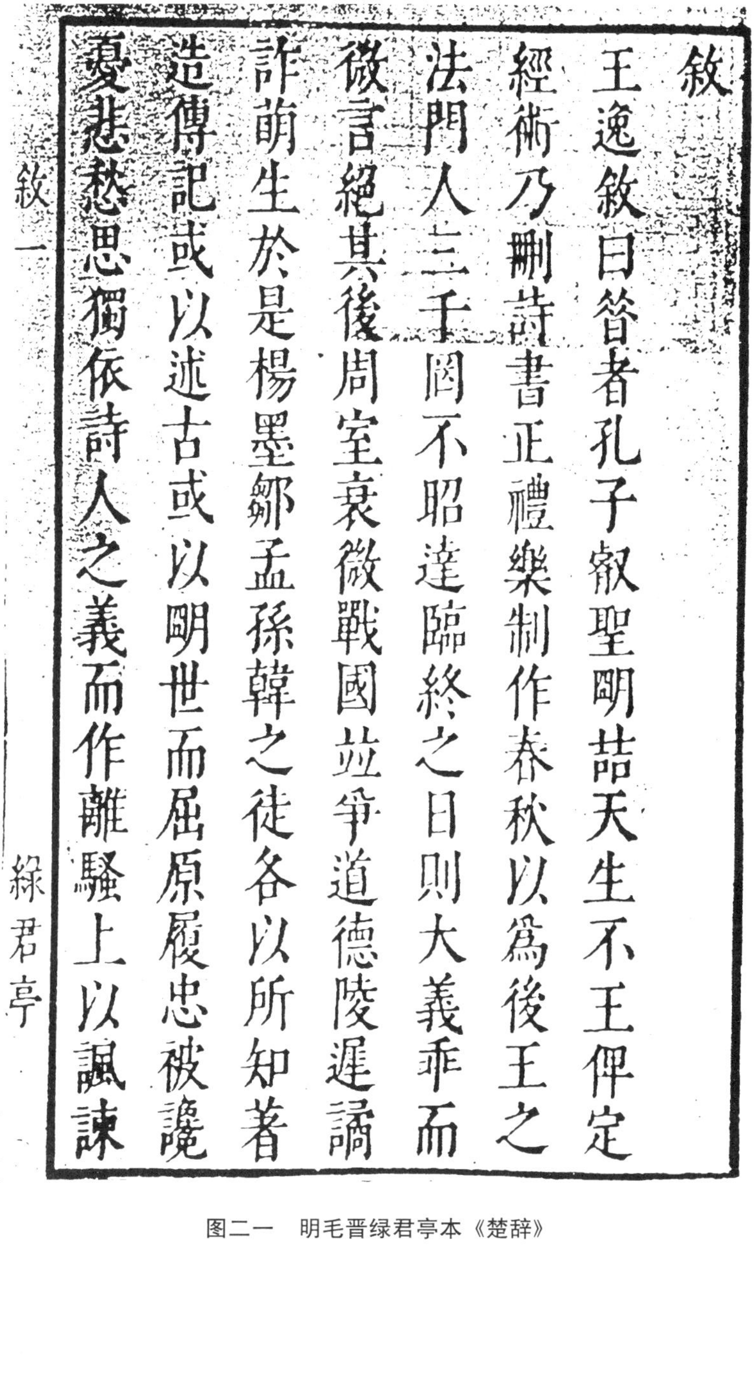
敘

王逸敘曰昔者孔子叡聖明喆天生不王俾定經術乃刪詩書正禮樂制作春秋以爲後王之法門人三千罔不昭達臨終之日則大義乖而微言絕其後周室衰微戰國並爭道德陵遲譎詐萌生於是楊墨鄒孟孫韓之徒各以所知著造傳記或以述古或以明世而屈原履忠被譖憂悲愁思獨依詩人之義而作離騷上以諷諫

敘一　綠君亭

图二一　明毛晋绿君亭本《楚辞》

楚辭述註序

詩國風無楚夷之也迨混沌之

秘開而千載獨創之格出維楚

有辭則劉氏所謂自風雅寢聲

而能以鬱起之文抽緒者哉顧

語體於詩要之可以怨耳怨斯

图二二　明万历三十九年（1611）刊林兆珂《楚辞述注》

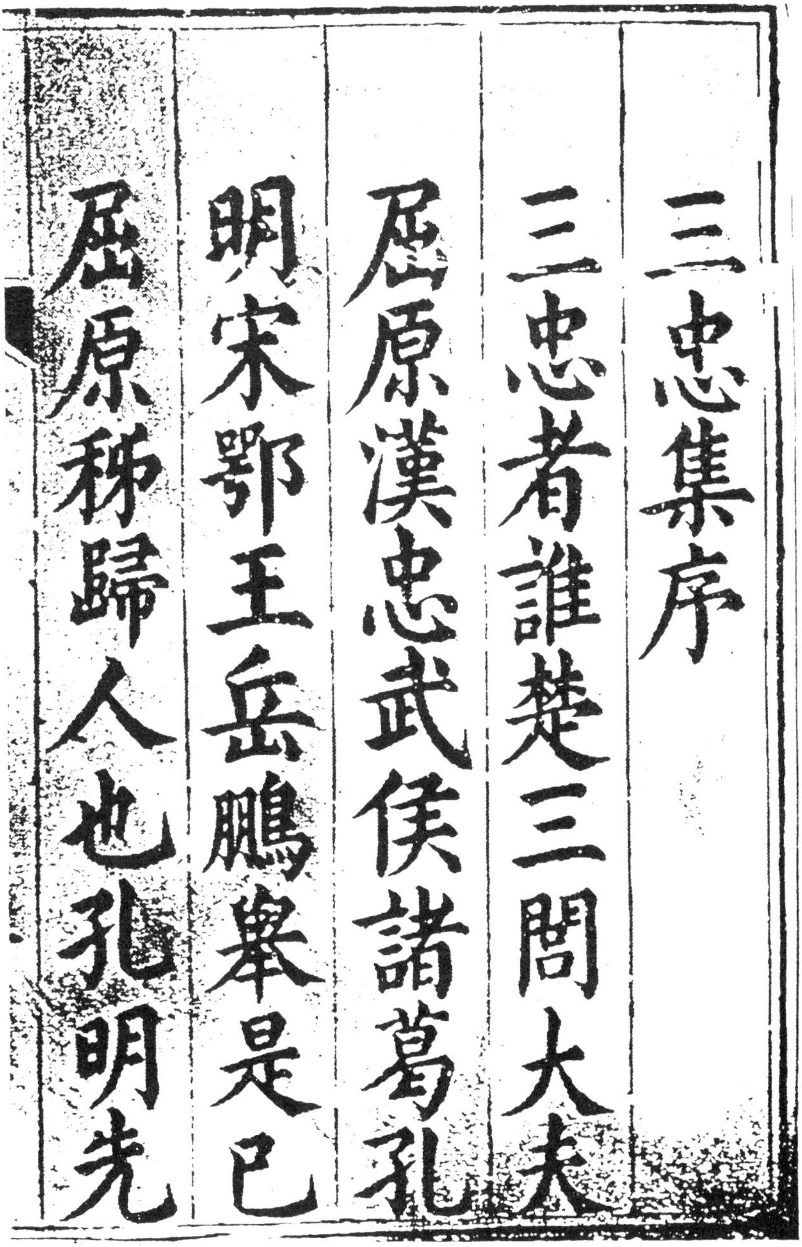
三忠集序
三忠者誰楚三閭大夫
屈原漢忠武侯諸葛孔
明宋鄂王岳鵬舉是已
屈原秭歸人也孔明先

图二三　明万历二十二年（1594）刊郭惟贤编《三忠集》

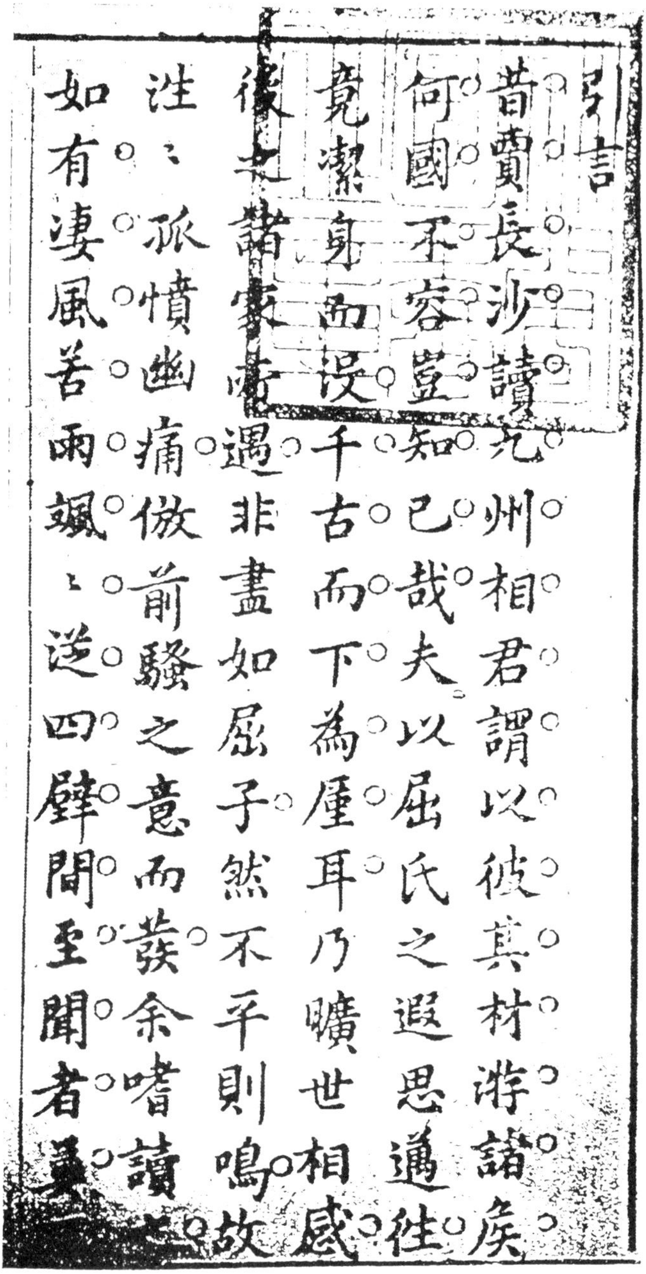

引言
昔賈長沙讀九州相君謂以彼其材游諸侯
何國不容豈知己哉夫以屈氏之遐思邁往
竟潔身而沒千古而下為屈耳乃曠世相感
後之諸家所遇非盡如屈子然不平則鳴故
注〻脈憤幽痛倣前騷之意而蕘余嗜讀〻
如有淒風苦雨颯〻送四壁間至聞者墮

图二四　明刊孙矿《广离骚》

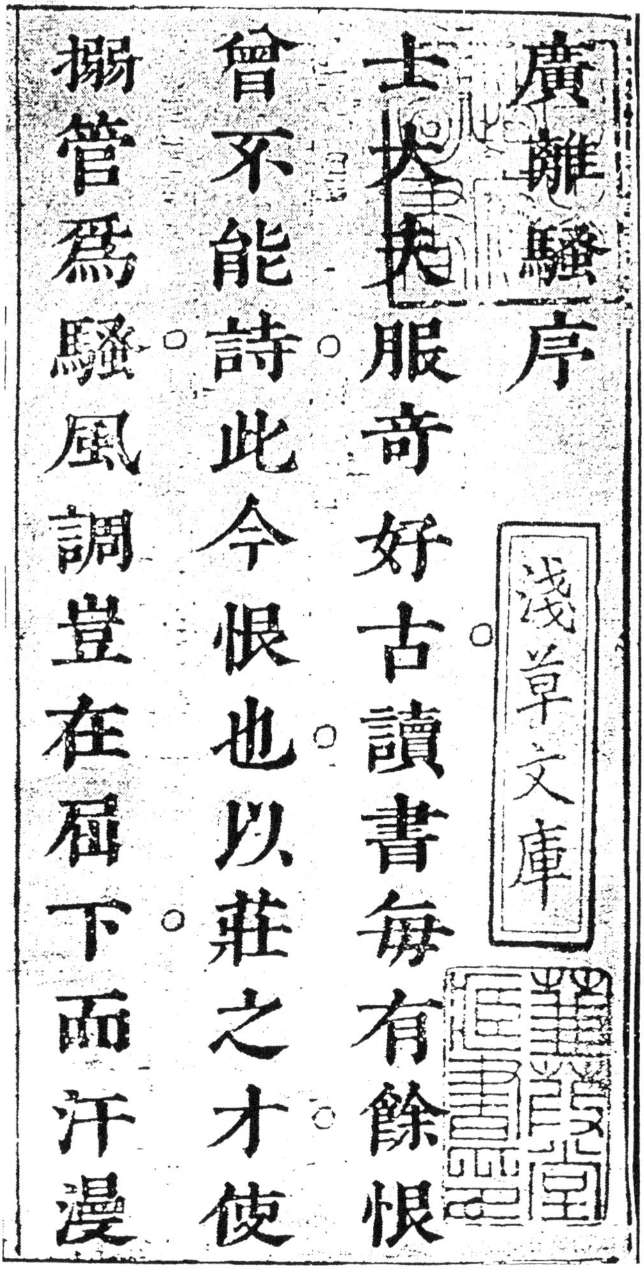
廣離騷序
士大夫服奇好古讀書每有餘恨
嘗不能詩此今恨也以莊之才使
搦管爲騷風調豈在屈下而汗漫

图二五　明刊张正声《广离骚》

楚辞与词曲音乐

卷十一

饶宗颐二十世纪学术文集·文学

目　录

FOREWORD

This book by Mr. Jao Tsung-I on the influence of the Ch'u-Tz'ŭ on lyric poetry, dramatic poetry, and music is based on a paper he presented to the Xth Conference of Junior Sinologues held at Marburg, Germany, in September, 1957. It was then my privilege, as a fellow-delegate of Hong Kong University, to give an English summary of his paper for the benefit of those who could not follow Chinese, and now I have been honoured by a request from the author to write a few words by way of introduction.

Mr. Jao is particularly interested in the culture of the ancient state of Ch'u, which he has studied from various angles: literary, musical, archaeological, geographical, and philological. To the XXIVth International Congress of Orientalists held at Munich prior to the Conference of Sinologues of the same year, he had given a talk on "Ch'u-Tz'ŭ and Archaeology" . His published works on the Ch'u-Tz'ŭ and related subjects form an impressive list, although they represent but a fraction of his manifold researches. Indeed, his indefatigable industry and prolific output leave one breathless with wonder and amazement.

The present volume, slender as it may be, contains a great deal of interesting information. I should like to draw attention particularly to his discussion on music connected with the Ch'u-Tz'ŭ in Chapter 4, and his confirmation of Wang Yi's interpretation of the title Li Sao in Appendix i. He rejects the view held by some contemporary scholars that Li Sao is a synonym of Lao Shang, a type of music, and argues for the retention of Wang Yi's interpretation of the title as "Sorrows of Exile" . This is one example of the various constructive suggestions one finds in this book. The reader will no doubt find many more on his own, and it would be presumptuous of me if I were to go on enumerating all the merits of Mr Jao's book.

April, 1958. James J. Y. Liu.

《楚辞》与词曲音乐

一、《楚辞》与中国文人生活

《楚辞》和《诗经》，可说是中国文学的木本水源，一切韵文，无不从它产生出来。历代文人，几乎没有一个不受过《楚辞》的影响。沈约云："自汉至魏四百余年，辞人才子，各相慕习，原其飙流所始，莫不同祖《风》《骚》。"因此有人说："诗文不从《楚辞》出者，纵传弗贵，能于《楚辞》出者，愈玩愈佳。"（明蒋翚语）其实不但文学创作必以《楚辞》为基础，即文人的生活，向来亦和《楚辞》结不解缘的。试举《世说新语》所记晋朝两件有趣的故事作为例证：

> (1) 王司州（胡之）在谢公（安）坐，咏（《九歌》）"入不言兮出不辞，乘回风兮载云旗"。语人云："当尔时，觉一座无人。"（卷十三《豪爽》）

《楚辞》可以培养出一种"傲睨万物"的人生态度，提高一个人的独立人格，踏进另一超现实的精神境界。

> (2) 王孝伯（恭）言："名士不必须奇才，但使常无事，痛饮酒，熟读《离骚》，便可称名士。"

（卷二十三《任诞》）

这说明名士、酒和《离骚》三者的相互关系，《离骚》可以把生活艺术化、诗化。《离骚》中的幻想和酒混合了，便能使人不由自主地产生奔放豪迈的心态，好像周游于天地般，上下左右，充满着奇丽幽怪的东西，它种下了无限的灵感的泉源。王氏这一句话，给予后来的文人很大的影响，这像一颗“想象的种子”，构成了中国文人性格的核心。

北魏卢元明性好玄理，每饮酒赋诗，遇兴忘返。少时曾从故乡涿县还洛阳，途中遇中山王熙，熙见而叹曰：卢郎有如此风神，惟须诵《离骚》饮酒，自为佳器（《魏书》四十《卢玄附传》）。唐代钱芸士亦喜读《离骚》，冯贽称他“读《离骚》手不暇揭，忘去肉味，半月如斋”（见《云仙杂记》引《姑臧记》）。这和孔子闻韶乐，三月不知肉味一样的陶醉于艺术生活之中。宋季潘庭坚，跌宕不羁，傲侮一世。为福建安抚使司机宜文字的时候，喝醉了酒，骑着黄犊，歌《离骚》于市，人以为仙（见《齐东野语》四）。以上是一些文人与《离骚》的有名故事。

关于《楚辞》对中国历代文学的影响，像辞赋方面，产生了许多摹拟的作品，本人在另一本书《楚辞书录》上已有很详细的论述。现在只想讨论《楚辞》对于词、曲和音乐三者的关系。这三者关涉的范围很广，不能不加以限断。所以这儿对于词的材料，仅以唐宋为主；音乐则以七弦琴为主；戏剧因材料较少，故清代的有关资料，也加以述及。

二、《楚辞》与五代两宋词

现在先谈“词”。“词”的特质，在于言情细腻，行笔婉曲。五代小词，正所谓：“儿女情多，风云气少。”它和《楚辞》在作法及风格上，原有许多相通之处。（一）词尚比兴，喜欢以香草美人作为譬喻，在材料的运用上亦和《楚辞》一样以女性为中心。（二）词主含蓄，立意须有“寄托”，通常不把事情直说，而要用些风花雪月字眼，隐约其词，使作者的情意在半吞半吐中表现出来。所谓“不敢放”又“不敢彰”，正是妙境（清谭献语，见《明镜词序》）。这亦和《楚辞》一样以“隐”、“秀”为美。故唐代的词祖温庭筠，前人便说他是屈原的再世。像清周之琦《题温飞卿词》云：

方山憔悴此何人，兰畹金荃兴托新。绝代风流乾膜子，前身应是屈灵均。

正是一例。词的妙处在于缱绻要眇，一唱三叹。往往上面的意思本可接入下意，它却偏不如此，而于其间用些美丽的词藻，传神写照，更加动人。故此有人说："空中荡漾"最是词家妙诀。《楚辞》所谓"君不行兮夷犹"，恰可说明这种意境（见刘熙载《艺概》）。

词的命意和用字，取材于《楚辞》者甚多。前者是寓旨的所在，后者是词藻的驱遣，一属于文章的内容，一属于文章的外形，即所谓"义"与"辞"是（朱子《楚辞后语》揭其选文之标准有二，一曰辞，一曰义）。这两方面，本论文将择要加以讨论。

唐五代的词，以温庭筠最为精妙绝人，然所作不出于"绮怨"一类。韦庄、冯正中各家的词，大都流连光景，惆怅自怜，只是些绵丽的句子，没有《离骚》幽忧之意。刘禹锡、孙光宪在词藻上，偶然用"湘妃"和"淮南桂树"。（刘禹锡《潇湘神》云："若问二妃何处所，零陵芳草露中秋。"又《杨柳枝》云："淮南桂树小山词。"孙光宪《河渎神》云："江上草芊芊，春晚湘妃庙前。"）李后主的词，"凄凉怨慕，亡国之声，"（此苏子由语，见陈鹄《耆旧续闻》）。但没有使用《离骚》、《九歌》上的字眼。

其次论宋人的词。南宋人很喜欢用《楚辞》来作它的词藻，但北宋人则寥寥无几。苏轼曾说："熟读国风与《离骚》，诗之曲折尽在是。"但他的词只用过"纫兰为佩"、"凭仗飞魂招楚些"等语。至著《续楚辞》、《变离骚》的《楚辞》专家晁补之，他的词集中只有三处运用楚辞之语汇（参看附录《宋词采骚摘句图》）。其他大家如欧阳修、周邦彦、贺铸、秦观各人的词，均无只字涉及《楚辞》。只有刘敞用过"丛桂"（《清平乐》）、晏几道用过《涉江》（《生查子》）、李之仪用过"泽畔"（《南乡子》），如是而已。

北宋词人，没甚采摭《楚辞》的字眼，以我推测，有二个原因：（一）北宋是太平盛世，故没有产生类似屈原的愤世嫉俗、悲天悯人的情绪。（二）北宋时《楚辞》这门学问尚未十分发达，所以没有南宋人使用《楚辞》词句那样普遍（参看附记《补述北宋楚辞学》）。

南宋学者研究《楚辞》的甚多，一方面因中原陷虏，偏安江左，"民离散而东迁"，"哀故都之日远"，和屈原的时代相似；一方面那些放臣迁客，贬斥远方，身世之感，离忧愤懑，有的特为《楚辞》作注，来寄托他们的感慨。

（像朱熹晚年著《楚辞集注》，乃因感赵汝愚贬永州事，故注骚以寄意，说见《齐东野语》。吴仁杰作《离骚草木疏》，则譬之草木，薰莸异品，以喻忠奸，详鲍廷博《跋》。）而且文人的习惯，很喜欢表示一己志洁行芳的清高品格，因之采用《楚辞》"纫兰"、"独醒"一类的词句，拿来自己比况，那是再适当没有的词句。

南宋词家，最喜欢用《楚辞》的字句，和摹仿《楚辞》文体的，要算辛弃疾，他那篇有名的"中秋饮酒送月"的《木兰花慢》，自己写明是"用《天问》体"，那篇写怪石的《摸鱼儿》，采用《九歌·山鬼》语，自称改名为"山鬼谣"，还有专摹仿《招魂》，用结尾的"些"字，像题瓢泉的《水龙吟》。后来蒋捷亦仿作一首，题为"招落梅之魂"，即效辛氏的体裁。

辛氏又有剪裁《离骚》语，表现得奇崛雄伟的，如"开山径，得石壁"的《千年调》（以上各首词见附录《宋词采骚摘句图》），又有杂用《九歌》、《渔父》之语，表现得旷荡闲适的，如"三山被召饯席作"的《水调歌头》，兹录于下：

> 长恨复长恨，裁作短歌行。何人为我楚舞，听我楚狂声。余既滋兰九畹，又树蕙之百亩，秋菊更餐英。门外沧浪水，可以濯吾缨。　一杯酒，问何似，身后名。人间万事，毫发常重泰山轻。悲莫悲，生离别，乐莫乐，新相识，儿女古今情。富贵非吾事，归与白鸥盟。

由于辛氏才气洋溢，复熟读《楚辞》，随手拈来，无不出神入化。

高似孙有《莺啼序》一首，序云："屈原《九歌·东皇太一》，春之神也，其词凄婉，含意无尽，略采其意以度春曲。"即采取《九歌》词句为之（赵闻礼《阳春白雪》卷四题别号，作高疏寮作，详见附录《摘句图》）。

在全首词中，用《楚辞》文句贯串而成，表现出特别风格的尚有汪莘，他的《乳燕飞》一词，序云："汪子感秋，采《楚辞》赋此。"又《水调歌头》三首（见《摘句图》），淋漓痛快，偶然插入些《楚辞》句子，笔调很是自然，兹录《乳燕飞》如下：

> 去郢频回首。正横江、荪桡容与，兰旌悠久。怅望龙门都不见，似把长楸孤负。念往日佳人为偶。独向芳洲相思处，采蘋花杜若空盈手。乘赤豹，谁来后。　云中眼界穷高厚。览山川、冀州还在，陶唐何有。

木叶纷纷秋风晚，缥缈潇湘左右。见帝子冰魂厮守。应记挥弦相对日，酹一杯太乙东皇酒。问此意，君知否。

又马端临之父廷鸾，亦有檃括《楚辞》的《水调歌头》（见《摘句图》），都是学稼轩的，可以后先媲美。

辛派的词，豪迈郁勃，稍后一辈的词人，和他作风接近的，有刘克庄（1187—1269）、刘辰翁（1234—1297），亦都喜欢用《楚辞》之语句入词。例如他们说及“醉”和“醒”的问题，同从《渔父》篇“众人皆醉我独醒”一句脱胎而来，却表现两种不同的心绪：

尝试平章先贤传，屈原醒，不似刘伶醉。拚酩酊，卧花底。——刘克庄《贺新郎》（《全宋词》二一〇，3页上）

我醉招累（指屈原）清醒否？算平生，清又醒还误。累笑我，醉中语。——刘辰翁《金缕曲》“壬午五日”（详见《摘句图》）

但梦绕青神，尘昏白帝。重反《离骚》，众醒吾独醉。——前人作《齐天乐》（详《摘句图》）

同样是说醒不如醉，意思是指黑漆漆的周遭，倒不如关闭眼睛不看还好。但在刘克庄是表现一种慷慨之音，在刘辰翁则为一种沉痛之语，因为辰翁目击宋亡，身经亡国的惨痛，所以词句更为愀怆。

词创作的成功，不单在能熔铸旧的语汇，还要能构成新的意境。这跟着每个作家的性格、学养、遭遇而异其风致。南宋词人，采用《楚辞》写出一些警句，试加分析，有豪语、壮语、快语、隽语、幽怨语、凄艳语、荒寒语、沉痛语等等的不同。

豪语

倚阑干，二三子，总仙才。汝歌《远游》章句，云气入吾杯。——姜夔《水调歌头·富览亭作》。

壮语

百二山河空壮，底事中原尘涨，丧乱几时休？泽畔行吟处，天地一沙鸥。——张元幹《水调歌头·泛太湖》（《全宋词》八五，4页下）

快语

洗尽人间尘土，扫去胸中冰炭，痛饮读《离骚》。——张元幹《水调歌头·登垂虹（亭）》（《全宋词》八五，6页）

读罢《离骚》，酒香犹在，觉人间小。——刘过《水龙吟》（《全宋词》一八五，7页下）

隽语

断崖流水。香度青林底。元配骚人兰与芷。不数春风桃李。——苏庠《清平乐·咏桂》（详《摘句图》）

幽怨语

伤心千里江南，怨曲重招，断魂在否？——吴文英《莺啼序》（《全宋词》二三五，29页下）

黑云飞起。夜月啼湘鬼。魂返灵根无二纸。千古不随流水。——张炎《清平乐·题郑所南画兰》（《全宋词》二六七，3页上）

凄艳语

金齿屐，翠云篦。女萝为带蕙为衣。——丘宻《鹧鸪天·采莲曲》（《全宋词》一七六，7页上）

荒寒语

去国情怀，草枯沙远，尚鸣山鬼。——张炎《征招·听伯长琴》（《全宋词》二六四，5页下）

一转花风，萧艾遽如许。……薜老苔荒，山鬼竟无语。——张炎《祝英台近·题水墨兰石》（《全宋词》二六九，6页上）

沉痛语

叹沉湘去国，怀沙吊古，江山凝恨，父老兴哀。正直难留，灵修已化，三户真能存楚哉！——刘过《沁园春·观竞渡》（《全宋词》一八五，3页上）

同是《楚辞》的字眼，到某一人的手中，便表现不同的品格，所谓笙磬异音，事关性分。总要驱遣自如，结构天成，无斧凿痕迹，方为妙手。因一方面是性灵的流露，一方面是书卷的酝酿，一是天才，一是学力，两者是相需的。

《离骚》之文，引类譬喻，香草美人，以配品德之忠贞，饮露餐英，以比人格的高尚。南宋词题咏草木，往往取材于骚，加入作者的想象力，便产生一种新的“意趣”。试举一些例子：

木犀 如王千秋句云："花儿不大，叶儿不美。只一段风流标致。淡淡梳妆，已赛过骚人兰芷。"（《解佩令》）（《全宋词》一三一，5页下）

兰 如张炎句云："所思何处，愁满楚水湘云。肯信遗芳千古，尚依依泽畔行吟。"（《国香·赋兰》）（《全宋词》二六六，2页下）

海棠 如李石句："纵饮菊潭餐菊蕊，茱萸。医得人间瘦也无?"（《南乡子·十月海棠》）（《全宋词》一五七，6页下）

水仙 如辛弃疾句："灵均千古怀沙恨，记当时忽忽，忘把此仙题品。"（《贺新郎·赋水仙》）（详《摘句图》）

芙蓉 如蒋捷句："臞翁一点清寒髓，惯餐英菊屿，饮露兰汀。"（《高阳台·芙蓉》）（《全宋词》二七五，6页上）

梅 如俞国宝句："恍然梦断浑非昨。问溪边竹外，新来为谁开却。无限冰魂招不得，拟把《离骚》唤觉。"（《贺新凉·梅》）（《全宋词》一七五，11页下）

方岳句："娟娟玉立载归壶。渺渺愁予肯入、楚骚无?"（《虞美人·见梅》）（《全宋词》二二七，10页下）

菊 如刘克庄句："餐饮落英并坠露，重把《离骚》拈起。野艳幽香，深黄浅白，占断西风里。""尚友灵均，定交元亮，结好天随子。"（《念奴娇·赋菊》）（《全宋词》二〇八，1页上）

芦（花） 如方岳句："黯西风，吹老满汀新雪。天岂无情，离骚点点送归客。"（《齐天乐·和楚客赋芦》）（《全宋词》二二七，9页下）

这些花草，都具有骚人的灵魂，故其品格正可以骚来比拟。至于咏歌兰、桂，更多采用《楚辞》，魏了翁谓："屈平《离骚》，常以兰自况。"（详《摘句图》）屈原如此，其他词人的用心，亦复如此。

词的题材，不少为吟咏时节的。五月初五端午节，相传为屈原的忌日，故词人的作品尤多。

这个佳节亦称"重午"或"蒲节"。宋词中关于这个题目，采用《楚辞》语句的，不下三十余首。大抵说及"竞龙舟"、"吃粽子"的风俗，主要是凭吊屈原。刘克庄、刘辰翁所作最多。兹举一二句：

谁信骚魂千载下，波底垂涎角黍。（刘克庄《贺新凉·端午》）（详《摘句图》）

欸乃渔歌斜阳外，几书生，能办投湘赋。歌此恨，泪如缕。（刘辰翁《金缕曲》）（详《摘句图》）

有的还以五月四日——端午前一日为题。像赵以夫《和方时父癸卯五月四日韵》，即其一例（《全宋词》十4页下，详《摘句图》）。

张炎《词源·论词》，特别举出“离情”一类，他说：“情至于离，则哀怨必至。苟能调感怆于融会中（指情与景之交融），斯为得矣。”《离骚》和《九歌》是千古离情的绝唱。周邦彦词云：“大都世间最苦惟聚散。”故这类词，感人尤深。宋词如：

算人生，悲莫悲于轻别最苦。正欢娱，便分俦侣。泪流琼脸，梨花一枝春带雨。（柳永《古倾杯》。即用《九歌》句。）（《全宋词》卷三十二，7页上）

登山临水送将归。悲莫悲兮生别离。不用登临怨落晖。昔人非。惟有年年秋雁飞。（辛弃疾《忆王孙·秋江送别·集古句》）（《全宋词》一七四，7页下）

带叶分根，空翠半湿荷衣。沅湘旧愁未减，有黄金，难铸相思。（张炎《声声慢》）（《全宋词》二六三，7页上）

这些句子，多么动人啊！汪莘的词说道：“《离骚》都是相思曲。”那是没有错的。

复次，王恭“饮酒读《骚》”一语，宋代词人已成为一种口头禅。只辛弃疾词，便见了四次：

细读《离骚》还痛饮，饱看修竹何妨肉。（《满江红·山居即事》）（《全宋词》一六六，5页下）

山头明月来，本在天高处。夜夜入清溪，听读《离骚》去。（《生查子》）（《全宋词》一七四，5页下）

手把《离骚》读遍，自扫落英餐罢，杖屦晓霜浓。（《水调歌头·赋松菊堂》）（《全宋词》一六，6页上）

未堪收拾付薰炉，窗前且把《离骚》读。（《踏莎行·木犀》）（《全宋词》一六九，7页下）

他如：

请细读《离骚》，为君一饮千钟。（王之道《凤箫吟》）（《全宋词》一〇四，4页下）

醉揖南山，一声清啸，休把《离骚》读。迟留归去，月明犹挂乔木。（赵鼎《念奴娇》）（《全宋词》九三，3页上）

“读《骚》”已是文人日常生活不可少的一个节目。宋人读《骚》，据严羽《沧浪诗话》云：

读《骚》之久，方识真味，须歌之抑扬，涕泪满襟，然后为识《离骚》，否则为戛釜撞瓮耳。

必须抑扬亢坠，杂以痛哭流涕，方能尽楚骚音节之美。朱熹序子厚诗，称：“其于骚词，能以楚声古韵为之节奏”，“凌厉顿挫，闻者为之感叹”，是宋人尚有一套读法，惜已失传。

关于“骚意”、“骚情”、“骚人恨”一类名词，尤为常见。如：

时事艰难甚矣，人物眇然如此，骚意满潇湘。醉问屈原子，烟水正微茫。（方岳《水调歌头》）（《全宋词》二二七，2页上）

骚情酿就，书味薰成，这些情也。（方岳《瑞鹤仙》）

冰弦写怨更多情，骚人恨，枉赋芳兰幽芷。（周密《绣鸾凤花犯》）（《全宋词》二五三，5页上）

而“续《离骚》”、“反《离骚》”，因之亦变为词中的成语：

对东皇太乙，续《离骚》，需词伯。（李曾伯《满江红》）

万山一水秀还明。此时三楚客，何意续《骚经》。（吕胜己《临江仙》）（《全宋词》二〇五，8页上）

升平代，凭高望远，当赋《反离骚》。（王以宁《满庭芳·重午登楼》）（《全宋词》一一〇，5页上）

陈人杰所作的《沁园春》，其小序言："作'思古人'一曲，无妨反《骚》。"（《全宋词》二六一，1 页）次一首的词题为"天问"（并详《摘句图》），亦无非受到《楚辞》的影响。

南宋初，洪皓有《怀归》一词，句云：

> 冷落天涯今一纪，谁怜万里无家。三闾憔悴《赋怀沙》。（《临江仙》）（《全宋词》九一，4 页下）

他于建炎三年（1129）使金，不屈，被留十余年始还。事见他所作的《江梅引》词。他的满腔忠愤，正和屈原一样，故亦同其哀怨。言为心声，诚非虚语。

大体言之，宋词取材于《楚辞》的，约有三类：

（一）檃括　即就《楚辞》某篇撮其词句，组织而成。此法似创自苏轼，他的《哨遍》写明"檃括《归去来辞》"，即开此例（《全宋词》三九，2 页）。辛弃疾、马廷鸾的檃括《楚辞》（《全宋词》二四七，4 页）即学他的方法，但这是偶然一用而已。

（二）剪裁　不是取全篇改制，而是摭拾数语而成。像下面张孝祥《过潇湘》一词：

> 制荷衣，纫兰佩，把琼芳。湘妃起舞一笑，抚瑟奏清湘。唤起《九歌》忠愤，拂拭三闾文字，还与日争光。（《水调歌头》）（《全宋词》一三八，2 页上）

（三）套语　许多《楚辞》上的字眼，成为惯用的词儿。如说祝寿，则用"揽揆"、"庚寅"，说水上景物则用"珠宫贝阙"，说清高则用"独醒"，说离别则曰"捐褋"，说高洁则用"芰荷衣"，说修饰则用"纫兰佩"，这些套语，用得很多，几乎成为陈腔滥调了。

附　补述北宋楚辞学

北宋治《楚辞》，以晁补之为专家，其《重定楚辞》、《续楚辞》、《变离骚》诸书，现均有传本（在《晁氏丛书》第四册中）。韩元吉有拟骚《羁凤辞》，其《南涧甲乙稿》云：

> 宋兴，鲜于谏大夫始作《九诵》。靖康之难，二宫在郊，九品胡理亦作《九章》，以述都人怨愤之音。由是国朝骚词，遂与古相上下。而“九奏”者，吾友庞谦孺祐父之文也。祐父家单父……尝游江湘，睹舟人祠事，有感于衷，一奋笔而为之。（《甲乙稿》卷十四《九奏序》）

北宋骚学，文中略存梗概。《九诵》为阆中鲜于侁作（文载《宋文鉴》卷三十），东坡甚称赏之，谓其“寤寐千载之上，追古屈宋，友其人于冥漠”，叹为雅音之再作。（《东坡文略》卷六十《书鲜于子骏传后》。宋许顗《彦周诗话》曾论《九诵》，谓：“观尧祠舜祠二章，气格高古。自东汉以来鲜及。”）坡公又云：“亡友文与可有四绝，诗一，楚词二，草书三，画四。”（《分类东坡诗》十一《书文与可墨竹序》）世但知与可以画竹名，今读其《丹渊集》卷一，《问神词》以下诸篇，直追宋玉小山，太白子厚非其匹也，东坡所赞，洵不虚矣。凡此皆拙撰《楚辞书录》所未及，故补识于此。

三、《楚辞》与戏曲

今再论戏曲与《楚辞》之关系。

元曲小令间有采《楚辞》语句的，如杨朝英《阳春白雪》（卷二）录蒙古阿鲁威的双调《蟾宫曲》（俗名《折桂令》），前九首即以《九歌》品成（文见附录二），是其一例。

元人的杂剧，取材于屈原投江的故事颇多。

扬州睢舜臣（一作景臣，字嘉贤）《楚大夫屈原投江》。

吴弘道（字仁卿）《楚大夫屈原投江》。

以上二种，曹寅校《录鬼簿》、姚燮《今乐考证》、王国维《曲录》俱著录其名，书已失传。（傅惜华《元代杂剧全目》云：“《永乐大典》卷二〇七四〇《杂剧》四，原收此剧，惟不详为睢吴两家谁氏之作。”）

明人所作的杂剧有：

袁于令　《汨罗记》

徐应乾　《汨罗》

见祁彪佳《远山堂明曲品》著录。（《曲品》云：“闻友人袁凫公有《汨罗记》，极状屈子之忠愤，记成乃为秦灰，不可得见。”）

清人杂剧以屈原《离骚》为张本的，有下列各种：

（一）尤侗《读离骚》 这是他的《钧天乐》传奇之一种。凡分四折，第一折据《天问》、《卜居》铺叙。第二折据《九歌》而出“关目”。第三折用《渔父辞》，加以变化，言洞庭君怜悯屈原，使白龙化为渔父，迎他入水府为仙。第四折记祭屈原事，用宋玉《招魂》、《神女》等赋。他的才气纵横，驱使《楚辞》各篇，悲凉激楚，学《楚辞》而得其气格骨力。像《屈原题壁混江龙》一曲，淋漓大笔，直可与《天问》相伯仲，如首折“湘累问天呵壁”之混江龙云：

> 小儿造化，七颠八倒总由他。我问他，九重谁垒？八柱谁加？我问他，女娲手，怎补黏五色石？我问他，康回头，怎撞漏百川洼？我问他，五百八十九分，老羲和打过几盘算？我问他，二亿三万余里，莽章亥踹破几双靴？那日月呵！为甚急忙忙，跳双丸，乌飞兔走？那星辰呵！为甚密丛丛，编五珠，虎攫龙拏？那云雾呵！为甚纠缦缦，白马黄牛陈海市？那风雨呵！为甚豁条条，婴儿少女闹窗纱？那雷电呵！疾轰轰，可是玉女投壶搥石鼓？那霜雪呵！飏霏霏，可是瑶姬剪绿绣琪花？那虹霓呵！光闪闪，跨桥梁，何人题柱？那河汉呵！响轧轧，弄机杼，若个乘槎？那山呵！颤巍巍，半青天，谁堆起千岩万嶂？那水呵！古都都，平白地，怎塌下九曲三巴？说不尽中天外，大人国、女子国、毛民国，谁认为程途兜搭？记不起上古前，《循蜚记》、《因提记》、《禅通记》，那晓得谱牒根芽？没调停，揖让征诛，酒三杯，棋一局；硬分张，中国蛮貊，盘四角，路三叉。可怪的：马出图，龟出书，更死麒麟哭断二百年鲁史；可疑的：燕生商，熊生夏，并活鸟冀、扶起三十世周家；可诧的：四目颉，鬼泣神号，只一画、乱演典、坟、丘、索；可憎的：一足夔，鸟兽仪舞，费百拜，强分凶吉宾嘉。最奇的：画九鼎，魑魅魍魉，四乘推开碣石；最巧的：排八阵、龙虎鸟蛇，一竿钓出琅琊。可恨的：酒池肉林，无愁天子，尽消受、玉杯象箸；可惜的：夏台羑里，有道圣人，也不免、铁锁铜枷。天那！若是劝忠呵！不见那苌弘血、比干心，镂剑鸱皮吴国恨；若是教孝呵！不见那伯奇蜂，急子节、偏衣金玦晋军哗。若是爱才呵！不见那孔先生，孟夫子，抵掌高谈，整日价、羸马栈车休馆舍；若是恶佞呵！不见那卫大夫、宋公子，胁肩谄笑，一般儿、峨冠博带坐官

衔。若是福善呵！不见那西山上绝粟采薇，千载饥寒乌啄肉；若是祸淫呵！不见那东陵下，脍肝吮血，终朝醉饱虎摇牙。说富呵！有那陶朱公散千金，怎教苦黔娄、曳杖操瓢，褴褛模样；说贵呵！有那苏季子相六国，怎教老侯嬴、抱关击柝，冷淡生涯。论年呵！可笑那颓彭祖，八百岁一世龙钟，偏则是泣颜回少年白发；论貌呵！可厌那蠢无盐，三千人一身宠爱，偏则是葬西施薄命黄沙。这一桩桩皮里阳秋，写不完董狐笔；一件件眼前公案，载不了惠施车。便百千年难打破闷乾坤，只两三行怎吊尽愁天下？休怪俺书生絮聒，且听波上帝嗟呀。

真是气象万千，惊天地而泣鬼神，难怪“读《离骚》”一剧，清世祖看后，非常高兴，特命宫中伶人，搬上舞台演唱，这可见它的价值了。（吴绮题此剧本有《采桑子》一词云：“潇湘千古伤心地，歌也谁闻？怨也谁闻？我亦江边憔悴人。青山剪纸归来晚，几度招魂，几度销魂。不及高唐一片云。”）“读《离骚》”有《西堂全集》本、《西堂曲腋》本，及邹式金《杂剧新编》本。

（二）嵇永仁《续离骚》　此曲共四种，盖寓歌、哭、笑、骂皆是文章之意，欲以续《离骚》。其四种为：一刘国师教习扯淡歌，二杜秀才痛哭泥神庙，三癫和尚街头笑布袋，四愤司马梦里骂阎罗。永仁康熙初为福建总督范承谟幕僚，耿精忠之难，被执，系于狱中，烧薪为炭，书于四壁，此即在狱中写成，故多愤慨之语。自言：

> 歌、哭、笑、骂皆是文章。遘此陆沉，天昏日惨，性命既轻，真情于是乎发，真文于是乎生。虽填词不可抗骚，而续其牢骚之遗意，未始非楚些别调。

又他在开端《满庭芳》一词有云：“如闻泽畔骚语，咽风尘。况随干戈满地，怎当得、涕泪沾巾。填忧愤，英雄百折，抱义叫天阍。”可见他满腔悲愤，借此发泄。他的拟骚是继续骚的精神，而不摹仿骚的文句，这和尤西堂是不同的。此书有清人杂剧集本。

（三）郑瑜《汨罗江》　尤侗云：“近见西神郑瑜著《汨罗江》一剧，殊佳，但檃括《骚经》入曲，未免聱牙之病。”焦循剧说称此以《离骚经》作曲，读原文一段，歌曲一段，立格甚奇，得未曾有。是剧有《盛明杂剧三集》本。

（四）张坚《怀沙记》　谱屈原一生事。上本演楚王，耽于酒色，及张仪、靳尚、郑袖之事，依《史记·屈原传》及《战国策》为背景。下本始写屈原本人，其中《著骚》、《大招》、《天问》、《山鬼》、《沉渊》、《魂游》等作，皆袭用《楚辞》原文，加以贯串而成。模文范义，匠心有余，而才气不如尤侗远甚。有《玉燕堂四种曲》本。

（五）周乐清《纫兰佩》　先是毛声山有意撰《雪恨传奇》十种，总名《补天石》，以补古来人事之缺陷。其一曰《汨罗江屈子还魂》未成，周氏乃祖述其意而作此曲。谱屈原沉江而死，后复回生为楚王所用，将悲剧改成团圆之喜剧，翻觉淡而无味。是剧有道光间刊本。

（六）吴藻《饮酒读骚图》　此为一折之短剧。剧中人物只有谢絮才一人。描写她嫌自己是个弱质女子，因改易男装，描成小影一幅，名为《饮酒读骚图》，悬于书室。他日，又换作闺装，对这幅小影，大读《离骚》，狂饮痛哭，终则收图而去。故此曲又名“乔影”，作者幻想摆脱女儿身，自我陶醉，为此以抒其愤慨。词颇亢爽，有豪士气。这曲虽不是摹仿《楚辞》，却受到《楚辞》的间接影响，算是另一种风格。（齐彦槐题词说：“词客深愁托美人，美人翻恨女儿身，安知蕙质兰心者，不是当时楚放臣。”很能道出他的心事。）《饮酒读骚图》有道光乙酉莱山吴载功刊本。

从上举各种杂剧，可看出明清戏曲取材于《楚辞》的一般情形。所谓“饮酒读离骚”、“续离骚”、“纫兰佩”这些名目，在宋词中已成很流行的套语，它们虽由《楚辞》而来，事实上和宋词亦不无关系的。（近人所作剧本以屈原为题材者颇多，大都世所习知，故不复及。）

四、《楚辞》与古琴曲

中国音乐，以七弦琴与政治学术关系最深。《史记·乐书》所谓“补短移化，助流政教”，这是它的显著作用。故鼓琴可以修身理性，见志观治（见《上古琴论》），当以道言，而非以艺言。

每一琴曲的名称，即是它的内容的表识，名称与内容是配合的，琴所弹出的声音，即其内容的表现。苏琴山云：“弹琴须要得情，有是情斯有是声，声情俱肖，乃有曲。”（《春草堂琴谱》）所以作曲家往往借某种事物来象征它的内在含意，而且作为标题。譬如六朝所传《碣石调·幽兰》一操（有《古逸丛书》本），隐寓着时人暗蔽，不知贤者，有悲士不遇的深意，即其著例。

很多古琴曲是取材于《楚辞》的。《楚辞》中的警句，汉时被谱入琴曲，像《九歌》“乐莫乐兮新相知，悲莫悲兮生别离”二句，亦见于琴操。民间的相和歌《今有人》一首，载《宋书·乐志》（十一），谱入《陌上桑》调，题作“楚词钞”，即用《九歌·山鬼》之词。其文如下：

今有人，山之阿，被服薜荔带女萝。既含睇，又宜笑，子恋慕予善窈窕。乘赤豹，从文狸，新夷车驾结桂旗。被石兰、带杜衡，折芳拔荃遗所思。处幽室，终不见，天路险艰独后来。表独立，山之上，云何容容而在下，杳冥冥，羌昼晦，东风飘飖神灵雨。风瑟瑟，木搜搜，思念公子徒以忧。（《宋书·乐志》十一）

此就《楚辞》原文，删减助字，点窜而成，为三三七句体。崔豹《古今注》称“罗敷弹筝作《陌上桑》之歌以自明”，是《陌上桑》原为筝曲。《宋志》云：“相和，汉旧歌也，丝竹更相和。”所录相和歌十三曲，内属于《陌上桑》调者，尚有魏文帝词的《弃故乡》，武帝词的《驾虹蜺》，及这首《今有人》。唐李白《瑟诗》云“弹作《陌上桑》”，则以为瑟曲（参看熊朋来《瑟谱》卷六）。

汉时盛行楚声，故琴中有楚歌，王逸有七言诗一首，题曰“琴思楚歌”。（原见张溥《百三家集》。逯钦立云：此本《楚辞》注文，非王逸之诗。）

明初《神奇秘谱》凄凉调有楚歌一首，内有楚霸王卸甲，疑即琵琶曲《十面埋伏》所由昉，亦即楚声。汉末又有“楚琴”之名，阮籍《乐论》云：

桓帝闻楚琴，凄怆伤心，倚扆而悲，慷慨长息曰：“善哉乎为琴，若此一而已足矣。”（《全三国文》卷四十六）

所谓“楚琴”，疑即以楚声弹出者。

有关《楚辞》的古琴曲，可考的有《屈原叹》及《屈原自沉》，谱皆失传。《屈原叹》仅存其目于《幽兰谱》末琴调名中。（《隋志》有“琴历头簿”，据马国翰辑本《琴历》三十八曲，多与《幽兰谱》所附相同，惟无《屈原叹》。）屈原《自沉》一操，则见于窦俨所编《大周正乐》。（《太平御览》五百七十八《乐部》引《大周正乐》云：“屈原自沉者，屈原之所作也……屈原自伤怀忠而见疑，忧愁，面目黧黑，临河而哀思。著《离骚》、《九歌》、《九叹》、《七谏》之辞，仰天而叹，援琴而鼓之。”此以刘向《九叹》、东方朔《七谏》为屈原作，误也。《崇文总目》：《大周正乐》一百二十卷，周翰林学士窦俨撰，显德中，俨奉诏集缀。）

自唐以后流传的琴曲，用《楚辞》作题材的，为数不止十操，大抵表现怨悱苍凉之音，故徐祺《大还阁琴谱》选取琴曲的标准，其一是“忠贞骚怨之琴”，即指此类。兹就所知有关《楚辞》的琴曲，论列如下：

（一）《离骚》

俞炎《炉火监戒录》序，提到《离骚》谱。此曲宋人很喜欢弹奏，见于诗词的记载颇多，欧阳修琴诗云：

> ……无射变凛冽，黄钟催发生。咏歌《文王雅》，怨刺《离骚经》。二典意淡薄，三盘语丁宁。琴声虽可状，琴意谁可听。

琴曲中有大雅属黄钟调（见《神奇秘谱·霞外神品》下卷），欧公诗以《文王雅》与《离骚经》对比，并指琴曲名而言。又赵以夫词云：

> 听《关雎》盈耳《离骚》婉，歌不足，为嗟叹。（《贺新郎·次刘后村》）
>
> 无奈熏风吹绿绮，闲理《离骚》旧曲。（《贺新郎》题云：“芝山堂下兰开双花瓣……”《全宋词》题作《沁园春调》，误。）

词中所言的《关雎》亦琴曲名（《五知斋琴谱》卷五谓《关雎》旧有二谱，彼所录者，为徵音十段），故与《离骚》合称。又陈著词云：

> 孤坐小窗香一篆，弦绿绮，鼓《离骚》。（《江城子·重午书怀》）

宋林洪山家清供记：“张（镃）约斋性喜延山林湖海之士。一日午酌，数杯后，命左右作银𬬻供具，良久，出琴一张，请琴师弹《离骚》一曲，众方知银𬬻乃琴弦也。”（《小石山房丛书》本）

元耶律楚材酷嗜琴，曾与人对弹五十曲，有夜坐弹《离骚》诗云：

一曲《离骚》一碗茶，个中真味更何加！香销烛烬穹庐冷，星斗阑干山月斜。（《湛然居士文集》卷十一）

从上引各事，可知宋元文人很喜欢鼓《离骚》琴曲，欧公诗已及之，则此曲的产生，当在北宋以前。

明初宁献王朱权《神奇秘谱》列次《离骚》于下卷“霞外神品”，霞指南宋杨缵《紫霞洞琴谱》。（《浩然斋雅谈》下：“杨缵字继翁，号守斋，又称紫霞。……洞晓律吕，尝自制琴曲二百操。”《千顷堂书目》郑瀛《琴谱》下云：“宋大理少卿杨公缵最知琴，尝与其客毛敏仲、徐天民著《紫霞洞谱》一十三卷，元季何巨济受业于徐，而瀛又受业于何，谱分正外二调，各一卷。”）《离骚》大概是《紫霞洞谱》中所不收的，故被列在“霞外”。明晁瑮《宝文堂书目》下艺谱类有《霞外正宗琴谱》，或者《离骚》曲亦收在这一书中。

《秘谱》载：“臞仙曰：《离骚》之操有二，其十八段者屈原自作也，十一段者后人追感而作。”“原不忍见其宗国将遂危亡，乃付诸徽轸，告乎上下也。”这与《西麓堂琴统》、《伯牙心法》等书俱以此曲为屈原自作。考唐僖宗时，陈康士安道善琴，撰琴曲百篇，《文献通考》谓“内有《离忧》七章，《沉湘》七章”，《唐书》及《宋史・艺文志》（经部乐类）著录康士《离骚谱》一卷，《崇文总目》称其“依《离骚》以次声”（钱东垣辑本），《诚一堂琴谈》云：“陈康士撰《离骚》九拍。”宋以来所传《离骚》一曲，疑出自康士之《离骚谱》。

琴曲的《离骚》又名“骚意”（《兰田馆琴谱》），《神奇秘谱》所收为十八段谱，自明至清琴谱，收录《离骚》一操，计有三十种之多。（据查阜西《见在古琴曲传谱解题汇编总表》，有：《神奇秘谱》、《风宣玄品》、《琴谱正传》、《西麓堂琴统》、《太音补遗》、《重修真传琴谱》、《文会堂琴谱》、《藏春坞琴谱》、《乐仙琴谱》、《徽言秘旨》、《大还阁琴谱》、《澄鉴堂琴谱》、《蓼怀堂琴谱》、《德音堂琴谱》、《琴谱析微》、《诚一堂琴谱》、《卧云楼琴谱》、《自远堂琴谱》、《兰田馆琴谱》、《琴露轩琴谱》、《琴学轫端》、《二香琴谱》、《悟雪山房琴谱》、《稚云琴谱》、《蕉庵琴谱》、《天闻阁琴谱》、《天籁阁琴谱》、《琴学业书收两谱》、《沙堰琴编》。）

诸家所称应用调名、转弦及段数互有异同，兹就常见而较重要的琴谱，比较如下：

（1）《神奇秘谱》用凄凉调（即楚商），紧二五弦各一徽，凡十八段。

（2）郭裕斋《德音堂琴谱》亦用凄凉调，紧二五弦各一徽，凡二十二段。其第二十一、二十二两段神奇谱并无之。

（3）云志高《蓼怀堂琴谱》称夷则调，紧二五弦各一徽，凡二十段。

（4）《大还阁琴谱》称无射调，凡二十段，不明言转某弦。《诚一堂琴谱》与之相同，因编者程允基和徐青山弟子夏于涧同游，即由徐氏再传而得，徐氏有跋，自谓“是谱传自沈太韶”。琴旨：“无射与楚商同，紧二五各一徽。”

（5）唐松仙《天闻阁琴谱》载刊自《诚一堂琴谱》，惟称姑洗调，但亦紧二五弦各一徽。

（6）黄景生《悟雪山房琴谱》，夹钟均羽音，凡二十段。（按夹钟均乃正调紧二五七弦，同清商调，俗呼姑洗调。是谱以《离骚》作清商调，与他谱异。）

（7）吴灴《自远堂琴谱》称商调羽音，紧二五弦各一徽，凡十六段。（注云：曲中以一弦六弦羽声立体，当定为商调羽音。）

各谱所称调名颇为分歧，以用紧二五弦各一徽，并称“凄凉调”者为合。弦音应是尺凡合士上尺工。

至于分段复多不同，像秦维翰的《蕉庵琴谱》和《自远堂琴谱》只分为十六段，许多琴谱大都每段不加标题，其他则标题及分段起讫复不一致。兹取《神奇》与《蓼怀》二谱略比较如下：

	神奇谱	蓼怀堂谱
一　段	叙	灵均叙初
二　段	灵均叙初	指天为证
三　段	指天为证	成言后悔
四　段	成言后悔	长叹掩涕
五　段	长叹掩涕	灵修浩荡
六　段	灵修浩荡	郢路徘徊
七　段	回车延伫	女须詈予
八　段	女媭詈予	幽情隐悯
九　段	就舜陈词	就舜陈词
十　段	埃风上征	尘埃上征
十一段	虙妃结言	虙妃结言
十二段	犹豫狐疑	犹豫狐疑

十三段	灵氛就占	灵均（应作氛）就占
十四段	巫咸决疑	巫咸决疑
十五段	璚佩众薆	琼佩众薆
十六段	兰芷不芳	兰芷不芳
十七段	远逝自疏	远游（应作逝）自疏
十八段	临睨故乡	南国冒归
十九段		临睨故乡
二十段		从居彭咸
		尾音

《蓼怀谱》多出“幽情隐悯”及“南国冒归”二标题，又省去首段标题之“叙”，各谱不但分段起讫不符，而且音律亦异。如回车延伫一段，各谱皆以散声拂一至六起，《神奇》列第七段，《蓼怀堂》、《大还阁》、《诚一堂》、《天闻阁》皆属第六段，《自远堂》属第五段，《德音堂》属第八段。《蓼怀堂》第十一段起泛音，标“虙妃结言”，《神奇谱》则属之“埃风上征”，应以《神奇谱》为是。

《离骚》这曲，我曾下了半载的工夫，弹过数十遍，对它颇有体会。大抵古人制曲有三种：一是以声写情，二是按律谐声，三是依文叶声（说见刘铁云《十一弦馆琴谱》序）。《离骚》是属于第一种的，试以《神奇秘谱》本论之：

“长叹掩涕”段，双弹再作，描写涕泣之声；而飞猱、引上、退复，则表示叹息。“回车延伫”段，先以散声之滚、拂，状车马驰骤；未叠用虚点、虚罨及掐、撮，凡再作三作，把屈原那一种徘徊反顾、不忍远离的悲伤怨慕的情绪，活现出来。“女媭詈予”段，自“上六合六”再作以下，表现着重遝反复，像女人唠叨琐絮的意态。“埃风上征”段，大半用泛音，令人有凭虚御风、飘然远举的感觉。（《蓼怀堂》题作“虙妃结言”，不甚确切。）“犹豫狐疑”段，前两用拂，继重用双弹，逐渐绰上；结用泼、刺、双弹再作，表现着紧张怔忪和矛盾犹疑的心情。“就舜陈词”、“巫咸决疑”两段，取音略同，而恳切有味。“琼佩众薆”段，全作泛音，多叠音涟字，深有感于众美受小人隐蔽，而生出无限慨叹。“兰芷不芳”段，承上突转，正如所谓由“昵昵儿女语”忽作“划然变轩昂”之状，用拂、滚和长锁、小锁之音，复以抹、挑同音弹出。含意在悲叹时事缤纷变易，已不可复为。“远逝自疏”段，中间数句，极为沉郁顿挫。“临睨故乡”段，起作大慢、打圆，有徘徊眷恋之意。——《德音堂谱》在此段前，增入泛音一段凡三用拂，仿佛表示着升陟皇天，腾云驾雾，极为佳妙。末数句屡用打的指法，声音更觉沉痛；结以剔第二弦散第一弦如一，苍凉激楚，低徊不尽。

是谱只是撷取《离骚》的精神，没有和经文配合起来，故徐祺跋云：

> 《离骚》之操，有合于经文者，惟浙中徐南山李通侯弹之。而不知者以其应文为妙，然以文协声，终属支离阻滞，何怪乎先贤之不录也。是谱传自沈太韶先生，不第音度大雅，而其慷慨击节，深有得于忠愤之思，直与三闾在天之灵千古映合，固有不在文而在乎声，且不在声而在乎神者欤！（《大还阁琴谱》。按徐南山即徐时琪，著《绿绮新声》）

明末有人把琴谱的《离骚》与屈原《离骚》经文相配，终是龃龉不相入。可知《离骚》这一琴谱的创作，是“以声写情”，而不是“依文叶声”的。

（二）《泽畔吟》

见《神奇秘谱》，亦属凄凉调，和《离骚》相同。共分四段：其一“游于江潭”，其二“行遇渔父”，其三“蒙世尘埃”，其四“鼓枻而歌”。朱权云：“是曲也，或云雪江之所制也，拟屈原以正事君，与时不合，于是见放。”《五知斋琴谱》亦言：“雪江作《泽畔吟》、《广寒秋》。”

此曲作者雪江，据张炎《词源》下云：“近代杨守斋神于琴，故深知音律，有圈法周美成词；与之游者，周草窗、徐雪江、奚秋厓、李商隐。”（夏氏《周草窗年谱》引此云。雪江未详）考汪元量时与徐雪江唱和，《湖山类稿》中有《南归后答雪江》一首；又《水云词》有《长相思·越上寄雪江》，《柳梢青·湖上和徐雪江》，其中有句云“闲却梅花一曲琴”。守斋、水云都是琴学大师，徐雪江跟他们来往，当然亦精于琴理，这首《泽畔吟》无疑是他所作的。他生在南宋末季，和屈原遭遇很相近，他眼见宋的灭亡，谱出《泽畔吟》的琴曲，是很有深意的。

这曲第二段全是泛音，和《离骚》“琼佩众薆”很相近。末段叠用双弹拟鼓枻之声，像是由《离骚》“犹豫狐疑”一段截取而成。结句苊合六𠃬犭上八合蒝合𦣞廿一女一声与《离骚》完全相同，所以《泽畔吟》可说是《离骚》的缩本，似乎是徐雪江仿效《离骚》，删其大意而成。

《西麓堂琴统》此曲有两谱。又见于《风宣玄品琴谱》、《正传藏春坞琴谱》等书。

（三）《搔首问天》

见《自远堂》、《天闻阁》、《悟雪山房》、《蕉庵》各琴谱，凡七段，亦作八段。旧称蕤宾调，原徵调商音，紧五弦一徽。天闻阁谓“楚大夫作《天问》，即此操也。其节奏抑扬顿挫，其神韵咨嗟浩叹，一片孤忠，见乎词矣”。惟《楚辞》天问原辞极长，和这操琴曲很不相类。这亦是依声写情，首段数用飞吟并撞仙之指法，进退上下，一唱三叹。第三段用泛音，极为愀怆动听。前五段步步跌急，至第六段泛音后转慢，若无可奈何，自作宽解。全首很能写出悲愤抑塞之情。

这操自是出于后人所谱，所谓“搔首问天”一语，本非屈子的事，《云仙杂记》一“搔首问青天”条云：“李白登华山落雁峰，曰：此山最高，吸呼之气，想通天帝座矣，恨不携谢朓惊人诗来搔首问青天耳。”注云：出《搔首集》。可见“搔首问天”和屈子的“呵壁问天”，含义本来有别。今用搔首来指屈子，只是借用而已。

《梅庵琴谱》所录《搔首问天》，林钟调徵音，凡九段，题屈原作。考此曲最早见于《五知斋琴谱》，原题《秋塞吟》，注云“金陵派”，又名《骚首问天》；以后《治心斋琴学练要》称为搔首问天，《春草堂琴谱》称之为《屈子天问》。而注云“又名《水仙操》”，与《古斋考定琴谱目录》云“一名《秋塞吟》”，《自远堂》但称之为《水仙操》，和上列七段的《搔首问天》，截然系两曲，《五知斋》又有长篇的说明，认为“秋塞吟为汉明妃作，曲中忧愁悲怨，听之增人牢骚不平之气”。可见这一操正名应曰《秋塞吟》。完全没有屈子问天的意味，梅庵题曰屈原作，那是附会，不足为据的。

（四）《宋玉悲秋》

明汪芝《西麓堂琴统》云：“宋玉感秋气而有悲哉之叹，后人因被之于徽轸。”《琴统》现仅有传钞本，原书未见过。《自远堂谱》分十段，《天闻阁》转录之，吴灴定为宫调商音，谓“是以四弦商声立体，以二七两弦羽声为用”。惟经过打谱及翻成工尺之后，乃知是避五弦散弹的变宫，即不转弦而换调，弦音宜为尺工合士乙尺工。（汪孟舒谓《松风阁琴谱》之《悲秋》，即潞藩〔纂集《古音正宗》〕之“秋闺”，弹法略有不同。）

此曲多用异弦同音叠字，往往连用数音，特具有双声叠韵之美；同时用飞吟曲折往复，工于嗟叹；第五段泛音尤为凄婉。（光绪间刊《释空尘枯木禅琴谱》又有《金风落叶曲》，谓“宋玉所作，音韵萧瑟，息心静听，俨然有草木黄落雁叫云飞之志”，注即“梧叶舞和风”，与此《悲秋》异曲，亦附会为宋玉作，殊误。）

附　论《招隐》

见《神奇秘谱》上卷，刊入宫调，即不转弦正调。朱权按：《琴史》曰，是曲乃西晋时左思见天下溷浊，将招寻隐者，乃作《招隐诗》，又引《招隐曲》云云。此曲弹出，古淡有味，与《离骚》泽畔等风格完全不同，和《楚辞》应该没有关系。惟淮南小山始作《招隐士》，刘向、王逸皆列入《楚辞》。朱熹作《招隐操》，分为《招隐》及《反招隐》二篇，系有小序云：“淮南小山作《招隐》，极道山中穷苦之状，以风切遁世之士，使无遐心，其旨深矣。其后左太冲、陆士衡相继有作，虽极清丽，乃自为隐遁之辞，遂与本题不合。故王康琚作诗以反之，虽正左陆之误，而所述乃老氏之言，又非小山本意也。”（《朱文公集》卷一）其说甚是。琴曲上的招隐，系招寻隐者入山，和淮南小山之辞招山中之隐者出山，用意完全相反，故与《楚辞》无关。

以上各曲，皆曾弹过，略谙它的取音和美妙之处，故加以充分说明。尚有若干曲未经弹出，姑记其目于后：

《屈原问渡》（《九歌》）

张廷玉《理性元雅》云：“屈平投南荒，问渡于渔父，自弃汨罗而不悔，后人拟是曲，令入琴中而吊之。”亦属凄凉调，《西麓堂琴统》云：一名《九歌》。凡分九段。《太古遗音》、《风宣玄品》、《琴谱正传》、《立雪斋琴谱》等俱载此曲。宋末俞琰《炉火监戒录》小序自云：“（帝㬈）德祐后，闭户静坐，以琴自娱……《离骚》、《九歌》……皆有谱。”（《学海类编·保摄类》）俞氏的《九歌谱》，不知视此何如？（《千顷目》有《俞琰琴谱》四十篇）

《远游》

《西麓堂琴统》云：“三闾被谗见放，伸志远游之篇，肆情傲物，游神八表，避世之士，而作此以宣其湮郁不平者也。”曲分八段，只见于是谱。

《渔父辞》

《理性元雅》：“此篇乃屈原遭谗被放而作。”亦属凄凉调。

《屈原》

见《文会堂琴谱》。

《吊屈原》

见《琴谱正传》。

《续离骚》

杨时百琴话举出，为《与古斋琴谱》目录所有而未见者。

由上可以看出古琴曲取材于《楚辞》之多，后人每附会为屈原所作，如《诚一堂琴谈》云："屈原作《天问》、《远游》、《离骚》、《独醒》诸弄。"这种说法，是不足信的。

宋姜夔的《越九歌》，论作法是摹仿鲜于侁的《九诵》（《砚北杂志》云：《越九歌》乃规模鲜于子骏《九诵》，然言辞峻洁，志度高远，颇有超越骅骝之意）。然熊朋来《瑟谱》云："近代姜尧章又作《越九歌》，以拟楚之《九歌》，而自为鼓瑟之谱。"是《越九歌》又谱入瑟，亦值得一提的。

附录一　《离骚》劳商辨

一、释劳商

《楚辞·大招》云：

> 代秦郑卫，鸣竽张只。伏戏《驾辩》，楚《劳商》只。讴和扬阿，赵箫倡只，魂乎归徕，定空桑只。

王逸注云："伏戏，古王者也，始作瑟。《驾辩》、《劳商》，皆曲名也。言伏戏氏作瑟，造《驾辩》之曲；楚人因之作劳商之歌，皆要妙之音，可乐听也。或曰伏羲驾辩，皆要妙歌曲也。劳，绞也，以楚声绞商音，为之清激也。"朱子《集注》亦云："伏羲之《驾辩》，楚之《劳商》，皆古曲名，而未有考。"古曲曰辩者，如《九辩》，见《离骚》、《天问》及《山海经》。王逸谓辩者变也。王夫之言辩犹遍也，一阕谓之一遍。按《宋史·乐志》言舞曲有辩，可以比证。

近人于劳商，颇有新解：

（一）朱起凤云："唐商古通用。以地名为曲名，在齐曰高唐，在楚曰劳商，此方音不同之故。"（《辞通》卷九七阳）

（二）游国恩云："劳商与离骚为双声字，是一物而异其名。离骚之为楚曲，犹后世'齐讴'、'吴趋'之类，王逸不知劳商即离骚的转音，故以为另

一曲名。”（《楚辞概论》）

二家皆以同音假借立说，其实非是。揆王逸之意，商乃宫商角徵羽之商音。按乐曲取之商音者，有清商、楚商、慢商、侧商等名，皆可于古琴曲调考之。（郭茂倩《乐府诗集·相和歌辞》有四弦曲、平调曲、清调曲、瑟调曲、楚调曲数种。其命名之故，以意度之，四弦曲、瑟调曲以主乐器为特征，平调曲、清调曲，则以乐调为区别，楚调曲则出于楚声。即从音乐上加以分类。）

清商　宋玉《长笛赋》：“吟清商，追流徵。”（《文选》二十九李注引）贾谊《惜誓》：“二子拥瑟而调均兮，余称乎《清商》。”朱注：“《清商》，其歌曲名。”据此语清商乐器亦单用瑟。《古诗十九首》：“上有弦歌声，音响一何悲，谁能为此曲？无乃杞梁妻。清商随风发，中曲正徘徊，一弹再三叹，慷慨有余哀。”又传《苏武诗》：“欲展清商曲，念子不能归。”清商本指乐调而言，凡乐曲之用清商调者，得谓之清商曲。若南朝之清商乐，仍是汉世相和歌之遗。自西凉龟兹乐传入，惟琴工犹存古调。郭茂倩云：“唯琴工犹传楚汉旧声，及清调蔡氏五弄，楚调四弄。”故清商之义，仍须于古琴求之。清商者即商音取高半音也。今琴曲上清商调为紧二五七各一徽。《神奇秘谱》亦称曰姑洗调。其“姑洗意”即“清商意”，紧二五七各一徽，即苉与萄相应，苉与萄相应，茁与芍相应，秋鸿捣衣皆此调也，弦音为士上尺工六五仕。

侧商　王建《宫词》：“侧商声里唱伊州。”南宋王灼《碧鸡漫志》云：“林钟商，今夷则商也。管色谱以凡字杀，若侧商即借尺字杀。”姜白石《琴曲侧商调序》云：“琴七弦散声，加变宫变徵为散声者曰侧弄。”“侧商之调久亡，乃以慢角转弦，取变宫变徵散声。”《转弦歌诀》云：“只缓三弦成慢角。”即从正调先慢第三弦，使为慢角调，再慢四六两弦便成侧商调。《唐书·乐志》云：“侧调者生于楚调。”侧商与侧楚侧蜀，同为“侧弄”，溯其源，仍出于楚调也。

慢商　明潞藩所刻《广陵散真趣》，为慢商调，其第三段有评云：“慢商调，惟广陵一曲，故为绝调。”太古遗音解慢商为“慢二（弦）一徽”，又一作慢一三应一弦散声。《广陵散》之定弦法，第二弦低半音，令与一弦同音高，使同时打拨可加重音量。《乐府诗集》四十一“楚调曲”序云：“其《广陵散》一曲，今不传。”是《广陵散》原属楚调。

楚商　琴之外调，又有凄凉调或称楚商调。《转弦歌诀》云：“二五俱高凄凉音。”谓紧二五弦各一徽，使茈与芶相应，及茁与芍相应，弦音为尺凡合士上尺工。《神奇秘谱》有神品凄凉意及神品楚商意，俱即凄凉调。《离骚》、《泽畔吟》、《屈原问渡》皆属此调。

是故以琴弦论，第一弦为宫，第二弦为商，桓谭《新论》云：“五弦第一弦为宫，其次商、角、徵、羽。文王武王各加一弦，以为少宫少商。”（见《通典·乐典》引）凡于第二弦紧慢，使高半音或低半音，以定调，皆是商音之变。括言之：紧二五弦为楚商，紧二五七弦为清商，慢二弦为慢商，慢三四六弦为侧商，此其大较也。所谓“劳商”者，王逸言“以楚声绞商音为之”，此说至确。故劳商当是以商弦为体，犹琴曲之楚商及清商，即由商音交织而成也。凄凉调亦名楚商，《神奇秘谱》凄凉调有楚歌，谱霸王别姬之事，此即所谓楚声，亦紧二五弦取调。王逸以楚声绞商音训“楚劳商”，则劳商之义，可以楚商清商比况之。于此可证琴曲之外调，自战国时已有，而所谓“楚声”，亦应于音乐上求之，方能探骊得珠。游氏徒以同音通假立说，谓劳商即离骚一名之异写，实不足为典要。近世采其说者，似应加以审辨。

二、“离骚”解

离骚之名，汉氏以来，其说不一。《史记·屈原传》云：“故忧愁幽思，而作《离骚》。离骚者，犹离忧也。”班固《离骚赞序》云：“离，犹遭也；骚，忧也；明己遭忧作辞也。”应劭（《史记索隐》引云“离，遭也；骚，忧也”）、颜师古（见《汉书·贾谊传》注云：“离，遭也；忧动曰骚。”）均用班说。王逸《楚辞章句》云：“屈原执履忠贞，而被谗邪，忧心烦乱，不知所诉，乃作《离骚经》。离，别也；骚，愁也；经，径也。言己放逐离别，中心愁思，犹依道径以风谏君也。”《离骚》称经，乃后世之士祖述其词而尊之耳，非屈子意。叔师以“径”训“经”之说，自洪兴祖、朱晦庵，悉讥其非。

离骚二字，本楚国之方言也，亦得倒言曰“骚离”。《楚语》上伍举曰：“德义不行，则迩者骚离，远者距违。”韦昭注：“骚，愁也；离，叛也。”《困学纪闻》云：“伍举所谓‘骚离’，屈平所谓‘离骚’，皆楚言也。扬雄为畔牢愁，与楚语注合。”余按古涟语每倒言，如“慷慨”亦作“忾康”，“黄昏”亦作“纁黄”（《九章·思美人》），“溟涬”亦作“涬溟”（《庄子》司马注），是其比。项安《世家说》亦引伍举“骚离”之言，谓“为楚人之语，自古如此，屈原《离骚》必是以离畔为愁而赋之”（梁章钜《文选旁证》已引王、项两说）。其说是也。

《史记索隐》云：“骚字亦作慅，按《楚词》慅作骚，音索刀反。”是《索隐》本离骚作“离慅”。日本《枫山文库》及三条西实隆写本并同。宋黄善夫本，明汪谅本《索隐》不全，无“慅亦作骚”以下十字。项氏解离骚，谓“以离畔为愁”，与叔师训离为别，骚为愁，取义最近。是离骚者，易言之，即别愁也，亦谓之离忧。《九歌·山鬼》云：“思公子兮徒离忧。”与史公释离骚为离忧正合。清蒋骥注云：“离，别；骚，愁也。篇中有‘余既不难离别’语，盖怀王时初见斥疏，忧愁幽思而作也。”屈复《楚辞新注》亦援《离骚》是语，以申“离骚”二字之义即离别之忧。

是说也，多见疑于世，然寻绎骚中语，言“离”者不一而足。如云：“赍菉葹以盈室兮，判独离而不服。”王注：“判别也；服兰蕙，守忠直，判然离别，不与众同。”此托女嬃喋喋之言也。再则云“何离心之可同兮，吾将远逝而自疏”。王注：“言贤愚异心，何可合同，知居与己殊志，故将远去自疏，而流遁于世。”此屈子遭道昆仑以前，自道其远离之决心也。文中于去楚之情，低徊往复，若不能自已者。是所云“离心”，即离忧也，亦即离骚也。宁溘死以流亡，而不忍枉道以苟合，此固屈子之初志。然于楚宗国之邦，义无可去，离乎？否乎？将安抉择？此矛盾心理，即《离骚》一文所为作也。孔子云：“迟迟吾行，去父母国之道也。”屈子上天下地，临睨故乡，仆悲马怀，蜷曲不行，宁从彭咸之所居，而终不愿去其祖国，在此矛盾观念交织冲突之下，又不忍以清白久居浊世，遂赴汨渊，自沉以死。故知《离骚》篇名之取义，要以离别之忧一说，最能道出屈子心事。顾欲明此义，须于《离骚》本文通体玩会，庶几得其精神所在，尤当本悲剧之法则，以究其辨析善恶与去留冲突之心，苟徒乞灵于训诂，将何从悟入耶？读《离骚》者，应先明此一谛也。

盖屈子于善恶之辨至明，其言曰：“冀枝叶之峻茂兮，愿俟时乎吾将刈。”自以为官三闾大夫时，职司教养，恐见贤而不能举，举而不能先命也。又言：“众皆竞进以贪婪兮，冯不厌乎求索。”则恐见不善而不能退，退而不能远过也。楚人尊善，早著明训。至《大学》益阐“止于至善”之义，其引《楚书》曰：“楚国无以为宝，惟善以为宝。”郑注谓“楚昭王时书”。今不可见，而屈子云：“夫孰非义而可用兮？孰非善而可服？”非此意耶！又伍举之言曰：“德义不行，则迩者骚离。”夫屈子所遭际，岂非德义不行之时乎？此所以不恤骚离而远游者，与伍举之意正合也。

由是言之，《离骚》取义，应以叔师所说为确；而史公离忧一解，亦最能体屈子之志。至于其他异说，若周圣楷以离为明，骚为扰。（楚宝）戴东原谓“离犹隔，骚者动扰有声之谓，盖遭谗放逐，幽忧而有言，故以离骚名篇”（《屈原音义》）。说并迂曲。

离骚二字，译成西文者，英人 E. H. Parker 翻为“Sadness of Separation”。而 Georges Margoulies 于所著“Le Kou－wen Chinois”（《中国古文》，法文本，巴黎刊）亦作“Tristesse de la Separation”。皆依王叔师说。林文庆则译为“Encountering Sorrows”，据班固以离为遭遇，解作动词。H. A. Giles 序林氏书，力讥前说之误。由今观之，巴克所译未必非，而林氏亦不见其为得也。

附录二　《宋词采骚摘句图》

《摘句图》采自《全宋词》。其只用骚经字面而意与屈子无关者不录。同阕词有删节中间句者，所录上下文各用引号作识。调名下为词题，亦以引号表之。题后括弧两数字，上指卷数，下指页数。兹录本为拙文所取材，不忍废弃，故并存之。昔高似孙有《选诗句图》，故仿其名以命篇。

苏　轼　路尽河回人转舵。系缆渔村，月暗孤灯火。凭仗飞魂招楚些。我思君处君思我。——《蝶恋花·暮春别李公择》（三八、一〇上）

明日西风还挂席。唱我新词泪沾臆。灵均去后楚山空，澧阳兰芷无颜色。——《归朝欢·和苏坚伯固》（三九、一三下）

明朝端午，待学纫兰为佩。寻一首好诗，要书裙带。——《殢人娇·赠朝云》（三九、一四上）

晏幾道　长恨涉江遥，移近溪头住。闲荡木兰舟，误入双鸳浦。——《生查子》（三四、七上）

晁补之　想沉江怨魄归来，空惆怅，对菰黍。——《消息·端午》（五五、三上）

洒泪作招魂，枫林子规啼晓。——《离亭宴·吊黄鲁直》（五六、四上）

二十南游，曾上会稽千仞。捐袂江中往岁，有骚人兰荪遗韵。——《万年欢·和季良》（五八、三上）

李之仪　角黍满盘无意举，凝魂。不为当时泽畔痕。——《南乡子·端午》（七〇、九下）

李清照　“细看取，屈平陶令，风韵正相宜。”“人情好，何须更忆，泽畔东

篱。”——《多丽·咏白菊》（二九〇、九上）

宋高宗 那如江汉独醒人。——《和渔父词》（一、六下）

叶梦得 冥鸿天际，尘事分付一轻芒。认取骚人生此，但有轻篷短楫，多制芰荷裳。——《水调歌头·和休官咏怀》（八四、五上）

陈与义 高咏《楚词》酬午日，天涯节序匆匆。——《临江仙》（一〇二、八上）

楚人未识孤妍。《离骚》遗恨千年。——《清平乐·木犀》（一〇二、九上）

张元幹 《水调歌头·同徐师川泛太湖》（八五、四下）（已见上引）

《水调歌头·登垂虹》（八五、六上）（已见上引）

洪　浩 《临江仙》（九一、四下）（已见上引）

赵　鼎 《念奴娇·夜饮南园作》（九三、三上）（已见上引）

王安中 席次，早焚烈芰荷衣。敲朴諠諠，牒诉匆匆，抗颜自喜。—《哨遍·为蔡侯原道以北山移文度曲》（九八、二上）

王以宁 《满庭芳·登栖霞楼》（一一〇、五上）（已见上引）

杨无咎 不奈书生习气。对群花领略风味。骚人已去，欲纫幽佩，重为湘酹。——《水龙吟·木犀》（一一七、二上）

沅湘人去已远，劝君休对景，感时怀古。慢啭莺喉，轻敲象板，胜读《离骚》章句。——《齐天乐·端午》（一一七、九上）

周紫芝 除尽把，平生怨感，一时分付《离骚》。——《汉宫春·己未中秋》（七九、一上）

苏　庠 断崖流水。香度青林底。元配骚人兰与芷。不数春风桃李。淮南丛桂小山。诗翁合得攀翻。——《清平乐·咏岩桂》（七七、六下）

王之道 《凤箫吟·和彦时兄重九》（一〇四、四下）（已见上引）

侯　寘 彩笔题诗。休诵骚人《九辩》词。——《减字木兰花》（一三〇、一三下）

王千秋 《解佩令·木犀》（一三一、五下）（已见上引）

张孝祥 《水调歌头·过潇湘作》（一三八、二上）（已见上引）

料天关虎守，箕畴龙负，开神秘，留兹地。——《水龙吟·望九华作》（一三九、一下）

欲吊沉累无所，但有渔儿樵子，哀此写离忧。——《水调歌头·过岳阳楼作》（一四二、八上）

甄龙友 清江旧事传荆楚。叹人情，千载如新，尚沉菰黍。且尽尊前今日醉，谁肯独醒吊古。——《贺新郎》（一四三、九上）

姚述尧 兴来吟咏，灵均谁谓今绝。——《念奴娇·次刘周翰韵》（一四五、一下）

杨冠卿 不见独醒人，愁对湘妃语。——《生查子·赋湘妃鼓瑟笺，湘妃泛莲叶上，有片云擎月》（一五八、三下）

赵磻老 高诵《远游》赋，独立桂香兰。——《水调歌头·和平湖》（一五三、三下）

想像切云高，晓日罗昏雾。——《生查子·再和丞相》（一五三、五上）

朱　熹 奇绝处，未忘情。几时还得去寻盟。江妃定许捐双佩，渔父何劳笑独醒。——《鹧鸪天·江槛》（一五五、六上）

辛弃疾 怅日暮云合，佳人何处，纫兰结佩带杜若。入江海曾约。——《兰陵王·赋一丘一壑》（一六三、二下）

“灵均千古怀沙恨。记当时匆匆，忘把此仙题品。”“弦断招魂无人赋，但金杯的皪银台润。愁殢酒，又独醒。”——《贺新郎·赋水仙》（一六三、三上）

绿树听鹈鴂。——《贺新郎·别茂嘉十二弟》。鹈鴂杜鹃实两种，见《离骚补注》。（一六三、五上）

兰佩芳菲无人问，叹灵均欲向重华诉。空壹郁，共谁语。——《贺新郎·和徐斯远下第》（一六三、七下）

秋菊堪餐，春兰可佩，留待先生手自栽。——《沁兰春·带湖新居将成》（一六四、五上）

山中友，试高吟楚些，重与招魂。——《沁园春·戊申岁奏邸忽腾报谓余以病挂冠》（一六四、五下）

新词好，似凄凉楚些，字字堪题。——《沁园春·答余叔良》（一六四、五下）

看君才未数，曹刘敌手，风骚合受，屈宋降旗。——《沁园春·答杨世长》（一六四、六上）

记醉眠陶令，终全至乐，独醒屈子，未免沉菑。——《沁园春·破戒一醉》（一六四、七上）

闻道莼鲈正美，休裂芰荷衣。——《水调歌头·和王政之》（一六

五、二下）

《水调歌头·壬子三山被召，饯席上作》（一六五、四下）（已见上引）

《水调歌头·赋松菊堂》（一六五，六上）（已见上引）

我亦卜居者，岁晚问三间。昂昂千里，泛泛不作水中凫。——《水调歌头·将迁新居，不成，戏作》（一六五、六上）

《满江红·山居即事》（一六六、五下）（已见上引）

与客朝餐一笑，落英饱便归休。古来尧舜有巢由。江海去悠悠。待说与佳人，种成香草，莫怨灵修。——《木兰花慢·寄题吴克明广文菊隐》（一六六、七上）

“中秋饮酒将旦，客谓：前人诗词有赋待月，无送月者，因用《天问》体赋。”——《木兰花慢题序》（一六六、七上）

听兮清佩琼瑶些。明兮镜秋毫些。君无去此，流昏涨腻，生蓬蒿些。虎豹甘人，渴而饮汝，宁猿猱些。大而流江海，覆舟如芥，君无助，狂涛些。　路险兮山高些。愧余独处无聊些。冬槽春盎，归来为我，制松醪些。其外芬芳，团龙片凤，煮云膏些。古人兮既往，嗟予之乐，乐箪瓢些。——《水龙吟·用些语再题瓢泉》（一六七、二下）

四更山鬼吹灯啸，惊倒世间儿女。依约处，还问我，清游杖屦公良苦。神交心许。待万里携君，鞭笞鸾凤，诵我《远游》赋。——《摸鱼儿·雨岩有石，状甚怪，取离骚九歌名曰山鬼，因赋摸鱼儿，改名山鬼谣》（一六七、四上）

休说。搴木末。当日灵均，恨与君王别。心阻媒劳，交疏怨极，恩不甚兮轻绝。千古《离骚》文字，芳至今，犹未歇。——《喜迁莺·赵晋臣赋芙蓉词见寿用韵为谢》（一六七、六下）

怪新来，却见文反离骚，诗发秦州。——《雨中花慢·登新楼有怀》（一六八、一下）

落花时节，杜鹃声里送君归。未消文字湘累。——《婆罗门引·别杜叔高，叔高长于楚词》（一六九、二下）

“左手把青霓，右手挟明月。吾使丰隆前道，叫开阊阖。周游上下，径入寥天一。览玄圃，万斛泉，千丈石。”“璘珣突兀，正在一丘壑。余马怀，仆夫悲，下恍惚。”——《千年调·开山径，得石壁，因名曰苍壁》（一六九、三下）

《踏莎行·赋木犀》（一六九、七下）（已见上引）

"九畹芳菲兰佩好。空谷无人，自怨蛾眉巧。""冉冉年华吾自老。水满汀洲，何处寻芳草。唤起湘累歌未了。石龙舞罢松风晚。"——《蝶恋花·月下醉书雨岩石浪》（一七〇、七下）

胸中不受一尘侵，却怕灵均独醒。——《西江月·和赵晋臣赋秋水瀑泉》（一七二、五下）

《生查子》（一七四、五下）（已见上引）

漫天春雪来，才抵梅花半。最爱雪边人，楚些裁成乱。——《生查子·和赵晋臣春雪》（一七四、六上）

如今憔悴赋招魂。儒冠多误身。——《阮郎归·耒阳道中为张处父赋》（一七四、六下）

《忆王孙·秋江送别集古句》（一七四、七下）（已见上引）

许及之 "独炷炉香薰衣润，对潇潇翠竹都忘暑。时展卷，诵骚语。""问楼头倦客谁怀古。回首独醒人何在，空把清尊酹与。漾不到潇湘江渚。我又相将湖南去，已安排吊屈嘲渔父。君有语，但分付。"——《贺新郎·端午》（一七五、二上）

丘　密 《鹧鸪天·采莲曲》（一七六、七上）（已见上引）

李　石 《南乡子》（一五七、六下）（已见上引）

俞国宝 《贺新凉·梅》（一七五、一一上）（已见上引）

刘　过 《水龙吟·寄陆放翁》（一八五、七下）（已见上引）

《沁园春·观竞渡》（一八五、三上）（已见上引）

张　镃 云动精神衡岳去，向君山帝乐锵韶濩。兰艺畹，吊湘楚。——《贺新郎·陈退翁分教衡湘将行索词》（一八六、一一下）

韩　淲 人不见，句还成。又听求友莺。濯缨一曲可流行。何须观我生。——《醉桃源·昌甫有曲名之濯缨，因和》（一八七、一六下）

多雅尚，少时情。沧浪渔父缨。高歌宁与俗争鸣。朱弦疏越声。——《醉桃源·和昌甫》（一八七、一六下）

宋玉悲秋合反骚。——《浣溪沙·秋思》（一八七、二三上）

高似孙 青旂报春来了，玉鳞鳞风旌旆（原误作旋）。陈瑶席、新奏琳琅，窈窕来荐嘉祉。桂酒洗、琼芳丽景，晖晖日夜催红紫。湛青阳，新沐人声，淡荡花里。　光泛崇兰，坼遍桃李，把深心料理。共携手、蘅室兰房，奈何新恨如此。对佳时、芳情脉脉，眉黛蹙，羞搴琼珥。

折微馨，聊寄相思，莫愁如水。　青苹再转，淑思菲菲，春又过半矣。细雨湿香尘，未晓又止。莫教一鸩无聊，群芳亹亹。伤情漠漠，泪痕轻洗。曲琼桂帐流苏暖，望美人、又是论千里。佳期杳渺，香风不肯为媒，可堪玩此芳芷。　春今渐歇，不忍零花，犹恋余绮。度美曲、造新声，乐莫乐、此新知，思美人兮，有花同倚。年华做了，功成如委，天时相代何日已。怅春功、非与他时比。殷勤举酒酬春，春若能留，□还亦喜。——《莺啼序·屈原九歌、东皇太一，春之神也，其词凄婉，含意无尽，略采其意以度春曲》（一八三、二上）案《全宋词》录自《阳春白雪》四，粤雅堂本《阳春白雪》有题序，此照补。

姜　夔　昔游未远，记湘皋闻瑟，澧浦捐褋。——《念奴娇·毁舍后作》（一九四、一上）

《水调歌头·富览亭作》（一九四、三上）（已见上引）

史达祖　如今但柳发晞春，夜来和露梳月。——《万年欢·春思》（二一六、三上）

蕙花老尽离骚句。绿染遍，江头树。——《青玉案》　（二一六、一〇下）

些字轻魂几度销。兰骚蕙些，无计重招。——《一剪梅·追感》（二一六、一八下）

高观国　万蕊金寒，三秋梦好，曾记餐英清咏。——《齐天乐·菊》（二一七、一下）

黄岩叟　灵均逝魄无凭。但湘沅一水，到底澄清。菰黍万家，丝桐五彩，年年吊古深情。——《望海潮》（二三八、五下）

汪　晫　《离骚》古意盈洲渚。也莫道龙舟吊屈，浪花吹雨。——《贺新郎·开禧丁卯端午》（一八八、六下）

李处全　我爱五湖烟水阔，待扁舟，寻到揞机处。访婺女，共娶女。——《贺新郎·再和七夕》（一八九、六下）

程　泌　算汨罗醒处，元来醉里，真敖假孟，毕竟谁封。——《沁园春·读史记有感》（一九〇、三下）

楚国《离骚》，唐朝词学，未信芳尘□歇。——《喜迁莺·别陈新恩》（一九〇、四下）

程　垓　问故乡何日，重见吾庐。纵有荷纫芰掣，终不似、菊短篱疏。——

《满庭芳·时在临安，晚秋登临》（一九七、三上）

吕胜己 《临江仙·同登裴公亭》（二〇五、八上）（已见上引）

卢祖皋 念《离骚》恨远，独醒人去，阑干外，谁怀古。——《水龙吟·淮西重午》（一九八、三上）

洪咨夔 扈江蓠，贯薜荔，制芙蓉。——《水调歌头·送曹侍郎归永嘉》（二二〇、二四上）

魏了翁 慨想二江遗迹，更起三闾忠愤，此日最为宜。——《水调歌头·虞永康筑美功堂于城南，以端午落成，唐涪州赋水调歌，即席次韵》（二〇一、一下）

彼云云，谩自怨灵均，伤兰植。（自注：屈平子建愤世之不见知，《离骚》常以兰自况，而子建亦谓秋兰可喻，桂树冬荣。）——《满江红·次韵咏兰》（二〇一、二下）

石兰衣，江蓠佩，芰荷裳。——《水调歌头·管待李参政》（二〇一、四下）

更时把、荷衣芰制，从容平熨。云淡天空诗献状，竹深花静机藏密。——《满江红·和李参政惠生日》（二〇二、一下）

数初度庚寅，未来甲子，尽自宽闲。——《木兰花慢·许侍郎生日》（二〇二、六下）

《离骚》乡里住。恰记庚寅度。挹取芷兰芳。酌君千岁觞。——《菩萨蛮·江通判生日》（二〇三、一一上）

直自《离骚》国里，行到林间屋畔，万里入双眸。——《水调歌头·送蒋成父》（二〇三、一一下）

吴　泳 “书凭湖雁寄，手把江蓠折。”“芳草鸣鹈鴂，野菜飞黄蝶。”——《千秋岁·寿友人》（二二〇、一八下）

郑　域 篱边菊，畹中兰，甘避芳尘不。——《蓦山溪·桂花》（二〇六、二上）

李　刘 好在灵均初度，唤起长庚佳梦，霜月照金罍。——《水调歌头·寿赵茶马》（二二四、四上）

汪　莘 《乳燕飞·汪子感秋，采楚词赋此》（二一八、一上下）（已见上引）

欲寄唐虞无限意，《离骚》都是相思曲。——《满江红·谢孟使君》（二一八、二上）

五柳爱寻王母使，三闾好作湘妃曲。——《满江红·自赋》（二一

八、二上）

寻渔父，问湘灵，拄杖斜阳里。——《蓦山溪》（二一八、二下）

秋风袅。湘君来了。一曲烟波渺。——《点绛唇·咏芙蕖》（二一八、三上）

孜孜地。访兰寻蕙。谁会幽人意。——《点绛唇》（二一八、三下）

寄语山阿子，何日出幽篁。兰衣蕙带，为我独立万寻冈。头上青天荡荡，足下白云霭霭，和气自悠扬。一阵东风至，灵雨过南塘。

招山鬼，吊河伯，俟东皇。朱宫紫阙，何事宛在水中央。长望龙辀雷驾，凭仗箫钟交鼓，宾日出扶桑。我乃援北斗，子亦射天狼。——《水调歌头》（二一八、四下）

谁与玩芳草，公子未西归。天然脱去雕饰，秋水落芙蕖。发轫朝兮东壁，弭节夕兮两极，故国入踌躇。梦里不知路。南斗正扶疏。

鸩不好，凤不利，忆三闾。算来何事，苦道岁晏孰华余。首拜东皇太乙，复次云君司命，高曳九霞裾。山鬼正含睇，慕我欲何如。——《水调歌头》（二一八、四下）

“周流天上地下，我马亦悠哉。”“被明月，佩宝璐，冠崔嵬。可怜幼好奇服，年老在尘埃。”——《水调歌头》（二一八、五上）

晞汝阳阿上，濯汝洞庭湖。——《水调歌头》（二一八、五上）

吴　潜　可怪底，屈子《离骚》，兰蕙独前席。——《暗香·东园梅花》（二二二、四下）

“景回计院行有日，约同官酌酒于西园，取吕居仁《满江红》词分韵以饯行色，盖反骚也。余得对字，就赋。”——《满江红题序》（二二二、八下）

赵以夫　听《关雎》盈耳《离骚》婉。——《贺新郎·次刘后村》（九、六下）

无奈熏风吹绿绮，闲理《离骚》旧曲。——《贺新郎·芝山堂下兰开双花》（九、七上）

听得长淮风景，唤起《离骚》往恨，杜若满汀洲。——《水调歌头·次方时父癸卯五月四日》（一〇、四下）

郑清之　休道三闾曾旧识，轻把木兰相对。延桂同盟，索梅为友，不复娇春态。年年秋后，笑观芳草萧艾。——《念奴娇·菊》（二〇四、一下）

王　迈　美人痛饮读离骚。因感秋英，饷我菊花糕。——《南歌子·谢送菊花糕》（二〇六、五下）

人物渺然，蕙兰椒艾，孰臭孰香。昔尹公和靖，与龟山老，虽同名节，却异行藏。——《沁园春·谨详和靖龟山二先生出处之节，求质正于西山真先生》（二〇六、七上）

留元刚　褰荇带，揞笴竹。披荷芰，餐椒菊。——《满江红·泛舟武夷，午炊仙游馆》（二〇六、九下）

赵君举　人有纫兰佩，云无出岫心。——《南歌子》（一〇、一〇上）

刘克庄　万卷星罗，千篇电扫，肯学穷儿事楚骚。——《沁园春·又答叶贤良》（二〇七、四上）

也不消颠怪，骑䮯披发，谁能委曲，令鸩为媒。——《沁园春·吴尚书和作再答》（二〇七、四下）

送老三家水竹村。休休也，任巫阳来下，未易招魂。——《沁园春·答陈上舍》（二〇七、五上）

《念奴娇·菊》（二〇八、一上）（已见上引）

东皇太乙敕瑶姬。淡傅胭脂。——《汉宫春·红梅》（二〇七、八下）

且阁起庄骚，专看老易，课程尤省。——《转调二郎神·三和》（初和题云“余生日，林农卿赠此词，终篇押一韵，效嚬一首”。）（二〇八、八上）

向绛河濯足，咸池晞发。——《满江红·寿王实之》（二〇九、二上）

今似得，三闾公子，四明狂客。——《满江红·和实之》（二〇九、二下）

任天孙笑拙，女嬃嫌直。——《满江红·和实之》（二〇九、三上）

殇子彭篯谁寿夭，灵均渔父争醒醉。——《满江红·和叔永吴尚书，时吴丧少子》（二〇九、三上）

麻与麦，俱成长。蕉与荔，应来享。有累臣泽畔，感时惆怅。——《满江红·端午》（二〇九、四下）

自和山歌，国风之变，《离骚》之裔。——《水龙吟·自和》（初唱为己亥自寿）（二〇九、六下）

灵均标致高如许。忆生平，既纫兰佩，更怀椒糈。谁信骚魂千载后，

波底垂涎角黍。——《贺新郎·端午》(二一〇、二下)

《贺新郎》(二一〇、三上)(已见上引)

"艾子萧郎方用事,怪先生、苦死纫兰芷。""晚觉醉乡差快活,那独醒公子真呆底。"——《贺新郎·甲子端午》(二一〇、九上)

张　榘　楚湘旧俗,记包黍沉流,缅怀忠节。谁挽汨罗千丈雪,一洗些魂离别。——《念奴娇·重午次丁广文韵》(二一五、三下)

"三闾何在,把《离骚》细读,几番击节。蓠蕙椒兰纷江渚,较以艾萧终别。清浊同流,醉醒一梦,此恨谁能说。""三叹灵均,竟罹谗网,我独中情切。"——《念奴娇·叠前首韵》(二一五、四上)

黄　机　"俨琼缨翠弁,气清芬只,珠幢绛节,光陆离兮。""行吟湘水之湄。看云卷云舒无定姿。"——《沁园春·送赵运使之江西》(二三九、二下)

短棹拟携西子,长吟时吊湘灵。——《西江月·泛洞庭青草》(二三九、九下)

杨泽民　蟹鱼橘柚渐上市。是当年,屈宋乡里。——《西河·岳阳》(二二〇、一四下)

郭应祥　且同北海邀佳客,共向东篱看落英。——《鹧鸪天·重九》(二二五、三下)

黄师参　滴露研朱,披肝作纸,细写灵均孤愤篇。——《沁园春·饯郑金部去国》(二二六、五下)

赵长卿　午日熏风,楚词高咏,度遏云声脆。——《醉蓬莱·端午》(一四、二下)

未须收拾入熏炉,窗前细把《离骚》读。——《踏莎行·木犀》(一五、四上)

方　岳　《水调歌头·寿吴尚书》(二二七、二上)(已见上引)

天于我辈悠哉。纵作赋问天天亦猜。——《沁园春·和林教授》(二二七、四上)

绛老从头甲子,《离骚》几度庚寅。——《西江月·和郑省仓韵,因以为寿》(二二七、六上)

"呵护九关多虎豹,谁道去天一握。""渺渺愁予初度也,山沍同云垂幕。"——《念奴娇·和君用》(二二七、八上)

《齐天乐·和楚客赋芦》(二二七、九下)(已见上引)

《瑞鹤仙·寿丘提刑》（二二七、一〇上）（已见上引）

“问月”——《哨遍题》（二二七、一〇下）

恐天问灵均未知此，又底用咸池重洗。——《哨遍·用韵作月对》（二二七、一〇下）

《虞美人·见梅》（二二七、一一下）（已见上引）

郭世模 “光风转蕙泛崇兰，漠漠满城飞絮。”“江北江南，灵均去后，谁采蘋花与。”——《念奴娇》（二二八、五下）

李昂英 斗了还休，倩渠衔寄，三间角黍。——《水龙吟》（二三〇、四上）

赵孟坚 杜若满汀，《离骚》幽怨，鸱夷去国，烟浪遨游。——《风流子·清涵万象阁》（四、五上）

马廷鸾 把酒对湘浦，独吊大夫醒，当年皇览初度，饮露更餐英。服以高冠长佩，扈以江蓠薜芷，御气独乘清。谁意椒兰辈，从臾武关盟。哭东门，哀郢路，悄无宁。人世纷纷起灭，遗臭与留馨。一笑远游轻举，三叹道长世短，晦朔自秋春。洗眼看物变，朝菌共灵桩。——《水调歌头·檃括楚词答朱实甫》（二四七、四上）

排闷诗篇，浇愁盏酒，自读《离骚》自劝。——《齐天乐·和张龙山寿词》（二四七、四上）

李曾伯 把《离骚》读遍，椒兰荃蕙，奚敢及，众芳首。——《水龙吟·戊申寿八窗叔》（二四〇、二下）

谓有溪可钓，有田可秫，有兰堪佩，有菊堪餐。——《沁园春·庚寅为亲庭寿》（二四一、一上）

一餐湘菊，共赋芙蓉。——《沁园春·和广文叔》（二四一、二下）

大块赋形，皇览揆予，俾尔昌而寿。——《哨遍·和陈次贾为寿韵》（二四四、一上）

仿《离骚》览揆度新讴，空云霭乌丝。——《八声甘州·借八窗叔韵寿之》（二四四、三下）

《满江红·和立春韵简云岩》（二四六、七上）（已见上引）

唤醒门前弧矢梦，钩月相辉初度。——《贺新郎·辛亥初度》（二四三、三上）

刘之才 怨抑难招，沉魄当年独醒。——《声声慢·五日》（二三五、一上）

吴文英 真姿凝澹，返魂骚畹。——《琐窗寒·玉兰》（二三六、八上）

莫唱江南古调，怨抑难招，楚江沉魄。——《澡兰香·淮安重午》

（二三五、二四下）

《莺啼序》（二三五、二九下）（已见上文）

听露井梧桐，楚骚成韵。——《惜秋华·七夕》（二三五、三三下）

怅断魂送远，《九辩》难招。——《惜黄花慢·次吴江饯尹梅津》（二三五、三四上）

叶　润　《离骚》困吟梦醒，访台城旧路。——《莺啼序》（二五二、七下）

陈人杰　才难不其然，有亦未易识。诵山谷之诗，不觉喟然，因作思古人一曲，他时倘遇知己，无妨反骚。——《沁园春·题序》（二六一、一上）

"天问"——《沁园春》题（二六一、一下）

叹封侯心在，鳣鲸失水，平戎策就，虎豹当关。——《沁园春·丁酉岁感事》（二六一、三上）

为修名不立，此身易老，古心自许，与世多尤。——《沁园春·次韵林南金赋愁》（二六一、五下）

南金又赋无愁。予曰，丈夫涉世，非心木石，安得无愁时，顾所愁何如尔，杜子美平生困踬不偶，而叹老嗟卑之言少，爱君忧国之意多，可谓之得所愁矣。若于着衣吃饭，一一未能忘情，此为不知命者，故用韵以反骚。——《沁园春·题序》（二六一、五下）

陈　著　应是南风湘浦正波涛。千古独醒魂在否，无处问，有谁招。——《江城子·重午书怀》（二五九、一七上）

周　密　《绣鸾凤花犯·赋水仙》（二五三、五上）（已见上引）

宝络风流，何如细蘂堪餐。——《声声慢·逃禅作菊桂秋荷，目之曰三逸》（二五四、四上）

酒醒未醒香旋消。采江蓠，吟楚招。——《明月引·赵白云初赋此词，以为自度腔，其实即梅花引也，因用韵以写幽怀》（二五四、八下）

愁多病多腰素消。倚清琴，调大招。——《明月引·养源再赋，余亦载赓》（二五四、八下）

"江蓠摇落江枫冷，霜空雁程初到。""楚山远、《九辩》难招，更晚烟残照。"——《征招·九日登高》（按此首与《明月引》二首并悼杨守斋词）（二五四、一〇下）

砚凉闲试霜晴帖。颂菊骚兰，秋事正奇绝。——《醉落魄·别洪仲

鲁》（二五五、三下）（案此周晋词）

刘辰翁 惟有我公荣。旁人笑独醒。——《菩萨蛮·题醉道人图》（二五六、七上）

叹魏阙心，磻石魄，汨罗身。——《行香子·叠韵忆古心公》（二五六、一二上）

"沉兰坠芷。想重整荷衣，顿惊腰细。""但梦绕青神，尘昏白帝。重反离骚，众醒吾独醉。"——《齐天乐·和节庵端午怀弟》（二五六、二二下）

几度唤起醒累，淋漓痛饮，不学愁予句。——《酹江月·五日和存吾，时北人竞渡》（二五六、三〇下）

梦回酷似灵均苦。叹神游、前度都非，明朝重五。满眼《离骚》无人赋，忘却君愁吊古。——《金缕曲·壬午五日》（二五六、四八下）

"锦岸吴船鼓。问沙鸥、当日沉湘，是何端午。""空汨落婵媛嬃女。我醉招累清醒否，算平生、清又醒还误。累笑我，醉中语。""忽惊抱、汨罗无柱。欸乃渔歌斜阳外，几书生、能办投湘赋。歌此恨，泪如缕。"——《金缕曲·五日和韵》（二六五、四九上）

钟情賸有词千首，待写《大招》招些。——《摸鱼儿·甲午送春》（二五六、五二下）

醒复醒，行吟泽畔，焉能忍此终古。招魂过海风林暝，招得魂归无处。——《摸鱼儿·和中斋端午》（二五六、五三下）

陈允平 相思为谁兰恨销。渺湘云，无处招。——《明月引·和白云自度曲》（二五七、七上）

过揽桂褰蓉，纫兰采菊，独许寒梅。——《木兰花慢·丙辰寿叶制相》（二五七、一三上）

赵必瑑 已矣骚魂招不返，兰枯蕙老余香歇。——《满江红·和李自玉蒲节见寄韵》（七、五下）

蒲寿宬 江上事，寄蜉蝣。灵均那更恨悠悠。——《渔父》（二七七、二下）

李好古 听到三闾沉绝处，惨悲风、摇落寒江岸。——《贺新郎·僧如梵摘阮》（二六一、九上）

王沂孙 数点寒英，为谁零落，楚魄难招，暮寒堪揽。——《醉蓬莱·归故山》（二六二、一〇下）

张　炎　《声声慢·为高菊墅赋》（二六三、三下）（已见上引）

“纵荷衣未改，病损茂陵，总是离索。”“楚魄难招，被万叠闲云迷着。”——《解连环·拜陈西麓墓》（二六三、七上）

“荷衣消翠，蕙带余香，灯前共语生平。”“天空水云变色，任愔愔山鬼愁听。”——《声声慢·送琴友季静轩还杭》（二六四、一上）

湘潭无人吊楚，叹落英自采，谁寄相思。——《新雁过妆楼·赋菊》（二六四、二下）

余音犹在耳。有谁识、醉翁深意。去国怀怀，草枯沙远，尚鸣山鬼。——《征招·听袁伯长琴》（二六四、五下）

《国香·赋兰》（二六六、二下）（已见上引）

《清平乐·题所南翁画兰》（二六七、三上）（已见上文）

此去山中何所有，芰荷制了集芙蓉——《瑶台聚八仙·为焦云隐赋》（二六七、四上）

缥缈波明洛浦，依稀玉立湘皋。独将兰蕙入《离骚》。不识山中瑶草。——《西江月·题墨水仙》（二六九、五上）

《祝英台近·题水墨兰石》（二六九、六上）（已见上文）

黄公绍　谁赋珠宫并贝阙，怀王去后去沉湘。——《潇湘神·端午棹歌》（二七二、四上）

蒋　捷　“湘漓云外，独醒何在，翠药红蘅，芳菲如故。”“生平惯受椒兰苦。甚魄沉寒浪，更被馋蛟妒。”“泝波同步。待月明洲渚，小留旌节，朗吟骚赋。”——《女冠子·竞渡》（二七五、二下）

醉兮琼瀣浮觞些。招兮遣巫阳些。君毋去此，飓风将起，天微黄些。野马尘埃，汗君楚楚，白霓裳些。驾空兮云浪，茫洋东下，流君往，他方些。　月满兮西厢些。叫云兮笛凄凉些。归来为我，重倚蛟背，寒鳞苍些。俯视春红，浩然一笑，吐山香些。翠禽兮弄晓，招君来至，我心伤些。——《水龙吟·效稼轩体招落梅之魂》（二七五、四上）

《高阳台·芙蓉》（二七五、六上）（已见上引）

陈　深　深谷修兰楚楚。续《离骚》、载歌初度。——《水龙吟·寿白兰谷》（二七六、八上）

晏　璧　恁了却残年，教人愧杀《离骚》。——《芭蕉雨·梅》（二七九、四上）

赵瘿斋 功名事，不信朝鳞暮羽。九关虎豹如许。——《迈陂塘·寿监丞吴芹庵》（二八一、九下）

《续夷坚志》 已谢芳华更不留。几经秋，故宫台榭只荒丘。忍回头。塞外风霜家万里，望中愁。楚魂湘血恨悠悠。此生休。——宋宫人玉真《杨柳枝》（二九二、四下）

梅　苑 堪吊独醒人，临泽国，袭清风，且咏《离骚》句。——《蓦山溪·咏梅》（一九三、六上）

附阿鲁威曲　折桂令　以《楚辞》、《九歌》品成

穆将愉兮太乙东皇。佩姣服菲菲，剑珥琳琅。玉瑱琼珥，烝肴兰藉，桂酒椒浆。扬枹鼓，安哥浩倡。纷五音兮琴瑟笙簧，日吉辰良，繁会祁祁，既乐而康。（《东皇太乙》）

望云中帝服皇皇，快龙驾翩翩，远举周章。霞佩缤纷，云旗晻蔼，衣采华芳，灵连蜷兮昭昭未央。降寿宫兮沐浴兰阳。先戒鸾章，后属飞廉，总辔扶桑。（《云中君》）

问湘君何处翱游，怎珥节江皋，江水东流。薜荔芙蓉，洛阳极浦，杜若芳洲。驾飞龙兮兰旌蕙绸。君不行兮何故夷犹。玉佩谁留。步留椒丘，忍别灵修。（《湘君》）

促江皋腾驾朝驰，幸帝子来游，孔盖云旗。渺渺秋风，洞庭木叶，盼望佳期。灵剡剡兮空山九疑。澧有兰兮，沅芷叶叶，行折琼枝。发轫苍梧，饮马咸池。（《湘夫人》）

令飘风涑雨清尘。开阊阖天门，假道天津。千乘回翔，龙旗冉冉，鸾驾辚辚，结桂椒兮乘云并迎，问人间兮，寿夭莫凭，除却灵均，兰佩荷衣，谁制谁纫。（《大司命》）

正秋兰九畹芳菲，共堂下蘼芜，绿叶留荑。趁驾回风，逍遥云际，翡翠为旗。悲莫悲兮，君远将离，乐莫乐兮，与女新知。一扫氛霓，晞发阳阿，洗剑天池。（《少司命》）

望朝暾将出东方。便抚马安驱，揽辔高翔。交鼓吹竽，鸣篪绠瑟，会舞霓裳。布瑶席兮聊斟桂浆。听锵锵兮，丹凤鸣阳。直上空桑，持久操弧，仰射天狼。（《东君》）

邀王侯四起冲风。望鱼屋鳞鳞，贝阙珠宫。两驾骖螭，桂旗荷盖，浩荡

西东。试回首，昆仑道中。问江皋兮，谁集芙蓉，唤起丰隆。先逐鼋鼍，后驭蛟龙。(《河伯》)

若有人兮含睇山幽。乘赤豹文狸，窈窕周流。渺渺愁云，冥冥零雨，谁与同游。采三秀兮，吾令蹇修。怅宓妃兮，要眇难求。援夜啾啾。风木萧萧，公子离忧。(《山鬼》)

按阿鲁威一作阿鲁灰，以泉州路总管入为经筵宫，在泰定朝。详孙楷第《元曲家考略》。

附录三　《楚辞》琴谱举例

兹摘取《神奇秘谱》中《离骚》及《泽畔吟》两曲二三段以示例，并于其旁注出工尺，以供参考。

离骚

首段

第十段

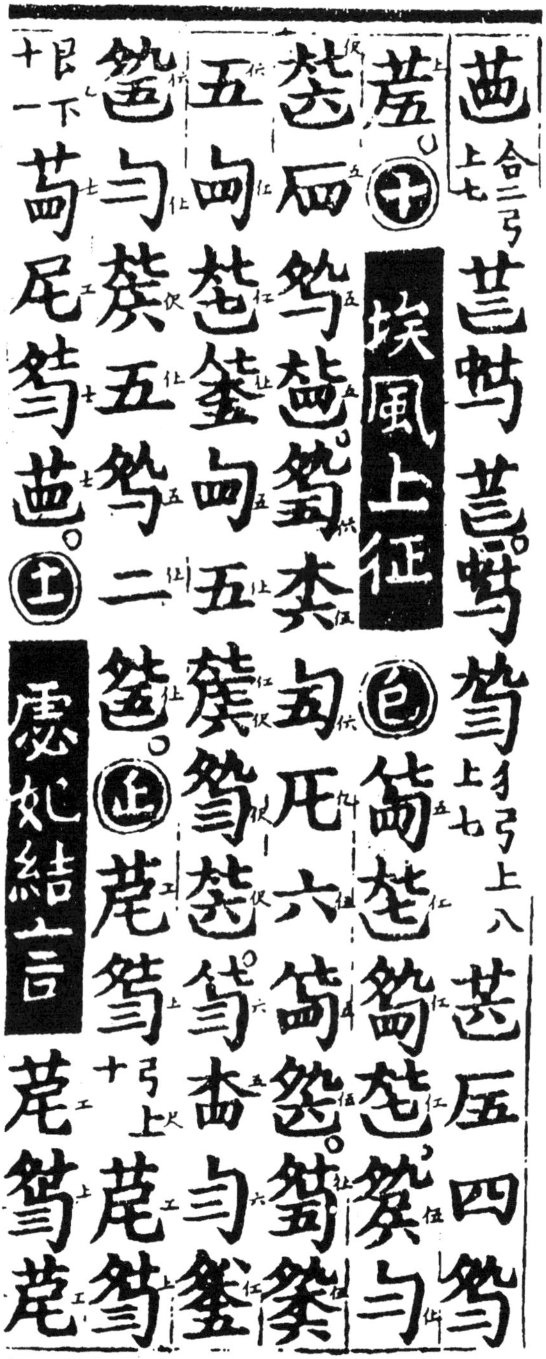

末段

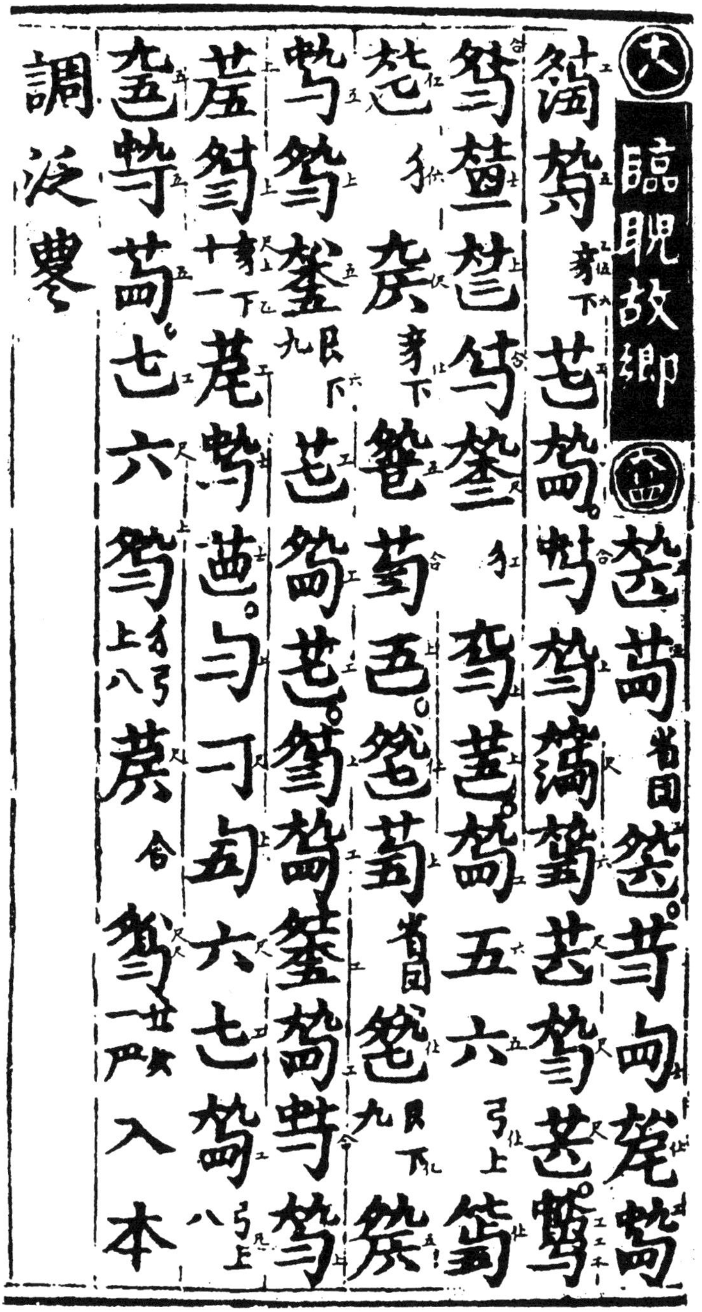

泽畔吟

首段

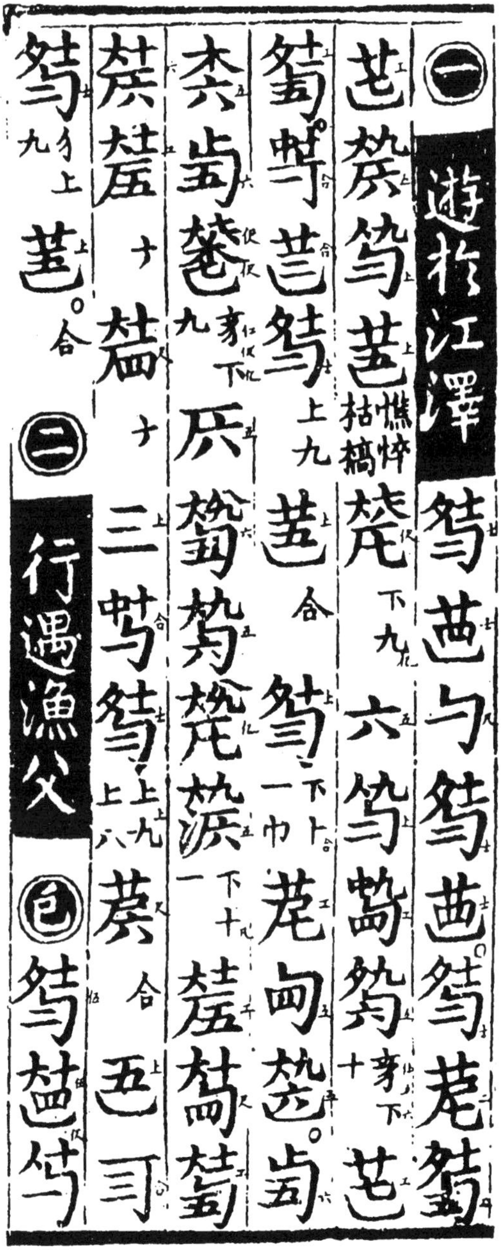

末段

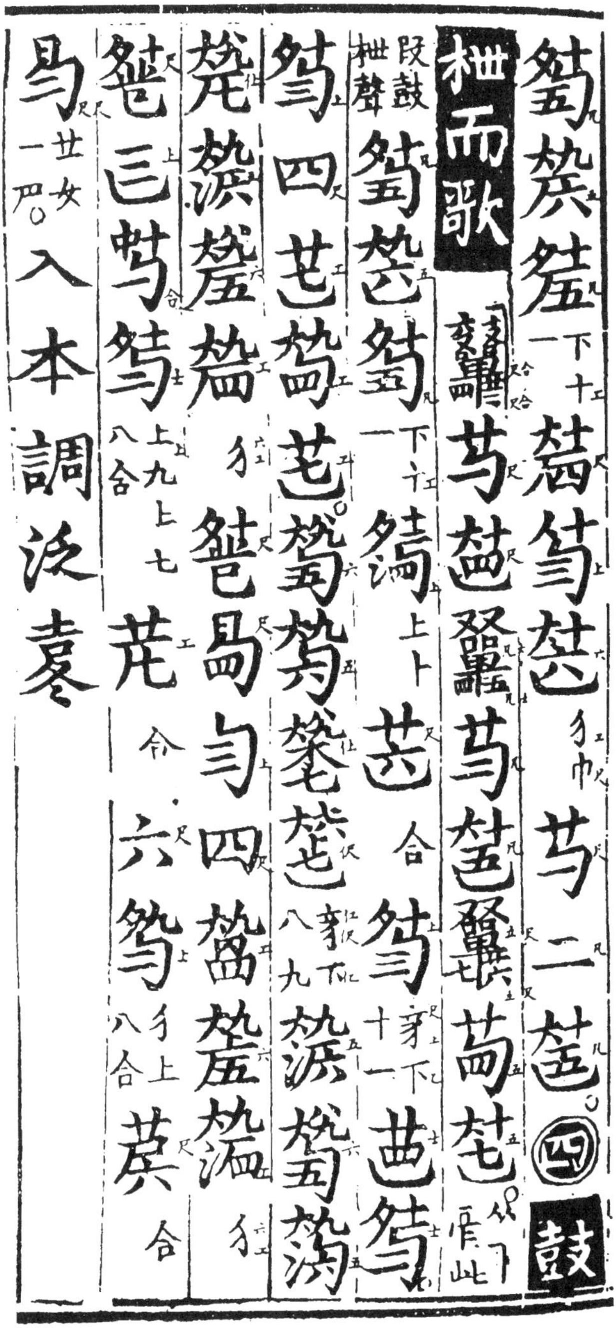

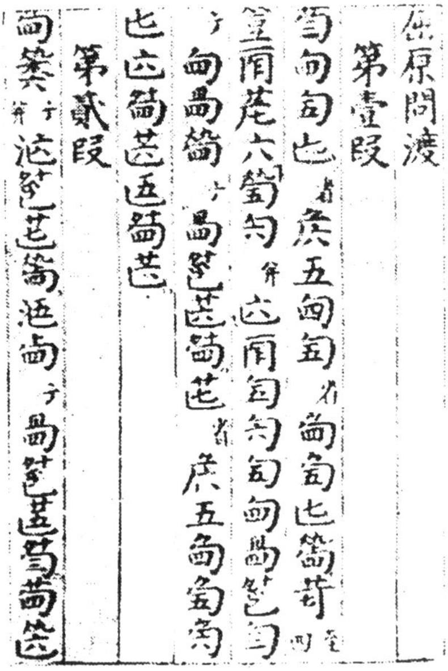
屈原問渡
第壹段
第貳段

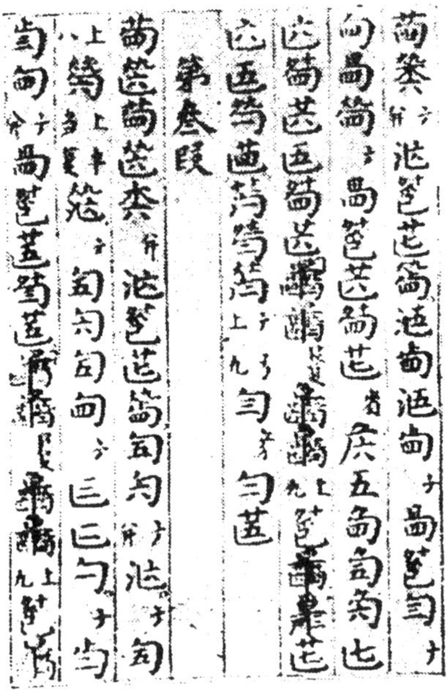
第叁段

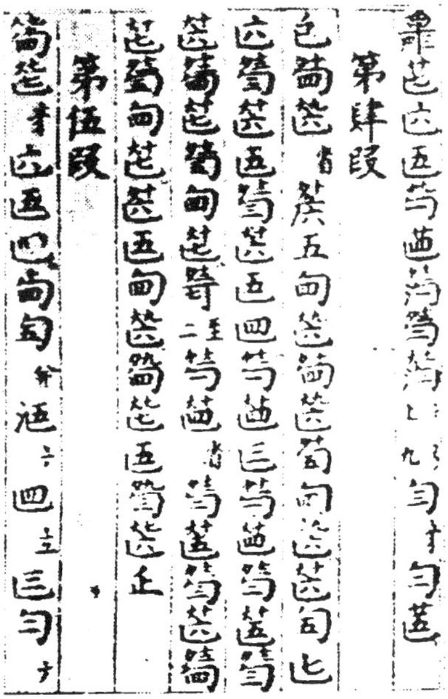
第肆段
第伍段

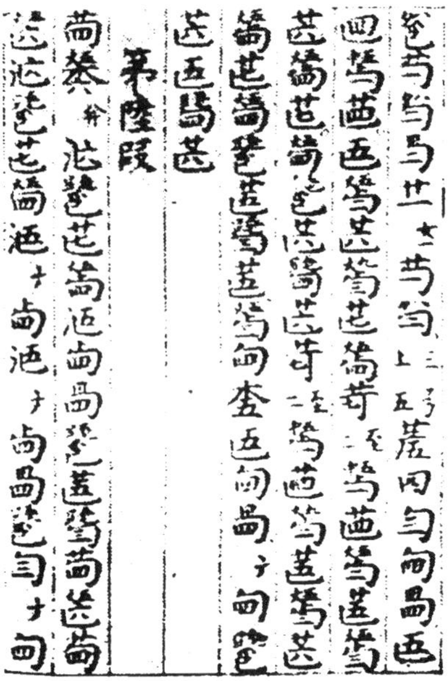
第陸段

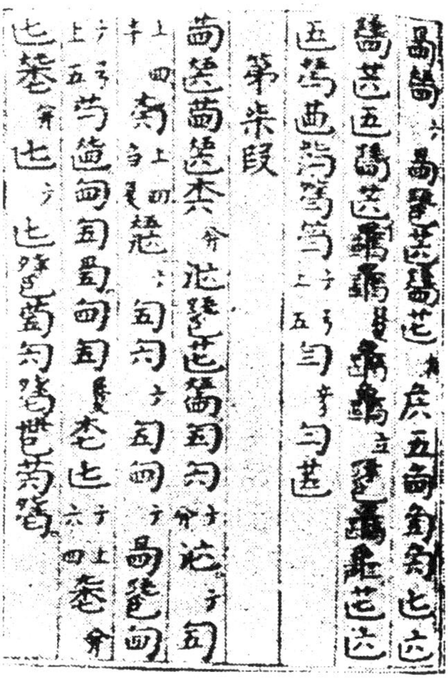
第柒段

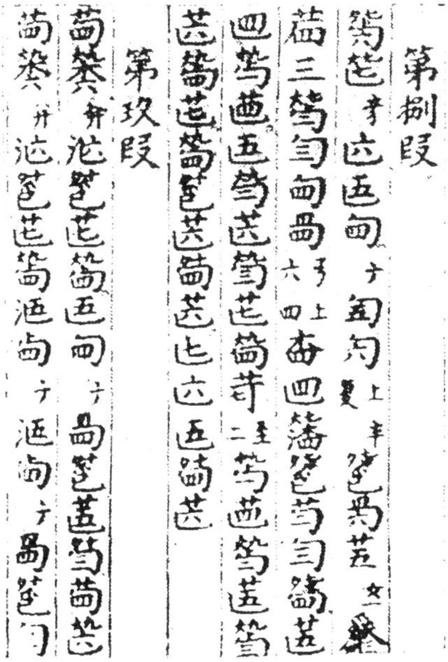
第捌段
第玖段

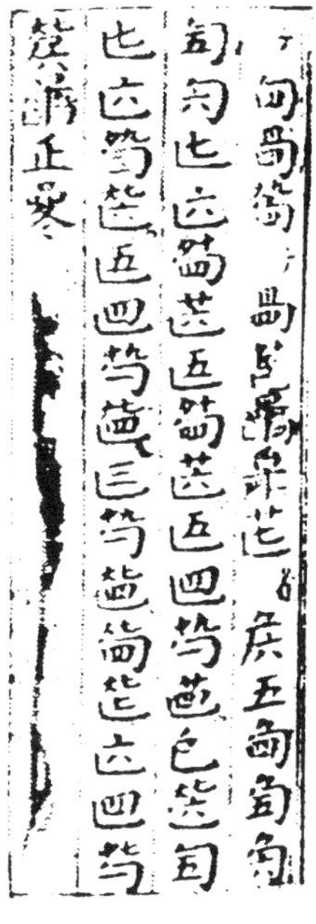
楚辭正聲終

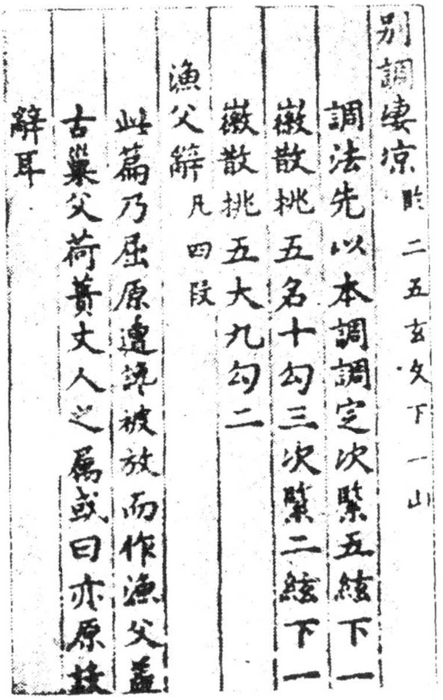

別調淒涼

調法先以本調調定次緊五絃下一徽散挑五名十勾三次緊二絃下一徽散挑五大九勾二

漁父辭 凡四段

此篇乃屈原遭讒被放而作漁父蓋古巢父荷蕢丈人之屬或曰亦原設辭耳

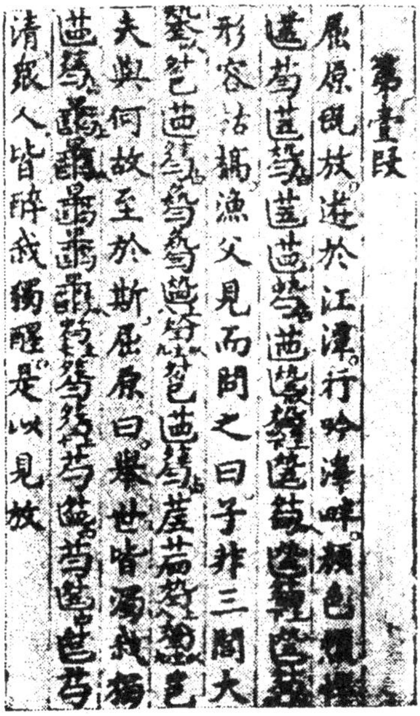

第壹段

屈原既放。遊於江潭。行吟澤畔。顏色憔悴形容枯槁漁父見而問之曰子非三閭大夫與何故至於斯屈原曰舉世皆濁我獨清衆人皆醉我獨醒。是以見放

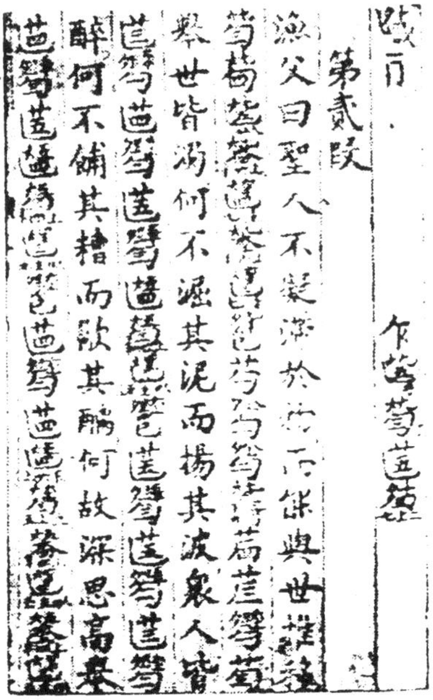

第貳段

漁父曰聖人不凝滯於物而能與世推移舉世皆濁何不淈其泥而揚其波衆人皆醉何不餔其糟而歠其釃何故深思高舉

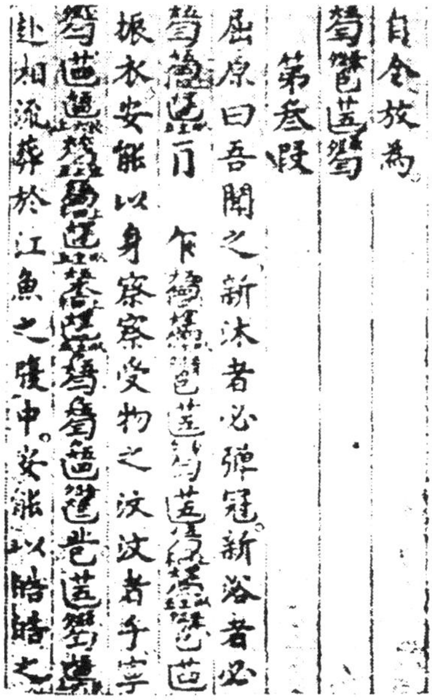

自令放為

第叁段

屈原曰吾聞之。新沐者必彈冠。新浴者必振衣安能以身察察受物之汶汶者乎寧赴湘流葬於江魚之腹中。安能以皓皓之

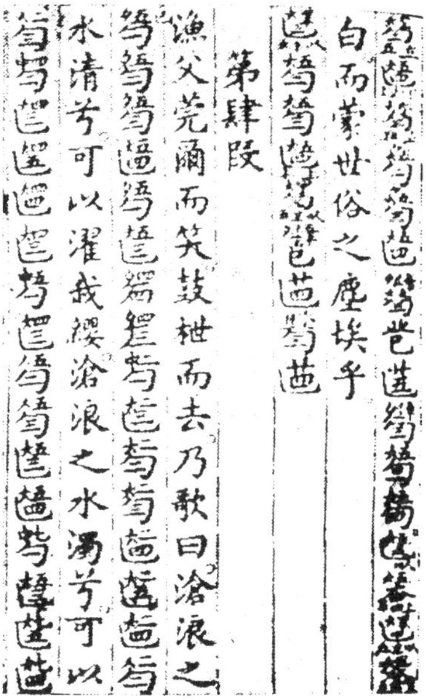

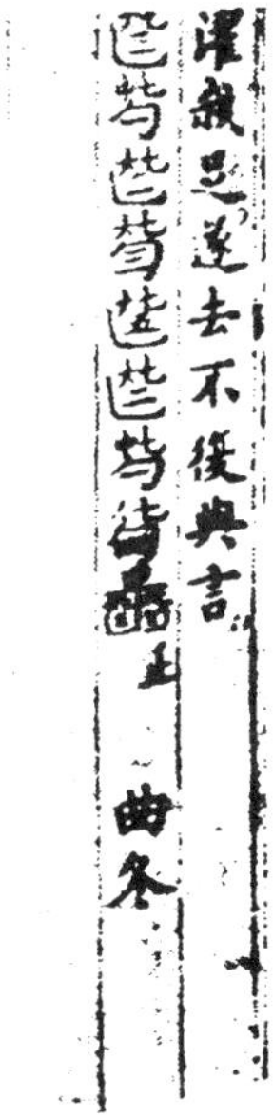

以上屈原《问渡》、《渔父辞》两曲，皆属凄凉调，采自《理性元雅》，《渔父辞》则与原词相配，盖依文叶声。是书明刊本，现极稀觏。此为友人拜纳博士自东京内阁文库影示者，而本文经已印成，特为附刊于末。

作者识

补　记

《图书集成》（《乐律典》一百四），列古琴弄名，有《吊三闾》、《独醒操》、《离骚九拍》（原注陈康士撰）等，均属凄凉调。

元袁桷《琴述》云："蔡氏五弄，杨司农（缵）为精加细绎，皆张氏（按指张岩所传琴谱）所载。""今世琴调，清商号为最多。郭茂倩记古乐府琴辞，亦莫盛于清商。杜佑叙论雅乐，谓楚汉旧声，犹传于琴家，蔡氏五弄楚调四弄，至唐犹存。""越有徐理氏……其五弄与杨氏亦无异。……益知楚汉旧声，非杨氏所作。"（《清容居士集》四十四）袁氏力主宋末杨缵所传《蔡氏五弄》即楚汉遗声，以申《通典》之说（见卷一百四十六"清乐"条）。考《旧唐书·乐志》亦云："弹琴家犹传楚汉旧声，及清调瑟调，蔡邕杂弄。"《新唐书·乐志》文略同。此均足为余说楚声当于琴曲中寻求之佐证。

南朝时相和三调，据技录所记，其使用乐器略异，平调无节，瑟调清调皆有之。至三调之命名，本与乐调有关，《魏书·乐志》载神龟二年，梁旧官陈仲儒奏依京房立准调，略谓："……调弦缓急，清浊可以意推。……又依琴调调声之法，以均乐器，其瑟调以宫为主，清调以商为主，平调以角为主，五调各以一声为主。"（百衲本《魏书》作"平调以宫为主"，与瑟调重，此据严辑《全后魏文》。）此说颇重要。知相和歌三调可以琴定弦。瑟调即以第一弦为宫，清调则以第二弦之商为宫，此殆清商一名所由昉也。于此足见相和调名与琴调之关系，其详容别论之。

附记

作者于1957年8月，代表香港大学出席在德国马堡举行之第十届汉学会议，本篇即当日提出之论文，原名“楚辞对于词曲音乐之影响”，兹改为今题，并重加补充修订，增入附录三篇。

饶宗颐记

《楚辞异文辨证》序

浦江黄灵庚先生殚十余年之精力，为楚辞异文之搜讨、比勘，著成《楚辞异文辨证》共十六卷，检书至千余种，迈超刘、闻诸氏，往往匡正姜书之失，尤为骚学界所共推服，其用心勤劬，业绩昭著，无待予之揄扬。余一向以为古书异文之繁赜，实为汉籍难读一大困厄，出土经典写本与今本之乖忤，马王堆之《易》，阜阳之《诗》，假借之夥，讹变滋多，世无刘向，孰从而正之。《楚辞》得夏侯灶墓残简，仅存《离骚》、《涉江》零句数字，遂使《骞公音》得擅其美，为可惜也！

异文处理，愚意须有所抉择与取舍，不徒炫博，明世类书援引，重床叠屋，苟非语涉肯要，何劳斠录！瑞安孙氏主芟剔蓁芜，诚校雠之典范。君不以立异鸣高，如力依据上下文义，订《九歌》扬舲之非是，良具卓识。《离骚》汉人尊之为经，王注保存汉师旧诂，后人肆逞臆之见，翻令旧束创痏眯目，窃以为《离骚》唐人引用，每作"楚辞"之代称，宜有人为纂义疏，先为长编，平停众说。以出土之文物，理旧闻之当否，绝学未稀，大业在望，君其亦有意乎？

庚辰饶宗颐时年八十又四

选堂赋话

卷十一

饶宗颐二十世纪学术文集·文学

目　录

小　引

赋学之衰，无如今日。文学史家直以冢中枯骨目之，非持平之论也。古之为赋者，在德音九能之列。传曰：升高能赋，可以为大夫。言堂庑之上，揖让之间，以微言相感，自有其实用之价值也。刘彦和云："登高之旨，睹物与情。"宋龚鼎臣《东原录》："赋者，缘物以成文，必辞理称，则彬彬可观。"夫缘物有作，荀况《蚕》、《云》之类是也；往往折衷于理，故文有其质。若乃兴情之制，则犹诗之缘情，而日趋绮靡，六朝俪赋，斯其极挚，《芜城》、《小园》，靡亦甚焉。降而下之，以赋为科举之习作，间且成散体之尾闾，《文苑英华》所收，读之殊难终卷，肤受不精，浸失旧观。现存论赋较早之书，有日本流传失名之《赋谱》，作于太和以后，分述句式之壮、紧、长、隔、浸、发、送等法门，唐人律赋作法，可窥一斑。五代赋集多至二百卷[①]，《永乐大典》"赋"字号只存二卷[②]，征引《大全赋会》，多属有明考试有关性理之作，亦赋之别格也。[③] 然明人拟古，鸿篇屡出，于以制割大理，羽翼风骚，亦甚有可观者，而世多忽视之。其时小学虽亡，赋仍间作，岂至皋文修补黄山，始成绝业也哉！[④] 何君沛雄，向从余问学，特致力于赋。既有志乎《全汉赋》

---

① 见唐圭璋《南唐艺文志》著录："江文蔚《唐吴英秀赋》七十二卷，出《宋志》；徐锴编《赋苑》二百卷，出《崇文总目》。"

② 即卷一四八三七及卷一四八三八。

③ 如盱江邹子益《圣人拟天地参诸身赋》。

④ 此反章太炎《辩诗》说。

之辑，复匄集诸家赋论，都为一帙，以便来学，而征及下走。余愧无诠次，偶有著笔，祇同目论，稽考史事，辄及赋篇。拉杂言之，馈贫而已；若云欲师斲轮，言其甘苦，则吾岂敢。

甲寅岁暮，饶宗颐识

赋者，古诗之流也。诗言志，赋亦道志，故汉人或称赋为诗。庄夫子《哀时命》云："志憾恨而不逞兮，杼中情而属诗。"王褒《九怀》云："悲九州兮靡君，抚昔叹兮作诗。"刘向《九叹》云："舒情陈诗，冀以自免兮。"文廷式尝举此三例以明赋亦可谓之诗，见《纯常子枝语》二十六。余谓屈赋《九歌》已云："展诗兮会舞。"[①]《九章》亦云："介眇志之所惑兮，窃赋诗之所明。"展诗、赋诗，同以见志。此亦以诗代赋之先例，可补文氏之说。《汉书·艺文志》云："学诗之士，逸在布衣，而贤人失志之赋作矣。"《楚辞》自屈之以下至庄忌、王、刘之流，俱为失志之赋，名虽曰赋，其旨仍无以异于诗也。

《大招》："二八接舞，投诗赋只；叩钟调磬，娱人乱只。"诗赋联言。注家谓："诗赋雅乐，《关雎》、《鹿鸣》之类。"乱即《关雎》之乱，二八指舞，此舞与乐并作也。如注说，此处诗赋指雅乐，是但指诗，而为偏称也。汉志诗赋略虽兼指诗与赋二类，然名称早已出此。

世之为文学史者，习谓《诗经》为北方文学，楚辞为南方文学，强分畛域，然陈良楚产，北学于中国。楚君臣赋诗，见于《左传》者，其例至夥。宣十二年，楚庄王引《周颂》。成二年，子重引《文王》。襄二十七年，薳罢如晋，赋《既醉》。昭三年，楚子享子产赋《吉日》。昭七年，芈尹无宇引《北山》。昭十二年，子革引佚诗《祈招》。昭二十三、二十四年，沈尹戌引大雅《文王》及《桑柔》：楚人沐诗教者深矣。故屈赋中袭用诗句者不一而足。若《九歌·少司命》"援北斗兮酌桂浆"，此取之《诗·大东》"惟北有斗，不可以挹酒浆"也。《哀郢》："忽若去不信兮，至今九年而不复。"此取之《诗·豳风·九罭》"鸿飞遵陆，公归不复，于女信宿"也。《九辩》云："窃慕诗人之遗风，愿托志乎素飡。"此取《伐檀》："彼君子兮，不素飧兮。"以此足见屈赋上承于《诗》，故曰："赋者受命于诗人，而拓宇于楚辞。"自灵均

① 见《少司命》。洪兴祖注："展诗，犹陈诗也。"

唱骚，始广声貌。南国之文，虽自创新局，抑亦《诗》之流亚也。

王逸《招隐士序》称："《招隐士》者，淮南小山之所作也。淮南王安好古爱士，招致宾客。客有八公之徒，分造诗赋，以类相从，或称大山，或称小山，如诗之有大小雅焉。"自屈赋以来，为辞赋之分类总集者，似以此为最早。汉志有淮南王赋八十二篇，又有淮南王群臣赋四十四篇。谓之小山、大山者，叔师云犹言小雅、大雅。雅者正也，言王政事谓之雅（《释名·释典艺》）。山之为言宣也（《说文》）、产也（《释名》），以山为书名，亦如三坟、九丘之比。坟，分也；丘，区也。以地理名书，古有此例。《淮南子》有《说山训》，高诱注："说道之旨，委积若山，故曰说山。"

循是言之，小山、大山，乃书名而非人名。若何点何胤，人称为大小山，此又别例。

汉志列严夫子赋二十四篇，在贾谊之前，即吴人庄忌著《哀时命》，尝为梁孝王客。《史记·司马相如传》："会景帝不好辞赋，是时梁孝王来朝，从游说之士齐人邹阳、淮阴枚乘，吴庄忌夫子之徒，相如见而说之。"忌子助有赋三十五篇。又常侍郎庄忽奇赋十一篇，其人与枚皋同时。颜师古引《七略》云："忽奇者，或言庄夫子子，或言族家子，庄助昆弟也，从行至茂陵造作赋。"知西汉初年，赋以庄氏一家最盛。助又荐朱买臣，盖皆会稽郡吴人，并传习楚辞。《汉书·朱买臣传》："方会邑子严（庄）助贵幸，荐买臣召见，说《春秋》，言楚辞，（武）帝甚悦之。"又《地理志》："吴有严助、朱买臣贵显，汉朝文辞并发茂，故世传楚辞，其失巧而少信。"是楚辞之学出于吴，盖本自庄忌也。

最先为屈赋撰传者为淮南王。淮南王国都于安徽寿春，实为楚之故疆。溯楚自陈东徙寿春之郢，为最后之国都。近年出土铜器甚夥，若曾姬无恤壶，其铭文云："圣趠之夫人曾姬无恤，望安兹漾（指汉水）陲，蒿闲（间）之无鸥（匹）。""后嗣甬（用）之，职在王室。"情意缱绻，居然乐府古辞之遗响，犹挽歌也。蒿间盖即蒿里，杨树达读为"稾矢"，颇牵强。无鸥者，伤其无偶，与好逑义正相反。向来以无恤为人名，非是。余谓无恤乃成语，犹言"不吊"（《诗》"昊天不吊"）。此铭辞意富伤感，知蒿间、蒿里原指蓬蒿没人之葬地，不必泰山下也。[①] 淮南王居旧楚都之寿春，习于楚俗，故能为楚辞，理

① 吐鲁番出姚苌白雀元年帐券，有"归蒿里"三字（《文物》第19期，1973年10月）。崔豹《古今注》：《蒿里曲》"谓人死魂魄归于蒿里"。西北边地，亦目葬地为蒿里。

有固然。《招隐士》之托意以招屈原，亦非无故也。

《汉书·地理志》云：“寿春合肥，受南北湖皮革鲍（鞄）木之输，亦一都会也。始楚贤臣屈原被谗放流，作《离骚》诸赋以自伤悼。后宋玉、唐勒之属慕而述之，皆以显名。汉兴，高祖兄子濞，于吴招致天下之娱游子弟。枚乘、邹阳、严夫子之徒，兴于文景之际，而淮南王安亦都寿春，招宾客著书。而吴有严助、朱买臣贵显，汉朝文辞并发，故世传《楚辞》。”此段极重要。知楚都寿春为楚辞萌芽之地，而吴又其传播之区，故枚乘撰《七发》，亦本于《骚》。乘与严忌均吴王濞之客也。《地理志》云：“屈原被谗放流，作《离骚》诸赋。”盖目《骚》为赋，与《艺文志》称屈原赋正可印证。

楚辞以用兮为主要语词；马王堆三号墓《老子》写本，所有兮字均写作呵，如“渊呵似万物之宗”，与“呵丌（其）若冬涉川，猷呵其若畏四𠳵（邻），严呵其若客”。老子为楚苦县人。汉志苦县在淮阳国，淮阳都陈，顷襄王自郢徙此，汉初陈涉将葛婴尝攻下之。老子以呵为兮，正用楚言。《经典释文》河上本作渊呇，兮字下从曰。孔广森《诗声类》谓：“猗、兮音义相同，猗，古读阿。”今《老子》汉初写本作呵，可证孔说。猗兮原皆为南音，《吕氏春秋·音初》篇涂山氏作歌：“候人兮猗，实始作为南音。”此自南疆之旧曲，连用猗兮两助词，异形而实重声，均宜读为“呵”，岂所谓声曲折者非耶？[1]

《汉书·王褒传》宣帝时“征能为楚辞者，九江被公，召见诵读。益召高材刘向、张子侨、华龙、柳褒等，待诏金马门”。汉九江本秦郡名（非今江西），地及淮南，亦楚之故疆。《御览》八百五十九：“宣帝诏征被公，见诵楚辞。被公年衰老，每一诵，辄与粥。”其人老迈，殆楚遗民之余裔乎？[2] 宣帝喜其诵，则被公必能为楚声，如隋释道骞之善读者。隋志称：“至今传楚辞者，皆祖骞公之音。”则汉人之习楚辞，乃祖被公之音可知矣。刘向云：“不歌而诵谓之赋。”则楚人之赋，原有其声腔，宜于唱诵，有如后世曲之有弋阳腔、黄梅调乎。宣帝时被召诸高材皆辞赋家，汉志刘向有赋三十三篇，又有光禄大夫张子侨赋三篇，汉中都尉华龙赋二篇，又车郎张丰赋三篇，注张子侨子。是子侨及子丰均能赋。子侨与华龙俱见《萧望之传》，别作子蟜；望之

---

① 太炎尝举《晋语》惠公葬时之诵，威兮怀兮，猗兮违兮，皆曲折咏叹之词，非有实义。言其逗留曲折，非韵所持，固诗之特异者。然则《老子》中此类词句，未尝不可视为战国楚人之曲折也。

② 被公向不知为谁。日本楠山春树谓有四人名被，在淮南左右，即茅被、周被、伍被等，尚乏确证。

亦有赋四篇。刘向又编集《楚辞》，为《天问解》(见王逸《天问叙》)。楚辞之兴，宣帝提倡之力独多，而辞赋作者亦于斯时为盛。刘勰《诠赋》篇所以有“繁积于宣时”之语也。

汉初简牍有楚辞写本。安徽阜阳残简《离骚》只存四字，又《涉江》存五字，文残辞“□橐猗（兮）北辰游”①，以“猗”为“兮”。

诗赋略云：“汉兴，枚乘、司马相如，下及扬子云竞为侈丽闳衍之词。”夫词之闳衍，实出于庄生之卮言与寓言，故不持一端之觭见，为孟浪之语，相待而两行，故因以曼衍，而以寓言为广。《高唐赋》李善注：“此盖假设其事，风谏淫惑也。”“《登徒子好色赋》，此假以为辞，讽于淫也。”假设其事，即寓言之为用也。《子虚赋》之区分其山、其土、其石、其东、其南、其西、其北、其高、其埤、其上、其下，则齐物之洼者、污者、前者、随者，导其先路；而《招魂》之天地四方，亦其滥觞。自非区其性质方向为言，则其辞何得闳衍而环玮？卮言之施于赋，而篇幅遂弥富矣。庄生云：“振于无竟，而寓诸无竟。”故终不免于滥。或曰庄生书西汉未盛行，余谓枚乘《七发》，为太子奏方术之士，举庄周、魏牟为首，岂得谓赋家未沐其膏泽也哉？刘勰云：“若夫楚辞《招魂》，可谓祝辞之组缅也。”《周礼》春官太祝，掌六祝之辞，以事鬼神，示祈福祥，求永贞。六辞者：祠、命、诰、会、祷、诔。后世文体可追溯焉。而词者又人神交接之辞；《说文》：“春祭曰祠，品物少，多文辞也。”既曰多文辞，则有长篇之祝辞可知矣（秦简有马祭祝辞）。古者卜祝异职，史迁云：“文史星历，近于卜祝之间。”卜掌卜事，而祝以文辞事神。今殷墟甲骨出土数万片，皆卜者贞问之语，其祝者之辞则罔见，殷人之文学，宜存于祝辞；而祝辞书于典册，卒归澌灭。《殷契后编》两云“其品司在兹”（《综类》三一三），品司殆即品词也，惜其词已亡。《招魂》云：“工祝招君。”盖楚巫原有招魂之制，存于民间，宋玉特连缀成篇，故曰祝辞之组缅也。

《招魂》：“帝告巫阳，有人在下，我欲辅之，魂魄离散。巫阳对曰：掌梦，上帝其命难从。”五臣吕延济曰：“阳对天帝之招魂者，乃掌梦官之主也。”是古必以掌梦之官主招魂也。《周礼》夏官占梦：“乃舍萌于四方以赠恶梦，遂令始难驱疫。”以除恶鬼。驱鬼必有文辞，汉世刚卯为韵文，而中黄门倡，侲子和，呼十二神以追寻恶凶（见《续汉书·礼仪志》）皆其类也。故东方朔有骂鬼之书，而王延寿作《梦赋》，乃叙梦中鬼物，备极恐怖；其所取

① 《文物》1983（5），23页。

材，必自黄门振子之咒辞，及西汉“执不祥，劾鬼物”诸篇（是书共八卷，见汉志）。延寿文颇为西儒所激赏，故述其源流如此。

《天问》云：“厥利维何？而顾菟在腹。”晋傅玄《拟天问》：“月中何有？玉兔捣药。”《古诗十九首》：“三五蟾兔满。”“四五蟾兔缺。”少室石阙铭图像，亦月中有兔与蟾蜍共见。王充《谈日篇》儒者曰：“日中有三足乌，月中有兔蟾蜍。”归其说于儒者。张衡《灵宪》：“月者，阴精之宗。积而成兽，象兔蛤焉，其数偶。”天文家亦以为言。蛤指蟾蜍也。今观汉初马王堆盖棺之图，月中有蟾、兔俱见，实为二物，知此说渊源甚远，不始于纬书矣！足正闻一多之说。庾信《象戏赋》：“阴翻则顾兔先出，阳变则灵乌独明。”乌兔正分指日月也。

扬雄《反离骚》，朱子极加诋諆。方望溪则谓吊屈之文，无若反骚之工者，其隐痛幽愤，视贾、严犹若过焉。知雄之言虽反而实痛也（《望溪集》五）。贾谊经长沙，为赋以吊屈原；至晋元帝时，庾阐补零陵太守，入湘川，为文以吊贾谊，其辞若兰生而芳，玉产而洁（见《晋书》九十二《文苑传》），则又颜延之《吊屈文》“物忌贞芳，人讳明洁”所袭用者矣。

班孟坚之为《两都赋》也，极众人之所炫耀，折以今之法度。故西都尽铺陈之能事，盛夸长安之制，东都则陈太清之化，述法度之宜。其言曰：“监于太清，以变子之惑志。”李善注引《淮南子》说之。按《管子·内业》云：“监于太清，视于太明，敬慎无忒，日新其德。”孟坚直用其语。房玄龄注：“太清，道也。”此太清亦即太素，汉志阴阳家有黄帝泰素二十篇。《东都赋》云：“昭节俭，示太素，百姓涤瑕荡秽，而镜至清。”又云：“相与嗟叹玄德。”善注引《尚书》：“玄德升闻。”按《老子》：“玄德深矣，远矣，与物反矣；然后乃至大顺。”长沙马王堆三号墓新出《黄帝经·法中大分》章云：“王天下者有玄德。”盖谓太清之世，无为之至治也。

《后汉书·循吏王景传》：“（章帝）建初七年，迁徐州刺史。先是杜陵杜笃奏上论迁都，欲令车驾迁远长安，耆老闻者皆动怀土之心，莫不眷然伫立西望。景以宫庙已立，恐人猜疑，会时有神雀诸瑞，乃作《金人论》，颂洛邑之美，天人之符，文有可采。”章怀注：“章帝时有神雀等瑞。”按《明帝纪》永平十七年：“甘露仍降，树枝内附，芝草生殿前，神雀五色，翔集京师。西南夷、哀牢、儋耳、僬侥、盘木、白狼、动黏诸种，前后慕义贡献。”王景因神雀而进《金人论》，必在是时，非章帝之世。班赋所谓天人合应，以发王明者也。其《金人论》惜乎不传，金人疑即浮图金人。永平之世已有求法之传说，北齐王琰《冥祥记》载明帝梦见神人身黄金色，项佩日光，其事亦见《后汉纪》："永平八年诏楚王英论黄老之微言，尚浮屠之仁祠。……其还赎以助伊蒲塞桑门之盛馔。"（《范书英传》）张衡《西京赋》亦言："展季桑门，谁不能营?"伊蒲塞即优婆塞，桑门即沙门。此类梵译名词，已见于永平八年之诏中。则王景所作《金人论》，殆与佛教传入之事有关，惜此文不传，否则必大有裨于佛教史也。是时神雀之颂，班固、傅毅皆有文章，当在永平十七年也。若杜笃《论都赋》，原文备载于《后汉书·文苑》本传，其赋云："伏作书一篇，名曰论都，谨并对奏如左。皇帝以建武十八年二月甲辰升舆洛邑，巡于西岳。其岁四月反于洛都，明年有诏复函谷关，作大驾宫。是时山东翕然狐疑，意圣朝之西都，惧合门之反拒也。客有为笃言，彼埳井之潢污，固不容夫吞舟。且洛邑之渟瀯，曷足以居乎万乘哉!"明在建武十九年，证之《光武纪》："建武十九年，复置函谷关，都尉修西京宫室。"其事正合。《两都赋》之作，其作代向来不可确知，范书本传系于固为郎之后。今以《东都赋》遂绥哀牢，开永昌一事证之，永平十二年以益州徼外夷哀牢内附，置永昌郡。[①] 知《东都赋》之成，必在永平十二年之后，谅在十七年间乎？当与王景上《金人论》相去不远。高阆仙《李注义疏》于《两都赋》写作背景，未遑细考，爰尔缕述之。

魏晋尚名理，如裴頠《崇有论》，影响所及，赋家亦主核实，左思其例也。思序《三都》，谓："美物者贵依其本，赞事者宜本其实；匪本匪实，览者奚信。"而成公绥以为"赋者贵能分赋物理，敷演无方，天地之盛，可以致思矣"。于是为《天地赋》，"俯尽鉴于有形，仰蔽视于所盖"。仍取征实之学。又皇甫谧为左思游扬，亦病"缀文之士，不率典言，并务恢张，其文博诞空类"。挚虞亦以"古诗之赋，以情文为主，以事类为佐；今之赋以事形为本，以义正为助"，言赋有四过（《全晋文》五十三）。西晋之赋，重于事形，而灭于情义，盖一反建安以情纬文之旨，亦时代使然。世之言赋评者，多未援成子安之语。子安每与张华受诏，同为诗赋，卒于泰始九年（《晋书·文苑传》只录其二赋）。盖晋开国之文士，宜在太冲之前列，知人论世，有不可不知也。

六朝长赋，世推大谢《山居》、庾子《哀江南》为巨构。然张缵之《南征》（见《梁书》）、沈约之《郊居》，正相伯仲。《山居》有自注，而颜之推之

---

① 《郡国志》作永平二年，分益州置，实脱"十"字。

《观我生赋》亦自著事实，片言短记，尤有裨于考史。如记台城陷，梁武曾独坐叹曰："侯景于文为小人百日天子。"及景以大宝二年十一月十九日僭位，至明年三月十九日弃城逃窜，是一百二十日，芔（盖）天道纪大数，故文为百日。然后知《哀江南赋》所谓天道周星，谅亦指此耶。谢赋区岩栖、山居与丘圆、城傍四者之异，故唐吴筠撰《岩栖赋》，以阐其意，陆龟蒙作《幽居赋》，则以别于沈休文之《郊居》。谢赋自注详于山川，尤有助于地理，惜颜谢两篇皆有缺文，如谢赋于"远西"下缺字至四十四。谢意在废艳辞，存深意，去饰取素。注云："能重道则轻物，存理则忘事，古今质文，可谓不同，而此处不异。"与其诗"道以神理超"，"理来情无存"，可相证发。其赋云："乘恬知以寂泊，含和理之窈窕。"而终之以"暨其窈窕幽深，寂漠虚远。事与情乖，理与形反。既耳目之靡端，岂足迹之所践"，则仍居之未安，而资之不深，是以只成近虑浅智而已，非真能灭人事而绝迹云峰，不免朝市之累，谢固不失有自知之明也。

左太冲《三都赋》以魏为正统，薄蜀陋吴以尊魏，正所以谀晋也。自习凿齿之论起，宋人竞为新说，扶汉黜魏，故宋王腾撰《辨蜀都赋》（文见《赋汇》卷三十二），讥左思不顾正气之沦溺，而为申论蜀之横被狂抑之所由，致辨于情理，读左赋者，宜三复其言。

世讥左思以椒房自矜，故齐人不重也（见《世说》注引别传）。按洛阳出土左棻墓志记："父熹，字彦雍，太原相，弋阳太守。"可订史云"父雍"之讹。史称棻拜修仪，志称贵人。隋志著录《左九嫔集》四卷。棻于泰始八年拜修仪。《文馆词林》六五二引左思《悼离赠妹诗》："峨峨令妹，应期挺生。"张溥百三家不收左思。于荀公会（勖）集题辞云："江左文士，盛谈茂先散珠，太冲横锦，若二荀之流，忽而不言；不几乘大辂笑椎轮乎?"言下颇有不平。思与挚虞，同为贾谧二十四友之一。挚为皇甫玄晏高弟，思赋亦乞玄晏为序，引以为重，非偶然也。

隋志《齐都赋》二卷并音，左思撰。《水经·淄水注》、《文选》二十八注均引左思《齐都赋》注。知《三都》之外，别撰有《齐都赋》，传称："造《齐都赋》，一年乃成，在《三都》前。"《文选集注》本《三都赋序》下注："陆善经曰：旧有綦母邃注。"又若干句下有"綦母邃曰"。两唐志有綦母邃《三京赋音》。按卫权《三都赋略解序》称：为序者，太子中庶子皇甫谧。《晋书》谧传征为太子中庶子，在武帝咸宁二年，谧有高名，晋初累征不起，又曾就帝借书一车。今皇甫谧及刘逵注载在《文选》，刘逵及卫权序在《晋书》，皆非苟作。卫为楷子，字伯舆，贵妃兄子，汝南王亮以为尚书郎。[1] 裴松之注谓权作左思《吴都赋叙》及注，粗有文辞。至于注了无发明，直为尘秽，不合传写也。见“卫臻传”。权，陈留襄邑人。[2]

又《世说》注引《左思别传》：“思造张载问岷蜀事，交接亦疏。皇甫西州高士；挚仲治（洽）宿儒知名，非思伦匹。”按挚虞丁赋亦有所见，《艺文类聚》五十六引《文章流别论》一段甚长，述赋有四过：“假象过大则与类相远，逸辞过壮则与事相违，辩言过理则与义相失，靡丽过美则与情相悖，此四过者，所以背大体而害政教。”挚虞赋说可与其师玄晏比观，与太冲同主征实者也。思造张载问岷蜀事者，盖载父收，蜀郡太守。载于太康中至蜀省父，经剑阁，因作铭。益州刺史张敏见而奇之，表上其文武帝。《益州名书录》引益州学馆记成都石室图书耆旧，云西晋太康中，益州刺史张收笔。此人向来失考，当即载父之张收也。

陆士衡《述祖德赋》云：“西夏坦其无尘，帝命赫而大壮。登具瞻于太阶，濯长缨乎天汉。解戎衣以高揖，正端冕而大观。”西夏指蜀，此谓陆逊猇亭之胜。此文见《艺文类聚》，而本有误作我衣者。“戎”、“我”形近而讹，姜亮夫撰陆机及张华两年谱，均谓张华解衣推恩及于士衡，盖为误本所累，亟宜订正。双梧书屋本《历代赋汇》外集此赋亦作“戎衣”，不误。

徐摛赋篇，《艺文类聚》引其《冬蕉卷心赋》四句云：“拔残心于孤翠，植晚玩于冬余。枝横风而悴色，叶渍雪而傍枯。”颇觉奇警，传称其好新变之体，此即宫体所由昉也。

简文《与湘东王书》，称当日作者，“有张士简之赋，周升逸之辨，亦成佳事”。士简即吴张率。《梁书》录其《河南国献舞马赋》。其传称：“《七略》及《艺文志》所载诗赋，今亡其文者，并补作之。”可谓好事。士简又著《文衡》十五卷，使其书能传，不让刘彦和专美于前矣。升逸即周舍。

萧子显著《鸿序赋》，沈约见而称曰：“可谓得明道之高致，盖幽通之流也。”比之孟坚。其自序谓为文“须其自来，不以力作，而为诗赋，《鸿序》一作，体兼众制，文备多方，颇为好事所传，故虚声易远”。又称：“风动春朝，月明秋夜；早雁初莺，开花落叶，有来斯应，每不能已。”物色之感，萌于兴会，佳句忽来，若有神助，不捉住即飞去矣。子显可谓深知其中甘苦者。

---

① 《世说》注引《左思别传》说，非，严可均已辨之。
② 按或误以为瓘，见《卫觊传》，乃河东人。

萧选于赋分类中有物色一目，俞曲园深诟病之，谓“风月雪赋之物色，义既不通”；不知彦和《文心》有《物色》之篇，即昭明之所本也。

为释氏作赋者，似始魏高允《鹿苑赋》，见《广弘明集》。晋时彭城王纮上言：“乐贤堂有先帝（明帝）手画佛像，经历寇难而此堂犹存，宜敕作颂。”成帝下其议，太尉司空蔡谟曰：“佛者，夷狄之俗，非经典之制。先帝量同天地，多才多艺，聊因临时而画此像；至于雅好佛道，所未承闻也。盗贼奔突，王都隳败，而此堂块然独存，斯诚神灵保祚之征，然未是大晋盛德之形容，歌颂之所先也。人臣睹物兴义，私作赋颂可也。今欲发王命，敕史官，上称先帝好佛之志，下为夷狄作一像之颂，于义者有疑焉。”于是遂寝，事见《晋书》七十七谟传。道明称佛者夷狄之俗，此即韩昌黎以佛为夷狄之一法之所本。蔡亦辟佛，世但知有韩而不知有蔡，可叹也。若高允之赋，盖为北魏献文帝作。帝在位六年而禅位于太子宏，志存淡泊，移居北苑崇光宫，建鹿野佛图于苑中之西山，去崇光右十里，《释老志》详焉。允赋称其“思离尘以迈俗，涉玄门之幽奥。禅储宫以正位，受太上之尊号”，盖指此也。帝建永宁寺于平城，浮图高三百尺。郦道元谓为“工在寡双”者也（《水经注·漯水篇》）。此鹿苑乃在山西者。余向日旅印度，尝临鹿苑，残甃废塔，有僧徒阒其无人之叹矣。

《文选》孙兴公（绰）《游天台山赋》，范荣期称掷地金声者也。“泯色空以合迹，消一无于三幡”句下，李善注云：“三幡：色一也；色空二也；观三也。言三幡虽殊，消令为一，同归于无也。”又引郗敬舆（超）与谢庆绪（敷）书云：“近论三幡诸人，犹多欲既观色空，别更观识，同在一有，而重假二观，于理为长。然敬舆之意，以色、空及观为三幡。”郗超为支遁信徒，盖本道林之说。《弘明集》王该《日烛篇》云：“今则支子特秀，领振玄标，一言发则蕴滞披，三幡著则重冥昭。……孙濯流以逸契，咏《遂初》于东皋，何深味以栖素，轻大宝于秋毫。道风之所扇荡，深连之所消遥。才不难则贤不贵，愚不笑则圣不高。”孙殆指孙绰乎？超著见陆澄《法论目录》，有《论三行》，即三幡之义也。孙称支公于王逸少，谓其拔新领异，盖夙所服膺者。

《晋书·庾敳（子嵩）传》，录其《意赋》，云：“以豁情，衍贾谊之《服鸟》也。”此盖《文心》所谓致辨于情理者流。其辞曰：“蠢动皆神之为兮，痴圣惟质所建。”从性分言之也。“顾瞻宇宙微细兮，眇若豪锋之半。”则庄生知天地为稊米之义。从子庾亮见赋问曰：“若有意也，非赋所尽；若无意也，复何所赋？”答曰：“在有无之间。”机悟之言，足窥玄致。东海王越冀其有吝，敳醉答："下官家有二千万，随公所取。"其外物知分如此。

明汪芝《西麓堂琴统》云："宋玉负才放志，不协于时，感秋气而有悲哀之叹，后人因被之徽轸。"（《琴曲集成》，1211页）自远堂、天闻阁诸谱均有此曲。此后人理《九辩》之秋声以入琴也。自潘岳《秋兴赋》檃括其语，赋家赓作，东晋曹毗、梁元帝、宋陈普、明冯时可俱有《秋兴赋》。南齐褚渊有《秋伤赋》。元帝云："秋何兴而不尽，兴何秋而不伤?"直是"秋何月而不清?月何秋而不明"（《荡妇秋思赋》）一类句法也。晋夏侯湛赋秋可哀，李白赋悲清秋，未若李颙（充子）之赋悲四时，则真淮南所谓木叶落长年悲者矣。明祝枝山《知秋赋序》："立秋其夕顿凉，不俟一叶。"感淮南之论，则有取于一叶落天下知秋之义；知秋而不悲秋，亦秋兴之余韵也。

庾信《春赋》类七言诗。元帝集中《春赋》句云："苔染池而尽绿，桃含山而并红；露霑枝而重叶，网蒙花而曳风。"与庾句："钗朵多而讶重，髻鬟高而畏风；眉将柳而争绿，面共桃而竞红。"可相媲美。倪璠谓此梁朝宫中，子山创为此体，然齐萧悫已有《春赋》，亦五七言句相杂，如"二月莺声才欲断，三月春风已复流"，分明为子山"二月杨花满路飞"所祖。悫字仁祖，梁上黄侯晔之子，北齐天保中入北，工于诗咏。其"芙蓉露下落，杨柳月中疏"，为知音所赏，见《北齐书·文苑·颜之推》附传。

向论敦煌曲与孝子之关联，未见梁武之《孝思赋》也。《广弘明集》二十九载之云："导情源以流澍，引思心而无已。"诚至性之文。"无一息而缓念，与四时而长切"一段，不啻感四时之赋矣。诵"寒冰已结，寒条已折，林飞黄落，山积白雪"诸句，令人陨泪。此赋太常卿刘之遴尝为注，道宣不载，殊为可惜。

庾信《象戏赋》，盖入周后武帝天和三年帝制《象经》成，王褒为注，信则进赋揄扬。《唐书·吕才传》周武帝《三局象经》，才寻绎一宿，便能作图解释，即是书也。

杨敬之茂孝《华山赋》，气势浩瀚，似三峰之积仞，若黄河之奔流。中间形容众山之状诸"者"字，学《齐物论》引喻繁富，尚无奇者。其赞曰以下累用廿二个"矣"字，不必掷地，已成金声，足叹观止。无怪韩愈亟称叹，而李德裕之咨赏也。敬之之称项斯，世传为美谈，然此赋得昌黎游扬，士林一时传布（见《唐书》一百六十本传），后人则鲜知之。赋中云："蚍蠓纷纭，秦速亡矣。蜂窠联联，起阿房矣。"杜牧作《阿房宫赋》："蜂房水涡。"即用其语。故洪迈以为杜即摹仿杨作（《容斋五笔》卷七），然小杜造句铸辞，实取资多方。刘克庄云："余读陆修《长城赋》：'千城绝，万城列；秦民竭，秦君灭。'不觉失笑曰：'此岂非蜀山兀，《阿房》出之本祖欤?'修名辈在樊川前。"（《后村大全集》一百七十五）袁枚则以其"开妆镜也，弃脂水也"，乃出自汉边韶《塞赋》。[1] 边氏连用十"也"字，皆四字句式。若："棋有十二，律吕极也。人操其半，六爻列也。赤白色者，分阴阳也。乍亡乍存，象日月也。"牧之袭其法，连用六"也"字，神明变化，青出于蓝矣。宋王楙又谓："牧之盖体魏卞兰《许昌宫赋》。"[2] 然卞赋平铺，只末段用三字句，稍见错综有致，余文绝无兔起鹘落之势，远非杜比（卞赋见《赋汇》卷七十二）。刘后村尝指出贾谊《过秦论》"锄耰棘矜，不铦于钩戟长铩"诸句，语本《吕览》"钼耰白梃，可以胜人之长铫利兵"，称贾生可谓善融化者（《大全集》一百七十八）。按语见《仲秋纪·简选》引世有言曰，而讥其为不通乎兵家之论者，是殆战国末年为兵家所驳之恒言。其末段"故凡兵势险阻，欲其便也"以下专用"也"字叠至七次，行笔可谓浩乎其沛然矣。而《过秦论》结语，"且夫天下非小弱也"以下，亦用"也"字，叠至九次，显自《吕览》变化而来。而《阿房赋》末段议论，叠为比较句法，用"多于"者五次，"灭六国"句以下，专用"也"字收束凡六次，则学《过秦》痕迹犹历历可睹。杜牧喜兵书，又习为纵横家言，此赋以兵家纵横之笔出之，故奇险旷逸，一洗往辙，为《樊川集》中第一奇文（明季朱一是评语）。东坡为之读遍，即再三咨嗟，至于夜分不寐（见《道山清话》），非东坡之神解，无此鉴赏力。而此文分明得力《过秦论》，范蔚宗所云"笔势纵放，实天下奇作"者，惟此赋足以当之。姚铉《唐文粹》选赋至精，此篇列于第三，于宫殿中特立"失道"一目，以为千秋龟鉴，可云有识。

柳子厚撰《牛赋》，语皆四言，与《瓶赋》为体相同，盖仿扬子云者。赋云："牛虽有功，于己何益?"以牛自喻，言牛虽有耕垦之劳，利满天下，而莫以自保，不免穿缄縢、实俎豆之用，亦自伤也。东坡在海南尝录此赋，以遗琼州僧道赟，并书其后，谓："客自高州载牛渡海，海南人病不饮药，但杀牛以祷。地产沉水香，香必以牛易之。黎人得牛，皆以祭鬼。"笑其以烧牛肉易香供佛求福，何福之能得？则悯杀生之愚。据年谱，苏文作于哲宗元符三年三月十五日，是月放鱼于城北作记，其书此赋以贻僧人，意岂有同于此欤?

---

① 《隋园诗话补遗》卷三，边赋见《赋汇》一三〇。

② 《野客丛书》二十四。

则与子厚用意不同。梅尧臣有《问牛赋》，乃感汉相丙吉之事，“恐天令之愆错”。然后世“我自我，物自物，天自天，人自人”，已不能喻此义，梅赋慨乎言之。“故宫博物院”有宋人水墨画《问喘图》，拖尾有王逢（原吉）跋，可与梅氏赋参看。以牛入赋，尚有陈臧道颜《驶牛赋》断句（《赋汇》一百三十六），云：“价齐骥騄。”则咏牛之驭车。《吕览·勿躬》称：“王冰作服牛。”说者谓即卜辞之高祖王亥。《慎大览》云：“武王税马于华山，税牛于桃林。马不复乘，牛不复服。”此服牛即驶牛，渊源甚远。余尝行身毒各地，见牛与人骈肩，闲步过市，牛虽服箱耕垦，操作最劳，而受人之崇奉也亦最隆。身毒梵书传为瞿频陀所造，频陀训智，而译曰瞿者，谓牛也（见《翻梵语》）。身毒之牛如神，与柳州、琼州相去不可同日而语，使子厚居彼土，当无不平之鸣，而《牛赋》亦不庸作矣。

唐皮日休《上忧赋》，以为南蛮不宾，天下征发，民力将弊，因为赋以见志云：“既忧其身，须忧其时。”言臣忧者凡十七八，悃愊恻至，诚范希文所谓先天下之忧而忧者，欧阳子言行天下，未有一人能如李习之之忧，使其见日休此作，则其忧宜加甚矣。呜呼！唐之文人能为社稷忧者，不可一二数，终无救于覆亡者，讽谕不行，赋于何有，可胜叹哉！

陆甫里《求志赋序》云：“孔子曰：吾志在《春秋》。予以求圣人之志，莫尚乎《春秋》。得文通陆先生所纂之书，伏而诵之，作《求志赋》。”叹其“用千载之遗法，发一辞而可判”。是龟蒙亦宗陆元冲为《春秋》之学者。陆淳，河东人；殁后，门人谥为文通，乃柳子厚之师。淳著《春秋纂例微旨》，子厚作《陆文通先生墓表》，章孤桐于河东此文颇多阐发，惟未及甫里是篇。盖唐季为《春秋》学多祖文通，不独子厚而已。赋亦有关于经学，此其一例也。

《赋苑》八卷，“中央图书馆”藏，不著编撰人。前有蔡绍襄序云：“李君持万瑶（宝）之丰襟，洞千秋之朗鉴。吐吞云梦，走荀贾于笔舌之端；囊括寰区，役马班于雌黄之什。灵蛇握而隋珠和璞，已镕象于一腔；武库储而东壁西昆，欲大观于亿禩，乃以刬剧理楚之罅，广拾名山秘府之遗。凡六朝以前，暨荀宋而后，厘为上下八卷，名之曰《赋苑》。”此书据其凡例云：“人因世次，文沿人集，故不足分门别类。自甲午岁始辑，积至捌佰柒拾伍首。”录赋始荀况而讫隋萧后。《四库提要》（三十九）著录为纪昀家藏本，谓但称曰李君，不著岁月。相其版式，乃万历以后书也。按据《千顷堂书目》，李鸿《赋苑》，字渐卿，吴人。

《赋海补遗》二十卷，明周履靖等编，亦“中央图书馆”藏。首页题《赋海补遗》卷之一，次行题沛国子威刘凤，嘉禾逸之周履靖，四明纬真屠隆同辑。次行题金陵书林叶如春绣梓。其下接周履靖题识，文云：“余观作赋，始祖风骚，创于荀宋，盛于两汉。迄至魏晋六朝，贾曹傅陆之俦，纵横玄圃；司马江王之辈，驰骋艺苑。浩如河汉，灿若斗星。惭余管见，不能遍阅，仅纂题雅词玄句寡意长者七百余篇，名曰《赋海补遗》。少俟暇时披览，倚韵追和，无暇计其工拙也，观者幸毋大噱。周履靖识。”全书类别，凡分天文、时令、节序、地理、宫室、人品、身体、人事、文史、珍宝、冠裳、器皿、伎艺、音乐、树木、花卉等，共二十部。履靖，浙江嘉兴人，以辑《夷门广牍》著名，此书四库未著录。

哈佛燕京图书馆藏有《赋珍》八卷，明刊本。题芝山施重光庆征甫辑撰。起成公绥《天地赋》，讫王元美《二鸟赋》。前有延陵吴宗达序，有“清仪阁”印，盖为张廷济旧藏。

《选赋》六卷，郭正域评点，吴兴凌氏“凤笙阁”朱批本，末附选赋名人世次爵里；《文选》赋部分之单刊本，颇便读者。正域字美命，江夏人，为万历癸未进士。礼部侍郎，著有《黄离草》，论为文不可专学一家。[①]

日本存《赋谱》一书（五岛庆太氏藏），论赋句法，有壮紧、长隔等式。小西甚一著《文镜秘府论考》曾引用之。韩国有《朝鲜赋》一卷，见杨守敬《日本访书志》（卷十四）。

又日本慈觉大师将来外典，其中有《诗赋格》，及《丹凤赋》。《通鉴》二一三突骑施入贡，玄宗宴之丹凤楼，胡注：“东内大明宫正门曰丹凤门也。”

以地域辑录赋集，如同治十二年杨浚集《闽南唐赋》六卷，收十二家，一百四十四篇。始陈诩、林藻，至徐寅、黄滔、韩偓，资料大都辑自《全唐文》、《赋汇》及《英华》。自序称：“调吻不叶，有如瘖痖；选典失均，又如跛躄。”深中律赋之病。

自扬雄为《反离骚》，此例一开，后此为赋以反案为文者比比皆是。唐皮日休作《反招魂》，金赵秉文为《反小山赋》，明徐昌业为《反反骚》，清汪琬作《反招隐》，皆步此涂辙。

江淹赋《邃古篇》，颜之推亦作《归心篇》，于天道回旋，多所诘难，竞仿屈子，驰骋其词。若夫黄泉罔极，坤维谁系，尚无人设问。陈石遗欲撰

---

① 明陈山毓有《赋略》一书，已佚。

《地问》而未遑，著其说于《宋诗菁华录》中王逢原《原蝗篇》后，谓：“逢原有此才，恨不起九原，使操笔赋之。”比岁文章之业，江河日下，世无逢原，为之掷笔三叹。

况蕙风谓李白《惜余春》、《愁阳春》二赋，烟水迷离，举以比证词有事外远致之旨（见《词学讲义》）。谪仙浸淫齐梁，会心不远，往往郁伊易感，俯仰难怀。乐府与赋，皆异曲同工，不独此二赋也。

明人以赋题画，若陆治《练川草堂图》，为睢阳朱继甫作，乃有沛彭年（孔加）之《练川草堂赋》，现藏士林，允称剧迹。

宋储国秀作《宁海县赋》，其序曰：“孙兴公作《天台赋》，信耳闻而任臆度。宁海其东麓也，事或湮没而弗著，独一贝邱存旧名，而临海天台交有之莫订其实。余家宁邑盖五世，其山川里社之所隶，人物土产之所钟，有亲见，非剽闻，有谂知，非臆度也。”此纯为征实之赋，固可助兴公之遗，然“其引而申之，不能极美，触而长之，不克尽丽”（借皇甫谧语），则读者又不能无憾焉。岂宋人之赋，则而未丽，自与汉人之丽则、丽淫者殊轨也欤？

祝枝山希哲以狂草名噪朱明，著书满家，所著《兴宁县志》，近颇流传，其赋尤称大家。若《大游赋》长逾万言，古今罕敌，余如《萧齐求志赋》、《栖清赋》，亦清警可诵。

黄山谷题跋记王右军书《文赋》，褚遂良临之。唐陆柬之行楷书《文赋》，今存故宫，李倜跋称其笔法正自兰亭来，揭奚斯许其有晋人风格。

赋以海外风物为题材者，晋殷巨有《奇布赋》，作于泰康二年。安南将军广州牧滕侯镇作南方，大秦国来献火布，盖即 Asbestos 也。去魏文撰《典论》为时不远；《典论》尝镌诸石，力斥火浣布之不可信，嗣乃刊削之。张华《博物志》卷二《异产》引《周书》曰：“西域献火浣布。”则此布汉世有献者，又在巨之前矣。

珠崖自汉已入中国版图，《汉书·地理志》谓“自合浦徐闻南入海，得大州”是也。明丘浚为琼人，乃作《南溟奇甸赋》以夸耀之，谓：“年有八蚕之茧，岁三穛以常穛。”其丰收一如暹罗也。湛若水以正德八年正月奉命往封安南王，至其地，因撰《交南赋》，以存故实。朱舜水于丁酉三月在越南供役，作《坚确赋》，其句云：“确则繇坚而致，坚不能并确而陈。”忠耿之情，跃然纸上。又明陈乃玉为《噶喇吧赋》，其句云：“原夫永乐初登，舟遇彭兄（即彭亨，在马来半岛）之山；地生金铄，人指麻衣之洞。”（原注逸之勿里洞，即麻逸）“彼文岛（指 Muntok）无文之可羡，寔叻（原注国名，即新加坡）

少寔以堪扬。庆磐石之安，落落山居，亚齐（在苏门答腊北部）文身而跣足；收鱼盐之利，鳞鳞水厝，暹罗亚答与胶章（即茭章 Kuchang，可作席）。”文载《开吧历代史记》（《南洋学报》第九卷第一辑）。噶喇吧，即今印尼耶加达也。梅县罗芳伯于坤甸东万律撰《游金山赋》，其句如：“日气熏蒸，草木曾无春夏。”“晨昏淋浴，周身雨汗交流。”文虽庸近，自是写实之作，见林凤超编《坤甸历史》。金山指东万律山，因产金矿著名。上举诸赋，皆咏南裔海外邻邦，虽非杰构，亦足为考史之助。

琴之有赋，滥觞甚早。汉志已有《杂鼓琴剑戏赋》十三篇，刘向有《雅琴赋》，傅毅、蔡邕皆继而有作，至嵇叔夜叹观止矣。唐人律赋，张随之赋无弦琴，吴冕之赋昭文不鼓琴。黄滔之赋戴安道碎琴，均别出机杼。余尝为《寥天一阁沙砾琴赋》，序之曰：“蒙夫以谭嗣同琴号沙砾，有铭曰寥天一阁者见假。感其遭运遇于领会，同嵇生之尸化，遂为赋以悼之。”其辞曰：“纹裂春冰，轸销夏绿。神韫龙宫，生譬蛇足。忍死须臾，委命寸木。魂夺猗兰之操，泪续湘妃之竹。虞渊顾影，运会何速？山鬼夜鸣，秋风野哭。一弦一柱，世短意多。方出沙砾，遽泣铜驼。且捐净土，甘冲网罗。重阴难改，尚寐无吪。仁者之言，惑亡理胜。妙声未绝，法身先证。宁异彀音，呜呼谁定！唯兹旦宅，聊比昆峰。前毁者光泽，后凋者长松。生知倚其神变，县解托乎高踪。一入寥天，顿萌生意。坤维罔极，乾阳无死。六合同声，八荒一指。浑沌非无可凿之姿，金刚有常不毁之理。皮骨纵落，真实在迩；志士怛化，畴与论此。感瑶山之丛桂，每摧折于芳菲；抚兹桐而奏曲，长寥亮而不亏。超六入以韵畅，配三仁而心归。溯玄津之重枻，闵遗响于孤徽。”按“浑沌非无可凿之姿”，语见《北齐书·文苑传序》。“昆峰积玉，光泽者前毁；瑶山丛桂，芳茂者先折”，见《祖鸿勋传》。览者详焉。

枚叔《七发》，章太炎谓乃解散《大招》、《招魂》之体而成。章实齐谓七体肇自孟子之问齐王，似均未核。近日曾撰《释七》一篇，附录于此：

枚乘首创《七发》之体，后人称曰“七辞”[①]。刘勰《文心雕龙》有《杂文》篇，专论“对问”、“七”、“连珠”三者，谓皆文章之枝派，暇豫之末造。枚叔之文，举六事以起楚太子之疾。每段之末，辄有“太子能强起”之问句，因事而异。自至悲之音，至美之味，至骏之马，以至八月广陵波涛至怪异之壮观，皆不足以起太子之沉疴，而太子概以“仆病未能”答之。此“强起”

① 《太平御览》卷五九〇文部铭志下，连珠之上，为七辞一类。

者，即所谓“起废疾”之起，欲以起太子，故名文曰七发。发者，《风赋》云：“发明耳目。”《七发》亦言“发皇耳目”，是其义也。李善《文选》注：“七发者，说七事以起发太子也。犹楚辞《七谏》之流。”《七谏》盖东方朔之作。自初放、沉江，至谬谏凡七段。王逸称：“古者，人臣三谏不从，退而待放，原加为七谏，殷勤之意，忠厚之节也。或曰七谏者，法天子有争臣七人。”此释《七谏》所以为七之旨。考诸子篇章，以七名者，《管子》有《七法》、《七臣七主》。《大戴礼·主言》，论明主内修七教，外行三至。《王制》“明七教以兴民德”，《尚书》五教，此则演而为七。《左传·宣十二年》言死有七德，《管子·五辅》篇论义有七体。秦汉以来，著论者颇多采用七数，不特《七发》与《七谏》为然。《管子·七臣七主》篇，虽名曰七，而文中实论“六过一是，以还自镜而知得失”。所谓“七”者，乃包括“六过”与“一是”言之。枚叔《七发》之为篇，原共八首。首篇是序，而末为总结，中间所陈，仅六事耳。李善谓“说七事”，必合序言之，方有七也。向来解“七”之取义，可得二说。刘勰云：“枚乘摛艳，首制《七发》。腴辞云构，夸丽风骇。盖七窍所发，发乎嗜欲，始邪末正，所以戒膏粱子弟也。”此以七窍说之。李善又云：“乘恐梁孝王与吴王濞同反，故作《七发》以谏之。七者，少阳之数，欲发阳明于君也。”则以七为少阳说之。《庄子·应帝王》言，人皆有七窍，以视听食息，而混沌凿窍，七日乃死。[①]《易·复卦》言：“反复其道，七日来复，天行也。”则七之数，在《易》有来复之义，此天道也。《七发》为太子起沉痾，以“七”为名，其有取来复之意乎？“七”于《易》数为少阳，《说文》“七”字云：“《易》之正也。”《易》占用九不用七，盖用变而不用正也。七为少阳，九为老阳，李氏以《易》数譬之，不若径以人体阴阳说之之为愈也。案《素问·阴阳离合论》，人身有三阴、三阳之离合。三者何？谓开、阖与枢。开者，所以司动静之基；阖者，所以执禁固之权；枢者，所以主动转之微。此可以脉搏见之。故少阳少阴，皆为枢；病者之转机，在于是焉。吴客为楚太子诊疾，“察其虚中重听，恶闻人声”。善注以《素问》“精气夺则虚，黄帝八十一问阴病恶闻人声”解之。度枚叔必当细绎《素问》之书，其于阴阳离合之义，庸有不知之理？则李氏所谓，欲发阳明于君者，人身之中，胃为阳明。《灵枢经》以腰以上为天，腰以下为地。中身而上，名曰广

① 医书则以配九州，称为九窍。《灵兰秘典》论云：“生之未本于阴阳，其气九州九窍，皆通乎天气。”《灵枢经》：“地有九州，人有九窍。”

明；广明之下，名曰太阴；太阴之前，名曰阳明。太阴指脾脏。胃在人身中，在脾之前，故为阳明。阳明之脉，即胃脉也，故“发阳明”者，谓胃气调和而百病可瘳矣。李氏之意，殆指此欤？自《七发》、《七谏》而后，诗中又有《七哀》一体，王仲宣倡焉，曹子建、张孟阳赓作焉，俱载《文选》（卷二十三）。五臣吕向云：“七哀谓痛而哀、义而哀、感而哀、怨而哀、耳目闻见而哀、口欲而哀、鼻酸而哀也。”是其哀叹可谓原于七窍。刘勰称：七窍所发为七发。此说正可为其张目，不可谓持之无故也。西汉翼奉以五际六情说诗，以为“诗之为学，情性而已。五性不相害，六情更兴（与）废，观性以历，观情以律”（参迮鹤寿《齐诗翼氏学》）。此情之数为六。然《礼运》谓：“何谓人情？喜、怒、哀、惧、爱、恶、欲，七者弗学而能。”则以为七情，故七哀者实通乎七情，亦汉人之说也。《庄子·天下》篇：“其数一二三四是也，明于本数，系于末度，其数散于天下。”古哲喜以数区别事物，七亦其一，故在天有七政（《舜典》）、七纬（《新论·思慎论》），在地有七泽（《子虚赋》）、七赋（《法言·问道》指五谷桑麻），于礼有七庙（《王制》）、七礼（《士丧礼》），于乐有七律（《国语·周语》）、七始（《汉书·礼乐志》）。自春秋以讫汉世，遽数之不能终其物。七复如三九，以指成数。《诗·大东》织文之数，曰：“终日七襄。”《尔雅·释地》言七戎六蛮，亦其例矣。有询《七发》之取义，因效汪中《释三九》，撰为是篇。若夫《七发》，自汉而后蔚为新文体，踵武者众。傅玄《七谟序》及挚虞《文章流别论》（俱详《御览》文部引），叙述已备，不复多及云。

赋学研究的展望
——第二届国际赋学会议特邀演讲

余以耆年，久荒赋学，幸蒙邀请，愧不敢当，聊陈数语，以为抛砖引玉云尔。1975 年余撰《选堂赋话》，何沛雄博士刊于《赋话六种》中，拙作小引指出："赋学之衰，无如今日。文学史家直以冢中枯骨目之，非持平之论也。"自此以后，国际学人，不断对《文选》及辞赋加以钻研。由专著论述，以至总集之校勘整理、选本之注释语释，亦云周备。时至今日，赋学重兴，实非始料所及。是次赋学会议，集大陆、台湾、港澳地区以及日、韩、美国学者于一堂，切磋琢磨，提交论文达五十篇之多，赋学昌隆，可谓空前矣。

长久以来，文学史家均横加否定赋学之价值，此非持平之论。一种文体、一个作家、一部作品，往往厄于时论，直如古镜蒙尘，黯然不张；然而精光宝气，终会刮垢磨光，重见天日。赋学即是一例。

赋在汉代最为流行。桓谭《新论》第十二为《道赋》篇，导刘勰《诠赋》之先路，惜已散佚。严可均《全汉文》仅辑得四条，其中有云："（扬）子云言能读千赋则善赋。"班固《两都赋序》云："故孝成之世，论而录之，盖奏御者千有余篇。"是西汉之赋有千篇之数。

赋之成为研究对象，似起于刘宋时君臣之合力提倡，梁、魏因之。赋篇之结集，见于《隋书·经籍志·总集类》，略如下表：

朝　代	编　者	书　名
宋	谢灵运 明帝刘彧 （新渝惠侯）刘义宗①	《赋集》九十二卷 《赋集》四十卷 《赋集》五十卷
后魏	崔浩	《赋集》八十六卷 《续赋集》十九卷
梁	武帝萧衍	《历代赋》② 十卷

就宋而言，赋集即有三部。上述诸集，惜皆亡佚，然亦足以说明当时朝廷对赋之重视。

关于赋之研究路向，下列数项，务留意焉。

一、言志类赋之独立研究

诗言志，赋亦言志。《楚辞·九章·悲回风》云："眇远志之所及兮，怜浮云之相羊。介眇志之所惑兮，窃赋诗之所明。"眇志所惑，即赋诗以明，赋亦如之。此意可参拙文《骚以言志说》。赋中不少为贤人失志之作。《隋书·经籍志》卷四称梁有《遂志赋》十卷，惜亡。《艺文类聚》卷二十六有陆机《遂志赋》，其序云："昔崔篆作诗，以明道述志；而冯衍又作《显志赋》、班固作《幽通赋》，皆相依仿焉。张衡《思玄》、蔡邕《玄表》、张叔《哀系》，此前世之可得言者也。"刘歆有《遂初赋》、刘桢有《遂志赋》，皆此类也。此书十卷，即裒合众作。及后唐代韩愈有《复志赋》，亦即此类。今宜汇辑历代言志之赋，都为一篇，以见赋以言志之遗。

二、赋音佚书之辑录

《隋志》所记，各赋有音。如《二京赋音》二卷，李轨、綦毋邃撰。《二都赋音》一卷，李轨撰。又《两唐志》有李轨《齐都赋音》一卷，綦毋邃《三京赋音》一卷，薛综《二京赋音》二卷，褚令之《百赋音》一卷③，郭微

① 刘义宗乃刘裕中弟道邻六子之一，《世说新语》著者刘义庆之弟。初赐爵新渝县男，后进爵为侯。元嘉二十一年（公元444）卒（见《宋书·宗室传》）。

② 据《梁书》卷四十三《周兴嗣传》，周舍、周兴嗣奉敕注梁武帝《历代赋》。

③ 《隋书·经籍志》作御史褚诠之《百赋音》十卷。按《隋志》有《褚诠之集》八卷。

之《赋音》二卷[1]。《颜氏家训·勉学》篇云："赋诵者信褚诠而忽吕忱。"足见褚音之影响。吕忱即《字林》作者，未闻注赋。

赋之有音，因多奇字不易晓，赋音与文字声训极有关系。现敦煌出土《文选音》一种（萧该有《文选音》三卷）；綦毋邃之音注，亦可从现存日本之《文选集注》辑得一二；其余宜加以稽考整理。赋音之辑佚整理，不但有功于赋学，且惠及语言文字之学云。

三、赋与图关系之研究

赋或因图而作，或为赋而作图。例如《天问》，即先有图，而后有文。至若先有赋文，后绘图书，其例更多。《世说新语·巧艺》篇载："戴安道就范宣学，视范所为，范读书亦读书，范抄书亦抄书；唯独好画，范以为无用，不宜劳思于此。戴乃画《南都赋图》，范看毕，咨嗟，甚以为有益，始重画。"张彦之《历代名画记》载，晋明帝有《洛神赋图》，顾恺之继作。晋史道硕有《蜀都赋图》、《琴赋图》，宋史敬文有《张平子西京赋图》。《隋志》著录梁有《杂赋图》十七卷，亡。足见梁时赋之有图。此赋与图之关系研究，亦绘画史之重要资料也。

四、赋之文化史研究

赋文资料，乃文化史之宝藏。赋为铺陈某一事物之专篇，对于文化史专题研究，往往提供重要资料，片言零句，亦足甄采。以乐舞百戏为例，张衡《西京赋》之写百戏，实为研究古代杂技史之重要资料。他如建筑史，班固《两都》、张衡《两京》，其于长安洛阳之城市规划、宫殿建构，描画详尽，甚有功于古代建筑史之研究，自不待言。至如《水经注》、《艺文类聚》所引有关宫室台榭赋作之零章断简，亦弥足珍贵。《水经注》卷十《浊漳水》注引魏武《登台赋》"引长明，灌街里"断句，为研究古代邺城建筑、街衢结构，提

① 《隋书·经籍志》作郭徵之。

供可靠资料。[1] 又卷十九《渭水》注引繁钦《建章凤阙赋》序[2]，卷二十四《睢水》注引齐随郡王《山居序》[3]；《艺文类聚》卷六十三引魏明帝《玄武观赋》，均为古代建筑史之吉光片羽宝贵资料。又《水经注》中关于石刻、诗赋，引述甚繁。石刻资料已有专门著述，惟辞赋尚阙如。对于辞赋资料，应有专文撰录，以供文化史、文学史家参考。

五、赋与修辞学之研究

修辞学近年发展甚快，惟辞赋在修辞学上之意义，尚未闻有通体之研究。辞赋修辞学，实属研究之新领域，亟待开拓。且辞赋之语言艺术、修辞技巧，较诸诗骚，更臻成熟。诚如葛洪《抱朴子·钧世》篇所云："若夫俱论宫室，而奚斯《路寝》之颂，何如王生之赋《灵光》？同说游猎，而《叔畋》、《卢铃》之诗，何如相如之言《上林》乎？并美祭祀，而《清庙》、《云汉》之辞，何如郭氏《南郊》之艳乎？等称征伐，而《出车》、《六月》之作，何如陈琳《武军》之壮乎？"可惜如此丰富之语言修辞材料，迄今尚未有系统性之研究。唐世有《赋谱》，与杜正伦《文笔要诀》合抄，日本所存，称为"国宝"。《赋谱》只论律赋，宜综合汉魏六朝及宋元以后诸赋，扩大为"赋修辞学"，则可为赋学研究，开新局面。

六、赋学纪事之作

笔记杂书，叙及赋者，无虑百数；以赋之资料论之，亟待好事者为之钩

---

① 《水经注》卷十《浊漳水》注曰："魏武又以郡国之旧引漳流，自城西东入，经铜雀台下，伏流入城东注，谓之长明沟也。渠水又南经止车门下，魏武封于邺，为北宫，宫有文昌殿。沟水南北夹道，枝流引灌，所在通溉，东出石宝堰下，注之隍水。故魏武《登台赋》曰：'引长明，灌街里。'谓此渠也。"

② 《水经注》卷十九《渭水》注曰："《关中记》曰：'建章宫圆阙临北道，有金凤在阙上，高丈余，故号凤阙也。'故繁钦《建章凤阙赋》曰：'秦汉规模，廓然毁泯，惟建章凤阙，岿然独存；虽非象魏之制，亦一代之巨观也。'"

③ 《水经注》卷二十四《睢水》注曰："余按《汉书·梁孝王传》，称王以功亲为大国，筑东苑方三百里，广睢阳城七十里，大治宫室，为复道，自宫连属于平台三十余里。复道自宫东出杨之门，左阳门，即睢阳东门也。连属于平台则近矣，属之城隅则不能，是知平台不在城中也。梁王与邹、枚、司马相如之徒，极游于其上。故齐随郡王《山居序》所谓：'西园多士，平台盛宾，邹、马之客咸在，《伐木》之歌屡陈，是用追芳昔娱，神游千古，故亦一时之盛事。'谢氏赋雪亦曰：'梁王不悦，游于兔园。'今也歌堂沦宇，律管埋音，孤基块立，无复曩日之望矣。"

稽纂集。此举可效《唐诗纪事》、《全唐文纪事》，撰作《赋学纪事》。姑举一例，偶检明叶盛《水东日记》，其中涉及赋者灿然可记。如卷八记“东坡《赤壁赋》真迹，寄传尧俞者，尝于俞尚书家见之。‘洗盏更酌’，‘更’字下自注一小‘平’字”。又高元之有《变离骚》九篇，卷二十四即载其《变离骚序》。卷三十载虞雍公《诛蚊赋》及诸家题记。数则资料，对于赋史、文学史、文学批评史之研究，皆极宝贵。倘遍查各书，弋获必富，是为斯学恢宏光大，其功不在诗文记事之下，惜尚无人为之矣。

侧闻国内近年治赋者多家，著述宏富，若《全汉赋》之辑成，《历代赋汇》之整理，均足大书特书，为古书整理规划之外，大著新猷，嘉惠来学。上举琐细各节，注意所及，聊发其耑。余年已颓耄，无能为役，惟冀同志合力以竟其功，区区之意，只是抛砖引玉而已。

司马相如小论
——非常之人与非常之事

文学家能够承先启后，非有过人的才智不办。司马相如的文学作品既能上承楚辞的余绪，下辟汉赋的新路，自足以当上“非常”的称号而无愧。法国吴德明曾经写过一本研究司马相如生平时代与作品的书，并附译有《史记·司马相如列传》一文。在日本时，我跟吉川幸次郎先生谈过这本书。吉川先生以为司马相如不大容易研究，而且他的赋很难翻译，我也有同感。

《文选》卷四十四檄文类收有司马相如《喻巴蜀檄》与《难蜀父老书》二文。《史记》本传说：

> 相如为郎数岁，会唐蒙使略通夜郎西僰中，发巴蜀吏卒千人，郡又多为发转漕万余人，用兴法诛其渠帅，巴蜀民大惊恐。上闻之，乃使相如责唐蒙，因喻告巴蜀民以非上意。

汉武帝好大喜功，为了开拓边境，招西南夷人来归，于是派唐蒙打通到夜郎西僰的道路。[①] 唐蒙杀了巴蜀人的领袖，当地的百姓感到震恐。相如本来是蜀郡成都人，所以武帝派他到巴蜀去安抚百姓。《喻巴蜀檄》一文就是在这种情况之下写出来的。但是当时朝中大臣如公孙弘辈和蜀中长老都以为通西南夷

① 由新近地下文物的发掘显示，武帝时势力已达到当时的滇地（晋宁山）了。

的工作是徒劳无功的，都想请武帝撤销原意。相如恐怕武帝信心动摇，于是以私人身份写了一封《难蜀父老书》，“借以蜀父老为辞，而己诘难之，以风天子，且因宣其使指，令百姓知天子之意”（本传）。其实他写这篇文章，目的是给武帝看，坚定他的信心的。文中有几句：

盖世必有非常之人，然后有非常之事；有非常之事，然后有非常之功。非常者，固常人之所异也。故曰非常之原，黎民惧焉。

“非常之人”、“非常之事”这两句奉承话，适足以稳定汉武帝的信心。于是公孙弘等人的反对，也就对武帝起不了什么作用了。

“非常人”、“非常事”二句话，后来变成汉代的习语，时常被人征引或仿作。如《后汉书·班彪列传》，说班固奏记东平王苍书时，亦引用这两句话：

传曰：“必有非常之人，然后有非常之事；有非常之事，然后有非常之功。”

可见这两句话在当时流行的情形。《文选》卷三十五收有汉武帝两篇诏令。第一首说：

诏曰：盖有非常之功，必待非常之人。故马或奔踶而致千里，士或有负俗之累而立功名。夫泛驾之马，跅弛之士，亦在御之而已。其令州县察吏民有茂才异等，可为将相及使绝国者。

武帝诏令颁于元封四年，而相如《难蜀父老书》，《文选》注未有说明写成的年份，大抵在元封四年之前。所以武帝“非常之功，非常之人”的讲法，说不定是摹仿《难蜀父老书》“非常之人”、“非常之事”两句，而变化出来的。

只有非常人才能说出非常之话。相如本身是非常人，才有这种非常话，但非常人的司马相如，只有遇到非常人的汉武帝才能发挥他非常人的才华，显露他非常人的潜力。如果司马相如不是遇到非常人的武帝，他的非常人的才干，大概就要与草木而同腐，沦泥淖以湮灭，我们再不能读到他的作品了。《史记》说相如初事孝景帝时，为散骑常侍，“会景帝不好辞赋”，所以他的才能不能伸展；后来他到梁孝王处作客，“梁孝王令与诸生同舍，相如得与诸生游士居数岁”，亦得不到非常人的赏识，梁孝王只令他与诸生同舍。这时虽然他著有《子虚》之赋，但亦不能改变梁孝王对他的待遇。直到梁孝王死后，武帝读到他的《子虚赋》，才惊叹于他的才华。经过他的同乡狗监杨得意的推引，始得出任郎官。从此展现出他非常人的才具来，写出非常人的作品。而他琴挑卓文君，“亡奔成都”之事，世人都以之为耻；他们都以道德标准来衡量他的学问，但只有不拘小节的汉武帝才能提拔他这个非常人，相如才能“负俗之累而立功名”。能够不拘小节，着眼于大体，武帝自然是个非常人。“夫泛驾之马，跅弛之士，亦在御之而已”两句，正是武帝自道之语。

司马相如早年的生平很值得研究——因为这个时期的生活，对他以后的行事有很大影响。《史记》和《汉书》的司马相如本传都只能提供司马相如早年生活的概略情形，未足以作深入的探讨。相如四川成都人，在相如之前，除了文翁以外，四川并没有特出的文学家①，学术风气不浓厚。当时文学气氛最浓厚的地方是梁地。相如之所以游梁，大概是文翁所指使的。相如之后，蜀地的文风渐渐兴盛，先后有王褒、扬雄、李尤等人，为蜀文学放出异彩。相如初游梁，不为孝王所见重。梁孝王是汉文帝的幼子，很得窦太后钟爱，时常厚赐给他。“得赐天子旌旗，出从千乘万骑”（《梁孝王世家》）。排场与天子无异。又孝王好“招延四方豪杰，自山以东游说之士，莫不毕至，齐人羊胜、公孙诡、邹阳之属”。而其中“公孙诡多奇邪计”，舌辩多端。窦太后本想立孝王为帝，但为袁盎等人所阻挠。孝王后来指使羊胜、公孙诡等人“刺杀袁盎及他议臣十余人”，景帝由是怨恨孝王，与他疏远。景帝三十五年，孝王“北猎良山，有献牛，足出背上，孝王恶之”。明年六月病死。从此文学集团解体，相如便返蜀。相如虽然做梁孝王幕客，却与这次政治暗杀无关，所以并没有多大牵连。相如游梁，正是这个文学集团最全盛的时期。他能够与当时负盛名的文士相往来，这对他以后的创作有直接的影响。当时的赋体仍留于篇幅短小的阶段，相如学到写赋的方法，演成长篇。梁孝王曾经在山东东部建造东苑②，“方三百余里。广睢阳城七十里，大治宫室。为复道，自宫连属于平台三十余里”。相如作《子虚》之赋以为规劝，目的是令孝王归于节俭，但梁孝王却未加理会。《子虚赋》，《文选》列入畋猎类，人物有子虚、乌有先生、无是公三人，借三人的讨论畋猎事情，以通于讽谏。排比铺陈，堆

① 战国时虽有游士尸子（佼）卒于四川，但他不算蜀人。

② 东苑中有平台、修竹园。枚乘作有《修竹园赋》、《兔园赋》。

垛夸饰。文章最后说："然在诸侯之位，不敢言游戏之乐、苑囿之大。"这是反对梁孝王拟于天子的畋猎行为而作的。

《子虚赋》不能打动梁孝王的心，正因为梁孝王并不是非常人，所以非常人的司马相如也就藉藉无名，不能露出头角。后来得到得意的荐引，才遇到非常人的名主——汉武帝，从此扶摇直上，平步青云，为武帝写下《上林赋》，极尽夸张之能事。《上林赋》与《子虚赋》写作方法相同，其实不写也罢。

相如文思缓慢，属于"迟才"一类。《文心雕龙·神思》篇说："相如含笔而腐毫。"范文澜注引《西京杂记》：

> 司马相如为《上林》、《子虚赋》，意思萧散，不复与外事相关。控引天地，错综古今，忽然如睡，焕然而兴，几百日而后成。

汉武帝却是一个文思敏捷的人。《太平御览》八十八引《汉武故事》说：

> 上好词赋，每行幸及奇兽异物，辄命相如等赋之。上亦自作诗赋数百篇。下笔而成，初不留思。相如造文，弥时而后成。上每叹其工妙。谓相如曰："以吾之速，易子之迟，可乎？"相如曰："于臣则可，未知陛下何如耳！"上大笑而不责。

《西京杂记》所说的，大抵是《子虚》、《上林》二赋。我以为文章只讲求工拙，不在于迟速之分；迟速并不影响文学的价值。

司马相如在汉朝文学上的建树有两点：第一是相如的文章常有新意。如《难蜀父老书》的"非常之人"与"非常之事"，就是司马相如深思熟虑得出来的创获。第二是 hyperbole（hyper 是超越的意思）夸饰法。在相如之前，赋的作品都是短篇的，直到司马相如才有长赋出现；而且前人的作品在描写铺排方面，都不及相如的尽情表现。他的夸张手法，灵感得自枚乘《七发》，从而开拓赋体，增长篇幅。《七发》中间写波涛部分，枚乘极写水之形态，这大概是相如赋铺张闳丽之所本。《七发》由楚辞衍伸而来，仍属楚辞系统。楚辞中的《招魂》亦多用夸张手法。《招魂》的夸张，是衬托宇宙之大，与枚乘、司马相如的夸张描述小事物方面，方向不同，但所用心思则一样。《文心雕龙》有很多篇都提到司马相如的作品，值得抄下来互相比较参照。如《诠赋》篇说："相如《上林》，繁类以成艳。"类指事类，艳即"诗赋欲丽"之丽的特质。但文学作品只以丽为本质，并未足以成就其不朽的价值，所以后来扬雄论赋有"丽以淫"、"丽以则"的说法。扬雄《法言·君子》篇批评司马相如作品说："文丽用寡，长卿也。"认为他单重华彩，说理成分不足，只有"丽"的部分而已。扬雄看得不对，相如赋也说理，只不过以讽喻方法表现，属于内在的，不拘形于赋的外在表现方式。由于扬雄只看作品的外表，难怪他以"文丽用寡"的说法来批评司马相如了。真正能体会到相如的用意的，只有太史公一人。《司马相如传赞》说：

> 《春秋》推见至隐，《易》本隐以之显，《大雅》言王公大人，而德逮黎庶，《小雅》讥小己之得失，其流及上，所以言虽外殊，其合德一也。相如虽多虚辞滥说，然其要归引之节俭，此与诗之风谏何异？扬雄以为靡丽之赋，劝百讽一，犹驰骋郑、卫之声。终曲而奏雅，不已亏乎？

其中"扬雄以为靡丽"句以下数语属衍文，出自《汉书》本传赞文，今本《法言》并没有这几句话。司马迁将相如的作品来和《春秋》、《易经》、大小雅相比，说相如作品"虽多虚辞滥说，然其要归引之节俭，此与诗之风谏何异"？以为适于诗之讽谏，不属于"丽淫"一类，反归于"丽则"之属。至于《文心雕龙》，也附和扬雄之说。《才略》篇云：

> 相如好书，师范屈、宋。洞入夸艳，致名辞宗。然复取精意，理不胜辞。故扬子以为文丽用寡者长卿，诚哉是言也！

这更加不足道了。（李锐清笔记）

论《文赋》与音乐

陆士衡文章，如玄圃积玉，古今同赏。而词义深博，沾溉无尽者，莫如《文赋》一篇。六朝论文家若刘勰、钟嵘，于《文赋》皆无好评①，臧荣绪《晋书》则称其“妙解情理，心识文体，故作《文赋》”②。此指出《文赋》之精要，在于辨析文体。盖自魏文《典论》，区别奏议、书论、铭诔、诗赋四科，草创尚简；至于桓范，益加恢廓，其《四要论》中，有关文体者，存《序作》、《赞象》、《铭诔》三篇。③ 盖侈论文体，在当日成为风尚。《诗品序》所举，陆机《文赋》外，又有李充《翰林》、王微《鸿宝》、颜延论文（即颜延之著《庭诰》）、挚虞《文志》（即《文章志》）。且言“观斯数家，皆就谈文体，而不显优劣”。他若任昉之《文章始》④ 亦着意于此。迄刘勰之《文心雕龙》，极为详赡，遂集文体论之大成。⑤ 昭明太子《文选》，亦区文章为三十八

① 钟嵘《诗品序》：“陆机《文赋》，通而无贬；李充《翰林》，疏而不切。”刘勰《文心雕龙·总术》篇：“昔陆氏《文赋》，号为曲尽。然泛论纤悉，而实体未该。故知九变之贯非穷，知言之选难备矣。”又《序志》篇评魏文以下各家谓：“陆机巧而碎乱。”然《文心》持论，多根据《文赋》。故章学诚《文史通义·文德》篇云：“刘勰氏出，本陆机氏说，而昌论文心。”《文赋序》云：“余每观才士之所作，窃有以得其用心。”刘勰云：“文心者，言为文之用心也。”即本此。

② 见《文选》十七《文赋》李善注引。

③ 见《群书治要》卷四十七。

④ 《隋书·经籍志》：任昉《文章始》一卷。注云：亡。陈氏《直斋书录解题》载《文章缘起》一卷，梁太常卿乐安任昉撰。

⑤ 刘勰书中自《辨骚》至《书记》各篇，当是承袭桓范以来讨论文章体制之作。此为关于 Genre 方面。至于《体性》、《定势》篇，则专论 Style 方面。

类。陆机《文赋》，对于文体之区分及说明，“往往以数字括论一体，皆确不可易”①，有承先启后之言。

中国文学批评史上“文体论”实占极重要之一面，缀文之士，咸以辨体为先。② 文体有二义：从形式言，指文章之“体制”；兼其内蕴与作者之性格言，则指文章之“体性”。体制与体性，本厘然为二事，而自魏以降，每混称曰“文体”。体制已见上论，至于论文章体性，刘桢云：“文之体指实强弱，使其辞已尽而势有余。”③ 陆厥、刘勰又称曰“体势”。《文心·定势》篇云：“情致异区，文变殊术，莫不因情立体，即体成势也。”此皆其例。

他书有言文体之形成者，为《文心雕龙·体性》篇。

有言文体之演变者，为沈约《宋书·谢灵运传论》，称：“自汉至魏，四百余年……文体三变。”江淹《杂体诗序》，称：“魏制晋造，固亦二体。”

有言文体之运用者，为张融《门律自序》：“吾文章之体，多为世人所惊。……夫文岂有常体，但以有体为常，政当使常有其体。……吾之文章，体亦何异。……汝若复别得体者，吾不拘也。”金王若虚《滹南遗老集·论文》：“定体则无，大体须有。”义略同此。

此所谓“体”，特指风格，非论体制。今观《文赋》，除论体制“诗缘情而绮靡”等句以外，有但言文之“体”者，则指体性、体势而言。如：

> 体有万殊，物无一量；纷纭挥霍，形难为状。
>
> 其为物也多姿，其为体也屡迁，其会意也尚巧，其遣言也贵妍。……苟达变而识次，犹开流以纳泉。

即言文无常体，要以通变为方，与刘勰、张融所论，其奚以异？可知《文赋》中文体论之重要。故研读《文赋》，须从臧氏“心识文体”一语入手。

---

① 此黄侃语，见《文选黄氏学》。

② 明吴讷《文章辨体》云：“文章以体制为先。”陈洪谟云：“文章莫先于辨体。”此辨体制之事也。而刘勰于《体性》篇云：“宜摹体以定习，固性以练才。文之司南，用此道也。”又《定势》篇：“循体而成势，随变而立功。”此则别体性之事也。

③ 刘桢语。见《文心雕龙·定势》篇引。《南齐书·陆厥传》，厥与沈约书：“自魏文属论，深以清浊为言；刘植（应作桢）奏书，大明体势之致。”

一

《文赋》为中古文学理论之名篇，近世言文学批评者，皆知珍视。影响所及，遍于域外。试举《文赋》研究之业绩，约有数端：

（一）专释文章体制十句，如王闿运《答陈复心问》，纯本士衡之说，多有发明。见《工志》。

（二）究明文例文义。有黄侃（见《文选黄氏学》）及其门人程会昌之《文论要诠》[①]、骆鸿凯之《文选学》。

（三）辨证写作年代及其生平，有逯钦立、陈世骧、姜亮夫、Achilles Fang[②]、高桥和巳[③]。

（四）翻译成外文，有 G. Margouliès、B. M. Alexéiev、陈世骧、E. R. Hughes、方志彤（Achilles Fang）等。[④]

二

《文赋》写作年代，王鸣盛《十七史商榷》云：

> 杜子美《醉歌行——别从侄勤落第归》诗云："陆机二十作《文赋》。"今观《晋书》本传无二十作《文赋》语，子美殆别有据也。（卷四十九"陆机入洛年"条）

---

① 《文论要诠》，84—98页，开明书局出版，民国三十七年印行。

② 逯钦立文见《学原》第一卷第一期，1948。陈世骧 1952 年重订版 *Essay on Literature* 后记，复论《文赋》写作年代。又 Achilles Fang："Review on E. R. Hughes，The Art of Letters，Lu Chi's Wen—fu"，*HJAS* XIV，1951，p. 615。

③ 高桥和巳《陆机の传记とその文学》，《中国文学报》第十一、十二册，京都，1959。

④ 文赋译本，有下列各种：

1. G. Margouliès 法文译本，刊于 *Le Fou dans le Wensiuan*，1926 年再版，1948 年巴黎印行。

2. B. M. Alexéiev 俄文译本载 *Bullutin de l'Académie des sciences de L'URSS*，1944。

3. 陈世骧 *Literature on Light against Darkness*，1948。*Essay on Literature* written by the Third-century Chinese Poet Lu Chi，1952.

又一海知义译陈著部分为日文《陆机の生涯と文赋制作の正确な年代》，《中国文学报》第八册，1958，京都。

4. Achilles Fang，"Rhyme Prose on Literature：the Wen fu of Lu Chi"，*HJAS* XIV，1951.

此疑杜甫说别有所本。近人逯钦立、陈世骧均力证《文赋》乃士衡晚岁所作，可为定论。惟姜亮夫撰《陆平原年谱》又持异议，繫其事于晋太康元年（即吴天纪四年，公元280年），时机年二十岁。其说云：

(陆)云与机第八书有“文赋甚有辞，绮语颇多，文适多体，便欲不清”云云，与《感逝赋》、《扇赋》等同称，似《文赋》应作于赵王伦诛后，即机年四十一前后。然此处“文赋”二字恐当作“文”与“赋”解；不然，则与“文适多体，便欲不清”二语，不甚可通。故仍从工部“二十作《文赋》”之说。

今案“文赋”二字作为文章泛称，本亦习见。如《三国志·王粲传》言“刘桢咸著‘文赋’数十篇”，即其一例。然细读陆云与兄此札：

云再拜。省诸赋，皆有高言绝典，不可复言。……次第省《述思赋》，流深情至言，实为清妙。……《文赋》甚有辞，绮语颇多，文适多体，便欲不清，不审兄呼尔不？《咏德颂》[①] 甚复尽美，省之恻然。《扇赋》腹中愈首尾，发头一而不快，言乌云龙见，如有不体。《感逝赋》愈前。……《漏赋》[②] 可谓清工。兄顿作尔多文，而新奇乃尔，真令人怖。

札中先言“省诸赋”，次第提及《述思赋》、《文赋》、《咏德颂》、《扇赋》、《感逝赋》、《漏赋》，可见此处“文赋”二字，当是专篇之名，绝不得视为“文”与“赋”之通称。至“文适多”二句，方志彤氏谓与《典论·论文》之“文非一体，鲜能备善”语相仿佛。其所译文，亦依此意。惟不敢确定其说之当否。[③]

---

① 《晋书·张华传》：“华诛后，（陆机）作诔，又为《咏德赋》以悼之。”机文无《咏德赋》，云与兄札则作《咏德颂》。张华遇害，在晋惠帝永康元年（公元300）四月，时机年四十矣。《咏德赋》不传，《艺文类聚》卷二十引陆机《祖德赋》。姜亮夫谓“祖德”即“咏德”之误（见所著《陆平原年谱》78页，及《张华年谱》70页），尚乏确证。

② 《扇赋》文见《全晋文》九十七，题作《羽扇赋》。《漏赋》据《文选》陆佐公《新刻漏铭》“积水违方”句下引陆机《刻漏赋》，《艺文类聚》六十八等类书引作《漏刻赋》。

③ 陆云札“《文赋》甚有辞”至“文适多”二句，方氏译注见其Hughes书评632页。其译文云：“The Wênfu is very eloquent，and there are quite a number of beautiful passages in it. As literature is a thing that can take on diverse forms，it would be difficult to treat if completely.”按此段断句尚有问题，如读作“文适多，体便欲不清，不知兄呼尔不”，似应译作“But if a text is lengthy（多），the style（体），then is apt not to attain Ching（清），I wonder if you agree on this point”（此英译文与Dr. G. E. Sargent斟酌，附此致谢）。

寻陆云与兄诸札，论文之“体”及文不宜“多”之由，其言如次：

(1) 有作文唯尚多，而家多猪羊之徒，作《蝉赋》二千余言，《隐士赋》三千余言。既无藻伟，体都[①]自不似事。文章实自不当多。古今之能为新声绝曲者，无又过兄。兄往日文虽多瑰铄，至于文体，实不如今日。

(2) 兄文方当日多，但文实无贵于多。多而如兄文者，人不餍其多也。

(3) 兄《丞相箴》，小多，不如《女史》清约耳。

此论文不贵多，贵在文体能高绝。故云：“流深情至言，实为清妙。”“文适多”二句，以上引数札观之，似可读为“文适多，体便欲不清”。体清自能高妙，多则不易工。此士龙为文戒多之说。“体”字正连下文读。如是则与子桓“文非一体”之说不可并论，亦不必疑其语之不甚可通也。士龙之文学观点以“清”为重。其与兄书又云：

往日论文，先辞而后情，尚絜（应作“势”）而不取悦泽。[②] 尝忆兄道张公父子论文，实自欲得，今日便欲宗其言。兄文章之高远绝异，不可复称言。然犹皆欲微多，但清新相接，不以此为病耳。……云今意视文，乃好清省，欲无以尚，意之至此，乃出自然。

张公文无他异，正是情省无烦长。作文正尔，自复佳。

足见士龙主“清省”。其赞许士衡之文曰：“清新相接”。评《述思赋》曰：“清妙。”评《漏赋》曰：“清工。”于此可明“体便欲不清”一语，“清”即“清省”、“清新”。士衡文繁，故士龙谓其“犹皆欲微多”。此“多”字与“文适多”[③] 句之“多”，用法正相同。故士龙对于《文赋》，本其向来论文原则，仍病其辞多而体不清也。[④]

---

① 此句依丁福保刊《全晋文》断句，读作“体都自不似事”，此与“体便欲不清”句法相同。其论《扇赋》云“如有不体”，此诸“体”字，俱指文体而言。

② 《文心雕龙·定势》篇引此云：“陆云自称往日论文，先辞而后情，尚势而不取悦泽。”黄季刚《札记》云：“今本《陆士龙集》作尚洁，盖草书‘势’、‘絜’形近，初讹为‘絜’，又讹为‘潔’也。”

③ 文适多之“适”字，可解作“若”，假设之词。《后汉书·逸民传序》“适使矫易去就”，即其例。

④ 张溥《百三名家集·陆清河集题辞》云：“士龙与兄书，称论文章颇贵清省。妙若《文赋》，尚嫌绮语不尽。”

逯钦立考证，谓士龙与兄书共三十五札，其中十札涉及《愁霖》、《喜霁》、《登台》三赋及《岁暮赋》，皆永宁二年以后之书简。札中提及《文赋》与《感逝赋》，足见士衡以《文赋》寄士龙，必在永宁二年，故《文赋》至早为永宁元年岁暮之制。永宁元年，士衡四十一岁，与《叹逝赋》年方四十正合。按此说至确不可易。考《文赋》首段内暗嵌陆士衡所作诸赋之名。兹列举如次：

遵四时以叹逝

士衡有《感时》、《叹逝》二赋。《感时赋》云："历四时以迭感，悲此岁之已寒。"《叹逝赋序》云："余年方四十，而懿亲戚属，亡多存寡。"即士龙与兄书所谓"感逝赋愈前"者也。

瞻万物而思纷，悲落叶于劲秋，喜柔条于芳春

士衡有《述思赋》云："情易感于已揽，思难戢于未忘。"又云："寒鸟悲而饶音，衰林愁而寡色。"又《行思赋》、《思归赋》、《愍思赋》均以"思"名篇。又《幽人赋》云："劲秋不能凋其叶，芳春不能发其华。"与悲落叶两句略同。

心懔懔以怀霜，志渺渺而临云

士衡有《浮云赋》与《白云赋》。又《祖德赋》有句云："形鲜烈于怀霜。"

咏世德之骏烈，诵先人之清芬①

集中有《祖德》、《述先》二赋。庾子山《哀江南赋序》云："陆机之辞

① "诵先人之清芬"，《文镜秘府论》作"先民"。善注引毛诗"先民有作"，孙志祖《文选考异》谓：疑本文是"先民"，人字避唐讳改。《文选旁证》及胡绍煐《文选笺证》皆用是说。方氏英译作"He croons the clean fragrance of past worthies"。按（机集）《艺文类聚》二十有《述先赋》句云"仰先后之显烈"，"亮身没而吴亡"，明指其先世，译作 past worthies 似太泛。方氏英译尚有若干小处可商榷者，附举如次：

［兽扰］　善注："扰，驯也。"乃用《周官·天官》注。《潜夫论·志氏姓》"扰驯鸟兽"，方氏译为"to the consternation of other beasts"，解作惊扰，盖用五臣刘良训扰为乱之说，不如李善之当。

［粲风］［郁云］　《文赋》："粲风飞而猋竖，郁云起乎翰林。"五臣吕向曰："粲然如风飞飙立，郁然如云起翰林。"此二句程会昌读作："粲，风飞而猋竖；郁，云起乎翰林。"粲有明丽之意。方氏译粲风为 laughing wind，郁云为 dense clouds，不甚可解。

［受蚩］　方氏云：I adopt the reading　蚩 in place of the usual 嗤 or 㗅；Hu K'ochia in his textual notes recommends this reading。按胡克家《文选考异》原云："两㰷字皆当作'蚩'……说文无嗤字，有蚩字，云：'蚩蚩，戏笑貌。从欠㞢声。……'彼误'蚩'为嗤，当互订正。"（原刊胡刻《考异》卷三，27 页）方氏引胡说实当作"蚩"，作"㰷"者乃误刻。查字书无"㰷"字。许巽行《文选笔记》嘉德按语，及薛传均《文选古字通疏证》亦谓"㰷"为"蚩"之讹。

［巧心］　"虽濬发于巧心"句，方译：Originality is a thing often looked at askance by the fixed eye. 陈译：Although an art truly wrought from the depths of a master mind. 按方译上句只以 Originality（新意，创作力）一字译之，意未具足。查"巧心"，李善失注，《汉志》儒家《王孙子》一篇注云："一曰巧心。"《文心雕龙·序志》："昔涓子琴心，王孙巧心。心哉美矣，故用之焉。"巧心二字本《汉志》，与下句"拙目"相对成文。陈译"巧心"作 master mind 似亦未尽善。

赋，先陈世德。”

《文赋》自是其晚岁所作，故开首总述平生各赋，檃括为言。由此一端，足证《文赋》绝非年二十所作。

三

《文赋》理论，撰中国文学批评史者，已多所分析。其中最有趣者，有一段讨论为文最高法则，提出行文须具备“应”、“和”、“悲”、“雅”、“艳”五个要素，盖全借乐理以发挥文理。曹丕《典论》言文气清浊之异，曾谓：“譬诸音乐，曲度虽均，节奏同检，至于引气不齐，巧拙有素，虽在父兄，不能以移子弟。”假音乐为喻，说明文气即文人心中自然之律吕，与音乐之节奏无殊，各有其天才，上智下愚，不能移易。士衡运用音乐原理以论文病，子桓实开其先。兹录文赋要语如下：

（一）“譬偏弦之独张，含清唱而靡应。”

黄侃云：“以上言清而无应，此文‘小’之故。”

（二）“象下管之偏疾，故虽应而不和。”

黄云：“以上言应而不和，此辞‘窳’之故。”

（三）“犹弦么而徽急，故虽和而不悲。”

黄云：“以上言和而不悲，此理‘虚’之故。”

（四）“寤防露与桑间，又虽悲而不雅。”

黄云：“以上言悲而不雅，此声‘俗’之故。”

（五）“虽一唱而三叹，固既雅而不艳。”

黄云：“以上言雅而不艳，此辞‘多’之故。”按“多”字未妥，应作“质”。李善注云：“言作文之体，必须文质相半，雅艳相资。今文少而质多，故既雅而不艳。比之大羹，而阙其余味；方之古乐，而同其清汜。言质之甚也。”

由是言之，无“应”则病于“小”，不“和”则病于“窳”，不“悲”则病于“虚”，不“雅”则病于“俗”，不“艳”则病于“质”。此数病端，方氏、陈氏译文如下：

方译	陈译
靡应——no “music”	without “resonance”
不和——no “harmony”	(throw the hymn into) “discord”

不悲——no “sad” (fails to move with) “pathos”

不雅——not “decorous” (an offence to) “grace”

不艳——lack “beauty” (innocent of) “glamour”

以上诸语，曰譬曰象曰犹，皆以音乐取譬，可喻于琴道，宜先以音乐释之。

应 应乃调弦法，即使琴上两弦散声与按音相应，或异位泛音之相应，以求两音之和谐。由于取调之不同，所用弦次及相应之徽位亦异。有时转弦而换调，得紧或慢一律以求音之应和。例如奏黄钟调时，要使第七弦之散声与第五弦之第十一徽按音相应，以及第四弦之散声与第一弦第八徽按音相应。琴曲之《大胡笳》、《昭君怨》即属此调。总之，“应”即使异弦之乐音高下相宜，成同度或八度之和谐，此为构成旋律之基础，凡能弹七弦琴者，无不通晓。Hughes氏译“应”为Answer，极为不妥。《文心·声律》篇云：“今操琴不调，必知改张，摛文乖张，而不识所调。响在彼弦，乃得克谐；声萌我心，更失和律。其故何哉？良由内听难为聪也。故外听之易，弦以手定；内听之难，声与心纷。可以数求，难以辞逐。”“应”即调琴之方，彦和亦取以喻文。其说视士衡又进一步。

和 《国语·周语》伶州鸠云：“声以和乐，律以平声……声应相保曰龢(和)，细大不逾曰平。”凡使高低长短不平之音连续结合，而能保持在和谐状态下之优美节奏即是“和”。故“瘁音”则失之过弱，“偏疾”则失之过急，皆有失于和谐。为文而有此种现象，刘勰谓之“文家口吃”[①]。其言曰：“异音相从谓之和，同声相应谓之韵。”“应”与“和”，本所以论音乐之旋律，文章亦有同然。彦和之说，实本之士衡也。惟彦和所论之“和”与“应”，进而指句中平仄之和调暨句末用韵之应协，已受永明以来声律说之影响。[②]

悲 鼓琴要能使人悲，不悲则其感人也不深。为文亦然，不悲即缺乏情

① 《文心·声律》篇：“迂其际会，则往蹇来连，其为疾病，亦文家之疵也。”

② 以用韵之相应而论，士衡多用楚音。陆云与兄书云：“……音楚，愿兄便定之。……张公语云云：兄文故自楚，须作文为思昔所识文。”《文心·声律》篇因谓：“诗人综韵，率多清切，楚辞辞楚，故讹韵实繁。及张华论韵谓士衡多楚，《文赋》亦称‘知楚不易’，可谓衔灵均之声余，失黄钟之正响也。”彦和盖嫌士衡用楚音过多，有失雅正。此一问题极饶兴趣，须将陆机韵文各体用韵，与楚辞用韵并与晋宋辞人用韵作一比较，或可看出其间同异之原因，当俟另论。至《文赋》“亮功多而累寡，故取足而不易”二句，刘勰引作“知楚不易”。黄季刚谓：“彦和盖引‘取足不易’以明士衡多楚，不以张公之言而变。‘知楚’二字，乃涉上文而讹。”王利器《文心雕龙新书》，逆据黄说改为“《文赋》亦称取足不易”。方氏英译此二句作“This clever trick will spare you the pain of deleting and excising”。既于校语未举出《文心雕龙》异文，而所译视原意，似非尽惬。

感。如何然后能悲，必也由情而造文，而非为文而造情。先有悲心于内，乃可形之于外。《说苑·善说》篇记：“雍门周说孟尝君，鼓琴必先忧戚盈胸，然后移动宫徵，微挥羽角，则流涕沾襟矣。”《关尹子·三极》篇亦言：“善琴者应有悲思之心，自能手物相符。”是故由情以生音，则其音感人。[①] 为文之道，何曾不尔。故不可“遗理”，不能“寻虚”。遗理则乏内容，寻虚则失真意。无真性情真血肉之声音与语言，乌足以感人耶！

雅 乐有雅、郑之分。雅为正声，以别于淫曲、俗曲。士衡所指之《防露》、《桑间》，《防露》即《房露》[②]，《桑间》，《礼记》谓之亡国之音。《北堂书钞》一百六引《说苑》佚文：“孙息学悲歌，引琴作郑、卫之音。灵公大感，故作卫公之曲，歌而和之。”此乃琴曲能悲而不雅之例。然琴曰“雅琴”，西汉人以为“德乐”。刘向有《雅琴赋》，谓“游予心以广观，且德乐之愔愔”是也。[③] 汉时雅琴有赵氏、师氏、龙氏各家（见《汉书·艺文志》）。《别录》称“（赵）定善鼓琴。时间燕，为散操，多为之涕泣者”。此则雅而能悲之例。又谓：“君子因雅琴之适，故从容以致思焉。其道闭塞悲愁而作者，名其曲曰‘操’。言遇灾害，不失其操也。”[④] 若夫“道行和乐而作者，则名其曲曰‘畅’”[⑤]。“操”与“畅”者，因人之穷达，而其琴心亦遂以异。穷则独善其身，要不失于正，故谓之“操”。达则兼善天下，其道无不通畅，故谓之“畅”。无论穷与达，其曲皆折衷于正，故谓之“雅琴”。《七略》云：“雅琴，琴之言禁也，雅之言正也，君子守正以自禁也。”[⑥] 即“畅”亦有“雅畅”之目。《文选·琴赋》“雅昶唐尧”句李善注引《七略》“雅畅”第十七。此琴曲重“雅”之说。士衡论文，亦取乎此。然自晋宋以来，趋重情文，虽间得“流连哀思”之妙[⑦]，而每失之不雅。故《北齐书·文苑传论》江左梁末之文，

---

① 《金楼子·立言篇上》：“捣衣清而彻，有悲人者，此是秋士悲于心，捣衣感于外。内外相感，愁情结悲，然后哀怨生焉。苟无感，何嗟何怨也？”即申明须先有悲心，由情生文之理。

② 防露，李善注存二说。于《文赋》注云：“未详。一曰谢灵运《山居赋》‘楚客放而防露作’，注曰：楚人放逐，东方朔感江潭而作《七谏》……遂以《七谏》为《防露》也。”善又于谢庄《月赋》“徘徊房露”下注：“《房露》，盖古曲也。《文赋》曰：‘寤房露与桑（四部丛刊景宋本作‘霜’）间，又虽悲而不雅。’房与防古字通。”后说是。如孙志祖、薛传均、胡绍瑛皆以《月赋》注为正。

③ 见《文选·琴赋》“愔愔琴德”句下，李善注引刘向《雅琴赋》。

④ 《后汉书·曹褒传》注引刘向《别录》。

⑤ 语见《风俗通》。

⑥ 《文选·长门赋》“援雅琴以变调兮”句下，李善注引《七略》。

⑦ 《金楼子·立言篇下》：“吟咏风谣，流连哀思者，谓之文。……至如文者，惟须绮縠纷披（指形文），宫徵靡曼，唇吻遒会（指声文），性灵摇荡（指情文）。而古之文笔，今之文笔，其源又异。”

虽悲而不雅[1]，即借用《文赋》语，可为定评。此点关系文运升降，须别为说，下再详之。

艳 雅而不美，则伤于质直，故士衡主张雅必有艳。此则大异于汉人之论。艳（豔）字从丰（豐）。丰，大也，本有丰满之意，引申训为“美色”[2]。《左传》言“美而艳”，范宁曾用“艳而富”三字称赞左氏之文。艳本为形容词，继亦作名词用。乐府中之大曲，曲前有艳，后有趋（略如吴歌前之和声及歌后之送声）。如《艳歌罗敷引》、《艳歌何尝行》，是歌辞之有艳，乃为一种补足辞句，所以增加歌辞音调上之美感。魏武帝诗《步出夏门行》旧注“朝游清泠，日暮嗟归”二句为艳。

至若描写声音之美妙时，亦得用“艳”字形容之。如繁钦称道薛访唱歌之神之处，谓为“哀感顽艳”。倘借《文赋》语说，即谓其所唱歌辞能“悲”（即哀感）又能“艳”，故尽善妙之能事。士衡他文有《鼓吹赋》，云：“饰声成文，雕音作蔚。响以形分，曲以和缓。”描绘音声，亦假形以摹状之。可知“艳”字实具有“形文”、“声文”两重意义。如过于清虚，便失之质实与单调。于形文、声文均有不足之感，是又病于“不艳”矣。

以上五项，实际皆为音乐上之原则。向来解释《文赋》者，未能先从音乐方面探究，故难以阐明。括而言之，“应”与“和”系讲音乐文章之声律，“雅”是讲音乐与文章之品格，众所习知，惟“悲”与“艳”二者之提出[3]，即后刘勰所谓“情”与“采”，此对晋宋以来文学观念之影响，尤有极重大之意义。

四

以悲哀为音乐内美之所在，其说甚早。《论衡·书虚》篇称乐正夔能“调声悲者”。又《自纪》篇云：“师旷调音，曲无不悲。”枚乘《七发》言：

> 使琴挚斫斩以为琴，野茧之丝以为弦……使师堂操畅，伯牙为之歌。

---

① 《北齐书·文苑传论》：“江左梁末，弥尚轻险，始自储宫，刑乎流俗，杂沾滞以成音，故虽悲而不雅。”

② 《方言》二：“美状为窕，美色为艳，美心为窈。”郭注艳云：“言光艳也。”

③ 《文赋》云：“或藻思绮合，清丽千眠，炳若缛绣，悽若繁弦。”炳若句是“艳”，悽若句是“悲”。《南齐书·陆厥传》沈约答厥书云：“士衡虽云‘炳若缛绣’，宁有濯色江波，其中复有一片是卫文之服，此则陆生之言即复不尽者矣。”即由此加以引申。

……飞鸟闻之，翕翼而不能去；野兽闻之，垂耳而不能行；蚑蟜蝼蚁闻之，拄喙而不能前；此亦天下之至悲也。

扬雄《琴清英》：

晋王谓孙息曰：子鼓琴能令寡人悲乎？息曰：今处高台邃宇，连屋重户，藿肉浆酒，倡乐在前，难可使悲者。乃谓少失父母，长无兄嫂，当道独坐，暮无所止，于此者，乃可悲耳。乃检琴而鼓之。晋王酸心哀涕曰：何子来迟也？（《御览》五七七引）

《西京杂记》："齐人刘道强善弹琴，能作《单鹄寡凫之弄》，听者皆悲不能摄。"桓谭《新论·琴道》篇、阮籍《乐论》记雍门周、季流子之鼓琴，无不令人悲而凄恻流涕。故王充云：

闻音者皆欲悲。（《论衡·超奇》篇）
悲音不共声，皆快于耳。（同上《自纪》篇）
鸟兽好悲声，耳与人耳同也。（同上《感应》篇）

王褒《洞箫赋》云：

故知音者，乐而悲之，不知音者，怪而伟之。

嵇康《琴赋序》云：

称其材干，则以危苦为上；赋其声音，则以悲哀为主；美其感化，则以垂涕为贵。[1]

弹琴要以悲为主，施之文学，亦有同然。建安时代文学作品，不少以

① 《琴赋序》此数句，R. H. Van Gulik：His K'ang and his Essay on the Lute，译文如下：Praising the quality of the instruments，they held delicacy and elaborateness for the best. Describing their tones，they stressed melancholy and sadness. Lauding the influence exercised by their music，they held the power of causing the hearer to weep the nost important（p. 52）。

"悲"为美。曹公之作，钟嵘称其"甚有悲凉之句"。王粲、曹植之《七哀》诗，并其著例。所谓"七哀"者，谓七情中以哀为主。《文选》五臣吕向注云：

> 谓痛而哀，义而哀，感而哀，耳闻而哀，目见而哀，口叹而哀，鼻酸而哀，谓一事而七情具也。

王诗写流连之痛苦，曹诗叹浮沉之异势，与他篇《九愁赋》命意相似。萧统于《文选》上之文体分类，赋与诗皆有"哀伤"一门（见卷十六、卷二十三）。乐府中相和歌辞之楚调曲，亦以哀伤为主，其中有《怨诗行》、《怨歌行》。《七哀》诗即厕于怨诗之中，晋代乐工所奏，分为七解。相和歌辞又有《吟叹曲》，又杂曲古辞有《伤歌行》、《悲歌行》（陆机又有《悲哉行》）。其内容无不以悲哀为主题，而与音乐相配合。

音乐以悲哀为主者，取其易以感人，故富刺激性。音乐之为物，原在使人精神得到愉悦，乃特欣赏悲哀之曲调，岂非求乐而反得哀乎？于是有持反对之说者。阮籍《乐论》云：

> 顺帝上恭陵，过樊衢，闻鸟鸣而悲，泣下横流。云：美哉鸟鸣！使左右吟之。曰：使丝声若是，岂不快哉！……夫是谓以悲为乐者也。诚以悲为乐，则天下何乐之有！……乐者使人精神平和，衰气不入……故谓之乐也。今则流涕感动，嘘唏伤气……虽出丝竹，宜谓之哀，奈何俯仰叹息，以称乐乎？

此即其一例。以悲为乐，尤为一般变态心理者所偏嗜，以其易以感人。[①] 故论乐者乃以"悲"为美，影响所及，文学亦为之。《文赋》公然主张为文要"和"又要"悲"，不悲更成文病。稍后萧绎（梁元帝）对于文笔之"文"所下定义，进一步谓："吟咏风谣，流连哀思谓之文。"刘勰所谓"情文"，哀思是其唯一条件。以哀思作为区别"文"、"笔"之标准，哀思即能悲之谓。庾信《哀江南赋序》云：

---

① 一海知义《文选挽歌诗考》，论后汉至六朝，多于宴会时唱挽歌，而不尽在葬时举行。此亦以"悲"为乐之一例。

不无危苦之辞，惟以悲哀为主。

此虽剽自《琴赋》之语，但以“悲”为文章之美，与上述音乐要能使人悲之论，正一脉相承也。

五

建安时代文学，特别趋向抒情文方面发展，不再视文章为载道工具。沈约《宋书·谢灵运传论》云：

至于建安，曹氏基命，三祖陈王，咸蓄盛藻，甫乃以情纬文，以文被质。

注重情感，固与时代有关，由于“世积乱离，风衰俗怨，并志深而笔长，故梗概而多气”（《文心雕龙·时序》篇），但自另一方面观之，文学理论之转变，音乐似负有相当启导作用。

当时文学倡导人物，为曹操、曹丕，皆为音乐之极端爱好者。操尤好汉旧曲之丝竹相和歌。[①] 死后叮嘱，要婢妾于月旦十五日，在其帷帐中作伎乐。[②] 丕则钟情于薛访（车子）之喉转及女琐之清唱。[③] 自言：“每至觞酌流行，丝竹并奏，酒酣耳热，仰而赋诗。当此之时，忽然不自知乐也。”（《与吴质书》）是其赋诗多借丝竹之助。曹植亦言：“夫为君子而不知音乐，古之达论，谓之通而蔽。”[④] 足见知乐之重要。不知乐，即不足以言文，音乐与文章关系之深于兹可见。子桓《典论》借音乐以喻文气，即导《文赋》之先河也。

琴曲虽以“悲”为美，然自汉以来，囿于儒家思想，贵乎雅正。《法

---

① 曹操嗜相和歌，事详《晋书·乐志》及《宋书·乐志》。

② 见《文选》陆机《吊魏武文序》。

③ 详叙繁钦文，及《文选》中曹丕《答繁钦书》。

④ 曹植语，见《文选》四十二子建《与吴季重书》末，李善注引植集此书别题。又《文选》或本《与吴季重书》，间有此三句。袁褧本“知”上无“不”字。胡克家《考异》谓此三句乃后来所添。

言·吾子》篇云："中正则雅，多哇则郑。"《左传·昭元年》称："先王之乐……迟速本末以相及，中声以降之。"至于"烦手淫声，慆堙心耳，乃忘平和"①。道家思想亦取中和，《真诰·甄命》篇：

> 太上真人忽作凡人，径往问之："子尝弹琴耶？"答曰："在家时尝弹之。"真人曰："弦缓何如？"答曰："不鸣不悲。"又问"弦急何如？"答曰："声绝而悲。"又问："缓急得中何如？"答曰："众音和合，八音妙奏矣。"真人曰："学道亦然。执心调适，亦如弹琴，道可得矣。"

以道言，贵得中和，然以艺言，则不"悲"不足以动人。此道与艺之所以异趣。士衡所举"应"、"和"、"悲"、"雅"、"艳"五项及其相关性，缺一不可。若失其一，便成文病。其中"雅"一义，仍是儒家传统观念。推原其本，所以使"悲"而不过于哀伤，"艳"而不至于淫滥。故汉人之见，实以"雅"为中正之道。若士衡，则以"悲"为主，而以"雅"救"悲"之失于淫侈，以"艳"救"雅"之失于朴质，其所重盖在悲而艳。悲则承建安以来之侧重言情，艳则造成晋宋以后之趋于缛丽。迹士衡本人之所成就，亦在此"悲"与"艳"二端。其所为赋，如《感时》、《思亲》、《述思》、《怀土》、《行思》、《思归》、《叹逝》等，皆陆云所谓"情文"者②，无不哀感动人。彼自谓："以是思哀，哀可知矣。"不啻为其文心好悲之自我写照。③ 士衡之文，士龙评其"多瑰铄"、"多绮语"，钟嵘称其"才高词赡，举体华美"，即能"艳"之明征。故其所重仍在"悲"与"艳"。士衡文"多"楚④，刘勰《定势》篇云："效骚命篇者，必归艳逸之华。"知其得力于楚辞者多也。建安以后，文章浸失雅正之道，至晋宋而弥甚，专向"悲"与"艳"方面发展，变本加厉。

---

① 参中岛千秋《雅琴の音乐思想について》，《支那学研究》十三号。

② 情文相生之说，又见《世说新语·文学》："孙子荆（楚）除妇服，作诗以示王武子。王曰：'未知文生于情，情生于文。'览之凄然，增伉俪之重。"

③ 陆机所赋多以悲哀为主。如《大暮赋序》之言死生云："乐莫甚焉，哀莫深焉。""故极言其哀，而终之以达。"又《怀士赋序》云："方思之殷，何物不感？曲街委巷，罔不兴咏。水泉草木，咸足悲焉。"故机赋以摅情之作为多。

④ 机文多楚，不特音取楚音，而句法亦每取《离骚》。如《文赋》"怵他人之我先"，即用"恐高辛之先我"，"良余膺之所服"，"识前修之所淑"，即本"謇吾法夫前修兮，非时俗之所服"，皆其例。机弟云亦深于楚辞，作《九愍》以拟《离骚》。云与兄诸札，于《九歌》、《九辩》、《渔父》、《九怀》等篇，均有所评骘，具见陆氏兄弟均深于楚辞。

揆其所由，《文赋》所提出此五个观念，影响殊巨，实形成魏晋以后主要之文学思潮，至刘勰始加以矫正。兹将就此五项绘为二图如下，以资比较：

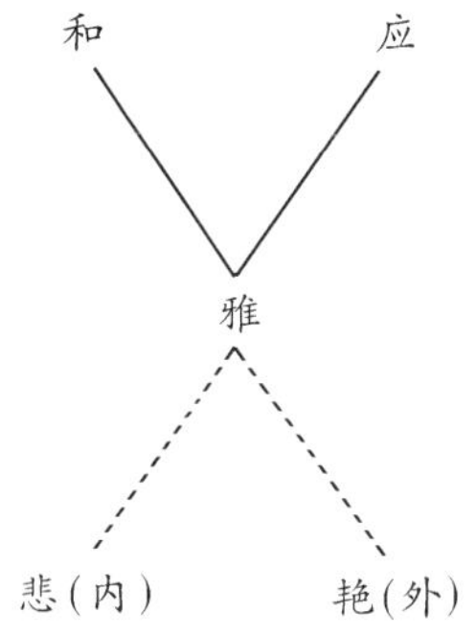

甲图

此汉以来以儒家思想为主之说。以“雅”居正，主乎中和。纵有“悲”、“艳”，亦须折衷于“雅”，务使哀而不伤，乐而不淫。循此途则仍是尚质。

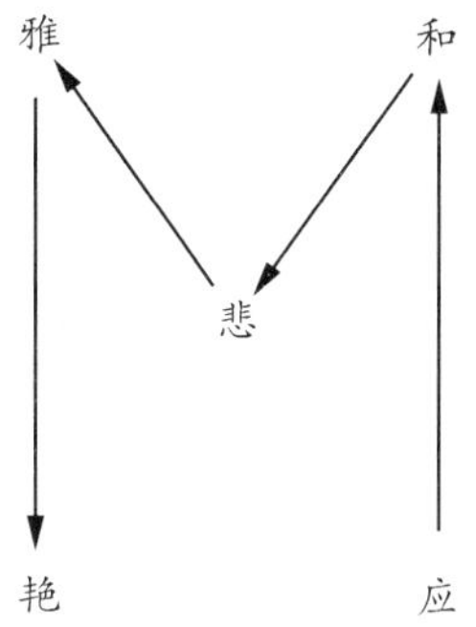

乙图

此《文赋》之理论。要和而能悲，雅而能艳。嗣是文人，乃以藻饰相高，流连哀思，文胜而质衰矣。

上举两图，可明质文递变之故。至刘勰论情采，乃言立文之道有三：曰形文，曰声文，曰情文。考“情文”二字始于陆云，其与兄札云：

> 赋《九愍》如所敕，此自未定，然云意自谓故当。……至兄唯以此为快，不知云论文，何以当与兄意，作如此异。此是情文，但本少情，而颇能作泛说耳。

二陆兄弟论文，意见颇有出入，此尤其确证。彦和论“为情者要约而写真”，盖演畅士龙贵清之说。又言：

> 情者，文之经；辞者，理之纬。经正而后纬成，理定而后辞畅，此立文之本源也。

则主文质相剂，“情”、“采”相兼，以救“采”溢于“情”之病。视士衡之论，尤得其平。此所以挽当日之颓风，自是时代之不同，不可同日而语也。

六

《典论》假音乐之节奏以比况“文气”，至陆机更多用音乐之原理，以说明文律。上举应、和、悲、雅、艳五者而外，又云：

> 其会意也尚巧，其遣言也贵妍；暨音声之迭代，若五色之相宣。

黄侃谓：“后宋范、沈声律之论，皆滥觞于此，实已尽要妙也。”此所以使“声文”、“形文”二者，各极其胜，俾能“文徽徽以溢目，音泠泠以盈耳”。士衡讨论为文通变之道，如何在文义上“袭故而翻新”，如何在音律上“沿浊而入清”，要如“舞者赴节以投袂，歌者应弦而遣声”，亦取音乐以譬喻文学，具见其对于音乐有相当之体会。

陆机以后，能从音乐中悟出为文之道者，无逾于范晔。其《狱中与甥书》有云：

> 吾于音乐，听功不及自挥。但所精非雅声，为可恨。然至于一绝处，亦复何异耶？其中体趣，言之不尽。弦外之意，虚响之音，不知何从而来。

自己弹奏与听人弹奏，截然为两种不同功夫。一是鉴赏，一是练习。鉴赏须对乐理有相当培养与陶冶，方能辨别曲子之优劣。范氏自言及功力不及“自挥”。至于超音乐之境界，弹者无意，而听者别有会心，所为弦外之音，蔚宗乃独有深契。此种论调，已开钟嵘、严羽论诗之先河。但彼所体到者，非得之于禅理，乃得之于音乐。彼又云：

> 性别宫商，识清浊，斯自然也。观古今文人，多不全了此处。纵有会此者，不必从根本中来。

观此足见其对音乐了解之深。子桓谓气有清浊，彼则谓音有清浊。气即音所由生，无气便不成音。繁钦所谓“潜气内转，哀音外激，大不抗越，细不幽散”，歌唱如是，行文亦复如是。[①] “大细得宜”是“和”，“哀音外激”是“悲”。而驾驭操纵之，尤赖乎内在之力量，即“气”是也。故歌唱（内转）之气，与行文之气，其理正合。可见音乐与文章相通，子桓所由借以取譬，非无故也。

在永明声律说未萌芽以前，文学批评之基本理论，无不与音乐息息相关。不少论文之要义，乃从音乐体会得到。士衡《文赋》正其一绝好例证。陆厥、沈约，受士衡之影响尤深，其著论多剽袭士衡《文赋》之语。[②] 兹略为引申，愿世之治文学批评史者共商榷之。

1961年1月于香港大学中文系

原载1961年京都大学《中国文学报》第14册

① 孙德谦《六朝丽指》谓：“汉六朝人文须识得潜气内转妙诀，乃能于承转处迎刃而解。”意谓无虚字而气能转。

② 《南齐书·陆厥传》厥与沈约书云：“文有开塞，即事不得无之。……士衡所以遗退终篇……岨峿妥帖之谈，操末续颠之说，兴玄黄于律吕，比五色之相宣。……”沈约答书：“……故知天机启则律吕自调，六情滞则音律顿舛也。……”如此数语皆本陆机《文赋》。

《芜城赋》发微

鲍明远《芜城赋》千古传诵。以“驱迈苍凉之气，为惊心动魄之词，赋家绝境”（姚姬传评语），未有逾此。顾此文果何为而作耶？集云：“登广陆故城作。”说者以为“宋世祖孝建三年，竟陵王诞据黄陵反，沈庆之讨平之。命悉诛城内男丁，以女口为军赏。照盖为感事而赋”[1]。近人吴丕绩为《鲍照年谱》，遂谓此赋作于孝建三年。予考《南史・孝武纪》：“大明三年四月乙卯，司空南兖州刺史竟陵王诞有罪，贬爵。诞不受命，据黄陵反。秋八月己巳，克广陵城，斩诞。”其事实在大明三年。何氏误记，而吴君不能校正，何其疏耶！再考刘宋时，广陵为南兖州治。《宋书・州郡志》：“文帝元嘉八年，始割江、淮间为境，治广陵。”（以前治京口）照以文辞之美，历事临川王义庆、始兴王濬。为佐史国臣，皆于二王为南兖州刺史时，义庆镇南兖州，在元嘉十七年十月（《宋书・文帝纪》）。及在广陵有疾，始求解州（《南史・临川烈武王附传》）。照时必贡诗见赏，奉笔相从[2]，必曾驻州治之广陵也。濬镇南兖徐二州，在元嘉二十六年冬十月（《文帝纪》），照被命从之[3]，亦必曾驻广陵也。是时边境反安，民殷物阜，盖为广陵全盛之日。迨元嘉二十七年冬，魏人南侵，至瓜步，广陵遂陷北虏。《南史・文帝纪》：“元嘉二十八年正月丁亥，魏太武自瓜步退归，俘广陵居人万余家。”此当日广陵涂炭之情状。其后

---

① 何义门说。亦见孙志祖《文选李注补正》。

② 照集中有《瓜步山揭文》云：“鲍子辞吴客楚，指兖归扬。”盖还都赴兖时作。详谱。

③ 集中有《蒜山被始兴王命作》一诗。黄节云：此当是濬镇京口时命所作也。

竟陵王诞败，孝武命城中无大小悉斩，沈庆之执谏，自五尺以下全之，男丁杀为京观，死者数千人（《南史》诞传）。广陵经再度摧残，于是闾阎扑地之名都，遂为荒烟蔓草野鼠城狐之窟宅。照亲临其盛，复睹其衰，情发于中，遂为赋之如此。轸竟陵之祸，同于王濞，故以“盐田”、“铜山”拟之；愤孝武剪落洪支，猜忍未已，故托“厉吻”、“赫雏”以讽之。若乃“孤蓬”、“惊砂”，指诸王之不相安；“塞草”、“边风”喻拓跋氏之入寇。煮豆燃萁，寓意尤远。读者徒赏其铸语伟丽，倾炫心魂，而未绎其神情。兹捃摭史传，参合赋文，加以疏论。庶韬光沉响，得以抉发，倘亦治选学者所乐闻欤！

沵池平原，南驰苍梧涨海，北走紫塞雁门。

《说文》：“池，衺行也。”亦作迤。《禹贡》：“东迤北，入于汇。”《释文》引马融曰：“迤，靡也。”《文选·甘泉赋》注：“施靡，相连貌。”按施、迤同音，迤沵即施靡之倒词。[1] 李善注：“迤相连渐平貌。”与施靡义同。刘宋立国江表，自魏南侵，青、冀、徐、兖及豫州、淮西皆不守。淮水以北，化为虏庭（《宋书·州郡志》）。扬州为王畿所在，其地又皆平原旷野，无险可守，故云“沵迤平原”也。

李善注引《广雅》云：“驰，奔也。”按《尔雅·释宫》：“中庭谓之走，大路谓之奔。”《释名》：“疾趋曰走。走，奏也；奔，变也，有急变奔赴也。”“南驰”、“北走”盖指南北疆理之极。考宋之境域，南尽交、广，北暨梁、秦，故举苍梧、雁门二郡以括其地也。

重江复关之险。

复关旧无解，及读《南史·竟陵王诞传》，记沈庆之进军广陵，克其外城，乘胜又克小城，方悟所谓复关，即外城、小城也。

当昔全盛之时，车挂轊，人驾肩。

李善注云：“全盛，谓汉时也。”按此暗示元嘉中，广陵之繁荣。《宋书·二凶·始兴王濬传》云：“出镇京口，听将扬州，文武二千人自随。优游外藩，甚为得意。”照时侍王左右，文宴从容。先是临川王义广镇南兖州，照为国侍郎（虞炎《鲍照集序》）。时河、济俱清，照献颂有云：“闾闰有盈，歌吹无绝。朱轮叠辙，华冕重肩。”可与《芜城赋》此段互相印证。盖照身与其盛，故赋先从全盛时写入，为后来芜废张本。

---

① 《尔雅·释丘》：“迤逦沙丘。”《广韵》：“岃嶷，沙丘状。”《甘泉赋》：“登降岃嶷。”注：“岃嶷，邪道也。”按迤池、岃嶷与沵池亦一语之转。

才力雄富，士马精妍。划崇墉，刳浚洫。

《芜城赋》盖有感于竟陵王诞事而作。此二句虽泛写广陵物力之富，亦隐寓诞事。《宋书》及《南史》诞传云："初讨元凶，与上（孝武）同举兵，有奔牛（指曲阿之奔牛塘）之捷，至是又有殊勋（谓平丞相南郡王义宣也）。上性多猜，颇相疑惮，而诞造立第舍，穷极工巧，园池之美，冠于一时，多聚才力之士，实之第内，精甲利器，莫非上品，上意愈不平。孝建二年，以司空太子太傅都督南徐州刺史。上以京口去都密迩，犹疑之。大明元年秋，又出为南兖州刺史。诞知见猜，亦潜为之借。至广陵，因魏侵边，修城隍，聚粮练甲。嫌隙既著，道路常云诞反。"按赋所言即指诞聚才力之士，练精甲，修城隍也。又诞谋反事，与吴王濞相似，故文中举"盐田"、"铜山"比况之。

板筑雉堞之殷，井干烽橹之勤。

《南史》诞传云："元嘉二十年，年十一，封广陵王。二十六年为雍州刺史。以广陵凋敝，改封随郡王。"按诞本封于广陵，及魏南侵，广陵被扰，乃徙封。至大明元年，出镇南兖，因复修葺广陵城。诞传又云："大明二年，发民筑治广陵城。诞循行，有人干舆，扬声大骂曰：'大兵寻至，何以辛苦百姓！'"此即当日板筑之事实。又按诞修广陵城，所以防魏，故有烽橹之设。《释名》："楼无屋曰橹。"《南史·文帝纪》载："魏人至瓜步，声欲渡江，帝登烽火楼极望。"照所谓"烽橹"，殆即烽火楼之类也。

出入三代，竟瓜剖而豆分。

李善注："王逸《广陵郡图经》曰：'郡城，吴王濞所筑。'然自汉迄于晋末，故云出入三代。"按此表面指汉、魏、晋，而实影射宋武帝、少帝、文帝三世，眷其盛而悲其衰。"瓜剖豆分"，隐示孝武时诸王之不睦，同室操戈，盖深有慨夫南郡王义宣、太子劭、始兴王濬及竟陵王诞之事也。

木魅山鬼，野鼠城狐，风嗥雨啸，昏见晨趋。

此写入广陵之芜废。其地两经兵燹，故荒凉如此。《南史·竟陵王诞传》载："诞为南徐州刺史，在京口。夜大风，飞落屋瓦。及迁镇广陵，将入城，冲风暴起扬尘，昼晦。"又载："沈庆之克广陵，男丁杀为京观，死者数千。每风晨雨夜，有号哭之声。"所谓"风嗥雨啸"者，殆谓此耶？

饥鹰厉物，寒鸱赫雏。

刺孝武之雄猜也。宋文帝十九男，长太子劭，次始兴王濬，俱以巫蛊事谋反伏诛。其三为孝武帝骏。嗣位以后，于诸弟间极为猜忍。武昌王浑、竟陵王诞、海陵王休茂，先后有罪授首。浑、休茂年仅十七耳。"赫雏"一语，疑暗指二王事，兹略表其事如下：

王　名	被害年月	年　纪	事　实
武昌王浑 文帝第十子，江修容出。	孝建二年八月庚申，以雍州刺史有罪自杀。	元嘉二十四年，年九岁，封汝阴王。魏寇汝阴，徙武昌王。死时年十七。	《宋书》本传云："浑迁雍州。至镇，与左右人作文檄，自号楚王，号年为永光元年，备置百官，以为戏笑。长史王翼之得其手迹，封呈世祖。上使有司奏免为庶人，逼令自杀。"其诘浑诏有"我与汝亲则同气，义则君臣，云何一旦反欲见图，文檄处分，事迹炳然。不忠不义，乃可如此。如其凶图获逞，天下谁当相容"等语。
海陵王休茂 文帝第十四子，蔡美人出。	大明五年四月丙午，以雍州刺史反被诛，传首建业。	孝建二年，年十一，封海陵王。大明二年，为雍州。死年十七。	因左右张伯超谋杀司马庚深之，集兵建牙。驰檄。行营参军沈惕之拒之，为所杀。其日，参军尹玄庆（一作度）起兵攻休茂。擒之，将出中门，斩首。母妻皆自杀。

按二王均以孱幼无知，而蒙大戮，孝武之猜忍，于兹可见。溯其即位之初，孝建元年二月，而有丞相荆州刺史南郡王义宣之难。明年，杀武昌王浑。越四年（大明三年），而有竟陵王诞之变。又越二年，而有海陵王休茂之诛。而南平王铄（文帝第三子，吴淑仪出），又以中毒死。元嘉之末，出讨劭、濬，流血凉阙。八年之间，阋墙叠见。照始事始兴（王濬），睹此末运，闵悼旧王，无能扼腕？而竟陵之歼，殃及民庶，广陵庐舍，废为丘墟，受祸之酷，过于北魏。照伤曩日托乘之乐，痛宋室骨肉之变，故不觉其言之痛切也。虞炎序："孝武初，照除海虞令。"一本有"时主多忌，以文自高。趋侍左右，深达风旨。以此赋述，不复尽其才思"等语，意必不容于朝。观所作《代放歌行》诗意，颇及孝武之雄猜（吴汝纶说），足征予说之不谬也。

伏虣藏虎，乳血餐肤。

讥孝武之信谗，于昆弟间不能相容，及宫闱之乱也。《宋书·竟陵王传》引诞拒命时投诸城外表云："岂意陛下信用谗言，遂令无名小人来相掩袭。不任枉酷，即加诛剪。雀鼠贪生，仰违诏敕。今亲勒部曲，镇扞徐、兖。先经何福，同生皇家？今有何愆，便成胡越？……右军宣兰，爰及武昌（指武昌王浑），皆以无罪，并遇枉酷。臣有何过，复至于此？陛下宫帷之丑，岂可三缄？"可见当日实情。观照之所讽，岂亦同感夫此耶？

白杨早落。

慨宋室之剪落洪支也。似指太子劭、始兴王濬事（本末详《宋书·二凶传》）。

塞草前衰。

寄托魏人南侵。先是元嘉二十八年，魏兵自瓜步退归，俘广陵居民，故云“前衰”也。南兖州与魏接壤，故云“塞草”。其歌曰“边风急兮城上寒”，“边风急”者，指魏兵之压境也。

孤蓬自振，惊砂坐飞。

喻朝廷之猜忌，宗室诸王之不相安。因竟陵、海陵被害诸事而感发也。

岂忆同舆之喻乐，离宫之苦辛哉。

“同舆”句，暗指孝武与诞辈。本是同根生，初在宫中之欢娱，诞表所谓“先经何福，同生皇家”也。“离宫”句，寄托诞讨元凶，预同举兵，及奔牛之役，尽瘁国事，以衬孝武之刻辣寡恩。“岂忆”二字，讽甚！（诞）表云：“往年元凶祸逆，陛下入讨。臣背凶赴顺，可谓常节。及丞相构难（按即荆州刺史南郡王义宣），臧、鲁协从（按指豫州刺史鲁爽及车骑将军臧质），朝野恍惚……臣前后固执，方赐允俞。社稷获全，是谁之力？”此道勤王之功，即“离宫苦辛”之事也（表文可为此二句注脚）。照益因始兴之被祸，悯竟陵之惨酷，故借“芜城”为题，纾其隐痛。其后临海王子顼为荆州，照掌书记之任。上荆本非所愿，故诗语多悲郁（用黄节说）。而寻阳之变（时晋安王子勋僭号义嘉），临海牵及，卒罹于祸，而照亦身殉之。智者虑悉于未萌，而不能免祸于既成，悲夫！

又按或说：“临海王子瑱（即子顼）为荆州，有逆谋。照为掌书记，随至广陵见汉吴王濞故城，因赋其事讽之。”（《六朝文絜》评语）今按《南史·子顼传》：“初封临海，荆州刺史。明帝即位，进督雍州。长史孔道存不受命，应晋安王子勋。事败，赐死。年十一。”是临海之乱，乃应子勋，非素有蓄志；且属童稚，文理未通，安用照之讽耶？惟此文必作于大明五年四月海陵王被诛之后。考《宋书·孝武纪》“临海王子顼以大明六年秋七月，为荆州”，照侍王上荆，必在是年。集中有《发后渚》及《登翻车岘》诗。后渚在金陵（见《韵府》），翻车岘在句容县北（《嘉庆一统志》）。时后自京口，必经广陵。谓《芜城赋》作于是时，理或然也。

原载《东方杂志》第四十一卷第四号

论庾信《哀江南赋》

辞赋之学，近时西方已颇措意。文学史上以“致位通显而表其乡关之思”闻名之《哀江南赋》，亦有人愿花十年之力，加以译注。鞮骑之功，固不可没[1]；然于该赋精义所在，尚有待于抉发焉。令狐氏于《周书》卷四十一为王褒、庾信两人立传，以二人者在当日联镳齐名。观天和中齐王宪语姚最曰：“尔博学高才，何如王褒、庾信？王、庾名重两国，吾视之蔑如！”（《周书·艺术·姚僧垣附传》）可以见之。

其时文士“唯褒颇与信相埒，自余莫有逮者”。南北遘兵多年，及陈始与北周通好，流寓之士各许还其旧国。陈乃请王褒及庾信，周并留而不遣（《周书》三十九《杜杲传》）。信南归绝望，始寄情于是赋。自王通论次文人得失，谓“徐、庾为古之夸人也，其文诞”（《中说·事君》篇），影响所及，魏徵于《隋书·文学传序》讥徐、庾“分路扬镳，其意浅而繁，其文匿而彩，词安轻险，情多哀思，格以延陵之听，盖亦亡国之音”。李延寿《北史·文苑传序》袭用其说。令狐德棻于《周书》本传评子山之文“发源于宋末，盛行于梁季。体以淫放为本，词以轻险为宗，故能夸目荡心”。至贵之为词赋罪人。盖唐初隆开国气象，主文德而薄辞采，衡以季札观乐之方，子山此赋自是亡国哀音。此乃时代观点使然，若以纯文学言之，斯非平情之论。

---

① William T. Graham: “The Lament of the South, ‘Yü Hsin's’, Ai Chiang - nan fu”, Cambridge University Press, 1980.

天宝以后，乱离日积，文学观大变。杜公漂泊西南天地之间，不免有“词客哀时且未还”之叹。《哀江南赋序》言“壮士不还，寒风萧瑟”，杜因有“庾信平生最萧瑟”之语，无异以庾信自喻，嗟东归之无日。李义山于情文尤其所耽。观《樊南甲集序》，称“往往咽噱于任、范、徐、庾之间，有请作文，或时得好对切事，声势物景，哀上浮状，能感动人”。此则缠绵吞吐于声情，故所作能回肠荡气。有得于子山者独多。以视唐初之贬仰庾氏，相去何啻千里！此时代风气之转移，知人论世，其轩轾初固无定准也。

南宋楼钥有《题哀江南赋后示韩陈二生》一跋云：

> 史称信有文集二十卷行于世，今只见此数篇。……予得之于沙麓萧茂先家，迨今……盖三十四年矣……二生来问，适新是帙，令句句详读，且究其用事，非徒然也。盖辞之为体甚多，学者不无利钝于其间。……故今观览，欲彼摩其朴钝，发其清新，此老夫之意也。呜呼！理者，性之所自出；才者，气之所由形。中人以上，苟得其养，性使可复；才也者，不可强而致也。或曰：理重才轻，取其重而舍其轻可也。曰：势有不可偏废者焉。理则体，才则用也。体与用具，然后可以持躬而应物。二生其志之。（《秋涧文集》卷七二）

楼氏教人读庾赋，要究其用事，即刘勰《事类》篇所云“据事以类义，援古以证今”之术，亦即陈寅恪所称古事今典之运用。庾氏精熟《左传》，用其事以比方为最多。又言“发其清新”，犹有取于杜句“清新庾开府”，借诗以论赋。至于较量理与才之重轻，如体与用之相需，理以尽性分，而才则气所由以表现。才不可学而得，庾文之胜处，即其气之不可及。《周书》庾传总论“文章之作，本乎情性……举其大抵，莫若以气为主，以文传意”。《哀江南赋》以气为主。虽长逾万言，所以超出同时若干长篇巨制，若南朝张缵之《南征赋》，北魏阳固之《演赜赋》，赡富有余，而语乏铿锵，所逊即在气之不逮。李延寿《北史·文苑传序》：“河朔重乎气质。”实则北人之作，质有余，而气苦憾于不足。魏氏李骞之《释情赋》，李谐之《述身赋》诸篇，读之味同嚼蜡，即乏气以支撑之也。李善《上文选注表》云：“气质驰建安之体。”建安之作，由于“雅好慷慨，世积乱离，志深而笔长，故梗概而多气”（《文心·时序》）。庾赋之“不无危苦之辞，惟以悲哀为主”，即以建安为师，故情余于文，气足以控搏全局。文中自“水毒秦泾，山高赵陉”句，至于篇终，如大曲之入破，一气到底，而句法变化，议论锋起。貌虽俪体，直是散行。而连续驱遣“之”、“而”、“于”、“曰”、“焉”、“不有”、“其何”等虚字，纯任自然，不假斧凿，与刻镂堆砌殊科。[1] 其气之宏，由于其才之大。楼氏所云“不可强致者”，此其不可学处，全在以气为主。读此赋者，幸于兹三致意焉。

又楼云：“信文集二十卷，只见此数篇。”南宋所传，如姜夔云：“庾郎先自吟《愁赋》。”倪璠编庾集中无愁赋，吴兆宜本庾集尚有此赋断句。王若虚谓“庾氏诗赋类不足观，而《愁赋》尤狂易奇怪”（《滹南遗老集》三十四），是宋金人所见庾文，尚有此赋也。

庾赋以气胜，而情文兼茂。危若悲哀之意，赋中波谲云涌，层出不穷，令人读之回肠荡气，一唱三叹。同时人忧愤之作，如萧詧与江陵构隙，反而称藩于周，导致梁之覆灭。史称其“既而阖城长幼，被虏入关。又见邑居残毁，常怀忧愤。乃著《愍时赋》以见志”，其文具载《周书》四十八詧本传。虽愤懑悔恨之意，形诸楮墨，若“岂妖沴之无已，何国步之长沦”，“忽萦忧而北屈，岂天灵之我欺”等句，不免怨天尤人，惟其赋有质而无文，虽传而不为人所重者，以辞藻匮乏，丽旨都无，实同犬羊之鞟，何能动人之心？同是著文以哀时，彼固自哀，而人不能哀之，乃知“信言不美”，此“情采”所以重要。庾信不特以气胜，而情采尤不可及也。

一

向来注《哀江南赋》者，多详于出典。自徐树谷以讫高步瀛之笺注，无不皆然。至子山作赋之动机，罕有能道出者。陈寅恪作《读哀江南赋》，始发其端倪。既考定其作赋之年代，为周武帝宣政元年戊戌十二月，又谓赋末云“不独思归王子”，乃因杜杲使陈，与宣帝对答，涉及王褒、庾信羁于关中，不免有南枝之思，而终不获遣回南朝；复以沈炯东归有《归魂赋》，故作《哀江南赋》以见意。说近是矣。

按沈炯以梁敬帝绍泰二年（公元556）获遣东归建康，仅四载以疾卒于吴中。《哀江南赋》之作，去《归魂赋》已二十年。谓为促成子山作《哀江南》之直接动力，似尚难言，疑必别有近因。考宣政前一载为建德六年丁酉（公

---

[1] 康达维教授曾论此赋使用虚字之奇特。其所举二例：一为“荒谷缢于莫敖，冶父囚于群帅”。按此应是“莫敖缢于荒谷，群帅囚于冶父”之作倒装法。又“崩于巨鹿之沙，碎于长平之瓦”，于字当训“甚”。

元577）。是年正月，北周灭齐（见《周书·武帝纪》），时信在洛阳（为洛州刺史），遣主簿曹敏奉致平邺贺表（《庾集》卷七）。是岁七月以后，征为司宗中大夫，遂还长安。北齐之亡，颜之推自悯其遭遇，撰《观我生赋》。篇末句云："予一生而三化，备荼苦而蓼辛。鸟焚林而铩翮，鱼夺水而暴鳞。……既衔石以填海，终荷戟以入秦。"其自注言：

> 在扬都值侯景杀简文而篡位，于江陵逢孝元覆灭，至此而三为亡国之人。

所谓"至此"，自指齐亡事。当周兵陷晋阳，之推颇进奔陈之策，为丞相高阿那肱所阻，出为平原太守，守河津。齐亡之后，遂入周。可见《观我生赋》实成于齐亡之岁。文中忌讳之句，尚留方圈（如"非社稷之能卫"，及"实未改于弦望"等句）。所称"吾王东运，我祖南翔"，自注："晋中宗以琅邪王南度。之推琅邪人，故称吾王。"于典午旧主，尤存眷眷不忘之意。之推与阳休之、卢思道、薛道衡等十八人同征，随驾赴长安（《北齐书·阳休之传》）。此即"终荷戟以入秦"。故其赋云"亡寿陵之故步，临太行以逡巡"，而终以"此穷何由而至，兹辱安所自臻！而今而后，不敢怨天而泣麟"等句，心中未尝不自讼也。《家训·勉学》篇："邺平之后，见徙入关。"情非得已，故《观我生赋》当作于其入关之时，可无疑义。[①]

庾信适于是年秋后，自洛征还长安，必与之推相值。两人者，旧皆梁臣。江陵之顷，同典校书。《观我生赋》"或校石渠之文"句，自注云：

> 王司徒（指王僧辩）表送秘书阁旧事八万卷，乃诏比校部，分为正御、副御、重杂三本。周弘正等校经部，王褒及正员外郎颜之推等校史部，廷尉卿殷不害校子部，右卫将军庾信等校集部。

是颜介与子山同事元帝，同校书于秘府，《哀江南赋》所谓"谬掌卫于中年"者也。江陵之陷，梁臣自王褒以下并俘至长安；之推亦痾疢而就路。（《观我生赋》自注："时患脚气。"）旋奔北齐，冒砥柱之险，水程七百里。之

---

① 缪钺《读史存稿》有《颜之推年谱》，不言《观我生赋》作于何时，只引"三为亡国之人"句注语，谓为齐幼主承光元年丁酉，即周武建德六年（公元577），时之推四十七岁。

推《从周入齐夜度砥柱》诗，有“马色迷关吏，鸡鸣起成人”句。此后遂与子山相左。及至齐亡，复入长安，与子山重晤叙旧。子山见其《观我生赋》，枨触旧感，轸念归魂，或因此而引起作《哀江南赋》之动机。我故谓《哀江南赋》之作，沈炯《归魂赋》为远因，而之推《观我生赋》则为近因也。

读《观我生赋》记台城之陷云：“就狄俘于旧壤”，“唯翁主之悲弦”①。又记江陵之败云：“惊北风之复起”，“恨流梗之无还”②。羁旅之臣，能不落泪！与子山正异曲同工。至于二赋字句，间有类似之处，时贤已道之，兹不俱论。然当是庾仿颜，而非颜袭瘐。颜作在前（详见附表）。颜文以一己之涉履为经，时代背景为纬，用《易·观卦·九五》爻辞“观我生”句为题目。颜论文章，原出于经，即以宗经为先之实践。又主文“以理致为心肾”。故其文以事义为重，情文次之。庾信则取楚辞《招魂》“魂兮归来哀江南”句以名篇，既怊怅以述情，亦沉吟而铺采。既以时代为经，复以身世为纬。信本家江陵，乡关思切，归来无日，惟赖招魂。羁旅怀乡，岂独王子？其文以情为首，辞义次之，故感人也深。夫以悲哀为主，其事原出音声。嵇康《琴赋序》云：“称其材干，则以危苦为上；赋其声音，则以悲哀为主；美其感化，则以垂涕为贵。”此叔夜之所讥议者，而子山反有取焉，且袭用其句，足见其所重者在情，而不在理致。故特楬櫫“哀”字。《淮南子·齐俗训》云：“徒弦则不能悲。故弦，悲之具也，而非所以为悲也。”琴能使人悲，必弹奏者将情感全部投入，不徒于弦音之美；文之感人亦复如此。子山知“情者文之经，辞者理之纬”，制题既佳，摅文独伟，虽因颜作所引起，而结音联辞，写时代之悲哀，迥非颜文所能比拟。此其所以为千古之绝作也。

附表

548　梁太清二年戊辰（东魏武定六年，西魏大统十四年）。

庾信三十六岁。

八月，侯景反。

十月，侯景至建业。

---

① 自注云：“公主子女，见辱见雠。”汉遣宗室女江都翁主往妻乌孙，见《史记·大宛传》。

② 其历史背景，详王利器《颜氏家训集解》附录二《颜之推传注》。

552　梁元帝承圣元年壬申（北齐天保三年，西魏废帝钦）。

十一月，元帝即位于江陵。

信转右转将军，奉命校书。时左仆射王褒与正员外郎颜之推校史部，信与周确等校集部（《观我生赋》自注）。

554　梁承圣三年甲戌。

九月，魏于谨攻江陵，至襄阳，萧詧会之。赋云："虽借人之外力，实萧墙之内起。"谓詧也。

556　西魏恭帝三年丙子，梁敬帝绍泰二年，北齐天保七年。

沈炯与王克获遣归至建康。

炯作《归魂赋》，序云："余自长安反，乃作《归魂赋》。"

557　周闵帝元年丁丑，陈武帝永定元年。

十月，梁敬帝逊位于陈霸先。赋中"有妫之后"及"无赖子弟"等句，指霸先也。

562　周武帝保定二年，陈天嘉三年。

周、陈通好。

575　周武帝建德四年乙未，陈太建七年。

殷不害自周还陈（《陈书·不害传》）。

577　周建德六年丁酉。

正月，周灭齐。

颜之推入周，作《观我生赋》。自注："至此三为亡国之人。"按"至此"二字，可谛是赋必作于齐亡之岁。

578 周武帝宣政元年戊戌，陈太建十年。

十二月，作《哀江南赋》。

二

《哀江南赋》旧注及摹拟者考：

隋 魏澹注。

《北史·魏澹传》："隋初，陈太子舍人，废太子勇深礼之，令注《庾信集》。复撰《笑苑词林集》。世称博物。"庾集有注自此始。《通志·艺文略》：《哀江南赋》，魏彦渊注。

余嘉锡云："《通志·艺文略》益以魏彦渊一家，即魏澹也。此盖所注《庾信集》中之一卷，经唐人析出，偶存于宋秘阁者。"按《隋书》魏澹字彦深，《通志》作彦渊。作深乃避唐讳。《隋书·经籍志》集部有著作郎魏彦深集三卷。

唐 张庭芳注《哀江南赋》一卷。

见《唐书·艺文志》、《崇文总目》及《宋志》别集类。焦竑《国史经籍》作唐张芳注，夺一"庭"字。李峤《杂咏》亦张庭芳注。巴黎伯希和三七三八号敦煌卷有其残简。[①]

崔令钦注《哀江南赋》一卷。

《新唐书·艺文志》总集类：《哀江南赋》，崔令钦注，一卷。《唐书·宰相世系表》："令钦，国子司业。"《全唐文》三九六云："肃宗朝，迁仓都郎中。"[②]

王道珪注《哀江南赋》一卷。

见《崇文总目》、《宋史·艺文志》别集类。

按高步瀛举出《白帖》卷三"馆驿"第十及"舟"第卅一，并引《哀江南赋》注。又晏同叔《类要》卷九及卷卅三，并引《哀江南赋》注，已不能

---

① 张庭芳事迹，参看拙编《敦煌书法丛刊》，十六册（诗词类），东京二玄社印。

② 崔令钦仕履事迹，详任半塘《教坊记笺订》。

辨出为张为崔也。

清 胡渭注《哀江南赋》。

《四库提要》:“《唐志》载张庭芳等三家尝注《哀江南赋》,《宋志》已不著录。近代胡渭始为之注,而未及成帙。(吴)兆宜采辑其说。”

徐树谷、徐炯同撰《哀江南赋注》一卷。

康熙间精刊本、《昭代丛书》别编(丁集)本。炯为树谷弟,昆山人。

吴兆宜注《哀江南赋》。

在吴注《庾开府集笺注》内。吴郡宝翰楼刊本。详《四库提要》。

倪璠注《哀江南赋》。

在《庾开府全集注》内。康熙三十六年崇岫堂刊本、光绪甲午儒雅堂本。

民国 李详《哀江南赋序笺》。

在《国粹学报》第七卷四号。

高步瀛《哀江南赋笺》。

载《北平师大月刊》第14、18、26期。

附 失名《庾子山年谱》一卷。

《历代名人年谱大成稿本》(“中央图书馆”藏)。

(以上注本)

卢献卿《愍征赋》。

“范阳卢献卿大中进士……作《愍征赋》数千言,时人以为庾子山《哀江南》之亚也。今谏议大夫司空图为注之。”(《本事诗》、《全唐文纪事》,697页)

毛奇龄《哀江南赋》。

《西河合集》。

王昙《哀江南文》。

见《烟霞万古楼文集》。纪明福王事。

《后哀江南赋》。

汪士铎作。见《悔翁日记》。

王闿运《哀江南赋》。

见《湘绮楼文集》。记太平天国事。

黄孝纾《哀时命》。

见《匑厂文稿》。次庾子山韵。

(以上摹拟)

敦煌写本《登楼赋》重研

巴黎国家图书馆所藏敦煌写卷，内有王仲宣《登楼赋》一首，共十四行，著录于陆翔译之《巴黎图书馆敦煌写本目录》。余旅法京时，曾见原物，略有校记，附于拙作《敦煌本文选斠证之二》（《新亚学报》第三卷第二期，1958，2）。友人陈祚龙先生另撰《敦煌写本登楼赋斠证》（《大陆杂志》第二十一卷第五期），指出此写卷《登楼赋》全无“兮”字，盖因“魏武论赋，嫌于积韵，而善于资代”，谓“仲宣制作是赋之先，或已深受魏武之影响”，“不用兮字作为语助与余声，当系为求迎合魏武之情调”。陈先生入校诸本，为胡克家刻《文选》，张溥《汉魏百三名家集》，严可均辑《全三国文》，为习见之三种本子，并谓各本之有“兮”字，概为衍文。今案《艺文类聚》卷六十三“楼”类，引魏王粲《登楼赋》，亦无“兮”字，兹据影绍兴本录其文如次（以明胡赞序刊小字本参校）：

登兹楼以四望，聊暇日以销忧，览斯宇之所处，实显敞而寡仇。接清漳之通浦，倚曲阻之长洲。北弥陶牧，西接昭丘。虽信美而非吾土，曾何足以少留。凭轩槛以遥望，向北风而开襟。平原远而目极（胡小字本作“极”），蔽荆山之高岑。路逶迤而修迥，川既漾而济深。昔尼父之在陈，有归欤之叹音。钟仪幽而楚奏，庄舄显而越吟。人情同于怀土，岂穷达之异心。惟日月之逾迈，俟河清其何极，冀王道之一平，假高衢而骋力，步栖迟而徙倚，白日忽其西匿。风萧瑟而并兴，天惨惨而无色，兽狂顾以求群，鸟（胡小字本作“乌”）相鸣而鼓翼。原野阒其无人，征夫行而未息，循阶除而下降，气交愤于胸臆。夜参半而不寐，怅盘桓以反侧。

文句既多删节，字亦与《文选》多异。《艺文类聚》为唐高祖武德七年欧阳询、裴矩、陈叔达奉诏撰集，此敦煌写卷《登楼赋》，前有刘希夷《代白头吟》断句①，则当钞写于《类聚》成书之后。是《登楼赋》删去“兮”字，非始见于敦煌卷，原无足异者。顷循览是卷异文，觉犹有若干剩义，兹再扬榷论之。

一、尽删“兮”字为汉以来诗赋惯例

诗赋有助词兮字者，汉以来异本常删去。例如《大风歌》：日本九条道秀藏平安朝写本《文选》，所载《大风歌》三句，皆无“兮”字。②《天马歌》：《史记》并有“兮”字，《汉书》省之，王先谦补注谓应有“兮”字。③《九歌·山鬼》：“若有人兮山之阿。”《宋书·乐志》《陌上桑》调《楚词》钞，改作“今有人，山之阿”，尽删“兮”字（参拙作《楚辞与词曲音乐》）。《洛神赋》：宋高宗草书此赋，句尾多无“兮”字。此皆其著例。汉初，贾谊《鹏鸟赋》，史汉所录，互有不同。《史记·屈贾传》：“单阏之岁兮，四月孟夏，庚子日施兮，服集予舍。……”俱有“兮”字。《汉书·谊传》则作“单阏之岁，四月孟夏，庚子日斜，服集余舍”，四字一句，删去“兮”字。④《文选》五臣本《鹏赋》，亦无“兮”字。足见西汉时辞赋间将“兮”字省去，亦有移易其位置者。《吊屈原赋》：《史记》“于嗟嚜嚜兮，生之无故”一段，《汉书》作“于嗟默默，生之无故兮”，是其例。即移“兮”字于下句之末。

六朝文士引用楚辞，亦每省略“兮”字。刘勰《文心雕龙·明诗》篇论五言诗之始云：“按召南行露，始肇半章；孺子沧浪，亦惟全曲。”今按《沧

① 终于“须臾鹤妖乱如丝，但看故（古）来歌舞”，下残。全诗可参《搜玉小集》。

② 见吉川幸次郎《关于汉高祖之大风歌》，《中国文学报》第三册，33页。

③ 参看逯钦立《汉诗别录》，史语所《集刊》第十三本，315页。

④ 惟中间引《老子》“祸兮福所倚”二句，及引《庄子》“其生兮若浮”，“兮”字不删，余皆省之。又《史记·伯夷列传》，引“贪夫徇财，烈士徇名，夸者死权，众庶冯生”等句，同《汉书》无“兮”字，而《史记·谊传》则有之，同一书中已自不同。

浪之歌》，见于《孟子·离娄》及楚辞《渔父》，又《水经注》引地说，俱作“沧浪之水清兮”，有“兮”字。钟嵘《诗品序》：“夏歌曰：‘郁陶乎余心。’楚谣曰：‘名余曰正则。’虽诗体未全，然是五言之滥觞也。”按《离骚》“名余曰正则兮”，本有“兮”字，此省。《水经·夏水注》：“屈原所谓‘过夏首而西浮，顾龙门而不见’。”此《九章·哀郢》文，原有“兮”字，此省。《北史·隐逸·张文诩传》，引“老冉冉而将至，恐修名之不立”，亦省“兮”字。

或改为其他语助者：《南史·刘勔传》：刘谅引“帝子降于北渚”，湘东王云“目眇眇以愁予”，今本“以”原作“兮”。具见引用辞赋原句，助字可以省改。《登楼赋》见六朝人征引者，亦每省去“兮”字。《宋书·王华传》：每闲居讽咏，常诵王粲《登楼赋》曰：“冀王道之一平，假高衢而骋力。”《文心雕龙·丽辞》篇：“仲宣《登楼》云：‘钟仪幽而楚奏，庄舄显而越吟。’此反对之类也。”《水经·漳水注》：“漳水又南，径当阳县，又南径麦城。王仲宣登其东南隅，临漳水而赋之曰‘夹清漳之通浦，倚曲沮之长洲’，是也。”临文引用，省略“兮”字，乃至寻常。再观王粲所自作各赋，无“兮”字者有：《槐树赋》、《柳赋》、《白鹤赋》、《鹖赋》、《鹦鹉赋》、《莺赋》。有兮字在句中或句末者有：《游海赋》、《浮淮赋》、《出妇赋》、《寡妇赋》、《初征赋》、《羽猎赋》、《迷选赋》、《玛瑙勒赋》等。是仲宣所作他赋，屡用“兮”字，自非迎合魏武可知。

二、敦煌写本异文斠补

敦煌写本，诸多异字，陈先生已略论之，兹更补陈如次：

“聊暇……”

按暇字与胡本同，李善注“暇”字下云：“古雅（切）。”又注：“暇或为假。楚辞云：‘迁逡次而勿驱，聊假日消时。’”许巽行《文选笔记》引师古曰：“楚词云：‘聊假日以偷乐。’此言遭遇幽厄，中心愁闷。假延日月，苟为娱乐耳。今俗犹言借日度时。今之读者改假为暇，失其意矣。”今按《类聚》及唐写本皆作“暇”，未必为后人所改。

“览斯宇”

敦煌本此句缺。《类聚》亦作“览”，与《文选》同；张溥作“觉”，未可据。

“寡求”

按“求”，《文选》作“仇”。“求”常读为“逑”。《诗》：“君子好逑。”毛传：“逑，匹也。”《尔雅·释诂》：“仇，匹也。”郭注引《诗》：“君子好仇。”《太玄经·玄测》曰：“谨于媐執。”范望注：“執，匹也。”《释文》：“媐与妃同，執音仇。”仇与逑、執字并通。唐写本作“求”，乃省借。

“侠清漳”

胡刻《文选》作“挟”，《水经·漳水注》引作“夹”，《类聚》作“接”。

“曲沮”

“沮”字，与《文选》同。《水经·沮水注》：“沮水又南，径楚昭王墓，东对麦城。故王仲宣之赋《登楼》云‘西接昭丘’是也。”作“沮”字是。《类聚》作“曲阻”，恐误。

又《水经·漳水注》云：“漳水又南，径当阳县，又南径麦城。王仲宣登其东南隅，临漳水而赋之曰‘夹清漳之通浦，倚曲沮之长洲’，是也。”熊会贞《水经注疏》：“沮水注叙昭王墓，东对麦城，随引《登楼赋》‘西接昭丘’以证之。意以所谓西接者，就麦城言，已隐隐以仲宣所登为麦城之楼矣。此于麦城更凿凿言之，曰‘仲宣登其东南隅，临漳水而赋之’，且揭出夹清漳、倚曲沮二语，以麦城在沮漳间也，是不从盛弘之当阳城楼之说，郦氏必有所据，今不可考矣。”今按仲宣楼古迹，李善注引盛弘之《荆州记》以为当阳城楼，与郦说异。又《文选》五臣刘良注云：“登江陵城楼。”明王世贞则谓在襄阳，此后出之说，自不可信。

“陶沐”

《艺文类聚》、《文选》并作“陶牧”，《水经注》引亦同，与此迥异。陶牧，地望未详，五臣张铣云：“陶，乡名；郊外曰牧。”不言所在。善注引盛弘之《荆州记》：“江陵县西有陶朱公冢，其碑云是越之范蠡，而终于陶。”按此说实误，《水经·夏水注》已纠正之。其言曰：

> （夏水）历范西戎墓南（墓在今监利县西北）。王隐《晋书·地道记》曰：“陶朱冢在华容县，树碑云是越之范蠡。”《晋太康地记》、盛弘之《荆州记》、刘澄之记，并言在县之西南。郭仲产言在县东十里。检其碑题云“故西戎令范君之墓”，碑文缺落，不详其人，称蠡是其先也，碑是永嘉二年立，观其所述，最为究悉，以观径其地，故违众说，从而正之。

郭仲产有《南雍州记》。据其调查所见，此乃范西戎墓，与陶朱公无涉，郦氏据以驳正诸家说，是也。《史记·越世家》引《括地志》：“齐州平阴县东陶山南五里有朱公冢。又曹州济阴县东南三里有陶朱公冢。”

敦煌写本作“陶沐”，颇疑“沐”或“木”之异文。[①] 古地名以木称者，如樠木（《左·庄四年》）、杜木（格伯殷）、根木、楮木（散氏盘），木指都邑四疆之封树。陶木与昭丘对言，殆指陶地之封树。姑备一说。

“通于怀土”

“通”，各本作“同”。按《释名》：“通，同也。”两字可通。怀土者，陆机有《怀土赋》，可参看。

三、《登楼赋》写作年代

赋云：“遭纷浊而迁逝兮，漫逾纪以迄今。”李善注引（《书·毕命》）孔传云：“十二年曰纪。”按此文当作于建安十年以后。《三国志》二一《王粲传》：“年十七，司徒辟，诏除黄门侍郎，以西京骚乱，皆不就。乃之荆依刘表。表以粲貌寝而体弱，通侻不甚重也。”卢弼集解云：“粲年十七岁，为汉献帝初平四年（公元 193）。”又云：“建安十三年（公元 208）八月表卒，时粲年三十二岁，在荆州已十六年矣。”案粲于兴平四年之荆州，至建安九年（公元 204）恰为十二年。是年七月，曹操破邺，自领冀州牧。赋云“逾一纪”，即在建安九年之后，至十三年八月刘表卒，九月刘琮降操，此四年之间所作。粲传又云：

> 表卒，粲劝表子琮令归太祖，太祖辟为丞相掾，赐爵关内侯。太祖置酒汉滨，粲奉觞贺曰：“袁绍志兼天下，然好贤而不能用。刘表雍容荆楚，坐观时变，自以为西伯可规，士之避乱荆州者，皆海内俊杰也。表不知任，故国危而无辅。明公定冀州之日，下车即缮其甲卒，收其豪杰而用之，以横行天下。及平江汉，引其贤俊，而置之列位，使海内回心，望风而愿治，文武并用，英雄毕力，此三王之举也。”

赋中“冀王道之一平，假高衢而骋力”，似发端于曹操收用冀州豪杰之

① 《墨子·节葬》篇：“越之东，有輆沐之国。”《列子·汤问》篇作“辄木之国”。是“沐”、“木”通用之证。

时。建安九年，操领冀州，士已有归心者。粲是时依刘恰一纪，年二十九矣。其作此赋，操尚未下荆州。又足见敦煌本不用“兮”字为语助，与魏武究无何关系之可言也。

四、余论

粲长于词赋，魏文谓其“《初征》、《登楼》、《槐赋》，虽张、蔡不过也”（《典论·论文》）。而陆云评云：“登楼名高，恐不可越。”又云：“仲宣登楼，前即甚佳，其余平平，不得言情处。”（《与兄平原书》）传诵既久，拟作亦夥。如晋孙楚有《登楼赋》，其句云“聊暇日以娱心”。又枣据亦有《登楼赋》，有云：“……登兹楼而逍遥，聊因高以遐望……桑麻被野，黍稷盈亩。……怀桑梓之旧爱，信古今之同情，钟仪惨而南音，庄舄感而越声。”不特仿其体，且袭其句。此文衣被词人，已非一代，吟诵所致，且及边陲。拙文前论，愧未周浃，聊因陈君之佳作，重为轸发，仍乞有以教我也。

法京国家图书馆此卷，乃杂录诗赋，王仲宣此赋之后，下接《落花篇》。其词云：

> 仲春欲半风始暄，澹荡先来吹果薗，薗里□花开不歇，桃花未尽梨花发。蛾眉无数春园里，共爱春风满园起。欲举红树弄芳范（花），更起因风乘洛范（落花）。花洛因风不因折，飞满空中下如雪。散衡玉面点凝妆，乱着罗衣碎成缬。纷纷林里满林芳，一回风起一回香，半着罗裙人掩得，半飞红沼水漂将。晚来零落花渐稀，见在收将且送归，帔中擎得□兼□，袖里捻看畏却飞。归去明朝须早来，且废新庄（妆）事镜台，忽愁一夜风吹尽，一般吹尽一般开。

文采绮艳，未谛出何人之手。因曾录存，附载于此，以供欣赏，且俟知者。

原载1962年《大陆杂志》特刊第二辑

《辞赋大辞典》序

赋以夸饰为写作特技，西方修辞术所谓 Hyperbole 者也；夫其著辞之虚滥（exaggeration），构想之奇幻（fantastic），溯原诗骚，而变本加厉。汉人取其体以咏物述志，牢笼山川，驱遣风物，益以文字、词汇之递增，遂肆为侈丽闳衍之辞，浸以涓流，蔚为大国。

刘歆《诗赋略》所录赋家，举作品最多者，迹其存佚之篇，概如下述：庄忌著录二十四篇，今存一篇；淮南王著录八十二篇，今存一篇（有名无文）；淮南群臣四十四篇，今佚；枚皋一百二十篇，今佚；司马相如二十九篇，今存十篇；严助三十五篇，今佚；刘向三十三篇，今存九篇（不计《九叹》）；王褒十六篇，今以赋名者仅存二篇；扬雄十二篇，今存十一篇。枚皋与淮南群臣今无一篇之存。淮南王为篇八十，今只有《招隐士》与《屏风》一赋。观《淮南子》书，文辞瑰伟，洵不愧为首位赋家，相如以前，导夫先路，赋之成型，肇功于彼辈，惜诸作沦佚，得非赋史之巨憾乎！

近世撰文学史者，于赋多所蔑视，或嗤为冢中枯骨。余曩日撰《赋话》，曾力辨其非。十载以还，赋学重兴。《全汉赋》且已辑集印行。其他论著蜂起，硕果丰茂，盛极一时，学术风气之消长，往往非始料所及也。近顷辞典一类之书流行，成一时之风尚。诸家乃有《辞赋大辞典》之作，霍君松林、徐君宗文实董其役，经营三载，网罗宏富，区为九类，所收词条共四千五百，灿烂炳焕，度越前古矣。余独惜研究者多而撰作者寡，但得此资为宪章，有所凭借，何患乎无大作乎哉！故知积习生常，幽思摛藻，张大汉之德馨，冀来者之秀发，指日可期，无待扬扢。用是不揣固陋，乐为喤引。

1994 年 6 月于香港

赋话六种序

赋学之衰，无如近代；文学史家直以冢中枯骨目之，非持平之论也。古之为赋者，在德音九能之列。传曰："升高能赋，可以为大夫。"言堂庑之上，揖让之间，以微言相感，自有其实用之价值也。刘彦和云："登高之旨，睹物兴情。"宋龚鼎臣《东原录》云："赋者，缘物以成文，必辞理称，则彬彬可观。"夫缘物有作，荀况《蚕》、《云》之类是也，往往折衷于理，故文有其质。若乃兴情之制，则犹诗之缘情，而日趋绮靡，六朝俪赋，斯其极挚，《芜城》、《小园》，靡亦甚焉。降而下之，以赋为科举之习作，间且成散体之尾闾，《文苑英华》所收，读之殊难终卷，肤受不精，浸失旧观。现存论赋较早之书，有日本流传失名之《赋谱》，作于太和以后，分述句式之壮、紧、长、隔、浸、发、送等法门，唐人律赋作法，可窥一斑。

五代赋集多至二百卷，见唐圭璋《南唐艺文志》，"江文蔚《唐吴英秀赋》七十二卷，出《宋志》；徐锴编《赋苑》二百卷，出《崇文总目》"。《永乐大典》赋字，只存二卷（即卷一四八三七及一四八三八），征引《大全赋会》，多为有明考试有关性理之作，亦赋之别格（如盱江邹子益之《圣人拟天地参诸身赋》）也。然明人拟古，鸿篇屡出，于以制割大理，羽翼风骚，亦甚有可观者，而世多忽视之（明陈山毓有《赋略》一书）。其时小学虽亡，赋仍间作，岂至皋文修补《黄山》，始成绝业也哉！（此反章太炎《辨诗》说。）何君沛雄，向从余问学，特致力于赋。既有志乎《全汉赋》

之辑，复裒集诸家赋论，都为一帙，以便来学，而征及下走。余愧无诠次，偶有著笔，祇同目论，稽考史事，辄及赋篇。拉杂言之，馈贫而已；若云欲师斫轮，言其甘苦，则吾岂敢。

乙卯仲春饶宗颐叙

文选卮言

卷十一

饶宗颐二十世纪学术文集·文学

目　录

敦煌本《文选》斠证

敦煌莫高窟石室所出唐人《文选》写卷，罗叔言影入《鸣沙石室古籍丛残》者，有《西京赋》、东方朔《答客难》、扬雄《解嘲》，此三种俱有李善注；又任昉《王文宪集序》、沈约《恩幸传论》至范晔《光武纪赞》，则为白文。日本神田喜一郎影入《敦煌秘籍留真新编》者，有扬雄《剧秦美新》、班固《典引》、王俭《褚渊碑文》，俱白文无注，及《文选音》一种。余旅法京时，每日至国家图书馆，馆藏有关《文选》各写卷，细读殆遍。又伦敦大英博物院藏亦有《文选》残卷三种，为成公绥《啸赋》、《答临淄侯》、《阳给事诔》残简，并为影录。计英法所庋敦煌《文选》写本，共得十六，兹依今本卷次表列如下：

卷　次	篇　名	行数起讫	编　号
卷末题"《文选》卷第二"一行，与今本善注合	张衡《西京赋》	三三行。由"井干叠而百增"起，至赋末李善注。字里行间偶注反切	伯希和目二五二八
今本卷第十一	王粲《登楼赋》	共十四行	伯希和目三四八〇
今本卷第十八（原卷题"《文选》卷第九"，知为昭明旧"三十卷"本）	成公绥《啸赋》	共四十一行。起"自然之至音"，终"音声之至极"句	斯坦因目三六六三

续前表

卷次	篇名	行数起讫	编号
今本卷第三十八	谢灵运乐府一首（《会吟行》），鲍照乐府五首（《出自蓟北行》、《结客少年场行》、《东门行》、《苦热行》、《白头吟》）	存六十五行，起“以秋芳来日苦短”句	伯希和目二五五四
今本卷第四十	《答临淄侯》	存二行“而辞作暑赋弥日……而归憎其皂（即皃字）者也伏想……”十六字	斯坦因目六一五〇
今本卷第四十五	东方朔《答客难》、扬雄《解嘲》（李善注）	存一百二十行。起“不可胜数”句，终“释褐而传”	伯希和目二五二七
今本卷第四十六	王融《三月三日曲水诗序》	存十行。起“共也我大齐之握机”句，至“普汎而无(私)”句	伯希和目二七〇七
同上	同上	存五十四行。起“用能免群生于汤火”句，讫王文宪集序开端两行	伯希和目二五四三
同上	任昉《王文宪集序》	存八十行。起“之旨沈郁澹雅之思”句，讫“弘量不以容非攻乎异论归之”句	伯希和目二五四二
今本卷第四十八	扬雄《剧秦美新》(后段)、班固《典引》(开端)	存二十七行	伯希和目二六五八
今本卷五十（原卷题“《文选》卷第廿五”，知为昭明旧三十卷本）	沈约《恩幸传论》至范晔《光武纪赞》末	存六十七行	伯希和目二五二五
今本卷五十三	李康《运命论》	存三十四行	伯希和目二六四五

续前表

卷　次	篇　名	行数起讫	编　号
今本卷五十五	陆机《演连珠》	存百四十五行	伯希和目二四九三
今本卷五十七	颜延年《阳给事诔》	存七行，起“贞不常祐义有必甄”句	斯坦因目五七三六
同上	同上	存三十五行。起“受陷勍寇”，讫篇末，并《陶征士诔》篇题	伯希和目三七七八
今本卷五十八 原卷末题“《文选》卷第二十九”，知亦昭明之“三十卷”本	王俭《褚渊碑》文（后段）	存五十四行	伯希和目三三四五

此外与《文选》有关之写卷又有：

（一）《杂诗》二首，潘岳《悼亡诗》四首，石崇《王明君辞》一首

刊伯希和目二五〇三，此卷乃《玉台新咏》，罗氏《古籍丛残》已印出。

（二）《文选音》

刊伯希和目二八三三，存二十三节末，至第廿五节开端。《敦煌秘籍留真新编》已刊出，周祖谟有文研究，载《辅仁学志》。

（三）《李陵苏武往复书》

巴黎所藏有三卷：其一列伯目二四九八，为天成三年戊子岁（公元928）正月七日，学郎李幸思写本；其一列伯目二八四七，为丁亥年（公元927）二月三日，莲台寺比丘僧静惠写本；其一列伯目二六九二，为壬午年（公元922）二月二十五日，金光明寺学郎索富通写本。伦敦所藏亦有二卷：一列斯坦因目一七三，一列斯目七八五。此皆唐人假托苏、李之作，与《文选》所收《答苏武书》不类。

上举十五种《文选》写卷，大别言之：

（一）白文无注三十卷本

此类即《梁书》、《隋志》所云之《文选》三十卷本，乃昭明原来编第，李善作注始析为六十卷。伦敦藏之《啸赋》，巴黎藏之《剧秦美新》、《典引》、《恩幸传论》至《光武纪赞》与《褚渊碑文》并著卷数于末，盖即三十卷本。

（二）李善注本

此类只见两卷，即巴黎藏之永隆钞本《西京赋》，及《答客难》、《解嘲》，刘师培并撰有《提要》。

其中有原属一卷，裂为数段可以缀合者，如伯目二七〇七、二五四三、二五四二诸卷是。《登楼赋》同卷又钞唐人《落花诗》，则非《文选》原本，乃偶笔录王仲宣此文耳，姑并列于此。

兹十数卷，俱唐人或更早之写本，吉光片羽，弥觉可珍，持与扶桑所传百二十卷本之《文选集注》，及宋刊、胡刻诸本，参互校核，创获殊多。清代学者于选学致力至勤，惜限于闻见，如许密斋（巽行）平生校雠萧选至七十二岁，凡十三次，始成定本，而所见不出汲古阁本。（见许氏《文选笔记》卷一《密斋随录》。）益叹今人眼福，迥非前贤之所能及。兹就勘校所及，依各卷次第，记之于后。

一、永隆写本　《西京赋》薛综、李善注

此卷罗氏影入《鸣沙石室古籍丛残》，末有“永隆年二月十九日弘济寺写”一行。寺在长安，此当出寺僧手录。永隆为唐高宗年号（公元680），伦敦所藏写卷列斯坦因目一八三五号者，末亦题永隆元祀，与此堪称双璧。善上《文选》表，在显庆三年（公元658），至永隆相去二十二年，考善卒在载初元年（即永昌元年，武后年号，公元689），是此永隆卷缮写时，善尚生存。李匡乂《资暇录》谓：“李氏《文选》有初注成者，覆注者，有三注四注者，当时旋被传写，其绝笔之本，皆释音训义，注解甚多。”此永隆写本未知为初注抑覆注本，然距善之卒，仅九年耳。

蒋黼跋此卷云别有校勘记，原文未见；惟刘师培则撰有《提要》（刘文有误处，如谓“少君已见《西都赋》，各本复注少君事”，然《西都赋》但注少翁事耳）。高阆仙《文选李注义疏》，已尽将此注异文录入（间有微误者，如此卷“穷身极娱”，而高氏以为当作“穷欢”，不知穷身语乃见《楚辞·大招》），两家辨订异同，颇为详备，兹之考校，多所采摭。又日本上野精一氏

藏有旧钞《文选》白文，中有《西京赋》，故并入校，即文中所称上野本者也。

井幹叠而百增 唐永隆年弘济寺写本《文选》残卷张平子《西京赋》起此，“井”字已漶，“幹叠”二字余左半。“增”字，永隆本、各刻本并同，惟汉《郊祀志》颜注引作“层”。颜注又云：“幹或作韩，其义并同。”

臣善曰汉书 永隆本注前半行，存此五字，以刻本校之，无薛注“崛高貌”三字。“曰”下无“广雅”六字。《汉书》下接“孝武立神明台”。字数殆与《四部丛刊》景宋六臣本同（以上简称“丛刊本”），知此行共十二字。永隆本凡善注皆作“臣善曰”，后不再举。

又曰武帝作井 永隆本后半行注存此六字，以位置推之，其下应是“幹楼高五十丈”，即此行同前行各十二字，而丛刊本尚有“辇道相属焉”，为永隆本所无。以上善注二段，胡刻作“神明井幹已见《西京赋》”。其非善注原貌可见。

（跱游极）于浮柱 永隆本上三字已漶灭。

置浮柱之上 永隆本注后半行仅存此数字，“之”字为各刻本所无。

（两头受栌）者 永隆本此句止存一“者”字，其上漶，其下接正文。知胡刻“广雅”以下十六字为永隆本所无。

累层构而遂跻 “跻”永隆本注作“隮”，各刻本文注并作“隮”。

隮升北辰极也 永隆本注止此，“升”下无“子奚反”，“极”上无“北”字，胡刻本、丛刊本同有，又有善注“山海经”八字，但“经”下并脱“注”字。

集重阳之清澂

雰埃 此上无“消散也”三字。

下地之垢秽 “垢”字各刻本作“埃”。

之中也 “也”字与丛刊本同，胡刻无之。

上为阳清又为阳 永隆本、丛刊本同，胡刻“阳清”二字误倒。

故曰重阳 丛刊本脱“曰”字。

入帝宫 “入”上各本有“而”字。

宸音辰 胡刻、丛刊本此上并有“雰音氛”三字，永隆本无。

瞰宛虹之长鬐 “宛”字与日本上野氏藏古写本同，各刻本作“宛”。案冤为宛俗字，《说文》兔部：“冤，屈也，兔在冂下不得走，益屈折也。”又雨部：“霓，冤虹。”此冤虹为屈折之虹也。又扬雄《解嘲》“谈者宛舌”，师古曰："宛，屈也。"故冤与宛通。

髻渠只反　永隆本止存此注末四字，其上漶者当是薛注及善曰十六字，其下无"广雅"以次三十字。又永隆本切音皆称"反"，后不再举。

瑶光与王绳　永隆本正文作"瑶"，注作"摇"。"玉"字古写无旁点。

第七曰摇光　马国翰辑本运斗枢，引《曲礼正义》、《檀弓正义》、《史记·天官书索隐》及《艺文类聚》，《太平御览》皆作"摇光"，惟《西京赋》注作"瑶光"。不知永隆本正作"摇"，与各本引合，《文选》刻本涉正文而作"瑶"耳。

怵悼栗而怂兢　《龙龛手鉴》云：正作"怂"，今作"慫"。丛刊本作"耸"乃借字。

言恐堕也　永隆本"言"上无"怵恐也"以次十字。

《方言》曰怂悚也先拱反　各刻本"方"上有"广雅"六字，此下有"怵音"六字，"悚"作"栗"。案《方言》十三："耸，悚也。"永隆本与之合，两刻本并误。丛刊本又误薛注之"栗"为"悚"。

增桴重棼　"增"字与丛刊本同，胡刻作"橧"，《考异》谓尤氏之误。案《礼记·礼运》"夏则居橧巢"，《释文》云："橧本又作增，又作曾，同则登反。"是橧、增字通用。

反宇业业　丛刊本"反"下校云"五臣作及"。

屋扉边头瓦　"扉"字各刻本并作"飞"。

旗不脱扃

熊虎为旗　此句之上，永隆本无"《尔雅》曰"三字，各刻本有。案句见《周礼·春官》，非《尔雅》文，刻本误。

左氏传曰　文见宣十二年，《释文》、《正义》并云："张衡《西京赋》云，旗不脱扃，薛综注云，扃所以止旗。"今各本此段薛注止云"扃，关也"，无止旗句。知崇贤所谓"旧注是者因而留之"，盖有删节。永隆本"关"字多误作"閞"。

蕲巨衣反　永隆本此句居末，盖顺序为注，各刻本误倒在"楚辞"上。

栎辐轻骛　胡刻"栎"字误从车旁，但注从木旁，与各本同。此节注乃薛注，丛刊本置于"善曰"之下，误。

连阁云曼　"连"字永隆本先作"途"，后改"连"。胡刻作"途"。丛刊本作"连"，校云"善本作途"，胡绍煐曰"作连是"。"曼"字与上野本同，刻本正文与注并作"蔓"。

门千户万

说文曰诡违也　永隆本“西都”上无此六字，各刻本并有。案此非《说文》语，《说文·言部》：“诡，责也。”《心部》：“恑，变也。”应如本书《辨亡论》上善注：“《说文》曰：恑，变也，诡与恑同。”方合。但永隆本既无此语，当是后人混增。

转相逾延

移贱切　永隆本无此三字，胡刻混入他本音切，误与薛注相连。

望叫窱以径廷　“叫”字永隆本与上野本同。丛刊本作“窌”，校云：“五臣本作叫。”胡刻作“窌”。胡绍煐谓“叫”盖“窈”之假，后人加穴。

方万反　永隆本“方”上脱“返”字。

墱道丽倚以正东　“墱”字各本皆同，丛刊本校云“五臣本作隥”。“丽”字各本作“逦”，注亦各随正文。

一屋一直　永隆本“屋”乃“屈”之讹。

乃从城西建章馆而逾西城　“城西”二字及“而”字乃永隆本所独有。

墱都互切　“西墉”下，永隆本无此四字，刻本并有。

横西洫而绝金墉

洫城池也　永隆本“墉”上无此四字，因已见本篇上文“经城洫”句下薛注，有者殆非善留薛注原貌。

墉墙谓城也　永隆本有“墙”字，各本并无。

似此山之长崖　永隆本“崖”字各本作“远”，案赋云“遐坂”，则注作“长崖”正相应。

洫已见上文　句与胡刻同，指上文“营郭郛”句下善注，丛刊本复作“《周礼》曰：广八尺，深八尺，谓之洫”，疑茶陵陈氏所谓增补六臣即属于此类，丛刊影印宋建阳本，亦增补本也。

城尉不弛柝　“弛”字，永隆本、胡刻本同，丛刊本文注并作“驰”。

郑玄周礼注（凡十八字）　永隆本无，刻本并有。

柝音托　刻本作“柝与欜同音”。永隆本无郑注欜字，故云“柝音托”。然刻本之“欜”，亦与今《周礼·天官》之“柝”所见异本。

前开唐中弥望广潒　各本并同，丛刊本校云：“唐五臣作堂”，“潒，五臣作象”。

汉书曰建章宫其西则唐中数十里　永隆本有此十四字，胡刻作“唐中已见《西京赋》”，盖已见从省例。丛刊本则增补此注，尚有“如淳曰唐庭也”

六字，概从《西都赋注》截取。

又曰五侯大治第室连属弥（望）　“又曰”二字跟上文“《汉书》曰”来，胡刻已省去《汉书》建章宫一节，故“又曰”二字改作“《汉书》曰”三字。丛刊本已增补上节，而此节复作“《汉书》曰”，非善注之例，盖增补时失检。“弥”下永隆本脱“望”字，各刻本并有。“弥望”下，胡刻有“弥竟也言望之极目”八字，乃颜监《汉书注》，或后人混入，永隆本、丛刊本并无之。《考异》云：“袁、茶本无此八字，是。”

字林曰潋水漾也　此永隆本引文，下四字有误。胡刻作“潋，水潋滟也”，与《说文》合。任大椿《字林考逸》六《水部》：“潋，水潋瀁也。”《说文释例》云：“瀁即滟之篆文。”是任氏所据《文选》与《说文》合。丛刊本“潋滟”作“潋潋”，袁、茶本同，案《广雅》释训“潋潋，流也”，是作“水潋潋”者义亦可通，但异于所引《字林》原文矣。

顾临太液（二句）

汉书曰建章宫其北治太液池　永隆本、丛刊本同，胡刻作“已见《西京赋》”，但永隆本“治”字与《汉书·郊祀志》合，胡刻西都注，丛刊本《西都》、《西京》两注皆误“治”作“沼”。

渐台立于中央（二句）

汉书（十五字）　永隆本、丛刊本有此十五字，胡刻作“已见《西京赋》”。

眇赤文也　永隆本作“眇”，乃“盻”之讹。正文仍作“盻”。

清渊洋洋　“渊”字避讳缺末笔，以下多同，从略。

峨峨高大也　永隆本此句在“臣善曰”之下，是善注也。胡刻在“善曰”之上，丛刊本亦作薛注。

三山已见西都赋　永隆本、胡刻本同，丛刊本引《汉书》十八字与《西京赋》注同。此节注永隆本特多误笔，如“三辅”脱“三”字，“清渊海”下衍“三”字，“三山”又误作“波山”。

龉音吾　永隆本注作“敔”，正文则为“龉”。其言音某者只此三字，胡刻此上有垒音等十一字，永隆本无之，丛刊本则二字反切、单字注音，并分系正文各字之下，其与胡刻并有者，如“龉”下系“音吾”二字则相同，“嶵”下只系一“罪”字，与胡刻作“音罪”二字者不同，又“嵒”下系一“岩”字，而胡刻则无“嵒音岩”三字，此种分歧，颇难究诘。

长风激于别岛　永隆本先作“隯”字，后乙去，旁作“岛”字。上野本及各刻本并作“隯”，丛刊本校云“五臣作岛”。隯与岛同。

水中之洲曰岛　永隆本只改正文，注仍作“隯”。又各刻本“隯”下有“音岛”二字，永隆本无。

濯灵芝之朱柯　“之”字，永隆本、上野本同，各刻本作“以”，丛刊本校云“五臣作於”。

北海中　“北”字各刻本并作“皆”。

海若游于玄渚

无冯夷　各刻本“无”作“舞”。

水一溢一否为渚　永隆本此句，与《经典释文·毛诗音义》引“《韩诗》云一溢一否曰渚”相合，各刻本并误作“水一溢而为渚”，陈乔枞《韩诗遗说考》并引《释文》及善注，而释之云“谓一溢而一涸”。

三辅三代旧事　各刻本脱“三代”二字。

中坂蹉跎　此下各刻本有“广雅”以次八字。永隆本“蹉”字作“嵯”。

采少君以端信　“以”字，上野本及各刻本并作“之”，与永隆本异。

少君栾大已见西都赋　胡刻本、丛刊本“栾大”上并有《史记》三十一字述少君事，永隆本无之。丛刊本节引《汉书》四十一字述栾大事，不作“已见西都赋”。案《西都赋》五利下删引《汉书》。胡刻、丛刊并于“曰”上脱“大”字，致误栾大语为武帝语。而丛刊本补录此注则作“大曰”，不误。

屑琼蘂以朝飡　“飡”从冫，永隆本、上野本并同，各刻本从歹，高步瀛谓“当作餐，亦作飧，饔飧字从夕不从歹，作飱者误”。

精琼靡以为粮　各刻本误“精”为“屑”，又以“粮”为“张”。永隆本“精”字不误，“粮”乃“张”之误。

美往昔之松桥　永隆本“桥”字，各刻本并作“乔”。

列仙传曰赤松子　永隆本此段凡十七字，丛刊本句末多“以教神农”四字。

又曰王子乔　永隆本此段凡二十二字，丛刊本同。连上二段胡刻作“已见《西都赋》”，其《西都赋》“松乔群类”下善注，与丛刊本同。

天路隔无相期　“相”字，永隆本引枚乘诗误衍。又此句下，永隆本无“要乌尧反”四字，殆非善注，刻本误以他注混入。

韦照曰　韦曜本名昭，史为晋讳改作曜。永隆本或作“照”，间或作“昭”，各刻本概作“昭”。

想升龙于鼎湖

下迎黄帝上骑龙乃上去　此段善注引《史记》封禅文书有删节。永隆本不复“黄帝”字，应从刻本加；刻本“骑”上无“上”字，应从永隆本加，文义乃足。

如脱屣耳　“屣”字乃《汉书·郊祀志》文，《封禅书》作“躧”，《汉书·地理志》颜注云：“躧字与屣同”。

若历世而长存　永隆本“世”字不缺笔。

言若历世不死而长存　永隆本此句，当是善初注原貌。胡刻本、丛刊本并作“言若历代而不死”，殆是后注曾删润。

街衢相经

一面三门　胡刻本、丛刊本“一”上并有“街大道也经历也”七字，又有善注四十七字。永隆本并无之，且但作“面三门”，无“一”字。

厘里端直　永隆本正文与注并作“厘”，上野本作“缠”（《西都赋》“傍流百厘”，又作“缠”），各刻本并作“廛”。

都邑之宅地曰厘　永隆本“宅”字，各刻本作“空”。案《周礼·地官》载师“以廛里任国中之地”，郑注：“郑司农云：廛，市中空地未有肆，城中空地未有宅者。玄谓廛里者，若今云邑居里矣。廛，民居之区域也。里，居也。”孙诒让曰：“通言之，廛里皆居宅之称；析言之，则庶人工商等所居谓之廛，士大夫所居谓之里。”薛注作“宅地”，盖不用先郑说。

以廛里任国中之地　刻本并脱“里”字。

当道直启

故曰第也　各刻本此下并有“北阙”以次八字。

期不陀陊　永隆本、上野本同作“陀”，各刻本同作“阤”，但永隆本注又作“阤”。

好工匠　各刻本无“工”字。

方言曰阤式氏反　各刻本“阤”下并有“坏也”二字，案《方言》六：“阤，坏。”郭注：“谓坏落也。”永隆本盖有误脱。

说文曰陊落也　各刻本并误“陊”为“阤”。

土被朱紫　此句下，永隆本止有薛注，各刻本多善注十二字。

设在兰锜　永隆本正文作“兰”，而注作“阑”，各刻本文注并从艹。

武库天子主兵器之官也　永隆本“武”上无“锜架也”三字，此殆后人所加。如薛注原有，则应顺文次序，不在“武库”之上。“官”字各刻本作“宫”。

刘逵魏都赋注曰　案《魏都赋》“附以兰锜”句下，《吴都赋》“兰锜内设”句下，并引《西京赋》句。吴都注在“刘曰”之下，魏都注在“善曰”之下，然并无注释，不见此处所引十余字。善于《两京赋》薛注已有去留，则于《三都赋》之刘注或张注有所删汰，并不足异。

非石非董畴能宅此　二“非”字，上野本、各刻本并作“匪”。永隆本初脱“能”字，后淡墨旁加。

因显自决　各刻本“自”作“口”。案《汉书·佞幸传》宋本、今本并作“白”，应照改。

诏将作为贤起大第　各刻本“将作”下有“监”字，《汉书》原作“将作大匠”。

木土之功　“木土”二字，永隆本与《汉书》合，各刻本倒作“土木”。

廓开九市

阛中隔门也　各刻本此句下有“崔豹释阛阓”十四字，或疑薛综不能引崔说，因谓崔说应在“善曰”之下，然善顺文作注，又不应在“九市”之上，殆后人混入。

汉宫阙疏曰长安立九市其六市在道西三市在道东　永隆本、丛刊本同有此，胡刻本作“九市已见《西都赋》”。案《西都赋》“九市开场”下注同，又“道东”下各刻本有《苍颉篇》七字，永隆本无。

俯察百隧

隧列肆道也　刻本无此句，胡刻于善注末作“隧已见《西都赋》”。案《西都赋》“货别隧分”下注引此五字，上冠“薛综《西京赋注》曰”，前后自能照顾，即“重见者云见某篇亦从省也”之例。丛刊本薛注无此五字，而善注内作“薛综《西都赋注》曰隧列肆道也”十二字。

周制大胥　“胥”作“胥”，与汉《韩敕碑》同。

今也惟尉

为三辅更置三辅都尉　此节善注引《汉书》凡二十六字，乃删节《百官公卿表》内史条文，以三辅都尉释赋文“今也惟尉”，其义甚明，五臣翰注即用其说，高步瀛据《玉海》引《黄图》曰“以察贸易之事，三辅都尉掌之”，更可互证。今胡刻及丛刊本无“更置三辅都尉”六字，而易以“市有长丞”十六字，反与赋文不相照，殆后人误改，而翰注袭用者乃未误改之本也。

瑰货方至　“瑰”字，永隆本文注并同，各刻本注作“瑰”，而正文则作“瓌”。

鸟集鳞萃

言奇宝　胡刻六臣并误脱“言”字。

鳞之接也　“接”字，他刻本作“萃”。

鬻者兼赢　“赢”乃“赢”之讹，注同。

匮也　“匮”下脱“乏”字。

裨贩夫妇

以自裨益者　薛注止此，各本无“者”字，下有“裨，必弥切”四字，丛刊本注中已有此四字，正文“裨”下又系“必弥”二字，知薛注混入之音切，殆在增并六臣注之前。

日夕为市　《周礼·地官》原文为“夕时而市”，永隆本微误，各刻本亦以“而”作“为”。

贩夫贩妇为主　永隆本、六臣本同，与《周礼·地官·司市》合。胡刻误作“裨贩夫妇为主”。《考异》知尤本与袁本、茶陵本不同，尚未勘《周礼》原文。

蚩眩边鄙

以欺或下土之人也　胡刻、丛刊本“或”作“惑”，无“也”字。惑、或字通。

而贯之　与《周礼·天官·典妇功》合，胡刻、丛刊本并误“贾”为“买”。

郑司农曰　胡刻、丛刊本并误作“郑玄”。又各本此下有引《苍颉篇》、《广雅》、《左传》注共二十四字。

优而足恃

昏勉也　胡刻、丛刊本此下并有“邪伪也”三字，永隆本无，高步瀛云：“疑后人窜入”。

丽靡奢乎许史　“靡”与上野本同，各本作“美”。又各本此句下有薛注十四字。

生元帝帝封外祖父广汉为平恩侯　各本无“生元帝”三字。案此注节录《外戚传》文，据《传》，乃宣帝立元帝为子时，封太子外祖父广汉为平恩侯，及元帝即位，广汉已前卒，复封广汉弟子嘉为平恩侯，奉广汉后，善注不了了。

壮何能加

汉书曰翁伯以败脂而倾县邑　刻本“汉书”下有“食货志”三字，案所引《汉书》乃《货殖传》文，此后人以旁批误混者。永隆本“败”乃“贩”之讹。

质氏以洫削而鼎食　“洫”乃“洒”字形近之误，下文“洒”字不误，各本上下文并作“洗”，与《汉书》原文不合。

以为翳　“为”乃“马”之讹，“翳”乃“医”之讹。

晋灼曰胃脯今太官常以十月　各本脱“常”字，又“月”误作“日”。胡刻“太”误作“大”。

以末椒姜坋之讫　“讫”字与《史记索隐》引同，《汉书注》无。

拟迹田文

箭张禁酒赵放　此节引《汉书·王尊传》文，今本《汉书》“箭”作“翦”，宋祁曰“江南本、浙本并作箭”，是永隆本并可为宋祁校《汉书》之证。胡刻、丛刊作“箭张回酒市赵放”，乃混入《汉书·游侠》、《万章传》“箭张回酒市赵君都”语，误。顾炎武云：“《王尊传》箭张禁酒赵放，晋灼注此二人作箭作酒之家，今箭张回即张禁也，君都亦即放也，名偶异耳。”刻本注末有“一云张子罗”以下十七字，永隆本无之。

趫悍虓壑　“趫”字与《汉书·卫青传》颜注同，刻本文注并作“趬”。

虓呼交反　胡刻脱“虓”字。丛刊本以“呼交”二字夹入正文“虓”下，故善注无此四字。

睚眦趸莽　“莽”乃“芥”之讹。

僵仆也　此三字薛注，永隆本无。

涉好煞　刻本“涉”下有“外温仁内隐忍”六字。

睚眦于尘中独死者甚多　“独”字，与《汉书·原涉传》合，各刻本皆作“触”。王念孙曰：“独当为触，言涉于尘世中数以睚眦之怨杀人。”其引证为荀悦《汉纪》载原涉事虽作“独”，而载郭解事则作“触”；又范书《王允传》“睚眦触死”，章怀注引前书《原涉传》正作“触死”。高步瀛谓永隆本作“擉”，案此字犬旁甚分明，以为从手者，乃傅会之谈。

而公孙诛

安世者京师大侠也　刻本无“者”字以次六字。

上书告敬声　“告”字刻本作“曰”字。

父子死狱中　“死”上各刻本有“俱”字，案连上三条永隆本与《汉书·公孙贺传》合，刻本误。又各本注末有“阳石北海县名也”七字，误，盖阳石不属北海，殆以铣注混入。

剖析豪氂 “剖”字，上野本作“割”，“豪氂”二字，各本文注并作“毫釐”。

五县谓长陵安陵阳陵茂陵平陵 此注胡刻作“五县谓五陵也，长陵、安陵、阳陵、武陵、平陵五陵也，已见《西都赋》”。“武”乃“茂”之讹（袁本亦误作武）。丛刊本作“五县谓五陵也，《汉书》曰：高帝葬长陵，惠帝葬安陵，景帝葬阳陵，武帝葬茂陵，昭帝葬平陵，五陵也”。案“高帝”至“平陵”即《西京赋注》，茶陵本所谓增补者也。

擘破裂也 “擘”字，各本文注并同，案《周礼·考工记·旊人》郑注：“薜，破裂也。”不作“擘”。《说文·手部》段注云：“薜乃擘之假借，《西京赋》李善引《周礼注》作擘，岂其所据与今不同欤?”

所恶成创痏 “创”字，丛刊本作“疮”。

苍颉曰 “曰”上各本同脱“篇”字。

郊甸之内

五十里为近郊 “近”字，胡刻误作“之”。

百里为甸师 此句各本并同，高步瀛曰：“师字衍，百里上当有‘二’字。”又曰：“甸师，官名，见《周礼·天官·序官》，师为衍字明矣。”又曰：“二百里为甸，与卢植《礼记注》合。”

五都货殖

王莽于五都立均官，更名雒阳、邯郸、淄、宛、成都，市长皆为五均司市师也 “淄”上脱“临”字。《汉书·食货志下》云：“遂于长安及五都立五均官，更名长安东西市令，及洛阳、邯郸、临淄、宛、成都、市长皆为五均司市，称师。”王念孙曰：“称字涉下四称字而衍，司市师，即所云市令、市长。”案宋本《汉书》已有“称”字，今永隆本无“称”字，正可为王说佐证。此注“市长”与“长安”之“长”字，易混，故胡刻与丛刊各有舛误不可句读处。胡刻本注云五都已见《西都赋》，检《西都赋》“五都之货殖”注，同永隆本此说，然“成都”误作“城都”，“市长”下误衍“安”字。从刊本此注同永隆本，而无“司市师也”四字，然“成都”误作“城郭”，“市长”下衍“安”字，与胡刻同误，其《西都赋》注引《食货志》原文，注首多“于长安及”四字，下至“皆为五均司市称师”止，然“更名”下删“长安东西市司”六字，“市长”下仍衍“安”字，此皆不明当时制度，不知洛阳等五都各有市长，及长安东西市各有市令，王莽既立五均官，遂易此七地之市长市令为五均司市师也。各本注末尚有“迁谓”以次十二字，永隆本无。

隐隐展展

重车声也　《考异》谓袁、茶本无“车”字。薛注末胡刻有“丁谨切”三字，从刊本正文“展”下夹注同，乃他注混入，永隆本无。

方辕接轸　永隆本此节无薛注。

隐轸幽辖　四字与《古文苑·蜀都赋》合，刻本并作“隐隐展展”。

封畿千里　永隆本善注首无“毛诗”以下十一字。

地绝高曰京　从刊本“高”下衍“平”字。

百卌五　“卌”，各本并作“四十”，《容斋随笔》五云：“今人书二十字为廿，三十字为卅，四十为卌，皆《说文》本字也，卌音先立反，今直以为四十字。案秦始皇刻石颂德之辞，皆四字一句，泰山辞曰：皇帝临位，二十有六年，《史记》所载，每称年者辄五字一句，尝得石本，乃书为廿有六年，而太史公误易之，其实四字句也。”永隆本之“卌”，乃所谓“直以为四十”者，如依泰山石刻读一音，则不合本赋句法。此节薛注末有“也”字，善注末无“所”字，与各本异。

右极盩厔　永隆本注作“庢”，正文作“屋”，各本文注并作“厔”，王先谦《汉书补注》曰：“庢从广，俗从厂，非也。”

盩厔山名（七字）　永隆本无，高步瀛曰：“盩厔非山名，无者是。”

汉书右扶风　“书”下各本误衍“曰”字。

遂至虢土

华阴（七字）　永隆本薛注无此七字。

右扶风有虢县　各本并同，姚鼐曰：“善注非是，此当引地志弘农郡陕县故虢国。”高步瀛曰：“右扶风虢县在今宝鸡县，与上言左暨不合，姚说是也。”案《汉书·地理志·弘农郡陕县》下云：“北虢在大阳，东虢在荥阳，西虢在雍。”善引右扶风虢县，是后汉并入雍县之西虢，赋言左暨河华，应指大阳之北虢及荥阳之东虢。

上林禁菀　“菀”字，各本作“苑”，“菀”、“苑”字通用。

禁人妄入也　各本复“禁”字。

邪界细柳

皆地名　“地”字，各本并同，高步瀛曰：“尤本地名误作池名。”

联五柞

云有五株柞树也　丛刊本脱“五”字。

郑玄（九字）　永隆本无善注“郑玄”以下九字。

款牛首　“款”字，各本并同，许巽行谓“俗多误作欵”。

甘泉宫中有牛首池　“池”字，各本并作“山”，今本《黄图》无此文。又高步瀛曰：“《上林赋》张揖注：牛首池在上林苑西头，亦不在甘泉宫中。”

缭亙绵聊　“亙”字文注并同，上野本亦同。各本皆作“垣”，《魏都赋》善注引此句亦作“垣”。

缭亙犹绕了也　“亙”字，各本并作“垣”。

四百菀之周围　“百”下各本有“余里”二字。

臣善曰亙当为垣　此句各本作“今并以亙为垣”，案善注，永隆本与他本文句虽异，其意则一。因善据薛本作“亙”，薛并以亙本义绕了释之，而善意则以垣墙为义，故云当为垣也。若作“以亙为垣”，虽不失李注指为假借之意，而刘申叔则认为非李注。至五臣本则作“垣”，故铣注“垣也”。今各本赋文已作“垣”，而又载善注以亙为垣，是文注不照。案《说文》云：“亙，求亘也，从二从囘，象亘回形。”《说文句读》曰：“亙回者，回环也。”《说文释例》曰：“回，只回一面旋转，亙，求亙也，展转回环，上下求之，故象其两面旋转。”此亙之本义，即薛注犹绕了意。又《说文》云：“垣，墙也，从土，亙声。”是亙又可借声作垣用，此善训垣墙而云以亙为垣也。其意仍本诸《西都赋》“缭以周墙四百余里”二句，诸家说并不了了。

北至甘泉　“至”字，胡刻误作“有”。

动物斯止

植犹草木动谓禽兽　“犹”、“谓”二字，各本并作“物”字。高步瀛谓永隆本二字皆作“谓”，亦一时目误。

臣善曰周礼曰　永隆本分节录注，于“缭亙绵联”二句作一节，“植物斯生”二句又作一节。丛刊本并四句为一节，以两节中薛注归薛，善注归善，亦无错误。胡刻已并四句为一节，又但照注之先后直录，致此节居先之薛注接于上节善注之下，又此节注引《周礼》之上未删善曰，令一节中善曰复出，此尤本剔注时失检。

动物宜毛物植物宜皂物也　此《周礼·地官·大司徒》文，两句并无“也”字，注末之“也”，乃注文用为止截词。胡刻及丛刊本两句并有“也”字，似《周礼》原文如此，此传写时浅人所加。“皂物”与相台本《周礼》同，《释文》八出“早物”字，注云：“音皂，本或作皂”，是永隆本又胜陆氏据本矣。

群兽否騃

韩诗曰　当从各本作“薛君《韩诗章句》曰”。

趍曰否否行口騃騃　各本“否”作“駓”，又“否”、“騃”二字不重，陈乔枞未见永隆本，故《韩诗遗说考》引此注亦不重否騃二字。高步瀛曰：“作否未必是，而駓騃二字则各宜复，与《毛诗》同。”

聚似京涛　“涛”字正文及注皆从水，此为永隆本保存善注本真貌之一特点。上野本从足旁，胡刻及丛刊本文注皆从山。案本书二十二谢叔源《西池诗》“褰裳顺兰沚”，善注云：“潘岳《河阳诗》曰‘归雁映兰涛’，沚与涛同。”此李善沚同涛之说也。而卷二十六《河阳诗》次首云“归雁映兰畤”，丛刊本“畤”下校云“五臣作涛”，善注“《韩诗》曰宛在水中沚。薛君曰大渚曰沚”，《经典释文》二九《尔雅》释水出“沚”字，注云：“本或作涛，音同。”此善以《韩诗》之“沚”释潘诗之“涛”，而《释文》可证其相同也。又薛综谓水中有土曰涛，薛君《章句》谓大渚曰涛，《穆天子传》一郭注谓水岐成涛，涛，小渚也，《经典释文》五谓水枝成渚，此又“涛”与“沚”皆训小渚之说也。《毛诗传》及《尔雅》皆谓小渚曰沚。（陈奂以薛君之“大”字为误。）胡刻“似”作“以”。 419

善曰涛直里切　胡刻、丛刊并有此注，永隆本无。

不能纪

夷坚闻而志之　永隆本、丛刊本及《考异》所见袁、茶本并无此句，惟胡刻有之，或后人照《列子·汤问》篇加入。

世本曰　“世”字缺笔作“廿”。

黄帝史　丛刊本“史”误作“吏”。

林麓之饶

木丛曰林　“丛”字，各本作“丛生”二字。

林属于山为麓　句与《穀梁传》合，传原作“鹿”，借字。各本误“为”作“曰”。

注曰麓山足　胡刻有此句，乃《穀梁》僖十四年范注原文，但永隆本、丛刊本、袁本、茶陵本并无此句。

梓棫楩枫

枫枫香也　各本作“枫，香木也”。

尔雅曰梅柟　各本“柟”下有“郭璞”以次十三字。又丛刊本正文“柟”

作“楠”，故善注“尔雅”上有“楠亦作枏”四字，袁、茶本同。

粽子公子枏音梓音姊棫　下“子”乃“反”之讹，“梓”上脱“南”字，“棫”下脱“音域”二字。

嘉卉灌藂　“藂”字文注并同，各本概作“丛”。

蔚若邓林

灌丛蔚皆盛貌　各本“蔚”下并衍“若”字。

与日竞走　“竞”字，各本皆同，《山海经·海外北经》原作“逐”。

渴饮河渭河渭不足　复“河谓”字，与《山海经》合，各本脱此二字。

道渴而死　“而”字与《山海经》合，各本脱。

棣爽橚槮　胡刻善注凡举“荮”、“棣”、“橚”、“槮”四音，永隆本无“荮”音，丛刊本有“荮”、“棣”二音，余皆并注正文本字下。

草则葴莎菅蒯　“蒯”字各本并作“蒯”，王先谦《汉书补注·司马迁传》下云：“古蒯字，本作蒯”。

菅茅属也　各本无“也”字，而下有“古颜切”三字。

胡郎反　“胡”上不出“芫”字，胡刻有。丛刊本录各家注中之字音，多移于正文之下，而注中从省，如善注“芫”字，胡刻有“胡郎反”三字，而丛刊本无，但正文“芫”下系“胡郎”二字，是其例。然亦有不尽省者，且有注中之音与正文下不一者，如此句“蒯”字，善注内已有“苦怪切”三字，正文下又注“古坏”二字，殆未细辨原注与后人混加之注也。

戎葵怀羊　丛刊本此句下注云“皆草名”，此非薛、李注，不知如何混入，永隆本、胡刻本并无。

萹戎葵　“萹”字及下文“音肩”之“肩”字，与《尔雅》合。各刻本概误作“萓”与“眉”。

弥皐被冈

覆被于皐泽　“皐”字各本并误作“高”。高氏《义疏》本作“皋”而无校正语。

编町成篁

篠箭也　各本“篠”下有“竹”字，又句下有“荡大竹也”四字。

尚书曰　各本“曰”下衍“瑶琨”二字。

泱莽无彊　各本“莽”作“漭”，“彊”作“疆”。

言其多　各本“言”上有“泱漭”以次七字。

黑水玄阯　丛刊本“阯”下校云“五臣作沚”。案《释名·释水》四曰

"小渚曰沚"，又《释丘》五曰"水出其前曰阯"。高步瀛曰："诸沚字，以沚为本字，阯借字。"

灵沼之水沚也　"沚"字从水，各本并同，《考异》谓当作阯。

水色也　此三字各本并作"水色黑，故曰玄阯也"。

树以柳杞

山海经曰杞如杨赤理　永隆本善注末无此九字，各刻本并有，高步瀛谓后人所加。

揭焉中跱　"跱"之各本作"峙"。高步瀛曰："《说文》字作峙，跱峙并同。"

豫樟观　"樟"字各本作"章"。

织女处其右

汉宫阁疏曰　"阁"字，各本作"阙"。此注凡十七字，胡刻作"已见《西都赋》"，案《西都赋》"右织女"下注即此十七字。丛刊本两处皆注此十七字。

日月于是乎出入

日出汤谷　"汤"字各本作"旸"，今本《淮南子》及类书所引多作"旸"。

出自汤谷　"汤"字与《楚辞·天问》同，胡刻作"阳"。洪兴祖《楚辞补注》云："书云宅嵎夷，曰旸谷，即汤谷也。《说文》云：旸，日出也，或作汤，通作阳。"

次于蒙汜　"次"字各本误作"入"。又胡刻善注末有"汜音似"三字，疑后人以洪氏《楚辞补注》混入。丛刊本则注于正文下，永隆本无。

鲔鲵鲿魦　"魦"字，与丛刊本、袁本、茶本并同。《考异》谓"尤作'鲨'，误"。今本《毛诗》、《尔雅》并作"鲨"。

修额短项　"额"字各本作"额"。

皆鱼之形也　"之"字各本并脱。

山海经注曰　各本误脱"注"字。

尔雅曰鳢鲖也　各本并同，高步瀛云："'曰'上应有'注'字。"

毛苌诗传曰鲔似鮥　"鮥"字，各本并误作"鲇"，致《考异》别生枝节，然永隆本"鮥"字明与《毛诗·卫风·硕人传》"鲔鮥也"及《周颂·潜》郑笺同，善注"似"字，殆因传钞者与下句相混而又有脱误所致，此处应依《毛传》原文，余详下条。

鲇奴谦反　此句及上下文，永隆本与各本并同。案赋文与注并无"鲇"

字，何以忽出此音。又赋云“鲔鲵鲿魦”，今此注之前释鲔，其下释鲿，则中间应有释鲵之注。检《尔雅·释鱼》郭注有“鲵鱼似鲇”之文，似为善所引用。但传钞者既因鮥鲇形近而混，遂致上下文有混有脱，今假拟上条及此条注为：“毛苌《诗传》曰：鲔，鮥也，于轨反。《尔雅注》曰：鲵似鲇，鲇，奴谦反。”则顺赋作注，文无疑误，即此本“似鮥”之“似”字应删，“鮥”下应加“也”字，又“鲇”字之上加“《尔雅》注曰鲵似鲇”七字。

又曰鲿扬也魦鮀也　此注各本并同，文见毛苌《诗传·鱼丽》篇，如照上条补回《尔雅注》，则“又曰”应作“毛苌《诗传》曰”。胡氏《考异》明于此注脱误，但未见永隆本之“鮥”字，故所订仍有未洽，此古钞本所以可贵也。

驾鹅鸿鹍　“驾”或作“驾”，或又谓当作“鴐”，异说纷纭，案《左传》：唐宋石经从马，而刊本于定元年及襄二十八年则从马与从鸟互用，《史记》、《汉书》亦混用不分，详见拙著《楚辞书录》。

又曰鹍鸡（共十一字）　永隆本无，胡刻、丛刊并有。

鸹鸨二鸟名也　胡刻作“鸹鸨，已见《西都赋》”，案丛刊本增补《西都赋》“鸧鸹鸨鸮”下注凡三十三字，此云已见《西都赋》，即“凡鱼鸟草本皆不重见”之例，丛刊本全录之，即“增补”之例，然永隆本初注如此，则前条十一字及此条从省者，当是后注时所增删。然有可疑者，乃鸹鸨驾鹅之次序，何以不顺赋文作注耳。又各本“鸨”字，永隆本文注并作“鳵”，上野本同。

鹍音昆　胡刻有此三字在注末，永隆本无，丛刊注本文下。

季秋就温

孟春鸿雁来　胡刻脱“雁”字。

禽兽之知违就温　“知”字各本作“智”。“违”下脱“寒”字。

集隼归凫　“集”称字各本误作“奋”，丛刊本校云“五臣作集”，上野本及《考异》所见袁本并作“集”。

沸卉轩訇　“轩”字与上野本同，各本作“軿”，丛刊校云“五臣作砰”。

奋迅声也　永隆本薛注此四字在“沸卉轩訇”下，释“沸卉轩訇”为“奋迅声也”，不必重举正文，如“连阁云蔓”下直注“谓阁道云云”，“梀爽欐椮”下直注“皆草木盛貌”，是其例。吕延济注即袭薛义，《考异》以袁、茶本无此四字为是，说不可据。又各本此句下有“隼，小鹰也”四字，乃他注混入，永隆本无。

寒风肃煞　“煞”字各本作“杀”，上野本作“敓”。

寒气……（共七字）　各本薛注“孟冬”之上有此七字，乃他注混入，永隆本无之。

善曰……（共十七字）　各本有善注十七字，永隆本无之。

冰霜惨烈

善曰李陵书……（共十字）　各本薛注后有善注十字，案与本书李陵文不合，疑他注混入，永隆本无之。

刚虫搏挚　丛刊本“挚”下校云“五臣作鸷”，然济注作“挚”。

礼记……（十一字）　各本善注《毛诗》下有《礼记》十一字，永隆本无。

迺振天维　各本“迺”上有“尔”字，上野本则校笔旁加“尒”字。又“迺”字各本并作“乃”。

衍地络　永隆本手旁与木旁多因连笔不分明，《玉篇·手部》：“揃，申布也。”与薛注合，各本作“衍”，上野本“衍”上有校语云：“《玉篇》入手部。”

蔌林薄　“蔌”从艹，上野本同，案隶书从竹从艹之字多混用，今本概作“簌”。

草木俱生也　“俱”字各本并作“丛”。

荡动蔌扬　各本“动”下“扬”下并有“也”字。

寓居穴托

苟寄值穴　各本“寄”下有“而居”二字，“穴”下有“而托”二字。

於灵囿之中　“於”字，上野本同，胡刻作“彼”，丛刊本“彼”下校云：“五臣作於。”

毛诗曰王在灵囿　胡刻此句作“已见《东都赋》”。案《东都赋》“谊合乎灵囿”下善引《毛诗》二句，丛刊本此处所补亦《毛诗》二句。

出于无垠鄂门　各本“门”上有“之”字。

许慎曰垠鄂端崖　永隆本赋文作“垠锷”，而所引《淮南子》及许注则并作“垠鄂”，此各依所据本也。各刻本许注作“垠锷”，则与《淮南子》“垠鄂”原文不照，殆后人因赋文而误改许注。据陶方琦、高步瀛诸氏所说，则“咢”为正字，咢、鄂、堮、锷皆假借字。

虞人掌焉

善曰周礼……（十六字）　各本薛注后有善注凡十六字，永隆本无。

柞木翦棘 丛刊本“柞”下校云“五臣作槎”。

国语注曰 各本误脱“注”字。

槎斫也 与《国语·鲁语》韦注合，各本“斫”上多一“邪”字。

左氏……（八字） 永隆本无此八字。

迒杜蹊塞

迒兔道也 各本脱“兔”字。

骈田偪仄 丛刊本“仄”下校云“五臣作侧”。案永隆本字亦作“侧”。

麀鹿麌麌 此《毛诗·吉日》句，各本误作“麀鹿攸伏”，乃《灵台》句。金甡诸氏讥李注何不引《吉日》成句，不知永隆本正引《吉日》也。

驾雕轸 “雕”字与丛刊本同，胡刻作“彫”。

倚金较

古今注……（二十五字） 永隆本无此二十五字。胡刻在薛注之末，善注之前。高步瀛则移“善曰”于“古今注”上，作为善注。

猗重较兮 “猗”字，丛刊本作“倚”，《考异》云：“袁、茶本‘猗’作‘倚’是也。”案《考异》之说，殆谓正文作“倚”，则注应同作“倚”耳。阮元《毛诗注疏·淇奥》篇校勘记云：“猗字是，猗、倚假借也。”“兮”下胡刻有“音角”二字，丛刊本无此二字而正文“较”下注“角”字。

说文曰较车犄上曲铜也 永隆本此注与《说文》小徐本全合。大徐本“铜”字合，而“犄”作“骑”。《文选》则各刻本概作“钩”不作“铜”，卷三十四七启“俯倚金较”下善注“《说文》较车上曲钩”，亦不作“铜”。《初学记》十二引作“较车犄上曲铜钩”。案“犄”字：因《考工记》郑注及《广韵》、《韵会》所引相同，故诸家注《说文》尚未概改为“骑”。若“铜”字，则各家并舍大小徐本而据《文选》误本改作“钩”字，惜乎其未见永隆本也。

璿弁玉缨 句与《说文》引《春秋传》合，丛刊本“璿”下校云：“五臣作琼”，与今本《左传》僖二十八年文合。阮元《左传注疏》校勘记云：“淳熙本琼作璚，案璚与琼同。”

又髦以璿玉作之 “又”字各本并作，《考异》谓当作“义”。

缨马鞅亦以玉饰 各本“鞅”下有“也”字，无“亦”字，“饰”下有“之”字。又薛注首“弁马冠”三字，六臣本无，而良注云：“弁马缨冠也。”

建玄戈 “戈”字先作“弋”，后加浓笔作“戈”，但注中“弋”字尚未改。上野本作“戈”，各刻本文注概作“弋”。案“玄戈”星名，《史记》、《汉书》、《天文志》注并作“玄戈”。《晋书·天文志》亦曰：“其北一星名玄戈，皆主胡兵。”《后汉书·马融传》作“玄弋”，误。

北斗第八星名为矛　各本“矛”下有“头”字，高步瀛曰：“头字误衍。”

今卤簿……（十四字）　胡刻、丛刊并有此十四字，永隆本无。

招摇在上　永隆本脱“上”字。

以起居坚劲　“居”字与《曲礼》郑注合，各本误作“军”。案孔疏云：“故军旅士卒，起居举动，坚劲奋勇，如天帝之威怒也。”明指“起居”说。

象天帝也　“帝”，丛刊本误作“师”。

棲鸣鸢　丛刊本“棲”下校云“五臣作栖”。

棲谓画……（八字）　各本薛注“鸣鸢”下有此八字，疑他注混入，永隆本无之。高步瀛曰：“《考工记·梓人》，张皮侯而棲鹄。贾疏曰，缀于中央，似鸟之棲，《诗·宾之初筵》郑笺引《梓人》此文释之，曰：‘棲，着也。’此棲字意同，非谓画于旗上也。”

旌旗之流飞如云也　“流”字，胡刻同，丛刊本作“旒”。

弧旌枉矢

弧旌枉矢以象弧　此《考工记·辀人》文，各刻本“象弧”误作“象牙饰”。

虹旄已见上注　本赋上文“互雄虹之长梁”句下善注“《楚辞》曰建雄虹之采旄”，此云已见，盖从省之例。刻本乃重出“楚辞”九字，殆六臣本概行增补，而尤氏从六臣本剔出时失检耶。

高唐赋曰蜺为旌　刻本此注并作“《上林赋》曰拖蜺旌”。案《上林赋》善注仍引《高唐赋》句。此节善注，自“牙饰”以下疑六臣并注时有误，此又永隆本未经混乱之可贵处。

天毕前驱　丛刊本“毕”下校云“五臣作罼”。

载猃猲獢　上野本同，丛刊本“猲”下校云五臣作“獥”，胡刻亦作“獥”，案《毛诗》作“载猃歇骄”，《释文》云：“歇，本又作猲；骄，本又作獢。”永隆本善注引《毛诗》字用原文，刻本改《毛诗》字以就赋文。

古今注……（二十一字）　永隆本善注无此二十一字。（刻本注内“同”乃“周”之讹）

汉书音义曰大驾属车八十一乘　胡刻作“已见《东都赋》”，案《东都赋》“属车案节”下引同，但“乘”下多“作三行”三字。丛刊本《东都赋》注与胡刻同，而此节注则非用《东都赋》注增补，乃别作“《汉杂事》曰：诸侯贰车九乘，秦灭九国，兼其车服，故大驾属车八十一乘”。

本自虞初

厌效之术　“效”字，各刻本作“祝”。

凡九百卌篇　“卌”字，各本作“四十三”。

汉书曰虞初周说九百卌三篇　此句为《艺文志》文。胡刻此下有“初河南人”以下二十三字，乃《艺文志》注文，但中多一“初”字，不合颜注体例，又多“乘马衣黄衣”五字，可证其非直录旧注。丛刊本先注虞初洛阳人，后乃用《艺文志》此句。《爱日斋丛钞》五节引此注似从六臣本出，又作“黄衣使者”，而不作“黄车”。案善引《艺文志》止取虞初一句，各本或连注文，或杂他说，分歧如此，而概括于“《汉书》曰”，三字之下，明为他注所混乱。故永隆本乃善注真貌，后人欲据此误本选注以补《汉书》，皆未细考。

小说家者盖出稗官　“稗”字，《汉书》从禾。胡刻“者”下有“流”字，“出”下有“于”字，盖《艺文志》原文。《考异》谓袁、茶本无“流”、“于”二字，与永隆本同。又各本“官”下有“应劭”以次十字，永隆本无。

寔俟寔储

皆当具也　“当”各本作“常”。永隆本薛注止此，无善注十九字。

善曰……说文曰储具也　案《说文·人部》：“储偫也，从人诸声。”又：“偫，待也，从人从待。”据诸家所举《西京赋》、《羽猎赋》、左思《咏史》、曹植《赠丁翼》诸注，储字无一同义，既皆作“《说文》曰”，而又无一与今本《说文》相同，段茂堂谓为兼举演《说文》语，犹是调停之说，纵使崇贤所见《说文》多异本，亦不应无一相同，而前后又绝不作照应语也，未经混乱之永隆本已无此文，则为他注混入无疑，故据《文选》误注以删改其他古籍，乃属险事。

奋鬣被般

长毛曰鬣　“长毛”二字，两刻本同误作“毛苌”。《考异》谓“苌”当作“长”，不为无见。

般与斑古字通　“斑”各本作“班”。高步瀛曰：“斑、辬之或体，作般、作班、作斒，皆借字。”

螭魅蝄蜽　丛刊本“螭”作“魑”，胡刻“蝄蜽”作“魍魉”。高步瀛曰：“离本字，魑俗字，螭借字也。”又曰：“蝄蜽与《淮南子》、《国语》同，杜注《左传》作罔两，《周礼·春官》作方良。”

左氏传　应同各本“传”下有“曰”字。

铸鼎蒙物　“蒙”乃“象”之讹。

莫能逢之　“之”与《左传》宣三年文同，各本涉赋文误作“旃”，阮元《左传注疏》校勘记引误本《文选》注“旃”字作异文，不知永隆本原与传同作“之”也。

杜预曰（若顺也）螭山神兽刑　永隆本无“若顺也”三字。“刑”乃“形”之讹。案此节皆杜预宣三年《左传注》文，各本“螭”上有“《说文》曰”三字乃误衍，许嘉德知非《说文》之文，而不悟为杜预注。

毛苌诗传曰旃之也　永隆本无此注，胡刻、丛刊并有。盖《魏风·陟岵》传文，或以《采苓》郑笺当之，误。

禁御不若　阮元《左传注疏》校勘记引惠栋说：据张平子赋及《尔雅·释诂》郭注，知今本《左传》“不逢不若”句，乃晋后传写之讹，应从张、郭作“禁御不若”。

正垒壁乎上兰　上野本“乎”作“于”。

《汉书》曰……（共十九字）　胡刻作“飞廉上兰已见《西都赋》”，案《西都赋》“披飞帘”下注同此十九字，但“曰”上有“武纪”二字，丛刊本从西都注补此注，亦有“武纪”二字。

结部曲

善注引司马彪（凡二十九字）　案此注已见《西都赋》“部曲有署”句下，胡刻不云已见从省，似尤氏从六臣注分剔时失检。又丛刊本“军候”之“候”字误脱。

骇雷鼓　“骇”字，刻本并作“駴”，丛刊本校云：“五臣作骇。”

燎谓烧也　“也”，各本作“之”。

善曰《周礼》曰鼓皆駴（凡十八字）末云“骇与駴同”　永隆本无此注，案注谓赋文之“骇”与《周礼》之“駴”字同也，各本倒转赋文作“駴”而《周礼》作“骇”。

赴长莽

方言曰……（十一字）　永隆本薛注无此十一字，刻本并有。

迾卒清候　高步瀛曰：“迾”本字，“列”乃通假字。

郑笺（十字）　永隆本注末无此十字，刻本并有。

缇衣韎韐　“韎”字从未，《说文》段注曰：“许云末声，《广韵》音末，诸经音莫介反省从之，郑谓当从未声，《周礼》音妹者从之。”“韐”字，永隆本文注从夹，而引《毛诗》从合，刻本并从同。

睢盱跋扈　“跋”字，刻本并作“拔”，丛刊本校云“五臣作跋”。高步瀛曰："陈孔璋檄，李注引作跋，是李与五臣同，六臣校语不足据。"阮元《诗经注疏》校勘记云："拔、跋古字通用。"

毛苌曰韎者茅蒐染也　此《毛诗·小雅·瞻彼洛矣》传文，"韎"下无"韐"字，"染"下无"草"字，此六字可证今本《毛诗》之失，并可止王氏《经义述闻》纷如之说。

无然畔换郑玄曰畔换　"畔换"二字，今本《毛诗·皇矣》篇诗、传、笺释文，并作"畔援"，丛刊本同。胡刻引《毛诗》作"畔援"，郑笺作"畔换"。案《说文通训定声》："援"字"换"字下并云："援，假借为换，《诗·皇矣》无畔援，《汉书》叙传注引作换。"

光炎烛天　胡刻同，丛刊本"烛"作"燭"，铣注同。又"炎"下校云"五臣作焰"。

罴谨也　丛刊本"谨"误作"权"。

吴岳为之陁堵

有岳山吴山　此善注节引《汉书·郊祀志》"自华以西名山七"之文，即志中列举之华山、薄山、岳山、岐山、吴山、鸿冢、渎山共七山也。注只引吴山、岳山以释赋文"吴岳"，即与上句"河渭"对举，盖吴山在汧县，岳山在武功县，明是二山各别。但吴山又有吴岳之名，致异说分歧。此注五字，胡刻本、丛刊本并作"一曰吴山。郭璞云：吴岳别名"十一字，训诂未谛，乃不明地理者妄改，此亦永隆本未经混乱之可贵。至吴山与岳山之别，分详《汉书·郊祀志》、《地理志》王先谦《补注》中。

骙瞿奔触

白虎通（十四字）　各本《羽猎赋》下字音上有此十四字，永隆本无。

羽猎赋曰虎豹之凌遽　"豹"字笔微误。"凌"字与第八卷《羽猎赋》同，刻本正文及薛注作"㥄"，引《羽猎赋》作"陵"。

失归忘趣　"趣"字与五臣同，各刻本作"趋"。

不徼自遇　"徼"字文注并同，各本并作"邀"。高步瀛曰："《说文》有徼字，无邀字，邀与徼同。"

趣向（六字）　各本薛注有此六字，但"趣"字异于正文之"趋"，当是他注混入，永隆本无之。

飞罕潚萷　"罕"字，与丛刊本同，《群经正字》曰："篆作罕，隶当作罕，今皆作罕，凡从网之字，经典皆作罒，其变罒为四者，惟罕与罙二字，此隶变之尤谬者。""潚"下，丛刊本校云："五臣作槭"。向注同。"萷"字，各本文注并同，高氏谓唐写本作“拍”，乃一时目误。

矢不虚舍 “舍”字各本同，丛刊本校云“五臣作捨”。

说文曰铤小矛也 “矛”字与《说文》合，向注同，《东都赋》注引亦同，但刻本并误“矛”为“戈”，赖有《方言》“矛或谓之铤”可证，故《说文》注家知刻本选注“戈”字之误。

当足见蹍 “蹍”字，注中作“蹍”，各刻本作“踬”，五臣向注作“碾”。

值轮被轹 胡刻“轹”下有“音历”二字，与薛注相连，殆尤氏从六臣本割取善注时，尚有他注未删，永隆本无此二字。

烂若碛砾 高步瀛疑薛注本、李注本“碛”并作“积”，惟向注作“碛”，今本以五臣本乱李注本。

竿殳之所揘毕 丛刊本“毕”下校云“五臣作觱”，向注同。

八棱……（十八字） 永隆本无此十八字。

揘毕谓柲也 “谓”下各本有“揰”字。

又音笔 永隆本善注无此三字，刻本并有。

白日未及移晷 胡刻“移”下有“其”字，《考异》谓尤氏误衍。

狝谓煞也 “谓煞”二字，各刻本止作一“杀”字。

善曰（十五字） 永隆本无，刻本并有。

绝阬逾斥 《广雅·释地》王念孙《疏证》曰：“甿字，本作沆，或作坑、阬。《说文》：沆，大泽也。《西京赋》：阬、斥，皆泽也。李注阬音冈，失之。”

为鸩 各本“鸩”下有“尾长”以次十字，永隆本无。

翚飞也 胡本误复一“翚”字。

毚兔联猭 许巽行谓“联”当为“獜”，引《吴都赋》注“獜猭逃也”为义。丛刊本“猭”下校云：“五臣作逯”，永隆本注中音切，亦作“猭”。

皆说禽轻狡难得也 各刻本“禽”下并有“兽”字。

莫之能获

淳于髡曰夫卢天下之骏狗也 《齐策》三“卢”字作“韩子卢”，“骏狗”作“疾犬”。刻本作“韩国卢”，与《诗·齐风·卢令》篇孔疏所引《战国策》合，此又唐处《战国策》异本也。

东郭逡 “逡”字与《国策》、《诗》疏合，胡刻、丛刊并作“㕙”。

环山……韩卢不能及之（十二字） 永隆本无此十二字，末云“不能及”，殊违原意，殆非善注。

犹比方也　“犹”上脱“比”字。

尚书传曰者之　“者”乃“诸”之诸。案《尚书·说命序》：“求诸野”、“得诸傅岩”，孔传云“求之于野”、“得之于傅岩之谿”，皆以“诸”为“之于”合声，胡刻、丛刊并作“诸之也”。

迺有迅羽轻足　“迺”字，各本作“乃”。丛刊本“有”下校云“五臣作使”。

寻景追括　丛刊本“景”下校云“五臣作影”。

括箭之叉御弦者　胡刻、丛刊并作“括箭括之御弦者”，《考异》谓“御当作衔，之字不当有”。高步瀛谓永隆本亦有误字。案《说文》桰下云：“一曰矢括，筑弦处。”段注云：“矢桰字，经传多用括，他书亦用筈。”张文虎《舒艺室随笔》云：“张弓引满，矢头抵弓背之一点，其根筈弦处如筑之也。”《释名》云：“矢，其末曰桰。桰，会也，与弦会也。”筑、会、御、衔，义并相近。

兽不得发

臣君曰　“君”字用以代“善”之名，说详下。

青骹挚于韝下

青骹鹰青胫者盖　“盖”乃“善”之讹。胡刻作“善曰”二字，丛刊本于“者”字止，空一格作“善曰”皆误。《考异》据袁本正之，以善字属上读。

雁下韝而击　“雁”乃“鹰”之讹。

礼记曰……宋鹊之属（四十二字）　永隆本、丛刊本、袁本、茶本并无此四十二字，胡刻有之，乃他注混入。

莫之敢伉

郑玄……（共十字）　永隆本无此十字，胡刻、丛刊本并有。高步瀛曰：“诗笺无此文，殆后人误增。”

迺使中黄育获之俦　“中黄”下各本并有“之士”二字，永隆本无之，乃独异处。高步瀛引《文心雕龙·指瑕》篇：“《西京赋》称中黄育获之畴，而薛综谬注谓之阉尹。”而推论云：“似无者是。”

朱鬘鬏髽　“鬏”字各本作“鬤”，《考异》谓应作“鬟”。

曰焉而死　“曰”下脱“乌获之力”四字。

植发如竿　丛刊本“竿”下校云“五臣本作隅中”。

襢裼戟手　“襢”字文注并同，各刻本文注并作“袒”。

奎踽槃桓　“奎”字五臣本作“跬”，翰注同。“槃”字注同，日钞本亦同，今刻本并作“盘”。

盘桓便旋如持形也　“如持形”三字，胡刻无，丛刊本善注亦无，而五臣李周翰注则作“跬踽盘桓，搏物之貌”，仍存袭用薛注之迹，殆删并六臣注时，删薛综而存五臣，尤氏剔取善注，不知曾经删并，故尤本善注无此三字。（高氏《李注义疏》未校出此三字。以后类此者不再举）

广雅曰般桓不进也　“般”字与《广雅·释训》合，各本概作“盘”。

鼻赤象　金甡曰：“顿其鼻即谓之鼻，犹《子虚赋》脚麟即谓持其脚也。”案“鼻”属动词，与下句“圈”字对文，五臣注“鼻谓执鼻牵之”，得其意。

象赤者怒　各刻本“赤”上有“鼻”字，盖涉赋文误衍，当以永隆本无“鼻”字为正。

圈养畜圈也　“养”字各刻本误脱。下“圈”字各刻本及《说文》并作“闲”。

摣狒猥　下二字上野本作“髴彙”，胡刻、丛刊并作“狒猬”，丛刊“狒”下校云“五臣作髴”。案“狒”，《说文·内部》作狒，所引即王会解之费费及《尔雅》之狒狒，桂馥《说文义证》又引《山海经》郭注作“髴髴”，并声借字，皆指一名枭阳之食人兽。又《说文·彑部》：“彙虫似豪猪，重文作蝟。”《经典释文》三十：“彙本或作猬，又作蝟。”各本并字异而义同，故赋文与注，字或不能画一。

批窳狻　“窳”字与胡刻同，丛刊本作“貐”。

狒兽身人面　胡刻、丛刊本薛注并作“狒”，说详上条。

类貙虎爪食人　“爪”字，各刻本误作“亦”，《考异》谓“亦当作爪”。盖以《尔雅》文义推之，适与永隆本合。

突棘蕃　上野本同作“蕃”，各刻本作“藩”。

杜预……（共十四字）　永隆本无。

为之摧残

拉郎答切　永隆本无此四字，丛刊本只注“郎答”二字于正文“拉”下，可见确非薛注，胡刻此四字误连于薛注之末。

凡草木刺人者　胡刻、丛刊本并无“者”字，案《方言》三原无“者”字。

陵重甗　“甗”字文注并同，《毛诗·大雅·公刘》、《皇矣》孔疏，《尔雅·释山》并作“甗”。郭璞注云：“谓山形如累两甗。甗，甑也。”胡刻、丛刊并作“巘”。又善注末“巘，言免反”，永隆本仍从山。知薛从瓦，而善从山。

如马枝蹄　“枝”字与《尔雅·释畜》合，各本并作“跂”。

杪木末

獑猢猨类而白，自要以前黑　各本并脱“自”字。“要”字各本作“腰”。（高氏误“白”为“自”）

获谓握取之也　“握”字，各本作“掘”。

㨔飞鼯

状如狐　各刻本及《尔雅》注“狐”，上并有“小”字，永隆本误脱。

昭仪之伦

后宫也　各刻本“宫”下有“官”字，永隆本误脱。

乐北风之同车

昔贾大夫恶　“昔”字与《左传》昭二十八年文合，各刻本误脱。

毛诗北风　“毛”字各刻本并脱。

般于游畋　“般”字，上野本同，与《尔雅·释诂》合。各刻本作“盘”，与《尚书·无逸》孔疏引《释诂》文合。

文王弗敢盘于游田　句与《尚书·无逸》合。各刻本无“文王”二字，“田”字作“畋”。

其乐只且只且辞也　胡刻脱下“只且”二字。丛刊本脱下“只”字。

且子余反　各刻本脱“且”字。

鸟兽单　“单”字各本作“殚”，通借字。

殚也　各本“殚”下有“尽”字，永隆本误脱。

善曰国语……（共十二字）　与今本《楚语》微异，永隆本无此十二字。

长杨之宫

退还也　“还”字，各本作“旋”。又此注末有“说文”以次十字，永隆本无。

臣君曰　“君”乃“善”之讹。案上文“兽不得发”句下，善注亦作“君臣曰”，疑“君”字用以代“善”之讹，并非笔误，如《文选集注》，任昉《奏弹曹景宗》文末作“臣君诚惶诚恐”，乃以“君”字代“昉”之名，又任昉《奏弹刘整》文开端作“御史中丞臣任君稽首言”，“君”字亦所以代作者之名也，殆唐人风尚如此。

数课众寡

善曰……（共十一字）　永隆本无此注。

置牙摆牲　“牙”字与上野本同，各本作“互”。案《汉书》颜注：“互或作牙，谓若犬牙相交。”《广韵》“互俗作牙”。

破磔悬之　“磔”字，各本误作“砾”。

颁赐获卤　“卤”字，五臣作“虏”。铣注同。

槁勤赏功　“槁”字从木，各本并从牛。

赏有功也　各本脱“也”字。

左氏传注曰　各本误脱“注”字，《考异》引何义门校补“注”字，与永隆本合。

千里列百重　“里”字误衍，高氏以为“列作里”，盖一时目误。

汉官仪汉有五营周礼天子六军五军即五营也六师即六军也　各刻本五军句接“五营”下，六师句接“六军”下。

千列列千人也　永隆本无此六字。

方驾授邕　上野本同作“邕”，旁有校笔“雍”字。各刻本文注并作“饔”，盖通假字。

善曰郑玄……（共二十一字）　永隆本无此二十一字，胡刻、丛刊本并有。

升觞举燧既釂鸣锺　各刻本以“觞”为“觞”，以“钟”为“锺”。

臣善曰说文　各刻本“说”上多“升进也”三字。

膳夫骑驰　末二字，各刻本倒作“驰骑”。

皆视也　“也”下，各本有“贰为兼重也”五字，永隆本无。

空减无也……及减无者也　二“减”字，丛刊本并误作“灭”。又各刻本“者”下脱“也”字。

御同于长　“长”下脱“者”字。

炙炰夥清酤夥　“㸃”字与上野本同，各刻本作“炙”。高步瀛谓：“字书无㸃字，疑为炼字之讹，然无他证。”

㸃炙也　永隆本薛注有此三字，各刻本既以“炙”为“㸃”，故无。

楚人谓多夥　“多”下脱“为”字，各刻本有。

广雅曰㸃多也音支　各刻本“多”上误衍“日”字。或谓《广雅》无㸃字，殆今本有佚文。《左传》襄二十九孔疏云：“《西京赋》：炙炮夥，清酤多；皇恩溥，洪德施。施与多为韵。”此又孔氏与李善所见本不同。

皇恩溥洪德施　丛刊本此句下校云："善本无此二句。"案《魏都赋》"皇恩绰矣"节下善注有"《西京赋》曰皇恩溥"七字，可见善本非无此二句，故六臣本校语有不可信处。《考异》于此举出袁、茶各本，颇觉纷纭，又有错字，致其说不明。若梁章钜所云："正文溥，注作普，亦似有误也。"不为无见。

皇皇帝也普博　永隆本此七字是薛注。丛刊本薛、李二注并无此文。胡刻混作善注，"帝"下无"也"字，"博"下有"施也"二字。此上四句，永隆本分二节录注，胡刻并四句为一节，致"皇帝"之注，直接"音支"之下，故混成善注。

士忘罢

罢音皮　各刻本善注末有此三字，永隆本无。

相羊五柞之馆旋憩昆明之池　"相羊"，丛刊本作"儴佯"，校云："善本作相羊。"又"羊"下、"憩"下，各刻本各有"乎"字，永隆本无。

憩息也　各刻本善注末有此三字，永隆本无。

简矰红

其丝名矰红也　胡刻"红也"二字作"音曾"二字。高步瀛云："合两文校之，疑当作矰，射矢，长八寸，其丝名红也。矰音曾。"案"矰红"与"豫章"对文，则丝名应是"矰红"，刻本于"矰音曾"上误脱"红也"二字耳。丛刊本同胡刻，"音曾"字移正文之下。

蒱且发　"蒱"字与注同，刻本作"蒲"，《淮南子·览冥训》高注："蒲且子，楚人。"

列子曰　刻本无"曰"字。

弱弓纤缴　句与《列子·汤问》篇合，各本"弓"误作"矢"，"缴"下衍"射"字。高氏谓永隆本"弓"误作"兮"，非是，书手连笔似"兮"字耳。

掛白鹄　"掛"字，各刻本作"挂"，注同。"鹄"丛刊本作"鹤"，校云"善本作鹄"。

往必加双

双得之也　各刻本无"也"字。

磻以石缴也　"以"字，各刻本误作"似"。《考异》引何校举正，是。又"缴"上各本有"著"字，永隆本无。案《说文》"磻以石箸雉缴也"，应有"著"字。

为水嬉

琴道雍门周曰水嬉则舫龙舟　与《三国志·郤正传》注引桓谭《新论》“水戏则舫龙舟，建羽旗”合，《琴道》为《新论》篇名。“舫”字，各刻本并作“艕”，乃“舫”之籀文。

浮鹢首

船头象鹢鸟鹢鸟厌水神　各刻本不覆“鹢鸟”字。

为画……（共十三字）　永隆本无此十三字，各刻本有。

翳华之　“之”乃“芝”之讹。

建羽旗

谓垂羽翟为葆盖　各刻本“盖”下衍“饰”字。

水嬉建羽旗　各刻本“嬉”下有“则”字。

纵櫂歌　“櫂”字，五臣作棹，铣注同。

棣子　“子”字，各本作“女”，句末“子”字同。

櫂歌也　“歌”下脱“引櫂而歌”四字。

方曰　“方”下脱“言”字。

今正櫂歌也　“正”乃“云”之讹。

发引龢　“龢”字，各刻本作“和”，高步瀛曰：“《说文》：龢，调也。此赋乃唱和之和，不应作龢。”

狡鸣葭　“狡”字注文同，各本作“校”。

馀和也　“馀”下脱“人”字。薛注末各刻本混入“和胡卧切”四字，永隆本无之。

臣善曰杜执葭赋　“执”乃“挚”之讹。各刻本“杜”上脱去“善曰”字，误。

汉书有淮南鼓员谓舞人也淮南鼓员四人然鼓员谓无人也　案《汉书·礼乐志》丞相孔光奏“凡鼓十二，员百二十八人”之中有“淮南鼓员四人”。此注所引有复误处，如删去“谓舞人也淮南鼓员”八字，改“无”字为“舞”字，则文义适合，盖赋云“秦淮南”而善引此舞人解释之，并非十分适切，故用“然”字作转语，他本无“然”字者，殆非善注原意。各刻本“汉书”下有“曰”字，误。又“四人”下无“然”字。案永隆本录注，以“齐棣女”二句、“发引和”四句、“感河冯”二句、“惊蜩蛃”二句分作四节，胡刻分节相同，丛刊本则并十句为一节。两刻本于“杜挚”上脱去“善曰”二字，遂令善注“杜挚”以次三十余字混作薛注。

怀湘娥

感动也

说文……（共七字） 连上条善注，各刻本有，永隆本无。

堕湘水之中因为湘夫人也 “之”、“也”二字各刻本无。

惮蛟虵

蛟虵龙类 各刻本无“虵”字。

灑鰋鮋 “灑”字注同，各刻本并作“纚”，高步瀛曰：“纚字疑误。”

鰋音偃 胡刻无此三字。丛刊本此节注内无反切，各系于正文下。

搏耆龟

搏抚皆拾取之名 “抚”乃“摭”之讹。

龟之年者神 “年”字，各刻本并作“老”字。

蝱潜牛 “蝱”字从虫，各刻本从中，注各同正文。案《说文》蝱，重文作“蟊”。

沉牛麈麋 “麈”初写作“塵”，后加淡墨作“麈”，高氏指为误作塵者，未审其后改也。各刻本并误作“鹿”。

潜溞形角似水牛 “溞”乃“牛”之讹。

南越志 “志”字，各刻本作“誌”。

一名沉牛 句与《上林赋》注引《南越志》合，各刻本无此句。此节善注所引《上林赋》文注，惟永隆本全合。

何有春秋

常误之也 “误”乃“设”之讹。

周礼……（共十字） 永隆本无此十字，各刻本有。

滥于泗渊 “渊”字避唐诗，缺左右两直，各刻本代以“流”字。

摘漻澥 永隆本书手，从木与从手之字，似无严格分别，然今写从木之字，此卷右旁必有分明小点，今写从手之字，此卷虽从上向左撇下，但右旁必无小点也。此“摘”字左旁不能谓为从木，惟右旁则误从“商”。各刻本并作“擿”。

布九罭 句与各本同，《考异》云：“罭当作緎，善注罭与緎古字通，谓引《毛诗》之罭与正文之緎通也，盖善緎五臣罭，而各本乱之。”案《考异》所云非是，说详下。

摘探谓一二周索也 “探”字各本作“搜”，与正文相应，但“探”字又与五臣向注“擿，探也”同。“二”乃“一”之讹。

毛诗曰九域之鱼　案《毛诗》及《释文》皆作“罭”，此作“域”者，善所见本也，故下云：“罭与域，古字通。”各本引诗作“罭”，非善真貌。

里革曰禁置罣　韦昭曰罣麗小网也　“禁置罣麗”四字，如依里革所言“水虞于是乎讲罛罶……兽虞于是乎禁罝罗……水虞于是乎禁罣麗”语气读之，则“置”字衍，然文义无碍也。至《国语》原文，据明刊李金校本为：“禁罝罣。韦昭曰：罝当为麗，罣麗，小网也。”则依韦注所正，文从字顺，故王引之主之，与永隆本所引亦无大差异。若据黄荛圃札记本作“禁罝罣麗”，虽与杨倞注《荀子·成相》篇所引相同，然加以韦注宋校、黄校诸说，则不易爬梳，姑从略。《文选》各刻本作“罝禁罣麗”，《考异》谓“罝”字不当有，亦与李金校本合。颇疑永隆本之“置”字为正，各本之“罝”，乃有疑于“置”字而妄改者。

罭与域古字通罭音域　“域”字乃善注对所据《文选》之“罭”与所见《毛诗》之“域”作疏通语，应是善注本真貌，各刻本作“緎”，误，胡克家、郝懿行等所谓善作緎者，殆随误本而为想当然之辞。

里音独　“里”字乃“罜”之讹。

擽昆鲕　“昆”字，从刊本作“鲲”，薛注仍同，各本作“昆”。

擽责交切　永隆本薛注无此四字，各刻本有。

蘧藕拔　“蘧”字，从刊本作“蕖”，向注同，但薛注仍同作“蘧”。

逞欲畋敏

麋子曰麋　下“麋”字乃“麌”之讹。

季梁曰　“梁”字与《左传》合，各刻本作“良”。

今㠯馁而君逞欲　“㠯”字缺笔。

音鱼　“音”上当有脱文。各刻本有《广雅》、《尚书传》等二十字，下接“《说文》曰：敏，捕鱼也，音鱼”九字，永隆本似脱其上二十七字。案《说文》无“敏”字，《周礼·天官·敏人》释文云：“音鱼，本又作鱼，亦作敏”，依释文是“鱼”与“敏”通。《左传》隐五年孔冲远疏观鱼者云：“《说文》云：渔，捕鱼也，然则捕鱼谓之鱼。”此善注训敏为捕鱼说，自可通；但以《说文》所无之字而谓之“《说文》曰”，则恐为后人所加，王绍兰《说文段注订补》举此敏字为李注《文选》望文傅会之证，是以误本归罪于崇贤也。但永隆本“音鱼”之上所脱佚者不知究为何文。

干池涤薮

郑玄……（共九）字　永隆本善注无此九字，各刻本并有。

蚳蝝尽取

虫舍蝝　“舍”下脱“蚳”字，各刻本有。

未孚曰卵　“孚”乃“乳”之讹，各刻本及韦注原文作“乳”。

遑恤我后

遑暇也　“遑”字，各刻本作“皇”。

我躬不悦　“悦”字，各刻本及《毛诗》并作“阅”。

焉知倾陁

贵且安乐　“且”字，各刻本作“在”。

何能复顾后日倾坏耶　“耶”字，各本作“也”。

陁音雉　永隆本无此三字。

大驾幸乎平乐　“乎”字，上野本作“于”。又丛刊本“乐”下有“之馆”二字，校云：“善本无之馆。”

张甲乙而袭翠被　丛刊本“张”，下校云：“五臣作帐。”

袭服也……（共二十二字）　永隆本薛注无此二十二字，观其误改李尤赋之“维陬”为“维限”，当非薛注。又此二十二字中脱一“平”字，误一“限”字，六臣本与善单注本竟同其误，亦可证两本同出一源。

音义曰……（共二十六字）　永隆本善注无此二十六字。

纷瑰丽以奓靡　“奓”字，五臣作“侈”。

程角牴之妙戏　“牴”字疑误笔，注中并作“抵”，与《汉书·武纪》合。各刻本并作“觝”。

秦名此乐为角抵　此句与各刻本同，然《汉书·武纪》文颖注无“秦”字，“抵”下有“者”字，文义较顺。

技艺射御　各刻本并同，文颖注“技”上有“角”字。

乌获舡鼎　“舡”字各刻本作“扛”，观下注“扛与舡同”，知善本赋文作“舡”。

皆至大官　与《史记·秦本纪》合，各刻本无“至”字。

武王有力力士任鄙　各刻本少一“力”字，失《史记》原意。

王与孟说举鼎　“举”字，丛刊本误作“扛”。

扛横闬对举也　“闬”，《说文》作“关”，《龙龛手鉴·手部》“扛”下引《说文》则作“闬”，与永隆本合。案《说文》云“关以木横持门户也”，《广韵》云“幵欂栌户上木”，是二字义通。胡刻、丛刊本作“开”，误。

扛与舡同　“舡”字，胡刻作“舩”，字同。

衡陉鷰濯　各刻本“衡”字作“衝”，“陉”字作“狭”。“鷰”字五臣作“燕”。

匈突铦锋　“匈”字刻本作“胷”，字通。

跳丸剑之徽霍　“徽”字，上野本同，各刻本作“挥”。案《说文》：“微，帜也，从巾，微省声，《春秋传》曰：杨微者公徒。”石经借作“徽”。张衡《东京赋》“戎士介而扬挥”，薛综注“挥，谓肩上绛帜如燕尾者”，是借挥作微。李善注引《左传》与石经同作“徽”，故又云徽与挥古字通。此文“跳丸剑之徽霍”，谓跳丸剑者之形疾，是借“徽”作“挥”。又陈孔璋《为袁绍檄豫州》“扬素挥以启降路”，善注亦云：徽与挥古通用。

跳都雕切　永隆本薛注无此音，各刻本并有。

华岳蛾峨　“岳”字各本作“嶽”，岳古文，嶽篆文。

朱实离离

灵草芝莫　“莫”乃“英”之讹。

赤也　“赤”上脱“朱”字。

实垂之貌也　各刻本无“也”字。

苍龙吹篪

罴豹熊虎　“熊”字，永隆本与各刻本并同，《考异》谓当作“龙”，据赋文四兽类当作“龙”。

声清畓而蟉蛇　“畓”字，各刻本作“畅”。

女莫也　“莫”乃“英”之讹。

被毛羽之檝穲　“檝穲”字注皆从衣，各刻本文注并作“襳襹”，《龙龛手鉴》以“襳”为正，“襶”为俗。

三皇时皮人　“皮”乃“伎”之讹。

毛羽之襶襹　各刻本“毛”上及“之”下并有“衣”字，而无“襹”字。

后遂霏霏

皆幼伪作之　“幼”乃“巧”之讹。

汉书赞曰　“赞”字，各刻本误脱。

臣瓒曰　各刻本无“臣”字。

毛诗……（七字）　永隆本无此七字。

復陆重阁　“復”字，各刻本作“複”，丛刊本“複”下校云“五臣作復”，高步瀛曰：“複、復字通。”又曰：“六臣本作覆，非。”不知指何种六臣本。

礔砺激而增响　“响”字与刻本同，丛刊本校云“五臣作音”。

磅礚象乎天威　“磅”字与刻本同，丛刊本校云“五臣作砰”。

增响重声　“重”字，与丛刊本同，胡刻作“委”，《考异》依袁、茶本作“重”，谓尤氏误改作“委”。

威怒也　各刻本无“也”字。

是为曼延　“曼”字，丛刊本作“蔓”，注同，非。胡刻“延”下有“去声”二字，下与薛注相连，高步瀛曰：“盖五臣音注，尤氏失删者。”

神山崔巍　“巍”字，五臣作“嵬”。

欻从背见

所作大兽从东来　各刻本“所”上有“伪”字，“大”字作“也”字，是分作二句读，高步瀛谓永隆本胜。

欻许律切　永隆本薛注无此音。

熊虎升而挐攫　“挐”字，永隆本与各刻本同，高步瀛引段玉裁说，以今本《说文》拏、挐互误，订正作“拏，持也，从手，奴声，拏攫字当从奴，女加切。至于烦挐、纷挐字，当从如，女居切”。案本书《九辩》“枝烦挐而交横”，挐字从如，则此赋挐攫字应从奴。

挐皆伪反　“皆伪”二字涉上下注文而误，依胡刻则作“挐，奴加反”，依订正应作“拏，女加反”。

大雀踆踆

七轮切　永隆本薛注无此三字，各刻本并有。

垂鼻辚囷　“囷”字，丛刊本作“輑”，校云“善本作囷”。

状蜿蜿以蝹蝹

海鳞大海也　下“海”字或“鱼”字之误，或其下脱“鱼”字，各刻本并作“大鱼也”，高步瀛《义疏》本作“大海鱼也”，其校语云：“海字，依唐写增。”

含利颬颬　“含”字与各刻本同，高氏谓“唐写含作舍，毛本同”，盖偶尔目误。

蟾蜍与龟

水人狸貌　“狸”字，各刻本作“俚”。

蟾音詹　各刻本作“昌詹切”。

奇幻倏忽（二句）　永隆本原脱此二句，后以淡墨旁加，各刻本句下有薛注、善注，共十八字，则未加上，“倏”字，各刻本作“儵”。

吞刀吐火

楚辞……（共十字）　永隆本无此十字，各刻本有。

流渭通泾

东海黄公成山河　“公”下各刻本有“坐”字。

淮南王好士方画地成河　各刻本“士方”上有“方”字下有“士”字，此误脱。

赤刀粤祝　胡刻“祝”下有“音咒”二字，非薛注，而下与薛注混连。

有能持赤刀　各刻本“有”上有“东海”二字，“能”下无“持”字。

禹步祝厌虎者　“越祝”二字，各刻本作“以越人祝法”五字。“虎”字原写作“唐”，后以淡墨微改似“虎”字。

卒不能救

少时为幼能制蛇御虎　“幼”乃“幻”之讹。“为幻能”三字，各刻本作“能幻”二字。

常佩赤金为刀　各刻本无“为”字。

术既不行　各刻本无“既”字。

遂为虎所煞也　各刻本“煞”作“食”，又无“也”字。

故云……（共十一字）　永隆本无此十一字，两刻本并有。

侲童程材　“侲”字，各刻本文注并同，永隆本文注亦同，惟引《史记》文则依《史记》作“振”。高步瀛曰：“振、侲字通。”“童”字，各刻本正文从人，注仍作“童”。

史记……若振女即得之矣　《史记·淮南王安传》“振女”下注云：“《集解》徐广曰：《西京赋》曰“振子万童”。骃案：薛综曰：“振子，童男女。”字并作“振”，字句与《文选》少异。

譬陨绝而复联

身如将堕　“堕”字，各刻本作“坠”。

骋足并驰

于撞上作其形状　“上”字，各刻本误作“子”。

陆贾杂语　“杂”乃“新”之讹。

增驾百马而行　句与《新语·无为》篇合，各刻本“而行”二字作“同行也”三字。

般乐极　“般”字文注并同，各刻本作“盘”。

般乐饮酒驱骋田猎　二句与《孟子》合，各刻本“乐”作“游”，“驱”

作“驰”。

微行要屈

要或为徼　永隆本无此四字。胡刻、丛刊本并作薛注。

臣善曰汉书曰武帝与北地良家子期诸殿门故有期门之号　胡刻此二十一字作“已见《西都赋》”，盖已见从省之例。丛刊本有此，乃从《西都赋》注补回，即陈仁子本所谓增补六臣注之例。

又曰武帝微行始出　“又曰”二字，承上文引《汉书》期门事，胡刻作“《汉书》曰”，因上文期门事所引《汉书》已从省，故此处应出“《汉书》曰”，丛刊本上文已有“《汉书》曰”，此处不云“又曰”而再复出，是删并六臣注时失检。“始”字与《汉书·东方朔传》合，各刻本误作“所”字，《汉书补注》引王念孙所见本仍作“始”字。

要屈……（共九字）　永隆本无此九字，各刻本并有。

周观郊遂　“遂”字，丛刊本校云“五臣作隧”，济注同。

字林曰闾里门也　各刻本脱“字林曰”三字。案任大椿《字林考逸》七闾阎条所引止《后汉书·班固传》注及《西都赋》注，而不及此注，盖所见本亦脱此三字也。

章后皇之为贵

欲小则如蚕蠋　“蠋”字与《管子·水地》篇合，各刻本误作“蝎”。

欲大函天地也　“函天地”三字，今《管子·水地》篇作“则藏于天下”。

适骊馆　“骊”字与胡刻同。高氏《义疏》云：“五臣骊作欢。”案丛刊本“欢”下无校语，而五臣良注则作“欢”，知丛刊本从五臣也。

掖庭令官　“令”字，各刻本误作“今”，《考异》引陈景云云当作令，与永隆本正合。

从嬿婉

薛臣善曰嬿婉好貌也　此善注引《韩诗》及薛君《章句》说，“臣善”二字，殆“君”字，或“君章句”字之讹。高步瀛曰：“治《韩诗》者不见此本，故不敢辑入薛君《章句》中，然则此本虽误，有益于古书亦大矣。”各本无注末“也”字。

捐弃也　各刻本有此三字，在善注之末。案善注顺文作注，此三字顺序应在引《毛诗序》之上，今在注末，殆为后人所加，故永隆本无之。

促中堂之陿坐　丛刊本“陿”下校云：“五臣本作狭字。”

中堂堂中央也　各刻本不复“堂”字。

秘儛更奏　“儛”字，各刻本作“舞”，舞、儛字同。

美声鬯于虞氏　“鬯”字，各刻本作“畅”。

左氏传产曰　“产”上脱“子”字。

蛊媚也　永隆本无此三字，此后人所加。

增蝉蜎以此豸　“蝉蜎”二字从虫，而音注并从女。胡刻作“婵娟”，文注同。丛刊本二字并从女，文注同。“此”字，丛刊本校云：“五臣作跐，音此。”济注同。胡刻“豸”下注“音雉”二字，与薛注混。

姿态妖蛊也　“姿”字，各刻本并作“恣”。

蝉媔此豸　薛注“媔”字与正文异书，胡刻作“蜎”，丛刊本作“娟”。

若惊鹤之群罢　“罢”字，胡刻同，丛刊本作“罴”，夹注“魄美切”，五臣济注亦作“罴”。案余萧客、王念孙皆以“罴”为“罢”之讹，胡氏《考异》云：“袁、茶本罢作罴，下音魄美切，疑善‘罢’五臣‘罴’也，魄美切，盖善‘罢’之音。”

相鹤经……（共十五字）　永隆本无此十五字，各刻本并有。

振朱屣于盘樽　丛刊本“朱屣”下校云“五臣作珠履”。

朱屣赤地丝屣　下四字，各刻本作“赤丝履也”。

奋长褎之飒纚　“褎”，各刻本作“袖”。案《说文》：“褎，袂也，俗褎从由。”

要绍修态

态骄媚意也　“骄”，各刻本作“娇”。

昭藐流眄　“昭”字文注并从召，各本并从名，丛刊本“眳藐”下校云：“五臣本作昭邈。”案昭，齿绍切，《玉篇》“昭目弄人也”，据此则赋文作“昭”，当无疑义，惟永隆本善注“昭，亡挺反”，是善作“眳”字读。案《广雅》：“眳，谟也。”《玉篇》：“眳，不悦貌。”如此，则与赋文不照。高步瀛未校出昭字，谓眳藐，犹绵藐。

转眼视也　“视”字，各刻本误作“貌”。

臣善曰昭亡挺反　胡刻此音切在“善曰”之上，丛刊本在薛注之末，永隆本作“善音”。又各刻本“挺”作“井”。

绝世称独立　“世”字缺笔。“称”字，各刻本并作“而”。

展季桑门

闻柳下季之言　“季”字与《国语·鲁语》合，各刻本作“惠”。

家语昔有妇人曰柳下惠妪不逮门之女国人不称其乱焉　此注删节《家

语·好生》篇文。胡刻“曰”上多“召鲁男子不往妇人”八字，“柳下惠”上多“子何不若”四字，“惠”下多“然”字，“女”下多“也”字。丛刊本略同胡刻，而“鲁男子”易作“柳下惠”，“曰”下又无“柳下惠”三字，“女”下同多一“也”字。案《家语》记此事略与《毛诗·巷伯传》、《荀子·大略》篇相同，永隆本善注节引二十一字，意义自明，胡刻及丛刊本增加字数，并多一“召”字，有违原意，此亦永隆本未经浅人混乱之可贵处。

诏楚王曰　“诏”字与后《汉书·楚王英传》合，胡刻误作“制”字。又注末“说文”六字，永隆本无。

列爵十四

《汉书》曰汉兴……（共二十五字）　此善注节引《汉书·外戚传》文。胡刻作“见《西都赋》”。案《西都赋》“十有四位”下注，先引《汉书·天文志》九字，次引《外戚传》一百余字。丛刊本以《西都赋》注、《天文志》及《外戚传》增补，而列举十四等，有遗漏，有误并，则汇录六臣注时错误也。

飞燕宠于体轻　丛刊本“燕”下校云：“五臣作鷰。”向注同。

逞志究欲　丛刊本“志”下校云“五臣作至”。

逞快也　“快”字，各刻本误作“娱”字，五臣济注仍作“逞快”。

《楚辞》曰逞志究欲心意安　句与《楚辞·大招》合，各刻本句末衍“之也”二字。

穷身极娱　丛刊本“身”下校云“五臣作欢”，高步瀛谓身作欢是，且多推测语，又谓“尤袤本《文选考异》云五臣作敬亦非，案见陆心源《群书校补》第一百卷”。案《楚辞·大招》云“穷身永乐年寿延”，王注：“言居于楚国，穷身长乐，保延年寿，终无忧患也。”赋文二句正用《大招》二句，毋庸别生枝节。

他人是媮　“媮”字，《毛诗》作“愉”，高步瀛谓愉与媮、偷三字并可通，特训乐与训薄义异。

唐诗曰　各刻本“诗”下多“刺晋僖公”以次十二字。

弗曳不娄　“不”字不作“弗”，与《白帖》所引同，而与《韩诗外传》及《玉篇》所引不合。

不极意恣骄　“骄”字，各刻本作“娇”，陈乔枞《鲁诗遗说考》引作“恣娱”。

自君作故

君作故　与《国语·鲁语》合，各刻本“故”下衍“事”字，殆浅人所加。

增昭仪于婕伃

孝成帝……（共十九字） 永隆本无此十九字。

乃更号曰昭仪在婕伃上 句与《汉书·外戚传》合，各刻本并将“昭仪”与“婕伃”互倒，谬甚。

昭仪尊之也 《外戚传》“昭”下有“其”字，永隆本误脱。各刻本止存“尊之也”三字，而无上半句，误甚。

许赵氏以无上 丛刊本“以”作“之”。

约赵氏故不立许氏 《外戚传》“约”下有“以”字，永隆本脱，各刻本并无“约以”二字。

王闳争于坐侧

渝易也 永隆本无薛注此三字。

非陛下之有 “之有”二字，与《汉书·佞幸传》原文合，各刻本误倒作“有之”。

蹔劳永逸无为而治 “蹔”字与五臣本及翰注并同，各刻本作“暂”。

汉祖创业蜀汉书平当曰 “蜀”下应有“汉”字，与下“汉书”字连，永隆本脱一“汉”字。

今汉继体承业三百余年 “业”字与《平当传》合，各刻本误作“基”字。“三”字，永隆本与各刻本同误，依《平当传》应作“二”字。

其舜也与 “与”字与《论语》合，各刻本作“欤”。

躭乐是从 永隆本正文作“躭”，善注作“湛”。各刻本文注并作“耽”。案《尚书·无逸》“惟耽乐之从”，传、疏与释文耽皆从耳，《论衡·语增》篇引作“惟湛乐是从”（“是”字，与张衡所见本同），“湛”字与李善所见本同。《毛诗·鹿鸣·常棣》之“和乐且湛”并作“湛”。陈乔枞《韩诗遗说考》云：“耽，《毛诗》作湛，耽、湛，皆媅之假借；《说文》：媅，乐也。媅又作妉，《尔雅·释诂》：妉，乐也；《华严经音义》上云：《声类》：媅作妉；《一切经音义》四：媅，古文妉同，是也。耽字本义《说文》训为耳大垂，湛字本义《说文》训为没，皆以音同假借为媅乐字，据《韩诗》云：乐之甚也，则从甚作媅者为正，妉字乃其或体耳。”以耽湛为媅之假借，段玉裁、王筠诸家说文注并同。《文选集注》本陈孔璋《答东阿王笺》“谨韫玩躭”之“躭”，各本作“耽”，《集注》引《音决》云：“媅，多含反，或为躭，同。”知各本之“耽”或“躭”，《音决》乃作“媅”。《正字通》云：“眈乐之眈从目，《易》、《书》、

《诗》本作耽，伪作躭。”其说近于武断，《康熙字典》、《中华大字典》，皆沿其误。又《玉篇·身部》：“躭，俗耽也。”

二百余期

从高祖至于王莽二百余年　永隆本此句与胡刻同，丛刊本薛注无此句，而别见于翰注，作“二百三十年”。似汇六臣注者取翰注之确数，舍薛注之不定数之所为。高步瀛曰：“自高祖元年乙未至孺子婴初始元年戊辰，共二百一十四年。”

衿带易守

函谷閍铭　此本常以“閍”为“关”。

地形险阻守而难攻　《管子·九变》篇此句“守”上有“易”字，各刻本有“易”字无“而”字。

声烈弥楙　各刻本“声”字作“馨”字，“楙”字作“茂”字。

传闻于未闻之者　丛刊本“者”下校云“五臣作口”，永隆本“者”下注一小“口”字，然其下善注有“者，之与反”，亦非改“者”为“口”也。

孔业子……（共二十字）　永隆本无此二十字，各刻本并有。

未一隅之能睹

说文……（共十一字）　永隆本善注无此十一字，各刻本并有。

论语　各刻本“语”下有“曰”字。

举一隅而示之　今本《论语·述而》篇无“而示之”三字，阮元《论语注疏》校勘记云：“皇本、高丽本隅下有而示之三字，案《文选·西京赋》注引有此三字，又晁公武《蜀石经考异》云：举一隅下有而示之三字，与李鹗本不同。据此，则古本当有此三字也。”案《四部丛刊》影日本覆刻古卷子本《论语》有此三字。又日本所称能存先唐真本面目之天文版《论语》无“而”字，有“示之”二字。

前八后五　各刻本“八”下有“而”字。

广雅……（共二十三字）　永隆本无此二十三字。

尚书曰自契至成汤八迁　“书”下应有“序”字，永隆本及各刻本并脱。

尚书序曰盘庚五迁　“《尚书》序曰”应作“又曰”，永隆本及各刻本并误。

孔安国……（共十字）　永隆本无此十字，各刻本并有。

尚书曰盘庚迁于殷　各刻本误脱“《尚书》曰”三字，“殷”下并误复一“殷”字。

率喻众戚　各刻本作“率籲众感”，与今本《尚书》同。案《释文》三出“籲”字及“感”字，“籲”注“音喻”。《说文》、《玉篇》引“感”作“戚”。故永隆本之“喻”与“籲”同音假借，“戚”、“感”字通。

同天号于《帝皇》

方今……（六字）　永隆本无此六字，各刻本并有。

尚书刑德放曰……天有五帝皇者煌煌也　各刻本无末句，永隆本有。高氏《义疏》云：“《艺文类聚·帝王》部引有此句，《太平御览·皇王》部引《书纬》同。”

春秋元命苞曰皇者煌煌也道烂显明也　《御览》引此二句，“皇者”作“天道”，“烂”下有“然”字，永隆本似涉上注而误，应据改。各刻本无下句。马国翰《玉函山房辑佚书》“元命苞”卷引此注，亦未知善注原有二句。

掩四海而为家

圣人能天下为一家　《礼记·礼运》此句“能”下有“以”字，各刻本并有，永隆本误脱。

莫我大也　此节注，永隆本初写脱“汉”字，又“业”字误作“汉”字，后各以淡墨改正。

以靡丽为国华

吾闻以德荣为国华　句与《国语·鲁语》合，各刻本脱“荣”字。

独俭啬以偓促　“偓促”二字，各刻本并从齿旁，《玉篇》分收于人部、齿部、足部。案《史记·司马相如传》作“握龊”，《汉书》作“握踖”，本书相如《难蜀父老》文作“喔踖”，善引应劭注同。又《史记·郦食其传》作“握齱”，《汉书》同。本书《吴都赋》六臣校云“善作握龊”。并通用字。

言独为此节爱　各刻本脱“此”字。

善曰汉书注……（共三十八字）　永隆本无此三十八字。胡刻脱“善曰”二字。案《汉书》注乃韦昭注，今本《汉书》无之，见《史记·郦食其传索隐》所引，高氏指为《陆贾传》，偶混。又注引《公羊传》注，案之隐公元年何休《解诂》，有误有倒，《考异》尚未检原文而悉正之。

蒙窃惑焉

何故及去西都　“及”乃“反”之讹。

非我求童蒙　“非”字，今本《周易》作“匪”，各本句末加“也”字。

辩之之说也

说犹分别解说之　各刻无“之”字。

文选卷第二

永隆年二月十九日
弘济寺写

校后语

综上校勘，所得要点，举例如下：

（一）永隆本有可证今本古籍之疑误者，如：

《毛诗》“瞻彼洛矣”传：“韎韐者，茅蒐染也”之“韐”字，详“缇衣韎韐”条校记。

《说文》“车上曲铜”之“铜”字，“鋋，小矛也”之“矛”字，分详“倚金较”条，及“矢不虚舍”条。

《汉书·食货志》“皆为五均司市师”之“称”字，《东方朔传》“武帝微行始出”之“始”字，《王尊传》“箭张”之“箭”字，分详“五都货殖”、“微行要屈”、“拟迹田文”各条。

《经典释文》八“旱物”之“旱”字，详“动物斯止”条。

（二）永隆本有独异之字，如“聚似京涛”、“建玄戈”、“昭藐流盻”各条所举，是其一例。

（三）永隆本有与《古文苑·蜀都赋》相同者，详“方辕接轸”条。

（四）永隆本屡见之“臣君曰”三字，见“兽不得发”、“长杨之宫”及“从嬿婉”三条校记，疑为唐人一时之风尚。

（五）永隆本有疑误处，各本因之分歧者，如“弥望广潒”注之引《字林》，“青骹挚于韝下”注之“盖”字，即其一例。

（六）永隆本与各本皆有脱误，据未经窜改之李善注，犹可推寻原意，较胜胡克家之扪索，如“鲔鲵鲿魦”注中之“鮥”字，即其一例。

（七）各本分节有不同者，因之篡录薛注、善注时，遂致混乱，如“皇恩溥”条校记所举，是其例。

（八）尤袤本与六臣本同源，尤本善注多从汇并之六臣注中剔出，校记“今也惟尉”、“张甲乙而袭翠被”各条所举，即其一例。

（九）善注所引古籍，永隆本多与原文吻合，他本每多歧异，如“骈田偪仄”、“蔚若邓林”、“骋足并驰”各条所举，皆其例。

（一〇）善注征引古籍或有删节时，各本因之每有增润，或再删𠞰，致违原意，如“展季桑门”、“列爵十四”、“莫之能获”各条所举，皆其例。

（一一）他本善注有不合崇贤礼例者，以永隆本对照，可知其曾经后人羼乱。如“本自虞初”条所举，即其一例。

（一二）六臣注本有增补处，见“前开唐中”各条。

（一三）六臣本校语有不足信者，详“睢盱跋扈”各条。

（一四）胡克家《考异》有不尽可据者，详“沸卉訇轩”各条。

二、东方朔答客难、扬雄解嘲残卷

起《答客难》“不可胜数”句至《嘲解》“释褐而傅”止。伯希和目二五二七，共一百二十二行，李注本之第四十五卷也，已影入罗氏《石室丛残》。

刘师培《提要》云：“每行字数由十七字至十四字，注均夹行，书法至工，前六行均漫其半，‘世’字、‘治’字、‘虎’字各缺末笔，此亦李注未经窜乱之本也。故文与各本多殊……足证后世所传李本，均与唐本乖违。试更即注文言之，此卷之例，李氏自注均冠‘臣善曰’三字，所引《汉书》旧注，则各冠姓名在李注前，以之互勘各本，或彼有而此无，或此省而彼弗省，或此分而彼合，或此有而彼无，或文字不同，均治选学者所当考及也。”

校记

不可胜数悉　本文起此五字，在行末，其上漶灭者应是九个字。胡氏翻刻尤氏善注本“数”字下有注云“文子曰群臣辐凑”，《四部丛刊》影宋建本亦有此注，而移并于次句“或失门户”之下，此卷无此注。

失门户使苏秦　此行末存此六字，上加漶灭者八个字，适与前行末“悉”字连接。胡刻本“户”字下有注云“言上书忤旨，或被诛戮”。丛刊本同有此注，与“文子”七字并在“户”字下，此卷并无。

之士曾不得掌　第三行末存此六字。“士”字，胡刻本、丛刊本、北宋监本《史记·东方朔传》、北宋本《汉书·东方朔传》并作“世”字。

曰时异事异虽　第四行末存此六字，以位置计此行只漶八个字，文句与《汉书》同。各刻本“曰时异”之上多三十四字，与《史记》同。“事”字上《史记》有“则”字。丛刊本下“异”字校云“五臣作殊字”。“虽”字之上，胡刻、业刊并有善注“韩子”以次二十八字，此卷无。

身乎哉诗曰鼓钟　第五行末存此七字，其上漶灭七字，与刻本字数合。《史记》无“哉”字。《汉书》“曰”作“云”。

□善曰毛诗小雅文也□苌曰有诸中必刑□于外　第六行下半存此二十字，作双行夹注，应在正文“于外”之下，两刻本此注并在次句“于天”之下。“刑”字刻本并作“见”。

鹄鸣于九皋　“鹄”字位于第七行顶格，以下完整。两刻本及《史记》“鹄”字作“鹤”，无“于”字。《汉书》“鹄”作“鹤”，有“于”字，与《毛诗》合。“皋”字，同汉《孔彪碑》。

臣善曰毛诗小雅文也长苌曰皋泽也　“臣善曰”三字应是善注真貌。此“小雅文”，指《鹤鸣》篇，与上节指《白华》篇者义各有当，刻本并两节注为一节，故“小雅文”止一见，下“毛苌”字亦改为“又”字。

乃设用于文武得明信厥说　“明”字颇暗晦，两刻本及《汉书》无此字。此十一字《史记》作“逢文王得行其说”。

封七百岁而不绝　“封”字下，两刻本及《史》、《汉》并有“于齐”二字。

臣善曰说苑　胡刻无“臣善曰”三字，丛刊本无“臣”字。（此种异文，以下从略。）

此士所以日孳孳敏行而不敢怠也　两刻本“日”下有“夜”字，“孳孳”下有“修学”二字。《汉书》有“夜”字。《史记》有“夜”字，有“修学”二字，“孳孳”作“孜孜”，“敏行”作“行道”，“怠”字作“止”。

辟若鸎鸰　“鸎”字同《汉书》，刻本鄭作“鹡”。自此至“则敏且广矣”，凡百七十余字，《史记》无。

礼义之不僽　“僽”字，各本皆作“愆”，《龙龛手鉴》以“僽”为俗字。

臣善曰皆孙卿子文也　各本无“也”字。

水至清则无鱼　《汉书》“水”上有“故曰”二字。

黈纩塞耳　“塞”字，刻本及《汉书》作“充”。丛刊本校云：“五臣作蔽。”

黈纩以黄绵为丸悬之于冕以当两耳所以塞聪也刘兆穀梁传注曰黈黄色也土斗反　此三十四字，刻本作“薛综《东京赋》注曰”以次二十八字，与《东京赋》“黈纩塞耳”句下薛注相同。案此节善注，写卷与刻本义同而文异，或后注修改前注之故。刘兆之“刘”字不甚明，疑指晋刘兆。

赦小过　“赦”字用别体。

毋求备于一人　“毋”字，各本作“无”。

检身若弗及　“弗”字，两刻本作“不”。

使自索之

揆度其法以开示之　“示”字，两刻本作“视”。

盖圣人之教化如此　《汉书》无“之”字。

欲其自得之　《汉书》无“其”字。

今廿之处士　“世”字缺笔。《史记》此句上接“修学行道不敢止也”句。

魁然无徒　此句上两刻本有“时虽不用”四字，与《史记》同。写卷及五臣本无上四字，与《汉书》同。“魁”字，两刻本及铣注并作块，《汉书》注“师古曰魁读曰块”。《史记》此句作“崛然独立”。

廓然独居　此句《史记》作“块然独处”。

卑辞厚礼以遗之　“之”字同《史记·勾践世家》原文，两刻本作“吴”。

遂灭之子胥已见上　两刻本无下五字。

寡偶少徒　“偶”字，《汉书》作“耦”。

固其宜也　“宜”字，《史记》作“常”。

子何疑于予哉　《史记》至此句止。

郦食其之下齐　句与胡刻《汉书》并同，丛刊本句首多“汉用”二字。

臣善曰史记……闻燕昭王招贤……使于燕昭以礼待之　刻本“招”字作“好”，“昭以”二字作“燕时以”三字。此删节《史记》文，写卷与刻本各有长短。

李斯已见上　写卷此五字乃善注“已见从省”之例。两刻本并作“又曰”以次十八字，殆合并六臣注者复录已见上文之注，即茶陵本所标之“增补”六臣注也。

汉书……臣请说齐王……乃听食其罢历下守战备　此《汉书·郦食其传》文，善注所引，但有删节，并无窜改。两刻本同无“请”字，无“听食其”三字，而“战”下多“之”字，乃经后人窜改，比对《汉书》本传，即见所改之陋。

是遇其时者也　《汉书》及五臣本无“者”字。

以管窥天　“管”字，殆书手偶从别本，善本当作“筦”，观此卷善注引服虔音管，可以推知，胡刻及《汉书》皆作“筦”。“窥”字见《隋龙藏寺碑》，刻本作“窥”，《汉书》作“闚”。

岂通其条贯　“岂”下各本并有“能”字。

发其音声哉　五臣本“哉”上有“者”字。

□□□□音管　上四字漶，第一字颇似“服”字，疑即《汉书》旧注“服虔曰箎”四字，与刻本同。

臣善曰庄子……子乃规规而求之以察……是直管窥天　两刻本“乃”上无“子”字，“直”下有“用”字。案今本《庄子·秋水》篇并有“子”字及“用”字，又“规规”下有“然”字。此上所引服虔、张晏、文颖之说，乃《汉书音义》旧文。自《庄子》以下乃善自注，故冠以“臣善曰”为区别，胡刻误混。丛刊本以服说、文说分注正文本字之下，而张晏说乃录于铣注之下，亦混。

岂能发其声哉　两刻本“声”上有“音”字。

犹是观之　《汉书》“犹”作“由”。

譬由鶄鹖之袭狗　《汉书》“由”作“犹”。

臣善曰李巡　写卷“臣善”之上有如淳、服虔音十二字，与胡刻同，丛刊本分附正文本字下。胡刻“李巡”上无“臣善曰”三字。

〔说文靡烂也（共十六字）〕　两刻本并有此十六字，写卷无。案“糜烂其民”语见《孟子》，“煮米使糜烂”语见《释名》，若《说文》则《米部》“糜，糁也”，《非部》“靡，披靡也”，皆与善注所引不合。惟《火部》云“爢，烂也”，桂氏《义证》云“客难借靡字，李引爢义以释之”，王筠、沈涛等皆信此是善注曲为之说，其实写卷已无此注，刻本所有者又与原引书不同，故此注当是后人混入。本书二五卢子谅《赠刘琨诗》“靡躯不悔”下同有此误。检本书卷三三《招魂》“靡散不可止”下，善录王逸旧注“靡，碎也”，此乃善引旧说真貌。

而终或于大道也　“或”字同《汉书》，刻本作“惑”。

解嘲一首　扬子云　写卷题顶格，作者姓字同行。刻本题低三字，姓字另行。丛刊本无“一首”二字。刻本题下侧注“并序”二字，写卷无之。案此篇所谓“序”者，乃《汉书》雄传中《解嘲》文之前言，非另有序文之目，写卷无“并序”二字，当是原貌。“嘲”字，刻本皆从口，《汉书》皆从言，写卷题从口，文中皆从言。

起家至二千石　《汉书》“起”上有“或”字。

汉书音义曰　两刻本无“曰”字。

时雄方草创太玄　《汉书》无“创”字，王先谦《补注》云：“宋祁曰：‘草’下当有创字。”案济注云“草创，言造作也”，知五臣本亦有“创”字。

人嘲雄以玄之尚白　两刻本“人”下有“有”字。丛刊本校云五臣本无“之”字。《汉书》“人”作“或”，无“之”字。《补注》云：“宋祁曰：‘或’上当有人字。”

将无可用也　两刻本无“也”字。

而雄解之　“而”字同《汉书》，刻本无。

其辞曰　此下为《解嘲》正文，写卷与丛刊本皆提行，胡刻则连续而下。

吾闻上丗之士　“丗”字缺笔，注同。以下不另记。

臣善曰孔丛子……有云为于世者也　刻本“孔”上有“尚书”以次十九字，末句无“者”字。

生必上尊人君　《汉书》“必”作“则”。

析人之圭　“圭”字同《汉书》，刻本及铣注作“珪”。

朱丹其毂

〔东观汉记（以次二十七字）〕　刻本有此二十七字，写卷无。

今吾子　《汉书》无“吾”字。

小玉堂殿　“殿”字与《汉书》注晋灼说同，两刻本无之。

下谈公三　“三”字颇晦，画间似有两点，各本并作“卿”字。

目如燿星　“燿”字，与丛刊本同，胡刻作“耀”，宋本《汉书》作“曜”，《补注》本作“燿”。

壹从壹横　“壹”字，刻本作“一”。“横”字，《汉书》作“衡”。

〔史记秦王曰知一从一横其说何〕　刻本有此十三字，写卷无。案《史记·田完世家》：“秦王曰：‘吾患齐之难知，一从一衡，其说何也？’”又《战国策·韩策》：“秦王曰：‘吾固患韩之难知，一从一横，此其说何也？’”此注似删节旧文，但句读错误，且为写卷所无，当是他注混入。

顾默而作太玄　《汉书》无“默”字。

支葉扶疏　“支”字同《汉书》，刻本作“枝葉”。

独说数十余万言　“数”字与刻本同，《汉书》无。胡克家以向注有“数十万言”句，指为五臣乱善，不知写卷善单注本正文亦有此“数”字。又《汉书补注》引王鸣盛曰：“今《太玄经》具存，正文大约与五千文之数合，此云十余万言，不可解。”

〔以树喻文也说文曰扶疏四布也〕　写卷无此十三字，刻本皆有。案《说文·木部》枎字下作“枎疏”，段注云：“古书多作扶疏，同音假借也。”刻本此注似后人误混。

孅者入无间　“孅”字，《汉书》及五臣本作“纖”，两刻本作“细”。“间”字，《汉书》及五臣本作“伦”。

〔春秋（以次二十五字）〕　写卷无此注，两刻本并有。

何为官之袥落也　“袥”字从示，各本并作“拓”，师古音托。

〔拓落（以次九字）〕　写卷无此注，刻本并有。

客徒欲朱丹吾毂　“欲”字与《汉书》同，胡刻无。丛刊本“欲”下校云“善无欲字”。案六臣注本校语疑所见异本，若胡刻无“欲”字，乃尤氏从六臣注剔取善注时照校语删去耳。

不知跌将赤吾之族也　“知”下脱“一”字。

跌差也　刻本此下尚有“赤谓诛灭也”五字，写卷无。

往者周冈解结　“者”下丛刊本校云“善作昔”，胡刻作“昔”。“冈”字刻本作“网”，《汉书》作“罔”。

合为六七

臣善曰十二已见东方朔客难　胡刻作“十二国已见上文”，丛刊本录“张晏”以次二十六字，与客难“十二国”句下注同。案胡刻此注，义与写卷相同，但添一“国”字，仍非善注真貌，丛刊本则所谓“增补”也。

张晏……就秦而七也　刻本“而”作“为”，无“也”字。（刻本注末无“也”字者写卷并有，此下不另记。）

并为战国

晋灼……之意也四分则交午而裂如田字也　此注与《汉书》注引晋灼说同，刻本上“也”字作“耳”，无“四分”以次十一字。

士亡常君国亡定臣　二“亡”字，刻本并作“无”，《汉书》上“亡”字作“无”。

失士者贫

〔春秋（以次十四字）〕　刻本并有此注，写卷无。

或凿坏以遁

史记曰王稽辞魏去过载范雎入秦　刻本无“曰”字，“过”字作“窃”字。案善注截取《史记·范雎传》，“过”字与原文合，刻本作“窃”，疑后人所改。

普来反　刻本“普”上有“坏”字。所有注音，写本用反，刻本用切，此下不另记。

是故驺衍　“骓”字刻本作“邹”，《汉书》作“驺”。

〔应劭（以次七十字）〕　刻本有此注，写卷无。以《汉书注》引应劭说校勘此注，知注中误“天事”为“大事”，又“谈天邹衍”句多一“邹”字。此种错误，两刻本相同，亦可证尤氏善单注本乃从六臣注中剔出。

犹为万乘师

不便利也〔赵岐（以次二十字）〕　自“赵岐”以下共二十字，刻本有，写卷无。

左东海

〔应劭（以次八字）〕　刻本有此注，写卷无。

右渠搜

连西戎国也　“连”字，与刻本同，《汉书补注》所引无“连”字。

枏支亦搜　写卷“亦”旁有校笔作×，刻本与《汉书注》同作“渠”。

在金城河关之西　“关”字与《尚书·禹贡》孔传合，刻本及《汉书补注》并误作“间”。（何焯校作“关”，与写卷暗合。）

前番禺

应劭曰南海县　“县”字，刻本作“郡”，《汉书补注》引官本亦作“郡”。

苏林曰音番　下二字，刻本作“番音潘”，《汉书补注》：“宋祁曰：番，苏林音潘。”

后椒涂　“椒”字，胡刻同；丛刊本作“陶”，校云“善作椒”；《汉书》作“陶”，颜注云：“今书本陶字有作椒者，流俗所改。”《考异》谓善从应劭作“椒”，而不从颜监作“陶”；王先谦谓当阙疑。

东南一尉

如淳曰地理志云在会稽回浦也　胡刻无“回浦也”三字。丛刊本此句无善注，而于向注后有如淳说，亦无此三字。案《汉书·地理志》会稽郡回浦下云“南部都尉治”，写卷有此三字，与《汉书》合。

製以锧鈇　“製”字与丛刊本《汉书》并同，胡刻作“制”。“锧”字，《汉书》作“质”。

服虔曰刑缚束之也　刻本“刑”作“制”，无“之”字。王念孙谓制字乃“徽”之讹，说详次条。

应劭曰音以绳徽弩之徽　“音”字，刻本讹作“东”。《汉书补注》云：“官本引萧该《音义》曰：徽旧作㣲。应劭曰：徽，音以绳㣲弩之㣲，该案音挥。”案此乃王先谦录宋祁校语，萧该《文选音》，已佚，宋祁引此，至堪重视。《补注》又引王念孙云：“《广雅》：徽，束也。《文选》李注引服虔曰：徽，缚束也。应劭曰：徽，音以绳徽弩之徽，则旧注皆不误。”

臣善曰说文曰纠三合绳　刻本“绳”下有“也”字。案《说文·丩部》作“纠绳三合也”。

何休曰　刻本“休”下有“注”字。

结以倚庐

汉律以为亲行三年服　“以”字，与胡刻同，丛刊本作“不”。《考异》谓茶陵本作“不”，袁本作“以”。案《汉书注》引作“以不”二字。

〔结为倚庐以结其心〕　写卷无此八字。

晏婴粗衰斩　写卷此句与《左传》襄公十七年文合，刻本误倒“衰”字在“斩”字下。

天下之士　句与胡刻《汉书》并同。丛刊本“天”上有“是以”二字，校云“善无是以字”。

营于八区

史记（以次二十一字）　刻本有此注，写卷无。

人人自以为皋繇　“皋”字《汉书》作“咎”。“繇”字，刻本作“陶”。

稷契皋咎繇　“皋”字乃“暨”之讹。

戴纵垂缨　丛刊本“纵”下校云：“五臣作纚，音史。”

阿衡已见上　此五字刻本引《诗》及《毛传》共十八字。

五尺童子

臣善曰五尺童子已见李令伯表　此注乃“已见从省”例。丛刊本及胡刻并复出“孙卿”以次十六字，与李令伯表“五尺之僮”句下注同。《考异》云：“袁本作已见李令伯表十字，是也。茶陵本复出，非。”案茶陵本题作“增补”，此十六字即所补也。尤袤善单注本异于此写卷作“已见”，竟同于茶陵本所增补，知尤本所从出之六臣注本，盖与茶陵本同源。

故当涂者升青云　“故”字，各本并无。“升”字，《汉书》作“入”。

譬若江湖之崖勃澥之岛　《汉书》“崖”作“雀”，“岛”作“鸟”。师古曰：“雀字或作崖，鸟字或作岛。”王念孙曰：“臧玉林《经义杂记》云：‘古岛字，有通借鸟者，《禹贡》鸟夷，孔读鸟为岛，可证。此言江湖之厓，勃解之岛，其地广阔，子云借鸟为岛，浅者因改厓作雀以配之。臧说是也。’”宋祁引萧该《音义》曰：“案《字林》，渤澥，海别名也，字旁宜安水。”

乘雁集不为之多

方言曰飞鸟曰双雁曰乘雁　案《方言》六“飞鸟曰双，雁曰乘”，此卷句末“雁”字疑衍。刻本作“四雁曰乘”，非《方言》文，殆因《汉书注》应劭“乘雁，四雁也”之说致混。《汉书补注》云：“乘之为数，其训不一，四字后人所加，《方言》无四字。”

昔三仁去而殷虚　“虚”字同《汉书》，师古曰“一曰虚读曰墟”，胡刻、丛刊本并作“墟”。

臣善曰三仁已见上　写卷此注当是“已见从省”之例。两刻本各异于此，殆有疑混。丛刊本善注无“三仁”之文，而五臣翰注列举比干、箕子、微子后略述其事，并讥李善引《孟子》注二老为“误甚”，且以扬雄为“用事之误”，其陋如此，疑非五臣真貌。但并六臣注者取此较详之注，因删去李善“三仁”之注，其事甚显。胡刻善单注本云：“三仁：微子、箕子、比干。”其次序与《论语·微子》篇同，但已违“从省”之列。又《考异》无此注校记，当是袁本、茶陵本与胡刻从同，而与写卷相异。

孟子曰伯夷避纣……天下之大老（共六十五字）　写卷此注六十五字与《孟子·离娄》篇相符，但二“作”字误为“祚”，句末少“也”字。两刻本并删去中间“大公辟纣”一节，共二十七字。案五臣讥善引二老，姚宽《西溪丛话》既反斥之，乃并注者竟删善注以曲就五臣，然可证尤氏单注乃从六臣注剔取。

种蠡存而越霸　“存”字，五臣作“在”。《汉书》“越”作“粤”，“霸”作“伯”，师古曰：“伯读曰霸。”

臣善史记……勾践反国　“善”下脱“曰”字；“反”字，刻本作“返”。写卷“蠡”字及上句“胥”字，并用别体。

乐毅出而燕惧

臣善曰五羖已见李斯上书　此“从省”例。两刻本并复出《史记》百里奚事，凡四十七字，但“闻百里奚”下脱一“贤”字。又两刻本三十九卷李斯上书“得百里奚于宛”句下同引“史记”，凡七十一字，即注首多“晋献公”十余字，而“闻百里奚”下亦脱“贤”字。于此可推知者，即六臣注之祖本李斯书注原脱“贤”字，其后增补者随之亦脱“贤”字（《考异》谓各本皆脱）。单注本已从六臣注中剔取，故李斯书及《解嘲》两注皆同脱“贤”字。

史记曰乐毅……乃使劫骑代将而召乐毅乐毅畏诛遂西降赵　写卷此注乃删节《史记·乐毅传》文，两“乐毅”皆不省“乐”字及降赵之“降”字，并与《史记·乐毅传》原文相符，但“骑劫”二字误倒。丛刊本注乐毅事不冠以“《史记》曰”或“又曰”，遂与上文《史记·秦本纪》载百里奚事混连；

其删去两“乐”字，以及“奔”字代“降”字，皆与《史记》原文不合；“奔赵”之下“惠大恐赵用乐毅伐燕”亦有脱误。此下又有“铣注同”三字。案五臣注常用善注所引古籍而删去书名，又常增减古书中二三字以灭其袭引之迹，如以五臣单注本与善注对勘，即可了然。据丛刊本此注，可以推知其为五臣之铣注，并六臣注者上段已采善注，因下段铣注与善注大同小异，但文较平近而稍详，故即以铣注为善注之下段，只于注末记“铣注同”三字，此为六臣注本通病，所谓五臣乱善者多属此类。胡刻“乐毅伐齐”上有“又曰”二字，注末“惠大”改为“惠王”，似经尤氏补修，或尤氏据本不误。

范雎以折摺而危穰侯　“摺”字，五臣作“拉”。

臣善曰危穰侯已见李斯上书折摺已见邹阳上书晋灼曰摺古拉字也力答反　此注与胡刻全同。丛刊本善注止留“晋灼”八字，“力答”切音则注正文本字下，其“危穰侯”事以五臣良注入录，已不增补，亦不留原注“已见李斯书”等语。《考异》于此条无校语，殆袁本、茶陵本并与胡刻相同，而丛刊本之祖本独异。

蔡泽以噤吟而笑唐举　“以”字，《汉书》作“虽”。

孰视而笑曰先生曷鼻巨肩魋颜蹙齃膝挛吾闻圣人不相　此注与《史记·蔡泽传》文相合。两刻本“孰”作“熟”。又删去“先生”以次十二字。“曷鼻”之“曷”字，据北宋本《史记》、南宋本《史记集解》并同，刘师培据不明显之影本以为“昌”字，非。

当其亡事也　连下句二“亡”字与《汉书》同，刻本作“无”。

世治则庸夫高枕而有余　“世”字、“治”字并缺笔，刘师培据此定为李注未经窜乱之本。

说菀　“菀”字刻本作“苑”。

高枕已见上　此“已见从省”例，丛刊本复引《汉书》、《楚辞》，当是并六臣注者增补之例，胡刻单注本亦同复出，则尤氏剔取善注时，未审其为后人增补也。

或释褐而傅　写卷至“傅”字止，以下佚。

以上为李善注本，自此以下为白文无注本。

三、啸赋残卷

伦敦大英博物院藏敦煌《文选》残卷，旧列斯坦因目三六六三号，新目编七二八四号，共四十一行，每行十六至十九字，起“自然之至音”，终“音声之至极”，为成公子安《啸赋》，白文无注，末行题“《文选》卷第九”。案善注本《啸赋》在第十八卷，知此为昭明三十卷本。篇中不避唐讳，有点校，有音切分注本字两旁，于隋唐《文选》反切旧音，大有裨助；至其别体字颇与他卷相同。兹以胡克家本、四部丛刊本及吴士鉴斠注《晋书》本传校记如下。

〔良〕**自然之至音**　此卷行首从“自”字起，以上佚百七十余字。

优润和于琴瑟　“琴瑟”二字误倒。

反亢阳于重荫　“荫”字，各本并作“阴”。

唱引万变　“引”字右旁从人不从丨，与《唐宝室寺钟铭》同。下文不另记。

纷繁骛而激杨　“骛”字，各本并从马。“杨”字见下“柔桡”条。

固极乐而无荒　“固”字，丛刊本作“故”，校云：“善作固。”此卷书手误倒“极乐”二字，有校笔勾正。

喟仰拚而抗首　“拚”字，各本作“抃”。《玉篇》云：“抃同拚。”

或冉弱而柔桡　“桡”字从木旁，此卷从手从木之字多不分。丛刊本作“扰”，校云“善作桡”。

横郁鸣而滔涸　“鸣”字，胡刻作“鸣”，丛刊本校云：“善作鸣。”

冽缭眺而清昶　“冽”字，《晋书》作“咧”。“缭眺”二字，胡刻作“飘眇”，《考异》疑为尤氏误改。“眺”字，丛刊本、《晋书》同作“眺”。

逸气奋涌　“涌”字，胡刻作“湧”。

烈烈飔扬　“烈烈”二字，胡刻及丛刊本作“列列”。许巽行《文选笔记》云：“列与烈通，《毛诗传》曰：烈，列也。”

啾啾嚮作　“嚮”字，各本作“响”，下文同。

奏胡马之长思　“奏”字，五臣作“走”。“思”字，丛刊本作“嘶”。

向寒风乎北朔　“向”字，丛刊本作“回”。并于“嘶回”下校云：“善作思向。”《晋书》“向”作“回”。

又似鸣雁之将鹞　“鸣”字，各本并作“鸿”。“鹞”乃“雏”之别体，近似《唐王训墓志》。

南箕动于穹仓　“仓”字，各本作“苍”。

清飙振乎乔木　“乎”字，《晋书》作“于”，连上四句同用“于”；《文选》则三句用“于”，一句用“乎”。

荡埃蔼之溷浊　“荡”字，丛刊本作“流”。“蔼”字，《晋书》、丛刊本并作“霭”。

变阴阳之至和　“之”字，《晋书》作“於”，与上联“而播扬”之“而”字相配。《文选》作“之”，与上下句无别。

游崇崗　“崗”字，胡刻作“崗”，丛刊本、《晋书》作“岡”。

藉兰皋之猗靡　“兰皋”，各本作“皋兰”。

荫修竹之蝉蜎　“蝉蜎”二字，丛刊本从女旁。

乃吟咏而发叹　“叹”字，胡刻、丛刊本并作“散”，善无注，向注谓发散其志。

声骆驿而嚮连　“骆驿”，《晋书》及五臣本作“驿驿”。“嚮”字已见上。

若夫假爲金革　“假象”二字，各本并同，写卷用别体。“象”字，见隋《李景崇造象》。

訇磕聊嘈　“聊”字，胡刻、《晋书》有口旁，丛刊本从石旁。

发徵则隆冬熙蒸　“蒸”字，《晋书》作“烝”。

骋羽则严霜夏彫　“彫”字，各本作“凋”。

音均不恒曲无定制　“均”字，五臣作“韵”。此二句各本并同，丛刊本校云：“善无恒字，有二曲字。”《考异》谓“袁本、茶陵本同有此校语，非”。

行而不留　“留”字，笔误，《左传》襄二十九年作“流”，各本并作“流”。

假芳气而远逝　“假”字，用别体作叚，见魏《郑义碑》。

羌殊尤而绝世　“绝”字，丛刊本校云：“五臣作纯。”翰注云：“纯，厚也。”

宁子捡手而叹息　“捡”字，《晋书》作“敛”，丛刊本校云：“五臣作敛。”良注同。

尼父忘味而不食　“尼”字，胡刻作“孔”。

百兽率儛而抃足　“儛”字，胡刻、丛刊本无人旁。

此音声之至极　“此”字同《晋书》，胡刻、丛刊并作“盖亦”二字。

文选卷第九　上句为《啸赋》终篇，此题篇第提行。此行下半有“郑𢼄（似敬字，Giles 新编目录指为家字，不似）为景点讫”六字，字体较大且草，疑即点校及注音切者所题。次行为五言诗四句，字体较大，凡三行，似书手牢骚语。纸背有“撼揩”二字音训。

附　王仲宣登楼赋

卷列伯希和目三四八〇。赋前残存七言诗二句，赋文共十四行，后接七言古体诗《落花篇》。此赋夹在诗篇之中，当非《文选》写本，句中“兮”字尽皆删去，尤为特异。而书法拙劣；但所用同音假借字、别体字，亦有不宜忽略者，因并校记如下：

登楼赋一首　王仲宣　今本《文选》卷十一题前一行标明分类为“游览”，题下无“一首”二字，写卷并异。

实显敞而寡求　“寡”字别体，与《隋太仆卿元公墓志》同。“求”字，《文选》作“仇”。“仇”、“求”古字通。

侠清漳之通浦　《文选》“挟”字，此用别体。

北弥陶沐　“沐”字《文选》作“牧”。

黍稷盈畴　《文选》“黍”字，此用别体，与《汉孔宙碑》同。

遭汾浊　“汾”字误，《文选》作“纷”。

逾己以迄今　“己”字，《文选》作“纪”。

涕横坠而弗襟　“襟”字复上“开襟”，误，《文选》作“禁”。

人情通于怀土　“通”字，《文选》作“同”。

俟河清乎未期　“乎”字，胡刻、丛刊本并作“其”，五臣本作“乎其”。“期”字误，各本作“极”，叶。

翼王道之平　各本“翼”字作“冀”，“平”上有“一”字，并是。

惧斩瓜之徒悬　“匏”字用别体，“徒”字与《魏慈香造象记》相似。

畏井渫　“畏”字别体。

天惨惨而奇色　“奇”字，《文选》作“无”。

意忉惺而憯侧　《文选》“惺”作“怛”，“侧”作“恻”，并是。

盘桓以返侧　“返”字误，《文选》作“反”。

四、谢灵运鲍明远乐府七首残卷

卷列伯希和目二五五四，存六十五行，为乐府七首，白文无注，每行约十四或十五字，字极佳。卷端四行极残阙。本文仅校其下七首，即谢灵运《会吟行》，鲍明远《东武吟》、《出自蓟北门行》、《结客少年场行》、《东门行》、《苦热行》、《白头吟》。现行注本此数篇并在第二十八卷，无注本当在第十四卷。校勘所得，多近古义。然王重民《巴黎敦煌残卷叙录》指为萧统原本，恐不可信。日本狩野直喜曾在俄京见此影本，撰有跋文。

首四行上截已佚，观所残留，“（兰）以秋芳，来日苦短”数句，知为陆士衡《短歌行》。案丛刊本六臣注《文选》陆士衡乐府十七首，《短歌行》居末，次接谢灵运《会吟行》，编次与此写卷相同。但胡刻善单注本士衡十七首中，《短歌行》次第十四，盖自第九首《齐讴行》之下，次序即异，故胡克家《考异》于陆士衡《日出东南隅行》校云：“此亦善五臣次序不同而失著校语。”又丛刊本乐府上《君子行》篇五臣向曰之末接云：“善本无此一篇。”此句疑为并六臣注者之辞。而许巽行《文选笔记》“君子行”条云：“观古词下注‘李善本古词止三首，无此一篇，五臣本有，今附于后’。”此“附后”之句，似为刻单注者之辞。而胡刻单注本已无此附记，且并无此篇。盖传本分歧，不易爬梳如此。

乐府一首　五言，写卷第五行起此。丛刊本“府”下有“诗”字。侧注“五言”二字，两刻本并在《会吟行》之下。

会吟行　谢灵运　写卷第六行如此，丛刊本则分姓字于第三行，胡刻又并总题子题姓字共一行。

迥莚皆静寂　写卷第八行起为《会吟行》正文。“莚”字同《唐宁思真墓志》。

敷绩壶蓂始　“敷”字、“蓂”字用别体，与《魏汶山侯墓志》及《唐王仲建墓志》同。

飞鷰跃广途　两刻本“燕”字皆无鸟旁，丛刊本校云：“五臣作鷰”。

津呈窈窕容　“津”字，两刻本并作“肆”，有善注引《周礼》郑注以释“肆”字，高步瀛谓《周礼》无此郑注，则所谓善注已大有可疑。至写卷之“津”字，用承上句“清沚”，以下句“路”字承前句“广途”，脉络颇清，惜无他本可证。又《西都赋》“列肆侈于姬姜”句，五臣向注两处相同，但“善曰”之下，止有郑注而无《周礼》句，而日本上野藏古钞本则“肆”字作“女”，此或可以旁参。“容”字，五臣作“客”。

自来弥世代　“世”字，与五臣本同，不避唐讳，两刻本并作“年”。

范蠡出江湖　“蠡”字用别体，近似齐李清为《李希宗造象记》。

牵缀书土风　“牵”字别体，与《唐王征君临终口授铭》同。

乐府八首　五言，写卷总题如此，日本藏古写本《文选集注》卷第五十六与此同式（《集注》本此行前有“乐府”二字，乃鲍明远、谢玄晖二人乐府之总题，即其第五十六卷分目之“乐府三”也），丛刊本“府”下赘一“诗”

字，无“五言”二字。胡刻无“五言”二字。

东武吟　鲍明远　《集注》本姓字与“八首”总题同行。丛刊本题下侧注“五言”二字，姓字在次一行。胡刻“吟”下侧注“五言”二字。似是总题、子题、姓字三项同行，但因子题注文占却位置，故姓字延伸在次行。

僕本寒乡士　“僕”字用别体作僕，见《周岐山县侯姜明墓志》。

占募到河源　“占”字，各本并有善注“应募为占募”之语，《集注》本又引《音决》“占，之瞻反”，及“刘良曰：占寡，谓投募也”。丛刊本校云：“五臣作召。”注引“铣曰：召募，谓投募也”。《集注》之引五臣与六臣注之引五臣，如此分歧，殆删取不同，但六臣本校语指实五臣作召，似以一偏赅全体，岂所见本有不同耶？

密塗亘万里　“塗”字，《集注》引陆善经本及各本并同。丛刊本校云“五臣作途”，下引五臣“良曰”亦作“途”。《集注》引五臣“张铣曰”亦作“途”。两本文句全同，但良与铣异，《集注》本连姓著录，似较可据。

要兼刈葵藿　“要”字，丛刊、胡刻作“署”，五臣本、《集注》本作“腰”。《集注》引《音决》“要，一招反”，末云“今案《音决》腰为要也”，是写卷与《音决》同。

空负百年冤　“冤”字，各本并作“怨”。《集注》引《音决》云：“怨，于元反，或为冤，非。”知写卷祖本远在《音决》之前。（此句善注，《集注》作“言怨在己，若荷负也”，今刻本作“若何负之”。）

出自蓟门北行　“蓟”字同《集注》，各本并作“薊”，《魏司空王诵墓志》以“蓟”为“薊”。“门北”二字，各本并作“北门”。丛刊本、胡刻并于题下侧注“五言”二字。

严秋筋榦劲　“榦”字，各本并作“竿”。《集注》云：“今案《音决》竿为榦也。”是写卷与《音决》同。

虏阵精且强　丛刊本“强”作“彊”，校云“善作强”。

天子案剑怒　“案”字，各本并作“按”，惟《集注》引善注作“案”。

萧鼓流汉思　“萧”字，各本并从竹头。

旌甲被胡霜　“旌”字用别体，右下从圭，与《魏北海王元详造象》同。《集注》本作“旍”，与《唐张兴墓志》相近。（胡刻《曲水诗序》之“绥旌”直与《张兴志》同。）

结客少年场行 丛刊本、胡刻题下并侧注“五言”二字。

去乡卅载 “卅”字，各本并作“三十”二字。

九衢平若水 “衢”字，各本文注并作“涂”。

车马如川流 “如”字，各本作“若”。

苦热行 丛刊本注“五言”二字，胡刻无。

玄蜂盈十围 “蜂”字用别体，与《集注》本同；其右下从“丰”，与《唐宴石淙诗石刻》同。

吹蛊痛行晖 “痛”字，五臣本、《集注》本并作“病”。（五臣注云：“病行客使无光晖。”《集注》作“张铣曰”，从刊作“良曰”。）

障气昼熏体 “障”字，各本并同。丛刊本校云：“五臣作瘴。”所引“向曰”亦作“瘴”，但《集注》引“吕向曰”仍作“障”。

芮露夜沾衣 “芮”字，刻本作“菵”，注同，《集注》作“茵”，引《音决》云：“茵，亡雨反。”

生躯蹈死地 “蹈”字，《集注》作“陷”，注云：“今案五家陆善经本陷为蹈也。”

君轻君尚惜 上“君”字与《集注》本同，两刻本作“财”，丛刊本校云：“五臣作爵。”

白头吟 丛刊本侧注“五言”二字，胡刻无。

直如朱緜绳 “緜”字用别体，与《唐魏邈墓志》同。

点白信苍蝇 “点”字与《集注》同，丛刊本校云“五臣作点”。两刻本并作“玷”。终卷残阙三行，以下佚。

五、答临淄侯笺残纸

斯坦因目六一五〇号，残存二行，止十六字。Giles大英博物院敦煌写卷目录新编七三三〇号，但不知此为《文选·杨德祖答临淄侯笺》，今本次卷四十，无注本当次卷二十。

而辞作暑赋弥日……而归憎其皃者也伏想…… 写卷存二行，止得十六字如上。下“而”字，两刻本及古写五臣单注、《集注》并无。“憎”字，胡刻作“增”，误。“皃”字用别体，《集注》本多与此同，亦与《梁萧憺碑》、《魏饶阳男元遥墓志》相近。“伏想”之上无注文，当是无注本。

大英博物院藏《文选》五十卷《楼赋》残卷

读《文选序》

一、《文选》编成之年代及背景

昭明自序云："余监抚余闲，居多暇日。历观文囿，泛览词林……自非略其芜秽，集其清英，盖欲兼功，太半难矣。"自述其编书经过如此。昭明事迹，详周贞亮著《昭明太子年谱》附《昭明太子世系表》①，惟不论《文选》成书年代。近人何融《文选编撰时期及编者考略》② 定"《文选》编撰，开始于普通中，而成于普通末年"。按普通元年，昭明年二十岁。普通只有七年，七年昭明恰廿六岁。③《文选》所收作品，其限断有二事可注意者：一为详于近代④，一为不录生存。⑤ 梁代作家如任昉、沈约、陆倕、刘峻皆入选。刘峻之《辨亡论》实作于天监十五年以后，其人则殁于普通三年⑥；陆倕卒于普通七年。⑦ 今《文选》收其《石阙铭》及《新刻漏铭》二篇，知《文选》编成应

① 《武汉大学文哲季刊》二卷一号，1931。

② 《国文月刊》76 期，1949。

③ 昭明逝于中大通三年，年三十一岁。

④ 宋、齐、梁作品甚多。

⑤ 此晁公武引窦常说，以何逊在世，不录其文。

⑥ 见《南史》本传。

⑦ 时昭明二十六岁。

不早于普通七年。[①] 刘孝绰为《昭明太子集序》，其中有“粤我大梁二十一载，盛德备乎东朝。……编次谨为一帙十卷”云云，时为武帝普通三年。《梁书·孝绰传》云：

迁太府卿、太子仆，复掌东宫管记。时昭明太子好士爱文，孝绰与陈郡殷芸、吴郡陆倕、琅邪王筠、彭城到洽等，同见宾礼。

梁于天监四年，置五经博士各一人，明山宾为道选。明山宾著《吉礼仪注》二二四卷、《礼仪》二十卷，盖为礼学专家。陆倕与徐勉书荐沈峻，以《周官》立义。其时颇盛礼学，昭明诸学士均深于礼者。[②]

普通四年，东宫新置学士明山宾、殷钧为东宫学士。[③] 是时乃东宫全盛时期，《文选》之编撰，或始于此时。诸人之中，刘孝绰与昭明关系最深，一度任太子舍人，两度为太子洗马，两掌东宫书记。昭明起乐贤堂，使画工先图孝绰，孝绰集其文章并为之序，故孝绰必为《文选》主持策划之人。

大通元年，到洽、明山宾、张率皆于是年卒。今《文选》不收此数人作品，则其编成定稿必在普通七年之末陆倕卒后。

《玉海》引《中兴书目》云：“《文选》，昭明太子与何逊、刘孝绰等选集，三十卷。”按何逊未任东宫职，此说似未可信。高阆仙已驳之。孙志祖《文选理学权舆》谓昭明聚文士刘孝威、庾肩吾等，谓之高齐十学士。按刘孝威乃事萧纲，则殊张冠李戴也。

二、《文选》选文之标准问题

《自序》述其不录经、史、子之文，而独选取史述赞者，以其能“事出于沉思，义归乎翰藻”。此二语最为扼要。J. Hightower 译作：

Their matter derives from deep thought, and their purport places them among belles letters.

① 缪钺《诗词丛论》46页，亦以陆倕卒岁证知《文选》编定在昭明二十六岁之后，即大通元年至中大通三年数载之中。

② 参《四库提要辨证》经部按语。

③ 见《梁书·明山宾传》。

按以事（matter）、义（purport）对言，其说甚早。孟子云：“其事则齐桓晋文，其文则史，其义则丘窃取之矣。”已将事、义分开。班固《东都赋》：“美哉乎斯诗！义正乎扬雄，事实乎相如。”李注：“扬雄、相如辞赋之高者，故假以言焉。”此以“义”对“事”，似为昭明所本。事者，或说为事类。事类一名，起于东汉。《越绝书·越绝篇外传》记：“因事类以显后世。”曹丕《答卞兰教》云：“赋者，事类之所附也。”是“事类”二字不自《文心》开始。事类复特别施用于赋。挚虞《文章流别》云：“古时之赋，以情义为主，以事类为辅。”此则以情义与事类对待为言。可见事即事类。左思《三都赋序》：“于辞则易为藻饰，于义则虚而无征。”则以辞代事。辞者，载事之文也。范晔谓文患其“事尽于形，情急于藻，义牵其旨，韵移其意”，则其言事与义，取与情、韵相配。

朱自清撰《文选序事出于沉思义归乎翰藻说》云：“事，人事也；义，理也。引古事以证通理叫做事义。《抱朴子·喻蔽》评王充云：‘事义高远[①]。’”此则“事义”合言。按《文心雕龙》言事义者更多。略举如下：

（1）事义浅深。（《体性》篇）

（2）学贫者迍邅于事义。（《事类》篇）

（3）其五曰：观事义。（《知音》篇六观之一）

（4）必以情志为神明，事义为骨髓，辞采为肌肤，宫商为声气。（《附会》篇）

此则合事与义而为一辞矣。《颜氏家训》论文章：“以理致为心肾，气调为筋骨，事义为皮肤。”是时已习用“事义”为一名。朱氏揭举《抱朴子》、刘勰“事义”之语，以为昭明所祖。按事义分言，莫先于班固《两都赋》，朱说未为谛也。

至于沉思翰藻之对言，则亦始于汉季。有以藻（辞）与义对举者。曹植诗云：“流藻垂华芬，骋义经寸翰。”若沉思与翰藻之对言者，始于魏卞兰之《赞述（魏）太子赋》。文云：

窃见所作《典论》及诸赋颂，逸句烂然，沉思泉涌，华藻云浮，听

① 见《文史论著》。

之忘味，奉读无倦。（《初学记·皇太子》篇）

左思《蜀都赋》：“幽思绚道德，摛藻掞天庭。”幽思即沉思也。摛藻一词，汉代常见。如延熹二年《义郎元宾碑》：“图籍擒（摛）翰著作，时人莫能预其思。……”则亦以“摛翰”与“预思”对举，开后世思与翰相对之先河。诗赋欲丽，丽为诗赋特征。东汉杜笃《书攎赋》云：“加文藻之丽饰。”（《类聚》五五）文藻必须丽饰，然佐以幽思，则文而有其质矣。此辞赋所以有丽则、丽淫之分，以有事义，故丽而能则也。由藻之出现，知纯文学（belles letters）应起于汉季。卞兰之语正反映出此一实情。思与藻对举，诸家之语，表之如下：

时　代	思、藻对称	出　处
东汉	预思　摛藻	《元宾碑》
魏	沉思　华藻	《赞述太子赋》
晋	幽思　摛藻	《蜀都赋》
梁	沉思　翰藻	《文选序》

至于翰藻一词，又有可得而言者。翰藻本借义于飞禽，亦倒称曰“藻翰”。潘岳《射雉赋》：“敷藻翰之陪鳃。”李善注：“藻翰，翰有华藻也。”《文心》之论翰藻见于《风骨》篇者，谓“宜如翰飞戾天”。吴杨泉《草书赋》：“发翰摅藻，如华之杨枝。”则以卉木为喻。兹表之如次：

翰为气骨——力之表现
　+　　　　　+
采为辞采——美之表现

是知翰藻原为两事，朱氏单以辞藻当之，似亦未尽恰切。又《文选序》所言之篇翰，则指文章而言。复有异称如下：

（1）翰墨　《典论·论文》：“古之作者，寄身于翰墨，见意于篇籍。”

（2）文翰　如王俭《文翰志》。

（3）翰林　如李充《翰林论》。

义归乎翰藻者，观曹植诗云“流藻垂华芬，骋义径寸翰”，以翰代笔，则如蔡邕《笔赋》“惟其翰之所生”是也。惟流藻又须骋义，此可取以解说“义归翰藻”一句；即辞藻之中须有义，否则只为虚辞浮采而已。故《文选》一书中，非徒为美文，其中尚有“幽思掞道德”；即 morality。此义为昭明论文之宏旨，阮元辈徒见其一端耳。

昭明选文标准，根据此二句，向来有若干异说：

（一）阮元《书昭明太子文选序》：

> 经也，子也，史也，皆不可专名之为文也。故昭明《文选序》后三段特明其不选之故。必沉思翰藻始名为文，始以入选也。

此说侧重“翰藻”。

（二）翁方纲《杜诗精熟文选理理字说》：

> 萧氏之为选也，是原夫孝敬之准式，人伦之师友。所谓事出于沉思者，惟杜诗之真实足以当之。而或仅以藻绩目之，不亦诬乎！

此主肌理，以侧重藻绩为非。

（三）朱自清《文选序事出于沉思义归乎翰藻说》：

> 若说“义归乎翰藻”一语专指比类，也许过分明尽；如说这一语偏重“比类”，而合上下两句浑言之，不外“善于用事，义于用比”之意。

此说则主“事类”，恐亦太偏，诚不免翁方纲所讥。

三、昭明文学见解与文质综合观

文质问题在建安至魏已成为讨论之主题，阮瑀、应玚皆有《文质论》。昭明之文学见解是主张综合折衷论。其选文工作，《文选》以外，又有二书：

> 一为《正序》十卷，撰古今典诰文言。——此为经世文编。
>
> 一为《英华集》二十卷，“五言诗之善者”。《隋志》作《古今诗苑英华》十九卷。——此为诗选。

与《文选》可谓鼎足而三。文笔观念在宋、齐已极发达，二者界限甚为分明；

《文心·总术》已具论之。《文镜秘府论》引《文笔式》，以韵者为文，非韵为笔。昭明《文选》文与笔兼收，拟综合文、笔，泯其分界。任昉以“笔”名，《文选》收任文极多。若《天监三年策秀才文》、《奏弹曹景宗》、《奏弹刘整》皆入选（文共十七首），为众家之冠，可见其兼重“笔”，非纯以“翰藻”之文为主。又萧选已言不选经、子之文，但于经则取子夏《诗序》、孔安国《尚书序》、杜预《左传序》、束晳之《补亡诗》，可见仍是“宗经”。

昭明之文学见解，在《答湘东王求文集及诗苑英华书》云：

> 夫文典则累野，丽亦伤浮。能丽而不浮，典而不野，文质彬彬，有君子之致。吾尝欲为之，但恨未逮耳。

《文选》之编集功夫在于选择作品，亦是实现此一理想，此一见解与刘孝绰正取得一致。刘氏《昭明文集序》云：

> 深乎文者，兼而善之。能使典而不野，远而不放，丽而不淫，约而不俭，独善众善，斯文在斯！

此亦折衷综合之说。故知：

事出于沉思	义归乎翰藻
↓	↓
典而能不浮	能正丽而有则

事出沉思，则质而不浮；义归翰藻，由丽而有则，正合文质彬彬之旨。

范晔之文章以缛丽胜，而其论文则主不得纯主盛藻，徒以工巧图缋，意无所得，故主藻缋之中必有义。晋氏以来，赋家持论，亦主义与理。左思《三都赋序》，讥于义则虚而无征，则患在不实也。皇甫谧《三都赋序》明云：

> 因文以寄心，托理以全制，为赋之首。

挚虞论赋亦主“以情义为主，事类为辅”。是赋亦主乎事义，求能征实，皇甫谧言“托理全制”，故知所谓文选理之理，实刘勰云：“擘肌分理，唯务折衷。”（《序志》）即此事义之所托，非可单纯视作事类，或以譬喻解之。是朱自清之说仍是落于一边也。

《文心·谐隐》：“会义适时，颇益讽谏。”如是则会义几乎同于讽谏矣。

又事类有二，即古典与今典。[①]

（1）直接的——在当前所见、所闻、所思。

（2）间接的——借古以言今。如《西征赋》之作法。辞赋上事、义互相为用。

后人亦有以辞、义分开来看古典文学作品。如黄节《诗学》：“于三百篇求其义，于《楚辞》以降求其辞。”不知《楚辞》以降，虽其文章有时辞胜于义，然无义之辞，又焉能流传于后代。只是义胜，抑为辞胜，视其如何偏差而已。

四、《文选》与文体分类问题

Prof. James R. Hightower 撰 the Wen Hsüan Genre Theory（《文选与文体论》）尝将《文选》文体分类，与《文心》作比较。[②] 汪辟疆以为：“刘彦和为昭明上宾，《文选》类目之区析，刘氏未尝不与有力焉。”又云：“选楼诸子，近则本刘彦和所论列，远则守挚仲洽之成规，斟酌损益，非由独创可知也。”[③] 按天监十六年，昭明时十七岁，到洽迁太子中庶子，刘勰兼东宫通事舍人。时同为东宫通事舍人者，又有何思澄。[④] 是昭明与刘勰有旧，甚有确据。

《文选》分类法既远承挚虞、刘勰旧规，此外似尚别有根据者：

（一）晋、宋以来，文章分体，总集之作，风起云涌。[⑤] 昭明在东宫时有书几三万卷，此类之书必曾寓目。

（二）《文选》收任昉文计十七篇，诗一篇。[⑥] 昉他著有《文章始》一

---

① 见陈寅恪说。

② *H. J. A. S.* VOL. 20/3 4，1957.

③ 《与黄轩祖论文选分类书》，《制言》18 期。

④ 见何融《萧统年表》。

⑤ 见附表。

⑥ 昉卒于天监七年。

卷。[1] 今传《文章缘起》[2]，列八十四题，向疑其伪书。[3] 然核其类目，有可与《文选》所列文体参证者：

（1）于诗云："四言五言，区以别矣。""又少则三言，多则九言。""又三言八字之文。"今任书开首为三言诗，晋夏侯湛作，以至九言诗，高贵乡公作。

（2）序云："吊祭悲哀之作。"今《文选》所收，只有哀、吊文、祭文，而无悲。张铣注："悲，盖伤痛之文。"《文章缘起》有悲文[4]、祭文、哀词、挽词各体。序所谓悲哀之作，故悲字乃文体。Hightower 译作 Threnody（Pei）Lament（ai）。注云："Pei as a separate from is into mentioned in Wen Hsüan，or else where，so far as I can discover."

按 Threnody 为挽歌、葬歌，与悲似不同，应如蔡邕制作，悲某君文之例。

由上两项似可推知《文选》之分类，其中有斟取任昉之处。

（三）张率以天监十七年[5]，除太子仆射[6]，普通三年[7]为太子家令，与中庶子陆倕、仆射刘孝绰对掌东宫管记。是张率与昭明关系至深，不在刘孝绰之下。张率著有《文衡》十五卷，殆亦论文之作，则张氏之文学见解，对萧统或有影响，亦未可知。

---

① 《隋志》称其有录无书。《新唐书·艺文志》著录《文章始》一卷。注曰：张绩补。绩，不详何人。

② 夷门广牍本，明陈懋仁注。

③ 《四库提要》即有此说。

④ 蔡邕作《悲温舒文》。

⑤ 统年十八岁。

⑥ 见《梁书》本传。

⑦ 统二十二岁。

附表　昭明以前及同时之文章总集与分体总集略表

甲　总集类

书　目	编撰者
善文，五十卷。	晋杜预。见成瓘《篛园日札》。宋裴骃《史记集解·李斯传》引之。选文兼记作者，《后汉书·马皇后传》李贤注引，似唐时尚有其书。
翰林论（梁五十四卷，隋志三卷）。	晋李充。充成帝时丞相王导掾。
文章流别志、论（梁志二卷、论二卷）。	挚虞①
集苑，六十卷。	谢混
集林，一百八十一卷（梁二百卷）。	刘义庆
集林钞。	
文苑，一百卷。	会稽孔逭
文苑钞。	

乙　各体总集类

书　目	编撰者
赋集，九十二卷。	谢灵运
诗集，五十卷。	同上
诗英，九卷。	同上
古今诗苑英华，十九卷。	昭明太子
古乐府，八卷。	
七集，十卷。	谢灵运
子抄，三十卷。	庾仲容
杂论，九十五卷。	殷仲堪
颂集，二十卷。	王僧绰
古今箴铭集，十四卷。	张湛
吊文集，六卷。	
碑集，十卷。	谢庄
诔集，十二卷。	同上
杂祭文，六卷。	释僧祐
众僧行状，四十卷。	同上
设论集，二卷。	刘楷

① 《文心·颂赞》篇对贽虞《流别》大有抨击，如“仲洽流别，谬称为述，失之远矣”。详拙作《刘勰以前及其同时之文论佚书考》。

续前表

书　目	编撰者
客难集，二十卷。	
集论，七十三卷。	
杂露布，十二卷。	
杂檄文，十七卷。	
书集，八十八卷。	王履
策集，一卷。	殷仲堪
诽谐文，十卷。	袁淑

五、吐鲁番写本《文选序》之校勘

《文选序》古写本主要有二：一为吐鲁番三堡[①]所出之初唐写本，一为日本之上野钞本。上野本有杨守敬跋尾，罗振玉《文选集注》十六卷本所称楚中杨氏得一卷者也。高阆仙《文选李注义疏》曾据入校。三堡本见黄文弼之《吐鲁番考古记》，系 1928 年发见，存十七行，起“（怀）沙之志，吟泽有憔悴之容”句，讫“自姫汉已来”句。余曾取与上野互校。如：

> “譬陶匏异品”句，胡克家“品”作“器”，而三堡、上野两本均作“品”。
>
> “舒布为诗，既其如彼”句，此二本悉同。胡本作“既言如彼”，“又亦若此”。明成都周满刊辽国重梓《昭明太子集》作“若斯”。

至于异体俗书两本相同者，如：

> “表奏笺记之别”，二写本同，胡本辽集作“列”。又互作㸦，析作㭊，姬作姫（从巨），
>
> “移晷”作“晷”，辽集“晷”，误。

黄氏校记有误认者，如：

① 即哈拉和卓。

“吊祭悲哀之文”，黄误吊为予。原自不误。

其中文字异体可记者，如分“镳”作“镳”，缺火旁；“箴”作“葴”，从草；“诔”之作诔，“河梁”之作“何梁”等。

此序出张怀寂墓，有长寿三年（公元694）《寂墓志》，为武周时物。日本龙谷大学藏有长寿二年张怀寂“河中散大夫行茂州都督司马告身”[1]，怀寂盖王孝杰部将也。

附录 《文选》解题

《文选》是中古诗文总集对后代影响最大的一部著作。现在所知最早的总集，似乎是杜预编的《善文》。自《文选》流行，已被淘汰而失传了。隋唐时，考试以《文选》出题目，故《文选》成为士子学习作文章的基本读物；时人因之有“《文选》烂，秀才半”的谚语。及李善作注，详注出典。历宋至清，《文选》成为显学，有“选学”之称。五四以来，文学改革家排斥俪体，给一般骈文作家戴上“选学妖孽”的帽子，但《文选》在中国文学史上的地位仍是十分重要，不能抹杀。

《文选》编者为梁昭明太子萧统，好士爱文，所罗致的助手，当时号为东宫十学士（见《南史》二十三《王锡传》）。以刘孝绰、王筠、陆倕等为首。萧统卒于梁中大通三年（公元531）。他所礼接的文士，陆倕于普通七年卒（公元526）。查《文选》收有陆倕文篇，但没有选刘、王作品，故知《文选》编成必在526年以后，531年之前这一段之间。

萧氏在《文选序》上提出他选文的标准，是要合乎“综缉辞采，错比文华”的要求。他在说明著书体例，排除经、史、子三者，但对史书中的赞、论等，如果能够具有“事出沉思，义归翰藻”的条件，亦可破例入选。可见他如何重视辞采。另一方面，在章、表、奏、启部分，却占极大的篇幅。如任昉一人即收有十篇之多。从另一角度，可看出萧氏对实用性的文篇，亦不漠视。他并非完全以文藻为主，同时兼顾文和笔的。

《文选》分体共三十八类。有人病其过于繁碎。如果拿它和《文心雕龙》论文章体式作一比较，便发觉有些地方，暗合于《文心》。《文选》成书在前，似乎尝参考过刘书，但萧选类目，割裂骈枝之处甚多，不及《文心》义例

① 《西域文化研究》三，p. 294—p. l. 35。

之严。

《文选》自宋后有刻版，本子繁多，主要有四个系统：

（一）无注本。萧统原来三十卷本。敦煌有六朝写卷残帙，存于法京。

（二）李善注本。六十卷。现存有唐永隆年写《西京赋》残卷。北宋大中祥符四年（公元1011），国子监始刻李注本（北京图书馆藏残本）。南宋淳熙八年（公元1181）尤袤刻本，最为重要。

（三）五臣注本。三十卷。唐开元中，吕延祚集吕延济、刘良、张铣、吕向、李周翰五人注本，世谓为五臣注。日本有唐写本（天理大学藏，已印入该校善本丛书），台湾“中央图书馆”有宋绍兴十四年建阳陈八郎刊本。

（四）六臣注本。即李善注与五臣注合刊。宋本通行有三种：赣州本，前李善注，后五臣注；明州本，绍兴二十八年刊，先五臣，后李善；日本足利学校秘籍丛刊复印（汲古书院印）广都裴宅本，崇宁五年刊。台湾翻印。

日本另有《文选集注》，为百二十卷本。《集注》撰者未详，所引李善注，较宋本为详。京都大学影印本。

翻译

Erwin Van Zach：Die Chinesische Anthologie，Introduction by James R. Hightower Haward-yenching Institute Studies XVIII 1958.

Stadies：James R. Hightower：the Wen Hsüan Genre Theory，*J. J. A. S.* 20，1957.

David R. Kneehtges：Wen xuan' 2 vol. Princeton University，1982，1987.

Gerhand Schmitt：Aufschlüsse über das Wenxuan in seiner frühesten Fassung durch ein Manuskript aus der Tang-zeit，Deutsche Akademie der Wissen Schafter Zu Berlin，Band XIV，Heft 3. 1968.

高步瀛《文选李注义疏》，收入《选学丛书》中。

黄侃《文选平点》，上海古籍出版社，1984。

骆鸿凯《文选学》。

林聪明《昭明文选考略》，台北：文史哲出版社，1974。

《文选》论文

饶宗颐《敦煌本文选斠证》一、二，《新亚学报》第三卷第一期（1957），又第二期（1958）。

何融《文选编撰时期及编者考略》。

古田敬一《文选编纂の人之时》，《小尾郊一退官论文集》，广岛。

斯波六郎《文选诸本の研究》，在《文选索引》卷之前，1957，京都大学人文科学研究所印。

程毅中、白化文《略谈李善注文选的尤刻本》，《文物》，1976（11）。

冈村繁《文选集注と宋明版印の李善注》，《加贺博士退官纪念中国文史哲论集》，讲谈社，1979。

齐益寿《文心雕龙与文选在选文定篇及评文标准上的比较》，《古典文学》第三集，台湾学生书局，1981。

日本古钞《文选》五臣注残卷校记

文选之学，兴于隋唐。[①] 曹宪开其朔，而李善集其成。善为注六十卷，敷析渊洽，为世所称。厥后吕延祚以善止引经史，不释述作意义，乃集吕延济、刘良、张铣、吕向、李周翰五人注，复昭明之旧，为三十卷。开元六年，延祚上之，名曰“五臣注”。[②] 赵宋以降，五臣盛行。其时锓版，有以李注合于五臣，号曰“六臣注”。[③] 今所传宋椠，或先五臣，次李注，如明州本、广都裴宅本[④]是也。或先李注，后五臣，如赣州本[⑤]是也。然六臣本于善注及五臣多有增芟，时复羼杂，非尽本来面目。[⑥] 五臣后出，立说荒陋，且多剽自李注，久为学林所诟病。清代选学昌明，从事校雠者，若何义门、陈景云、余古农、许巽行辈，勤于辨析，竭尽心力，思复崇贤之旧观。胡克家既据宋淳熙辛丑尤袤于贵池镂版之李善单注本，加以重雕。彭甘亭、顾千里实预其役，爰有《考异》之作。惜尤刻仍非未经合并之本，故其正文，或与五臣相杂。

① “文选学”一名见《旧唐书·儒林·曹宪传》及《新唐书·文艺·李邕传》。

② 见晁公武《郡斋读书志》。

③ 《直斋书录解题》云：“五臣注三十卷，后人并李善原注合为一书，名六臣注。”

④ 明州本，绍兴三十八年修正，六十卷，题梁昭明太子撰，五臣并李注。有右迪功郎明州司法参军兼监卢钦跋语。广都裴宅本，原为徽宗崇宁五年刊，南宋宝庆、咸淳间河东裴氏重刻。题梁昭明太子撰，唐五臣注，崇贤馆直学士李善注，共列三行。明嘉靖六年袁褧覆宋刻，自此出。

⑤ 赣州本，题梁昭明太子撰，唐李善注，唐五臣吕延济、刘良、张铣、吕向、李周翰注，分列四行，无刊版年月，为赣州州学教授张之纲覆校（详《皕宋楼藏书志》），茶陵陈仁子本从此出。

⑥ 淳熙尤袤跋云：“虽四明赣上，各尝刊勒，往往裁节语句，可恨。”

盖南宋时除尤刻外，已无完善李注单刊之本，即尤本亦非尽旧观也。[①] 李注原书，既不易觏（敦煌所出李注，惟《西京赋》及《答客难》、《解嘲》两残卷），倘五臣原本具在，持以勘校，其异亦可以立见。乃胡氏刊书时，除尤本外，所见仅为明袁褧本及茶陵陈仁子本。所据既止于此，雠校所得，自不免于事倍功半。是故循六臣本以求善注之原貌，不若求之五臣单注本，爬梳剔抉之为便也。顾千里故谓："使有五臣而不与善注合并，即合并矣，而未经合并者具在，即任其异而勿考，当无不可。"其言是矣。惜五臣单注本，清世治选学者均未之见，而人间传帙甚稀。钱遵王《读书敏求记》有《五臣注文选》三十卷。见于著录，仅此而已。[②]

以余所知，五臣单注古本之存于今者，盖有两种：一为宋椠本，绍兴三十一年辛巳（公元1161）建阳崇化书坊陈八郎宅刊，共三十卷，十六册。首三卷，半页十二行，行二十四字；第四卷以后为十三行，行二十五字。现藏台湾"中央图书馆"。[③] 一为日本所存旧钞残页，三条公爵家藏。昭和十二年影印一轴，列《东方文化丛书》第九。宋椠本，余未获见；日钞本，扶桑学人知其可宝，既为印行，然尚未有人专作研究者。兹试为校覈，并与胡刻六臣本参证。惜五臣宋椠未能合校，惟有期诸异日耳。

日钞残五臣注，仅存卷第二十。影刊卷子高八寸七分，全长四十一尺。纸背写日本正历四年（公元993，宋太宗淳化四年）；具平亲王撰《弘决外典钞》卷第一。[④] 起邹阳《狱中上书》，自"玉人李斯之意"句至篇终。接司马长卿《上书谏猎》、枚叔《上书谏吴王》及《重谏吴王》、江文通《诣建平王上书》，"女有不易之行信而"句下缺。中间又缺去任彦昇《奉答敕示七夕诗启》、《为卞彬谢修卞忠贞墓启》、《启萧太傅固辞夺礼》三篇，与《奏弹曹景宗文》前半，即接"军事左将军郢州刺史湘西县开国侯臣景宗"句迄篇终。又接《奏弹刘整》，迄"范及息逡道是采"句，下又缺脱。接《奏弹王源》，

① 见胡刻《文选考异序》。序出顾广圻手，亦载《思适齐集》卷十。

② 《读书敏求记》卷四云："宋刻五臣注《文选》，镂版精致，览之殊可悦目。唐人贬斥吕向，谓比之善注，犹如虎狗凤鸡。由今观之，良不尽诬。昭明序云都为三十卷，此犹是旧帙，殊足善耳。"

③ 见屈万里《台湾公藏宋元本联合书目》。查长洲王颂蔚《古籍经眼录》记重校新雕《文选》二十卷，为绍兴三十一年建阳书肆刊者，即此。顾廷龙有《读宋椠五臣注文选记》，见《中山大学史语所周刊》102期。

④ 纸背《弘决外典》为具平亲王所撰四卷本中之卷第十本。有卷首亲王序文，引外典目录年代略记。此书别有弘安七年金泽称名寺圆种手钞本册子，纸面有"花王藏"、"日纯"墨书，据推断为镰仓时代书写，与此卷可相表里。

文缺篇首，仅存“丞王源忝籍世资”句起，讫终篇。下接杨德祖《答临淄侯笺》、繁休伯《与魏文帝笺》、阵孔璋《答东阿王笺》、吴季重《答魏太子笺》、《在元城与魏太子笺》，俱完篇，至阮嗣宗《为郑冲劝晋王笺》“褒德赏功有自来矣”句。据此卷日人所附解说云：“原纸数共二十二枚”，似其初非卷子本，重印时为裱成长轴耳。原本每行字数，十四、十五、十六字不等；注双行，每行二十二三字。书法颇工。

此钞本有济、良、铣、向、翰等注，无李善注，自是五臣注本。按五臣注复昭明之旧，为三十卷。自《奏弹曹景宗》以下，在李善注为卷四十，《上书吴王》以下数篇，在善注为卷三十九，则此本于五臣注应为卷第二十。钞本唐讳民、基等字，并缺笔。其字体及纸质，据鉴定为日本平安朝中期所书写，则其依据本子，可能为唐本，亦可据以觇五臣注唐本之原状。

本文校记先列日钞正文并注，次以四部丛刊影宋庆元间建阳坊刻六臣本雠校，其与李善单注有歧异者，又以胡刻入校。又日本所传唐钞《文选集注》卷七十九可与此残页参校者，有《奏弹曹景宗》以下至《答东阿五笺》共六篇。[①] 其他复以古刊史书合校。邹阳、枚乘书、相如谏猎、江淹上书共五篇，分以北宋景祐本《史记》、南宋重刊淳化本《汉书》、绍兴重刊北宋监本《梁书》校；《答临淄侯笺》，以绍熙本《三国志》校。谨揭所据古本于此。

案此残卷起邹阳《于狱中上书》“玉人李斯之意”句，其上缺。

原大王察玉人李斯之意

案此与景南宋重刊淳化本《汉书》同，景北宋景祐本《史记》“玉人”作“卞和”。

子胥鸱夷

案“胥”作“肙来力”，《汉韩敕碑》如此。

比干强谏

案《四部丛刊》六臣本“强”作“彊”（以下简称“丛刊本”）。

纣割其心

案“割”字，丛刊本作“剖”。

赐之死，取之死其尸

---

① 京都大学影印本在第四集。罗振玉影写本亦有《奏弹刘整》至《答东阿王笺》一册，其目录题为“弹事笺”，并谓：“无前后题，以李本卷四十三推知为卷八十五。”然善注《奏弹刘整》在卷四十。又《集注》原书于《东阿王笺》末实题“文选卷第七十九”。罗说殊误。

案日钞“取”下“之死”二字衍，丛刊本无，是也。

沇之于江

案“沇”字，日钞连笔致讹。丛刊本作“沉”是。

（以上济注）

有白头如新

案“有”字，《史记》、《汉书》、《邹阳传》及明翻宋本《新序》皆有；丛刊本、胡刻本并无。

文不相得

案“文”字误，丛刊本作“言人”二字。

情若相倾匡盖之间

案“匡”字误衍，六臣本“相”下有“得”字，“倾”下接“盖”字，是。

（以上铣注）

籍荆轲首

案丛刊本作“藉”。“藉”、“籍”通用。

以奉丹之事

案丛刊本“之”下校云：“善本无‘之’字。”《汉书》亦无，《史记》、《新序》并有，与五臣同。

荆轲见于斯曰

案“斯”乃“期”之讹。

秦购将军之首

案丛刊本此句下有“金千斤”以次三十八字，其末为“愿得将军之首”。日钞因其文之末四字相同而误脱。

以献于秦王，王必喜

案丛刊本不复“王”字，而复“秦”字，盖分句不同。

臣左手持其袖

案丛刊本“左”上有“因”字。

遂自刭藉也

案丛刊本“刭”，作“刎”。又“藉”下有“借”字，是。

丹即燕太子丹也

案丛刊本无“丹也”二字。

（以上向注）

案此节善单注本出《史记》曰而删节其文。日钞与六臣本所录向注，则不标《史记》之文，而就善所引者略为加减，如“今有一言”句删去“今”字，“遂自刭”上加“从之”二字。行文减色，沿袭之迹全露。

临城自刭（古郢反）

案六臣本无“反”字，下同此者从略。

以却齐而存魏

王奢自齐亡之魏

案丛刊本“奢”下有“齐臣也”三字，乃李善引孟康说。惟孟康原作“亡至魏”，五臣删其齐臣二字，故作“自齐亡之魏”。

今君来

案丛刊本“君”下有“之”字，乃李善引孟康原文，五臣删去。

遂自杀，齐兵遂却之也

案丛刊本“杀”作“刭”，无“之也”二字，五臣改孟康之刭为杀，而加“齐兵遂却”一句，两句重用“遂”字，亦五臣临文失检败露处。

（以上翰注）

案丛刊本此段先录善注，后云翰注同。再检善单注本起《汉书音义》曰，止“遂自刭”句，无“齐兵遂却”句，盖孟康说。曰钞五臣单注本无“齐臣也”及“之”字，而有“齐兵遂却”句。三者比勘，则五臣略改善注之迹甚明，而日钞为五臣真貌，亦灼然可见。

苏秦不信于天下，无为燕尾生

案丛刊本无“于”、“无”二字。《史记》有“于”字，“无”作“而”。《汉书》有“于”字而无“无”字，《新序》及善本同。此节注语，日钞作“济曰”，丛刊本作“翰注”。

为魏取中山

白圭为中山将六城

案日钞“六”上脱“亡”字，丛刊本有之。

中山之君，将诛之，亡魏

案“中山之君”四字，丛刊本但作“殆”字，又“亡”下有“入”字。

（以上良注）

案丛刊本此节，先录善注，后云良注同。惟善注乃引张晏说，见《史记》、《汉书》注，并作“君欲杀之”；今作“殆”者，乃并注时之误，故文义不顺。日钞作“中山之君”，当是良注原貌。而丛刊本谓良同作“殆”，是五臣注已间接为人所乱。

食以駃騠

案《新序》“食”下有“之”字。

更厚一骏马

案从刊本“厚”作“烹”。

（铣注）

白圭显于中山，人恶之于魏文侯，文侯投以夜光之璧

案从刊本复“中山”字。校云：“善本少一‘中山’字。”是日钞与六臣之善本同。考《史记》、《新序》复中山字，《汉书》不复。又从刊本校云：“五臣本少一文侯字。”今案日钞用重点，明非少一文侯字。六臣本所见之五臣注，往往不同于日钞。或并六臣注时，校勘误混。《史》、《汉》并复“文侯”二字，《新序》则不复。

而赠圭宝玉也

案“圭”，从刊本作“以”。

（向注）

岂移于浮辞哉

案“辞”，从刊本作“词”。

为宗所刖

案“宗”乃“宋”之别体，他处同此。

而三以为相也

案“三”字，从刊本作“王”，《战国策》原文作“三”。且中山君亦不称王，疑并注时误改。今日钞五臣本无讹，故此类错误，不应概目为五臣之陋。

臏刖足也

案从刊本无“足”字。

（以上翰注）

卒为应侯

为魏齐所笞击

案从刊本“为”下有“魏相”二字，“齐”下有“之”字。此句下“折齿摺胁”四字，亦五臣故倒善注原文“折胁摺齿”之显见者。

亡入秦

案“亡”字，日钞用别体字似“止”，全卷皆同。

（济注）

徐衍负石入海

谏殷五不听

案“殷”下丛刊本无“王”字。

水自河出为

案日钞“为”下脱“雍”字，丛刊本有之。

衍恶周末之乱，负石于海也

案丛刊本“衍”上有“徐”字，“石”下有“投”字，“也”作“中”。

（此段日钞作良注，丛刊本作向注。）

以移主上之心

案“主上”二字与《史记》、《汉书》、《新序》合。丛刊本作“人主”，校云：“善本作‘主上’。”此又六臣所据之五臣本，与日钞不同者。

百里奚乞食于道路

案丛刊本同，校云：“善本无道字。”考《汉书》有，《史记》无。

宁戚饭牛车下

案丛刊本“牛”下有“于”字。校云：“善本无于字。”日钞亦无于字，与《史记》、《汉书》、《新序》合，此又六臣所据五臣本不同日钞者。

合于行

案日钞“行”字与《史记》、《汉书》合，丛刊本作“意”，与善本同而无校语，是亦六臣据本异于日钞。

昔者鲁听季孙之说

案日钞有“者”字，与《史记》合。丛刊本无“者”字，与善本、《新序》、《汉书》合。然丛刊本不云“五臣无者字”，是亦据本异于日钞。

季桓子受三日不不朝

案日钞“受”下脱“之”字，又衍一“不”字，丛刊本不误。

鲁用季孙

案“孙”字，六臣本作“氏”。

（以上向注）

孔墨之辨

案“墨”字同《史记》、《新序》、《汉书》，丛刊本作“翟”。校云：“善本作墨字。”是六臣所据之五臣本作“翟”，异于日钞之五臣本作“墨”。又“辨”字，各本并从言，下“伊管之辨”同。

鲁宋竟以弱

案丛刊本倒作“宋鲁”，又无“以”字。

（济注）

积毁销骨

案此句下五臣无注，日钞、丛刊本并同。胡刻此句下善注各本互有倒误，与五臣注无涉。

秦用戒人由余

案“戒”乃“戎”之讹。

穆公为霸王也

案丛刊本无“也”字。

宣王所以强威

案“强威”，丛刊本作“强盛”。

（以上良注）

垂明当世

案“明”字与《汉书》同，《史记》、《新序》作“名”，丛刊本作“名”，校云：“善本作明。”此亦六臣据本异于日钞。

由余子臧是矣

案“子臧”二字，《史记》作“越人蒙”。

朱象管蔡是矣

案连上条二“矣”字，与《史记》、《汉书》同，丛刊本作“也”。校云：“五臣作矣。”考《新序》亦作“也”。

欲杀舜

案丛刊本“欲”上有“常”字。

言朱象管蔡

案丛刊本作“计此四人”，与日钞意同而文异，疑并注时曾加润色。

文为雠敌之矣

案“之矣”，丛刊本作“也”。

（以上向注）

捐子之心

案“之”下应复一“之”字，日钞误说。宜作“捐子之之心”。子之，人名。

田常之贤

案丛刊本“贤”下有“良”字。《史》、《汉》、《新序》、善本并无之。

齐桓奏穆

案丛刊本“齐”上有“五伯”二字。[①]

（翰注）

于子南面

案“子”下脱“之子之”三字，丛刊本有。

哙死之亡

案“之”上脱“子”字，丛刊本有。

杀简公

案“杀”，丛刊本作“弑”。

常为相

案丛刊本“常”上有“以”字。

何足说之也

案丛刊本作“何足悦也”。

（以上济注）

案此节五臣注易旧说“燕王哙”为“燕国君哙”。其上竟谓属国于子之者为燕昭王，古人讥五臣为“荒陋”者，并见于此。

欲善无厌也

修其墓

案丛刊本“修”上有“而”。

（良注）

强霸诸侯

案丛刊本“强”上有“而”字，同善本。日钞无“而”字，与《史记》、《汉书》并同。但丛刊本不云“五臣无而字”，则其校勘是否有漏，抑或据本不同，疑不能明。

献公遂文公

案“遂”上丛刊本有“之”字。

免吕都之难

案“都”乃“郄”之讹。

① 日钞此注在“而三王易为比也”句下，六臣本并在“不说田常之贤”句下。

遂强霸

案丛刊本“遂”下有“以”字。[1]

仇为管仲，公子纠射桓公中钩，而桓公以为相，而一匡天下也

案丛刊本作“仇，谓管仲为公子纠射桓公中钩”，无“而桓公”以下十二字。

（以上铣注）

案日钞此节与六臣本详略差十余字，细察日钞“仇”下之“为”字，应是“谓”字；“管仲”下应有“为”字。改正误笔，则上半节两本相合。至下半节日钞所有之“桓公以为相”二句，疑并六臣注时，因避与善注引《论语》重复而从省。

诚加于心

案丛刊本“加”下校云：“善本作嘉字。”而《史记》、《新序》、《汉书》并作“加”，与五臣同。

而遂诛其身

案丛刊本、善本、《汉书》俱无“而”字。《史记》“而遂”作“而卒”。

而为人灌园

案“而”字乃日钞所独有，又日钞阑外有旧校笔云：“或本无园字。”

知其才得也

案丛刊本“也”作“之”。

使使迎之

案丛刊本作“使使往迎子仲”。

为人灌园之也

案丛刊本无“之”字。

（以上向注）

披心腹

案丛刊本“腹”下校云：“五臣作肠。”然日钞、五臣并不作肠，此种分歧，或由于据本不同，或由于校勘误混，亦六臣本使人致疑处。

隳肝胆

案各本《文选》并作“隳”，注同。《新序》亦同。《史记》、《汉书》并作“堕”。

---

① 六臣本分此注在“强霸诸侯”句下，日钞则并下段在“一匡天下”句下。

无爱于士

案丛刊本“爱”下校云：“五臣本作变。”或所见异本。《新序》亦作“变”。

桀之狗

案丛刊本“狗”作“犬”。《史记》作“狗”，《汉书》作“犬”。宋祁曰：“犬字当从浙本作狗，则近古而语直。”是日钞又可为宋祁校勘《汉书》佐证。

隳，开也。跖，盗跖也。由，许由

案丛刊本无下七字，殆并注时因善注已明，故于翰注从省。依六臣例，“开也”下应有“余注同”三字。

（翰注）

沉七族

案丛刊本“沉”下校云：“善本作湛字”。《史》、《汉》并作“湛”，同善本。

今吴王

案丛刊本“今”作“令”，是。

以剑刺之也

案丛刊本“以”上有“因”字，句末无“也”字。

（以上济注）

投人于道路

案日钞阑外校记云：“本无路字。”“本”上残缺似尚有一二字。丛刊本校云：“善本无路字。”案《汉书》无，《史记》、《新序》有。

万乘天子之也

案丛刊本无“之”字。

（铣注）

犹结怨

案日钞“犹”旁有旧校笔“秖”字，丛刊本作“秖足结怨”，善本同。盖日钞与《史记》同，《汉书》则作“秖怨结”。《新序》作“秖足以结怨”。

德重也

案丛刊本作“德重者，人不以为德故也”。

（向注）

故有人先谈

案丛刊本引“善曰谈或为游”，考《史记》作“谈”，《新序》、《汉书》

作“游”。

辅人主之治

案丛刊本“治”下校云：“善本作政字。”胡刻善本则作“治”，与日钞、五臣同。

枯木朽珠之资也

案“珠”乃“株”之讹。丛刊本校云：“善本无也字。”然胡刻善本及《史》、《汉》并有“也”字。

龙因也

案“龙”乃“袭”之讹。又日钞此注脱去题名，丛刊本作“翰曰”。

独化陶钧之上

案“化”下脱“于”字，丛刊本有。

造瓦器者也

案丛刊本无“也”字。

故比之天

案“天”丛刊本误作“矣”。此段良注，日钞在“众多之口”句下，丛刊本在“陶钧之上”句下。

任中庶子蒙之言以信荆轲之说

案“蒙”下，《史记》、丛刊本、善本并有“嘉”字，独《汉书》无之。颜监曰：“蒙者，庶子名。今流俗书本蒙下辄加恬字，非也。”顾炎武曰：“传文脱嘉字。”王先谦曰：“蒙嘉事并见《燕策》、《新序》，此文《史记》、《文选》皆作蒙嘉。”是日钞所据本乃同《汉书》脱本。又丛刊本无“以”字。校云：“五臣有以字。”所见本与日钞同。

周文五猎泾渭

案日钞阑外校云：“本无王字。”然《史》、《汉》、丛刊本并有，独胡刻善本无。此节铣注刺秦王事，前段删录善注，其下如丛刊本。六臣本并注时，删去铣复善者，故铣注起“为先言于秦王”句。

今人主沉于谄谀之辞

案句与《史记》、《新序》同，丛刊本校云：“善本无沉于字。”而胡刻善本仅无“于”字，与《汉书》同，所谓无“沉于”者不知何本。

此鲍焦所以忿于世也

案句同《汉书》、《新序》。王先谦曰：“《史记》、《文选》世下有‘而不留富贵之乐’七字。”又《汉书》“忿”作“愤”。此节济注鲍焦事，略删善注而成。六臣本先录善注，故删铣复善者，只留不羁以下十九字，后云：“余文同。”

墨子回车

故配也

案日钞误，从刊本作“故丑之”。

堀穿穴岩薮之中

案《新序》、《汉书》、善本并同，从刊本校云：“五臣本作岩穴。”此亦六臣所见之五臣本不同日钞。又《史记》“岩薮”作“岩岩”。

而趋厥下者哉

案从刊本校云：“五臣本无‘者’字。”此亦所见五臣本不同日钞。

上书谏猎一首

案从刊本无“一首”二字。

方自击熊驰逐野兽

案从刊本无“驰”、“野”二字。

回上流谏也

案“回”乃“因”之讹，“流”乃“疏”之讹，“也”字，从刊本作“之”。

（以上为题名下向注）

遇轶才之之地

案二“之”间说“兽骇不存”四字。

力不得施用

案从刊本校云：“善本无施字。”《史记》亦无“施”字，《汉书》“力”、“施”二字并无。

尽为难矣

案句下济注三十二字，从刊本录于“属车之清尘”下。

中路而后驰

案从刊本无“后”字，《汉书》亦无后字，宋祁曰：“浙本驰上有后字。”王先谦曰：“《史记》有后字。”均同日钞五臣本。

而况乎涉丰草骋丘墟

案胡刻、善本同。《汉书》无“而”字，《史记》作“而况涉乎蓬蒿，驰乎丘坟”。

不以为乐出万有一危之途

案日钞“为乐”之旁，有旧校“安”字，与《汉书》合。从刊本作“为安而乐”，与《史记》合。

万乘天子谓也

案“谓”应在“天”上，日钞误倒，无“谓”字。

（翰注）

祸故多藏

案丛刊本“故”下校云：“善本作固之字。”《史记》、《汉书》并作“固”。

坐不垂堂

而伤之矣

案丛刊本无“矣”字。

（铣注）

上书谏吴王

为吴王濞郎

案丛刊本“郎”下有“中”字。

乘秦书谏王

案“秦”乃“奏”之讹。[①]

得全者全昌，失全者全亡

案“昌”上“亡”上俱有“全”字，与《汉书》同。丛刊本则并无二“全”字。

汤武之士

案“士”字，六臣及他本并作“土”。唐人写卷，士、土二字，以两横旁有点者为士字，无点者为土字，不以上横长短作分别。

下不伤百里之心

案“里”，丛刊本及他本并作“姓”。

三光日月星不绝其明者（连下共二十七字）

案善引《淮南子》高注：“三光，日月星也。”济注不标出处，但取义，故其文如上录日钞本。丛刊本先录善注已有此语，故后录之济注删去“三光”五字，止录其“不绝”以下二十二字。

（济注）

忠臣不避重诛以直谏

案《汉书》善本并同日钞。丛刊本“以”下有“置”字，校云：“五

① 题名下济注，但节录善注而已，故丛刊本录善注，后云：“济注同。”

臣本无置字。”此六臣所见五臣本与日钞相同，而所据有置字，不知出何本。[1]

披腹心

案日钞与《汉书》同。从刊本作“心腹”，校云：“善本作腹心。”此六臣所据之心腹，乃另一五臣本，与日钞异。

下垂不测之渊

廿斤曰钧

案从刊本“廿”作“三十”。

不可测也

案从刊本作“不可得知也”。

（以上向注）

百举必脱

是以尽脱于祸

案从刊本无“以”字。

（良注）

变所欲为

案日钞与《汉书》同，从刊本“所”下有“以”字，校云：“善本无以字。”是六臣所据五臣本有“以”字也，与日钞异。

谋逆之计变也

案从刊本“变”下有“改”字。

弊无穷之极乐

案日钞此句与胡刻善本同。从刊本“弊”作“敝”，无“极”字，《汉书》同。

宄万乘之重势

案“宄”乃“究”之讹。“重”字，从刊本及他本并无之。

以居泰山之安

案“以”字同《汉书》，从刊本及他本并无。

不知就阴而止

案“知”字与《汉书》同，从刊本作“如”。[2]

---

① 《说苑》亦无置字。

② 《说苑》作如。

楚之善射者也

案“也”字与《汉书》同，从刊本有“也”字。

乃百步之内耳

案“乃”字与《汉书》同，从刊本“乃”下校云：“善本无乃字。”

言养由所得百中者

案从刊本“由”下有“基”字。

与之相北

案“北”乃“比”之讹。从刊本“之”作“人”。

言操持之也

案从刊本无“言”、“之”二字。

（以上铣注）

祸何自来哉

案从刊本“哉”下校云：“善本无哉字。”《汉书》亦无“哉”字。

殚极之绠断干

案“殚”，《汉书》作“单”，王先谦曰：“《文选》加歹为殚，不可从。”“绠”字，从刊本作“统”，校云：“五臣本作绠。”此与日钞同。

殚尽也绠索也

案从刊本无上三字，殆以已见善注，故并注时删去。

（翰注）

渐靡使之然也

靡磨也

案从刊本“磨也”作“无也”，似非浅人所改。《荀子·性恶》“靡使然也”，杨注：“或曰靡，磨切也。”枚叔用荀子语。“靡”盖通作“劘”。

（济注）

至文必过

寸寸度

案“度”下脱“之”字，从刊本有。

必有盈缩矣

案从刊本无“矣”字。

皆不中

案从刊本“中”下有“也”字。

（以上铣注）

径而寡失

若称文量

案“若”下脱“石”字，丛刊本有。

（良注）

手可擢而拔

案以“拔”为“拔”，见北周《赵智侃墓志》。《汉书》作“拔”，丛刊本“拔”下校云：“善本作抓字。”

先其未形也

案“也”字，《汉书》同，丛刊本校云：“善本无也字。”

不见益也

案丛刊本“见”下有“其”字，句末“也”字，与《汉书》同。

有时而亡

案日钞“亡”字形“止”混，此“亡”字旁有校笔作“亡”，又同见吴季重《答魏太子笺》。

恐一朝见困矣

案丛刊本讹“困”为“用”。

磨砻砥皆磨石

案丛刊本“皆”上有“砺”字。

臣愿大王熟计

案丛刊本无“大”字，又校云：“五臣本无臣字。”所见与日钞异。

此百世不易之道也

按日钞脱“也”字。

上书重谏吴王一首

案丛刊本无“一首”二字。

既举兵及

“及”乃“反”之讹。

（题下济注）

昔秦两举胡戒之难

案“戒”乃“戎”之讹。又《汉书》“昔”下有“者”字。

南距羌莋之塞

案“莋”同《汉书》。丛刊本作“笮”，校云：“善本作莋字。”下文同。

而又反能东向

案从刊本无“反”字。

（良注）

厉荆轲之威

当率五国逐秦

案从刊本“国”下有“兵”字。

燕后复使荆轲

案从刊本无“后”字。

（以上铣注）

并力一心悉以备秦

案从刊本及他本并无“悉”字。

而并天下者是何也

案从刊本无“是”字，又“者”下校云：“善本作是字。”善本无“者”有“是”，与《汉书》同。

愿责先帝之遗约

案此句下从刊本有“今汉亲诛其三公以谢前过”十一字，他本并同，日钞良注有“三公”字，乃正文误脱。

是大王之威

案“之”字与《汉书》同，从刊本校云：“善本无之字。”

不如朝夕之池

路言台下临路

案从刊本句首有“上临”二字，“下临”下有“苑”字。

朝夕池海水也

案从刊本无“水”字。

（以上铣注）

绝吴之饷道

鲁东海二郡也

案从刊本讹“郡”为“都”。

（良注）

亦不得已

荣阳县也

案从刊本“也”作“名”。

（铣注）

四国不得出兵以安其郡

案丛刊本及他本并无“以安”二字。

亦以明矣

案“以”，丛刊本及他本并作“已”。

赵王遂发兵应吴将郦寄园邯郸故云囚也

案“将”上应有“汉”字，“园”字应是“围”字之讹。丛刊本至“发兵应吴”句止，无“汉将郦寄”以次十一字。此十余字乃善注引应劭之说，日钞济注此十一之应是五臣删袭原貌，丛刊本无之，殆后人汇并六臣注时，以善注已明此事，故于济注内删去复善者耳。

（济注）

诣建王上书一首

案日钞此题不提行，直接上篇《重谏吴王》末句“愿大王熟察焉”之下。又丛刊本题下无“一首”二字。

江文通

景素好事

案“事”乃“士”之讹，丛刊本及绍兴重刊北宋监本《梁书·江淹传》并作“士”。

得罪连淹系州狱

案丛刊本“罪”下有“辞”字，“狱”下有“中”字。

淹既上书

案丛刊本无“淹既”二字。

（向注）

案丛刊本江文通题名下，先录善注，次录：“向曰：诣，谒也，余注同。”所谓同者，向述江淹事略与善引《梁书》同也，实则仍有异文。校记此上三则，乃向注与善之异，当是五臣真貌。

飞霜系于燕地

案“系”字误，丛刊本及绍兴本《梁书》并作“击”。

贱臣邹衍也事燕惠王左右谮之被系于狱乡天而哭盛下天为之霜降叩心言恨也

案丛刊本无“事燕”以次二十三字，殆因已具善注，故删并六臣注时，节去翰注。“下”乃“夏”之讹。

（翰注）

振风袭于齐堂

案“堂”字与《梁书》同。丛刊本作“台”，校云：“五臣本作堂。”又句下注作："济曰：袭，及也，余文同。"案日钞济述齐庶女事同善注，但字句微异，殆济袭善注而微易其文字也。

女有不易之行

案日钞本文止此句，以下佚。

奏弹曹景宗

军事左将军郢州刺史湘西县开国侯

案日钞起此，以上佚。

遘兹多幸

非分而得之多幸

案丛刊本"之"上有"谓"字，唐钞本《文选集注》所引铣注同。日钞误脱。

获兽何勤

言景宗

案日钞"言"上有汉高论功狗事，与丛刊本所录善引《汉书》一段相同，其删节《汉书》处亦同，而胡刻善单注本及《集注》所录善注皆多数字（即《考异》指出袁本、茶陵本所无之九字）。知胡刻及《集注》为李善真貌，日钞为向注真貌，六臣本则割向注为善注，遂两失之。

（向注）

锤鼎遽列

案"鼑"为"鼎"之别体，《集注》作斵，字见《龙龛手鉴·斤部》者，乃作鼎下从"斮"。

二八已陈

而已当此赐也

案"已"字与《集注》所录良注同，丛刊本作"亦"字。

（良注）

案以从事

皆以亲书从事

案"亲"字误，丛刊本及《集注》本并作"新"。

（良注）

略不世出挺拔也不略谋也世出言非世人所能出也

案丛刊本"不"在"世出"上，日钞误倒，《集注》本则脱"不"字。

（向注）

圣朝乃顾

圣胡谓梁也

案“胡”乃“朝”之讹。丛刊本无“也”字。《集注》本于铣注前有“铣日圣朝，谓梁武帝”，故删铣注此句。

（铣注）

致辱非所

案丛刊本“致”下校云：“五臣本作累。”此六臣本所见与日钞异。

臣谨以劾（胡伐反）

案日钞“伐”字阑外有校笔作“代”。

济日劾发其罪

案丛刊本脱“济日”二字。

（济注）

削爵士

案日钞“土”字，不论两横笔之长短，右旁加点者为土字。

收付廷尉法狱治罪

案《集注》本“治”作“罚”，注云：“今案钞五家陆善经本罚为治。”

白简以闻

按善本止此。日钞及丛刊本并有“臣昉诚惶”以下二十字，即《考异》所说“似善五臣之异”者也。《集注》则“闻”下止“臣君诚惶诚恐”六字。“君”字乃《集注》用为作者主名之代字，详见下“繁钦”条。又《集注》正文已删“稽首”句，仍留李周翰“稽首”注。

奏弹刘整

家无常子

兖号其家

案丛刊本此句下录善注作“青土号其家”，下云“五臣作兖土”。后又云：“良注同。”是良注作“兖土”也。疑日钞脱“土”字。案胡刻善注作“青土”，《集注》录善注则作“兖土”。

是士以義士节夫

案日钞“是”下衍“士”字。余与各本同。丛刊本校云：“五臣本義上无‘是以’二字。”是六臣所见异于日钞。

廿许年

案此与《集注》本同，各本并作“二十”两字。

叔郎整恒欲伤害

案“恒”字与《集注》本同，丛刊本校云：“善本作常字。”

前奴教子当伯

案“伯”字，日钞、丛刊本并同。丛刊本校云：“五臣本作百，后‘当伯’字同。”是六臣与日钞所见异本，惟《集注》引“钞曰：教子、当百，二奴名也”。则“百”字与六臣所见本同。又日钞自“并已入众”至“不分逡”止，凡三十二字，旁有校笔作“﹞”号，似表示此三十二字乃他本所无。又案麻注本此句下引陆善经曰：“本状云奴教子当伯已下并昭明所略。”又善单注本“整即主”句下注云“昭明删此文太略，故详引之，令与弹相应也”。由此知“前奴教子当伯”句下“并已入众”起，至“整即主”止，约八百一十字，乃昭明所删，而善本补回者。现行胡刻及丛刊本于此八百余字大体从同，日钞则有二百九十余字连弹文佚去，然以《集注》所引钞五家本推之，当与丛刊本无大异。此外《集注》本只有“寅第二庶息”至“整便打息逡”八十余字，即上文删去三十余字，下文删去七百余字。又《集注》引陆善经本，则删去《集注》本所有之八十余字。再观日钞校笔，又有删去“状首”三十二字本子。则此八百余字之删存多寡，极不一致。细审善注云“因详引之，令与弹相应”一语，知所谓“详”者，未必全，所谓“引”者，乃引作注文，并非与正文连读。故以本状羼入正文，乃后人各以己意为之，而五臣则以全状羼入者也。

以钱婢姊妹

案丛刊本及善本“以”上有“又”字，日钞及《集注》引并无。

仍留奴自使

案丛刊本“使”下校云：“善本有伯字。”日钞及《集注》引并无。

整便责范米六斗

案“斗”字，各本皆同，日钞旁有校笔作“升”。《集注》作“升”，所引钞曰作“升”，五家本两作“斗”。“升”、“斗”二字形近易混。

隔薄攘拳

案“薄”，丛刊本作“箔”。校云：“善本无隔箔字。”案胡刻善本有。《考异》云：“此尤添之，以五臣乱善。”案《集注》删节此段大异五臣，仍有“隔薄”二字，知非五臣独有，胡刻本有此，殆据本不同。又《集注》本作“簿”，后引五家则作“薄”。

突进屋中

案“屋”与《集注》本同，六臣从善本作“房”。

取车帷米去

案日钞“帷”下旁有校笔作“準”，《集注》本同作“準”，丛刊本作“准”。

车阑来杖

案日钞“来”旁校笔作“夹”，《集注》本“阑夹”字同，丛刊本作“栏夹”。

问失物之意

案丛刊本“物”下校云：“五臣本无物字。”而日钞有之，知所见异本，《集注》本亦同有“物”字。

整及整母

案《集注》引五家本同。丛刊本“及”下无“整”字。校云：“五臣作无及字。”是此校语有讹脱。

六人来共至范屋中

案各本并同，丛刊本“共”下校云：“善本无共字。”

辄摄整父母旧使奴

案日钞《集注》引并同。丛刊本“父”上校云：“善本有亡字。”

兴道先为零陵

案日钞及《集注》引同，丛刊本“陵”下有“郡”字。

得奴婢四分赋

案“赋”字日钞与《集注》引五家本同。丛刊本“赋”作“财”，校云：“善本作赋。”详六臣意，是用五臣之“财”字，故校云善作赋，但胡刻尤本善反作财，而日钞五家又反作赋，知六臣本校语殆不足信。《考异》所谓尤改之者，似未审此。又六臣本“四”下有“人”字。

乞大息寅，寅亡后

案日钞与《集注》引同，丛刊本“亡”下校云：“善本作‘亡寅’。”

各钱五千丈

案日钞与《集注》引同，丛刊本“各”下有“准”字。

先是众奴兄弟未分财之前

案日钞与《集注》引同，丛刊本“奴”下校云：“善本有整字。”“未”下校云：“善本无未字。”

寅未分赎当

案日钞“当”下脱“伯”字，《集注》引及丛刊本并有。

整归当伯行还

案日钞与《集注》引同。从刊本“行”下校云：“善本无行字。”

疑已死亡回

案日钞与《集注》引同，从刊本善本“亡”下并有“不”字。

刘整兄弟二息

案《集注》引作“第”，余同日钞，从刊本“整”下校云：“五臣本无整字。”是所见异本。“弟”上有“寅”字，校云：“五臣本无寅字。”

停任十二日

案从刊本“任”作“住”，《集注》引同，日钞误。

整即纳受

案“即”字，日钞与《集注》引同，善本亦同；独丛刊本作“则”。

二月九日夜去失车兰子

案“去”字，《集注》引作“亡”字，从刊本作“云”字，校云：“善本无云字。”又“兰”，日钞与《集注》引同，从刊本作“栏”字。

范及息逡道是采

案日钞止此，以下佚。

奏弹王源

丞王源忝藉世资

案原文“臣谨案南郡丞王源”句，日钞起“丞”字，以上佚。《集注》本“丞”下有“臣”字。

同之抱布

同抱有之事

案“有”乃“布”字之讹，《集注》本、丛刊本并作“布”。

熏莸不杂

案日钞与《集注》同。丛刊本作“熏不莸杂”。“莸”下校云：“善本作‘熏莸不’。”是六臣不从善本，而所据五臣与日钞异。

济曰季文曰非我族类其心必异哲智也

案日钞“季文子”下十二字，六臣本无之，殆前录善注已有此文，故济注中删去复见者，与《集注》所录济注相同。又《集注》所录善注有《家语》“颜回”十四字，故日钞、丛刊两本同有之济注中《家语》十四字，《集注》中济注亦从省。

（济注）

宋子河鲂

铣曰诗云岂其食鱼必河之鲂岂其娶妻必齐之姜岂其食鱼必河之鲤河之鲤岂其娶妻必宋之子姜子齐宋姓也

案日钞复出“河之鲤”三字。从刊本无引诗八句，殆因已具善注内，故从略，又脱“齐”二字。《集注》本铣注引诗止取下半章四句，亦因前录善注具全文也，“齐宋”及余文并同日钞。

（铣注）

蔑子辱亲

蔑轻也

案从刊本“轻”作“无”。《集注》本向注末无此字，殆因已见前录善注。

以明科黜之流伍

案从刊本“以”上日钞误脱“宜”、“真”二字，各本并有。

方媾如此婚姻者也

案日钞与《集注》引吕延济曰同，从刊本无“将”、“媾”、“者也”四字。

答临淄侯笺一首

案日钞与《集注》本同。从刊本、善单注本并无“一首”二字。

杨德祖

案日钞题名下注，李善、张铣及《集注》本引陆善经注，并引《典略》，但三家详略微异。

丞相主簿

案从刊本“相”下有“府”字。

曹公以修前后漏泄

案“泄”下各本并有“言教”二字。

为收杀之

案“为”字，从刊本作“乃”。绍熙本《三国·陈思王传》裴注引《典略》亦作“乃”。疑改“乃”为“为”，殆铣注真貌。

（以上铣注）

修死罪

案日钞与《集注》本、从刊本同，《集注》引“钞曰：今上此书有犯死之罪，再言之者，怖惧之深也”。又注云：“今案钞陆善经本死罪下有死罪两字。”知《集注》所据本同日钞，而所见两本则并复死罪字。又善单注本亦复死罪二字。《考异》谓为尤氏所添，似武断。《三国志》注引《典略》删此句。

弥终也

案丛刊本向注无此三字，以已见善注，故从略。《集注》引善注与单注本同有此三字。日钞乃作向注，是五臣用善注而没其名之证。

（向注）

损辱嘉命蔚矣其文

翰曰嘉命谓植书也蔚盛

案此节注，日钞全文如上。《集注》因植书已见钞曰而录在五臣之前，故翰注只截取“蔚盛”二字。丛刊本“蔚盛也”在“嘉命”之上。于李周翰顺文作注文例不合。又有“辱污也”三字，应在注首而反在注末，且据日钞则五臣无此文，据尤本则善注亦无此文，殆六臣又有混他注为五臣注者。

（翰注）

斯皆然矣

应璩时居于汝颍太祖食邑故云魏

案丛刊本无“于”字，无“太祖”下七字，殆因已见善注，故删。

（良注）

宣照懿德

案“照”，各本及《三国志》注并作“昭”，善注引《毛诗》同。惟《集注》引“钞曰：昭，明也”，昭下有四小点，似校笔作“照”。

无得逾焉

案绍熙本《三国志》与此同作“得”，但误本作“所”字。

斯须须臾也子贡曰仲尼日月无得而逾焉以比植文章

案“子贡”以下，日钞与《集注》避复他家注，故删“斯须”五字。丛刊本“须臾”下接“比植文章”，因避复善注故删“子贡”十二字。但“比”误作“北”。

（良注）

弥日而不献

今修作

案“今”字误，丛刊本作“命”是。此段铣注，日钞与六臣本同。然自“竟日不敢献”以上，乃采自善注而稍易其字面。《集注》所引善注与胡刻同，乃善注真貌。六臣本删善注而出铣注，正可与胡刻比对。许巽行《文选笔记》谓五臣混入，盖未细勘六臣本与善单注有微异也。

（铣注）

教使刊定

云后谁复相知

案“云”上，日钞脱“向曰植书”四字，从刊本有。

修又辞以无能

案丛刊本脱“又辞”二字。

（以上向注）

绝凡庸也

翰曰孔子在位……不能赞一辞秦吕不韦聚智略之士作吕氏春秋……而莫能有变易者此皆圣贤用心高大……

案日钞此段翰注，孔子一节乃善引《史记》文；吕不韦一节乃善引桓子《新论》文；又据《集注》，“聚智略之士”句，亦日钞引《吕氏春秋》文；故知删去书名，变换字面，集众说以为己说，乃五臣注之真貌。《集注》本、六臣本所录翰注皆截取“此皆”以二十四字，因上文皆复善注也。

（翰注）

悔其少作

良曰植书云……壮夫不为是悔其少壮也子雲雄字……即法言也

案日钞“少壮”二字，丛刊本作“少作”。日钞良注具如上文，六臣本则全作善注。云“良同善注”，以善单注本及《集注》所录善注勘之，善乃止于“壮夫不为”句，而良用善说之后，加“悔其少作”句作停顿，然后再以己意注“子雲”数句，日钞全为良注，具见良没善注之实，六臣全作善注，则以五臣乱善矣。《集注》本录良注，起“子雲雄字”句，盖善与良即已分录，自无须“悔其少作”句耳。许巽行《文选笔记》知善注无“雄与修同姓”之句，尚未知良注也。

（良注）

若此仲山周旦为皆有諐邪

案日钞、《集注》本全同。丛刊本“此”作“比”，“旦”下有“之畴”二字，“諐”作“嗇”。《三国志》注引“此”字同，“旦”作“之徒”二字，“为”作“则”，“保”作“愆”。

云如雄言

案丛刊本“云”作“言”。

（铣注）

窃以未为思也

案“以”下无“为”字。《集注》本、《三国志》注、善单注本、丛刊本并有。

向曰鄙宗谦词过言谓壮夫不为者

案丛刊本脱“谦词”二字，“者”字作“也”字。

（向注）

经国之大美

案日钞“美”旁有校笔作“义”字，《集注》本、《三国志》注、善单注本、六臣本并作“美”，惟《集注》云：“今案陆善经本美为义也。”知日钞曾以陆善经本校过。

岂为文章相妨害

案“为”，各本并作“与”。

吾虽薄位为藩侯

案“薄”下脱“德”字，丛刊本、《集注》本翰注及曹植原书并有。又日钞以此节为“济注”，误，应是翰注。

诵咏而已

案名《文选》本并作“诵咏”，绍熙本《三国志》作“诵歌”，易培基补注本作“歌诵”。

矇瞍昏耄

案日钞、丛刊本同，《集注》本济注“昏”上有“犹”字。

（济注）

惠惠子之知我

案上“惠”乃“恃”之讹，《集注》六臣并作“恃”。此节注，《集注》本前录善注止引植书二句，后录良注凡五十二字，良注起二句同善注，但改善之“曰”为“云”，又减善一“也”字。观此则善与良之别甚明。乃善单注本并下半之良注共五十一字全作善注，六臣本亦全以五十一字为善注，下云：“良同善注。”此亦五臣乱善之例也。《考异》谓：“袁本无后半三十七字，是。有者，乃并五臣入善。”不为无见。

（良注）

季绪璅璅

案《集注》讹“季”为“香”。

修云何足以云

案《集注》本“修”上有“故”字，下“云”作“言”，是。

（铣注）

与魏文帝笺一首

案“一首”二字，日钞、《集注》、善单注本并同，丛刊本无。

繁休伯

案日钞题名与文题隔一空格，不另行。题名向注，袭用善说有删润。丛刊本作：“向曰：‘繁，步何反，余文同。’”谓同善注也。然《集注》引“《音决》：繁，步和反”。知吕向此注全袭旧文。日钞夹注下直接本文“正月八日”云云。

领主簿繁钦

案“钦”字，各本同，惟《集注》本“君”。案《集注》本屡以“君”字代作者名，如任昉《奏弹曹景宗》结末作“臣君诚惶诚恐”，任昉《奏弹刘整》起句作“御史中丞臣任君稽首言”，但结仍作“臣昉诚惶”。又六臣本无“繁”字，亦无校语，与日钞及胡刻并异，殆据本不同。

薛访车子

案此四字，日钞、丛刊本、善单注本并同；《集注》本“车”讹“申”，而注仍作“车”，是亦从同。《魏文帝集》叙繁钦云：“余守谯，繁钦从，时薛访车子能喉啭，与笳同音。”（见善注引。篇题从《全三国文》卷七）又有《答繁钦书》云：“固非车子喉转长吟所能逮也。”（《艺文类聚》四十三引）是车子应为一职名。故善注引《左传》“叔孙氏之车子钼商获麟”释之。孔疏释杜注云：“杜以车子连文，为将军之子，钼商是其名也。”然孔疏又云：“《家语》说此事云：叔孙氏之车士曰子钼商。王肃曰：车士，将军者；子，姓；钼商，名。今传无士字。服虔云：车，车士；子，姓；钼商，名。”今姑不论《左传》异诂，断以车子为将车之士，于魏文原书，可无窒碍。然繁钦笺云“年始十四”，又恐年幼不胜将车之任。此可疑之一说也。《集注》云：“今案钞，车上有弟字。”又云：“钞曰：姓薛，名访，兄弟之子也。”是谓薛访之弟名车者，有子能喉转也。《集注》又云：“陆善经本车为弟。”即陆本作“薛访弟子”，可解薛访之弟之子，义与钞曰相同，此又一异说也。李周翰注、日钞及《集注》别云“薛访车姓名”，未免望文生义。丛刊本引五臣作“薛访车子姓名”，可读为薛访是车子之姓名，此虽无据，亦一说也。上所引本，流传多歧，时代荒远，竟难究诘矣。

鼓吹乐署也

案《集注》同，丛刊本误“乐署”为“音乐”。

薛访车姓名

案《集注》句末有“也”字，丛刊本“车”下有“子”字。

（以上翰注）

能喉啭引声

案日钞、丛刊本、善单注同作“啭”。《集注》作“转”，注云：“《音决》：转，丁恋反。”又云：“今案五家本转为啭。”此与日钞正同。

哀音外激

案《集注》同此。丛刊本“音”作“声”，校云：“善本作音字。”此又六臣所见五臣本异日钞者。

幽暗散绝也

案《集注》同，丛刊本脱“暗”字。

（铣注）

巧竭意遗

案“匮”作“遗”，日钞与《集注》并同，字又见《唐润州魏法师碑》。

匮之也

案“之”乃“乏”之讹，丛刊本不误。

（翰注）

而此孺子

案“孺”作“孺”，日钞与《汉书》同，《集注》则作“孺”。

优游转化

案“转”字与《集注》同，丛刊本作“变”，校云：“善本作转。”是所据异本。

余弄未尽

案“弄”字，各本并同，《集注》引音决作“哢”。

悲怀慷慨

衽襟流皃

案“衽襟”，与《集注》同。丛刊本作“衽，衣衿”。日钞“流”上脱“泫”字，《集注》，丛刊本并有泫。

慷慨叹息

案日钞与《集注》同。丛刊本“息”下有“皃”字。以上日钞及丛刊本皆并作一节，《集注》于“流泉东逝”下多分一节。

（以上铣注）

謇姐名倡

案“倡”字日钞与丛刊本同，《集注》本作“唱”，注云：“今案钞音决唱为倡。”

佥曰诡异

翰曰诡奇也

案日钞与丛刊本同，《集注》作“吕向曰”。

案日钞、五臣本，与唐写《集注》本多别体字，两本或全同，或微异，兹不备录，其最易混目者，为“喉”与“唯”，因末笔斜拖，横礫难分也，《魏张始孙造象》直以隹为侯。又如“宋”。

答东阿王笺

案日钞与丛刊本同，《集注》与善单注本题下并有“一首”二字。

陈孔璋

案题名下向注“远绍辟之”，日钞“远”字乃“袁”之讹。案此节注，止东阿六字是向注。余皆善注。许巽行以为全是五臣注，亦误。

披览粲然

案“粲”作“㷓”，日钞与《集注》同（又见《周圣母寺四面象碑》）。

高俗之材

案日钞“俗”旁有校笔“世”字，丛刊本作“俗”，校云：“善本作‘世’。”《集注》本作“世”，其济注则作“君侯高俗”，明是五臣避改。

明皃

案丛刊本作“粲然，明白貌也”。

（翰注）

拂锺无声

案“拂”字，各本并同，《集注》引“《音决》：刜，芳勿反，或为拂，非”。考《说苑》原作“拂”。或疑此《音决》未必即公孙罗所著《音决》，不为无因。

过曰欲说东诸侯

案日钞此句，良注也。丛刊本作善，于良曰下云余文同；善单注本与丛刊本同。《集注》本所录善注此句作“欲东说诸侯王”，与《说苑》原文合，当为善注真貌。知丛刊本及单注本之善注反与日钞合者，实以五臣注为善注。

音义既远

案“音”字，各本并同，《集注》云：“今案钞‘音’为‘指’。”

焱绝焕炳

向日焱绝焕炳言文词光明也焱火光焕炳皆明也

案此为五臣注原貌，丛刊本无下八字。

（向注）

夫之白雪之音

案上“之”字误，旁有校笔作“间”。《集注》本、丛刊本并作“听”。

然后东野巴人

案日钞、丛刊本同，《集注》本无“后”字，注云：“今案钞五家陆善经本，‘然’下有‘后’字。”

欲罢不能

案日钞与丛刊、胡刻并同，《集注》本“罢”作“疲”，注云：“《音决》：罢音皮，又如字。”是《音决》与日钞等本同，而《集注》独异。

谨韫椟玩耽

案日钞、丛刊同作“耽”，《集注》作“躯”，引《音决》云：“耽，多含反，或为躯，同。”知《音决》又作“媅”。耽、躭、媅诸字，另详见拙稿《敦煌写本文选考异》张平子《西京赋》“躯乐是从”句下校记。

以为吟诵

案日钞、丛刊本、《集注》本并同。《集注》云：“今案钞吟为琴。”是《集注》所谓钞又一别作“琴”，恐误。

韫藏椟匮玩珍耽好也

案日钞与丛刊本同。《集注》引良注自“玩珍”字起，因上文已引马融《论语注》“韫，藏也；椟，匮也”，故良注从省。以此知五臣袭用旧说多不标名。

（良注）

答魏太子笺一首

案丛刊本无“一首”二字。

吴季重

案题名下注，铣用善注，故丛刊本云：“铣同善注。”

以文帝所善

案“文”下脱“才为文”三字。

官至振盛将军

案“盛”字讹，丛刊本作“威”。

（以上铣注）

质臣言

案日钞“质臣”二字误倒。

奉读手令

案“令”旁有校笔“命”字，从刊本作“命”，向注亦作“手命”。

追正虑存

案“正”旁有校笔“亡”字，日钞用别体，凡“亡”字似“止”，又似“正”，枚叔《上书谏吴王》，亦有此校。是校者尚未悟其为别体字，殆校者与钞者之时代相距已远。

恩哀之降

案“降”字，从刊本作“隆”，校云：“五臣作降。”与此同。

岁不我与

案从刊本倒作“与我”。翰曰：“不与我，言不留也。”知五臣正文原作“与我”，殆日钞所据正文本又不同于注本耶？

冉冉疾行自

案“自”字乃“皃”之讹。

（翰注）

可终始相保

案从刊本同，“保”下校云：“五臣本作报。”此六臣所见五臣本与日钞不同。

众贤陈谓徐

案日钞有脱误，从刊本作“众贤谓陈徐之流也”，是。日钞上注在“相保”句下，六臣本录在“相保”句前。

（良注）

诚如来命

案从刊本同，“诚”下校云：“五臣本作试。”此又六臣本所见与日钞异。

凡此几此数子

案“几此”二字衍，从刊本作“凡此数子”。

谓冠至也

案“冠”乃“寇”之讹。

言众来如车辐之凑

案从刊本无“来”字。

（以上向注）

臣窃听之

案“听”字误，旁有校笔作“耻”。丛刊本正作“耻”。

后来君子

谓後後者也

案下一“後”字乃“俊”之讹。

（铣注）

伏惟所天优逝典籍之场

案“逝”字讹，旁有校笔作“游”。又丛刊本有校云：“善本无伏惟所天字。”然胡刻善本有此四字，且有善引《左传》乃何休说以释天字，而丛刊云“善本无此”，当是所据异本。

休息篇章之圃

案丛刊本“圃”下校云：“善本作囿。”

此众议所以归高

案丛刊本“所”下校云：“五臣作可。”此六臣所见五臣本异日钞者。

远近所以同声

案丛刊本“声”下有“也”字，而无校语，是所据五臣及善本并有“也”字。今日钞五臣与胡刻善本并无“也”字，明是所据异本。而《考异》云：“袁、茶本有也字，何校添，陈同，是也。”覈以日钞，知义门、少章诸氏之所是，亦有异而不知考耳。

吾世时在军中

案“世”乃“三十”之讹。

太子书云吾德不及萧王年与之齐矣故质以此答之

案丛刊本无“太子”以次十五字，因善注引此十六字已录于前也。依六臣本例，向曰之末应有“余注同”三字。又向注“所天”、“抗高”、“萧王”、“同声”四节，六臣本分录四处，日钞则并在同声句下。

（以上向注）

已卌二矣

案“卌”，丛刊本作“四十”二字，又有校云：“五臣本无已字。”此亦所见异本。

平且之时也

案“且”疑“日”之讹，丛刊本作“生”，有校云：“善本作日字。”

游宴之叹

案“宴”字原笔如上，“叹”字讹，旁有校笔作“欢”。

下遇之才

案"遇"乃"愚"之讹。

略陈至惜

案"惜"字讹，旁有校笔作"情"。

在元城与魏太子笺

案题下向注，乃向用善注。

耀灵慝景

案"耀"同善本，丛刊本作"曜"字。又"慝"字，丛刊本、善本并作"匿"，是。

平原入秦

案此节济注虞卿平原二事，并袭善注。

初至承前

铣曰承前谓前人之教化也

案丛刊本无"承前"、"也"三字。

（铣注）

北邻柏人

案丛刊本此节作"翰曰：柏人，县名，余文同"。所谓同者，以日钞比勘，乃翰袭善注而略节其字也。

唱然叹息

案"唱"乃"喟"之讹。

想李齐之流

案"想"旁有校笔作"存"。丛刊本作"存"，有校云："五臣本作想。"是六臣所见五臣本，与此日钞同。

逸豫于壃畔

案以"壃"为"疆"，见《魏恒州刺史朝韩震墓志》。

因非质之能也

案此钞校笔"因"旁有"固"字，"能"上有"所"字。"固"字，各本同；"所"字，丛刊本无，善本有。

赋事行资于故实

案"行"下校笔补"刑"字，是。

寿王去侍从之娱

虞兵寿王

案"虞"，各本及《汉书》皆作"吾"，班固《两都赋序》作"虞"，善注引《汉书》同，王先谦《汉书补注》谓《说苑》、《新序》“吾丘”、“虞丘”并见，“虞”、“吾”，古同音，又“兵”乃“丘”之误笔。铣注此节，两引《汉书》，皆作善注。

张敞在外

案此节向注张敞、陈咸事，全同善注。丛刊本曰：“向同善注。”

愿左右之勤也

案丛刊本同作“愿”，校云：“善本作显字。”翰注：“愿在左右，亦质之心。”知五臣原据本作“愿”，与善异。

为郑冲劝晋王笺一首

案六臣本无“一首”二字。

题名注

案“公卿将校”之“校”，误笔作“授”。

褒德赏功有自来矣

案日钞止此，以下佚。

日钞此卷，为现存最古之《文选》五臣注本，可以窥见未与善注合并时之原貌。其有裨于选学者，举其例，约有下列诸事：

（一）可证五臣袭改善注。如邹阳书“王奢却齐”注条。

（二）可证五臣注有为人误乱处。如邹阳书“为魏取山中”、“卒相中山”及《答临淄侯笺》“蔚矣其文”各注。

（三）可证六臣本割并五臣及李善注有两误处。如《奏弹曹景宗》“获兽何勤”注条。

（四）可证六臣本之误字。如邹阳书“陶钧之上”良注之误“天”为“矣”。

（五）可证六臣本校语之歧异。如邹阳书“披心腹”句，校谓五臣作“肠”，然日钞实作“腹”。《答魏太子笺》“诚如来命”句，校谓五臣作“试”，然日钞实作“诚”。又“终始相保”句，校云：“五臣作报。”然日钞实作“保”。

（六）与《史记》、《汉书》参校。如《谏猎书》“中路而后驰”句，同《史记》而异于《汉书》。“而况乎涉丰草骋丘墟”句，同《汉书》而异于《史记》。又邹阳《狱中上书》“有白头如新”句，善本、六臣本并无句首之“有”字，惟日钞此卷有之，《史记》、《汉书》、《新序》同，足正善本之夺误。

（七）可与日本旧钞《文选集注》参校知其异于各本。如《答临淄侯笺》“若此仲山周旦”句，各本“旦”下有“之畴”二字，惟日钞与《集注》本无之，异于众本。

（八）有旧校笔可资参证。如吴季重《在元城笺》“想李齐之流”句，日钞“想”旁笔作“存”，乃用李善本。又《答临淄侯笺》“经国之大美”句，日钞“美”旁有校笔“义”字，乃用陆善经本。惟日钞校笔有不悟钞手用别体字者，如吴季重《答太子笺》“追正虑存”句，日钞“亡”字用别体，而旁有校笔作“亡”，是校者未悟其为别体也，殆钞与校之时代，相距已远。

（九）钞本正文有特异者。如邹阳《上书重谏吴王》“并力一心悉以备秦”句，善本、六臣本、《汉书》并无“悉”字，独日钞有之。

（十）《奏弹刘整文》，五臣以昭明所删本状补入正文者八百余字。他本补引，则详略不一。上举各点，皆足资研究，特为指出，余详各句下记。惟日钞习用别体字，如“亡”字作“正”，“宋”作“宗”，“土”作“士”之类。又脱字[①]、衍字（如邹阳书济注“赐之死，取之死其尸”句，衍“之死”二字是）、误字（如邹阳书“秦用戎人”之“戎”误作“戒”，“枯木朽株”之“株”，误作“珠”，注中如“樊于期”误作“于斯”之类），触目皆是，并随文举例，具见前校记中，不复缕述。

日钞此卷，承京都大学吉川幸次郎教授远道邮假，厚谊可感，谨此志谢。

原载《东方文化》第三卷第二期，1956年

① 如邹阳书“则人主必袭按剑相眄之迹”句，注首脱“翰曰”二字是。

唐代文选学略述

《文选》一书，自隋讫今，为学文者必读之书。康南海《桂学答问》云："文先读《楚辞》，后读《文选》，则材骨立矣。""《文选》当全读，读其笔法、调法、字法。兼读《骈体文钞》，则能文矣。"清世盛行考据之学，考据家亦重文事，戴震其特出者也。戴氏言："做文章极难，阎（若璩）能考核而不能做文章，顾（炎武）、江（永）文章较胜。己则如大鈩，入如吾鈩一铸而皆精良矣。"言下颇自负。彼论文有二种，刚者如大坚石，柔则软如绵。又评相如"《封禅文》颜色如天上云霞，奇丽绝"（段玉裁编《东原先生年谱》），可谓善读文者矣。戴氏治《楚辞》，深懂文章肌理，刚柔之说似先于桐城姚氏，而在声色格律四字提出之前，创谈文"色"之美，尤具卓识。盖考核之务，必以文章修养培植其根基，所造有浅深，对于古人文笔之理解，亦视此而定。今之学人，文、史判为两途，考核家只论史事，无暇及于文章，与文绝缘。夫文理未通，未明古人立言之义例、行文之脉络、立论之轻重，欲求免于误解者几希！过激者且贬选学为妖孽，试问有几人真能读懂《封禅文》者！

苏轼力讥昭明书去取之谬，不知秦汉魏晋沉博绝丽之作，罔不在是。张戒因言："子瞻文欠宏丽，正坐读选未深。"其说良是。朱子论《封禅文》出于误解（见《岁寒唐诗话》，文廷氏《纯常子枝语》二十七引之），迥不如东原之精辟。

明代复古，《文选》一书弥受重视，一时有"选体"之目，山阴王思任云：

有论孟之显，则必有墨兵蒙（庄）寇（列）之幻。穷则定至于变，通则适反其常，此不易之理也。然而变起于智者，又通于智者，此三百篇诗之大常也，一变之而骚，再变之而赋，再变之而选，再变之而乐府、而歌行，又变之而律，而其究也，亦不出三百篇之围范。（曾益《李贺诗解序》）

标揭骚赋之后有“选”之一体，此自指选体诗而言。元明以来，选诗多有别出单行之本，如元刘履之《选诗补注》，明冯惟纳（《诗纪》之作者）之《约注》。故诗中选体，成为独立式样，不与乐府、歌行、律句同风。至于今时，学诗者无不溯源于选体，职是故耳。

《文选》所收，多历代传诵之名文。魏晋六朝以来，学文者起于髫龀之年，无不诵习之，朗朗上口，史书所记，可供谈助，举例言之：

蜀鲁国刘琰为固陵太守，后主（刘禅）立，封都乡侯。车服饮食，号为侈靡，侍婢数十，皆能为声乐，又悉教诵读《鲁灵光殿赋》。（《蜀志》卷一〇《琰传》）

晋末，郭澄之西向为刘裕诵王粲诗“南登霸陵岸，回首望长安”句，裕遂不再西伐。（《晋书》卷九二《文苑传》）

宋刘显，瓛族子。六岁能诵《吕相绝秦》、贾谊《过秦》。号曰神童。（《南史》卷五〇《刘瓛附传》）

齐宜都王刘铿，明帝诛先帝诸子，铿咏陆机《吊魏武赋》：“昔以四海为己任，死则以爱子托人。”

王华闲居讽咏，常诵王粲《登楼赋》：“冀王道之一平，假高衢而骋力。”（《宋书》卷六三《华传》）

隋李德林年数岁，诵左思《蜀都赋》，十余日便度。（《隋书》卷四二本传）

北齐时嬖幸赵鬼能读《西京赋》，言于东昏侯曰：“柏梁既灾，建章是营。”灾乃大起芳乐、玉寿等诸殿。（《通鉴》卷一四三）

撰《茶经》之陆羽得张衡《南都赋》，不能读，危坐效群儿嗫嚅若成诵状。（《新唐书·隐逸传》）

宋璟七岁能属文，一遍诵《鵩鸟赋》。（《颜鲁公文集》卷四）

足见名篇名句之魅力，前贤在儿时多能成诵，赋中之《西京》、《蜀都》、《鲁灵光殿》乃长文巨制，尚为人所笃好，《鹏鸟》、《过秦》短篇精警之作，一遍便上口，六岁童子优为之。昔贤无不能文，实与讽诵默识有关。杜甫诗云："呼婢取酒壶，续儿诵《文选》。"杜公子之烂熟《文选》，因之有"熟精《文选》理"之句！

隋开皇七年，以秀才、明经、进士三科，考试选拔官吏，《文选》成为试士出题之读本。《北史·杜正言传》云：

> 杨素试正言题，令拟《上林赋》、《得贤臣颂》、《燕然山铭》、《剑合铭》。

故士子多摹拟《文选》名篇。李白前后三拟《文选》，不如意辄焚之。惟留《恨赋》、《别赋》；今集卷一只存《恨赋》一首（《酉阳杂俎》前集卷一二）。又若岑文本有拟扬雄《剧秦美新》一篇，见《全唐文》卷一五〇，又载《文苑英华》卷三五九。《新唐书·艺文志》有开元处士卜隐之《拟文选》三十卷，殆收摹拟诸作，惜其书失传。

东友冈村繁论《文选》自编撰以来，颇遭冷落，至萧该始为《文选音》，遂导《文选》学之先路（《学术集林》卷十一）。实则早期《文选》所收诸赋，多有音、注之作。刘宋御史褚诠之著《百赋音》十卷，已能综合前人之作，远在萧该之前。诸赋名篇，自来多已别写成书单行，《新唐书·艺文志》著录有：

> 司马相如《上林赋》一卷
> 张衡《二京赋》二卷
> 《三都赋》三卷
> 左太冲《齐都赋》一卷

知当时各赋均别帙行世。唐时《文选》所收，有注之赋，见于著录者：

> 曹大家《注班固幽通赋》一卷
> 项岱《注幽通赋》一卷
> 薛综《二京赋音》二卷

綦毋邃《三京赋音》一卷

今观柏林所藏吐鲁番出《幽通赋》注，非李善注本所采之曹大家注，或即项岱之注，有待细考。《文选》史述赞李善注引项岱三条，刘昭《续汉祭祀志》李贤注亦引项岱（误作威）注文。

綦毋邃音即《三都赋》注，共三卷，见《隋书·经籍志》引《七录》、《隋志》：梁有《诫林》三卷，綦毋邃撰。《通典》九五：晋哀帝兴宁中，有綦毋邃驳尚书奏事一条。其人盖晋穆、哀时人。日本《文选集注》抄本及《御览》引綦毋氏注六条（阮廷焯有辑本，见《大陆杂志》三三，四期）。梁有张载及晋侍中刘达、晋怀令卫瓘（权）注左思《三都赋》三卷，亡。《三国·魏志·卫臻传》裴注称：子楷，楷子权字伯舆，晋大司马汝南王亮辅政，以权为尚书郎，权作左思《吴都赋叙》，为注了无所发明。权，陈留人，事亦见《晋书·文苑》。其《吴都赋注》，近人周法高有辑本。

梁有班固《典引》一卷，蔡邕注，亡。今李善注《典引》下仍著蔡邕注，其中另有“善曰”若干则，此外必为邕注，是未亡也。邕著《独断》，详于汉世政事。吴时巨公，注张衡《二京赋》者，先后有傅巽（一作武巽，非）、薛综。巽字公悌，北地泥阳人，客荆州，曾说刘琮降曹。文帝时侍中迁尚书，梁有《傅巽集》二卷。综，沛郡竹邑人，避地交州，为刘熙弟子，仕吴，官太子少傅，著诗赋难论数万言，名曰私载，有集三卷。综注全为李善采用。尤（袤）刻本《西京赋》“长风激于别隝”，注云：“水中之洲曰隝，音岛。”此为薛综注原文。今隝字作坞。《类篇》阜部“坞，水中可居曰坞”是也。又有晁矫者，亦注《二京赋》，未详其始末。晋室南渡，郭璞亦注《子虚》、《上林赋》各一卷。梁又有《二京赋》，李轨、綦毋邃注，亡（俱见《隋志》）。张、左二家当时合为《五都赋》六卷。善注《运命论》下引张揖《上林赋注》云：“紒，鬓后垂也。紒即髻字也。”是《上林赋》又有张揖注。凡此皆萧该、曹宪之所取资，《文选》音注之业，实当溯源于此。

萧该为《文选》作音义之第一人，众所共悉。该为萧衍第九子鄱阳王恢之孙，幼封攸侯。隋开皇初，以国子博士与仪同刘臻、外史颜之推、武阳太守卢思道、散骑常侍李若、谘议参军辛德源、内史（吏部）侍郎薛道衡、著作郎魏澹（彦渊）等八人同诣魏郡陆爽子法言处宿，讨论音韵、声调、南北是非、古今通塞，法言著其说，成《切韵》一书（据王仁昫《刊谬补缺切韵》前陆氏序文）。陈寅恪《从史实论切韵》对此八人仕履年代多所考证。其时颜之推官外史，尚未为学士也。《北齐书·颜之推传》云："开皇中，太子召为学士，甚见礼重。"可证。而萧该与何妥同至长安，则已拜国子博士，故法言序称之为"萧国子该"，《切韵》之音真正代表南音者以兰陵之萧该为主（颜之推籍琅玡临沂，刘臻则为沛国相人）。可见隋初该之学术地位。

法京敦煌卷P·二八三三《文选音》，研究者多家。王重民以书中王子渊《圣主得贤臣颂》"淬其锋"之"淬"字，《文选集注》引《音决》有云"萧，子妹反"与此卷合，遂定此卷为萧该之《文选音》。周祖谟从《广韵》音切，校其与此卷之违合，谓曹宪、公孙罗皆江都人，许淹则为句容人，江都、句容地相遍，故语音亦近，因定此卷为许淹音（说见《问学集》），理据未甚充分，尚待研究。

新旧《唐书》均言萧该著《文选音义》十卷，《隋书·经籍志》作《文选音》三卷，无"义"字。《文选·思玄赋》"行颇僻而获志兮"注下引萧该音，"颇"字本作"陂"，布义切。《离骚》"路曼曼其修远兮"，《音决》云："漫，萧武平反。"又《汉书·扬雄传》，官本引萧该《音义》。萧氏音训，残膏剩馥，仅此而已。

尚论隋唐之际，选学蓬勃原因，继承前此音注之业而外，有三事须加措意者：（一）《汉书》学与《文选》学二者之兼行互补；（二）大型类书著述之兴盛；（三）崇文、弘文二馆收藏图书对于文学资料之助益。试分述之。

《文选》收汉人文章为夥颐，汉文多近典诰之制，艰深不易诵读，隋唐间，治《汉书》者多兼攻《文选》。《隋唐·儒林·萧该传》云：

> 梁荆州陷（公元544），与何妥同至长安，尤精《汉书》，甚为贵游所礼。开皇初，赐爵山阴县公，拜国子博士。撰《汉书》及《文选音》。

该与包恺同为《汉书》宗匠。《隋唐·儒林传》记阎毗受《汉书》于萧该。该著《汉书音》十二卷，又有《后汉音》三卷，见二《唐志》。此如李善著述，《文选注》而外，又有《文选辨惑》十卷、《汉书辨惑》三十卷（《新唐书》误作李喜，"喜"为"善"之形误）。是时《文选》一书地位，远不及《汉书》之崇高，为人所重。故萧该以《汉书》闻名远在《文选》之上。"汉书学"一名在唐初极为流行，详《旧唐书·秦景通传》云：

> 景通与弟暐，尤精《汉书》，当时习《汉书》者皆宗师之，常称景通

为大秦君，晽为小秦君。景通，贞观中累迁太子洗马，兼崇贤馆学士。为“汉书学”者，又有刘纳言，亦为当时宗匠。纳言，乾封中……以《汉书》授沛王（李）贤。及贤为皇太子，累迁太子洗马，兼充侍读。（《旧唐书》卷一八九上《儒学》上）

是时《汉书》已成热门之显学，《文选》初露头角，尚未正式成学，萧该、曹宪、李善均是先行之人，萧、李兼以《汉书》名家，不特《汉书音注》有益于《文选》所收录之汉代文章，且由“汉书学”起带头作用，从而有“文选学”之诞生。

是时学人之《汉书》著述，若顾胤有《汉书古今集义》二十卷，高宗且有《御铨定汉书》八十七卷，高宗与郝处俊等撰。处俊有《集》。《唐志》所载在李善《汉书辨惑》之前，计有刘伯庄《汉书音义》二十卷，敬播注《汉书》四十卷，又《汉书音义》十二卷，姚珽《汉书绍训》四十卷，沈遵《汉书问答》五卷，皆一时隽彦，可谓盛矣。日本《文选集注》王褒《圣主得贤臣颂》旁注屡言“察云”，指姚察之《汉书训纂》中之说，此即当日治选学必旁参《汉书》之明证。

隋唐之际，江淮之间，治《文选》为作音注续萧该而后者，以曹宪为魁首。在同一地区从事《文选》音者，据新旧《唐书·曹宪传》所载，又有魏模、许淹、公孙罗诸家，极一时之盛。《李善传》称其为广陵江都人，当受《文选》于同郡人曹宪。宪于隋炀帝时参预《桂苑珠丛》（一百卷）之编撰工作，人称其该博。又为魏张揖之《广雅音》。卢照邻十岁时从曹宪及王义方受《苍》、《雅》（见两《唐书》本传），义方著有《笔海》十卷（《新唐书·艺文志》），唐初亦以博雅著闻。《隋志》类书类收《长洲玉镜》及诸葛颍之《玄门宝海》。《桂苑珠丛》见慧琳《音义》引用共一百三十余条（新美宽辑本），《珠丛》题隋诸葛颍等撰，亦为训诂类书，颍殆主持其事者。

自隋之后，王室提倡风雅，承六朝之余风，以编撰巨型类书为一时风尚。以贞观十六年成书之《文思博要》一千二百卷（高士廉有《文思博要序》，见《文苑英华》卷六九九，3606 页）、高宗时太子弘门下编修《瑶山玉彩》五百卷、《累璧》四百卷，最为巨观，惜均不存于世；惟有欧阳询《艺文类聚》一百卷、虞世南《北堂书钞》一百七十三卷，幸行于人间，可窥见此类著述之规模。私家著述若张太素之《策府》五百八十二卷，孟利贞之《碧玉芳林》四百五十卷、《玉藻琼林》一百卷（俱见《新唐书·艺文志》类书类），皆卷帙繁重，见已沦佚，从各书之命名寻求之，其内容当是有关文藻之纂辑。孟利贞且著有《续文选》十三卷，其人与曹宪相同，从事类书，兼欲赓续昭明，广其选文工作。《瑶山玉彩》一书，似即步《桂苑珠丛》未竟之绪，《新唐书·艺文志》云：“孝敬皇帝（即太子弘）令太子少师许敬宗、司议郎孟利贞、崇贤馆学士郭瑜、顾胤、右史董思敬等撰。”

《旧唐书·文苑》上《孟利贞传》云：

> 孟利贞，华州华阴人……初为太子司议郎……受诏与少师许敬宗、崇贤馆学士郭瑜、顾胤、董思恭等撰《瑶山玉彩》五百卷。龙朔二年奏上之，高宗称善。……利贞累转著作郎，加弘文馆学士。垂拱初卒。又撰《续文选》十三卷。

是书由许敬宗领衔，参预其事者郭瑜、顾胤皆官崇贤馆学士，官阶高于李善（善仅为直学士）。李善未闻参加此一工作，殆因其时在潞王（李贤）府任记室之故。

曹宪与修《桂苑珠丛》，以博该闻名，而兼治《文选》。孟利贞取途与之相同，盖非博综难以治《选》，亦惟博综而能兼治《文选》，则游刃有余，事半功倍，二者正相资为用也。

博综之业必赖大量图书之助。唐代图书之府有三：一为门下省之弘文馆，一为东宫之崇文馆，一为史馆，一时称之为三馆（三馆学士条，《旧唐书·选举志》上载其二馆而不计史馆）。《旧唐书·职官志》三云：

> 东宫官属同崇文馆，贞观中置，太子学馆也，学士、直学士，学生二十人，校书二人……学士掌东宫经籍图书以教授诸生。

按崇文馆原称崇贤馆。李善与高宗显庆三年上《文选注表》题衔为“文林郎、太子右内率府录事参军、崇贤馆学士”，时尚名“崇贤馆”。据《旧唐书·王方庆传》云：“兼侍皇太子读书，方庆言：孝敬皇帝（弘）为太子时，弘教门改为崇教门；沛王为皇太子，改崇贤馆为崇文馆，皆避名讳，以遵典礼。”是避弘字讳改弘教为崇教，避贤字讳改崇贤为崇文。可见由崇贤改称为崇文乃在李贤由沛王立为皇太子时，即上元二年六月之事（参新旧《唐书》孝敬皇帝弘及章怀太子诸传）。显庆三年李贤犹未为太子也。

门下省之弘文及东宫之崇贤二馆，皆图书之府，李善于显庆三年任崇贤馆直学士，是时郭瑜、顾胤已为该馆学士。先是，贞观中《汉书》学宗匠秦景通为崇贤馆学士，时初设馆未久也。曹宪以该博被征为弘文馆学士，以年老不赴，弘文馆乃在门下省者。当日学问该博之学人，多出身于此二馆，以图籍正在其掌握中也。不特《汉书》为然，唐代《史记》专家，亦多出自弘文与崇文二馆，刘伯庄、张嘉会、司马贞皆其例证，即张守节亦官东宫，接近二馆文士，程金造《史记管窥》已详论之。

《文选》学始于曹宪。刘肃《大唐新语》卷九《著述》云："江淮间，为《文选》学者，起自江都曹宪。贞观初，扬州长史李袭誉荐之，征为弘文馆学士。宪以年老不起，遣使就拜朝散大夫。""宪以仕隋为秘书〔学士〕（此二字据《儒林传》增），聚徒数百人，公卿亦多从之学。撰《文学音义》十卷。年百余岁乃卒。"（《儒林传》作一百五十岁卒）按肃于元和中官江都主簿，熟悉江都掌故，此为最早关于《文选》学之记载，两《唐书·儒学传》皆本此说。《新唐书·艺文志》集部总集类曹宪《文选音义》下注云："卷亡。"又经部小学类有曹宪《尔雅音义》二卷及《博雅》十卷，无"音"字（按当从《隋志》作《广雅音》），又有《文字指归》四卷（《隋志》作《古今字图杂录》），是宪所长为文字训诂，不仅治《广雅》一书而已。

曹宪著述有《文字指归》、《曹氏切韵》二书，仅见日本新美宽氏有辑本，可补汉土之缺。《文字指归》，据唐麻杲《切韵》"功"字注、"绥"字注，慧琳《音义》二，希麟《音义》一，共得五条。其"芭蕉生交阯郡"一条，云出《文字指》，则此书名或无"归"字。

另《曹氏切韵》，新氏据和书《和汉年号字钞》、《五行大义》背记、《法华经释文》（大正）、《净土三部音义》、《园太历》、《倭名类聚钞》、《弘法内典钞》等书辑出多条（见该书325—330页），试举一例，如佛条云："佛，恍忽也，言忽无常也，见《牟子》。案佛道冲妙，难以指求，故言恍忽。"以老氏解佛义甚新颖。知唐时曹宪此二书曾传至扶桑。

考《旧唐书·太宗纪》，贞观八年正月"壬寅，命尚书右仆射李靖……扬州大都督府长史李袭誉……使于四方，观省风俗"。《册府元龟》卷六〇七：袭誉为扬州总管长史，撰《忠孝图》二十卷，贞观十三年上之。袭誉于贞观十七年转凉州都督（参郁贤皓《唐刺史考》，1445页）。曹宪即由袭誉表荐为弘文馆学士也。

曹宪弟子及回乡治选学者，李善之外，如魏模、许淹、公孙罗，姓名皆暗晦不彰。许淹，句容人，周祖谟考证敦煌本《文选音》，谓出自许淹，只备一说，难为的论。惟公孙罗，赖日本存世之《文选集注》，稍有事迹可征。

公孙罗，江都人，《旧唐书·儒学传》称其历沛王府参军。沛王即李贤，是与李善同居李贤府为僚佐。罗著有《文选钞》六十九卷及《文选音决》十卷。见《日本国见在书目》。两《唐志》具有公孙罗《文选注》六十卷，《旧志》云：公孙罗《文选音》十卷，《新志》作《音义》十卷。二书卷数相同，说者均疑其为一书。据斯波六郎考证，日本《文选集注》所引，《钞》与《音决》皆见之，而每每互异，如《吴都赋》，《钞》作“郁”而《音决》作“蔚”；谢玄晖《八公山诗》，《钞》作“仟”而《音决》作“阡”之类。《集注》卷第四十七每引罗云，罗自指公孙罗说。《图书寮善本书目》卷四记“纸背间引公孙罗《文选钞》，可珍也”语，具见向来为人之所重视。

李善事迹见《旧唐书·儒学传》，《新唐书》则附其子《李邕传》。惟所记时间、人事有不尽详确者，尤以李善与章怀太子及贺兰敏之二人关系之深，须重作考证，于李善之生平行迹方能了然。

（一）李善与（章怀太子）李贤

标点本《旧唐书·李善传》云：

> 显庆中，累补太子内率府录事参军、崇贤馆直学士兼沛王侍读。尝注解《文选》，分为六十卷，表上之。赐绢一百二十匹，诏藏于秘内。除潞王府记室参军，转秘书郎。

《新唐书·李邕附传》云：

> 父善，淹贯古今……人号书簏。显庆中，累擢崇贤馆直学士兼沛王侍读。为《文选》注，敷析渊洽，表上之，赐赉颇渥。除潞王府记室参军。

按《旧唐书》“明庆”乃避讳改“显”字为“明”。善上《文选表》在显庆三年九月，本书各本皆同。李贤先封潞王，龙朔元年九月始为沛王。两传系沛王事于显庆，在上《文选表》之前，显然有混淆。兹据《旧唐书·高宗纪》列李贤大事如下：

永徽五年，在潞生皇子贤。

六年正月庚寅，封贤为潞王。

显庆元年六月，岐州刺史潞王贤为雍州牧。

龙朔元年九月壬子，徙封潞王贤为沛王……沛王贤为扬州都督。

足见贤为沛王乃由潞王徙封，事在龙朔元年九月（《唐大诏令集》三四《册扬州都督沛王贤文》：维龙朔元年岁次辛酉十月癸亥朔十七日己卯，皇帝若曰……雍州牧、幽州都督、潞王贤……是用命尔为沛王。《全唐文》一四同，详《唐刺史考》，1447页）。显庆三年上《文选注》时，善安得为沛王侍读？

又显庆元年正月辛未，立代王弘为皇太子，李善任太子右内率府录事，当在太子弘东宫，其后始佐李贤，先在潞王府，后转沛王记室，因沛王兼扬州都督，善为江都人，有地缘之谊，然其事李贤，乃在贤未为太子以前。又李贤之妃为清河房氏仁裕之孙女，仁裕于永徽四年（公元653）任扬州都督长史，贤以沛王为扬州都督在永徽五年即龙朔元年，先后一年①。见《文物》1972年二期卢粲撰《章怀太子并妃清河房氏墓志铭》。

（二）善居白塔寺

李善注《文选》始于居扬州时，曾寓白塔寺注《文选》，日僧圆仁撰《入唐求法巡礼行记》卷一云：“开成三年（公元838）十一月廿九日。扬州有卅余寺。法进僧都本住白塔〔寺〕，臣善者，在此白塔寺撰《文选注》矣。”（《入唐求法巡礼行记校注》，80页）白塔寺者，陈名僧法泰晚年居之（《续高僧传》一），与汾州抱腹、岱岳灵岩、荆府玉泉为四大名刹，见义净《南海寄归内法传》十八便利之事（王邦维校注本，121页）。

（三）李善与贺兰敏之

《旧唐书·李邕附传》云：

父善，尝受《文选》于同郡人曹宪。后为左侍极贺兰敏之所荐引，为崇贤馆学士，转兰台郎。敏之败，善坐配流岭外。会赦还，因寓居汴、郑之间，以讲《文选》为业，年老疾卒。

按善于显庆三年上《文选注表》时官衔已为崇贤馆直学士，不得谓为贺兰敏

① 此处庙号、年号疑有误。

之所荐引。考《旧唐书·外戚传》云：

（武）后取贺兰敏之为士彟后，赐氏武氏，袭封，擢累左侍极、兰台太史令。与名儒李嗣真等参与刊撰。

按《新唐书》则称其与元兢。当武氏炙手可热之时，名儒李嗣真、元兢皆与之参订著述。《新唐书·艺文志》伪史类著录有武敏之《三十国春秋》一百卷。先是萧方等著《三十国春秋》，此继其业，增益至百卷。是书残文，清汤球有辑本（在《广雅丛书》内），是敏之亦治史，故与元兢等交好。陈振孙《直斋书录解题》十二释家类收："《金刚经》一卷，唐武敏之所书，在长安。"则敏之亦工书者流。

敏之为兰台太史令，李善转任兰台郎，乃由其所汲引。若谓善任崇贤馆学士经其荐引，恐非事实。敏之败，流雷州以死，善亦流姚州。姚州今云南地，所窜更荒远，在当日被视为敏之之党羽。后遇赦始得还。

附　李善行事年表

善尝受《文选》于同郡人曹宪。

住扬州白塔寺，注《文选》。

高宗永徽六年正月庚寅，以李弘为代王，封李贤为潞王，善为潞王府记室参军，未知在何年。

显庆元年　立弘为皇太子。

三年九月　善成《文选注》，上表，是时题衔为太子右内率府录事参军、崇贤馆直学士。

四年太子　宾客许敬宗与崇贤馆学士郭瑜、顾胤等成《瑶山玉彩》，凡五百篇。

龙朔元年九月　徙潞王贤为沛王。

善为沛王侍读，公孙罗为沛王府参军。

乾封中　善出为泾川令。

贺兰敏之为左侍极，赐姓武，出为兰台太史令，善因敏之荐，转兰台郎。

咸亨二年　武敏之以罪流雷州，复原姓贺兰。

善坐与有故，配流姚州。

咸亨五年 改元上元，大赦，善获赦还。寓汴、郑间，以《文选》教授（赵夔《东坡诗序》云“李善于梁宋之间授《文选》学，注六十卷”）。

永隆年二月十九日 弘济寺写善注张衡《西京赋》。

载初元年（即永昌元年） 善卒。

善淹贯古今，人号曰书簏。或讥其不擅文，今存止《文选注上表》一篇。考同时学人若曹宪有集三十卷，郝处俊有集十卷，张太素有集十五卷，惟善无之。

善子邕，知名丁代。其孙为僧玄晏，鄂州开元寺僧，与刘长卿、袁滋善，赞宁《宋高僧传》有其传。

《王公倰神道碑》记高叔祖善，兰台、崇文馆学士，注《文选》行于时。兰台指其为贺兰敏之兰台太史令之属官。

李善注之刊刻，似始于北宋。《宋会要辑稿》：“景德四年八月，诏三馆秘阁直馆校理，分校《文苑英华》、李善《文选》，摹印颁行。……至天圣中，监三馆书籍刘崇超上言：李善注《文选》援引该赡，典故分明，欲集国子监官校定净本，送三馆雕印，从之。天圣七年十一月版成，又命直讲黄鉴、公孙觉校对焉。”此李善注雕版之经过也。《玉海》引《实录》景德四年校勘《英华》、《文选》之役，祥符二年十二月辛未又命张秉、薛映、戚纶、陈彭年覆校。郑重其事。今观韩国奎章阁《六家文选》书末附主事名单：

> 天圣三年五月校勘了毕。校勘官有公孙觉、贾昌朝、张逵、王式、王植、王畋、黄鉴。
>
> 天圣七年十一月雕造了毕。校勘印版有公孙觉、黄鉴。
>
> 天圣九年进呈。诸官有蓝元用、皇甫鉴明、王曙、薛奎、陈尧佐、吕夷简。

自天圣三年至九年参预刻书人名，具如上列，足见雕版之不易。今北京图书馆藏存李善注北宋刻本，台湾“故宫博物院”亦有相同残本，共十一卷，俱即此天圣间之国子监本（参张月云《宋刊文选李善单注本考》，《故宫学术季刊》二卷四期，1985年）。此当为李善注单刊之最初刻本。北图此本，为周叔弢所捐赠者。

《文选》学兴起问题，涉及文章总集之来源，清代学者因致力萧选，久已有所论列，如王鸣盛《蛾术编》十四、成瓘《篛园日札》、赵翼《廿二史劄记》，均有考证。《沅湘通艺录》中，学人复次其事为赋，多所扬搉，故友刘茂华著《江淮学术之启蒙及其成熟》（《浸会学院学报》第四卷一期，1977年），更为具体而微，可以参看。

《文选》为萧氏一家之学，萧该始为《文选音》，导其先路。该于荆州陷与何妥同至长安，入隋拜国子博士。何妥著有《家传》二卷，使其书存世，可考二人之交谊。

又萧大圆，梁简文帝之子，撰《淮海乱离志》，《史通补注篇》讥令狐德棻《周书》未能兼采。《北史·萧圆传》称其撰时人诗笔为《文海》四十卷，《隋志》、两《唐志》均著录，惟卷数不同，亦《文选》之流亚，堪值一记。

萧统有子三，欢、誉、詧。詧称宣帝，子归即明帝，详周贞亮著《昭明太子年谱》（附《昭明太子世系表》，载《昭明文选论集》，台湾木铎出版社）。萧瑀为梁明帝归之子，入唐为尚书左仆射。瑀尝以刘孝标《辨命论》诡悖不经，乃著论非之，以为人禀天地而生谓之命，至吉凶祸福，则系诸人，今一于命，非先王所以教人者，柳顾言、诸葛颍叹曰：是足针孝标膏肓矣（《新唐书》一〇一《瑀传》）。按诸葛颍盖《玄门宝海》一百二十卷之著者，其博洽可知，对萧瑀之称誉，非信口开河者也。

瑀曾孙萧嵩，于开元十九年奏言："王智明、李元成、陈居注《文选》。先是冯光震奉敕入院校《文选》，上疏以李善旧注不精，请改注。从之。光震自注得数卷。嵩以先代旧业，欲就其功，奏智明等助之。明年五月，令智明、元成、陆善经专注《文选》，事竟不就。"（《玉海》五四引《集贤注记》）智明、光震学术非深，其解"蹲鸱"为芋子，见讥于学士向挺之，刘肃已著其事。萧嵩终不克完成先人之业。《新唐志》："《六典》三十卷，萧嵩知院，加刘郑兰、萧晟、卢若虚；张九龄知院，加陆善经。"是善经又参与《六典》工作。

惟当日陆善经所注，不少保存于日本流传之《文选集注》。向宗鲁著《书陆善经事——题文选集注后》一文已详考之。知其以河南府仓曹参军入集贤院为直学士。开元二十二年参预李林甫注《月令》。天宝五载为国子司业。善经著《孟子注》。《文选集注》卷六十一江文通《杂体诗卅首》前识语云："音决，陆善经本有序，因以载之也。"五臣注本任彦昇《弹刘整文》，《集注》引陆善经云："本状云奴教子当伯已下，昭明所略。"又日本上野精一藏旧抄本栏外屡引陆善经本，如《文选序》"遂放湘南"，注云"陆本湘作江"，"则卷盈乎缃帙”，注云：“陆云：缃，桑初生之色也，近于黄。”《文选集注·弹曹景宗》“使蝟给蚁，聚水草有依”，注末有云“今案抄使上有致字”，五家陆善经本为“故”，所引陆说，至足矜贵。日本新美宽亦撰《陆善经之事迹》一文（《支那学》九卷一号）。《集注》卷六三善经《离骚经》注说，余曾辑要，载《楚辞书录》。对善经注《文选》之评价，屈守元曾举出三事（见《跋文选集注残本》，载《海角濡尊集》）。高阆仙早云：“寻绎（善经）注，实未见佳处。”善经能诗，有句见《贺监集》。

《新唐书·艺文志》徐坚《文府》二十卷下注云：

> 开元中，诏张说括《文选》外文章。乃命徐坚与贺知章、赵冬曦分讨，会诏从之。坚乃集诗、赋二韵为《文府》上之，余不能就而罢。

《艺文志》四复记：

> 开元中，又有卜长福者，为《续文选》三十卷。开元十七年上之，授富阳尉。

增广续补《文选》以外之文章，是一种纂文工作，与作注不同，卜氏上此书在开元十七年，前于萧嵩之新注二年，其后复有人补辑为《通选》之书，《旧唐书·文宗纪》云：

> 太和八年四月壬辰，集贤学士裴潾撰《通选》三十卷，以拟昭明太子《文选》，潾所取偏僻，不为时论所称。

《新唐书·艺文志》四著录裴潾《太和通选》三十卷，当即此书。

李善之注，在唐时引起驳议非难者，崇文馆学士康国安即著《驳文选异义》二十卷，《新唐书·艺文志》有《康国安集》十卷，次于张九龄之下，著其仕履。按《颜鲁公集》七《康使君希铣碑》云：

> 父国安，明经高第，以硕学掌国子监，领三馆进士……崇文馆学士，赠杭州长史。……先君崇文学士府君，有《文集》十卷，注《驳文选异义》二十卷。

即此人也。

开元六年，工部侍郎吕延祚进《五臣集注文选表》，后题开元六年九月十日，此即所谓“五臣注”也。

《新唐书》卷二百《文艺中·吕向传》云：

> 向字子回，亡其世贯，或曰泾州人。……工草隶，能一笔环写百字，若萦发然，世号“连锦（疑是‘绵’）书”。开元十年，召入翰林，兼集贤院校理，侍太子及诸王为文章。

又《赵冬曦传》云：

> 翰林供奉吕向、东方颢为校理。逾年，冬曦与知章、吕向皆为直学士。

按向为泾州人，先是李善尝为泾川令，泾川可能李善曾官其地，带来选学研究风气，向似受其濡染。向与贺知章、赵冬曦同为直学士。冬曦与知章皆参加开元时张说主持徐坚编括《文选》以外文章之《文府》工作。向治《文选》，并与诸贤共事，故亦致力焉。观陆善经有诗见于《贺监集》，时诸人同为选学，故有来往。

“向尝以李善释《文选》为繁酿，与吕延济、刘良、张铣、李周翰等更为诂解，时号‘五臣注’。”向出密宗巨匠金刚智门下，撰有记金刚智事，见圆照《贞元释教录》（参周一良《唐代密宗》，38页）。五臣谫陋，李匡乂《资暇录》特著“非五臣”条以斥之，至谓：“乃知李氏绝笔之本，悬诸日月焉，方之五臣，犹虎狗、凤鸡耳。”匡乂为李勉子，字济翁，官南漳守。《唐刺史考》引《福建通志·职官》称李正己大中间，漳州刺史，并云字济翁，尚待覆考。自匡乂以后，唐宋学人群起共非斥五臣而尊李善，若丘光庭《兼明书》、姚宽《西溪丛语》、王楙《野客丛书》、东坡、容斋之俦，世所共知，惟下至清世，尊李抑五臣之论，相继不绝，以至于今日。北宋坊间刻本，实以五臣为主，观天圣四年沈严为秀州刻《五臣本后序》有云：“以制作之端倪，引用之典故，唐五臣注之审矣。可以垂吾徒之宪则，须时文之掎摭，是为益也，不其博欤。”不免溢言逾分，亦可见学林与书坊，见解之悬殊，有如此者！

五臣注始刻于五代孟蜀时毋昭裔。《宋史》四七九《孟氏世家》记毋守素父昭裔，“蜀宰相，太子太师致仕”，“昭裔好藏书，在成都令门人勾中正、孙逢吉书《文选》、《初学记》、《白氏六帖》镂版。守素赍至中朝，行于世。大中祥符九年，子克勤上其版，补三班奉职”。王明清《挥麈录馀话》二记：“毋丘俭贫时借《文选》于交游间，其人有难色。发愤异日若贵，当版以镂之遗学者。后仕王蜀为宰，遂践其言刊之。印行书籍，创见于此。”盖误孟蜀为王蜀，又讹为毋丘俭（俭乃三国魏人）。此《文选》初次镂版，当是五臣注本。《崇文总目》总集类《文选》三十卷，吕延济注，即五臣本。毋昭裔本后人亦称之曰“二川”本。沈严后序云：“二川两浙，先有印本。模字大而部帙重，较本粗而舛脱夥。”颇致讥弹。真宗景德四年，始诏分校印李善注，大中祥符间，才告完成。是时毋昭裔刊版，已由其子上于朝，想校勘诸官必曾参考其书也。

现存五臣注本，日本三条家存有写本残帙。至于刻本，则有台北“故宫博物院”之陈八郎本，及北京大学与北京图书馆分藏之杭州猫儿桥河东岸开笺纸马铺钟家刻本，残存卷二十九、卷三十两卷。陈八郎本现已印行流通，书共十六册，有木记二：为“建阳崇化书坊陈八郎宅善本”，一为江琪记，内云“琪谨将监本与古本参校试正，的无舛错”，“绍兴辛巳，龟山江琪咨阅”。所谓古本是否指蜀刻毋昭裔本？而监本则明指天圣七年国子监刘崇超主事之李善注本，知曾以善注参校。杭州本据刻工人名证知为南宋初期刊本，书仅二卷，甚望有好事者能合刊影印问世，以嘉惠士林。江琪所据古本，究何所指，郑因百教授尝介绍此本谢客诗“孤屿”二字之重读，韩国奎章阁所据元祐九年之秀州学本亦有之。秀林本末引天圣四年沈严之《五臣本后序》，至为可珍，此赖傅刚之楬橥（《国学研究》卷五）。北宋时五臣本与李善本，刊校者仍时参校，不免有混淆之处。余早岁曾校三条本，而陈八郎本无缘加以利用，今老矣，无能为役，望有同志能合上举诸本再精校，所谓“古本”真相或有大明之日也。

南齐时，张融浮海至交州，于海中作《海赋》，文见《南齐书》本传，盖引申木玄虚原赋末句“品物类生何有何无”之语。张赋结尾警句云：“亡有所以而有，非胶有于生末，亡无所以而无，信无心以入太，不动动是使山岳相崩，不声声故能天地交泰。”顾恺之曰：“卿此赋实超玄虚，但恨不道盐耳。”融即求笔注之曰：“漉沙构白，敖波出素，积雪中春，飞霜暑路。”（《南齐书·张融传》）

日本所传《文选集注》写本《海赋》“朱燉绿烟，腰眇婵娟”之下，较胡刻所据尤袤本多“珊胡虎珀，群星接连，车渠马瑙，全精如此”十六字。此经黄侃校出，并讥杨翁守敬藏此卷于箧衍数十年，未能发见，如逸珠盈椀。屈守元《选学椎论初集》（上编）《文选杂述》记其事。今吐鲁番本《海赋》，此数句均残，仅存腰下一“眇”字，隐约可睹，无由勘核其原本有无此十六字，殊为可惜。西土高昌所出古写本，《文选序》以蒨丽胜，《海赋》零纸则结体秀整含蓄，字与字之间疏朗有致，风格不同，均出能书者之手笔。

唐初有以草书书写《文选》整部者，似即裴行俭。《旧唐书》卷八四《行俭传》云：“上元二年，加银青光禄大夫。高宗以行俭工于草书，尝以绢素百卷令行俭草书《文选》一部。帝览之称善，赐帛五百段。行俭尝谓人曰：褚遂良非精笔佳墨未尝辄书，不择笔墨而妍捷者，惟余及虞世南耳。”（《新唐书》一〇八本传同）《宣和书谱》一八言“行俭与马载合称裴马，工草隶，以书名家。高宗尝以绢素诏写《文选》”。此本当藏于御府。传言行俭有选谱，撰草字杂体数万言并传于代，宋宣和御府只著其草书《千字文》。行俭出河东裴氏，父仁基，其事迹又详《张说集》一九《赠太尉裴公神道碑》。

历来书家写《文选》名篇，似以《文赋》为最早。黄山谷《题跋》有《书右军文赋后》一文云：

> 余在黔南，未甚觉书字绵弱，及移戎州，见旧书多可憎。……李翘叟出褚遂良临右军书《文赋》，豪劲清润，真天下之奇观也。（《文集》卷二八）

山谷所见乃褚之临本，褚乃临羲之书者，世但知唐陆柬之写《文赋》，而不知乃渊源自右军、登善也。陆柬之行书《文赋》及《离骚》，藏台北“故宫博物院”，卷后有元至元四年五月十六日揭奚斯跋、至正廿一年五日危素跋。《宣和书谱》云：陆柬之，其隶行入妙，书《头陀寺碑》、《急就章》最闻于时，御府藏有其《头陀寺记》而无《文赋》。

后代名家书《文选》名篇见于著录者，如陆贽写《与山巨源书》，见《平生壮观》，李商隐书《月赋》，见淳熙秘阁续帖，明文徵明书《离骚》，现传有小字本。王宠曾抄《文选》全部。赵孟頫写《过秦》三篇，有董其昌跋。董书《月赋》及《登楼赋》，并见《壮观》，不具记。诗文家治选各有手抄本，如王渔洋手写之《文选钞》二册，今犹存于世，台北“中央图书馆”藏，尤可贵矣！

唐世《文选》成为考试必读之书，故有"《文选》烂，秀才半"之语，《文选》一书，流播至广且远。敦煌本《秋胡变文》中记士子求学携帙文书，内有《庄子》、《文选》(《管锥编》四册)，可以见其在边陲流行，故莫高窟所出写本断片，三十卷本、六十卷带注本、六朝精写本皆有之。《西京赋》李善注残卷，永隆中写于弘济寺，永隆之顷，李善已自姚州赦回，寓居汴、郑之间，以讲《文选》为业，是注当为经多次增订之本，李匡乂称"代传数本李氏《文选》，有初注成者、覆注者，有三注四注者"。征之《西京赋》此写卷，自是事实。知古人成书之非易！惜弘济寺所在未能考出其地点。

开元时，《文选》且为赏赉外蕃之秘籍，《旧唐书》一九六《吐蕃传》云："(开元)十八年十月，名悉臘等至京师，悉臘颇晓书故，时吐蕃使奏云：(金城)公主请《毛诗》、《礼记》、《左传》、《文选》各一部。制令秘书省写与之。正字于休烈上疏，疏奏不省。"而《唐会要》三六云："开元十九年赐金城公主书，内有《文选》。"其后宋季，大理李观音得来求《文选》，以马交换，事见《宋史·兵志》。

东则日本，早在圣德太子《十七条宪法》，亦言及《文选》，正仓院文书中有《文选音义》断简(参神田喜一郎《东洋学文献丛说》，291页)。

日本之有《文选》残卷刊本，或谓在延喜十三年良峰众树所刊，时当五代梁乾化三年，即凤历元年，去唐六载耳。仅存曹子建《送应氏诗》第二首及孙子荆《征西官属送于陟阳侯作诗》一首。傅云龙从贵阳陈氏渠得见此残本，为之影刊，载于《籑喜庐丛书》之三，此书光绪十五年李文田题耑。傅氏有跋，谓此为源亲房藏本，有印记。亲房任参议在永仁、延庆间，永仁元年即元之至大元年也，参傅云龙《游历图经馀记》一四。但日本学人以为赝作。《五代史补》记《文选》镂版于孟蜀毋昭裔，后于延喜此本二十载有余矣(《文选》版本扼要叙述，今不赘，见屈守元《文选杂述》，载《选学椎论初集》，台湾贯雅文化公司印)。

萧选以外，文章之苴补选辑，唐人多所致力，以广昭明之不逮，惜至今皆无传于后。章樵《古文苑》选录颇精，但不以《文选》为书名。

明代"广文选"、"续文选"一类之书殊夥，兹记其版本如次：

《广文选》，刘节编，嘉靖十六年晋江陈氏刊。

又，马维铭编，无佚草堂刊定，万历四十六年刊。

《广文选删》，张溥编，明刊本。

《广广文选》，周应治纂，万历二十四年刊。

《续文选》，胡震亨撰，万历刊本。

《续文选》，汤绍祖编，万历三十年海盐刊本。

其抽取《文选》某一类而单刊者，重要版本如：

元刘履《选诗补注》，台北“中央图书馆”藏黑口本。

明冯讷《选诗约注》，万历辛巳槜李沈恩孝刊本。

明郭正域辑《评点选赋》，凌蒙初辑评，香港大学藏朱墨套印本。

至于拟选之作，遽数之不能终其物，其传世作品，约举二三，如宋毛滂《拟秋兴赋》，明王宠《拟感旧赋》（《槜李丛书》本），清阮元有《拟射雉赋》（《揅经室四集》）。

《文赋》一篇，拟作特多，明嘉禾姚绶有《次韵拟文赋手书》一卷，见《穰梨馆书画录续编》卷六，末有王澍跋语。入民国，江阴夏孙桐亦有《次韵拟文赋》之作，见《观所尚斋文存》卷一。

连珠一体，后世拟撰尤众，详《簪园日札》记“七辞及连珠”条。

清人为连珠体者，以鄙陋所知，如王夫之有《连珠》二八首（本集卷一），陈济生有《广连珠》一卷，钮琇《竹连珠》（台北“中央图书馆”藏顾沅《生死管》抄本），张之洞《连珠诗》（《广雅诗集》下册），俞樾《梵珠》取佛经语纂成连珠一百八首（《曲园杂纂》卷四二）。

前人对《文选》一书评骘，每抑扬任声。姚炫《唐文粹序》誉《文选》为奇书，陆龟蒙叹昭明之后，无后继者可操选政。明人则有讥《文选》为兔园册子者。（平湖钱士声著《甲申传信录》，尝于僧寺读《文选》，一僧曰秀才如许年岁，尚读此兔园册子。丁传靖《阇公诗存》卷六因有“读选还遭恶口禅”之句。僧人信口开河，固不足为训。）

前代文家靡不资《文选》为馈贫粮，杜甫采撷至富，具见李详之《杜诗证选》，其袭用选句不胜偻指。杜于《文选》，深有体会，其《示宗武》诗云：“熟精《文选》理。”《宋史·艺文志》著录词人张元幹有《文选精理》二十卷，以“理”为书名，取自杜公，可见其深造有得。书竟不传于后，惜哉！世不乏湛深选学之士，安得玩咏旧文，加以爬梳，抉发《文选》之精理，续前人失传之秘，谨拭目以俟之。

一九九八年春

补记

拙文考曹宪事迹与李善及贺兰敏之之关系，颇有发蕴之劳。近见吴之邨惠贻其《滕王阁与孟学士》一节，考出孟学士即王勃《滕王阁序》云“腾蛟起凤，孟学士之词宗”。《唐代墓志汇编》开元〇七四《马怀素墓志》云：“父文超，龙朔初，黜陟使举检校江州寻阳丞，弃官从好，遂寓居广陵，与学士孟文意、魏令谟专为讨论，具有撰著。”怀素即文超之第三子，《新唐书·怀素传》称客江都师事李善。文超、怀素父子皆客寓广陵，于是知孟学士应指孟文意。《新唐书·曹宪传》谓，宪以《文选》授诸生，而同郡魏模、公孙罗、江夏李善相继传授。因谓魏模即《马怀素墓志》之魏令谟。

又据杨炯《王子安集序》：“九岁读颜氏（师古）《汉书》，撰《指瑕》十卷。十岁包综六经……自符音训。时师百年之学，旬日兼之。……沛王之初建车也，博选奇士，征为侍读。”勃被征入沛王府，实与李善共事。“百年之学”指曹宪，宪年一百五岁。故以王勃亦属江都《文选》学派人物。又于《文苑英华》卷六五六载王勃二文，《上武侍极启》，一称“武氏流雷州，善以牵连贬姚州”。王勃交趾省父，作《滕王阁序》，而有“兴尽悲来”之叹，似为武敏之而发。是亦足备一说，故附记之。

敦煌吐鲁番本文选序

拙编《敦煌吐鲁番文选》，网罗世界各地收藏《昭明文选》古写本之残缣零简，由于闻见所限，未能全力以赴，久置箧衍，未敢厘定，赖荣新江兄之助，得以整比完编。就中柏林藏吐鲁番写本《幽通赋》并注，新江携来，尤为难得。比勘李善注引曹大家注，不是一物，疑出《汉书》旧注，一时难下断语，故刊于附录，用俟贤者之探讨。又《中国历史博物馆藏法书大观》收入之《五等论》，原为傅增湘旧藏，学界似有不同意见，本书暂行从略。法京收藏诸件，年前尝向巴黎国家图书馆申请，获得印行权，所有费用由北山堂佽助，谨在此深表谢意。

叙录之中，S·五五五〇号《晋纪总论》，荣新江据许建平考证比定。又S·一〇一七九残文，已印入《英藏敦煌文献》第十三册，已由新江细心比定为陆士衡《吴趋行》及《塘上行》，今并采其说补入，更为本书增色。其英藏断片，多得新江订补。

其他各收藏及先时刊布单位，日本朝日新闻社印之《吐鲁番古写本展》、江苏美术出版社印行之《敦煌》大画册暨北京国家图书馆、敦煌研究院 The British Library，Staatsbiliothek zu Berlin-Preussischer Kulturlesitz，Orientalteilung，Bibliothèque Nationale de Paris，嘉惠既多，统此致谢。

1999 年 12 月　饶宗颐

敦煌吐鲁番本文选叙录

昭明太子文选序（中国历史博物馆藏吐鲁番本）

吐鲁番三堡张怀寂墓出土初唐写本，1928年发现，存十七行，起“〔怀〕沙之志，吟泽有颇颔之容”句，讫“自姖〔姬〕汉已来”句。载黄文弼《吐鲁番考古记》，又收入《中国历史博物馆藏法书大观》。

张平子西京赋（法藏P·二五二八）

李善注。起“井幹叠而百增”句及李注，“井”字已漶。讫篇终，尾题“文选卷第二”。共三百五十三行，行约十八字，注均双行，书法工整。丝栏，末尾有“永隆年二月十九日弘济寺写”一行。侧又有西藏文音译“文选”二字。弘济寺在长安，书于高宗永隆时，去李善于显庆三年（公元658）九月上《文选注表》，仅二十二年，为善注最早写本。《西京赋》先有薛综注及音，见《隋志》及《唐志》。是本先引薛注，继称“臣善曰”，今本删去“臣”字。同属永隆写本者又有英藏S·一八三五《论谏》一文，字体相近。

左太冲吴都赋（俄藏L·一五〇二）

白文无注。残存一叶，二十三行，朱丝栏，行十六、十七字。起“波而振緍，想萍实之复形，访灵夔于鲛人”句，讫“其秦乐也，则木石润色，其吐衷也，则〔凄〕风〔暴〕兴，或……”句，下缺。影体已收入《俄藏敦煌文献》。

扬子云羽猎赋、长杨赋，潘安仁射雉赋，班叔皮北征赋，曹大家东征赋，潘安仁西征赋（德藏吐鲁番本）

白文无注本。吐鲁番出。行书残叶。背为佛教说话画卷，原卷藏德国柏林印度艺术博物馆。起“亶观夫剽禽之绁（逾）”句，讫于《西征赋》“由此观之，土〔无常俗〕”句，约存二百四十行左右。上半及中间多破损缺失，共十断片，最大者20×324.5公分。影体见1991年朝日新闻社印之《吐鲁番古写本展》。

江文通恨赋（英藏S·九五〇四）

白文无注。首尾俱残，有界栏，朱笔句读。起“魂惑生到此”讫于“自〔白〕日西匿垄”，知即《恨赋》。“垄”之下，文当是“陇雁少飞”句，借“垄”为“陇”。共存九行，行八至十一字左右。荣新江《英国图书馆藏敦煌汉文非佛教文献残卷目录》首先著录。

成公子安啸赋（英藏S·三六六三）

起“自然之至音”句，讫于篇末“此音声之至极”句。共三十七行，行十六字左右。末行题“文选卷第九”，知确为昭明旧三十卷本（善注已编入卷十八）。后有“郑敬为景点讫”数字，知施点者为郑敬，其人无考。卷背有“撼替”二字音注，潘重规疑如“说文音隐”之例。此赋余最初录出，见《敦煌本文选斠证》一，1958年《新亚学报》第三卷第三期。

束广微补亡诗六首（以下俄藏L·一四五二）

仅存第六首，起自“明明后辟也”。

谢灵运述祖德诗二首五言、韦孟讽谏一首四言并序、张茂先励志诗一首四言、曹子建上责躬应诏诗表

止于“驰心辇毂”句。原非李善注，而为另一注本。谢灵运事下引丘渊之《新集录》；韦孟《讽谏诗》下引张揖《字诂》，张茂先《励志诗》引江邃释蒲卢一名，有裨辑佚。此卷日本狩野直喜有跋，见《支那学》第五卷第一期；德国Gerhard Schmitt有考证，见MitteiLungen des Instituts fur Orientforschung，XIV. 3，1968年。

陆士衡乐府十七首之短歌行四言（以下法藏P·二五五四）

白文无注。纸缺下右方半截。起句为“〔兰〕以秋芳，来日若短”，讫“短歌可咏，长夜无荒”。

谢灵运会吟行、鲍明远乐府八首

鲍明远乐府八首，仅存《东武吟》、《出自蓟门北行》、《结客少年场行》、《东门行》、《苦热行》、《白头吟》，缺去《放歌行》及《升天行》二首。

陆士衡乐府十七首之吴趋行及塘上行（英藏S·一〇一七九）

白文无注，存陆士衡《乐府十七首》中之《吴趋行》尾部及《塘上行》，上部均残。据写本形式、字体，当与法藏P·二五五四同卷。按法藏P·二五五四末首诗为陆士衡的《短歌行》，在《塘上行》后，与今本不同。《文选》刻本系统中的袁本、茶陵本顺序正好是《吴趋行》、《塘上行》、《短歌行》，可证唐人写本原本如此。《英藏敦煌文献》第十三册题作"残文"误，参荣新江《英藏敦煌文献定名商补》，载《文史》第五十二辑。

张景阳七命（俄藏DX·一五五一、德藏吐鲁番本CH·三一六四）

俄藏DX·一五五一纸残缺，仅得"虞人数兽，林衡计鲜；论最犒勤，息马韬弦；肴驷连镳，酒驾方轩"句中八字而已。小字注引张晏《汉书注》，知为李善注。德藏吐鲁番出土CH·三一六四亦为《七命》残文，与上文应衔接，夺去"千钟电醽"至"我而为之乎"若干句，以下为"〔大夫曰楚之阳剑欧冶所〕营，耶溪之铤，赤山之精，销逾羊头，锞越锻成"。且有李善注。"锞"字，尤褒本作"镤"，善注云"镤或谓为锞"，是两字通。

杨德祖答临淄侯笺（英藏S·六一五〇）

纸残缺，于"对鹖而辞，作暑赋，弥日而不献；见西施之容，归憎其貌者也"句，仅存二行十六字。

东方曼倩答客难（以下法藏P·二五二七）

第一页，纸缺右上半部。起"〔并进辐凑者，〕不可胜数"句，有李善注。

扬子云解嘲一首

止于"或释褐而传"句。详刘师培《提要》及拙作《斠证》二。

孔安国尚书序（法藏P·四九〇〇）

纸缺左方下半截，无注，亦不书撰人，于"八素"旁有淡墨注音。止"赞易道〔以黜八索〕"句。

颜延年三月三日曲水诗序，王元长三月三日曲水诗序（法藏P·四八八四）

白文无注。颜序得四行，起"〔币筵禀〕和，阖堂衣（依）德"句；而第一行"情磐景遽，欢洽日斜，金驾总驷"句，"情磐景"缺去右半边，下缺八字，"驷"字在第二行。王序得五行，首二行完整，而第三至第五行缺去上半截八至十字。止于"固不与万民〔共也〕"句。

王元长三月三日曲水诗序（法藏P·二七〇七）

承接上卷，得十行，惟第十行仅见"忘餐念"三个字之右半边，而缺去"私法含弘而不杀，具明废寝昃晷"数字。

王元长三月三日曲水诗序，任彦昇王文宪集序（法藏P·二五四三）

此卷与上卷之间，缺去“念负重于春冰，怀御奔于秋驾”句，以至“本枝之盛如此，稽古之政如彼”一节。此残页始于“用能免群生于汤火”，讫于篇末。任彦昇《王文宪集序》仅得三行；第三行“故吕虔归其佩刀”句缺去殆尽。

任彦昇王文宪集序（法藏P·二五四二）

是卷始于“〔若乃金版玉匮之书，海上名山〕之旨”句，至“攻乎异端归之〔正义〕句”，下文缺。

按，P·四八八四、P·二七〇七、P·二五四三、P·二五四二四卷之间，除缺去若干小段外，上下实相衔接。

任彦昇王文宪集序（俄藏L·二八六〇）

白文无注。起“〔六〕年又申前命，七年固辞”，至“弘量不以容非，攻〔乎异端〕”句。

扬子云剧秦美新，班孟坚典引（法藏P·二六五八）

白文无注。纸甚残，合计得二十七行；前四行下半截约缺去十二字；十七至第二十二行下方缺一大洞。扬文“翱翔乎礼乐之场”句，首行仅见“礼乐之”三字。第二行始于“懿律嘉量，金科玉条”句。班文得四行，第二十四至二十七行上方缺去。止于“贾谊《过秦》”句。

干令升晋纪总论（英藏S·五五五〇）

白文无注。残片只存下半截，许建平君比定为《文选》卷四十九《晋纪总论》，且谓与法藏P·二五二五似属同卷。残存文字起“〔遂服舆〕轸，驱〔驰三世〕”句，至“〔玄丰乱〕内，钦〔诞寇外〕”句。

沈休文恩幸传论（以下法藏P·二五二五）

白文无注。残卷起“〔屠钓，卑〕事也，板筑，贱役也”句，至篇终。

班孟坚述高纪，班孟坚述成纪，班孟坚述韩英彭卢吴传，范蔚宗光武纪赞

卷甚完整，合计得七十行。惟首四行上半部残损。原卷属题“文选卷第廿五”，知为昭明之三十卷本。

李萧远运命论（法藏P·二六四五）

白文无注。存三十四行，始“〔从容正道，不能维〕其末”句，讫“岂独君子耻〔之而弗为乎〕”句。

李萧远运命论（敦煌研究院藏〇三五六）

白文无注。存廿二行，起“之而弗为乎”句，讫“则善恶书乎史策，毁誉”句，与法藏P·二六四五卷衔接。王重民有校记，见《敦煌写本跋文四篇》；李永宁有文介绍。已印入《敦煌》大型画册，江苏美术出版社印行。卷中“世”字不避唐讳，殆六朝写本。钤任子宜藏印。

陆士衡辩亡论（北京图书馆新一五四三）

共三纸，七十一行，长138公分。录《辩亡论》上全文，无注。《敦煌劫馀录续编》著录。白化文有校，见《敦煌遗书中〈文选〉残卷综述》，载《昭明文选研究论文集》，吉林文史出版社，1988年。

陆士衡演连珠（法藏P·二四九三）

白文无注。存百四十五行，行十六字左右。起“博则凶”句，终“臣闻虐暑熏天”句，下缺。卷背为《金刚般若经旨赞》。

陆佐公石阙铭并序（法藏P·五〇三六）

白文无注。起“〔箕坐椎〕髻之长”句，讫“皇帝御天下之七载也，构兹盛则，兴此〔崇丽〕”句，下缺，共存四十五行。

颜延年阳给事诔并序（法藏P·三七七八）

白文无注。存三十五行，起“〔上下〕力屈”句，讫于篇终并《陶徵士诔一首》篇题。

颜延年阳给事诔并序（英藏S·五七三六）

存七行，起“〔敢询前〕典而为之诔”，至“负雪怀霜，如彼〔騑驷〕”句。

王仲宝褚渊碑文（法藏P·三三四五）

存五十五行，行十七字左右。起“诚由太祖之威风”句，至于篇终，末题“文选卷第廿九”，知为昭明三十卷本。此卷已经许寿棠、王重民校过。许氏举“群后恇恸于下”及“仪形长遰”二句之可贵。按建阳宋本同作“恸”，可订胡氏《考异》之非。五臣作“长逝”，“逝”即“遰”之异写，是作“递”者不如“遰”之长。王校有误处，如“土寓”即“宇”之籀文，王误作“寓”。有漏处，如“东野之秘宝”，今本作“东序”。善注“尚书公如故”，敦煌卷似衍“公”字。“齐王趁车”句，五臣误“趁”为“超”，乃形讹。

附录

文选音（法藏P·二八三三、英藏S·八五二一）

伯卷存九十七行，起今本《文选》卷廿三任彦昇《王文宪集序》之后半，讫第廿五卷干令升《晋纪总论》之前半。斯本存六行，起今本《文选》卷五八蔡伯喈《陈太丘碑文》之“重”字，至王仲宝《褚渊碑文》之“冠”字（见荣新江《英国图书馆藏敦煌汉文非佛教文献残卷目录》著录）。篇题用简称大字，如“出师”、“酒德”等是。“三国”作“圀”，乃武后时写本。文字与善注违异者七十余事，近于陆善经本有音无义，与诸家异，详周祖谟《问学集》，177—191页。

班孟坚幽通赋并注（德藏吐鲁番CH·三六九三＋CH·三六九九＋CH·二四〇〇＋CH·三八六五）

正文存“形气发〔于根柢兮，柯叶汇而零〕茂。恐冈（魍）魉〔之责景兮，羌未得其〕云已。犁（黎）〔淳耀于高辛兮，芈〕强大于南汜；〔嬴取〕威于伯仪兮，姜本〔支乎〕三趾；既人（仁）〔得其信然〕兮，仰天路而同轨。东丛虐而歼仁兮，〔王合位乎〕三五。〔戎女烈而〕丧孝兮，伯祖归于龙虎：〔发〕还师以成性兮，重醉行〔而自耦〕。”若干字缺文，全为补足。此赋注语甚长，现存起于子辂死事，当是正文“溺招路以从己兮”句下著，“子辂”即“子路”。李善注博引曹大家、应劭、项岱、晋灼、韦昭、张晏及《汉书音义》各说，皆不见于此注，不知出自谁氏。参王重民《敦煌古籍叙录》，76—78页。（荣新江）

王仲宣登楼赋（法藏P·三四八〇）

原为残纸一页，前书刘希夷《白头翁》断句，再抄此赋，共十四行。非《文选》原本。赋文删去“兮”字。后为《落花篇》七言，及樊铸、陈子昂《感遇诗》（乐羊为魏将）与蒲州进士冯待徵《虞美人怨》。

上吐鲁番、敦煌莫高窟所出《文选》写本残卷，属于李善注者三（《西京赋》、《答客难》与《解嘲》、《七命》残纸），白文明著卷数为萧统三十卷本者，有《啸赋》、《恩幸传论》至《光武纪赞》、《褚渊碑文》等。注本而非李善注者，若俄京之《文选》诗残卷、吐鲁番之《幽通赋》是。其中确为六朝精写本，如《曲水诗序》、《王文宪集序》，更觉宝贵。诸卷散在柏林、巴黎、伦敦、圣彼得堡各处，《吴都赋》仅一纸，向未刊布，弥为可珍。吐鲁番所出《文选序》，吉光片羽，亦附入焉。日本细川侯爵永青文库藏有注文《文选》古钞，据称出自敦煌，神田喜一郎先生已勒为专书，冈村繁考证，尤为缜密精细，具见所著《文选の研究》，故兹从略焉。

《敦煌遗书总目录索引》324页称，李木斋旧藏有开元四年二月写本《文选注》卷二，共二十七行，真赝未详。又法京列法藏P·二五四一号原为《文选》残卷，王重民目录稿初称无注，后改云有注。此卷现已失去，无从查考，至为可惜。

凡石室所出秘笈《文选》有关写本，大体毕具于斯，按其卷第罗列，可免检索之劳，足为校雠之助。清世学人于选学致力至勤，惜限于闻见，若许密斋（巽行）平生校萧选至七十二岁，前后凡十三次，而所见不出汲古阁本（见许氏《文选笔记》卷一《密斋随录》），益叹今人眼福，迥非前贤所可及也。

1981年3月初稿

1997年7月再订

文辙新编

卷十一

饶宗颐二十世纪学术文集·文学

目　录

中国古代文学之比较研究

一、名号与文学

名号为事物之称谓，文字因之而孳生，文篇所由以构成，人类文明之基础也。近东开辟史诗发端云：

> E-nu-ma e-lis La na-bú sá-ma-mu
> Šap-lis am-ma-tum Su-ma la zak-rat

英译：when on high the heaven had not been named，Firm ground below had not been called by name.

> 天之高兮，既未有名。
> 厚地之庳兮，亦未赋之以名。

老子《道经》：

> 道，可道也，非恒道也；名，可名也，非恒名也。无名，万物之始也；有名，万物之母也。（故）恒无欲也，以观其眇；恒（有）欲也，以

观其所噭。两者同出，异名同胃（谓）。玄之又玄，众眇之门。[①]

近东史诗叙天地开辟即从无名（Sú-ma la）说起（la 即否定词之无），与《道经》言“无名，天地之始”最为吻合。近东重神道，凡名号之生，皆出于神，故开辟史诗最上神 Marduk 即有五十名之夥，皆赋以神之号。从（1）Marduk, as Anu, his father (ancestor) called him from his birth (Tablet VI, 124) 至（50）Father Fnlil Enlil called his name Lord of the Land (T. VI. 136)。由日主至于地主，皆锡以种种之名。

马王堆甲、乙本《道经》并作“观其所噭”及“异名同谓”，与通行本之作“观其徼”无“所”字大异。两本悉同作“噭”，最可注意。而其义不易了解，兹试为解说之。噭，《说文》云：“吼也。”[②] 噭盖即叫。（《龙龛手鉴》：“噭，音古吊反，鸣也。……与叫同。”）观其所噭，谓察其所称呼也。董仲舒《深察名号篇》区别名与号为二物。其言曰：

> 名号之正，取之天地；天地为名号之大义也。古之圣人，謞而效天地谓之号，鸣而施命谓之名。名之为言，鸣与命也；号之为言，謞而效也。謞也效天地者为号，鸣而命者为名，名号异声而同本，皆鸣号而达天意者也。

又云：

> 名众于号，号其大全。名也者，名其别离分散也。号凡而略，名详而目。目者，遍辨其事也；凡者，独举其大也。

号是大共名，名是散名；号是大凡，名是细目（大即《名号篇》开端云“治天下之端在审辨大”之大）。循是以言，马王堆《老子》云观其所噭，犹言观其所“謞”，即指号，谓所称呼之名号也。《庄子·齐物论》之言天籁、有激[③]

① 马王堆《老子》甲、乙本并同作“以观其所噭”。罗振玉谓：徼，敦煌本作“曒”。朱谦之《校释》：“理显谓之曒。”观眇、观曒，以隐显说之。通行本作“无名，天地之始”。惟《史记·日者列传》引与帛书同。

② 《玉篇》引作吼。段注据文例改为“噭，口也。一曰噭呼也”。

③ 奚侗云：借为噭。

者、谪者[①]、叫者、謞者，意指宇宙间之形形色色，謞而效天地，是谓之号。至云“异名同谓”，犹董子所谓“异声而同本”，知老子《道经》首章实论名号之所肇始。由有无义言之，“观眇”出于“恒无欲”，眇者不可见，盖指名号所含之意义；“观所噭”出于“恒有欲”，噭则有声音可闻，有形体可见，当指名号所形成之语言及文字。今以董子解之，其义乃明。此章旧解繁赜，均与马王堆本不切合。此一新义，赖出土资料得以知之。

印度梨俱吠陀开辟史诗云：

Nāsad āsīn, no sad āsit tadanim

英译：There was not the non-existent, nor the existent then.

太初无无，亦复无有。(X 129, 1)

tāma āsīt tāmasā gulhām agre; apraketām sālilām sārvām a idām.

英译：Darkness was in the beginning hidden by darkness;

indistinguishable, this all was water.

太初惟玄，复潜于玄（即玄之又玄），何处非水，深不可测。(同上三)

Kāmas tad agre sam avarta tādhi,

manaso retah prathamam yad āsit.

英译：Desire is the beginning came upon that,

(desire) that was the first seed of mind.

欲所肇始，心之殭薪。[②]

《水经注序》：“天以一生水。”故水为物之先。水与长天一色，玄之为色，水与天之所同。tama 存在于 tama 之中，非“玄之又玄”而何？kama (desire, 欲）为心之第一种子。《道经》言从无欲到有欲，无欲则可观微妙之意义，有欲则可观有音形之名号。“欲”者，心之第一种子，一切知识皆自此出也。试

① 《释文》：謞，音孝，李轨虚交反，与效声谐。

② 《尔雅·释诂》：“权舆，始也。”王念孙以为其萌殭薪之假音。

表之如下：

欲（心之第一种子）{ 无：观眇——义之所存。
有：观所徼——可闻可见之名号

上说借吠陀以取譬解释，非谓《道经》之义出自吠陀也。

《周礼》中关于名之记录甚多。

《春官》："外史掌书外令……掌达书名于四方，若以书使于四方，则书其令。"

郑注："谓若尧典、禹贡，达此名使知之。或曰：古曰名，今曰字……"

《夏官·大司马》："中夏，教茇舍，如振旅之陈。群吏撰车徒，读书契，辨号、名之用。帅以门名，县鄙各以其名，家以号名，乡以州名，野以邑名。百官各象其事，以辨军如夜事，其他皆如振旅。"

《大行人》："九岁属瞽史论书名。"

郑注："书名，书之字也；古曰名。"

《仪礼·聘礼》记："百名以上书于策，不及百名书于方。"

郑注："名，书文也；今谓之字。"

郑注："或曰：古曰名，今曰字。"此示为别一说。名与文字二者可以互用，知者：

《管子·君臣》篇："戈兵一度，书同名，车同轨，此至正也。"《礼记·中庸》作"书同文"。

秦始皇《瑯邪刻石》："书同文字。"

合上三条观之，名与文及文字当是一事。故孙诒让云："审声正读则谓之名，察形究义谓之文，形声孳乳则谓之字；通言之，则三者一也。"[①] 郑注于《论语·子路》篇"必也正名乎"亦解曰："谓正书字。古者曰名，今者曰字。"

---

① 《周礼正义》卷五十二。

郑说贯通礼书，以为名即是文字。清钱文昕、俞正燮、臧琳等多聴其说。（见臧琳《经义杂记》、钱大昕《潜研堂答问》、俞正燮《癸巳存稿》。）按加上一动词之“书”字则曰“书名”，或曰“书字”，有下列诸项：

谕书名——大行人瞽史
达书名——外史所掌
正书字

“谕”是教学之事（《老子》“譬道之在天下”，《说文》“譬，谕也”）。

“达”是传达之事，“正”是校订之事，任务不同。《隋志》经小学类有《正名》一卷，书佚（《广韵》二十七合引）。近日临沂出土婺（务）光残简有云：“大婺光曰：名不正不立。让于事则小识不。”（下缺）务光乃答汤问，则正名盖先殷之旧说也。

大司马之职掌，在仲夏时，须“读书契，辨号名”。郑注：

读书契，以簿书校录军实之凡要。号名者，徽识所以相别也。乡遂之属谓之名，家之属谓之号，百官之属谓之事。

此谓习兵之法，要注意册籍，及辨别徽号。

《说文》“名”字下云：“名，自命也。从口夕。夕者，冥也，冥不相见，故以口自名。”戴侗引《周官》辨号名之用，以辨军之夜事。“莫夜则旌旗徽识不可辨，故必谨其号名以相一，名之文所以从夕也。”（《六书故》第十一）彼申名字从夕之义，以司马夜事戒备证之。茇舍，草止之所，无险要可御，故特慎之。《齐语》云：“夜战声相闻……”《六韬·敌强》篇：“敌人夜来，当明号审令……或击其表里，徽号相知……”在夜战期间，须自己报名，方不引起误会，是冥不相见，以口自名，当出于古兵法。[①]

名之使用，古书均云出于圣人：

《礼记·祭法》云：“黄帝正名百物。”

① “冥”亦假借为“鸣”。《道经》二十一章：“幽兮冥兮。”马王堆甲本作“濞濞呵鸣呵”，借“鸣”为“冥”。

《书·吕刑》:“禹平水土,主名山川。”

《列子·汤问》:“伯益知而名之,夷坚闻而志之。”

《说文》“名,自命也”一义盖用《礼记·祭统》语:“夫鼎有铭。铭者,自名也;自名以称扬其先祖之美,而明著之后世者也。”段注以为许之所本。

《周礼·小祝》:“故书作铭,今书作名。”

《士丧礼》:“古文作铭,今文皆为名”。

《甲骨合集》:一九六一七骨版:“戋其名……戋其名。”“名”字三见。此处名似是作动词用。又一九一零八:“乃作𠮠。”验之铜器彝铭:

邾公华钟:“铸其和钟,□□……[illegible](慎)为之名,元器其旧。”

楚公逆镈铭:“氒(厥)格曰[illegible]枷八(克,又作[illegible])……”[①] 字从木,作格。

[illegible]羌钟:“用明则之于铭。”

秦公钟:“乍叔和(钟)氒名曰[illegible]邦……”(薛氏七·二)

吉日剑:“朕余名之,谓之少虞。”

中山王[illegible]鼎云:“隹十二二年中山王[illegible]诈鼎于铭曰……”

“明[illegible]之于壶。”“明则”者,刘节谓:“则,刻划也。”《说文》:“等画物也。”刻之于铭,著己之劳伐,以垂子孙也。

铭亦作名,或作格,从木;又作诺,从言。岛根县大原郡出景初三年镜:“母(毋)人诺之。”又大阪和泉市出土十四字镜云:“陈是(氏)作诺。诺之保子宜孙。”

早期铜器铭辞只有一二字或三数字者,实即《祭统》所云“自名”之“铭”。此类最简单之铭文,向来有文字书说及族徽。[②] 前者失之支离,后者病于笼统。如细作分析,不出(一)私名、(二)氏族名、(三)地名、(四)官职名、(五)祖先,诸名之结合。

---

① 《金文通释》四〇。

② 说或称为原文字。

余谓称之为“族徽”，不如用《周礼》之“徽识”较为恰当；因徽识不限于氏族一类而已也。

《周礼·司常》注：“事、名、号者，徽识所以题别众臣，树之于位朝，各就焉。”

可见事、名、号三者之相互关系。

《夏官》所辨之号名，表之如次：

乡遂——名州长至如东门（襄中）桐门西门庆比长东乡（眼）南乡（甄）

家——（采地）——号
百官——事
在国——表位
在军——象制

殷人立国多方，卜辞所见，方名特多。《周礼·夏官》有职方氏①、土方氏②、怀方氏③、合方氏④、训方氏⑤、形方式⑥。

训方氏云：“掌道四方之政事，与其上下之志，诵四方之传道。正岁则布而训四方。”郑注：“道，犹言也；为王说之。方，诸侯也；上下，君臣也。”又：“传道，世之所传说往古之事也；为王诵之。”《楚辞·天问》云：“遂古之初，谁传道之?”《庄子·盗跖》篇：“此上世之所传，下世之所语。”传道，即今人所谓 Oral tradition 者也。《周官》中有此专职，网罗四方传说为王诵之，其任务为“道四方之政事”。此之“道”，即《老子》言“道可道”之第二个道字。《释名·释言语》：“道，导也；所以通导万物也。”以此语解老最合。道家出于史官，老子为周柱下史。《世本》云：“篯铿在商为周守藏史，在周为柱下史；一云，即老子也。”⑦ 周官外史掌达书名于四方，又御史则掌藏

① 主四方职贡。
② 主四方邦国土地，掌致日景。
③ 主来四方之民物。
④ 主合同四方道路之事。
⑤ 主教导四方之民。
⑥ 主制四方邦国之疆界。
⑦ 《逍遥游释文》引。

书。老子于《道经》开端即云“道可道”、“名可名”者，以道与名骈举，而归于“大道”、“无名”。此超级之道与名，所以别于训方氏之传道及一般可以嗷称之名，其说虽出史官，而比史官更推进一步矣。

马王堆乙本以经法“论”篇言：“审三名以为事。一曰正名立而偃，二曰倚名法而乱，三曰强主立而无名。三名察，则事有应矣。”《管子·枢言》：“名正则治，名倚则乱，无名则死，故先王贵名。”“论名有三，而察名之论，导董子之先河。”

名与天地同生。董子云：“效天所为，为之起号。”又称无论大名之号与散名之名，“无有不皆中（合）天之意者”。如是则“事各顺于名，名各顺于天”，则“天人之际，可以合一”。司马迁传其学。史公《报任少卿书》言：“究天人之际，通古今之变”，实即本诸董生正名号之说。《深察名号篇》又云：

> 名生于真，非其真弗以为名。名者，圣人所以真物也，名之为言“真”也。故凡百识有黮。黮者，各反其真。则黮黮者，还昭昭耳。欲审曲直，莫如引绳；欲审是非，莫如引名。名之审于是非，犹绳之审于曲直也。

此为董子至精之言。名即是直。返黑暗于光明，有赖于正名之事，而谓之曰引名。以引绳取譬，引名有如引绳，则曲直自见矣。《说文》举冥不相见，必自呼名，亦由黮黮以还昭昭之义。故正名之务，在于反真，反真必须覈名实，正名分。名从天生，皆合天意。效天所为以起名号，反乎其直，则合天道。此即所谓“究天人之际”。“春秋辨是非，故长于治人。”西汉人讲正名，至董仲舒、司马迁可谓十分精彩。其说尚保存于《春秋繁露》。东汉诂经家如郑玄解正名为正书字，虽有合于礼，而黯于大义，故不免苏舆之讥。其实名之所包，文字特其一端耳。

《释名·释言语》：“名者，明也；名实事使分明也。”“号，呼也；以其善恶呼名之也。”明时吕柟重刊《释名》，有后序云：“欲知义而不辩言，则于义不可精；欲辩言而不正名，则于言不能审。”“故名犹明也，释犹译也、解也。译而明之，以从义而入道也。”清代汉学以戴东原明道必先通词为把柄，实则吕氏已先言之矣。

世但知孔子论正名。徐幹《中论》引子思曰“事，自名也；声，自呼也；

貌，自眩也；物，自处也”（《贵验篇》），以申求己之义，是子思亦论“名”。今由临沂出土新资料娄光残简“名不正不立”之语，知“正名”是殷人之旧学，渊源甚远。孔子及其门人与后之为《春秋》学者张皇而光大之。

《汉书》：“名家者流，出于礼官。名谓不同，礼亦异数。”盖“辨名正物”为礼之大端。（《仪礼·丧服》传：“名者，人治之大者也。”）故儒、墨、名、法诸家，均摭取其义。道家以“礼为忠信之薄，而乱之首”，故主张无名。《老子·道经》之末章云“道恒无名。侯王者能守之，万物将自化。化而欲作，吾将阗（镇）之以无名之朴，夫将不辱。不辱（通行本作‘不欲’）以静，天地将自正”（马王堆乙本《道》最末一条），与开端“无名，万物之始”相呼应。有欲之生，则以“无名之朴”镇之。《道经》“万物归焉而弗为主”，则所谓“恒无欲也”。由有欲归于无欲，不观其所噭而观其眇，如是则反乎无名之朴而天地将自正，以宇宙本来即是如也。[①] 由有名而返于无名，为古代中国道术之关键，儒与道之分歧在此。论名、号之发展，宜首先注意；否则无从了解古代中国文学之思想基础。

二、诅盟与文学

文学作品表现手法，大抵不出抑与扬二途。抑即是从反面来作文章：讽刺及诅咒是也。讽刺（irony）有时用反面之语言（speaking by contraries），来引人入胜。《老子》所谓“正言若反”，是一种特别技巧。扬即歌颂方面，而皆以夸饰为美，否则无文学价值可言。中国古诗六义有风、雅、颂三体。风，讽也，近于反面之抑；颂者，美盛德之形容，侧重于扬；雅者，正也，用以言政事，抑扬之手法皆有焉。

古代以神道设教，文学作品，颂占最重要之地位。近东、印度远古之文学，以颂赞（hymns）为多。西亚巨神曰 marduk，即由 Mar（Accadian 语为儿子）＋utu（日），义即太阳之子（J. Bottéro 说）。埃及对太阳之崇拜亦极隆重，Aton（圆形之太阳）为宇宙唯一之神。其颂诗见《有关旧约之近东古代文献》（369—371 页）。希伯来文学颇受其影响，于《旧约》第一〇四号谠诗可以见之。

《山海经》在《大荒东经》及《大荒西经》中记载日月所出与日月所入之

---

① 司马谈习道论于黄子，论六家归于道术。故曰：“乃合大道，混混冥冥，光耀天下，复反无名。”与史卷异趣，可以见之。

山，有种种不同之名称。[①] 如“孽摇頵羝”（上有扶木）、“麋鏊钜”，似是汉代输入之外来语，无从稽考。中国古代虽有十日并出、若木、羲和诸神话，但文献上对于太阳并无专篇之颂赞。九歌《东君》乃与《河伯》、《山鬼》并列。周代祭日有祝辞，是于《大戴礼·公冠》篇云：

> 明光于上下，勤施于四方，旁作穆穆。

孔广森云：“此朝日辞。”《尚书大传》载东郊迎日辞与此相同。陈寿祺云：“此二语古有是语，成王以之赞美周公，谓公德如日月之照临也。”考《尚书·洛诰》：“惟公德明光于上下，勤施于四方，旁作穆穆，迓衡不迷。”语与此同。[②] 可见此祝辞乃摘取《尚书》成句。《文心·祝盟》篇：“是以庶物咸生，陈于天地之郊，旁作穆穆，唱于迎日之辞。”亦引是语，而不知其乃袭用《尚书》。古代汉俗日月并重，《封禅书》齐国八神中有日主、月主，几乎处于同等之地位。西安出土汉砖文：“延年益寿，与天相侍，日月同光。”《九章·涉江》：“与天地兮比寿，与日月兮齐光。”歌咏日月，用以拟人，每借喻人主之威德，不似西亚、波斯以日为至高无上之神明，颂赞之篇，车载斗量也。

《诗》三百篇，周、鲁、商颂，皆重人事，非自然神之颂赞。颂本容字，只是形容祖先及人生之盛德。在祭祀上，配合乐与舞，故乐器有颂琴颂瑟。[③] 颂以过分颂扬，令人生厌，文学价值不高，今不欲详论。惟讽刺及诅咒性之文篇，最为动听。风之为讽，世多熟悉，兹专谈盟诅问题。

《诗·小雅·节南山之什》，诗序皆以为刺幽王之诗。“家父作诵（《说文》‘诵，讽也’），以究王讻。[④] 式讹[⑤]尔心，以畜万邦”。对王深加责备，而冀其有所悔改。惟《何人斯》一篇，诗序云：“苏公刺暴公也，暴公为卿士而谮苏公焉，故苏公作是诗以绝之。”其诗云：

> 及尔如贯，谅不我知。出此三物，以诅尔斯！为鬼为蜮，则不可得。有靦面目，视人罔极。作此好歌，以极反侧。

---

① 森鹿三教授列出有十四名。

② 魏文帝延康元年诏引作：“御衡不迷。”

③ 详臧镛《拜经堂文集·颂释》一长文。

④ 争讼也。

⑤ 《新语》引作“化”。

此为绝交诗。不止规讽，直是诅咒。《毛传》云：

> 三物，豕、犬、鸡也。民不相信，则盟诅之。君以豕，臣以犬，民以鸡。

《周礼·春官·诅祝》云：“诅祝掌盟、诅、类、造、攻、说、禬、宗之祝号。”郑注：“八者之辞，皆所以告神明也。盟诅主于要誓。大事曰盟，小事曰诅。”诅祝之文辞共有八类，皆为告神明之作。盟与诅之分别，在于大事曰盟，小事曰诅。

神权时代，人类喜诅咒于神，使诅咒之恶果降于敌人之身。在西亚最有名之Hammurabi法典，最末一段全以诅咒之语言出之，为古今极精彩之诅辞。兹摘汉译数句于下：

> 顾众神之父赐我统取权力之大神Anu，褫夺其光辉，翦除其王笏，诅咒其命运。……诅咒其本人，诅咒其子孙，诅咒其国家，诅咒其战士，诅咒其人民及军队。原（大神）Enlil以其金口玉言大声诅咒之，并立使其诅咒降临厥身。

反复用无量数之诅咒（azāru）字眼，足以令人震骇！现存中国此类文字，有宋时初见于著录之秦告巫咸《诅楚文》。苏轼《凰翔八观诗》始记之，王厚之为作音释，章樵《古文苑》载之，谓《诅楚文》。近世出土者有三。摘数句如下：

> 有秦嗣王敢……告于不显大神巫咸，以底楚王熊相之多辠（罪）……今楚王熊相康回无道……不畏皇天上帝及不显大神巫咸之光列（烈）威神而兼倍（倍）十八世之诅盟……唯是秦邦之赢众敝赋……应受皇天上帝及不显大神巫咸几灵德赐，克秎[①]楚师，且复略我边城。敢数楚王熊相之倍瘟犯诅，著者（诸）石章，以盟大神之威神。

持与西亚法典比较，不啻小巫与大巫之比。近东、远东，古代皆有诅祝文学，

---

① 制，亚瓶本作剂，翦也。

殊觉有趣。

盟诅之手续，《周礼·秋官·司盟》云："掌盟载之法。……北面诏明神，既盟则二之。"西周焚簋云："卲（昭）联福盟。"鲁侯爵："用隮自𫹉盟。"盟字从血，示杀牲于明神之前。《文心·祝盟》篇："盟者，明也。骍毛白马，珠盘玉敦，陈辞乎方明之下，祝告于神明者也。"

方明之制，见于记载，殷已有之。《伊训》佚文云："惟太甲元年十有二月乙丑朔，伊尹祀于先王，诞资（咨）有牧方明"。[1]《御览》引《三礼图》："方盟木，方四尺，设六色。……方盟者，上下四方之神明，天之司盟。"《觐礼》云："拜日于东门之外，反祀方明。加方明于坛上。"方明木代表上下四方。郑注引《六玉》以说之，又列日、月、山川不同明神及其等次如下：

> 日——王巡守之盟，其神主日。
> 月——王官之伯会诸侯而盟，其神主月。
> 山川——诸侯之盟。

会盟必于方明之前者，表示天地四方共同鉴临。盟约之事，神明共鉴之，无敢或渝。

近年山西侯马出土大量盟书，共千余件，用作祭祀之玉币极多。此为晋赵鞅杀赵午之事。盟辞中涉及九氏二十一家。其载书惯语云："及群虖（呼）明（盟）者，虘（吾）君其明亟覛（视）之，麻夷非是。""麻夷非是"一语，说者谓即《公羊》之"昧雉彼视"（襄二十七年），对于古代盟诅之实际情况，已极明了。所谓用骍毛者，侯马玉璧上墨书"羊羲"字样。《诗·閟宫》"享以骍牲"，郑注："其牲用赤牛纯色。"足见盟牲用骍。

《礼》郑注云："盟诅主于要誓。"要为契约，字亦作缨，有专职司之。散氏盘铭末记："厥左执缨，史正中农。"仲农史官署名，示执契以为公证人。要誓与盟约，其事不可分。《左传》称述极繁。曰要言，曰要盟，其语习见。举例论之：

> 左襄九年传：荀偃曰：改载书。公孙舍之曰：昭大神要言焉。若可改也，大国亦可叛也。又：楚子伐郑，子驷、子展曰：……要盟无质，神弗临也。所临惟信。信者，言之瑞之，善之至也。……

---

① 《汉书·律历志》引。

《春秋》于盟必书，《穀梁传》隐八年盟于瓦屋下云："诸侯之参盟于是始，故谨而日之。诰誓不及五帝，盟诅不及三王。"杨士勋疏："周公制盟载之法者，谓方岳及有疑会同始为之耳。不如春秋之世屡盟，故云不及三王也。"周衰屡盟，直以要盟为儿戏，故《春秋》讥之。然则盟诅之事，极为慎重。三王之所不及，要以昭诸大神而莫爽，否则明神不临，以其言之无信也。

由于对春秋以来诅盟陈辞之礼制，与要言必昭告于大神等意义之了解，可帮助吾人进一步对屈原《离骚》之作意，得到合理之解释。"济沅、湘以南征兮，就重华而陈词"者，犹之"陈辟于方明之下"，剖告于神明也。"巫咸将夕降兮，怀椒糈而要之"，此"要"字极重要，亦以昭告大神巫咸而要言焉。此巫咸仍是《诅楚文》之不显大神巫咸，秦与楚诅盟所共祷告者也。清钱兆鹏精于周代史事，作《巫咸论》①，谓巫咸与子巫贤并殷贤臣。近年湖南发现商代遗址不一，证明殷时方国，南及湘境。巫咸地理，山西及越、湘皆有古迹，足见屈子所言之巫咸，可能与彭咸同指殷臣。

刘勰尝谓《招魂》为"祝辞之组缅"，说者据此加以推衍，以为古代宗、祝、巫、史有相互关系，遂目楚辞为巫祝之文学，复以比附通古斯之萨满教，亦有视屈原为巫长者矣。然彦和此篇，实以祝与盟骈列。其论盟之大体云："祈幽灵以取鉴，指九天以为正，感激以立诚，切至以敷辞。"以之说《骚》，最为恰切。因《离骚》之作，旨在表明"耿吾既得此中正"，掬肝沥诚，以邀天地四方明神之共鉴②，其云"相观民之计极"，"相览观于四极"，与《诗·皇矣》之"临下有赫，监观四方，求民之莫"曾无以异！春官诅祝所掌，告神明有盟诅等八者之辞，而大祝六祈则有祠命等六辞，皆辞之类也。不知说者何以有见于祝，而无见于盟耶？《离骚》长至三百七十二句，自"岂余心之可惩"以下，行文曼衍夸饰，尽驰骋之能事。观乎四荒，上下求索，其写作手法、布局盖有取于方明，以上下四方为谋篇经纬，构成如是长文。寻其中心思想，亦如《惜诵》之"指苍天以为正，令五帝以折中，戒六神与向服"。六神者，一说谓即上下四方之六宗。文中再三敷辞，升降上下，冀天地之鉴临，昭大神以要言，明其忠贞之志，其事义与盟正相似。故《离骚》者，可谓屈子祈天神昭鉴之盟辞也。故友陈世骧教授尝摭取《离骚》中言"时"数句，讨论屈赋中之时间（time）观念。鄙意屈赋骋辞及于上下四方，实摹仿

① 《述古堂文集》十一。

② 屈原与楚同姓，义无他适。近贤考三闾之屈姓人物甚备。余于湖北见1975年涢阳出土铜簠，铭云："屈子赤角为次女屈璜作。"为春秋屈姓之器。

方明。《招魂》因之。文中有空间（space）观念，其重要性不次于时间，惜尚无人加以抉发耳。

司马迁谓“屈子之作《离骚》，盖自怨生也”。此如孟子称“《诗·小弁》之怨，为亲亲也”。“诗可以怨”，骚亦出于“怨”。此盖受谮蒙谤者，鸣其不平，且自剖白，以明其心志。《释名》云：“盟，明也；告其事于神明也。”《离骚》之作，亦此意耳。（又《九章》王逸云：“章者，著也、明也。”义复如是。）斯义既明，知屈子此文，质之天地以为正，要之灵巫而不渝，“亦余心之所善兮，虽九死其犹未悔”。彼特假灵巫以道志，其人不必为巫，其文亦不必隶属于巫祝也。如是方可有得于作者之用心，庶免于拘泥。

至于“小事曰诅”一类之文学作品，刘勰已举出“后之谴咒务于善骂，惟陈思诰咎，裁以正义”。此类制作，至明、清尚有其例：黄石斋《骈枝别集》有《自诅》之篇。[①] 胡天游有《诅雨师》之文[②]，皆奇诡可诵。亦有以讼代诅，如韩愈之《讼风伯文》，明太祖深不以为然，为文辨之曰：“风张天地之威，乃天地之正气，国家载在祀典。愈以风托比奸邪，作文讥之，殊为慢神矣。”（《明太祖文集》）彼以人主之立场，主张必钦天畏地，谨人神而不可慢神。我恐退之读之，必不服气，未必首肯之也。

三、史诗与讲唱

印度史诗之来源，据说出于谠诵（Kirtana）。大抵分为故事与唱歌两部分节目，在庙中唱导。大战书摩诃婆罗多即由此而产生。由于伶工到处游行说唱，代代口耳相传，遂成为史诗。

佛家之本生经故事，亦施于讲唱。自东汉末翻译，传入中土，唱导之事亦复兴起。传说有曹植鱼山梵呗之事。[③]《梁高僧传》云：“原夫梵呗之起，亦兆自陈思。始著太子颂及睒颂等，因为之制声，吐纳抑扬，并得神授。今之‘皇皇顾惟’，盖其风烈也。”[④] 所谓睒颂，即吴康僧会译《六度集经》卷五忍

---

① 略云：“余有悖德者四，反性为六，尔踞泥首，听吾诅尔……”评其文者云：“……陆隐何巢，舟藏靡隐，处则不知所托，行则不知所之。悠悠苍天，彼何人哉！黄子所以自诅也。”

② 见《石笥山房文集》。略云：“岂黔罪宜于是罚，俾帝怒无佚，抑有以致之者？人气愁苦，孰原其由？讲讲沓兴，罔敢天诽，惟雨岳是聚，乃诅而讯之。……谁为汝为泽，惟实予敌；谁为女为霖，惟独予冤……”

③ 近年东阿鱼山有曹植墓碑出土。见《文物》，1975（5）。惜所记至略。

④ 《经师传说》。

辱无极章第三之睒菩萨孝感动天之故事。原出于 Syāma 仙人本生（Jataka），即《洛阳伽蓝记》所载之闪子供养父母。自三国以来，因译者灌输强烈之孝顺观念，与汉廷提倡孝道互相配合，故传播极广。慧皎举出曹植二文，均不见于明人编撰之曹集。[①] 然宋武帝时，与著《京师寺塔记》[②] 之释昙宗同住于秣陵灵味寺之释僧意。其人善唱说，慧皎称其“制睒经新声，哀亮有序”[③]。则魏晋以来，为睒颂制声，大有其人。此犹在南齐竟陵王之前也。

此种在神庙宣唱之习惯和 Gātha Nārāśamsī（偈颂）组成之文体，可以随意扩大。印度人讲故事随时插入诗歌，用一边讲一边唱之表达方式，表现于佛经中为散文与偈颂杂陈。通过翻译传入中国，引起一般僧人及文士之注意和仿效。睒颂新声必是其一例，睒子故事，西方学人认为即是罗摩延那（Ramayana）中罗摩之父十车王（Desaratha）射死隐士独子故事所演化。罗摩延那与大战书都由歌唱之纪事诗与抒情短诗组合而成，因为唱时有增有减，时地不同，流传之唱本长短复有差异，写成文字便形成许多不同之传本。

希腊荷马史诗原亦是口头流传，逐渐踵事增华，记录下来，遂成万行以上之巨著。法国 Georges Dumezil 论 Myth 与史诗及小说有书多种。彼分析史诗有三型：un héro（英雄）、un sorcier（巫灵）、un roi（王）。其理论自成一套，很是动听。此以论印欧语系之史诗则可，若以论汉语之古代资料，则未甚适宜。古代中国之长篇史诗，几付缺如。其不发达之原因，据我推测，可能由于：（一）古汉语文篇造句过于简略；（二）不重事态之描写真（非 Narrative）。但口头传说，民间保存仍极丰富。复因书写工具之限制及喜艺术化，刻画在甲骨上，铸造于铜器上，都重视艺术技巧，故记录文字极为简省。即施用于竹简长条上，亦不甚方便书写冗长词句，不若闪族之使用羊皮可作巨幅。及至缣帛与纸絮发明以后，方可随意抄写长卷。

有人谓欧洲文体，汉文学皆有之，惟史诗为例外。然中国非无史诗，其侈陈寓言，讲说故事，曾经发展为纵横家之“说”。陆机《文赋》云：“说炜晔而谲诳。”李善注：“说以感动为先，故炜晔而谲诳。”谲诳可作寓言看，炜晔可作卮言看。《庄子》一书，实亦“说”之一型，极尽夸饰之能事。其流衍为赋，赋发展至于庾信之《哀江南赋》，可以看作词藻繁缛之一种史诗，与印欧之史诗文学实异曲同工。

---

① 陈寅恪疑为伪托，见《四声三问》。

② 似是第一部伽蓝记。

③ 《高僧传》十三《唱导》。

至于保存于口语流传民间之文学作品，许多尚未笔之于书。西藏史诗《格萨尔》(*Gesar*)，据1962年统计，民间流行便有一百五十多种，有八百万字。[①] 文备众体，有说有唱，散行与韵文均见，极近于印度史诗。以前法国R. A. Stein教授有专书介绍。其唱出之乐调，M. Helffer亦有详细研究。此史诗现已有中文译本。蒙古亦有民间史诗《格斯尔可汗》。[②] 其他西南边疆少数民族之口传史话，尤为丰富。以前丁文江《爨文丛刻》中之《宇宙源流》，凌(纯声)、芮(逸夫)、李(霖灿)诸家之整理苗族、麽些文献，李方桂发表之贵州水家口语，以及近年云南省民族民间文学组译刊之纳西族民间史诗的《创世纪》彝族支系《阿细的先基》[③] 等等，皆有开辟史诗，可供研究。僮族有特康射落十一个毒太阳故事[④]，水家传说有十二个太阳与十二个月亮，似乎同于《山海经》，惟又出现玉皇、吴婆等名字，及“道光新来”之语。可见其逐渐增加，有极晚出之材料。史诗之形成，口口相传，随时画蛇添足，自是如此，毫不足怪。

关于上帝造人之故事，最早见于《西亚之开辟史诗》(Enūma eliš, when on high)第六版。上神Marduk之语曰：

> Blood I will mass and cause bones to be, I will establish a savage, “Man” shall be his name. Varily, savage-man I will create. He shall be charged with the service of the Gods, that they might be at ease.
>
> (据E. A. Speiser英译)
> 予将搏其血而畀其骨兮，
> 予将置仆竖，而命之曰“人”。
> 予将真正创造此“仆”——人，使其安心服事于神。

其造人之经过，乃拘系Tiamat之余党，执之于大神Ea之前，加之以罪而歃其血，以其余沥塑造人形焉。如是人之塑造乃出于叛逆者之血，此人所以有原罪而永远得为神之仆役，在上帝之面前，人只有俯伏战栗。《旧约》之

---

① 青海民间文学研究会调查。

② 1963年北京中文译本。

③ Seiji意义为歌。

④ 见《广西僮族文学》。

书，世所共悉，今不具论。若汉土则造人之说始于女娲。东汉应劭《风俗通》云：

> 俗说天地开辟，未有人民，女娲抟黄土作人。乃引绳于絙泥中，举以为人。（《太平御览》七八皇王部引）

人乃由泥土造成，与西亚谓出于沥血不同。汉代有古帝感生说，乃对统治者受命之由来，提出特殊解释；纬书尤其代表。然衡之民族学家调查所得，多有类似者，略见下表，不欲详论。

人类诞生	古传说	民间口传
土造人	见《风俗通》	
鸟生人	《商颂》“玄鸟生商”	台湾泰雅族
石生人	《蜀王本纪》禹生石纽	台湾鲁凯族、婆罗洲亦有之
树生人	《楚辞》伊尹生于空桑	贵州花苗、菲律宾　又竹王故事
虫生人	汉高祖母刘媪	台湾布鲁族　梦与龙遇

西亚神话之 Tiamat，闪语义为溟海（La mer）。其神屡次构患，使天下不安，颇似汉土神话中之共工振滔洪水为害。及女娲箦芦灰以止洪水，杀黑龙而冀州[1]，始恢复天地之秩序。邃古众神相争之传说，各处多相同。《楚辞·天问》：“康回凭怒、地何以故东南倾。”《淮南子》言共工与颛顼争为帝，怒触不周山，以致天倾西北，地不足东南。而南印度神话乃谓 Siva 与 Parvati。在 kailasa 结婚时，诸天齐集，不胜重负，而地乃倾斜于北方。Siva 乃命 Agastya[2] 步至南方，使其均衡。其地即今之 Madura。南印地倾之说与汉土天倾相类似。麽些史诗之《创世纪》亦有“天不圆满，用绿松石来补；地不平坦，用黄金来铺”之句。又《天问》称：“女娲有体，孰制匹之。”王逸注：“传言女娲人头蛇身，一日七十化。”曹植《女娲赞》称其“神化七十，何往之灵”。郭璞《大荒西经》注亦云：“女娲一日中七十变。”女娲之为人面蛇身，汉赋及画像石已获证明。《淮南子·说林训》言：“此女娲所以七十化

① 《淮南子·览冥训》。

② 传说称其制 Tamil 文法。今 Podiyil hill 尚有洞窟文字，说者谓与彼有关。

也。”如是其说已流行于西汉。按七十化之说颇近印度之言化身神变。康僧会翻译之《六度集经》，佛对比丘说：“睒子者，吾身是。”凡本生扮演之主角，悉为佛陀之化身。故《法华经》普门品观世音有三十二应化身。后来道教徒捏造之老君十六变词十八首[1]，老君亦有无穷之变形。女娲为造人之大圣，自然可以在一日中七十化，与佛陀、老君相同。女娲神话起于西南，苗族称之为 Kueh。何以天倾及七十化等说，与印度极相类似？其间关系如何？有待于深入研究。开辟史诗，瑶族所传者谓：“七日七夜洪水发，葫芦浮上到天门；七日七夜洪水退，葫芦跌落到昆仑。山上树木水淹死，世上全无一个人，尚剩伏羲两兄妹。……从此兄妹便成婚。”[2] 考之《独异志》：“宇宙初辟之时，只有女娲兄妹二人在昆仑山，而天下未有人民。议以为夫妻。”西南苗、瑶系统之洪水传说，大抵皆与此相同。此类保存于口头文学者，亟须记音并作综合研究。闻一多《伏羲考》已开其端。唯世界洪水（Déludes）神话几乎各处皆有之。巴比伦则见于 Gilgamesh 史诗（Tablet XI）及 Sumerian、Atrahasis 残简，希伯来《圣经》见于《创世记》。其他，Bènose、Abyden 希腊、叙利亚皆有洪水故事，已详 G. Contenau 所著书。中国洪水传说，散见于古书，只存片段。虽经马伯乐整理，实不足目为史诗。后代演绎禹治水故事，踵事增华，又有唐人之《古岳渎经》[3]，嗣又演为无支祁故事。[4] 更后有人著《大禹治水》小说，六十卷，一百二十回（山阴沈嘉然著），其书失传。中外洪水史诗、神话，其间异同、分合之故，尚须作全面爬梳整理，希望有人加以从事。兹略论其大概，以供参考。

荀子作《成相》篇，可算是一种非长篇之史诗。用三、五、四、三句式之唱词，必吸收民间说唱之史诗雏形。然步武者甚少。清卢文弨谓其体为后世弹词所自出，其说可信。元时有说书臣钱天祐者，撰《叙古颂》，上表自言“效荀卿《成相》之体为之”。共八十章韵语。其句式即循成相之旧规。举其末段宋元事：

> 杜鹃啼，兆祸基。安石招出金马来。斡离虎视，二帝青衣。良可悲。
> 忆中原，几变迁。代兴代废何可言。六合无外，航海梯山。归大元。

① 伯希和目二〇〇四。

② 《民间文学》，1962（1），96页。

③ 《太平广记》四六七，题作李汤，似出李公佐。

④ 称其被禹锁于龟山足下，叶德均著有《无支祁传说考》。

全书存于《永乐大典》古字号（卷一〇八八八），似尚未有人加以引述。明杨慎谪居云南，作《历代史略词话》，分十段，起总说，讫于说《元史》。每段先系“西江月”或“蝶恋花”，再用一绝一律并七言句诗，作为说明，体裁已近戏文。然本身主要词句是三三四句式。如云：

一段词，一段话，聊珠间玉。一篇诗，一篇鉴，带武兼文。

实仍是承袭《成相》讲史一路。

讲唱文学至于唐宋，又有重要新发展。唐人讲一枝花话（郑元和遇李亚仙故事），自寅至巳，犹未完毕（元稹诗）。武平一论当日妖妓、胡人、街童、市子，呼歌舞蹈，谓之合生。其时僧徒讲唱自成一套，所谓文溆之“和尚教坊”，世所共悉。盖自佛教传入以后，一方面佛家神通事迹，为人吸收，开出六朝以来神怪小说一新路；另一方面对于讲唱技术之讲求，随时创新。慧皎《高僧传》列为十科，“诵经”之外，又出“经师”与“唱导”二项。表面看似重床叠屋，实则极有其道理。因经师与导师皆属于特技。经师长于转读梵呗，为声明之学；导师则须兼声、辩、才、博，谈无常则令心战栗，语地狱则便怖泪交零，辩说锋起，感人尤深。唐道宣本人为律宗大师，深病其淫音娇哢，目为郑卫之音，故并之称为“杂科”。宋赞宁则改唱导曰“声德”，实则经师与导师，其功用不同，而皆僧人做功德之特技。中唐以来，余风未减，观于文溆之唱，文宗以善吹小管，竟采其声以制曲。[①] 自敦煌石室变文经卷大量出现[②]，唐人讲唱之业，昭然大白。五代蜀地尤盛，吉师老看蜀女转昭君变[③]，今巴黎所藏昭君变文可以验之。《茅亭客话》记蜀僧辞远，行与坐辄念《后土夫人变》，此《后土变》为敦煌所未发见。然北宋大观时，世有藏本，或称其词渎慢太甚，乃唐人所作以讥武后，则变文之取自传奇者也。[④]

唐张祜讥白乐天诗似目连经[⑤]，孟棨《本事诗》作《目连变》。敦煌变文中属于目连变者，其一称曰《大目乾连冥间救母变文并图》，后代由变文演进而为戏文。如明新安郑之珍编《新刻出相音注勸善目连救母戏文》三卷，刻

---

① 见《碧鸡漫志》。

② 已有五十余卷，包括讲经文、押座文等。

③ 《才调集》六。

④ 出《异闻录》，详叶德均考证。

⑤ 《唐摭言》十三。

画其事，可谓踵事增华；而宝卷亦有目连，今不具述。

大抵宣扬佛教，讲与唱兼施。转唱因地区不同，作风亦异。故道宣论："东川诸梵，其中高者则新声助哀，般遮掘势之类也。吴越好浮绮，惟以纤婉为工。秦壤雍梁，音词雄迈。金陵昔㖒亦传长短两引。剑南陇右，其风体秦。故知神州一境，声类既各不同。"南北殊风，此其大略也，唱导之事，深入民间，士庶奉佛既众，递相仿效。影响所及，或采释氏法事，以解书史，或取和声，以合清唱。试举二例论之：

（一）些与娑婆诃　《楚辞·招魂》每句用些字为助声。《玉篇》云："些，辞也。"唐德宗时楚有释些些师，口自言些些，故号之。赞宁为之系曰："些之声为商为羽耶？通曰：传家采录，其例有二：一则按文不音；二则口授知韵。今得些者，按文也。若楚词声余，则苏个切也。若山东言少，则写邪切焉。此师荆楚间事也。"[①] 是些，楚言应为苏个切。宋沈括《梦溪笔谈》乃以梵语说之。朱熹云：

> 楚些，沈存中以些为咒语。如今释子念娑婆诃三合声。而巫人之祷，亦有此声。此却说得好。盖今人只求之于雅，而不求之于俗，故下一半却晓不得。[②]

极赞赏是说。叶梦得则谓："不知梵语何缘得通荆楚之间：大抵古文多有卒语之辞。"说亦有理。些当是助声。宋柳拱辰《永州风土记》："竞船举棹，则有些声；樵夫野老之歌，则有欸乃声。"些，助语，即楚辞之楚些[③]。僧人念《心经咒》结尾曰："揭谛揭谛萨婆诃。"[④]《宋高僧传·菩提流志传》："所慊者古今共译一切陀罗尼，末句云莎嚩诃，皆不窃考清浊。或云'萨婆诃'，或云'馺皤诃'，九呼不伦……故克取莎桑已反嚩无可反诃呼个反为正矣。"按梵语原是svāhā。湘友见告岳阳巫师念经每句末作So……ko' h，即以些为助词之变音。《招魂》作者，无可能采用梵语。沈括、朱子之说，难以置信。惟此即儒者窃取释氏音声以解说书史之例，不可不知。

（二）鲁流卢楼与 ṛṛḷṝ　敦煌所出悉昙章用于唱诵者，不止一种。如伯

---

① 《宋高僧传》二十。

② 《道夫记》。

③ 麓山精舍辑本。

④ 玄奘法师译本，见《敦煌西藏文卷》，记音作 ga ti swa ha（P. T. 448）。

希和三〇九九号为一巨册，题曰《佛说楞伽经禅门悉昙章》。诸帙皆言出自释定惠翻译。其序云：

> 夫悉昙章者，四生六道，殊胜语言。唐国中岳释沙门定惠法师翻注，并合秦音鸠摩罗什通韵，鲁流卢楼为首。

鸠摩罗什《通韵》现存于英伦史坦因列一三四四号，有云：“鲁留而成斑。”所谓鲁流卢楼，实即梵语字之 ṛ ṛ ḷ ṝ。余于十年前曾撰文论《通韵》及此四字母之关系，为印度友人颂寿，刊于 Madras（The Adyar Library Bulletin）。若干年来，叠有新知，更为补充。考《悉昙章》词句每嵌鲁流卢楼四字母于行间作为助声。如云：

> 鲁流卢楼弗慓只，鲁流卢楼晃浪晃。

皆有声无义，只是用作帮声而已。唐代《悉昙章》曲词之鲁流卢楼，广宁乐工唱王维《渭城曲》作“剌里离赖”为和声（李冶《敬斋古今黈》）。宋人唱词，张炎《词源》谓“哩字引浊啰字清，住乃啰哩顿唆呛”，即由鲁流卢楼变为“哩啰唆呛”与“剌里离赖”。

后来唱曲以此为助声，或省变为三字。清初曹寅有听闽乐闻有啰哩嗹句。有诗纪之云：

> 一拍么弦一和缠，舞余无复扫花钿。团郎漫纵哄堂笑，摘耳犹闻啰哩嗹。

其序称：“记董解元《西厢》曾有之。老子不独解禽言，并通蛇语矣。”团郎见顾况诗，以此取笑。其实不止董解元、乔和笙唱本中见“哩哩啰哩哩来”，明王越词中亦有“哩啰啰哩啰”。金时，全真教祖师王喆辈仿《捣练子》句中亦有“哩啰嗹”。现代台南道曲唱本《出仙宫》云：

> 出仙宫　哩啰嗹　离了蓬莱腾彩云　腾彩云（你来）出离了天台出离了天台　哩啰嗹①

---

① 法国施博尔教授藏陈荣盛抄本。

犹存其遗声。古代讲唱取自梵音之残迹，犹可追溯。礼失求诸野，其是之谓乎！

附录

今举贵州水家口传造人故事为例：

古时造人	天不成地（指天地不分的意思）
当初造天	地不成天
未成天	成块大平石
硬圆的石头仙人分开	才知贫苦
老辈的人	不知对赠（指不善说话）
混沌来了	知识开通
一个天	长似葫芦　中粗端细
仙人知他大了	他裂为二
成为两块	一俯一仰
以手握提	支去上面
高越山岭	天下空旷
杨千里	造十二个太阳
十个太阳	亮到半夜
十二个月亮	亮到早晨
天初亮	戴铁笠钢笠
戴来遮太阳	钢笠铜笠
热的太凶	石头也溶化的凸凹不平
忍不住	去射太阳
仙人家	造下铜弓
王者家	铜箭再手
造弓箭	管射太阳
射第一个	热亦不减
射第二个	热仍凶恶
射第三个	一点也不弱
射第四个	也不见弱
射第五个	水牛黄牛睁眼

射第六个	猪狗才起来	
射第七个	鳝鱼泥鳅才蠕动	
射第八个	生出绿的芥菜	
射第九个	兄妹（或兄弟）作工	
射第十个	长出树与柴	
（射）第十一个	生出芦苇与草	
我们相向	不要射了	
只留一个	各里皆亮	各方皆匀（平安）
玉帝王	造火与水	
十六（指天下人）皆取用	巧愚同取	
所有巧愚的人	全是吴婆的人	
处处皆有人	各地皆有坡	
当初造齐全了	建牛龙殿	
仙人打制天柱	才真生出王来	
尧王生出来了	鳌鱼翻身	
那鳌鱼	撑在山岩之下	
黄头龙	撑在天中	
百廿椽	皆在王家	
龙磨角	去殿上相斗	
他们相斗	在山岭里面	
那雷公	跳得天都快崩了	

又：

混沌出	摇动天地	造上（天）与下（地）
古时候乾坤	分作阴阳	
看地下	四双龙鱼	
四只鱼	撑在山岭下	
使他们伏而不动	不使他们摆动鳍	
使他们听	不使睁眼	
睁眼的时候	山岭崩了	地方震动
那年收成不好	地方干旱	
年头干旱	道光就来（即位）	

四、诗词与禅悟

时贤论诗与禅之关系，辄溯源于达摩。然慧皎创立《高僧传》，凡分十科。其四曰习禅，为之论曰："禅也者，妙万物而为言。……以禅定力，服智慧药……先是世高、法护译出禅经，僧光、昙猷并依教修心，终成胜业。"禅经虽短篇①，传入已自汉末。禅定为实践之本，东来诸僧"或传度经法，或教授禅道"，其由来远矣。②

谢灵运已用"禅"字入诗，言："禅室栖空观，讲宇析妙理。"（《石壁立招提精舍诗》）晋简文前后，有若耶山帛道猷者，与僧竺道壹书云："始得优游山林之下，纵心孔释之书，触兴为诗，陵峰采药，服饵蠲痾，乐有余也。"因有诗曰：

> 连峰数千里，修林带平津。云过远山翳，风至梗荒榛。茅茨隐不见，鸡鸣知有人。闲步践其径，处处见遗薪。始知百代下，故有上皇民。③

此更在大谢之前。杜甫《秦州积草岭》诗起句"连峰积长阴"，结云"茅茨眼中见"，实暗用此篇"茅茨隐不见"句。仇注不知也。其书札云："触兴为诗。"直是唐人兴象之说。此诗乃王孟之前导，可入《唐贤三昧集》。

僧徒能文事者甚多。隋时释真观④，八岁通诗、礼，和庾尚书林檎之作。时人语曰："钱唐有真观，当天下一半。"开皇十一年，江南叛反，王师临吊，江南儒士多被系。真观以名声满江表，谓其造檄，为元帅杨素鞫问。素曰："道人不愁自死，乃更愁他。"今作《愁赋》。其辞略云：

> 愁之为状也，言非物而是物，谓无象而有象。虽则小而为大，亦自

---

① 宇井伯寿《译经史の研究》。

② 法京伯希和目藏文一二二八《为南天竺国菩提达磨禅师观门》云："何名禅定？答：禅为乱心不起，无动无念为禅定。何名为禅观？答：心神澄净名之为禅定，照理分明，名之为观。因有七种观门。"玄奘于显庆二年请入少林寺习禅，秦称："定慧相资，如车二轮，缺一不可。""少得专精教义，惟于四禅九定，未暇安心。"奘师于定学，自觉仍有慊然。禅道重理入行入，尤贵实践。赞宁《宋高僧传·习禅论》，述其流变，言最扼要，兹不多赘。

③ 《高僧传》卷五《竺道壹传》。

④ 俗姓范氏。

狭而成广。……雾结铜柱之南，云起燕山之北；箭既尽于晋阳，水复干于疏勒。[①]

惜道宣不全录其文。姜夔称“庾郎先自吟愁赋”（《齐天乐》）不知同时尚有因事命题而非无病呻吟之《愁赋》，出于高僧之手也。南朝僧人之能诗者称惠休，经沈约品藻，钟嵘入于《诗品》，谓其“淫靡，情过其才”。宋武帝命还俗。唐僧人诗篇，大致见于宋元祐间菏泽李龏编之《唐僧弘秀集》十卷。起皎然，讫智暹。余会见南宋书棚本。其自序云：“诗教湮微，取以为缁流砥柱。”后之步武者有毛晋辑《明僧弘秀集》十三卷。[②] 宋陈状元应行辑《吟窗杂录》，卷三十二，为古今诗僧，摘取佳句。如“一剑霜寒十四州”[③]，“大海从鱼跃，长空任鸟飞”[④]，为后人传诵者，皆与禅理无关。今观晚唐僧人所著《诗议》、《诗格》一类著作，皆从诗之体制、技巧、修辞着眼，未尝摭禅理以入诗也。

惟自六祖开宗以后，诗偈流行。诸大师于示法、开悟、颂古，动喜吟哦，为付法之用。禅宗本破除文字，至是乃反立文字，诗遂为禅客添花锦之翰藻矣。孟郊诗有《教坊歌儿》云：“十岁小小儿，能歌得闻（一作朝）天。六十孤老人，能诗独临川。去年西京寺，众伶集讲筵。能嘶竹枝词，供养绳床禅。能诗不如歌，怅望三百篇。”[⑤] 似即对文溆“和尚教坊”一流之讽刺。[⑥] 若夫棒喝之篇，去竹枝不远，以“嘶”字贬之，已近戏谑。祖师之禅诗，具见《祖堂》、《传灯》、《会元》、《尊宿语录》等书，今不具论。曹山本寂，文辞遒丽，尝注“对寒山子诗，流行宇内”（《宋高僧传》十三）。宗门尊宿好为偈诗，久成风气。至于《绕路说禅》之作，其言往往如咬铁锚，其义如重溟浩漾。[⑦] 不无佳制[⑧]，大都随缘而发，深入理窟。偶有意外之意，思外之思，去

---

① 《续高僧传》三十。

② 崇祯十六年刊，藏北京图书馆。

③ 贯休句，检元祐八年本《禅月集》，未见。

④ 元览句。

⑤ 《东野集》三。

⑥ 北宋遵式撰《往生西方略传》，记“唐德宗迎法照入内，用刘球绳床，教宫人五会念佛。”塚木教授引此为说。然《续高僧传》二十五《道仙传》，称其“藉草止容绳床”，盖僧人坐禅之具。

⑦ 《碧严种电钞》中语。

⑧ 五山诗僧，诗学诗功皆极深。所辑选之禅诗总集，如义堂周信之《祖苑联芳集》，蔚为巨观。又室町流行之（宋）松坡《江湖风云全集》可以见其别裁所在。至如崇祯时刊永觉和尚《禅馀内外集》，檇李曹谷序，称其“机辩自在，或痛快，或绵密，或高古，或平实，如摩尼圆映，五色不定，如巨海波澜，涌没何常”。兹揭其《示圆常上人四首》之一云：“屴崱山高鸟绝踪，石门天险孰能通。苦非铁额铜睛汉，只在青烟翠霭中。”“铁额”四字可见禅家口吻。

怊怅述情甚远，以之警世牖俗则可，谓为真诗，则恐非诗人之所许也。①

诗僧之真能诗者，若唐之皎然，其句云：

> 白云供诗用，清吹生座右。②
> 花满不污地，云多从触衣。③
> 永夜出禅吟，清猿自相应。④

时谚谓“霅之昼，能清秀”，不愧谢康乐之后也。⑤ 贯休句云：

> 荷缘冥目尽，一句不言深。野火烧禅石，残霞照栗林。⑥
> 真风含素发，秋色入灵台。⑦
> 唯宜高处著，将寄谢宣城。⑧

落想至高。故徐琰云：“味其语，正宜高处着眼，不当以诗僧看也。”（孙光宪亦云：“唐末诗僧，惟贯休骨气混成，境意倬异，殆难俦敌。”见天福三年《白莲集序》。）宋江西洪觉范，与东坡山谷游，著《石门文字禅》。其句云：

> 诗如画好马，落笔得神骏。⑨

真所谓“律仪通外学，诗思入禅关”。外学之诗，与内学之禅，殊途而渐趋合一。故释达观（万历间人）为《石门文字禅》撰序云：

> 禅如春也，文字则花也。春在于花，全花是春；花在于春，全春是花。而曰禅与文字有二乎哉？故德山临济，棒喝交驰，未尝非文字也；

---

① 王渔洋尝举白杨顺禅师偈“落林黄叶水流去，出谷白云风卷回”，则不易覯。
② 《答裴集阳》。
③ 《酬秦山人》。
④ 《送清凉上人》。
⑤ 皎然名昼，湖州人，谢康乐十世孙。
⑥ 《寄山中伉禅师》。
⑦ 诗。
⑧ 《上王使君》。
⑨ 同庆长游草堂。

清凉天台，疏经造论，未尝非禅也。而曰禅与文字有二乎哉？名其所著曰文字禅。

言谲而理圆。禅弃文字，而复合于文字。僧人以禅定力服智慧药，定能生慧。诗即慧之表现，诗为定后所生，则定与慧，根本已是一而非二矣。[①]

至若诗家之得力于禅者，非仅以禅为其切玉刀而已。盖以妙悟孕育其诗心，以活句培养其诗法，以最上乘致其诗品之高，以透澈玲珑构其诗境之敻。自司空图至于王渔洋，皆善用禅而不泥于禅，得活用之效。若严沧浪则依禅造论，得其契机，沾溉他人，而未能自食其果者也。

司空表圣之赞香严长老，曰："大师之旨，吾久得之。"又曰："一尘不飘，见大师力。"香严即邓州香严山智闲禅师，尝礼大沩山灵祐。祐召对茫然，乃将诸方语要尽焚之。曰："画饼弗可充饥也。"泣辞沩山去。于南阳忠国师遗迹[②]，芟草木击瓦砾自立，遂冥有所证。[③] 禅宗贵自辟户牖，沩山亦于敻无人烟比为兽窟处开创出门，求道之精神亦是如此。沩山论"道人之心……譬如秋水澄渟，淡泞无碍。唤他作道人，亦名无事人"[④]。仰山慧寂禅师于沩山处，因作圆相而顿悟。圆相之作，相传起于南阳忠国师[⑤]，即香严住处。故"圆相"代表沩、仰之禅学。又有所谓三照者，谓本来照、寂照、常照。香严为沩山法嗣，著有《三照颂》，其颂寂照之境界云："不动如山万事休，澄潭澈底未曾流。个中正念常相续，月皎天心云雾收。"形容已破初关，证入空寂之心境。以上即香严之宗旨及功力。表圣自言得之，则其参禅必有所得。观其《二十四诗品》，以雄浑居首。曰："超以象外，得其环中。"虽用《庄子》之言，而环中即圆相之〇也。又其句云："不似香山白居士，晚将心境着禅魔。"其不缚于禅，信能深知禅者。故以之论诗，则曰："辨于味而后可以言诗。""王右丞、韦苏州澄淡精致，格在其中。"又云："近而不浮，远

① 赞宁于《习禅篇》论曰："经云不着文字，不离文字。非无文字。云不立文字，乃反权合道。"可明禅家不着文字之义。

② 《五灯会元》二：南阳慧忠国师，姓冉氏，居南阳白崖山党子谷。肃宗问："师在曹溪得何法？"师曰："陛下还见空中一片云么？"其潇洒如此。

③ 此事见《宋高僧传》四十三、《景德传灯录》十一、《五灯会元》卷九，极著名。后代艺人每引用此典故。如董其昌是。

④ 《沩山灵祐禅师语录》。

⑤ 道泰及智境编《禅林类聚》七云："南阳忠国师见僧来，以手作圆相。"

而不尽，然后可以言韵外之致。”[1] 此与沩山论道心之必如秋水澄渟，淡泞无碍，境界原自相应。谓其以参得之禅境，比拟诗境，无不可也。王昌龄《诗格》有象外语体及象外比体。表圣云“超以象外”，又进一步。昌龄论诗有五趣向：曰高格，曰古雅，曰闲逸，曰幽深，曰神仙。而僧齐己风骚旨格论诗有十体，一曰高古，二曰清奇，即合昌龄之高格与古雅为一。表圣《二十四诗品》中高古与清奇并同于齐己，似亦有取于同时缁流之论。[2] 故知表圣论诗，字面不及禅，而实有得于禅。

若严羽则不然，熟读禅灯之文，挦撦其语汇，正面借禅以喻诗。诗辨部分，其语最精，大都出自禅语。举例如次：

入门须正，若自退屈[3]
即有下劣诗魔入其肺腑
见与师齐，减师半德[4]
自然悟入[5]
此乃是从顶𩕳上做来[6]
谓之直接根源[7]
谓之单刀直入[8]
羚羊挂角，无迹可寻[9]

句句借禅为喻。严氏主旨在榻橥当以盛唐为法，不可步武江西，持论颇近包恢《敝帚稿》。惜其本人非名诗家，不足以服人。自明讫今，非议者众。惟王

① 《与李生论诗书》。

② 考齐己《白莲》三有《寄华山司空图》诗“天门艰难险，全家入华山”，“瀑布寒吹梦，莲峰翠湿间”，可见原为交好。齐己入梁尚存。

③ 《五灯会元》十五：善暹禅师云：“良由诸人不肯承，自生退屈。”

④ 《传灯录》十五：全豁禅师云：“智与师齐，减师半德。”《五灯会元》三，“智”字作“见”，引作怀海禅师语。

⑤ “悟入”语习见。《宋高僧传·玄觉传》：“觉唱道著明，修证悟入……号永嘉集是也。”

⑥ 《五灯会元》十八：“介谌禅师踏着释迦顶𩕳。”《禅林类聚》：“圜悟勤拈云：至简至易，最尊最贵。往还千圣顶𩕳头，世出世间不思议。弹指圆成八万门，一超直入如来地。”

⑦ 《传灯录·永嘉证道歌》：“直截根源佛所印，摘叶寻枝我不能。”

⑧ 《五灯会元》九：“（大沩山）灵祐禅师云：单刀直入，则凡圣情尽体露直常。”

⑨ 《传灯录》十六：“（雪峰）义存禅师：我若东道西道，汝则寻言逐句；我若羚羊挂角，你向什么处扪摸？”又见《大涅槃经·井如来性品十二》、《禅林类聚》：“东林总云：怪哉弘觉，二十年羚羊挂角，绝迹亡踪。”

渔洋则笃信之。谓“沧浪借禅喻诗，归于妙悟。如谓盛唐家诗如镜中之花，水中之月，如羚羊挂角，无迹可寻，乃不易之论”。而钱牧斋驳之，冯班《钝吟杂录》因极排诋，皆非也。[①] 纪昀云：

> 沧浪标妙悟，无迹可寻，有明惟徐昌穀高叔嗣传其衣钵。虞山二冯诋沧浪为呓语，不免挑之太过，叩寂寞以求音。陆平原之“思君如流水”刘舍人之“情往似赠，兴来如答”，则此论不倡自仪卿也。饴山（赵执信）坚执冯说，渔洋独笃信不移，亦有由欤。[②]

可谓平情之论。纪氏深疾山谷诗，谓其五古有腐、率、杂、涩四病（《书山谷集后》）。故以渔洋之说为正。渔洋论诗宗旨，见于《唐诗三昧集》，实祖沧浪之说，揭神韵二字，其内涵即承沧浪一脉。宜兴谢芳连著《诗庸》，渔洋序云：“王、裴辋川绝句，字字入禅。如‘雨中山果落’，以及太白‘却下水精帘’，常建‘松际露微月’，刘昚虚‘时有落花至，远随流水香’，妙谛微言，与世尊拈花，迦叶微笑无别。通其解者，可语上乘。”如此类语，渔洋著述中层见叠出。盖其晚年之定论。

伊应鼎编述之《渔洋精华录》，即师说之结晶，有云：“五言绝以古淡闲远为上乘。言景当如温伯雪子之目击而道存，信手拈来，不假思议也；言情则当如嵇叔夜之手挥目送，意在个中，神游象外也。故禅宗以可说为粗，以不可说为妙，是可说亦不可说为妙中之妙。”诗家以诗通禅之说，至是得到一个归宿。渔洋有《黄龙晦堂禅师》一诗云：“山谷大辩才，妙义皆糠秕，满院本犀香，吾无隐乎尔。”黄龙晦堂为山谷所从游。语次，问山谷“吾无隐乎尔”作何解。山谷诠释极精，晦堂皆不谓然，山谷不服。时秋香满院，晦堂乃曰：“闻木犀香否？”山谷曰：“闻。”晦堂乃曰：“吾无隐乎尔。”山谷乃服。曾见五山诗僧漆桶万里毕生抄集山谷诗注，共二十一册，书名《帐中香》。[③] 其题句云：“香为江西诗祖焚，黄龙涎上起清芬。”即用此典故。古今笺黄之作，此最为繁富矣。《精华录》注云：“妙道只在当下，当面错过，但从故纸寻求，都无是处。当前花香，是现现成成，活活泼泼的一个。”禅只宜默照，

① 《池北偶谈》十七，《分甘馀话》二续责冯班之诋諆为风雅中罗织经；又《香祖笔记》屡及之，不具引。

② 《纪文达集·田侯松岩诗序》。

③ 天理图书馆藏善本。

而不宜辨析。近贤说诗禅者，至欲以曹洞正偏五位以说成诗之历程，不知作诗只是要触兴。“兴会神到，不可刻舟缘木求之。”[①] “诗而待于做，必无好诗。”况析之以五位，必无如此齐整。如是，复为诗披上一副禅学桎梏，何异以禅缚之？

吴兴董说，明亡为僧，著有《禅乐府》。以禅林故事制为乐府，大率三字为题。如《风幡动》云：

> 不是幡，不是风，蟭螟眼里击金钟。不是风，不是幡，一片征帆两岸猿。非幡动，非风动，梅花堕井泥牛痛。风动非，幡动非，柳絮悠扬信口吹。

纸上机锋，充满禅趣。《饶州荐福退庵休禅师上堂》：“风动耶？幡动耶？风鸣耶？铃鸣耶，非风铃鸣，非风幡动，此天与西天，一队黑漆桶。”（《五灯会元》）理亦如是。清初聂先与曾王孙合编《百名家词》，先自署那罗延窟学人，为之序曰：

> 余不知词而知禅，请以禅喻：五祖举示佛果云：频呼小玉元无事，只要檀郎认得声。果入室云：少年一段风流事，只许佳人独自知。此绝妙好词也，近于丽纤。政黄牛云：解空不解离声色，似听孤猿月下啼。此绝妙好词也，近于清寒。端师子云：我本潇相一钓客，自东自西自南北。此绝妙好也，近于豪宕。洪觉范云：秋阴未破雪满山，笑指千峰欲归去。此绝妙好词也，近于淡冶。首楞严曰：佛谓阿难，譬如一琴瑟箜篌琵琶，虽有妙音，若非妙手，亦不能发。今诸公之词，各以妙指而发妙音。……尽使摸象之盲人，扣钟之聋者，忽如眼顿开，疾雷破柱，直得香象渡河，华鲸夜吼，岂不快哉。[②]

摘禅家妙句以证词境，妙用直喻暗喻，亦是一篇绝妙好文。宋人词集已以禅命名，陈与义集曰《无住词》，杨无咎集曰《逃禅词》。清初纳兰成德名其集曰《饮水》，取道明禅师语“实未省自己面目，今蒙指授入处，如人饮水，冷暖自知”。曹贞吉名集曰《珂雪》，王增孺《佛事文》谓天尊“焕发青莲，容与

---

① 《池北偶谈》十八。

② 《百名家词》题长水曾王孙道扶，庐陵乐读居士聂先晋人纂定。康熙缘荫堂本收《百名家序》，共一百卷，京大藏本只三十卷八册，有曾王孙序，而无聂先此序。

珂雪”。敦煌咒生偈“目净修广若青莲，齿白齐密由珂雪”[①]，亦取释典。

厉樊榭《齐天乐·秋声》警句：“独自开门，满庭都是月。”如《指月录》中语。故谭复堂评曰：“词禅。”董潮东风齐著《力一词》，有句云：“石坛风静，幡影书沉。阑角嫣然一笑，凝眸处，黛浅红深。君知否，桃花燕子，都是禅心。”凄馨秀逸，说者谓为“真词禅”也。[②] 俞樾《采桑子》隽句：“死是禅心，活是仙心，一样工夫两样心。”不死不能活，颇能道破妙处。[③] 词心之通禅，与诗心之通禅，固无二致也。

五、文评与释典

刘彦和撰《文心雕龙》在南齐之世，审文体，辨声律。其人虽浸淫于内典，而书中只举“般若”一词，间用圆字论诗，未尝以禅理比附文事也。梁武天监六年，敕僧旻于慧轮殿讲《胜鬘经》，仍选才学道俗释僧智、僧晃、临川王记室东莞刘勰等三十人同集上定林寺抄一切经论，以类相从，凡八十卷[④]。神清《北山录》二：“梁太子网撰《法宝聊壁》二百卷，沙门僧祐、僧旻、宝唱、智藏咸皆缵述，颇多条目。”刘勰参加者，必此一工作。临川王即梁武帝六弟萧弘。勰时为其记室，仍以精通释典著闻。《文心》之作，初似未为人所重。然若干诗文评常用词汇，刘氏已开其先。举例言之：

兴　王渔洋《带经堂诗话》十八：“右丞诗：‘山中一夜雨，树杪百重泉。’兴来、神来，天然入妙。”此虽同于唐殷璠《河岳英灵集序》“文有神来、气来、情来”之语，然《文心·神思》赞已云：“情往似赠，兴来如答。”“兴来”二字出此。

味　钟嵘《诗品》：“五言是众作之有滋味者。”又评永嘉时篇什，“理过其辞，淡乎寡味。”以后司空图亦言“辨于味而后可以言诗”。诗味之论，发轫于此。然《文心》屡提及“味”字，如云：“繁采寡情，味之必厌。”[⑤] 此谓味出于情。又云：“机入其巧，则义味自生。”[⑥] 又云：“道味相附，悬绪自接，

① 英伦斯坦因目五六四五。

② 《两浙词人小传》。

③ 黄龙有四句云：“死中有活，活中有死，死中常死，活中常活。”圜悟云：“死水里浸杀。”

④ 《续高僧传》五《僧旻》。

⑤ 《情采》篇。

⑥ 《总术》篇。

如乐之和，心声在协。”[①] 举出道味、义味两词，皆与佛理无涉。

印度诗学，向来有 rasa 与 alamkara 二派。前者主情，后者重采。rasa 汉译为味，被目为诗魂（soul of poetry）。此派诗说，从未介绍入华，钟、刘辈之言味，了不相关。

唐贞元初，僧皎然居东溪草堂，“欲屏息诗道非禅者之意，因著《诗式》，既又寝而不纪”[②]。其书今存者恐非完篇。然自彼以后，僧齐己[③]、文彧（《诗格》）、虚中（《流类手鉴》。齐己《白莲集》与虚中上人来往诗，不一而足）、桂林僧、淳大师[④]、保暹[⑤]相继有所造述。其时缁流著诗格一类之书，中唐以来，成为风尚，似皎然有以启其先。

宋人喜以禅喻诗，每借用内典词语（loan terms）。此种“拟配外书为生解之例”，向谓之格义（《宋高僧传·竺法雅传》），以释典事类比附诗说，盖亦格义之流亚。

（一）借用南北宗以喻诗文派别

六朝以来，南北对峙，风气既殊，互为轩轾，《北史·儒林传》已论南北学风之异。清许宗彦《记南北学》谓经学自东晋以后，分为南北；自唐以后，则有南学而无北学（《鉴止斋集》卷十四）。唐神清《北山录》第四论文学分南北，谓“宋风尚华，魏风尚淳，淳则寡不据道，华则多游于艺。观乎北则枝叶生于德教，南则枝叶生于辞行”。同书第三论佛学分南北宗云：“后诸学者以文殊为法性，以慈氏为法相……自伐其美，致使西极东华。人到于今，有南北两宗之异也。故南宗为以空、假、中为三观，北宗焉遍计、依他、圆成为三性也，而华严以体性，德相业用范围法界。得其门统于南北，其犹指诸掌矣。”此中唐佛教折衷之论也。[⑥] 然自禅宗崛起，能、秀分途，能乃度（大庾）岭，“天下散传其道。谓秀宗为北，能宗为南，南北二宗，名从此起。”（语见赞宁撰《神秀传》）荐福弘辩禅师答唐宣宗禅宗何有南北之名，云：“开导发悟有顿渐之异，故云南顿北渐，非禅师本有南北之称也。”（《禅

① 《附会》篇。

② 《宋高僧传》二十九。

③ 著《风骚旨格》。天理大学藏《永乐大典》卷九百九“诗”字号作《风骚诗格》，已有印本；宋人之《吟窗杂录》作“旨格”，宜参校。

④ 《诗评》。

⑤ 《处囊诀》。

⑥ 神清于元和中终于梓州慧义寺，见《宋高僧传》六。

林类聚》一）此乃与神清所揭西极（印度）东华（中国）共同之南北宗，大异其趣。然禅门南北宗之影响独巨，人多接受此说，而寝忘旧义矣。

空海大师于贞元二十年十二月至长安，留唐三载。归国著《文镜秘府论》，自云："阅诸家格式，勘彼同异。"故王昌龄《诗格》、杼山《诗议》，皆在甄采之列。其书南卷《文意》篇，曾借南北宗一词以论文云：

> 荀、孟传于司马迁，迁传于贾谊。谊谪居长沙，遂不得志。风土既殊，迁逐怨上。属物比兴，少于风雅。复有骚人之作。皆有怨刺，失于本宗。乃知司马迁为北宗，贾生为南宗，从此分焉。

以司马迁属之北宗，贾谊属之南宗，汉土旧无此说。谊原籍洛阳，以南谪楚土，遂以隶南宗。篇中"迁传于贾谊"一语，年代明有舛错，各本似皆如此[①]，未喻其故。《文意》上半取王昌龄，下半取自皎然，众所共悉。若其眼心抄起自"凡作诗之体，意是格，声是律"句，共四十四凡，比《文镜》条理更为清晰。昌龄《诗格》存于《吟窗杂录》者已非完帙，又有"诗中密旨"，俱无此段文字。故知以司马迁为北宗，贾谊为南宗，必非出自转引，谅为空师自撰，揣其意，似以骚人怨刺者为南宗，风雅不失其本者为北宗。

诗论之区分南北宗，见于题贾岛作之《二南密旨》。撮录如次：

> 论南北二宗　宗者，总也。言宗则始南北二宗也。南宗一句含理，北宗二句显意。
>
> 南宗例　如《毛诗》云：林有朴樕，野有死鹿。如钱起诗：竹怜新雨后，山爱夕阳时。
>
> 北宗例　如《毛诗》：我心匪石，不可转也。如左太冲诗：吾希段干木，偃息潘魏君。

观其例句，似以虚而尚比兴者为南宗，实而用赋体者为北宗。

又释虚中著《流类手鉴》云：

> 诗有二宗：第四句见题是南宗，第八句见题是北宗。（《吟窗杂录》卷十三）

---

① 参小西甚一《考文篇》，又参本文末附注。

似以见题先者为南宗，见题后者为北宗，前者顿而后者渐，意颇暧昧，未知然否？

词家亦有借南北宗立论者。清张其锦为《梅边吹笛谱序》云：

> 南宋词有两派：一为白石，以清空为主。高、史辅之。前则有梦窗、竹山、西麓、虚斋、蒲江，后则有玉田、圣与、公谨、商隐，扫除野狐，独标正谛，犹禅之南宗也。一派为稼轩，以豪迈为主。继之者，龙洲、放翁、后村。犹禅之北宗也。

所见颇新。以清空属南宗，豪放为北宗。惟合白石与梦窗为一派，似有可商，未为确论。

董其昌论书揭南北宗，亦假禅立说，最为脍炙人口。他若张作楠之《梅簃随笔》，辨道家有南北二宗（见《越缦堂读书记》），剽袭陈说，不免牵强。论文说诗，假南北宗立义者，代有其人。其实与释氏原旨无关，只是借喻而已。唐人假南北宗以拟顿渐，记有僧问越州石佛晓通禅师："如何是顿教？"师曰："月落寒潭。"曰："如何是渐教？"曰："云生碧汉。"（《五灯》卷十六）以景色比方，亦饶诗意。取南北宗以喻诗，陈义不过如是已耳。

（二）借禅宗三句语说诗

叶梦得《石林诗话》，"禅宗论云间有三种语：其一为随波逐流句，谓随物应机，不主故常。其二为截断众流句，谓超出言外，非情识所到。其三为涵盖乾坤句，谓泯然皆契，无间可伺。其浅深以是为序。予尝戏为学子言，老杜诗亦有此三种语，但先后不同。如'波漂菰米沉云黑，露冷莲房坠粉红'，当为涵盖乾坤句。'落花游丝白日静，鸣鸠乳燕青春深'，当为随波逐浪句。'百年地僻柴门远，五月江深草阁寒'，当为截断众流句。若有解此，当与同参。"按云间乃云门之误。仇注杜诗卷六，录此段于《题省中壁》诗后，仍作云间，未之是正（新印中华本）。《五灯会元》十五：鼎州德山缘密禅师，为云门文偃禅师法嗣："上堂我有三句语，示汝诸人。一句涵盖乾坤，一句截断众流，一句随波逐浪，作么生辨？若辨不出，长安路上辊辊地。"文偃师尝说过："河里失钱河里摝，上堂涵盖乾坤目。"涵盖乾坤原文师语，未尝举示例句。以后云门各禅师多祖述之。

信州西禅钦师僧问："如何是涵盖乾坤句？"师曰："天上有星皆拱北。"曰："如何是截断众流句？"师曰："大地坦然平。"曰"如何是随波逐浪句？"师曰："春生夏长。"

鼎州普安道禅师三句颂："涵盖乾坤曰：'乾坤并万象，地狱及天堂。物物皆真见，头头用不伤。'截断众流曰：'堆山积岳来，一一尽尘埃。更拟论玄妙，冰消瓦解摧。'随波逐浪曰：'辩口利舌问，高低总不亏。远知应病药，诊候在临时。'"

日芳上座[①]僧问："如何是涵盖乾坤句？"

师竖起拄杖。僧问："如何是截断众流句？"师横按拄杖。僧曰："如何是随波逐浪句？"师掷下拄杖……

南康军云居大庆海印禅师（云盖颙禅师法嗣）僧问："如何是涵盖乾坤句？"师曰："合。"曰："如何是随波逐浪句？"师曰："阔。"曰："如何是截断众流句？"师曰："窄。"……庐山归宗慧通禅师[②]僧问："如何是涵盖乾坤句？"师曰："日出东方夜落西。"曰："如何是截断众流句？"师曰："铁山横在路。"曰："如何是随波逐浪句？"师曰："船子下扬州。"

云门说偈最饶诗意。此三句语例子甚多，不能备录。上举诸师答案各异。或举现成句，或别出心裁，或示以拄杖，或喻以空间[③]。开悟处不同，得力句亦随之。黄檗志因禅师说："得力句在脚，一步进一步。"[④] 为学经历亦是如此。三句语原是空间不同，未必有何先后可说。随波逐浪句即景而生，所谓"有时入荒草，有时上孤峰"[⑤]。杜诗如"林花着雨，水荇牵风"、"侵陵雪色，漏洩春光"等名句，触处皆是。此三句语不限于杜少陵，其他大家莫不有之，在读者善自体会耳。

(三) 向上说及正眼说

王灼《碧鸡漫志》论："东坡先生非心醉于音律者，偶尔作歌，指出'向上'一路，新天下耳目，弄笔者始知自振。"东坡有极高明之襟抱，抒写为

① 开福贤禅师法嗣。

② 大沩宥禅师法嗣。

③ 说随波逐浪是阔，乃从广度看；说截断众流是窄，乃从长度看。故是空间义。

④ 《五灯会元》十六。

⑤ 临安玄妙禅师语。

词，不同凡近，如宗门之极诣，故以“向上”比况之。其实不独倚声为然，其诗亦能指“向上”一路。严沧浪《诗辨》亦点出诗宜“向上”。向上一词本为禅宗常用语。《传灯录》七：“宝积禅师上堂示众曰：向上一路，千圣不传。学者劳形，如猿挂影。”《五灯会元》十二：“东京净因禅师谓善，华严有千圣不传，只向上一路在。善问曰：如何是向上一路？师曰：汝且向下会取。”又同书十三：“越州干峰和尚上堂：法身有三种病，二种光，须是一一透得，始解归家稳坐，须知更有向上一窍。”又十五：“明州育王常坦禅师：僧问：如何是有中有？师曰：金河峰上。曰：如何是无中无？师曰：般若堂前。上堂：千花竞发，百鸟啼春，是向上句；诸佛出世，知识兴慈，是向下句……”向上一窍不易做到。“潞府妙胜臻禅师：问：如何是向上一路？师曰：一条济水贯新罗。”元楚石法师题画句云：“若论向上宗门事，尽山光水色中。”[①] 禅家句子有向上与向下二种。王灼用向上一词以形容东坡之造诣，盖以其湛于禅理也。东坡《题李之仪诗后》云：“每逢佳处辄参禅。”正是夫子自道。而李之仪句云：“悟笔如悟禅。”[②] 又云：“说禅作诗本无差别，但打得过者绝少。”[③] 其时学人已深知诗禅合一之理，然能打得过者莫如东坡，故山谷称“东坡于般若，横说竖说，了无胜语”。盖其作品，处处充满智慧。清刘熙载亦谓“东坡诗善于空诸所有，又善于无中生有，机括实自禅悟中来”，语最中肯。其在庐山《赠东林总长老》[④]、《题西林壁》[⑤]，已与偈语无别。南迁而后，与缁流往返最密。凡有所作，活泼禅机，跃然纸上。且每自言能下转语，如《咏马祖》“岂堕山鬼计”、“戏留一转语”[⑥]，下语已高马驹一著。又如：“一言破千偈，况尔初不语。可怜一转语，他日如何举。”[⑦]《传灯录》：“省念禅师传到处举似人。”坡诗：“他日如何举似人。”彼深懂破偈，举似种种家活法，妙处尤在命意。漫举《贪泉》一诗示例：

水性故自清，不清或挠之。君看此廉泉，五色烂摩尼。廉者为我廉，

---

① “向上”资料，见《禅林类聚》三“桥路”一项，今不备录。

② 《姑溪居士后集》一。

③ 《与李之言书》。

④ 即照觉大师。警句“溪声便是广长舌”，尽人皆知。大鉴禅师居集有“一溪说”，谓溪为众水所归，宣演妙音，全文即申东坡“溪声便是广长舌”之义。

⑤ 即“不识庐山真面目”一诗。

⑥ 《虔州尘外亭》。

⑦ 《和江行见桃花》。

何以此名为？有廉则有贪，有慧则痴。谁为柳宗元？孰是吴隐之？渔父足岂洁？许由耳何淄？然后立名字，此水了不知！毁誉有时尽，不知无尽时。揭来廉泉上，捋须看须眉。好在水中人，到处相娱嬉。

直是说偈，明白晓畅，语语如摩尼珠，横说竖说，无所不宜。岂止下一转语，真是无中生有。孰谓诗不可说理耶？

山谷之于禅，参证特多。范温记其言曰："学者先以识为主，禅家所谓正法眼藏，直须具此眼目，方可入道。"① 又云："句中有眼，学者不知此妙'韵'，终不胜。"温用其说作《潜溪诗眼》一卷。② 法眼为禅家常谈，文益示寂后，谥曰法眼，被称为法眼宗。麻谷问临济："大悲千手眼，那个是正眼？"③ 汝州风穴禅师上座，哮吼一声，壁立千仞，谁敢正眼觑着？觑着即瞎却渠眼。时有僧问："如何是正法眼？"师曰："即便戮瞎。"曰："戳瞎后如何？"师曰："捞天摸地。"④ 宗慧初参云门，问："如何是正法眼？"师曰："纸撚无油。"⑤ 僧问江陵重善禅师："如何是正法眼？"师曰："夜观乾象。"曰："学人不会意旨如何？"师曰："日里看山。"此类不回答之回答，不胜偻指。⑥ 究竟什么是正法眼，不须说破。如范温说山谷直以"韵"为诗之正法眼，已病在说破了。山谷言能用翻着袜法，似太注重技巧⑦，不如东坡有得于大全，任其自然。山谷悟入在诗中之韵，以此为句中之眼，不知司空图已论韵外之致，味在咸酸之外。韵外之韵，比韵又进一境。《百喻经》讽有人因主人益盐，而"便空食盐"，正因黏着于味，而不能外却咸酸之味。尚韵而不以外韵，病亦如是！山谷誉东坡学高而韵胜，正以其有韵而不黏于韵，此其所以高绝，山谷所以叹为不可及。坡、谷优劣，亦可于此见之。

（四）境界说

拈出境界二字以论文学，近人每误认为倡始于王静安之《人间词话》，余

---

① 后此严羽称"学诗者以识为主"，全袭是说。

② 《永乐大典》卷八〇七诗字引之，又见《苕溪渔隐丛话》。

③ 《五灯会元》十一。

④ 《五灯会元》十一。

⑤ 《五灯会元》十五。

⑥ 法眼资料，参《禅林类聚》十"心眼"项。

⑦ 五山诗僧虎关师炼论诗，眼力甚高。山谷翻着袜法，取之王梵志。《虎关诗话》论诸家拟王梵志云："盖梵志者，意到句不到。东坡放而不警矣，悟警而不精矣。只涪翁之论亦佳矣，然无句。"其说可供参考。

二十年前尝撰平议。嗣见观堂已自悔其少作[①]。其实境界说，唐宋人言之甚多，且与释氏有密切关系。兹略论之。

宋李耆卿《文章精义》云："作世外，文字须换过境界。"因之有空境界、鬼境界、仙境界诸名目。唐僧皎然《诗议》则标出"境象"一义云：

> 夫境象非一，虚实难明：
> 有可睹而不可取，景也；
> 有闻而不可见，风也；
> 虽系乎我形，而妙用无体，心也；
> 义贯众象而无定质，色也。
> 凡此等可以偶虚，亦可以偶实。

判境有虚实，而区为景、风、心、色四者，统称曰境象。又论对法有"含境"一项。例句是："悠远长怀，寂寥无声。"又《诗评》有"取境"之说云：

> 取境之时，须至难至险，始见奇句。成篇之后，观其风貌，有似等闲，不思而得，此高手也。

禅家造偈，原即取境借镜，宜杼山之有深契也。[②]

禅家喜用境界一词。例如：

> 金陵天宝和尚："僧问：白云抱幽石时如何？师曰：非公境界。"韶州东平山洪教禅师："僧问：如何是向上关？师竖起拂子。僧曰：学人未晓，乞师再指。师曰：非公境界。曰：和尚岂无方便？师曰：再犯不容。"[③]
>
> 净因禅师答善华严问向上一路曰："汝且向下会取。"善曰："如何是实所？"师曰："非汝境界。"善曰："望禅师慈悲。"师曰："任从沧海变，

---

① 见黄濬《花随人圣盦摭忆》一九。

② 《吟窗杂录》中王昌龄《诗格》论诗有三境：物境、情境、意境。题白乐天之《文苑诗格》，亦论依带境及抒析入境等法门，知唐代诗论已喜言境，渊源甚早。

③ 《五灯会元》十五。

终不为君通。”[1]

似禅家对境界用法，有界限意味，不可逾越。白云抱幽石，原为大谢诗句，此境非僧所宜，向上一关非俗子可到，故师不指引，则境界与境象义略有别。

五山僧别源禅师《南游集》，其前有玲珑岩主跋云：

> 诗胜境则境归于诗，境胜诗则诗不入境。诗与境合，见诗即见境；境与诗合，见境即见诗。苟不然，则诗、境两失。[2]

已畅论诗与境之分合。

涿州纸衣和尚[3]问临济和尚：如何是“夺人不夺境，夺境不夺人，人境两俱夺，人境俱不夺”四境界？复为之颂。兹举四境中两禅师于前二境之隽句如下：

夺人不夺境　煦日发生铺地锦，婴儿
　　　　　　骊珠灿烂，蟾桂影婆娑。[4]
　　　　　　垂发白如丝。[5]
夺境不夺人　王令已行天下遍，将军
　　　　　　日照寒光淡，山摇翠色新。[6]
　　　　　　塞外绝烟尘。[7]

完全用比兴方法，作偈正如作诗。王静安言境界有有我之境与无我之境，夺人不夺境即是无我，夺境不夺人岂非有我？如此比拟，未必完全相符。然人我之分及境之予夺，释氏已尽分析之能事，理复圆融。后之说者，难免拾其牙慧矣。

《人间词话》喜举警句以显境。明胡应麟论杜诗之变化云：“变主格，化

---

① 《五灯会元》十二。
② 《五山文学全集》，733 页。
③ 即克符道者。
④ 纸衣颂。
⑤ 济答。
⑥ 纸衣颂。
⑦ 济答。

主境，格易见而境难窥。”因举锦江天地、玉垒浮云等为字中化境，绝壁过云、疏松隔水为句中化境，昆明池水、风急天高为篇中化境。余谓字、句、篇之勉强划分，殊属难言。然化境则神动天随，从心所欲，因外境之物色不同，所构成之境界亦异。诚如黄龙慧南禅师云：“摩尼在掌，随众色以分辉；宝月当空，逐千江而现影。”岂主变化之故常？何有人我之区？以之论诗、论词、论禅偈，其理固如一也。

前人假释典以论文，其说如五色缤纷，兹以篇幅所限，不能多述。若钱谦益之立鼻臭诗香观之说①，而东坡已屡言鼻观②；方以智论词意必中道皆到③，而东坡亦先有中边皆甜之论④。意看似创而实因。难怪明人为东坡编《禅喜集》⑤，信乎其有得于禅！王安石亦湛于禅学，文集七十八《与蒋颖叔论禅书》可以见之。山谷《跋王荆公禅简》云：“荆公学佛，所谓吾以为龙又无角，吾以为蛇又有足者。”甚致钦佩。今观其《和俞秀老禅思词》（见《词品》二），仍是沾着于禅，不若东坡之翛然不为禅缚。然北宋以来，诸巨公皆躯禅悟，以诗通禅，开出无数法门。为文评者，遂有崭新之说。其源出于释典，有待于抉发者尚多。正如坡公云：“八万四千偈，如何举以人。”兹但示其一隅而已。

以上五次讲论，从名号说到境界，相去九万八千里，拉扯得很远，未敢说在旁通、横通做过一点功夫，只是黏着一边，更谈不到“得其环中”！禅林有偈云：“百年钻故纸，何日出头时？”可作棒喝。我只希望在文学解悟上，和大家一同找出“向上”一路。

附注

《文镜秘府论》南卷此条，林宏作君曾请高野山大德静慈圆氏代遍查名本，据称皆作“迁传于贾谊”。高野山三宝院传下之古写本亦然。正智院与栂尾年高山寺二本原皆不全，合之成完帙，亦作“迁传于贾谊”。此语殆一时偶尔笔误。

原载京都大学《中国文学》三二册，1980年

---

① 香观说书徐元欢诗后及后香观说。

② 东坡《和黄鲁直烧香》云：“且令鼻观先参。”又《题杨次公蕙》：“云何起微馥，鼻观已先通。”观鼻端自谓之鼻观，出《楞严经》。钱说似受东坡影响。

③ 《龙眠风雅》引述。

④ 《东坡题跋》。

⑤ 徐长孺纂在《禅林丛书》。

中国文学在目录学上之地位

“目录之学是学中第一要紧事，必从此问途，方能得其门而入。”[①] 这指出目录学在治学上的功用及其重要性。目录学本身的任务，是讨论典籍分类之专门学问，我们可以从历代典籍类别，看出某一种学问演进的过程。章学诚所谓“将以辨章学术，考镜源流”，在这方面，目录学是有极大的帮助。

中国文学观念的演进，在目录学上表现着什么？从目录书的分类系统，可以看出文学变迁的大势，这在中国文学史的研究上，该是一项重要课题。

一、文学范畴在目录分类上之演进（从诗赋略到集部）

中国目录学正式成立，在西汉成帝时候。刘向撰《别录》；向子歆继父业，写成《七略》；班固根据它，作《汉书·艺文志》。他类次群书为六个部门。第一是辑略，即群书的总序。其余六略中，经书称六艺略，子书称诸子略，文学作品称诗赋略。班固《两都赋序》谓成帝时奏御的赋，千有余篇，赋家的梗概，在《艺文志》中可窥见一斑。晋时荀勖作《中经簿》，改变七略之法，分为甲（原为六艺）、乙（诸子、兵书）、丙（史书）、丁四部。丁部所收，为诗赋、图赞、汲冢书。这时候恰值汉代人像画的兴起，在图像上题赞，极为风行，新的作品众多。像曹植的《画谗》，即其一例。汲冢书详细见《晋

① 清王鸣盛《十七史商榷》。

书·束皙传》。《穆天子传》是其中有名的一种。这可说是地下发见的新资料。把它和诗赋及图讚放在一起，入于丁部，可见汉时诗赋一项，已不能再包括其他种类文学作品了。至东晋初年，李充为元帝编书目，开始将乙、丙二部互调，乙为史而丙为子，惟诗赋仍列丁部。[1] 自宋至隋，除《七志》、《七录》之外，其他目录，都以四部为名，沿用李充的次序。梁元帝时，集诸贤校理秘阁旧书八万卷，已分为经史子集四部。据颜之推《观我生赋》自注云：

> 右卫将军庾信，中书郎王固、晋安王文学宗菩业，直省学士周确校集部也。

则梁时的四部，已通用“集部”一名。

杨修作《荀爽述赞》云：

> 载而集之，独说十万余言。（《类聚》四七）

自作之集称“录”，起于曹植之《前录》。《类聚》五五引其序云“册定别撰为《前录》七十八篇”，似即指其作品自行编集者。

先是刘宋间，王俭作《元徽书目》仍用四部体制，其后改撰《七志》，其第三题曰《文翰志》，专收诗赋之类（《隋书·经籍志序》）。及梁阮孝绪撰《七录》，其第四曰《文集录》，亦收诗赋。他的《七录序》云：

> 王（俭）以诗赋之名，不兼余制，故改为文翰。窃以顷世文词，总谓之集。变翰为集，于名犹显。故序文集录为内篇第四。

可见阮孝绪的时候，是集名盛行的时代。他所以变翰为集，事实上是适应当时的需要。梁时文词总谓之集，这一有趣的现象，下面将加以说明。

二、别集、总集之滥觞及其种别

别集始于何时？或云肇于东汉。姚振宗《隋志考证》，在《东方朔集》下

① 参《文选·王文宪集序》李注引臧荣绪《晋书·李充传》。

注云："自著论设客难以下诸篇，皆刘向所录，见于《别录》。然则《七略》、《别录》载有朔集审矣。……是知别集之体，亦始于向也。"按西汉至东京，乃有专集，实多出后人追录。观汉武命所忠求司马相如的遗书，魏文诏天下上孔北海的文章。他《与吴质书》说："徐、陈、应、刘，一时俱逝。"复云："顷撰其遗文，都为一集。"陈寿亦奏上《诸葛武侯集》，这些都是出于后人追辑成书。《文选》任昉作《王文宪集序》末云：

> 是用缀缉遗文，示贻世范，为如干卷。所撰古今集记、今书七志为一家言，不列于集，集录如左。

这是王俭死后，其集由后人编集而成的一篇说明。可见下至刘宋，个人的文集，还是出于后人追录编辑而成书的。

《四库提要》集类小序云："集始于东汉。荀况诸集，后人追题也。其自制名者，始于张融《玉海集》。"其说本诸《南史·张融传》。其传云："自名集为《玉海》，司徒褚渊问其故，融云：盖玉以比德，海崇上善耳。"在《隋书·经籍志》集部所著录，融除《玉海集》外，尚有"《大泽集》十卷，亡"。可见南齐时，已开始有自名其集的风气了。

《诗经》、《楚辞》为最早的总集，人所共悉。《四库提要》总集类序云："体例所成，以挚虞《流别》为始。"晋挚虞的著作，原有《文章流别集》四十一卷，又《志》二卷，《论》二卷。见《隋书·经籍志》，《晋书》本传称："名曰《流别集》，各为之论。"他的《文章流别》一名下面，本有"集"字。总集之以集为名，似乎以他为最先。[①] 至于仿佛《文选》一路录选文章的编著，晋初杜预有《善文》五十卷，见隋志著录。这书名不甚显著，《史记·李斯传》宋裴骃集解云："辩士遗秦将章邯书，在《善文》中也。"《善文》即杜预此书，似唐时尚存，章怀太子《后汉书注》曾加引用（《马皇后传》）。揆以年代，这当是最早的文选（清成瓘《篛园日札》已有此说）。

晋宋以来，盛行分体的选文总集。晋（散骑常侍）王履《书集》，谢灵运有《赋集》九十二卷，《诗集》五十卷，《"七"集》十卷及《策集》等，谢庄有《碑集》、《赞集》、《诔集》等，惜皆失传。

一人之集有区分部帙和种类的，隋志所见，像：

① 《旧唐书·艺文志》，荀勖有《新撰文章家集》五卷，惜内容未详。

梁武帝有集二十六卷，又有诗赋集二十卷，杂文集九卷；又别集目录二卷。梁元帝有集五十二卷，又有小集十卷。

“别集”一名见此，它的涵盖，应是指集外之文，和《七录》指某人的专集有些不同。

江淹、徐勉各有集十卷；陶宏景有集三十卷，又有内集十五卷。

这如先秦诸子书分为内外篇一样。

王筠每做一官，便编成一集。计有《洗马集》十卷，《中庶子集》十卷，《左佐集》十卷，《临海集》十卷，《中书集》十卷，《尚书集》十一卷。[①] 梁时自编成集的风气，已达到鼎盛期。释氏书亦有法集（如梁宝唱的法集）。难怪阮孝绪说“顷世文词，总谓之集”了。

梁世集部的盛行，可见当日文学发展，已到了极高峰；另一方面，亦可看出中国文学成熟之早。

三、集部名称之更张与文学领域之开拓

自汉至梁，集部名称的演变，我们试加以举出，再看后代目录家采用和沿袭的情形：

（一）诗赋略　见于汉志。清孙星衍《祠堂书目》分书为十类，第十曰“词赋”。以词赋代集类，不称诗赋，只此一例。

（二）文翰志　晋李充始作《翰林论》，王俭《七志》乃立文翰志以代诗赋。翰即翰藻[②]，萧统《文选序》：“义归乎翰藻。”这都是用“翰”来代表文学作品。翰亦笔也。蔡邕《笔赋》：“性其翰之所生。”

（三）文集录　阮孝绪《七录》所立，与经典录、记传录（史）、子兵录、术技录五者为内篇；仙道录、佛法录二者则为外篇。

（四）集部　颜之推称为集部。“唐武德初，魏徵收东都图书，时以王湾

① 见《南史》王昙首附传云：“自撰其文章，以一官为一集。”

② 潘岳《射雉赋》云：“敷藻翰之陪鳃。”李善注：“藻翰，翰有华藻也。”

等治集。"（《马怀素传》）《隋书·经籍志》简称为"集"。毋煚《古今书录》（即旧唐志）丁部称曰"集录"，宋李淑《邯郸图书志》称"集志"，清《四库全书》仍称"集部"。

其他有称为"文类"的。宋郑樵《通志·艺文略》分十二类，第十二为文类，以"文"代"集"。郑寅《郑氏书目》共分七录，其六曰"文录"。这一名称，很少被人采用。

集部中还有一些细目需要讨论，在目录书所见有可注意之要点，析言如次：

（一）自《七录》开始有"文集录"之名，又分为三类，曰楚辞类、别集类、总集类；集部内涵因而确立。后人陈陈相因。都把楚辞单独列为一项，惟《文献通考·经籍考》，改楚辞类为诗赋类，回复汉志的旧称。

（二）《新唐书·艺文志》有文史类，宋《崇文总目》亦有文史类，《宋史》、《明史》艺文志皆仍之。李充的《翰林论》，刘勰的《文心雕龙》，即被列入文史类。陈氏《直斋书录解题》亦有文史类，晁氏《读书志》则改名为"文说类"。故四库始别立为"诗文评类"。

（三）尤袤《遂初堂书目》始于集部立乐曲类，《书录解题》作"歌词类"，分为乐府、词、曲三项。《文献通考》则称歌词类，将乐曲独立起来。

（四）小说自《七略》以来，列入诸子略十家之一，历代因之，隶属子部，孙星衍《祠堂书目》十二类，列小说于最末，为第十二，把它独立起来，甚有见地。

（五）明徐𤊹《红雨楼书目》子部汇书类下列传奇类。集部则分"集类"、"总集"、"总诗"，又有"词调类"与"集类"并列。传奇入子部，是把它和小说同样看待的。

集之一名，所有文学作品，很难完全包括。清代四库，仍《七录》旧贯，集部分为楚辞、别集、总集、词曲、诗文评五类。其实《楚辞》应入总集，而别集、总集仍在集的大共名之下；词曲类之分立，《遂初堂书目》之立乐曲，已启其端；诗文评即《唐书》以来所谓文史类的另一名目。至于小说一类，循向来旧辙，入于子部，仍是未能摆脱旧分类法的羁绊。

四、余论

汉代以诗赋领头。其时还是以某种流行的文体，作为文学的代表。

六朝以来，才有概括性的名称。“文翰”一名之外，亦盛称为“文章”，这似乎和宋时文学独立价值的提高，很有密切关系。宋文帝时，立四学，文学与儒学、玄学、史学分立，这是一桩极重要的事情。至于文章一名施用以总称文学作品，隋志晋荀勖的“新录文章家集五卷”（《旧唐书·经籍志》列史部书目类）已开其端。挚虞因之作《文章流别》及《文章志》四卷。是时其他著作，如：

宋明帝《江左文章志》
沈约《宋世文章志》
顾恺之《晋文章纪》
丘渊之《文章录》（《世说》刘孝标注引）
傅亮《续文章志》

都是以“文章”为书名，可说是早期的断代或地域性的文学史，可惜各书都没有流传下来。这时文和笔的观念，已有明显的分界，纯文学的地位，至此已经奠定。梁世集类的盛行，这一风气的成长，和文章独立价值的提高，似乎不能说是没有关联的。

集部确立以后，自梁至清，一成不变。别集的观念，过于侧重个人，所谓某人的集，即是某人作品的纂录，这和先秦诸子的著作，以某一领导人或某一学派的代表为主而称为某子，本质上实无二致。所以六朝的“集”，可以说是先秦的“子”的变相。同时，这种以作家为主，不以文体为主，每一作家往往兼擅各体，每一集中，各体都有之。这与其说是某一个人的别集，毋宁说是某一个人的总集。上举两端，前者可谓个人主义，算是“集不异子”；后者可谓兼通主义，等于“别不离总”。这样看来，“别”仍是“总”，虽则某些作家的成就，有的在诗，有的在文，但精力却不能集中在某一项。由于集的观念，太侧重个人的地位和各体的兼通，对于文体的发展，似乎反成为一种阻力。中国文学的早熟，在某些地方，反变为停滞，集部的重视，对于文学观念的影响，恐怕是其中一重要原因，故为指出，附带在这儿加以讨论。

原载《新加坡大学中文学会会刊》

汉字与诗学

一、从 Ezra Pound 说起

Ezra Pound 在他的名著 *ABC of Reading*，收入 Ernest Fenollosa 所作 The Chinese Writer Character as a Medium for Poetry 一篇，他截取其大意，写成 The Chinese Ideogram。他只从字形着眼，认为：

> The Egyptian finally still used abbreviated picture to represent sounds, but the Chinese still use abbreviated pictures as pictures, that is to say, Chinese ideogram does not try to be the picture of a sound, or to be a written sign recalling a sound, but it is still the picture of a things of a thing in a given position or relation, or of a combination of things. It means that thing or action or situation or quality germane to the several things that it pictures.

因此他指出古代中国人以图形来制字，是根据一般人所知的事物来造字的。他强调 Fenollosa 之说，用这种方法写出来的语言是 right way，had to stay poetic。可见汉字的结构和诗学关系之巨。可惜 Pound 对于汉字未有深入的研究。汉字不仅重形，同样亦重声。汉字是由音符和形符共同组成，而以形声字占绝大多数。一般认为汉字是象形文字，这只是从形体结构这一角度

来看问题，其实汉字很早已脱离表意阶段。殷代的甲骨卜辞差不多大部分是借音字和形声字，仅有表音的作用，已离开了形构的示意作用。

所以汉字是以音符为主，形符为辅。在铜器时代，一个字有许多异形。尽管形符可以变动不居，而音符所代表的声音则比较固定。因此，不能完全从字形方面着眼来谈汉字。这一点 Pound 是不了解的。

二、最古的记号与汉字

关于汉字产生的年代，目前已有最新的考古学资料，可以证明。陕西西安半坡仰韶文化遗址的陶符，经碳十四测定，约为公元前 4800—前 4200 年。有人认为它只是孤立的符号，不可能是文字；实则其中符号有的出现于他处。像 T 字，亦见山西夏县的陶器，南至广东清远和香港的陶文，亦有相同者，至于 X 字是表示数目的五，几乎各地陶文很普遍地流行。这说明它和后来的文字存在着密切的关系。又陕西临潼姜寨，碳十四测定年代为公元前 4000 年左右，陶器上刻画符号有（像羊头带角形）诸形。甘肃洮河唐汪川的彩陶豆上绘有，像二人并跪形，显然是殷文字“比”或“从”的前身。又山东大汶口晚期陶器，年代为公元前 4300—前 1900 年，其上刻有符号表示太阳上升，出于地面（有人认为是“旦”字），这很像 Sumarian 表示太阳（sămăs）的（utu）和埃及象形文表示 horizon 的，其文字结构是由二个以上的单文组成。这些很早的零星陶器上的记号，可以了解中国文字的诞生，应推前至公元前 4000 年。[①] 这和近东对于文字前身，由于近年专家探讨的结果，知道由 token 系统的⊕（计算“羊”的记号）发展而为文字，可以推前五千年，都是人们对世界文字起源问题的新知识。

三、最早用韵的叙事诗

《诗经》的雅颂，无法确定其年代。铜器铭辞，在西周时已通行用韵。大丰簋是周武王时器，许多地方用韵。较长的铭辞，为近年陕西出土的史墙盘，周共王时器（公元前 922—前 898 年），可以作一篇周颂来读。全铭大约六十四句，共二百八十字，多用四字句式。通篇除最后一段之外，都有押韵。《诗

① 关于中国远古陶文的说明，另有专篇讨论，故不注明资料来源。

经·周颂》最长的仅有《载芟》一章，共二十一句，此已倍之；《大雅·皇矣》八章，章十二句，共九十六句，与此盘铭相当。我们可以断言西周中叶以后，这样长篇用韵的叙事诗，已经形成，是没有疑问的。史墙盘中大量使用复词，更具备诗颂的形式。兹录数句如下以示例：

曰古文王，初戾各于政。上帝降懿德，大屏。匍有上下，会受万邦。嗣圉（威德刚武曰圉）武王，聿征四方。

盘铭中所见复词已有下列各类：

（一）同义平行。如：楚荆。

（二）反义相义。如：上下。

（三）名词上加形容词。如：上帝、懿德。

（四）联绵形容字。如：舒迟。

这些即后来所谓“骈字”。可见复词的发展，在西周为发轫期。汉语由单字走向复词是必然的道路，一直至今尚在继续发展；而诗的构成，骈字正是最重要的骨干。

四、单音字与复词

汉语是单音语，文字又是单音字，这是汉字的特性。由于基本上一字一音，在音节结合容易取得齐整与和谐。但汉字与汉语是游离的：第一，字和词不能完全相应，单音的字只是词组成的一部分；第二，汉字本身不能够正确表示语言，许多口语没有相应的字，已造出来的字，又有古今字及地域性的不同。所以形成语言与文字不一致的游离现象。汉语中存在着大量的同音字。现以北宋人编的《广韵》作一粗略统计。《广韵》共26194字，同音字得3802字，实占14.5％。同音字虽有如是之多，但在实用上无大关系。韵书的编辑，给我们把同音字按收音的韵部摆列在一起，只可备查，实际没有什么用处——因为许多字只是异体或已死的文字，成为历史陈迹而已。

汉字的音符部分在开始可能和语言有些关系。某一字可以使用某音符来注音（形声），或者借用某字来代表它的声音（假音），到了成为文字之后，与原有的语言，已完全脱离。现在的文字学者在研究形声字及假借字的音符部分，所以作种种揣测——原因是文字与语言已发生很大的距离，不得不作猜谜式的考证。

单音字是不够区别事物，且易引起混淆，于是有复词的产生，以补其不足。复词是由两个单音字所组成，最主要是增文以足义。由于单音字所代表的意义有其极限，在扩张意义或转移意义及加强意义时，得增加另一个字在原来某一字之上，构成一新的复词。今以诗学上两个常用术语为例子：

风

　　风气　风教　风化　风俗　风物

　　风流　风力　风格　风骨　风范……

兴

　　兴会　兴致　兴象　兴趣……

上一字的“风”、“兴”，好像是语干，在下面另加一字，所组成的是复词。虽由上字孳生，但它的意义，已大有不同。这些词儿有它的发展经历。某一词的出现，亦有它的时代背景和形成的理由，还可作断代的研究呢！

五、形声字之发展及其美学作用

殷周以来，形声字大量产生，成为汉字发展过程中一大主流。形声字每每附加形符来区别。金文的复杂形体表示其时喜欢一而再地增益的附加的形符。秦人统一文字，加以简化。形声字大体上保存一形一声，形声字中形符最重要的区别作用，是一望而可认识这个字所代表的事物是属于什么事类。譬如见山旁即知为山，水旁即知为水，非常简单。不像埃及古文，义符之外复加声符，形上加形，声上加声，凌乱复杂，最后归于放弃。

形声字本身，具有行文和声文两者的联结。不管形声字的结构，是左形右声，抑是上形下声，或内形外声，形符与声符成为对称美。形主视觉，声主听觉，同时产生不同的美感。形与音引起情感上的反应，连带生出情文。

声符（声文）╲
　　　　　　　　＞情文
形符（行文）╱

一个形声字，分开来说，形符与声符所引起的反应，各有不同的联想，对于构成诗的语言，是非常有力而方便的。诗赋上有“联边”的现象，即是形符部分相同得太多，重叠繁冗而引起不愉快的感觉。相反的，有的却把这种联边作为特殊的技巧。例如谢灵运的名句：

蘋萍泛沈深，
菰蒲冒清浅。
芰荷迭映蔚，
蒲稗相因依。

蘋、萍、菰、蒲四个字都有形符的艹，泛、沈、深、清、浅五个字都有形符的水，二句之中出现这样“联边”的技巧。这二句是互为对偶的。还有声律的美。蘋、萍同为P' 母，清、浅同为Ch' 母，是为双声；菰、蒲皆收u，同属虞韵，沈、深同收m，同属侵韵，这是叠韵。

第二联亦有同样的情形。这两联每句都有二个复词（联绵字），只用一个动词来联系（泛、冒）。四个复词相对构成一联，是非常工整的形文，再加上双声叠韵的声文，只有汉文字才有这样的在文字形态上构成的美感。

六、造字法则与“类”的观念

汉代人所提出的造字法则有所谓的“六书”，非常重视“类”的观念。六书之中有三者的定义与“类”的观念发生密切关系。

（1）象形：“依类象形，故谓之文”。（许慎《说文序》，下同。）
（2）会意：“比类合谊，以见指撝”。
（3）转注：“建类一首，同意相受”。

所谓“依类”、“比类”、“建类”均是以类为标准。类的观念在古代哲学中可以找到许多根据。《易·系辞传》云：“方以类聚，物以群分。”[①] 墨子说：“摹略万物……以类取，以类予。”可见向来对“类”的重视。这里所谓类，和亚

① 我在湖南看到马王堆出土的《易经》帛书，汉文帝时物，其中即有《系辞传》。

里士多德讲范畴的 genus 虽未必尽同，但是对事物的认识务使各从其类，把这一通则用到造字上面，要使它各从其类。比方凡山水一类的字，都以山及水统一起来，作为形符，再以另一字记音，作为声符。以形符定其义界，以声符示其语音，这样有规律地把宇宙的事物归入于某一物类。《说文》所载的形声字，大都说是“从某，某声”。从某，即指出属于某一物类。我们原来不懂得的字，但看它所从之形符（即偏旁），便已知它是何种物类，可说已识得一半了。如看松、柏二字的木旁，即知它是树木。其他可类推。这样一来，在造字者很是容易，认字者更无困难。这是形声字的优点。

中国自秦统一文字，把篆、隶的字形整齐划一，字画安排得很匀称，尽量减少以前文字的图画性部分，和复杂多变的结构，加以简化，把文字规范化了。近年以来，晋、楚、中山及秦本国的文字资料出土很多。经过仔细比较，对秦人为何删剔反区混乱的异体字，如何完成简化文字的工作，大体可以明白。试举一例：

（毛公鼎）（石鼓文）（诅楚文）（秦小篆）（马王堆帛书）

删去繁复，只存一形（口）一声（五）。由偏旁而建立部首，文字各从其类，汉字构造的法则，亦可有条不紊地加以归纳起来，给予分类，并编成字书了。

七、省略习惯、叠字作法

许多人谈汉诗，认为省略（Ellipse）是汉诗的特征。在诗的语言里，主词的人名及表示位置的介词（proposition）往往省略。其实在殷代武丁时期的卜辞，已大量使用省略的方法。我们可以从同时同事的占卜文字体会出来，在不同的甲骨上面细心比较便可了然。譬如 A 片上记着主词（有卜者名）及日期，B 片 C 片上可以省去。有时同一版上同事的占卜在上文很具体地记录，到了下面，便省略去了。介词的省略，更随便可以看到。例如“用一牛于兄丁”，可以作“用一牛兄丁”；甚至连动词亦省去，只作“兄丁一牛”。铜器上亦普遍采用“略辞”。从同一地区出土的铜器群，经过比勘之后，可确定是略辞。例如（洛阳东郊西周墓出土）：

　射作尊　（甗）

射作父乙　（爵）

作父乙　（觚）

　射　（尊）

在不同器上所铸的文字，有的省去作器的人名，有的省去先祖名及器名。这种用极少数文字简括地来表达的特殊手法，渊源甚早。再举《左传》一例：

> 天子七月而葬，同轨毕至；诸侯五月，同盟至；大夫三月，同位至；士逾月，外姻至。（左隐元年传）

这处第一句言七月而葬，为天子之礼；以下诸侯、大夫、士月数递减。诸侯以下，皆省去“而葬”一语，而文义自明。

可见省略的习惯，不限于诗，这是汉语的一般惯例。诗的语言，因为字数的限制，省略更进一步罢了。

同一字的重叠使用，可以助长文章的气势。特别是有关键性的字眼（key word），不止一次地反复运用。如《左传》楚子问鼎，用德字作枢纽，凡六用。吕相绝秦，“我是以”凡五用；“我”字多用，几乎达四十次[①]。摘一段如下：

> 康公我之自出，又欲阙剪我公室，倾覆我社稷，帅我蝥贼，以来荡摇我边疆，我是以有令孤之役。

在这篇中，“我”字兼有主词（I）、受词（me），作为possessive case（my）用特别多，可以见到汉文法于不同格之情形下在字形上不必有什么变化，只从上下文气就可以看出来。吕相绝秦一节，宋元文家都视为“作文法度”的规范（《隐居通议》卷十八，《丛书集成》本）。

诗的叠字用得最多的。试举梁湘东王（萧绎）的《春日》一首为例：

> 春还春节美，春日春风过。春心日日异，春情处处多。处处春芳动，

① 请参看《先秦文学史参考资料》，206页《吕相绝秦》（《左传·成公十三年》）。

日日春禽变。春意春已繁，春人春不见。不见怀春人，徒望春光新。春悉春自结，春结讵（那也）能伸。欲道春园趣，复忆春时人。春人竟何在，空爽上春期。独念春花落，还以惜春时。

诗中“春”字，一连用二十三次。一句五个字，有时出现了二次。而且有对仗。像“日日”与“处处”对。又作连环性的安排，技巧崭新。同时有鲍泉者和他比诗，即叠用“新”字至三十次。举六句于此：

新莺始新归，新蝶复新飞。……新扇如新月，新盖学新云。新落连珠泪，新点石榴裙。

上二诗载于明人编的《诗纪》（卷八〇，卷一〇二），大概是“宫体”诗的代表作。初唐张若虚的《春江花月夜》，其作法即从此脱胎而出。中唐无名诗人，流落在吐蕃，有《白云歌》一篇七古，词采甚佳。有句云：

不知白云何所以，年年岁岁从山起。云收未必归石中，石暗翻埋在云里。世人迁变比白云，白云无心但氤氲。……

诗见伯希和编卷号二五五五。这篇作法是反复用“白云”二字作为 key word。原卷藏在巴黎，附为介绍。

叠字叠词在诗法是一种技巧。汉诗因为字句齐整，一字一音，每一句的字数亦一致。重叠用字更有它的独特之美妙。

八、对偶与声调

汉文学在语文结构文最特出的地方无如对偶与声调二者。对偶问题，六朝时刘勰已有《丽辞》篇加以讨论。他指出“对”有言对、事对、反对、正对四项，而以正对为劣——因为不免有重意合掌的毛病。

对偶（couple）与平行（parallel）不同。对偶要避免字面的重复。汉文的对偶还要调协平仄，更为其他国家所无。

由“句”的对偶发展为“篇”的对偶，在汉文学史上有四种特别出于对偶的文体：

（一）殷代龟甲上对贞式的卜辞。

（二）六朝以来四、六字句式的骈文。

（三）唐代的律诗：八句中第三、四句和第五、六句成为一对。

（四）明以后士人应试的八比文（由八段字句相等、上下对比的散文所组成的说理文）。

诗中的对句是特别讲究的，唐人写了不少书来讨论对偶的构成和它的避忌。诗与律赋成为唐代考试的主要科目，韵书与类书的编集便应运而兴。唐玄宗命徐坚编纂的《初学记》，其书在每一项之下，以“叙事”、“事对”为主，然后选录一些诗赋等。此后如李瀚著《蒙求》，亦以对偶为文，作为小学的教材。到清代康熙六十年，御纂的《分类字锦》，共六十四卷，为成语、对偶集大成之作。

骈文在唐、宋仍旧非常盛行，成为朝廷的制诰与士大夫表启的应用文体。每一篇文里面，必须有一些警句可以摘诵。对外国的制诰——如对安南王日煚（即颎）的文字亦用骈体。当时称精通这种文字曰“敏博之学”（刘壎《隐居通议》卷二十一）。即游戏文章的攻击乡试弊端之《非程文》，亦用骈俪，一时传诵（《辍耕录》卷二十八）。

应用文用骈体是十分美化的文字。至于诗中的对偶，其重要更不待言。空海在《文镜秘府论》中举出二十九种对偶。基本上不外相反、相生两大系：前者二句包含的事物完全对立化，不必有何种关系，即刘勰所谓“反对”；后者上下句可能在意思上有某些因果关系，有时被称为流水对。长篇的长体称曰“排律”，又是一格。

对偶在旧文学中所占地位极其重要。练习作对是童而习之，必经长时间的训练，才能够随手写诗。

汉字的韵律是声、韵、声调三位一体。每个字都具备这三个要素。由于一字一音，汉诗的构成，字句终是很有规律。由字数多少组成的诗，为体不一。三字为句的三字诗，习见于镜铭。四字为句的四言诗，形制同于颂及碑铭。及五言、七言兴起，字数既齐整，对偶又工丽，为使字与字之间，异音能相随（和），同声可相应（韵），这样来构成诗的旋律，必在平仄上取得调协。于是严平、上、去、入四声的辨别，斟酌于清浊轻重之间。自齐、梁至于晚唐，讨论四声、声病说的著作，车载斗量。汉诗中声文的重要性，表现于新体式的词、曲，更为严格，每一曲调有它的限定字数与平仄规定。清初诗人著《声调谱》，更从句的韵律，进而讲“篇”的韵律；由近体而及于古体。声调在汉语诗律上的格式，已有许多专著谈及，不再多赘。

九、汉字由实用变为艺术及诗之简化

还有一层，汉字字形有多次的演变：

大篆——小篆——隶——行——草

主要是笔画由直线变为曲线，圆笔变为方笔，形体由凝固变为飞动，方法由迟慢变为迅速。每一时代的字体有它的特别的美感。书法的发达，五花八门，使文字一转而为美术，由日用之工具，一变而为个性精神表现的媒介。

律诗中工整的丽句，是诗的警策动人的部分，有如人首的一副眼睛。诗句典型即在于此。唐五代的时候有许多“诗句图”的著述。张为的《诗人主客图》，是“摘句”工作的起始。① 以后选诗编成“句图”的大有其人。在名家的诗集中，往往摘取对句若干联，以为代表作。南宋陆游的七律特工，陈应行的《续句图》中摘录至七十七联之多。

宋代以来，楹联盛行。楹联即是把对句写出来，可以悬挂在厅堂。它是诗和书法的结合，成为一种艺术品。所写的句子，可以说是简化的诗，是诗的缩影。书写楹联的风俗，至今尚然。这是诗的社会化、普遍化的一种表现，是中国文学之一特色。

十、余论

西方凡韵文都可称为诗，Poetic 应该包括所有的韵文。汉诗则不然。由于诗的形式有一定的体制，韵文大别有赋、诗、词、曲四大类。诗的固定体制又有古诗、乐府、律诗、绝句；尤其律诗和绝句有规定的字数和平仄格式。作诗者用上列形式写诗，已可免却形式上的负担，实际已减去部分的精力。新诗是自由诗，未有固定的形式，作者同时要顾及形式与内容，在创造过程，比较吃力。新诗至今所以还未臻成熟，作者兼要经营句型，是一重要原因。

语言学在西方，目前几乎居于其他学术的领导地位。汉语与文字由于是

① 张为书，参看罗根泽《晚唐五代文学批评史》，50 页。

处于游离状态之下，语言的重要性反不如文学。中国靠文字来统一，尽管方言繁多，而文字却是共同而一致的。这显示中国文化是以文字为领导。中国是以文字→文学为文化主力，和西方之以语言＝文字→文学情形很不一样。这说明纯用语言学方法来处理分析中国文学，恐有扞格之处；尤其是诗学，困难更多。至若轻易借用西方理论来衡量汉诗，有时不免有削足就履的毛病了。

原载法京 Écritures，法文本

孔门修辞学

在没有讨论到这个问题之先，我们应明白两点意义：

首先，我国古人极端重视修辞，但所指的修辞，是指“言”与“行”、“文”与“德”的一致性，和西方所说的“修辞学”（Rhetoric）是不相同的。所谓修辞学原是包括“言”、“文”两方面，所谓“言之无文，行之不远”。这说明了“言”、“文”二者的关联性。故孔门四科，言语是极重要的一科。修辞学在西洋是指讲话的技术，希腊语的 Oratory 本来是指话术（拉丁文是 Oratoria），后来才演变到作文章方面，专指文术，即指文辞的修饰和表现的种种技巧和形式。我国之有修辞学，乃是极近的事情。而且最初是洋化的，唐钺的《修辞格》，只是依纳氏的英文法格式如法炮制，只是从造语的形式和组织风格立论罢了。其实我国真正讲修辞的要算刘勰的《文心雕龙》，在《神思》篇以下便很详细地讲文术了。

日本人有许多修辞学的书，亦称“美辞学”，如高田早苗氏、岛村泷太郎的著作，都称做《美辞学》。这“美辞”二字是根据曹植《辩道论》“温颜以诱之，美辞以导之”一语而来，是侧重于积极修辞部分。但秦汉儒家所说的修辞，是指文德而不是指文术的，我现在所要讲的是孔门的修辞，是和现代所说的修辞学绝不相同的。

其次，孔门的修辞学和纵横家的修辞亦截然异趣。古代大行人小行人，即外交官无不注意言语应对。春秋战国时代，由于时代需要，对于辞令很为重视。诵诗三百亦为辞令之故，一言可以兴邦，可以丧邦，在聘问交际上是不能不对言语加以特别训练的。孔门四科：德行、言语、政事、文学。言语是其中之一。这种言语科的发展，有义理和权谋的两个分歧。前者是儒家言行相顾；后者是纵横家，专以巧辞炫人，充满揣摩利害的机诈，不出于诚心，不本于道义，正如《汉书·艺文志》所说的“邪人为之，则上诈谖而弃其信”。现在所讲的孔门的修辞学是以经传为主，《国策》、《韩非》、《鬼谷》一类是在摒弃之列。

一、修辞立诚是合内外之道

修辞二字见于《易·乾·文言》：“君子进德修业，忠信所以进德也，修辞立其诚，所以居业也。”辞是属于外表的事情，能修辞是能有美的辞令，但必要出于“诚”。诚是内在的，必须内在充实，才能言之有物。美的辞令必须建筑在诚之上，修辞属于“美”，“诚”包括了“真”和“善”，有“真”和“善”才有“美”之可言，有真和善然后可以立诚。

说“诚”字最明白透切的莫如《中庸》，我们可以拿《易经》和《中庸》互相印证，诚字可以概括“真”、“善”。《中庸》说：“诚身有道，不明乎善，不诚乎身矣。”又说：“诚者，天之道也；诚之者，人之道也。”“诚之者，择善而固执之者也。”由这些话看来，“诚”本身就有真和善。“诚”在己是诚意，把诚推而及于事物上面，彻头彻尾都是诚的表现。《中庸》又说：“诚者，物之终始。不诚无物。是故君子诚之为贵。诚者，非自成己而已也，所以物也[①]。成己，仁也；成物，知也。性之德，合内外之道也。故时措之宜也。”自己心中具备“诚”是仁，由此而推及一切事物是“知”。修辞是知，立诚是仁。从修辞以立诚，正是合内外之道了。

可是有些人只是能修辞而没有诚的，即《论语》所指的“巧言令色，鲜矣仁”。美的辞令必要内在诚笃始有价值。所谓“有德者必有言”，就是说立诚能兼修辞，做到了内外一致，仁知相兼的地步。反之，“有言者不必有德”，是谓修辞而不立诚，徒有诸外而无其内，有“知”而没有“仁”的。至诚的人，从大的方面可以尽物性，与天地参，这是致广大；小之则可以致曲，曲而有诚，则明且着，这是能尽精微的。由此可见修辞必要与立诚合一，必要做到内外一致，言行相符，然后才可成为“文质彬彬”的君子。

---

① 即格物，即随处体认天理。天理是诚，所谓“惟天下至诚，为能尽其性”。

对于修辞立诚的道理，发挥得清楚的，还有《礼记·表记》。[1]《表记》说："是故君子服其服，则文以君子之容，有其容，则文以君子之辞，遂其辞，则实以君子之德。是故君子耻服其服而无其容，耻有其容而无其辞，耻有其辞而无其德，耻有其德而无其行。"从这段话里可见服、容、辞、德、行是一贯的，更可以看出修辞与德行的相倚性。《表记》又引孔子的话说："情欲信，辞欲巧。"情欲信就是立诚，辞欲巧就是修辞，这正与《文言》的说法相同。又引子曰："君子不以辞尽人，故天下有道则行有枝叶，天下无道则辞有枝叶。"辞有枝叶，则言行未必一致，所以"辞"比"行"是次要的。必先要诚，其辞才有价值。《论语》"行有余力，则以学文"，亦是这个意思。

二、由辞以观人

辞包括言语与文章，是人的思想反映于外面的东西。即所谓有诸内然后形诸外。故《易》云："圣人之情见乎辞。"扬雄云："言为心声。"我们可以从某种言辞去了解一个人的为人，了解一个人的内心与性格好坏。这便是知人。知人是我国古代专门的学问，是为政的要务。《书·皋陶谟》上说："在知人，在安民。""知人则哲，能官人；安民则惠，黎民怀之。"所以知人的问题在古代有专书讨论。《大戴礼》有《文王官人》篇，称文王官人的方法是观诚、考志、视声、观色、观隐、揆德（文亦见《逸周书》)。《易·系辞传》也有几句很重要的话："将叛者其辞惭，中心疑是其辞枝，吉人之辞寡，躁人之辞多，诬善之人其辞游，失其守者其辞屈。"这几句话是一切理论文最精密的批评，而又赅括而深入人心的。以后孟子论知言，似即从此脱胎出来。什么叫做知言？孟子说："诐辞知其所蔽，淫辞知其所陷，邪辞知其所离，遁辞知其所穷。"我们可以从一个人的说话，看出其人的心理，可以判断其人的好歹。

上面已经就理论方面说过了，现在举些实际的例子。关于知人知言的实例，在《左传》和《国语》中可以找到不少的好资料。《国语·周语下》记单襄公告其子顷公，论晋孙谈之子周（即晋悼公名）说："其行也文，将得晋国。"他把"文"字来概括周的人格，特别说明"文"的道德综合性。他说："其行也文。能文，则是天地；天地所胙，小而复国。夫敬，文之恭；忠，文

---

① 郑注说：君子之德见于仪表者也。

之实；孚，文之信；仁，文之爱；义，文之制；智，文之舆；勇，文之帅；教，文之施；孝，文之本；惠，文之慈；让，文之材。”他看到晋悼公具备这十一种德性，拿一“文”字来概括他。所以“文”字可说是一个典型的道德综合体，实在具有道德文化的全体意义。后来晋悼公果然是复国了，证明单襄很有知人之明，一点没有看错！

《左传·昭公二十年》记晏子对齐景公论“和”与“同”两个概念的差异。文云：“齐侯至自田，晏子侍于遄台，子犹（即梁丘据）驰而造焉。公曰：惟据与我‘和’乎？晏子对曰：据亦同也，焉得为和。公曰：‘和’与‘同’异乎？对曰：异。和如善焉。水火醯醢盐梅，以烹鱼肉，燀之以薪。宰夫和之，齐之以味，济其不及，以泄其过。君子食之，以平其心。君臣亦然。君所谓可，而有否焉，臣献其否，以成其可；君所谓否，而有可焉，臣献其可，以去其否。是以政平而不干，民无争心。……今据不然。君所谓可，据亦曰可；君所谓否，据亦曰否。若以水济水，谁能食之？若琴瑟之专一，谁能听之？同之不可也如是。”这一段极精警的话言提出可与否相合叫做“和”，这说明要从矛盾中，求得统一。《易经·睽卦》象说：“君子以同而异。”王注云：“同于通理，异于职事。”、“异”、“同”不在事理上的区分，而是说与其一味苟同，不如从异去求同，庶几能集思广益。《论语》曰：“君子和而不同，小人同而不和。”（何晏《集解》云：“君子心和，然其所见各异，故曰不同。小人所嗜好者同，然各争其利，故曰不和也。”）亦指出所见能有不同的，才是君子；否则唯唯诺诺，一味苟同，不外小人而已。晏子似即发挥这个意义，他所说的“可”、“否”、“和”，有如现在辩论术中的“正”、“反”、“合”，与辩证法的原理非常相合，完全是一种语言辩证的逻辑，这是很有价值的。

三、修辞学与语意学

最后我再想指出孔门修辞学，与现在的语意学，意味颇相类似。语意学最终目的是研究语言怎样运用到适当，不像修辞学只注意言辞的美化。儒家讲修辞立诚，所以居业，如是方能尽言语之用，与语意学的主旨颇为接近。

从上面所说，可以知道儒家的修辞学，内之在于立诚，外之在于知人知言，不是徒然讲“辞形”、“辞式”，而是讲文德的，所以和西洋的修辞学截然不同。孔门的修辞学，与其说是讲修辞，毋宁说是讲语意。至于说“辞达而已矣”，“出辞气，斯远鄙倍矣”（《论语》），“言不序”（《艮卦》），“不辞费”

(《曲礼》) 等等，这才与现代人所说的消极修辞，求其“意义明确”(达)，伦次通顺 (序)，辞句平匀 (不费)，有美感能动人 (远鄙倍) 有点相似，但都不是孔门所谓修辞的目的和最终意义的。

不过孔门的修辞，和新近的语意学也有不同的地方。语意学是分析言语如何适当地运用和如何影响个人行为和思想，和语言的类别和功用，还只是从语言现象和使用方面着眼，至于语言使用的出发点与内在的正确性——内在的“真”、“善”要素，却还没有详细指示，是有“末”而无“本”的。儒家的知人知言是中国的语意学，但折衷于道义，以“立诚”为本，是“有本之学”，所以不是单纯的语意学，而是混合了道德哲学。

有些人以为中国人缺乏对于语言的思考，那是不对的。儒家谈修辞是建筑在道德基础上的语意学，这是值得现代语意学者探索和参考的。把它楬橥出来，希望能引起世界语意学者的注意。今天只是发表些个人意见，对不对还请各位赐教。(林均田笔记)

原载《人生杂志》1957 年 9 月份

释主客

——论文学与兵家言

临沂银雀山汉墓所出《孙膑兵法》有《客主人分》一篇云："兵有客之分，有主人之分。客之分众，主人之分少。客负（倍）主人半，然可敌也。……客者，后定者也，主人按地抚势以胥。"（图见《考古》，1974（6）；文见《文物》，1975（1））兵家区别主客之分，主少而客众，以少敌众，要在把握道机。故孙膑曰："以决胜败安危者，道也。敌人众，能使之分离而不相救也。"以寡敌众，在妙用之法而已。按《老子》书云："不敢为主而为客。"伪《李陵答苏武书》亦言："客主之形，既不相如，步马之势，又自悬绝。"皆以"客主"名词用于兵法者，必以孙膑书说之，其义乃明。

古之能文者，善擒纵捭阖之术，优为之赋出于纵横家，尤为的证。《文心雕龙·诠赋》云："遂客主以引首，极声貌以穷文，斯盖别诗之原始，命赋之厥初也。"《汉书·艺文志》有主客赋。赋之为体，肇基于此，惜其文不可睹。然以意揣之，必立主客之分而为对问之体，以曼衍其辞。战国时人著书，惯用对话，近出马王堆佚书，若《伊力》、《九主》、《十大经》，无不如此，自是一时风气使然。至于"客主"之名，原出兵家，继乃演而为赋体。向非孙膑兵书，则此理殆不可晓。此出土文书，所以有裨于考证也。

兵家主要观念，后世施之文学，莫切要于气与势二者。李德裕《穷愁志·文章论》谓"气不可以不贯……势不可以不息"是也。《孙膑兵法》有《延气》篇，谓："合军聚众，务在激气；复徒合军，务在治兵利气；临竟

（境）近敌，务在疠（厉）气；战日有期，务在断气；今日将战，务在沍（延）气。”以气驭军旅，所以激之，利之，厉之，断（正）之，延之。是气者，兵之帅也。后世曹丕论文“以气为主”，舒缓者为齐气，奔猛者为逸气，蔚彼风力，以立骨鲠。此则言其气质，文之体貌见焉。至于散体之篇，必全以气领挈之，于以驰骤、顿挫，无不中节。姚鼐所谓为文者八，其精者曰神、理、气、味。韩愈谓气盛则言之短长与声之高下者皆宜。以水喻气，以浮物比言，则气所以载言者也。余谓如是之气，乃为文之帅，正如其为兵之帅，学为文者，又可不激厉磨砻养根而俟实乎哉！

势，孙膑有《势备》之章，论兵之道四：曰阵，曰势，曰变，曰权。而云：“羿作弓弩，以势象之。”“何以知弓弩之为势也？发于肩膺之间，杀人百步之外，不识其所道至。故曰：弓弩，势也。”刘公幹始于文中论势，谓：“使其辞已尽而势有余。”《文心雕龙》有《定势》篇，以为：“势者，乘利而为制，如机发矢直，涧曲湍回。”亦以弓弩为喻。又云：“圆者知体，其势也自转；方者矩形，其势也自安。文章体势，如是而已。”复云：“渊乎文者，并总群势。奇正虽反，兼解俱通。”“文之任势，势有刚柔，不必壮言慷慨，乃称势也。”则以势合正反，理兼刚柔，不以偏胜论势，其义得于兵家者尤深。孙膑书言奇正（所谓“刑（形）以应刑（形），正也；元刑（形）而禁（制）刑（形），奇也。奇正无穷，分也”），尤不可不察也。

包世臣《文谱》云：“文势之振，在于用逆；文气之厚，在于用顺。顺逆之于文，如阴阳之于五行，奇正之于攻守也。”又陈行文之法有集散，“或以振纲领，或以争关纽”，而“集有集势、集事之异，散有纵散、横散之殊”（《艺舟双楫》）。辨析弥精，文章钤键，于是乎在，盖深有体于纵横家言，而其术正与兵家互为表里者也。

论战国文学

战国（公元前403—前221）是诸侯力征的时代，“不统于王，分为七国”。每个国家都各自寻求它的发展的道路。因之，“律令异法，言语异声，文字异形”（《说文解字序》）。文学方面，亦各有独特和卓越的表现，像诸子的散文和楚土的韵文，都开放着灿烂的奇葩。章学诚云：“至战国而文章之变尽，至战国而著述之事专，至战国而后世文之体备。”（《诗教上》）可见战国时代在文学史上的重要性。本篇探索范围，一般文献以外，考古学的新资料，亦附带一并讨论，用以开拓文学的领域，并补苴向来文学史家所未注意的部分。

一、战国文学的地域性

一般文学史家谈及先秦文学时，都很喜欢划分为南北文学，以《诗经》和楚辞作为代表，这是非常肤泛的。《吕览·音初》篇已分别东、西、南、北四方的音，各有它的来源。到了战国时候，由于把春秋散漫而割裂的局面，抟聚为几个大国，处于中原的三晋算是三位一体，名为七国，其实不外五个重要单位，即秦、晋、齐、楚、燕。这里分为几个单位，加以叙述：

（一）周

周地的歌诗在《艺文志》诗赋略中所录的，有雒阳歌诗四篇，河南周歌诗七篇，河南周歌诗声曲折七篇，周谣歌诗七十五篇，周谣歌诗声曲折七十五篇，周歌诗二篇，总共一百七十篇，有声曲折的共八十二篇。周地到了战国，成为商业的重镇，像吕不韦以阳翟大贾往来贩卖于邯郸。我们看六朝的《吴歌》、《西曲》，即流行于江南及荆州商业区域的估客，沉溺于声色玩好，饮宴取乐作品。周地歌诗的发达，当然和商业城市的发展，有密切关系。[①] 至于声曲折就占了八十二篇，又可推知当时已如何注重音乐歌唱的部分，可惜这些作品都没有流传下来。

（二）燕、秦

在北方，北音的起源甚早。《吕览·音初》篇：“燕遗二卵，北飞遂不反，二女作歌一终。曰燕燕于飞，实始作为北音。”可以追溯到商颂的“天命玄鸟”及邶风的“燕燕于飞，差池其羽”。《汉志》诗赋略有燕、代讴，雁门、云中、陇西歌诗九篇。其后魏文帝有《燕歌行》。庾信云：“燕歌远别，悲不自胜。”由于荆轲有“易水寒”之句，后来王褒因之，作《燕歌》描写塞北苦寒，梁元帝及诸文士和之，竟为凄切。燕、赵之音，向来是以悲歌慷慨闻名的。[②]

秦居关中，席岐周的旧疆，充分接受周文化。文字是继承西周的系统，所以猎碣（石鼓）上的繁体，即沿袭史籀的遗制。石鼓文是十首一组的联章诗，车攻马同语句，分明是三百篇的摹仿者。《史记》说：“秦文公十三年初有史以记事。”又说：“时有史敦，为秦国史官。”（《封禅书》）遂有《秦纪》一书[③]，司马迁采入于六国表。晋侍中彭权尝见过其书（《御览》六八〇引挚虞《决疑要录》）。《吕览·音初》篇说：“殷整甲徙宅西河，始作西音，秦缪公取风焉，实始作为秦音。”整甲是卜辞中的戋甲，为西音的创始音，而秦风即西音之步武者。《秦风·黄鸟》篇哀子车氏三子殉葬，成为后来汉、魏诗的主题（像曹植的《三良》）。秦风十篇中，《车邻》是美秦仲，《驷铁》四篇为襄公作（依据《诗序》），可是没有穆公时的诗。崤之败，穆公悔过，作《秦誓》（见《左传·僖三十三年》及《书序》），后来列于《尚书》。至惠文王，

① 以后代情形比况之，如《扬州书舫录》所载，鼓子依曲的唱奏，都在商业性都市集中流行。《西曲》、《吴歌》之起于荆、扬，理有同然，可以推想周地歌诗发达的原因。

② 《水经·易水注》有荆轲馆。又引阚骃称：“荆轲歌，宋如意和之。为壮声，士发冲冠；为哀声，士皆流涕。”

③ 参金德建《秦纪考证》。

又有《诅楚文》[1]，告于大神巫咸，以咒楚王熊相（槐）之背盟。宋章樵收入《古文苑》，其行文则仿佛春秋晋国的《吕相绝秦》，十分动人。姚宽《西溪丛语》上记《诅楚文》，又论秦誓文有三本。《诅楚文》中的嗣王，向来认为是惠文王。唐兰以为惠文即位时不称王，定其年代为公元前310。[2]

秦统一天下后的诗赋，可考的大约有下列各篇：

(1) 博士仙真人诗——“秦始皇三十六年，令博士撰。及行所游天下，传令乐人歌弦之。”(《史记·秦始皇纪》)疑是《远游》一类之神仙家言，或出于燕齐方士之手。

(2) 长城民歌——杨泉《物理论》：“始皇起骊山之众，使蒙恬筑长城，死者相属，民歌曰：‘生男勿举，女生哺用脯，不见长城下，尸骸相支柱。’”(《水经·河水注》引）语亦见建安陈琳的《饮马长城窟行》。这可说是很早的五言诗。

(3) 黄公作歌诗——汉志名家：“黄公四篇，名疵，为秦博士。作歌诗，在秦时歌诗中。”

(4) 秦时杂赋九篇——《文心·诠赋》：“秦世不文，颇有杂赋。”

从秦国文章著述上来说，《吕览》(《吕氏春秋》)一书应该为代表统一前秦的文学作品的总汇。其书写成于秦（始皇）八年涒滩之岁。[3] 此书之作，乃不韦使其宾客，人著所闻，辑集而成。似其宾客借此书以收揽众誉，收买天下之人心，俨然以一家春秋，托为新王之法。在他眼中分明没有始皇，而不韦与秦廷之间，诸多矛盾，于此可见。

(三) 楚

楚国地区有它独特的语言。扬雄《方言》中所列举的楚郢、南楚、江湘之间的特殊事物名称的方语，像“侘傺”、“贪惏”等联绵字，是用地方音表达的语汇。有人从楚辞中辑出屈、宋方言[4]，同时楚人歌唱，又有它的独特作风，谓之“楚声”。[5]“楚声”到了汉初仍然流行于淮河流域等地带。

在屈子前二百年，楚康王母弟鄂君子皙泛舟，越人拥楫而歌，越译而楚

---

① 米芾《群玉堂法帖》作“咀楚”。

② 见唐兰《石鼓年代考》(《故宫博物院院刊》一，1958)。

③ 参钱穆《吕不韦著书考》(《先秦诸子系年》)，又刘坦《中国岁星纪年》。

④ 见李翘《屈宋方言考》。

⑤ 朱谦之《中国音乐文学史·楚声考》，及铃木修次《楚风の系谱》、《汉魏诗の研究》。

说之。楚译是："今夕何夕兮……"，而原文则是"滥兮抃草滥……"。原文用古越方言，依音读录出，有如西汉四字句的《白狼歌》[1]，可惜原文无从复原，亦无法加以句读，不知是否一字一音，抑一字多音，未由拟测。可是楚译词句，如"山有木兮木有枝"句法，与《九歌》之"沅有茝兮澧有兰"相同，汉武《秋风辞》的"兰有秀兮菊有芳"亦本之。有人说楚译文词见于《说苑·善说》篇中庄辛的谈话。[2] 庄辛事，《楚策》谓其说楚襄王，去之赵，留五月，秦果举鄢郢、上蔡、陈之地。则辛乃顷襄王时人，在屈原之后。如果说这些楚译的越人歌出于庄辛，很可能译出写下来的时候，没有那么早，而实在反受屈原赋的影响呢！

此外尚有几首用楚音而较古的歌，词句古简，其中都有"兮"字，这些应该是骚辞的先导[3]：

(1) 楚狂接舆歌——见《论语·微子》篇及《庄子·人间世》。

(2) 汉上孺子歌——见《孟子·离娄》。

(3) 徐人歌——见《新序·节士》："延陵季子兮不忘故，脱千金之剑兮带丘墓。"

(4) 吴伍胥芦之漪歌——"日月昭昭乎侵已驰，与子期乎芦之漪。"又渔父歌："日已夕兮，予心忧悲；月已驰兮，何不渡为？事寖急兮将奈何！"此歌见《吴越春秋》，不见于《史记·伍子胥传》。

这些歌辞分明是"楚声"，和汉初"虞兮"、"三侯"之章有类似之处。试看吴歌的特点，到东汉时梁鸿适越作《五噫之歌》，仍保持着重用语助，慨叹咏言的调儿。这首歌写成的年代，无法断定，但分明是属于"楚声"系统。吴越地区后来都并入楚的疆土之内，所以吴、越古歌亦是"楚声"形成重要成分。吴、越及接舆、沧浪四歌皆用"兮"字，并是"楚声"。《吕览·音初》篇："禹……巡省南土，涂山氏之女乃令其妾，候禹于涂山之阳，女乃作歌，歌曰：'候人兮猗！'实始作为南音。"是"兮"字用法，通

① 白狼王所作的《远夷乐德歌》，汉人译义之外，又用汉字记出原来夷音。丁文江谓白狼语是爨文。据方国瑜考证，白狼歌八十二字与麽些音十九相同，不同的只八九字而已，其中有一些是借用汉字的。

② 庄辛一说，详钱穆《先秦诸子系年》卷四。

③ 黄侃在《文心雕龙札记》，举出左氏内外传所载当世的讴谣，和《国语》晋惠公改葬其世子，国人之诵有"猗兮违兮，心之哀兮……"句，先于屈子二百余年。又《史记》载优孟歌孙叔敖事用韵方法，亦先于屈子，为南土之旧音。

行于南音系统。[①]

楚地人文蔚盛。以著作论，老子《道德经》保存许多古代的格言。庄子、荀子都是楚人，一以寓言、卮言构成他的洮洋恣肆的文体，一以缜密的说理文胜，特别发展赋体，皆是千古妙绝的文字。（《荀子·不苟》篇引“新浴者振其衣，新沐者弹其冠”，“其谁能以己之潐潐，受人之掝掝者哉”，则袭用《楚辞·渔父》，此荀卿之赋出自《楚辞》之证。）另一系统为天学的阐发及怀疑精神的发扬。唐昧以降，而畸人黄缭对惠施问天地所以不坠不陷风雨雷霆之故（《庄子·天下》篇）。到了屈原遂有《天问》文体的创作。在铜器铭文像《鄂君启节》为绝佳的交通地理纪事文[②]，缯书以四字为句，构成韵语，这二篇都是楚辞以外可以讽诵的突出楚国文章。

（四）齐

齐国在威王时喜文学游说之士，其时以稷下为中心。[③]（刘向《别录》：“齐有稷门，城门也。谈说之士期会于稷下也。”）《新序》云：“驺忌即为齐相，稷下先生淳于髡之属七十二人。”稷下之徒咸作书刺世（刘向《荀子目录》）。《韩非·外储》：“兒说，宋人，善辩者也。指白马非马也，服齐稷下之辩者。”稷下先生自淳于髡、田骈、荀况、邹衍等为诸子的巨擘，故稷下的学风，实为先秦学术人物的渊薮。（稷下见《水经·淄水注》引《郑志》张逸问赞作棘下。）齐一地在先秦文学上的重要性，尤其在散文著作方面，成就及影响更大。《管子》一书，为齐地文学著作的总汇。《晏子春秋》中有歌：“穗乎不得获，秋风至兮殚零落，风雨之拂杀也，太上之靡弊也。”（景公为长庲章）其他歌诗断句如：

田成子　《菜芑歌》（见《史记·田完世家》）

冯　谖　《弹铗歌》

齐　人　《松柏歌》（俱见《刘策》）

① 近出马王堆三号墓《老子》汉初写本，所有兮字均写作呵，可证孔广森诗声类“猗”、“兮”音义相同，猗古读阿之说，而兮亦音呵。

② 《鄂君启节》四件，楚怀王六年（公元前323年）所制，水陆路程的地理，和楚辞“上洞庭而下江”完全一致。此《鄂君启节》文和鄂君子皙时楚译的《越人歌》，都是楚区域内地方文学极重要的资料。

③ 钱穆《稷下通考》（《先秦诸子系年》）。

刘声舒缓，和燕、秦慷慨的高腔，在声曲折上表现亦有悬殊。[1]

(五) 赵

法家兴于中原，商鞅出于卫，邓析、申不害产于郑，吴起、李悝、尸佼起自魏，韩非，韩诸公子，慎到、荀卿产于赵，李斯籍楚（上蔡），皆中土之人也。法家传播所及的区域，诸子游仕之地，以秦为主，而韩、魏次之。申不害相韩，商鞅先仕魏，后相秦。法家深抑文学，故中州文风，不及齐楚，文章亦朴质无华。

三晋在战国时代，诗歌寥寥可数。赵有《琴歌》（辞云："美人荧荧兮，颜若苕之荣，命乎命乎，曾无我嬴。"见《赵世家》及《列女传》），又有《号笑之谣》（《赵世家》）；魏有《文侯之诵》（《吕览·期贤》篇）、《邺氏之歌》（《汉书·沟洫志》引。《咏史起事》云："邺有贤令兮为史公，决得水兮灌邺芳。终古舄卤兮生稻粱。"）。余则无闻。[2]《文心雕龙·时序》篇云："春秋之后，角战英雄，六经泥蟠，百家飙骇。……惟齐、楚两国，颇有文学。齐开庄衢之路，楚第兰台之宫，孟轲宾馆，荀卿宰邑，故稷下扇其清风，兰陵郁其茂俗。邹子以谈天飞誉，驺奭以雕龙驰响。屈平联藻于日月，宋玉交彩于风云。观其艳说，则笼罩雅颂，故知炜烨之奇意，出乎纵横之诡俗也。"刘氏指出齐、楚二地在文学上的重要地位。可知齐楚二国，当日除政治有其特殊政绩外，于文学亦有较深厚的文化凭藉，故成就特高。

二、取自民间的新体制

新的文体起于民间，到了文人手里，加以取材而变化之，踵事增华，便成为新的制作。在战国时出现新体制，举其可研究者，有下列各种：

(一) 成相

"相"本是乐器的拊，用以节乐。《礼记·乐记》云："治乱以相；讯疾以

---

① 从讲唱的腔调的辨别而论，楚有楚声，秦有秦声。秦声见李斯《谏逐客书》、杨恽《报孙会宗书》，秦人以缶为伴奏主要乐器，而歌呜呜。而齐声则舒缓，一般常举齐风"遭我于狃之间兮"句为例。如以清代的《子弟书》唱法为比喻，《子弟书》有东城调、西城调之分。西调缓而低一韵，萦纡良久，东调沉雄壮阔，慷慨激昂。古代齐之声缓，和燕秦的高腔，想是这样的情况。

② 先秦各地韵文，详王鸣盛《蛾术编》七五，说集记诸国之风。游国恩《先秦文学》中春秋战国时之杂歌诗，不具举。

雅。”郑注：“相即拊也。拊者以韦为表，装之以糠，糠一名拊，因以名焉。今齐人或谓糠为相。”刘熙《释名》：“搏，拊也。以韦盛糠，形如鼓，以手拊拍之也。”（亦见《尚书·益稷》郑注）《周礼》大师职大祭祀：“帅瞽登歌，合奏击拊。”则在庙堂上奏乐时，亦击拊（相）以合歌声之节奏。雅亦是乐器。郑注：“状如漆筒，中有椎。”是用椎击筒发出声音，用以节舞，即是所谓舂椟。

古代歌与舞往往联合举行，以相来调节歌，以雅来调节舞。原来单纯唱歌，一面击着糠鼓来伴奏就叫做“相”。到了后来，凡利用一定节奏来调节歌声缓急的，都可叫做“相”。

《礼记·檀弓》：“邻有丧，舂不相。”郑注：相谓以音声相劝。朱熹云：“相者，助也。成相，助力歌也。”（《楚辞后语》，又方以智《通雅》卷三）史所谓五羖大夫死而舂不相杵是已。《淮南子》：“举大木者呼邪许。”刘昼《新论》：“牵石拕舟，必歌嘘吁。”故“相”亦为劝力呻吟的送杵声。成字从丁为声，成相即打相（吴曾《能改斋漫录》五引欧阳修《论打字》）。所谓“请成相”，亦犹“请奏相”，有如打大鼓时的开场白，“请打打鼓，来唱一曲”一样。成相辞，该是后世弹辞及鼓儿词，以及唱道情一类之祖（卢文弨即认相为弹词所自出）。①

《汉书·艺文志》著录《成相杂辞》十二篇，在汉人离赋之末，惜已失传。今可见的，只有荀子的《成相》篇，和《逸周书》周祝解体裁相似。秦简《为上吏之道》有韵文八首。如云“审民能，以任吏。非以官禄使助治。不任其人，及官之暋岂可悔”，即用成相句式押韵，以助记忆。所谓成相杂辞，殆此之类。《成相》篇的内容，有点像后代的劝世文。《成相》篇很少人仿其文体，摹仿它类似史诗的有元人的作品，保存在《永乐大典》中。

（二）招魂

“招魂”原是民间的一种习俗，东南亚及蒙古民族都盛行之。六朝人对招魂的看法是这样的：陈沈炯《归魂赋序》云：“古语称收魂升极，《周易》有归魂卦；屈原著《招魂》篇，故知魂之可归，其日已久。余自长安反，乃作《归魂赋》。”（《全陈文》十四）人的灵魂通过巫师可以呼唤和收摄。收魂的仪式至今许多地方流行着，由道士主持。明邝露《赤雅》有“收魂”一条，记

① 关于《成相》的考证，可参考朱熹《楚辞后语》、俞樾《诸子平议》十五、李慈铭《越缦堂读书记》、胡玉缙《许庼学林》（《成相释义》）、方孝岳《屈原和稷下学派》（《关于屈原天问》）、赵仲邑《成相辞与击壤歌》（《国文月刊》四十七），及 N. G. D. Malmqvist 的《荀子“成相”释》等篇。

巫者瑶朊持篮以收魂。从沈炯文看来，此俗由来甚早。

刘勰又有另一说法云：“若夫楚辞《招魂》，可谓祝辞之组丽也。”证以《招魂》中有“工祝招君”，及“巫阳焉乃下招曰”等语，可见古代招魂的手续，必有“祝辞”。《庄子·天运》篇亦云：“巫咸袑[①]曰：‘来吾语女！天有六极五常，天下载之，此谓上皇。’”（此袑字借为招）巫阳、巫咸都有招和袑的事[②]，《招魂》一类的文字，原应是巫者的祝辞。屈、宋依仿之，把原有招魂所用的祝辞，加以增饰而别铸伟篇，遂有《招魂》、《大招》一类的佳构。

蜀东风俗，以病者为山作祟，必延巫驱厉鬼以招魂。招魂有小招大招之分，小招俗谓之送星宿，有迎鬼、安魂、送鬼三步。安魂用熏笼，并取玄色线绳系于病者之身。送鬼则用五色线、五色布，送时呼病者名氏，招其魂来归。说者取此习俗以解释楚辞《招魂》“篝缕绵络，永啸呼些”二句。蜀东招魂，群巫皆有一套泛用巫辞，如云：“妇人之鬼，奶子丁当；产后之鬼，血泪淋凼；病夫之鬼，咳咳嗛嗛；叫化之鬼，棍棍棒棒；灾兵之鬼，刀刀枪枪。”又鲁东招魂：“荡荡游魂，何处留存？或在庙宇，或在山林；天神地神，门神灶君，招魂还家，复起精神。”其文词皆铿锵动人，可知楚辞《招魂》之辞，可能原为战国楚地流传招魂的巫辞，经宋玉辈润色成篇。[③]

我到过苏门答腊的 Battals 山，据说其土人招魂的词句是这样的：“魂啊！回来吧！”这和楚辞的“魂兮归来，返故居些”恰好一样。[④] 古礼，死时招魂之辞曰“复”。《礼记·曲礼》：“复曰天子复矣。”郑注：“始死时呼魄辞也。”《檀弓》：“复，尽爱之道也。”郑注：“复谓招魂。”又《礼运》：“及其死也，升屋而号。告曰皋某复。然后饭腥而苴孰。”“复”即是“归来”之意。“复”为古礼，自天子诸侯以下至民间皆行之。《丧服小记》：“复与书铭，自天子达于士，其辞一也。”“复”的制度，详见《丧大记》：“皆升自东荣，中屋履危，北面三号，卷衣投于前，司服受之，降自西北荣。”“凡复，男子称名，妇人称字。”朱子以为中原对死人招魂，荆楚施于生人。今广东东莞县风俗，凡儿童因受惊成疾，可请老妪以剪刀及尺掷地膜拜，招回惊散的魂魄。可见这种

---

① 马叙伦《庄子义证》：袑借为招。引《说文》：招，手呼也。

② 参 E. Erkes：*Das Zurüchrufen der Seels*，Leipzig，1944，Mircer Eliade：*Sympolismes et techniques Chamaniques en Chine*（Le Chamanisme，p. 349）。蒙古招魂习惯，详 C. R. Bawden 著 *Calling the Soul*：*A Mongolian Litany*（B. S. O. A. S. Vol. XXV. 1962）。

③ 张怀瑾《〈招魂〉篝缕绵络风俗证》（《国文月刊》六五期）。

④ 文崇一《楚文化研究》，征引民族学的材料，缅甸、傈傈等的招魂习惯，兹不备述。

风俗流行地区的广泛。

《招魂》和《大招》二篇所用的语助词，一个用“些”，一个用“只”；“些”字后来尚流行着。宋柳拱辰《永州风土记》云：“竞船举棹，则有些声。”可以见之。

《楚辞》中的《招魂》、《大招》，作者为谁，所招究为何人的魂，说者纷纭，今且不论。但这二篇必是根据楚俗民间巫者招魂手续所用的祝辞，在词藻上，加以组缅夸饰，是可断言的。作者不论是屈抑是宋，他们是取资民间作品加以改编，踵事增华，作成新制。

《大招》只向四方招魂，《招魂》则四方之外，兼及上天下地；“幽都”一段，对地狱有具体的描写。长沙马王堆轪侯墓所出铭旌的缯书，帷幕上挂着谷璧玉璜，正是《招魂》篇“挂曲琼些，结琦璜些”的写照。是图之出土，对于楚俗招魂制度的了解，有很大的帮助。①

（三）挽歌

唐李匡义《资暇集》：“昔谓挽歌始自田横门人，非也。《左传·哀十一年》鲁哀公会吴伐齐，将战，公孙夏命其徒歌《虞殡》。杜预注：‘《虞殡》，送葬歌曲，示必死也。’如是则已有久矣。”《史记·周勃世家》记他“为人吹箫给丧事”。《索隐》谓：“《左传》‘虞殡’若今挽歌类，歌者或有箫管也。”《御览》五五二引《庄子》佚文云：“绋讴所生，必于斥若。”司马彪注：“绋，引柩索也；讴，挽歌也。”是挽歌出于绋讴。《庄子·大宗师》记子桑户死，或相和而歌曰：“嗟来！桑户乎！嗟来！桑户乎！而已反其真，而我犹为人猗。”这当是挽歌之一例②，本是挽柩者所唱的（崔豹《古今注》）。东汉顺帝时，大将军燕客，酒阑，为《薤露》之歌（《通鉴》，1689页），挽歌十九之“人生如朝露”，当即此类。

可见挽歌在先秦已有之，后来的相和曲才演变成《薤露》、《蒿里》一类。故郑樵《通志·乐略》称《薤露》歌亦曰天地丧歌，亦曰挽柩歌。到了汉以后，宾婚嘉会，酒酣之后，继以挽歌（应劭《风俗通》）。六朝时，挽歌成为娱宾的节目；文人亦学作挽歌，魏缪袭、晋陶潜所作，均为人所传诵。

上举即是文学作品吸收民间文学形式，加以改进的成相、招魂二个显著

① 参《长沙马王堆一号汉墓（报告）》。

② 一海知义《挽歌考》（京都《中国文学报》），邢庆兰《挽歌的故事》（《国文月刊》六一期）。

例子，一起于齐，一生于楚。至于《九歌》之制，乃因南郢沅湘之旧曲。王逸称屈原："窜伏其域，怀忧苦毒，出见俗人祭祀歌舞之乐，其词鄙陋，因为作九歌之曲。"（《楚辞章句》）刘禹锡亦谓："昔屈原居沅湘间，其民迎神，词多鄙陋，乃为作《九歌》。"（《刘梦得文集》九）彼之《竹枝》，亦取自建平民间之作，是说众所熟知，东坡、子由皆有《竹枝歌并序》。

三、韵文中诗、骚与赋、颂的相互关系

班固云："赋者，古诗之流也。"诗的讽喻作用，后来转移到"赋"上面去。"赋"初时只是诗的作法，"赋诗"之外，又有所谓"赋辞"。《说苑》卷六记舟之侨事云：

> 文公曰："二三子盍为寡人赋乎？"舟之侨进曰："君子为赋，小子请陈辞。辞曰：有龙矫矫，顷失其所；一蛇从之，周流天下，龙反其渊。……"文公求之不得，终身诵《甫田》之诗。

这是陈辞称为"赋"的例子。

楚人把辞赋的境域大加开拓，其实是继承诗教而发皇光大。试看楚辞中的句子，每每称引及"诗"，举例如下：

> "展诗兮会舞。"（《九歌·东君》）洪注云："展诗犹陈诗。"
>
> "二八接舞，投诗赋只。"（《大招》）王逸云："诗赋指雅乐。"

在屈宋的作品，有时亦暗中引用《诗经》。《哀郢》云"忽若去不信兮，至今九年而不复"，即本《诗·豳风·九罭》"鸿飞遵陆，公归不复，于女信宿"。《九辩》云"窃慕诗人之遗风，愿托志乎素飡"，即取自魏风《伐檀》。可见屈赋的作者，怎样熟读诗，如何吸收《诗经》句子作为词汇。[①]

刘勰《论赋》篇举"郑庄之赋《大隧》，士蒍之赋《狐裘》，结言短韵，词自己作，虽合赋体，明而未融（长也）；及灵均唱骚，始广声貌"。此明指骚即是赋。赋自诗出，后来遂成分歧异派。

---

① 参刘永济《屈赋通笺》附录。

赋之成立，“以荀卿为正体”（王闿运《王志》）。荀卿《赋篇》，乃咏物之作，其内容计：礼、知、云、蚕、箴五者，句法大体为四字，杂以占曰、王曰等之疑问叠句。或为君臣问答（如《礼赋》：“王曰：此夫文而不采者与？简然易知而致有理者与?”），有如《卜居》句式。赋末间有小歌曰，则如《九章》，可见体式本于楚辞。而末系以佹诗，谓之佹者，《庄子·齐物论》云：“是其言民，其名为吊诡。”（可相当法语之 bizarre）佹与恑同，《说文》：“恑，变也。”佹诗犹言变诗，取义于“反辞”，乃论其反面，以“螭龙为蝘蜓，鸱枭为凤皇，比干见刳，孔子拘匡”。仍是《九章·涉江》的遗意，而下开贾谊《吊屈原文》。其言“皓天不复，忧心无疆也；千岁必反，古之常也”，亦即天道周星，物极必反之义。佹诗为赋之末章，仍旧称之曰诗，足见赋正是诗之流亚。荀卿赋首列礼、知，其辞为“致明而约，甚顺而体，请归之礼”和“百姓待之而后宁，天下待之而后平”，还是本于讽喻[①]，但已给以篇题，故不是诗而是赋了。刘勰谓：“荀况礼智，宋玉风钓，爰锡名号，与诗画境。六义附庸，蔚为大国。”（《诠赋》）其说良然。

骚以讽为主，刘勰云：“楚国讽怨，则《离骚》为刺。”（《文心·明诗》）郝懿行云：“汉志以骚为赋，此篇以骚为诗。盖《离骚》含诗人之性情，具赋家之体貌也。”王逸亦说：“屈原被谮，忧幽愁思，独依诗人之义而作《离骚》，上以讽谏，下以自慰。”（《楚辞章句序》）都指出骚和诗内在关系。然骚以夸饰为其写作手段，即向来被讥为诡异、谲怪的部分，这是以神话为基础的。汉六朝以来，人们很喜欢讨论《离骚》和经典违合的问题。其实骚不但有些地方“依经立义”，还有很多是根据历史资料，所以严格来说，骚内容分成的组成，应如下图：

刘勰论诸子文学曾指出有纯粹及踳驳二种。他所说的踳驳者，即是神怪之类、怪谲之谈，而班固讥屈赋“昆仑悬圃，非经义所载”。刘勰为调停之说，亦称屈赋中之“托云龙、说迂怪”，其诡异之辞，谲怪之事，异乎经典。彼所目为夸诞，亦即神话部分。在旧观念中，以经术作为文学衡量的尺度，

① 参 H. Wilhelm：The Scholar's Frustration：Notes on a Type of Fu（Chinese Thought and Institution），学人之挫折，每以诗、赋言志，申其愤懑之情。

凡神话皆以夸诞目之。不知文学中最富有想象力而能够铸造伟词的，无如神话；《离骚》所以能为一时郁起的奇文，全靠它和神话结合起来，才有这种成就。孟坚、彦和的说法，在今日看来是很不公允的。

后来把骚作为楚辞的大共名，连《招魂》亦被称作《离骚》。（《水经·鲍丘水注》引《离骚》峨峨之咏，即出《招魂》“层冰峨峨”之语。）夸饰部分的发展，遂为骚赋中“丽”的主要条件。后来曹丕干脆地说：“诗赋欲丽。”（《典论·论文》）扬雄区别丽则为诗，丽淫为赋，“淫”便是夸饰达到极点的表现。

陆机《文赋》云：“赋体物而浏亮。”谓托体于物而贵清明，其文烂焉，要本隐以之显（说本王志《论诗文体式》）。王氏谓：“赋者诗之一体，即今之谜也。亦隐语而使人自悟，故以谕谏。”按荀子之《赋篇》，正是谜语，由隐而之显，乃赋的特色。

颂是诗之一体，而刘向云“不歌而颂谓之赋”，《汉书·艺文志》作“不歌而诵”。屈赋中有颂，所谓“三闾《橘颂》，情采芳芬，比类寓意，覃及细物”（《颂赞》篇）。有的赋像颂（王褒的《洞箫赋》，亦称《洞箫颂》），有的颂似赋（刘勰云：“马融之《广成》、《上林》，雅而似赋。”），故言：“颂惟典懿，辞必清铄；敷写似赋，而不入华侈之区。”那些不太华侈的赋，如荀卿的赋，竟反而近于颂了。

后来，颂成为独立的文体。诗、骚、赋三者，本来是应该分开的。汉人在目录书归入诗赋略，以骚包入赋中，但刘勰欲分撰《明诗》、《辨骚》、《诠赋》各篇加以厘别，具体而微，他的见解，是很正确的。

四、散文中诸子书相当于后代的“集”

汉后若干新文体的兴起，据说都从战国诸子的作品中分化而出。章学诚《诗教上》云：“《文选》诸体，以征战国之赅备；京都诸赋，苏张纵横六国，侈陈形势之遗也。……《客难》、《解嘲》，屈原之《渔父》、《卜居》，庄周之惠施问难也。《韩非·储说》，比事征偶，连珠之所肇也。”从章氏说，可见文体源流的大概。诸子的书，以一人一派的著述集为一子，和后代集部的性质并没有什么不同。其实，某子即某家某派的文集，这时虽然文集的名称未立，而文集的性质已具备了。章学诚谓“辞章实备于战国”，后来只是“承其流而变其体制”而已。又谓“至战国而著述之事专”，如“春秋之时，管子尝有其书”，其后“记管子之言行，则习管氏法者所缀缉，而非管仲所著述也”。因为“至战国而官守师传之道废，通其学者述旧闻而著于竹帛焉”（《诗教上》）。照这样说来，诸子之书，大抵是某一学派的学者所辑述，亦可说是这一派作者文辞的总集，不必是某一人所著的（参罗根泽《战国前无私家著作说》）。[1]

梁时，阮孝绪在《七录》中开始称四部的集类著作为“文集录”，其时始有集部之称（颜之推《观我生赋》自注）。把个人文章纂在一起，称之曰集，汉末记载已见之，杨修《荀爽述赞》云：“载而集之，独说十万余言。”（《艺文类聚》四七）曹丕《与吴质书》说：“顷撰其遗文（指徐、陈、应、刘），都为一集。”而曹植序亦云：“删定别撰，为《前录》七十八篇。”（《类聚》五五引）可见“集”的名称，起源甚早。

战国至秦，逐渐趋于统一，思想界与著述的路向，亦从“小”综合而趋于“大”综合。其实一部子书，即是每一系思想圈子的小综合，它即是某一派的杂家。《老子》书是古格言的集录（如其中有古黄帝之言）。《庄子》是古代重言、卮言、寓言的结合和批判，其中有齐谐，有杨朱，有田骈等家说。这是一派系初步的结集。至于《吕览》又是一个更高的综合，网罗弥广，各派兼收并蓄，成为大杂烩式的总集，所以被称为杂家，这是第二步的结集。其实说某人的集，即是某人作品的纂录，这和先秦诸子的著作，以某一领导人，或某一派的代表为主而称为某子，本质上没有二致，所以六朝以来的集，可说是先秦的“子”的变相。

散文中诸子文的成就是多姿多彩的。《文心雕龙·诸子》篇云：“逮及七国力　政，俊乂蜂起，孟轲膺儒以磬折，庄周述道以翱翔，墨翟执俭确之教，尹文课名实之符。……尸佼兼总于杂述，青史曲缀以街谈。承流而枝附者，不可胜算。”又云：“研夫孟荀所述，理懿而辞雅。管晏属篇，事覈而言练。列御寇之书，气纬而采奇。邹子之说，心奢而辞壮。墨翟随巢，意显而语质。尸佼尉缭，术通而文钝。……慎到析密理之巧，韩非著博喻之富，吕氏鉴远而体周，淮南汎采而文丽，斯则得百氏之华采，而辞气之大略也。”又《才略》篇云：“战代任武，而文士不绝。诸子以道术取资，屈宋以楚辞发采，乐毅报书辨而义，范雎上书密而至，苏秦历说壮而中，李斯自奏丽而动；若在文世，则扬班俦矣。荀况学宗，而象物名赋，文质相称，固巨儒之情也。”上面三段，对“诸子文学”算是作一个概括的论述。

诸子的文章，大抵有两大系统：

① 罗根泽文，见《诸子考索》，又《古史辨》第四册。

（一）尚质者以道术取胜，如墨家的质朴，法家的密察，儒家的清显。

（二）尚采者以骋辞振奇，以纵横家的陈辞夸诞，道家的卮言曼衍。

但他们的作品，也有共同地方：（1）比喻方面，表现文章的形象性；（2）辨证方面，表现文章的逻辑性。这二项都有超越前人的成果，而为后代开无限法门的。

诸子的散文，在五光十色的思想奇葩的种子孕育之下，形成一璀璨的文囿。口语的多量吸收，修辞术的充分运用，透辟的说理分析力，广泛而有机地采用设喻，使这些散文奠定了日后的基础，对唐宋的散文家沾溉无穷。

战国以来，文体在语法上之演变与运用，对于散文之形成有极重要的帮助，略揭数事：

（一）主词的重复使用，与叠句之构成：

杨树达曾比较叔夷钟喜用复词，与《吕相绝秦》相同（见《积微居金文说》）。今以《诅楚文》与《吕相绝秦》比较，注重其用主词的“我”。《诅楚文》：

> 昔我先君我穆公及楚成王是（寔）缪力同心，两邦以壹，绊以䀛䀛，袗以斋盟。欲刬伐我社稷，伐威我百姓，……取俉边城新郢及邘长敉，俉不敢曰可。（容庚《古石刻零拾》）

《吕相绝秦》：

> 昔逮我献公及穆公相好，戮力同心，申之以盟誓，重之昏姻。
>
> 殄灭我费滑，散离我兄弟，挠乱我同盟，倾覆我国家。……入我河县，焚我箕部，芟夷我农功，虔刘我边陲，我是以有辅氏之聚。

前文反复用“我”字，故词气纵横，读起来十分动听。

（二）叠字形容词及骈词四字格：

如《孟子》书中之绰绰然、巍巍然、嘐嘐、踽踽、凉凉；《庄子》之栩栩然、蘧蘧然、恢恢乎；《荀子》之“快快而亡”、“察察而残”（《荣辱》篇）等即是。有时加指示词于前，如《齐物论》“之翏翏”、“之调调”、“之刁刁”（参徐德庵《庄子内篇连语文示例》[①]）。有时还用联绵骈字四字格的，如《庄

① 徐文见《国文月刊》六七期。

子》的“尘垢粃糠”、“恢恑谲怪”、“惴慄恂惧”，《荀子》的“勃乱提僈”、“怠慢僄弃”、“愚款端悫”、“庸众驽散”一类的句子，这对文字的铺张和夸饰方面，以助长文章的气势，很是重要的。

（三）复合“谓义动词”之多量使用：

如《荀子·不苟》篇“此之谓也”，《致士》篇“夫是之谓”。此类复用“谓义动词”，用以申说解述，对于论说文很有裨益。法家文章精悍廉劲，像《韩非·说难》一文，以“说之难”为主题，而重复为说，计两用“凡说之难”句，一用“凡说之务”句，以为冒起，而连用三句“非……之难”以承接之。下文分析为言，则连用“如此者身危”、“则身危”等句，反复致意，迭用助词之“者”、“则”以贯串之，而于顿笔，言“此说之难，不可不知也”，“此说之成也”，皆用“谓义动词”收束，委曲周至，所以为千古至文。

前人论战国文章的作法，如说《庄子》用跳过法，《离骚》用回抱法，《国策》用独辟法（见刘熙载《文概》），可见各自有他的手法，所以有独特的成就。会心在人，上举只是略示其例罢了。

五、金、石刻辞二者的消长

《墨子·天志》：“书于竹帛，镂之金石，琢之盘盂。”（又见《明鬼》篇）《诅楚文》云：“著人石章。”盘盂的性质，必有点像彝器款识的缀录。盘盂在汉志“杂家”有《孔甲盘盂》二十六篇。王应麟引《七略》云：“孔甲者，黄帝之史也；书盘盂中为诫法，或于鼎，名曰铭。”《史记·田蚡传》：“蚡辩有口，学盘盂诸书。”由此知当时已有彝铭的撰集一类的著述。战国以来，石刻文学逐渐盛行，金刻反而衰微了。

石刻的发展，与秦地文化似乎很有密切的关系。《管子》称：“封于泰山七十有二家。”其铭刻今不可见。降而下之，商时有磬上刻“永戹”、“永余”、“夭余”等铭字，这是刻于乐器上的。现在所知战国刻石，以秦地区最为盛行。计有石鼓及《诅楚文》和秦始皇时的峄山、泰山、琅玡、芝罘、碣石等刻石。《秦本纪》记纣时，秦之先世蜚廉为坛霍太山，得石棺，铭曰：“帝令处父（《索隐》：处父，蜚廉别号），不与殷乱。赐尔石棺以华氏。”而秦蜀守李冰立碑有“深陶潬，浅包隁”句（张澍《蜀典》引金石文），秦昭襄王与巴刻石为盟（《华阳国志》一），可惜这些石刻已是失传，但由于秦地石刻的丰富，可见刻石的风气是秦人加以发展的。

秦始皇在泰山、琅玡颂功德的刻石，有三句一韵的，又有二句一韵的，为后世碑铭之祖（秦刻石用韵见《蛾术编》五七）。刘勰称：“秦皇铭岱，文有李斯，法家辞气，体乏弘润。然疏而能壮，亦彼时之绝采也。”（《文心雕龙·封禅》篇）可见刻石文学，是秦文化中一种重要表现，有它的很长远之渊源的。

一方面石刻的发展，相反地便是金刻的衰落及铭辞之型式化与套语化。若干政制上习用的文词，像“显扬式”的铭和“教条式”的箴、“告诫式”的盟，都是充满“套语”，已毫无文学的意味。

铜器到了战国时期，表现下列等现象：（1）兵器的高度发展；（2）花纹之简单化；（3）以刻画代替“缀范法”。处处表现着典礼上铜器制作的没落，故铭辞亦沦于次要的地位。兹以秦器为例而讨论之。铸于秦景公时（春秋后期公元前 576 年）的秦公簋，是每字用一范，用以铸款，再合多范而成文，很像后来的活字。[1] 这种缀范法，盛行于春秋时，可是战国以来的秦器都是刻铭；其他国家的器物，有的用玺印来印铭，其法不见于秦国。[2] 孝公以后，见于容量器及兵器的文字，表现得非常程式化。由于锲刻之故，书法变为纤细刚劲，笔画略呈简化。这种秦式文字，开小篆的先河，成为官书的楷则，大抵有若干特征：其一，铭文附记地名（如镦铭记“雍”，升铭记“重泉”之类）；其二，记明督造者的官衔。试举出一些秦器物铭文如下：

公元前 346　商鞅镦	十六年大良造庶长鞅之造雝（雝）[illegible]。（《吉图》下五十；《衡斋》下三）
前 344　商鞅升	十八年齐逵（逵）卿夫二众来聘。冬十二月乙酉，大良造鞅爰积十六尊五分，尊五分尊一为升。重泉（《小校》一一，一九；《周存》六，一二四；《两录》二九一，二九二）。此似秦孝公十八年会诸侯于逢泽时器。
前 352—前 338　商鞅戟	同大良造鞅之造戟。（《三代》二〇，二一

① 详罗振玉《松翁近稿》，33 页。

② 详李学勤《战国时代的秦国铜器》（《文物》，1957（8））。

		上下；《贞松》一二，六）大字，分两面镌，体近小篆。
前334—前321	樛斿戈	四年相邦樛斿之造。栎阳工上造[illegible]吾。（《双吉图》下三一；《三代》二〇、二六下）
前325—前312	张仪戈	十三年相邦义（仪）之造。咸阳工币田工大人耆工쬃（颓?）（《录遗》五八四；1962（2）《文物》有陈邦怀释）。
前289	上郡武库戈	十八年，漆工里纵口隶臣[illegible]，工正，上郡武库。（出土于易县，铭见李学勤《战国题铭》。）
前286	魏冉戈	廿一年，相邦冉之造。雝工币[illegible]（葉）。（《贞松吉金图》下三二；《三代》二〇、二三）
前243或244	上郡守趞戈	廿五年上郡守□（ ）造，高奴工币窋，工鬼薪戠（正）。上郡武库，冶都。（《金文丛考》，418页。）
前243	相邦吕戈	四年，相邦吕〔工〕寺工龙承（丞）。（1957年7月，出土长沙左家塘；1959（9）《文物》张中一文。）
前342	吕不韦戈	五年，相邦吕不韦造，诏吏图，丞蕺，工寅，诏吏属邦。（《善斋古兵》上三五；周存；小校十，五九；《六书疏证》二九，49页。）
前236—前210	丞相触戈	□□年（秦昭十五年、六），丞相触造，咸□□（阳）币葉工（面）；武（背）。（《贞续》下二二；参1964（2）《文物》陈邦怀说。《史记·穰侯传》有“寿烛”。）

商鞅有关的器物，有孝公十六年大良造鞅之镦（《双剑图录下》五〇），十八年齐率卿大夫众来聘于重泉铸造之升（《国学季刊》五卷四期1页）及造戟（三代二〇、二一，一）。自是以后，各国似乎推行这种制度，“物勒工名”，成为一时风气。秦器冶铸兵器的地方，以上郡为最重要，所以可见到的

秦器，以上郡守戈为最夥。有名的秦昭王时铸的铭文如下："卌年上郡守趞，图币（师）耤丞秦隶臣庚。"这便是一个例子。

秦国在政治上于战国末期成为举足轻重的国家，奠定大一统的局面。它的文学活动，应该特别受到重视；所以这里把它作为金石消长形态下的重要角色。秦文尚质，既并天下，而改命曰制。《文心·奏启》篇云："奏者，进也。言敷于下，情进于上也。秦始立奏，而法家少文。观王绾之奏勋德，辞质而义近；李斯之奏骊山，事略而意迳。政无膏润，形于篇章矣。"秦的文学，在程式文及石刻文上，都带点法家的气味。像泰山刻石，论者谓其"一变为朴浑，知体要也"。盖乃以实用为鹄的，但这一类勒铭，却开了后来文体上的新局。

六、游说文学的兴起及小说的滥觞

先谈游说文学的技巧。纵横家所用的惯技，有下列各种：

（一）隐语

战国时的君主，若齐宣王、楚庄王都好隐语。在当时隐语的使用，成为一种风气。

刘勰《谐隐》篇："意生于权谲，而事出于机急，与夫谐辞可相表里。"《汉书·艺文志》有隐书十八篇，《新序·杂事》："齐宣王发隐书读之。"《文心》又云："汉世隐书十有八篇，歆固编文，录之赋末。"颜师古引刘向《别录》云："隐书者，疑其言以相问对者，以虑思之，可以无不谕。"汉世辑录的隐书，今已无传，但《左》、《国》、《韩非》、《吕览》、《新序》、《列女传》、《说苑》所录，像秦客为廋辞于朝（《晋语》五韦昭注：廋，隐也；谓以隐伏谲诡之言问于朝也），成公贾对楚王以有鸟不言为谏（《吕览·重言》），即淳于髡之说大鸟（《史记·滑稽列传》），靖郭君客之言海大鱼（《齐策》），都是很有名的隐语。桂馥《札朴》训隐为占。隐语在外交上的运用，施之讽谏，成为滑稽家的拿手好戏。它的流衍变为谜语，时和小说合流。怪不得刘勰谓："文辞之有谐隐，譬九流之有小说。""君子嘲隐，化为谜语。谜也者，回互其辞，使昏迷也。"（《文心·谐隐》）后世东方朔、管辂射覆之辞，亦由此出。同时，隐语在战国时有它的实用意义，作为说客及权谋家一种交际手腕。[①]

① 参王焕镳《先秦寓言研究》。

隐语和西方的Riddle颇相似，很值得搜集，而作比较研究。Riddle在近东和西欧起源甚早，《吠陀》及《可兰经》中均有之，埃及的Sphinx Riddle为最有名。Archer Taylor在*The Literary Riddle before 1600*（1948，California）书第二章，列举世界古代文学性的Riddle甚备，可惜未接触到中国的资料。

（二）“主客”

主客，本为兵家言，见《孙子·九地》篇。临沂新出《孙膑兵书》残简篇题有《主客人分》。《文心·杂文》篇："宋玉含才，颇亦负俗，始造对问，以申其主。"又《诠赋》篇："遂客主以首引，极声貌以穷文。"汉志有《主客赋》篇，此后发展成为赋在开端的惯例，而且形成杂文一类中对问的新文体。自宋玉设问以后，如东方朔、班固之流，皆沿袭之。汉赋如《两都》、《两京》，皆以主客开端，都是受到主客方法的影响。

（三）问难

孔门四科，言语列为第三，儒家以此设教。邓析的无厚转辞，“操两可之说，设无穷之辞”（刘向语）。言术有八依、三避。《鬼谷子》有《抵戏》篇（《汉书·杜周传》颜注）。《韩非·说难》指出十二种谈说不同的对象。说客对于“对话”技巧的讲求，这是极进步的“修辞术”。希腊人注重雄辩，到Aristotle（公元前384—前322）才写*Rhetorike*三卷，成为这门学问的结晶品。春秋战国这类材料，如有人整比成书，亦可建立一东方辩辞学的独立体系（像卢弼著有《古词令学》）。

其次谈小说的产生问题。

战国以来，小说的兴起原因有如下列：（1）说客喜欢用寓言之故事体。（2）若干民间故事可用为谈助的资料。（3）长篇故事的诞生，像缠绵悱恻，如盛姬之死，见于《穆天子传》；博物广识，像伊尹辨味，事存《吕览》。这些最为脍炙人口。兹将若干先秦小说资料，考述如次①：

百家

汉志诸子略收有“百家”一三九篇。《说苑·叙录》云：“除去与《新序》复重者……别集以为百家。”则此书似曾经刘向整理，略如《说苑》的体制。古书所记如：“甘茂事下蔡史举，学‘百家’之说。”（《史记·甘茂传》）“应

① 余嘉锡《小说家出于稗官说》。

侯言五帝三代之事，‘百家’之说，吾既知之。”（《史记·范蔡传》）这书谅为纵横家所必读，故主父偃学“纵横长短之术”，兼及“百家言”（《史记·主父偃传》）。百家言的佚文，像《风俗通》云“城门失火，殃及池鱼”之类，“谨案百家书宋城门失火”云云（见沈钦韩《汉书疏证》）。司马迁称“百家言黄帝，其文不雅驯”，正以其为小说家言也。[①]

伊尹

汉志《伊尹》二十七篇，列于小说家。《吕览·本味》篇记：“有侁氏得婴儿于空桑之中，令烰人养之，是为伊尹，尹说汤以主味。”《说文》引之称曰“伊尹”；《本味》篇即出小说家之《伊尹》（王应麟说，见《汉艺文志考证》）。

青史子

《大戴礼·保传》篇、《风俗通·祀典》均引《青史子》书说。汉志《青史子》五十七篇，梁时仅存一卷。刘勰《文心》云：“青史曲缀于街谈。”（《诸子》篇）街谈巷语的缀录，这说明《青史子》正是民间故事的渊薮。

宋子

汉志《宋子》十八篇，列在小说家。《庄子·天下》篇称其：“上说下教，虽天下不取，强聒而不舍。”《荀子·正论》谓：“宋子率其群徒，辨其谈说，明其譬称。”是其书当如桓谭所谓：“合丛残小语，近取譬论，以作短书。”顾颉刚曾举出《吕览》中的“窃铁”、“攫金”诸故事，谓即出自《宋子》，其书能近取譬，有如佛徒之《百喻经》。[②]

汲冢书

《琐语》十一篇：“诸国卜梦、妖怪、相书也。”《史通·六家》：“汲冢《琐语》记太丁时事，为夏殷春秋。”隋志著录四卷，似其书唐代尚存。

穆天子传

《晋书·束皙传》：“言周王游行四海，见帝台西王母。”此本曾经晋人整理，有荀勖和束皙二种本子。今传荀本六卷，其第六卷即《束皙传》杂书十九篇中的周穆王美人盛姬死事一篇。[③]

其他诸子书与小说多有关系，如《晏子春秋》，其中故事即是小说的选集。《韩非子》中的《说林》及《内外储》，（伪）《列子》的《说符》，多记民间故事，可说是汉魏杂事小说的滥觞。隋志著录《宋玉子》一卷，楚大夫宋

---

① 金德建《百家书的性质》。

② 顾颉刚论《宋钘宜入小说家》，见《史林杂识初编》，33页。

③ 参朱希祖《汲冢书考》。

玉撰，与《燕丹子》并列于小说家，则宋玉亦擅长小说，不仅为赋家的巨擘而已。①

① “小说”一名见《庄子·外物》篇。他述任公钓东海一事，复加以按语云：“已而后世铨才讽说之徒，皆惊而相告也。”又云：“饰小说以干县令，其于大达亦远矣。是以未尝任氏之风俗，其不可与经于世亦远矣。”这里任公钓一故事，正可视作当日“小说”的模型。小说是“谈说”之小者。《释名·释言语》：“说，述也；宣述人意也。”庄子所指那些铨才讽说之徒，便是“饰小说以干县令”的人。周制县比郡为大。（《左·昭二十九年》）蔡墨言刘累迁于鲁县。楚庄王灭陈为县。《穀梁·隐五年》：“寰内诸侯。”注：“寰，古县字。”县是极大的行政单位，所以“干县令”即干诸侯。《庄子》所言的小说，分明是指说客干时君所用的一套手法。班《志》云：“闾里小知者之所及，亦使缀而忘。”取收小说十五家，一三八〇篇。其中方士虞初周说即占九三三篇。百家有一三九卷。青史氏五七篇，为最多之者。《荀子·正名》篇云：“故知者论道而已矣，小家珍说之所愿皆衰矣！”小家珍说当然指那些有乘大道的游说人物，有如宋钘一类即是。从任公子钓一事观之，这样的小说是说客的储宝。诸子书中像《韩非》有《说林》上下（即预备作内外储说的资料），《淮南子》有《说山》、《说林》，《列子》有《说符》，所用的“说”字，应该和《庄子》所言的小说，意义相同。《都城纪胜》：“说话有四家：讲史书，讲说前代书史……之事。最长‘小说人’，尽‘小说’者，能以一朝一代故事顷刻间搜破。”

陆机《文赋》云：“说炜晔而谲诳。”李善云：“说以感动为先，故炜晔而谲诳。”谲诳可看作寓言，炜晔可看作卮言；则《庄子》之书，实亦“说”之一种形态。谲诳即神话（Myth）部分；炜晔是极尽夸饰之能事，非 grand style 不足以当之。《庄子》之书，可算是“说”之巨观。至于小说，则取材于其小焉者。桓谭《新论》云：“小说家合丛残小语，近取譬论，以作短书。”“小说”和“小语”、“短书”是同样性质的。后代以小说为书名甚多，如《殷芸小说》，有余嘉锡辑本。《史通·杂说》称：“梁武帝令殷芸编为小说。”其书实因梁武的《通史》而作，其资料即《通史》之外乘。凡不经之碎事，另行辑录之。小说之所以为小，于此可见。汉志小说十五家有《伊尹》二十七篇，而道家别有《伊尹》五十篇。余嘉锡认为必出于小说家，非道家之伊尹书。按余说非是。新出马王堆《老子》甲本后佚书，附有伊尹论九主一段，且言：“伊尹布图（即九主图）陈筌，以明法君、法臣。”与《殷本纪》集解引刘向《别录》论九主说同。由于是书附于《老子》之后，可见当是汉志著录于道家之伊尹书，不必视为出于小说家。小说与非小说之分，在汉代目录学家心目中，自有他的界限。

至于小说家的功用，原有它的讽劝意义。《隋书·经籍志》云：“小说者，街谈巷语之说也。”竟把它和周官诵训及训方氏相比况，且引《左传》“士传言，庶人谤”来加以说明，余嘉锡曾有阐述。但看《国策·齐策》记邹忌因徐公之美一事说齐王，而齐王乃下令群臣吏民“能面刺寡人之过者受上赏，上书谏者受中赏，能谤议于市朝者受下赏”。这一故事可以看出：(1) 利用小说作讽刺的成功；(2) 先秦时代拥有“士传言，庶人谤”的事实。小说的实际功用，在说客口中如果运用技巧非常高明，当然收效甚宏。小说是“讽说之徒”所必备的武器，讽刺（irony）是他的主要技巧。irony 有时是用反语（a speaking by contraries）来引人入胜（irony 源出希腊语之“我问”）。《老子》所谓“正言若反”，是说话一种特别技巧。西方近代小说愈来愈趋向于 ironic mode，充满嘲弄（mock）的意味。这种精神在中国先秦已十分发达，尤其是游说之士及滑稽家者流，例如淳于髡“一鸣惊人”的隐语，《吕览·重言》篇作成公贾谏楚庄王，“谈言微中，可以解纷”，大概春秋以来已流行着的。“小说”是以街谈巷语来帮助说明大道理，它的功用是承接这一种教训精神而来的。可惜这些资料在中国只散见于诸子书中，没有人正式把它汇集起来，像印度的《五卷书》（*Pan catantra*）一样，整理成为专书。近人颇讨论到中国短篇小说的起源问题。《汉书·艺文志》著录小说十五家共千三百八十篇，而纵横家只收十二家百七篇，可见小说数量之富。虽然许多被班《志》加上不好评语，如“其语浅薄”、“荒诞依托”等等，但小说家的东西，可能是（纵横家）说客的粮食，亦可能是史料的剩余（如《周考》七十六篇是“考周事也”）。小说的内涵也包括了神话、传说、史事、寓言，尤其小说在《干县令》时每还用 ironic 的技巧，来说服人。它表现的方式花样，和今天所谓小说的体裁虽不相同，可是本质上是没有二致的。

七、战国时"文学"观念的演变

战国时期，由于政治上斗争的剧烈，各国君主，网罗人才，有时招集宾客著书，对于文学的提倡，不遗余力。齐稷下而外，燕昭王筑台于碣石宫，赵有丛台、野台（武灵王十七年），楚前期有章华台，后期有兰台，许多文学作品，由是产生。西汉以来，淮南王、梁孝王都是继承这一老办法，把文学家集中在一起，观摩砥砺，因之作者辈出。汉赋的蓬勃，正和此有密切的关系。

可是，战国有些国家，在法家思想控制下，其施政策略，对于"文学"之事，则深恶痛绝。自秦孝公时商鞅变法以后，整个社会风气有重大的改变，由于法家思想的抬头，文学地位遂骤为之降低。三晋地区对于文学的鄙弃，在商鞅、韩非书中，可以见之。黄河流域的文学领导地位，反为江、汉、沅、湘流域的楚人取而代之，非偶然也。齐鲁一带则尚为文学昌盛的地方。《史记·儒林传序》云："夫齐鲁之间于文学，自古以来，其天性也。"法家反文学的理论，像《韩非·五蠹》云："儒以文乱法、侠以武犯禁，而人主兼礼之，此取以乱也。夫离法者罪，而诸先生以文学取；犯禁者诛……工文学者非所用，用之则乱法。"（太史公正引用此语）在"法"的推行下，"文学"必遭受禁止的，因为它是"法"的障碍物。《五蠹》又云："然则为匹夫计者，莫如修行义而习文学。行义修则见信，见信则受事；文学习则为明师，为明师则显荣，此匹夫之美也；然则无功而受事，无爵而显荣，有政如此则国必乱，主必危矣。故不相容之事，不两立也。"照这样说来，文学对个人有益，但对国家则极为有害。韩非反对私学，反对无功之爵（应即孟子所谓"仁义忠信，乐善不倦为天爵"），在《六反》篇中说："学道立方，离法之民也，而世尊之曰'文学'之士。"又说："息文学而明法度，塞私便而一切劳，此公利也。"他特别反对那些"学道立方"的文学之士，学道则自己有突出的主张，立方则自己有独立的行动，文学是私便，而非公利，他站在公的立场来反对文学之私见、私说，所以谓之"乱法"。《秦策》上说："文士并饰，诸侯乱惑。……辩言伟服，战攻不息，繁称文辞，天下不治。"法家反对文学，是从施政公利上来做出发点。这样只有跟随着政治走的文学，只是政治的应声虫。至是，文学的地位，已被贬抑到了极点。

相反的，儒家、墨家皆倡言文学。《论语·先进》所记孔门四科，第四即是“文学子游、子夏”。汉《武斑碑》云：“数游夏之文学。”唐人《正义》说指“文章博学”，邢昺疏引范宁云：“善先王典文。”儒家所谓“文学”，是包括前代典章礼文而言的。[1]《荀子·非相》篇描写各人的怪相之后，接着说：“从者将论志意，比类文学耶?”同篇又云：“有圣人之辩者……发之而当，成文而类。”又云：“文而致实，博而党正，是士君子之辩者也。”杨倞注：“文谓辩说之词。”这里的“文”，是指“辩说”。又《大略》篇云“人之于文学，犹玉之于琢磨也”，则以为文学是不可缺少的教育工具。

墨子亦提出“文学”一词。《墨子·非命》中云：“凡出言谈，由（犹）文学之为道也，则不可而不先立义法（按即法仪）；若言而无义，譬犹立朝夕于员均之上也；则虽有巧工，必不能得正焉。”这里的“文学”，是指“立言”的文辞。

文学都为儒与墨所注重，故汉时任为“文学”的儒官，他们论学的宗旨，往往兼及儒墨，《盐铁论·相刺》篇云：“今文学言治则尧舜，道行则称孔墨。”是指明证。

文学一名，从春秋战国至汉，其含义实在经过广狭多次的变更，略加说明如次：

（一）文指“文化”（Culture）的总体，这是“文”的宇宙义。

《国语·周语下》：“单襄公有疾，召（其子）顷公而告之曰：……其行也文，能文则天地……此十一者，夫子皆有焉……文之象也。”按此义出自《尧典》“钦明文思”，注：“经天纬地谓之文。”（《白虎通·三教》篇）周教尚文和夏教尚忠、殷教尚敬不同，孔子云：“郁郁乎文哉！吾从周。”这可说是极高度的人文观点。

（二）文学指辩说、文辞（Literary work）。

如上引墨子、荀子等家说。

[1] 陈槃曰：“案孔子之所谓‘文学’，窃以为当以全部经艺为主体；而典章之类，则是其次。‘文学’简称则曰‘文’。《论语·学而》：‘行有余力，则以学文。’《正义》：‘（马融）注言古之遗文者，则诗、书、礼、乐、易、春秋六经是也。’不误也。齐鲁间之所谓‘文学’亦然。故《史记·儒林传上》言：‘齐鲁之间于文学，自古以来，其天性也。’继即云：‘故汉兴，然后诸儒得修其经艺。’《汉书·地理志下》齐地条亦云：‘初太公治齐，修道术，尊贤智，赏有功，故至今，其士多好经术……’齐鲁之文学既无异于孔子之所谓文学，则与战国时期燕赵楚国所提倡所影响而产生之纯文学，似不可以相提并论（若稷下学士‘谈天’、‘雕龙’之辈，则又当别论）。”

（三）文学指学术（Scholarship）。

《史记·儒林传序》云："延文学儒者数百人……以文学礼义为官。……自此以来……斌斌多文学之士矣。"汉武举方正贤良文学之士，即是此类。

（四）文学为官名（Official name），指方士或儒生。

秦人薄"文"，此为商鞅以来之传统观念，自无足怪。惟秦时有狱吏典文学者，如《史记·蒙恬传》："恬尝书狱典文学。"《索隐》："谓恬尝学狱法，遂作狱官，典文学。"中井积德曰："谓作狱辞文书。"秦世教育以吏为师，此"文学"二字见于秦人史传，文学且配合法律，亦一有趣之事。

《秦始皇纪》："悉召文学方术士甚众，欲以兴太平，方士欲练，以求奇药。"秦所坑之儒生、方术士，亦称文学诸生。汉代学官及师儒都称曰文学（见刘宝楠《愈愚录》卷五汉学官条，又卷六汉学师条）。武威汉简："诸文学弟子出穀。"（《河平（公元前25年）月忌简》四）汉地方郡国"文学"之官，始于景帝末年（见《汉书·文翁传》），如匡衡为平原文学。及曹丕为五官将，亦置文学之官。汉以后，文学往往偏指"经学"（Classics）及礼乐，见崔瑗《南阳文学颂》。以后才指纯文学（belles-letters）。文学一名，秦汉前后之演变如此。战国时代，诸子书中所谓文学，大抵是指辩说及文辞而言，含义不如前后之为广义的和偏称的一样。

引用书目

杨　宽： 战国史。

陈梦家： 六国纪年。

吕思勉： 先秦史。

朱希祖： 汲冢书考。

徐　复： 秦会要（订补）。

蒙文通： 古史甄微。

金德建： 秦纪考证。

李学勤： 战国题铭概述（《文物》1959，7、8、9三期）。

王国维： 两周金文韵读。

郭沫若： 两周金文韵读补遗。

杨树达：积微居金文说。
唐　兰：石鼓年代考（《故宫博物院院刊》一）。
刘知幾：史通。
章学诚：文史通义，诗教上、下；又文集篇。
章太炎：国故论衡，辨诗；又秦献记。
游国恩：先秦文学。
闻一多：诗与歌。
朱自清：中国歌谣。
龙宇纯：先秦散文中的韵文（《崇基学报》二、三卷）。
余嘉锡：小说家出于稗官说。
顾颉刚：史林杂识初编——宋钘宜入小说家。
王焕镳：先秦寓言研究。
王利器：文心雕龙新书。
中岛千秋：赋之成立と展开。
铃木修次：汉魏诗の研究。
星川清孝：楚辞の研究。
Burton Watson，*Early Chinese Literature*，1962，New York.
E. Erkes，*Das Zurüchrufen der Seels*，Leipzig，1944.
N. G. D. Malmqvist，*A Note on the Cheng-shiang in the Shyum Tzyy*（《荀子“成相释”》）.

原载于《史语所集刊》第四八本第一册，1977 年

“秦世不文”辨

《文心雕龙·通变》篇云：

黄虞淳而质，虞夏质而雍，商周丽而雅，楚汉侈而艳，魏晋浅而绮。

衡论皇古至于魏晋，文章风格之嬗变，而嬴秦不与焉。又《诠赋》篇云：

秦世不文，颇有杂赋。

或问：秦世果无文乎？余答之曰：非也！秦起戎狄，周之东迁，席据其地，即周之旧疆。秦文公猎于汧、渭之会，尝言：“昔周邑我先秦嬴于此，后卒获为诸侯。及卜居之，曰吉，即营邑之。十六年，以兵伐戎，戎败走，文公遂收周余民有之。”秦即收周余民，自承袭周之文化。此一事也。尚论秦世文章学术，不能仅于始皇统一期间着眼，必远溯其先世。《书》有《秦誓》（穆公败于崤，归而作此），《诗》有《秦风》[①]。此又一事也。

秦世人才辈出，皆由他国客卿延揽而得。李斯《谏逐客书》云：“西取由余于戎，东取百里奚于宛，迎蹇叔于宋。”吸收他国人才，为秦一贯之政策，故其人非秦籍而肯效力于秦，秦萃天下之豪俊而得尽其用，以此富强。汉志

① 子车氏之殉穆公，《黄鸟》之作，见《左》文六年传。

有《由余》之篇（兵家类作繇叙二篇），又有《由余阵图》（见李筌《太白阴经》）。《三辅黄图》：“戎使由余适秦，穆公示以宫观。由余曰：使鬼神为之则劳神矣，使人为之则苦人矣。”其名言犹流传于汉代。戎人归心，乐为秦用。此又一事也。

秦一统以后，惟一大著作为《吕氏春秋》。其书实成于始皇八年。《自序》篇云：“维秦八年，岁在涒滩。”而不书始皇年号。其《谨听》篇云：“今周室既灭，而天子已绝，乱莫大于无天子。无天子则强者胜弱，众者暴寡，以兵相残，不得休息。今之世当之矣。”又《功名》篇：“欲为天子，民之所贵，不可不察。故当今之世，有仁人不可不此务，有贤者不可不此务。”是主民为贵之说，以讽始皇。故高似孙《子略》称“始皇不好士，不韦则徕英茂，聚畯豪；始皇甚恶书，不韦乃极简册，攻笔墨，成一家之言。……此所以讥始皇”也。明方孝孺亦谓“其书诋时君为俗主，至数秦先王之过无所惮”。故《吕览》乃秦之谤书，亦秦之奇书，始皇之前学术之总汇。刘彦和赏其“鉴远而体周”（《诸子》篇），不可不察焉。此又一事也。

余论秦文多因袭姬周，可揭二事为证：

（一）秦公簋之取雅颂。铭云：“鼏宅禹赍，十又二分，在帝之坏。”《诗·大雅》：“维禹之绩。”《商颂》：“设都于禹之迹。”石鼓文，时贤多以为秦之猎碣，而文辞则类《诗》之《车攻》。人所共悉，故不深论。

（二）《诅楚文》之取《吕相绝秦》。试比较其文如下：

《诅楚文》：

> 昔我先君穆公及楚成王缪力同心，两邦以壹，以䜣䀚，绊以斋盟。
>
> 欲刬伐我社稷，伐威我百姓……取偣边城新郢，及邘长敌，偣不敢曰可。

《吕相绝秦》：

> 昔逮我献公及穆公相好，戮力同心，申之以盟誓，重之昏姻。
>
> 殄灭我费滑，散离我兄弟，挠乱我同盟，倾覆我国家。……入我河县，焚我箕部，芟夷我农功，虔刘我边陲，我是以有辅氏之聚。

文中反复用“我”字，故词气纵横，读起来十分动人。

凡此皆秦文之可讽诵者，俱与经传相表里。是秦文因于周之明证也。

秦燔烧书，然烧之不尽。故张苍为秦御史，掌柱下方书（见《张苍传》）。沛公至咸阳，萧何先入关，收秦丞相御史律令图书①，今秦时著述可考见者有：

秦策五卷　见《国策》。

秦纪　　　《始皇本纪》、《六国表》引。

秦法　　　《汉书·刑法志》："萧何扣摭秦法，取其宜于时者，作律九章。"

秦仪　　　《叔孙通传》："定朝仪。颇采古礼与秦仪杂就之。"

故汉武帝以前一切制度皆仍秦旧。此又汉文化之因于秦者也 。

若秦博士之著作见《汉书·艺文志》者，儒家有《羊子》四篇百章（故秦博士），名家有《黄公》四篇（名疵，为秦博士，作歌诗）。俱详章炳麟《秦献记》。

秦人薄"文"尚武，此为商君以来之政策，自无足怪，惟秦世有狱史而典文学者。《史记·蒙恬传》："恬尝书狱典文学。"《索隐》："谓恬尝学狱法，遂作狱官，典文学。"中井积德："谓作狱辞文书。"秦人以吏为师。始皇三十四年李斯议："若有欲学法令，以吏为师。"制曰"可"。此处文学为官名，但以狱吏主之，此与《汉书·西城传》"诸大夫郎为文学者"，颜注谓"为文学，谓学经书之人也"涵盖不同。狱吏所典之文学向不易晓，自云梦睡虎地秦简出土，其文书有秦法律及论史道佚籍，与治狱事例等等，知蒙恬所典者，殆此类耳。

秦人重质，然其文辞亦有可观者：

（一）史传有纪：

《文心·史传》篇："子长继志，甄序帝勣……故取式《吕览》，通号曰纪。纪纲之号，亦弘称也。"

秦史书曰《秦纪》。始皇三十四年李斯奏："臣请史官非《秦纪》皆杂烧之。"金德建有《秦纪考证》，爬梳甚备。云梦睡虎地秦简有《事纪》五十三条，起昭王元年，迄今（始皇）卅年，多质略，不纪月日。《秦纪》形貌，可窥其概。《史记》本纪体例称纪，实昉于秦。以前称"书"及"春秋"，如汲冢周书、楚书，墨子所见百国春秋之类是（此条可参潘重规《史记通论》）。

---

① 见《萧相国世家》。《三辅黄图》云："石渠阁，萧何所造，藏入关所得图籍。"

（二）书奏定体：

《文心·奏启》篇："奏者，进也。言敷于下，情进于上也。秦始立奏，而法家少文。观王绾之奏勋德，辞质而义近；李斯之奏骊山，事略而意迳。政无膏润，形于篇章矣。"①

又《议对》篇："商鞅变法而甘龙交辨，虽宪章无算，而同异足观。"（按见《史记·商鞅传》）。又《章表》篇："秦初定制，改书曰奏。"《御览》五九四引《汉书杂事》："秦初之制，改书为奏。"又《诏策》篇："令者，使也。秦并天下，改命曰制。汉初定天下，命有四品。……远诏近命，习秦制也。"②

此汉代程式文，多源于秦，秦文辞质而意迳，亦重"法"不重文之例；"政无膏润"，故辞亦少丽彩。"风"、"骨"都乏，质文递变。故汉兴，一反秦之塗辙，遂发展为辞赋之途，亦矫枉而过正也。

以上论无韵之笔。

至于有韵之文，秦人亦非全无措意者：

（三）杂赋开汉之先：

《文心·诠赋》："秦世不文，颇有杂赋。"汉志秦时杂赋九篇，惜不可考，否则可明荀卿《赋篇》与西汉初时赋体演变之迹。然荀赋大致以四言为句，且多杂长叠句③，《云赋》连用若干"与"字句，《箴赋》亦然，盖与《卜居》同句法。

荀赋以礼、知、云、蚕、箴为题，想杂赋或类此。

（四）诗词杂录：

《文心·明诗》篇："秦皇灭典，亦造仙诗。"始皇纪三十六年："使博士为仙真人诗，乃行。所游天下，传令乐人歌弦之。"此乐府之先河也。秦已设

---

① 按凌义渠《湘烟录》引蔡质《汉仪》："李斯治骊山陵上书。"

② 按《文选·吴都赋》刘渊林注引《秦零陵令上始皇帝书》，《汉志》纵横家有《秦零陵令信》一篇，难秦相李斯，严可均云即此。

③ 如《知赋》："此夫安宽平而危险隘耶？修洁之为亲而杂污之为狄者耶？其深藏而外胜敌者邪？法禹舜而能弇迹者耶？行为动静待之而后适者耶？"

乐府官署，临潼始皇陵出土器物有“乐府”二字铭文可证。

《汉书·艺文志》：《黄公》四篇。名疵，为秦博士，作歌诗，云在“秦时歌谣”中。汉志左冯翊京兆尹俱有秦歌诗。

《异苑》：“秦世有谣云：‘秦始皇，何强梁！开吾户，据吾床。……前至沙丘当灭亡。’”（云刊在孔子圹壁）

杨泉《物理论》载始皇筑长城，民歌曰：“生男慎勿举，生女哺用脯。不见长城下，尸骸相支拄。”① 使杨氏此说可信，则五言诗已昉于秦世矣。

又《风俗通》逸文有百里奚妇琴诗，真伪难悉考。

惟秦人抒情诗，若《蒹葭》、《黄鸟》，皆极动人。《文心·哀吊》篇云：“昔三良殉秦，百夫莫赎，事均夭枉，黄鸟赋哀，抑亦诗人之哀辞乎！”又《秦誓》中语，若“我心之忧，日月逾迈，若弗云来”，亦情往意深，孰谓秦人之不文乎？

小学字书及瓦当多用韵，《仓颉》篇、《爰历》篇即其例：许慎《说文序》引“幼子承诏”，《尔雅》郭注引“考妣延年”，《颜氏家训·书证》篇引“汉兼天下，海内并厕，豨黥韩覆，畔讨灭残”。此乃汉人语，非出秦人。敦煌简及居延简俱有《仓颉》残文，并四字句，有韵。②

秦瓦当文咸阳故城所出者有“唯天降灵，延元万年，天下康宁”十二字，其字体为李斯所定之小篆，乃统一后之文字。

秦简《为吏之道》中有韵文八首，句式略近《成相》篇。例如：“凡戾人，表以身，民将望表之戾真。表若不正，民心将移乃难亲。”③

《日书》中有马禖祝辞，文亦为韵语，典丽可诵。见拙著《日书研究》，不录。

秦刻石铭辞亦有三字对句者。如蜀守李冰立之《湔溯隅（堰）碑》云：“深陶潬（滩），浅包隅（堰）。”（见张澍《蜀典》引《金石文》）

以上论有韵之文。

秦代文学材料，非常匮乏。章太炎撰《秦政记》、《秦献记》，举出秦博士与学者八人。先是严可均撰《全秦文》一卷，录十六人。除始皇二世诏制外，

---

① 《水经注》引陈琳《饮马长城窟行》有此句，字略小异。

② 参劳榦《居延简汉简考释》。

③ 《秦简研究》，344 页。

以王绾、李斯、周青臣、淳于越、赵高为重要。亦有不可信者，如据《墨池编》收李斯之用笔法是。本文所论，可补其缺。至于新资料之可称述者，如：

新郪虎符

文共四行，内有："凡兴士被甲用兵五十人以上，会王府，乃敢行之；燔队史虽毋会符，行殹（也）。"

1976年余在巴黎拍卖场曾见原物一件。

秦武王二年（墨书）除道木牍[①]

秦家书[②]

南郡守腾文书[③]

皆重要之作。其他零星不复及。

秦代散文，向来以奇横称。兹摘录文评家要语，以供观摩：

《文心雕龙·论说》篇："夫说贵抚会，弛张相随，不专组缓颊，亦在刀笔。范雎之言事，李斯之止逐客，并烦情入机，动言中务，虽批逆鳞而功成计合，此上书之善说也。"

又《才略》篇："范雎上书密而至，苏秦历说壮而中，李斯自奏丽而动；若在文世，则扬班俦矣。"

秦文虽传诵者寡，而雄奇掣胜，孝公之求贤令，昭王之约楚怀，始皇时之议帝号、废封建诸令，皆峻险爽利，有西戎剽悍之气，民族性使之然也。尤以喜叠三字句（如《秦誓》"嗟我士，听无哗"之类），或疏落跌宕，整而不齐。以此而孕育奇气。李斯更奇而丽。《文心·事类》谓相如《上林》撮引李斯之句，是其例也[④]。

若夫勒铭更为后人所击节。《文心·颂赞》篇："至于秦政刻文，爰颂其德；汉之惠景，亦有述容，沿世并作，相继于时矣。"又《铭箴》篇："至于始皇勒岳，政暴而文泽，亦有疏通之美正。"又《封禅》篇："秦皇铭岱，文有李斯，法家辞气，体乏弘润。然疏而能壮，亦彼时之绝采也。"按秦之先代泐石，飞廉有石椁之锡，秦昭有华山之刻，《文心》俱已征引，由来已久。下至峄山，遂成卓绝之作。而琅玡刻石，亦复囊括并吞之气，振荡于字里行间。国势之雄，有助于文势，理固然也。《骈体文钞》评语云："秦相他文无不诛

---

① 《文物》，1982（1）。

② 黄盛璋有文研究。

③ 见余另文讨论。

④ 李斯偶句："建翠凤之旗，拊灵鼍之鼓。"《上林》仿之，云："建翠华之旗，树灵鼍之鼓。"

丽，颂德立石，一变为朴浑，知体要也。其词其气，便欲破除诗书，自作古始。”骏灵之气，俯视百代。自来于此，久有定论。此又谈秦文者，所不可不知也。

从对立角度谈六朝文学发展的路向

魏晋南北朝是一个复杂混乱的时代，也是一个承先启后的时代；后三国的鼎立，到南北朝的对峙，又是一个对立的年代。除了是政治的对立，还有思想的对立和文字的对立。思想的对立，主要表现在庙堂和山林的对立；换言之，在野的想出来做官，做官的却想退隐。文字的对立，即是胡与汉的对立。这样的对立，贯串了整个时代；而文学的发展，便在这对立情况之中，有着各种各样的表现。

魏晋南北朝文学的最大发展，是“集部”的形成和推进。集是收集的意思，除了汇集个人的作品，还把别人的作品收集累积。过去是没有这样的“集”的名目，汉人是把思想性、政治性或各种的文章组织成集，是属于“子部”的。魏晋南北朝以来的集就不同了，这种收集的功夫，我们把它叫做collective work。除了个人自己收集以外，还有奉诏采集，例如裴松之注《三国志》，据《宋书·裴松之传》记载，是宋文帝命裴松之采三国异同作注。裴松之于是“奉旨寻详，务在周悉”，“鸠集传记，增广异闻”了。这个时代，王家和私家都纷纷从事辑集的工作，集的发展就成为南北朝文学的特征。

我认为魏晋南北朝文学如此的多姿多彩，文字上胡汉的对立亦是一个重大关键。所谓“胡”，在汉代是指匈奴，魏晋以后，已不止是匈奴了。这时代的胡语，印欧语系，连带伊朗语系也包括在内了。从敦煌经卷中的佛教经典，可以帮助我们理解当时的胡语究竟是什么样的了。在胡、汉对立中，历史上有一件事，是大家都未曾注意的，就是汉灵帝时，中国开始盛行胡化。《后汉书·五行志》说“灵帝好胡服、胡帐、胡床、胡坐、胡饭、胡空侯、胡笛、胡舞，京都贵戚皆竞为之”。而这个所谓胡者，事实也不单是指印度的。在语言文字的胡汉对立当中，首先面对的是翻译的问题。关于内典的翻译，梁朝僧祐[①]《出三藏记集》，辑释道安《大品般若经序》，文中提到“五失本三不易”的说法，就是讨论佛经的翻译问题。在胡汉的翻译中，胡人曾有很大的推动力；其中最有成就的，我认为不是鸠摩罗什，而是更早期的支谦和康僧会二人。支谦是月支人，其父于汉灵帝时归化中国。他“十三学胡书，备通六国语”[②]。在孙权黄武元年（公元222）开始翻译佛经，至孙亮建兴中（公元252—253）共译了四十九部之多，他的译文非常优美。至于康僧会，“其先康居人，世居天竺，其父因商贾移于交阯。十余岁出家”[③]。他在孙权赤乌十年（公元247）来到建业，并开始翻译佛经的工作。他译的《六度集经》，文字好得很。康僧会是以文言来翻译的，文字水平极高，其风格又与支谦不同。我认为做翻译人，应该先通一种文字，再通别种，这样的翻译才好。我们看钱锺书的翻译文字非常好，我就说是他的中文好，中文比英文好，所以他翻译法文、德文都是那么好。因此，翻译之功，支谦、康僧会二人当在鸠摩罗什之上。有了翻译以后，对文学视野的拓展，起了很大的推动力。

在胡汉对立的问题上，骈文也有很密切的关系。骈文的前身，就是骈字。清雍正时编了一部《骈字类篇》，他在序文解释骈字的意思，“比事属辞，盖骈文义也”。六朝时代，骈字的发展特别多，像《世说新语》中就有不少骈字，在《文学》篇举一个例子说：“桓玄下都，羊孚时为兖州别驾，从京来诣门，笺云：‘自顷世故睽离，心事沦蕰。明公启晨光于积晦，澄百流以一源。’”其中“睽离”、“沦蕰”都是骈字。有人统计《世说新语》里头的骈字有一千五百四十一个，还不包括常用名词；《楞严经》里的骈字有四千二百个。到了谢灵运时代，他的诗文真是骈字满眼了。我觉得骈字的发展，是骈文发展的基础；而佛经的翻译，给我们有很大的推动。很多的佛经的序文，差不多有百分之六七十，是用骈文写成的。这可反映骈文与佛教关系的密切了。这也是我在胡汉对立问题上的一点看法。

在“集”的方面，除了为个人著作、他人著作，以至某种文体编集外，更有“别传”和“方志”的收集。魏晋以来写别传的风气很流行。虽然别传

---

① 《文心雕龙》作者刘勰的老师。

② 《出三藏记集·支谦传》。

③ 《出三藏记集·康僧会传》。

带有小说的色彩，但又可在正史传记外提供另外的资料；在文献学上的价值是重要的。刘孝标注《世说新语》，就把当时的别传收集起来。根据宋人高似孙《纬略》统计，刘孝标的注中收录别传一百六十八家，数量是惊人的，所以他的注特别出名，就是因为他保存了这么多的原始资料。这方法当然是学裴松之注《三国志》的了。至于方志的收集，则有《水经注》。今大研究《水经注》的都不在地理方面，因为那些地理也不一定准确。郦道元是北方人，并未到过南方，所以广东、云南的水道，都有错误之处。然而，史称“道元好学，历览奇书”（《北史·郦范传》）。故《水经注》征引的方志很多，给后人提供不少宝贵的文献资料。例如今天发现的南越王墓并不是尉佗的墓，而是他的孙子赵眛的墓，据《水经注》所引裴渊《广州记》谓“城北有尉佗墓，墓后有大冈，谓之马鞍冈”。及王氏《交广春秋》谓“佗之葬也，因山为坟，其垄茔可谓奢大”。从这些方志的叙述中，可知尉佗墓之大。《水经注》在这些小地方也讲得非常清楚，文字亦优美。《水经注》的宝贵，就是郦道元收集方志的结果。

此外，类书的编集也对六朝文学起了推动的作用。魏晋以来，竞用故事，而典故不全放在脑袋里头，要靠翻书的。类书始于曹丕《皇览》，据《隋书·经籍志》，《皇览》有一百二十卷，现已散佚。后人辑有《冢墓记》及其他片段共二十余条资料；在我看来，他不甚像后来的类书。当时负责编撰的有韦诞、刘劭、桓范、缪袭和王象等五人，其中最主要的是秘书监王象。六朝时代，从类书的编撰也可以反映出南北的对立。大家都知道，梁武帝学问很好，亦雅好文学，但心胸却不广。他的弟弟萧秀也“精意学术，搜集经纪”[①]。曾招刘孝标编一部类书《类苑》，共一百二十卷。刘孝标曾在梁武帝的图书馆看过书，后来因策锦被疏用典故事开罪了梁武帝，武帝没给他任何升迁的机会。梁武帝因这部《类苑》，诏徐勉举学士入华林，花了八年的时间，编了七百卷的《华林遍略》，目的就是要超过他的弟弟，不让萧秀占先。

这是南朝的事。后来《华林遍略》传到北朝去，传到北方的扬州，贾人以为奇货。当时高洋领中术监，集书手多，一日一夜写毕。退其本，曰：“不需也。”这是很有名的故事。后来祖珽听从阳休之计策，把《华林遍略》改造，补充一些材料，特别是补入《十六国春秋》——这书萧方等于二十二岁时写成的，后来散佚了很是可惜！祖珽的辑补成为《玄洲苑御览》，后来改名

---

① 《梁书·安成康王秀传》。

为《圣寿堂御览》，后又更名为《修文殿御览》，因为齐大同有七个修文殿之故。《御览》的名称就由此而来，后来北宋的《太平御览》便是仿此。敦煌鸣沙山石窟发现一写本，伯希和列目P·二五二六号，存有鸟部鹤类四十六条、鸿类十八条、黄鹄类十五条、雉类四条，合共八十三条资料。罗振玉肯定就是《修文殿御览》，订名为《修文殿御览残卷》，收入《鸣沙石室佚书》中；而吾乡潮阳郑氏刻《龙溪精舍丛书》，据罗氏影本刻入，亦依题为《修文殿御览》。但是，洪业却加反对。[①] 认为《修文殿御览》主要是征引《十六国春秋》，而残卷第七十七条不引《十六国春秋》而引《赵书》，内有小注，断定残卷并非《修文殿御览》，而是《华林遍略》。现在暂且不管残卷究属何书，类书的编撰，正好反映了梁氏兄弟间的对抗，南北的对立。编辑类书工作的竞争，这说明类书在撰文运用事类的重要性，也对六朝文学起了很大的推动作用。

此外，我们读颜之推《观我生赋》，其中他自己的注语有说他负责编撰《修文殿御览》的。据《北齐书·文苑·颜之推传》曰："之推撰《观我生赋》，自注曰：'齐武平中，署文林馆待诏者，仆射阳休之、祖孝徵以下三十余人。之推专掌其撰《修文殿御览》、《续文章流别》等，皆诣进贤门奏之。'"说到颜之推，大家都熟知他的《颜氏家训》，原来他也编类书，编文集的。有趣的是，南朝有昭明太子编《文选》，北朝也继挚虞《文章流别》，来一个《续文章流别》。从文集的编撰，也反映到南北对立的层面上来。

说到编集之事，六朝时除了各种文化都有集外，连声音也有集。最早是吕静《韵集》，他是《字林》作者吕忱的弟弟。可惜此书已佚。据《魏书·江式传》："吕忱弟静，放故左校令李登《声类》之法，作《韵集》五卷，宫、商、龣、徵、羽各为一篇。"吕静用音来编集，开后世韵书的先河。

集的作用，是把资料集中在一起，以供学习研究。这时期的作者，一方面做文章，一方面亦做文章的收集和研究。我说文学应包括两部分，文是文篇，学是学术。编集就是文与学两方面的结合，以学术来促进文学。因此，把文章收集，加以整理研究，是有助文体推波助澜的功用。《文心雕龙》一书就是个好例子，上半部讲文体，当时每种文体都有集，赋有赋集，诗有诗集，而《文章流别》其书还存在于世，所以刘勰分析文章文体时很是方便，因有很多已集中起来的材料可供使用。甚至当时仍流传某类的文集，集内序文的

① 见《所谓修文殿御览者》，《燕京学报》十二期。

文学理论，都可以给他应用。可惜这些集差不多统统散佚了，我们今天也无从核对。但是可以肯定地说，《文心雕龙》中的文体理论部分是大量利用了六朝以来各类总集的材料的。从这里可以看出，某一类别总集的编撰，对文学理论发展具大有帮助的地方。

《文心雕龙》下半部的很多文学观念，内容太多，不一赘述。不过，说到文学概念，有一种应该提出。我觉得《世说新语·文学》篇很重要，虽然篇幅很小，但提出很多重要的文学概念。姚鼐所说的“神、理、气、味”，《文学》篇几乎都有提到。其中最多的是“理”字，有胜理、名理、精理、义理、本理、唱理、性理，又有理源、理窟等不下七八处之多。言“神”，则有阮籍《劝进文》，“时人以为神笔”。言“气”，则有王逸少“本自有一往隽气”，张凭“贫其才气”，“刘伶著《酒德颂》，意气所寄”。至于“味”，则谓：“庄子《逍遥》篇，旧是难处，诸名贤所可钻味，而不能拔理于郭、向之外。支道林在白马寺中，将冯太常共语，因及《逍遥》。支卓然标理于二家之表，立异义于众贤之外，皆是诸名贤寻味之所不得。后遂用支理。”谈《逍遥游》却有“钻味”、“寻味”。由此可见，单从《文学》篇已可得到如此重要的文学概念。当时那些论“文学”者，一半是和尚，一半是玄学家。因此，我有一个奇怪的想法，魏晋时代是个“先理学时代”。今天称宋学为理学，并不很对，应该添一个“先理学时代”的魏晋。大家都把魏晋学术说成“玄学”，而漏掉“理”；以为只是说“玄”而不谈“理”，这是不正确的。理有宇宙之理、天地之理、人生之理、文学之理；这一时代理是常常说到的，不是宋代的人才懂得说理学。所以，与其说魏晋是“玄学时代”，不如说是“先理学时代”了。

一直以来，大家对魏晋时代的谈理都不大重视；因为谈理的大多数是和尚。这正好说明佛教入中国以来，对思想界、文学界产生的影响力。南北朝朝代，南北对立、胡汗对立，种种的对立冲击，把文学变得五光十色、光怪陆离了。但总的来说，魏晋时代的文章风格是“清远夐绝”的，齐梁以后，就变为“繁缛典丽”了。虽然大家都不甚注意“清远夐绝”，只有章太炎提出魏晋玄远的说法。文章之所以“清远”，原因是用以谈“玄”。《世说新语·文学》篇就提到“荀粲谈尚玄远”，又谓“支（道林）初作，改辙远之；数四交，不觉入其玄中”。由于入于玄中，就不觉风致清远。魏晋以来，无论是辩论的文章，论才性的文章，大抵形成“清远”的风格，开后来散文一路。魏晋时代的文章，最好是以郭象《庄子注》为代表，郭《注》的文章好极了，是可以背诵的，允为“清远”的文风的典型。齐梁以后则是骈文了，大家都熟知的，我也不必讲了。

我今天从对立的角度来讲魏晋南北朝文学，其中很多论点和材料都是零零碎碎的，由于文献不足之缘故。我感到最可惜的是中国人历代战争打仗事情太多，文献材料不能保留下来，归于澌灭。现在我们讲的东西很多，却苦于没有材料。举例来说，梁朝时代，刘宋几个君主都有文集，到了隋朝就很多都没有了。在《隋书·经籍志》里集部所录的书，今天几乎全都散佚了。我们是世界上最能毁坏自己文献的民族，别的国家是没有这样自我抛弃的。就连阿剌伯人都不会这样，我们在外国可随处见到阿剌伯人的写本，可远追溯到文艺复兴以前的时代；中国人却什么书都没有了，现在就只靠敦煌出土的一些零星的资料，非常可惜，也是我们最大的不幸。我们要研究魏晋南北朝时期，就必须从其他地方，辛苦地把资料钩索出来重新整理，才可以弄清问题。但是，还有一点要提出来的，是佛经并无太大的损失，历代的佛经大致能够保留下来；虽然佛经并不是太多人有兴趣去看，但是在佛经中寻找新的研究材料，是很重要的，也希望大家多注意和努力。

“言路”与“戏路”

今天中文大学主办的闽方言国际讨论会开始举行，大家要我作主题讲演，实在愧不敢当。因为我却未对闽南方言作过深入研究，也够不上是个语言学家。尽管我是语言学会的会员，但是，对于闽南方言与潮语的关系问题，我年青时确曾注意过。回顾我二十多岁主编《潮州志》时，在分卷中就曾特辟一《方言志》，当时几个人共同研究，负责起草。可惜后来时局变迁，该《方言志》未能面世，而书稿也大半遗佚，但给后来闽南方言及潮语的研究者，留下了遗憾。虽然，语言学方面的知识并非我所专长，但治学之道，在于兼收并蓄。我做学问是什么书都看，因此，自彼时开始，有关闽南方言及潮语方面的书，我也有所浏览，故也不无领会。

众所周知，一种方言的构成，必有其来龙去脉。现在大家在研究方言时，都很注意一般的语言现象，侧重于字的形、音、义以及词汇和语法的研究。我则因较喜欢历史，因此时常从历史和文化的角度去探视语言问题，希望借此了解其演变和形成的过程。潮语在一般方言的划分上，属于闽南语系，而潮语是我的母语，所以我仅就某些方面表达一点个人的见解，同时提出一些问题，以就正于各位专家。

今天我发言的题目是《“言路”与“戏路”》，似乎有点奇怪吧。“言路”通常解为“发言的途径”，“阻塞言路”即是不准别人发表意见。我此处借用“言路”一词，却是譬喻“语言的道路”（The Road of Language），除说明某种方言的演变轨迹外，同时也希望今后学界能“广开言路”，为语言学开多一点新的路向。今天“言路”之突然与“戏路”有所牵连，正是我个人朝这方面进行探索的一种尝试。“戏路”一词早就有的，大家都能明白，一般解为某演员个人演戏的风格。但俗话所说的“戏路随商路”，却是指戏剧的潮流随商业发展的路向而转变，这是经济影响文化的一种表现。而我今天所指的“言路与戏路”，则是从方言与地方戏二者的相互影响，来说明方言与戏文之间的连带关系。这一课题所包含的内容十分深广，值得大家去研究。

现在我举几个例子，主要是利用古版剧本的戏文，去说明方言的发展及其演变过程，我认为这是研究语言学十分重要的一个途径，因为剧本本身就为语言提供了特定历史背景，对了解语言的来龙去脉，可说助益无穷。目前有关这方面的资料十分丰富，以潮州戏剧方面现存的历史文物而论，就包括有明代的戏文写本、刻本，还有其他年代的很多手抄本，尤其纸影戏在这方面所存的资料更多。我儿时在家乡潮州，就亲眼见到“林万利”店子刊印出售潮州戏册，本子种类和数目多极了，那时极便宜，很不起眼，一块钱已买许多本，现在却变成十分珍贵的文物，人们亦改变其观感，可谓刮目相待了。

现在我要举的例子，是用潮州话说的。其一是“十八棚头做到透”，意思是什么行当都做遍了，一如我做学问，样样都搞。其实，“十八棚头做到透”这句话，穷其究竟，却是源自温州，存在于南戏里面，在闽南戏本中也屡见不鲜。我曾两赴温州，对温州的南戏甚感兴趣，而且找到许多资料。其实，温州的南戏与闽南戏关系甚为密切，可谓系出同源。现在，“十八棚头”这句话仍流行于温州，而且南戏真的有十八棚头，就是在温州流传的最重要的十八出戏。而福建的梨园戏与温州的南戏有十分密切的连带关系。大家知道，福建的梨园戏分为“上路”与“下南”二大流派。“上路”则为老戏，“下南”即是南戏。“上路”的“路”属于行政区域，宋代开始有此建制，元代沿袭，特别将其定为行政单位，如“两浙路”、“福建路”等等，所以习惯上称浙江为“上路”，故闽南的梨园戏“上路”，即是标准的温州南戏。去年龙彼得(P. Vander Loon)发表的著作《明刊闽南戏曲弦管选本三种》，其中内容甚佳，印刷也很精美，里面有明版的《刻增补万家锦队满天春》一种，内收十八“队”，其实就是“棚头”，十八队就是十八棚头。因此，“十八棚头”的说法是从温州经闽南传到潮州的，这是戏剧对方言有所影响的显例之一。

我再用潮州话举一例子，“加啰”以及“加哩啰”、“加哩嗹啰”，三个方言词的意思者“差得远”，只是每加一语助词，则在于加强其语气。

我打电话问我们研究所的蔡俊明先生，他的潮汕方言辞大作里面是否有收此组词汇。他说有“加啰”、“加哩啰”，未收“加哩嗹啰”。而蔡先生的书“加”则作“胶”字，二字潮州读音相同，究竟如何写法，这是件十分有趣的事。最近我才悟到，似乎仍应以“加”为是。因为“加”即是增加，而“加啰”、“加哩啰”和“加哩嗹啰”的意思则是差得远，意思恰好相反，是反其意而用之，以强调某人或事物“很差劲”、“差得远”。“加”是动词，“啰”、“哩啰”和“哩嗹啰”都是语助词，助词的每一递增在于加强说话的语气。许多人都知道，明戏中的神咒在众人合唱也有“啰哩嗹”的，我曾著文述及，但其时没悟到这与潮州话有关系，所以今天提出来补充这一点。

关于“哩啰嗹”在戏文上应用，我可以举几个例子，请大家讨论。龙彼得在他的书中谈到闽南戏有出叫《戏上戏刘奎》的，这是十八出戏中之一，戏中有三次用到“嗹哩啰”，如：“我今惜尔如惜金……莫待山头路尾石步沾我身，嗹哩啰，嗹嗹嗹（此句三用）。”“嗹哩啰”或“啰哩嗹”的这些词汇可追溯至甚远，我曾加以研究，并有专文论及，最早可见于晚唐禅宗和尚使用过，在《五灯会元》里面有很多材料，我有一篇文章特别提到这问题，大家可能有看到。但那时我没有注意到将其与潮州话联系起来看问题，也未注意到温州南戏中的类似材料。其实宋代温州人已甚多使用此一方言语。我试举一些例子——

其一，南宋叶适《水心文集》卷八里面有：“听唱三更啰哩论，白旁单桨水心枯”——其中“啰哩论”三字，见张炎《词源》里面所附的讴歌，当时唱者在唱词末尾每加上“哩啰唛论”，此处则为“啰哩论”三字。南宋宁波人史浩之《粉蝶儿》则有：“解教人啰哩哩啰”。显然，叶适和史浩都是浙江人，属于浙江“上路”南戏同一系统的。

另外，最近出版的《（温州）南戏探讨集》第六、七集中有温州的《叮叮哨》，里面有“山脚门外罗里、罗罗里”。这说明温州很早就有这种方言词语，后来运用到南戏里面，其最有力的证据就是于1975年在潮州市出土明宣德六年的《刘希必金钗记》写本，这是目前全中国可见的最早的戏文写本，比上海发现的《白兔记》戏文写本还早。而《刘希必金钗记》恰好就是温州南戏，这是很多人参定的，因属戏剧专门研究的范畴，这里仅引用其资料，不再赘述了。

《刘希必金钗记》写本中多次出现“哩啰嗹”，如第四十出《雁儿舞》中有一段齐声——

“哩嗹啰嗹！哩嗹唻啰哩！嗹哩嗹啰哩嗹！啰啰哩嗹啰哩嗹！”

这只是其中一段。我引用它的原因，是因为唐代牛僧儒的《玄怪录》有一首酒令，内有“罗、李，罗来李，罗李罗来，罗李罗来”，就与上引《刘希必金钗记》中的《雁儿舞》中的齐声唱词谐音有类似之处。《玄怪录》原是志异小说，描写蚯蚓或妖精变人的故事。其中有四个主角人物：来君绰、罗巡、罗逖和李万进，上面的小令，就是以四人之姓嵌入的。有人因此而遽以断定这是“啰哩嗹”的来源。这种看法，我绝不敢苟同，因为“啰哩嗹”这种助语词在禅宗语录中早就广泛应用，而中国人历来喜欢玩文字游戏，因此开玩笑式地以四人之姓嵌入小令中，以谐音聊博一粲，纯属文字游戏。所以，说其套用则可，若认为那是“啰哩嗹”的来源，则是本末倒置。

如前所说，《玄怪录》中的小令和《刘希必金钗记》中的《雁儿舞》是属同一类型的。《雁儿舞》中的“齐声”相当于后来之合唱，过去闽南戏未正式开场前往往先有“啰哩嗹”一类的合唱，这是一种神咒。神咒有次序规律，字数也很讲究。类似的神咒在潮汕民间至今仍然都存在。揭阳一带的巫卜神棍在为人辟邪禳灾时，往往以纸钱拊背，一边口中念念有词：“加嗹啰，加嗹啰，从这畔加啰到那畔，保佑×××，一年四季无奔波。加啰加四遍，辟使邪煞归上天。”——“加嗹啰”事实上就是一种神咒，至今潮汕民间尚有可考。这显然与戏文中的咒语应用到民间有极大的关系，这是“戏路”对“言路”发生影响的又一例证。

以“戏路”而论，《刘希必金钗记》是南戏，后来传到潮州来。我在潮州市博物馆中见到出土的明宣德年间的《刘希必金钗记》写本，保存完好，十分漂亮。我曾建议汕头大学专门为这个珍贵的写本开一个研讨会，主要探讨戏剧与戏文、有关戏文与方言的关系以及其他问题。这个现时最早的出土戏剧写本将会吸引很多人参加会议。

南戏的“戏路”传播途径，是从温州经福建至潮州，然后到南洋群岛和越南各地。前几天我刚在河内参加远东学院九十周年一个国际学术会议，期间曾欣赏越南戏，音乐很像潮州音乐。这使我想起二十多年前在法国时，于汪德迈（L. Vandermeersch）的家里见到一本《安南佛典》，内中《上士语录》王如法谟云：“等闲戏弄没弦琴，社舞村歌且啰哩，哩啰啰，啰哩哩，不属宫商角羽徵。”——这是极为罕见的一本清代安南抄本，显然是南戏传入越南的例证之一。潮州揭阳话现在还有一句“闲啰哩嗹”，表示清闲自在，可以作为《安南佛典》中王如法谟的注脚。

清初闽南戏颇为流行，因此到处犹闻“哩啰嗹”之声。曹雪芹的先祖曹寅曾将其讥笑为蛇语。为什么？因为“闽”字在字形上表示“门内有虫”，从蛇，因此闽话也变成“蛇语”，不单有点鄙屑之意，而且也在卖弄博学。曹寅还有诗述及“摘耳犹闻啰哩嗹”（曹寅《楝亭诗钞·听闽乐》），颇有些嘲讽之意，但也反映出其时坊间闽南戏风行之盛。所以，不仅当年江南犹闻“哩啰嗹”，而且“哩啰嗹”也一路随着潮剧传入越南，此也足证“言路”跟随“戏路”广为传播，很值得大家注意。

今天我讲的，主要是提议大家不妨从戏文中的资料，去发掘其与方言的关系，或可从语言学的研究中辟一蹊径。但因语言学非我专长，刚才讲了许多“哩啰嗹”的话题，真是啰里啰嗦，请大家原谅。谢谢大家。

郭伟川据录音整理

从云梦《腾文书》谈秦代散文

关于最近在湖北云梦出土的一些简书，今年我在法国巴黎已看过这些材料，在《大公报》的《图书》第二十八期亦曾有刊载，我感到非常有兴趣。我愿意对这些材料提出我的看法。今天我要讲的就是这个题目。

我们知道，秦代的文献资料向来是非常缺乏，在文学史上是一片空白的。我们今天可以看到秦代的文学材料，有清朝严可均编的《全秦文》。他用个“全”字，是指所有的秦代材料，可是他所收集的只有十六人，仅有一卷，且多数材料都来自《史记·秦始皇本纪》和《李斯列传》。这十六个人的文章，里头还有些是不可靠的。像李斯名下有一篇《用笔法》。大家知道李斯是一个写篆书的名家，篆书是经他整理的。他协助秦始皇作过“书同文”的工作，可是这篇《用笔法》采自一本宋人所著的，叫做《墨池篇》。此为晚出的资料，我想这是不可靠的。①

秦代的文学材料极少，今天我们有新材料出现于云梦。这一大批出土竹简，是1975年在湖北云梦睡虎地十二个坟墓中的第十一号墓的木棺里发现的，竹简的数量竟有一千多条。在《文物》1976年第五号载有简单的报告。在这些新材料中，有一种是秦始皇二十年南郡太守名字叫“腾”的文书，另一种是《大事记》，又有法律文书，还有一些是治狱案件的。而我今

① 《用笔法》一文，见宋朱长文治平间作之《墨池篇》。余绍宋曰：“不类秦文，唐以前书未见征引，其伪无疑。冯武《书法正传》亦谓未必是李斯之言。”（《书画书录解题》卷九）

天特别要讲的是关于前面所举的第一、第二两种资料。今年《大公报·图书》的第二十八期已经把这两种的原文加以发表，很值得提出来再作研究。

《腾文书》是一篇很好的散文，笔调很像韩非子的句法，行文很精彩，念起来有铿锵的节奏，是水准非常高的一篇散文。这居然出于一个南郡太守的手笔。那个太守腾，并没有著明他的姓，他究竟是谁呢？在《史记》里有两篇关于秦代的材料：一篇是《秦本纪》，一篇是《秦始皇本纪》。而后一篇出现“腾”的名字：

(1)《始皇本纪》：“十六年九月，发卒受地韩南阳假守腾。”

(2) 又：“十七年，内史腾攻韩，得韩王安，尽纳其地，以其地为郡，命曰颍川。”

这两条中，“腾”字都没有写姓，和云梦秦简相同。第一条的“假”，意思是代理，指南阳代理太守的名字叫“腾”的。另一条说内史腾攻韩。内史是个官名。知道翌年腾已被调作内史，他被派去攻韩，把那个韩王名叫安的俘虏了。后来把韩那个地方平定，以其地为颍川郡。我们知道秦有三十六郡，这三十六郡的设置是慢慢一年一年地设立的。得了某些地方，就逐渐设置。而南郡和颍川郡都属于三十六郡之列。腾这个人对秦有很大的贡献。最要紧是攻打韩国，俘虏韩王。这篇文书写于始皇二十年，那时他做南郡太守。他和十六年的南阳假守腾，我认为是同一个人，要不然没有那么巧合的。这名字叫腾的，在始皇十六年做代理南阳太守，后来被调到内史去，直至二十年的时候，再外放出来作南郡的太守，于是年发表这篇文告。我们知道南郡这个地方，很早就置郡的。《秦始皇本纪》开头就有一段记着：始皇父亲庄襄王死后，“当此之时，秦地已并巴、蜀、汉中，越宛有郢，置南郡矣”。这时秦始皇刚刚登位不久，已经有南郡了。《秦本纪》：“昭襄王二十九年，白起攻楚，取郢为南郡。楚王走。”据此南郡该在昭襄王廿九年白起拔郢那时候就设置了。南郡地方在战国的末年是一个非常重要的地区。秦人先打败楚国，掘他的老巢，以建立南郡。始皇把其他的国慢慢打败，最后只剩下楚国。所以这个南郡到后来还很重要。一直到始皇二十年，南郡还是有问题。《腾文书》正可证明这一桩事实。腾有很大的功勋——平定韩国。后来又叫做南郡太守。从这篇文告，可以见他在贯彻执行法家的路线。而对秦在未统一六国的前夕，强调明法、急法的逼切措施。

《腾文书》是警告当时南郡那个地区的官吏应该守法，特别强调法、律、令的重要性。又特别提到令、丞都不应该违背法、律、令。令是县的首长，丞是他的帮手。一个太守之下还有县，有道。（《汉书·百官公卿表》：县有蛮夷曰道。《地理志》，南郡所辖有“夷道”。）那时候一定有些不守法律的，所以太守腾才公布这个文告。这篇文告完全站在法家立场说话，和韩非子的文章十分接近。秦是以法律为第一位。我记得章太炎有一篇文章叫做《秦政记》，他里头特别讲到秦法律严厉的情形。他举出秦昭王有病，百姓置牛为王祈祷。昭王认为这是非令而擅祷。虽爱寡人，仍是违背于法的。太炎说：“使君主和人民没有感情，彼此不相爱，块然循于法律之中。”“块然”，好像一块石头一样。大家都生活于法律里，老百姓跟国君一样地共同遵守法律，没有情感可言。我们今天念这篇腾的文书，也有这种感觉，完全是以法律为第一位。文章写得非常好，这是很重要的发现。

至于《大事记》，记载从秦昭王元年到秦始皇三十年为止，亦是云梦出土之文献简书。这个材料是按照年份记录下去，是一个不很完备的记录——因为它里头有些只有年，没有事情记载。像秦昭王元年就是空白，有好几年上面亦没有记事情。但仍然是按照年次安排，到秦始皇三十年为止。这材料是今天我们可以看到地下出土的先秦有纪年的史料，可以说是第二次的发现。第一次的发现，是在晋朝武帝时河南汲县魏王的坟墓出现的一些竹简文书。后来的《竹书纪年》便从这个地方来的。晋初几个大学者像荀勖、和峤等人都有参与整理。《穆天子传》这本小说，也就是在同时出土的。我们现在看到的《竹书纪年》不是原本，是经过明朝人整理的。你们念历史都知道，有所谓今本的《竹书纪年》和古本的《竹书纪年》。原来的《竹书纪年》已经失掉，清代许多学人花了很大的精力，在各方面的类书、历史书找到一点一滴的资料，然后凑合起来。像王国维的《古本竹书纪年》是比较有分量的著作。这个云梦竹简所记，从秦昭襄王元年到秦始皇三十年的大事，写在竹简上面，一条只能写几个字。这篇大事记只有五十三根。虽是不多，但材料很宝贵。这是历史上第二次发现有年份的先秦纪年史料。这一材料在《文物》今年的第五期已正式发表了。我认为这桩材料有三个值得注意的地方：

（一）这材料是简单的，只是记某某年打什么地方。多数是这样非常简单的一个记录，大多数不写月日。我没有太仔细地统计，大概只有十几条有写，其他则没有写明月日的。关于不写月日的问题，我们知道太史公的《史记》

有部分利用古籍的《秦纪》，是他写秦本纪的主要根据。[1]《秦纪》这本书是很重要的，可惜已失传了。他在《史记·六国表序》就提到这句话："独有《秦纪》，又不载月日，其文略不具。……"云梦《大事记》的竹简，我不敢说就是《秦纪》，但是起码他的写法就同《秦纪》有类似的地方，多数不载月日。可见当时写历史的人并不是有意思写历史的，却喜欢用日记方式去将事情记载。这正是所谓"断烂朝报"。当时《竹书纪年》也有这个情况。我们开始念《竹书纪年》时，会觉得记载那么简单，真是惜墨如金，不敢多写几个字。今天我们看到这批云梦竹简材料，便可参合《秦纪》，得到合理解答。

（二）在云梦这篇秦简里头，屡次见一个"今"字，好像他叫秦始皇做"今"。里面出现"今"字有两次，一次是今多少年。像"今元年"，有一条是："今廿八年，今过安陆。"安陆是湖北一个县名。这两个"今"字，就是指秦始皇。他没有称"今上"，就只"今"字。这里可以帮助我们解决一些问题。当晋初《竹书纪年》出土的时候，荀勖做过整理的工作。荀勖有一篇《穆天子传序》，经过多年的传写，里面有二处提到"今王"，都被误作"令王"。另外，他说当时在魏墓出土的竹书，引"和峤云：纪年起黄帝，终于魏之今王"（《史记·魏世家》集解引），亦有一个"今"字。这是对的。荀勖的《穆天子传序》，后来因不同的本子，即误"今王"作"令王"，宋人又把"令王"读成"灵王"[2]，于是有些研究《穆天子传》的，像近人写《穆天子传西征讲疏》的，就说这个应该是"令"字。[3] 但这是不对的。我们今天从云梦竹简上的"今"字，可以看到这"令"字分明是错误的，这是可以确定的。

（三）要讲的是牵连到腾的问题。秦简《大事记》有一条说到昌平君，在"秦始皇二十一年，韩王死，昌平君居其处"。同书又说："新郑反，昌平君徙于郢。"我们知道内史腾在秦始皇十七年已把韩王安俘虏了。据秦简，韩王就在二十一年死去，昌平君即被外调居于韩地。昌平君本是楚国的公子，他很早就在秦的宫廷任职。《始皇本纪》云："（九年）令相国昌平君、昌文君发卒攻（嫪）毐，战咸阳。"《索隐》云："昌平君，楚之公子。立以为相。后徙于郢，项燕立为荆王。史失其名。"我们知道秦有乱，昌平君以相国身份参加平定嫪毐的。他是楚国的公子，却去帮助秦。在历史没有谈到昌平君住在韩的地方，亦没有记载他徙居郢的时间。这二条可补《史记》之不足。到秦始皇

---

① 参看金德建著《司马迁所见书考》，六三，《秦纪考证》。

② 宋高似孙《史略》。

③ 朱希祖《汲冢书考》，附《魏哀王魏令王考》。

二十三年，楚国又有暴动。这时项燕便立昌平君为荆王，反秦于淮南。昌平君原是楚国公子，这时徙居在郢，所以楚国人仍然希望他能起来与秦斗争。在这时他就被拥戴起而抗秦。至二十四年，王翦、蒙武破荆军，昌平君死，项燕也自杀了。在廿五年以后，秦人才正式平定六国。这是《史记·始皇纪》的讲法，清朝学人像梁玉绳的《志疑》，却有许多修正的意见。秦简有这二条，说昌平君在韩王死后到韩的地方去住，后又徙郢，就可知道当时六国虽然逐个被秦人击破，但是他们的势力还潜伏着的，所以屡次必须派朝廷的大员去镇压。南郡虽是很早经秦廷置郡，但周遭楚人的势力仍然很活跃。我们看秦简《大事记》分明写着："始皇十九年，南郡备警。"试想在秦始皇二十年的时候，楚的地区还有很多问题，腾被派来南郡做太守，便发表这个文告，表面在叫人家奉公守法，要遵守法律令，但骨子里一定有一个历史背景，目的在对付楚的反动力量。到了秦王二十三年的时候，楚有一次暴动，他们却利用昌平君来图谋复国。南郡原是楚的旧地。在秦始皇二十年到二十三年这个期间，一定是有很多问题的。在始皇二十六年，初并天下，其赦令中说道："荆王献青阳以西。已而畔约，击我南郡。故发兵诛，得其王。遂定其荆地。"苏林注："青阳是长沙县。"这说明荆楚的复国分子，中间曾袭击南郡。所以秦简说"南郡备警"，事正吻合。我们可想而知，楚国最后被秦始皇平定，但是楚人始终不甘心。后来项羽继续出来反抗到底。六国的潜势力，在秦大统一后仍是很强大。《腾文书》提及"乡俗、淫佚之民不止，即是废王之明法"。所谓乡俗，即指六国的人民仍保留他们的旧习惯，很是明显。

我今天就以这两件材料加以解释。这是一种比较个人的看法，所以提出来商榷。

我们从这件地下文献看来，南郡太守腾责所属令、丞，遵守法律。其实"令"的职位，在秦的时代地位并不太低的，他常常可以向中央提出不同的意见。试举一个比较偏僻而在文献上不太被人注意的材料来谈谈。在《汉书·艺文志》子部的纵横家部分，著录有"秦零陵令信一篇，难丞相斯"。这篇文章在汉成帝时尚保留在中秘（国家图书馆）。这是给始皇时代的丞相李斯辩论的。零陵令的名字叫信，没有记著姓。这是秦的习惯。秦简上的南郡守腾也没有著姓。这篇文章全文已佚，今天只有一条材料保存在《文选·吴都赋》的刘逵注中。文云："秦零陵令上书曰：'荆轲挟匕首卒刺陛下，陛下以神武扶揄长剑自拔。'"这句话就是讲荆轲刺秦王的时候。这位陛下当然是指秦始皇。"扶揄"是什么东西呢？当是一把剑的名字。荆轲刺秦王，秦王把这把剑拔起来，这剑有个名字叫“扶揄”。左思的《吴都赋》上说：“扶揄属镂。”西晋时刘逵见到秦零陵令上书，故引证它来解释扶揄这两个字。扶揄，据所知，有许多不同的写法。它是一把剑名，并没有问题的。属镂乃是吴王夫差送给伍子胥自杀的剑，这是谁都知道的。扶揄的不同写法在宋本《太平御览》卷三百四十四兵部七五剑下引《广雅》，这个剑名引作“蔡偷属镂”（中华本，1580 页）。可是清朝王念孙作《广雅疏证》，他在这一条居然作“蔡伦”，不作“蔡偷”。很奇怪，王念孙没有下注语，他避开不谈。但是我们知道蔡伦是造纸的人，哪里有一把剑名叫蔡伦呢？但据此王念孙用的《广雅》本子有作蔡伦。我们可以推定，本应是“蔡偷”，“蔡伦”是写错的。剑名应该叫“扶揄”，是秦始皇拿来对付荆轲的剑。而我无意中发现这一条，可以补订《广雅疏证》。荆轲刺秦王事在始皇二十年，《腾文书》发表在始皇二十年四月，正是同一年的事。

零陵在秦时尚是一个县，其时零陵可能属于长沙郡，到汉武帝元鼎六年才置零陵郡。秦零陵令写文章上书给李斯辩论，想必在始皇二十年荆轲事件之后。他们辩论的内容是什么？因为文章失掉，无法知道。现在残文中只剩一把剑名。《汉书·艺文志》说此文目的是难李斯，可惜不知所难为何事。我们回头看在《腾文告》的竹简里头有一段说道：

> 凡良吏，明法律令。……又能自正也，而恶与人辨治，是以不争书。……
>
> 恶吏不明法律令，不智（知）吏（事）……緰隋（偷惰）疾事，易口舌……毋公端（正；按此避秦政讳）之心，而有冒柢（抵）之治，是以善〇（斥）事，喜争书。争书因恙（佯）瞋目扼〇（腕）以视（示）力，讦询疾言以视（示）治，〇〇丑（醜）言麃斫以视（示）强，而上犹知之〇（也）。故如此者，不可不为罚。

上面这一段文章是非常好的。以零陵令的地位而可以上书给丞相李斯辩论，可见秦时低下的官吏尚容许和上级辩难。我们知道韩非子的书中有讲“难”的四篇，有关辩论技术的掌故。在春秋时代，辩士一方面是纵横家，一方面亦是法家。法家参用纵横家之术，纵横家一定要辩论的。《韩非子》的“难”篇，文章非常好，所以念《韩非子》的人不念“难”篇是不会写辩论文的。可是韩非子本人是反对政治上的辩难。他在《问辩》篇说：

问者曰：上之不明，因生辩也。何哉？对曰：明主之国，令者，言最贵者也；法者，事最适者也。言无二贵，法不两适，故言行而不轨于法令者必禁。……

乱世则不然，主有令，而民以文学非之；官府有法，民以私行矫之。人主顾渐其法令，而尊学者之智行，此世之所以多文学也。……是以乱世之听言也，以难知为察，以博文为辩；其观行也，以离群为贤，以犯上为抗。人主者，说辩察之言，尊贤抗之行。故夫作法术之人，立取舍之行，别辞争之论，而莫为之正。……故曰：上不明，则辩生焉。

韩非极力反对辩，因为辩是有妨碍于法令的推行。《腾文书》指出良吏和恶吏的区别，在于良吏不与人辩，而恶吏则独冒犯上，善斥事而喜争书。他所谓“争书”，即韩非所谓辞争之论。他所谓“坑阆强肮以示强”即韩非所指犯上的抗行。腾的主法律令而非辩，与韩非的意见一致，同是反对文学的。虽然腾在文告尽力强调应该守法、去辩，而零陵令仍是胆敢上书和丞相非难，他的文章尚为后代人所珍视。在法家盛行的时代，那么威严的丞相，也有人可以上书和他辩难，这是很有趣的事情。此外另有一篇亦是非常偏僻的文章。它的篇名保留在《史记》的注解里。这是一个辩士遗秦将章邯书。而这封信现在也看不到了，只是在《李斯列传》裴骃《集解》提到这篇文章的名字。复有一句亦有“今王”二字。文云：“李斯为秦王死。废十七兄而立今王也。”这个今王当然是指胡亥。这篇文原载在杜预的《善文》中。《善文》是杜预编的一本总集，《隋书·经籍志》里有著录，共有五十卷。《善文》一定是非常好的文章。而杜预编的《善文》在昭明《文选》之前，可算是最早的总集。严可均辑此文，标题曰《辨士隐姓名遗秦将章邯书》，题目则是他安上的。韩非与南郡守腾都是反对争，反对辩，可是秦世仍纵横的余波，辩士之端，是难以消除的。法令虽然滋彰，而辩仍不止，故文学虽为法家的眼中钉，却照旧为人所喜欢。所以刘勰云：“秦世不文，乃有杂赋。”（《文心雕龙·诠赋》篇）正是一个很好的例子。秦的文学材料虽然非常少，但是还有很多可以讲，可惜只是太零碎罢了。平时我们念秦代的文章，只有李斯那一篇《谏逐客书》，家弦户诵，那是因为《文选》收入的缘故。这篇文章在一般古文家心目中的评价是很高的。现在我们再看南郡守腾这篇文章，我觉得也可以选来念，亦是代表法家的大手笔，足以和韩非媲美的。

谈到古文，从前唐宋八大家就有好几个人是学《韩非子》的。算起来，起码会有一半。例如唐的韩、柳，宋的苏老泉、苏东坡与王安石都是。所以，《韩非子》的文章，桐城派最后有一位大师，专讲义法的吴汝纶的儿子吴北江，你们可以看到他的桐城古文义法的选本，只选两个人的文章：第一个是韩非子，第二个就是太史公。如果念了这两个人的文章，包你会写古文。该书开头就选《韩非子》的“难”篇给人诵读。所以从文学上观察韩非文章对后来的散文的影响非常大。八家的文章以至桐城派，假定要为辩论文，一定是不能离开韩非的。今天看了腾这篇文章，便想到这个问题。而腾这篇文章亦是相当优美，很值得指出来作为范文。关于他的历史背景，我亦顺便讲这么一点，以供进一步的研究。

我今天提出这个不成熟的看法，以后这个材料正式公布了，那么我们再作深入的研究。希望各位指教。

王小娥笔记

附记一　南郡守腾文书影本及摹本

据 1976 年《考古》第五期图版三 1 至 8，又该期 307 页摹本，该文书已正式发表，原貌历历可睹。凡十四简，分为二部分：第一部分从“廿年四月丙戌朔丁亥南郡守腾”起，讫“以次传别书江陵，布以邮行”止，共八简，三百二十七字。“邮行”以下留有许多空隙。第二部分于“凡良吏明法律令”起，讫“志千里使有籍书之以为恶吏”，共六简，应是第一部分的附件，故放置一起。或拟定第二篇名曰《课吏》，似未甚安——因为没有根据。第一部分文书末言“别书江陵而以邮行”，《汉书·地理志》南郡首县为江陵，原是楚的郢都。秦的南郡，江陵当亦属首邑。故文告在此处分发。

附记二　腾文书所见之秦代联绵语

“诬讠八”

或改读为“啴谐”，于字形难通。按《字汇补》：诬，诬字。讠八或讼之省体。此二字也许可读作“诬讼”。

“廆斫”

秦简隶体如此。或以《方言》郭璞注扬越古语训无知之“却斫”释之，然“却”字与“廆”字形相去极远，按《说文》斤部：“斫，击也。”廆当读爊。《广雅·释诂》四："爊，煴也。"《说文》金部作鏕，读若奥（小徐本）；字亦作鏖。《汉书·霍去病传》："鏖皋兰下。"注谓："苦击而多杀也。"故麃斫犹言鏖斫。二字重言，俱训"击"。所云："诬（诬）讼（讼）醜言麃（鏖）斫以视（示）险"，鏖斫有如今人谓双方互相攻击也。险字简文甚显晰，或读为俭，非也。《荀子·不苟》篇："是奸人将以盗名于暗世者也，险莫大焉。"此即险之义，不必改读为"俭"。

"坑阆强肮"

《说文》阜部："坑，阆也。"二字分言，秦简坑与阆合为联绵字。《字林》："阆，高貌。"扬雄《甘泉赋》："闶阆阆其寥廓兮。"李善注引《说文》作"门高大之貌"。肮字，《说文》所无，而亢或体作颃。扬雄《解嘲》："邹衍以颉亢而取世资。"《汉书》作亢，《文选》作颃。段注云"颉亢谓邹衍之强项傲物"。肮与亢、颃当是一字，故强肮即强亢，犹言强项也。《后汉书·杨震传》，灵帝称震玄孙杨奇云："卿强项。"又《酷吏列传》汉光武谓董宣为"强项令"。章怀注："强项言不低屈也。"朱骏声云："项，读如亢也，是犹直项"（《通训定声》项字注）。项可读亢，故如秦简之"强肮"，即汉人语之"强项"。此四字为新出资料，可补《说文》注之不及。

《后汉书》论赞之价值

范蔚宗左迁宣城太守，乃删众家《后汉书》，以成一家之言，时年二十七耳。嗣以彭城王义康事牵连弃市，仅四十八岁，其《后汉书》仍未完编。盖前后耗廿年工夫于此，体大思精，故自视甚高。于《杂传论》则自诩为“不减《过秦》”，于“赞”则自夸为“文之杰思，殆无一字空设”[①]。可见其致力之深。蔚宗又云：

> 每于操笔，其所成篇，殆无全称者。常耻作文士。文患其事尽于形，情急于藻，义牵其旨，韵移其意。

又言：

> 常谓情志所托，故当以意为主，以文传意。以意为主，则其旨必见；以文传意，则其词不流；然后抽其芬芳，振其金石耳。

彼谓意以达旨，是为文心；文以摛词，是为文藻。抽芬芳，犹言形文也；振金石，犹言声文也。其言形、藻、义、韵四端，是文之外相；事、情、旨、意，则文之内蕴。而彼所重者仍是在内之精意杰思耳，故又自言“吾《杂传

① 见《狱中与甥舅书》。

论》，皆有精意深旨。既有裁味，故约其词句”云云，足窥其用心所在。乃后世读其文者，特赏其辞藻，徒以文士目之。甚矣，知音之难也！

范氏家学渊源殊远。父秦（伯伦）撰《古今善言》二十四篇。其于高凤既为著论，又复有赞。蔚宗述之云：

> 先大夫宣侯（即秦）尝以讲道余隙，寓乎逸士之篇。至《高文通传》，辍而有感，以为隐者也。因著其事而论之曰：古者隐逸，其风尚矣。颍阳洗耳，耻闻禅让；孤竹长饥，羞食周粟。或高栖以违行，或疾物以矫情。虽轨迹异区，其去就一也。（范书《逸民·高凤传》）

蔚宗《后汉书·逸民传论》，辞意脱胎于此。如云：

> 是以尧称则天，不屈颍阳之高；武尽美矣，终全孤竹之洁。……长往之轨未殊，而感致之数匪一。或隐居以求其志，或回避以全其道，或静己以镇其躁，或去危以图其安，或诟俗以动其概，或疵物以激其清。

笔势奔放，叠用六个“或”字，跌宕有逸气。句法虽变，而文章大概取自其父，至为显然。范泰别有《高凤赞》，其警句如：

> 戢曜幽壑，采真重崖，冲情英亮。……肆志莫羁。（见《艺文类聚》三十六引）

此类笔致，亦蔚宗所师法者。传之系赞，嵇康已开其先。若《圣贤高士传赞》，是其著者。孙绰亦有《至人高士赞》，俱在范泰之前。论后有赞之例，后人病其重床叠屋，今观范泰之于《高凤传》，已是如此作法。

一

蔚宗《后汉书》乃删定前贤之作，即传赞亦多取之前人。若《黄宪传论》引其曾祖穆侯（范汪）之语，谓宪能隤然处顺，《皇甫嵩传论》之称引华峤，誉嵩之不伐，收名敛策，《班彪传赞》之改用谢俨“裁成帝坟”之句①，俱其明征。

范书似颇得力于袁宏。宏《后汉纪序》自述其作史之方，谓：“非徒记事而已，信足扶明义教，网罗治体。”又云：“因前代遗事，略举义教所归。”故其书力主左氏，称：“丘明所以斟酌抑扬，寄其高怀，末吏区区，注疏而已，其所称美，止于事义，疏外之意，殁而不传。其遗风余趣，蔑如也。”所以为之“怅怏踌躇，操笔恨然”。袁书精彩处，在即事评论。袁宏曰以下，精义甚富。遗事之外，必陈义教。此即蔚宗之所谓“旨”也。袁氏步武荀悦，所诣在乎义旨，史事抑其次焉。蔚宗提出意与文两端，较袁氏为兼重文藻，虽复抽芬芳而振金石，要毋使以文掩意，以意害文，双轨并进，庶乎文质彬彬。是说也，昭明太子纂集《文选》实本之。《文选》不录经史之文，而独辟“史论”、“史述赞”二项，以采班（固）、范（晔）、干（宝）、沈（约）之篇。其序云：

> 至于纪事之史，系年之书，所以褒贬是非，纪别异同，方之篇翰，亦已不同。若其赞论之综缉辞采，序述之错比文华，事出于沉思，义归于翰藻，故与夫篇什，杂而集之。

此一破例之举，盖以史书中之论赞，“事”与“义”皆有足取也。范氏《狱中书》称“事尽于形”，“义牵其旨”，萧序亦揭事与义二端。范自言其赞为文之“杰思”，萧序则云出于“沉思”，其说濡染于蔚宗，较然可见。向来论萧选者，恒以沉思翰藻二句，为全书选文之标准，不悟句中“若其”之“其”字，实单指史书而言。偏称、全称，可不甄辨乎？

二

唯蔚宗耻作文士。观其《文苑传赞》云：

> 情志既动，篇辞为贵。抽心呈貌，非雕非蔚。殊状共体，同声异气。言观丽则，永监淫费。

---

① 《宋书》云：“谢俨作此赞，裁成典坟，以示范晔，晔改为帝坟。”

亦主诗人丽则之旨，以淫滥辞费为戒。《后汉书集解校补》称："《文苑传》甄录所及，皆有关系文字。《章华》一赋，亦谓终之以正。仅乃存之，非是必不著。"颇能抉发范氏之旨。《史通·序例》云："若乃后妃、列女、文苑、儒林，凡此之流，范氏莫不列序。"是范书《文苑传》原有序论，今本无之，殆缺佚耶？

由是观之，范书《文苑》甄录之文，以"旨义"为依归，其论赞亦有微意寓于其间。举例论之：《左雄周与黄琼琬传论》述贡士选举制度，乃综论东京之人才。《蔡邕传论》谓："意气之感，士所不能忘之也；流极之运，有生所共深悲也。"文章极美，笔端有情。《孔融传论》称其："高志直情，其足以动义概而忤雄心。故使移鼎之迹，事隔于人存；代终之规，启机于身后。"令人读之，声泪俱下。《儒林传论》陈当时学弊，"繁其章条，穿求崖穴，以合一家之说"，足为今日之戒。《诸夷传论》为蔚宗最得意之作。《狱中书》云："至于循吏以下及六夷诸序论，笔势纵放，实天下之奇作。其中合者，往往不减《过秦篇》。"夫子自道，谅非溢美！《南匈奴传论》辞句锤炼，仿《燕然山铭》。《西域传论》言释氏"清心释累之训，空有兼遣之宗"，"然好大不经，奇谲无已"，颇中彼土夸诞之病。蔚宗之父泰有《佛赞》，言："舍事就理，即朗祛蒙。惟此灵觉，因心则崇。"（《弘明集》十六）直能明心见性。蔚宗之于释氏，亦家学也。

唐宋以降，于蔚宗之文轻肆讥弹。容斋谓其序论了无可取（《随笔》十五），直斋则讥其赘；翟公巽谓其冗陋，至欲别作《东汉通史》；宋神宗恶范氏之名，欲改修其书。此皆未明范氏立言之要，但以文士目之。清代学者于范氏认识较深，若王西庄《十七史商榷》、陈兰甫《申范》，皆辩明范氏行迹。李越缦《读书记》评述范书序论，列举其佳篇，说俱允当。

三

范书在南北朝时，流行已甚广，《北史·帝纪五》：魏孝静帝将禅位于齐，下御座，步就东廊，口咏范蔚宗《后汉书》赞云："献生不辰，身播国屯。终我四百，永作虞宾。"按此出《汉献帝赞》，时帝年仅二十八岁，而随口背出，至可惊异。[1] 知范赞在当时之脍炙人口，即北方胡主，亦能暗诵。[2] 若昭明《文选》之选录《光武纪赞》，更不待论矣。考《魏书》十五《刘芳传》，芳撰有《后汉书音》一卷，《隋书·经籍志》亦著录之。芳以其父刘义宣之难，自南奔魏，事在宋孝武帝孝建元年。其《后汉书音》，据余嘉锡《东观汉记辨证》，即考范书之音。北魏之流传范书，与刘芳或不无关系也，章怀太子以后，为范书撰音义者，梁有韦阐[3]，陈有宗道先生臧竞（《范汉音训》），隋有萧该（《范汉音》），足见范书在南北朝时传诵之广。

《隋志》正史类著录，范晔《后汉书》外，又有《后汉书赞论》四卷。两《唐志》俱有《后汉书论赞》。据此隋唐时曾将论赞抽出，与本书别行。然蔚宗《狱中书》称"作论后未果"，似"论"之一部分未曾完篇。今观范书篇末或系论或否，可验吾说。而赞则各篇皆有之。彼固曾云："赞是吾文之杰思。"是其精力所萃者也。因斯以言，赞为完篇，而论则属草未竣。是以论与赞别出单行，恐是后人为之，亦犹挚虞以《汉书述》别行之例（详《匡谬正俗》）。宋窦俨（一作严）撰《东汉文类》三十卷，类次《后汉书》中，文字附以范晔序论（见《玉海》五十四），亦别为选出者也。

四

刘子玄《史通》特立《论赞》一篇，以为史家体贵简要，讥范书之论，华多于实，而嗣论以赞，为黜弥甚，深加诋毁。赵宋学者，多拾其唾馀。然刘说实未允，兹评量之如次。刘云：

> 马迁《自序》传后，历写诸篇，各叙其意。既而班固变为诗体，号之曰"述"。范晔改彼述名，呼之以赞。寻述赞为例，篇有一章。……固之总述，合在一篇，使其条贯有序，历然可阅。蔚宗后书，实同班氏，乃各附本事，书于卷末，篇目相离，断绝失次。而后生作者，不悟其非。如萧李南北齐史，大唐新修晋史，皆依范书误本，篇终有赞。夫每卷立论，为烦已多，而嗣论以赞，为黜尔甚。亦犹文士制碑，序终而续以铭曰；释氏演法，义尽而宣以偈言。

---

① 魏收之书，《孝静纪》亡，后人补以《北史》。

② 此事王先谦《后汉书集解》不载。

③ 《后汉书音》二卷，见《隋志》及《韦献传》。姚振宗谓为范书作。

按《文心雕龙·颂赞》云："迁史、固书，托赞褒贬。约文以总录，颂体以论辞。又纪传后评。亦同其名。而仲洽流别，谬称为述，失之远矣。"由是观之，迁、固皆在书末，范氏散入各篇之后者，当是原未成书，不及为自叙之故。然子玄之说，有误解者数端：

（一）班述与范赞，不宜视为一体。何以言之？班述乃因己书综其大意。述者，谦词（颜师古已发之）。班述每篇之末，必书"述某篇第几"，乃统筹全书而作。扬雄《法言序》亦言撰某篇，易其动词曰"撰"。常璩《华阳国志·序志》咸曰"述某篇第几"，即祖班书之例。若范赞则因人月旦，或合数人，同条共贯，施以褒贬，而不列篇第，此与班述迥异其趣。考班书传后，往往有"赞曰"，则略等蔚宗之论，何得云范氏改彼述，而呼之曰赞耶？此一事也。

（二）范书论赞附于各篇，未必是误本。唐世范赞别行。《隋志》著录范书九十七卷，又有赞论四卷。衡之《新唐志》范书九十二卷，又论赞五卷（一作四卷），则九十七卷之数，仍赅有论赞在于其中，与今本无异，安得遽目之为误本乎？此二事也。

（三）释典偈言，非尽在篇终。所为偈（Ca-tha）者，"音为伽陀，此方当颂，抑或言摄"。梵书长行（散体）与重颂并行。惯例四句为一伽陀，亦即一契。一段之中，每杂偈言，与赞悉居篇末殊科。以之取譬，似有未当。此三事也。褚渊《荐臧荣绪启》称"其撰《晋史》十卷，赞论虽无逸者，亦足弥纶一代"（《南齐书·臧传》），则步武蔚宗者，大有其人，岂萧、李而已也。

颜师古云："自'皇矣汉祖'以下诸叙，皆班固自论撰《汉书》意。……后人学者，不晓此为《汉书》叙目，见有'述'字，因谓此文追述《汉书》之事，乃呼为'汉书述'，失之远矣。"颜监持此以驳挚虞，复著其说于《匡谬正俗》。按此说实本诸《文心雕龙》，颜氏引之而误记刘勰为刘轨思。考《陶渊明集》中有《读史述》九章，亦赞之体。盖自挚虞别出"汉书述"为一类，晋人沿之，于文体中，立"述"一名。《文选》第四十九卷，"史论"类，收班固《汉书·公孙弘传赞》。此即班书原有之赞，列之史论者——因班书之赞，实即论也。但《文选》第五十卷又特立"史述赞"一类，收班固《汉书》述赞三篇及范蔚宗《光武纪赞》。按班书《叙传》统云"其叙曰"，并无"赞"字。挚虞称之曰述，尚有根据。遽呼为"赞"，恐属无稽。其以范赞与班述，目为同类，难怪招来刘子玄之讥。此乃后贤论赞之误解，与蔚宗本人实不相涉也。

五

知范书之论，即班书之赞矣。而又益以四字句之赞者，考荀悦《汉纪》于重要史事下辄加评论，题“荀悦曰”三字。[①] 袁宏《后汉纪》因之。以荀于每帝纪之末，系以“赞曰”，作为总结。袁书删去“赞曰”一项，此其异于荀者也。范书有论复有赞，近于荀氏，而易赞体为韵语之赞，则沿刘向《列女传》赞之例。其父范泰之于高凤，有论有赞，早具此体。

魏晋以来，赞体盛行，其最特异者，无如常璩之书。其书卷第十题曰“先贤士女总赞”，而于自序则称曰“总赞论”。其法先述“赞”二句或数句不等，下即叙其生平，并略加评论。此则先赞后论，而论又兼为传体者也。又常书卷十分上、中、下，其前有引，而末有“撰曰”以总论之，分记述某地人士及列士，则犹《汉书》之“述”。[②] 盖此一时期，赞体颇为复杂。宋谢庄有《赞集》一书之辑，惜已无传。[③] 荀悦之书，几见论曰，又系以赞。常璩之书，赞论兼备。此乃一时之风气，蔚宗不免受其濡染。子玄之讥讪，其亦可以已乎？

予因蔚宗书而重有感焉。近世史学发达，资料之出现，方法之讲求，固已迈越前古，然仅着意于史迹。辨伪则厘析其史料之真假先后，考证则务为饾饤苛碎，于袁氏、范氏所谓义教与意旨者，概摒而不问。问或论之，而莫关名教，绝无情采，既乏“沉思”，又寡“翰藻”，是乌足以尽史之用乎？范氏论赞，义者多病其稠叠，不知论之为务，关乎史识；赞之为事，系乎文才。不史不文，有何足观？余论蔚宗论赞竟，不标亦为之怅怏踌躇也。

1965年3月于香港大学

原载《中国学志》第二本

① 今所见明刊本如此。《史通·论赞》篇言“荀悦曰论”，不云自显姓名，岂旧本《汉纪》略同范书乎？

② 按《说文》：“撰，专教也。”楚辞《大招》：“听歌撰只。”注：“无不具也。”知撰有“具”之义。

③ 高似孙《史略》曾列举书名有赞者，可参看。

连珠与逻辑

——文学史上中西接触误解之一例

连珠是文体的一种，刘勰列于杂文类。其文体制，辞句要对比，而隽永含蓄，上下对句，互相引申，不是指说事情（not a statement），而是借喻以达旨（used as a simile or metaphor）。[①] 试举一二例：

吾闻——道行则五福俱臻，

吾闻——运闭则六极所钟；

① 傅玄《叙连珠》云："其文体辞丽而言约，不指说事情，必假喻以达其旨。而览者微悟，合于古诗讽兴之义。欲使历历如贯珠，易睹而可悦，故谓之连珠。"刘勰云："扬雄覃思文阔，业深综述，碎文琐语，肇为连珠。……自连珠以下，拟者间出，杜笃、贾逵之曹，刘珍、潘勖之辈，欲穿明珠，多贯鱼目。……唯士衡运思，理新文敏，而裁章置句，广于旧篇。……夫文小易周，事闲可赡。足使义明而词净，事圆而音泽，磊磊自转，可称珠耳。"依是以言，"连珠"文体不能单指其中一个事项，而是联合若干事项合成一篇，才能做到"磊磊自转"，"历历如贯珠"，方符合累珠相连就串的名义；否则一个事项只可看做一颗明珠，而不能说是成串的连珠。这是《文选》所标揭的传统杂文的连珠。又诗中尚有一体称曰连珠体者，如明代画家唐寅的《花月吟效连珠体十一首》。试举一首为例：

有花无月恨茫茫，有月无花恨转长。花美似人临月镜，月明如水照花香。

扶筇朋下寻花步，携酒花前带月尝。如此好花如此月，莫将花月作寻常。（《唐伯虎集》卷二）

这是将花与月二字，在每句中连环复出。尽管花样不同，而不离此二字。这是另一种文字游戏的"连珠体"。

麟出而悲，岂唯孔子？　（梁简文帝被幽禁时所作连珠）

是以——

途穷则恸，宁止嗣宗！

希世之宝，违时必贱，

伟俗之器，无圣则沦；

明玉黜于楚岫。

是以——　　（《宋书》刘祥连珠十五首之一）①

章甫穷于越人。

它是很特殊的表现方式：（1）上下二联必是偶句，上联可以相反或者相成。（2）中间必用"是以"（therefore）一语词来衔接下面的偶句。（3）上下联意思必有相互关系。往往是由一般（同然）推到特殊（独然），从虚理推出事例。当然，"连珠"亦是采用推理的形式来表达的，但它没有"中词"来作媒介，中间用"是以"仅是一个 conjunction，所以严格言之，它应该只有二段论法，没有三段。

逻辑的 syllogism，因为由大、小前提（major premises，minor premises）得到结论，重要是作为媒介的中词（middle term），故日人译称为"三段论法"（严复译称大前提为例词，小前提为案词，结论为判词）。可是，严复深讥日译三段论法的不妥，他在翻译 John Stuart Mill 的 *A System of Logic* 导论时，却把 syllogism 译作"连珠"。他在《穆勒名学部首》上说道："连珠者，持论证理最要之器也。"② 用典雅的汉土为旧有名词来翻译，是"格义"的老套，是可以的，但必须准确。以连珠译 syllogism，很有问题，故引起人们的非难。1909 年，章士钊撰文曰《论翻译名义》，加以指摘，讥其出于附

① 上举二则，采自宋本《太平御览》卷五九〇文部六的连珠类，2658 页。

② J. S. Mill：*A System of Logic*：*Ratiocinative & Inductive* 书中的 Introduction 第三节"By some，indeed，these previous topics were professedly introduced only on account of their connexion with reasoning and as a preparation for the doctrine & rules of the Syllogism"。严译在《穆勒名学部首》第三节"论名学乃求诚之学术"译出上段文，提及"作者之意，亦以连珠法例而后为之"。这是他把 syllogism 译作连珠的一例。

会[①]。1919年，即五四运动之年，章士钊讲授逻辑于北京大学（他原是1907年在苏格兰大学学过逻辑的）。在五四前后，国内学者接受西方思想，从事中外逻辑的比较工作尚有多人。章氏在《甲寅杂志》中发表不少论文，可以反映当时人物对西方思维术了解的一般情况。章氏又提出《墨子·大取》篇中“三物必具”一语，与逻辑三段合符。以是他说一段论法，亦可称为“三物语经”（说见他后来在民国三十二年［1943］另著成的《逻辑指要》专书，151页）。按“三物”一词与亚氏所论three figures颇相应。惟《墨子》三物的内容，没有亚氏《前分析篇》那样具体，亦不宜轻易比附。

其实Syllogism一名，在明末崇祯四年（公元1631）由耶稣会士葡萄牙的傅汎际译义，李之藻达辞的《名理探》之中，音译为“细录世斯模”（即拉丁文的Syllogisme）。有自注云：“推论一规式也。”把它意译作“推论”是不错的。《名理探》译自16世纪葡萄牙Coimbra耶稣会士学院的逻辑讲义。该院在Pyrenee半岛，当时有逻辑名师Fonseca，傅汎际即是他的学生。李之藻通过傅氏之助，从拉丁文本译出是很可靠的。[②]

“推”字在《墨子·小取》篇已出现。“推也者，以其所‘不取’之同于‘所取’者，予之也。”“不取”是指媒介的中词。

不取＝媒词

所取＝其他二词

《墨子》所言的“推”，含义与三段论法很接近。故以“推理”译Syllogisme，比较“连珠”为合适。杂文类连珠的写作，是以比兴暗示为其手段，

① 章士钊《论翻译名义》此文首先于宣统元年（公元1909）为《国风报》而作。后收入《逻辑指要》，作为附录（425—443页）。文中举翻译不可犯之弊有四：一、斗字；二、附会；三、选字不正；四、制名不简洁。他反对严复译syllogism一名为连珠，列于第二项的附会类。《指要》一书抗战时重庆的时代精神社印行。

② Syllogism一字原出希腊文，亚里士多德在他的《前分析篇》（*Analytica Priors*）全书即专论Syllogism的构造、模，作极详细分析。西方学人研讨至繁。康德（Kant）著文论四式之虚幻精巧（1762），仍是同一律与矛盾律的道理。他如Jonathan Lear：*Aristotle and Logical Theory*，Cambridge U. 1980开端便论Syllogistic consequence，是其一例。今不详述。李之藻译傅汎际《名理探》云：“至论要界，则去‘细录世斯模’。缘推论极切之规式，在拉细录世斯模故也。”（商务印世界名著本，29页）这个音译是用拉丁文的。《名理探》书中商讨亚氏设推论之规模甚详，宜取与亚氏原著互勘。亚氏《范畴篇》近年已有人新译。至于《前分析篇》涉及的问题，有韦卓民著《亚里斯多德逻辑》（北京科学出版社，1957年），他仍旧沿用“三段论式”一词。

与逻辑之讲究推论方式，毫不相干。用连珠一名来译 Syllogism，完全出乎格义的旧套，拟于不伦，欲求典雅而反失真，章氏纠正之，是也。

自从中西思想接触以来，外来名词许多径从日本吸取，国人无条件接受而不加以仔细探讨。至今“三段论法”一名，人人皆知，明末及清季的译名反无人知道。究竟何者为恰当，还须好好切磋。今试举“连珠”一例，以见五四运动前后，学人对逻辑了解和商讨的情况。前事不忘，后事之师，本文之作，或者有一点的参考价值呢。

六朝文论摭佚

彦和以前，有关文学批评之专著，实繁有徒。惜乎多已沦佚，内容未由考覈。其脍炙人口，至今尚有零玑碎璧，可供玩味者，若挚虞《文章流别论》、李充《翰林论》，既见引于《文心·序志》篇，世已耳熟能详；然论述者犹多挂漏。他若公幹、吉甫之辈，已无可征。刘桢论势，只《风骨》、《定势》两篇，各引一条。吉甫为应贞字，璩之子也。《晋书》本传称其文集行于世。《隋志》，梁有应贞注应璩《百一诗》八卷，亡。彦和所称吉甫文评，疑指《百一诗》注也。此外见于各史传志，文论之佚籍，尚有多种。兹为专文考证，藉见六朝诗文评之概况，且为读《文心》与《诗品》者之一助焉。

《文检》六卷

此书见《宋书》九八《氐胡传》。（宋文帝）元嘉十四年（公元437），沮渠茂虔上表，献河西人所著书一十九种一百五十四卷，中有《文检》六卷（罗根泽以为茂虔撰，大误），在阚骃《十三州志》之下，《敦煌实录》之上，撰人未详。《隋志》子部儒家类，魏朗著《魏子》下小注云："梁有《文检》六卷，似后汉末人作，亡。"姚振宗《后汉艺文志》、侯康《补后汉书艺文志》均入子部儒家类，秦荣光《补晋书艺文志》则入集部总集类。此书内容未详，从书名推测，可能即论文专著。梁有此书，乃宋元嘉间由河西传入者。

傅祗《文章驳论》

见《晋书》本传，云：著《文章驳论》十余万言（斠注卷四七）。祗即魏太常傅嘏之子，晋怀帝时司徒。此疑为晋人之论文著作，未见流传。祗文见《全晋书》卷五十二，辑存三则。

荀勖《杂撰文章家集叙》十卷

见《隋志》史部。《唐志》作"新撰文章家集五卷"。此书有叙，疑亦辨章文学源流之作。

郭象《碑论》十二篇

《晋书》本传云："常闲居以文论自娱。""永嘉末卒，著《碑论》十二篇。"此书文廷式、丁国钧《四家补晋书艺文志》，入总集类，未知是否论"碑"之作，如桓范之论铭诔者然。殊难确定，姑著以待考。

挚虞《文章流别志论》二卷

《晋书》本传云："虞撰《文章志》四卷。""又撰古文章，类聚区分为三十卷，名曰《流别集》，各为之论。辞理惬当，为世所重。"虞为皇甫士安门人。士安序左思《三都赋》，谓赋"所以因物造端，敷宏体理"，"故文必极美"，"辞必尽丽"。挚虞论赋则谓"假象过大，则与类相远；逸辞过壮，则与事相违；辩言过理，则与义相失；丽靡过美，则与情相悖"。大抵以太甚为病，主折衷之见，实开彦和之先路。黄侃《文心雕龙札记》云："《文心》多袭前人之论，而不嫌其抄袭。即若《颂赞》篇大意本之《文章流别》，《哀吊篇》亦有取乎挚君。"诚然。

颜延之《庭诰》云："挚虞文论，足称优洽。"萧子显称"仲洽之区判文体"（《南齐书·文学传论》），钟嵘谓："挚虞《文志》，详而博赡，颇曰知言。"而《文心·序志》篇则云："《流别》精而少功。"（此据《梁书》，本书则字作"巧"）钟 、刘犹许其为"精"、"详"之制，则此书之价值可知。

又《文心·颂赞》篇云："挚虞品藻，颇为精覈。至云杂以风雅，而不变（辨）旨趣，徒张虚论，有似黄白之伪说矣。"复言："纪传后评，亦同其名。而仲洽《流别》，谬称为述，失之远矣。"此皆对挚虞提出商榷之点。关于汉书赞称"述"一事，颜师古《匡谬正俗》云：

挚虞撰《流别集》，全取孟坚书序为一卷，谓“汉述”，已失其意。而范蔚宗、沈休文之徒，撰史著评论之外，别为一首，华文丽句，标举得失，谓之为“赞”，自以取则班马，不其惑欤！刘轨思（按此颜监误记）《文心雕龙》虽略晓其志，而言之未尽。（秦选之《匡谬正俗校注》卷五）

按《汉书·叙传》师古注亦榻櫫此说，略谓：

自“皇矣汉祖”以下诸叙，皆班固自论撰《汉书》意。此亦依放《史记》之叙目耳。……但后之学者，不晓此为《汉书》叙目，见有“述”字，因谓此文追述汉书之事，乃呼为“汉书述”，失之远矣。挚虞尚有此惑，其余曷足怪乎？

亦以挚虞之说为非。王先谦曰：“《文选》目录于此书纪传赞称‘史述赞’，李善注引皆作‘汉书述’。”盖并沿《文章流别》之说。

流别者，《说文》：“𠂢，水之衺流别也。”挚虞以“流别”名其书，凡六十卷，分体编录，着眼于文体流变之义。又著有《论》二卷及《文章志》四卷，见《隋志》史部。则其书盖包括文选、文评、文史三大纲，历代选家未有如此详备者，故《隋志·总集序》亟道之。以其“采摘孔翠，蔓剪繁芜。……属辞之士，以为覃奥，而取则焉”。不特昭明《文选》取材于兹，而《文心》上半部，何曾不资为挹注？后之继躅者，若谢混《文章流别本》十二卷，孔宁《续文章流别》三卷，俱见《隋志》，惜已亡佚。而颜之推《观我生赋》自注，亦言北齐武平中，署文林馆待诏者三十余人。之推且掌《续文章流别》之制。是北朝步武仲洽，纂辑续编，则此书影响之巨可知矣。

李充《翰林论》三卷

《隋志》：“《翰林论》二卷，李充撰，梁五十四卷。”其卷帙如是之多，疑本亦选录文章，如仲洽之体。充事迹见《晋书·文苑传》。充博通群书，东晋初为著作郎，撰《元帝书目》（见《七略序》及《隋志》）。史称其“删除烦重”，“甚有条贯”。（骆鸿凯《文选学》次李充在挚虞之前，非也。按虞于永嘉五年洛中大饥五月饿死。事详《御览》三十五引王隐《晋书》。）《文心·序志》篇云：“仲洽《流别》，宏范《翰林》，各照隅隙，鲜观衢路 。”案本传充字弘度，宏范乃李轨字，当作“弘度”为是。充此书宋时尚存，《玉海》六二引《中兴书目》云：“《翰林论》三卷，凡二十八篇，论为文体要。”（参新印《宋史·艺文志》附编《中兴馆阁书目》534页文史类）原书虽不可睹，按其篇数，已逾《文心》之半，谅为彦和所取材无疑。

然《文心》云：“《翰林》浅而寡要。”钟嵘《诗品》亦云：“李充《翰林》，疏而不切。”又卷中论郭璞诗云：“翰林以为诗首。”晋室南渡，景纯盖与弘度同时，故推为诗坛之首，度其书中必多评诗，故《史通·论赞》篇评沈隐侯《宋书·谢灵运传论》，以为“此文正可为《翰林》之补亡”也。日僧《文镜秘府论》称此书“褒贬古今，斟酌利病”。据本传充作“诗、赋、表、颂、杂文二百四十首”，惟《学箴》一篇附传中，得以流传。《翰林论》，严可均从他书辑得八条（《全晋书》五三），骆鸿凯又增一二。据其师说，谓“充所选之文，以沉思翰藻为主，故极推潘、陆，而立名曰‘翰林’，可为《文选》之先河”（《文选学》）。而细审原文，如云“表宜以远大为本，不以华藻为先”，云“驳不以华藻为先”，则明不以辞采为重。其言“潘安仁之为文也，犹翔禽之羽毛，衣被之绡縠”，则似有微辞。又于表及盟檄两言“德音”，则其持论，亦以文德为先矣。其《学箴》所言，欲“引道家之弘旨，会世教之适当，义不违本，言不流放”，故曰：“名之攸彰，道之攸废。”“刑作由于德衰，三辟兴乎叔世。既敦既诱，乃矫乃厉。郭亦既备，矫亦既深。雕琢生文，抑扬成音。群能骋技，罪巧竭心。野无陆马，山无散林。风罔不动，化罕不移。人之失德，反正作奇。”而归之“室有善言”，“复体克已”。可见充之用心在乎返文为质，去华就实，矫奇为正。骆氏之论，翩其反矣。其书竟已不传，未由与《文心》勘校，是可惜也。（《文心·定势》篇责“新学之锐，则逐奇失正”，与李充见解正相同。）

顾恺之《晋文章记》

《补晋书艺文志》并著录。此书体裁未详。顾虎头虽以画名，然博学有才气。事在《晋书·文苑传》。《世说·言语》篇：“恺之还至荆州，人问以会稽山川之美。恺之云：千岩竞秀，万壑争流，草木蒙笼，若云兴霞蔚。”寥寥数言，可以入画。此书记晋世文章，庸或杂以评骘之语，惜不可见。

《隋志》有张隐《文士传》五十卷，即钟嵘《诗品》所谓“张骘文士，逢文即书”者也（参《补晋书艺文志》）。此类乃文人记传之书。自挚虞为《文章志》以后，继之者又有傅亮《续文章志》二卷，宋明帝《晋江左文章志》

二卷，沈约《宋世文章志》二卷，俱见《隋志》史部。《南齐书·文学传》，丘灵鞠著《江左文章录》，序起大兴（晋元帝），讫恭帝。此类与顾恺之所著，性质应相同，《文心·时序》、《才略》等篇之所取材也。

张防《四代文章记》一卷

《隋志》总集类梁有《四代文章记》一卷，吴郡功曹张防撰，亡。按防始末未详。

张眎《摘句》

《南齐书·文学传论》："张眎摘句褒贬。"张眎未详，疑似后世之摘句图（唐张为有《诗人主客图》。《四库提要》诗文评类《文选句图》下云："摘句为图，始于张为。"按观张眎摘句，则此事南朝已盛行矣。）

颜延之《庭诰》

钟嵘《诗品序》："颜延论文，精而难晓。"《南齐书·文学传论》："颜延图写情兴。"当并指《庭诰》一书。原帙已亡，严可均辑存之。《庭诰》之文学见解，颇与刘勰有关。说见拙作《〈文心雕龙〉探原》。

王微《鸿宝》

《诗品序》："王微《鸿宝》，密而无裁。"《隋志》子部有《鸿宝》十卷，不著撰人。《梁书·张缵传》称其著《鸿宝》百卷。此殆类书之属，当是偶与王微所著同名。王微《鸿宝》，向来鲜见征引，惟《文镜秘府论》引北齐李槩《音均决疑序》有云："吕静之撰《韵集》，分取无方；王微之制《鸿宝》，咏歌少验，平上去入，出行闾里，沈约取以和声，律吕相合。"似其书颇涉音声，故李槩及之。有关《鸿宝》之记载，只此而已。微字景玄，有集十卷，见《隋志》。梁又有录一卷。其文论今不可考，然其《与从弟僧绰书》有云：

> 且文词不怨思抑扬，则流淡无味，文好古贵能连类可悲，一往视之，如似多意当见，居非求志，清论所排，便是通辞诉屈邪尔者，真可谓"真素"寡矣。

按《史记·邹阳传赞》云："其比物连类，有足悲者，亦可谓抗直不挠矣。"

王微之说盖本此。《宋书》本传称“微既为始兴王浚府吏，浚数相存慰。微奉答笺书，辄饰以辞采。微为文古，甚颇抑扬，袁淑见之谓为诉屈。微因此又与从弟僧绰书”。此书略见《艺文类聚》四十八，久已为人传诵。微为文主抑扬多悲，似与陆机“言寡情而鲜爱，辞漂浮而不归；犹弦么而徽急，故虽和而不悲”一说，亦有相关之处。其文词之怨思抑扬，若《书告弟僧谦灵》一篇，读之尤令人扼腕。复体羸，多病服药，以是不得永年（微元嘉二十年卒，年二十九）。富于感伤，自促其寿。史称“微为文古”，今观所存各篇皆散行，与“宋初讹”之文体，迥不相类，盖循晋氏上追西汉，故难怪当时目为“古”也。微负重名。元嘉二十七年，魏攻彭城，遣尚书李孝伯与镇军长史张畅语，孝伯访问微及谢庄。其名声远布如此（《南史·谢庄传》）。微善书画，人品极高，又有《叙画》一篇，见张彦远《历代名画记》六（严氏《全宋文》卷十九失载），清敻绝尘，岂钟仲伟所能望其项背？景玄之文学，世无表彰之者，而其《鸿宝》，钟氏讥为密而无裁，惜已无传。惟其《报何偃书》略云：“每见世人文赋书论，无所是非。不解处，即日借问。此其本心也。”足见其率真，不稍苟且。斯即指瑕之务。然后知颜之推云“江南文制，欲人弹射，知有病累，随即改之”，亦风气使然。景玄之言，亦一证矣。

陆厥《文纬》

《诗品》卷下评陆厥云：“观厥《文纬》，且识文夫之情状。自制未优，非言之失也。”罗根泽云：“似陆厥作有《文纬》一书。”厥与沈约讨论音理，援引“魏文属论，深以清浊为言；刘桢奏书，大明体势之致”，及陆士衡《文赋》五色相宣之语，以难隐侯，谓其不得自诩为“灵均以来，此秘未睹”。说具《南齐书》五十二本传。厥与沈约书，论一人之思，迟速天悬（袁守定《佔毕丛谈》曾举之），即《文心·神思》篇“人之禀才，迟速异分”一说所出也。

张率《文衡》十五卷

率字士简，张充从弟。齐、梁间，天才洋溢之文士也。《南史》三一本传云：“（年）十二能属文。日限为诗一篇。稍进，作赋颂。至年十六，向作二千余首。……时陆少玄家，有父澄书万余卷，率与少玄善，尽读其书。建武三年，除太子舍人。同郡陆倕、陆厥幼相友狎，尝同载诣左卫将军沈约，遇任昉在焉。约谓昉曰：此二子后进才秀，皆南金也，卿可识之。由是与昉友。

梁天监中为司徒谢朏掾。……又侍宴赋诗，武帝别赐率诗曰：‘东南有才子，故能服官政。余虽暂古昔，得人今为盛。’率奏诗往反六首。……自少属文，《七略》及《艺文志》所载诗赋，今亡其文者，并补作之。所著《文衡》十五卷，《文集》四十卷，行于世。”此书《隋志》未收。考率当日以“赋”闻名于世，今所存者，仅《绣赋》及《河南国献舞马赋》二篇（见《全梁文》五四）。彼与刘苞、陆倕并以文藻见知于梁（详《梁书·文学传·刘苞传》）。所作《文衡》五十卷在《文集》以外，当是论文之作。以其文学声誉之隆，刘彦和自非其抗手，无怪《梁书》称其作《文心》“既成，未为时流所称”。张亦时流之一，且有《文衡》之作。《文心》出自缁流之手，陆倕、张率之辈，必不重视，可不待言。故彦和不得不负书以干沈约于车前也。

明克让《文类》四卷

《北史》八十三《文苑传》：克谦字弘道，鬲人。……祖僧绍。年十四，为湘东王法曹参军。仕梁，位中书侍郎。梁灭，归长安，为麟趾殿学士。隋受禅，位率更令。所著有《文类》四卷。按此书不知作于何时，内容为文选抑文评，亦不可知，姑系于此。

徐纥《文笔驳论》十卷

《北史》九二《恩幸传》：“纥字武伯，乐安博昌人，颇以文词见称。……曾说灵太后以铁券间尔朱荣，后与太山太守羊侃共奔梁。有《文笔驳论》十卷，多有遗落，或存于世焉。”此书《隋志》未收，作于何时不可考。其内容系讨论文笔问题，抑为一总集，亦不可知。

《文章义府》三十卷

《隋志》子部，梁有《文章义府》三卷，不著撰人，疑是类书。《日本见在书目》又有《文府杂体》八卷、《文府启法》二卷、《文府四声》五卷，俱无撰人。

杜正藏《文轨》二十卷

《北史》卷二六《杜铨传》云：

> （杜）正藏为文迅速，有如宿构。曾令数人并执纸，各题一文。正藏

口授俱成，皆有文理，为当时所异。又为《文轨》二十卷，论为文体则，甚有条贯。后生宝而行之，多资以解褐，大行于世，谓之“杜家新书”云。

正藏此书，盖亦论文之作。《隋志》未收。然在当日风行一时，至有“杜家新书”之目。《隋书》卷七十六《杜正玄传》：“正藏……又著《文章体式》，大为后进所宝，时人号为《文轨》，乃至海外高丽、百济亦共传习，称为杜家新书。”按日本正仓院御物存有《杜家立成》，说者谓即《杜家立成杂书要略》之简称，乃杜氏兄弟正玄、正藏、正伦一家文集之略抄、书简之模范文集。（参考福井康顺《论百行章についての诸问题》，《东方宗教》十三、十四合期；又《正仓院御物杜家立成について》，《东洋思想史研究》，272—285页。）“正藏字为善，开皇十六年举秀才。大业中，与刘炫同以学业该通，应诏被举。正藏弟正仪贡充进士，正伦为秀才，兄弟三人同时应命，当世嗟美之。”（本传）《唐书·艺文志》正伦有《百行章》一卷，敦煌所出有残帙（伯目三三〇六即其一），唐末五代边陲尚流行之。而正藏之《文轨》，则湮没莫传，未由取与《文心》比观，至为憾事。人且不能举其名。书之显晦，各有其时，岂非命耶？

5月10日于香港

后记

明钞本《太平广记》卷十三郭璞条引《神仙传》：“李弘范《翰林·明道论》：‘景纯，善于遥寄，缀文之士皆同宗之。’”即引《翰林论》中论郭璞语。此条为诸辑本所未及。所谓“明道”，似《翰林论》中之篇名（说见近刊《文史》第一期补白，程弘《翰林论作者质疑》）。若然，则《文心》开宗明义为《原道》篇，《翰林论》中又有《明道》篇，亦复相似。

原载《大陆杂志》第二五卷第三期，1962年

山水文学之起源与谢灵运研究

关于山水文学的起源，大家常常会受到刘勰“庄老告退，山水方滋”话的影响，好像刘宋时庄老的玄言诗真的就告退了，到谢灵运的时代山水诗才正式兴旺、抬头的。我认为这句话并非全面对的，因为谢灵运诗中，不少都含有“庄老”的典故，有四分之一几乎是说理的。玄言诗在谢诗中并没有被抛弃。这恐怕是每个读谢灵运诗的人都有的感觉。至于说“山水方滋”，情况就复杂些。有人以为刘宋时才有山水诗，这是个很大的误解。

我们可以从思想和艺术两方面来说。在思想方面，庄子已经有对自然深入的理解。譬如：《庄子》一书中举出很多山，有藐姑射之山、具茨之山、畏垒之山等。具茨之山是实有其地的，就在河南密县。庄子对山的理解是同“游”的观念有关的。大家别忘记，庄子喜欢讲“天放”、“天游”。比如在《知北游》里说：“山林与！皋壤与！使我欣欣然而乐与!”他在上句说圣人不伤物的道理，就是讲人与物互不相伤害。“物”指一切客观对象。我们对这些客观事物不伤害，它们也不伤害我们。这便是人与自然的调协和谐问题。在《外物》篇中也说：“心与物游，六凿相攘，大林丘山之善于人也，亦神者不胜。”这句话主要是讲游，人对自然主要是用“游”的态度。如果把“六窍”开凿了，“混沌”就死了，因为把整个自然破坏了，人开了七窍，人的知识多了，麻烦也多了。对自然越加以利用，就越违反自然，这就损害了自然，也就是损害了自己。这就是人与自然要调谐的道理。这种态度在《庄子》里还可以找到一些的。庄子对山水的了解对以后山水诗是有很大影响的。玄言诗中往往就有山水诗的成分，它也不能全部是说理的。全部说理的诗在中国人中是不能接受的。玄言诗中有山水的字眼，山水诗中也有玄言的字句。庄子从思想上看是同山水有联系的。中外不少人把庄子作为山水文学的来源，我觉得是对的。

儒家方面也有讲山水的，大家都会引孔夫子的两句话，但常常忘记董仲舒有一篇重要的文章，叫《山川颂》。他不是讲自然的，有另外的讲法。他说山似仁人志士，水亦似有德者，把山川与人联系起来。他也是歌颂山川的，但是为了歌颂人，不是把人回归自然去，而是把自然拉向人这方面。这是站在儒家立场讲话的。

从文学本身来讲，山水文学有写得好的。《楚辞》中就有很多代表作，比如《山鬼》篇，就是非常重要的山水文学作品，比如《招隐士》，也是篇非常好的山水文学佳作。

从艺术方面讲，山水诗同山水画是同时发展的。有人以为讲山水画仅是艺术史的范围，和文学史没有关系，这是不对的。大家别忘记顾恺之在《世说新语》中讲“云蒸霞蔚”一类的话，完全是讲山水的。他还有一篇《云台山记》，很长的一篇东西。讲艺术史的人常常把这篇文章拿来注解。讲文学史的人却绝口不提，这是疏忽。我们应当把眼光放大一点，搞文学资料也不要陷入过于偏浅的毛病。写文学史的人往往拿一个人代表一个时代，往往拿二三首诗来代表一个人，往往拿几句话代表这个人的一切的风格。这种以偏赅全的方法是非常容易导人以错误的认识的。一个时代有许多了不起的作家，有很多好的诗。也有极好的句子，不要拿一两个人来代表一切。这种抹杀主义是要不得的，使许多人受到文学史家所贻误。所以我说，真正的文学史，我们今天应该重写的。

关于对谢灵运评价的问题。现在有人说要给谢灵运翻案，其实不必，因为他的事实俱在。谢灵运不单是诗人，还是位了不起的学人。所以我们对他的评价不应该仅从几首诗上来讲。他在中国学术史、思想史上是占有相当高地位的，不在文学史之下。我认为应当从这个角度来看他的重要性。

试举一个例子：谢灵运是一位翻译家，他是当时翻译佛教作品的重要人物。我记得颜鲁公有篇记，讲到他翻译佛经的事。[①] 抚州宝应寺里有翻经台，

---

① 详见拙作《唐以前十四音遗说考》，载《中华文史论丛》1987年第一期（总第四十一期），后收入香港三联书店出版之拙书《悉昙学绪论——中印文化关系史论集》语文篇。

就是因谢康乐而得名的。谢灵运懂梵文的，他写过《十四音训》。这部书虽已失传，但还有些断简残篇保存在日人安然所著的《悉昙藏》中。所谓“十四音”其实就是指梵文字母。这里面还提到“驴唇书”，也是一件很有趣的事。按佛教传说讲，创造文字的有三个人。一个是梵，一个是佉卢。佉卢就是创造“驴唇书”的人。这两种都属印度古文字，然后才是仓颉。据安然《悉昙藏》卷一载谢灵运的话说：“胡书者，梵书，道俗共用之也，而本由佛道，故经云：异论咒术，言语文字皆是佛说，非外道也，外道因此以通文字，胡字谓之佉楼书。佉偻书者，是佉楼仙人抄梵文以备要用，譬如此仓、雅、说、林，随用广狭也。”[①] 佉楼书又作佉卢书、佉留书，梵文作 kharostha，俗体作 kharottha。其字形多以不整齐的曲线延长而成，仿佛驴唇上下的掀动，故俗称“驴唇书”。谢灵运的这一段话，至今还是很重要的材料。这说明他多么博学多闻。这件事情是我们应当表扬的。这些材料也应该补在他的文集里面的。

谢灵运也主持过图书馆的事情。刘宋开始时他做过秘书监。他主持过重要的有关目录的工作，可惜这些书都不存在了。还有他对佛学的贡献，像著作《辨宗论》等等，是大家都知道的。他是一位伟大的学人，因为他有很大的学问。他有著作，而陶渊明只有几首诗。他的著作可以代表他对佛教的了解。他的诗的基础是他的学问，学与诗结合，所以才有这样崇高的成就，这是不能抹杀的。这样说来，谢灵运的地位不仅仅能与陶渊明并列，而且是可能凌驾陶之上的。我们何必把他贬低。假若一本文学史只把谢灵运列为一小节，反而证明对他的不了解，是很不公允的。几十年来国外对谢灵运的研究有很多很多，我希望国内文学界能把这些文章搜集起来，加以选择，把国外的研究与国内研究做些比较，推进谢灵运的研究。我这一临时即兴的讲话毫无准备，粗枝大叶。错误之处，请各位专家多多指正。1991 年 11 月 21 日于雁荡宾馆。

本文为作者在中国旅游协会文学专业委员会温州年会
暨谢灵运学术研讨会上的发言，由隗芾先生整理。

① 见拙著《选堂集林》下册，1442 页。

关于《世说新语》二三问题

王煜兄出示新著《世说新语马瑟氏（Richard B. Mather）英译本正误》一文①，其中涉及拙见论兰阇、橧臘二事。又提出王沦可能是《老子例略》的著者，更为发人所未发。读后略有一些进一步的看法，试拈出来，共作研究。

一、兰阇

《世说·政事》说："王导遇胡人前，弹指云兰阇兰阇，群胡同笑，四坐并欢。"从前我颇信从王应麟《困学纪闻》二《杂识》之说，兰阇出于阿兰若（araṇya），意指无净、闲闲，自未必是。记得陈寅恪氏对兰阇尝有二种不同的说法：一是讲授时的意见，见于其门人刘盼遂所记录的，认为兰阇是梵语的rañj②，意思是喜悦；可是他在自己所著的《东晋南朝之吴语》，却只说道："寅恪疑兰阇与庾信之小字'兰成'同是一语。"③ 可能他认为 rañj 一说未安，所以别以"兰成"解之。按庾信《哀江南赋》言："兰成射策之年。"唐张说的《庾信宅诗》："兰成追宋玉，旧宅偶词人。"陆龟蒙《小名录》只说兰成为庾信小字。兰成和兰阇，看不出有什么关系。马瑟氏译兰阇为 rañjanī，最少应受到寅老的启示。

---

① 《中华文化复兴月刊》第十卷第三期，77 页。

② 刘盼遂《世说新语校笺》；又周一良《魏晋南北朝史论集》，《中国的梵文化研究》，334 页。

③ 《陈寅恪先生文史论集》，146 页。

近年友人吴其昱博士，特别写一篇作窄而深的研究，来讨论兰阇这个小问题，因为用法文撰述，而且发表在献给小说史大家 J. PrŮšeK 教授颂寿专刊，1967 年巴黎出版，在香港很不容易见到。他送给我一份抽印本，现试略为介绍。他列出许多汉语"兰"和"阇"二字和梵文对译的例证，因而断言：

(1) 兰 Lan（汉语）=Lan，rān raṇ rañ（梵语）

(2) 阇 tcho（汉语）≠ch，=ja′jā（梵语）

并解释"弹指"（梵语 acchaṭā choṭikā）的意义。最有趣是举出在《大般若波罗蜜经》的梵本有一句：

Valgurmanojño rañjanīyaḥ śabdo niścarati（ed. vaidya，Darbhanga，1960，p. 240 1，16—17）.

鸠摩罗什中文译这一段作"风吹铃声，其音和雅，甚可爱乐"。这里 rañjanīyah（即英文 delightful）作为形容词用。他即本陈寅恪的前说，推证兰阇应以 rañja 为恰当，和马瑟的意见暗合。当然，这比较王应麟的说法更为可取。可是阇字的对音不一定是 ja，像阿阇梨梵文原作 ācāryn，可见 ca 亦可译"阇"，不必一定以 ja 对"阇"。

王导不可能深懂胡语，他在胡人面前胡诌一二句胡言，正如香港人说话，每每杂入一两个英语词儿一样。王导在晋渡江以后，以丞相身份，有时周旋于胡僧之间。胡僧帛尸梨密多罗、康僧渊都是他的好友。慧皎《高僧传》说帛氏于"晋永嘉中始到中国，值乱仍过江，止建初寺。丞相王导一见而奇之，以为吾之徒也。导尝诣密（密多罗即指帛氏），密解带偃伏，悟言神解"。"王公尝谓密曰：外国有君，一人而已。"（卷一，《大正藏》五〇，327 页）康僧渊则因鼻高眼深，王导每调（戏）之，他说：鼻者面之山，眼者面之渊。山不高则不灵，渊不深则不清；时人以为名答（同上卷四，347 页）。康僧渊原是西域人，生于长安，貌虽梵人，语实中国，他还可以操汉语；帛尸梨密多罗（Srimitra 意思是吉友）氏亦为西域（龟兹）人，时人呼为高座，他则向来不作汉语（《世说新语·言语》又刘注引"高座别传"）。王导时常接触这一些胡僧，学会说一二句胡语，这是很自然的事。西域的胡语，非常复杂，和梵语是很有距离的。R. L. Turner 编有 *A Comparative Dictionary of the Indo-*

Aryan Languages 一字典，1963年我在印度Poona，只见一些零册，现在全书已出版了。吴先生未检查过这本书。此书搜集印度雅利安语系的词汇非常完备。书中告诉我们：梵语语根［$\sqrt{ra\tilde{n}j}$］本义是染色（dye）。大战书（MBH）作 rañjita，巴利语亦然。喜悦（takes pleasure）见于大战书作 rajyatē，巴利语为 rañjati（finds delight in），俗语（PK）则为 raṁjaē，raṁjēi（makes happy），它的语根应是［$\sqrt{raj}$］（见该字典10584—10589诸条）。陈寅老不再采用［$\sqrt{ranj}$］，可能他知道喜悦应作［$\sqrt{raj}$］。王导所说胡语的兰阇，如果解作高兴，亦可能是印度俗语（Prakrit）的 raṁjēi，不一定是梵语的 rañjanī 呢。

二、櫛臘

《世说·排调》记殷融（洪远）答孙绰（兴公）诗有"聊复放一曲"句，刘惔（真长）笑他语拙，问他："君欲云那放?"殷说："櫛臘亦放，何必其铊铃耶?"《刘惔传》见于《晋书》卷七十五，在晋简文帝时，和王濛并称为"谈客"。他问殷融诗句中的放一曲，所放（仿）的是什么。殷的答语中，"铊铃"和"櫛臘"对举，我的意思"铊铃"指雅音，"櫛臘"可能指俗唱甚至夷音，所以假定"櫛臘"是梵唱的"洒臘"，马氏认为汉人不会那么早便晓得"金刚顶瑜伽中略出念诵经"所言"洒臘"的唱法。马氏似乎太拘泥这一书出现的时代（金刚智 Vajarbodhi 作此书确在773年）。应知"洒臘"（Sk. ṣāḍava）是古典梵乐七调之第五，金刚顶书中同时亦提及"中夜以第五音韵赞之"。第五音韵即是梵语的 pañcama，汉译称为"般涉"。梵呗在华的流行很早，三国吴时已盛行了。

梵呗的起源，传说出于曹植，虽未为人所信，但"般涉"一名在华则出现甚早，僧祐《出三藏记集》卷十二所收经呗导师集共二十一首，第一种便是"帝释（天）乐人般遮琴歌呗（第一）"，注云出《中本起》，以下才列举陈思王感鱼山梵声制呗记、支谦制连句梵呗记、康僧会传泥洹呗记等等（《大正藏》五五，92页）。《开元释教录》云："（僧会）又传泥洹呗声，清靡哀亮，一代模式。"又云："（支谦）又依《无量寿》《中本起经》制赞善萨连句梵呗三契。"可见三国吴时梵呗的热闹情形。般遮琴歌呗出自《中本起经》，必与支谦等人有关系，可以推知以第五音韵（即般遮）唱赞，吴时已有之。今以

“般遮”一名出现之早为例，“洒臘”为古典梵音调，当为僧人所熟悉。东晋时精擅梵唱的经师甚多，具载两《高僧传》，不必深论。（关于洒臘与梵呗问题，可参《法宝义林》Ⅰ及Ⅱ，97页，Bombai“梵呗”条，与拙作《敦煌曲》中文部分导论，20页。）

殷融和孙绰、刘惔都是谈玄的名士，生当东晋梵呗流行之日。孙绰《天台山赋》屡屡引据释典，刘氏借取梵呗的音调来取笑，正是极其自然之事。如果把橁臘说成“草率”与“铊铃”对比起来，似不太相配；而且同“放一曲”的“放”字搭不上关系，放应读作仿。当时佛偈初入，仿作梵偈的风气颇盛，所以有陈思王感梵声制呗的传说。

支谦又译过 Avadāna śatara，为《撰集百缘经》（译本见《大正藏》四，本缘部。梵文是 Vaidya 所订，Darbhanga 版，1958。法文有 Léon Feer 译本，巴黎，1891）。在《报应受供养品》第二云：“闻其北方有乾闼婆，善巧弹琴。……弹一弦琴，能令出于七种音声，声有二十一解。”（《大正藏》四，211页）这句话不止见过一次。是经提到七声和二十一解，“解”的梵文是 mūrchanā，意思是“伸长”，由两固以七声为起音而构成的音群（梵语 grāma）有十四个，系音阶之一种发音法，很像中国的“调”。印度的八声 sa、ri、ga、ma、pa、ḍha、ni，和中国七声的羽、变宫、宫、商、角、变徵、徵甚相似。《百缘经》里的七种音声，应该是这七声，三国吴时支谦译出的书，已提及七声，是时印度七声的观念，一定通过僧徒传入我国。《隋书·音乐志》记郑译说，周武帝时龟兹人苏祇婆从突厥传入琵琶七调。其第五曰沙臘，华言应和声，即徵声也。第六曰般赡，华言五声，即羽声也。（参看林谦三的《隋唐燕乐调研究》，向达亦著《苏祇婆琵琶七调考原》，他未见到七调碑，故所论较略。）我在上面考出支谦所造的梵呗三契，应包括般遮琴歌呗。（汤用彤在《汉魏两晋佛教史》，133—134页亦有这样的说法。）般遮即是般赡（《隋志》及《通典》）亦作般涉（《唐会要》），相当于羽声，在印度七调中属于第六，沙臘是徵声，属印度七调之第五，既有第六羽声的“般遮”，安得无第五徵声的“沙臘”？所以我认为沙臘与般遮应该同时存在。所以沙臘和般遮一样，在苏祇婆以前实早已传入。南印度 Pudukkōṭṭai 州在1904年发现的七调碑，其中亦有 ṣādava（沙臘）Pañcama（般赡）二调，各个调既明示着七声，还加上 a、Ka 两个声，共得九声。这个七调碑，历经印度、法、日诸学者详细的考证。中国方面，近时吴南薰的《律学会通》尤重新从音律上作详细考察，指出七调碑的作者，意要改进印度古律，才加 a 于 ga，添 Ka 于 na 之前，合七声为九声。再由 a 与 Ka 的作用，可知作者的转调法，与中国声律序旋法相似。想 a、Ka 未添入以前，印度或有简律，尚无纯律，只是旋声，不是旋律。又推定碑文七调，是仿照中国俗乐，以商调为重。他很反对林谦三氏只依简律七声，可合七调之三，便断言隋唐燕乐属于印度系统一说，认为很不妥当（该书 457 页）。这个问题，牵涉非常复杂，现在不欲深论。但我们可认识支谦时代，梵乐的七声七调已传入中国，故支谦译《瑞应本起经》，已晓得用羽调的盘赡调来制短偈，佐以管弦，以妙造梵呗新声。

既有羽调的般遮，自然可有徵调的沙臘或洒臘。沙臘的汉译异名颇多，宋陈旸《乐书》卷一五九作婆臘，婆字必是“娑”的误写。沙臘是七调碑的 sādava 之对译，中亚语音，d→ 一之例常见，故可以“臘”（la）对译 da（va）。伯希和诸家考证，对于这一点都没有异说。

今从《世说》，知东晋时亦作榼臘。榼字《广韵》在二十八盍，音吐盍切，同榻。但以翕声的字却有不同的读法。《老子》第三十六章“将欲翕之”句，马王堆甲本翕作拾，乙本作擒，可见擒可读如拾（是执切）。古字从木从才每每不分，榼臘宜音擒臘或拾臘，拾与 sā 对译，没有什么不可。

金刚智在念诵经中谓赞咏法如下：

晨朝——以洒臘（ṣādava）
午时——以中音（madhyama）
昏黄——以破音（伯希和疑是角调的沙识 ṣadja）
中夜——以第五音韵（pancama）

吴南薰说道晨朝用徵声，中午用商声，中夜用羽声，与周初的旋声法不约而同。他的意见，是欲把“中音”说成商声，详见该书。

马瑟氏怀疑密宗的赞咏法，见于金刚智之书，不应东晋时已有之，不知支谦已译出《合微密持》、《陀邻尼》、《总持》三本，正使用八字真言了。支谦在吴时制赞菩萨连句的梵呗三契（《祐录》十三）。东晋时，周颉遇害后，高座（帛尸梨密多罗）省其遗孤，对坐作胡呗三契，梵响陵云，次诵咒数千言。他擅持咒术，又译出孔雀明王诸神咒（《高僧传》）。可见密宗持咒，不始于唐，而胡呗在吊唁死者，亦可作赞咏转诵。高座长于音声，他的弟子有觅历者传其梵呗，故《祐录》十二，收有觅历高声梵记，并注云：“呗出须赖经。”当日制作梵呗是采取某佛经中的故事，编成短偈。后汉昙果和康孟详已先译《中本起经》，支谦又自己译出《瑞应本起经》，故作梵呗三契。高座则取须赖经（Surataparipṛcchā）以制呗。至于金刚智所述晨、午、昏、中夜赞诵法，其实只是转调。在不同时间，换调唱咏，晨朝用徵调，中夜则换用羽调，方法甚为简单，我想不必要到唐代方才有这样的办法。

三、老子例略与王沦

《排调》刘注引《王氏家谱》曰："王沦字太冲，司空穆侯中子，司徒浑弟也。……贵庄之学，用心淡如也。为《老子例略》、《周纪》。……历大将军参军，二十五卒。"王昶为征南大将军，拒毋丘俭、文钦有功，迁司空，甘露四年薨，谥曰穆侯。传见《魏志》卷二十七。据昶戒子书，其为兄子及子作名字，皆依谦实。其子浑字玄冲，深字道冲（《魏志》本传)。加上王氏谱所记，仲子王沦字太冲。又昶传裴注引《晋书》及《晋阳秋》，浑弟深，冀州刺史。深弟湛字处冲，汝南太守。则王昶实有四子，都是以冲为字，表之如下：

王昶子	浑	字玄冲
	沦	字太冲
	深	字道冲
	湛	字处冲

王煜说王昶有三个儿子，实在应有四子，尚有王深一人，为王君所漏举。

王沦因为只有二十五岁，早卒，但知他曾在王昶的征南大将军府作过参军。又《晋书》卷九十六王浑妻钟氏传，提及浑中（仲）弟沦（中华本，2510页)。其他无可考。

《道藏》鼓字号为失名所著《老子微旨例略》一书，严灵峰据何劭之王弼传云："弼注老子，为之指略，致有理统，著《道略论》。"定为弼作。按传云"为之指略"，但谓为其"要旨大略"，可见这里"指略"二字并不是书名。他另外著有一书名曰《道略论》。

《经典释文》叙录称王弼又作《老子指略》一卷，赵希弁《郡斋读书后志》著录《老子略论》一卷，"魏王弼撰，凡十八章"。《隋书·经籍志》梁有《老子杂论》一卷，何（晏)、王（弼）等注之。姚振宗谓即王氏著之《指略》。可能即何劭传所言的《道略论》，因为只有一卷而已。《文心雕龙·论说》："辅嗣之两例，平叔之二论，师心独见，锋颖精密。"王氏"两例"当即《周易略例》与《道略论》。《宋史·艺文志》有王弼《道德略归》一卷，此外又有《老子指例略》一卷，注云：不知作者。《道德略归》当是何劭传的《道略论》，《云笈七籤》卷一总叙道德引有引《老君指归略例》一段，其前引《老君指归》，据《七籤》卷三十二杂修摄引严君平《老君指归》，则此《老君指归略例》即为严书而作者。此书可能即《宋志》王弼之《道德略归》。至不知作者的《老子指例略》，《宋志》显然分为两书，可能是《道藏》的《老子微旨例略》，只省却一个"微"字，其余名称悉同，亦无作者姓名，完全符合。

王沦所著的《老子例略》和《唐志》、《宋志》的《老子指例略》一名比较，只是减去一个"指"字，其余完全相同。所以《道藏》中这书的著作人或者属于天才而短命的王沦，而不一定是王弼，较为适当。因为王弼的《老子略论》，根据赵希弁所说，凡十八章，与《道藏》本失名的《微旨例略》全不分章，不尽相同。

刘煦《旧唐书》卷四十六《经籍志》，道家类收老子六十一家，有《玄言新记道德》二卷，王弼注，别有《老子指例略》二卷，无撰人名，卷四十七集部收《王弼集》五卷，《旧唐志》所录是开元盛时四部诸书，乃依据开元九年元行冲奏上的《群书四部录》，当时确有其书，最可征信（《新唐书·艺文志》钞撮酌采自旧书，不似旧书的可据）。《宋史·艺文志》则以《崇文秘书总目》，合宋宁宗时续书目、删复存目。是唐、宋所收的《老子指例略》，都没有撰人名氏，和《道藏》本一样，可见唐开元时，这本书已不知作者为谁。故以存疑为妥。

《世说新语》一书，其中值得仔细研究的问题甚多。由于杨勇采用我的不成熟的见解一二条，收入他的《校笺》里面，竟引起马瑟教授的注意，和王煜的指出。现在把上列三点，加以讨论，也许有一些趣味，希望方家指正。

《文心雕龙》探原

刘子玄云："词人属文，其体非一。譬甘辛殊味，丹素异彩。后来祖述，识昧圆通。家有诋词，人相掎摭。故刘勰《文心》生焉。"（《史通·自叙》）是《文心》之作，所以弥纶群言，定其大体。因穷源之鉴，得驭万之术。"厚集肇虑，朗成圆种。"[①] 夫其融洽莹练，颇异曩篇之泛议；微密精远，实同佛家之造论。故能衣被词人，绵历千祀，迄于今兹，犹未沫也。

往读《梁书·文学传》，谓"彦和早孤，笃志好学。家贫，不婚娶，依沙门僧祐居处，积十余年"。其撰《文心》，据《时序》篇有"皇齐驭宝"语，盖成书于齐和帝中兴二年三月以前。时仍寄迹桑门，身名未显。[②] 窃怪彦和于定林寺校理内典经藏，乃以余晷，成此伟构，其果何所凭藉耶？其《序志》篇云：

> 详观近代之论文者多矣。至于魏文述典，陈思序书，应玚文论（《文质论》），陆机《文赋》，仲洽（挚虞）《流别》，宏范（按应作宏度，李充字）《翰林》，各照隅隙，鲜观衢路。……又君山（桓谭）、公幹（刘桢）之徒，吉甫（应贞）、士龙（陆云）之辈，汎议文意，往往间出，并未能振叶以寻根，观澜而索源。

---

① 此借崔光《十地经论序》语。

② 参刘毓盘《通谊堂集·书文心雕龙后》，杨明照《梁书·刘勰传笺注》。

于魏晋以降诸家文论，鲜所许可。所举之书，《流别》、《翰林》，仅存碎璧；公斡、吉甫，并归澌灭。自余诸作，大都铨序一文，而非笼圈条贯，初成专著，如此五十篇者。其得子玄之服膺，非无故矣。

《序志》又云：

> 及共品列成文，有同乎旧谈，非雷同也，势自不可异也。有异乎前论，非苟异也，理自不可同也。同之于异，不屑古今；擘肌分理，唯务折衷。

此自道其损益同异之故。黄氏《札记》因谓“《文心》多袭前人之论，而不嫌其因袭，未若世之君子必以己言为贵也。”或曰：子之言良然！更为吾子证之。不观夫《宗经》篇乎？自“易惟谈天”至“表里之异体者也”二百字，并本王仲宣《荆州文学志》，不以为嫌。此非彦和抄袭旧文之明证乎？

余应之曰：是不然。此范注引象山陈汉章之说也。彼且引章宝斋《说林》所云，著作之体，援引古义，袭用成文，不标所出，非为掠美，不病重见。今按仲宣《荆州文学纪官志》，宋绍兴本《艺文类聚》三十八，及宋本《御览》六〇七并引之，俱无此段，惟严铁桥《全后汉文》所录有之，实为误抄。考《御览》卷六〇八（学部二叙经典）末段引《文心雕龙》曰“自夫子删述，而大宝启耀”讫“此圣文殊致，表里之异体者也”，明系彦和之语。文章风格，与仲宣亦不相类。陈氏误据严辑，未检类书，此应为之刊正，庶免辗转传讹，以厚诬古人也。[①]

一、《文心雕龙》文体分类之依据

《文心》之为书，原分上下篇。《序志》言“上篇以上，纲领明矣”，“下篇以下，毛目显矣”。盖自《书记》而上为上篇，所以“论文叙笔”，区别文体，诠释名义，辨章源流。彦和以前论文体者，若曹丕、陆机、挚虞、李充，已极赅洽；此学者之所习知者也。[②] 然有一事为历来所忽略者，即分体之总集，至于宋、齐，各体皆备，彦和席其成规，但加品骘而已，毋庸搴择而归

---

① 范氏《文心雕龙注》卷十序篇注二二亦云：“《宗经》篇取王仲宣成文。”观此，可知其不然矣。此严可均之误，王利器亦曾加辨明。见《文心雕龙新书》，6 页，《宗经》篇注一三。

② 汪辟疆与黄轩祖论《文选》分类书。见《制言》第十八期。

纳之也。盖自汉、魏以来，制作日繁，有就某一文体为之汇集者。以予所知，似以应璩之《书林》为最早。《隋志》《书林》十卷。又曰：梁有应璩《书林》八卷，夏赤松撰。《魏志·高堂隆附传》裴注云："潜字彦皇。见应璩《书林》。"姚振宗据此著录于《三国艺文志》，谓"《书林》为应璩所集"。审矣。《文心·书记》篇称"休琏（璩字）好事，留意词翰"，盖其编集书翰之文，观摩即夥，自制亦佳[①]，宜其多见采于萧选也。

下逮晋、宋，文体既多，众制蜂起，于是各从其类，因体以为集。其事极盛于刘宋之世。兹就《隋书·经籍志》所录，略依《文心》论次各体，条记其总集如次：

诗　《隋志》：谢灵运撰《诗集》五十卷。梁五十一卷。又有宋侍中张敷、袁淑补《谢灵运诗集》一百卷。

又《诗集》百卷，并例录二卷。颜竣（延年子）撰，亡。

按：《明诗》篇论及诗体之内容，若古诗，晋世篇制，应璩《百一》，景纯仙篇，五言流调，与夫杂言、回文之体，在当日并有专集。

《隋志》：梁有《古诗集》九卷，《古今九代歌诗》七卷，张湛撰，亡。梁有《二晋杂诗》二十卷，亡。又有《古今五言诗美文》五卷，荀绰撰，亡。梁有《杂言诗钞》五卷，谢朏撰，亡。梁又有《古游仙诗》一卷，亡。又有应贞注应璩《百一诗》八卷。亡。

梁又有《回文（诗）集》十集，谢灵运撰，亡。梁又有《回文诗》八卷（不著撰人），亡。梁又有《织锦回文诗》一卷，宝氏妻苏氏作，亡。以上俱梁有而隋亡者，在彦和时应尚存，足供其渔猎之资。而颜竣《诗集》之"例录"，尤堪供采摭之用。

乐府　《乐府篇》云："凡乐辞曰诗，诗声曰歌……子政品文，诗与歌别。故略具乐篇，以标区界。"即说明将乐府与诗分开之缘由。今观《隋志》，乐府自为专集，与诗厘然有别。其所著录者，有《古乐府》八卷，《乐府歌辞钞》一卷，《歌馀》十卷，《古歌余抄》二卷，《晋歌章》八卷，《吴声歌辞曲》一卷，俱无撰人。

其梁有而隋亡之乐府歌辞又若干种，不备记。

赋　《隋志》：《赋集》九十二卷，谢灵运撰。梁又有《赋集》五十卷，宋新喻惠侯（刘义宗）撰。又有《赋集》四十卷，宋明帝撰，亡。其他赋集

① 《全三国文》所收应璩文，皆是书翰，凡三十余篇。

赋注尚有多种。

颂赞　《隋志》：梁有《颂集》二十卷，王僧绰撰，亡。《赞集》五卷，谢庄撰。

铭箴　《隋志》有《古今箴铭集》十四卷，张湛撰。《录》一卷。梁有《箴集》十六卷，亡。梁有《杂戒箴》二十四卷，亡。梁又有《铭集》十一卷，不著撰人，亡。梁又有《箴器杂铭》五卷，释僧祐撰，亡。案所谓"《录》一卷"当是序录，即说明文体源流之导言也。

诔碑　《隋志》：梁又有《诗集》十五卷，谢庄撰，亡。《碑集》二十九卷，《杂碑集》二十九卷。梁有《碑集》十卷，谢庄撰。梁有《杂碑》二十二卷，《碑文》十五卷，晋将作大匠陈勰撰，亡。《诸寺碑文》四十六卷，释僧祐撰，亡。

哀吊　《隋志》：梁有《吊文集》六卷，《录》一卷，《吊文》二卷，亡。梁又有《杂祭文》六卷，释僧祐撰，亡。

杂文　《隋志》有《梁代杂文》三卷，不著撰人。

按：《文心·杂文》篇区杂文为三类，即对文、设论与七及连珠三种。凡兹三者，梁时俱有专集。两《唐志》有《谢灵运设论集》五卷。《隋志》有《设论集》二卷，刘楷撰。梁有《设论集》三卷，东晋人撰，亡。梁有《客难集》二十卷，亡。

《隋志》：《七集》十卷，谢灵运撰。梁又有《七林》三十卷，亡。

《隋志》：梁有《谢灵运连珠》五卷，亡。梁有《设论连珠》十卷，无撰人。

可知此三种，梁时各有专集。或以设论与连珠，合为一书。至梁代，杂文一书，内容虽不可知，然以《文心》推证之，当是包括此三体。

谐隐　《汉书·艺文志》有《隐书》十六卷。至宋初，袁淑辑《诽谐文》十五卷。见两《唐志》（《隋志》作十卷）。宋沈宗之又有《诽谐》文一卷（梁有隋亡）。此文体遂成一格。

（以上文）

诸子　庾仲容有《子抄》三十卷。

论说　《隋志》有《论集》七十三卷，《杂论》十卷，不著撰人。两《唐志》有殷仲堪《杂论》九十五卷（子部杂家有殷仲堪《论集》八十六卷）。则纂集论说之文为专集者，似始于殷氏。

诏策　《隋志》：梁有《杂诏》多种，及《后魏诏集》等。殷仲堪有《集策》一卷。《唐志》有《谢灵运策集》六卷。

檄移　《隋志》：梁有《杂檄文》十七卷。

封禅　《隋志》：梁有《杂封禅文》八卷，亡。

书　《隋志》有晋散骑常侍王履《书集》八十八卷，及《书林》十卷，不著撰人。

（以上笔）

此类分体之总集，以宋初为最盛，谢灵运、谢庄致力尤勤，盖一时之风使然。至各体纂集之兴，各有所始：颂肇于王僧绰，箴铭始于张湛，论说则起于殷仲堪焉。僧祐对于碑文、杂祭文，并为专集。彦和寄食于僧祐，熏染所自，于文体辨析，易奏肤功。其时各体文既均有专集行世，疑有序引，可供采撷。如颜竣之书，且有例录，则论列亦非难事。是彦和此书上半部之侈陈文体，自非空说依傍，出自抒轴。其分类之法，乃依循前规，排比成编。加之仲洽《流别》，李充《翰林》，并有成书，矩矱具在，自易措手。昭明《文选》成书更在彦和之后，其分析文体，姚姬传深病其碎杂，不知乃远承往辙，与彦和取径正有同然。倘病其列体繁碎，而谓分体为彼辈草创之业，则迥非事实。此读《文心》与《文选》者，应先明辨之一事也。[①]

二、刘勰文学见解之渊源

裴子野《雕虫论》云：

> 宋明帝博好文章……天下向风，人自藻饰。雕虫之艺，盛于时矣。（以上序）……宋初迄于元嘉，多为经史，实好斯文。……自是闾阎少年，贵游总角，罔不摈落六艺，吟咏性情。学者以博依为急务，谓章句为专鲁。淫文破典，斐尔为功。无被于管弦，无止乎礼义。深心主卉木，远致极风云。其兴浮，其志弱。巧而不要，隐而不深。讨其宗途，亦有宋之风也。（《全梁文》五十三）

---

① Prof. J. R. Hightower 于 The Wen Hsuan and Genre Theory（《文选与文体论》）谓："Its contents are diversified enough to suggest theat Hsiao Tung was trying to provide specimens of all the forms of literature and perhaps even to arrange them in some kind of significant order."（*HJAS* VI. 20，1957）案《文心》区分文体，系因乃当日分体总集之成例，昭明又在其后，更不待论矣。

《宋书·明帝（刘彧）纪》云：

（帝）好读书，爱文义。在藩时，撰《江左以来文章志》。……旧臣才学之士，多蒙引进，参侍文籍。

宋世文章之盛，良由在上鼓吹之功。流风所被，弃经学而尚文藻。益以文、笔观念之区别日严，遂有萧统“事出沉思，义归翰藻”之说，以重定文学之义界。若裴子野持论，无非欲其可被于弦歌，而止乎礼义。质言之，在阻止文学，使勿脱于经学之藩篱，俾文质相依为用。此乃自汉以来传统之文学观，非子野一人之私言也。[①] 彦和《文心》，力主宗经，与子野持论宗旨相符。不特说明各种文体皆导源于五经，且极于经书中探索“文”之意义，以立其建言之根据。考经传所见“文”之主要观念，大抵如下：

一曰文与质：

《礼》云：“子曰：虞、夏之质，殷、周之文，至矣。虞、夏之文不胜其质。”

《论语》：“文质彬彬，然后君子。”

应玚著《文质论》（其文多有用韵），以为“二政代序，有文有质”，而归结于“言辨国典，辞定皇居，然后知质者不足，而文者有余”。虽为论典制而非专言文事，然其说可与魏文“文章经国之大业”相表里，而所重则在“文”也。若彦和之论，则云“古来文章，以雕缛成体”（《序志》篇），而“篇章杂沓，质文交加”（《知音》篇）。“然恳恻者，辞为心使；浮侈者，情为文使。繁约得正，华实相胜。唇吻不滞，则中律矣。”（《章表》篇）是则舒文载实之说，所重乃在乎“质”矣。故彦和责应氏之论为“华而疏略”（《序志》），职是故也。又谓“文附质”而“质待文”，“心定而后结音，理正而后摛藻，使文不灭质，博不溺心”，“乃可谓雕琢其章，彬彬君子矣”（《情采》篇）。文质相倚之义，至是已无遗蕴矣。

二曰文与武：

---

① 扬雄云：“好书而不要诸仲尼，书肆也；好说而不见诸仲尼，说铃也。”此《征圣》、《宗经》之旨。谭献《复堂文录》甲叙亦论“摛文之士，必本经术”。

《诗》云："允文允武。"

《礼》云："故可以为文，可以为武。"

《左传》云："有文事者，必有武备。"

文武本自异途，彦和则合一之。既主华实相胜，且力倡文武兼资。故识"扬马之徒，有文无质，所以终乎下位"，而言"文武之术，左右唯宜"。郤縠、孙武，可为楷式。是以"摛文必在纬军国"（具见《程器》）。此虽本《周书·梓材》之说，贵器用而兼文采，实亦取乎《诗》"允文允武"之意，与晋宋文人见解迥殊，要亦依经以立论者也。

最广义之"文"，兼指天文与人文。《易》称天文、地文及鸟兽之文，又曰"文明"。

《易》："观乎天文，以察时变，观乎人文，以化成天下。"

又："观鸟兽之文，与地之宜。"

又："其德刚健而文明，应乎天而时行。"

又："文明以止，人文也。"

《左传·昭二十八年》："经纬天地曰文。"

应玚论文，溯源于剖判，造分天地，化成万物。故曰："日月运其光，列宿曜于文，百谷丽于土，芳华茂于春。是以圣人合德天地，禀气淳灵；仰观象于玄表，俯察式于群形；穷神知化，万物是经。"《文心》首《原道》篇，论"文之为德，与天地并生"。日月山川，皆道之文；旁及万品，动植草木，无非文者。要以观天文以极变，察人文以成化，然后能经纬区宇，彪炳辞义。鼓天下者，存乎辞。人文与天文，经纬为一。故曰："文明以健，珪璋乃骋。"（《风骨》篇）此义也，近参应氏，而远追羲文。究其原，实出于《易》也。若夫人文之盛，莫切于礼乐，故经每称"礼乐之文"。

《礼》 识礼乐之文者能述。

忠信，礼之本也；义理，礼之文也。

礼自外作，故文。

乐者，异文合爱者也。

屈伸俯仰，缀兆舒疾，乐之文也。

《论语》　文之以礼乐。

古以礼法为文章（见《左传》“考文章”杜注：“礼、法也”）。彦和因谓：“文章之用，实经典枝条。五礼资之以成，六典因之致用；君臣所以炳焕，军国所以昭明。详其本源，莫非经典。”则以文章之大用，即经典之辞训。而文之精义，尤在乎社会作用。故于《征圣》篇列举“政化贵文，事迹贵文，修身贵文”三义。修、齐、治、平之务，无非“文章”。孔子赞尧曰“焕乎其有文章”，褒周则曰“郁郁乎文”，此皆“文”之广义。故曰：“精理为文，秀气成采。”非“言辞”始谓之“文”，凡“述作威仪礼法有文彩”者（《论语》邢疏），皆文章也。《荡之什》诗序云：“厉王无道，天下荡荡，无纲纪文章，故作是诗。”亦以“文章”指法度也。（谥法以文为号者尤多，兹不具论）。

经书中以容貌为形文：《礼》：“信以结之，容貌以文之。”

节奏为声文：《礼》：“故形与声，声成文，谓之音。”

称情制礼，亦谓之文：《礼》：“称情而立文，咽以饰群。”

彦和《情采》篇，因区形文、声文、情文三者，亦取资于《礼》而加以变通者。由此知彦和之所谓文，乃继承孔子广义之“文”之观念，加以发扬；尤重视文学在社会生活中之地位与作用。此与齐、梁以沉思翰藻始得为“文”之狭义文学观念，大异其趣。故其立论，不得不溯源于经典，而大倡“征圣”与“宗经”也。

惟此一说，乃汉以来之传统文学观。刘向《说苑》有《修文》篇，又有《反质》篇，盖主文质合一。

《修文》篇：“礼乐者，行化之大者也……故圣王修体文，设庠序。……”

又：“文王始接民以仁，而天下莫不仁焉。文，德之至也。”

《诗》曰：“雕琢其章，金玉其相，言文质美也。”

《反质》篇：“质有余者，不受饰也。”

又：“是以圣人见人之文，必考其长。”

此先乎应玚、彦和而倡合文质之论者也。

汉人对“文学”二字之解释，多折衷于礼乐、礼法。崔瑗《南阳文学颂》云：

故观礼则体敬，听乐则心和，然后知反其性而正其身焉。取律于天以和声，采言于圣以成谋。以和邦国，以谐万民。

王粲《荆州文学记官志》：

于先王之为世也，则象天地，轨仪宪极，设教导化，叙经志业。……夫文学也者，人伦之守，大教之本也。

徐幹《中论·艺纪》篇，则主德艺合一。

艺者，所以事成德者也；德者，以道率身者也。艺者，德之枝叶也；德者，人之根干也。

又："既修其质，且加其文。文质善，然后体全。"

又："礼乐之本也者，其德者乎？《诗》云：我有嘉宾，德音孔昭。视民不佻，君子是则是效……"此礼乐之所贵也。

又："艺者，心之所使也；仁之声也，义之象也。……"

此与应玚同时，而主合文质，兼德艺之说者也。

降及晋世，挚虞之总论文章云：

文章者，所以宣上下之象，明人伦之叙，穷理尽性，以究万物之宜者也。

李充《翰林论》：

诸葛亮之表刘主，裴公之辞侍中，羊公之让开府，可谓德音矣。

又："盟檄发于圣旅，相如谕蜀父老，可谓德音矣。"

挚虞之释文章，何异于仲宣？李充之主德者，正同符于伟长。今观彦和之论文，盖承此一传统之文学观念而来。不独主"合文质"、"同德艺"，且"兼文武"，可谓为综合之广义文学观。徐幹、挚虞但主德文同一，而彦和且欲统一文武。如是之综合文学论，直以"文学"为"文化"。在当日文、笔严分畛域之狭义文学家观之，则不免离题过远。其说之不为时流所重，固矣。

三、刘勰思想与宗炳、颜延之之关系

彦和论文，主神理说。《原道》篇云："言之文也，天地之心哉。……谁其尸之，亦神理而已。"又云："玄圣创典，素王述训，莫不原道心以敷章，研神理而设教。"故特著《神思》一篇，以为"文之思也，其神远矣"，而神妙无方，惟"至精而能阐其妙，至变而能通其数"。渊微所至，则轮扁亦不能言者矣。按神理之论，自与佛氏之说有关，惟自晋宋以来，论艺术者，恒本神思之旨，发为玄远之论。宗炳之《序山水》，谓"乐趣融其神思"；王微之《叙画》，亦以明神之降，即画之情。此固庄生之玄言，移以论画评文，于理原无二致也。

宗炳《画山水序》云：

> 圣人含道应物，贤者澄怀昧象。……夫圣人以神发道，而贤者通山水，以形媚道。……夫理绝于中古之上者，可意求于千载之下；旨征于言象之外者，可以取于书策之内。况乎身所盘桓，目所绸缪，以形写形，以色貌色也……夫以应目会心为理者，类之成巧，则目亦同应，心亦俱会。应会感神，神超理得。虽复虚求幽岩，何以加焉？又神本亡端，栖形成类，理入影迹，诚能妙写，亦诚尽矣。于是闲居理气，拂觞鸣琴，披图幽对，坐究四荒。不违天励之丛，独应无人之野。峰岫荛嶷，云林森渺。圣贤映于绝代，万趣融其神思，余复何为哉？畅神而已。神之所畅，孰有先焉。（《全宋文》二十）

此篇高妙绝伦，实晋、宋间之名篇，岂彦和《神思》篇所可望其项背？

王微有《叙画》一篇：

> 望秋云，神飞扬；临春风，思浩荡……绿林扬风，白水激涧。呜呼！岂独运诸指掌，亦以明神降之。此画之情也。（《历代名画记》六）

颇疑彦和"神思"之说，与宗炳辈不无相关之处。彦和之书，世多诵习，而宗炳罕有问津，故表出之。至宗炳《明佛论》，亦彦和《灭惑论》之先河也。《明佛论》言练神处尤夥，如云：

《书》称知远，不出唐、虞；《春秋》属辞，尽于王业。礼乐之良敬，诗书之温洁，今于无穷之中。焕三千日月以列照，丽万二千天下以贞观。乃知周、孔所述，盖于蛮触之域，应求治之粗感，且宁乏于一生之内耳。逸乎生表者，存而未论也。若不然也，何其笃于为始形，而略于为神哉？……而学者惟守救粗之阙文，以书礼为限断。闻穷神积劫之远化，炫目前而永忽。不亦悲夫！呜呼！有似行于层云之下，而不信日月者也。今称一阴一阳之谓道，阴阳不测之谓神者，盖谓“至无”为道，阴阳两浑，故曰一阴一阳也。自道而降，便入精神，常有于阴阳之表，非二仪所究，故曰阴阳不测耳。君平之说一生二谓神明，是也。

夫至治则天，大辟滔天，其要心神之为也。尧无理不照，无欲不尽，其神精也；桀无恶不肆，其神悖也。……

夫圣神玄照，而无思营之识者，由心与物绝，唯神而已。故虚明之本，终始常住，不可凋矣。今心与物交，不一于神，虽以颜子之微，而必乾乾钻仰，好仁乐山，庶乎屡空。皆心用乃识，必用用妙接，识识妙续，如火之炎炎，相即而成烂耳。今以悟息心，心用止而情识歇，则神明全矣。

所论极精。今不殚繁引，要以明神之妙用，即治乱之本，亦心神之为。推之，为文作画，何莫不然？故非练神，无以臻其极挚。此宗炳言画，以畅神为先，彦和言文，亦以神思为结虑之司契，职是故耳。宗炳颇非儒学，病其仅得粗迹，未究玄极；惟抱守阙文，莫闻穷神致化。因谓：“中国君子，明于礼义，而开于知人心，宁知佛心乎？今世业近事，谋之不臧，犹兴丧及之，况精神我也。得焉则清升无穷，失矣则永坠无极。可不临深而求，履薄而虑乎？”其所追求者，不止畅其神明而已，乃在乎“精神我”之不灭。[1] 此已非文学艺术

---

① 宗炳云“精神我也”，《弘明集》“我也”作“作哉”。“精神我”之义已近婆罗门之 Atman。在古 Sata pn tha Brahmana 中言，The Soul as at man 能行正道（dhārma）者可得 Ksatrasya Ksatram（the strength of Strengths），如是可入极乐世界（参 S. Vidyabhusana，*History of Indian Logic*，p. 3），此即宗炳所蕲求者。此“精神我”乃灵魂不灭。It is eternal and everlasting and ys not killed though the body is killed. The wise man who knows the soul as bodiless within the body as unchanging among changing things，故得则清升，失则永坠。

之范畴，而为宗教之境域。顾其文学艺术之“神理”，亦由此出。若干文艺思想，必循宗教思想以抉发之，否则探骊得珠，殊非易事。斯亦其一例也。

宋初以来，神不灭之说，方兴未艾。若（丹阳尹）郑鲜之，亦有《神不灭论》，主神为生本，其源至妙。与宗炳所论，殊途同归，皆导彦和《灭惑论》之先路。其文皆载于《弘明集》，亦彦和所诵习者。其时文豪若颜延之，亦信奉佛法。考其文艺理论，与彦和实亦沆瀣一气。间曾论之，彦和之文艺思想，颇受颜延之之影响。延之理论，见于《庭诰》。惜今存者，非其全帙。然尝鼎一脔，犹可睹其梗概。兹举要如次：

（一）“言道”、“论心”为论事之本

《庭诰》云：“达见同善，通辨异科。一曰言道，二曰论心，三曰校理。言道者，本之于天；论心者，议之于天；校理者，取之于物。从而别之，繇途参陈，要而会之，终致可一。”（《弘明集》十三）此造论之一般法则。文之道，何能异是？故彦和《文心》，首揭《原道》。乃曰：“文之为德也，大矣；可与天地并生。”又曰：“心生而言立，言立而文明，自然之道也。”又曰：“言之文也，天地之心哉。”此即言道者本之于天之义。其书名曰《文心》，亦所心论心而议之于人，此岂非循延之之轨辙乎？

（二）“形”、“神”之辨及治心为先

《庭诰》云：“为道者，盖流出于仙法，故以臻形为上；崇佛者，本在于神教，故以治心为先。……况神道不形，固众之所假，未能体神而不疑。神无者以为灵性密微，可以积理知；洪变欻怳，可以大顺待。照若镜天，肃若窥渊，能以理顺为人者，可与言有神矣。”（《弘明集》十三）此以形、神区别道与释，与彦和《灭惑论》正有同符。《灭惑论》云：“佛法练神，道教练形。形器必终，碍于一垣之里；神织无穷，再抚六合之外。”即因颜说而引申者也。循是而衍绎之，故彦和论文，首重“神理”。又专立《神思》一篇，冠于笔术之首，谓：“思理为妙，神与物游。神居胸臆，而志气统其关键。……关键将塞，则神有遁心。”以为心思出于神，神即作文之基本动力。此与治心为先，亦同一原理。

（三）文笔之辨以“史传”入笔

颜氏“精于论文”（《诗品》），其论文、笔之语，不见于现存之《庭诰》，

惟《文心·总术》篇云：夫“文”以足言，理兼诗书。别目两名，自近代耳。颜延之以为“笔之为体，言之文也。经典则言而非笔，传记则笔而非言”。

略窥梗概。测其意，似颜氏区为言、笔、文三等，而以史传归入“笔”之范围。笔亦“言”之有文者也。彦和以史传、诸子纳入笔中，未始非基于颜氏之说。《总术》篇对颜氏多加非难，论者以为未当。① 考其重视诸子，子受葛洪之影响；其采及史传，则又根据延之传记属于笔之说。彰彰明甚。

（四）观书贵体要

《庭诰》云：“观书贵要，观要贵博。博而知要，万流可一。……褒贬之书，取其正言晦义，转制衰王，微辞宣旨。”《文心·征圣》篇：“《易》称辨物正言，《书》云辞尚体要。……虽精义曲隐，无伤其正言；微辞婉晦，不害其体要。体要与微辞皆通，正言共精义并用，圣人之文章，亦可见也。”对于观要与正言、微辞相关之义，显受《庭诰》之启发，而加以推阐者。

（五）彦和诗说多同颜延之

《庭诰》引荀爽云：“诗者古之歌章。……逮李陵众作，总杂不类。元是假托，非尽陵制。至其善写，有足悲者。”按《明诗》篇：“成帝品录……词人遗翰，莫见五言，所以李陵、班婕妤见疑于后代也。”即缘本是说。

又《庭诰》：“至于五言流靡，则刘桢、张华；四言侧密，则张衡、王粲。若夫陈思王，可谓兼之矣。”（《御览》五八六）而《明诗》篇云“四言……则雅润为本，五言……则清丽居宗……兼善则子建、仲宣，偏美则太冲、公幹”等语，亦略本此而加变通。

他若“隐秀”二字，出颜延之《颜府君家传铭》“青州隐秀，爰如贞居”句。凡此均足证彦和文论与颜延之关系之深。此非臆测之说，故举出之以质诸高明。②

四、《文心》各论之取材述略

《文心》各篇之取材非一，兹略证如下。其中多为前已言之者，不复举

① 见逯钦立《说文笔》，《史语所集刊》十六本，203—204页。

② 高桥和己有《述颜延之之文学》，见《桥本古稀纪念东洋学论丛》，108页。然于颜氏文学思想涉论至略。

出，以省繁冗。

原道 法《淮南子》首《原道训》。

征圣 体要、微辞、正言诸义，俱本颜延之《庭诰》。说见前。

宗经 桓谭《新论》有《正经》篇（第九）。如言“古袟《礼记》、古《论语》、古《孝经》，乃嘉论之林薮，文义之渊海也”，即以经为文辞之源。

明诗 《庭诰》“五言流靡，四言侧密，陈思兼之”，即彦和所本。

诠赋 桓谭《新论》有《道赋》篇（第十二），《全汉文》辑存四条。如云“子云言能读千赋则善赋”，彦和引用之。皇甫谧《三都赋序》举相如、扬、班、张、马、王六家为赋之魁杰，彦和则益前此之荀、宋、枚、贾四家，进王褒而退季长，盖合皇甫谧、挚虞之说折衷之。《文章流别》论赋极详。“四过”之说，较《文心》为精。

颂赞 大致采挚虞。

铭箴 蔡邕有《铭论》（《全后汉文》七四），崔瑗有《叙箴》（《全后汉文》四五）。

哀吊 间亦取挚虞。

杂文 取傅玄《七谟序》、《连珠序》。

谐隐 《汉书・艺文志》有《讔书》十六篇。

诸子 用葛洪《尚博》篇说。

诏策 参蔡邕《独断》。

神思 “神思”二字及其义，取自宗炳。

通变 论变以陆机《文赋》为精，此参其说。

定势 论“势”肇于刘桢。《陆厥传》：“刘桢奏书，大明体势之致。”

情采 “情文”二字，出陆云与兄机“此是情文”语。

隐秀 二字见颜延之《颜府君家传铭》。

丽辞 梁世朱澹远有《语对》十卷，《语丽》十卷。见《隋志》（又见《金楼子・聚书》篇）。

附会 刘逵《三者赋序》：“傅辞会义。”（《晋书・文苑・左思传》）附会即傅会。

指瑕 《颜氏家训・文章》篇：“江南文制，欲人弹射，知有病累，随即改之。”是指瑕之作，亦江南之习尚也。

知音 贵远贱近一段，本《抱朴子・广譬》篇。又六观之术，按刘劭《人物志》有《八观》篇，此参其说。

程器 因魏文（《典论》）韦诞（《魏志·王粲传》引鱼豢《魏略》）之说，及宋袁淑《吊古文》（见《全宋文》四三）论古今文士之疵病。

兹略揭所知如上，其他未遑一一细考，容诸异日，再详论之。

五、刘勰与沈约

《梁书·文学传》云：

> 初，勰撰《文心雕龙》五十篇，论古今文体，引而次之。……既成，未为时流所称。勰自重其文，欲取定于约。约时盛贵，无由自达，乃负其书候约出，干之于车前，状若货鬻者。约便命取读，大重之，谓为深得文理，常陈诸几案。

知音之难，千古共叹。而酸咸异嗜，贵远贱近，文人相轻，自昔而然。故彦和于书末，特著《知音》篇，论次其事。沈约之于彦和，自是知音，然彦和此书，有意求合于沈约，实非一处。尝试论之。约于永明中，盛倡四声，陆厥、钟嵘，皆加非难，彦和独辟《声律》专篇以论之。所云“声有飞沉，响有双叠”，岂非休文“前有浮声，后须切响”乎？勰以宗旨相同，故获沈约之赏识①，此一事也。颜之推《家训》引沈隐侯云：“文章当以三易：易见事，一也；易识字，二也；易诵读，三也。”而《文心·练字》篇云：“自晋来用字，率从简易。时并习易，人谁取难？今一字诡异，则群句震惊；三人弗识，则将成字妖矣。”用字尚易之说，与休文正合。此二事也。连珠之兴，傅玄以为“兴于汉章之世”（《连珠序》），沈约则云：“窃闻连珠之作，始于子云。”（《注制旨连珠表》）而《文心·杂文》篇，乃曰“扬雄覃思文阔……肇为连珠”，即取休文之说。此三事也。是其持论与沈约颇多符契，见重于彼，良非偶然。黄山谷《与王观复书》云：

> 南阳②刘勰尝论文章之难云：“意飞空而易奇，文征实而难工。”此语亦是沈、谢辈为儒林宗主时好作奇语，故后生立论如此。好作奇语，自

---

① 此点纪昀《沈氏四声考》已论之。

② 谓刘勰籍贯南阳，实误，曾慥《类说》又误称“东平刘勰”，详王利器《文心雕龙新书序》。

是文章病，但当以理为主。理得而辞顺，文意自然出群拔萃。（《豫章黄先生文集》十九）

所举二句，见《神思》篇。山谷以为出于沈、谢辈，而彦和本之立论。谢不知何人，沈自指休文。然未闻休文有此说，未审山谷何所本耳。

《文心·镕裁》篇论，草创鸿笔，宜先标三准，即：（1）设情以位体；（2）酌事以取类；（3）撮辞以举要。[①] 按沈约《宋书·谢灵运传论》言建安之文云："甫乃以情纬文，以文被质。"以彦和此论相较，"情"即"设情"，"纬文"即"撮辞"，而"质"则"酌事"也。情、事、辞三者之分目，自是进一步。此彦和演衍之说，故各立专篇。其论设情则著《情采》，论酌事则撰《事类》，论撮辞则有《总术》等篇。其说似不无得自休文之启发，宜乎彦和书成，必欲取定于休文也。

六、《文心》一书对南北朝文学界之影响

叶廷珪《海缘碎事》谓"勰撰《文心雕龙》……沈约大赏之，陈于几案，于是竞相传焉。"末句虽出自意加，亦近情理。故《文心》一书，在当日朝野颇有影响。兹举三事论之。

（一）梁元帝萧绎

元帝在藩邸时，自号金楼子。其书《立言》篇下"管仲有言：无翼而飞者，声也；无根而固者，情也"一段，论陈思王《武帝诔》、《明帝颂》用事之讹，即袭取《文心·指瑕》之文。[②] 又元帝之《内典碑铭集林序》及《立言》篇下主为文须华实兼资，似取《文心》之说。

（二）颜之推

《颜氏家训·文章》篇云：

凡代人为文，皆作彼语，理宜然矣。至于哀伤凶祸之辞，不可辄

① 参刘永济《释刘勰的三准论》，载《文学研究》第二期，1957。

② 龙溪精舍本《金楼子》，卷四、九、十七。此杨明照《文心雕龙校注》附录四已举出。

代。……陈思王《武帝诔》，遂深永蛰之思；潘岳《悼亡赋》，乃怆手泽之遗。是方父于虫，匹妇于考也。

颜黄门所举陈思、潘岳用事不伦二端，乃本《文心·指瑕》篇，称引之以诫后昆。足见《指瑕》篇在当日之脍炙人口。与《家训·文章》篇，取诸彦和者，为说非一。如：（1）论文章各体原出五经之同于《宗经》篇；（2）论文人无行之同于《程器》篇；（3）论文章当以理致为心肾，气调为筋骨，事义为皮肤之同于《体性》、《附会》①；（4）论诗文之逸气之同于《定势》篇。② 并见之推得力于《文心》者多。之推始服官于梁，为员外郎，元帝承圣初，与王褒等同校秘阁史部之书。③ 未奔齐以前，彦和之书，固曾经眼，自无疑者。

（三）萧子显

子显《南齐书·文学传论》言："属文之道，事出于神思。感召无象，变化无穷。"又言："若无新变，不能代雄。"盖因袭彦和《神思》篇"神用象通，情变所孕"，及《通变》篇"通变无方，数必酌于新声"等。子显为子范第八弟，永元末，为给事中。其《南齐书》盖成于梁世，于《文心》一书，谅已寓目，故暗用其说而不自觉也。

以上皆梁时学人援用《文心》之明证。至于陆德明之袭用《体性》篇语，孔颖达《尚书正义》、李善《文选注》、刘知幾《史通》袭取尤多④，更在其后，兹不具论。

七、结论

自刘师培以《中古文学史》执教北大，提倡俪文，多缀录《文心》语，以资评骘。其后黄季刚撰《文心札记》，其门人秉其余绪，撰为《讲疏》。至

① 《文心·附会》篇："夫才量学文，宜正体制。必以情志为神明，事义为骨髓，辞采为肌肤，宫商为声气。"又《体性》篇："辞为肤根，志实骨髓。"颜黄门语盖仿此。郭绍虞《中国文学批评史》上卷，第四篇第三章已举出。

② 颜氏《文章》篇云："凡为文章，犹人乘骐骥。虽有逸一众，当以衔勒制之。"盖本《定势》篇"不必壮言慷慨，乃称曰势"，必须"执正以驭奇"之说。

③ 参颜之推《观我生赋》自注，及周法高《颜之推年谱》。

④ 俱见杨明照《文心雕龙校注》，附录四。

于近世，《文心》遂为显学，影响及于域外，其书且有英译①。西方学者以为治中国文学，非问途此书，无以获从入之门。惟《文心》一书，梁时已不甚为时流所称；即唐宋之世，亦复如是。究其原因，盖南北文论之作，非复一家。若张士简《文衡》，视彦和书虽未知孰为优劣，然正可相颉颃。而杜正藏之《文轨》，号曰《新书》，久沾溉于场屋②，且仲洽《流别》，宏度《翰林》，其书具存，足供玩索。而彦和于齐、梁之际，混迹缁流，亦非真能文章负时誉者也。日僧空海撰《文镜秘府论》，即效彦和之所为。然于彦和之文，犹病“其连章结句，时多涩阻”，而叹“所谓能言之者，未必能行者也”（《四声论》篇）。彦和《文心》，唐宋名家，实罕推重。文宗如韩柳，诗祖如李杜，未闻致力于《文心》，而后下笔。东坡于萧选，固多诟病，其于《文心》，自所未暇。黄山谷、晁公武对彦和犹多贬辞。③ 盖彦和之文，未臻于高妙。清史念祖谓其“文亦称赡雅，而征引既繁，或支或割，辞排气壅，如肥人艰步，极力腾踔，终不越江左蹊径”，极中其病。彦和于诗尤疏，汪师韩至谓其“以绮丽说诗，后之君子所斥为不知理义之归也”。史称彦和为文，长于佛理，今读其《剡山石城寺石像碑》，亦复平滞鲜气，风力都乏，诚不免“肥人艰步”之诮；以视王巾《头陀寺碑》，如矮人观场，望尘莫及矣。于兹可见彦和文章，实居第二流以下，在当时只见重于寺僧而已。其于文学，乃欲敷任论心，品藻胜流，其不易为刘孝绰、张率、陆倕辈之重视可知。盖“非知之难，而能之难”，彦和所以未获时流所称，倘以是欤？虽然，《流别》、《翰林》之书，今已散亡，惟此五十篇，巍然灵光，扬榷六代之文，舍此罔由津逮。于是人矜为瑰宝，家奉作准绳。此书遂与萧选同为文苑之邓林，如泰华之并峙矣。

原载《文心雕龙研究论文选粹》

① Vincent Yu-chung Sirh, *The Literary Mind and the Carving of Dragon by Lu Hsieh*, Columbia University Press.

② 详拙作《刘勰以前及其同时之文论佚书考》。

③ 山谷书牍与王立之，谓《文心》所论未极高。晁公武《郡斋读书志》讥彦和之“疏略”。

《文心雕龙·原道篇》疏[1]

文之为德也，大矣！[2]与天地并生者，何哉[3]？夫玄黄色杂[4]，方圆体分。[5]日月叠璧[6]，以垂丽天之象[7]；山川焕绮[8]，以铺黄地之形[9]；此盖道之文也。[10]仰观吐曜[11]，俯察含章[12]，高卑定位，故两仪即生矣[13]；惟人参之，性灵所钟[14]，是谓三才。[15]为五行之秀，实天地之心。[16]心生而言立[17]，言立而文明[18]，自然之道也。[19]傍及万品[20]，动植皆文。[21]龙凤以藻绘呈瑞[22]，虎豹以炳蔚凝姿。[23]云霞雕色，有逾画工之妙；草木贲华[24]，无待锦匠之奇。夫岂外饰，盖自然耳。[25]至于林籁结响，调如竽瑟[26]；泉石激韵，和若球锽。[27]故形立则章成矣，声发则文生矣。[28]夫以无识之物，郁然有彩，有心之器，其无文与！[29]

人文之元[30]，肇自太极[31]；幽赞神明[32]，易象惟先。[33]庖牺画其始[34]，仲尼翼其终。[35]而乾坤两位，独制文言。[36]言之文也[37]，天地之心哉！若乃河图孕乎八卦[38]，洛书韫乎九畴[39]，玉版金镂之实，丹文绿牒之华[40]，谁其尸之？亦神理而已。[41]自鸟迹代绳[42]，文字始炳，炎、皞遗事，纪在三坟[43]，而年世渺邈，声采靡追。[44]唐、虞文章，则焕乎始盛。[45]元首载歌，既发吟咏之志[46]；益稷陈谟，亦垂敷奏之风。[47]夏后氏兴，业峻鸿绩[48]，九序惟歌[49]，勋德弥缛。[50]逮及商、周，文胜其质。[51]雅、颂所被，英华日新。[52]文王患忧[53]，繇辞炳曜。[54]符采复隐[55]，精义坚深。[56]重以公旦多材[57]，振其徽烈[58]，制诗辑颂。[59]斧藻[60]群言。[61]至夫子继圣，独秀前哲。[62]镕钧六经[63]，必金声而玉振。[64]雕琢情性[65]，组织辞令[66]，木铎起而千里[67]应，席珍流而万世响。[68]写天地之辉光[69]，晓生民[70]之耳目矣。[71]

爰自风姓[72]，暨于孔氏，玄圣创典，素王述训[73]，莫不原道心以敷章[74]，研神理而设教[75]，取象乎河洛[76]，问数乎蓍龟[77]，观天文以极变，察人文以成化[78]；然后能经纬区宇[79]，弥纶彝宪[80]，发挥事业[81]，彪炳辞义。故知道沿圣以垂文，圣因文而明道[82]，旁通而无滞，日用而不匮。[83]《易》曰："鼓天下之动者存乎辞。"[84]辞之所以能鼓天下者，乃道之文也。

赞曰[85]：道心惟微[86]，神理设教。光采玄圣，炳燿仁孝。[87]龙图献体，龟书呈貌。[88]天文斯观[89]，民胥以傚。[90]

注释

［1］以"原道"发端者，纪昀评云："文以载道，明其当然；文原于道，明其本然。"晋宋以来，治学宗旨，在于体道通玄。彦和薰沐玄风，自莫能外；又精释典，务达心源。故其论曰："至道宗极，理归于一；妙法真境，本固无二。"《灭惑论》此犹许氏《说文》以一部为首，所谓"惟初太始，首立于一"。其何以异？夫道者，"弘乎至化，通乎至理，万物由之以通"（《法言》李轨注），包裹天地，纲纪万物，学者贵能执道之要柄，以游于无劳之地，故《淮南鸿烈》，首《原道》之训，扬雄《法言》，揭《问道》之旨。彦和论文，探源于道，即有取乎此也。范注云："彦和所称之道，指圣贤之大道而言。"引《周礼》"儒以道得民"为说，昧其本根，义未周浃。治学贵有宗要，因明立量，首重宗体。刘氏运佛老之知量，接尧舜之心传，推原道枢，以立文学之本体，自为当时"穷宗极"、"探心源"之学术风气下之产物也。治本书者，应先明此第一谛。

［2］此首揭文之德性。《中庸》："鬼神之为德，其盛矣乎！视之而弗见，听之而弗闻。"句法略同。《正义》曰："此一节明鬼神之道，无形而能显著诚信。"以"道"训"德"。德，《说文》云："升也。"字在彳部。亦借为"悳"。《说文》心部："悳，外得于人，内得于己也。"贾子《道德说》："所得以生谓之德，内得于己之谓也。"又《道术》曰："施行得理谓之德，外得于人之谓也。"训诂书若《释名》、《广雅》均以"得"训"德"。《礼记·乐记》："德者，性之端者也。"《论语》："道之以德。"皇疏引郭象说："德者，得其性者也。"是"德"犹"性"矣。《说文粹言疏证》："德兼内外，即宋儒体用之谓。"彦和所谓文之为德，盖兼文之体用言之。

文德一词，始见《易·小畜☰》，大象："君子以懿文德。"《诗·江汉》

云："矢其文德，洽此四国。"《左·襄二十七年传》："兵之设久矣，所以威不轨而昭文德也。"《论语·季氏》："故远人不服，则修文德以来之。"伪《大禹谟》："帝乃诞敷文德。"孔传即引《论语》为说。文德盖即《易·大有》彖辞所谓："其德则健而文明者也"。《舜典·洛诰》言"文祖"，孔传训为"文德之祖"。《诗·江汉》："告于文人"。毛传称："文人，文德之人。"此经传所见"文德"二字之义，"盖指文教德化而言也"。汉人于文德，或析言之，《法言·君子》篇："或问君子，言则成文，动则成德，何以也？曰：以其弸中而彪外也。"李注："弸，满也；彪，文也。积行内满，文辞外发。"此分文与德为内外，王充本是说，加以敷陈，其《书解》篇云："《易》曰：圣人之情见乎辞。出口为言，集礼为文，文辞施设，实情敷烈。夫文德，世服也；空书为文，实行为德，著之于衣为服。"又《佚文》篇亦言："文德之操为文。""人无文德，不为圣贤。"以为有充实之德，然后有光辉之文，否则空书而已。斯又《论语·宪问》"有德者必有言，有言者不必有德"一义之引申也。北齐杨遵彦本之著《文德论》（章学诚《文史义》亦有《文德》篇，主临文必敬，论古必恕，为文德之要，此又别一义也），今佚不传。凡此之言文德，谓著为丽辞者，须有德操，使外形与内诚，两相符会，合道德文意而一之。若彦和所论之文德，则兼贯天人，盖以道术言，而非以德艺言，更为弘通也已。

［3］《庄子·齐物论》："天地与我并生，万物与我为一。"彦和于此，推其说以论"文"。陆机《文赋》："彼琼敷与玉藻，若中原之有菽。同橐籥之罔穷，与天地乎并育。"（《老子》云："天地之间，其犹橐籥乎？"）谓文意与天地并生而同流，盖自天地剖判以来，宇宙间事事物物，秩然粲然，无非文章也。

［4］《易·坤》卦上六："龙战于野，其血玄黄。"《坤·文言》："夫玄黄者，天地之杂也，天玄而地黄。"《周礼·考工记》："画缋之事，杂五色。……天谓之玄，地谓之黄。……玄与黄相次也。"《系辞传》："爻有等，故曰物，物相杂，故曰文。"《正义》："言万物递相错杂，若玄黄相间，故谓之文也。"按物本亦指文采。《周语》云："服物采章"。《左·隐五年传》："取材以章物采谓之物。"其下文言"昭文章"。服虔注谓为"辨旗物之用"。《左·桓二年传》："火龙黼黻，昭其文也；五色比象，昭其物也。"以文、物与度、数、声、明相次，故云："文物以纪之。"章氏《文始》："文者，错画杂文，对转队，与'勿'相转，'物'本毛物，'物'亦交之对转孳乳也。"按《说文》："文，错画也，象交文。"又："勿，州里所建旗，象其柄，其三游，杂

帛，幅半异。”而物者，《诗·小雅》：“三十维物。”《传》云：“异毛色三十也。”物亦训色。《周礼·犬人》：“用牷物。”郑司农注：“色也。”又《杂人》：“辨其物。”郑注：“毛色也。”物本指杂色牛（参徐灏《段注笺》，王国维《释物》），引申为毛色物色。是故杂文曰文，杂帛曰勿，杂色曰物，三义相承，所谓“物相杂曰文”者，可了然矣。言玄黄色杂，色杂，即指文章物采也。

［5］《大戴礼·天圆》篇：“天道四圆，地道四方。”《周礼·考工记·辀人》：“轸之方也，以象地也；盖之圜也，以象天地。”

［6］《汉书·律历志》：宦者淳于陵渠，复覆太初历，晦朔弦望绵最密，日月如合璧，五星如连珠。孟康曰：“谓太初上元甲子夜半朔旦冬至时，七曜皆会聚斗牵牛分度，夜尽如合璧连珠也。”《经典释文》《书·顾命》“重光”下引马融云：“日月星也。太极上元十一月朔旦冬至，日月如叠璧，五星如连珠，故曰重光。”叠璧与合璧义同。马云“太极上元”者，《律历志》云“三统二千三百六十三万九千四十而复于太极上元”是矣。李铣《三统术注》：“上元之首，夜半冬至合朔，日月如合璧，历千五百三十九年，而又夜半冬至合朔，日月如合璧谓之统。”按三统为一元，一统为一五三九岁，一元则四六一七岁也。

［7］《易·离》卦彖曰：“离，丽也。日月丽乎天，百谷草木丽乎土，重明以丽乎正，乃化成天下。”王弼注：“丽犹著也。各得所著之宜。”

《易·系辞》上：“在天成象，在地成形。”又：“悬象著明莫大乎日月。”又：“天垂象，见吉凶。”韩康伯注：“‘象’况日月辰星。”

［8］《说文》：“绮，文缯也。其文敧邪不顺，经纬之纵横也。……”任大椿云：“《西都赋》：‘提封五万，疆场绮兮。沟胜刻缕，原隰龙鳞。’又云：‘缴道骑错。’然则古之绮骑文，多为交错之状矣。”焕者，《论语·泰伯》：“焕乎其有文章。”《集解》：“焕，明也。”《释名》：“纨，焕也；细泽有光，焕焕然也。”

［9］铺字古与“敷”通。《小尔雅·广诂》：“铺、敷，布也。”《诗·常武》：“铺敦淮濆。”《释文》引《韩诗》作“敷敦”。《左·襄十二年传》引《诗》“敷时绎思”作“铺时绎思”。此云铺地之文，犹《禹贡》之言敷土，《山海经》作“布土”也。《文选·西都赋》：“桑麻铺菜。”李善注引《尔雅》曰：“铺，布也。”按《尔雅》无此训，应是出《小尔雅》。（铺，普胡切。俗作舖，非。）《易·系辞》：“在地成形。”王弼注：“‘形’况山川草木也。”又《易·系》：“仰以观于天文，俯以察于地理。”《正义》曰：“天有悬象而成文

章，故称文也；地有山川原隰，各有条理，故称理也。”《诗·信南山》：“我疆我理。”《毛传》：“理，分地理也。”《正义》曰：“分别地所宜之理。”《大戴礼·少闲》：“庶人仰视天文，俯视地理。”《文子·上德》篇：“天道为文，地理为理。”《论衡·佚文》云：“天有日月星辰谓之文，地有山川陵谷谓之理。”（《意林》引，又《御览》三六引）又《书解》篇云：“上天多文，而后土多理。二气协和，圣贤禀受，法象本类，故多文采。瑞应符命，莫非文者。”《吴都赋》：“夫上图景宿，辨于天文者也；下料物土，析于地理者也。”

［10］《序志》篇云：“文心之作也，本乎道。”《韩非子·解老》云：“道者，万物之所然也，万理之所稽也。理者，成物之文也。道者，万物之所以成也。……天得之以高，地得之以藏，维斗得以成其威，日月得以恒其光，五常得之以常其位，列星得之以端其行，四时得之以御其变气，轩辕得之以擅四方，赤松与天地统，圣人得之以成文章。”《庄子·大宗师》及《淮南子·原道训》均有相同之语，盖道无乎不在，“天之所覆，地之所载，六合所包，雨露所濡”。道无所不被，故“文”亦无所不有。道与天地准，文亦如之。《老子》云：“人法地，地法天，天法道，道法自然。”依是而言，所谓“道之文”，即天地之文，亦即自然之文也。

［11］《释名·释天》：“曜，燿也，光明照耀也。”毕沅曰：“《说文》无‘曜’字，《玉篇》始有之。”魏明帝《山阳公赠册文》：“乾精承祚，坤露吐曜。”案《诗》“日月有曜”，曜指日而言。

［12］《易·坤》卦六三：“含章可贞，或从王事。”小象传：“含章可贞，以时发也；或从王事，知光大也。”《坤·文言》：“含万物而化光。”《诗·小雅》：“维其有章矣，是以有庆矣。”“章”字义同。

［13］《易·系辞》上：“天尊地卑，乾坤定矣。卑高以陈，贵贱位矣。”《正义》：“天以刚阳而尊，地以柔阴而卑。”又“《易》有太极，是生两仪，两仪生四象”。《正义》：“混元既分，即有天地，故曰：‘太极生两仪’。即《老子》云‘一生二’也。”不言天地，而言两仪者，指其物体下与四象相对，故曰两仪，谓两体容仪也。

［14］《荀子·王制》：“故天地生君子，君子理天地。君子者，天地之参也。”杨注：“参，与之相参，共成化育也。”《礼记·礼运》：“故圣人参于天地，并于鬼神。”《疏》：“圣人参拟于天地，则法于天地也。”又《孔子闲居》：“三王之德，参于天地。”郑注：“参天地者，其德与天地为三也。”《中庸》：“可以赞天地之化育，则可与天地参矣。”《法言·五百》：“圣人有以拟天地而

参诸身乎?”李轨注:“禀天地精灵,合德齐明,是以首拟天,腹拟也,四支合四时,五藏合五行,动如风雷,言成文章也。”按“参”有参拟之义,谓对法天地而身与之为三也。

［15］《易·系辞》下:“有天道焉,有人道焉,有地道焉,兼三材而两之。”石经初刻本作“才”。三才,天地人也。

［16］《礼记·礼运》:“故人者,其天地之德,阴阳之交,鬼神之会,五行之秀气也。”又:“故人者,天地之心也,五行之端也。”《正义》:“‘人者天地之心’也者,天地高远,在上临下,四方人居其中央,动静应天地,天地有人,如人腹内有心,动静应人也。故云‘天地之心’也。王肃云:‘人于天地之间,如五脏之有心矣,人乃生之最灵,其心五脏之最圣者也。’。‘五行之端’也者,端犹首也。万物悉由五行而生,而人最得其妙气,明仁义礼智信为五行之首也。”按《易·复》卦彖辞:“复,其见天地之心乎!”《正义》:“天地养万物,以静为心,不为而物自为,不生而物自生,寂然不动,此天地之心也。……观此复象,乃见天地之心。天地非有主宰,何得有心?以人事之心,托天地以示法尔。”此据王注参以老氏之训说之。其言“天地之心本静寂”,与《礼运》言“人为天地之心”,二义不同,至张横渠会通之,而谓“为天地立心”,则更进一步矣。

［17］立言与立德、立功为三不朽之一。王充以“立言”为重。《论衡·书解》篇云:“物以文为表,人以文为基,棘子成欲弥(止也,读为弭)文,子贡讥之。”又:“或曰:‘文王日昃不暇食,周公一沐三握发,何暇优游为丽美之文于笔札?’答曰:‘文王日昃不暇食,以谓演易而益卦;周公一沐三握发,为周改法而制。……夫禀天地之文,发于胸臆,岂为间作不(于)暇日哉!’”又云:“出口为言,著文为篇,古以言为功者多,以文为败者希。”依是以言,则视立言如立德、立功矣。为天地立心,而后发而为文,故心为立言之枢管。《淮南子·原道训》:“夫内不开于中而强学问者,不入于耳而不著于心,此何以异于聋者之歌也,效人为之而无以自乐也,声出于口则越而散矣。夫‘心’者,五脏之王也,所以制使四支,流行血气,驰骋于是非之境,而出入于百事之门户者也。是故不得于心而有经天下之气,是犹无耳而欲调钟鼓,无目而欲喜文章也,必不胜其任矣。”观此,心之重要可知矣。

［18］《易·乾·文言》:“天下文明。”《正义》:“故天下有文章而光明也。”《舜典》:“濬哲文明。”“文明”二字经典习见,此句“文明”与“言立”对举,则明为动词,应作“著明”、“昭明”解。

［19］心主于内，言发于外，此纯出乎自然。《淮南子·原道训》："体道者逸而不穷……修道理之数，因天地之自然，则六合不足均也。"又云："执玄德于心，而化驰若神。""穷无穷，极无极，照物而不眩，响应而不乏，此之谓'天解'。故得道者志弱而事强，心虚而应当。"是故"陶钧文思，贵在虚静"（《神思》篇）。所谓"独照之匠"，要能循于自然，无务苦虑，不假外饰。此自然之道，实道家之精义。刘永济云："初段明文心原道，盖出自然。首标文德侔天地之义，是文之原夫道也。次论人心参两仪之理，是文之原夫道也。末推阐心之物，声采并茂，莫非自然，以见文心原道，亦自然之符也。"

［20］杨云："傍，张松孙本作'旁'。按旁字是。《说文》：'旁，溥也。'又：'傍，近也。'近谊于此不惬，当原是旁字。《史记·五帝本纪》：'旁罗日月星辰。'《汉书·郊祀志上》：'旁及四夷。'张衡《东京赋》：'旁震八鄙。'足为推证。旁及万品者，犹言溥及万品耳。"按《史记》"旁罗"，《正义》云："犹星遍布也。"

［21］《论衡·书解》篇："龙麟有文，于蛇为神；凤羽五色，于鸟为君；虎猛，毛蚡蛇；龟知，背负文；四者体不质，于物为圣贤。且夫山无林，则为土山；地无毛，则为涡土；人无文，则为仆（朴）人，土山无麋鹿，涡土无五谷，人无文德，不为圣贤。"

［22］《书·益稷》："藻火粉米。"《淮南子·俶真训》："镂之以奇劂，杂之以青黄鲜，华藻铺鲜，龙蛇虎豹，曲成文章。"高注："华藻，华文也。""刻尊彝为蟠龙伏虎之状，故曰'曲成文章'。"此仿龙凤而为藻绘，然龙凤本身自有其藻绘也。杨云："《管子·水地》篇：'龙生于水，被五色而游，故神。'《韩诗外传》八：'夫凤，五彩备明。'"

［23］《易·革》卦象辞："大人虎变，其文炳也。""君子豹变，其文蔚也。"《法言·吾子》两"变"字作"别"，《京氏易》作"辨"，辨而辩也。《说文》："辩，驳文也。"《苍颉》篇："斑，文貌也。"字亦作"斑"。《上林赋》："被斑文。"李善注："斑文，虎豹之皮也。"而"炳"者，《说文》云："明也。""蔚"者，虞氏云："蔚，蔵也。"《说文》蔵训草多貌。毛西河《仲氏易》引王湘卿云："虎文疏而著曰炳，豹文密而理曰蔚。"

［24］杨云："《书》伪《汤诰》：'贲若草木。'伪《孔传》：'贲，饰也。……焕然咸饰，若草木同华。'此盖舍人语意所本。"

［25］《三国志·蜀志·秦宓传》："宓答书有云：'夫虎生而文炳，凤生而

五色，岂以五采自饰画哉？天性自然也。盖河洛由文兴，六经由文起。君子懿文德，采藻其何伤！以仆之愚，犹耻革子成之误，况贤于己者乎！’”孙蜀丞谓彦和语意本此。按秦宓此书，盖袭取《论衡·书解》篇语句。《论语·颜渊》：“棘子城曰：‘君子质而已矣，何以文为？’”终为子贡所屈。仲任举此以议徒质不文之误，（秦）子敕亦仍其说。

纪评云：“刘氏标自然为宗，所以针砭齐梁之文藻，日竞雕华。”按自然之义，实魏晋以来谈玄者之恒言。考钟记室《诗品》亦揭“自然”之说，如云：“感物咏志，莫非自然。”“自然英旨，罕值其人。”即其显例。玄学既以自然为根本义，一以贯之，于诗文之指归，当亦复尔也。

［26］李详云：“宋玉《高唐赋》：‘织条悲鸣，声似竽籁。’”杨氏云：“宋本《御览》卷五八一引作‘讽如竽琴’，日本喜多村直宽仿宋本《御览》作‘调如竽琴’，鲍崇城刻本《御览》作‘调如竹琴’。按诸本《御览》皆误，当作‘调如竽瑟’为是。古籍中无‘竽’、‘琴’连文者。《礼记·乐记》：‘然后钟磬竽瑟以和之。’《管子·霸形》篇：‘陈歌舞竽瑟之乐。’《墨子·三辩》篇：‘息于竽瑟之乐。’《庄子·胠箧》篇：‘铄绝竽瑟。’并其证也。宋本《御览》‘调’作‘讽’，乃形近之误。”

［27］宋本《说文》玉部：“球，玉声也。璆，球或作翏。”《集韵》十八尤引亦作“玉声也，一曰美玉”。大徐本作“玉磬也”。《系传》无“磬”字。《史记·孔子世家》：“瑶佩玉声璆然。”钱坫《说文讲诠》引《史记》此文，云作“玉声”为是。《书·益稷》：“夏击鸣球。”郑注：“鸣球，即玉磬也。”又锽，《说文》金部云：“钟声也。《诗》曰：‘钟鼓锽’。”从皇字多主声，玉部：“鍠，玉声也。”《说文》引《诗》见《周颂·执竞》，今《诗》字作“喤喤”。《毛传》云：“和也。”《汉书·礼乐志》颜注：“锽锽，和也。”按球为玉声，锽为钟声，锦锽训和，故曰：“和若球锽。”

［28］此两句一指形文，一指声文。《易·系辞》：“见乃谓之象，形乃谓之器。”韩康伯注：“成形曰器。”“章”字本指乐章（《说文》：乐竟为一章，从章十，十，数之终也），借以为彰。《诗·棫朴》：“追琢其章。”《郑笺》：“追琢玉使成文章。”重言则曰“章章”。《广雅·释训》：“章章，采也。”《荀子·法行》：“虽有珉之雕雕，不若玉之章章。”《论语·公冶长》：“夫子之文章，可得而闻也。”《集解》：“章，明也，文彩形质著见，可以耳目循。”故以形言，文彩形质著见即谓之“章”。再以色言。《荀子·富国》：“为之雕琢刻镂，黼黻文章。”（杨倞注：“青与赤谓之文，赤与白谓之章。”）

［29］言无知觉之物，犹且声采并茂，何况有血气之伦，焉可无文耶？

［30］《易·贲》卦象辞："观乎天文，以察时变，观乎人文，以化成天下。""人文"二字见此。李翱《杂说》云："日月星辰经乎天，天之文也；山川草木罗乎地，地之文也；志气言语发乎人，人之文也。志气不能塞天地，言语不能根教化，是人之文纰缪也；山崩川涸，草木枯死，是地之文裂绝也；日月晕蚀，星辰错行，是天之文乖盭，无久覆乎上；天文裂绝，无久载乎下；人文纰缪，无久立乎天地之间。故文不可以不慎也。"此通论天文地文人文之条秩，有不能错缪逾越者。《尔雅·释诂》云："元，始也。"《九家易注》："元，气之始也。"

［31］《易·系辞》："易有太极，是生两仪。"韩康伯注："太极者，无称之称，不可得而名，取有之所极，况之太极者也。"《晋书·纪瞻传》："顾荣言太极者，盖谓混沌时曚昧未分。"《周易正义》："太极谓天地未分之前，元气混而为一，即是太初太一也。故《老子》曰'道生一'，即此太极是也。"《庄子·大宗师》言道之为物："在'太极'之先而不为高，在六极之下而不为深。……狶韦得之，以挈天地，伏戏得之，以袭气母。……"天地剖判，固原乎太极，即人文之始，亦复有同然也。

［32］《易·说》卦："昔者圣人之作易也，幽赞于神明而生蓍。"韩康伯注："幽，深也。赞，明也。蓍受命如响，不知所以然而然也。"顾广圻曰："旧本作谠是也。《易》释文云：幽谠本或作谠。孔龢碑：'幽谠神明。'白石神君碑：'幽谠天地。'汉人正用'谠'字。"孙诒让《札迻》："彦和用经语，多从别本，如幽谠神明，本《易》释文或本。"

［33］《易·系辞》："是故易者，象也；象也者，像也。"《左传》："韩宣子聘鲁；见《易象》与《鲁春秋》。"

［34］《易·系辞传》："古者，庖牺氏之王天下也，仰则观象于天，俯则观法于地，观鸟兽之文，与地之宜，近取诸身，远取诸物，于是始作八卦，以通神明之德，以类万之情。"《正义》"论周易之三名"条云："故易者，所以断天地，理人伦，而明王道。是以画八卦，建五气，以立五常之行。象法乾坤，顺阴阳，以正君臣父子夫妇之义。"

［35］《史记·孔子世家》："孔子晚而喜易，序彖、系、象、说卦、文言。"《易乾凿度》："孔子占易，得旅，息志停读，五十究作十翼。"《汉书·艺文志》："孔子为之彖、象、系辞、文言、序卦之属十篇。故曰：易道深矣，人更三圣，世历三古。"又《扬雄传》："宓牺氏之作易也，绵络天地，经以八

卦。文王附六爻，孔子错其象而彖其辞，然后发在地之藏，定万物之基。”《论衡·谢短》篇：“伏羲作八卦，文王演为六十四，孔子作彖、象、系辞，三圣重业，易乃具足。”

［36］《易正义》：“《文言》者，是夫子第七翼也。以乾坤其易之门户邪。其余诸卦及爻，皆从乾坤而出，义理深奥，故特作《文言》以开释之。庄氏云：文谓文饰，以乾坤德大，故特文饰以为《文言》。”《左·昭廿八年传》：“经纬天地曰文。”《逸周书·谥法解》：“经纬天地曰文。”孔晁注：“成其道也。”《书·尧典》：“钦明文思。”《释文》引马融云：“经纬天地谓之文。”他卦无文言，止乾坤有之，故曰：“独制文言。”乾坤即天地，则《文言》者，乃经纬天地之言也。

［37］阮文《文言说》云：“孔子于乾坤之言，自名曰文，此千古文章之祖也。为文章者，不务协音以成韵，修辞以达远，使人易诵易记，而惟以单行之语，纵横恣肆，动辄千言万字，不知此乃古人所谓直言之言，论难之语，非言之有文也，非孔子之所谓文也。文言数百字，几于句句用韵。孔子于此，发明乾坤之蕴，诠释四德之名，几费修词之意。……不但多用韵，抑且多用偶。……凡偶皆文也。于物两色相偶而交错之，乃得名为文，文即象其形也。”按《左传》论子产“言之不文，行之不远”。言之文也，乌可忽哉！

［38］说见《正纬》篇注。

［39］杨氏校云：“畴，《龙溪精舍丛书》本作‘章’，按《洪范》‘九畴’，《汉书·五行志》作‘九章’，是‘畴’、‘章’二字，古固通用。”范注引《汉书·五行志》为说。按陈槃云：“洛书与河图，并为八卦所本，《易·系辞》之言甚明，即《易乾凿度》、《礼含文嘉》等，亦至今尚保存此说；但对于洛书，西京末年复有相反之一说法。《汉书·五行志序》曰：‘初一曰五行；次二曰羞用五事；次三曰农用八政；次四曰协用五纪；次五曰建用皇极；次六曰艾用三德；次七曰明用稽疑；次八曰念用亦征；次九曰向用五福、畏用六极。……凡此六十五字，皆《雒书》本文。’据志序，此刘歆说也，按《洛书》如已有此六十五字，是之谓章明较著矣，桓谭《新论·启寤》何致云：‘谶出《河图》、《洛书》，但有兆而不可知。’此说与桓谭之言已相距甚远，与《易·系辞》即《乾凿度》等谶纬义亦不合，非旧也。”（《史语所集刊》第二十本上册）

［40］杨校云：“实，《御览》五八五引作‘宝’。按实、宝二字形近易讹。（本书《诸子》篇‘怀宝挺秀’，活字本、汪本等误作‘怀实’）此当作‘实’，

始能与‘华’字相俪。‘华’‘实’对举，本书恒见。”黄注：“王子年《拾遗记》：帝尧在位，圣德光洽，河洛之滨得玉版，方尺，图天地之形。”《宋书·符瑞志序》：“握河（纪）括地（象）绿文赤字之书，言之详矣。”纪评云：“玉版丹文绿字，散见纬书，黄注所云《拾遗记》、《宋书》皆非根柢。”按《大戴礼记·保傅》：“书之玉版，藏之金柜。”《汉书·晁错传》：“刻于玉版，藏于金匮。”孙谷《古微书》及《纬攟》诸辑本有河图玉版，《经义考》毖纬有孔子玉版，此纬书以玉版为名者，谓其文字书于玉版之上也。《山海经·中山经》“玄扈之水”郭注引河图云：“（苍颉）临于玄扈洛汭，灵龟负书，丹甲青文。”《淮南子·俶真训》：“洛出丹书，河出绿图。”《御览》八一引《中候考河命》：“黄龙负卷舒图，赤文绿错。”注：“错，分也；文而以绿色分其间。”即所谓丹文绿牒也。此类记载，不殚缕举。古时文字每书于玉，近岁地下发现，若《邺中片羽三集》有朱书“鼀于丁”残玉，殷墟出土有“小戠出”玉牌符等，即所谓玉版。至于金镂，当指铜器镂文，《淮南子·俶真训》言牺尊“镂之以剞劂”、“华藻镈鲜”者（古以金饰物谓之镈）是也。范晔《后汉书·方术传序》：“神经怪牒，玉策金绳。”神仙家书亦有此类玉版绿牒之称，特昭其贵重耳。

[41]《诗·召南·采蘋》：“谁其尸之，有齐季女。”《毛传》：“尸，主。”彦和借用之。神理说为刘氏基本理论。《神思》篇云：“文之思也，其神远矣。”又云：“思理为妙，神与物游。神居胸臆，而志气统其关键。”榻櫫“神”为作文之原动力，严沧浪论诗云：“诗之极致有一，曰入神。”亦即此义。

[42] 按《练字》篇：“夫文象列而结绳移，鸟迹明而书契作。”《易·系辞》：“上古结绳而治，后世圣人易之以书契。”许慎《说文序》：“黄帝之史苍颉，见鸟兽蹄迒之迹，知分理之可相别异也，初作书契。”《论衡·感类》篇：“见鸟迹而知为书，见蜚蓬而知为车。”《吕氏春秋·君守》篇高诱注：“苍颉生而知书写，仿鸟迹以造文章。”按“分理”，段玉裁注：“犹文理。”康韦续篡五十六种书，黄帝时史苍颉写鸟迹为文作篆书，即由高说推演者。

[43]《左传·昭十二年》，楚灵王谓左史倚相“是良史也”，“是能读三坟五典八索九丘”。《左传疏》引贾逵注：“三坟，三王之书。”又引马融注：“三坟，三气，阴阳始生天地人之气也。”《周礼·春官》：“（外史）掌三皇五帝之书。”郑注谓即楚灵王所谓三坟五典，乃用贾说。而伪孔安国《尚书序》因云：“伏羲神农黄帝之书谓之三坟，言大道也。”三坟内容，向不能悉。后世

有伪《古三坟书》，分为山坟、气坟、形坟三部；山坟为天皇伏羲氏之《连山易》，气坟为人皇神农氏之《归藏易》，形坟为地皇轩辕氏之《乾坤易》。山坟中杂有《河图代姓纪》，记有巢氏及其子燧人氏，又言伏羲氏，燧人子也，因风而生，故姓风。气坟中有《人皇神农氏政典》。所谓炎皞，炎指炎帝神农氏，皞指太皞宓牺氏。按司马贞补《三皇本纪》，即据郑玄说以伏羲、女娲、神农为三皇，而纬书言三皇则有异说，《礼纬含文嘉》以为虙戏燧人神农，《春秋纬·运斗枢》、《元命苞》则以为伏羲、女娲、神农，《白虎通·号篇》则以三皇为伏羲、神农、燧人。按古又有二皇之号，《淮南子·原道训》："泰古二皇，得道之柄，立于中央。"高诱注："二皇，伏羲、神农也。"《潜夫论·五德志》："世传三皇五帝，多以伏羲为二皇，其一者或曰燧人，或曰祝融，或曰女娲，其是与非，未可知也。"三皇之说最为纷糅，彦和所举之炎皞，乃指神农、伏羲二皇耳。其言"炎皞遗事，纪在三坟"，似曾见《三坟书》，惟今存伪《古三坟书》乃宋元丰间毛渐得于唐州比阳民家，始为表彰，叶梦得、晁公武（《郡斋读书志》）、陈振孙皆辨其伪，郑樵独谓其辞质而野，恐非后人之能为；至元马端临（《文献通考》）、吴莱（《三坟辨》）、明胡应麟（《四部正讹》）均斥之，其谬妄自不待论。惟揆彦和所言，齐梁间容有其书，殆与毛渐所谓唐（昭宗）天复中自青城山石匣所得者不同。

［44］梁庾肩吾《书品论》："稆恭声彩遒越。""声采"二字同此。

［45］黄校始盛，冯本作为。杨云："《御览》五八五引亦作为。《征圣》篇：'远称唐世，则焕乎为盛。'辞义与此同。"《论语·泰伯》："子曰，巍巍乎舜禹之有天下也而不与焉。""大哉尧之为君也，巍巍乎唯天为大，唯尧则之，荡荡乎民无能名焉。巍巍乎其有成功也，焕乎其有文章。"何晏《集解》："焕，明也。其立文垂制义著名。"按《论语》"焕乎"一章但叹美尧，彦和兼以指舜。

［46］《书·益稷》："帝庸作歌曰：敕天之命，惟时惟几。乃歌曰，股肱喜哉，元首超哉，百工熙哉。"《孔传》："元首，君也。股肱之臣喜乐尽忠，君之治功乃起，百官之业乃广。"

［47］《尚书》有《益稷》篇。《孔疏》："禹言暨益暨稷，是禹称其二人。二人佐禹有功，因以此二人名篇，既美大禹，亦所以彰此二人之功也。"

敷奏，《书·舜典》："敷奏以言。"《孔传》："敷陈，奏进也。"《正义》曰："敷者，布散之言，与陈设义同，故为陈也。奏是进上之语，故为进也。"《诗·长发》："敷奏其勇。"《汉书·宣帝纪》作"傅奏其言"，师古曰："傅读曰敷”。

［48］《尚书大传·虞夏传》：“歌大化大训六府九原而夏道兴。”郑注：“四章皆歌禹之功。”《困学纪闻》二黄侣云：“业绩同训功，峻鸿皆训大，此句位字殊违常轨。”按此殆“吉日辰良”（《楚辞·九歌》）之句法。

［49］《御览》五八五引“惟”作“咏”。杨云：“舍人是语本书伪《大禹谟》，当以作‘惟’为是。其作‘咏’者，盖涉上‘吟咏’句而误。《明诗》篇：‘大禹成功，九序惟歌。’是其证。”按《书·大禹谟》：“德惟善政，政在养民。水、火、金、土、谷惟修。正德、利用、厚生惟和。九功惟叙，九叙惟欢。……劝以《九歌》，俾勿坏。”又《左·文七年传》：“晋郤缺言于赵子曰……无德何以主盟？子为正卿，以主诸侯，而不务德，将若之何。《夏书》曰：戒之用休，董之用威，劝之以九歌，勿使坏。——九功之德，皆可歌也，谓之《九歌》。六府三事，谓之九功。水、火、金、火、土、谷，谓之六府。正德、利用、厚生，谓之三事。义而行之，谓之德礼，无礼不乐，所由叛也。若吾子之德，莫可歌也，其谁来之。”《周礼·大司乐》：“九德之歌，九磬之舞，于宗庙中奏之。”注郑司农引《春秋》此传说之。疏引贾服云：“正德、人德；利用；地德；厚生，天德也。”以三事为天地人之德。《左传》昭二十年及二十五年皆言《九歌》事。

［50］《九歌》即歌九功之德。勋德即功德。《大禹谟》：“其克有勋。”《说文》力部：“勋，能成王功也。”《尔雅·释诂》：“勋，功也。”《论衡·书解》篇：“德弥盛者文弥缛，德弥彰者人弥明。”彦和语略本此。

［51］杨云：“《礼记·表记》：‘子曰：虞夏之质，殷周之文，至矣；虞夏之文，不胜其质，殷周之质，不胜其文。’舍人遣词本此。”

［52］英华，本指玉言。《说文》“瓔”下云：“玉英华相如瑟弦。”《系传》：“英，光中之实也；华，光之浮华也。”

［53］宋《御览》五八五引作忧患。《易·系辞》：“作易者其有忧患乎。”又云：“易之兴也，其当之末世，周之盛德耶？当文王与纣之事邪？”《周易正义序》：“卦辞爻辞并是文王所作。……故史迁云：文王囚而演易。”

［54］《左传·闵二年》：“成季之繇。”《易·释文》引服虔注：“繇，抽也，抽出吉凶也。”杜注：“繇，卦兆之占辞。”《晋语》韦注：“由也，吉凶所由而出也。”以由训繇，说异。

［55］李详云：“左思《蜀都赋》：‘符采彪炳。’刘逵注：‘符采，玉之横文也。’”按原赋云：“符采彪炳，晖丽灼烁。”盖言玉之光彩。《文选》魏文帝

《与钟大理书》李善注引王逸《正部论》曰："或问玉符，曰：赤如鸡冠，黄如蒸粟，白如猪肪，黑如纯漆，玉之符也。"郭璞引此作王子灵《符应》。符亦作"孚"。《说文》"璠"字下引孔子曰："美哉玙璠，远而望之，奂若也；近而视之，瑟若也。一则理胜，二则孚胜。"（王应麟谓此文见《齐论语·问玉》篇）《系传》云："奂文也；瑟言瑟瑟然，文细也。理谓文理也。孚音符，谓之光采也，今亦言符采也。"《礼记·聘义》孔子答子贡问玉曰："孚尹旁达，信也。"马注："玉之为物，孚尹于中，而达于外，所以为信。"亦见《家语》第三十六《问玉》篇，注云："孚尹，玉貌。"然《礼》郑注谓孚尹读为浮筠，谓："玉采色也。采色旁达，不有隐翳，似信也。孚或作'姇'。"《孔疏》："孚，浮也，浮者在外之名。""孚"、"姇"皆与"符"通，谓光彩现于外。《众经音义》十三引《纂文》："孚瑜，言美色也。"孚瑜亦犹符采也。易义精微，如玉之孚尹于中，故云"符采复隐"。

［56］《易·系辞》："精义入神，以致用也。"《正义》："言圣人用精神微妙之义，入于神化，寂然不动，乃能致其所用。"

［57］《尚书·金滕》："乃元孙不若旦多才多艺。"

［58］李云：应璩《与王将军书》："雀鼠虽微，犹知徽烈。"按徽，美也。《诗·角弓》："君子有徽猷。"《毛传》："徽，美也。"

［59］李详云："纪云：'剬即专字'。《说文》训为齐，言切割而使之齐（颐按：大徐本《说文》：剬，断齐也，旨兖切。《校录》云：《韵会》引作'专，齐也'，盖因毛氏《韵会》增改。《玉篇》：齐也。则训齐乃《玉篇》，非《说文》，与《诗》义无涉。古帖'制'字多书为'剬'，此'剬'字疑为'制'之讹。《史记·五帝本纪》：依鬼神而剬义。注：'剬'有'制'义，是三字相乱已久，不必定用本训也）。"详案张守节（《史记正义》）论字例云："制"字作"剬"，缘古字少，通共用之。史汉本有此古字者乃为好本。据此，"剬"即"制"字，既不可依《说文》训"专"为"齐"，亦不必辨"剬"相似之讹也。"

王利器云："制"原作"剬"，今据《御览》改。"制"、"剬"隶书形近而讹。《宗经》篇："据事剬范。"唐写本"剬"作"制"。《史记·五帝本纪》："依鬼神以制义。"《正义》："'剬'古'制'字。此'制'讹为'剬'之证。"钱大昕《三史拾遗》谓："制，篆作𠜱，隶变作剬，字又讹作制；唐人不明小学，误以剬为制之古字。"梁玉绳《志疑》亦用此说。今按钱说未尽确，《法言·渊骞》篇："鲁仲连傷而不制，蔺相如制而不傷。"两制字，桂馥《说文义证》引俱作“剬”。《字通》以“剬”与“制”通。两字向来每混用。《说文》“制”字云：裁也，从刀从未。[illegible]古文制。《玉篇》作制，娄机《汉隶字原》、《成汤灵台碑》已作“制”，而《礼器碑》作“制”，形与“剬”近。北魏《寇凭墓志》以“剬”为“制”，又魏《唐耀墓志》以“製”为“制”，则不自唐始也。“制”与“製”盖古今字。制诗，言製作诗篇也。

范注：据《毛诗·豳风·七月序》，《七月》周公所作；据《尚书·金縢》、《鸱鸮》周公所作，据《国语·周语上》，《时迈》周公所作；故彦和云“剬诗缉颂”也。杨（明照）云：“按《国语·周语中》：‘周文公之诗曰：兄弟阋于墙，外御其侮。’《吕氏春秋·古乐》篇：‘周公旦乃作诗曰：文王在上，于昭于天；周虽旧邦，其命维新。以绳文王文德。’《文选》王褒《四子讲德论》：‘昔周公咏文王之德，而作《清庙》。’是《小雅·常棣》、《大雅·文王》、《周颂·清庙》，并周公所作。故舍人云尔。又郑玄《诗谱序》：‘周公致太平，制礼作乐，而有颂声兴焉。’”

［60］黄注：“《法言·学行》：‘吾未见斧藻其德若斧藻其楶者也。’”按李注：“斧藻犹刻桷丹楹之饰。”《尔雅·释器》：“斧谓之黼”，孙炎云：“黼文如斧形，盖半白半黑，似斧刃白而身黑。”《书·益稷》：“藻火粉米。粢。”《礼记·玉藻》郑注：“杂采曰藻。”则斧藻乃指文饰之事。

［61］《书·秦誓》：“予誓告汝群言之首。”《后汉书·蔡邕传》：“斟酌群言，韪其是而矫其非，作释诲以戒厉云。”陆机《文赋》：“倾群言之沥液，漱六艺之芳润。”

［62］《宋书·符瑞志》：“夫体睿穷几，含灵独秀，谓之圣人。”

［63］黄注：“（《汉书》）《董仲舒传》：‘（夫上之化下，下之从上。）犹泥之在钧，唯甄者之所为；犹金之在镕，唯冶者之所铸。’师古曰：‘钧，造瓦之法，其中旋转者。镕，谓铸器之模范也’。”按《文选》注引苍颉云：“镕，炭炉所以行消铁也。”

［64］《孟子·万章下》：“孔子圣之时也。孔子之谓集大成也者，金声而玉振之也。金声之也者，始条理也；玉振之也者，终条理也。始条理者，智之事也；终条理者，圣之事也。”赵注：“孔子集先圣之大道，以成己之圣德者也，故能金声而玉振之。振，扬也。故如金者之有杀，振扬玉音，终始如一也。始条理者，金从革，可始之使条理。终条理者，玉终其声而不细也。合三德而不挠也。”

［65］王云：传校元本、两京本、谭（献）校本“情性”作“性情”，《御

览》引亦作“性情”。今按《淮南子·精神训》：“衰世凑学，不知原心反本，直雕琢其性，矫拂其情，以与世交。”高注：“雕琢其天性，拂戾其本情，以合流俗，与世人交接也。”彦和盖借用《淮南子》语，《精神训》先“性”后“情”，则作“性情”者是。李详引史公《报任安书》“雕琢曼辞”以说之，未当。《周礼·考工记·梓人》：“以为雕琢。”《荀子·王制》：“使雕琢文采。”《诗·棫朴》：“追琢其章，金玉其相。”《毛传》：“追，雕也。金曰雕，玉曰琢。”《释文》：“追，郑云：亦治玉也。”雕亦作琱 。《说文》玉部：“琱，治玉也。”又：“琢，治玉也。”二字同训。

［66］《礼记·冠义》：“顺辞令。”《大戴礼·朝事》：“喻言语，计辞令。”《左传·襄三十一年》：“又善为辞令，裨谌能谋。”《新书·道术》：“辞令就得谓之雅。”《史记·屈原传》：“娴于辞令。”《文选·报任安书》：“不辱辞令。”李善注：“辞谓言辞，令谓教命。”

［67］《论语·八佾》：“天将以夫子为木铎。”《集解》：“孔曰：木铎，施政教时所振也。言天将命孔子制作法度，以号令于天下。”按《书·胤征》：“遒人以木铎巡于路。”《孔传》：“木铎，金铃木舌，所以振文教。”《礼记·明堂位》：“振木铎于朝，天子之政也。”《礼》有金铎木铎，武事振金铎，文事则振木铎。

起，《御览》五八五引作启，各本亦作启。王云：“梅（庆生）改，黄本、张松孙本俱从之。”杨云：“启、起音近易讹。《左·僖二十五年传》：‘晋于是始启南阳。’注疏本亦误‘启’作‘起’。”

［68］《礼记·儒行》：“哀公命席，孔子侍，曰：儒有席上之珍以待聘，夙夜强学以待问。”郑注：“为孔子布席于堂与之坐也。”孔疏：“席犹铺陈也。珍谓美善之道，言儒能铺陈上古尧舜美善之道，以待君上聘召也。”

［69］孙云：“《御览》辉光作光辉。”按《易·大畜·彖》曰：“辉光日新其德。”字亦作辉。《正义》云：“能辉耀光荣。”《汉书·李寻传》：“夫日者，众阳之长，辉光所烛。”《魏志》引《管辂别传》：“辂曰，不同之名，朝旦为辉，日中为光。”《王莽传》上有前辉光谢嚣，莽分左冯翊曰前辉光。自来沿用《易》语者皆曰辉光，不曰光辉，则以作“辉光”为是。

［70］《孟子·公孙丑》：“自生民以来，未有盛于孔子也。”《诗·大雅》：“厥初生民。”《郑笺》：“本后稷之初生，故谓之生民。”

［71］《书·益稷》：“臣作朕股肱耳目。”《周语下》：“夫耳目，心之枢机也。”《管子·心术》：“耳目者，视听之官也。”

［72］王云："《御览》爰上有故字。"风姓指伏羲氏。《左传·僖二十一年》："任、宿、须句、颛臾、风姓也，实司太皞与有济三祀。"《礼记·月令》："其帝太皞。"《释文》："皞亦作昊。"杜注："太皞，伏羲。"《正义》引《帝王世纪》："太皞帝庖牺氏，风姓也。"郑玄注《通卦验》："燧皇谓遂人，在伏羲前，风姓，始王天下。"此本纬书说。司马贞补《三皇本纪》因谓："太皞庖牺氏，风姓，代燧人氏，继天而王。"风姓参秦嘉谟辑《世本·氏姓》篇。

［73］王云："玄圣，梅云：一作元圣。"案作"玄圣"是。《庄子·天道》篇："以此处下，玄圣素王之道也。"此彦和所本。《文选》班固《典引》："故先命玄圣，使缀学立制。"李善注："玄圣，孔子也。"《后汉书·班固传》载其文。李贤注云："玄圣为孔子也。"《春秋演孔图》曰："孔子母徵在，梦感黑帝而生，故曰玄圣。"按纪昀云"玄圣当指伏羲诸圣，若指孔子，于下句为复"，则与旧说不合。

以素王为孔子，已见《淮南子·主术训》："孔子……专行教道，以成素王，事亦鲜矣。"《汉书·董仲舒传》："孔子作《春秋》，先正王而系万事，见素王之文焉。"杜预《春秋左氏传序》："说者以仲尼自卫反鲁，修《春秋》，立素王。"或谓自纬书出，始有孔子自号素王之说，非也。黄注引《拾遗记》，殊疏。素王一名，见于《史记·殷本纪》伊尹从汤言素王及九主之事，《索隐》云："其道质素，故称素王。"《广雅·释诂》："素，空也。"王先慎谓："素王，空王，指在下者言。"按以孔子不王天下，而能制作王者之道，故为素王也。

［74］王云："各本作裁文章，黄本从《御览》引改。"按敷，陈也，《后汉书·章帝纪》："敷奏以言，则文章可采。"敷章与敷奏，文例相同，下句"设教"正成对文。

［75］《易·观䷓》辞："圣人以神道设教，而天下服。"《正义》："神道者，微妙无方，理不可知，目不可见，不知所以然而然，谓之神道。""圣人法则天之神道，本身自行善，垂化于人，不假言语教戒……在下自然观化服从。"神道，彦和变其言曰"神理"者，因上文言"谁其尸之，亦神理而已"，使上下文义相贯。神理者，曹植《武帝诔》："聪竟神理。"谢灵运《应诏诗》："道以神理超。"又《述祖德诗》："龛暴资神理。"

［76］《易·系辞》："河出图，洛出书，圣人则之。"

［77］《左传》："韩简曰：龟，象也；筮，数也。"《易·系辞》："探赜索

隐，钩深致远，以定天下之吉凶，成天下之亹亹者，莫大乎蓍龟。”又云：“极数知来谓之占。”

[78]《易·贲䷕》彖辞：“观乎天文，以察时变；观乎人文，以化成天下。”李鼎祚《周易集解》引虞翻云：“日月星辰为天文也。”又引干宝曰：“四时之变，县乎日月，圣人之化，成乎文章。观日月而要其会会，观文明而化成天下。”《孔疏》谓，圣人观察人文，则诗、书、礼、乐之谓，“当法此教而化成天下也”。昭明太子《文选序》亦引贲卦此语以赞美文之时义。

[79]《左传·昭二十五年》：“礼，上下之纪，天地之经纬也。”《正义》曰：“言礼于天地，犹织之有经纬，得经纬相错乃成文。”又二十八年：“经纬天地曰文。”《史记·始皇本纪》：“经纬天下。”班固《西都赋》：“经纬乎阴阳。”区宇，《文选·西都赋》：“区宇若兹。”又《东京赋》：“区宇乂宁。”薛综注：“天地之内称寓。”又五臣刘良注：“区宇，天地也。”

[80]《易·系辞》：“《易》与天地准，故能弥纶天地之道。”《孔疏》：“弥谓弥缝补合，纶谓经纶牵引。”《书·同命》：“钦哉！永弼乃后于彝宪。”《孔传》：“叹而敕之，使敬用所言，当长辅汝君于常法。”彝宪即常法。

[81]黄校云：“辉疑作挥。”杨云：“黄校是也。《御览》五八五引正作挥。《程器》篇：‘待时而动，发挥事业。’尤为明证。《事类》篇：‘表里发挥。’汪本、余本等作发挥。是挥与辉易淆之证。”按《易·乾·文言》：“六爻发挥，旁通情也。”《孔疏》：“发谓发越也，挥谓挥散也。言六爻发越挥散，旁通万物之情也。”《易·系辞》：“化而裁之谓之变，推而行之谓之通，举而错之天下之民，谓之事业。”又《坤·文言》：“美在其中，而畅于四肢，发于事业，美之至也。”发挥事业，由内美表现为外美，“至美”之形成，亦人文之义也。

[82]刘永济《释义》：“（此）明道与文相关之理，中含二义：一、道沿圣以垂文，二、圣因文以明道。盖自然妙道，非圣不彰；圣哲鸿文，非道不立，此舍人以《原道》冠冕全书之故也。”按文以载道，彦和已畅其说，此段特引申《易》义，以道与天地准，文亦有同然。《易》有圣人之道者四，以言者莫尚于辞，辞义彪炳，则道自明耳。

[83]《易·系辞》：“百姓日用而不知。”《左传·襄二十九年》：“用而不匮。”《文选》袁宏《三国名臣赞》：“仁义在躬，用之不匮。”《诗·既醉》：“孝子不匮。”《毛传》：“匮，竭也。”

[84]此《系辞》下语。王注：“辞，爻辞也。爻以鼓动，效天下之动

也。”《正义》：“鼓谓发扬天下之动，动有得失，存乎爻卦之辞，谓观辞以知得失也。”按此句所谓辞，乃所谓“系辞焉以尽其言”之辞，本专指《易》卦爻辞，彦和谓辞能鼓天下者，乃道之文，则推扩其义而言之耳。

［85］范注：“本书《颂赞》篇云：‘赞者，明也，助也。……’《易·说卦传云：‘幽赞于神明而生蓍。’韩康伯注‘赞，明也’。此彦和说所本。《说文》无‘讚’字，自以作赞为是。”按《史通·论赞》篇：“夫每卷立论，其烦已多，而解论以赞，为黩弥甚，亦犹文士制碑，序终而续以铭曰，释氏演法，义尽而宣以偈言。”王利器《文心雕龙新书·序录》略谓：“赞语与偈言相似，彦和既事佛，《文心》又复有赞，可谓受佛教之影响，所以‘总历本意’也。”

［86］范注：“《荀子·解蔽》篇引《道经》曰：‘人心之危，道心之微。’枚赜采入伪《大禹谟》改两‘之’字为‘惟’字，彦和盖用其语。”

［87］上文云：“繇辞炳曜。”《诏策》篇：“符命炳燿。”《说文》：“燿，照也。”

［88］《宋书·符瑞志》：“龙图出河，龟书出洛，赤文篆字，以授轩辕。”

［89］按用《贲》卦彖辞。

［90］各本皆作傚，一本作“俲”。《诗·小雅·角弓》：“尔之教矣，民胥傚矣。”彦和用其语。《郑笺》：“天下之人皆学之，言上之化下，不可不慎。”

附录 敦煌唐写文心雕龙影本跋及后记

跋

唐末人草书《文心雕龙》残本，现藏大英博物院。原列斯坦因目五四七八，Giles新编列号七二八三。王重民《敦煌古籍叙录》著录（283页）。

原本蝴蝶装小册。中外人士，据以撰校记者，颇不乏人。有：

铃木虎雄校记　见《内藤博士还历论丛》　1926

赵万里校记　见《清华学报》第三卷第一期　1926

向来谓此册起《征圣》篇，讫《杂文》篇。《原道》篇存赞文末十三字，《谐隐》篇止有篇题，余皆亡佚（参杨明照《文心雕龙校注》附录六）。今勘以此显微影本，《征圣》篇仅至“或隐义以藏用”句之“义”字，下阙；《宗经》篇则自“岁历绵暖”起，以上并缺。然审各家校语，《征圣》篇下半每引唐写本，岂此显微影本，由第一页至第二页中间摄影时有夺漏耶?

唐写本之可贵，以《原道》至《辨骚》诸篇而论，颇多胜义。如《征圣》之“先王声教”(同于《练字》篇)，“辩立有断辞之美”，《宗经》之“采掇片言”(“片”字本误作“生”)，《正纬》之“戏其浮假”(本作“深瑕”)，《辨骚》之“体宪于三代，风杂于战国” (原误“宪”为“慢”，误“杂”为“雅”)，“苑其鸿裁”(原作“菀”)，皆较旧本为优。

《文心》宋本，今不可见。《故宫周刊》第五十六期有宋版文心雕龙影片(第一版)，不悉何本。明刊入校者，杨明照《校注》与王利器《新书》序录，仅引嘉靖庚子(1540)新安汪一元刊本而止。然前乎此者有弘治甲子(1504)冯允中吴中刊本，友人神田喜一郎博士藏有其书，其《鬯盦藏书绝句》谓“至珍冯本同球璧，除却唐钞孰等科”者也(此本卷末有“吴人杨凤缮写”一行，《天禄琳琅书目》著录误以为元版)，允为唐钞以后最重要之本子。因论唐钞，故并记之。

饶宗颐识

后记

1962年，余以敦煌唐写本残卷付诸影刊，盖取自东洋文库所摄之显微胶卷。文中曾指出《征圣》篇由第一页至第二页中间摄影时有夺漏。越二载，余以访敦煌资料莅英伦，亲检原物核对。未遑著笔，而日本户田浩晓先生关心于此，特著文讨论(见户田氏著《校勘资料上とのこ文心雕龙敦煌本》，《立正大学教养部纪要》第二号)，证实为1935年文库人员在英摄影时漏影之疏失。1979年潘重规先生从英伦取得原册照片，重印于所著《唐写文心雕龙残本合校》之中。由是唐写此册乃有完整之印本。惟潘君称有人“致疑别有敦煌异本”，则殊易引起误会——因《文心》敦煌草书写本仅有Stein五四七八此册而已，实别无他卷也。顷见林其锬、陈凤金二君所撰，《关于敦煌遗书“文心雕龙残卷”》一文(见《古籍整理出版情况简报》，第一九三期)，复提及此事。林君据潘书为说，未睹拙文。然拙作实为唐本首次影印公之于世之本，于《文心》唐本流传研究虽不敢居为首功，然亦不容抹杀，滋生误解。闻王元化教授复取英伦是本加以汇校重印，嘉惠来学，后来居上，谨拭目以俟之。

《文心雕龙·声律篇》书后

刘彦和撰《文心雕龙》成书于南齐末世、正当沈约四声说盛行之际。其时有两派主张，反对四声者，南方以钟嵘为代表；彦和则为沈约之支持者，书中既揭立文之道，其理有三，形文情文之外，厥为声文（《情采篇》）。复标六观，其一曰“观宫商”（《知音篇》）。又云：“讽诵则绩在宫商”（《练字篇》）。特著声律专篇，推阐其理。（《序志》云“阅声字”，即指《声律》及《练字》两篇。）处处见其对声律之重视，以声文为辞章“神理之数”三大因素之一，音以律文不可失序。宜其书之见重于沈约也。辨宫商、审音律为彦和文学见解骨干之一，本文将专就此问题加以探讨。

《文心雕龙学刊》第一辑载有向长清《谈声律篇与齐梁时代的声律论》一文，重要论点指王融是声律论创始人，《文心·声律篇》论双声叠韵正阐释沈约之意，称道彦和对于声律说，有推进之功。惜语焉不详。

四声说之兴，《南齐书·陆厥传》云：“汝南周颙善识声韵，约等文皆用宫商，以平上去入为四声．此以制韵，不可增减，世呼为永明体。”隋陆善经《四声指归》亦言“宋末以来始有四声之目，沈氏乃著其谱，论云起自周颙”。（《文镜秘府论》天卷）皎然《诗式·明四声》云：“近自周颙，刘绘流出。……沈休文酷裁八病，碎用四声。”空海《论文病》云：“颙、约已降……声谱之论郁起，病犯之名争兴，家制格式，人谈疾累。”（一四卷）当日一般认为四声之论，创自周颙，而制谱以言声病，则肇自沈约，咸无异论。沈谱久亡，幸《文镜秘府论》之《调四声谱》尚存其梗概。其说要点如下：

（一）以四声分配四方：东平、南上、西去、北入；

（二）凡四字一组，或六字总归一人（一作组）；

（三）四声纽字，配以双声、叠韵；

（四）凡四声竖读为纽，横读为韵。

此谱亦载于日僧安然之《悉昙藏》卷二，其说悉同。《日本见在书目》有《四声谱》一卷，宋本《玉篇》卷末载神珙之《四声五音九弄反纽图》，其序称："昔梁沈约创立纽字之图。"其纽字图即六字总归一入之图。沈氏以入声为纽，以绾领其余三声谓之纽字，其法即强调反音之法，《调四声谱》末云"若解此法，即解反音法，反音法有二种，一纽声反音，二双声反音"是也。简言之，重点在于反音，即由拼音法来辨别四声。反音始于服虔。景审为慧琳《一切经音义》序云："古来音反，多以傍纽而为双声，始自服虔。"按东汉时反音开始产生，正在梵学传入之后，景审用"傍纽"一词论之，极可注意。

余谓沈谱之反音，乃从悉昙悟得。唐封演《闻见记》"声韵"条："周颙好为体语，因此切字皆有纽。纽有平上去入之异。永明中，沈约文词精拔，盛解音律，遂撰《四声谱》。……时王融、刘绘、范云之徒……慕而扇之。"可见王融乃周颙、沈约之追随者，而以纽切字，实倡自周颙，颙好为体语，体语者，即梵语子音之体文。章太炎《音理论》云："慧琳《一切经音义》称梵文阿等十二字为声势，迦等三十五字为体文，声势者韵，体文者纽也。"按字母分别子音与母音，各地语言称谓不同。有称之为日文与月文者，如波斯、阿剌伯语系有（1）solar letters，（2）lunar letters 是也。有称之曰体文与魂文者，南印度淡美尔文之分为（1）body letters（meyy-eluttus）即指子音，可译为体文。（2）soul letters（uyir-eluttus）即指母音，可译为魂文。是其例也。梵文子音称为体文，正可以 body letter 解之。体文取义殆取诸南印度字母。周颙既善体语（文），是深明梵音纽字，故能以切字为纽，以论四声。为沈约之前导。约进而造《四声谱》，取以制韵，字其从远，示人以利病，遂成独得之秘。

悉昙为印度学童学习字母拼音之法门，梵书东传，随之入华。僧祐《出三藏记集》卷三《新集安公失译经录》中有《悉昙藏》二卷（《大正》五五，18 页）有注言："先在安公注经录，或是晚集所得。"是晋时道安已传其书，非自唐始也。慧远传其学，著疏云："初十二字是生字章，末后四字是呼字音，呼有单复各有长短。"是为北地之音。具见日僧安然所记。安然又引宋国谢灵运之说特多。《慧叡传》："元嘉中，陈郡谢灵运语叡以经中诸字并众音异同，著《十四音训》，叙列梵汉，昭然可了。”（《高僧传》七）相传“十四音总是悉昙章法”。康乐亦研习梵言，且有著述，为《大涅槃经·文字品》解说：梁武帝萧衍亦著有《涅槃疏》，论十四音皆是半字（《悉昙藏》，430 页）。此则与周颙、沈约同时。唐人所传僧徒歌颂之《悉昙章》为聊章体式，敦煌写卷保存资料甚多，全名曰《佛说楞伽经禅门悉昙章》，前有僧定惠序云：

夫《悉昙章》者，四生六道，殊胜语言。唐国中岳释沙门定惠法师翻注，并合秦音鸠摩罗什《通韵》，鲁流卢楼为首。（北京鸟字六四）

序中提及鸠摩罗什《通韵》。法京所藏此类《悉昙章》之册与卷即有四件之多（详拙作《敦煌曲》，146 页）。《悉昙章》之特色在每章末句必用“鲁流卢楼”四音合以切字为纽之三个同韵字，作为句中的助声。兹声二例如下：

颇罗堕！第一舍缘清净座，万事不起真无我。……鲁留卢楼颇罗堕。
质领盛！第二住心常看净，亦见亦闻无视听。……鲁留卢楼只领盛。
复浪养！第三著心须屏侻，扫却垢秽除灾障。……鲁留卢楼复浪养。

鲁留卢楼是梵语ṛṝḷḹ四字母，在此用作帮声。两“颇罗坠”与“复浪养”等都如沈氏《调四声谱》中之配为双声叠韵之四声纽字，大概为反音法之同韵字，借用之以作助声，以增声曲折之美，毫无取意，只是帮腔而已。

与沈氏约略同时之刘缁（字言明，作《续汉志》之刘昭子）亦有说，云：

四声之中，入声最少，余声有两，总归一人。如“征、整、政、隻；遮、者、柘、隻是也”。（《文镜秘府论》一四卷峰腰下）

此亦《四声谱》中四声纽字之法。此类例字“征、整、政、隻”亦见于后来悉昙家之书。如《孔弄图记》一系日本岩崎文库本题《五音声论》书中之反音，即为征、整、正、隻（参小西甚一著《文镜秘府论考》研究篇上，第三章，220、227 页）。具见沈氏声谱与悉昙家言有血脉相承之关系。

一

定惠提及之什公《通韵》，在敦煌写卷中有一残卷题曰“鸠摩罗什通韵”。原物在伦敦，列斯坦因第一三四四号，内有二段文字，刘铭恕曾摘录之，颇有钞失。曩年在英伦，试作研究，妄有著论。兹节录其文大要如次：

> ……十四音者，七字声短，七字声长。短音吸气而不高，长者平呼而不远。三身摄六贯，鲁留（ṛ、ḷ）而成班。……罗文上下，一不生音。逆顺傍横，无一字而不著，中边左右，（取）正交加。大秦小秦，胡梵汉而超闻。双声牒韵，巧妙多端。牒即无一字而不重，双则无一声（字）而不韵。
>
> 又复《悉昙章》，初二字与一切音声作本。……若长声作头，还呼长声，若短声作头，还呼短声，闻声相呼，自然而合。……就中总有四百二十字。竖则双声，横则叠韵。
>
> 双声无一韵而不双，牒韵无一字而不韵。初则以头就尾，后则以尾就头。或时头尾俱头，或尾头俱尾。顺罗文从上角落，逆罗文从下末邪（斜）。……起首中殃（央），胡音汉音，取舍任意。……傍纽正纽，往返铿锵。横超竖超，或逆或顺，半阴半阳，乍合乍离，兼胡兼汉，咽喉牙齿。咀嚼舌愕（颚），唇端呼吸，半字满字，乃是如来金口所宣；宫商角徵，并皆罗什八处轮转。了了分明，古今不失。

按文中云“并皆罗什八处轮转”句，与“乃是如来金口所宣”恰成对文。说明此一“罗文”式拼音字表正是出自什公。此自后代悉昙家所制，而托诸罗什所作，仍题曰“鸠摩罗什通韵”。日本高野山三宝阮藏有僧行原翻刻本《涅槃经文字品悉昙罗文》，其序文即录是篇，末亦题“罗什法师初译”。罗振玉与大正六年以此与行原之《音注梵字次第记》合刊，而目为什公原本。日僧安然之《悉昙藏》，在解释十四音之后，全录此文，盖自来悉昙家视为瑰宝，故多所摭录，今得敦煌本，证其出自什公，良可征信。

牒韵即叠韵，广韵牒字在入声三十帖，徒协切，同音之字凡三十，叠即其一，故知牒韵即叠韵。所谓“罗文”，神珙图中有罗文反样，其解说云：“神珙以二个十六字名罗文反，此则相对十六字，纵、横、角可读之，故云罗文也。”凡纵、横、角俱可读谓之罗文。《通韵》对于双声叠韵言之再三，屡云“竖则双声，横则叠韵”，今观沈氏《四声谱》云：“凡四声，竖读为纽，横读为韵。”《通韵》言傍纽正纽，《文镜秘府论》列沈谱亦论列傍纽，所举：

绮琴
钦伎

诸例，释云：竖读二字互相反也；傍读：绮、钦，琴、伎两双声；结角读之钦、琴，绮、伎为二叠韵。以引崔氏（融）说傍纽：

精酉
×
酒盈

之例，精与盈双声，酒与酉叠韵，是则交错为音，亦如罗文之式样，纵、横、角，均可读之。

《通韵》言“初则以头就尾，后则以尾就头”，而沈氏声病有平头上尾之名目，以头尾为名，殆亦与此有关。

《文心·声律篇》云：“响有双叠。双声隔字而每舛，叠韵离句而必睽。”什公《通韵》云：“双声无一韵而不双，牒韵无一字而不韵。”用意虽异，《通韵》指出在罗文上声韵之形成，彦和则着眼在双叠在诗律上之运用，然双声叠韵之使用，与悉昙家解说梵语之拼音现象，固息息相关。自悉昙之学兴，而后审音始奏肤功。《通韵》云：“咽喉牙齿，咀嚼舌颚，唇端呼吸。”梵言之五毗声，发音部位及清浊送气之辨，可以立致。故《文心·声律篇》云：“抗喉矫舌之差，攒唇激齿之异，廉肉相准，皎然可分。”若乎长音短音半字满字，僧祐论之尤审，以为：“胡音为语，单复无恒。寻《大涅槃经》，列字五十，总释众义，十有四音，名为字本。观其发语裁音，宛转相资。或舌根唇末以长短为异。又梵言制文，有半字满字，所以名半字者，义未具足，故字体半偏，犹汉文月字，亏其傍也。所以名满字者，理既究竟，故字体圆满，犹汉文日字，盈其形也。又半字为体，如汉文言字；满字为体，如汉文诸字。以‘者’配‘言’，方成‘诸’字，诸字两合，即满之例也。言字单立，即半之类也。半字虽单，为字根本，缘有半字，得成满字。”（《出三藏记集·胡汉译经音义同异记》第四）辨章半、满，沟通华、梵，所以解释《涅槃经·文字品》，悉昙章译者之区别半字满字，得此可以了然，以汉字取譬，义更易晓。（参玄应《一切经音义》二《涅槃经》第八卷《文字品》条论满字与半字。）

半字：（如）月、日。

满字：言＋者＝诸

故《文心·练字篇》之言联边，即以“半字同文”为说。安然论悉昙十二例，第一例即为半、满二字离合例，云《涅槃经》初教半字，又引宋谢灵运：“犹如震旦‘诸’字，若直‘言’字，名为半字，若加者（字），名满字。”乃知僧祐之说，取自康乐。梁武《涅槃疏》论（梵音）“十四音皆是半字，经中取十字，不取四字，以非常所用”（《悉昙藏》五引）。彦和之用半字一词，其名虽同乎刘向，而义则有取于《涅槃》矣。（刘向《别录》：《战国策》书录有“本字多误脱为半字”句。）

原梵语结构，与华究大相径庭，梵立字母，其元音共十四，其有长音短音之分者，如下列诸名：

a ā i ī u ū ṛ ṝ ḷ ḹ

所以施于连声，尽文字分合离析之妙，则非吾华之所有，又华以一字自具一音，梵则有二合三合等。

什公《通韵》之文，安然载之《悉昙藏》而多方证释，陈义纷披，今不具论，而揭其论梵音声母一段如次：

悉昙藏又分梵音声母二系：

(1) 张口遍满声

喉间	腭下	舌头	齿根	唇中
h（贺）	ś（娑）	ṣ（洒）	s（舍）	v（嚩）
喉腭间	腭舌间	舌齿间	齿唇间	
ks（乞义）	l（攞）	n（罗）	y（野）	

按以上即超声

(2) 开口各处声

喉间	腭下	舌头	齿根	唇中
ṅ（仰）	ñ（孃）	ṇ（曩）	n（那）	m（莽）
ǵ（伽）	dź（鄼）	ḍ′（荼）	d′（驮）	b́（婆）
g（诫）	dz（慈）	ḍ（拏）	d（娜）	b（麽）
ḱ（佉）	tś（车）	ṭ（他）	t′（他）	ṕ（颇）
k（迦）	tṡ（左）	ṭ（吒）	ṫ（多）	p（跛）

按以上即毗声

上五五字，横行各二为正纽也，横行共五为傍纽也。横行二组总归：

第五竖行相呼为通韵也。竖行交呼为落韵也。

又傍九字诃等五字自当五五之处，义等四字自当五五之间，野和义、诃各呼通（韵）落（韵），罗（啰）及舍、洒、娑各呼竖行为傍纽也，无正纽也。

毗声五处之声、超声五处中间四处之声都九处声矣。（《大正藏》册八五，378 页）

上录梵音原为悉昙字体，兹悉改为现行梵文，俾便参考。通韵云“横超竖超”，超指超声，为梵言五五毗声以外之声母，谓之后九超声，观于上表，自可明了，然非汉语之所有，非娴习梵音者，难以晓谕。

《悉昙藏》又云：

言十四音者，直、拗八韵；毗声五五，超声九，一合十四也。

然言直韵、拗韵者：阿（a）、阿引（ā）、伊（i）、伊引（ī）、（i）坞（u）、乌引（ū）、翳（e）、爱（ai）以六直响。其所合字随皆直呼，如呼迦（kā）及矩等也。曷哩（ṛ）、曷梨引（ṝ）、哩梨引（ḷ）、污（o）、奥引（au）、暗（ṁ）、恶（ḥ）此八拗声，其所合字随皆拗呼。

又以直、拗八韵，两两各呼，是正纽也。阿等十六，一一对呼，是傍纽也。

阿等十二相加迦（ka）等三十四字，（于十六章一）横呼，其于单合，是通韵也，其于合字是落韵也。

凡以母音之阿等与子音之迦（k）相合，即k+a，子、母合音，自然成韵，汉语中此种现象最易理解，而二合三合则汉语所无，落韵之事，汉语所不见。故什公只言《通韵》，其理由在此。通过华梵双方语音之接触，产生新的反音方法，正纽、傍纽通韵，本为梵音现象，亦得移用于汉语音律，周颙之以体文合四声，可谓华梵比较语音学孕育之奇葩。梵语拼音现象之了解，对于“韵”之认识，视前进步，故悉昙家曰：“当字直呼曰声，并字助声曰韵。”（《悉昙藏》，379页）韵必并字者，二个字音相和合乃可构成韵，此什公《通韵》所以大有造于四声说也。唐武周时武元之《韵铨》之说韵例云：“一则四声有定位，平上去入是也，二则正纽以相证，人忍仞日是也，三则傍通以取韵，春真人伦是也。”通韵、落韵之区分，正自悉昙引申而出。悉昙输入以后，韵书之作，风起云涌，此如近代西洋语音学之刺激，遂有新的语言学，理无二致。

古代固有之纳音术，五音之家，以姓氏配五音，据法京《切韵》卷，仙、肴、盐、灰诸字韵字，宫商角徵俱备，可证其时五声，不以四声分，亦不以声母分，不以韵之洪细分。倘以守温《辨宫商徵羽角例》论之，“欲知宫，舌居中，至欲知角，舌缩却”，似注重发音部位。五音之家辨五音五姓之古法尚待研究。（法京敦煌卷伯希和二六三二背记五姓之宫商，“张、王等为商，武庾为羽，似同韵相求：其以柳超姓为角，又非四声相等”。见《远东学院学报》一三五册，1984 Carole Morgan论五音文。）惟自悉昙学东来，审音者对发音部位之认识逐渐清晰，促进等韵学之产生。梵语发音五毗声之排列，发音部位是由内而外：

喉——腭——龂（舌）——齿——唇

《悉昙次第记》云：“称呼梵字亦有五音伦次喉龂齿唇吻等声，皆从深而浅”（《悉昙藏》引392页），又《悉昙字纪》亦云：“声之所发，则牙齿舌喉唇等合于宫商，其文五个。”此悉昙家以毗声之五声配合吾国旧有宫商之五声。

汉人以五音律吕配五方，《淮南子·天文训》以上之书，五声之配五方合以五行为宫中土、角东木、徵南火、商西金、羽北水。沈约《四声谱》之分配则异是：

东方平	南方上	西方去	北方入

安然引《四声谱》开端即云："四声，昉四方也。"刘善经引李槩《音韵决疑序》："平上去入，出行闾里。……窃谓宫商徵羽角即四声也；羽读如括羽之羽。"按羽字用作动词，训舒也，《广韵》在上声九麌，王矩切。（五音之羽在去声十遇，王遇切。）善经对李氏此说配以五音，证之《周礼》，极为推重。槩字季节，曾为副使聘于江南（详《北史·李灵传》），其五音与四声相配说，自刘善经以后，唐徐景安《乐书》、元兢辈皆依据之，寖成定说。兹据音律高低表之如次：

48	54	64	72	81	《月令》郑注
羽	徵	角	商	宫	
去	上	入	平	平	李槩、徐景安、元兢说《四声谱》
西	南	北	东	东	

观上表宫音为最低，羽为最高。《文心·声律篇》云："夫徵羽响高，宫商声下。"（原作"商徵响高，宫羽声下"，非。兹据黄侃说改。）是也。沈约于《谢灵运传论》云："故使宫、羽相变，低昂舛节。"低即是宫，昂即是羽，宫声下而羽响高，低、昂亦可相当于平与去。唐以来如《元和四声谱》一以四声配四方，正沿用沈氏之说。

《四声谱》有四字一纽与六字总归一纽两式。下式以入声字居于中央，故又名"总归一入"。何以如此重视入声用作纽字，向来未见有人说明，空海大师亦不甚了了。窃疑吴音系统之入声，以喉塞声（-?）收尾为主。在梵音中，《涅槃经·文字品》十四音最后二个为庵（ṁ）与恶（ḥ），庵为鼻化元音，恶为元音收尾时声带不振动，庵（ṁ）可以加上各个元音，成为 aṁ、āṁ、iṁ、īṁ、uṁ、ūṁ，记上"。"号（anusvāra），恶（ḥ）亦如是，所谓"涅槃点"也。疑周颙沈约辈以四声调音，特别取入声之（-?）为纽者，似摹仿涅槃点之ḥ，可以配元音之 a i u 等。建康（南京）在南朝时其入声调值想当如现代方音以喉塞音（-?）为收尾。《四声谱》所举入声例字：镬、薄、郭、霍等，可以想其仿佛。“总归一入”之事，料其初必观摩于梵音涅槃点之ḥ（ḥ在梵语称为 visarjanīya，严格言之，尚有ẖ（jihuamūlīya）ḫ（upadhmārūga），合为三种 voiceless spirants），而制定以入声为纽字，此一推测，可备参考，从悉昙音理可联想到种种法门，后来之等韵学，亦由悉昙孳乳而出，四声说不过其开端而已。

二

《文心·声律篇》云：“凡声有飞沉，响有双叠。”响有双叠，即《通韵》之双声叠韵，上文论之已详。飞沉解者甚多，大抵飞指上升，沉谓低下。有人以为：“齐梁之际，吴地读音，飞者扬上，当是上声，沉者抑下，当是去声；不言平上去入，而言飞沉者，乃举飞沉以概四声，如称春秋以概四时也。”（詹锳说）按上声一向称其“厉而举”（《元和新声韵谱》）。举指高调，厉谓重读强音。全浊字重于全清浊字，上声全清字又重于平去入之全清字。以飞指上，以沉指去，一扬一抑，以概括四声，亦有可能。齐梁文人习惯以声区别为二分法：此言飞沉，沈约则称为浮（声）切（响），而轻重、清浊等等名目更为习见。《文镜秘府论》“调声”云：“以字轻重清浊，间之须稳。至如有轻重者，有轻中重、重中轻。”则已杂入唐代之等韵家言矣。沈约作《谢灵运传论》云：“两句之中，轻重悉异。”《蔡宽夫诗话》引此，解云：“四声中又别其清浊以为双声，一韵以为叠韵，盖以轻重为清浊耳。”所谓轻重，在悉昙家言之尤繁，轻重与清浊似不能混为一谈。《涅槃文字品》于梵文 ka 下注：“稍轻呼之”，kha 下云：“重声呼之”。ga 下云：言“轻呼”，gha 下则云：“稍重呼之”。是凡送气即重，反之则轻。于此可悟上引《四声谱》言“傍读轻气为双声”，其例句云：

> 绮钦、琴伎两双声，
> 钦琴、绮伎二叠韵，
> 上谐，则气类均调；下正，则宫商韵切。

文中言及转气及气类，在梵音名词轻呼曰小气（alpaprāṇa），重呼曰大气（mahā-prāṇa）。现代语言学术语谓为不送气及送气。悉昙毗声在梁武《涅槃疏》中亦时注小重声及重声。

轻呼	不送气	如 k、g	小气
重呼	送气	如 kh、gh	大气

以此重轻区别气之大小，在辨别梵音声母始专用之，后乃推而指调声之法。印度《波你尼经》中已辨别轻音（laghu）、重音（guru），而谓短音是轻音，乃指韵律之事。

至于清浊，本为乐律用语，悉昙家亦用以指收音之韵。安然《悉昙藏》二引《四声谱》云："四声昉四方也"，下讫"一切反音唯有此法也"，文皆见于《文镜秘府论》。下又接言：

又云：韵有二种：清浊各别为通韵，清浊相和为落韵。

此处"又云"二字，可能即指《四声谱》原文。其下引武氏《韵诠》"商略，清浊例"云：

先代作文之士，以清韵不足，则通浊韵以裁之；浊韵之不足，则兼取叶韵以会之；叶韵之不足，则仍取并韵以成之。

观安然在下文所举"口声"四十项，两两相对，其中有叶（韵）并（韵）、通（韵）落（韵）、清浊、轻重等等之区别。此处清浊不指声，而用以指韵。《文镜秘府论·论文意》云：

用字有数般：有轻有重，有重中轻，有轻中重，有虽重浊可用者，有轻清不可用者，事须细律之，若用重字，即以轻字拂之，便快也。夫文章，第一字与第五字须轻清，声即稳也；其中三字纵重浊亦无助。如高台多悲风，朝日照北林。若五字并轻，则脱略无所止泊处；若五字并重，则文意暗浊。事须轻重相间，仍须以声律之。

所言仍是沈约"两句之中，轻重悉异"之旨。轻是清而重是浊，亦可联结为言，"高台多悲风"五字皆平声并轻，是轻重亦指平仄而言，亦可兼指声与韵，总之，皆音律之事也。能轻重相间，则文章音声可以调协。沈约所致力者，主要目的即在此事，意在勿使同声调之字在一句之中连续出现太多，以妨碍音节之美，所谓“宫羽相变”、“低昂舛节”与“轻重相间”，用词不同，而取义则一也。

沈云：“一简之内，音韵尽殊，两句之中，轻重悉异。”（《南史·陆厥传》作“两句之内，角徵不同”）

刘云：“双声隔字而每舛，叠韵离句而必睽。沉则响发而断，飞则声飏不还，并辘轳交往，逆鳞相比。”

以上二说，宗旨正同，务使抑扬、轻重，力避重复，严其声律，如是方形成永明新变之体。

而彦和更指出：

声画妍蚩，寄在吟咏。滋味流于字句，气力穷于和韵。……韵气一定，故余声易遣。

因诗律之定韵，正如拼音之通韵。“清浊音有别则为通韵。”故必轻清、重浊之音别异，乃为通韵，相反则为落韵矣。故彦和云：

异音相从谓之和。

又曰：

和体抑扬。

如是即为“和韵”。凡飞沉、双叠之间，必须隔字而异其声，杂句而殊其韵，异音相从，斯成声文之美。反之同音相从，则为声病矣。《文镜》引刘善经述李槩语云：

平上去入，出行闾里，沈约取以和声［之］，律吕相合。窃谓宫商徵羽角，即四声也。羽读如括羽之羽。亦之和同，以拉（位）群音，无所不尽。（李氏《音谱决疑》序）

此段各本文字多讹，须加校正。亦者，与也。《史记·相如传赞》："此与诗之讽谏何异?"《汉书》"与"作"亦"。故"亦之和同"，宜读作"与之和同"，序言沈约取以和声，即《虞书》"律和声"之意。李槩云"与之和同"，本《周礼》言"六律六同"。彦和云"和韵"，沈约云"和声"，义实无异，彦和以为诗之风力，实极于和韵之美。对和韵十分重视。

从什公《通韵》，竖行相呼，元音同协则韵以形成，故彦和云"同声相应谓之韵"。此则仍是本释昙家之《通韵》来说韵所以构成之理，至于标出"异音相从谓之和"，则大为沈氏四声说张目，予《四声谱》以理论上之支持，此其书所以见赏于隐侯也。

彦和又云："诗人综韵，率多清切。"此切字当读如"下正则宫商韵切"之切，义为切合。彼又云："楚辞辞楚，故讹韵实繁。"指出楚辞尚多讹韵，此讹韵即不"切"之韵，则犹悉昙家之言"落韵"矣。《声律篇》末段，实本"落韵"之义加以发挥者。其引张华论韵谓士衡多楚，复引《文赋》"故取足而不易"句，公然讥陆机承楚辞之讹韵，有失于黄钟之正响，具见其对于切韵之重视。故云："切韵之动，势若转圜，讹音之作，甚于枘方；免乎枘方，则无大过。"必也免于声病，持论与沈约无异。梁时论文章音韵之书，大为流行，如《隋志》，梁有王该撰《文章音韵》二卷。自一时之风气使然，无足怪者。

三

陈寅恪先生著《四声三问》，认为四声之兴，所以肇于南齐永明之世，创于周颙、沈约者，盖由永明七年二月二十日，竟陵王萧子良大集善声沙门于京邸，造经呗新声，约在竟陵八友之列。于是善声沙门与审音文士交互影响，遂创声调新说。窃尝核诸史实，陈说多难符合，请试论之：

（一）"竟陵王于永明七年二月十九日梦于佛前咏维摩一契，明旦即集京师善声沙门龙光（寺）普知、新安（寺）道兴、多宝（寺）慧忍、天保（寺）超胜及释僧辩等，集第作声，传《古维摩》一契，瑞应《七言偈》一契，最是命家之作。"此事见《高僧传》卷十三《僧辩传》。按《南齐书》四十《竟陵王传》："招致名僧讲论佛法，造经呗新声。"事系于永明五年，当以《僧辩传》为确。时与会者释道兴著有《竟陵文宣王第集转经纪》一篇，著录于《出三藏记集》《经呗导师集》之第十九，下署新安寺释道兴，当即《僧辩传》

所记之道兴，寅老文作道新，误。此篇乃七年二月转经事之特写，惜后世无传。当日子良集诸僧于鸡笼山邸第所造者实是转经之事，诸文士未闻参预。谓周、沈辈加入此一新声工作，史无明文，此其一。

（二）竟陵所造经呗新声，具见僧传记载。计僧辩有《古维摩》一契，瑞应《七言偈》一契。僧辩为安乐寺僧。《释慧忍传》云："初受业于安乐辩公，齐文宣感梦之后，集诸经师，乃共忍斟酌旧声，诠品新异，制《瑞应》四十二契。忍所得最为长妙，于是令慧……四十余人，皆就忍学。"（《高僧传》）慧忍即慧辩之门人，二人者皆建康人也，其成就特高。此即文宣所制之经呗新声。何以谓之新声？因支谦、康僧会均先造呗，并著录于僧祐之《经呗导师集》。此种转读实为经师唱导，事属僧乐之声曲折，与永明体之诗律，不应混为一谈。此其二。

（三）周颙卒年史传不载。寅老谓据传文推之，当在永明七年五月王俭薨逝之前。日人著《沈约年谱》，则谓颙于永明六年冬卒。二说均无实据。案《出三藏记集》十一录周颙作《抄成实论序》，其前为僧祐新撰《略成实论记》，谓永明七年十月，文宣王请定林僧柔、谢寺慧次法师等于普弘寺迭讲。仍请祐等续讲《十诵律》，即于律座令柔、次等论师抄比《成实》，略为九卷。八月正月二十三日解座，即写略论百部流通，教使周颙作论序。据此，颙于永明八年尚存。颙与定林寺论师僧柔及律师僧祐均有交往。《梁书·处士传》："何胤入钟山定林寺听内典，周颙深器异之。"知定林寺必为颙常到之地，颙所狎近之僧人如剡之昙斐（《高僧传》八，《大正藏》，382页），著有《合微密持经记》，见于《出三藏记集》七（《大正》，51页），其人必精通经咒陷罗尼可知。史称"颙音辞辩丽，出言不穷"。颙实邃于义解，寅老目颙之"辩"为转读之事，殊非。元嘉以来读经道人名有专录（见《经呗导师集》第十八），故《高僧传》于经师、导师别为论次，颙固非此道中人也。此其三。

故知《三问》文中所陈，与史实多未吻合。周颙著有《四声切韵》，书已不传。以"切韵"一名推之，孙愐《唐韵》序云："切韵者，本乎四声，纽以双声叠韵，欲使文章严则，韵调精明于古人。"似即指颙之书，其性质正如《通韵》之例，为切韵反音之事，用宫商以四声定韵。观《南史·陆厥传》所称："以此制韵，五字之中，音韵悉异，两句之中，角徵不同"，明为讲求诗律之事，沈约已言四声总归一入，其上下三声之平上去，且有阴声阳声之辨（魏建功《十韵汇编序》），足见其时审音专家，对平上去入分别已严，何须借重印度远古围陀之三声，始能订其调值而制出平上去三声之名乎？永明四声之成就，在于韵律之通重遝，使文章丽则，而非四声名称之创立。李概固已明言“平上去入，出行间里”，知民间已习知，如家常便饭也，故不得如寅老说：“文士依据及摹拟转读佛经之声，分别定为平上去之三声。”又制新呗之僧辩、慧忍皆建康人，实非胡僧，料其不懂《梨俱吠陀》。此 udātta（高调）三者为 veelic aceent 实则原有四调，音律相当复杂，今不欲论（参 Arthur A. Macdonell：*A Vedic Grammar for Students*，附录三）。况《梨俱吠陀》为婆罗门圣书，于佛门为外道，诵《吠陀》者于僧律为禁条，建康僧人未必敢假外道声明，以制经呗新声，此在事理上有不可通者。

虽然，僧徒转经，亦致辨于声文。慧皎《高僧传·经师篇》论云：“转读之为懿，贵在声、文两得。若惟声而不文，则道心无以得生；若惟文而不声，则俗情无以得入。”声之与文，二者相倚为用。顾转读所重在声，“诸天赞呗，皆以韵入弦管，此音乐之事也；以言夫诗篇，则以文为主，以声为辅，其声文之妙，在于‘观宫商’；转经唱咏之宫商，与诗律调协之宫商，事虽殊途，理自相通。”永明新变之体，以四声入韵，傍纽旁纽之音理，启发于悉昙，反音和韵之方法，取资于《通韵》，此梵音有助于诗律者也。声文之理，乐与诗正相涉而不可分，故慧皎述转读之声，有“平掷荡举、平折放杀、游飞却转、反叠娇弄，动韵则流靡弗穷，张喉则变态无数”。可谓极歌唱之形容者矣。彦和之论声律，则云：“左碍而寻右，末滞而讨前，则辞转于吻，玲玲如敲玉，辞靡于耳，累累如贯珠。”亦以转唱譬况文事。南齐转经有平、侧不同之调。法邻之“平谪牒（叠）句，殊有宫商”，智欣“则善用侧调 ”，具见慧皎所记（《高僧传》，《大正》本，414 页）。转调之有平侧亦如诗之声文；知平、侧之讲求，由来远矣。彦和寄居上定林寺，朝钟暮鼓，与转经师接触频繁，故于声律之事，独有所悟，能获旁通之妙，非偶然也。

《文心·声律篇》，清纪昀评称其文“即沈休文与陆厥书而畅之”者也。厥与约书言：“一人之思，迟速天悬，一家之文，工拙壤隔。”即彦和《神思篇》“迟速异分”之义。彦和附和沈说，言之再四，于《章句篇》论转韵，于《声律篇》言和韵。如云：

> 风力穷于和韵。
> 和体抑扬，故遗响难契。
> 属笔易巧，选和为难。

《文镜秘府论》地卷八阶有和诗阶一目："彼此宫商，故称相和。"引王斌云：

> 无山可以减水，有日必应生月。夫酬采答诗，言法（往）语复，但令切著，施教无兼（嫌）。

《日本见在书目》称斌著《五格四声》一卷，五格者，当指五音之宫商。孙愐《唐韵序后论》曰："或人不遣文性，须格于五音为足。"五格即格于五音之意，"或人"殆指王斌也。斌拘泥声病，故孙愐讥之。刘善经亦笑其"文辞郑重，体例繁多，剽拆推研，忽不能别"。王斌事迹详《南史·陆厥附传》。尝与僧正慧超争席。慧超见《续高僧传》卷六，其人向来不甚了了，且有误其为北魏时人，谓其书为北朝人之著作者矣（潘重规《隋刘善经四声指归定本笺》，《新亚书院学术年刊》第四期）。检怀信著《释门自镜录》上《梁伪沙门智稜传》后附记王斌云：

> 王斌者，亦少为沙门，言辞清辩，兼好文义。……常忤僧众，遂反缁向道，以藻思清新，乃处黄巾之望。邵陵王雅相赏接，号为三教学士。所著《道家灵宝大旨》，总称四玄、八景、三洞、九玄等数百卷，多引佛经。又改六通为六洞……亦有大梵观音三宝、六情、四等、六度、三业、三灾、九十六种、三会、六斋等语。又撰《五格八（□）》。并为论难之法。（《大正》册五一，810页）

斌由法门转为道士，著书满家。邵陵王礼接之。王即萧纶，武帝第六子，天监十三年封邵陵王（《梁书·高祖三王传》）。是王斌实为梁人，与北朝无涉。时有三教学士之号，盖沙门又能兼通儒、道者，其援释入道，长于法数。怀信所记，向来未见人称引，足以解惑。

《文心》一书，最先加以援引而评骘之者，目前资料以隋之刘善经为首见。《文镜秘府论》天卷引其《四声论》（即《指归》）云：

> 经（善经）案陆士衡《文赋》云……文体周流，备于兹赋矣。……至于四声条贯，无闻焉尔。李充之制《翰林》，褒贬古今，斟酌病利，乃作者之师表。挚虞之《文章志》，区别优劣，编辑胜辞，亦才人之苑

圄。……

又吴人刘勰著《雕龙》篇云："音有飞沉，响有双叠。……异音相从谓之和，同声相应谓之韵。"……此论理到优华，控引弘博，计其幽趣，无以间然。但恨连章结句，时多涩阻。所谓能言之，未必能行者也。

刘氏褒其论音之善，而贬其缀辞之累。善经之书，引述彦和语止此一段，不及其他。是时李充、挚虞诸书流行于世，《文心》虽侈论文体，不免雷同蹈袭，诚难见长。善经于李充尤称赏，许为"作者师表"，惜其书不传。《文选集注》六十二公孙罗《音决》引檀氏《晋阳秋》论文章言："玄胜之谈……至江左李充尤盛。"充著书甚富，《晋书》李传云二百四十首，《隋志》有集二十二卷。此《翰林论》所以为善经所推许也，其书先行于世，《文心》上半部视之不免减色矣，《续僧传·彦悰传》云：

（北周时）预通道观学士，时年二十有一。……（及）年二十有五。其年二月十三日，高祖受禅，改号开皇，即位讲筵，四时相续。……又与陆彦师、薛道衡、刘善经、孙万寿等一代文宗，著内典《文会集》，又为诸沙门撰《唱导法》，皆改旧体。……（《大正》册五〇，436页）

彦悰聪明早慧，善经辈曾与合编释氏《文会集》，时推为一代文宗。其月旦彦和文章，病在"涩阻"，仍是依据声律观点。所谓涩阻者，据安然《悉昙藏》云："角者连徵而滑，连羽而涩，连商而远。"（381页）以角音连羽音，其病为涩，是其调协宫商五音，尚未尽得当。吾人读其《剡山石城寺石像碑》长文，虽为大手笔，而音节未能发越，平钝板滞，以较王屮之碑，诚不可以道里计。文家眼中，自非佳品。善经所议则从声律角度论之，故惜其能知而不能行。其实倡声病说之沈隐侯，何曾不然？门人黄耀枢曾统计沈约诗，所犯八病皆备。约《答陆厥书》固自言："韵与不韵，彼有精髓，轮扁不能言，老夫亦不尽办此。"早有自知之明矣。

关于四声主事尚有不能已于言者。《南齐书·沈约传》："又撰《四声谱》，以为在昔词人，累千载而不寤，而独得胸襟。……高祖雅不好焉。"陈寅恪先生以为由于好尚之特异，简文帝亦诋永明新体。余考梁武亦究心梵言，有所论述。安然屡引其《涅槃疏》。如鲁流卢楼四音，梁武曾禅之，言边海昆仑未体此旨，亦习外道之气，又其曰字作蕀力基梨（详安然《悉昙藏》卷二，《续大正》册八四，378、410 页）。彼尤善于钟律，著有《钟律纬》，说见《隋书·音乐志》。沈约双声叠韵之说，取自《悉昙章》，自梁武观之，事同儿戏，其不加重视，良有由焉。

《文心》成书于齐末东昏季年，时江淹实为秘书监兼卫尉，及义师至新林，淹微服来奔。中兴元年为吏部尚书，二年，转相国右长史（《梁书》淹本传）考《张稷传》云："义师至，兼卫尉江淹出奔。稷兼卫尉。"稷即代江淹职，其人盖使直阁张齐害东昏于含德殿者，故梁武对稷颇有憾焉（见《沈约传》）。向使江淹不出奔，东昏仍未见害。又据《沈约传》：东昏永元二年，约以母老，表求解职，改授征虏将军南清河太守。及建康平，引为骠骑司马。梁台建，初为吏部尚书兼右仆射。高祖受禅，为尚书仆射。可见沈约乃继江淹为吏部尚书，在中兴二年。《梁书·武纪》："（中兴）二年正月戊戌，拜帝大司马，置左右长史。"江淹转相国右长史，必在此时。自是以后，府僚遂有劝进之请，府僚即沈约辈。《约传》言："因病，梦齐和帝以剑断其舌，乃呼道士奏赤章于天，称禅代之事，不由已出。"和帝禅位于梁武，约必为策划之人。《南齐书·和帝纪》："（中兴）二年夏四月辛酉禅诏至，丁卯梁王奉帝为巴陵王，宫于姑熟。戊辰薨年十五。"和帝宝融之死，史不书其缘由。而入梦于沈约，欲断其舌，必有不可告人之事。约自以劝进入梁，遂跻高位，其在南齐之末，地位实远不及江淹。上文所以覼缕陈述此事者，彦和《文心》成书既在齐末，何以不上干江淹求其月旦，而必取定于沈约者，良以论声律为沈说之发挥光大者，料可获其赏誉，固一基本原因。而《梁书》勰传云："约时贵盛，无由自达。乃负其书，候约出，干之于车前。"所云"贵盛"，必指梁武受禅之后，未必在其继江淹为吏部尚书之时，此三二月间，梁台僚属，方忙于筹备劝进之事，约之地位尚未显赫犹非贵盛之时也。

四

《文心》成书年代为齐为梁，作者思想为儒为释，诸家讨论仍呶呶不休，窃有所见欲以质诸同好，愿略陈之。

《时序篇》云"皇齐驭宝……今圣历方兴"，显指和帝（刘毓崧说）。《梁书·武帝纪》："三月乙巳，南康王即帝位于江陵，改永元三年为中兴元年，遥废东昏为涪陵王。"时东昏仍临朝也。《南齐书·本纪东昏侯》：（是年）"三月丁未，南康王宝融即皇帝位于江陵；癸丑，遣平西将军陈伯之西征。十二月丙寅，王珍国、张稷率兵入殿，帝在含德殿吹笙歌作女儿子。直后张齐斩首送梁王”。又《和帝纪》：“中兴元年十二月丙寅，建康平。”按和帝宝融中兴元年三月至十二月，建康仍为东昏侯治下，刘勰居钟山上定林寺，宜尊东昏年号正朔当为永元三年。翌岁四月，齐祚即移于梁，为梁武天监元年。永元距梁武称帝，只有四个月，《文心》如成书于齐末是时，其流布恐必待入梁之后。《御览》卷六〇一文部著书上引《梁书·勰传》“初，勰撰《文心雕龙》”句，“初”字作“自齐入梁”。说者咸以为非。然据《御览》引书目，梁氏史书有刘璠、何玄之、段家诸《梁典》，无姚察之《梁书》，安知非出自刘、何等家记载。“自齐入梁”一语，揆以情理，自属可信，故《隋志》以下均题“梁刘勰著”。一人之书写成，仍须随时修订，李善《文选注》于显庆三年九月表上，然其后累有增改。彦和此书体大思精，必入梁始行流布。观萧子显撰《南齐书·文学传论》：“若子桓之品藻人才，仲治（洽）之区判文体，陆机辨于《文赋》，李充论于《翰林》，张际摘句褒贬，颜延图写情兴，各任怀抱，共为权衡。”不及彦和此书，其不列为齐人著述，可概见矣。

《梁书》本传言“依沙门僧祐，与之居处积十余年”。其居定林寺在于何时，向无确说。据慧皎记超辩以永明十年（公元492）终于定林上寺，僧祐为造碑、东莞刘勰制文（《高僧传》十三），以此可断必在永明十年以前（但不能说彼于永明十年入定林寺）。僧祐好文事，纂有《铭箴集》、《吊文集》，《隋志》著录之。彦和作《箴铭》（第十一）、《哀吊》（第十三）两篇，必取资于是。其掇拾辞章，揞摭利病，谅亦得僧祐之助，非特内典而已。是时去《文心》成书尚有十载，故本传“积十余年”之说，绰有根据。宜其浸淫内典，博涉儒书，故能奋笔摛藻，为和尚撰碑。僧柔与僧祐“少长山栖，同止岁久”，延兴元年（公元494）卒，祐为立碑，亦刘勰制文（《高僧传》八）。《出三藏记集》卷十二中《法集杂记铭目录序第十》著录彦和所作文共三篇，其一即僧柔碑铭。自永明十年至《文心》成书之岁，彦和依止僧祐居定林寺，绝无疑问，故《文心》一书可确定作于定林寺。其时屡为名僧撰碑，自非深通释典，无由着笔。至于文章早熟，在南朝文士实为惯例，陆厥卒于永元元年，年二十八，其与沈约扬推宫商律吕之名作，载《南齐书》中，时只一廿许岁之少年耳。彦和早岁家庭教育情况不可考，然能著文撰碑则早在永明十年，文学修养之早熟自不待论。惟《文心》成书后此者十年，因《文心》一书性质为涵濡儒书，弥纶群言之作，故不必牵涉内典，然无意中仍用“般若绝境”、“半字同文”诸句，盖其“长于佛理”，在《文心》撰写期间已是如此。

近人有谓“《文心》先成于齐世”，“《文心》书成之后，彦和沉浸佛典，导致其思想作激烈之转变”，必欲将《文心》成书移前，彦和依僧祐定林在后，自是始浸润于佛学，使其前后判若两人（潘重规说）。以为不同之宗教思想不可并存于一人，其实不然。前述王斌之由释入道，在思想上三教会通及其离合，在六朝至隋，实已司空见惯，不必诧异也。

《文心》之作，其组织之严密，造论之自成体系，非仅娴习儒书专治辞章者所能办到。书中屡屡用“事数”之法以统摄文理，如论“文能宗经，则体有六义，草创鸿笔，则先标三准，阅文情则事悬六观，总文貌则数穷八体”，虽儒书亦有此例，顾不若释氏法数（numerical dharmas）之具逻辑性。彦和“长于佛理”，故运用以论文。《世说新语·文学》记“殷中军徙东阳，大读佛经皆精解，唯至‘事数’处不解，遇一道人，问所签便释然”。“事数”谓若五阴、十二入、四谛、五根之类（刘孝标注）。《文心》之六观、三准等等，即仿此也。其言立文之道其理有三，形文之五色，声文之五音，情文之五性，神理之数也。案神理实具二义，一为自然（宇宙）义，庄生所谓“配神明、醇天地”者，《文心·原道篇》之“研神理而设教”，正佛之“神教”即此类；一为精神义，《文心》下半首论神思，《易》言精义入神、《法言》问神，以至《世说》之称“神笔”（《文学》记阮籍《劝进文》）皆此类。有时融会二义，神理之数是也。自魏以来，以神理入文辞者多兼二义立训，陈思诔父曰：“人事既关，聪镜神理。”非通天人而何？康乐述祖德云：“拯溺由道情，龛暴资神理。”非局于人事可知。至于“事为名教用，道以神理超”，亦人、天对比。故言神理必溯及宇宙义，不能以人灭天。僧祐论文字发生，即云“神理无声，因言辞以写意”（《胡汉译经音义同异记》），亦复人天凑泊。彦和论文，往往如是。“自然之文也，谁其尸之？亦神理而已。”文生于自然，内情性而外形声，五色、五音、五性，其数均五，以“事数”论，得称为神理之数。此义向未有人发挥，故为剖析于此。彦和明为长于佛理之人，《文心》写成于僧寺，谓其书毫不牵涉佛理，亦甚难言。学者不死看，便能释然矣。

原载《中华文史论丛》1985年第三辑

《文心雕龙》与《阿毗昙心》

陆机《文赋》开端云："余每观才士之所作，有以得其用心。"《文心雕龙·序志篇》亦云："夫文心者，言为文之用心也。"显然是取自士衡之语以命名。刘氏此书，隋、唐人或省称曰《文心》（卢照邻），或称《雕龙》（刘善经），下文简称作《文心》。范文澜在《序志篇》注二引惠远《杂阿毗昙心序》，而加以说明云：

> 彦和精湛佛理，《文心》之作，科条分明，往古所无。自《书记篇》以上，即所谓界品也；《神思篇》以下，所谓问论也。盖采取释书法式而为之，故能鰓理明晰若此。

是说不断为人所引证，至今尚然。《阿毗昙心》一书，汉译计有多种：

（一）题《尊者法胜造》，晋太元元年，僧伽提婆（Samghadeva）共慧远于庐山译者，共四卷。①

（二）题曰《阿毗昙心论经》，又题《法胜论》，大德优波扇多（Upásānta）释，高齐天竺三藏那连提耶舍（Narendreyaśas）译，增一"经"字。②

（三）题《杂阿毗昙心论》，尊者法救（Dharmatāta）造，宋天竺三藏僧

① 《大正藏》列一五五〇，册二八。
② 《大正藏》一五五一号。

伽跋摩（Samghavarman）等译。[1]

以上第（一）、（三）两种之译出，皆在僧祐、刘勰之前。《出三藏记集》序类卷十所收关于《阿毗昙心》之序文多篇，慧远法师《杂阿毗昙心序》亦在其中，彦和必读过是文，自无疑问。

慧远与提婆合译之《阿毗昙心论》共有十品。表列如次：

Hrdya-śāstra（心论）

1. 界品（Dhātu Varga）	2. 行品（Samskāra）
3. 业品（Karma）	4. 使品（Amisaya）
5. 贤圣品（Cārya）	6. 智品（Jnāna）
7. 定品（Samādhi）	8. 契经品（Sūtra）
9. 杂品（Samyukta）	10. 问论（Kathā）

（据印度 L. Armelin 女士法文译本《阿毗昙心论》序言所附表）

《阿毗昙心论》首品为 dhātu，义为要素；终品为 kathā，义为问答。全书十品之结构，具见上二表，与《文心》布局方式全不相干，问论在最末，安得谓"《神思篇》以下即所谓问论"？可谓拟于不伦。

又慧远序云："始自界品，讫于问论，凡二百五十偈。以为要解，号之曰心。"有人认为"《文心》每篇之后又复有赞，和内典之偈性质相同"。按慧远所谓二百五十偈，乃指全书自界品第一至问论第十所作偈之总数（如界品十七偈、行品二十偈、业品三十三偈是）。是偈有二句、四句、三句，句式不等。此类偈语与散行之文相厕。《史通·论赞》篇云："释氏演法，义尽而宣以偈言。"其实佛经之偈言，并不系于完篇之后。郭玪（瑜）在《修多罗法门》中论偈云：

> 夫偈有二种：一者通偈；一者别偈。胡人数字之法，每以八字为句，四句为一偈，则一偈卅二字也。[2]

偈之性质，于此略可明了。《文心》每篇之末，复有赞曰。说者谓可能受到内

① 《大正藏》一五五二号。

② 敦煌卷斯坦因一三四四号（二）。

典之启发，实则全无关涉。以佛典偈言非列于篇末，与赞之必在篇终，绝不相同。

上举两事，皆与内典实际情况不相符合，可以不论，只有《文心》一名与《阿毗昙心》之用心字作为书名，用意相同，值得作比较研究。

阿毗昙，秦言无比法，于其下加一心字。此书梵名应为：

Abhi-	dharma-	hrdya	śāstra
（无比）	（法）	（心）	（论）

心有“要解”之意。彦和论文之书，亦以“心”命名。《序志篇》列举涓子《琴心》、王孙《巧心》二书作为例证，而云：“心哉美矣，故用之焉。”其赞曰：“文以载心，余心有寄。”于《原道篇》云：“心生而言立，言立而文明，自然之道也。”是“文以载心”，犹之“文以载道”矣。故心即道要。《文心》之为书，首《原道》第一，次《征圣》第二，又次《宗经》第三。表面观之，自属儒家思想，然佛家立场亦有同然，释氏于现量、比量之外，极重“圣言量”，故主“征圣”。在《阿毗昙心论》中，其第五为贤圣品，第八为契经品，义与征圣、宗经原自不殊。刘书举涓子《琴心》一书，环渊其人，《七略》：蜎子名渊，亦作涓子。《御览》卷九三六引《列仙传》：“涓子，齐人也。……著《天地人经》四十八篇。后钓于河泽。”又六七〇引《集仙录》：“涓子，齐人也。饵术。著《三才经》。……又著《琴书》二篇，甚有条理。”涓子之《琴书》，即《琴心》也。惜其书不传。彦和仅提到仙家著书之《琴心》，而不及释典。然《阿毗昙心论》为彼所夙习，则无疑者（说见下）。

彦和全书中正面使用佛家术语，只有“半字”及“般若”二词。《论说篇》云：“滞有者，全系于形用；贵无者，专守于寂寥。徒锐偏解，莫诣正理。动极神源，其般若之绝境乎。”此指出造论不可偏解，宜诣乎正理。偏即释氏所云“落于一边”。惟求诸般若绝境，斯能统摄有无。龙树《中论·观望槃品》云：“分别非有无，如是名涅槃。若有无成者，非有非无故。”不锐于偏解，则非有非无，斯得乎中道而诣于正理矣。正理之“正”与“偏”对立。佛家最重正觉，主八正道。道者，梵言 mārga。八正道之细目为正见（samyag-drstih，只举一名为例）、正思惟、正语、正业、正命、正精进、正念、正定。彦和之文学主张，处处以“正”为依归。其言曰“正义以绳理”（《哀吊篇》），曰“析理居正”（《史传篇》），曰“终之以居正”（《杂文篇》），曰“意归义正”（《谐讔篇》），曰“君子宜正其文”（《乐府篇》），又言“执正以驭奇”（《定势篇》），“理正而后摛藻”（《精采篇》），“以审正得序”（《史传篇》），“故似开学养正”（《宗经篇》）。他如“正采”、“正音”、“正声、正辞”等等。正之观念在《文心》书中实居领导地位。此与梁时“文章且须放荡”之风气，大相径庭。以正道运用之于文学，与其谓有合于儒家，不如说是亦得到佛家“正道”之启示。

彦和论文之基本态度，是以“兼”为主。故事必兼文武，辞必合文质，贵器用而兼文采（《程器篇》）。“兼解以俱通”（《定势篇》），则不滞于偏解。观其情采并重，故其书名于文心之下再益“雕龙”二字。自东汉以来，“雕龙”一词已成为文藻之代语。彦和为文，雕缛成体，故不采散文，而以俪语为造述表达之方，亦萧选“义归乎翰藻”之宗旨，正符合其一贯主张，质文兼重之缘故。刘知幾为之扬扢，称：“词人属文，其体非一。后来祖述，识昧圆通……故刘勰《文心》生焉。”特称许其深具圆通之识。盖能参大圆镜智，以之论文，故无所偏倚。即以诗而论，诗家大都以振奇为胜，而刘氏乃以“通圆”为贵。诗而通圆，则不易有惊人之语矣。此一圆照之态度，与其看作儒家，毋宁说是于释氏为近，更合情实。

彦和思想方法，和释氏似结有不解缘。自范文澜以来，几乎众口一声，谓其严密之方法，是受到佛经之影响；我则谓其书体例实与释氏无关，惟居正之态度，完全符合释氏正道之宗旨，持以论文，固与当日“文章且须放荡”之风尚乖违，在在见其坚定之立场，足为一时之针砭。

彦和长于佛理，在永明十年，已能得到僧祐之尊重，为超辩撰碑。继之，在延兴元年，僧柔殂化，彼又为制文。具见此时内学之修养已相当深厚。有人欲从其撰写《灭惑论》年代之先后，作为其思想前后分期之划分，事实上不能否认在《文心》写成之前，彼早已是一位精通佛家学术之作者。

彦和所依止之僧祐，为律宗巨匠。僧祐师法献。献为南齐僧统，宋元徽三年西游至于阗，获佛牙，常置在定林上寺。萧子良为撰《佛牙赞》。见《出三藏记集》十二著录。

《阿毗昙心》一书原为法胜（Dharmaśri）。其人实出印度“萨婆多部”（Sarvāstivādin）。僧祐于《出三藏记集》十二《萨婆多部记目录》列举传灯人物，达磨尸梨帝罗汉居第三十三。自注：“译曰法胜。”达磨尸梨，梵言即Dharmaśri也。同书卷四“萨婆多部十诵律”条云：“萨婆多部者，梁言一切有也，而说诸法一切有相。”又《萨婆多部记目录》序云“法僧不坠，其唯律乎！……旧记所载五十三人。……仰前觉之弘慈，奉先师之遗德”云云。书中所列历代律师，献律师在第十九，称律师传在第二十。称即智称，亦上定林寺僧；献即祐之师法献也。

```
                ┌─ 僧祐——慧地（刘勰）
法胜……法献——智称
      十九代    二十代        （皆上定林寺僧）
```

阿毗昙训无比法，犹言最上法，佛家三宝之外最重要之另一宝。北朝所译本于《阿毗昙心论》亦称为经。北魏昌黎王冯熙为孝文帝及其女文明太后写《一切经》，今存者有《杂阿毗昙心经》卷第六残卷，敦煌石室所出（见斯坦因目九九。参拙作《选堂集林·史林》上册）。冯熙题记称：“《杂阿毗昙心》者，法盛大士之所说。……瞻四有之舌见，通三界之差别，以识同至味，名曰毗昙。”又赞曰：“丽丽毗昙，厥名无比。……盛尊延剖，声类斯视。理无不彰，根无不利。卷云斯苞，见云亦谛。帝修后玩，是聪是备。”所称盛尊、法盛，即是法胜。六朝初期，《阿毗昙心》之学盛行，地无论南北，人皆重视诵习，影响至大。冯熙且书之为帝与后启发之资，彦和从律宗大师僧祐学，寄居上定林寺，又参加事理《出三藏记集》工作，对于此萨婆多部巨匠法胜名著《阿毗昙心论》一书，当甚熟悉。其撰《文心》此书，亦以“心”作为书名，虽与《阿毗昙心》之名偶合，未必无“窃比”之意。为最上法之要解，号之曰心；为文之要解，自亦可号之曰心。此《文心》与《阿毗昙心》，有其可相通之处。试为抉发，倘能稍得彦和当日著书之用心，则吾文之作为不虚矣。

《文心雕龙》与佛教

刘勰的《文心雕龙》是六朝文学批评的权威论著。在该书里面没有许多提到佛教的字眼，只在《论说》篇云："动极神源，其般若之妙境乎?"言及"般若"二字。现在拿它来和佛教并论，岂不是来得太奇特吗?也许有人要向我提出这些疑问。但是，我们要知道谈论某些问题，切不可单从外表去观察，而应该从内在关系上着眼。因为《文心雕龙》的作者是个佛教徒，他有十年以上的佛学修养，所以当他写这部专门讨论文章的皇皇大著时，很可能运用他那经过佛学洗礼过的头脑——佛学逻辑，来支配及组织他的文学材料；换句话说，是通过佛学的方法来表达他的文学见解。譬诸读自然科学的人，转变另一研究对象去谈文学写作时，他的头脑自会与一般纯粹由文学出身的人有些不同。如果从这些点去看刘勰的论著，那么，我们便可看出他那严密和精细的分析，是取资于佛氏的科条，来建立他的文章轨则，在思想方法的运用上是受过佛教影响的。

六朝时候，正是中国和印度思想文化交流的一大际会，他这部名著正是在两种文化交流下关于修辞学及文学批评方面的伟大成就。日本学者中村元在他的《中国人的思想方法》一书中却说："古代印度，曾树立极精致的方法组织，并发达了语言学。但在中国，关于文法学及文章学（Sytax），几乎没有留下任何典籍。在与印度文化交涉时代，中国学僧，虽知道印度文法学，但终未有受其影响。以树立中国语文法学。”[1] 关于这点，我们可以提出若干理由来解释：（一）中国语文与梵语的构造完全不同。梵语文法的精神是将语尾的变化来表现词性，但汉语是把声调高低来表现词性的差异。这习惯的运用，并没有感到什么不便，因此无取材于梵语文法之必要。（二）中国文字构造，半形半声，多为合体字，具有它那特有的美。用在文章上的造句法时，即是俪词。到了六朝，便发展成为骈文，文学技巧已达到了顶点，更非梵语所可比拟。[2] 在讲解佛经时，更把梵文用骈四俪六的文字表达出来。在这种情形下，只有将梵语迁就华言，可说是梵文华化；并不像现代的翻译，是中文西化。这是一个很有趣的对照。关于华、梵文字的本质上的差异。僧祐《出三藏记集》中有一篇[3]说得极详细，可以参考。华、梵语文接触，因两方文字本质过于悬殊，故在文法上无甚影响，但声音方面，由于梵音转读方法的输入，使汉诗对声律讲求方面，起了很大的变化。但声律为音乐性，文字为图画性，各自发展，不必同符。刘氏在《练字》篇上说：“讽诵则续在宫商，临文则能归字形。”颇能道出二者的界限。

音律以外，文章论修辞亦与印度思想不无关系。刘氏此书，即可代表这一方面的成就。这点似为中村氏听见不到的。

一

欲论《文心雕龙》一书与佛家的关系，应先明了刘氏本人与佛教因缘的历史和他对于佛教的著述。

刘勰事迹见《梁书·文学传》。他是东莞莒人，世居京口，生于宋明帝泰始初。传云：“勰早孤，笃志。家贫，不婚娶。依沙门僧祐，与之居处十余年，遂博通经论。因区别部类，录而序之。今定林寺经藏，勰所定也。”[4] 定林寺经藏（寺在南京钟山，经藏为临川王所造）目录，现尚存，书名曰《出三藏记集》，凡分十五卷。题僧祐名，可能出勰之手。其中不少论文，可视为刘氏所作，或至少可代表他的意见，不妨取与《文心雕龙》比较研究。在《出三藏记集》卷十二《杂录》收有刘勰撰的文章共三篇：《钟山定林上寺碑

---

① 见徐佛观译本，86 页。

② 《文心·丽辞》篇云：“造化赋形，肢体必双。”他认为偶词俪句是出于自然的。

③ 《胡汉译经音义同界记》。

④ 《高僧传》云：“祐于齐武帝永明中，奉敕入吴宣讲，治定林、建初诸寺。”

铭》一卷，《建初寺初创碑铭》一卷，《僧柔法师碑铭》一卷。别有《剡石城山佛像铭》。僧祐死于梁天监十七年，他的弟子正度，立碑颂德，亦由勰所撰制。《梁书》称刘氏“长于佛理，京师寺塔及石僧志，必请勰制文”。《出三藏记集》是现存最古的佛教目录。其书《集录上》说：“发源有日，讫于大梁。运历六代，岁渐五百。梵文证经四百有十九部，华戎傅译八十有五人。”我们从《出三藏记集》的目录，可以看出他对于内典有极广博的涉览和湛深的研讨。尚有僧祐的《高僧传》，有人还说是勰的手笔。①

至于他在佛学理论上的著本，只见于收在僧祐编的《弘明集》卷八中《灭惑论》一篇，是反对“三破论”而作，目的在比较释道二家的优劣，对于道教的神仙家、五斗米道等深加攻击。他对佛教的见解，此文可窥见一斑。有些地方可与《雕龙》中论学的原理互相参照。

二

曹学佺云：“《雕龙》上廿五篇铨次文体，下廿五篇驱引笔术。而古今短长，时错综焉。其原道以心，即运思于神也；其征圣以情，即体性于习也。”（上引曹序）刘氏文学批评的基本理论，可称为“神理说”。第一篇《原道》云：“言之文也，天地之心哉……谁其尸之，亦神理而已。”又专立《神思》一题，冠于笔术二十五篇之首。其要语如云：“文之思也，其神远矣。”“思理为妙，神与物游。神居胸臆，而志气统其关键。物沿耳目，而辞令管其枢机。枢机方通，则物无隐貌；关键将塞，则神有遁心。”以为心思出于神，强调“神”是作文的基本动力。这和他主张佛法练神之义正可互相发明。他在《灭惑论》中说：“佛法练神，道教练形。形器必终，碍于一垣之理；神识无穷，再抚六合之外。明者资于无穷，教以胜慧……慧业始于观禅，禅练真识。”标神与形二事来分别佛、道两家的优劣，是当日佛教徒所常言的。《世说新语·文学》：“佛经以祛练神明，则圣人可致。”其说正和刘说相同。支道林《大小品对比要钞序》云：“神王之所由，如来之照功。”“质明则神朗。”“建同德以接化，设贤教以悟神。”（序文见祐录）。支序通篇论“神”处甚多。间参道家

---

① 见曹学佺《文心雕龙序》，载拙藏明本钟惺评《文心雕龙》卷首。此《序》亦见吴兴闵氏刻梅庆生音注《雕龙》本。

言[①]东汉桓谭《新论》中始著《形神》之篇。他的设喻，以烛为形，火为神，尤具妙理。[②] 刘说远源实出于此。关于神的本体，在佛学输入以后，这是一极重要的玄学论题，参加讨论的人很多。[③] 那些站在佛教立场来讨论“神”的问题，东晋以来，如庾阐有《神不更受形论》，竺僧敷有《神无形论》。并揭出“神”重要性，认为形托神以为用，神是形的主宰。慧远作《形尽神不灭论》，有云：“知化以情感，神以化传。情为化之母，神为情之根。情有会物之道，神有冥移之功。但悟彻者反本，惑理者逐物耳。”[④] 又作《佛影铭》云：“体神入化，落影离形。”至陶渊明因作《形影神诗》三首，则归之于自然。[⑤]《广弘明集》道安《二教论诘验形神》云：“《易》曰：几者，动之微也。能照其微，非神而何？此言神矣，而未辨练神。练神者，闭情开照，期神旷劫。幽灵不亡，积习成圣。”具见“神”的重要性。刘宋时学者文人，无不喜欢讨论神的问题。像颜延之的《庭诰》、宗炳的《明佛论》，都是很好的例子。沈约亦有《形神论》之作。

刘氏生于齐梁之世，颇受诸家论神说影响。他的文学上神理说有两要点：

（一）神为文本。《易》辞上屡屡说及“神”字。如：“阴阳不测之谓神。”“神也者，妙万物而为言者也。”“精义入神。”此固玄言，可与佛理相通。《雕龙》在《征圣》篇赞云：“妙极生智，睿哲惟宰；精理为文，秀气成采。”“妙极”即“妙万物为言”，“精理”即“精义入神”，都是指“神”而言。为文应该存神，和佛法应该练神同一道理。有神才能尽文章之妙。

（二）神与形别。神和形原有内外之分。根据这原理来论文章，亦有神形内外之异。精理无状可见，是神；秀气有态可观，是形。《文心雕龙》书中如《比兴》篇谓“兴取于义，而比取于象”。《隐秀》篇分隐为复意而秀为美辞，亦一内一外，很有条贯。这可说是以“形”、“神”二元论为出发点，而运用这原则讨论文学。

《世说·文学》：“阮籍劝进，时人以为神笔。”用“神”字来形容作文，其由来已久。至刘氏乃立《神思》专论。此后，如杜甫云：“下笔如有神”，

① 论神为一切之本，远源于道家。如《庄子》、司马谈《六家》、《淮南子·精神训》、嵇康《养生论》。

② 不具引。

③ 详《弘明集》及《梁书·范缜传》。

④ 见僧祐《弘明集》。

⑤ 其序云：“言神辨自然以释之。”

"文章有神交有道"。司空图亦云："诗千变万状，不知所以神而自神也。"（《与李生书》）严羽云："诗之极致有一，曰入神。"（《沧浪诗话》）无非皆受刘氏神思说之影响。神理说是他论文主要的哲学根据，究其本源，正和佛氏之说息息相通的。

三

还有若干地方可以看出它和释氏思想有连带关系：

（一）征圣的态度。《文心》第二篇是《征圣》，认为"征圣立言，则文其庶"。接着是《宗经》，以圣人的话必有绝对权威。印度逻辑上的正量，本义是 Proof，梵文 Pramana（the means of right knowledge），认 veda 圣典为不可侵犯（参看 Satis Chandia Vidyabhusana：*A History of Indian Logic*，*p*. 107），亦是这个道理。印度正理派经典（Nyaya-sutra）所立四量，其一为 aptopadesa，汉译为圣言量，指可信的证典（reliable assertion）。刘氏征圣的态度和佛家思想似乎不无关系。

（二）《文心》的命名。《序志》篇云："文心者，言为文之用心也。昔涓子《琴心》，王孙《巧心》。心哉美矣，故用之焉。"文学上取"心"为名，本有"赋心"一词（《西京杂记》：司马相如云："赋家之心，包括宇宙，总览人物。"）。张芝论书法，著《笔心论》五篇，亦是以"心"命名。但用"心"来作书名，即是佛门的惯例。像慧远请译《阿毗昙心》。[①] 吉迦夜译《方便心论》[②]，即其例证。[③] 吴康僧云《法镜经序》云："夫心者，众法之原，灭否之根……称斯道曰大明，故曰法镜。"心可照见一切[④]，取名《文心》殆用此义。他说："物以貌求，心以理应。刻镂声律，萌芽比兴。"（《神思》篇赞）他在《灭惑论》一文中亦主张"弃迹求心"，因为心是一切的主宰，文章何独不然？故在《原道》篇又云："心生而言立，言立而文明，自然之道也。"汉代扬雄虽有"言，心声也"之论，但没有他说得这样透彻。可见他是取佛教唯心论

---

① 阿毗昙，即无比法，梵文 abhidharma，指论部。曾太元间僧伽提婆在庐山徇远公所请，译成四卷。慧远有《阿毗昙心序》云其管统众经，领其会宗，故作者以"心"为名焉。

② 《出三藏记集》收二卷。延兴二年，释昙曜译，刘孝标笔受。《大正藏经》中第三十二册中止有吉译《方便心论》卷。

③ 又有尊法胜的《阿毗昙心》，本二百五十偈，尊者达摩多罗增三百五十偈为十一品，号曰《杂心》。见《出三藏记集·后出杂心序》。

④ 佛家言心，分"心"cita、"心所"ciasika 二者。心即心之主体，心所即心之种种作用。

以立说。这即是本书命名《文心》的理由。

（三）全书的体例。《雕龙》一书，编制严密，条理严析。有人说他是采取释书的方式为之，自《书记》篇以上（论文体），即所谓界品[①]；《神思》篇以上（论文术），即所谓问论。[②] 至于每篇文章末尾有赞，此种格式，佛教文章多见之[③]，如王僧孺的《慧印三昧及济方等学三经序赞》即其一例（文收入《出三藏记集》，和佛经论末附偈语相似）。刘知幾《史通·论赞》篇云“篇终有赞，如释氏演法，义尽而宣以偈言”是也。

（四）带数法的运用。以数统摄各种事理，在梵语合成语的“六合释”中，名叫“带数释”（Dvigu），这亦是佛家习惯。[④] 刘氏在《文心》中，如《知音》篇，标揭六观：“一观位体，二观置辞，三观通变，四观奇正，五观事义，六观宫商。”这是归纳为若干事类后，用数来统理它，很像佛家术语的“三观”、“三量”等等。他如《宗经》篇体有六义，《镕裁》篇论作文三准。这些界分，都用带数法来统摄它。[⑤] 中国古代学者，亦常用这种方法，但没有佛门那样用得区分明细。晋、宋以来，处理佛经界品，便是常用这种“带数法”的。

四

《文心雕龙》下半多论修辞术。按修辞术在古印度三十二年明中占一重要的地位。[⑥] 刘氏未必懂梵文，然当时与诸大德往来，耳濡目染，或曾从笔受[⑦]亦未可知。观《出三藏记集》中《梵汉译经同异记》[⑧]，比较两国文字同异甚精，谓梵单复无恒，或一字以摄众理，或数言而成一义，梵音则制文有半字、满字之分，及《灭惑论》之数提梵言，知刘氏于梵文必略识其大概。

《文心雕龙·练字》篇云“字形单复，妍媸异体”，并举出“避诡异”、

---

① 界品“明诸法体，以界标名”，见《俱舍论》，即今言门类。

② 像《阿毗昙心序》云“始自界品，迄于问论”，凡若干偈，正是佛书编制的佳例。

③ 即序赞、论赞之类。

④ 好像“三界”是由 tri＋lokam 二字合成。

⑤ 如《尚书大传》孔子言“六誓可观义，五诰可观仁，甫刑可观诫，洪范可观度，禹贡可观事，皋陶可观治，尧典可观美”，他便以数统之，说道“书标七观”。

⑥ 梵语为 ralankaa，亦名《庄严论》。

⑦ 如刘孝标之从昙曜受《方便心论》。

⑧ 此文疑出刘氏手。

“省联边”、“权重出”、“调单复”四事。“联边”指“半文同文”，自是指赋之堆砌而言；“调单复”指字形肥瘠而言。所谓“半字”、“单复”诸命名，正可与《梵汉译记》一文相参。不过梵以音而汉以形，处理的对象虽殊，方法正可相通的。

《文心雕龙》中《比兴》篇论“兴”与“比”之异，殊有特见；而对于比的类别，分析尤详。谓比有“喻声”、“方貌”、“拟心”、“譬事”各种。按佛经书最善于譬喻（Avadana）。如《杂譬经》、《法句譬喻经》、《百句譬喻经》等等，例不胜举。康法邃撰《譬喻经序》：“《譬喻经》者，皆是如来随时方便四说之辞，敷演弘才识诱之要，牵物引类，转相证据。”即此之意。《涅槃经》说喻，有顺喻、逆喻、现喻、非喻、先喻、后喻、先后喻、遍喻，分析精密。料刘氏必有参酌于是。

又《章句》篇：“宅情曰章，信言曰句。”“裁衣匠笔，篇大小大；离章合句，调有缓急。”汉代治经已用此法。而印度尤重章句（Pada），所谓“众字和合成语，众语和合成句”。失名《法句经序》：“昙钵偈者，众经之要义。昙之言法，钵者，句也。……偈者，结语，犹诗颂也。……此虽辞朴而旨深，文约而义博。事钩众经，章有本故，句有义说。其在天竺，始进业者不学法句，谓之越叙。此乃始进足者之鸿渐，深入者之奥藏也。”支敏度《合维摩诘经序》：“分章断句，便事烦相从。”盖此法梵、汉并用，足见其间会通之处。

五

《文心·声律》篇专论文章音乐性。言音的性质，则云：“凡声有飞沉，响有双叠。”黄侃言飞谓平清，沉谓仄浊。[①] 至于双叠，殆谓取四声字以配双声、叠韵[②]。又言“双声隔字而每舛”，似近于八病中的傍纽病。又言“叠韵难[③]句而必睽”，似近于八病中的小韵病。这些即是齐梁以来流行的四声说。此说起于周颙的《体语》。切字有纽，乃摹仿梵音为之（体文即梵音字母“迦”等辅音）。其后沈约因创纽字之图。[④] 这种以一字纽四声方法的发明，与

① 《文心雕龙札记》。

② 详《文镜秘府论》天卷所载《四声谱》。

③ 《文镜论》引作“离”者是。

④ 见《玉篇》卷末附神珙《四声五音九弄反纽图序》。

梵语有关，世所共悉，兹不详论。[①]

刘氏《声律》篇又云："是以声画妍媸，寄在吟咏；滋味流于字句，气力穷于和韵，异音相从谓之和，同声相应谓之韵。韵气一定，故余声易遣；和体抑扬，故遗响难契。属笔易巧，选和至难。缀文难精，而作韵甚易。"这里讲究音律的运用。他提出"和"与"韵"二者的差别：韵是押韵，只是每句收声的相同，故有一定；和是调声，在使音节的和谐，故多变化。因此说"同声相应"是"韵"，"异声相从"是"和"；"选和至难"，而"作韵甚易"。考慧皎《高僧传》中《经师》篇一文比较汉、梵歌赞的不同，有云："东国之歌也，则结韵以成咏；西国之赞也，则作偈以和声。"如把这段话与刘氏相印证，可见所谓"和体抑扬"，似是运用梵赞转声的方法来论汉土诗歌的音律。我们看《出三藏记集》中所收的佛典，有《梵呗序》一卷及《转读法并释滞》一卷，可见刘氏于转读的注意。梵人长于音[②]，自昔即有考究音声的专门学术。[③] 如诵梨俱吠陀经典，便有五种诵法与十一种诵法。后魏吉迦夜术译的《方便心论》，记音声外道有六十三学四句之义[④]，非常繁杂。诵法，梵语Patha，汉语译成呗匿，唱时声音悠扬曲折以取态。《高僧传》经师一门所记擅长转读的名德，如晋之帛法桥，宋之道慧等，皆当时名手。《经师》篇总论言："逮宋、齐之间，有昙迁、僧辩、太傅、文宣等，并殷勤嗟咏，曲意音律。撰集异同，斟酌科例。存于旧法，正可三百余声。"可谓极一时之盛。[⑤]

至于转读之法，我们看慧皎所描写，有的"声彻里评，远近惊嗟"，有的"升座一转，梵响干云"，有的"四飞欲转，返折还弄"，似乎是用高音调还带着多少连缠绕的繁腔，这是"唱经"。尚有一种是"吟调"，敦煌所出《维摩诘经》讲唱文卷，于长偈短偈并标注曰"吟"。吟是讽咏[⑥]，或者是用低音调而声较小的讽诵。《文心》所称"吟咏滋味，流于字句"，似即"吟"之类。印度古代音乐吠陀有三声（avara，即 accent）：一为高声调（udalta）；一为非高声调（anudatta），即发声高锐的扬音与低调的抑音；一为混合声调（avarita），乃调和上列二者的混合音。此三声乃就声乐高低而言，陈寅恪《四声三

---

① 参见 R. H. Van Gulik Siddam。

② 郑樵《六书略》语。

③ 即所谓声明 ahabdavidya。

④ 《大正藏》二三册，23 页。

⑤ 《梵呗源流》，参看 S. levi 及 P. Demiéville 之《法宝义林》，93 页。

⑥ 《一切经音义》七三。

问》以比附平上去三种声调，实在极有问题。余曾与印度友 V. V. Paranipe 先生讨论。据称，这三声原为朗诵吠陀圣典时所用，吠陀时代以后，不复施行，渐已失传。至南齐之世，去吠陀时代悬隔遥远，其时僧徒，当不能懂这三声。他认为陈先生之说，时代上不相衔接，不易成立。今按佛所用的语言是方言，不可能用婆罗门诵经时的唱呗，故梵僧来华不传授梵呗是当然的事。汉土的转读佛经，乃自己创制的新声。[①] 所以这三种吠陀的 svara，和平、上、去三个声调，根本上谈不到有什么关系。刘氏所谓“声有飞沉”，或指讽诵音声的上下。故云：“沉则乡发而断，飞则声飏不远。并辘轳交往，逆鳞相比。”辘轳喻声韵的圆转时，鳞比喻声律的靡密。可见不仅指声调的平仄而言，还兼指歌唱的抑扬而言。他这种理论，可能是由吟佛经体会出来的——因为汉诗当时在受转读佛经影响之后，曾经产生一种新的讽诵法。[②]

沈约《宋书·谢灵运传论》云：“欲使宫羽相变，低昂舛节，若前有浮声，则后须切响。一简之内，音韵尽殊；两句之中，轻重悉易。”刘氏声律之说，似即本此发挥，而归纳成“异声相从谓之和”一个总法则。因为不同字音，连结一起，读起来不能调和，便是“往蹇来连，其为疾病，亦文家之吃也”。阐扬沈约声病之旨，但“振其大纲”而已。至云“织意曲变，非可缕言”，则似于八病苛碎之说，有不甚同意者。由慧皎之说，东土重在结韵，而印度长于和声。刘氏将“韵”与“和”提出并论，可说是得其会通而能识大体。这却是沈约等所不能的。

六

考刘氏自从僧祐研讨内典，至编到《出三藏记集》，费时十年。至齐明帝建武间，诸功已毕，乃作《文心雕龙》（时约三十余岁），而成书于齐和帝之时。[③] 那时已经还俗，并将出仕，故书中极少引佛家语。但他的文学理论之安排，却建筑于佛学根基之上，这是不容否认的事实。也虽皈依于佛，但他却

---

① 详黄锡凌《梵呗》，17 页。

② 相传曹植登鱼山，于岩谷间，闻诵经声，因效之而制声。其事见刘敬叔《异苑》、《高僧传·经师》篇、《法华文句经》引《宣验记》。又《法苑珠林》四九《呗赞》篇更演其说，谓：曹植读佛经，遂制转七声升降曲折之响。及感鱼山之唱，撰文制音，传为后式。梵声显世始此焉。以梵呗托始于陈思，所言虽不可信，但佛经诵读影响汉时诵法，此正一旁证。〔参看 K. P. K. Whitaker：Tsaur Jyr（曹植）and the Introduction of Fannbay（梵呗）into China，*BSOAS*，1957。〕

③ 说本刘毓崧《通谊堂集》。

处处会通华、梵。他以为“至道宗极，理归乎一；妙法真境，本个无二”[①]。因此主张中国的“道”和印度的菩提，是一而非二。如说：“万象既生，假名遂名。梵言菩提，汉语曰道。”又云：“一音演法，殊译共解；一乘敷教，异经同归。经典由权，故孔、释教殊而道契；解同由妙，故梵、汉语隔而化通。”[②] 这是他的儒释会通论。所以《文心雕龙》一书，即以“原道”发端。虽然远法淮南，旁参许慎[③]，可是直探心源，折衷于一，正是他为学的根本态度。

我们用高瞻远瞩的眼光去看学术史，凡二种不同文化经过接触交流浸灌之后，便可收融会贯通之效。刘氏的《文心雕龙》，正是一绝好例子。他所以能写出这一空前的巨著，造成他那中国历史上最伟大的文学理论家的地位，并不是单靠着他的文学修养，而受过佛教思想的浸润启发，倒是一个顶重要的内在因素。故特为揭出，或者可作为当前中西学术交流际会的一种参考。

原载《文心雕龙研究论文选粹》

① 《灭惑论》。
② 同前注。
③ 以“一”为首。

《文心雕龙字义通释》序

刘彦和基本观点，主正、主圆、主和、主兼，可谓折衷主义之调和派。[①] 以其精湛内典，持论辄以“正道”为依归，余曩者尝畅论之。[②] 其“三准”言：设情以位体，酌事以取类，撮辞以举要；“六观”言：先位体，而继之以置辞，终之以宫商，正犹谢赫论画六法之“经营位置”、“应物象形”与“随类赋形”。至于崇尚风骨，同乎《诗品》之风力，亦如画中之有气韵、骨法。齐梁之际，谈艺者每假释氏之事数[③]，以立方便之门，风会所趋，有同然也。

彦和论“文”之内涵，盖有取极广义之杂文学，合经、史、子、纬书以至章奏、书记，尽纳诸文学之领域，与当时之严文、笔之辨，与非“沉思翰藻”不得与于文之行列等主张，旨趣迥殊。凡文章诸不同体式，彦和已囊括而有之，欲“兼解而俱通”，自非易事，既乏宾主之畛分，但作同等之综合，依违于情采、事义之间。揆以挚虞论赋，即有四过之议[④]，而《文心》于诸文体，未能轩轾高下，铨别品题，使成有机之系列，如是所谓“方”者，不啻为一大杂烩。以此之故，与文家之见，不免步骤分途，可能被认为未惬于辨章流别之方，其说历来不为文家所重视，非无故也。卢照邻至谓“近日刘勰

---

① 参王连熙论《刘勰文学理论的折衷倾向》（《荟萃》，194 页）。周振甫《刘勰以“和”论文的辩证法》（《同雕集》，52 页）。王更生《刘勰文学批评的理论与实际》（同上，242 页）。

② 详拙作《文心与阿毗昙心》（《梵学集》，179 页）。

③ 拙作《文心雕龙声律篇与鸠摩罗什通韵》结尾（《梵学集》，119 页）。

④ 挚虞《文章流别论》：“赋以情义为主，事类为佐”（见《御览》五八七文部）

《文心》、钟嵘《诗品》，异议蜂起，高谈不息”，招来空论无用之讥。虽唐初其书屡为学人所援引[①]，而文家则罕所齿及，若黄（鲁直）、晁（公武）则力致贬辞，诋其疏略。[②] 宋时《文章流别》、《翰林论》诸书尚存，优劣易见，宜矣。元世始有刊本，明人复古，乃稍事评点校理。今时风气侧重文学理论，学者摭西以就东，新说飙起，肩随者众，遂乃蔚为大观。书之显晦有时，系乎运会，而审美角度之差异有以致之。

彦和既弥纶众家，自铸伟词，前后各篇，其重要关系词（Keyword）往往反复使用，参互证释，意蕴以究宣。其书索引既有多家，为人省却无限日力。惟同一词每有歧兼，不可一概而论，比而观之，疏通条析，尚有待乎贤者。余在上庠以《文心》设教，近二十年，居恒思效戴东原《孟子字义疏证》之例，敷陈其大要，奈兴趣多方，未遑从事。门人吴纬君乃穷数年之力，理董综缉，以成是篇。君昔曾从伍叔傥教授问业，熟讽舍人原书，于兹，比类合谊，自成条贯，足为辅车，诚有助于读者。近世古典文学各体已乏作手，而文论纷呶，以无写作经验之人，懵然著论，有时不免扣槃扪烛之苦。此幽忧子所以有“化鲁为鱼”之叹，可不引以为戒？君疏通碍滞，参酌中外，分理别囿，导人以正，故于其梓行也，喜而为之序。

丙子中秋后三日，饶宗颐

① 参冈村繁《文心雕龙在唐初钞本文选某氏注残篇中的投影》（《荟萃》，98页）。

② 拙作《文心雕龙探原》结论注二一。

读《头陀寺碑》

梁武帝嗜内典，为《净业赋》，不食鱼肉。其《断酒肉文》云：“夫匡正佛法是黑衣人事，乃非弟子白衣所急。”诸儿皆礼事佛，昭明且以维摩为小字。复于二谛法身，剖析曲尽，虽弘宣内业未逮厥考，而清净实出于胸怀（张溥《昭明集题辞》）。所撰《文选》一书，收录有关释氏者二篇。孙绰《天台山赋》之外，尝数王巾是碑，盖六朝人公认之佳构所喜诵读者也。近贤或罕涉猎，且有误为王俭所作者。余在上庠为诸生授《文选》，讲习之余，颇有轸发，因缀录为是篇。

一、作者

此碑作者，向来有王巾、王中、王𠂇三说。依余所考，作“屮”与“𠂇”者实俱误。

（一）徐锴《说文系传》屮部下云：刘有辅国录事参军王屮，字简棲，作武昌《头陀寺碑》。王应麟《困学纪闻》从之，《文选理学权舆》采是说。

（二）何义门首谓当作王𠂇（左），姚范《援鹑堂笔记》采是说。梁玉绳《瞥纪》引吴白华说：“《诗·简兮》‘左手执籥’，其名与字或取此。”是说程瑶田驳之。见胡绍瑛《文选笺证》（卷三十二）。

（三）钟嵘《诗品》：刘记室王巾。陈衍注云：“音戛。”无据。车柱环《诗品校证》从何义门说，非是。

按《艺文类聚》七十六寺碑类“齐王巾《头陀寺碑》”，只揽开首数句，说作王巾。李善注引《姓氏英贤录》云：

> 王巾字简栖，琅邪临沂人也。有学业。为《头陀寺碑》，文词巧丽，为世所重。直家郢州从事，征南记室。天监四年卒。碑在郢州。题云：“齐国录事参军琅邪王巾制。”

其碑分明作王巾。《英贤录》即《隋志》著录之贾执《姓氏英贤谱》一百卷。贾氏世传谱学，见《南齐书·贾渊传》。《唐书·世系表》称（贾）希镜孙执，但《柳冲传》则作希镜子执。《刘孝仪集》有《弹贾执文》。执盖与王巾同时，所记必无误。

又胡绍英引《神仙寺碑序》亦作王中。《吟窗杂录》引《诗品》：“王巾二卞诗并爱清新。”（《全梁文》引作屮，《山堂考索》引作王申，均讹。）《隋书·经籍志》王巾著述有二：一在史部，为《法师传》十卷；一在集部，云：“梁有《王巾集》十一卷，亡。”《册府元龟》国史部采撫门“王巾撰《法师传》十卷”，同。慧皎《高僧传》，王曼硕《与皎法师书》云：“唯释法进所造，王巾有著，意存该综，可擅一家。然进、巾名博而未广，体立而未就。”慧皎《僧传序》称：“琅邪王巾所撰《僧史》，意似该综。”均作王巾。故知屮、中皆是巾之误。

二、古写本及碑刻

日本正仓院藏东大寺献物帐，天平胜宝八岁纳物，内有《头陀寺碑》并《杜家立成》一卷、《乐毅论》一卷。右二卷中太上天皇之皇太后御书。此碑唐代已传入扶桑，且为皇太后所御书。

是碑屡有翻刻。《江陵寺馀》云：“头陀寺在东九十里，地名赤岸。宋大明五年置。有王中古碑，剥落无字。龟趺仅存半面，半为斧镰摩砺痕也。”《元和郡县图志》：“头陀寺鄂州江夏县东南二里。唐开元六年重刻《头陀寺碑》。五代韩熙载又重立头陀碑，书其碑阴云。”

赵松雪于元大德四年六月九日书《头陀寺碑》，末记“书与密印寺力法师”，署名“子昂”。董其昌题称：“生平见赵书皆不及此卷，有右军之灵和，迥出怀仁《圣教序》远矣。”又有张凤翼、陈继儒、王稚登、李日华、杨文驄诸题记，见《辛丑销夏记》。具见此篇为人所雒诵，屡为大书家传写不替，非偶然也。

《洛阳伽蓝记》书后

《隋唐·经籍志》地理类，后魏杨衒之《洛阳伽蓝记》五卷，又刘璆撰《京师寺塔记》十卷，《录》一卷，又释昙宗《京师寺塔记》二卷。唐释道世《法苑珠林》卷一百十九，收梁尚书兵部郎中刘璆奉敕撰《京师寺塔记》，及元魏邺都期城郡守杨衒之《洛阳伽蓝记》五卷。南北朝间，铺扬佛宇者，惟此二书。刘璆书久佚，遂使“南朝四百八十寺”无从稽考。洛地则自孝文迁都，刹庙甲天下，迄永熙之乱，城郭丘墟，事佛弥虔，而倾弥亟。

《法苑珠林·感应缘部》每引杨书，如崇直佳境僧慧嶷见阎罗，注云事出《洛阳伽蓝寺记》(卷一百十一《利害篇》)，虎贲洛子渊事，云出《洛阳寺记录》(卷百一三《酒肉篇》)，崔涵复活事，云见《洛阳寺记》(卷百一六《送终篇》)。亦有原出杨书，如尔朱兆杀寇宜仁事，而云出《冤魂志》，则颜之推所著也。衒之虽不佞佛，然于感应事迹喜为著记，以示惩戒世人，盖有微意存焉。其作史也，义例甚严，假为隐士赵逸(按魏另有赵逸，天水人，能文。见《魏书》卷五十二。《龙华寺上台》引赵逸云：“此台是中朝旗亭。”衒之确见过赵逸其人)之言，以讥史官之失。“生愚死智”，谀碑者宁毋阙德乎！“生为盗跖，死等夷、齐。秉笔妄言，华辞损实。”观尔朱文略遗魏收金，请为其父作佳传，故收论尔朱荣，以比韦彭伊霍(《北齐书》四十八《尔朱文畅传》)，可补衒之针砭之由，非无故而然也。

杨书多所采摭，如宋云惠生，西行求法，自云：“惠生行纪，事多尽录。今依《道荣传》，《宋云家纪》并载之，以备缺文。”此则移录自他书，非出自撰。其中宋云对乌场国主，具说周孔庄武之德。其王曰："若如卿言，即是佛国。我当命终，愿生彼园。"则昭然《春秋》内诸夏之旨也。

杨书不无微言大义，叙事之外，屡有"衒之曰"，以示劝诫，即尤《左传》之"君子曰"也。魏澹撰史，于此窃有慕焉（《北史》澹传）。衒之亦仿依之，自为论断（如于尔朱兆事云："《易》称天道祸淫，鬼神福谦。以此验之，信为虚说。"）。书中颇讥豪侈。如正始寺下敬义里责"惟（张）伦最为豪侈，逾于邦君"（又引天水姜质亭《山赋》为证）。故释道宣称其"见寺宇壮丽，捐费金碧，王公相竞，侵渔百姓，乃撰《伽蓝记》，言不恤众庶"（《广弘明集》六），比于夏桀之失德。其旨可深长思矣。其后上书论释教之虚诞，徒为逃役仆隶离苦就乐之渊薮。道宣谓所奏同于刘昼，厕于谤佛之次，侪诸滞惑之间。在护法立场，不得不尔。然寺院之滥，贻害滋深，衒之闳识孤怀，百代之下博得读者之同情也。

又书法独贬阉官，凡巨室出身为阉人者，必书曰阉官某某，如云："阉官司空刘腾宅"（建中寺）、"阉瀛州刺史李仁寿"（名尼寺条）、"阉官王桃汤"（宣忠寺）。其时纪寺亦阉官所立，秽乱尤甚。萧忻之言，可为累欷。其辞曰："高轩升斗，尽是阉官之嫠妇；胡子鸣珂，莫不黄门之养息。"呜呼，可以风矣！

杨氏以中州为正统，北方词笔，如邢、温文采，多所称述。于齐必曰伪齐，而于南人投奔者记载特详。王肃好茗，故有水厄之讥。其右北而贬南，于此三致意焉。阳嘉桥柱，论刘澄辈之穿凿，以其"生于江表，征役暂过，多非亲览，误我后学，日月已甚"。言下于南士不无藐视之心云。

此书衒之实有自注。自顾广圻发其例（《思适斋集》卷十四），近贤颇留心析出注文，致力于此者多家。余嘉锡列出书中叙事，谓其广众异闻，用资谈助（《四库提要辨证》八）。《续高僧传》一《魏菩提流支传》附记期城郡守杨衒之，并节录其《伽蓝记序》，末有云："名僧异端，纷纶间起。今采摘祥异者，具以注之。"今本自序无此数句。从"具以注之"语观之，书中子注之多，可以概见矣。

宋学的渊源

——后周复古与宋初学术

当前新儒学的讨论成为热潮，国际学术界对于宋学特别重视，因此对于宋学如何形成应有重新认识之必要。法国 L. Vandermeersch 教授曾问我宋代儒学是怎样产生的，这一讲演即对他的发问提供一些个人的看法。

记得陈寅老在审查冯著《中国哲学史》的第三报告书中曾约略提出一点意见，他认为智圆提倡《中庸》，自号“中庸子”，均在司马光写《中庸广义》之前，似应为宋代“新儒学”的先觉。冯先生亦采用其说。宋代已有所谓“新儒学”，是寅老首先提出来的。他把宋代新儒学的先觉人物的美誉颁给智圆，然而智圆是否真的能担当得起呢？这还是有问题的。

我们仔细考察历史，宋代初年以“中庸子”为号的实际上最早是陈充。《宋史》卷四四一《文苑》三：

> 陈充字若虚，益州成都人。……唐牛僧孺著《善恶无馀论》，言尧舜之善、伯鲧之恶，俱不能庆殃及其子。充因作论以反之，文多不载。……自号中庸子。上颇熟其名，以疾故不登词职。临终自为墓志，有集二十卷。

牛文见《全唐文》卷六八二，充文反不传。《全宋文》卷一〇一据《藤县志》录陈充《子思赞》，有句云：“忧道失传，乃作《中庸》。力扶坠绪，述圣有功。”足见其榻橥《中庸》年代在智圆之前。（智圆卒于宋真宗乾兴元年(1022)，陈充则卒于大中祥符六年（1013)，年七十。充于太宗雍熙中登进士，乃智圆的前辈。）宋初儒者邢昺于景德间曾指壁间《尚书》、《礼记》图，指《中庸》篇而言（《宋史·儒林·邢昺传》)，所以不能说重视《中庸》是出于释氏的提倡。

一、贬佛与崇儒

唐代三教平行，彼此之间并无轩轾，在朝廷上可以一起讲论。五代之季，周世宗最重要的措施是贬佛。

显德二年（公元959）敕天下寺院非敕额者悉废之。又禁私度僧，禁僧俗舍身，令两京及诸州每岁造僧账，是年天下寺院存者二六九四，废者三〇三三六〇（《通鉴》，9257页)，是时统计僧数四二四四四，尼数一八七五六。世宗对佛寺予以种种限制，命民间铜器可销佛像为之，给释教以极大的打击。

周世宗是一位极端破除偶像的人物，他曾对群臣说道：“勿以毁佛为疑。”他说：“佛以善道化人，苟志于善，斯奉佛矣。彼铜像岂所谓佛耶?”唐代三教平行之局面遂被打破。他好像很信任王朴的规划，遂大举制礼作乐，有几件大事值得一述：

显德三年八月，端明殿学士王朴、司天临王处纳撰《显德钦天历》。

显德四年正月庚午，诏有司更造祭器、祭玉等，命国子博士聂崇义讨论制度，为之图。(9564页)

同年九月，中书舍人窦俨上疏，请令有司讨论古今礼仪，作《大周通礼》，考证钟律，作《大周正乐》。(9571页)

显德五年十一月，敕窦俨编集《通礼》、《正乐》二书。

显德六年正月，王朴疏称“陛下武功既著，垂意礼乐。以臣尝学律吕，宣示古今乐录，命臣讨论”。

广顺三年六月丁巳，《九经全书》刻版完成，共二百七十七卷，历时二十八载。

由上述诸事，可见世宗提倡儒学、注重礼乐的热忱，可惜他短祚，还没有完成这些工作就发生了陈桥兵变。紧接着太祖御宇，这些工作成果就都转为宋人所有，成为宋代的业绩。上述这些人物如聂崇义、窦俨等，都变为宋的臣子了。

二、儒学史上最重要的一件事——九经刻版的完成

先是田敏于周广顺元年以尚书左丞之身份出使契丹（9457 页）。《通鉴·后周纪二》云：

> 自唐末以来，所在学校废绝，蜀毋昭裔出私财百万营学馆，且请刻版印九经，蜀主从之，由是蜀中文学复盛。初唐明宗之世，宰相冯道、李愚请令判国子监田敏校正九经，刻版印卖，朝廷从之。广顺三年六月丁巳版成，献之。

胡注云：

> 雕印九经，始二百七十七卷，唐明宗长兴三年，至是而成，凡涉二十八年。

按《通鉴》云：

> 长兴三年（公元 932）春二月辛未初，令国子监敕定九经，雕印卖之。（9065 页）

由是可知，田敏负责此事历时凡二十八载。

自五代至宋初，九经有雕版刊行，并以九经施教、考试。乾德中，孙奭、孔维即以九经及第。

三、宋初之礼学

北宋礼学盛行，承后周未竟之业。《宋史·礼志》云："即位之明年，因太常博士聂崇义上书重集《三礼图》。"《宋史·儒林》："崇义于显德间，论禘祫之礼。宋初，张昭奏与聂氏讨论祭玉尺寸，引及隋牛弘之《四部书目》，内有《三礼图》十二卷，开皇中奉敕撰。"崇义此书盖显德四年正月庚午奉诏撰集。今新定《三礼图》前有序，末云："其新图凡二十卷，附于《古今通礼》

之中。是书纂述之初，诏（窦）俨总领其事。”俨即于周时撰《大周通礼》者。

宋初礼学著作可记者有下列诸书：

《通礼义纂》一百卷

见《太平御览引用书目》，即此。

《开宝通礼》二百卷

建隆三年表上，有窦俨序，即依《大周通礼》增修。

以后陈祥作《礼书》，集其大成，书今尚存。

四、宋学渊源之地域性——蜀学与南唐学术

五代之际，西蜀与南唐有一段时间略可休养生息，文风亦盛，人才辈出。宋有天下，众之所归——蜀士与唐儒相继仕为宋臣，如张镒、张洎及徐铉，其尤著者。

窦俨校正《三礼图序》称：“博采三礼旧图，凡得六本。”据李至《三礼图记》，此六本者乃“张镒、洎诸家所撰，凡六本”。

张洎博览群书，长于考据，《宋史》记其读“亢龙有悔”，征引碑记传赞，以作证验，读之正如清人臧镛之著述，开汉碑征经之先例。

来自蜀者如句中正（益州人），孟昶时馆其相毋昭裔，昭裔奏授崇文馆校书郎。中正精字学，太平兴国二年，被诏详定《玉篇》、《广韵》，四年副张洎使高丽，与徐铉重校定《说文》，模印颁行（《文苑》卷三）。蜀人林罕注《说文》二十篇，目曰林氏小说，刻石蜀中。故知宋学中实包含有蜀学与南唐之学。

五、宋学中的汉学

初期之宋学不是全讲义理，反而注重文字、声韵、校勘之学，与清代乾嘉学风很是接近，而这方面的著作，在北宋的学术界却大放异彩。举例言之，太宗雍熙三年，徐铉奉敕与句中正、葛湍、王惟恭同校正《说文解字》，吴淑云：“取《说文》有字义者千八百余条，撰《说文五义》三卷。”徐锴有《说文系传》、《说文解字韵谱》，铉为序（见《徐铉传》）。其后神宗与太原王子韶

（圣美）论字学，留为资善堂修定说文官（《宋史》卷三二九《王子韶传》），可见北宋君主对《说文》之留心与提倡，影响所及，邻邦高丽亦有《说文正字》的刊行。该书有高丽国十四叶辛巳年号，即肃宗六年，相当于徽宗建中靖国元年（公元1101）。

以韵书论，宋重修《广韵》，凡二九一九四言，一九一六九二字（景德四年十一月敕）。景祐中，复诏为《集韵》，《太平御览引书》有《集韵》，似其书先成。

治平四年，司马光上《类篇》，其序云："字书之于天下，可以为多矣，然而从其有声也，而待之以《集韵》……从其有形也，而待之以《类篇》，天下之字，以声相从者无不得也；天下之字，以形相从者无不得也。"《类篇》即"以《说文》为本"，编制全仿许书。

六、四书学的发轫

最近学人每说唐代《五经正义》没有完成任务，宋儒用四书代替五经（任继愈说）。四书是否果真能够代替五经？是很有兴趣的问题。由于周之贬佛，佛门大德亦有不少攻习儒书，且有著作，像僧赞宁（《宋高僧传》作者）便有《论语陈说》一书（《经义考》五二），后来若智圆有《中庸子传》（《闲居篇》）、释嵩著《中庸解》（《镡津集》四），冯著《中国哲学史》已经提及，认为是四书学的先导。我个人则以为《学》、《庸》二书的独立研究，似乎由司马光开始倡导，光著《大学》及《中庸广义》二书，朱彝尊云："取《大学》于《戴记》讲说，而专行之，自温公始。"（《经义考》一五六，参拙作《固庵文录》156页）我觉得北宋人似乎对《小戴记》特别发生兴趣，可以宋庠一故事证之。庠的母亲钟氏梦一道士授以一书，并说以遗尔子。这本书便是《小戴记》，道士即是许真君（或即许逊）（见《宋史》卷二八四《宋庠传》）。其实把《礼记》里面的某一篇取出来单行的，始作俑者是宋太宗，他曾令以《儒行》篇刻于版，即赐近臣及新第举人，张洎得之上表称谢，此事见《宋史》卷二六七《张洎传》。

七、余论　官学与私学之分合

宋太宗对经学的提倡，详见《李至传》。太宗本人是一个大学者，他贯通三教，著有《朱邸集》、《御集》等。现存日本弘教书院重经刊《大藏经》保存有他的《逍遥咏》十一卷、《缘识》五卷，俱见他的思想之含弘广大、融儒合道；他又有《莲花心轮》回文偈颂，远播及于边郡敦煌（见S·四六四四、P·三一三〇）。自著《注语》，具大悲愿，合归善道。此类长篇巨制，已收入《全宋诗》首册卷二二—三八。又有《佛第赞》一律。他本人虽兼通三教，而朝廷欲仍然是注重儒术的。

谈学术史的人们，每每注意的是某一个重要的人物，而忽略了他周遭的种种关系，重视个人的某种成就，好像朱子在生前被目为伪学，直到理宗以后才给予平反，他的学术逐渐为若干时代的政府所采用，历元、明、清三个朝代而不衰，成为官学，因而才会对后代产生如此重大的影响。

周濂溪的学问也是经过朱子的肯定才确定下来，以至位居宋五子的首领地位，事实上他在当时并没有什么影响（参邓广铭说）。

我们再看宋初儒术的形成。在建隆与太平兴国已成为官学，九经列入考试题目，为士人必修的科目，《礼记》自五代以来，即有“礼记博士”之设，《中庸》、《儒行》在太宗时已出单行本（《大学》篇早已出现于敦煌写经卷中）。因此我们不能认为《中庸》是出于释氏的提倡。《礼记》列入官学，是北宋尊重礼学的表现。官学的影响自然要比私学更为重大，可见私学如果没有官学的推动，那是很难得到什么巨大的影响力的。

《欧阳文忠文集考异》跋

《欧阳文忠文集考异》五十卷，二十四册，宋欧阳修原著，明曾鲁考异。港大冯平山图书馆所藏者为明洪武丙寅刻本，清吕保中旧藏。此书每卷次行题：“临江后学曾鲁得之考异。”宋濂撰《中顺大夫礼部侍郎曾公神道碑》称：“其自著昔有《六一居士正讹》。”（《宋学士全集》十八，又《千顷堂书目》三十二笺注类）明文衡邹缉《书居士外集后》云：“（李维武）者尝得故礼部侍郎曾鲁得之所校欧阳公《居士内外集》，知以为奇实而藏之。余曾借得其外集，盖版本大字，上下边幅最高阔。曾公皆手自校雠，中间颇多缺版，又手自补完。曾氏家多古书，所校诸本，有吉本、家本刊诸集，辨其同异。及其改易增损，皆朱书小字于其上下旁边，字极谨细。……是时曾公没已久，其子坐事见籍，官散鬻其书，故维武购得之。……又以外集之文，罕有传者，其所考异，尤为难得，因取而备录之。惟所校《居士集》五十卷，洪武初永丰县系令蔡玘已为之镂版，而建宁书坊又为之传刻，则此外集亦当与之并行也。”是所谓《居士集正讹》应包括外集，邹缉见其稿本，言之凿凿，故备录之。

卷二十四、三十五、五十卷末，具有“时柔兆摄提格，县人陈斐允章重校”一行。此丙寅乃洪武十九年也。东莞莫氏《五十卷楼书目》（卷十六）有《欧集》残本三十四卷，前题“临川后学曾鲁得之考异，后学李均度校正”两行。前均度序备述书原委，谓“洪武辛亥秋（1371）忝承永丰，首谒学官，得蔡侯行素新刊（欧阳）先生文集”。末题“洪武六年龙集癸丑”，则又在陈斐此本之前矣。《清学部图书馆善本目》亦藏是集，则题“临川曾鲁得之考异，古舒后学蔡玘行素订定，番阳后学李均度校理，古溧后学俞允中校正”四行，可知邹缉所称蔡玘镂版《居士集》，应先于洪武六年癸丑李均度校刊本，约在洪武四年辛亥略前。

此洪武十九年《欧集考异》，向来著录者有三误：其一误为宋、元刊。钱竹汀据其对“有宋诸帝”不跳行，故以为元刻。乾隆间无锡邹炳泰（晓屏）藏有是书，其《午风堂丛谈》谓：“《居士集》五十卷，即欧公自定本。《考异》亦精核。此本尚是元刻。”邹氏此书后归海源阁，杨氏绍和《楹书隅录》著录，重定为明洪武本是也。嘉业堂本书影亦误题作元刻。若江标《宋元本行格表》下，据《留真谱》收曾鲁此书，款式相同，行二十一字，而题作宋本，更谬。其一误与蔡玘本相混。岛田翰《古文旧书考》（卷四），已知此本刊于柔兆摄提格，即洪武十九年刻本。惟因邹缉语遂懵然谓《居士集》五十卷，洪武丙寅永丰县令蔡玘依吉学所藏曾氏手定本，始为之镂版，遂称此本盖刻之者蔡玘，校之者陈斐，因题此本为“洪武丙寅蔡玘刻本”。不知蔡玘知永丰在洪武辛亥以前，不能下至丙寅也。又一误为明正统刊。王重民《北平图书馆善本题识稿》九一二，题此书为正统间刻本，所据理由为《永丰县志·选举表》。陈斐，北坊人，永乐间诸贡，名次在永乐二十一年举人周宁之后。以为陈斐当洪武丙寅，年应尚幼，故移迟六十年，而定斐此本为正统间重刻。按杨绍和、张菊生、赵万里皆定此本为洪武刊。今考之诸刻工人名，皆当元末明初。张菊生谓与元刊辽、金二史刻工相同，恐其年寿不能下至正统丙寅，故以洪武为合。方志贡生例于举人之后，尤不宜据周宁之名以定陈斐之次也。王氏又据《永丰县志·名宦传》，蔡玘，安庆人，吴二年乙巳知永丰。乙巳为元至正二十五年，因谓此书初刻犹在元季。今按乙巳下至洪武辛亥，不过十年，邹缉谓“洪武初永丰县令蔡玘镂版”，则玘宰永丰尚及洪武初年，李均度序谓洪武（四年）辛亥得蔡侯行素新刊《欧阳先生文集》，可为证明。是谓此书初刻犹在元季，亦非，当以邹缉说为是。总之，是集洪武间刊刻不止一次。最初为蔡玘刊，在四年辛亥略前；次为六年癸丑李均度序刊；又次为十九年丙寅陈斐刊，即此本也。

原载《香港大学冯平山图书馆藏善本书录》

唐宋八家朱熹占一席论

“文章千古事，得失寸心知”。文章的欣赏，各人有不同的口味，遴选标准，自来没有绝对的尺度，人各执其一是。能够平情立论，不要意气用事，一秉于正，更是不容易做到的。唐宋两代，作者翁郁如林，而选文者，仅取八家，其不合理，不待评量便知其非为笃论。

《四库提要》称：“明初朱右已采录韩、柳、欧、阳、曾、王、三苏之作，为八先生文集，实远在（茅）坤前，然后书今不传，惟坤此集为世所传习。”（卷三八，茅坤《唐宋八大家文钞》，共一六四卷）当时说者谓：“其书本出唐顺之，坤据其稿本，攘为己作。”但坤书序例，明言以顺之及王慎中评语标入，实未讳所自来。其书总序云：“之八君子者，不敢遽谓尽得古六艺之旨，而余所批评，亦不敢自以得八君子之深。要之，大义所揭，指次点缀，或于道不相盭已。”《四库提要》谓：“是集大抵亦为举业而设，其所评语，疏舛尤不可枚举。”又谓：“刊所选录，尚得烦简之中，集中评语，虽所见未深，亦足为初学之门径。一二百年以来，家弦户诵，固亦有由矣。”此书盛行闾里，影响及于扶桑，观《内阁文库书目》，所列明、清及日本刊刻《唐宋八家文钞》版本之繁杂，可知其流传之广。

八家之选，向来为人所诟病。程廷祚以为欧苏以下，力量不足，则有腔调蹊径，一学而能，面目令人可憎，尤不足法（程绵庄《复家鱼门论古文书》）。李安溪以为古文韩公之后，惟介甫得其法。袁枚谓：“曾文平钝，如大轩骈骨，连缀不得断，实开南宋理学一门，安得与半山、六一较伯仲也？”又言："学八家不善，必至于村媪呶呶，顷刻万语，而斯又滥焉。"（《书茅氏八家文选》）他若恽子居论："侯方域文之失在锐，其疾征于三苏氏，汪尧峰文之失在弱，其疾征于欧阳文忠。"而刘开则云：

> 韩退之之才上追扬子云，自班固以下皆不及，而乃与苏子由同列于八家，异矣。韩子之文，冠于八家之前而犹屈；子由之文，即次于八家之末而犹惭。使后人不足于八家者，苏子由为之也；使八家不远于古人者，韩退之为之也。（《刘孟涂集·孟涂文集》，卷四《与阮芸台宫保论文书》）

袁之轻南丰，刘之抑颖滨，均有其理，而子由厕于八家，未免惭色。愚意八家而苏氏一家居其三，斯诚逾分，不若去子由，而别取他家。朱右开其端而未详其故，荆川意主论文，偏于阖顺逆笔法，若茅坤所标榜者，在"不戾于道"，则宜第朱子为首选，以朱代之，庶几可塞悠悠之口乎！

> 所谓洒落，只是开窍一个不疑所行，清明高远之意；若有一毫私吝心，则何处更有此等气象耶！只如此看有道者胸怀表里亦可自见。（《文采》卷三一）
>
> 《通书》跋语甚精，然愚意犹恐其太侈，更能饮退以就质约为佳。

又云：

> 大率议论要得气象宽宏，而其中自精密透漏不得处，方有余味。……又所谓言虽近而索之无穷，指虽远而操之有要。自谓此言颇有含蓄，不审高明以为如何？（同上）

朱子颇憎三苏，病其新巧，《与张敬夫书》谈范醇夫一生"将圣贤之言都只忙中草草看过，不曾仔细玩味"。又称：

> 渠又为留意科举文字之久，出入苏氏父子波澜新巧之外，更求新巧，坏了心路，遂一向不以苏学为非，左遮右拦，阳挤阴助，此尤使人不满意。

醇夫不以苏学为非是，但是追求文字功夫，在波澜技巧上翻筋斗，此但可语以科场文术，技之浅者，殊非文章之极挚。朱子所以看不起苏氏文意，道理正在于此，以为对苏学习染过深，足以“坏了心路”。

宋孝宗淳熙丁酉，周必大推荐秘书郎吕祖谦编选《圣宋文海》，后命名曰《文监》，张南轩以其书与朱晦翁，以为编次《文监》，无补治道，何益于后学。但朱子晚年尝语学者，以为此书编次，篇篇有意。每卷卷首入取一大文字作压卷，如赋则取《五凤楼赋》之类，其所载奏议，皆系一代政治之大节。(《宋文监》(吕)乔年序)从此地方可看朱子选文，着重“大文字”——有关政体之大者，吕祖谦之见解，与彼大抵相同。

文有刚柔之分，与作者之气质相关。朱子主中庸，其《答吕伯恭书》云：

> 大抵伯恭天资温厚，故其论平恕委曲之意多，而熹之质失之暴悍，故凡所论皆有奋发直前之气。窃以天理揆之，二者恐皆非中道。但熹之发，足以自挠而伤物，尤为可恶。

被自剖个性与祖谦之不同，各有所偏，均非中道，故其论屈原之行径，过乎中庸，亦从此一角度出发。朱子论文薄巧思，再三致意。《答吕伯恭书》云：

> 向见所与诸生论说左氏之书，极为详博，然遣词命意亦颇伤巧矣，恐后生传习益以浇漓，重为心术之害，愿亟思所以反之，则学者之幸也。

吾人读《东来博议》，每叹其遣词命意之新，朱子则深患其有害于心术，盖与苏氏之文同病。朱子论“文理密察”四字云：

> 盖密乃细密之密，察乃著察之察，正谓毫厘之间——有分别耳。……大抵圣贤之心，正大光明，洞然四达，故能春生秋杀，过化存神，而莫知为之者，学者须识得此气象而求之，庶无差失。

从精微处下手，由高明处显示，密即尽精微，察即极高明，如是方有正大光明之气象，此文章之崇高境界，赖文理之“密察”有以表现之。读朱子文章宜在此方面着眼。

文有纪述之文，有考订之文，有阐义说理之文。说理之文逻辑性最强者，以朱子为最。《四书集注》，朱子用力特深，覃思最久，自言“添一字不得，减一字不得”，“如枰上称来无异，不高些，不低些”（《语类》，卷十九）。是书以洗练之文字，述渊深之哲理，多次改订更定。今《大学·诚意章》，为其未易箦前一夕所改。其闻道夕死之精神，最为后人师法。他著如《诗集传》，原本为《诗集解》、《吕氏家塾读诗记》所引朱说，为其传序，《诗集解》于乾道九年二次修订本，于淳熙二年寄吕祖谦者。今朱氏《诗集传》则为淳熙四年三次修订本的序（参看束景南《朱熹佚文辑考》，341 页）。一文之成，千锤百炼，几经更定，自古作家，罕有如此认真者！故说理之文当以朱子为典范，以之列入八家，谁曰不宜！

《元典章》与白话文

在历代文物数理化展览中，提供稀有国宝的复制品，上起殷周，下迄明清，门类丰富。虽然去真迹一等，但使那些未尝接触到原物的人们，可以获睹各珍品的本来面目。海外不乏好古敏求之士，当然感到极浓厚的兴趣。有关铜器、书、画等部门，老早经过许多专家作了详细的介绍，不必多谈。古籍方面，似乎比较不易引起人们的注意。台北藏书的丰富，据说不下于一百万册；善本书便占将近二十万之数。[①] 这次展览品中，有“故宫博物院”影印的元本《大元圣政国朝典章》十六册，四函。月前我为着要探讨原始白话文的问题，托人查询本港各大学及大会堂图书馆，都没有这部影元本，十分感到失望。现在借这个机缘，从这部书谈谈一些白话文的渊源问题，也许对中国语文形成过程的了解上，有点滴的帮助。

《元典章》是一部元朝公文书的总结汇，分正集六十卷，新集不分卷。正集共二一五五条，包括诏令及吏、户、礼、兵、刑、工六部的文书。施行的时间正集在元成宗大德七年（公元 1303），新集在顺帝至正二年（公元 1342）。以前这书传本甚稀。[②] 其中保存许多蒙古的方言俗语，故四库摈而不录。光绪三十四年（公元 1908）间，沈家本为覆刻，可惜其中不少谬误。史学家新会陈垣尝取元本覆校沈刻，凡得谬误一万二千余条。[③] 他的校勘功夫，

① 刘家璧编《中国图书史资料集》，381 页，见《台湾藏书的鸟瞰》。

② 参仓田淳之助《元典章之流传》（《东方学报》，no. 24，京都，1955）。

③ 见陈著《元典章校补・自序》。

大家公认为盛业。日本学人对这部书亦很感兴趣。在京都人文科学研究所便成立有“元典章研究班”。差不多经过十四年的时间，不断地作了五百次的会读，渤成校定本。已有《元典章刑部》（第一册）的出版[①]，由岩村忍、田中谦二两位校定。1965 年我在日本即蒙田中教授诒以一册。《元典章》的本子，尚有英国剑桥大学 Thomas Wade 旧藏的抄本。此外要算“故宫博物院”所藏的元刻为唯一孤本。它的价值可想而知。

《元典章》的公文，是吏版文体[②]，是研究公文程式演变史最好而可靠的资料。[③] 其中有许多文件，还是从蒙古语直接翻译过来，可以看出初期白话文所受到蒙古语法影响的情形，和当日许多特别语词使用的习惯，在语序上、语汇上和现行一般白话文有很大距离，非常有趣。试举例说明如次：

> 人每的驱每根底，百姓每根底女孩儿与了有。男儿死了呵，媳妇、孩儿做百姓的体例有。道有。（《元典章·户部》“良不得嫁娶驱奴”）
>
> 哈儿弓箭每根底，交与探马赤每呵，不中。汉儿、蛮子官每，休交管者。弓根底，恐怕坏了么道呵，蒙古军每根底与者。（《元典章·兵部》）

这样的白话文，初次读来，真是不知所云。即通用当时一些口语，再加上蒙古文特有的语法[④]，如果没有解说，很容易误会为不通的句子。“驱”是驱奴。“每”字有时用为代表多数的“们”字。《通俗编》云：“北宋时先借懑字用之，南宋别借为们，元时又借为每。”元曲《错之身戏文》开场时云：“贤每雅静看敷演。”“贤每”即是“贤们”。现在通用“们”字，在元代“每”字很普遍使用。上文所谓人每、驱每、弓箭每、蛮子官每、蒙古军每都宜读为“们”字。

“根底”一词，有如现代语云“方面”，原有“边”的意思。柳永的《瓜茉莉》词云：“料我儿只在枕头根底，等人来，睡来梦里。”（《全宋词》，54

① 此书昭和三十九年十二月印行。

② 吉川幸次郎《元典章に见太汉文吏牍の文体》（《东方学报》，no. 24），从文学观点讨论元典章的文章。

③ 田中谦二《元典章文书的构成》，讨论《元典章》中所见之公文习用术语。像咨、阅、呈、申等用法，钦此、敬此，施于上对下；准此，施于平行；得此，用于下行。

④ 参田中氏《元典章における蒙文直译の文章》。

页）“枕头根底”犹言“枕头边”。宋词元曲中，“根底”二字常见。《元典章》言某“每根底”，以今语易之，犹言“在某某们方面”。

《元典章》中喜欢用“有”、“有来”二语置于句尾。“有”指现在式，“有来”指过去式。元代用白话翻译经典文言，即用“有”字于字末，有如“也”的意思。元代《孝经直解》翻译《孝经》“夫孝，德之本也”句，白话文作“孝道的勾当，是德行的根本有”。这里“有”及“有来”即蒙古语“aju′ue”直译。①

“呵”即“啊”，用于假定、既定的语气。有时连续叠用若干个“呵”字。《元典章》中如：

> 今后，但是田禾里交头口（指家畜）入去，交吃了啊，桑果树木斫伐了呵，咽咬了呵，斫折了呵。城子里，连鲁花赤，总督每，就便提调者，依在先圣旨体例，里交陪了，要罪过才。（户部“禁斫伐桑果树”）

这里“呵”字都是用于“条件句”的。探马赤军在《元史·兵志上》说：“若夫军士则初有蒙古军探马赤军。蒙古军皆国人，探马赤军则诸部族也。”探马赤军是包括蒙古以外的部族，像色目人、汉人共同组成的部队，而以蒙古人为主体。《水浒传》里探马即骑乘的先锋，故探马赤即是打先锋的军队。赤是蒙文“ci”的译音，意义是“者”。②

还有“么道”一词，有时作“这么道 ”，作为指示词，和疑问口气的“么”意义不同。《和尚语录》中“这么道”又作“与么道”。《五灯会元》十一潭州神鼎禅师：“古人与么道，神鼎则不然。”“么道”或作“折么道”。“折”和“这”、“者”意义一样，在《元典章》里，每每用于引句之后。《元秘史》有时直用蒙文“这”的原语“ge′en”的汉音直译作“客延”。

元代的白话文，保存在碑刻上资料甚多，已有人汇集成书。③ 碑上的白话文杂用汉蒙语汇，亦是非常有趣的。像1235年《重阳万寿宫圣旨碑》有一段说：

---

① 蒙文语法参 Nicholas Poppe：*Grammar of Written Mongolian*。

② 杨志玖《元代的探马赤军》（《中华文史论丛》六）。

③ 参方履笺《金石萃编补正》，卷四；冯承钧《元代白话碑》；蔡美彪《元代白话碑集录》，上书日本人矢义高书评。

道人每内中不吃酒肉无妻男，不是那般底人。吃酒吃肉，有妻男呵。仙孔八合识，你不拣择出来那甚么，你底言语不信底人你识者。

这处的"仙孔八合识"，仙孔即仙人。"仙"是汉语借字，"孔"为蒙语"人"的音译。丘处机即被为腾吃利蒙古孔，汉语谓为天人也。八合识是蒙语，从畏吾儿来的借字，"bagsi"义为师傅。[1] 满文之巴克什亦即"baksi"。杨方兴在《大聪六年疏译音》作"榜什"。

《元典章》中的白话文是非常别扭的。由于从蒙古语直译过来，和汉人的语法、语序十分违背，还添上了一些蒙语汉译的语汇。这正是元代初期白话文的真面目。如今保存在官方的文书里面的，对于语言学、文法学和古白话文的研究极有价值。古代白话文的俗语方言，见于元剧中甚夥。张相撰《诗词曲语词汇释》，对于特殊语词的考释花了很大工夫，可惜未及充分引用《元典章》的材料，作为说明的帮助。

大凡语文流变的过程，都是非常复杂的，往往产生一种杂种的混成语。像印度佛教徒使用的白话，把梵文原有的语法完全走样了，于是形成所谓 Buddhist Hybrid Sanskrit，文法非常特殊。所以耶鲁大学的 Franklin Edgerton 教授为它写成一部文法和辞典。元代的白话文情形正复相似。日本学人已作了一些片段的研究，这些问题犹有待于深入探讨，然后对早期的白话文有正确的认识。处处都是学问，因为复印元本《元典章》的陈列，使我联想到这一个问题。拉杂写来，以供留心白话文的形成和发展问题的人们作为参考。

① 参札奇斯钦《蒙文黄金史译注》，213 页。

《虬髯客传》考

旧小说《虬髯客传》，家弦户诵。自宋元以降，说部之书，采录颇繁。举其要者：

（1）前蜀杜光庭纂《神仙感遇传》。① 在卷四，题《虬髯客》，称“虬髯”曰“道兄”。香港大学冯平山图书馆善本有天一阁钞本此书，皮身丝栏二册。

（2）宋子昉著《太平广记》。② 题作《虬髯客》。末注：“出《虬髯传》。”无撰人姓名。

（3）陶宗仪辑《说郛》。③ 题唐张说撰《虬髯客传》。

（4）正德间顾元庆辑《顾氏文房小说》。题前蜀杜光庭撰《虬髯客传》。民国十四年涵芬楼影印嘉靖夷白齐本。

（5）明关名辑《五朝小说》。④ 题张说撰。

（6）清马俊良辑《龙威秘书》。⑤ 题张说撰。

他如《唐人说荟》、《说海》，以至近人所编之《唐宋传奇集》、《唐人小说》等，无不收载。

簿录家著录者，《宋史·艺文志》（卷五小说类）有杜光庭《虬髯客传》

① 《正统道藏》，第三二八册，洞玄部，记传类。

② 在卷百九十三中。

③ 卷第一一二。

④ 在《唐人百家小说》传奇家中。

⑤ 在第四集，第三册。

一卷。《正统文渊阁书目》[1] 内有《虬髯客传》一部一册，阙。钱曾《读书敏求记》有《虬须客传》一卷，引《述古堂书目》注“宋本”。是此书宋时有单刊者。清顾櫰三《补五代史艺文志》小说类有《虬须客传》，一卷，题杜光庭撰，盖据《宋史》。按此传因载入杜氏纂之《神仙万不得已遇传》中，后人以此题杜氏名，而《说郛》则题张说撰，明人说部因之，故其作者名氏，向来有张、杜两说。又宋人所见则题作《虬须客传》，与明人之作“虬髯”者异。自明来，此事演为戏曲，故特脍炙人口。鲁迅《稗边小缀》于此传曾作考证，而所论至略。因参稽史传及说部书，撰为此篇，并以就正于世之治小说史者。

一、《虬髯客传》与《黄须传》

最早言及此传者为晚唐苏鹗《苏氏演义》（卷下），云：

> 近代学者著《张虬须传》，颇行于世。乃云隋末丧乱，李靖与张虬须同诣太原寻天子气。及谒见太宗，知是真主。

宋人说部曾言《黄须传》，与《虬须传》所记颇相类。高平范公称《过庭录》云：

> 旧家多藏异书，兵燹之后，无复片纸。尚记有《黄须传》云：李靖微时甚穷，寓于北郡一富家。一日，靖鬻其家女而遁。行至暮，投一旅舍。饭罢，濯足于门，见一黄须老翁坐于侧，且熟视，神色非常。靖恐富家捕己者，欲避之。顷于身皮箧中，取一人头切食，甚闲暇，靖异之，乃亲就问焉。翁曰：“今天下乱，汝当平天下，然有一人在汝上，若其人亡，则汝当为王，汝可从我寻之。”靖随翁数程，至汴州，见一大第中数人奕，翁惊曰：“盖此人当之，汝善佐其事。”遂别饯，留达久之，语靖云：“此去四十五年，东夷中有一黄须翁杀其君而自立者，即我也。”靖既佐唐平乱，贞观中，东夷果奏有黄须翁杀其君而自立。异哉异哉！

公称为仲淹之元孙，纯仁之曾孙，此书多述祖德，乃绍兴丁卯、戊辰间

---

① 卷八荒字号，第一厨书目。

闻之其父，故名曰“过庭”。书今有《说郛》卷十四本、《稗海》本。《四库提要》[①] 著录谓：“《黄须传》即李靖虬髯客事，而称为已佚之异书，则偶误记耳。”按二书所言，虽为一事，而传闻异辞，情节小异。虬传观奕事在太原，《黄须传》则云在汴州。[②] 虬传多志年月，与史籍牴牾殊多，而所述视《黄须传》为详，似虬传即据《黄须传》加以增饰者。俞樾《茶香室丛钞》曾引《黄须传》谓：“今世人皆知有虬髯公，莫知有黄须翁矣。”不知《提要》已先言之也[③]。

杜氏《神仙感遇传》起句作：“虬须客道兄者，不知名氏。”其文较《唐人百家小说》本为简健，末无“卫公兵法半乃虬髯所传”句。

二、《虬髯客传》证史

宋程大昌《考古编》卷九有《虬髯传》二则云：

> 李靖在隋，尝言高祖终不为人臣。故高祖入京师，收靖，欲杀之，太宗救解，得不死。高祖收靖，史不言所以，盖讳之也。虬髯传言，靖得虬髯资助，遂以家力佐太宗起事，此文士滑稽，而人不察耳。又杜诗言：“虬髯似太宗。”小说亦辨人主太宗虬须，须可以挂角弓，是虬须乃太宗矣。而谓虬须授靖以资，使佐太宗。可见其为戏语也！

程氏所见，当即今所传之《虬髯传》。“髯”字作“髥”，与《宋史·艺文志》合，而力辨其为戏语。

考唐人说，谓能识秦王为真王，其事亦见杜甫诗。其《送重表侄王砯评事使南海》有句云：

> 隋朝大业末，房杜俱交友。长者来在门，荒年自糊口。家贫无供给，客位但箕帚。俄顷羞颇珍，寂寥人散后。……上云天下乱，宜与英俊厚。向窃观数公，经纶亦俱有。次问最少年，虬髯十八九，子等成大名，皆因此人手。下去风云合，龙虎一吟吼，愿展丈夫雄，得辞儿女丑。秦王

---

① 卷一四一，子部小说家类二。

② 传言自北郡至汴州仅数程，“汴州”二字恐有误。

③ 蒋瑞藻《小说考证》卷三引俞说，误作《过庭诗》。“诗”字当为“录”之误。

时在坐，真气惊户牖。及乎贞观初，尚书践台斗。

所述故事与《虬髯传》颇相似。惟杜公此诗乃指王珪。按之史传，珪与太宗非素交，且太宗时宰相别无姓王者。洪迈《容斋随笔》（卷十二“王珪李靖”条）已辨杜公之误。又言：

有杜光庭《虬须客传》云：隋炀帝幸江都，命杨素留守西京，李靖以布衣往谒，窃其一妓。道遇异人，与俱至太原，因刘文静以见州将之子，言其真英主，倾家资与靖，使助创业之举，即太宗也。按史载唐公击厥，靖察有非常志，自囚上急变。后高祖定京师，将斩之而止，必无先识太子之事。且炀帝在江都时，杨素死已十余年矣。此一传大抵皆妄云。[1]

洪氏所见，当是杜氏《神仙感遇传》中之文，亦言其不足据。《小说考证》引花朝生《笔记》云：

此传与唐史不合。史称大业十四年，文皇年十八起义兵，而炀帝以元年幸江都，是时文皇甫六龄，安得谓二十，而有天子相乎？若以此幸为十二年事，则杨素之亡已久。且卫公尝上高祖急变，岂能识太宗尘埃中耶？其为子虚乌有，无可疑者，传奇之舛缪，又不待论矣。

亦证其与史书乖违。按《隋书》卷四十八《杨素传》：“大业元年，由尚书左仆射迁尚书令，寻拜太子太师。明年，拜司徒，改封楚公，其年卒官。”素盖于是年六月拜司徒，七月而卒。考大业元年，隋司空为观王雄，自开皇九年七月拜，至于大业（详万斯同《隋将相大臣年表》）。知素始终未官“司空”，此《虬髯传》之传误也。

虬传言：“贞观十年，公（指靖）以左仆射平章事。”（杜氏《神仙感遇传》无此语。）考《新唐书·太宗纪》，贞观四年八月甲寅，李靖为尚书右仆射。《唐书》卷九十三靖本传，亦作“右仆射”。此作“左”误。靖传云：

仕隋为殿内直长。吏部尚书牛弘见之曰：“王佐才也。”左仆射杨素

① 《四部丛刊续编》影宋刊本。

拊其床，谓曰：“卿终当坐此。”

靖与杨素之关系，有此段事实。惟时已入仕，而虬传谓以布衣上谒，事亦未合。而靖之军事天才，自少时已露头角，其舅韩擒虎每与论兵，辄深叹服，是靖亦非贫士者也。靖传云：

大业末，累除马邑丞。高祖击突厥于塞外，靖察高祖知有四方之志，因自锁上变，将诣江都，至长安，道塞不通止。高祖克京城，执靖将斩之。靖大呼曰：“公起义兵，本为天下除暴乱，不欲就大事，而以私怨杀壮士乎！”高祖壮其言，太宗又固请，遂舍之。①

柳芳《唐历》亦有相同记载。《通鉴考异》（八）引靖行状②云：

昔日在隋朝，曾经忤旨。驻兹城陷，高祖追责旧言。公慷慨直论，特蒙宥释。

则靖在隋时，与高祖有隙，赖秦王（即太宗）为之缓颊。虬传谓其与刘文静助李氏匡天下，了不足信。温大雅《大唐创业起居注》于靖此事，绝未之及。程大昌谓为文人滑稽，其出于附会甚明。清王昙《题安吉金钟山李王庙诗》并书夫人寝碑，亦辨小说《虬髯客传》之诬。

三、“虬髯”应作“虬须”

“虬须”二字见《三国志·魏志·崔琰传》：“对宾客，虬须直视，若有年瞋。”《南部新书》癸集：“太宗文皇帝虬须，上可挂一弓。”③ 杜甫《八哀诗·汝阳郡王琎》：“虬须似太宗，色映塞外春。”④ 王应奎《柳南随笔》云：“《虬须客传》，‘须’字今本误刻为‘髯’。杨彦渊《笔录》：口上曰髭，颐下曰须，上边发曰鬓，在耳颊旁曰髯。髯之不能混须也明矣。”今按杜氏《神仙感遇

① 《旧唐书》十七，本传；《新唐书》十八，略。
② 伪托魏徵撰。
③ 亦见《酉阳杂俎》。
④ 据《古逸丛书·草堂诗笺》卷二十四。

传》、《宋史・艺文志》及《容斋随笔》并作《虬须客传》,《考古编》作《虬须传》,而《过庭录》之《黄须传》亦不作髯,则作“须”为是。

四、扶馀国事之无稽

《神仙感遇传》云:“贞观中,东南夷奏有海贼,以艘船千艘,兵十余万入于扶馀国。”虬传则云:“贞观十年,适南蛮人入奏曰:有海船千艘,甲兵十万,入扶馀国,杀其主自立。”按新、旧《唐书》无扶馀国,有扶馀城,失名《朝鲜志》上云:

> 扶馀县本百济,圣王自熊川来都,号南扶馀。义慈王时,新罗金口信与唐苏定方攻灭之。唐师既去,新罗尽得其地。[1]

按扶馀本指百济。《唐书・东夷传》:“武德四年,(百济)王扶馀璋,始遣使献果下马,自是数朝贡。后五年,献明光铠,且讼高丽梗贡道。太宗贞观初,诏使者平其怨,又与新罗世仇,数相侵。十五年,璋死,其子义慈为柱国绍王。”至苏定方伐义慈,乃在高宗显庆五年[2],是贞观十年间,扶馀璋为王,未闻有杀其主自立事。又考高丽亦为扶馀别种,贞观十六年营州都督张俭奏:高丽东部大人泉盖苏文,弑其王建武。[3]《唐书・东夷・高丽传》:“(盖苏文)杀建武,残其尸,投诸沟,更立建武弟之子藏为王,自为莫离支。”[4] 虬传所云杀主事,或盖苏文事之讹传,惟年次既不合,亦非自立,可见其事之无稽。《小说考证》三引《小浮梅闲话》言:“薛仁贵乾封初,进攻扶馀城,拔之。使诚有虬髯事,亦不久残破。”钱静方《小说丛考》云:“故问虬髯公事之有无,初以唐扶馀国之有无为断。”按此自小说家靖言,不足信也。

---

① 《艺海珠尘》本。
② 参《唐书》卷一一一《苏定方传》。
③ 《通鉴》卷一九六《唐纪》一二。
④ “莫离支”亦作“莫何逻绪支”。详日本末松保和著《新罗建国考》。

五、李卫公兵法

虬传末言："或曰卫公之兵法，半乃虬髯所传。"《神仙感遇传》无此句。晁公武《郡斋读书志》："唐李靖对太宗问兵事，史臣谓李靖兵法，世无完书，略见于《通典》。"[①] 今按李靖与其舅韩擒虎论兵，事见本传。又文王尝命靖教侯君集兵法。后世兵书多托于李靖。《唐书·艺文志》兵书类有《李靖六军镜》三卷，《宋史·艺文志》兵家有李靖《韬钤秘术》一卷，又《统要》三卷[②]。又李靖《兵钤新书》一卷[③]，又《卫国公手记》一卷。《宋志》、《崇文目》均有。唐武安军左押衙易静拱之《兵要望江南》一卷，或题李靖撰，乃出伪托（参《四库提要》）。旧传《李卫公问对》，词旨浅陋，宋人以列七经，亦假托者。[④] 传谓兵法为虬髯所传，更出于傅会耳。

虬传言："起陆之渐，际会如期。"此段文字，《神仙感遇传》原无之。"起陆"句，本《阴符经》"天发杀机，龙蛇起陆"语。知今传小说《虬髯传》文，后人已多所增益，远非原本。考《崇文总目》有《阴符机》一卷，题唐李靖撰，以为阴符者，应机制之书，破演其说为《阴符机》，宋时有此书。清歙县汪宗沂曾合唐杜佑《通典》、杜牧《孙子注》、《太平御览》、《武经总要》、明唐顺之《武编》诸书所引《卫公兵法》逸文，辑为三卷。又为《旧唐书李靖传考证》，附考其求兵事实，有《渐西村舍丛刊》本。[⑤]

六、戏曲中之虬髯与红拂

明人戏曲，多演虬髯为本事，最有名者，有张凤翼之《红拂记》、凌濛初之《虬髯翁剧》，继之者有张太和及冯梦龙之作。兹分述于下：

(一)《红拂记》：明江苏长洲张凤翼伯起撰。所作戏文七种，合刻为《阳春》六集。有明朱墨刊本，又有毛晋汲古阁《六十种曲》本、刘世珩编《暖红室汇刻传奇》本，最为流行。

---

① 李卫公《问对》出于阮逸家，或云逸因杜附会之。

② 《崇文总目》，《韬钤秘录》作《庄廷范模》。

③ 不知作者。

④ 见陈振孙《书录解题》、胡应麟《四部正讹》。

⑤ 《丛书集成》本。

《红拂记》略依《虬髯客传》，又牵合唐孟棨《本事诗》所记乐昌公主、徐德言破镜故事而成。为凤翼在新婚伴房中所作（尤侗说），剧中以李靖为主人公。

（二）《北红拂》及《虬髯翁》：明乌程凌濛初玄房撰。濛初号即空观主人。所著有二种：一为《远山堂剧品》者，录之《识英雄红拂女择配》一剧。现有上海影印明末精刻本。首有“即空观主人凌波戏题”，《红拂杂剧小引》。版心标称《北红拂》。另一种题《虬髯翁》，“正本扶馀国”。《今乐考证》著录，有沈泰（林宗）编刊《盛明杂剧》本（第二十二卷）。剧分四出，以虬髯翁为主体，不加入乐昌公主事，亦无红拂私奔事，与张记取材结构不同。濛初之作，尤侗称“为北剧。笔墨排奡，颇欲睥睨前人。但一事分为三记，有叠床架屋之病”。

（三）《红拂记》：明钱塘张太和屏山撰。见《曲名》、《曲海目》及王国维《曲录》。

梁廷枏《曲话》：“《红拂记》已经三演，在近斋外翰者，鄙俚而不典，在冷然居士者，短简而不舒；今屏山不袭二家之格，能兼诸剧之长。”祁彪佳《远山堂曲名》云：“吕鬱蓝（天成）谓其通篇不脱俗气，当亦不能为屏山讳。”

（四）《安丈夫》：明吴县冯梦龙子犹撰。合张凤翼《红拂记》及凌濛初《虬髯翁》与刘晋充某曲加以改作。有明墨憨斋定本、乾隆重刊《新曲十种》本。

（五）《风云乐》：清许善长撰。

李靖与红拂本无其事，自传盛行民间，后人竟于醴陵伪造红拂墓。《嘉庆一统志》长沙府有：“李卫公祠，在醴陵县西二里西山靖兴寺内。唐李靖驻兵西山，后人即其地为祠以祀。”则墓当由此讹传，自不足信。

七、《虬髯客传》之用意及作者

《神仙感遇传》末云：“乃知真人之兴乃天受也；岂平庸之徒，可以造次思乱者哉?”今本《虬髯传》则作：“非英雄所冀，况非英雄乎！人臣之谬思乱者，乃螳臂之拒走轮耳。”按真人即传中常言之真主，犹光武之“白水真人”也。此篇论天子受命，绝非人力，故以窥窃神器为大戒。东汉初，班彪因光武之兴，曾著《王命论》，即发此义，其言曰：

苟昧权利，越次妄据，外不量力，内不知命，则必丧保家之主，失天年之寿，遇折足之凶，伏斧钺之诛。英雄诚知觉悟，畏若祸戒，超然远览，渊然深识，收陵婴之明分，绝信布之觊觎，距逐鹿之瞽说，审神器之有授。

可与此传互相证发。老子《道德经》云：“天下神器不可为也。为者败之，执者失之。”此传主旨，即本斯义。《容斋随笔》、《宋史·艺文志》题此传杜光庭撰。鲁迅谓殆光庭尚仕唐时所为。[①] 刘开荣以为光庭当僖宗避黄巢入蜀，召充麟德殿文章应制时作。[②] 考《神仙感遇传》此“虬须客事”，系于“明皇十仙”下“东明油客”上。《感遇传》出于纂集，其传中文字多怪力乱神之语，当为唐末流传小说。光庭采入其书，意者有人观唐末天下纷扰，群雄割据，藩镇跋扈，故本《黄须传》故事发为是篇，言神器大可觊觎之意。特文中与隋唐史事乖违至多，光庭文学之士，通达古今，谅不谬悠至此也。唐代举子，每以小说之文投献于主司，谓之温卷。如《幽怪录传奇》，即其著例。[③] 故所作大抵驳杂无实，不足为病。此《虬须传》可能出于唐世举子所拟撰，其后光庭采入其所纂《神仙感遇传》中，宋人因题为光庭作耳。其题此篇为张说撰，更不足信。此类小说为古文体，殆成于贞元、元和之间。[④] 此稍具文体演进常识者，自能明之，毋庸喋也。

又按《虬须客传》除《道藏》一系外，尚有《豪异秘纂》以为张说作。明钞《说郛》卷二十二《豪异秘纂》（又名《博记杂编》）内收“《扶馀国主事》，唐张说著”是也。《宋史·艺文志》收《豪异秘录》一卷，即此书。

原载《大陆杂志》第十八卷第一期

① 《唐宋传奇集·稗边小缀》。
② 《唐代小说研究》。
③ 见宋赵彦卫《云麓漫钞》。
④ 参看陈寅恪《韩愈与唐代小说》一文及《元白诗笺证稿》。

《关公传说与三国演义》序

神话是诗。西方的诗，导源于神话。中国（汉族）无史诗，神话亦不发达，《山海经》罗列众山之神，大抵皆人兽共体，见于楚帛书五月之皋月，其神像作三首牛蹄①，知战国时此类图像久已流行。西汉纬书大量出现，所记古代圣王，多作人兽合体之形状，其中或有外来影响。② 以此之故，纬书亦成神话之渊薮。

俄罗斯李福清教授攻治神话小说有年，造诣甚深，所论伏羲女娲画像描绘演变之过程，参证缜密，用力周至，脍炙人口③。其在华从事研究，涉猎蒙、回各地民间说书，于蒙古"本子曲"（即用蒙语讲唱的中国章回小说）致力尤深，细处且及关公所骑之赤兔马，进而留心关公之民间传说。顷者，成《关公传说与三国演义》一书，共分六章，并附论关公画像，来书索序于余。余曩者曾著文标揭"关学"一名，自以历年游览，舟车所至，尝徜徉于洛之关林、晋之盐池、荆州之玉泉山，访其遗迹，海疆南澳关庙，其碑称汉寿亭侯，其时尚未晋封帝号也。凡此诸地，其中或为先生屐齿之所未及，略有可互补之处。先生虚怀下问，询及刍荛，殆以此乎？

余与先生初识，论交于布拉格，迨先生莅港，尝因践余之约，致罹车祸，幸上天呵护，不久康复，壮健逾前。喜其论著陆续在华刊布，沾溉无

---

① 见拙著《画頯：国画史论集》，台北，时报出版公司，1993 年，47 页。

② 季羡林先生说。

③ 见李福清《中国神话故事论集》，台北，学生书局，1991 年。

穷。余独赏其《神话论》一文，评骘中外诸家之得失，极中肯綮，读者受益滋多，倘能再作补充，详加注说，勒成专书，更有造于神话之学，先生岂有意乎！

丙子重阳后十日

饶宗颐

二十世纪学术文集

卷十二　诗词学

中国人民大学出版社
· 北京 ·

卷十二

诗词学

目录

诗学论集

卷十二

饶宗颐二十世纪学术文集·诗词学

目　录

《三侯之章》考

《汉书·艺文志·诗赋略》有高祖歌诗二篇。《史记·高祖纪》云:“高祖击筑,自为歌诗。”《乐书》:“高祖过沛诗《三侯之章》,令小儿歌之。”《索隐》曰:“侯,语辞也。兮,亦语辞也。沛诗有三兮,故云三侯。”丁福保《全汉诗》谓出自《汉书》,盖误。《汉书·礼乐志》云:“作《风起》之诗,令沛中僮儿百二十人习而歌之。至孝惠时,以沛宫为原庙(颜注:‘原、重也’),皆令歌儿习吹以相和,常以百二十人为员。文、景之间,礼官肄习而已。”据此,《汉志》初作《风起》之诗,以章首二字为名,则称曰《大风》。《文心雕龙·乐府》云:“观高祖之咏《大风》。”《文中子》云:“《大风》安不忘危。”《左传·襄公十一年》杜注云:“逸书:居安思危。”《初学记》云:“汉歌有《大风》。”诸说并同,如《诗》之《关雎》,《论语》之《学而》,取篇首二字以为名也。《文选》卷二十八只题“歌”一首,《艺文类聚》引之,名之曰《大风歌》。

《史记·乐书》作《三侯之章》以侯代兮。侯者,古以为语词。《诗·六月》:“侯谁在矣。”《毛传》:“侯,维也。”《四月》:“侯栗侯侮。”《笺》:“维也。”《尔雅·释诂》:“伊、维,侯也。”此用作发声之词。相如《封禅文》:“君乎君乎,侯不迈哉?”李奇曰:“侯,何也。言君何不行封禅。”汉人以侯通何;近出马王堆《老子》,所有兮字概写作“呵”。以是例之,兮之作呵,亦犹侯之通何,故兮亦得读为侯也。

以兮、侯为语助以诵诗,实出楚声。《西京杂记》言:“高祖好楚声,戚夫人击筑，高祖唱《大风》和之。”其作《风起》之诗，出于素养使然。此歌后成为祭高庙之典礼，以百二十人吹以相和，则亦为相和歌，有如今之大合唱；规模之大，至百二十人之多。《大风歌》又谱入琴曲。《琴操》有《大风起》，《乐府诗集》作《大风唱》，《永乐集成》曲调有《大风起》。汉初侯国亦善楚歌。余在长沙见马王堆三号墓所出简册云：“楚歌者四人，郑舞者四人，河间舞者四人，河间瑟一，鼓者一人。”

沛地有古迹曰歌风台，后人于此立碑。《金石萃编》二十一引《金石存》：“西（汉）高祖皇帝歌碑高一丈一尺，广四尺四寸，共四行，行八字。”现有元大德间摹刻。篆作悬针体，威字即借畏为威，俗传书出东汉曹喜。[①] 歌风台后人题咏甚夥。宋张安道（方平）云：“落魄刘郎作帝归，樽前一曲大风词。才如信、越犹菹醢，安用思他猛士为。”昆山叶盛著其文于《水东日记》卷二十五，实则袭取宋吴处厚之《青箱杂记》卷五。

① 史语所藏拓本〇〇一五八号即为《大风歌》刻石。

《穆护歌》考
——兼论火祆教、摩尼教入华之早期史料及其对文学、音乐、绘画之影响

一、引言

隋、唐、宋歌词之曲调，有取自外国异教者，《穆护歌》其一也。唐崔令钦《教坊记》曲名表已有《穆护子》。郭茂倩《乐府诗集》八十近代曲辞内，《穆护砂》，乃四句五言，引《历代歌辞》云："《穆护砂曲》，犯角。""砂"亦作"煞"，谓大曲之尾声也。元宋褧有《穆护砂》烛泪长调，前后阕几达一百六十九字（《彊村丛书》本《燕石近体乐府》），则为后来踵事增华之制。[①] 穆护亦作牧护，其曲后期演变至繁。宋人所记此歌来历，每不同其说，而体制或云六言，或云数十句。自黄山谷、洪迈、张邦基诸家各执一解，至姚宽始

---

① 《穆护砂》有齐言及长短句二体，原辞录下：

《乐府诗集》卷八〇收唐人《穆护砂》一首云："玉管朝朝弄，清歌日日新。折花当驿路，寄与陇头人。"

按《乐府诗集》此曲前一首为《上巳乐》，题张祜作。

元宋褧《穆护砂》烛泪云："底事兰心苦，便凄然泣下如雨。倚金台独立，揾香无主。肠断封家相妒。乱扑簌、骊珠愁如许。向午夜铜盘倾注。便不似、红冰缀颊，也湿透、仙人烟树。罗绮筵前，海棠花下，淫淫常怕凤脂枯。　比洛阳年少，江州司马，多少定谁如。照破别离心绪。学人生有情酸楚。想洞房佳会，而今寥落，谁能暗收玉筯。算只有金钗曾巧补，轻湿了粉痕如故。愁思减、舞腰纤细，清血尽、媚脸肤腴。又恐娇羞，绛纱笼却，绿窗伴我检诗书。更休教邻壁偷窥，幽兰啼晓露。"（《燕石近体乐府》）。

谓："《穆护》原为祆庙赛神之曲。"明杨慎《词品》云："乐府有《穆护砂》，隋朝曲也，与《水调》、《河传》同时，皆隋开汴河时辞人所制劳歌也。其声犯角，其后至今讹砂为煞云。予尝有诗云：'桃根桃叶最夭斜，《水调》、《河传》、《穆护砂》；无限江南新乐府，陈朝独赏后庭花。'"任半塘《教坊记笺订》谓："《穆护子》应与《穆护砂》同出于大曲《穆护》。北曲仙吕宫之祆神急应亦有关。[①] 穆护为唐时祆教僧侣之称，民间必已甚习用。"近日唐圭璋《论词之起源》，确信杨升庵说必有所本，以为《穆护》即隋朝之曲，推论隋已有词。惟于"穆护"一名之来历，犹语焉未详。升庵谓为开汴河之劳歌，殊无根据。兹重为考索，由此歌而推究祆教入华原委，牵涉颇广，所得间有出诸家之外者，略著于篇，以求教于世之治宗教史者。

二、《穆护歌》来历之异说

（一）黄山谷《题牧护歌后》云：

> 曩尝问南方衲子云："《牧护歌》是何等语？"皆不能说。后见刘梦得任夔州刺史时乐府，有《牧护歌》，似是赛神曲，亦不可解。及在黔中，闻赛神者夜歌，乃云："听说侬家牧护。"末云："奠酒烧钱归去。"虽长短不同，要皆自叙致五七十语，乃知苏傒嘉州人，故作此歌，学巴人曲，犹石头学魏伯阳作《参同契》也。（《豫章黄先生文集》卷二五）

山谷所言刘梦得之《牧护歌》，及嘉州人苏傒所作歌，待考。按《刘集》卷九《竹枝词》有一首云："楚水巴山江雨多，巴人能唱本乡歌。今朝北客思归去，回入纥那披绿罗。"又有《纥那曲词》二首，皆五言。其一云："杨柳郁青青，竹枝无限情。同郎一回顾，听唱纥那声。"另一首云："踏曲兴无穷，

① 北曲《祅神急》，朱庭撰。曲分"道情"、"贫乐"、"雪景"、"闺思"四段。每段有六么遍、元和令、后庭花煞；"雪景"一段兼有隋煞。见《朝野新声太平乐府》卷六。按元刊本作祅神急，狪来皆定祅神应作祆神。元曲中屡屡言及"火烧祅庙"，见于《太平乐府》七有赵明道之《斗鹌鹑》。说者亦认为祅庙应作祆庙。（日本石田干之助论之甚详，见《读神田学士"祆教杂考"》。）元本《玉篇》示部："祆，阿怜切，胡神也。"其字从夭不从天。方以智《通雅》十一谓："字从天，误作祅，从夭，故张有、戴侗辈皆以祆祅……合为一字。"今观元曲，皆以祅为祆。陈援庵引司马光《类篇》："祆，他年切。又馨烟切。唐官有祆正。"考宋巾箱本《广韵》一先："祆，胡神。官品令有祆正，呼烟切。"音同《类篇》之馨烟切，而字亦从天作祆。知祆之作祅，习非成是者已久矣。

调同词不同。愿郎千万寿，长作主人翁。”《纥那曲》亦收入《乐府诗集》八二近代曲辞四，惟未说明“纥那”为何义。此调亦见《尊前集》。杨慎《词品》称：“阿那、纥那，皆当时曲名。李郢诗言变梵呗为艳歌，刘禹锡诗言翻南调为北曲也。”《词品》称《阿那曲》又名《鸡叫子》，未知何据？林大椿《唐五代词》收赠舞者张云容之《阿那曲》，题杨贵妃作，出《全唐诗》，实为七言四句用仄韵。按“阿那”与“纥那”似为一外来语，倘如杨慎谓变梵呗为艳歌，则纥那可能与西北流行之火教有关，汉音转为纥那、阿那，流入民间，后人仿作，故乐府遂有《纥那曲》一类。山谷以为刘梦得在夔州所作乐府，其中有《牧护歌》，未知与《纥那歌》有关系否？

（二）洪迈《容斋四笔》：

昔在巴僰间六年，问诸道人，亦莫能说。他日船宿云安野次，会其人祭神罢而饮福，坐客更起舞而歌木瓠。其词有云：“听说商人木瓠，四海五湖曾去。”中有数十句，皆叙贾人之乐。末云：“一言为报诸人，倒尽百瓶归去。”继有数人起舞，皆陈述己事，始末略同。问其所以为木瓠，盖瓠曲木状如瓠，击之以为歌舞之节耳。乃悟穆护，盖木瓠也。据此说为茂倩所序，为不知本原云为，且四句律诗如何便差排为犯角曲，殊无意义。（卷八）

（三）张邦基《墨庄漫录》卷四云：

苏阴和尚作《穆护歌》，又地里风水家亦有《穆护歌》，皆以六言为句，而用侧韵。黄鲁直云：“黔南巴僰间赛神者，皆歌《穆护》。其略云：‘听唱商人穆护，四海五湖曾去。’因问穆护之名，父老云盖木瓠耳。曲木状如瓠，击之以节歌耳。”予见淮西村人多作《炙手歌》。以大长竹数尺，刳去中节，独留其底，筑地逢逢若鼓声。男女把臂成围，抚髀而歌，亦以竹筒筑地为节。四方风俗不同，吴人多作山歌，声怨咽如悲。（卷四，《稗海》本）

此以穆护为“木瓠”二字之音变。又谓其以六言为句，唱时以竹筒筑地为节，是则有类于击筑词。《五代会要》卷三〇“南诏蛮”记：“俘能转韵诗，有类击筑词。”徐嘉瑞论曰：“云南之山花碑诗体，有类弹词，故云类击筑词。”则击筑正如弹词之体。又张氏举其歌曰：“听唱商人《穆护》。”则必由胡商传入。蜀与西域通商甚早，六朝尤盛。《穆护歌》为胡商所传唱，亦如西曲盛行于荆州上游，皆与估客有关。

北宋《崇文总目·五行类》有《牧护词》，乃李燕撰。姚宽谓为六言文字，记五行灾福之说。胡震亨《唐音癸签》卷一，谓唐人六字诗有《牧护歌》，应即指李燕之作，然无他证。考《宋史·艺文志·五行类》有李燕《穆护词》，自注：一作“马融消息机口诀”。按同书李燕有《三命》一卷、《三命诗》一卷、《三合九中歌》一卷，其人盖术数家者流。张邦基谓地里风水家亦有《穆护歌》，以六言为句。按地里风水家如题唐杨益筠松著之《龙经》内，用七言句，长篇有韵，如“枝中有干干有枝”之类句式（《正觉楼丛书》本）。由是观之，宋时之《穆护词》，亦多施于五行、堪舆之歌诀。

（四）姚宽《西溪丛语》，此书卷上谓其长兄伯声（即姚宏）尝考：

> 火祆字，其书从天，胡神也。……至唐贞观五年，有传法穆护何禄，将祆教诣阙奏闻。……祆教流行外域，延入中国。《教坊记》曲名有《牧护字（子）》，已播在唐乐府。《崇文总目》有《牧护词》……则后人因有作语为牧护者，颇近巴人之曲也。

姚氏引《山谷题牧护歌》而论之曰：

> 祆之法盖远，而穆护所传则自唐也。苏溪作歌之意，正谓旁门山道，似是而非者，因以为戏，非效《参同契》之比，山谷盖未深考耳。且神有祠庙，因作此歌以赛神，因未知刘作歌诗，止效巴人之语，亦不知其源委也。

姚宽博学，所见《教坊记》之穆护，又作牧护，以为牧护即出于祆教之穆护。祆有祠庙，故作歌以赛神，是以《穆护歌》即祆庙赛神之曲。方以智《通雅》卷二九谓：“《穆护煞》，西曲也。乐府有《穆护沙》。（彰德之）《木斛沙》即《穆护歌》。”讨论《穆护歌》之原委。其结论云：“始或以赛火祆之神起名，后入教坊乐府，文人取其名作歌，野人歌以《赛神》，乐人奏以为《水调》。”则支持姚宽之说。

三、穆护与莫护、摸胡及其他

牧护、穆护即火袄教僧人。[①] 古波斯文火教经（Avsta）作 Mogu，在 Persepolis 之 Elamite 碑刻称为 Magi。穆护犹华言火师，指波斯苏鲁支（Zoroaster）之信徒。[②] 姚宽《西溪丛语》“唐贞观五年，有传法穆护何禄，将袄教诣阙奏闻。敕令长安崇化坊立袄寺。”何禄殆是何国（Koschamyah）人，以何为氏，如北齐之宠胡何猥萨也（《北齐书·南阳王绰传》）。

志磐《佛祖统纪》卷三九《释门纪》：“（武后）延载元年（694），波斯国人拂多诞持二宗伪经来朝。述曰：太宗时，波斯穆护进火袄教。武后时，波斯拂多诞进二宗经。”是穆护正式入华，乃在唐初贞观时。至唐中叶，其教寖盛。颜鲁公因与康国人往来，其子硕小名曰“穆护”[③]。姚宽之说盖本诸北宋初赞宁《僧史略》。《统纪》卷五四“末尼火袄”，所述亦同。惟唐、宋人每将火袄与摩尼混乱为一，陈援庵已详辨之。[④]

《波斯教残经》：“慕阇、拂多诞等，于其身心常生慈善柔濡，别识安泰和同。”拂多诞之上品级为慕阇。李肇《国史补》，慕阇为大摩尼，拂多诞为小摩尼。[⑤] 拂多诞者，拂多加语尾诞（dan）；拂多 Pahlavi 语为 Furasta，义为“法”（Doctrine）。伯希和目三五五九号天宝十载文书，米氏下亦有名曰拂耽延。昭武诸姓所受波斯教影响至深，每取以为名。

李淳风，贞观中太史令，其《乙巳占》天象第一云：“论天体象有八家，

---

① 穆护为火袄教僧，为古波斯文 mogu 之音释。Berthold Laufer 在 *Sino-Iranica* 页五三一讨论甚详，可参看。

② 苏鲁支中古波斯学者所传《火教经》（*Zend Avesta*）vcb 保存其（Zarathushtra，Zardusht）遗说。此一“苏鲁支”译名，首见南宋姚宽《西溪丛语》上。《吐鲁番残经》作 Zrusc，音最相近。关于火教研究，可看法人 Marijan Mole 著 *Culte，Mythe Et Cosmologie Dans L' Iran Ancien*（《古代伊兰之祭礼、神话及宇宙论》），最为详尽。清季文廷式引杨荣鋕《火袄考原》云：波斯夏扃王时有圣人姓士必达马，名祚乐阿士（注云：按即琐罗斯），著书曰《仁丫雅士》（《纯常子枝语》二十四）。杨荣鋕乃耶稣会士，为最早在华介绍火袄教之人物。

③ 见《禹贡半月刊》（二卷四期，9 页），愚公谷《贾耽与摩尼教》一文。

④ 陈文《火袄教入中国考》（《北大国学季刊》卷一）澄清袄教、摩尼教、景教三者之混淆，最为力作。

⑤ 案摩尼教佛分五品级：第一级是慕阇，译云承法教道者；第二级为萨波塞，译云传法者号。见敦煌本《摩尼光佛教法仪略》。

八曰四天祆胡寓言。”[1] 此祆胡之天文学说，淳风已加以论列，著入其书。此条向未为人注意。韦述《西京新记》：东北隅右金吾街；西南隅胡祆祠，武德四年所立。又十字街南之东波斯胡寺，仪凤二年，波斯王毕路奏于此置波斯寺。西北隅祆祠、东南隅大云经寺，（隋）开皇四年，文帝为沙门法经所立。《旧唐书》卷一九八《波斯传》：“咸亨中，卑路斯来入朝。仪凤三年，令吏部侍郎裴行俭将兵册送卑路斯为波斯王。”近年新疆出土送波斯王人名册，其中有西域人姓名：白欢进　年四十一　送波斯王　样人康父义　赵力相　年三十六　送波斯王　样人康昙住　解养生　年三十五　安西镇　样人白祐海（现藏乌鲁木齐博物馆）送者康、白皆昭武著姓。诸康当为康国人，必奉波斯教者。[2] 是时波斯为大食所败，击走其王伊嗣俟（Yezdegeri Ⅲ），萨珊王朝遂亡。其子卑路斯（Piruz）且入居长安。故有建祆庙之举。是自隋至唐初，长安祆庙已林立矣。

余考《周书·异域传》下波斯国（《魏书·西域传》同）传称：其“大官有摸胡坛，掌国内狱讼”。《北史》卷九七《波斯传》同。摸胡当即穆护。知者，《隋书·康国传》云：“有胡律，置于祆祠，将决罚，则取而断之。”[3]《旧唐书·波斯传》：“西域诸胡事火祆者，皆诣波斯受法焉。……其叛逆之罪，就火祆烧铁灼其舌。”康国习俗，断狱在祆祠，是掌国狱讼者必为穆护，故摸胡即穆护，为祆祠官甚明。检 Laufer 之 *Sino-Iranica* 页五三一，知 K Hori 已先我言之。Larfer 补充，认为摸胡“坛”之坛为语尾，有如拂多诞（Fur-štadān）之诞（dān）。摸胡乃依中古波斯文之 magu，而穆护（mukgu）则据新波斯文之 mug，miog。

《晋书》卷一百八《载记》：“慕容廆先世，秦汉之际为西匈奴所败。……曾祖莫护跋，魏初率其部落入居辽西，从（司马）宣帝讨公孙（渊）氏有功，始建国于（昌黎）棘城之北。”莫护跋亦即吐谷浑之祖（详万曼《吐谷浑书》，《学原》第三卷第三、四期）。跋＝Van，义为 follower，owner。[4]《隋书·吐谷浑传》：“吐谷浑尝得波斯草马，放入海，因生骢驹，能日行千里，故时称

---

① 香港大学藏明钞本。

② 见冈崎敬：《增补东西交涉の考古学》，506 页。

③ 《魏书》卷一〇二、《北史》卷九七文同。

④ 慕容跋之“跋”应为 Van。如《火教经》中称 Ahura mazdah 之崇拜者为 asa-van（“Owner of Truth”），《梨俱吠陀》中称为 rtavan 是。参看 Iiya Gersheritch：The Avestan Hymn to Mirthra 注，156 页。

青海骢马。”青海骢来自波斯马种，足见吐谷浑与波斯关系之深。此“莫护”应即波斯之穆护，则慕容氏之先，可能来自波斯。其称曰莫护跋者，犹言穆护跋也。此说果信，则穆护一名之入中国，可追溯更前矣。①

罗振玉谓细审唐刘秀所撰《凉州卫大云寺碑》云：“大云寺者，晋凉州牧张天锡所置。……因则天圣皇妃临朝之日，诸州各置大云寺，随后改号为天锡庵。知凉州先有之，以为摩尼教起于晋。”② 其说未为人所信服。今考《晋书》卷八六张轨之子寔传云：

初，寔寝室梁间有人像，无头，久而乃灭；寔甚恶之。京兆人刘弘者，挟左道，客居天梯第五山，然灯悬镜于山穴中为光明，以惑百姓，受道者千人，寔左右皆事之。帐下阎沙、牙门赵仰皆弘乡人。弘谓之曰：“天与我神玺，应王凉州。”沙、仰信之。密与寔左右十余人谋杀寔，奉弘为主。寔潜知其谋，收弘杀之。沙等不之知，以其夜害寔。

按敦煌卷S·二二四一记祆寺燃灯事甚悉。此处然灯、悬镜以为光明，即《化胡经》云：“我乘自然光明道气。”从刘弘受道者千余人，此道非光明道而何？又云：“天与我神玺。”天即天神是也。刘弘乃于凉州先倡行崇拜光明道者，事虽失败，然在张天锡之前；可见晋时民间信仰已颇有火祆教、摩尼教成分之掺入。

《魏书》十三《宣武灵皇后胡氏传》称其“废诸淫祀，而胡天神不在其列”。事在肃宗神龟二年（519）。此胡天神之即祆教，向无异论。近年吐鲁番晋、唐墓新出文书，高昌章和五年（535）取羊供记账，有记“丁谷天”字样，说者谓即在丁谷之祆教祠。又有一件为麹氏时期田亩册。记云：“胡天一半。”又一九六五年吐鲁番城郊安伽勒克古城，发现陶瓷，内有写本佛经十三种。其一为《金光明经》卷二。其题记云：

庚午岁八月十三日，于高昌城东，胡天南太后祠下，为索将军佛子妻息合家写此《金光明》一部。断手记竟，笔墨大好。书者手拙，具字而已。③

---

① 波斯萨珊王朝兴于公元126年，始定火祆为国教，正当魏文帝黄初七年。

② 《雪堂校刊群书叙录》下。

③ 下略。图见《新中国之出土文物》122页，1972。

庚午当为魏世祖神䴥三年（430）。同出土者有《吴书·孙权传》残卷，字体相近，为东晋末书风。庚午先于神龟二年可八十九载，已有胡天之祀，是时沮渠蒙逊尚据凉州也。两处之胡天均指胡天神，殆即祆教祠。此为最新有关祆教之资料。《说文新附》："祆，胡神也。"郑知同云："似其神本称胡天神，六朝以来为之立祠，加以题署，始增示旁作祆以神之。"吐鲁番文书之"胡天"即祆神，似不成问题。《魏书》卷一〇二《波斯传》，神龟中上书贡物云："波斯国王居和多千万敬拜。"其时入贡之居和多，即萨珊朝第十九代王Kavadh一世（488—531）。《梁书》卷五十四："滑国，普通元年，遣使献波斯锦。"近年中国各地出土波斯萨珊朝银币甚夥，以沙卜尔二世（Shapur Ⅱ，310—379）为最早[①]，足见波斯与华之交往，由来已久。

《魏书·灵皇后传》云："有蜜多道人，能胡语，肃宗置于左右。"蜜多可能为Mithra之对音。按Mithra，古波斯语称为Vouru gaoyaoitim，意义为草原之主。友人柳存仁教授有此说。《乐府诗集》七八杂曲有《摩多楼子》。句云："借问阴山候，还知塞上人。"亦《塞上曲》之类。又后魏温子升之《敦煌乐》，与《阿那瑰》并列。阿那瑰即蠕蠕主，投降于魏，故当日为制曲以歌颂其事。[②] 阿那瑰投魏，在肃宗正光元年九月（《魏书·肃宗纪》）。二年二月，婆罗门率十部落诣凉州归降。群臣议："怀朔镇北，土名无结山吐若奚泉；敦煌北西海郡，即汉、晋旧障。二处宽平，原野弥沃。阿那瑰宜置西吐若奚泉，波罗门宜置西海郡。"温子升之撰《敦煌乐》，疑与《阿那瑰》曲同时。其句云："客从远方来，相随歌且笑。"或因阿那瑰降魏，其党婆罗门亦来归，因为之赋，当亦在肃宗时。郑樵《通志》以《阿那瑰》列入梵竺四曲。任半塘《唐戏弄》谓："阿那瑰为匈奴王，时代不同。"均昧于史事。

魏自太安元年（455）波斯遣使朝贡（《高宗纪》五）。肃宗之世，波斯入贡尤为频数。计熙平二年四月、神龟元年七月、正光二年闰四月、三年秋七月（俱见《肃宗纪》）。火教之传入，自属当然之事。（观北齐时，南阳王绰之爱饲波斯狗，见《北齐书》十二，波斯宠物之受人欢迎，可以见之。）西魏时祆教既已入华，乐曲名称之取资异教者，不一而足，亦非偶然者矣。

张邦基云苏阴和尚作《穆护歌》。黄山谷跋称苏傒嘉州人作歌，姚宽作苏

---

① 详《吐鲁番晋康葬出土文书概述》[《文物》1977（3）]。参看夏鼐《河北定县塔墓舍利函中波斯萨珊银币》[《考古》1955（5）]。又同氏《综述中国出土的波斯萨珊银币》[《考古学报》1974（1）]。又《近年中国山土的萨珊朝大物》[《考古》1978（2）]，论织锦。

② 见《柔然史料辑录》第一部《柔然论》。

溪。山谷谓此和尚是嘉州人，则为四川籍。道原《景德传灯录》三十载苏溪和尚（注即五泄小师也）《牧护歌》，六诗，三十四句。苏溪在湖南桃源县北十里，则作苏溪是也。

《唐会要》卷三三有苏禅师胡歌，属太簇商，改名《怀思引》。《唐戏弄》疑其必有本事，如弄婆罗门之类。《旧唐书》卷一八九《郭山恽传》记杜元琰诵婆罗门咒。窃以为此苏禅师胡歌，或即苏傒（苏溪）之《穆护歌》。以其本为胡天赛神之曲，故又有胡歌之目。

四、《牧护歌》为袄教赛神曲

黄山谷《题牧护歌后》云："在黔中闻赛神者夜歌。"姚宽引其兄姚宏之说："袄有祠庙，因作此歌以赛神。"是《穆护歌》明为袄教赛神之曲。

袄教赛神之事，敦煌于唐季尚流行之。予于法京，见伯希和四六四〇号纸背云：

> 己未年四月起，……五月十五日赛驰马神，用画纸拾张。……十七日支与押衙康伯达，路上赛神画纸拾张。同日赛袄，支画纸叁拾张。

敦煌写本《沙州图经·杂神》条袄神下云："右在州东一里立舍，画神主总有十二龛，其院周回一百步。"此为袄教赛神作画之事。赛神除绘画神像外，必兼作乐以事神。敦煌资料伯希和二五六九，又二六二九，俱记赛袄神用酒，用纸。S·三六六记城东袄祠赛神用油灯面之记录。[①]《刘梦得文集·外集》八《别夔州官吏》云："唯有《九歌》词数首，里中留与赛蛮神。"已言作歌为赛蛮神之用。此《牧护歌》，山谷在黔已听到之，当系事实。《广川画跋》记"凉州袄主以利刀从额钉之，……至西袄神前舞一曲，却至旧袄所，乃为拔钉，一无所损。"则记袄庙舞曲兼表演杂技也。

宋时四川有袄庙。清吴省兰《十国宫词》咏前蜀王衍云："珠冠金甲赛袄神。"自注引《蜀梼杌》："衍北巡，戎装金甲冠，……百姓望之，谓如灌口袄神。"[②] 神田喜一郎据《山堂肆考》卷三九公主条引《蜀志》云："公主托幸袄

① 关于敦煌卷子中有关袄教祭祀资料，可看日人那波利贞《袄庙祭祀小考》（《史窗》一〇）及小川阳一《敦煌における袄教庙の祭祀》（《东方宗教》二七）。

② 《艺海珠尘》本。灌口有二郎庙，此谓为袄神。

庙为名，期与子会。”因论及夔州乐府之《牧护歌》。[①]

《隋书·礼仪志》：“（齐）后主末年，祭非其鬼，至于躬自鼓舞，以事胡天。邺中遂多淫祀，兹风至今不绝。后周欲招来西域，又有拜胡天制，皇帝亲焉。其仪并从夷俗，淫僻不可纪也。”是齐末与北周盛行祭祀胡天，至尊且领导举行之。

《隋书·百官志》中：“后齐制官……鸿胪寺掌蕃客朝会，又有京邑萨甫二人，诸州萨甫一人。”又《百官志》下：“雍州萨保，为视从七品。”“诸州胡二百户已上萨保，为视正九品。”《通典》四十：“萨宝府祆正。”注云：“祆者，西域国天神。武德四年置祆祠及官，常有群胡奉事，取火咒诅。”又《通典·职官》二十二：“视流外萨宝三品，勋品为萨宝府祓祝，四品为萨宝率府，五品为萨宝府史”。唐时萨宝府组织如此。宋敏求《长安志》：“布政坊胡祆祠。”注云：“祠内有萨宝府官，主祠祆神。”萨甫亦作萨宝。

宇文护字曰“萨保”。护母阎姬没在齐。护居宰相后，齐主令人为阎姬作书与护。护报书自称萨保。（书云：“当乡里破败之日，萨保年已十余岁。”见《周书》卷十一《晋荡公传》。）萨保盖其本来之胡名。护之命名，当在魏世。萨保与萨甫、萨宝并音同。宇文护母阎氏或信火祆教，此事陈寅恪详论之。[②]《唐书·宰相世系表》下李氏条称：安难陀孙婆罗，“周隋间居武威为萨宝”。《元和姓纂》卷四云：“后魏安难陀至孙盘娑罗，代居凉州为萨宝。”上列资料，前人屡见征引及讨论。他若《隋太原翟突娑墓志》记其父为娑摩诃大萨宝（赵万里《南北朝墓志集释》四八四）。又《唐故米国大首领米公墓志》云：“公讳萨宝，米国人也。”自齐以来，京邑及各州管理祆教之官谓之萨甫（宝、保）。北朝至唐喜以萨宝为名字，此习惯甚流行于西北。萨宝一词，日人以为即回鹘文之 Sartpau（“商队”首领）。西方学者如 Deveria 谓出自叙利亚文之 Saba（oldman）。[③]

《隋书·西域诸国传》：“高昌俗事天神，兼信佛法。”康国：“都于萨宝水上阿禄迪城，有胡律，置于祆词。”“俗奉佛，为胡书。”安国：“妻，康国王女也，都在那密水南，风俗同于康国。”诸国皆为祆教国。康居之水，且号曰萨宝水。《隋书·地理志》且末郡下有且末水萨毗泽，萨毗与萨宝音近。

---

① 神田文见《东洋学说林》。又石田干之助《读祆教杂考》（《史学杂志》三九）。石田氏论祆教，有论文四篇，收入《东亚文化史丛考》。

② 《隋唐制度渊源略论稿》，81 页。

③ 萨宝一名，向来讨论至繁，可参 Laurfer：*Sino-Iranica*，529 页。

《隋书·音乐志》所载：

高昌　献圣明乐曲，其歌曲有善善摩尼，解曲有婆伽儿，舞曲有小天、疏勒盐。

康国　歌曲有戢殿农和正，舞曲有贺兰钵鼻始、末奚波地、农惠钵鼻始，前拔地惠地等四曲。

安国　歌曲有附（菩）萨单时，舞曲有末奚、解曲有居和祇。

康国之末奚波地与安国末奚必有关。《回鹘毗伽可汗碑》中有默（原□）傒悉德，与摩尼教五级仪之第三译为法堂主原名“默奚悉德”正同。婆罗钵文语为 Mahi-Stag。语尾之 Stag 与（光明）使者之 Fresrag 相同。婆文 Xrostag，即呼𠯆瑟德（北京本残经）。安国舞曲之末奚，当即 Mahi。默傒即 Mahi 之汉译，义即法堂。高昌婆伽儿，疑即毗伽——Bilga，义为意智。宋《白玉蟾语录》称明教有外道之毗婆伽是也。小天即小明王。[①] 摩尼圣诗赞神，突厥语皆作 Tang（a）ngri。[②] Tangri 即“天”也。波地疑即 Vaiti（Avesta-gatha）。高昌之善善摩尼，可能为摩尼教徒之礼赞。诸曲之胡名汉译，惜不易复原耳。

此三国音乐之来源，据《隋志》所载，“康国起自周武帝娉北狄为后，得其所获西戎伎，因其声。高昌献圣明乐曲，则在隋炀帝时。帝令知音者于馆所听之，归而肄习。及客方献，先于前奏之，胡夷皆惊”。然以近年出土文物而论，北齐安阳范粹墓出土，有鲜卑侍吏俑，及黄釉瓷扁壶。其上刻画五人一组之舞乐队，有抱五弦琵琶，高鼻深目，穿窄袖之胡人。说者谓即龟兹乐

① 宋时有《大小明王出世经》。

② 1919 年 La Coq 在高昌遗址发见摩尼教颂神歌九行，为突厥语。石田氏转录并加解说，见所著《东西文化史丛考》，30 页。

兹录数行如下，以供参考：

1. Tang T（a）ngri Kalti，Tang T（a）ngri Ozi Kalti

2. Tang T（a）ngri Kalti，Tang T（a）ngri Ozi Kalti

3. Turunglar Gamur Baglar Gadaslar Tang Tangrig

4. Ogalim Korugma Kun T（a）ngri，Siz Bizni

…………

8. T（a）ngri Bis Tang T（a）ngri，Yidlir Yiparlir

9. Y（a）Ruglur Yasug Luq Tang T（a）ngri Tang T（a）ngri

队。[1]《隋书·音乐志》龟兹乐起自吕光灭龟兹，因得其声。后魏平中原，复获之。至隋，有西国龟兹、齐朝龟兹、土龟兹三部，高昌乐亦属之。高昌有《圣明乐曲》。由"圣明"一名推测之，摩尼教之意味甚浓。其曲曰善善摩尼，可能即颂赞教主摩尼（Mani）。

又"善善摩尼"一名，沙畹法译作"bien! bien! Mani"（页一七四）。余疑善善即鄯善并作鄯鄯。洛阳出土《鄯乾墓志》称乾为鄯鄯王宠之孙。鄯鄯王临泽，怀侯视之长子。[2] 鄯善并作鄯鄯。疑善善即鄯鄯，亦即鄯善，以地为名。鄯善亦善鄯。敦煌所出晋天福十年写本《寿昌县地境》有善鄯城。善善摩尼，犹言鄯善（鄯鄯）摩尼，以其曲初出鄯善也。《北史·西域传》，鄯善降魏，则在太平真君六年（又见《世祖纪》）。

五、白衣与明法王

英伦S·三九六九为《摩尼光佛教法仪略》。此卷黄纸丝栏，书法甚佳。该卷有《五级仪》一章，述摩尼教士分五级：第一为慕阇，第二为萨波塞，第三为默奚悉德，第四为阿罗缓，第五为耨沙喭。"自阿罗缓以上，并秦冠服。"其出家僧侣咸着白衣。向来有"白衣师"、"白衣道"之目。[3]《南史·张畅传》记："元嘉二十七年（450）魏主拓跋焘南征，于戏马台立毡屋。畅与魏尚书李孝伯对话。孝伯曰：'亦知有水路，似为白贼所断。'畅曰：'君着白衣，故号白贼也。'孝伯大笑曰：'今之白贼，亦不异黄巾、赤眉。'畅曰：'黄巾赤眉，似但不在江南耳。'"[4] 孝伯所言北方白贼，必如后来自称"净居国"刘绍之辈。

自北齐至隋，似习惯以白色为祥征。《魏书·灵征志》侈记白狐、白鹿等白色动物，不可胜数。故齐后主"好令宫人白越布折额，又为白盖"。史家列于服妖，谓"此二者丧祸之服也，后主果为周武所灭"[5]。隋文帝子杨秀之镇西蜀，及败，诏书数其罪状，称其妄造蜀地征祥，以符己身之僭。"辄造白玉

① 《文物》，1972（1）。
② 《赵释》，212页。
③ 见《宋会要·刑法门》。
④ 《通鉴》卷一二五记此事，删去白衣白贼数句。
⑤ 《隋书·五行志》上。

之斑，又为白羽之箭。”① 亦以白色为预兆，此必深受大神净居国思想之影响，有僭越之征，故为当道所深恶痛绝。由“蜀地征祥”一事观之，四川诸州之有萨宝及火教徒穆护之往来，更可推想而知。又杨秀行压胜之术，对其父兄乃“请西岳华山慈父圣母，神兵九亿万骑，收其魂神”。“九亿万”之神秘数字，据柳存仁教授研究，出于火教经典 Avesta 中（Fargard 22，Bandahis 8：12），为拜火教所习用之数目。在南齐严东作注之《度人经》②，亦出见此数字，为神仙宫寮之总数。此为道教徒吸收拜火教之痕迹。余考《火教经》中 Videv-dat ⅩⅩⅡ言 Ahura Mazda（上帝）为九九九九九疾病而祈祷，以求无量数家畜之复原，为其祝福。是此一数字初出于畜牧，其后演为神秘数字。③杨秀神骑以九亿万众，而出之西岳华山之神。北周达奚武在同州，（周）高祖命其祀华岳。武云：必须登峰展诚，寻其灵奥。既攀藤援枝而上于西岳，上藉草而宿，果梦见一白衣人来。华岳有白衣人，与华岳神以“九亿万”为神兵数字，凡此种种，均可说明火祆教、摩尼教在周隋之际，已深入民间，与地方宗教信仰结合之现象。④

《魏书·释老志》：“往在北代有法秀之谋，近日冀州遭大乘之变，皆初假神教以惑众心。”此本神龟元年（518）司空任城王澄奏中语。⑤ 然胡天神来华，皆谓始于北魏灵太后时，民间僧徒假托为政治活动者，向来习知明帝“延昌四年（515）五月冀州沙门法庆自号大乘云‘新佛出世’”一事，因见于《资治通鉴》卷一百四十八，故为人所称述。⑥ 然在此前一岁，佛教已有同样之事件发生：

> 魏宣武帝延昌三年（514）十月丁巳，幽州沙门刘僧绍聚众反，自号“净居国”，明法王（州郡捕斩之）。⑦

---

① 《隋书·文四子传》。

② 卷二，34 页。

③ 柳存仁有《摩尼教和火祆教在唐以前入中国的新考证》（素兰记录，《明报月刊》96 期）。火教经九九九九九疾病之说，参 Jean Filliozat：*La Doctrine Classique de la médecine indienne*，34 页。柳君又有英文 *Traces of Zoroastrian and Manichean Activities in Pre-T'ang China*。

④ 参柳君文。

⑤ 《通鉴》卷一四八。

⑥ 吴晗引此。

⑦ 《魏书》卷八，215 页。此条《通鉴》失载。

然更为重要者，“净居国”当取义于净土。窥基《西方要决科注》：“慈恩寺在晋昌坊，本名净景寺。”碑云“三一净风”，所有“净居”、“净景”与“净风”，皆属一系。至于“明法王”之号，在此之前魏高祖孝文帝延兴二十三年十一月，已有幽州民王惠定聚众反，自称明法皇帝之事。① 隋时胡僧告王谊谋反，罪状为“说四天王神道，谊应受命”。又自“说其身是明王圣主”②。明法王即明王。摩尼教经典中十二佛名，第一是“无上光明王”③。此类之事，为后来明教之滥觞。至宋时有大小明王世经。④ 最有趣者为“明法王”一名。敦煌本《摩尼光佛教法仪略》云：“托化国主名号。”汉语译名佛夷瑟德乌卢诜者，译云光明使者，又号具智法王，亦谓“摩尼光佛”。“明法王”之号，即由此而生。婆罗钵文原作 Frestag（使者）Rosan（光明）。敦煌第〇九八窟（新编）东壁五代画题“大朝大宝于阗国大圣大明天子”一行⑤于阗国事摩尼教，故其统治者得称曰“大明天子”。以“大明”为国号，其事在朱元璋之前。（此条言摩尼教诸家均未引用。）

六、摩醯首罗与胡祆之混淆

唐韦述《两京新记》云：“胡祆祠，武德四年所立。西域胡天神，佛经所谓摩醯首罗也。”宋董逌《广川画跋》卷四书常彦辅祆神象，谓：“其相俙异，即经所谓摩醯首罗。有大神威，善救一切苦。”姚宽引其兄宏说云：“火祆字，从天，胡神也。经所谓摩醯首罗，本起大波斯国，号苏鲁支。有弟子名玄真，习师之法，居波斯国。大总长为火正⑥，后化行于中国。”盖取自赞宁《僧史略》下。

右说均以波斯之火教，与印度婆罗门教混合而为一。文廷式《纯常子枝语》引姚伯声说，而讥其以婆罗门之事火，与波斯之火教合为一途，似少分析。⑦ 按印度《吠陀》梵经，源于《火教经》，故诸天名称，多辗转稗贩。婆

---

① 《魏书》，191 页。

② 《隋书》卷四〇《谊传》及《北史》六一《王谊传》无“圣主”二字。

③ 见敦煌本《收食单偈》大明使释。

④ 见《佛祖统纪》三九引《释门正统》。

⑤ 于阗国大明天子题记图片，见新印嘉福、邓健吾编《敦煌の道》，图版 154、155。吴晗《明教与大明帝国》（《读史劄记》未引及此一资料）。

⑥ 按钱谦益《景教考》引，误作“火山”。

⑦ 卷二四。

罗门亦祀火，唐人与火教每牵合为一。摩醯首罗即梵书之自在天。《翻译名义集》云："摩醯首罗，诸经论多称大自在。"《翻译名义大集》三一一八："梵文：maha-civarah；汉：大自在（天）；和：湿婆神之异名。"按摩醯首罗之名，汉译经典，北凉时已见之：

北凉沙门法众译《大方等陀罗尼经》卷一："娑蔓仙人在阎浮提，与六百二十万估客作商主，将诸人入海。……如是六百二十万人，即时各许摩醯首罗天人各一生。尔时诸人便离四难，远到本园。"

提婆《百论》卷上，摩醯首罗天，原注："秦言大自在天。"

又提婆《小乘涅槃论》卷十五记摩醯首罗论师说。

是摩醯首罗一名，乃随佛教东传，恐在火祆教之前矣。唐人误以胡天大神与佛教之大自在天混合为一。摩醯首罗，既见之于图画，而音乐、占卜亦借用其名，可见其影响之普遍。盛唐时，摩醯首罗为乐曲名。《唐会要》三十三天宝乐曲太簇宫有《摩醯首罗》，改名《归真火难》。摩醯首罗亦被用于占卜。英伦敦煌卷子 S·五六一四为《摩醯首罗卜》，其开头"一一一"云："此是梵王局，汝所有求事，但知存心，无不称意。财宝自来，家宅大小，并得安乐，远行通达，大吉。"前有序文云："此名'摩醯首罗卜'，释梵四天王神，诸共集政。看之时，面西坐，称名尔子某甲，志心发愿，具说上事由了，掷头投子三遍，然后补局。若得好，一卦便休。卜得□局，许看三局。信者看之，不信者尤不须看。如人审判，万不失一。此是随求，千金莫传。"以上资料，出于敦煌，即摩醯首罗占法之文献。

摩醯首罗（Mahesuara）天，二臂、四臂、六臂、八臂、十八臂及一面、三面均有之。和阗出土有摩醯首罗天画像（Stein：Ancient Khotan Pl. Lx Pandan Uiliq 出土）。《迦楼罗王及诸天密言经》[①] 记惹野之王，即大自在天王也，通身青色，三面四臂。云冈石窟第八洞为摩醯首罗像。《大智度论》："摩醯首罗天（秦言大自在）八臂三眼，骑白牛。"[②] 巴黎国家图书馆藏伯希和目四二本八之（三六）为白描六首六手之大自在天画像。[③]

① 般若力译，《大正藏》二一，334 页。
② 《大正藏》二五，73 页。
③ 参拙作《敦煌白画》。

七、结语

自北齐以来，诸州均置祆正，知胡天信仰在各地已分布甚广。山谷谓："黔南、巴、僰间，赛神皆歌穆护。"亦以胡人商旅到处有之。试以宋时摩尼教在四川之普遍（《宋会要》刑法门："利州路之兴州、利州及益梓利夔路，均有禁摩尼之令。"）观之，唐代《穆护歌》之在夔州流行，为刘梦得所摹仿而为《牧护歌》，自属理之当然。且宋人相传作《莫护歌》之苏傒，为嘉州人，亦籍于蜀者。

牧护、穆护原为祆教僧之称。由于祆教之普及，唐宋以降，穆护已成为一通名。故以其所唱之歌，通称为《穆护歌》。

《穆护歌》之演化甚为复杂：

（一）变为"口诀"，用于术数。《宋史·艺文志》五行类之李燕《穆护词》，乃讲术数。张邦基记地理风水家，亦有《穆护歌》。

（二）民歌结合。如黔中赛神之《侬家歌》，及击节之《木瓠歌》。

（三）采入为教坊曲。如隋、唐之《穆护子》。

（四）为禅师胡歌。

（五）文人采取摹仿。如刘梦得之《牧护歌》。

（六）演为词曲。北曲有《穆护砂》、《祆神急》。元人宋褧有《穆护砂》词，增益为双调一百六十九字，乃因旧曲名别倚新声。又朱庭玉有《祆神急》套。

火祆教入华资料，散见于史书笔记，董理不易。词曲中有《穆护子》，向来认为取名于火教僧官之"穆护"，自南宋姚宽至明季方以智皆然，近人若许地山①、徐嘉瑞②、任半塘均无异词，足以订正杨升庵《穆护子》为隋开汴河词人所制劳歌之瞽说。

火祆传入，列为祠祀，一般皆以为始于北魏灵皇后，实则更应在其前。验以近年吐鲁番出土之高昌取羊记账、麹氏田亩册与佛经题记均有"胡天"字样，加以波斯萨珊王朝银币在华发现数量之夥，在足证元魏与波斯往来之频繁，良为不可否认之事实。吾人再向上追溯，有若干史事亦可提供佐证。

① 许地山《梵剧体例及其在汉剧上的点点滴滴》。

② 见徐嘉瑞《近古文学概论》波斯乐一节，力证上云乐为波斯曲。

如慕容廆曾祖名莫护跋，事在魏初。莫护跋一名，当为Ṁogu-van之对音。又晋时凉州张寔统治下有刘弘燃灯授人以光明道，富有浓厚之袄教色彩。唐贞观初，李淳风《乙巳占》论天象，已涉及“天袄胡”之寓言。凡兹数事，前此言火袄教者均所未详，附带论述之，以供研究。至于《隋书·音乐志》所记高昌、康国、安国诸乐曲，其译名一时不易复原，妄为疏说，聊备一解。

附录一　摩尼教偈（GĀTHĀ）与曲调之二叠、三叠

S·二六五九敦煌本《下部赞》有云[①]：“此偈赞日光讫。”其偈盖有日光偈、月光偈、七星偈等。下部赞又有：

> 收食单偈，大明使释。
> 收食单偈第二叠。
> 叹五明文，诸慕阇作，有二叠。
> 又览赞夷数文第二叠。
> 叹诸护法明使文。于黑哆、忙你（Morni）电达（Dintar）作。有三叠。又有云“此偈凡莫日用为结愿”，“此偈凡莫日与诸听者忏悔愿文”……等名目。[②]

按偈即Gatha也。《火教经》大偈（Gatha）为Ahunavaiti..、Ustavaiti。唐国舞曲有末奚波地。“波地”疑即“Vaiti”。汉语以Gatha为偈，亦取音译。

慕阇（Mu-za）、粟特文（Sogdien）之Muck，中期波斯语为Mozo，摩尼法仪五级中之承法教道者。据后记云：“但道明所翻，译者一依梵本。”译者为摩尼僧道明。“莫日”即太阴日之Maq，亦译作蜜日。是《摩尼教经》用七曜日为周期，忙你即摩尼，夷数即Jesus（耶稣）。[③] 道明所译之《下部赞》，实糅合大秦、摩尼为一炉。摩尼教经典每借用佛语，亦使用景教术语，详见

---

① 此卷外题“往西天求法沙门智严西传记写，下卷乃后人所添举”。

② 《大正藏》卷五四，1 270～1 279页。

③ 《摩尼教残经》（陈垣校录本），载《国学季刊》，第1卷，第3期。法国沙畹与伯希和译注及考证刊于*Journal Asiatique*，最为详核。其考证部分，有冯承钧译本。王国维摘出汉籍资料，略有增订。撰《摩尼教流行中国考》，载《观堂别集》。陈垣别撰《摩尼教入中国考》，载《国学季刊》，第1卷，第2期。

矢庆辉《鸣沙余韵解说》306～316页。电达为波斯语Dintar＝僧。[①]

从《下部赞》汉译本观之，其偈有第二叠与三叠之区别，疑指音乐之重复回咏，故有是称，如阳关三叠之例。东坡尝论三叠歌法。南宋时又有《渭城三叠》。据毛幵《樵隐笔录》载："绍兴初，西楼南瓦，歌周清真《兰陵王慢》，谓之渭城三叠，以周词凡三换头。"是以三段或三遍为三叠，则一叠乃一遍。摩尼教偈之唱咏，译者既称其遍数曰叠，岂指每段重唱二遍，谓之二叠，三遍则谓之三叠耶？

宋韩淲词有"只唱骊歌一叠休"句，指《鹧鸪天》，故又名《骊歌一叠》。大曲《六么令》，《碧鸡漫志》云："六么曲为一叠，名花十八，前后十八拍。"此一叠之说也。《水调歌》，唐曲凡十一叠，前五叠为歌，后六叠为入破。其歌第五叠五言调，最为怨切，故白傅诗云"五言一遍最殷勤"。此五叠、六叠之说也。

山谷《题古乐府后》："'巴东三峡巫峡长'二句，古乐府但以抑怨之音和为数叠，惜其声不传。及自荆州上峡入黔中，因作前二叠，传与巴娘，令以竹枝歌之。或各用四句，入阳关小秦王，亦复可歌。"[②] 盖取古调，和其三叠。是叠数如二叠、三叠，后来拟作，可无定数。明田艺蘅又著《阳关三叠谱》[③]，则为后来踵事增华之举。

黔中既有受外教影响之《牧护歌》。又《竹枝》二叠，均见山谷所述。及明清之际，山坡羊且有黔调。郝莲《国朝诗汇》第二册方以智诗，有听黔山坡羊，云："调自边关到石城，此宫弦管更多情；游人得得东风力，吹入江南后日声。"自注云："山坡羊本起自燕、秦边关，后传江南。法家谱之，曰沈水调。流至黔阳，别成一调。湖北多弹之。"足见黔中民间歌曲吸收外来成分，复能别成一调，不止《牧护歌》为然也。

附录二　敦煌卷之祀祆驱介傩文

法京国家图书馆藏伯希和目二五六九，现编为西藏文书之一一三。正面为《春秋后语》，题孔衍撰；背为儿郎伟除夜驱傩之作。其一云：

---

① 羽田亨说，参见ハユツ氏著《摩尼教遗文》，见《羽田史学论文集》（下），315页。

② 《文集》卷二六。

③ 冯可宾《广百川学海》壬集。

驱傩圣法，自古有之。今夜扫除，汤尽不吉，可庆新年。长使千秋万岁，百姓富足钱。长作大唐节制，无心恋慕猩膻。……正是南扬号国，封邑并在新年。自是神人咒愿，非干下娌（俚）之言。今夜驱傩队仗，部领安城火祆。以次三危圣者，搜罗内外戈铤。趁却旧年精魅，迎取蓬莱七贤。屏及南山四皓，金秋五色红莲。从此敦煌无事，城煌（隍）千秋万年。

又一云：

儿郎伟：驱傩之法，自轩辕。中殖（钟馗）白泽，统领居仙。怪禽异兽，九尾通天。□向我皇，境内呈祥，并在新年。长使寿且沧海，官崇八坐貂蝉。四方晏然清怙（恬），狯狁不能犯边。甘州雄身中节，嗢末道款旌旜。西州上拱（贡）宝马，焉祁送汭（纳）金钱。从此不闻枭鸲，敦煌太平万年。

文中焉祁即焉耆。其辞多作六言句式。观其句云“今夜驱傩队仗，部领安城火祆。以次三危圣者，搜罗内外戈铤”，则为祆教徒辟邪消灾之祝词。由用韵之年、言、祆、铤、贤、莲、年看来，唐时沙州正读祆为平声。《广韵》祆字在一先，呼烟切。《说文系传》：“火千切。”是也。

此《儿郎伟》文为安城祀火祆神，颇为罕见，祆教文学作品之瑰篇也。《沙州敦煌二十咏》中第十二即为《安城祆咏》。词云：

板筑安城日，神祠与此兴。一州祈景祝，万类仰休征。蘋藻来无乏，精灵若有凭。更看雩祭处，朝夕酒如绳（渑）。①

驱傩文言“新领安城火祆”，得此诗更可明了其历史背景。

① 《敦煌二十咏》，法京伯希和目有五卷，计二六九〇、二七四八、二九八三、三八七〇、三九二九诸号。有一卷为唐懿宗咸通十二年学生刘之端写。

附录三　火祆祠见于史籍之地理分布记略

西域[①]

俱德建国，乌浒河（Oxus＝Yaxartes 叶杀水）

有火祆祠，相传自波斯乘神通来此。近有大食王不信，入祆祠将坏之，忽有火烧其兵。[②]

突厥

事祆神，无祠庙。[③]

康国

俗事天神，崇敬甚重。[④]

有胡律，置于祆祠，将决罚则取而断之。[⑤]

祠祆神，出机巧技。[⑥]

有神祠名祆。[⑦]

毕国（Bikand）

有大（火）祆祠。[⑧]

① 水野清一《阿富汗尼斯坦之古代美术》，图二五即祆教遗址神殿。
② 段成式《酉阳杂俎》卷一〇。
③ 《酉阳杂俎》卷四。
④ 《通典》卷一九三引韦节《西蕃记》。
⑤ 《魏书》卷一〇二；《北史》卷九七；《隋书》卷八三。
⑥ 《新唐书》卷二二一。
⑦ 杜环《经行记》。
⑧ 宋王瓘《北道刊误志》引《西夷朝贡录》；又《西溪丛语》上引《四夷朝贡图》。

焉耆国

俗事天神，并崇信佛法。[①]

滑国

事天神、火神。每日则出户祀神而后食。[②]

疏勒国

俗事祆神，有胡书文字。[③]

于阗国

好事祆神，崇佛教。[④]
喜事祆神、浮屠法。[⑤]

孝亿国

举俗事祆，不识佛事，祆祠三百余所。[⑥]

高昌

俗事天神，兼信佛法。[⑦]

吐鲁番出土庚午岁《金光明经》卷二，写于高昌城东胡天南太后祠下。

① 《魏书》卷一〇二；《北史》卷九七。
② 见《梁书》卷五四。
③ 《旧唐书》卷一九八。
④ 《旧唐书》卷一四八。
⑤ 《新唐书》卷二二一。
⑥ 《酉阳杂俎》卷四。那波云："应作祆祠。"
⑦ 《魏书》卷一〇二；《北史》卷九七；《隋书》卷八三。

按西域各国事祆神者，已详《大唐西域记》，兹不复著。

华夏长安

“西京布政坊，西南隅胡祆祠。”注“武德四年立，西域胡天神。”又：“醴泉坊，西北隅祆祠。”又：“普宁坊，西北隅祆祠。”①

“靖恭坊，街南之西祆祠。”又：“布政坊，胡祆祠。”注：“祠内有萨宝府官，主祠祆神，亦以胡祝充其职。”②

洛阳

“东都会节坊，祆祠。”又：“立德坊，胡祆祠。”③

瀛州乐寿县（河北省献县）

有祆神庙，唐长庆三年置，本号天神。④

河南府

立德坊及南市西坊，皆有僧妖（祆）神庙，每岁商胡祈福。⑤

汴京

大内西去，右掖门祆庙。⑥

东京城北有祆庙。⑦

① 韦述《两京新记》卷三。
② 宋敏求《长安志》卷九、十。
③ 徐松《唐两京城坊考》卷五。
④ 宋王瓘《北道刊误志》。
⑤ 《朝野佥载》卷三。
⑥ 孟元老《东京梦华录》卷三。
⑦ 张邦基《墨庄漫录》卷四。

范质至祈庙后门，见土偶短鬼。[①]

镇江府

朱方门里岗之山，有火祆庙，宋嘉定中迁于山下。[②]

沙州

祆神在州东一里立舍，画神主，总有廿龛，其院周回一百步。[③]

板筑安城日，神祠与此兴。[④]

今夜驱傩队仗，部领安城火祆。[⑤]

伊州柔远县

火祆庙中有素书，形像无数，有祆主翟槃陁，高昌未破前入朝。……制授游击将军。[⑥]

瀚海军凭洛城

所破六阵，其一为东胡祆阵。[⑦]

附录四　宋白玉蟾与彭耜等论明教

《道藏》一〇一六册（弁上）《海琼白真人语录》紫壶道士谢显道编，记

① 《邵氏闻见前录》卷七。

② 《墨庄漫录》卷四。

③ 《沙州都督府图经》。

④ 《沙州敦煌廿咏》之安城祆咏。

⑤ 《驱傩文》。

⑥ 光启元年《伊州都督府图经》残卷。

⑦ 开元四年李慈艺告身，《沙州文录补》——《新唐书·地理志》有凭洛州都督府，隶北庭都护府。

白玉蟾与鹤林彭相[①]、紫元留元[②]之谈论：

> 相问曰：今之瑜珈之为教何如？
>
> 答曰：……今之邪师，杂诸道法之辞，而又步罡捻诀，高声大叫，胡跳汉舞，摇铃撼铎……于古教甚失其真，似非释迦之所为矣。然瑜珈亦是佛家伏魔之一法。
>
> 相问：乡间多有吃菜持斋以事明教，谓之灭魔。彼之徒且曰太上老君之遗教。然耶？否耶？答曰：昔苏邻国有一居士号曰慕阇，始者学仙不成，终乎学佛不就，隐于大那伽山。始遇西天外道有曰毗婆伽明使者，教以一法，使之修持，遂留此一教，其实非理。彼之教有一禁戒，且云尽大地山河草木水火，皆是毗罗遮那法身，所以不敢践履，不敢举动。然虽如是，却是在毗罗遮那佛身外面立地。且如持八斋，礼五方，不过教戒使之然尔。其教中一曰天王，二曰明使，三曰灵相土地，以主其教。大要在乎清净、光明、大力、智慧八字而已。然此八字，无出乎心。今人著相修行，而欲尽此八字，可乎？况曰明教，而且自昧！

按此段文字，大体取自《老子化胡妙经》。《佛祖统纪》云，见洪迈《夷坚志》引，而不见于今本《夷坚志》。《统纪》四十八志磐述云："大中祥符兴道藏，富人林世长赂主者，便编入藏，安于亳州明道宫。复假称白乐天诗：'静览苏邻传，摩尼道可惊。'"志磐自注云："尝检乐天《长庆集》，即无苏邻之诗。乐天知佛，岂应为此不典之词！"考苏邻国即《大唐西域记》卷十一波剌斯国（即波斯）都城之苏剌萨傥那（Suristan），亦称苏蔺，或宿利。已详沙畹及伯希和合著之 Un Traite Manicheen Retrouvé En Chine 之第二部分一四六页（J. A.，1913）。所言之毗婆伽（明使）即 Bilga。毗罗遮那即 Vairocana，《翻梵语》作毗娄遮那。灵相土地则为地藏王。摩尼教残经卷中有地藏明使是也。至谓明教之要旨在"清净、光明、大力、智慧"八字，颇为扼要。葛长庚（即白玉蟾）生当宋季，所认识之明教，大致如此。

明教入闽，肇于唐末。徐铉《稽神录》记："清源（泉州）有善作魔法者，名曰明教。"《云笈七签》张君房序称："真宗时于苏州、越州、台州取旧

---

① 彭相即彭耜。

② 长元长即紫元子。留元长，字子美。玉蟾有飞仙吟赠紫元。

道藏外及朝庭续降到福建等州道书明使摩尼经等。”是君房所见明教经典来自福州。陆游《老学庵笔记》卷十称：“闽中有习左道者，谓之明教。亦有明教经甚多，刻板摹印，妄取道藏中校定官衔赘其后。”此为明教经混入道藏之事实。明何乔远《闽书》卷七《方域志》云：“会昌中汰僧，明教在汰中。有呼禄法师者，来入福唐，授侣三山，游方泉郡，卒葬郡北山下。”福唐即三山，《夷坚志》谓“吃菜事魔，钻山尤炽，称为明教会”是也。葛长庚为闽之福清人（见《书录解题》群仙珠玉集条），故得备闻明教之掌故。《闽书》所谓呼禄法师，呼禄一名殆即（A）hura 之汉译。明教出于袄教，以 Ahura Mazda 为最高上神，故取以为号。《闽书》原文，陈垣《摩尼教入中国考》第十五章已备录之，并辨其说与他书之异。惟未知《闽书》之前尚有《白玉蟾语录》谈及明教，故附记于此。

1978 年 3 月于香港中文大学中文系，1980 年改订

近时福建莆田涵江镇发现摩尼教残碑，作不规则形，最长处七四公分，上刻有“清净光明、大力智慧、无上至尊、摩尼光佛”字样，移贮陈文龙纪念馆内。

补　记

（一）北魏事袄非始胡后时

《北史》卷一三《孝文幽皇后传》：“取三牲宫中袄祠，假言祈福，专为左道。”今以袄字习作袄字例之。此袄祠可能即为袄祠。《宣武卢皇后胡氏传》称其“幸嵩高山，夫人九嫔公主以下从者数百人，升于顶中，废诸淫祀，而胡天神不在其列”。孝文在宣武之前，向来以胡后事一条为袄教入华最早文献。倘袄祠为袄祠之误，则宜更推前。据《金光明经题记》。高昌城东有胡天祠，实远在神龟之前。《晋书》载记七：“（石鉴即位），孙伏都刘铢等帅羯士三千人伏于胡天。”《通鉴》系于晋永和五年（349）。胡注：“胡天盖石氏禁中署舍之名。”既名曰胡天，必与火教有关，此又早于神麢矣。

（二）高昌乐曲

冯承钧《高昌事辑》第三三条注引《册府元龟》卷五七〇，谓高昌之献

圣明乐曲在隋开皇六年，即麹乾固之延昌二十六年（586），与《隋志》异。又其《鄯善事辑》补录，解释摩尼为梵文之玄珠（俱见冯著《西域南海汇辑》）。近年酒泉出土北凉石塔铭，称释迦为文尼[①]，不作牟尼。然在乐曲之《善善摩尼》，似可作人名看待。

（三）藏文资料中之末摩尼

R. A. Stein 教授邮示其未刊稿，西藏文中提及“末摩尼”一名。藏文云：Par-sig g-yon-čhen Mar Ma-ne（下略），乃取自汉文开元二十年敕。《通典》引敕云：“末摩尼法本是邪见，妄称佛教，诳惑黎元。”《佛祖统纪》五十四引敕作“末尼本是邪见”。杨景风《论七曜》言：“尼干子、末摩尼以蜜日持斋。”《至元辨伪录》、《闽书》皆作末摩尼。高昌歌曲称《善善摩尼》。疑敕文加一“末”字，乃为贬词，斥其为末教，故称曰末摩尼（mar ma-ne）。

原载 1978 年《大公报在港复刊卅年纪念文集》下卷
收入《选堂集林·史林》中册

---

① 《文物资料丛刊》，179 页。

与友论阮嗣宗诗书

棪斋吾兄足下：叠接手书，累数纸，稽答为罪。今晨综读之，至再至三，深觉足下抉发入微，用心至细，休文以来，此秘未睹，足使蔚宗却步，彦和变色，敬佩无量。尊论公用韵之严，“之”“支”独用，不与“脂”混等说，自是不刊之论。弟和阮诗，每首悉遵原韵，未敢差池。有重韵者，亦沿其韵。[①] 故与兄说无乖。惟句中平仄，兄指出有一句五平之法，似非阮公有意如此，恐一时偶尔用之。

试检同时他人之制，每首中不少杂入一句五平者。如刘桢《公讌》“流波为鱼防”，何晏《失题》“流飘从风移”，嵇康《述志》“盘桓朝阳陂”，皆全平[②]，可例推也。阮诗异本复不同。如第二首“逍遥从风翔”，明范钦本“从”作“顺”，则非五平矣。此一事也。兄过重视双声、叠韵。阮诗中双、叠者大抵连绵字居多。如所举旖丽、计较、恻怆、悦怿。遽数之不能终其物。诗、骚本已如此，八音克谐，唇吻遒会，而变化随心，原无定法，何必一一墨守，作茧自缚。双、叠之名，始见《宋书·谢庄传》。鄙见江左人士，喜言双声，另有外缘，容细论列。阮公诗虽有双、叠之用，未必能穷双、叠之理。黄初、正始之间，双、叠之说，固未兴也。故和阮诗，恐不宜措意于此。尊举亦无通例可循。如第五十二首第五句之末字与第六句之首字，兄以为皆幽部字，

① 如第二十八首重“洲”字。

② 全仄者，如应氏《杂诗》“少壮面目泽”。

亦是偶然者。试以兄法再寻绎之，第四句末之“记”与第五句首字之“谁”，第六句末字之“俟”[①] 与第七句首字之“游”，末数句之“已”与“是”、“间”与“焉”、“理”与“计”，似亦可谓以同部字辗转为用也。双、叠滥用，大谢诗中最多。南朝之效康乐者，未届其精，先得其失，故有“阐缓”之诮。巧不可阶，萧纲《与湘东书》，已痛论之。声病说之起，即其针砭。今更踵事增华，变本加厉。文章之美，何产在此？弟所以不敢苟同。此又一事也。嗣宗旷放，必不滞于声律，观其《乐论》似对刘劭而发。[②] 当日夏侯玄亦与论难。[③] 阮公论乐之旨，要使其声平，其容和；重元气，屏淫声。故曰：先王制乐，必通天地之气，静万物之神，固上下之位，定性命之真。[④] 又谐“达道之化者，可与审乐；好音之声者，不足以论律”。此其所尚，非繁声缛节，而在通大体，以臻太和之境地。依是以言，其于诗律有不遑细求也明矣。古之人之论阮，厥有三端：曰“藻”[⑤]，曰“旨”[⑥]，曰“气”[⑦]。足下更进之以“律”，诚发人所未发。惟阮公语多隐避，归趣难求。和阮之篇，近人有段凌晨者，摹情拟貌，摭阮之艳采，而重塑之；是仅有得于辞藻而无裨于辞心。弟于阮诗寝馈未深，而窥慕其气，以为居千载之下，于阮公之诗，难以情测，但知阮公深于《易》。“作《易》者其有忧患乎！”“又明于忧患与故。”此阮公诗心之所系者也。今之忧患，更有甚于阮公者，使阮公复生，岂能无诗？余何敢知阮公，顾独不无类阮公忧患之心，故敢有和阮之作。然和阮而非阮，即于阮公之辞藻亦偶用其一二，仅效其使气之术，依其韵而已。步古人之韵，而为今人之诗，非敢貌袭魏、晋，如明人之为也。余旅长洲，发兴步阮韵，五日而成诗八十首。既成，弃置箧衍，自以不似阮公诗，易名曰《长洲集》。所以迟迟未敢献曝者，以阮诗旧刻非一，字句次序，辄多歧异，而未敢遽定。今重以兄意，姑再摅陈之。阮集《直斋书录》诗集类称：“四卷。其题皆曰《咏怀》。首卷四言，十三篇，余皆五言，八十篇，通为九十三篇。”是宋刻五言，原止八十篇耳。明嘉靖二十二年（1543）范钦（即天一阁主人）、陈德文

① 兄次韵诗作“河涘”，误也。“行俟”二字用《小雅》“行则俟俟”，作“俟”为是。

② 《乐论》中刘子即指劭。《魏志》劭传：主制礼作乐，以移风俗，著《乐论》十四篇。

③ 玄存《辨乐论》二则，《御览》引之。

④ 阮文中多有用韵。

⑤ 《魏志》：“籍才藻艳逸。”

⑥ 《诗品》：“厥旨渊放。”《文心雕龙》：“阮旨遥深。”

⑦ 《文心雕龙·才略》：“阮籍使气以命诗。”

刻《阮嗣宗集》二卷，卷下为“《咏怀诗》八十一首”①，是为八十一首者。北京图书馆旧藏明刊《阮嗣宗诗》（此为八行十六字本），则题《咏怀》八十二首②，是为八十二首本。惟讷《诗纪》云：“京师曹氏家藏《阮步兵诗》一卷，唐人所书，与世所传多异。”不知视上列诸本如何？黄晦闻笺阮诗，则以蒋师爚注为据，惟各序次复不同。如范本“夜中不能寐”为第一首，以“谁言万事难”为第二首③，“嘉时在今辰”为第三首④，“二妃游江滨”为第四首。明刊八行本阮诗则第一首为“于心怀寸阴”⑤，第二首为“鸴鸠飞桑榆”⑥，第三首为“登高临四野”⑦，第四首为“夜中不能寐”，排列完全不同。又范本之作八十一首，则以“生命辰安在”至“定可相追寻”，及“鸣鸠嬉庭树”至“消散何缤纷”⑧，合而为一。⑨ 若乎文字之差异，更难指数。然后恍然于从事阮集，校文之事，实为先务。兄辨声审律之工作，更须以文字为基；否则何从下手耶？苦乏暇晷，阮集校勘，未遑为之。聊因北风，敢布区区。伏惟裁正不备。

颐白　1962年11月

原载《选堂诗词集》

---

① 有注云：“《咏怀》八十一篇者，岂数极阳九而作邪？意微旨远，见于命题，志士发愤之所为也。读籍诗者，其知忧患乎？”而陈德文序亦云：“今览其《咏怀》八十一篇，语庄义密，曲高和寡。”

② 此本前有佚名刻《阮嗣宗诗序》，末有嵇叔良撰《阮公碑》。

③ 黄注在第三十六首。

④ 黄注在第三十七首。

⑤ 黄注在第二十一首。

⑥ 黄注在第四十六首。

⑦ 黄注在第十三首。

⑧ 今作二首。

⑨ 《汉魏诗乘》亦合为一首。

陈子昂《感遇》诗答客问

或问：子昂《感遇》诗是否讥刺武后而作？草此答之。唐人喜为《感遇》诗，子昂、九龄而外，尚有其人。天宝中，李泌自嵩山上书论当世事，玄宗召见。杨国忠忌之，奏泌尝为《感遇》诗，讽刺时政。诏于蕲春郡安置，乃遁名山。[①] 是李泌未达时亦为《感遇》诗也。

伯玉诗题曰《感遇》。感遇者，江淹句云："感遇逾琴瑟。"《诗》云："琴瑟友之。"必两方有所合，斯谓之遇。古有虽小才而逢大遇者，孔北海之称郭隗是也。[②] 有不遇时之叹者，霸王之伤逝骓[③]、昌黎之赋二鸟是也。[④] 即隐沦如神仙，遇合亦有时，杜光庭因之有《神仙感遇传》之作。伯玉之为《感遇》诗，《旧唐书》本传指为少作，非写于武后时可知。

伯玉早岁与于道流，《旧唐书·陆元方传》云："元方从叔余庆，少与陈子昂、宋之问、卢藏用、道士司马承祯、道人法成等交。虽才华不逮子昂，而风流强辩过之。"[⑤]《藏用传》云："少与陈子昂、赵贞固友善。二人并早卒，藏用厚抚其子，为时所称。"藏用于长安中征拜左拾遗，而伯玉于长安二年绝于狱，年四十二。卢腾达之岁，正伯玉绝命之年，其交好盖自其少时也。

---

① 《旧唐书》卷一三〇泌本传。

② 《答盛孝章书》云："隗虽小才而逢大遇"。

③ "时不利兮骓不逝"句。

④ 《感二鸟赋序》云"有不遇时之叹"。

⑤ 《旧唐书》卷八八。

或问：伯玉诗中之嵩公指何人？答曰：此谓北周卫元嵩也。“去去桃李花”句出自元嵩于天和五年闰十月所作之《千字诗》。《大唐创业起居注》引其一段，句云：“桃李花（缺二字），李树起堂堂。只看寅卯岁，深水没黄杨。”此元嵩妖妄之言，而裴寂引用以为唐室受命之符验。元嵩著书曰《元包》，盖拟《易》之《归藏》。纬书有《春秋元命苞》，伯玉言：“元命，圣人所秘。”秘者，纬书古称为秘书也。元嵩有前知，妄作谣谶，实为阶乱。元嵩事，唐人之所乐道。伯玉讥其恢谲，谓其诗谶但言死人如麻耳。揆其意似责当时言符命者之非，故援元嵩为戒。其事与汉之宫祟无涉。

伯玉湛于天官之学。观其上书论调元气，谓天地平则元气正，故劝武后兴明堂太学。此西汉诸儒燮理阴阳、调顺时气之说。《感遇》诗仍是从此义落墨。如云“三元更废兴”，“幽居观大运”，“终古代兴没”，“大运自盈缩”诸句，皆从运会大处落想。大运见于《史记·天官书》。原文云：“太上修德，其次修政，其次修救。……其发见亦有大运，然其与政事俯仰，最近大人之符，……为天数者，必通三五，终始古今。”《索隐》释“三谓三辰，五谓五星”。此处三五非指月圆，浅而易见。伯玉句云：“三五谁能征？”必指三辰五星，可为证验。“三元”一义，虽见新平郡牒版之辞，然所指陈当如汉人所云四千六百一十七岁为一元[①]，子云言“阴阳数度律历之纪，九九大运，与天终始”。伯玉诗言大化气运，取资《天官书》以论政，陈义甚高，一如邹子之《主运》。治伯玉诗者宜循此角度求之；否则何以知伯玉耶？其纵论大唐气数，自非沾沾于武周陈其讥刺。况伯玉自始即武后拔擢之人也，后德固有亏，其败亦非伯玉所及见。后于伯玉有知遇之隆，使彼为诗而句句存心讥后，则伯玉安得为伯玉也哉！

① 《汉书·律历志》。

李白出生地——碎叶

这是一个文学史上的问题，亦是边疆史上的问题，同时是一个枯燥的问题，亦是有趣的问题。

诗人李白，出生于中亚今吉尔吉斯斯坦（Kyrghyzstan）的碎叶（Suyab），已为人所公认的事实。考是说的由来，李阳冰的《草堂集序》和范传正的《李公新墓碑》对李白籍贯家世都有相同的说法。同样地说他是“陇西成纪人”，为“凉武昭王（李暠）”的九代孙。而前者说：

> 中叶非罪，谪居条支，易姓与名……神龙之始（705），逃归于蜀。

后者则云：

> 隋末多难，一房被窜于碎叶，流离散落，隐易姓名，故自国朝已来，漏于属籍。神龙初，潜还广汉，因侨为郡人。父客以逋其邑，遂以客为名。……

两说大致相同。三十许年前，陈寅恪著《李太白氏族之疑问》[1]，略谓隋末远窜一说乃出于依托，惟据其生年推知“李白由西域迁居蜀汉之时，其年

① 见《清华学报》第10卷第一期，153～155页（清华大学，1935）。

至少已五岁，是太白生于西域，不生于中国。……”又谓：“六朝隋唐蜀汉为西胡行贾区域，其地有西胡人种往来侨寓，自无足怪。”1940年，李长之撰《道教徒的诗人李白及其痛苦》一书，依据陈说，肯定李白生于俄属中亚细亚。“家庭迁广汉的时候，他已经五岁，是中宗神龙元年（705）。明白他是华侨，就可了解他后来能够在朝廷作答蕃书。”[①] 以后詹锳作《李白家世考异》，亦承认李白家世，“本或胡商，入蜀之后，以多赀渐成贵族，而自幼年所受教育，则中西语文兼而有之”[②]。

1950年，Arthur Waley 刊行 *The Poetry and Career of Li Po*，对李白的家世有详细的讨论，大意如下[③]：

Li Po's grandson had inherited from his father Li Pai-chin〔伯禽〕some notes about the history of the family—according to which the ancestor was banished to Suyab, the modern Tokmak, in what is now the Soviet Republic of Turkestan... Li Po must have been born at Suyab, or on the way from Suy-ab to China.

Waley 盖取自沙畹之说。[④] 其他文学史家亦多雷同的说法。[⑤] 近年郭沫若著《李白与杜甫》，开头就指出李白生于中亚的碎叶，可见这一说至目前已达致相同的结论了。

一、碎叶地望

西域交通孔道，隋裴矩之《西域图记》分北、中、南三道（《隋书》六十七本传）。而《新唐书·地理志》所记，凡分南北二道。碎叶城处楚河，即碎叶川（Suy-ab）流域，遗址不在 Tokmak 原址，必在其附近。如以碎叶为界限，其南道经行天山南，经拔达（Bédel）岭（即凌山）至楚河南的 Tokmak

---

① 见《道教徒的诗人李白及其痛苦》（澳门海外图书公司翻印本）。

② 见《李白诗论丛》24页（北京，作家出版社，1957）。

③ 见 A. Waley：*The Poetry and Career of Li Po*（New York，1950），additional note for page I, on page 103。

④ 参看 E. Chavannes：*Documents sur les Tou-Kiue*（*Turcs*）*occidentaux*（St. Petersburg，1903），冯承钧译本《西突厥史料》（上海，商务印书馆，1934）。

⑤ 关于李白氏族有关的论文，尚有胡怀琛《李白的国籍问题》，孙楷第《唐宗室与李白》，麦朝枢《关于李白的姓氏籍贯种族的问题》等篇（收入《李白研究论文集》），又日人大野实之助著《李太白の研究》（昭和三十七年印）亦略有讨论。近日 E. O. Eide 论李白之父客，子伯禽二名，都是突厥语。

（即碎叶城）但达呾逻私（Talas）。北道经迪化，从伊犁（Ili）河而达 Tokmak（碎叶）。《新唐书》卷四十三《地理志》：

安西至热海（Issik-Kul）……至碎叶川……又西四十里至碎叶城。城北有碎叶水，水北四十里有羯丹山，十姓可汗（On Oq）每立君长于此。

此为西州至怛罗斯中间必经之道路，《唐书》四十北庭都护府（Jimsa）下则记从轮台以至碎叶界，又西行千里至碎叶城。这是从交河至碎叶的另一道，所有的碎叶城都指 Tokmak 而言。① 这条大路，玄奘（《西域记》）、杜环（《经行记》）②、贾耽都有详细记录。其北道大体与汉代由车师后国通乌孙之道路相同。玄奘即取途于热海道，经碎叶以入西域。③ 最早考定碎叶水为回教徒所谓 Suy-ab，即今之吹（Chi 或 Chu）河者，为 Marquart 氏之说。④ 这条通热海的路线，正是古来中西交通上行旅最频繁的大道。⑤ 何秋涛《朔方备乘》卷三十《乌孙考》引杜环《经行记》"敦连岭北行千余里至碎叶川，其川东头有热海，又有碎叶城……川西接石国，约长千余里，……川头有城名怛罗斯……"一段注云：

唐碎叶水在伊丽河西。今伊犁河西之水最大者为特穆尔图淖尔，即热海也。淖尔所受之水，有察察尔、哈奈和赖布拉克，其水分流西北为吹河，行千有余里入和什泊，所谓碎叶川，当指吹河言之。因此泊寒而不冻，故称热海。乃唐岑参《热海行》诗："侧闻阴山胡儿语，西头热海水如煮。"

注言特穆图淖尔之水，详徐松《西域水道记》卷五及附图。彼云：

---

① 碎叶在西北交通地理上的重要性，可参考沙畹《西突厥史料》第一篇路程，Samuel Beal 之 *Travels of Hiouen-Thsang*，Book I，pp. 92-96，足立喜六《大唐西域记の研究》上卷跋禄迦国中凌山、大清池、素叶水城、千泉、呾逻私城等条。其间古迹，亦详俞浩著《西域考古录》卷九。

② 杜环《经行记》有桑田六郎校本（《和田纪念东洋史论丛》，383 页）。

③ 参向达《热海道小考》，载《西域见闻记》（《文物》1962，7、8 期合刊号），35 页。

④ 见桑原骘藏《张骞西征考》，杨鍊译本，上海，商务印书馆，77 页，1934。

⑤ 白鸟库吉《乌孙考》对《唐书·地理志》所记拔达岭（Bedel）至顿多城，乌孙所治赤山城及碎叶城、碎叶水各地名，有详细考证（详见《白鸟全集》第六卷，27～28 页，又 65～69 页）。碎叶川及碎叶路，松田寿男氏于《古代天山の历史的研究》，《补考》二，414 页～432 页讨论甚详。

特穆尔图淖尔亦曰图斯库尔[①]，河东西长四百余里，南北广处百二十余里，狭处八十余里。沿岸之河可煎铁，故有特穆尔（Timur）之目。并引辨机《西域记》、岑嘉州《热海行》，谓热海皆斯水旧名。元长春真人之朝成吉思皇帝，按其程途往返皆经淖尔……自淖尔西以至吹没辇；吹没辇者，今吹河。自淖尔东南以连霍阐没辇；霍阐没辇者，今纳林河。南岸山中有碑，松筠闻之土人名曰张骞碑，三度寻觅，终莫能得。

其实碎叶城在碎叶水上，亦译作素叶水，原属于西突厥所辖的地方。玄奘在贞观二年间，从“清池（即热海）循海西北行五百余里，至素叶城，逢突厥叶护可汗，方事畋游，戎马甚盛。”[②] 他在《大唐西域记》卷一描写着：

清池西北行五百余里，至素叶城，城周六七里，诸国商杂居也[③]……素叶已西数十孤城，城皆立长，……皆役属于突厥。素叶城行四百余里至千泉，突厥可汗每来避暑。千泉西行百四五十里，至呾逻私城。……南行十余里有小孤城三百余户，本中国人也，昔为突厥所掠。……衣裳去就，遂同突厥；言辞仪范，犹存本国。

这是他目击的碎叶及其附近汉人突厥化的情形。这时的素叶城，是尚在西突厥统治之下。[④] 碎叶川原名 Suy-ab 水，今称楚河（Tchou 河），亦译作吹河，亦曰垂河。《西域同文志》卷一《天山北路地名》：

吹，准语；水浑色黄之谓。唐为西突厥别族，凡吹河南岸诸境同。《唐书·西域传》：“细叶川长千里，有异姓突厥。”吹、三合切音：初乌衣。回字作[illegible]，藏文作[illegible]，蒙文作[illegible]。

各书译名素叶、细叶、碎叶，均一音之转，其水即今之楚河。阿拉伯史

---

① 考白鸟库吉《乌孙考》（《全集》六，27 页）。图斯库尔（Tus-Kul）者，图斯训咸，库尔即湖，皆突厥语。

② 见《大慈恩寺法师传》，卷二。

③ 此据敦煌写本 S·二六五九号《大唐西域记》残卷。宋刊《藏经》本作“诸国商胡杂居”，多一“胡”字。

④ 参松田寿男《西突厥王庭考》，记统叶护可汗事，载《天山研究》，287 页。

学家 Tabari 书中的 Suy-ab，即是水也，ab（ỤT）是波斯文的河。（梵语 ab 亦即水，此一语根之字，如生于水者曰 ab-ja，供水曰 ab-da，池沼曰 ab-dhi 是。）蒙古语水曰 usun，回回语河音“苏”，西蕃语：“楚，水也，河也，字作ཆུ”①。故素叶、碎叶、细叶、楚、苏都是水、河、川的意义。②

由上知碎叶城乃缘碎叶水得名；焉耆未闻有碎叶城之存在，前人考证已明。碎叶城只有一个，在今之 Tokmak。

二、碎叶城不在焉耆

《新唐书·地理志》卷四十安西大都护府下注云：

> 有保大军，屯碎叶城。

又同书卷四十三下焉耆都督府下注云：

> 贞观十八年（644）灭焉耆置。有碎叶城。调露元年，都护王方翼筑，四面十二门，为屈曲隐出伏没之状。

这第二条材料，似乎是有问题的，很容易因此而令人误解唐时有二个碎叶，以为一在焉耆，而一在热海。③ 这里言焉耆的碎叶城是高宗调露元年王方翼所筑。冯承钧译沙畹《西突厥史料》时，在此文下附加按语云：“似为错简，而误置于焉耆条下者。”④ 可惜他没有说明理由。考王方翼当日是裴行俭的部属。《新唐书·西突厥传》称：

---

① ཆུ，西藏水名皆称楚，如色尔楚（金水），姜楚（水源远者），不胜枚举（见《同文志》，卷二二）。

② 参足立喜大《大唐西域记の研究》，卷一，40 页。

③ 郭沫若在《李白与杜甫》书中开头便谓“碎叶有二，一在焉耆。焉耆碎叶，其城为王方翼所筑。”似缘《唐书·地理志》，焉耆都督府下又有碎叶城，故分之为二。日人大谷胜真在其《安西四镇之建置及其异同》一文中，尝讨论过此点，谓不闻焉耆治下有所谓碎叶城之存在。《唐书·地理志》，于焉耆府下记碎叶城，乃指碎叶城列于四镇时而言；仍以《旧唐书·地理志》无此文者为正。”其说甚允。王树枏《新疆图志·职官》“碎叶镇使”下云：“长寿中，韩思忠为碎叶镇守使。谨案碎叶城在焉耆，与伊犁之碎叶川异。”此说即沿袭《新唐书》，实不可靠。

④ 见冯氏中译本，61 页。

仪凤中，都支自号十姓可汗，与吐蕃连和，寇安西，诏吏部侍郎行俭讨之。……诏行俭册送波斯王子，并安抚大食，若道两蕃者；都支果不疑，率子弟上谒，遂禽之。召执诸部渠长，降别帅李遮匐以归，调露元年（679）也。

方翼城碎叶，即是年之事。《新唐书》卷一〇八《裴行俭传》记之尤详，并云：

都支觇知之，不设备，行俭徐召四镇酋长伪约畋，……（都支）率子弟五百人诣营谒，遂禽之。是日传契箭召诸部酋长，悉来请命，并执送碎叶城。……遮匐乃降，悉俘至京师，将吏为刻石碎叶城以记功。

张说撰《裴公神道碑》亦云：

裹粮十日，执都支于帐前；破竹一呼，钳遮匐于麾下。华戎相庆，立碑碎叶。（《张说文集》十四）

可见仪凤、调露以前，原已先有碎叶城，裴行俭计禽都支，将吏为刻石于碎叶，王方翼即其将吏之一也。（这个碎叶城，沙畹注云即 Tokmak。）王方翼所筑的碎叶城应亦即在楚河的 Tokmak，不可能是在焉耆。焉耆（Karachar）去高昌不远，从焉耆西行到龟兹（今库车，唐安西都护府曾治于此）。有一大段路，从龟兹再西经拨换城（今 Aksou），方可到碎叶。王方翼所建的城，据张说之《文集》十六《王公（方翼）碑》云：

裴吏部（行俭）名立波斯，实取遮匐。伟公（指方翼）为波斯军副使，兼安西都护。以都护杜怀宝为庭州刺史。公城碎叶，街郭回互，夷夏纵观，莫究端倪。三十六蕃，承风谒贺。（又见《全唐文》卷二二八）

波斯王之卒，其子泥涅师（Narsi），质于京师。裴行俭衔命册立波斯王，护送其子西还，时以方翼充副使。

《旧唐书》一八五《方翼传》云：

会吏部侍郎裴行俭西讨遮匐，奏方翼为副，兼检校安西都护，又筑碎叶城，立四面十二门，皆屈曲作隐伏出没之状，五旬而举。（《新书》卷一十一称：“方翼碎叶城面三门，行还多趣，以诡出入，五旬毕，西域胡纵观，莫测其方略。”）

《唐会要》卷七三：

调露元年（679）九月，安西都护王方翼筑碎叶城，四面十二门，作屈曲之状，五旬而毕。

自从高宗咸亨元年（670），吐蕃夺取龟兹的拨换城（今阿克苏），安西四镇并废。时以薛仁贵为逻娑道行军大总管，出讨吐蕃。[1] 因为吐蕃的入寇，四镇暂不设官，但碎叶城仍先已存在的。稍后裴行俭西征，是因为突厥十姓可汗匐延都支和李遮匐勾结吐蕃，侵逼安西。朝廷用计以册封波斯王子为名义，以裴行俭兼充安抚大食使者西行，出其不意，都支来谒，遂擒之。《旧唐书·裴行俭传》记载此事，有声有色，并云：

诸部酋长悉来请命，并执送碎叶城。

于是将吏已下，立碑于碎叶城以记其功。

王方翼乃裴行检的副手，这些事情他当然帮忙策划。擒送西突厥可汗都支及其别帅李遮匐是一桩戏剧性的行动，居然能获得成功，所以要勒石于碎叶城以记其事。故王方翼在这次成功以后，便大兴土木，把旧时的碎叶城大事兴筑，立十二门，我想不过是装修刷新城门而已。玄奘所记素叶城周六七里，是一个大城。方翼以五旬之功筑成，可见不是草创始筑城时可能做到的。

如果认为碎叶有城乃始自高宗调露元年，是不对的。过去一长时间，因吐蕃入侵，四镇停设，至是又恢复之。故《册府元龟》云：调露元年以碎叶、龟兹、于阗、疏勒为四镇。这和调露元年，王方翼筑碎叶城，正是符合。及永淳元年（682）突厥车薄、咽面复乱，王方翼袭破之，西突厥遂平。张说在《王公神道碑》上说道：

---

① 见《新唐书·吐蕃传》。

无何，诏公为庭州刺史，以波斯使领金山都护。前使杜怀宝更统安西，镇守碎叶。……公在碛西，捷无虚岁，蹙车薄于弓月，陷咽面于热海。（《张说之文集》卷一六）

他又被调为庭州刺史。《新唐书·地理志》卷四〇说："北庭大都护府本庭州。"他改充北庭都护，而杜怀宝则自金山移镇守碎叶，"遂失蕃、戎之和"（《新唐书》方翼传）。他和突厥人转战于热海一带，可见碎叶城必然是离热海不远的 Tokmak。沙畹于所著《西突厥史略》八云："六七七年，裴行俭以册立波斯王送之归国为名，计禽（阿史那）都支于碎叶城 Tokmak 附近。王方翼乃于是时筑碎叶城。六八二年，西突厥阿史那车薄帅十姓反，国弓月城，安西都护王方翼引军救之，破虏众于伊丽水（Ili），又破咽面于热海。"[①] 可见禽送都支地方的碎叶，以及杜怀宝后来镇守的碎叶，与王方翼所筑的碎叶城，均在热海附近的楚河 Tokmak 地方，亦即是中亚的碎叶。

《通鉴》卷二〇二调露元年记裴行俭平都支、遮匐事，末云：

遣波斯王自还其国，留王方翼于安西，使筑碎叶城。

胡三省注：

碎叶城，焉耆都督府治所也。方翼筑四面十二门，为屈曲隐出伏没之状。

此即误采《新唐书·地理志》第二条之说。其以方翼所筑之碎叶城，即焉耆都督府治所，有绝对不可能者，因焉耆所治原亦有城，《通鉴》卷一九七记贞观十八年郭孝恪击焉耆情形甚悉，略云：

会焉耆王弟颉鼻兄弟三人至西州，孝恪以颉鼻弟栗婆准为乡导。焉耆城四面皆水，恃险而不设备，孝恪倍道兼行，夜至城下，命将士浮水而渡。比晓登城，执其王突骑支。

---

① 见冯氏中译本，203 页。

可见焉耆城四面皆水，方翼所筑之碎叶城，不可能在此，十分明了。

三、有关碎叶的新资料

近年来，西域考古的工作，逐渐有新发现。新疆的吐鲁番，唐时为西州，安西都护府初治于此，在今吐鲁番西二十里的雅尔（Yar-khoto）。其后徙治高昌故地，为今的哈拉和卓（Kara Khojo）。吐鲁番唐墓所出的古文书，对于研究碎叶镇很有帮助。像氾德达墓所出武后永淳元年（682）氾德达的告身中称："募一生（人）西州氾德〔达〕。"这里所指的募人，正是裴行检送波斯王儿子返国，途经西州（今吐鲁番高昌故城）召募"豪杰子弟千余"之事。又延载元年（694）的轻车都尉氾德达的告身，前面有文称：

> 准垂拱二年（686）敕，金牙军拔于阗、□□、〔疏〕勒、碎葉（叶）等四镇。

可知是时四镇中分明有碎叶，和员半千的《达奚思敬碑》言彼于："垂拱二年、充金牙道行军司兵事。""设策请拔碎叶、疏勒、于阗、安西四镇。"[①]记载完全相同。[②] 金牙军即是裴行俭的所部。告身上说敕拔于阗等四镇，则垂拱二年，四镇正陷于吐蕃，故"敕其拔之"。据清季宣统二年于吐鲁番哈拉和卓出土之《张怀寂墓志》，怀寂是王孝杰的部将，卒于武周长寿二年（693）。志文有云："是日贼头跛伦（藏语 blon）逆次拒轮，兵戈才冲，败徒俄溃。""十箭安毳幙之乡，四镇复飞泉之埊（地）。"据说墓初发现时，土人掘出怀寂，尸身完好，修躯大首，覆以五彩丝缎，甚为有趣。[③] 按金牙原是山名，贺鲁曾猎于此。（金牙山在双河附近）十箭即十姓部落，分居碎叶东西。[④] 长寿二年十一月一日，王孝杰克复四镇[⑤]，正缘孝杰及张怀寂的战绩，故四镇重新

---

① 见《全唐文》，卷一六五。

② 参见《吐鲁番县阿斯塔那——哈拉和卓古墓群清理简报》，载《文物》，1972（1）。

③ 见黄文弼《吐鲁番考古记》。又，日本龙谷大学藏有西域出土长寿二年张怀寂《中散大夫行戊州都督府司马告身》，见《西域文化研究》（1960，日本，法藏馆），第三，294 页，又，35 页。

④ 俱见《新唐书·西突厥传》。

⑤ 见《唐会要》，卷七三。

复置。这两项考古材料，亦可帮助了解神龙以前碎叶的实际状况。又蒲昌府文昌十一李思绾文件内有“被四镇节度使牒令”。《唐会要》七八安西四镇节度使，“开元六年三月，杨（汤）嘉惠除四镇节度经略使，自此始有节度之号。十二年以后，或称碛西节度，或称四镇节度。”此文书乃开元年以后之物。[1] 是时四镇为龟兹、于阗、疏勒及碎叶。

四、碎叶与吐蕃

王溥《唐会要》七十三云：

> 咸亨元年四月二十二日，吐蕃陷我安西，罢四镇；龟兹、于阗、焉耆、疏勒。

《通鉴》卷二〇一咸亨元年（670）下云：

> 夏四月，吐蕃陷西域十八州，又与于阗袭龟兹、拨换城，陷之。罢龟兹、于阗、焉耆、疏勒四镇。

此条温公认为咸亨元年的四镇，有焉耆而无碎叶，他是本诸《唐会要》的。但在咸亨后的调露元年（679）秋七月，却记裴行俭召四镇诸胡首长及执都支送碎叶城，和留王方翼于安西使筑碎叶城等事。又于永隆元年下记云：

> 秋七月，……吐蕃尽据羊同党项及诸羌之地，东接凉松茂巂等州，南邻天竺，西陷龟兹、疏勒等镇，北抵突厥，地方万余里，诸胡之盛，莫与为比。

这是根据《旧唐书·吐蕃传》。如是四镇又于此时再陷于吐蕃。又《通鉴》卷二〇五长寿元年（692）下云：

> （王）孝杰久在吐蕃，知其虚实。会西州都督唐休璟请复取龟兹、于

---

① 见日比野丈夫《唐代蒲昌府文书の研究》（日本京都大学《东方学报》，第三十三册）。

阗、疏勒、碎叶四镇，敕以孝杰为武威军总管，与左武卫大将军阿史那忠节将兵击吐蕃。十月丙戌，大破吐蕃，复取四镇；置安西都护府于龟兹，发兵戍之。

是时再收复四镇、中有碎叶。《旧唐书·吐蕃传》：

长寿元年，武威军总管王孝杰大破吐蕃众，克复龟兹、于阗、疏勒、碎叶等四镇。

知《通鉴》即本此，故系于长寿元年。同书卷二〇五延载元年（694）下云：

二月，武威道总管王孝杰破吐蕃敦论赞，及突厥可汗倭子等于冷泉及大岭各三万余人，碎叶镇守使韩思忠破泥熟俟斤等万余人。

则延载时，碎叶尚有中国镇守使之设。证之延载元年轻车都尉汜德达的告身，汜德达很可能即是韩思忠的部属。

《册府元龟》记安西四镇事颇有矛盾。在卷九六四外臣部封册第二高宗永徽下云：

先是太宗既破龟兹，移置安西都护府于其国城，以郭孝恪为都护，兼统于阗、疏勒、碎叶，谓之四镇。帝嗣位，不欲广地劳人，复命有司弃龟兹等四镇，故诃黎布失毕王其旧地。

《新唐书》卷二二一上《龟兹传》：

拜布失毕左武卫中郎将，始徙安西都护于其都，统于阗、碎叶、疏勒，号四镇。（《旧书》一九八文略同）

据此，太宗时郭孝恪所统四镇，其中已有碎叶。但《册府元龟》卷九六七外臣部西突厥条云：

乾封二年，二可汗既死，余众附于吐蕃。调露元年，以碎叶、龟兹、于阗、疏勒为四镇。

则与同书卷九六四谓太宗时郭孝恪为安西都护，所辖四镇已有碎叶，前后互歧。沙畹于《西突厥史料》注中云："《旧唐书》卷五，670年（即咸亨元年）吐蕃与于阗合众袭龟兹拨换城，陷之，罢安西四镇。《通鉴》670年下，谓当时之四镇为龟兹、于阗、疏勒、焉耆，然吾人不能保其说之不误。"[①] 沙畹氏疑《通鉴》说为非，而岑仲勉《隋唐史》则谓："《旧唐书·龟兹传》讹焉耆为碎叶、须知西突厥之西部，贞观末尚未内属，唐不能就其地设镇也。"则主四镇之有碎叶，乃始在调露元年（679）王方翼筑碎叶城，为四镇之再置。与前异者，即用碎叶代替焉耆。[②]

今按二说之中，《通鉴》盖本诸《唐会要》。然《唐会要》七三引苏氏（冕）记云：

咸亨元年四月，罢四镇，是龟兹、于阗、焉耆、疏勒。至长寿二年十一月复四镇敕，是龟兹、于阗、疏勒、碎叶。两四镇不同，未知何故？（高似孙《史略》云："唐苏冕撰《唐会要》四十卷，起高祖，迄代宗。"此当出自苏氏之《唐会要》。）

推测苏冕的意思，他认为二说不同，"不知何故"，不敢遽下断语。惟此处引用长寿二年十一月复四镇敕，然《旧唐书·吐蕃传》及《通鉴》则均系其事于长寿元年。《新唐书·龟兹传》亦同，谓："始仪凤时吐蕃攻焉耆以西，四镇皆没。长寿元年（692）武威道总管王孝杰破吐蕃，复四镇地。"则仍作元年，相差一年。

安西四镇在开始时有无碎叶，是否至调露元年方才在碎叶设镇？对于这个问题，日本学人极感兴趣，且曾作过许多研究。大谷胜真氏撰《安西四镇之异同》，指出："《旧唐书·突厥传》谓西突厥乙毗射可汗请婚，时太宗命割龟兹、于阗、疏勒之地为聘礼，而不及碎叶。是以知太宗时之四镇犹不包含

① 见冯氏译本，87页。

② 见《隋唐史》，第二十五节，245页。

碎叶。”[1] 岑仲勉从其说。[2] 又松田寿男氏最初写《碎叶与焉耆》一文，只留心开元七年以后焉耆编入四镇的原因。其后于昭和三十一年及四十五年其皇皇巨著《古代天山历史地理学的研究》（第二次增补版）问世，作了如下的结论[3]：

670　咸亨元年　四镇陷于吐蕃：龟兹、于阗、疏勒、焉耆。（《唐会要》七十三引苏冕记，《通鉴》二〇一）

679　调露元年　王方翼筑碎叶城，以碎叶、龟兹、于阗、疏勒为四镇。

692　长寿元年　敕复四镇；龟兹、于阗、疏勒、碎叶。（《旧唐书·吐蕃传》）

719　开元七年　十姓可汗移驻碎叶，四镇为龟兹、于阗、疏勒、焉耆。（《新唐书·西域传》）

表中的出处，是我代为注出的。但我仍认为这问题尚不可作最后的论定。理由如下：

（一）两《唐书·龟兹传》分明记着，最初的四镇内有碎叶，未必为讹误。

（二）《册府元龟》于《西突厥传》既言调露元年以碎叶为四镇之一，但在《封册》门则谓郭孝恪所统四镇内有碎叶，自身矛盾。

（三）《唐会要》苏冕记咸亨元年罢四镇中有焉耆而无碎叶，虽为《通鉴》所采用，但苏氏却自言“两四镇不同，未知何故？”他自己亦难以确定。

（四）仪凤时，裴行俭执都支送往碎叶城，且立碑于此，是时如若碎叶不是“镇”的所在地，何以要于此处立碑？可惜这碑已失传，无从细考。

由于上述四点理由，碎叶成为汉人控制西突厥的政治据点，在平龟兹、贺鲁之后，擒都支以前，早已如此重要。故王方翼把原有的碎叶城加以修筑起来，五旬而功毕，不是到他时候才开始来建筑碎叶城，那是不成问题的。倘若能够获得像汜德达的告身一类的文件，可证实调露元年以前的四镇，是

① 见《禹贡》一卷十一期，21页，中译本。

② 见《隋唐史》。

③ 参该书英文提要，500～502页。

否包括碎叶在内；一如垂拱一年敕金牙军拔四镇，其中即有碎叶之名，证实员半千的《达奚思敬碑》所言之可靠，那就再好没有了。

新疆天山南北路出土文物特别丰富，他日或许有可以帮助我们解决这一问题的文件；此时尚无法断定，有待于地下资料的发现。

关于碎叶在唐初的历史情况，还得加以综述。太宗贞观初年，碎叶尚是西突厥的辖地，及高宗显庆二年（657），"苏定方攻西突厥贺鲁于碎叶水，大破之。"① 贺鲁既擒，西域平，乃以其西突厥本地置濛池、昆陵二都护府。濛池在碎叶（楚河）以西，昆陵在碎叶以东。② 碎叶地区自是遂属于中国。乃于龟兹国徙置安西都护府，这时所辖的四镇有二说：一说统有龟兹、于阗、碎叶、疏勒；一说有焉耆而无碎叶。至咸亨元年（670），吐蕃攻陷龟兹的拨换城，四镇遂废。仪凤间，裴行俭计执突厥都支于碎叶城，调露元年（679），王方翼复筑碎叶城，是时复置四镇，其中一为碎叶。惟是吐蕃与突厥勾结，屡屡为患。《新唐书·龟兹传》云："始仪凤（676～678）时，吐蕃攻焉耆以西，四镇皆没。长寿元年（692），武威道总管王孝杰破吐蕃，复四镇地，置安西都护府于龟兹，以兵三万镇守。"因吐蕃非常猖獗，四镇受其蹂躏甚久。是时又有碎叶镇守使韩思忠者，破吐蕃的泥熟没斯城。③《旧唐书·王孝杰传》亦说他在长寿元年"克复龟兹、于阗、疏勒、碎叶四镇"。惟时议者请废四镇，甚嚣尘上。右使崔融曾献议谓：

> 高宗时有司无状，弃四镇不能有，令孝杰一举而取四镇，还先帝旧封，若又弃之，是自毁成功而破完策也。

万岁通天二年（697），吐蕃大臣论钦陵请和，欲得四镇及益州通市。唐遣郭元振和他谈判。④ 同年（神功元年），狄仁杰上疏论百姓因戍四镇极为凋敝，请损四镇以肥中国。⑤ 吐蕃与唐争夺四镇，前后将及百年。四镇问题与吐蕃的纠葛，在唐初实为极严重而伤脑筋之事。郭元振曾云："顷年（阿史那）

---

① 见《旧唐书·西突厥贺鲁传》。

② 沙畹《中国在西突厥设置府州》。

③ 见《新唐书·吐蕃传》。泥熟没斯城，《通鉴考异》引《统纪》作万泥勋没驮城，参岑仲勉《通鉴隋唐纪比事质疑》，119页，"王孝杰战冷泉大岭"条。

④ 见《通典》，卷一九〇，《吐蕃》。

⑤ 见《新唐书》，卷一一五，《狄仁杰传》。

忠节请斛瑟罗及怀道俱为可汗，亦不能招胁得十姓，却遣碎叶数年被围，兵士饥馁。又吐蕃顷年亦册俀子及仆罗并拔布相次为可汗，亦不能招得十姓皆自磨灭。”①

考：那斛瑟罗，武后垂拱诏袭继往绝可汗。

怀道，长安四年册为十姓可汗。

又俀子、仆罗、拔布三可汗，则吐蕃所立者。

以上为武后末年所立之突厥可汗，其中有三人为吐蕃所立。是时突厥十姓势力已膨胀，渐与吐蕃成角逐之势，唐人无力控制。碎叶在这两重势力的包围下，情形至为恶劣。

武后万岁通天元年（696）三月，大食请献师子，姚璹反对。（《通鉴》二〇五系于是时。）《新唐书·姚璹传》云：“大食使者献师子，璹曰：是兽非肉不食。自碎叶至都，所费广矣。”可见是时，碎叶和长安的交通仍是相当的困难。

五、碎叶与西突厥突骑斯

突厥建国本有二部。土门可汗（Tünän 万＝Bumin Gaan）之弟室点密可汗（Istämi）的牙帐有南北二庭：

（1）南庭——为冬都，设于龟兹以北白山（阿羯田山 Aktay）山麓的 Youldouz 谷。

（2）北庭——为夏都，设于石国（塔什干）以北碎叶河流域之千泉（Bing-bu-laq）。

玄奘于贞观二年（628）亲眼看见突厥护可汗，在素叶城方事畋游，戎马甚盛。自叶护可汗殁后，西突厥分裂为二个，以碎叶川为界：

（1）弩失毕五部，在碎叶川以西及西南方。

（2）咄陆五部，在碎叶川东北方。

---

① 见《旧唐书·郭元振传》。

自七世纪中叶西突厥衰落，唐分其地为二都护府：

(1) 昆陵都护府，在碎叶川以东，统五咄陆部落，以阿史那（Avsinas）弥射为都督，封之为兴昔亡可汗。（显庆三年册立。弥射子阿史那元庆，元庆子阿史那献，为十姓可汗。）

(2) 濛池都护府，在碎叶川以西，统五弩失毕部落，以阿史那步真为都督，封之为继往绝可汗。

此二都护皆隶属于北庭都护府（其治在今新疆吉林萨尔县以北），以君临突厥十姓。

唐代势力在西域之扩展，最重要为安西、北庭二都护府之设立。安西都护府为贞观十四年（640）侯君集灭高昌（麹氏治吐鲁番）后，改其地为西州；同年九月，置安西都护府，目的在维持塔里木河盆地诸国之霸权，督察其交通贸易事宜。至高宗显庆三年（658），平贺鲁，乃移置安西都护府于龟兹（Kucha）。北庭都护府则为武后长安二年（702）十二月于庭州（天山北麓济木隆 Jimsa 地）置，以控制天山以北金山以西诸蕃落。安西都护府设立四镇，在唐对西突厥大获胜利之后，显庆三年，苏定方擒阿史那贺鲁于石国（塔失干 Tashkend），于是唐以军事势力远达热海（Issyk kul）与吹河（Chu）地区，碎叶遂入中国版图。

玄奘《大唐西域记》，书中记载贞观二年（628），在素叶城中，目击统叶护可汗为西突厥之全盛时。统叶护死后，西突厥裂为二部。继之，颉利可汗失败，为李靖所擒，唐遂奄有西突厥之地。《旧唐书·契苾何力传》[①]：何力父居热海之上。苏联人尝于热海东南岸发现古迹，故主张乌孙根据地之赤谷城应在热海。该地，日人之说谓即贾耽记安西道之赤山城，即在 Syr-daryā 河之上游。故知热海附近，自汉乌孙以后，即为经济政治之重心。

碎叶本为西突厥疆域，唐虽于其地设镇，然突厥仍于该地活动。《通鉴》二〇〇永徽六年（655）：

遣丰州都督元礼臣册拜颉苾达度设为可汗。礼臣至碎叶城，沙钵罗发兵拒之。

---

① 契苾，二姓合名，即合契及苾利羽二部。

又《通鉴》二〇六久视元年（700）腊月：

以西突厥竭忠事主可汗斛瑟罗为平西大总管，镇碎叶。

同书一〇七同年秋：

阿悉吉薄露叛，遣左金吾将军田扬名、殿中侍御封恩业讨之，军至碎叶。

碎叶自突骑斯（Türgis）势力强大以后，已久被其控制。圣历中，突骑斯首领嗢鹿州都督乌质勒移衙于碎叶，则天授以瑶池都督（《册府元龟》九六七）。长安中，乌质勒与诸番不和，举兵相持，安西道绝，惟碎叶至是逐渐成为突厥人聚集的中心。及苏禄势盛，十姓均依附之，众二十万。至开元七年（719），遂改以焉耆代碎叶。

松田寿男说谓以焉耆代碎叶为镇，只见《新唐书·西域焉耆传》：

开元七年，龙嫩突死，吐拂延立，于是十姓可汗请居碎叶，安西节度使汤嘉惠表以焉耆备四镇。

以此为唯一资料。自此唐遂放弃碎叶镇。松田据《突骑施乌质勒传》，记其：

屯碎叶西北，稍攻得碎叶，即徙其牙居之，谓碎叶川为大牙，弓月城、伊丽水为小牙。

定此事在武后天授元年事（按《册府元龟》事列圣历），因断言唐碎叶之镇守，非丧失于开元七年，去此三十年前之天授元年已为突骑斯所据。其后，自亦无碎叶镇守使之存在，不过得保存其名目而已。[①]

然观娑葛继乌质勒为王，娑葛于中宗神龙二年擒杀阿史那，阙啜忠节侵扰四镇，《通鉴考异》十二引《景龙文馆记》云：

① 见松田氏著《碎叶与焉耆》，收入杨錬译《西北古地研究》，18～37页。

娑葛……破灭忠节，侵扰四镇，时碎叶镇守使中郎周以悌率镇兵数百人大破之，夺其所侵忠节及于阗部众数万口。奏到，上大悦，拜以悌左屯卫将军，仍以元振四镇经略使授之，敕书，薄责元振，宗（楚客）议发劲卒，令以悌及郭虔瓘北讨，仍邀吐蕃及西域诸部，计会同击娑葛。右台御史大夫解琬议称不可，后竟与之和。

《通鉴》于二年十一月后书："复以郭元振代周以悌。"则是时，四镇经略后，由郭元振负责与娑葛和议，不得谓碎叶全归突骑斯所有，唐仍有控制力量存在。至娑葛为东突厥默啜（为骨咄禄之弟，武后封之为迁善可汗）所杀，改立苏禄，西突厥故地，包括碎叶等，乃复为突厥所有矣。

《新唐书·突骑施苏禄传》：

苏禄子吐火仙骨啜为可汗，居碎叶城。引黑姓可汗尔微特勒保怛逻斯城，共击（莫贺）达干。……碛西节度使盖嘉运……击苏禄子，破之碎叶城。

《新唐书·阿史那弥射传》云：

吐火仙之败，（阿史那）怀道子昕为十姓可汗。……遣兵护送昕至碎叶西俱兰城，为突骑斯莫贺达干所杀。

又《突骑斯传》：

大历（766—779）后，葛逻禄（Karluk）盛，徙居碎叶川，（黄黑）二姓微，至臣役于葛禄。

至德（756）以后，葛逻禄寖盛，与回纥争强，徙十姓可汗故地，尽有碎叶、怛逻斯。至是碎叶已入葛逻禄之手矣。[①]

---

① 葛逻禄事，参看内田吟风《初期葛逻禄（Karluk）族史の研究》一文，载《村田实造颂寿论丛》，57页，及前嶋信次《タラス战考》本章，《东西文化交流之诸相》，160～192页。

自高仙芝败于怛罗斯，附近康居等国转而臣于大食。

《新唐书·康居国传》云：

> 有碎叶者，出安西南地千里，所得勃达岭，南抵中国，北突骑斯南鄙也。西南至葱岭，赢二千里，水南流者，经中国入于海；北流者，经胡入于海北。三日行度海，春夏常雨雪。繇勃达岭北行，赢千里，得细叶川。东曰热海，地寒不冻，西有碎叶城，天宝七载，北庭节度使王正见伐安西毁之。川长千里，有异姓突厥兵数万，耕者皆擐甲，相掠为奴婢。西属怛逻斯城，石（国）常分兵镇之，自此抵西海矣。

所记大概取自杜环《经行记》。盖天宝七载以后，碎叶城已毁，而失去其重要地位。

王国维撰《西辽都城考》，论辽人不居碎叶城之缘故云：

> 考隋唐以来，热海以西诸城，碎叶为大。西突厥盛时，已为一大都会。《慈恩传》言至素叶水城，逢突厥可汗方事畋游，军事甚盛。及唐高宗既灭贺鲁，移安西都护府于龟兹，以碎叶备四镇之一（《唐书·西域传》）。调露中，都护王方翼筑碎叶城，四面十二门，为屈曲隐伏之状（《唐书·地理志》、《王方翼传》），后突骑施乌质勒屯碎叶西北，稍攻得碎叶城，因徙居之（同《突厥传》）。开元十年，十姓可汗请居碎叶城，安西节度使汤嘉惠表以焉耆备四镇（同上《西域传》、《焉耆传》）。嗣后突骑斯别种苏禄子吐火仙复居之（同上《突厥传》）。天宝七年，始为北庭节度使王正见所毁（《通典》一九三杜环《经行记》）。后葛禄复据其地，唐中叶以后与西域隔绝，其地遂无所闻，及大石林牙既平西域，思复契丹故地，乃东徙于此。然不居碎叶而居其东四十里之裴罗将军城者，盖唐时碎叶故城已毁坏无余故也。[①]

所论颇为扼要。王氏以王方翼所筑之碎叶城，即在热海，不取胡注之说，极为有识。至所谓裴罗将军城，实即《新唐书·回鹘传》天宝初骨力裴罗自

① 见《观堂集林》，卷一四。

称毗伽阙可汗者所筑。波斯人谓之八剌沙衮 Belasangun 城者也。[1]

六、李白父自碎叶回蜀原因的推测

李白的先代，于隋末多难时，一房被流窜于碎叶。所谓隋末多难，其时群雄蜂起，其中不少凭借突厥之势力，互相勾结。《新唐书·突厥传赞》云："隋季以四夷入侵，中国微而突厥最强，控弦者号百万，华人之失职不逞，皆往从之，惎之谋道之入边。"如窦建德之流，皆甘为突厥所利用，甚至接受突厥所赐可汗的名号。是时华人，往返西域者，实繁有徒。

> 武德三年，（窦建德）与萧后同入突厥，……中国没入北蕃者，悉配之以为部落，以定襄城处之。[2]
>
> 刘黑闼之败，与范愿以千余人奔于突厥。[3]
>
> 贞观十六年，（孝恪）拜凉州都督，改安西都护西州刺史，其地高昌旧都，流徙罪人，与镇兵相杂，限以沙碛，隔绝中国。[4]

是安西一带向来即为流徙罪人之地，其例甚多：李白先世于此时窜居西域，非无可能。

李白家庭，寅老推测是营商。按胡商与突厥交易物品，主要是马，而明珠尤奇昂。

> 时大乱之后，中州少马，遇突厥蕃市牛马，以资国用。（《旧唐书》五十七《赵文恪传》）
>
> 突厥尝与中国交市，有明珠一箧，价值八百万，幽州总管阴寿白（独孤）后市之。[5]

可见利之所在，众多趋之。西域与蜀的贸易，北魏以来，络绎不绝，如

---

① 张星烺《中西交通史料汇篇》，卷四，232页论之。

② 见《隋书·齐王暕传》。

③ 见《旧唐书·刘黑闼传》。

④ 见《新唐书·郭孝恪传》。

⑤ 见《隋书·文帝独孤后传》。

《南齐书·芮芮传》：建元三年（魏太和五年）（481），芮芮献师子皮裤褶，时有贾胡在蜀见之，云："此非师子皮，乃扶拔皮也。"又云："芮芮常由河南道而抵益州"，即其一例。① 自隋以来，入蜀之巨贾甚众。而罪人之徙西域者，亦兼营商，如武后时，裴伷先自岭南逃归，复杖一百徙北庭，至徙所，殖货任侠，常遣客诇都下事。② 李白父之必为胡商，自属可信。且西域与蜀之贸易，当日更受重视。③ 吐蕃论钦陵请与唐和解，其谈判重点，一是"益州通市"。李白父亲既熟悉西域情形，他从碎叶迁回广汉，自然是为免除遭受吐蕃蹂躏的痛苦；另一方面，可能利用当日某种"益州通市"的机缘，遂得由西域回归中国。

碎叶在西突厥辖下，当玄奘谒见叶护时，是西域一个非常重要政治经济的枢纽。自入唐人控制以后，碎叶置镇开始不管是何年，但在调露元年至于开元七年放弃为止，在唐人统治下，前后不过四十年，李白父客于神龙初逃回蜀，正在长寿收复四镇以后，其时吐蕃势力稍弛，但突骑斯的势力又告伸张，在神龙以前十余年间，碎叶陷于吐蕃者不止一次，境内汉人，生活必相当困难，又可见李客之奔回广汉，自有其客观因素。

Waley 云④：

But in the autumn of 670 the whole of this area was overrun by the Tibetans. It is likely that the Li family then removed further north and turning west ultimately arrived at Suyab where, in 679 a Chinese general built 'impregnable' fortifications which were ... the wonder of the local inhabitants. Li Po's grandfather no doubt thought this would be a safe place to settle in. But about 682 the local Turkic chieftain declared himself independent and Suyab was lost to China. The grandfather and father would then have lived among the Turks more or less as prisoners.

---

① 冈崎敬《中央亚细亚发见之唐镜》。文中记 Samarkand 之东 Pyanjikent 地方 Zarfshan 川之上流，即粟特人之都城，发见唐代海兽、葡萄、镜等物（田村颂寿《东洋史论丛》，150页）。自八世纪以来，素叶城即在西突厥势力范围之内，该地已成为西域丝路上商胡贩卖之重镇。

② 见《通鉴》，卷二一〇。

③ 蜀与西域有交通商业关系，自三国南北朝以来，已颇繁荣。参见严耕望：《唐代岷山雪岭地区交通图考》，载香港中文大学《中国文化研究所学报》，第三卷，第一期；松山寿男：《吐谷浑遣使考》，载《史学杂志》，四八编，十一、十二号等文。

④ 见 A. Waley：*The Poetry and Career of Li Po*（New York，1950），additional note for page I，on page 103。

绘声绘影，多为推测之词。670 年即咸亨元年，时吐蕃扰四镇全境；679 年即调露元年，所谓“一将军建 impregnable fortifications”当指王方翼筑碎叶城；682 年即永淳元年，是时杜怀宝镇守碎叶，王方翼陷咽面于热海，遂平西突厥。[①] Waley 之说不知何据。然碎叶镇沦于吐蕃不止一次，极为复杂，已详上述，非如 Waley 所述如此之简单也。[②]

七、“奔流咸秦因官寓家”说

李白《上安州裴长史书》云：“白本家金陵，世为右姓，遭沮渠蒙逊难，奔流咸秦，因官寓家。”郭沫若谓沮渠之难，即指宋武帝永初二年（421）李歆攻沮渠败死，弟李恂继立，沮渠破敦煌，恂自杀，西凉李氏因而国亡一事。至“咸秦”二字，郭氏谓当即“碎叶”之讹，但于字形相去甚远。

鄙见从下文“因官寓家”一句看来，咸秦可能是官名，颇疑即是拓跋语的“咸真”。《南齐书》三八《魏虏传》记拓跋语云：“国中呼内左右为直真。……诸州乘驿人为咸真。”白鸟库吉《托跋考》对北魏官名语尾所附的真字，有很详细的考证，认为拓跋语之真，有如蒙古语的 čin 或 či，či 即蒙语之赤，因释“咸真”一词的语义，有如元代驿传之称“站赤”，故咸真（ham-čin）乃司驿传者之谓。我想咸秦之与咸真正是同语的异写，秦和真是一音，所云“奔流咸秦（真），因官寓家”，意思是说奔走驿人之役，因官职而流寓。正可说明李氏先世自遭沮渠之难，曾一度沦为驿传小吏，到处奔走流离，寄居为家。张掖沮渠氏，本为羯族[③]，羯族亦用突厥语，像石勒小字“匐勒”[④]，匐字即是 Türk 语“族长”之 bäg，西突厥君长常用“匐”字为名，如本文屡次提到的阿史那匐延都支、李遮匐诸名号是。[⑤] 李白先人尝沦为沮渠氏的低级驿人，奔窜流徙于西北，故亦习用拓跋的语言，到了李白述其先代，无意仍

---

① 《唐会要》卷九四系于是年四月。

② 前嶋信次《タラス战考》五《碎叶城の护り》（《东西文化交流之诸相》），149 页，谓 Waley 以为唐失碎叶在高宗永徽元年（682）。按 682 年即永淳元年壬午，永徽乃误植。前嶋此文，对当日唐与阿拉伯在西域争夺霸权，及第三势力之吐蕃，彼此势力的消长，有详细分析。

③ 参姚薇元《北朝胡姓考》，368 页。

④ 见《魏书·羯胡传》。

⑤ 《北史·高车传》：“国人号（王）曰‘侯娄匐勒’。”白鸟氏以为匐勒即 Osman 语 bejlik 之对音；缪钺《读史存稿》在《北朝之鲜卑语》文中则持异议。然 bäg 即匐，为突厥语族长之惯称。参护雅夫《突厥之国家与社会》，102 页（《古代トルコ民族史研究》Ⅰ）。

沿用“咸秦（真）”一胡语。这一假设，如果成立，用来解释李氏何以流窜西域遥远地区的理由，亦是再好没有了。在别人说李白的先世是因罪谪居，而李白则自谓是“奔流咸秦（真）”，即是“奔走驿吏”，其中似乎有所讳言的。

至于李阳冰说，把碎叶改作“谪居条支”。《新唐书·地理志》四三西域府十六州七十二，其中有条支都督府，以诃达罗支国（Aroxaj）伏宝瑟颠城（Zabulistan）置。[①] 这个条支都督府是龙朔元年（661）所置，见王名远进《西域图记》，诸都督府名称，多采用古名，无关实际，条支亦有同然。

汉代条支一名，古华语 dieu-tsie，即伊兰语（se）deukia 之省略。[②]《通典》一九九《西突厥传》记高祖武德三年，突厥遣使贡条支巨卵，这一名在唐初尚被使用着。但李阳冰序所言的条支，分明是借以泛指西域地方，不必确指某地，Waley 等亦有此说法。《新唐书·文艺传》李白本传称：“其先隋来以罪徙西域。神龙初，遁还，客巴西。”虽采用范氏所撰《墓碑》之说，但改碎叶作西域，用泛称的地名，这和用条支之以古名作为泛称，情形正相似。

新疆所出的回纥人坎曼尔手抄诗签，末有元和十年题记。在第一首“忆学字”云：“古来汉人为吾师，为人学字不倦疲。吾祖学字十余载，吾父学字十二载，今吾学之十三载，李杜诗坛吾欣赏，迄今皆通习为之。”[③] 居然有李杜并称的字眼，其时去李白之死才五十三年。我在法京见到敦煌卷子，亦有钞录李白诗的，像 P·二五四四长卷，录唐人作品颇多，其中有高适《燕歌行》及李白“君不见，黄河之水天上来”之《将进酒》，当日李白诗传钞的普遍，从敦煌到新疆边陲之地区，讽诵及欣赏之多，可以概见了。

结语

本文讨论重点，可得数事如下：

（一）碎叶只有一处，在 Tokmak。《新唐书·地理志》及《通鉴》胡三省注，碎叶城在焉耆之说实不可信。

（二）王方翼筑之碎叶城，据张说所撰《王公碑》及《裴行俭传》，此碎叶城应在热海。他所筑的碎叶，以五旬之功毕事，只是装修刷新，而不是草创兴建。玄奘所记素叶城，周六七里，决非五旬所能完工。

---

① 参岑仲勉《西域十六国都督府州治地通考》。

② 友人吴其昱先生近有此说。

③ 见《文物》，1972（2）。

（三）四镇成立经过，唐代各史书所记互有出入。苏冕《唐会要》记咸亨所罢四镇，其中有焉耆而无碎叶，其说虽为《通鉴》所采用，然苏氏却自作存疑之说，认为有两说不同，可以并存。日本松田寿南所著《天山历史地理学之研究》，两度增订，折衷于《通鉴》，仍未可作最后的定论。

（四）新获垂拱二年，敕金牙军所拔四镇，其中有碎叶之名，证实员半千之《达奚思敬碑》所说并非无据。调露元年以前四镇之中是否有碎叶在内，希望他日发见新资料，再作断定。

（五）李白父为胡商，自碎叶回蜀，乃为免除吐蕃蹂躏的痛苦，又可能利用当日吐蕃提出“益州通市”的机缘，遂返归中国。

（六）李白《上裴长史书》言其先世“奔流咸秦，因官寓家”二句，咸秦是官名，即拓跋语的“咸真”，意指“奔走驿人小吏，因官职而流寓”。咸秦二字非“碎叶”之形讹。

附录　初、盛唐碎叶大事年表

太宗贞观二年（628），玄奘谒西突厥统叶护可汗于素叶（水）城。（《大唐西域记》）

按统叶护于是年十二月为其伯父莫贺咄所杀。

贞观十二年（641），西突厥沙钵罗咥利失可汗分国为十姓，以碎叶为咄陆五部及弩失毕五部之分界。（见《通鉴》，卷一九五）

按《胡注》于此条十姓五大啜居碎叶以东，五大俟斤居碎叶以西，下云：“碎叶城在焉耆碎叶川，出安西西北千里至碎叶。杜佑曰：‘碎叶川长千余里，东头有热海，西头有怛罗斯城。’”胡氏引杜佑说是。此碎叶川自是 Suj-ab，故东有 Issik-Kul，西有 Talas 城，胡注乃言“碎叶城在焉耆碎叶川”，焉耆二字，分明因《唐书·地理志》而有所误解，因 Suj-ab 原不在 Karashahr 也。

高宗永徽六年（655）十一月，遣丰州都督元礼臣为册命，拜颉苾达度设为可汗。礼臣至碎叶城，沙钵罗（Isbara）（贺鲁）发兵拒之。（《册府元龟》九六四系于贞观二十年，此据《通鉴》，卷二〇〇）

按《胡注》云："自弓月城过思浑川，渡伊丽河至碎叶界，又西行千里至碎叶城，属焉耆都督府界。"此亦以碎叶属于焉耆都督府，而所指之碎叶城，如所言则在伊丽河西千里，当是今俄属 Tokmak 地，不应在天山南路之焉耆矣。

高宗显庆二年（657）十二月，苏定方攻贺鲁于碎叶川，大破之。（《旧唐书·贺鲁传》）

贺鲁平，十二月乙丑，分西突厥池，置濛池、昆陵二都护府。濛池府居碎叶川西，昆陵府居碎叶川东。（《通鉴》，卷二〇〇及《胡注》）

三年（658）夏五月癸未，徙安西都护府于龟兹，以旧安西复为西州都护府，镇高昌故地。（《胡注》：贞观十四年平高昌，置安西都护府于交河城，今徙于龟兹。）

咸亨元年（670）夏四月，吐蕃陷西域十八州，又与于阗袭龟兹拨换城，陷之，罢四镇。（《通鉴》谓是龟兹、于阗、焉耆、疏勒四镇。见《通鉴》，卷二〇一。）

调露元年（679），裴行俭计擒阿史那都支，执送碎叶城，立碑碎叶城纪功。（《新唐书·裴行俭传》）留王方翼于安西，使筑碎叶城。（《通鉴》，卷二〇二）

永淳元年（682），杜怀宝统安西，镇守碎叶。（《张说之集》）

安西都护王方翼破三姓咽面、车薄于热海，西突厥平。（《通鉴》，卷二〇三）

垂拱二年（686），敕金牙拔四镇，内有碎叶。（《文物》，1972（1））

按员半千《达奚思敬碑》，是年请拔四镇，以碎叶居首。知垂拱二年前一段时间，又曾弃安西四镇。

长寿元年（692），西州都督唐休璟请复取龟兹、于阗、疏勒、碎叶四镇，敕以王孝杰为武威军总管。冬十月丙戌，大破吐蕃，复取四镇，置安西都护于龟兹，发兵戍之。（《通鉴》，卷二〇五）

延载元年（694）二月，碎叶镇守使韩思忠破（吐蕃）泥熟俟斤等万余人。（《通鉴》，卷二〇五）

万岁通天元年（695）三月，姚琦上疏论大食献师子，有“自碎叶至都，所费广矣”之语。（《新唐书·姚琦传》；《通鉴》，卷二〇五）九月，吐蕃将论钦陵请罢安西四镇戍兵，并求分十姓突厥之地。郭元振论四镇十姓事。（《通鉴》，卷二〇五）

神功元年（697）冬，狄仁杰上疏，论宜立阿史那斛瑟罗为可汗，委以四镇，请捐四镇以肥中国。（《通鉴》，卷二〇六；《旧唐书·狄仁杰传》）

圣历（698）中，突骑斯首领乌质勒移衙碎叶，则天授以瑶池都督。（《册府元龟》九六七）

久视元年（700）腊月，阿史那斛瑟罗为平西大总管（《新唐书》，卷四，《本纪》），镇碎叶城。（《册府元龟》，卷九六四）

长安元年（701），李白生于碎叶。

长安三年（703），乌质勒置都督二十员，各将兵七千人，屯碎叶西北，后攻陷碎叶，徙其牙帐居之。（《通鉴》，卷二〇七）

中宗神龙（705）初，李白父客自碎叶迁广汉。

景龙二年（708），四镇经略使周以悌说阙啜忠节赂宰相宗楚客、纪处纳，发安西兵及引吐蕃以击突骑斯娑葛，求阿史那献为可汗以招十姓，使郭虔瓘发拔汗那兵以自助，为金山道行军总管郭元振所阻。（《通鉴》，卷二〇九）

按元振疏论郭虔瓘前此尝与忠节擅入拔汗那发兵，不能得其片甲匹马，而拔汗那不胜侵扰，南引吐蕃奉俀子，还侵四镇。据杜环《经行记》：“拔汗那国在怛逻斯南千里，东隔山，去疏勒二千里。”可见是时唐人兵力尚能控制及于 Talas 南拔汗那部落。

宗楚客等不从，建议遣冯嘉宾持节安抚忠节，侍御史吕守素处置四镇。于是娑葛发五千骑出安西，五千骑出拨换，五千骑出焉耆，五千骑出疏勒入寇。元振在疏勒栅于河口，不敢出。（《通鉴》，卷二〇九）

按《旧唐书·郭元振传》记：“娑葛兵掩至，吕守素至僻城亦见害。乃陷安西，四镇路绝。”即指此事。又《通鉴考异》引《景龙文馆记》：“娑葛破灭忠节，侵扰四镇。时碎叶镇守使周以悌率镇兵数百人大破之，夺其所侵忠节及于阗部众数万口。”观娑葛所出四路兵，其中并无指向碎叶，可知此时碎叶城，周以悌以镇守使镇守其地。

开元二年（714）三月己亥，碛西节度使阿史那献克碎叶等镇，擒斩（西突厥十姓叛酋）都担，降其部落二万余帐。（《通鉴》，卷二一一）

开元三年（715），以郭虔瓘兼安西大都护四镇经略大使。（《通鉴》，卷二一一）

开元五年（717），西安副大都护汤嘉惠奏突骑斯引大食、吐蕃，谋取四镇，围钵换及大石城，已发三姓葛逻禄兵与阿史那献击之。（《通鉴》，同上）

开元七年（719），龙嫩突死，焉吐拂立，于是十姓可汗请居碎叶。安西节度使汤嘉惠表以焉耆备四镇。（《新唐书·焉耆传》）

突骑斯忠顺可汗苏禄请居碎叶，碎叶遂入于十姓可汗之手，因改以焉耆备四镇。（《新唐书》，卷二二一）自此，碎叶遂不复列入四镇，代以焉耆。如慧超《往五天竺国传》所记四镇为安西（龟兹）、于阗、疏勒、焉耆。其书作于开元十五年，时已以焉耆代碎叶矣。

按《唐会要》七八节度使条："安西四镇节度使，开元六年三月，〔汤〕嘉惠除四镇节度经略使，自此始有节度之称。十二年以后或称碛西节度使。"然《旧唐书·玄宗纪》，阿史那献于开元二年任碛西节度使。论者谓开元初设碛西节度使，最后遂以焉耆代替碎叶。日本学人对于此问题及四镇关系，有下列诸篇可资参考：

松田寿南：《碛西节度使考》（《史潮》三，二、三）

佐藤长：《初代碛西节度使の起原と其终末——碎叶、焉耆更换事情の一考察》（《东洋史研究》，1942）

伊濑仙太郎：《安西都护府の龟兹移徙と四镇の创建について》（《史潮》四，1942）

又：《咸亨、长寿年间の安西四镇》（《史潮》十二，1943）

又：《碛西节度について》（《历史学研究》一一七、一一八，1944）

开元二十七年（739）秋七月，北庭都护盖嘉运破突骑斯于碎叶城，杀苏禄，威震西陲。（《旧唐书·玄宗纪》）

同年，盖嘉运大破突骑斯于碎叶城之东贺逻岭，擒可汗吐火仙等。（《册府元龟》，卷三五八）

开元二十八年（740），怀道子昕为十姓可汗，册其妻凉国夫人李为交河

公主。昕至碎叶西俱兰城，为突骑斯莫贺达干所杀。（《新唐书》，卷二一五下，《册府元龟》册李氏为交河公主，在开元二十八年）

按《太平广记》二八〇引《广异记》："上元初，豆卢荣为温州别驾卒，荣妻即金河公主女也，公主尝下嫁辟叶。"辟叶乃碎叶之字误。详岑仲勉《唐史馀渖》，91页，金河或交河公主条。

本文蒙严归田教授细阅一遍。事后又与其详细讨论，严先生认为碎叶城不应置于相去辽远之焉耆，《新唐书》为第二手资料，往往有错误，不足为据。承其指教，谨此附致谢意。

（以后碎叶事从略，不复记。）

论杜甫夔州诗

《叶水心集》卷一二《徐斯远文集序》云：

> 庆历、嘉祐以来，天下以杜甫为师，始黜唐人之学，而江西宗派章焉。然而格有高下，技有工拙，趣有浅深，材有大小，以夫汗漫广莫，徒枵然从之，而不足充其所求，曾不脰鸣吻决，出豪芒之奇，可以运转而无极也，故近岁学者，已复稍趋于唐而有获焉。

江西诗派之形成，以规摹老杜为能事。然末流所至，过于粗犷杈枒，寖失山谷之旨。永嘉学派叶水心大肆攻讦，而对脱离江西末派而专学晚唐之四灵，则深加推奖。[①] 当日诗坛耆宿，皆有相同之论调。杨万里（诚斋）、尤遂初（袤）亦有舍江西而趋晚唐之说。[②] 盖一时之风会，物穷则变。所谓："亶有可观，奚必以江西为?"豪杰之士，欲自出机杼，不复以江西诗法自囿，则不以规摹老杜为满足。于是不得不求之于晚唐，以谋出路矣。

山谷教人规摹老杜，尤其要规摹夔州以后之作。既尽刻老杜东西川及夔州诗，并著其说于《大雅堂记》。[③] 又《与王观复书》云：

① 见《水心集》卷一二《周会卿诗序》。

② 见万里《荆溪集自序》及姜夔《白石道人诗集自叙》。

③ 见《集》卷一六《刻杜子美巴蜀诗序》，及《集》卷一七。

好作奇语，自是文章病，但当以理为主，理安而辞顺，文章自然出群拔萃。观杜子美到夔州后诗，韩退之自潮州还朝后文章，皆不烦绳削而自合矣。①

又云：

所寄诗多佳句，犹恨雕琢功多耳。但熟观杜子美到夔州后古律诗，便得句法，简易而大巧出焉。平淡而山高水深，似欲不可企及，文章成就，更无斧凿痕，乃为佳作耳。②

山谷此说，至南宋间，朱熹乃呈异议，其言曰：

李太白始终学选诗，所以好；杜子美诗好者亦多是效选诗，渐放手，夔州诸诗则不然也。③

又云：

杜诗初年甚精，晚年横逆不可当，只意到处便押一个韵。如自秦州入蜀诸诗，分明如画，乃其少作也。李太白诗非无法度，乃从容于法度之中，盖圣于诗者也。④

又云：

夔州以后，自出规模，不可学。⑤

人多说杜子美夔州诗好，此不可晓；夔州诗却说得郑重烦絮，不如他中前此有一节诗好。今人只见鲁直说好，便都说好，矮人看场耳。⑥

① 第一首。

② 第二首。俱见《集》卷一九。

③ 《朱子语类》卷一四〇。

④ 《朱子语类》卷一四〇。

⑤ 《朱子语类》卷一四〇。

⑥ 《朱子语类》卷一四〇。

朱子持论之异，由于为诗之路数不同。朱子不尚新奇，而主萧闲淡远。其《跋张巨山帖》云：

近世之为词章字画者，争出新奇，以役世俗之耳目。求其萧散澹然绝尘，如张公者，殆绝无而仅有也。[①]

又《跋南上人诗》云：

南诗清丽有余，格力闲暇，绝无蔬笋气，如云沾衣欲湿杏花雨，吹面不寒杨柳风，余深爱之，不知世人以为如何也。[②]

又《跋陆务观诗》[③] 云：

季札闻歌小雅，而识其思而不贰，怨而不伤者。近世东坡公读柳子厚南涧中题，乃得其忧中有乐，乐中有忧者而深悲之。放翁之诗如此，后之君子，必有以处之矣。[④]

晦翁于同时人诗，品骘如此，亦可知其祈向之所在矣。今观晦翁诗，五古多学韦、柳[⑤]，又学选体[⑥]，其《斋居感兴二十首》，则学陈子昂者。其言曰：

余读陈子昂《感遇》诗，爱其词旨幽邃，音节豪宕，非当世词人所及。如丹砂空青，金膏水碧，虽近乏世用，而实物外难得，自然之奇宝。[⑦]

故其论诗，似颇抑杜扬李。称“李为圣于诗者”，以其能师陈子昂有古风

---

① 《朱文公文集》卷八一。
② 同上。
③ 漠漠炊烟村远近。
④ 庆元己未。《文集·续集》卷八。
⑤ 卷一多学柳子厚之作。如：《久雨斋居诵经》、《新竹》，极似柳。
⑥ 如《拟古八首》。
⑦ 《文集》卷四。

之制[①]；而己之作诗，取途亦同。其《题李太白诗》[②]云：

今人舍命作诗，开口便说李杜，以此观之，何曾梦见他脚板耶？[③]

又其论诗主闲淡，以为韦苏州几在陶杜之上。其说云：

杜子美，暗飞萤自照语只是巧。……韦苏州诗……无一字做作，直是自在气象，近适意。……陶却是有力，但语健而意闲，隐者多是带气负性之人为之，陶欲有为而不能者也，又好名。韦则自在，其诗直有假不著处，便倒塌了底。晋宋间诗多闲淡，杜工部等诗常忙了。[④]

其评陶公不免于“好名”，杜则“忙”个不了。此段最代表其对诗之看法。其病杜之夔州诗，过于冗絮者，似颇受叶梦得之影响。《石林诗话》云：

长篇最难，晋魏以前诗，无过十韵者，盖常使人以意逆志，初不以叙事倾倒为工。至《述怀》、《北征》诸篇，穷极笔力，如太史公纪传，此古今绝唱。然《八哀》八篇本非集中高作，而世多尊称之不敢议，此乃揣骨听声耳，其病盖伤于多也。[⑤]

今观晦翁集中并无长古，大多为不过十韵之作，彼主张学选体，自作亦佳。方虚谷《桐江集》称朱子选体卓绝[⑥]，论者以为此即指其摹拟之体。唐权文公（德舆）五古已导朱子先路。朱子在理学家中，自为能诗，晚作尤粗率，早作虽修洁，而模拟之亦太著。[⑦] 余谓诗之为物，各有偏嗜，而学焉亦各得其性之所近。晦翁喜闲暇自在之作，故讥老杜为太“忙”。白香山曾分出闲适诗为一路，号讽喻及感伤殊途。作闲适诗者，未必意真能闲，此关键是在有意与无意，有意则虽貌闲而忙，无意则是虽忙而实闲。杜公极多无意之作，毫

① 见《朱子语类》卷一四〇。

② 世道日交丧一首。

③ 《文集》卷八四跋类。

④ 《朱子语类》一四〇。

⑤ 又见《苕溪渔隐丛话》前集卷一一。

⑥ 卷五《刘元晖诗评》。

⑦ 参钱锺书《谈艺录》，102 页“朱子诗学”条。

无机心[1]或极浅易者[2]何曾不闲谈，晦翁只未细心读之。且晦翁所看重者是诗之清处，淡处，但诗尚有其深处，厚处，重处，大处，故其说实不免有所偏。彼尤憎杜公晚年之作，其言云：

杜子美晚年诗，都不可晓。吕居仁尝言诗字字要响，其晚年诗都哑了，不知是如何以为好否。

按《苕溪渔隐丛话》前集卷十三引吕氏《童蒙训》云："潘邠老[3]言七言诗，第五字要响，如返照入江翻石壁，归云拥树失山村。翻字失字，是响字也。……所谓响者，致力处也。予窃以为字字当活，活则字字自响。"晦翁引吕氏说出此。而讥老杜晚年诗患在"哑"而不响，然杜公自言晚节渐于诗律细，晦翁却置不理，吕氏所举"翻"字"失"字之活用，正为老杜居夔州时之作，晦翁说他都哑了，似乎忘记此句是其晚年之作品。杜诗音节亦不一格，并不是一定要响，有时故意用沉重之笔，是其"拙"处；即山谷所谓"大巧"者也。晦翁似忽略了"重"、"拙"、"大"一面。

朱子于杜公夔州诗虽颇诋諆，然曾为王之才书《古柏行》。[4] 又其跋章国华所集注杜诗云：

况杜诗佳处，有在用事造语之外者，唯其虚心讽咏乃能见之。国华更以予言求之，虽以读三百篇可也。[5]

此谓杜公诗之妙，有在文字之表者，则晦翁似亦未曾不偶着眼于杜诗之"深"、"广"处也。

惟其取径于选体，杜公早期之作，多由选诗揣摩得来，故朱子特喜之。至杜公晚岁自出规模之制，则以为不可学，乃对学作诗者而言，与山谷意见相反。两家之说，看来大相径庭。朱子意在遵守旧格，侧重仿古，故反对自出规模；山谷意在求得大巧，有自家面目，但要归于平淡，不可有斧凿痕迹。

---

① 如《泛溪》、《田舍》。

② 如《江畔独步寻花》七绝句。

③ 潘即"满城风雨近重阳"警句之作者，与东坡同时。

④ 《文集·别集》卷八《题所书古柏行》。

⑤ 《文集》卷八四。

朱子之方法是适用于未成熟者，从学诗之过程而言，使其不行错路，山谷是指点如何做到成熟之工夫和开拓境界，已是进一步说。文章之事，有所法而后能，有所变而后大，朱子之意，是说如何师法，山谷之意，则说如何变化，分明是两个阶段，相反而不相妨。初学当不可立刻求得“太巧”，恐怕弄巧反拙，故朱子以为宜从选诗入手。然学到相当造诣，仍是有意作诗，求巧求工，没有自家面目，则未算能迈进一境。山谷以老杜夔州以后诗教人，正在使由格律渐至自然，由有法而臻于无法，由无规模而自立规模，由有意为诗而达到无意为诗，以至无不可为诗。天地与“诗”并生，万物与“诗”为一。山谷在《大雅堂记》中指出：“子美诗妙处乃在无意于文。夫无意而意已至，非广之以国风雅颂，深之以《离骚》、《九歌》，安能咀嚼其意味，闯然入其门耶？故使后生辈自求之，则得之深矣。使后之登大雅堂者，能以余说而求之，则思半矣。”此即杜公深造自得之诗境，非居之安而资之深，孰能致之，此层朱子似未见到，彼嫌夔州诗“自出规模”，又病其“说得郑重烦絮”，认为有毛病，然夔州诗高妙之处何在？朱子所言是否合理，本文之作，希望对此问题有所抉发。

一、

山谷云：“（杜）诗曰：九钻巴巽火，三蛰楚祠雷。则往来两川九年，在夔府三年，可知也。”[①] 考杜甫于代宗大历元年（公元 766，时年五十五岁）夏初，从云安迁居夔州，当时夔州州治，在鱼复浦与西陵峡中瞿塘峡附近，与白帝城相接，在今四川奉节县城东十余里之地。先是杜公于上年（765）九月至云安暂住养病，居半年，至是年春晚乃移夔州。仇兆鳌《杜集详注》卷十五开始为《移居夔州作》五律，句云“伏枕云安县，迁居白帝城，春知催柳别，江与放船清”是也。居夔二年，迄大历三年春，始出峡适江陵，集中卷二十一有《大历三年春白帝城放船出瞿塘峡久居夔州将适江陵漂泊有诗》凡四十韵排律，即初离夔州之作。计算卷十五至卷二十一之一半，皆居夔时作，正当所谓“漂泊西南天地间”之际，数量之多，几占全集四分之一。此二年间为平生作诗最多之时期。杜公多年病肺，当自忠州买舟东下，至云安而疾加剧，益以风痺，遂寓于云安县严明府之水阁，其地“两边山木合，终

① 《与王观复书》。

日子规啼”，冥冥春雨，萧萧夜色，客愁衰病，易起枨触，在云安本为养病，及来夔州，病已渐减，静中观物多自得之趣，故作诗特多。大凡诗思之源泉有二，非生于至动，即生于至静。至动者，流离转徙之际，如秦州之作，此得于外界动荡之助力者也。至静者，独居深念之中，如夔州之作，此得于内在自我之体会者也。杜公对诗之见解，五十一岁已臻成熟，自信力既增加，于诗益视为一生之事业，造次既于是，颠沛亦于是。其句云：

诗是吾家事，人传世上情。①
诗名惟我共，世事与谁论。②
尚怜诗警策，犹记酒颠狂。③

其在射洪吊陈子昂诗句云：“有才继骚雅”，“终古立忠义”，不啻夫子自道。而《戏为六绝句》，亦是时所作，所云“或看翡翠兰苕上，未掣鲸鱼碧海中”，此新境之开拓，惟自己足以当之。故有“凡今谁是出群雄”之语。自出机杼，以成一家之风骨。居夔以后，于诗为之益勤且专，自云：

登临多物色，陶冶赖诗篇。④
他乡阅迟暮，不敢废诗篇。⑤
废灭余篇翰，赋诗分气象。⑥
病减诗仍拙，吟多意有余。⑦

“不废江河万古流”，乾坤可毁，而诗则永不可毁。宇宙一切气象，应由诗担当之，视诗为己分内事。诗，充塞宇宙之间，舍诗之外别无趋向，别无行业，别无商量。此时此际万物森然于方寸之间，充心而发，充塞宇宙者无非诗材。故老杜在夔州，几乎无物不可入诗，无题不可为诗，此其所以开拓千古未有之诗境也。其极萧闲之句，往往深契至道，如：

---

① 《宗武生日诗》。
② 《寄高适》。
③ 《汉中王瑀》。
④ 《夔府咏怀》。
⑤ 《归》。
⑥ 《寄题郑监湖上亭》。
⑦ 《复愁》。

山风犹满把，野露及新尝。[1]

此人称其带仙灵气者也。

林中才有地，峡外绝无天。[2]

山林皋坏，心远自适，何妨地之偏耶?

老去闻悲角，人扶报夕阳。[3]

则低徊不尽，令人兴世短意多之感。

天意存倾覆，神功接混茫。[4]

是能窥见广大，以元气行之。上句意存鉴戒，下句汪洋自得。意虽描绘天工之巧，不啻自道其诗功之臻于化境也。

四更山吐月，残夜水明楼。[5]

比兴之深，未经人道，东坡亦为之拜倒，其称才力富健，非司空表圣所能望其项背矣。

秉心识本源，于事少凝滞。……行诸直如笔，用意崎岖外。[6]

不昧风雨晨，乱离减忧蹙，其流则凡鸟，其气心匪石。[7]

---

① 《竖子至》。
② 《归》。
③ 《上白帝城》。
④ 《滟滪堆》。
⑤ 《月》。
⑥ 《信行远修水筒》。
⑦ 《催宗文树鸡栅》。

修水筒，树鸡栅乃家常琐事，老杜则别有会心，用意崎岖之外，则万事须自苦中体会到，学脉正在于是（参陆象山语）。不昧风雨，其气匪石，则鸡鸣柏舟之意存焉。《鸡栅》诗："明明领处分，一一当剖析。"卢元昌谓此诗"有义中之仁，仁中之义，直抉至理"。大谢诗间涉理窟，乃玄学耳。若杜公所体察者，往往直心术之微，则诗中之理学也。《园官送菜》一首，其序云：

伤小人妒害君子，菜不足道也，比而作诗。

直是《诗经》比兴之遗，序之铸词亦如《小序》。《课伐木》之序言："镘墙实竹，以示式遏，与虎为邻，宜去害马，谋国之臧，要不外是。"亦以家常之琐事，寓庙谟之深算，非细心读之，不能见其真恳之意，倘如晦翁以郑重繁絮目之则疏矣。晦翁《跋同谷七歌》称其"豪宕奇崛"，而惜其卒章叹老嗟卑，为未闻道。[1] 然杜公入湘之作，有句云：

斯文忧患余，圣哲垂彖系。

隐然以圣自况。作《易》者其有忧患乎？《诗》三百篇，大抵贤圣发愤之所为作也；老杜毕生为诗，亦其忧患发愤之作。晦翁讥其太忙，则夫子之栖栖一代，毋亦太忙乎？晦翁又云："有人乐作诗，若移以讲学，多少有益。"[2] 以诗垂训，曷曾在讲学之下哉？晦翁似未见杜之用心。其书"尹和靖任讲官，谏高宗曰：黄山谷诗有何好处？看他作甚么？"[3] 盖斥山谷昌父以诗人自了，此以讥赵昌父则可，然未可以论杜也。

二、

杜公居夔，先后夔居五处。初至，居于山腰，前临大江，白帝城在其东，引水寻源。《催宗文树鸡栅》诗云"喧呼山腰宅"，即记初至时之屋。是时纯过山村生活，简朴艰窭。观《种莴苣》与《驱竖子摘苍耳》二诗，可见一斑。是秋，移居夔州之西阁，有《宿江边阁》诗，句云："薄云岩际宿，孤月浪中

---

① 《文集》卷八四。
② 《朱子语类》卷一〇四。
③ 《朱子语类》卷一〇一。

翻。”又：“飞星过水白，落月动沙虚。”[①] 即写西阁所见。江空云长，楼高月白，目之所睹，情为之移，此际所作诗，特多壮阔之句。大历二年暮春，由西阁迁居赤甲，有《入宅》三首，句云：“水生鱼复浦，云暖麝香山。”《赤甲》诗云：“卜居赤甲迁居新，两见巫山楚水春。”时夔州都督柏茂琳于甫礼遇殊渥，频分月俸，琳以瀼西四十亩柑林赠甫，以为耕种之资。瀼者，山溪之水通江，蜀人谓之瀼也。时甫复赁得漕廨所属草屋，遂复迁于瀼西。其《卜居》诗云：“云嶂宽江北，春耕破瀼西。”又《晚会瀼上堂》诗云：“开襟野堂豁，系马林花动。”“春气晚更生，江流静犹涌。”是时多咏园林诗。[②] 其秋自瀼西移居东屯。东屯者，东瀼溪两岸有田百顷，传公孙述曾屯田于此，故名。时复由东屯归瀼西小住，及忠州司法参军吴郎来夔觅居，乃以瀼西草堂借吴居之，已则定居于东屯，直至大历三年春离夔为止。[③] 居夔先后地凡数易，所接触之风景人物时复不同，故题材亦屡变。因生活安闲而单调，惟日以诗遣意。或追忆曩日朋旧及旅游，撰为诗篇。卷十六之《八哀》、《书怀》、《往在》、《昔游》、《壮游》诸作，皆鸿篇巨制。人或病其繁絮者，即此。

是时之环境甚安静，然诗心则极活泼，所作极尽变化之能事，而律句尤甚。《修辞鉴衡》引山谷语云：“以少陵渊蓄云萃，变态百出。虽数十百韵，格律益严。盖操制诗家法度如此。”公诗大都记实，即依所见所闻，加以炉锤，故警策之句，层见叠出。盖峡中景物，因多新奇瑰丽，予诗人以崭新之感觉。此则所谓得江山之助者。略为举例，以见其凡。如：

盘涡 盘涡鹭浴底心性，独树花发自分明。

瞿塘 入天犹石色，穿水忽云根。

地与山根裂，江从月窟来。

滟滪 沈牛答云雨，如马戒舟航。

江天漠漠鸟双去，风雨时时龙一吟。

白盐山 白牓千家邑，清秋万估船。

白帝城 高江急峡雷霆斗，翠木苍藤日月昏。

夔府 煮井为盐速，烧畬度地偏。有时惊叠嶂，何处觅平川。

---

① 《中宵》。

② 如《园官送菜》、《园人送瓜》、《课伐木》、《上后园山脚》、《柴门》等作。

③ 公在夔生活，参看四川文史馆刊行之《杜甫年谱》。

皆写眼前实景。故《诗眼》云："老杜所题诗，往往亲到其处，益知其工。……余游武侯庙，然后知《古柏》诗所谓柯如青铜根如石，信然决不可改。"[①] 非得到印证，不能体验杜诗之亲切处。山谷自黔南归，诗尽变前体，益趋于写实，盖亦得于杜者深也。

夔州之制，尤擅以方物入诗，乌鬼黄鱼之句，世人论之已详。其他如：

《獠奴阿段》"怪尔常穿虎豹群"句，写獠奴之勇敢。

《负薪行》"至老双鬟只垂颈，野花山叶银钗并。""面妆首饰杂啼痕，地褊衣寒困石根。"写夔州妇女之穷苦粗丑。

《最能行》"峡中丈夫绝轻死，少在公门多在水。""瞿塘漫天虎须怒，归州长年行最能。"写夔峡男子之生活。

《火》楚俗大旱，则焚山击鼓以请雨。此记其事，并责燃火之无救于旱，徒增炎热。

《夔州歌十绝句》，即竹枝一类之作，与刘禹锡机杼相同。故山谷《跋竹枝歌》云："《竹枝》九章，词意高妙，元和间，诚可以独步。道风俗而不俚，追古昔而不愧，比之杜子美《夔州歌》，可谓同工而异曲也。"[②] 诚为知言。

三、

以诗体论，此时尤多创格。

（一）最长之排律：《秋日夔府咏怀寄郑监李宾客一百韵》。

此为集中第一长诗，起伏转折，能尽其妙，向来已有定评，此即开元白之先河，微之所惊叹为"铺陈终始，排比声韵"，"属对律切，而脱弃凡近"者，即此类。

（二）吴体：如吴体、俳体，皆此时所作。

吴体　卷十八《愁》一首原注云："强戏为吴体。"乃拗律之一格。皮陆

---

① 《苕溪渔隐丛话·前集》八。

② 《文集》卷二六。

集中亦见之。

俳谐体　卷二十《戏作俳谐体遣闷》二首五律，其中颇用俗语。如“家家养乌鬼，顿顿食黄鱼”，“於菟侵客恨，粔籹作人情”之句。“顿顿”、“作人情”皆俚俗之言，杜不之薄而驱遣自如。此体后人亦多仿效之。如李义山之《异俗》是也。[①]《蔡宽夫诗话》以为“文章变态，固亡穷尽，高下工拙，各系其人”。信然。

（三）联章

联章有组织者，律诗如《诸将》五首，《秋兴》八首，《咏怀古迹》五首；古诗如《八哀》诗，皆卓绝千古，《八哀》诗特雄富，誉之者，称其以史为诗，可以表里雅颂，毁之者，则病其太多。然此自是杜公新创之格，不能以古诗之法绳之。

联章之组织严密，以《诸将》、《秋兴》、《咏怀古迹》为最足研究。

联章有以一首为总结者，其法或以第一首冒起，如《咏怀古迹》第一首为咏怀，实则统括全部。或以末首总结者，如《诸将》末首，虽论巴蜀，而归至自身，点出安危须伏人才之至意。分中有合，而各首分写，亦有层次。《诸将》以吐蕃、回纥、河北、南诏、西川分叙，论其要旨：念蛮夷猾夏，自古而然，故云“胡虏千秋尚入关”，一也；借兵戡乱，而异族逞功，惩前毖后，殊为隐忧，故云“独使至尊忧社稷”，二也；自安史之乱，宫殿烧焚，祸起萧墙，有险莫守，故云“休道秦关百二重”，三也；府兵制坏，兵农既分，天下军需，皆仰馈饷，故云“天下军储不自供”，四也；感外患之日深，伤藩镇之召乱，唐室覆亡之因，此诗已先言之。浦起龙称其讦谟壮彩，与日月争光，未为过言。

《咏怀古迹》第二三首写宋玉宅与昭君村，江山空文藻，怨恨曲中论，亦自比自伤之词；第四五首写先主庙、武侯祠，君臣祭祀，原为一体，隐寓君明臣良之义。汉祚运移，而鞠躬尽瘁，志决身歼；然环顾当世，谁有如诸葛之具王佐志量者乎？盖暗伤匡翊之无人也。

《秋兴》八首，“秋”为家夔州之候，“兴”因望帝京而生，故以“望”字为全诗之眼。曰“每依北斗望京华”，而终之以“白头吟望苦低垂”。吟望，吴挚父以为当作“今望”，与上句“昔曾”为对文，有俯仰今古之慨，身在江

① 义山《漫成五章》，即仿杜之《戏为六绝句》。

湖，则心存魏阙。此诗作法有自远而近者，蓬莱宫阙，昆明池水二首是也；有自近而远者，夔府孤城，瞿塘峡口二首是也。瞿峡京华，相去万里，而风烟相接，“接”字下得妙。又除起结外，每首必有一句点出“秋”字，如“芦荻花”、“清秋燕子”、“秋江冷”、“惊岁晚”、“接素秋”、“动秋风”，皆其例。每首多有一句归到自己。如“故国平居有所思”，“一卧沧江惊岁晚”，“江湖满地一渔翁”之类。不尔，则一部分变为早朝诗矣。诗以秋兴为题，说者每援引潘岳《秋兴赋》为说，然杜公平生所得力者，似为宋玉《九辩》。“悲哉秋之为气也”，故《咏怀》诗云“摇落深知宋玉悲”。惟能“深知”宋玉之悲，故能写出“秋兴”八首。盖公亦以宋玉自况矣。

夔州之诗，说有同题而数作者。如卷十五“雨”诗若干首。然遣意造名不同。旱后得雨，则云：“雨洒石壁来，白谷变气候。”感颂雨德，则云：“行云递崇高，飞雨蔼而至。”“郊扉及我私，我圃日苍翠。”峡中见雨，则云：“落落出岫云，浑浑倚天石。日假何道行，雨含长江白。”雨不绝，则云：“阶前短草泥不乱，院里长条风乍稀。舞石旋应收乳子，行云莫自湿仙衣。”写风雨并至，则云：“风扉掩不定，水鸟逐仍迫。”久雨初晴，则云：“碧知湖外草，红见海东云。”“雨声冲尽塞，日气射江深。”又有雨诗，则借雨雾发端，以喻久居峡中之拘闷。千变万化，推陈出新[1]，令人百读不厌。

又如咏愁诗，即有吴体“江草日日唤愁生”七律一首，又有《复愁》五绝十二首。前愁未已，后愁复生。庾信《愁赋》所谓“深藏欲避愁，愁已知人处”。山谷用庾赋亦云“攻许愁城终不开”[2]，真是无愁可解。杜公以庾郎自比，故云“庾信平生最萧瑟”。公久居夔，处于“绝塞乌蛮北，孤城白帝边”，菁菁惊岁月之屡迁，筋力惟妻孥之曾问，与《哀江南赋》“迫逼危虑，端忧暮齿”，曾无以异。此《复愁》十二绝，由“野鹊翻露草，村船逆上溪”起兴，写峡中求食之难，行舟之险。继而写种种之愁：思乡而愁，无家而愁，经乱而愁，为借兵回纥而愁，为诸镇跋扈而愁，为冗兵糜饷而愁；而终之以平居寂寞而愁，白头吟望而愁，其诗心实与《诸将》、《秋兴》相表里，而以五绝出之。益叹公于各全无所不能，其第二首写薄暮愁景“月生初学扇，云细不成衣”，极细腻妥帖。旧注谓“月初生不能普照，云犹细不能及物”，则又寄托遥深之作矣。

---

① 如“白谷变气候”，即用大谢“昏旦变气候”句；“行云递崇高”，亦用大谢“黄屋示崇高”句。“递”字尤妙。

② 《行次巫山》诗。

四、

杜公曾自言“老去诗篇浑漫与”，此上元二年在成都草堂作。[①] 篇中多自谦之语，偶尔机涩，或率意为之，然非火候纯熟，何易出手。

在夔所作漫与一类，如：

> 江月去人只数尺，风灯照夜欲三更。沙头宿鹭联拳静，船尾跳鱼拨剌鸣。

只是写当前所见，毫不经意。吕氏《童蒙训》引“谢无逸语汪信民云：老杜有自然不做底语到极至者，有雕琢语到极至者，其自然不做底语，如丹青不知老将至，富贵于我如浮云。”此即出于不著不染，自然高妙，可谓漫与者也。

杜公在夔之作，论诗多深造自得之语。如“病减诗仍拙，吟多意有余”[②]，“丘壑曾忘返，文章敢自诬”[③]，“陶冶性灵存底物，新诗改罢自长吟”[④]，“晚节渐于诗律细”[⑤]，驱使故实，跌宕平侧，往往不主故常，而臻极致。《西清诗话》举《阁夜》“五更鼓角声悲壮，三峡星河影动摇”句，谓其“悲壮”用《祢衡传》“挝渔阳掺声悲壮”，“星河”用《汉武故事》，“星辰动摇”，东方朔谓民劳之应，具见用事之切。又声律方面，偶用变格。如《苕溪渔隐》举其《咏怀古迹》：“摇落深知宋玉悲，风流儒雅亦吾师。怅望千秋一洒泪，萧条异代不同时。”第三句故意失粘落平侧。又“暮春三月巫峡长”一首亦是律之变体。凡此悉在夔州所作。

杜公用力之深，晚年弥多悟入。在夔观公孙大娘弟子舞剑为诗。其序云：

> 见临颍李十二娘舞剑器，壮其蔚跂，问其所师，曰：余，公孙大娘弟子也。……记于郾城观公孙氏舞剑器浑脱，浏漓顿挫，独出冠

① 见《江上值水如海势聊短述》卷一〇。

② 《复愁》。

③ 《出瞿塘峡》。

④ 《解闷十二首》之七。

⑤ 《遣闷戏呈路十九》。

时，……既辩其波澜莫二，抚事慷慨，聊为《剑器行》。

方东树《昭昧詹言》云：

> 杜公诗境尽于自序公孙剑器数语，学者于此求之，思过半矣。

此说良是。序中所揭要诀，状剑舞曰“蔚跂”，又赞其“波澜莫二”。斯二语最堪研味。蔚跂者，“蔚”谓风姿之茂密，“跂”谓骨力之高骞。[①]《教坊记》：剑器乃健舞也。若以诗论，公诗亦“健”诗也，与剑舞如出一辙。杜诗七古雄浑雅健，以蔚跂二字评之，亦甚得当。

波澜者，杜诗每言之。如：

> 毫发无遗憾，波澜独老成。
> 文章曹植波澜阔。

波澜即杜所谓“掣鲸鱼于碧海中”者。张旭于舞法悟出草书之理，杜公亦于舞法悟出作诗之理。其状舞之动作曰“浏漓顿挫”。《剑器行》中言舞之状有四：曰“燿如”、“矫如”、“罢如”。开阖疾迟，纯用大气脉变化驱使。有时戛然而止，即顿挫之妙。孙过庭论书云：“动速者超逸之机，迟留者赏会之致。”动疾必出于淹留，非动疾则神不能行，无淹留则笔不能到。此法于剑舞草书及长古作法，俱出一理。杜公七古能开今未有之局，不可谓非得力于此。

波澜二字杜公提出后，宋世诗人亦屡言之。山谷《与王庠周彦书》，评其诗文“波澜枝叶，不若古人”。曾几《东莱先生诗集跋》引吕氏云：

> 诗卷熟读，治择工夫已胜，而波澜尚未阔。欲波澜之阔，须令规模宏放，以涵养吾气而后可。规模既大，波澜自阔，少加治择，功已倍于古矣。

则主波澜欲阔，在使规模能大。姜白石《诗说》云：

> 波澜开阖，如在江湖中，一波未平，一波已作，如兵家之阵，方以为正，又复是奇，忽复是正，出入变化，不可纪极，而法度不可乱。

---

① 《庄子·马蹄》：“踶跂，强用力貌。”

则以纵横变化，波澜开阖，较之法度，更迈进一步。其说显自杜公出，宋人诗学之得力于杜者，此正其一证。

五、

日本广濑淡窗于汉诗式工力甚深，其弟子所记论诗要语曰《淡窗诗话》，颇为人传诵。其中论及老杜夔州之作，持论甚允。试译出如次：

> 今诗有二弊，淫风与理屈是也。诗人之诗，易流于淫风，文人之诗，易陷于理屈。[①] 二者虽殊，其害则一。李杜昭昭乎日月之明，篇篇有巧拙，而偏倚于道。李之乐府诗题，艳丽柔婉，而不流于淫风；杜之《诸将》，议论峥嵘，而不陷于理屈。善学之者，可免二弊。

又言：

> 少陵律句，前后半截每不相关，若以两绝句相续而成篇，但极觉其高雅。……白帝城中云出门一诗，前半叙暴雨，后半写乱世之感，总不相关。他作类此者多，今人强欲求前后之照应，非知古法也。

淡窗所谓“理屈”，其意以为“凡事务说言，或主于叙事，或偏于议论，是以文为诗，皆理屈也”。虽昌黎、东坡其犹病诸，而杜则不然。杜夔州诸作，多含理趣，余于上文已论之，称为诗中理学。然此与“理学诗”又复不同，有须再行申明者：诗不宜通道说理，邵尧夫《击壤集》所以坠入理障者，正缘通篇言天地性命之理，故为“理学诗”，令人读之生厌，不如寒山、拾得之为愈也。杜则篇中偶有数句涉及理趣，谓其诗中含有理学则可，谓其诗为理学诗则不可。杜公于大谢浸淫至深，此法实自大谢诗得来。“大谢之诗合诗、易、聃、周、骚、辩、仙、释而成之，其所寄怀，每寓本事，说山水则苞名理。”[②] 杜不特说山水苞名理，即叙节候记生活亦时时有理焉寓乎其中。

---

① 按疑当作“理窟”，始可云陷。《易・系辞》云：“失其守者其辞屈。”于此处义不甚合。

② 黄节《谢康乐诗注序》。

惟所苞之理非玄理而为义理，余谓其为诗之理学，职是故耳。山谷之有得于杜者，亦在于理，故云："但当以理为主，理得则辞顺，文章自然出群拔萃，可谓深得其窍妙。"姜白石于诗曾三薰三沐，师法山谷。其《诗说》论诗，有四高妙，曰："理高妙，意高妙，想高妙，自然高妙。"亦以"理"为先。凡此四妙，老杜《夔州》之诗，无不有之。唐人之诗，以兴象、秀句为主，其失则有句者无篇，有篇者无理与意，有理与意者或落想不高，落想高又或非出于自然，杜则不烦绳削而自合，而理趣往往非人所想到，此其所以度越众流也。古今治杜者，多从杜之外观着眼，以律句论，慕其雄阔高深，实大声宏一路，世谓之"杜样"。然杜体实繁，非一格所能尽。[①] 其高绝者，不在句法，而在于文字以外之"深际"。善乎方东树之言，曰："杜、韩之真气脉，在读圣贤古人诗，义理志气胸襟源头本领上，……徒向纸上求之，……奚足辨其涂辙，窥其'深际'？"此"深际"正宜涵泳其里，不能于外观求之。此谛义山能知，故其学杜佳句，如"人生有通塞，公等系安危"[②]，除壮阔气象外，亦以理意高妙见胜。于老杜之诗，非三折肱不能致此也。

六、

山谷于杜所得至深，尤能握其玄珠。其《跋高子勉诗》云：

> 高子勉作诗，以杜子美为标准。用一事如军中之令，置一字如关门之键。而充之以博学，行之以温恭，天下士也。[③]

又《答王子飞书论陈无己》云：

> 其作诗，渊源得老杜句法，今之诗人不能当也。至于作文，深知古人之关键，其论事救首救尾，如常山之蛇，时辈未见其比。[④]

又《与王庠周彦书》云：

---

① 参钱锺书《谈艺录》，202页。

② 《酬别令狐补阙》，"天意怜幽草，人间重晚晴"（《晚晴》）。

③ 《集》卷二六。

④ 《集》卷一九。

所寄诗文，又反覆读之，如对谈笑也。意所主张，甚近古人，但波澜枝叶，不若古人尔。意亦是读建安作者之诗，与渊明、子美所作，未入神尔。[1]

其指示学者以杜诗为标准，又必讽诵入神，以此教人，可谓叮咛周至。盖山谷于杜诗体会既深，又躬历杜公所历之境。巫山则和题壁之诗，夔峡则有百八盘之咏。于杜所咏歌嗟叹者，俱得到亲证，故了解独泞。杜公闻杜鹃句云“泪下如迸泉”，山谷则云“杜鹃无血可续泪”[2]，感喟不异，落想尤新。山谷于杜公夔州之作，所以深加推许，非无故而然。晦翁未履其境，此则梦想所不及者也。

抑山谷于诗人所期许者，乃一极高明之境地。观其《答洪驹父书》云：

老杜作诗，退之作文，无字无来处，盖后人读书少，故谓韩、杜自作此语耳。右之能为文章者，真能陶冶万物，虽取古人之陈言，入于翰墨，如灵丹一粒，点铁成金也。文章最为儒者末事，然索学之，又不可不知其曲折，幸熟思之。至于推之使高如泰山之崇，崛如垂天之云，作之使雄壮如沧江八月之涛，海运吞舟之鱼，又不可守绳墨令俭陋也。[3]

此即欲人最后摆脱绳墨，自立规模，由有意为诗，至于无意为诗，由依傍门户以至含茹古今，包涵元气。诗至此已进另一崭新敻绝之境。诗人者，孰肯寄人篱下而终以某家自限乎？又孰肯弊弊焉不能纵吾意之所如，以戛戛独造以证契自然高妙之境乎？此山谷表揭夔州诗之深意也。

南宋以来，虽渐薄江西，不以规摹老杜为满足，究其归趣，毋亦欲去所依傍，冀于老杜之外，别立规模耳。故夔州之诗，非徒循其迹，而贵穷其理，非仅步其体，而贵通其变。学者欲叩向上一关，舍此奚由，是理也，放之四海百世而皆准。京大文学报将刊杜诗专号，征文及于下走，爰略摅所见，于山谷、晦翁两说，试为平停之论，稍事发挥，觊世之诗家共论定之。

原载 1962 年京都大学《中国文学报》第十七册

---

① 《集》卷一九。

② 杜云“两边山木合，终日子规啼”，山谷则云“北人堕泪南人笑，青壁无梯闻杜鹃”（《竹枝三叠》）。

③ 《集》卷一九。

后记

宋初杜诗尚不甚为人所喜，杨亿诋杜为村夫子。[1] 中叶以降，风尚丕变。《蔡宽夫诗话》云："三十年来学诗者，非子美不道，风靡一时。"《中山诗话》："真宗问近臣酒几何，丁晋公（谓）举杜甫诗'速须相就饮一斗，恰有三百青铜钱'句以对。"可见杜句时人诵之已烂熟。王禹偁云："子美集开诗世界。"（《赠朱严诗》）山谷父黄庶嗜杜特深。《后山诗话》云："唐人不学杜诗，惟黄庶、谢师厚学之。"山谷之嗜杜，实沐其家教者深。《诗人玉屑》："吕丞相云：东坡自南迁以后，诗全类子美夔州后诗，正所谓老而严者也。"故山谷尤表彰杜之夔州诗，见其《大雅堂记》，则似所见得之东坡。盖是坡老、荆公无不主"学诗当以子美为师"，夔州之作，更为人所尊崇者。

杜之夔州诗，北宋时曾勒诸石。《蜀中名胜记》三十一引王象之《蜀碑记》卷五奉节县下云：

> 少陵游蜀凡八稔，在夔独三年；平生所赋诗凡千四百六篇，段在夔者一百六十有一。治平中，知州贾昌言刻十二石于北园，岁久字漫灭。建中靖国元年，运判王蘧新为十碑。今碑在漕司。

又张珖刻"白盐赤甲"四字在山城东白盐山。[2]《全蜀艺文志》三十九上载于㮚《夔州草堂少陵故居记》，称其"所居距白帝城五里而近，稻田水畦，延袤百顷，树木葱倩，气象深秀。……夔州之诗多至四百余篇，一草一木，尽入诗句中矣"。记作于庆元三年，时于氏权通判夔州军州云。

余于1980年冬游白帝城，求杜老白谷东屯故居，渺不可得。遥睇白盐赤甲，两山对峙，犹是昔年光景。挐舟过夔门，见其峭壁上有悬棺葬。《朝野佥载》二称："五溪蛮悬棺，越高越为至孝。"杜老诗未及此俗。然盘涡鹭浴，至今犹呼白盐山脚之急流曰银涡子，因山为石灰岩，故呈灰白色。惜滟滪堆已炸去，滩流无险，诵"高江急峡雷霆斗"之句，为之黯然。

1980年12月

① 《诗话总龟》。
② 《蜀碑记补正》。

《南山》诗与马鸣《佛所行赞》

诗至唐代，益极其变。或以文为诗，或以议论入诗。宋人多有非之者。叶梦得《石林诗话》云：

晋、魏以前诗，无过十韵。常使人以意逆志，初不以叙事倾倒为工。于杜公之诗，犹病其过于烦絮也。陈师道《后山居士诗话》："退之以文为诗，子瞻以诗为词，如教坊雷大使之舞，虽极天下之工，要非本色。"亦不以韩诗之浩瀚奥衍为然。昌黎五言诗，以《南山》一首为最长最奇，论者每取与老杜《北征》相提并论。亦有病其冗蔓者。明蒋之翘云：

(《南山》)连用"或"字五十余，既恐为赋若文者，亦无此法。极其铺张山形峻险，叠叠数百言，岂不能一两语道尽？试问《北征》有此蔓冗否？

实则退之乃以赋之法为诗。朱彝尊云："以赋为诗，铺张宏丽，然是才作。"言极中肯。惟此诗中间连用五十"或"字，光怪陆离，雄奇纵恣，为诗家独辟蚕丛。此法，《诗·小雅·北山》已开其端。"或燕燕居息"，"或尽瘁事国"，同叠用十二"或"字。而陆机《文赋》，于前后不同诸段之间，共用二十六个"或"字。[①] 然《南山》诗"或"字乃于若干句连续使用，此种过度

① 此点 E. Von. Zach 译韩诗全集 Han Yu's Poetische Werke Haard，1952，13 页注中已指出。

之夸饰铺张手法，似与佛书不无关系。佛经中连用或字之例颇夥。开周时实叉难陀译之《华严经》，其卷十四《贤首品》及卷六十一《入法界品》并叠用或字，次数极多[①]昌黎是否讽诵《华严》，未可得知。然考佛传于释尊行迹，多事铺张。若马鸣（Aśvaghosa）之《佛赞》（Buddha-Carita），尤为文学名著。唐世文士，疑多曾读其书。昌黎亦其中之一人也。

佛传译本颇多，举其要者，有：（1）北凉昙无谶所译，称《佛所行赞》[②]。（2）刘宋时法云所译者，称《佛本行经》[③]。（3）隋阇那崛多译者，称《佛本行集经》[④]。以后者卷帙最繁，且以《大事经》（Mahāvastu Avadāna）为主，多有增益。

凡此三种，汉文译本，体制各异：

（一）分二八品。自首至终，皆为五言句式，最为齐整。

（二）全三一品。数品之中，五言、四言、七言句式每杂用之。如第四、五、八诸品，全用四言，与前后体裁不一。

（三）分六十品。用散文体，间渗以五言七言偈语，与一般佛经体制相同。

上列以昙无谶译本，特具文学意味，可谓一极长篇之五言叙事诗。其中连用“或”字之例，不止一见。《离欲品》[⑤] 与《破魔品》[⑥] 尤为特出。兹举《破魔品》与《南山》诗比较如次：

佛所行赞破魔品		南山诗	
或一身多头	或面各一目	或连若相从	或蹙若相斗
或复众多眼	或大腹长身	或妥若弭伏	或竦若惊雊
或羸瘦无腹	或长脚大膝	或散若瓦解	或赴若辐凑
或大脱肥踌	或长牙利爪	或翩若船游	或决若马骤
或无头目面	或两足多身	或背若相恶	或向若相佑
或大面傍面	或作灰土色	或乱若抽笋	或嵲若注灸

---

① 《大正藏》一〇，74、330 页。
② 《大正藏》四，1 页。
③ 《大正藏》四，54 页。
④ 《大正藏》三，655 页。
⑤ 《大正藏》四，6 页。
⑥ 《大正藏》四，25 页。

或似明星光　或身放烟火
或象耳负山　或被发裸身
或被服皮革　面色半赤白
或著虎皮衣　或复著蛇皮
或腰带大铃　或萦发螺髻
或散发被身　或吸人精气
或夺人生命　或超掷大呼
或奔走相逐　迭自相打害
或空中旋转　或飞腾树间
或呼叫吼唤　恶声震天地
如是诸恶类　围绕菩提树
或欲擘裂身　或复欲吞啖
……………

（《大正藏》四，25 页）

或错若绘画　或缭若篆籀
或罗若星离　或翕若云逗
或浮若波涛　或碎若锄耨
或如贲育伦　……………
或如帝王尊　……………
或如临食案　肴核纷饤饾
又如游九原　坟墓包椁柩
或累若盆罂　或揭若甑梪
或覆若曝鳖　或颓若寝兽
或蜿若藏龙　或翼若搏鹫
或齐若友朋　或随若先后
或迸若流落　或顾若宿留
若戾若仇雠　或密若婚媾

（以下尚有十八句用“或”字）

是品描写魔军之异形，以叠句方法，连用“或”字至三十余次，乃恍然于昌黎《南山》诗用“或”字一段，殆由此脱胎而得。原本“或”字梵语为Kācit，Kaśсit，可以覆勘。至Zach德文本于“或”字则兼用Bald及Oder二字译出，尚未能一致。昌黎固不谙梵文，然彼因辟佛，对昙无谶所译之马鸣《佛所行赞》必曾经眼。一方面于思想上反对佛教，另一方面乃从佛书中吸收其修辞之技巧，用于诗篇，可谓间接受到马鸣之影响。印度大诗人Kālidāsa其诗句多因袭马鸣，所作Raghuvamśa中亦有叠用Kācit之例，与昌黎不谋而合。昌黎用“或”字竟至五十一次之多，比马鸣原作，变本加厉。才气之大，精采旁魄，足以辟易万夫。陈寅恪《论韩愈》文中曾谓佛经文体乃混合“长行”（散文）与偈颂（诗体）而成。长行可谓以诗为文，而偈颂可谓以文为诗。取此以解释昌黎之以文为诗，颇受释典之启发。近日学者颇有非难之者。观于《南山》诗用“或”之与《佛所行赞》不无因袭之迹，亦可为陈先生之说提供新证。我人又试观阇那崛多之《佛本行集经》，于兹数句改用散文写出[①]，文字之美，不逮昙无谶远甚，然正是改诗为文之显例。《南山》诗之冗长，在五言诗中罕见畴匹。此种作法，似与昙无谶译马鸣《佛所行赞》之为

① 《大正藏》三，786 页。

五言长篇，在文体上不无关涉之处。疑昌黎作《南山》诗时，曾受此赞之暗示。

唐代中印文学之相互关系，自敦煌变文出见以后，引起多方面之讨论。然在古典诗中如《长恨歌》之与《目连变》为人所悉知外，若卢仝之《月蚀》诗，其铺张之处，似参用佛经中之描写地狱，以描写天上的魔鬼，为其夸饰之手法，此与《南山》诗之用“或”字乃仿自昙无谶之译文，同一涂辙。文学作品之取资释氏，亦文人技巧之一端。爰为提出，以为治文学史者进一解。友人清水茂教授湛深昌黎文学，以此奉质，乞有以教之。

1963 年，本文作者由港大中文系接受哈佛燕京社资助，至印度考察。本篇即研究成果之一。特此致谢。作者附识。

原载 1963 年京都大学《中国文学报》第 19 册

唐诗漫话

招提

杜集第一首诗为《游龙门奉先寺》。起句云："已从招提游，更宿招提境。"其《太平寺》亦云："招提凭高冈。"仇注引《僧辉记》云："招提者，梵言拓斗提奢，唐言四方僧牧。但传笔者讹拓为招，去斗奢留提，即今十方住持寺院。"宋法云翻译《名义集》六十四篇招提下引《经音义》："梵云招斗提奢，唐言四方僧物，但笔者讹称招提。后魏太武始光元年造伽蓝，创立招提之名。"按招斗即四之梵语音译。招斗提者，梵言 Catur（四）diśa（方）(on all sides)，汉语意译应为四方，有如"十方"，梵言 daśa（十）diśāni（方）。译名通例，每于四音节取其二。如菩提萨埵（梵言 Bodhi〔觉〕Sattra〔有情〕）之作菩提。招斗提舍之省略作招提，亦其比也。梵语又有 Caitya 一字，巴利文 Cetiya，汉语音译作制底或质底。义即是窟殿、堂塔。印度人所谓 Caitya，其地僧众祈祷聚集，每举行于窣堵波（塔）与佛像之前，将指葬地有纪念物者（sēpŭlchral monument）。详 S. dutt 著《印度佛教之僧徒庙宇》。一石窟中可有若干制底，及制底居（Catiyaghara）。曩岁读书天竺，游 Kanheri，Karle 等佛窟，曾目验之。

龙门石窟，唐代梵僧来往甚夥。译经大师南天竺人菩提流志原住洛京长寿寺，入寂后，迁窆于龙门西北原，勒石为记。[1] 或译事完了之后，请求于龙

① 《高僧传》卷三。

门置寺。如迦湿密罗人宝思惟，于景云二年造天竺寺于龙门山，苏颋为撰碑。[1] 奉先寺大窟开凿之年，据窟中开元十年立《大卢舍那佛像记》云："粤以咸亨三年，皇后武氏助脂粉钱二百贯，奉敕检校僧西京实际寺善道禅师，……至上元二年乙亥毕功。调露元年己卯，奉敕大像置奉先寺。"善道写《弥陀经》十万卷，画净土变相二百铺。杜公此诗，黄鹤谓当是开元二十上年后游东都时作，恰在武后新窟完成之后，焕然一新，美轮美奂。故其《龙门》五律句云"金银佛寺开"。当日金碧辉煌，可以想象。今龙门窟经历代兵燹，已七零八落。读公此诗，为之神往。

坼

杜公《登岳阳楼》名句"吴楚东南坼，乾坤日夜浮"，仇注引《史记》地坼东南句说之。寻《赵世家》原文云："幽缪王迁五年，代地大动，自乐、徐以西，北至平阴。……地坼东西百三十步。"张守节《正义》："其坼沟见在，亦在晋、汾二州之界也。"本作东西，不作东南，仇注引误。地坼实指当日大地震，其唐时犹存。杜公必不用《赵世家》语。"东南"一词常见。《尔雅·释地》："东南之美者，有会稽之竹箭焉。"是也。地坼之坼字，依《说文》篆应作㙐，裂也。许氏引《诗·生民》："不㙐不副。"《广韵》二十一陌："㙐，裂也。亦作坼。"《龙龛手鉴》土部此字，有㘿、塝、垿、坼诸形，注以坼为正。训分也、裂也。杜句"吴楚东南坼"，自以训"分"为宜，言吴楚东南至洞庭而分界。固知其与《史记》无关。学人于杜诗必欲寻其字字有出处，不免于刻舟求剑；王船山之讥诃，良有以也。

莫徭

《岁晏行》云："岁云暮矣多北风，潇湘洞庭白雪中。渔父天寒网罟冻，莫徭射雁鸣桑弓。"莫徭为少数民族名，注家皆只引《隋书·地理志》，其实南朝时已见之。《梁书·张缵传》："（湘）州界零陵、衡阳等郡，有莫徭蛮者，依山险为居。"湖南土著实有莫徭。刘禹锡有《莫徭歌》云："莫徭自生民，名字无符籍。市易杂鲛人，婚姻通木客。星居占泉眼，火种开山脊。夜渡千

---

① 文见《文苑英华》卷八五六。

仞貐，含沙不能射。”又有《连州（在粤北）腊日观莫徭猎西山》五言古，记述粤北莫徭生活甚详。后此则顾况《酬张使君》诗云：“薛鹿莫徭洞，网鱼卢亭洲。”薛鹿义为杀鹿，其族以射猎为生，可与杜诗参证。

《望岳》

杜公平生有《望岳》诗三首：“岱宗夫如何”，咏泰山也；“南岳配朱鸟”，咏衡山也；“西岳崚嶒竦处尊”，咏华山也。五岳有三，公皆经过其地，而未能跻登，但遥望以慰情而已，故均以《望岳》诗为题。岱宗者，仇注引郑昂云：“王者升中告代，必于此山。”《续高僧传·元魏昙靖传》：“东方泰山，汉言代岳。阴阳交代，故谓代岳。”北朝人有此说，训岱为代。

《蜀道难》

此诗旧说最繁，大抵有：一、罪严武，二、讽章仇兼琼，三、讽玄宗幸蜀，四、即事成咏，诸不同看法。按殷璠《河岳英灵集》已收之。殷书据自序云起甲寅终癸巳（即天宝十二载），诗必作于天宝癸巳以前。经殷氏采入，故幸蜀说不攻自破。孟棨《本事诗》记李白初自蜀至京师，贺知章已见其《蜀道难》。其事又见《唐摭言》。白会晤知章在天宝二年，即以此诗受知于贺监。

宋人大抵主讽剑南节度章仇兼琼说。自沈括《梦溪笔谈》四，洪虙《洪驹父诗话》，洪迈《容斋续笔六》皆同。李集北宋本（缪氏影印）于《蜀道难》题下注云：“讽章仇兼琼也。黄山谷于宜州曾以鸡毛笔为周维琛书《蜀道难》，下亦云讽章仇兼琼也。”黄山谷亦主是说。考开元二十八年讨吐蕃，收复维州安戎城，李林甫有贺表（见《全唐文》三四五），实出益州司马章仇兼琼之策。兼琼以此有功，遂为剑南节度。《蜀道难》句云：“所守或非亲，化为狼与豺。”“亲”字，《文苑英华》及《云溪友议》作“人”。詹锳云：“人字是。”窃谓《蜀道难》乃用张载《剑阁铭》“一人荷戟，万夫趦趄，形胜之地，匪亲弗居”语，谓所守若为非亲信，即化为豺虎矣；所以为恃险割据者昭其鉴戒（胡震亨论之是也）。如作“非人”，语无所本。白诗“剑阁峥嵘而崔嵬，一夫当关万夫莫开”，正袭用张载成句。全篇用夸饰手法形容蜀地之险，必有亲信扼守其地，否则召乱，未必专指任何一人。宋人谓讽章仇，殆指其妄启边衅而言。

白诗最精彩处为承用古乐府而加以推陈出新。此篇唐人写卷题作《古蜀道难》。《蜀道行》本为相和歌瑟调曲。见王僧虔《技录》。陈时阴铿亦有《蜀道难》。[①] 白诗张大其词，变化为长短句散文化骚体，故殷璠称其“奇之又奇，自骚人以还，鲜有此体调”。贺知章读后至誉之曰：“公非人世之人，可不是太白星精耶!”此诗纵横奇谲。正如“天梯石栈相钩连”，险意险句，以道出蜀道之险，诚古今未有之奇作。杜甫赠白诗云：“李侯有佳句，往往似阴铿。”铿事见《陈书·阮卓传》。阴诗存者皆五言，非白之匹。惟《蜀道难》用阴铿旧题，别开生面。杜公之意，岂指此乎?[②] 《蜀道难》此诗在唐代影响最大。陆畅至反其意而作《蜀道易》，以美韦皋，殊属无谓。姚合诗：“李白《蜀道难》，羞为无成归。”说者或据此谓白作诗，述功名之难成，则所见更浅矣。

《远别离》

《远别离》为乐府《别离十九曲》之一。汉以来有录别一类之作，以苏、李为主题，《九歌》“悲莫悲兮生别离”推衍而出。有《生别离》、《长别离》、《远别离》。至于近代，复有《今别离》(黄公度作)。皆一脉之作。

此诗刻意效楚辞。“皇穹不照余之忠诚”经袭用《离骚》“荃不察余之中情”句法。月惨惨，云凭凭，如诵《山鬼》之篇。结句翻《哀江南赋》“竹染湘妃之泪”意。“山崩川竭，泪乃可灭”以喻海枯石烂，此情难绝，一结有雷霆万钧之力。用韵错综变化，奇险突兀，盖得力于汉《铙歌》者。

此诗已见《河岳英灵集》，自为天宝十二载以前之作。向来诸说，此附史事，均有未安。诗中借尧舜禅让，舜南征而二妃未之从故事，以生情造文，输入作者之情感。满纸愁思怨怼，扑朔迷离，一唱三叹；楚声遗响，感人特深。范梈谓“此篇最有楚人风”，是也。化沉闷僵化之古史，为悱恻生动之文辞。从纯文学角度玩味之，可窥测作者表达之手法。东坡《与弟子由诗》：“九疑联绵属衡湘，苍梧独在天一方。”用此诗字句。亦援虞舜典故以申天下一家之观念，与青莲竟大异其趣。摭拾古事，如何造意，因人而异。于此可

① 诗为五言，录之如下：“王尊秦汉朝，灵关不惮遥。高岷长有雪，阴栈屡经烧。轮摧九折路，骑阻七星桥。蜀道难如此，功名讵可要。”以王尊事起兴，结句“功名”云云，即忠臣、孝子不可两兼之意，仍用王尊事加以推演，无甚新意。

② 王观国则辩此为美太白善为五言诗。

悟用典之法。

数字

夸饰数字为诗文中常用手法，以李白最为离奇。常用不可思议之数字，作高度之夸张。《蜀道难》云“尔来三万八千岁”，此由扬雄《蜀王本纪》“从开明上到蚕丛，积三万四千岁”一语而来。《梁甫吟》云“广张三千六百钓”，《唐宋诗醇》谓“以百年三万六千场计之，七十至八十约三千六百钓”。或谓即《鞠歌行》“虎变蟠溪中，一举钓六合”之意。《天姥留别》云“天台四万八千丈”，据《道藏》“鞠”字号《天台山志》引陶隐居《真诰》称天台为“一万八千丈，周回八百里，山有八重”，白诗更加增饰而为四万八千。① 上举诸例，可见其概。若乎《秋浦歌》“白发三千丈”，人所习知。妙在下句“缘愁似个长”，则愁与发其长相等，更属匪夷所思。宋王楙谓“文士言数目处，不必深泥，岂可拘以尺寸”②，诚通达之论。

清新、俊逸

最能了解李白者，无如杜甫。杜赠李诗云：“清新庾开府，俊逸鲍参军。”清新指有佳句，俊逸谓能行气。前者谓富辞采，多新意；后者谓有骨气，饶风力。何谓俊逸？本为品藻人物之用语。《魏氏春秋》记袁绍檄文言：“边让英才俊逸，天下知名。”③ “智过千人为俊”④ 也。逸言逸气，以马之逸足为喻。李白《天马歌》：“逸气棱棱凌九区，白璧如山谁敢沽。”逸群之马，与绝世之人，同为非常之物。鲍照诗文，“发调惊挺，如饥鹰独出，奇矫无前”⑤。乐府如“五丁凿山，时出奇警”。方东树谓俊逸盖取其有气。李白古诗乐府，正得力于此。

庾信诗为赋所掩。集中隽句骊纷披。如：“问君一壶酒，细酌对春风。”“山明疑有雪，岸白不关沙。”“野戍孤烟起，春山百鸟啼。”“雨歇残红断，云

---

① 王本注云：“当作一”。

② 《野客丛书》卷二四。

③ 《后汉书·袁绍传》。《文选》陈琳檄作“边让英才俊伟”。

④ 《淮南子》。

⑤ 敖陶孙评语。

归一雁征。”不胜缕举。李白学鲍在行气，学庾为琢句。于鲍得其健笔，于庾得其精思。双轨并进。李白言“一生低首谢宣城”，实则有得于鲍、庾者多。经杜甫指出，巨眼若烛，不愧知音。

五两

王琦旧注有极简陋者。如《送崔氏昆季之金陵》诗“扁舟敬亭下，五两先飘扬”（卷十八）注只引《韵会》：“綄，船上候风羽；楚人谓之五两。”按綄字已见《广雅》、《玉篇》。唐人诗用五两习见。权德舆句：“烟水飞一帆，霜风摇五两。”[①] 王维句“愁看北渚三湘近，恶说南风五两轻。”[②]

《敦煌曲子词·浪涛沙》[③] “五雨竿头风欲平”，雨即两之俗写。蒋礼鸿《校议》谓即五两是也。《太平御览》七七一舟部四有“五两”一项，引《淮南子》“若綄之候风”，许慎曰：“綄，候风扇也；楚人谓之五两。”又引《兵书》：“凡候风法，以鸡羽，重八两，建五重旗。取羽，系其巅，立军营中。”郭璞《江赋》云：“气氛祲于清旭，觇五两之动静。”唐初李淳风《乙巳占》卷十“候风法”云：“鸡有知时之效，羽重八两，以仿八风。竿长五丈，……羽毛必五两已上，八两已下，……”是五两亦可作八两。唐以来则习以“五两”为舟之代语。

三点成伊

《王右丞集笺注》卷十《与京兆苑咸》诗句云“贝叶经文手自书”，“梵字何人辨鲁鱼”。其题称：“苑舍人能书梵字，兼达梵音，皆曲尽其妙。”集附苑咸答诗句云：“三点成伊犹有想，一观如幻自忘筌。”赵殿成注：“佛书伊字如草书下字。按《涅槃经》：何等名为秘密之藏？诸如∴字三点，若并则不成伊，纵亦不成。如摩醯首罗（大自在天）面上三目，乃得成伊。三点若别，亦不得成伊，我亦如是。解脱这法，亦非涅槃，如来之身，亦非涅槃，摩诃般若，亦非涅槃；三法中异，亦非涅槃。我亦安住，如是三法，为众生故，名入涅槃，如世伊字。”温庭筠《杨柳枝辞》：“井底点灯深烛伊。”说者谓是

---

① 《文集》卷五，《送人使之江陵》。

② 《送杨少府贬郴州》。

③ 斯坦因二六〇七号。

伊字或双关骰子点数及伊人也。[1] 按∴为伊，乃出悉昙字母。印度古文本作𑀇，是为婆罗谜文（Brahmi）之 i。尚有保存圆圈写法。若天城体梵文 ii，则并不作三点。知菀咸所书者，乃用悉昙字体也。

王维 摩诘

维摩诘名为 vimalakirti，吴支谦译经依梵音始称《维罗诘》二卷。译义为无垢称，或净名。Mala 为垢。梵语字头 vi 训否定词之“无”与“不”。于伏陀经用作前置词 away。如 vi-tarām 训副词远方（far away）。六朝时，《维摩诘经》传译至多且广，一时成为显学。南北诸帝且亲自开讲。如北方魏世宗永平二年（509）于式乾殿为诸僧朝臣讲《维摩诘经》，是其例也。梁昭明太子以维摩为小字。王维兄弟五人名皆从纟旁，即维、缙、缥、纮、紞。[2] 缙亦佞佛，而字曰夏卿，与佛无关；维乃效昭明，取摩诘为号，合维与摩诘为一，则原名之维，岂有体无之意乎？《旧唐书》维本传云：“弟兄俱奉佛，居常蔬食。在京师日，饭十数名僧，以玄谈为乐；焚香独坐，以禅诵为事。”考《宋僧传》十七《释元崇传》：“至德初，杖锡去郡，入终南。至白鹿，上蓝田，于辋川得右丞王公维之别业。松生石上，水流松下。王公焚香静室，与崇相遇。神交中断，于时天地未泰，豺狼称患。……偶兹一会，抗论尔日。钩深索隐，襟期许与。”元崇俗姓王氏，与维为本宗。维卒于上元二年。至德初，两京未收复，维处沦陷区中，被迫授伪官。元崇即当日彼所接高僧之一人，僧传足以证史。维号摩诘，维于梵义为无。裴征问王弼：夫无者，诚万物之所资也。弼答因有圣人“体无”之语（何劭撰弼传）。维以玄谈为乐，兹亦足以窥其一端矣。

《沧浪诗话的诗歌理论研究》序

昔郑谷喜用“僧”字，自有句云“诗无僧字格遂卑”。其咏鹧鸪也，“青草湖边”，“黄陵廨里”，犹是死说其物，不免招来“吃棒有分”之嫌。[3] 彼虽力求尖新，而措词直说，选格琢句，仍有所新著也。陈简斋问诗法之要于崔

---

① 王运熙：《六朝乐府与民歌》，153 页。

② 《新唐书·宰相世系表》。

③ 吴乔《围炉诗话》。

鹍，鹍告以“慎不可有意于用事”[1]。简斋讥秦少游诗如“刻就楮叶”，谓“梅对前诗慎不可读”。似因崔说。人传其“人间火定热，我死不肯炙”，“老禅虽无心，施食不肯当”诸名句，倔强风骨，信乎节士之诗。俨然有取乎翻著袜法，反近王梵志矣。彼盖于诗之过慎，而作之尤慎，所失正在于慎。偶有佳篇为人称诵，但非能为广大教主也。二家虽不论禅，已扣禅关，而仍有滞著。夫黏于句，慎于诗均有所失，持此以观沧浪之诗与诗论，所失正坐过执于禅，迹其诰语，落想非高，若谓能真“从顶𩕳中来”，谈何容易！郑谷佳语，宋人屡以之入词。[2] 沧浪则无可搴采者，正缘所作未能构其所论，岂禅之理，犹不足共作诗者以为同登彼岸之筏耶？抑操之术有所不逮，徒有其理而乏控搏？若退之方以造其极耶？于以知纯理无方之不足尚也。而王之说偈曰：“今为无眼曹，空净白谓谛。”说诗者辄自谓谛之所存皆在于我，彼此相诤，故古今诗说车载，而罔所折衷。今人久已废诗而侈于论诗，盍取所作以自证其所论，譬如饮水，冷暖自知，所谓“证自证”者，移之于诗，或可为特健药乎。

锐清于诗，寝馈日久，所谓自无扣槃扪烛之谈。1980年秋，余讲学京都，亦尝畅论禅与诗相涉之义，于沧浪之说，粗具轸丛。君更撷指月之英华，极玄绝妙，纠擿众说，一一论其微远，同力深至，所论足以昭示来学，共登坦途。其书杀青既竣，锐清嘱弁其端，因诗论与诗作相倚与目证之旨，发其端倪，为读君书之一助。诗心如栽，一株可孕花千亿；妙手偶得，在人之自用如何耳。

1992年3月

又记

辛文房《唐才子传》记江南周繇云：“俯有思，仰有咏，深造厥域，时号为诣禅。”引其佳句称：“读之使人竦，诚好手也。”末论：“尝谓禅家者流，论有大小乘、有邪正法，要能具正法眼，方为第一义，出有无间，若声闻、辟支、四果，已非正也。……悟门洞开，慧灯深照，顿渐之境，各天所赋。观于时以‘诗禅’许周繇，为不入邪见，能致思于妙品。”其说即本《沧浪诗

---

① 徐度《却扫编》卷中。
② 例如晏殊取其“去年天气旧池台”以入《浣溪沙》。

话》。繇，咸通十三年后“诗禅之日留州”，知以禅品诗，由来已久。此条锐清书未之及，故附著于此。

附录

《沧浪诗话的诗歌理论研究》序 清水茂撰

汤西崖云：“诗话作而诗亡。”惟唐人无诗话而宋人始作诗话。盖唐人有别材，始作诗。故无意为诗，顺口而出，而诗皆浑然天成，自成佳妙，不俟诗话也。宋人自庙堂至江湖，无论有无别材，皆有意作诗。作诗之人日广，则有别材者暂且勿论，无别材者有意作诗，须学诗理，始可以作诗。故诗话始作矣。六一居士始作诗话，本来集以资闲谈，而后逐渐变作说诗理之书。《彦周诗话》曰：“诗话者，辨句法，备古今，纪盛德，录异事，正讹误也。”考《沧浪诗话》兼备许氏所言，井井有条，寔为古今诗话之典范，有意作诗者之门径也。诗话与有意作诗者说诗理，而沧浪云：“羚羊挂角，无迹可求。”此正谓无意作诗。其说诗理，为有意作诗者而言，惟无意作诗为最上乘。诗之难解，盖在此也。李君锐清研究《沧浪诗话》，讨源沿波，深入细微，尤其剖析诗禅一旨甚详，诗之难解家，为之其灼然可睹。夫文学评论本以资创作。近来评论学作诗者夥颐，专门研究评论者亦泛滥不可纪极，而无裨于创作，亦可谓“诗话作而诗亡”矣。愿李君诗作日有长进，以副其研究。

1992年2月，清水茂序于日本宇治流观室

陈白沙在明代诗史上之地位

一、诗家正脉

明代理学家多能诗，名高者前有陈白沙，后有王阳明，而白沙影响尤大。此一路乃承宋诗之余绪，推尊杜甫、邵雍二家，取道统观念，纳之于诗。白沙有句云："子美（杜甫）诗之圣，尧夫（邵雍）又别传。后来操翰者，二妙少能兼。"此在诗论上可谓另辟蹊径。杜为诗中圣人，此宋代诗人之公论。

邵之《击壤集》，理趣至深，以诗论道，因其诗可以窥道学之妙。[①] 白沙取杜与邵相配，称为"二妙"。其后唐荆川之徒选《二妙集》，即以白沙及（庄）定山、（唐）荆州三家诗，继《草堂》、《击壤》之后，以为"诗家正脉，即在乎是"（《列朝诗集》）。然白沙此说颇引起后人之反对。钱谦益云：

> 子美、尧夫之诗，其可得而兼乎？东食西宿，真英雄欺人之语。

又讥《二妙集》之编选谓：

> 岂惟令少陵攒眉，亦当笑破白沙之口。（《列朝诗集》）

---

① 见成化乙未希古《击壤集》引。

按金时段克己、成己二家总集合曰《二妙集》[①]。此用其名，而取义“二妙”，则出自白沙句：“二妙少能兼。”诗之与道，本如南辕北辙，今乃合而为一，故牧斋讥其为东食西宿。荆川之徒，提出“诗家正脉”四字，主张诗以载道，此则明代道学家之文学观点。未始非出于白沙之启迪也。牧斋曾将白沙、阳明二家诗作一比较云：

以世眼观之，公甫（白沙字）何敢望伯安；以法眼观之，伯安瞠乎后矣。

从俗谛而论，阳明自有千秋；以道谛而言，则白沙当在阳明之上。以此定两家之优劣，则白沙诗地位之高，可以见矣。

二、白沙诗渊源——与吴康斋诗之比较

白沙师事吴康斋（与弼）。杨希闵撰《吴康斋年谱》云：“宣德三年戊申三十八岁居水陂，白沙来从学。”[②] 康斋间喜吟咏，有诗集七卷，不下千首。《康斋集》今存有万历刊本。前七卷皆为诗集，其中有《洪都》、《游金陵》、《金台》、《适闽》、《东游》、《饶州》等稿。其《即事》一首，起永乐庚寅，时年十九。其诗题如《读中庸》、《变化气质消磨习俗》，学究气甚重。有《诵晦庵诗次韵》，颇学朱子之风格。《懒吟》又近邵雍。刘蕺山言康斋之学，刻苦奋励，多从五更枕上汗流泪下得来；及乎得之而有以乐，则又七十年如一日，愤乐相生。今观其诗：

乙巳正月十九夜枕上作

乐以忘忧理浑然，后生岂易造斯言。敛然下学无他法，一味深功见性偏。

具见其发愤克己之精神。其佳制如：

---

① 现存北京图书馆有元刊明修九行本《二妙集》。

② 见《白沙集·书玉枕诗后》。

山中见梅花

茅庵深处路萦斜，老树遥看近腊花。何事幽人吟未到，游蜂先已得春华。

轻灵闲暇，无半点烟火气。康斋于诗，好之甚笃。如《录诗稿》一首云：

晴日鸟相唤，轻风花乱飞；红尘休入户，次第正抄诗。

又绝句云："新诗尽日恣冥搜。"雅兴逸致，理学家而兼为诗人者也。白沙从学康斋，于诗之有深契，藉吟咏以发越情性，似受康斋之熏陶；然白沙于诗成就，实在乃师之上。故牧斋《列朝诗集》丙，以康斋诗附白沙之后，自非无故。康斋与白沙精神上，根本大相径庭。康斋从胼手胝足中充养得睟面盎背，由苦中得乐，一团浑朴气象，可追太古（顾泾阳语），工夫处全在"愤"、"乐"相生；白沙则任自然，与蒙庄相渗透，深得《至乐篇》山林皋壤之趣，不徒乐山乐水，作仁智之体会。康斋全是道德境界，白沙则为艺术境界，此其异耳。

三、陈庄体——白沙与庄昶

白沙与庄昶[1]齐名，时号陈庄体（朱彝尊《静志居诗话》）。两人互相推重。白沙有"百炼不如庄定山"语，而定山赞白沙则云："非谢非陶莫浪猜，了无一字出安排。"《定山集》有明嘉靖刻本（十行十八字）。北平图书馆旧藏者，残存四卷、二册，陈常道所编，周子满校正，刘子缙刻于定山书院。前有嘉靖十四年湛甘泉序，略谓：

周子、刘子告于甘泉子曰：子于白沙先生诗教、诗指，则既有述矣，于定山先生之诗，其独能无言乎？二公盖同道者也。故定山题白沙诗有曰："才力凡今我与翁，百年端许自知公。横渠老笔须终劲，周子《通书》自不同。"

① 昶，江浦人。事迹详《明史》卷一七九，《明儒学案》卷四五。

陈、庄二人为同道，所作诗可谓同调。《定山集》卷四有《读白沙先生诗集》四首，其他唱和之作尤夥。定山对于白沙门人，亦时有赠答。[1] 交情之深，可以概见。

定山成化中与章懋、黄仲昭以谏元夕张灯而被杖[2]，以行人归，不复出山。其将致仕，白沙寄以诗云："欲归不归何迟迟？不是孤臣托疾时。此是定山最高处，江门渔父却能知。"江门渔父即白沙自谓也。语中有讽。或云定山为琼山阁学所责，以祖训有不仕之刑，定山不得已遂入京补官。白沙赋此诗，且谓人曰："定山岂以久病昏其出处耶？"清全祖望为此而撰《庄定山论》（《鲒埼亭集》二十九）。白沙出处不苟，于平生大分，绝不为利害所怵；此为定山所不及。两人性情之异，王船山于《俟解》记其佚事云：

> 陈白沙与庄定山同渡。舟中有恶少，知为两先生而侮之，纵谈淫媟，至不忍闻。定山怒形于色。回视白沙，神色甚和，若不见其人，不闻其语者，定山以此服白沙为不可及。[3]

白沙吃紧工夫全在涵养。涵养则"心常在内"。其《书漫笔后》云："文章功业气节，果皆自吾涵养中来。"其纯为经验之谈。即此不端，已可见其日常之涵养功深矣。

定山《游茆山》诗有句云：

> 山教太极圈中阔，天放先生帽子高。

而白沙《寄定山》诗云：

> 影响驰驱等是劳，风流今古几人豪。但闻司马衣裳古，更见伊川帽桶高。岩径无风松子落，翠屏终古白云交。定山样子从来别，诗变尧夫酒变陶。

是诗颇为人传诵。"帽桶高"句与定山之"帽子高"，互相沿袭，亦不免

---

① 如《送白沙门人客彦昭、陈秉常回南海和杜句》云："可久亦可大，自抱贤人业。"

② 《陔余丛考》卷一七"唐时簿尉受杖"条。

③ 古籍出版社印本，8 页。

为人诟病。明人所谓陈庄体者，盖多指此类也。

四、白沙诗与禅——明人之评论

白沙之学，人或讥其近禅；于诗亦然。弘治间安磐撰《颐山诗话》称："公甫自是禅子。如：'道人本自畏炎炎，一榻清风卷画帘。无奈华胥留不得，起凭香几读《华严》。'又：'天涯放逐浑闲是，消得《金刚》一部经。'"（《历代诗话》本）举出白沙诵读佛书之证据。

杨升庵《丹铅总录》十九谓："（白沙诗）七言近体，效简斋、康节之渣滓，如禅家呵佛骂祖之语，殆是《传灯录》偈子，非诗也。若其古诗之美，何可掩哉？然谬解者，皆篇篇附于心学性理，则是痴人说梦矣。"此特讥湛甘泉为白沙诗妄加笺释，将白沙之诗"经义化"起来，而且为诗教。钱牧斋亦深予诋诮。此一责任不在白沙本人，而在其门人辈为之曲解。王世贞《艺苑卮言》云：

> 陈公甫如学禅家，偶得一自然语，谓为游戏三昧……晚节始自会心。偶然读之，或倦而跃然以醒，不饮而陶然以醉，不自知其所以然也。

盖弇州至晚年始能了解白沙诗之妙处。周亮工《书影》记弇州临殁手持《东坡集》不释，例亦同此。轻词华而涉理趣，嗜好之变更，自与年事不无关系焉。

白沙之诗虽间援用佛书，不能以此遂谓其为禅。犹邵尧夫《击壤集》有《学佛吟》七律句云："怕死老年亲释迦。"（卷一四）吾人不能以此遂谓尧夫为禅家也。清陆世仪论陈（白沙）、王（阳明）之学，谓：

> 白沙，曾点之流，其意一主于洒脱旷闲，以为受用，不屑苦思力索，故其平日亦多赋诗写字以自遣，便与禅思相近。或强问其心传，则答曰："有学无学，有觉无觉，言未尝有得于禅也。"[①]

其言良是。今读白沙诗，如云：

---

① 见清全祖望撰《陆桴亭先生传》。

托仙终被谤，托佛岂多修；弄艇江门月，闻歌碧玉楼。

能放乎自得之场，仙佛皆非安身托命之地。其《随笔》诗云：

人不能外事，事不能外理，二障佛所名，吾儒宁有此。

宇宙即己分内事，故云不能外事，事行而理生，故云不能外理。佛家戒事、理二障。滞于事则为事障，滞于理则为理障。白沙颇依儒术。儒家真机活泼，随事体认天理，根本无此二障可言。或云“苏、黄事障，程、邵理障”①。读白沙诗者，实当破此二障。如强为说教，即是横添上理障，虽甘泉亦不免贻讥焉。其《示湛雨》：

天命流行，真机活泼，水到渠成，鸢飞鱼跃。得山莫杖，临济莫喝，万化自然，太虚何说。

泼泼地之真机，丝毫不滞碍。连杖与喝可以不要，是超越禅家了。此真机大有异于禅机，已非佛家之藩篱所能拘囿矣。

五、“不安排”之义

庄定山赞白沙诗“了无一字出安排”。安排是一种障碍。白沙句云：“从前欲洗安排障，万古斯文看日星。”要每一字自然流出来，须先洗涤心灵，澡雪五藏。《易传》言：“圣人以此洗心，退藏于密。”故白沙有《梦作洗心诗》。又《题心泉》句云：“不将泉照面，白日多飞尘。”泉比本性，尘喻外物。去障则能不为尘所染。又句云：

断除嗜欲想，永撤天机障，身居万物中，心在万物上。

《庄子》云：“其嗜欲深者，其天机浅。”欲使天机免于障蔽，须断却嗜

① 胡元瑞《诗薮》内编。

欲。真机既出，一念超乎万物之上。白沙所造为极高明之境界，得力《中庸》之精髓。其言自然与忘我，精神尤接近庄子。

（一）自然：白沙云："自然之乐，乃真乐也。宇宙间复有何事?"此犹《庄子》之《至乐》。又云："宇宙内更有何事，天自信天，地自信地，吾自信吾，自动自静，自阖自辟，自舒自卷。"此与《庄子·大宗师》"自本自根"义略同。

（二）忘我：白沙云："忘我而我大，不求胜物，而物莫能挠。"犹《庄子》之"至人无己"及"物物而不物于物"之义。又云："飞云之高几千仞，……若履平地，四顾脱然，此其人内忘其心，外忘其形，其气浩然，物莫能干，神游八极。"此直是《庄子》坐忘之论。

白沙《梦后作》句云："幻迹有去来，达观无古今。"而《庄子》云："见独而后能无古今。"白沙言"从静中养出端倪来"。"端倪"二字，即取自《庄子·大宗师》。是知白沙得力于庄周者至深。养其真机无往而不自适，自得不趣，发于诗文，亦自复尔。或问："著述。"白沙答曰："伏羲数画耳。"易简而天下之理自得，又何待乎安排耶?《示黄昊》句云：

> 高明之至，无物不覆。反求诸身，把柄在手。

故知不安排是其作人之把柄，亦为其作诗之把柄。

六、白沙诗集之初刻本

白沙集板本，其嘉靖本曰《白沙子》者，影印于《四部丛刊》三编，张元济为跋，论述最详。略谓其"全集，吉水罗侨始刊于弘治乙丑，诗文各十卷；越三年，至正德戊辰，莆田林齐重订而补刻之；嘉靖癸巳，西蜀高简又刻于维扬，有所增削，并为八卷，即此本也。至嘉靖辛亥，内江萧世延又刻之，增为九卷。其后万历辛丑闽林裕阳，壬子同邑何熊祥先后覆刻，大率取材是本"[①]。弘治全集本，今不可见，惟北京图书馆有弘治刻本《白沙先生诗近稿》十卷，为府同知吴献臣（廷举）所录。自成化甲辰至弘治乙卯正月，

---

① 《涉园序跋》，242 页。

得六百八篇。[①] 起《甲辰春中杂诗三首》，与他本之起《和龟山》“此日不再得”韵，编次不同。此《诗近稿》九行，行十五字，二册，为诗集初刻本，可谓瑰宝。至嘉靖刊本，《白沙全集》有三十一卷本者，门人张诩编。诗起于卷十一至卷二十一（有七言绝句补遗）。此二种均有足记，故略述之，用俟专究白沙集者之考览焉。

七、白沙之嗣响

诗有性情与风韵两条件。理学家之诗，有时亦风神独绝。白沙见解谓：“论性情先论风韵，无风韵则无诗矣。”仍以风韵为重。故牧斋直目之为诗人，不敢斥其诗为偈语，诚为知言。白沙云：“学诗须先理会古人性情。”又谓：“黄涪翁（山谷）《大雅堂记》，……正诗家大体所关处，不可不理会。大抵诗贵平易洞达，自然含蓄不露。”[②] 又《示李孔修近诗》云：“或疑子美圣，未若陶潜淡。习气移性情，正坐闻道晚。”则又未曾外性情而言诗。其诗远慕陶公[③]，而近与江西接武。故说者谓其间袭后山、半山佳句。[④] 尤见白沙吟咏，虽主循乎自然，仍不废警策及禅锤也。

白沙谓定山“诗变尧夫酒变陶”，其自作诗亦多由尧夫变来，涂辙未异。白沙门人新淦萧子鹏，同时丰城杨廉皆好陈庄体。廉有《月湖集》，至被目为月湖诗派。[⑤] 定山“溪边鸟讶天机语，担上梅挑太极行”句，杨廉以为高出杜子美。安磐《颐山诗话》乃深加訾议。《四库提要》（诗文评类二）以为公论。钱牧斋云：“此等谬种入后生八识田中，真所谓下劣诗魔，断送诗家多生慧命。”可谓极诋諆之能事矣。唐顺之诗本学初唐，中年为诗乃涉理路，至有“味为补虚一试肉，事求如意屡生嗔”一类恶句。《艺苑卮言》讥其不减定山担挑太极，为词林笑端。理学家诗之为人讪笑，往往如此。

王船山于白沙诗最为服膺。《姜斋诗集》卷四过半为和白沙之作。摘句如次：

---

① 见弘治丙子嘉鱼李承箕序。

② 《批答张廷实诗笺》。

③ 集中有《和陶十二首》。

④ 钱氏《谈艺录》，166页，指出后山《题宗室（赵士陈）明发高轩过》“晚知书画真有益，却悔岁月来无多”句，而白沙《寄林虚窗》句“开眼已知真有益，后来岁月悔无多”，即袭用之。

⑤ 见《竹垞诗话》。子鹏尝演天地自然图，参《皇明世说新语》，卷七。杨廉，见《明史》卷二八二。陈田《明诗纪事》丙签九只收杨廉《题画》一首。

莫道我狷彼狂，共弄暮天空碧。①
天下古今几许，梨花春雨黄昏。②

又《夕堂戏墨》（卷六）仿体诗（仿明代诸家体），《仿陈献章晚酌》云：

芒鞋是处寻春好，不拣苍苔与沁泥。

《姜斋文集》卷三《读李大崖墓志铭书后》，于江门风月，黄公台披衿相对，扶疏葱蔚，挂青天而荫沧海，境界之高超，深致景慕。船山最能体会白沙高夐之真精神，旷世相感，尤值得抉发者也。

粤人之蒙白沙之教者，甘泉而下，实繁有徒。至清而胡方大灵③《和天然和尚梅花诗百二十首》，假物明道，寓言讲学，诚白沙之嗣响。何梦瑶有绝句咏之曰："观于海者难为水，若问源头天上来。识得江门为正派，始知金竹是高才。"自注云："诗至白沙，高出千古。胡金竹继之，此非予阿好之言，后世自有定论耳。"乃作《梅花四体诗笺》。屈大均云："粤人以道为诗，自白沙始。"④ 何氏之于金竹，亦犹湛氏之于白沙，正一脉相承也。

本文为1966年11月白沙先生纪念会演讲稿，作者附志

① 《书陈罗二先生诗后》之一。
② 《见狂生祇康斋白沙者漫题》。
③ 学者称金竹先生。
④ 陈颙《读岭南人诗绝句》，301页。

论顾亭林诗

清初的诗可说是明诗的延续。明代的诗，到了晚期，已像一池死水，奄奄没有生气了。有的“便娟轻俊，只可装点山林，附庸风雅”[①]。即牧斋尊为一时宗匠，以讨论风雅别裁伪体自任的松圆诗老[②]，亦不过在唐人秀句的窠臼里兜圈子。这时的诗，已成为玩物丧志的点缀品。[③] 要到甲申之变，百姓震愆，山崩海沸，才如惊蛰隐雷般打开锢闭在沉闷气氛中的坛坫，把诗魂唤醒起来。从此，作诗的人，思想上起了极大的变化。“世积乱离，风衰俗怨，故梗概而多气”，明亡后的残酷环境，对于诗篇的孕育与刺激，和建安时代正相仿佛。

清初的诗，有两条路子。括言之，是在野与在朝之分，亦即山林与廊庙之分。在野的诗人群中，有先朝的旧臣，有从事救亡运动的烈士，有倔强不肯出仕的遗老，有逃避现实托迹空门的艺人。像吴日生的《从军行》、伍容庵的《续正气歌》，方药地的《哀哉行》、王船山的《悲落叶》、石涛的《咏零碎山川颠倒树》。其他效白香山的，有赵千里的《恶风折海棠行》，书甲申三月十九日事。学杜的有高出之《前后出塞》与《河东诸将》。至如李长科、金起士的《五歌》、《七哭》及《哀国变》七言长古等等，无不长歌当哭，怵目惊

① 钱牧斋《列朝诗集》丁集评陈继儒诗。

② 程嘉燧。

③ 朱彝尊论明诗，至“竟陵凡八变，而枯槁幽冥，风雅扫地”。见《静志居诗话》“曹学佺”条。于程孟阳诗，尤多贬词。

心，令人不忍卒读。[①] 至于在朝的诗人，又有新贵和贰臣之别。贰臣之诗，不免心怀隐痛，说不出的怨愤，流露于字里行间（如吴梅村）。这类的诗，严格说来，亦应部分附入明诗的领域。

清自顺治入关，至十八年，桂王为缅甸酋长所执，明年四月，被杀于云南，是为康熙元年，明祚才完全寿终正寝。但在遗老的心中，却不信真为亡国。顾亭林在这一年的三月，三谒天寿山，有《三月十九日有事于（怀宗）欑宫，时闻缅国之报》一诗。自注引《庄子》，楚言凡亡者三，而凡君谓“凡之亡不足以丧吾存，则楚之存不足以存存。由是观之，则凡未始亡，而楚未始存也”。这可代表明正式灭亡后遗民的最后呼声。自清初至康熙，明虽亡而犹未亡，大家刚尝过宗社沦胥之痛，亡国之音哀以思，他们的诗心不期然地与文文山《指南录》、郑所南《心史》等异代互相呼应。文、郑之诗正写于元世祖隆盛之世，后人把它刊于亡宋之诗，是合理的。照这样说来，清初遗民的诗是应列入晚明，方符合这些诗人的意志；所以我强调地说，清初的诗，是明诗的延续，其理由即在此。[②]

清初诗人，好像生当天宝后的情况，那时的杜甫，能抓住现实题材来写诗，故有“诗史”之目。清初的诗人，不肯无病呻吟，最能把握这一点效少陵诗史而作诗的，要算是顾亭林了。

亭林作文写诗，有他一贯的主张，他不是空口说白话，而是彻头彻尾实践他的意见。他说：

> 文之不可绝于天地间者，曰明道也，纪政事也，察民隐也，乐道人之善也。若此者有益于天下，有益于将来，多一篇多一篇之益矣。[③]

他坚持着这个宗旨，虽以高节洁行的李中孚，“为其先妣求传再三，终已辞之，盖止为一人一家之事，而无关于经术政体之大，则不作也”[④]。他论“作诗之旨”说：

---

① 各诗可参阅《天启崇祯两朝遗诗》。

② 清钱塘郝莲编《国朝诗选》，起顾炎武，迄姚燮（冯平山图书馆藏抄本），以亭林诗为首。至朱彝尊的《明诗综》却收顾绛（即亭林）诗。那是对的。

③ 《日知录》卷二一“文须有益于天下”条。

④ 集中《与人书》十八。

舜曰："诗言志。"此诗之本也；《王制》命太师陈诗，以观民风，此诗之用也；荀子论《小雅》曰："疾今之政，以思往者，其言有文焉，其声有哀焉。"此诗之情也。[1]

又极赞赏白香山讽喻诗，许为深知立言之旨。照他的意思，诗的根本是言志，诗的功用是观风，诗的情感是述哀的。"哀"是诗心的主要力量。依《诗大序》的说法：语其大者则"哀刑政之苛，吟咏情性，以风其上，达于事变，而怀其旧俗"；语其小者，则"哀窈窕，思贤才，而无伤善之心"。亭林诗集，编年始于《大行哀》诗，正当崇祯十七年亡国之岁[2]，含有极深的意思。他的作品中，这一类抚时感事之作最多，可说是达事变而怀旧俗的。又朋友投赠之什亦夥，那些可说是思贤才而乐道人善的。除此以外是不肯随便著笔。《大行哀》诗说："小臣王室泪，无路哭桥陵。"《表哀诗》有序，自谓效晋孙绰之作，所以"冒谅暗之讥，申罔极之痛"。亭林一生受母教最深，尽忠尽孝，皆得母氏的训诫。昆山之陷，其母闻变绝粒，遗命亭林无为异国臣子。[3] 这件事种下亭林一生莫大的哀痛，确立了他做人立身出处的根本方向，家和国两重的血泪，交织成他诗里的哀思。集中《京阙几次谒陵》、《谒先帝御容》、《孝陵图》、《有事于欑宫》以及《奉先妣葬》、《寄题贞孝墓》等作，不下十余首，无不原本于忠孝，发为至情之作。王不庵说他："身负沉痛，思大揭其亲之志于天下。奔走流离，老而无子。其幽隐莫发，数十年靡诉之衷，曾不得快然一吐，而使后起少年，推以多闻博学，其辱已甚。"这颇能道出他的隐痛。他在《答李子德（因笃）书》中说："先妣当年大节，炤耀三吴。读行状之文，有为之下泣者。老弟亦已见之矣。他人可出，而不孝必不可出，老弟其未之思耶。"[4] 词严义正，真可以起顽立懦，这是他的内心蕴结所在，在谈他的作品之前，不能不先为表彰的。

其次要谈到他的性格。有人说他"孤僻负气，讥诃古今"，"以是吴人訾之"[5]。他的博雅淹洽，《清史稿·儒林传》列以为首，但他实在要算是独行

① 《日知录》卷二二。

② 时年三十二岁。

③ 见集中《先妣行状》。

④ 此数句以下一段，《亭林文集》删去。日本大阪府立图书馆藏《蒋山佣残稿》卷二有之，故为录出。

⑤ 李文贞撰《顾宁人小传》。

传、游侠传中的人物。他的老友归庄[1]，对他了解最深，曾给他的信说道：“友人颇传兄论音韵，必宗上古，谓孔子未免有误。此语大骇人听，因此度兄学益博，而僻益甚，将不独音韵为然。其他议论，倘或类此，不亦迂怪之甚者乎？却子语迂，单子知其不免，况又加之以怪乎？此平生故人所以切切忧之。愿兄抑贤知之过，以就中庸也。”这信是写于康熙七年。时亭林方脱济南府诗案狱。事后亭林作《赴东》诗六首。中有句云：“禀性特刚方，临难讵可改。”“所秉独周礼，颠沛犹在斯。”“永言矢一心，不变同山河。”犹可看出他的贫贱不移、威武不屈的大丈夫气概。

这六诗曾寄与归庄，归有和韵，并附来这信，他觉得亭林过于怪僻，欲折以中庸之道。归庄和亭林同里巷，自少时即有“归奇顾怪”之称。但归的诗名，在当日似乎是驾于亭林之上。归和钱谦益交往甚密，钱在八十一岁的时候，作有一首很长的五古，共八十二韵，《赠归玄恭》，并云戏效玄恭体。其中有云：“子有诗百篇，稿本庋吾匭，元气含从衡，冥涨失津涘。”又说他“摇笔断修蛇，垂芒射青兕”[2]。篇终自伤己与玄恭两人的廓落而无所底，且以昌黎《叹双鸟》以相比况。可见钱对玄恭推许的程度，以及归在清初诗坛上地位之高。

济南诗案的冤狱，是由陈济生（皇士）的《天启崇祯两朝遗诗》一书引起的。[3] 此书共十卷，选辑目录，系补钱谦益的《列朝诗集》所未备，所选“以人为重，人以节义为主”[4]。近年已有翻印本。其前有归庄的序文。照理归庄应有所牵连的，幸得黄元冲所刻此书，无序无目无诗，止有传一百余页。[5] 故免于难。其实亭林亦是受人所累，归庄信里说他能“自诣狱，不惟举动光明，揆之事理，亦自宜尔”。又言他在济上所经营，为人所卖，劝他作南归之想。据亭林族子顾衍生的案语，谓是狱之兴，系因谢长吉主唆。先是康熙四年，章丘人谢长吉，负欠亭林债务不偿，乃以大桑家庄田产作抵押品，七年九月，亭林与长吉对簿，始获开释。是时友人朱彝尊客山东巡抚刘芳躅幕中，亭林之脱于患难，朱有很大的帮忙。[6]

亭林始终不肯南归，旅游四方，有人说他“生性兀傲，不谐于世，身本

---

① 字玄恭。

② 诗见《有学集》卷一二。

③ 济生是陈仁锡之子，亭林的姊夫。

④ 见济生所述凡例。

⑤ 详《亭林手札》，见《年谱》卷二。

⑥ 朱在《静志居诗话》谓亭林兵后尽鬻其产，寄居章丘，别治田舍，久而为土人攘夺，即指谢长吉此事。

南人，好居北土”[①]，尚未能道出他的心坎。据章太炎撰《书顾亭林轶事》云：

> 亭林先生四十五岁往山东，七十岁殁于山西曲沃。中间游历北方诸郡，岁无三月之淹，而所至未尝匮乏，世多谓其垦田致富。近闻山西人言：亭林尝得李自成窖金，因设票号，属傅青主主之。……按先生五十一岁至太原，始与青主相识，章丘雁门营田之事，乃在其后二三岁，则或发金在前，后乃以作赀兴农耳。至其行迹所到，舆马辎重，焜耀道上，而终无寇盗之害。世传先生始创会党规模，盖亦实事。全绍衣谓先生遍观四方，其心耿耿未下。是则先生外以儒名，内有朱家、剧孟之行，非多财亦不能然也。[②]

如果所述属确实的话，则亭林在当日兼营秘密社会工作。他目的在图谋恢复，但终告失望。到了后来，又怕清室招致，受其笼络，致有亏大节。他与潘次耕书说：“此时情事，不得不以逆旅为家。”[③] 正是实情。他在六十八岁庚申元旦自作一联云：“六十年前，二圣升遐之日。三千里外，孤忠未死之人。”[④] 这才是夫子自道。

关于山东诗狱，据亭林手迹引姜元衡控告的《南北通逆》一禀有云：

> 据各刻本，山左有文石诗社，江南有吟社，有遗清等社，皆系故明废臣，与招群怀贰之辈，南北通信，书中确载隐叛与中兴等情。……北人之书，削我庙号，仍存明号，且感愤乎鸱张，虎豹乎王侯。南人之书，以我朝为东国，为虎穴……北人之书，有《含章馆诗集》、《友晋轩诗集》、《夕霏亭诗》、《郭汾阳王考传》；南人之书，有《启祯集》，即《忠节录》、《岁寒诗》、《东山诗史》、《仿文信国集子美句百八十章》。

这可见当日遗老们怎样组织诗社，和怎样写诗去发泄他们的忠悃，与从事消极地对清朝的反抗活动。陈皇士编选的《启祯两朝遗诗》，即所谓《忠节录》。这书流传的经过，陈乃乾已有详细考证，于此不必多论。现所欲指出的

---

① 江藩《汉学师承记》。

② 《太炎文录续编》卷六上。

③ 此数语见《蒋山佣残稿》卷三，刻本文集删缺。

④ 按二圣，指明神宗与光宗，俱崩于万历庚申。

是，亭林本人亦有同样的选诗工作。亭林门人李云沾①《与人论亭林遗书牋》称："先师当日著作甚富，即以晚所见而言，尚有《岱狱记》四卷、《熹宗谅阴记》一卷、《昭夏遗声》二卷。"② 是亭林选辑的《昭夏遗声》，他的用意岂不与陈皇士沆瀣一气吗？《熹庙谅阴记事》，附在《蒋山佣残稿》，大阪尚有其书，可惜《昭夏遗声》已失传，莫由查考它的内容。张穆所撰《亭林年谱》，胪列他的著作有关于诗的，只有《诗律蒙告》一卷，没有著录这书；仅记他和陈皇士诗案的关联。这一部《昭夏遗声》，是值得叙述的。

由于清初文字狱的繁兴，亭林诗中有很多的忌讳，后人刊刻，不免加以删改。其弟子潘耒手钞原本诗稿，有传录本，和康熙原刻本已有许多不同，《古学汇刻》（第九编）中有署名荀羕（即孙诒让）作《亭林集外诗》，并附《亭林诗集校文》。跋诗云："《亭林诗集》六卷，传校元钞稿本③，以潘刻勘之，得佚诗十有八篇。潘刻所有而文字殊异者，又逾百事。"又注云："潘刻亦有初印及重修之异，修版本缺字殊夥。初印本并与元钞本同，今不备校。"是潘次耕初印本并未敢多所窜改，犹遵师训，其后文网日深，乃重加删并，成为五卷本。别有钞本题作《蒋山佣诗集》的只有四卷，孙毓修曾据以写作《亭林诗集校补》，附于《四部丛刊》本《亭林诗集》之后。此外光绪年间，朱记荣曾据桐城萧敬孚所得抄本，辑刻《亭林佚诗》一卷二十三首。讳忌处多仍作方围。近年中华书局依据上列各本，重编为五卷，并注明原钞本不同的字句，并把徐嘉《顾诗笺注》的《集外诗补录》附于末，成为较完备的《亭林诗集》④。

原抄本之可贵，举例言之。如《羌胡引》一首，刻本所无，集外诗列在卷四，注云："赠黄职方诗后。"诗中直斥建州云："乱之初生自夷孽。征兵以建州，加饷以建州。"当日如不删去，是可引起祸端的。又《剪发》一首。所以志剃发的惨痛。起句曰："流转吴会间，何地为吾土？登高望九州，凭陵尽戎卤"，刻本题目改作《流转》，第四句改为"极目皆榛莽"。不剃头在当日是极严重的罪名。⑤ 故"剪发"二字，在形势之下，亦不能不加窜改。

① 即顾衍生之师，诗集卷五有《寄李生云沾诗》。

② 自注："昭夏者，中夏也。选明季殉节诸公诗，每人有小序一篇，系沾手录。"此文载《国粹学报》，第1卷，第7期。

③ 潘稼堂刻本，并为五卷。

④ 1959年印行。

⑤ 像华吏部允诚于南京陷后，因不剃发而为人所告，执去杀头。见《启祯两朝诗小传》。

《路舍人家见东武四先历》，原钞本题作“隆武二年八月上出狩，未知所之。其先桂王即位于肇庆府，改元永历，时太子太师吏部尚书武英殿大学士臣路振飞，在厦门造隆武四年大统历，用文渊阁印颁行之。九年正月，臣顾炎武从振飞子中书舍人臣路泽溥，见此有作”。原本径作“隆武”，且用以纪年，称监国为上，用《春秋》笔法，谓其“出狩”。孙毓修所见《蒋山佣诗集》钞本隆武作“东武”，“桂王即位”作“雩阳即位”，“改元永历”作“改元梗锡”，“在厦门”作“在厦元”，“造隆武四年大统历”作“东武四先大统锡”，“文渊阁”作“文光阁”，“臣顾炎武”作“臣蒋山佣”，于忌讳字多用韵目代替。友人潘重规教授曾写《亭林诗发微》一篇[①]，谓孙氏校补所用的“钞本《蒋山佣诗集》，确是出于亭林先生的原稿。其中有许多隐语，叫人乍看，茫然不知所谓。原来亭林先生运用许多韵目，代替他要隐讳的字眼”。他连“顾炎武”三字都改称“蒋山佣”，又如上举的《羌胡引》，他改作《阳麌引》，“建州”则改作“愿州”，这显然是出于清代某一怕事的钞书家的玩意，和亭林本人是没有关系的。亭林在《日知录》卷二十一上有“古文未正之隐”一条说：

文信国《指南录序》中北字皆虏字也，后人不知其意，不能改之。谢皋羽《西台恸哭记》，本当云文信公，而谬云颜鲁公，本当云季宋，而云季汉，凡此皆有待于后人之改正者也。……郑所南《心史》书文丞相事，言公自序本末，未有称贼曰大国，曰丞相。又自称天祥，皆非公本语。旧本皆直斥虏酋名，然则今之集本，或皆传书者所改。

不意他自己的诗，后来亦被传钞者所改，我们现在再加改正，回复他本来的面目，真是一桩快事。

谈到亭林的诗，首先要明了他的家学，知道他诗学的渊源。陈济生《启祯两朝诗小传》顾太学（绍芳）下云：

其诗豪宕深稳，不入时人蹊径。七言歌行，仿佛太白。……足迹半天下，故能通晓国家典章。……寿至七十九以终。未卒时，犹日录邸报，每纸一幅，至二千余字，草书精绝，凡二十余帙，济生从其嗣孙绛（按即亭林）得而观之。顾氏言诗者，自给事公（指顾济，官刑科给事中）。

① 载《新亚学报》第4卷第1期。

当正、嘉间，独为雄博深厚之作。其后赞善公（指顾绍芳）万历初入翰林，为诗清逸隽永。先生神格独出，古体长篇，复在二公之上云。给事集毁于倭，存诗十余篇，刻石昆山。赞善有《宝庵集》行于时。

绍芳即是亭林的祖父。自他的高祖以下，累代能诗。亭林的本生父名同应，生五子，长曰缃，字遐篆，次即亭林。同应与缃，诗名尤著。绍芳及其弟绍芬与同应、缃诸人的诗，均可从《启祯两朝遗诗》（卷八）见到。绍芳的七古，取径于太白、长吉，同应有《药房》、《秋啸》等集，《明诗综》谓其词淡意远，有白云自出、山泉泠然之致。其古体尤近长爪郎一路（如十五岁作的《夜坐》一首与《江上篇》等）。亭林的长兄缃，天才隽迈，“为古乐府，下笔便成风骨，踔厉不减古人”。我们观他的《拟古乐府》自序，便知道他对乐府造论之深。世传他的《两京赋》比于张平子，《时务策》比于贾长沙。当崇祯时，天下多故，缃每自负他的才干，谈练兵、筹饷、农田、水利，欲空其侪辈，他的才气大过亭林，可惜未四十而殁。可见顾氏累代以乐府世其家，给与亭林的濡染至深。怪不得亭林在京师，王渔洋叩问乐府《蝴蝶行》，他便应口诵之，不失一字。亭林精熟乐府，而他的诗亦以乐府诗成就为高。溯其由来，应是出于家学，非偶然也。①

朱彝尊《静志居诗话》，论亭林诗，谓其“诗无长语，事必精当，词必古雅”。老实说，他的诗应该属于学人的诗，他的哥哥方是才人的诗。他的诗长于隶事，尔雅典重，拿古人的文章来比拟，有如任昉的“载笔”。刘彦和论文之体性有八，一曰典雅，典雅是义归正直，辞取雅驯，雅的反面是“奇”，奇是危侧趣诡一路。归庄有时是奇，亭林却无不雅。亭林诗每附注语，据钱塘袁氏说，是他的自注。注中泛滥经史百家，有时发为微言大义。如《感事》“尚录文侯命，深虞雒邑东”，引《春秋传》曰：“厉王之祸，诸侯释位以间王政，宣王有志而后效官，读《文侯之命》，知平王之无志也。”《先妣忌日》“一经犹得备人师”，注引《颜氏家训》：“荒乱以来，虽寒畯之子，能读《孝经》、《论语》者，尚为人师。”都是很好的例子。

《日知录》卷二十八评论古书注语失当之处。对于《文选·阮籍咏怀诗》的颜注，陶渊明、李太白、杜子美、韩文公诸家诗注，多所驳正。可见他对这几家的诗，用力很深。他据《晋书·苻坚载记》，说明李白“海动山倾古月

---

① 顾缃的乐府，另有《古学丛刊》本的《二顾先生遗诗》卷二《顾遐篆诗》。

摧”，古月是“胡”的析字法。他指出杜甫用典一时之误，如“诸生老伏虔”，应是伏胜，都很有趣。这些地方，可以看出他用字遣词，不敢有一字无来历。他对于典据的注意，正是他的诗所以典雅的重要因素。

《诗大序》说：国风“发乎情，止乎礼义。”亭林写诗是完全循着这一道路的。他说：

> 《黍离》之大夫，始而摇摇，中而如噎，既而如醉，无可奈何，而付之苍天者，真也。汨罗之忠言，言之重，辞之复，心烦意乱，而其词不能以次者，真也。栗里之征士，淡然若忘于世，而感愤之怀，有时不能自止，而微见其情者，真也。①

不诚无物，诚即是真。亭林深得性情之真，所以他的诗不是言之无物的诗。而且他博古多闻，故诗中没有一句是空虚之语。他在《日知录》中论“诗题”说：

> 古人之诗，有诗而后有题，今人之诗，有题而后有诗。有诗而后有题者，其诗本乎情，有题而后有诗者，其诗徇乎物。

我们看他的诗，很多是先成诗而后定题。因题而写诗，是为文而造情，其情便不真；因诗而定题，是为情而造文，这样的情，自是真情。以真为文为诗，这样的诗文，自然是天地间的至文，否则直是“文塚”而已。

亭林足迹遍天下，九州历其七，五岳登其四。诗中行役之作特多。他周览山川，考古今治乱之迹，这一类的诗，正和他的名著《天下郡国利病书》、《肇域志》可以互相表里。他的留心地形兵法民生疾苦等实际问题，是承受他的祖父和他的大哥的启示，还是有家学作其渊源，这点应该注意的。他的咏怀古迹的诗，都是用意甚深。像《乾陵诗》是怀慕狄仁杰，《王官谷》是赞美司空图。《后土祠》，表面是说汉武，骨子里却是思雄才与猛士。《楼桑庙》述昭烈重振汉室，即惓惓于中兴之事。《邢州》言卢象升。“事往溯悲风，芒然吹尘沙”，尤有无穷的感喟。这样的诗，集中触处皆是，不遑备举。

他的诗，踵武杜少陵，最特别处是没有一首无益的诗。都是记政事，哀

---

① 《日知录》卷二一“文辞欺人”条。

民生，乐道人善之作，为的是贯彻他的主张，这样可以说是能立诗之本，明诗之用，而尽诗之情。我们读他的诗，应该于诗外求诗，明其诗旨之所在。若徒以诗论诗，则不足以知亭林了。他的诗，论才气似不及归庄，论诗名在当时恐不如他的大哥顾遐篆；但后人越觉得他的学问和人格的伟大，对他的诗更加发生兴趣，越觉得他的诗中有极了不起之处。所谓："兰畹縢馥，桑海大哀，凄迷填海之心，寥落王佐之学。"（荀羕跋语）山阳徐嘉不惜耗了十年的精力，作成《顾诗笺注》，来替他发微阐幽。诚如冯鲁川说：

牧斋梅村之沈厚，渔洋竹垞之博雅，宋元以来，亦所谓卓然大家者也，然皆诗人之诗也。若继体风骚，扶持名教，言当时不容已之言，作后世不可少之作，当以顾亭林先生为第一。[①]

这种批评，自然是很中肯，但不是专从诗的本身来评论他的诗，而是从他的整个学问人格来估计他的诗，冯氏说他不是诗人之诗，那么他当然是学人之诗了。其实亭林并不有意为诗。他说："吾行天下，见诗与语录之刻，堆几积案，殆于瓦釜雷鸣。"他又说："诗不必人人皆作。""必欲人人以诗鸣，而芜累之言，始多于世[②]。"满街塞巷都自命诗人，实在令人生厌。亭林本不愿以诗鸣，反给后人加以诗人的头衔，最近竟被遴选为祖国十二诗人之一，他在九泉下有知，宁不发笑。从风格上来论，因为他性喜食麦跨鞍，驰驱塞上，故诗中多幽并之气。五古胜处，慨当以慷，有时可以方驾高达夫。七律沉郁苍凉，可追踪元遗山。而五言排律，尤其是他的擅长。他完全走杜甫一路，有些简直是杜诗的翻版。在清初的诗林中，他并没有什么突出的作风。平心而论，他的价值，不在于独到的诗力，或创新的诗样，而是在他的纯正的"诗旨"。换句话说，他保持着传统的诗的精神，加以发挥和实践。从他的正确理论，我们可以判别"徇乎物"的诗和"本乎情"的诗二者间严格的分野，得以认识诗的真正意义，这一点是不能忽视的。

原载《文学世界》

---

① 路岯《顾亭林先生诗戋注序》。

② 《日知录》卷二二。

奇士与奇文

——记屈大均及其《华岳》诗

龚定庵《读番禺集卷尾》云："奇士不可杀，奇文不可读。"王佩诤校记："屈集触忌，故作廋词。"定庵眼中，屈翁山是一位奇士。他的奇是在于与人不同的行径。屈氏于丁亥三役，在业师陈邦彦军中独领一队，已崭露头角。及广州再陷，他遂削发，礼天然和尚函昰之门，榜所居曰"死庵"，时年才二十一岁，真令人咄咄称奇。他由此正式入于缁流的行列，到了康熙元年，他三十三岁，忽然大悟还俗，而且写了一篇《归儒说》，陈明理由。他一生大概分成二截，半释半儒，十分有趣。

由于早期遁入空门，结织许多遗老，明季名宦、才士、诗客，有机缘多所交往，因而建立了他在诗坛上的地位。顺治十四年龚鼎孳持钱谦益书来广东，访求遗逸，欲抄录憨山大师的《梦游全集》，由曹秋岳聚众缮写，屈氏担任校勘。后来他复及江南高僧觉浪道盛之门。他持觉浪的介绍信，往谒钱谦益于吴门。先是他和朱彝尊很熟稔，游孔林时，又识得王渔洋，渔洋极加赏誉，替他选诗百篇。钱谦益为他的诗集作《罗浮种（今种）上人诗序》，把他和大埔木陈志山翁合称，曰"两山翁"。以翁山配山翁，这时他才三十岁。他的诗名从此遂告奠定。

顺治末年（十七年），他游江南，许多名士喜欢和他往来，他客山阴大藏书家祁氏的寓山园，足不下楼者五月，饱览群书，诗体为之一变。他曾有诗说道："南楚好词宗屈子，学诗昔自《离骚》始。含风吐雅数千篇，义例乃得《春秋》旨。"足见他学诗原本祖述风骚。到后来他复潜心于《易》，运用

《易》的变化道理以入诗，自信："余以《易》为诗，颠倒日月，鼓舞风雷，使天下万物皆听命于吾笔端。……与造化游于不测[①]。"又谓："予尝谓不善《易》者不能善诗。《易》以变化为道，诗亦然。故曰知变化之道者，其知神之所为乎？诗以神行，……在唐有太白一人，盖非摩诘、龙标之所及[②]。"用《周易》来入诗，这一观点，非常新鲜，人之所未及，正是他能够表现诗的奇情壮采的原动力。

他的论诗见解，是高度评价唐人之诗。而很轻视宋诗，力评宋诗之"丑"。这和他所处的时代与往来朋友所影响有点关系。这是怎样讲呢？

他有一个时期旅居代北，使他的诗词渗入一点幽并之气。他在三十六岁时北游金陵，至嘉兴结识钟广汉，广汉与朱彝尊是浙江同乡，曾帮助朱氏撰抄《五代史辑注》一书，现存有稿本在香港大学[③]，后来屈氏在杭州，又与曾辑《十五家词》的孙默（字无言）论交，他对于倚声的爱好与投入，或发轫于此诗。随后他跟同杜恒灿远游至陕西，一路历览山川之胜，写成《宗周游记》一文，可谓壮游万里。翌年二月至泾阳，遇王弘撰（山史），同游华山，写出《登华》长律，李因笃见之十分惊服，遂与订交。沈荃见《华岳》诗，叹为旷代奇男子。翁山之奇，在这首诗充分表现出来。翁山因而至富平韩家村李因笃家中小住，得识顾炎武，顾作《屈山人自关中至》一诗，有"弱冠诗名动九州"之句。他复客雁门，其有名的词句《长亭怨·与李天生冬夜宿雁门关作》"那能使口北关南，更重作并州门户"，作于是时，天生即李因笃也。天生论诗宗旨，主盛唐[④]，与翁山正相投契。翁山在山西的一段生活，可说是他的诗词境界大开拓的关键时期，江南哀怨与塞上风光结合放出奇思异彩。

康熙十三年，吴三桂改国号曰周，举兵湖广，翁山出任监军于桂林，至十五年二月方始谢去监军，归隐佛山，以后从事著述，遂不复出。在甲寅、乙卯之际，他往来桂东、湘南，文有《浮湘记》、《灵渠铭》，诗有《从军行》，词有零陵所作的《潇湘神》。《禁书总目》中有他的《甲寅军中集》，当时曾编成一集流行于世。这是他一生反清活动最后的一个节目，应该有人加以特别研究。

---

① 《文外·方莹堂诗集序》。

② 《粤游杂咏序》。

③ 见拙作《固庵文录》，210页，《朱彝尊五代史辑注钞本跋》。

④ 参赵俪生《顾亭林与王山史》，227页。

《岭南三大家诗》的编选出自王隼，事在康熙三十一年，翁山六十三岁，在他殁前四年。他与另外陈（独漉）、梁（佩菊）二位才华与性格很不一样，人际活动亦没有他那样广阔和影响之大。翁山以一个出身海幢寺的侍者，跻身于明末清初士林之行列，足迹踏遍江南塞北，与时流名辈上下相颉颃，真是一位魁奇特出豪杰之士。用一个“奇”字来概括他的生平，人奇、诗文亦奇，我很同意定庵的说法，他的《华岳》诗五言排律长篇，可与杜、韩匹敌[①]，所以在当日获得旷代奇男子的美誉，真很值得后人去仔细咀嚼玩味的！

① 诗见《道援堂诗集》卷九。

谈中国诗的情景与理趣

《沧浪诗话》谈诗，认为诗法有五个要点："曰体制，曰格力，曰气象，曰兴趣，曰音节。"① 而诗的极致是入神。五法之中，以音节为最重要。因为诗如果没有音节，便不成诗。体制是诗的形式问题。格力、气象、兴趣几点很抽象，不易了解。清人王渔洋以"典"、"远"、"谐"、"则"四字论诗："典"是典故、事实；"则"是法则，雅正的意思。扬雄论赋就有"丽以则"、"丽以淫"的说法。王渔洋论诗提倡神韵，主张不要讲得太近，要意在言外，所以拈出"远"字。而其中"谐"本指谐声律，就是承袭严沧浪"音节"这一点而发挥的。②

我认为中国诗大概不离事、景、情、理四个要素。离此四者固然不可以成诗，四者之中，中国诗特别重视写"景"。历来的诗词大都朝着这个方向发展，不离风、花、雪、月。

至于抒"情"诗，古人是归入言志一类的，故先有言志一类的诗③，其后再由言志诗分出抒情诗。往后发展，就出现了咏怀诗。④ 到了初唐时候，陈子昂继承这个传统写出了感兴诗。汉人诗"言志"，一以道德立场为本。他们解说："诗者，持也。"所谓"持"者，在持人情性，使不失坠。汉人把情和性

① 《诗辨》。

② 渔洋论诗，多宗严羽之说。

③ 后人解《诗经》就有诗言志的说法。参看朱自清《诗言志辨》。

④ 魏晋时的阮籍有《咏怀诗》八一首。

分开，以性来控制情，使情来就理。“发乎情，止乎礼义”，就是这个意思。直至建安时期，情性问题才没有这样严格分别。这是由于建安政治动荡，诗人大都有人生无常的感觉；连格调豪雄的曹操，诗中亦带有悲凉的意味，这使得诗人情感能够尽量得到发挥。所以自建安以降，才有正式的抒情诗。沈约《宋书·谢灵运传论》说：“至于建安，曹氏基命；三祖陈王，咸蓄盛藻。甫乃以情纬文，以文被质。”“以情纬文，以文被质”正说出建安文学以情入文，使文章更易动人。齐、梁时的《文心雕龙》就有《情采篇》，把情、采分辨得很清楚，指出形文、声文、情文三者之别，强调了情文在文学上的地位。

诗的表现方法有很多种。长期以来，在传统中最多用的方法是以景造端。所谓“触景生情”便是了。《诗经》中的兴诗多属此类。如“杨柳依依”、“杲杲出日”等句子，数不胜数。这都是由外在环境引出内在感情。《楚辞》继承《诗经》的传统，大量采用写景手法，因物起兴。所取材的景色，古人给予一个名称叫“物色”。《文选》赋的部分就有一类叫“物色”，把描写自然界，如风、花、雪、月等景物，列为一类。“色”字，李善注谓“有物有文为色”。宇宙最好的文无如风与水。《诗经》有说到河水之漪，《易经》涣卦[①]，都是取象于风行水面的形态。刘勰说的“物色”，即自然界之“文”。《文心雕龙》第四十六篇即发挥“物色”之义：“吟咏所发，志惟深远。”王渔洋所提出的“远”，正是以物色、风景来表现深远的心志。所以自楚辞、汉赋以下，一路发展到唐诗宋词，都很重视“物色”一路。

传统重视写景诗，到刘宋时便有山水诗的崛起。谢灵运是个中翘楚，擅写山水。有人以为山水诗是受老、庄道家思想的反动而兴起的。《文心雕龙·明诗篇》谓：“庄老告退，而山水方滋。”其实描写物色，这是中国诗的传统，不是道家的反动，所以不妨将这两句改为“庄老未退，而山水已滋”，因为山水诗更能发挥物色的特点。

由于老庄玄言诗与山水诗有它的关系，我们可进而谈谈情理消长的问题。大谢以前诗多言理；但呆板而乏变化。汉代班固的说理诗已为后人所诟病。如他的《明堂诗》[②]，明人陆时雍便讥它为“质而鬼矣”（《诗镜》）。钟嵘《诗

---

① 《文选》卷一三“物色”一目，李善注：“有物有文曰色。”引诗注云：“风行水上曰漪。”尤刻《文选》按《诗·伐檀》“河水清且涟漪”，《释文》本亦作漪。《毛传》：“风行水成文曰涟。”则应作“涟”为是。

② 《明堂诗》：“于昭明堂，明堂孔阳。圣皇宗祀，穆穆煌煌。上帝宴飨，五位时序。谁其配之？世祖光武。普天率土，各以其职。猗与辑熙，允怀多福。”

品》称班固诗"质木无文"，所谓"质"是"质实"的意思，质木则指诗无余味，已经不客气了，陆时雍更称质而鬼，鬼的对面是神，神指有生气，鬼指无生气，可谓贬斥得相当厉害。事实上，晋、宋时的玄言诗，正好像是为老庄作注解，没有情，也没有景，淡而无味。而谢灵运的诗既写景，也言情、理；在组织上，情、景分开。他的诗开始时说景，后转说情说理。这种机械式的安排，在元嘉以后不甚受欢迎。可见正面说理的办法行不通。谢朓比谢灵运进步，能融情入景，达到情景交融的境界。此种手法下开唐风。唐诗受小谢影响，似乎较大谢为多。王渔洋的神韵说即是融情入景法，以景为主体（因为物色更能引起人的情感，产生感应），再加上和谐的音律就成了。至于王渔洋的神韵说，实已源于明人。薛蕙（西原）很早就提出"神韵"字眼的说法。[①] 神韵实是写景，利用物色以激发起人的情感。

接着谈谈理趣的问题。说理诗的失败是因为正面说理成为障碍。诗障有两种：一是理障；二是事障。玄言诗是理障；与大谢同时的颜延年诗则獭祭事类太多，属于事障。欲救此病，则可将理融入情、景之中；或写理于景（物色），或以物色拟理，或独言"物"而不讲理，将理消融在物色里面的几种手法。末一种手法也就高明的了。

六朝人讲神趣。《庐山道人诗序》称："其为神趣，岂山水而已哉?"即说山水物色之外，更有令人细味回环之处。这是"理趣"。"理趣"是山水诗的提升，能供人细细玩味。

所以诗在说理时还得有趣味。纯理则质木，得趣则有韵致；否则不受人欢迎。理上加趣，成为最节省的艺术手法。举一个例来说：八大山人自题山水有云："方语河水，一担直三文。《三辅决录》安陵郝廉，饮马投钱，谐声援会意。所云郝者，曷也；曷其廉也！予所画山水图，每每得少而足，更如东方生所云，又何廉也。八大山人记。"[②] 按此用《汉书·东方朔传》："朔来！朔来！受赐不待诏，何无礼也！拔剑割肉，壹何壮也！割之不多，又何廉也！归遗细君，又何仁也！""又何廉也"一语出此。由此可知典故能增加趣味。

---

① 《池北偶谈》卷一八："汾阳孔文谷（天允）云：'诗以达理，然须清远为尚。'薛西原论诗独取谢康乐、王摩诘、孟浩然、韦应物，云：'白云抱幽石，绿篆媚清涟。'清也。'表灵物莫赏，蕴真谁能传。'远也。'何必丝与竹，山水有清音。''景昃鸣禽集，水木湛清华。'清远兼之也。总其妙，在神韵矣。"

② 见拙著《至乐楼藏八大山人山水画及其相关问题》，载《中国文化研究所学报》，第八卷，第二期。

胡适提倡白话文，主张不用典故。但是如果诗完全不使用典故，则不易生动，因典故可以增加趣味。中国人不爱正面讲理，凡见正面讲理的诗便觉讨厌，就是因为说理诗缺乏理趣的缘故。《文镜秘府论》提出诗有十七势，其中有理入景势和景入理势二项，指出“诗不可一向把理，皆须入景语，始清味”，“事须景与意相兼始好”。可见理宜入景中，然后始有情味。这个道理，前人早已说得很透彻，是不用多讲便可了然的。

李锐清、陈金凤整理

词学论集

卷十二

饶宗颐二十世纪学术文集·诗词学

目　录

宋词书录解题

总集类

曾　慥　《乐府雅词》

黄大舆　《梅苑》

佚　名　《草堂诗余》

黄　昇　《绝妙词选》

赵闻礼　《阳春白雪》

周　密　《绝妙好词》

佚　名　《乐府补题》

佚　名　《宋旧宫人诗词》

附　陈景沂　《全芳备祖》

　　佚　名　《截江网》

　　刘应李　《翰墨大全》

词评类

杨　　绘　《时贤本事曲子集》（辑本）

鲖阳居士　《复雅歌词》（辑本）

王　　灼　《碧鸡漫志》

杨　　偍　《古今词话》（辑本）

沈 义 父　《乐府指迷》

张　　炎　《词源》

比岁欧陆学人，有宋史研究之计划（Sung Projects），以法京巴黎大学及高等研究院（Ecole Pratique Des Hautes Etudes）为中心，广征宇内治赵宋史事者，共襄盛举，而史籍提要，遂为着手之先务。作者被邀，参与其列，任词籍工作，以余旧有《词籍考》稿，撰写缉缀，较易为力也。右列总集及词评提要共十七种，即其中一部分。每篇区分项目兼注明参考资料，即依同人所定体例为之。本文有数篇，曾由 Donald Holzman 君迻译，雅意可感。兹将原文刊布，藉供同好之浏览。至于别集部分，数逾二百，一时难以杀青，整理付印，请俟异日。

饶宗颐并识

《乐府雅词》

作者姓名 宋曾慥编。

作者始末 慥字端伯。晋江人。绍兴间官至尚书郎，直宝文阁，奉祠家居。著述甚富，有《皇宋诗选》、《类说》及《高斋漫录》。本书自序为绍兴丙寅（十六年，即1146年）。

本书内容 自序谓裒合所藏名公三十四家长短句而成。首为九重传出之《转踏》，次为诸公《转踏》及《大曲》，又次为诸家《雅词》三十一家，内晁无咎一家两见。其中郑仅、董颖两家较为少见。案卷仅字彦能，彭城人，徽宗朝至侍郎，事迹见《宋史》三五三。董颖字仲达，饶州德兴人，与韩子苍徐师川游，著有《霜杰集》，见《直斋书录解题》。例如李萧远等词集已佚，姓名不显，亦赖此编以传。是书所录词，凡涉谐谑者，托艳曲以诬欧阳修者，悉皆删除，故名《雅词》。盖熙、丰以后，滑稽之词渐盛，政和间曹元宠作《红窗迥》及《杂曲》数百解，闻者绝倒，尤为无赖之魁。又万俟雅言自分其集为雅词与侧艳两体。汴京末造之风如此，皆曾慥所欲挽之狂澜也。观其所收曹元宠三十一阕，并无侧艳谐谑之词，悉与序旨相合。朱彝尊跋云："九张机词仅见此，而《高丽史·乐志》则节度犹具，所谓礼失而求诸野也。"

版　　本 《直斋书录解题》载"《乐府雅词》三卷，《拾遗》二卷"，《文献通考》作"《乐府雅词》十二卷，《拾遗》二卷"，陈第《世善堂书目》作十四卷。朱竹垞钞自上元焦氏者词三卷，《拾遗》二卷，跋称三十四家与自序合，因信为足本。案各本卷数不同，而人名篇次悉同。但卷首等曲或各自为卷，或以原三十一家之三卷析为六卷，要以朱跋所云三十四家为可据。《拾遗》中佚名之词，各本间有补名，亦颇参差，并不能尽信。又赵万里云：《四库全书》本于空缺辄臆为填补，不足据。

孙星衍平津馆藏影写本五卷。

赵辑宁星凤阁校钞本。[①]

---

① 赵万里云：与《词学丛书》本无甚出入。

读有用书斋朱竹垞传钞本四册[①]，士礼居藏明钞本八册。

（以上钞本）

江都秦恩复《词学丛书》本三卷，《拾遗》二卷。[②]

《粤雅堂丛书》本。[③]

《四部丛刊》影鲍渌饮校钞本。[④]

参考资料 《直斋书录解题》十七刘状元《东归集》及卷十八《霜杰集》条。朱彝尊《曝书亭集》四三。曹元忠《笺经室集·秦刻乐府雅词跋》。王灼《碧鸡漫志》二。杨慎《词品》四天仙子条误作曹西士。《四库提要》一九九。厉鹗《宋诗纪事》四八。洪迈《夷坚乙志》一六。赵令畤《侯鲭录》一《东坡送郑彦能词》。

《梅苑》

作　　者 宋黄大舆编。

作者始末 大舆（倪灿《宋史艺文志补》作大隅）字载万，又号岷山耦耕。蜀人。自序此书成于己酉，盖宋高宗建炎三年（1129）。王灼云："吾友黄载万歌词，号乐府，广变风。有赋梅花数曲，亦自奇特。"又记载万《虞美人》一词，谓压倒前辈。分见《碧鸡漫志》各卷中。载万盖卒于《碧鸡漫志》成书之前。昭德先生《读书后志》二有黄大舆《韩柳文章谱》三卷。

本书内容 书十卷。自序云："己酉之冬，予抱疾山阳，三径扫迹。据居斋前，更植梅一株。晦朔未逾，略已粲然。于是录唐以来词人才士之作，以为斋居之玩，目之曰《梅苑》。"

《千顷堂书目》称其集北宋之咏梅词，《全宋词》转载，凡二百五十六首。

版　　本 毛氏汲古阁影宋写本。

康熙丙戌扬州使院重刻本[⑤]，古书流通处影印。

---

① 《四库全书》本同出竹垞传钞。

② 此本又有光绪六年重修本。

③ 从秦本出，卷一《转踏》、《大曲》，卷二至卷六各家《雅词》，《拾遗》分上、下二卷，所补主名五十余人。各卷有校语，各家名下有小传。

④ 分上、中、下三卷，《拾遗》上、下二卷，补名只数人，各人无小传。

⑤ 《楝亭十二种》本。

武进李氏圣译楼新刻本。[①]

《群贤梅苑佚文》。[②]

参考资料 王灼《碧鸡漫志》二、四各卷。厉鹗《宋诗纪事》四三。《四库提要》一九九。

《草堂诗余》

作　　者 书坊编集（据《直斋书录解题》卷二一）。

作者时代 王楙《野客丛书》卷二四“蝶粉蜂黄”条云：《草堂诗余》载张仲宗《满江红》词“蝶粉蜂黄”注：“唐人宫妆。”王楙书自序于庆元元年(1195)，知《草堂诗余》出于庆元以前，且其书已有注。

本书内容 陈直斋记《草堂诗余》二卷，据元刊本推知其分春、夏、秋、冬各类，以便酒楼应歌之用。其后继续有所增添。尤以采录《花庵词选》之说为多。但书名既题作《增修笺注妙选群英草堂诗余》，卷数则分前集、后集，每集又各分上、下二卷，与陈直斋见本不同矣。此种可名曰“分类本”。由元至元刊及明洪武刊、明嘉靖荆聚刊，可比勘其大体从同。若删去其每首标有“新增”或“新添”之词，当距宋人原貌不远。大抵旧编词话，以引用《苕溪渔隐》为主；其引及《花庵》者，则后人所增也。此外又有所谓“分调本”，出自明嘉靖间顾从敬，以长调、中调、小令分列。因字数顺次，吟诵较便，故明代后半期盛行其书。万树《词律》力斥其妄。案宋人词集，不以宫调汇列者，如白石歌曲、日湖渔唱，皆以令、慢分编，不闻长调、中调之句也。然草堂诸本，如陈继儒之笺释，沈际飞之批点，最流通于明末清初之所谓兔园册，率不越顾氏窠臼。

版　　本 元至正辛卯双璧陈氏刊本。[③]

元至正癸未庐陵泰宇书堂刊本。[④]

明洪武壬申遵正书堂刊本。[⑤]

---

① 据吴县曹氏校何小山戈顺卿本逡录。

② 李本所佚共十八首。卷五补十一首，卷十补七首。赵万里校辑《宋金元人词》，标名多“群贤”二字。旧本或题朱鹤龄编，取黄大舆颠倒割裂之，乃书贾售伪者所为。

③ 收词三六八首，北平图书馆善本书目有此元刊元印本。

④ 日本狩野直喜有前集，以洪武刊本后集配足之。

⑤ 据至正陈氏本重雕，收词三六七首，新添八一首，新增二三首。

有吴氏双照楼景印本。

《四部丛刊》景明安肃荆聚本。

参考资料 江藩《半毡斋题跋》上。日本中田勇次郎《草堂诗余版本研究》。朱彝尊《词综·发凡》。《四库提要》一九九。

《绝妙词选》

(《四库提要》题作《花庵词选》。前十卷曰《唐宋诸贤绝妙词选》，后十卷曰《中兴以来绝妙词选》。)

作者始末 黄昇，字叔旸，号玉林，又号花庵词客。闽人，游受斋颇赏其诗，闽帅秋防目为泉石清士。自作有《散花庵词》一卷。此书自序成于淳祐己酉（1249）。

本书内容 书凡二十卷。前十卷曰《唐宋诸贤绝妙词选》，共一百三十四家。第一卷起唐李白终五代冯延巳，第二卷至第八卷起宋欧阳修至宋王昴，第九卷僧侣，第十卷闺秀。后十卷曰《中兴以来绝妙词选》，共八十九家。第一卷起南宋康与之，至第十卷末为自作词三十八首。词人排列先后不甚严。自序云："长短句始唐，盛于宋。唐词具载《花间集》，宋词多见于曾端伯所编，而《复雅》一集（指鲖阳居士《复雅歌词》），又兼采唐宋，迄于宣和之季，凡四千三百余首。"其意盖欲继三书之后而有所去取。《四库全书总目提要》云："昇本工词，故精于持择，非《草堂诗余》之类，参杂俗格者可比。每人名之下各注字号里贯，每篇题下间附评语，俱足以资考核。在宋人词选，要不失为善本。"然词题不免坊刻应歌之陋，盖非全自各家专集采录也。

版　　本 明万历二年舒氏翻刻宋本。①

汲古阁刊《词苑英华》本。②

民国十三年武进陶氏涉园影宋本《中兴以来绝妙词选》十卷。③

参考资料 《四库全书总目提要》一九九。厉鹗《宋诗纪事》六九。

① 四部丛刊本从万历本出，分唐宋诸贤及中兴以来二部。

② 从万历本出，又有上海书坊石印本。

③ 此从《石渠宝笈》旧藏本影刊，每半页十三行，行二十三字，惜仅得花庵原选之后半。

《阳春白雪》

作　　者　宋赵闻礼编。

本书始末　赵闻礼，字立之，一字粹夫，号钓月。临濮人。自著有《钓月集》。此书所选知名词人如王圣与（沂孙）辈，皆入元后尚生存者。其第八卷丁无隐《齐天乐》题云："庚戌元夕，都下遇赵立之。"此庚戌岁，应是宋理宗淳祐十年（1250）。

本书内容　书八卷，外集一卷。阮元《研经室外集》卷三云："上从旧钞依样仿写，所选凡二百余家。宋代不传之作，多萃于是，去取亦复谨严，绝无猥滥之习。自录词如《玉漏迟》、《法曲献仙音》、《瑞鹤仙》等阕，字锛句琢，非专以柔媚为工者可比也。"张炎《词源》下云："近代词人用功者多，如《阳春白雪集》，如《绝妙词选》，亦自可观。"至《直斋书录解题》卷二十一云："《阳春白雪》五卷，取《草堂诗余》所遗，以及近人之词。"则所谓五卷本，今已不止体例不纯，甚至有误以他人词为己作者，疑结集非出赵氏之手也。

版　　本　道光己丑江都秦恩复《词学丛书》本。①

道光间钱塘瞿氏刻本。

咸丰癸丑《粤雅堂丛书》本。②

商务印书馆景印宛委别藏本。③

参考资料　周密《浩然斋雅谈》下。赵万里《校辑宋金元人词·钓月词》。厉鹗《宋诗纪事》七七。

《绝妙好词》

作　　者　宋周密编。

作者始末　密（1232—1298）字公谨，号草窗，又有蘋洲、四水潜夫、弁阳老人诸号。浙江吴兴人。幼年随父游宦，后仕临安府幕属。及为义乌令，

---

① 似与阮元写本同出。秦恩复跋云："世鲜传本，虽有钞借，得失互见。句读押韵不同者，条注句下；不能强通者，空格以俟考补。"

② 从秦本出。

③ 九卷。

即遭宋亡。不仕，兵火破家，依妻党阳和王后人居杭。积三世藏书，凡四万二千余卷，又三代以来吉金石刻一千五百余种。善画能诗，尤工歌词，出杨缵之门，与王沂孙、张炎齐名。词集名《蘋洲渔笛谱》，诗集名《草窗韵语》。入元后，以故国文献自任，撰有《齐东野语》、《癸辛杂识》、《武林旧事》、《浩然斋雅谈》、《志雅堂杂钞》诸书。[1]

本书内容　书七卷，编选南宋人歌词，始张孝祥终仇远，凡百三十二家，词不满四百首。张炎《词源》云："如《阳春白雪集》，如《绝妙词选》，亦自可观，但所取不精一，岂若周草窗所选《绝妙好词》之为精粹!"钱遵王云："卷中词人，大半余所未晓，此本经前辈勘阅，姓氏下各标出处里第。"其后天津查为仁、钱塘厉鹗合为之笺，或因词而考其事，或因人而附其佚闻，以及诸家评语，与其人之名篇秀句，咸附录之，其疏通证明之功，有不可泯者。笺成于乾隆己巳（1749），其后余秋室及徐楙先后从草窗他著所录词，辑为《续钞》二卷。迄今盛行者，并是此本。

版　　本　汲古阁精钞本二册。

康熙廿四年小幔亭刊《绝妙好词》七卷。[2]

康熙卅年钱塘高士奇覆刊柯本。

乾隆十五年天津查氏刊查厉合笺本七卷。

道光戊子钱塘徐楙重刻笺本七卷，附续钞二卷。录存柯序、高序及竹垞年谱，可证世传竹垞诡得此书之诬。

会稽章氏刻本。[3]

《四部备要》排印本。[4]

上海扫叶山房石印本。[5]

世界书局排印小字本。[6]

近年各书局标点小字本。

清姚燮有《绝妙好词校稿》，未见。

参考资料　《四库提要》一九九。夏承焘《唐宋词人年谱》。

---

① 近人夏承焘著《草窗年谱》，颇详审。

② 柯煜为钱遵王侄婿，因借得钱氏藏本，与从父柯崇朴等共校序刊之，第一卷为钱遵王、柯崇朴同校。

③ 附续钞。

④ 从徐本出。

⑤ 从徐本出。

⑥ 从徐本出。

《乐府补题》

作　　者　书无编者名，或以为陈恕可，或以为仇远，或谓陈、仇二人合编。①

作者始末　书中同时分赋者十四人，皆宋遗民，即王沂孙、周密、王易简、冯应瑞、唐艺孙、吕同老、李彭老、陈恕可、唐珏、赵汝钠、李居仁、张炎、仇远等，及佚名一人。因唐珏曾改殡宋陵遗骸，义声著闻，此书始为人注意。佚名一人，疑为王英孙，号修竹，宋故名族，收骸赀用，悉其所出，故深自匿讳而佚其名。所云宛委山房，则陈恕可之居也。

本书内容　书载《天香·赋龙涎香》八首，《水龙吟·赋白莲》十首，《摸鱼儿·赋蓴》五首，《齐天乐·赋蝉》十首，《桂枝香·赋蟹》四首。先是，元江淮诸路释教都总统杨琏真伽发掘越州宋帝后六陵，骸骨弃草丛中，理宗颅骨且为北军投入湖水，人皆痛愤。唐珏（字玉潜）、林景熙（字德阳）遂相率为采药者，至陵上，以草囊收拾之，盛以二函，托言佛经，葬于越山，种冬青树为识，林景熙诗所谓"年年杜宇泣冬青"者也。其岁应为戊寅（宋景定三年，元至元十五年，公元1278）。近人夏承焘推论本书赋题，大抵龙涎香、蓴、蟹．乃指宋帝，蝉与白莲则托喻后妃。

清初黄梨洲、万季野、全谢山诸氏议录兴冬青义士祠祭，尚未见此书。朱彝尊序刊时，亦仅知唐玉潜拾骸而已。厉樊榭《论词绝句》，始以补题之蝉、蓴与冬青并说。至周止庵《词选》直谓玉潜词为元僧发宋陵而作。夏承焘作《乐府补题考》，分考事、考人、考年三章，颇详审。

版　　本　此书刊本未见。朱彝尊序称常熟吴氏钞本，休宁江森携至京师，宜兴蒋景祁激赏之，遂镂版以传。四库本据之，谓康熙中始传于世。

《知不足斋丛书》本。②

《丛书集成初编》本。③

《彊村丛书》本。④

道光庚子仁和王氏刻漱六编本。

---

① 刘毓盘《词史》作周密撰，误。

② 略有校语而无朱序。

③ 从知不足斋出。

④ 跋称出知不足斋，但中有校语二条微异。

杭州顾氏本。[1]

徐珂校本。[2]

参考资料 《四库全书总目提要》一九九。周庆云《两浙词人小传》。夏承焘《唐宋词人年谱》[3]。

《宋旧宫人诗词》

作　　者 宋宫人王清惠、陈真淑、黄慧真、何凤仪、周静真、叶静慧、孔清真、郑惠真、方妙静、翁懿淑、章妙懿、蒋懿顺、林顶德、袁正淑、章丽真、袁正真、金德淑等十七人所作诗词，汇编成册。但书内未题编辑者姓名，《知不足斋》本编作汪元量《湖山汇稿》附录。

作者始末 王清惠字冲华。位昭仪，能属文。虽鹤骨癯貌，但度宗即位后答画闻，皆出其手。赴北时，有题驿壁《满江红》词。后为女道士。汪元量有《女道士王昭仪仙游词》，盖卒于汪氏南归之前。其他并宋旧宫人。

本书内容 本书据《知不足斋》本，卷首有不记名氏小序云："水云留金台一纪，琴书相与无虚日。秋风天际，束书告行，此怀怆然，定知夜梦先过黄河也。一时同人，以'劝君更尽一杯酒，西出阳关无故人'分韵赋诗为赠。"书载分韵诗十四首，及章丽真三人词三首，又附王清惠和呈水云诗三首。案水云为汪元量别号，字大有，钱塘人，布衣，以善琴事谢太后。宋亡，随三宫留燕，后为黄冠师，于元世祖至元二十五年（1288）南归。著有《湖山类稿》、《水云集》。谢翱《晞发集》有《续琴操·哀江南》四章，序谓："汪（水云）南归，旧宫人会者十八人，酾酒城隅，与之别。"此书作者十七人，并汪计之，则谢序所谓"会者十八人"数亦相合。而王国维指此书为伪作，谓："王昭仪卒于水云南归之前。"又谓"宋少帝在至元廿五年学佛于吐蕃。瞿佑《归田诗话》载少帝《送水云南归》诗，一若少帝此时尚在大都者，可谓拙于作伪"云云。检此书郑惠真诗云："归见林表烦说似，唐僧三藏入天西。"则明指少帝学佛于吐蕃。汪元量有《瀛国公入西域为僧号木波讲师》诗，王说未确。[4]

① 见张瀛《词征》四。

② 在《天苏阁丛刊》第一集。

③ 《周草窗年谱》附录之二《乐府补题考》。

④ 参王尧《赵㬎遗事考辨》，见《西藏研究》1981年创刊号。

版　　本　《知不足斋丛书》本（二十四集）。

参考资料　王国维《观堂集林》十七。陈世崇《随隐漫录》。孔凡礼辑校增订《湖山类稿》附录三，所集宋宫人诗词甚备。

《全芳备祖》

作　　者　陈景沂编辑、祝穆订正。

作者始末　景沂，浙江天台人。号“江淮肥遁”、“愚一子”，并见书中题署。祝穆，字和甫，福建建阳人，受业于朱熹。理宗时录进所撰《方舆胜览》七十卷，除迪功郎，为兴化军涵江书院山长。景沂自序本书为宝祐丙辰（宋理宗宝祐四年，1256）。

本书内容　本书题作《天台陈先生类编花果卉木全芳备祖》。前集二十七卷，后集三十一卷。赵万里《校辑宋金元人词》引用书目云：“前集为花部，后集一至八卷为果部，十至十二卷为卉部，十三卷为草部，十四至十九卷为木部，二十至二十二卷为农桑部，二十三至二十七卷为蔬部，二十八至三十一卷为药部。每一物分‘事实组’、‘赋咏组’二类。‘赋咏组’收宋人咏物词凡千余首，多他处所未见者。”案后集第九卷不知究为何部，赵氏此文，仍沿《提要》之误。

版　　本　此书未见刻本，旧抄本以临清徐氏旧藏有“祁国郡图书”一印者为佳，他本颇有删节，此本独全。日本宫内省寮所藏题作宋刊，董授经（康）见之，谓为元椠。见于著录各本如下：

临清徐氏旧藏旧钞本。①

西浦楼敬思旧藏影写本。②

劳氏校钞本，今藏太仓图书馆。③

日本图书寮藏宋刊本——前集缺一至十二卷，后集缺十四至十七卷（亦详《书舶庸谭》）。

参考资料　赵万里《校辑宋金元人词》。孙星衍《平津馆鉴藏记》。董康《书舶庸谭》。日本宫内省图书寮《汉籍善本书目》。《四库提要》一三五。

---

①　见赵万里《校辑宋金元人词》引用书目。

②　见孙星衍《平津馆鉴藏记》三。

③　见董授经《书舶庸谭》二。

《群书会元截江网》

作　　者　不著撰人名氏，首题太学增修，中有淳祐、端平年号，盖理宗时程试策论之本。[①]

本书内容　全书三十五卷，凡分六十五门，罗辑旧文以应科场考试之用，此种类书，出自士大夫者，如《永嘉八面锋》之类是；出自坊本者，则为是书之类；在当日为俗书，在后世则为古籍矣。《截江网》所收诗词甚富，《全宋词》于有主名之作，已分载各人卷内；其失去主名之庆寿词，则汇为一卷。

版　　本　《全宋词》二九六《截江网》一卷，九十九首。采自原书第四、第五、第六各卷，意主搜罗，不必尽为佳作也。

参考资料　《四库提要》一三五。

《翰墨大全》

作　　者　宋刘应李撰。

作者始末　应李字希泌，号省轩。自题为乡贡进士，里籍未详。序其书者为熊禾，字去非，建阳人，咸淳十年进士，宋亡不仕，有《勿轩集》。应李当亦宋末元初人。

本书内容　凡一百二十五卷。元刻本《新编事文类聚翰墨大全》一百二十七卷。书仿祝穆《事文类聚》之例，分二十五门。中录宋元人诗余凡千余首，以庆寿门排日诗词数卷为最富，大半皆建安人作。《全宋词》于有主名之作分载各人卷内，其失去主名者汇为一卷。

版　　本　《全宋词》二九七《翰墨全书》一卷。凡词八十一首，采原书后甲集卷八、乙集卷九、丙集卷二、丁集卷二、辛集卷十、庚集廿四等佚名之作。然如《贺新郎·寄陈同甫》"把酒长亭说"一首，《稼轩词乙集》及十二卷本卷一并载此词，盖未细检也。

参考资料　《四库提要》一三七及一六五《勿轩集》条。赵万里《校辑宋金元人词》引用书目。

（以上总集类）

---

① 元时麻沙刻本，有至正七年胡助序，故《千顷堂书目》误为助撰。

《时贤本事曲子集》

作　　者　宋杨绘撰。

作者始末　绘字元素，绵竹人。登进士第，仁宗朝，知兴元府。神宗朝，官御史中丞，陈新法之害，罢知亳州。哲宗初再知杭州，卒年六十二。有集八十卷。张子野、苏东坡并有《和元素自撰腔泛鑫船词》，所谓霅溪六客之一也。事迹具《宋史》三二二。

本书内容　全书久佚，就辑本观之，盖先叙本事，次录其词，犹孟棨之《本事诗》也，是为最早之词话。宋元人词籍中引及此书者，或名《京本时贤本事曲子后集》，或名《本事曲集》，或名《本事集》，或名《本事曲》。就"京本"说，可推知刻本非一；就"后集"说，可推知尚有前集。

版　　本　梁启超辑有佚文数则，撰《记时贤本事曲子集》一文，盖罗泌编《欧阳公近体乐府》，及吴讷《宋贤词》本之东坡词，凡引杨绘此书有五则也。赵万里从《渔隐丛话》、《敬斋古今黈》续有所辑，通计不过叙事九则，录词二十首，未知视原编卷帙如何。

赵万里《校辑宋金元人词》第五册《时贤本事曲子集》一卷。

参考资料　《东坡乐府编年》本卷一。张子野《词补遗》上。《饮冰室全集・书籍跋》[①]。

《复雅歌词》

作　　者　宋鲖阳居士辑。

作者始末　《直斋书录》载此书云："鲖阳居士序，不著姓名。"《草堂诗余》引《词话》，则直作"鲖阳居士"云。案《汉书・地理志》，汝南郡有鲖阳县，鲖字应从《广韵》、《集韵》与纣同音。又黄花庵自序其《词选》云："宋词多见于曾端伯所编，而《复雅》一集又兼采唐宋，迄于宣和之季，凡四千三百余首。"知其原为总集巨帙，兼著词话。书名《复雅》，当与曾慥编名《雅词》同义。观张皋文《词选》引其"缺月刺明微"之说，虽并被凿空之讥，而其欲尊词体之意则灼然矣。赵万里云："明刻重校《北西厢记》引李邴

---

① 《文集》第十六册。

《调笑令》，云出《复雅歌词》后集，知其书又分前、后集。”

版　　本　卷佚已久，故他书引其说者不多。赵万里所辑十则，载《校辑宋金元人词》第五册。

参考资料　《直斋书录解题》二一。《汉书补注·地理志》八鲖阳下引王引之说。

《碧鸡漫志》

作　　者　宋王灼撰。

作者始末　王灼字晦叔，号颐堂，自署籍贯为小溪，盖四川遂宁府小溪县人。绍兴中尝为幕官。乙丑冬（绍兴十五年）客居成都碧鸡坊，日有歌酒之会。自序此次旧稿增成五卷之时，为己巳三月（高宗绍兴十九年，即1149）。所著书尚有《糖霜谱》一卷，《颐堂先生文集》五卷附《颐堂词》一卷。

本书内容　自序云："予每饮归，即录是日歌曲，出所闻见，仍考历世习俗，追思平时论说，信笔以记。"故近述曲调源流，就其传授分明，核其名义宫调，以著倚声所始，皆出自亲历之境，迥异向壁虚造之谈。故《四库提要》称为考古者所必资。案灼称东坡词为向上一路；又指出万俟咏自分其集为雅词、侧艳两体，与同时曾慥辑《乐府雅词》持论相同，可证专目词为侧艳之科者，乃异宋人旨趣。所述文溆子条并见唐赵璘《因话录》、段成式《酉阳杂俎》所记俗讲僧文溆事。灼又谓："俗讲不可晓。"案敦煌发见今列伯希和目三八四九号卷子背面，有《俗讲仪式》一段，可供参考。

版　　本　乾隆己亥陆绍曾据钟人杰丛书本校读，知钟本删节过半。后开五卷乃足本。其一卷者皆删节本也。

《说郛》本一卷。

明钟人杰《唐宋丛书》本一卷。①

清曹溶《学海类编》本一卷。

清《四库提要》本一卷。

《知不足斋丛书》本五卷，据钱曾假毛斧季本校过。②

《古今说部丛书》本。③

---

① 用《说郛》本。

② 第四七册。

③ 据知不足斋校本。

《文史小丛书》本。[①]

参考资料　《四库提要》卷一九九。《颐堂先生文集》[②]。

《古今词话》

作　　者　宋杨偍撰。

作者始末　偍（或作湜）字景倩。里贯无考。案胡仔《苕溪渔隐丛话》前集成于绍兴十八年（1148），后集成于乾道三年（1167）。前集并不涉及杨氏，后集则屡黜杨说，而嗤其锓板行世，知《古今词话》成于乾道前二十年中也。

本书内容　此书采辑五代以下词林逸事，乃唐宋说部体裁，且侧重冶艳故实，然大都得之传闻，所记多不可信。胡仔屡引他证，驳其说无根蒂。书久佚，卷数不可知。《历代诗余·词话》中所引《古今词话》之涉宋南渡后及元明人事，当是别为一书。又清康熙间吴江沈雄亦著《古今词话》八卷，三者名同实异，不能混为一谈。

版　　本　近人赵万里从《岁时广记》、《草堂诗余》、《花草粹编》、《绿窗新话》等书中，辑得六十七则，载于《校辑宋金元人词》第五册。[③]

参考资料　胡仔《苕溪渔隐丛话》。赵万里《校辑宋金元人词》。蔡梦弼《草堂诗话》一。

《乐府指迷》

作　　者　沈义父撰。

作者始末　义父，字伯时，一字时斋。平江府吴江县人。理宗嘉熙元年（1276）领乡荐，为白鹿书院山长。致仕归，立明教堂讲学，以程朱为归，学者称时斋先生。遭宋亡，（1276）隐居以终。著有《时斋集》及《乐府指迷》。

本书内容　自述壬寅、癸卯间（1242—1243）识吴梦窗兄弟，讲论作词

---

① 近刊。

② 《续古逸丛书》中。

③ 案蔡梦弼《草堂诗话》卷一引《古今词话》：“蜀人将进酒，尝以少陵诗作瑞鹧鸪唱之。”末谓：“不知杨曼倩何所据。”此“曼倩”字据丁氏校本，是杨湜与东方朔同字也，似较《说郛》本作“景倩”为可信。赵氏辑本遗此。

法，其后条列以示子弟。现传二十八条，所举“律欲协”、“字欲雅”、“用字不可太露”、“发意不可太高”四标准，及论造句、押韵、去声字等，俱独标新义。

宋词虽盛，而论词专著不过三数家，此书实与张炎《词源》同其重要。张炎尊白石，癖清深一派；沈氏主清真，添梅证其词法得自梦窗，以梦窗为清真接武，是又一派也；又沈氏论去声最精审，厉樊榭谓万树《词律》严上去之辨，说本沈氏；蔡嵩云谓后此声文并茂之作，人多归功万树，其实乃发端于沈氏此书也。

版　　本　本书向无单行本。明季陈继儒《宝颜堂续秘笈》有此书，题作张玉田撰，与陆辅之《词旨》混合为《词源》下卷。其他陶珽《续说郛》本，冯可宾《广百川学海》本，明人《欣赏编》本，曹溶《学海类编》本，并同误混。清开四库馆，陆锡熊以家藏明万历癸未（1523）刊陈耀文《花草粹编》进呈，卷首附刻沈氏《乐府指迷》二十八条，于是始知他本之误混。此书当元明间，别传之本如何？此二十八条是否足本？均未可知。下列诸本，则皆从此附刻出。

道光间乌程范氏汇刻本。

咸丰间金氏评花仙馆翻印瞿氏藏本。

咸丰四年吴江翁大年《晚翠轩丛书》校梓本。①

光绪十五年王半塘四印斋校刻本。

《诗触》本卷五。

民国陈去病《百尺楼丛书》中《笠泽词征》附刻本。

民国唐圭璋《词话丛编》本。②

一瓻笔存手钞本。

番禺叶氏藏明祝枝山手写大草卷子。③

民国三十七年蔡嵩云《乐府指迷笺释》本。④

参考资料　《四库全书总目提要》卷一九九沈伯时《乐府指迷》条，及卷二〇〇张炎《乐府指迷》条。胡元仪《词旨畅》。朱东润《文学批评史大纲》。蔡嵩云《乐府指迷笺释》。

---

① 母本出杭州文澜阁。

② 唐有校记。

③ 名作“沈父”。

④ 中华书局版。

《词源》

作　　者　宋张炎撰。

作者始末　张炎字叔夏，号玉田生，又号乐笑。居临安，南宋勋臣张循王裔孙，故署籍为祖贯西秦。宋亡时，炎年二十九岁，故国王孙，落寞以终。有词集八卷，名《山中白云》。与姜白石齐名，即清代浙派尊奉之姜张也。炎父枢，与杨守斋诸人游，晓畅音律，有《寄闲集》，旁缀音谱，刊行于世；每作一词，必使歌者按之，稍有不协，随即改正。炎著《词源》所论，盖得之家传。书后有友人钱良祐丁巳年跋，称“乙卯岁（元仁宗延祐二年，公元1315），玉田来寓钱塘县学舍”云。末篇《作词五要》，乃杨缵著，缵字继翁，号守斋，又号紫霞翁，严陵人，居临安。度宗朝，女为淑妃，官列卿，善琴，有《紫霞洞琴谱》传世。

本书内容　阮元《研经室外集》三，《词源》二卷提要云：“是编依元人旧钞影写。上卷：详论五音十二律律吕相生以及宫调管色诸事，厘析精允，间系以图，与姜白石歌词九歌，琴曲所记用字，记声之法，大略相同。下卷：历论制曲、句法、字面、虚字、清空、意趣、用事、咏物、节序、赋情、离情、令曲、杂论、五要十四篇，并足以考见宋代乐府之制。”案沈氏《乐府指迷》与张氏《词源》，为宋季论词专著。凡论协律、雅正及字面须从温李诗中来，是其所同。然沈氏谓作词当以清真为主，张氏则谓多效清真体制，失之软媚；沈谓发意不可太高，张则主不蹈袭，举东坡半山白石之清空有意趣者为例；沈与梦窗讲作词法，而不满白石生硬处，张则不满梦窗质实，而称白石之清空骚雅。清初浙派，皈依清空，至于家玉田而户白石；及其流弊，不免浮滑。于是常州派起，主历梦窗以还清真；流风余韵，直逮今兹。三百年来词学转变，大体乃辗转于《乐府指迷》与《词源》二说间耳。

版　　本　是书《四库提要》失收，但钱遵王《读书敏求记》卷四已有著录。清嘉庆庚午（1810）秦恩复刊本跋云：“元明收藏家均未著录，陈眉公《宝颜堂秘笈》只载半卷，误以为《乐府指迷》，又以陆辅之《词旨》为《乐府指迷》之下卷。至本朝云间姚氏又易名为沈伯时，承讹袭谬，愈传而愈失其真。此帙从元人旧钞誊写，误者涂乙之，错者刊正之。”道光戊子（1828）秦恩复再刊本跋云：“是书刻于庚午，阅十余年而得戈子顺卿所校本，勘订讹谬，精严不苟，自哂前刻卤莽，迺取戈本重付梓人。”此重刻本已改正矣，兹列各版本如次：

影写元钞本。[①]

陈继儒《宝颜堂秘笈》本第二二册[②]蔡松筠校本。

嘉庆庚午秦恩复刊《词学丛书》本。

道光戊子，秦恩复重刊戈顺卿（载）校本。

《守山阁丛书》本。道光乌程范锴汇刻书本。[③]

咸丰三年刊《粤雅堂丛书》本。

光绪十年榆园丛刻本。

《词话丛编》本附序跋七首。

近人上犹蔡桢《词源疏证》[④]。

《宛邻词选七种》本。

参考资料 阮元《研经室外集》（即《四库未收书提要》）卷三。江藩《半毡斋题跋》上。叶德辉《郎园读书志》十六。

（以上词评类）

① 故宫藏，见《宛委别藏》书目。

② 谬误见上。

③ 又附记一卷，锴所撰。

④ 金陵大学印本。

后周整理乐章与宋初词学有关诸问题

——由敦煌舞谱谈后周之整理乐章兼论柳永《乐章集》之来历

传世敦煌舞谱，重要者以英法二谱较为完整。英京之物，为余于五十年代初次介绍于世。[①] 其他零星涉及舞容者，如《别仙子》只记段拍之数，《南歌子》记明开平己巳岁上酒（梁祖三年，909），可略知其时代与性质。法京之谱，其背为周世宗显德五年戊午（958）四月押衙安员进牒。可暂定为后周写本。这些舞谱之年代，约当五代时期。这个时期正是曲子词歌与舞结合表现于饮筵侑酒最盛行的时代。

后周朝廷有整理乐章的工作。《通鉴》卷二九四《后周纪》："显德六年"下胡三省《注》云：

> 广顺中，太常卿边蔚奏："敕定前件祠祭、朝会、舞名、乐典、歌词，寺司合有簿籍。伏恐所定与新法曲调声韵不叶，请下太常寺检详校试；若或乖舛，请本寺依新法声调，别撰乐章舞曲，令歌者诵习。"从之。[②]

---

① 见拙作《敦煌琵琶谱读记》。

② 北京中华书局标点本，9594 页。

这是向来不为人注意的整理乐章的历史重要史实。从上面胡三省注这一段话，有几点值得指出者：

（一）乐曲与歌词二者分开。则“歌词”也者，只是指讴唱的文字部分。

（二）太常寺对于舞名、乐曲、歌辞三者，都有簿籍记录，由该寺保管。

（三）当时乐章舞曲，可由太常寺人员依照需要而别为撰写。

《旧五代史》卷一四五《乐志下》：

> 周广顺元年，太祖初即大位，惟新庶政。时太常卿边蔚上疏请改舞名。

《五代会要》云：

> 边蔚请添召乐师，令在寺习乐。敕太常寺见管两京雅乐节级乐工共四十人外，更添六十人。内三十八人宜抽教坊贴部乐官兼充，余二十二人宜令本寺照名充填。

可见广顺元年边蔚太常寺任内添置乐师的人数，除雅乐员工外，复征调教坊的乐官兼任。

边蔚，《旧五代史》卷一二八《周书》有传：

> 字得升，长安人。汉初拜御史中丞，转兵部侍郎。周太祖受命，知开封府事，迁太常卿。显德二年卒，年七十一。

他在广顺元年所上请改舞名的奏疏，全文载《册府元龟》五七〇《掌礼部·作乐六》。大意谓唐祖孝孙所定文、武二舞名，与梁室十二雅之乐，唐改“雅”字为“和”，前朝改“和”为“成”，今改“成”为“顺”。《旧五代史·乐志》亦摘其大略。先是汉高祖元年九月，权太常卿张昭上《疏》，奏改一代乐名及请改十二和乐。昭亦古乐专家，盖道边蔚之先路。《旧史·乐志》称：

> 已上四舞、十二成、雅乐等曲，具录合用处所及乐章首数，一一条列。其歌词文多不录。

惜昭所列的歌词，《旧史》没有录出。关于文、武二舞的制度，后晋天福五年重兴之，时太常卿崔棁具述其礼制有二舞及鼓吹十二桉，其《疏》引义镜云：

常设毡桉，以毡为床也。为熊罴貙豹腾倚之状以承之，象百兽率舞之意。十二桉：乐工百有八人，舞郎一百三十二人。其歌曲名号，乐章词句，中书条奏，差官修撰。[1]

欧公《新五代史·崔棁传》云：

廷设宫悬，二舞在北，登歌在上。加鼓吹十二桉，负以熊豹。然礼乐废久，而制作简缪。又继以龟兹部霓裳法曲，参乱雅音，其乐工舞郎，多教坊伶人。

则当时雅乐与教坊殽杂之情形可以概见。

至周世宗时令窦俨编《大周正乐》。先是世宗尝观乐，悬问工人不能答。由是患雅乐凌替，思得审音之士以考正之。乃诏翰林学士窦俨判太常寺，与枢密使王朴同详定。朴作《律准》[2]。《旧五代史·乐志》云：

（显德）五年六月，命中书舍人窦俨参详太常雅乐。十一月，翰林学士窦俨上《疏》论礼乐刑政之源，……其二曰："伏请命博通之士，上自五帝，迄于圣朝，凡乐章沿革，总次编录，系于历代乐录之后，永为定式，名之曰《大周正乐》，俾乐寺掌之，依文教习，务在齐肃。"诏委俨总领其事。

《宋史》卷二六三窦俨事迹附其兄《窦仪传》，略云：

（周世宗）南征还，诏俨考正雅乐，未几，拜翰林学士，判太常寺。俨校钟磬筦籥之数，辨清浊上下之节。复举律吕旋相为宫之法，迄今遵

① 《旧五代史》卷一四四。

② 见《宋史·乐志》一。

用。……所撰《大周正乐》成一百二十卷，诏藏于史阁。

《玉海》引《中兴书目》：

窦俨承诏订论历代乐名、乐仪、乐议、乐音、乐图、乐章、乐器、乐曲及夷乐之名甚备。是书原分八十四卷，象八十四调，益以新《曲谱》三十六卷。南渡后《曲谱》惟《黄钟》、《大吕》四卷，余皆佚去。

《太平御览》征引多条，可以辑录，存其端倪。此书把乐章与乐曲分开，则乐章是辞，乐曲是谱。北宋时全书尚存，且有新曲谱，当是后周别撰新制之乐谱，惜已佚去。

一、

《旧五代史·乐志》下云：

（显德）六年春正月，枢密使王朴奉诏详定雅十二律旋相为宫之法，并造律准，上之。其《疏》略曰：自秦而下，旋宫声废。洎东汉虽有大予（乐）丞鲍邺兴之，人亡而音息。汉至隋垂十代，凡数百年，所存者黄钟之宫一调而已。十二律中，唯用七声，其余五律，谓之哑钟，盖不用故也。唐太宗复古道，乃用祖孝孙、张文收考正雅乐，而旋宫八十四调复见于时，在悬之器，方无哑者。……逮乎黄巢之余，工器都尽。……时有太常博士殷盈孙按《周官·考工记》之文。铸镈钟十二，编钟二百四十。处士萧承训校定石磬，今之在悬者是也。虽有乐器之状，殊无相应之和。……以臣尝学律历，宣示古今乐录，令臣讨论。遂依周法，以秬黍校定尺度，长九寸，虚径三分，为黄钟之管，与见在黄钟之声相应，以上下相生之法推之，得十二律管。以为众律管互吹，用声不便，乃作律准。十三弦宣声，长九尺，张弦各如黄钟之声。以第八弦六尺，设柱为林钟，第三弦八尺，设柱为太簇。……第六弦六尺六寸八分，设柱为中吕，第十三弦四尺五寸，设柱为黄钟之清声。十二律中旋用七声为均。为均之主者，宫也。……所补雅乐旋宫八十四调，并所定尺，所吹黄钟管，所作律准，谨同上进。

世宗善之，诏尚书省集百官详议，兵部尚书张昭等议曰：

昔帝鸿氏之制乐也，将以范围天地，协和人神。候八节之风声，测四时之正气。气之清浊不可以笔授，声之善否不可以口传，故凫氏铸金，伶伦截竹，为律吕相生之算，宫商正和之音。乃播之于管弦，宣之于钟石，然后覆载之情䜣合，阴阳之气和同，八风从律而不奸，五色成文而不乱。空桑、孤竹之韵足以礼神，《云门》、《大夏》之容无亏观德。然月律有旋宫之去，备于太师之职。经秦灭学，雅道陵夷。汉初制氏所调，惟存鼓舞，旋宫十二均更用之法，世莫得闻。汉元帝时，京房善《易》别音，探求古义。以《周官》均法，每月更用五音。乃立准调，旋相为宫，成六十调。又以日法析为三百六十，传于乐府，而编悬复旧，律吕无差。遭汉中微，雅音沦缺。京房准法，屡有言者，事终不成。钱乐空记其名，沈重但条其说。六十律法，寂寥不传。梁武帝素精音律，自造四通十二律以叙八音。又引古五正二变之音，旋相为宫，得八十四调，与律准所调，音同数异。侯景之乱，其音又绝。隋朝初定雅乐，群党沮议，历载不成。而沛公郑译因龟兹琵琶七音，以应月律，五正二变，七调克谐，旋相为宫，复为八十四调。工人万宝常又减其丝数，稍令古淡。隋高祖不重雅乐，令儒官集议。博士何妥驳奏，其郑、万所奏八十四调并废。隋氏郊庙所奏，惟黄钟一均，与五郊迎气，杂用蕤宾，但七调而已；其余五钟，悬而不作。三朝宴乐，用缦乐九部，迄于革命，未能改更。唐太宗爰命旧工祖孝孙、张文收整比郑译、万宝常所均七音八十四调，方得丝管并施，钟石俱奏，七始之音复振，四厢之韵皆调。自安、史乱离，咸秦荡覆，崇牙树羽之器，扫地无余，戛击搏拊之工，穷年不嗣。郊庙所奏，何异南箕？波荡不还，知音殆绝。臣等窃以音之所起，出自人心，夔、旷不能常泰，人亡则音息，世乱则乐崩。若不深知礼乐之情，安能明制作之本？陛下心苞万化，学富三雍。观兵耀武之功，已光鸿业；尊祖礼神之致，尤轸皇情。乃睠奉常，痛沦乐职。亲阅四悬之器，思复九奏之音。爰命廷臣，重调钟律。枢密使王朴采京房之准法，练梁武之通音，考郑译、宝常之七均，校孝孙、文收之九变。积累黍以审其度，听声诗以测其情。依权衡嘉量之前文，得备数和声之大旨，施于钟虡，足洽箫韶。臣等今月十九日于太常寺集，命大乐令贾峻奏王朴新法黄钟调七均，音律和谐，不相凌越。其余十一管诸调，望依新法教习，以备礼寺施用。其五郊天地、宗庙、社稷、三朝大礼，合用十二管诸调，并载《唐史》、《开元礼》，近代常行。广顺中，太常卿边蔚奉敕定前件祠祭、朝会、舞名、乐曲、歌词，寺司合有簿籍。伏恐所定与新法曲调声韵不协，请下太常寺检详校试，如或乖舛，请本寺依新法声调，别撰乐章、舞曲，令歌者诵习，永为一代之法，以光六乐之书。

世宗览奏，善之。乃下《诏》曰：

其王朴所奏旋宫之法，宜依张昭等议状行。仍令有司，依调制曲，其间或有疑滞，更委王朴裁酌施行。

以上为《旧五代史辑本》据《永乐大典》卷二一六七八采录，最为详备。张昭此《疏》亦见《册府元龟》卷五七〇《作乐》六，又收入《全唐文》卷八六四，《全宋文》卷八，实为一篇极重要论乐文字，值得仔细研究。

张昭事迹详《宋史》卷二六三。张氏本名昭远，濮州范县人。其人博通古今，熟前代政制得失，历事后唐、晋、汉，先官太常卿，在边蔚之前，尤留心古乐，故所论独精。周世宗时，复承诏详定《经典释文》、《九经文字》。宋初，拜吏部尚书。乾德元年郊祀，昭为卤簿使。开宝五年卒，年七十九。其人当由周入宋，而论乐之事乃在周之世。细览整篇，知《通鉴》胡三省《注》述边蔚奏乐事一段，实全采自张昭此文。其《疏》中有云：

臣等今（正）月十九日于太常寺集，命太乐令贾峻奏王朴新法黄钟调七均，音律和谐，不相凌越。其余十一管诸调，望依新法教习。

足证所谓“新法声调”，实指王朴所定的新法黄钟调。

王铚《默记》亦记王朴在周考定声律。朴卒于显德六年三月，以疾作而仆于前司空李穀之第，年仅四十五，在其上律准之后二月。律准之制，从他的奏疏可想见其仿佛。近年随县曾侯乙墓所出土的五弦琴和十弦琴，原物现正在香港中文大学文物馆展出，琴用独木制成，都有弦孔，但不适用于弹奏，我疑心是当时用来作调音用的律准之器。[1] 黄翔鹏作《均钟考》，亦有同样拟

① 详拙著《随县曾侯乙墓钟磬铭辞研究》，46 页。

测。王朴可能见过在唐以前的律准品，所以设计一件十三弦不同长度之器，并设柱可以转动来调音，十三弦是在十二律之外增加一律作为黄钟的高音（清声），具见他的巧思。他所定的律长（九寸）二一二·一六一五公厘[1]，所定的黄钟新法声调，据后来试验，都说其声太高。《宋会要辑稿》卷三〇九一六第七册《乐一》云：

> 仁宗景祐二年二月，判太常寺燕肃等考定乐工乐器，据李照上言：臣始到太常寺时，已磨琢钟磬成就，窃听八音之作，虽王朴所造律准，品格符合。其试声调则太高，比之古约高五律，比之胡部，亦高二律。若击黄钟而必齐于仲吕，若击夹钟则必齐于夷则，是冬行夏令，春召秋风，此皆王朴造律准，经五代乱离之后，雅乐废坏，凿空创意，不合古法。[2]

《宋史·乐志一》云：

> 太祖每谓雅乐声高，近于哀思，不合中和。又念王朴、窦俨，素名知乐，皆已沦没。因诏（和）岘讨论其理。岘言："以朴所定律吕之尺，较西京铜望臬古制石尺短四分，乐声之高，良由于此。"

和岘律长（九寸）二二〇·六四八公厘，低于王朴律半律许。[3] 这是乾德四年十月以后的事。当时测验的结果，王朴律准声音太高。故"宋太祖每言雅乐声高，近于哀思"。我想当日张昭所奏把乐曲歌词，尽量依照王朴所定的新声调来改写，必然多有扞格之处。朴的建议在显德六年春，同年六月，世宗驾崩。再过一年的正月，便是陈桥兵变，周遂亡。入宋，未必真能施行的。

二、

由张昭附和王朴之奏疏看来，可以了解后周整理乐章及其对宋初乐曲的影响，有下列若干问题，可以得到新的认识：

---

① 据丘琼孙《燕乐探微》。

② 册一，281页。

③ 亦见上引丘氏书。

（一）依月用律问题

一向认为依月用律是词律一件大事。夏承焘有《宋词不依月用律》专文详细讨论。[①] 他引证《碧鸡漫志》：

> 万俟咏政和初，寘大晟乐府制撰之职，新广八十四调。有旨依月用律，月进一曲，自此新声稍传。

他以为依月用律是由大晟府开始的制度。他又引《词源》说：

> 美成按月律为之，其曲遂繁。

因谓美成是首创此制之人物。不知张昭《疏》中已言：

> 郑译八十四调，琵琶七音，以应月律。

和岘亦论：

> 别撰采茨曲，望依月用律。

后周与宋开国以来，乐家都希望作乐制曲能够依月应律，但事实却做不到。《宋会要》说：

> 真宗咸平四年二月甲子，雅乐正王维昌上言：祭享郊庙，止奏黄钟宫一调，未尝随月转律。

可见尚是徒托空言。但依月应律却是一般所冀求，不是如夏老所说："出于大晟府诸人之附会古乐"的。根据张昭《疏》与张炎《词源》所说八十四调和依月用律之说，其实都远有所受，杨守斋知乐，其《论词五要》之第二《论律不应月则不美》，这种理论，从宋初以来便有之。夏老认为出于他们

---

① 见《唐宋词论丛·词律三义》。

“以此自炫”，是没有根据的。

（二）乐章之别撰问题

张昭《疏》云：

> 别撰乐章、舞曲，令歌者诵习。

关于“别撰乐章”的事情，到了宋初，有许多实例可以稽考。和岘于宋太祖乾德六年十月上《疏》云：

> 郊祀有夜警、晨严，六州、十二时及鼓吹回仗时驾前道引之曲，见阙乐章，望差官撰进，下寺教习应奉。①

和岘是曲子相公和凝的次子（《旧五代史·周书·和凝传》云：“长子峻。次子岘，仕（周）为司勋员外郎”）。这三首乐章即《宋史》卷一四〇《乐一五》：开宝元年南郊三首，不著撰人。岘奏言“差官撰进”，所差之官即是作者，不知谁氏，自非和岘所制可知。杜文澜《词律补遗》最末一首为《六州》，一百二十九字。《注》云：“此调只有此词，无别首可校。见《文献通考》。”按此即《宋史·乐志》所录者。对校之下，文字有微异。《全宋词》视为和岘作，不若杜氏标曰无名氏之准确。

和岘又于乾德六年奏言：

> 按《开元礼》，郊祀率驾还宫入嘉德门，奏《采茨》之乐。今……宫悬但用《隆安》，不用《采茨》。其《隆安》乐章本是御殿之辞，伏详礼意，《隆安》之乐自内而出，《采茨》之乐自外而入，若不并用，有失旧典。今大乐署丞王光裕诵得唐日《采茨曲》，望依月律别撰其辞，每郊祀毕，车驾初入，奏之。②

这是别撰的又一例，岘是要求撰者要“依月律”来制作的重要人物。

---

① 《宋会要辑稿·舆服》三之十八，册二，17790页。

② 《宋史》卷一二六《乐》一。

由于屡有“别撰乐章”之举，宋词的繁兴，由公而及私，初非为官方制作而私下别撰。如《十二时》原为南郊而作，后来柳永亦有《十二时》[1] 一百三十字，则为私人别撰之作。

唐贞观中，有《秦王破阵乐》及《功成庆善乐》二舞。其后改名为《七德舞》及《讲功之舞》，“以文舞降神，武舞迎神”（见张昭《疏》，《全唐文》八六四）。柳永有《破阵乐》，一百三十二字，宫调属林钟商，林钟商，敦煌卷P·三二五一有《御制临钟高内家娇》，胡忌订即林钟商。柳永的《破阵乐》，分明取自雅乐的《秦王破阵乐》，这亦是别撰之一格。

（三）鼓吹歌曲问题

《全宋词》开宗明义第一首即为和岘的开宝元年《南郊鼓吹歌曲》三首，计《道引》、《六州》、《十二时》。考《宋史》卷一四〇《乐一五·鼓吹部》云：

> 大礼：车驾宿齐所止，夜设警场，用一千二百七十五人。奏严用金钲、大角、大鼓。……歌《六州》、《十二时》，每更三奏之。[2]

关于吹奏《六州》、《十二时》、《道引》等曲的制度，在北宋时有多次的改革，详《宋史·乐志》。《乐志·鼓吹部》录各朝鼓吹曲文甚备，从开宝元年《南郊》三首以下林林总总。《全宋词》既收开宝元年三曲，又收范祖禹《虞主回京双调四曲》，其他则不加采录，不知何以厚此薄彼？

这类曲辞分明是鼓吹曲，虽然《六州》后来演化为《六州歌头》之类，《十二时》亦成为词牌之一，但鼓吹曲和曲子词应该有区别才对，随意收录，不免于滥。

（四）雅乐与教坊曲混杂问题

自从五代兵乱，礼乐废久，制作简谬，《崔棁传》记汉高祖会朝之礼，既设宫悬，随后又继以龟兹部《霓裳法曲》，及教坊伶人歌舞，杂乱雅音。边蔚奏请添置整理雅乐乐章工作人员，竟从教坊调动乐官兼任。宋开国之初，御

---

① 题为《秋夜》，见《类编草堂诗余》。

② 大中祥符六年，以其烦扰，诏罢追集。

正殿受朝贺，用宫悬；次御别殿，群臣上寿，举教坊乐，二者杂用。乐府词的领域益以开拓，词调来源不局限于教坊之乐章。而应制之作日多，若苏易简之《越江令》，即宋太宗所命作者。而别撰之乐章舞曲，更促使倚声作品日益多彩多姿。饮宴酒令的习俗，尤为曲子盛行的主要因素，其旧曲有出于唐代梨园的。《通鉴》卷二六四记唐昭宗赐（原作“进”字，非）朱全忠《杨柳枝辞》五首，胡三省《注》云：

> 《杨柳枝》，即今之令曲也。今之曲如《清平乐》、《水调歌》、《柘枝》、《菩萨蛮》、《八声甘州》，皆唐季之余声。又唐人多赋《杨柳枝》，皆是七言四绝，相传以为出于开元梨园乐章。故张祜有《新杨柳词》云：“莫折宫前杨柳枝，玄宗曾向笛中吹。”[①]

胡氏生当宋季，其时的令曲，即唐宋的曲子词。他说《杨柳枝》即出于梨园乐章，梨园乐章舞曲在五季是由太常寺来管理的。

顺便讨论“乐章”二字，唐协律郎徐景安著有《历代乐仪》三十卷。王应麟《玉海》卷一五〇称：

> 其书第十卷题目：《乐章文谱》。徐氏说：“乐章者，声诗也。”

任半塘著《唐声诗》一书，追寻“声诗”一名的来由，即溯源于徐氏此语。后周张昭《显德时疏》有云：

> 考郑译、宝常之七均，校孝孙、文收之九变，积累黍以审其度，听声诗以溯其情。

亦提到“声诗”一名，当然亦是乐章的意思。我们通过上面许多讨论，对声诗和歌词二者的涵义可以得到较明确的认识：

声诗即是乐章，它必须合乐。有的出于雅乐，亦有渊源于唐代梨园的，得称曰梨园乐章，则不免与教坊发生关系了。后周时又有依新法声调而别撰的乐章舞曲，则以王朴的新定黄钟为根据，可能主要是雅乐的乐章。

---

① 北京中华书局标点本，8605页。

至于"歌词"一名，涵义稍有不同，是指文字部分，不必合乐，故张昭《疏》把乐章与歌词分开。所以，我们如果把合乐的乐章，看作一般广义的歌辞，是不符合五代人的实际情况的。

三、

五代汉至后周，乐章都归太常寺掌辖。我们联想到柳永的词集，何以命名曰"乐章"？很值得玩味。

柳永词集中长调特别多，词体的丰富，宫调记载的详细，都非他家所可比拟。单看《倾杯乐》一曲便有许多不同的宫调和体式，我推想柳永本人手头上必掌握许多旧乐章的宝贵资料作为他写作的凭借。柳永死葬于镇江，根据后来发见南宋乾道年间，水军统制羊滋所得的《柳氏墓志》说道：

> 叔父讳永，博学善属文，尤精于音律。为泗川判官，改著作郎。既至阙下，召见仁朝，宠进于庭。授西京灵台令，后为太常博士。

羊滋其人于乾道五年任兵马钤辖，见《宋会要辑稿》卷四七三一，这一《墓志》见于万历的《镇江府志》（卷三二《墓》），只存这寥寥百余字，十分可贵。特别说到他尝官"太常博士"一官职，为他处所不载。[①]

他敢名其集曰《乐章集》，必有他的道理，当与他在太常寺供职有密切关系。后周张昭、边蔚都尝官太常卿，宋初和岘亦判太常寺，这些人对整理乐章作过一些工作，与太常寺保存下来当日依据王朴的新法黄钟调另撰的《乐章舞曲》等材料，很可能柳永在太常寺时曾经寓目。

皇祐中，柳永应制进呈仁宗而获罪的《醉蓬莱慢》一首，据说即出自教坊所进的新曲[②]，柳集之中不少词调在当时是新声，这正是一个例子。

柳永的同乡黄裳有《书乐章集后》一文云：

> 太平气象，柳能一写于《乐章》，所谓词人盛世之黼藻。[③]

① 《全宋词·小传》不及此。

② 《渑水燕谈录》。

③ 《演山集》卷三四。

这里所称的《乐章》，当然指他所填的词。但在当日有井水处即有人传唱，亦如后周所整理的乐章，而为“歌者所诵习”的！

赵宋学术，实多承接后周。周祚虽短，而周人有复古倾向，制礼作乐，开宋学的局面，书学亦然，郭忠恕的《汗简》，引出北宋的古文字学。后周的整理乐章，多别撰《乐章舞曲》之新制。宋开国初，太常寺工作人员，窦俨、和岘之流都是前朝人物。到了柳永的《乐章集》，乃别开生面。后周歌者诵习的舞曲，自来没有确实的材料，今敦煌石室所出显德间抄本的《舞谱》，正提供一重要物证，其可宝贵为何如耶！

敦煌谱所显示歌舞的场合，就谱中所收《曲子词》观之，必为歌筵上酒之用。孙光宪句云：“半为花间酒。”（《生查子》）欧阳炯云：“拍按香檀”，“用助娇娆之态。”（《花间集·序》）殆指此类。宋雍熙间，有集诸家词命名曰《家宴》，《湘山野录》云：寇准因早春宴客，自撰乐府词，俾工歌之，即《甘草子》：“春早、柳丝无力。低拂青门道”一首，此即宴客之制。

又有《尊前集》者，《古今词话》称吕鹏作（《历代诗余词话》引）。沈义父《乐府指迷》云：

> 声诗间为长短句，至唐人则有《尊前》、《花间》集。

则以为唐人所编。朱彝尊《跋》据吴宽抄本定为宋初人编集。此书赖明时顾梧芳传录，得以流传。集中所录，如皇甫松《抛球乐》、欧阳炯《春光好》。所谓“胸销雪”、“脸分莲”、“想夫怜”……都是《云谣集》中常见的语汇。我故谓《云谣》与《花间》、《尊前》本是一脉相承，不能强分畛域。《云谣集》杂曲子诸作仍是属于乐章舞曲一类。往年冒鹤亭翁斠订《云谣集》，取与柳永词参校，柳词之为乐章舞曲，与《云谣》之为乐章舞曲，性质原无二致。从这一点看来，冒说还是有可取的。由于后周之整理乐章舞曲，为宋词开一新局，柳永在承先启后之地位，所以取得高度成就，事实上以彼尝任职于太常寺，得到旧乐章的灌溉，吸取养料。近贤治柳词者大有其人，似均未见及此，拙论或不无启发之劳，试胪陈之，用俟方家加以指正。

《李卫公望江南》序录

近见王悠然为《敦煌歌辞总编》撰序，讥诮史家混“花间”与“民间”

为一，无异“史盲”，责其误捧唐末温飞卿为词之开山人物。且云：“单说初唐李靖作《兵要望江南》，有七百首之多，用唐代《开元占经》来对证，一点不假，从何推温庭筠的曲子来作开山之祖?”此可代表近年来一些谈词者之主张，尽量将作品之年代移前，即《兵要望江南》之写作时代亦提升至初唐。

《兵要望江南》之撰人另有题易静所作者。张璋、黄畬合编之《全唐五代词》，其卷三唐词部分即收易静之《兵要望江南》共五百首，盖据北京图书馆收藏前京师图书馆旧钞本，其跋语称“《崇文总目》题作《兵要望江南词》，武安军左押衙易静撰，似为有据”，故列在易静名下。① 核实此书所收，计四百九十九首。② 王氏言及之李靖《兵要望江南》，依据何本，未尝详述。台北“中央图书馆”藏有旧钞本二卷，书名曰《李卫公望江南》。卷前有贞观七年李靖序，略云：“撮取诸家兵道要妙，作为诵歌，计七百首，目之曰《望江南》。”似王氏前言，即指此书，实得七百二十六首。故知民间传写之《兵要望江南》实有二本，此题李靖名者为数更多，殊有刊行之必要。

兹将两本流传本子略为考证如次：

（一）题易静之《兵要望江南》一卷

《崇文总目》：“《神机武略兵要望江南》一卷，武安军左押衙易静撰，盖唐人也。”

《郡斋读书志·续志》：“《兵要望江南》一卷，黄石公以授张良者，按其书杂占行军吉凶，万声于《望江南》词，取其易记忆。”

《宋史·艺文志》有易静《神机武略歌》。

《读书敏求记》：“《神机武略望江南》一卷。”

北京图书馆藏书钞本跋：“此从明督浙江都御史晋江苏茂相校本录出，题作《白猿奇书兵法杂占彖词》，唐开府仪同三司卫公三原李靖著。”

况周颐《蕙风词话》：“《兵要望江南》，武安军左押卫易静撰，起占委任，止占霰（霞），最五百二十首。词虽不工，具征天水词学之盛，下至方技之士，亦谙宫商。”（续二）

此书原有“神机武略”四字，或称曰“杂占彖词”，实兵家言而依托于李靖者。况蕙风以为天水方技之士所作，甚有卓见，当是杂占家行军吉凶之歌

---

① 该书317页。

② 一首重出。

诀。又有缪荃孙云自在龛藏旧钞，一向流传只有写本。武安军即楚潭州。唐僖宗时，邓处讷、刘建锋俱为武安军节度，马殷于光化元年官武安留后。易静任此军之衙官，事迹无考。

（二）题李靖之《李卫公望江南》二卷

《浙江采集遗书录》作《李卫公望江南歌诀》，《四库存目》云："一本题唐李靖撰。"是其书名或多"歌诀"二字，以此类词之性质实为歌诀也。

中央图书馆是本卷前又有跋，题"贞明三年中休安刘剥谨跋"。其后有识语云："考明白刘剥乃后梁之名将"。按剥字，乃衍误，字当作"鄩"。跋云："余所观卫公所述兵法，……惟《望江南》最为奇焉。……然收得者往往篇目不周，多寡差错，得至多者不过三百。余自与晋人久战，交兵洹水，设伏丛来，大败晋师，还军莘邑。军行在道，有一野老持书采献。……乃李卫公所制兵法《望江南》曲。展视品题，甚（其）数五百，兹始得定本。"此跋其前注云"考《白猿奇书》补入。"刘鄩，为密州安丘人。新、旧《五代史》俱有传。《梁臣·梁臣传》第十云：

> 庄宗与诸将谋曰：刘鄩学六韬，喜以机变用兵。（卷二十二）

《旧五代史·梁书》二十三云：

> （末帝贞明元年）六月，晋王入魏州，鄩以精兵万人自洹水移军魏县，晋王来觇，鄩设伏于河曲丛木间，俟晋王至，大噪而进，围之数匝，……遂军于莘县。

此序文字，疑即来自刘昫《梁书》。序中"丛来"之"来"字乃"木"之误。此跋殆托名刘鄩。复言野老献书以神其说。观其所言：篇数初由三百增到五百始为定本。而其前题李靖序乃称有七百之数，足见递次添加为后来所增益。"占六壬"下注云："旧载二十四首，今考《白猿奇书》补入三十首。"可证。李靖序年月末题贞观七年，是时靖破颉利有大功，序中措词不类靖言。考《通鉴》（卷一百九十七）记靖与侯君集言此事，称："初，上使李靖教君集兵法，君集言于上曰：'李靖将反矣。'上问其故，对曰：'靖独教臣以其粗而匿其精，以是知之。'"此事系在贞观十七年。意者此序依托靖言兵法牵合十七年事，抄者误十七为七年欤？宋时兵书依托李靖兵法者不一而足，若《李卫公问对》最有名，宋儒皆以为伪。[①]《宋史·艺文志》所载靖兵法书有七种，其中曰《李靖六军心镜》三卷者，吴曾家有其书，谓“其文浅近，岂伪书邪？”[②] 此序言“作为诵歌，计七百首”，已与刘郭跋所记矛盾，其出于伪托十分显然。此书原注多涉及中事。《占水族》第二首，有云：

> 龙现垒，室宅及池中。必有大臣谋逆叛，且须作急口奸凶，莫待有奔冲。

原注云：“王莽、朱温时，龙现池沼。”[③] 则词作于朱温之后可知。又占天第二首“天气赤”下原注云“宋咸淳甲戌秋月初六日庚辰酉时，在天有一丈余高霞，映地如血，当年十二月过江，至丙子约降，江淮军民如涂炭。”（《兵要》无占天一类，故无此首。）咸淳甲戌，即宋度宗十年，丙子则端宗景炎元年，为宋亡于元之岁，是此原注分明出自元人之手。原注如为作者自注，则占天此首写作年代须重新考虑矣！

考《宋史·艺文志》五行类著录《望江南风角集》二卷。此卫公《望江南》内，风角卦在第二，共三十二首之多，疑《宋志》之《风角集》部分必在其中。

又《崇文总目》有：《周易断卦梦江南》一卷。《通志略》亦有之，不著撰人。而《卫公望江南》第二十六为“周易占候”二十一首，疑即出于此书。《绍兴四库阙书目》有《大道梦江南》，具见宋时以《望江南》作为占验歌诀，实繁有徒，递相增益，故《兵要望江南》可积至七百首之夥。

此类《望江南》曲子在当时有其实用性。释氏之法曲子亦取作为寄意之调，如王荆公之《三皈依》，即倚《望江南》为之，其后如净圆白云法师有《望江南·娑婆苦》六首[④]，禅家之唱道词中，《望江南》为最常用之调，其性质实同于歌诀。

题李卫公之《望江南》，自“委任”第一以迄“占霞”第六，易静之《兵要望江南》一书，已囊括于其中。余尝嘱门人郑君炜明取二书细加比勘，为

---

① 参近人吴如嵩、王显臣作《李卫公问对校注》附录三。

② 《能改齐漫录》卷十四。

③ 《兵要》作“鱼现”。

④ 见《乐邦文类》。

类次与词异序表，互补词录、词目索引及异文校记。大抵《兵要》各类皆明著“占”字，而卫公本则否，似《兵要》尝经过整理统一，二本均出于传钞，《兵要》钞写下限及于明代，北图本出自明督晋江苏茂相校。其中分类有错入者，以卫公本校之，《兵要》占“委任”类词错入“占霞”者七首，“占气”类错入“占云”者四首。似卫公本分类优于《兵要》。又二书可以互补。同类之中，兵要有十四首为卫公本所无。其中不少可能杂入宋代作品如《风角集》之类。职是之故，《兵要》一书殊难断定悉为唐人作品而随便视作唐词。至于作者，宋代书录家均称出于易静，如上举“占水族”一首自注言及朱温，则当作于朱梁以后矣。《卫公望江南》本其中则有词二百四十一首为《兵要》所无，几乎每类皆可补易书之缺，芜杂有待于理董，乃遽谓此七百首纯为初唐李靖所作，得非呓语而何！此辨伪工作所以不可缺也。

卫公是本卷下题“凉州镇总兵润亭哈丰阿校”。有眉批多处，殆出其手笔，屡屡言及光绪时事：如“占日”第二十七首眉批云：“光绪三十四年戊申十月初一日之兆应国孝。”“占雨”第十二首眉批云：“庚子妖言绪宗翦。”“占地”第十首眉批“光绪庚子”云云。又“占六壬”第十三首校语称“一作”，可见润亭所见已非一本。是此书叠经后人传写，已非五百首之旧观矣。

《卫公望江南》卷后附《五音姓氏》与《五音覆（复）姓》，下区角音、徵音、羽音、商音、宫音，及其五行木（原误抄作“水”）火、水、金、土所属，以“供占候之用”。考唐初吕才《叙宅经》云：“近世巫觋，妄分五姓，如张王为商，武庚为羽，似取谐韵，至于以柳为宫，以赵为角，又复不类，或同出一姓，分属宫商，或复姓数字，莫辨徵羽。此则事不稽古，义理乘僻者也。”胡三省注云：“近世相传，以字学分五音，只在唇舌齿调云。舌居中者为宫，口开张者为商，舌缩却者为角，舌拄齿者为徵，唇撮聚者为羽。阴阳家以五姓分属五音，说正如此。”[①] 是书赵姓入于角，正如吕说。而列为五音之第一姓，则分明以赵宋为帝姓而居其首，足见其书之编成，必在宋时，非出李唐术数家之手，更昭然若揭矣。戊辰冬饶宗颐识。

① 《通鉴》卷一百九十六，北京中华书局标点本，6166页。

姜白石词管窥

姜白石名夔，字尧章，江西鄱阳人，白石其号也。一生未登仕籍，品行清高。清初的浙西词家奉白石为宗匠，有家白石而户玉田的说法。但清人拟作的白石小传，很多疏误。清代词人喜称他为“石帚”，乃误会梦窗词中之姜石帚，应是另为一人。祠堂本《白石道人歌曲》附有年谱，但很简略。近人陈思重撰，资料尚充实。至夏瞿禅先生撰《姜白石词编年笺校》，考辨精谛，突过前人。比方用韩涧泉诗自注“潘（德久）姜（尧章）已下世三年矣”的证据，知白石之卒，在韩涧泉卒于嘉定十七年之前，便是很好的例子。

《白石道人歌曲》六卷，共词八十三首，内十七首旁列音谱，这是唯一现存具有旁谱的词集，乃陶宗仪钞校。至清初为分纂《康熙钦定词谱》的楼敬思（俨）所得，传钞于张弈枢、陆钟辉等。乾隆年间分别雕刊，遂有各种版本。①

白石的生平和词学，友人夏瞿翁所作论考已极详尽，可说是“蔑以加矣”。现在再作探究，很难越其雷池一步。惟文艺之为物，各人的会心不同，兹不揣固陋，略举数端为夏氏所未及者，引申如次。

白石的艺事方面甚多，诗词而外，书法及琴律，致力尤精。书法盖深有得于沅陵单炜（炳文）。单氏的字法本杨少师凝式，而微加婉丽。单论书曾言：“尧章得吾骨。”（见《东南纪闻》）白石书法脱去脂粉，一洗尘俗，主要

① 姜词版本，陈柱、丘琼荪及夏君论述已详。

在“骨”。他撰《续书谱》，提出“风神”二字，主张要有风神“须人品高”，“须险劲”，“须高明”，“须时出新意”。又论：“书以疏为风神，密为老气。”“必须下笔劲净，疏密停匀为佳。”（俱《续书谱》语）这是他的书法理论，其实他的诗词亦同样本着这一原则去创作的。他对书法浸淫最久，自言：“学书三十年，晚得笔法于单炳文，世无知者。”①他和单氏相识很早，他有别单诗称其“挥洒照八极”，“犹带龙虎笔”。这是淳熙十三年丙午去沔鄂时所作，时年三十二岁。他和单炳文论交，当在此之前。元陆友《砚北杂志》记：海昌人家有古琴，相传是单炳文遗姜尧章。背有铭曰：“深山长谷，云入我屋。单伯解衣，作葛天氏之曲。怀我白石，东望黄鹄。”是白石琴律之事，很可能亦和单氏有关。可见单炳文对白石影响之深了。

白石的词风，宋季以来，权威的词评家，有的称他“清劲知音”②；有的说他“清空”，“古雅峭拔”③；有的说他“骚雅”④。“雅”是从他的人品和书品、词品来作总评。白石自述范成大称赞他“翰墨人品皆似晋宋之‘雅士’”。这是评他的书法，别人亦以“雅”字论他的词，看法是一致的。我以为白石词的胜处，正在于骨力和风神。刘勰说：“练于骨者，析辞必精。”白石的书法要下笔劲净，正在练骨上着力，于词亦有同然。他论书主风神，以疏为贵，又要时出新意；他作词亦循着这条路径。由前之说即玉田所谓“要清空，不要质实”；由后之说，即玉田所谓“以意趣为主，不蹈袭前人语意”。白石于书道，悟入者深，以其法治词，自易契合。他的词所以能够在美成之后，稼轩之外，独创一面目，正由于他另觅途径，向“风力遒”与“骨髓峻”方面发展，所以我欲拈出“风骨”二字，来评白石的词，较之“清空”似更接近。这个固然出于他的高超绝俗的性格，而书法的陶写，此中甘苦，似乎不无会通的地方。

沈寐叟谓：“白石词略如诗之有江西派，诗与词几乎合同而化。”⑤其实白石不特以诗为词，亦复以词为诗。温飞卿《杨柳枝》八首，白石绝句，即力追此境。他的《除夜自石湖归苕溪》十首，诚斋称为“有裁云缝雾之妙思，

① 嘉泰癸亥跋《保母志》。

② 沈义父《乐府指迷》。

③ 张炎《词源》。

④ 陆辅之《词旨》。按此本玉田说。其后朱彝尊《词综》亦云：“填词最雅，无过石帚（应作白石）。”

⑤《海日楼札丛》。

敲金戛玉之奇声”，无他谬巧，只是以刘梦得、温庭筠的作词法，运用高骞的骨气，来调遣温丽的文藻，故能戛戛独造。

《扬州慢》作于孝宗淳熙三年丙申。白石词之明著甲子者，始见于此。据夏氏考证，时白石二十余岁。此词用杜牧诗句凡五处，不厌其多。北宋词人裁红剪翠，喜欢驱使二李[①]的辞汇。白石到后来，多自铸新辞。而这一首是少作，同一首中，用小杜语句的，举出如下：

竹西佳处——小杜《题禅智寺》诗："谁知竹西路。"

过春风十里——小杜《赠别》："春风十里扬州路。"

豆蔻辞工——同上："豆蔻梢头二月初。"

青楼梦好——《遣恨》："十年一觉扬州梦，赢得青楼薄幸名。"

二十四桥仍在——《寄扬州韩绰判官》："二十四桥明月夜。"

可见他早年对杜牧诗的倾倒。小杜有雄姿英发的气概[②]，俊爽的风格，能以峭健之笔，写风华流美之致，和白石的情趣很相近。从这《扬州慢》一词，可见出他对晚唐的致力。另有一半可为佐证的，他曾指点姚合选的《极玄集》。毛晋跋汲古阁刊本《极玄集》云："向传姜白石点本最善，竟不行于世。"《爱日精庐藏书续志》四："《唐诗极元》二卷，姚合纂，白石先生姜夔点。版心有'又玄斋'三字。今藏常熟瞿良士家。"夏瞿禅君曾指出，白石诗词里时常提出陆天随，说他的行径好像有意学陆龟蒙。不过陆天随学问的根底在经学[③]，毕生在黄巢震撼的乱世中，故古语特多；白石专于艺事，所处时代较为安定，只是低徊于金人摧残后的废池乔木间，流露出晋、宋间人的雅韵逸致。[④] 这又是两家不同之处。

白石早岁学诗，由江西入手。他的诗集自序云："三熏三沐师黄太史（山谷）。居数年，一语噤不敢吐，始悟'学'即是病。"这说明他对山谷诗法曾下过功夫。《白石诗说》自言："意格欲高，句法欲响。"但如何才能做到呢？山谷曾提出夺胎换骨法，以为"不易其意，而造其语，谓之换骨；规模其意，

① 李贺、李义山。

② 《艺概》卷二。

③ 见《甫里集》十八《复友生论文书》。

④ 参上引范石湖称赞白石语。

形容之，谓之夺胎”[1]。即是取资前人的名篇，点化其句语，加以活用。这个法子，白石在写词时常运用它。最显著的如白石《侧犯》（咏芍药）：

恨春易去。甚春却向扬州住。微雨。正茧栗梢头，弄诗句。红桥二十四，总是行云处。无语。渐半脱宫衣，笑相顾。金壶细叶，千朵围歌舞。谁念我，鬓成丝，来此共尊俎。后日西园，绿阴无数。寂寞刘郎，自修花谱。[2]

山谷诗云：

往岁过广陵，值早春，尝作诗云："春风十里珠帘卷，仿佛三生杜牧之。红药梢头初茧栗，扬州风物鬓成丝。"今春有来自淮南者，道扬州事，戏以前韵寄王定国二首："淮南二十四桥月，马上时时梦见之。想得扬州醉年少，正围红袖写乌丝。"[3]

白石上词中许多句，像"茧栗梢头"、"红桥二十四"、"围歌舞"、"鬓成丝"等，都是袭自山谷此诗及序，《琵琶仙》的"十里扬州，三生杜牧"，亦用山谷此诗，正是夺胎法之一证。《扬州慢》结句"念桥边红药"，可能与此《侧犯》为同时之作。夏氏以为词中有"鬓成丝"三字，定为四十余岁后之作。按此但摭山谷成句，未必贴合事实。又如《探春慢》作于淳熙丙午，时白石止三十二岁，乃有"老去不堪游冶"之句。词人叹老，乃成惯例，似不必拘执。

又白石《惜红衣》：

簟枕邀凉，琴书换日，睡余无力。细洒冰泉，并刀破甘碧。墙头唤酒，谁问讯城南诗客。岑寂。高柳晚蝉，说西风消息。（上阕）

此为自度曲，记其丁未夏在吴兴，数往来红香中因作是歌。审其情趣，乃自杜甫《夏日李公见访》一诗"水花晚色静"之意境，间并酌用杜句。如

---

① 详《冷斋夜话》。

② 句韵依《康熙词谱》，"我"字用古韵。

③ 二首录一，见《山谷内集》卷七。

杜云："僻近城南楼。""隔屋唤西家，借问有酒不？墙头过浊醪。"白石镕铸作："墙头唤酒，谁问讯城南诗客。"杜云"叶密鸣蝉稠"，白石则改作"高柳晚蝉"。这何曾不是"不易其意而造其语"的换骨法呢？

他如《暗香》、《疏影》、《汉宫春》之活用杜句"何逊而今渐老"，取自"东阁官梅动诗兴，还如何逊在扬州"；"自倚修竹"，用《佳人》之"日暮倚修竹"；"想佩环月夜归来"，用《咏怀古迹》之"环佩空归月夜魂"；《汉宫春·次稼轩韵》换头"知公爱山入剡，若南寻李白，问讯何如"，则袭自李，杜成句。《长亭怨慢》之剪裁庾赋，用《枯树赋》末段入序。词中歇拍数句，"树若有情时，不会得青青如此"，反用其意，尤翻腾得妙。都是活泼泼地运用陈言，变成己意。而转折层深，好像自出机杼。他在《诗说》云："僻事实用，熟事虚用。"又说："乍叙事而间以理言，得'活法'者也。"把熟事虚用得妙，是为活法。俞成在《萤雪丛说》（卷上）"文章活法"条有很详细的说明。[①] 他说纸上之活法，得自吴处厚、吕居仁、杨万里，这正是江西诗派的拿手把戏。

白石少年为诗，深受黄山谷的薰沐。他的诗巉削无闲字，可为证明。他以山谷诗法移用于填词，开出冷涩的词境。沈伯时说白石清劲，未免有生硬处。所谓生硬，正是山谷诗笔的特色。白石诗自序记其学诗，初见重于萧千岩。后识杨诚斋、范石湖、尤延之，与之上下其论。这些诗坛老辈都有舍江西而趋晚唐的议论。同时永嘉学派叶水心亦极力反对江西派，而甚推崇潘德久[②]，谓永嘉言诗皆本德久。[③] 德久名柽，常和白石唱酬，即号尧章为白石道人的诗友。[④] 这里可见白石交友中，也舍江西而致力于晚唐。他在这气氛下，自然亦转入晚唐。这样一来，对于词的写作，就有莫大的帮助了。

北宋晏安已久，侧艳词风，盛极当衰。北宋末年的词家，如万俟咏，已经把词集分为"侧艳"与"雅词"二体，将侧艳分出，认为不是词的正体。到了白石时代，词非另创风格不可了。据年纪较大曾与白石唱和的王炎[⑤]在他的《双溪诗余》的自序中说道：

---

① 见《稗海》本。
② 见《水心集》十二《周会卿诗序》。
③ 据元韦居安《梅涧诗话》卷中。
④ 见《白石诗集》七古。
⑤ 年八十余岁。

今之为长短句者，字字言闺阃事，故语懦意卑；或者欲为豪壮语以矫之。夫古律诗且不以豪壮语为贵，长短句命名曰曲，取其曲尽人情，惟婉转妩媚为善，豪壮语何贵焉！不溺于情欲，不荡而无法，可以言曲矣。

这说明白石的朋友中，也有想于周、柳、苏、辛之外，别创一格的意见。王炎谓长短句命名曰曲，取其曲尽人情，和《白石诗说》中之"委曲尽情曰曲"，正可参证。可见时代的要求，诗和词到了南宋，都要转变。在白石交游中，都有共同意见的。因为白石用力精专，于乐律上又有深入的素养，能自度曲，故成就能高人一等。从此以后，宋词风格，大约如鼎三足：一为柳、周的侧媚秾艳；一为苏、辛的驰骋古今；而白石却以格高韵响，别树一帜。他在《诗说》中论诗"一篇全在尾句"，要"辞意俱不尽"，故填词亦特注重结响。略举数例：

数峰清苦，商略黄昏雨。——《点绛唇》

正凝想、明珰素袜。如今安在？唯有阑干，伴人一霎。——《庆宫春》

算空有并刀，难剪离愁千缕。——《长亭怨慢》

送客重寻西去路，问水面琵琶谁拨。最可惜一片江山，总付与啼鴂。——《八归》

嫣然摇动，冷香飞上诗句。——《念奴娇》

淮南皓月冷千山，冥冥归去无人管。——《踏莎行》

高树晚蝉，说西风消息。——《惜红衣》

以上都是大家所称道的白石韵高意新的名句。沈祥龙《论词随笔》云："白石诗之自制新词韵最娇。娇者，如出水芙蓉，亭亭可爱也。徒以嫣媚为娇，则其韵近俗。试观白石词，何曾有一语涉于嫣媚？"故刘融斋《艺概》拟白石老仙为藐姑冰雪。

海绡翁论词，谓："白石别开家法，白石立而词之国土蹙矣。"盖本周济玉田过尊白石，但主清人，未审梦窗绵密曲折之论。一般以为玉田主疏而梦窗主密。寻白石论书，以疏为风神，密为老气，则疏密兼用。余谓以疏密论，姜意密而笔疏，吴则意疏而笔密。姜之笔疏，兴会标举，故往往说得远；吴之笔密，极钩转顺逆之致，故靠得紧。譬诸作画，白石如大痴，梦窗则如黄鹤山樵。此其异也。各擅其胜，不用轩轾。周介存谓白石以诗法入词，门径浅狭，似非笃论。海绡云："朱竹垞至谓梦窗亦宗白石，尤言之无理者。"按梦窗学白石有痕迹可寻者，如《满江红》平韵之淀山湖，即用其体，起结又皆效之。姜词"正一望千顷翠澜"，吴则云："分一派沧浪翠蓬开。"姜词："又怎知，人在小红楼，帘影间。"吴则云："又一声，欸乃过前岩，移钓蓬。"姜词："向夜深，风定悄无人，闻佩环。"吴则云："明月佩，响丁东。"则朱之说，亦非无据。

其次谈到白石词的影响。直接传授白石衣钵的，是及门弟子张辑。辑字东泽，著有《白石小传》，已佚。其词名《东泽绮语债》，凡四十余首。词皆以篇末三数字别立新名，与贺方回《东山寓声乐府》同例。周草窗《绝妙好词》录存五首，其字面似白石的，如：

系船高柳，晚蝉嘶破愁寂。——《念奴娇》

其取境似白石的，如：

最苦子规啼处，一片月，当窗白。——《霜天晓角》

其变驰骤为疏宕似白石的，如：

塞草连天，何处是神州？——《乌夜啼》

其音节似白石的，如：

飞鸿又作秋空字，凄凄旧游湘浦。凉思带愁深，渺苍茫何许。岁华知几度，奈双鬓、不禁吟苦。独倚危楼，叶声摇暮。玉阑无语。——《征招》

其《疏帘淡月》（即《桂枝香》）上半云：

梧桐细雨。渐滴作秋声，被风惊碎。润逼衣篝，线袅蕙炉沈水。悠悠岁月天涯醉。一分秋一分憔翠。紫箫吹断，素笺恨切，讹诈寒鸿起。

（下半从略）

这是极脍炙人口的作品。

宋季有柴望，著《凉州鼓吹》（今传本作《秋堂词》，只十三首），其自序云：

夫词起于唐而盛宋，宋作尤美盛于宣（和）靖（康）间。美成（周邦彦）、伯可（康与之），各自堂奥，俱号称作者。近世姜白石一洗而更之，《暗香》、《疏影》等作，当别家数也。大抵词以隽永委婉为尚，组织涂泽次之，呼嗥叫啸，抑末也。惟白石词，登高眺远，慨然感今悼往之趣，悠然托物寄兴之思，殆与《古西河》、《桂枝香》同风致，胜青楼歌《红窗曲》万万矣。故余不望靖康家数（指康伯可），白石衣钵，或仿佛焉（《古西河》指周邦彦《赋石头城》，《桂枝香》指王介甫《金陵怀古》）。

这篇文里"组织涂泽"，是指梦窗一派；"呼嗥叫啸"，是指宋末大多数词风[①]；所标举的"隽永委婉"，即指白石风格。他更指出"感今悼往"、"托物寄兴"为白石言中有物的词心。这无疑地自认为可以继承白石的衣钵。[②] 自玉田以后，元人若仇山村、张翥皆宗姜张，成为词派一主要力量。

《乐府指迷》与《词源》二书：前者主梦窗之丽密，故以白石为生硬；后者颇厌梦窗之过密，故标揭清空，誉白石词为"野云孤飞，去留无迹"这正针对梦窗一路而发。清初朱彝尊及其友生辈论词，以姜张为宗主，以清空之笔，写雅正之思[③]，成立了浙西词之中坚主张，把明季马澜浩之类的淫词，一扫而空，在有清中叶以前，是填词家的一股洪流。但其末造，只把握"清空"二字，忘记了白石的高雅，更忘记了"言有物"的词心，因之流于浮滑，或为饾饤，引出常州派的改进。到清末民间，又盛行沈伯时主张的梦窗一路。这是白石开创新路后六七百年间词坛受他影响的梗概。

---

① 如陈经国《龟峰词》之类。

② 柴望十二世孙刊《秋堂集》，有跋云："诗余诸稿，可与美成伯仲比肩；顾自谓仿佛白石衣钵者，谦语耳。"是以为康伯可词高于白石。大概白石词集尚不甚流通，所见者少，故有此门外汉之语。

③ 玉田《词源》云："词要雅正。"

宋乾道癸巳高邮军学刊《淮海居士长短句》序、跋

序

宋刻《淮海居士长短句》，有单词本及全集本两种。单词本可知者有二：一为嘉定长沙书坊刊《百家词》中之《淮海词》本。① 一为闽刻之《琴趣》本，《季沧苇书目》云有“欧阳文忠、秦淮海、真西山《琴趣》四本宋刻”。《传是楼书目》亦载《淮海琴趣》一本，清初黄子鸿即据宋本《琴趣》以校毛晋刻本也。② 此类单刻本，今皆无传。

其全集本向为人所知者，若宋宁宗时蜀刻《淮海集》③ 见于《铁琴铜剑楼藏书目》，为四十六卷本。瞿氏所藏乃残帙，勘以日本内阁文库藏乾道间高邮军学本，为《淮海集》四十卷、《淮海居士长短句》三卷、《淮海后集》六卷，则此蜀刻是否包有长短句三卷，尚难确知。国内庋藏宋刻《淮海集长短句》，向惟故宫博物院及吴湖帆藏两残本，最为有名，番禺叶丈汇而刊之，惜非全

---

① 见《直斋书录解题》郭应祥《笑笑词》下注。据《彊村丛书》本嘉定元年滕仲因《笑笑词跋》，知《百家词》杀青于嘉定初年。

② 叶遐庵丈疑《琴趣》为词之汇集。考朱彝尊序《水村琴趣》，谓琴趣者取诸涪翁词集名。尚不知为坊间汇刻时所标之号，参吴师道《礼部诗话》。仓石武四郎有《论琴趣外编》一文，载《支那学》第四卷。《琴趣》刊有《真西山词》，可推知汇刻殆在理宗时，比长沙《百家词》稍后。

③ 板心有“眉山文中刊”字样。

璧。内阁文库此本，有昌平学及浅草文库印，为现存《淮海集》仅有之完本。天水旧椠，向所叹如球图者，今得重梓行于世，亦倚声家所宜称快也，刊印即成，遂书其颠末如此。

乙巳清和饶宗颐

跋

曩朱古微翁刻《彊村丛书》，苦秦淮海词无善本，曹元忠因录松江韩绿卿藏《淮海集》钞本贻之。韩本黄荛圃曾据宋本手校，其宋本原帙，未得见也。荛翁目睹之宋刻，为社坛吴氏旧藏《淮海长短句》，有目录及上卷，中卷仅存第二第四，具详其嘉庆庚午跋语。又道光元年重检题记，此本内错入《淮海闲居文集序》，其缺叶则为明朱卧庵钞补者。是册曾经潘氏滂喜斋藏，后归吴县吴湖帆。故宫又有《淮海长短句》残本，向为无锡秦对岩家藏，黄荛圃曾从秦氏借校。是本民国十九年影印问世。厥后番禺叶丈遐庵取故宫及吴氏两残宋本，合并付刊，题曰《宋本两种合印淮海长短句》，由是海内咸推为善本。惜两原本皆有残缺，以旧校钞补叶，仍非完璧。一九五七年，龙榆生点校《苏门四学士词》，其中《淮海居士长短句》，即以叶本为据。

叶本所据原为南宁刊《淮海集》附刻。刊于何时何地，因有缺页，未谙其详。叶丈定为乾道间杭郡刊本，盖从集中宋讳缺笔推定，非别有确据也。

去岁余在东京，读书内阁文库，见有宋椠高邮军学本《淮海集》，内长短句三卷，友人清水茂教授以影本见贻。其前有《淮海闲居文集序》四页，又《淮海居士长短句》目录二页。目录中《桃源忆故人》，"源"字从木，作桃榞，与吴湖帆本相同，知原出于一本。卷下吴本、故宫本多为钞补。其末页，叶丈云：故宫系出自原板。今细勘之，与故宫本多符，惟"微波澄不动"句，故宫本误作"征波"，此则不误；乃知故宫本末页，殆与补刊，不及此本之善也。

此宋本又有一字可正补钞之讹者，卷下《品令》"又也何须肐织"，"肐"字，叶本补页作"吃"。按吃训日气，文意不可贯。《玉篇》："肐，身振也。"，字在物韵，音迄。当以作肐为是。此本《雨中花》，"白玉"二字仍误合为"皇"，说已见荛翁校语。其与张綎本、胡民表本、邓章汉本及叶本歧异处，另详校记。

最足珍异者，卷末有乾道癸巳正月望日三山林机景度撰《淮海居士文集后序》十九行，称“里人王公定国牧是邦，校集成编，总七百二十篇，厘为四十九卷，板置郡庠。”序后题记：“高邮军学淮海文集计四百四十九板。”是此本明为乾道癸巳高邮军学刻本，吴本、故宫本与此既相同，则向所疑为杭郡刊本，应据订正云。乙巳正月饶宗颐。

校记

校记中称二宋本，即指叶遐庵丈合印之吴湖帆及故宫所藏之两宋本。张本，指嘉靖己亥张綖刊本[1]；胡本，指嘉靖乙巳胡民表本；邓本，指本书附一之邓章汉本。三本同出一原，只有微异耳。

① 《四部丛刊》景印。

邓章汉本淮海词跋

内阁文库有明末钱塘邓章汉编刊《淮海集》[①]。其《淮海后集》上中下三卷，即长短句。邓氏又从《草堂诗余》辑出一卷，题曰《诗余》。承李献璋博士影示，因附刊于后，俾便稽览。邓本《雨中花》“白”、“玉”亦误合为皇字，《品令》之肐，则同高邮宋本。间有缺误[②]，又二处木板坏脱。宋本中卷第一首《迎春乐》，邓本移于上卷之末。卷上《望海潮》题洛阳怀古等，与张綖、胡民表本悉同。朱氏《词综》因之。

邓氏编《淮海后集长短句》三卷，大致同于宋刊，知取自全集本。惟调下词是，宋本所无[③]，乃据《草堂诗余》增加者。又间附注语，惟《好事近·梦中作》一首，录苏、黄两跋，与宋本同。下卷《调笑令》十首，宋本张綖本、胡民表本题作曲子，邓本由并题曰“词”，此其微异耳。

邓本附《补辑诗余》一卷，殆以取自《草堂诗余》，故题曰“诗余”，试取洪武遵正书堂本《（草堂）群英诗余》参校，附《捣练子·秋闺》[④]《阮郎归·春闺》[⑤] 外，余概见于是书，并题秦少游作。邓刻所加词题，大抵皆采自草堂，若《南歌子·赠妓陶心儿》则见《草堂》引《高斋诗话》，凡此若干

① 目录所收不止一部。

② 《长相思》缺“应同是悲秋”句。

③ 如下卷《点绛唇》二首题曰《桃源》，宋本无之。

④ 此首见至正本《草堂诗余》，则不注名氏。

⑤ 此首亦见《词统》卷六。

首，明初人多依《草堂》，信为少游作也。然据《花庵词选》，《忆王孙》“萋萋芳草”乃李元词，《眼儿媚》“楼上黄昏”乃阮阁词（《乐府雅词拾遗》作左誉），《柳梢青》“岸草平沙”乃僧挥词，《蝶恋花》“钟送黄昏”乃王诜词。据《乐府雅词》，《如梦令》“门外绿阴”乃曹组词；而《浣溪沙》“清杏园林”乃欧阳修词，见《近体乐府》。若复出之词不一而足，《阮郎归·旅况》、《满庭芳·春景》俱见卷中。①《南歌子·赠妓陶心儿》，已见卷下。此种疏舛之处，道光王敬之于《淮海集补遗序》，唐圭璋于《全宋词跋尾》均曾辨正，唐氏并收入附录中。谓补淮海词者采之皆非，是也。

邓补诗余与洪武本诗余，亦有异文，如《忆王孙》“深闭门”，《草堂》“深”作“空”，《如梦令》“月到碧梧”，《草堂》“月”作“行”，《浣溪沙》“清杏园林”，《草堂》“清”作“青”，是。《阮郎归》“满天风雨”，《草堂》“满天”作“湘天”，《桃源忆故人》“眉黛不堪”，《草堂》“堪”作“忺”，《南歌子·赠妓》“银潢淡淡”，《草堂》误作“银横”，“襟间盈盈”，《草堂》“襟”误作“禁”。兹并为校出。同治癸酉秦氏家重刊《淮海集》，其《淮海后集长短句》，亦附诗余，全依邓章汉本。据秦元庆跋，其书乃覆锲段君斐本，则邓本与段本实无二致。道光王敬之本，其《淮海集补遗序》称“浙中段氏本卷末端附补词，仅就《草堂诗余》所及编附，仍属挂漏”，已指出其纰缪。此本原刻不易觏，故并附为影刊，以见明人训集之陋云。

饶宗颐记

① 特《满庭芳》起作“晚兔云开”，收句作“微映百层城”，略异他本。

《词苑英华》本《少游诗余》跋

《全宋词》卷五十至五十二，共收《淮海居士长短句》八十首，又附录三十三首，内据景宋本收七十六首[①]，又据《冷斋夜话》、《瓮牖闲评》、《阳春白雪》、至正本《草堂诗余》，各收一首，计共八十首。其附录者，或见他集，或见《草堂诗余》，或见《花草粹编》，或见《词统》，或见《历代诗余》，《康熙词谱》，唐氏以不详所据，疑非秦词，悉入附录。

汲古阁刊《词苑英华》大本精椠，余曾见于南港中研究图书馆书库，友人黄彰健先生出示所过录《英华》本《少游诗余》，较诸《六十名家词》多出五十六首，其中《行乡子》等七首，《全宋词》已据《康熙词谱》、《历代诗余》、《皖词纪胜》等书收入附录，尚有四十九首，未曾采入。

其附录据《康熙词谱》卷五所收《忆秦娥》二首，每首先有七言诗四句，而词头三字，即取自诗之末三字。今按《淮海居士长短句》下《调笑令》十首，每首先有七言诗八句，次为曲子，其曲子起二字，即用诗末之二字，与《忆秦娥》涂辙略同，即所谓转踏也。此《忆秦娥》亦见《文苑英华》本，是否出少游手，仍难遽定。

余即取乾道高邮军学本《淮海词》付诸景刊，以存完璧。念《英华》本溢出之词，多近明人胎息，虽不可凭信，且未详所据，然《全宋词》三百卷似宜收入附录，而竟缺载。因取黄彰健先生所过录者，并系于此，俾嗜秦词者共观览焉。

乙巳正月饶宗颐识

① 景宋本原七十七首，《全宋词》删去山谷词《满庭芳》一首。

贺兰山与《满江红》

夏瞿翁近制《论词绝句》云：

“黄龙月隔贺兰云，西北当年靖战氛；
《玉海》与图曾照眼，笑他耳食万词人。”
“王髯御鞑唱刀环，朔漠欢声弘治间；
八卷《鄂王家集》在，何曾说取贺兰山？”

其题解云：“岳飞北伐，目的在吉林黄龙府；而今传岳飞《满江红》词，却有‘踏破贺兰山缺’句。贺兰在河套西边，时属西夏。王应麟《玉海》载有《西夏贺兰山图》，岳飞决不至无此舆地常识，分不清贺兰山和黄龙府之地点。”又云：“明弘治间，大将王越曾破鞑靼入侵军于贺兰山。明人刊岳飞《满江红》词于西湖岳坟，碑阴记年，是弘治间。作者疑《满江红》词或是王越幕府文士所作，托名岳飞，以鼓舞士气。”①

戴震《水地记》谓贺兰山宋景祐以后西夏据其地。按贺兰山在甘肃宁夏西，土人名阿拉善山。《唐书·回鹘传》上：“贞观三年突厥已亡。（回纥）攻薛延陀，残之，并有其地，遂南逾贺兰山境诸河。”（六一一二页）又《回鹘传》下《契苾》：“永徽四年，以其部为贺兰都督府，隶燕然都护。”《新唐书》

① 《大公报·艺林》新五十八期。

四十三下《地理志》:“回纥州三;其一为贺兰州,初隶燕然都护府,总章元年,隶凉州都督府。”《元和郡县志》:“山树木青白,望如驳马,北人呼驳为贺兰,故名。东北抵河,其抵河之处亦名乞伏山。”《通典》突厥条:“突厥谓马为贺兰。”《宁夏府志》三引《北边备对》亦谓:“北人谓马之驳者曰贺兰,故名贺兰。”① 按《晋书》一百二十五《载记》:“乞伏国仁,陇西鲜卑人,出乞伏部。”又《新唐书·回鹘传》下有“驳马者,或曰弊剌,曰遏罗支”(六一四六页)。Turk 语“驳”为 ala。白乌库吉《大月氏考》称:《元史》酪酒之曷剌齐,即蒙古语之 Aradja。北人呼驳马为贺兰,即突厥语之 ala。清高士奇《清吟集》八《望贺兰》诗:“草色类驳马,青白难辨别。……夏多未解冰,冬有隔年雪。……黄峡与麦垛,中原相斗绝。”有注语,考证尤精。彼尝亲履其地,故记之特详。

《明史》百七十一《王越传》:“弘治十年冬,寇犯甘肃……明年,越以寇巢贺兰山后,数扰边,乃分兵三路进剿。……”王越所著《黎阳王襄敏公集》中,有《平贺兰山后报捷疏》,叙述贺兰山后地势甚详。又《贺兰山后平胡》七律句云:“杀气并吞湖海水,威声高压贺兰山。”(卷三)又有《谒岳王祠辞》、《吊岳武穆庙赋》(卷二),均未见与《满江红》一词有关之字眼。

一、

“怒发冲冠”《满江红》词,自明以来,脍炙人口,妇人孺子,咸能讽诵。其激烈慷慨之音,千载读之,犹凛凛有生气。曩之评词者,或比之荆卿《易水之歌》:

> 刘体仁《七颂堂词绎》:“词有与古诗同义者,‘潇潇雨歇’,《易水之歌》也。”

或拟之秦风《无衣》之篇:

> 张德瀛《词征》一:“词有与风诗意义相近者,自唐迄宋,前人钜制,多寓微旨。……晁无咎‘陂塘杨柳’,《伐檀》力稼穑也;岳忠武

① 《北边备对》,宋程大昌著,有陆楫《古今说海》本。

‘收拾山河’，《无衣》修矛戟也；张仲宗‘梦绕神州’，《雨雪思》携手也。……”

或称其胆量：

沈际飞《草堂诗余正集》评云：“胆量、意见、文章，悉无今古。”

或赏其劲节：

田同之《西圃词说》：魏唐曹学士云：“词之为体如美人，而诗则壮士也；如春华，而诗则秋实也；如夭桃繁杏，而诗则劲松贞柏也。罕譬最为明快。然词中亦有壮士，苏、辛也；亦有秋实，黄、陆也；亦有劲松贞柏，岳鹏举、文文山也。”

取譬皆具体而微，而各有得其用心。若以词体论之，则稍嫌其粗，《白雨斋词话》（卷六）云：

岳少保、韩蕲王、文信国俱能为词，而少保为稍胜。然此皆词以人传，并非有独到处也。

浅见者遽叹为工绝，殊可不必。

所言诚未为过。

考武穆词见于其孙岳珂《金佗粹编》者，仅有《小重山》一首。词云：

昨夜寒蛩不住鸣，惊回千里梦，已三更。起来独自绕阶行。人悄悄，帘外月胧明。　白首为功名，旧山松竹老，阻归程。欲将心事付瑶琴，知音少，弦断有谁听？

此词温婉幽闲，醰醰有味，与《满江红》之有叫嚣气者，迥不相侔。倦翁既录于《岳王家集》，自为王所作无疑。《古今词话》评云：

岳侯，忠孝人也。其《小重山词》，梦想旧山，悲凉悱恻之至。[1]

《花草粹编》（卷二）录此，题曰《七夕病中》，疑词题是后人所加。

初印本草《全宋词》（卷一一五）岳飞词共三首。上两首外，又据武穆墨迹，收《满江红·登黄鹤楼有感》。词云：

遥望中原，荒烟外、许多城郭。想当年，花遮柳护，凤楼龙阁。万岁山前珠翠绕，蓬壶殿里笙歌作。到而今，铁骑满郊畿，风尘恶。

兵安在？膏锋锷。民安在？填沟壑。叹江山如故，千村寥落。何日请缨提锐旅？一鞭直渡清河洛。却归来、再续汉阳游，骑黄鹤。

此词不独岳珂、徐阶诸家所刻《岳王集》皆不载，即同治（乙丑）半亩园刊《宋岳忠武王集》亦复不录。所谓墨迹，乃出杭州九曲丛祠忠显庙，庙建于咸丰间。

《杭州府志》十一《祠祀》三云："九曲丛祠，岳忠武王显庙，在钱塘门内众安桥西隅。咸丰间，县丞吴廷康、郡绅沈祖懋募建，颜其庙曰忠显。"[2]

吴廷康管是祠，历时十年。蒐罗石刻，刊泐尤富。

李汉魂《岳武穆遗迹考》云："庙内石刻颇多……因创庙人吴廷康系金石家，故四壁琳琅，尤为繁富。兹仅就岳王手迹录之，则墓亭左庑前壁，有《登黄鹤楼满江红》词，连题跋共二石。此为王平襄汉后，初屯武昌时所作。系真迹摹勒上石。后壁有《谢讲和赦表》，共三石。此系嘉兴王裔家藏真迹上石。启忠祠左右两庑，有墨劄九通，连题跋共二十石。据跋谓系王真迹，赖部曲忠义保社梁兴珍藏，得以留存于世，故每幅有梁兴印信。然笔势僵涩，且岳珂所称王焚稿而后奏，造膝子弟、入幕宾朋犹不可见之《建炎上皇帝书》，赫然见其首页，其为赝鼎，盖无疑也。"

---

① 《历代诗余》一一七，《词苑萃编》五引。

② 见吴廷康《宋岳忠武王初瘗九曲丛祠螺狮山购建显庙》节略，及光绪元年杨昌濬杭城《九曲丛祠岳忠武王忠显庙碑记》。

此《黄鹤楼题词》墨迹，据称："向藏金佗后裔，并摹勒庙中。后有李兆洛跋，谓详词意当在复唐、邓、信阳后，始屯鄂州时作。"[①] 故李氏撰《岳谱》，系于绍兴四年（1134）八月，时武穆三十二岁。惟此词出现既晚，来历不明，且词意平浅，谓出岳王手，恐不可信。

若怒发冲冠一首，或益题目曰《写怀》（《全宋词》据《岳鄂王集》），或题曰《本意》（半亩园刊本《岳集》），拟皆后人所加。此词不见于《金佗粹编》。明弘治十五年赵宽（栗夫）[②] 始手书上石。其石刻碑阴记云：

> 镇守（太监），麦公[③]重修岳武穆王坟庙既成，得考功主事杨子器名父[④]为昆山令时所刻王送张紫岩北伐之作。叹曰：伟乎壮哉！王之手书也，殆天所护持以镇兹邱哉！遂刻而置之东庑。既又读王所制《满江红》词，叹曰：思深哉！王之忠愤激烈，流出肺腑而不可遏也。盍表出之？以昭示于人人哉！因议刻石，置之西庑。巡按御史夏公、邢公、高公、方公闻之，翕然欣赞，色为有功于世教，三司诸公咸乐观厥成，俾宽书之。

记仅言"读王所制《满江红》词"，"因议刻石"，此词何所自来，宽既不明言，而石刻之字，则宽所亲书，此词镌石，盖肇于是时。《杭州府志·祠祀》谓："栖霞岭岳庙，弘治十五年重建寝庙，有王华记。"即赵宽书词之年也。田汝成《西湖游览志余》记岳庙云："庙中有石刻飞诗词二首，弘治间太监麦秀重建殿寝。"《西湖》志二八碑碣云："岳飞诗词二首旧在岳庙。"即指送张紫岩《北伐诗》及《满江红》也。岳庙又有石刻"尽忠报国"四大字，乃嘉靖间蒲人洪珠所书，提学佥事徐阶有记，泐于阴碑，略云：

---

① 李兆洛《养一斋文集》卷十一有跋云："王以绍兴四年七月屯鄂州。十二月，援庐州，遂入觐，赴潭州平杨么。九月还鄂州。六年二月，移屯京西。前后在鄂不及一年。《金陀粹编》不载此词。详词意，当作于复唐邓、信阳后，始屯鄂州时。谢跋云：后尚附二柬，惜失之矣。"

② 赵宽，吴江人，成化辛丑进士第一人。历官刑部郎中，出为浙江提学副使、广东按察使。著有《半江集》。见《列朝诗集小传》丙集。宽出吴文定宽之门。《匏翁家藏集》中，投赠之什颇夥。

③ 麦公即太监麦秀。名见《明史》三百四宦官《何鼎传》。

④ 子器字名父，慈溪人。弘治丁未进士。知昆山、高平、常熟三县，皆有声绩。出为湖广参议、河南左布政，改江西。见《列朝诗集小传》丙集。

宋鄂国岳武穆王故有祠在其墓所，嘉靖己未春，巡按浙江侍御张公慕王之烈，率诸吏士造而谒焉。观王遗像，读所作《满江红》词、送张紫岩《北伐诗》慨然想见王之为人。……

知徐阶所见之《满江红》，即赵宽手书者也。

据宽所述，其书《满江红》盖因杨子器先刻《岳王送张先生北伐诗》，故书而刊于石，以相媲美。《北伐诗》碑阴有桑悦弘治庚申夏四月跋，略言："此武穆王诗，词意雄伟激烈，可轰震千古，盖不必饮酒黄龙关，踏破贺兰山缺而已。"观悦已有"贺兰山缺"之语，则此词行世，必在悦之前。悦于《北伐诗》，极为击节。《北伐诗》云：

号令风霆迅，天声动北陬。长驱渡河洛，直捣向燕幽。马蹀阏氏血，旗枭克汗头。归来报明主，恢复旧神州。

诗题曰：《送紫岩张先生北伐》，而末署"绍兴五年秋日岳飞拜"。此诗，清王昶曾疑其伪，《金石萃编》一百四十八云：

岳飞《送张紫岩碑》，行书，在汤阴。按此诗刻者三处：一在汤阴，一在钱塘墓祠，一在济南府署。此所拓者，汤阴本也。紫岩即张浚号。《宋史·高宗纪》及《张浚》、《岳飞传》，绍兴五年秋皆无张浚北伐之事，是时浚方与赵鼎同官左右仆射。……至其署款，尤非宋人体制。宋人赠诗标题及自署姓名，皆系衔于上，从未有称其号，而谓之紫岩张先生者。又姓名之下，亦未有书"拜"字者，似是明人伪托。然碑已传久，忠武诗迹，又为人所重，故特辨之。

《北伐诗》刻，除右所举者外，尚有朱仙镇岳武庙一处，亦与《满江红》词同上石。[①] 其汤阴之《北伐诗》亦然。《岳武穆遗迹考》云：

汤阴岳庙，殿宇弘伟，……庙内四壁……石碑极多……若王手书真迹，则殿庭东侧，竖有《送紫岩张先生北伐诗》写碑一方，此系栖霞石

① 见李氏《岳武穆遗迹考》。

刻转摹。在栖霞者，碑阴尚有桑悦题跋，此则无之；西侧有赵宽录书王所作《满江红词》石碑一方，此亦由栖霞转摹。在栖霞者，碑阴有赵宽跋，此亦无之。而《河朔访古录》作者，竟误认为王真迹。

凡右所陈，即《满江红》与《北伐诗》二首合刻之经过。两篇俱为岳珂《鄂王家集》所不载。《北伐诗》及传自杨子器，又有桑悦跋。子器乡举出桑悦之门，子器为辑其遗文行于世。[①] 是《送紫岩北伐诗》，即子器得之于悦者也。《满江红》亦由其品题，至赵宽遂泐诸贞珉矣。

《北伐诗》与当日史事不符，王昶已证其伪。而“怒发冲冠”一首，向来无有怀疑者，近年余嘉锡《四库提要辨证》乃扬言其为赝品。其说云：

> 岳珂之编《家集》也，其自序曰：“先父臣霖，盖尝搜访旧闻，参稽同异，或得于故吏之所录，或传于遗稿之所存，或备于堂剳之文移，或纪于稗官之直笔，掇拾未备，尝命于臣，俾终其志。臣谨汇次，凡三万六千一百七十四言，厘为十卷。阙其首尾俟附益。”又云：“散佚不考者，不能究知其几也。异时苟未溘先犬马，誓将搜访以补其缺而备其遗，庶几先臣之志，有考于万世云耳。”珂之言如此，则其搜访遗稿，自不遗余力矣。况其生平富收藏，精鉴赏，苟得名人法书，必著录于宝真斋而为之赞。使当其时飞之手泽犹有存者，安肯不亟亟寻访，而听其放失者哉！乃自嘉定三年十一月作序之后，直至端平元年十二月重刊《粹编》时，凡经三十一年，而其所刊《鄂王家集》，仍只此三万余言，未尝增益一篇，然则飞之笔墨散落者，盖亦无几矣。如其有之，而为珂不及见，亦当先见于宋元人之记载，或题咏跋尾，恶有沈薶数百年，突出于明中叶以后者乎？[②] 自徐阶收此等诗词入《岳集》，李桢从之。嘉靖间钱如京刻《程史》，又取而附之卷末，后之重编武穆文者，若单恂、黄邦宁、梁玉绳等，复从《程史》转录入集，而李桢、单恂更增以伪作，于是传播遍天下，而《满江红》尤脍炙人口，虽妇人孺子，无不能歌之者，不知其为赝本也。然以伪为真，实自徐阶始。[③]

① 见《列朝诗传》丙集。今桑悦《思玄集》卷末有子器作《桑先生文赋后跋》。
② 《辨证》卷二十三，集部四。
③ 《辨证》卷二十三，集部四。

元宋无《啽呓集》有《咏岳王诗》，注云："其词激烈，读者感焉，载《金佗编》[1]。"按岳珂编《鄂王家集》，在《金佗粹编》卷十至卷十九。珂序自采集之类目凡八，有曰律诗，有曰词者。律诗只二篇[2]，词仅一首。[3] 赵与时《宾退录》记岳飞出新淦题诗青泥市寺壁。则飞之作品，不入于《鄂王集》者多矣。

元刊本《桯史》[4] 亦无《满江红》词。自明弘治间此词刻石后，一时传诵，徐阶、钱如京均采摭之。兹列清以前岳集刻本如次：

（一）徐阶编《岳王集》五卷

《皕宋楼藏书志》八二著录，有徐阶序（嘉靖十五年丙申）。又眉山张庭、宛陵焦煜序。

文仅二十八篇，诗四篇，词二篇（《小重山》、《满江红》）。时徐阶督学两浙。

（二）李祯刻《岳武穆集》六卷

祯为左佥都御史时刻，在万历二十年以后。诗七篇，文凡二十八篇，词二篇，与徐本同。

（三）单恂编《岳（少保）忠武王集》

《善本书室藏书志》二九著录，题华亭陈继儒辑，门人单恂订，崇祯戊寅（十一年）刊。诗较徐刻多四篇；词二首，同。《艺海珠尘》本自此出。版心梓"净名斋"三字。

自徐阶增录《满江红》一词于集中，其后各本因之。据徐阶撰碑记，彼盖从赵宽所录者补入也。夏承焘翁前曾举出元人杂剧中阙名"《宋大将军岳飞精忠》"四折，皆岳飞自唱。其《牧羊关》引用文天祥"留取丹心照汗青"一语，而"怒发冲冠"反不引用。至明武康姚茂良之《精忠记传奇》，其第二《女冠子》始有"驾长车踏破贺兰山缺"之句，足见元时此词尚未通行。夏氏因断此词为弘治间人拟托之作[5]，实不可从。今汤阴岳王庙内肃瞻亭院壁上有

---

① 北京图书馆有元至正二十三年朱元佑刻本《金佗粹编》，汲古阁《元人十种诗》本，又有嘉靖五年赵章刻本。

② 即《题翠岩寺》、《寄浮图慈海》。

③ 《小重山》。

④ 《四部丛刊续编》本。

⑤ 夏承焘《岳飞满江红词考辨》，见京都大学《中国文学报》第16册。

天顺二年春二月庠生王熙书《满江红》，末句作“朝金阙”。余于一九八七年九月，从安阳至汤阴，曾摩挲此石刻，流连久之。考元人杂剧，如《岳飞破虏东窗记》、《精忠记》、《精忠旗》，末句皆作“朝金阙”，与王熙所书相合。

二、

余氏等以其不见宋元人书，故疑此词出自明人之手。惟考《历代诗余》一十七引陈郁《话腴》云：

> 武穆《贺讲和赦表》云：莫守金石之约，难充谿壑之求。故作词云：“欲将心事付瑶筝，知音少，弦断有谁听？”盖指和议之非也。又作《满江红》，忠愤可见。其不欲“等闲白了少年头”，足以明其心事。

沈雄《古今词话》卷上、冯金伯《词苑萃编》十三引《话腴》文同。张宗橚《词林纪事》九《小重山》条下引《话腴》云：

> 武穆《贺讲和赦表》云：莫守金石之约，难充谿壑之求，故作诗云：欲将心事付瑶琴，知音少，弦断有谁听？盖指和议之非也。

《纪事》仅举《小重山》而不及《满江红》。此段文字，评词者每征引之，世所习知。是陈郁已言及《满江红》，余氏书末提及《话腴》，用再为补充论列。考陈藏一《话腴》一书，传世版本，如《古今说海》、《学海类编》，止刊一卷，非其全帙。张氏《适园丛书》所刊者，凡甲、乙集，共四卷。张钧衡跋云：“此本分甲乙、上下卷，又经常熟王振声以汲古阁藏本勘定，讹字较少。惟汲古本甲集为卷上，乙集为卷下。他本又分内、外编，为上、下四卷。所编虽不同，书则无异也。”然《适园丛书》本《话腴》记岳王事一则，原文如左：

> 岳鄂王飞《谢收复河南赦》及《罢兵表》略曰：夷狄不情，犬羊无信，莫守金石之约，难充谿壑之求，暂图安而解倒垂，犹云①可也；欲长虑而尊中国，岂其然乎？又曰：身居将阃，功无补于涓埃；口诵诏书，

① 《学海》本作“之”。

面有惭于军旅。又曰：尚作聪明而过虑，徙怀犹豫以致疑，与①无事而请和者谋，恐卑辞而厚币者进。愿定规于全②胜，期收地于两河。唾手幽燕，终欲复仇而报国；誓心天地，当令稽首以称藩。未几，虏渝盟，河南复陷③后六十年，得虏之《南迁录》，见当时诸酋议论，锐意为取④江南之计，归三京以诱吾归兵于平地。吾保河南，则江防必虚；若吾不守河南，则是彼尝见归，吾自委弃⑤，在遗民当自归曲于吾矣。虏谋若此，鄂武穆之料敌，信不妄云。

《学海》本、《适园》本，文句悉同。并无记《小重山》及《满江红》事。《豫章丛书》本藏一《话腴》乃据王氏八千卷楼钞本付刊⑥记岳鄂王《谢收复河南赦表》，亦不及《满江红》。考《岳鄂王家集序》有云："（王）自束发从戎，未尝一败者。其中心之蕴，谋略之所施，往往见于表奏题跋吟咏之间⑦，随手敷露。如出师一奏，谢赦一表，天下之士，到今传诵，以未见全文为恨。"（此序作于嘉泰三年）今观珂所编家集《谢讲和赦表》即刊于卷一首篇。其言天下之士，以未见全文为恨，似因《话腴》摘录之故。藏一此书，岳珂为之序，称其出入经史，研究本末，具有⑧法度。而《话腴》尝言及《满江红》词，岳倦翁焉有不知之理！岂岳氏所见非足本，而《历代诗余》等所引《话腴》之语，乃为足本乎？

明末有人言见过《满江红》岳飞手迹者。井研胡世安（崇祯元年进士，入清官武英殿大学士）有《题岳朋海所藏武穆隶像卷诗序》，云："余昔得观武穆所题《曾南丰家谱》并《满江红》手迹，盖行草也。"⑨ 更不可信。明中叶张綖《草堂诗余》别集云：

---

① 《学海》本作盖。

② 《学海》本作制。

③ 《学海》本作"复陷河南"。

④ 《学海》本无"防"字。

⑤ 《学海》本作"弃置"，且无"在"字。

⑥ 参胡思敬跋。

⑦ 《直斋书录解题》卷十八："《岳武穆集》十卷，枢密副使邺郡岳飞鹏举撰。飞功业伟矣，不必以集著也。世所传诵其《贺和议成》一表，当亦是幕客所为，而意则出于岳也。"钱士升《南宋书》谓《谢讲和赦表》乃张节夫笔。莫天一《五十万卷楼群书跋文》云："《家集序》云：'先臣出师奏、谢赦表。天下传诵。'《天定录序》云：'谢赦之表，斯文炳如。'"则为王自作无疑。

⑧ 《适园丛书》本"具有"二字作"则可"。兹从《四库提要》二十三所引文。

⑨ 《清诗纪事》八引《秀岩集》十六。

《精忠录》载岳武穆词二首，皆佳作。浙本《草堂词》附录于后。然今人但盛传《满江红》，而遗《小重山》。“怒发冲冠”之词，固足以见忠愤激烈之气，律以依永之道，微似非体。不若《小重山》托物寓怀，悠然有余味，得风人讽咏之义焉。(据学初文引)[①]

张綖此书，录于嘉靖十七年五月，在徐阶编集之后。据其所言，此词确曾见录于浙本《草堂诗余附录》，又见于《精忠录》。《精忠录》乃景泰六年汤阴典教袁纯所编，弘治间太监麦秀重刻之[②]麦秀既修岳庙，又重刊《精忠录》，可知当日赵宽手书此词上石之时，此词为人传诵已久，非如夏翁之说，为弘治间人所拟托。词中用贺兰山字眼，乃借用回纥地名，不得谓其昧于地理也。其后王越平贺兰山，实在弘治十年冬。此词在景泰以前，早已流行，惟元刊《草堂诗余》未收此阕，浙本果何所据，惜尚未明。嘉靖十七年十二月陈钟秀校刊之《精选名贤词话草堂诗余》，其附录亦收之，则更在徐阶编集之后矣。总而言之，此词不收于岳珂所编家集，而见载于清初《历代诗余》所引之《话腴》，见于天顺时刻石，其非如余嘉锡之说，出于桑悦之手，则昭然若揭矣。

此词浩气劲节，溢于言表，诚如赵果未所言：“可以激励忠良节义之气，可以消阻憸邪反覆之情。”“奋乎百世之上，而警动乎百世之下。”江河万古，固不可废。故自明以来，赓和者众，顾应祥之作，见于《湖州词征》。其词题云：“李半溪大尹用岳武穆《满江红》词为刘坦翁司空寿，戏次其韵一阕，用呈坦翁。”应祥弘治十八年进士，其所寿之坦翁，应是刘麟。若夏言和章，已镂之贞石。[③] 明季张忠烈煌言所作，轩昂激楚，有声皆血。清人对此词，向无置疑者。[④] 晚近朱孝臧以清末遗老，题杭州岳忠武庙精忠柏，词亦郁劲，如贞松古柏。兹并录出于后，以供参考。他若姚靖、吴农祥、赵式辈均有和韵，兹不备载。《宋词三百首笺》引《词统》谓文征明和武穆此词，按实是题宋高宗赐岳武穆手诏，亦非步韵也。

---

① 参看中华书局出版《文史》第一期，王学初著《岳飞满江红词真伪问题》，218 页。

② 朱为弼《题冯给谏培编岳鄂王庙志册后》：“宰树依然吼朔风，残碑初剔满江红。”《蕉声馆诗集》卷三。

③ 《西湖志》卷二八碑碣二：“夏言《满江红》词，在岳庙，行书，大字”。赵宽《满江红碑题记》称巡按御史夏公，即指夏言。弘治十五年，言正任巡按驻杭州。

④ 宋高宗赐岳飞手敕卷纸本及文征明题此手敕《满江红词》。现藏士林故宫博物院，详《故宫书画录》卷一。清人陈文述《跋高宗赐岳飞御札书后》，谓此殆孝宗以还岳氏者，见《颐道堂文钞》。

附录一 （怒发冲冠）《满江红词》明代著录略表

1455 景泰六年，袁纯编《精忠录》，已收此词。

1458 天顺二年，王熙书《满江红》词，泐石，在汤阴岳王庙，今尚存。

1500 弘治十三年夏，桑悦跋《北伐诗》，对此词大加击节。

1502 弘治十五年，赵宽手书此词上石。太监麦秀重刻《精忠录》，疑当此时。

1536 嘉靖十五年，焦煜编《岳王集》，由徐阶删定，集中收入此词。

1538 嘉靖十七年五月，张綖编《草堂诗余别录》，依浙本《草堂词》收此。同年十二月，陈钟秀校刊《精选名贤词话草堂诗余》，收此篇入附录。

附录二 《满江红》和词选录

（一）顾应祥《满江红》

李半溪大尹用岳武穆《满江红》词为刘坦翁司空寿，戏次其韵一阕，用呈坦翁。扰扰浮生，逐名利、无休无歇。能几个、达观知道，霜清日烈。濯足清苕溪上水，振衣苍弁峰头月。更随缘、说法混渔樵，情亲切。

身逾健，头未雪。六根净，三尸灭。守本来面目，原无欠缺。烹炼常成戊巳土，补修不作壶卢血。看他时、一鹤破秋空，登天阙。①

（二）夏言《满江红》

南渡偏安，瞻王气，中原消歇。叹诸公、经纶颠倒，可怜忠烈。曾见凄凉亡国事，而今唯有西湖月。睹祠宫、宰木尚南枝、伤心切。

人生易，头如雪。竹简汗，青难觅。拄乾坤、要使金瓯无缺。后土漫藏遗臭骨，龙泉耻饮奸臣血。恨当时、无奈小人朋，盈朝阙。②

---

① 《湖州词征》二十八。

② 《夏桂洲文集》，亦载梁诗正《西湖志纂》卷十五。

（三）范守己《满江红》　用武穆韵

佳气茏葱，盘郁处、几曾休歇。笑六代、区区争强，成何功烈。铁索空烦江内火，石头虚照淮西月。听商歌，一曲后庭花，空激切。

百王耻，今方雪。万古忿，一朝灭。凭赤手补完，西北天缺。龙下鼎湖难共挽，弓遗乌号堪泣血。绕神都、百万旧山河，环幽阙。①

（四）徐士俊《满江红》　拜鄂王祠追王韵

刘岳张韩，问谁个、英风不歇。收拾去、忠魂秋草、于今为烈。骨肉回头惊露电，娇娃弹指沈星月。葬空山，长听浙江潮，悲心切。

翻旧案，花如雪。忆旧梦，烟如灭。借莫须有事，轻分圆缺。送罢残红多少恨，归来望帝犹啼血。再修成，青史灭疆边，文还阙。②

（五）卓人月《满江红》　拜鄂王祠追和原韵

臣罪当诛，对明圣、恩波未歇、稽谥法，南阳同志、汾阳同烈。恨极冰天啼冻雨，忧来潭水吟寒月。向宵灯、长梦战中原，抽刀切。

牌上字，冤难雪。背上字，痕难灭。叹未成一篑，为山功缺。七日红枯荆客泪，三年碧尽周人血。请千秋卖国巨奸来，瞻宫阙。③

（六）张煌言

屈指兴亡，恨南北、皇图销歇。更几个孤忠大义，冰清玉烈。赵信城边羌笛雨，李陵台畔胡笳月。惨模糊吹出玉关情，声凄切。　汉苑露，梁园雪。双龙逝，一鸿灭。賸逋臣怒击，唾壶皆缺。豪气欲吞白凤髓，高楼肯饮黄羊血。试拨云，待把捧日心，诉金阙。④

---

① 《御龙子集》四四、《吹剑草》二一。

② 《雁楼集》三五。

③ 《蕊渊集诗传》十七。

④ 谢章铤《赌棋山庄词话》卷七。

（七）陈至言谒岳王坟奉和

半壁山河，千秋后，痛心未歇。[①]

（八）文征明《题宋高宗赐岳武穆手诏》石刻

拂拭残碑，敕飞字，依稀堪读。慨当初，倚飞何重，后来何酷。果是功成身合死，可怜事去言难赎，最无辜、堪恨更堪悲，风波狱。
岂不念，中原蹙。岂不恤，徽钦辱。但徽钦既反，此身何属。千古休谈南渡错，当时自怕中原复。笑区区，一桧亦何能，逢其欲。[②]

（九）朱孝臧

大木无阴，浑不似，众芳雕歇。相望处，灵旗风雨，于今为烈。终古心坚如铁石，何人手植无年月。向南枝应有旧啼鹃，伤情切。　奸桧铸，沈冤雪。幽兰瘗，仇雠灭。问乔柯几见，金瓯圆缺。朱鸟定飘枋得泪，碧苔疑清苌宏血。更空山、玉骨冷冬青，悲陵阙。[③]

1959年属稿，1964年春改定，1976年、1988年再订

近见唐圭璋先生《读词札记》，谓陈霆《渚山堂词话》载宋邵公序《赠岳飞满庭芳》，中有“笑谈顷，匈奴授首”句，显然是括岳词“笑谈渴饮匈奴血”之句。[④] 宋时，此词已为人传诵。然则宋无《咏岳王诗》注称“其词激烈”，当亦指《满江红》也。《满江红》一词之真伪问题，近人讨论至繁，具详林玫仪《辨疑》一文，见其《词学考诠》，不复论列。

原载《选堂集林》

---

① 下略，见《菀青集》清初芝泉堂刊本。至言，字山堂，萧山人。

② 据原写本。文征明书此，时年九十。

③ 《彊村集外词》。

④ 《南京师院学报》，1980（1）。

张玉田《讴歌旨要》字诂

武进赵叔雍先生覃精声学，既撰《玉田生讴歌八首解笺》，抉微阐幽，深得乐笑翁神理。寄闲依声之什，守斋辨律之微，邈矣高风，畴能嗣响？循览此篇，谅符玄赏。芝庵《唱曲》，不能专美于前矣。间有碎文剩义，附为诊友，不贤识小，深愧无当。亦知依腔贴调，施唇吻之良难，而流水高山，庶相望于终古。

丙申清和饶宗颐

掯

按"掯"即"肯"字。南卓《羯鼓录》："宋开府璟，深好声乐，尤善羯鼓，始承恩顾，与上论羯鼓事，曰：'不是青州石末，即是鲁山花瓮，拈小碧上，掌上须有朋肯之声。'"据此，乃是汉震（一作伥）第二鼓也。且鰇用石末花瓮，因是腰鼓：掌下朋肯声，是用手拍，非羯鼓明矣。掯，同肯，谓以手拍也。肯字已见《羯鼓录》，非玉田始用。肯之作掯，犹舞台曳居之作拽据也。参拙作《敦煌舞谱校释》。

靸中清

按"中"谓中声，"清"谓清声。《梦溪笔谈》云："乐中有中声，有正声。所谓中声者，声之高至于无穷，声之下亦无穷，而各具十二律。作乐者必求其高下最中之声，不得中声，不得为乐。”又云：“律有四清宫，合十二律为十六。”即黄钟清之“六”，大吕清之“下五”，大簇清之“五”，夹钟清之“高五”。然《词源》所举，又有尖一、尖上、尖凡。《事林广记》又多出尖尺，尖工，此类尖音，入为清声，而正律则为中声，此其大较也。

“靸”者，陈能群读为“吸”，恐无据。按《说文》：“靸，小儿履也。读若沓。字亦作鞜”①。《集韵》：“靸或作鞜。”靸亦作动词用。《哀江南赋》：“沓汉鼓雷门”是也。靸即沓，与馨即沓也。② 此句中“靸中清”，与上句“分轻重”对文。中与清为二声，与拍分轻重正相应。

歌讽连珠

《梦溪笔谈》云：“当使字字举，本皆轻圆、悉融入声中，令转换处无磊块，此谓声中无字，古人谓之如贯珠，今谓善过度是也。”此数语，玉田摭拾为诗，所谓连珠，即贯珠是矣。

哩啰唆吣

元李治《敬斋古今黈》记广宁乐工歌渭城曲，起二句及末一句，于第四字下以“剌里离赖”为和声。“即玉田所言之”哩啰唆吣也。由李治言，唱字收音，不限于四字者，而玉田乃有清、浊、顿、住之别，析之尤精。惟此法远有所授，古乐府调曲，皆有声有辞。《古今乐录》云：“辞者，若羊吾夷，阿那何之类是也。”汉世谓之“声曲折”。《汉书·艺文志》周歌周谣均有之。自铙歌之朱鹭，及铎舞、巾舞之歌诗，以至步虚之导曲，并着声字，随字逗以曲折，斯即导词曲之先河。故词之泛声，乃源于古乐府，云礽有自，不可不知，庶免乎数典而忘祖也。

叫曲念曲

《梦溪笔谈》五：“善歌者，谓之内里声，不善歌者无抑扬，谓之念曲，声无含蕴，谓之叫曲。”玉田末首，悉本沈括语。

---

① 《长杨赋》：“革鞜不穿”。

② 《魏书·杨皋传》“（馨洪）置酒大会，令女倡著罗縠之衣蹋鼓。”盖踏所以为鼓节奏。四川彭县出土汉砖，雕盘舞者二人，前列鼓二，以备舞者以是击之而为节奏。是汉魏以来已有踏鼓以舞者。

张惠言《词选》述评

一、《词选》在词史上的地位

张惠言及其弟琦共编撰的《词选》，计唐词三家，二十首；五代词八家，二十六首；宋词三十三家，七十首；共词四十四家，一百一十六首。他们兄弟撰编此书，目的是在“塞其歧途，严其科律”，从极严格的标准，来选出历代词的代表作。使学词的人，不致走错了路，除去俗腔滥调，词体因而益尊。他说：“无使风雅之士，惩于鄙俗之言，不敢与诗赋之流同类而风诵之也。”

词之为物，向来被人目为小道，张氏此选在提高词的地位，使它和诗、骚骈列，故宁失于严而毋浮滥，宁失之少而不贪多。他和清初若干词的选本，如裁红剪翠的《词坛妙品》（张渊懿编），博取旁求的《词综》，和采集繁富的《历代诗余》①。取径是截然不同的。因为那些选本，多是没有宗旨②，甚且伤于冗蔓，既不能别裁伪体，自然不能指出坦途，示人以正鹄。张氏此选，能把握着这一点，故特别有贡献。谭复堂说：“倚声之学，由二张而始尊。”陈廷焯说他“扫靡曼之浮音，接风骚之真脉”，可谓知言。

---

① 康熙四十六年沈辰垣奉敕撰，共百卷，九千余阕。

② 有人说“竹垞《词综》意旨枯寂”。

二、张惠言论词的观点与宋代鲖阳居士评词的方法

张氏在清代是最出色的经学家。他治易、治礼，都有崇高的功绩。他又作古文，早岁治赋，工夫极深，有《七十家赋钞》，给赋学建立不朽的基础。他以余事为词，可以说是治赋的绪余。所以他每每以读赋的方法去读词。他在《赋钞序》上说：

赋乌乎统？曰：统乎志。志乌乎归？曰：归乎正。

又云：

赋者，诗之体也。……其能者为之，愉畅输写，尽其物，和其志，变而不失其宗；其淫宕佚放者为之，则流遁忘反，坏乱而不可纪。

他对词的看法，和赋没有什么不同。他说：词"盖诗之比兴变风之义，骚人之歌，则近之矣。"因此他的说词，尽量用"比兴"、"言志"的老套去揣度词人之用心。他的方法，可说是经学（指《诗经》而言）的方法，也是赋学的方法。

例如：他说温飞卿《菩萨蛮》"小山重叠金明灭"一首，云："此感士不遇也，篇法仿佛《长门赋》"。又说"照花前后镜"四句是"《离骚》初服之意"。汉董仲舒有《士不遇赋》，司马迁有《悲士不遇赋》，这首词的用意很不易捉摸，温飞卿的用心，是否如此，姑且不论，但这很显然地是用赋去说词的。又因"新贴"二字，而联想到《离骚》初服，又说它的篇法，像《长门赋》，通篇都从赋的观点去论词，他对赋是深造有得的。用赋去看词，用得太多了，就不免戴上一个有色眼镜。

其他如说韦端己《菩萨蛮》"洛阳城里春光好"一首云："此章致思唐之意"。说冯正中《蝶恋花》三首云："忠爱缠绵，宛然骚、辨之义"。说陈子高《菩萨蛮》一云："此刺时也"。简直是用《诗序》说诗的方法。说辛稼轩《祝英台近》云："春带愁来，其刺赵（鼎）张（浚）乎?"说碧山咏物诸篇，并有君国之忧，都是欲抉发词人的用心。"诗言志"，他以为赋亦言志，推之"词亦言志"。所以他说词是"缘情造端，兴于微言，以相感动"。"兴于微言"

有如“兴于诗”的兴，“微言”是“隐微不显之言”①。他的说词，便着重这些微言的抉发，这是采用《诗序》说诗的方法来说词的，所以我说他亦是经学的方法。

书中偶然用乐府来比拟，像对牛峤《菩萨蛮》一首，说它章法似《西洲曲》，这在本书中是个例外，我疑心这或者是他的弟弟张琦的意见。琦辑有《古诗录》，他深于乐府，《词选》虽出惠言名，其实张琦亦参加工作的。②

尚有进者，茗柯论词的方法，似乎取自宋代的鲖阳居士。《词选》于东坡《卜算子》：“缺月挂疏桐，漏断人初定。时有幽人独往来，缥缈孤鸿影。惊起却回头，有恨无人省。拣尽寒枝不肯栖，寂寞沙洲冷。”他的评语说：

> 此东坡在黄州作。鲖阳居士云：“缺月，刺明微；漏断，暗时也；幽人，不得志也；独往来，无助也；惊鸿，贤人不安也；回头，爱君不忘也；无人省，君不察也；拣尽寒枝不肯栖，不偷安于高位也；寂寞沙洲冷，非所安也。此词与《考槃》诗极相似。”

鲖阳居士此说，现在所知，最早是见于南宋淳祐间黄昇《花庵绝妙词选》卷二。鲖阳居士，不知是什么人，《直斋书录解题》云：“《复雅歌词》五十卷，题鲖阳居士序，不著姓名。”据此只知他是宋时人。③ 张惠言恐怕没有见过《花庵词选》。④ 他引鲖阳居士说，可能是根据《类编草堂诗余》的。⑤ 鲖阳居士说词的方法亦注重微言的抉发，和他的口味很相近，故引用其说。可知张氏的采用诗比兴方法来说词，是受到鲖阳居士的影响，而变本加厉的。

日人伊藤虎丸著《以雅俗观念为中心之张惠言词论》⑥ 一专文，其他文学批评史一类之书对皋文词说，讨论甚多，今不赘述。

① 《汉书·艺文志》李奇注。

② 金应珪《词选后序》云：“《词选》二卷，吾师张皋文、翰风两先生之所录也。”《词选》实惠言与弟琦所共撰，其书又名《宛邻词选》，宛邻即琦的别号。

③ 鲖字音纣，“鲖”字是由鱼和同二字合成，《汉书·地理志》汝南郡有鲖阳县。《广韵》、《集韵》“鲖”与“纣”字同音。

④ 证据是他在《词选》中对白石的小序，系钞自《词综》，而不依据《花庵》。

⑤ 至正本、荆聚本《草堂诗余》误作衡阳居士，类编本不误。

⑥ 《内野博士还历纪念东洋学论丛》，1964。

三、《词选》编撰的时地

《词选》自序，署嘉庆二年（丁巳）八月。是年，惠言居于歙县。张氏无年谱，据《茗柯集》，可考出他三十四五岁以后行事的大略。

乾隆五十九年（甲寅），他本来居于北京，是年十月十八日，母卒。[①] 因南归，居丧读礼。自此以后，他有三年离开京师。

乾隆六十年乙卯。他到富春，依他的朋友恽敬，年三十五。恽敬时任富阳知县。[②]

> 嘉庆元年丙辰，春，在富阳，旋至歙县。年三十六。
> 二年丁巳，居歙，年三十七。八月，《词选》编成。
> 三年戊午，游杭州，词集有《江城子》“填张春溪西湖竹枝词”。
> 四年己未，回京师。

在歙县时，和他的弟弟琦及门人金应诚、金应珪讲论词学，因有《词选》之作。在居丧数年中，作了很多词，他有名的《水调歌头》“春日赋示杨生子掞”，即在富阳时作。他用功于词学，大概是在这几年中的事。

他另一首《木兰花慢·咏杨花》，极为脍炙人口，谭复堂称其“摄两宋之菁英”，词集列在《水调歌头》之前，疑是嘉庆初年作。这词其弟张琦亦有次韵和作。我藏有通州冯云鹏的《红雪词甲集》，其卷二“夺锦标”题郑字桥词后，附录字桥词二首，其中杨花一首“尽飘零尽了，谁了解、当花看”即惠言此作，乃误属之郑氏。考郑字桥名抡元，字善长，歙诸生。张氏《词选》在歙县刊行时，郑善长曾选黄仲则、张惠言及已作为附录一卷。杨花一词，当日传诵于歙，郑善长传钞之，故冯云鹏误为郑氏之作，这一公案，人所未知，故附记于此。

四、张惠言《茗柯词》的名作

惠言《茗柯词》共四十六首，以《木兰花慢·咏杨花》及《水调歌头》

① 见其《先妣事略》。
② 见《茗柯文二编·周维城传》。

五首最为有名。朱祖谋的《词莂》选他的词四首[①]，这些都是他作品中的精骑。兹录出加以评解。

木兰花慢·杨花

东坡水龙吟次韵章质夫杨花词，从空处着想，愈出愈奇，结到“细看来不是杨花，点点是离人泪”，想像尤高人一等，全篇浑灏流转，一气呵成。张氏此词，即学东坡的。“青青池畔泪痕点点”句，即袭东坡意。警句如“只断红相识，夕阳间”，意甚新；“未忍无声委地，将低重之飞还”，语极曲折。这在张氏为压卷之作。若较之东坡，则用笔气力尚不能及。

水调歌头

（1）“东风无一事”一首

粧出万重花，“粧”字妙。

江南铁笛《宋史·孙守荣传》：“有异人授以铁笛”。元杨维祯铁崖亦以吹笛名。

玉城霞　《枕中书》：“扶桑大帝住碧海中，宅地四面，并方三万里，上有太真宫碧玉城。”[②]

花影、清影　上言“阅遍花影”，下言“清影渺难即”花耶，人耶？迷离恍惚。上半片结以“飞絮满天涯”，换头言“飘然去”，语意接得紧。又言“芳意落谁家”，“落”字即从飞絮生出。复言“难道春花开落”，再就“落”字下一转语。“难道花开花落”以下数语，意多钩转，而运笔空灵，意致高远。

（2）“珠帘卷春晓”一首

起得突兀，神来之笔。“江南春思”、“天涯残梦”皆因飞絮所引出，“乱点”、“黏著”并指絮言。

银蒜，即帘钩也。一本作“银祘”，“祘”即“算”字。庾信《梦入堂内》诗：“幔绳金麦穗，帘钩银蒜条。”倪璠注：“言银钩若蒜条，象其形也。”欧阳修诗：“银蒜钩帘宛地垂”。深押银蒜者，不欲卷帘放杨花入，致钩起愁思也。首句“卷帘”，末言“押银蒜”，自成起讫。换头“罗帷卷”，又是一境。

---

① 《木兰花慢》一首、《水调歌头》二首、《相见欢》一首。

② 又见《云笈七签》。

上片卷帘，有虾蝶飞来，下片卷帷，则明月入抱。一尊属月起舞，用李白句。下言“迎月到”，“送月去”，人与月迎送，如莺燕之不相猜矣。结言“重露”，谓夜深也。

此词由卷帘而下帘，而卷帷，由晓而昏而夜。一步一境，脉络贯串，极有层次，可悟作词之法。

其他三首，正所谓“疏节阔调”，足见其襟抱爽朗，谭复堂称其“酝酿喷薄而出，开倚声家未有之境”，这种旷远的笔调，力追东坡，特有高浑之致，而气象壮阔，若吞云梦八九于胸中，真可睥睨一切。

五、张惠言嗜秦淮海

《词选》取录至严，在宋词三十三家，惟秦观选十首，居最多数。其次辛幼安六首，自余东坡、美成，不过四首，可见他对淮海的推重。张氏甥董士锡（晋卿）云：

> 少游正以平易近人，故用力者终不能到。①
>
> 少游词如花含苞，故不甚见其力量，其实后来作手，无不胚胎于此。②

董毅《续词选》，复于淮海加选八首，美成增七首。尊崇淮海是张氏家学。有人说张氏《词选》“意在尊清真，而薄姜、张，视苏、辛犹为小家。”③事实尊清真是周止庵。止庵本来不喜清真，董晋卿谓清真沉着拗怒，比之少陵，切磋甚久，止庵遂改好清真。但张氏、董氏初未揭橥清真，他们所喜欢的乃是淮海。董氏《续选词补》选白石七首，玉田二十三首，实亦不废姜、张，可谓尚未尽脱浙派町畦。④ 至力贬姜、张则是止庵。止庵主老辣，其言曰：“少游意在含蓄，如花初胎，最和婉醇正，稍逊清真者，辣耳。”立论更进一步。淮海可说是导美成的先路，北宋词至此又是一变。⑤ 张炎谓：“少游

① 《介存斋论词杂著》引。
② 《介存斋论词杂著》引。
③ 徐珂语。
④ 沈寐叟说玉田所谓“清空骚雅”者，亦至晋卿而后尽其能事。足见他对姜、张实别有会心。
⑤ 白雨斋语。

词，体制淡雅，气骨不衰，清丽中不断意脉，吐嚼无滓，久而知味。”张、董并嗜淮海，对玉田之说似深有冥契。止庵喜“重笔”，薄“轻倩”之作，故特取美成。其实美成与淮海，正是一脉相承的。其后冯蒿庵（煦）亦推重少游，以为“后主而后，一人而已”。

六、《词选》的继承者

清初词家，多喜轻倩之作。务新艳的，则流于纤；求清空的，则失之薄。自朱彝尊开浙派之端，厉鹗、郭麐（麟）辈，畅其风声，奉白石、玉田为宗匠，自局限于南宋，不肯进一步踏入北宋园地。到清中叶，这种作风，已渐为人所厌弃。张惠言的学生金应珪，便指出当日词的作家有淫词、鄙词、游词三大蔽。所谓三大蔽是：

（一）“揣摩床笫，淫秽中篝，是谓淫词。其蔽一也。”——此指秽亵之作。

（二）“诙嘲则俳优之末流，叫啸则市侩之盛气；是谓鄙词，其蔽二也。”——指俗滥之作。

（三）“哀乐不衷其性，虑叹无与乎情，连章累篇，义不出乎花鸟，感物指事，理不外乎酬应，虽既雅而不艳，斯有句而无章，是谓游词，其蔽三也。”——此指徒有美句而乏真情之作（见金氏《词选后序》）。

自张茗柯、翰风兄弟，在安徽歙县刊行《词选》以后，蔚成常州一派，遂取浙派地位而代之。

在歙县问业于张氏的，有金应珪、应诚①、金式玉②兄弟，惠言外甥董士锡③，更传他的词学。而周济复与士锡游，商讨著论愈富，下至谭献，更为发扬光大，从此学者皆知宗尚北宋，这是清词转变的一大关键。

《词选》选得太严，故董毅后有《续词选》之作，共增益五十二家，一百二十二首，仍照张氏所定的标准，惟对张玉田选录特多。这本《续词选》有道光十年张琦序云：

> 《词选》之刻，多有病其太严者，拟续选而未果。今夏，外孙董毅子

---

① 字子彦，有《兰簃词》。

② 字朗甫，有《竹邻词》。

③ 字晋卿，有《齐物论斋词》。

远来署，携有录本，适惬我心，爰序而刊之，亦先兄之志也。

这一选本略可代表张氏兄弟的意见。惟玉田选得太多，似失稍滥。

常州派词学理论的发挥者，是周济（止庵）。本来他和董士锡友善，二人造诣日异，持论亦各有短长。士锡喜欢玉田，止庵则谓："玉田意尽于言，不足好。"止庵原不喜美成，士锡说美成的沉着处可比老杜。二人意见本来很抵触。过一年后，士锡更加厌玉田，而止庵乃笃好清真了。止庵以为秦少游"多庸格，为浅钝者所易记。白石疏放，酝酿不深。"士锡则憎蒋捷（竹山）粗鄙，二人意见相左者又一年。卒之，止庵亦憎恶竹山，但终是不高兴秦少游。他们二人的切磋，终使止庵确定他的词学主张，像"词非寄托不入，专寄托不出"的寄托说，比张惠言的比兴说，来得更深入。他指出"问途碧山（王沂孙），历梦窗、稼轩以还清真"的大路。他标举碧山为词家四宗之一，其说实本于士锡。① 他编《宋四家词选》，其序论作于道光十二年，在张琦序《续词选》之后二年。他独到的见解，是轻视"淮海"，标出梦窗，"退苏进辛，纠弹姜、张"，特别标出梦窗这一主张，在清末期的词学发生极大的影响。

张、周二家治词，开"学人之词"一派。② 常州派的经学大师，不少亦致力于词，像刘逢禄编有《词雅》五卷③，宋翔凤有《浮溪精舍词》，宋自述其词，是私淑张茗柯的。《浮溪精舍词自序》云：

余弱冠后，始游京师，就故编修张先生受古今文法。先生于学，皆有源流。至于填词，自得宗旨，其于古人之词，必缒幽凿险，求义理之所安，若讨河源于积石之上，若推经度于辰极之表。其自为词也，必穷比兴之体类，宅章句于性情，盖圣于词者也。

他对皋文的词学，可谓五体投地。

张琦之子仲远，又叙录嘉庆间词人，为《同声集》，以继宛邻《词选》。他的序文说："嘉庆以来，名家均从此出。"虽不无标榜之嫌，却是事实。但

① 见《菌阁琐谈》。

② 谭复堂曾谓王渔洋、钱芳标是才人之词，性德、蒋春霖、项莲生是词人之词，宛邻、止庵一派为学人之词。

③ 收八十家三百首。

常州派词，不善学的，不免流于“平钝廓落”。若周止庵的作品，殊不称其所持论，惟董晋卿造诣较高。沈曾植称其《齐物论斋词》，“为皋文正嫡，皋文疏节阔调，犹有曲子律缚不住者。在晋卿则应徽按柱，敛气循声，兴象风神，悉举骚雅古怀，纳诸令慢”，推崇可谓备至。

董、周之后，有谭献（复堂），他最服膺张、周之论，尝取止庵《词辨》加以评注。他说：“周氏所谓变，即余所谓正也，而折衷柔厚则同。”① 他认为王昶所选的《词综》，去取标准，是根据朱竹垞的，以姜、张为极轨，若梦窗、碧山深处，全未窥见。因“撰《箧中词》，以衍张茗柯、周介存之学”②。《箧中词》一书，断制精严，世所传诵，他可说是常州派的后劲了。

翁同龢有校《词选》二册为其“童年时过录，中年缮帑，附题一词。题签数字，是晚年手笔。”章钰曾见其书，为作题跋，文载《四当斋集》卷五。

七、《词选》的反对者

山阳潘德舆有《养一斋词》，他对张氏《词选》，颇持异议。他《与叶生书》略云：

> 张氏《词选》，抗志希古，标高揭己，宏音雅调多被排摈。五代、北宋，有自昔传诵，非徒只句之警者，张氏亦恝然置之。窃谓词滥觞于唐，畅于五代，而意格之闳深曲挚，则莫盛于北宋。词之有北宋，犹诗之有盛唐，至南宋，则稍衰矣。③

他对张氏首发难端，嫌其去取太严，刊落佳制过多。又标举北宋以抑南宋，颇有见地，亦与浙派推南宋为正宗，奉姜、张为泰斗，大异其趣。可是他本人的作品“平钝浅狭”，故谭复堂说他“理路言诠，终非直凑单微之手”④。“然其针砭张氏，亦是诤友”⑤。

朱古微题清代诸家词集《望江南》，亦推重张氏《词选》，其词云：

---

① 《词辨跋》。

② 《复堂日记·丙子》。

③ 据《箧中词》。

④ 《复堂日记·乙卯》。

⑤ 《箧中词》。

回澜力，标举选家能。自是词中疏凿手，横流一别见淄渑，异议四农生。

《望江南词》谓张氏《词选》扫去淫靡鄙浅，一归雅正，有回狂澜于既倒之功，而尽选家之能事，谭献论周之琦《十六家词选》云："截断众流，金针度与。虽未及皋文、保绪（周济）之陈义甚高，要亦倚声家疏凿手也。"朱老借用谭氏字眼，以称皋文。[①] 至潘德舆（四农即其字）遂呈异议。又谭氏云：（周止庵）"《四家词选》为后来定本，陈义甚高，胜于《宛邻词选》，即潘四农亦无可诋议矣。"朱老对潘氏异议，亦不甚同意，乃受复堂影响。

此外，陈廷焯《白雨斋词话》有极恰当的评语，兹录如次：

张氏《词选》，可称精当。识见之超，有过于竹垞十倍者，古今选本以此为最。但唐、五代、两宋词，仅取百十六首，未免太隘。……即朱希真《渔父》五章，亦多浅陋处，选择既苛，即不当列入。又东坡《洞仙歌》，只就孟昶原词，敷衍成章，所感虽不同，终嫌依傍前人，《词综》讥其有点金之憾，固未为知己，而《词选》必推为杰构，亦不可解。至以吴梦窗为变调，摈之不录，所见亦左。总之小疵不能尽免，于词中大段，却有体会，温、韦宗风，一灯不灭，赖有此耳。

这可看出清季学者对《词选》的评价，关于《洞仙歌》问题，《苕溪渔隐丛话》则以为后人取东坡词改作，伪题孟氏之名。

八、《词选》的错误

张氏编《词选》时，宋人词的别集，世尚少见，故所据多为《词综》及其他坊本辗转钞录，发生许多毛病，试略举之：

（一）误混作者之名

如晏殊《浣溪沙》"一曲新词酒一杯，去年天气旧亭台，夕阳西下几时

① 淄与渑，水名，俱在山东。易牙尝味，能辨二水之异，此指《词选》一出，雅音与伪体灼然可以立判。

回。　　无可奈何花落去，似曾相识燕归来，小园香径独徘徊。”据《能改斋漫录》（十一）及《复斋漫录》均有殊此词本事，极可信。“似曾相识燕归来”原为江都尉王琪句。张氏《词选》称南唐中主（李璟）作，乃误据类编本《草堂诗余》，应订正。[①]

（二）误遗作者之名

如卷末无名氏的《绿意·荷叶》一首，乃张炎词，见《山中白云词》卷六。原有小序云：“疏影暗香，姜白石为梅著语，因易之曰红情、绿意，以荷花、荷叶咏之。”而张氏解此首谓“此伤君子负枉而死，盖似李纲、赵鼎之流”云云。不知作者，而冥猜暗测，殊无根据。[②]

（三）坊本遗落题序致使《词选》编者妄作猜测

如王沂孙《高阳台》“残雪庭阴”一首，张氏注谓“此题应是梅花”，但《花外集》原题作“和周草窗寄越中诸友韵”，周密《蘋洲渔笛谱》原唱亦题作“寄越中诸友”，与梅花无关。

（四）误依坊本删节题序，失却作者原貌，并减少欣赏兴趣

如白石小序，对作词本事本来大有裨益，又兼有音乐与文学两种价值。《词综》（卷十五）多大加删节，张氏以及周止庵皆沿用之，如《扬州慢》小序，《词选》仅作“淳熙丙申至日过扬州”，即采用《词综》删后之句。

（五）误字沿坊本之失

如李易安《凤凰台上忆吹箫》词，两押“休”字之类。[③]

---

① 又陈本《草堂诗余》作晏几道作，亦误。《宋文鉴》二十四晏殊有《假中示判官张寺丞王校勘》七律一首，以“无可奈何”二句为五、六联。

② 周济《宋四家词选》亦收此首，题作无名氏。有批语云：“《词综》列入无名氏，记见一本作梦窗词，今忘其何本。”查《词综》卷二十四收无名氏此首云：“见《乐府雅词》”，然遍查《雅词》实无之，汪森亦误也。又《词综》卷三十六“补词”，收张炎红情、荷花，同一人之作，分割为二，尤非。《山中白云词》，清初龚翔麟辈曾先后刊行，龚本由朱彝尊分卷，而汪森及张、周二氏何以均未之见，不悉何故？

③ 此词上阕“多少事欲说还休”已有“休”字，而换头第一句，《花庵词选》作“休休，这回去也，千万遍阳关，也则难留”，重用“休”字，《词综》用之。张氏《词选》即取自《词综》。然考《乐府雅词》下“休休”二字原作“明朝”，赵万里校《漱玉词》及《全宋词》皆据改正是也。

（六）未明史实解说的疏误

像韦端己的《菩萨蛮》“人人尽说江南好，游人只合江南老”，张氏说“此述蜀人劝留之辞”“江南即指蜀中”。然韦庄《浣花集》卷八诗“南省伴直”小注：“甲寅年自江南到京后作。”他于黄巢入长安之后，在中和三年、四年间，曾游江南，作镇海军节度使周宝的座上客，他的《秦妇吟》诗有云：“见说江南风景异”“愿君举棹东复东”，即其明证。他到昭宗天复元年春，为西蜀掌书记，自此终身仕蜀，可知韦词的“江南”自是实指，不必谓暗指蜀中。

九、《词选序》的诠释

《词选序》中有若干句子，须加诠释，略举如下。

（一）传曰意内言外谓之词

《说文》司部：“𧮪，意内而言外也。”徐灏段注笺云：“此谓意在语词之内，而于言外得之。”所谓词，是指语助词而言。宋陆文圭《山中白云词序》（《墙东类稿》题作《词源序》）亦引“意内言外”一语，来说诗词的“词”[①]，这说法已在惠言之前。况周颐《蕙风词话》言：“《韵会举要》引《说文》，作‘音内言外，……词必先有调，而后以词填之，调即言也’。”他主张宜作“音内言外”。徐锴《说文系传》亦作“音内言外”，又引“声成文谓之音”，加以申说。其实古书如《玉篇》、《经典释文》等引，并作“意内言外”，不必改“意”字为“音”。

（二）极命风谣，里巷男女哀乐

极命二字，出枚乘《七发》，“是使博辩之士，原本山川，极命草木，比物属事，离辞连类”。李周翰注：“言使博学辩辞之士，陈说山川之原本，尽名草（木）之所出。……”极命的“命”字作“命名”解。《词源》于乐府，如相和歌辞，正出于街陌讴唱，所以说“里巷男女哀乐”。

---

① 原序误“说文”作“释文”。

（三）其文小

词的铸词练意，以幽细精美为能事，特取其言近旨远，以小喻大。至若疏旷之作，不是词的正宗。试举一二例句：

雨后却斜阳，杏花零落香。①

自在飞花轻似梦，无边丝雨细如愁。②

人如风后入江云，情似雨余黏地絮。③

这些名句，皆取资于微物，来表达一种轻灵幽迥的境界。

（四）其声哀

词贵笔端充满情感，易于动人，故多作悲伤语。试举《花间集》一二句为例：

罗帏愁独入，马嘶残雨春芜湿。④

春山烟欲收，天淡稀星小。残月脸边明，别泪临清晓。⑤

（五）新调、杂流

序云："孟氏、李氏，君臣为谑，竞作新调，词之杂流，由此起矣。"似乎是指《花间集》艳而近俚之作。如：

情未已，信曾通。满衣犹自染檀红。恨不如双燕，飞舞帘栊。⑥

换我心，为你心，始知相忆深。⑦

这些很近吴歌、西曲，是词中的宫体，即张氏所谓新调。因其不雅正，

① 温庭筠《菩萨蛮》。
② 秦观《浣溪沙》。
③ 周美成《玉楼春》。
④ 牛峤《望江怨》。
⑤ 牛希济《生查子》。
⑥ 欧阳炯《献衷心》。
⑦ 顾夐《诉衷情》。

故为杂流。兹就序中略举数事，加以解释，余不具论。

附录一　《木兰花慢》的作者问题

《茗柯词》以《木兰花慢·杨花》一首最为脍炙人口。谭复堂谓其“撮两宋之菁英”，直可与东坡伯仲。其弟翰风有次韵和作，兹录如次：

> 正红楼春寂，飞点点镜中看。恰慵避风帘，困黏香幙，娇惹云幡，依稀似曾相识。记昨宵、曾到梦魂间。可为天涯芳草，随风却又飞还。
>
> 游丝千尺，任飘零、偏不与遮阑。便谢了红尘，依将流水，一样单寒。空留十分春色，倚危阑，愁对夕阳山。賸有蜂儿蝶子，依依觅尽苔斑。

辞意孱稚无力，未臻浑成，以视乃兄，瞠乎后矣。杨花此阕，为皋文手笔，向无异辞。曩于坊间购得江苏通州冯云鹏《红雪词》甲集，卷二夺锦标题郑字桥词后，其序云：

> 字桥，名抡元，歙诸生，来馆于角斜场。汪氏友人吴绥之，自角斜寄子凌《宵花词》，匿其名。予疑为宋人旧作，今九场中无是手也。后晤吴子云：系字桥作。并示遗稿数首，欣欲就之；已返里，旋逝矣。为之怃然。

并附存字桥词二首，一为《木兰花慢》[①]，又一为乡《摸鱼儿·送春》[②]，则以杨花此词属之郑抡元。清词作者，互出者极少，此为罕见之例。考郑抡元字善长，歙人也。《茗柯词选》在歙刊刻既成，善长曾选黄仲则、恽子居与茗柯及己作为《词选附录》一卷，所收即下列各家：

茗柯七友

阳湖黄景仁《竹眠词》一首

---

① 首句即“尽飘零尽了，谁人解当花看”。

② 首句即“又帘纤满庭花雨，榆钱难买春住”。

阳湖左辅念《宛斋词》二首

武进恽敬《蒹塘词》六首

阳湖钱季重《黄山词》七首

湖北李兆洛《蜩翼词》五首

武进丁履恒《宛芳楼词》三首

阳湖陆继辂《清邻词》五首

茗柯兄弟

《茗柯词》七首

张琦《立山词》七首

茗柯门人

歙金应诚（子彦）《兰簃词》六首

歙金式玉（朗甫）《竹邻词》七首

己作《字桥词》七首

今观抡元此选，《木兰花慢》列于《茗柯词》之首，其自作《摸鱼儿》列于《字桥词》之首，可见《木兰花慢》原是皋文压卷之作，当日传诵于歙，故被误为抡元遗稿。冯云鹏题《字桥词》，竟云："暗里伤春，柔肠百折，替杨花垂泪，泪无踪晓烟难觅。便吟成，冠柳新词，不过天涯羁客。"并引王通叟词序，称其高于柳七，名《冠柳集》。则当日已被混误。《红雪词》为乾隆己酉至嘉庆丁卯间扫红亭精刊，与茗柯同时。云鹏字晏海，一字艳澥①，集中有和赵味辛夫子韵，知为赵怀玉弟子。不知何以疏忽至此，当日殆未见过《词选》刊本也。董晋卿《汉宫春》茗柯先生挽词末句云：

春归未久，有残红飘堕人间。生怕是、台荒径老，空余点点苔斑。

即用杨花韵，兼袭"泪痕点点凝斑"句，此尤有足记者。

① 《清词钞》录其词一首，见725页。

附录二 《茗柯词》系年考略

《茗柯词》共四十六首。审其排比先后，似依写作年次。虽未明言，而大致约略可考，尤以庚申五月五日作《高阳台》小序，为考证线索，其文云：

> 吾乡五月竞渡，为江南胜事，不得见者十六年矣。丁巳端午，寓居歙县，与舍弟翰风及金子彦兄弟，泛丰溪，至覆舟山，赋《满庭芳》一阕。戊午则在武林游观西子湖；己未在京师看荷花于天香楼，亡生江安甫皆从焉。今年索居辽海，风雨如晦，怀人抚序，怅然感之。

兹据此序，参以《茗柯文集》与词印证，举可考者，系年如次：

乾隆五十六年辛亥（1791）

张惠言作《青门引》（上巳）、《南歌子》（长河修禊）诸阕（《茗柯词》），时年三十。

乾隆五十九年甲寅（1794）

在京师，以景山宫官学教习期满，得蒙引见。[①] 十月十八日母卒（《先妣事略》），居丧，时年三十四。

乾隆六十年乙卯（1795）

是岁，惠言依恽敬富春，时年三十五。

杨云珊《览辉阁诗》序："乾隆乙卯，余依恽子居富春。"[②] 代作赠杨子掞序云："某曩在京师，与子掞共学于张先生。先生数言子掞可与适道；先生既归，而某与子掞交益亲。……未一年，余别子掞而南。其冬，子掞奉其太夫人命，就婚湖北，过访某于富阳，先生在焉。"[③] 按此殆代其门人所作，张先生即皋文自谓也。

嘉庆元年丙辰（1796）

春在富阳，时年三十六，有《水调歌头》五首。《周维城传》云："嘉庆

---

① 《大云山房文稿初集》四《张皋文墓铭》。

② 《茗柯文三编》。

③ 《茗柯文外编》上。

元年，余游富阳，知县恽侯请余修县志，未及属稿，而恽侯奉调，余去富阳。”（文二编）按《外编》上有《代富阳县修志书告》，即作于是时。

按《水调歌头》五首题为“春日赋示杨生子掞”，据赠序，掞冬至富阳，皋文在焉；应是乙卯之冬。此词春日作，当是翌岁嘉庆丙辰之春。

又按《茗柯词》、《木兰花慢》列于《水调歌头》之上，殆为嘉庆元年以前作。

旋至歙，《读江安甫所钞易说》云：“余以嘉庆丙辰至歙，居江邹江氏。”（《三编》）文稿自序：“嘉庆之说，问郑学于歙金先生。”（同上）甥董士锡，时年十六游歙，从惠言及琦两舅氏，始学为词。

二年丁巳（1797）

仍居歙。五月端午与弟琦及歙金应诚、应珪兄弟泛丰溪，至覆舟山，作《满庭芳》。①

八月《词选》成，其自序及门人金应珪序俱署嘉庆二年八月。

是年夏，甥董士锡来从学；冬士锡返常州。②

三年戊午（1798）

在杭州游西湖③，时年三十八。词集《江城子》填张春溪西湖竹枝词，当为是时作。

四年己未（1799）

在京师，端午看荷花于天香楼④，时年三十九。词集《水龙吟》荷花为子掞赋及《摸鱼儿》过天香楼并此时作。门人江安甫从来京师。⑤

是年登进士，改庶吉士，充实录馆纂修官。

五年庚申（1800）

正月一日安甫病死，年十八。⑥ 惠言离京，居辽海，时年四十。集中《浣溪沙》永平道中、《风流子》出关见桃花以下至《高阳台》三首，皆是年作。

---

① 见《高阳台词序》。
② 见《读江安甫所钞易说》。
③ 见《高阳台序》。
④ 见《高阳台序》。
⑤ 见《安甫葬铭》。
⑥ 见《安甫葬铭》。

又《齐天乐》六月闻蛩，当亦庚申岁作。

七年壬戌（1802）

作《水龙吟》瓶中桃花、寒食、清明三首。[①]

六月卒，年四十二。[②]

① 见《茗柯词》。

② 见恽敬《墓志铭》。

词与禅

以禅说诗，人所习知；以禅论词，世犹罕道。清江顺诒《词学集成》卷七引满洲如冠九（山）为《心庵词》序云：

> “明月几时有”，词而仙者也。“吹皱一池春水”，词而禅者也。仙不易学，而禅可学矣。……是故词之为境也，空潭印月，上下一澈，屏智识也。清磬出尘，妙香远闻，参净因也。鸟鸣珠箔，群花自落，超圆觉也。

遂谓“以禅喻词，又为词家辟一途”。江氏仅举此一例。余涉猎前贤词集，所见引禅理入者，不一而足。考《碧鸡漫志》论“东坡先生非心醉于音律者，偶尔作歌，指出‘向上一路’，新天下耳目，弄笔者始知自振”。“向上”语，原见《传灯录》：“宝积禅师上堂示众曰：‘向上一路，千圣不传，学者劳形，如猿捉影。’”严沧浪《诗辨》亦点出“工夫有向上一路”。东坡有极高明之襟抱，抒写为词，不同凡近，如宗门之极高明处，故以“向上”比况之。向来讥吴梦窗词者，喜以七宝楼台，碎拆下来不成片段为喻。按《新唐书》（一〇二）《姚䟽传》，奏称“弥勒成佛，七宝台须臾散坏”，语正同此。

元陆行直之《词旨》，内列“词眼”二十六则。按宋人喜言“诗眼”。范温记山谷语云：“学者先以识为主，禅家所谓正法眼藏。”“直须具此眼目，方可入道。”又云：“句中有眼，学者不知此妙，韵终不胜。”温据其说作《潜溪诗眼》一卷，称“识文章者，当如禅家有悟门”。有“诗眼”而后有“词眼”，溯其渊源，本与禅悟有关；惟《词旨》之“词眼”，乃谓警策字眼，所指少异矣。

董其昌以神喻画，名其居曰“画禅室”。明代文人大都喜言禅。李开先称谜语曰“诗禅”①，袁宏道校李贽《枕中十书》② 有“文字禅”。书画家之张瑞图，其《白毫庵集》内有《禅肤篇》。曹学佺为闽中林崇孚《瓯余》序云：

> 洪江社集论渊明以酒为禅，谢灵运以诗为禅，远公皆随机而接之。

此说极新颖，具见明人嗜以禅设喻。吴赵宧光之夫人陆卿子，有《玄芝集》，宧光为之序云：

> 余志在禅，而意兴诗；妇志在诗，而意兴禅。故余堕鄙俚，妇堕组绘，二者皆非是。③

禅用偈语，故近俚俗，诗尚文藻，故多丽句。其述夫妇旨趣之异，实则殊途同归，假禅立论，别具妙谛。

词自明末，弥尚艳冶，与禅义尤乖违。而词家以禅取譬者，约有二义：一以求忏悔，一以求解脱。求忏悔者，消极之论，聊自慰释；求解脱者，则其造论往往有新之体会，于词境之开拓尤有功焉。

崇祯间，钱塘吴本泰名其词集曰《绮语障》。④ 案南宋鄱阳张辑词名曰《东泽绮语债》，吴集之命名即本此。绮语者，《大乘义章》云：“邪言不正，其犹绮色，从喻立称，故名绮语。”佛家引以为戒。敦煌P·三八八七《忏悔词》，绮语为十目之一，《爰园词话》引十戒有绮语，故宋人称词曰“语业”⑤。龚鼎孳于其词集有《绮忏自题》云：

> 湖上旅愁，呼春风柳七（永），凭栏欲语，时一吟《花间》（集）小

① 《肉蒲团》且题曰“觉后禅”，更为谬种。

② 《大雅堂订正》。

③ 以上三种皆日本内阁文库藏。

④ 《明词综》选录其词，吴集后为禁书。

⑤ 如杨炎正之《西樵语业》。

令，……寻自厌悔。昔山谷以绮语被诃，针鑱甚痛，要其语妙天下，无妨为大雅罪人。吾不能绮，而诡之乎忏。然则吾不当忏绮语，当忏妄语矣。

以一时艳宗，而出此语，正抒其厌悔之心。黄山谷撰《晏小山集序》云："余间作乐府，以使酒玩世。道人法秀独罪余以笔墨劝淫，于我法中当下犁舌之狱。"《冷斋夜话》卷十"鲁直悟法秀语，罢作小词"，即记此事。[①] 尤侗序王西樵（士禄）《炊闻词》云：

或谓西樵方长斋绣佛，盥写名经，不当忏此绮语耶？不也。天上无懵懂仙人，西方岂有钝根佛子？假以炊闻卮语供养如来，如来必且微笑，以教迦陵诸鸟，鹙子大弟，和以微妙之音。

语尤佻巧。乾隆间郭麐亦名其词集曰《忏馀绮语》：自序云："学道未深，幻情妄想……"盖词人固一面自言忏悔，一面仍写其绮语也。清初词人喜借禅喻词，曹秋岳有"参活句"之说。其序沈雄《古今词话》云：

换羽移宫，不留妙理于言外。虽极天分殊优，加人工之雅缛，究非当行种草，本色真乘也。……用写曲衷，亟参活句，生机欲跃，……意致相诡，无理入妙者，代不数人，人不数句。

诗有活法，宋人恒言之。如四明史弥宁《友林乙稿》云：

诗家活法类禅机，悟处工夫谁得知？寻著这些关捩子，国风雅颂不难追。[②]

诗家有活法，词家亦有活法，理固无二致也。以禅譬喻词境，惟聂先之说最有可观。其《清百名家词序》云：

余不知词而知禅，请以禅喻。五祖举示佛果云："频呼小玉元无事，

① 又《苕溪渔隐丛话》前集卷五十七"秀老"条。

② 宋刊蝴蝶装，香港某氏藏，有苍茫斋影本。

只要檀郎认得声。”果入室云：“少年一段风流事，只许佳人独自知。”此绝妙好词也，近于丽织。政黄牛云：“解空不解离声色，似听孤猿月下啼。”此绝妙好词也，近于清寒。端师子云：“我本潇湘一钓客，自东自西自南北。”此绝妙好词也，近于豪宕。洪觉范云：“秋阴未破雪满山，笑指千峰欲归去。”此绝妙好词也，近于淡冶。《首楞严》曰：“佛谓阿难，辟如琴瑟箜篌琵琶，虽有妙音，若非妙手，亦不能发。”今诸公之词，各以妙指而发妙音。……欲使天下之人，有目共睹，有耳共闻。尽使摸象之盲人，扣钟之聋者，忽如天眼顿开，疾雷破柱，直得香象渡河，华鲸夜吼，岂不快哉！

真是一篇佳绝之小品文。能以夸张法（atiśayokti）构想，妙用直喻（upamā）、暗喻（rūpaka），机锋四起，亦活法之善用者矣。

谭复堂于厉樊榭《齐天乐·秋声馆赋秋声》，评曰：“词禅。”此词中“独自开门，满庭都是月”，如《指月录》中语，的是名句。海盐董潮《东风齐着力》词，有句云：“石坛风静，幡影昼沈。阑角嫣然一笑，凝眸处，黛浅红深。君知否，桃花燕子，都是禅心。”凄馨秀逸，论者谓为真词禅也。[1] 此亦参活句之佳例。俞樾《采桑子》有隽句云：“死是禅心，活是仙心。一样工夫两样心。”不死不能活，亦能道破妙处也。

有以禅分南、北，以喻词之有南、北二派。张其锦道光六年《梅边吹笛谱序》云：

南宋词有两派：一为白石，以清空为主。高、史辅之。前则有梦窗、竹山、西麓、虚斋、蒲江，后则有玉田、圣与、公谨、商隐。扫除野狐，独标正谛，犹禅之南宗也。一派为稼轩，以豪迈为主。继之者龙洲、放翁、后村，犹禅之北宗也。

董玄宰论画分南、北宗，此师其意。而以白石之清空属南宗，稼轩之豪迈为北宗，所见极新，而未必尽确。又有主融情于声色，而通乎至道者。项名达为赵秋舲《香消酒醒词》序云：

① 见《两浙词人小传》八。

辞藻，色也；宫调，声也；选声配色，而以我咏叹其间者，情也。情与声色，去道远，而一变即可以至道。……故声色者，道之材；而情者，道之蒂也。……香与酒犹之声色，苟融情于香酒，自有不待消而消，不待醒而醒者。故知声即无声，得微妙声；色即无色，得善常色；情即无情，得普遍情。……由文字入，总持门出，生功德无量。则是词也，小乘戒之曰绮语，大乘宝之则曰道种。

其说至精，化绮语而归于至道，依大乘义，现身说法，较龚、尤辈又进一步矣。论词者又每喜以《法华》、《华严》、《楞严》取譬。田同之《西圃词话》云：

词之一道，纵横入妙，能转法华，则本来寂灭，不碍昙花。文字性灵，无非般若。频呼小玉，亦可证入圆通矣。

此以转《法华》为喻，乃袭取自高珩之《珂雪词序》也。施愚山《蠖斋诗话》誉渔洋诗如华严楼阁，弹指即现。《渔洋诗话》亦载之，用以自炫。顾贞观名其词曰《弹指》，诸洛为序，备述其说，谓：

先生尝曰：吾词独不落宋人圈禶。昔弥勒弹指，楼阁门开，善才即见百千万亿弥勒化身。先生以斯名集，殆自示其苦心孤诣，超神入化处。

按《梁书·处士传》刘歊独坐空室，一老父至门，弹指而出。歊与宝志善，作《革终论》，乃虔诚之佛徒，词人但借用其语。厉鹗词中《游西溪》名句“凭高一声弹指，天地入斜晖”，后人为建“弹指楼”。此掌故诚有足记者。弥勒弹指顷即现千万化身，词有无数法门，惟智者乃获悟入处，其道亦犹是也。蒋剑人敦复渡江后为僧，法名妙喜。① 其论周保绪《六丑·赋杨花》云：“声律谨严处，可谓字字从华严法界中来。”② 此并以《华严》为喻也。项名达序《香消酒醒词》亦言赵秋舲（庆熺）尝云：“词学宜少不宜老，以时变者也。即变而入不变，舍《楞严》其谁与归？”则又比之《楞严》矣。

---

① 见《听秋声词话》十七。

② 《芬陀利室词话》一。

王半山和俞秀老禅思词，杨升庵著之《词品》。又举衲子填词二者。释氏词著名者，无如清释正岩《点绛唇》“自家拍掌，唱得千山响”二句。①

宋人词集，始取名于禅。陈与义曰《无住词》，杨无咎曰《逃禅词》。清人以禅名词集者更夥。如嘉庆时大兴邵寿民（葆祺）有《情禅词》，道光间潘钟瑞有《香禅词》，龚定庵有《红禅词》。然此辈皆非方外之徒也。纳兰性德名其词曰《饮水》，自谓：“如人饮水，冷暖自知。”语本之道明禅师。② 陈维崧名其词曰《迦陵》。梵语妙音鸟曰：“迦陵频迦”（Kalavinkā），《弥陀经》之极乐鸟。③ 先是黎遂球名其集曰《迦陵》，自序云：“净域之鸟，彀而能鸣，聊以忏悔云尔。”而蒋景祁序《湖海楼词》云：“夫迦陵者，西王母所使之鸟名也。其羽毛世不可得而见，其文彩世不可得而知。划然啸空，声若鸾凤。神仙之与偕，而缥缈之与宅。”维崧以名其集，岂取义乎此耶？曹贞吉名词集曰《珂雪》，亦取释典。王僧孺《初夜文》谓天尊“焕发青莲，容与珂雪”。敦煌卷S·五六四五咒生偈句：“目净修广若青莲，齿白齐密由珂雪。”是其例也。

闺秀吴苹香（藻）词名曰《香南雪北》，盖本潞府妙胜臻禅师答僧问：“金粟如来为甚么却降释迦会里？”云：“香山南，雪山北。”④ 蒋敦复名其词曰《芬陀利室》。芬陀利，梵语Pundarkia，白莲花也。沈寐叟名其词曰《曼陀罗室》。梵语Mandara，天妙华，香而色清者也。凡此皆取自释氏，以名其词集，而各立胜解。王芑孙《瑶想词》有句云：“不守辛苏杜撰禅，不从周柳觅蹄荃。”词家之禅，其杜撰禅之亚乎？

虽然，词人多具慧眼，吐属超脱，自非凡响。黄仲则《竹眠词》中《金缕曲》，劳濂叔手书大悲咒为赠，云可却魔障，报以此解。隽句如：“论慧力，图澄堪证。”“更凿险，降魔杵奋。只恐夜深惊屈宋，月明中，谁把骚魂认。”工作鬼语，妙想环生。沈寐叟《金缕曲》“健骨金刚锁”一首，贯穿内典，别开生面，如其诗之为同光体，具开埠头本领也。同时能以梵典入词而以凄婉嗟叹出之者，若陈仁先《旧月簃词》之《八声甘州》，写雷峰塔倾圮，悲凉激

---

① 《雨村词话》、《铜鼓书堂词话》俱载之。正岩有《豁堂老人诗余》。

② 答卢行者语，见《五灯会元》。性德《渌水亭杂识》四称：“钟伯敬妙解《楞严》，知有根性在钱蒙叟上。”知其早契禅机，非偶然矣。纳兰拯吴汉槎于塞外，及其覆舟而没，汉槎为容若刻《大悲陀罗尼忏》，王昶《论诗绝句》记其事。

③ 汉人于梵译喜作省词。郭廛频伽，即截取下半Vinkā。伽陵则取上半之Kala。

④ 参考《蕙风词话》二。

越。其小词如《浣溪沙·梵香》云："微滓虚空是泪痕，聊凭香篆定心魂，重帏深下易黄昏。　学道不成仍不悔，此心难冷更难温，一丝还袅博山云。"低徊悱恻，语语真挚，不涉理路，故为高绝。是能参透唐人一关，异乎翻著袜之作，徒以戏论取悦者可同日而语也。其句又如："残年心事，寂寞礼空王。"词人老去无聊，往往托情于是。朱彊村句"禅悦新耽如有会"（《浣溪沙》），正同此意。昔唐栖蟾有云："诗为儒者禅。"[①] 盖有得于禅者，具外向、内向两种：外向者，类放荡而流于狂禅；内向者，则视禅为安心立命之地，以理性情之正，尤近于儒。词亦可为儒者禅，与诗相僢，特欲缱绻蕴借，不肯道破。难冷难温，此词心所以不同于诗心者欤！

友人陈世骧教授曩曾撰 Chinese Poetic and Zenism 一文，载 *Oriens* Vol. X，No. 1，1957。近年 R. H. Blyth 有 *Zen in English Literature and Oriental Classics* 一书（The Hokuseido Press），多援引诗句以入禅。至于倚声之道，词人每取与释典及禅语比附。陈眉公《偃曝谈余》（卷下）曾讥严沧浪为"杜撰禅"。词人言禅，大率类此。虽无关宏指，然于文学批评，或可供拊掌谈助之资。顷值《清华学报》文学专号征文，爰类次平日读书劄记，强凑成篇，不遑博考，览者以词话目之可耳。

饶宗颐附记

原载《清华学报》第 7 卷第 1 期，1968

① 《弘秀集》卷十。

人间词话平议

王观堂《人间词话》，脍炙人口；世无老幼，咸能讽诵。予独谓其取境界论词，虽有得易简之趣，而不免伤于质直，与意内言外之旨，辄复相乖。间与朋侪谈艺，评骘及之，扬榷有待，撰次未遑。长夏无俚，爰就管见，笔之于篇，得如干则。非敢唐突近贤，亦聊识一时之兴会。掴掌见痕，鞭皮出血，仍冀通人之有以匡我也。

癸巳夏饶宗颐识

境界本佛语①，高人雅士，借以谈艺。司空图《诗品》已有"实境"一目，余若苦瓜和尚用之论画②，鹿乾岳、王渔洋、袁随园持以说诗③皆其著例。至于词中提出境界者，似以刘公勇为最先。《七颂堂词绎》云："词中境界，有非诗之所能至者，体限之也。"又云："文长论诗，如冷水浇背，陡然一惊，便是兴观群怨，应是为佣言借貌一流人说法。温柔敦厚，诗教也。陡

① 《翻译名义集》："尔焰，又云境界。由此能知之智，照开所知之境，是则名为过尔焰海。"

② 《画语录》有境界章。

③ 鹿氏《俭持堂诗序》云："神智才情，诗所探之内境也；山川草木，诗所借之外境也。"分别诗境有内、外。王渔洋《香祖笔记》举《诗品》"采采流水，蓬蓬远春"二语，谓其形容诗境亦绝妙。"诗境"二字，由其拈出。《随园诗话》八："严沧浪借禅喻诗，所谓羚羊挂角，香象渡河，诗不必首首如是，亦不可不知此境界。"

然一惊，正是词中妙境。”[①] 夫以文学度人，何异棒喝？离合悲欢，均可使人进另一境地，恍若有所惊悟也。冷水浇背，自是妙喻。观堂标境界之说以论词，阐发精至；惟自道“境界”二字由其拈出，恐未然耳。[②]

庾子山云：“不无危苦之词，惟以悲哀为主。”穷愁之语易工，古今词人皆莫能外。王氏亦谓其平生最爱如尼采所言以血书者，举后主之词为例。余意以血书者，结沉痛于中肠，哀极而至于伤矣。词则贵轻婉，哀而不伤，其表现哀感顽艳，以“泪”而不以“血”；故“泪”一字，最为词人所惯用。[③]间曾试论：“人远泪阑干，燕飞春又残。”“旧时衣袂，犹有东风泪。”此伤春之泪也。“残月出门时，美人和泪辞。”“为问世间离别泪，何日是滴休时？”此伤别之泪也。“故国梦重归，觉来双泪垂。”此亡国之泪也。“酒人愁肠，化作相思泪。”“愁肠已断无由醉，酒未到，先成泪。”此怀旧思乡之泪也。“泪眼问花花不语，乱红飞过秋千去。”此无可告语之泪也。“红烛自怜无好计，夜寒空替人垂泪。”此徒唤奈何之泪也。“细看来不是杨花，点点是，离人泪。”“倩何人，唤取红巾翠袖，揾英雄泪。”此泪之可以回肠荡气者也。“男儿西北有神州，莫滴水西桥畔泪！”“白发书生神州泪，尽凄凉，不向牛山滴。”此泪之可以起顽立懦者也。[④] 故泪虽一绪，事乃万族。词中佳句，盖无不以泪书者，已足感人心脾，一唱三叹，特不至于“泪尽而继之以血”耳。

王氏论词，标隔与不隔，以定词之优劣，屡讥白石之词有“隔雾看花”之恨。又云：“梅溪、梦窗诸家写景之病，皆在一隔字。”予谓“美人如花隔云端”，不特未损其美，反益彰其美，故“隔”不足为词之病。宋玉《神女赋》：“时容与以微动兮，志未可乎得原；意似近而既远兮，若将来而复旋。”词之言近旨远，缠绵跌宕，感人之深，正复类此。《文心雕龙·隐秀篇》：“文之英蕤，有秀有隐。隐者，文外之重旨；秀者，篇中之独拔。隐以复志为工，秀以卓绝为巧。”移以论词，最为切当。词者，意内而言外，以隐胜，不以显胜。寓意于景，而非见意于景。盖词义有双重，有表义，有蕴义。表义，即字面之所指；蕴义，即寄托之所在，所谓重旨复意者是也。“高树晚蝉，说西

① 徐渭见《青藤书屋文集》十七《答许北口书》。

② 清江顺诒《词学集成》卷七，即专论词境。如引蔡小石《拜石词序》：“意以曲而善托，调以杳而弥深。”并列词中三境而加以分析，谓：“始境，情胜也；又境，气胜也；终境，格胜也。”又陈廷焯《白雨斋词话》，亦屡论及词境，俱在观堂之前。

③ 且常用于结句警策之处。

④ 用杨升庵说。

风消息。”“波心荡，冷月无声。”言外别有许多意思，读者不从体味其凄苦之词境，尤当默会其所以构此凄苦之境之词心。此其妙处，正在于隔。彦和云：“情立词外曰隐，状溢目前曰秀。”① 王氏论词，有见于秀②，而无见于隐，故反以隔为病，非笃论也。词之性质，“深文隐蔚，秘响傍通”，故以曲为妙，以复见长，不能单凭直觉，以景证境。吾故谓王氏之说，殊伤质直，有乖意内言外之旨。若夫“晦塞为深，虽奥非隐”，如斯方为词之疵累。质言之，词之病，不在于隔而在于晦。③

附说一

《蕙风词话》云：“意内言外，词家之恒言也。《韵会举要》引《说文》作‘音内言外’，当是所见宋本如是。以训诗词之词，于谊殊优。凡物在内者恒先，在外者恒后。词必先有调，而后以词填之。调即音也。”按况说殊迂。《玉篇》、《易》系辞《释文》、《一切经音义》及《广韵》，引许书俱作“意内而言外”，其作“音内”者，尚有小徐《系传通论》。严铁桥《说文校议》：“作音者，盖烂文。”则非宋本如是也。段氏注取意内之说，以为“意即文字之义，言即文字之声。词者，意主于内，而言发于外，故从司言”。王菉友云：“意内言外者，谓不直说其意，而于词露之也。”徐灏讥段氏未解意内之旨，谓：“意在语词之内，而于言外得之。”考《说文》所谓词者，本指语助词，意内言外谓之词，初不过谓藉语助以传神，可得言外之意耳。其朔义本如是。惟倚声之词，义分表里，必如郭象注《秋水》所谓“求之言意之表者”乃能得之。昔庾子嵩作《意赋》成，从子文康见而问曰：“若有意耶，非赋之所尽；若无意耶，复何所赋？”答曰：“正在有意无意之间。”④ 词之妙处，烟水迷离，非雾非花，盖言外别有意在。许君“意内”之说，虽本指语助词传神之妙，取以释倚声之词，正自恰当，不必如况氏附会音律腔调耳。

王氏以张皋文评飞卿词“深美闳约”四字许冯正中，又称其堂庑特大。

① 《岁寒堂诗话》引刘氏语，为《文心雕龙》佚文。

② 《人间词话》云：“飞卿之词，句秀也；端己之词，骨秀也；重光之词，神秀也。”

③ 与观堂同时之况蕙风，亦论词境。其说云：“词有穆之一境，静而兼厚重大也。”又云：“词境以深静为至。此中有人，如隔蓬山，思之思之，遂由浅而见深。盖写景与言情，非二事也。善言情者，但写景而情在其中。此等境界，唯北宋人词往往有之。”此诚深造自得之言。我心写兮，言不尽意，而百世之下，读者之于我心，或契或否，如人饮水，冷暖自知。见浅见深，未始不以“隔”为妙。

④ 《世说新语・文学》。

予诵正中词，觉有一股莽苍苍之气，《鹊踏枝》数首，尤极沉郁顿挫。词云“不辞镜里朱颜瘦”，鞠躬尽瘁，具见开济老臣襟抱。“为问新愁，何事年年有？”则进退亦忧之义。“独立小桥”二句，岂当群飞刺天之时，而能自保其贞固，其初罢相后之作乎？另一首“惊残好梦”，似悔讨闽兵败之役（保大五年事）。“谁把钿筝移玉柱”，则叹旋转乾坤之无人矣。语中无非寄托遥深，非冯公身份不能道出。如此等词，安可仅就字面欣赏耶？[①]

王氏颇讥白石词，盖受周止庵说影响，而沾沾于南北宋优劣，似先有一成见横梗胸中。其云：“暗香疏影，格调虽高，然无一语道著。”不知此两阕佳处，在于行间运用杜句，而神明变化，直以古诗开阖之法为词，惝恍迷离，自然高妙[②]，为作词开一门。北宋词家，喜檃括诗话，特见创格。有就原句略改者，如：“寒鸦千万点，流水绕孤村；斜阳欲落处，一望暗销魂。”此隋炀帝《野望》诗，而淮海改作小词。[③] 然此尚为其易，若白石则为其难。《暗香》、《疏影》二首全以虚字传神，转折翻腾。比之于文，如由骈入散，又进一境。论词似当于此处着眼，不宜于区区一二秀句絜长量短也。[④]

欧阳永叔《浣溪沙》词“绿杨楼外出秋千”，《能改斋漫录》引晁无咎云：“只一出字，自是后人道不到。”观堂谓此本于冯正中《上行杯》词“柳外秋

① 张皋文谓“延巳为人，专蔽固嫉，故敢为大言”，于其词颇致讥议；陈廷焯亦然。独冯蒿庵谓：“周师南侵，国势岌岌，翁负才略，不能有所匡救，危苦烦乱之中，郁不自达者，一于词发之。”（四印斋刊本序）而张孟劬亦谓：“正中身仕偏朝，知时不可为。所作《蝶恋花》诸阕，幽咽惝恍，如醉如迷。此皆贤人君子，不得志发愤之所为作也。”《曼陀罗寱词序》窃以为冯张之说可信。惜《阳春词》之本事年代无可考，兹所发微，未必尽符事实，诸君可取夏承焘所撰《冯正中年谱》参照之。

② 白石论诗有理、意、想、自然四种高妙。云：“写出幽微，如清潭见底，曰‘想高妙’；非奇非怪，剥落文采，知其妙而不知所以妙，曰‘自然高妙。’”此二境界，其所作词正自复尔也。

③ 见《珊瑚纲》引莫云卿《笔麈》。杨升庵《词品》引《铁围山丛谈》但举“寒鸦”、“流水”二句，云全篇不传，无名氏《词评》及彭孙遹《词统源流》所引俱断句。按汤衡序《于湖词》，谓：“元祐诸公，嬉弄乐府，寓以诗人句法，发自坡公。”夏承焘云：“此殆指《水调歌头》之檃括韩诗，《定风波》之裁成杜句。”淮海出自苏门，亦东坡之法乳也。他如美成，亦多用唐人诗句入律。陈氏《直斋书录解题》论之已详。

④ 止庵谓：“白石以诗法入词，门径浅狭。”论实未允。至《暗香》二词，从当前景物造端，借梅花兴咏，以寓家国之思。杜诗：“东阁官梅动诗兴，还如何逊在扬州。”同是江南偏安之局，故词中人自比何逊，乃垂垂渐老，其何以堪！不管清寒，欲与攀摘，而寄与路遥，可胜浩叹！本思折梅，聊寄一枝，以传春消息，奈江国寂寂，无人瞅睬何！则翠樽共对，但有悲泣，红萼无言，徒相忆而已耳。是则至于不可言说，亦不忍复言说矣。伤匡复之无望，怀忠悃而难忘，其间可谓既哀以思。《疏影》剪裁《咏怀古迹》句，或疑昭君与梅无关。郑大鹤曾举王建《塞上咏梅》诗以证之。慨南渡之宴安，发二帝之悲愤。方道君在北，闻番人吹笳笛，口占《眼儿媚》，有云：“春梦绕胡沙。家山何处？忍听羌笛，吹彻梅花。”（见《南烬纪闻》）是词中用胡沙及玉龙哀曲诸字眼，似即暗指其事。篱角黄昏，有半壁河山意。一片随波去，则叹护花之无人，不胜今昔盛衰之感矣！极吞吐难言之苦，全赖若干虚字，传神入妙。

千出画墙”。按王维诗“秋千竞出垂杨里”，冯、欧二公词意出此，彭孙遹《词藻》（卷三）已发之，王氏殆未之见耶？

王氏论境，有造境及写境，即理想与写实二派之别，其说颇韪。试以画喻。写境如写生画，造境如文人画。夫人固有藉于外境，境随心生，同一外境，各人之心不同，所得之境亦因之有异。又诸心生之境，已非曩境，且超实境，故山川万物，荐灵于我，而操在我心，一若山川万物使我代其言也。我脱胎于山川万物，又不糟粕山川万物，以我有我之灵感存也。[①] 必也，如石涛之言画，搜尽造化打我草稿，不如是不能深入，不能出奇。故造境写境之外，又贵能创境。创境者，谓空所倚傍，别开生面。耆卿、美成，阐变于声情；东坡、稼轩，肆奇于议论。若斯之伦，并其翘楚。然此一代不过数人，非大家不能辨到矣！

王氏区有我之境与无我之境为二，意以无我之境为高。予谓无我之境，惟作者静观吸取万物以悟解他人之我，他人之我亦无以投入有我之我也，此之谓物我合一。惟物我合一之为时极暂，寖假而自我之我已浮现。此时之我，已非前此之我，亦非刚才物我合一之我，而为一新我——此新我即自得之境。一切文学哲学之根苗和生机，胥由是出。苟乏此新我，我之灵魂已为外物之所夺矣，为他人之所剽矣，则我将何恃而为文哉？故接物时可以无我，为文之际，必须有我。寻王氏所谓无我者，殆指我相之冲淡，而非我相之绝灭。以我观物，则凡物皆著我相，以物观我，则浑我相于物之中。实则一现而一浑。现者，假物以现我；浑者，借物以忘我。王氏所谓“无我”，亦犹庄周之物化，特以遣我而遗我于物之中，何曾真能无我耶？惟此乃哲学形上学之态度，而非文学之态度。邵康节曾论圣人反观之道，谓：“反观者，不以我观物，而以物观物。”[②] 王氏之说，乃由此出。[③] 惟“以物观物，性之事也；以我观物，情之事也。”[④] 文学之务，所以道志，所以摅情，而非所以率性。依道家说，率性则喜怒哀乐一任于物，吹万不同，咸使其自已也。凡能了然于此者，庄周谓之真人，邵氏谓之圣人。此为人之超凡境界。其所契合者，性也，天道也，而非志也，情也。文学则不然，非以超凡，而以入凡；非以出

---

① 《蕙风词话》：“吾听风雨，吾览江山，常觉风雨江山外，有万不得已者在。此万不得已，即词心也，此万不得已者，由吾心酝酿而出，即吾词之真也。”其说至精，可以参照。

② 《皇极经世》。

③ 王氏摭康节以论词，人多不知其所本。

④ 略用《观物外篇》语。

凡人圣，而以出圣入凡。惟其入凡，则我之一字一句皆与众人之心共鸣，或思鸣而不能鸣，与夫鸣而不能善其鸣者。庄周有言："无以人灭天。"此语于道也。吾则反其语曰：文学之道，宁以人入天，或以天入人。邵氏云："任我则情，因物则性。"文者，苟为天地之至情之所发，固未尝悖于性，若乃离情而言性，则文乎何有？此文学之极挚，而一理学哲学科也。是故道贵直①而文贵曲。道可无我而任物，而文则须任我以入物。矢人函人，厥旨斯异。榷而论之：大抵忘我之文，其长处在极高明；现我之文，其长处在通人情。及其所至，皆天地之至文也，又安有胜负于其间哉？②

观堂论词，颇伸北宋而诎南宋。③ 夫五代、北宋词，多本自然，时有真趣；南宋词则间出镂刻，具见精思。即北宋末叶，过于求工者，已多斧凿痕迹，渐开南宋之先路。一切文学之进化，先真朴而后趋工巧。观汉魏诗之高浑，不逮宋齐，则以雕镂为美，斯其比也。④ 故南北宋词，初无畛域之限。其由自然而臻于巧练，由清泚而入于秾挚，乃文学演化必然之势，毋庸强为轩轾。论诗而伸唐绌宋，清叶燮已深加非议。⑤ 持以质王氏，宁不哑然失笑？周止庵于两宋词颇有优劣之论⑥，语尚宏通，王氏殆受其暗示，而变本加厉，益为激矣。

附说二

观堂与沈乙庵交稔，其论古声韵及治西北史地，皆受沈之启迪。虽论词之见解不类，然为词之微意则有同然。沈之言云："夫其不可正言者，犹将可微言之；不言庄语者，犹将以谲语之；不可以显譬者，犹将隐譬之。微以合，谲以文，隐以辨，莫词若矣。"所作《偻词》，对旧君之眷恋，哀民生之多艰，一篇中而三致意，时若蒙庄之洸洋以自恣。又时若诗之主文而谲谏，要以归

① 邵氏云："由直道，任至诚，则无所不通。天地之道，直而已。"

② 为文之际，必有我者。清吴修龄曾云："诗之中，须有其人在。"赵执信最服膺是言，载之《谈龙录》。袁随园《续诗品》、江顺诒《续词品》中俱有"著我"一目，可为鄙说佐证。

③ 如云："北宋风流，渡江遂绝。""南宋词虽不隔处，比之前人，自有浅深厚薄之别。"

④ 德人论诗区为 Volkpoesie 与 Kunstpoesie 二者，以见古今风格有真朴与工巧之殊，所论正相似。

⑤ 见《原诗》。

⑥ 如谓："南宋则下不犯北宋拙率之病，高不到北宋浑涵之诣。""南宋有门径，似深而转浅；北宋无门径，似易而实难。"

于“微而显”“志而晦”之旨。托兴于一事一物之微，而烛照数计，乃在千里之外，厥意若欲以词之小道以通于《春秋》之大义焉。晚清词人，其祈向大都类此，自一时之运会使然。故词之为用，至是又一变矣。[①] 观堂揭境界论词，独标一义，然其所作，如“君似朝阳，妾似倾阳藿”，“苑柳宫槐浑一片，长门西去昭阳殿”，拳拳忠悃，寄意正与乙庵相近。故其长短句，古微并收入《沧海遗音》。晚清之词，于词史上有其不可磨灭者，正在其深文隐辨之词旨。使诸公生乾嘉盛世，所造必不有同于是。故为揭出，备他日谈文学史者，有知人论世之一助云。

① 不特词如此，于诗亦然。海藏序散原诗云：“《诗》亡而后《春秋》作，盖《诗》之义婉，而《春秋》之义严，此难以强通者也，使天下议散原之诗，非诗而类于《春秋》，乃予之所乐闻。”其宗旨可见。

朱彊村论清词《望江南》笺

赵尊岳题词

夜飞鹊

饶固庵新笺彊村论词《望江南词》见示，即以彊村《怀寄人境庐》韵题之。

冰绡唤残客，轻梦初回，依约撰杖衔杯。花阴月午书阑悄。拈髭倦睫微开。望里流光如矢，恁百年多病，万里登台。风轮玉笥，换炎洲一霎蒿莱。　　收拾天机余锦，秋士信多情，吟啸苍崖。好事虫鱼寂历，细拈珠麝，良夜低回。草堂秀野，怕花冠，夙误尘埃。只褵褷白羽，丁东玉漏，惜起愁来。

按：曲子《望江南》，唐人写经卷每书之。[①]《郡斋读书志》有《兵要望江南》一卷，晁公武曰："寓声于《望江南》，取易记忆。"[②] 此调与五七言绝句无大差异，不特易记，且复易作，宋人谑词多唱之。清法式善孙来秀子俊[③]有

① 如英伦斯坦因敦煌列号五五五六于令狐幸深书《观音经》小册内，即为《望江南》。

② 此武安军左押衙易静撰。晁氏《后志》卷二云："易静，唐人。"云自在龛藏，旧钞本五百二十首。见《蕙风词话续编》。

③ 姓伍尧氏。

《望江南词》一卷，四十首，专咏都门景物，以俏语出之，亦竹枝打油之体。南汇杨光辅《淞南乐府》六十阕，调皆《望江南》，述华亭风土掌故[①]，皆此类也。

彊村题清人词二十四阕之倚此调，犹论诗者之用七言绝句。考调寄《望江南》以论词，其先有粤人张德瀛[②]十五首。朱老此作，专论清词，传诵最广。徐珂传录之，似据其初稿，与《彊村语业》（卷三）微异。读之可悟琢磨日进之工。本笺略参徐录，记其歧出，以资校勘。朱老谢世之后，张孟劬曾补作《望江南》二首，申论朱老倚声之成就，兹附于末。至卢冀野饮虹簃《论清词望江南》百阕，备见陈乃乾《清名家词》之第十册，世所共睹，故不复及。

湘真老，断代殿朱明。不信明珠生海峤，江南哀怨总难平。愁绝庾兰成。（屈翁山）

此首第三、四句，徐珂录（下称徐录）作“禁本道援堂晚出，江南哀怨不胜情”。湘真老即陈子龙，字卧子，号大樽，松江华亭人。与徐孚远、宋征璧选辑《皇明经世文编》五百余卷，倡举几社，南都陷，为僧。寻通鲁王，谋起义，事泄投水死。清追谥忠裕。清初，宋征舆刊其词，为幽兰草本《江蓠槛词》一卷，又有《湘真阁稿》。嘉庆间王昶辑刊《陈忠裕公全集》三十卷，其词共七十九首。王士祯云：“《湘真》一刻，晚年所作，寄意更绵邈凄恻。”[③]《梅墩诗话》：“明季词家竞起，惟《湘真》一集、《江蓠槛》诸什，多意到之句。”殿，《论语·雍也》疏：“在军后曰殿。”谭复堂云：“有明以来，词家断推湘真第一。”朱老盖本是说。故《词坛点将录》比之晁盖，称为词坛旧头领。陈卧子《江城子》后半：“料得来年相见画屏中。人自伤心花自笑，凭燕子骂东风。”[④] 最为人传诵。

韩愈《别赵子（德）》诗：“婆娑海水南，簸弄明月珠。”不意双珠出于老蚌，语出孔融，见韦元将与其父书。载《三辅决录》。朱词云：“明珠生海峤。”以翁山为广东番禺产也。

庾信《哀江南赋》：“兰成射策之年。”陆龟蒙《小名录》：“兰成，信小字

---

① 《赌棋山庄词话》卷八。

② 著有《词征》。

③ 《明词综》六引。

④ 见《白雨斋词话》。

也。”屈翁山与陈恭尹、梁佩兰合称岭南三大家。曾北走秦、晋、燕、赵，与渔洋、竹垞多有酬唱。龚翔麟《红藕庄词》，《无俗念》一首喜翁山移家白门，有“罗浮道士忽携家，直傍秦淮卜宅”之句。

其《道援堂集》等书，语触忌讳，雍、乾间遭毁禁。故王昶《明词综》录其词七首，题名“二灵”，未敢注明为屈氏也。其作品如《梦江南》“悲落叶”之作，可泣可歌。直是一字一泪。词集名曰《骚屑》，寄意可知，故朱老谓为江南哀怨也。所举清代各家，以屈氏冠首，虽云时代列前，然其倾挹之深，可以想见。

《清词坛点将录》，以屈大均为鲁智深。盖大均于顺治七年礼函昰于番禺海云寺为僧，法名今种，字一灵。十六年访钱谦益于吴门，谦益贻书毛晋，称为罗浮一灵上座。[①]

苍梧恨，竹泪已平沈。万古湘灵闻乐地，云山韶濩入凄音，字字楚骚心。（王船山）

徐录第三句作“万古湖南清绝地”。

苍梧故事出《述异记》，尧二女追舜不及，相与恸哭，泪下沾竹。李白《远别离》乐府云：“苍梧山崩湘水绝，竹上之泪乃可灭。”

湘灵闻乐者，《庄子》云：“黄帝张乐于洞庭之野。”《九歌》：“使湘灵鼓瑟兮。”唐钱起《考功集》卷六，《省试湘灵鼓瑟》诗云：“苍梧来怨慕，白芷动芳馨。流水传潇浦，悲风过洞庭。曲终人不见，江上数峰青。”船山《潇湘怨》词中《潇湘十景》小序云：“歌八景后，驱笔猎之，吟际习为哀响，不能作和媚之音应节。为湘灵起舞曰：非我也，有臣妾我者存也。”其寓意深矣！元遗山《论诗绝句》：“自是云山韶濩音。”唐元结刺道州作《欸乃曲》，有云：“停桡静听曲中意，好似云山韶濩音。”（见《词林纪事》一）《乐纬》：“舜（乐）曰箫韶，殷曰濩。”

王渔洋《论诗绝句·题邝海云》云：“九疑泪竹娥皇庙，字字《离骚》屈宋心。”朱词暗用之。船山词有《鼓棹》初集、二集，故国之思，溢于言表。如《卜算子·咏傀儡》云：“更无半字与关心，吐出丁香舌。”“铅华谁辨假中真，皮下无些血。”又《昭君怨·本意》云：“娇面胡风吹皱，拼与红颜消受。”怨刺者深，言皆有物，体兼骚、辨。朱老谓为字字楚骚心，信然。

---

① 见钱作《罗浮种上人诗集序》。

争一字，鹅鸭恼春江。脱手居然新乐府，曲中亦自有齐梁。不忍薄三唐。（毛大可）

徐录第三、四句作“乐府几篇还跳出，斩新机杼蜕齐梁。余论惜猖狂”。

《文心雕龙·明诗篇》：“争价一句之奇。”又《练字篇》：“今一字诡异，则群句震惊。”杜甫诗云：“不数鹅鸭恼比邻。”朱借用是语。春江句则指毛西河与汪蛟门（懋麟）论宋诗事。蛟门举东坡“春江水暖鸭先知”，以为不可及。西河怫然曰：“鹅也先知，岂独鸭也?”见《西河诗话》卷五。毛氏云：“此正效唐人而能者。‘花间觅路鸟先知’，唐人句也。觅路在人，先知在鸟，以鸟在花间故也，此先，先人也。若鸭则谁先乎？水中之物，皆知冷暖，必先以鸭，妄矣!”王渔洋曾概括西河语以为鹅岂不先知，遂成笑柄。[①] 西河弟子张文檒复辨其诬。[②] 亦文学批评史一公案也。[③] 姜汝大论大可（西河）词云：“其旨精深，其体温丽。户网粘虫，枕声停钏。吹籥苦唇朱之落，梦欢愁臂红之消。腰慵结带，时作萦回；镜喜看花，暗相转侧。此其靡曼之玮词，夫岂纤庸之逸调。”江顺诒《词学集成》以为毛词不足以当此。毛氏少年受知于陈卧子，承其指授，故所作仍沿云间一路，而胎息于齐梁乐府，独成一格，朱老《词蒴》取以冠诸编首，选录至十一首之多。徐钪《词苑谈丛》云：“（奇龄）善诗歌填词，所为大率托之美人香草，以写其骚激之意。缠绵绮丽，按节而歌，使人凄茵。又能吹箫度曲。”盖亦傍通乐律，故其《西河词话》讥李于麟以填词法作乐府，不知乐有调同而词异者，有调异而字句同者，非深于此道不能言之。又记其词见赏于真定梁尚书清标，与当时太仓王生，无谱而能倚曲，竟定一笛色谱，韵事流传，足备掌故。

谢章铤谓西河词于小令、中调、长调之中，析隋唐题，特立一卷曰《原调》[④] 如《浪淘沙》之“江潮能苦雨能甜”，《南乡子》云：“愿绞桄榔皮里肉。”“木棉花发野椒红。”[⑤] 皆与词牌取义相应。张德瀛云：“河右（西河号）词六卷，姜长滃选刻，前四卷名《当楼集》，附《西河集》中。”又称其《望

① 见《居易录》。

② 《螺江日札》卷六。

③ 参钱锺书《谈艺录》，262页。

④ 《赌棋山庄词话》四。

⑤ 写岭南风物。

江南》词“总在石莲东”句，即取自李昌谷诗“人在石莲中”[①]。知其词滥觞花间[②]，溯源于齐梁乐府，而终以唐人为皈依也。

云海约，明镜已秋霜。但愿生还吴季子，何曾形秽汉田郎，归老有𬬻塘。（顾梁汾）

徐录“老”字作“我”。

李白《秋浦歌》：“白发三千丈，缘愁似个长。不知明镜里，何处得秋霜?”《弹指词·贺新凉》（湘潭夜泊）云：“菱镜秋如许。……见说刀镮如宿约，待结同心双苣。”云海约之“约”字，似用此句。

吴季子指兆骞汉槎。吴称季子者，以有两兄兆宽、兆宫也。汉槎以江南乡闱案，远窜宁古塔，顾梁汾贞观以词代书，贻《金缕曲》二首，句云：“季子平安否?”纳兰容若见之，为泣数行下。曰：“河梁生别之诗，山阳死友之传，得此而三。此事三千六百日中，弟当以身任之。”后汉槎果获与孙阳同生还入关，皆梁汾力也。此事播为美谈，近人考之至详。[③]

成德《金缕曲·简顾梁汾》云：“绝塞生还吴季子。算眼前此外皆余事，知我者，梁汾耳。”朱词即用此语。

惠山听松庵竹制火炉，王孟端为作画，后归容若，复举以赠梁汾。容若逝后，梁汾与朱竹垞、周青士（筼）诸人为联句，其交情可见。[④]

《弹指词·金人捧露盘》题序云：“大明湖晤田紫纶进士，时未就廷对，翩翩如二十许人，索词为赠。后问知田与余皆生丁丑，自顾形秽，一叹而已!”词云：“休教看杀风流，京兆汉田郎。”朱词本此。按《晋书·卫玠传》：“王济每见玠，辄叹曰：珠玉在侧，觉我形秽。”此采自《世说·容止篇》。《三辅决录》：“田凤为郎，容仪端正。入奏事，灵帝目送之。因题柱曰：堂堂乎张，京兆田郎。”

乾隆重刻《弹指词》，诸洛序云：“至归老𬬻塘，究心理学，视平昔才华，已如飞絮落花，任其沾泥随水。”苏轼诗查注。“（无锡）惠山寺，前有曲水亭，中有方池，名千叶莲花池，亦名𬬻塘，亦名浣沼。”

---

① 《词征》六。

② 如《采莲子》之学皇甫松。

③ 参考孟森《心史丛刊》“科场案”及夏承焘撰《顾贞观寄吴汉槎金缕曲词征事》，与《补考》二篇（《唐宋词论丛》附录）。

④ 《聆风簃诗》自注。

贞观与容若交契。其词往往不加修饰。佳句如："个中须解，寒应胜暖，春不如秋。"极为冷隽。《寄吴汉槎》二首，金石肝胆，长歌当哭，故传诵最广。雍正间，杜诏校刊《弹指词》，序云："弹指与竹垞、迦陵埒名。迦陵词横放杰出，大都出自辛、苏；竹垞神明乎姜、史，刻削隽永；若弹指则极情之至。出入南北两宋，而奄有众长。"诏著《浣花词》，康熙间与修《历代诗余》及《钦定词谱》，称梁汾为师云。

梁汾词集名《弹指》。《蕙风词话续编》云："弥勒弹指一声，楼阁门开，善财入，已见百千万亿楼阁，一楼阁有一弥勒，领诸眷属，并一善财，而立其前。自是梁汾词名所本。"

迦陵韵，哀乐过人多。跋扈颇参青兕气，清扬恰称紫云歌。不管秀师诃。(陈其年)

徐录初稿，"韵"作"语"，"气"作"意"。

迦陵，梵语迦陵频迦（Kalavinka）之略称。《慧苑音义》：'此云美鸟，本出雪山，其音和雅。'粤黎遂球亦名其集曰'迦陵'。其年集名曰'迦陵'者，详蒋景祁京少所撰《陈检讨词钞序》，称其'磊砢抑塞之意，一发于词，诸生平所诵习经史百家古文奇字，一一于词见之。如是者近十年，自名曰《迦陵词》'。可见其词前后风格转变之概。《世说新语》：'谢太傅语王右军曰：中年伤于哀乐。'迦陵季弟宗石跋其词：'伯兄少时，值家门鼎盛，意气横逸，故词多旖旎语。中更颠沛，饥驱四方，一切诙谐、狂啸、细泣、幽吟，无不寓之于词。'

杜甫《赠李白》诗：'飞扬跋扈为谁雄。'《宋史·辛弃疾传》：'僧义端聚众千余，弃疾说使隶耿京。一夕，窃印逃，弃疾急追获之。义端曰："我识君真相，乃青兕也，力能杀人，幸勿杀我。"'朱竹垞《迈陂塘·题其年填词图》云：'擅词场，飞扬跋扈，前身可是青兕。'王西樵《沁园春·读陈其年乌丝词赋寄》云：'屈指词人咄咄，唯髯跋扈飞扬。'至清季陈廷焯《白雨斋词话》亦以'飞扬跋扈'状其年气概。

《毛诗·郑风》：'清扬婉兮'《传》：'清扬，眉目之间婉然美也。'《唐诗纪事》：杜牧为御史，分务洛阳时，李司徒愿罢镇闲居，声伎豪侈，高会宴客。杜牧引满三卮，问李云：'闻有紫云者，孰是？'李指之，杜朗吟而起曰：华堂今日绮筵开，谁唤分司御史来。忽发强言惊满座，三行红粉一时回。'此即紫云故事。《乌丝词》佚名序云：'冬季归阳羡，当复借紫云相伴，又何减尧章过垂虹桥畔，小红低唱我吹箫也。’秀师诃者，黄山谷《晏小山集序》云：‘余间作乐府，以使酒玩世。道人法秀犹罪余以笔墨劝淫，于我法中当下犁舌之狱。’

迦陵，宜兴人。骈文及词俱雄视一时。盖中年以后，始专学为诗余，晚年尤好之不厌。初作名《乌丝词》，后作名《迦陵词》。又尝与朱彝尊合刊所作曰《朱陈词》。康熙二十八年季弟第宗石最后汇刻，为《迦陵词全集》三十卷，共一千六百二十九阕，中有迦陵不甚惬意者，亦尽付梓。谭复堂云："锡鬯、其年出，而本朝词派始成。顾朱伤于碎，陈厌其率，流弊亦百年而渐变。锡鬯情深，其年笔重，固后人所难到。嘉庆以前，为二家牢笼者，十居七八。"

江湖老，载酒一年年。体素微妨耽绮语，贪多宁独是诗篇，宗派浙河先。（朱竹垞）

徐录"老"作"梦"，体素作"静志"。

杜牧《外集·遣怀》诗："落魄江南载酒行。"别本"江南"作"江湖"。

竹垞自定为四集，有寓意者，名《静志居琴趣》；咏物者，名《茶烟阁体物集》；其集句者，名《蕃锦集》，余作入《江湖载酒集》。

中央图书馆有朱竹垞《太史手定词稿》二函，余曾见之，朱墨圈点有甲寅诸暨周栻跋云："旁注改窜，皆竹垞手笔。"

体素二字，见陶渊明《答庞参军诗》："君其爱体素。"司空图《诗品·洗炼》云："体素储洁，乘月返真。"《庄子·刻意篇》："故素也者，谓其无所与杂也；纯也者，谓其不亏其神也。能体纯素，谓之真人。"朱氏初稿体素作"静志"，指《静志居琴趣》。

绮语者，《大乘义章》云："邪言不正，其犹绮色；从喻立称，故名绮语。"朱耽绮语，自云："几曾围燕钗蝉鬓。"可与《风怀二百韵》诗互参。

清初诗人，北方推王渔洋，南方推朱竹垞，王才高而朱学博，故又有朱贪多、王爱好之论。浙派起于嘉兴曹秋岳溶。朱彝尊自述其词学出于曹，序《静惕堂词》云："往者明三百祀，词学失传，先生搜辑遗集，曾表而出之。数十年来，浙西填词者，家白石而户玉田，春容大雅，风气之变，实由先生"云云。况蕙风以"李萧远之《点绛唇》，意境不求甚深，读者悦其轻倩，为浙派初祖"，足备一说。

竹垞论词崇雅正，选辑《词综》以示宗风。羽翼之者，多浙西籍，如二李二沈；继之者厉樊榭，流衍至于郭频伽之《灵芳馆词》，不免伤于浮滑矣。

兰锜贵，肯作称家儿。解道红罗亭上语，人间宁独小山词，冷暖自家知。（纳兰容若）

徐录“贵”作“阀”。

兰锜，《西京赋》云：“设在兰锜。”李善引刘逵注：“受他兵曰兰，受弩曰锜。”张铣注：“兰锜兵架，陈列于甲第之门。”

称家儿三字，见韩愈《殿中少监马继祖墓铭》：“称其家儿也。”

红罗亭上二句，周之琦题所辑《心日斋十六家词选》有“道得红罗亭上语，后来惟有小山词”。朱袭用之。江邻几《杂志》：“李后主作红罗亭子，四面栽红梅花，作艳曲歌之。韩熙载和云：‘桃李不须夸烂缦，已失了春风一半。’时已割淮南与周矣。”红罗亭在上元县，为后主与小周后对酌处。盖以缘钿刷隔眼，糊以红罗，种梅花于其外，详《五国故事》上。周之琦以晏小山比后主；朱老更以比容若云。

初性德取晏小山“侧帽风前花满路”句，名弱冠所作曰《侧帽词》。及悼亡后，名作《饮水词》，顾贞观、吴绮校本，康熙十七年戊午刊于吴中。性德自谓：“如鱼饮水，冷暖自知。”语本道明禅师答庐行者语，见《五灯会元》。

纳兰氏本隶满洲正黄旗，叶赫后裔也。大学士太子太傅明珠子。十九岁成进士，授侍卫，三十一岁而卒。交游皆一时俊彦，如严绳孙，顾贞观，秦松龄，陈维崧皆所契厚。赎吴汉槎入塞，最为世所称道。

性德慢词粗不协律，令曲则纯任性灵，格高韵远。后主气质浑厚，乃得自天成；《花间》高丽精英，性德尚未臻此境，拟之古人，殆出入东山、小山、淮海之间，较迦陵《小长芦》更得词家之正也。

消魂极，绝代阮亭诗。见说绿杨城郭畔，游人齐唱冶春词。把笔尽凄迷。（王贻上）

渔洋《秋柳》诗：“秋来何处最消魂。”绿杨城郭者，其官扬州，与杜于皇，陈其年等集红桥，赋《浣溪沙》三首。有“北郭清溪一带流，红桥风物眼中秋，绿杨城郭是扬州”之句，盛传一时，和者甚众。今传同时人词集，皆可覆按。[1]

---

① 事详《渔洋词小序》。

冶春词，渔洋《精华录》卷五有《冶春绝句十二首》，注云："同林茂之（古度）前辈，杜于皇（濬）、孙豹人（枝蔚）、张祖望（纲孙）、程穆倩（邃）、孙无言（默）、许力臣（承宣）、师六（承家）修禊红桥，酒间赋《冶春词》。"盖亦司理扬州时作。又有甲辰（康熙三年）岁修禊《红桥赋》。《嘉庆一统志》扬州府名宦："王士禛，顺治七年，任扬州推官。文藻赡丽，暇则笋舆雀舫，与四方名彦，高会蜀山、虹桥之畔，授简赋诗，传为盛事。[①]

渔洋于顺治十七年与邹程村只谟选刻《倚声初集》[②]，时即在扬州。是集录红桥怀古《浣溪沙》十阕。末注云："红桥词即席赓唱，兴到成篇，各采其一，以志一时胜事。当使红桥与兰亭并传耳。"当日同游十人。《倚声集》所录渔洋之外，有杜濬、邱象随、袁于令、蒋阶、朱克生、张养重、刘梁嵩、陈允衡、陈维崧。其后曹贞吉《珂雪词》、项莲生《忆云词》亦有追和之作。[③]《一统志》："虹桥在甘泉县门外，一名红桥，翼以朱栏，岸多植柳，为郡人游观之地。"

渔洋诗主神韵，尤工绝句。《白雨斋词话》云："渔洋小令，能以风韵胜，仍是做七绝惯技。"其词名《衍波》。自序云："偶读《啸余谱》，辄拈笔填词。易安《漱玉》一卷，珍惜逾恒，乃依其韵和之。大抵涪翁所谓空中语耳。"其词话则名《花草蒙拾》，自题云："往读花间、草堂，偶有所触，辄以丹铅书之，盖未及广为扬榷。"阮亭于词，自述如此。陈聂恒《栩园弃稿》前顾梁汾书，谓"渔洋之数载广陵，实斯道总持"，"（洎在朝）位高望重，绝口不谈"。是其于词，本为客串，然所持论，影响后来者殊巨。

留客住，绝调鹧鸪篇。脱尽词流芗泽习，相高秋气对南山。骎骎衍波前。(曹升六)

徐录"词流"作"绮罗"。

《珂雪词》有《留客住·赋鹧鸪》"瘴云苦。遍五溪、沙明水碧，声声不断，只劝行人休去"一阕。谭复堂谓为投荒念乱之感，又《燕山亭九日排闷》，句云："深巷闭门，懒去登高，那问几人曾醉。红叶青山，正渲染苍凉天气。何事只辜负秋光，淡然如此。""相高秋气"，殆暗用此词。杜牧诗《长

① 参《扬州画舫录》卷十。

② 大冶堂本。

③ 《蕙风词话》卷五备录之。

安秋望》："南山与秋色，气势两相高。"芗泽者，胡寅《东坡乐府序》云："眉山苏氏，壹洗芗泽绮罗之态，摆脱绸缪之度。"此用其语。

《衍波》为渔洋词集名。黄山谷诗："骎骎欲度骅骝前。"朱老诗原学山谷，故词中用豫章句特多。

安丘曹实庵与宋荦、田雯等唱和，称燕台十子。其词以咏物、怀古诸篇为海内推重。王炜序称其"转凄婉纤艳之情，为风雨云雷之用"。其《玉女摇仙佩·与朱紫来论词》，略云："细数名家，晚唐南宋，漫说苏豪柳腻。……又证入金荃、兰畹、小山、白石。"持论可见一斑。《词坛点将录》比之大刀关胜，马军五虎将之首。殆以其词多奇气，有洸洋纵恣，不可方物之概。

长水畔，二隐比龟溪。不分诗名叨一馔，居然词派有连枝。人道好埙篪。（李武曾、李分虎）

徐录"一馔"作"一饭"。

长水为嘉兴别名。《宋书》三十五《州郡志》会稽太守条："嘉兴令，此地本名长水。秦改曰由拳。吴改曰禾兴，以孙皓父名和，又改曰嘉兴。"曹贞吉《珂雪词》有《送李分虎归长水·台城路》一首。

龟溪二隐者，龟溪古名孔愉泽，即余不溪流，在浙江德清县。《嘉庆一统志·湖州府·余不溪》："自杭州府钱塘县流经德清县坡中，又北入府城与苕水合，即东苕溪下流也。一名龟溪，一名清溪，一名苎溪。"《晋书》："孔愉行经余不亭，见笼龟于路者，愉买而放之溪中，因以为名。"南宋末李彭老字商隐，李莱老字周隐兄弟居之。朱氏刊《彊村丛书》中有《龟溪二隐词》。

叨一馔，曹贞吉《秋锦山房词序》云："顷者赋诗殿上，竟遭摈落。其诗得之惋惜者之口，始传于外。"出都时，自吟断句云："儿童莫笑诗名贱，已博君王一饭来。"赋诗殿上，谓李武曾应鸿博试也。龚翔麟《红藕庄词》自注，亦记一饭事。

词派，朱竹垞《耒边词序》云："二十年来，诗人多寓声为词，吾里（指浙江秀水）若右吉（喻汝言）、庾清（徐榧）、青士（周篔）、山子（沈进）、武曾（李良年），咸先予为之者也。"此即浙江词派初起之况。

武曾即李良年字，有《秋锦山房词集》。分虎为李符字，号耕客，有《耒边词》，与兄绳远合称三李。而武曾与分虎俱以词名，故曰连枝。《白雨斋词话》云："二李词绝相类，大约皆规模南宋，羽翼竹垞者。武曾较雅正，而才气则分虎为胜。"分虎早岁受知于曹溶，及武曾与朱彝尊结社唱和。朱序《耒边词》云："分虎之词，愈变而极工，方之武曾，无异埙篪之迭和也。"朱老句"人道好埙篪"，即用竹垞序中语。

南湖隐，心折小长芦。拈出空中传恨语，不知探得颔珠无。神悟亦区区。(厉樊榭)

南湖，郭麐《灵芬馆诗话》云："樊榭征君旧居南湖，自号南湖花隐。倪米楼（稻孙）绘花隐楼图。"仁和王曾祥茨檐《静便斋集南湖花隐记》，以樊榭与南湖张功甫（镃）比较，谓"功甫遗集鲜传，又逊于樊榭者也"。《樊榭诗集》八有诗题云："余赁居南湖上八年矣，其主将鬻它氏，复谋栖止。"又《续集》一有《移居》诗："南湖结隐八年余，又向东城赋卜居。""南湖隐"本此。陆谦祉《樊榭年谱》："迁居南湖在雍正十年壬子，是年有《论词绝句》之作。"

"心折小长芦"语，取自《论词绝句》。其言云："寂寞湖山尔许时，近来传唱六家词。'偶然燕语人无语'，心折小长芦钓师。"自注云："朱竹垞检讨《静志居琴趣》中语。"《灵芬馆诗话》："愚谓竹垞小令固佳，即长调纡徐宕往，中有澡华艳耀之奇，斯为极致。即小令中佳者，亦未必惟此语可心折。大抵樊榭之词，专学姜、张，竹垞则兼收众体也。"案苏诗查注引周必大《吴郡诸山录》云："早行至本觉寺登岸，即古槜李也；旧号小长芦。东坡过此，为文长老赋诗。"知"小长芦"乃槜李别名。

空中传恨，出"空中语耳"一句，是山谷答法秀师语。朱竹垞《解佩令·自题词集云》："老去填词，一半是空中传恨。"

颔珠，见《庄子·列御寇》："夫千金之珠，必在九重之渊，而骊龙颔下。"《唐诗纪事》："元微之、刘梦得、韦楚客同会白乐天舍。刘成'王濬楼船下益州'一首。白公览诗曰：'四人探骊龙，子先获珠，所余鳞爪，何用耶?'于是罢唱。"区区，用樊榭语。其《续集》自序云："懒迂多病，无所托以自见。惟此区区不韵之语，曾缪役心脾。"

厉樊榭少作词曰《秋林琴雅》，曾于入都经天津，至查莲坡家，同撰《绝妙好词笺》。杭大宗称："渔洋、竹垞诗，盛行海内，时太鸿独矫之以孤淡。其词亦于竹垞外独辟幽蹊，惟体物之作，不免饾饤。"故谭复堂评云："《乐府补题》，别有怀抱，后来巧构形似之言，渐忘古意。竹垞、樊榭不得辞其过。"然其佳处真可分中仙、梦窗之席。

回澜力，标举选家能。自是词源疏凿手，横流一别见淄渑。异议四农生。（张皋文）

徐录“词源”作“词中”。

回澜，韩愈《进学解》云：“挽狂澜于既倒。”

皋文撰《词选》二卷，与弟翰风同辑，选唐宋人四十四家词，一百十六阕。自序称，所以“塞其下流，导其渊源”。论者推为常州词派开山。谭复堂谓“虽町畦未尽，而奥窔始开”。

谭氏论周之琦《十六家词选》曰：“截断众流，金针度与。虽未及皋文、保绪之陈义甚高，要亦倚声家疏凿手也。”朱氏语本此。疏凿二字，郭璞《江赋》：“若乃巴东之峡，夏后疏凿。”

淄、渑，二水名。《列子·说符》：“淄渑之合，易牙尝而知之。”指词选之立准的。以挽浙派末流之弊。

四农，潘德舆字，山阳人。道光戊子举人。其《与叶生书》，论“张氏《词选》抗志希古，标高揭己，而宏音雅调，多被排摈”。谭复堂谓《养一斋词》平钝浅狭，不足登大雅之堂，然其针砭张氏，亦是净友。

皋文词集句《茗柯词》。按朱竹垞《橄榄词》“配取茗柯消残醉”，用《世说新语·赏誉篇》“简文云：刘尹茗柯，有实理。”刘注：“柯一作杍，又作仃，又作打。”《任诞篇》：“（山季伦）茗艼无所知。”陈鳣谓茗柯作艼是也。《晋书·山简传》作“酩酊”，乃俗字，形容其颓，故茗柯即酩酊。[①] 清代词集名曰茗柯者，又有二家：一为江都程梦星（字午桥，康熙五十一年进士）作，一为钱塘丁一揆[②]作。

金针度，词辨止庵精。截断众流穷正变，一灯乐苑此长明。推演四家评。（周保绪）

金针度，及截断众流，皆采谭复堂评语，引已见前。《桂苑丛谈》：“郑采娘七夕乞巧，织女遗一金针。”元遗山诗：“鸳鸯绣出从教看，不把金针度与人。”又禅宗论云间有三种语，杼山长老指出“截断众流”句。叶梦得《石林诗话》取以论诗，其二为截断众流句，谓超出言外，非情识所到。

周止庵《词辨》区别正变，盖用诗区分变风、变雅之法。初辑十卷，没

① 参《莲子居词话》。

② 号自闲道人。

于黄流。后追忆录得二卷。卷一为“正”，温庭筠等十七家；卷二为“变”，李后主等十一家。与茗柯《词选》略异。而深恶猖狂雕斲之习则同。谭复堂称：“周氏以二卷为变，截断众流，解人不易索也。”又称：“余固心知周氏之意，而持论小异。大抵周氏所谓‘变’，亦余所谓‘正’也。而折衷柔厚则同。”

“乐苑”，亦是书名，见《崇文总目》。钱东垣云：“《通志》：陈游撰。”“一灯长明”者，《唐文粹》有高迈《长明灯颂》云：“夫日主昼，太阳之精，中则昃，昃则没，我长明灯不没。月主夜，太阴之精，满则亏，亏则尽，我长明灯不尽。”“四家评”，谓周止庵道光中辑之《宋四家词选》。自序谓：“读者问途碧山，历梦窗稼轩，以造清真之浑化。”又云：“慎重而后出之，驰骋而变化之，胸襟酝酿，乃有所寄。”其叙论独具只眼，取途甚为正大，为世所宗。谭复堂、况蕙风皆称其书，即止庵集中之《宋四家词筏》。止庵又有《论词》一书，以婉、涩、高、平四品分之，惜其书未见。

舟如叶，着岸是君恩。一梦金梁余旧月，千年玉笥有归云。片席蜕岩分。(周稚圭)

徐录“如”作“一”。

周之琦字稚圭，河南祥符人。其《醉花间·道光丁未（廿七年）二月朔抵家作》云：“一叶扁舟初着岸，荷衣今始换。”谓官广西巡抚告病得休也。其自著之词四种，曰：《金梁梦月词》、《怀梦词》、《鸿雪词》、《退庵词》。总曰《心日斋词》，此阕为《退庵词》之第一首。金梁，本桥名，在开封，为周氏钓游处。其词有《齐天乐·过金梁桥》云：“十年一觉春明梦，鱼梁尚留残照。片月牵魂，新词按谱，为尔羁怀萦绕。”故其集名曰《金梁梦月词》。

周词《鹧鸪天》题序云：“病中梦一人，鹤骨脩然，自称王圣与（王沂孙字），来问余疾。平生倾倒中仙。或许把臂入林耶？拈小词记异。词云：片云从此谢尘寰。凭谁访我栖真地，黄叶萧萧玉笥山。”此阕为《退庵词》末首，疑绝笔也。张玉田《琐窗寒·悼王碧山》云：“怅玉笥埋云。”朱用其句。

蜕岩指元张仲举翥，著有《蜕岩词》，谓周词足与仲举分席。黄燮清云：“《梦月词》浑融深厚，语语藏锋，北宋瓣香，于斯未坠。”或据“片席蜕岩分”语，谓稚圭词学张翥，未允。周固以中仙自许也。其所选《心日斋十六家词》，专取唐宋，而以元张蜕岩殿焉。于仲举词，亦所重视。

无益事，能遣有涯生。自是伤心成结习，不辞累德为闲情，兹意了生平。（项莲生）

徐录结句作“兹意托平生”。

钱塘项鸿祚莲生专志倚声，年仅三十八。所著《忆云词》，学吴梦窗分甲乙丙丁稿，入自序刊行。此撮自其序中语。

莲生《甲午人日丙稿》自序云：“己丑冬，编次丙稿，弊庐不戒于火。”“嗣是叠遭家难。”“嗟乎？不为无益之事，何以遣有涯之生？时异境迁，结习不改。”

又《己未小除夕稿》自序云：“生幼有愁癖，故其情艳而苦。其感于物也郁而深。”“不无累德之言，抑亦伤心之极致矣。”

又《乙未闰六月丁稿》自序，述其患难以来生活，而终结云：“嗟乎！当沉顿无憀之极，仅托之绮罗芗泽，以泄其思，盖辞婉而情伤矣。”毕生肆力于词，而莲生卒于是年乙未。

闲情，陶渊明有《闲情赋》，昭明太子《陶集序》云：“白璧微瑕，惟在《闲情》一赋。”莲生艳情而苦，故云不辞累德为闲情也。

谭复堂云：“莲生，古之伤心人也。荡气回肠，一波三折，有白石之秀折，而无其率，有梦窗之深细，而化其滞，殆欲前无古人。”“以成容若之贵，项莲生之富，而填词皆幽艳哀断，异曲同工，所谓别有怀抱者也。”

娱亲暇，余事作词人。廿载柯家山下客，空斋画扇亦前因。成就苦吟身。（严九能）

徐录“客”作“路”。

娱亲，九能著有《娱亲雅言》。

德清徐球《柯家山馆词序》云：“吾乡当南宋时，词人有李氏商隐、周隐昆弟。近日许兵部（宗彦）有《鉴止水斋词》刻。居士（梅庵）与兵部为中表兄弟，经神学海，并擅品目，虽诗人之余事，天亦不生是使独也。以视二隐之竞爽，夫何让焉。”九能致力经传，于声音训诂，多所阐发，著有《尔雅匡名》，词特其余事耳。

九能词《太常引》题序云：“丙寅初冬，仆买屋德清北郭外柯家山麓。”考嘉庆十一年丙寅，至二十六年丁丑，九能卒，不过十余年，词云：“廿载”并指未迁前常过德清徐家计之。

九能《西江月》题序云：“向于高蘋洲斋中，阅所藏名流扇头书画，中有松圆老人一幅，署款‘崇祯十年八月廿四日’。”孟阳，即程嘉燧，侨居嘉定，工诗画，人称曰松圆诗老。①

严元照《柯家山馆词》三卷，有《湖州丛书》本。其《蝶恋化》自注云："自《柳梢青》以下二十七首，乃《画扇秋怨词》所汰存者。"盖彼集先名《画扇秋怨》（见《梅庵学文》卷一），后汰存此。顾翰和其《蝶恋花》附评云："小令似南唐，长调出南宋，设色处不猎凡艳，凡太真之珠履，乃宓妃之罗袜。"

秋醒意，抱碧契灵襟。生长茝兰工杂佩，较量台鼎让清吟。欣戚导源深。（王壬秋、陈伯弢）

徐录起二句作"人天梦，秋醒发遐心"。又初稿结句移作第二句。

王壬秋闿运有《秋醒词》自序云："戊午中秋，假寐以休，方醒之际，从静得感，从感生空，亦有欣哀，未容相笑，幸契遐心，堪祛劳虑。盖梦在百年之中，而愁居七情之外，由是澄心眇言，然脂和墨，聊赋其意，命曰《秋醒词》。"本阕结句"欣戚导源"之意，详具此序。

抱碧，谓陈锐。尝学选诗于邓辅纶及王壬秋，著有《抱碧斋词》及《词话》。

陈锐序郑大鹤《冷红词》云："生长茝兰，非无杂佩。"此用其语，王、陈皆湘产也。

王壬秋序郑大鹤《比竹余音》云："人才固甘于寂寞，传世无怨于凉独。使我登台鼎，不如一清吟远矣。"较量台鼎句本此。

甄诗格，凌沈几家参。若举经儒长短句，巍然高馆忆江南。绰有雅音涵。（陈兰甫）

唐释齐己有《风骚旨格》，李慈铭《论经儒四家诗》，推凌次仲、沈沃田、王述庵、洪稚存四人。

陈澧甲辰以前词，名《镫前细雨词》，于章贡舟中编定。有道光甲辰自序。后并前作题曰《忆江南馆词》。手定词稿只二十五首，汪兆镛增辑《集外词》四首。

道光二十四年五月，兰甫谒阮元于扬州，请书"忆江南馆"横额。曾取

① 见《明史·文苑传》。

周美成《满庭芳》词，自号“江南倦客”[①]。与许玉彬、沈世良、谭莹、叶英华辈为越台词社于学海堂，欲撰《唐宋歌词新谱》，未成。谭复堂云：“近世经师惠定宇、江艮庭、段懋堂、焦里堂、宋于庭、张皋文、龚定庵多工小词，其理可悟。”又云：“岭南文学流派最正，兰甫先生文儒蔚起，导扬正声。”

皋文说，沆瀣得庄谭。感遇霜飞怜镜子，会心衣润费炉烟。妙不著言诠。（庄中白、谭复堂）

徐录“沆瀣”作“私淑”。

沆瀣二字，原见《汉书·司马相如传》。《南部新书》，乾符二年，崔沆放崔瀣榜，谈者称座主门生沆瀣一气。庄谓庄棫，谭即谭献，二人皆发扬《茗柯词》说。

陈子昂有《感遇》诗。中白《兰陵王》句云：“新霜糁翠鬓。休问流红暗径。朱楼晚，回首昔时，曾画山眉对妆镜。”霜飞怜镜殆出此。

谭复堂词自序云：“周美成云：‘流潦妨车毂。’（《大酺》），又曰：‘衣润费炉烟。’（《满庭芳》）辛幼安云：‘不知筋力衰多少，只觉新来懒上楼。’（《鹧鸪天》）填词者试于此消息之。”故云“会心”也。

复堂又云：“潘四农《养一斋词》，清疏老成，而少生气，其持论颇訾议宛陵词选，以北宋之词当盛唐之诗，不为无见。而理路言诠，终非直凑单微之手。”《淮南子》有《诠言训》。具说事理曰“诠”（《一切经音义》）。不著言诠，殆谓复堂论词之语约而旨微也。

谭献与庄棫齐名，世称庄谭，所刊《半厂广丛书》，仅十之一。其选清人词为《箧中词》六卷，《续》三卷，至为精审。又批点止庵《词辨》，皆能以金针度人者。叶遐庵《广箧中词》云：“仲修先生承常州派之绪，力尊词体，上溯风骚，词之门庭，缘是益廓，遂开近三十年之风尚，论清词者，当在不祧之列。”谭氏持论不偏，彊村《望江南》实多采摭其说，如下蒋鹿潭条，即其例也。

穷途恨，斫地放歌哀。几许伤春忧国泪，声家天挺杜陵才。辛苦贼中来。（蒋鹿潭）

杜甫《短歌行·赠王郎》：“王郎酒酣拔剑斫地歌莫哀。”

---

① 陈宗颖《忆江南馆词跋》。

褚荣槐《水云楼词序》："王郎抑塞拔剑斫地。"朱用此语。谭复堂推诩鹿潭甚至，谓："《水云楼词》，固清商变徵之声，而流别甚正，家数颇大。与成容若、项莲生二百年中，分鼎三足。咸丰兵事，天挺，为倚声家杜老。而晚唐两宋一唱三叹之意，则已微矣。"直许鹿潭为老杜，故彊村取以为说。

杜甫《自京窜至凤翔喜达行在所》云："所亲惊老瘦，辛苦贼中来。"①

香一瓣，长为半塘翁。得象每兼花处永，起孱差较茗柯雄。岭表此宗风。(王幼霞)

徐录第三句作"抗志直希天水志"。

陈后山诗："向来一瓣香，敬为曾南丰。"任渊注："诸方开堂，至第三瓣香，推其得法所自，则云此一瓣香敬为某人。"彊村少年随宦开封，纳交王半塘，从学为词。庚子八国联军入北京，半塘与朱祖谋、刘福姚等，共集宣武门外寓宅，相约填词，刻集二卷，所谓《庚子秋词》者也。半塘晚岁裒其前后七稿，删汰几半，自订为《半塘定稿》。彊村为刻于广州。并序云："君词导源碧山，后历稼轩、梦窗，以还清真之浑化。与周止庵氏说契若针芥。"故《望江南》词题语曰："得象每兼花外永。"花外者，王碧山乐府，亦名《花外集》也。司空图《诗品》："超以象外，得其环中。"朱意谓半塘得力碧山者深。

半塘尝汇刻《花间集》，以迄宋元诸家词为《四印斋所刻词》，开词籍钩沉之风。其转程风会，领袖时流，晚清词学复振；半塘负起衰之功，较茗柯尤有进者。

半塘字幼霞，名鹏运，广西临桂人，官给谏，开广西词派。岭表宗匠，舍半塘其谁与归。其自号"半塘老人"者，况蕙风云：临桂东乡地名半塘尾，幼霞先茔所在也。其室名曰四印斋者，取黄山谷送张叔和诗，我提养生之四印，谓忍、默、平、直也。见《蕙风簃二笔》。

招隐处，大鹤洞天开，避客过江成旅逸，哀时无地费仙才，天放一闲来。(郑叔问)

大鹤旅食苏州，其《樵风乐府》中屡言及招隐，并与半塘有关，兹录如次：

① 鹿潭事迹，近人多所考论，故不详述。

念奴娇

甲辰仲夏半塘老人过江访旧，重会吴皋，感遇成歌，以致言叹不足之意云。

小山丛桂，问淹留何意，空歌招隐。自见淮南佳客散，鸡犬都沾仙分。碧海三尘，白云孤抱，不羡灵飞景。仙才谁惜，世间空舐丹鼎。

我亦大鹤天边，数峰危啸，一觉松风枕。三十六鸥盟未远，独立沧江秋影，词赋哀时，湖山送老，吟望吴枫冷。梅根重醉，旧狂清事能领。

《鹧鸪天》三阕，题序："余与半塘老人有西崦卜邻之约，人事好乖，高言在昔，款然良对，感述前游，时复凄绝。"第一首下半云："回首处，一潸然，小山招隐有新篇。淮南几树留人桂，纵得攀援不得仙。"

彊村此阕，虽题叔问词集，然实为半塘而发。如"仙才"二字，亦自大鹤词中取材，大鹤又有《雪梅香·梦半塘老人》云："过江余泪送蛟龙。"知朱词之"过江"、"哀时"，亦有来历。

俞樾序叔问《瘦碧词》云："余每入其室，左琴右书，一鹤翔舞其间，超然有人外之致。"陈伯弢《水龙吟·题大鹤山人樵风乐府》云："为一闲放汝，掉头高咏，苍茫处，无人到。"是即所谓"天放一闲"者矣。朱老此词结句，借叔问之闲放，以悼半塘之侘傺，其题半塘集，仅就词言，而沉痛之情，则借此发之。半塘即卒于此行。大鹤所倚数阕，乃与半塘最后之酬唱也。

闲金粉。曹郐不成邦。拔戟异军成特起，非关词派有西江。兀傲故难双。(文道希)

文廷式芸阁论词，颇异清末诸家。曾谓："自竹垞以玉田为宗，所选《词综》，音旨枯寂，后人继之，尤为冗漫。以二窗为祖祢，视辛、刘若仇雠，家法若斯，庸非巨谬。"又论："词家至南宋而极盛，亦至南宋而渐衰。其声多啴缓，其意多柔靡，其用字则风云月露，红紫芬芳之外；如有戒律，不敢稍出入。沿及元明，而词遂亡。"[①] 此即所谓"闲金粉"也。黄山谷与东坡诗自言："吾诗如曹郐，浅陋不成邦。"芸阁病各家步武二窗，才思未逮，不离方罫之间，罕见迈往之概，故以曹郐讥之。

---

① 《云起轩词序》。

《史记·项羽本纪》："异军苍头特色。"《索隐》："晋灼曰：特异其军为苍头，谓着青帽。如淳云：特起，犹言新起也。"厉樊榭《论词绝句》云："不读凤林书院体，岂知词派有江西。"自注："元凤林《书院词》三卷，多江西人。"芸阁籍江西萍乡。朱词所云"西江"即指江西。文氏持论迥异于众，但又非江西词派凤林书院体所囿。其词序复言："写其胸臆，则率尔而作，徒供世人之指摘而已。然渊明诗云'兀傲差若颖。'故余亦过而存之。"所谓"兀傲难双"，盖撷其自序中语。《词坛点将录》比文氏以黑旋风李逵云。

双飞翼，悔杀到瀛洲，词是易安人道韫。可堪伤逝又工愁。肠断塞垣秋。(徐湘蘋)

吴县徐灿字明霞，号湘蘋，光禄丞徐子懋女，大学士海宁陈之遴素庵继室，有《拙政园诗余》。乾隆吴骞刊入《拜经楼丛书》。[①] 先是顺治癸巳，相国曾序而刊之，寻毁。其序云："吴人盛传《络纬集》，盖湘蘋姑小淑所著。徐氏女子挟彤管而蹑词坛，可谓彬彬济美矣。"其《风流子·同素庵感旧》句云："便把红菱酿酒，只动人愁。谢前度桃花，休开碧沼；旧时燕子，莫过朱楼。悔煞双飞新翼，误到瀛洲。"朱词即摭是语。

南海谭莹玉生《乐志堂集·论词绝句》七十六首，亦品骘清人词，闺秀仅举徐湘蘋。句云："起居八座也伶俜，出塞能还绣佛灵。文似易安人道韫，教谁不服到心形。"朱老袭取之。易"文"字为"词"。彼于《清词坛点将录》比徐灿为顾大嫂。

陈之遴素庵为吴梅村儿女亲家。梅村之应召，据杭人王莰檐说，即出于素庵之推挽。迨素庵以结交内侍，遣戍辽左，梅村旋亦南归。有《咏拙政园山茶花》七古，引言陈相国自买此园，相国即指素庵。(拙政园在娄齐二门之间，地名曰北街。嘉靖中，御史王献臣因大宏寺遗址营别墅。文待诏征明为作图，凡三十一叶，名系古今之体诗(《莲子居词话》)。园后归海宁陈相国，重为修葺。及海宁贬谪，籍没入官。康熙初为吴三桂佳婿王永宁所有，后又入官。详顾公燮《消夏闲记》"拙政园"条。)素庵《浮云集》末附诗余，有《江城子》，题《鸳鸯湖感旧》，起句"鸳鸯湖上水如天"，与梅村《鸳鸯曲》起句"鸳鸯湖畔草接天"相似。低徊前事，感慨正同。朱词"肠断塞垣"，即指遣谪辽左事。

---

① 徐乃昌《小檀栾室闺秀词》刊入第二集。

素庵于顺治二年投诚清室，官至宏文院大学士。十三年革职，以原官发辽阳居住。是年冬，菉京令入旂，以贿结内监流徙，家产籍没，后死于戍所。[①] 事见《贰臣传》。梅村《赠辽左故人》七律，有句云："两拜中书再徙边。"即为素庵而作也。[②]

又意犹未尽再缀二章。红友之律，顺卿之韵，皆足称词苑功臣。新会陈述叔、临桂况夔笙并世二雄，无与抗手也。

谈声律，词笔此权舆。翻谱竹枝归刌度，重雕菉斐费爬梳。得配紫霞无。

雕虫手，千古亦才难。新拜海南为上将，试要临桂角中厚。来者孰登坛。

词笔，姜白石词云："都忘却春风词笔。"《翠楼吟》："新翻胡部曲。"《尔雅·释诂》："权舆，始也。"清王初桐有《倚声权舆录》。翻谱句，指万树《词律》。刌，《说文》："切也。"《汉书·元帝纪赞》："白度曲，被歌声，分刌节度，穷极幼眇。"臣瓒曰："度曲，谓歌终更授其次，谓之度曲。"韦昭曰："刌，切也。谓能分切句绝，为之节制也。"重雕句，指戈载《词林正韵》。厉樊榭云："欲呼南渡诸公起，韵本重雕菉斐轩。"朱借此以拟戈氏之书。戈书成于道光元年，颇正前人讹谬，倚声家推为善本。其夫人金婉玉有为外录《词林正韵》毕，书后云："罗襦甲帐愧非仙，写韵何妨手一篇。从此词林增善本，四声堪证宋名贤。"[③] 戈氏持律虽严，所作词亦有不能自守处。故项莲生《乙稿序》讥之云："近日江南诸子竞尚填词，辨韵辨律，翕然同声，几使姜、张頫首，及观其著述，往往不逮所言。"殆为顺卿辈发也。紫霞即杨缵，号守斋[④]，洞晓律吕。周密自云："余向登紫霞之门。"张炎亦称："得乐律之学于缵。"并载其《作词五要》于《词源》。朱老意以万氏之律、戈氏之韵，比之紫霞，未知如何？张尔田序《彊村遗书》称："万红友起，审音于五要，精于四上，取宋贤乐句节度而刌比之，标《尊前》之逸唱，正《啸余》之妄作，而后倚声者人知守律，是为词学之一盛。"又称："有诗，沈林文始辨四声；有词，朱希真乃制四部。天水末叶，无名氏著《菉斐轩词韵》，以入声分配三声，论者谓其专为北曲而设。胡文焕、沈去矜、程名世诸人承之，向壁虚造。戈顺卿氏起，辞而辟之。知词有异曲之部，则稽之美成遗谱；知词有

① 时顺治十五年。

② 参马导源编《吴梅村年谱》。

③ 《蕙风词话》一。

④ 清初及中叶词人，多误以为诗人杨诚斋。

随律之声，则本之守斋绪言。通转之逈必严，腹舌之谐斯准，而后倚声者人知审音，是为词学之再盛。”以万氏守律，戈氏审音，为清代词学盛事，与朱老之持论正相符契。

海南上将，指新会陈洵。陈有《海绡词》，朱老刊入《沧海遗音》。曾手批陈词，称其“神骨俱静，真能火传梦窗者”。又谓其“善用逆笔之法，处处见腾踏之势，清真法乳也”。海绡有说词，主由吴入周，于梦窗、清真两家，分阃论用笔之法。如云以提为煞，汉魏六朝文往往遇之，尤具神解。临桂谓况周颐，有《蕙风词》。又著《粤西词》，见《蕙风词话》、《薇省词钞》。缪荃孙辑《常州词录》亦得况之助。况氏以词为专业，所为词话揭重拙大之旨，分析词心，细入毫发，沾溉词林者多。朱彊村尤推为绝作。况、朱二家，世所共悉，兹不多论。

附

望江南 张孟劬

题彊村丈词集。丈有《望江南词》，题清代名家词集略备，而丈实为清代词家一大殿军，不可无述，爰仿其本，补题二解。

霜腴好，曾忆鹜翁评。天处凤皇谁得髓，人间韶濩有中声。七宝自然成。

衡门意，投老若为家。半箧伤心余谏草，一春垂泪对江花。应有匪风嗟。

录自《同声月刊》四卷二期

附录 清词坛点将录 觉谛山人遗稿

词坛旧头领一员

晁盖—陈子龙

词坛都头领二员

宋江—朱彝尊　　　　卢俊义—陈维崧

掌管词坛机密军师二员

吴用—张惠言　　公孙胜—厉鹗

一同参赞词坛军务一员

朱武—周济

掌管钱粮头领二员

柴进—纳兰性德　　李应—顾贞观

马军五虎将

关胜—曹贞吉　　林冲—毛奇龄　　秦明—王鹏运

呼延灼—蒋春霖　　董平—朱孝臧

马军大骠骑兼先锋八员

花荣—李雯　　徐甯—曹溶　　杨志—周之琦

索超—庄棫　　张清—王士禛　　朱仝—钱芳标

史进—严绳孙　　穆弘—张祖同

马军小彪将兼远探出哨头领十六员

黄信—宋琬　　孙立—吴伟业　　宣赞—佟世南

郝思文—沈丰垣　　韩滔—尤侗　　彭玘—吴绮

单廷珪—吴翊凤　　魏定国—承龄　　欧鹏—沈传桂

邓飞—朱绶　　燕顺—边浴礼　　马麟—沈曾植

陈达—许宗冲　　杨春—陈锐　　杨林—张景祁

周通—王以慜

步军头领十员

鲁智深—屈大均　　武松—陈尊寿　　刘唐—董士锡

雷横—沈谦　　李逵—文廷式　　燕青—郑文焯

扬雄—项廷纪　　石秀—况周颐　　解珍—李良年

解宝—李符

步军将校十七员

樊瑞—樊增祥　　鲍旭—黄景仁　　项充—龚自珍

李衮—洪亮吉　　施恩—吴锡麒　　薛永—曹言纯

穆春—郭麐　　李忠—张琦　　郑天寿—易顺鼎

宋万—王时翔　　杜迁—严元照　　邹渊—杨芳灿

邹润—扬揆　　龚旺—朱紫贵　　丁得孙—赵熙

集挺—勒方锜　　石勇—金泰

守护中军马军骁将二员

吕方—万树　　　　郭盛—戈载

守护中军步军骁将二员

孔明—谢元淮　　　　孔亮—秦恩复

四寨水军头领八员

李俊—陈澧　　　　张横—陈洵　　　　张顺—谭廷献

阮小二—宋征舆　　　　阮小五—宋征璧　　　　阮小七—方肇麐

童威—汪全德　　　　童猛—王国维

四店打听声息邀接来宾头领八员

孙新—马曰琯　　　　顾大嫂—徐灿　　　　张青—杜文澜

孙二娘—顾春　　　　朱贵—曾燠　　　　杜兴—张四科

李立—谢章铤　　　　王定六—江炳炎

总探声息头一员

戴宗—彭孙遹

专管行刑刽子手二员

蔡福—张仲炘　　　　蔡庆—李慈铭

军中走报机密头领四员

乐和—邹祗谟　　　　时迁—王拯　　　　段金柱—王僧保

白胜—蒋敦复

专管三军内探事马军头领二员

王英—冯煦　　　　扈三娘—吴藻

行文走檄调兵遣将一员

萧让—包世臣

定功赔罚军政司一员

裴宣—赵文哲

考算钱粮支出纳人一员

蒋敬—董祐诚

监造大小战舰一员

孟康—陶梁

专造一应兵符印信一员

金大监—吴熙载

专造一应旌旗袍袄一员

侯健—何绍基

专造一应马匹兽医一人

皇甫端—钱枚

专治内外诸科病医士一员

安道全—曹元忠

监造一应军器铁器一员

汤隆—林蕃钟

专造大小一应号炮一员

凌振—沈岸登

起造修葺房屋一员

李云—黄燮清

屠牛马猪羊一员

曹正—王闿运

排设筵宴一员

宋清—丁致和

监造供应一切酒筵一员

朱富—龚鼎孳

监造梁山泊一应城垣一员

陶宗旺—蒋平阶

专一把捧帅字旗一员

郁保四—王昶

《清词坛点将录》，为予数年前校刻《彊村遗书》时，友人闻在宥先生录以见寄者。据在宥言，此为彊村先生晚年游戏之作，又以董平自居，故原稿不署真名，但题觉谛山人云。此一别号，他处未见题署。虽一时戏笔，要为谈清代词林故实者一绝好资料也。偶从行箧中检出，特为刊布，以示同好。

辛巳初秋，龙沐勋谨识

案此篇刊于《同声月刊》第一卷第九号，流传极稀，故附载于此，俾与《望江南》二十首互相参证。

原载1961年《东方文化》，第六卷第一、二合期

清词与东南亚诸国

有清一代，倚声之业，如日中天。作者綦众，凌越前古。其迈往逸驾，独辟户牖者，朱彊村《词莂》，列十五家。[①] 其沉思翰藻，名章秀句，略见于谭氏（复堂）《箧中词》。雅声所被，覃及四裔。东则高丽、日本，亦有别集，时见瑰玮之作。韩国车柱环[②]、日本神田喜一郎[③]，各有专著考述之矣。

越南

东南亚各国，以越南之汉文学，最为发达。其词人作品，享誉中土者，惟阮绵审一人。况周颐《蕙风词话》尤称道之（卷五）。绵审字仲渊，号白眉子，有《鼓枻词》一卷。咸丰四年，越使过粤，遂传入华。善化梁莘畬在粤督幕曾录存之。郭则澐于《清词玉屑》卷五亦载其事。考龙启瑞《汉南春柳词》中有《庆清朝》一首云[④]：

今年冬，越南贡使道出武昌。其副使王有光以彼国大臣诗集来献，

① 《词莂》，有《彊村遗书》本，凡选一百三十七阕。

② 车氏所作曰《韩国词文学研究》，载韩国高丽大学出版《亚细亚研究》Vol. Ⅱ，No 3，4，1964。

③ 神田氏著有《日本填词史》。

④ 《汉南春柳词》，《清名家词》第九册，10 页。

且求删订。余以试事有期，未之暇，略展阅数卷而封还之。其中有越国公绵审及潘侳，诗笔之妙，不减唐人。如“茶江春水印山云”，“画屏围枕看春山”，皆两人集中佳句也。乃录其数十首，并制此词，以寓輶轩采风之意，因见我朝文教之遐敷焉。

蝇楷书成，乌丝界就，天南几帙琼瑶。茶江印水，殢人佳景偏饶。曾记画屏围枕，春山淡冶似南朝。风流甚、锦囊待媵，采笔能描。
摹到盛唐韵远，但宋元人后，比拟都超。知音绝久，今番采入星轺。一自淡云句邈，使臣风雅总寥寥。同文远，试登韎乐，聊佐咸韶。①

阮绵审与弟绵寊，俱以文学名。越南明命十九年，封皇十子绵审为从国公，皇十五子绵寊为绥国公。绵审著有《苍山诗集》，绵寊著《苇野合集》。绵审之词，因状元龙启瑞之表彰，特为人所重视。龙氏提及之潘侳、王有光，其事迹俱见《大南实录》。兹录绵审词三首，以供欣赏。

归国遥

溪畔路。去岁停桡溪上渡。攀花共绕溪前树。重来风景全非故。伤心处。绿波春草黄昏雨。

望江南

堪忆处，晓日听啼莺。百裥细裙偎草坐，半装高屧蹋花行。风景近清明。

玉漏迟 阻雨夜泊

长江波浪急。兰舟叵耐，雨昏烟湿。突兀愁城，总为百忧皆集。历乱灯光，不定纸窗隙。东风潜入。寒气袭。钟残酒渴、诗怀荒涩。
料想碧玉楼中、也背着阑干，有人悄立。彤管鸾笺，一任侍儿收拾。难忍相思相望，解甚处、山川都邑。休话及。宵鹃啼花泣。

---

① 原注：“淡云微雨小姑祠”，康熙朝高丽使臣诗也。

绵贲之《苇野合集》，曩于法京国家图书馆曾见之。卷前有王先谦序。卷一有《诗词合乐疏》，略云："尝受业于礼臣故申交权[①]，与臣兄绵审，乃知宫商有一定之音，而制辞与合乐，二者各别。"又言："填词者，诗之苗裔，诗词即乐之表里"云云。又同集卷三有《词选跋》，言"其于词家不必尽废，亦不敢滥"。又有与仲恭《论填词书》云："闻君言子裕著词话，间及仆词，加以评语。"具见其词学渊源之一斑。绵贲、绵审之于词，可谓难弟难兄者矣。

清初，越南英宗（即义王福湊）尝令国恩寺僧元韶（潮州程乡人）如广东，延请石濂和尚南来，招聘至再。石濂即广州长寿庵住持，其人善丹青，博综艺事，与词人往还尤密，为陈其年迦陵绘填词图，著有《离六堂集》[②]。是集卷首附其自绘日常生活图像三十四帧，海内名流徐釚、吴绮以下题咏殆遍。《离六堂集》附诗余，有《渡江云·安南书聘》一首云：

> 羁縻荒服国，版图曾定，航海便风潮。澳门帆挂，入岭去、分茆土地颇丰饶。曾通短札，在前王、未及新朝。那知道、臭名犹在，书聘竟相招。　　难消。兼金一笏，花枝藤条。更奇南香表专使，敬黄封手举，焕烂龙雕。春明约、驾红船候望，甘霖沾洒枯苗。谁说是、乘桴叹为无聊。

词不见佳，但可备中越文化交流之故实。所云"前王"指福湊，"新朝"谓明王（显宗福周）兼金礼聘。大汕著《海外纪事》，载其赴越经过云：

> （甲戌年）八月初四日，知客叩门，称大越国专使至，见之。使，闽人也，捧黄封甚谨，拜而将命，享礼南金，花藤、黄绢、奇南之属。献毕，跽而请曰："大越国王驰慕老和上有年，今特焚香遥拜，奉尺书聘于狮子座前，伏乞道驾往化。允行，由国之福也。"计自前王有书，并今凡三次矣。[③]

是时闽人专使为陈添官及吴资官。[④] 乙亥年正月上元，大汕率僧徒五十余

---

① 申文权，见《大南列传》二集卷二八，《诸臣传》一八。

② 《离六堂集》，香港大学冯平山图书馆藏本。又谢元韶邀大汕来越事，见《大南列传》卷六。

③ 参陈荆和编《十七世纪广南之史料》，谢国桢《明清笔记谈丛》，65页，"海外纪事"条。

④ 据《华夷变态》卷二十二。

人于黄浦登船。同月廿七日，抵会安港外之光碧萝。廿八日，抵顺化，下榻禅林寺。时康熙三十四年（1695）也。在越所见山川风土，题咏甚多，载于《海外纪事》中。大率皆近体诗，惟《渡江云》为倚声，尤可珍异。

明人喜附词入传奇中，瞿佑《剪灯新话》即其显例。安南人传奇作品，最有名之阮攸[①]《断肠新声》[②]，民间流行极广，传刻亦夥。余所见本，下截为字喃，上截为汉文。元黎崱《安南志略》，曲有《南天乐》、《玉楼春》、《踏青游》、《梦游仙》、《更漏长》，不能殚纪。或用土语为诗赋，乐谱便于歌吟。土语即以字喃记音是也。阮攸书中《今夕是何夕》十首，亦是长短句体裁，仍沿明人之旧习也。

缅甸

次言缅甸。词人王昶于乾隆五十三年戊申（1788）曾履其地。其《琴画楼词》有《应天长》一首，记腾越城工事。

应天长

戊申四月，因验腾越城工，复至大树园。总戎刘君之仁留饮。时缅酋入贡，已抵近关。

蛮江一线，翠嶂千层，又来叱驭登陟。雉堞新成，更为诛番壮边色。怀前岁，剩旧迹。望铜壁，关山路直。榕阴地下，濑传烽，噩梦都息。

丛竹尚如初，昔雨依依，犹劳荐青碧。（酒名）闻说金沙江上，献琛已驰檄。庆中外，遨平格。正好是、凝香宴客。微酣后、难忘当时，佩刀筹笔。[③]

王昶著有《征缅纪闻》及《征缅纪略》[④] 二书，于缅事叙甚详。《征缅纪略》云：

---

① 阮攸以乾隆、嘉庆间充如清岁贡正使。详《金翠翘传》卷首阮氏序衔名。

② 原名《金翠翘传》。

③ 《清名家词》，第五册，97 页。

④ 俱见《小方壶斋舆地丛钞》第十帙。

（乾隆）五十二年……（缅）国人不服，亦杀孟鲁（Maung Maung，亦称邦角牙 Poangazà）迎孟陨（Bodawpaya）立之。……今缅地安宁，特差头目，遵照古礼，进表纳贡。总督富纲等以闻。上允所请，赉其使而归之，且赉孟陨佛像、文绮、珍玩、器皿。

魏源《征缅记》亦云：

（乾隆）五十一年诏封（郑）华暹国王，于是缅益惧。五十三年，由木邦（Onbaung，即锡箔 Hsipaw）赍金叶表驯象金塔，款关求贡，并归杨重英等。表言已嗣国后，深知孟驳（Hsinbyushin）你子前罪，久欲进贡，因暹罗侵扰，是以稽迟。乃论暹罗罢兵。五十五年，遣使贺八旬万寿。

《清史稿》所记华缅通使事略同。惟“孟陨”作“孟云”。此词言“是时缅酋入贡”，即指孟陨也。[①]

暹罗

清词亦言及暹罗。清初陈维崧赠大西洋人鲁君《满江红》有句云：

经过处，暹罗瘴恶，荷兰烟密。

又云：

海外海，光如漆；国外国，天无日。[②]

鲁君即鲁日满。吴历从游，康熙十五年曾绘《湖天春色图》相赠，盖比利时籍西教士也。[③]

---

① 参 G. E. Harvey：*History of Burma*，雍籍牙朗，姚枬译，注二〇二—二〇四。

② 《湖海楼诗》，《清名家词》，第二册。

③ 鲁日满后葬常熟。见陈垣撰《吴渔山年谱》，“康熙丙辰”条。

清时暹使与华交往频繁，见于长短句者，汤贻芬《画梅楼倚声》有《渡江云》云：

乙亥秋，余自广州押伴暹罗使臣丕雅梭扢粒巡吞押拨蘇昭突、廊窝汶荪尼暇握拨突、廊拔车那鼻闷平哩突、坤第匹呱遮办事等四人入贡京师。明年春，役竣还粤，蓬窗驿舍，罄谈海外异闻，颇极欢洽。今将别矣，难已于情，因书此为赠。

霎时舟鼓动，风旌猎猎，海客罢离觞。万里归程，天海渺茫茫。多情鲛泪，恐化作、蜃雨凄凉。漫回首、皇华景物，几度赴天阊。　　思量。蓬莱宫阙，柳雪花阴，到鸡林细讲，忍忘却疏狂。都护曾伴梯航。舶趠风高从此别，便相思、知我何方。怕我也、梦魂难到扶桑。[1]

汤氏《琴隐阁诗集》卷九，《偕暹罗使臣丕雅梭扢粒巡吞押拨蘇昭突、廊窝汶荪尼暇握拨突、廊拔车那鼻闷平哩突、坤第匹呱遮办事饮于高唐，舍弟峻钦赠之以诗，因次其韵》，有“辇尽航琛万里回，流光恰忆岭梅开”之句。别有《廊窝汶荪尼暇握拨突索诗》七律一首，亦即暹副使名。以暹文之人名入词题，极为罕见。乙亥应是暹罗佛历二三五八年。此辈使臣之名，蘇（莿）昭突，暹语为 Raja-thoot，义即皇使。握拨突，暹文为 Upa-thoot，义即副使。平哩突，疑是禾哩突之讹，暹文为 Tri-thoot，义为第三使。[2]

丕雅　梭扢粒　巡吞　押拨＝phya（公爵）Swaddi Sunthom Appaiya
廊　窝汶　荪尼暇＝Luang（伯爵）Bovorn Saneha
廊　拔车那　鼻闷＝Luang Photjana Phimola
坤　第匹呱遮＝Khum（子爵）Phiphitvaja

兹参暹语对音，俾各人名可以复原。据泰国文献，是时赴华使节，尚有通事坤仆乍那披集（Khun Photjana Phijita），则汤词中未提及者。[3]

新加坡

新加坡自光绪初，曾纪泽出使英国，始倡设领事馆。莅兹土者若黄遵宪、

---

① 《清名家词》，第七册，20页。

② 禾字潮音 ta 平声，暹人多操潮音。

③ 暹文人名与泰国文献，承友人翁寒光兄代查，附此致谢。

左秉隆辈，均以诗名，填词者甚少。江苏江阴人蒋玉棱有《蕃女怨》词，题“新加坡观西乐，乙未南归时事”。其词曰：“白堤胡舞融汗粉。春绽香吻。玉衣翻，珠络褪。乳酥双嫩。万枝灯影照沧波。拥天魔。”① 乙未即光绪二十一年（1895）。江东杨圻云史于光绪戊申三十四年（1908）随轺海外，司书记，寄迹岛国。晴雨烟月，吟咏不辍。其诗多见于《壮年集》②。同时亦工倚声。《海山词》六十六阕，大都星洲所作。其中《南乡子》二十二首，写炎方景物，足与李秀才（珣）后先媲美，为南荒生色。故当日传诵一时。兹录一首如下：

花满路，是嘉东。沙登宫殿浪花中。艳阳三月里。车如水。十万绿椰青草地。

嘉东即 Katong，马来语，义为飘荡。沙登宫殿句正是写实。“车如水”句暗嵌“牛车水”地名，星洲商货辐辏之区，兹再选录一首：

声声慢　星洲白蔷薇盛开感赋

玉环风色。斜倚栏干，珊珊有恨无力。深径谁听风雨，夜来狼藉。上阶三两蝴蝶，悄无声、飞过墙北。春去也、绿边天，墙外寻春无迹。

万里深闺消息。任月底黄昏，碎阴欹侧。流水吴宫，闲梦暗伤南国。珠帘更垂绣户，付何人，深寻细觅。算只有、社燕去，相寄怨忆。

恋惜余光，悱恻可诵。他如《高阳台·南溟见燕》：“道江南处处花飞。莫搴帏。不见长安，一片斜晖。”蕴藉颇近玉田。《长亭怨慢·秋柳》，隽句如：“黄到不成丝，能挂得斜阳多少。”更似白石。清季词人，无至南溟者，遂使云史《海山词》一集，为历来压卷之作。故特表而出之，以殿吾篇。③

1969 年 4 月于星洲

---

① 《清词钞》卷二十五。

② 《江山万里楼诗》卷二、三。

③ 杨圻《江山万里楼诗钞》自序云：“二十七为户部郎中举孝廉，邮部奏调郎中，外部奏充英国南洋领事。迄辛亥逊国，弃职东归。所谓宦者，如是而已。”《海山词·如梦令》云：“戊申季冬，冒风雪浮家南渡星洲。”云史《海山词》作于此时，仍在清季，故此文列为清词。

安南人工为长短句，由来已久。吴士连《大越史记全书》卷一《黎纪》：北宋雍熙四年（即安南王黎桓丁亥八年），宋使李觉辞归，诏（僧吴）匡越制曲以饯。其词曰："祥光风好锦帆张，遥望神仙复帝乡。万重山水涉沧浪，九天归路长。情惨切，对离觞，攀恋使星郎。愿将深意为边疆，分明奏我皇。"（此篇吴其昱博士检示）可见其熏沐于汉文学者至深。附书于此。

原载《选堂集林》

清代地域性之词总集与酬唱词集

清代词学发达，康熙而后，各地区词篇之征缉，云蒸霞蔚，江南尤极一时之选。若松陵、荆溪、梁溪均有专书选集。继是有作，以苏、浙、山左、皖、闽为盛。兹据所知见者，分地述之，记其书名编者如次。

地区性之总集

一、江苏省

江宁府

《白门词略》江宁秦耀曾（香光）辑

未见。据蒋启勋续纂《江宁府志》卷九著录。

《国朝金陵词钞》八卷　陈作霖（伯雨）编

收词家九十一人，附闺秀十五人。凡例云：计词一千一百三首，起张怡，终顾孝珉[①]，首有上元秦际唐光绪壬寅序。光绪二十六年刊本。

① 闺秀起纪映淮，终陈作芝。

苏州府　吴江县

《松陵绝妙词选》四卷　吴江周铭（勒山）辑

铭又有《林下词选》。此书陈去病《笠泽词征》颇引用之。[①]

《笠泽词征》三十卷　吴江陈去病（巢南）辑

选录宋至清季二百余人，起宋谢绛，迄释达尘。闺媛始胡与可，终钱静娟。寓贤起张志和，迄诸福坤。又补人一卷，补词三卷。考证翔实。然于沈时栋不言其著有《古今词选》，似未见其书。民国二年《百尺楼丛书》本。

镇江府　丹阳县

《曲阿词综》四卷　丹阳刘会恩（时庵）编

始唐皇甫冉，迄清姜景华，又闺秀八人，女尼一人。据刘凤诰、王宗诚两序，言其手钞编次，历三十余载，始克成书。道光乙酉刘九思堂刊本，附《诗综》之后。

常州府

《国朝常州词录》三十一卷　江阴缪荃孙辑

录人四百九十八家。起陈于泰，终蓑衣道人，得词三千一百一十首。光绪丙申云自在龛刊本。

武进县

《兰陵词征》　江阴缪荃孙编

宜兴县

《荆溪词》初集七卷

① 吴江，唐为松陵镇地。陆龟蒙有《松陵集》及《笠泽丛书》，故以“松陵”、“笠泽”为吴江之别名。

宜兴曹亮武（南耕）与潘眉（原白）、陈维崧（其年）同选，共收八十三人，词八百七十四首。康熙戊午《南耕草堂》刊。[①]

吴锡县

《梁溪词选》无锡侯晰（粲辰）辑

收十八家。康熙壬辰醉书阁刊行。按梁溪即无锡金匮。

松江府　南汇县

《海曲词钞》四卷　南汇冯金伯（墨香）编

嘉庆刊本。

扬州府　高邮、兴化属焉

《淮海秋笳集》　甘泉李肇增辑

采张安保[②]、范凌霆[③]、吴熙载[④]等，并肇增自作《冰持庵词》，共十三家。多扬州人[⑤]，故名称“淮海”。咸丰十年庚申迟云山馆刊。其时太平军之乱，咸丰三年十二月，清军正收复扬州。

高邮

《高邮耆旧诗余》一卷

高邮王敬之、夏昆林等编，道光十六年刊。附《诗存》之后。

兴化县

《东皋诗余》四卷　兴化汪之珩（璞庄）辑

① 吴德旋等道光续修《宜兴荆溪县志》卷九著录。

② 《晚翠轩词》。

③ 《冷灰词》。

④ 《瓠瓜室词》。

⑤ 内有籍江西之黄泾祥，籍奉天之姚正镛，必寓居于维扬。

又题兴化王国栋等参订。起明严怡、冒襄，讫史发荣，共四十余人，词四百五十余首。附汪之珩词十一首，与诗存（四十八卷）并行。乾隆丙戌文园汪氏停云馆精刊本。

太仓直隶州

《娄东词派》十六卷　清镇洋汪元浩辑

未见，据朱祖畲《镇洋县志》卷十一著录。

《沧江乐府》

汇刻娄东七子之词。[①] 咸丰八年刊成，民国五年钱溯耆重刊。

二、浙江省

《两浙词辑》钱塘陈泰初辑

未见，据《杭州府志》。

杭州府

《西陵词选》八卷，《西陵宦游词选》一卷　余杭陆进（荩思）、钱塘俞士彪编

康熙刊本，见《北京图书馆善本目》、《贩书偶记》。

《西泠词萃》钱塘丁丙编

辑宋姚述尧、周邦彦、朱淑真，元仇远、张雨，明凌云翰六家词。

---

① 即嘉定程庭鹭之《绖秋词》，宝山朱焘之《东溪渔唱》，太仓杨敬传之《眉影词》，宝山沈穆孙之《茗翠词》，镇洋汪承庆之《兰笑词》，宝山陈如升之《搴红词》，太仓钱恩棨之《祢云词》。

光绪十二、十三年丁氏刊本。

《国翰杭郡词辑》二十卷　郑道乾辑

稿本，浙江图书馆藏。

海宁州

《硖川词钞》一卷　里人（会稽）曹宗载（问渠）辑

收闻人嘉言、周珽、陆嘉淑、陆宏定，至王朝俊各家，附《硖川诗钞》之后。宗载为道光辛巳拔贡，卒年七十三。①《诗钞》卷前有嘉庆甲子吴骞序及陈鳣序。光绪十八年双山讲舍刊。

嘉兴府　嘉善、平湖属

《槜李词辑》二卷　冯登府辑

《梅星词辑》八卷　嘉兴沈爱莲（远香）辑

此书有"中央图书馆"藏同治间写本。

《梅里词绪》六卷　薛廷文辑

许瑶光光绪《嘉兴府志》卷八十一著录。

嘉善县

《柳州词选》六卷　戈元颖、钱士贲、钱煐、陈谋道辑

见顾福仁光绪《嘉善县志》卷三十著录。北京图书馆藏。

平湖县

《当湖词钞》

---

① 详朱锡恩增纂《海宁州志稿》卷十六。

收陆埜《旷莽词》等。[①]

湖州府

《湖州词征》三十卷　归安朱祖谋辑

专集十六家，起宋张先，终陈霆。辑本五十二家，起宋叶清臣，终韩智玥。吴兴刘氏嘉业堂刊。

《国朝湖州词录》六卷　前人辑

起方大猷，终朱方饴。闺媛起唐元观，终方是仙。《吴兴丛书》本。

《浔溪词征》二卷　里人周庆云辑

民国丁巳梦坡室刊。

《长兴词存》六卷　近人温匋辑

排印本。

宁波府

《四明近体乐府》十四卷　宁波袁钧（陶轩）编

起唐贺知章，终清范懋裕，收作者六十人，共词五百首，杂附词话，有嘉庆廿三年慈溪郑乔迁序。

台州府

《三台词录》二卷　太平戚学标辑

① 当湖为平湖县古名。

起宋至清，收四十五家，共九十三阕。嘉庆元年潘绍濂等校刊，附刻《三台诗录》后[①]，喻长霖纂民国《台州府志》卷八十四著录。

三、安徽省

《皖词纪胜》一卷　南陵徐乃昌辑

光绪间随庵自刻本。

安徽清代《名家词》（民国）《安徽丛书》编印处景印本

录清马曰琯、马曰璐、方成培、江昉、戴延介、吴鼒、金泰、金式玉、孙承勋、胡承珙、王效成十二家词。

《合肥词钞》四卷　合肥李国模（方儒）辑

录龚鼎孳至李家恒，共五十二人，词六百九十二首，补遗五首。采用之书计十七种。民国十九年印行。

四、山东省

《山左词钞》　章丘孟毓蕙编

未见，杨士骧《山东通志·艺文》及王赠芳等《济南府志·经籍》并著录之。

《山左人词》十九种四十六卷　海丰吴重熹编

① 日本内阁文库藏。

起宋柳永、李之仪等。清人词收王士禛[①]、士禄[②]，宋琬[③]、杨通佺[④]、唐梦赉[⑤]、曹贞吉[⑥]、赵执信[⑦]、田同之[⑧]，共八家，重熹为吴式芬子。自跋云："己亥王廉生祭酒出所藏渔洋词写本为倡。"有光绪辛丑缪荃孙序。

《阙里孔氏词钞》五卷　曲阜孔昭薰、昭蒸辑

原刊四卷，录清代十八家，及闺秀二家，皆曲阜孔氏作品，末一卷为昭薰殁后，其任宪彝选录增刊。有孔庆镕序。道光十九年孔氏玉虹楼刊。

五、满洲

《白山词介》五卷　辽阳杨钟羲辑

宣统二年刊《留垞丛刻》本。

按嘉庆间，长白铁保著《白香诗介》。称"词介"者，援其例也。

六、福建省

《闽词钞》四卷　闽县叶申芗（小庚）辑

所采始宋徐昌图，讫元洪希文。收六十一家，详目见谢章铤《赌棋山庄词话》。道光壬辰（十四年）天籁轩五种本。北京图书馆藏稿本四册。

① 《衍波词》。
② 《炊闻词》。
③ 《二乡亭词》。
④ 《竹西词》。
⑤ 《志壑堂词》。
⑥ 《珂雪词》。
⑦ 《饴山诗余》。
⑧ 《晚香词》。

《闽词钞》　长乐谢章铤辑

未见。

《闽词征》六卷　闽县林葆恒（子有）编

民国庚午刊。

七、湖南省

《湖南词征》　近人袁荣法（帅甫）辑

载《词学季刊》词坛消息，似未成稿。

八、广东省

《广东文选词》一卷　番禺屈大均辑

康熙二十六年三闾书院刊。内诗十四卷，又词一卷，未见。《贩书偶记》卷十九著录。

《粤东词钞》　番禺许玉彬、沈世良同辑。

初编道光二十九年刊。谭献《粤东三家词钞序》称，沈伯眉[1]所著录，都无凡语。又有《词钞》二编，杨永衍录，亦道光时刊。又三编，潘飞声续刊于光绪间。

① 世良字。

九、广西省

《粤西词见》二卷　临桂况周颐辑

就所见明清两代桂省词人篇什，裒存廿四家，约一百八十八阕。始全州蒋冕，终闺秀何慧生，光绪丙申金陵刊。按蒋冕《湘皋集》卷十七，载词三十三首[1]，况氏但依《明词综》录二首，盖未观全集也。朱依真下附载其"论词绝句"二十八首，大有裨于词学。

《粤西词》四种　陈柱辑

收苏汝谦《雪波词》、彭昱尧《子穆先生词集》、龙继栋《槐庐词学》、王鹏运《校梦龛集》各一卷。民国二十三年北流十万卷楼刊。

十、云南省

《滇词丛录》　赵藩辑

起元张景云、赵倾、明兰茂、杨士云等，共五十一人，词三百八十五首。《云南丛书》本。

标榜家数之汇刻词集

汇刻之习，清初尚未流行，自康熙间，龚翔麟刻《浙西六家词》，柯煜等刻《柯氏四子词》，士流所趋，遂益风靡。有出当时同人之互相标榜者，有出于后人之攀附者。其习惯辄称某地若干家词，或冠以氏姓，或区以地望，漫无准则。兹举所知见者述之如次：

---

① "中央图书馆"藏。

（一）地域

《浙西六家词》　龚翔麟辑刊

康熙中钱塘龚氏玉玲珑阁刊本。《四库提要》云："所选朱彝尊、李良年、沈皞日、李符、沈岸登五家，皆嘉兴人，龚翔麟一家仁和人，故称浙西六家。"有陈维崧序。

《浙西后六家词》十卷　冯登府辑

光绪《嘉兴府志·艺文》著录，未见。其后许增又刊《浙西后六家词》[①]，见四印斋《南宋四名臣词集》卷首。

桐溪《三家诗余》　陈敬璋辑

收敬璋之《修况诗余》，吴玉辉之《梦唐诗余》，徐善遵之《楚畹诗余》。存有钞本。见《丛书综录》（第九一七页）。桐溪为今浙江桐庐县。

练川《五家词》五卷　嘉庆中青浦王昶辑刊

按嘉定其水自西至东曰练川，由南至北曰横沥。收王丕烈、诸廷槐、王元勋、汪景龙、钱塘五家词。昶序云："各出所造而绮不入魔，琢不伤巧。"[②]

明湖《四家词钞》

汇刻严廷中《麝尘词》、李钧和《红豆词》、王荫昌《尺壶词》、徐宗襄《絮月词》。丰润赵国华编。同治（十三年）甲戌刊。[③]

---

① 李慈铭与王幼霞书。

② 光绪《嘉定县志》卷二十八著录。

③ 张国淦《河北通志稿·艺文》著录。

海宁《三家词》　陈乃乾编

收潘廷章、陆嘉淑、查容三家。

《广川词录》　董康辑

汇录武进董氏十家词，自董元恺《苍梧词》，至董毅《蜕学斋词》，而民国董受祺之《碧云词》及诵芬室主人自撰之《课花盦词》皆附焉。民国二十九年武进董氏刊本。

《上元五家词选》　溧水王溞编

毗陵《三少年词》

汇刻谢仁、谢咏、吕虎辰（药伽）词。钱振煌刊本。

黄山《两布衣词稿》

歙方成培、周皑二家词。成培字仰松，号岫云，乾隆布衣，以辨律精严著，有《香研居词麈》。周皑有《荫槐堂词》。

《楚四家词》

唐树义（子方）令江夏时，合监利王子寿、王柏心等词刊行。①

《诗余偶钞》（六家词）　王先谦选刊

光绪十六年，先谦辑刻孙鼎臣（芝房）、周寿昌（应甫）、李洽（舜卿）、王闿运（壬秋）、张祖同（雨珊）、杜贵墀（仲丹）《六家词钞》成，先谦题《摸鱼儿》一首。

---

① 《听秋声馆词话》卷四。

《粤东三家词钞》三卷　番禺叶衍兰辑

光绪二十一年刊。收沈世良之《楞华室词》，汪瑔之《随山馆词》、叶衍兰之《秋梦龛词》。有光绪二十年谭献序。

《粤两生词》　朱祖谋辑

收潘之博《弱盦词》，麦孟华《蜕盦词》。民国十年归安朱氏刊本。

(二) 氏族

山阴《吴氏词钞》

收吴兴祚《留村词》一卷、吴秉仁《摄闲词》一卷、吴秉钧《课鹉词》一卷、吴棠祯《风车词》一卷。钞本二册，“中央图书馆”藏。兴祚康熙间抚粤[①]，万红友即其入幕之宾。

柯氏《四子词》

柯煜、柯炳、柯刚灿、柯煐四人词。

康熙刊本。煜即柯崇朴从子，始刊《绝妙好词》者也。

顾氏《一家词》

内收顾贞观《弹指词》三卷，补选一卷，顾景文《匏菌词》一卷，顾衡文《清琴词》一卷，顾贞立《栖香词》一卷，顾皋《井华词》一卷，顾蕙珍《绣余词》一卷。

《棣华乐府》六卷

收盛枫《梨雨选声》二卷，盛禾《稼村填词》二卷，盛本柟《滴露

① 《清史稿》卷二六六。

堂小品》二卷。盛熙祚辑。乾隆二年槜李盛氏刊本。

《陈氏诗词略》　陈与冏等排印本
《邓氏家集》　邓廷桢等词刊本
吴氏传家集《诗余》二卷，填词一卷

新安吴我炽编，乾隆四十年清穆草堂精刊，见《贩书偶记》。

《三曹词集》

曹景星、曹毓秀、曹毓英词合刊。

《青箱书屋两世词稿》　王守义辑

民国十二年排印本。收清王留福之《青箱书屋词》及王东寅之《青箱书屋余韵词存》各一卷。

《十二张先生词賸》一卷

张星、张镆合刊。民国吴江柳氏钞本，见《丛书综录》。

《三程词钞》八卷

湖南程霖寿、程颂芬、程颂芳父子合刊。

周浦《二冯词稿》

南汇冯履端（正则）之《绣闲词》，与妹履莹（守璞）之《团香吟》合集。《绣闲词》内只诗余五首。民国十六年印本。

菱湖《三女史诗词合刊》　孙锡祉辑

光绪十六年归安孙氏刊本。收谈印莲《平洛遗草》、谈印梅之《九疑仙馆词》一卷及孙佩芬之《季红花馆偶吟》。印梅，归安菱湖人，适同里孙氏。[1]

《李氏诗词》四种

嘉兴李镛《秋堂山馆词钞》与元配汤淑清《晚香楼诗词稿》、继室濮贤娜《意眉阁诗词》及女李道漪（蕙卿）《霞绮楼词》。嘉兴李氏刊本。后有女兄道沆、姨甥濮奔、思祐覆校一行。

《徐氏一家词》　徐琪辑

光绪三十四年刊。《杭州艺文志》著录。收仁和徐鸿谟《簷卜花馆词》，妻钱江郑兰荪《莲因室词》，徐琪《广小圃咏》、《玉可盦词》合刊。

另一《徐氏一家词》

范用贤纂。光绪《甘泉县志》卷二十三"经籍"，有《徐氏一家词》，收徐石麒《且谣》与其侄元美之《叶庵诗余》。

评花仙馆词

钱塘金绳武（韵仙）之《泡影词》，与其妇汪淑娟（玉卿）之《昙花集》合刻。《赌棋山庄词话》（续四）有评语。光绪二十二年徐乃昌刊。收入《小檀栾室闺秀词》第七集。

（三）其他

《吴储合稿》

收泰州吴会（晓岚）之《竹所词》与储梦熊之《余栖书屋词稿》各

① 沈涛《匏庐诗话》。

一卷，储梦熊辑。道光五年泰州储氏杭州衙署刊本。

《七家词钞》　汪世泰编

嘉庆刊本。七家为刘琯、袁通、顾翰、汪度、汪全德、杨夔生、汪世泰。当汪氏编刻是书，原有吴江赵函，以意见不合退出。[①] 函字艮甫，与曹艮甫[②]有"平艮仄艮"之目。

《三家词录》

收宛平赵植庭（仲怀，嘉庆三年进士），吕俊，孙方恺三家。刻本。

《二家词钞》

樊增祥、李慈铭词。光绪刻本。

以上为不系地域与氏族之家数汇刻词。按标揭家数之习尚，上述之类，多不属地区词人之自我标榜。亦有出于精选者，欲以自辟户牖，如《白雨斋词话》，自言拟辑古今二十九家词选，清代作者列陈其年、曹珂雪、朱竹垞、厉太鸿、史位存、赵璞函，而殿以张皋文、庄中白（见卷八）。徐珂《近词丛话》"词学名家之类聚"条，论清词作者，有前七家、后七家、前十家、后十家之目。孙月坡初有《七家词选》，谭复堂广为十家[③]，徐氏本其师说。兹表其异同如次：

前七家

华亭宋征舆　钱芳标
无锡顾贞观　新城王士祯
钱塘沈丰垣　海盐彭孙遹
满洲性德

---

① 见《笠泽词征》。
② 即楙坚，吴县人，有《昙云阁词》。
③ 《复堂日记》。

后七家

张惠言　周济

龚自珍　项鸿祚

许宗衡　蒋春霖　蒋敦复

前十家

合以上，益以

华亭李雯

钱塘沈谦

宜兴陈维崧

后十家

合以上，益以

张琦

姚燮

王拯

此书未成，亦可见其宗旨。张之洞《书目答问》卷五“清词人列十二家”，加入空青与梦月，文廷式《云起轩词》自序标曹、成德、蒋、张（惠言）四家。朱古微《词莂》甄选至精，共取十五家。又有标揭“清季四家”者，成都薛志泽辑《清季四家词》，四家即王半塘、郑文焯、况周颐、朱孝臧。书为1949年成都薛崇礼堂刊本。

酬唱总集

清初唱酬之什，刻集行世，以万寿祺之《遁渚唱和集》及吉水李元鼎（梅公）与妇朱中楣最有名，李书所谓《文江酬唱集》者也。[①]“康熙间，蒋景祁在京师，与诸子为《岁寒集》，倚而和者不下数十人。风气日上，有自来矣”[②]，而王渔洋之红桥唱和，曹尔堪之秋水轩唱和，皆极著声称于世。道光以后，粤督邓廷桢与林则徐之于虎门唱和，庚子义和团之役，朱孝臧、王鹏运等之围城唱和，尤富历史性。兹将所知见各唱和词集，略述如次：

---

① 朱氏本名懿则，才名震动钧天，太子指名索其诗集；见钱谦益《远山夫人四十初度序》。

② 语见《瑶华集》。蒋氏又有《辇下和鸣集》，为诗总集。

歙浦《倡和香词》一卷　宋征璧

海阊《倡和香词》一卷　宋征舆

《倡和香词》一卷　　　钱　谷

以上三种皆顺治刻本，在《倡和诗词》内，藏北京图书馆。

《广陵唱和词》　王士禄等

《红桥唱和词》　姜鹤侪等

以上二种，孙金砺编，为孙默《国朝名家诗余》附刻本。

红桥唱和事，详渔洋撰小序。陈其年别有红桥谳集，及红桥倡和等词。性德有红桥怀古。徐釚《词苑丛谈》详著其事。王昶曾应卢雅雨之招，为撰《红桥小志》，以记一时之盛。然高瑈《不视草》云："锦缆牙樯画舫迟，冶游人倡《竹枝词》。年来草没梅花岭，阁部衣冠半未知。"即讥渔洋诸人红桥冶春之作也。

《秋水轩唱和词》二十二卷　曹尔堪等

收陈祚明、纪映钟等二十二人倡和之作。又一种二十六卷，康熙十年遥连堂刊本。

《清词玉屑》云："《秋水》酬唱词，倡自曹顾庵（尔堪）。先是顾庵官学士，坐族子逋赋累，夺级南归。后以事坐谪，当徙关外，朝士亲交共助钱得赎。自是莽冠芒履，漫游南北。辛亥春，复至京师。时周在浚（雪客）侨寓于孙退谷（承泽）少宰之秋水轩。轩在正阳门之西，背城临河，葭芦交碧，夏雨骤涨，水痕啮岸。是岁六月，顾庵返轩，晓坐为《贺新凉》词，柬檗子（纪映钟）、青藜（曾传灿）、湘草（杜曾昌）、古直（王豸来）。是词出，龚鼎孳见而和之。由是一和再叠和，至于七叠，最后送顾庵归里，兼寄（曹）秋岳。有句'著惯平生几两屐，此度沾巾同泣。写不尽，乌丝残茧。……偕倦圃（曹溶），薜萝翦'。其间荔裳（宋琬）、西樵、阮亭、石臞、檗子、方虎、雪客、古直、湘草各有和作。而濒行时，词多未至。就已得者先付梓，仅芝麓、檗子、方虎三家而已。"

《梁园唱和词》一卷

江东佟世临、楚澴程大戴、汝南傅世尧撰。

康熙刻本（见北京图书馆藏）。

《千秋雅调》一卷①

钱塘王晫等。康熙霞举堂刊本。

《棣萼唱和词》三卷　华亭宋思王楚鸿著

《棣萼唱和春夏词》一卷　华亭宋泰渊河宗撰②

《亦轩唱和词》一卷

海宁陈莱孝编，字敩贞，厉樊榭、杭大宗视为畏友。仅《祝英台近》一体，自序颇讨论此调平仄异体。

《来青阁唱和词》

海宁蒋楷辑，楷字三益，号文隅，富收藏，曹宗载甥，此与王水村赓酬之作，见曹序。③

《夏山堂唱和词》

咸丰丙辰邛州编修伍肇龄主讲于嘉定，江西陈溥客焉。时有重刊《通鉴》之议，开局县西夏山塘、以诗词倡和。光绪壬午刻之成都，倡和凡九人。④

《荆圃唱和词集》六卷

① 一名《千秋岁唱和词》。

② 二条见《国朝词综》卷四。

③ 以上二种详《海宁州志稿·艺文》。

④ 光绪《井研志》卷十五。

丁绍仪云："杨蓉裳外祖官陇右时，与署中亲友拈韵徵歌，刊有荆圃唱和集，今佚。中惟同邑侯春塘最多最佳。"[①] 嘉庆四年刊本，金匮杨芳灿等辑。

《长水唱和词》

沈岸登有《轮台子》读《长水唱和词》。

《洛州唱和词》

嘉兴沈涛（匏庐）编，涛守洛州（今河北永平）时，幕中酬唱之作。自边浴礼（袖石），至戴锡祺（兰卿），先后共八人，有九秋词、消夏四咏、消寒四咏等题。[②]

《秦淮枯柳唱和词》

长洲孙麟趾等。[③]

《海角词》

张子和宰宝山时，孙月坡在幕中唱和之作。[④]

《海滨酬唱词》一卷

杨文斌等。刊本。

《萍聚词》一卷

① 《听秋声馆词话》卷十一。
② 《赎棋山庄词话》续三。
③ 见《吴县志·艺文》。
④ 《憩园词话》。

裘鹍鸿等倡和，武进张成孙、程应权编。嘉庆二十四年刊。

《蓉影词》一卷

张琦等倡和，阳湖董基诚编，嘉庆二十二年刊。

《燕市联吟集》

钱塘袁通编。嘉庆刊本。通客京师时，汪郸楼白也（上元诸生）撷仓山花二朵，以《虞美人》词寄之，通和之，有“开函忽觉春沾手，两点梅魂瘦”句。

《同人词选》

孙瀜等词。咸丰刊。

《同声集》　张曜孙（琦子）辑

凡七家，吴赞（伟卿）、太仓王曦（季旭）、吴县潘季王（曾玮）、汪士进（逸云）、王宪成（蓉州）、承龄（子久）、刘耀椿（庄年）等。道光曼陀罗阁刊本。

《碧萝吟馆唱和词》

二刻四刻、海昌马锦等。道光刻本。

《樽酒消寒词》一卷，又续录一卷

方履篯等撰，续录，方楷等。光绪刊本。

《邓林唱和词》

林则徐禁烟，与粤督邓嶰筠廷桢，有笙磬之契，以词唱和。邓氏词名曰《双砚斋词钞》，前有咸丰元年，受业宋翔凤序。少穆词曰《云左山房诗余》，只《月华清》、《喝火令》、《高阳台》、《金缕曲》四卷。书为宣统元年浦江陈潜刻本，题曰“江宁邓尚书廷桢，与林文忠公唱和诗词合刻”。

《庚子秋词》

庚子义和团之变，王半塘与朱彊村、刘伯崇、宋芸子倡和之作，有写本石印行世。词多小令。

附　王半塘《与郑文焯书》：

困处危城，已逾两月，如在万丈深阱中，望天末故人，不啻白鹤朱霞翱翔云表。又尝与古微言，当此时变，我叔问必有数十阕佳词。若杜老天宝、至德间哀时感事之作，开倚声家从来未有之境。但悠悠此生，不识尚能快睹否？不意名章佳问，意外飞来，非性命至契，生死不遗，何以得此？与古微且论且泣下，徘徊展读，纸欲生毛。古微于七月中旬，兵事棘时，移榻来四印斋，里人刘伯崇殿撰，亦同时来下榻。两月来尚未遽作芙蓉城下之游，两公之力也。（中略）以横今振古未有之奇变，与极人生不忍见不忍问不忍言之事，皆于我躬丁之，亦何不幸置耳目于此时，而不聋以盲也。（中略）论天下大事，与近日都门残破满眼，即西迁亦未为非策，特外人日以此为要挟，和议恐因之大梗。况此次倡谋首祸诸罪臣，即以国法人心论之，亦万不可活，乃屡请而迄未报允，何七月诸公归元之易，而此辈绝颈之难也？（中略）中秋以后，与古微、伯崇，每夕拈短调，各赋一两阕，以自陶写，亦以闻闻见见，充积郁塞，不略为发泄，恐将膨胀以死，累君作挽词，而不得死之所以然，故至今未尝辍笔。近稿用《遁渚唱酬》例，合编一集，已过二百阕，芸子检讨属和，亦将五十阕，天公不绝填词种子，但得事定后始死，此集必流传，我公得见其全帙。兹先时撮录十余阕呈政，词下未注明谁某，想我公暗中摸索，必能得其主名，虽伯崇词于公为初交，然鄙人与古微之作，公所素识，坐上孟嘉，固不难得也。黄濬云：“其言得叔问新词者，叔问于庚子之变，有《贺新郎》秋恨二首，《谒金门》三首，最为沉痛。又《汉宫春》庚子闰中秋一首，亦甚悲。《戴亮集年谱》中，所谓《谒金门》三解，每阕以行不得留不得归不得三字发端，沉郁苍凉，如《伊州》之曲，是也。书中所云与古微且读且泣下者，度是此词。古微五六月间封事，及造膝之言，则指古微与袁、许等迭奏斥义和团，及召见时，古微抗声力谏，那拉氏大怒，问瞋目大声者为谁，以古微班次稍远，后未暇细察，得免诸事。此节古微行状墓志，及晚近诸家笔记已及之。其言七月三日之役幸免者，则杀袁、许之日也。其论李合肥到京后仍无生机，两宫无意回銮，及首祸诸臣，迄未诛戮，可见尔时焦盼之意。祸首久之始正法，回銮则在次年。其寄示庚子秋词十数首，叔问答以一词，此词《樵风乐府》不载，《比竹余音》中，《浣溪沙》题为楼居秋暝得鹜翁书却寄："罗酒西风独倚阑。满城红叶雁声寒。暮云尽处是长安。故国几人沧海等，新愁无限夕阳山，一回相见一回难。"是也。[①]

《薇省同声集》

江宁端木埰（碧瀣）词，吴县许玉瑑《鹤巢独立词》，况周颐《新莺词》。彭銮辑。

谢承烈《吴兴倡和集词》一卷

上虞许正绶序。[②]

《侯鲭词》五卷

吴唐林、边保枢等。光绪乙酉刊。

《影事词存》（初稿六卷）

① 见《花随人圣盦摭忆》。

② 刘文淇《光绪仪征县志》卷四十五。

收曾淞、刘荃、刘大受、黄燊等词。光绪九年刊。

《题襟集》

收长沙黄彝凯、张百宽、章华、吴县曹元忠、常熟张鸿、杨朝庆、江都王景沂诸人词。光绪戊戌刊本。翁之润辑。

地区及社盟填词总集，旁征所及，旨在存人。征文考献，非尽精选，兹所揭橥，存其梗概，用备稽考云。

论清词在词史上之地位

我之所以选定《论清词在词史上之地位》作为讲题，是因为个人年轻时曾参与叶遐庵先生《全清词钞》之编纂工作，叶先生的清词资料，我都经手过，因此对于清词不无一点体会，虽然事隔几十年，明日黄花，仍值得一讲。

一、

词衰于明，至清而复盛。作者之众，为旷古所未有。叶先生《全清词钞》初次定稿，入选者三千二百人。其作品庸浅芟弃者，与夫耳目所限未及采录者为数尤夥。

叶先生曾初步将有清二百七十余年，作一清账，统计列朝作者，大致如下：

顺治	188 人	康熙	117 人
雍正	36 人	乾隆	362 人
嘉庆	328 人	道光	440 人
咸丰	202 人	同治	110 人
光绪	178 人	宣统	132 人

以道光时词人人数最多。叶氏以为由常州派之影响。[①]

若以地域分布而论，康熙间宜兴蒋景祁（京少）撰《瑶华集》，附有词人姓氏爵里，其集成于康熙丁卯（二十六年）。断自六十年间词人出处，清初词人分布，略具于斯。叶氏又有分省作者统计，下及光宣之世。兹比较蒋、叶两家，列表如次：

	蒋	叶
江苏（江南）	258	2 009
浙江	145	1 248
安徽（在江南）		1 248
广东	1	159
福建	8	87
江西	4	71
湖南		60
满洲		58
直隶	1	758
山东	13	53
四川		34
河南	8	34
贵州	1	32
湖北（湖广）	7	32
山西	1	26
云南		18
广西		18
陕西	2	13
奉天		11
顺天（京师）	7	10
甘肃		3
蒙古		3

① 叶说见《遐庵汇编》下演讲类《清代词学之撮影》，367 页。叶表列清词人总数为 4 237 人，注云原共 4 850 人，除六百余人，不知籍贯。按以余后来所知续有增加，清代词人，实不止此数。

（他省无之）

蒋集代表康熙二十五年以前，叶钞计至清末。大体观之，江苏、浙江为首屈。广东清初只一人（按屈大均蒋集失载），清末增至百五十九人，列第四位；福建清初八人，至清末增为八十一人；江苏至清季得二千人，几占清代词人之半数。故知东南之美，在于文事，倚声之学，尤其首选焉。

词人所以集中于扬子江流域及珠江流域者，殆以其地区经济繁荣。明季以来，江南一带，土地兼并日众，苏松间棉织业尤盛，士民富庶。声伎所萃，吴门扬州之画舫，均脍炙人口。清时有总督两江者，尽逐秦淮诸姬，迨旌节即移，笙歌复集。而维扬为淮左名都，竹西歌吹，自昔著称，至清尤极一时之盛云。[①]

扬子江流域词人之蓬勃，又有二因：一为文学门第中人才之累叶继承[②]，一为业鹾政者之乐于提倡风雅。[③]

前者可以吴门潘氏为例。杜文澜云："吴县潘太傅文恭公（世恩）以殿撰居首揆，著述等身，而词无刊本。其诸子郡徒，竞为倚声，各有专集。"[④] 而三松老人潘奕隽，其侄孙曾玮以旂蜚亏损下，为文坛领袖。同治癸酉，潘侍郎祖荫重刻周济《宋四家词选》，憩园亦记其事，具见常州词学之盛行，潘氏实有扬扢之功。兹将潘氏一门词人与词集表之如次。[⑤]

又潘钟瑞（麟生）为太傅文恭公侄孙，曾佐杜文澜重订《词律》，《憩园词话》眉批即出于钟瑞之手，著有《香禅词》。文恭族子遵璈（子绣）有《香隐庵词》[⑥]。潘氏诸子，皆生华胒，席丰履厚，居有园林水石之胜[⑦]，以书画自娱。（奕隽著有《三松堂书目》及《三松堂书画记》。）曾莹及遵祁皆擅画。曾莹著《墨缘小录》、《红雪山房画品》、《小鸥波馆画寄》；遵祁著《西圃题画

---

① 记声伎之书，余澹心《板桥杂记》而后，李斗之《扬州画舫录》、缪荃孙之《秦淮广记》，多叙词人与歌妓过从之事。清初官妓名乐户，详吴园次《扬州鼓吹词序》。

② 潘光旦《明清两代嘉兴的望族》（上海，1947）；及何炳棣：*The Ladder of Success in Imperial China*.（New York：Columbia UP，1964）。

③ 何炳棣：The Salt Merchants of Yang-Chou（*HJAS* XVII，1954）。
佐伯富《清代盐政研究》，第七章《盐商之奢侈》，303页。

④《憩园词话》，卷二；又详丁绍仪《听秋声馆词话》，卷十九。

⑤《著砚楼书跋》，载大阜《潘氏支谱》，92页，颇详潘家始末。

⑥ 殉洪杨之难，遗作收入光绪十年钟瑞辑四家诗词合刻。

⑦ 如曾沂所居曰凤池岏，曾玮曰养闲草堂，在百花巷。

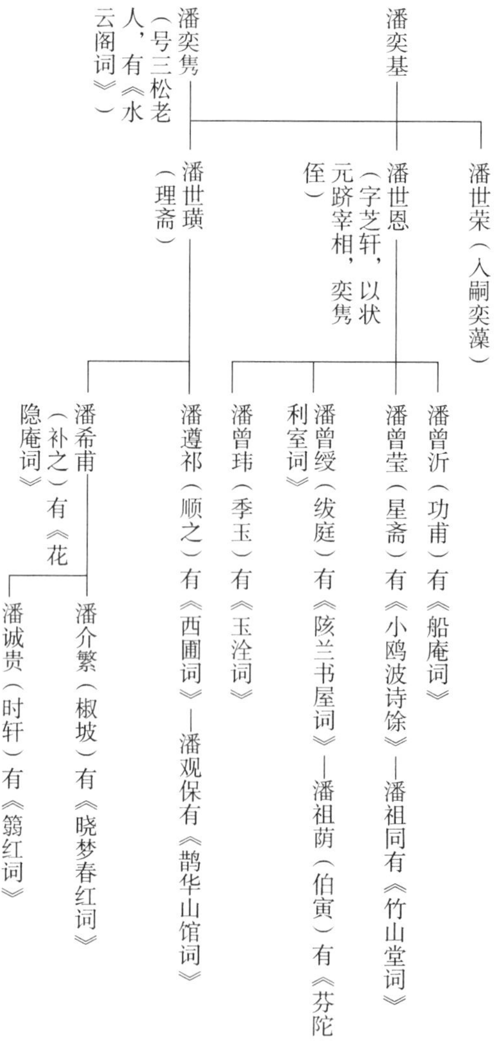

诗》，一时雅士，皆出入其门。[①] 而地方团防措款之务，亦以巨绅参与其事，如潘曾玮倡泰西会防之议，与英将戈登会商[②]，不特主持风雅而已。

江浙闺秀多能词，世家巨族，彤管留芬，若武进夸氏，自康熙至同治，累世绵延，更为罕见。徐珂云：

① 为之题咏者，如宋翔凤，词集中有题潘星斋、绂庭兄弟之填词图，黄燮清《国朝词综续编》，由曾莹为之序。

② 详见《憩园词话》，卷二。

毗陵庄氏闺秀，工诗词，……则有回生之妇沈恭人，及次女静芬、季女赍孙。仪生之妇卓媛，字萦素，柱之妇钱太夫人，定嘉之妇荆安人及长女德芬。存与之次女蝶之、季女玉芝。培因之长女环瑛，高驷之妇李孺人，蓉让之长女玉珍及次女。逢原之女芬秀，关和之女盘珠，文和之长女如珠，隽甲之妇汪孺人，钧之次女素馨，炘之次女婉娴，述之妇夏孺人，映垣之季女若韫，翊毗之妇杨孺人。自康熙以迄同治，凡得二十二人。皆以诗词名于时，而盘珠尤著。[①]

德芬（字端人，知府董思駉母）有《晚翠轩词》。盘珠（字莲佩，举人吴轼妻），有《秋水轩词》，刊刻非仅一次。[②] 清世文学门第之盛，闺秀尚且如此，亦前代所罕见者也。

次论词学与鹾政。清代漕运，其初长芦、两淮并重，自乾隆之末，天津风雨缺隄，冲没盐包三十余万。嘉庆二年，户部议准，长芦乏商，令江苏遴商接办。[③] 自是盐运集于两淮，扬州为都转中心，财富人文，咸荟萃焉。

宛平查氏，以鹾业起家，查为仁（莲坡）与弟查礼（恂叔）俱嗜词，所居天津有水西庄[④]，一时为名流所聚。而祁门马氏兄弟曰琯（秋玉）、曰璐（佩兮）居扬州，时称二马，亦席鹾业，而笃好风雅。曰璐有小玲珑山馆，与查氏水西庄，南北并峙。马氏南庄有卸帆楼，查氏亦有数帆台，恰成遥对。[⑤] 马氏兄弟并举大科，好延揽名士以声结社，吴越才彦过淮扬者必馆其家。厉樊榭于邗上纳姬，亦马氏兄弟玉成之。谢北游经天津，亦主查为仁家。《天津府志》载为仁著述有《绝妙好词笺》十卷、《诗余纪事》、《拟乐府补题》一卷、《押帘词》一卷。其《绝妙好词笺》，即樊榭与为仁合撰者也。又若朱彝尊之归，过扬州，安麓村与万金，马秋玉为刊《经义考》[⑥]，此并当日文人依附盐商之著例。

康熙以来，主两淮盐政者，多嗜风雅，周亮工（栎园）（以顺治二年官两

① 《近词丛话》，卷二。

② 有光绪二年丙子思补斋巾箱本，光绪十年甲申《林下雅音集》本，光绪二十二年丙申徐氏《小檀栾室闺秀词》钞本。

③ 山口迪子《清代之漕运与船商》，《东洋史研究》一七（1958）。

④ 水西庄见于词人作品颇多，如嘉定赵虹尝与许双渠同过水西庄逭暑，赋《买陂塘》，查莲坡亦倚是调和之。

⑤ 《清词玉屑》，卷二。

⑥ 《扬州画舫录》，卷一〇。

淮盐法道)、曹寅(楝亭)、卢见曾(雅雨)、曾燠(宾谷),以至杜文澜(小舫)(署盐运使),其著者也。彼辈喜刻书,故亦网罗文士相佐为理。《两淮盐法志》,即出词人黄之隽手。乾隆二十一年,王昶应卢雅雨之招,赴扬州为撰《红桥小志》(《春融望集附年谱》)。迨乾隆三十三年,两淮运使行事发生,王昶与赵文哲坐言语不密去职[①],一时传为话柄。安岐(著《墨缘汇观》)治盐于两淮,故扬州新城有安家巷,宋翔凤词有《扬州忆》,犹称道其事。[②] 翔凤道光末曾为盐官也。[③] 词人之为盐官者不一而足。如勒方锜官盐巡道,顾文彬为武昌盐法道,蒋春霖为淮南鹾尹,范桢(乌程范锴之孙)为鹾参军。咸、同间,驻淮之都转,多好倚声。[④] 盐官肥缺,文人乐趋之,薄有积蓄,即可优游林下,寄情吟咏。光绪丙子、丁丑间,吴中文讌多在顾文彬(子山)之怡园。顾氏富收藏(著有《过云楼书画记》),有《眉绿楼词》,其中怡园词一千二百余阕,以《望江南》谓分咏,闲情逸致,可以想见。两淮盐政,聚于扬州,繁盛甲东南,需次盐官多至数百,词人依附者不少,故词亦盛于扬州。自道光十二年,两江总督兼淮盐政陶奏请改票,扬州鹾业一落千丈。丁绍仪录孙汝燮(湘槎)《扬州慢》句云:“而今寂寞,賸红桥波影空横。”且谓此词殆作于淮盐改票后,鹾商失业,市景日落,不无今昔之慨[⑤],谭献《箧中词续》特载之《望江南·淞南乐府》(六十阕),其“盐贩荷枷凭役卖”句,谢章铤记其事,详其缘由,以为劝诫。[⑥] 降至晚清,周梦坡为两浙词人起祠堂,并著小传,梦坡亦以盐致富者也。[⑦]

二、

向者目词为小道,自张皋文而后,词体始尊。兴于微言,以相感动,至以《国风》导其归,《离骚》表其洁,研经之士,顾未之废,且复要眇宜修,资词以达其款曲,于是学人之言与才人之言合轨,而恣其所诣,则骎骎乎视

---

① 《词征》,卷六。

② 见《尚箫词》之《望江南》,颇记扬州掌故。

③ 《憩园词话》云:“两湖行销淮南纲盐,时由湖南委丞、倅、牧令一员,至汉镇稽收水程,名曰南程委员。道光末,委者为宋于庭司马,长洲老名士也。”

④ 《憩园词话》所记甚悉。

⑤ 《听秋声馆词话》,卷二。

⑥ 《赌棋山庄词话》,卷八。

⑦ 见章太炎《文录续编》周氏本传。

赵宋堂庑，更为广大焉。

试假宋人言词之语，以为比况。黄玉林《绝妙词选·序》云："及乎近世，人各有词，词各有体，……其盛丽如游金张之堂，妖冶如揽嫱施之祛，悲壮如三闾，豪俊如五陵。"此清初之词风也。滕仲因《笑笑词跋》言南宋之变，则云："其词或如惊涛出壑，或如绉縠纹江，或如净练赴海，可谓冰生于水而寒于水。"嘉道以降，词之多体，盖类是矣。

有清之词，为浙、常两派所笼罩，此外犹有若干开风气之人物，足以称述。中间至顾贞观为一变，有如范仲淹、王安石以之咏史怀古。至陈其年又一变，如东坡、山谷之纵横杂出，禅机诨俚，不可方物。至王半塘又一变，如稼轩之大开户牖，噌吰象征鞳。至朱古微又一变，则似梦窗之镂冰刻楮，益臻邃密。清词演变消长之迹，与宋词复相仿佛焉。

曾谓词中之宋与清，正犹诗中有唐与宋，论诗尊唐而薄宋，则论词乌可存宋而废清耶？然宋词与清词，其间异同之故，犹可得而言者：宋词重意兴，而复尚思理，陈亮与郑景元书云："搏搦义理，劫剥经传，而卒归之曲子之律。"此一境界，清词无之。清虽重经术而非理学时代，故切问近思之言，不入操觚家之手，此其异也。宋词多真朴，出于自然；清词多刻露，具见巧思。一得于天，而一得于人，又其异也。宋人为词，大半出于余兴戏。[1] 而清人则有以词为专业，如陈迦陵是也。迦陵向以诗与词兼治，迨游广陵，遂弃诗弗作，其词几千八百篇。[2] 戈载《翠薇花馆词》二十七卷，亦极繁富。而无锡王一元所作几近万首，自订存词一千六百余首（名《芙蓉舫集》）。孙尔准《论词绝句》云："谁知万首连城璧，眼底无人识畹仙。"[3] 作品之多，前古之所未有，足以傲睨宋贤矣。

宋词作者，多显宦巨公，借以达志。[4] 可见宋人之以词言志。清世则名士墨客以至闺秀，无不为词，呕心写怀，无病呻吟之作遂多。而学人经生，为之弥工。若名公巨卿，反罕所致力，则风气之异于汴宋者也。宋词或假以言志、论国是，辛稼轩、陈龙川为其代表。清词虽多体物咏怀，顾不若宋词之

① 淳祐间，胡仔撰《唐宋诸贤绝妙词选序》云："古乐府不作，而后长短句出焉。我朝巨公胜士，娱戏文章，亦多及此。"

② 见蒋景祁《迦陵词序》。

③ 见《听秋声馆词话》。

④ 李慈铭四印斋本《南宋名臣词序》："词之为道，儒所不屑言，然宋时名公巨人如韩、范、欧阳无不为之。……间为长短句，皆曲折如志，务尽其所欲言。"

有思想有内容。宋词中时有微言，叶水心《书龙川集后》已发之。叶文云：“（亮）有《长短句》四卷，每一章就，辄自叹曰平生经济之怀，略已陈矣。”余所谓微言，多此类也。清词惟末叶王半塘辈，于此偶睹一二，直凤毛麟角矣。要之，清人之于词，其始也，撷兰荃之灵芬，绵逸韵于花草。继则取途姜张，力追北宋。而终也“变化益多，取材益富”（借周止庵语），仍以南宋为依归。而词律之严识分铢，词学之力求精覈，郑声弗竞，真宰长存，遂使声家小道，蔚成大国，则非宋人所可企及，此清词在文学史上所以有不祧之地位也。王静安论词，深抑南宋，似未见及此！

（一）明词之中衰与复振

我曾编纂《全明词》，得九百人，我当年在中央图书馆检读一千六百余种明代别集，又于日本内阁文库与其他图书馆（如美国哈佛、耶鲁各处）作过搜集工夫，对明词略知一二，试论其概：

明初，承宋、元余绪，诚意伯以开国功臣，为倚声疏凿手。其《写情集》四卷，颇多雅丽可诵之作。姚广孝《转应词》之“新柳、斜日”，宛曲有致。[①]杨眉庵词多媚靡，而朱竹垞犹称其与张辑、张翥，同具姜夔之一体，且慨然于自“杨基而后，得其门者益寡”[②]。诚如是，则眉庵不啻开浙派之先河也。正统间，天游道者王耐轩（达）词，袭道家臭味，既以《忆梅十咏》分寄浙江高僧，又和刘龙洲（《念奴娇》），戴石屏（《沁园春》）之作，又为《满庭芳》（八首）。词之题材，多涉理路。[③] 而瞿祐于一日之间，尽和凌彦翀（云翰）之《霜天晓角》梅词，《柳梢青》柳词各一百首，后世传为佳话。云翰则与仇山村、贝云琚（琼）相倡和者，贝氏送其归杭诗云：“正好听君《苏武慢》。”则指其和《鸣鹤余音》也。明初词风于喁之盛，于此可见。其以理学入词，亦明人特色，聂双江（豹）有《大江东去》，用苏韵答戴子三首，论儒、论佛、论道，自注被逮时作，论佛一道特佳，极饶思理。[④] 若此之类，犹是远承南宋“搏捞义理”之旧习也。

明词之坏于以词为酬应之作品，自宰辅翰苑以次，无不以词为贺投赠，

---

① 见《逃虚子集》。

② 见《黑蝶斋词序》。

③ 其题有“观势”、“息交”、“浩歌”、“梦”、“静坐”、“慎言”、“量力”、“自律”等，见《天游文集》，卷六，台湾“中央图书馆”藏本。

④ 见“中央图书馆”藏隆庆六年永丰云丘书院刊本《聂先生文集》，卷十二。

蔚成风尚。[①] 今检明人别集，触目皆是，千篇一律，如出《翰墨大全》[②]。黄茅白苇，不忍终卷。词格之卑，无逾于此矣！

另一方面，散曲之流行，词之地位，遂为所夺。王世贞《艺苑卮言》云："我朝以词名家者，伯温秾纤有致，去宋尚隔一尘。用修（杨慎）好入六朝丽事，似近而远。公谨（夏言）最号雄爽，比之稼轩，觉少精思。"《四库提要》亦称："言未相时，以词曲擅名，然集内词亦未甚工。"夏言之散曲实优于词，是时才人移其精力于曲，而词非所措意。即或为之，貌为梗概多气，实则叫嚣狂怪。王弇州云"曲兴而词亡"，"元有曲而无词，如虞、赵诸公，不免以才情属曲，而以气概属词，词所以亡也"。此言词为曲所代替，元时已然矣。明季俞彦《爰园词话》更畅言词亡于明，谓"即诗余中可采入南剧者，亦仅引子，中调以上，通不知何物，此词之所以亡也"。其工丽之制，入于南曲，词已失其存在之价值，故诸家有词亡之叹也。

虽然，谓词剥于明则可，谓词亡于明，则论有未允。明之中叶，陈声伯（霆）崛起于浙，其《水南词》二百首，意境潇洒，有如稼轩、东坡、美成等作，盖明词之成家数者。于末造，陈卧子尤极专诣。[③] 甲申后作，更凄恻低徊，朱彊村亟称之，谓"湘真老，断代殿失明"[④]。虽长篇有所不足，然视宋季黄公绍辈，有过之而无不及矣。同时作者张瑶星（怡）之手钞《张叔夏集》[⑤] 与浙西之祈向相同，吴日生之《虞美人》佳句，为蒋鹿潭所效法。[⑥] 清初曹秋岳提倡南宋词，而秋岳实与海宁陆辛斋（嘉淑）、纶山（宏定）昆仲相酬唱，二陆家学渊源于其父射山先生珏。[⑦] 秋岳之学，似与海宁陆氏不无关系，其序沈雄《古今诗话》，极称道白石、玉田，与竹垞之"倚新声，玉田差近"，正是一脉相承也。

清初词风之盛，明季诸贤有以启迪之，请言其故。尤西堂《南溪词序》云："余惟近日词家，烘写闺襜，易流狎昵；蹈扬湖海，动涉叫嚣，二者交

① 较早如洪武翰林学士刘三吾之《斐然稿》，"中央图书馆"藏万历本，卷下有诗余七首，皆慢词，并代赠之制。又洪武间，武英殿大学士黄淮之《介庵集》，明初刊黑口本，卷四有词一首，题为"东里少傅遣词为寿，次韵奉谢"。此例至多，不胜枚举。

② 宋刘应李撰，内录宋元人诗余千余首，以庆寿门排日诗词数卷为最富。

③ 见《倚声初集》评语。

④ 拙作《朱彊村论清词望江南笺》，《文辙》，751～780页。

⑤ 见朱彝尊《静志居诗话》。

⑥ 吴句云"撇下一天星露满江南"，而蒋句"忘却满身清露在天涯"，声情至近。

⑦ 嘉业堂旧有《清射山诗钞》，附诗余十六首，现藏香港大学图书馆。

病。”盖不失于纤，即病于犷。且以前者为一时风尚，贺裳云：“词虽险丽为工，不及本色语之妙。”“词虽宜艳冶，不可流于秽亵。”曰险丽，曰艳冶，足见时趋所尚矣。以当日领袖词坛之彭（孙遹）、王（士祯）论之，彭之集名《延露词》，延露本亦作“延路”，见于《淮南子·人间训》，马融《长笛赋》云“延露、巴人。”高注“延路，鄙曲也。”不惜以鄙曲名其集，其不避淫冶可知矣。王士祯撰《花草蒙拾》，序称“喜读《花间》，故工小令”。唐允甲序其《衍波词》，称其作为《花间》隽语，“极哀艳之深情，穷倩盼之逸趣”。题材终不出乎美目巧笑。虽则词之产生，本为侑酒嘌唱之用，托体房帷，固其宜也；然而变本加厉，至清初可谓极挚，此盖承朱明之余习。当是时，词几为南曲之附庸矣。[①] 赖《花间》、《草堂》一类词籍之刊行，好之者不绝如缕。试观清初新编总集，选词之标准，与明人如出一辙，可窥其概。

先是，王世贞论谓“词须宛转绵丽，浅至儇俏，挟春月烟花于闺襜内奏之，一语之艳，令人色飞，乃为贵耳”。又曰：“不作则可，作则宁为大雅罪人。”[②] 其后崇祯间，卓人月汇选《古今词统》，徐士俊参与评阅，复为之序，畅论诗与词之别，其言曰：

> 诗从寺，寺者朝廷也；词从司，司者官曹也。小令中长调各有词序，故云词从𤔔从辛，辛者新也，词固以辛为贵也。又《说文》辛象人股。汉人选妃册曰秘辛，犹言股间隐处。然则词当描写柔情，曲尽幽隐乎？

其言穿凿，逾于荆公《字说》，令人喷饭，然亦足见明季才士论词宗旨，力主险丽而日趋猥亵，有所自来也。此时期之作品，若马洪、施绍莘二家之《花影集》，并有淫词之目，大抵皆愁红惨绿之作（《四库提要》语）。至于清初，沿此陋习，王西樵、邹程村辈，皆以香气艳致相胜。以为古人佳句，多在歌眉舞袖、酒黏花压之间。[③] 盖仍在王世贞说笼罩下以讨生活。故清初之词，实无自己之真性命，强拾朱明之余唾，谓为明词之延续，亦无不可也。至田同之始大斥王世贞之谬（《西圃词话》），至是词风已转变矣。

---

① 董以宁云：“严给事与仆论词，近日诗余好，亦似曲。”可以为证。
② 明徐师曾《文体明辨》“论诗余”亦采此条。
③ 尤侗《炊闻词》序。

（二）清词蓬勃之由

清词所以独盛，其故有四：

（1）坛坫之倡道：蒋景祁《迦陵词钞》序云："自济南王阮亭先生至扬州，倡倚声之学，其上有吴梅村、龚芝麓、曹秋岳……主持之。先生内联同郡邹程村、董文友，始朝夕为填词。"朱彝尊序曹秋岳《静惕堂词》云："忆往日先生南游岭表，西北至云中。酒阑灯灺，往往以小令慢词更迭唱和。"竹垞与曹秋岳俱籍浙江，其词学实由秋岳以启迪之。而曹秋岳《寓言集》，有陈素庵（大学士之遴）题语称："秋岳于诗余，间或商之于余，余应之曰：'选义按部，考词就班。'即填词之金科玉律也。"（《百名家词》本）此援陆机《文赋》以说词，则知秋岳之学又得力于素庵也。吴伟业为田佛渊（茂遇）诗序称"龚公（鼎孶）、梁公（清标），名位在股肱心旅之间，天下士经其题拂者望尘弗及。"观龚氏临殁时，属徐虹亭（釚）于梁，而徐终由梁荐，举而授检讨。[①] 陈维崧、维岳[②]兄弟，亦受知于龚。观《定山堂诗余》中读《乌丝集》（《沁园春》）及和纬云[③]诸阕，可见其交往之深。清初之词人霞蔚飙起，龚、梁二公提挈之功为多。

（2）词书之刊行：朱彝尊云："往者三百祀，词学失传，（秋岳）先生搜辑南宋遗集，尊曾表而出之。数十年来，浙西填词者，家白石而户玉田，春容大雅，风气之变，实由先生。"[④] 懋麟序《棠村词》云："本朝词学，近复益胜，实始于武进邹进士程村《倚声集》一选。同时休宁孙子无言（默）复有《三家诗余》之选，由是广为六家，又十家，今且十六家，势不百家不已。"《倚声初集》刊于顺治十七年，自此以后，至康熙六十年间，词书刊刻之风气大行[⑤]，有刻前人词集者，如侯文灿之刻《名家词》，陆秉笏之重刊顾从敬之《草堂诗余》是。有选刻当时人词集者，孙默而外，庐陵聂先、秀水曾王孙之刻《百名家词钞》，随到随刻，即其著例。

清初词人囿于见闻，不出《花间》、《草堂》、《诗余图谱》、《啸余谱》，故曹秋岳倡读南宋人词。朱竹垞《书东田词卷后》云："浏览宋元词集，几二百

---

① 《莲子居词话》，卷二。

② 字纬云，有《红盐词》。

③ 《满江红》、《浪淘沙》、《百字令》。

④ 《静惕堂集》序。

⑤ 参看拙作《清词年表》，《文辙》下册，797～873页。

家，窃谓南唐北宋，惟小令为工，若慢词，至南宋始极其变。”自非博览众集，乌能体会及此？宋人总集，如曾慥《乐府雅词》，朱竹垞初有传钞，四库本即自朱氏传出，至秦恩复始刊刻之。其对清词学影响最巨者，无如《乐府补题》，当万、全诸人议绍兴冬于义士祠祭，尚未见此书。常熟吴氏钞本初由汪森携至京师，宜兴蒋景祁激赏之，遂锓板以传，朱彝尊为序。浙派体物诸制，皆胎息于《补题》。故蒋氏于《刻瑶华集述》云：“得《乐府补题》，而辇下诸公之词体又一变，继此复拟作《后补题》（按指厉樊榭辈），益见洞盘擢髓之力。”是书之流传，与浙派关系之深，有如此者！

（3）家学与师承：清初词独盛于江浙，文学之士，大抵出于宗族、父子、兄弟以至夫妇，咸擅倚声。如吴江沈氏，汾湖诸叶，人人有集，词采翩翩，照耀江澨。尤西堂云：“若吴江沈氏，固词人之渊薮也。词隐[①]开疆，鞠通（即沈自晋）继之。复有适轩（指沈龙绥）著为《度曲须知》、《弦索辨讹》，并能分刌节度，穷极幼眇。而君庸（即沈自征）、君善（即沈自继）、君晦（即沈自炳）诸子，相与鼓吹缔绣，蔚然可观。乃至香闺彤管，亦惠黄绢幼妇。[②] 何吴兴之多才也！后来出人，又有成厦[③]，其长短句，同人交口称之。”[④] 沈氏自宋末沈义父为《乐府指迷》，流风所被，人才辈出，闺门之内，亦盛文藻。能词曲者，词隐幼女有沈静专，从孙妇有幽馨。而沈自征室张倩倩、继室李玉照，沈自炳长女沈宪贞，又沈永启女沈女琴（周钰室）均擅倚声。与沈自征同辈者，复有沈自南（有《艺林汇考》二〇〇卷），经师彤亦工于填词，足见词隐先生遗泽之长，凡此皆尤西堂所未列举者也。至于天道人叶绍袁，其室沈宜修（有《鹂吹集》），长女叶纨纨（有《愁言集》），幼女叶小鸾（有《返生香集》），第六子叶燮（有《已畦词》），其长孙叶舒崇（有《谢斋词》），侄孙叶舒颖、舒璐，至七世侄孙叶乃溱，竞尚新声，争传乐府，誉之者称为“叶叶交光”，尤难能可贵者矣。[⑤]

昆季之间，工词者尤众。山左则王西樵（士禄有《炊闻词》）、阮亭（士祯有《衍波词》）、礼吉（士禧有《抱山诗余》）、叔子（士祜）。宜兴则陈其年（维崧有《湖海楼词》）、鲁望（维岱）、纬云（维岳有《红盐词》）、半雪（维嵋有

① 指词隐生沈璟，有《订正九宫谱》。

② 按沈自炳女兰支有《水龙吟》吊屈原，实则悲其父之没于王事。

③ 指沈时栋，永启子。有《瘦吟楼词》及《古今词选》。

④ 《艮斋倦稿》。

⑤ 参看陈去病《笠泽词征》。

《亦山草堂诗余》)。无锡则顾景行(景文,梁汾兄,有《匏园词》),梁汾(贞观,有《弹指词》),倚平(衡文,梁汾从弟,有《清琴词》)。晋江则二丁竞爽。[①] 祁门则双马并驰(马曰琯有《嶰谷词》,马曰璐有《南斋词》)。嘉兴二李(李分虎符有《耒边词》,李武曾良年有《秋锦山房词集》),无异埙篪(朱彝尊《耒边词序》)。同县三盛,名媲常棣。[②] 此就清初作者,略揭其概。

至于师友渊源,更有足述,毛奇龄、陈维崧,皆部业于陈卧子,沈雄从游钱牧斋(详《古今词话》),曾王孙学于朱彝尊,又与沈雄讨论(《百名家词序例》)。杜诏曾及顾梁汾之门[③],楼俨为孙致弥门人(《词鹄》题名),李天馥乃丁澎弟子(《扶荔文集》李序),许迈孙(增)独心折于郭麐,自称私淑弟子。[④] 余若宋翔凤问于张惠言(《浮溪精舍词序》),邓辛眉学于孙麟趾(《比竹余音》王壬秋序),张鸣珂之从游黄燮清(谢章铤《寒松阁词序》),况周颐之受知于王定甫。[⑤] 冯煦乃恭慰农之高弟,沈祥龙(著《论词随笔》)又刘融斋之及门。咸传灯有自,词学振兴,殆非偶然,惟知之者鲜耳。(其熟知者,暂从略。)

(4)*其他学术之旁通*:清代经史之学,迈越前古,以文章而论,亦复逸才响臻,鸿篇鳞萃,若骈若散,各有专擅。词家多兼工俪体,陈其年、彭甘亭、杨夔生,其著者也。陈海绡(洵)论学词之门径云:"博采文藻以积词,深通汉魏六朝文笔,以知离合顺逆之法。"此填词者必以《文选》植其基也。宋荔裳只闭户二月,竟为填词老手,以其本工文笔故也。

王渔洋称:"娄东祭酒(吴梅村)长短句,能驱驶南北史,为是体中独创。"此以史入词也。纳兰容若《饮水诗》《填词古体》云:"词源远过诗律近,拟古乐府特加润。不见句读参差三百篇,已自换头兼转韵。"张维屏《粤东词钞序》谓:"词之句或短或长,即本于《三百篇》。"胪举《诗经》中自一字至上四下八各种句式,以证词体之出于《诗三百篇》,虽附会之说,则援经以入词也。《说文》之学兴,论词者遂侈谈"意内言外"。乾嘉以来,声韵、校雠之术,如日中天,于是有戈载词韵之学,有王半塘、朱彊村校词之学,

① 《赌棋山庄词话》:"澹汝丁炜与韬汝,时有词兄词弟之称。"炜有《紫云词》,韬汝有《沧霞词》。

② 嘉兴盛丹山枫有《梨雨选声》,其弟盛五山禾有《稼村填词》、盛让山本柟有《滴露堂小品》,合称《棣华乐府》。

③ 见《听秋声馆词话》。《弹指词》即杜诏与姚培谦同订。

④ 增刊行《灵芬馆词》于《榆园丛书》。

⑤ 王拯,见《蕙风词》之《莺啼序·题王定甫师媭碪课诵图序》。

此以治经之法治词也。张惠言邃于古赋，明其风雅之义，原诗人忠爱悱恻、不淫不伤之旨，余事治词，竟有取于董、司马士不遇之旨，以说温飞卿淫绮之句；丽辞雅义，符采相胜，则又导赋以入词矣。

清词之成就在于词境之开拓，词境之开拓，系于词心之酝酿。“赋家之心苞括宇宙”，“斯乃得之于内”，赋心如是，词心何独不如是乎？清以前，能词者为文人为才人，清则多为学人，为经师，至是倚声之道，与学术通而为一。沈去矜谓“词无大小浅深，贵乎移情”，“惝恍迷离，不能自主，文之至也”。知词为文之至，惟有得之于内者乃能道出。焦里堂，经学之巨匠也，亦以为词可以移我之情，豁我之趣。“其旨微深，非得于阴阳之理，未足与知也。朱晦翁、真西山俱不废词，词何不可学之有！”（《雕菰楼词话》）是非有得于阴阳之理，则无以喻词之旨，则词之道，直可理情性也。谭复堂云：“近世经师惠定宇、江艮庭、段懋堂、焦里堂、宋于庭、张皋文、龚定庵多工小词，其理可悟。”此窍一通，文学与学术隔阂之藩篱，遂彻底打破，不仅两者之间，了无挂碍，且可以借学问以培养词心。文以情生，言之有物，此词心之酝酿，有藉于其他学问之磨砻浸灌。清词之盛，所以独美，斯又其一因，有不可不察者也。

总而论之，词之有清，等于诗之有宋。以诗况词，宋词可抵唐诗，清词可抵宋诗。故清词之地位，可与宋诗比拟相等，应加以重视，不得因其时代较近而忽略，亦不宜局限于研究少数几个人而已。

附记　清词之资料

清代词学发达，旷代罕觏，榷而言之，可分三个时期：

一为康熙，其时对当时人词篇之选刻，间及前人之作，由王士祯《倚声初集》至御纂《历代诗余》为一结束。

二为道光，此期工作偏重于地域性之词集，至缪荃孙之《常州词录》为一结束。

三为光绪，侧重校刻宋元词籍，起《四印斋》，至《彊村丛书》为一结束。清代总集之书，拙作《词集考》总集类尚未成编。词人别集，原拟撰《清词别集综录》，因此事体大，非众力无以为功。已将未刊丛稿交与林玫仪君，其聚同好者赓续为之，以竟其事。

清词总集，往日目睹者，如番禺叶氏藏失名之《倚声新什》二十九册，傅燮侗词篇之《词觏》钞本十册。[①] 不知现在何许。丁绍仪之《国朝词综补遗》稿本十八卷、四册[②]，此书现已印行，王謇海粟楼藏钞本《归群词丛》一册[③]，皆极难得。

明末清初总集，亦不易见。以日本藏家而论，神田喜一郎博士有《倚声初集》（南港有此书），中田勇次郎有潘游龙《古今诗余醉》，孔传铎《词坛雅致》，佟世南《东白堂词选》，先著《词洁》，姚阶《国朝词雅》。内阁文库有侯文灿《亦园词选》。京都大学文学部有孙致弥《词鹄》、张渊懿《词坛妙品》、沈时栋《古今词选》、蒋重光《昭代词选》。东京大学文学部有周铭《林下词选》。求之海外，殊属可珍，作者均获浏览。

词选之业，近人著论，谓有便歌、传人、开宗、尊体四类。[④] 实则不离二途：一为精选，论其质也；一为旁征，存其人也。[⑤] 前者纯为文学之事，谭献《箧中词》，朱彊村《词莂》是矣；后者兼为史家之务，王昶《国朝词综》、黄燮清《续国朝词综》、丁绍仪《词综补》、沈宗畸《今词综》是矣。谢章铤《赌棋山庄词话》（续编三）有词学一项，记其所睹之词集，一一为作提要。而杜文澜《憩园词话》，几人武部为评载同时人之词，俱足以庀史。张德瀛《词征》卷六，祖述涵虚子评曲、洪稚存评诗之法，评骘嘉道以还词人作品[⑥]，堪供缀文之助。而郭则澐之《清词玉屑》，详记掌故，名章俊句，络绎纷披，以作稗史观，亦无不可。

六十年代，尝着手撰《清词流别论》，此为其绪言，全书成稿有待，以旁骛他业，无力毕事，仅先刊于此，以求教于大雅君子。作者附识。

---

① 收清开国至康熙，凡四五七人之词。

② 丁氏有《国朝词综补》五十八卷，收一千五百余家，咸丰刊本。此书卷首有光绪甲午心禅记云：“《词综补》钞本未计五册。”现已缺其一。闻丁氏补遗尚有数十卷，存无锡余一鳌处。

③ 所收为黄崖教退谷学派作品，黄葆年、张积中等十三家。

④ 龙榆生说，见《词学季刊》第一卷第二号。

⑤ 龚定庵序张南山《国朝诗征》，区为作史，选诗二者，亦即此意。

⑥ 如评张皋文词“如邓尉探梅，冷香满袖”。孙尔准词“如落叶哀蝉，增人愁绪”。

全清词顺康卷序

倚声之事，至清代而蔚盛，词宗硕匠辈出。叶丈《清词钞》所选，逾五千家。专集散篇，汗牛充栋。记一九三九年余在香港，尝继杨铁夫后，佐丈考证清代词人仕履，是为余留心清词之始。时杨翁年逾八旬，居大屿山曰双树居，舟车出入为艰，不久物化，余遂以全力襄其事。清词选辑之业，造端于朱彊村，实在庚午之年。[①] 朱老既谢世，叶丈承其遗绪，旁搜赓功，声气所被，网罗弥富，积稿增至一百零四册。其前三十六册，今有"沤尹"一印者，皆出朱老所遴选。及全书经余整比成稿，视原钞全帙仅录若干分之一，顺、康两朝，入选者三百人而已。去取既严，删汰遂多，其弃材亦不可胜计矣。

《全清词》之辑，盖继《全明词》之后，可谓历代倚声总结集之殿军。千帆先生主其事有年。一九八五年五月间，承以讨论稿见示，顺康卷共收二千二百九十八人。今兹定本实得二千一百二十九人，共四百余万言。呜呼！何其盛哉！

明代倚声衰落，献寿之什朋兴，诵之殊乏意味。其作手复以俗气、硬语，为人诟病，即杨用修、王元美辈，亦被讥为"强作解事，与乐章未谐"[②]。然三百年中，能词者为数仍夥，余辑《全明词》初稿得九百人，而林下占极大比例，以徐氏树敏《众香词》所录独多故也。明世艺人雅士，嗜词者亦众，

① 即一九三〇年，见黄孝纾《清名家词序》。

② 朱彝尊《词综发凡》。

祝枝山曾以小楷精书《草堂诗余》全部[①]，又以草书写《乐府指迷》，向藏叶丈处。[②] 元倪迂始为《江南春词》，明贤和者自沈石田以下凡三十九人[③]，其时“论词者惟《草堂》是规”，汪森语。故书贾于《草堂诗余》叠次翻刻。自洪武以降，举其荦荦大者计有遵正书堂、嘉靖荆聚、杭州顾从敬《类编》、闽沙太学生陈钟秀、知歙县李谨、万历间余氏沧泉堂、李廷机评起秀堂、陈仁锡序陈继儒重校，及杨金《群碧楼书目》、胡桂芳、沈际飞、闵映璧各本，又张綖辑《别录》[④]，东及朝鲜有钞本出自韩俞臣校者。林林总总，言词者既以是为依归，不免裘抒楼之诮。顾其他总集可供渔猎者尚更仆难数。朱竹垞所举，未经寓目者如《天机余锦》，书实尚存。[⑤] 今睹顺康卷，直补叶钞者不少。总集之专录清初倚声之什，似犹有一二可采者，若侯文灿《亦园词选》。[⑥] 顾彩《草堂嗣响》。[⑦] 二君皆无锡人。余阅样稿，有常州侯文曜而无侯文灿，顾彩收有其集，想新定本必已蒐讨增入矣。

清初学人，慨词学之失传，大都肆力搜辑南宋遗集，曹秋岳实首倡之。朱竹垞从曹游，南至岭表，西极云中，迭表彰其事[⑧]，浙西一派导源于此。周青士初有《词纬》之作，得曹氏之砥砺[⑨]，嗣是钱葆馚有《词뻊》，书均未就。其后孙致弥亦有《词鹄》之刻，均欲远绍宋氏，一洗《草堂》之陋。其事乃集大成于竹垞《词综》。顺治末年，王渔洋刻《倚声初集》[⑩]，其书实出邹祗谟之手[⑪]，集五十年间新词，欲以续《花间》、《草堂》之后，康熙以前作品，略具于斯。邹氏序吴骏公词，许其诗可为词，词可为曲；其题墓乃终以“词人”自居，而归宿于词。夫词之为物，要眇悱恻，可以写一人一时之怫郁。缘情之制，无须与声乐结合，而凄心悄志，既哀以思，意内言外，合于《国风》

① 锡山华氏藏，见《式古堂书画考》，421页。

② 见《矩园题跋》。

③ 顾复《平生壮观》记其事。台湾“中央图书馆”有明钞本一册。

④ 《天一阁书目》。

⑤ 休宁程敏政编，四册，台湾“中央图书馆”藏，蓝格钞本。

⑥ 字蔚醱，与万红友友善。所录分八卷，皆清初人作。卷一，一六六首；卷二，一三二首；卷三，一三七首；卷四，一二五首；卷五，一〇一首；卷六，七九首；卷七，六八首；卷八集句，一一五首。康熙二十八年己巳刊，有僧宏伦序。往年于日本内阁文库见之，记其梗概。

⑦ 成书在康熙四十八年，收顺康间一百二十人词，附姓氏录，康熙间辟强园精刻本，《词学季刊》有简记。

⑧ 见朱序《静惕堂集》。

⑨ 曹集有《摸鱼儿》“闻周青士有《词纬》之选，寄之”一词。

⑩ 共二十卷，大冶堂本。

⑪ 邹氏《丽农词》末有《戚氏》，题云：“辑《倚声集》将成，复得阮亭新词并简。”

好色、《小雅》怨诽之遗。故明之亡，人多乐趋之。盖是时曲已成强弩之末，乃退而为词。顺康词学中兴，鄙明而返宋，与经学之反求汉氏，同一趋向，亦时代风会使然也。

顺康此卷既成书，千帆不远千里来书嘱序其端。感曩年亦曾涉猎于此，愧无以献替，嘉千帆不惮疏凿之劳，绵声雅于不坠，承学之士，得所归趋，厥功至伟，无待扬榷。既谬附知言，故不辞固陋，觍缕论之如此，以为后之读是书者告焉。一九八八年九月潮州饶宗颐谨序。

附　为二十一世纪开拓新词境，创造新词体

——饶宗颐形上词访谈录

施议对

饶宗颐教授创造形上词，乃一次有意识之尝试。有关创造方法及对于词史发展的贡献，拙文《饶宗颐形而上词法试解》[①] 已作粗略阐述。由于学识以及其他方面条件所限制，相信仍有某些尚未认识或认识不清楚之处，因此，再次就若干相关问题，请教饶教授。

时间：一九九七年二月十二日下午三时至五时。

地点：跑马地凤辉阁饶宅。

以下为访谈记录。

施议对　先生所做学问很严谨，一般读者不太好理解。如采用对谈方式加以表述，可能比较容易接受。

饶宗颐　非常有意思。我的东西，比较喜欢引用原典，再同自己的思想配合起来，进行一番解释，但因我发挥原典都较简略，所以就有点不太好理解。今天，你对我再作一番解说、诠释，非常有意思，非常感谢。

---

① 载香港《镜报》，1996 年 11、12 月号及 1997 年 1—4 月号。

施议对 好像我在《镜报》所发表文章[①]，开头一二篇，编者说甚为艰深，看不太懂，但接下去，逐步阐释，也就明白了。

饶宗颐 是的，现在明白了。你讲得清楚。很好，很好。

施议对 今天，我想请教四个问题：

第一，对于形上词的认识与理解；

第二，创造形上词的依据及条件；

第三，形上词与先生所做学问的关系；

第四，形上词的存在价值及缺陷。

饶宗颐 这就是原来所曾经探讨的问题，现在进一步讲清楚。

一、形上诗与形上词

施议对 先讲第一个问题，什么是形上词。正如先生所说，形上词是从形上诗来的，到底形上诗与形上词各自有何特征，是如何构想引进的？

饶宗颐 西洋形上诗（Meta physical），代表形而上。这是与形而下相对立的。Meta physical 在上面，带有物以上的意思。这是看不见的。对此，中国人谓之为道，而形而下，则谓之为器。我所作形上词（Meta physical Tzū），就是从这里来的。重视道，重视讲道理，这是形上诗的特征，也是形上词的特征。如果为形上词立定义，是否可以说，所谓形上词，就是用词体原型以再现形而上旨意的新词体。

西洋人重视形上诗。在英国，很早就有写作形上诗的重要作家出现。中古时代，中国也有形上诗。这是纯粹说道理的诗。当时没有形上诗这一名称，而叫玄学诗。例如陶渊明，就有这类作品传世。但是，玄学诗在中国诗史上没有什么地位。你看，刘勰《文心雕龙》，就反对玄学诗。许多诗人对于这类纯粹说道理的诗，向来都抱抗拒态度。

中国诗歌之发展，乃以情为主。例如《文心雕龙》提倡情文，而无理文。这是中国人价值取向的体现。不过，作为社会及自然的人，却基本上不能没有理，不能没有形而上，不是完全感情用事。因此，中国说理诗，仍然有其滋生、发展的天地。

大致说来，中国说理诗，乃至宋代才有相当地位。因为宋代讲理学，必

① 指《饶宗颐形而上词法试解》。

然在诗歌创作中得到体现。只是纯粹的说理诗，人们仍然抗拒。例如理学家的诗，包括邵尧夫所写诗，人们往往看不起，认为不是诗，是诗的歪路，非正途，因为不动人。

如将中国说理诗与西洋说理诗相比，就能看出二者差别。西洋说理诗，基础是神学。哲学家、宗教家、神学家，三者合为诗人。诗人心中，都有个神，即上帝。故其所作，有很高的哲理在，即形而上旨意在，能够指出向上一路。而中国人没有上帝，或信道，或信佛，或将祖宗当作神祭祀。所作说理诗，包括玄学诗，有的纯粹搬弄佛学道理，说理味道太浓，人们不愿看。这一点，可能就是中国人对诗产生偏爱的一个重要原因，亦即我刚才所讲有情文、无理文的一个重要原因。例如刘勰，原是和尚栽培出来的人物，但却袒护另一面，这就非常奇怪。这一事实说明，中国诗歌说理的部分非常不发达。即使出现说理诗，也不受重视。这就是中国诗歌与西洋诗歌的不同之处。

我觉得，中国说理诗之不受重视，不发达，如从人的立场来讲，其中是有问题的，那就是大家都离开神这个岗位，不尊重神的存在，对于神的力量理解不够。这一点，与西方其他国家有相当差距。所以，我个人认为，在诗的历史上，中国人所走的路，是否有问题，还是值得检讨的。中国人虽然很喜欢西洋的东西，但是对于西洋在这方面的创造，却理解得很不够。例如，许多人喜欢 R. M. Rilke，他是西洋非常伟大的一位诗人，但却很少有人能够读懂其诗歌。

施议对　不知道 R. M. Rilke 主要成就是什么？其诗歌为何不容易读懂？

饶宗颐　R. M. Rilke 乃德国诗人。其诗篇之所以不容易读懂，主要因为不明白其神学境界。即其于诗歌当中代神说话，体现神的观念，与神接触，把人提高到神的境界当中来。这既是其诗歌创作的主要成就，又是其诗歌不易读懂的主要原因。而且，再加上诗人喜欢运用神学典故，也就更加增添了一层神秘感。

施议对　中国人对于神的观念，与西洋有何不同？这与诗歌创作有何关系？

饶宗颐　这是个很有趣的事情。即：西洋人信神，中国人不信神。在西洋，几乎所有科学家都信神，都信上帝。以为宇宙无穷无尽，银河系以外，还有其他无穷尽之星系。目前科学家虽已能够探知火星上奥秘，但火星之外，还有无数火星。这一切都是神创造的，即都是上帝创造的。而中国，则不同，或者将自己所供奉的祖宗当神明，与天相配，或者干脆声称：人定胜天。颇有些天不怕、地不怕的样子。这是中西文化的差异。在西洋，神的地位，上帝的地位至高无上。所谓天人合一，或神人合一，西洋人以为是不可能的。我在西方，尤其是在法国住过很长时间，前后已去过九次。法国是一个纯粹天主教国家，神的地位非常之高。我不信教，但当我每次走进圣母祠，都觉得人很渺小。西洋没有什么山水诗，欧洲只有一座阿尔卑斯山，其最高峰为Cervin。有一次，我与戴密微（P. Demiéville）同游，写了许多诗。都为即兴之作，戴氏很佩服。但《黑湖（Lac Noir）坐对Cervin》其一云：湖水清时不见鱼，飞飞蛱蝶欲连裾。山深草浅饶萧瑟，相对一峰问起居。

开头两句没什么，后面两句与山峰相对，山峰问我起居情况，戴氏即很惊动。以为了不得，怎么能与青山平起平坐？

施议对 正如辛弃疾词中所说："我见青山多妩媚，料青山见我应如是。"也是与青山相对。

饶宗颐 是的。这里所表现的人对于自然（青山）的观念，包括对于神的观念，完全是中国式的。即以为，人与自然（青山），或与神，可以合而为一，可以相提并论。但是，西洋就不允许。因为山代表神，不可怠慢。这当也是中西文化差异的一种体现。

当然，在古老的中国，也尊重神或尊重天。例如《诗经》里的颂，所谓"美盛德之形容，以其成功告于神明者也"，便是重神、尊天的表现。再如周之所以灭殷，并且得天下八百年，这是中国历史上时间最长的一个朝代，也正因为其重神、尊天。这说明，一个国家，一个朝代，如果没有神，没有宗教，再加上没有法律，那就很难想像。这大概是所谓共信。就这一点讲，中西观念，又似乎是共通的。不过，说到底，仍然有所区别。例如：《书经》有"上帝"，甲骨文中"上帝"也出现过三次。利马窦翻译经典，就将God翻为上帝，表示为最高之神明。实际上，中国人的"上帝"与西洋上帝并不相同。中国人的"上帝"就是天，而西洋上帝乃比天高。因为天，毕竟有形有迹，而上帝却是无法捉摸的。所以，西洋传教士把中国人有关神的理论带回去，都遭到拒绝，至今还是如此。

正因为这一缘故，所以我说，中国人不迷信，以为破除迷信，才是科学，而西洋人反倒很迷信。也正因为这一缘故，所以我觉得，中国诗歌中的形而上部分，实在太缺乏。不但言情的词如此，而且言志的诗亦如此。这是一个严重缺陷。我之所以由西洋之形而上诗，尝试创造形上词，其目的就在于弥补这一缺陷。

施议对 照这样看来，创造形上词，最重要的问题是不是在落想？

饶宗颐 落想当然最重要。这是关于一个人的认识、修养及境界问题。并非每个人都做得到。其中，主要包含着对于宇宙人生的思考及感悟。例如康德，既是一位大哲学家，同时又相信神，未曾否定神的存在。但中国某些研究者就不知道。王国维学康德，读一点哲学，体会点意象，而对其精神并未真正悟到。所以王氏讲境界，讲到有我、无我问题，虽已牵涉到哲学范围，但无法再提高一步。

施议对 王国维于而立之年提出境界说，并由诗词境界说到人生境界，其对于宇宙人生是否已经有所体会。

饶宗颐 王国维不曾正面提出这个问题。

施议对 只是一种迹象。而先生于知命之年，创造三种境界——诗人境界、学人境界及真人境界，当时，指导思想是否已经很明确，即是否有意识将自己对于宇宙人生的思考及感悟，体现到具体作品当中来。

饶宗颐 是的，已经很明确。可以说，这就是落想。所以，我的第三种境界——真人境界，是一种超越的境界。里头有些是道家的，以道家来讲是相当高的一个地步。但其中体现神的观念，也可说带有宗教味道。这并不是每人都能达到的境界，也并不是每个人都愿意到达的境界，许多人觉得不需要到达这种境界。我并不要求什么人都要有这种境界，不一定的。

施议对 这一境界，实在并不好理解。我读先生三首词——《六丑》、《蕙兰芳引》、《玉烛新》，也是一步一步、慢慢有所领悟的。必须融入词境，对于三种境界，才能体会到的。

饶宗颐 所以说，不是马上可以理解。

施议对 好像融入词境之后，自然而然就有一种力量推动着。如果没读先生的词，对于所谓落想，我绝对想不出。不知道这是怎么回事?

饶宗颐 第一，因为你从来没想到，词可以体现这么高的落想，没将词境与宇宙人生之境连接起来。第二，因为你自己还缺乏这方面的修养。就这两个原因。

施议对 我最多停留于诗人之境界。我以为，许多人都不曾超越这一境界。

饶宗颐 不曾超越。而且，在对于诗人之境界还不曾体悟得很深之前，并不容易实现超越。

施议对 实际上，有了诗人境界，已经很不错了。正如先生所说，第一种境界——诗人之境界，乃半人境界，而另一半为常人，当然有常人之境界。

这是完全在凡间的。二者相比，能从常人之境界，进而到达诗人之境界，我已经是非常满足的了。而第二、第三种境界逐渐脱离凡间，当为先生所说半超越与超越。所谓真人之境界，应当就是天人境界。

饶宗颐 不错。因为中国人喜欢讲天人合一，而且已成为老生常谈，但只是挂在口头上，并无真切体会，所以，我即将其当作一种落想，拿诗、拿词来解释。这就是我的意图。

二、创造形上词的依据及条件

施议对 现在探讨第二个问题，创造形上词的依据及条件。不知是否包括两个方面：一个是诗词发展的依据，即，从诗言志开始，直至于今日，众体皆备，怎么会想起创立一种新词体——形上词；另一个是自身修养，这是必备条件，即，如果没有自身修养，落想就不可能那么高。

从文学本质看，所谓诗言志，是否已经有理在里面。这是诗中本来就可以存在的东西。说明中国同样能够产生说理诗。但是，并非人人都可以写好说理诗。我看这一篇关于先生的访谈录，其中有句话说得非常好。即："诗、书、画，是我生命的自然流露。"这是不是意味着先生具有一种特殊修养，故所作诗、书、画，包括所有学问，都体现出一种精神，一种超越凡间，高出于一般情与景的精神。这也就是说，由于先生自身有此修养，因此，才能将诗中固有的东西发掘出来。作为创造新体的依据。

饶宗颐 你是否注意到我在日本发表的一篇文章——《论杜甫夔州诗》，见京都大学某刊杜甫专号。我提出，杜甫诗中有理。许多人不曾体会到这一点。文章写于五十年代。那时，我已感悟到诗中的理。

施议对 五十年代，三十余岁。能够有此感悟，对于后来的创作与研究，当有很大帮助。

饶宗颐 这篇文章很重要。有些朋友看了，觉得很高明。中国儒学也讲"高明"二字，并有高明与极高明之分。当时年纪轻，胆子大，要驳朱子。朱子本人很懂高明，但对于诗里的理不太重视。朱子喜欢选体，不知道可以从选体再提高一个层次。选体是诗人境界，从选体角度衡量杜甫，只能停留于诗人层次，达不到极高明境地。我的文章说了杜甫许多事情，特别是在夔州的事。文章很长，收入《文辙》里。

施议对 去年九月份到天水，参加"中国杜甫研究会第二次学术研讨会”，我提及先生所论述的问题，与会专家、学者都非常重视。

饶宗颐 他们不了解，把杜甫当寻常人看待。其实，所谓忧国忧民，属于社会性，只是表层意义，都是凡间的事；而杜甫所思考的，并不止于此。即：杜甫诗中有理学。因为在夔州三年，杜甫什么事都没做，只是思考。即静下来，逐渐体会，才能悟得现实世界之理及诗中之理。宋人黄山谷已多少了解到这一情形，因为其懂得理。所以，我认为杜甫夔州以后的诗，特别重要。

施议对 先生在耶鲁大学也有三个月时间。此三个月时间，曾较为专注地思考词学问题，遍和清真词，尤其是尝试创作形上词。就思想渊源及历史渊源看，帮助悟得这个理，并且达致超越境界的，究竟是佛还是道？

饶宗颐 佛与道都有，特别是还有庄子。思维一步一步深入，是有层次的。一个人，不能光是生活。要不然，就失去“灵”。“灵”就是高级的思维。要静得下，才悟得到。

施议对 看起来，创造形上词，除了借鉴西方哲思以外，主要依据，当然还是中国原有的说理诗。

饶宗颐 诗里头比较方便说理。即如日本的俳句，一句话也可以说理。这是精粹的语言。既经过锤炼，也是各种觉悟的体现。

施议对 先生所创三种境界，是否也可用三句话加以体现？“漫芳菲独赏，觅欢何极。”这是第一种境界。表示上下求索，与先生写诗、做学问过程，都可沟通起来。这就是诗人之境界。

饶宗颐 日本人以为，诗人都有孤独感，所以独赏芳菲。同时，正因为孤独，则更加求索（寻觅）。不在孤独里思考、感悟，就创造不出这种境界来。

施议对 还有，“看夕阳西斜，林隙照人更绿”。这是第二种境界。所谓“日愈西下，则其影愈大”，同样包含着做人的准则。即：尽管并非赫赫如中天之日，却仍然有其光辉。这也是很难得的。

饶宗颐 不错。你把握得很好，正是这一用意。所谓更绿，就是更加美好。

施议对 但是，有些人似未必愿意进入这一境界。

饶宗颐 因为他们的精神都向外表露，既经不起孤独寂寞，又不肯让光彩受掩盖；只是注重外面的风光，而不注重内在修养。他们看不见林隙间的“绿”。其实，越想暴露光彩，越是没有光彩。

施议对　第三种境界，同样可用"红蕖尚伫，有浩荡光风相候"加以体现。乃以为，永远有一个美好明天相等候。因此，没有烦恼，身心康泰。

饶宗颐　这一事实说明，诗词对于培养人的精神（陶冶人的性情），其作用是积极的。这也就是所谓"指出向上一路"。但是，如掌握不好，诗词也有害人的一面。前一段，香港大学有位学生以蒋春霖为题写作博士论文。我为作序，对于蒋春霖持批评态度。有人觉得不好理解。其实，蒋春霖就是为词所害的一个人。因为不能向上，一辈子沉沦下僚，不过于《花间》、《尊前》写几首小歌词罢了。即，只是在第一境界纠缠不清，无病呻吟。至其若干有关背景的作品，也未能达致较高境界。所以，我极力追求向上一路，主张以积极态度，培养人的精神。

这一想法，苏东坡似乎很早就有了。苏东坡很懂庄子，《赤壁赋》里有相对论，《水调歌头》（"明月几时有"）也甚为达观。论者称其"指出向上一路"。这是值得注意的。但其未曾主张制作形上词。

施议对　王国维提倡境界说，写作哲理词，似已进入先生所谓第二种境界——学人之境界。

饶宗颐　当然。

施议对　但是，王国维的两种解脱办法——暂时解脱及永久解脱，似乎并未能解决问题。

饶宗颐　王国维是一位了不起的学问家，只可惜诸多方面条件尚不具备，未能真正超脱，其于做学问乃至词学创造上之成就，也受到一定限制。首先，王氏只到过日本，未到西洋。未曾走入西方大教堂，不知道宗教的伟大。而且，对于叔本华哲思，也不可能真正弄明白。这是阅历的限制。其次，王氏对佛教未曾多下功夫，对道教也缺乏了解，不知道如何安顿自己。这是学识与修养的限制。所以，王氏做人、做学问，乃至论词、填词，都只能局限于人间。即专论人间，困在人间，永远未能打开心中之死结。

一个人在世上，如何正确安顿好自己，这是十分要紧的。就这点而言，我觉得，陶渊明比王国维要明白得多。陶渊明未死就为自己先写下挽歌，以为"死去何所道，托体同山阿"，死了之后，自己能够与山陵共存。由人生联系到山川大地，我看已有所超越。

因此，我认为：王国维如果能够在自己所做学问中，再加入"两藏"——释藏及道藏，也许能较为正确地安排好自己的位置。例如：朝代更替，在历史长河中，不过是小小波澜，算得了什么。但是，王氏就是想不通，不知道如何于宇宙人生中去寻找自我。

施议对 先生对宇宙人生的思考广泛、深入，见解独特，甚可钦佩。

饶宗颐 宇宙观、人生观，提出对宇宙人生的看法，决定创造形上词的条件；而利用词的形式、体制，将思考的结晶表现出来，则是我的理想，亦即我想走的一条路线。

三、形上词与饶学的关系

施议对 有关饶学的说法，请勿介意，因为在一些场合，学者、专家均已提及。第三个问题所要探讨的是，形上词在先生所做学问中，占有何种地位。也就是说，先生既已修炼到了第三种境界——真人之境界，那么，是否可以这么说：先生乃以真人身份游戏人间。

饶宗颐 可以说是一个组成部分。但是，所谓游戏则未妥。游，是逍遥游的游，而未曾戏。我不主张戏。戏，即失去真，就非真人了。

施议对 那么“通”呢？先生做学问讲究一个“通”字，即“触类旁通”，将上下左右、古今中外各领域学问打通。去年五月，香港学界为先生举办祝寿宴会，先生和罗忼烈贺寿诗云：“误了平生八十春，不今不古与谁论。也曾俯览秦川小，犹较东坡隔一尘。”其中所谓“不今不古”，就是打通时间界限，这就是“通”的具体体现。所以，不说游戏，而说贯通，是否合适？

饶宗颐 这是时空问题，无有穷尽。但是，其中有我自己的存在，有我的位置。从游的角度看，超越时空界限，这是广大、深远的表现。但不能戏，要为主宰，这就是“真”的实现。

施议对 这里所说的“真”，是否即为对于宇宙人生思考的结晶，而其实现，是否即为对于幽灵之境的追寻与创造。亦即，借助于“通”，在无限时空范围内，追寻创造能够体现“真”的曲折、高浑境界。如果是这样的话，那么，先生于形上词所体现的“真”，是否即为全部思想的核心？

饶宗颐 有这个意思。

施议对 照这么说，先生所做学问，似乎都可以这么理解，这么掌握与驾驭。因此，先生形上词之三首代表作，实在太重要了。

饶宗颐 当然，基本上可以这么说。但是，又当具体分析，不能一概而论。因为我所涉猎之所谓学问，十分广泛，人家说我东搞西搞，各个领域都有所牵连，这一切，有的可以这么理解，有的就不能，要看具体情形。

施议对 本来，人们视填词为余事，而先生却以之探讨本真，将全部生命熔铸入内，是否变余事为正事。

饶宗颐 我做什么事都求真。文学研究如此，艺术研究如此，历史、考古研究亦如此。中国历史很悠久，最近，于万县鬼城发掘得到旧石器时代城址，估计乃六千年前遗物。以前认为，西南地区文明开发迟于中原地区，这一观念，现在看来应该改变。任何事情，都应寻根究底，考其本源，即本真。要将地下的东西（地下之实物）、书本上的东西（纸上遗文，包括异族、故国之故书与旧籍）以及最新出土的文物（实物与典籍），合在一起进行考察，才能会通。因此，我并未将某一种学问，例如填词，当余事看待。我觉得，每一件事，都是现实的存在，都能够成为研究对象。我以生命融入，也就有所寄托。

施议对 先生所做学问，既如此广泛，又如此专精，样样都有独特建树。其过程，是否觉得有神明相助？

饶宗颐 有时候有如此感觉。要不然，有些问题怎么想像得到。例如：两种东西毫不相干，相距九万八千里，怎么能够联系在一起。这是一种了不起的联想，应该说若有神助，不过还不能提供具体证据。

我搞的东西很多，经常同时思考许多方面的问题。许多问题，颇为杂乱，并不容易驾驭。但是，有时候某些问题忽然连接在一起，忽然悟到，那就非常愉快。天天思考、天天有所感悟，非常奇妙。

施议对 思考、感悟，永远处于这一状态。绘画、写字、作诗、填词，都处在这一状态当中。现代人说气功、气场，与这一状态是否相似？

饶宗颐 做气功的人将精神集中在气的运行上，其所形成的气场，当也是一种状态。

施议对 先生能够控制自己的意识，其运行是否也是一种气功？说不定还是比气功更高一层的东西。

饶宗颐 实际上也是一种气功，因为气功也讲“通”。但是，要进入这一状态，也非常不容易。做气功的人，首先逐步累积，做到相当长的时间，逐步悟到，才算大气磅礴。做学问也要做很长时间，那么多事物，那么多问题，才能在自己的脑袋里融会贯通。

施议对 因为永远在状态当中，所以，不管谈论什么问题，一下子就能够入题。

饶宗颐 可以指出有关问题关键所在，因为许多事物，许多问题，其产生以及发展、变化之基本原理，都可以打通。

施议对 做学问之是否有神明相助及是否进入状态，除天分外，与宿缘有无关系？

饶宗颐 这两个问题都是今天没有办法解释的问题。什么叫天分？什么叫宿缘？太“形而上”了。

施议对 但是，二者都确实存在。

饶宗颐 因为天分之最主要表现在于觉悟，对某种道理体会得很明白，很快就能悟出来，这就是天分。而有些人则不行，即不明白，不觉悟，这也是天分问题。至宿缘，这东西有来历，我也解释不了。

宇宙万物，发展变化，到了今天，都以亿万年计。科学发达，文明进步，对于生命来源的研究，已有很大突破。但是，我觉得，人类所知道的事，仍然极其有限，宇宙奥秘，人类所能发掘得到的东西，很少很少。人，应该承认自己的无知与渺小。

施议对 这就是说，人不能胜天。

饶宗颐 你要胜天，天将给你一个惩罚。这是无法讲清楚的问题。

施议对 正如先生所说，平生所做学问，均以吾国精神史作为重要研究对象（《文辙》小引），并将有关论著纳入“中国精神史探究”系列，说明先生治学，着眼点极高，目标极远大；而且，先生并编译《近东开辟史诗》，为研究开辟神话、探索人类文明起源，提供第一手资料，并为中国精神之探究，提供借鉴。说明其治学，既依靠自身之原创力，又注重外来之启发与参证。这是以治史之法治学的一种具体表现。

以治史之法治学，即文化史方法，钩沉探赜，原始要终，上下求索，而力图其贯通。其贯通结果，即为对于人类精神史之思考与感悟。以此为词，自然“别具一副心眼，在两宋诸大家外”（罗忼烈《选堂近词引》）。例如：《固庵词》之标榜幽灵之境，谓“词异乎诗，非曲折无以致其幽，非高浑无以及其灵”（《固庵词小引》），其对于深与高的追求，我看，已带有向上倾向。而此倾向，正因思考与感悟所造成。

饶宗颐 幽灵之境，即体现深度，又体现高度。但我不主张深，而主张高。因为深，容易窄，而我却喜欢宽广。

施议对 要不然，在香港写《固庵词》，香港这么小，其境界就大不到哪里去了。

饶宗颐 我根本不会将自己局限于香港这个小地方。我的词心，与整个宇宙是相通的。

施议对 表面上看，香港这地方，生活圈子很小，可以写入词中的题材，似十分狭窄，无非与朋友饮茶、赏花或者品画、题诗而已，要想有何作为，甚是艰难。

饶宗颐 正是如此。不过，我的活动空间却非常宽广。

施议对 先生《西子妆慢》（“浅水挼蓝”），谓盛夏与诸生浮槎水国，有渺然江海之思。既向往江海，以为放舟中流，发棹歌吴榜，将不知今世何世，又不愿意以江海自限，以藻国自困，实在了不起。——苏东坡上下求索，醉中放歌，“江海寄余生”，将江海作为归宿，不愿意离开江海，而先生则不满足于江海。先生此词，写得既高远又洒脱。

饶宗颐 我到每一个地方，想法都非常特别。我的思路，决不因任何东西所规限。东坡酒醉归来，“夜阑风静縠纹平”，地方甚潇洒，但其思想不够潇洒，还没达到极高明境界。

施议对 所谓“羁怀莫寄”，说明羁旅怀抱，无所依托，令人困惑，但此怀抱之如何寻求依托，却不一定完全取决于客观环境。不同的人，有不同的选择。

饶宗颐 不错。羁旅怀抱就像一条无形的绳索，可将人捆住。但是，这条绳索，困得住我的身体，却不能捆住我的心。一个人之能不能解脱，主要乃取决于自我。

施议对 这就能够云游天下。

饶宗颐 不错，只有这样，才能明白我的心。

施议对 这说明，读先生的词，必先知道先生想些什么，追求什么，才能真正读懂。

饶宗颐 我并不想要求什么东西。

施议对 就第一种境界看，在人间，有常人与诗人之分别，人们所追求的，不外乎现世荣华富贵及烦恼与痛苦的解脱二事。对于前者，见仁见智，有的人十分热衷，有的人并不在意。先生属于不在意一族。对于后者，各施各法，有的人用睡或者酒加以解脱，有的人则在梦中继续追求寻觅，而不在乎任何烦恼与痛苦。先生亦属于不在乎一族。这是先生于诗人之境界所体现的思想。但是，先生的追求、寻觅，还有第二种境界及第三种境界，尤其是第三种境界，这是超越人间的境界。

饶宗颐 所以，只是用第一种境界来衡量我，其实并不知我。怎么衡量呢？必定感到很奇怪。

四、形上词的存在价值及缺陷

施议对 现在回过头来，再看看形上词自身的创造问题。这就是今天所要探讨的第四个问题：形上词的存在价值及缺陷。即：形上词对于词史发展及当前创作，有何意义，并存在哪些缺陷，应如何给予正确评价。

饶宗颐 主要想走一条新的路线。刚刚开始，做了以后，才能知道有何缺陷，有何问题。

施议对 先生形上词，初看不明白，再看知道一点点，要看好几遍才能有所领悟。开始时，也许觉得非本色，因为词本来并非如此。

饶宗颐 不是本色非本色的问题，而是一个观念问题。在词的发展史上，由于视填词为“小道”，为“末技”，人们误以为，只有说男欢女爱、儿女私情，才是词的本色。这也是中国诗歌重情文而不重理文的一种体现。当然，某些述志或造理篇章，借男女关系加以表达，显得十分出色，但某些不讲男女关系的作品，也并不逊色。词的世界，并非只能谈情说爱。所以，形上词的创造，已经超越本色。

施议对 观念问题十分重要。但是，一种崇高的理想（落想），如何成功表达，以获得生动、感人的艺术效果，却并非易事。有关这类问题，词论家可能想得多一些，而填词的人，也许较少考虑。先生的创造，是否有一定针对性？

饶宗颐 朋友中，论词、填词的人很多。远的不说，就说你的老师夏承焘以及唐圭璋与詹安泰三人。唐圭璋的成就，主要是资料考订。所辑《全宋词》、《全金元词》以及《词话丛编》，即为有功词苑之巨构。但很少创作。

施议对 有位前辈谓其“有词学，而无词才”。实际上，唐氏早年，于吴梅门下治词，十分用功。如社所刊唐氏诸作及其后所著《南云小稿》，皆不失词人本色。中年以后，因丧偶，即专注考订。

饶宗颐 夏承焘世称“一代词宗”，早年学姜白石，也为姜白石服务，写了不少有关白石声学研究文章。不过，在创作方面，仍未找到一条新的路线——能够“指出向上一路”的路线。到晚年，其探讨精神，并未坚持下去。

施议对 夏氏学白石，清刚疏宕，以健笔写柔情，颇具特色，晚年甚是推崇苏、辛，颇有髯翁、青兕气度。其对于风花雪月、滴粉搓酥之辞太多之中国填词，早就想进行一番改革，胡适之所谓“以科学方法治旧学”，对其也有一定吸引。但是，如何以崇高理想入词，于白石、苏、辛以外，另造新体，将有待来者。

饶宗颐 詹安泰本来可能走出一条新路，尤其是到中山大学任教之前，所作小令已有向上倾向。其写词功力，已得到词学前辈所认可，夏老对其创作，也甚为欣赏。中山大学迁往云南，聘请詹氏前去任教。到了中山大学，改了方向，未朝着所走新路坚持下来。在中山大学，找不到可以谈词的人。写诗的功夫多于写词，几乎不大写词。若干五古写得很不错。如将写诗的功夫用到写词上，如其小令，必定有相当成就，可惜未曾这么做。詹氏诗词集，曾由我在香港为其找人出钱印行。那时，为其诗作序。近来，其后人将在内地为出诗词合集，邀我为其词作序，我又认真地读了其词作。

施议对 这么说来，所谓走新路，当并非一般人所能够做到。

饶宗颐 龚定庵一生，什么事都没做成。到了晚年（1839 年，四十七岁），突然写出三百一十五首杂诗——《己亥杂诗》，乃千古无有，为不幸中之大幸。因此杂诗，讲了人家所没讲的话，构思独特，才气纵横，堪称奇诗。我认为，可以用这种方法写词，但龚氏不写。

施议对 龚氏在杂诗中所说，为何如此重要？

饶宗颐 因为关系到宇宙人生问题。龚氏只活到四十九岁，比王国维小一岁。但其要做大学问——“天地四方”之学，并主张“通经致用”，为社会改革——更法、改图、变令功，做出一番贡献。杂诗将其浩荡心志，包括学问及思想，熔铸入内，这就是别人所没做到的。

施议对 先生的意思，就是用词叙说宇宙人生的大道理。例如，1979 年在意大利所作《贺新郎》：

> 何必由斯路，算无端、天意安排，任他分付。回首两崖修竹翠，断壁王尊可驭。更添得，山如卧虎。以判两间分表里，漫驱车、谈笑追夸父。齐一变，至于鲁。　众峰罗列如蹲兔。试凭高、齐州几点，谁人知否。喜见村民宵秉烛，信是人间净土，问抟土，何年能做。我谓女娲休胆怯，趁新生、重与造夫妇。轮又转，逐尘去。

在词章中，要求补天、造人之女娲，休要胆怯，而应再接再厉，趁新生（复活）之夕，重新造人。这与龚氏之所谓“九州生气恃风雷，万马齐喑究可哀。我劝天公重抖擞，不拘一格降人才”，大概同一用意。

饶宗颐 当时由瑞士东之 Lugano 入意大利，夜宿 Bedero Valcuvia 村峰顶，旅舍名 Le Ruota，厥意为轮，即车轮。因正好为复活节之夕，看到当地村民，连宵秉烛，欢度节日的情景，就写下这首词。其中，“喜见”二句所写为当时所见事，“问”以下数句为落想。

施议对 这就是就当前事、当前景，发挥联想，以表达其向上之意。

饶宗颐 故事是古老的，陈旧的，思想是现代的。这就是化腐朽为神奇。

施议对 说穿了就是现代人变坏了，要求女娲重为塑造。

饶宗颐 这也是一种尝试。将自己对于现实世界的观感，以及对于宇宙人生的思考，亦即自己的学问、思想，写入词中，以提高词的境界。但是，这也要有所着落，而不能凭空创造。例如：《贺新郎》之所谓“趁新生”，就十分重要。这一应节之辞，既紧扣词章小序所述之意，又为古代与现代或者腐朽与神奇联络之关键。有此关键，所谓“化”者，才有现实依据，因而也才有着落。

施议对 《贺新郎》著想，因与现实世界较为贴近，容易明白。先生另有《念奴娇》，为中秋之夜不见月而作，其用意就不那么容易把握。词云：

峡云迢递，洗中秋、雨湿群山无色。光怪鬼门刚过了，倍信浮生如叶。戡破天人，同归芴漠，黑夜心澄澈。月华安在，妙境更谁共说。

只惜羁旅年年，高寒玉宇，冷浸千堆雪。雾锁长川，猿散尽，杳杳修途空阔，万县非遥，重山已过，暂作舟中客。江流日夜，今宵休问何夕。

饶宗颐 这是写一种感受。当时由三峡乘船，出鬼门，赴万县，水天一片漆黑，突然于天人之间有所感悟，即写下这首词。而且，万县归来，为此并作了一幅长卷，引首题称：“云行雨施”。这是《周易》所用的词语。

施议对 《周易》说云气之流行及雨泽之施布，这当是统于天之所谓“乾元之气”之所促成，此元气之产生，是否另有主宰？

饶宗颐 是的，那就是神。《庄子·齐物》篇称“若有真宰”。

施议对 流行与施布，才具有这么大的气魄。

饶宗颐 可见，古人下字很讲究，十分了不起。

施议对 东坡于中秋见月有词，先生不见月亦有词，十分有趣。所谓“云行雨施”，这是老天爷的杰作，非以长篇书卷，很难展示其气魄与神威。

而作为词章之抒情主人公，其所谓“暂作舟中客”之感受以及“戡破天人”之落想，经过长卷之行与施，也才容易把握得到。

饶宗颐 不同题材，有不同处理办法。《贺新郎》属于稼轩路数，有古典、今典，又有外国的典。例如词章首句，即用但丁的典。但丁神曲 Canto III，开首凡三用“Per Me Si Va”（英译 Through me way）句，我即以“由斯路”翻之。但是，苏东坡就不敢用那么多典，那么多古语。至于《念奴娇》所说感受，主要靠意识流动，已不同于东坡、稼轩做法。

施议对 所谓意识流动，是否主要体现在对于时间、空间的突破上。例如：中秋夜之舟中客，面对着眼前之群山及江流，由夜延伸到日，由日夜延伸到无穷尽之日与夜，亦即不知今夕何夕之日与夜；又由舟推展到群山、江流，由群山、江流推展到高寒玉宇。因而，此所谓延伸与推展，亦即突破，也就将舟中之具体感受及天人之高远落想联系在一起。

就题面上看，两首词都称“戏”。一为看到“轮又转”之有趣情景，希望再转一轮，因用刘克庄韵以戏赋；一为遇见雨湿群山及雾锁长川之恐怖情景，反而觉得美妙绝伦，无人共说，因用张孝祥韵以戏赋。说得很轻松，实则很庄重，甚可发人深省。

饶宗颐 我就是想以此做个实验，希望有人接着做。我讲气魄，但我只有一个脑袋、两只手，不能做那么多。我只是想出路数。例如天人问题，这是有关宇宙人生的问题，可说的事与理以及感受，非常之多，可从多个角度落想，具有技巧、方法及词藻，都要你具体考虑。这是二十一世纪的词，希望在你们身上。

今天的词，有的并非指导思想不高明，而是创作水平跟不上。只是大题目，大帽子，没有感情，没有理智，因而没有人看；有的庸滥、沾滞，千篇一律，看了也令人生厌。

施议对 有些人为了谋取某种利益，大搞什么金奖、银奖，致使许多公开刊行的诗词，更加没有人看，更加令人生厌，这实际上就是唱衰诗词。

饶宗颐 所以，我不愿意和他们一起唱。

我认为，所谓向上一路，是一条大路。我们要珍惜前人的遗产，要爱护词这一文体，这是中国所特有的文体。不要在词里做考证，要在词里开拓，为二十一世纪，创造新词体。

清词年表

卷十二

饶宗颐二十世纪学术文集·诗词学

目　录

清词年表

拙作《清词派别论》，剞劂有待；有附录二篇：一为《朱彊村论清词望江南笺》，前年刊于港大《东方文化》[①]。一为《清词年表》，于词人生卒及词集刊行年月可稽者略为排比，首尾粗具。其间词人之交往，及词籍之发现与刊布，按年条列。事僻者有时兼注出处，用便考览。有清二百余年间，词学演变之梗概，於焉可睹，治近世文学史者或有取焉。爰先刊布，用俟订补。尚希方家匡其违失，跂予望之。

1969年12月饶宗颐识

① 见该刊第六卷一、二合期，香港大学，1961。

卷前（1574—1644）

1574	万历二年甲戌	曹学佺生	
1578	万历六年戊寅	徐石麒生	
1580	万历八年庚辰		吴兴茅一桢（叔贞）凌霞山房刊行订释温博《花间集补》二卷（现藏北京图书馆）。
1582	万历十年壬午		
1583	万历十一年癸未		顾梧芳刻《尊前集》。确山陈耀文刻《花草粹编》十二卷。
1589	万历十七年己丑	叶绍袁生	
1590	万历十八年庚寅	沈宜修生	
1592	万历二十年壬辰	王时敏生	
1594	万历二十二年甲午		常州董逢元（善良）成《唐词纪》十六卷。李廷机批评，翁正春校正《新刻注释草堂诗余评林》六卷，书林郑世豪宗文书舍刊（北京图书馆藏）。
1597	万历二十五年丁酉	张　岱生	周履靖刊《唐宋元酒词》。
1598	万历二十六年戊戌	毛　晋生	
1599	万历二十七年己亥	陈洪绶生	谢天端《诗余图谱补遗》十二卷刊行。
1601	万历二十九年辛丑		张綖增正《诗余图谱》由游元泾补订刊行。

1603	万历三十一年癸卯	王　翃生 万寿祺生	
1606	万历三十四年丙午		欢赏斋刊焦竑《澹园集》(卷四载词三十二首)。
1607	万历三十五年丁未		胡桂芳重辑《类编草堂诗余》三卷，黄作霖等刊。
1608	万历三十六年戊申	陈子龙生 张　怡生	
1609	万历三十七年己酉	吴伟业生	
1611	万历三十九年辛亥	杜　濬生 李　渔生 黄周星生 方以智(药地)生	眉州张养正刊《瞿汝稷(式耜之叔)集》(卷五载词三十八首)。
1612	万历四十年壬子	钱陆灿生 周亮工生	黄冕仲跋汪□编《诗余画谱》(《四部总录·艺术编》)。
1613	万历四十一年癸丑	曹　溶生 叶小纨生 孙　默生	
1614	万历四十二年甲寅	宋　琬生 陆　圻生 金　堡(澹归)生 傅　扆生	陈仁锡等辑《类编笺释草堂诗余正续编》及《国朝诗余》刊行。
1615	万历四十三年乙卯	龚鼎孳生	
1616	万历四十四年丙辰	余　怀生 叶小鸾生	武林朱元亮辑刊《青楼韵语》四卷，张梦徵摹像。
1617	万历四十五年丁巳	曹尔堪生 陆求可生	
1618	万历四十六年戊午	尤　侗生 施闰章生 宋征舆生	
1619	万历四十七年己未	王夫之生 吴　绮生 赵进美生	新安程明善《啸余谱》刊行。

1620	万历四十八年 泰昌元年庚申	李元鼎生 梁清标生 陆嘉淑生 毛 骙（先舒）生 孙枝蔚生	闽抚南居益刊《徐 鳌峰集》（卷二十八有词十四首）。
1621	天启元年辛酉	顾景星生 宋实颖生	杨肇祉辑《词坛艳逸品》，闵一栻刊套印本。
1622	天启二年壬戌	黄 生生	
1623	天启三年癸亥	毛奇龄生 周 篔生 严绳孙生	
1624	天启四年甲子	曾王孙生	
1625	天启五年乙丑	陈维崧生	
1626	天启六年丙寅	王士禄生 倪 禄生	
1627	天启七年丁卯	叶 燮生	
1628	崇祯元年戊辰	姜宸英生 沈 进生 赵吉士生	
1629	崇祯二年己巳	朱彝尊生	
1630	崇祯三年庚午	陆 棻生 蒲松龄生 屈大均生	胡震亨序毛晋《宋名家词》。
1631	崇祯四年辛未	彭孙遹生 吴兆骞生	陆云龙翠娱阁《词菁》刊行。
1632	崇祯五年壬申	吴 历生 王士祜生 吴兴祚生 叶小鸾卒	
1633	崇祯六年癸酉	毛际可生	卓人月、徐士俊同辑《古今词统》刊行。
1634	崇祯七年甲戌	宋 荦生 王士禛生 高层云生	
1635	崇祯八年乙亥	李良年生 沈宜修卒	济南王象晋刊张綖《诗余图谱》。

1636	崇祯九年丙子	徐　钒生 查　容生 王　晫生	潘游龙刊《古今诗余醉》十五卷（十竹斋本）。
1637	崇祯十年丁丑	顾贞观生 秦松龄生	卓人月刊其《蕊渊集》、《蟾台集》（收词八十首）。
1639	崇祯十二年己卯	李　符生	
1640	崇祯十三年庚辰	汪懋麟生	
1641	崇祯十四年辛巳	金　烺生	
1642	崇祯十五年壬午	孙致弥生 王顼龄生	
1644	崇祯十七年甲申	吴　雯生	陈继儒《晚香堂词》刊行（五十八岁前夕游三泖之行）。

本卷（1645—1911）

1645	顺治二年乙酉	高士奇生 徐石麒卒 王鸿绪生	
1646	顺治三年丙戌	曹学佺卒	
1647	顺治四年丁亥	李　雯卒 尤　珍（尤侗之子）生 陈子龙卒	
1648	顺治五年戊子	孔尚任生 叶绍袁卒	
1649	顺治六年己丑		邹祗谟《满江红·己丑感述》（《丽农词》：有“滚滚红尘哭秋风，斜阳宫刹”句）。
1650	顺治七年庚寅	查慎行生（初名嗣琏）	
1652	顺治九年壬辰	陈洪绶卒（年五十九，有《宝纶堂词》） 朱昆田生（彝尊之子） 万寿祺卒（有《遁渚唱和集词》）	

1653	顺治十年癸巳	汪　森生 王　翃卒 查嗣瑮生	翃前岁游粤，是年四月返，卒于途中。	
1654	顺治十一年甲午	纳兰性德生		周亮工刊孙承宗《高阳集》（内词四十九首）。
1657	顺治十四年丁酉		吴兆骞遣戍宁古塔，居塞上二十三年（《清史列传》吴传）。王廉州为吴梅村写《秋天晚思》小册，吴赋《沁园春》（《梅村词》下）。朱彝尊游广州在布政使曹溶所，赴东宫有《菩萨蛮》词。	西爽堂刊李雯《蓼斋集》（词）。
1658	顺治十五年戊戌	曹　寅生 龚翔麟生	六月，曹尔堪有《隔浦莲藻玉轩晚集》（《南溪词》）。	赵进美《清止堂诗余》刊行。胡震亨《唐音癸签》刊行（一九五六年，北京古典文学出版社出版癸签，定原本刊于是年）。
1659	顺治十六年己亥	洪　昇生 毛　晋生	曹尔堪有《中秋京邸怀旧》词（《南溪词》）。王士禛选扬州府推官，以翌年三月抵郡城（《扬州画舫录》）。	
1660	顺治十七年庚子	焦袁熹生 傅占衡卒（有《湘帆词》）	钱谦益为李元鼎妇朱中楣作《远山夫人四十初度序》（《有学集》）。	王士禛、邹祗谟合辑《倚声初集》刊行（大冶堂本）。

1661	顺治十八年辛丑	盛　枫生		魏裔介《怀舫词》刊。
1662	康熙元年壬寅	赵执信生	是年季夏，王士禛与杜濬（茶村）辈漾舟扬州小秦淮，撰《浣溪沙》二章，并《红桥游记》，一时和者甚众（见《衍波词》上）。	顾璟芳等编《兰皋明词汇选》八卷，《兰皋诗余近选》二卷，刊行。程以善《啸余谱序》刊。
1663	康熙二年癸卯		十一月，先是宋琬冤系二年，是月得解网，赋《感皇恩》（《一乡亭词》二）。	
1664	康熙三年甲辰	钱谦益卒（年八十三）	八月，朱彝尊至京师，渡居庸关，有《百字令》。九月，至大同访曹溶。	孙默刊《三家诗余》（中有邹祗谟、彭羡门、王阮亭词），杜濬为序。
1666	康熙五年丙午	杜　诏生	朱彝尊在太原王显祚幕。	孙默刊《六家诗余》，孙全砺序。
1667	康熙六年丁未	宋征舆卒（有《林屋诗文汇》）	朱彝尊客大同，与曹溶以词相唱和，其后所作日多（《耒边词序》）。是年《静志居琴趣》成（杨谦作朱谱）。	卢纮刊《四照堂乐府》二卷。
1668	康熙七年戊申	黄之隽生		孙默刊《十家诗余》，是年有汪懋麟序。董俞《玉凫词》刊。
1670	康熙九年庚戌	董以宁卒（年四十二）		周铭《林下词选》刊。

1671	康熙十年辛亥	吴伟业卒 周亮工卒 惠士奇卒	是年春，曹尔堪至京师，周在浚寓居孙退谷之秋水轩。六月，尔堪过轩，为《贺新凉》词柬纪映钟辈，龚鼎孳见而和之，遂有《秋水轩唱和词》之刻。 曹又为《竹垞词序》。无可（方以智）被累入粤，卒于道中（见黎士弘《托素斋文集》三）。	遥连堂刻曹尔堪等《秋水轩唱和词》。沈士鼎作《延碧堂诗余汇选序》。
1673	康熙十二年癸丑	龚鼎孳卒 宋　琬卒 王士禄卒 沈德潜生		梁允植刊梁清标《棠村词》。
1674	康熙十三年甲寅		曹溶为朱彝尊写《竹垞图》（《云自在龛随笔》）。	
1676	康熙十五年丙辰		是年，纳兰性德二十二岁，始识顾贞观，为作赠梁汾《金缕曲》，结有“百心期、千劫在、后身缘恐结他生里。然诺重、君须记”。故贞观书赠词后云：“岁丙辰，容若年二十二，乃一见即恨识余之晚。阅数日填此曲，余为题照，极感其意，而私讶‘他生再结’语殊不祥，何意竟为乙丑五月之谶也。”	徐釚刊《棠村词》于钱塘。 曹贞吉刊《珂雪词》。 王士祯等辑《古今词汇》六卷。 丁炜刻《问山诗余》。

1677	康熙十六年丁巳			性德、顾贞观《古今词初集》十二卷刊行。孙默刻《十五家词》，邓汉仪为序。
1678	康熙十七年戊午	孙　默卒	是年闰三月，《迦陵填词图》，释大汕作。毛奇龄入京，过淮城，驻马流涕，作《少年游》。朱彝尊自江宁应召入都，与李良年同寓南泉寺，论词甚契（《鱼计庄词序》）。陈其年、蒋景祁访朱彝尊于京师僧舍。	宜兴曹亮武、陈维崧等同编《荆溪词征初集》七卷刊。顾贞观、吴绮校刊性德《饮水词》于吴中。 汪森序《词综》初刊二十六卷。 钱芳标《湘碧词》刊行。 佟世南《东白堂词选》刊于钱塘。 张渊懿、田茂遇撰《词坛妙品》刊行。 李渔自序其《耐歌词》。 朱彝尊序蒋景祁《梧月词》。 朱氏《蕃锦集》成，柯维朴序刊之。
1679	康熙十八年己未	曹尔堪卒 陆求可卒	是年，毛奇龄在梁清标座上，太仓王生歌毛氏词，并谱为笛曲。	查培继辑刊《词学全书》。
1680	康熙十九年庚申	黄周星卒 王时敏卒 澹归（金堡）卒（《疑年录》十二）	开特科，词人彭孙遹辈多被拔擢。（《清史稿·文苑·彭孙遹传》云："康熙十	王晫《峡流词》，由文沾堂刊行。

八年开博学宏儒科。……明年三月朔，召试太和殿，发诗赋题各一。学士院给官纸，光禄布席，赐宴体仁阁下。于是天子亲擢孙遹一等一名，授编修。自孙遹外，其隶籍浙江者，又有钱塘汪霦；秀水徐嘉炎，朱彝尊；平湖陆棻；海宁沈珩；仁和沈筠，吴任臣，邵远平；遂安方象瑛，毛升芳；萧山毛奇龄；鄞陈鸿绩，凡十三人。江苏二十三人：曰上元倪灿；宝应乔莱；华亭王顼龄，吴元龙；无锡秦松龄，严绳福；武进周清原；宜兴陈维崧；长洲冯勖，汪琬，尤侗，范必英；吴钱中谐；仪征汪楫；淮安邱象随；吴江潘耒，徐钒；太仓黄与坚；常熟周庆曾；山阳李铠，张鸿烈；上海钱金甫；江阴曹禾。

			直隶五人，曰：太兴张烈；东明袁佑；宛平米汉雯；获鹿崔如岳，任丘庞恺。安徽三人，曰：宣城施闰章，高咏，望江龙燮。江西二人：曰临川李来泰；清江黎骞。陕西一人，曰富平李因笃。河南一人，曰睢州汤斌。山东一人，曰诸城李澄中。湖北一人，曰黄冈曹宜溥。凡五十人，皆以翰林入史馆。其列二等者，亦多知名之士，称极盛焉。”〔参《听雨丛谈》四〕）	
1681	康熙二十年辛酉	王士祜卒	是年吴兆骞获还乡。	王霖刊陆求可《月湄词》。林云铭刻《吴山嗀音》四卷。朱彝尊在吴，跋吴文定手抄本《尊前集》。
1682	康熙二十一壬戌	陈维崧卒（年五十八，一作年五十九）		龚翔麐刊《浙西六家词》，陈维崧为序（事详《东城杂记》）。
1683	康熙二十二年癸亥	施闰章卒		王庭《秋闲词》刊行。朱彝尊序柯崇朴《振雅堂词》。

1684	康熙二十三年甲子	吴兆骞卒（年五十四） 傅　扆卒		孙枝蔚《溉堂诗余》刊行。
1685	康熙二十四年乙丑	曹　溶卒 纳兰性德卒（年三十一） 查　容卒	曹溶《古今词话序》:“岁在乙丑，余来金阊，遇僧沈（雄），出示词话，丹崖江子力为赞成。”	柯崇朴小幔亭刊行《绝妙好词》，与柯炳同校《古今名媛百花诗余》四卷刊行（卷首题鸳湖归淑英等同选辑）。
1686	康熙二十五年丙寅	杜　濬卒		宋荦序蒋景祁《瑶华集》。 吴绮序刊《记红集》，附《词韵》。
1687	康熙二十六年丁卯	孙枝蔚卒（年六十八，生泰昌元年） 董元恺卒 周　篔卒（有《词纬》及《今词综》） 金　农生		万树《词律》二十卷刊行，共六百五十九调，一千七十三体。 蒋景祁《瑶华集》二十三卷刊行。
1688	康熙二十七年戊辰	汪懋麟卒（年四十九） 马曰琯生 毛　骙（先舒）卒，年六十九（有《词韵》及《填词名解》）		徐釚刊《词苑丛谈》十二卷（蛾术斋刊本）。 宋荦《枫香词》刊行（《绵津诗集》附刊）。 宋荦刊《十名家词抄》十卷，吴江沈雄为《古今词话凡例》。
1689	康熙二十八年己巳	李　符卒（于福州） 王　岱卒（于澄海县任）		陈维崧《迦陵词》刊行。傅燮詗成《词觏》。

		陆嘉淑卒		侯文灿《亦园词》选刊。沈雄《古今词话》，江尚质补，由澄晖堂刊。
1690	康熙二十九年庚午	高层云卒 卢见曾生		徐树敏、钱岳辑《众香词》六卷，由锦树堂刊行。 尤珍（尤侗之子）《静啸词》刊行。 吴绮序《众香词》。胡震亨序毛晋《宋名家词》（原序仅署庚午年）。
1691	康熙三十年辛未	梁清标卒		纳兰性德《饮水词》刊行。 汪氏裘杼堂再刊《词综》。
1692	康熙三十一年壬申	厉　鹗生 王夫之卒	是年五月樊榭生于杭城东园（《东城杂记》自叙）。	先著、程洪同辑《词洁》六卷刊行。
1693	康熙三十二年癸酉	查为仁生 郑　燮生	铁岭李兴祖为山东盐运使。	李兴祖榷鹾时，刻《课慎堂集》内《诗余》一卷。
1694	康熙三十三年甲戌	李良年卒（年六十） 吴　绮卒（年七十六） 乔　莱卒		韩菼为尤侗序《西堂全集》（附《百家词》六卷）。 徐釚序傅燮詷《词觏》。
1695	康熙三十四年乙亥	张　怡卒		徐釚刊《菊庄词》。
1696	康熙三十五年丙子	屈大均卒 沈　进卒（年六十四）		

1697	康熙三十六年丁丑		六月，朱彝尊居长水，赋红莲并头花作《绮罗香》（集中《道珍堂记》）。
1698	康熙三十七年戊寅	吴兴祚卒 曹贞吉卒 钱陆灿卒 李元鼎卒	高士奇重刊《绝妙好词》。
1699	康熙三十八年己卯	朱昆田卒 曾王孙卒（年七十六） 陆　菜卒 李　符卒	
1700	康熙三十九年庚辰	彭孙遹卒（年七十） 王　隼卒（《清诗纪事》八）	
1701	康熙四十年辛巳	吴敬梓生	李振祺、振祜刊李元鼎夫妇《文江唱和集》（香雪堂精刊）。
1702	康熙四十一年壬午	严绳孙卒（年八十） 沈岸登卒 金　烺卒	
1703	康熙四十二年癸未	叶　燮卒（年七十七）	汤斌《借庵词》刊行。王一元序其《词家玉律》十卷（未刊稿，见罗振常《善本书录》）。
1704	康熙四十三年甲申	洪　昇卒 高士奇卒 尤　侗卒 岳　端卒（年三十五）	孙致弥序所撰《词鹄》。陈聂恒《栩园词弃稿》刊行。岳端《桃坂诗余》刊。

1705	康熙四十四年乙酉	宋实颖卒		楼俨补订孙致弥《词鹄》刊行。
1706	康熙四十五年丙戌	江　昱生 赵吉士卒	朱彝尊至吴江祝徐釚七十之寿，作《二老垂纶图》。	曹寅《楝亭十二种》刊于扬州使院。 孔传志《清涛词》刊行。
1707	康熙四十六年丁亥	盛　枫卒	朱彝尊过徐釚丰草亭，见沈伯英《古今词谱》，为题其后（本集四十三）。	内府刊行《历代诗余》一百二十卷。
1708	康熙四十七年戊子	吴农祥卒 钱　载生 孔尚任卒 徐　釚卒（年七十三，有《词苑丛谈》） 毛际可卒（年七十六，有《浣雪词钞》） 潘　耒卒（年六十三）		
1709	康熙四十八年己丑	朱彝尊卒（年八十一） 孙致弥卒（年六十八，有《词鹄》）		顾彩编成《草堂嗣响》。 赵式《古今别肠词选》，遗经堂刊行。
1711	康熙五十年辛卯	王士禛卒（年七十八）		聂先、曾王孙刻《百家词》。
1712	康熙五十一年壬辰	曹　寅卒（年五十四，有《楝亭词钞》）	是年，无锡杜诏春闱落第，诏特与廷对，遂入翰林，以词受知。	侯晰辑《梁溪词选》，由醉书阁刊行。郭巩《诗余谱式》二卷刊行。

1713	康熙五十二年癸巳	宋　荦卒	扬州书局刊吴贯勉《绿意词》、《秋屏词》。
1714	康熙五十三年甲午	顾贞观卒 秦松龄卒	
1715	康熙五十四年乙未	蒲松龄卒	王奕清等纂《钦定词谱》成，共八百二十六调，计二千三百六体，内府朱墨套印刊行。
1716	康熙五十五年丙申	毛奇龄卒（年九十四） 陶元藻生 查　礼生	至山堂精刊沈时栋《古今词选》。 钱芳标刊《湘瑟词》。
1717	康熙五十六年丁酉	万光泰生	
1718	康熙五十七年戊戌	程晋芳生 吴　历卒 邵齐焘生	顾嘉容、金寿人辑《本朝名媛诗余》四卷，由金氏秀实轩刊。 丁炜《紫云词》刊。
1719	康熙五十八年己亥		曹士勋《翠羽词》精刊。
1721	康熙六十年辛丑	张九钺生 江　声生 尤　珍卒	
1722	康熙六十一年壬寅	王鸣盛生	厉鹗《秋林琴雅》由宛平翁禧（履吉）镌刊。厉氏时年三十一岁。 傅占衡族孙士凤以活字印行其《湘帆词》。

1723	雍正元年癸卯	王鸿绪卒	
1724	雍正二年甲辰	王　昶生	
1725	雍正三年乙巳	蒋士铨生 焦袁熹卒 王顼龄卒 赵文哲生	
1726	雍正四年丙午	汪　森卒	
1727	雍正五年丁未	查慎行卒 （年七十八）	
1728	雍正六年戊申	鲍廷博生	
1729	雍正七年己酉	吴省钦生 董　潮生	
1730	雍正八年庚戌	王文治生 毕　沅生	李渔《笠翁一家言》刊行（第八卷《余集》，即词）。
1731	雍正九年辛亥	姚　鼐生 严长明生 曹仁虎生	
1732	雍正十年壬子	沈业富生	厉鹗撰《论词绝句》十二首。
1733	雍正十一年癸丑	龚翔麟卒 吴　骞生	
1734	雍正十二年甲寅	陆锡熊生	
1735	雍正十三年乙卯	沈　初生 钱　塘生	
1736	乾隆元年丙辰	王懿修生 杜　诏卒	
1737	乾隆二年丁巳		盛熙祚辑刊《棣华乐府》（《槜李三盛集》）。
1738	乾隆三年戊午	余　集生	钱塘江炳炎《冷红词》精刊。
1740	乾隆五年庚申	崔　述生 沈起凤生 潘奕隽生	

1741	乾隆六年辛酉	惠士奇卒（年七十一）		
1742	乾隆七年壬戌	吴翌凤生		
1743	乾隆八年癸亥	陈昌齐生 秦　瀛生		
1744	乾隆九年甲子	赵执信卒（年八十三） 黄　易生 王时翔卒 于成都（年七十）		
1745	乾隆十年乙丑	武　亿生	厉鹗为扬州寓公，以倚声倡，从而和者数家（王昶《梅鹤词序》）。	《毛西河全集》刊（词话及词集附）。
1746	乾隆十一年丙寅	奚　冈生 洪亮吉生 吴锡麒生		世德堂重刊查培继《词学全书》。
1747	乾隆十二年丁卯	赵怀玉生 张云璈生	王昶初识江宾谷于秦淮水榭（王氏《梅鹤词序》）。	
1748	乾隆十三年戊辰	黎　简生 黄之隽卒		查为仁《蔗塘外集》刊行。厉鹗与查为仁同撰《绝妙好词笺》于天津。
1749	乾隆十四年己巳	黄景仁生 查为仁卒		
1750	乾隆十五年庚午			查氏子善长、善如刻《绝妙好词笺》，徐树农任校勘（查氏跋）。
1751	乾隆十六年辛未	左　辅生		夏秉衡《历代名人词选》十三卷序刊（清绮轩本）。

				清高宗为《归愚全集》作序。 沈德潜《归愚全集》刊行（诗余二卷附）。
1752	乾隆十七年壬申	厉　鹗卒（年六十一）	王昶寓朱氏蘋华水阁研练四声二十八调（《琴画楼词钞序》）。	洪振珂校重印毛晋《词苑英华》。
1753	乾隆十八年癸酉	杨芳灿生		焦袁熹《此木轩直寄词》精刊。 江昱为《山中白云词》作疏证。
1754	乾隆十九年甲戌	吴敬梓卒（年五十四）		
1755	乾隆二十年乙亥	马曰琯卒（年六十八） 吴　鼒生 凌廷堪生 王芑孙生 万光泰卒	春郑燮回扬州。	
1756	乾隆二十一年丙子	石韫玉生	王昶赴扬州两淮运使卢见曾之招（《年谱》）。	
1757	乾隆二十二年丁丑	恽　敬生 郝懿行生		王昶为卢运使撰《红桥小志》。
1759	乾隆二十四年己卯			张梁幻《花厂词》抄写刻行。
1760	乾隆二十五年庚辰	孙原湘生 袁　堂生 曾　燠生 秦恩复生		
1761	乾隆二十六年辛巳	张惠言生 钱　枚生 江　藩生		

1762	乾隆二十七年壬午	刘嗣绾生 徐熊飞生		
1763	乾隆二十八年癸未	焦　循生 黄丕烈生		
1764	乾隆二十九年甲申	张　琦生 阮　元生 李富孙生 金　农卒（年七十八，有《冬心曲》） 董　潮卒		
1765	乾隆三十年乙酉	郑　燮卒 舒　位生		吴烺、江昉等《学宋斋词韵》刊行。
1766	乾隆三十一年丙戌	乐　钧生		
1767	乾隆三十二年丁亥	郭　麐生 曹言纯生		蒋重光《昭代词选》刊行（三十八卷，经锄堂精刊）。
1768	乾隆三十三年戊子	陈鸿寿生 彭兆荪生 许宗彦生 张　鉴生	是冬，王昶在丛台驿（作《思远人》词），时往云南（《春融堂集》二十七）。	
1769	乾隆三十四年己丑	李兆洛生 邵齐焘卒		
1770	乾隆三十五年庚寅	顾广圻卒 孙尔准生		
1771	乾隆三十六年辛卯	陈文述生 陈寿祺生 盛大士生		许宝善《自怡轩词谱》刊。
1772	乾隆三十七年壬辰	陶　樑生 陆继辂生		
1773	乾隆三十八年癸巳	严元照生 赵文哲（璞函）卒（年四十九） 端木国瑚生 董国华生		《归愚全集》再版（目录有《诗余》一卷）。 吴县陆昶（梅垞）《历朝名媛

			诗词评选》十二卷，红树楼刊行（选词六十七首）。
1774	乾隆三十九年甲午	改　琦生	新安吴载口刊吴氏《传宗集填词》一卷（清穆堂精刊）。
1775	乾隆四十年乙未	江　昱卒 包世臣生	
1776	乾隆四十一年丙申	宋翔凤生 刘逢禄生	
1777	乾隆四十二年丁酉	姚　椿生 汤贻芬生	方城培《杳研居词麈》刊行。张载华辑其师许昂霄之《词综偶评》。
1778	乾隆四十三年戊戌	钱　侗生 吴慈鹤生	王昶辑刊《琴画楼词抄》。
1779	乾隆四十四年己亥		蔡琬（季玉）《蕴真轩小草》二卷写刻（有诗余七首），张宗橚《词林纪事》二十二卷及附集《乐府指迷》、《词旨》、《词韵考略》刊行。
1780	乾隆四十五年庚子	张维屏生 冯登府生	
1781	乾隆四十六年辛丑	周　济生 屠　倬生	
1782	乾隆四十七年壬寅	周之琦生 董士锡生	
1783	乾隆四十八年癸卯	顾　翰生 黄景仁卒（年三十五） 李贻德生	仁和赖以邠《填词图谱》六卷精刊。

1784	乾隆四十九年甲辰	程晋芳卒 蒋士铨卒（年六十一，有铜弦词）		海盐吴宁《榕园词韵》刊行。
1785	乾隆五十年乙巳	潘德舆生 陈　沆生 林则徐生 张祥河生 姚　莹生		
1787	乾隆五十二年丁未	严长明卒 曹仁虎卒		
1788	乾隆五十三年戊申	朱骏声生	四月，王昶监腾越城工，时缅甸入贡（《应天长词序》）。	查礼《铜鼓堂全集》刊行（共三十二卷，二十七词、三十二词话）。
1789	乾隆五十四年己酉	朱　绶生		
1790	乾隆五十五年庚戌	方履篯生 陶元藻生 钱　塘卒（有《响山阁词》、《玉叶词》）		
1791	乾隆五十六年辛亥	董祐诚生		周暟辑刊《黄山两布衣词合稿》（方成培及周暟二人词）。
1792	乾隆五十七年壬子	龚自珍生 潘曾沂生 仪克中生		
1793	乾隆五十八年癸丑	刘喜海生 钱　载卒		王初桐《杯湖欸乃》、《花村琴趣》、《羹天阁琴趣》、《云蓝词》各一卷，由嘉定王氏刊行。
1794	乾隆五十九年甲寅	汪远孙生 丁　晏生		谈泰（星符）序汪汲撰《词名集解》。

1796	嘉庆元年丙辰	程庭鹭生	太平戚学标刻《三台词录》一卷。《随园女弟子诗》六卷刊行（各家如张玉珍等并附录词若干首）。
1797	嘉庆二年丁巳	毕　沅卒 王鸣盛卒（年七十六，有《谢桥词》）	吴蔚光《小湖田乐府》刊。
1798	嘉庆三年戊午		华亭姚阶《国朝词雅》二十四卷刊行。
1799	嘉庆四年己未	何绍基生 江　声卒（年七十八，有《艮庭词》） 奕　绘生 武　亿卒（年五十五） 顾　春生（奕绘妾） 王柏心生 黎　简卒（年五十二，有《药烟阁词》） 吴熙载生	
1800	嘉庆五年庚申	项廷纪（原名鸿祚）生 谭　莹生	慈溪袁钧辑《四明近体乐府》成（见自序）。
1801	嘉庆六年辛酉	陶元藻卒	
1802	嘉庆七年壬戌	黄　易卒（年五十九） 张惠言卒（年四十二，有《词选》） 王文治卒（年七十三）	王昶自刻《明词综》，《国朝词综》于三泖渔庄。

1803	嘉庆八年癸亥	钱　枚卒 吴省钦卒 张九钺卒 奚　冈卒（年五十八，有《冬花盦词》）	吴氏拜经楼刊徐灿《拙政园诗余》三卷，列入《海昌丽则》。
1804	嘉庆九年甲子		陈燮序《学宋斋词韵》，袁通刊《捧月楼绮语》。
1805	嘉庆十年乙丑	姚　燮生 黄燮清生	《潄石词摘选》，孙凤仪撰刊。 《芙蓉山馆词抄》刊。南汇冯金伯改编徐釚《词苑丛谈》，集录众说并著出处，增入旨趣，指摘等门，是年书成，有自序。
1806	嘉庆十一年丙寅	石赞清生 王　昶卒（年八十三，有《国朝词综》）	冯云鹏《红雪词》，扫红亭精刊。 彭兆荪《小谟觞馆诗余》，韩江寓舍刊行。 沙张白《定峰乐府》刊行（附：《诸公论乐书》、《山左杂咏》）。
1807	嘉庆十二年丁卯	沈业富卒	杨揆《桐花吟馆词》刊行。 赵翼序张云璈《三影阁筝语》（词附《简松草堂诗集》后）。

1808	嘉庆十三年戊辰	蒋敦复生 张文虎生 潘曾莹生		
1809	嘉庆十四年己巳	洪亮吉卒（年六十四） 凌廷堪卒（年五十三，有《梅边吹笛谱》）		
1810	嘉庆十五年庚午	陈　澧生于广州木排头旧宅（汪宗衍撰陈谱） 袁　棠卒		秦恩复刊《词林韵释》于《词学丛书》中。
1811	嘉庆十六年辛未	吴　云生	董士锡在武陟有《摸鱼儿·题袁通仓山月话图》（《齐物论斋词》）。	
1812	嘉庆十七年壬申	徐子苓生	屠倬（琴坞）旧寓米市胡同双藤老屋，周之琦、刘嗣琯辈时集觞咏。《金梁梦月词》始是年讫辛巳。	张亨梧《感物吟》刊。
1813	嘉庆十八年癸酉	吴　骞卒 秦湘业生 刘熙载生 汪曰桢生	是年秋，周之琦使并州，次恒山驿（《解连环小序》）。	
1814	嘉庆十九年甲戌	龙启瑞生 承　龄生 周寿昌生 孙衣言生 乐　钧卒 鲍廷博卒		李富孙序所著《曝书亭集词注》（《梅径庼全书》中）、汪世隽《凭隐诗余》刊行。桐花阁刊孙云鹤《听雨楼词》。

1815	嘉庆二十年乙亥	王锡振（拯）生 舒　位卒（年五十一） 杜文澜生 方濬颐生 杨芳灿卒（年六十三） 姚　鼐卒 钱　侗卒（年三十八，有《小泉来山馆词》）		
1816	嘉庆二十一年丙子	勒方锜生 端木埰生 崔　述卒（年七十七，有《桂窗乐府选》十四首） 王懿修卒	方履篯南游，有《翠栖吟》四首（《万善花堂词》，有小序）。	
1817	嘉庆二十二年丁丑	严元照卒（年四十五，有《柯家山馆词》） 恽　敬卒（年六十一） 王芑孙卒		阳湖董基诚编刊张琦等倡和之作，为《蓉影词》。 张宗橚《藕村词存》刊。
1818	嘉庆二十三年戊寅	吴锡麒卒（年七十三） 蒋春霖生 薛时雨生 许宗彦卒（年五十一）		慈溪郑乔迁重编《四明近体乐府》十三卷序刊，周世绪《寿苏山馆词》附。
1819	嘉庆二十四年己卯	吴翌凤卒		武进程应权编刊裘鹍鸿等倡和之作，为《萍聚词》一卷。 严骏生《餐花吟馆词抄》刊行。

1820	嘉庆二十五年庚辰	焦　循卒（年五十八，有词话） 陈昌齐卒 刘嗣绾卒（年五十九）	
1821	道光元年辛巳	彭兆荪卒（年五十四） 俞　樾生 吴　鼒卒 秦　瀛卒（年七十九，有《淮海年谱》）	宋翔凤为其《香草词》作自序。 戈载《词林正韵》行世。
1822	道光二年壬午	陈鸿寿卒（年五十五，有《桑连理馆词》）	顾广圻序《吴中七家词》。 焦循《雕菰楼诗余》附全集刊行。
1823	道光三年癸未	余　集卒 赵怀玉卒（刻《花间集》） 董佑诚卒（年三十三，有《兰石词》） 张裕钊生 叶衍兰生	周济为其《味隽斋词》自序，又为周青《柳下词》序。
1824	道光四年甲申	许　增生	陈裴之《梦玉词》刊行。 蕉斋旧史《小苏谭词》刊。
1825	道光五年乙酉	郝懿行卒 黄丕烈卒 许庚身生	蒋敦复《芬陀利室词话》三卷刊。 黄承勋刊《历代词腴》。 丹阳刘念恩辑刊《曲阿词综》四卷（刘九思堂刊）。

1826	道光六年丙戌	周星誉生 易佩绅生 陈　沆卒 吴慈鹤卒（年四十九，有《岑华馆词》）		
1827	道光七年丁亥	刘履芬生		
1828	道光八年戊子	王　韬生 屠　倬卒		云间沈氏来鹤楼刊改琦《玉壶山房词选》。 冯登府自刊词集。 秦恩复重刊戈载校本《词源》。 钱塘徐楙重刊厉氏《绝妙好词笺》，附《续钞》二卷。
1829	道光九年己丑	张云璈卒（年八十三，有《三影阁筝语》） 孙原湘卒（年七十） 李慈铭生 张鸣珂生 刘逢禄卒（有《词雅》） 改　琦卒	夏，周之琦悼亡，效纳兰作《青山湿遍》（《怀梦词》）。是年九月，宋翔凤在沧州有《生查子》十二首，舟次为小记（《碧云厂词》上）。	宋翔凤《洞箫词》刊行。 叶申芗刊《天籁轩词谱》。 秦恩复刊《阳春白雪》于《词学丛书》。
1830	道光十年庚寅	庄　棫生 翁同龢生 王诒寿生 谭　献生 潘奕隽卒（年九十一） 潘祖荫生 龚易图生		清吟阁刊《阳春白雪》及《外集》。 宛邻书屋刻张惠言辑《词选》，附录为郑善长辑。 徐本立辑刊《词律拾遗》八卷。

1831	道光十一年辛卯	曾　燠卒（年七十二） 郭　麐卒（年六十五，有《灵芬馆词》） 方履篯卒 江　藩卒	宋翔凤客并州，有《八声甘州·赠乐部王四喜》（《碧云厂词》下）。	袁通辑《三家词》。
1832	道光十二年壬辰	李贻德卒（年五十） 王闿运生 孙尔准卒（年六十一，有《雕堂词》）		是冬，周济作《介存斋词选》（即《宋四家词选》）序论。 叶申芗刊《本事词》二卷。 吴衡照《莲子居词话》由汪氏振绮堂刊行。 汪允治编刊《纳兰性德词》及《补遗》。
1833	道光十三年癸巳	张　琦卒 丁　丙生 左　辅卒 周星诒生		陈丙绶《窨溪渔唱》刊行。 夏宝曹《笛椽词》刊行。 冯登府刊《石经阁丛书》（词集附）。
1834	道光十四年甲午	陈寿祺卒（年六十四） 仪克中卒（年四十二，有《剑光楼词》） 陆继辂卒（年六十三）		陶樑红豆馆刊《词综补遗》二十卷。 叶申芗刊《天籁斋词选》六卷。 叶申芗辑刊《闽词钞》四卷。 高邮王敬之刊《高邮耆旧诗余》。 范锴《苕溪渔隐词》刊行（见《浔溪词征》）。

1835	道光十五年乙未	项廷纪卒 沈景修生 吴大澂生 高心夔生 吴唐林生 徐熊飞卒		黄燮清《拙宜园集》刊行（词集附）。 孔昭《熏口藤吟舫词》刊行。 张渭《蝶花楼词抄》刊行。 边浴礼《空青馆词》刊行。
1836	道光十六年丙申	汪远孙卒（年四十三，有《借间生词》）	秦恩复家火，宋元精刻秘笈付煨烬，词板亦毁（阮元《秦词序》）。	赵函《飞鸿阁琴意》刊。 朱鋐《月底修箫谱》刊。
1837	道光十七年丁酉	葛金烺生 曹言纯卒 端木国瑚卒（年六十五）		汪远孙《甲子梦余词》刊。 王柏心《子寿秋词》刊。
1838	道光十八年戊戌	奕　绘卒		边浴礼《空青馆词》与诗集合刊。
1839	道光十九年己亥	周　济卒（年五十九） 潘德舆卒（年五十五，有《养一斋词》） 顾广圻卒（年七十）	鸦片战争事起，林则徐与粤督邓廷桢共赋《高阳台·咏鸦片》。	叶申芗刊《天籁轩词选》六卷。 孔氏玉虹楼刻《阙里孔氏词抄》五卷。
1840	道光二十年庚子	宝　廷生 朱　绶卒	是年元旦，诏留林则徐督粤，以邓廷桢移督两江。迨抵金陵，邓寄林则徐《酷相思》，有句："侬去也，心应碎。君住也，心应碎。"	汪远孙《清尊集》十六卷，钱塘振绮堂刊行。 释子璞《清梦轩诗余》刊。 江远孙《借间生词》刊行。

1841	道光二十一年辛丑	龚自珍卒（年五十） 冯登府卒 李兆洛卒（年七十三）	蒋敦复为僧于南汇，一夕和《山中白云》三十余首（《蒋剑人年谱》）。	钱裕有《真意斋词谱》刊行（吴门敦本堂本）。
1842 1843	道光二十二年壬寅 道光二十三年癸卯	王先谦生 秦恩复卒（年八十四，刻《词学全书》） 李富孙卒（年八十，有《曝书亭词注》） 冯　煦生 陈文述卒（年七十三）	二月，许玉琳、黄玉阶邀陈澧与谭莹、沈世良、徐灏等为越台词社于学海堂。	三月，陈澧撰《唐宋歌词新谱》（见自序）。 张应昌《烟波渔唱词钞》正、续集刊行。张湄《蝶花楼词抄续集》刊行。
1844	道光二十四年甲辰	缪荃孙生	秋，陈澧于赣，舟中编所为词，题曰《灯前细雨词》。	谢元淮《寄默山房诗余》精刊（朱墨套印）。
1845	道光二十五年乙巳	诸可宝生 陶方琦生		彭兆荪《小谟觞馆词》刊行。
1847	道光二十七年丁未	蒋师辙生		黄曾《瓶隐山房词》刊行。 徐钪《词苑丛谈》，由《海山仙馆丛书》刊行。
1848	道光二十八年戊申	孙诒让生 王仁堪生 黄遵宪生		吴江陆莹序其《问花楼词》，松滋谢元淮刊其所著《碎金词谱》。 蒋敦复妇支机序其《芬陀利室词》。
1849	道光二十九年己酉	王鹏运生 徐　琪生		番禺沈世良、许玉彬合刊《粤东词钞初编》。

1850	道光三十年庚戌	张　鉴卒（年八十三） 林则徐卒 皮锡瑞生 沈曾植（寐叟）生于京师南横街寓次。（王蘧常撰《沈谱》） 董国华卒（年七十八，有《云寿堂词》） 盛　昱生		方廷瑚序杨夔生《真松阁词》。
1851	咸丰元年辛亥		是年蒋春霖为淮南盐官（《水云楼词》甘州序）。	
1852	咸丰二年壬子	潘曾沂卒 刘喜海卒		
1853	咸丰三年癸丑	汤贻芬卒（年七十六） 姚　椿卒（年七十七）	是年十一月二十七日，官军收复扬州，蒋春霖作《扬州慢》。	钱塘金绳武辑刊《评花仙馆词》。潘德舆《养一斋词》刊行。 孙瀜辑刊《同人词选》。
1854	咸丰四年甲寅		蒋敦复为上海制造局英人艾约瑟西席，与法兰西学士院教授儒莲 Stanislas Julien 通讯，讨论中国文学。	吴江翁大年校辑文澜阁本《乐府指迷》于《晚翠轩丛书》。 龙启瑞《汉南春柳词钞》，有临桂唐岳《师友文钞》录本。 黎兆勋《葑烟亭词钞》，由敦

				复堂刊行。 潘曾玮《玉洤词》刊行。 番禺沈世良《棣华室词》刊行。 阮恩滦《慈晖馆词草》刊行。
1855	咸丰五年乙卯	包世臣卒（年八十一，序《月底修箫谱》） 顾印愚生	刘履芬遇孙月坡于吴门，年六十余（《词径跋》）。	王庆勋《诒安堂诗余》刊行。 孙麟趾《绝妙近词》六卷刊。
1856	咸丰六年丙辰	七月二十八日，郑文焯生于大梁节署（戴诚撰郑谱自序） 十一月二十六日，文廷式生于潮州府（钱萼孙撰文谱） 陈　衍生		邵瑸《情田词》刊。高恩齐等撰《聚红榭雅集词》刊。 秦兰焦《诗余音》刊。
1857	咸丰七年丁巳	朱祖谋生 陶　梁卒（年八十六，有《红豆树馆词》）		汇刻娄东七子程庭鹭等家为《沧江乐府》。
1858	咸丰八年戊午	沈瑜庆生 龙启瑞卒（年四十五） 程庭鹭卒 朱骏声卒（年七十一，有《词说》二卷，《选词九十调谱》二卷）	承龄于冠山作《水龙吟·咏水车》，凡七易稿（《冰蚕词》）。	赵我佩《碧桃馆词》刊行。 许谨身《师竹词抄》刊行。 丁至和《萍绿词》刊行。 潘遵璈《香隐庵词》刊行。

1859	咸丰九年己未	杨传第卒（包世臣女夫，有《汀鹭词》） 张维屏卒（年八十） 况周颐生		王锡振《茂陵秋雨词》刊行。 王锡振《龙壁山房词》二卷刊。
1860	咸丰十年庚申	宋翔凤卒（年八十五） 顾　翰卒 陈　蜕生 江　标生	重九，杜文澜以《西岐登高》之作寄蒋春霖，蒋和以《霜叶飞》（《水云楼词》）。 赵起以城陷，一门七十余口投约园池中死。	贵筑陈钟祥《香草词》等五种刊。 钱国珍《寄庐词存》刊行。 王学增序杜文澜《采香词》。 李肇增辑刊《淮海秋笳集》。
1861	咸丰十一年辛酉			杜文澜刊《词律补遗》及《校勘记》于《曼陀罗华阁丛书》。 《梦窗词》四卷《补遗》一卷刊行。 蒋春霖《水云楼词》刊行。
1862	同治元年壬戌	周之琦卒（年八十一） 张祥河卒	宗源瀚居泰州时，兵戈方盛，文士多渡江而至（《水云楼续序》）。	孙祐培《味红阁词》刊行。 陈元鼎《苑央宣福馆吹月词》刊行。 杨希闵成《词轨》八卷，《补录》六卷。
1864	同治三年甲子	姚　燮卒（年六十，有《玉笛栖词学标准》八卷） 于式枚生	是年，六月十六日，克金陵。丁日昌任苏松太道，蒋敦复入其幕。	王锡振再刻《龙壁堂词》（自题云：近作二卷，仍附庚申所刊词之后）。

		李希圣生 黄爕清卒		张鸿卓《绿竹词》与朱紫鹤《万竹楼词》合刻。
1865	同治四年乙丑	承　龄卒 谭嗣同生	蒋春霖与婉君泛舟黄橘，翌年题《琵琶仙》(《水云楼续集》)。	薛时雨《藤香馆词》刊。 阳湖陆初望《怀白轩词》刊。
1866	同治五年丙寅			何绍基《东洲草堂诗余》一卷刊(附全集内)。 张曜孙辑刊《同声集》。
1867	同治六年丁卯	蒋敦复卒 曾习经生		蒯德模序王映薇《漱润斋诗余》。
1868	同治七年戊辰	蒋春霖卒 (年五十一)		金冬心《自度曲》刊。 丁丙《西泠五布衣集》刊行。 西泠王氏刊行赵庆熺《香销酒醒词》。
1869	同治八年己巳	石赞清卒		江顺诒愿为《明镜室词稿》刊行，如冠九序之。 丁绍仪《听秋声馆词话》刊于福州。
1870	同治九年庚午	吴熙载卒		孙德祖《寄笼词》刊。 陈嘉《茶梦厂词稿》等集刊行。 张观美《寄影轩词稿》刊行。

1871	同治十年辛未	谭　莹卒（年七十二，有《论词绝句》）		齐学裘《云起楼词》刊行。 许宗衡《玉井山馆诗余》刊行。 汤承烈序陆循烈《鸥汀词》。 汪士进《鬘云轩词》刊行。 赵国华《青草堂诗余》刊行。
1872	同治十一年壬申			《滂喜斋丛书》刊陈寿祺《比部遗集》（有《青芙馆词抄》、《二韭室诗余》） 蒋彬蔚跋汪士进《鬘云轩词》。 张炳坤序《国朝词综续编》。 王诒寿《望月词》、《花影词》刊行。
1873	同治十二年癸酉	王柏心卒 何绍基卒		潘祖荫重刊周济《宋四家词选》。 黄燮清《国朝词综续编》二十四卷、宗景藩刊行。 何兆瀛《心厂词存》刊。 诸可宝序《词综续编》。 赵口俞《瘦鹤轩词》刊。 唐爊《苏厂诗余》刊。 兴化刘熙载撰

				《艺概》(内有《词曲概》)行世。 徐本立《词律拾遗》刊行。 是冬，宗源瀚序《水云楼词续集》。
1874	同治十三年甲戌			韩闻南《雪鸿吟馆词》刊。 丰润赵国华辑刊《明湖四家词钞》。
1875	光绪元年乙亥	丁　晏卒(年八十二) 麦孺博生		管绳莱《凤孙楼词》刊行。 恩锡蕴《兰吟馆诗余》刊行。 沈景修《井华词》刊行。 顾复初《绛纱词稿》刊行。
1876	光绪二年丙子	王锡振卒 顾　春卒	是时，吴中文讌多在顾文彬之怡园。	杜文澜刻《词律》。 顾翰《拜石山房词钞》刊行。 万树《词律》及《词律拾遗》有石印本。 《水云楼词续集》有严州刊本。
1877	光绪三年丁丑	王国维生		莲池书局刊蒋日豫《侑石遗书》(有《秋雅词》)。 沈道宽《话山草堂词钞》刊行。

1878	光绪四年戊寅	庄　棫卒 潘曾莹卒	汪藻《绣蝶厂词钞》刊行。 谭献批周止庵《词辨》刊行。
1879	光绪五年己卯	刘履芬卒	江荫葛《湘春艳词》刊行。 吴鼒《吴学士百调一萼红词》刊行。 许增刊郭麐《灵芬馆词》。
1880	光绪六年庚辰	勒方锜卒	邓由熙《莲漪词》，江左书局刊行。 顾复初《梅影厂词》刊行。 邗江承启堂据秦恩复辑《词学丛书》重刊。
1881	光绪七年辛巳	王诒寿卒（年五十二） 杜文澜卒 刘熙载卒（年六十九） 汪曰桢卒	江顺诒辑刊《词学集成》八卷。 姚诗雅《景石斋词略》刊行。 汪渊《藕丝词》刊。
1882	光绪八年壬午	陈　澧卒（年七十三，有《忆江南馆词》）	谭献撰《箧中词》六卷，刊于《半厂丛书》。 吴宝生《箨仙词稿》活字本刊行。 沈莹《留鸥吟馆词存》刊。 姚正镛《吾意厂长短句甲乙稿》刊。

1883	光绪九年癸未	潘曾绶卒 吴　云卒 秦湘业卒		刘荃、刘大受等刊《影事词存初稿》六卷。 怀宁《江上小蓬莱吟舫诗余》家刻。 张景祁《新蘅词》刊行。 石赞清《紫荃山馆诗余》刊行。
1884	光绪十年甲申	周寿昌卒（年七十一，有《词钞》） 周星誉卒（年五十九） 陶方琦卒（年四十，有《兰当馆词》）		顾文彬《眉绿词》刊行。 方濬颐《古香凹诗余》刊行。 应宝时《射雕词》由《红蕉馆丛书》刊行。 长乐谢章铤《赌棋山庄词话》刻于南昌。 项廷纪《忆云词》刊入《榆园丛刻》。 刘淮年《约园词》刊行。
1885	光绪十一年乙酉	薛时雨卒（年六十八，有《藤花香馆词》） 张文虎卒（年七十八，校《论白石旁谱》）		吴唐林编刊《侯鲭集》五卷于杭州。 袁通《捧月楼绮语》刊行。 题冰馆主人《冰鸥词钞》刊行。 南海谢朝征笺《白香词谱》印行。 长洲王韬刊蒋敦复《芬陀利

			室词话》三卷。丁丙《西泠词萃》，由是年起至十三年刊完。窥生《铁斋词》三种刊行。胡薇元《大云楼词》刊行。杜文澜刊校戈载《七家词选》七卷。
1886	光绪十二年丙戌		王廷鼎《紫薇花馆词稿》刊行。孔传志《清涛词》刊行。张云骧《冰壶词》刊行。
1887	光绪十三年丁亥		冯煦选《宋六十一家词》十二卷，刊于《蒙香室丛书》。郭钟岳《和天倪斋词》刊。成肇麟辑刊《唐五代词选》二卷。潘曾玮《咏花词》刊行。陈克劬《红豆帘琴意》刊行。
1888	光绪十四年戊子	龚易图卒	钱塘汪氏据明毛晋本《宋名家词》重刊。王鹏运辑《四印斋所刻词》，临桂王氏家塾景刊，附四印

				斋汇刻《宋元三十一家词》。王颐正《痕梦词》刊行。
1889	光绪十五年己丑	方濬颐卒 汪士铎卒（年八十六，有《悔翁词》）		粟香室覆刊侯文灿《十名家词集》。 张炳坤《抱己楼词》刊行。 蒋左贤《梅边笛谱》刊。 朱景行《咏花馆诗余》刊（与《南唐二主词》合刊一册）。
1890	光绪十六年庚寅	宝　廷卒 潘祖荫卒（年六十一） 葛金烺卒		叶衍兰《秋梦厂词》刊。 王先谦编刊《诗余偶抄》六种。 彭銮编刊《薇省同声集》。 郑文焯刊《词源斠律》二卷，潘祖荫为之序。 香海阁刊杨文斌辑《三李词》。
1891	光绪十七年辛卯			海丰吴重熹刻《山左人词十九种》（四十六卷）。 杨芳灿《听雨小楼词稿》，由西溪草堂活字板刊行。 周天麐《水云欸乃》、《泥爪

				词》、《竹窗秋籁》、《悔余词》与萧恒贞《月楼琴趣》合刊。
1892	光绪十八年壬辰	端木埰卒（年七十七，有《碧瀣词》）		海宁曹宗载编《硖川词钞》刊行（双山讲舍刊）。 徐琪刊程颂万（子大）《厂鞬词》于广州。 扫叶山房重刻杜文澜《曼陀罗华阁词》（附丛书中）。
1893	光绪十九年癸巳	许庚身卒 王仁堪卒		刘炳照《留云借月庵词》刊行。 史念祖《弢园词》刊行。
1894	光绪二十年甲午	刘裕钊卒 孙衣言卒 李慈铭卒（年六十六）	十一月礼部右侍郎志锐（伯愚）出为乌里雅苏参赞大臣，文廷式有《八声甘州》送之（文谱）。	丹徒陈廷焯《白雨斋词话》八卷刊行。 黄振钧《比玉楼遗稿》刊。 朱绶《知止堂词录》，由湖南思贤书局刊行。
1895	光绪二十一年乙未			文廷式《云起轩词钞》刊。 王鹏运《味黎词》刊行。 清绮轩重刊夏秉衡《历朝词选》。 谭献编《粤东三家词钞》刊行。

			丁绍仪编《国朝词综补遗》，是年有《心禅题记》。 江标辑《宋元名家词》，湖南思贤书局刊行。
1896	光绪二十二年丙申		江阴缪荃孙辑刊《国朝常州词录》三十一卷。 临桂况周颐辑《粤西词见》二卷，刊于金陵。 徐乃昌刊金绳武、汪淑娟《评花仙馆词合集》。
1897	光绪二十三年丁酉 叶衍兰卒		
1898	光绪二十四年戊戌	王鹏运举咫村词社，郑大鹤（文焯）、朱古微（祖谋）、宋育仁皆社友（郑谱）。	贺双卿《雪压轩词》刊行（《闺秀词》）。 昆池钓徒辑《海淀酬唱集》刊行。 徐乃昌檀栾室汇刻《闺秀词》十集成（张謇题第一集封里云：光绪二十四年刊行）。 曹元忠刊翁之润《题襟集》于宣南。 李宗祥（拔可之父）《双辛夷楼词》刊行。

				黄家鼐《艺蘅山馆词》刊行。
1899	光绪二十五年己亥	丁　丙卒 江　标卒（年四十） 沈景修卒（年六十五，有《井华词》） 盛　昱卒（年五十）		王鹏运校刻《梦窗词》。
1900	光绪二十六年庚子		拳匪乱，京师陷，王鹏运、朱孝臧坐困危城，以填词写愤，即世所传之《庚子秋词》，和者二百阕。 郑大鹤赋《杨柳》二十六首，《谒金门》三解，每阕以“行不得”、“留不得”、“归不得”之语发端。	杜贵墀《桐花阁词钞》刊行。 庄兰佩《盘珠词》刊行（《十二楼丛书》）。
1901	光绪二十七年辛丑	谭　献卒		海丰吴重熹辑刊《山左人词》（石莲厂刻）。 王锡元《梦鹤词》刊行。 朱隽瀛《玉肩词》刊行。 邵香《听花词》刊行。 胡延苾《刍馆词集》家刻。
1902	光绪二十八年壬寅	吴大澂卒（年六十八）		江陵陈作霖辑刊《国朝金陵词钞》八卷。

			沈砚传为郑叔问（文焯）刊《比竹余音》四卷。
1903	光绪二十九年癸卯	诸可宝卒（年五十九） 许　增卒	
1904	光绪三十年甲辰	蒋师辙卒 翁同龢卒（年七十五） 王鹏运卒（年五十） 文廷式卒（年四十九） 周星诒卒	王鹏运序《檀栾室闺秀词》。
1905	光绪三十一年乙巳	黄遵宪卒（年五十八） 李希圣卒	金武祥、况周颐序《檀栾室闺秀词》。 王鉴《怀荃室诗余》刊行。 朱祖谋《彊村词》刊。
1906	光绪三十二年丙午	俞　樾卒（年八十六，有《春在堂词录》） 易佩绅卒	何震《鞠芬室词甲稿》铅印。 李家濬《撄云阁词》铅印。
1908	光绪三十四年戊申	张鸣珂卒 孙诒让卒（年六十一）	《梦窗词》四卷，《补遗》一卷，《札记》一卷，朱祖谋刊行。 徐琪辑《徐氏一家词》。 沈宗畸编《今词综》一卷，刊于《晨风丛书》。 梁令娴《艺蘅馆词选》印行。

1909	宣统元年己酉	徐乃昌《怀豳杂俎丛书》刊行（词集居泰半）。 梁祚昌《倚萝山馆词钞》刊行。
1910	宣统二年庚戌	沈寐叟（曾植）校刊嘉泰本《白石道人歌曲》，附印《事林广记》卷八《音乐举要》及卷九《乐星图谱》（《沈谱》）。 杨钟羲辑刊《白山词介》五卷。 陈作霖《可园词存》刊于金陵。
1911	宣统三年辛亥	朱祖谋《湖州词征》二十四卷，章震福刊行。 吴江朱和义辑清人自度曲四十七调为《新声谱》，是年徐乃昌为刊于《怀豳杂俎》中。 汪兆镛《雨屋深灯词》及《续稿》印行。 吴兰修《桐花阁词》及《补遗》刊行。

仁和吴昌绶双照楼刊《宋元明本词》，其后武进陶湘续刻完成。

原载星洲《新社学报》

饶宗颐
二十世纪学术文集

卷十三　艺术（上）

中国人民大学出版社
·北京·

卷十三

艺术

目录

书学丛论

卷十三

饶宗颐二十世纪学术文集·艺术

目 录

楚帛书之书法艺术

胡小石《齐吉金表》论金文字体有四派，“其三为齐派，其四为楚派，两者皆出于殷。用笔纤劲而多长。结体则多纵势。所异者：齐书宽博，其季也，笔尚率直而流为精严；楚书流丽，其季也，笔多冤屈而流为奇诡”。又其《古文变迁论》称：“古文有方笔圆笔，圆笔大抵温厚圆转，或取纵势，或取横势。齐楚二派，各极其变。宣厉以来，始盛圆笔，略当于许氏所谓大篆；小篆则为秦书。”胡氏二文，作于一九三三、三四之间。其时古器物出土为数甚少，且多限于铜器铭文，粗作观察，所论不免于偏，未能尽符事实。今楚地出土钟磬竹简帛书，文字资料之丰富，为旷古所未有。其实楚人书法，纵势横势，无不具备。曾侯乙墓钟铭字体作长方形而盘曲奇诡，蔡侯钟更加瘦长，奇古益甚，皆取纵势。若信阳、望山竹简，则较为整饬，结构扁平，唯横画多欹斜，则取横势。纵势近篆，而横势近隶，此其大较也。

楚帛书为整篇长文，共有九百余字。汉初长沙马王堆帛书《相马经》长文可与媲美。《相马经》结体细长，波磔极度夸张，如急之作⿺辶刍，见之作見，开汉简之先路。帛书则行款整齐，行与行之间，字与字之间，疏隔距离，颇为匀称，具见出于苦心经营，构成笔阵。颗颗明珠，行行朗玉，颇异写经之绵密；但疏朗有致，分段处以▭号开之。战国时长篇钞写形制，规模可见。

帛书结体，在篆、隶之间，形体为古文，而行笔则开隶势，所有横笔，微带波挑，收笔往往稍下垂，信阳竹简亦然。汉代篆书仍存此法，如袁安碑五字作⿱一⿱乂一，袁敞碑二字作⿱一ㄱ，开母庙石阙一字作ㄱ，少室石阙三字作⿱二ㄱ，皆可溯其来历，实为楚风，特汉篆更加夸张耳。

帛书横画起笔，多先作一纵点，然后接写横笔。此法在吴天发神谶碑亦擅用之。如⺊（上）丅（下）等字皆是。帛书通篇以此取态，起笔重而住垂缩，横画故意不平不直，而挺劲秀峻。从放大十二倍之真迹照片中，倍见结体运笔之美妙精绝，令人神观飞越，恍与荆楚书家如获亲炙，呼吸相通。不似汉刻、唐拓，非出自手笔，徒有雾里看花之感，所可同日而语。

张怀瓘《六体书论》称："隶书程邈所造，字皆真正，故曰真书。"按分隶之兴，非自秦始，此特指秦隶耳。今观楚帛书已全作隶势，结体扁衡，而分势开张，刻意波发，实开后汉中郎分法之先河，孰谓隶书始于程邈哉？惟帛书用圆笔而不用方，以圆笔而取横势，体隶而笔篆也；若吴天玺碑则作方笔，以方笔而取纵势，体篆而笔近隶也。此为二者之异趣。至于行笔之起讫，则有其共通之处。姚鼐跋夏承碑，谓"隶书有三种，一为未有波磔者，一为波磔兴而未有悬针体，一为晋以来师法羲献有悬针、垂露之别者"。楚帛书用笔浑圆，无所谓悬针，而起讫重轻，藏锋抽颖，风力危峭，于此可悟隶势写法之所祖。

胡小石论八分占极长时间，"隶书既成，增加波磔，以增华饰，则为八分"。又云："今人作书，亦能避去撇捺之笔，在唐，虞褚齐名，虞书内抳，分势少；褚书外拓，分势多。"楚帛书亦倾向于外拓，分势特多，具有褚之神理，体为古文，其实即当日之真书，真书由八分变来，亦带波挑，由帛书可追寻分势之所始，足为书史提供崭新资料，况出于写本真迹，不更可宝贵也耶?!

马王堆帛书艺术序

汉初高祖、孝文之际，为书体篆、隶蜕变之关键时期。陈君松长此书，分析轪侯墓出土文书为三大类：篆形而隶势，一也；古隶旧貌，二也；汉隶新型，三也。譬之草木，区以别矣。所论可谓扼要。然篆实有二类：笔画圆浑者为玉筯，落笔重而收笔缩小者为悬针。悬针一体，侯马盟书与楚帛书为其所自出，则全不见于马王堆，盖楚人书风发展另有他途，非此之所及者。故轪侯墓书体，一言以蔽之，纯以隶势为主力，殆所谓八分是矣。

旧说八分肇于王次仲，次仲年代有嬴秦及东汉二说，而次仲其人，亦有上谷人、上谷太守二说，后者似为前说之增饰递变。世传次仲当始皇时，变仓颉旧文为今之隶书，饰以波势，因有双翮冲天之神话。上谷地在居庸，《魏土地记》云："沮阳城有大翮、小翮山，高峦截云，双阜共秀。"正状其八分书张翮之势，郦道元载入《瀔水注》，张怀瓘《书断》言之备矣。

向来书论家无不重视八分，以为非此莫由增长书之体势。传《卫夫人笔阵图》云："凶险可畏如八分，郁拔纵横如古隶。"斯二体者，皆可于本书求之。又云："草书复须篆势八分古隶相杂。""八分更有一波谓之草尾波。"此即习见"也"字、"人"字诸字体。《笔阵图》又云："夫其先须引八分、章草入隶字中，发人意气。"隶必杂用分、草，马王堆笔阵正可探索其中消息，足以追寻书势脉络，八分为书道钤键，于此可思过半矣。

本书所谓古隶，诚不愧郁拔纵横，《春秋事语》与《老子》甲本自为一型，以肥钝圆拙之笔，表欹侧错落之姿。《纵横家书》又是一路，则横画伸长，略带震颤，近《石门颂》而宽绰有余，宛然西汉气度。至所谓谨严之汉隶体，可以《周易》、《相马经》为准绳，扁平、渟蓄而平稳，成熟定型，可谓八分中之章程书。《书断》“八分”项下云：“楷隶初制，大范几同”，“时人用写篇章，或写法令，亦谓之章程书，故梁鹄云钟繇善章程书是也。”云梦秦简即写法令者，已为秦隶之章程书树立楷模。马王堆《老子》、《周易》则书写篇章，亦应属之章程书，开钟繇之先路，可谓儒、道书之写经体，与十六国以降敦煌所出释道之写经体，足以后先媲美。

长沙素为书学重镇，草圣怀素之故乡，李北海《岳麓寺碑》，原石巍然，俯视百代，今又出土大量汉初经典真迹，书林瑰宝，衣被天下。余何幸两度莅临是邦，获睹遗物，欣有宿缘。得君此编，更加叹绝，诚墨澜之梯山，法书之关折，胎格韵流，取则不远，大有裨于书学。用不辞荒陋，为缀数言，聊作喤引。

丙子端阳于香港

由悬泉置汉代纸帛法书名迹谈早期敦煌书家

悬泉置遗址在敦煌市与安西县交界，现属敦煌市五墩乡所辖，西去敦煌市（沙洲）六十公里。处戈壁高地，与三危山为邻，与疏勒河区汉长城烽燧相望。悬泉水自其东南深谷崖壁流出。此地汉武时名悬泉亭，昭帝改称悬泉置。置为汉驿站之专名，东汉末称悬泉邮，唐后改名曰驿。悬泉置遗址面积共二万二千五百平方公尺。《元和郡县图志》四十敦煌县下云：

悬泉水在县东一百三十里，出龙勒山腹。汉将李广利伐大宛还，士众渴乏，引佩刀刺山，飞泉涌出，即此也。

故又名贰师泉（敦煌写卷 P・四七九二）。唐张俅有《贰师泉赋》，其句云："刺崖而雳霹，随刀势而流泉。……三危震而啜啜，泉水荡而潺潺。"（P・二七一二）盖纪实也。今名其水曰吊吊水、甜水井子。

自 1990 年冬至 1991 年夏秋两次发掘，出土器物两千六百五十余件，简牍文书约一万五千枚，年代从西汉武帝太始三年讫东汉永元十三年（101），可谓大量丰收，所获与居延简可相伯仲。其中最令人瞩目者为四件写有汉字之麻质纸，字体大概为草隶，其中一件残存三十字，笔画清晰，瘦朗有力，体势宽博，疏宕匀整，影本见《中国书法》1992 年第 2 期。马啸有文介绍，称之为"王莽残纸"。但据文物研究所李均明兄云：应为魏时物，因其字体已大异章草，接近楷书，与钟繇之《荐季直表》诸帖最为接近，不可能是西汉书体。

另有二件被认为是汉宣帝时的信札，均写于缣帛上，最能引起人们兴趣，影本均见上举《中国书法》同期。两帖尺幅约近现行十六开稿纸。其一是名“元”者致“子方”函件，共十行，总其三百二十一字，行笔浑圆，体扁平，捺处拖长，作蚕头雁尾状，意在篆隶之间，古意盎然。另一件为名“建”者致“中公夫人”信，微有残损，仍残存一百七十五字，笔力劲健，捺、钩及竖笔均夸张作势，与习见敦煌简无大异，间有细笔轻重交错，倍见风神，精妙绝伦，信法书之佳品也。元致子方一札，编号是 90 DXT 108 ③，尺寸为35×15 公分，帛作黄色。关西大学大庭脩主编之《汉简研究的现状和展望》有较佳影片，惜因上下折摺存放，历久墨迹互渗，呈现渍痕，全札释文见该书 149 页，可以参看。内有云：“敦煌乏沓。子方所知也，元不自外，愿子方幸为元买沓一两、绢韦长尺二寸，笔五枚。”又云：“沓欲得其厚可以步行者。子方知元数烦忧难淮为沓，幸＝甚＝。”又云：“子方足下所幸为买沓者，愿以属先来吏，使得及事，幸甚。”对于买沓一事，再三叮嘱。沓或即錔。《汉书·外戚传》：皆铜沓黄金涂，谓以铜冒门限。《说文》：“錔，以金有所冒也。”左昭二十五年传：“季郈之鸡斗，季氏介其鸡，郈氏为之金距。”服虔注：“以金錔距也。”谓以金属冒著于鸡之脚爪以为假距，故季氏之鸡败。元托子方所购之沓厚可以步行者，殆指铜片或革可裹履之物。（《说文》：“鞜，一曰韦韬也。”朱骏声云：“鞜……以革为之，其以金者为錔，今苏俗谓之针裹。”沓亦可借为鞜。）

上述三件，皆书札之类。《汉书·陈遵传》称其善书，与人尺牍，主皆藏去以为荣。《魏志》：胡昭善尺牍，动见模楷。今均不可见。此三札虽非出自名家，但稍存汉人风范，殊为可珍。所传“新莽麻纸”残迹，结句“□恐惶恐白”其上人名惜已残损，虽寥寥不满三十字，而行气疏落，结体安详，峭绝之气，闲雅之容，倜傥朴茂，非晋人所能望其项背，书法价值最高。说者谓东汉只有王稚子阙一二作品具有明显的楷书意味，此纸出土，旧说钟繇为正书之祖（《宣和书谱》）一说不攻自破（马啸语）。至于黄色麻质纸出现之早，更不待论。《御览》六〇五引《桓玄伪事》云：“今诸用简者皆以黄纸代之。”此则为更前之黄纸，即傅咸《纸赋》所云“造纸以当策”者。顷持与高昌寺院所出神玺三年（397）《法华经·普门品》残纸卷末张施题记相比较，张书肆意纵横狂放，笔较肥厚，是行押书，已失楷书轨则。题识言“于冥安县中写讫”，冥安即汉敦煌郡之冥安县，《汉书·地理志》：“冥安，南籍端水出南羌中，西北入其泽，溉民田。”应劭曰：“冥水出北入其泽。”籍端水即冥水，县以冥水得名。张施写于冥安，则此纸虽出土于高昌，应视为敦煌产，张施或亦敦煌郡人矣。

敦煌自东汉末至晋，书家辈出，张芝、索靖尤为著闻。张芝为张奂长子。《后汉书》六十五张奂传云：“长子芝，字伯英，最知名，芝及弟昶字文舒，并善草书，至今称之。”李贤注引王愔《文字志》称其“临池学书，水为之黑，下笔则为楷则”。敦煌古迹有张芝墨池，《沙州都督府图经》云：

> 张芝墨池，在县东北一里，效谷府东南五十步。……于此学书，其池尽墨。书绝世，天下名传。因王羲之《颧书论》云：“临池学书，池水尽黑，好之绝伦，吾弗及也。”又草书出自张芝，时人谓之〔草〕圣。其池年代既远，并磨灭。古老相传，池在前件所。……至〔开元〕四年六月，敦煌县令赵智本到任……寻诸古典，委张芝、索靖俱是敦煌人，各检古迹，具知处所，其年九月，拓上件池中得一石砚，长二尺，阔一尺五寸。乃劝诸张族一十八代孙张仁会……张履古等，令修葺墨池，中立庙及张芝容。

墨池张氏在敦煌名族中地位甚高，人才辈出。张施疑亦其族人。芝父奂乃敦煌郡渊泉县人（据钱大昕说），拜武威太守，殁后武威多为立祠。其后裔繁殖多处。墨池于开元时合张姓阀阅多人重修。李翔《涉道诗》有《秋日过龙兴寺观墨池诗》（P·三八六六），知墨池近于龙兴寺。至《图经》引王羲之《颧书论》亦见于S·三二八七、S·二一四诸号写卷，其中“吾比之钟、张，钟当抗行，或谓过之，张草犹当雁行”等句，即孙过庭《书谱》之所引者，人所共知。悬泉黄麻纸之法书近钟一路，恨书者名缺，无由知其名氏。至颧即皤字。《集韵》八戈：“颧，老儿。”又皤、颧下云：“说文：老人白也。引易贲如皤如，或从页。”“颧书”者，谓老耽书法，即《书谱》“人书俱老”之义。

此两幅帛书，一署名元，一署名建，而缺其姓。元致子方书，按子方一名，汉代人常用之，《急就》篇有郑子方，敦煌帛书有鱼泽候守丞王子方（T, VIII. ii，ooIa）札中言“愿子方幸为刻御史十公印一枚”，则子方乃篆刻家。

古代书者姓名，邈不可考。今从上举资料，张芝、索靖之外，得知有□元、□建及张施诸人，皆敦煌地区书家，足为汉晋书法史增入珍贵资料，不可不记。《三辅决录》云：“赵袭字元嗣为敦煌太守……袭与罗晖亦能草，颇自矜夸，故张伯英与袭同郡。”敦煌书学之盛，于此可见，西陲所出简帛纸和书牍，正其见证矣。

《出土文献研究》第4辑，中华书局，1998

汉天寿二年瓮文跋

日本东京书道博物馆藏东汉桓帝永寿二年（156）三月瓮，1914年在西安出土。瓮之四周有文字二十行，每行九、十、十一、十二字不等。其第二、三行云："直执谨为刘孟陵填厌"。填厌，即镇压。《苍颉解诂》："压，镇也。"《说文》："镇，博压也。"镇与压实为重言复义。

《说苑·辨物》篇："今大旱者阳气太盛以厌于阴，惟填厌之太甚，使阴不能起也。""填厌"一语，已见西汉人书。此言司"直执"之职者，为刘孟陵其人，举行压胜之事。直读为值。"值执"所以执不祥。《风俗通》称神荼郁垒，性能执鬼。此即执之义。瓮文最末二行云："前事以决襄劾，门无辟，四方吏事及土功，急如律令。"襄读为勷，指助劾鬼物。《汉书·艺文志》杂占家有"执不祥劾鬼物八卷"，《抱朴子·论仙》篇称："神仙集中有召神劾鬼之法。"襄劾之劾，指劾鬼物甚明，劾字不见于经，盖汉法也。汉世断狱谓之劾（《书·吕刑正义》）。推之，劾鬼物亦称曰劾。由县告之四方，告即诰，曹植有"诰咎文"，其序云："聊假上帝之命，以诰咎祈福。"瓮文即记诰咎于东西南北，四方吏事以镇压之。四门无辟（阙），则不祥可执矣。西汉执劾有专书，久已失传。今由瓮文可证其事之非诬。东汉河南曲圣卿善为丹书符劾，厌杀鬼神。章帝时有寿光侯能劾百鬼众魅，具见《后汉书·方术传》。

张道陵天师道正一派所传之《北斗经》，每言"太上老君降蜀郡，以永寿二年某月为正一天师说经"。（如《道藏》"伤"字号"太上说西斗记名护身妙经，其他南斗经等，则说在永寿元年”。）此瓮正为永寿二年物，疑与道教不无关系。[1] 桓帝之世，道教寖盛，故延熹八年遣使至苦县祠老子（《续汉书·祭祀志》中）。此瓮出于西安，早期镇压劾鬼之方术，犹见其仿佛，甚可宝也。

至书体方面，多存隶法，视楼兰晋初书牍，及北凉建初对策文（《文物》1978（6）），较为规矩，行书意味尚少。永寿年间之碑刻，若礼器碑（永寿二年）纯作八分，刘平国碑（永寿四年）则为解放之隶体，书风与此瓮文相去未远。若“年”字悬针特长而有力，波磔神态，宛然马王堆遗册之余风。此悬针牵引之法，新莽及东汉仍盛行之（如汉简天凤元年之“簿”字，永元漆案之“年”字皆是）。下至东汉季世尚然，此瓮所见年字，即其一例。书道博物馆藏又有锡制朱漆书绥和二年斗，西汉成帝时物，笔画朴拙浑厚，间存篆势，以中锋出之，尤有足观。

附　永寿二年三月瓮文

永　寿　二年三月己未
朔廿二日己酉直执谨为

刘孟陵填厌县官敢告东方吏
事生于甲乙谋议欲来暴病
足膝书且啼哭夜不得卧便
休不来会事□□□敢告南
方吏事生于丙丁谋议欲来
反还典刑敢告西方吏事
生于庚申谋议欲来暴病
腹□□敢告北方吏事生于
壬癸谋议欲来暴病欲
□无□思□□□□不得履
□□中央吏事生于戊

① 《北斗经》撰作年代可能晚至南宋。张陵于蜀郡造出正一盟威之道，据三国时作《正一法文天师教戒科经》应在汉安元年（142）更在永寿之前。

谋议欲
己〔来〕某义谷□暴病不起
□□□□□□□□□皆不
得来会□□□□□苦以不
□□□□□□□□□门□
服口不能言□□□□□□□
前事以决襄勎门无辟四
方吏事及土功急如律令

1914年西安出土，高21.2公分，口径8.8公分，胴径14.2公分，底径6.1公分。“永寿二年三月己未朔”，又加笔二作三。

晋朱书墓券跋

朱书墓券二枚，日本藏，铅片，纵 33.4 公分，横 4.3 公分，约为西晋早期之物。券前文云："告立之印，恩在墓皇、墓伯、墓长、墓令、丘丞、地下二千石、都尉、延（羡）门伯史、蒿里父老。"凡立墓券，必先开列墓中冥间主管官吏，以为质证。熹平二年张叔敬瓦缶称"丘丞、橅伯、地下二千石、东塚侯、西塚伯"诸名[①]，体例正同。延门即羡门。吴越春秋，吴王葬女与鹤俱入羡门以掩之。墓中道曰羡道，音延，故羡门即墓门也。南齐永明三年刘觊墓券称"土中督邮"，又有"蒿里父老"[②]，与此券合。南唐李昪陵出土者作"蒿里老公"。蒿里，《玉篇》作里，黄泉也。《说文·死部》："薨，死人里也，从死，蒿省声。"张叔敬缶借音作"耗里"。《汉书·武帝纪》："幸泰山、禮高里。"伏俨曰："高里，山名，在泰山。"亦作高里，后来演变为泰山府君。

券文又云："家中守志蛇程氏当父母一臧五棺无责（债）。"蛇乃氏名。《广韵》九麻"姚苌后蛇氏，出后秦略"。《通志·氏族略》有蛇氏，云"见姓苑。姚苌蛇后，南安人。又有建武将军蛇元，望出雁门"。邓名世《姓氏书辨证》九麻作"建义将军蛇立"，又"临晋太守蛇平"。蛇必是程氏之夫姓，守志指守节（李密《陈情表》"舅夺母志"是也）。"臧"即"藏"字，《后汉书·赵岐传》云："先自为寿藏"。李贤注："谓塚圹也"，故一臧即谓一圹。

① 1939 年同蒲路出土。

② 拓本见《文物》1965（6）。

券文言蛇姓程氏在家中守节，当葬其父母，一圹五棺，不用举债。

本券为朱书，字体颇近楼兰晋牍，不甚作波磔，书风朴拙，横笔多易仰为俯（如史、母、子诸字），以风格论，当是晋初时物。近年出土，若晋咸康三年朱曼妻薛卖地宅券，篆书，近天发神谶[①]，刘觊地券则作六朝隶体，皆非丹书。此券远承侯马盟书、沁阳玉简遗风，同属朱书一系统，弥觉可贵。

① 《文物》1965（6）。

关于《平复帖》

《平复帖》原出宋驸马都尉李玮（娶宋仁宗兖国公主）家藏，为《晋贤十四帖》中之一种，米芾《书史》称其从王贻永购得，贻永即五代显宦王溥的孙子。原物装成一大卷，中有开元印及王涯、太平公主的藏印。（《历代名画记》三叙古今公私印记内有“故人宰相王涯印”。）它的收藏历史，可以追溯到唐代。至于宋以后流传的经过，王世襄已有专文，作过极详细的考证。[①]

《宣和书谱》考定书者是陆机，谓其“作于晋武帝初年，前右军兰亭燕集叙大约百余岁。……此恰当属最古”。然泰始初，机方髫龄之年（泰始元年，即 265 年，机才五岁），时吴尚未灭，其说殊不可信。董其昌谓其“书最奇古，惜剥蚀太甚，不入俗子之眼，而笔法圆浑，正如大羹玄酒”。又称：“或云平复乃张芝书。”张丑《铭心籍诗》第二首云：“平复往来属伯英，陆机题品岂真评。”是明人尚有不同的看法，认其属张芝手笔。然自宣和以后，鉴赏家大都依米芾之说，定为陆机所书，已无异议。

陆机能章草，无奈“以宏才掩迹”（梁庾肩吾《书品》）其书名为文学所掩。此帖用秃笔书写，苍劲郁勃，恐是四十前后所书（机卒年四十三岁）。纸本，共八十四字。全文向来无人能够通读，近时启功先生才把全文给以释出。[②] 我怀疑犹有若干字，仍待审定。其起句云：

---

① 见 1957 年第一期《文物参考资料》，又载姜亮夫《陆平原年谱》、《陆机书法》。

② 见《启功丛稿·平复帖》说并释文（26～30 页）。

（日文本载《出版グィヅュスト》，东京，1990 年 4 月 11 日。）

彦先羸瘵，恐难平复，往属初病，虑不止此。

彦先是谁？启老说是贺循，他所执的理由是，因《晋书》循传说及他多病的详情，故可知是贺循。但我们细读贺传，其中有云，“陈敏之乱……循辞以脚疾，手不制笔，又服食寒食散，露发袒身，示不可用。”又“（元）帝承制……循称疾，（王）敦逼不得已、乃舆疾至。……循羸疾不堪拜谒”。这些事情都在太安二年（303）冬，陆机被害之后。（《晋书·惠帝纪》，是年冬十月戊申斫陆机于建春门。）后者且是渡江以后的事，故不能拿来作证据。

与陆机同时有三个人别字叫“彦先”，一是全彦先（见《文选》卷二十四李善注），一是山阴人贺循，一是吴人顾荣。后者二人本传在《晋书》同见于一卷（卷六十八），顾彦先（荣）和机、云兄弟是同乡，且同时入洛，时人号曰三俊（世说赏誉、识鉴刘注引《文士传》），陆与顾时时给人称道、连在一起。像张华说陆“龙跃云津”顾“凤鸣朝阳”之类称赏之词。顾荣纵酒酣畅，曾对张翰说：“惟酒可以忘忧，但无如作病何耳”（《晋书·本传》）。他常常饮酒成病，齐王冏时，他“终日昏酣，不综府事”。我以为《平复帖》里的彦先，如果说是指陆机同乡老友顾荣，似乎亦可讲得通呢！

此帖自唐、宋以来，被公认为晋室法书的瑰宝，又是晋初品评人物的生动史料，帖中“威仪详跱，举动成观，自躯体之美也”诸句，令人仿佛如诵读《世说新语》，多么可爱！原物向来秘藏于内府及私家手里，今得二玄社精印问世，显现于大家之前，比起三希堂之宝，有过之而无不及，学术价值之高，可想而知，故乐为推介如此。

1989 年 11 月

泛论三国碑刻书法

三国是政治上纷乱割据的时代，但在书法史上，却是一个繁花灿烂的时代，正如诗之有“建安”。世积乱离，而文学艺术反蔚然可观。可是，建安十年（205）曹操主张薄葬，禁止立碑（《宋书·礼志》），故三国时期，碑刻骤减。

西汉草隶已盛行，连云港尹湾出土木牍的《神乌傅（赋）》以横向取势，波磔腾挪，书法价值至高，知章草书之体，远有所承，绝非始于章帝，前人早已论之。中文大学文物馆藏之东汉《序宁简》十四枚，首题建初四年（79）即章帝年号，当时民间习用的字体，可见一斑，仍是近八分之隶法。

下至灵帝时代，可以作为断代标准的碑刻，重要的有1991年河南偃师出土的《梁东安乐肥致碑》。肥致是一位方士，能缩地术，出窎入冥，拜掖庭待诏。全碑完整，隶体谨严，颇近《范式碑》。收笔波磔正很规范化。减少纵横气象。此碑立于建宁二年己酉（169），在熹平之前，可看出是汉季通行字体。

前人认为汉代隶法发展至此已饱和，汉祚虽斩，而真、行二体乃是大成的时候（黄伯思说）。有人以为《吴衡阳郡太守葛祚碑》是开始以真书入石，真书居先，起领导作用，所以三国是书体上一大转折点（马宗霍用孙星衍说）。查葛碑出自勾容，石材粗陋，所书吴时葛祚，事迹出自小说《搜神记》不可信任，该碑现仅存碑额，有拓本于日本京都大学。《江苏金石志》则持反对意见，谓吴时尚无此种书法，应属萧梁之物。我们看安徽吴朱然墓出土朱然等的木刺共十四枚，确是秀丽的正书。朱然的名字亦见魏曹真碑所云“奋雷霆于朱然”，指江陵的战役。朱然仕吴至左大司马，卒于魏嘉平元年（249）三月，与葛碑年代相近（吴时衡阳建郡在孙亮太平二年，257）。以此例彼，说吴时尚无真书，似非笃论。

近年长沙走马楼吴简，大量出土，刊布者只一部分，已达二千余枚。门人曾取《嘉禾吏民四家》字体及其偏旁加以分析，与简帛字体及篆隶字形比较，发现它的形构的来源，颇为复杂，有的仍保持八分隶势，如年字悉同于简帛作“丰”。只有丘字全部同于楷书作丘，而横笔仍用隶势，故我认为吴简虽然是胥吏书写的章程书，尚未尽摆脱八分的习惯。有学人取吴简与钟繇书对比，就字形而论，像年字钟作“年”（北图大观帖本长风帖），毕字钟作畢（同上）。而吴简则作㞷、畢形多见，不尽合于楷法，出现最多的“有”字，吴简多扁长且有作有者，正同于隶，甚作有者，钟繇《贺捷表》作有（北图本），其亅形则非吴简所见，故知吴简字形杂糅各体，尚停留在八分阶段，不得目为钟繇的“正书”。

我们不可忘记三国的书法是东汉的延伸，推进一步。东汉末期产生许多大书家，政府又加以提倡，且有文字整理工作，对于书法有大力推动作用。灵帝熹平四年（175）三月，诏诸儒正五经文字，议郎蔡邕为古文、篆、隶三体书之刻石立于太学。三体中的隶，向来称为八分书，今有残石流传。灵帝爱好文学，自造《皇羲篇》五十章，又引诸生能作文赋，待制鸿都，及能为尺牍及工鸟篆者，引召至数十人。为鸿都文学乐松、江览三十二人立图赞，为人诟病，尚书令阳球极谏。但鸿都门下名书家辈出，像师宜官工八分能书称最，大字径丈，小字方寸（后为袁术将）；又梁鹄亦在鸿都门下，工大字，深得王次仲之法，曹操甚重之。鹄弟子毛弘，亦八分名手。

魏正始中，亦立石经，传为邯郸淳书。淳篆法师曹喜，则所擅专者应为悬针篆。魏卫觊曾写邯郸淳《古文尚书》几可乱真，出示淳，淳不能辨别。①故魏的书学，实承接东汉而来。

钟繇为高德钟皓的曾孙，事曹操为黄门侍郎，曾与胡昭同事颍川刘德升。《书断》称升桓灵之时，以行书擅名，丰赡妍美，独步当时。《宣和书谱》则讥其隶法至于扫地。钟、胡二人，以肥瘦分道扬镳。胡书今不可见，二人均工于隶，意者胡之肥，或如后代的萧子云耶？

钟繇工隶、真、行三体，向来说他：“铭石之书，最妙者也；章程书，传

① 见《四体书势》。

梁东安乐肥致碑

秘书教小学者也；行押书，相闻者也。”① 铭石指碑刻，以八分书为主。《书品》说他“妙尽许昌之碑，穷极邺下之牍”。许昌铭石之碑，有人认为即是指黄初元年《上尊号受禅表》，乃属揣度，或以为出梁鹄之手，亦无的证。繇卒于太和四年，想见他在黄初七年，时官太尉，升任太傅前后，地位至高，求书必众。三体书他都是能手。他的行书小楷，法帖流传，如《宣示表》、《还示表》、《荐季直表》、《贺捷表》、《力命表》以至《白骑帖》、《雪定帖》等等，皆出传模或后人假托。

他的书风，谨严而宽绰，似对八分书大力起楷化作用。故徐浩《古迹记》

① 见《古来能书人名》。

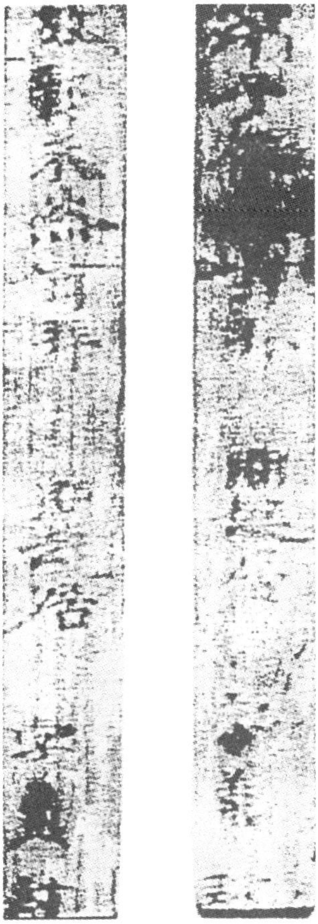

吴朱然墓出土木刺

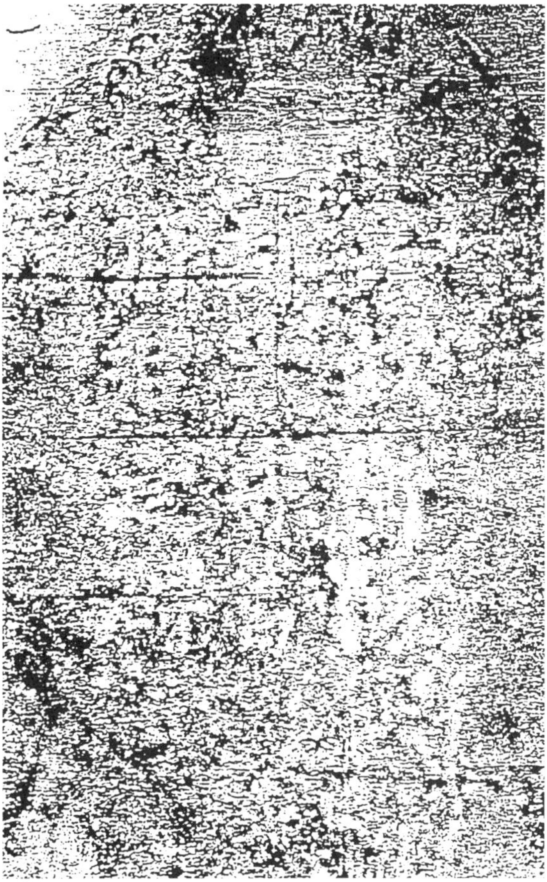

吴衡阳郡太守葛祚碑

谓“钟繇正楷，时莫其先”。赵宧光《寒山帚谈》亦称“小楷世用极博，钟繇二王居然立极”。梁武帝称“逸少学钟书，势巧形密，及其独运，意疏字缓”。钟的神理，正是着重在“疏”和“缓”。稳重雍容，不必作龙蹯虎卧之状，自有浑穆气象，这是他的特点。可惜没有可靠的真迹。自来论书，把他与胡昭相提并论，说胡肥、钟瘦。从郁冈帖《贺捷表》书风看来，结体扁平仍带隶意，而横笔与撇，中间轻秀，不取《鲜于璜碑》之肥厚、凝重为美，与张迁之方笔，全异其轨辙，所谓瘦者，其是之谓乎？

`东汉灵帝以后至三国吴亡，重要可考碑碣之有纪年可征者，表列如次：

一七一　灵帝建宁四年　李翕西狭颂

一八五　灵帝中平二年　曹全碑

一八六　灵帝中平三年　张迁碑
二二〇　魏黄初元年　公卿上尊号表
二二〇以后　魏黄初元年　受禅表
二二一　魏黄初二年　宗圣侯孔羡碑
二二四　魏黄初五年　郃阳残石
二二九　吴黄龙元年　墓砖（反书）
二三一　魏太和五年　曹真残碑
二三五　魏青龙三年　庐江太守范式碑
三四〇　魏正始元年　丘俭纪功石
二五一　吴太元元年　砖（反书）
二六〇　魏景元元年　清河张普墓砖

魏郃阳残石

三国魏黄初五年（224）刻。石于陕西郃阳出土，曾藏郃阳许秉简处，早佚。拓片高 33 公分，宽 22 公分。隶书。残石存二：一为“黄初五”一石 13 字，尾有乾隆五年临汉刻款；一为“我君”一石存 7 字。

二六二　魏景元三年　陈蕴山残石（洛阳出）

二六三　魏景元四年　李苞阁道题字

二六三　吴永安六年　砖文

二六四　魏咸熙元年　题字

二六六　吴甘露二年　胡公辅砖

二七二　孙皓凤凰元年（晋泰始八年）　谷朗碑

二七四　孙皓凤凰三年　砖文

二七五　吴天册元年（晋咸宁元年）　封禅国山碑

二七六　吴天玺元年　天发神谶碑，天玺简氏砖文

　　　　吴天纪（晋咸宁）　砖文

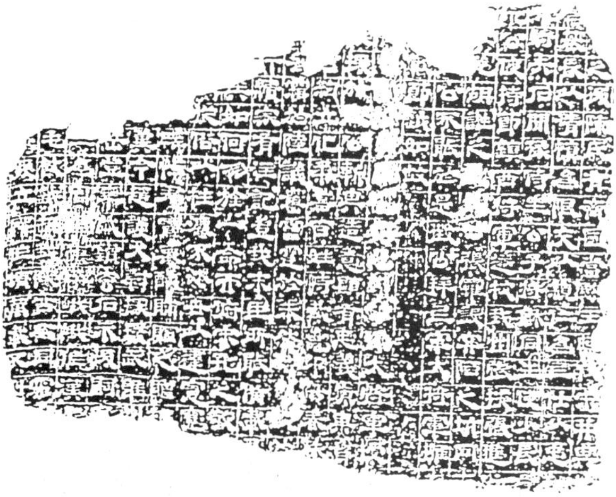

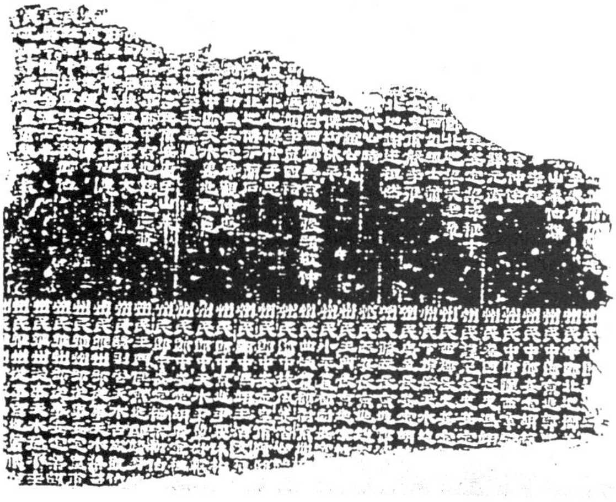

吴曹真残碑

三国魏太和五年（231）刻。残石近代于陕西西安出土。

以上诸石刻，都有正确年月。部分已见于《书道全集》一类图籍。黄初上尊号与受禅二碑，同在许州，故《书品》说出自钟繇。欧公《集古录》亦说："唐贤多传为梁鹄书，今人或谓非鹄也，乃钟繇尔，未知孰是。"闻人牟准以《受禅表》为卫觊的金针八分书，分属二人，今天我们无法判断，但二碑应出一手，分明为魏开国铭石之书的代表作，表现整饰而工秀的隶势，仍是东京的遗韵。孔羡碑结体方整，且有折刀头的夸张笔势，遒劲生动，接近《礼器》，亦是佳书。曹真残碑已入中期，刻于太和五年，由秦州众多州民具名，实为地方性的刻石，隶法甚近王基断碑，"公"字之厶作圆形，波法娴熟，亦算魏书之代表作。郃阳黄初残石与景元陈蕴山墓志都是方笔八分。范式碑立于青龙三年，行笔醇厚，无佻巧之失，的是佳品，有人谓出自蔡邕，恐误。丘俭石、李苞摩崖题字，朴拙高古，二鲍神坐题名数字，仍是飞动的八分书。

葛洪曾著文评吴之失，又讥诮吴人废已习之法，勤苦以学中国之书，有如邯郸学步（《抱朴子外篇·讥惑》）。他说："吴之善书，则有皇象、刘纂、岑伯然、朱季平，皆一代绝手。"又言："皇象、胡昭于今有'书圣'之名"（《抱朴子内篇·辨问》），可见皇象在当时书法界地位。其余刘岑等则未详，仅知刘纂娶孙权的中女[①]，如是而已。

吴人碑刻尚有三数方留存人间，颇为卓绝。谷朗碑原石 1980 年，曾见于湖北博物馆，现移置湖南耒阳蔡伦墓园。谷朗官九真太守，不见于史传。吴时永安六年，交阯郡吏反，杀太守孙谞，叛附曹魏，魏遂别置交阯郡。嗣魏禅位于晋，吴宝鼎元年（即晋泰始二年），吴遣刘俊三击交阯，为晋将毛炅所破，败于合浦。至建衡元年冬，吴始以苍梧太守陶璜围攻交阯，三年五月，吴师十万大举攻交阯，虏晋将毛炅等，九真、日南皆降于吴。谷朗碑云："于时交州窃邑判国，戎车晏驾，迁九真太守。凤凰元年四月卒。"朗任九真守，正当是时，其名字可以补史。碑书隶势方整，近于楼兰出土急就正字残纸，及天玺砖文，盖为当时流行字体。

① 见吴志妃嫔传及胡冲《吴历》。

魏陈蕴山残石

三国魏景元三年（262）9月6日葬。出土于河南洛阳。拓片长36公分，宽32公分。正书。

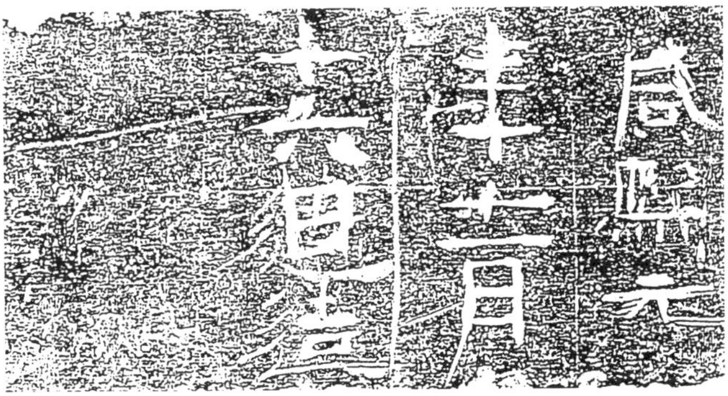

魏咸熙元年题字

三国魏咸熙元年（264）11月16日刻。拓片高23公分，宽45公分。正书。

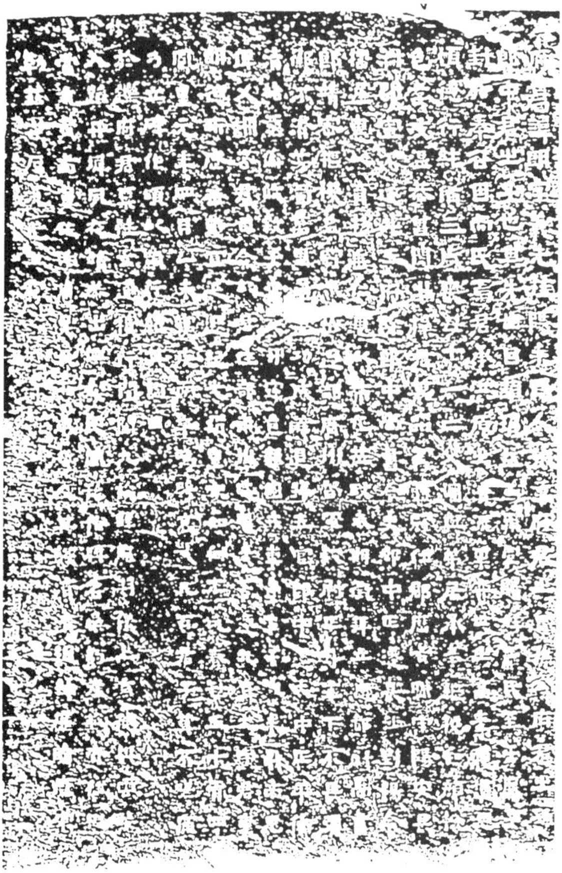

吴谷朗碑

三国吴凤凰元年（272）刻。碑在湖南耒阳。拓片高115公分，宽75公分。

孙皓晚年符瑞之说兴起。晋咸宁元年，有掘地得银尺，上有刻文，改元天册（二年七月，或献小石刻“皇帝”二字），改元年天玺。八月，历阳出石印，翌年改元天纪[1]，封禅国山碑及天发神谶碑皆是时的产物。国山碑在宜兴为圆笔篆书，浑劲无伦。末有“中书东观令史立位中将臣苏建所书”一行，知书者是苏建。天发碑早已折成三段，笔势奇古，历来更受到重视。张勃《吴录》说是出自皇象，黄伯思从之。亦有人认为与国山碑同为苏建所书，均无确证。是碑运笔，乃会合篆隶，取张迁之方折，以入悬针篆，实为一创举。悬针自曹喜以后，亦复流行，此碑化隶之扁平为篆之长方形，起、收笔往往时带一折，起笔崭截而笔收尖细、凝重有力。使人有郁拔奇险的感受。金农、邓石如均师法之，自成新面目，影响甚大。此之偏师，正足以陵轹上国。传

① 《通鉴》，2573页。

世吴之砖文或作“反书”，拙劲古朴。吴书之可宝者莫如陆机《平复帖》，持较楼兰草书简牍，可明吴晋时章草之真貌，久已有印本流传，故不多及，机为陆逊后，应作吴人看待，方为合理。

至于蜀汉，有后主建兴十三年砖文，及章武三年（刘备即位三年亦即后主建兴元年）摩崖题记三行，朴拙可喜。蜀书传世绝少，无可称述。

一般书评无不认为三国是楷法真书成立的标准时代。楷有“楷模”的意思，“方正循纪，修短合度”是一种规范化手续。我认为无论甲骨、金文、大小篆、隶、八分，都有它们楷化、草化的过程。石鼓文齐整凝重，本称曰“岐州石鼓铭”[①]，可说是大篆的楷书。楷化、草化的历程是书法演化的主要规律，还需要好好研究。许多前代重要文书如铭石书与章程书，必出之以庄重，表示主“敬”的精神。楷书之形成有其远源，我们看悬泉镇壁间所出汉平帝元始诏令四时月令长文，虽烂残片，缀合后整篇大致可读，字体方整，全是隶中楷法，应该是当时标准的章程书。所以，我们不能轻易便断言三国是楷书形成的年代。

本文选自2001年5月在香港中文大学举办的

《碑帖与书法国际研讨会论文集》

① 见《隶释》。

吴　天发神谶碑

天发神谶碑跋

李乡农谓："校官碑为汉季隶篆沟通，开国山、天发之前河。"余谓天玺纪功碑乃以隶作篆，而篆势则住笔收尖，用悬针法，故结体开张，大抵上二下三，具见颓若垂颖之态。

汉末悬针篆盛行，大风歌碑曹喜正以悬针书之，中郎《篆势》所谓"针列"是也。《说文·木部》残卷，李阳冰《峿台铭》仍存轨范。明丰考功坊篆书，偶用三体石经悬针法，虽笔力峻绝，而杂用《汗简》、《四声韵》之体，颇乖六书，嗣此则绝响矣。天玺碑横笔以方为起止，势则隶也；而竖画垂凝，下端则用悬针，余故谓其以隶为篆者此也。朱竹垞称其字在篆隶之间，虽古而近拙（《曝书亭集》卷四十八），良然。

江苏金坛1973年出土天玺元年九月十日反书砖，其字体纯为汉隶，与此不同（《文物》1977（6））。惟1896年在浙江平阳县宜山乡所出晋咸康四年丹徒朱曼妻薛买地券（拓本见《文物》1965（6）），偶作篆体欹斜之姿，年、天、宅等字，犹存神谶之遗风云。

敦煌写卷之书法

世人论敦煌艺术，只注意其绘画方面，然莫高窟所出写卷，以数万余计。[①] 其中不少佳书，足供爱好书法者之欣赏。惜散布各地，大部流落异国，未有人加以整理。如从此大量写卷，披沙简金，往往可以见宝，未始不可与碑学相表里，而为法帖增加不少妙品也。

西北出土文书，敦煌石室以外，尚有新疆之吐鲁番、鄯善、库车等地。有名之晋初三国志残卷及日本探险队所得之元康六年（216）诸佛要集经，即为西域所出，其年代较早，可明楷法之由来，又如李柏尺牍，则与晋人书札，可相颉颃，此类皆极重要，以不在本文范围之内，兹不具论。

敦煌写卷，最多为佛经，以伦敦大英博物院所藏而论，佛经占全部六分之五。写经者每于卷末附记时间及书写地址。如秦妇吟、唐人拟作之李陵答苏武书不下数种，有写于敦煌郡金光明寺者。[②] 亦有写于关中者，如《文选·西京赋》李善注，末署“永隆元年（唐高宗，680）二月十九日弘济寺写”，弘济寺在长安，可见石窟经卷，多有从外面携来。写卷上每署书人姓名。[③] 此种写家，唐人谓之“经生”；《宣和书谱》所说张钦元之金刚经，武后时杨庭之

---

① 英伦藏六千余卷，连背面可逾万，法京藏中文卷四千余，前北平图书馆藏九千八百余卷，总数可达二万余。益以俄京及他处私家藏品，确数尚待统计。

② 秦妇吟列法国伯希和目三三八一，末题“天复五年乙丑岁十二月十五日敦煌郡金光明寺学仕张龟写”。答苏武书列伯希和目二六九二，题“壬午年（922）二月二十五日金光明寺学郎索富通写”。

③ 例见上举，亦有写明书某人作品者，如英伦藏大顺元年（890）李庆君写元相公十二月令诗。

五蕴论，即其著例。[1]经生书向来不为人重视，故著录者少，岳珂《宝真斋法书赞》（卷八）收有唐人无名氏楞伽经（草书），其赞有曰："唐世经生笔力便"，此在法书目录中甚为罕睹之例。

敦煌佛经卷皆作正书，甚少作草书。有之，如英伦藏列斯坦因编目（下简称斯目）二三四二、二三六七号，皆长编佛典，字作章草。又文心雕龙草书册子（斯目五四七八起原道篇末至杂文第十四），虽无锁连环之奇，而有风行雨散之致，可与日本皇室所藏相传为贺知章草书《孝经》相媲美。

边陲文书，时见佳品，如天宝十四载帖（斯目三三九二）之韶秀，接武二王；中和四年牒（斯目二五八九）之遒健、天福十四年状（斯目四三八九）之严谨，俱有可观。河西某碑志（斯目三三二九及六九七三）之疏逸，略近虞伯施，类书卷（斯目六〇一一）之圆劲，似出李北海。至于道经韵书之属，可谓颗颗明珠，行行朗玉。或则浑穆（如斯目六一八七），或则纤丽（如斯目三三七〇），其秀润悦人者，虽灵飞经亦不能专美于前矣。

至于俚俗歌词，信笔写录，亦复古朴雄厚，绝无俗态（如斯目五五五六曲子望江南及日本藤井氏藏五更转），以一般而论，写经生取体，大抵蹀躞于虞、欧、褚、薛之间，轻圆滑利，以匀整为美。病在熟而不生，反不如此类之拙而能肆。

经典写卷，以论语、孝经为最夥，字多俗恶。其诗、书、文选，间有精品，如毛诗音卷之整秀，颇近褚河南。《文选》答客难卷之婉润，大似王敬客砖塔铭，试举一二，余可隅反：

石窟所出，亦偶见飞白书，如斯目五九五二有"忍辱波罗蜜"五字，为长兴二年（931）曹氏所书，别具一格。又斯目五四六五有"龙兴寺"三字，亦作飞白，在观音经之后。

又有临摹之作，如斯目三七五三乃临十七帖（有"龙保等平安"句），斯目四六一二及四八一八，皆临圣教序，稍嫌力弱，尚能秀整。

若夫唐代碑拓，保存于石室，尚有一二种，如鲁殿灵光，今存伦敦之化度寺碑，存巴黎之温泉铭，俱脍炙人口，世所熟识。

其书写时代，在隋唐以前者，多存北朝风格，如老子想尔注长卷，结体平扁，波磔广阔，近八分而稍异于今楷。

---

① 《宣和书谱》云："张钦元作真字，喜书道释经，然不堕经生之学，其远法钟繇，唯恐失真。"又云："杨庭为时经生，作字得楷法之妙。长寿间，一时为辈流推许。"敦煌经卷，所见写经生极多，《宣和书谱》所记仅此二人耳。

诸写卷中，别体俗书，触目皆是。昔米芾有诗咏晋帖误用字云：“何必识难字，辛苦笑扬雄，自古写字人，用字或不通，要之皆一戏，不当问拙工，意足我自足，放笔一戏空。”① 我于敦煌写卷，亦有同感。惟此类俗体，如有好事者为之辑录成书，以补隶篇、《楷法溯源》、《碑别字》等书之不逮，更有功于艺林。

张彦远《法书要录》，有唐朝叙书录，窦臮述书赋，于唐人法书，颇多月旦，即于征求保玩，利通货易等委琐之事，时复论及，可谓详尽。今敦煌写卷所见书家，大都当日乡曲经生之辈，边鄙荒壤，有此翰墨林，虽暗晦于一时，终绚烂于千祀。倘得窦氏者流，广赋述书，重为品藻，敦素业而振清风，固寤寐以求之矣。

后记

本篇为数年前所作，比岁以来，中外学人，对此问题，稍有注意者，兹记其重要文献如次，以供参考。

墨美（Bokubi）第九七号（1960年）为“敦煌写经”，由京都大学藤枝晃教授说明，题曰“敦煌写经の字すがた”，所选资料，皆取自伦敦所藏佛经写卷，自西凉建初元年（406），至宋雍熙二年（985），附图三十四幅，印刷精美。

《文物》（1963（3））张铁弦“敦煌古本丛谈”，文中举出巴黎敦煌卷P·二五五五号正面有经生所摹钟繇宣示表一段，及P·三五六一贞观十五年蒋善进临写智永真草千字文残本三十四行，又P·二五五五正面有马云奇作怀素草书歌七古，此皆法京所藏有关书法之资料。②

叶昌炽曾论有唐一代工行书，以缁流为最。自怀仁圣教序出，遂有院体之目（《语石》）。伦敦所藏写经，钞圣教序即有三卷之多。③

唐人写经多出无名氏之手，宋世收藏者，每依托为名书家所书，如宝真斋之《楞伽经》注真迹，旧题褚河南，岳倦翁则疑其为售者所益。柳公权跋唐经生书之《西升经》，亦误谓之褚书，米芾《书史》所以有“能书者未必能鉴”之叹也。敦煌写卷之有裨于书法鉴赏如此。

《东方文化》第5卷第1期，香港大学，1959年

---

① 语见《书史》。

② 《宣和书谱》卷十八录天成间周义之草书赠怀素歌，亦即此类。

③ 见L. Giles新编目录一至三号，其第2之（1）亦即圣教序，参本文附图及S·四八一八号。

敦煌书谱目录

List of Tun-huang Specimens of Chinese Calligraphy

Ⅰ. S. 5952 [A] 飞白书

Fei-pai Style ("flying" brush strokes showing empty white spots)

Ⅱ. S. 5952 [B] 长兴二年曹氏祈福疏

Censor Ts'ao's Prayer. Ch'ang-hsing 2nd Year (A. D. 931)

Ⅲ. S. 2589 中和四年牒(述黄巢战况及甘州回鹘事)

A Dispatch on the Campaign against Huang Ch'ao and on the Kan-chou Uighurs. Chung-ho 4th Year (A. D. 884)

Ⅳ. S. 6973 张氏勋德记

Careers of Members of the Chang Family

Ⅴ. S. 3329 张氏勋德记

Continuation of Ⅳ

Ⅵ. S. 4612 书唐太宗三藏圣教序

Copy of the "Sheng-chiao hsü Calligraphy"

Ⅶ. S. 3753 临十七帖(龙保等平安一段)

Copy of the "Seventeenth Day Calligraphy"

Ⅷ. S. 3392 [A] 天宝十四载制

An Imperial Decree of T'ien-pao 14th Year (A. D. 755)

Ⅸ. S. 3392 [B] 天宝十四载制

Continuation of Ⅷ

Ⅹ. S. 2973 开宝三年司书手马文斌牒并咏象七律

A Dispatch of K'ai-pao 3rd Year (A. D. 970), followed by a Poem on the Elephant, Handscript Copy of Ma Wen-pin

Ⅺ. S. 5644 怀庆写方角书

Calligraphic Square by Huai-ch'ing

Ⅻ. S. 5852 曲子一本

From a Volume of Songs

XIII. S. 6140 道经

From a Taoist Text

XIV. S. 6187 切韵

Fragment from the Ch'ieh-yun

XV. S. 3880 [A] 二十四节气诗李庆君书

Li Ch'ing-chun's Calligraphy of Poems on the 24 Solar Terms

XVI. S. 3880 [B] 二十四节气诗李庆君书

Continuation of XV

XVII. S. 3880 [C] 二十四节气诗李庆君书

Continuation of XV and XVI

XVIII. S. 5697 瓜州残状

Fragment of an Offcial Report Mentioning Kua-chou

XIX. S. 3370 道经（记山神水神）

From a Taoist Text on Mountain and River Fairies

XX. S. 3750 道经（授受五岳图法）

From a Taoist Text about Transmitting the Wu-yueh t'u-fa

XXI. S. 5382 道经（洞真三天正法经）

From Taoist Texts

XXII. S. 5566 [A—B] 曲子望江南

The Song Wang Chiang-nan (Gazing with Longing at the Country South of the Yangtze)

XXIII. S. 4398 天福十四年曹元忠献硇砂牒

Ts'ao Yuan-chung's Letter of T'ien-fu 14th Year (A. D. 949), forwarding a Gift of Sal Ammoniac

XXIV. S. 6011 类书（记马、津梁、关、市等）

Extract from an Encyclopaedia

飞白书

S. 5952［A］ Fei-pai Style（"flying" brush strokes showing empty white spots）

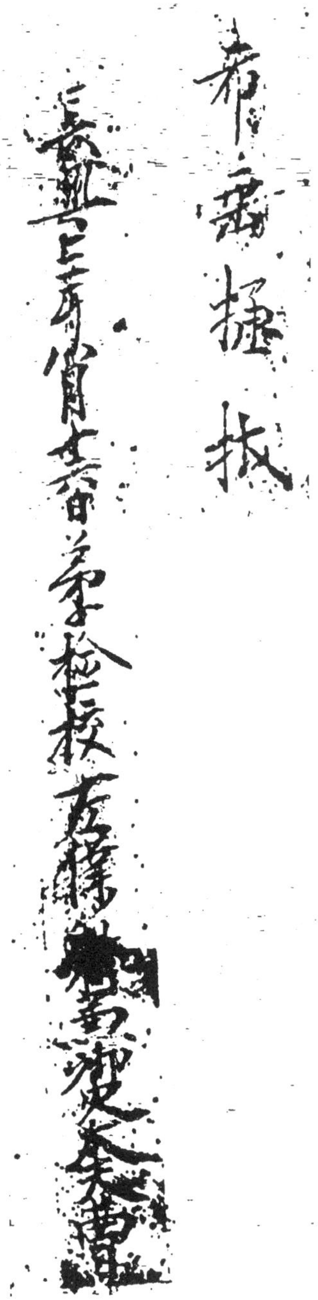

长兴二年曹氏祈福疏

S. 5952［B］ Censor Ts'ao's Prayer. Ch'ang-hsing 2nd Year（A. D. 931）

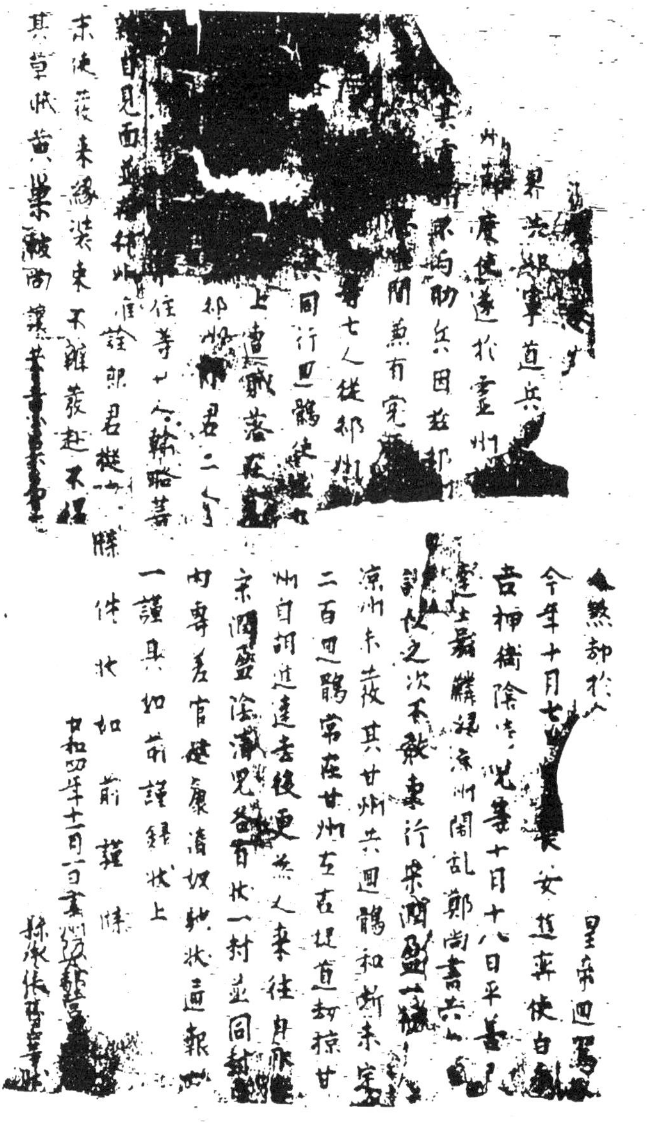

中和四年牒（述黄巢战况及甘州回鹘事）

S. 2589　A Dispatch on the Campaign against Huang Ch'ao and on the Kanchou Uighurs. Chung-ho 4th Year (A. D. 884)

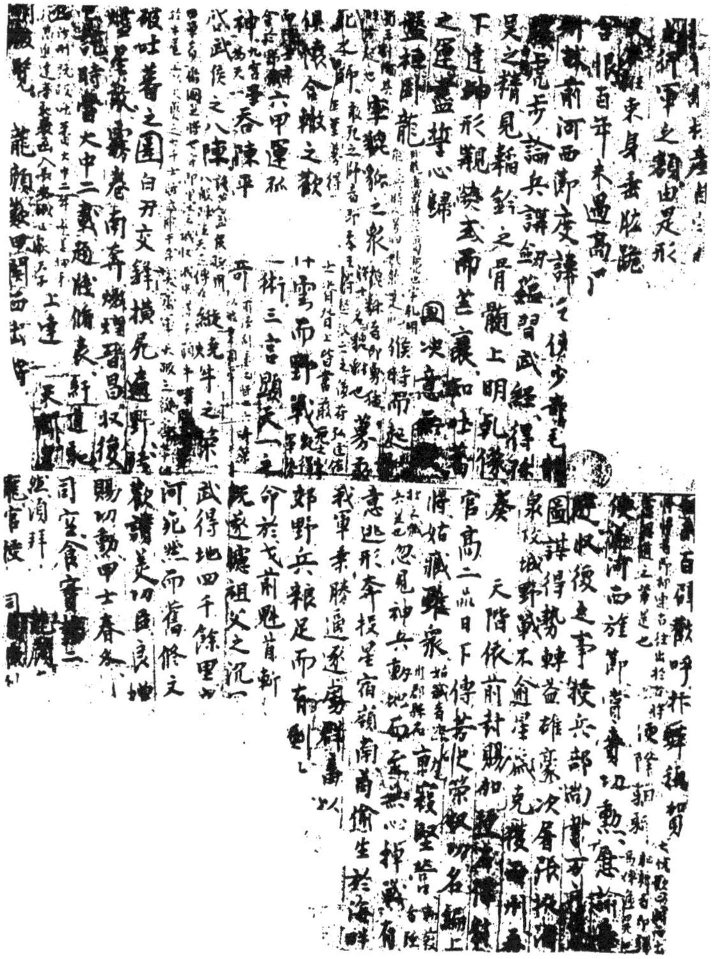

张氏勋德记

S. 6973 Careers of Members of the Chang Family

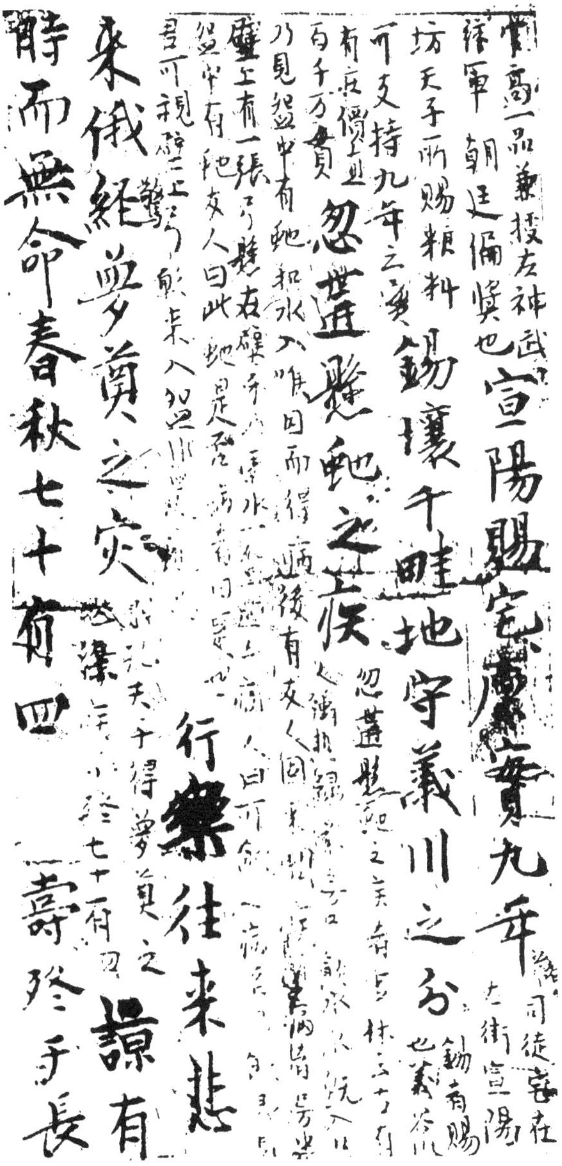

张氏勋德记

S. 3329　Continuation of Ⅳ

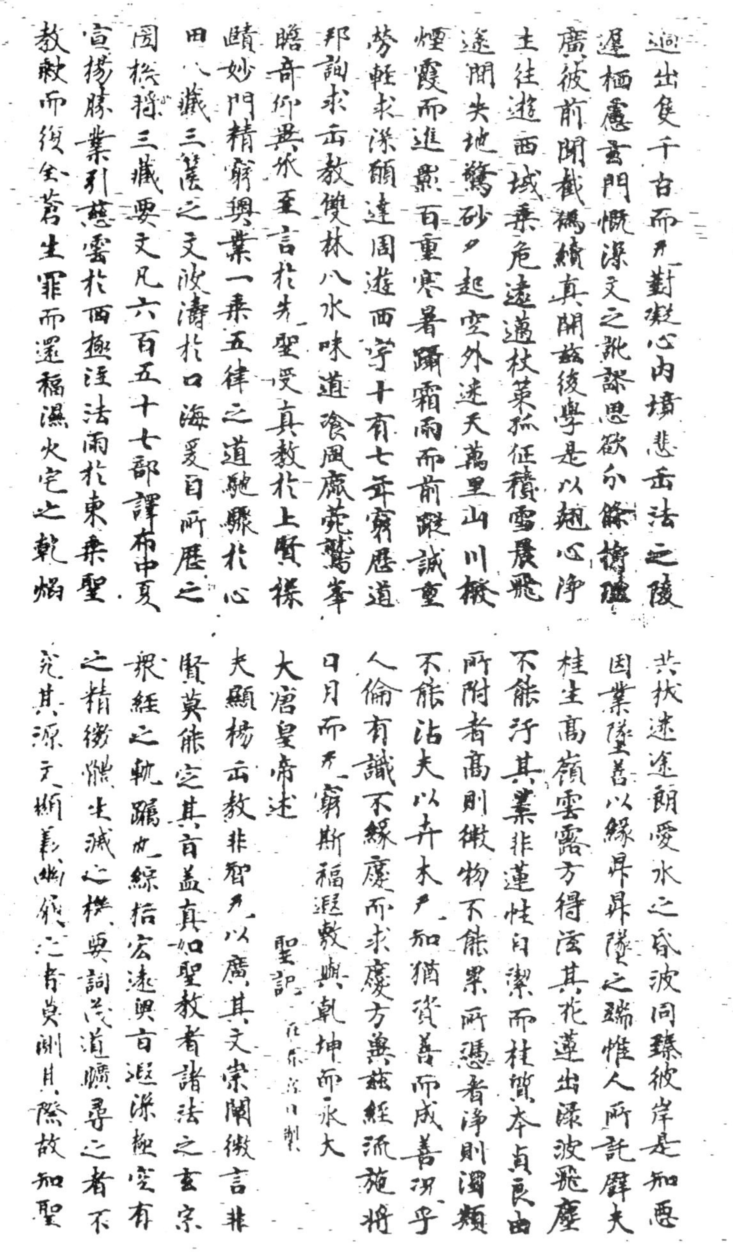

迥出隻千古而無對凝心內境悲正法之陵遲栖慮玄門慨深文之訛謬思欲分條析理廣彼前聞截偽續真開茲後學是以翹心淨土往遊西域乘危遠邁杖策孤征積雪晨飛途間失地驚砂夕起空外迷天萬里山川撥煙霞而進影百重寒暑躡霜雨而前蹤誠重勞輕求深願達周遊西宇十有七年窮歷道邦詢求正教雙林八水味道餐風鹿苑鷲峯瞻奇仰異承至言於先聖受真教於上賢探賾妙門精窮奧業一乘五律之道馳驟於心田八藏三篋之文波濤於口海爰自所歷之國總將三藏要文凡六百五十七部譯布中夏宣揚勝業引慈雲於西極注法雨於東垂聖教缺而復全蒼生罪而還福濕火宅之乾焰共拔迷途朗愛水之昏波同臻彼岸是知惡因業墜善以緣昇昇墜之端惟人所託譬夫桂生高嶺雲露方得泫其花蓮出淥波飛塵不能汙其葉非蓮性自潔而桂質本貞良由所附者高則微物不能累所憑者淨則濁類不能沾夫以卉木無知猶資善而成善況乎人倫有識不緣慶而求慶方冀茲經流施將日月而無窮斯福遐敷與乾坤而永大

大唐皇帝述 聖記 在春宮日製

夫顯揚正教非智無以廣其文崇闡微言非賢莫能定其旨蓋真如聖教者諸法之玄宗眾經之軌躅也綜括宏遠奧旨遐深極空有之精微體生滅之機要詞茂道曠尋之者不究其源文顯義幽履之者莫測其際故知聖

书唐太宗三藏圣教序

S. 4612 Copy of the "Sheng-chiao hsü Calligraphy"

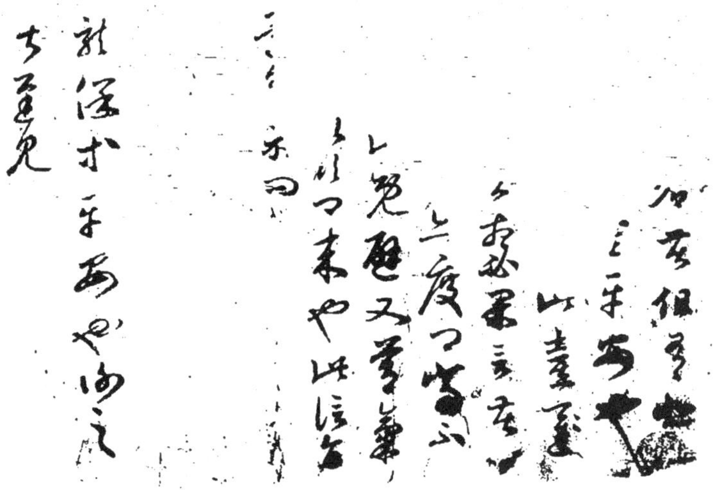

临十七帖（龙保等平安一段）

S. 3753 Copy of the "Seventeenth Day Calligraphy"

天宝十四载制

S. 3392［A］ An Imperial Decree of T'ien-pao 14th Year (A. D. 755)

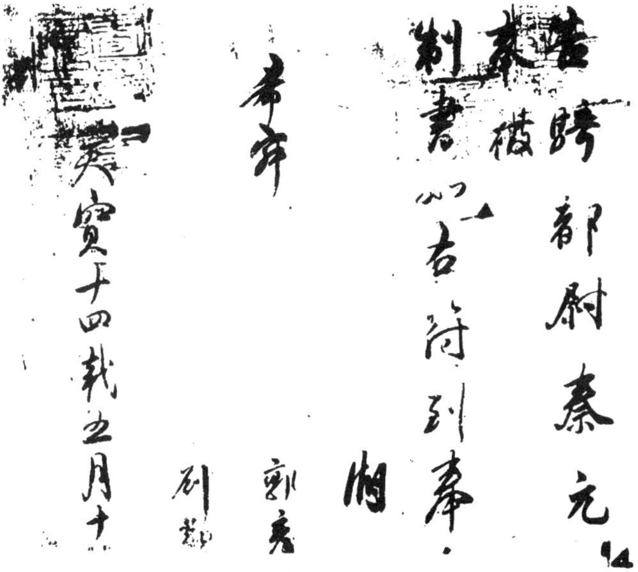

天宝十四载制

S. 3392［B］

Continuation of Ⅷ

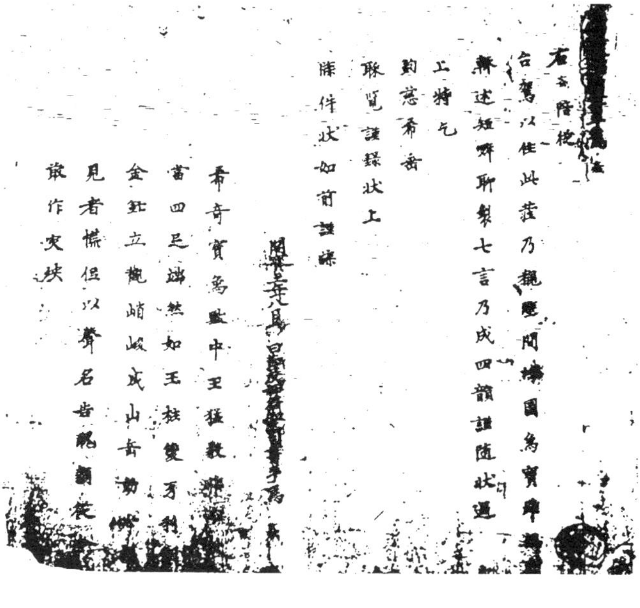

开宝三年司书手马文斌牒并咏象七律

S. 2973 A Dispatch of K'ai-pao 3rd Year (A. D. 970), followed by a Poem on the Elephant, Handscript Copy of Ma Wen-pin

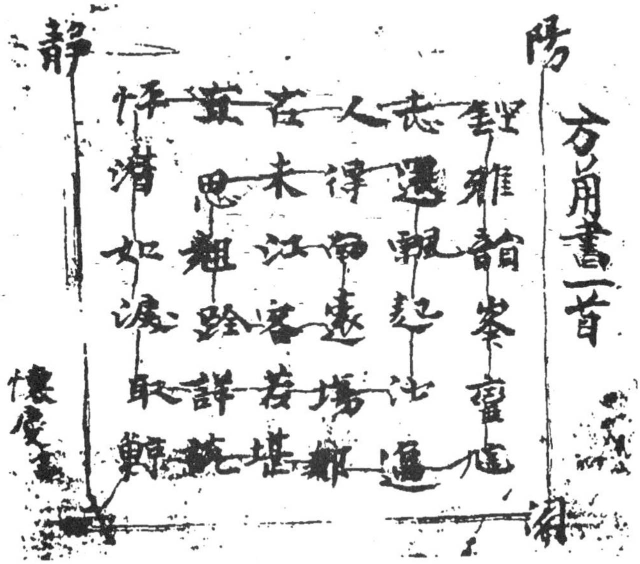

怀庆写方角书

S. 5644 Calligraphic Square by Huai-ch'ing

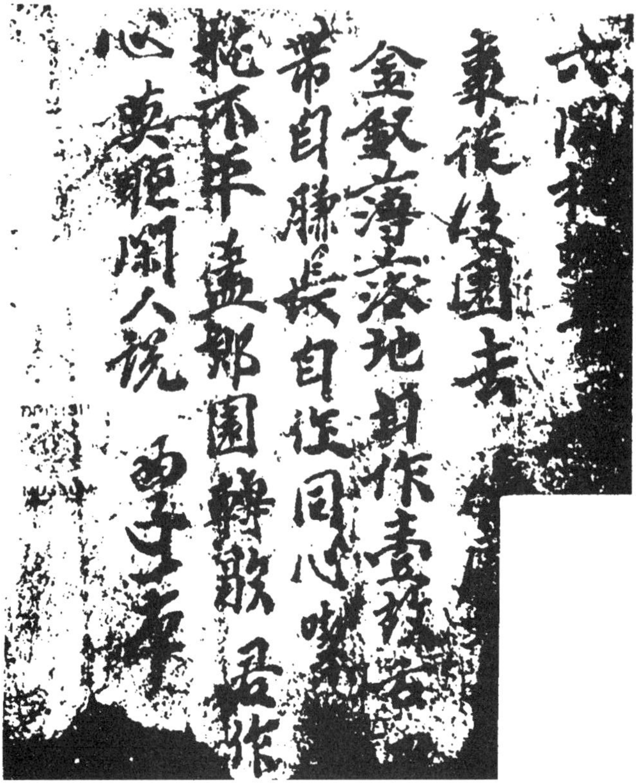

曲子一本

S. 5852 From a Volume of Songs

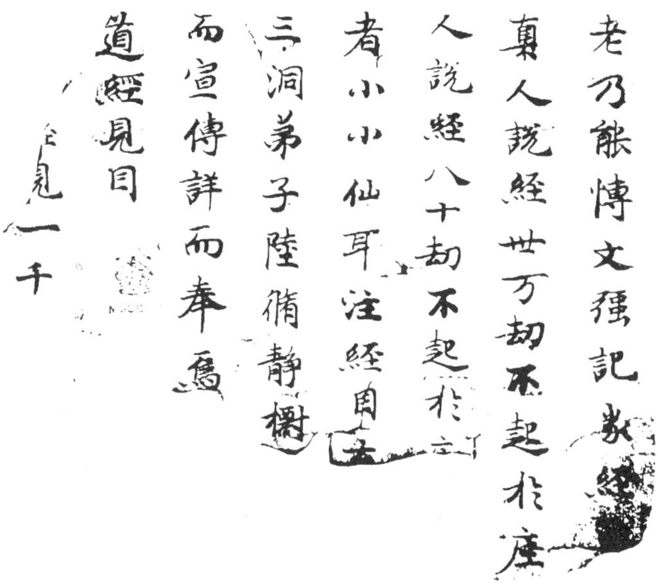

道经

S. 6140 From a Taoist Text

切韵

S. 6187 Fragment from the Ch'ieh-yun

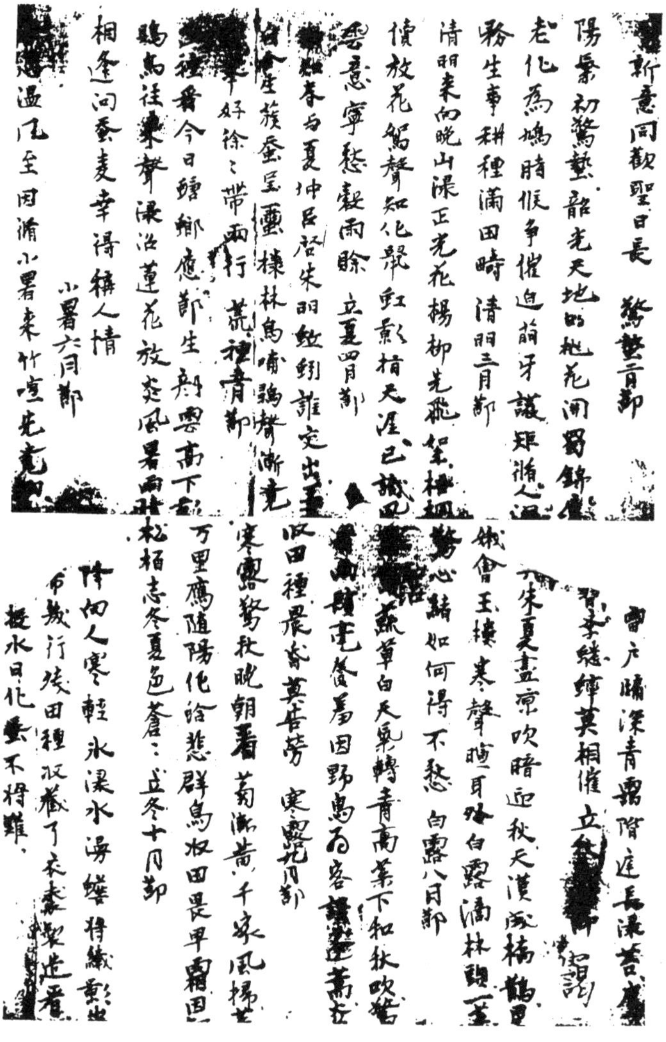

二十四节气诗李庆君书

S. 3880 [A] Li Ch'ing-chun's Calligraphy of Poems on the 24 Solar Terms

新意同歡聖日長　驚蟄二月節
陽氣初驚蟄，韶光大地周，桃花開蜀錦，鷹
老化為鳩，時候爭催迫，萌芽護矩脩，人
務生事，耕種滿田疇。　清明三月節
清明來向晚，山淥正光花，楊柳先飛絮，梧桐
續放花，鴽聲知化鼠，虹影指天涯，已識
雲意，寧愁艱雨賒。　立夏四月節
欲知春與夏，仲呂啟朱明，蚯蚓誰交出
合生，簇蠶呈繭樣，林鳥哺鶵聲，漸覺
好，徐徐帶雨行。　芒種五月節
芒種看今日，螗螂應節生，彤雲高下影
鵙鳥往來聲，淥沼蓮花放，炎風暑雨
相逢問蠶麥，幸得稱人情。　小暑六月節
倏忽溫風至，因循小暑來，竹喧先覺
雷，戶蟠深青霧，階庭長淥苔，鷹
鸇新習學，蟋蟀莫相催。　立[illegible]
不期朱夏盡，涼吹暗迎秋，天漢成橋鵲，母
鷹會主擒，寒聲喧耳外，白露滴林頭，一葉
驚心緒，如何得不愁。　白露八月節
[illegible]蔬草白，天氣轉青高，葉下和秋吹，驚
[illegible]兩鬢毛，養羞因野鳥，為客訝蓬蒿
收田種，農畜莫辭勞。　寒露九月節
寒露驚秋晚，朝看菊漸黃，千家風掃
萬里鴈隨陽，化蛤悲群鳥，收田畏早霜，因
松柏志，冬夏色蒼蒼。　立冬十月節
[illegible]降向人寒，輕冰淥水[illegible]，[illegible]將纖影出
[illegible]歲行，[illegible]田種收藏，了衣裘製造看
[illegible]水日化蜃，不將難。

二十四节气诗李庆君书

S. 3880［B］　Continuation of XV

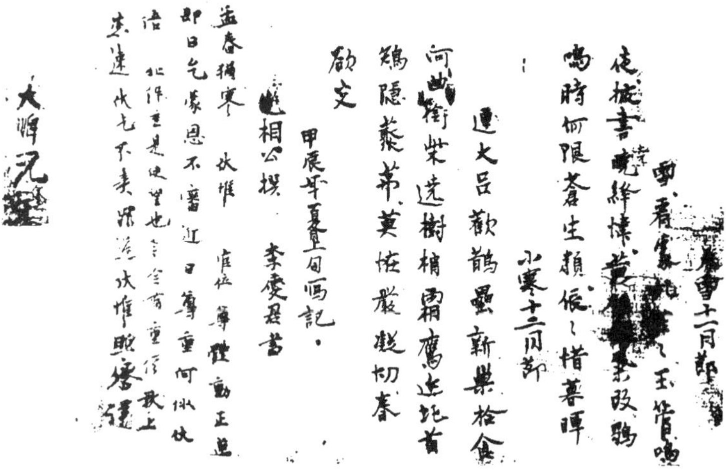

二十四节气诗李庆君书

S. 3880 [C]　Continuation of XV and XVI

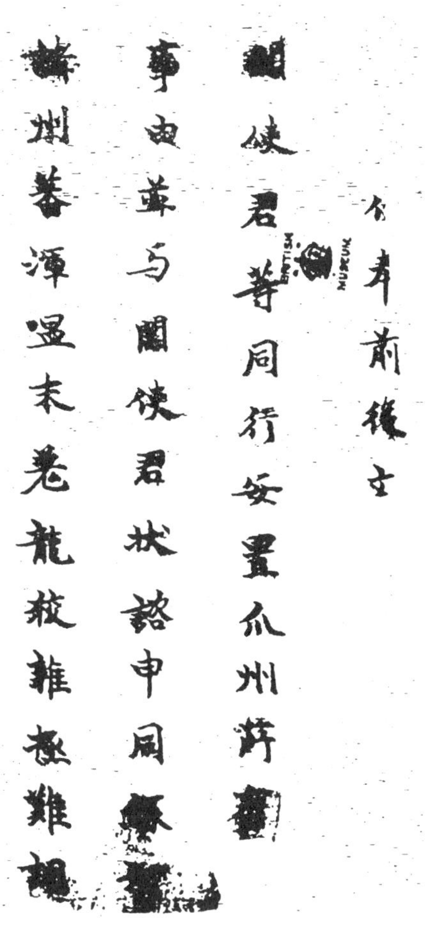

瓜州残状

S. 5697　Fragment of an Official Report Mentioning Kua-chou

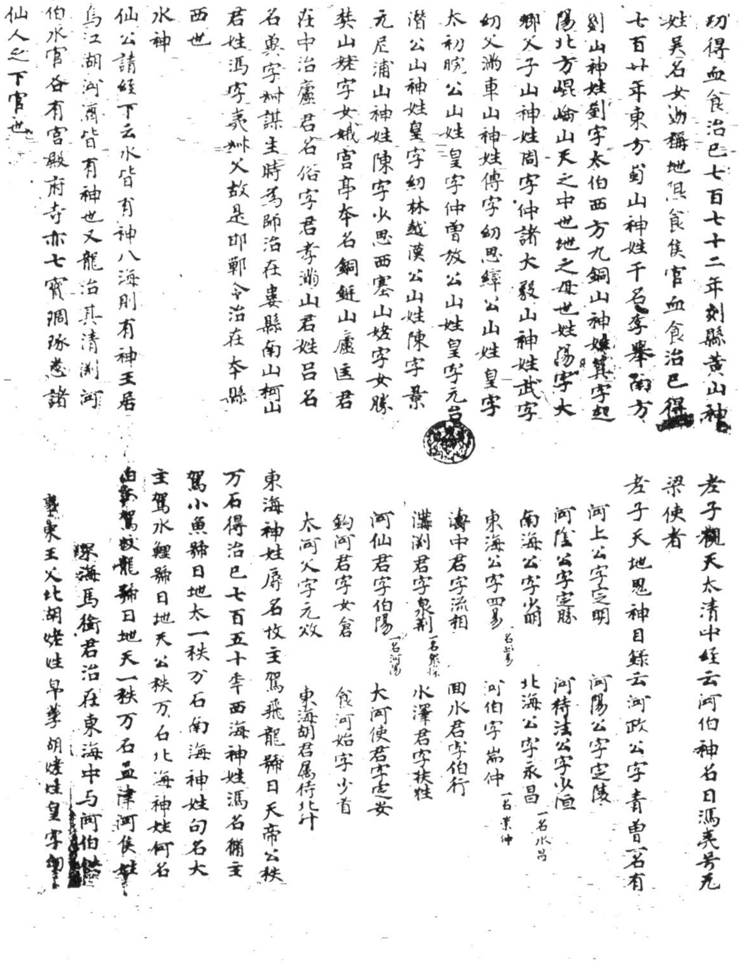
功得血食治巴七百七十二年剡縣黃山神
姓吳名女泑稱地恨食侯官血食治巴得
七百廿年東方剡山神姓于名李舉南方
剡山神姓劉字太伯西方九銅山神姓莫字起
陽北方崐崘山天之中也地之母也姓陽字大
卿父子山神姓周字仲諸大毅山神姓武字
幼父泑東山神姓傅字幼思緯公山姓皇字
太初皖公山姓皇字仲曾放公山姓皇字元
潛公山神姓皇字幼林越漢公山姓陳字景
元尼浦山神姓陳字火思西塞山姓字女勝
共山姓字女娥宮亭本名銅鋌山廬匡君
在中治廬君名俗字君孝灊山君姓呂名
名奐字材謀生時為師治在婁縣南山柯山
君姓馮字表材父故是邯鄲令治在本縣
西世
水神
仙公請經下云水皆有神八海則有神王居
烏江湖河瀆皆有神也又龍治其清淵河
伯水官各有宮殿府寺亦七寶琱琢悉諸
仙人之下官也
老子觀天太清中經云河伯神名日馮夷號无
梁使者
老子天地鬼神目錄云河政公字青曾一名有
河上公字定明　河陽公字定陵
河陰公字定勝　河持法公字火恒
南海公字少明　北海公字永昌一名水昌
東海公字四易一名四易　河伯字嵩仲一名棠仲
濟中君字流相　田水君字伯行
灊淵君字泉荊一名泉淋　水澤君字扶姓
河仙君字伯陽一名河陽　大河使君字定安
鉤河君字女倉　食河始字少首
太河父字元效　東海胡君屬侍北斗
東海神姓屏名枝主駕飛龍號日天帝公秩
万石得治巴七百五十年西海神姓馮名循主
駕小魚號日地太一秩万石南海神姓句名大
主駕水鯉號日地天公秩万白北海神姓何名
由主駕蛟龍號日地天一秩万石孟津河侯姓
深海馬銜君治在東海中与河伯
東王父北胡姥姓皁字　胡姥姓皇字

道经（记山神水神）

S. 3370　From a Taoist Text on Mountain and River Fairies

道经（授受五岳图法）

S.3750 From a Taoist Text about Transmitting the Wu-yueh t'u-fa

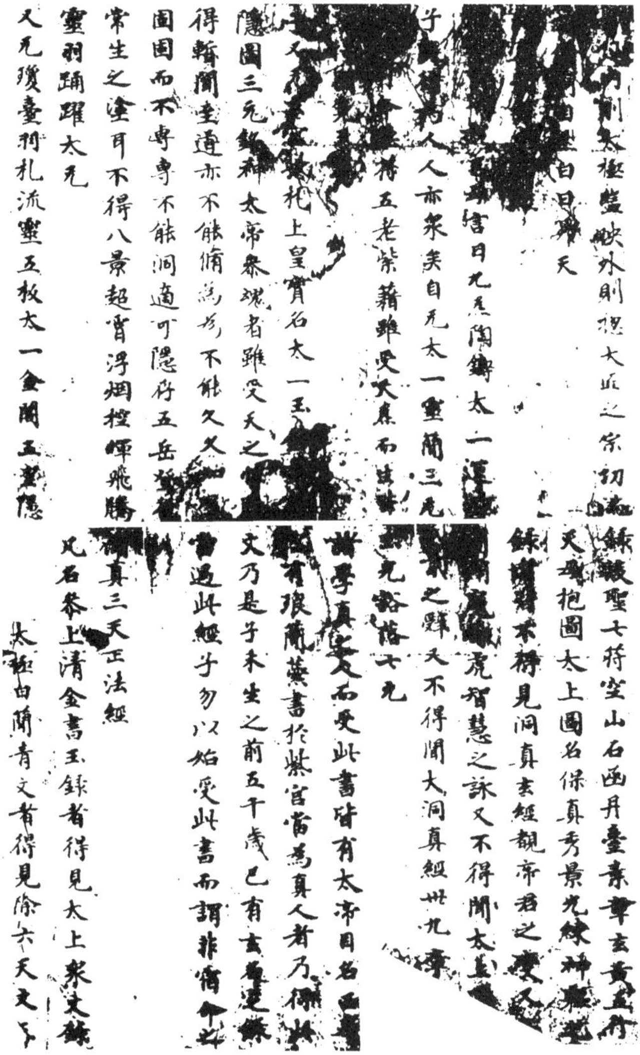

道经（洞真三天正法经）

S. 5382 From Taoist Texts

A

B

曲子望江南

S. 5566［A—B］　The Song Wang Chiang-nan (Gazing with Longing at the Country South of the Yangtze)

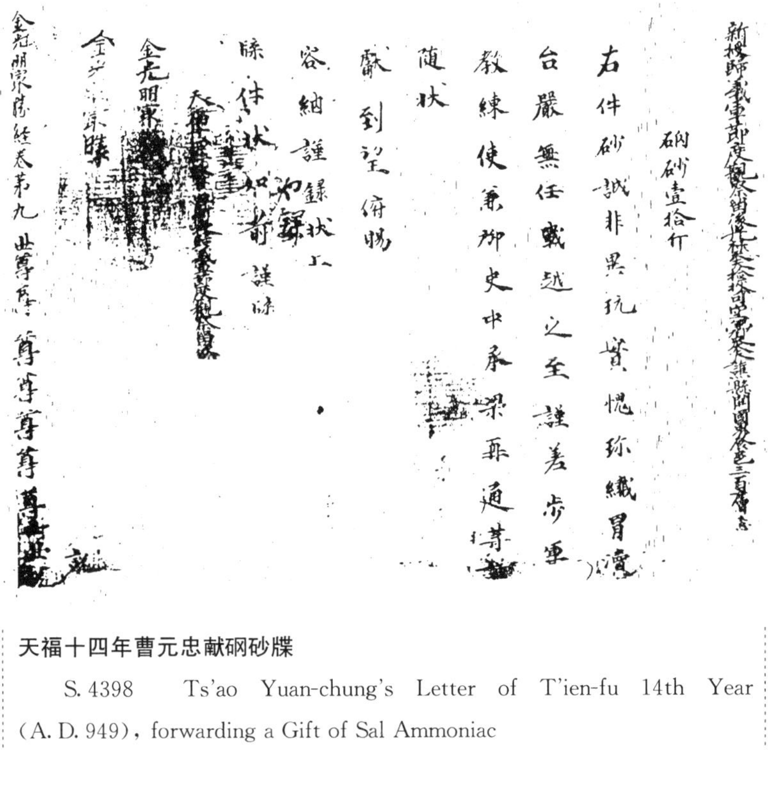

新授歸義軍節度觀察留後光祿大夫檢校司空兼御史大夫譙郡開國男食邑三百戶曹

硇砂壹拾斤

右件砂誠非異玩實愧珍纖冒瀆

台嚴無任戰越之至謹差步軍

教練使兼御史中丞梁再通等

隨狀

獻到望俯賜

容納謹錄狀上

牒件狀如前謹牒

天福十四年曹元忠獻硇砂牒

S. 4398 Ts'ao Yuan-chung's Letter of T'ien-fu 14th Year (A. D. 949), forwarding a Gift of Sal Ammoniac

类书（记马、津梁、关、市等）

S. 6011　Extract from an Encyclopaedia

东魏武定元年造像碑跋

此即所谓封崇寺造像也。在河南淇县，向惟范寿铭有跋（《循园金石文字》上），余所见法国远东学院藏拓本甚佳。文云：

魏永熙二年甲寅兴建，至武定元年癸亥八月功就。

上方人名有：

维摩主轻车将军肆州录事参军贺兰思远。
寺主镇东将军林虑太守赫连子悦。

寺主子悦，《北史》、《北齐书》均有传。安阳出土有赫连子悦墓志并盖，盖题篆文“齐开府仆射赫连公铭”。子悦卒于齐武平四年八月。安阳又出子悦妻闾炫墓志，称“夫人即茹茹国主步浑（即《北史·蠕蠕传》之仆浑）之玄孙，曾祖大肥”。《魏书》有闾大肥传，蠕蠕人。子悦为赫连勃勃之玄孙（详罗振玉丙寅稿），其人亦与茹茹为婚姻云。

梁庾元威论《说文解字》及书之怪奇陋习

梁庾元威《论书》说："许慎穿凿贾氏，乃奏《说文》。曹产开拓许侯，爰成《字苑》。《说文》则形声具举，《字苑》则品类周悉。"① 他把《说文》、《字苑》二书并列，《字苑》像是分类的字书，可惜早已佚失，庾氏此说向来无人提及，以黄侃之博洽，其《说文略说》亦忽视之。庾氏说许君"穿凿贾氏"，这是什么意思呢？

须进一步加以考察，什么是许慎此书真正依据的材料，这是值得研究的问题。

许书以小篆为主，即以《仓颉》篇为首的三仓所收之文字，作为主要根据材料。有两件事应该弄清楚：

（一）是和帝永初时候，贾鲂作《滂喜》篇，合《仓颉》、《训纂》为三仓，共一百二十三篇，皆用隶书写之。

（二）是许慎的老师贾逵已尝作过"旧文"的整理工作。

所谓"旧文"可能是指把隶字恢复为李斯原有的小篆书体。观他的儿子许冲上表云："先帝（和帝）招贾逵修理旧文，靡不悉集"，证之许氏自序云："书曰：予欲观古人之象，言必遵修旧文而不穿凿"，可知"旧文"即指前代的小篆。《封氏闻见记》称："和帝时始获七千三百五十四字"，是为当日贾逵修理旧文的结果，这一数字乃三仓里面单字的总数（三仓共一二三章，章

① 《法书要录》卷二。

六〇字，故得七三八〇字，比封氏多二十六字）。许慎之撰此书，许冲上表说他："博问通人，考之于逵，作《说文解字》，六艺群书之诂，皆训其意。"可见他如何取资三仓，及依贾逵由隶体恢复旧文小篆之成果。许书引贾逵共十七次，皆称贾侍中。

这样看来许氏著书主要目的，并非作为先秦时代文字之总结集。他虽然提到郡县往往于山川得鼎彝，其详可得略说，而世人大加非訾。知当时人对出土文字还不大信任，所以采摭不多，仍以经训为主。他以为"文字者经艺之本"，职是故也。所以许书之所重，还是经义训诂学，而不完全是文字形体学。吴玉搢云："《说文》为许氏一家之书，非欲以是为天下绳尺，故今、古文不书录。"① 其说良然。

郦道元《水经注·谷水注》论熹平石经云：言大篆出于周宣之时，史籀创著。平王东迁，文字乖错。秦之李斯及胡母敬又改籀书，谓之小篆，故有大篆小篆焉。然许氏《字说》专释于篆，而不本古文。言古隶之书，起于秦代，而篆字文繁，无会剧务，故用隶人之省谓之隶书。

孙星衍《问字堂集》谓许氏"不本古文之说起于善长，然可谓不达六书矣"。孙氏颇怪郦书立说鲁莽，杨守敬驳之，指出系时代使然，非许君重篆而不重古文。是时古文出土不多，而许书基本资料乃取资于贾逵，使无贾逵整理旧文在前，许氏无从借手，必须再做一番由隶书恢复为篆文之功夫，孙、杨二君皆属知其一而不知其二者！《说文》收集古文、籀文，只是附带工作，籀文是否取自《史籀篇》？江式论书表列《史籀篇》于《尔雅》之前。以前又有人著《籀韵》一书，见《古文四声韵》所收，偶著一二，何所根据，限于材料，难以论定。汉时训蒙之书，若《仓颉》篇之以四字为句，《急就》篇之以七字为句。《云梦秦简》（280页）有一段文字，合四九句，四字为句，共一九六字，可能即秦时供学习为吏的识字课本，像是《仓颉》篇的原本。历年以来敦煌、居延、阜阳各地都有《仓颉》残简出土，如"黚、黶、黯、黮、黤、黝、黰、黫"之句，把"黑"字同一偏旁之字，集中起来，一如《急就》篇之中亦有从金、从车之字联结为句，依类相从。《急就》篇开头即明白提出："分别部居不杂厕"，可见许书分立部首的观念已经远有所承，不是他个人之所首创。

东汉末郡县出土的古文字材料，没有今时的丰富，近人尝利用甲、金、

---

① 《法言疏证序》。

简、帛、玺印文物所见文字与许书互证，得到的结果说明许君之说，绰有根据，偶拈一二例：殹之训治橐榦，有陕西出土的霸陵过氏殹可证。枊之为马柱，有沂南画像石的马厩图可证。褺之为衽，其字见于马王堆遗策。帣之为囊，见于居延简，刘钊曾举出六十个例证，以见许书可信的价值。[①]

小篆的写法，传世东汉曹喜的大风歌，碑在徐州，可能出于后刻，但汉世篆书必有悬针篆。《说文》现存的唐写残本，同治年间莫友芝所得的木部百八十八文，著有笺记，曾引起许多讨论。扶桑流传的口部存十二字，曩年见其原物于西川宁氏家中。东汉许君原书，是否有悬针体本，无从得知。后魏江式论书表称："后汉郎中扶风曹喜号曰工篆，小异斯法，而甚精巧，自是后学，皆其法也。"列次曹喜在贾逵之前，是贾逵许慎之世，悬针篆已极流行。江式继此论云：

> 又诏侍中贾逵修理旧文，殊艺异术，王教一端，尚有可以加于国者，无不悉集，逵即汝南许慎古学之师也。后慎嗟时人之好奇，叹俗儒之穿凿，惋文毁于凡誉，痛字败于庸说，诡更任情，变乱于世，故撰《说文解字》十五篇，评释百代诸子之训。天地山川、草木鸟兽、昆虫杂物、奇怪珍异、王制礼仪，世间人事，莫不毕载。可谓类聚群分，杂而不越，文质彬彬，最可得而论证。

江式自其六世祖琼，家世陈留，文字即为其家学，深通古篆之法及尔雅方言、说文之谊，借六世之资，集古来文字，即以《说文》为主，故所论深中肯綮，最能道出《说文》一书的特色，网罗经训及各天地间的事事物物，"类聚群分"四字正是许君掌握的重点。如江式之说，许君因俗儒之穿凿，而著《说文》，但庾元威却谓"许慎穿凿贾氏"，二说恰恰相反。求之过深，往往失之穿凿。可是能求之深，正是有深度的表现。庾元威说：李斯破大篆为小篆，造《仓颉》七篇，赵高造《爰历》六章，胡母敬造《博学》七章，后人分五十五章为"三仓"上卷。至哀帝元寿中，杨子云作《训纂》证《滂喜》为中卷，和帝永元中，贾升即更续证彦均为下卷，皆是记字，字出衙人，故人称为"三仓"。[②] 梁时三仓尚存，元威说"字出衙人"，衙人恐怕多不可信

---

① 参看他的论文《论考古资料在说文研究中的重要性》。

② 据《美术论著丛刻》标点本，间有误字。

任。他又讥责郭璞注解“豨信京刘”句，郭云豨信是陈豨、韩信。他说：“岂有秦时朝宰谈汉家人物，简直是笑话”，他证为“许慎穿凿贾氏，乃奏《说文》”，意思似说许君把贾逵整理三仓的篆书旧文，重新编成《说文》，是求之过深的一种近于穿凿的工作，言下带点讥讽！他把许书和《字苑》相比较，还说《字苑》“品类周悉”，仿佛《字苑》是一部分类周详的字书，而许书只是以形声具举为其特色。我们如果仔细深刻地了解许书，便可立即发现庾氏所说的粗心和不正确。其实许书最大的特色是分别部居之外，在每一部首之中，文字的排列煞费苦心，无不依类相从，条理一点不乱，段玉裁说：“每部中字字先后，以义相引为次。”相引有相生、相连、相承的作用。凡是同义或义近，同类之字都相聚在一起，极端丰富读者的“联想力”，是一桩极艰巨的工作。试举一二例子，如金部的鑿字，从金，由“糳”字省声。鑿是穿木之器，在它的一系是斤斧训穿的鋻，破木的鐫，互训的鑒、錍，小凿的鏨。再看金部之中镰钟之属、剑戟矛之属以至钟声之属，权衡器物之属，无不系于同一 group 之列，其他可以类推。又如劦部训和的协，乃有同心之和的协，同思之和的勰，同力之和的协。凡同义字总是摆在一起，深得凡目举大辨小的精细原理，汉人所谓“最括”的办法。《说文》不是“查”的书，而是要精读的书，特别是要看无注的白文本。章、黄二家读《说文》的方法，不是笨拙，而是大巧，顿悟要从此入门，可惜一般人不肯花工夫去细读，翻翻便了事。

庾元威《论书》一文是书法学的重要文献，亦是文字学的不可错过的论文，不知何故却为人错过。他指出：“曹产开拓许侯，爰成《字苑》。”则曹产对许慎有开拓之功。他说：“凡录字者，十有四家……书文一反，草木相从，凡五百六十七部，合一万五千九百一十五字。”不知这个数字是否指《字苑》所收的字数？《字苑》一书的失传，分明是文字史的大损失。元威言：“而今点画失体，深感怪也。”他说：

> 余见学阮研书者，不得其骨力婉媚，唯学挛拳委尽；学薄绍之者，不得其批研渊微，徒自经营险急，晚途别法，贪省爱异，浓头纤尾，断腰顿足，一八相似，十小难分，屈等如匀，变前为草。咸言祖述王、萧，无妨日有讹谬。画不从生，籍不从来，许慎门徒，居然嗢噱。卫恒子弟，宁不伤嗟，注误众家，岂宜改习？

庾举出的阮研，字文机，陈留人，梁交州刺史。薄绍之字敬叔，丹阳人，宋给事中。在窦臮的《述书赋》中还谈到他们的书法，可以稽考，这里不再论到。庾元威所嗟叹的梁时书坛好“怪”标“奇”的歪风，正是今日书法界流行的风尚。他这篇文章，我甚希望书法专家有人肯去读和做点研究，也许不无小补呢。

刘蜕自撰母姚夫人权葬石表题后

志出关中，表文蜕自撰。述其“蹶于寒饥，故仪卫不用，在庡俭薄”。“至于馈棺以辖，器用不就，表其权焉。”罗振玉为跋谓：“蜕伤不能备礼，其诚孝如此。而《北梦琐言》称其不祭先人，光宪讥其紊先王之旧行。今以此表考之，蜕之至行如此，必无不祭之事，足以雪诬谤。”按陈寅老曾疑蜕不祀祖，先世或为胡估，而信仰异教，然无明证。罗文载《松翁未焚稿》，乃辽居时作，在陈文刊布之后，如彼获睹是蜕母权葬表，可以释疑矣。又罗氏云：“此表镌刻甚奇，乃以钻为细点，积以成画；其镌刻之法，亦古刻所罕见。”法京所贮敦煌草图范本，钻点为画，知此乃粉本草法而施于石刻者。

张彦远及其书法理论

唐代张彦远出于“三相名门”，父祖累代皆好书画，收藏甚富。所著书《历代名画记》，本名《名画猎精》（见晁公武《郡斋读书志》），又撰《法书要录》，两书行世至今，如泰华之并峙，治艺者咸取资焉。

《要录》自序称：“自其高祖河东公（嘉贞）书迹俊异。曾祖魏国公（延赏）妙合钟、张，尺牍尤为合作。大父高平公（宏靖）[①]，幼学元常，书体三变。”彦远世其家学，席履者厚，历代奇观。一一到眼，传列诸家，语皆有据，采摭群言，得其典要。故《法书要录》十卷，成为书林不祧之作。

彦远既擅书画，惜遗迹罕闻，仅方颐濬之《梦园书画录》载有张氏《丰林泉石图卷》，恐亦出后人依托。人民美术出版社校点本《历代名画记》注语谓彦远善隶书八分，见《佩文斋书画录》卷二十九《书家传》；不知《宣和书谱》第二十“八分书”项下，录唐人四家：于僧翰、张彦远、贝冷该、释灵该，张氏居其一。宣和御府所收彦远书一十有一件。八分诗三，余皆草书临逸少之作，谱称其“八分仿古出奇，非凡子可到”，推崇尤至。

《要录》卷三著录其大父高平公所作《萧斋记》，萧斋者，指梁时萧子云壁书飞白“萧”字，仅一字之流传，视同人间稀宝，兼采崔备之《飞白萧字记》，李约之《萧字赞》，计共三篇。子良之飞白[②]，唐人犹诧其“轻浓之势，

① 《四库提要》谓彦远大父稔，实误，稔乃其叔祖。

② 参容庚《飞白考》。

分布之能”，“如蝉翼之掩素”，称美有加。彦远大父，书学钟元常，醉心萧氏之书，以取径相同故也。

寻钟、王二家，南朝论书间有轩轾之说。梁武帝扬钟而抑王，谓“元常书古而肥，子敬书今而瘦”。《梁书·子云传》称：“始见敕旨论书一卷，商略笔势，洞澈字体。又以逸少不及元常，犹子敬之不及逸少。自此研思，方悟隶式，始变子敬，全范元常，遂尔以来，自觉功进。”是子云之变，去子敬而归元常，盖由梁武之影响。

子云在梁官国子监祭酒，力主效钟元常，成为一时圭臬。子云为王褒姑夫，褒于北周，以草隶闻名，亦以子云为模范，故肥古之体，由南而北。[①] 同时陶弘景论书，亦谓“元常老骨”，“子敬懦肌”；又云“海内不惟不知有元常，于逸少亦然”。似梁世画家竞学献之，而元常、羲之几为人所遗弃，梁武矫正之，风气始变。萧子云乃仰承梁武帝之旨意者耳。

彦远大父标榜萧书[②]，殆因尊重元常之故。唐初太宗著《晋书·王羲之传论》，乃力贬萧书无丈夫气，行行若萦春蚓，字字如绾秋蛇。以兹播美，非滥名而何！然张家仍循南朝旧规，不因太宗之见而转移其爱好。彦远特扬其家学，心传手授，有足多者。虽然，彦远书帖屡仿羲之，《要录》中最后一卷为《右军书记》，计四百六十五帖，集王书之大成；以太宗搜罗王书，故有如是之富，沾馥后人，尤为难得。萧子云故处在浙江玉笥山。黄山谷诗云：“郁木坑头春鸟呼，云迷帝子在时居。风流扫地无人问，惟有寒藤学草书。”秦观曾游此山，访子云隐处。[③]

至彦远之书论，不大见于《要录》，而多存于《名画记》。其要点有下列二处：

（一）书画异名而同体

其言曰：“书画同体而未分，象制肇创而犹略。无以传其意，故有书；无以见其形，故有画。”书以传意，画以见形。又以六书中之有“象形，则画之意也”。传意、见形，功效固殊，而以宣扬教化，其道则一。

---

① 《唐研究》第一卷唐长孺《跋吐鲁番所出千字文》，论王褒书其详。

② 李肇国史补中，梁武帝造寺，令萧子云飞白大书，至今一萧字存焉。李约竭产自江南买归东洛，蓄于小亭以玩之，号为萧斋。秦观为言无择作《雪斋记》，亦引此事。

③ 见曾敏行《独醒杂志》及《淮海集笺注》三九，俞紫芝字序。

（二）书画用笔同法与一笔书

其言曰："书之体势，一笔而成；气脉通连，隔行不断。惟王子敬明其深旨，故行首之字，往往继其前行，世上谓之一笔书。其后陆探微亦作一笔画，连绵不断，故知书画用笔同法。"按前于彦远之法书论著，如扶桑所传萧子良《篆隶文体》[①] 内记一笔书云：

> 一笔书者，汉有道征、弘农、张芝，学而得之者也。芝每裂素为衣，先书后练，临池握管泉必满，所以心敏手从体该，极暗成象，倏环入趣。

又举"联绵微密"四字为例。子良追溯一笔书远至于张芝，比子敬为先。降而下之，倪瓒亦谈一笔书，其《跋唐人临右军真迹》云："书，画，一关钮也。书家临拓，犹画之临摹也。所谓一笔画、一笔书，以其顾盼精神，笔意连属不断，故晋宋间人有此语也。"无论笔画连接或笔意相连，但以取姿，要在行气连贯。倪氏盖取之彦远，故溯源晋宋，实则张芝草法，已是如此。子良之说，可补其不及也。

① 《篆隶文体》题侍中司徒竟陵王萧子良序。

关于中国书法的二三问题

首先我得感谢谦慎书道会、书海社及二玄社、每日新闻社诸先生们的好意安排，为我举办这个有纪念性的展览，又要我说几句话。

我对于书道，不敢说是专家，只是一个票友。现在姑且从文学史研究者的立场，来谈几点我对于中国书道的肤浅看法，敬请在座各位行家加以指教。

打开过去许多书论名著，劈头儿必从六书说起，像晋初卫恒的《四体书势》，唐代徐浩的《论书》，无不如此。究竟六书是什么性质的东西，似乎应该弄明白这一点。尤其近人的新说非常混乱，有的说六书就是“六甲”，有的说六书是“六体”（六种不同的字体），我却不甚同意。我们看荀悦在《汉纪》上说“书有六本”，即是指六书而言。卫恒说：“因而遂滋，则谓之字，有六义焉。”[①] 他把六书称为六义，是很有道理的。书之有六义，就好像诗中有六义。如果不从文字构造和作用上来看六书，而很低级地把它说成六甲，或者单纯地从字形来观察，都很不符合汉晋间人的说法，所以我还是维持旧说，不必要去另立新义。

秦书有八体，各书所说大体相同。汉代尉律，“以八体试之”，“书或不正，辄劾之”[②]。《汉书·艺文志》作“六体”，《文心雕龙》练字篇：“汉初草律，明著厥法。太史学童，教试六体。”《隋志》言秦世既废古文，始用八体，

---

① 《四体书势》。

② 《说文解字》序。

汉时以六体。似乎汉六体即由秦八体减去其二，二者或者即是篆与隶书。《汉书·艺文志》小学家类收有“八体六技”，向来对“六技”一名尚未明白。王应麟疑六技是新莽的六书，清儒有的说“六技”是“六书”之讹（谢启昆），有的说“六技”是“八篇”的误字（李赓芸），越说越离谱，故姚振宗大加反对。[①] 庾元威在《论书》上说：“史籀始著籀书，今六八之法虽存，十五之篇亡矣。”所谓六八之法，据《初学记》，有“六书八体，六义八法”诸名目，六义就是六书，八体和八法或者所指相同，那么“六技”应为“六八之法”中之“六”，是否即是六书，亦无法证明。虽然六技的内容弄不清楚，但八体必须考试是没有问题的。可见汉人对于书道训练的严格，而且在尉律上加以规定，这是很值得重视的，汉代字学所以发达，不为无因。

一

书的字形姿态，古人称为“字势”。卫恒说：

> 自黄帝至三代，其文不改。及秦用篆书，焚烧先典，而古文绝矣。……古无别名，谓之字势。

他讨论四种主要的字体，名其书曰“四体书势”。“势”字特别使用在书法上，有它的特殊意义。

在晋以前，崔瑗著有《草书势》，蔡邕有《篆势》，顾欀三《补后汉书艺文志》都加以著录。相传王羲之有《笔势传》一卷，言及“曹喜、李斯笔势”，又称张芝见蔡邕作笔势，遂作《笔心论》。魏刘邵有《飞白书势》，虞和《论书表》称“卫恒写诸杂势一卷”，“并上录势新书”。庾肩吾《书品》言：“字势发于仓史。”用“势”字来形容书体，是东汉以来流行的习惯。

以后便有人借书势之“势”字来论文，建安七子的刘桢便说：“文之体，须使其辞已尽而势有余。”陆云亦言：“往日论文，尚势而不取悦泽。”到刘勰著《文心雕龙》竟特别作“定势”篇，来畅论“即体成势”和“并总群势”的道理，以后弹琴的手法亦称为“势”，这些都是采取自书法的字势。

“势”在书道、文学都有极重要的意义。书法一直到董其昌，还是抱紧一

---

① 见《汉书艺文志条理》。

个“势”字，他在《容台别集》第二说：“米元章书……及钱穆父诃其刻画太甚，留以势为主，乃大悟。”又《画禅室随笔》亦言：“须结字得势”。可见要成为书家，对于“势”字应该仔细去体会。

二

清方濬益在《彝器说》上称：“考文须自审书势始。”（《缀遗斋彝器释》）他指出：

（1）凡画中肥而首尾出锋者，蝌斗也，古文体也。

（2）画圆而首尾如一者，玉箸也，籀篆体也，考文固然必审书势，写字更加倍要审字势了。

先秦书势的演变，由于新资料的层出不穷，一时不易加以整比说明，如果依方氏的说法，第（2）类是纯圆笔，第（1）类则为中肥笔，前者为篆籀系，后者为古文（蝌蚪）系。玉箸篆体见于石鼓文、秦刻石，人所习知。古文系的中肥笔，我们看《三体石经》中的“古文”类便可明白。《三体石经》为魏邯郸淳所书①，魏时尚未中绝。若追溯先秦，如下列各处的器文，便是佳例。

（1）山西浑源的吉日剑。

（2）楚酓肯鼎铭。②

大概六国时期，此类书风相当盛行，可惜后代书法，摹仿者不多。

六朝时宗炳制出九体书③，庾氏更定出百体④，下至僧梦英的十八体书，非常复杂琐碎。

① 江式《上古今文字表》。

② 楚国晚期的蚊脚书，是鸟书的变体。

③ 见庾元威《论书》。

④ 百体亦见《酉阳杂俎》。

三

篆书一般老生常谈的是玉箸篆，体瘦长而笔画首尾匀称，以李斯《峄山碑》为代表，然秦权所见有笔画肥硕而扁平的，像始皇二十六年的《大字诏版诏书》[①]。

东汉以来，篆书尚有上肥下细的悬针体。僧梦英的十八体篆，最后二项即为悬针篆与垂露篆，大家都说是东汉曹喜所作，前者用以“题五经篇目”，后者用以“书章表奏事”，都有它的实际用途。庾元威《论书》百体的第一种即为悬针、垂露。王愔《文字志》：“垂露书，如悬针，而势不遒劲，阿那若浓露之垂，故谓之垂露。”“悬针，小篆体也字必垂画细末，细末纤直如悬针，故谓之悬针。”唐玄度《论十体书》、《墨薮》等均有说明，大都认为悬针体是东汉曹喜所作。现存悬针篆之资料非常少，玺印、墓志题额之外，有《说文》木部残本与口部十二字、空海《篆隶万象》（部分），元结《峿台铭》、敦煌出《千字文》，又后世所传《歌风台碑》，四行行八字，元大德间摹刻，传为曹喜书[②]，但有人以为伪品，无论如何，是可以看出悬针体的书风。

刘熙载说：“玉筯在前，悬针在后，自有悬针，而波、磔、钩、挑，由是起矣。”（《艺概》）然近时出土文物足以使人了解悬针非创始于曹喜，楚器文已近这一路，他若《侯马盟书》、新出土《湖北曾侯乙墓漆书》，以用焦笔钩挑，时露飞白，可见六国前后，此类首粗末细的悬针型笔画已甚流行，曹喜不过是加以发扬光大之一人，羊欣《古来能书人名》称：“曹喜篆小异李斯，见师一时。”在玉箸盛行的时候，他别作悬针体，故能另开一格。

自李阳冰徐铉以来，玉箸篆又极盛。至于今日，悬针篆已无人问津，唐本用悬针体书写的“说文”竟失去不传，只存木部、口部残本而已，此道可说现已中绝。我人看《峿台铭》，笔力的劲健，结构的邃密。清人篆书，邓完翁玉箸多用住笔，吴让之笔画，或中间收缩而收笔稍壮，赵之谦、徐三庚受《天玺碑》影响，间用悬针法于笔画之间，化悬针体为笔画。但悬针体在唐代实极重要，且篆势收笔用悬针，是米元章所谓“无垂不缩”之实践功夫。所以悬针体实有提倡的必要，加以春秋六国用此形书写的资料如《侯马盟书》

① 山西左云出土，《文物》1973（12）。

② 《金石萃编》二十一引《金石存》。

等，可供参考者甚多，重行振兴曹喜的书风，在今日是不难，而且是必要的。

四

写字当以篆法植基。五代北宋人多致力于此。徐铉小篆，画的中心有一缕浓墨，可见行笔用力之直。[①] 北宋书家章友直（伯益）工篆法，为太学篆石经，执笔由高处直落到地如引线，传于其女，王荆公称其堪“与斯、冰相上下”[②]。故写字宜先习篆，从一画做起，反复练习，以养其力，以培其势。一画分横笔、竖笔；方圆，由此而生。一生二，二生三，故篆法为一切书之母。不从此门入者，笔不能举，力不能贯，气不能行，石涛论画，起于一画，书法之理亦有同然，切不可忽。

日本书法自奈良时代以来，由于王羲之笔迹之传入，大尚“王样”；至五山僧人乃起巨大变化。一山一宁善颜鲁公屋漏痕之法。[③] 其弟子虎关，尤好山谷，他有《跋黄山谷真迹文》，称黄书“雄健奇丽”，又复“欹斜拙变”。又畅论羲之书古人认为俗书的道理。[④] 五山僧人喜欢黄字，有如其喜欢黄诗，自此风气丕变，不复如前此之醉心王书矣。

一山论书法，“上字终画与下字始画，如毛发相承。近世樗寮（张即之）真迹有此法。”此即字与字之相接，求气之连贯，不可不注意。否则只能写一二个大字，不能成行，无行气之可言。

虎关更另具只眼，《跋黄山谷真迹文》云：“黄字顺篆法，有梵书。……顺篆可以矫俗，梵书非黄子所学，则至神之品与之偶合。”点出黄书已顺篆法，可见写字应以篆书为基础，“顺篆”一义，可以供人深长思。

字的外形是“势”，而内在条件却是“力”。势是文，而力是质，文与质两不可废。力的养成，“顺篆”正是关键功夫，有势无力，只是虚有“字样”而已，虎关能看出山谷行草中有篆法，眼光十分深入，故为指出，以供研究，想不河汉予言。

---

① 《梦溪笔谈》十五。
② 《临川集》卷九十一。
③ 见《济北集·一山国师行状》。
④ 《济北集·清言》。

大风台刻石

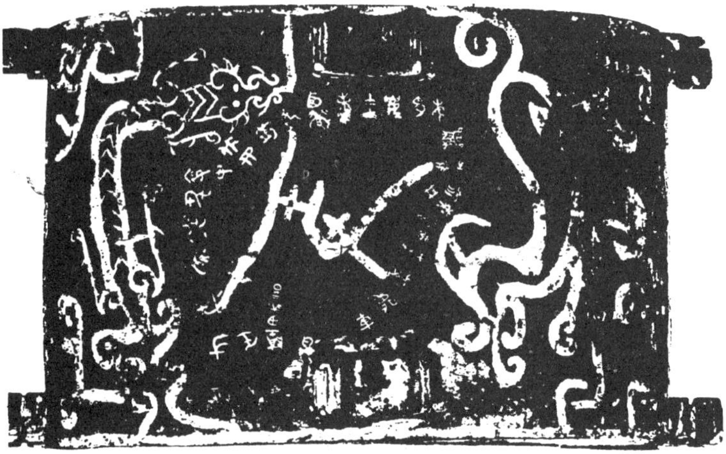

湖北随县曾侯乙墓出土漆器上二十八宿题识

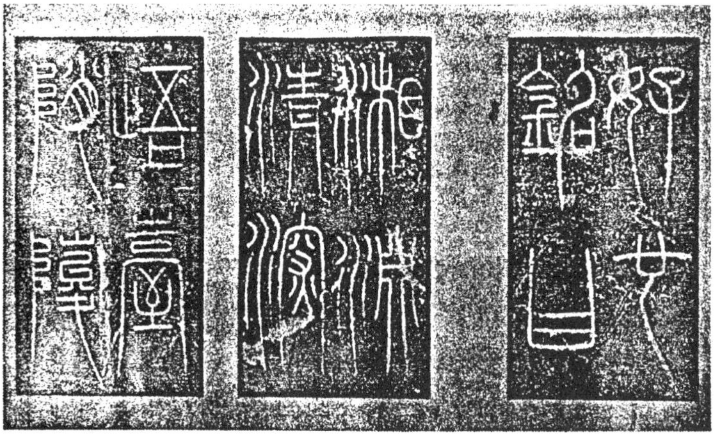

唐元结峿台铭

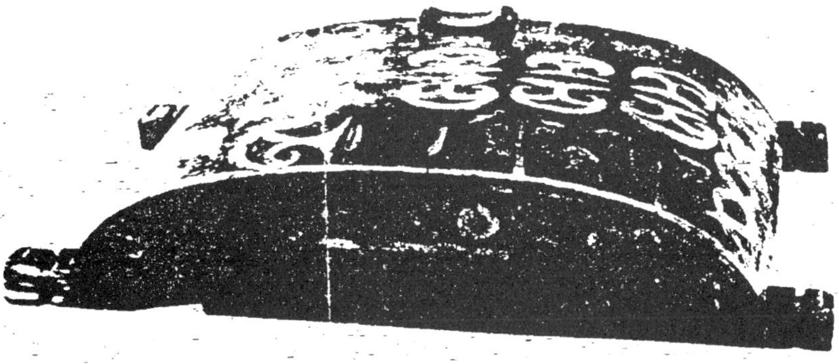

漆二十八宿匳　长 83 公分，宽 49 公分

此图为匳的器盖，里表均涂黑漆，盖面用红漆绘青虎、白虎、卷云纹和北斗星座并书写二十八宿名称。二十八宿名与《史记·天官书》所载基本相同。器旁阴刻“后匳”、“□□之匳文字”。《说文·匚部》：“匳，古器也，从亡，曶音。”随县战国墓中出土的此类器物，不少的铭文为匳，证明《说文》所释有据，而且也是我们第一次见到匳的具体器形。

关于《青天歌》作者

苏州博物馆藏有1966年在曹澄墓中出土的题徐渭书《青天歌》长卷，共七十四行。《艺苑掇英》曾分二期影印问世（1978年第一、二期）。后来又编印成专册。春夏之交，我在瑞士，外国友人已手执《掇英》一本，对这笔意奔放的青藤法书，大加赞赏，我心中很高兴新出的资料，能迅速得到传播。

这首《青天歌》究竟是谁所作的呢？《掇英》首期有简单的说明，好像认为出自徐渭之手（反严嵩斗争），但没有提供证据。其实这首歌是元代长春真人丘处机所作。他所著的《磻溪集》卷三已收录这篇，共为八首，在先天吟之前，原来应该是联章体讲修道的长诗，分为八解（正统《道藏》友字号上，第七九七册）。丘处机的著述很多，以《长春真人西游记》最为有名。《磻溪集》是他在该地修道持炼时所作的诗词。磻溪在陕西宝鸡东南，相传太公钓于此，得遇文王。丘处机是从金世宗大定十四年（宋孝宗淳熙元年，1174年）秋九月，随马丹阳游秦，西入磻溪苦修，至大定二十年，才由磻溪迁居龙门山。那时候他是二十八岁到三十二岁，前后居磻溪六年。《金莲正宗》一书说他“乞食于磻溪，一蓑一笠，寒暑不变”。可见他当日刻苦的情况，《磻溪集》中有《无俗念》词十三首，和《青天歌》同样是这一时期的作品，可说是他的少作。他活到八十岁，他应成吉思汗西游，旅居撒马尔干在雪山讲道时已是七十五岁高龄。后来居燕京的大天长观，1227年五月奉旨改天长观为长春宫，这时才有长春的名号，但是年九月他就病逝了。

他成名以后，这篇《青天歌》便给道教徒视为修炼学道的不二法门的作品；元时自号混然子的王玠（字道渊）为道诗作注释，加以附会，便说是歌演音三十二句，乃按《度人经》三十二天运化之道。他说："青天者，指人性而言也；浮云者，推人杂念而言也。此二句是修行人一个提纲。"（按指开头青天莫起浮云障，云青天起遮万象二句。）又说结句"得来惊觉浮生梦，昼夜清音满洞天"是"总结一篇首尾之妙，所谓得来者，得来真道，永证金刚不坏之身，觉浮生一切有为之法如梦幻耳"。是否符合丘真人的原意，尚不得而知。王玠的《青天歌》注释，明代非常通行，除收入正统《道藏》之外（成字号下，刊第六十册），阎鹤洲编的《道书全集》，其中《玄宗内典》，《青天歌注》是最末的一种（有万历辛卯十九年的积秀堂刊本），明人高时明编的《一化元宗》书中亦收丘处机的《青天歌注释》一卷，可见流传之广。

这卷行草《青天歌》，笔势奔放，波澜起伏，字体忽大忽小，一气呵成。初看时很能给人很大的刺激和吸引力，但一经仔细观察，便会觉得他的行笔放而不能收，结体险而不能正，既无含蓄，又多败笔，颇使人怀疑。最近徐邦达先生就提出问题来，认为它是赝品。他认为此卷不能匀称，怪形甚多，徐渭自负其书法为第一，不应失步到此田地。他的看法是很有见地的。此卷出曹澄墓中，曹是乾隆间人，此卷在清时入土，写成必在明时。徐先生怀疑书者原不知何人，或未及署款，给后人补上徐渭的伪款和伪印。《青天歌》是元以来全真教派道士们所传诵的，写者可能是道士之辈，嫁名于徐渭，似乎不无理由。这些真伪问题，尚待进一步之探讨。只是《青天歌》的原作者，不是徐渭而是元代长春真人丘处机，而且是他的少作，这一点是应该澄清的。

徐渭草书《青天歌》卷的款书

徐渭草书《青天歌》卷之一

徐渭草书《青天歌》卷之二

韩刻宋拓群玉堂帖怀素千文

——附黄山谷松风阁卷跋向氏即向冰考

唐代缁流书家，很喜欢写千字文，高闲、藏真的作品，都脍炙人口。藏真的千文流传有数本。所谓“绿天庵本”，后题“唐大历元年六月既望怀素书”；“停云馆本”，后题“贞元十五年六月十七日于零陵书，时六十有三”；惟西安刻本后无年号，行款亦异。追溯来源[①]，“西安本”乃出自南宋的群玉堂帖。[②]“西安本”为明成化间陕西布政余子俊的刻本。曹昭在《格古要论》卷三已经著录，见该书上面吉水王佐的“新增陕西诸碑帖”。佐字功载，他尝校增曹氏之书。李启严君群玉斋藏有这帖，明拓本。上有“怀素草书千文明拓本，雨存观察鉴藏，简盦署”题签一行。明拓本有余子俊跋，略云：

> 唐释怀素以草书鸣，及观千文，果足以信今传后而无愧，先正李太白之所与也。间或毫厘有差，特一时铁笔未改耳！其于笔法可少贬哉。兹用摹刻于石，期与学者共之。
>
> 大明成化庚寅岁孟夏月之吉，陕西右布政使西蜀眉之青神余子俊跋，凤鸣秦旺镌。

---

① 关于怀素千文早期流播情形，可参看倪涛《六艺之一录》及《四部总录·艺术编补遗》法帖千字文唐释怀素书条。

② 群玉堂帖可参《四部总录·艺术编补遗》法帖，123页。

余子俊（1429—1489）字士英，四川青神人，景泰二年进士，官延绥巡抚，移陕西，有惠政，濬渠西安，人称余公渠（《明史》卷一七八有传）。这本即是他在陕西任内所摹刻，当日的刻工名秦旺。子俊在陕西时，刊泐碑刻甚多，现尚存于西安碑林。[①] 是跋称怀素草书为先正李太白之所与，因李白集中有赠怀素的七古长篇，可是这首诗向来认为很不可靠。[②] 李君藏这一明拓，每字有朱笔旁注释文，惟间有笔误，如“旋玑悬斡”误作“旋玑迁干”之类。

尤其难得的是李启严君复藏有宋拓《群玉帖》怀素千文的原本。什么是群玉堂帖？应该加以说明。[③]

南宋庐陵曾宏父《石刻铺叙》卷下云：“群玉堂帖十卷本，平章韩侂胄自镌其家藏墨迹，名阅古堂帖是也。开禧末，韩氏以罪死籍。嘉定改元，被旨拟入秘省，乃易今名。”理宗时，袁州赵希弁《郡斋读书志》附志卷五法帖类云：“群玉堂帖十卷，右嘉定元年四月二十四日省劄下秘书省藏，盖韩平原家本也。故卷尾有印曰‘阅古审定法书之印’、‘永兴军节度使印’，篇首则三朝宸翰有玺文曰‘吴娃之章’、‘吴氏书印’、‘吴娃翰墨宝章’……皆宪圣慈烈皇后之记也。”尚有中兴馆阁续录亦记载群玉堂帖原委。清程文荣的《南村帖考》说：“韩氏阅古堂帖，嘉定元年四月二十四日被旨入秘书省，三年以著作东廊屋三间为库，置架设之，榜曰群玉堂石刻，著作郎傅行简书。”这便是群玉堂名号的由来。

韩侂胄藏书处本名阅古堂，《宋史》卷四十四奸臣传称他“娶宪圣吴皇后侄女”。他的藏章所以有“吴娃之印”；侂胄封平原郡王，故被称为平原。根据陆友仁的《研北杂志》说：“韩侂胄阅古堂图书，皆出向冰若水鉴定。”孙承泽于《庚子消夏记》所附“闲者轩帖考”便说：

> 群玉堂帖，韩侂胄刻十卷，初名为阅古堂帖，其第四卷即怀素千文。韩以罪死籍，帖入秘省，嘉定中改今名。模刻极精，纸墨亦妙。盖韩之

---

① 陕西《西安碑林》目录（陕西省文物管理委员会编印《西安碑林》，附有碑石目录，1963 年 3 月版）。余子俊之碑刻，除怀素千字文外，尚有牧爱堂三大字（天顺四年）、郭公纪行诗（成化元年）、与过杜公部祠题咏（成化十九年），见 29 页。余刻亦见林侗《来斋金石刻考略》下、朱枫《雍州金石记》卷九等书著录。

② 詹锳《李白诗辨伪》“草书歌行”引明朱谏《李诗辨疑》、胡震亨《李诗运》诸家说。王琦谓苏东坡以为草书歌，绝非太白所作，乃唐末五代效贯休《禅月》而不反者。

③ 参考书《群玉堂帖について》，载《书苑》第五卷第五号高岛氏槐安居藏宋拓群玉堂米帖专号。

客向若水精于鉴定，帖乃其手摹也。

向若水名冰，翁方纲手校石刻铺叙批注引袁桷云：“向冰，文简公子字叔坚裔孙。当侂胄聚阅古图书，皆出冰鉴定。自淳熙后，图籍考订之学推雪溪向氏、梁溪尤延之、诸暨王顺伯三人。”按此事本出袁桷的《秘阁续帖》刘无言双钩开皇兰亭跋，见《清容居士集》卷四十七题跋类。①《研北杂志》袭此。向若水是向文简敏中的后裔。敏中为宋真宗时大学士，卒谥文简，子孙鼎盛。若水出巨室之后，在南渡孝宗以后，与尤袤以鉴赏著名。

《辛丑销夏记》卷一载有宋文潞公札向若水跋语云：

公之勋德，举天下孰不仰而敬之。公之字法，则天下所未闻，非未之闻也，兵火残烬之余，十真九伪，识者稀有，盖公之真迹益艰得而见矣。此三帖旧藏许仲谋家。观（米）元晖之跋，在承平时好事者已保而珍之，况今之日耶！然非元晖之明，则曷知公之于草法极留心也哉！尤当啬于袭室而靳诸俗眼，期百世之传云。庆元戊年元日，榕林居士向水若冰甫书于月河别止之冰斋。

此札成亲王跋云：

向若冰第四印文曰：“推忠协谋同德守正佐理功臣相国燕文简王之裔。”按向敏中字常之，开封人，真宗天禧三年进左仆射昭文馆大学士，明年三月卒，赠太尉中书令，谥文简。五子，第三子传亮，亮子经，经女即钦圣宪肃皇后也。以后族赠敏中燕王，传亮周王，经吴王云。嘉庆十三年岁次戊辰闰月十六日，成亲王识。

向若水之家世，可考如此。《销夏记》录向跋题名作“向水若冰甫”，成亲王跋称“向若冰”，疑文字均有刻误。

士林“故宫博物院”藏黄山谷松风阁诗卷亦有向氏跋云：

---

① 袁桷此文作于延祐七年二月六日，原又称：“自淳熙后，国籍考订之富，惟雪溪向氏、尤延之、王厚伯三人，然字画最恶拙。及今与仆，遂成四人。”则此四人皆不擅书者。

宣惠堂帖有涪翁所书宿虾湖诗，后云：“女奴辈皆鼾寐，无为和墨者，故尽用一池淡墨。”又尝在湖湘间，用鸡毛笔亦堪作字。盖前辈能书者，亦有时而乘兴，不择佳笔墨也。此松风阁诗，乃晚年所作，笔墨虽不相副，岁久光采差退，然书法具存，章章乎羲献父子之间，当有识者。嘉定壬申重午后四日，榕林道人向□敬跋。

《故宫书画录》卷一向字下作方格。又云：“钤印不可辨。”（51页）按据潞公札跋榕林即向氏之号，“向”下一名很似画押，其实当是“冰”字。松风阁卷屡见印出，闻该卷近将由日本精印问世，惟是跋向氏为何人，从来未弄清楚，今得附带为之考定，亦一快事。

至于群玉堂帖或阅古堂帖，是否出自向氏的手摹，只有孙退谷有这一说法。[1] 陈继儒的《太平清话》卷一，记他尝于项玄度家中见过宋榻怀素千文一册，当然是指这帖。今观此帖项家藏印，像“天籁阁”、“项子京家珍藏”、“项元汴印”、“项叔子”等，累累十数方，可见这帖正是项家的宝物。

此帖原物，欣有机缘在李启严君家中，摩挲数小时。原物高31.14公分，阔24.18公分，共十七页对开（包括夏时正跋）。末另有吴荣光（道光丁酉，时年六十五）、吴云（时年六十四）二跋两叶。清道光时尝经潘仕成（德畬）海山仙馆收藏，咸丰间归粤人工草书的袁浦（字石根），均有藏印。近年辗转曾入谭敬、陈仁涛之手。在千字文题端上面，钤有“御前之宝”一方印，似是宋宁宗之玺。又有赵烈文观款一行云：“时在中江李氏斋”，即指李鸿裔（1831—1885）。据另一群玉堂帖的第八卷米元章自叙帖，末有李鸿裔跋云：

此帖十册，唯孙退谷得窥全豹。余目所及见者，南海吴氏所藏晋帖三种，海岳真行一种，共为一册，润州吴氏所藏。怀素草书千文一册，并此（按指米叙书帖）而三耳。向若水抚勒之精，诚为绝艺，凡渴笔枯墨处，画断神连，不用牵丝而气脉自贯，以余家绍兴帖，并几校勘，弗能逮也。赵王孙云：“黄金易得，至宝难逢。”宜明久居士不惜重值购而藏之。李鸿裔记。

---

① 翁方纲嘉庆年间跋米元章群玉堂帖云：“向若水所摹勒凡十卷，名阅古堂帖。”缪荃孙《云自在龛随笔》三亦云：“韩侂胄阅古堂帖，其客向若水所摹。”（94页）道光二年汤贻汾撰米元章《群玉堂帖跋》并云：“乃韩侂胄客向若水手摹。”凡此皆沿用孙退谷之说。

此米书群玉堂帖曾经海盐陆尔发明久收藏，帖中有陆氏诸印，此人即李跋所谓明久居士者。鸿裔字香岩，又号苏邻，四川中江人，事迹详黎庶昌所撰墓志（《拙尊园丛稿》四)。本帖中"郪江李氏文房"、"苏邻鉴藏"印，即鸿裔的藏章。

李启严君藏宋拓群玉堂帖的怀素千文，后面有夏廷尉时正的跋尾，略谓原为钱塘于景瞻所藏，后经太常夏仲昭借临，遂留于夏太常家。仲昭便是明代写竹最出色的名家夏昶。后来这帖又入于夏时正之手。夏跋言："自余获见此册，今已三十五年。"他写跋尾时，年已八十一岁了。于景瞻是于冕字，为于谦之子。于谦死于景泰八年（即天顺元年）正月，其家戍边。成化初，冕始赦归，后累官至应天府尹（《明史》卷一百七十附于谦传)。夏时正(1412—1499）字季爵，浙江仁和人，天顺间官大理寺丞，书法甚佳。我曾见过他在成化丁酉写的"意匠经营妙入神"诗册，自署仁和夏时正（程琦先生藏，夏氏题西旅进獒图)。他在成化六年巡视江西后，受到弹劾，乞休归，布政使张瓒为筑西湖书院居之。家食三十年，年近九十而卒（见《明史》卷一百五十七本传)。跋言"天顺改元之正月，景瞻有宣府之行"，即指冕因家祸坐戍龙门之事。[①] 这一群玉堂帖，事先尝由于冕借给夏仲昭（1388—1470)，遂留于夏家，夏昶把它刻石，叶盛的《绿竹堂碑目》卷三上说：

> 怀素书有群玉堂帖千文，天顺八年三月夏跋，在昆山。又有千字文，成化庚寅余子俊跋。(《粤雅堂丛书》本)

天顺八年三月，正是于冕戍边的时候。可见夏氏把它刊石，是有意思的。可惜是跋现已不可见。至叶盛所记另一有余子俊跋的则当是"西安本"。

"西安本"向来金石家对它没有好评。赵函在《石墨镌华》卷四上说：

> 此帖明成化间余肃敏公刻于石者，书故横肆，以刻手不良，遂使素师婉转清逸之趣十失其五，所未亡者骨力耳。

---

① 《明史·于谦传》云："景泰八年正月壬午，执谦与大学士王文下狱。丙戌，改元天顺；丁亥，弃谦市，籍其家，家戍边。"又《于冕传》云："廕授副千户，坐戍龙门。谦冤既雪，并复冕官。自陈不愿武职，改兵部员外郎。居官有干局，累迁至应天府尹。致仕卒。"与夏时正此跋所述于景瞻事迹，完全相符。

孙矿（月峰）在《书画跋》卷二六云：

> 此帖最飞动有势，第运笔太速，于草法多失。……此书以神胜，佳处不在形似，最难摹刻，使唐人为之犹可。兹石乃摹刻于成化间，出陕西俗工手，安得佳？

是明人对“陕本”都认刻手不佳，颇多失真。

清初书家张照藏过这帖，现帖里尚夹存他手写题签一纸，文云“藏真千文，群玉堂宋拓，得天珍玩”一条。尚有“世泽堂”、“得天居士”诸印。他尝亲自临过这本宋拓，在临卷上有跋语云：

> 秋壑群玉堂藏真千文，明时为于忠肃家藏，有夏廷尉时正跋，持与陕刻较，不但神气迥异，即点画波磔，犹为棼丝，故宋拓只下真迹一等也。一翁老公祖陛见回任，索及拙笔，出此临本以赠。藏师神述，非可追踪，特转折未误，差胜陕刻耳。张照。①

张得天很自负他的临摹，以为几乎胜过陕刻。跋中开宗明义便说“秋壑群玉堂”，这显然是一时笔误，因为秋壑是贾似道，而群玉堂帖出自韩侂胄，二人风马牛绝不相及。《居易录》引《研北杂志》“韩侂胄阅古堂图书皆出向冰若水鉴定”一条，并云：“此亦贾似道之廖莹中也。”拿向若水和廖莹中相比方，张氏所以目韩侂胄为贾秋壑，或者由此而联想错误。至谓这册是于忠肃家藏。但夏时正跋分明说是今应天府大尹于公景瞻之所藏，可见与于谦并无关系。

“陕刻”的坏处很多，把它和“宋拓”比较，有下面几点缺陷：

（1）笔画过于粗肥，如“海”、“帝”等字。

（2）刻时不小心，笔画有缺失，如“器”、“盛”、“贱”欠点；“清”、“出”、“场”字脱去一笔，有缺失。

（3）字之收笔处有时摹乱，如壹体的体字、无字、吹字，所以张照有棼丝之诮。

（4）完全刻错的如秋字误作“壮”、颠误作“点”。

---

① 张照这一临卷，现藏容希白教授处，余于李启严先生家中见过原大影片。

（5）误仰笔为俯的，如羌字原收而误作俯。

（6）“宋拓”原有缺失，而“明刻”臆补之。

最明显的，如“宋拓”无“云腾致雨，露结为霜”八字，“陕刻”补镌，呆板之甚。吊民的民字，“宋拓”缺笔作正，似是唐人避讳，“陕刻”不察，为之补足。“宋刻”“密物”，原为物字，“陕刻”改作“勿”。这些都是不照原状，很可能余子俊所根据的出另一本，未必擅自改动。至于神趣的呆滞，笔墨的表现失真，诚如赵函、孙矿诸家所指摘，不必赘述。

明安世凤怀素千文跋：

此刻出甚晚，传甚广，见之者以为世俗之物，反欲另出新奇以盖之，日入于怪诞而不自觉。不知此帖之妙，妙在藏精工之法于性情中，恰如苍帝造字之始，一捺一拓，便歧名字。学人患涉其外而不能入，不患似之而失也。今人于古而伪者，慑其名而趣之惟恐不及，于近而佳者又贱而厌之，欲此道之常明也，胡可得哉！盖自永叔已作此观，下之无怪其尔矣。大抵草有数派，政以狂僧之作为极则，偏驳之说不足听也。天启乙丑九月朔二日。（钞本《墨林快事》）

安世凤记怀素千文：

世传唐刻最古者，此其一。虽不及圣母藏真，然胜自序远甚。其中多古草法，后人所不用亦不鲜者，信乎其出于素师无疑也。中间有不可辨处，评者尽委为一时铁笔之末工，或古今字法各别耳。（宋空）处附宋克章，当因有余石寄图声施耳，不足疑也。学者由此入门，自不至走往宋元恶道。渐求上乘，二王可以不远。今人于古人真帖，厌之以为早，近却被作伪人诳入荆棘，可恨可笑。天启乙丑正月二日试笔。

安世凤，商丘人，万历癸丑进士，官定海知县。他这部书，《四库提要》说它多涉议论，颇乏考据之功。这二篇他显然是为余子俊的陕刻本说话，如云附宋克章，即指余本而言；又铁笔末工之语，即针对人家对余刻讥评的反驳，可惜他所根据的理由未能十分充分。

群玉堂帖，清时有曲阜孔继涑的“摹宋本”。其《摹古法帖》第七卷即刊群玉堂帖。孙承泽所藏的群玉堂帖为第八卷的米帖，翁方纲《复初斋文集》二十五有跋加以详细讨论。程文荣撰帖考，对群玉堂帖考证得十分详细。但他说：“韩氏阅古堂帖后石入秘阁，改署群玉堂帖，不知帖下更题卷数字否？……非见原本，殊难尽信。”程氏似只见过孔摹本，未睹宋原拓，今观此本千字文下方有一花押，其字不识（很像益字?），为“陕西本”所无，可能即是秘阁改署群玉堂后所加的编号。

怀素千文，《宣和书谱》著录有四种。曹昭《格古要论》称：“其大小三种，大者极佳，小者字颇促。”（赵均《寒山堂金石林时地考》下同）小字千文，绢本，明时藏姚公绶家，王世贞《弇州山人稿》、莫如忠《崇兰馆集》均有详细记载，具见倪涛《六艺之一录》卷一六八引。小字千文，向有刻本，印本亦多，不必赘述。

岳珂（倦翁）跋《怀素千文真迹》云：“群玉堂帖有千文亦称素书，与此敻异。岂游戏翰墨，随寓随写，其所出不一耶?”程氏帖考云：“今所见千文‘绿天庵本’后题‘唐大历元年六月’，而叶氏所载天顺刻本下有大历二字，疑即绿天庵所摹之本，故倦翁以为敻异也。”按据夏时正《跋群玉堂帖》确曾在夏之手，则“大历”二字乃昶所加。夏昶本应是根据群玉本，惜夏本今不可见。清人所编金石志，亦未著录。

群玉宋拓藏真千文，吴荣光道光丁酉跋云：

藏真名重一代，唐以后假托其书不知凡几。无论近世所传圣母、自叙绢本，大字千文墨迹，为后人临本，即湘中绿天庵专帖皆属赝迹。盖藏真之书，转折绵密，无一直笔，无一疏笔。求其真者，惟西安律公三帖及停云小字千文，实为得之。此宋拓千文，据《宋中兴馆阁书目》为群玉堂第四卷之帖，帖为韩氏所集，本名阅古堂，韩侂胄籍没后，石归宋内府，易名群玉堂。侂胄虽权奸而颇有鉴目，又借先世相门收藏甚富，故得采至者，既以真迹入石，又刻手精妙，能尽笔法，毡腊得宜，古香满纸，真宋拓之最精者。

他认为湘中绿天庵千文，乃属赝迹，而极推重此本。叶奕苞《金石录补》十八云：“唐怀素千字，名千金帖，以一字直一金也。后题云贞元十五年六月十七日于零陵书，时年六十有三，正其晚年之作，脱去狂怪，渐趋平淡。赵子函以为促而无韵者谬也。”他所谓千金帖有贞元十五年款的，乃指“停云馆本”。停云馆小字千文之为真品，自无疑问。[①] 惟赵函所讥者，乃指“陕西本”，是叶氏亦未知有群玉堂帖本。

张照《天瓶斋书跋》题董香光临怀素帖云：“细玩千文，与知其狂怪怒张者，正是丝丝入扣处。”今观宋拓此帖，笔笔分明，有时二字三字互相勾连，结为一体（如鸟官人、坐朝问、鸣凤在，都是三字连在一起）。而顿挫转折，无一笔不到，最为可法。吴荣光跋称“藏真之书，转折绵密，无一直笔，无一疏笔”，转折和绵密二端，正是认识藏真草书的关键处，千万不要忽视。又吴云跋云：“观其往收垂缩，如断还连，运神明于操纵之中，寓规矩于转折之内，良由诣精纯熟，斯能一气贯注，有从心不逾之妙，洵为素师剧述。昔人云：得古刻数行，专心学之，便可名世。”何况这册千文完整，且为宋刻，由此心摹力追，可以沾溉来学于无穷，是不消说的。李启严先生出示宋拓之本，嘱为考证，因举所知，为跋如上。

① 见二玄社刊释六舟藏本唐怀素草书千字文卷诸家题跋。

书法艺术的形象性与韵律性

汉字是方块字，它的构成基本条件，离不了方、圆、平、直。可说全靠几根线条纵、横交错的排比，造成了书法的字阵，给人以各种各样的美感。古人对于书法，每每用行兵和舞蹈来作比方，如卫夫人的笔阵图，又如张旭看剑器舞而悟到为草字的要诀，这是人所习知的。

书法理论家一早就指出："若平直相似，状如算字，上下方整，前后齐平，便不是'书'，但得其点画尔。"① 这种有如算子排列的书法，只能作点、画看待，根本不成书。可见书必成阵，才有行列可言，才有它的空间美。字阵的形成，主要有二桩事：一是字与字间安排的宾主行列的形式问题，这是静态；一是字与字间下笔的先后衔接和疾、徐、断、续、聚、散的节奏问题，这是动态。前者可说是形象上的处理，后者很像音乐演奏时结构上的旋律的表现。这二者即是本文所欲讨论的书法艺术的形象性和韵律性。

书法艺术的形象

书法生于线条。文字的诞生，出自笔画交错的形态。许慎《说文解字》云："文，遣（错）画也。"正是确诂。皇古的时候，古陶器上刻画的符号像半坡时期遗物的记号，即由线条的纵横有条理地略加交叠而成。宋代郑樵著

① 《全晋文》引相传王羲之语。

《一字成文图》，他所指出的在文字发生次第的规律，拿它来观察远古符号笔画积叠、平分排列等情状，可以得到一点初步的理解。半坡符号的笔画有肥瘠轻重之分，仔细寻其条理，已有笔势可观，可以说是书法的萌芽，以后甲骨文字完全出于刻画，正是同样的形象。

书法形构在美学上的处理，已有人做过极详细的分析，宗白华先生论书法结构，依据相传欧阳询的结体三十六法来研究，非常烦琐。我觉得这样过分详细而破碎的分析，反令人不易掌握到要点。汉字每个字的基本笔画，有所谓“永字八法”。《墨池编》载王羲之书论言执笔之法：“下墨点画，芟波屈曲。真、草皆须尽一身之力而送之。”“若作横画，必须隐隐然可畏；若作蹩锋，如长风忽起，蓬勃一家。……若作抽针，如万岁枯藤；若作屈曲，如武人劲弩觔节；若作波，如崩浪雷奔；若作钩，如山将岌岌然。”所有点、画、波、钩、点针、屈曲都是力的表现，和他在《题笔阵图后》所说的“每作一波常三过波笔，每作一点如高峰压石”完全一样，必用全力以赴之。笔力所至，要给人以奇险峻拔的感觉。单字的形态，大抵可分三式：

（1）停匀式：外形四面均匀，布置谨严，晋、唐一般正书多此类。

（2）开张式：中宫敛结，长笔向四面展开，如辐射式的结构。郑道昭《云山》诗，以及黄庭坚书体属之。

（3）欹侧式：局部夸张，以相承式相应的歪斜姿态取势。马王堆遣册的悬针、汉简的波发多此类，《瘗鹤铭》的结体属之。

大书法家的高度挥洒技巧，多喜欢采取后者二式，以形成他的奇姿，因为“前后齐平，便不是书”，不齐整的美，成为书家的形式逻辑。

这里牵涉到中西美学上审美观点的差异。西方注重“焦点透视”，使视线集中于一个定点。音乐的节拍点和图画一样，亦是由一个定点形成声音在纵横间的数的定量关系，意味着具有立体结构的几何空间的对称轴或对称点。中国美术包括图画音乐，似乎都以“散点透视”为主，打破空间距离的对称核心，以无限的空间在线条的活动上表现活生生而充满气韵的生命力，在不齐整之美的笔画中建立和谐的秩序。绘画与音乐异轨同奔，形成低昂跌宕以及庄严雄伟的各种式样的线条美。特别书法在运笔上的提、顿、疾、徐等手法加上浓淡干湿诸墨彩，表现在线条运行的旋律，更令人感受到散点的空间美上的无限愉悦。

以线条为主体的书法艺术，便是这样地建立它的散点透视，以不齐整而打破焦点的审美观，使书家摒弃算子式的呆板序列去寻求纵横驰骤、奔走龙蛇的笔势；否则过于齐整板滞，便成为“奴书”了。

在不齐整中建立和谐关系，三十六法之中，“相管领”与“应接”二法最为紧要。“管领”好像是连串累珠，使之不散；“应接”好像是宾朋杂坐，而彼此间的精神能交相照顾。这样在不相等的距离不平衡的位置的字列笔阵之中，反能产生高度稳重的骨格和筋脉相连的感觉。米芾说“字要骨格，内须裹筋，筋须藏肉，秀润生，布置稳”。布置稳便骨格能立，秀润生则神采自足，书法艺术的形象性即是建立在此之上。

书法艺术的韵律

我说书法有韵律，大家也许很惊讶，也许会说这不是颠倒知觉，以耳代目？便是像所谓“感觉移挪”，有如前人说“耳中见色，眼里闻声”[①] 的故意错觉。其实不然。当代不少美学家久已指出音乐是线型的艺术，又习惯把书法的原理拿来说明中国音乐的特性，特别喜欢取古琴的音腔节奏来作比况，试看附图所示琴曲《关山月》的韵律有如线条之进行，可以明白书法与古琴都同样可用线条的韵律来寻求它的“美”所以形成的道理。由这一图表看来，我们既可用“目”来听琴，则何妨以耳来看字？

已有人说过：“音乐是流动的书法，书法是生命的音乐，可以代表中国传统音乐的象征。因为书法是以其独特的线性艺术与中国音乐一样构成它独特的时空观。”我们看笔阵的构成，有时正如“常山之蛇”，救首救尾，自有它的韵律、节奏。西人说：“建筑是冰封住了的音乐”，我们不妨说：书法——尤其是行书、草书，是冰解冻后的长流、瀑布型的音乐。

书法艺术的韵律性要从整幅字阵的结合情形去理解，方能获知此中消息。字阵的韵律性是以“行”为基本单位。行以直行之纵线为主，因汉字是下行的，字句从上而下看，即在长卷百数十字整比成篇，亦以纵行为主体。行的离合、分布，全赖“气”以连贯之，谓之“行气”。能行气于其间，无论字体如何歪斜欹侧，大小不伦，以至草隶兼施，都能得到上下一贯（unity）。如《裴将军诗》，因其气往还能圆融具足也。书法家兼诗人何绍基之论诗，主张“气要圆”。他说：“气何以圆？直起直落可也，旁起旁落可也，千回万折可

① 《罗湖野录》。

也，一戛即止可也，气贯其中则圆。”[①]

书法艺术的行气，和诗同样有上面所述之妙处。

书法布阵的分行，多主不整齐，它要“参差”正所以取得“天趣”之美，天趣即纯任“自然”而不尚人为。以后始趋于整齐，加以人工化。我们看从殷代甲骨与铜器上的铭刻数十字，以至战国中期的楚帛书的九百字，其行气多不太齐整。字与字之间，另有一种位置组合的规律。看似散漫，但神气左右前后互为呼应。正如星斗丽天，而疏密布置，错综成文，变化无方，久看而益觉其美。古代的书法字阵，似乎以纵行、横行不分为美，我所谓书法的“不整齐”的逻辑，在这时期的字迹最能获得充分证明。

行气与空间美的形成，最要依靠“布白”的安排。汉字结体以形声字为最多，每个单字构成的基本要素是“偏旁”的系列，偏旁有上下左右之分，故字的结体可随部位加以变换，偏旁能拆散而愈觉其凝聚。王铎行草书所以引人入胜，除他的下笔驰纵，干、湿兼用、神采恣肆令人生怖之外，而尤善于变更偏旁位置，字之结体有兔起鹘落之感，正以其上下相配，特有取于不平均，长条数尺，文字只二三行，而大小疏密对映成趣，此固由于行气之充沛，而“布白”之妙亦其主要原因。

一纸一幅之间，字与字之关系非常微妙，著字处为笔墨，无字处为空白，空白处有它的空间位置，其重要性不在有字的笔墨之下，有字处固重要，无字处亦一样重要，能在无字处下工夫，即能够体会到“布白”之美。长条每每书写二行或两行半，每行的起点可以齐整，但最终点必须参差不齐，以免呆板。布白功夫即从无字处的布置来处理它的空间美。玺印是书法布阵发展的另一途径，虽仅寥寥数字的结合，布白更须讲究，和书法的原理同出一辙，这里不欲细论。

空间美由行气所构成，行气要先看每行之中，字与字的距离，次看行与行间之距离。有一要点：字密则行要疏。如果字与行间都是密或都是疏，便不懂疏密之美，不能曲尽字的异势了。疏密与文字书写时用笔的轻重疾徐正形成旋律之美，有如音乐变化起伏的节奏。西方音乐以大幅度的和声构成许多层次，可以有若干个八度。中国音乐如古琴是以曲调为主的单音音乐（monophonic music），在结构上可以有数段不同音色而实际主要是同音位的反复演奏，故难为大开大阖的表现。惟有书法艺术由于书写空间有很自由的

① 《东洲草堂文钞》卷五《与汪菊士论诗》。

舒展，可供书者尽量发挥。它不是只有“阶前盈尺之地”，写者大可以“扬眉吐气”，以“激昂青云”的心态去抒发他的性灵与书写技巧。古代的摩崖刻石和后代的长卷，空间可以不受限制，容许书写者尽情而畅快地作大幅度的笔阵，进行他的多层次的线条之美的结合，笔触的多样变化，气力的充分表现，构成它的韵律，不啻是视觉的交响乐。特别是长卷，纸在空间上的无限，正好投入书写者精神的无限。这是中国艺术上空间美的最特色之处，可以代表中国文化博大处而不可限量的核心部分。

我们看《好大王碑》的整幅原刻本，只有纵行，奇趣横生，字与字间之欹侧顾盼，书者真能控制空间，使全石都在他的笔力笼罩之下，足以辟易万夫。又如北齐泰山经石峪的《金刚经》，字大已无法形容，气势的超迈，加上笔画有如凝铸，不可摇撼，而淋漓狼藉，绝无谨愿之态，洵为古今绝作。至于历代书法长卷的剧迹极多，如怀素自序，写到最后，忽然大叫数声，突出数行几个特大的字，如骏马脱缰，戛然而止，真是不可思议！黄山谷的《伏波神祠》诗卷，诗写完了以后，复尽兴加上跋语，一写便廿八行，每行三字四字五字二字不等，尽量表现不整齐之美，而叩其韵律，都是非常合拍子，而成为特异的节奏。明代书法在这方面尤有新突破，像王铎他每每用极湿之墨写起，连蜷不断地写下去，一直写到墨已枯竭了不能再写而后止，在一笔继续、如游龙变幻百出之下造成它的气势磅礴，用极端干与湿的对比，去打破平板的局面，笔法之外，而且突出了墨法，令人惊心动魄。他已不仅把书法看作音乐，简直是参用舞蹈的方法来处理书艺了。

结语

历来书评家都喜欢滥用一些比喻，好像“龙跳天门、虎卧凤阙”之类，却逃不过米芾的嘲讽。他说：“是何等语：或遣词求工，去法逾远。”评论者大做其文章，和书法本身了不相干。这种情形正像古琴书中大谈指法，比“擘”、“托”是“风惊鹤舞势”一类之陈腔滥调，同样可笑。

米芾指出看书者要“入人”。“入人”是说赏鉴者应当对作品的书者有所了解，要有深入的认识。评者有入木（三分）的能力，其评论才有“入人”的效果，否则只是隔靴搔痒！这是“知人”的事。其实，要紧的还是书者本身，我想借米氏之言，下一转语，来论书者的成就的问题。我说：在知者方面，要能“入人”，在书者方面，却要能“人入”。“人入”然后“笔入”。笔能入纸，他的笔路才与人不同，摸出他自己的道路，书中有我，是为“人入”，这样的“人入”，方才构成独到的“笔入”，人的品格，便在纸上活现了；书的能事，至此乃可告成功。

以《梅庵琴谱·关山月》一曲为例，图中线条示其旋律之运行，其左数字表示简谱音高。

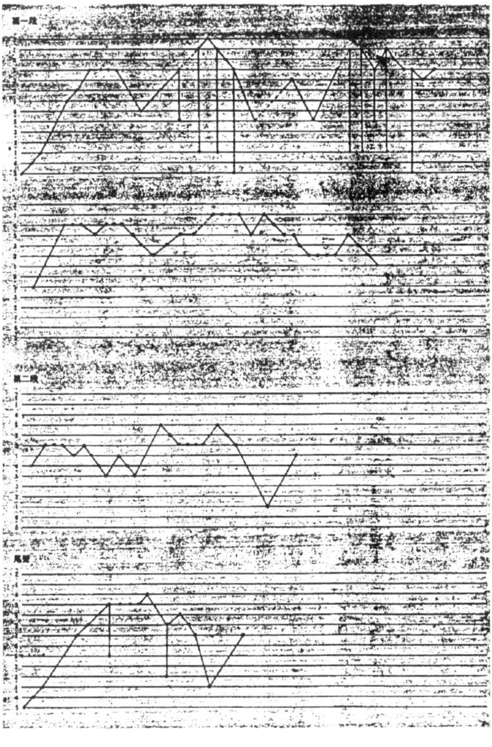

题耶律楚材书《平淮西碑》长卷

燮理阴阳孰与同，焦桐难得赞南风。淮西遗翰少年事，早辨神光在击蒙。

兴平术数溯无间，伟器能知千里驹。法海汪洋涵养力，万松显诀释中儒。

此卷丝栏，正书挺秀，录《平淮西碑》整篇，笔笔沉着入纸，与顾洛阜旧藏大字卷，恢宏磊落者异趣，而各极其工。末署金宣宗贞祐元年三月，时公二十四岁，初仕倅开州，尚未受显诀于万松老人也。王静安撰公年谱，于贞祐事迹可征者殊少，此适补其缺略。公以明昌元年六月二十日生，父履，兴平节度使，自辽归金，鞠以为后。履素通术数，尝谓吾六十得此子，吾家千里驹也，他日必为伟器。履墓在医无闾山，故公本义州弘政县人。公之学，迹释而心儒，深契禅门棒喝之机，用发挥而为功业。复癖精琴理，自弹数十曲，作《琴道喻》长古。万松序其集，称其"志天文以革西历，玩焦桐而赞南风，在燮理为难能，皆其余事，千载一人"，诚非阿谀之辞也。

卷中有邵宝、王稚登、尊生齐、邵瓜畴、吴下阿弥诸印，明代名家均宝同球璧，又有余阙一印，隐约可辨。青阳节烈与公之骏功翰墨，烂然辉映，龙文宝气，霞采回光，照耀无极。

北山堂主人命为题记，爰欣然跋其后。岁在壬申嘉平，选堂饶宗颐。

《甲骨文与书法艺术》序

门人黄君孕祺以其论文《甲骨文与书法艺术》授梓，杀青既竟，喜而为之序曰：甲骨学之兴，及今已逾九十年。其始以资料散布四方，学者忙于蒐讨、著录，提供未寓目之新资料；其出土实物，小屯及南地、周原，次第整理问世。又以着眼于分期、断代诸问题之董理，浪费许多时间，近年方有《合集》、《摹释》、《类纂》诸书，取得第一步之总结。

谈到书法，一向囿于董氏五期之说，以雄伟、谨饬、颓靡、劲峭、严整作为各期个别特征。实则五种风格，每一时期均有之，强立畛域，不免刻舟之诮。过去依据贞人以立断代标准，目前已知贞人称谓原多为地名，论据昭彰，不得视作人名。故有主张断代须观其大体者，实则仍以字体为主要依据。故对书法问题，作深入之研究，尤为当务之急。黄君此作，其重要性益可知矣。

曩者，余曾倡分人分名研究法。黄君采用分名理论，举扶与勺二名。作为研究对象。分析结果，说明同一名之下，书风实殊多变，不泥于一格。君提出四种范式、八种书风，可备一说。扶之书体，即八者具备。其他穷、争名下，大量刻辞，间有小字者，余曾略举一二，以见其凡。可惜君书仅揭二名为例，未能遍及其他人物。他日更事研讨，所得必不止于此。然所得结论，已打破以前呆板之分期框架，觅得另一出路。

君书由历史观点转入艺术角度，给书契工具、形构结体、笔意风神，无不详细探究，诸多创获，所造倍蓰于前人；而论地域风格，更为过去所未措意者，尤为突出。余一向以为由于锲刻物体之不同，其书体亦因之显示差异。若鹿角刻辞，极近金文结体，初看颇似武丁书风，赖其记明祀文武丁，得知为晚期之物，但迥非如第五期之严整，故知纯由书体以断代，亦非易事。由殷墟到周原，字体丕变，潦草欹侧，怪谲奇肆，不受约束，已脱离整龟骨板形体规律之限制，大小任意刻画，形成契文行押书、草书一路。我在周原博物馆显微镜配备之下目睹长骨条一板，长行密字，纤细刻锲中倍见行气之神采飞越，洵为书契极品。当日书手造诣之高，出乎想象之外，良不可及。是时占卜之制已衰，而契刻者可不着意，迅手肆笔，弥见功力之深。周原细字非眼力所能辨，锲书奏刀，错纵变化发其胸中之奇，已忘工具之运用，心行而已。曩贤论篆有草篆，隶有草隶，余谓周原契文，应是草契，谁曰不宜！书道有碑学、有帖学，当再增一路曰契学，可以君书导夫先路。周原之物一豁心眼，闻近时洹水复有新获，涂辙更当大启，谨拭目以俟之。春秋以后，契龟已成强弩之末，惟山西洪洞有卜骨疾贞之文，书风尤奇诡可喜，往日陈君炜湛以摹本见诒，今附于末，以供治契者之参考云。

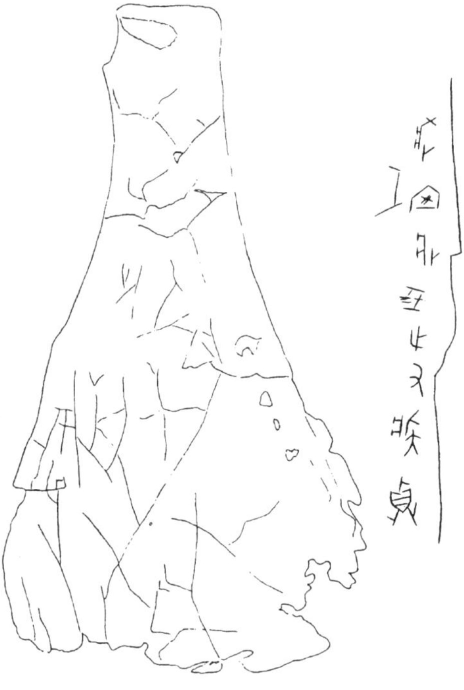

1945年洪洞出土卜骨摹本

原骨长 40.5 公分，宽 6.9 至 20.8 公分

悲庵印谱序

赵悲庵篆刻法书，辑录成帙，非复一次矣。其流芬余响，久已沾溉域外，将芬近见告，拟捋其印章百七十事，书联三十五帧，重渤为集，用广其传。悲庵作篆，起笔崭绝，结势而不藏锋，此取方为圆也。作楷则舍遒密而取宽绰，横扁作态，此以隶为行也。其摹印则力于印外求印，驭繁于简，位奇于安。冯孟亭称：“汉隶融而唐隶凝。”悲庵治印，融而能凝，茹涵于秦汉者深矣。悲庵于学无所不窥，自言不薄辞章，不右宋，不左汉，其书（江湜）《伏敔堂诗》后，述其学术次第详矣。其言曰：“其行事求经不得，比史不得，寻之小说家且不得；其言论非皇古，非晚近，儒无是；入之佛，佛无是；问之道，道无是；推而远之，至于域外，如夷说耶稣新旧诏、希腊腊顶书仍无是。四千三百年中事，日积日出，不可思议其可心得。余得傲弢叔者有此。”此悲庵为学之总蕲向也。以之治书治印，无不如是；故治印则求之印之外，治书则求之书之外，治一切学则求之一切学之外，于书于印，何曾数数然。此悲庵所以振奇而独绝也。其印与书之美，世早有定评，何庸再赞一辞。因摭其论学吃紧语，以为金石书法家之棒喝，质之悲庵于地下，谅无间然也夫！

丁巳端午

悼西川宁先生

二十余年前，我从日本书道的权威杂志《书品》、《书道全集》和《二玄社书迹名品丛刊》中，认识到西川宁先生，衷心向往已久；一直到 1980 年 8 月，才有机缘和他见面。

从他法书特出风格，笔势驰骋，凌厉无前，我长期以来的想象中，他必定是一位可用铜琶铁板来唱《大江东去》的英杰；可是接触之后，才发觉他乃是恂恂儒者，"神姿高彻，如瑶林琼树"，有如《世说》中的人物。使我内心更加敬佩。

西川先生两代工书，可说是书道世家，和中国书史上"二王"的情况一样。历年以来，在扶桑书法领导层中，西川一门的涵盖性和影响力，已发挥极大的作用。尤其是收藏之精且富，和研究成果的卓越，一时无与伦比。我深觉很有幸地能够有一度在他家里欣赏过一些瑰宝。唐本《说文》，至今犹回旋在我的脑海中，永久不会忘记。至于清代丁敬身、邓石如以至赵㧑叔各家的精品，遽数之不能终其物，更不用多说了。

西川先生的法书，有口皆碑，不待我来揄扬。令我最惊讶的是西川先生所写的"古文"，用字的恰当，行笔的遒劲，可当得起"雅健"二字，非深于"义法"者，不易辨别。他赠给我的文集一册（西川宁辑录《完白山人诗文》并附跋文），我始终视同拱璧，每每向人称道。他似乎对龙泓山人的文章的特别爱好，在篆刻以外，还吸收了一些做文章的手法。今天的汉学界能够执笔写一篇唐家八家式的文章，已不易见到，像先生的造诣，真是凤毛麟角！西川先生书学的深邃，考证的渊博，偶尔用汉文写一些题跋文字，无不是精心结撰，所以我要特别加以推荐。记得同朋舍要我为《神田先生全集》写一篇文章，我曾经指出他的成就，即在能打破 philology 与 Fine Art 二者间的隔碍，西川和神田有长期的合作，互相影响，彼此对汉学之湛深，把学术与艺术打成一片，他们是同一类型的。

二玄社把西川先生的著作，辑成十册，作总结性的整理，无疑地这是笔书道界的遗产，同时亦是人类艺术领域的重要文化财富，逐渐刊布，意义的重大，大家有目共睹，不需要我来多所饶舌的！

最近中国和日本有两颗书坛巨星的陨落，是不可补偿的损失。上海王蘧常教授接近九十高龄，亦于前些日子捐馆舍，我和王先生以前都尝在无锡国专任教，有一点校友私谊，我不及等待复旦大学给我寄来讣文，即刻去电致唁。西川先生去世的消息，刚从林宏作兄来信方才晓得，现在执笔写这一篇文字，回忆前尘，不胜人琴之戚。谨在此一并表示我对西川先生的及门和知交们致亲切慰唁之忱。

1987 年 11 月于香港

日文本刊《西川宁著作集》第一卷附录《月报》，1991 年 5 月

论书十要

（一）书要“重”、“拙”、“大”，庶免轻佻、妩媚、纤巧之病。倚声尚然，何况锋颖之美，其可忽乎哉！

（二）主“留”，即行笔要停滀、迂徐。又须变熟为生，忌俗、忌滑。

（三）学书历程，须由上而下。不从先秦、汉、魏植基，则莫由浑厚。所谓“水之积也不厚，则扶大舟也无力”。二王、二爨，可相资为用，入手最宜。若从唐人起步，则始终如矮人观场矣。

（四）险中求平。学书先求平直，复追险绝，最后人书俱老，再归平正。

（五）书丹之法，在于抵壁，书者能执笔题壁作字，则任何榜书可运诸掌。

（六）于古人书，不仅手摹，又当心追。故宜细读、深思。须看整幅气派，笔阵呼应。于碑板要观全拓成幅，当于别妍蚩上着力；至于辨点画、定真伪，乃考证家之务，书家不必沾沾于是。

（七）书道如琴理，行笔譬诸按弦，要能入木三分。轻重、疾徐、转折、起伏之间，正如吟猱、进退、往复之节奏，宜于此仔细体会。

（八）明代后期书风丕变，行草变化多辟新境，殊为卓绝，不可以其时代近而蔑视之。倘能揣摩功深，于行书定大有裨益。新出土秦汉简帛诸书，奇古悉如椎画，且皆是笔墨原状，无碑刻断烂、臃肿之失，最堪师法。触类旁通，无数新蹊径，正待吾人之开拓也。

（九）书道与画通，贵以线条挥写，淋漓痛快。笔欲饱，其锋方能开展，然后肆焉，可以纵意所如，故以羊毫为长。

（十）作书运腕行笔，与气功无殊。精神所至，真如飘风涌泉，人天凑泊。尺幅之内，将磅礴万物而为一，其真乐不啻逍遥游，何可交臂失之。

题刘海粟书散氏盘卷

古制诸侯正封，《左·昭七年传》杜注："正封，封疆有定分也。"是铭即记夨、散两邑正封事，末署"舀左执要，史正中农"。执要即誓。左文十八年传作誓命。杜注："要信是也。"观铭屡言及誓，盖当日正封疆誓命之辞。其言封于某道，急就篇埒封，颜注："埒者，田间堳道。"谓委壝起堳，即以卑垣为界也。曩于雾峰，摩挲是盘不止一次，其字不逾寸，而向来书家皆作大如盏，不尽符原状。海翁耄年临写，笔走蛟螭，浑厚绝无懈笔，钦服曷极！颖南兄持此命题，为识数语归之。

丁巳选堂敬跋

题简琴斋书展

以书道论甲骨，与史学轨辙迥殊，当洹滨出土之日，识字未多。而书家、治玺家，竞于卜辞取材，集联集诗之事尤盛。以今日观之，字之辨认，庸有可商，以美术论，则途径大启，若蚕丛之辟，信有足多者焉。

写契文者，或以篆法人，如罗雪堂，其失也滞；或变以金文，如金息侯，其失也肆。叶渶渔参以楷隶，端详可观，而乏刀法奇趣。简琴翁浸淫汉简有年，移其诀以入契；逋峭多味，玩其所书，譬诵宛陵之诗，嚼橄榄而逾甘。间运以钢笔以写便面，踌躇满志，恍如奏刀，騞然中桑林之舞。翁于近世书林，可谓异军突起者矣。翁曩以书设帐海峤，门人至今推扬益力，沐其教于不坠。十余年前，曾以遗作展出，不揣固陋，既为文以介之。顷者，刘少旅君复以所藏翁书重展于大会堂，远道属题数言，因略论契文与书道相涉之处，以见翁之成就，足为来学津梁，盖有不可磨没者在。

壬子春，时在星洲

丁衍庸印存序

粤人刻印肇于明季，大率取途汉铸，间涉元氏之法。谢观生父云隐印稿十册，其镌固犹在也。自后皖浙鼓荡，披靡成风，方整有余，巧新竞出。循矩则不免于学步，润色终难成乎鸿业，君子病诸。

吾友丁衍翁，崛起横流之中，作画之余，专力周秦古玺。1960年始治印，规钘偏旁，无乖八体，而褒衣博带，令人如接汉家威仪。尤擅象形印。喜刻玉，纯以钢刀奏功，能作玉玺，浑朴绝伦。其求志岩薮，沿波积石，蕲向既高，敻出尘表，自非研极覃思，究乎字源，以画入篆，曷易臻此！以视暖姝于一先生，但取肤似，岂可同日而语耶。伟雄既集其印，编排为谱，属序卷耑，既无憾于雕虫，惟蹄荃之斯在，好摹印者，幸观览焉。

陈语山篆刻原钤题辞

陈语翁近集平生所治印若干方，汇为印谱，不以余为不知书，命为喤引。翁始习西洋画，心摹手追，故规抚秦汉，悉中法程，而同时侪辈，如吴子复、冯康侯皆娴习苍雅，以作书之法，入于篆刻。

君于汉隶用力至深，古瘦逋峭，通于缪篆，故能驱刀如笔，视石若楮，似拔山劲铁，嶙峋可喜。观其书若印，亦如接其人焉。五十年来，翁治印，一以白文为宗，于边款尤所专擅，力主沈厚安详。尝自镌印曰：不立异以为高，以是治艺，其宗旨尤有得于淳正也。余读张惠言为胡柏坡印谱序谓："隶书者，隶人习之，摹印，刻符，殳书，皆其工世习之。后世文人学士为之者，非能如工之专于其事。故远不逮古。"近世古器日出，益知殷人之于玉、于甲、于骨皆能尽锲刻之能事。若周原出土契文，有笔画纤细，须放大镜五倍方能目睹者。是刻符诸艺，向有专工，故巧妙若是，其法久绝，后世传习者，泰山毫芒而已；而印人每轻出已意，欲不谬于古人，得乎？翁治印也，久笃志于古，守矱而不稍逾越，故敢以此意奉质，还乞有以教之。

丁巳饶选堂

《选堂书楹联初集》小引

晚唐人为诗，独嗜摘句，纵语非惊人，而意必警策。又况绣以巩帨，缀为俪言，论风格或雅健而雄深，揆文情复清新而隽拔，书悬诸壁，更自可人。余少习各体书，于楹联好之尤笃。艺兰之暇，煮石未疏，霜毫早秃，寸阴是竞。常对曩贤佳句，如璎珞之足颐我情；颇喜笔阵纵横，比楠檀自堪托清兴。岁月既积，楮墨遂多，稍寄三余，用勉十舍。好事者聚以成编，亦逾百事。徒供享帚，聊以自娱，实昧通津，但资博噱而已。

壬申选堂

自临碑帖五种后记

余髫龄习书，从大字麻姑仙坛入手。父执蔡梦香先生，命参学魏碑。于张猛龙、爨龙颜写数十遍，故略窥北碑涂径。欧阳率更尤所酷嗜。复学钟王。中岁在法京见唐拓化度寺、温泉铭、金刚经诸本，弥有所悟。枕馈既久，故于敦煌书法，妄有著论，所得至浅。尝谓自大篆演为今隶，两汉碑碣，实其桥梁。近百年来，地不爱宝，简册真迹，更能发人神智。清世以碑帖为二学。应合此为三，以成鼎足之局。治书学者，可不措意乎？以上五种皆为日课，合为一辑，书之体态繁赜，须事临摹，以增益多师，而骨力必由己出。略记学书经过于末，求教于大雅君子。

时苍龙庚辰端午选堂书于梨俱室

早期中日书法之关系

中日书道关系史上有二次极重要的转折点，一是奈良时代的王羲之书风的盛行，一是室町时代五山文学的兴起。禅林对于黄山谷书法的爱好，引起书道审美观点有极大的改变。鉴真传来品物单内有羲之的真迹，从正仓院文书中圣武天皇的宸翰《杂集》，及光明皇后之《乐毅论》等，可看到朝廷对王书之倾倒。虽以空海大师本人对书法造诣之高，路数之多，有颜（真卿）有李（北海），而飞白、狂草皆有独到处，戛戛自成一面目，仍不能影响当日朝野对王书摹仿的风气，使其推进一步。

反观唐土，在太宗高宗时代对羲之的极度推崇，到了韩愈，却有"羲之俗书"的贬词，不喜欢妩媚，以其易流入甜俗。韩愈这一观点，要到五山的虎关，在《清言》中才提出讨论。由于遣唐使的中断，交通的隔阂，中国本土的书风，影响到日本，总要迟一段时间。由唐入宋，苏、黄、米、蔡的兴起，在北方女真社会的金朝，苏、米已盛行一时，在扶桑似毫无影响。到一山一宁东来，开始提倡鲁公"屋漏"之法①，弟子虎关欣赏山谷书体的雄健奇丽和欹斜拙变，荣西、俊芿相继入宋，宋风方正式为日本书道界所吸收，对王书的看法和以前乃大相径庭。以上事实，众所习知，不欲多谈。本文准备讨论一点唐风未入之前，中、日双方在书法上早期接触，从零星的资料，所得到的初步了解。

① 《济北集·一山国师行状》。

中国书法传入日本，似乎可追溯至东汉时代。冲绳出土的齐刀，福冈志贺县的“汉委奴国王”金印，姑且勿论，正式有年号的出土文物，以1961年奈良县栎本町东大寺山古坟发见的铁制环头大刀为最早，其上错金铭文有云：

五月丙午，造作文刀，百练清刚，上应星宿，（下）辟（不祥）。

这把刀上有中平年号，是东汉灵帝时物，这和1974年山东苍山县出土的永初六年铁刀，上有铭云：“五月丙午，造卅涷大刀吉羊”，制作和文字，如出一辙。汉俗以“五月丙午”为冶铸吉日[①]，可见中平铁刀，正是汉代从中国传来的物证。

在熊本县菊水町江田船山古坟出土的大刀，铭刻称：

作刀者名伊太氿，书者张安也。

在器物上镌刻着书家的名字，目前所知，在日本似乎是首次。一般考证家认为约当中国刘宋元嘉时，倭国王珍之世。刀铭称“八十练”，比永初铁刀的“卅涷”，功夫更进一步。铭文又云：“治天下獲□□□齿大王世”。说者谓即《古事记》所称的“水齿别命”，即是反正天皇时代，这是日本自己冶铸的刀，字体朴拙古劲，尚是六朝书体的典型。最有趣的是有书者的记名。中国碑刻上像汉《郙阁颂》后面题名：“仇绋字子长书此颂”[②]，西狭颂题名十二行中有云：“……仇靖字汉德书文。”汉时偶有书者署名之例，但很不普遍。此外如《华山庙碑》末的“遣书佐新丰郭香察书”，向来说者纷纭，似以监书说为长，“察书”因与上面“市石”，正成为对文，察与市都是动词；北魏《石门铭》的“梁秦典签太原郡王远书”一句，说者谓应指撰文而言，或者兼指亲笔书写，亦有可能。向来书者被视作“书手”，书佐及典签官职比书手为高，故书者署名不多。敦煌经卷中时有书写者题名，写经生是一专业，情形又有不同。关于汉俗，书写职掌的制度和隋唐以后书者题名才普遍的习惯，

① 见《论衡》等书。

② 原碑已漫漶，此据《隶释》。

有待作专题研究。[1] 惟日本在自制的刀铭上，作器者和书者共同署名之例，出现如是之早，可见其时已对书道相当重视，是很值得注意的。

埼玉县稻荷山古坟出土的两面铸有一百一十五个汉字铭文的铁剑，曾引起史学界很多讨论。有人注意到其中语法，如以“中”字作为后置词的特殊用法，和北魏的造像记及墓志中用法很多类似，认为北魏文化，通过百济人渡海传入日本（小川环树教授说），这是从语言学上加以观察。我在京都博物馆仔细欣赏这把铁剑，经透射后显现出来的字体，十分清晰，笔画纡徐闲逸，结体宽绰，仍保存隶意，完全是北朝的风格，丝毫一点不受到晋人的影响。如从书道上来观察，似乎可从另一角度为北朝关系说增添一新的例证。

日本出土的墓志，已有十数件，且有极好的图版和解说，出版以来，对考古学界影响较多。从书法上讲，应该是书道史第一手的资料，不能忽视的。《船王后墓志》文字虽表面、里面只共百六十二字，而行笔瘦折疏简，其中如永字、之字，间有游丝连笔，略带行书意态，而宀、口一类仍是北魏以来纡徐、拙峭的遗风。《小野毛人金铜墓志》虽仅寥寥两行，从原物观摩，觉其点画朴厚，中肥末轻，折笔处带圭角，不用波磔，而神理自足，是北碑凝重笔势。《威奈大村墓志》，镂刻于敦形铜制骨藏器上面，文字极佳，铭辞：“天潢疏派，若木分枝”以下，隽丽可诵。书风疏宕，无虞、褚姿媚，反近魏《皇甫驎墓志》一路。如“威”字之戈旁，与该志之弋，结体相似。余如《僧道药墓志》，已晚至和铜七年（714），当唐玄宗之世，字的结体，仍取北碑，如药师僧道诸字，宛似《龙门》方笔。大抵和铜之际，纯是北朝风味。船氏为归化人，墓志题“戊辰”，即天智天皇七年（668），《小野墓志》为天武六年（677），是时虽有僧道昭入唐，从玄奘问学，书法仍是沿袭隋风。《石川年足墓志》更晚及淳仁六年（762），字已略近虞、欧，较为优丽整饬，无欹斜之势，如持与正仓院圣语藏《隋大业六年写经》比较，神态更近。

再以碑碣论，《宇治桥断碑》立于孝德二年（646），由残存字体观之，沉着全无唐风。《多胡碑》立于和铜四年（711），间有圆笔藏锋，而天骨开张，瘦硬挺拔如北魏风范。奈良时代的写经，早期如大圣武的《贤愚经》，笔势肥满，说者谓近北魏朱义章《神品百碑》，和铜五年的《大般若经》，书风仍承隋人写经之旧。至神龟以后，遂大起变化。天平七年，玄昉请来一切经，光

---

① 北齐《隽修罗碑》末题“隽爰生为”，但眉目很不清楚。梁《萧憺碑》末记“吴兴贝义渊书”，《龙门造像》，朱义章书。隋《唐法寺碑》正式题“丁道护书”，丁与智永齐名，一时有“丁真永草”之目。丁楷法为欧、虞所自出。

明皇后对于唐风的爱好，从此王羲之的字样遂披靡一时。

试看和铜元年（708）下道圀胜弟圀依朝臣的母夫人铜制骨藏器，国字作圀，已采用武则天书体，然在前此一岁，即庆云四年（707）书写的正仓院本《王勃集序》，较早一些时期的上野本《王勃集序》，其中避武后祖父讳，华字欠一竖笔，但书写字体，不用初唐人法，反近北朝，细身精劲，结体重厚，仿佛东魏《史君敬显儁俊碑》（内藤博士说），可见和铜以后，书风方才剧变，以前全是北朝风范，所以和铜可说是由北朝书体转变为“王（羲之）样”的分水岭。

由上可见王羲之书风影响日本，要迟至和铜以后，在此以前，和北朝的书体，关系最为密切。许多人以为清季杨守敬东渡，将碑学带来，不知日本在奈良以前，书法本身即浸淫在北碑之中，用北碑写字的习俗，应是日本古代文化和北朝文化关联之一重要环节。

本篇所提出的，不只是中日书道关系史上的重要问题，同时亦是两国文化史上关涉的问题，谨将浅见约略陈述，望大方专家加以指教并作进一步的讨论。

此篇日文译本刊于青山杉雨编集的《书·本》
第二册第一篇，筑摩山房1980年

附　饶宗颐教授对刘正成谈古文字与书法

一、中国古文字与巴比伦、埃及古文字是不能互通的、不同的文字体系

刘正成（以下简称“刘”）：首先，我代表《中国书法》向您表示深深的敬意，并感谢您在百忙中安排时间接受采访。去年（指1998年），我的第二次欧洲之行，在法国和意大利看到了许多古埃及的象形文字及古巴比伦楔形文字（图一、二）。我有这样一种想法，就是人类在最初使用文字语言的时候，可能有一种共同的地方——即从象形的角度出发去创造文字。记得饶教授有许多专门研究中外古代文字关系的专著，很感兴趣，今天想请您再深入地谈一谈。

饶宗颐（以下简称“饶”）：有关这个方面的问题，我很早以前就留意了。1952年在港大教书时就承担了一门文字学的课程，一教就是十六年之久，后来又到新加坡大学任中文系主任。前一个时期主要是从中外文字比较的角度进行研究，后一个时期则是侧重于“字母”问题的研究。我觉得人类的发展，在接触自然的过程中，每个地区乃至每个人都有各自的特色，但从根本上说则许多地方是共通。记得在新加坡时，见到刚发表的半坡考古简报，我发表了一篇文章，认为：半坡的陶符（图三）与中国文字发展之间存在着密切的联系。之后，南洋大学的李孝定先生也随之连续写了好几篇相关的论中国文字起源的文章，后来还专门出了一本书，当时还有一位外国学者，写了一本

谈论世界上字母的书，认为字母是从中国古代的天文学中借鉴而来，要我写书评，但我认为他的文章所用的材料取自日本，很有问题，因而没有写。所有这些，引诱并促使我去注意并研究世界的字母起源的问题，为此下了很大工夫收集、考察了两河流域文明发展与古埃及的材料。也看了很多西洋人写的东西，有人认为中国文字是从古埃及来的。但事实则不然，中国的文字与古埃及象形文字之间，是不存在这样的关系的！

有关两河流域文字的问题，如果在世界范围讲文字的起源，它可能比古埃及更早一些，到底如何，则至今仍在争论，因为如今出土的古埃及文物年代也相当久远，但两河流域所出土的东西则更多、更具体，比我们的"甲骨文"也多很多。两河流域文明的发展，经历了几个阶段，最早的是苏美尔，大致在现在伊拉克、叙利亚一带。刚刚讲到的"楔形文字"已经是我们通常所指的阿卡德文 Aecadian，苏美尔文字才是象形的，如它有一个中间一个水两边各有一个脚印的符号（图四），显然与甲骨文的"涉"相类似，当然我们不能因之就说它是个"涉"字，这两种文字实际上都有它独特的结构，相互间是不能互通的。

刘：您刚刚论述了中西文字之间存在的关系，是不是可以说中国的文字是外来的或受到外来影响而创造的呢？

饶：决不能这样说。值得一提的是英国牛津大学有一个叫波尔的（C. J. Ball）讲师，写了一本《中文与苏美尔文》（*Chinese and Sumerian*，1913 年出版）的书，他认为中国的文字是从巴比伦来的，这种说法与所谓中国文字来自古埃及的说法，一样都是不能成立的。

刘：在我的印象中，中国的古文字如甲骨文已经不完全是象形，与刚刚所讲的苏美尔文字相比，它不仅仅只是象形或者只是对等一具体形象的描画，而是很抽象的了。

饶：古埃及象形文字是这样的，如它的一个"人"字，有很多很多人的具体的状态，比我们甲骨文的"人"具体得多。

刘：我觉得古埃及文字更像一个图案。我想问的是：从半坡刻画陶符到早期金文、甲骨文字之间，是否存在着一个至今未曾发现的发展过程？

饶：从半坡到早期的甲骨文之间大概有两三千年的时间，尽管这个断层的文字材料至今尚未发展，但存在的可能性是有的。

刘：不久前山东邹平发现的丁公陶文，有人认为它是东夷文字。

饶：大家不要轻易相信这个说法，那个山东出土的东西，只能说明那个地区是属于东夷地区，我认为这个字应该算作是甲骨文一系的，为此我还专门写过一篇文章。

刘：在甲骨文以前是否发现有完全象形的文字，正如古埃及早期的文字同图画差不多那样？

饶：对这个问题的认识不应是这样的。楔形文字，正式的学名叫“阿卡德”语言，它是由苏美尔演进而来的，实际上它已经是表音节的字母。但它的常用符号最少有二千多个，后来减少到常用的三百二十四个。因而记忆非常辛苦，有时写了一大堆音节字母，只是一个人名而已，因此研究这种文字是很麻烦的，最初能够认识它，只有通过同古波斯文的对比。显然，这种文字是不能同甲骨文相比拟的。中国文字远比它进步！

二、古埃及象形文字消亡的主要原因：不实用、宗教的消亡

刘：一般认为古埃及的文化是由于罗马帝国的入侵而中断的。那么，埃及象形文字为什么没有能够发展成为一种成熟的文字，是因罗马帝国的入侵对它历史的切断，还是这种文字本身的特点所决定它要消亡的呢？

饶：在此之前，古埃及文字已经有过三次变化。开始研究者看不懂古埃及文字，后来怎么会懂的呢？是因为发现了一块叫做“罗赛塔”（Rosetta）的石头（1899 年），它是希腊人入主埃及与法老政权交替时期的产物，上面刻了同样内容的三种文字，最上面是古埃及的圣书体象形文字，中间是一种它的简草书，下面则是希腊文字。这样通过希腊文而认识了埃及文字。现在这块石头在欧洲，我还收藏有它的整拓本。

刘：埃及的象形文字是怎样消失的呢？

饶：主要是自然退化，是自己不用的。实际上这种文字主要是用在宗教上的，因而只有僧侣才懂。

刘：所以埃及神庙中刻满了这种文字（图五）。我国早期的甲骨文也主要是用在卜事中的，这里是否有相通的地方？

饶：这一点我想全世界应该是一致的，因为首先掌握文字的都是代表所谓的“神”说话的负责宗教上或占卜的“知识分子”，而不是一般世俗的人们。

刘：由他们传达“神”的旨意或解释天意，所谓仓颉造字，“天雨粟，鬼夜哭”。

饶：对，中国、埃及与巴比伦等文字的产生都是源于宗教。

刘：是不是可以这样说，中国的文字因为进入了世俗而得到了延续，而埃及文字则没有。

饶：后来埃及文字的消亡，则主要是希腊人的入侵。亚历山大征服埃及，在公元前332年，把它的领域打到印度，希腊人退了之后，又代之以罗马人。

刘：怪不得尼罗河的出海口叫“亚历山大港”。是否可以这样说，古埃及的象形文字在此之前长期使用在宗教中，直到希腊人来了才完全消亡？

饶：大致是如此，在希腊罗马时代流行僧侣体，后来通用俗书体。即所谓Demotic了。

刘：古埃及象形文字的消亡原因有二：一是它本身所具有的弱点；二是外族的入侵所导致文明的衰落。

饶：前者是主要的，实用性不强是退化的根本原因。另外有一个非常关键的原因是埃及的象形文带有“字母”，借希伯来和阿拉伯语记音，三只鸟形是3.w.m，脚形是b，水状是n之类，这些已是字母。加上一些用图画表示的表意符和指定词，更增加文字的复杂性与辨认的困难。人类文明发展的重要标志，一是字母，二是数字。如果没有字母与数字，是无法想象的。在数字的运用方面，近东即巴比伦是比较早的，当时他们用的是六十进位制的。我国十进位制的产生，在殷代已盛行，可能更早；我国最早使用于纪时的也有六十进位制，如“甲子”一周，现在仍在使用。

刘：那么到底是谁使用更早一些呢？

饶：这是个有趣问题。从甲骨文中，可知当时中国人已经在用六十进位来计算日子，什么日子记得非常清楚，全世界也没有这么清楚的，后来又用它来计算年代。总之，我们的先人最早是用它来记日子的。

刘：《二十四史》中的年表都是记日子的。

饶：巴比伦人的六十进位，则主要是用来作度量衡等。

刘：现在用的“阿拉伯数字”是否就是阿拉伯产生的？

饶：其实中国古代也有，“一”到“十”早就有，只是写法不同而已！这方面可能中国人很早就被“同化”了（笑）。回到文字的问题，刚刚讲到“字母”是人类发展的重要标志之一，是人类实用与思考紧密相连的象征。但中国人至今却不用字母，这到底好不好呢？现在有人认为不好，比不上人家科学发达，其实这种看法是错误的。如果中国文字变成了字母，也就没有中国文化了，你们书法家也就不必写书法了。为什么中国人始终没有用字母？但与中国人交往的民族都有字母，如蒙古族、满族、维族等都用，即使是曾经征服中国的人，最后也被中国所同化了，这种情况的确值得我们深思！阿卡德、苏美尔时代已经有字母雏形，实际上刚刚讲的古埃及文字是象形文字的说法是不确切的，他们的“象形”主要是象形的字母，与我们的象形文字是不一样的。他们一开始就如此，主要用字母，附带用图画作为决定词（determinative）去帮忙，图画符号之繁杂，像表示人形动作即有五十五个，代表人体的便有六十个以上。见 A. Gardiner 的《埃及文法》附录的象形字表。苏美尔文、阿卡德文亦有决定词，常用的有表示神的⁎二十四个。

刘：你是否可以再深入讲一下为什么中国人不用字母的问题。

饶：去年在北大开汉学会议，我是大会发言的第二人，因当时有两个记者问有关文字的问题，故改发言为回答记者的提问。其中有一位问及“中国文化中什么东西最有魅力”的问题，我的回答就是中国的文字，同时我还深入阐述了它何以会最有魅力的原因。其中一个重要的原因是历来中国人都不太注重用语言来表达，而更侧重于依赖文字，历来在中国，“文字”始终是第一位的，语言则是第二位的。

刘：文和言是分开的。

饶：是故意这样分开的！

刘：是否可以理解为不让语言来冲淡文字？

饶：中国人更重视文字，这是与其他国家所不同的，为什么呢？因为语言有一种不稳定性，且带有地区的限制，不容易统一，现在中国的方言还是那么的多，因而只能用其中的一种作为标准语言。相对而言，对文字的认同要容易许多。所以说，不借重语言、不把文字言语化，故字母无所用其技，这是我们的一大特征。

刘：《牛津字典》不断更换它的用词，而《说文解字》已经两千年了，仍然还是我们文字的依据，而它的表音则两千年来的变化就大了。

饶：这样做有它的不方便的地方，但好处是显著的。文字图形的用途的深化，以至和艺术与文学结合，文字形态另行独立发展完成为一种“书法艺术”，你们书法家因此才要写字，所以讲中国人是喜欢艺术的。相反，在欧洲就没有那么幸运了，在罗马帝国时代，拉丁文统一整个欧洲，但后来又很容易地被其他东西所替代。那么，在现代中国人有没有必要自己放弃自己的传统呢？近现代中国有过多次文字改革运动，据我所知有关方案多达二百余种，其核心不外是以拼音来代替汉字，但现在都搁下了，行不通！如果行得通就坏了，我们的文化也就没有了。对我们以前的文明不能通通否认，没有这个必要，因为文明是在积累的基础上延续与发展的，况且我们的文明已是我们所引以为自豪与骄傲的，仅仅只是图形使用上的方便，那是浅层次的问题。在电脑时代，汉字的优越性正在凸现，表达更加方便。总之，如果中国的文字改得没有了，文化也就没有了。说汉字难学，是没有去下工夫的缘故。

三、宇宙性符号——不要在谁是始祖的问题上一争高低

刘：腓尼基（Phoenician）与中国文字的关系加何？

饶：这也是一件很有趣的事情，也是我首先搞起来的。“腓尼基”的具体位置在今日黎巴嫩加上以色列、叙利亚一小部分地区一直到近东海边（图六）。它的文字是用字母的，腓尼基字母 A 是 aleph，B 是 beth，希腊字母改读为 alpha、beta，并把二名合称为 alphabet 遂成“字母”之称。腓尼基的先辈也是使用楔形文字。虽然字母发明自乌格烈德（Ugarite）人，这种字母也是用楔形文字来表达的，但它的影响较弱。因此，现在 ABC 可以说是来自于腓尼基，从此，人类可以很方便地记录自己的语言，它是人类文明发展与文化推进的重大转折点。然而，您知道世界上又是谁最早想到使用字母的？

刘：没有认真地想过，有时对最熟悉的事情反而很少过问。

饶：腓尼基、乌格烈德虽然有字母，但他们这种字形的写法又是来自何处呢？我的研究所得出的结论是可能与中国有些关系！这种说法其他人没有想到的，但我是有证据的，去年我出了本书，大家可能没有注意，书的名字叫《符号、初文与字母——汉字树》，里面有一张腓尼基字母同半坡系刻画符号的形状与结构对照表（图七），外国人有几个字相同就可以作论证了，我这里相同的竟有二十个之多。

刘：昨天晚上在中大崇基学院吃饭时，我曾提过类似的问题，当时有一位任博士认为：“腓尼基”字母与中国半坡系陶符之间的联系是偶然的，从成千上万的字形中找出几个相同形状的符号不能说明问题。由于我还未读您的这本书，因而也无法同他讨论。

饶：只要认真读过我的这本书，就会改变这种看法，这本书是商务印书馆列为百周年纪念的书之一。美国大学有朋友就用了我的这个材料组织了专门的讨论会，此书成为研究这方面问题的重要参考。你看人家很重视我们的研究。你大概到过周原，我这里有两张图片，一张是西亚哈雷夫的陶器上的

符号（图八），另一张是周原西周建筑遗址中出土的蚌雕人头像（图九），其人高鼻深目，系白色人种。这两张图片上都有一个字，甲骨文中出现很多，大家确认为是“巫”字，这两者之间可能存在着某种关系。但孰为先后，却很难质言。远古丝路，必有长期交往非今日能够想象得到，但互有接触，当不能免，此中正透露一点长期以来被淹没的人类文化交流的信息，同时也是解决半坡系各地符号哑谜的重要线索。这几年在香港，我手头的资料不够用，如果在国外，则研究可能会更深入。上述那个朋友的文章，他又找到了另外一些新的例子。

刘：这张图片上的“卍”（图一〇）字是什么意思？

饶：这是亚历山大时代的，它出现在器物上，以西亚为最古，印度河谷次之，中国也有且远可追溯到彩陶时代。它是人类历史上代表吉祥美好的具体而微的表识。有人说它是太阳的象征。为此我还专门写了《卍字在远东的传播》一文，对这个字的研究，世界上差不多已经有一百五十年了。

刘：对您的比较表，他的理解与肯定的部分是什么？

饶：最起码是承认表中所列的这个事实，那篇文章的出发也几乎与我的想法一样。中国人往往只要讲中国人的东西就是原生的，事实有时不完全是这样，我的意思是说人家用我们的或者我们用人家的，都是正常的现象，这个就是“宇宙性”，在学术上大可不必在谁是始祖这个问题上一争高低。要打破这一界限，泯除过去所谓“东来说”或“西来说”的旧观念，东西文化交流上的鸿沟极宜加以消除，再进一步寻求彼此间有关联的线索，这对于历史上广大的人类文明演进的了解，相信在不久的将来必有更重要的收获。

刘：他用您的这张比较表这个事实，就足以说明您的研究比他更早了！

饶：你看这是他进一步找到的使用“卍”字与“巫”字地区和对照表，其中许多地方用了我的材料。另一方面，我们也决不能认为自己的文化只有自己才可以研究，人家研究起来可能更厉害！你看我的书刚出来，他们马上就引用了我的成果并有所发挥。

刘：这说明我们的学术研究，仍然存在不注意借鉴别人研究成果的弱点。

饶：我们不但方法、思想落后，连做学问的精神、态度也落后！甚至还要到外国请人来审查我们自己的成果，岂不是开玩笑。不能这样自甘落后嘛！

刘：还想请您深入地阐述有关字母的问题。

饶：现在国外有些学者在研究腓尼基字母与我们的“干支”关系的问题。千方百计推测中国古代或有字母痕迹，有人对十干十二支的解释，认为是子音，但既然如此，何必殷人只把干支用以纪日。在数万片卜辞中，没有半点语言作用的意味。由于立论脆弱尚难取信于国人。我不敢说我完全正确，但起码存在着我所讲的现象，腓尼基字母的产生我认为是在新石器文化时代，西北地区闪族人与羌人杂处，通过商品贸易，闪族人采取陶符作为字母的依据来代替楔形文书体，遂引出字母的发明。后来字母的制作用何者为素材、如何采择（adaptation）是很费心思的，如日本的字母就是从汉字拣取而来的。日本人自己也这样认为并引以为荣，那时候他们对中国文化非常尊重，可能换了现在，讲是自己发明的也很难说，因为他们有片假名与平假名两套字母，这是历史上别国的字母取自汉字的例证。如果按它那个新的写法，又会有谁会完全相信它是借用了中国的字母呢？总之，我的意思是讲古代闪族人也完全可能像日本人那样。半坡刻的是“陶符”，当时整个中西都用陶器。并且，这种符号在当时必定有其特定的意义与读音，只是至今我们仍然不清楚，当时的人相互间借用是可能的。为什么我的说法外国人看了不会骂我呢？是因为我虽然讲腓尼基借用了我们的东西，但有些东西又不是只有我们所独有，如乌鲁克（Uruk）的符号，不少同于半坡系晚期的陶符，而这些陶符，在汉字中实所未见，而乃出于海西，故知其与近东很早已有接触（图一一）。

刘：乌鲁克是哪里的呢？

饶：也是西亚的，属苏美尔文化，它的时代也很久远。约在公元前3300—前2900年间。

刘：腓尼基的字母有多少个，与我们相同的又有多少？

饶：有二十二个，字形相同的约有二十个。腓尼基人主要是经商的，他们到处跑。其名首先出于埃及的文献，年代约在公元前1575年，其字母则从公元前1400年起至公元前842年开始流行。哈佛专家的最新研究认为：公元前11世纪是腓尼基字母正式诞生的年代。而我们陶符的产生，滑水流域的白家村、北首岭、秦安、半坡、姜寨的年代应在八千到五千年之前，比西亚的乌鲁克早，比腓尼基就更早了，是不是他们用了我们的东西（笑）！

四、汉字树——中国象形文字的成功发展

刘：从您的谈话中可知，不管是从中国学的还是原生的，他们从这个时候就使用字母并开始走向纯粹的表音文字，而在中国类象形文字仍在发展。

饶：他们不能不用字母，因为“苏美尔”那种复杂性是没有办法使用的，

例如一种在“埃兰”的象形文字。字母这样复杂，如（图一二）第一行的七、八、九、十同第二行的五、六、七、八一样，它的意就是、“Shu-shi-na-ak”的意思就是“苏撒神”，全文只有地名苏撒和神名 Inshushinak 和人名 Kutik-In-shushinak shinpi-hish-huk，而用线条图文表示读音竟占篇幅如是之多，可谓浪费之至。“苏撒”是“埃兰”的国都，约在今天的伊朗境内，这个地区出土了许多东西，其中有一种东西与广东南越王墓出土的东西完全一样，当时我说这是苏撒的，没有人相信。后来北大的一位学者研究证明这的确是“苏撒”的，这说明汉高祖时的南越王国与苏撒是有往来的。我要强调的是，这么复杂的一组图案，这么麻烦的写法，实际上往往只表达了一个名字或一个动作，这样的文字怎么能够适应时代的发展？它一定会被淘汰的！另外，千万不要看到它是一个象形的图案就认为它就是象形的文字，它实际上只是记音的字母。

刘：西方象形符号式的文字是否均被淘汰了？

饶：中国文字的长处是一个字一个音，而他们往往有五六个音，还有其他的什么限制。太复杂的东西一定会死亡，后来他们改用现在这种字母，简单了许多，可以用字母来记音，用语言来管理、统筹一切。而中国人则相反地更重视文字。如果我们的祖宗向外国看齐改用字母，则你们书法家也早就没饭吃了（笑）！

刘：如果这样的话，则中国的传统也就被破坏了。

饶：现在西方的字母已经完全是表音的系统，早在古希腊文明时，就不用那种累赘的象形字母。

刘：您认为汉字图形化持续之久与汉古文字的字形抽象之妙密不可分，怎样看待这个谜底？

饶：首先，我们是一个字一个音，文字的构造，以形声为主，占最高百分比，由一个形符与声符组成，前者保存汉字的图像性的美感，后者与语言维持相当联系，从而形成了文学上的形文与声文结合的文章体制，奠定汉字不必去追逐语言。其次，是我们的历史表明中国的政治生活是非常讲究把文字施于政令礼制上面，而不必与语言结合。相反，语言的发展与文字之间有相当的距离，所以我说汉人是用文字来控制语言的，让“语、文分离”——所谓“书同文”，表面是统一字形，实际是使文字不随语言而变化；字母完全记音，汉字只是部分记音，文字不作语言化，反而结合书画艺术与文字上的形文、声文的高度美化，造成汉字这一大树，枝叶繁茂，风华独绝，文字、文学、艺术（书法）三者的连锁关系，构成汉文化最大特色引人入胜的魅力。

刘：新文化运动把文与言分开，白话文运动是否有消极的一面？

饶：白话文推行的结果是把文字与语言之间的距离拉近了，这当然是一种进步。但如果把传统优秀的东西当作负担甚至全盘否定，则是完全错误的。

刘：那么，现代人写的散文，其审美价值能不能与唐宋八大家相提并论？

饶：这要看从什么角度来看。今天与古代的角度不同，相互间不能相混，不能用今天的标准来衡量古人，反之亦然。

刘：现在书法家的作品很少有人写白话文内容的，相反绝大多数是写古典诗文的，这是不是就是说明在文字符号数量相同的情况下，古典诗文的容量就更大一些？同样多的文字，古诗文的内涵可能更多，或者说它的意外之境、境外之意更为丰富，而白话文则有局限。

饶：这也不一定！但古人的东西是用之不尽的！

刘：饶教授今天谈话的大意，是否可以归纳为两点：一是中国文字的图形之谜，二是它所具有的形、音、意三者统一的优势。

饶：还有一个优势，就是这么多年来字形的演变，无不与书法相关，每个时代的书法都有各自的特色。从它的内在意义上讲，我们写出的作品，本身就表达了作者的感受，并且这种感受还可能在看这件作品的人身上产生共鸣。

刘：汉代人总结出了“六书”的理论，认为它是古代造字的原则。

饶：“六书”的法则在早期甲骨文中就已经运用，所以说早在殷代我们的文字就很成熟了，我想可能也正是这种成熟，才能被后人所继承并发扬光大。如果像外国人那样那么复杂，它可能早就改变使用字母了。

刘：有人讲“六书”是汉代人的猜测，对不对？

饶：汉代人绝没有猜测，他们只是作了总结，且总结得不够，讲他是汉代人的猜测，是因为他们半懂不懂所产生的说法。我觉得不能轻率就讲古人如何如何，我恳求所有的读书人，不要把我们的先人看得太低！

刘：您是不是讲“疑古”要慎重？

饶：自作聪明太害人了！

刘：李学勤先生讲本世纪是一个“疑古”的时代，要走出“疑古”时代！

饶：我很早就说过“疑”是可以的，但决不能轻易否定，这才是科学的态度。

刘：您认为“六书”理论早已在殷代就已运用，它是中国文字具有旺盛生命力的最主要的原因。

饶：正是如此，它才能滋长、盛行不衰。

刘：中国的文字用简单的图形表现深刻的含意……

饶：而且是意思越来越丰富多彩！

刘：您研究中西文字已经多年，比较而言，中国书法的魅力是不是主要取决它独特的文字？

饶：书法有几个方面的魅力，文字当然是其中的重要方面。

刘：现在有人要搞“书法现代化”，极端者希望把汉字的字形全部去掉，代之以完全的抽象表现……

饶：什么是自创的抽象？对此，我是要大声疾呼的！要慎重的！

刘：不能把宝贵的东西舍弃，汉字不能去掉，它不仅有其优美的形，还有其独特的意，完全抽象书法也就完了！

饶：不但是书法，还是很多传统的经典语言都是以文字推进来的。

刘：饶教授您讲了许多，是否稍微休息一下？

饶：我很健康的。

五、书法的现代意义——能够表现一个人的精神

刘：现在书法艺术在大陆很兴盛，全民都喜欢，各种阶层都有参与，我到香港来发现也有很多人在从事书法活动，您认为作为最传统的一种艺术，书法在现代社会流行的意义是什么？

饶：最主要的是书法能够表现一个人的精神，当然真正要在书法上达到这样的境界是很难的。我觉得仅仅把书法作为一件装饰品是不对的，用洋人的话语来套书法，认为它是“视觉艺术”的说法就有问题了，因为书法决不仅仅是视觉的，更主要的是要通过心灵，它是一种性灵的表现，任何一个大书法家的作品决不会只是一种视觉的关系！

刘：所谓“字如其人”！我曾在《中国书法的美术化倾向》一文中，提出美术对中国书法构成的影响，但如果用美术观念来套书法则是一个危机。

饶：不能用单纯西方观念的东西讲来讲去。说明白了，文学艺术都是心灵的东西，还有人格等等，我看过你写的研究黄道周的文章，很好嘛！他的作品就是一种精神与人格的表现，所有的大书法家都是如此。王铎虽是“贰臣”，但他还是个大诗人嘛！有那么深的文学功夫，书法才能写得那么好。艺

术决不只是光写几个字的问题，光写几个字就能成家？我不信！

刘：苏东坡讲："古人论书，兼论其人生平，苟非其人，虽工不贵。"

饶：正是这样！要先破除"视觉艺术"这四个字来论书法，书法不只是视觉上的，如果这样的话，它与漫画之间就没有区别了。

刘：对大陆及香港书法的发展与取得的成果您有什么印象与看法？

饶：这个问题涉及太多，出发点不同，答案也不同，恕我不作回答（笑）。

刘：你不回答就是回答了（笑）。

饶：我觉得现在书法已经能够作为艺术品，并获得了当代社会与国际的认同，仅此一点我就很满足了。

刘：1998年底在"巴黎中国书法艺术大展"上，希拉克总统来看展览并题词，认为：中国的书法是艺中之艺，他欣赏书法的美，可见中国书法的影响与魅力。饶教授不回答的本意我想是要让它不受任何制约、自由地发展。对吗？

饶：书法要自由地发展！为什么呢？因为艺术不能一概而论，每个人都有他独特的心得，也有他自身条件的限制，一定要他怎么怎么地做，实际上是行不通的。

刘：您的意思是说就书法的创作而言，大家可以各抒己见，不要有固定的程式，要走自己的路。

饶：是这样的！这样最好，大家都高兴。

刘：谢谢。

朱培尔根据录音整理，并经两位对话者审阅

图一　埃及国王仆人的象形文字

（第二〇王朝、公元前1162—前1155）（法国罗浮宫藏）

图二　楔形文字（梵蒂冈博物馆藏）

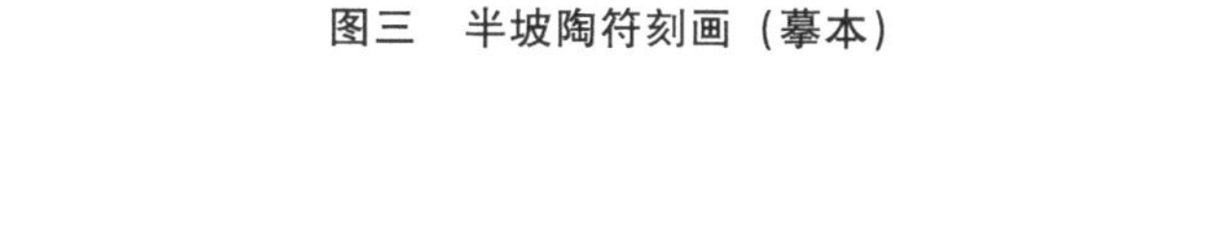

图三　半坡陶符刻画（摹本）

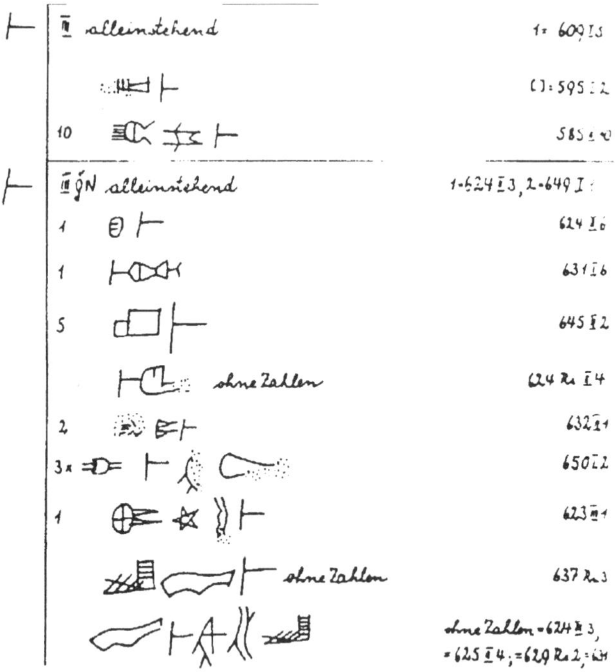

图四 苏美尔线形文字

图五 埃及神庙象形文字

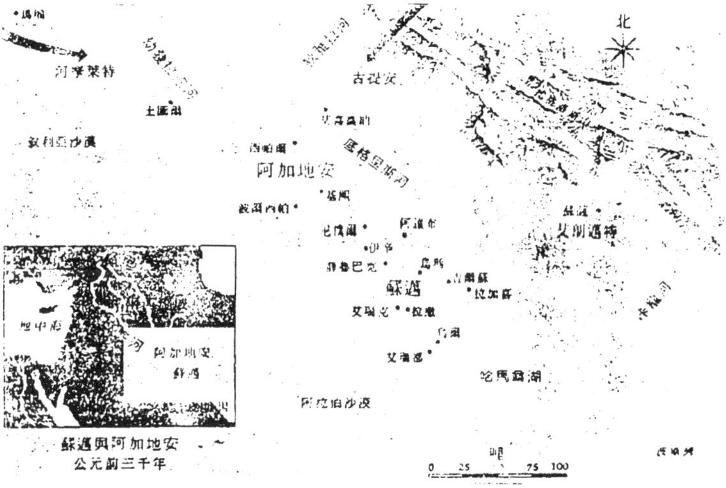

图六　公元前 3000 年两河流域示意图

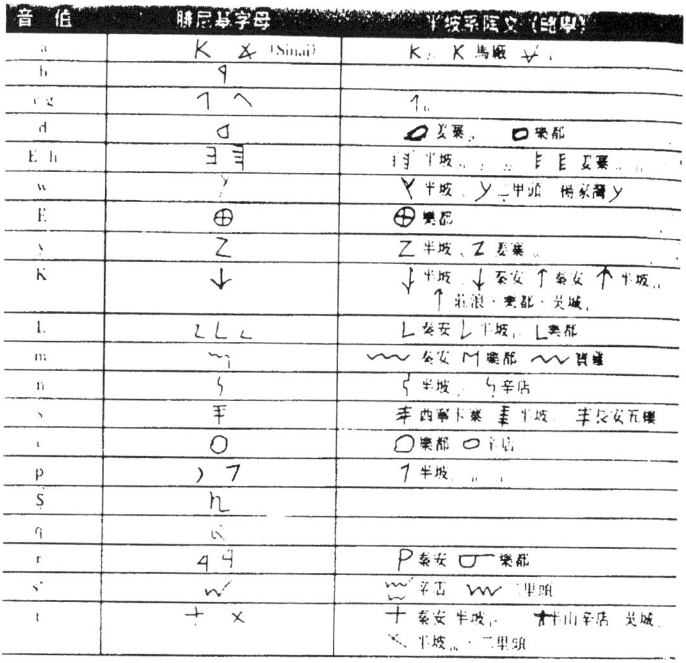

音值	腓尼基字母	半坡系陶文（略举）
a	K (Sinai)	K K 馬廠
b		
c g		
d		姜寨 樂都
E h		半坡 姜寨
w		半坡 二里頭 楊家灣
E	⊕	⊕ 樂都
z	Z	Z 半坡 Z 姜寨
K	↓	↓ 半坡 ↓ 秦安 ↑ 秦安 ↑ 半坡 ↑ 莊浪、樂都、吳城
L	L	L 秦安 L 半坡 L 樂都
m		秦安 M 樂都 貴南
n		半坡 辛店
s		西寧卡寨 半坡 長安五樓
o	O	O 樂都 O 辛店
p	7	7 半坡
ṣ		
q		
r	4	P 秦安 樂都
š		辛店 二里頭
t	+ ×	+ 秦安 半坡 山辛店 吳城 半坡 二里頭

图七　腓尼基字母与半坡系陶文比较

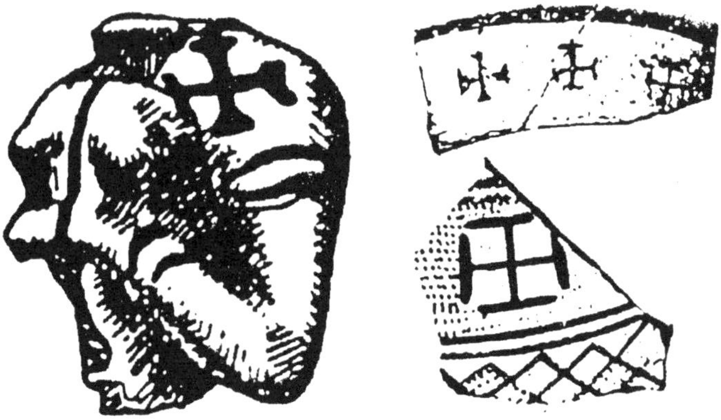

图八　哈雷夫陶女神肩部的田符号　哈雷夫陶器的田符号

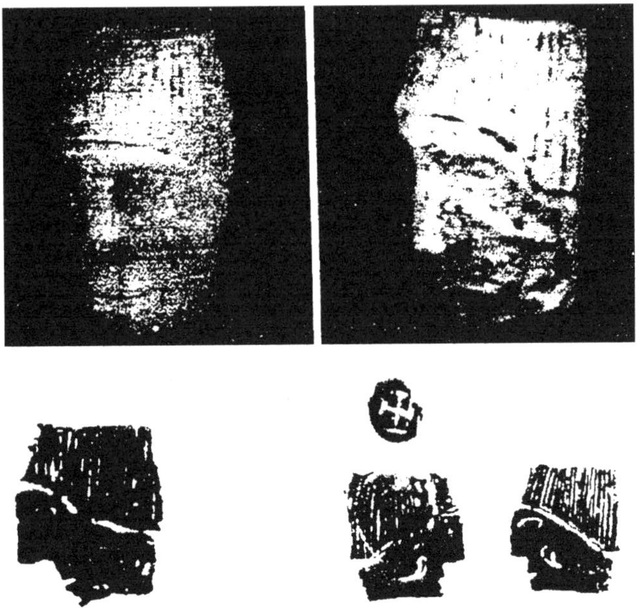

图九　陕西省扶风县召陈村西周建筑遗址乙区出土蚌雕人头像

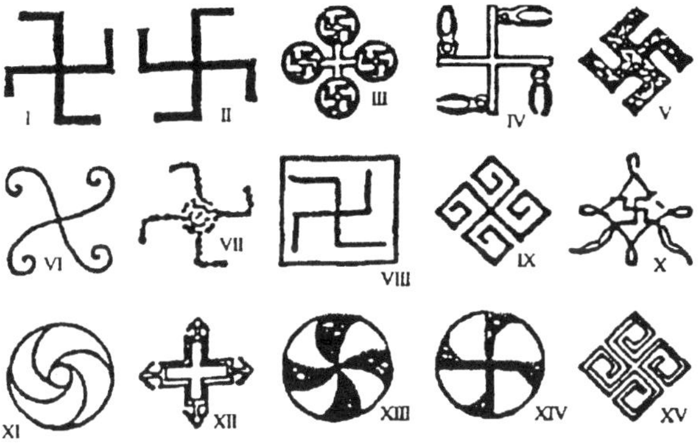

图一〇　《符号的迁移》所载各种符号

半坡	烏魯克		
∀ $_{26}$	∢	F. U. 102	
↓ $_{15}$	←	F. U. 389	
✳ $_{29}$	✳、✳	F. U. 192	
｜ $_{1}$	—	F. U. 222	
＋ $_{17}$	＋	F. U. 234	烏魯克共 24 處
丰 $_{25}$	丰、丰	F. U. 235	烏魯克共 16 處
ς $_{28}$	ㄹ	F. U. 264, 265	2 見
‖ $_{2}$	(二)、‖	F. U. (279), 490	
T $_{3、4}$	T	F. U. 487	共 20 多處
S $_{9}$	S	F. U. 864、865	

此根據 A. Falkenstein 所編 Archaische Texte aus Uruk 書中 Leicht erkennbare Bilder 之文字編號(簡稱 F. U.)。

图一一　半坡陶文和苏美尔人之乌鲁克古文比较表

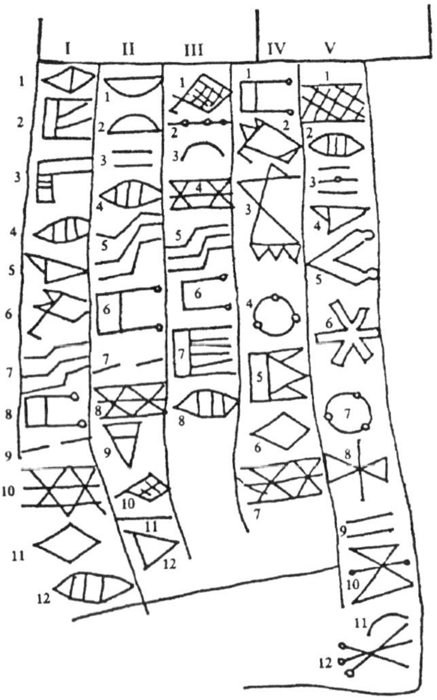

图一二　埃兰线形文字

画䪫新编

卷十三

饶宗颐二十世纪学术文集·艺术

目　录

小 引

昔圆悟禅师拈语略云："至简至易，往还千圣顶𩕳额头。弹指圆成八万门，一超直入如来地。"严沧浪论诗，截断众流，亦云："此乃是从顶𩕳上做来。"诗家得力于是，以之论画，何独不然。熟读禅灯之文，于书画关捩，自能参透，得活用之妙。以禅通艺，开无数法门。董香光之"小中见大"①、八大之"八还"，取自《楞严》，均其见证也。

余自退休而后，改授课于艺术系，且浸淫于绘事。积岁以来，与诸生谈艺，颇费唇舌，中边未到，何异鼻观。辄举历代画坛魁怪，相与捞天摸地，上下其论；谈言微中，亦可解颐。偶尔著笔，积稿不觉数十篇，所论多涉画史上关键人物与重要问题，稍加比次，敢云"从顶𩕳上得来"，但聊作警悟之资，因题曰："画𩕳"，聊当棒喝。顷重作厘定，以黄公望与富春山图卷及八大研究，别袟作为专著，书中有讹误者，略为订正。

壬午岁暮

① 《楞严经》四云："一为无量，无量为一。小中见大，大中见小。"

中国绘画的起源

人类审美观念的发生很早，谈史前艺术史的人，每把绘画的起源，追溯到旧石器时代。那时候的原人已能摹仿动物的形态，而加上雕刻或彩绘。如 Cro-Magnon 人、Grimaldi 人和 Brunn 人，一般都承认他们是最古的画家和雕刻家。[①] 中国绘画的发明，在战国时候，有“史皇作图”的传说。史皇是什么人呢？很难知道。但因图画是文字的前身，古代人的观念，时常把“图”和“画”混在一起，到了汉代，便将史皇说成仓颉了。这种说法是荒邈而不可靠的。[②]

图画的制作，起于对自然物的摹拟，是人类智慧的共同表现，绝不能归功于某一个人的单独创造。清朝人编辑的《画史汇传》，错读《穆天子传》，却说有一个人叫“封膜”的，是中国作画的始祖，那是极端可笑的荒谬。[③]

① 法国考古学家步日耶教授（Abb Henri Breuil）意见，详裴文中《旧石器时代的艺术》。

② 《吕氏春秋·勿躬》篇云：“史皇作图”。《世本》亦云：“史皇作图”（《文选》宣贵妃诔注引）。另一《世本》云：“史皇作画”（《艺文类聚》引）。《淮南子·修务训》云：“史皇产而能书”，以“作图”为“作书”。东汉高诱注云：“史皇仓颉，生而见鸟迹，如著书，号曰史皇，或曰颉皇。”于是史皇和仓颉遂被合为一人。

③ 《穆天子传》原文云：柏夭曰：“口封膜昼于河水之阳，以为殷人主。”（据洪颐煊校本）郭璞注云：“膜昼，人名。”《画史汇传》将“昼”字误为“画”字，又错读“封膜”为人名，实为大谬。此事前人曾辩之。

一

其实，中国的原始绘画，也可追溯到石器时代。惟史前艺术，旧石器前期除了周口店发掘出来的骨骼，上面刻画些半圆形、长沟形和三角凹入的纹样，大致表现中国人在若干万年前的猿人地层已有雕刻的技巧①，是艺术天才的发轫之外，还没有其他的发现。像西班牙各地旧石器时代的洞壁艺术（Parietal Art），在中国尚未见到。

安特生在甘肃、河南等地发现新石器时代的彩陶，倒是中国原始艺术的渊薮。那些形形色色的图案，精巧而复杂的程度，和敦煌六朝窟中的彩绘藻井，正可后先辉映。另有些粗线条的图案，气象雄浑，好像先用重划、浓墨双钩，然后填色渲染，不啻是后来双钩法的萌芽。甘肃马厂期遗物的图腾②，图写的方法是先敷较浅的颜色作素地，再在边缘加涂深色，作为勾勒。有些彩绘花纹，涂影填黑，把少数线条用白色呈现出来，像那些重叠的圆纹，作天地氤氲之状。以及排列整齐的谷粒纹，象征着生命力的泉源。表现的技巧都异常生动。我们看敦煌的壁画，如北魏的伎乐人，渲染之法，正与此相仿佛；其中有一周身涂黑，单独在眼部、鼻部的轮廓，作二三笔纯白的线条。这是一种明暗烘托的画法。和上举的渲染法，应该是同属于西北的作风，从远古至六朝、隋、唐，正是一脉相承的。

彩陶上面，最能代表比较成熟的图画作品，要算是甘肃马家窑（Ma Chia Yao Site）的仰韶中期陶片上的仰写树叶（很像竹），虽只寥寥几笔，但气韵生动，萧疏而有雅致。这位无名的画家，可说是新石器时代的文与可。半山型的瓮，上体彩绘着纤细精致的图案，而下部偏留空白，画一只好像正在扬翎的飞鸟，自首至尾，仅以一简单而有力的线条表现它。是一幅多么令人欣赏的写意小品！印度哈拉巴 Harappa 地方的史前陶器时常彩绘鸟类（图一），但非常精细③，和这恰好判然表现出作画风格上工笔和意笔的差别。甘肃彩陶还绘有少数人物画，披上衣服，阔肩细腰（图二），最与美索不达米亚 Khafaje

① 见裴文中《周口店人工制作之骨片》，载《中国地质学会会志》第十二卷一号。又参裴氏《周口店猿人之文化》。

② 安特生谓为 Anthropomorphic designs，见安氏书图一九〇、一九一。

③ 见 E. Mackay：*Early Indus Civilizations*，1948；Stuart Piggott：*Prehistoric India*，1950。

地方发现的多彩瓶（Polychrome vase）上面的人物画（图三）风格相近。[1] 中华西北远古文明，有无渗入西来的成分，这儿正可耐人寻味！

图一　印度哈拉巴墓葬发现古器上之凤纹

图二　甘肃彩陶人物画

图三　美索不达米亚多彩瓶上之人物画

---

① V. G. Child：*New Light on the Most Ancient East*，1933.

甘肃彩陶的年代，照安特生估计，仰韶期约当公元前2200至前1700年，属于新石器晚期。① 上面所说，中国新石器时代的绘画，已有相当造诣。这无疑的是画史上最古的资料，尤其是用色方面，更是值得我们研究哩。

最近在陕西西安半坡村仰韶文化遗址（在浐河东岸）发掘所得彩陶片，有鱼形及植物花纹，与人面形，口耳鼻皆具，首有帽饰，尤见特殊风致。

二

彩陶上的翎毛、竹叶，显然是用毛笔泼画的，在河南后冈曾发掘得仰韶期用毛笔彩绘的陶器，可以证明。殷武丁时甲骨刻辞，涂朱墨的不少，有些骨片还可看出是用毛笔书写的。② 最近在长沙左家公山战国木椁墓发见的兔箭毛笔，长毫饱满③，可想见毛笔的发明，已有相当悠远的历史，这对于绘画，自然有莫大的帮助。

殷代的绘画，详细今不可考。殷墟第十二次在侯家庄发掘所得玉佩一件，上刻画着人形蹲踞像，耸膝悬膞④；和金匮室藏四盘磨所出石造像，从刻画线条，都可显出当日写绘技术的进步。殷墟骨版上除锲刻卜辞以外，有时史官和习字者，兴之所至，偶尔也作一幅图画。有一版画两只猴子⑤，下面写着："甲子……雉……"，雉之上有两个不可识的字，在猴子中间（图四）。有一版记癸丑一旬中"亡[?]"的成组文字，左刻一龙字；右锲一巨大"虎"字，卷尾；其侧画一大象，腹怀小象，无眼

图四　殷墟骨版图画之一

---

① J. G. Andersson: Researchs into The Prehistory of the Chinese, *Stockholm Bulletin* No. 15, 1943. 本文所述甘肃彩陶纹绘，多据此书。

② 参看董作宾《甲骨文断代研究例》，及《殷人的书与契》（载《中国艺术论丛》）。

③ 长沙战国毛笔图片，见《文物参考资料》第12期，1954。

④ 玉佩说明，见李济《跪坐蹲居与箕居》一文，"中研院"《史语所集刊》二十四本。图版见《大陆杂志》第八卷五期封面。

⑤ 原片见《小屯甲编》二三三六。《铁云藏龟拾遗》六、九片，绘一动物，叶玉森以为猴字。文云："其只（获）猴。"

睛，象腹下有一鹿。这图画①只是排列些动物，看不出指示着什么意义（图五）。殷契佚存一〇九骨版上亦见单刻一虎字。在武官村大墓掘出白石琢成之巨磬②，上刻虎形，正可和此比照。又一版刻一高冠尖喙禽，略似凤凰，其上为一目一耳（图六），亦未知意义为何。又一鹿角器，在亚形室下绘一巨眼鸟形，位于南方，形似鹑鸟（图七）。（契文于动物如鱼狸等文字，每加饰文八，这鸟形上面亦加八，“亚”有时用为官名，则这鸟形“鸟”可能是人名。）又一骨版刻着以弓矢射麋于京室状，旁有巨累，或谓为帝乙、帝辛时习字者所刻（图八），这幅图画③，最具体而迫真，可以窥见古时田猎献禽的遗俗。又一版刻着残缺的干支表，下绘一长颈鹿［见屯甲（二七六三）］，佚存三八三背亦写一鹿字，颈甚长，好像麒麟④。这可能是偶然记些狩猎品物，抑或志祥瑞，无从确知。

以上仅是从骨版上见到的殷代图绘的一鳞一爪。

图五　殷墟骨版图画之二

① 此版曾摹刊于《安阳发掘报告》第3期，528页，后收入《小屯甲编》二四二二。卜辞中每见“来象”、“获象”之记载。《吕氏春秋·古乐》：“商人服象，为虐于东夷。”详徐中舒《殷人服象及象之南迁》一文。

② 武官大墓发现之虎纹特磬，详《考古学报》第五册中郭宝钧文，1951。及常任侠《殷周古磬小记》（载《中国古典艺术》中）。

③ 射麋图：胡厚宣于《战后宁沪新获甲骨集》序言上谓为帝乙、帝辛所刻。卜辞中屡见累字，言射累者六见；《后编》下三八、五：“王迺射。……献累，亡弋”可作此图的说明。

④ 干支表下鹿形，颈颇长，故可认为麒麟。法儒 G. Ferrand 谓麒麟出索马里语之 Giri，即热带长颈鹿，说参《亚洲学报》1918年下册。按埃及象形文有，为预告（foretell）义，亦作长颈鹿（giraffe）形。

图六　殷墟骨版图画之三

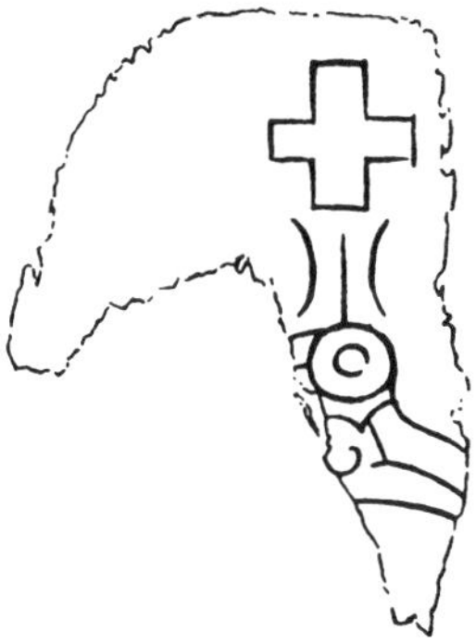

图七　殷墟骨版图画之四

图八　殷墟骨版图画之五

三

铜器上的花纹，大都以禽兽为主，向来被认为绘画的拟作。[①] 商器蟠龙纹盘的周缘，填以鱼、虎、鸟等纹[②]，布局匀整，虽极绚美；但只可目为繁缛的

① 参看徐中舒《关于铜器之艺术》(载《中国艺术论丛》，125页)。

② 商蟠龙盘图纹，参看容庚《商周彝器通考》“花纹”章，112、113页。最近郏县出土铜器群的周器，亦有龙纹盘，中间蟠曲一条龙，周缘有十四条鱼围绕着。

图案，而不是绘画。

春秋、战国以来，图纹的变化益繁，动物图案更表现着飞腾跳跃的姿态，和绘画又接近一步。有的刻画些人物，如狩猎、车马、采桑、神怪等图纹，环玮奇丽，简直是运用绘画来代替图案了。最著名的是柏林博物院藏的杕氏猎壶，上镌着鸟兽奔腾及猎人持戈矛剑盾等兵器追逐之形。① 北京故宫博物院藏的采桑猎钫，除镌车马人物射猎外，还绘着桑树二株，树下人物熙攘，有人伸手攀条采撷，俨然是一幅诗经豳风图。美国 Freer 美术院藏的四耳猎盂，外面腹部，镶嵌刻画着车马弋猎及飞鸿奔鹿走兔等物，纹饰繁缛，蔚为奇观。② 至羽人猎壶上，镌著鸟喙人身，弯弓而射，以及戴蛇践蛇诸形，另有双凤猎壶上镌著羽人追日，像是夸父神话。我们看这些纹样，仿佛面对着一幅古山海经图。③

此外洛阳金村出土的狩猎纹铜镜，金银错饰，很是精巧，上面镌刻勇士骑马击剑刺虎图，工细无比。④ 又河南汲县山彪镇战国墓葬出土的四耳衔环铜鉴（图九），上面的图案分若干组，有二百九十二人，作两军战斗状，表现出弋射、荡舟、祝祭等动作，可说是最复杂而精妙的古代攻战写生画。⑤

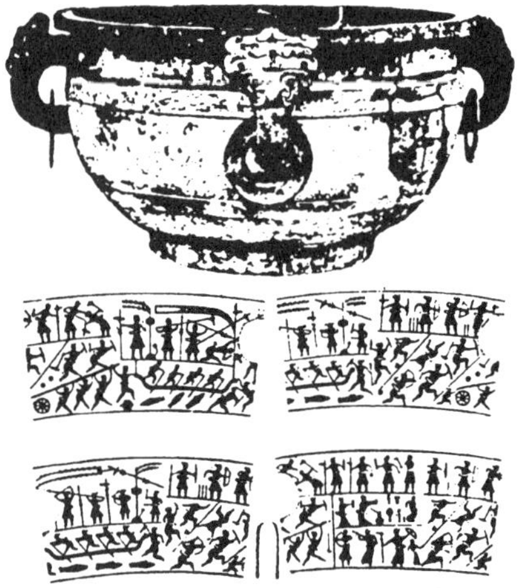

图九　河南汲县山彪镇战国墓葬出土四耳衔环铜鉴

这类图纹，通行于春秋、战国。谈铜器花纹的，把上列各种分为：战斗纹、车马猎纹、猎纹等，其实这些与其说是花纹，不如径称之为图画，更为恰

① 杕氏壶、采桑猎钫及其他狩猎纹器，参看徐中舒《古代狩猎图像考》一文中附图（《庆祝蔡元培六十五论文集》下册）。按徐文插图十七，收有美国 The Lucy Maud Buckingham Memorial 藏车马异兽纹壶；查陈梦家《海外中国铜器图》五八有与此形制纹样相同之器，则为赝品。

② Freer 藏猎盂，初收入广仓学宭《艺术类征》及 O. Sirén：*Histoire de Arts Ancien de la Chine*，Tome Ⅱ。梅原末治有《美国弗里亚美术馆所藏之镶嵌狩猎纹铜洗》一文（《桑原博士还历纪念东洋史论丛》）。又驹井和爱博士《中国古代之车马狩猎纹》亦及之。

③ 羽人猎壶见《宝蕴楼彝器图录》；双凤猎壶见《武英殿图录》，109 页。

④ 金村铜镜，原器见 Bishop W. C. White 之 *Tombs Old Lo-Yang*。又日本《世界美术全集》二原色版六复影。

⑤ 山彪镇战斗纹铜器，见孙海波《河南吉金图志賸稿》图十四及《商周彝器通考》花纹图二三三。

当。试拿它和上面所说殷代骨片上的与狩猎有关图画文字比较，便可看出绘画艺术，至春秋战国时，已有惊人的发展。

最近辉县出土的战国铜鉴，上面亦镂刻着细如发丝的草木禽鸟的齐整行列，和人物宴乐狩猎的图纹，其中的房屋和乐器，都是古代生活史的写照，只是图案意味较浓厚，没有汲县铜鉴那样复杂和生动。①

四

铜器的狩猎图、战斗图，好像故事的片段描写，仅是一种剪影式的图纹表现。至于真正的绘画，要算长沙陈家大山周塚发现的战国帛画②，和漆器上的彩绘仕女图及车马图等，长沙帛画绘一侧面立的细腰长裙的妇人，朝向着翔凤和一只怪物，合掌敬礼③；轻灵的笔调，缜细而劲健的线条，所画衣纹，虽未尽"高侧深斜卷折飘举"之势，可是在我们这些没有见过"曹衣出水"真迹的现代人来说，能够见到二千年前仕女画法的真相，确是眼福非浅！漆奁上所绘仕女，周缘共十一人，或坐于室，或立于庭；有舞蹈的，有拱手的；或垂髦结髻，长裙曳地，舞姿绰约，尽态极妍。其中有一位反卷两袖，攘臂奋鞭，柳眉倒竖，颜现皱纹，有人说是教舞的舞师；他们的服装，黑衣白领，宋玉所谓："被文服纤"，"长发曼鬋"，"姱容修态、絙洞房些"。从这些图里可见其仿佛，因此有人称它为"宫闱宴居图"。④ 又另一漆奁表现在粉彩涂绘上的是人物车马奔驰的行列。⑤ 还有亭长和执戟侍卫，正像宋玉赋所说的"轩辌既低，步骑罗些"的景象。而用笔横肆奇绝，从这里，可以窥见唐人的"鞍马画"，远有所承。

另外在长沙南郊颜家岭木椁墓出土的黑漆狩猎奁，上绘着奔驰的封豕、大鹿、琢食的野鹤、据地搏斗的怪兽、勇士张弓飞戟驰逐的形状，生气涌现，

---

① 参看辉县出土器物图案图第五。

② 见本书长沙楚墓帛画山鬼图跋文之附图。

③ 帛画见《伟大艺术传统图录》第一册图十二，及《楚文物展览图录》，第 9 页。画中的含义，另见拙作《山鬼图跋》。

④ 漆器上仕女图最初说明，见郭宝钧《宫闱宴居图彩奁素描》（民三十二年《社会教育季刊》第一卷上期，重庆版）。又谭旦冏《楚漆器》有详细说明（《大陆杂志》第六卷一期），摹本亦见蒋玄佁《长沙》图版十一。及商承祚《长沙出土楚漆器图录》图版七与《长沙出土古代漆器图案选集》图之十九、二十。年代应是战国至汉，有人列为汉代，非是。

⑤ 彩画车马图，见商氏书图版八及《长沙出土古代漆器图案选集》二一、二二，《楚文物展览图录》第 22 页说明，定为战国时代物。

间以摇曳的柳丝，更充满一种鲜明的情调，这幅是用较鲜艳的颜色来描绘，尤具高度的技巧（图一〇）。

图一〇　长沙南郊颜家岭木椁墓出土黑漆狩猎奁

这些战国的绘画题材，较之朝鲜乐浪的东汉漆奁上的人物龙蛇禽兽绘画，年代是古老得多，它的用笔和设色等等，还需要我们作再深刻的研究。

长沙漆器上的图案①，还有云纹、蟠龙、翔凤等，光怪陆离；有些是承袭铜器、玉器怪兽形象而加以变化，有些是取诸自然现象之云霞雷电以组成新的图案。漆盘中有三凤成群或双凤飞舞，衬以云霞的晻蔼，绚烂的色彩，和

① 长沙漆器，云纹、龙凤纹各图案，具详上列二书及蒋氏《长沙》中，不细举。

飘忽驰骛的情调，好像读《离骚》，周流上下，充满幻想，使人有飘飘凌云之感。

这些从楚墓出土的绢画和漆器上的彩绘人物翎毛走兽，都是具体的描绘，真正是中国画史上的瑰宝。

又战国铜镜上，间见彩画人马图像，如美国 Fogg 美术馆藏镜，上绘树木、人马行列及妇人舞踊之状，以朱为素地，间以白色，衣服则涂以青紫白等色，其头发用黑色描绘，颇为生动，树木形状与洛阳汉砖墓上所见略同。京都故守屋孝藏氏藏镜，重圈处绘人马驰骤，尤见雄浑之概。美国波士顿美术馆藏镜，上有水禽彩画，作两白鹅，墨色浓淡，笔致轻妙。上举诸镜，梅原末治定为战国时物，特著文就其描绘与着色各方面，加以讨论。这亦是中国上代绘画史之重要资料。

五

上面所述是地下遗物所见到的先秦图绘的轮廓。我们如果把这些图画加以分类，从图写方法而论，可分为彩绘及刻绘二种：

(一) 彩绘，见于陶器、漆器与绢本。又可分二种：

(1) 单彩画：以一种颜色将物形渲染出来。如甘肃彩陶上所绘飞鸟之形，但具轮廓，可谓素描，略如后来之意笔画。他如彩陶上之图腾画亦多属此类。至于辛店期陶纹上之人形，则全体染以一种颜色，可说是“涂影”。

(2) 多彩画：用若干不同颜色将物像彩绘，彩陶上图案纹饰大多如此。长沙神物时占绢画，四周用朱、蓝、绛三色彩绘。[①] 又商承祚记长沙侯家塘所出的楚漆筵，外底朱地黑花，绘夔龙八。足部黑地，兼朱、绛、黄、蓝、草绿五色华，艺术之精，真叹观止。[②] 那时的漆工，能够使用毛笔，蘸着调在漆中的各种颜色，舒卷自如地，施以绘画，这种技巧，惜已失传。

(二) 刻绘，多半于陶、骨、铜、砖等器物之上施于刻镂。又可分为

① 时占神物绘画，见《长沙》编后附记图版二七说明，及拙作《长沙楚墓时占神物图卷考释》(《东方文化》第一期)、日本平凡社《书道全集》第一册。

② 见商氏《长沙古物闻见记》卷上，18 页。

以下二种：

（1）素描：甲骨上之动物画，刻画粗拙，而别有意致。杭县黑陶上所刻卷凤纹，亦很有风趣。[①]

（2）镶嵌：多见于铜器上，或嵌绿松石，或金错，原形虽变，而线条姿态，犹保存雄健作风。

如果再从绘画的内容性质论之，可分为四种：

（一）图腾画　含有迷信或神秘作用。彩陶上所绘各种图腾及长沙绢画神怪人物属之，可谓为想象派。

（二）图案画　由写实变为整齐的图纹，或用为各种记号，如甘肃彩陶之日纹、蛇纹，是其显例。他如陶器、铜器等之各式各样花纹，不胜缕举。此类已和绘画完全脱离，仅存装饰意义，可说是象征派。

（三）文字画　此类见于甲骨刻辞，如射冢一图，由若干图形符号表现一桩事体。铜器上有时则一个符号可包含若干意义，象形文字即由此蜕化，可说是最接近文字的一种图画。

（四）人物画　像长沙帛画及彩奁上之宫闱仕女，是为写实派。至狩猎纹铜器的车马人物，则介于写实和想象二派之间。

六

刘师培曾写过《原画》一文，列举经籍中有关绘画的文献，像《虞书》："予欲观古人之象，日月星辰山龙华虫作绘。"等语来证明中国绘画发源之早（《左庵集》）。可惜那时地下的遗物尚未发见，无从比证。现在试举甘肃一带的彩陶，其上绘有日轮纹及蛇纹与昆虫图形纹，正可证《尚书》之说。

又根据文献上的记载，战国绘画，已相当发达。《庄子·田子方》记："宋元君将画图，众史皆至，受揖而立，舐笔和墨。"《韩非子·外储说左上》："客有为周君画筴者，三年而成，君观之，与髹筴者同状，周君大怒。画筴者曰：'筑十版之墙，凿八尺之牖，而以日始出时，加之其上而观。'周君为之，望见其状，尽成龙蛇禽兽车马，万物之状备具……"所谓龙蛇禽兽车马之状，

① 见何天行《杭县良渚镇之石器与黑陶》。图十四、A，与寿县楚器上凤纹极相似。

今悉可以洛阳铜器、楚墓漆器证之。知战国时绘饰的技巧，已臻于高度成熟。这亦是地下材料可和纸上记载互相印证之处。本文所论，仅以先秦为限，汉后暂不论及。

关于中国绘画起源问题，近人多能道之①，惟仅作片段的记载。兹试综合新旧材料为概括论述，希望为画史补一新页。至于谬误的地方，还有待于方家的指正。

1955年稿，原载《金匮论古综合刊》

① 近人所作关于中国绘画起源的论著，可参看庄申《中国山水画的起源》（《大陆杂志》第八卷八期），又《中国人物绘画的起源》（《大陆杂志》第十卷三、四期），及日人米泽嘉圃的《中国古代の绘画》（平凡社《世界美术全集》七）。

临汝彩陶之鹭鱼画与青海之舞人图案

远古陶器上的彩绘，最为人所瞩目的，无如 1978 年 11 月在河南临汝县阎村发现的仰韶文化大河村类型的彩陶缸（图一一）。上面绘一长嘴鸟口衔一鱼，其侧站着一带柄石斧，画面高 37 公分，宽 44 公分，占全缸面积的一半。

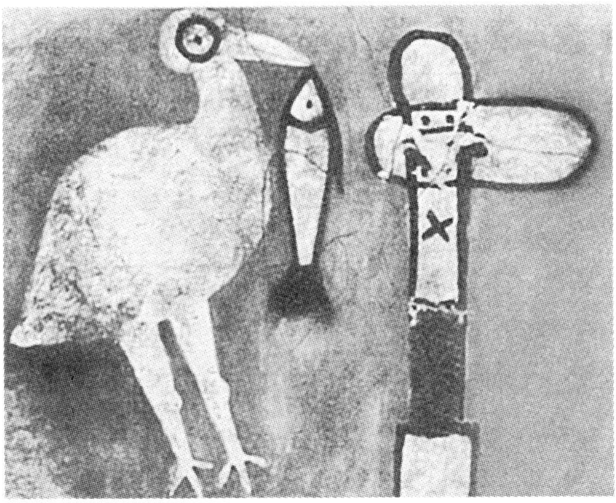

图一一　河南临汝出土鹭鱼石斧陶缸图

鸟由白色彩绘而成，眼则用墨笔勾勒。鱼和石斧都先以墨勾出轮廓，然后填上白色。画中对象一动一静，布置、呼应，笔墨色彩兼备。说者称其富有六法中“应物写形”的意味。全图只用棕与白两种颜色而绘于浅橙色的陶缸上，效果特佳，白羽与银鳞，相映成趣，可称神品。[①]

这件在绘画史上有珍贵价值的原始写绘高度技巧的作品，得到一般美术通史和通俗读物[②]的普遍介绍，大家已耳熟能详。到底这一具有简拙古朴之美的绘画主题，是在表现什么呢？自来即有许多不同的说法：有人认为这是鹳鱼，可能表示它是古代欢吺族人的遗物，似乎理由不太充分。

我们看石斧的柄上写着×的符号，这个符号，西安半坡、姜寨、青海柳湾的陶器上刻画符号都有×形，青海半山类型陶瓮更在器物的口沿有时连续绘上若干个×号。这个记号不特见于吾国西北古代遗物。其实是人类从远古以来表示"富有"的一个标记。西亚两河流域的Hassnna文化（公元前5800）的彩陶罐下腹部连写两个×的符号。据说在Anatolia地区，即以×与＋表示富庶，至今尚然。[③] 这幅图画，石器代表生产工具，鸟口里含鱼表示渔猎多所采获，写上×号应是同样说明"富有"的意思。正为当日丰盛生活的反映。有人欲把该石斧说成石钺的"戉"字[④]，似乎尚很难言。

汉代画像石有双鸟含鱼像。[⑤] 汉人以得鱼为利，如今之以鱼表"有余"。因此，图中的长嘴鸟未必是鹳，它原是白色，很可能是鹭。汉铜洗花纹屡见鹭鹚衔鱼图案，铜鼓上花纹亦有之。汉代习以朱鹭为鼓上的装饰，汉铙歌有朱鹭，其辞云：

朱鹭，鱼以乌。（路訾邪），鹭何食？

鹭本是吃鱼的，现在乌（呜，呕也）出来，它要吃什么呢？把鹭口衔鱼作为绘画的题材，从这一幅图，可远溯到新石器时代。《谭苑醍醐》："汉初有朱鹭之瑞，故以鹭形饰鼓，又以朱鹭为鼓吹曲也。"汉时以朱色的鹭为祥瑞，用意又深一层了。

1973年青海大通县孙家寨出土马家类型三八四号墓有成组带辫发五个舞人携手图样的陶盆，现陈列于北京历史博物馆。每个人还在背后系有尾饰，金维

---

① 参《中原文物》1981，张绍如《原始艺术的瑰宝——记鹳鱼石斧图》；又同杂志1982，郑杰祥《鹳鱼石斧新论》二文。

② 如《岁月河山》一类书籍。

③ Symbol of fertility，见James Mellaart：*Earliest Civiligations of the Near East*，124页。

④ 董楚平《吴越文化新探》，20页。

⑤ 江苏东海县梨水库出土。

诺引证葛天氏之乐，三人掺牛足，投足以歌八阕来加以解释，复取云南晋宁石寨山出土的西汉铜舞俑，亦饰有兽尾作证。余考滇地古有尾濮，《太平御览》七九一引《永昌郡传》：“尾濮尾若龟形，长三四寸。”又引《扶南土俗传》言：“蒲罗中人人皆有尾，长五六寸。……”蒲罗盖尾濮之地名。盖自皇古以来青海羌人与滇之濮人都喜爱尾饰，均有实物作证。至于图绘成组舞人携手平列作为图案，西亚的彩陶亦有相同的画面。在 Halaf 的遗物（图一二，公元前 5200 年）竟有若干舞人腰下系尾，而手拉手平列表现舞姿。稍后的 Ubaid 时代（图一三，公元前 4400—前 3800 年）陶器上仍保留这舞人画面。[①]

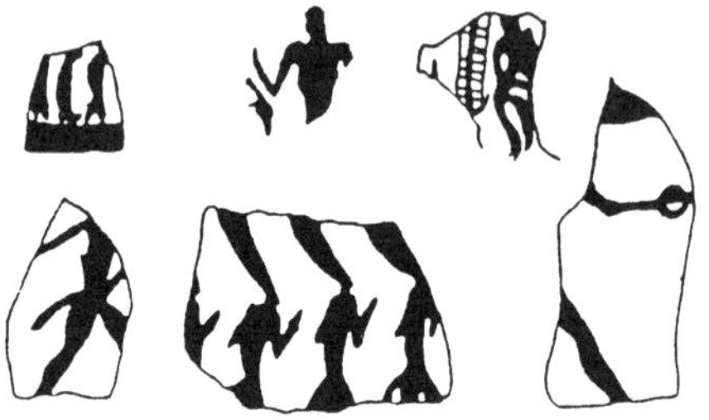

图一二　Halaf 遗物

图一三　Ubaid 彩陶

合以＋符号在西亚流行的普遍看来，新石器时代东西亚之间有些共同性存在，这些问题正等待我们去作进一步的探索。

① 参看邓聪《舞人纹彩陶盆考》。

殷代器物上彩绘的“蚁结”与蛇文画

殷代绘画遗迹在侯家庄一〇〇一号墓所出木器和骨器，提供一些零星宝贵材料：

（1）一头二身蛇形木器遗痕（图一四）。

图一四　一头二身蛇形木器遗痕

（2）同墓另一木㫷物之上下两兽面纹（图一五）。

（3）虎杆遗痕（图一六）。

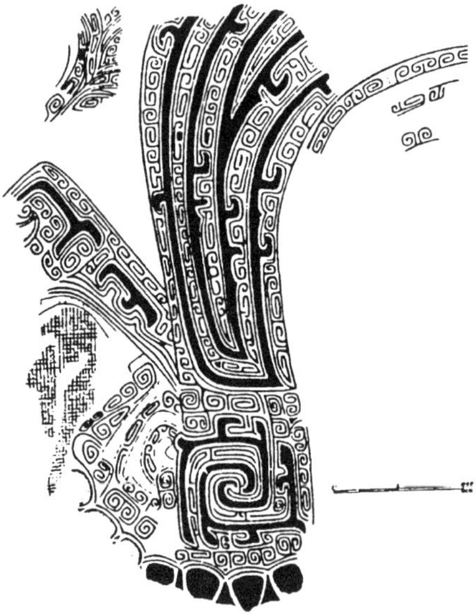

图一五　木㫷物之兽纹

图一六　虎杆束端虎纹轮廓图

又一〇〇三号墓似是盾牌上之虎纹。[①] 从殷代木器遗痕，可见到使用各种颜色，红、黄、绿、紫、黑、白皆备，可谓五色缤纷。在一〇〇一号墓中出土一大理石雕调色碟，同样形制器物在小屯所出有陶制者。详见侯家庄第二

① 图一七，可与石磬上之虎纹参照。

本报告。各种纹样遗迹，摹录见另图。

图一七　盾痕虎纹轮廓图

“蛇文画”一名，流行于汉代。《礼记·檀弓》上：“子张之丧，公明仪为志焉。褚幕丹质，蚁结于四隅，殷士也。”郑玄注云：

志，亦谓章识。以丹布幕为褚，葬覆棺，不墙不翣。画褚之四角，其文如蚁行，往来相交错。蚁，蚍蜉也；殷之蚁结，似今之蛇文画。

蛇文者，居延简中有相剑刀册，其记利剑之纹曰：

　　保双蛇文
恶剑有曰
　　征蛇文

说者谓保字是抱之借，指双蛇纠谬之图形，征则读如月令“征鸟厉疾”之征，指其剑文似蛇速疾盘行貌。①

蚁结很像汉代之蛇文画，本为殷制。观于侯家庄一〇〇一号大墓木室顶面有二身交尾蛇形之遗痕，李济称之者为肥遗者，实即汉人所谓双蛇文。该墓所出有二件彩绘骨栖，编号三：三五一八。两面的主题纹饰都是蛇形，上下鳞腹，身上作^^形纹。蛇尾后有虫纹一。第二段虫纹一。第三段为三角纹。涂绘方法似是先用深棕色将文饰呈现，再加涂红色一层。详细见刘渊临在《殷代的绘画》一文中的描述。② 从《礼记》郑玄的注言及殷代的“蚁结”，可

① 详马明达《居延简相剑刀册初探》，见《兰州大学敦煌学辑刊》三。
② 《大陆杂志》1935（5）。

以知道骨椢上虫纹，应该相当于蚁结，这是殷代士人葬礼的习俗，所以说“蚁结于四隅，殷士也”。蛇文画一直到东汉还使用着，居延简可为佐证。郑玄说“今之蛇文画”，“今”字亦是有根据的。

楚绘画四论

一、长沙楚帛画山鬼图跋

长沙近郊陈家大山周塚出土帛画[①]，旷世瑰宝。惟所绘神女杂以夔凤，义不易明。顷思《九歌·山鬼》篇，其鬼乃女神。故其词曰："既含睇兮又宜笑，子慕予兮善窈窕。"山鬼者，果为何物？洪兴祖引《庄子·则阳》"山有夔"，及《淮南子·氾论训》"山出嗥阳"以说之。谓楚人所祠，或即此类。按《淮南》原文以"嗥阳"、"罔象"、"毕方"并举，咸是怪物。高诱注："枭羊，山精也。"《上林赋》："追怪物，出宇宙。射游枭，栎蜚遽。"又《羽猎赋》："䍣嗥阳。"《文选》注谓即狒狒。"蜚遽"一作"飞虡"，《集解》引郭璞云："飞虡，鹿头龙身神兽。"长沙所出木雕鹿角龙身神座[②]，殆即飞虡之象。《甘泉赋》："属堪舆以壁垒兮，梢夔魖而抶獝狂。"鲁语："木石之怪曰夔蝄蜽。"韦注："或云：夔一足。越人谓之山缫，或作獿，富阳有之。人面猴身，能言。"枭羊一说为狒狒，与此山獿略相似。则山精之嗥阳，与山之夔，原一

① 是图为1949年2月在长沙东南郊五里陈家大山楚墓发现。高约30公分，宽约20公分。蔡季襄有《晚周画家的报告》未发表。

② 鹿角龙身神座，参看梅原末治《传长沙出土之木雕怪神像》（宝云二十一号）及杨宽文（《文物周刊》13期）。世但称为怪神像，不知即"飞虡"之像。

物之分化。而此帛画所图之夔，即山精明矣。[1]《礼记·祭法》言："山林川谷丘陵，能出云，为风雨，见怪物，皆曰神。有天下者祭百神。"《周礼·大宗伯》："以貍沈祭山林川泽。"祭之者，所以祈福而禳灾。《九歌》之河伯山鬼，即祀山林川泽之神物也。

往读《九歌·山鬼》篇，以为《九歌》乃南楚之祀神之曲。作者既自托于山鬼，幽篁蔽天，冥冥昼晦，宜为狰狞可怖之状；而乃披萝带荔，以缠绵婀娜之情出之，深不可解。或援高唐瑶姬以明山神为女子。[2] 则又苦于乏证。今展斯图，果为窈窕佚女，前有夔龙，山之精也；凤凰在侧，将以为媒也（即《离骚》"凤凰即受诒"之意）。神人相恋相杂之情，于焉可睹。《九歌》所祀之鬼，乃为神女，斯其明征；则是图者，目为山鬼之图，无不可矣。

图之出土也，据云叠折而庋于陶敦中，以之随葬，自取厌胜之意。古者入圹，方相氏以戈击四隅，驱方良（见《周礼·方相氏》）。后之明器，亦作为"穷奇"之类，以逐恶鬼。"方相"、"方良"本为一名。寖假方相遂为逐鬼之怪神，方良更为被逐之恶物。夔本"神魖，如龙一足"（《说文》语）"鬼之神者也"（段玉裁说）。古人倚以逐鬼，故殷、周彝器，多作为夔纹。"铸鼎象物，使民知神奸，入山林川泽，禁御不若，以逐魑魅魍魉。"（《左传》宣三年语）故后世目夔为山精，此夔所以为山鬼也。以夔驱鬼（此即以毒攻毒之意），至图之缯帛，用之于墓葬，亦犹方相之入圹逐鬼辟邪也。惟楚人之山鬼，乃为女神，故兼绘窕窈佚女；合以凤鸟，则或取郊禖之意。盖以彩凤迎祥祉，以夔魖逐魑魅，祈禳兼施，意自明耳。[3]

近世长沙出土遗物夥颐，可与《楚辞》印证；若此帛画，即其一例，无异《九歌·山鬼》之具体说明。而夔魖獝狂之态，凤凰翱翔之状，人鬼飘忽，令人与战国楚巫精神恍若相接。信乎发覆阐幽，莫尚于此矣。与其乞灵于其他材料，以说《九歌》；曷取长沙遗物以寻证之，不更直接而可据也耶！

---

① 《说文》："夒，贪兽也；一曰母猴。"又"夔，神魖也，如龙一足"分为二字。韦昭以夔为山缲，人面猴身，或谓即误"夒"作"夔"。按山缲亦作山魈，《广韵》称为独足鬼。章太炎《文始》谓鬼即"夔"字，引申为死人神灵之称，如是山鬼即山夔矣。

② 解山鬼为女子者，近人游国恩《论九歌山川之神》（载《读骚论微初集》）、孙作云《九歌山鬼考》，姜亮夫《九歌解题》主张并同。

③ 《潜夫论·浮侈》篇："或裁好绘，作为疏头，令工采画，雇人书祝，虚饰巧言，欲邀多福。"《御览》二十三引《风俗通》："夏至，著五彩辟兵。"可见古用缯帛以辟邪。

后记

上文作于 1954 年，其时原物初发现，摹本未能准确。最近，熊传新重行处理（图一八），看清楚画中之兽，头部无角，躯体两侧各有足，尾端非下垂而作卷曲状。故断其是龙而不是夔。因而主张龙凤乃示引魂升天，而视图中之巫女为墓主人，惟苦无直接证据。又图中女子立于半弯月状物之上。此弯月状为何？殊难确指。有人以牵合长沙子弹库所出另一御龙舟帛画，谓此弯月状即“舟”（萧兵说）似亦未惬。余仍同意熊氏说以指大地，实为丘陵之状，所谓“表独立兮山之上”者，故余视此图中巫女与屈原《山鬼》所描写之窈窕佚女，有其相关之处，前说尚可以存参。

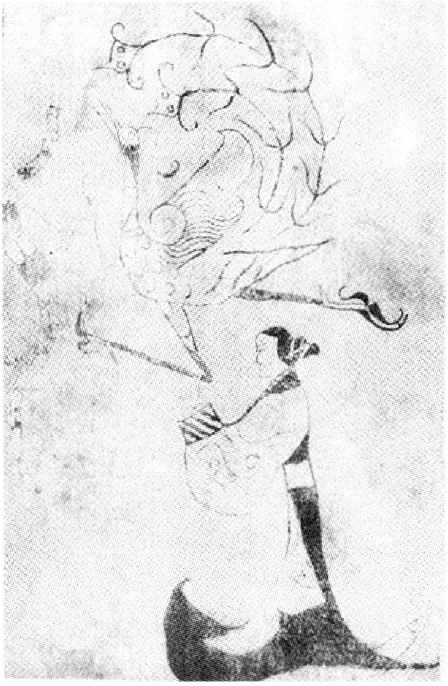

图一八　长沙楚帛画山鬼图

夔龙纹见于铜器者，原貌非全是一足，故韦昭云：“或云：夔一足。”“或云”者，备一说而已。今细察纵是多足，亦未碍其为夔龙也。验楚墓出土漆棺，大抵以龙、凤为主要图案，其最为瑰奇伟丽者，无如包山墓彩绘漆棺，整个画幅达四平方公尺以上，共有十八组对称图案，“将龙纹交于凤纹之下，宛如凤翔云中，龙潜水底，八方蛟龙腾跃，黄首白嘴，鳞甲金光灿烂；凤鸟则敷以黄色，分布成组，上下相对，整幅祥龙瑞凤，富丽堂皇”[①]。可见漆棺

① 《中国文物报》1987 年 12 月 25 日。

每以龙凤为图案，二者并象征吉祥，此图以女巫立于坡陀之上为主角，夔龙、威凤只是配景，亦可视作图案，不必如一般目之为斗争之主题也。

山鬼之名，秦始皇曾称说之，谓“山鬼固不过知一岁事也”①。鲍照《芜城赋》云：“木魅山鬼。”山鬼本通指山间之精灵，《五藏山经》所载诸山之神各有其名号。《抱朴子·登涉上》云：“山无大小，皆有神灵。”张衡《南都赋》：“惮夔龙兮怖蛟螭。”《文选》李善注引《鲁语》“木石之怪曰夔魍魉”以说之。墓葬棺椁以及入墓厌胜之缯帛彩画，所以画写夔龙鸾凤，意在辟邪邀福，未必希图升仙，故此合掌虔诚之巫女，以山鬼当之，自较宓妃之说更有理据。

从绘画技术言，此帧全用线条勾勒人物与动物，韶秀清劲，此时期线条所表现的骨法用笔，已有高度造诣，生动之笔触成为画面主要元素。具见绘画者如何工于控制毛笔，大有后世所称“高古游丝描”之手法，流露出轻茜雅丽之快感。巫女作侧面形象，细腰，裙裾曳地，平涂上深沉颜色，和简峭之衣褶成强烈对比，使造型更为立体化，并以渲染方式表现量感，足见绘画技巧之高。是帧实为先秦唯一出土之仕女图，对于人物画为极重要之可靠史料，艺术价值之高，较之神话学研究，远远过之。其题旨究竟何所指，惟恍惟惚，不必作太多推测，或者可免于“刻舟求剑”之讥诮乎！

二、缯书四时树法

楚缯书是图文并茂的一幅图绘。除长达九百多字的两段文字之外，四周分绘十二月的神像，又于四隅分绘四种不同树木，来代表四时。原图残缺甚多，照原物四时排列的题记有如下文：

秉司春	䖑司夏
荃司冬	玄司秋

秉是《尔雅》三月的月名，䖑亦作“且”，是六月的月名，玄是九月之名，荃亦作涂，是十二月月名。②

① 《始皇本纪》三十六年。

② 详拙作《楚帛书》中十二月名与《尔雅》一文的考证。

原图本来敷上颜色，今已难辨，缯书文云："青木赤木黄木白木墨（黑）木之精。"但细审图之中央全无黄木痕迹。

四时之木现只存三处，即夏秋冬三季之木，以颜色论之，当然是赤木、白木和黑木，而青木缺之，兹将这三季树木描绘如三图。[①]

图一九　夏木

图二〇　秋木

图二一　冬木

① 图一九、二〇、二一。

树木全用线描勾勒方法，有粗有细，夏木上方有“且司夏”的题榜。叶全作双钩，细枝交错，扶疏畅茂，具见绘者心思之巧。秋季之木，题榜曰“玄司秋”，树枝作芦苇状，着叶不多，呈萧寥变衰凋零之态。冬季之树，木叶秀整，有偃盖之形，而非后凋之状，三种表现法不同，只是春天之树木，泯灭不可见，为可惜耳。

此三图可略见楚人之四时树法，大体已具规模，虽尝鼎一脔，极有裨于画史上技法之探讨。近时包山漆奁上所见垂柳数株，楚人工于画艺，造诣之深，盖非偶然。

咸阳秦代三号宫殿出土壁画残块有植物、花果形象，写枝叶，略做竹梢，用粗圆点之叶，略近写意[①]，先秦竹树写法，资料不多，附记于此，以供参考。

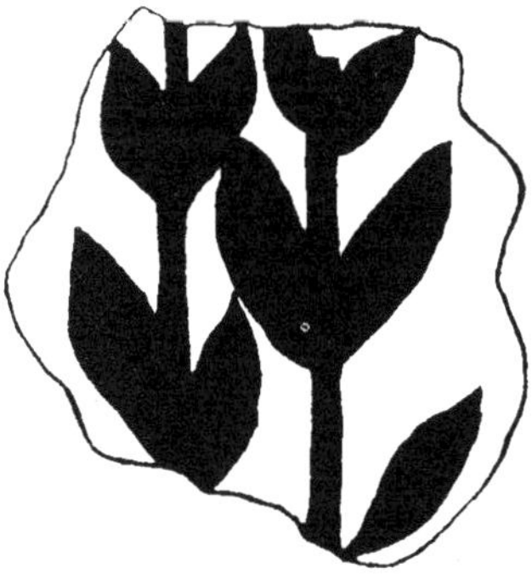

图二二　秦代壁画植物图
（陕西咸阳第三号宫殿建筑遗址出土）

图二三　秦代壁画花卉图
（陕西咸阳第三号宫殿建筑遗址出土）

三、缯书十二月神像中三首神与肥遗考

三首神考

（一）祝融与三首之神

依《礼记·月令》孟夏、仲夏、季夏之月，其帝炎帝，其神祝融。《山海经·海外南经》云：“南方祝融，兽身人面，乘两龙。”而缯书五月神像作三首牛蹄。三首神神话之传播，文献可考者有二：一在中州中岳地带；一在湖

① 图二二、二三。

南湘水流域。《山海经·五藏山经》，五方地域之神，各有其特殊形状。《山海经·中次七经》云："苦山、少室、太室，皆冢也。……其神状皆人面而三首。"苦山、少室、太室，三处为冢山，其神独作人面三首（与他处之豕身人面不同。参看[①]附表）。可见三首之神盛行于中岳一带。

		山　数	神　状
南	南山经	十	鸟身而龙首
	南次二经	十七	龙身鸟首
	南次三经	十四	龙身人面
西	西山经	十九	羭，山神也
	西次二经	十七	十神人面马身 七神人面牛身
	西次三经	二十三	羊身人面
	西次四经	十九	
北	北山经	二十五	人面蛇身
	北次二经	十七	蛇身人面
	北次三经	四十四	廿神马身人面 十四神彘身 十神彘身而八足蛇尾
东	东山经	十二	人身龙首
	东次二经	十七	兽身人面
	东次三经	十九	人身羊角
	东次四经		
中	中山经		
	中次二经	九	人面鸟身
	中次三经		
	中次四经	九	人面兽身
	中次五经		
	中次六经		
	中次七经	十九	十六神豕身而人面 苦山、少室、太室，皆冢也。…… 其神状皆人面而三首， 其属皆豕身人面也

皋月之神像为三首，照月分言，可能代表祝融，祝融传说之地域本在中州，《左传》昭十二年：

① 附《山海经》各区域山数及神之形状表。

郑，祝融之墟也。

《国语·郑语》史伯对郑桓公[①]曰：

夫黎为高辛氏火正，以淳燿惇大，天明地德，光昭四海，故命之曰祝融。其功大矣。……祝融亦能昭显天地之光明，以生柔嘉材者也。其后八姓周末为侯伯。……融之兴也，其在芈姓乎？芈姓夔越，不足命也，蛮芈蛮矣；唯荆实有昭德，若周衰其必兴矣。

祝融八姓，见于《大戴礼》，《帝系》及《楚世家》则作六姓，自己姓昆吾，至芈姓季连，活动地区俱在河南，故《左传》楚灵王云："昔我皇祖，伯父昆吾，旧许是宅。"《周语》周惠王十五年（鲁庄王三十二年），有神降于莘，内史过云：

是以或见神以兴，亦或以亡。昔夏之兴也，融降于崇山；其亡也，回禄信于聆遂。

韦注："融，祝融也。……夏居阳城，崇高所近。""回禄，火神。"

可见西周末及东周之时，史官所保存对于祝融之传说。既视祝融（古之火正）为神，其神话地域实流行于夏之旧疆，故太室（即中岳嵩山）、少室、苦山多三首之神，以缯书考证之，当为祝融之演变。

其在湘水流域，有祝融墓。楚灵王时，于衡山重黎墓发现营丘九头图，此由三头变为九头。《文选》张衡《思玄赋》云：

流目眺夫衡山兮，睹有黎之圮坟。

旧注云：楚灵王之世，衡山崩而祝融之墓坏，中有营丘九头图矣。

所谓旧注者，李善云："未详姓名。"挚虞（《文章》）《流别》题云衡注，则当是张衡自注。盛宏之荆州记采此说。是楚人之古图画，又有九头者，惜不可见。《越绝书》外传记：

---

① 幽王八年司徒。

维先古九头之世，蒙水之际。

纬书若《尚书璇玑钤》、《春秋命历序》，皆有人皇九头之说，则出于后来之踵事增华。重黎九头，更可证三首之为祝融矣。

（二）三面神及离朱

《海内西经》云：

开明，北有视肉，珠树、文玉树、玕琪树（赤玉）、不死树，凤凰鸾鸟皆戴瞂；又有离朱，木禾、柏树、甘水、圣木曼兑……

又云：

服常树，其上有三头人，伺琅玕树。

郭璞注云："琅玕子似珠。《尔雅》曰：'西北之美者，有昆仑之琅玕焉。'庄周曰：'有人三头，递卧递起，以伺琅玕与玕琪子。'谓此人也。"

所引《庄子》乃佚文。《艺文类聚》九十引《庄子》佚文有云：

老子叹曰：吾闻南方有鸟，其名为凤，所居积石千里。天为生食，其树名琼枝，高百仞，以璆琳为实。天又为生离珠，一人三头，递卧递起，以伺琅玕。凤鸟之文，戴圣婴仁，右智左贤。

欧缬芳《山海经校证》谓："以此文参校，如前文离朱二字，当在此文'三头人'下。"又谓离朱即三头人名。[①]

《吕氏春秋·求人》篇云：

南至交阯……羽人裸民之处，不死之乡；西至三危之国，巫山之下，饮露吸气之民，积金之山，共肱一臂三面之乡。

① 见台湾大学《文史哲学报》第11号，278页。

《山海经·海外南经》有“三首国”云：

三首国在其东，其为人三首；一曰在凿齿东。

又《大荒西经》云：

大荒之中，有山名大荒之山。日月所入，有人三面，是颛顼之子。三面一臂，三面之人不死。

以同经：“有人名曰吴回，奇左，是无右臂”证之，则此三面一臂之人即吴回。吴回见于楚先世之神话，《史记·楚世家》云：“共工氏作乱，帝喾使重黎诛之不尽，帝乃以庚寅日诛重黎，而以其弟吴回为重黎后，复居火正为祝融。吴回生陆终……芈姓，楚其后也。”是吴回亦居祝融之位，证以缯书图像，祝融作三首状，与吴回三面，亦相符合。

综上可得结论如次：

（1）祝融起于崇山，《中山经》中岳之神皆三首而人面（《中山经》说）。

（2）三头人即离朱（庄周说）。

（3）三面为颛顼之子，其人不死，亦即吴回（《大荒西经》说）。

绘书之三头人，即是祝融，后来演变为九头。

（三）印度 Tri-Siras（三头）之 Tvāstra（Visva-Kārman）与三面不死之神

印度古代神像有三首者，见于 Mohenjo-Daro 之印章，有趺坐之三面神，其首带两牛角（如图二四）。

图二四　印度三首神印章

D. D. kosambi 谓可以 Tvāstra 当之[①]，疑即原始婆罗门（Proto-Brahma）之神。证以《庄子》佚文，其人可视作离朱。以《大荒经》证

① 见 Damodar Dharmanand Kosambi：*An Introduction to Study of Indian History*，85 页 The Tvāstra Myth 一节。

之，则其人为不死者，天帝颛顼之子。

另有印章镌三首之牡牛（图二五）。[①]

图二五　印度三首牡牛印章描绘

上记[sign]号，此与埃及文之[sign]，Proto-Elamite之[sign]相似。[②] 演变为婆罗谜文（Brahmi）字母之“十”（ka）。在 Harappa 遗物中，又有三面舞蹈之神（Marshall p. 446, signs 183，184），两河在其肩流出。《梨俱吠陀经》，三首神（Three-headed demon）即 Trisiras Tvāṣtra。按此为古创造神（The ancient creator-god）Tvāṣtr 之子。《山海经》三面不死之人，为天帝（颛顼）之子，亦复类似。[③]

《大荒南经》：“不死民在《交胫国》东，其人为黑色，寿不死。岐舌国在其东。”《天问》：“何所不死？”又云：“延年不死，寿何所止？”《远游》：“仍羽人于丹丘兮，留不死之旧乡。”不死民，其人黑色，与南印人种相同。郭璞云：“圆丘上有不死树，食之乃寿，有赤水，饮之不老。”不死观念，印度谓之 a-mrta。不死树即 yûba[④]，所谓宇宙树也。故《吕览》、《山经》所谓不死之乡，疑指印度。

《天问》言“顾菟在腹”，傅玄拟《天问》：“月中何有？白兔捣药。”即指月在兔中。汉代纬书如《春秋运斗枢》云：“行失摇光，则兔出月。”古诗十九首云：“三五蟾兔满。”少室与开毋庙石阙雕刻、蟾兔共见。称月为兔，见印度神话《吠陀经》，梵文兔曰 sasá，月称 sasānka，见于《大战书》（sasa＋anka；anka＝mark）以兔代月，和《天问》相同。《归藏》称：“昔常娥以不

---

① 三首牡牛资料见 Marshall：Mohenjo-Daro and the Indus Civilization III PL. CX II. 382。E. J. H. Mackay's Further Excavations at Mohenjo-Davo II PL. LXXXIII 24. XCVI. 494 XCIX. B。

② 见 G. R. Hunter 所著关于 Mohenjo-Daro 文字表之四七。

③ 关于多首神之其他资料：

（1）Fa-（EnRi）水神，有 Two-faced attendent。

（2）Hydra-（Nagā，Seasa）With five or seven heads（五头与七头）人像，with two animal heads，goat and stag（山羊与牡鹿）。

（3）Herakles，three headed Geryon-Cacus or a Kerberos.

请参看：The Origin of Brahmin Gotras（*JBBRAS*，26，1950）。

④ 不死树之 yûba 参法人 O. Viennot 所著书，36 页。

死之药服之，遂奔月为月精。”不死一词，吠陀梵书屡见之，即所谓a-mrta[①]，不死观念在《楚辞》亦是相当普遍。

（四）共攻（工）与 Visva-karman（all creating）

共工一名见于缯书，文云：“共攻（工）夸步，十日四寺（时）。”共攻即共工，《山海经·海内经》云：

> 戏器生祝融。祝融降处江水，生共工……共工生后土，后土生噎鸣，噎鸣生岁十有二。

此处共工为祝融之子。《大荒西经》云：

> 颛顼生老童，老童生重及黎。帝令重献上天，令黎卬下地。下地是生噎，处于西极，以行日月星辰之行次。

后土即下地，噎鸣即噎。

在《阿闼婆吠陀》中，Tvāṣṭr 为木工（carpenter）（《梨俱吠陀》则 Taṣṭr 义为 carpenter，乃同一语源）。Tvāṣṭr 实造天地，与共工生后土事有同然。今日之南印度，Tvāṣṭr 被人崇拜，被以 Viśva-karman 之名，Viśva-Karman 义为 all-creating。“共”义正为 all，工即攻，与 carpenter 同义。故 Kong Kong（共工）与 Viśva-Karman（all creating）取义实同。

> 共＝Viśva（all）
> 工＝Karman（work）

The God Tvāṣṭr 为多首之神，共工在《大荒北经》中，其臣名相繇，九首蛇身而自环。《海外北经》作相柳氏九首，亦为多首之神。

“雄虺九首”，《楚辞》、《天问》及《招魂》皆有此一句，亦楚人常常言及者。左思《吴都赋》说：“虽有雄虺之九首，将抗足而跐之。”刘逵注谓：“此本南方楚图画”楚原有九头图，后来以九头属之人皇。《鲁灵光殿赋》所记，人皇

---

① A-mrta，藏文 bdnd-rtsi，即汉名之甘露。法人 M. G. Dumézil 所作《不朽之筵席》（*Festin L'Immortalité* 1924，巴黎）论 a-mrta 极详。E. Lamotte 于近作《维摩诘经之教训》（*L'Enseignement de vimalakirti* 附注 Amrta Parfuméet Repas sacré）论不死之义，尤可参证（430～437 页）。

九头，即刻上壁画者。雄虺为大蛇；共工臣名相繇，九首而身自环。《楚辞》所言之“雄虺九首”，当是指相繇故事。周达观《真腊风土记》言：“金塔中有九头蛇精，乃一国之土地主也，系女身。”九头蛇精故事，东南亚民族盛行之。蛇（Naga）之崇拜，显然受印度婆罗门教之影响。凡游览高棉禄兀城（Angkor）、泰国清迈寺，建筑雕刻其寺观用长蛇作装饰；蛇自五头至九头不等，真是“雄虺九首”活生生之表现。古代扶南文化，令人疑心与楚文化似不无裙带关系。

肥遗考

四月神像（图二六）为一首两体而交尾之蛇，乃神话中之一种怪蛇。此种形状，见于《山海经》及诸子者，有下列各异名：

肥遗　《山海经·北山经》：“浑夕之山嚣水……有蛇一首两身，名曰肥遗。”郭注：“即管子之蚒。”又《北次三经》：“彭毗之山……肥水出焉，南流注于床水，中多肥遗之蛇。”《西山经》：“英山有鸟状如鹑，黄身而赤喙，名曰肥𧌒，食之已疠。”

图二六　缯画四月（余月）之肥遗神像图描绘

肥𧌒　《西山经》：“太华之山……有蛇焉名曰肥𧌒。六足四翼，见则天下大旱。”郭注：“汤时，此蛇见于阳山下。复有肥遗蛇，疑是同名。”毕沅云：“刘昭注《郡国志》引此，只作肥遗。”

蜰𧌒　《广韵》六脂𧌒字下云：“蜰𧌒，神蛇，一首两身，六足四翼，见则其国大旱。”

蚒　《管子·水地》：“涸川之精者生于蚒，蚒者一头而两身，其形若虵，其长八尺，以其名呼之，可以取鱼鳖。此涸川水之精也。”《广韵》五支：“蚒，涸水精；一身两头，似蛇。”此则作两头一身。

委蛇　《庄子·达生》：“……山有夔，野有彷徨，泽有委蛇。……皇子曰：委蛇其大如毂，其长如辕，紫衣而朱冠……见之者殆乎霸。”《庄子音义》：“司马云：方皇状如蛇，两头，五采文。”

蜲蛇　见《广韵》五支“蜲”字下注。

延维　《海内经》：“有神焉，人首蛇身，长如辕，左右有首，衣紫衣，冠旃冠，名曰延维，人主得而飨食之，伯天下。”郭璞注：“委蛇。”

《山海经·大荒南经》：“舜葬处有委维。”郭注：“即委蛇也。”又岳山尧瞢舜葬处，有延维；《广韵》蚴与逶同音，另有蝼蛇、委蛇、逶蛇，均即肥遗。以其长名之，逶蛇犹言逶迤也。肥遗为一头两身，委蛇则左右有首，是为两头；蚴则一头两身，又别作两头一身，皆神蛇也。缯书四月之神蛇，为蚴及肥遗之演变甚明。

其他考古学人类学资料，与肥遗类似者，列举如次：

商器：

(1) 偃师二里头，商代早期陶器有蛇纹，二头一身，头相向。①

(2) 侯家庄一〇〇一号大墓木室顶面，放有蛇形器，作交尾状（图二七），李济、高去寻谓是一首二身；芮逸夫谓细察被毁遗痕，似当为二首二身。

楚器：楚国所出双蜷蛇座，双凤凰，原物现在美国Cleveland美术博物馆（图二八）。

图二七　侯家庄殷代之肥遗图案描绘

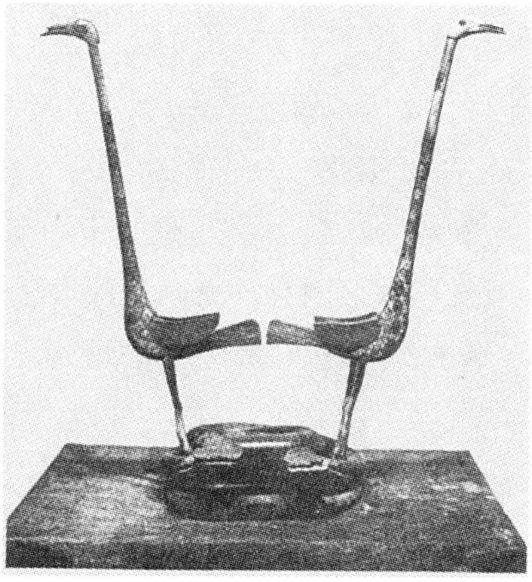

图二八　楚双蜷蛇座双凤凰

高句丽汉墓壁画：亦有两首交蛇像（图二九）。②

① 偃师二里头，商代早期陶器上之蛇纹，二首一身，亦有二头相向者。侯家庄蛇纹参芮逸夫《三苗与饕餮》（《李济先生祝寿论文集》下册，《清华学报》专刊）。

② 参黄永年《神话中的一种怪蛇》（《文物周刊》七八期，上海博物馆研究室）。

图二九　高句丽汉墓壁画之肥遗

传说伏羲女娲为龙躯，武梁祠石像最为脍炙人口。他处所见有交尾及不交尾二型：

交尾者：四川汉墓石刻（图三〇）。[1] 新疆吐鲁番绢画伏羲女娲像（图三一），图见黄文弼《吐鲁番考古记》。

图三〇　四川汉墓石刻交尾之伏羲女娲

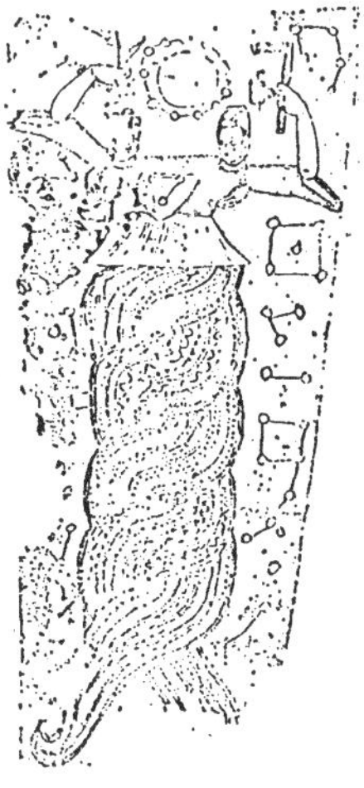

图三一　吐鲁番绢画之伏羲女娲

不交尾者：北周建德元年匹娄欢棺上线刻石像画（图三二），在西安碑林

① 四川之伏羲女娲石刻，见 Rudolph 四川汉画 Figs. 58—59，参郑德坤：Yin-yang Wu-Hsing and Han Art（*H. J. A. S.* 20，1957，1 and 2）。

（图见《文物》1965（9））。[1] 近东及南美亦有类似图案：

（1）美索不达米亚（Mesopotamia）：

所出 Lagash 之 Gudēa 玉高脚杯上，图像有两翼怪兽，朝向两首连蜷交尾之蚴（图三三），属苏美尔时代（公元前 2000 年）之物。

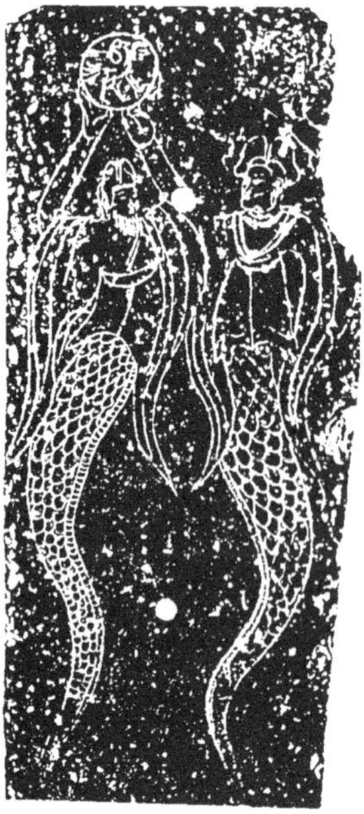

图三二　北周匹娄欢石棺上之伏羲女娲

图三三　美索不达米亚杯上之蚴

（2）古秘鲁：

毛织品（属于 Nazca 及 Parācas 文化）作两蛇倒向相交图纹（图三四）。

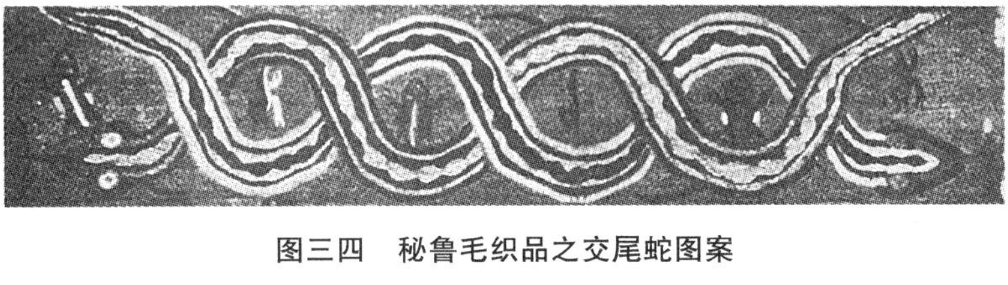

图三四　秘鲁毛织品之交尾蛇图案

以上二事，Carl Hentze 曾举出与长沙双蛇座比较。[2]

① 潘连燊君据西安碑林拓片展览摄制。

② Carl Hentze：Le symbolisme des Oiseaux dans la Chine ancienne. *Sinologica* 1958.

印度祀蛇之风尤盛[1]，其古代图样见于奉献版刻，每作双蛇交尾蜷缠之型，其碑称为 Nāgal-kals，饰以蛇纹，以期生育，村落池塘附近处多竖此类双蛇石碑（图三五）。

图三五　印度之双蛇石碑

上举之图案形状，与缯书“余月”之交尾蛇像，最为相似。

台湾排湾族之木雕神像，亦有三首人形及双蛇蜷结图样（图三六），与楚人遗俗相同。[2]

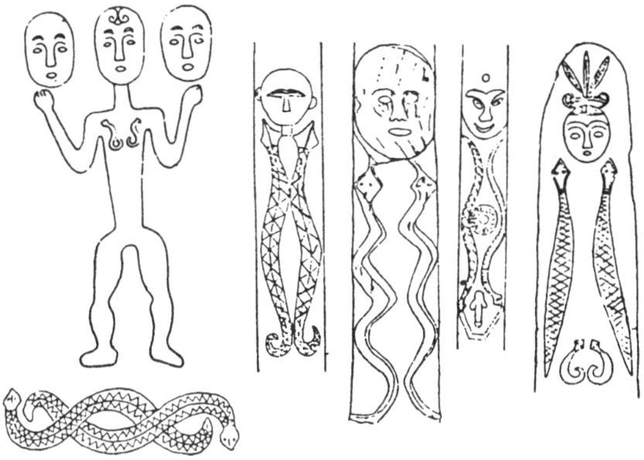

图三六　台湾排湾诸族木雕标本图案

① 印度有关蛇之图案，参下列诸书：

Louis Renou et Jean Filliozat：L'Inde classque p. 525.

R. des Rotours：Culte des cinq Dragons（Mélanges de Sinologie offerts a M. Paul Demiéville Paris 1966）. Heinrich Zimmer：Myths & Symbols in Indian Art 1953，p. 72（The serpent and the birds）.

② 参看陈奇禄《台湾排湾群诸族木雕标本图录》及同氏（Chen Chi-lu）：The Aboriginal Art of Taiwan and its Implication for the Cultural History of the Pacific（未刊稿）。

综上观之，自殷代荆楚，至汉北周以来，此肥遗交尾蛇形，有下列各种形态：

（1）单交尾型：如侯家庄。

（2）复交尾型：密交，如吐鲁番绢画。疏交，如高句丽汉画。

（3）不交尾型：如匹娄欢墓。

肥遗图样，在中国可追溯至殷商，近东则远至苏米尔时代。印度习俗之 Nāgal-kals 亦同一形状，其间古文化有无接触，尚待研究。“肥遗”文化传播之时代与地域，于此可窥见一斑。

图三七　（上）印度哈拉巴印章　（中）商己父铭文　（下）商作从簋铭文

余论

李济之先生在其 *The Beginnings of Chinese Civilization* 第二章 Origin Early Development 讨论商代文化有无外来成分时，举出肥遗及人擒双兽图样与陶祖三事，与近东考古资料比较，有许多类似之处。彼认为“These evidences show only the existence of some contact between the culture of the Near East and the Far East”，此表示远东与近东古文化可能有若干接触。侯家庄之 Phaelic-shaped handle 与 Jemdet Nasr 及 Mohenjo-Daro 在形态几无二致。金文图形文字，一人两手驭双立兽者不一而足，印度 Harappa 所出印章，亦见此类图案（图三七），《楚辞·天问》侈用发问句法，印度《吠陀颂》及《旧约》之《约伯传》在文体及文意上，亦有许多类同性（Parallelism），此亦值得注意者。①

去年在哥伦比亚大学召开楚缯书讨论会，主题是商榷楚文化对太平洋地区影响之可能性。楚国遗物如木雕神像及缯书上奇形怪状之十二月图像，一时成为最有兴趣之讨论对象。肥遗交尾形状，侯家庄遗存和楚缯书很相似，诸家意见颇为一致。但印度之 Nāgal-kals 亦作交尾

---

① 参杨希枚《天问研究评介》（《大陆杂志》特刊第二辑，414 页）。

形，则未有人提及。三首神及三面神在《山海经》之出现，尽人皆知，印度 Mohenjo-Daro 印章之三面趺坐神像，已被解释为 Tvāṣṭra，与《山海经》三面不死人之神话，可以互相比较。不死之观念和印度 Amṛta 相同，天神共工和 Viśva-Karman 取义之类似，凡此种种，似乎都值得提出讨论。从楚文化和太平洋文化之关联问题，谈到与印度古文化关系问题，在目前仅为一种假设，希望以后有人能作进一步的探讨。

附说二则

（一）汉墓之长舌神像

类似楚之长舌神像，台湾东部及太平洋地区习见之。东至越，西至巴蜀。亦有以吐舌为辟邪之象征（图三八），浙江义乌西汉墓出土之鋬，吐舌人形散发，左手持盾，右手举剑（《文物》1965（3），153 页，图三九），四川汶川人家门口，石碑刻“泰山石敢当”五字。碑上端刻一兽形，兽为大口吐舌，人呼曰“吞口”。卫聚贤记峨嵋县双福镇及泸县澜泥渡均有“吞口”，舌出甚长，口中横衔一剑，像甚凶恶。嘉定南岸狮子湾有九个汉崖墓，靠东崖墓门口左石有浮雕之把门神将，一文一武，其一右手持锄，左手提篮。其一人头上有二角，有三大耳，舌伸出甚长，右手持斧，左手握蛇。①

图三八　四川汉石刻吐舌神像

吴越巴蜀皆在楚文化范围之内，故汉墓均有吐舌像，足见其分布之广。

（二）十二神图

十二神古有图像，阮孝绪《七录》五行家：“十二属神图一卷。”内容如何，今不可知。《汉书·艺文志》五行家有“转位十二神二十五卷”。姚振宗

① 卫聚贤说，见《泰山石敢当》（《说文月刊》第 2 卷第 9 期）。

图三九　浙江义乌西汉墓出土之𬬿上吐舌人描绘

《汉志条理》云："术家有太岁十二神，博士十二神，引《论衡·难岁》篇移徙法说之。"此十二神已有名目，王充所谓"登明从魁之辈"，此即后来六壬所使之十二神也。

汉时大傩逐疫，有穷奇委随等十二神，同舞者为方相十二兽。《后汉书·礼仪志》、《汉旧仪》、《东京赋》具载之，其委随应即委蛇，盖肥遗之变也。①

此类十二神像均后来所演变。缯书十二月神像，乃为战国时楚俗图绘，当保存较古之形态，及代表南方文化思想之一类型，更足宝贵。关于图形之解释殊非易事。今但知十二图像为十二月之神。最足资研究者为三头人身神像，及一首两身之蛇，余不可考，未敢妄说。

补记

检读 Swami Sankarananda 所著 *Rigvedic Culture of the Prehistoric Indus* vol. 1，p. 136 谈及 Eddic 神话，举出三头神，一手执斧，一手牵动物，具见该书插图，此神被认为 God of Thunder of the Eddas，据说三首代表天上太阳的

① 《法苑珠林》三十《住持篇》引《大集经》，十二兽昼夜常行阎浮提内。又题梁张僧繇绘五星二十八宿形图卷，后绘诸宿自角至危十二神形——《墨缘汇观》四记之。

三个阶段（Stages）。

同书第四章讨论有角之神（Horned Deities），如 Mohenjo-daro 之三面有角神像，氏[①]认为即 Siva-Pashupati，并解释在梵典中角即 Sringa 带角之义，乃代表日光及火焰，长沙出土木雕吐舌神座，亦具两鹿角，取义是否如此，尚待研究。

同书第十一章论蛇神，引述埃及印度希腊有关蛇之神话，亦涉及中国之龙，本文未及引证，可以补充。

又希腊神话九头蛇称为 Hydra，罗马神话火神回禄名 Vulcan。附为举出，以供从事比较神话学者再作深入研究。

原载台北《故宫季刊》第 3 卷第 2 期

四、画筴说

《韩非子·外储说左上》云：

> 客有为周君画筴者，三年而成，君观之，与髹筴者同状，周君大怒。画筴者曰："筑十版之墙，凿八尺之牖，而以日始出时，加之其上而观。"周君为之，望见其状，尽成龙蛇禽兽车马，万物之状备具，周君大悦。

客所画的筴。以读作筬为宜。《说文·匚部》："匧，椷臧也，从匚，夹声，筬，匧或从竹。"筴是策的重文。[②] 筬乃匧的或体。韩非子的筴可能即匧的异构。他说道"与髹筴者同状"。筬训缄藏，"髹筬"当是漆匧一类之属。近年湖北有大量战国楚文物出土，如 1986 年荆州市纪南城的包山大冢所见漆匧上的一幅以人物车马为主体的写实性组画，长六十余公分，图中有人物二十六，工笔重彩，笔力凝重，其中三车骏马并辔竞驰，有垂柳数株，随风摇曳，雁字横空，有人命之曰金秋郊游图。[③] 这是战国楚国绘画表现于漆筴上的剧迹。韩非时代，写画技巧，更为精进，像陕西咸阳秦代宫殿的壁画上的车

---

① "氏"前疑有脱文。

② 如《类篇》五上竹部。

③ 见 1987 年 5 月 22 日《湖北日报》刘彬徽报告。

马出行图[1]，与仪仗图，除平涂之外，还表现类似渲染的手法，在在足以证明韩非所言漆筴绘彩技巧之可信。中国画法到战国末期已大有可观了。

随县曾侯乙墓出土一件漆篋上面图绘龙虎与二十八宿，信阳长台关出土漆瑟上的乐舞场面，有跪地吹笙，撞钟击鼓，抚弦按瑟，婆娑起舞诸动作。长沙颜家岭三五号墓出土漆奁上所绘狩猎形状，长沙黄土岭楚墓出土漆奁上之生动舞姿，凡此皆近期新获之漆器图绘，均已脍炙人口。

漆器上之图绘方法，大抵有三，一为线描，先用毛笔蘸色漆以单线勾勒，在有漆地的器物上摹绘各种各样的图案或动物人物，江陵雨台山楚墓及曾侯乙墓所出可为代表。二为平涂，或以单色线条先勾抽象轮廓，再加涂颜色，像纪南城的石磬上面彩绘的凤鸟纹。或先在器物上涂绘物象，然后以单线勾勒轮廓使其显著，亦有用笔蘸漆色勾画，如信阳长台关所出漆器，这一方法有如绘画以颜色写成，另一是以毛笔蘸金银粉描绘，即所谓描金或金髹，随县曾侯乙墓出土的外棺上诸纹饰则以朱夹金色来勾勒纹样。形形色色各尽其妙。三曰针刺，在髹好漆面之上，不用笔描绘，而以金属针类工具依草样加以刻画，纤细如发，巧夺天工，长沙所出漆奁，不少用此法刻镂凤鹿云气纹，工艺尤臻绝伦，是为楚土漆筴之高级成就。又有施用针刺方法于丝织品之上者，如江陵马山一号墓的绣品，系先用浅墨或朱绛色绘出图样，绣工再用针加以精绣，构图既更精练，线条尤为美观。故知髹绘中的针刺手法尤为楚人之特色。

浙江河姆渡遗物已有“漆”器出土，南方自昔即擅于髹漆，楚人更加以发扬，故漆器之美，冠绝古今。髹筴一事赖韩非记其大略，有待专家作更深入之研究。

① 长廊东壁第四幅。

马王堆新出《大一出行图》[1] 私见

一、图绘著韵语即画赞亦即图诗

长沙马王堆出土文物异常丰富，其属于数术方技之书，尤令人瞩目。最近湖南出版社印行之《马王堆汉墓文物》内中有所谓“社神图”，在正中一位神祇，腋下墨书“社”字，该书解者说道：“这可能是古代崇奉的社神，也可能是天问‘土伯嶷嶷’的土伯。”对于这幅画作过研究的有数家，存在着不同的意见。周世荣广泛地称为“神祇图”，李学勤以荆门避兵戈说之，李零则说是应属“辟兵图”，近时又改订其说，仍强调兵避之义。我的看法有点不同。这幅图画由于附有韵语的题记，其含义极可玩味，不特是一件离奇的画图，亦是优美很有文学价值的题句，很值得去仔细研究。

古代出土文物有所谓“图诗”者，魏汲冢所出之书，其第十五类即是图诗一篇，束皙云：“画赞之属也”（《晋书·束皙传》）。晋初荀勖因魏郑默的《中经》，另著《新簿》，分为甲乙丙丁四部，丁部所收有下列各项：

诗、赋、图赞及汲冢书（见《隋书·经籍志》）。汲冢的图诗，相当于图赞。赞为韵语略近于诗，故得称为图诗。马王堆是图的题记作韵语，即相当于图诗、图赞之属，这是目前所见画诗画赞最具体的例证，为属于丁部的重要韵文，故与诗赋并刊；未有集部名称以前，魏晋时期的目录书是这样处理

① 见《马王堆汉墓文物》，湖南出版社，1992年版，35页。

加以著录的。

二、韵语题句校录

这幅图画内容大约分为三个层次：上层为主神太一，其下绘一作为他坐驾的龙，太一之左为雨师，右为雷公，剩有一些飘扬的云旗，仿佛可见。中层是四位侍卫的武弟子；下层则左列黄龙、右列青龙。三层各神之侧都有题记，有时用韵，非常有趣，可惜文字残泐过甚，许多地方无法辨认，兹就各家所释，参以己见，校录如次。

（一）右缘总题记：

……将承弓，禹（羽）先行。赤分（氛）白分（氛），莫敢我郎（响），百兵莫敢我[伤]。……狂。谓不诚，北斗为正，即左右讵，径行毋顾，□元（天）一祝曰：某今日且□祜。

（二）中央　大一象题记：

大一将行卯？曰……

神从之仌（于）……

雨师象题记：（上右）

雨氾（帀＝师）　犹风雨雷

从者死，当　[者]……矣，其……雨

雷公象题记：（上左）

雷（公）……

武弟子象题记：

(1) 武夷子，丂（万）刃毋敢起。骢（骢＝驹）行一日五（□里）（中，右一）

(2) 我□百兵，毋重（动）□禁。（中，右二）

(3) 我虒裘，弓矢毋敢求（未）

（三）下方　二龙题记：

黄龙题记：

(1) 黄就（龙）持炉（炉）。（右）

(2) 青（肖）龙夌（奉）叞（叞＝熨）。（左）

有△号表示用韵。

三、图的主题是用兵不是避兵

李零说此图是辟（避）兵图，引葛洪《抱朴子·杂应》篇："避五兵之道，'但知书北斗字及日月字'，便不畏白刃"为说。今按《汉书·艺文志·兵阴阳类》有《辟兵威胜方》，共七十篇之多。《抱朴子·仙药》篇引纬书若《孝经援神契》云："巨胜延年，威喜辟兵，皆上圣之至言，方术之实录也。"又其《遐览》篇著录有：辟兵符、八威五胜符、威喜符、巨胜符。今观此图题记绝无威喜、巨胜诸名目，故不得称为辟兵之属，《七录》有《辟兵法》一卷，其详莫悉。惟张彦远《历代名画记》有《太一三宫用兵成图》，其主题是用兵不是避兵。《越绝书》十一《宝剑》述铸剑经过云：

当造此剑之时，亦堇之山，破西山焉，若耶之溪，涸而出铜，雨师扫洒，雷公击析，蛟龙捧炉，天帝装炭。太一下观，天精下之，欧冶乃因天之精神，悉其技巧。

无异即此图右雨师左雷公黄龙持炉之写照。

《太平御览》三九八兵部弩引《太公兵法》云：

神后加四仲者以为明堂宫，时太一出游八极之外，行高冥之中，日照其前，月照其后。当此之时，天一自持玉弩，执法承相，刻（劾）不道者。

马王堆所出《刑德》乙本附有九宫图，加四仲，其四隅之神即为云、雷、风、雨四者，即丰隆、风伯、雷公、雨师四神。此图只列雨师雷公为佐。证之《远游》云：左雨师使径侍兮，右雷公以为卫，正与此图吻合。荆门大岁戈，说者谓为辟兵，我认为原文是閧兵，分明为“开”字，不必辗转读为辟，音转作辟为避，我另有文详之。该戈上神明脚踏日月，正显示日月照其前后。合上举诸事项观之，是图当指用兵而非避兵，是积极义而非消极义。是图明记“太一将行……（众）神从之”，故以《太一三宫用兵成图》一类图解之，最为恰切。

四、与《楚辞·远游》合证

文学作品与图画往往是分不开的，图画有韵语的赞，亦称为“图诗”，此太一用兵图有识语即是图赞之属。图和赞的关系，有时因图而系赞，有时则因文而制图。张衡的《南都赋》，戴安道为作《南都赋图》，这是后者之例，汉武有《甘泉宫图》，扬雄撰《甘泉赋》则是前者之例。《楚辞》的《远游》篇一向不明其何所指。王逸《章句》说“屈原托配仙人俱游戏，周历天地无所不到”。我怀疑《远游》和《九歌·东君》之类都是因图而制文，当日这类天神出游的想象图必相当多，马王堆及楚墓所出图像有不少升仙图，这幅太一出行图，不过为仅存的例证。《远游》本来是描写天神出游八极的情况，文中说：“举斗柄以为麾”，《东君》云：“据北斗兮酌桂浆”。而太一出行图云：“北斗为正”。是图太一左雨师右雷公，与《远游》相同，而《九歌·大司命》云：“令飘风兮先驱，使涷雨兮洒尘”，即指风伯雨师为先驱开路。《楚辞》每描写驰骋于上天，可能即根据图画而加以夸饰敷陈者。是图的语汇、语法有不少同于《楚辞》：如“（禹）先行”，“大一将行”，同于九歌的“以东行”，“吾将行”；（北斗）“为正”，同于《离骚》“指九天以为正”、《惜诵》“指苍天以为正”。“径行”用“径”字如《离骚》腾众车使径侍，《远游》“使径侍”与“凌天地以径度”，径字一作俓，洪兴祖云：“径，直也。”此图题记作径不作俓。是图出于长沙，使用楚言，理所当然。题识中有不少地方须加诠释的，如：“禹先行”，疑禹读为羽，《银雀山简》〇九六〇：禹、禹风、禹即五音之羽。“禹先行”或谓“鹭羽”（即旗帜），《诗》“值其鹭羽”。

赤分白分，即赤分、白分，指赤气白气，分读为氛。御览咎征引《续汉书》“宫中生白气”，又引《汉书》成帝时，“东方有赤白气”，即此类恶兆。

驹行，驹字作𩣘，字从马、句，加五声，即驹之繁形。“驹行一日五□（里）”，我拟补“里”字，正与上文“子”、“起”协韵。

诚讵，诚，可释诚或諴，《说文》：“諴，和也。”《周书·洛诰》：“丕能諴于小民。”讵，从言口；《说文》：“扣也”，字通叩，《论语》：“叩其两端。”左右讵（叩），其义未详。

狂，百兵莫敢我（伤）句，下残存一狂字，押韵。《吴越春秋》云：“种曰：……蠡去时……神莫能制者……后入天一，前翳神光，言之者死，视之者狂。”狂句应类似此等语。从者死，当（者）龠。此谓雨师风伯威力无比，从者死；而当者，下面缺文，或为“者”字，龠即弇，《说文》：“弇，盖也。”与“奄，覆也”义同，谓当者必为所覆盖。与从者死为对文。此图赞之奇辞奥旨，略为试说如上。

五、青龙与黄龙

是图绘青龙与黄龙，题记云：

> 青龙奉熨，黄龙持炉。

与《越绝书》“蛟龙捧炉”正合。二龙之名及图均出现于法京敦煌写本《瑞应图》（2683 页）。其注引孙（柔）《瑞应图》说云：

> 青龙，水之精也。乘云雨而上下，不处渊泉。王者有仁则出。
> 黄龙，四龙之长。（德）至渊泉则黄龙游于池。（黄龙一名，前后凡三见。）

黄龙在秦汉之际，屡现祥瑞，叠见于《封禅书》，伏侯《古今注》：高祖五年、十年，黄龙见（《艺文类聚》，9831 页）。

汉初人对黄龙很重视，公孙臣上书可以见之。马王堆《刑德》据说是汉惠帝时写本，正在这个时候。其《刑德》乙本别有天一图，青龙写作青能，又有地能，以龙为能，只是异文。《淮南子·天文训》："天神之贵者，莫贵于青龙，或曰天一，或曰太阴。"钱塘补注："古亦以青龙为太岁。"（参王引之《太岁考》）青龙又曰苍龙，《王莽传》："苍龙癸酉。"服虔注："苍龙，太岁是也。"《论衡·难岁》篇："太岁，天别神也，与青龙无异。"是图记青龙奉叞。《御览》"熨"部引《通俗文》："火斗为熨。"王莽仿之作威斗。《南史·何承天传》有："威斗出玄武湖侧"。熨斗盖为威严之象征。是图举青龙持熨，黄龙执炉，青龙代表太岁，故图中又记"北斗为正"。青龙为苍龙，黄龙为地龙，亦曰地螾，合中间之太一，是为三一。《封禅书》亳人谬忌奏祠太一方，有人上书言："古者天子三年壹用太牢，祠神三一：天一、地一、太一"，是也。

六、注"社"字意义之推测

此图既为太一出行图，何以在神祇腋下注一"社"字，则亦有说。古代祀社之意，在于观戒器搜军实。《左传》庄公二十三年，"如斋观社"，《鲁语》韦注："祀社，搜军实。"用现代语言来说，观社同时亦要参观军事演习，鲁有社，楚亦有社。《墨子·明鬼下》云："燕之有祖，当齐之社稷、宋之桑林、楚之云梦也，此男女之所属而观也。"社之举行，必有"神丛"，《秦策》高诱注："神祠丛树也"。亦曰社丛（《六韬·略地》）、丛祠（《陈胜世家》）、丛社（《吕览·怀宠》；《太玄》），男女相聚于其间，为后世庙会之滥觞。楚之社为云梦，《楚辞·九歌》："灵皇皇兮既降，猋远举兮云中。"云中旧解说是云神所居，其实亦指云梦，即社之所在地。是图所以注一"社"字，可能在社祭举行时，观军实展示之用。在屈原时代，太一与东皇（大皞）结合，故九歌之神，东皇太一列其首。《五臣》云："太一，星名，天之尊神，祠在楚东，以配东帝，故云东皇。"《月令》及《淮南子·时则训》："太皞、勾芒之所司"。高诱注："太皞，伏羲氏，木位之帝也。"《刑德》乙本九宫图，太皞列于东方之位，炎帝在南方相配，与东皇方位正合，楚帛书以雹戏为远祖，即是伏羲，实为东皇，故太一之神，地位至隆。太一含义及其与天一之分别，汉后又有不同，非本文所欲详论，另见他篇。

原载《湖南省博物馆四十周年纪念编文集》，湖南教育出版社，1996年

石刻中墨竹之源流

一、墨竹刻石

裴孝源《贞观公私画史》著录有顾景秀《杂竹样》，隋朝宫本。此淇园墨绘起于隋以前之确证。日人《大汉和辞典》（8867 页）引《金石索》著录汉竹叶碑，碑面有竹叶文。或从画迹推测，谓曲阜孔庙存有汉代竹叶碑，碑身满饰竹叶纹，显示画竹之事，汉世已颇流行。然细察之，未必可信，兹就所知有关墨竹之石刻，论列如次：

汉竹叶碑

清褚峻摹牛运震说明之《金石图》，著录此碑，并云："正面无文字，莫考其所谓。然观其碑形隶法，足知其为汉矣。是碑曲阜颜乐清懋伦得之，藏置其家。碑两面隐隐有竹叶文，或谓之竹叶碑。"翁方纲《两汉金石记》七："汉碑阴，今在曲阜颜氏家，正面无字矣，其阴亦泐甚，汉石皆纵横铲凿之痕，有类竹叶，俗呼竹叶碑。"翁氏题诗三首，其一曰："泐势翻将竹叶题，童敲牛砺或锄犁。谁家雪色高堂壁，月下纷纷诧仲圭。"（按指元吴镇）是所谓竹叶文者，乃指碑经岁久剥损，所现之纹理，形似竹叶，非汉人于碑上曾刻绘竹叶也。王昶《金石萃编》："此碑阳今皆为竹叶文所掩，无一字可辨。"此"竹叶文"一名采自牛氏之图，最易使人误会。李遇孙《金石学录》四："陈以纲著《竹叶碑释文》凡六十余字，《两汉金石记》述之。"叶昌炽《语石》十“碑俗名”云：“竹叶碑，汉残碑阴也（按当包括碑阳而言）。陈氏以纲定为鲁国长官德政碑，其论最核。”知竹叶碑乃俗称，原指剥泐痕迹，非碑上饰以竹叶纹，不可不辨。

东晋砖墓竹林七贤图

南京西善桥砖刻上有七贤图。[①] 前有银杏三株，松、槐、垂柳二株，阔叶竹二株，绘于阮咸之侧。

洛阳存古阁石刻之晋河内竹林七贤图，清祥符人常茂徕《洛阳藏石录》著录之[②]，史语所拓本列一二六六〇、一八八二四即此。但绘七人像，无竹林，附七人小传。

北魏宁氏墓孝子变竹笋

此为北魏明帝孝昌三年宁懋暨妻郑氏墓石椁画像，刻石，出于洛阳，题孝子宁万寿造。四周镌刻，图孝子变，上有竹笋形。现藏美国纳尔逊美术馆（Nelson Gallery）。

唐王维竹石刻

风翔府开元寺东塔院游师雄题字王维竹二小壁。

李衎《竹谱》序云：“追寻近古，得王右丞开元石刻，屡经模勒失真。”又云：“右丞妙迹，世罕其传。”衎列摩诘为写竹名家。按传辋川图石刻，其中有竹，似出后仿。

余于法京吉美（Guimé）博物馆，见敦煌莫高窟所出画幡，其一列一七七七五号为马干进作于天福八年之水月观音，配景为双钩竹，叶阔似梭，其下有笋，故确知为竹[③]，竹亦有节，作[illegible]状，在汹涌水波之上，竹干敷浅绿色，笋作深黛色。

又一列一一五五〇号细绢本飞天，配景之竹亦作双钩，极萧寥之致。[④]

莫高窟二〇三号窟西壁维摩诘经变，文殊与维摩诘坐对，窟前有竹六株；又二一七号窟阿弥陀经变，空隙处亦绘高竹。

---

① 图见《文物》1960（8）、（9）。

② 承名世论孙位高逸图一文尝附印此图，见《文物》1965（8）。

③ 图见松本荣一《敦煌画の研究》图版九八 B。

④ 图见松本书一九八 A 飞天图。

按唐至五代画竹尚双钩，下至南唐，仍沿此法。

玄妙观石础之竹

史语所藏拓本〇八九一八号题云："唐吴县玄妙观东岳行宫石础图像，传吴道子笔。"此图为凤凰对芝竹亭子，竹每枝只三叶，分枝左右两面对称，竹作阔叶状，竹节以一笔间之。竹之写法甚古，颇似因果经中之竹，可能出于六朝或初唐人之笔（图四〇）。

图四〇　玄妙观石础芝竹

阔叶竹自东晋以来盛行之，其画竹法与宋以后大异。此幅拓本画样固非出吴生之手，然至迟必为宋以前之画风。

又玄妙观拓本一一二二二号树屋亭子，人物古拙，近汉画意味。右有风竹三株，枝茎纡曲，叶皆左向，复有小枝，竹叶或作个状，为最早可见之个字形竹（图四一）。

图四一　玄妙观一一二二二号拓片

又玄妙观〇八九二八拓本，绘二人跪送仙人图，左有松树连云，松枝作凵形，甚简古，树下山石有芝草，小鹿踯躅其间，右方石上，出竹数竿，竹叶下偃，在虬枝之侧，笔笔有力，此两幅可能皆唐或更早之作品。

又一一八九〇号画在半圆形带树叶图案之砌内，写凤鸟山亭，亭外有竹，凤鸟翎毛极工。亭内室隙写竹干之下半一枝，竹叶间作双钩。竹节有作二笔者，十分精致，疑是宋以后画工所绘，并附于此。

宋文同画刻

《四川通志》西龛山上有文与可疏篁怪木刻石。[①]

程堂竹石刻

题释莲儒《文湖州竹派》："程堂字公明，眉人，驾部郎中。善画墨竹。宗派湖州。出湖州之门者，独公明入室也。好画凤尾竹，又象耳山有苦竹、紫竹、风竹、雨竹，好事者已刻之石。成都笮桥观音院亦有所画竹。"

苏轼竹石刻

(1）吴县　《吴郡金石目》及《吴县志金石考》，苏文忠竹石刻，有明人题跋，在府学后。《吴式芬金石汇目分编》苏州府东坡墨竹，石刻，无年月，郡学道山亭。

(2）沛县　坡公画竹二枝，分刻两石，在沛县歌风书院之吴公祠，有题记云："东坡先生与叔祖山阳掾暨先大夫实同榜，契稚相嘉重。熙宁中守彭门，叔祖通直赴约，戏写节竹二枝曰……今四十余年矣，乃刻石传久云。宣和辛丑冬至日朝奉郎通判许州时丰口立石。"韩崇宝《铁斋金石跋尾》云："坡公集，守彭城时有滕县时同年《西园诗》五古，或即此人。"

(3）湖州　佛利亚美术馆藏吴镇风竹图，上有至正十年草书题识，言乃临摹东坡湖州风竹石刻而成。此吴升《大观录》题作官奴执烛图者也。双溪"故宫博物院"藏吴镇墨竹谱题记文相同，皆临东坡风竹石刻之在湖州者。

按明朱珪《名迹录》杂刻目有东坡竹，惜该条残缺（"中央图书馆"藏钱谷钞本)。《济南金石志》卷四禹城、卷五历城皆有东坡枯木石刻。

林灵素竹石刻

《图绘宝鉴》三："道士林灵素善作墨竹。湖州玄妙观有石刻一枝尚存。"

---

① 《金石汇目分编》十六之一保宁府。

白玉蟾竹石

《图绘宝鉴》四：“葛长庚善草书，画竹石，鄂州城隍庙壁林竹，是其真迹。”

元　赵孟頫竹石刻

(1)《吴郡金石目》：“款云：‘顾善夫以公事至都，将南旋，用此纸求画乃为作此图。子昂。’今其石不知所在。”

(2) 在报恩寺。牛若麟崇祯《苏州志》二十四僧坊赵孟頫报恩寺写墨竹题诗：闻轩丛竹杪，坐久闻清韵。黄溍跋云：“至大间赵魏公游姑苏报恩寺，小憩于丈室，乘兴写墨竹一枝于壁，题古诗五言四韵于窗间，今垂四十年。竹故在而窗纸久不存；住山宣公法师闻吴江贤上人裁得此纸，物色得之，并竹摹刻于石……黄溍跋。”

(3) 在临邑《济南金石志》：山东临邑亦有子昂画竹刻石。

集仙宫倒插竹碑

此为《瑞竹记》之碑阴。碑在嘉定。钱大昕《潜研金石跋尾》：“《瑞竹记》与《东岳行祠记》同时立。验其笔迹，亦张与绍书也。碑阴画枯竹一株。节间细书‘倒插竹’三字。旁画新竹六七竿，有两处题字，曰三年竹，曰四年竹。又间以嫩枝数丛，笔法不减吴仲圭。其下方题七言古诗一篇，自署玄真子，不著姓名。元时某仙宫道士孙应元尝于斋前倒插竹一枝，已而得语，三四年后，竹遂成林，因以瑞竹名其轩，而第三十代天师张与材记之。”

此碑史语所拓本列〇四四八七号。其竹节中不加横笔，如图：

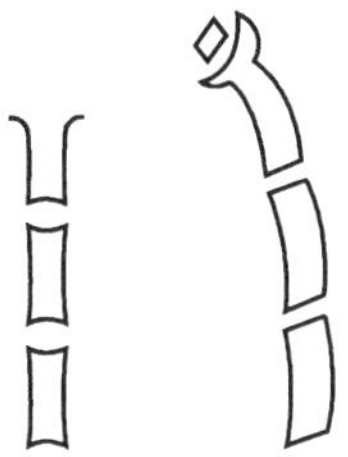

叶则衬以细枝，出元人之笔无疑，可与吴镇、方厓屋写竹比较。碑有“集仙宫倒插竹”篆额。其诗句云：“仙宫巍峨冠练川，甲乙流芳几百年，卢公神是南窗子，道学清高妙合天。”《吴郡金石目》：“玄真子即周鹤林，卢公即卢真祐。”记及诗均见《江苏通志·金石志》卷二十。

皇庆元年壬子，张天师与材立之碑，题曰“平江路嘉定州集仙宫瑞竹记”。有云：“潮嘉定集仙宫卢集虚之徒孙冲靖，云房深缭，片竹障花，枯干茁芽，逾年弥秀，人皆谓瑞竹矣。”案《图绘宝鉴》五称：“天师张与材能画竹与龙。”此倒插竹，纯是元人笔法，极近顾安。碑阳为张天师撰记，则碑阴之竹，殆出其手笔乎？

吴镇竹石刻

仰蘅《武林玄妙观志》：“石壁奇竹，梅花道人遗墨，玄妙观方丈后池上绝壁，有竹一株俯而仰，李息斋写其真于屏上，吴仲圭记。”

又《吴县志金石考》：吴镇画竹四幅，在府学。

少林寺雪峰峨绘竹刻石（法京沙畹所藏）。

明

夏昶画竹（石刻）二幅，在府学。

唐寅画竹石刻，在准提庵。[1]

长老子瞻画竹刻石，同治《苏州府志》一百四十《金石》：“画竹刻石有‘长老子瞻’四字。”《虎阜志》补遗“石高二尺，广半之。上方稍剥落。有‘长老子瞻’。明嘉靖乙未，寺僧获诸土中，移置府学。有钱德洪跋”。按明秣陵盛时泰《玄牍记》内有“宋子瞻墨竹一，跋云右嘉靖乙未……得于土中，是时钱得（按应作‘德’）洪为学师，记于上”[2]。即指此事，以为是东坡竹，未详孰是，姑附于此。

泰山玉皇阁丘之篁“竹”（法京藏拓本）。

画竹之事，东晋确已有之。顾景秀为刘宋时名家，以蝉雀著，地位高于陆绥，而有《杂竹样》稿，隋世尚存。是画竹之滥觞甚早，惟谓起于汉代，则无明证。自宋以来，以画上石之习惯颇为盛行。画人以至缁流，皆喜镌石。[3] 道观且镌“倒插竹”碑，亦出高手。上石之画，必为代表性作品，如能

---

① 以上见同治《苏州府志·金石》。

② “中央图书馆”藏钞本，有误字。

③ 藩王亦然，如虎丘塔上有崇祯十三年潞王画兰石刻。

获得拓本，足为研究之助。梅道人之临东坡风竹，即据湖州石刻。证之《沈石田集》中《梅花道人临东坡风筱诗》，句云："东坡先生好游戏，壁上写竹如写字。""千年故事白石在，梅花载翻新墨香。"则石本亦只去真迹一等耳。东坡竹不入《宣和画谱》，然后人倾倒者至。柯九思自言"家藏苏竹一幅，余临数百过，终莫能及"（见孙氏（鸣岐）《书画钞》，九思跋记，时在高昌正臣之劳云轩中）。知苏竹必有精绝之处，无怪其石刻之多也。

又画人事迹有可从石刻征考而得者。举例言之：

萧悦

《白氏长庆集》载协律郎萧悦善画竹，举世无双，又白氏《游恩德寺诗序》中有兰陵萧悦。萧悦之名由白傅而起。考《两浙金石志》：唐萧悦题名"前太常寺奉礼郎萧悦"，在钱塘天竺山。① 黄伯思云："今观唐人遗迹，薛稷以羽毛闻，然格远而笔弱，萧悦以竹闻，然笔劲而乏韵，二子之画，但专萃精于一，犹不得其全。"② 盛熙明《图画考》竹木类"唐人作着色竹，比他竹太粗也，唐有萧悦画竹，深得竹之生意"。《宣和画谱》萧悦有风竹图一，笋竹图一，李衎《竹谱详录》自序"又得萧协律笋竹图，绢素縻溃，笔踪惨淡"。萧悦事迹可考者如此。

程修己

温宪撰《荣王府长史程（修己）墓志》："（上）又令作竹障数十幅，既成，因自为诗，命翰林学士陈夷行等和之，盛传于世……"（黄本骥《隋唐石刻拾遗》下）按夷行为相在开成时，宪为庭筠子。碑立于咸通四年。《图绘宝鉴》：修己师事周昉，尤精山水花竹。③

以上从浙江题名，可考萧悦之官职。由温宪撰之墓志，可为画史添一唐代画竹名家。

论墨竹之诗赋，亦曾刊于石上。韩崇记："秦淮海墨竹诗七古一首云墨君，款题元丰三年上元日淮海居士秦观，计草书二九行，秦小岘得真迹，勒石锡山祠中，是诗不载《淮海集》。"（《宝铁斋金石跋尾》中）明陈鉴《碑薮》

① 亦见孙氏《寰宇访碑录》。

② 《东观馀论》跋宗室爵竹画轴后。

③ 明大泌山人李维桢题何仪卿画竹，已言及程修己竹障，见程大宪《云斋竹谱》。此《竹谱》为"中央图书馆"藏本。

亦言："《墨竹赋》在松江陆家，山谷书，失尾一节。"（此书"中央图书馆"藏钞本）以有关故实，并记于此。苏辙有《墨竹赋》，载文同《丹渊集》附录。

二、文集中画竹资料

文集为史料渊薮，对美术史帮助尤大。伪作之《文湖州竹派》一书①，所述黄斌、黄彝、李公择之妹等，皆取之《山谷集》。画人事迹之难考者，莫若道士僧徒之辈，有时可从别集中得一二线索。画人考证举例：

方厓

故宫存墨竹一幅②，向仅赖其上方马治题跋及标绫之无名氏题识，悉其生平。其所援引，盖出《倪云林集》送僧诗"归逢古德方厓叟"句下自注。然集卷三有题方厓墨兰，知彼兼擅写兰。又卷一为方厓师画山就题，有句云："为问方厓师，孰假孰为真？墨池挹涓滴，写我无边春。"又卷三次唐綦毋潜韵寄方厓。又卷四"送宝南琛往住荆溪碧云寺兼柬方厓"一律，可见其方外交游人物。厓所居曰听秋轩。王彝《蚼蛙子》中听秋轩为厓师赋云："商飙振丛柯，凉雨拂疏幌，满耳萧飒情，岂起蒲团上。频杂砌蛩鸣，远觉江潮长。声闻触亦空，残蕉谩生响。"（"中央图书馆"藏钞本）云林有《听秋轩诗》。宋沂亦有《题听秋轩诗》（《草堂雅集》卷八）。又题识谓马治著有《荆南唱和集》行世，据《吴县志》五十六《艺文考》"周砥《荆南唱和集》，客宜兴与马治唱和"。则《唱和集》乃与周砥往还之作，砥亦明画家，字履道，《云林集》四有《寄周履道诗》。

张彦辅

美国 Kansas City 有彦辅作棘竹幽禽图，其上至正癸未吴孟思及杜本题字，考虞道园《学古录》卷三"太一道士张彦辅 本国人，经玄德真人学道，妙龄逸趣，特精绘事……为其友天台徐中字用高集贤家法作江南秋思图"。则彦辅亦工山水也。《图绘宝鉴》："六一道士张彦辅，多居京师，善画山水。"

① 《学海类编》本题梅花道人撰，《四库提要》讥其拙于作伪。

② 图版见本书《墨竹画僧方厓考》一文。

顾瑛《玉山璞稿》:“金华方道存鍊师,以张彦辅故画云松图索题,就和卷中张仲举诗翰。”此彦辅交游之可考者。

文湖州画法

文同墨竹真迹,元时已不易见,汤垕谓真者只见五本,伪者三十本。李息斋、柯九思亦叹其难得,言之至再,明胡翰仲子集卷八有文与可万竹图跋。谓“不满数尺而烟容雨态,纵横掩冉,复若千亩万竿”。其真赝固不可知。《陈敬宗文与可竹为中书许君作》云:“古来画竹谁最妙,笔力独数文湖州。一枝横空也潇洒,清风万里湘沅秋。”(《淡然居士集》卷十)语殊空泛。今以故宫所藏剧迹而论,湖州之竹,特点有四:一为以铦利之笔写竹叶;二为以浓淡之法定向背;三为纡竹曲干以取势;四为细茎密梢以增姿。第一项即李息斋云:“须宗文与可下笔要劲,实按而虚起,一抹便过;少迟留则必钝厚不铦利矣。”第二项即文徵明集中题陆宗瀛所藏柯敬仲墨竹云:“文湖州画竹,以浓墨为面,淡墨为背,东坡谓此法始于湖州。柯奎章此幅颇奇,人多不知其本,盖全法湖州也。”(《甫田集》卷二)《墨缘汇观》之透石风竹图,以水墨写竹三竿,以浓墨写叶。上海博物馆之绢本文同墨竹图,题“与可”二字[①],亦以淡踢枝,以浓写叶。罗雪堂自谓藏有东坡凤尾墨竹卷,后有陈深跋谓画竹分浓淡自坡公始。罗氏采其说(《永丰乡人丁稿》)。按此本文湖州法,何得付之坡翁误其主人。故知罗氏之苏画,不无可疑。

梅道人见诮

宋荦题画绝句云:“梅沙弥得巨公传,竹石萧疏也可怜。偶吟一片江南雨,清绝襄阳孟浩然。”(《西陂类稿》十三)自注梅道人自题画竹云:“凉风起砚池,叶叶秋可数,京华客梦醒,一片江南雨。”不特赏其画,兼赞其诗。然沙弥生前颇为人所轻,孙作《沧螺集》卷三《墨竹记》云:“嘉禾吴镇仲圭,善画山水竹木。臻极妙品,其高不下许道宁文与可,与可以竹掩其画,仲圭以画掩其竹。近世画出吴中赵文敏父子外,仲圭其流亚也。仲圭于画,世无贬议,惟论墨竹,或訾其有酸馅气。仲圭为人,抗简孤洁,高自标表,从其取画,虽势力不能夺。”此文向不为人所熟悉,故表出之,以见仲圭当日

---

① 写倒垂竹一枝,卷后附柯九思临此本墨竹,题句云:“熙宁己酉湖州笔”。又至正十五年颜不花题记。

之环境，及其自处之道。“元季高人多隐于画”①，隐于画竹尤多。竹表高逸，而文人与画人，实无分别，复与释道合为一体，每于道林僧舍摩挲竹绘，以舒胸中逸气。② 其纯为画人之画，往往反不甚为文士所重。虽以仲圭之合作，犹不免见诮。唐子华但求形似，故朱升跋其画，谓似则不超，以此为诟病。③而张雨题李息斋竹卷云：“晚乃与神遇，脱若惊大方。”（《贞居集》）欣其晚岁能超脱。画论至此，已越画法骊黄牝牡之外，较之宋人，可谓尽别囿之能事，不复黏着。与纯画人之境界有不同者矣。

双钩竹

敦煌画竹皆双钩。至南唐遂有铁钩锁法。黄山谷《谢王斌送墨竹诗》句：“江南铁钩锁，最许诚悬会。”自注云：“世传江南李王作竹，自根至梢极小者，二钩勒成，谓之铁钩锁。自云：柳公权有此笔法。”王逢《题后主墨竹》：“斩斩金错刀，棱棱铁钩锁，写尽江南春，曾不得蓬颗。”（《梧溪集》）其臣如唐希雅“作棘林间战笔小竹”，即效其主李重光（米芾《画史》）徐熙作丛生竹筱，根干节叶，皆用浓墨粗笔，其间栉比，略以青绿点拂（李廌《德隅画品》）。是时尚不晓以淡间浓，故用浓墨。栉比亦双钩为之。下至宋世，徽宗文会图（图四二）中之小竹，亦勾勒而成，笔笔可数。以一日万机之尊，为此细针密缕工夫，虚耗时日，以成绝艺。夏原吉题其墨竹诗云：“宝殿无心论治安，碧窗著意写琅玕。枝枝叶叶真潇洒，争奈金人不爱看。”（正德本《夏忠靖公集》）为之三叹！汤垕记东坡于黄州途次，图丛竹木石，作木叶亦细纹其缕（《古今画鉴》）。作竹于细处取神，疑亦小铁钩锁之遗意。自墨竹兴，而双钩竹日渐

图四二　宋徽宗文会图轴局部

① 清王弘撰《砥斋集》卷二语。

② 如《云林集》四：“辛亥六月二日寓实性源禅房为写竹梢，因赋。”虞道园《学古录》二十八云：“同开先南楚悦禅师观息斋画竹卷于崇仁善安寺煜公之禅室，盖煜之师一初本公所藏也。”是即其例。

③ 《枫林集》跋唐令尹子华画。

式微。元时刘秉谦①、张逊②均称名家。《苏平仲集》十五有《钩勒竹赋》一篇，形容其技法，细如毛发，亦画竹之重要文献也。

金人画竹

《式古堂书画汇考》卷十五有金显宗墨竹图卷，题承华殿大定戊子十一月十二日夜戏写。金之显宦若完颜琦樗轩，画史亦称其善写竹。《图绘宝鉴》四，僧玄悟禅师能诗画，墨竹学樗轩（罗振玉《玄悟老人草书心经跋》）。而黄华老人河东王庭筠为最著。庭筠与舅氏张汝霖③品第秘府书画，因摹刻雪溪堂帖。④《金史》一二六本传称与秘书郎张汝方“品第法书名画”遂分入品者为五百五十卷。皇皇巨帙，惜已失传。其墨竹殆天机所到。所绘幽竹枯槎卷（图四三），藏日本有邻馆，为宇内剧迹，李衎（息斋）称“黄华老人虽宗文（同）。每于灯下照竹枝，模影写真”。则亦从事写生，如文同也。庭筠子曼庆字淡游，衎实从学。《竹谱详录》自序云：“后得淡游先生所画，迥然不同，遂愿学焉，已而溯求其源，淡游本学于乃翁黄华老人，老人学文湖州。”其血脉如此。黄华遗迹甚少。⑤ 淡游则《式古堂》著录其岁寒三友图卷。其山水不逮墨竹。《倪瓒集》卷六题画，有“中州父子黄华老”句，自跋云：“中州人物类黄华父子诗画，远出毡裘之表为可尚也，观淡游此卷，笔意萧然，有蔡天启风流，盖高尚书之所祖述。”则高房山亦出于淡游矣，不仅李息斋也。是黄华父子在宋元之际，墨竹领域中，有承先启后之功，诚不容忽视者。

图四三　王庭筠幽竹枯槎卷

---

① 罗振玉《丙寅稿》记其双钩竹立帧绢本。

② 其双钩竹画册今有印行。

③ 即张浩子，《金史》八三有传。

④ 见《元遗山集》十六《王黄华墓碑》。

⑤ 明刘崧《槎翁文集》卷十三有《跋黄华山人墨迹》。

《图绘宝鉴》四，金代画家，多能墨竹。显宗墨竹，自成一家，海陵炀王完颜亮喜画方竹。完颜琦作墨竹，自成规格。王竞墨竹亦古怪。虞仲文，蔡珪墨竹学文湖州。赵秉文画梅花竹石，笔力雄健。张汝霖墨竹师黄华。契丹人耶律履墨竹尤工。韩将军亦善墨竹。马天骄作小竹石，潇洒可喜，陈道辅好写墨竹。谢宜休妻竹学王（黄）华，而乔夫人、龙门公均工墨竹，几乎无有人不擅写竹，可谓盛矣。

图四四　孙克弘朱竹

朱竹问题

管夫人喜写朱竹，朱竹不知昉自何代。明孙克弘所画朱竹（图四四），故宫藏者有二，其题识咸称始于汉寿亭侯（《故宫书画录》卷五），说实诞妄。红竹原属天然产物（元刘美之?）。《续竹谱》云："宜都县飞鱼口出红竹，大者不过寸余，鲜明可爱。"[1] 周亮工《闽小记》有朱竹一条云："过剑津西山，数顷琅玕，丹如火齐，乃知此君亦戏著绯，为赋二诗。"[2] 剑津在福建南平县（今建溪），其地亦产朱竹。何必假关公以增重耶?

集部中往往有裨于考证者，涉览所及，偶拈数事，以供谈助。

三、墨竹与书法

向言墨竹肇自唐明皇，未知何本。惟写墨竹至于文同，实蔚为主流，后人因有《文湖州竹派》一书之作。明人目"墨竹"为独立一派。祁承㸁于其《题萧照画后》云："古称画家，须布尺帛于颓垣，注目视之，久久自成峰峦岩壑草木云霞之状，景会意先，笔游象外，落手著楮，尺幅淋漓，乃知兔起鹘落，不独墨竹为然也。"（《淡生堂集》卷九）其说至精。元代赵柯写竹大家，皆宗文同。赵以书法入竹，虞伯生跋赵子昂墨竹言："黄山谷云：文湖州写竹，用笔甚妙而作书乃不逮。（按《丹渊集》家诚之《跋》称见文同之行草

① 光绪《荆州府志》卷六物产引此。
② 此书据"中央图书馆"藏望三益斋精钞本。

篆隶，须见于飞白，东坡为作《飞白赞》。足见其非不工书，但不逮画耳。）以画法作书，则孰能御之？吴兴乃以书法写竹，故望而知其非他人所能及者云。”（《学古录》卷十一）又题子昂墨竹云：“古来篆籀法已绝。”（同集卷二）子昂以书入画，以篆籀作竹，以飞白法写石（图四五），以辟一境。文同不能以画法入书，山谷深致惋惜。山谷之书，康南海以为于宋人中最为变化无端。称其以篆法为行楷，目之曰行篆。[1]予亦甚惜山谷倘以书法作画，则亦孰能御之，肯让东坡专美于前乎？子昂之竹，盖变文湖州之森严锋利为疏简、为拙重。再以书法喻之。唐以来，书之变其途有二：

(1) 主瘦　丰神劲拔，以行书胜，太宗倡之。极美于虞、欧、褚。

(2) 主肥　古拙凝重，以分书胜，玄宗倡之。大成于颜、苏（灵芝），徐（浩）。[2]

图四五　赵孟頫枯木竹石轴

前者运以锐笔，后者行以钝笔，学焉各得其性分所近。宋元人写竹，疑亦不出此涂辙。试就墨竹，区为二型：

（一）瘦型锐笔：文　同
- 王庭筠——王淡游
  - 李　衎——李士行
  - 高克恭
- 顾　安——夏景昶
- 柯九思——王　绂——文徵明

（二）肥型钝笔：赵孟頫——吴　镇——姚　绶——唐　寅

元人画竹，尽态极妍。李衎森严，吴镇凝重，顾安以摇曳取姿，倪瓒以

① 《广艺舟双楫》论书绝句云：山谷行书与篆通。
② 米芾云：开元以来，缘明皇字体肥俗，始有徐浩以合君所好。山谷称浩书如“怒猊抉石，渴骥奔泉”。

疏简别裁。森严者多仰叶，摇曳多俯叶，此其大较也。子昂变以钝笔，以篆籀飞白之法入画，一洗剑拔弩张之气。邢侗称其能于至和处见笔，至密处见墨。比较文苏之异同，指出子昂之特点，其说云：

> 湖州之竹，真而不妙。彭城之竹，妙而不真。（颐按此袭元高克恭语。见王逢《梧溪集》卷五题高尚书诗序引高写竹自题。）湖州疏疏密密，彭城不密而疏。二君真气凛凛，是以笔底劲多和少，森然剑戟。琐囱猗傩，无有也，子昂此幅，于至和处见笔，至密处见墨，未尝不劲，未尝不疏。[1]

故知墨竹，文同以后，至子昂为一大变，得书法之助，自有瑶台缓步之态。后之别开生面者，如徐渭，以狂草入画，其叶全俯。金农以漆书入画，其叶全仰。胥从书法体会得来。善变必有所悟入，悟入而用力不深，则不易奏功。故历来之崭新脱颖者，必为不世出之异才，殊不易观。若徐渭者，妙处诚不从人间得来，周栎园欲生断此老之腕，惜其墨竹传世之不多也。[2]

李霖灿先生撰《中国墨竹之断代研究》，本文详其所略，而略其所详，读者幸参阅焉。宗颐附记。

1973年3月19日，史语所讨论会讲稿

补记

方厓、周砥事，高启《青邱诗集》有《题方厓师听秋轩诗》。又高氏《凫藻集》中有《荆南唱和集后序》，此集盖周砥手书与高季迪者。徐贲亦有《题吕山人所藏荆南倡和集后》，此集详《四库提要》卷一八八总集类。马治，宜兴人。初为沙门，事迹见《明诗纪事》十九。

东坡写竹传说甚多。元吴师道《礼部诗话》云："东坡自黄移汝，别子由于高安，过瑞昌亭子山题字崖石。点墨竹叶上，至今环山之竹，叶叶有墨

① 《来禽馆集》二十一题子昂画家藏石刻。

② 周亮工《题青藤花卉卷》云："此卷命想著笔，皆不从人间得，汤临川见《四声猿》，欲生拔此老之舌；栎下生见此卷，欲生断此老之腕。"语见《赖古堂集》二十八。

点。”《明诗纪事》卷二十五洪武间袁华有文湖州墨竹东坡题其上一诗，略云：“雨梢晴叶各殊态，挥洒位置分纤浓，钟峰隐居拨镫法，气韵生动将无同。”附记于此。

原载《故宫季刊》八卷一期，台北，1974

《楚辞》与古西南夷之故事画

《楚辞》之学，至于晚近，如日中天，有极大的进展。一般利用神话学、民族学、考古学各方面的新观点和新资料，来考察《九歌》、《天问》上的各种问题，都有卓著的成就，如凌纯声从铜鼓的花纹来研究《九歌》，可谓极尽创辟的能事，给予我们以莫大的启发。他的意见已渐为学人所采取。[①] 关于这一方法应该如何去运用才适当呢？譬如因为婆罗洲土人祀典有九个神，就拿他来比附《九歌》，如果从时空关系而论，婆罗洲与楚土相去悬隔甚远，只可从太平洋文化族系的范畴来作推测和比况，这种方法可说是旁证。如果是属于同一地区，或者楚国统辖的地区，在文化上为同一体系，则空间方面不成问题，所差只是时间先后的不同。这样则较宜于推证；倘若朝向这一轨辙来研究，这可说是逆推，可信性也许较大。所以我们说拿婆罗洲的九神来说明《九歌》上的九神，不过只是旁证而已，因为同样地美洲印第安人亦有 Nine lords of the underworld，如果有人把它拿来和《九歌》比证，怎样拉得上关系？这很不容易令人信服。故此还是采取逆推方法，利用同一地区或其统辖下的地区的材料，来帮助研究，也许更近情理。

① 像张寿平近著《九歌研究》。

一

《天问》是屈原见到祠庙壁上的图画，有所感触而作的。自王逸以来，大家都相信这一说法。其实《楚辞》中的作品，和图画发生深切关系的，除《天问》而外，《九歌》亦有同然。《九歌》描写楚巫迎神送神，古代巫术必借重于图画，《九歌》里的太一及鬼神，西汉时即被作为绘画的题材，用来致祭。《史记·封禅书》述汉武帝时方士李少翁云：

> 上即欲与神通，宫室被服非象神，神物不至。乃作画云气车。……又作甘泉宫中为台室，画天地、太一、诸鬼神，而置祭具以致天神。(《孝武本纪》文相同)

可见“太一”本来是有图，在祭祀时悬挂出的。[①]

后世《九歌》图，一般似认为宋李龙眠所绘的为最早。[②] 但顾恺之已有沅湘并水鸟屏风。[③] 古《山海经》原有图。(毕沅《山海经新校正·篇目考》云：“《山海经》有古图，有汉所传图，有梁张僧繇等图十三篇。”）郭璞及张骏均有图赞。璞所见之图，在他的《经注》里，时时道及。如：“禺作牛字，图亦作牛形。”(《南山经》鹊山）又嚣兽注：“亦在《畏兽画》中。”(《西山经》羭次之山）姚宽《西溪丛语》认为《畏兽画》是一书名，今已亡佚。《朱子语类》云：“《山海经》说禽兽之形，往往是记录汉家宫室中所画者，如说南向北向，可知为画本也。”(卷一三八）洞庭帝女，必当有图。《中山经》：“洞庭之山，帝之二女居焉。”《九歌》云：“帝子降兮北渚。”湘夫人被称为帝子，因为她是帝之女。故湘妃之图可追溯到《山海经图》。曹植《画赞序》云：

---

① 据《封禅书》，秦时各地的巫祀，大略如下：

梁巫：祠天地天社天水房中堂上之属。

晋巫：祠五帝、东君、云中、司命、巫社巫族人先炊之属。

秦巫：祠社主巫保族累之属。

荆巫：祠堂下巫先司命施糜之属。

《九歌》诸神有东君、云中、司命，反近于晋巫。汉时封禅之事，原亦有图。《史记》：“周霸属图封禅事”，可以为证。故画天地太一，当为封禅图中之项目。

② 拙作《楚辞书录》图像第四。

③ 见《历代名画记》。又帝之二女问题，可参宋赵与时《宾退录》五。

“昔明德马皇后……尝从观画，过虞舜之像，见娥皇女英。”此即汉时的舜与二妃图。晋庾阐写过《虞舜像赞》及《二妃像赞》（见《全晋文》卷三八）。故知顾虎头所绘的《沅湘图》，必远有所承的。

致鬼神往往在图画绘上些云气飞龙，使神仙可以驾雾升天和降临下土。《楚辞·招魂》云：“仰观刻桷，画龙蛇些。”[①] 楚墓、乐浪汉墓，出土漆奁图案，正绘著云气缥缈。长沙的仙人骑龙升天帛画，尤为著名。《太平经》卷九十九为乘云驾龙图。可以见迎神之状。《华阳国志》记大将军窦宪从太守廉范索云气图。[②]《汉书·艺文志》著录有刘成子望军气六篇图三卷。其上亦“画云气仙灵奇禽怪兽，以示四方”（崔豹《今古注》）。汉代墓制，诸侯王公主贵人皆樟棺洞朱，云气画（《后汉书·礼仪志》）。直至唐末，益州圣寿寺内壁画，尚有风候云气一堵[③]，可惜这些云气图均已失传，今可见的有敦煌所出云气占书上的残迹。[④]

至于绘画天地、太一、诸鬼神之图形，这一习惯，汉代西南夷亦盛行之。《华阳国志·南中志》云：

诸葛亮乃为夷作图谱，先画天地、日月、君长、城府。次画神龙，龙生夷，及牛马羊。后画部主吏，乘马幡盖，巡行安恤。又画牵牛负酒，赍金宝诣之之象，以赐夷，夷甚重之。

据同书永昌郡下所记，“古哀牢国有妇人沙壶（《后汉书》作壹）于水中触一沈木，产子男十人，后沈木化为龙。……南中昆明祖之，故诸葛亮为其（图）谱也[⑤]。”这可能是根据《永昌记》或《永昌郡传》[⑥] 的。昆明出于哀牢，以龙为祖，诸葛为其图谱，内画神龙。所谓龙生夷，即本此一故事。他为昆明作图谱，希望其能为蜀的附庸，这类图谱，实在是一种故事画。其遗

① 杜甫《禹庙诗》：“古屋画龙蛇。”他在四川所见的禹庙，里面有图绘。会稽禹庙壁间，塑山海经图像，清太仓顾成志有诗咏之（《清诗汇》八十六）。马曰璐亦有《浮山禹庙观壁间山海经塑像》排律（《沙河逸老小稿》二）。

② 《华阳国志·成都杨由传》。

③ 见《益州名画录》。

④ 参顾颉刚《史林杂识》“乘龙”条。《太平经》七十二《斋戒思神救死诀》，记为人画像之状，乘马各随其五行之色。敦煌《云气占书图》载《中国文物》第一期。

⑤ 《四部丛刊》本作国谱，国乃图字之误。顾观光《华阳国志校勘记》亦未校。

⑥ 《永昌郡传》有王谟《汉唐地理书钞》辑本，又王叔武辑《云南古佚书钞》本无此文。

型犹可于壁画见之。云南昭通县后海子东晋太元十□年成都□侯霍承嗣的壁画，遗迹尚存。[1] 除图绘云气日月之外，又绘右青龙左白虎，以及屋宇、人物、部曲乘马、幡盖等（图四六、四七）。与诸葛亮的夷人图谱，情形甚为接近。滇中本楚庄跻拓殖之地，《九歌》的云气迎神人物图，今虽不可见，或可于此想象求之。《后汉书》莋都夷传：“郡尉府舍皆有雕饰，画山灵海神奇禽异兽。”则当日西南地区，官舍绘画雕刻的风气已相当普遍。

图四六　云南昭通后海子东晋墓东壁壁画摹本

图四七　云南昭通后海子东晋墓东壁下层壁画部分摹本

---

① 见《文物》1963（2）。徐嘉瑞在《大理古代文化史》35页记其目睹之大理巫画，亦以纸画云气，中有乘各色马之神，鼓吹旗帜前道。这种习惯，至今犹存。

二

《天问》旧有图，《吴都赋》刘逵注云："《天问》篇曰：'乌有石林?'此本南方楚图画，而原难问之。"刘说似即本诸王逸。《天问》壁画，向来解释者，大都取资武梁祠石刻，及《鲁灵光殿赋》一段，作为佐证。[1] 由《天问》所发问一连串的问题，推知屈子所见壁画乃是历史画。《汉书·成帝纪》应劭注画室"堂画九子母"。《天问》本依图画而作，汉人原有此说。今看《天问》中有"夫焉取九子"一语，知古时壁上绘此像，应劭犹及见之。近年楚墓所出信阳楚瑟及长沙漆奁上的绘画，只反映楚人生活的断片。尚未发见此类壁画图绘。按《益州名画录》卷五云：

> 《益州学馆记》云：（汉）献帝兴平元年（194），陈留高眹[2]为益州太守，更葺成都王堂石室，东别创一室。自周公礼殿，其壁上图画上古盘古李老等神，及历代帝王之像。梁上又画仲尼七十二弟子，三皇以来名臣耆旧云。西晋太康中（280—289）益州刺史张收笔。古有益州学堂图，今已别重妆，无旧迹矣。

《旧唐书·经籍志》有《益州文翁学堂图》一卷，《隋书·经籍志》杂传类有《蜀文翁学堂像题记》二卷，知当时除图像外尚有题记。《全蜀艺文志》卷四十八元时费著《成都周公礼殿圣贤图考》略记其端倪。在宋初黄休复撰《名画录》的时候，这些图绘已经因重装而遭毁灭了。《太平御览·礼仪部》引任豫《益州记》称：文翁学堂在大城南，昔经火灾，蜀郡太守高胜修复缮立，皆图画圣贤古人之像。《元和郡县图志》文翁学堂条引李膺《蜀记》云：其上悉图古之圣贤，梁上则刻文宣及七十弟子，齐永明刘瑱更图焉。刘瑱彭城人，画嫔嫱推为第一。文翁学堂的壁画，经过许多次的增修：自文翁以后，计有后汉献帝时的高眹、西晋太康中的张收、南齐的刘瑱几个时期的添绘。

---

① 如德国 A. Conrady 的《天问》德文翻译，其弟子 E. Erke 整理问世，取证于武梁祠石刻，谓屈子所见，不但有图画，且有铭文，屈子移录以归，加以诘问，遂成千古奇作。这一说似乎沿用王逸的意见。

② 高眹一名，《广川书跋》谓尝至其处求字画得之，实为眹字。又云"案流俗又以眹字，又作眹字"。

巴蜀亦是楚所辖的地方。屈子所见先王祠庙的壁画，详细已不可知。惟据益州学馆所传汉代壁画的记载，可以推想楚地祠庙的壁画，应该有相同的情形。益州壁画，自上古以至历代帝皇名臣耆旧，都有画像，《天问》起自邃古，历代帝皇贤圣都在呵问之列。王逸说：屈原“仰见图画，因书其壁呵而问之。……楚人哀惜屈原，因共论述，故其文义不次序”。这是说屈原将呵问的辞句，写于壁上，后人加以编集，遂亦有所增益。这样说法，是没有什么根据的。壁画上的题句，像武梁祠的文字，乃是图画的说明。谓屈原作《天问》，从壁画获得写作的灵感，很是合理；若说他见了壁画，便拿起笔来，随便题句，后人加以编集，遂成《天问》一篇，似乎不甚可能。

至于文义不次序的问题，我疑心壁画排列人物先后，本来便不是十分有系统。试看曹植的《画赞》所保存的古史人物故事，次序有如下列：

庖牺/女娲/神农/黄帝/黄帝三鼎/少昊/颛顼/帝喾/帝尧/巢父/许由池主/姜嫄简狄/帝舜/夏禹/禹治水/禹渡河/禹妻/殷汤/汤祷/桑林/卞随/周文王/文王赤雀/武王/成王/周公/田开疆/公孙接/古冶子/汉高帝/商山四皓/文帝/景帝/汉武帝/班婕妤

这样安排，约略只有年代先后。入画的人物，亦没有一定的准则。曹植的《画赞》是因袭自汉明帝。《历代名画记》载汉明帝画《宫图》五十卷，第一起自庖牺，正和曹文相同。《天问》所见壁画上的人物故事，情形亦是如此，故被人认为不甚有次序。

楚国对人物画像，很早已盛行。《九章·抽思》云：“望三五以为像兮。”又《橘颂》云：“行比伯夷，置以为像兮。”可见屈原时候，三后、五伯及伯夷等，都已有了图像。《招魂》云：“像设君室，静闲安些。”楚俗于招魂时亦置像。马王堆墓绘老妇像，可以为证。《殷本纪》伊尹对汤言素王及九主之事，裴骃《集解》引刘向《别录》云：

九主者，有法君、专君、授君、劳君、等君、寄君、破君、国君、三岁社君，凡九品，图画其形。

九主帛书残帙，近日已在长沙马王堆三号墓发现。等君作半君，被君作破邦之主，三岁社君作灭社之主（《文物》1974（11））。殷代已有画鉢，当时必已有绘画技术。[1] 但伊尹是否将九主理论表现于绘画，殊属难言。后来董逌《广川画跋》有《九主图》可以推想古必有图（佩文斋四之九十），刘向这一说，向来不甚为人所信，徐孚远谓“向所载九主，是战国时人语，酷似韩非”。即其一例。按《汉书·艺文志》有伊尹二十七篇，列于小说家，道家别有伊尹五十一篇。关于伊尹的传说，或出于此，亦未可知。九主所以图画其形，应是战国以来借图画以存鉴戒的习惯。《天问》之作，原亦从这一观念出发。曹植《画赞》序云：

观画者见三皇五帝，莫不仰戴，见三季异主，莫不悲惋，见篡臣贼嗣，莫不切齿，见高节妙士，莫不忘食。……是知存乎鉴戒者，图画也。

可见图和史的作用，同是施于劝诫的。张彦远撰《历代名画记》，特别转钞这一段话于《叙画源流》章，又称：“蜀郡学堂，义存劝诫之道。”楚先王祠庙的壁画，当然是同一意义。李德裕在《重写益州王长史真记》云：

然楚国祠庙，鲁王宫室，暨北邦文翁旧馆，皆图历代卿相，粲然可观。[2]

亦以文翁石室与楚祠庙，相提并论。其实蜀文化应该是楚人的遗风。屈原所见的先王祠庙，究在南郢何处，无法确定。苏轼《屈原庙赋》云：“浮扁舟以适楚兮，过屈原之遗宫。览江上之重山兮，曰惟子之故乡。伊昔放逐兮，渡江涛而南迁。去家千里兮，生无所归而死无以为坟。”东坡所经的屈原庙是在夔州，俗传秭归县北百余里有屈原故宅。东汉南阳亦有屈原庙，延笃死后，乡里图其形于屈原之庙。〔见《后汉书·延笃传》，笃为南阳犨（在鲁山县）人。〕屈原行踪所至，后人为之立庙，亦有图绘贤士遗像，悬于庙中。夔州有屈原庙，则谓成都石室之绘画，乃受到楚祠庙图像之影响，正是不刊之事实。因为绘画和宫庙的营建，自来即结下不可分开的关系。[3]

---

① 殷墟小屯曾发见画缽，为彩绘之用，见刘渊临《殷代的绘画》（《大陆杂志》1935（5））。

② 见《李卫公集》。

③ 章太炎《订文》云：“文字与绘画，故非有二也，皆昉乎营造宫室而有所制。营造之始，则昉乎神话。有神话然后有王治。故曰五世之庙可以观怪。禹之铸鼎而为离魅。屈原之观楚寝庙而作《天问》。”（《訄书》二十五）

三

西蜀在中国画史上有其独特的地位。[①] 益州古来多名绘，黄休复记其所见，自唐乾元初至宋乾德间五十八人之名绘，著《益州名画录》。近年考古所得遗物，像成都羊子山土台遗址陶片花纹的兽形[②]，巴东荆门所出铜戚上的神物，双手操蛇，脚踏日月[③]，都是上代绘画史的重要资料。四川新津人物画之生动有力[④]，汉砖上伏羲、女娲像之普遍。人像画在汉时有高度的成就，更不可忽略。顾恺之《论画》云："《北风》诗亦卫（协）手，巧密精思名作，然未离南中[⑤]，南中像兴，即形布施之象，转不可同年而语矣。"北风诗著名的绘画作品，向推后汉刘褒，褒为桓帝时蜀郡太守，顾虎头称为南中像，可见南中在当日自成一派。西晋时又有张收，地方官都是名画家，可谓极一时之盛。[⑥]

蜀地画家喜欢以古史资料作为题材，黄休复记五代石恪云："考古体人物，学张南本笔法，有田家社会图、鳖灵开峡图、夏禹治水图。"范成大《吴船录》书其在蜀目击的古画，如孙太古的黄帝像、李冰父子像。夏禹治水神话盛行于四川，故有《夏禹治水图》之作。汤垕《古今画鉴》言曾见过顾恺之的《夏禹治水图》，以后隋展子虔、五代朱简章、宋赵伯驹都有《禹治水图》。更早的要算曹植《画赞》中所举夏禹三图，其一即是治水。可见以治水为绘画题材，已肇于汉世。双溪士林"故宫博物院"藏有绢本立轴《夏禹治水图》一卷[⑦]，描写三峡砥柱、焚林烈峰、架木撑铁、曳杵撞石等治水工程，众役并力，大禹则躬执斧凿，十分生动。乾隆御笔题为唐画，很可能系出自

① 四川画史已有不少专著，崇庆罗元黼辑《蜀画史稿》上下二篇（民国六年，成都存古书局刊本），又民国成都薛天沛（志泽）撰《益州书画录》，成都崇礼堂刊本。

② 《成都羊子山土台遗址清理报告》（《考古学报》1957（4））。

③ 王毓彤《荆门出土的一件铜戈》（《文物》1959（1））。

④ 参冯汉骥《四川的画像砖墓及画像砖》（《文物》1961（11）），论成都区汉画砖多出同一模制，当时只有一二家专业，如今之纸札店，为丧家建墓之用。故其艺术价值不高。又长广敏雄《汉代の人物画》。

⑤ "南中"一说为吴，然以常璩《华阳国志》中《南中志》及《太平御览》引用之《南中八郡志》为例，应指益州一带。中村茂夫《中国画论の展开》，第37页论南中应指蜀地。

⑥ 《蜀志·先主传》裴松之注引葛洪《神仙传》：蜀人李意求纸笔，画作兵马器仗数十纸。李意未必即是画家，但从这一故事看来，当日能画的人却很少。

⑦ 见士林《故宫书画录》（增订本）卷五，10页。立轴无名款。

明人摹绘，然其构图，必远有所本，可无疑问。北京故宫博物院有巨大玉雕“大禹治水图”（《文物》1959（2），32页）则以此故事施之玉雕工艺。

云南最古绘画资料，像1964年石寨山出土铸刻骑队铜器，又祥云铜棺壁板上的动植物纹样，都十分精巧，可推知当日之绘画技术。昭通东北省耕塘出土汉石棺画像有三组一刻西王母像，有三足神鸟及九尾狐，与四川西王母画砖相同，又有六博及簷宇与白虎衔璧像（《文物》1960（6）），云南汉画可见一斑。诸葛亮为夷作图谱，先画天地日月。今观罗罗文献，若《爨文丛刻》中的《宇宙源流》第一章为《天道经》，即首述天地开辟之事。《大爨碑额》，左右亦刻日月。此虽为蛮俗，似乎和《天问》壁画不无多少关系。楚国壁画，现已没有直接资料，可为佐证。可是从四川汉代文翁学堂的壁画，和现存云南霍承嗣晋墓的壁画，能够得到一些了解，蜀滇都是楚文化沾被的地方，借重这些材料来拟测屈原所见的先王祠庙中的壁画，自可提供重要线索。我所以主张利用同一地区或其统辖下的区域之材料来帮助研究，这正是一个很好例子。

尚有进者，楚、蜀、滇的古代壁画及夷人图谱，大都是历史、故事的主题，自成段落，看来不甚有次序。这种形式演变成为后来的连环式的图画，我们看畲民所流传的《盘瓠故事图卷》，亦是这一类型。大理流传的《南诏图传》（日本有邻馆藏，有中兴二年敕）、丽江木氏的洪武末、万历十一年诸壁画（见《文物》1960（6）；1963（12）），作风大致略同。我们可以说由于楚国壁画的影响，西南夷地区很早就发展了他们的故事画技巧，在汉末已形成所谓“南中画像”的特色，这对于了解后来四川画家在古史画题材的侧重，及南诏大理国绘画①事业及其他崖画②之发达等问题，也许不无帮助之处。

谢在杭《五杂俎》曰：自唐以前名画，未有无故事者。顾亭林《日知录》卷二十二“画”条讨论古代画图，皆指事象物之作，有故事背景，故须立意结构，以写实为主，西南画风，亦复如是。若追溯其原始，知《天问》的壁画应该是一脉相承的。

原载《“故宫博物院”季刊》6卷4期，台北，1972

---

① 参李霖灿《南诏大理国新资料的综合研究》。

② 云南沧源县有崖画，绘刻杂技、狩猎故事，据称似出于佤族之手（《文物》1966（2））。广西明江左江两岸有古代崖壁画，作打拳骑马舞蹈执武器等状，据调查年代可能属于唐、宋，为僮族史迹（《文物参考资料》1957（4）），经辑成《花山崖壁画资料集》一书印行。

文选序“画像则赞兴”说①

——列传与画赞

有友谈及沙畹的《史记》法文译本，提出列传二字，应作如何解释？余答谓：司马贞《史记索隐》云：

列传者，谓叙列人臣事迹，令可传于后世，故曰列传。

张守节《正义》云：

其人行迹可序列，故云列传。

都把列字解作“序列”。《史记》列传第一篇是《伯夷列传》，司马迁自言：“孔子序列古之仁圣贤人，如吴太伯、伯夷之伦详矣。”② 是所谓“序列”，即是列举的意思。“序列”一词，亦见《史记·孟荀传》，称“（荀卿）序列著数万言而卒”（又见刘向叙录）。凡叙次都可以称为“序列”。班彪《史记论》云：

司马迁序帝王，则曰本纪；公侯传国，则曰世家；卿士特起，则曰

① 高步瀛《文选》、李注义疏《文选·序》此句，全无注解。

② 《论语·泰伯》篇称泰伯为至德。

列传。

他则单用“序”字作动词，来包括本纪、世家、列传。刘知幾《史通·列传》篇云：

传者，列事也。列事者，录人臣之状，犹春秋之传。寻兹例草创始自子长。

以列为列事，亦和序列之意，相差不远。[①] 后来读《隋书·经籍志》史部杂传类序云：

……史记独传夷、齐，汉书但述杨王孙之俦。其余略而不说。又汉时阮仓作列仙图。刘向典校经籍，始作列仙、列士、列女之传。……魏文帝又作列异，以序鬼物奇怪之事。

所有列仙、列士、列女、列异诸传，都冠以“列”字。最可注意的，是列仙传有列仙图在先，继乃撰传。列士、列女亦都是因图，而后为传的。试分别考述如次：

列仙：张彦远《历代名画记》有《列仙传图》一卷。

列士：《论衡·须颂》篇：“宣帝之时，画图汉列士，或不在画上者，子孙耻之。”

蔡质《汉官典职》云：“尚书奏事于明光殿省中，画古列士，重行书赞。刘光禄既为列女传颂图，又取列士之见于图画者，以为之传。”（《初学记》十一职官引）[②] 又云：“省中皆以胡粉涂壁，紫素界之，画古列士。”（《初学记》二十四居处部引）这是列士有图之证。司马相如曾撰荆轲一赞[③]，《文心雕龙·颂赞》云：“相如属笔，始赞荆轲。”即是蔡质所谓画古列士书赞之一例。

---

① 古人著书，每简称曰“序”，如《汉书·艺文志》言蒯通所序、刘向所序、扬雄所序等例。序即序次之意。

② 应劭《汉官仪》上“尚书郎”条亦云：“明光殿省皆胡粉涂画古贤人烈女。”参陈祚龙《汉官七种通检》，1962，巴黎大学汉学研究所刊行。

③ 参 Yves Hervouet，*Un Peo'te de Cour Sous Les Han*：*Sseu-ma Siang-jou*（司马相如）395～396 页。

顾恺之《论画》有一条云：

列士，有骨俱。然蔺生恨急烈，不似英贤之概。以求古人，未之见也。于秦王之对荆卿，乃复大闲。凡此类虽美而不尽善也。[1]

这是顾恺之对于所见古列士图的评骘，蔺相如、荆轲皆在列士图之中。

列女：《七略·别录》云："臣向与黄门侍郎歆所校列女传，种类相从为七篇，以著祸福荣辱之效，是非得失之分，画之于屏风四堵。"应劭《汉官仪》上称："黄门有画室署，有长一人。"（《御览》职官部引）刘歆为黄门侍郎，绘画即其属官所掌。《后汉书·宋弘传》："弘当宴见，御坐新屏风，图画列女，（光武）帝数顾视之。"又《梁皇后纪》：常以列女图画置于左右，以自监戒。

漠晋诸家所绘列女图，种类甚繁。据张彦远《历代名画记》所载，列女且有大小之别：

汉明帝有史记列女图。

蔡邕有小列女图。

荀勖有大列女图、小列女图。

王廙有列女仁智图。

卫协有小列女传（图）[2]。

谢稚有大列女传。其他尚多。

顾恺之《论画》云："小列女图，如恨刻削为容，不尽生气。"即对于小列女图作不好的批评。《石渠宝笈》初编（32）有顾恺之画列女图。黄伯思于大观四年寓目（《东观馀论》）。宋时马钦山亦有列女图，与宋高宗书女训合为一卷（《虚齐名画录》卷一）。

画像的起源，《楚辞》已有若干记载，《九章·橘颂》云"行比伯夷，置以为像兮"。又（《抽思》）云："望三五（三王五伯）以为像兮。"是楚人所传

---

① 顾恺之《论画》，见《历代名画记》引。参中村茂夫《中国画论の展开と顾恺之の画论》，《论画》第十条引《贞观公私画史》中晋明帝所作"史记列士四"，谓即为恺之所见者（35 页）。

② 列女传图资料，可参考黄伯思《东观馀论》下《列女传仁智图跋》，阮元宋本《列女传图跋》，孙诒让《籀庼述林》：《列女传图书后》。又德人 Lise Martin《列女传及图》（《中德学志》1943）。列女图详细，可参米泽嘉圃著《卫协研究》，载《东方学报》，东京十二册之三，及《列女传图卷》（《国华》九〇九，21 页）。

有伯夷像，及三王五伯像，天问即屈原所见到的壁画。长沙左家大山出土有女巫像的帛画。是画像之事，楚俗已盛行了。

从传和图的相互关系看来，传往往因有图而后作的。有列图，才产生列传。是序列的取义，亦一半出于图画的系列，所谓“传”无异即是“图”的说明了。

阎立本所绘的帝王图卷（现藏美国波士顿美术馆），周必大淳熙十五年(1188)的题跋，称之为列帝图，和列士图、列女图等一样，特别习惯用“列”字。《历代名画记》称阎立本有“昭陵列像图传于代”。此图唐以后已不见著录，则题作“列像”。

一

《文选》昭明太子序云：“画像则赞兴。”五臣吕延济只云：“若有德者，后世图画其形，为文以赞美也。”说得非常含糊。赞是一种新兴起的文体，可惜向来很少人注意。

晋李充翰林论佚文云：“容象图而赞立，宜使词简而义正，孔融之赞杨公，亦其义也。”(《全晋文》五十三)

萧统所谓“画像则赞兴”，正是李充所谓“容象图而赞立”。说明赞是由图而生的，萧氏的意见，和李充没有二致。

汉代宫殿，每画人像。(如《汉书·杨恽传》云：“上观西阁上画人。”)后宫有温室，亦列图像。左思《魏都赋》云：

> 特有温室，仪形宇宙，历像贤圣。图以百瑞，綷以藻咏。芒芒终古，此焉则镜。有虞作绘，兹亦等竞。

李善注：“中央有温室，中有画像赞。”后宫历像的藻咏，即是画赞。

汉兴以来，画风甚盛。顾恺之《论画》云：“南中像兴，即形布施之象。”(“北风诗”条下注)《三国志·蜀志·诸葛亮传》裴注引《襄阳记》云：

> 蜀习隆向允上奏文言：自汉兴已来，小善小德，而图形立庙者多矣，况亮德范遐迩，勋盖季世云。

图形立庙的风气，东汉非常流行。《后汉书·延笃传》云：

永康元年（300），卒于家，乡里图其形于屈原之庙。

延笃是南阳犨人（在鲁山县）。他死后，乡里图其像与屈原为偶，这是一个很有趣的例子。东汉明帝好画。《历代名画记》载有明帝画《宫图》五十卷。第一起庖牺，五十杂画赞。称其“雅好画图，别立画官，诏博洽之士班固、贾逵辈，取诸经史事，命尚方画工图画，谓之画赞。至陈思王曹植为赞传”（在述古之秘画珍图项内）。《隋书·经籍志》集部，画赞五卷，汉明帝殿阁画。魏陈思王赞。梁五十卷。是原共五十卷，隋时仅存五卷，然两唐志皆录《汉明帝画赞》五十卷，惜其书不传。曹植画赞现存，亦非完帙。严可均从《艺文类聚》卷十二辑出，自庖牺、女娲、神农、黄帝，黄帝三鼎以下，至汉武帝、班婕好共赞三十一篇。可据以推测明帝画赞内容的梗概。

东汉郡县厅壁绘画人像题赞始于建武，倡自应奉。《续汉书·郡国志》河南尹下注云：

应劭《汉官》曰：尹，正也。郡府厅事壁诸尹画赞，肇自建武，迄于阳嘉，注其清浊迫退……后人是瞻，足以劝惧。虽春秋采毫毛之善，贬纤介之恶，不避王公，无以过此，尤著明也。

《后汉书·应劭传》：

父奉为司隶时，并下诸官府郡国，各上前人像赞。劭乃连缀其名录，为状人纪。

此类画赞，兼题善恶，以寓褒贬，意取劝诫。[1] 至于郡县盛行的情形，试以西蜀一地为例，常璩《华阳国志》所记尤详：有列画于东观者，如：

郑纯，郪人也。明帝时，永昌郡太守。卒，列画颂东观。（《华阳国志》十广汉）

---

① 参米泽嘉圃《汉代绘画にずける劝诫主义と画家》（《东方学报》，东京，第9册）。

有列画学官者，如：

王祐，郪人，弟获，志其遗言，撰王子五篇，作诔列之颜子，列画学官。（同上）

此处屡见“列画”一词，与“列图”、“列传”正可比观，宜加注意。或言“立图表之”。如：“敬杨，浩郭孟妻。”“中平四年，涪令向遵立图表之。”（同书《梓潼士女赞》）或言“图象府廷”。如纪配、李余（同书《广汉烈女》及《梓潼士女》）。

他若李业，“益部纪其高节，画其形象”（《后汉书·李业传》）。益州从事杨竦之卒，得“刻石勒铭，图画其像”（《后汉书·西南夷传》）。蜀之谯周，益州刺史董荣为图画其像，从事李通颂之。有“攀诸前哲，丹青是图”之句（《蜀中广记画苑记》引《益部耆旧传》）。兹所以不殚繁称博引，欲以见当日画像题赞风气之盛，虽僻在西南之蜀土，尚流行如此[1]，则其他地方，可想而知。汉时蜀画工甚众，梅原末治《汉代纪年铭漆器图说》所记画工题名，有文，长、定、恭、丰、获壶、谭等，共数十人。[2] 元兴元年（105）和帝崩，太后敕止蜀汉钔器，不复调。止画工三十九种（《后汉书·邓皇后纪》）。蜀画风之盛，可以概见。

灵帝更好书画，《御览》七五引孙畅之《述画》云：

汉灵帝诏蔡邕图赤泉侯杨喜五世将相形象于省中，诏邕为赞，仍令自书之（亦见《历代名画记》）。

光和元年置鸿都门学，画孔子及七十二弟子像。刘旦、杨鲁并光和中画手，画于鸿都学（《历代名画记》引谢承《后汉书》）。《蔡邕传》云：

（帝）本颇以经学相招，后诸为尺牍及工书鸟篆者，皆加引召，遂至数十人……待制鸿都门下。邕上封事，其五事即论书画辞赋才之小者，

① 汉代绘画史料，长广敏雄列出三十九则，见所著《汉代人物画参考文献》，载《东方学报》，第36册，京都，139页，只据两汉书采录。不及《华阳国志》。

② 见《考古社刊》第6册。

匡国理政，未有其能。

当日灵帝所喜之鸟篆，当以其接近图画。故曹植画赞序云："盖画者，鸟书之流也。"是其明征。是时画像必兼撰颂赞。名家之卒，世人争相图颂。

《蔡邕传》云："卒后……兖州、陈留皆画像而颂焉。"又《邕别传》云："兖州、陈留并图画邕像而颂之曰：又同三闾，孝齐参、骞。"

亦有自图自赞者：

《后汉书·赵岐传》："建安六年卒。先自为寿藏，图季札、子产、晏婴、叔向四像，居宾位。又自画其像，居主位，皆为赞颂。"

尚友古人，如邠卿者，尤属少见。①

自曹植画赞以后，文士所撰画赞，名篇日出，以及释氏之图赞，更难尽考。兹略举之以见一斑：

挚虞《古圣帝像赞》(《全晋文》七七)。

傅玄《汉高祖像赞》(《艺文类聚》十二)，又《古今画赞》(《北堂书钞》一一三)引。

庾阐《虞舜像赞》、《二妃像赞》(《全晋文》三八)。

夏侯湛《鲍叔像赞》(《类聚》二一)、《东方朔画像赞》(《文选》四七)。

顾恺之《魏晋名臣画赞》(《晋书·顾恺之传》)(《名画记》引作《魏晋胜流画赞》)。

杨宣《宋纤画像赞》(《晋书·宋纤传》)。

常景(《魏书》卷八三云："景图古昔可以鉴戒之事而为之赞。")

其他浮屠图赞：若慧远《晋襄阳丈六金像赞》(《广弘明集》)，道宣《圣迹见在图赞》一卷、《佛化东渐图赞》二卷(《法苑珠林》一百)，都很有名。至于州郡像赞，多为先贤而作，为数亦夥。

吴张胜《桂阳先贤画赞》一卷。有罗陵等，见《御览》四二〇引。

陈英志《陈留先贤像赞》一卷。

贺氏《会稽先贤像赞》五卷。

---

① 谢国桢《汉代画像考》上篇(《周叔弢六十论文集》)，董井馆藏新出汉画石刻考释《山东省立图书馆季刊二》，劳榦《论鲁西画像三石》("中研院"《史语所集刊》八本第一分册)皆有关汉画资料讨论之专文。

晋留叔先《东阳朝堂像赞》一卷。

以上俱见《隋书·经籍志》著录。此类画赞，乃一新兴文体，自东汉至晋，寖已流行成为一时风尚。所谓画像则赞兴，诚为不刊之事实。在西汉盛行的文体是赋，而东汉盛行的文体却是赞，这一事实，谈文学史者，是不应该加以忽视的。

二

魏汲塚所出书，其第十五类为图诗一篇，束皙云："画赞之属也。"(《晋书·束皙传》)晋初荀勖为中书监，因魏郑默《中经》更著《新簿》分为甲乙丙丁四部，其丁部所收的作品，有下列各项：

诗、赋、图赞及汲塚书(《隋书·经籍志》)。

因为汲塚中出图诗一篇，即相当于东汉以来的图赞。赞为韵语性质，略近于诗，故可称为"图诗"。但这并不同于后代的题画诗。画赞到荀勖编《新簿》的时候，数量之多，和诗赋几乎可以相埒，在目录学上地位，和诗赋比肩，故同列于丁部。其实画赞一类的作品，到刘宋初期，已有人为之结集。《隋志》有《赞集》五卷，谢庄撰(两唐志著录皆同)即其一例。

《文心雕龙·颂赞》篇论赞名起于唱拜，又谓："及景纯(郭璞)注雅，动植必赞，义兼善恶，亦犹颂之变耳。"所举赞体之文，仅止于此，略焉不详。又谓赞之为体，"发源虽远，而致用盖寡。大抵所归，其颂家之细条乎?"不知东汉以来，画赞流行，实已蔚成大国。故荀勖《新簿》以图赞与诗赋等量齐观。赞是东汉后的时髦文体，且极富实用价值，何得目为"致用盖寡"。由上所论，可以明白荀勖以图赞与诗赋得以骈列的道理，这一层似乎可补刘彦和的缺略。

三

兹将结语列下：

(1) 传生于图，赞亦兴于图，可见传与赞二者都和图画离不了关系。

(2) 列的意义是序列，人物绘成图画的有列仙、列士、列女、列帝，所以"列"字本和"列图"、"列画"(二字见《华阳国志》)、"列像"取义相近。列传之称列，当作如是观，不单是“列事”而已。

(3) 东汉州郡图赞盛行，以蜀地为例，可见一斑，“画像则赞兴”一句，正宜由此事实取得恰当的说明。

(4) 画赞和诗赋在质量方面具有同等地位，所以荀勖把它特别列于丁部，与诗赋骈重。

既知先有人物画像，上面的题识，用韵语写成的便是“赞”，用散文记叙其生平即是“传”。列传之称“列”，和列画之称“列”，原来都有序列、系列的意思。战国时，汲塚已出画赞式的图诗。司马相如赞荆轲，司马迁又为荆轲立传，列于刺客，但他本是厕于列士图之列的。列传与列画的关系，对于中国史学史和中国绘画史，是极重要的问题；而画像和赞体的相互关系，正是其中关键之所在，而向来不为人所注意。所谓“画诗”，原即为画赞（据束皙说），虽属于“题画文学”，但性质却不同于后世的“题画诗”①，今参摭史传，试为抉发，以供治艺术史者之参考。

1971年2月属稿于耶大研究院，8月改定于星洲

补记

章炳麟云：“画象有颂，自扬雄颂赵充国始。……赞之用不专于画象，在画象者，乃适与颂同职。”（《国故论衡》中《正赍送》）三国时，桓范有赞像篇，谓“所以述勋德”（《群书治要》引，似出其《世要论》）。晋傅咸撰《画像赋》，存序一篇（《类聚》七四引）。

北海景君碑云：“或著形像于列图。”东汉人亦称为“列图”，与“列像”同例。至于图诗一名，或又称为“画诗”，王彪之有《二疏画诗序》。

汉代图赞，多已亡佚。山东武梁祠石刻人物题记，为有韵之语，亦是赞体，世所习知。河北望都县汉墓前室的西耳室，过道南壁下方有朱书四言题赞八句，文云：“嗟彼浮阳（浮阳，地名，汉置，在浮水之阳，隋改清池，故城在今河北沧县东南），人道闲明，秉心塞渊，循礼有常。当轩汉室，天下柱梁。何亿掩忽，早弃元阳”。该墓四周都有壁画，这里用朱书题赞，可以看出

---

① 如青木正儿《题画文学の发展》(《支那文学艺术考》) 所论。

东汉图赞在墓室中的实际情形（参1955年北京历史博物馆印“望都汉墓壁画”，图四八）。至于其他现在可见到之后出资料，试举出一二，以供参考：

图四八　望都汉墓朱书题赞

凌烟阁功臣图赞拓本（图四九），此碑《寰宇访碑录》曾著录。据云原石在麟游县。为宋元祐五年（1090）游师雄撰书上石，现存拓本二纸，画像上有题赞。石刻题称王珪、魏徵、李勣、(侯）君集四人。考吕温所作（凌烟阁勋臣赞），文字相符，查勘吕文，应作萧瑀、魏徵、李勣、秦叔宝（详《文物》1962（10)，金维诺《步辇图与凌烟阁功臣图》)。康熙中王仲英跋、喜咏轩丛书丁编、陶湘刻，李公麟圣贤图石刻（图五〇、五一）。原刻在杭州府学，共十五石，自孔子至乐劾，凡七十三人，每像有宋高宗题赞。绍兴二十六年（1156）高宗手书赞，并以画像刻石，附秦桧题记。明宣德二年（1427）巡抚吴讷令人磨去秦桧文，自加题识。此石刻今有印本行世（黄涌泉编《李公麟圣贤图石刻》，北京人民美术出版社印，1963年）。

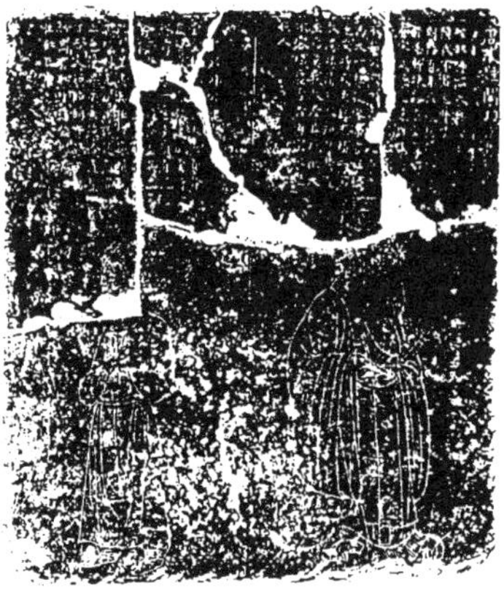

图四九　凌烟阁功臣图题赞拓片（部分）

《列女传》刊本，明仇英补图。

《吴郡名贤图赞》，清长洲顾沅辑。

以上二种普林斯顿大学美术史系藏。

任熊，《于越先贤传像》。

敦煌石窟所出卷子，钞录貌真赞一类文字甚多，唐末五代边陲地区画赞风气之盛，不下于东汉。陈祚龙先生已辑成专书，*Éloes de Personnages Eminents de Touen-Honang*，1970，Paris，亦是画赞的重要文献。

图五〇　宋杭州李公麟圣贤图赞石刻（拓片一）

图五一　宋杭州李公麟圣贤图赞石刻（拓片二）

列士一词有时因用假借字而写作烈士，但并非训为光烈之士。（列士一名，自《墨子·天志下》，至刘向《说苑·臣术》、班固《答宾戏》，都解作多士。）即列女亦非专指节烈之女。（列女一名，见于《韩策》。《列女传》中有一类是“孽嬖传”。王回序云“列古女善恶。所以致兴亡者，以戒天子，此向述作之大意也”。故列女之列，其义仍是序列。）列士、列女中列字的用法，和列位（《史记·三王世家》）、列侯（《汉书·高帝纪》张晏曰：“列者，见序列也。”）、列爵、列宗、列代……是相同的。

《史记索隐》及《正义》都采取“序列”一义，来训释“列传”，乃本诸伯夷列传中“孔子序列古之仁圣贤人”句。张晏亦用“序列”二字来解释“列侯”之列。序与列同义，序列方可倒言称“列序”，并是复词（参王叔岷《史记斠证·伯夷列传》）。故知“序列”一说非始于唐人。刘知幾《史通·列传》篇言“传者，列事也”。又云“寻兹例草创始自子长”。按《史记·伯夷传》内已言“其传曰”，则史迁非始为夷齐立传，更有所本。唐卷子《雕玉集》引《列士传》载《伯夷叔齐传》，《列士传》虽云刘向所作，亦出于纂集，如其《列仙传》之取自阮仓。《抱朴子·论仙》篇云：“刘向撰《列仙传》，自删秦大夫阮仓书中出之。”阮仓为秦大夫，则列仙有传有图（《隋志》称汉阮仓作列仙图，其人必当秦汉之际）实起于汉初。故司马相如有“列仙之儒，居山泽间”语，皆在史迁之前。列传之“列”作动词用，以“序列”训之，原甚恰当。

《七略·别录》云：“臣向与黄门侍郎歆所校列女传，种类相从……画之于屏风四堵。”故列女屏风，后来相沿不替，光武时，因宋弘语而撤屏风列女图，唐人犹播为美谈。北魏平城太和殿皇信堂四周，图古圣忠臣烈士之容，为张僧达、蒋少游笔（《水经注·漯水》）。这种习惯，见于北魏遗物，1965年，在山西大同石家寨发现琅琊王司马金龙夫妇墓（年代为延兴四年（474）至太和八年（484））中有彩绘漆屏风，犹保存十余残段的故事画，上面有太姜、卫灵公、灵公夫人、汉成帝、班婕妤等标题及传赞（见《文物》1972（1）），正可提供汉晋时代列传上的文字说明与图画互相联系的重要例证。这里有几件事可以注意的：

> （1）太姜一段内“能以胎教，溲于豕牢而生文王”等语，乃出《列女传》卷一周室二母传，可见这屏风的画材，有些取自《列女传》。
>
> （2）题赞在未书写以前，先用丝栏界画。
>
> （3）人名大标题外面，加一长方形框。以后的故事画人物画，像敦煌石窟、武宗元的朝元仙仗等都沿用此例。
>
> （4）班婕妤原在《续列女传》。又另一处文字可辨认的像“顺世宰物，道济身逸”等句则显然是四言的赞体。晋南北朝的绘画，今可见到的甚少，这一资料，极为重要，故为补述于此。至于屏风有画，为王羲之与殷浩书劝令画廉（颇）蔺（相如）于屏风。

列女列仙图，魏晋时有人相继撰赞。列女有魏曹植、缪袭撰赞各一卷；列仙有晋孙绰、郭元祖撰赞，俱著录于《隋志》。又《陶潜集》内有扇上画赞，自荷篠至阳周珪九人，可见晋时赞又有写在画扇上面的。

唐康希铣为《自古以来清吏图》四卷，自为序赞以见志（《颜鲁公文集》七），《永乐大典》第一七一册“像”字号，资料可参。日本狩野《君山文》卷三有《画图赞文跋》记唐人抄本，此书题云（画图赞文）卷第二十七，其中载《净住子》净行法文及颂，参齐竟陵王、王宁朔各集，及内藤炳卿考证。

1972年4月

围陀与敦煌壁画

印度最古圣书的《梨俱吠陀》，至今尚无汉译。由于长期以来，婆罗门经典被佛教徒视为外道，故无人问津。然围陀思想，通过佛典的汉译却很早零星地输入华夏。围陀中的众神，经过佛典的轻蔑和曲解，亦不断传入，有的还被采用表现在建筑物上作为装饰图案。人们视之作佛教艺术看待。如果进一步作仔细的考察，便可恍然知道它实在是来自古典的围陀神话。在敦煌石窟的壁画里，我们可看到一些例子，像最重要的二八五窟所绘的曼陀罗，是值得追寻探索的对象，下面我将从东汉末年译出的《摩登伽经》上的记载，来考察这个石窟，提出一点新的看法。

印度天文历数的智识，《摩登伽经》中，保存着很古的材料。摩登伽梵文称 mātanga，亦译作摩邓，是印度的旃陀罗种。这部经原是 Divyā Vadana（《天业譬喻经》）里面之一篇，自从东汉安世高初次译成汉文以后，至西晋的竺法护，已有几个汉文译本。最紧要的是三国吴时天竺三藏竺律炎和支谦共译的上下两卷本。是经站在佛教立场，强烈反对婆罗门思想，特别是围陀的神话被斥为妄论。围陀内容的点滴，由于本经在汉、晋之间经过几次的传译，谅必多多少少流入中国，兹摘引支谦译本一二段于下，《明往缘品》第二云：

> 世有四姓，皆从梵生，婆罗门者从梵口生，刹利肩生，毗舍脐生，首陀足生，以是义故，婆罗门者，最为尊贵，得畜四妻，刹利三妻，毗舍二妻，首陀一妻。……者梵天生皆应同等，何因缘故？如是差别！

又汝法中，自在天者，造于世界，头以为天，足成为地，目为日月，腹为虚空，发为草木，流泪成河，众骨为山，大小便利，尽成于海。斯等皆是汝婆罗门妄为此说。

这段话很明显对围陀第一〇、九〇的原人歌（Purusa）中第一二、一三、一四三段文字提出责难，何以婆罗门必从口（mukha）出？其他三姓则否？何以天神创造世界必以头为天？以双足为地？（梵文原句是：Sírsno dyauk sam avartata；padbhyām bhumir，disahśrotr̄at。）在围陀原文，puruṣa被奉献作为牺牲，这就是最初的“法”（梵文原篇16：tāni dharmāni（法）prathāmāni āsan）。《摩登伽经》在这里指出“自在天”之名，可见“自在天”神话入华可断自东汉末年。梁任昉《述异记》引证盘古诸说，已将大自在天这类被佛徒议为婆罗门的妄说，纳入盘古事迹之中，三国徐整的《三五历记》和另一《五运历年记》（马骕《绎史》引）都说及盘古故事，似乎都受到印度外道之说所影响。

徐整说“天地开辟……盘古在其中，一日五变，神于天圣于地”（《艺文类聚》卷一引）。《摩登伽经》屡屡言及围陀多变的道理，亦见于《明往缘品》，文云：

我今当说此围陀典无有实义易可离散。昔者有人名为梵天，修习禅道，有大知见，造一围陀，流布教化，其后有仙，名曰白净，出兴于世，造四围陀，一者赞诵，二者祭祀，三者歌咏，四者禳灾……复更有一婆罗门名曰鹦鹉，变一围陀为十八分。……更有一婆罗门名曰鸠求，变一围陀以为二分，二变为四，四变为八，八变为十，如是展转，凡千二百十有六种。是故当知围陀经典易可变易，大婆罗门！此围陀典当分散。……

过去有仙名婆私吒，其妻即是旃陀罗女，产生二子，长名为纯，二名为饮，皆获仙道，五通具足，变围陀典作宅图法。汝能诽谤此二圣人言非仙耶？（《大正藏》二一，403页）

“围陀”的意思是知识，亦用作动词。在《梨俱围陀》第十卷一二九·七，创造之歌的最末几句说：“真宰在上（梵文yo asyādhyakṣah paraḿe vioman），彼仅知之（梵文：so aṅga veda），抑不知之？（yadi vā na veda）”这里二个 veda（围陀）都训“知道”，《摩登伽经》举出许多造作围陀的仙人（rsi），能够使围陀变易、分散，其意在指围陀所说是不足信据的。最有趣的是能够“变围陀作宅图法”。什么是宅图法？后汉失译人有《安宅神说经》，说道：

天龙夜叉八部鬼神，共相围绕，说微妙法……建立南序、北堂、东西之廂……六甲禁忌十二时，门庭户限……（《大正》二一，911 页）

天龙夜叉八部是安宅的守护神，汉代很盛行所谓图宅术。王充《论衡·诘术》篇云：

图宅术曰：宅有八术，以六甲之名，数而第之，第定名立，宫商殊别。

宫商是用五音来看姓氏对于第宅的吉凶，为宅术的一种，后来“宅经”一类的书尚可考见它的遗制。[①]《摩登伽经》所说的宅图法，我想与壁画制度应该有密切关系。洞窟的结构不论是中心柱窟，或四壁一龛与多龛窟，四壁必须施以图绘，壁画当然为宅图法的一术。汉人很讲究图宅术，壁画在宫殿、墓葬到处皆有之。佛窟自然亦施上丹采图绘，问题是用什么东西来作题材的内容。所谓“变围陀与作宅图法”必是在四个方隅上面绘画各种神明（deva）来抵御灾煞，像因陀罗（Indra）以至自在天（mahasira）之类；简言之，采取围陀典中的巨神作为宅图的资料。我们看在早期的密宗经典里面，围陀的高级神明，每下降成为守护神的夜叉，由于佛教徒对于婆罗门经典的贬抑，那些围陀典中了不得的巨神，地位竟被降得很低。试举一例，《孔雀明王经》卷中说：

阿难陀有四药叉大将，常在空居，拥护所有空居众生，令离忧苦，其名曰：

素哩野、素谟、阿儗领、嚩庾。

复次，阿难陀！汝当称念多闻天王兄弟军将名号。……其名曰：

---

① 敦煌有五姓宅图经。

印捺啰、素摩、嚩噜拏、钵啰惹跛底……

此等药叉是大军主统领诸神。……（《大正》一九，982 页）

这一系列的人物，在围陀典中地位极高，表之如次：

素哩野（sur ya）——日神

素谟（soma）——月神

阿凝额（agni）——火神

嚩庾（vayu）——风神

印捺啰（Indra）——战争神

嚩噜拏（Varuna）——正义神，rta 之王

钵啰惹跛底（prajāvati）——生主

所有围陀里的诸神，都变为夜叉（yaksa）成为守护神了。由是观之，变围陀与作宅图法，看来即是把围陀典中的神明请来镇宅，依四方方位排列，绘在壁上，这可说是后来曼陀罗的滥觞。

莫高窟壁画的内容，多年以来，经过敦煌研究所同人的努力，目前已完成《总录》一书，作为总结性的记录。根据各石窟壁画的内涵，结合佛典各种与经变有关的文字，详细对比研究，已作出许多崭新的业绩。1987 年 9 月，在莫高窟当地举行首次石窟艺术的国际会议，许多重要论文提供可靠的看法。尤其最重要的西魏时期的二八五窟，日本学人已从禅宗立场作出详细的分析，更值得注意的是贺世哲的新说，他据北凉法众在高昌翻译的《大方等陀罗尼经》，认为该窟南侧绘有二十八宿，这一窟可说是最早的密宗画窟。他的文章尚未发表，只从其提要透露一点消息。这一窟的内容大约如下：

中央	北侧	摩醯首罗天	三头
	北下侧	毗那夜迦天	象首
	南侧	鸠摩罗天	四臂乘孔雀
中央	大龛外北侧	那罗延天	三头八臂
		手托日月，乘金翅鸟	
	南侧	因陀罗	交脚坐
	西壁	日天	三凤驭车

		月天	三狮驭车
	南侧	廿八宿与主宰等	
中央	大龛南北下侧	四天王	
	南小龛外	婆薮仙	

这二八五号窟北壁有年代两条：

（1）大代大统四年敬造　　（五三八）
（2）大代大统五年敬造　　（五三九）

属于西魏东阳王元荣时代，窟之南、西壁各有四个禅窟。窟中央有一高约三十公分的方坛。

摩醯首罗天为梵言 Mahasira 的汉译。即是大自在天。在英、法所藏的画样断片保存大量的画本，详见英国韦陀的图录和拙作《敦煌白画》。西魏这处的壁画把自在天图录位于中央正北，与后来密宗的曼陀罗把他放在东北方位有些不同，密宗经典如《大威力乌枢瑟摩明王经》大自在天正位于东北。至于毗那夜迦天，在莫高窟四百多个洞窟只有二八五窟出现一次，最堪注意！毗那夜迦梵称 vināyaka，是 Gaṇeśa 的别名。在《梨俱围陀》称 gaṇa。Gaṇeśa 被认为即大自在天的儿子与 Śiva's attendent 常在一起，所以安置在摩醯首罗天的下面。婆罗门经典有“毗那夜迦法”（Vināyakaśānti），见加尔各答（1953 年）印行 Batakrishna Ghosh 编辑的《婆罗门散策辑佚》（*Collection of the Fragments of Lost Brāhmanas*）。关于 Vināyaka-Gaṇśa 的研究，详见 A. Getty，*Gaṇeśa，a Monograph on the Elephant-face God*（Oxford，1963）及 L. Renou，Sur Les Oringines Ve'diques de Gaṇeśa［J. A.（《亚洲学志》）1937，271～274 页］之论著。①

其他鸠摩罗天梵言 Kumāra；那罗延天，梵言为 nārāyaṇa；日天即 āditya，月天即 Caṇdra（或 soma），因陀罗即 lndra，一般皆耳熟能详，今不多述。惟婆薮仙须作一仔细考察。

莫高窟壁画中，婆薮仙始一见于北魏二五四窟，西魏则二四九窟之北壁

① 关于此问题，可详拙著《谈敦煌莫高窟中的诫尼沙（Gaṇeśa）》，为呈交中山大学纪念陈寅恪教授国际学术讨论会之论文，已编入该讨论会文集。

及本窟（参《中国石窟》一图二七、图八九、图一二〇）。北周六处、隋十一处，初唐以后不见，可说是北朝特有的神仙画样，通常与鹿头梵志相对排列。

关于婆薮仙的故事，见支谦译《摩登伽经》第四品云：

> 我念过去，曾为梵王，或为帝释，亦复曾为净盖仙人，为婆罗门。变一围陀，以为四分。于百千劫，作转轮宝王。如是生处尊豪富贵，于尔所时，修习慈悲禅定智慧，广化众生，施作佛事。……过去久远阿僧只劫，我为仙人，名曰婆薮，五通具足，自在无碍，善修禅定，智慧殊胜。时有龙王，名曰德叉，其王有女，字曰黄头。……我见彼女，起爱著心，生此心故，便失神通，及禅定法，深自悔责。……（同书40页）

第二八五窟中有几个禅窟，禅那（dhyana）是六波罗蜜之一，婆薮仙亦要行禅定法才能取得神通。西魏绘婆薮仙于壁画上面（图五二），仍是有取于善修禅定之义，和密宗无关。婆薮仙在无量劫中作过转轮王，经历许多不同身份的化身，见色动妄念，便失去神通，可为人们鉴戒。在北凉法众所译的《大方等陀罗尼经·初分卷第一》说：

图五二　西魏壁画上的婆薮仙

> 尔时婆薮从地狱出，将九十二亿诸罪人辈，寻光来诣娑婆世界……婆薮仙人是地狱人也。……婆者言广，薮者言通，广通一切法者，云何究竟入于地狱？……舍利弗白佛言：……世尊：婆薮仙人何时入于地狱，愿佛解说。善男子：……此婆薮仙人在阎浮提与六百二十万估客作商主，将诸人等入海采宝，往到海所，乘彼海船……其中路值摩竭鱼难、水波之难、大风之难，如是六百二十万人即时各许摩醯首罗天各一生（姓）。尔时诸人便离四难，远到本国。到本国已，即各牵一羊欲往天祠。……（《大正》二一，643、644页）

这段故事文字甚长，说明婆薮仙人的神通，能拯救许多人脱离苦厄，但要向摩醯首罗天许愿，各人以一羊往天祠，天祠即指大自在天，由此可以明白二八五窟在中央摩醯首罗天之外，复加绘婆薮仙的缘故。婆薮仙亦写作婆薮。大正藏此本作婆薮，薮乃薮字之形讹。婆薮汉译又作缚斯。梵言为Vasisṭhas，在《梨俱围陀》十分常见，这字意义是best，字根从vasu（good，wealth，richest）而来，siṭha是形容词比较级之最高级。巴利文作va-siṭṭcha亦训为使者（messenger in a village）。崇拜婆薮仙可获得最佳、最富的幸福。《摩登伽经》的（说星图品）第五，二十八宿之虚宿有四星，形如飞鸟，属于婆薮神（405页），是婆薮仙亦被编配在二十八宿之列。婆薮仙之名在是经中不止一见，三国吴时已为人所熟知了。《摩登伽经》亦言婆薮仙能变一围陀以为四分。具见他与围陀关系的密切。

《摩登伽经》有北朝写残本，现存于敦煌县，列〇二〇号（见《敦煌研究集》第三册，451页）。

是经初品讨论四姓平等，和对自在天的描写，显然是针对围陀的原人歌提出抨击。支谦辈在武昌译出三卷，其先安世高译出名曰《舍头谏经》一卷，见《历代三宝纪》，称其“亦云《舍头谏太子明二十八宿经》，亦云《虎耳经》”。舍头谏梵名sārdūlakarṇa，晋曰虎耳。是安世高译本内已有二十八宿（今本缺）。该窟壁画的二十八宿，当日可能参考支谦等译的《摩登伽经》。据贺世哲说，西壁北侧上角画月天……月天南侧绘二十八宿与主宰等。我虽然尝到该窟参观，匆匆考察，但无暇详细描述。只有等候贺先生文章发表后再作进一步的研究。现在知道北魏以来，敦煌镇已有《摩登伽经》写本流传。是经的星宿来源亦出自围陀，其二十八宿的排列是以昴宿（Krtikā）列首。日本善波周即据《摩登伽经》上的星宿（Naksatra）记录来探测围陀成立的年代。从是经的《星图品》和《观灾祥品》看来，壁画图绘二十八星宿目的仍是在消灾求福，和崇拜大自在天（等于观自在菩萨）同样有“渡一切苦厄”的作用。

在这里我附带提出一点对我国西南民族流行天文智识的看法。像云南彝族对于二十八宿便有两种不同的系统。据陈久金等的研究，彝族的二十八宿有下列两说：

（1）莎正才的星宿是以赤库星为首。

（2）马达仁和罗哈古候等的星表是以日霍星为首。（见《彝族天文史》，89页）

赤库星即是昴星，为印度的首星，日霍星相当于汉族的角宿。我们可以这样解释，彝族两种不同星表系统，一是采用印度的星序，一是依据汉人的东方苍龙的排列为次第。今知《摩登伽经》从东汉末已逐渐译出，流传及于西北。西南边陲之地有以赤库星（昴）为首的天文智识，显然是经印度围陀传入后的痕迹，这是很明显的。

西魏时候，密宗的制度尚未正式形成。密宗仪轨的作坛法、画像法，据说梁时失译人名的《牟梨曼陀罗咒经》是最早的实例。唐永徽三年，中印阿地瞿多译成汉文的《陀罗尼集经》始集诸尊法仪轨的大成，其中有三重院方形坛九十五尊配合与五重院方形坛二百零九尊、一百三十九尊配合的两种曼陀罗的不同形态。密宗是以如来为主尊。唐代初期密宗的宇宙架构大抵有十天、十二天之别。

十天是：

（1）东北：大自在天

（2）东：帝释天

（3）东南：火天

（4）南：焰摩天

（5）西南：罗刹天

（6）西：水天

（7）西北：风天

（8）北：毗沙门天

（9）上：梵天

（10）下：地天　　　　（见《十天仪轨》）

十二天是以上十天再加日天和月天（不空译《供养十二大威德天·报恩品》）。十天之外，又有八方天，见大兴善寺阿阇梨译的《施八方天仪则》：

东北：伊舍那天（Īsana）　　乘黄丰牛

东　：帝释天　（Sakra）　　乘白象王

东南：火天　　（agni）

南　：焰摩天　（yama）　　乘水牛

西南：罗刹天　（rāksa-malavatā）

西　：水天　　（Varunra）

西北：风天　　（Vayu）　　云中乘獐著甲胄

北　：毗沙门天（Vaisraman）

伊舍那天即大自在天，亦即摩醯首罗天，其方位列在东北。西魏二八五窟把他列在中央正北，这是很早的排列法，伊舍很早见《伊沙奥义书》（Īśā Up.），Īśva 亦作 Īśvara，是 Siva 的名号，三界之主（the lord of three world），汉译或作伊湿伐罗，为自在天之名。密宗的八天、十天、十二天都没有毗那夜迦天。后起的金刚二十天，里面即有毗那夜迦天（暹罗小乘的外金刚二十天，毗那夜迦天列于第十九，其中增入金刚摧天（Vājra-goda）、金刚食天（Vajra-māla）、金刚衣服天（Vajra-vāsī）、金刚面天（Vajranahuṣa）），这是踵事增华的情形，从西魏壁画的曼陀罗看来，诸天的行列中，本来应该是有gaṇeśa 的，后来密宗却没有了，连婆薮仙亦去掉，可见这窟在图像学上的特色。西魏时诸天表现于壁画在宅图术的排列，尚无唐代密宗仪轨那么系统化。我们从《摩登伽经》的记述，知道有所谓“变围陀为宅图法”的方法。西魏二八五窟中诸天的名称和排列，正可说明这一事实。前人制作壁画上的图绘，不知不觉在使用这宅图法时，即采取围陀中的诸天，希望除苦厄求福祉。虽然围陀没有人翻译出来，但佛教徒在抨击它时，屡屡把围陀的上神借用作保护神，有如调兵遣将。人们只知道依据佛经，而不知其底细，原出自外道的围陀。二八五窟的曼陀罗是密宗未成熟以前的宅图法，它的重要性，可想而知。

二八五窟本身是一个禅窟，日本须藤弘敏氏指出此类图像有三种型式。由于窟顶四周画有三十六幅禅修图，西壁的南北二小龛里面又各塑一禅僧像，可以确定它是用作禅定的洞窟。上面讨论过婆薮仙行禅定法的故事，这些禅窟何以多处绘有婆薮仙像，其中道理，很容易明白的。所以这一窟不能说是密宗的标准窟，而应该属于禅窟，那是不容置疑的。

1988年2月初稿

敦煌石窟中的诫尼沙

敦煌莫高窟共四百九十余窟，只有列二八五号的西魏大统四、五年禅窟中的壁画，绘著象头人身的诫尼沙（Gaṇesa），位于大自在天的下面。窟中这样的像从来只出现一次，以后便消失了。闻说榆林窟亦有一幅，惜未获睹。诫尼沙在印度教的神话里，地位甚高，他是代表智慧和学问之神（god of wisdom）。又是湿婆（siva）与婆罗和底（Paravati）的儿子，从古事纪（Puranas）时代以来即受到崇高的歌颂；何以敦煌石窟只有一见？我在瞻拜该窟之后，这个问题一直回旋在脑海中，久未解决。

诫尼沙亦为障碍之神（god of obstacle），他能制造障碍，同时亦能消除障碍，故常被作为祈求的对象。印度习俗，在一切事业开始的时候，人们每每念下面的词句：

namo gaṇesāya vīghnesvaraya

意思谓：归命诫尼沙神，是一切障碍的克服者。好像我国人念南无（namo）观世音菩萨。印人在书籍的卷端，时亦写着这一句话，故 Vighnesvara 亦成为诫尼沙的别名。

汉译佛典诫尼沙通常有二名：一是毗那夜迦天，亦称裨那夜伽，梵语 Vināyaka，一是迦那钵底，亦作诫那簸底，梵语 Gaṇapati。Gaṇapati 之名远出自《黎俱吠陀》Ⅱ二三·一，其文云：

gaṇānām tvā gaṇapatim havāmahe havim havinam upa maṣ ravastaman.（Rig-veda，德国 Aufrecht 本第一册，195 页）

意思是：祝汝迦那钵低。众神之首，圣中之圣，粢盛丰足无尽。法国梵学者兴努（L. Renou）举出祭规法典（Yājñavalkya-dharmasastra）中一句云：

Viniyojitah gaṇānām ādhipatye ca rudreṇa

意思是“群神受命，为真宰（rudra）所倚畀”。他认为此处的迦那（gana）即相当于诫尼沙。gana 一字的意思是团体、群、随从；钵底（pati）是主，因为他是大自在天（siva）的随从。诫尼沙的异名，见于《梨俱吠陀》中又有 dantih，取其象牙为义，hastin 和 Vakratunda 则状其象身，已详兴努的讨论。

唐代密宗传入之后，毗那夜迦天乃有双身，取譬于权、实合一；因之，复有大圣欢喜天之称。有关毗那夜迦的译者，唐时菩提留支、金刚智、善无畏、不空、含光、憬瑟、般若惹羯罗及宋代法贤等都有不同的译本，见于《大正藏》一二六六至一二七五号，计得十种之多，资料甚为丰富。

金刚智译的《佛说金色迦那钵底陀罗尼经》是一篇很短的文章，内云：

佛告舍利弗，此是金色迦那钵底除障难真言。

又云：

其像形人身象头六臂，于白毡上画之。（《大正》册二一，303 页）

善无畏译的《大圣欢喜双身大自在天毗那夜伽王归依念诵供养法》说：

大圣自在天是摩醯首罗大自在天王，乌摩女为妇，所生有三千子，其左千五百，毗那夜迦王为第一，行诸恶事，领十万七千诸毗那夜迦类；右千五百，扇那夜迦持善天为第一，修一切善利，领十七万八千，诸福伎善持众，此扇那夜迦王则观音之化身也。……夫妇令相抱立之。身长五寸，象头人身。（《大正》册二一，303 页）

这可证明毗那夜迦是大自在天的儿子，同时亦为障碍之神（见下表）。

大自在天 { 恶（a-sādhu）（障碍）＝毗那夜迦王
善（sādhu）（排除障碍）＝扇那夜迦持善天（即观世音化身）

密宗的书，把大自在天的儿子，划分为善、恶二系，不像印度本土的诫尼沙，一身可具有生障、排障两样正反的作用。毗那夜迦既是障碍神，代表恶的一面，遂被编入恶鬼的行列。传入日本东密胎藏界中的七日作坛法，其方形坛内，正是要使恶神毗那夜迦退散，因而使用许多咒语和法事。我们看唐阿地瞿多译的《佛说陀罗尼集经》卷四内七日供养坛法云：

在此院内，东西南北四维上下，所有一切破坏正法毗那夜迦神鬼等皆出去我结界之所七里之外。

……

若护正法善神鬼等……次第依彼军荼利法辟除结界……（《大正》册一八，813、814 页）

结界以排除恶神。其护正法的善神，即指持善天之扇那夜迦等。上引《陀罗尼集经》卷十一举出有下列各咒：

一切毗那夜迦法印咒（列第四十九）

毗那夜迦咒法（列第五十）

调和毗那夜迦法印咒（第五十）

说云："欲作此法，先须造像。……夫妇二身令相抱立，各长五寸、七寸，亦得二身，并作象头人身。"这时已施行双身的欢喜天像法。

印度婆罗门散佚经典，其中有 Vināyakaśānti 者即毗那夜迦（镇静）法，其书收入于 Bata-Kaishne Ghosa 所编的 *Collection of the Fragments of Lost Brāhmanas*（《婆罗门散策辑佚》，1935 年加尔各答印行），日本辻直四郎著《吠陀学论集》有文介绍大意（49 页），故知毗那夜迦法远源出自婆罗门外道。

在憬瑟撰集的《大圣欢喜双身毗那夜迦天形像品仪轨》及般若惹羯罗撰的《圣欢喜天式法》各书，对于双身的象头人身的毗那夜迦男、女天合抱的形状，有详细描述，憬瑟是依据含光口传而制出这一秘密仪轨。含光在他所著的《毗那夜迦诫那钵底瑜珈悉地品秘要》中说道：

毗那夜迦生欢喜心双身真言曰：

唵！儗哩　虐　娑嚩贺

行者常诵此咒，无有障碍。是真言中显权、实义。所以者何？儗哩者是观自在菩萨种子字也。菩萨现此身为其妇而劝进，令毗那夜迦不作障碍。……次虐者是毗那夜迦种子，此常随魔也……唯时而来而作障难，毗那夜迦常随作障难，故名常随魔也。假使梵王及憍尸迦诸天龙等，不能破如斯障难，唯有观世音及军荼利菩萨能除此毗那夜迦难也。(《大正》册二一，321 页)

据此知双身真言中儗哩（nari）是观世音的种子字（bija)，表示权，虐（ṅa）是毗那夜迦神的种子字，表示实，双身的毗那夜迦欢喜天，男天指魔王，以喻其实，女天代表十一面观音，以喻其权，权与实两者的对立与调和的道理，含光亦有详细说明，今不赘述。密宗双身欢喜天，代表男、女天的调和，主要旨在调伏障难，使毗那夜迦之恶魔，化为善行，诱进诸障，令入正见。一切恶事悉皆消灭。由于身、口、意三业的懈怠，遂引起种种障难，其真言法中有三部，代表三尊，即毗卢遮那（大日如来)、观世音与军荼利三部尊，作为礼拜对象。此为唐代密宗的仪轨，想是后来踵事增华之举，在西魏时代，尚未有双身的形状，所以二八五窟坐于大自在天之下的象头人身应该是 ganesa，而且大自在天位于中央，说明他是诫尼沙的主人，是时从印度传入的仪轨大致尚保留婆罗门的教迹，不像唐中叶以后密宗大师胎藏界等的旗帜分明，所以不能认为正式的密宗此时已经输入了。

至于诫尼沙此后何以消失？有二点可以说明：

（1）诫尼沙被目为障碍之神（如唐初玄应在《一切经音义》卷二四所说："毗那恒迦，此云有障碍神"是)，属于不利的对象，故不为人所喜欢。

（2）能降伏毗那夜迦天的障难，以十一面观音为最具代表性之神，故后来双身的欢喜天取之作为女天的化身。但十一面观音画像在唐初敦煌石窟已出现（如三三四号窟东壁)。后来更非常普遍盛行。《十一面观世音神咒经》(Ekādaśamukha)在北周已有耶舍崛多译出，玄奘亦译成《十一面神咒心经》(《大正》二〇、一〇七〇、一〇七一号)。唐以降有十一面观音的崇拜，即可代替诶尼沙的消除障难的神力，这样，诶尼沙亦可以扬弃了。

敦煌石窟所以诶尼沙只有一见，而十一面观音的图像则如恒河沙数。我想诶尼沙在西魏以后不再出现，上述原因，也许可得到合理的解释。是否有当，甚望方家加以指正。

1988 年 3 月 25 日

敦煌石窟后期，元代亦有诶尼沙像，则由喇嘛教传入，正如蒙古铜制佛像之有不少象头人身像，情形相同，不能与此并论。在印度的康海里(Kānheri)第四十一窟内有十一面观音立像，五六世纪时物，我于 1963 年在蒲那(Poona)从事中印关系研究，曾到过该窟考察云。又记。

原载中山大学《陈寅恪先生纪念诗文集》，
又见《明报月刊》1988 年 6 月

刘萨诃事迹与瑞像图

僧慧达刘萨诃是一个神话性的人物，对于佛像感应的事迹，本来是流行于他出生地的本乡稽胡聚落所在的山西河曲一带，由于他死去复生，增加了传奇性的动人故事。后来又到过吴越，还西行至凉州、肃州，所以影响更为广泛，远及东南和西北地区。在敦煌莫高窟第七十二窟南壁中央，居然绘有《刘萨诃因缘变相》一铺。其榜题云：

圣容像初下无头时
却得圣容像本头安置仍旧时
请丹青巧匠邈（貌）圣容真身时
请工人巧匠等真身请圣容像时

又有：

刘萨诃和尚坐禅入定时
□萨诃和尚见□师□以初化时
刘萨诃和尚赴发僧时
刘萨诃和尚焚香启愿时
蕃人放火烧寺天降雷鸣时
以霹雳打煞时

这些题记都和一般记载刘萨诃的事情非常吻合。这是史苇湘先生重要的发现。莫高窟的壁画确有以刘萨诃的故事作为题材，但绘画的时代则甚晚。

同时石窟所出写卷，现存巴黎的便有三件标题写明“刘萨诃和尚因缘记”(P·三五七〇、二六八〇、三七二七)。友人陈祚龙博士曾做过详细研究，比勘它的文句之异同，为之校录，又 Hélène Vetch 小姐亦加以法译，写成研究文字。如果站在史源学的立足点把那些有刘萨诃的资料仔细分析，便可发觉上述各家还未够彻底，许多地方需要补充和订正。

一

由于刘萨诃到过江南，“停止在通玄寺首尾三年”，吴越人士对他很是熟悉。梁时会稽嘉祥寺僧慧皎撰《高僧传》，在该书卷一三“兴福类”十四人之中，慧达被列居首位。这是有关刘萨诃的最早一篇传记，传中很详细地记载他早年在长江以南的活动，可是没有谈到他返回山西和凉州的事情，但传的最末只说一句话：“后不知所终”。其实江南的文士在南齐和梁世，对于刘萨诃并不陌生，慧皎以前已有一些记录：

(一) 王琰《冥祥记》

《法苑珠林》卷八六《感应录》，共引述应验三事，第一为：“晋沙门慧达姓刘名萨诃，西河离石人也。……年三十一暴病而死。……见人长二丈许……左右并曰：‘观世(音)大士也。’……有二沙门……并行而东……‘汝得齐活，可作沙门。洛阳、临淄、建业、鄮阴、成都五处，并有阿育王塔。又吴中两石像，育王所使鬼神造也。颇得真相，能往礼者，不堕地狱。’……久之乃附形而得苏活。奉法精勤，遂即出家，字曰慧达。太元末，尚在京师，后往许昌，不知所终。”原书注云：“右此一段出《冥祥记》。”考慧皎《高僧传·序》云：“太原王琰撰《冥祥记》，太原王延秀撰《感应传》。”慧皎撰写《高僧传》，想必参考过王氏此书。《法苑珠林》一书引用《冥祥记》多至一二〇余处。又《敬佛篇》记王琰年幼于交阯贤法师所受五戒。琰在南齐时与王僧虔友善，入梁时为吴兴令。《隋书·经籍志》：“梁吴兴令王琰撰《宋春秋》二十卷。”其人亦为史家，王氏此书可说是慧达较早的传记。

(二) 庾阐等的《佛记》与感通事迹

梁时沈约奉梁武效撰《佛记·序》，其文具载道宣的《广弘明集》卷十五。略谓“诏中书侍郎庾阐、太子洗马到溉，后军记室周舍，博寻经藏……名曰《佛记》，凡三十篇。其有感应之流，事类相似，止取其一，余悉不书”。此篇之后，道宣“略刊大唐育王塔及佛像瑞迹”，其与刘萨诃有关者二条：

越州三百七十里鄮县塔者，西晋太康二年沙门慧达感从地出……

凉州西番禾县瑞石像，元魏大延中沙门刘萨诃行至番禾东北，望神御谷（容?）而礼曰：此山中有佛像出……

此两条不知出道宣所增益，抑出原书?惟谓慧达为西晋太康二年时人，则误。

（三）陈姚察《梁书》卷五四《诸夷传》

先是三年八月，高祖（梁武）改造阿育王寺塔……其后西河离石有胡人刘萨诃遇疾暴亡……见观世音云……忽然醒悟。因此出家名慧达。……十一年……先是二年改造会稽鄮县塔……此县塔亦是刘萨诃所得也……及大同中……造诸堂殿并瑞像，周四阁等……其图诸经变并吴人张繇（张繇即僧繇）运手。繇丹青之工，一时冠绝。

以上三资料，皆属南土所传，均不言萨诃至天竺事。

二

唐僧道宣于麟德元年撰《集神州三宝感通录》，书凡三卷，屡言及刘萨诃事，摘录如下：

（1）西晋会稽鄮塔缘　案前传六晋太康二年有并州离石人刘萨诃……

（2）东晋金陵长干塔　引《冥祥记》称：（晋）简文有意兴构……有并州西河沙门刘慧达本名屑荷……来寻古塔。

（以上卷上）

（3）元魏凉州山　开出像者，太武太延元年有离石沙门刘萨诃者一事。

（4）慈州郭下安仁寺西刘萨诃师庙。

其书中卷有一条与《法苑珠林》引《感应录》所述完全相同。而题作西晋沙门刘萨诃，由于随手杂抄，故前后多不照应，甚或时间名号颇多龃龉。惟其记慈州刘庙有确凿记载，略云：

……余至其庙……素闻之亲往。二年周游访迹，始末斯尽。黄河左右慈隰……

八州之地，无不奉者。……萨诃于本乡既开佛法，东造丹阳诸塔，礼事已讫。西趣凉州番和御谷，礼山出像。行至肃州酒泉郭西沙砺而卒。

道宣亲自实地调查，必极可信。道世与彼同为西明寺僧，资料同出一源。故知萨诃西行往凉州番和郡只有太延元年一次而已。

道宣所著书，除上举《广弘明集》及《感通录》之外，有《释迦方志》及《续高僧传》亦详言萨诃事。《方志·通局篇第六》云：

元魏太武太延元年，有沙门刘萨诃者，家于离石南高平原，今慈州也。昔行至凉州西番禾郡东北望御谷而遥礼曰：此山当有像现。……后经八十七载，至魏正光元年因大风雨雷震，山岩挺出像身一丈八尺……唯无其首。登即选石命工，安讫还落。……至周元年始治凉州城，南七里涧忽见佛首……四十余年，身首异处二百余里，一朝圆具。……建德初年，像首频落。大冢宰及齐王躬往看之，乃令安处，夜落如故……今为感通寺焉。诃遂死于酒泉城西七里石涧中。

……

余以贞观初年历游关表，故谒诃之本庙，在慈州寺中。……自石、隰、慈、岚、延、丹、绥、银等州，并图形崇养，号为刘师佛焉。[1]

道宣撰《续高僧传》卷二五感通类上正传十三人，其中第三人即是元魏时文成（寺）的慧达，他补足慧皎前传的缺略，先记他“曾往吴越，备如前传”，继又说他“姓刘名萃和，本咸阳东北三城定阳稽胡也”。又说他的出生

① 范祥雍校点本，108～109页。

地是“文成郡，今慈州东南平原”。定阳为北魏的郡名，隋改称文成郡，在唐贞观八年以后改名慈州。《元和郡县图志》卷一二云：

> （魏）孝文帝于北屈县南置定阳郡，隋开皇元年改定阳郡为文成郡。贞观八年改为慈州。

可见定阳郡、文成郡与慈州原是一地。

萨诃本为定阳的稽胡，由于他出身是一个杂胡，所以被称为胡师佛。道宣云：

> 俗名苏河圣。苏河者，稽胡名茧也。以从茧宿，故以名焉。

苏河原是稽胡的语言。《太平寰宇记·丹州》云：

> 废可野寺在（云岩）县北一十五里，故老相传刘萨诃坐禅处。稽胡呼堡为可野。

莫高窟榜文云：“萨诃和尚坐禅入定时。”即在云岩县的可野寺。《元和郡县图志》四丹州：“库利川在（云岩）县，昔有奴贼居此川内，稽胡呼奴为库利因名之。”又《寰宇记》三十五丹州“有库碢川……唤香火为库碢”。库碢疑为库砺形讹，砺与利同音。又同书丹州有谓牙州……稽胡唤水为谓牙。凡此苏河（茧）、可野（堡）、库利（奴）、谓牙（水）都是稽胡语之可考者。[①]

各书记叙刘萨诃一名异文甚多，附表如下：

> 萨诃　萨和
> 萨诃　窅和（《续高僧传》）
> 萨何　屑荷（道宣《感通录·长干塔》）
> 萨何　苏何

道宣记其所历石州、慈州、丹州至绥、银等州皆有刘师佛庙。石州是离

---

① 稽胡地理详林干《稽胡略考》。

石所在，慈州是隋的文成郡，丹即丹州，以唐地理论，岚、石、慈、隰诸州属河东道，丹、绥、延州属关内道。这些地方古时为白狄所聚居，后为稽胡部落。如绥州《元和志》云：“秦上郡，自后汉末已来，荒废已久，俗是稽胡。”魏神龟元年置上郡，废帝分置绥州，武德三年置绥州总管，道宣所述为贞观初年事，是符合唐初地理状况的。这些州原为稽胡散布之处，萨诃本是定阳稽胡，行化于这些州，正因同种族的缘故，道宣所说，出于实际调查，应该是最可信的。

还有，道宣在《续高僧传》说“寺有碑”，又言“见道安制像碑”。敦煌本《因缘记》上说：“又道安法师碑记云：魏时刘萨诃仗锡西游至番禾望御谷山遥礼。”道宣撰传，即取材于此。惜此碑文现已无从稽考，只知其原存于北周时凉州的瑞像寺里。撰碑者道安姚氏，陈祚龙认为即《续高僧传》卷二三冯翊，胡城人，俗姓姚之释道安，是也。北周时姚道安住京师中兴寺，著有《二教论》，周建德三年，晋灭佛道二宗，别置通道观，他销迹潜逃。后卒于隋开皇末年。他所制有关刘萨诃显圣之佛像碑，各书从未著录。道宣所撰慧达传，基本上即根据道安的记载。

三

以上为六朝至唐初关于刘萨诃事迹的材料，大抵可靠，后来逐渐转述多讹。敦煌石窟所出的《因缘记》三件文字略同，其中存在许多问题，如开首说他是“丹州定阳人”，按定阳（郡）在慈州，属河东道，《元和郡县图志》三：

> 丹州……晋时戎狄居之。苻、姚时为三堡镇，后魏大统三年，割鄜、延二州地置汾州，理三堡镇，废帝以河东汾州同名，改为丹州，因丹阳川为名。

同书卷十三河东道：

> 汾州，秦属太原郡。汉武元朔四年置西河郡，理富昌县，后汉从理离石，即今石州离石县。……后魏孝文帝太和八年，复于兹氏旧城置西河郡，属吐京镇。按吐京镇今隰州西北九十里石楼县是也，十二年改吐京镇为汾州。

依上记载，魏时的吐京镇在孝文太和十二年改称为汾州，是为河东的汾州，到了大统三年在三堡镇复置汾州，由于名称混同，故魏废帝才把三堡镇的汾州改名丹州。可见是太武太延元年以前，刘萨诃生存的时期尚未有丹州之名，何况定阳应属河东的慈州，故知《因缘记》这一句话是错误的。

至于刘萨诃的籍贯，慧皎说他是并州西河离石人。离石唐时属河东道的石州。《元和志》云：

> 魏黄初三年复置离石县。……石勒时改为永石郡。后魏明帝改为离石镇，高齐文宣帝于城内置西汾州，周武改为石州。隋大业二年又为离石郡，武德元年改为石州。

在后魏时离石宜称离石镇。慧皎梁人，对北方地理不甚熟悉。《因缘记》说他是丹州人，可能因为关内道的丹州本是稽胡居留之地。《元和志》引隋图经云："义州今其俗云丹州白室……近代号为步落稽胡。"义州县于唐武德元年分置云岩县，地在库利川南，有云岩山。《寰宇记》称："废可野寺在云岩县北，故老相传刘萨诃坐禅处。"萨诃尝坐禅于此，可能因此而把他误会为丹州人。后来道宣于《续高僧传》中即确指他的原籍应该是定阳的稽胡，换句话说，他原籍不是丹州的稽胡。道宣说："慧达后出家，住于文成郡，今慈州东南高平原即其生地矣。"指明他的出生地是"文成郡，今慈州东南"。定阳是魏的郡名，隋时改称为文成郡。

《因缘记》在引证道安碑记述其至番禾遥礼一事之后，接言"和尚西至五天，曾感佛钵出现"一句，似不应出自姚氏碑记，因姚碑的要点具见道宣《续高僧传》所引用，并无只字提到萨诃到过五天竺。这一句我认为是纯出渲染，全不可靠，关于佛钵有一段故事是这样的：

> 当凉灭亡之前，有凉州沙门僧表者，欲往罽宾礼拜佛钵，道途梗塞，遂停于于阗。……

此出《名僧传》第二十六《僧表传》[1]。疑传述者欲夸大刘萨诃的感通神

① 原书未见，据贺昌群译羽溪了谛《西域之佛教》书中引用。

力，故借用僧表做不到的事情加之萨诃的身上，故知其不足信。

《因缘记》在“西至五天”之下文又云：

以政始九年十月二十六日却至秦州敷化，返西游至酒泉迁化。

政始当即北魏宣武帝的正始，但只有五年（504—508年），九年如不是字误，则正始九年乃是延昌元年（512）。倘照《因缘记》的说法，他来西北有前后两次，但道宣分明只说他在太武太延元年西返“及凉州番禾郡……行至肃州酒泉城西七里石涧中死”。事实他西行只有这一次，是在他漫游吴越之后，他似未到秦州。《因缘记》不知出于谁手中，所言与僧传多处矛盾，远不及道宣所记的准确。

四

法显《佛国记》书慧达事言：

复到于阗　慧景、道整、慧达先发，向竭叉国（疏勒）。

乌苌国　慧景、道整、慧达三人先发，向佛那竭国，法显等住此国夏坐。

弗楼沙国　慧达一人还于弗楼沙国相见，而慧达、宝云、慧景遂还秦土。

法显所记的慧达在天竺活动的经过如此。法显于晋安帝隆安五年（401）出发于阗，于元兴元年（402）至弗楼沙国，至是慧达即先还秦土，可知与法显同行的慧达往天竺的时间，应在400—402年之间。若《因缘记》所言，“和尚至五天”一句，乃在他西游番禾郡望御谷山之后。然道宣则说他于“太武太延元年（435）便事西返行及凉州番禾郡”，则其西游五天，当在435年以后，显然和《佛国记》的慧达往五天的年代完全不符合。

和尚同名的很多，炳灵寺题记有法显，但不是著《佛国记》的法显，常山道安俗姓卫氏，和上述北周姚姓的道安亦是同名不同人。道宣写的慧达传没有片言说他到过天竺，《因缘记》“和尚至五天”一句，必不可信。我敢断定与法显同行的慧达和刘萨诃的慧达只是偶尔同名，如果他真的到了印度，道宣哪有知而不言之理？

五

刘萨诃故事的轰动是他在太延元年西返时于凉州番禾郡东北遥礼佛像，预言“其地当有像出现，若灵相圆备，则世乐时康，如其有缺，则世乱民苦”。后来有许多灵应，所以他在西北影响很大，本来他的行踪只在凉州肃州，没有远到沙州。后来敦煌地方的传说亦有他的踪迹了，《因缘记》末段说“刘萨诃在敦煌受记”，这一说亦甚可疑。石窟所出后期记录还有他引锡成泉的传说，如：

P·三三〇一宕泉龛上梁文儿郎伟：

> 占有三峗圣迹，萨诃仗锡。（后唐长兴元年）

S·三九二九《归义军节度押衙画行都料董保德修蓝若记》：

> 疑是观音菩萨，易体经行，萨诃圣人改形化现。

S·二一一三反面《唐沙州龙兴寺上座沙门俗姓马氏香号德胜宕泉创修功德记》：

> 萨诃受记，引锡成泉。

可见一斑。但在早期记载，像《沙州图经》（P·二〇〇五）所记瑞应、歌谣讫于武后大周之世，沙州《敦煌二十咏》（P·二五五五）大半书写于陷蕃之时，都没有提到刘萨诃的故事。萨诃行到酒泉七里石涧死去，是否到过莫高窟，还是需要研究的。

六

佛的瑞像能够腾空而降，在于阗国地方最为习见，近时已有许多专家著文研究。佛像西来在西北丝绸之路于阗国是第一个站，所以佛陀瑞像飞来于阗的记录特多。中唐以后的瑞像图，把印度、西域和中夏若干重要的瑞像结合在一起，依照四方位编排次序，像莫高窟第二三一窟（伯希和编号八一窟）东面有：

盘和都督府御容山番禾县北圣容瑞像（列十七）

第二三七窟（伯编八四窟）亦有盘和都督府此像，与“张掖郡佛影像月支王时现者”并列。其地名作御容山。此即刘萨诃在番禾县所见之佛像。番禾郡一名的时代很值得研究。

《唐书·地理志》：

凉州中都督府，隋武威郡，武德二年……凉州领姑臧、昌松、番禾三县。

同书凉州，天宝（县）下云：

汉番（注音盘）禾县，属张掖郡。……咸亨元年，于县置雄州，调露元年，废雄州、番禾，还凉州。天宝三年改为天宝县。

可见在天宝三年以后已没有番禾的名称。这盘和都督府所辖的番禾县必是天宝以前的地名。

刘萨诃在番禾县见到的瑞像被敦煌壁画家编排入壁画瑞像的队伍，他的地位在佛像历史上亦逐渐提高，在P·二九七一号卷内记着壁画佛师的次序如下：

东壁第一须菩提……第十一师毗丘，第十二达摩师，第十九世亲，第二十罗什法师，第二十一佛图澄，第二十二刘萨诃，第二十三惠远和尚。[1]

刘萨诃的地位，竟和佛图澄、慧远相敌了。所以莫高窟亦和他结缘，说他是“敦煌授记”的人物了。

---

① 参见陈祚龙《敦煌资料考屑·莫高窟壁画索隐》，289页。

七

关于瑞像的考证，法国苏远鸣及中国张广达、荣新江诸先生已有很详细的研究，不用多赘，有一些小补充：

S·二一一三、P·三三五二（二〇）卷子都提到濮州的“铁弥勒瑞像”，今改为濮阳郡。濮阳一写作濮，二写作蒺，都是俗误。濮州的巨佛是神龙二年丙午，僧慧云往濮州属县的报成寺，发愿为国摹写弥勒像，举高一丈八尺，募人出赤金为之。事见《宋高僧传》卷二六。[①] 在《东京相国寺慧云传》中又记：

> 开元十四年玄宗东封回，敕车道政往于阗国，摹写天王祥，就（相国）寺壁画焉。僧智俨募众画西库北壁三乘（即声闻、缘觉、菩萨）入道位次，皆称奇绝。

则开元以后，朝廷仍不断遣人往于阗国摹写佛像。观莫高窟中于阗瑞像之多，如二三一窟：

南：于阗媲（媲）摩城中雕瑞像
　　牛头山像从耆山履空而来
西：于阗海眼寺释迦圣容像
　　于阗坎城瑞像
北：于阗国石瑞像
　　于阗古城瑞像
　　于阗国舍利弗毗沙门天王决海时

这些榜题充分说明敦煌壁画如何受到于阗的影响。我们看《佛说大乘造像功德经》之有于阗本文[②]，足见该国从事佛教画艺术的功力之湛深，及藏文文献若《牛角山授记》、《于阗国授记》等记载之具体，在可和敦煌壁画题榜

---

① 《大正藏》卷五〇，876 页。

② 见《中央アジア古代语文献》，361 页至 388 页。

互相参证[①]，说明于阗与敦煌间之密切渊源。至于于阗对于李唐本土之影响，如洛阳相国寺有车道政往于阗摹写之天王像与僧智俨画三乘位次图被称为相蓝十绝之二。[②] 可惜相国寺遗物均已荡然无存，徒存其名而已。《历代名画记》十："车道政兼善佛事，迹简而笔健。"不记其曾被遣至于阗摹画，上述之事可补其缺，至若隋唐之际，尉迟跋质那与乙僧父子在华之成就，誉者谓其"可与顾陆为友"，于阗人物画与中国之密切关系是有相当悠久之历史的。

八

最后有一点需要补述的是敦煌壁画和张僧繇的关系。莫高窟三二三窟南壁图绘刘萨诃在吴越时期的感通故事。据《梁书·诸夷传》："大同中……造诸堂殿并瑞像四阁等。其图诸经变，并吴人张繇运手，繇丹青之工，一时冠绝。"《历代名画记》称："梁武帝崇饰佛寺，多命僧繇画之。"浙江宁波晋义熙元年建的阿育王广利寺，据说其中"东塔院即刘萨诃所礼舍利涌出之处"[③]。年前我曾到过该寺考察。法京敦煌写本 P·五六〇〇号内记："张僧繇善画，有一僧名志弘变为一小师，至彼画处。"这是西北地区对南方画圣张僧繇流传的故事。唐时，僧繇真迹世已难得，江南丧乱，其画流离散落，或一画而分割为二，刘长卿尝"以俸钱十万购而合焉"[④]，可考见当时之画值。江南在梁时僧繇所绘现已不可踪迹。而莫高窟竟有以刘萨诃在吴越活动作为题材的壁画，安知非得自南朝传来的僧繇画本？张彦远记西京定水寺寺殿内东壁北二神、西壁三帝释，并张僧繇画，自注："从上元县移来。"按上元为江宁郡地，唐乾元元年改为升州，上元二年废升州，仍改江宁为上元县。[⑤] 西京的僧繇画可以来自江南的上元，当然可以更远地流入敦煌。总之，佛教故事和画本南北互相交流，非不可能之事。这点是很值得注意的！

原载《敦煌石窟研究国际讨论会文集·石窟考古编》，336～349 页

① 详见张广达文。
② 见郭若虚《图画见闻志》卷五。
③ 《宁波府志》卷三三。
④ 《全唐文》三四六《张僧繇画僧记》。
⑤ 《元和郡县图志》卷二五。

结语

僧慧达刘萨诃，在莫高窟五代修建的第七二窟南壁有不少的题榜，和史传所记萨诃故事很相合，这是史苇湘先生的重要发现。陈祚龙及 Hélène Vetch 对《刘萨诃和尚因缘记》（P·三五七〇、二六八〇、三七二七）的文章，都作过比勘，但对所记的事实尚未深入研究。我把所有史传上有关慧达的资料的资料集中后，经过鉴别和分析，我认为刘萨诃故事的演变可分为下列三个阶段。

（一）侧重他在吴越方面的活动与佛教感应的事情，是南方史家的记录。

其史源因袭的迹象归纳起来，有如下表：

王琰《冥祥记》
庾阐等《佛记》
——慧皎《高僧传》——姚察、姚思廉《梁书·诸夷传》

（二）侧重他在西域地区，凉州番禾郡望御谷礼佛。预言当有像现，兼详记其出生地与稽胡的关系。

主要资料如下：

北周姚道安《制像碑》——唐初道宣——《续高僧传》——道世《法苑珠林》

《释迦方志》
《集神州三宝感通录》
《广弘明集》

道宣补记刘萨诃事迹，为慧皎所不及。他一个人的著作中便有四种涉及刘萨诃。他所以能够作这样详尽的记录，主要原因有下列两点：

（1）他亲身到过萨诃出生地和稽胡分布的各州，即把萨诃奉为胡师佛而有极高信仰的地方，都作过实地调查。

（2）姚道安的瑞像寺碑使他对萨诃与佛像感通的经过有深切的了解。

一言以蔽之，他掌握了具体的资料，故能原原本本地加以记述。他的记录是最可靠的。证以1979年武威城出土的《凉州御山石佛像因缘记》碑，只云“（彼）将往天竺”，“行至于此”，“言讫而过，至后魏正光元年（520）相去八十六年”，“有人忽见一寺”。这碑是天宝元年杨播所记，“过”指“过化”，显然他原意将适印度，后来见到瑞像，遂在凉州此地过化。事实并未到过印度。又天宝碑言“相去八十六年”和道宣另书《释迦方志》记此事说“后经八十七载”，只有“六”与“七”一岁之小差。以天宝此碑证道宣所言确可信据。

（三）敦煌当地流传关于刘萨诃的传说，可分数项来加以说明：

（1）写卷上所谓《刘萨诃因缘记》，石窟所出有三件，可信性不大。好像记载他的籍贯是丹州定阳，颇与唐代地理不相符，因为定阳郡应属河东道的慈州，丹阳则属关内道，此其一。又记他“以政始九年却至秦州敷化”。事实他未到过秦州。“政始”如果是北魏宣武帝的“正始”，只有五年（504—508年），没有九年；如果不是字误，则正始九年已是延昌元年（512）。如《因缘记》所说，好像他来西北前后有两次，和道宣及天宝杨播的《瑞像因缘记》的记录矛盾甚多，此其二。最不可信的是说他“和尚西至五天，曾感佛钵出现”。此事道宣全未提及，完全出于渲染附会，此其三。

（2）沙州晚期宕泉石窟方面的记载，都说“萨诃授记，引锡成泉”。但《沙州图经》和《敦煌二十咏》对刘萨诃却只字不提。这些说法想是后来对他神化的结果，石窟壁画上面佛师排名的次序，东壁：第二十罗什法师，第二十一佛图澄，第二十二刘萨诃，第二十三惠远和尚。他在莫高窟僧史上的地位越来越高，故为他制造出许多神话。

（3）莫高窟七二窟是五代修建的。绘有《刘萨诃因缘变》，并有榜题，他的故事在中晚唐以后逐渐成为壁画的题材了。

刘萨诃又名慧达，他和法显《佛国记》中所记的慧达虽然同名，但他的年代和法显所记的慧达西游天竺的时间未能吻合，可能只是同名而不是一人。我本人对于《因缘记》的史料价值十分怀疑，认为不应因其出自石窟写卷，便毫无条件地完全信任它，其实慧达的事迹当以道宣所记为最可信据。

关于刘萨诃所见佛祖的瑞像，事实上从天竺下降的瑞像以于阗国最为习见。莫高窟第二三七窟便有许多涉及于阗瑞像的榜题。英法所藏经卷若伦敦S·二一一三号的白佛瑞像记，法京P·三五五二号都是有关瑞像的重要记录。后者还记着：东面有“盘和都督（府）御容山番禾县北圣容瑞像”，当即是道安法师所言“魏时刘萨诃西游在番禾望御谷山所遥礼”的瑞像。唐天宝三年凉州番禾县改名为天宝县。在天宝元年，杨播的《瑞像因缘记》题目但称为“凉州御山石佛”。

莫高窟第三二三窟南壁图绘刘萨诃早年在吴越的感通故事，和《梁书·诸夷传》所记可以互相印证。浙江宁波有晋义熙元年建的阿育王广利寺，据说其中“东塔院即刘萨诃所礼舍利涌出之处”（《宁波府志》卷三十三）。年前我曾到该地考察。

《梁书》上说：“其图诸经变，并吴人张繇运手。”敦煌写卷P·五六〇〇号内记：“张僧繇善画，有一僧名志弘变为一小师，至彼画处。”这是西北地区对南方书圣张僧繇流传的故事。南朝时，僧繇所绘关于刘萨诃的壁画现已不可踪迹，而莫高窟竟有萨诃在吴越时活动的壁画，安知非得自南朝传来的僧繇画本？

附记

唐僧详所撰《法华传记》一书内有两个慧达，一在卷四《晋太原沙门释慧达二十三》：“释慧达者太原人……以贞观八年四月结跏趺坐诵《法华》而终。”[①] 一在卷六《晋沙门慧达十九》：“诵《法华经》为常业，以晋隆安二年（398）于北陇上，为羌所得。”[②] 此两慧达同名而异人。前者殁于唐初，后者只记其晋隆安二年在羌处所诵《普门品》得脱，余无他事。此二人者与僧慧达刘萨诃绝无关系，因慧达（萨诃）到凉州御山的绝对年代，据天宝杨播的《因缘记》称“行至于此……言讫而过（化）至后魏正光元年（520）相去八十有六年”。由正光元年上推八六年，应是四三四年，即北魏太武延和三年。翌年四三五年即为太延元年，与道宣所称其到凉州为太延元年，相差只有一岁。故道宣与杨播所记相符。如果要把《佛国记》之慧达说成刘萨诃，而援引此《法华传记》内隆安二年之慧达，视作一人，不特与道宣所记不合，即

---

① 《大正藏》五一册，65页。

② 同上，76页。

与杨播天宝碑记言“将往天竺观佛遗迹”亦乖违。和尚同名者甚多，毋庸牵合为一人。

或说：“姚道安碑谓其至西天为驴耳王治病。”细审法京敦煌本《因缘记》原文，只言“又道安法师碑记云魏时刘萨诃仗锡西游至番禾望御谷山遥礼”云云，如是而已。道宣《续高僧传》所述，末称“见道安制像碑”，可见此碑为道宣目击，亦即他所依据。如姚道安碑中记载和尚至西天事，道宣安有不言之理？是故主张萨诃有两次西行者，谓其出自姚碑，实未考虑及此，殊不足信。

原载《敦煌研究》1988年2期

附录　印度事务部图书馆藏汉文写本C·一二一

(1) 凉州御山感通寺圣容天上来

(2) 大祖文皇帝膺千年之圣派百代之莫（真?）运

(3) 属龙非（飞）时当凤举廓三籁于道销庇四民圀

(4) 德丧维释氏之颓緦缀儒之绝纠（?）泽流遐外九

(5) 被无穷　皇帝时乘驭寓握厝君临德泊（?）渊

(6) 泉道光日月不住无为而孝慈兆庶不住有

(7) 为而萓（?）狗万机洞九宅之非絚树三宝之卭（?）袏（?）

(8) 于保定九年凉州表上方知圄容神异靡解（?）□

(9) 又空钟震响寔韵八音灯轮自□圂符三点亲

(10) 崄者发寺悟于真源传听者蕩烦羇于这（?）沠

(11) 滦慕之流京野翘汪公惟大慈府降宜就表

(12) 受启舍珍财敬营塔寺依山仒（?）树剥练（?）丹采于重

(13) 雷因林构宇晓宋青于谅尽人工之妙房

(14) 圎（?）周迎势放只蔄禅室连扃刑模鹫岭

(15) 左瞻崆峒想轩辕之所游

(16) 乾德六年六月廿二日僧道昭记之耳

（此资料承荣新江教授录示）

《历代名画记》札迻

一、唐代寺院之山水壁画

《历代名画记》卷三详记两京外州寺观画壁，近人治壁画者，多注意其人物、经变部分。然张爱宾所记，时及山水，因略举之，加以疏说，以补唐代画史之不及。（按书中所记先后，凡加引号者，即出张书原文。）

荐福寺

“律院北廊，张璪、毕宏画。”

荐福寺唐时在长安南开化坊，原为萧瑀之西园。高宗崩后立为大献福寺，至天授初改名荐福寺。[①]

“毕宏大历二年为给事中，画松石于左省厅壁。……树石改步变古，自宏始也。”“张璪，吴郡人，王缙奏为检校祠部员外郎。尤工树石山水。”依是，知张、毕二家之画当是树石之类。张璪详下文“张璪画技”条。

① 参徐松《唐两京城坊考》，下同。

慈恩寺

“大殿东廊从北第一院，郑虔、毕宏、王维等白画。”

“院内东廊从北第一房间南壁，韦銮画松树。”

慈恩寺唐时在长安南晋昌坊。本隋之无漏寺地。唐高宗为文德皇后立，故名慈恩寺。今犹为旅游胜地。“郑虔好琴酒篇咏，工山水。”“王默早年授笔法于虔。”“维工画山水。……清源寺壁画上画辋川，笔力雄壮。（彦远）曾见其破墨山水，笔迹劲爽。”依是，知诸家所画当是山水。

程鸿诏《城坊考校补记》引《唐画断》称：“王维、毕宏、郑虔所画乃寺东院小壁，非西院也。”“白画”指白描，疑但勾其轮廓。张书所记其例甚多，如展子虔注有“南郊白画”，“菩提寺有杨廷光白画”。白画不特施于人物，山水亦有描，或如女史箴图上山岳之笔法乎？

韦銮为“韦鉴弟。工山水松石，未免古拙”。“鉴之子鶠，工山水……善小马牛羊山原。俗人空知鶠善马，不知松石更佳也。”是松石为韦氏之家学。[①]

唐安寺

“北堂内西壁　朱审画山水。”

“朱审，吴兴人。工画山水。深沉瑰壮，险黑磊落，湍濑激人。建中年颇知名。”朱景玄《唐画录》记之尤详。称：“唐安寺讲堂西壁，其峻极之状，重深之妙，潭色若澄，石文似裂。”列审画于妙品上，可见造诣之高。此即开范宽《溪山行旅》一路，惜乎画迹无传。

兴唐寺

“东般若院，杨廷光画山水等。”

---

① 杜甫有《题韦偃马诗》。吴其贞《书画记》有韦鉴“仕马图”镜面。

兴唐寺唐时在南大宁坊之东南隅。神龙元年太平公主为武后立，初名罔极寺。开元二十一年改今名。杨廷光当即杨庭光，“庭光与吴道玄同时……杂画山水极妙，颇有似吴生处，但下笔稍细耳”。释本净于开元初在南岳司空山，闲放自处。天宝中，因杨庭光采药“论道终日”。[①] 此庭光事迹之可考者。

万安观

“屋门外北壁，李昭道画山水。”

“昭道，思训子，林甫从弟也。……变父之势……创海图之妙。”《式古堂书画汇考》引《画史清裁》云：“昭道海岸图，绢素百碎，粗存神采，观其笔墨之源，皆出展子虔辈也。”按元汤垕《画鉴》亦言：“展子虔画山水，唐李将军父子多宗之。”吴其贞《书画记》中，李昭道画有十件，如洛神图、桃源图，都是绢本。台湾“故宫博物院”庋藏传为昭道绘者若《湖亭游骑》、《春山行旅》、《洛阳楼》诸图，均约略可见其画风。今据彦远所记，其山水画亦尝绘于寺壁。詹景凤《东图玄览》言“及见元人临李思训海天落照图，则青绿山水之体大备矣”，今观敦煌石窟出唐人所绘佛传（今藏英伦博物院）陂陀峭壁，亦施青绿，与小李将军无异。

宝应寺

“西南院小堂北壁，张璪画山水。”

宝应寺在唐长安南道政坊，本王缙宅，大历四年舍为寺，韩幹常出入于此，朱景玄记“张藻员外”云“今宝应寺西院山水松石之壁，亦有题记，精巧之迹，可居神品也”。称许之至，则所绘仍以松石为主，且有题记，可补张书之不足。

---

① 宋《高僧传》卷八知威附传。《大正藏》册五〇，758 页。

崇福寺

“西库，牛昭、王陁子画山水。”
“东山亭，刘整画山水。”
“壁碾，陈积善画山水。”

崇福寺在长安休祥坊东北隅，本杨恭仁宅，咸亨元年立，载初元年改今名，武后飞白题额。张书王陁子下注引窦云：“时有牛昭，亦善山水。”按《新唐书·艺文三》有窦蒙《画拾遗》，卷亡。爱宾屡引窦说，即出此书。王陁子事详下文。刘整，“任秘书省正字。善山水，有气象”。段成式《寺塔记》：“安邑坊玄法寺西廊壁有刘整画双松，亦不循常辙。”将作监壁亦有刘整画山水，合崇福寺共有三处。

“陈格，工山水有气韵。……子积善，山水妙过于父。”其山水仅见于崇福寺壁。

懿德寺

“三门西廊东，静眼画山水。”

懿德寺在长安南延寿坊。本慈门寺，神龙元年，中宗为懿德太子追福，改今名。

静眼为陈静心弟，“善地狱、山水”。

秘书省

“先亦有小山水在书阁上，今已无。”

御史台

“殿中厅吴画山水，据其画迹，不是吴，又桂州萧祐画山水。”

“萧祐画山水，甚有意思，为桂州观察使。”

将作监

“刘整画山水。”

太常寺

“太卿后厅，梁洽画山水。”

“会稽僧道芬、郑町处士、（荥阳人）梁洽处士……并画山水。道芬格高，郑町淡雅，梁洽美秀。”

梁洽名见此。

以上西京上都

敬爱寺

“大门并狮子、昆仑各二。”

“北壁门西一间佛会及山水，何长寿描。”

昆仑殆指须弥山图一类。

山水画与人物画同有白描法。张氏于东都敬爱寺壁画观察最精，其言曰：“彦远游西京寺观不得遍，惟敬爱寺得细探讨，故为详备。”其记此寺中门东立之神像云：

“（武后）圣历（698）后，有神英法师令何长寿扫却重描。神英京兆党何生，洛下罗僧党刘行臣，时人以何生虽善山水，至于画神不如刘，刘为关中独步，与西京（何）长寿齐名。洛下之意，抑何进刘，不许神英之请。还遣行臣之子茂德续其父画，今中门东神及两鬼腰已上新接者，亦不逮其父矣。”

是在当日有“京兆”、“洛下”两派。何长寿为京兆所推崇，洛下则尊刘行臣，有地域之分。何以山水见长，其山水用描，殆是白画一流，殊有足记者。

以上东都洛阳

浙西甘露寺

“王陁子须弥山海水，在僧伽和尚外壁。”

以上张书所记寺院壁画之有山水者，政府机构亦以山水点缀厅堂，其事似盛于王陁子、王维以后。王陁子事详见另条。

二、王陁子与吴道子

王陁子与吴道子同时，王陁子山水画，唐人或以为出于道子之右，彦远画列陁子于道玄之前云：

“王陁子善山水幽致，峰峦极佳，世人言山水者，称：陁子头，道子脚。”

其自注引窦蒙云：

“山水独运，别是一家。绝迹幽居，古今无比。时有牛昭，亦善山水。”

崇福寺之西库有牛昭与“王陁子山水”，浙西甘露寺亦有王陁子之须弥山海水。据法京伯希和三五三八号记寺内绘画言：“又于四角各画宝须弥山，画四方海水”。《拾遗记》：“昆仑山者西方曰须弥山。”由是知敬爱寺大门之绘昆仑，亦须弥山之类。陁子画今不可见。惟须弥山宝绘，日本法隆寺之玉虫厨子一座，上有须弥山图，西域库车所出卢遮那佛图亦绘须弥山，作海水波涛汹涌状。伦敦大英博物院之毗沙门天王图亦绘海水，王陁子之海水，可在此诸图想见其仿佛。唐人评论陁子在山水画为头而道玄为脚，其高下可见。但朱景玄列其画于能品中，看法略异耳。

三、郑虔书画

郑虔见张书卷九，称其“高士也”。虔之学长于地理，著有《天宝军防录》，见崇文总目地理类。又著《胡本草》，故杜甫《八哀诗》挽之，有“药纂西域名，兵流指诸掌”之句。其画迹在宋宣和御府著录者有八件。属于山水者有《峻岭溪桥图》。吴其贞《书画记》有三幅：为宫苑楼台图、山庄图、渊明图。其书法则《金石萃编》七九收其开元二十三年华岳题名六行，隶书，共三十四字，已不可句读。惟苏联列宁格勒东方学院藏西域文献列一〇八三九号为郑虔残札，存十一行半，书法甚佳，吉光片羽，殊为可珍。兹摘录七行如下：

昨日于一处见公镌碑□殊为　精妙又知造代国公主碑若　事了得同东行要何可言虔　于江外制三碑兼自书二在　常州一在湖州便同舟往大　镌亦是济耳必当定决也　郑虔白　陈博士　（下略。据法京吴其昱君录出）

陈博士不知何人。代国公主有碑见《金石萃编》七八。公主乃睿宗第四女，下嫁郑万钧。唐人书迹存者殊稀，望有好事者能继《石头记》之后从苏京影回此一残札，为书史增一新墨迹。

四、张璪画技

张璪字文通，贬官武陵郡司马，移忠州司马。其松石在唐时极为人所爱好。朱景玄称其“以手握双管，一时齐下，一为生枝，一为枯枝，气傲烟霞，势凌风雨”。毕宏讶其“唯用秃毫，或以手摸绢素”。后人怀疑其为指画之滥觞。彦远言“璪以宗党常在其家，故家多璪画，曾画有八幅山水幛，在长安平原里”。又记李约好其画幛，“已练成衣里，惟得两幅，双柏（松）一石在焉，因作《绘练记》述张画意极尽”。惜不载其文。惟《全唐文》卷六九〇，蜀人太常寺协律郎符载有文二篇，言及张画，甚为有趣。

一为《江陵府陟屺寺云上人院壁张璪员外画双松赞》略云：“根如蹲虬，枝若交戟。离披惨淡，寒起素壁。”

一为《江陵陆侍御宅宴集观张员外画松石图》略云：“是时座客声闻士凡二十四人，在其左右皆岑立注视而观之。员外居中，箕坐鼓气，神机始发，其骇人也，若流电激空，惊飙戾天，摧挫斡掣，㧑霍瞥刊，毫飞墨喷，捽掌如裂。离合惝恍，忽生怪状。及其终也，则松鳞、皴石、巉岩、水湛湛，云窈眇，投笔而起，为之四顾，若雷雨之澄霁，见万物之情性。”描写文通当众挥毫之情状，栩栩如生。彼能写急画，毫飞墨喷，最堪注意者为“捽掌”之动作，捽者，《类篇》云：“推也”，“捽，擦行。”即用掌推擦于绢之上，当如今人之作指画兼以掌泼墨扫之，比用笔更为泼辣。符文十分重要，可以想见文通作画功力之深，写松石具有特技。唐代山水壁画似以松石为骨干，双松尤为常见题材，毕宏、张璪、刘整等皆然。张璪之松石今已无存，宋人犹及见之。米芾《画史》载“钱藻藏璪松一株，下有流水，涧松上有八分诗一首”。可见梅道人之涧松及长题远有所本。《唐画断》记昭国坊“庾敬休宅壁，王维图山水兼题记之，当时之妙”。知长题在唐时已有此先例，非至元人始作俑也。

五、古秘画之白泽图

彦远书卷三《述古之秘画珍图》尚多可考，最值得记述者，无如《白泽图》，张书云：

> “《白泽图》一卷，三百二十事。出《抱朴子》，黄帝巡东海而遇之。”

《南史·梁简文帝纪》有新增《白泽图》五卷，隋唐《志》著录均有《白泽图》一卷，《宋史·艺文志》又有唐李淳风《白泽图》一卷。法京伯希和取去列号二六八二号为“白泽精恠（怪）图一卷”，“册一纸成，道昕记”。英国斯坦因列号六二六一亦即此图之残纸。前者存图并记一十九事，后者存六事。彦远所记，可尝其一脔矣。

《云笈七籤》卷一〇〇引《轩辕本纪》：“帝巡狩，东至海，登桓山，于海滨得白泽神兽，能言，达于万物之情，因问天下鬼神之事。自古精气为物，游魂为变者，凡万一千五百二十种，白泽言之。帝令以图写之，以示天下。”

唐瞿昙悉达《开元占经》卷一一六引《瑞应图》云：“黄帝巡于东海，白泽出，达知万物之精，以戒于民，为除灾害。”白泽与黄帝传说关系之深，两书所言，可见其概。向日尝撰文《跋敦煌本白泽精怪图两残卷》[①] 考证其命名之颠末及类书征引梗概。近又得新资料两事，补述如次：

> 《南唐野史》：谢观戏寇豹曰：青蝇被扇扇离席。寇豹见户上白泽图，答曰：白泽遭钉钉在门。[②]
>
> 《五灯会元》卷六：澧州洛浦元安禅师，问：一毫吞尽巨海，于中更复何言？师曰：家有白泽之图，必无如是妖怪。

白泽为能言之神兽，可以辟去邪魅。从上二条，知唐时，家家户户有悬白泽图之习俗，殆是简单之图。其为秘画者，赖敦煌石窟所出“精怪”长卷，始能窥其大辂椎轮耳。

近年为研究院诸生讲论，每及张彦远此书，颇有札记以备忘。山西大学艺术系将举办《历代名画记》学术思想讨论会，李德仁先生来书征文，惜无暇参加，谨摘抄笔记数则，聊以塞责，并请教于诸同好云。

原载《大公报》艺林，1987 年 8 月 10 日、19 日

---

① 《史语所集刊》四一，四。

② 吴任臣《十国春秋》一一六备考引。

跋敦煌本《白泽精怪图》两残卷

（P·二六八二，S·六二六一）

敦煌石窟所出《白泽精怪图》一卷，现藏巴黎国家图书馆，列伯希和目二六八二号。著录家或作“精洊图”及“精话图”，皆误。审其原卷，乃题精恠图，即精怪也。

卷中有云：“精怪有壹佰□拾玖……”又云：“人家无故恐者，皆是诸鬼精变怪使然”。其为一图绘精怪之事甚显。考《汉书·艺文志》杂占家著录，有下列各书：

《祯祥变怪》二十一卷

《人鬼精物六畜变怪》二十一卷

《变怪诰咎》十三卷

所云精物变怪者，《易·系辞》云：精气为物，游魂为变，汉时杂占家侈谈变怪，其书悉已亡佚。此P卷之末有淡墨行书两行，文云：

已前三纸无像。道昕记，道僧并摄，俗姓范。

白泽精怪图一卷，册一纸成。

似原图为散页，共四十一张。其前三纸无图，今本自出于后人重新装池，而置前三纸之无像者，厕于卷末，则此卷固非完帙矣。

伦敦大英博物馆敦煌卷子，列斯坦因六二六一残纸，与此应为同一图之断片，原物白棉纸，极破损，已重加装裱。

图有乌绿栏，书法甚佳，绘事亦精。P卷前段有图有说，分上下两排，后段有说无图，共存图记一十九事，S卷只存图记六事，以文中精怪有壹佰□拾玖……语推之，则所缺尚多。

一

张彦远《历代名画记》卷三古之秘画珍图目录内有白泽图一卷三百二十事。《南史·梁简文帝纪》有新增《白泽图》五卷，隋唐《志》并有《白泽图》一卷，《宋史·艺文志》著录有唐李淳风《白泽图》一卷，卷数并有出入。而此图题名"白泽精怪图"，又复不同。《云笈七籤》一百《轩辕本纪》称："（黄）帝巡狩，东至海，登桓山，于海滨得白泽神兽，能言，达于万物之情，因问天下鬼神之事。自古精气为物，游魂为变者，凡万一千五百二十种，白泽言之。帝令以图写之，以示天下。"所言精怪逾万种，自是踵事增华。其谓黄帝登桓山，即《史记·五帝本纪》之丸山。《抱朴子·极言》篇称："皇（黄）帝审攻战则纳五音之策，穷神奸则记白泽之辞。"又《登涉》篇答辟百鬼之法，除使用符契，"其次则论百鬼录，知天下鬼之名字，及白泽图、九鼎记，则众鬼自却"。是《白泽图》之出现，在葛洪之前，其用途乃在于烛神奸，劾鬼物也。

二

《说文·大部》臭字下云："大白泽也。从大白，古文以为泽字。"臭经典作皋，与泽同训。《诗》"鹤鸣于九皋"；《毛传》：皋，泽也。白泽，兽名。《宋书·符瑞志》云："泽兽能言，连知万物之精。"但称泽兽，无"白"字。《庄子·达生》篇："野有彷徨，泽有委蛇。"《风俗通·怪神》篇云："此所谓泽神委蛇者也。"由泽兽、泽神名称例之，白泽亦可省称曰泽。白泽又或作白罴，苏联出版之《维摩碎金》有云：

> 第十：牛生白罴者，气暇暇而喘。……牛王能垦大荒田，苗稼丰饶

万类安。白罴本来天界住，托生牛腹向人间。………妙德降于堪忍界，灵禽瑞兽悉皆欢。（此卷末有“灵州龙兴寺讲经沙门匡胤记”题识）

清天台张亨梧（菊人）著《感物吟》五卷，内有咏白泽诗云：

桓山白泽智殊伦，黄帝东巡问鬼神。精气游魂千五百，不须前席贾生频。（嘉庆壬申刊本）

此亦有关之记载，附着之以为考证之助。

三

元刊应劭《风俗通》卷七为《怪神》篇，谓：“传曰神者申也，怪者疑也，孔子称土之怪为坟羊。”论语：“子不语，怪力乱神。”故采其晃著者曰怪神也。篇中如“世间多有狗作变怪，朴杀之，以血涂门户，然众得咎殃”，“世间多有精物妖怪百端”，“世间多有伐木血出以为怪者”，“世间多有虵作怪者”等项，皆可与此精怪图比证。《太平御览》二十三引《风俗通》云：

夏至著五彩辟兵，题曰游光厉鬼，知其名者无温疾。永建中，京师大疫，云厉鬼字野童游光。亦但流言，无指见之者。其后岁岁有病，人情愁怖，复增题之，冀以脱祸。

《荆楚岁时记》佚文云：

（五月）五日以艾缚一人形，悬于门户上，以辟邪气。以五彩丝系于臂上，辟兵厌鬼，且能令人不染瘟疫，口内常称游光厉气四字，知其名则鬼远避。

今据此精怪图：

夜行见火光，下有数十小儿，头戴火车。此一物而名口为游光，下为野童。见是者天下多疫，死兄弟八人。

依图所绘，游光之状为小儿头戴火车。可资博识。

《抱朴子》称《白泽图》与《九鼎记》可却鬼，其佚文云："按《九鼎记》及《青灵经》言：人物之死，俱有鬼，马（?）鬼尝以晦夜出行，状如炎火。"（《御览》八八三卷引）他书所引有《夏鼎志》者：

> 《法苑珠林》卷十一六道部（第四之五）引《夏鼎志》云："掘地而得狗，名曰贾；掘地而得豚，名曰邪；掘地而得人，名曰聚。"
>
> 《宋书·五行志》：《夏鼎志》："掘地得狗名曰贾。"尸子曰"地中有犬名曰地狼"，同实而异名也。

按S·六二六一精怪图残纸云："掘地得人曰取"，"取"即"聚"也。又云"掘地得蒻曰耶"，"耶"即"邪"，《夏鼎志》以得豕曰邪，与此图异。《抱朴子》以《九鼎记》与《白泽图》并举，此图则直以《夏鼎志》语录入《白泽精怪图》中。

四

白泽一系图籍，又有《白泽地镜经》者。《金楼子》卷五《志怪》篇云："《地镜经》凡三家，有《师旷地镜》，有《白泽地镜》，有《六甲地镜》。三家之经，但说珍宝光气。"考《地镜》见《隋志》五行类，原亦有图，《初学记》、《御览》屡征引之。马国翰据《开元占经》辑录《地镜》一卷，以校此精怪图，若下列各事：

> 革带夜有光
> 鸡夜鸣
> 蛇无故入人家
> 鼠上树
> 鼠群行则有大水
> 鱼从水上流下
> 釜鸣

等怪，俱见于《地镜》，则此图之取资于《白泽地镜》，可断言也。《金楼子·志怪》篇云“山中有寅日称虞吏者，虎也。称当路君者狼也。辰日称雨师者，龙也。知其物则不能为害矣”。此数语俱见P卷。《抱朴子·登涉》篇：

> 抱朴子曰：山中有大树有能语者，非树能语也，其精名曰云阳，呼之则吉，以下一节，举四徼及升卿诸精。下则山鬼唤人，迷惑人，以及寅日自称虞吏者虎也，以迄丑日称书生者牛也。

此一段文字，皆于P卷，惟略有小异。如《抱朴子》见秦者，百岁木之精，P卷作秦人，多一“人”字，以上文，见“胡”人者，比勘之，则作“秦人者”是也。《抱朴子》“四徼”，P卷作“四激”。“以苇为茅以刺之”句，P卷作为“钎”之，是。两“投之”句，P卷一作“捉之”，一作“打之”。十二支异名，《抱朴子》始寅日而终丑日，P卷则自子终亥。巳日《抱朴子》多“称时君者灶也”一句。P卷夺去，又缺“午日称三公者马也”句，应据补。戌日，P卷作“称成阳翁仲者狐也。称人字者金玉也”。《抱朴子》作“成阳公”。又云“亥日称妇人者，金玉也”。此与P卷异。《太平御览》卷八八六“精”类引白泽图共二十二条，盖为“精”名。又引《抱朴子·登涉》篇，即上引等语，而不作《白泽图》。然均见于敦煌本《白泽精怪图》。槃庵先生曩谓此为《白泽图》逸文，证知《抱朴子》得见《白泽图》，验以此卷，其说良信。图九之五色鸟，亦见沙州都督府图经（P·二〇〇五号），周天授二年见之于平康乡。

《御览》九百一十八鸡部引《白泽图》：“老鸡能呼人姓名，杀之则止。”是图第一事文云：“夜呼老妇名者，老鸡也。马尿涂人户，防之不防之，死煞则已。”文大略相同。

《白泽图》佚文，不见于此图者，若《搜神记》言两山间之精如小儿曰傒囊。诸葛恪曰：“此事在《白泽图》内”。其说果信，则白泽图之出现，应在吴以前矣。政和《证类本草》所出经史方书，其目有《白泽图》，其卷十九鬼鸟余九首一事下引《白泽图》云：“苍鹕，昔孔子与子夏所见，故歌之，其图九首。”以校《北户录》，此则加详焉。

五

《白泽图》旧列于五行杂占类。其书久佚，向有马国翰（《玉函山房佚书》）及洪颐煊（《经典集林》）两辑本。陈槃庵《古谶纬书录解题》（二）著录《白泽图》，考证甚详，附记亦略及P卷（《史语所集刊》第十二本）。

敦煌卷中此图与《瑞应图》，皆有着色，堪称双璧。是卷书法与图绘甚相配合，笔画较圆润而具波磔，古拙有力。与《瑞应图》行笔作风不同，较为精美，似非出一手。

以画法论，行笔纤细而有力，六朝至唐，写器物之画卷，若顾恺之女史箴图，笔意仿佛，轻灵韶秀，有时如毛发，如游丝；写动物翎毛，时用干笔，焦燥而表现清劲。鸡之足部，有留白处，翼用双钩，淡染，线条挺秀。写火只用红色作状，上深下浅。写人物如游光八人，用笔生动，其中两人足部用重笔，余则娟细而含蓄，八人面孔表情，无一相同。“鼠上树”一段，树叶作，甚有意致。图皆施色，如S卷狗敷淡黄赭色，兔用青色。掘地所见亦以不同颜色表现之，俱见匠心。此残图须细心观察，方知其行笔微妙处。

P·二六八二卷，松本荣一已印入《国华》七七〇期（1956），并将原文录出，间有讹失，如道昕误作道所，即其一例。

六朝时有人以白泽为名，齐文惠太子长懋，即小字“白泽”（《小名录》），此如桓玄，一字名灵宝（亦见《小名录》），以道经为号。《魏书》卷廿四张衮之孙本名钟葵，献文帝为改名为白泽。唐时，以白泽名旂，唐《六典》旂制三十二，白泽其一也。

白泽用以辟邪，韦后妹七姨嫁将军冯太和，以白泽辟魅（《唐书·五行志》）。

《法苑珠林》卷四十五，白泽图验，记厕精及各精甚详（见附录）。

原载《史语所集刊》四一卷四期，1969年3月

附录（《法苑珠林》卷第四十五）

白泽图曰：厕之精，名曰倚，衣青衣，持白杖，知其名，呼之者除，不知其名，则死。又筑室三年，不居，其中有满财，长二尺，见人则掩面，见

之有福。又筑室三年不居，其精名忽，长七尺，见者有福。又筑室三年，不居，其中有小儿，长三尺而无发，见人则掩鼻，见之有福。又火之精，名曰必方，状如鸟，一足，以其名呼之，则去。又木之精，名彭侯，状如黑狗，无尾，可烹而食之。又千载木其中有虫，名曰贾诎，状如豚，有两头，烹而食之，如狗肉味。又上有山林下有川泉地理之间生精，名曰必方，状如鸟，长尾，此阴阳变化之所生。又玉之精名曰岱委，其状美女衣青衣，见之云桃尖刺之，而呼其名则得之。又金之精名曰仓嘻，状如豚，居人家，使人不宜妻，以其名呼之，则去。又水之精名曰罔象，其状如小儿，赤目黑色大耳长爪，以索缚之，则可得，烹之吉。又故门之精名曰野，状如侏儒，见之则拜，以其名呼之，宜饮食。又故泽之精名曰冤，其状如蛇，一身两头，五彩文，以其名呼之，有使取金银。又故废丘墓之精名曰无，状如老役夫，衣青衣而操杵好舂，以其名呼之，使人宜禾谷。又故道径之精名曰忌，状如野人行歌，以其名呼之，使人不迷。又故车之精名曰宁野，状如辒车，见之伤人目，以其名呼之，不能伤人目。又在道之精名曰作器，状如丈夫，善该人。以其名呼之则去。又故臼之精名曰意，状如豚，以其名呼之，则去。又故井故渊之精名曰观，状如美女，好吹箫，以其名呼之，则去。又绝水有金者精名侯伯，状如人，长五尺，五彩衣，以其名呼之，则去。又故台屋之精名曰两贵，状如赤狗，以其名呼，使人目明。又左右有山石水生，其涧水出流，千岁不绝，其精名曰喜，状如小儿，黑色，以其名呼之，使取饮食。又三军所战精名曰宾满，其状如人头，无身，赤目，见人则转，以其名呼之，则去。又故水石者精名庆忌，状如人乘车盖，一日驰千里，以其名呼之，则可使入水取鱼。又丘墓之精名曰狼鬼，善与人斗，不休，为桃棘矢羽以鸱羽以射之，狼鬼化为飘风，脱履投之不能化也。又故市之精名曰门，其状如囷而无手足，以其名呼之，则去。又故室之精名曰孙龙，状如小儿，长一尺四寸，衣黑衣，赤帻大冠，带剑持戟，以其名呼之，则去。又山之精名夔，状如鼓一足如行，以其名呼之，可使取虎狼豹。又故牧弊池之精名曰髡顿，状如牛无头，见人则逐人，以其名呼之，则去。又夜见堂下有儿被发走匆恶之精名曰沟，以其名呼之，则无咎。又百岁狼化为人女名曰知女，状如美女，坐道傍告丈夫曰："我无父母兄弟"，若丈夫取为妻，经年而食人，从其名呼之，则逃走去。又故溷之精名曰卑，状如美女，而持镜呼之，知愧则去也。

张彦远论画分疏密二体

中国人谈学艺很喜欢用二分法，刘知幾论史标二体，张彦远论画亦然。张氏云："若知画有疏、密二体，方可议乎画。"（《历代名画记》卷二《论顾陆张吴用笔》）他在讨论四家画风时，悟到书、画的用笔相同，直截了当指出用笔的重要性，可谓一针见血。他进而畅论吴画："众皆密于盼际，我则离披其点画；众皆谨于象似，我则脱落其凡俗。"此即道子所以值得被尊重为画圣的原因。后代所谓工笔意笔之分，以及倪迂所云"逸笔草草，不求形似"等理论，无不道源于此。顾、陆之神，在于笔迹周密，而张、吴之妙，则虽笔不周而意周。如果意周，所表现的事物，即使只是寥寥数笔，已能具体而微，意能周，在行笔反欲不周。他说："笔绕一二，像已应焉，离披点画，时见缺落。"追求"缺落"之美，从不完整处见其完整，是要能"笔画离披"。如惊飙之卷沙，疾风之扫弃，其使墨狼藉，警策的行笔，可以令人心折骨惊，才是最高境界，张大风的"行条理于乱头粗服之中"，乱头粗服，即是笔不周，神理具足，则意周矣。"笔才一二而像已应"，是很不容易做到的，唐人的画可见到的太少，真正能办到从酣畅的笔墨写出极疏的意境，只有八大才是突破者、证道者，才是张说的忠实实践者，自非笔力能扛鼎，谈何容易！从张彦远的理论，不管密也好、疏也好，必须从"用笔"方面着力，这是中国画的特色，书与画同源的道理，张彦远发挥得十分透彻，可见书法的训练，自然是中国画造型的基本功夫，以笔的线条作为表现的主体，这一点是不能否定的。

笔迹周密和点画离披，好像是不同的两面，真实正是相反相成，从作画的功夫上言，必先能密而后求疏，密是疏的基础，在构图上论，疏、密随心，因境而异，疏密本无定则，有时可以极密亦可以极疏，密中有疏，同样地亦可以疏中见密，语云："宋人千岩万壑，无一笔不减，倪迂疏林瘦石，无一笔不繁。"于繁中见简，在简处现繁，便是这个道理。实际上画面的安排，完全出于画家运笔的习惯，每个画家到了相当造诣，他各有掌握自己与众不同的手法和驱役这特殊的手法去摹写造化各种事物的出神入化的伎俩。他的特别风格的形成，即由此奠定，外界宇宙的客观形象，只是画材而已，如何支配画材去表现得活泼生动、出奇制胜，以至惊心动魄，全靠主观部分酝酿出来的不同手法，这个主观部分是个人的宇宙，包括画家的个性、学养、心灵活动等等的总和。作为画家自身构成他的突出而与人差异不同的成因，可说是画中的"我"，"我"的追求和"我"的表现在笔墨交融之下去进行创作，疏与密的处理，视乎性格与熏习而决定，疏密的本身该是没有轩轾，但表现的手法因人而异，还是有差别的。个人宇宙的酝酿、形成，在浚发艺术心灵上应该随时下疏凿的功夫，好像掘井，才有"中得心源"的可能性。这是非常重要的，许多人只懂做"外师造化"一类写生旅行的工作，纵有收获，只是表面而已。疏与密的问题在张彦远心目中好像尚有高下之分，他似乎认为密易而疏难，当然，这是初地的功夫，到了化境的时候，疏密可以随心，它只是画的整体表现出来的差异，极密与极疏都可以各尽其胜，不必强为区别优劣，无须把它们去比附南、北宗，更和文人画与非文人画没有绝对的关系。

近时的画风，由于喜欢追求现实的缘故，有时不免过于求密，画面堆砌，往往和图案设计配合得太紧凑，对于线的表现尚未做到理想的地步，密而行笔不能紧劲联结，全无笔意可观，徒具躯壳之美，而乏象外之趣，笔太周而意反缺然，正如钱选所说"愈工愈远"，其关捩何在？如何去补救它？是很值得我们去寻思和体验的。

诗画通义

一、神思章

盈天地之间，皆画材也。“粉本不在画中而在天地”（钱牧斋《题闻照法师画册》）。天下有大美而不言，能言之者，非画即诗。画人资之以作画，诗人得之以成诗；出于沉思翰藻谓之诗，出于气韵骨法谓之画。

扬雄云：“言，心声也；书，心画也。”宋杨简因为《心画赋》，谓“砚者，天池也；墨者，玄云也；笔者，龙也；乘龙者，不知其为何神也！”（《赋汇补遗》十三）龙之升于天也，乘玄云，行天池，乘龙者实为之驱，养其神明，化其神奇，以成大美，始能以美利利天下。惟神奇斯能去臭腐而极变化。神而明之，存乎其人而已。

诗者，言语之至精者也；画者，形象之至美者也。昔人譬之饮馔，谓米如文，而酒如诗。以画论之，寺壁变相，如赋、如大曲，味之满汉筵席也；山林远景，如绝句、如小令，酒之竹叶、茅台也。诗为适口之杜康，画乃游目之烈裔（见王子年《拾遗记》）。画家师造化于外，得心源于里。诗家吟咏，舒状物色，窥情风景之上，钻貌草木之中，目既往还，心亦吐纳，与画亦何以异乎？

二、图诗章

神话者，文艺之母也。皇古之时，诗画胥取材于此，中外无不皆然。谓神话即诗，可也；谓神话即画，亦无不可也。自楚先生之庙，以至蜀郡祠堂，鲁殿灵光，画彩仙灵，图写禽兽，载在典册。近年新获汉画，北至蒙古，西极酒泉，东自沂南，南讫长沙，托之丹青，千态万汇，无不事各缪形，随色赋状。而画中有赞，谓之“图诗”，汲冢所出，王俭所录，俱其明征。赞为韵语，与诗同流。后世题画有诗，其昉于此乎？赞之结集，肇于谢庄，寖由小流，蔚成大国。

三、气韵章

六法，其一曰气韵生动。韵本声律之事。刘勰云：“同声相应谓之韵是也。”嵇康《琴赋》：“改韵易调，奇音乃发。”改韵可得奇音，迅笔乃出异彩。文之韵，亦犹乐之韵也。魏晋以来，品藻人物，辄曰思韵，曰风韵。既取之喻画，亦举以论文。萧伯玉云：“文之致在气韵，无韵则死。”其在于诗，则曰神韵，陆时雍《诗镜》揭其义，渔洋益张大之。诗中神韵，亦如画之气韵，皆取象于人。乏韵则死。诗之与画，固无二致也。

荆浩《画山水赋》云：“凡画山水，意在笔先。”方以智则云：“画在法中，意在笔外。”戴本孝为丹臣作《象外意中图卷》，皆以意为之。晋庾子嵩作《意赋》，成，自谓“正在有意无意之间”。笪重光《画筌》言：“笔有中锋、侧锋之异用，更有着意、无意之相成”。夫疾、徐、轻、重，得心应手，熟则巧生，巧后反拙，工拙双忘，自成高逸。山川以浑厚成其气象，林峦以交割表其清致，离法而法存，外象而象备。

意在笔先，词家亦每言之。陈廷焯论词之沉郁，谓“沉郁者，意在笔先，神余言外”。画理亦然。《四友斋笔记》论用笔得失云：“凡气韵本乎游心，神采生于用笔，意在笔先，笔用意内，笔尽意在，象应神全。夫内自定然后神闲意定，神闲意定，则思不竭，而神不困也。”无论“意在笔先”，抑“意在笔外”，须游心于无际，而气韵自足。论词者如此，语之于画，何独不然乎？顾恺之之论摹写也，曰：“重宜陈其迹，各以全其想。譬如画山，迹利则想动，伤其所以嶷矣。”是故虽重其迹，必须全其想；为山而伤其嶷，则失其所以为山，想之不全，而神已亏矣。若夫神闲意定，则想全而迹得；非意在笔先，心游象外，安能资之深，“取之左右逢其源”之乐如是乎？

四、禅关章

董香光自署曰画禅室，画道之通禅，由来尚矣。担当云：“画中无禅，惟画通禅，将谓将谓，不然不然。”是则然、疑且作；必也断然、疑，无然而无不然，无谓而无不谓，则超诸方便成十方矣。不离当念，十方遍照，以之入画与诗，自逢住处。山谷写真自赞，自道与摩诘之异云：“既不能诗成无色之画，画出无声之诗。”无色之画，无声之诗，殆所谓禅画者乎？其答罗茂衡句：“春草肥牛脱鼻绳，菰蒲野鸭还飞去。”直是一帧活生生之禅画。夫画心之必如禅心者，厥初收拾此心，如牛拴绳，及其驯也，绳子已用不着，便如野鸭海阔天空。画初由法入，终须离法。法而后能，变而后大。黄龙之教云：“但有纤疑在，不到无学，安能七纵八横，天回地转哉？”八大、石涛，俱到无学境地。墨之倾泼，势等崩云；笔入虚无，色同青霭。死灰能活，枯木皆春，此非七纵八横而何？都是禅机，了无差别矣。叶（梦得）石林，以禅喻诗，一为随波逐浪句，二为截断众流句，三为涵盖乾坤句。波漂菰米，露冷莲房，施之于画，亦涵盖气象。于雪个[①]时或遘之。徐寅云：“诗者，儒中之禅也。”此以诗思入禅关。画为无声之诗，然则画又安能离禅乎哉？

五、度势章

江淹《云山赞序》云：“壁上有杂画，皆作山水好势。仙者五六，云气生焉。”六朝山水，不可得睹，意者如顾恺之《云台山记》所述：“丹崖临涧，赫巘隆崇，有险绝之势者耶。”观女史箴图上山峰一段，可想见其仿佛。王船山论诗谓：“以意为主，势次之。势者，意中之神理也。惟谢康乐为能取势、宛转屈伸，以求尽其意。意已尽则止，殆无剩语。夭矫连蜷，烟云缭绕，乃真龙非画龙也。”诗中之意如龙，犹作画之主题也。屈申夭矫，益之云烟缭绕，则所以助长其势。山水画之作，烟云变灭，亦取其“好势”耳。故王麓台谓画须有气势（《两窗随笔》），唐岱亦主画宜得势（《绘事发微》）。刘彦和称：“文变殊术，要宜因情立体，即体成势。”深乎文者，循奇正以随变，酌刚柔而著功。盖画势之成，与诗同体，倒墨骋翰，标韵凝采，理正同符。至

① 此处疑有误。

乃书品亦重体势，中郎之于篆、隶二势，一比黍稷之垂颠，一譬星云之布阵，泱莽无极，庭燎飞烟，画也何以异是。苍润生笺，冰丝缘露，然后可以睹墨心惊，披图目炫矣！

六、伫兴章

诗、画相关之说，邹一桂亦言之，谓“绘事之寄兴，与诗人相表里”（《小山画谱》下）。王昱称未作画前，当先养兴（《东庄临画》）。此亦如作诗须先伫兴也。宋大樽云：“不伫兴而就，皆迹适工于俄顷者，此俄顷亦非敢觊也，而工者莫知其所以然。”（《茗香诗论》）唐人评诗，喜言“兴寄”、“兴象”。（《河岳英灵集》评陶翰诗云：“既多兴象，复备风骨。”又评孟浩然诗云：“无论兴象，兼复故实。”）《续诗品·精思》云：“文不加点，兴到语耳。”“人居屋中，我来天外。”此如列子御风，无待而至。作画亦莫不然，故佳构非可常有，当由神来，偶得而已。

恽格云：“诗意须极飘渺，有一唱三叹之音，方能感人；然则不能感人之音，非诗也。书法画理皆然。”（蒋元煦辑《瓯香馆上补遗画跋》）此借诗以论画，理俱圆通。诗意缥缈，有如仙乐；不能感人，不得谓之真诗。然则不能动人之画，乌得谓之真画耶？

词与画

——论艺术的换位问题

不久以前，“故宫博物院”举行画竹特展，有两幅文徵明绘的朱竹，一幅题嘉靖十三年甲午二月五日（图五四），一幅署嘉靖乙卯 戏写朱竹（图五三）。诗塘上都录高启的《水龙吟》云：“琪园丹凤飞来，几时留得参差翼。箫声吟断，彩云忽堕，碧云犹隔。想是湘灵泪，弹多处、血痕都积。看萧疏瘦影、隔帘欲动，应似落花狼藉。莫道清高也俗，再相逢、子猷还惜。此君未老，岁寒犹有少年颜色。谁把珊瑚，和烟换去，琅玕千尺。细看来、不是天工，却是那、春风笔。”这首已载入他的词集《扣舷集》中。文徵明前后两次用同一首诗来作为他所绘朱竹的题句，可见他对这一首词有极度的爱好。我们却可由此体会到有时画家亦要借重“词”来充实画的内容，来增加读画者在联想上产生情感的共鸣，而不惜把一首好词一题再题，这说明画和词也有彼此相需的密切关系。

谈到词史上的掌故，我们也许会想到清代词人项莲生的名句：“不为无益之事，何以遣有涯之生。”这一句话经过谭复堂在《箧中词》的品题，几乎成为家弦户诵了。其实这句话儿原出自张彦远的《历代名画记》。所谓无益之事，本来指的是画的玩耍。在项氏之前，浙西词人厉鹗亦尝套用过这一句，他在《赏延素心录》题辞中说：“张彦远云：非为无益之事，又安能悦有涯之生；海内不乏雅流，得此亦悦生之一助。”（《樊榭山房集》八）但没有项氏那样，能够引起多数读者的共鸣，项氏画龙点睛地把“悦”字改为“遣”字，

图五三　明文徵明朱竹轴

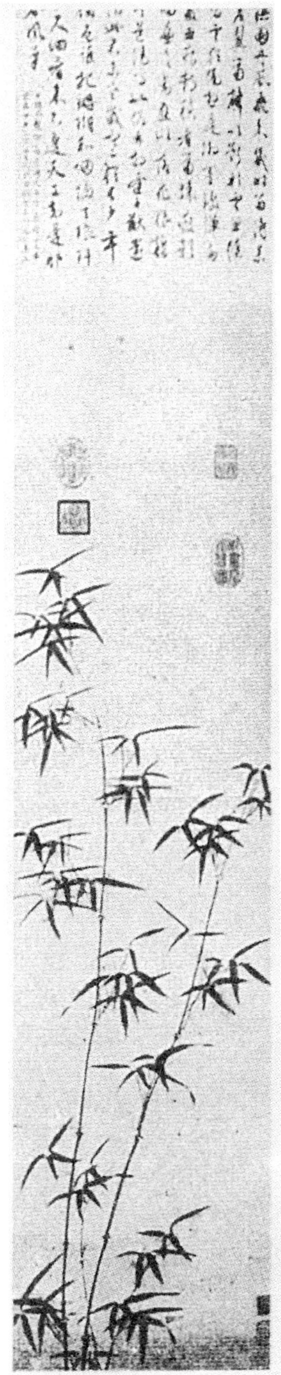

图五四　明文徵明朱竹轴

"何以遣有涯之生"比"安能悦有涯之生"来得多么令人动容，句子活起来了，从此遂成名句。"无益之事"便从"画"转移到"词"的身上去。这正说明艺术转位的可能。词家借重画家的话头，侵入到绘画的畛域，向画史借借东风，便可铸造崭新的语汇。搞文学史的人都知道项莲生，便会想到这一名句。但恐怕有许多人未必会想到他原是从张彦远那里偷来的！

今天要讨论的便是这两件所谓"无益之事"的相互关系。

本来诗与画的关系，以前尝有人谈过（钱锺书《中国诗与中国画》，开明书局《廿周年纪念集》）。词可说是诗的巨浸中的一支流。诗和画本质上二者截然不同。但彼此有时亦会跳出自己的圈子，掠取另一方的"美"，来建立自己的美，诗和画如此，词与画何曾不是如此。互相利用，每每有越俎代庖的现象。西方艺术理论像法国的 Gautier 论画便有所谓"艺术换位"之语（Transposition d'art）。现在我们要讨论的是曲子词和画的关联之某些突出的地方，画人如何运用词意以入画，画的原理与技法又如何被词人加以吸收作为批评的南针，在"出位"的手段下，彼此如何互相利用，互相得到益处，这将是文艺批评史和画史上一个重要而有趣的题目。今天借这机会特别提出来向各位请教。

一、词画的出现及其影响

两宋为词的黄金时代，词人辈出。其兼擅写画的，每以词为题语。于是遂有所谓"词画"者。刘克庄《后村题跋》中有《杨补之词画》一文。略云："善画者不必妙词翰，有词翰者，类不工画。……杨补之其墨梅擅天下，所制梅词《柳梢青》十阕，不减《花间》、《香奁》。……词画既妙，而行书姿媚精绝……宜颜曰逃禅三绝。"所谓"词画"，实指词与画二者兼精而言。杨补之的墨梅，和梅词所以绝妙，是因为别开生面，他把梅花分成四个阶段来描绘，各系以词，此事是乾道元年在江西写成的。兹据《式古堂书画汇考》卷十四录其词如次：

杨补之四梅图并题词卷

渐近青春，试寻红瑙，经年疎隔。小立风前，恍然初见，情如相识。为伊只欲癫狂，犹自把、芳心爱惜。传语东君，乞怜愁寂，不须要勒。

嫩蕊商量，无穷幽思，如对新妆。粉面微红，檀唇羞启，忍笑含香。

休将春色包藏，抵死地、教人断肠。莫待开残，却随明月，走上回廊。

粉墙斜搭，被伊勾引，不忘时霎。一夜幽香，恼人无寐，可堪开帀。晓来起看芳丛，只怕里、危梢欲压。折向胆瓶，移归芸阁，休薰金鸭。

目断南枝，几回吟绕，长怨开迟。雨浥风欺，雪侵霜妬，却恨离披。欲调商鼎如期，可奈向、骚人自悲。赖有豪端，幻成水彩，长似芳时。

范端伯要予画梅四枝，一未开，一欲开，一盛开，一将残，仍各赋词一首。画可信笔，词难命意，却之不从，勉徇其请。予旧有柳梢青十首，亦因梅所作，今再用此声调，盖近时喜唱此曲故也。……乾道元年七夕前一日癸丑，丁丑人杨无咎补之书于豫章武宁僧舍。（又《大观录》十四）

他这四首《柳梢青》的画词，对后人影响甚大。不能作画的词人，则和他的词；能画又兼能词的，则依样继作“词画”。兹列举所知：

（一）徐禹公　《梅花三昧图卷》。徐为杨无咎门人，见吴升《大观录》卷十五，有无咎题《柳梢青》十首。及张雨元至正间作次韵《柳梢青》，及宝祐丁巳赵孟坚跋称述逃禅画派。

（二）周密　和《柳梢青》。其序云：“余平生爱梅，仅一再见逃禅真迹。癸酉冬，会疏清翁孤山下，出所藏双清图卷尾补之自书《柳梢青》四词，词语清丽，翰札遒劲。……因次韵，载名于后，庶异时开卷索笑，不为生客云。”（《全宋词》，3283 页）

（三）陈允平　《柳梢青》四首 和逃禅。（《全宋词》，3108 页）

（四）张雨　次韵《柳梢青》元至正间作。（见《贞居集》）

（五）虞道园　和逃禅《柳梢青》。序云：“至顺癸酉立春，客有持逃禅翁此卷相示，清润缊藉，使人意消，因所题《柳梢青》调亦赋一首。”（《学古录》四）

（六）柯九思　至正元年追和逃禅四首。见《丹丘集》，亦见《式古堂书画汇考》。在杨补之四梅图卷后。有跋云：“补之词翰称妙一代，此卷尤佳。其《柳梢青》四词可以想象当时风致。勉强续貂以贻好事。丹丘柯九思书于云容阁，至正元年冬十有一月日南至也。”

（七）文嘉　仿杨补之《柳梢青》，和补之《咏梅词》四首（即未开，半开，盛开，将残）并画其前。时万历己卯二月九日也。（《穰梨》卷二〇）

（八）马扶义（元驭）　《梅花》卷跋云：“辛巳……偶读柯敬仲题杨无

咎画梅词子，情词婉转，想见前辈风流，不觉神往，挥汗写成四枝。更索吾青门老友（按即邵长蘅），倚和前词，以鼓痴兴。……”

杨无咎的梅花四枝，引起词人画家的兴会。和作者计宋二人、元三人、明一人、清二人，共九人。继作梅画的，有他的门人徐禹公及文嘉、马元驭。踵武的人如细征考，恐不止此数。可见他的“词画”影响之巨。他在宋人词中又有三香三逸之目。周密《声声慢》“逃禅作梅、瑞香、水仙，字之曰三香”，又“逃禅作菊、桂、秋荷，目之曰三逸”（《全宋词》，3278页），他是一位梅、菊、水仙、花卉画的大家，对南宋书画界有很大的带头作用。词与画的结合，杨无咎在写梅上是有特出成就的。赵希鹄说他学欧阳询楷很逼真。“以其笔画劲利，故以之作梅，下笔便胜花光、仲仁。”（《洞天清禄集·古画辨》）他是得力于书法的。

朱彝尊《曝书亭集》跋题杨补之墨梅谓：“横枝清瘦只如无。但空里疏花数点，梅花有魂二语摄之，此惟逃禅杨叟能写出。”可惜他的作品，现在可见到的不多。只“故宫博物院”《集古图绘册》中存一小幅墨画梅花，一枝独秀。上面有元刘因、危素许多人的题诗。刘后村言补之梅宜于巨轴。精彩处在于大幅，今不可睹，十分可惜。

二、诗意与词意——以词入画

文学作品以Theme为内在主要条件。用古诗作画的题材的，称曰“诗意”，起源甚早（韩诗、毛诗皆有图）。汉末刘褒画云汉图、北风图。相传嵇（康）、阮（咸）有十九首诗图。至用“诗意”二字，施于画上的，似以阎立德的沈约“湖雁诗意图”为最早（见《宣和画谱》）。五代时，能作枯木断崖云崦烟岫之态的成都杜楷有“秋日并州路诗意图”见《图画见闻志》。故宫画目中，明人作品以诗意为题的，不一而足。董其昌“霜林秋思”（图五五），自题：“玄宰写唐人诗意”（《故宫目》五，462页）。孙枝画杜甫“诗意”（图五六）（同上目五，470页）。文嘉、文伯仁、李流芳，都有极精的诗意图册。石涛的“东坡诗意图”，以画配诗，相得益彰，尤为出名的剧迹。

以词作为画的题材的，称曰“词意”。其事宋人已有之，楼钥《攻媿集》卷七十称孙浩然的“一带江山如画，风物向秋潇洒”一词。王诜尝画此《离亭燕》词意，作“江秋晚图”。此词他处作李昇，一作李升（《全宋词》，111页）。“词意”二字，始见于此。后来画家用“词意”二字作画材的，有沈

图五五　明董其昌霜林秋思轴

图五六　明孙枝画杜甫诗意轴

周“渔家傲词意图”、“柳梢青词意图”（《式古》卷二五）。清钱载写墨兰题云：“玉田词意”（图五七，《故宫目》五，569 页）。清余集有“落花人独立，微雨燕双飞词意轴” （《瓯钵》，三，一五）。

还有以词刻入版画的，亦有用“词意”一名。像万历时刊本之《诗馀画谱》，一名《草堂诗馀意》[①]，亦以“意”字作书名标题。

明人善画古人词意，如董玄宰画太白词“平林漠漠烟如织，寒山一带伤心碧”（《大观录》一九）及写宋人词册王半山词十一首（《续梨》六），都是重要的例子。

图五七　清钱载写玉田词意轴

① 此书万历四十年，黄冕仲跋。《版刻图录》PL 六八二收苏轼《水龙吟》咏笛一幅。

三、以词题画

图五八　元盛懋画松溪泛月轴

张志和《渔歌子》，为词中最早期作品。据朱景玄《唐朝名画录》称，“张志和依渔歌五首，乃为卷轴，随句赋象。”《图绘宝鉴》谓“颜鲁公以《渔歌》五首赠之，张乃随句赋象，人物舟船烟波风月，皆依其文写之，曲尽其妙”。故李调元《诸家藏画簿》收有张志和“渔父图”（《函海》本七）。五代卫贤作品，郭若虚记“张文懿家有其春江钓叟图，上有李后主书渔父词二首”（《图画见闻志》）。是李煜亦曾作《渔父词》题画。宋道诚《释氏要览》卷下法曲子云：“南方禅人，作渔父拨棹子唱道之词，皆此遗风也。”盖尤盛行于缁流。至元至正十二年吴镇写“渔父图”及题词《渔歌子》十六阕，遂集以渔父为题一类词画之大成。《大观录》七称：“吴仲圭仿荆浩渔父卷，水墨轻清，写景空旷，十六词行书秀劲。”此卷现在美国。元盛懋“松溪泛月图”（图五八）有姚绶题《渔歌子》二词，如“只钓鲈鱼不钓名”，亦是名句（《故宫》五，230页）。明人编词集，若崇祯间，潘游龙的《古今诗馀醉》竟将“渔父”列为词中之一类项目。

把一词题在画卷上，北宋时最有名的，要算米友仁的《白雪》。他有序云：“余戏为潇湘写，千变万化不可名，神奇之趣，非古今画家者流也。惟是京口翟伯寿余生平至交，昨豪夺余自秘着色袖卷。……以《白雪》词寄之，世所谓《念奴娇》也”（《全宋词》一三一）。此卷收入《画苑掇英》，亦见《铁网珊瑚》画品著录。又宋无名氏的“玉楼春思图”上有小楷书鱼游春水词，极婉丽可诵。辽宁博物馆藏。[①]

① 《文物》1964（3），《两宋名画册说明》。

金人以词题画，像故宫藏明昌名士武元直的水墨画赤壁图（图五九），有正大五年赵秉文草书和东坡词题句，健笔纵横，为该图生色不少（图六○）。

图五九　金武元直赤壁图跋（一）

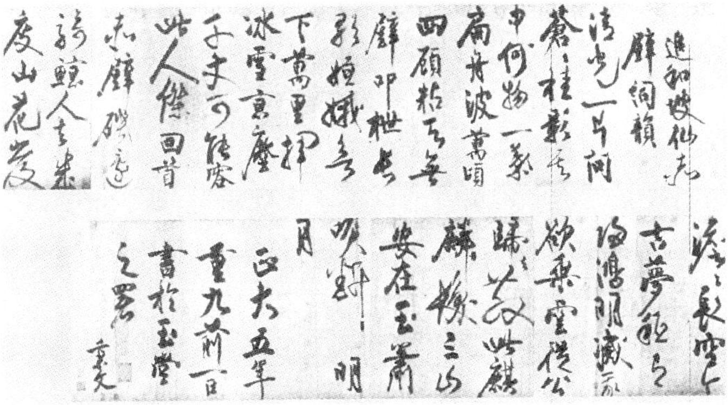

图六○　金武元直赤壁图跋（二）

元人取古今词题画的，试举二例：一是王蒙于至正二十五年为卢士桓作听雨楼图卷，已有倪瓒、张雨许多人的题句，及洪武二年僧道衍跋，而韩山人奕又替他钞上蒋捷一词，即有名的“少年听雨歌楼上，银烛昏罗帐。壮年听雨客舟中，天阔云低，断雁叫西风。而今听雨僧庐下，鬓已星星也。悲欢离合总无情，一任空阶点滴到天明”。后为跋云：

右竹山先生所赋之词，今偶获观此卷，因举是词□诚甫，俾书卷末。夫听雨一也，而词中所云不同如此，盖同者耳也，不同者心也。心之所发情也，情之遇于景接于物，其感有不同耳。诚甫中年人，有楼听雨，吾意其在与僧庐之下者同其情，诚甫乃曰：吾听雨，吾知在吾之楼而已。遂书。竹山姓蒋名捷，字胜欲，义兴人。卷中诸先辈之词之腔，《虞美人》也。韩奕。

借用蒋词扣紧“听雨”楼名，题跋寥寥数十字，却成为一篇很隽永的小品文。[①] 另一例亦是王蒙绘的《林泉读书图》，有自跋云：

余观《邵氏闻见录》，宋南渡后，汴京故老呼妓于废圃中饮，歌太白《秦楼月》一阕，座中皆悲感莫能仰视，良由此词乃北方怀古，故遗老易垂泣也。予亦尝填《忆秦娥》一阕，以道南方怀古之意：“花如雪。东风夜扫苏堤月。苏堤月。香消南国，几回圆缺。钱塘江上潮声歇，江边杨柳谁攀折。谁攀折。西陵渡口，古今离别。”自大白倡此曲之后，继踵者甚众，不过花间月下男女悲欢之情。就中能道者，惟有“花蹊侧：秦楼夜访金钗客。江梅风韵，海棠颜色。尊前醉倒君休惜，不成去后空相忆。山长水远，几时来得。”自完颜莅中土，其歌曲皆淫哇喋燮之音，能歌此《忆秦娥》者甚少，有能歌者求余画，故为画此词之意。王蒙。

（以上二则并据史语所藏怡寄斋钞本《大观录》，缺“谁攀折”三字，据《浮山集》补之。）这一画跋中保存了一首很悲壮的汴京故老《花蹊侧》的佚词，和他自己所谱的《花如雪》的新作，均不是寻常的陈腔滥调，十分珍贵。这幅《林泉读书图》在明季却辗转到了岭南，方以智在隆武戊子冬于东日堂

① 《“中央图书馆”馆刊》已刊行《韩山人诗集》。

中见过此图，并临成长卷，既重录王蒙跋语，并加题识，见《浮山集》，现已不知流落何许。①

四、词人生活与画卷

元明以来画卷题句的风气越来越流行，李士行的“江乡秋晚”卷题句，有二十八人之多。可见元人已是如此。词人风流倜傥，亦喜欢此一套玩意。

以编《词苑丛谈》一书著名的吴江徐釚（电发）他有一幅“枫江渔父图”，渔父比他自己的浪迹江湖。前面张尚瑗序，题咏诗词，就占了一卷（见《穰梨续》一五）。釚有《枫江渔父题词》（题徐菊庄编），内诗余三十五首（内阁文库有其书）。毛西河题枫江渔父小像云：“家近垂虹亭子。”“釚工画，李武曾题其墨松云：‘虹亭笔墨无不好，以诗掩画谁能知。’渔洋亦尝题其画蟹。”（《雪桥诗话》）

清初号称词坛青兕的陈其年，亦有一幅紫云出洛图，为他所嬖爱的徐郎九青而作，图是陈鹄所写的。卷中题咏，自张纲孙、孙枝蔚、王士祯、龚贤以下共七十六人，《穰梨》卷四十全卷即录此图题咏。吴檠序云“九青图者，阳羡陈其年先生为徐郎所画小照也。徐郎名紫云，为如皋冒辟疆歌儿”。当日词人，不少就过着这样荒唐的生活。画与诗词有时亦成为极无聊的点缀品。

王渔洋司李扬州时作《浣溪沙》，一时和者甚众，有图记其事，曩于京都神田鬯盦家中见之。

我们又看故宫藏文徵明的江南春图轴（图六一），坡陀芳树，远岸桃柳，把江南风物，用多么柔媚的笔调表现出来。南齐柳恽有《江南曲》云：“汀洲采白苹，日落江南春。”江南春三字出此。文氏以八分书自题“江南春”三字。又有题记云：“嘉靖丁未春二月徵明画，并书追和云林先生词二首”。他追和的词，在倪云林诗集中，列于七言古，只有《江南曲》一首，即“春风颠，春雨急，清泪泓泓江水湿，落花辞枝悔何及”。后面转韵“柳花入水化绿萍，江波摇荡心怔营”一首。并没有上面押笋字的一首。倪集附录乐府亦无之。这是乐府体，明人都把它看成词。最初追和倪词的是沈石田。“中央图书馆”有明钞本《江南春词》一册，为姚宫詹希孟旧藏，有清名藏书家黄丕烈约两篇题跋。此书嘉靖十八年有袁表（邦正）刻本。明钞本录前后和《江南

① 兹略举宋金元时代，早期以词题画的例子，以后从略。

春》的，共三十九人。起沈周而讫于王问，尚缺二十人的词，乃是不全本。开卷云："《江南春》三首，瓒录上求元举先生元用文学克用徵君教之。"① 祝枝山和词题记称："按其音调，乃是两章，而题作三首，岂误书耶?"石田对倪迂此词，特别感兴趣，一和再和。文徵明亦然。钞本中载文徵明跋云：

> 徵明往岁同诸公和《江南春》，咸苦韵险。而石田先生骋奇抉异，凡再四和。其卒也韵益穷而思益奇，时年已八十余，而才情不衰，一时诸公为之敛手。今先生下世二十年，而徵明亦既老矣。因永之相示，展诵再三，拾其遗余，亦两和之，非敢争能于先生，亦聊以致死生存殁之感尔。嘉靖庚寅仲秋文徵明记。

文氏于二十年后又再追和此词，我们欣贺文氏这幅江南春图，应该和这册《江南春》词集一起吟咏，才能了解当日文人活动的背景。集中和词的人物，多半是吴门书画名家，石田、枝山、衡山三人之外，唐寅、王宠、王谷祥、文嘉、文伯仁、文彭皆在其列，可谓极一时之盛。于此可见明人书画文艺生活的一斑，前辈的流风余韵，何等令人追慕!

作江南春图的，文徵明外，嘉靖辛卯，居节复画一幅，篆书江南春（图六二），亦和这二首词，《石渠宝笈》三编著录。今存"故宫博物院"（《书画录》卷五，408 页）。居节和词，为钞本《江南春词》所不载。

五、以词证画史

词亦史料之一。宋词中有不少涉及画人画事，可补一般画史之不逮。举例如次：

花光及僧泽翁

宋季王沂孙《一萼红》："丙午春，赤城山中题花光卷"。花光即画梅名家，会稽僧仲仁，住衡州花光山。见《画继》五，刘后村《大全集》一〇七花光梅跋谓"补之画梅花，尤宜巨轴。花光则不然，直以矮纸稀笔作半枝数朵，而尽画梅之能事"。汤垕《画鉴》："花光长老以墨笔作梅如花影然，别成一家，政所谓写意者也。"

---

① 元举见倪集卷二《画竹诗》"吾友王翁字元举"。元用亦见集同卷题王元用秋水轩。

图六一　明文徵明江南春轴

图六二　明居节江南春轴

王柏《酹江月》“题泽翁梅轴后”。泽翁即僧仁济字，玉涧之甥，姓童氏。学杨补之梅。有关泽翁事，参《国华》二五期《君台观左右帐记》。又《永乐大典》二七七五“梅”字号。尚有其他涉及梅之题咏。

温日观

有关日观史料甚少，神田喜一郎撰有考证（Quelque ducuments sur Wen-je-kauan. —1966. Paris，M. S. á. M. Demiéville）。然南宋词中，如：曾寓孙《减字木兰花》“题温日观葡萄卷”（《全宋词》，3431 页）。张炎《甘州》“题曾必传藏温日观墨葡萄画卷”（《全宋词》，3522 页）。鄱州刘沆《甘州》“余客燕山，心传曾君携日观葡萄见示，辄倚玉田甘州韵，形容墨妙之万一云”（《全宋词》，3431 页）。数首可补神田之缺。

郑所南

张炎《清平乐》“题处梅家藏所南翁画兰”（《全宋词》，3497 页）。有关郑思肖之资料（参《韩山人诗集》五古郑所南画兰，后附小传）。

黄一峰

张炎《南楼令》“黄一峰游灵隐”。此首温肇桐“黄公望史料”所缺。

黄山图

陈莘《沁园春》序“挂黄山图十二幅，恰满一室，觉此身直在黄山中也”（《全宋词》，2196 页）。由此知黄山在宋时已成为绘画的主要题材。

六、以画法喻词

借用画理来说词，清人颇喜用之；试举其大略：

（一）皴劈

邹祇谟《倚声初集》序“南宋诸家，蒋、史、姜、吴，警迈瑰奇，穷姿构彩。而辛、刘、陈、陆诸家，乘间代禅。……逸怀壮气，超乎有高望远举之思。譬诸篆籀，变为行草，写生变为皴劈……”。

（二）开阖

刘体仁《七颂堂词绎》：“中调长调转换处，不欲全脱，不欲明黏，如画家开阖之法，须一气而成，则神味自足。”

（三）写意

吴衡照《莲子居词话》四：“咏物词，如画家写意，要得生动之趣，方为逸品。”举杨蓉裳《芦花》：“正半钩微月，淡如烟，空江冷。”及（宋）荔裳《燕子》：“一片落红看不得，飞去也，又衔来。”“一以神韵胜，一以姿致胜，均得传神之妙。”

（四）钩勒

周济论清真词云：“清真浑厚，正于钩勒处见。他人一钩勒便刻削，清真愈钩勒愈浑厚。”

（五）点染

刘熙载《词概》论点染，引柳屯田《雨淋铃》，伤离别二句是点，晓风残月二句是染。

上举数事，可为词学批评理论增加一些小节目。诸人之中，周济亦是画家，他著有《折肱录》一书，为论画名作。书中论六法的“气韵生动”，宜作“气运生动”，即是“斡运元气，贵于笔法自然”，而使“其豪力能于枯破处透空而过”。这是他论画的崭新见解。蒋宝龄在《墨林今话》称许他能够“洞中肯窍”。《折肱录》有一条论画理的钩法说，“钩须不尽，皴须疏落”，“大局垂成，然后钩处合龙，皴处加致。先粗皴故气壮，后加致故神浑，粗如指箸，细如牛尾，合同而化，一片神行”。他论周词于钩勒处见浑厚，必于皴处加致，乃能浑化。如董、巨之画，愈看愈觉其浑厚者，因钩皴不止一次。如周词的层层脱换，故愈见其厚。这非深懂画中三昧，言之不能如此透彻精辟。

词人亦言词中有画，一如诗中有画。明闺秀徐小淑《络纬吟》，其《霜天晓角·归舟》，董斯张说她“善绘事，此为画中词，词中画，吾不能辨”（《词苑萃编》引）。可见词中有画，画中有词，这和“诗中有画”、“画中有诗”情形并无二致。

七、词人与画人——画人之词与词人之画

试以清代论，词人而兼画家的，为数甚多。清初吴梅村、严秋水，即其首选。吴是画中九友之一，严则人比之倪迂。故集中时见题画之作。画人之工词的，如改琦（七芗）以善写美人著名，其词亦具美人仪态之美。所作《玉壶山房词选》，由郭麐为之删定。郭氏评云：“烟波渺然，孤云无迹，四山弄影，时见髻鬟，七芗词意似之。”可谓确论。画人无锡华胥（字义逸）他的词集名曰《画馀谱》，魏禧云：“义逸工画，若曰吾以画之余力为之。”“尝见所绘人物，闲丽婉雅，宜其诗馀学而辄工也。”（《国朝词综》四引）龚翔麟的《红藕庄词》中有《斗婵娟》赠画师华希逸一首。华胥名他的词集曰“画馀”，有如扬州八怪画家之一的高翔，自题其画为“书馀”。[①] 借诗馀的名称，套入书、画，多么有趣！

词与画在本质上有共通点，即是一个“秀”字。王国维谓“温词句秀，韦庄骨秀，李重光神秀”。以秀字来论词，甚有见地。故词人之画，亦以秀见

---

① 高语人曰：“吾之画，吾书之馀也，犹之词之为诗馀云尔。”见姚世钰《孱守斋遗稿》四。西唐山人《书馀说》，翔于画每钤“西唐山人书馀”一印。

长，清毛奇龄写词风格，近于齐梁；他绘的美人，如日本阿部所藏的那一幅是多么清秀。郑文焯词的风格近于白石的清空一路，所绘山水，亦很疏秀。若改琦的人物，可以说是韶秀。前二家是词人之画，画如其词；后一家是画人而兼工词，词如其画。因个性修养之异，而有清秀、疏秀、韶秀之分，用一“秀”字来概括他们的作品，没有什么大错。

画家亦有专以某一词人的作品作为画材的，像近代上海人物画家任熊（渭长），专把清人姚燮的词写成画幅，杜文澜记其所绘一百二十帧，一句一图，设色精彩，复临摹以为珍玩（见《憩园词话》卷四）。顾文彬富于收藏，他喜欢集宋人的词句来题画，如题王麓台仿宋元山水卷集稼轩，又题其“云山卷”集玉田，在《庞虚斋名画录》中载有多首。这种玩意儿，正可见出在彼此相互为用的原则之下，词和画时常交流的现象。任何一种艺术家，时会选取他自己范围以外的材料，来作为表现的媒介，如是方才感到新颖可喜而满足。“诗馀”变为“画馀”或“书馀”，这都是一种心理补偿。这样因为“出位”，而每每有新的表现和成就。

八、尾声

今天似乎是一个学、艺隔阂的时代，自专门之学兴，学术与艺术分家了，如果忽略“艺术换位”的道理，则彼此将永远不相携手，我们看以往的学人、词人，甚至画人往往是三位一体的。毛西河是极其博洽的学者，亦是能吟几句六朝小调的词人，复能要几笔人物画。郑文焯是标准的词人，他亦能作苍润的山水，又是博综古今的学者。所以我们要了解过去文学史上错综的问题，一接触到那些文人的生活情形，可以恍然知道他们如何把诗词和书画在实际生活上加以享用，和彼此间互相换位，采取另一方的优点，加以融会吸取，不但没有扞格之处，而且往往越俎代庖。方虚谷说文与可“所学是诗不是竹”（《桐江续集》二十），无异说他把竹“诗化”了。我们看宋马逵的一幅山水画《柳汀放棹图》，虽没有题上“杨柳岸晓风残月”的词句，但读书的人，马上就会联想到柳永这一名句。这岂不是已经把画加以词化了吗？可是到底画还是画，诗词还是诗或词，形式上完全歧异。它们实在没有换位，只是越位观摩；离位之后，仍然回到本位。

如果说画和词真是无益之事，但我们却可从它的相互关系上悟到“艺术换位”的道理。姑且借用庄子所谓“无用之用”的一句话头，这也许正是

“无益之益”。

1973 年 3 月 26 日史语所主办，台大傅斯年先生纪念日演讲稿

补记

董其昌撰书《明故墨林项公（元汴）墓志铭》云：“陶隐居论书曰：不为无益之事，何以悦有涯之生。世无达人，鲜知其解，其在槜李项子京乎！”则认为这二句话是出自梁陶弘景；如是，张彦远又远有所本了。

关于《江南春》词，《四库提要》卷三十八总集类存目一有著录。文嘉和云林江南春词绘图纸本，收入香港大会堂“明清绘画展览第十四”，这是万历乙亥年所画的。星州陈之初君藏有文徵明于嘉靖庚寅仲秋写《江南春》字卷。和词诸家事迹，详梁廷枬撰《江南春补传》。

李东阳《麓堂诗话》云：“尝题柯敬仲墨竹曰‘莫将画竹论难易，刚道繁难简更难，君看萧萧只数叶，满堂风雨不胜寒’。画法与诗法通者，盖此类也。”此言以画法通诗法，于词固亦有同然。

原载《故宫季刊》八卷三期，台北，1973

李结《雪溪渔社图》及其题识有关问题研究

艺术史家对书画研究之重点，在于辨别作品之真伪，确定绘者写者为谁，及考察流传经过与其艺术价值。但传世画迹往往附带极多之题跋，其间人事关系，异常复杂，非从文献仔细考察，难以解决问题。如遇到此种情形，艺术史家必须从文献下手，方能奏功，非与汉学家合作不可。本论文所欲探讨之李结《雪溪渔社图》即其一例。

此卷现藏美国大都会博物馆。旧为番禺叶恭绰庋藏，有叶氏二跋，钤张大千印（图六三）；继归 Crawford Collection，最后入 Metropolitan Museum。全卷长 16×53－3/8 吋（40.7×135.5 公分）。图无画人题名及印章。馆方姑从诸家题跋定名为“Fisherman's Lodge at Mt. Hsi-Sai”，即《西塞渔社图》。若依周必大题跋，宜称《雪溪渔社图》。

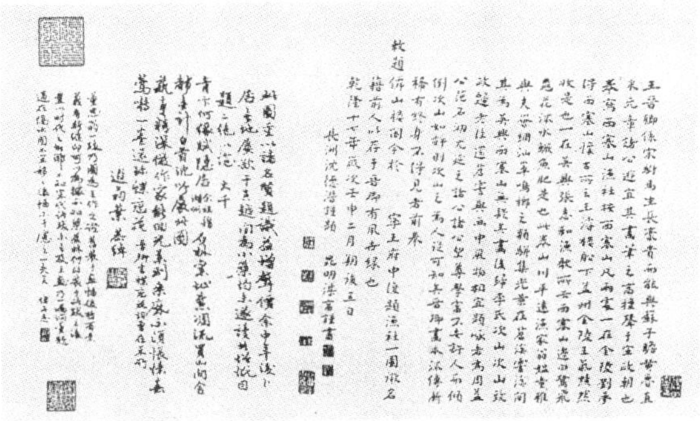

图六三　《雪溪渔社图》叶恭绰二跋

由于董其昌跋云：“王晋卿山水，米海岳谓其设色似普陀岩，得大李将军法。余有《梦游瀛山图》，与此卷相类。宋元名公题赏尤夥，可宝也。”（图六四）以后收藏家遂目为王诜之笔。乾隆时鄂容安、沈德潜皆然；至于叶氏，竟谓“董思翁一跋，乃图为王作之证”。

此卷南宋名家题识累累，计有下列各跋：

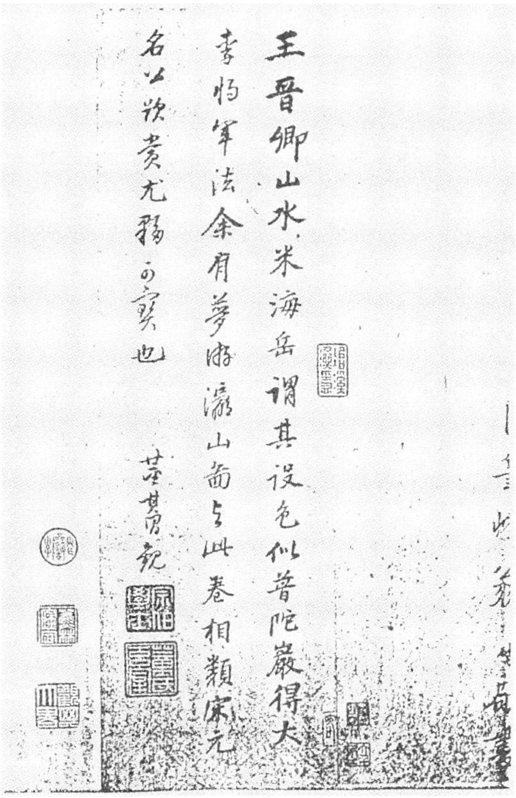

图六四　《雪溪渔社图》董其昌跋

（1）范成大（1126—1193）：淳熙乙巳，石湖居士书（图六五）。

（2）洪迈（1123—1202）：淳熙戊申十月廿三日，野处洪景卢书（图六六）。

（3）周必大（1126—1204）：绍熙元年三月三日丁巳，青原野夫周必大（图六七）。

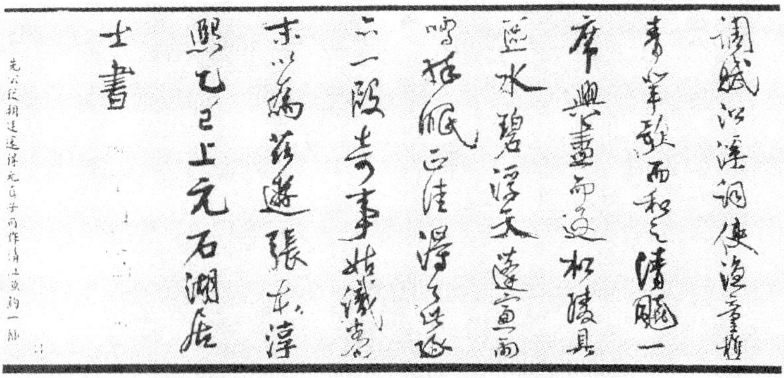

图六五　《雪溪渔社图》范成大跋

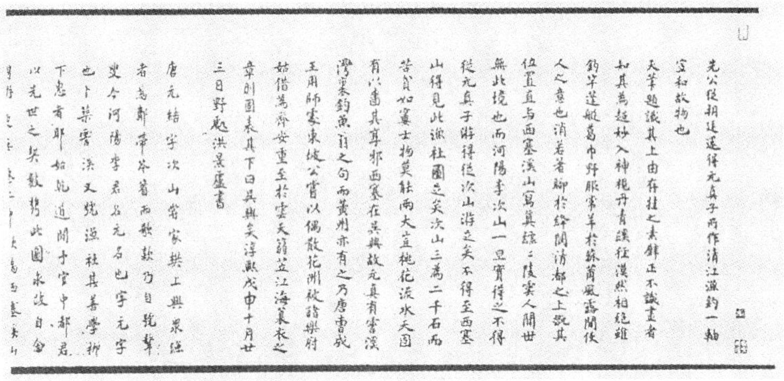

图六六　《雪溪渔社图》洪迈跋

图六七　《雪溪渔社图》周必大跋

（4）王蔺（1128—1192）：绍熙二年五月，轩山居士王蔺（图六八）。

（5）赵雄（1129—1193）：绍熙庚戌日南至，资中赵雄温叔书（图六九）。

（6）阎苍舒：绍熙二年正月廿五日，太原阎苍舒书（图七〇）。

（7）尤袤（1124—1193）：绍熙辛亥暮春中澣，锡山尤袤书（图七一）。

（8）翁埜：德祐乙亥良月，莆阳笔峰翁埜敬书。

图六八　《霅溪渔社图》王蔺跋

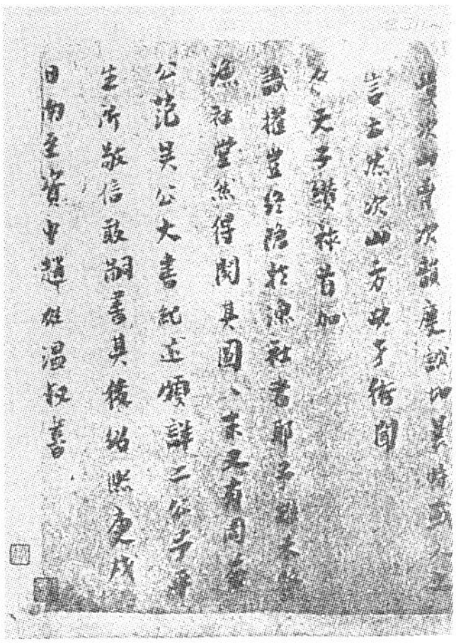

图六九　《霅溪渔社图》赵雄跋

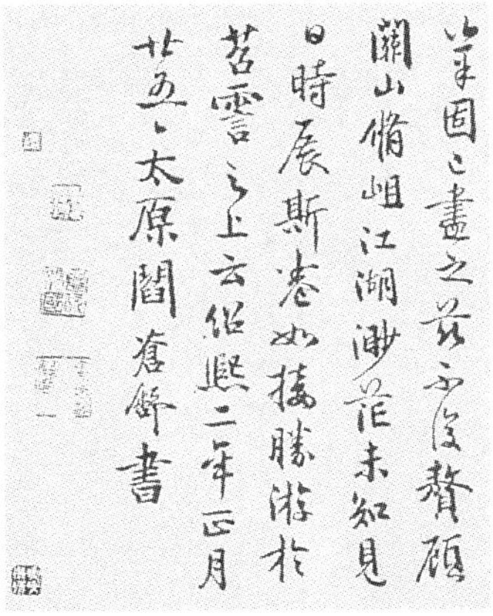

图七〇　《霅溪渔社图》阎苍舒跋

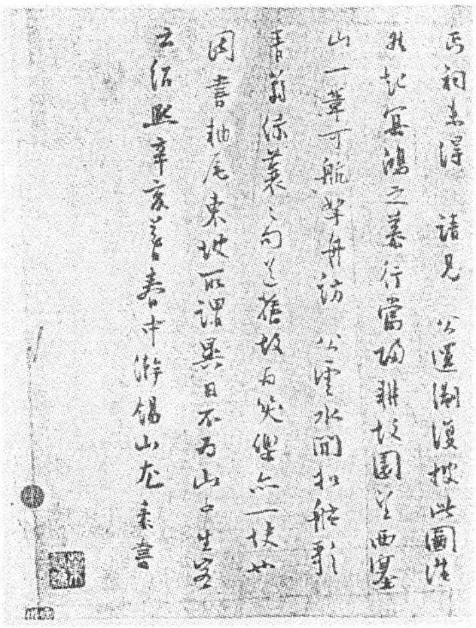

图七一　《霅溪渔社图》尤袤跋

以上诸巨公皆一时名宿，除翁埜外，均与李结为至交，不少有文集流传，周必大此跋即载于四库全书本《周文忠公集》卷十八《省斋文稿》（图七二）。范成大跋收入《慈溪黄氏分类日抄》卷六十七范石湖文。[①] 若洪迈跋，则其《野处类稿》与《容斋题跋》二书所未收，仅王楙于《野客丛书》引证之。尤袤跋亦不见于所著《梁溪遗稿》（四库本）。王藺之《轩山集》，世无传本。赵雄无集。故此数跋均极其珍贵。

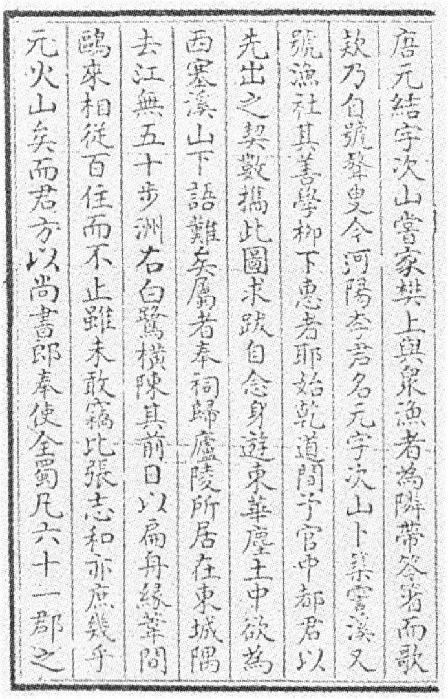
唐元結字次山嘗家樊上與泉漁者為隣帶笭箵而歌
欸乃自號聱叟今河陽李君名元字次山卜築霅溪又
號漁社其善學柳下惠者耶始乾道間予官中都君以
先出之契數揭此圖求跋自念身遊東華塵土中欲為
西塞溪山下語難矣屬者奉祠歸廬陵所居在東城隅
去江無五十步洲右白鷺橫陳其前日以扁舟緣葦間
鷗來相從百任而不止雖未敢竊比張志和亦庶幾乎
元次山矣而君方以尚書郎奉使全蜀凡六十一郡之

图七二　四库全书周必大跋、李次山《霅溪渔社图》

范、洪、周三公，人所共悉。尤袤著《遂初堂书目》，亦非陌生。王藺字谦仲，号轩山，庐江无为军人，乾道五年进士，累官至枢密使。《杜清献公集》卷十九有藺传。赵雄字温叔，资州人，隆兴元年省试第一，淳熙五年累官参知政事。[②] 以上诸人宋史均有详传。阎苍舒，蜀州人，绍兴二十七年进士，淳熙间使金（见《金史·交聘表》），仕终龙图阁待制，知潼州府，《宋代蜀文辑存》作者考阎苍舒、赵雄均有传。傅增湘此书卷六十一采阎苍舒文六首，卷六十六收赵雄文十一首（以《韩蕲全碑》最为长篇），《渔社图》此两跋可补其缺。

李结资料极少。《阳春白雪》收其《浣溪沙》一首。《全宋词》又从《客

① 见孔凡礼《范成大佚著辑存》一书中佚著存目表，乃是节录。

② 范成大有赐赵雄辞免参知政事不允第二诏，可知朝廷对其重用。

亭乐府》录其《西江月》断句。

一

次山名字籍贯及仕履，各书所记多歧。次山宋史无传，惟《全宋词》为补撰一小传云：

> 李结字次山，号渔社，南阳人。乾道二年（1166）监进奏院。六年（1170），知常州。七年（1171），提举浙西常平。淳熙九年（1182），知秀州。绍熙二年（1191）四川总领。

此一百数十字，勘以上列诸家题跋，有许多地方需要补正：

（一）次山生年。尤袤跋云："予生甲辰，与次山同岁。"甲辰应是宣和六年（1124）。袤跋作于绍熙二年辛亥，时尤袤与次山同为六十七岁。元人尤玘撰《万柳溪边旧话》记袤生靖康丁未。夏承焘《姜白石系年》据之推断袤归梁溪正在此年（《词人年谱》，437页），证以是跋，《旧话》实不足据。

（二）为休宁主簿。此事据范成大跋称"始余筮仕歙掾，宦情便薄，次山时主簿休宁，盖屡闻此语"。知次山早年曾任休宁主簿。

（三）为昆山宰。范成象撰《昆山县重修学记》云："乾道改元，河阳李侯为邦之二年也。"（《吴都文粹续集》卷五，18页）是次山宰昆山应在乾道改元之前二年，即孝宗隆兴元年（1163）。

（四）守毗陵（武进）之岁。《全宋词》小传称其知常州在1170即乾道六年，然阎苍舒跋云："始余在朝行，李次山守毗陵……恨未识之。距今十有六年。"是跋作于绍熙二年（1191）正月，由此上推十六载，当是淳熙二年（1175），非乾道间，小传不知何据。

（五）总领全蜀及还吴之岁。《全宋词》小传言其绍熙二年四川总领，然周必大跋称："君以尚书郎奉使全蜀，凡六十一郡……"周跋作于绍熙元年三月三日，时已领蜀，不应在绍熙二年，小传说误。阎苍舒跋作于绍熙二年正月廿五日，其跋云："距今十有六年，次山自总领蜀计归吴，予自荆还蜀，始识面，相与倾倒。"则次山必于绍熙元年自蜀还吴。

（六）李结不名元。宋代无李元其人。昌彼得、王德毅等《宋人传记资料索引》于李结外，别增"李元"一名，谓即是同人异称，所据为周必大题跋。

考四库全书本《周文忠公集》卷十八是跋云："今河阳李君名元字次山，卜筑霅溪，又号渔社。"按此卷周必大跋原迹作：

今河阳李君，名，元名也，字，元字也。卜筑霅溪，又号渔村。

意谓李君之名曰结，即元结之名也，其字次山，亦即元结之字也。名与字皆与元结相同。上文已提及元结，故此句但称为"元"，元即指元结。非次山有别一名为元，四库钞本作"李君名元"，疑出于讹改，应据手笔原题跋勘正。《索引》"李元"一条应删去。四库本是跋误字累累，如"先世"误作"先出"、"寅缘苇间"夺一"寅"字、元次山误作"火"山、"奉计甘泉"误作"奏记"，附为勘正于此。

（七）李结非南阳人。诸题跋皆称河阳李君，《全宋词》云南阳人。南阳乃河阳之误。河阳县属河南府，南阳在邓州，分明二地，不宜混淆。

二

明清以来藏家目此卷为王诜所作，然《中国名画家丛书·王诜》一书罗列王晋卿画迹，未曾及此。考董玄宰所以牵引及王氏者，因《东坡集》中有题王晋卿四首，其一为《书王晋卿画西塞风雨》，诗云："斜风细雨到来时，我本无家何处归？仰看云天真蒻笠，旋收江海入蓑衣。"苏辙和云："雨细风斜欲暝时，凌波一叶去安归？遥如夜宿鲛人室，浪卷波兮不着衣。"孙绍远为录入所著《声画集》（卷一）。据此，王诜确曾绘有《西塞山》一画。但细审范、洪、周诸家跋文，毫无一语涉及王晋卿，故董说了不足信。

李结本人亦擅画，夏文彦《图绘宝鉴补遗》云：李次山工山水人物，证明彼亦是画家。

董斯张《吴兴备志》十三云："李结，字元明，河阳人，迎子也，慕元次山之风因以次山自号，卜筑霅上，扁舟寅缘苇间，鸥来相从，百转不止，名为渔社。"

次山名与字皆与唐元结相同，周必大以其人与元结相比。此图不题绘者名字，据周跋云："始乾道间，余官中都，君以先世之契，数携此图求跋，自念身游东华尘土中，欲为西塞溪山下语，难矣。"从"先世之契"一语可推知此图必为次山家先代留下之物，故次山屡携此图向名公巨卿求题，挟以自重。

究为何人所绘，诸家均略而不言。王蔺跋亦言其“剖符蕲春，次山袖此图求题”，亦不涉及绘者。盖宋时已不可和，不必深究。惟周跋称乾道间次山已携此图求跋，则此卷，年代，约略可知为乾道以前之物。大都会博物馆定此图年代为“about 1170”，即乾道六年，殆依周跋立论；此谓为年代下限即可，若谓为是时所绘，则未然也。

洪迈跋云：“西塞黄州亦有之，乃唐曹成王用师处。东坡偶散花州被诸乐府，姑借为齐安重。”德祐间莆阳翁埜七言古称：“自从束发读坡词，人间知有玄真子，西塞山边白鹭飞，西塞上从何处起？桃花流水鳜鱼肥，桃花何处随流水？梦寐此景不可见。掩卷三叹两已矣！”所指东坡《散花州》之乐府，即《浣溪沙》，其词如下：

> 西塞山边白鹭飞，散花洲外片帆微，桃花流水鳜鱼肥。　　自庇一身青蒻笠，相随到处绿蓑衣，斜风细雨不须归。

此首见元延祐叶曾刻《东坡乐府》卷下。散花洲字眼即出此。洪跋亦见王楙之《野客丛书》卷二十九，略云：

> 两西塞，一在霅川，一在武昌。按唐《张志和传》……“志和浮家泛宅，往来苕霅间”。又志和词中有“霅溪湾里钓鱼翁”之句，知志和之西塞，正在霅川，而武昌乃曹武成王用师之城。洪内翰作《西塞渔社图》（应是漏一“跋”字）亦尝辨此；而刘氏《漫录》乃谓志和西塞在武昌，所见亦误矣。

王楙曾见洪迈是跋，故引证其说，洪内翰即指洪迈也。

洪迈谓黄州西塞乃唐曹成王用师处，考韩愈《曹成王碑》述讨李希烈之役云：“嘬锋蔡山，踣之。”《新唐书·李皋传》：“贼栅蔡山，皋攻拔之。”清《一统志》：“湖北黄州府，蔡山在黄梅县西北四十里。”实则西塞应在武昌，刘禹锡有《西塞山怀古诗》即指此。“西塞”一名远可溯自袁宏《东征赋》“沿西塞之峻崿”。《江表传》云：“刘勋入楚江，闻皖之没，遂投西塞。”《水经·江水注》：“黄石矶山连延江侧，东山偏高，谓之西塞。”（段熙仲点校本《水经注疏》，2922页）《元和郡县图志》卷二十七：“鄂州武昌县，西塞山在县东八十五里。竦峭临江。”此即武昌之西塞，与黄州之齐安无涉。

苏轼词中又有一《鹧鸪天》，延祐本列为三首之一，前有小序，与黄山谷《琴趣外篇》所收文字相同。兹摘录于下（据《全宋词》，395 页）：

表弟李如篪云："玄真子渔父话，以鹧鸪天歌之，极入律，但少数句耳。"目以玄真子遗事足之。宪宗时，画玄真子像，访之江湖，不可得。因令集其歌诗上之。玄真子之兄松龄，惧玄真放浪而不返也，和答其渔父云："乐在风波钓是闲，草堂松柏已胜攀。太湖水，洞庭山，狂风浪起且须还。"此余续成之意也。

西塞山边白鹭飞，桃花流水鳜鱼肥。朝廷尚觅玄真子，何处如今更有诗。青箬笠，绿蓑衣，斜风细雨不须归。人间底是无波处？一日风波十二时。

此首又误入曾慥本《东坡词》卷下。其小序与此大有出入。唐圭璋定此词应为山谷作品而误入东坡者，放在苏轼名下刊于存目词。按罗大经《鹤林玉露》卷三，引山谷词："人间底是无波处，一日风波十二时。"是南宋人正以此词为山谷作。又小序所提及李如篪，应作如篪，其人著有《东园丛说》一书，有自序称"括苍人，官桐卿丞"。详余嘉锡《四库全书提要辨证》中册（925 页）。据小序，如篪盖山谷之表弟也。

三

张志和事迹，傅璇琮主编之《唐才子传校笺》卷三由陈耀东执笔之笺证有详细讨论。今不多及。李德裕长庆三年《玄真子渔歌记》言："宪宗写真，求访玄真子渔歌，叹不能致。"然当时文人递相唱和者，有颜真卿、陆鸿渐、徐士衡、李成矩，共和二十五首（《云笈七籤》一二三、《太平广记》卷二七引朱景玄《唐朝名画录》），而南卓、柳宗元均有渔父之作。其影响且及域外，日本嵯峨天皇亦有渔歌五首，载《经国集》，距颜真卿以舴艋与志和仅三十年。

张彦远《历代名画记》卷十有《志和传》，称其"自为渔歌，便画之，甚有逸思"。洪迈记其父皓得"玄真子《清江渔钓》一轴，宣和故物，有徽宗题笔"。查皓所著《鄱阳集》不载其事。《宣和画谱》亦未著录。宋时张志和画迹已不易得。自唐宪宗写真，访之江湖，宋世流传乃有《玄真子图像》，想是后人以此为题材，在汴宋颇为流行，故张元幹《芦川词》渔家傲有《题玄真子像》一词，有“钓笠披云青嶂绕，橛头细雨春江渺”之句（《全宋词》，1090页）。《鹤林玉露》具载之，以为美谈。

南宋高宗有和《渔父词》，其序云：“绍兴元年七月，余至会稽，览黄庭坚所书张志和《渔父词》十五首，戏同其均，赐辛永宗。”各词原载《宝庆会稽续志》卷五。宋人所传有《玄真子渔歌碑传集录》一卷，见陈振孙《直斋书录解题》。孙氏《声画集》卷八载陈子高题董端明所绘渔父、醉乡、烧香图十六首，其中《渔父》七首，有二首记张志和事，注云：“上驻跸会稽，因览黄庭坚所书张志和渔父词十五首，戏同其韵”。其中有“更和江湖款乃声”句。子高即陈克，有《天台集》，其人于绍兴四年迁兵部，所云“上”即指高宗。南宋词家若朱敦儒《樵歌·浣溪沙》序云：“玄真子有渔父词，为添作。”（《全宋词》，863 页，又《好事近》渔父词多首）又向子諲《浣溪沙》云：“渔父词张志和之兄松龄所作也，有招玄真子归隐之意。”亦用山谷《鹧鸪天》小序语，足见其影响之远。元季吴镇作《渔父词》及诗，即远承宋人之流风余韵。陈耀东著《张志和渔歌子的流传和影响》① 于宋词资料尚未能穷其源委，今兹所论，可补其不及。

张志和《渔歌子》之西塞山，自应在湖州之霅溪。宋倪思《经鉏堂杂志》云：“西塞即（湖州）郡城南一带远山是也。山水明秀，真是绝境。其谓之西塞者，下菰城为屯兵之处，坐西向东故也。然谓之前不必在山下，近菱湖处是已。”（《说郛》七五）清邓元庆《石柱记笺释》以“为经锄志下茵菁山之间一带远山为西塞，非也；赵次公谓为磁湖镇道士矶尤谬，盖硐湖镇在武昌”（粤雅堂丛书本）。明徐献忠《吴兴掌故集》：“西塞久无定论。”《湖州府志》十九：“西塞山在府城西二十五里。张志和词：西塞山前白鹭飞，桃花流水鳜鱼肥。”（《明一统志》）有桃花隝，下有凡常湖，志和游钓于此（《清一统志》）。今观李结此图，题曰《霅溪渔社图》，而周必大称其“卜筑霅溪”。洪迈跋结语称“至于云天蒻笠、江海蓑衣之章，则固表其下曰吴兴矣”。援用东坡《浣溪沙》“自庇一身青蒻笠，相随到处绿蓑衣”二句，而断其必指吴兴，可为定论。

四

以渔父为诗画主题，实为极悠久之传统。《庄子》外篇之九为《渔父》。

---

① 载《浙江师范学院学报》，1983（4）。

高似孙《子略》谓“支道林许（询）谢（安）集王家，许使问主人有《庄子》否？得《渔父》一篇”。《渔父》篇久已为玄学家所嗜讽诵。《楚辞》亦有《渔父》一篇，引用孟子沧浪之歌，陶渊明《群辅录》遂列渔父为贤圣。张志和之歌渔父，与《庄子》不无渊源，志和父游朝，著《南华象罔说》，而志和亦述《大易》十五卷，可以见其好尚。宋人之歌颂渔父，因张志和而发，朝廷上自高宗以至词流，尽人皆有同然，唐时方外有船子和尚亦作渔父词，山谷亦有拨棹歌之咏。其详见宋大观庚寅松泽叟吕益柔所撰《船子和尚拨棹歌跋》，后之好事者缀为《机缘集》，此方外之渔父词也。其风气以南宋为盛，李次山之《渔社图》以渔父为主题，亦此一风气下之产物。

周必大以为“唐元结字次山，尝家樊上，与渔者为邻，带笭箵，而歌欸乃，乃自号聱叟。今河阳李君，名，元名也，字，元字也。卜筑霅溪，又号渔杜”。则次山居于吴兴张志和之乡，而蕲向于元结，名其名而字其字，分明欲学二人合而一之。近人孙望撰《元次山年谱》，谓“唐肃宗宝应元年（762）拜著作郎，乃家武昌樊水之郎亭山下，以耕钓自娱，渔者称聱叟，酒徒称漫叟，著《自释》以见志”。则次山非徒师张志和，且学元结，于兹可见。但所居在霅溪，自与西塞山结不解缘。盖宋代文士所追慕者以玄真子为重，元结非其俦也。观于本文上述，可明其故。黄山谷贬在戎州，其《诉衷情》序云：“在戎州……未尝不歌渔父家风……为拟金华道人作此章，有‘千尺也须垂’之句。”金华道人即张志和，颜真卿撰碑称志和“籍东阳金华”是也。固知“渔父家风”流行汴宋，李次山亦受其沾溉而景慕之一人也。

叶遐庵跋谓此图卷经梁蕉林改装。余按据阎苍舒跋，言“次山索西塞渔杜及西塞山七大字，舟中摇兀，勉强书之”。卷前应有阎氏所书此七大字，今已不可见。苍舒擅榜书，名见《皇朝书录》。则今所存此卷，已非旧观矣。

李次山是图之艺术价值，本文不拟多谈，自有专家为之申说。以上覼缕考证，一以说明“渔父家风”之传统，一以辨析为次山题跋诸文所涉及之问题；若夫指陈四库本周必大钞本之误失，与《全宋词》小传之疏，及次山又名“元”之非，凡此种种，均为始料所不及，殆亦意外收获耶。

本论文之作，承 Metropolitan Museum of Art，Maxwell Hearn 先生之助，提供图版，俾得作深入研究，谨此致谢，作者附识。

1991 年 3 月 2 日初稿

补志

周必大《文惠集》卷七十五有《朝奉大夫致仕李君迎墓表》，庆元三年作。称迎有四子，结，故朝奉大夫，尚书度支员外郎，总领四川财赋军马钱粮。次为综、绂、绮。迎与洪文惠公有旧，卒于是年九月丁未，享年七十有二。是结为李迎之长子，结遍求诸名公题跋，多为其父迎之旧交，此一墓表尤为重要资料，爰附记于后，以供研讨。

李迎著有《济滂老人遗稿》一卷，见陈振孙《直斋书录解题》十八别集类下，李迎为周行己婿，与陈振孙祖父为襟袂，直斋父即迎之甥。

李结政绩，见吴郡范成象所作《昆山县重修学记》载钱毂《吴都文粹续集》卷五，全文亦见何广棪《陈振孙之生平及其著述研究》第四章，201页。

吴县玄妙观石础画迹

一、石础画像及玄妙观纪略

“中央研究院”史语所藏拓本列〇八九〇九至〇八九三一号，又一一二一八、一一二一九、一一二二一、一一二二二、一一二二三、一一八九〇皆为玄妙观画像拓本。各纸拓本上旧题记并云：

江苏吴县唐玄妙观东岳行宫石础画像，无年月。相传吴道子笔。

兹将诸拓本图像，记其大略如下：

（一）崇山石亭三人对鹤图（史语所拓本原列〇八九一七号，图七三）。绘一人携杖前道，一鹤尾随其后，下有灵芝，又一仙人与童子偕行。远远山石上有庙，石镌“崇山”二字，白云缭绕，露出松枝，前有高树，枝干甚古。

图七三 崇山石亭三人对鹤图

（二）凤凰灵芝竹亭子图（〇八九一八号，图七四）。绘一凤凰奋翅而行，前有灵芝、阔叶竹及亭子。竹之画风，与宋元不同。左右竹叶对称，每枝只写三叶，直干耸起，竹节颇近日本奈良寺中竹绘。旁有新笋二。此必唐初或更前之竹画，甚可珍贵。

图七四　凤凰灵芝竹亭子图

以上两幅皆在长方形横框内，似原嵌于墙壁下方者。

（三）亭屋四人图（一一二二二号，图七五）。绘一人坐于屋内，屋外老树杈丫，笔甚简古。前有亭子，一妇人与童子张伞与老者同行。前头有竹三株，迎风而舞，竹干盘屈，竹叶作个字形，古拙有力。

图七五　亭屋四人图

（四）二人跪送云中仙人图（〇八九二八，图七六）。绘一跪者扶杖，与童子相伴。仙人则飘然远举于云中。左侧松树连云，山石之下有芝草麋鹿。右旁树石之背，有竹两竿，叶均下垂，奇劲有力。全幅布局紧凑，佳制也。此似唐以前之笔。

图七六　二人跪送云中仙人图

（五）一人持法器腾云图（〇八九二九，图七七）。绘一人似金刚力士披发乘云，飘带高举。

图七七　一人持法器腾云图

（六）五人持物腾云图（〇八九二六，图七八）。绘一人以首顶品物。一人执幡，一人扶杖，一人戴冠冕。一长髯仙人立于云中，飘带飞扬，笔甚雄浑。以上两幅可能为唐绘。

图七八　五人持物腾云图

（七）山石双猿图（〇八九〇九，图七九）。绘两猿神态毕肖，上有蜻蜓。树枝盘曲，山石作▲状，古峭可喜，为唐以前画风。

图七九　山石双猿图

（八）蜂窠攀猿图（〇八九一五，图八〇）。此为直幅。一猿攀树，伸长臂取物，其侧有蜂。一猿在下承之，山上有屋，行云连蜷，飞鸟翱翔其下。

（九）云石鹿鸟图（一一二二三，图八一）。此亦直幅。其上云气成一簇，与〇八九一五似为一组。一鹿长颈静立，树上两禽，一飞，一宿枝上。此可能为元明间画。

图八〇　蜂窠攀猿图

图八一　云石鹿鸟图

（十）双禽梅树图（〇八九一〇，图八二）。绘梅树一棵，左右分枝，上缀梅蕊。双禽一飞一立于枝上。梅有晕法，殆南宋至明初以前之笔。

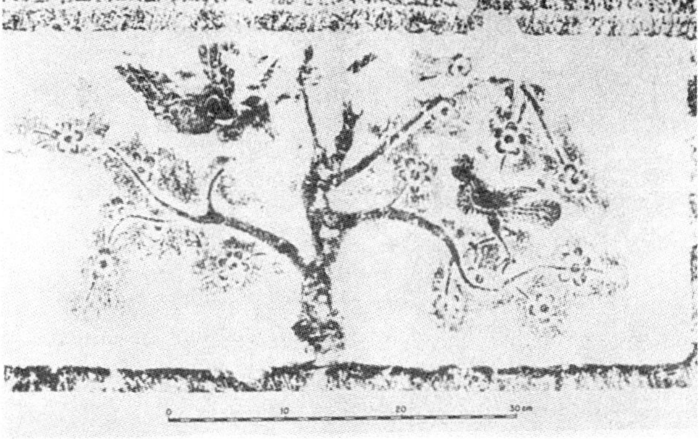

图八二　双禽梅树图

（十一）两鹿对立图（〇八九二七，图八三）。绘雌雄二鹿前后追逐，其一回顾，中以石间隔之。石玲珑有孔。如太湖石。

图八三　两鹿对立图

（十二）五鹿图一（〇八九二一，图八四）。其中三鹿有角，有卧者，有饮啄者；其二俱作仰首状。

图八四　五鹿图一

（十三）五鹿图二（〇八九二五，图八五）。绘五鹿相睨，其中两鹿有角，其余无角。一俯作饮啄状，似与〇八九二一成为一组。

图八五　五鹿图二

（十四）山石鹰犬图（〇八九二二，图八六）。此为直幅。似由不同之拓本，贴接成一张。绘鹰飞戾天，下一犬长尾，疾走山坡。鹰翅羽毛极工细，近宋徽宗一路。

图八六　山石鹰犬图

（十五）云鹰二鹿图（〇八九二三，图八七）。绘鹰隼举翼高翔，二鹿相背立，中有芝草，有云气间隔之。芝草画法甚晚，或出元、明人之手。

图八七　云鹰二鹿图

（十六）二虎山石图（〇八九二四，图八八）。绘两虎俯首举尾，作奔走状。太湖石间之。此似宋以前之笔。

图八八　二虎山石图

（十七）凤凰竹亭图（一一八九〇，图八九）。绘于半圆形砌内。竹皆垂叶，或作双钩，其节或用重笔写成。小亭隙处，有竹一枝。竹下凤鸟，精致之至，亦佳制也。此殆元人之笔。

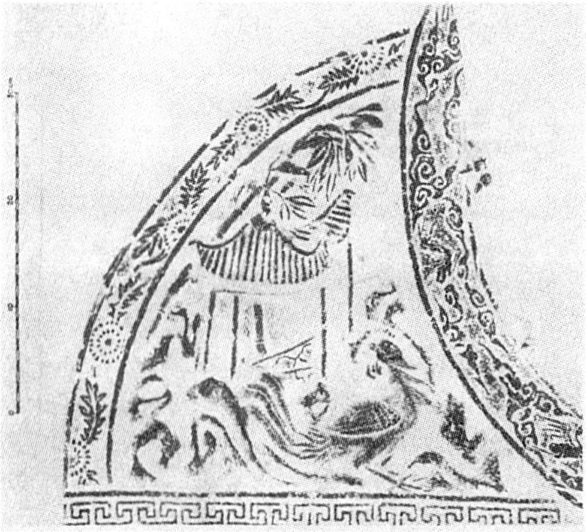

图八九　凤凰竹亭图

（十八）行狮图一（〇八九三〇，图九〇）。绘一狮子，乘云、张爪、伸足、翘尾，作狂奔态。

图九〇　行狮图一

(十九）行狮图二（○八九三一，图九一）。绘一狮子其首回顾，张口缓步。狮子为宋以前画法。

图九一　行狮图二

(二十）云兽神仙图（○八九一六，图九二）。绘一仙人趺坐于石，上有云气芝草。对面怪兽一，牛首麟角，扬鬐，波澜涌起，助其飞腾。

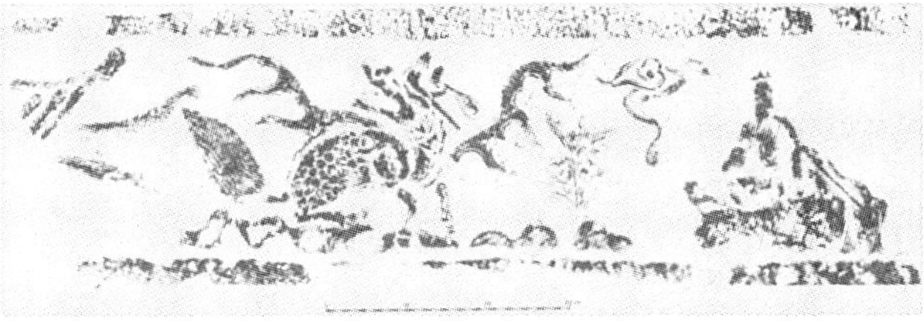

图九二　云兽神仙图

(二十一）四马扑地图（○八九一三，图九三）。一马疾驰，一马卧地，一马仰首朝天，一马俯伏于地。马鬣皆作细笔画，甚工致。

图九三　四马扑地图

（二十二）四马图（〇八九一三，图九四）。一马举蹄扬尾，一马龁草，一马回顾，一马仰首徐行。以上为一组。皆绘于有图案之框内。疑出宋人之笔。

图九四　四马图

（二十三）龙鱼对跃图（〇八九一四，图九五）。绘一鱼露半身张口，另一为龙首鱼尾，身没水中，波浪汹涌。画法或晚至明。

图九五　龙鱼对跃图

（二十四）一龙对日浴水图（一一二一九，图九六）。绘一龙伸尾于波外，尾长接空，张爪作触日状，波涛澎湃，极为壮观。此与〇八九一四成为一组。惟作五爪，殆明人之作。

图九六　一龙对日浴水图

（二十五）峰石立兽图（一一二二一，图九七）。绘一兽立于山石上，石作玲珑状，惜拓墨不精。

图九七　峰石立兽图

（二十六）山石瀑布图（一一二一八，图九八）。墨拓不明。原本题曰："山石瀑布画像"，姑仍之。

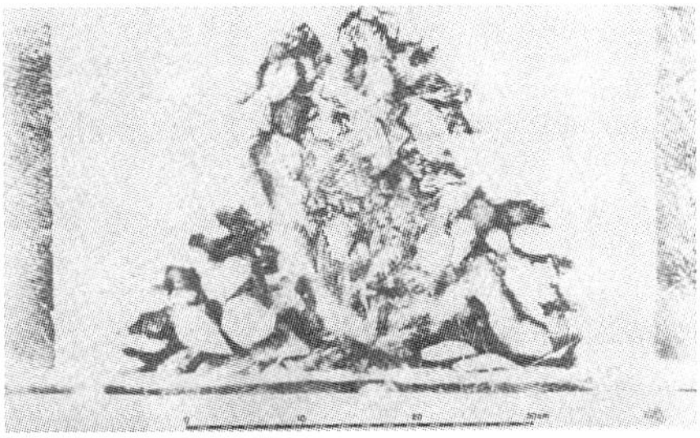

图九八　山石瀑布图

（二十七）擎盘献宝图（〇八九一一，图九九）。此为直幅。绘一人跪地，顶擎盘，盘中有物，仿佛珊瑚之贡品，未敢确定。画法甚古。

图九九　擎盘献宝图

（二十八）麒麟图一（〇八九一九，图一〇〇）。此麒麟仰首向左。明时画风，十分工致。

图一〇〇　麒麟图一

（二十九）麒麟图二（〇八九二〇，图一〇一）。此麒麟仰首向右。二图为一组，似刻在有图案之圆础上。

图一〇一　麒麟图二

以上各图，拓本旧题“传吴道子笔”，此必不可能者，因其中有梅鸟图。《读书敏求记》论宋伯仁《梅花喜神谱》云：“画梅始于五代滕胜华（昌佑）‘梅花白鹅图’，宋赵士雷继之，作‘梅汀落雁图’。”宋人画梅今可见者有崔白之作。此拓本梅不作密蕊，分明有晕法，必在花光之后；且如《喜神谱》中所记开镜、烂漫之态，决不早于南宋（《喜神谱》有绍熙二年叶绍翁跋）。又鱼龙之图，当在董羽出水龙，僧传古戏波弄涛等图之后，复有近于陈所翁；

诚如祝枝山《文集》中《画鱼记》所谓“昂首振鬣”者，亦非唐人所有；且作五爪，已近明人。又鹰犬马鹿皆工致之作，尤异唐之画风。惟山石有作波浪纹之组笔轮廓，竹有阔叶式者，则其中或有较早期为唐或更早之作品，因玄妙观肇建自晋，唐宋叠有营建，石础图绘，固非一时期之物也。

玄妙观者，牛若麟崇祯《吴县志》二七玄观崇真宫下注：“玄妙观在卧龙街东，属长州县。”张凤翼万历《长州县志》：“玄妙观，唐建，名开元宫。宋改天庆观，毁于兵，郡守王焕（按应作�）重建。淳熙间，郡守陈岘再建。初道士募缘，御前亦有所赐，既成，御书金阙寥阳宝殿。”同治冯桂芬纂《苏州府志》四十一云：

玄妙观在城东北隅。晋威宁中创，号真庆道院。（原注：“《长州县志》：晋泰（宁）二年，明帝梦三清道祖，敕改建上天道院。”）唐开元二年，改为开元宫。乾符元年，道士丁紫琼辟文昌、张仙二殿。（原注：“陆贽记：《图经续记》：孙儒之乱，四面皆为煨烬，惟三门正殿存焉。其后复修。”）宋祥符中，更名天庆观。皇祐间，建殿堂，新作三门尤峻壮。宣和七年，赐昆山县田五十顷充香火。建炎兵毁。绍兴十六年，郡守王�重作两廊。（原注：《吴郡志》作西廊。案宋本范《志》实作两廊。）画“灵宝度人经变”相，召画史工山林人物楼橹花木各专一技者，分任其事，极其工致。淳熙三年，郡守陈岘建三清殿。六年火。（原注：“康熙《志》作六年，陈岘重建赐额，似误。”）提刑赵伯骕摄郡重建。八年，赐御书“金阙寥阳宝殿”六字为殿额。郡人龚颐正作《上梁文》以进，寿皇嘉焉。宝祐、景定间重修，元至元元年，始改今额。（原注：卢《志》作元贞元年，《姑苏志》同。）至正末，兵毁。明洪武中置道纪司于此。……

（此文大体袭自石韫玉纂道光《苏州府志》四十四道观一圆妙观条。民国曹允源纂《吴县志》三十七录此文，全同。）

所记视明志为详，最重要为王晚作“度人经变”相及画家赵伯骕重建三清殿二事，盖据范成大补记者。范成大《吴郡志》云：

天庆观在长洲县西南，即唐开元观也。兵火前，栋宇最宏丽。绍兴十六年，郡守王晚重作两廊，画“灵宝度人经变”相，召画史工山林人

物楼橹花木，各专一技者，分任其事，极其工致。淳熙六年，圣祖殿火，趟伯骕摄郡，重建三清殿。……

此一段事实，赖范书为之保存。另宽等修正德《姑苏志》二十九玄妙观下称："绍兴十六年，王焕重建两廊，画'灵宝度人经变'相。"�字误从火作王焕[①]。考同书卷二三《古今守令表》云：

王晦，绍兴十四年三月，以宝文阁学士右通奉大夫除任。十七年正月，提举江州太平兴国宫。

此王晦在苏州郡守任之年期。又同书三十九《宦迹》云：

王晦字显道，华阳人。太师岐国公珪之孙也。为秦桧妻之兄（或云妻弟）。绍兴中，知郡事。时兵火之余，公署学校，靡不兴葺。……然峻于聚敛，用刑尤酷。……

志传则略去其作变相事，而名作王晦不误。绍兴十五年王晦重刻营造法式，即在知平江军府任内《古今守令表》中不列赵伯骕名，惟记陈岘则甚详，云：

陈岘，朝散大夫，直敷文阁。淳熙二年八月到，三年七月除直徽猷阁。四年五月，除秘阁修撰，再任。五年二月，赐紫服金带，七月赴召。

则陈岘盖两度为郡守也。宋孝宗御书金阙寥阳之额，乃因蓑衣道人何中立之故。（何中立事见载《桯史》。）正德《姑苏志》五十八《方外》，道光《苏州府志》一百二十一《道》，均有传，盖据胡衮撰《蓑衣何真人事迹》石刻。传略云：

何中立，本淮阳朐山书生也。……荷蓑结庐于天庆观之龙王堂，佯狂妄说，久而皆验。……上闻而益奇之。会浙西赵宪伯骕，亦为之请，

① "晦"、"焕"二字每混，如《宣和画谱》作者，或题胡晦，或题王焕。

遂赐金阙寥阳殿额。出内帑缗钱数万，绘事一新，以答其意。……遂赐号通神先生，筑庵于观之内，赐御写书宝以宠之。（《桯史》卷二“苏州二异人何蓑衣条”所记全同。）

岳珂所谓绘事一新，即明指赵伯骕摄郡时重建三清庙所绘者。《吴县志》卷六十一《金石考》载天庆观画像石刻，计有：

三清殿石阑
三清殿石砌
正三门阈石，及石基
穿门石阑
三官殿五鹤图

不详年代。三清殿即伯骕所重建，三门殿则唐时已有之，故此天庆观画像石刻可能包括若干时代。本所藏玄妙观石础画像，其称玄妙观乃用近代名称。清彭启丰《玄妙观碑》云：“其初创自晋咸宁二年，名真庆道院，唐曰开元宫，宋曰天庆观，元曰玄妙观。”自明以后，袭用玄妙观之名。道光《苏州府志》作圆妙观，因避清讳改。今观石础各画像拓本，《吴县志》所著录之天庆观画像石刻，部分必在其中，间或有宋以前之笔。范成大称是观兵火前栋宇最为宏丽，唐之开元宫谅已有绘事，石础中画山石有作状者，显非宋以后之画法。唐时江南道观每镌刻书画，如武后时之江苏溧水寻仙观《仙坛山铭》，千署道士周道赐书画，汤义思镌，大周壁历三垂𡍮大岁庚子三匝十八乙立。韩崇《宝铁斋金石跋尾》上：“款云道士周道赐书画，无撰人名氏，上镌天尊象，旁列龙虎，书画出一人之手，为古刻所仅见，字体方正古厚，为初唐精品。”此其著例。玄妙观石础画迹，有画无书，不见款识，为可惜耳。此石础画像，孙氏《寰宇访碑录》，程祖庆《吴郡金石目》，均未著录。

清长洲顾震涛撰《吴门表隐》七卷，录顾沅《圆妙观志》云：

圆妙观东岳殿，晋咸宁二年建。元元贞元年修。明成化二十三年，道士韩凯申姚宗源张日新张鹤峰继修。

真宫殿，即汉都尉任延祠，像犹汉制。并祀唐创观刺史任昭庆。二像并存。

是唐时创观之刺史，有任昭庆，同治《苏州府志》五十二，唐刺史任昭庆，开元间任。

二、道教经变与变相

范成大记绍兴时王�画“灵宝度人经变”相于天庆观。考以《度人经》入画，已肇于阎立本。《宝刻类编》褚遂良有《题度人经》，阎立本画。郑樵《金石略》褚遂良书下有“度人经变像”，未详。孙承泽《庚子消夏记》云：“《灵宝度人经》，褚河南书，阎立本画，宋时藏韩城范氏，元祐中上石。此宋拓也。”倪涛《六艺之一录》卷八十《度人经变像》下引本碑跋云：

> 予家旧藏唐阎立本画“灵宝度人经变”相，褚遂良题字。惜其岁久湮灭，将失永传，独字画仅可模刻，以贻好事者。元祐戊辰仲冬，韩城苑（范?）正思记。

此阎画“度人经变”，北宋曾泐诸石。王�图之天庆观廊庑，岂尝取资于此乎？

唐时道士建醮，必造元始天尊像并壁画。敬书《本际经》、《度人经》，习为故常，敦煌石室所出《本际经》卷帙甚夥，其为武后时书写者，如伯希和二八〇六号《太玄真一本际经》卷第四，末题记云：“埊璧元年闰二月廿九日神泉观师氾思庄发心敬写，奉为一切法界苍生，同会此福。”又二三六九号为开元二年索洞玄所书（参法京 C. N. R. S 出版之《本际经》，法文本附图）。武后长安四年敕于东岳岱岳观建金箓大斋，为皇帝敬造石□□皇上天尊一铺十事，并壁画天尊一铺廿二事，敬书《本际经》一部，《度𤯔经》十卷□□功德（史语所拓本〇三四二九之二）。《金石萃编》五三录此，误作《度生经》，原刻作𤯔，乃武后新制“人”字，又十卷作千卷，亦非。《灵宝度人经》在当时极为流通，自南齐有严东注，唐有李少微注及道士成玄英疏（《通志略》一卷，又四卷，参晁氏《郡斋读书志》）。[①]

---

① 白玉蟾《集》记诵《度人经》事，其《学道自勉文》称：“司马子微（承祯）初学仙时，以瓦砾百片置于案前，每读一卷《度人经》，则移瓦一片于案下，每日百刻，课读百卷。”其迷信如此。宋濂跋赵子昂《书度人经后》谓“文敏因其嫔魏国夫人管道升仲姬之薨。书《度人上品经》以资冥福耳”（《宋学士集一四》）。

佛教壁画有变相，故有变文，道教仿效之，亦有变文。佛教变文，世所习知；道教经变，则所罕闻。余于法京见伯希和列号四九七九有记道教天尊变一铺，前有残文云：

闻夫无物者大道，辟天地而运鸿炉；有应者圣人，奠筌罤（蹄）而宣至数。故白银饰座，天尊开不二之门；紫气浮关，太上老君播生□之化。浩浩荡荡，希夷超视听之端；昏昏冥冥，恍惚绝随迎之际。谈谈不能已已，其惟真常之道乎云云。今谨有三洞道士厶乙，斯乃九清鸾凤，八洞虬龙。禀松筠之志藻（操），有烟霞之气色。风尘不杂，湛然江海之心，耳目无常，邈矣形骸之外。加以奉持经戒，识悟苦空，以指喻奉老君（缺）于为。知万物之凭虚，觉百灵（龄）之非我。故慜兹黔首（缺）金宛转嚣尘之内。靳以广轴，卧宝大宫（缺）天尊变一铺云云。（缺）鸾驾厶乙仙都伫凤（下缺）。[1]

此文取与唐贞观八年立之祁观《元始天尊壕象碑》（史语所拓本〇〇八三九号，又载胡聘之《山右石刻丛编》卷四）比较，首段行文，颇多相似[2]，虽为天尊变而作，实则道教应用文件之套语。

道教变相，隋唐时亦极流行。《宣和画谱》：董展有“道教变相图”。《石渠宝笈续编》收董展另一“三顾草庐图”，上有萨天锡至正甲午题识，请其宦游长安，杨孟载出所藏“道经变相”，后书汝南弟子董展敬图。此道教变相名称之可考者，始于隋之董展，董展与展子虔齐名。《历代名画记》三：吴道子于长安右街龙兴观东壁图“龙虎君明真经变”。杨庭光亦有此经变图。宋康骈《剧谈录》谓吴道子尝绘写《老子化胡经》于洛阳北邙山玄元观南老君庙。敦煌所出伯希和列二〇〇四号长卷，为《老子化胡经》，后有“老君十六变词”（印入《石室秘宝》）。其第十六变词第一首，早经《颜氏家训》征引之。（《书

---

① 敦煌卷P·四九七九背，为天宝十载，酒行胡道芬请出本钱状。

② 《景云观天尊碑》云：“……吐玄微之深趣，引消息之幽灵；表关籥于冲虚，起权衡于无欲。汉右谒于河上，轩帝就于崆峒。是知吉先哲巨（王），禀而成化，自淳风渐歇，浇政始兴，分别念生，众恶对起，清流既隔，日用沉沦。上圣爰生，应时救物。结口大梵之气，是曰口形，天尊位居始青之中，不为元始之称。隋（堕）劫轮化，帝立象存。威慑万灵，忌超三景。始化浮黎之国，终于宛利业城。辟众妙之门，驾鹰桥之路。惊川不息，骏隙难留。恐青录之无（脱一字），编墨书而先记。……敬造元始天尊素象一区，真人、玉童、天丁、师子、地祇之载香山，而皆左右相对。金容既饰，如放身中之光，慧眼已开，似笑福堂之国。……”（见《山右石刻丛编》卷四）

证篇》引道经“合口诵经声琐琐，眼中泪出珠子颗”。）此变词自北魏真君以来，流行及于南北。故唐人图之于道观。由上知吴道子为道经变相绘画者屡矣。今之唐代道观壁画，百无一存。杜甫《集》中有《柳公紫微仙阁画太一天尊图文》云：“见龙虎日月之君，亘乎疏梁，塞乎高壁，骨者、鬣者、晢者、黝者。视遇之间，若严寇敌者已。伊四司五帝天之徒，青节崇然，绿舆骈然，仙官洎鬼官，无央数众。”（又《全唐文》三百六十）绘影绘声，惜原画难于一睹。近人论道教壁画，每引杜诗《冬日洛城北谒玄天皇帝神庙诗》“五圣联龙衮，千官列雁行。冕旒俱秀发，旌旗尽飞扬”诸句，而不及此文。所谓四司、五帝等名目，具见杜光庭《金箓大斋宿启仪》。杜诗所言洛城道教壁画，盖出吴道玄手。程大昌《雍录》引之，谓“吴生所画千官，皆生面也”。王瓘尝学吴生此图，见《五代名画补遗》。毕少董亦尝补画完成之，见《退轩笔录》。

王奂于天庆观所绘度人经，召画史之有专技者分工任之，精心结撰，以奂之地位，自易办到。盖自北宋以来，朝廷于道观绘事，颇为重视，蔚成风尚。如太平兴国八年，太一新宫成，凡十殿四廊，图画三皇、五帝、九曜、七元、二十八宿、五岳等神像五百二十四（《玉海》卷一百）。玉清昭应宫于大中祥符七年十月落成（《宋会要》）。画家与其役者，燕文贵画山水（《图画见闻志》）。龙章彩绘列壁，张昉于三清殿作丈余天女（《圣朝名画评》）。景灵宫之建，王钦若讨阅《道藏》，得赵氏神仙四十八人事迹，分画廊庑（《玉海》卷一百）。而易元吉件小屏（《图画见闻志》），其事具载于画史。宣和建五岳之观，集画工如进士科。绍兴十八年二月，（太一）宫成，总一百七十四区。……两庑画三皇、五帝、十一曜，至里域真官像一百九十五（《玉海》卷一百绍兴太一宫）。《武林旧事》：“西太乙宫旧四圣观两壁，萧照画尚存。”吴县玄妙观壁画之经营，正承袭此制度，当日画史参加者，惜乎名字无考。

王奂督绘之“度人经变相”，早已失传，然其内容尚有可考者。“中央图书馆”藏梵夹本《太上洞玄灵宝无量度人上品妙经》，末页记云：“永乐四年月日印讫”。插图数十张，至为珍贵。其第一图绘天尊居中，并四方列宿（图一〇二、一〇三）。次为元始天尊于浮黎国说法。又次为四方真大神浮空而至及诸天复位，飞升上清，五帝司迎，十方飞天神王大圣朝处。元始天尊临轩校录诸天处。八天天帝来朝处，玄都紫微上宫盟天传经处等。今不悉录。此度人经图绘三清天界，其上为大罗天，杜光庭已有《大罗天斋早、午、晚朝仪》。其下为三界，即欲界、色界、无色界，并绘此三界之魔王游行之状。此经变相，盖将道教观念加以世俗人格化，而绘成种种著衮冕之帝皇。《度人经》中有八天，且有紫微上宫，考《宣和画谱》中，阎立本绘有紫微北极大帝像，唐初已作独立图像，后来永乐宫“朝元图”中八大主像，其第三即为中宫紫微北极大帝。《度人经》图中有三十二天，又有三十六天及三十六地，《云笈七籤》卷二十一有三十二天名目，又同书卷二十二，又有三十六天王。《宣和画谱》武宗元传，记其“补太庙郎，尝于西京上清宫画三十六天帝，其间赤明和阳天，潜写太宗御容，以宋为火德王，故以赤明配焉”。当日传为美谈。永乐宫壁画三十二天帝君之第九，即为赤明和阳天。今三十六天，《度人经》变已状写之，则武宗元亦远有所本也。《度人经》变题“梵炁弥罗”一段，即绘须弥山在海涛中，唐人王陁子擅写须弥海水（《历代名画记》），此固道教吸收佛经观念，而其表现于图绘中，亦复相同。

图一〇二　永乐梵夹本度人经图（举例）

图一〇三　永乐梵夹本度人经图（举例）

阎立本，王唤之《度人经》变是否如永乐本插图木刻画之繁赜，已不可知。惟循此梵夹本，略可推知此经变题材内容之梗概。一般画史家谈武宗元之《朝元仙杖图》，仅取永乐宫三清殿壁画朝谒元始天尊之场面，与之比较（参王逊《永乐宫三清殿壁画题材试探》，《文物》1963（8））；而不及《度人经》变。《度人经》变正以元始天尊为中心，如追溯更早，《度人经》变之天尊，及四方列宿与天尊临轩校录诸天等图，亦武宗元辈之蓝本。对于了解宋元道教壁画之演进，《度人经》变实占极重要地位，故并论之。史岩撰《宋季翰林图书院暨画学史实系年》（华西大学《中国文化汇刊》三），于淳熙时期，所记至略。王唤作《度人经》变一事正可补其缺漏云。

三、三清殿石础画像与赵伯骕之关系

苏州、吴县志书均称：淳熙三年郡守陈岘建三清殿。六年火，提刑赵伯骕摄部重建。

同治《苏州府志》注云：

> 观前旧名碎锦街。《云烟过眼录》载宋赵伯骕桃源图，即玄妙观。当日观中多桃花，故有是名。

按十万卷楼丛书本《云烟过眼录》无此条。《式古堂书画汇考·画考》卷十四收赵伯骕桃源图，引严氏《书画记》云："赵伯骕桃源图一，后有高宗书渊明诗文真迹，上上。"即此桃源图，似高宗时所绘，然伯骕孝宗淳熙六年始摄吴郡，何能预为玄妙观作桃花源图？此说恐未确。至正间夏文彦《图绘宝鉴》卷四云：

> 赵伯骕字希远，千里（即赵伯驹）弟。善画山水人物，尤长于花禽，傅染轻盈，顿有生意。尝画姑苏天庆观样进呈，孝宗书其上，令依元样建造，今玄妙观是也。

《式古堂书画汇考》及《清河书画舫》俱采此，而谓伯骕乃伯驹之兄，恐亦有讹。鲁东山《宋元以来画人姓氏录》卷二十六引《宋史》本传："赵伯骕，字希远，伯驹弟。和州防御使，少从高宗于康邸，以文艺侍左右。"《松隐集》："赵公希远及兄千里，博涉书史，皆妙于丹青。以萧散高迈之气见于豪素。尝耳其论画。……胸次自应有一种风规，俾神气翛然，韵味清远，不为物态所拘。……"云云。足证其即千里之弟。

伯骕在画史上之声名，即因作天庆观画样而显赫于世。正德《姑苏志》玄妙观下，载其所撰《跋孝宗御书文》云：

> 上既诏平江府天庆观三清殿。乃亲御翰墨，书金阙寥阳宝殿六大字以揭之。云藻昭回，龙凤翔翥，万目耸瞻，威颜咫尺，猗欤盛哉！臣观唐文皇书画，居钟王表，凡形篇咏，赐臣工，载在汗简，侈为美谭。然

于明道阐教，为生民福者，未始有闻。恭惟皇帝陛下，天纵多能，游艺八法，敻出神所，岂唐足云。矧方玩意昭旷，诸神穆清。观道妙于化原，跻斯民于寿域，固非下民所能测窥其万分。第自今仰观勾吴之墟，奎壁垂光，王气所钟，奔走百神，扮诃护持，罔敢或后，当与天无极去。郡守赵伯骕恭题。

希远文极罕见，故备录之。孝宗既有诏新三清殿，重建之后，绘事一新，乃出希远之规书画。《式古堂书画汇考》卷三董氏《集古画册》第六幅为赵伯骕画，有杨妹子题“莲开宫沼年年盛”诗。又第九幅赵希远画，有宋高宗题“池上疏烟笼翡翠，水边迟日戏蜻蜓。赐志忠”。亦见《平生壮观》卷八著录，顾复又记其宾菊图、水鉴图等。谓“宾菊图绢短卷，数枫新染，丛菊盛开，两人相对饮于空亭，坡石略带皴法，高宗草题七绝”。又谓“宾菊图希远以摩诘为法，董文敏以赵大年题之”。顾氏甚为不平。又叹“南渡赵希远兄弟，皆以李将军为师，声名鲁卫，而艺亦鲁卫，今则千里名最著，而希远名垂垂欲绝”。为之唏嘘。希远画迹，周密所记有下列各件：

赵希远“汉武陵授蟠机图”（赵仁荣藏）　赵希远赵千里共一册　赵希远“蟠松双兔”　（赵孟頫自燕回，出所收物。）　赵希远纸画百劳

《石渠宝笈续编》中“四朝选藻册”有“番骑猎归图”，签题赵伯骕作，今印入《宋人画册》十九。郑氏《叙录》称：伯骕画今存者有“万松金阙图卷”，极飘渺旷远之致。

李玉棻《瓯钵所见金石书画随录》（稿本），宋元名人“合锦”第三开，为赵伯骕溪亭清夏，绢本设色仕女，今均不可见。士林“故宫博物院”藏画册，有题名赵伯骕之画凡二。

一在《艺苑藏真》册内，赵伯骕风簷展卷。

一在《集珍寿古》册内，赵伯骕野芳山鸟，水墨画。

未知是否真出其手笔。吴其贞《书画记》著录其画四事，皆云不可信。柯九思题伯骕画云：“车辙辚辚过别山，满林霜叶映红颜。晚来仍起云千叠，一片幽闲指顾间。”（缪荃孙等辑《丹丘集》）似指其山水。惜乎真迹罕见。题伯骕名之画幅，详福开森《历代画著录目》。僧守仁有题赵希远画“蟠松玉兔图”，学部赵公鉴记。见《明诗综》卷九十，中有“《宣和遗谱》世莫传，艮

岳荒凉风景暮”之句。《画继》：“伯骕专山水花木，着色尤工。”文徵明尝仿赵伯骕“后赤壁图”，拖尾文嘉跋云：“后赤壁图，乃宋时画院中题。故赵伯骕伯驹皆常写。而予皆及见之。若吴中所藏，则伯骕本也。”（《故宫书画录》卷四）汤垕《古今画鉴》谓“宋宗室如千里、希远皆得丹青之妙”。当日兄弟齐名，而希远更以天庆观样为人称道。其所长在花禽，今观玄妙观石础之画，以动物为多，而三清殿即伯骕所建，《吴县志》著录该殿石阑石砌之画像。故我人认为此若干石础画迹，其间或有出自伯骕之设计者。三清殿为道教建筑之主殿。殿中即奉三清像。唐阎立本已绘三清像（《宣和画谱》）。《度人经》之三清天界，为一炁所化，由玄、元、始三炁形成之玉清、上清、太清三清境谓之三清，亦即三天。北宋之玉清昭应宫有三清殿，张昉作画于此。李公麟尝绘“三清图”并序（《益州名画录》）。天庆观之三清殿，始建于陈岘，赵伯骕重建之。其后屡有修建。元牟巘《平江府重修三清殿记》云：

平江玄妙观三清殿，实再建于淳熙丙申，殿凡七楹，雄杰冠浙右，越八十年甲寅，住持严守柔重覆屋，又八年辛酉，蒋处仁重葺周榈。又三十四年，为今至元戊子（按即至元二五年）……改赐额（按指取名玄妙观）。旧观浸隳。处仁之徒严焕文兴任作新……始于己丑二月，成于庚寅十月。（文载洪武《苏州府志》卷四十八集文，又同卷有牟巘《玄妙观三门碑铭》。）

清石韫玉《重修玄妙观三清殿记》云：

苏城圆妙观，古之天庆观也。肇基于晋咸宁中。法门香火，经今千五百余载。黄冠之士，云集于其中。其大殿崇奉三清像，重屋四檐，规模大壮，嘉庆二十二年岁在丁丑孟秋之月。疾雷破柱，毁其西北一隅。维时大司寇韩公葑衔恤在籍，鸠聚指金鸠工修治。（载韫玉纂道光《苏州府志》卷四十四）

牟记所谓再建于淳熙丙申，即指赵伯骕继陈岘重建之事，在淳熙三年。《江苏通志稿·金石志》卷十六端平元年玄妙观，尚书省劄并部符使帖，其中有云：“孝宗皇帝赐钱建造三清大殿蓑衣先生庵宇。”为当日朝廷重要文件之泐于石者。

顾震涛《吴门表隐》卷七记玄妙观三清观有若干条，兹录如下以备考：

三清殿西角有木偶，以头撑着枅柱，乃宋朱皮匠像（钱希言记）

三清殿石柱各镌天尊圣号，东首尚全，西首已多更换。下有小字，文多漫漶。所见有平江府长州县道义乡众善桥西街信士朱振并妻张氏十四娘暨家眷等奉道助钱伍拾贯置殿柱堂座，超荐先考朱一郎先妣沈氏八娘丈人张□丈母沈氏六娘，又一刻淳熙三年宣教郎泰州海陵县黄彦修。又一刻顾仲六秀并妻赵氏五娘保佑。又一刻迪功郎陈。又一刻吉祥如意。余皆剥落。

四、从玄妙观马大同刻吴道子绘老子像论吴画之特征

玄妙观石础各画，旧题传吴道子笔，殆因道士马大同尝刻吴道子笔之老子像，以此传讹。《苏州府志》一百四十一金石二长洲县唐下有云：

玄宗太上玄元皇帝像赞碑，吴道子画，颜真卿书。宝历初元道士马大同刊。在玄妙观。道光《志》上元字作混误。（按见道光《苏州府志》一百三十金石二。）案《吴门表隐》云：宋宝庆元年，道士冯大同题，张允迪勒石。

又下一石像云：

北斗七星像石。吴道子画，在玄妙观玉皇殿。

《江苏通志·金石志》卷十五云：

道士马大同摹刻老君像，在吴县玄妙观。有玄宗御赞，颜真卿书。题记云：太上混元皇帝圣像，乃吴道子笔，获斯本久矣，不敢珍藏。谨捐财命工刊石，以广其传。宝庆初元民岁腊日，姑苏□□观上清大洞道士臣马大同敬题。

其题记原文如此，钞本《吴门表隐》作冯大同者误。白玉蟾有《诏建三清殿记》，据明本《琼琯白先生集》卷二，节录如下：

……孝宗皇帝有旨平江府天庆观建三清殿成，亲洒宸翰“金阙寥阳宝殿”六大字扁之。……姑苏佳山水，秀辅未央，葱连阊阖。嘉定窥月既望，臣小舣长桥，将如虎邱，过自祖庭，目其正殿雄伟，为诸郡冠，诘其所自，知为诏建之也。自祥符中，额此观矣。建炎戎烬之余，绍兴乙丑（按即十五年），太守贰卿王侯映，刻于朝赐缗钱。复殿圣祖而未暇三清，适以召去弗遂。黄冠朱真猷鸠众市财，欲踵其志，复以疾奄。淳熙乙未（按即二年）道录李若济奉御香藏醮于兹，回奏得旨，令郡侯殿撰陈岘发公贿，属吴县尹黄百中董役。经始于乙未之春，讫成于乙酉（按即四年）之冬。星鎚月斧，旦暮庀工，霞拱云甍，人神胥庆，实大洞法师陆景平主其盟为甚力。……冲隐大师马大同嗣陆景平之后，悯往事之已远，畏来者之不知。应相谓曰：此殿既成，几五十载，属臣为记。……

此文记宋时玄妙观营建始末最为详悉，前后历五十载，终由马大同完成，时当宝庆初年。因其刻吴道子画老子像，故石础各画，后人遂傅会为吴道子笔，实无证据。

传世吴道子画迹，多不可信（士林“故宫博物院”藏题吴道子“宝积宾伽罗佛”，有瘦金书题字，唐寅赞。大抵为宋人之笔）。吴画向来论者纷繁，似未尽中肯綮。柯九思题吴道子维摩图：“吴生手写维摩诘，皮为纸兮骨为笔。”（顾氏过云楼藏，辑本《丹丘集》）王铎谓于孙奉常轩中见吴道子画佛，趺坐，僧徒侍左右，精神顾盼皆生动，而深寂不可窥者（《拟山园文集》十五《跋吴道子佛像》）。所见原图，真伪均不可知。近人拟测吴画，有种种不同之新说：

（1）有从马和之画风推测者：文徵明《甫田集》谓马和之师吴道玄，好用掣笔，罗振玉本之，谓马和之“唐风图”，描写人物用笔，纤柔游丝袅空。今观此图，不啻得见吴生（《永丰乡人丁稿》马侍郎唐风图卷跋）。

（2）有从梁令瓒画迹推测者：令瓒与僧一行同为开元时人，传世有令瓒署款之“五星廿八宿神形图”。李伯时称其甚似吴生。王逊以为此卷可作为探讨吴画之线索。

(3) 有从正仓院画探索者：日本正仓院有麻布菩萨图，米泽嘉圃以为仿佛吴道子磊落雄伟一路之面貌（《中国绘画史の研究》，93页）。惟细审此图行笔多停顿、接驳，与吴生之莼菜条不类。

(4) 有从敦煌人物画比拟者：大英博物院藏Stein搜集敦煌画绢幡之金刚力士像（Ch，XXIV，002），线条肥瘦兼施，赋彩浓淡，长广敏雄谓即吴道子之遗风（《东方学报》三五册，京都）。此本往岁在英曾加以临摹，金刚怒目握拳举足，一手执莲花，衣带飘举，正如吴带当风。惟设色复杂，大抵先勾勒再敷色。于线条处留空隙，带上部分用石青染，下施粉白，复用朱砂勾画云气。肌肉浅朱，裙则深绛。最可注意为其设色方法，不似吴生以墨踪为之（晚唐朱景玄《唐朝名画录》称"吴道子数处图画，只以墨踪为之，近代莫能加其采绘"。）石刻金刚，风格多同，盖中唐以来一般画风如此。

吴画之特色，段成式举其常乐坊赵景公寺东壁之白画地狱变相，又言其笔力劲怒，变状阴怪，吴画中得意处（《寺塔记》）。张丑《清河书画舫》引唐（窦蒙）《画谱拾遗》云："吴道子号称画圣，笔法再变，早岁精微细润，无异春蚕吐丝。中年磊落雄伟，则又挥霍如莼菜条。"段、窦与道子生并世，目击原物，所记自足凭信。吴画特点在行笔与浅设色。米芾《画史》言其"行笔磊落挥霍如莼菜条（此用窦蒙语），圆润折算，方圆凹凸，装色如新"。数语足以尽之。存日本之"天龙八部图"，吴升《大观录》称其衣折俱作飞白法，行笔磊落。又略染赭色。故说者每取以代表吴画作风。惟吴之白画原物今不可睹，只有从石刻中推想其用笔之轮廓而已。

马大同所刻吴生老子像，拓本未见。史语所藏画像题吴道子者有三：一为习见吴画观音巨像，现存西安碑林者。一列一八九七〇号，即此观音巨像，只残存人物中躯一段。此像题正书吴道子作，行笔粗壮，有波折提顿，即所谓莼菜条也。惟手指纤弱巧细，似非唐人笔法。又一列〇四七二一号，为元卧龙寺观音堂之《观音赞》。有文记都官巩彦辅事，杜革正书，李寂篆者。款题"大元至正十七年八月十五日，陕西省平章歪头刱观音堂"、"大明洪武十四年七月十五日重修卧龙禅寺"。碑在陕西，孙、赵《碑录》均未载。盖细笔之吴画。此元刻拓本，纸色古黝，为明拓无疑。观音足部勾勒至佳，衣折线条为游丝描，缨络及头部之莲瓣，笔笔有力，乃极精之作。像侧"吴道子笔"数字，颇乏古拙之致，殆后人所加。

吴道子之观音像，记录甚多。《云烟过眼录》赵子昂自燕回所收有吴生观音剔青地，叶森曾见其与张伯雨作题。宋濂《宋学士集补遗》卷三《童贞观音像赞》谓："金华何牗德辉获阳翟吴道玄所画童贞观音像，乃五台山碑本。"吴其贞《书画记》："吴道子观音变相绢画，绘一披发人身穿蒲草衣，沉着古雅，精神如生，使观者畏惧不敢视，真神品也。"观音像之题吴道子笔者多矣，故到处有吴道子观音石刻。以四川论，远至酆都县、盐亭皆有之（见吴式芬《石刻汇目分编》十六之三忠州及同卷潼川府）。前者洪武间刻，均嫁名于道子，亦难定其真伪矣。Osuald Sirén 于 *Chinese Painting* Vol. III Pl. 88 收河北曲阳县"恒岳神图"，题"吴道子笔"，东鲁赵岱刻石，亦从石刻以求吴画。史语所此二拓本，正代表其粗壮及精致两种作风，然出后刻，亦无特别之处。《宣和画谱》著录吴画九十三幅，其画佛像圆光，转臂运墨，一笔而成，正以气胜，故冠绝千古。吴画真迹既不可睹，即唐人专论吴画之作，若张彦远之叔祖张谂[①]所著《吴画记》（见《历代名画记》），亦复失传，观摩莫由，吁可慨已。玄妙观玉皇殿上之北斗七星像石，各志《金石》称为吴道子画。道子所作七星像可考者，《云烟过眼录》言乔达之藏有道子火星像，即其一例。《江苏通志·金石志》四："吴道子画宣圣像，在武进县学，题唐天宝十一载岁次壬辰二月□廿二日景戌建。"盖亦出于后摹。

五、玄妙观之建置沿革

玄妙观为江南巨大道观，规模宏伟，洪武时成为南方道教中心。正德《姑苏志》云："洪武中清理道教为正一丛林，置道纪司于此。正统年间，造弥罗阁，赐道藏，归并观五、宫一、道院九。"

（据道光、同治两《苏州府志》四十四及四十一道观门，列其所统观宫道院，为洪武初归并于玄妙观者，有白鹤观、灵应观、清真观、卫道观及崇真宫、端威道院等。万历《长洲志》二七崇真宫下注洪武间归并玄妙观。）

清乾隆南巡，玄妙观屡次临幸。彭启丰《重修玄妙观碑》云："乾隆十六年南巡，在籍诸臣于观中设经坛，祝慈宁万寿，驾亲临视。"[②] 彭碑记清时修建所耗之资，"康熙时施炼师道渊营建，募白金四万两有奇"。"乾隆时，巡抚萨公修葺，劝输助，遴高赀者八人董其事，计工二万六千有奇，费白金六千

① 张谂为张彦远叔祖，官主客员外郎。《历代名画记》卷九言其著有《吴画说》一篇，盖专论道子之书。参余绍宋《书画书录余题》卷十。

② 道光《苏州府志》卷首巡幸上：康熙三十八年南巡……瑞光寺圆（玄）妙观及邓尉华山诸处，绅士商民僧道人等皆建醮祝寿，按四十二年亦然。瑞光寺建自吴孙权，康熙乾隆南巡时皆临幸焉。

二百两”。则历来縻费之巨可见矣。

玄妙观内殿宇甚多，民国《吴县志》所记较详，举其重要者：

文昌殿　相传建于西晋。清蒋予蒲《重修文昌大殿记略》：苏城有玄妙观，文昌殿建自西晋。历唐宋迄今千有余载。按此为观中最古之建筑物。

三茅殿　宋祥符五年建。[1]

东岳殿　宋祥符五年建，内有七十二司庙、十王庙。明黄省曾《重修东岳行宫记》：“东岳之庙，国典在泰安为专祠。……济南且别有行宫。在吴郡者建玄妙观左观，晋之真庆道院也，历世因之。”则此东岳行宫即晋时之真庆道院旧址。

三官殿
八仙殿　宋祥符五年建。

蓑衣真人殿　初名通神庵，宋淳熙三年左街道箓李若济奉命建。孝宗御书额。

天医药王殿　宋祥符五年建，上有斗母阁，前有路头庙。

泰安神州殿　元元贞元年建。

五路殿　元元贞元年建。

真宫殿　元元贞中建。

玄帝殿　元元贞中建，殿前有六亭，明钱允治《重修六亭记》。

关帝殿　元元贞中建，内为长生殿。

雷尊殿　在吉祥门内南向，元至元间建五雷坛。

观音殿　元元贞中建。

以上各殿在玄妙观内，除通神庵为淳熙所建，余则或为北宋祥符五年建，或为元元贞元年建。祥符为天庆观命名之时，《宋史》七《真宗纪》：“大中祥符二年十月甲午，诏天下置天庆观。”即此时也。（本所藏拓本〇一六七五号，即当日宋《敕建天庆观碑》，碑在直隶安肃。）《宋会要》：大中祥符七年七月，玉清昭应宫成。其时中枢方经营大规模道观，地方亦随之，故玄妙观诸殿，多建于祥符五年。至元贞元年，卢熊洪武《苏州府志》以为即改名玄妙观之岁。道光《苏州府志》乃改作“元至元元年始改今额”。殆因见牟巘《三清殿记》有“今至元戊子……改赐额”之语，其后同治《苏州志》、民国《吴县

① 三茅殿者，必祀三茅真君。苏州上真观在穹窿山三茅峰，相传汉平帝初建，祀三茅真君，始为道院。苏州别有三茅观，宋淳熙中道士倪玄素开山，祀三茅真君。

志》皆仍之。按《元史》十八《成宗纪》："元贞元年七月壬寅，诏易江南诸路天庆观为玄妙观，毁所奉宋太祖神主"（《纲鉴》作秋九月非）。张天师《世家》亦云："元成宗命三十七代天师醮于万岁山，又醮长春宫……改诸路天庆观为玄妙观。"当日统一改名，当作元贞元年为是。同治《苏州志》寺观出叶昌炽手，彼亦未能订正。各殿皆建于元贞元年，卢熊于洪武间修志，相去未远，谅不有误。

其余惟雷尊殿为至元间建，卢《府志》卷四十一《张善渊传》云："元至元间，世祖诏天下举山林有道之士，嗣天师以道人荐，乃与弟子步进德入朝，奉旨召鹤，鹤如期蔽天而下，有祷辄应，遂命为平江道录，住持天庆观，即今之玄妙观也。"明赵同鲁《重建五雷坛记》："胜国时有高道曰雷所，张善渊居之，张盖月鼎莫尊师嗣孙，世受五雷斩勘法。"此至元时天庆观住持张善渊之事迹，五雷坛即其所建者也。《吴门表隐》云："莫月鼎真人像碑在水府殿内，上镌像，下刻洪武十三年宋濂撰并书。"按宋文见《宋学士集补遗》卷四。月鼎事具《元史·释老传》。月鼎之徒能行醮法，使鹤群回翔坛上。《吴县志·金石》所收天庆观画像石，中有三宫殿五鹤图。三宫殿建自祥符，然《吴门表隐》云："五鹤街在三宫殿内，或云莫真人遗迹。"则五鹤图或与莫月鼎之驱役群鹤有关系，未可知也。[1]

东岳行宫盖建于北宋祥符间。其遗物今可知者又有铁香炉。同治《苏州府志》一百四十一：元代金石收"东岳行宫铁香炉文"，注云：

> 王天禄题，正书。泰定甲子正月，在玄妙观东岳殿。据《玄妙观志》增，《吴郡金石目》"禄"作"祥"，误。今不存。

按史语所拓本〇七三〇八号即此铁香炉。其铭识如下：

> 浙西道平江路在城居奉道信士王天祥上待父亲王伯明母亲徐氏五娘，清旨发心，施财命工，鉒造大方香炉一座。舍入玄妙观东岳行宫，永充供养。专祈保庇父亲母亲寿龄绵远，福慧增崇。次冀天祥口室人周氏妙真，身心康裕，所求如意者。泰定甲子年正月吉日置。

---

① 宋濂《宋学士集补遗》卷四，元《莫月鼎传碑》（月鼎）其徒王继华，继华授张善渊，善渊授步宗浩，宗浩授周玄真，皆解狎雷致雨，而玄真尤号伟特，若行醮法，能使群鹤回翔坛上云。

铭文铸作钍，爐作炉，皆从俗写。同治《苏州府志》谓炉已不存，然拓本犹流传于世。韩崇载《宝铁斋金石文跋尾》下谓“此炉向在玄妙观东岳神座前。款识为丹漆漫灭，道光三年大殿鼎新，漆工姚云亭磨而出之”。舍炉者实是王天祥，《吴郡金石目》不误。吴式芬《石刻汇目分编》卷四：“玄妙观东岳行宫炉识，宫前，王天祥造。”《苏州府志》从《圆妙观志》作“天禄”，非是。《吴门表隐》录此炉识，既误作“文禄”；又东岳行宫多一“殿”字，复夺“永”、“慧”二字，兹为订正。

《表隐》所记有关北岳行宫者，又有下列二事：

> 一铁枪在古府库中，宋淳熙中玄妙观东岳殿浚井所得。枪上铸有“项王将钟离昧制”七字。
>
> 一古松在东岳殿前，又有银杏二树，甚古，宋初物。

《表隐》记玄妙观十九条，自注均出《圆妙观志》。此志为顾沅撰，石韫玉为之序。民国《吴县志》五十八《艺文》著录。其书未见。然重要者已在《吴门表隐》中矣。

附　晋至元玄妙观大事记

西晋武帝咸宁二年（276）	始建文昌殿，初名真庆道院。按黄省曾谓东岳行宫即晋时之真庆道院。《长洲县志》作太宁二年（324），则当东晋明帝时；二说未明孰是。
唐玄宗开元二年（714）	改名开元宫。
僖宗乾符元年（874）	道士丁紫微辟文昌、张仙二殿。
昭宗大顺元年（890）	八月，孙儒陷苏州，宫毁，存三门正殿。
宋祥符二年十月	诏天下置天庆观，故改名天庆观。
祥符五年（1012）	建东岳殿、三芳殿、三官殿、八仙殿、药王殿。
皇祐间	新作三门。
宣和七年（1125）	赐昆山田。

	郡守王晪于两廊绘《度人经》变。
绍兴十六年（1146）	王守他去，道士朱真猷继之。
淳熙二年乙未（1175）	左街道箓李若济奉御香修醮，孝宗御书通神庵三字。
三年丙申（1176）	郡守陈岘建三清殿，属县尹黄伯中董役。
六年己亥（1179）	提刑赵伯骕摄郡，作天庆观样进呈，重建三清殿。
八年辛丑（1181）	孝宗赐御书“金阙寥阳宝殿”六字，赵伯骕作《御书跋》。
庆元三年丁巳（1197）（九月）	胡衮作《蓑衣何真人》事实，刻石。
嘉定十一年戊寅（1218）（三月）	郡人龚颐正撰三清殿《上梁文》。
宝庆二年丙戌（1226）（三月）	高元问作《重修天庆观记》，王松正书。
	按此文未见，白玉蟾作《三清殿记》谓由马大同完成，时当宝庆初年。
端平元年（六月）	天庆观尚书省劄并部符使帖泐石。
咸淳六年庚午（1270）	行在尚书礼部劄。
元世祖至元廿五年戊子（1288）	诏易江南诸路天庆观为玄妙观。
成宗元贞元年乙未（1295）	建真官、玄帝、五路、关帝各殿。
泰定元年甲子（1324）	正月王天祥铨东岳行宫铁香炉。

结语

本文之作，可得结语数事如下：

（1）北方道观绘画艺术，有山西元代永乐宫可为代表，南方可以宋代吴县玄妙观为代表，虽残存少数石础拓本，然尝鼎一脔，极足珍视。

（2）玄妙观宋时尝绘《度人经》变，可见是经成为道观壁画之题材，由来已久，有如佛家之《维摩经》变之类。试从明刊《度人经》图，论其在道教经变上之重要性，及对三清“朝元图”之影响。

（3）赵伯骕真迹，今极罕见。彼以天庆观画样著名，且建三清殿，可知玄妙观三清殿石砌画像，必有出于赵氏之设计者。

(4) 旧传玄妙观画像为吴道子笔，恐缘马大同尝刻吴道子绘老子像而传讹。吴画以莼菜条一路为晚年作风，石刻残本可证其行笔之法。

(5) 玄妙观肇建于晋，历唐、宋、元屡有修建，明初置道纪司，为道教之重镇。祥符间，诏天下置天庆观，此其在吴郡者耳。道观之绘画艺术，向来少为人注意，是特其一例。窃不量力，钩索方志文集，为之表彰；阐幽发微，仍跂同好踵为之也。

引用书目

《吴郡志》　宋范成大撰　《择是居丛书》本

洪武《苏州府志》　明卢熊撰　洪武刊本　稽瑞楼旧藏

正德《姑苏志》　明吴宽等修　正德元年刊本（卷二十九）

万历《长洲县志》　明张凤翼等修　万历戊戌刊　崇祯乙亥（八）年印本　有“西河”、“稽瑞楼”、“汲古阁”等印

崇祯《吴县志》　明牛若麟修　崇祯壬午刊本　卷二十七玄观　以上四种“故宫博物院”藏

道光《苏州府志》　清宋如林修　石韫玉纂　卷四十四道观

同治《苏州府志》　清李铭皖修　冯桂芬纂　卷四十一寺观三据总目此门叶昌炽为之

民国《吴县志》　民国吴秀之修　曹允源纂　民二十二年印本　卷三十七寺观三

《吴门表隐》七卷　清顾震涛编　“中央图书馆”藏钞本

《武林玄妙观志》　仰蘅青屿编　《武林掌故丛书》本

《桯史》　宋岳珂　《津逮秘书》本

《六艺之一录》　清倪涛撰　四库珍本

《宝刻类编》　不著撰人　东武刘氏刊本

《吴郡金石目》　清程祖庆撰　光绪三年八囍斋刊本

《江苏通志·金石志》

《畛匏所见金石书画随录》　李玉棻辑　“中央图书馆”藏钞本

郑樵《金石略》

王昶《金石萃编》

韩崇《宝铁斋金石文跋尾》

孙承泽《庚子消夏记》

胡聘之《山右石刻丛编》

吴式芬《石刻汇目分编》

《历代名画记》　唐张彦远撰　《津逮秘书》本

《宣和画谱》　“故宫博物院”影元大德本

宋伯仁《梅花喜神谱》　中华影印本

《画继》　宋邓椿撰　《津逮秘书》本

《五代名画补遗》

朱景玄《唐朝名画录》

段成式《寺塔记》

《图绘宝鉴》　元夏文彦撰　宸翰楼丛书本

米芾《画史》

周密《云烟过眼录》　《十万卷楼丛书》三编本

汤垕《古今画录》

《益州名画录》

《图画见闻志》　宋郭若虚撰　《津逮秘书》本

《圣朝名画评》

《石渠宝笈续编》

顾复《平生壮观》

吴其贞《书画记》

吴升《大观录》

《故宫书画录》

鲁东山《宋元以来画人姓氏录》

《宋史》　（卷七《真宗纪》）

《宋会要》

《元史》　（卷十八《成宗纪》）

《玉海》　（卷一百《祠宫观》）

程大昌《雍录》

《康骈剧谈录》　明《稽古堂丛刻》本

退轩《笔录》

杜光庭《金箓大斋宿启仪》　《道藏》本
《云笈七籤》　《四部丛刊》本
《度人上品妙经》　"中央图书馆"永乐四年梵夹本
《永乐宫》
王逊《永乐宫三清殿壁画题材试探》(《文物》1963(8))
史岩《宋季翰林图画院暨画学史实系年》(华西大学《中国文化汇刊》三)
米泽嘉圃《中国绘画史の研究》
杜甫《文集》
《松隐集》
白玉蟾《琼琯白先生集》　史语所藏明刊曜仙重编本
柯九思《丹丘集》
宋濂《宋学士集》
文徵明《甫田集》
祝枝山《文集》
王铎《拟山园文集》
罗振玉《永丰乡人丁稿》

附录

苏州玄妙观三清殿石阙画像，曩日在史语所见原拓本，因撰此文，比年曾于某杂志见风雨楼藏本旧拓猴与鹿两幅，其上有郑叔问题记，小字题满，惜印出文字，模糊莫辨，无从过录，只知其先我为之。年前数莅苏州，踯躅于玄妙观之下，其石础尚有存者，足供凭吊，为之低徊者久之。己巳重校并记。

原载《"中央研究院"历史语言研究所集刊》
第四十五本第二分册，台北，1974

墨竹画僧方厓考

李霖灿教授尝指出墨竹的浓墨点节法，有所谓“乙字上抱式”者始于元僧方厓，而慨叹这位高僧的生卒年月不详。[①] 陈垣的《释氏疑年录》，于方厓亦缺如。曩日检读禅家语录与《吴都法乘》，幸略得窥其端倪，因连类缀其事迹，作《方厓考》。

台北“故宫博物院”藏方厓墨竹一帧，纸本，《石渠三编》著录，卷轴之诗塘有洪武三年马治跋云：

> 丈靖持方厓所画竹见示，俾录虞道园寄题听秋轩诗，轩盖厓在重居寺时燕私之堂也。因记前十五年厓自吴门归，余亦次第先生诗韵……漫附比以见意耳。岁洪武壬戌（十五年）冬十月三日，马治。

马治题此识语时，方厓已前卒，故为补录虞集诗句，以寄思念之意。考愚庵有《悼开元方厓法兄二律》云：

> 丁巳十月十六日，开元老汉入泥洹。信脚踏翻浮佛阁，全身抹过听秋轩。众人索偈聊书偈：至道离言空有言。七十一年无挂碍，话行东土与西乾。

---

① 见李著《中国墨竹画法的断代研究》。

老禅迁化荆溪寺，物物全彰净法身。蜕角泥牛耕碧落，怀胎玉兔衮红尘。双趺示相机虽妙，一曲无生调转新。大寂定门来又去，昙花重现少林春。

诗见《愚庵智及禅师语录》卷九①，及《吴都法乘》卷二一上《侣净篇》。丁巳即洪武十年（1377），据此诗所记，方厓卒于是年十月十六日，得年七十一岁，诗言方厓迁化于荆溪寺。盖殁于宜兴。倪云林亦是方厓的友好，《云林集》卷四有题画送僧一首，有“用公住近金鹅岭”、“归逢古德方厓叟”之句，复有注语云：

用大机，吴人也，住宜兴保安寺。壬子九月十九日，将还山，戏写秋树筠石并诗以赠之，且以呈方厓禅伯云。

壬子为洪武五年（1372），是时方厓已移居宜兴县。用大机住保安寺，据《宜兴荆溪县新志》九《古迹》：

保安禅寺在保安山，明王稚登诗有“破殿何年寺，残碑记赤乌”之句。寺建于三国吴之赤乌，陈永定间重建。

又该志卷一《疆土》：

柯山东北渡运河为岊山，其枝峰南出为保安山，山有保安寺，故名。

王冕有送大机上人白云诗，又有送大上人之四明，即指用大机其人。用大机其人，据虞集至正元年撰《元叟端禅师语录序》，末言：

况师大机大用，提临济正印续佛慧命者。

知大机亦是元叟端公法嗣。方厓、智及与用大机都出端公门下，端公即行端，本临海何氏，系出径山，亦号寂照和尚，故智及悼方厓诗有“大寂定

① 《愚庵语录》与《元叟行端语录》，均见《卍续藏经》第一二四册（台湾新文丰印行）。

门来又去”之语。参宋濂有《元叟端禅师语录序》，黄溍有《径山元叟禅师塔铭》（《金华黄先生集》卷四一）。智及即愚庵和尚，苏州吴县顾氏，为径山第五十三代，卒于洪武十一年，事迹详宋濂撰《径山和尚及公塔铭》。智及称方厓为法兄，出自同门，兹表之如次：

寂照和尚（元叟行端）
至元辛巳卒，年八十七
（《释氏疑年录》，310 页）

—用大机

—方厓
洪武十年丁巳十月卒，
年七十一

—智及（愚庵）
洪武十一年卒，年六十八
（《疑年录》，335 页）

智及又有《答前开元方厓法兄》二首：

宗教人才系重轻，弟兄垂老益关情。徒劳刹说仍尘说，尽把风声作雨声。勇退曾闻法云本，高闲谁似觉天清。尚期末路参玄士，悉使归家罢问程。

秋晚丛林委地空，庵居小小不雷同。单提独弄三江上，万别千差一照中。船子清风来夹峤，马师异类得庞公。遥知缁白交参处，入夜高烧蜡炬红。

诗中举四禅僧以比方厓。船子名德诚，唐云间人，参澧州药山，传世有《船子和尚拨棹歌》。[1] 元至治间，径山虚谷希陵曾跋其书，可见在径山系禅门中，《拨棹歌》一书颇为流行，夹峤即夹山，余二位为马祖、庞居士，人所熟知。“风声作雨声”句谓其擅写竹，“秋晚丛林”、“庵居小小”当指听秋轩，著一“秋”字。《吴都法乘》又载释克新《次韵寄开元方厓禅师七律》，有“清秋叶覆苔前石，白昼花深竹里床”之句。元明之际，听秋轩屡见诗人题

① 《船子和尚拨棹歌》，上海文献丛书本，有 1987 年施蛰存序。

咏，不止虞集而已，倪瓒亦有听秋轩七律，句云："听秋轩里听秋雨，定起山僧坐翠微。"高启听秋轩五律，句云："数禽翻树里，万叶下亭皋。"(《高太史大全集》卷一二）又题方厓听秋轩五古，有"月下暗禽翻，窗前危叶落"句（同上书卷六)。王冕有听秋轩七律，句云："人世红尘高没马，老禅方丈足清幽。入门便觉气候别，历耳似知天地秋。"(《全明诗》卷七）王彝有听秋轩为厓师赋五律，句云："满耳萧飒情，岂起蒲团上。"（钞本《蚓雌子》）宋沂亦有题听秋轩诗（见《草堂雅集》卷八)。元代咏听秋轩诗句，如再寻检，必不止此数，足见方厓交游之广。

云林《诗集》中，涉及方厓之诗多首，上举两首之外，又有下列，试为拈出：

《为方厓画山就题》，句云："为问方厓师，孰假孰为真？墨池涓涓滴，写我无边春。"《追次唐綦毋潜宿龙兴寺诗韵·寄方厓五律》，有"砚池滋黯黯，竹露净微微"句。《题方厓墨兰》五律，句云："萧散重居寺，春风蕙草生。幽林苍藓地，绿叶紫璚茎。"知方厓与倪迂交情之深。又从倪诗，知方厓除工于写竹，复兼擅画兰，可惜其作品不见流传，此诗亦提到重居寺。倪瓒又有《至正乙巳（二五年）五月三日过开元精舍》诗，句云："初心了玄解，自不为律缚。"虞集有《平江开元雪窗禅师访予临川山中》诗，又《绿阴堂记》云："至治壬戌，集始游吴，断江恩公住开元，光公雪窗客予同往见焉。"所谓"开元精舍"，与方厓之被称为"开元方厓"，盖以曾居开元寺，故有是称。雪窗亦工写墨兰，世间尚有传本，人所共知，故不复及。方厓事迹，赖诸家诗咏，得存其梗概。铸晋教授精研元代画史，值其退休集稿征文，爰略举所知，缀成短篇，幸有以教正之。

1991年5月于香港

从明画论书风与画笔的关联性

六法中以“骨法用笔”为最基本条件；国画的特色是由笔、墨产生气韵。笔为骨、墨与色为血肉。潘天寿认为“画事以笔取气、以墨取韵”，是很对的。但主要还是以行笔的线条为主，线条的厚重、轻倩、刚健、婉丽，形成不同的风姿，此即所谓“线条美”，事实上因各人的性格和书法训练而异途发展，形成多彩多姿各具不同的表现，从笔的本质上看来，画笔和画风二者往往保存着对应关系。可以说画家在书法上的训练，他的爱好、取舍方向，配合个性，造成行笔的习惯，以此决定他的画笔的特色。许多人都知道书、画同源，但行笔的功夫及其形成的过程，在画面上的运用诸问题，很需要进一步加以探讨和分析的。

明代上承元人遗绪，书与画的结合，比宋代又推进一步。赵孟頫已提出“石如飞白木如籀”的写法，倪迂折带皴，以侧笔取姿，王蒙杂树简直是以草法入画（指“青卞隐居图”），这些是众所周知的例子。线条美在画面所扮演的主角地位，逐渐为人所重视，到了明代发挥更为淋漓尽致，“笔墨”的条件作为中国画的核心，明人在这方面的成就，是不能抹杀的。

不少画家亦兼为书家，如文、沈以至晚期的董其昌、八大山人，都是双轨并进而有高度的成就。有的原为大书家，余事作画，像王铎、张瑞图、傅山之流，画亦卓然可观。至于画家而工书者更比比皆是。明代大画家无不讲究“用笔”。唐六如论画云：“工画如楷书，写意如草圣，不过执笔转腕灵妙耳。世之善书者多善画，由其转腕用笔之不滞也。”可谓知言！董其昌在《画禅室随笔》卷一论用笔即有十八则，虽然论书，移以论画，许多道理，正自相通的。

下面略举一些重要及较少被人注意的画家，从他们的书法造诣可以看出他们画笔所由形成的根柢。

王绂　山人工写竹。自言："画竹之法，干如篆，枝如草，叶如真，节如隶。"（《六如画谱》）全用书法来譬喻画。

刘珏　其七言草书（《古代书画图目》二，〇三一七）遒劲流转，画笔亦如之，涩中带润、柔中呈健。

姚绶　行草书运笔浑圆、干湿兼施（如《古代书画图目》二，〇三二五、三二六）。山水、竹石学吴镇，行笔路数至相近。

史忠　重用水墨，奇恣荒率（如《古代书画图目》二，〇四一三、四一四），信是如醉如痴，书、画行笔正一致。

郭诩　人物豪纵（如《古代书画图目》二，〇四四〇）。人称其"寄我清狂"，自题句用笔，重浊浑涵，一如其画。

陈淳　白阳书画皆从米海岳来。行书痛快淋漓，笔飞墨舞。写雨景亦水墨酣畅，满纸氤氲。

沈（周）　文、沈书皆学山谷，同归而实殊途。沈得黄骨、文得黄态，而文兼工小楷、隶体。

文（徵明）　秀整而古意盎然，苍拙不及沈而妍丽过之，文之狂草可追怀素，故写兰竹尤洒落不羁，为沈所不及。观二公书画合符相用之方，于斯道可思过半。

唐寅　行书近鸥波，韶秀取媚。王弇州谓"其书软熟"。又谓其"行笔极秀润缜密而有韵度，惟小弱耳"。故其山水虽师法李唐，而化险为夷，骨力未能凝重，得其幽邃而乏其峻峭，亦以行笔近赵故耳。

徐霖　行书浏离顿挫，画笔亦如是。与杜堇合作长卷，兰石及双钩竹，纯出天真，神品之尤，全以书法作画，异乎常轨。

莫是龙　王世贞称其"小楷精工，过于婉媚，行草有豪迈之态"。如山居杂赋，洵是神来之笔。画之行笔，自非拘守绳墨者可比。

邹之麟　观其为张灵织女图题字，疏宕有奇气，学大痴富春长卷，亦极疏简，同一笔法。

由上举各家观之，画笔与书法正是同一鼻孔出气，处处可悟两者关联处之深。

自董华亭以禅理论艺，取《楞严经》“八还”之义，主张师法前人，贵在能会，而神与之离，如哪吒之拆骨还父。“还”的意义，非常紧要。众艺之道，从“有所法而后能”，而进于“有所变而后大”。故必须由能合而至能离。八大画笔从董而来，晚期可谓拆骨已尽，深契“八还”，而自辟户牖，前无古人（他的印章有“八还”一号，即取自董说，人少知之）。若石涛《画语录》开宗明义，由“一画”说起，自能得源头活水，“一”以生二、生三，以至生出万般形态。执一以驭万，故所得在“用繁”，观北京故宫博物院所藏《搜尽奇峰打稿》卷，可谓茂密之极；而《万点恶墨》卷，亦以繁见长。可谓有悟于“一即一切”之旨。八大则反是，他注重还原，所得在“用简”，牢宠万类，而归于一，可谓有合于“一切即一”之旨。故知石涛是小乘僧，八大则大乘（摩诃衍）禅师矣。

画家湛深于书道者，明其与画理相通之处，自可左右逢源。惟此须从实践中体会而来。不能迅速立致。艺人致力，须经三熏三沐，何止“八还”，而造境浅深，宛如“十地”。明代各家，深有悟于书、画行笔一揆之理，故造诣往往突过前人。此一关捩，至为紧要。故粗为阐述，以当喤引，望诸位专家有以是正之。

1988年9月5日

淮安明墓出土的张天师画

《文物》杂志刊出徐邦达的《淮安明墓出土书画简析》一文，将王镇墓出土二十五幅画迹，逐一加以说明，并附图版，为绘画史添一新页，令人大豁心眼。其中第一五号为九阳道人撷兰图（图一〇四）徐氏解说云：

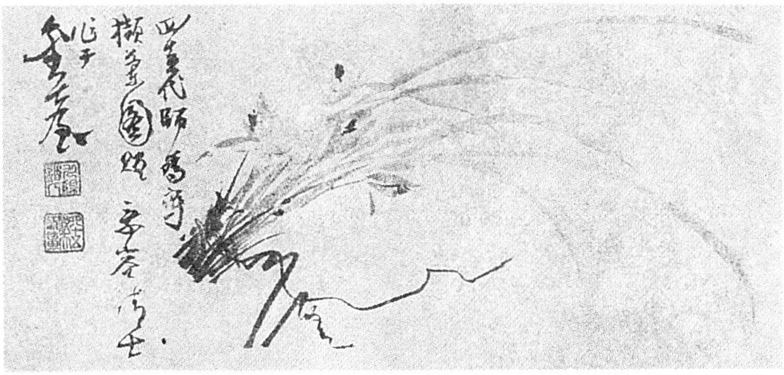

图一〇四　九阳真人《撷兰图》

> 九阳道人姓张，名待考。此画纸本，墨笔画兰花一丛，束有草绳。自识四十五代师为写撷兰图赠景容清士，作于金台。钤朱文“九阳道人”、“四十五代天师章”二印。

是图画赠予景容，据另一墨菊图，景容即是郑均。图既钤“四十五代天师章”，则绘者当是张天师懋丞。据《龙虎山志》卷云：“（张）懋丞字文开，号淡然，又号九阳。正常第三子字理之子。父奉诏娶诚意伯刘基从女，懋丞为刘出也。正统元年为建天师府于朝天宫，年五十九卒。懋丞即刘基从女所生。”朱谋垔《画史会要》卷四称：

> 天师张淡然，号九归道人，山水宗二米，布景清雅，能作枯木竹石。

《佩文斋书画谱》引作“号九归道人”。《龙虎山志》按语云：“淡然无九归道人之号。”今出土此画钤私印分明作“九阳道人”，疑归字或因草书作[illegible]，与阳形近而误。

明代有十一位天师，其中第四十三代天师张宇初，四十四代天师张宇清，四十五代天师张懋丞，四十六代天师张元吉，四十七代天师张元庆，都能诗，兼擅画艺。《佩文斋书画谱》称张宇初写墨竹自成一家，亦精兰蕙（据《皇明书画史》），有自画《秋林平远图》。其弟宇清善写山水。张庆玄（即元庆）善画兰蕙竹石。张子言善写山樊（矾）水仙墨梅。俱详《画史会要》（《书画谱》卷五十八）。《张天师世家》记诸天师事迹甚详，今不多赘。略表其世系如下：

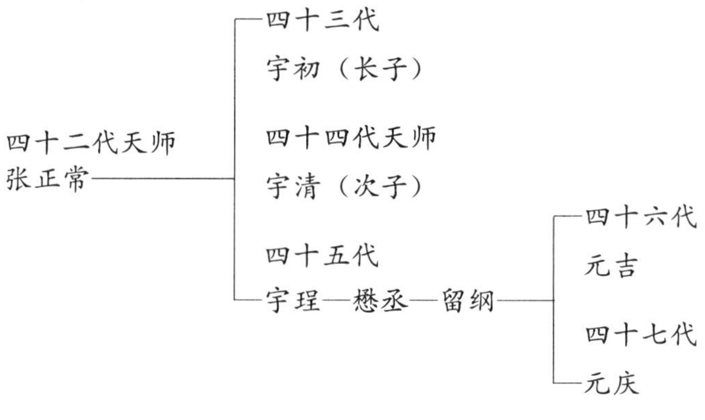

张宇初著有《岘泉集》流传于世，人所共悉；惟其画作之兰蕙则不易见。今第四十五代天师张懋丞之画出土，竟有撷兰图一幅，知写兰乃其家学，殊为难得。此撷兰图以书法入画。其书略作章草，金台二字极似杨铁崖，笔阵驰骤，虽寥寥四行而错落有致，兰之行笔亦如之，的是逸品，可宝也。

明季文人与绘画

明季文人大都兼擅书画。诗人吴梅村之为画家（作“画中九友歌”），人咸知之。至如竟陵钟惺，亦是能手。尝见其一帧密林叠嶂，自题：“天启辛酉夏，戏傚黄子久笔意。”载《神州大观》第八册。邓实云：“钟伯敬以诗名，不谓其能画；仿大痴得苍莽之象。晚明士大夫擅文艺者，多兼绘事，亦一时风习使然，董华亭（其昌）提倡之力也。”实则，元季明初，亦有此种现象。刘基为开国文豪，亦擅绘事，有“蜀川图”留传于丹阳孙氏；兼能写梅，世有藏本，偶一为之，亦有可观者；流风余韵，下逮明之末叶。文人墨戏，初不求工，而自有奇趣，未必由华亭所影响也。

一、画人眼中“画士”、“士画”流品之分野

顾凝远《画引》论列明代画人姓氏，以董其昌崛起云间，特别目之为“中兴间气”。其余画家，分为以下若干名目：

（1）士大夫名家宗匠（如沈、文、唐）；
（2）文士名家（如陈道复、陆治、徐渭）；
（3）画名家（周臣四人）；
（4）今文士名家（李流芳、钟惺五人）。

画名家大概是指以画为专业，非“文士”者流。所谓“文士名家”，即文人而兼擅绘画者，而钟惺亦在被称述之列。

清初周亮工最喜欢搜集同时人画品，所作《读画录》，月中人物，独具只眼。① 故宫博物院藏周亮工《集名家山水册》，见《石渠三编》著录。所收画迹其中有石溪，而无石涛、八大，可见在周亮工集画时期，此二位画僧尚未成名，不为人注意。又该册中有龚贤题记，论清初画坛云：

今日画家以江南为盛；江南十四郡，以首郡为盛。郡中著名者且数十辈，但能吮笔者，奚啻千人？然名流复有二派，有三品：曰能品、曰神品、曰逸品。能品为上，余无论焉。神品者，能品中之莫可测识者也。神品在能品之上，而逸品又在神品之上，逸品殆不可言语形容矣。是以能品、神品为一派，曰正派；逸品为别派。能品称画师，神品为画祖。逸品散圣，无位可居，反不得不谓之画士。今赏鉴家，见高超笔墨，则曰有士气。而凡夫俗子，于称扬之词，寓讥讽之意，亦曰此士大夫画耳。明乎画非士大夫事，而士大夫非画家者流，不知阎立本乃李唐宰相，王维亦尚书右丞，何尝非士大夫耶？若定以高超笔墨为士大夫画，而倪、黄、董、巨，亦何尝在搢绅列耶？自吾论之，能品不得非逸品，犹之乎别派不可少正派也。使世皆别派，是国中惟高僧羽流，而无衣冠文物也。使画止能品，是王斗、颜斶，皆可役而为皁隶；巢父、许由，皆可驱而为牧圉耳。金陵画家，能品最夥，而神品、逸品，亦各有数人。然逸品则首推二溪：曰石溪、曰青溪。石溪，残道人也；青溪，程侍郎也，皆寓公。残道人画，粗服乱头，如王孟津书法。程侍郎画，冰肌玉骨，如董华亭书法。百年来论书法，则王、董二公应不让；若论画笔，则今日两溪，又奚肯多让乎哉！

龚氏又论：

画有六法，此南齐谢（赫）之言。自余论之，有四要而无六法耳。一曰笔，二曰墨，三曰丘壑，四日气韵。笔法宜老，墨气宜润，丘壑宜稳，三者得而气韵在其中矣。笔法欲秀而老，若徒老而不秀，枯矣。墨

---

① 亮工卒于康熙十一年，此书殆于康熙十二年，由其子在浚编集而成。

言润，明其非湿也。丘壑者，位置之总名；安置宜安，然必奇而安，不奇无贵于安；安而不奇，庸手也；奇而不安，生手也。今有作家、士大夫家二派：作家画安而不奇，士大夫画奇而不安；与其号为庸手，何若生手之为高乎？倘能愈老愈秀，愈秀愈润，愈润愈奇，愈奇愈安，此画之上品，由于天姿高而功力深也。宜其中有诗意，有文理，有道气。噫！岂小技哉！余不能画而能谈，安得与酷好者谈三年而未竟也，当今岂无其人耶？因纪此而请与相见。（《虚斋名画续录》卷三龚半千《山水册》）

此二篇为极重要文字。其论逸品极严，清初入选者只二溪而已，不若后来《桐阴论画》，动辄誉人为逸品也。又减六法为四法，以位置居四者之一；可见今人论画，喜言构图，在龚氏眼中，极不重要，因尚有笔、墨与气韵三条件，绝不能忽视也。且构图位置，不在求安，而在求奇。安而不奇是庸手，作家画是也；奇而不安是生手，士大夫画是也。与其取庸手，不如生手之为高，奇与安二者之间，安不如奇。惟士大夫画始能出奇翻新，作家不易办到，是无异谓“画士”不如“士画”。

又其论四法之关联性：笔欲老而墨欲润，丘壑欲稳而奇，三者得则气韵自生。故气韵乃一综合体，离开笔与墨无所谓气韵，故非笔与墨无以表现气韵。笔与墨初为二途，然笔、墨交融之后，即在画面呈显气韵矣。故笔欲老，愈老而愈秀，秀即笔之有神有力处，不秀则疲苶乏神采，不老则稚弱无气概，何能出奇？秀而且润，则笔与墨交会。由秀而生润，益见笔之高妙及墨之光彩；加之构图之奇而且稳，“气韵”自然迥绝。画之上品，舍此何求？八个“愈”字，充分说明四法之相生相养。故龚氏四法之说，窃以为视谢赫尤中肯綮也。

龚氏区别清初画人有三品两派之说：能品、神品为正派，逸品为别派。能品称画师，神品为画祖，逸品则为散圣。于逸品推许二溪（石溪、青溪）；能品、神品为画士，逸品则为士画。是说方亨咸（邵村）有进一步之讨论，其与周亮工论画云：

半千“画士”、“士画”之论详矣，确不可易。觉谢赫《画品》犹有漏焉。但伸逸品于神品之上，似尚未当。盖神也者，心手两忘，笔墨俱化，气韵规矩，皆不可端倪，仁者见仁，知者见知，所谓一而不可知谓神也。逸者轶也，轶于寻常范围之外，如天马行空，不事羁络为也。亦自有堂构窈窕，禅家所谓教外别传，又曰别峰相见者也。神品是如来地位，能则辟支二乘果。如兵法，神品是孙、吴，能则刁斗声严之程不识，逸则解鞍纵卧之李将军；能之至始神，神非一端可执也。是神品在能与逸之上，不可概论，况可抑之哉！半千之所谓神者，抑能事之纯熟者乎？总之，绘事，清事也，韵事也。胸中无几卷书，笔下有一点尘，便穷年累岁，刻画镂研，终一匠作，了何用乎？此真赏者所以有雅俗之辨也。岂士人之画，尽逸品哉？（《读画录》卷二）

邵氏训神为笔墨俱化，训逸为轶于寻常范围之外，而以士人之画，不尽为逸品。又主神品宜在能品、逸品之上，与半千以逸品居能、神之上，大异其趣。此由于对“神”字解释之不同，故品次亦复不同。

方以智则分画笔有匠笔、文笔二途，而皆未合中道。其言曰：

世之目匠笔者，以其为法所碍，其目文笔者，则又为无碍所碍；此中关捩子，原须一一透过，然后青山白云，得大自在。（《读画录》卷三《张尔唯传》）

匠笔为法所囿，文笔又以法不大具足为其所累。明季画人对此二者间之轩轾，持论各有不同，而其轻“匠”重“文”，则所见一致，因画人多为文士故也。

石涛于康熙甲戌（三十三年，1694）秋为鸣六写枯树册题记云：

此道从入者，不是家珍，而以名震一时，得不难哉！高古之如白秃、青溪、道山诸君辈，清逸之如梅壑、渐江二老；干瘦之如垢道人；淋漓奇古之如南昌八大山人；豪放之如梅瞿山、雪坪子，皆一代之解人也。吾独不解此意，挟其空空洞洞、木木默默之如此，问讯鸣六先生，予之评订，其旨若斯，具眼者得不绝倒乎？

此册现藏美国洛杉矶（Los Angeles）。[①] 石涛品题之同时画家，白秃指石

① 图见 *The Painting of Tao-chi*，108 页，安那堡印。

溪，青溪为程正揆，道山即陈舒[1]，风格属于高古；查士标（梅壑）、渐江，妙在清逸；程邃（垢道人）长于干笔，八大特色在淋漓奇古；梅清（瞿山）、梅庚（雪坪子），则以豪放见长。石涛所标揭者，仅此数子，可以代表其一种看法。石涛此文，作于康熙三十三年，与龚贤之为周栎园（亮工）题记作于康熙十年，盖迟二十载，应属后期之论，此时已不复较量画士与士画之分别矣。

二、文人与画家相兼之类型

（一）散文家兼画家

侯方域　四公子之一，以散文著名，为陈贞慧之婿，寓居宜兴。集中撰《倪云林十万图记》，即贞慧藏品。论“云林画多得之气象萧疏，烟林清旷；此独峰峦浑厚，势伏雄强，其皴擦、勾斫、分披、纠合之法，无一不备，神至之笔”。可谓知言！画颇罕见。《画家人名辞典》不见其名。杨钟义曾睹其画，于所著《雪桥诗话》称藏有朝宗画山水，朝宗题句云：“江柳依依江草齐，乱山无语送斜晖。幽人夜把孤篷去，满载一船春色归。”（《晚晴簃诗汇》一九五“弘智”条）

王思任　季重好为古文词。粤人何吾驺之《元气堂诗集》卷前即有王思任序。或称其写山水林屋，皴染滃郁，超然笔墨之外。其评天台山云：“恍惚幽玄，不记何代；片时坐对，人化为碧。”观此数语，季重之画不远矣（《无声诗史》语）。可见其对山水体会之深。季重画，至乐楼藏一轴，胎息子久，烂漫可喜。

（二）诗人兼画家

钟惺　伯敬与谭友夏并以诗鸣，其画论者谓“得之于诗，从荒寒一境入，故神趣冷逸，无一毫喧热气”（《桐阴论画》）。

金陵八家之叶荣木（欣），评者谓其画近竟陵之诗：“竟陵之诗淡远又淡远，淡远以至于无。荣木画似之。每见其所作，断草荒烟，孤城古渡，令人动秦月汉关之思。”此以诗喻画，尤觉新颖可喜。

程嘉燧　孟阳诗有《松圆》、《浪淘》等集，钱牧斋誉其照见古人心髓，

---

[1] 见《读画录》，舒自松江移居金陵。

于汗青漫漶、丹粉凋残之后；合辙古人，后生一开心眼，谥之曰松圆诗老（《列朝诗集》丁集下，576 页）。朱彝尊则讥其格调卑、才气弱。渔洋谓孟阳七律，于明末为一派；举其警句如“梦里楚江昏似墨，画中湖雨白于丝”。“回峰冻雨皆成雪，出雾危峦半是云。”均可入画。孟阳画入逸品，深静枯淡，意趣闲逸，如其诗之娟秀绝尘，不以气势取胜。惟挹之令人扫除町畦，不得以卑弱为病。①

（三）曲家兼画家

祁豸佳　止祥最工戏曲，周亮工称其“常自为新剧，按红牙，教诸童子；或自度曲，或令度曲，自倚洞箫和之，借以抒其愤郁。尝于维扬舟中为作山水花卉四十叶”。张岱谓其“有书画癖，有蹴踘癖，有鼓钹癖，有鬼戏癖，有梨园癖”。又称其“精音律，咬钉嚼铁，一字百磨，口口亲授”（《陶庵梦忆》卷四祁止祥癖条）。祁氏一家富藏书，复尽购徐迎庆家藏词曲书，故于曲艺特精（参《远山堂曲品剧品校录》）。止祥山水傲石田，气势淋漓，笔力挺拔，有一种不可羁勒之概。或讥其欠静趣，岂为曲家叫嚣之习所累耶？

（四）画家兼为诗人

程邃　穆倩尚气节，钱牧斋赠序，称其“萧森老苍，眉宇深古，处乱不易方”，以异人目之（《有学集》二十二）。诗不多见，或谓其学杜，五律警句如：“黄河冰腹厚，白草马蹄新。”（《清诗汇》十六《过万年少隰西草堂》）一唱三叹。黄宾虹云：“今观其画，沉郁荒凉，涩老生辣之味，俱从身世感慨中出，在在非可磨灭。”洵为知言。余谓穆倩精篆刻②，画复苍劲古朴，富金石味。多收藏。朱彝尊记渐江僧藏题吴道子绘之“光武帝燎衣图”，后即归之穆倩云（《曝书亭集》五四）。

胡宗仁　钱牧斋称其“有诗二千余首，钟伯敬为论定，见其手稿，每自夸其‘寒星彻夜疏，明月为我至’，以为神来之句，亦可见其清意”（《列朝诗集》丁集上，467 页）。钟惺《隐秀轩集》谓其有王、孟之致，幽淡萧远，多人外之趣。《读画录》摘其佳句“渚云乍去犹拖水，山月初生不过林”。皆诗

---

① 渔洋《精华录》五云：“偶得松圆老人画，爱其风格不减云林，因用云林自题：‘萧萧风雨麦秋寒’一首韵题之。”孟阳画构图学倪者甚多，宜渔洋之倾倒也。孟阳于崇祯十六年十二月卒于新安，年七十九，虽不得目为遗民，然以诗人而为画家，如孟阳者，不数数觏。

② 安徽图书馆藏有其《古蜗篆居印述》，道光四年钤印四册。

中画也，惜其集无力板行。

恽格　南田一代畸人，诗画俱臻妙境，录其题杨柳一绝：“数点昏烟月一潭，绿阴桑火过春蚕；从今移入图中看，不必攀条忆汉南。”情韵不匮，诗如其画。故钱饮光（澄之）言：“南田题画云：笔端点点，俱通元气，可谓良工心苦。”“故知南田画者，当与读南田之诗。”明季画人，几无不能诗者，求如南田之工者鲜矣。

吴历　渔山诗集曰《墨井集》。尝学诗于钱谦益，钱序其《桃溪诗稿》称：“渔山不独善画，其于诗尤工，思清格老，命笔造微，盖亦以其画为之。”（《有学集》四八）其句云：“江边春去诗情在，塞外鸿飞雪意寒。”以寄其冥漠之思，亦颇有画意。

姜实节　鹤涧画模云林，笔意超隽。张云章《朴庵集》称“其所居曰艺圃，清流演漾，古木丛茂。……求其画者，必得其题句以为重。虽不识者，见其画与诗，意其遗世独立，不让古之遗民焉”。石涛为其弟子洪正治写兰册，实节于甲申夏（康熙四十三年，1704）亦为之题句。

（五）书家兼为画家

邢侗　邢氏（子愿）筑来禽馆于古犁丘，刻《来禽馆帖》。晚岁书名益重，喜作荆草拳石，古秀烟润（《图书宝鉴续纂》），独具一格，以书入画，自有苍莽逸趣。《神州大观》五收其辛亥（万历三十九年）作蒲石一幅。

倪元璐　倪氏（鸿宝）行书，从章草取态，或称其“如番锦离奇，另一机轴，间写文石，以水墨生晕，苍润古雅，颇具别致，文心之余绪也”（《无声诗史》）。陶元藻谓“鸿宝画幅，山皆峻嶒兀奡，林木则苍莽郁葱，皴法喜用大小劈斧，不屑描头画角，取媚于人”（《越画见闻》）。所作松石，气宇轩昂，以雄心高浑，见其魄力，但多图露圭角，习用方笔，画法与字法，正出一辙。

黄道周　“石斋善画，人初不知也。临难前作水墨大画二幅，长松怪石，极磊落。”（《五石瓠》）书法运笔多转折，每得大处落墨。其诗句自云“阅物不至细”是也。山水如《雁宕》等幅，构图奇特。大泼墨山水，尤觉淋漓尽致。今观其画亦如其书，泄天地之奇观，虽工力非深，亦足令人惊叹。

明季文人，多兼擅诗文书画词曲，惟致力有浅深，故造诣亦异。本文称之为诗人兼画家者，以其主要成就在诗，而画仅为副业而已；称之为画家兼诗人者，以其成就在画且复工诗，余可类推。

三、诗格与画风之对应关系

明季画人，几乎无不能诗，而真诗人之工画者，更难指数。诗写情性，由于性分有殊，因习乖异，故诗之为状，亦复各具面目。性由天定，习因人力；人之才气，本乎情性，至于学习则出乎陶染。风力有刚柔之分，体式由研习而得。括而论之，不外先天之性，与后天之习二者而已。诗格之形成如此，画风亦何独不然？故画格之表现，与其诗格之风范，每每有相应之处；无他，由于性分、嗜好倾向之相同故耳。

此时之画家，不能一一论述，兹就至乐楼藏品中之画家，大约区为三大类论之：

（一）为才人之画：作画不专，而才气横溢，偶有著笔，爽气逼人；或构图奇特，毫无轻媚习气，如杨龙友、张大风、黄向坚、傅山、查继佐之俦是也。

（二）为能手之画：术有专攻，工力深至。虽体貌各殊，而为真正画家之画，陈洪绶、蓝瑛、萧云从、顾符稹、文点之俦是也。

（三）为缁流之画：禅机所触，不求甚似，发乎性灵，以成自家鼻孔。无可、担当、髡残、渐江、石涛、八大之伦是也。

由于学有浅深，习复相异，丘壑殊观，笔墨异彩，综其画格，可有八体：

一曰繁缛：峰岭纵横，解衣磅礴，吴彬、龚贤是也。

二曰疏简：萧寥数笔，断绝尘襟，程嘉燧、八大是也。

三曰干渴：干皴渴擦，神理自足，程邃、戴本孝是也。

四曰湿润：风雨不来，青障犹湿，查士标、笪重光是也。

五曰秾丽：工致精绝，六法全备，蓝瑛、王鉴是也。

六曰闲淡：扫除蹊径，独出幽异，邵僧弥、沈颢是也。

七曰圆劲：行草中锋，别有真趣，邹之麟、程正揆是也。

八曰险侧：不立队伍，无坚不摧，黄道周、倪元璐是也。

刘勰《文心雕龙》论文分八体（《体性》篇），兹略仿其意，非谓画风止尽于此八种，亦非谓每一画人仅各独具一体，兹但从大略言之。明季画人之成就，石涛花样，最为繁出，其他多各握其一端（extreme），而发挥尽致，大都不喜中庸之道，而危侧趣诡，故能标新格。

试观各家之诗，正可因画风而窥其体性，沿根讨叶，求其会通。李流芳之画，“略加点染，灵旷欲绝”（《庚子消夏记》）。而诗亦“信笔输写，天真烂然”（《列朝诗集》）。钟惺诗幽深孤峭，画亦如之。李日华小诗跌宕风流，画亦仗诗以发其妙，钱牧斋谓其“诗以画寿，非以画掩”。二者相得而益彰。徐枋画用笔整饬，诗亦仿佛，绝无恣肆。渐江画极枯瘦，寒石生罅，诗偈亦如香雪，沁人肺肝。傅山诗字，脱尽羁缚，不可响迩，其画亦如狂士。八大诗如谜语，画亦时寓寄托，有同谐讔。故知画人之诗，与其画正沆瀣一气，各由天资，摹体成性。诗与画互为表里，举一可以反三，不遑缕举。

四、诗意图举例

此时期之画人，均喜写“诗意图”，盖上承宋明人传统。[①] 间以古人诗句入画，试举数例如次：

（一）戴本孝：《杜诗山水册》

凡十二篇，引首吴云题“秦山吴水”。用杜诗《白盐崖》、《再过吴氏》、《夜宴左庄》、《东柯谷》、《瞿唐崖》、《麦积山寺》、《仇池》、《东屯》等为题材，每诗后附有跋语，自云：“近于六法，惟绠汲于陶、杜句中，每为真鉴首肯。”时在庚午（康熙二十九年，1690），鹰阿年七十，盖晚年之作。吴云题记云：“其诗中之画，画中之诗，合而为一。”“此不是诗，不是画，即其人耳。”陆氏《续穰梨》十一著录。

（二）傅山：《李商隐诗意轴》

题李商隐《晚晴诗》。字有小异。首句“夹城”作“村城”，第五句“并添”作“并临”，取“天意怜幽草，人间重晚晴”两句意，缎本水墨，《续穰梨》十一著录。

（三）邵弥：《唐人诗意册》

共十页，设色，题王维：“空山不见人，但耆（闻）人语响。”柳宗元：“黄叶复溪桥，荒村惟古木。”孟浩然：“松月生夜凉，风泉满清听”等句。自跋云：“为暑所苦，松月生凉之境，令人梦想，故复写此，不厌其重出。”《穰梨》二十九著录。

（四）高简：《陶潜诗意册》

至乐楼藏绢本八开，写陶公诗小册，如《读山海经》句，简淡可爱。

---

① 元王恽《秋涧集》卷七三有赵大年画摩诘诗意，式古堂著录有《摩诘句图》、《明人诗意图册》。

（五）叶欣：《百陶诗》

叶为金陵八大家之一，尝为周亮工摘陶句作小景百幅，周为作百陶舫藏之，事见《读画录》。

（六）查士标：《书画合璧册》

八对幅，题曰“士标画邵村先生诗意”写方亨咸诗句。《故宫书画录》卷六著录。

所谓“诗意”不特写前人佳句，亦写时人诗句。明末清初，此风甚盛，如至乐楼藏石涛写《黄砚旅诗册》，其尤著者也。

五、投赠、题咏诗什与画史资料

各家文集及总集中，作者与画家交往投赠题咏之什，不少为画史重要资料，涉览所及，略述其概：

丁云鹏　吴江俞安期有《丁南羽画维摩说法图长句》云：“更兼秘本久不传，丁生创出遥齐肩；神手疑悬造化力，慧眼应破天人权。”[①] 詹景凤有《丁南羽画山水歌》云：“丁生傲兀思离奇，登楼十日众不知。科头独坐青松石，坦腹空山白日迟。兴来大嗷忽高踞，援笔熻赫生风雨，千里移来屋壁看，江山杳霭知何处？”[②] 詹氏工书画，具眼睥睨一世，独推丁生，自非同于寻常之阿好。

魏学濂　子一论画，屡为方以智所称引。黄宗羲撰《子一魏先生墓志铭》云：“加之旁通艺事，章草之书、倪黄之画、阳冰之篆，孤姿绝状，触毫而出，无非诗书之所融结，学侣挹其精微，词宗称其妙绝，一时盛名无出其右。”惜其早世，未获大成，亦明季画人之具风骨者。

黄道周　漳浦于狱中写《孝经》百卷，夫人蔡氏写《心经》百卷配之。蔡夫人亦工画，全祖望记仁和小山堂赵氏有叶子一册，末题曰：“石道人命蔡氏石润写杂花凡十种，时崇祯丙子（九年，1636）”，钤以“玉卿私印”，夫人之字也，“石耕”则石斋先生之章也。全氏记此画卷并录其词，载《鲒埼亭诗集》卷二，为明季画史，增一故实。

杨龙友　钱牧斋《有学集》卷五有《为（赵）友沂题杨龙友画册》，邢昉

① 《明诗纪事》庚签卷二五，《万有文库》本，2554 页。

② 《明诗纪事》庚签卷七下，2243 页。

《石臼集》有《观杨龙友画山水册子董宗伯书跋作歌》，及《题杨曰补所藏杨龙友画云山图》二长古，可为研究杨画之助。龙友自题画云："胸中自写块垒气，笔底何妨斧凿斑。生卷老云皴白石，不将媚骨点青山。"① 真能自道其甘苦者。

陈洪绶　老莲画"水浒叶子"，流行于代。彭孙贻《茗斋集》有七古题其"水浒叶子"云："吴后千年有陈子，更开生面尤绝伦。观其下手万象变，神鬼触案窥纤新。离奇衣纹古面貌，愈拙愈秀无前人。"② 可供参证。

恽格　太仓沈受弘有《赠毗陵恽正叔一百韵》③ 记恽早岁经历，有关隆武史事，极为重要。

顾符稹　王士禛有昭阳顾符稹《画栈道图画歌》云："顾生画学李思训，尤工栈道兼骡纲。丹青金碧妙铢黍，近形远势穷毫芒。"④ 可见顾氏画以金碧工细见长。《画家辞典》误其名，稹字作祯，宜据正。

萧尺木　桐城方授（子留）赠萧尺木一律云："眼枯未忍望钟陵，早见钟山梅下僧。四海有情空入画，千秋何事欲传灯。敢当倒屣怜贫病，聊与科头数废兴。我梦不离灵谷树，欲随君住白云层。"⑤ 子留明亡后逃之四明山，悒郁而死，年才二十七，与尺木同抱沧桑之痛。王渔洋有《萧尺木楚词图画歌长古》句云："萧梁王孙笔倔僪，攀挈顾陆提僧繇。丹黰粉默写此本，墨花怒卷湘江潮。"（《精华录》卷一）可作萧氏"离骚图"解题读也。

程邃　恽南田有《醉歌吟赠黄海程穆倩》，自注称程君为（杨）机部，黄石斋门下士。曹溶与程遇于维扬，作长歌以赠。富平李因笃有《高歌行寄程穆倩》，句云："君有长歌二千字，两京板荡须臾事。"⑥ 诗中颇有关晚明史事。

渐江　汤燕生（岩夫）诗皆唐音，篆书古淡入妙，《访渐江大师朔园》一律，有"药栏秋兴闲今古，留客听泉蔓草坡"之句⑦。知渐江所居，有朔园一处。燕生又题渐江丁酉写岑嘉州逸句，赞云："偶然落笔，标格奇至。梧树挺森，峰岩峭邃。中有高斋，亢爽孤寄。"谓此画仿佛有清闷阁、困学斋遗意。图见《神州大观》第三册。

---

① 《明诗纪事》辛签卷六上，2776页。
② 《明诗纪事》辛签卷十二，2905页。
③ 《清诗纪事》卷三，405页。
④ 《精华录》卷二，20页。
⑤ 《明诗纪事》辛签卷十六，3012页。
⑥ 《清诗汇》四一，10页。
⑦ 《明诗纪事》辛签卷三一，3338页。

沈颢　朗倩画以小幅为佳。钱牧斋有题石天《石厓秋柳小景》云："刻露巉岩山骨愁，两株风柳曳残秋；分明一段荒寒景，今日钟山古石头。"[①] 王渔洋有和作，其为文士所重如此。

戴本孝　务旃游华山，渔洋赠诗云："扪虱雄谈事等闲，余情盘薄写孱颜；洛阳货畚无人识，五月骑驴入华山。"[②] 粤程周量《海日堂集》有《送戴务旃游西岳》五古四首，又《送本孝之兰州》云："去年送君华山去，一杖冥冥入烟雾。自写真图箧底归，今来又指兰州路。叹君马首何太频，天都白石情相亲。即今大雪满天地，犹作骑驴行路人。"秦陇之行，亦画苑之佳话。

大汕　其《离六堂集》，世颇罕觏。集中有《乞高望公画诗》七绝，自题画之作甚多，又题王石谷、高淡游画（镜）、题白水（镜）、石溪、高谡园画册、龚半千画册，均有裨画史。

浏览所及，偶举一二以示例，其他资料，有待同好之钩索研讨耳。

六、结语

明季文人，不作匠笔，贵为士画，而耻为画士，大都以山水为园林，以翰墨为娱戏，以文章为心腑，而以画幅为酬酢。信手拈来，朋友之间，以艺互相感召，题句者盖以诗答画，赠画者实以画代诗。得其人之画与诗，可慰相思之饥渴。王士禛记画家宋珏一绝句云："来时梅瘦未成花，别后垂杨金作芽；他日相思如见画，板桥西望是吾家。"见画如见人，画之为用，驾乎友情之上。故画之至佳者，往往为赠与至交之作。如至交而兼为画人者，则其画必更佳，而其意义为更深，以其为真正知音故也。[③] "音实难知，知更难逢，逢其知音，千载其一。"（《文心雕龙》语）明人作画题诗，非以沽利钓名，但求知音之赏，此张怡所云"乃能于中得解"、"于此道大有神会"者（周亮工《读画录》序），正谓此耳。

---

① 《有学集》卷一，19页。

② 《精华录》，79页。

③ 程邃为查士标作画题云："我梅壑乃画中之得禅者也，想必有以教我。"非相知之深，孰肯为此言乎？

方以智之画论

桐城方以智密之（1611—1671），为僧后，几无常名，以“无可”一号为最著。早岁以文学名。陈子龙《集》称其“移居金陵，有诗数百篇，名曰《流寓草》，皆忧愀感慨之作”。若其拟《骚》之文，时人更乐称道之。贵池刘城（伯宗）《峄桐文集》特为其“九将”题辞；复有踵武之者，王船山之作《九昭》是也。龚鼎孳《怀密之》二律有云：“掉臂天风万里游，奇怀跌宕俯沧洲。单衣短剑仇人赠，大壑雄峰倦眼收。”（《定山堂诗集》）密之嵚奇磊落之胸怀，于兹可见。朱彝尊《明诗综》卷六九选其诗二十首。又于《静志居诗话》一九录其《哀哉行》。称其“纷论五经，融会百氏，插三万轴于架上，罗四七宿于胸中，早推许郭之人伦，晚结宗雷之净社。卓然名家”。推许备至。密之《述怀》二百韵五言排律，施闰章叹为奇观，如读《三都赋》（《蠖斋诗话》）。惜《明诗综》及《明诗纪事》俱未载录。

密之著述等身，尤以《通雅》五十二卷著闻于世，论者或比之百科全书派之大学者。半世纪以来，密之之学术，攻治者日众。自《东西均》一书发见，更进而推究其哲学思想。其披薙后之生涯，向极隐晦。陈援庵既论《小腆纪传》记其事，俍公（指偈亭净挺）为觉浪之误，复考定其卒年。[①] 略著其行谊于《清初僧诤记》。余英时教授更详稽其晚节，搜剔抉发，几无遗蕴矣。密之事迹，见于前人所论次者，若《明文海》有愚者大师《傅》，朝鲜人作

① 《释氏疑年录》，430 页。

《皇明遗民录》（卷一），《清史稿》列于遗逸，李瑶《南疆绎史摭遗》厕之方外（卷一八《无可传》），《小腆纪传》取与熊开元（法名蘗庵）、林增志（称让庵和尚）并列（卷二四），盖皆晚节遁入缁流者。所记大都片鳞只爪，不若余书考证之详核。

抑密之本以画名。周亮工《读画录》云："无可大师幼禀异慧，生名门，少年举进士。自诗文词曲声歌书画双钩填白五木六博，以及吹箫挝鼓俳优平话之伎，无不极其精妙。三十岁前备极繁华，甲申后薙发受具，耽嗜枯寂。粗衣粝食，惟意兴所适，或诗或画，偶一为之。多作禅语，自喻而已。"其在画史上之地位，久有定评，画籍如姜绍书《无声诗史》、冯金伯《国朝画识》、秦祖永《桐阴论画》均为立传。[①] 日本大村西崖《支那绘画史》云："明末清初之交，又有周之冕、恽向、道济、方大猷、方以智……笪重光等，各以一家成南宗之山水。"（张一钧译本）陈师曾于所著《中国绘画史》袭其说，亦有相同之论调，厕密之于南宗画家之列。

密之画迹，流传不多。向于利荣森先生北山堂见一帧，疏简韶秀。上题识云："未发居士属拈树石，草草成此，聊以发未发之笑。无可书。"（图一〇五）何耀光先生至乐楼藏立轴，题记云："截断红尘石万寻，冲开碧落松千尺。特地为中峰拈出。拈个什么？可惜可惜！无可道人。"（图一〇六）此类即周栎园所谓"禅语"者。是图有康熙壬午（四十一年）族孙方苞题识，谓"此幅乃为摄山中峰张白云先生作者也"。盖为张怡所作。郑德坤先生《木扉藏画》有册页八，已载入 *Painting as a Recreation in China*。其一题"山中无事，偶随秃笔，不知其仿何家也。因寄我尔宁道兄，药地愚者智"（图一〇七、一〇八）。法国 J. P. Dubose 先生藏轴，上题："戏拟天游生笔法，无可道人。"则效陆广（图一〇九），可见密之作画，取途之多，不拘一格。Osvald Siren：*Chinese Painting*，Vol. VI，pl. 368 收密之一帧，题曰"皖桐方以智"，不署无可，似是未入空门前之作品。高居翰（James Cahill）先生 Ching Yuan Chai Collection 藏一帧，以金粟藏经纸，写大痴笔法。上题"壬午夏为求玉兄写，方以智"（图一一〇）。壬午为天启十五年，时密之年三十二岁，盖早年作品。

密之复有画论，见于《浮山文集》前编卷七《岭外稿》上，有画跋若干。《浮山文集》海外惟"中研院"史语所有一晒蓝本，他处不易见到。又《通

---

① 备录于《中国画家人名大辞典》。

图一〇五　利氏北山堂藏方以智山水

图一〇六　何氏至乐楼藏《截断红尘图》

图一〇七　郑德坤先生木扉藏方以智山水

图一〇八　郑德坤先生木扉藏方以智山水

图一〇九　法国 J. P. Dubose 藏方以智山水

图一一〇　Prof. James Cahill 静园斋藏方以智山水

雅》卷三二《器用》内，收有《画概》一篇，向未为人注意，值得介绍。兹将数篇录出，略为考证，以供治画史者之参考。

一、画概

畫、画、畵，一也。[①]《畵麈》谓世知封膜作畵，不知自舜妹嫘始，智谓

① 沈读画为坏，今读为话。画读为或，皆一音之转。画象四界，加笔为畫。

自虙羲画卦始矣。始于象形，妙于写意。人物山水，翎毛花卉，其概也。南齐谢燚（赫）曰：“畵有六法：一气韵生动，二骨法用笔，三应物象形，四随类赋彩，五经营位置，六传移模写”。唯陆探微、卫协备之。而唐马朗言：晋明帝师王廙，卫协师曹不兴[①]。张彦远论顾恺之，紧劲超忽，意存笔先。陆探微精利润媚，皆用一笔书法。张僧繇点曳斫拂，依笔陈图。吴道玄搜笔法于张旭。则知书画用笔同矣。不滞于手，不凝于心。疏、密二体，皆合造化。怪石崩滩，始于道子，成于李思训。树坡之状，妙于韦偃，成于张通。而后论遂分南北二宗。北宗则李思训父子，着色山，流为宋之赵干、赵伯驹、骕，以至马远、夏珪辈。南宗则王摩诘。始用渲淡，一变钩斫之法，传为张璪、荆浩、关仝、郭忠恕、董、巨、米家父子、元四大家（黄公望、吴仲圭、王卜蒙、赵子昂；今称倪瓒，而姑置赵承旨）。茅一相曰：“人物牛马，近不及古，山水花石，古不及近。”莫是龙曰：“有轮廓而无皴法，谓之无笔；皴而无轻重向背明晦，谓之无墨。”赵大年平远，绝似王右丞，此派传之云林。米虎儿谓多见王维，刻画不足学也，惟以云山为墨戏。张伯雨题倪迂画云：“无画史纵横气。”迂自题云：“此真得荆、关意，非王蒙辈所能梦见也。”初宗董源，晚年自变，渐老渐熟，不从北苑筑基，岂易至哉！纵横习气，即黄子久未断，幽淡天真，则胸次自别也。若集大成，未可一往。层峦叠嶂，如歌行长篇；远山疏麓，如五七言绝。北苑派在云间，孟頫派在金阊，彼此门户，遂至相非。士夫天分文秀，正苦法力不足；画家熟于匠法，所乏远韵丰神。自非上根，几能神悟！野狐藏丑，匿附南宗，以不学夸绝学，又可许乎？魏子一曰：画法，干与埃耳。古人读万卷行万里，乃有此奇俊拔俗之胸。山林溪石，云气变宕，日在天地间，吾自师之。而遍征诸家，法与之俱化矣。唐人云：漫漫汗汗一笔耕，一草一木棲神灵。画中有物，物中有声。大痴以画为乐，意到笔随，拈花击竹，又是一论。邓椿曰：“其为人也不文，虽有晓画者寡矣。”山谷曰：“丘壑须胸次有之，笔墨那可得也。”

此文据日本立教馆校镌本《通雅》[②] 钞出，《通雅》自序题“辛巳夏日皖桐方以智密之”，与 Siren 藏画之题“皖桐方以智”相合。辛巳即崇祯十四年，《通雅》乃于康熙时由姚文燮整理刊行[③]，姚氏亦为画家，余尝见其山水扇面于士林“故宫博物院”。此《画概》一文曾经其寓目录正。《画概》文中要点，

① 智按张勃《吴录》有曹丕兴画，盖不丕古通。

② 新加坡大学图书馆藏西庄文库旧物。

③ 详卷端康熙丙午姚《序》。

可列举如下：

(1) 从字义上论“畫”(动词)、“画”(界画)、“畵”(图画)，三者为一源，而定图画之“畫”字应作“畵”，为由画字加聿为“畵”。

(2) 论书画用笔相同。

(3) 论画中疏密二体，后来衍为南北二宗。

(4) 论集大成者未可一往，宜兼众长。

(5) 以诗喻画，谓层峦叠嶂，如歌行长篇；远山疏麓，如五七言绝。

(6) 论北苑派在云间，孟頫派在金阊，各负门户之见。

以上若干见解，在明季画论中应有其独特重要性，不亚于董(其昌)、莫(是龙)之说，尚有待于抉发耳。

以下为《岭外稿》诸题跋。

二、为朱子暇太守画

高房山以王容溪《如梦令》绘之为图，而倪云林亦用其意赠王仲冕。今坐三萍，偶梦得之。聊倩云山，以答青松红叶之笔。隆武改元春。宓山方以智。

按文中三萍乃密之自造之船名。瞿式耜《忠宣集》有诗题云：“密之新制小舟自题《三萍诗》”，可证。朱子暇即朱治憪字。《肇庆府志》一二《职官》，崇祯朝同知有朱治间者，嘉兴举人。同书二二《事纪》引《通鉴辑览》记顺治三年十一月，桂王奔梧州时，以朱治间为两广总督。按治间乃治憪之误。太仓陈瑚辑《离忧集》，记海外畸人瞿共美(其族兄即瞿式耜)，知事不可为，乃与学士方密之以智，总制朱子暇沼睭辈，放浪山水，往来两粤间(《峭帆楼丛书》本)。按此称朱子暇字沼睭，则为“治憪”之讹。《明诗综》卷六六录朱治憪诗三首。《静志居诗话》小传云：“朱治憪字子暇，嘉兴人。天启辛酉举人，选授肇庆通判。”不书其仕桂王时之官职。但云“子暇宣劳戎务，一星卒殒天南。生为进表之刘琨，死作思归之温序”。则其人似抗节以殁。温睿临《南疆逸史》永明王纪年四及徐鼒《小腆纪传》永历上记顺治四年正月戊午肇庆为清李成栋破后，朱治憪弃城走，而不知所在。《小腆纪传》卷五七有朱治惆传，谓其“选肇庆通判，历同知。丙戌十月，永历帝监国肇庆，治惆与推戴。上奔梧州，擢为两广总督，守肇庆（按《纪传》永历上系于十二月丁酉）。明年正月，王师自广州乘胜兵下，治惆弃城走。终事不可详”。云云。考瞿《忠宣集》卷七、卷八，多与朱子暇、方密之唱酬之作。兹举其诗题如次：

八月廿三日，端州郡伯朱子暇邀同林六长、方密之、徐巢友游七星岩。密之以佳什见投，依韵奉次。

访朱子暇于郡斋，适密之、巢友先在，遂留过午。即事赋赠五古。自注：“飞云楼在郡斋后。”

和朱子暇南薰亭留别韵。自注：“亭在虞山。”

腊月廿五日，雨雪初霁，偕方密之、朱子暇、姚以式同游靖邸梅亭。酒罢，复叨王宴，即席纪事。

（己丑）新正十日，招方密之、朱子暇、毛恭则、吴青闻、朱同生复游虞山。薄暮鲁孺发棹舟携酒，焦瑞亭、吴鉴在继至，泛月而归。密之再用虞山原韵，枉投佳咏，特奉和以博一粲。

瞿氏与朱治惆来往之诗止此，以后不复见。称其为端州郡伯，密之画跋则称为朱子暇太守。盖其时已由同知晋升知府也。[①]

瞿帅新正十日诗，其前一首为《己丑元日和方密之见投原韵》，知此新正为己丑，即永历三年。再前腊月二十五日一首应是永历二年戊子。题云游靖邸及叨王宴，此靖王即靖江王亨歅。《小腆纪传》卷九：“亨歅为靖江王亨嘉兄弟行。永历元年冬十二月，自象州返跸桂林，亨歅偕留守瞿式耜迎于郊。四年冬十一月，桂林破，亨歅弃城走。”与式耜同驻桂林之靖王当是此人。朱治惆、方密之均同游靖王官邸，事在永历二年冬。由瞿《集》知朱治惆自永历元年丁亥正月李成栋破肇庆后，至二年戊子正月，实在桂林，与瞿帅及方密之辈时有文酒之会，此可补徐鼒《纪传》之缺略。治惆诗不沿时习，其《得家报知敝庐已卖》五律句云：“歌哭今无地，琴尊别有邻。庭梅应为我，望绝岭南春。”悱恻动人。《有学集》九有《夏日偕朱子暇憩耦耕堂次子暇访孟阳韵》三首，治惆与钱谦益、程嘉燧亦诗友也。密之为其作画，题隆武改

① 《小腆纪年》卷一三，瞿式耜奉桂王监国肇庆，预其议者有知府朱治惆可证。

元春，按清顺治二年乙酉（1645）闰六月二十七日丁未，唐王即位于福州，称号隆武。其春当是翌年丙戌，乃顺治三年，亦即隆武二年，时桂王尚未立，故署唐王隆武年号。（《小腆纪年》一四方以智《传》云：“南都马、阮当国，叹曰：是尚可为邪！褫衣散发，卖药五岭间。隆武召之不赴。”）

三、为瞿稼轩题画

石田恒取董、巨、子久以入梅花，成其苍古。此卷独仿云林。皴山磊落，都似矾山，不点一苔，而以墨沙衬其下。回渚层折，枯树离离，又造一郁秀深澹之境。稼轩老伯抚粤，而携此以游，其胸中之潇洒何如耶？范石湖言桂林山峰崒立，为天下最，恨不令石田见之，必更别创一奇。

时与朱子暇、林六长、徐巢友同观。年家子方以智。

四、又“春溪图”

石田欲显春溪，不复设色，夹岸作翘起蒲杨，间以桃树，焦点作花，而春色烂然矣。老手卖弄，以意为之，奇哉！

五、为子暇跋小米“云山”

米元晖“湖山烟雨图”。有庐山黄石翁，是其妹夫李坦，以澄心纸属之者。林树远近，淡、积、焦、破，静对当自识也。往见巩鸿图得“楚山清晓”，有朱子、洪适、尤袤、钱端礼诸人题识，正自难知。侍郎自题。夜雨霁后，晓烟初泮，此更得之，今日觌面，何可容易！

六、为徐巢友画

太白祠前诗，一醉古人去。在此久闻之，七星岩乃遇。且作百仞峰，笔干起云雾。三面石临江，破庙欹松树。请君放开两蛾眉。可是采石当年句。巢友曰：住。

徐巢友名颖，浙江海盐人，魏宪编《诗持》二集卷一顾与治诗，《喜黄若木、杨龙友、徐巢友过饮竟日》五古一首。[①] 谓“徐子五岳身，烟云迟高翔”。巢友原字渭友，尝为僧。自楚归，入茅山复为道士。读澈《南来堂诗集》有《题松风瀑响图送徐巢友十岳游》，又有《次答徐渭友诗》。《列朝诗集》收其诗三首。《小传》称其出游江南、燕、雒间，好谈兵，后入闽、粤，不知所终。今从《浮山集》，知巢友于永历初在桂林，与方密之同为瞿帅之座上客。巢友警句为人传诵者，若“流水在门行处冷，斜阳衔树望来空”[②]。真不食人间烟火语也。巢友于崇祯间曾为郑元勋影园咏黄牡丹诗，见郑氏刊《瑶华集》。释道源有《题徐巢友玄洲诗》云：“闻之上古人，都不记寒暑。来者问以事，笑指花开处。”[③]

按密之此数首不系年月，惟下一跋题戊子冬，可推知当是隆武二年丙戌以后至永历二年戊子冬以前所作。为瞿稼轩题画，末云时与朱子暇、林六长、徐巢友同观，证以瞿《集》诗题《八月廿三日端州郡伯朱子暇邀同林六长、方密之、徐巢友游七星岩》，当为同时之事（或在戊子秋）。瞿式耜向以藏沈石田画著闻于时。在常熟时，筑室虞山之下曰东皋，极游观之胜。吴伟业《梅村诗话》称其“酷嗜石田翁画，购得数百卷，为耕石轩藏之”。及在桂林殉节，梅村挽诗有“归来耕石堂前梦，书画平生结聚劳”之句。钱牧斋《有学集》四哭稼轩句“丹青搜白石，林履撰松圆”。自注“君好藏白石翁画”。密之为稼轩题跋谓其“抚粤携此以游”，是耕石轩藏画，当日曾部分随身挈带至桂。密之所见石田作品，除仿云林者外，又有《春溪图》，皆瞿家藏物。石田一生作画甚夥，即瞿氏所得已有数百卷之数。此事近人言石田佚闻者罕能道及，故为表出之。

密之又为朱子暇跋小米《云山图》。此帧有宋代朱、洪、尤、钱等人题识，似即上海博物馆所藏之《潇湘白云图》。密之谓尝见于巩鸿图处。巩名永固，河北宛平人。官驸马都尉。甲申城陷，全家缢死。查伊璜《国寿录》卷一有传。

---

① 亦见《金陵丛书》本《顾与治诗集》卷一。

② 见《炙砚琐谈》。

③ 见《明诗综》卷九二。

七、为鉴在直指画

别（吴）鉴在后，历沅州天雷苗、贵州赤溪土司、武冈罗公洞口、大埠猺而至此，叙变诗后意不能已，因写《重叠关山》以赠故人。直指掩门时，正堪壁上相对。戊子冬表兄方以智。

八、虞山一游已作小序

瞿年伯更欲图之。桂林山皆笏立，不沾寸土。山谷曰："李成不生郭熙死，奈此百嶂千峰何？"愚强为之，略皴松顶石台，其奇突插列者，悉以远山染成，亦别一观也。以智稿上。

九、临黄鹤"林泉读书图"书其后

东日堂观叔明所作"林泉读书图"，自题曰："虎斗龙争万事休，五湖明月一扁舟。绿蓑衣上雪飕飕，雪月光中垂钓钩。钓得鲈鱼春酒熟，一缕青烟燃楚竹。蓬窗晓对洞庭山，七十二峰青似玉。"又题曰："《邵氏闻见录》：宋南渡后，汴京故老于废圃中饮，歌太白《秦楼月》一阕，坐中皆悲感，莫能仰视。"良由此词乃北方怀古，故遗老易垂泣也。余亦尝填《忆秦娥》一阕，以道南方怀古之意。"花如雪，东风夜扫苏堤月。苏堤月，香销南国，几回圆缺。钱塘江上潮声歇。江边杨柳谁攀折？谁攀折？西陵渡口，古今离别。"繇前观之，太受用哉！繇后观之，真悲感矣！嗟乎！生死夙定，功名读书，而享林泉，人生之至乐也！离别不无，且看今日，在碧簪林立之处，为鉴在临此，亦非容易也。它日傍官军还故乡，扁舟自繇，丹青在此手矣。因抄其语，遂成长卷。戊子冬宓山愚道人识。

以上有二跋皆题永历二年冬作。鉴在为以智表弟。《明诗综》卷七〇云：吴德操字鉴在，桐城人。由诸生仕至大理寺丞。有《北征草》、《过江集》。朱彝尊录其《秋兴》七律一首。瞿《忠宣集》卷八有《短歌赠吴鉴在》，不录。此密之为其作《重叠关山图》，又为临王蒙《林泉读书图》。吴升《大观录》

卷一七著录王侯《林泉读书图》，前有“林泉读书”四字篆书。古诗尚多“仙娃酒酣娇睡足，雕胡炊饭斫驴羹”二句，又“调古世寡和”五古一首，俱为密之跋中所缺。《忆秦娥》词亦略有出入。《大观录》夺去“谁攀折”三字，可以据补。王蒙又有《花蹊侧》一阕，则为密之跋中所删者。

虞山之游，据瞿《集》己丑新正十日招方密之、朱子暇等复游虞山，此题所作“虞山图”当在戊子间，必是初游时所绘。自言其奇突插列者，悉以远山染成，惜密之桂林诸图，世罕流传。

为鉴在作图云历沅州天雷苗、贵州赤溪土司，武冈罗公洞口、大埠徭而至此（按指桂林）。密之逍遥洞诗句：“天地一时小，惟余谷口宽。”自注：在武冈之洞口（《明诗综》六九）。盖此时所作。考桂王监国肇庆，旧臣先后至者，方以智在其列（《小腆纪年》顺治三年十月十四日）。及丁亥正月奔梧州在舟次，户部尚书吴炳、宫詹方以智皆从（《小腆》顺治四年丁亥正月癸卯）。是年二月丙子（初五日），征前大学士王锡衮入阁，道阻不至，乃以翰林学士方以智为东阁大学士。《小腆纪年》一四以智《传》云：“是时以翰林学士知经筵，命入阁办事，以智知不可为，乃为僧去。”（《南疆逸史》永明王纪事同）按为僧乃在此之后。然密之被命而未就任，故同年二月丙戌（十五日），以礼部右侍郎吴炳兼东阁大学士。密之《浮山集·岭外稿》有致吴阁老书，屡婉谢入阁之招。自注为吴炳，可见其处境之艰。秋七月，清兵破常德、宝庆，辛卯（二十三日）桂王出奔，吴炳奉命扈世子走城步，为清师所执，送衡州。柄不食，自尽于湘山寺。《顺治实录》卷三五（415页），顺治四年丁亥十一月丙戌，孔有德等奏报：永历据武冈之役，清兵趋沅州……及贵州黎平府，伪岷王朱埏峻降。先后获伪永历太子朱尔玑。招降四十七员中，有伪内阁吴秉。按吴秉即吴炳之音讹。炳实自尽①。嗣修《明史》本传，著其忠节。桂王自靖州如柳州、象州，瞿式耜屡疏请还跸桂林，终于十二月己巳（初三日）至桂，式耜与靖江王亨歅郊迎，自是远人始以桂林为归。是时为丁亥之腊月也。瞿《集》卷八与方密之酬答之作，有《己丑（永历三年，即顺治六年）元日和方密之见投》、《己丑夏六月，吾孙昌文航海而来抵桂林》、《别山张公（张同敞）、密之方公、道隐金公（金堡）赠诗附录》、《庚寅（永历四年）八月方密之相国四十初度，敬赋二律，申促其入朝，以慰圣眷》诸作。可见永历三年至四年八月间，密之屡与瞿公往还，时尚未为僧也。密之于戊

① 王夫之《永历实录》、瞿共美《东明闻见录》则云逼之投诚。

子（永历二年）冬为吴鉴在写《重叠关山》，所历沅州至武冈，盖当日必从桂王播迁，故追忆以成图。

十、为璚（琼）王孙数笔

王孙引我游独秀峰，盘桓颜鲁公洞，出坐花轩临曲池，山百仞插水中，怡然乐之。因求我示笔法。二十年间，郑千里告我以“法”，郑超宗告我曰“熟”，杨龙友告我曰“松”，魏子一告我曰“埃、干”，子视此数笔中具否？予生长此乡，山水太奇崄，石皆斧劈，不可下手，且以黄大痴写之。宓山愚者记。

此篇不记年月，以游独秀峰知在桂林时作。文中自述平生作画心得，多得之师友。郑千里即郑重，安徽歙县人。钱谦益《有学集》四六有《题郑千里画册》云：“丁南羽、郑千里皆与余善，而箧中无一缣片素。今王君藏千里小图百幅，装褫标识卷帖精好。”郑重盖与丁云鹏齐名。郑超宗为郑元勋字，休宁人，侨居扬州，能山水。崇祯十六年进士。王次回《疑雨集》卷四有《郑超宗母七月七夕七旬初度》诗。元勋著《影园诗文集》，所居影园在扬州城南，董其昌为题额。明季胜流过广陵者必造访之。黎遂球曾为影园中黄牡丹题句。[①] 元勋以崇祯十七年殉难（张云章撰《超宗传》）。其画迹现存苏州博物馆藏临沈石田山水纸本，崇祯四年辛未所绘，笔意澹远，董其昌题识，推许备至。[②] 元勋画极罕觏，画论则见密之所引，尤为难得。其画说又见于《药地炮庄·齐物论》下引：“超宗曰：画与法化，笔笔是空。愚曰：看见庄生画风，又来画梦么？”风和梦皆可入画，是非有悟于笔笔是空，乌能办到？李日华《学桃轩杂缀》二论“画中有天地。画中之天，即是空处，空处岂能着力”。此可与郑超宗说互相证发。密之于超宗得一“熟”字，惟熟而后能画与法化，不用着力。杨龙友即杨文骢，龙友于崇祯元年游天台雁荡，裒所得诗文图画，题曰《山水移》。时年才三十三（《黔诗纪略》）。周亮工称其善用墨，初为华亭学博，从董文敏，精画理（《读画录》）。其与董玄宰《论笔墨诗》云：“惜墨不在墨，要知先惜水，苦心不问手，对镜岂谋纸。看君泼墨时，浓

① 详《艺林丛录》七，沈意之《影园遗事》。

② 见该馆《藏画集》。

淡皆有理。毫端嘘董、巨，砚池活范、李。滴滴生气飞，尺幅几千里。”可见造诣之深。密之得其“松”字，证以《画禅室随笔》称其所作“台荡”等图，“有宋人之骨力，去其结；有元人之风韵，去其佻。”宋人之失在结，龙友能去其结，即能松矣。龙友山水，论者谓其“气格颇似黄大痴”①。密之与龙友熟稔。杜濬《变雅堂集》有《夜坐方密之署论诗，有怀杨龙友、范仲暗（文光）、李舒章（雯）》，句云：“黔蜀波澜老，云间体制深。”上句即指龙友，以其为黔人。可见密之与龙友投契已久。魏子一即魏学濂。《明诗综》卷六九：“学濂字子一，嘉善人。崇祯癸未进士，有《后藏密斋诗稿》。”（《明诗综》选二首）卒年才三十七。《通雅·画概》引魏子一语曰：“画法，干与埃耳。古人读万卷行万里，乃有此奇俊拔俗之胸。”此言埃干，说正相符。《明诗综》卷八一：“嘉善魏廷荐有诗题曰：家子一画‘渊明采菊图’见贻戏作。”子一作画，志在复古。其画说详见续记。

十一、不改居默记引

不改居者，余流离南楚西粤所作之行郭也。兵燹之间，所过离落，陋巷穿败，设此郭之。未堪宗茂深苏门之图，聊当扈伯重甗砖之厨而已。既已坚坐不起，苟有饔飧，长日无事，猺獞杂处，构书为难。自北变以来，一字都失，时复记父师之训，半生之一得，岂曰三箧不遗，抑亦元礼瞀观省览之好也。永历己丑涂月，愚道人方以智识于平西山中。

此行障或为画屏，文作于永历三年己丑十二月，时在平乐。翌岁永历四年庚寅（顺治七年）十一月甲寅（初四日），清师克桂林，瞿式耜殉难。《小腆纪传》卷二八式耜《传》云：“其孙昌文走山中，叛将王陈策挟之至梧州。大学士方以智时为僧于大雄寺，言于我镇将马蛟麟曰：瞿阁部精忠，古今无两。其长孙来，汝以德绥之，义声重于天下。”瞿昌文即撰《粤行纪事》者。②又同书卷五五《严炜传》：“见时事日非，隐平乐之回仙洞。庚寅冬，王师克桂林，下平乐，迹前大学士方以智、庶吉士钱秉镫于其家，不可得，则缚炜掠之。我大帅马蛟麟谕之降不可……听其以僧终。”炜字伯玉，严讷之孙。

① 邢昉《石臼集·观杨龙友画山水册子》、《明诗纪事》辛签。

② 《纪事》卷二云：“并纪文自家泛海入粤艰难险阻状，为《粤行小纪》，一时张司马同敞、方中堂以智、吴廷尉德操辈赠诗成帙。”按方密之及吴鉴在赠诗均载瞿《忠宣集》中。

《静志居诗话》谓其晚移家隐粤西僮人洞。密之之在平乐不改居，亦与徭僮杂处。《肇庆府志》卷二〇《流寓》引《德庆州志》："李贼入京，以智孤踪，避乱德庆，后为僧，号无可上人。"密之癸巳年作《象环寤记》云："十年转侧苗峒，不敢一日班行。"盖辗转于粤桂山中，为时甚久。其平乐所居，不免为清兵所踪迹，逃禅殆始于是时。《浮山集·岭外稿》录诸画题跋，起隆武改元春，讫己丑涂月，即隆武二年至永历三年，流转西南，兵荒马乱中，犹吟诗作画不稍辍。其逃禅当在庚寅十一月清兵入桂林之后，其当庚寅辛卯之交乎？施闰章称其初为僧于梧州大雄寺。翌年壬辰（顺治九年）春三月，闰章奉使广西，与密之定交于云盖寺，遂同归抵庐山。[①] 自是以后，遂不复至两粤矣。此若干画论均见于《岭外稿》，亦粤中南明时期之重要文献，不特有裨于画史而已。按密之初期为僧之事，瞿昌文《粤行纪事》述之最详，其书卷三云：

> （辛卯春二月）至（隶阳朔兴平徭峒）之翦刀源，已二月十二日矣……是日垂暮，入深山数里，至木皮楼，晤刘司马远生、刘宫詹湘客……两刘君结茅处，所居山最深且险。……时方中堂以智为僧于梧州冰井寺，遣一椷适至，启视之，草书二语曰：方赋野田黄雀行，云中之鸿宜冥冥。三月初二日忽有家人自梧访至，出故交马镇蛟麟札，招文往见。……于是初五日告别二刘君、（王）方谷。初十日，至梧，先叩冰井寺晤行远，行远即方中堂染衣法名也。先是仲叔元镳从梧趋桂，文托秋屋伴行。……溯流沿象棋滩，闻桂林陷，弃舟入昭平仙迴峒。与方公遇。叔急欲赴省，方公及秋屋力止之，不从，竟孤身出山，取道永安，卒为乱兵所害。……既而方公捐妻子，披缁出家，名行远、号无可，同秋屋出见马镇于梧。秋屋旋护方夫人暨其幼子还桐城，而行远留梧，马镇大重之。……五月初二日，辞马公，面领路符，马公赠行资百金，再拜受之。放舟大雄寺别行远而行。……（《知不足斋丛书》本）

此段最堪注意者，为密之初披缁时，法名行远，无可则其号耳。"行远"一名，向所未详，宜为表彰。又密之初为僧，乃在梧州之冰井寺，与梧州马镇蛟麟甚相得，先遣秋屋护其夫人及幼子返桐城。秋屋赵姓名延年，即与瞿昌文同策南行者也。密之与昌文仲叔相值于昭平之仙迴峒，此则其流寓平乐

① 见余教授书中施撰《无可大师六十序》及《浮山吟》自注。

地名之可考者，《小腆·严炜传》作回仙洞。

密之在岭南与交好者有金堡，后皈依天然和尚，法号澹归。有集曰《遍行堂集》。亦能倚声，自言"庚寅（永历四年）梧州诏狱中，作词数阕，方密之见而称之，后绝不作。至庚戌复作"。是澹归填词，乃得密之之鼓励。金堡盖与密之同登崇祯十三年进士也。《遍行堂集》卷一八有《题药地大师画册》云：

> 思孝来岭表，喜此重晤。出药地大师画共观之。师得慧解脱，不离笔墨游，献而作佛事，上下五百年，纵横一万里，无有与之匹者。……天下老和尚舌头，与此一幅相去多少？阎立本垂戒后世，王摩诘追溯前身，若倒药地门下，各与三十拄杖。

又《续集》卷九《题药地和尚手迹后》云：

> 新安方君望子曾及药地和尚之门。裒其手迹成一册，首以画，继以论易。请序之书，书即画，画即易，以为不足尽易，何处非易？以为足以尽易，何处是易？只如望子欲见康流，康流已不可得，欲复药地，药地已不可得，有册子写到处，即有册子写不到处。写不到处，册子上见；写到处，册子上不见，一点一画，全用全不用，更说个全勿用、全用，早是画蛇添足耳。

按方望子即方熊，著《文章缘起补注》（邵武徐氏刊本）。钱牧斋《有学集》一三《答新安方望子投诗枉访》一律，又卷二〇有《新安方氏伯仲诗序》记望子奉乳山之教，以请道相叩击。且属序其弟宝臣《岫园诗》。此为望子之事迹。

又澹归题药地画二则云：

> 所已游者，以意游之，意中有画；所未游者，以画游之，画中有意。药地和尚作此补足。力之不逮，尺幅以内，万里为遥，我摄此身，如一微尘。峰回溪转，步步踏到，太似目犍连，追佛音声，过无数世界，向人家钵盂沿上疾走。
>
> 药地画，妙绝时人。我不识得，如何说得？譬如拍着生盲人，问天

台、雁荡景物，渠生长彼中，不好说个不知，只道得一句妙绝。带累问者，失却一只眼，且收起著。

观此，知密之在粤时，作画不少。梁佩兰亦有《题药地愚者画石序》，称其“以焦笔写画，奇峭生动，如公峻节，非人所能及”（《六莹堂二集》）。澹归论“意中有画”与“画中有意”，此为以“意”游之与以“画”游之之区别，而以未游者补足已游者，此画家之伎俩，正与道通而为一。《续集》跋云“欲复药地，药地已不可得”。当作于康熙十年密之去世之后矣。

密之之在庐山也，亦以画自适。《读画录》引施尚白（闰章）云：“余昔同无道人自苍梧底庐山，见其乘兴作画，多用秃笔，不求甚似。尝戏示人曰：‘若猜此何物，此正无道人得处也。’”庐山所在，“大壑雄峰”，无非画稿诗料。陈允衡于吉水修撰刘同升《庐山三石梁记》下注云：“庐山三石梁，方属传疑，近无可禅师寄刘孝则（按即同升字）先生游记示衡，系以请，乃知果有三石梁，特其地险绝，世之人惮于登顿耳。予既录出附《山志》中，因和韵。”[①] 屈大均《翁山诗外》有《越中寄庐山无可禅师》七律，又《登秦望山酬庐山无可大师》七古（汪宗衍《屈翁山年谱》）。是密之虽栖身方外，仍酬唱不辍。

密之《东西均记》末题“岁阳玄默，执除支连，呦呦子识，五老峰颠”。盖成书于永历六年壬辰（顺治九年）。又其《象环寤记》下注“癸巳入关笔”，在其翌年（顺治十年）。此一名著即成稿于庐峰之上。密之从觉浪道盛披剃，《象环寤记》中之杖者即觉浪也，其说：“庄子与孟子、屈子三人同时鼎足，扇扫大成（孔子）药肆者也。”又云：“总为三教圣人声冤。”“三教自疗，疗者自明。”此类三教会通之说，乃明人之气习。澹归《遍行堂集·续集》卷八题“三教论议图”云：“三教圣人伎俩，或嘿或语。不嘿不语，全成负堕，若总是负堕，落得论议，莫将六合内外，打成两截。”云云。三教自宋以来即有作为图绘题材，澹归以偈语题赞，亦明季三教说之珍闻也。

密之与笑峰同及觉浪之门。觉浪闽人，住金陵天界寺，亦能诗。《明诗综》九二录其《浴龙池》一绝。笑峰即江宁倪嘉庆，字笃之。甲申后为僧，名函潜又名大然，字笑峰，有《灵潭集》。[②] 笑峰在青原时，创为《山志》，密

---

① 《庐山志》卷一四。允衡诗，参《江西诗征》。

② 见《明诗综》卷六六、《明诗纪事》辛签一八。

之踵成之。《愚山文集》卷二《青原山志序》记其始末甚悉。施闰章言密之初入青原，为笑公掉塔，旋去之廪山。钱秉镫（饮光）有《寄药地无可师》五古云："言念药地翁，一身栖廪山。廪山在何许？草屋八九间。江右士气薄，况经兵燹残。……又闻终岁病，须鬓不复斑。岂徒无与侣，枯淡恐无欢。"此述密之在廪山蒲团生活之实况。廪山寺在新城县北，详余教授书《青原驻锡考》。

密之居廪山，始撰《炮庄》，在青原而书成，萧孟昉伯升为之镌版。密之既邃于画理，斯所撰著，抉发理窟，每假画为喻。《炮庄》书中引樝与斋曰："画家不善画空，千古缺处也。画是醒时作梦。"是画家乃白日作梦者流，想入非非，语妙天下。兹试拈《炮庄逍遥游》中以画取譬之隽语。"漆园费尽渊藻，菁深泽墨，止画得一幅藐姑射山，与后世闻道发兴耳。忽然风起，山树花落，鱼跃水上，黄鹂飞去。因与寓公咏倪文正句曰：'溪流中有佛，鸟寂后无诗。'"此段以画为说理之助，更增奇趣，别辟蹊径，非工于画者，安有此等笔墨？与斋即查伊璜也。

密之高节，向为人所称道。张鉴《冬青馆乙集》漏霜和尚（即董说）"苕帚图"跋云："此则无锡张云岩有誉，桐城方无可以智亦皆染衣处晦，抱节山薇，抽身火宅之中，匿影金沙之侧。"有誉字谁誉，江阴人。户部尚书，晚为僧，居苏州灵岩。见《明诗综》卷六六。周亮工《赖古堂集》卷二二《题与然大师画册》云："与然岩栖谷汲，缚茅于人迹罕至地，颜曰悬溪庵。……同时宰官化为僧者，同里倪笃之（即嘉庆笑峰）、武林金道隐（即金堡澹归）、龙眠方密之，三公皆有盛名于时；而公没与草木腐。"与然即孙无修，江宁人，工画梅，渐江一水一石，即脱胎于彼云。

由《岭外集》诸跋，知密之于王蒙黄子久均用力甚深。姜绍书《无声诗史》云："密之山水，得元人派，淡烟点染，笔入三昧。"殆非溢美之语。惜其画迹流落人间，正如泰山一毫芒。黎媿曾有《题于慧男集药地老人画帧》七古（《托素斋集》），慧男名藻，大兴人。康熙初庐陵县令，密之主青原，盖出其请，此画帧为其所集，足见当日对密之绘画之爱好，大有其人。《晚晴簃诗汇》卷一九五《雪桥诗话》："余藏有药地及朝宗画山水各一轴，药地题云：本有参天势，其如冰雪寒。石奇原是伴，地险亦能安。根到九泉曲，才支大厦难。槁松尚偃折，莫惜一身残。朝宗题云：江柳依依江草齐，乱山无语送斜晖。幽人夜把孤篷去，满载一船春色归。"杨钟义收藏，四公子而得其二，可称双璧，侯朝宗之画尤难得者矣。王士禛《感旧集》释宏智（即密之）《跋清明上河图》七绝云："谁托西湖忆汳州，莫同山市蜃为楼。珍藏自惜良工苦，何似《楞严》掌上收。"《清明上河图》传本至夥，不知密之所见者为何幅，沉痛之言，故国之思，寥寥数语，亦画论之鳞爪，故录之，以殿我篇。

附记

南渡缁流明亡而后，声气犹时相通。密之之卒，住广州之大汕石濂有《挽药地和尚五古》云："……血性成佛性，浑化到无依。无依归大寂，见闻皆哽咽。……"诗前有小引，文甚长。略谓："药地法兄夙培血性如金刚，故能入此危险火宅。……惜乎辛亥秋入风波中乘，无争三昧，倏然脱去。令子田伯以灵骨迁葬浮山，爰作短章，以当执绋。"（《离六堂集》卷二）可揣知密之实遭意外。其死因，曾青藜为石濂上人《诗序》，略云："往余与无可大师游，得参天界浪丈人（指天界寺觉浪道盛），听其言论，无一不归之忠孝，故其门下士，半皆文章节义魁奇磊落之人。……吾闻灵澈以诗游京师，缁流造蜚语，激动中贵人，由是得罪。无可大师亦以文字几罹不测。"① 曾氏尝及无可之门，谓其"几罹不测"，盖以文字得祸。

陈名夏有《五子咏》，盖效颜延年之《五君咏》。五子者滇南唐大来、桐城方密之、沛县阎古古、吴江沈元子、滇南苍雪。以密之与苍雪（中峰）并列。诗云："方生天下士，踔厉青云端。独袂挥众言，河汉下飞湍。宣籁匹金石，文陛相盘桓。一朝黄鹄举，流盼伤羽翰。"（《清诗汇》二二）吴梅村《诗话》举苍雪赠方密之中联云："山中久不见神骏，世上人多好画龙。"盖与密之亦为方外知好。此诗见读澈《南来堂集》卷三，时寓虎丘。读澈集二又有同陈百史方密之分韵怀滇中唐大来。百史即陈名夏，大来即担当和尚也。名夏与密之则为姻亲，名夏第三女舜英适方中通，撰《文阁诗选》一卷，有《粤难作夫子被羁》一首②，指中通在桐城就逮事。名夏咏密之，不及其方外之事，无从置论。密之同乡桐城马之瑛（正谊），崇祯庚辰进士，入清官兵部主事，有《答无可诗》一首云："军府迎降先署状，仰视飞鸿剧惆怅。彦回名士寿偏多，子卿足下归无恙。故国千峰可寄家。兜鍪原不妒袈裟。金陵旧恨空沈锁，宰相新隄自筑沙。国成谁秉邦畿析，党祸亦由君子激。林宗何必独

① 《六松堂文集》卷一二，亦见《岭南画征略·校记》引。

② 见《清诗纪事》，133页。

仙舟，宾硕谁能共复壁。烽烟几载历江湖，万死全凭佛力扶。游子尚堪依母隐，仇人俱已伏天诛。素心自指井中水，任是波澜风不起。入社何妨有白衣，误人不信皆青史。……”（《清诗汇》二一）所指事颇为隐晦。按瞿式耜《庚寅寿密之相国四十初度》，其被命东阁，未届不惑，方在盛年。密之卒于康熙十年，年六十一，此诗言“寿偏多”则或指晚岁。诗中之事尚待详考。

营救密之之萧伯昉，据陈子升赠诗云：“藏书自秘谁看得，闻说高僧同一楼。”（《明诗纪事》辛签）高僧当指密之。又子升寄无可五律：“平生皖城友，当世白莲师。”子升，子壮弟。桂王都肇庆时兵科右给事中，晚入庐山，亦能画。与密之素有交往。拙作《陈之升与方以智》另详之。[①] 其述孟昉与密之同住一楼，当指其居春浮园也。孟昉于康熙戊午系狱，实与密之无涉。刘献廷《广阳杂记》二，记其“富可敌国，应接四方之士。彭躬庵每过其家。后因韩大任在吉安应接其粮饷，遂老于囹圄”。是其系狱乃因韩大任事件，非缘密之可见。以上数事，非本题范围所及，惟为余教授书中所未详，故附记之。

王培孙注《南来堂集》引《龙眠风雅》云：“（密之）既南奔，值仇憝柄国，遂流离岭表，十召不受宰相。庚寅披缁为僧。粤破被絷，环以白刃终不屈。晚遭患难，谈笑自若，卒于万安，临终与门人讲道，语不及世事，惟以未卒业诸书，命少子中履踵成之，风雨大至，遂暝。……所著凡数百卷，诗文奏议丧乱后多散佚。诸子搜求之四方，编成四十卷，分前集、后集、别集，总名之曰《浮山全集》行世。”记密之死事，甚为赅括，且确定其为僧，在于庚寅，即顺治七年。又称《浮山集》计分前后别三集，今海外得见到只有《前集》而已，则其画论可钩索者，应不止于此矣。

1973年8月初稿于星洲

续记

关于密之画迹，尚有可记者：陆心源《穰梨馆过眼录》卷三四著录，方密之仿黄子久轴（归安李氏藏）。有诗及自题云：

石桥驻马问田翁。一坞深深隔树东。帝子阁前沙似粟，埜神祠下路

① 见《清华学报》新十第二期。

如弓。疏松古硐风微动，细草阴崖雪半融。回望红尘才数里，不知身在乱山中。己卯四月十日，定甫约游东山，尽一日之兴，归而写此，略似黄子久，定甫以为然否？密之方以智。

按己卯即崇祯十二年也。

密之又有“意在笔先图”，其题识云：“画在法中，意在笔外。莫谓大痴恁么作怪。壬辰冬日药地头陀写。”见《支那名画宝鉴》、《宋元明名画大观》四〇五。壬辰即顺治九年。

顾文彬《过云楼书画记》卷五有“药地禅师书画禅册”，内书东坡诗九番，画山水奇石十一番，款署愚者。其山水六帧有自题云：“屏山引退之为卢大使舞，端叔嗤东坡将错就错，毋乃近之。愚者曰：秃笔自乘其势耳，解衣盘礴裸，当观其意。”又云：“有时雷硠而敦庞若璞，有时娟秀而寒芒刺人，毫毛铖锋，具何思力而能若是乎？愚者曰：明窗睡足，起来且得一笑。”又云：“削铁师关仝，蟹钳师浩然，犹是牝牡骊黄相马耳；别有萧条难写之致，随分露一毫头，因作洛下声。曰：‘不亦说乎！’”

顾氏曰：

施《愚山集·无可大师六十序》所谓“片语单辞无非大道”也。又有《浮山吟》云“浮山一片云，飞落苍梧野”。自注“药公家浮山”。乃知册中钤“浮山智”，及“愚者”小印，其自署愚者，仍从未出家时名以智取义，乐操土风，不忘旧也。

密之又有“江天晓雾图”，卢前尝为题词，见《词学季刊》第二卷第四期。

魏子一轮画，见解甚新。前文所举以外，顷又检得二事。顾氏过云楼藏有魏学濂仿宋元八家册小幅。其《藏画记》卷五云：

……唐子畏、项孔彰、丁南羽者出，始稍稍规模宋贤，以复古为任，而魏子一集其大成，然已在明季矣。此册小幅，仿河阳、令穰、元章、李唐，次以松雪、黄鹤、云林、大痴，一一精楷对题。其略曰：“画家务有主山，而枝节附之，是以堪舆为画者也。此作冈岭正侧，迭为主客，风格高尚矣。”又曰：“着墨欲入纸里。着色欲出纸外。积墨多不患其不入也，色稍润，则渗矣；渗则失神，染则失痕。语云皮皴不欲丹青作画肉也，然岂轻施薄设之谓哉？”又曰：“凡画路者，水以沙分，山繇石辨。若陵寝坛庙之地，松柏列植，则望树顶而知路矣。前人未之得也。”又曰：“有就一木一石而自为澹远者，本近而支远矣，本浓而支澹矣。用正锋吮墨为之，全不许著焦破一点。”皆自抒心得，独标真谛。如太史公谈六家要旨，精当绝伦。而自题检曰“古意难复”。盖用赵文敏语。子一志在复古，故与文敏心源，息息相通。又其笔端有宋贤之秾丽而去其滞，有元贤之苍雅而去其率。精链古厚，足为胜国末造大家。

《穰梨录》卷三〇钱棻（仲芳）山水册有魏学濂题识云：

若夫绘事虽云小道，却须置丘壑胸坎中方许口笔，仲芳落落穆穆，十山五水，久具鬲间。观其墨澜堕处，所谓恕先在焉，呼之欲出，恶俗子亦复吮笔，真形秽矣。魏学濂识。

由上子一论画意见，可窥一斑。顾文彬于子一之成就，推许备至。彼盖主追古，深积力久，置山水于胸次，自然墨澜堕处，合乎法度。“所谓恕先在焉”，即指郭忠恕也。子一为密之拈出“埃、干”二字，初不易解。继思埃训尘埃（《说文》）。十渺为埃，十埃为尘，为小数名，殆指画之细处。干则为骨干。子一称“画家务有主山，而枝节附之”。又云：“作冈岭正侧，迭为主客。”是打草稿时，先须区别宾主。画中山有主峰，树有主干，主客既别，层次庶几井然。又云：“有就一木一石而自为澹远者，本近而支远矣，本浓而支淡矣。”此则以浓为本，而淡为支，所以表其远近；笔有浓淡，近远分明。子一所谓“埃”与“干”，以理推之，殆指细处、大处乃至远处、近处、澹处、浓处。埃者，至小毋忽，至微弗懈；干者，立乎其大，以定主客。如是解释，未知能合子一之本意否？书之以俟他日之论定焉。

密之论画，尚有剩语，可从他书辑出者，《读画录·杨龙友传》云：“释无可曰：同辈墨妙，推龙友、超宗、子一，皆以苍秀，出入古法，非复仿云间、毗陵，以儒弱为文澹也。”可与集中为琼王孙《题记》参证。又张尔唯（学曾）《传》无可题云：

虽有六法，而写意本无一法。妙处无他，不落有无而已。世之目匠笔者，以其为法所碍；其目文笔者，则又为无碍所碍。此中关捩子，原须一一透过，然后青山白云，得大自在。一种苍秀，非人非天；不然者，境界虽奇，作家正未肯耳。然亦不可执定一样见识，以印板画谱，甲乙品题；倘有碎须弥于蓬莱底汉，何妨更具空中五色，以粟米一毫，画尽千世古今耶。(《读画录》卷三)

此篇为极重要文字，指出画之妙处，须不落于有无两边，匠笔、文笔二者皆讥。匠笔碍于法，文笔碍于无法；碍于法者泥于形似，碍于无法者，又为无碍所碍。是诚以《中论》之理入画。周亮工于《无可传》拈出其“禅机画”，此则不啻为“禅机画论”矣。密之尚有《禅乐府》、《药集》、《鸟道吟存》等集，存于安徽，惜乎海外无由见到。[①]

密之在桂常与交往之朱治憪，亦为画家。《海虞画宛略·游寓》云：“朱治憪，不知何许人，通相宅、相墓术，工金碧山水。尝至半野堂，为作画，今邑中尚有流传者。”治憪事迹，已详上文考证。

钱塘郝莲《国朝诗选》（港大藏）钞本第二册戴明说有《题赠方密之画》云：

为寻山静琴初到，但见云深鹤亦迟。自信野人多懒况，近来画外亦无诗。

郝书同册方以智小传，称其“开法青原山，称无可大师，晚年工画”。盖密之披剃后，移情于画，晚岁益工，故戴氏称其“近来画外亦无诗”。明说诗画兼工，所言自不诬也。

1975 年 2 月于香港

方密之《和陶饮酒》前十首草书诗卷，绢本，王雪艇旧藏，现归士林“故宫博物院”（图一一一一一一九），有说明见江兆申文[②]，承惠贻照片，至深感纫。密之此卷古拙沉厚，其草书传世甚罕，故附印于此，存其全貌，以供参考。方豪教授藏有《浮山后集》、《流离草》手钞本二册，该《后集》已载此《和陶饮酒》诗，惟钞本题下双行小字曰“辛卯舍作”，又改为“辛卯梧州冰舍作”。[③]

---

① 见《安徽文献书目》。

② 《季刊》第八卷第三期。

③ 见方氏著《方以智和陶手卷及全文》，《东方杂志》1974 年 1 月份。

钞本诗前有小引，而不见于手卷，兹据方氏文补录如下："论诗于陶，不必其饮酒二十首也。和者风其风耳。栗里如故，葛巾常著，岂非天乎？余虽不饮，倘然若醉。不饮非戒，亦非不戒，吾当为渊明受双非之戒。"按辛卯为顺治八年，据瞿昌文《粤行纪事》，密之初为僧即在梧州冰井寺，冰舍殆指冰井寺之僧舍乎？和陶诸篇，即是时所作者。冰舍一地，方文未详，附为指出如此。

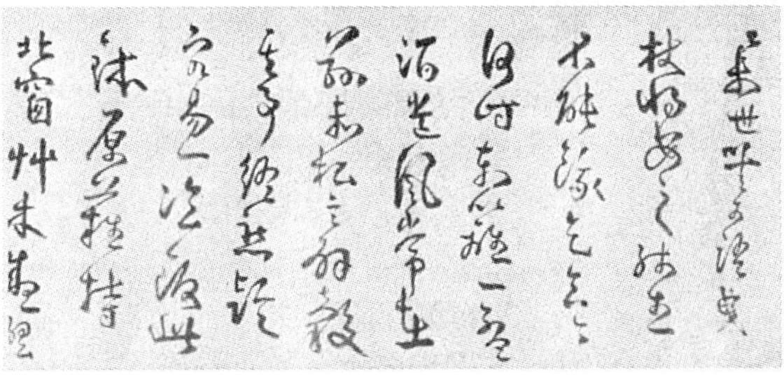

图一一一　无可草书和陶饮酒诗卷（一）

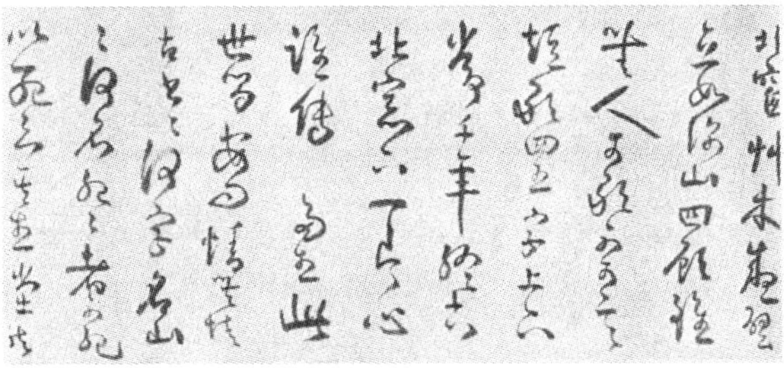

图一一二　无可草书和陶饮酒诗卷（二）

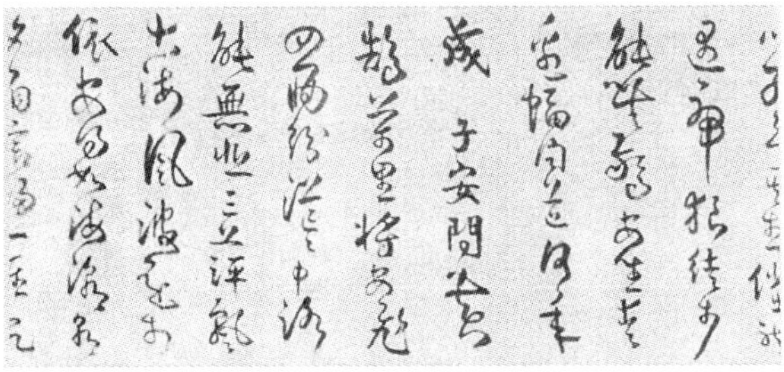

图一一三　无可草书和陶饮酒诗卷（三）

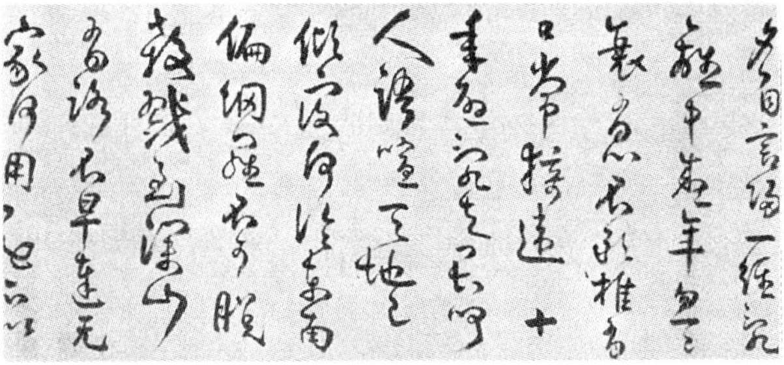

图一一四　无可草书和陶饮酒诗卷（四）

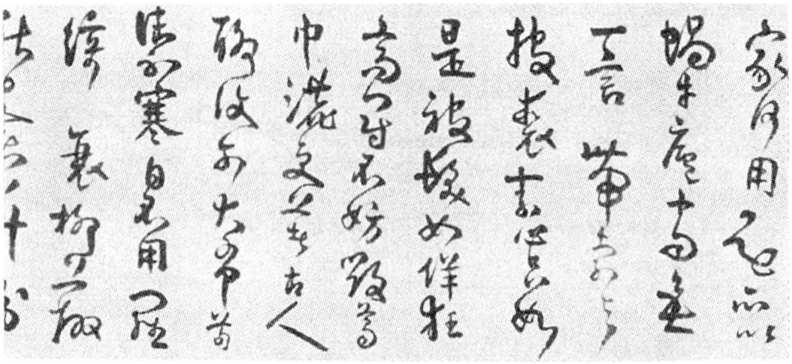

图一一五　无可草书和陶饮酒诗卷（五）

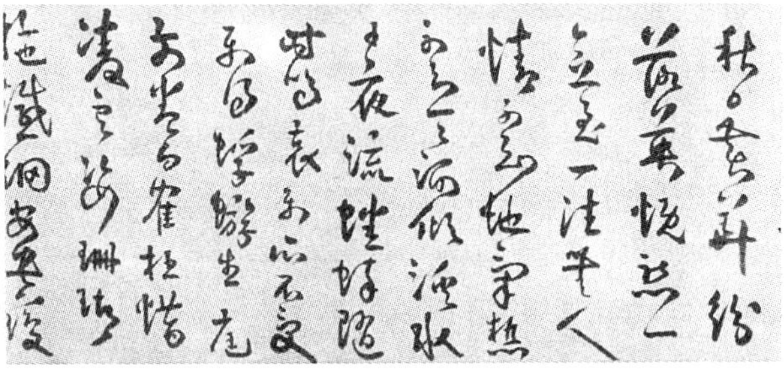

图一一六　无可草书和陶饮酒诗卷（六）

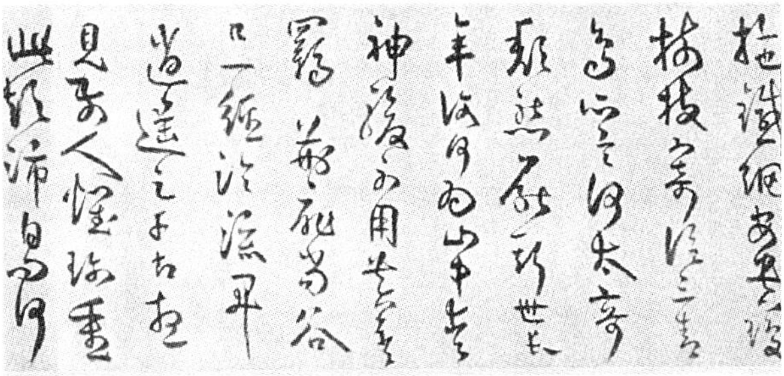

图一一七　无可草书和陶饮酒诗卷（七）

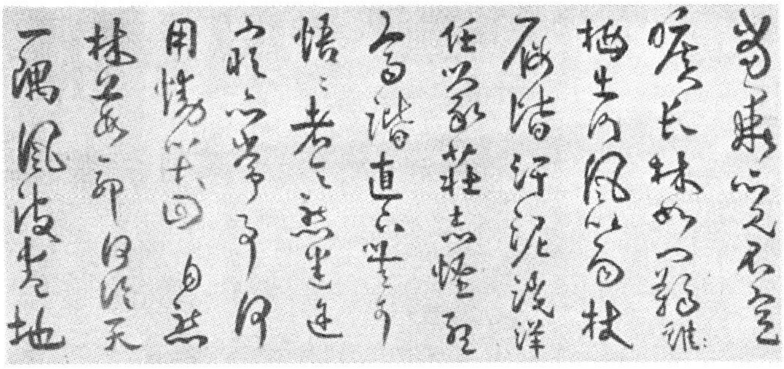

图一一八　无可草书和陶饮酒诗卷（八）

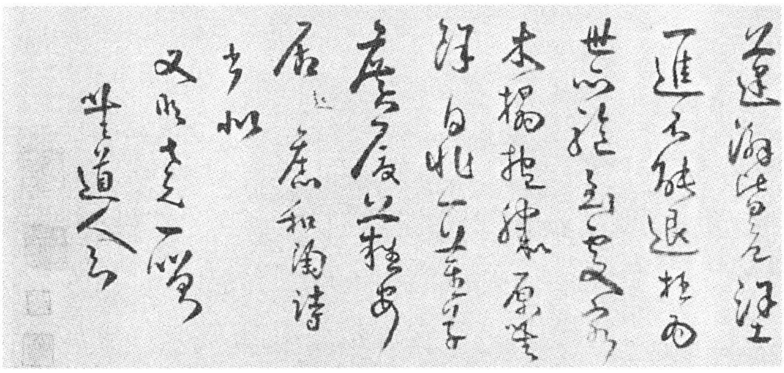

图一一九　无可草书和陶饮酒诗卷（九）

关于吴鉴在德操事迹，钱秉镫《藏山阁文存》卷五有《吴廷尉鉴在传》，书行谊甚详。记其于“庚寅秋，乞假西上桂林，方阁学密之亦至”。彼与密之为文酒之会，即在此时；庚寅即顺治七年。又称“庚寅冬，桂林陷，被絷不降，尽其所有以免。寄家徭中，身依梧州兵备道彭爌，吴氏戚也”。秉镫集中与吴鉴在往还诗什甚多，兹不备记。[①] 鉴在为桐城麻溪人，密之盖其表兄也。

本文插图，承高居翰、郑德坤教授，故宫博物院，及法国 J. P. Dubose，香港利荣森、何耀光诸先生分赐藏品照片，惠允刊布，特此志谢。

1975 年 9 月又记

① 钱集有台湾文献丛刊选印本。

龚贤"墨气说"与董思白之关系

1988年冬间，我在陕西盩厔县的楼观流连半天，有机会登上终南山，寻访老君炼丹的遗迹。下山之后至唐代诗人岑参的故居，群山苍郁，万瀑奔腾，我口中不绝地吟咏杜甫的诗句："下窥无极终南黑"，而心中却联想到1979年在瑞士博物馆见过的龚贤平生巨迹所谓"千岩万壑"图，由于"黑"与"无极"两个观念在龚氏这幅画面上表现得非常精彩，它的构图，不蹈寻常的轨辙，在上半或左、右侧留空，却把四角全部填满，峰峦突兀，千态万状，密如蜂窝，令人如读韩愈的《南山诗》，有"巨壑难悉究"的感觉，许多深窈不可测的岩谷，一层一层地把人带进一个黝黑无垠的境界，便是这幅画惊心动魄、前无古人、具有创辟手腕的成就！可是我们要注意：他不只是单单用墨，而是在极端复杂的千峰百嶂中留下"黑中之白"，使整幅的山川烟云交织成为一个错综而又非常统一的光与暗合成的结晶体。

他如何去部署稠密中的空隙？却是在千岩万壑的中间，让它浮出一片"大白"，——外满中虚是龚氏惯用的构图法；其余则以缭绕的行云流水作出连续而又间断的虚白空隙，仿佛挟有一股真气回旋于纸上。人们只看到它的质实处，而忽略了它的虚灵处，质实处是黑，虚灵处是白。它的不可及处不是那重重叠叠的苍郁沉厚的笔墨，而是那股流宕、曲折、生动无数荒荒油云连串而成的雄浑气象。画，是要读的，不光看了便算，是要用沉潜的态度去投入的，才能够深入虎穴，得到虎子。这幅画不啻是极有深度并举出实例去阐发画理的一篇"黑白论"，这是我个人读后所得到的体会。半千未到过终南山，他曾到过泰山，有“登岱”一诗，其句云：“气接荆吴白，云归齐鲁昏。”他把云气连结起来，用白与昏作为对比，云归便成黑暗，这是黑处，而白是有云的地方，但需要“气”给以控抟的力量。半千从外师造化仔细观察物象之后，悟到“气接”的道理，他因而标揭出“墨气”这一名词（Key-term）作为他画论的基础，在《柴丈画说》中云：

> 画有四要：曰气韵、笔法、墨气、丘壑。笔法要健，墨气要活，丘壑要安，气韵要浑；三者得而气韵生矣。

又说：

> 墨求墨气，笔墨相得，而画之能事毕矣。

复引郑子房云：

> “柴丈之墨气如炼丹，墨气活，丹成矣。”此语近是。

使用墨气的功夫，有如丹成九转，要经过长期的磨练。墨要有“气”，才能活。这是极重要的窍门。半千少年时和杨龙友同进董思翁门下，他有七古自言“吾生及见董华亭”。华亭得力于米，用墨变幻无方，自言悟得王洽泼墨法，以为米即临王洽之笔，彼何从而见到王洽之画，不过是托古胡言而已，但他偏重墨法深造自得是一般所公认的，观《画旨》论烘云法云：

> 山水中当着意生云，不可用粉染，当以墨迹，令如气蒸，冉冉欲堕，乃称生动之韵。[①]

“溪山无尽图”可以看见他用墨变化的技巧（图一二〇、一二一）。他对大米渗透之深，较高房山又推进一境，在《画眼》中自谓：“老米画难于浑厚，但用淡墨、浓墨、泼墨、破墨、积墨、焦墨，尽得之矣。”墨法的讲究，至此可叹观止！然董的长处，在于渴笔（焦墨）与留白，他自号“思白”，具

---

① 他的丁丑仿令穰卷题识诗论亦同。

见宗旨趋向所在。半千出其门，所以对墨法造诣有如是之深厚，他的“墨气”论，事实亦不能越出“墨渍，令如气蒸”一语的如来佛掌心。

图一二○　龚贤《溪山无尽图卷》（部分）

图一二一　龚贤《溪山无尽图卷》（部分）

墨气要活的“活”字，可说是气韵生动的“生动”之另一名词。半千说：“六法以气运为上，唯善用墨者能气运。故余远慕董翁，而评余画者亦谓墨胜于笔。”这段话时时见人征引。他故意把气韵读做气运，并不是说气韵可写作“气运”，他在上文谈“四要”时仍照谢赫原文作“气韵”可以知之。而此别取“气运”为说者，以为气之运转，即为决定气韵能否生动之条件，和思翁所说“乃称生动之韵”其理实无二致。然思翁之谈气韵，在《容台别集·随笔》云：“作书与诗文同一关捩，大抵传与不传在淡与不淡耳……画史云：若其气韵，必在生知，可为笃论。”气韵是出于“生知”，是天赋而非人力所能强致的，这一层我完全同意，许多画家殚尽数十年精力去作画始终捉摸不到半点气韵，这是什么缘故？可见是天授而非人力所易到。至于“淡”的一境亦是半千追求的目标。

半千度人的金针是所谓墨法七遍，最主要还是待干了以后再加上的三遍，即是：再加浓点，又加淡点一遍和总染。加浓点可使画面醒豁提神，又再加淡则是衬托美，至于总染则为浑成的步骤。半千说“气韵要浑”。由于思翁说过“米画难于浑厚”，写米不容易浑厚。故“浑”的一步骤，是要追求不能漠视的。《画禅室随笔》标榜“吕纯阳书，为神仙中表表者”。《道藏》大玄部所收为纯阳其人浑成集。“浑成”二字是文艺共同的吃紧语。司空图《二十四诗品》，开首即为“雄浑”，正要真气内充，积健为雄。周美成词愈勾勒愈浑厚。亦以“浑”为他的最高造诣。半千读书甚多，尤湛精唐人诗学。他曾说：“老子三十幅，共一毂，当其无，有车之用，吾于画亦云然。画之神理，全在处处淡处。”主“淡”是思翁的路数，但半千的成就却不在这一方面，他的许多论点还是继承老师的见解。我们从上引一条，知道他是熟读《道德经》的。他对于黑白的理解，即西洋对于光的明、暗的处理，特别有悟入处。老子说：“知白守黑”，便是他的不二法门。这幅千岩万壑给予读画的人以无极的黑之感受。他登过泰山，泰山有黑龙潭，但他画的不是黑龙潭的黑，亦不是终南山的黑，而是他胸中丘壑从造化通过心源洗炼出来的自我境界广阔无垠的黑，是他用墨气在濡染大笔之下孕育出来的幽美之黑，是他在云气空灵笼罩下天地氤氲所形成之“隐秀”之黑。换一句话说：他的黑是从虚白中翻出来的，作为白的反面技巧，他真正能够活用老子“知白守黑”的原理。他说：“画石块上白下黑……上承日月照临，故白：石旁多纹，或草苔所积，或不见日月为伏阴，故黑。”他对光暗的重视，构成他的黑白论。他的老师要“思白”，而他却要“守黑”，没有停留在董的门户，反其道而行，这是迈进一步。这样影响所及近代艺苑上对于黑的追求，经黄宾虹、李可染辈的踵武发扬，画史上遂有守黑一脉，半千大有创辟之功。真是前不见古人而后却有来者。大凡有开拓性的大画家必有一套理论来支持他的独创性的技巧表现，半千的“墨气说”便是此中一个崭新的例子。一般谈龚画，大抵分为白龚与黑龚，白龚是他追求“淡”的一面，其实黑与白是互相为用，很难给以严格的区划的。有人认为半千这种强调黑白明暗的处理方法，是受到西洋镂刻版画的影响，却很难说。这样看法，很是表面化，借佛家的语言来讲，是用“相分”来释形象，没有用“见分”来看气韵，不免有点隔阂。这幅画下面有广东画家罗天池的长跋，可见它有一长时期在广东收藏家的手上。清代广东画风没有半点染受半千的影响，似乎当时的人们对于墨气浑厚之美尚无深入的了解。

董思翁的思白观点影响是很深远的。思翁榜其居曰画禅室，自道以禅理入艺。大量借用《楞严经》的语言来谈书画。台湾所藏思翁剧迹，题曰“小中见大”，即取自《楞严经》四“一为无量，无量为一，小中现大，大中现小”，截取其中一句。《容台别集》中有一条引用《楞严》谈“八还”的大道理。八大山人的山水从思翁脱胎，他的画屡钤“八还”一印，正说明他是私淑董思翁的，他从思翁师法学到的是“白”而不是“黑”，和半千途辙不同，而各极其胜。在明代中期，画家而参禅理的大有其人。如南京顾宝幢，即其一例，半千在美国纳尔逊馆藏“山水册”题记说：“近代顾宝幢先生，其用笔颇类我。此作在龚顾之间，几不能辨。”宝幢即是顾源，人品极高，他是一位深耽禅悦的人物，万历间，焦竑刻他的《玉露堂稿》①，《铁网珊瑚》著录他的山水画数件。思翁推许其“精修净土，亦善画，余于焦弱侯（竑）处见之，盖师董北苑”②。其人于半千为同乡前辈。他的画流传极少，有一幅他自题七绝“遮眼牛皮甚日穿”之句，提及“祖师禅”三字的山石勾勒之后，喜作圆点加擦，很是浑厚，与半千气味甚接近。顾源之于禅悦，是实践者，不似思翁，只借禅来谈艺，故其名不彰，画迹亦湮没不传。半千同时喜转益多师③，顾氏即其一耳。

《朵云》1990（3）

① 有传，见《献征录》卷一一六。
② 《画禅室随笔》卷四。
③ 如他自说“余疏柳实师李长蘅”。

读渐江画随记

一、松圆品题

明末大画家的四高僧，最先去世的是渐江大师，他卒于康熙二年癸卯（1663），得年才五十四岁，可以说只是中寿。他的好友新安许楚（青岩）说："吾乡百余年来画苑一灯"，至渐江"而放大光明"。自从黄宾虹撰《黄山画家源流考》① 和《黄山画苑略》，黄山画派遂大显于世。近时画史家便把渐江推为黄山派的开创者。其实在清初时候，已有天都派之称。美国哈佛大学 Foog 美术馆藏一幅龚贤的山水，上面的题记说："孟阳开天都一派。至周生始气足力大。孟阳似云林，周生似石田仿云林。孟阳程姓名嘉燧；周生李姓名永昌，俱天都人。后来之方式玉、王尊素、僧渐江、吴观岱、汪无端、孙无益、程穆倩、查二瞻，又皆学此二人者也。诸君子并皆天都人，故曰天都派。"天都是黄山的天都峰，他所列举的人物，在《黄山画苑略》中差不多有传记，不用赘述。半千称他们为"天都派"，其实即是黄山画派，和新安派亦没有不同。半千提出程孟阳为这一派的领袖，因为他的年资比较高。渐江的笔路是以云林植基，他写画得名，似乎与程孟阳的品题很有关系。吴瞻泰云："渐江画得倪迂之神，松圆老人亟称之，自入黄山后，笔墨大进。"（题雪庄黄山图）松圆即是程孟阳。渐江出生之年（万历三十八年，1610），孟阳已四十六岁，

① 据其《九十杂述》，此文作于 1923 年，时年六十，详《宾虹年谱初稿》。

自然，他是前辈。孟阳以云林为宗，我们从他的扇面和其他赠别图立轴（香港虚白斋画选二二），看到它的简和冷有过于渐江。他与渐江一样取法云林，正是沆瀣一气。由于孟阳对他赏识，使他以后朝向着疏简这方面去创造和确定自己绘画的道路。

二、学王孟端

香港虚白斋刘氏收藏渐江的千金扇面（三六号），其题记云："乙未蒲月客区湖寄龙超居士，用王孟端小册"。乙未是顺治十二年（1655），时渐江四十岁。[①] 这扇面他自言"仿王孟端（绂）"。王与云林都是无锡人。王绂学云林有时几乎可以乱真。建文三年写的"秋林隐居图"[②]，正是一例。这时他正隐居于九龙山（无锡惠山）。想见渐江客区湖时，必可看到一些云林和王绂的画迹。他的画友孙逸题其"高桐幽筱图"有句云："九龙山下王高士，师笔能分一段神。"[③] 正说中他长于仿学王孟端。这把扇面可提供正面的证据。孙逸很早和渐江合作过画，现存有年月的渐江画迹藏于上海博物馆的己卯（崇祯十二年）五人联作的山水卷，他署名江韬，时尚未入空门。合作的四个画人中有李永昌和孙逸，时渐江才三十岁。可是孙逸对他是非常了解的。

三、至灵之笔

渐江的画学渊源，周亮工说他"一水一石皆脱胎于江宁悬溪和尚孙无修"（《赖古堂集》）——悬溪画迹罕见，黄宾虹提过他的寒梅子[④]，曹寅说渐江师学画于萧尺木（云从）。（渐江丁酉（顺治十四年，1657）为十竹斋胡正言作的山水轴，棟亭题语。）萧氏大于渐江十四岁，他有大幅巨幛，亦有简散作风，构图造型，偶亦与渐江相近。[⑤] 尺木为渐江的画题跋题句不止一次。渐江五十页的黄山册，萧跋云：

---

① 蒲云从亦曾于题识自署区湖（即芜湖）萧云从，故云。

② 《支那名画宝鉴》，459 页。

③ 见于《艺苑掇英》二〇期，第 5 页。

④ 《画语录》，182 页。

⑤ 如丁酉十一月题"一杖行何晚"山水轴，及天津博物馆戊子（顺治五年，1648）题"林树萧萧雪后风"山水轴。

渐公每为我言其概。余恒谓天下至奇之山，须以至灵之笔写之。

尺木大于渐江十四岁，他作这跋时年已七十多了。“至灵之笔”四字很是紧要。惟至灵方能表现至奇，至灵是要能够不滞著又不流滑。尺木似乎很佩服渐江笔底充满灵气，言下渐江的工力，使他不得不敛手的。萧氏又有题渐江为汤玄翼（燕生）写梅诗。萧、汤二人彼此交好①，尺木与渐江，互相琢磨影响，自是事实。至谓渐江之画出于尺木，则很难说的。

四、文心开辟

我最欣赏渐江每一幅画的题识，几乎没有一篇不是精心结撰，在在见其文学修养之深。程邃尝说过：“吾乡画学正脉，以文心开辟，渐江称独步”（《黄山山水册》跋）。画脉要从文心开拓而来。文心者，刘勰《文心雕龙》中《原道》篇云：“心生而言立，言立而文明，自然之道也。”又《序志》云：“夫文心者，言为之用心也……心哉美矣，故用之焉。”天地之大，无非画材，处处可供画家采择，但必经过匠心独运，方臻上乘。“心哉美矣”，所以画心亦如文心，心生而文立，同样地心生而画成。画心要从文心去开辟。文学修养特深的人，写画更富于联想，用文学语言去配合绘画条件，更能戛戛独造。渐江许多画，用前人诗句作题材，如“天际识归舟”轴之用小谢（朓）诗，“孤帆远影碧空尽”，扇面（台湾黄君璧藏）之用李白诗，即其著例。

渐江每一幅的题句和构想，甚少雷同，他的画多用于赠别、颂寿和为人作图，每系以题记，是一篇小品文，异常精警，有如姜白石词的小序。兹揭其例：

“一周遭内总无些，守户惟余对两丫。还撇寒塘谁管领，秋来待付与芦花。”此余友汪药房诗。香士社盟所居。林薄方池，净泓可掬，古槎短荻，湛露揖风，颇类其意，因并系之，博一粲也。“古木鸣寒鸟，深山啼夜猿”，唐句也。余偶抹此，虽无可状其意，而空远寥廓，老干刁调，或庶似其岑寂耳。

① 后来黄钺为辑刊《萧汤二老遗诗》。

这首出唐初魏徵的诗。老干刁调句，是用《庄子·齐物论》天籁一段"而独不见之调调之刁刁乎"，向（秀）云："调调刁刁，皆动摇貌。"① 词的小序，有如曲的楔子，读姜白石的词，先讽其小序，辄为神往；读渐江的画，先读其题识，亦有同样的感觉，垢道人说他能以"文心开辟"是很有道理的。

五、"以天地云物为师"

"外师造化"。每个画家都有他的得力所在。查士标题《黄山册》跋云："渐公画入武彝而一变；归黄山而益奇。昔人以天地云物为师，况山水能移情于绘事者哉！"贺天健说他特别以黄山白龙潭上朱砂峰西一带丘壑为范本。许疑盦黄山杂诗云："渐江写立壁，颇爱作横格，此格他山无，仙人乃多襞。"他为文度写武夷一轴，作一石壁矗立。所谓"臛峰辟玻璃"这一类在雁荡山时时见之，特别是往显圣门的道中。武夷规模较小，与黄山形势略有不同，这一路的丘壑位置为云林所无，更不是李永昌走的"石田仿云林"的旧辙，这样山的造型，无疑是得力于真山水，故有此种突破。

六、晚年剧迹

渐江画迹中，晚年的作品题明辛丑年写的，存世甚多，是时他五十二岁；再过二载，便殂化了。汪世清列出他的画录。这一年的作品计有辛丑春正的幽谷泉声轴、辛丑夏游广陵宿西湖静寺轴、辛丑结夏澄观轩作幽亭秀木图、辛丑冬月的浅绛山水卷（有程邃跋）、辛丑十一月的晓江风便图（存安徽博物馆，图一二二、一二三）、辛丑作的丰溪图卷（有汤燕生跋），这幅幽谷泉声，有陈原舒题句，现在纽约 J. M. Crawford 藏。此外，辛丑年作品，重要的尚有二件：一是新近印出的江西婺源县博物馆所藏黄山图为汪于鼎作，只题辛丑，不署名。② 于鼎即是汪洪度，他和渐江、许楚、汤燕生都非常密契。是图有燕生题诗。周亮工《赖古堂尺牍》载汪洪度与渐江书云："忽辱黄山图，千里见寄，莲花云门诸峰，翠霭清凉，令我应接不暇。"（《新钞》三集卷十五）即指此图。洪度论画与查士标同样主张"简"和"冷"，以为宋以前都不能比，

① 见天理大学印宋本《庄子音义》。

② 见《文物》1983（6），74页。

“惟倪、黄得此意”。他喜欢渐江，正是知音人。所以渐江赠画给他，不用题名。许楚为渐江作传，许楚之殁，则由汪洪度为之传。他们都是新安人，乡谊加上友谊，所以关系特深。另一亦是 Crawford 藏的长卷，上有题识云：“辛丑度腊仁义禅院，落落寡营，颇自闲适，曳杖桥头，看对岸山色，意有所会，归院研冰始融，率尔涂此。”这卷原经张大千收藏，有大千跋云：“渐师画法，实黄多于倪，今人但刻意以云林求之，相去逾远，此卷又以梅沙弥行笔为之，咒龙入钵，钵里生莲，信乎佛法无边也。”大千指出渐江有时亦学吴镇，不是专在倪家讨生活的。

图一二二　渐江《晓江风便图卷》（局部）

图一二三　渐江《晓江风便图卷》（局部）

作为一个大家，是要转益多师的，渐江戊戌岁（1658）的作品有，写明“仿陆天游（广）笔意”（美国加州，图见 Shadows of Mt. Huang 二一）。安徽省另有团扇一把曾自题为“仿柯阁学者（柯九思也）”（见《艺苑掇英》二〇期封面）。在古槎短荻幅，汤燕生题云：“点染淡远，大似高房山命笔也。”可见他的笔法，倪、黄以外，还是广事吸收。他在去世那一年（癸卯）夏天写的立轴，自题句云：“廿载有墨痴，无从追北苑，于兹山水间，可少胡麻饭?”这幅峦树茂密，已不是完全疏简一路；但山岭峰头，仍是作方匡横格式的大圈轮廓，没有改变。他谦称未能追踪董源，他或者想从元人上追五代，由于他只活到五十多岁，画的风格亦就中止于是了。

七、梅、松巨匠

梅和松代表高洁与贞固。明季遗民无不喜欢梅花，来寄托他们的旨趣。萧云从有钟山梅下诗，又有为汤燕生（玄翼）题渐江写梅句云："风雪惟存画里梅"。渐江为朋友所写的梅花甚多，有时绘梅屋松泉，为人祝寿，有时写古寺探梅。最有代表性的是那一幅自题句云："庭空自无影，梦暖雪生香"，瘦枝挺出，俯仰多姿。著笔无多，极萧寥之致。加上曹寅题句，更为生色。他的老友许楚题《渐江画梅诗》："陇脊无人处，春风第一家"。无怪他死后被称为"梅花古衲"。至于写松，更是他的擅长，尤以黄山松石更为迥绝。他喜作峭石参天，苍松倒挂，轮囷离奇，千态万状。汪洪度（于鼎）为他作《黄山僧渐公画松歌》七言长古有云："霜皮黛色洗飞瀑，低柯瘦干挂崩石"。安徽省博物馆有他为吴旷画的松树巨屏，尤见其魄力。他为孙桴庵画的黄海蟠龙松轴，巨松倒生盘石之上，居高临下，气势磅礴（S·M·H·二八，现藏美国大都会博物馆）。桴庵即休宁孙默，他归黄山时，许多词人填词送他，编有《十六家词》。他和渐江是同乡，故交情甚笃。明时安徽歙县溪南吴氏收藏之富，甲于江左。详吴其贞《书画记》，渐江得纵览吴氏藏品，尤其云林画迹甚多，对渐江濡染极深。云林的高士幽涧寒松图，写赠周逊学者，即藏在溪南吴氏。[①] 渐江的"雪岩寒岫"（藏美国波士顿，S·M·H·二七），孤松三株，在雪岭之上，涓涓幽泉，清峭旷绝，即脱胎自倪迂此幅，而冷与简更有过之。他自言"以清閟为师"，别人亦公认他"足当云林"，诚无愧色。渐江有时亦写柳，北京故宫藏的"陶庵图"[②] 作垂柳五株，层次井然，遥岑有松九株，令人有简肃静穆之感。篆书"庚子"（顺治十六年）二字，五十一岁时作，尤见功力。

结语

大抵作画有疏、密二路，层峦丛树，密不通者，可以李唐之"万壑松风"

---

① 见张丑《清河画舫》戌集，44页。

② 在香港出版《国宝》四八印出。

为代表；疏林遥岑，萧寥云树，可以云林的“渔庄秋霁”为代表。渐江得程孟阳之揄扬，走疏简一路，故以云林植基而加以变化。云林写平远，渐江发展为高远，云林用折带皴写石，渐江改用方笔横格；云林多用侧卧之笔，渐江用竖笔中锋，勾勒显豁。意境之萧疏相同，而布局及骨法则异。化松秀为严肃，变淡远为峻整，写凝重、宽阔于清简、萧寥之中，的确是比云林迈进一步。

曾刊于《论黄山诸画派文集》

张大风及其家世

张大风名风，或自写作飌，江苏上元人。其画向称逸品，《桐阴论画》列于首卷大家，在石溪、石涛之前。张风在画史上之地位，已有定评；自若干年前，张大千得《炯伯社师》一卷后，自扁曰大风堂，即用大风为室名，遍征海内画师黄宾虹辈题跋，张大风之名遂不胫而走。张风事迹，以周亮工《读画录》为最详，称其家贫惟容膝地；又称其画无所师授，偶以己意为之，颇令人怀疑大风出身贫苦之家，实则风乃都督张可大之仲子，张怡之弟。论其画学渊源，当先溯其家世。可大《明史》有传，略云：

可大字观甫，应天人。世袭南京羽林左卫千户，举万历二十九年武会试，授建昌守备。迁浙江都司佥书，分守瓜洲、仪真，江洋大盗敛迹。……迁刘河游击，改广东高、肇参将。调浙江舟山。……可大筑碶蓄淡水，遂为膏腴。民称曰“张公碶”。天启元年以都指挥使掌南京锦衣卫。六年，擢都督佥事，佥书南京右府。崇祯元年出为登、莱总兵官。……尽心海防，亲历巡视，图沿海地形、兵力强弱，为《海防图说》上之。……四年十月，佥书南京左府，兼督池河、浦口二军，登人泣留之。未行而有孔有德反吴桥，东陷六城。……复为所阻，乃还镇。……可大时守水城，抚膺大恸。解所佩印付旗鼓，间道走济南上之。还家辞母，令弟可度、子鹿征奉母航海趋天津。而以佩剑付部将，尽斩诸婢妾，遂投线缳死。事闻，赠特进荣禄大夫、太子少傅，谥庄节，赐祭葬，予世荫，建祠曰“旌忠”。可大好学能诗，敦节行，有儒将风。……弟可仕，字文峙，以字行。隐居博学，尝辑《明布衣诗》一百卷。（卷二七〇，标点本，6939至6941页）

《列朝诗集》中丁集：

可大，参将如兰之子……有《驶雪斋》诸集，盖古之儒将。

朱绪曾辑《金陵诗征》卷二十六：“庄节博学，所至敬礼贤士大夫。投壶雅歌，军旅倥偬，手未尝释卷，所著有真州、娄江、电白、舟山诸稿；白下、牟子、驶雪斋诸集。祠在雨花山，有松风阁，家南门内，今名张家园。”录其诗《书边事》等四首。

《明史》可大传中之鹿征，即大风长兄张怡，事迹见陈鼎《留溪外传》卷五《白云山人传》。张符骧《依归草》亦有《张怡传》。又方苞尝为撰《白云先生传》云：

张怡字瑶星，初名鹿征，上元人也。父可大，明季总兵登、莱。……怡以诸生授锦衣卫千户。甲申，流贼陷京师，遇贼将不屈，械系，将肆掠，其党或义而逸之。久之，始归故里。其妻已前死，独身寄摄山僧舍，不入城市，乡人称白云先生。当是时，三楚吴越耆旧，多立名义，以文术相高，惟吴中徐昭发、宣城沈眉生，躬耕穷乡，虽贤士大夫不得一见其面，然尚有楮墨流传人间。先生则躬樵汲，口不言诗书，学士词人，无所求取。四方冠盖往来，日至兹山而不知山中有是人也。先君子与余处士公佩，岁时问起居，入其室。架上书数十百卷，皆所著经说及论述史事，请貳之，弗许。曰：“吾以尽吾年耳。已市二瓮，下棺则并藏焉。”卒年八十有八。（《方望溪全集》卷八）

怡在清初为遗老领袖，既享大年，著书满家，没后书竟入圹，望溪深致嗟惜。朱彝尊《静志居诗话》云：

山人生时，园中鹿亦产子，因名鹿征，而以瑶星为字。崇祯间，曾仕锦衣，故其六十初度诗云：“当年执戟侍明光，亲见彤云捧玉皇”也。

山居抄书颇多，著述甚富，予所见者，仅《玉光剑气集》、《謏闻续笔》数种而已。曩造其山居，见案头有手抄宋季张炎《叔夏诗集》一卷。今其遗书不可复问，诗亦流传寡矣。

黄氏《千顷堂书目》二十八著录有张鹿征《古镜庵诗内外集》，乾隆四十七年，英廉奏《全毁书目》中有张怡《玉光剑气》十二本，然朱彝尊尚及见其《玉光剑气集》。魏宪《诗持》二集收张遗（瑶星）诗十六首，称其所著有《二劳》、《泰山卮言》诸集，《全清词钞》张怡小传称其有《古镜庵词集》六卷，只录其《卜算子》题王子京（遂）画一首。《读画录·王子京传》引瑶星此词，间有不同；惟谓其有词集六卷，不知何所本（或即诗集之误）。

可大之弟可仕，即自称紫淀老人者也，本名逸。《明诗纪事》辛签十七谓可仕著有《落叶哀蝉集》、《愿不愿集》、《编年稿》、《击磬集》。又引《帝里明代人文略》云：

张逸名文峙，七岁能读《楚词》，为诸生，务为根柢有用之学。南大司马范公景文询以江防策，文峙胪陈古今方略，撰《南枢志》一百七十卷。虞山太史为之传曰：文峙慷慨有大志，孤行侧出，歌石烂而忧天坠，非时人所知也。家钟山之阳，垫巾坏服，往来栖霞、雨花间。出无童，入无庐，冬无裘，夏无葛，衰不杖，病不药，行忘之，游忘返，行吟野哭，嘻嘻咄咄。癸巳冬，积雪拒门，拥衣寒饿，咏雪满山中之句。赋诗四章，岁暮怀友十六章，逾年病死。所著《紫淀老人编年稿》五十卷，《选宋元诗》十卷，《明布衣诗》百卷，没后皆失散。犹子瑶星，作《遗书叹》以伤之。

所云钱虞山撰者，实为《明士张君文峙墓志铭》，载《有学集补》。紫淀卒于甲午四月，即顺治十一年。《千顷堂书目》三十一著录张可仕《补订闵士行明布衣诗》一百卷，是《明布衣诗》乃闵士行原著，士行字景贤，歙人。可仕诗，《金陵诗征》二十六收四首，录其《赁舂于宋其武之鸥天馆》二律云：

吾巢方屡夺，赋命不如鸠。天下无芳草，黄河有浊流。出疆难载贽，敌国适同舟。安得刘南坦，飞神赠一楼。

正得兼旬食，仍烦数米炊。爱钱方命侠，择木苦无枝。直钓惊河伯，无弦答子期。榛苓闲咏去，何日不西悲？

可仕弟可度，字二严，自称罽筏老人。《明诗纪事》称其有《鸿雪草》、《墨庄》、《罽筏道人诗集》云。《池北偶谈》记可度好佞佛，一食清斋，逌然终日。《金陵诗征》二十六采其《庐山杂诗》诸首。

可度（二严）尝贻书与其侄怡云：

昨诗佳甚，喜其直吐胸臆，无纂组之烦。寓中得一刻清闲，亦可印证学问。予去年八月，作罽筏传一篇，送侄一览，可为我修饰一二。人生在世，一场懡㦬，大限将到，光景无多，聊为蛇足之语，以存雁过之音。（《尺牍新钞》卷十）

即以所作自传交瑶星为之修饰。

兹将张风世系列下：

其先本楚之孝感人，家于金陵。

如兰（同野）
- 可大（观甫）
  - 怡（遗、瑶星、鹿征）
  - 飌（风、大风）
- 可仕（文峙、紫淀）
- 可度（二严、罽筏）

紫淀、罽筏所居为小东园；张怡《金陵诸园诗》自注云：

小东园，先大父荣禄同野公燕居也。从世雅堂右折而南，亭轩三楹，荆川题曰白鹤山居。左曰裁云阁，先世藏书之所。叔父紫淀老人寝处其下。堂后曲室为岱舆仲父丹室。从堂右牡丹台旁磴而上，中踞一亭，亦旷亦奥，则季父罽筏老人读书于内。后紫淀老人尽弃所有，作“携书避乱图”而出。仲父丹室中悬小像，来居者以为仙翁而顶礼焉。今尽荒地矣。（《金陵诗征》三二、《明诗纪事》辛签二六）

可想见张氏园宅之概。纪映钟寄紫淀翁五律有“春归荒闸水，麦秀打船风。野庙悲无主，人烟日不同”之句，盖亡国后之作（《赣叟诗钞》）。

又《海石园》自注云：

先庄节公殉国事，家余四壁，遂鬻此园为伏阙费。园中幽房曲室，最为雅观；小池回廊，不废游览。予读书其中者五年，后归陈中丞幼白。

至瑶星所居，则曰云乳山房，其诗注云：

予性爱园居；昔人所云志在两株树十茎草之间耳。初居海石园，在杏花村旁萧公庙后。次居寒山园，在南郭窑湾内，与今佟园衡宇相望也。后卜居武定桥东，屋内小园曰读乐，颇可晏坐，而素畏妇人声、鸡犬声、婢仆诟谇、市人喧闹声，乃于桥之极东回光寺前得倪园而晨夕焉。自沧桑后，流离颠沛，不得复购园居，就雨花山阁为先庄节扫地焚香，冀毕余生。而乙亥之夏，阁前松竹尽遭斫伐，触目怆怀，不堪闻见，乃葺摄山之云乳山房而投老焉。此金陵第一大花园也。僧徒居其中，而日用不知；游人涉其境，而神情不属，乃以独享为愧耳。

所谓倪园者，诗注云：

倪园，笑峰大师所构也。时笑峰尚为小司农，在燕邸，予以二百锾得之。门前老屋数间，右有亭三楹，虚敞而邃，修竹蔽天；左高阁一区，前望雨花，后眺淮水。左环千堞，右绕花竹，爽目快心，无过于此，后仍归倪氏。

笑峰即倪嘉庆剃度后之法号。瑶星屡徙居，最后始居摄山中峰，方以智为作山水，其题识云：“截断红尘石万寻，冲开碧落松千尺。特地为中峰拈出，拈个甚么？可惜！可惜！无可道人。”上有“白云张怡”一印。该轴现藏何氏至乐楼。方苞跋谓此幅为摄山中峰张白云先生作者是也。至乐楼藏萧云从山水册第一图即为“摄山图”，萧氏题云“金陵惟摄山极奇险”云。

陈鼎撰《留溪外传》，其《白云道人传》称怡“抗节不屈，草衣木食于钟山之阴者五十二年”。张怡晚况之潦倒，其与刘公勇书可以见之。书云：

弟鹿鹿鱼鱼，如蓬如梗，偶以台宕入梦，担簦南游，不谓荆棘弥天，龙蛇满泽，山水胜境，化为迷阳。一双蜡屐，高挂壁上。世间不如意事，大约如此。困顿归来，贫与病俱。箪瓢如颜子，而无负郭之田；襟肘如曾参，而无养志之子。老妇卧病，呻吟米桶之中。诸父穷居，愁对衡门之下。学不日益，而身日衰；道不加高，而魔加炽。为人自为两穷，出世入世交病。清夜回光，通身汗下，道兄何以指我迷耶？（《尺牍新钞》卷五）

书中言诸父穷居，即指可仕、可度。怡有上紫淀老人（即可仕）书云：

从惊涛雪浪中，得天然砚子两片，其质如玉，其光如镜，其受墨如驰，而舐笔如濡，端歙不能及也。恨坡公未及知，使鼍矶浪得名耳。敬上一片，以助横扫疾书之兴。（同上）

张氏叔侄虽于困乏中，仍不废翰墨。诸人皆耽书画，不独大风为然。可度与周栎园书论画云：

近世董元宰论画，南宫北苑，必严宗派，此禅家所谓从门入者，不是家珍。古人左图右史，要以发抒胸中高远闲旷之趣耳，宁暇计某家山某家水耶？唐舒元舆记"桃源图"云：烟岚草木，如带香气，熟视详玩，自觉骨戛青玉，身入镜中，此言庶几近之。先生与涉江氏，深入此道三昧者，其以不肖言为然否？（《尺牍新钞》卷八）

涉江氏指陈昱昭侍御（见《读画录》卷一）。此言画但以抒胸中逸气耳。鬫筏又有题盛林玉（琳）"空山冒雨图"云：

幽人空山，冒雨而出，寻花耶？访友耶？大似黄子久笔意。题二绝：拟访高人上翠峰，篮舆清兴逐松风；子规唤醒英雄梦，白葛花开细雨中。（《读画录》卷四）

怡于画学更为精湛，同时画人多经其品题，见于《读书录》者，列举如次：

题邵僧弥“秋水图”：

蒹葭秋水一船移，自对空江玉笛吹；好景见前谁写得？月痕犹识邵僧弥。

石溪画题云：

举天下言诗，几人发自性灵？举天下言画，几人师诸天地？举天下言禅，更几人抛却故纸，摸着自家鼻孔也？介大师个中龙象，直踞祖席，然绝不作拈椎竖拂恶套。偶然游戏濡吮，辄擅第一。此幅自云效颦米家父子，正恐米家父子，有未到处，所谓不恨我不见古人，恨古人不见我耳！

邹衣白小幅题云：

衣白先生，画多寥寥数笔，不求工好，而爽气逼人，自有生趣。此幅严壑深秀，屋宇错落，桥磴参差，于六法中无不具备，文心之不可测如此。

程正揆“卧游图”题云：

长康、右丞诸公，皆以士夫作画，故皆能造入神妙。宋时画学，犹分士流、杂流，俱令治大小经，仍读《说文》、《尔雅》、《方言》、《释名》等书，宜其下笔不苟也。子畏学画于东村，而胜东村，直是胸中多数百卷书耳。此事固当让青溪独步矣。

王子京画题《卜算子》，事已见上。
黄济叔（经）画题云：

取境不高，则云霞之气不鲜；肆眺不远，则林壑之怀不畅。崇冈绝壁，以谢烦喧；曲径平台，以供啸咏。若有知者，吾必过而问之。

周栎园《读画录》既成，怡为之序。略云：

其以山水为画，则自宗炳始。炳之言曰：理绝于中古之上者，可意求于千载之下，旨微于言象之外者，可心取于书策之内。是以身所盘桓，目所绸缪，以形写形，以色貌色，竖划三寸，当千仞之高；横墨数尺，体百里之迥。故嵩华之秀，元牝之灵，皆可得之于一图，此画家山水所自昉也。自是而后，高人旷士，用□寄其闲情；学士大夫，亦时抒其逸趣。凡皆外师造化，未尝定为何法何法也。内得心源，不言本之某氏某氏也。兴至则神超理得，景物毕肖；兴尽则得意忘象，矜慎不传，亦未尝以供人耳目之玩，为己稻粱之谋也。惟品高故寄托自远，学富故挥洒不凡，画之足贵，有由然耳。唐宋而下，始有簪笔而供御，岩艺以名家者。然或位居左相，驰誉只擅丹青；身本画师，能事不受逼迫，此岂区区一技自鸣者哉？宋立画学，遂进杂流，犹令读《说文》、《尔雅》、《方言》、《释名》等篇。各习一经，兼著音训，要得胸中有数十卷书，免堕尘俗耳。风会日下，此义全昧，一二稿本，家传师授，辗转摹仿，无复性灵；如小儿学步，专借提携，才离保姆，立就倾仆矣。昔人有云，山水不言，横遭点涴；笔墨至贵，浪被驱使，岂不冤哉！然而铮铮佼佼，正不乏人，多正冠盖之中，或饶世外之侣。大约不以此市利者，乃能于中得解；更不以此博名者，正于此道大有神会耳。……昔阮孝绪传高士，有人所共知，而未必具载。乃其所载，或翻出人拟议外者。禅家参悟，不死言下；画家笔墨，不堕蹊径。高人会心，正自如是，固不得以定法求耳。然则得先生之意以读书，当不堕作家云雾中；得先生之意以作画，必不以神化让古人矣！

此序之要旨有三：

（一）画家山水，原为高人旷士、学士大夫，以寄闲情、以抒逸趣，无定法、无宗派。

（二）画不以之市利，不以之博名，要能于中得解，乃能于此道大有神会。

（三）画家笔墨，不堕蹊径，不可以定法求，不当堕作家圈套。瑶星见解，与其叔可度略同。龚半千谓“画士”不逮“士画”，此明季文人画家之公言也。瑶星又与程端伯（正揆）书云：

弟匿影空山，云泥既殊，鳞翼久绝，其为瞻恋，罄竹莫申。迩来落魄无似，托钵东牟，故人挽留，援止而止。从开来壁间，见《白云尝图》，外师造化，内辟心源，非独时流所未梦见，较前身画师，未知孰胜也？所作《卧游图》，当不下数十卷，千古大观，长安纸贵，珙壁驷马，未之能先。弟虽栖心物外，诸念断绝，而怀想翰墨，不啻调饥，望以一二纸见寄，非敢言心慕手追，领略万一，但得焚香静对，胃戛青玉，身入镜中，于愿足矣。(《尺牍新钞》卷五)

周栎园之识石溪，即缘张怡之介。《读画录·石溪传》云："予从瑶星张子与交，因乞作册子。"而傅山康熙丁未（六年）间为栎园作画，张怡为跋。[1]怡与画人之交好，而眼力之高，洵为一时龙象，故知大风于画理，得诸其兄者多，用能掉臂孤行，自出已意，虽天资过人，而家学熏染，不无渊源有所自也。

张怡自称伞山，其《读画录》序末自署曰伞山张遗瑶星。傅山为周栎园作画，后有伞山张怡等跋。缪荃孙记投赠周栎园杂文二册，共诗文二十九篇，第一篇张遗之《偶遂堂赋》，第九为张遗《拜玉庵赋》(《云自在龛随笔》二)。此册自端方家流出，后归叶遐庵。叶氏云："张瑶星两赋颇罕异，惜其文集不载此两赋也。"[2] 张怡遗文散见各书甚夥。《穰梨馆》三十四有黄九烟与张瑶星诗翰合卷。九烟名周星，上元人，崇祯壬午进士，年七十自撰墓志，作《解脱吟》十二章，大醉自沉于水，亦奇士也。又朱胤昌《洗影楼集》有张怡序(文见《金陵诗征》二十九)。胤昌字嗣宗，上元庠生，隐居卢龙山，有《偕张瑶星游三宿岩》、《游栖霞寺》二诗。又《松风阁访张瑶星诗》有句云："峭石横流水，孤花表夕阳，由来心远者，无处不羲皇。"(《诗征》二十九）可窥见其旨趣。周亮工诗有《张瑶星寄札并得友苍开士近诗》一律，末句"莫话当年尘土梦，松风阁下雨溟溟"。自注"松风阁在雨花台畔，瑶星读书阁上，久与世隔"(《赖古堂集》卷八)。松风阁盖张（可大）家园之名迹。

亮工《赖古堂集》卷三十有《与张瑶星》书札数通。其一云：

---

① 见台湾《明清之际画展》。

② 《遐庵谈艺录》，58 页。

山中四时皆是妙境，而秋冬之际，领略更有大异者，空山落叶，光景更真。静者于此中自有元契，城市中人可想而不可即也。得手教，承惠木瓜，以自怡悦，为我持赠，芬芳一室，心佩道风矣。《史挈》一书，囊括今古之藏，约略数编之内，学人侈谈该博，每苦记忆不真，得此奇观，顿如指掌，真艺林之要录也。倘先生可以稍待，敢留笥中，俟略有余资，当为刻出，以广其传，生平不敢攘他人之著作以为己有也。

又一云：

……胜国遗事，编辑不难，而难于发凡起例，但从世人恒见者为之分类割截，则世人既恒见矣，又何贵后人抄撮？愚意一语一事，皆人所未见未闻，庶有益于前哲，有补于后来。人谓前哲佳言懿行，尽彰彰于世，此却从何处搜罗？不知先哲佳言懿行遗漏者正无限，即如正史中所载古人事迹，亦无不详且备矣，而散见于野史者正自钞录不尽，今日之事，断断不当求之习见习闻之书明矣。弟所有皆习见习闻书也，闻牧斋先生手撰前人遗事，高至数尺许，后毁于绛云楼，先生复以胸中记存者追录之，亦高至尺许。宋辕文谓虞山此录多搜人之短，故天毁之。若使人人贡谀，亦何贵于吾辈操觚哉？闻此书尚藏其犹子家，若得借钞，则先生之书不一载成矣。《玉剑》、《遵闻》在儿子处，儿子一月内可归，归时即以奉寄。《史挈》是必传之书，惜弟家破不能为先生梓。……尊著且藏之名山，名山之外，未必无其人也。……

《玉剑》必指《玉光剑气》，该书尝留周亮工子处（或为周在浚）。据此札知张怡又著有《史挈》一书，亮工欲为刊刻而未果。《清代禁毁书目》补遗有怡《谀闻续笔》：“查《谀闻续笔》，系张怡撰，皆记明季破京师及福、唐、桂三王僭号事迹，中多悖妄语，应请销毁。”《谀闻》与亮工札中所言之《遵闻》，谅为一书乎？

瑶星高寿，犹及时与文流游宴雅集，如钱陆灿诗有《与袁箨庵、唐祖命、方尔止、张瑶星、余淡心、黄俞邰诸君子集牡丹花下》，句云：“金陵旧是帝王都，岁岁花开如画图。此花又殿春风后，朱衣王谢相传呼。一筵醵费中人产，一花千人万人眼。金盘彩篮共贻赠，招邀名士分折柬。”考袁箨庵（于令）卒于康熙十三年甲寅[①]，年已逾七十。此会谅在康熙十年前后。又石涛山水册《江东秋日怀张瑶星、周向山、张僧持、汤燕生、戴务旃、杜苍略、柳公含、吴野人、周真栖诸布衣作》，其句云："白云老翁倏他去，青□复作丛霄游。南村独往无定迹。邕夫补过中江鸥（注公斋名补过）。近日鹰阿成懒癖，往来时卧长干楼。"（《画苑掇英》下）石涛赴南京，驻锡一枝庵，在康熙十九年，是时瑶星最为耆宿，故呼之为白云老翁，是张怡尚及与石涛论交也。杜苍略即杜岕，为杜濬之弟。濬有《赠张瑶星锦衣》五律云："张仲长安邸，惟余接膝频。除书无长物，遗像有严亲。颇续文昌句，无惭孝友人。明君如赐锦，宫样别词臣。"（《变雅堂集》三）濬与张氏交好至笃，濬殁后，有杂文卷在上元张氏，秘不示人[②]，即指张怡也。瑶星翰墨流布颇广，《金陵诗征》卷三十二收其诗四十四首，而大风仅得七首，可见其诗之流落人间者，亦比大风为多。

一

张风事迹，见《明画录》、《读画录》、《国朝画征录》、《图绘宝鉴续纂》、《江宁府志》。近人惟米泽嘉圃著有《张风及其艺术》一文，见《大和文华》第十八号，所记至为简略。

大风早卒，年历无考。周亮工记大风"病胃膈，疾笃，自题墓石小像卒。壬寅余自北回，邀大风过高座寺，相聚五六夕，为予作册中诸幅已，又以小册贻我，未数月即归道山矣"。是其卒应在壬寅，即康熙元年（1662）也。

大风死后，入其兄瑶星之梦，怡有诗记其事云：

> 予仲大风，死后入梦；衣冠甚伟，出袖中文，属余为流通。自云居天上为散仙甚适。新构小屋，绘诸葛、柴桑二像，供其中，仍以笔墨游诸上真，别语甚多，异哉！

瑶星作诗记梦，诗录于后：

---

① 据孟森《心史丛刊》二集。

② 《清诗记书初编》，185 页。

与子称同志，天怀各畅然，生当魏晋后，诗续邺酆前。四海留双屐，千秋共一肩。雨花台上月，相与踏层烟（一作巅）（一）。荷锸来高座，相从只比邻。地荒兰蕙少，年老弟兄亲。命酒聊驱俗，写山缘救贫。前修凋丧后，风雅借斯人（二）。忽漫归城市，怜予更索居。幸留肝胆在，所惜往来疏。每见僧求画，时从客借书。何来摩诘病？恐是散花余（三）。竟尔谢人世，残阳隔暮烟。星真应名士，死不愧前贤。好友收遗帙，尘踪失大年。夜台遇妻子，慰藉识衣牵（四）。上界多官府，输君汗漫游。云中新卜宅。天上旧理忧。笔铸黄金像，名镌白玉楼。英雄能辟谷。应画汉留侯（五）。欲别还相送，醒来霜气清。晓烟残月影，冷露远钟声。遗稿当寻读，新诗谁主盟？巫咸如夕降，细与说阴晴（六）。（《金陵诗征》卷三十二）

大风尝与兄瑶星论画云：

此事有悟，亦有证：悟得十分，苟能证得三分，便是快事。前辈有言："我所恨者，未见此手，先具此眼。"又云："眼里有筋，腕中有鬼，都是说见到，行不到，乾慧之无济乃尔。"（《尺牍新钞》卷二）

见得到未必行得到，虽以龚半千之功力，尚且自谓"余不能画而能谈"，但须先具此眼，方能具此手，是颠扑不破之理也。

僧七处有"四季渔家乐图卷"，周亮工书引首；题句者陈舒、唐耕坞多人，大风亦有跋文云：

玄真子（张志和）作《渔父词》，往来江湖，颇与颜清臣厚善，后上升于婺州（见《婺志》）。其皇道兄四季为四首，极春夏秋冬之致。笔墨绘图，苍古秀细，鲜润欲滴。而古有词无画，今词与画兼，乃为过之，但不知词意之美，又吾家何人足当之耳？庚子九月廿六日上元张风题。（《穰梨》卷三十四）

以词合画，昔所罕见，故大风深为赞叹也。

周亮工《尺牍新钞》二，录张风书札多首。与其兄瑶星论画之外，又有与偶遂堂主人（似陶氏曲林馆）、与郑汝器、与程幼洪三首。周亮工有《题郑汝器藏李（流芳）、宋（珏）合作画册跋》（见《赖古堂集》）。幼洪尝和葛云芝[1]题周荃所绘“绝交图”句云：“刘峻广绝交，此论洽人意。金尽试求交，踢天而踏地。”（《读画录》卷二《周静香传》）汝器则与大风为至交，《读画录》称大风遗书，“病中付郑汝器藏之。丁未（康熙六年）秋，汝器出其藏稿，欲共徐起渭开吕之诗同梓之，杜苍略为传。会汝器为一令累，又不果梓，后为一友携去，遂失其半。”大风著述，不获行世，为可惜也。光绪甲午黄冈沈氏刊杜濬《变雅堂集》附录二收杜岕（苍略）诗文九首，但无张风传。

刘氏虚白斋藏大风名卷，为炯伯社师作。炯伯即杨炯伯，字大郁，一字鹿园，江宁庠生。《金陵诗征》卷三十二录其《冬余乐事》，又《清明前四日过丛霄道院主清凉山看花竟日》绝句云：“江山佳处总难论，春在林皋赖酒尊。我被春风久留恋，桃花流水晋时村。”方苞于《季熙（瑞臣）墓表》称：“杨鹿园，金陵奇士也。于时人概不快意，独与（熙）为寂寞交。时扶杖矫首郊野，则剧饮纵谈大乐，或乐未毕而继之以哀。”（《望溪全集》十二）季熙与鹿园《郊外纵步》诗句云：“莫将失意悲今日，且办浮生与古人。”（《金陵诗征》卷三十四）方苞所记，殆指此乎？炯伯性耿介，出与不苟，而与余怀酬唱最多。淡心有《客苕溪》、《寄赠钱季水兼怀炯伯》二律（《金陵诗征》卷三十四）。又《玉琴斋词》中有《鹊桥仙》寄杨炯伯，又《念奴娇》祝杨炯伯六十上阕云：

> 鹿园偕隐，对钟山屏幛，闭门高卧。我爱器之真铁汉。与我周旋作我。菊绽东篱，酒倾河渚，种菜为功课。狂歌痛饮，满眼雪花飞堕。

淡心又有和杨炯伯见赠一律云：

> 称瓜何地是青门，愁见濛漾八表昏。芳草故都春闭户，落花寒食夜开樽。荒鸡鸣处谁能舞，旧燕来时我尚存。雨后不知山径滑，迟君双屐印苔痕。（《金陵诗征》卷四十四，《清诗汇》十六，《明诗纪事》十四）

大风绘赠者，当即杨氏也。

屈大均《佚文·送凌子归秣陵序》称：“三月十九日，与林古度（茂之）、

---

① 字瑞五，昆山人。《千顷堂书目》卷二十八著录其《卧龙山人集》。

王璜（元倬）、方文（尔止）、杨□□（炯伯）、洪□□（方舟）、汤燕生（玄翼）诸遗民，集璜之南陔草堂，为威宗烈皇帝设蘋藻之荐。”《翁山诗外》六《送凌子还旧京》诗有“虎踞关前客（自注龚贤），鸡鸣寺里人（自注杨子郁）”。炯伯字大郁，即此人也，当日与龚野遗齐名。刘氏藏大风此卷闻名遐迩，而炯伯向所未详，故为详考如此。

此卷后有大风诗一首云：“寒雨连空翠，诸天尽紫烟。阁疑峰对面，崖与树平肩。木末解新箨，云根袅细泉。西林有瀑布，定落石梁前。雨中紫峰阁作，似书老社长正之。”紫峰阁亦见吴嘉纪《陋轩诗》卷九，泊船观音门十首，其一云：“短褐张道士（注张瑶星），长安旧锦衣。饥眠紫峰阁，老掩白云扉。尘世鹿还逐，鼎湖龙不归。时时一回首，血泪尽情挥。”此阁盖为大风兄张怡隐居处。周亮工与瑶星书其一云：“先依白云先生度岁。紫峰阁久有贸人意，今可得否?”（《赖古堂集》二十）即指此也。

大风论画主行条理，远看大片段，近看小节目。观其题所画诸葛亮像云：

> 诸、陶二公，读书□略，如攻城略地之略。观书止揽取其治乱兴亡大头脑处，余次琐屑无关，便都置之，非苟且粗略之略。公用世人，与高才豪上一等人不同；行师尚节制，罚二十以上皆亲决，又曰先帝知臣谨慎。不求甚解是说元亮为学道人，天资沉静聪慧，于书皆不求而甚解。盖求字下作一句读，古人文法如此。莫因漉酒用巾，琴不事弦，便当作个潦倒颓唐老子不然也。至子美诗云：“读书难字过。”又是笑话人语，道著学人通病处。余向于二公读书法，作一类错解，岂独难字过乎?（《故宫书画录》卷五）

彼主张观书取大头脑处，而于元亮“不求甚解”句，读为于书不求而甚解，于求字下断句，别具新意。是大风览书亦注意小节目，不敢轻易放过，其理可与作画相通，岂可忽乎哉？又小字题：“廿三日附录《珠光庵长语》一则。”钤印“珠光庵主”，知大风著作又有《珠光庵长语》一书。是帧下方右隅又小字题识：“或见道人书画，谓颇有狂意。道人笑曰：‘当繇近朱者赤耳。’或曰道人交游，率礼法谨饬士居多，安在尔尔。道人徐曰：‘风□敢，与狂相去不甚远不?’”风自许为狂，画有狂态，是其特色，言亦中肯。

故宫此武侯像款云：“此画为兰雪居士作，上元衲弟。真香佛空，酒后醉笔。甲午正月廿一。”考康熙间号兰雪者有二人：一为邵点字子兴，一字初庵，又号兰雪，自余姚迁吴，山水法云林，著《四可斋燕游诗》（见《清代画史增编》）；一为孙学稼，侯官人，字君实，号兰雪，明亡居西湖，号圣湖渔者，康熙中卒。日本米泽嘉圃谓兰雪居士即孙学稼①，尚待考定。张风写诸葛像，尚有日本茧山顺吉氏藏一帧，上题“先帝知臣谨慎”数字；新加坡友人陈之初先生有一幅亦题此句，想均从此本摹仿，故只摘录“先帝”一句。故宫此幅，天真烂漫，人物衣褶，苍劲中见温润。其画衣服线条，先用淡湿笔勾样，再加勾浓墨以醒之。至画胡床则反是，先用粗笔深墨，立定架构，然后以淡墨渲染，使其渗透，故能脱化浑融，迥出尘表，的是佳构。

普林斯顿大学美术馆藏大风渴笔山水册页十二帧，盖（崇祯）甲申岁作，有题识者八，录之如下：

水口略类源而非也。大风。

仿倪。

红尘不向门前惹，绿树偏宜屋角遮，青山正补墙头缺 元人填词也。似宜作水树法为得，而大概亦夯工。处处愧张句曲击鼓边一语。甲申七夕。

云磬风帆。

画无命题在处移，似听涧响耳。若以为明月松间炤，清泉石上流亦可。北觐兄必以为大风于此道亦用时文法也，一笑。六月晦日。

余苦不能淡至，此其亟力摹拟，然终是笔繁。七月十日，雨中，大风。

夕阳在山。

北觐兄以册子见投，偶读《袁中郎集》，因喜“涧底有人穿洞出，山间投砾隔村闻”之句，辄为图似，恍恍疑得八九。小弟张风漫识于乱鸦轩。

北觐未知何人。此册杂题有可注意者数事：

（1）以画之制题与时文制艺之法有可相通处；

（2）画中填补缺处，可作远山，而近景则宜施以水树法，有如灰土

① 《大和文华》第十八号。

填鏬，须大用力，即所谓夯工也；

(3) 佳诗警句随时可以入画；

(4) 画宜淡而笔不宜繁。于此亦可窥见大风画论之一斑。

此册后有安致远跋，称其乙未春于燕京宿单桥，壁上见大风书《菩萨蛮》词一首，字大于升，如醉张旭颠米芾，时尚不知大风为何人。嗣始于周栎园夫子处，悉其生平。致远字静子，号拙石，山东寿光人，康熙十一年拔贡。著《吴江旅啸词》[1]，盖为周亮工弟子，乙未即顺治十二年，时大风尚健在也。

大风有题周祚新竹卷跋云：

> 墨农道人早岁与其同乡杨、李、马诸公学画山水，以为资性手笔有不相宜，即画成亦不足传，遂弃去。专肆力于竹，盖寝食于宋元明各大家而得其神髓。故余论南中画竹家，二百余年来必以道人为正宗，为大家。余与道人交亦浅，知非阿私所好，惜道人五十外殁，墨迹近难多得。今观此卷，潇洒生动，真气勃勃，细玩其立竿发枝，当是成竹时最先作也。己亥闰三月朔，上元老人张风题。(《遐庵清秘录》二)

己亥即顺治十六年。周祚新字又新，贵州人，工画竹，崇祯十年进士。大风写竹甚少，见于辛丑扇面者，寥寥数竿，真气满纸，别具神趣，正可与此篇互相印证。跋中称墨农从其同乡杨、李、马诸公学山水，即指杨龙友、马士英辈。

大风画，周栎园谓其无所师授，偶以己意为之，遂臻化境。黄宾虹以为此论尚未克罄其所自来，而谓赵松雪写山石树木，极为荒率，大风笔亦相类。吴湖帆亦称："大风全师松雪，而超逸过之，如行空天马，不可以迹象求之，是为神品。"(俱见《与炯伯社行卷》跋）两家均认为大风出自赵鸥波。今考其辛巳册自言法李希古笔意，甲申册中有"仿倪"一叶，盖寝馈于宋元者甚深。大风之画树石，甲申册为早期作品，树法如桃源水口，古树昏鸦，有时近于半千，规矩未失。坡石有纯作干皴，而淡墨渴笔，折带披麻，仍是子久一路。此时期既未能恣肆，又不能简淡，故七月七日雨中作，自题云："余苦不能淡至，此其亟力摹拟，然终是笔繁。"而"夕阳在山"，与"红尘不向门

---

① 《清词钞》，178 页。

前惹”二幅，都嫌皴擦太多，反病笔弱。若戊子炯伯之作，全以意行，树干以侧笔取势，浑厚无匹；细枝交柯，有如狂草，直是乱头粗服。石则仅钩轮廓，点以湿苔，简而能繁，干中带湿，神乎其技，足叹观止。己丑虬松，与其书法笔锋，同其爽利，亦是合作。

曾鲸、张风尝合绘顾梦游小像轴，款云：“顾与治先生小像，曾鲸画；张飘补景；田林篆。”（《南京博物院藏画》）画岩谷藤萝，皴法在解索披麻之间，大风笔法，所谓无所师授者也。按曾鲸卒于顺治七年，年八十三。顾与治辈分在张风之上，纪映钟《顾与治诗序》云：“启祯间，旧京以诗名者，艾子魏容、廖傅生孔悦、张彦先一儒、傅远度汝舟、顾与治梦游、王穆如亦临、张紫淀文峙、张季筏可度、暨先君子竹远讳，皆以布衣雄奇诗坛，声闻藉甚。今九原不可作，而后死者则顾先生与治也。”与治盖与大风之叔辈文峙、可度交，其集中有《沈子迁五十初度、张匔筏、孙阿汇、方尔止、友苍开士同集水斋庵，予方养疴未赴，走笔呈此》一题，而未见与张怡及风昆仲唱酬之作。此顾氏像，篆者田林，按北京图书馆藏有清田林撰《诗未》二卷，雍正七年南墅草堂刻本，或即此人。

《金陵诗征》卷三十九：“鲸字波臣，莆田籍，居金陵。周晖称其写照入神。”其《自写小像》诗云：

不用僧鞋道士冠，只须野服自盘桓；蕉阴净缘秋花紫，琴对青山最耐弹。

梦游此幅即由曾波臣写照，而大风补景者。

大风既工人物，间亦为人写照。杜濬《变雅堂集》（光绪甲午，黄冈沈氏本）卷首附有张风写茶村四十小照，是其一例（图一二四）。民国二十四年印《黄冈二处士集》中《变雅堂集》卷首别出另一张风画杜于皇像，孙星衍题，纸本，为茶龛藏，有殷雯跋云：“此轴侧署张风写三字，孙渊如颜其上约略数语耳。”按此本疑不

图一二四　张风写杜茶村像
（《变雅堂集》卷首）

可靠，“张风写”三字或出后人补款。

大风遗文见于上举者，《题诸葛亮像》、《题七处和尚四季渔家乐图卷》、《题周祚新竹卷》之外，尚有祝枝山之《越台诸游诗》跋云：

京兆书无不学，故精力道劲，神采奕奕动人，此幅尤其法晋魏者。今戊戌夏，余与江上先生来游吴门，初得京兆书《黄仲辉墓志》，继是纸可称双璧，宜为知还阁中宝物也。珍重。五月廿二日上元张风识。

此册罗振玉印行；戊戌即顺治十五年，时张风与笪重光同在苏州。

张大风诗，《金陵诗征》选七首，《明诗纪事》辛签二十七上录诗四首。见于原卷者，雨中紫峰阁已见前录，其他据原卷及郝莲《国朝诗抄》补录二首：

《题虬松图》

道人明日城中去，先生留我图松树。高干虬枝万丈长，好挂茆斋读书处。松声风声吹不休，浩浩落落一发胸中趣。（据原卷）

《江乡即事》

沙褪潮平蟹稻香，西风晴日雁飞忙；多情惟有江天柳，欲落重新二月黄。（郝莲《国朝诗抄》）

其他见日本《澄怀堂书画目录》，香港《至乐楼藏明遗民书画录》，又大风题自作“空山独步图”云：

空山人静，无与往来，素月在望，好风入怀。优哉游哉，盖独乐哉。

又题“喜睡图”调寄《踏莎行》云：

老去情慵，年来喜睡，黑甜别有真风味。当年尼父叹吾衰，分明懒与周公会。且闭柴门，聊虚客位，垂头童子曾无对。三竿红日已天中，山厨炊熟黄梁未？（见行荪作《张风诸葛亮像轴》一文）

叶氏《全清词钞》有张怡无张风，此首可补其缺。安致远称曾见其《菩萨蛮》于燕京题壁，惜未见载录。

大风著述，今皆不传，其《一门反切》，但用音和一门，使人不习等韵便可通韵书，为其得意之作。考清初学人，喜谈音韵反切。刘献廷《广阳杂记》四记吴乔（修龄）论声音之道，以二合、翻切收尽诸法，立二十四条。刘氏以其二合为局狭门，乃实不知二合之奥理，而病其以谐声通翻切而立法太多。又称其论局狭音和二门、二合之说；张风但取音和，疑即用二合之法而已。音韵之学，清初画人如方以智亦邃于此道，乃一时风气。张风之作，惜乎不传，无由窥其造诣也。

张风自署，有时写作飌，《画史汇传》误飌作观，葛焜已窃笑之（《爱日吟庐书画录》二）。飌为风之古文，《周礼·大宗伯》飌师即风师；《玉篇》、《广韵》俱云古文风。附记于此。

又大风一名，盖取之风后。《史记·五帝纪》正义引《帝王世纪》：黄帝梦大风吹天下之尘垢皆去。得风后于海隅，登以为相。《汉书·艺文志》有《风后兵法》十三篇。张风以大风为号，叹为天下去垢者何人，殆有微意存焉。

周亮工《印人传》二《书张大风印章前》云：

> 张大风，上元人，因自称上元老人。予既载其行谊入《读画录》矣，复录其一二逸事于此。大风学道学佛，三十年不茹荤血，客有烹松江鲈鱼者，因大噱曰：此吾家季鹰所思，安得不啖，遂欣然一饱，从此肉食矣。予被逮后，大风画一人持剑，以手摩挲双目注视之，佩一葫芦，笔极奇古。题其上曰：刀虽不利，亦复不钝。暗地摩挲，知有极恨。予感其意，至今宝之。大风作印章，秀远如其人。予得其二，何省斋、周古村得之最多。省斋为醉仆跌损，古村所得皆在好冻上。破家后仅存其一二。

足见大风与周氏交契之深。大风不特工六法，且亦长于奏刀。因附记之。

附　张风书画系年纪略

崇祯九年丙子（1636）《人物册》12页。

末幅款云："丙子秋八月之朔写，上元老人张飙。"（日本《澄怀堂书画目录》五）

崇祯十四年辛巳（1641）《法李唐山水人物册》。

款云："辛巳仲春之望，法李希古笔意，上元张飙作。"（《穰梨》卷三十九，19页）

顺治元年甲申（1644）六月、七月间，为北觐作册页十二帧。（普林斯顿大学藏。图一二五至一三一）

图一二五　张风山水册（一）

图一二六　张风山水册（二）

图一二七　张风山水册（三）

图一二八　张风山水册（四）

图一二九　张风山水册（五）

图一三〇　张风山水册（六）

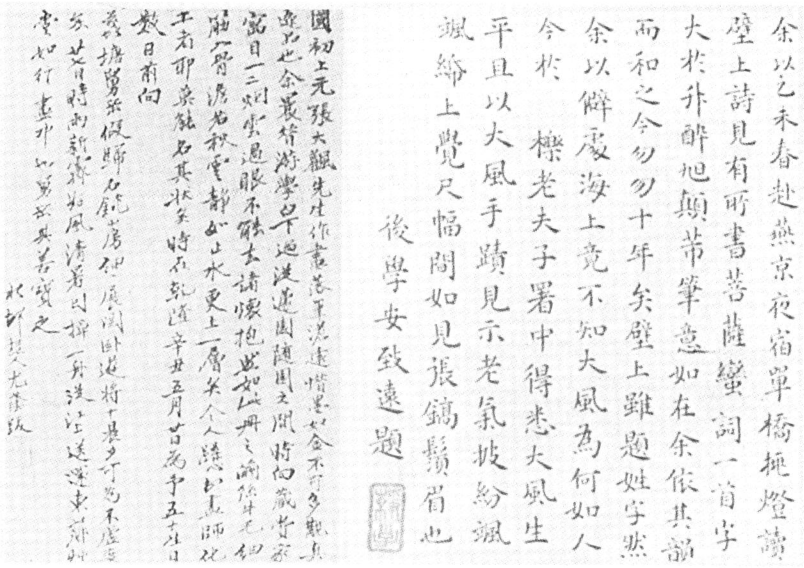

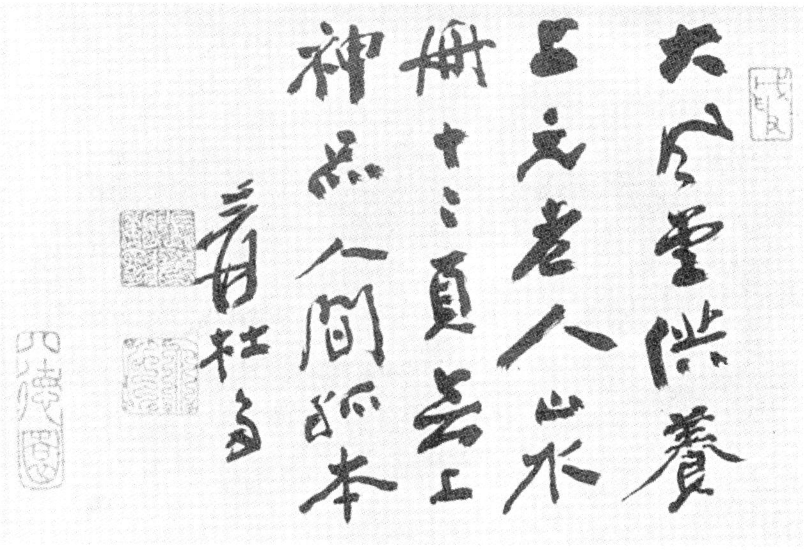

图一三一　张风山水册（七）题跋

顺治四年丁亥（1647）作《山水书画册》。（《泰山残石楼画册》）

顺治五年戊子（1648）秋，作《秋汀艳景图》。

款云：“戊子秋月，即景图此，上元张覊。”（《艺苑遗珍》）

同年　冬十二月，作携琴人物卷。（图一三二、一三三）

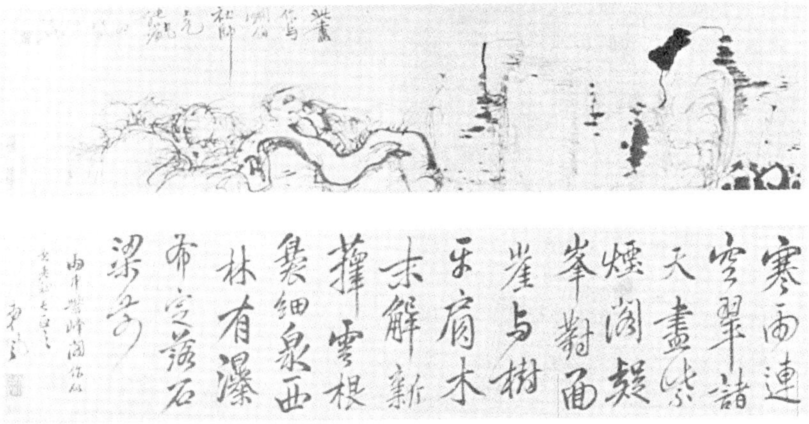

图一三二　张风书画卷

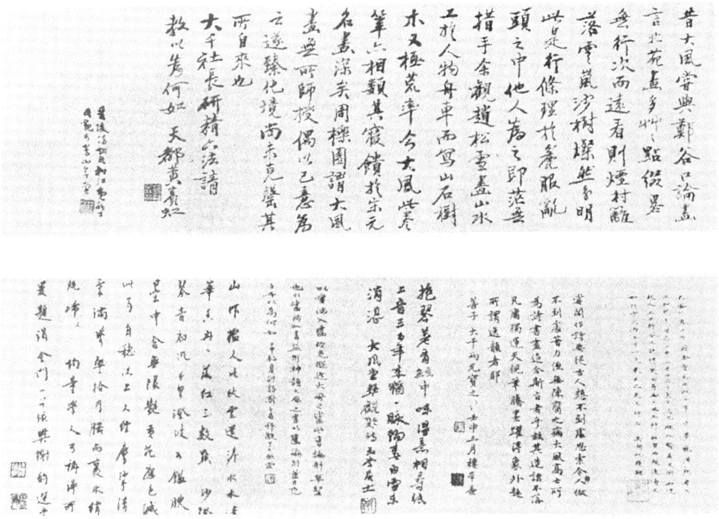

图一三三　张风书画卷黄宾虹等题跋

款云：“此画作与炯伯社师，上元张飌。时戊子冬十二月也。”（刘作筹虚白斋藏）

顺治六年己丑（1649）仲冬，画《虬松图》题一七古。

款上人名被剜去。（刘氏虚白斋藏，图一三四）

顺治八年辛卯（1651）《秋林山色图轴》。

款云：“倪云镇有《秋林山色图》，又有《春林山影图》，道人此帧用其题不袭其套。孰谓古今人不以变化相尚耶？辛卯八月五日作与无念贤坦，珠光

庵觀。”(《爱日吟庐书画录》二)

顺治十一年甲午(1654)画诸葛亮像轴。

款云:“此画为兰雪居士作,上元衲弟。真香佛空,酒后醉笔。甲午正月廿一。(下略)”(士林“故宫博物院”藏,《石渠宝笈》三,延春阁《书画录》,495页)

顺治十二年乙未(1655)作《山水人物册》十二开。

款云:“乙未夏四月二日写,上元老人张风。”(《书画鉴影》十六)

顺治十三年丙申(1656)作“烟雨归渔图”。

款云:“崖上阴云昼不开,淡烟和雨暗苍苔;一竿蓑笠沧浪口,白鹭窥鱼去复来。丙申冬日于吸江楼,觀。”(《至乐楼藏明遗民书画录》,82页)

顺治十五年戊戌(1658)五月与笪江上(重光)游吴门,题《祝京兆书》。

同年　有“草堂读书轴”。(《爱日吟庐书画录》)

同年　“北固烟柳图轴”。(《编年表》引徐邦达《古代书画过目汇考》)

顺治十六年己亥(1659)作“空山独步图”有题句。(《大风堂书画录》)

同年　作“抱朴子燃薪读书图”。(北京故宫博物院藏)

同年　闰三月,题周祚新竹卷。(《遐庵清秘录》二)

顺治十七年庚子(1660)作“空壑高士图”。(郭味蕖《年表》,256页)

同年　九月廿六日跋七处和尚“四季渔家乐图卷”。(《穰梨》三四)

同年　为舜道写“天目龙凤图”。(图一三五)

款云:“天目山,山极高峻,崖岭竦叠,西临后涧,山上有霜木,皆是数百年树,谓之翔凤林。东面有瀑布,下注深沼,名曰:蛟龙池。庚子冬十月,为舜道词翁写‘天目龙凤图’于上药亭。”(《神州大观续编》第二集)

同年　“渊明嗅菊图”。

款云:“采得黄花嗅,唯闻晚节香。须令千载后,相慕有陶张。上元老人写渊明小炤,庚子。”(《大风堂名迹》第一集)

同年　“观瀑图轴”(纸本)。

款云:“有笔有墨;以此幅纸甚佳。楮先生原居文房第一。庚子嘉平上元老人醉后。”(《虚斋》卷十、十一)

图一三四　张风虬松图轴

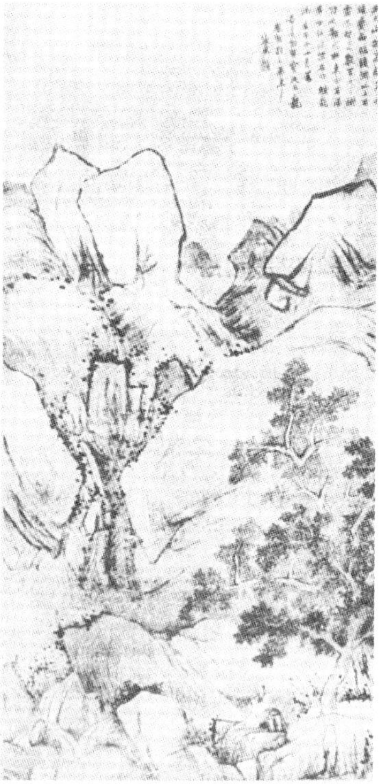

图一三五　张风天目龙凤图轴

此图现在上海博物馆，见该馆藏书六八，为晚年作品，十分奇肆。又一本见 O. Siren，p1. 371。

日本《南宗名画苑册》，《支那南画集成》第二期上卷俱收此帧，题曰“赏枫图”，款字相同，现为大和文华馆藏，或为摹本。

顺治十八年辛丑（1661）竹石人物扇面。（图一三六）

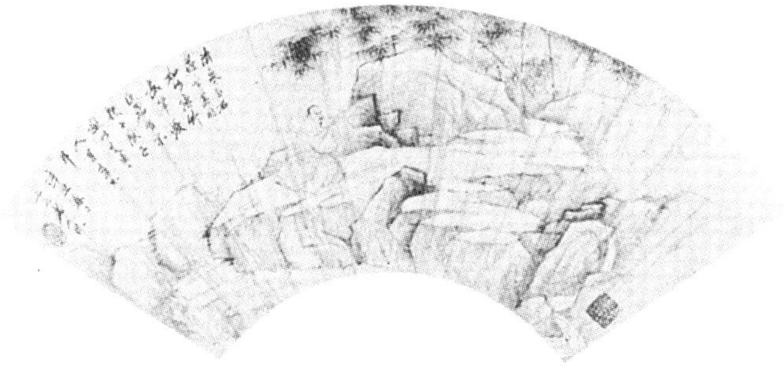

图一三六　张风竹石人物扇面

款云："清泉白石，燕坐其间，加以修竹数竿，受此君者，不独子猷；子猷以是传，人有幸不耳。辛丑春日上元老人风。"（印"大风"。）（黄君璧藏）

康熙元年壬寅（1662）张风与周亮工会于高座寺，为元亮作画。（见《读画录》）

张风又一"观瀑图轴"，见《唐宋元明清画选》第六五（上海人民美术出版社印行，1960 年 8 月），只署"张风"二字。绘大树三株；石多用侧笔，甚为草率，未详年月。钤印一。

《神州大观续编》第三集载"万叠苍烟图"（图一三七）。款云："仰观石壁，俯听流泉；山水挺秀，涧花吐鲜。一声黄鸟，万叠苍烟；静者迈往，乐兹永年。上元张风写意并题，为士庆先生清玩。"钤"上元老人"方印，今藏普林斯顿大学博物馆。

图一三七　张风万叠苍烟图轴

日本《澄怀堂书画目录》五著录张风"竹林高士"图轴。寸大草书款题云："一竿两竿修竹，五月六月清风；何必徜徉世外，只须啸咏林中。"下钤"上元老人"、"大风"二印。小字题识云："作小画并题六言，为式翁老仁兄寿。"

又一"面壁达摩图"，草书款题云："面壁则已，盍为发怒；请问我师，中必有故。上元老人画并题。"钤"张风之印"一。

《穰梨》续十四著录张风"古道独行轴"，署戊申，实为康熙七年，时大风恐已前卒，颇可疑。

《一角编》甲十三有大风山水真迹。《麓云楼书画记》四十有大风"吟梅图轴"，不具记。

检道光四年武念祖修之《上元县志》，卷二十《隐逸》有张飙与杨大郁（炯伯）传，惟颇简略。卷二十四收张风《燕子矶》七律一首。卷末《摭佚》刊前辈著述，张可大、张文峙均有著录，张怡则附其《白云书目》，共二十五种。重要者如：《三礼合纂》二十八卷，乾隆三年纂三礼馆时，尝购取其书。又《史挈》二十四卷、《云乳销夏集》三十八卷、《摄山志略》六卷、《金陵私乘》八卷、《养生主》十六卷、《白云言诗》十二卷。怡殁时年八十八，毕生殚心力于著述，惜多未刊行。本志《摭佚》又有张可久、张怡详传，可以参看。

本文之作，承方闻教授、刘作筹、黄君璧先生惠贻照片，特此志谢。

原载中文大学《中国文化研究所学报》第八卷一期，1976 年

清初广东指画家吴韦与铁岭高氏

——吴韦指画花卉卷跋

南海吴山带韦，号虎泉，人品甚高。赵执信过粤，以不见其人为憾。[①]《岭南画征录》不载其能指画，惟何绛谢吴山带寄墨莲诗，称其“常将墨汁写清莲，造化在指神在臂”（《不去庐集》）。一般工书者每言心使臂、臂使指。此言造化在指，即谓其擅写指画。

余于泰京，从友人处，易得吴韦指画花卉一长卷（图一三九），行笔含蓄，不露圭锷，绝无凌厉狂霸气习，大异高且园之以侧笔斩削取态。自钤一印曰“指头怡□”。卷尾有“五百四峰草堂”印。盖曾为黎二樵室中收藏。又李研山签题“吹万楼珍藏”（图一四〇），则故人李君履庵旧物也。又有吴秉权题字。秉权，海盐人，能写生，兼精篆隶，《青霞馆论画诗》作者吴修之子也。

是卷山带自题云：“癸卯小春，为博翁老年台粲正，金茆生吴韦指作。”金茆指金茅山，在其居宅之后（见陈恭尹撰《吴山带行状》），癸卯即康熙二年（1663）也。

图一三八　李秉绶《竹菊石图轴》

① 赵执信《饴山诗集·八鼓柮集》下：《悼吴孝廉文炜山带》诗，有云：“为欲寻君来岭海，岂关避我走风尘。”自注云：“余未逾岭，山带已入都。”

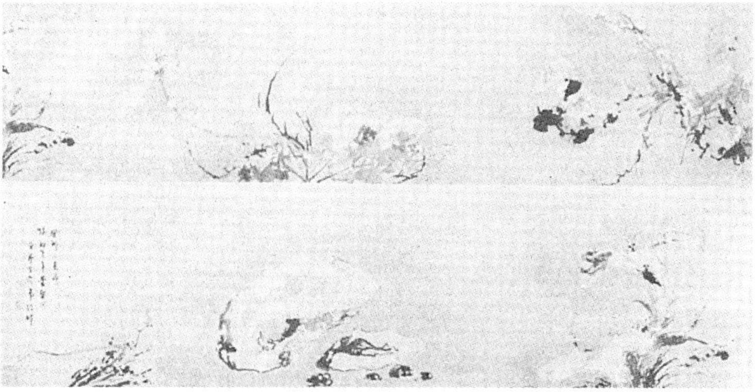

图一三九　选堂藏吴韦指画花卉图卷

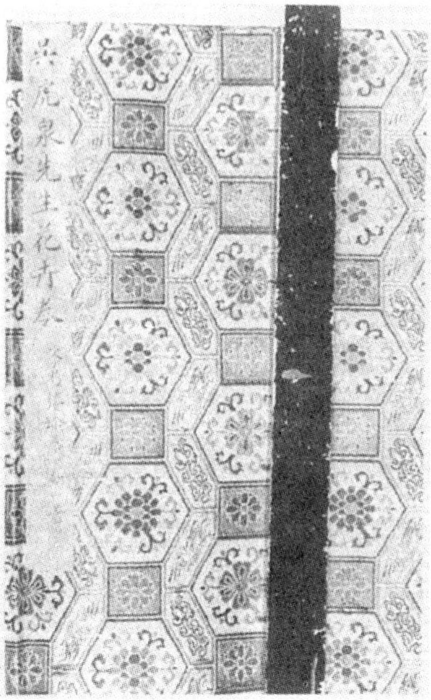

图一四〇　吴韦指画花卉卷李研山题签

世称指画肇于铁岭高其佩，其从孙高秉撰《指头画说》，谓“其佩始擅指画，一时靡然成风”。秉推崇其祖，理有固然。其佩二甥李世倬及朱伦翰均工画，朱及其佩从孙藏同以指画著名，世倬题所作“岁朝图”亦有“指头蘸墨肇自少司寇且园舅氏，古无有也”一语，而其佩自诩其“画从梦授，梦自心成”。故向来皆目且园为指画创始人，殆无异议。

其佩指画现保存于辽宁博物馆，为数至夥，该馆尝举行高其佩指画展览，展出百余帧。杨仁恺因为《中国画家丛书》撰《高其佩》一书，考证且园事迹至为详尽，又指出现藏沈阳故宫博物院纸本设色之鱼虾图，写于康熙二十三年（1684），为其指画最早具有年款之作。是时其佩年方二十四岁也。今按吴韦此花卉卷，款署癸卯，则为康熙二年，时韦年三十三岁，其佩才三岁耳。则谓指画为其佩首创，明非事实。

最有趣者，则吴韦与铁岭高氏有一段因缘。戴名世为《吴文炜传》云：

> 大兴人薄有德识文炜于场屋中，即延文炜主其家，遍赞之宾客。岁甲戌，下第南归。越二年，广东巡抚高中丞使其子入都应试，聘请文炜与之俱行。文炜不获辞，然再入京师，非其志也……文炜仍主有德。顷之，疾大作……行至良乡，卒于车中。
>
> 赞曰，吴君为土音，余辈多不能解。已而画一扇赠余而去。

又云：

> 岁甲戌五月，余为二三友人游于虎丘。吴君过此，持刺来谒。（《南山集》卷八）

文炜即吴韦本名（盛镳《清代画史增编》谓吴韦更名文炜，误）。戴氏《南山集》中为人撰传不多，而特为韦作传，足见其对吴氏之向往。吴操广州话，与北人难以沟通。但吴氏之绘艺，为人所赏识，则无疑也。

陈恭尹撰《吴山带行状》云：

> 君讳文炜，初字仪汉。……甲戌下第，取道吴越，览其山川。……丙子夏，大中丞高公属番禺秦侯①致礼延请，遂同高公子轶生北上。抵京数月，主于黄村高府。（《独漉文集》卷十二）

高中丞指高承爵，为其佩叔父。严虞惇撰《承爵墓志铭》云：

---

① 《番禺县志》卷九《职官表》："康熙朝番禺县丞有秦永贵，辽东人。恭尹所撰行状言及秦侯，当即此人。"

康熙己巳，大驾南巡，擢江苏按察司使，到任三日，特命以都察院副都御史，巡抚安徽。未十月，复命巡抚广东。丁内艰归。……子五人，其伟，庚辰科进士。(《严太仆集》卷九)

《八旗通志》九十三：

高承爵，康熙三十三年正月调广东巡抚。

轶生即高承爵长子其伟也。吴韦尝住京师黄村高府数月。考其佩自其父天爵于康熙十五年殉耿精忠之难（详《清史稿·忠义传》)，即由其叔父承爵抚育。承爵于康熙三十三年任广东巡抚，吴韦受聘陪其子北行应试，与高家关系至深。其佩为高天爵第五子，在诸从兄弟中排行第七（故其堂弟其倬称之为七兄)，韦住高家数月，必与其佩交往熟悉，可以切磋艺事。吴韦居南粤，其初赖大兴人薄有德为之延誉。有德识韦在场屋中。据其行状，“（韦）十九就童子试，受知于番禺蒋侯取冠一军，补弟子员，名噪一时。庚子闱试，卷拟元，以后场语有疵，遂置不录。及已酉复中副车。”疑二人相识必在庚子、己酉间，吴韦又曾主薄氏家中。韦于癸卯（康熙二年）间，已能作指画长卷，由于科举之偃蹇，改名为韦，而肆力于画。恭尹记其事云：

以为得失有命，乃去名之文、与火之光，而以韦为名，别其字曰山带。遂放意诗酒间，画竹石鸟兽以寄兴，自是求索踵至，昕夕无暇晷。有所赋咏杂书，坠叶败纸，不复存稿。同人随而搜录，得《金茅山堂集》若干卷，惠州王子千使君为刻之。

此一花卉卷自署“吴韦”，盖已由吴文炜改名以后之作。薄有德与满人交稔，疑韦之指画，想必早由有德之吹嘘，而传播于公卿宾客之间，故其佩之工指画，早年容有濡染自吴氏者，亦未可知；而乃捏称“画从梦授”，托诸玄虚。吴韦姓名不彰，其画只流行于岭外，设非此卷，几无人知其兼工指画矣。

抑清初能指画，著称于岭表者，不止吴山带一人。释成鹫（迹删）《咸陟堂诗集》卷五中有《观乐块然指头画却赠》七古云：

天地之大一指也，造物化工成造化。山川草木露精神，风云雷雨供挥洒。混沌初开假即真，大地平沉真复假。高悬一指在虚空，留与人间作图画。先生先生人也天，自称块然非块然。手灵心敏破常格，指头揭出括花禅。爪生甲长一粟许，涵盖乾坤三大千。扁舟过我坐未稳，大惊小怪呈空拳。空拳竖起无名指，一阖一辟机锋圆。须臾索纸见技痒，管城老矣甘归田。甲端点墨指点水，浓淡浅深皆至理。溟濛云气自空来，兀突孤峰从地起。老眼旁观得未曾，天工人代难思议。大哉伟丈夫，善哉奇男子。耳目迥尘根，肝胆无渣滓。浩气横空亘古今，万象森罗方寸里。区区一指何足多，指天指地须如此。

成鹫与块然交谊至厚，《诗集》卷十七有《送乐块然还里》绝句六首，其中有“指头淡出远山春”及“还我天龙一指禅”等句。又《诗二集》有“与块然一别五载，辛卯春。再来岭南，入山见访，惠以临川佳颖，快谈累日而别，诗以送行”七古一首。辛卯即康熙五十年（1711）。《咸陟堂文集》卷十五《答块然》书云：

先生奇人也，人奇、品奇、无一不奇，画指称奇，奇之一斑耳。前诗急就未尽所奇，别后乃畅言之。题奇，诗不奇，殊觉可惜，书呈索笑。

迹删能画（见《清代画史补编》）。香港中文大学文物馆藏有成鹫绘扇面。其推许块然“指画称奇”，则其成就可知。块然行事，详同治《东乡县志》卷十三人物三。《文苑》：称其“豪于诗画。画笔尤怪伟。酒酣辄十指濡墨作山水树石，各极其态。愿意兴好奇，里人每称为颠。尝独游南岳。……闻人谈岭南荔枝特美。遂买棹独行。至则日坐树下，学东坡饱啖三百颗，竟客死粤东”（此则蒙汪世清先生录示）。承汪杅庵先生检示，其名又见《颜李师承记》。考李塨《恕谷后集》卷一，有《漆天集序》称：“东乡乐块然自名其集曰《漆天》。……块然曰：吾心，天也，漆者，韬之也。”可以见其为人。块然拜恕谷于郾城，曾及李氏之门。

又有吴振武者，朱彝尊之甥。师王麓台，亦擅指画，朱有长诗赠之，作于康熙丁亥，见《曝书亭诗集》卷二十二。可见清初康熙间与高且园同时，能指画者实大有其人。

成鹫诗集二，有《金茅山房读书歌贻吴山带》七古，句云“名山历尽能几时，且住金茅茹山薮”。成鹫与吴韦亦宿交。但未言及其指画。指头画非创于高且园，自毋待论。时人有指出张庚《画征录》称“顺治尝以指上螺纹蘸墨作渡水牛，神肖多姿，王士禄、士禛均赋诗记盛。自后高其佩等皆擅长指墨，其法实始自世庙也”①。依上所考，清初能指画者尚多，然其画迹保存于今则殊不经见。吴韦此卷，所以值得重视者，其故在此。

附记

清初岭南三大诗人之一陈恭尹，与吴韦为儿女亲。恭尹撰《吴山带行状》，载《独漉堂文集》卷十二，为有关吴韦最重要史料。广东省博物馆藏《龙翁祝寿书画册》，内有吴韦隶书诗页“绚日双蝴蝶，朱明小凤凰”古诗一首（影本见中文大学文物馆印《明清广东法书》），书作夏承体，与陈独漉运笔结体，全无二致，当日书家多互相观摩足见其关系之深。

本篇英文提要尝于1983年9月初在东京举行之第三十一回国际亚洲北美人文科学会议上宣读。作者并记。

吴韦指画花卉卷补记

拙藏吴韦花卉指画卷，年前曾为文介绍，考定吴韦写此卷时为康熙癸卯二年，是时高其佩才三岁，可证指画非肇于其佩。又高家与吴韦有一段因缘。康熙间，其佩叔父高承爵出任广东总督，尝延吴韦至高家课其子，料其佩与吴韦必亦互相熟悉。拙文由于对指画渊源觅得新证据，颇为人所重视。1985年，北京《美术史论》第二期，将拙文重行刊出，增入插图多张（印出释成鹫之山水扇面及吴韦其他花卉斗方，均中大文物馆藏品）。顷读大公报《艺林》周刊新三一一期汪宗衍先生《吴韦指画花卉卷别记》，补述与陈恭尹关系等事，为拙文张目。因近时又有若干新知，谨再摅陈，作为前作之补充。

高承爵于康熙三十三年甲戌出任广东巡抚，事见《八旗通志》。1986年6月，余自乳源游丹霞山，见半山摩崖有掰窠大字：“到此生稳心”，其侧题名云：“康熙丙子仲春之吉，三韩高承爵”。丙子即康熙三十五年（1696），为彼莅任之第三年。吴韦即于丙子夏，因番禺县丞秦永贵（辽东人）之介，北上

---

① 参大公报《艺林》新一六八期，林树中《指头画与高其佩》。

入住黄村高家。

吴韦成名，有赖于大兴人薄有德之吹嘘，始大噪于公卿之间，见戴南山所撰《吴韦传》。关于薄有德之事迹，近见《康熙起居注》载有三条。

（康熙）五十七年戊戌三月初五，是日起居注官华色、薄有德。

初十日，是日起居注官阿克敦、薄有德。

十四日癸亥，是日起居注官华色、薄有德。

是薄有德后来尝入仕为起居注官，难怪彼与满人交往之深。以上两事，足为与吴韦有关之人物提供重要史料。故并记之。

附　吴韦与高其佩事迹年表

顺治十七年	庚子	1660	吴韦闱试，卷拟元，以故免。	高其佩生于江西建昌府。
康熙二年	癸卯	1663	吴韦三十三岁，作指画花卉卷。	其佩三岁。
八　年	己酉	1669	吴韦中副车。	
十五年	丙辰	1676		其佩年十七岁，父天爵死于耿精忠之难。
二十三年	甲子	1684		其佩有指画鱼虾图，为其最早之画，时高氏年二十四岁。
三十三年	甲戌	1694	五月，吴韦下第南归。游苏州，识戴南山。	其佩三十五岁，叔父承爵出任广东巡抚。
三十五年	丙子	1696	是年十月二十六日，吴韦道病卒，年六十一。	高承爵属番禺县丞秦（永贵）礼延吴韦同高公子轶生北上，抵京数月，主于黄村高府。

原载《新亚学术集刊》四《中国艺术专号》，香港，1984

谈李芸甫的家世

近来《明报月刊》登出不少关于广东画史讨论的文章，虽然多属枝节问题，却很能引起人们的注意。前此引用汤贻汾诗题原文，对“李芸甫”未加以说明。由于庄申先生说李芸甫即是李威，笔者在九十七期致《明报月刊》编者函中，曾把三十年前黄仲琴所作的《广州知府李威传》重行刊出，使读者知道李威是怎样的一个人。最近《明报月刊》九十八期，钟淡如君指出李芸甫不是李威，应是李秉绶，这是对的！我们检读张维屏的《听松庐诗钞》，便可看到许多资料涉及李芸甫及李凤冈（威）二人，该集卷六有一诗题云：

五月十六日海珠寺得月台消夏，同李凤冈太守、汤雨生都尉、谢里甫太史、叶云谷农部、李芸甫水部四君作画，余赋诗。

海珠寺消夏之会，汤贻汾亦在座，具有诗记其事。此处李凤冈和李芸甫分明是二人。同卷别有《正月廿六日制府蒋公招同魏春松观察（成宪）、周性涵（理）、李凤冈（威）两太守集绳柑斋》一律，是时李威正任广州知府。又集中卷五有诗云：

孟丽堂觐乙上舍汤雨生贻汾守戎李芸甫秉绶水部合作画障，施海幢作供养，为赞以诗。“诸天冥蒙法云湿，狮座蟠空万灵集。玉毫千丈森寒芒，乃是虚堂古松立。善根不坏阿输迦，旁有天女垂兜罗。金萱瑶芝照

宝界，盘陀石上心香多。三人者谁佛弟子，同向天龙参一指。十方瞻仰叹庄严，具大神通有如此。”（自注：画长丈余）

记叙汤贻汾和李秉绶（芸甫）、孟觐乙（籍江苏武进）三人合作丈余大画的情形，十分有趣。又同卷五另诗“十一月十六日谢里甫太史招同人集常惺惺斋，观汤雨生骑尉贻汾作画。明日复集，观家（张）墨池孝廉如芝作画，赋诗纪之”。此诗末句“还须寄语李龙眠，早晚安排鸡黍局”。自注“谓芸甫”。可见当时汤、谢、张、李这些画人，时时有文酒之会。而李芸甫即李秉绶，当然毫无疑问。李芸甫的事迹，蒋宝龄在《墨林今话》卷十五记之最详。摘录如次：

李芸甫水部秉绶，字佩之，江右临川人，寄居粤西。其赠公厚斋先生以鹾业起家，好施积善，年登大耋，芸甫生时，其齿已逾八帙，须发返黑。……君……入赀得官补工部都水司。……别业在省垣之北，依叠彩山曰环碧园。……君夙工书画。……其写意梅松杂卉，大约以白石白阳为宗；旁及青藤、石涛、新罗诸大家；兰竹则专师箨石，纵逸秀挺，时贤殆罕其匹。……秉礼，一号韦庐。芸甫同怀兄，春湖学使宗瀚之父。官刑部江苏司郎中。工诗，亦嗜书画，有《韦庐诗集》行世。

又蕙甫名秉钺，官汀漳龙道，善云林山水。香甫名秉铨，官金衢严道，善墨兰，得赵彝斋意。香甫女小香名慧，善花鸟虫鱼。一门翰墨，近今无俪。

这里漏列的，尚有：蕙甫子宗涵，善花鸟竹。芸甫子宗湝，亦善竹石。芸甫兄松甫，诗学陶韦，袁枚甚赏识之。《随园诗话》云：

松甫父丹臣先生，少贫，以笔一枝、伞一柄至广西。不二十年致富百万。松甫诗才清绝，不慕显荣，父子皆奇士也。录其晓行诗及秋思句：“凉笛声兼风叶下，归鸦影带夕阳来。”

松甫父李宜民，字丹臣，号厚斋。在林有席撰的《平园杂著·内编》有其传。淡如君称“芸甫在粤，系承办盐务”，其实从他的父亲丹臣在广西即以鹾业致富百万。

《韦庐诗集》分内外集，共四册，余尝见之，为嘉庆己卯冬知稼堂藏版。

内集首列高密宗，李宪乔（乾隆辛亥）、无锡秦瀛（嘉庆六年）、临桂朱依真（嘉庆戊午）等序。几乎每首有李少鹤（即宪乔）的评语，内集为全集之精华所在。宪乔称："吾家松甫比部所为诗，闲淡澄莹，空洞幽窗，顿使江左清绮，洒然改观。故仆于近日诗人中推松甫为南宗之慧能，诸上座皆当頫首。"推许可谓备至。又言其旧集有随园翁定本，又吾兄石桐先为选录一编（石桐即李宪噩，能山水），今集末有《随园题纪》云：

> 六朝诗最重陶靖节，唐诗最重韦苏州。从其能为清和淡远之音，非粗才所能仿佛也。松甫先生各体俱佳，尤于陶谢王孟韦柳诸家，性之所近，又能自出心裁，不袭陈迹。选字必脆，下字必工。司空表圣云"人淡如菊"、"着手成春"，可以想见其诗品云。乾隆甲辰十月十日袁枚读于粤西之补桂堂，年六十有九。

袁枚尝到过桂林，桂林风洞镌有袁氏五古题句，其为松甫点定诗集，时袁氏正在广西。秉礼字敬之，《清史·列传》卷七十二有传。

朱依真字小岑，临桂人。工词曲。其词收入况蕙风编的《粤西词见》。李松甫为撰九芝草堂诗存序，称其"纪年词及分绿窗人间世杂剧，可传身后"。为松甫在桂林之吟侣。至秦瀛撰序，则秦氏尝为广东臬使，复与松甫之子宗瀚交好，此序亦载《小岘山人文集》卷三，称："松甫尝为部郎，子学士君方翱翔侍从，而松甫萧僇超迥，若违弃世俗而不顾。其诗似韦，固有甚所以似者欤。"学士君即指李宗瀚。宗瀚字公博，又字春湖，由进士编修五转而至学士。官工部左侍郎。能诗，得松甫家法，书名颇著。所藏旧拓精本如孔子庙堂碑现在日本。陈用光撰其墓志铭，略称："先世居临川之杨溪。自大父丹臣府君以鹾业起家于粤东西，侨居于桂林。……本生父松甫以工为诗，善礼接文士，益扩大其家声。五六十年间'海内称德门者，咸曰"桂林临川李氏"云'"。又称："松甫性恬静，年已逾七十，乃退鹾业而让于庶弟秉绶。公实赞成之。"（《太乙舟文集》卷八）是其业鹾，自宜民以至秉礼、秉绶与宗瀚，绵历三代。一时称为巨富。松甫在乾嘉诗坛上有"南宗慧能"之目。人所罕知，不可不为表彰。由陈用光所作墓志，知松甫为丹臣次子。李宗瀚则继嗣于其早死之长兄秉仁。若秉绶则为庶出，故其生时，父丹臣年已逾八旬矣。

张维屏和李芸甫有姻亲之谊。其《松轩随笔》记李松甫云："余与先生弟芸甫水部为婚姻。丙戌，鉴儿往桂林就婚，君年七十九，犹矍铄，屡以书来约相见谈诗。余慕桂林山水，亦欲一游，以事不果。庚寅冬，先生归道山，神交数载，竟未一面。”（《国朝诗人征略》五十六引）李氏本寓居桂林，故李松甫与张维屏始终未曾谋面。汪瑔《旅谭》称：“临川李梦鹤郡丞宗淑，芸甫先生之子，韦庐老人之犹子也。诗于五律最工。如柱撑欲颓寺，匡挂半枯藤。……借酒红颜色，凭诗自性情（上张南山夫子）。”是宗淑则为芸甫之子。可谓诗是“李”家事。不特松甫工诗，宗瀚又凭借其“家法而拓之以苏韩”（陈用光语）；而芸甫之子，亦此中之佼佼者。

“临川桂林李氏”，以文学艺术世其家，一门之中，人才辈出。兹举其工于艺事者，表列如下：

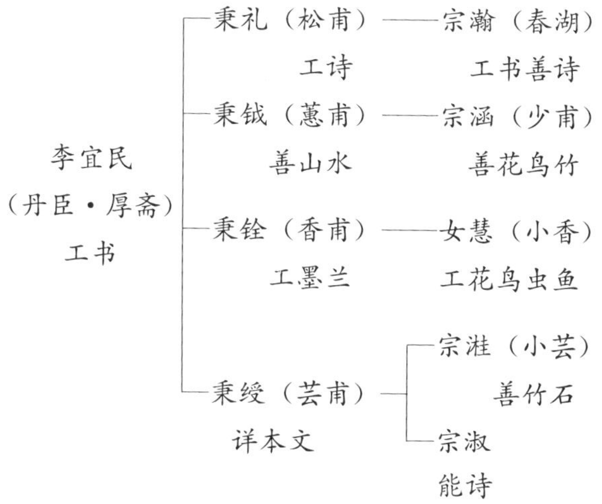

《岭南画征略》载宋光宝由李芸甫所汲引，遂寓居粤东，以画传授。《墨林今话》卷十八记“吴县余侣梅尝游粤中，主李芸甫水部家。芸甫故善画，精鉴赏，储藏多宋元名迹，共相讨究。居五载，画境变而益工”。侣梅与宋藕塘同为芸甫家之座上客。故并记之。

李氏原籍江西临川，而营鹾业寄居于广西，有别业在羊城。家拥多赀，一门风雅，诗书画兼有极高的造诣。在岭南地区近代艺术史上宜占一重要地位。中国优良传统，艺人往往有深厚的家庭背景，且以文艺世其家。临川李氏，不失为此中翘楚。因论李芸甫，故连类及之，想亦留心艺林佚事者之所乐闻的。

秉绶画迹现存甚多，中大文物馆前得简氏斑园旧藏甚夥，举其目如次：

(1) 竹菊石图（立轴，图一三八）

款识："春同贤侄雅玩。秉绶。"

(2) 山水（立轴）

款识："满城风雨近重阳。春甫三兄先生属。芸甫李秉绶作。"

(3) 荷花扇面（金笺水墨）

款识："旋坡大兄雅属。李秉绶作。"

(4) 花卉团扇面（水墨）

款识："芸甫作。"

(5) 花卉扇面（设色）

款识："仿包山先生用笔。芸甫李秉绶作。"

(6) 梅竹扇面（水墨）

款识："法石涛用墨。芸甫作。"

(7) 兰（水墨册页）

款识："芸甫。"

(8) 花卉（水墨册页）

款识："仿石涛用墨。"

(9) 荔枝（设色册页）

无款识，有白文印章"芸甫"、"秉绶"。

(10) 葡萄（设色册页）

无款识，有白文印章"李秉绶"、朱文"芸父"。

(11) 花卉（设色册页）

无款识，有白文印章"芸甫"。

(12) 花卉（设色册页）

无款识，有白文印章"芸甫"、"秉绶"。

(13) 花卉（水墨册页）

款识："仿石田先生墨法。芸甫。"

(14) 花卉（设色册页）

款识："仿道复用墨。芸甫。"

(15) 花卉（设色立轴）

款识："仿石田先生用意。李秉绶。"

又赖恬昌藏有李氏绘黄瓜一幅，附记于此。

关于十九世纪画论家对粤画评骘问题的补充

最近《明报月刊》（九十三号）刊出友人庄申先生的《论十九世纪广东收藏家所藏之广东绘画》一文（可能即是在法国东方学会宣读的文章），从五位广东收藏家所著录的粤画和十九世纪三位外地的画论家对粤画推举的人物略作统计，而加以推断，可谓独具只眼。

在他引据的画论家中，第一位是汤贻汾的诗句。他从汤氏的《琴隐园诗集》里《答友人论画诗》中“张黄吕谢岭南豪”一句，作如下的论述：

> 诗中所谓称豪岭南的张、黄、吕、谢等四家，据汤贻汾自己的诗注，是指张如芝、黄培芳、吕翔与谢兰生。……黎简虽然既与张如芝和吕翔同样的籍出顺德，而且更曾长住广州，想来汤贻汾对于黎简之名，绝不能说完全生疏。……可是为汤贻汾所称赞的岭南四家……没有黎简，可见在汤贻汾的心目中，黎简的地位是不及吕翔的。

因此，庄先生再郑重地说：

> 把吕翔列为粤东四家之一的看法，既由汤贻汾提出，不妨视为广东以外的内陆地区或全国性的看法。

我曾经仔细地阅过汤贻汾的诗集，觉得庄先生所说，有点不符合事实。

这首诗原见于《琴隐园诗集》卷十二的《北塞集》中。作于庚辰年时年四十三岁，已经结束他多年的粤东生活。诗是写于山西大同。在“岭南豪”四姓之下，原注是这样的：张下注“墨池”；黄下注“香石”，吕下注“子羽、伯容”；谢下注“澧浦、退谷”。张墨池即张如芝；黄香石即黄培芳；谢澧浦、退谷是指谢兰生、观生两兄弟；吕子羽、伯容应该亦是二人，即吕翔或者吕培兄弟。汤贻汾这一句诗，本来汪兆镛已引用过，见《岭南画征略》卷四张如芝（墨池）传，他说：“贻汾《答友人论画诗》云：‘张（墨池）黄（香石）谢（里甫、退谷）吕（子羽、仲容）岭南豪。又有六法墨池擅之句。’按这里伯容作仲容（据原印本），与‘琴隐园集’异（余所据汤集为曹秉仁于光绪重刻的三十六卷本），考‘岭南画征略’，吕培字植之，号荔帷，翔弟。”不云字仲容，但依二谢例之，吕下所注子羽、仲容应是二人。所以汤贻汾这首诗所言的岭南豪，实在是六人，并不如庄先生所说的是“岭南四家”。再看该诗原文有云：“耳鉴徒多寒具友，其中马（秋药）盛（甫山）最称神。并有屠（琴坞）朱（野云）华（吉龕）孟（丽堂）陈（绿晴、受笙），十年一别半生死。……其余画友尚纷纷，屈指寰中难悉记。”所举出的都是他同时熟悉的画友。黎简卒于1799年，汤贻汾当1810年（嘉庆十五年）始来粤，黎已前卒，当然，他的诗不会把黎简列入他的画友之中。所以诗里“友中”二字是一直贯注到下面所列举各地的画友，万不能轻易忽略过的。因此他这首诗并不能作为他对二樵不加重视和他特别看重吕翔的证据。他只是约略举出他去岭南时认识的画友四姓六人罢了。依此而言，实在并无所谓“粤东四家”的说法。

从汤氏的诗集其他部分，可以看出和汤最有来往的广东画家，列出重要诗题如下：

海珠寺消夏偕谢澧浦、张墨池、南山、李凤冈芸甫。（卷八《南塞集》，甲戌年三十七，在广州。）

与江瀛涛画师访梅谷之胜，闻故人黄香石拟结庐焉。（卷九《南塞集》，丙午年三十九，在罗浮作。）

羊城诸友兼集方外二十余人，饯予于白云山之云泉山馆，各以书画见贻，别后见寄。诗为七律首句云：“最好云泉饯别图”，自注：“图者谢退谷、黄香石、张墨池、仪墨农、释淡庵。”（见《南塞集》，丁丑年四十时离广州至桂林。）

寄怀淡庵上人自注：“君与岭南诸公饯予于白云山之云泉山馆，各以

诗画留别。”（己卯年四十二）

题画寄南山。（即张维屏。见《北塞集》，庚辰，时在灵邱。）

冯鱼山（敏昌）比部尝摹赵子固落水兰亭，幼海又从而摹之，顷自云中寄观题后。（卷十四《北塞集》）

又汤贻汾的《琴隐园词集》卷二有百字令，“题张南山孝廉海天霞唱图，兼书其词集”。可见他亦曾为张维屏题画。最重要的是他在琴隐集丁未年所作的“七十感旧”五古及自注有一首专记广州来往的文艺界友人，其中数句如下：

论交遍湖海，结契由文章。岭南风雅盛，
月旦多诗狂。争雄刘黄郑，拔帜吴谢张。
同游不胜数，方外复异乡。六法墨池擅，
八分磬泉强。十室九台榭，三朝两壶觞。
……

自注云：“羊城多文字交：谢澧浦、刘朴石、三山、张墨池、南山、磬泉、吴石华、郑萱坪、黄香石、苍厓、仪墨农、孟华墀、李芸甫、叶云谷……方外则淡庵、澄波二上人。”这张名单很长，恕不全录，但没有提到吕氏兄弟。其中粤籍文士以外，尚有非粤人而适与其会的如姚石甫、恽子居等等。

在这组感旧诗中尚有一首，自注：“广灵城王竹航利亨明府邀予与儿子绶名游小方壶。三人皆有诗，各鼓琴数曲，竹航作图。”竹航即王利亨，嘉应州人，尝官山西广灵知县[①]，是汤贻汾去山西时结交的粤籍画友兼琴友，亦是值得介绍的。

我所以不殚烦地把这些汤贻汾和粤中画友往还的事实列举出来，目的是在查看吕翔在他的诗词中占有什么地位，可是结果令人失望，除了那一句“张黄吕谢岭南豪”以外，全无其他材料。这可看出他和吕氏没有什么来往，他离开广州时许多画友送行，二十余人中作图的乃是谢观生、黄培芳、张如芝、仪克中，与和尚淡庵，并无吕翔在其列。相反地在感旧诗中特别指出“六法墨池擅”，他心目中粤中画友是以张如芝的造诣为最高。词人吴江郭麐

① 卷十二有《利亨邀游壶山诗》。

尝请张如芝画僧庐听雨图，如芝晚岁所造益纯邃，海幢寺僧莽（相润）藏他的画最多，曾以一册赠黄培芳，培芳题跋，称“其简而能厚处，非药房（张锦芳）二樵所及”。可见当时对于张墨池的推许，无论外省（汤）和乡土（黄）意见是一致的。

庄先生又说：“汤贻汾、戴熙二家不但曾经先后因公赴粤，而且更与许多粤籍画家结交，可惜戴熙的访粤集，笔者曾遍求港九与台湾图书馆而未得对于戴熙的意见，本文只好暂付阙如。”按戴熙诗集名曰《习苦斋诗集》，为其后人所编，末有戴兆衡跋，共四册，附有《习苦斋笔记》。[1] 该集从卷五起收他视学粤东时的作品，卷六几乎全是他在广东各地行役和游览山水之作，并没有一首论及粤画的诗。有几首“自惠州至潮州舟中看山水”的五古：

> 高山洵云好，大水洵云美，吾尤不忍遗单山与片水。朝晖夕霏间，隐见在疑似。造次不易得，偶得益可喜……

处处山水无非画稿。从隐见、疑似中取得灵感，这可看出他如何去师造化，从大自然中体会画理。他有《游白云寺憩云泉山馆》一诗，广东画家兼诗人的黄培芳、张维屏、黄钊、黄玉阶四人都有次韵和作，附在他的诗之后面。这时戴熙为广东学使，地方文士都乐得和他周旋，他对粤中画家并没有提出月旦高下的意见。诗中的云泉山馆即是汤贻汾离粤时诗人僧道和他饯别的地方。

盛大士在“溪山卧游录”中说过：“粤东文士能诗者兼工画，举出黄小舟玉衡，张南山维屏，黄香石培芳三人皆深于画学。”但黄培芳回他的信略说：“如二樵、药房、虚舟诸君，以往者不计。今则如顺德张如芝、南海之谢兰生，皆远出弟之上。”这里黄培芳所提出的人物可分为二组，一组是“以往”的前辈，即黎简、张锦芳、黄丹书三人，一组是他的同辈如张、谢二人。同辈中仍以张墨池为首，和他题墨池山水册意见没有什么不同。而以往的前辈中黄丹书列在第三，丹书即是黄玉衡的父亲。丹书有鸣雪斋诗钞，其画以梅竹为有名，玉衡只传其家学而已。盛大士推重玉衡等深于画学，并不一定把他视为画坛的代表人物。[2] 盛大士没有提起黎简，只提起黄玉衡，证明他更是

---

① 新加坡大学中文图书馆藏。

② 玉衡与盛大士交厚，《丹后诗集》，即由大士为之辑行。

晚辈。他和汤贻汾一样只论次黎简死后的粤中晚辈画家。他们对于黎简不加指名，并不见得是否定他的地位。伊秉绶称黎为“诗人”，亦并不见得只承认他在诗的成就，而抹杀他的绘画价值。庄先生认为伊氏用的“诗人”二字简单而有力地否定黎简在画坛上的地位，这种说法，是否可以代表伊氏的真正意见，是很有问题的，因为这样说有点陷于默证之嫌。庄先生在篇末列出一个两派的意见表，归纳出外乡派心目中都不推重黎简，与乡土派大异。实则汤贻汾诗中举出的是四姓六人，丝毫没有“四家”的说法，而且他的的确确是以张如芝（墨池）为他画友中的代表者，和黄培芳看法正相同，要注意的是他和盛大士所推举的是黎简以后一辈的人物，何能拿他和黎简相提并论。明白了辈分的悬殊，这种外乡、本土的歧见，根本并不存在，可想而知。

张维屏有一部《艺谈录》[①]，卷下全部记录粤人的诗句和绘画的评述。在罗天池条引松轩随笔云：“至论粤画，吾以黎二樵、谢里甫、张墨池、罗六湖为粤东四家。”这句话的出处即见于此。又在谢兰生下云：“论粤画者推君与二樵齐名，殆无愧色。”又张如芝下云：“粤东画家，二樵、澧浦之外，当推墨池。”（引“听松庐诗话”）该书不提及吕翔；但于张锦芳（药房）及黄丹书（虚舟）、黄玉衡（小舟）父子，仅记其诗句，不言及其画。这本《艺谈录》，很多材料，即为汪兆镛所采取，庄先生未见此书，从《岭南画征略》转引，在文中表二乡土派《张维屏》下所记，似乎不甚符合张南山的原意。必从《艺谈录》方能获得原始材料。黄培芳与盛大士书举出五人。除张药房、黄虚舟之外，剩下黎二樵、张如芝、谢兰生三人，这和张维屏所谓“二樵、澧浦之外，当推墨池”正是一样。[②] 可见所谓乡土派三人，实在亦没有什么不同之处，汪氏画征略则抄袭张维屏的意见而已。

退一步言，如果我们选取另外一位外地画论家来看他的意见，大兴翁方纲，我们不妨把他作为外乡派的代表。翁氏有许多次到过广东，他的《复初斋诗集》内药洲集九卷，都是在粤时的题咏。他对广东的文物和书画都感兴趣，旅粤画家朱完绘的东坡笠屐图，方纲作过题跋，陈乔生（子升）等的芳草卷，他写了诗（《复初斋诗集》五八）。海阳郑润的《吾心堂临古帖》，他很捧场。[③] 又为郑的“扁舟远眺图”写跋尾（《复初斋文集》卷三十四）。在《复

---

① 列为《松心十录》的庚集。

② 庄先生表二似乎把黄培芳所举六人，排错在张维屏之下，应勘正。

③ 见拙作《潮州艺文志》。

初斋诗集》卷六十七有诗一首：《张南山孝廉书来劝我论粤东诗派赋答二首》，其第二首云：

> 庄渠红豆递经师，四十年前鉴古时。未及二樵评画理，与盟九曜孰心知。……

庄渠即魏校，红豆指惠士奇（即吴派经学大师惠栋的父亲）。他们到过广东，开古学的风气，颇有启蒙的功劳，但翁氏认为比起黎二樵便不如了。又同集卷六一《赠张南山》有句云："莫误二樵狂。"可见他对二樵折服的程度，诗和画理都很佩服，可见外乡派何曾对黎简加以否定呢？

我们可以再举德清许宗彦对黎简的推许，来看看当日外地人的意见。黎二樵和地方官兼文学家孙尔准（字平叔）关系甚深。他的《五百四峰草堂诗钞》，嘉庆元年自序之后有画像及赞，除广东的诗画朋友谢兰生及黄丹书（虚舟）张日瑶（药洲）的亲书题赞之外，尚有孙尔准的篆书"泰华夜碧，乃闻清钟"八字。孙尔准和许宗彦亦为交好，在许宗彦的《鉴止水斋集》卷一有好几首诗与二樵及平叔来往，其中一长诗题目是："平叔将归，二樵以秋林写真赠行，并系以诗，平叔属仆继作，以志友朋惓惓之意。"诗极长，有数句云："自我至此土，斗柄亦建寅。早见樵夫诗，会面未有因。骚坛得平叔，喜足张吾军。……诵诗见君心。披图见君颜。"云云。宗彦的父亲祖京，乾隆中官广东布政使。宗彦亦是画家。[①] 故与二樵交谊甚笃。二樵与奚冈亦有诗题赠又曾因张药房（锦芳）此行以诗寄黄仲则，俱见集中。他和他省艺人时有来往，并不如一般人所说的那样狷介，所以他在画坛上的地位，外乡的画论家是已一致承认的。

另外一点，关于吴荣光的《辛丑销夏录》，何以全不见粤画，庄先生认为他"对广东籍的作品，一无所收，正与他藐视故乡画坛的态度有关"。按吴荣光的《辛丑销夏录》，乃仿效《庚子消夏记》（缪荃孙说）。他本人不但是一个金石家、书法家，同时亦是画家。翁方纲《复初斋诗集》卷六十《明吴中诸贤和江南春词卷》末句云："画禅请叩吴仲圭。"注云："吴荷屋善画。"同集卷六十有《吴荷屋登岱图》诗；即为他的画品题句的。荣光藏吴仲圭画不一而足，《瓯钵罗室过目考》记尝见其墨笔仿梅道人大帧，可见荣光不仅懂画，

① 《鉴止水斋集》卷一有《自题所作画七古》。

而且能画，翁覃溪尚且钦服他。他所收藏，自然以剧迹为主，对于同乡而且同时的画帧，未必没有收藏，可能认为无著录的必要。这自然不免有贵远贱近的心理。但我们不能因为他没有著录，便说他完全不收藏粤画，著录是一件事，收藏又是一件事，不能因此遂说他对同乡画坛的轻视。

以上是我的看法，和庄先生有些出入的地方。汤贻汾的诗集，张维屏的《艺谈录》，不算冷僻的书，我所体会到的他们对粤画人物的评价，便和庄先生见解大异，至于戴醇士诗集，庄先生未见到，故为举出加以补充。广东名画不久将行展出，庄先生此文特别划分外乡及乡土二派的歧见，恐怕会引起读者的误会，故撰此篇，聊共商讨。庄先生尝经是我们多年的同事，对于看法的不一致，正不妨各提出所见以供研究，尚望不吝指正。

九、二十于星洲

附录　图版索引

远东学院藏唐宋墓志目

卷十三

饶宗颐二十世纪学术文集·艺术

目　录

弁　言

1976 年，本所现任名誉高级研究员饶宗颐教授赴法讲学，于法国远东学院书库发现由 Maurice Courant 先生搜集之中国唐、宋时代墓志拓本史料，爰加整理，并依年代顺序编成目录，凡三八八件，计唐武德六年（623）至乾符元年（874）三百七十件，五代后唐同光三年（925）至后周显德三年（956）五件，宋开宝三年（970）至宣和元年（1119）十三件，每件均附有完整原拓影本及说明。

远东学院及本所鉴于该目录极具学术价值，已同意共同出版，分担印刷费，全刊交由中文大学出版社印行。远东学院列为期刊一二七号，本所列为“史料丛刊”（二）。

是编为本所与远东学院共同出版书刊之首次，亦系 1981 年度法国汉学机构与本所合作计划之一部分。本人获观厥成，至感欣忭。亟盼今后远东学院成员与本所研究人员合作研究之成果，仍以同样方式刊印，俾对中西汉学界咸有贡献。

香港中文大学中国文化研究所所长陈荆和谨识

1981 年 5 月 24 日

引　言

清世金石簿录之学，迈越前古，其风寖假及于欧陆。沙畹（Edouard Chavannes）于1907年访华，尝蹀躞于冀、鲁、陕、豫之故墟，陟龙门、云冈，上泰山，归而有所论述，成《北中国考古旅行记》三册，图文兼茂，久为世人所艳称。[①] 其自各地携归资料，今悉保存于远东学院图书室。法京旧有铭文学院，专考索希腊、拉丁古文，遂得汇合东西治学方法，蔚为巨观。余于1976年春，第三次莅法京，穷数周之力，遍阅沙氏留下拓片，惜皆已刊布。即龙门各地造像文字[②]，涓滴均经沙氏印出。余乃于从残中觅得古昂（M. Maurice Courant）所搜集唐、宋墓志一批，虽为数不多，而唐、宋每一朝代之墓志，大体粗具。其时东友从事敦煌学者，欲以经卷字体为断代标准，苦于资料多未系年。余谓墓志无有不记入塜年月者，欲以书体辨年世、定先后，宜藉手于是。尝请教于戴密微（P. Demiéville）教授，承其许诺，因发愤将各志依年号世次排比，厘其次第，撰为目录初稿。并商请远东学院将拓片全部摄影寄香港，倩门人甘君柏浩细心雠校，重为整理缮定，增记用韵，并为索引，遂勠成今著。

向来谈文献学（Philology）者，辄举甲骨、简牍、敦煌写卷、档案四者

① *Mission archeologique dans la chine Septentrional*（1905—1915）此书所收照片共四八八张。沙氏又著《两汉碑刻》（1893），开欧洲治中国金石学之先河。参看 P. Demiéville 教授 *Apercu historique des ètudes Sinologique en France*（Acta Asiatica，Tokyo，1956，p. 97）。

② 龙门造像有清陆蔚庭目录，刊入《文物》1961（4）、（5）。

为新出史料之渊薮。余谓宜增入碑志为五大类。碑志之文，多与史传相表里，阐幽表微，补阙正误，前贤论之详矣。近人喜从文集中钩索，编为碑传文通检，此类文字，虽收入文集，当日是否泐诸贞珉，仍未敢必也。

自东汉以来，碑碣云起。曹魏屡禁立碑（《宋书·礼志》）。晋亦叠申禁令（《语石》一），良以“势重者称美，财富者文丽，疑误后世”，已见讥于桓范（《政要》论铭诔），“华词损实”，能无惭于赵逸（语见《洛阳伽蓝记》），然习尚所趋，流风未替。北齐时，杨愔阖门改葬，托裴诹之顿作十余墓志，文皆可观（《北史》三十八诹之传）。《南齐书》载有司奏：“大明故事，太子妃玄宫中有石志。参议墓铭不出礼典。近宋元嘉中，颜延作王球石志。素族无碑策，故以纪德。自尔以来，王公以下，咸共遵用。”（《礼志》下）故知石志之事，盛于刘宋时。[①] 《封氏闻见记》六引王俭《丧礼》云：“施石志于圹里？……欲后人有所闻知，其人若无殊才异德者，但记姓名、历官、祖父、姻媾而已，若有德业则为铭文。”观于北朝，谀墓之多，晋阳之围，戎马仓惶间，尚为文宣颜嫔墨书砖志（《考古》1973（2））。是何曾有殊功始可立碣，有异德乃与泐铭。此裴松之所以有“俗蔽伪兴，华烦已久”之叹也（《宋书》裴传）。

黄本骥《古志石华》序云：“昭明选文，以墓志标目”，谢惠连《祭古冢文》言“铭志湮灭”。举《西京杂记》杜子春临终作文刻石埋于墓前为例。《希古斋金石萃编》举宋刘怀民墓志为志墓之肇始，然现存墓志雏形，若太康三年二月三日导官令大中大夫冯恭墓记，赵万里称为椁铭，谓稍后则以志铭代之。晋墓志文字极简单者，但书年岁及下葬年月而已。如长沙南郊墓砖只记“晋宁康三年刘氏女墓”九字。[②] 又颜谦妇刘氏志文云：“琅邪颜谦妇刘氏年卅四以晋永和元年七月廿日亡九月葬”，共二十四字[③]，是为常规。东汉墓记有用四字句韵文，兼具画像石，若1973年南阳出土建宁三年许阿瞿墓是，可谓为墓志铭之滥觞。[④]《广博物志》据崔子玉书《张衡墓铭》，谓东汉时即有之（文见《古文苑》）。今以洛阳1953年新出土徐义《墓铭》，文长千言，题曰“晋贾皇后乳母美人徐氏之铭”十二字，末系以颂，云“谨赞斯颂，终始

① 参看《刘岱墓志简述》（《文物》1977（6））。

② 见《文物参考资料》1955（1）。

③ 拓本见《书法研究》第一号，郭绍虞文介绍。

④ 马衡《凡将斋金石丛稿》，89页，论墓志起源甚详。参日比野丈夫《关于墓志之起源》（《江上波夫教授古稀纪念论集》，《民族、文化》篇）。

素铭”。其体制与汉碑无异，而称为铭，则《张衡墓铭》，大致类是。徐氏下葬在惠帝元康九年，因贾后之故，铭文特为瑰玮，为晋代墓铭之冠冕。同时洛阳涧河以西，出永宁二年晋前尚书郎北地傅宣命妇秦国士孙松女墓记，共十一行。宣后尚贾后长女宣华，时封弘农郡公主，永宁后于徐美人葬事三年耳，而贾后已废，故墓制及铭辞亦大不如前[①]，惟由徐美人之为长篇文字，知墓志铭之规模，晋初已具备矣。

海外收藏碑拓之富，无如南港史语所，盖缪氏、柯氏诸家旧物，悉汇于是，编号逾万。以目录论，即得十巨册。余于1973年自新加坡大学受聘该所，为研究教授，逗留五阅月，排日在书库中以读碑为业，晨入暮出，与黑老虎为伍，倘亦欧公所谓“黑鬼媚著，不为无益”者欤（《与刘侍读书》）。唐初墓志，用力较深，尝初步统计，贞观一朝即有一百五十方（见附录一）。本书所收共三百事，唐贞观仅得三十三方，而北宋只寥寥十许事，以比史语所所藏，不啻沧海一粟。而仍有刊印价值者，以向来有系年之碑志，著录家以摄影图版印行者不多。而以一地方一单位所藏拓本，汇集为一编影印问世，对于史事考证，书法艺术，皆极有裨益。过去只印行目录，览者无由接触原物。宇内藏墓志拓本者尚多，使各地藏家能以其藏品分别影刊，将来再由有力者纂成合集。此戋戋者，抛砖引玉，固区区之微意也。

墓志可校补世系，与地志、史传、文集参证，史料价值尤高。西安市郊新出碑志，可以订史，近人已有著论[②]，清人致力者甚多，如赵东潜撰褚河南世系表（《东潜文稿》下），是其选也。墓志备记其先世、后代及官职，阀阅之家，多史传所未详。兹举三事论之。

（一）京兆韦氏与弘农杨氏

《隋书·韦世康传》云：“韦氏世为关右著姓，祖旭，魏南幽州刺史，父敻，隐居不仕，号逍遥公，世康在魏封汉安县公，尚周文帝女襄乐公主。”周彪《启法寺碑》云：“开皇八年，时刺史上开府吏部尚书上庸公京兆韦世康，魏司空文惠公之长孙，周高士逍遥公之元子，累代重光，联口鼎铉。”文惠即韦旭，逍遥即韦敻，敻以著《三教论》名。旭次子叔裕字孝宽，以讨尉迟迥有功于隋，官尚书令，封郧襄公。有六子，次曰总，仕为京兆尹，从周武帝

① 《徐美人墓铭》及《傅宣妻墓记》拓本，俱见《考古学报》，1957年《洛阳晋墓的发掘》。《傅宣妻墓记》余另有跋。

② 见李子春《三年来西安市郊出土碑志有关校补文史之资料》（《文参》1957（9））。

东征战没，追封河南郡公，谥贞。《唐书·宰相世系表》韦氏，分逍遥公房及郧公房。称“总子柱成，袭郧国公；匡伯，隋尚衣奉御，封舒国懿公”。匡伯从妹为元德太子妃。《隋书·韦寿传》云：“仁寿中，高祖为晋王广纳其女为妃”按应作为元德太子妃。寿即孝宽之第三子也。又《元德太子昭传》云：“有子三人，韦妃生恭皇帝”。则寿女亦为隋恭帝之母，故当时人为之语曰：“有隋之贵，一宗而已。”韦氏之烜赫，于兹可见。

同、光间，关中出土有韦匡伯墓志，篆盖题“郑故大将军韦公之铭”九字，《匋齐藏石记》首著录之，误韦公为虞公。志云：“大业七年陪麾辽左。十三年（从）幸江都。十三年四月廿七日，遘疾薨于江都行在所。春秋卌有四。自皇郑膺录……聘公长女为皇太子妃。以开明二年七月权殡于洛阳……”匡伯盖先殁于江都，未及仕郑。碑额乃云“郑故大将军”，必王世充之所加，匡伯有二女，长即适世充之子玄应，世充僭位后为太子；故用伪郑年号，于时则为唐高祖武德三年也。匡伯有三子，其三曰思仁，仍官尚衣奉御，即韦巨源之父。巨源唐中宗时为相。匡伯次女名檀特，则嫁与范阳令杨政本为妻。八琼室有韦氏《墓志》云：“夫人讳檀特，字毗耶梨，京兆杜陵人也。……魏太傅郧襄公之曾孙，周内史京兆尹河南公之孙，随尚衣奉御舒国公之第二女。……年甫十五，归于随尚书左丞国子祭酒宏农杨汪第五子幽州范阳令政本。”（卷三十九）《隋书》五十六《杨汪传》：“炀帝崩，王世充推越王侗为主，征拜吏部尚书，及世充僭号，汪复用事。世充平，以凶党诛。”政本即汪之第五子。韦匡伯与杨汪俱与王世充有姻媾关系，由碑志与史传交互参证，韦氏杨氏在隋、唐间政坛上活动情形，可以概见。

（二）范阳卢氏与陇西李氏

涿县出土《李夫人月相墓志》称：“武德八年合葬于安阳府君之墓。子君胤，陕东道大行台尚书膳部郎中。”安阳府君即卢文构，文构有《墓志》云：“隋初，授卫州司兵参军事，除徐州安阳县令。”按隋徐州安阳县即《隋书》梁郡之砀山县，开皇十八年改名（参杨守敬《隋书地理志考证》）。《唐书世系表》：卢悬生文构，文构之末子即为君胤，官忠州刺史。据《月相志》，君胤为官盖在武德末秦王时。李夫人为卢文构室，李产之女，卢出范阳，李出陇西。（李氏家世详《北史序传》，李产之见《魏书·李宝传》，为李瑾子，《北齐书·李玙传》误作彦之。）皆中原显宦，累叶为婚媾（详赵氏《集释》八）。

(三) 兰陵萧氏

《古志新目》有《萧瑶夫人合祔墓铭》，永隆二年二月。考《景城县令萧瑶墓志》："南徐州兰陵人，祖詧，父岩，梁安平王。"(《芒洛遗文》四，二)萧岩之子侄辈名字皆从玉，如萧球、萧瑾等，瑾子见于墓志者有萧氿、滨、凝，凝子令臣，有墓志，瑾妹嬑、媄，嫔于柳氏，永徽七年卒，亦有志。凡此可补《北史》詧传。

故从墓志可考隋、唐时北门阀之婚姻关系，及巨室之世系，以补史传之缺。上举诸条，前人已曾讨论，特揭其要于此。

本编所收墓志，有助于考史者，举一二例言之：

本书列一号之《库狄夫人志》

库狄原作库狄，上有一点。新出北齐定州刺史太尉公库狄顺阳王（回洛）墓铭及库狄氏武始郡君故斛（斛）律夫人墓志，其盖皆作库（《考古学报》1979（3）)，与此志库狄作"库"相同。《元和姓纂》库狄列于去声十一暮，《广韵 》十一暮"库"字下云："亦虏复姓二氏，周有少师库狄峙。"李贤注《后汉书》："今羌中有姓库，音舍。"故《广韵 》四十码又收库字，与舍同音，注云："姓也，出《姓苑》，又昌舍切。"后人多除去一点作库。《魏书·刘库仁传》有库狄部（详姚薇元《北朝胡姓考》，185 页）。考《北齐书·文宣纪》"大会于祁连池，出塞，至库狄谷"，知库狄本地名，后以为姓。标点本《北史》及《北齐书》一律改"库"为"库"，由墓志之作"库"观之，未必为是。

《志》云："祖干，齐太尉公、太宰、章武王。父洛，和州刺史。"按库狄干之曾祖越豆眷，魏道武时以功割善无之西腊汗山地以处之，遂为善无人。干仕官至太师。天保初，以元勋佐命，封章武郡王，转太宰。《北史》（卷五十四）、《北齐书》（卷十五）俱有传，与此志官衔正合。惟两史本传均谓其子"敬伏，位仪同三司；卒，子士文嗣。"士文《隋书》在《酷吏传》。此志称干子洛，官和州刺史，可补史之缺。

《隋书·地理志》："历阳郡，后齐立和州，统县二。"《元和志》：齐以二国协和，故谓之和州。北齐上党王涣与行台司马恭叠与梁人监于历阳（见《通鉴》梁敬帝绍泰元年（555)）。历阳称和州，自北齐始。隋改为历阳郡，唐武德三年复改和州（《旧唐书·地理志》）。库狄洛之刺和州必在北齐时，史所不载。

列二号之《崔后己志》

《志》云："检校陕州总管府长史。王世充窃名假号，旅拒三川。秦王受脤出军，方清四险，爰奉敕旨总督军粮。"是崔氏初事李世民，李宗莲《怀岷精舍金石跋尾》有考证，谓此志与于孝显碑可补《隋书·王世充传》。

列十四号之《孟府君墓志》

《志》称"父智略，仕梁宣帝，为开远将军，上明太守，殉节洞庭，备著《梁史》"。梁宣指萧詧（传见《周书》卷四十八）。上明者，《梁书·陈庆之传》："中大通二年，表省南司州，复安陆郡，置上明郡"是也。《隋书·地理志》"汉东郡有平林及上明（县）"，平林下云："梁置上明。"《周书·司马消难传》，所管八镇降陈，上明为其一。隋盖因陈之上明镇以置县。智略官上明太守，在梁时盖为郡。

孟保同仕梁明帝（萧岿）为漳州太守，梁渡江，入陈为临川郡太守，《陈书》十三《周敷传》：侯景之乱，敷镇临川故郡，敷兄象据本乡亦授临川太守。《隋志》临川郡下云："平陈，置抚州。"保同当为隋平陈前之临川太守，可以补史。

考萧欣著《梁史》百卷，欣在萧岿时，官至尚书令（《周书》卷四十八）。《志》云"备著《梁史》"，殆指此书。

列三三七号之《大燕渤海李征君墓志》

唐碑志著史思明大燕年号者不多觏；有之惟《宋文博墓志》，题顺天二年。此《渤海李征君墓志》拓本尤为瑰奇，行款自左而右，更异常规。1957年安徽合肥南唐墓出墨书姜氏墓券，行文即自左而右（图见《考古通讯》1958（7）），与此同例。志题处士王良辅撰外甥胡涀书。按《八琼室金石补·三三》有龙门山兵曹参军王良辅及其妻韦造像题字，恐偶尔同名，未由见其为同一人也。《通鉴》卷二百二十一，乾元二年（759）正月己巳朔史思明筑坛于魏州城北，自称"大圣燕王"。夏四月"史思明自称大燕皇帝，改元顺天"。胡注云："《河洛春秋》：上元三年春三月，思明……僭号后燕，改元顺天元年。"按《实录》此年正月一日，思明称燕王，立年号。《实录》、《旧传》皆不载所改年名。（宋庠）《纪年通谱》此年即思明顺天元年；柳璨《正闰年历》思明有顺天、应天二号。按《蓟门纪乱》："乾元二年四月癸酉，思明僭位于范阳，建元顺天，国号大燕……六月于开元寺造塔，改寺名为顺天。上元二年正月癸卯，思明大赦，改元应天。"胡注所引各书改元年号、时间颇歧，《通鉴》迳书翌年夏四月："史思明自称大燕皇帝，改元顺天。"然《河洛春秋》则以改元顺天系上元三年三月（762），相去三载。《实录》只云正月立年号，不言年号为顺天或应天。今此碑两云："大燕圣武元年"一在十一月，一在十二月，则思明大燕元年十二月，实仍未改元为顺天，《通鉴》采《蓟门纪乱》四月建元顺天之说，恐不可从。

《通鉴》所引《实录》，殆指《唐肃宗实录》，《直斋书录》云："元载监修。"《河洛春秋》一书，《直斋》云："唐洋州司功包谞撰，记安、史之乱"。叶昌炽《语石》一举龙圣寺造像，其中李崇珣、李旷、□婆三刻，皆顺天年号。又卢嗣冶《墓志》，著圣武年号，此李志可补其不及。

唐初墓志有伪作者，举二例论之：

《女子苏玉华墓志铭》

题弘文馆学士欧阳询撰并书

文见汪鋆《十二砚斋金石过眼录》卷九。末记"万钧刻字"。铭云："以大唐武德二年五月九日终于居德之第，即以其月之廿有五葬之于京兆之神和原。"长白觉罗崇恩著《香南精舍金石契》云："此赝品也。文既骈俪而通身平仄不黏，六朝唐人无是也。乃近世不谙文体之人伪托者，竟敢署率更大名，亦太不自量。"

汪鋆《十二砚斋金石过眼录》卷九云："《隋书·苏夔传》炀帝嗣位，迁太子洗马。炀帝大业元年乙丑，至唐武德二年己卯，计十五年。玉华殁年十五，与夔迁洗马之年适符。玉华或是夔女似有可证。惟欧阳询高祖即位累擢给事中，贞观初乃为弘文馆学士。碑书撰于武德二年，不书给事中，而书弘文馆学士，且书势绝非率更手笔，定为伪作无疑。"陆徵祥云："武德年（欧阳）信本未为宏文馆士。"亦以此为伪，列于"金石袪伪"之类。

唐故卧龙寺《黄叶和尚墓志铭》

题守黄门侍郎许敬宗制　弘文馆学士欧阳询书

文见《十二砚斋金石过眼录》及《八琼室金石袪伪》。汪鋆、陆徵祥俱以此为伪作。谓许敬宗武德初止官涟州别驾。卧龙寺唐名观音寺，宋太宗乃更名卧龙，而《旧唐书·方技传》亦无叶之名，与碑均不合，故疑出后人所伪。

碑志之学，渊源甚早。隋人已启其端。苏州释法韵诵诸碑志及古导文百有余卷（道宣《续高僧传》三十）。《史》、《汉》注家若张晏、司马贞辈，均尝举碑以论史。唐人嗜古碑，高祖十一子韩王元嘉多得异本（《旧唐书》六四）。沙门信义之好碑志（《太平广记》卷四九三），其著者也。五代王溥尝聚石本三千余撰为《琬琰集》（见杨文公《谈苑》），已开欧公《集古录》、陈思

《宝刻丛编》之先河，宋时碑碣多未磨泐，王象之得以分地辑为碑目，若田概之《京兆金石录》，则为搜录一地之初例。元天历间，幽州梁有字九思奉敕历河南、北，录金古刻三万余通上进，类其副本为二百卷，名曰《文海英澜》（《曝书亭集》四七《景君碑跋》），可谓汪洋巨观，惜其书无传。明人治金石者寥寥，赵崡《石墨镌华》，采摭无多。及其季世，倪涛辑《六艺之一录》四百六卷，则以博侈著闻。

清代考据之学既盛，寰宇访碑之录，作者非止一家，而墓志条例，论者亦夥。赵坦（拟撰《碑碣条例》，见《保甓斋文录》）、沈大成（《墓志答问》，见《学福斋集》）、梁玉绳（《墓志例》）皆有造述。金石家诗文集涉及墓志者更不可偻指。（如朱琦《小万卷斋诗续稿》十二《唐节度使田侁墓志》，张廷济《清仪阁杂咏》五，咏《唐聚庆墓志》，钱仪吉集跋《贾氏墓志》等。）道光间黄本骥辑《古志石华》三十卷，刻入《三长物斋丛书》，并录其文字。南野老人辑《汉唐石刻目录》，收关中拓本，有碑无志（见《南野堂续笔记》中）。甘鹏云编《崇雅堂碑录》增补再三，内多唐代碑志。近世地不爱宝，中州出土墓志，美不胜收，罗振玉数度刊《芒洛冢墓遗文》，又辑《石交录》及《墓志征存目录》各四卷（《贞松老人遗稿》乙集、《蒿里遗文》目录），网罗传播之功伟矣。先是王懿荣亦辑汉石及南北朝存石目（现存写本有朱笔改），闻风兴起者大有其人，顾燮光撰《古志汇目》六卷《新目》四卷（题《非儒非侠斋丛著》），洛阳郭玉堂为新安张钫藏石，编成《千唐志斋藏石目录》（起元康六年《晋处士成晃志》。民国二十四年洛阳印），而沔阳黄立猷编《石刻名汇》，第一编为墓志类，自言唐志现存者一千七百一十九种，宋志收三百六十三种（民国十五年沔阳黄氏万碑馆印），据称又有续编，未见，其所著录可谓夥颐！

各图书馆多收购拓本，间亦编成目录。其已刊布者，若前此之北平图书馆及近年台北“中央图书馆”，皆世所熟悉者也。唐以前墓志，赵斐云已有《集释》之作，殆已囊括无遗。本编以海外一机构所藏者为主，仅足示例而已。其中多已见于著录，兹并为标注，大抵以出自芒、洛为多，览者可试取图片与罗书参读之。本文之末附武德、贞观两朝墓志目及最新出土唐、宋墓志要目二表，以备参稽。自知褊于闻见，又窘于目力，简陋挂漏，殊无足观，此特启其端倪，但望世之同此好者继此而纂录之也。

1980年1月

唐宋墓志

——远东学院藏拓片图录

一、大唐洛州别驾大将军崔公妻库狄夫人墓志铭

《目》二一

（开明书店印《北平图书馆藏碑目》，下同）

武德六年（623）六月五日

夫人讳真相，恒州代郡人。武德六年六月二日卒于洛阳。年五十九。

祖干，齐太尉公、太宰、章武王。父洛，骠骑将军，和州刺史。子行褒、行感。

碑共二十一行，行二十一字。铭四言，十韵。书体在楷隶之间。

二、崔后己墓志（原无题）目作：洛州总管府司马崔长先墓志

《目》二一

武德九年（626）二月廿三日

讳□，字后己，博陵安平人。隋秦王讨王世充，授洛州总管府司马。武德八年（625）七月十四日卒于洛州，年六十二。

十六世祖骃。曾祖轨，魏中散大夫。祖威，齐荆州长史。父期，齐东郡太守。长子前谷州司户参军事。

碑共二十七行，行二十七字。铭四言，二十韵。正书。

三、沁源县令郭通墓志（原无题，据目补）

贞观二年（628）十一月卅日

讳通，字监远，太原介休人。起家卫州汲县尉，开皇十八年（598）除慈州滏阳县丞，仁寿三年（603）除本官。仁寿三年（603）十月十日卒，年五十八。

祖逵，齐本州州都。父略，齐秀才羽林监。

夫人王氏，大业十年（614）十月四日卒，年六十。

碑共二十五行，行二十五字。铭四言，十四韵。隶书。

《目》二二

四、谭伍墓志（原无题，据目补）

贞观三年（629）六月廿五日

讳伍，字德深，恒山乘干人。贞观三年六月十六日卒，年六十八。

祖彻，魏丞相世子府参军。父亮，齐东平郡掾。

碑共十七行，行十七字。铭四言，十韵。隶书。

有盖篆书：谭氏之志。

《目》二二

《石》（杨殿珣《石刻题跋索引》，下同）一七八

《芒》（罗振玉《芒洛冢墓遗文》三卷续编三卷三编一卷补遗一卷四编六卷补遗一卷，下同）四（二）三上

五、大唐故开府仪同三司刘君墓志

贞观五年（631）七月十五日

讳节，字德操，冀州下博人。贞观五年六月四日卒。

祖伽，蕲春郡守。父粲，徐州长史。

碑共十七行，行二十字。铭四言，十三韵。

《目》二二

《中》（“中央图书馆”墓志拓片目录，下同）四三五

《石》一七八

《芒》四（二）三下

隶书。

六、唐故玄昭监张君墓志铭并序 《目》二二

贞观七年（633）七月廿四日 《石》一七九

讳明，字文朗，武城人。卒年六十四。 《芒》四（二）五上

祖无，魏征虏将军。父伯，随平原郡蒋陵县令。子君弘。

碑共十七行，行十七字。铭四言，五韵。正书。

七、□远墓志（原无题，据目补） 《目》二二

贞观七年（633）十月廿八日 《石》一七九

讳远，字彦深，汝南平舆人。贞观七年十月十九日卒，年七十。 《芒》四（二）五下

祖寿，齐平州刺史。父随闻喜县令。子德操、德矩。

碑共十六行，行十六字。铭四言，九韵。正书。

八、唐故永嘉府羽林张君墓志铭并序 《目》二二

贞观八年（634）三月四日

讳岳，字崑仑，南阳西鄂人。贞观八年二月廿五日卒，年卅六。

祖白驹，魏光禄大夫平越将军。父贰郎，随任乡长，后迁县平正。

有盖篆书：大唐故张府君墓志铭。

碑共十七行（末行空），行十七字。铭四言，八韵。正书。

九、唐河南县故录事邢君墓志铭 《目》二三

贞观八年（634）三月廿二日

讳弁，字言，河间人。年二十任州学生，卅五任郡司切（功），后任河南县录事。贞观八年三月八日卒，年六十三。

有盖正书：邢君墓志。

碑共十五行，行十五字。铭四言，四韵（与张岳之铭文首末段完全相同）。正书。

一〇、隋故仪同三司王府君墓志铭并序 《目》二三

贞观十一年（637）二月廿九日 《石》一七九

讳护，字乾福，太原人。大业五年（609）十月十九日卒，年五十五；夫人贞观十一年二月七日卒，年八十四。 《芒》续中一上

祖建，周车骑大将军、开府仪同三司、石泉县开国公。父珍业，袭爵，改授晋阳县开国公，食邑七百户。

有盖篆书：王君之铭。（原刻：斯氏铭）

碑共二十四行，行二十四字。铭四言，十六韵。正书。

一一、大唐护军魏王府主簿唐逊故夫人柳氏墓志铭并序 《目》二三 《芒》四（二）九上

贞观十二年（638）闰二月廿七日

讳婆归，字尼子，河东人。贞观十二年闰二月廿一日卒，年卅三。

曾祖仲礼，梁尚书仆射。祖彧，随御史治书。父自然，九门县令。

有盖篆书：柳夫人铭。

碑共二十行，行二十三字。铭四言，十五韵。正书。

一二、故张君夫人秦氏之铭 《目》二三

贞观十四年（640）正月十七日 《中》〇四七五

讳详儿，字尼子，怀州允山人。贞观十四年正月七日卒，年八十。 《石》一七九 《芒》四（二）一〇下

曾祖海，岐州刺史。祖达，具州录事参军。父亮。长子朗，次舍利。

碑共十八行，行十八字。铭四言，九韵（与柳婆归之铭文首、二、四段相同）。正书（有隶意）。

一三、魏府君夫人雷氏墓志铭并序 《目》二三

贞观十四年（640）十一月三日 《石》一七九

同州白水人。贞观十四年闰十月十五日卒，年九十四。魏君义宁二年（618）八月七日卒，年七十六。 《芒》四（二）一〇下

祖通，周武卫将军。父俊，随虎贲郎将。

碑共二十一行，行二十一字。铭四言，十二韵。正书。

一四、前梁开府漳川郡太守山阴县开国侯孟府君墓志 《目》二三

贞观十四年（640）十一月九日

讳保同，字德会，平昌人。大业九年卒，年七十五。

祖粲之，梁通直散骑常侍。父智略，仕梁宣帝为开远将军、上明太守、山阴县侯。殉节洞庭，备著梁史。男光庆，唐临黄令。

碑共十三行，行十五字。无铭。正书。

一五、大唐处士梁君墓志铭并序 《目》二四

贞观十五年（641）九月十五日

讳凝达，字静通，洛州河南人。贞观十五年八月十二日卒，年九十一。

祖将，魏将军广平太守。父憘，魏陇东王参军事，开府参军事。子孝基。

碑共二十行，行二十字。铭四言，八韵。正书。

一六、隋沧州饶安县令侯君妻刘夫人墓志铭并序　　《目》二四

贞观十五年（641）十月九日

魏郡安阳人。贞观十五年五月卒，年七十八。

父纲，随易州司马。

有盖篆书：故侯氏刘夫人墓志铭。

碑共二十行，行十九字。铭四言，十韵。正书。

一七、大唐故苏州吴县丞杜府君墓志铭　　《目》二四

贞观十五年（641）十二月十五日　　《中》〇四九二

讳荣，字世玮，京兆杜陵人。贞观十五年十二（疑十一）月卅日卒。　　《石》一七九

祖贤，浮（涥）海郡守。父华，朝散大夫。　　《芒》四（二）一二下

碑共二十七行，行二十七字。铭四言，二十韵。正书。

一八、大唐故刘府君墓志铭并序　　《目》二四

贞观十六年（642）六月廿五日

讳粲，字休明，彭城人。贞观十六年六月九日卒，年六十四。

祖礼，齐相州成安县令。父神，齐左亲事补左宜长。

碑共二十一行，行二十一字。铭分三段：首段四言四韵；次段四韵，中二句六言；末段四韵，末二句六言用兮字。正书。

一九、隋故西平郡化隆县长刘府君墓志铭并序　　《目》二四

贞观十六年（642）十一月廿日　　《石》一七九

讳政，字弘矩，瀛州河间人。大业十三年（617）七月十五日卒于化隆，年五十七。　　《芒》四（二）一四下

祖遵，魏秀容郡太守。父诞，齐盱眙县令。

夫人贞观六年（632）九月十八日卒于阳城，

年六十六。

有盖篆书：刘君墓志。

碑共二十一行，行二十一字。末云"铭曰"，但无铭文。正书。

二〇、隋毗陵郡无锡县令姚君墓志铭　　《石》一七九

贞观十七年（643）十月廿七日　　《芒》四（二）一五下

讳孝宽，字德博，南安人。贞观十二年（638）九月十日卒，年七十一。　　《目》二四

碑共十九行，行二十字。铭四言，十韵（皆用入韵）。正书。　　《中》〇四七二

二一、□信墓志（原无题）　　《石》一七九

贞观十八年（644）二月十六日　　《芒》四补一七上

讳信，字师言，河内修武人。贞观十八年正月廿日卒，年五十一。

汉司徒延即君十四世祖。

碑共十九行，行十九字。铭四言，七韵。正书。

二二、大唐故处士霍君墓志铭并序　　《目》二四

贞观十八年（644）七月十一日　　《中》〇四九九

讳恭，字弘肃，行唐人。贞观十八年六月廿六日卒，年五十□。

祖道奇，父孝骞。

碑共二十六行，行二十六字。铭分三段：首段四言四韵，次段四言四韵，末段七言六句四韵。正书。

二三、大唐故杨君墓志铭并序　　《目》二五

贞观二十年（646）四月廿四日

讳德，字世师，虢州弘农人。贞观二十年四月

十二日卒，年四十八。

祖安，随徐州司法。父华，江阳副宰。

有盖篆书：杨（楊）君墓志。

碑共十九行，行十九字。铭四言，八韵。正书。

二四、唐故洛州河南县崇政乡君齐夫人墓志铭并序

《目》二五
《中》〇五二〇
《石》一八〇
《芒》续中二下

贞观二十年（646）五月十一日

东海上人。贞观二十年四月廿九日卒，年八十六。

祖诠，齐岐州诸军事、岐州刺史。父虺，随相州安阳令。

有盖篆书：齐夫人铭（字佳）。

碑共十九行，行十九字。铭四言，十二韵。正书（字佳）。

二五、随处士傅君志铭

《目》二五
《石》一八〇
《芒》四（二）一七下

贞观二十年（646）一月廿四日

讳叔，字秀成，北地灵州人。大业九年（613）卒，年五十五。

祖怀义，周江陵令。父仁弘，随桐庐丞。子无为。

夫人京兆梁氏，贞观廿年卒，年七十五。

碑共二十四行，行二十四字。铭四言，八韵。正书。

二六、李护墓志（原无题）

《目》二五
《石》一八〇
《芒》续（中）三下
《中》〇五二四

贞观二十年（646）六月一日

讳护，字道周，陇西成纪人。贞观二十年五月十二日卒，年五十六。

父宝，子仁纲。

碑共十九行，行十九字。铭四言，六韵。正书（字佳）。

二七、隋故银青光禄殷州刺史志铭 《目》二五

贞观二十年（646）十一月二日 《中》〇五一七

讳师，字大师，河南人。隋世从伐辽。贞观十九年卒，年七十五。

有盖篆书：段君墓志。

碑共三十二行，行三十一字。铭四言，十六韵。正书。

二八、大唐故洛州征士万君墓志 《目》二五

贞观廿一年（647）六月五日

讳德，字道仁，陇西人。贞观廿一年五月廿五日卒，年七十一。

祖公，齐并州晋阳县令。父周，随益州都督。

碑共二十三行，行十五字。无铭。正书。（字佳近六朝。）

二九、大唐故万年县尉孔府君墓志铭 《目》二五

贞观廿一年（647）八月廿八日 《石》一八〇

讳长宁，鲁国邹人。贞观二十年正月十七日卒，年六十九。 《芒》四补一九上

祖察，征东将军。父沓，齐洛州行台司兵参军事。

夫人翟氏。贞观廿一年八月八日卒，年七十二。

碑共二十一行，行二十一字。铭四言，八韵。正书。

三〇、隋故平州录事参军张君墓志 《目》二六

贞观廿二年（648）二月廿一日

讳育，字永珍，魏郡邺人。大业十一年（615）七月十六日卒。

祖和，魏潞州刺史。父达，齐燕州司户。

夫人赵氏，贞观廿二年二月□日卒，年八十七。

碑共二十一行，行二十一字。铭四言，八韵。丝栏，正书（近北朝）。

三一、大唐故上骑都尉益州新津县丞丘君墓志铭并序

《目》二六
《中》〇五四五

贞观廿二年（648）六月廿三日

讳蕴，字怀艺，吴兴人。贞观廿二年五月廿九日卒，年六十七。

曾祖诞，征南将军奉车都尉。祖鳞，奉朝请。父沙，尚书都事。

有盖篆书：丘（丠）君墓志（字佳）。

碑共二十二行，行二十三字。铭四言，八韵。正书。

三二、大唐杨君墓志并序

《目》二六
《石》一八〇
《芒》四（二）二一上

贞观廿三年（649）三月十七日

讳昭字宣政，洛阳人。贞观廿三年二月十五日卒，年七二。祖敬，齐卢氏令。父林，隋宗卫大都督。

有盖篆书：杨君之铭。

碑共二十二行，行二十二字。铭四言，十二韵。正书（字佳，近北碑）。

三三、唐故郡君杨夫人墓志铭

《目》二六

贞观廿三年（649）六月十八日

讳成其，弘农华阴人。贞观廿三年六月三日卒，年八十四。

祖彻，金紫光禄大夫。父裕，随县令。

碑共二十一行，行二十一字。铭四言，八韵。

正书。

三四、唐故青州录事参军李君墓志 《目》二六

贞观廿三年（649）七月十八日 《石》一八〇

讳良，字德师，陇西狄道人。贞观廿三年六月 《芒》三，二一下
廿九日卒，年五十三。

祖政，随卫县令。父节，随豫州录事参军。

碑共十九行，行十九字。铭四言，十二韵。正书。

三五、大唐集州录事参军王文鹭夫人赵氏墓志铭 《目》二七

贞观廿三年（649）九月四日 《中》〇五七九

夫人，河南新安人。贞观廿三年八月三日卒，年廿三。

祖轨，隋硖州刺史。父弘善，唐邢州南和县令。五世祖兴，后魏中书侍郎。曾祖肃，河南尹。

有盖篆书：赵夫人志。

碑共十八行，行十八字。铭四言，八韵。正书（字佳）。

三六、张药墓志（原无题，据目补） 《目》二七

永徽元年（650）十一月一日 《中》〇五九八

讳药，字子，南阳白水人。永徽元年十月十四 《石》一八〇
日卒，年六十五。祖通，齐扬州刺史。父隋临洺 《芒》三，二二上
县令。

夫人李氏，永徽元年十一月一日卒。

碑共十九行，行二十一字。铭分三段，首段四言，次段四言，末段，散行。正书。

三七、唐故郝君墓志铭并序 《目》二七

永徽二年（651）四月廿一日

讳荣，字通，并州太原人。贞观廿二年（648）

十二月六日卒，年七十二。

夫人张氏，永徽二年四月七日卒，年六十七。

碑共二十行，行二十字。铭四言，十六韵。用四韵部，不分段。

丝栏，正书。

三八、大唐故骠骑将军孙君墓志□序 《目》二八

永徽二年（651）九月六日

讳迁，河南洛阳人。永徽二年八月九日卒，年六十四。

曾祖覬，周熊州刺史。祖训，齐襄州刺史，周特进开府。父建，周使持节□仪同三司，隋大将军、通议大夫、定州长史。

夫人王氏，永徽二年七月十九日卒，年六十八。

碑共二十三行，行二十三字。铭四言，十五韵。正书。

三九、唐故游击将军右武卫幽州潞城府果毅都尉魏公墓志铭并序 《目》二八

永徽三年（652）十月廿五日

讳德，字开仁，钜鹿人。武德八年（625）起家秦王府队正。贞观元年（627）转左亲卫队正。十一年（637）授游系将军，守幽州潞城府果毅。十八年（644）鄜州洛安府果毅。

永徽元年九月廿六日卒，年六十七。

祖伯，齐瀛州刺史。父荣，隋开府仪同三司大将军。

碑共二十五行，行二十五字。铭四言，十四韵。正书。

四〇、唐故处士张君墓志 《目》二九

永徽四年（653）正月廿一日

讳洛，字子春，南阳西鄂人。永徽三年十二月廿七日卒，年六十六。

曾祖敬，魏镇东将军、使持节泗州诸军事，泗州刺史，加金紫光禄大夫。祖景，齐明威将军，㑺藏令，周授洛州市令，隋授昌州舂陵县令，加明威将军。父士隆，隋申州罗山令。

碑共二十一行，行二十二字。铭四言，八韵。正书。

四一、唐故将仕郎刘君墓志铭 《目》二九

永徽四年（653）二月二十日

讳裕，字褒，河南人。永徽四年二月十四日卒，年四十八。

碑共十九行，行十九字。铭四言，九韵。正书。

四二、张君墓志铭 《目》二九

永徽四年（653）三月廿一日

讳逸，字豊，南阳人。永徽四年二月廿七日卒，年五十二。

碑共十行，行十字。铭四言，五韵。正书。

有盖篆书：大唐故张府君墓志铭。

四三、大唐故李君墓志铭并序 《目》二九 《石》一八一 《芒》四（二）二九下

永徽四年（653）五月十日

讳智，字元哲，洛州洛阳人。永徽四年四月十九日卒，年七十。

曾祖信，齐并州别驾。祖仁，齐□州县□丞。父晖，隋左藏令。

碑共十九行，行十九字。铭四言，八韵。正书。

四四、隋故千人校尉周君墓志铭并序 《目》二九

永徽四年（653）七月廿三日 《石》一八一

讳藻，字满才，汝南人。永徽四年卒。 《芒》四（二）三〇下

碑共二十五行，行二十五字。铭四言，十六韵。正书。

四五、唐右骁卫朔坡府故折冲都尉段公墓志铭 《目》三〇

永徽四年（653）十二月十九日 《石》一八一

讳会，字志合，漕州邹平人。永徽三年七月十七日卒，年五十九。 《芒》三，二三上 《芒》上一九下

父师，散骑常侍、光禄大夫，赠洪州都督、八州诸军事、益都县开国公，谥信公。

夫人吕氏，永徽四年十一月十九日卒，年五十八。

碑共二十五行，行二十五字。铭四言，二十韵。正书。

四六、大唐故处士赵君夫人郭氏之墓志 《目》三〇

永徽五年（654）二月廿一日

讳嘉，字善通，本南阳人。永徽四年十二月十四日卒，年六十四。

曾祖达，隋岱州□□县丞。祖满，隋三乡府校尉。父□，隋建节尉。

碑共二十二行，行二十三字。铭四言，九韵。正书。

四七、唐故王君墓志铭 《目》三〇

永徽五年（654）三月廿四日 《石》一八一

讳才，字玄德，太原人。永徽五年正月一日 《芒》四（二）三

卒，年六十三。曾祖绍隆，齐别驾。祖和，魏 三上
县令。

碑共十九行，行十九字（两行二十字）。铭四言，三韵。正书。

有盖篆书：王君之铭。

四八、唐故颍州下蔡县令李府君墓志铭并序 《目》三〇

永徽五年（654）三月廿七日

讳信，字君谅，陇西成纪人。永徽五年三月八日卒，年七十七。

祖奉节，后魏员外散骑侍郎。父贵，随相州临漳主簿。

碑共二十四行（末行空），行二十四字。铭四言，十韵。正书（字佳）。

有盖篆书：李（）君之志。

四九、大唐故陪戎副尉韩君墓志铭并序 《目》三〇

永徽五年（654）十月七日

讳怀，字善才，昌黎人。永徽五年八月廿九日卒，年八十。

祖仁，齐洛州丞。父恭，隋新安县令。

夫人樊氏，大业十三年（617）卒。

碑共二十五行，行二十五字。铭四言，二十韵。正书。

有盖篆书：韩君墓志（字佳）。

五〇、唐故杨君墓志铭并序 《目》三〇

永徽五年（654）九月廿五日

讳贵，字元宗，弘农华阴人。贞观元年（627）十月十五日卒，年六十二。

祖恭，北齐荆州司户。父弘，周下博县丞。

夫人武氏，授缑氏乡君。永徽五年九月三日

卒，年八十三。

碑共二十四行，行二十四字。铭四言，十二韵。正书。

五一、隋故东宫左亲侍卢君墓志铭　《目》三〇

永徽六年（655）三月三日

讳万春，范阳涿人。武德三年（620）九月十六日卒，年四十八。

曾祖文异，魏员外散骑常侍、太中大夫。祖士昂，齐广平郡守。父义干，永宁县令。

夫人崔氏，贞观廿三年（649）二月八日卒于岐州，年六十二。

碑共二十七行，行二十七字。铭四言，二十韵。正书。

五二、唐故黄君墓志　《目》三〇　《石》一八二　《芒》四（二）三八下

讳罗汉，字道亮，荆舒楚人。年五十先卒。

夫人李氏，永（徽）六年（655）七月一日卒。

碑共二十二行，行二十一字。铭四言，十二韵。正书。

有盖篆书：黄君墓志。

五三、唐故刘夫人墓志铭并序　《目》三一

永徽六年（655）十二月七日

讳妙姜，并州晋阳人。永徽六年十一月十五日卒，年六十二。

曾祖景，魏天水郡太守。祖威，周凉州别驾。

夫杨康，弘农华阴人。父详，凉州白云县令。

碑共二十一行，行二十一字。铭四言，九韵。正书。

有盖正书：大唐故刘夫大墓志铭。

五四、唐故始州黄安县丞高君墓志铭并序 《目》三一

永徽六年（655）十二月廿五日

讳俨仁，字俨仁，渤海蓨人。永徽六年十二月三日卒，年六十七。

曾祖敖，曹魏骠骑大将军、司徒太尉、永昌郡王。祖道豁，齐开府仪同三司，隋黄州刺史、黄州诸军事，封永昌王。父孝德，青州益都县令。

夫人崔氏。

碑共二十八行，行二十七字。铭四言，二十二韵。正书。

五五、唐故王君墓志铭并序 《目》三〇

永徽六年（655）□月九日 《芒》续（中）七上

讳宽（寛），字士远，太原人。永徽五年闰五月十六日卒，年七十三。

祖威，齐青州治中。父恭，隋汴州司法。

夫人常氏。永徽五年八月一日卒，年六十三。

碑共二十一行，行二十字。铭四言，五韵。正书。

有盖篆书：王君墓志。

五六、唐故处士赵君墓志铭并序 《目》三二

显庆元年（656）六月四日

讳通，字孝孙，洛阳人。显庆元年五月廿三日卒，年六十六。

祖澄，齐河南从事。父遒，齐济阳书佐。

碑共十八行，行十八字，铭四言，九韵。正书。

五七、唐故韩君墓志铭并序 《目》三二

显庆元年（656）八月五月（记在末行） 《石》一八二

讳玄，字君素，昌黎人。齐起家，授营州长史。（显庆元年）七月十八日卒，年六十九。

祖泰，魏冠军将军。父礼，齐金紫光禄大夫。

碑共二十二行，行二十二字。铭四言，正书。

《芒》四（二）四一上

五八、唐故左武侯桑泉府司马程君墓志铭

显庆元年（656）十二月十二日

讳鹭，字宝柱，广平曲安人。显庆元年十月十一日卒于蒲州桑泉府，年六十五。

碑共十四行，行十四字。铭四言，八韵。正书。

《目》三二

《中》〇七〇三

《石》一八二

《芒》四（二）四四上

五九、唐故王君墓志

显庆二年（657）正月十四日

讳段，字通，江东人。显庆元年十二月廿二日卒，年六十八。

祖彪，父如。

碑共十四行，行十四字。铭四言，四韵。正书。

有盖篆书：王君之铭。

《目》三二

《中》〇七〇四

《石》一八二

《芒》四（二）四五上

六〇、大唐故岗州录事参军元府君墓志铭并序

显庆二年（657）三月八日

讳则，字法详，河南洛阳人。授贝州漳南县尉，迁渝州南平县令。显庆二年二月廿九日卒，年五十七。

祖惠□，□梁州别驾豫州长史。父大通，隋吴郡昆山县令。

碑共十八行，行十八字。铭四言，四句。正书。

《目》三二

六一、大唐故段君墓志铭并序　　《目》三二

显庆二年（657）三月廿一日　　《石》一八二

讳秀，字森，洛州河南人。起家郡功曹，迁瀛州河间县丞。　　《芒》四（二）四五下

贞观十二年（638）二月十二日卒，年六十。

碑共十九行，行十九字。铭四言，七韵。正书。

有盖篆书：段君墓志。

六二、□故隋门下坊录事南阳张君墓志铭并序　　《目》三二

显庆二年（657）四月十六日

讳相，字仲容，南阳西鄂人。显庆二年三月廿九日卒，年七十五。

祖休，齐冀州刺史。父颙，隋魏州贵乡县令。子行俨。

碑共二十行，行二十字。铭四言，十一韵。正书。

有盖篆书：张君之志。

六三、大唐陇州吴山县丞王君墓志铭并序　　《目》三三

显庆二年（657）六月三日　　《石》一八二

讳立，字懋蓺，北海太原人。显庆二年五月十三日卒，年六十九。　　《芒》四（二）四六下

祖陶，齐司农卿并州刺史。（父）触，隋□、□二州司马。子玄辩。

夫人成氏，武威人，齐廉定二州刺史宁之次女。贞观十三年（639）五月四日卒于吴山县官舍，年四十三。

碑共二十四行，行二十三字。铭四言，共十七韵。正书。

有盖篆书：王君之志。

六四、唐故缑府君墓志铭并序

《目》三三
《石》一八二
《芒》四（二）四七下

显庆二年七月十二日镌（记在末行）十六日葬

讳纲（绖），洛州洛阳人。显庆二年六月廿一日卒，年六十一。

祖达，周相州司马。父宝。隋郑州阳武县令。

碑共二十行（空一行），行二十字。铭四言，八韵。正书。

六五、唐故阳城县白土乡君孔氏墓志铭

《目》三三

显庆二年（657）九月十七日

讳□，鲁郡曲阜人。显庆二年七月卅日卒，年八十六。

祖晟，北齐淮安府参军。父劃，隋魏郡书佐。子将佐郎君英。

碑共二十一行，行二十一字。铭六言，六韵。正书。

六六、唐故姚处士墓志铭并序

《目》三三
《石》一八二
《芒》四（二）四九上

显庆二年（657）十一月廿二日

讳□，字忠节，河南人。十月三日卒，年七十三。

曾祖□，齐□扬州长史。祖□，□洺州司法参军。父荣，隋□州汤阴县令。

夫人彭城刘氏。

碑共十七行，行十七字。铭四言，五韵。正书。

六七、大唐故慕容夫人墓志铭

《目》三三
《石》一八二
《芒》四（二）五〇上

显庆三年（658）正月廿三日

讳丽，字仙娥，相州邺县人。显庆二年七月十六日卒，年六十五。

子寿州霍邱县尉师（曹姓）。

碑共十八行，行十九字。铭四言，八韵。正书。

六八、大唐故王君墓志铭并序 《目》三三

显庆三年（658）四月廿日

讳法，字客僧，太原人。显庆三年四月六日卒，年六十八。

祖煞鬼，周右卫大将军。父伯仁，任千牛。

碑共十八行，行十八字。铭九句，似未完。正书。

六九、张君夫人王氏墓志 《目》三三

显庆三年（658）五月廿一日

讳媛，字□□，琅邪临沂人。显庆三年四月廿六日卒，年四十三。

祖赞，父荣。

碑共十八行，行十八字。铭四言，八韵。正书。

七〇、唐舒州同安县丞爨君夫人张氏墓志铭并序 《目》三四

显庆三年（658）九月廿三日 《石》一八二

讳端，南阳人。显庆三年九月六日卒，年六十四。 《芒》四（二）五一上

祖方德，周成都县令。父珍，隋太常丞。长子务本，次子知□。

碑共二十二行，行二十三字。铭四言，十三韵。正书。

有盖篆书：张夫人志。

七一、唐故霍君墓志铭并序 《目》三四

显庆三年（658）十二月十三日殡（记在末行） 《石》一八三

讳万，字万敌，河南洛阳人。显庆三年十一月 《芒》四（二）五

十二日卒，年六十九。 二上

祖某，周举孝廉。父汉胡，齐征仕。

碑共十七行，行十九字。铭四言，五韵。正书。

七二、大唐故将仕郎张君墓志铭并序 《目》三四

显庆四年（659）四月三日

讳□，字安都，南阳白水人。显庆四年三月十五日卒，年□□。

曾祖肃，周魏州长史。祖午，齐百工监。父嘉，隋荆州司户。子文经。

碑共十八行，行十八字。铭四言，五韵。正书。

七三、唐故支君墓志铭 《目》三四

显庆四年（659）七月九日 《石》一八四

讳怀，字通，洛州河南人。显庆四年六月十四日卒，年□一。祖寿，父贤。 《芒》（上）二六下

碑共二十一行，行二十一字。铭四言，八韵。正书。

有盖篆书：支君志铭。

七四、大唐故北平县令董府君墓志并序 《目》三五

显庆四年（659）十月廿七日 《石》一八三

讳明，字德淹，陇西成纪人。解褐隆化府师都督，迁左屯卫府长史，高□郡北平县令。卒年七十八。 《芒》四（二）五四上

祖裕，周给郡司马。父由，隋永城县令。

夫人显庆四年十月十一日卒，年七十四。

碑共二十行，行二十字。铭四言，十二韵。正书。

有盖篆书：大唐故董府君墓志铭。

七五、唐故李府君墓志铭并序 《目》三五

显庆四年（659）十一月十八日

讳三，字达，陇西成纪人。显庆四年闰十月廿二日卒，年五十三。

曾祖纂，祖颇，父考达。子辩言。

碑共二十行，行二十字。铭四言，八韵。正书。

七六、唐故张夫人墓志铭并序 《目》三五

显庆四年（659）十二月十二日

夫人讳英，河内修武人。显庆四年十一月廿七日卒，年卅四。

祖子，隋鹰扬郎将。父善，隋相州临漳县令。夫赵氏。

碑共十七行，行十八字。铭四言，六韵。正书（字近龙门）。

篆盖：张夫人志铭。

七七、大唐故翟君墓志铭并序 《目》三五

显庆五年（660）二月二日

讳惠隐，洛阳人。显庆四年五月廿二日卒。

祖纪史直，魏州长史。父道生干，齐百工监丞。

碑共十七行，行二十字。铭四言，八韵。正书。

（首段前四句与张安都铭相同，六、七、八句疑有错）。

七八、大唐故贾君墓志铭并序 《目》三五

显庆五年（660）二月二日

讳元叡，字元叡，河南洛阳人。显庆五年正月

廿二日卒，年十七。

未有伉俪，以卫氏女为冥婚。

碑共十七行，行十七字。铭四言，八韵。正书。

七九、大唐尚书都事故息颜子之铭 《目》三五

显庆五年（660）五月二日

讳襄子，字智周，琅邪人。显庆五年四月廿七日卒，年十六。

文林郎刘毅故第二女为冥婚。

碑共十五行，行十五字。铭四言，十八韵。正书。

八〇、唐故昭武校尉任君墓志铭并序 《目》三六

显庆五年（660）七月廿七日

讳德，字愿德，乐安人。贞观十七年（643）十一月廿七日卒，年五十三。

祖俭，齐晋阳令。父廉，齐著作郎。

夫人乐氏，讳令姿，霤寿人。显庆五年七月十四日卒，年七十。

碑共二十二行，行二十一字。铭四言，五韵。正书。

八一、唐□南阳张府君墓志铭并序 《目》三六

显庆五年（660）八月四日

讳怀文，河南洛阳人，贞观十五年（641）正月十二日卒，年六十一。

父嵩，隋殿中别驾。

夫人渤海高氏。

碑共二十二行，行二十五字。铭四言，十二韵。正书。

八二、唐故会稽县丞李君夫人韩氏墓志铭并序 《目》三六

显庆五年（660）八月十六日

夫人□□，颍川人。显庆五年（660）七月廿五日卒，年七十二。

祖朗，后平东将军营州刺史。父轨，申州司法固安令。子思彦。

碑共十八行，行十八字。铭四言，八韵。正书。

八三、洛州河南县洛邑乡关预仁妻茹氏墓志并序 《目》三六 《石》一八四 《芒》四（二）五八下

显庆五年（660）九月四日

夫人茹氏，河南郡金乡公之女。显庆五年八月十一日卒，年七十一。

碑共二十行，行二十字。铭四言，十韵。正书。

有盖古文花边：茹崗（夫人）志铭。

八四、大唐故文林郎耿君墓志铭并序 《目》三六

显庆五年（660）十一月十二日

讳文训，钜鹿宋子人。显庆五年十月十六日卒，年七十一。

祖俊，周校书郎。文相，隋洹水令。

碑共十八行，行十八字。铭四言，八韵。正书。

八五、梁夫人（姚）氏墓志并序 《目》三六

显庆五年（660）十一月廿九日记（刻在末行）

夫人讳弟，字琰珪，安定人。显庆五年十一月六日卒，年□□。

祖相，齐吴王府长史。父元，隋汾州大宁县令。嗣孙乾福。

碑共二十行，行二十字。铭四言，十二韵。正书。

八六、唐故绵州博士张君墓志铭

《目》三六

显庆六年（661）二月七日

讳武，字蔚，清河人，寓居洛阳。显庆五年六月一日卒于绵州官舍，年卅四。

碑共十八行，行十八字。铭四言，六韵。正书。

八七、大唐故□□朱君墓铭

《目》三六

显庆六年（661）二月癸酉

讳□，字□璋，河南洛阳人。显庆辛酉六年（661）正月廿三日卒，年八十。

碑共二十一行，行二十一字（甚残损）。铭四言，十六韵。正书。

八八、大唐故王君墓志铭并序

《目》三六

显庆六年（661）二月十九日

讳敏，字宝达，太原人。卒年六十四。

祖多，齐宋城令。父穆，隋恒安府鹰扬郎将。

碑共十九行，行十九字。铭四言，八韵。正书。

篆盖：王君之志。

八九、洛州河南县录事王君墓志

《目》三七
《石》一八四
《芒》四（三）一上

龙朔元年（661）三月十九日

讳宽，字行伦，琅邪临沂人。显庆六年二月卅日卒，年六十七。

祖龙，周处士。父□，并州录事参军。

夫人李氏。

碑共十九行，行十九字。铭四言，八韵。正书。

九〇、大唐故云骑尉王府君及夫人魏氏墓志铭并序

《目》三七
《石》一八四
《芒》续（中）八上

龙朔元年（661）四月廿一日

讳朗，字玄明，太原晋阳人。永徽六年（655）十二月十日卒，年六十三。

父粲，沂州录事参军。子元宗、元卿。

夫人钜鹿中山人，父彦，后魏仆射收之后。龙朔元年四月四日卒，年六十七。

碑共二十三行，行二十三字。铭四言，四韵。正书。(第七句疑漏刻一字。)

九一、唐故上谷侯夫人义明乡君谭氏铭并序

《目》三七
《石》一八四
《芒》续（中）九上

龙朔元年（661）八月廿一日

夫人讳二娘，雁门人。龙朔元年七月廿六日卒，年九十七。

曾（祖）叡，齐青州刺史。祖师，梁弘农令。父约，隋河间令。

碑共十九行，行二十字。铭前十句六言，后四句七言，七韵。正书。

九二、大唐故夫人竹氏墓志铭并序

《目》三七
《石》一八四
《芒》续（中）一〇上

龙朔元年（661）九月廿三日

夫人讳妙，字须摩，辽西人，孤竹君之后。龙朔元年九月三日卒，年六十三。

祖弘宝，周青州录事参军，转相州司马。父怀威，隋幽州蓟县尉。

碑共二十二行，行二十二字。铭四言，十六韵。正书。

有盖古文：（竹）（氏）之志。

九三、故文林郎爨君墓志铭并序

《目》三七
《石》一八四

龙朔元年（661）十月八日

讳□，字□，雁门人。龙朔元年九月五日卒，年六十二。 《芒》续（中）一〇下

祖猷，隋益州录事参军。父宗。子文林郎仁轨。

夫人张氏，显庆三年（658）十一月六日卒，年五十。

碑共二十二行，行二十三字。铭前十二句四言，末二句六言，七韵。正书。

九四、唐故□□房君墓志铭 《石》一八四

龙朔元年（661）十月十一日 《芒》续（中）一一下

讳宝□，字□宝，河（南）洛阳人。显庆五年（660）九月廿日卒，年六十。 《芒》四（三）二下

曾祖□，周□洵长□恒五州刺史。祖□，隋使持节□徐二州刺史。父叔，齐王右一府大将军。子僧荣。

妻王氏，贞观十□年六月廿三日卒。

碑共二十六行，行二十七字。铭四言，十六韵。正书。

九五、□□故郭处士墓志铭并序 《目》三七

龙朔元年（661）十月十一日 《石》一八四

讳寿，字君雅，太原人。龙朔元年九月十九日卒，年六十五。祖元象，父贵。 《芒》四（三）一下

碑共二十一行，行二十一字。铭四言，四韵。正书。

九六、大唐故张府君墓志铭并序 《目》三七

龙朔元年（661）十月廿三日

讳宝，字什藏，南阳人。贞观十二年（638）卒，年六□。

曾祖庆，齐开府仪同三司。祖义，隋任□□县

令，皇朝上仪同。子□，定州恒阳县丞。

夫人魏氏，龙朔元年七月十二日卒，年七十八。

碑共二十行，行二十字。铭四言（疑有脱句）。正书。

九七、唐故李君墓志铭并序 《目》无

龙朔元年（661）十一月廿九日

讳护，字令休，陇西狄道人。初仕隋，后“背伪从真”，“除开府之职”，“加武骑之官”。龙朔元年十月四日卒，年六十八。

曾祖英，魏兵部员外郎。祖略，齐镇东将军。父才，随陕州陕县令。嗣子仕约。

夫人吴氏，贞观十三年（639）卒。

碑共二十五行，行二十五字。铭四言，十六韵。正书。

九八、唐故潞州上党县丞刘氏贾夫人墓志铭并序 《目》三七

龙朔二年（662）四月十四日

夫人讳令□，洛阳人。龙朔二年三月十三日卒，年六□。

祖彦，隋会稽太守。父宜，隋正议大夫，唐文林。

碑共十九行，行十九字。铭四言（末两句六言）。正书。

九九、唐故陪戎副尉张君墓志并序 《目》三七

龙朔二年（662）四月十四日

讳伯通，字思廉，南阳白水人。贞观十年（636）授陪戎副尉。龙朔二年三月十五日卒，年八十五。

祖诞，齐定州司马。父超，隋冀州司户参军。

碑共二十一行，行二十二字。铭四言，八韵。正书。

有盖篆书：张君之志。

一〇〇、大唐陇西王府侯司马故妻窦夫人之铭并序 《目》三七

龙朔二年（662）五月廿六日

夫人□□，洛州洛阳县人。龙朔二年五月十二日卒，年卅八。

碑共十七行，行十七字。铭四言，八韵。正书。

篆盖：窦夫人之志。

一〇一、唐故洛州洛阳县冯夫人墓志（记在末行） 《目》三七

龙朔二年（662）五月廿六日

夫人□□上党郡人。龙朔二年四月七日卒，年七十四。

曾祖温，周吏部承奉郎。祖嘉，本郡□□。父□，隋青州博昌县令。

夫王君，永徽二年（651）正月廿三日卒。

碑共十八行，行二十字。铭四言，十三韵。正书。

一〇二、大唐卫州洪城县故夫人墓志铭 《目》三八

龙朔二年（662）六月二日 《石》一八四

夫人□，□州望江人。龙朔二年五月廿三日卒，年七十。 《芒》四（三）五上

碑共十八行，行十八字。铭四言，五韵。正书。

一〇三、唐故开府索君墓志铭并序 《目》三八

龙朔二年（662）七月廿二日 《石》一八四

讳玄，字德伟，敦煌人。贞观十六年（642）八月七日卒，年五十四。 《芒》三，二七上

祖彦，齐□州长史。父沙，隋淮阳郡司户。长子寃，次子义。

夫人左氏，南阳人。龙朔二年六月十二日卒，年六十八。

碑共二十二行，行二十二字。铭四言，四韵。正书。

有盖篆书：索君墓志。

一〇四、唐故张处士墓志铭并序 《目》三八

龙朔二年（662）六月廿七日 《石》一八四

讳□，字章，河南洛阳人。贞观五年（631）五月十四日卒，年五十一。 《芒》四（三）六上

祖贤，父干。子思言。

夫人尹氏。龙朔二年六月十二日卒。

碑共二十行，行二十一字。铭四言，十二韵。正书。

一〇五、唐越州诸暨县主簿宫君夫人秦氏墓志铭并序 《目》三八 《石》一八四

龙朔二年（662）八月十日 《芒》四（二）七下

夫人讳冲，洛阳人。龙朔二年三月十三日卒，年卅九。

祖雄，隋仪同三司。父应，将仕郎。

碑共二十行，行二十字。铭四言，九韵。正书。

一〇六、唐孙君故夫人宋氏墓志铭并序 《目》三八

龙朔三年（663）二月十二日

夫人□□，广平人。龙朔三年正月廿八日卒，年廿二。

碑共十八行，行十九字。铭四言。正书。

有盖篆书：大唐故宋夫人墓志铭。

一〇七、唐故段君墓志铭并序 《目》三八

龙朔三年（663）四月二日 《石》一八五

讳文会，字□□，洛阳人。龙朔三年三月廿八日卒，年廿五。 《芒》四（三）八下

曾祖亡，祖承，父师，弟子大，男多侯、小侯，女妙儿。嗣子多侯。

碑共十六行，行十七字。铭疑有衍文。正书。

一〇八、唐故程夫人墓志铭并序 《目》三九

龙朔三年（663）八月廿一日 《石》一八五

夫人字令秀，广平人。适张氏。龙朔二年四月廿八日卒，年七十五。 《芒》四（三）一〇上

祖许文，经相州长史。父嵩朗，隋武阳郡冠氏县令。

碑共十八字，行十七字。铭四言，七韵。正书。

有盖篆书：程夫人志。

一〇九、唐斛斯处士张夫人墓志并序 《目》三九

龙朔三年（663）□月四日

夫人□□，南阳白水人。龙朔三年九月□日卒于洛州河南县。

曾祖中，祖文，父金，隋任相州清河县令。

碑共二十三行，行二十四字。铭四言，十六韵。正书。

一一〇、洛州洛阳县处士李君墓志铭并序 《目》无

龙朔□年十□月五日

讳英，字雄，陇西敦煌人。龙朔□年□月七日

卒，年七四。

祖□，字□，齐滑州州都。父弘，字寛，隋黎州司□参军。

夫人周氏。贞观十五年（641）□月廿七日卒，年四十七。

碑共十八行，行十八字。铭四言，三韵。正书。

一一一、唐故隋立信尉袁君墓志铭并序　　《目》三九

龙朔□年十□月十□日　　《石》一八五

讳相，字厉俗。汝南人。龙朔□年十月五日卒，年七十八。　　《芒》四（三）一三下

祖颜，隋□龙镇将。父摩□，□都郡主簿。嗣子崇庆。

碑共二十行，行二十一字。铭四言及六言，共六韵。正书。

一一二、唐故前寿安县博士始安秦君墓志铭并序　　《目》三九

麟德元年（664）三月廿五日

讳宝，字连城，始安人。麟德元年□月卅日卒，年卅八。

曾祖□，齐明威将军。大父朗，隋司隶刺史。父孩，唐昭武校尉。

碑共二十行，行二十一字。铭四言，七韵。正书。

一一三、唐□前朔州善阳县丞乐君墓志铭并序　　《目》三九

麟德元年（664）四月七日

讳玄德，字宝积，洛□□南县人。龙朔三年（663）八月廿日卒于官舍，年五十四。

祖穆，齐密州刺史。父希有，隋徐州司仓。

碑共二十四行，行二十三字。铭四言，十六韵。正书。

一一四、洛中处士孟君墓志铭并序

《目》四〇
《石》一八六
《芒》四（三）一四下

麟德元年（664）十一月二日

讳师，字大雅，东海邹人。麟德元年十月八日卒，年七十。

祖龙，字彦，隋太常寺丞。父晖，字玄珪，和川长史。

碑共二十行，行二十一字。铭四言，十九韵。正书。

有盖篆书：孟君志铭。

一一五、大唐故段府君夫人墓志铭并序

《目》四〇

麟德元年（664）十一月五日

讳赜，子义玄，武威姑臧人。贞观三年（629）十二月廿五日卒，年卅一。

祖凝，齐豫州刺史。父光，隋袭荫文成王府记室参军事。

夫人河南茼氏，麟德元年六月十八日卒，年六十一。

碑共二十三行，行二十三字。铭四言，十六韵。正书。

一一六、唐故泾阳县令梁君墓志铭并序

《目》四〇
《石》一八五
《芒》三，二九下

麟德元年（664）十一月五日（记在末行）

讳秀，字弘粲，河南缑氏人。授通议大夫。显庆四年（659）闰十月五日卒，年九十二。

祖明，北齐骠骑将军。父达，隋河阳镇将。嗣子郑鄜府队副。

夫人曹氏，谯郡人，魏大将军真夫人之光，年甫二八言归梁氏，麟德元年五月廿日卒，年九十七。

碑共二十四行，行二十四字。铭五韵，首六句四言，第七、八句六言，第九、十句七言。正书。

一一七、□□故台州录事参军袁府君墓志之铭　　《目》四〇

麟德元年（664）十一月十六日　　《石》一八六

讳弘毅，字季严，陈郡人。弱冠任散从员外郎，唐荆州□安县丞、台州录事参军。龙朔二年（662）七月十二日卒，年七十五。　　《芒》续（中）一五下

曾祖昂，梁□□吏部尚书左仆射、司空、穆正公。祖君方，梁蜀郡太守、右尚书。父梵，陈黄门侍郎、行丹阳尹。长子师节，东宫左勋卫。

夫人京兆韦氏。

碑共十九行，行十九字。铭四言，九韵。正书。

一一八、□□……轻车都尉强君墓志铭并序　　《目》四〇

麟德元年（664）十一月廿八日

讳伟，字玄英，扶风人。麟德元年五月廿六日卒于长城官邸，年五十七。

贞观七年（633），任国子生。应诏举除□州宗城县丞。十□年，应诏举授豪州钟离县令。十八年，将作大匠阎立德江南造船，召为判佐。廿一年（647），副虞部员外郎唐逊造海舫一千艘。副宋州刺史玉波利更造海船事异。副兵部员外裴明礼运粮辽碣，为执事所疑，改除婺州信安县令。

永徽五年（654）授□州司马，又改授湖州长城县令。

曾祖乐，后魏岐州大中正真阁将军、凉州诸军事、凉州刺史、□兴郡开国侯，赠二、岐、秦、宁、义五州诸军事，五州刺史，改封□□县开国公，食邑一千户。祖晷，后魏岐州州都车骑大将

军、仪同三司、文州诸□□□□刺史，袭封金陵公。父琓质，唐始平县令，大理司直、华州别驾、尚书□□□□□州都督府长史，尚书兵部郎中、永州诸军事、永州刺史。子□□婴。

夫人陇西辛氏。父昌，隋文帝左千牛，祖□，魏户部、兵部尚书曹仁等七州刺史侍进，谥□□公。

碑共三十二行，行三十三字。铭分五段，首四段四言四韵，末段前四句四言二韵，后三句六言两句，七言一句，用二韵。正书。

一一九、大唐故王君墓志铭并序

《目》四〇 《石》一八六 《芒》四（三）一四下

麟德元年（664）十一月廿八日

讳达，字文□，太原人。麟德元年十一月廿一日卒，年五十九。

祖□，父宠。

碑共十八行，行十九字。铭四言，六韵。正书。

有盖篆书：大唐故王府君墓志铭。

一二〇、成夫人刘尚墓志（原缺，据目补）

《目》四〇

麟德二年（665）正月三日

夫人讳尚，沛郡彭城人，楚元王交之后。麟德元年十二月廿八日卒，年卅六。

祖英，周陈州太康县令。父仁，隋申州义阳县令。胤子道始。

碑共二十行，行二十一字。铭四言，九韵。正书。

一二一、大唐故怀音府队正飞骑尉侯君墓志铭

《目》四〇 《石》一八六 《芒》四（三）一六上

麟德二年（665）

讳僧达，本出陇西，今为河南人。麟德二年闰三月廿八日卒，年五十。

碑共十八行，行十八字。铭四言，十二韵。正书。

一二二、大唐故河东王夫人墓志之铭并序

《目》四〇
《石》一八六
《芒》三，三一上

麟德二年（665）五月十三日

夫人讳师，字化，并州太原人。麟德二年五月四日卒，年六十二。

祖隋加邑号同昌公，唐授朝议大夫，行庆州长史。父隋巴陵令，唐授朝散大夫。弟蓬州大寅尉，高材县宰。嗣子怀节。

夫西河任唐授朝散大夫，职宰王府。

碑共二十三行，行二十三字。铭四言（末两句六言），廿一韵。正书。

有盖古文：王“亦”（夫人）之铭。

一二三、大唐故史君墓志铭并序

《目》四一
《石》一八六
《芒》三，三二上

麟德二年（665）七月十二日

讳信，字安期，华阴人。麟德二年六月廿五日卒，年六十六。

祖云，隋荆州刺史、六州诸军事、上柱国、期城公。父嵩，唐并州长史、银青光禄大夫、须昌县开国男。子伯陇。

碑共二十一行，行二十二字。铭四言，八韵，用一部不分段。正书。

一二四、大唐故索君墓志铭并序

《目》四一

麟德二年（665）八月三日

讳达，字君通，敦煌龙勒人。麟德二年七月十六日卒，年六十三。

祖□，周沙州鸣沙县令。父才，隋勋官上柱国。

碑共十九行，行十九字。铭四言，八韵。正书。

有盖篆书：索府君铭。

一二五、大唐河东柳尚远妻宇文夫人墓志铭 《目》四一

麟德二年（665）八月十五日

夫人□□，河南洛阳人。麟德二年八月六日卒，年十九。

曾祖忻，隋右领军大将军、上柱国国公。祖运，唐右领左右将军、上柱国、义清县开国公。父怀俭，唐外府寺丞。

碑共十九行，行二十字。铭四言，十六韵，用四部，部四韵不分段。正书。

有盖古文：宇[illegible]（文）[illegible]（夫人）铭。

一二六、大唐故杨君墓志铭并序 《目》四一

麟德二年（665）九月廿五日

讳客僧，弘农人。麟德二年九月五日卒，年七十。

祖暎，齐镇军将军。父柱，隋相州邺令。有子三人：长曰善同。

碑共二十三行，行二十二字。铭四言，十二韵。正书。

一二七、洛州洛阳县上东乡嘉善里王仁表墓志铭 《目》四一

麟德二年（665）十月五日

（序及铭文俱阙）碑共四行，行八字。正书。

一二八、唐故周夫人墓志铭并序 《目》四一 《石》一八六 《芒》四（三）一六下

麟德二年（665）十月十一日

夫人□□，吴郡人。麟德二年九月十五日卒，年八十三。

祖乳，父弘。子左威卫洛汭府队正飞尉。

夫程氏。

碑共二十二行，行二十二字。铭四言，十二韵。正书。

有盖篆书：周𠆤（夫人）之铭。

一二九、大唐故魏氏田夫人墓志铭并序 《目》四一

麟德二年（665）十月十八日 《石》一八六

讳信，平陵人。麟德二年九月廿九日卒，年八十五。 《芒》四（三）一七下

龙朔元年（661）十月一日授南阳郡君。

碑共十八行，行十八字。铭四言，八韵。正书。

一三〇、大唐故处士张君墓志铭并序 《目》四一

麟德三年（666）七月三日（按：正月改元乾封）

讳仁，字君道，南阳白水人。麟德三年六月十日卒，年七十七。

碑共十三行，行十五字。铭四言，四韵。正书。

一三一、唐故边君墓志铭并序 《目》四二

乾封元年（666）三月廿九日 （作龙朔二年六月）

讳敏，字文诸，陈留人。乾封元年三月廿九日卒，年四十六。 《石》一八四 《芒》四（三）六下

祖药，隋□马县令，父□，唐青州司士。

夫人汝南人，龙朔二年（662）四月十二日卒，年四十二。

碑共二十三行，行二十二字。铭四言，八韵。正书。

一三二、唐故恒州行唐县主簿崖府君墓志铭并序 《目》四一

乾封元年（666）六月十九日

讳冲，字名器，博陵安平人。永徽三年任梓州

蕴亭县尉，后转今职。乾封元年五月廿九日卒，年五十四。

曾祖长恭，齐中散大夫、沧州长史、安北将军、北海郡守。

祖君□，隋本州州都、瀛州平舒县令。父□元，唐冀州武邑县尉。

碑共二十四行，行二十四字。铭首段四言，末段最后四句六言，十六韵。正书。

一三三、大唐故邢州南和县令赵府君夫人梁氏墓志铭并序 《目》四一

乾封二年（667）二月十八日

夫人□□，安定人，乾封元年二月廿七卒于泾州，年六十五。

曾祖显，周开府仪同三司京兆尹、大鸿胪卿、冠军将军、黄门侍郎、上柱国、临泾郡开国公。祖彦光，周御正大夫、乐部上大夫，隋岐、华、赵、相、青五州诸军事，五州刺史，上柱国，华阳郡开国公。父赞，隋司隶刺史，上柱国、南顿县开国公。子真度，泾州司功参军。

碑共二十七行，行二十六字。铭分五段，四言，二十韵。正书。

一三四、唐故左骠骑左一车骑将军上柱国王君墓志铭 《目》四一

乾封二年（667）二月十八日

讳道智，太原晋阳人，“天子亲事辽阳、三韩……君亲经八十余战，身被七十二疮”。显庆三年（658）十月七日卒，年六十六。

曾祖仲权，胡府长史。祖元弘，齐镇西将军。父君素，隋隋州藻阳县丞、豫州上蔡县令。嗣子玄观，雍州万年县尉。夫人刘氏，彭城人，广平王祭

酒之曾孙，隋临黄令君之女。

乾封元年十月二日卒，年六十六。

碑共二十七行，行二十七字。铭四言，十六韵。正书。

一三五、大唐洛州陆浑县处士张兄仁故夫人成公氏墓志铭并序

《目》四一

（末两行记在左下：乾封二年六月十三日洛州陆浑县张玄恭母墓志）

乾封二年（667）六月十三日

夫人讳义，字提，东郡白马人。年廿一娉于张氏。乾封二年六月三日卒，年四十一。

曾祖基，隋东郡太守。祖善，隋银青光禄大夫、沧州刺史。父义，唐许州阳翟县令。子玄恭。

碑共二十一行，行二十二字。铭四言，十三韵。正书。

一三六、唐故陈君墓志铭并序

《目》四二

乾封二年（667）七月二日

讳寿，颍川昌邑人。乾封二年六月七日卒，年六十六。

祖显，齐奉车都尉、镇西将军、检瀛州刺史。父珫，隋右骁卫长史。

碑共二十行，行二十字（末行二十二字）。铭四言，十九韵。正书。

一三七、唐故隰州大宁县令王君墓志铭

《目》四三

《石》一八六

《芒》四（三）二〇上

乾封二年（667）十月廿二日

讳蓦（目作簒），永徽元年（650）四月十九日卒，年五十三。

曾祖珍，北齐银青光禄大夫、相州司马。祝显，隋左□军骠骑将军。父□，□大宁府鹰击将军。嗣子元真。

夫人吉氏，贞观十三年（639）六月十五日卒，年卅七。

碑共二十二行，行二十二字。正书。

一三八、唐故萁州榆社县令王君墓志铭并序

《目》四三

《石》一八六

《芒》续（中）一七上

乾封二年（667）十月廿二日

讳和，字善志，并州太原人。乾封二年九月七日卒，年七十九。

曾祖显，齐银青光禄大夫、相州司马。祖业，隋襄阳郡守。

父护，隋大宁府鹰击□将。嗣子兰州行参军慈质。

夫人李氏，陇西人，相州邺县丞宗次女。乾封元年十月十七日卒，年七十七。

碑共二十六行，行二十六字。铭四言，十六韵。正书。

有盖篆书：王君志铭。

一三九、大唐黄府君夫人孙氏墓志铭并序

《目》四三

乾封二年（667）十月廿七日

夫人讳智，字三，富春人。乾封二年九月十九日卒，年六十二。

祖懿，隋缑氏县令。父智，唐岐州司马、上护军。

碑共二十行，行二十一字。铭四言，八韵。正书。

一四〇、大唐故右骁卫游击将军安义府右果毅都尉上柱国娄君墓志铭并序

《目》四三

《石》一八六

《芒》四（三）二三上

乾封二年（667）闰十二月十七日

讳敬，字仁，其先齐国人。永徽三年（652），授云骑尉。龙朔元年（661），从总管䍐苾将军辽东道行，除检校果毅，至平壤城铁山阵。赏绯袍银带，授游击将军。检校果毅，又加游击将军。乾封元年（666），复从䍐苾将军辽东道行，检校子总管，并知折冲事。乾封二年七月□□日卒于军中，年五十三。

祖珽，隋真定太守。父荣，隋蔡州别驾。嗣子待宾。

碑共二十六行，行二十七字。铭四言，十六韵。正书。

有盖篆书：娄君墓志。

一四一、大唐故谢君墓志铭并序

乾封二年（667）闰十二月十七日

讳通，字师感，本颍川人，今徙河南。乾封二年闰十二月七日卒，年七十二。

祖良，隋豫州录事参军。父钦，隋申州司户。

碑共十九行，行十九字。铭十二韵，首四段四言，末段四言二句，七言四句，六言二句。正书。

一四二、唐故杜君墓志铭并序 《目》四三

乾封二年（667）闰十二月十七日

讳庆，字才，京兆人。乾封二辛闰十二月九日卒，年四十五。

曾祖安，周豫、虢二州刺史。祖绪，隋肥乡令。父胄。

碑共二十一行，行二十二字。铭四言，八韵。正书。

一四三、唐故张府君墓志诺（铭）并序 《目》四三

丁卯之岁（乾封二年）戊午之朔廿七日

讳鬼，字□毛。清河人。麟德元年十月十七日

卒，年六十八。

父达，隋□阳县令。

碑共二十行，行二十字。铭四言（末二句六言），十六韵。正书。

一四四、唐故靖君夫人墓志铭并序 《目》四三

乾封三年（668）三月十六日

讳彻，字士明，洺州清漳人。贞观十六年（642）九月廿三日卒，年六十三。

曾祖景，周清漳郡丞。祖亮，隋华州录事参军。父祎，唐赵州赞黄县主簿。

夫人王氏，太原人。乾封二年十二月廿六日卒，年七十九。

碑共十六行，行二十四字。铭四言，十二韵。正书。

一四五、大唐通君阎夫人墓志铭并序 《目》四三

总章元年（668）三月七日

夫人讳玄，巴西人。乾封二年（667）一月五日卒，年四十九。

祖真，隋齐州刺史。父通，郰令。嗣子善义。

碑共二十一行，行二十一字。铭四言，九韵。正书。

有盖古文：阍夫人铭。

一四六、彭君墓志铭并序 《目》四三

总章元年（668）七月廿四日

讳义，字深，洛州洛阳人。总章元年七癸未朔廿四日卒。

碑共十七行，行十八字。正书。

一四七、大唐故李君墓志铭 《目》四四

总章元年（668）十一月二日

讳泰，字友仁，陇西成纪人。麟德二年（665）十月廿日卒，年七十二。

曾祖爽，隋洪州司户。祖弘，隋秦州录事参军。父亮，隋陈州别驾。嗣子善崇，次字行德。

夫人杨氏，弘农华阴人。总章元年（卒）。

碑共二十九行，行二十九字。铭共十二韵。正书。

末行记在左下：总章元年十一月二日李君墓志。

一四八、唐故文林郎行洛阳宫青城监监事武骑尉王公墓志铭并序 《目》四四

总章二年（669）二月十一日

讳德，字威德，太原人。麟德元年七月七日卒，年六十三。

祖荣，隋光州司马。父□，□怀州河内县令。

夫人彭城刘氏，隋寿州寿阳县丞琨之孙，唐儒林郎亮之女。

总章元年十二月一日卒，年五十九。

碑共二十二行，行二十二字。铭四言，十三韵。正书。

一四九、唐故上骑都尉康君墓志铭并序 《目》四四 《石》一八七 《芒》四（三）二九上

总章二年（669）七月八日

讳达，其先外国人。总章二年六月廿□日卒，年六十二。

曾祖勖，齐上柱国。祖逵，齐雁门郡上仪同。父洛，隋许州通远府鹰击郎将。

碑共二十一行，行二十一字。铭四言，八韵。正书。

一五〇、大唐杨君墓志铭并序 《目》四四

总章二年（669）八月廿六日

讳行袆，字代□，弘农华阴人。唐明经高第。显庆元年（656），任安州应城县主簿，又任虔州郓都县主簿。总章元年七月五日卒，年□□。

祖兰，齐金城郡守、弘农县开国公。父及，隋河间县令。

碑共十八行，行十九字。铭四言（末二句六言）。正书。

有盖篆书：大唐故杨府君墓志铭。

一五一、大唐故夫人惠氏墓志并序 《目》四四

总章二年（669）十一月十五日

夫人京兆郡武公人，总章二年四月四日卒，年五十九。

祖攸，齐青州千乘县令。父达，隋三乡府鹰扬。

夫耿氏，显庆二年（657）十月十一日卒。

碑共二十六行，行二十七字。铭分八段，第七段六言，余皆四言，二十七韵。正书。

一五二、大唐故勋官飞骑尉兰君墓志 《目》四四

总章二年（669）十二月一日

讳德，字表，洛阳人。总章二年十一月廿四日卒，年□□八。长子玄庆。

碑共十四行，行十四字。铭四言，四韵。正书。

一五三、大唐故程公墓志铭并序 《目》四四

咸亨元年（670）三月十二日

讳义，字元方，广平人。总章三年（670）二月廿七日卒，年□□。

祖鉴，父通。嗣子金德。

碑共十五行，行十九字。铭四言，八韵。正书。

有盖篆书：程君之志。

一五四、大唐故张君墓志铭并序 《目》四四 《石》一八七 《芒》四（三）二九下

咸亨元年（670）闰九月廿日

讳轨，字道彦，清河武城人。咸亨元年九月十四日卒，年六十一。

祖仲，陈雄勇将军，兼长□校尉，马□，江荫二郡太守，云骑将军，又转曲江侯，□随□上仪同三司，使持节信州诸军事，信州刺史。父晓，随右翊卫务德府鹰扬武贲郎将、朝散大夫，又授朝□大夫，兼银青光禄大夫，又授右军□总□，又授金紫□禄大夫，加上大将军、右领军总管、使持□虢州诸军事、虢州总管、江阳县开国公。

碑共二十行，行二十一字。铭四言，八韵（有残损）。正书。

一五五、唐故赵夫人墓志铭并序 《目》四五

咸亨元年（670）十月一日

夫人洛阳县人。咸亨元年闰九月十三日卒，年七十六。

祖雄，父业。嗣子处言、处基。

碑共十八行，行十八字。铭四言，十二韵。正书。

一五六、大唐故汴州中牟县丞乐君墓志铭并序 《目》四五

咸亨元年（670）十月廿八日

讳玄字通才，南阳育阳人，永徽三年（652）三月十七日卒，年六十七。

祖豊，随汴州浚仪县令。父昉，隋骠骑将军。长子毛德。

夫人赵氏，总章三年（670）二月三日卒，年八十四。

碑共二十三行，行二十五字。铭四言（末两句六言），分两段，夫妇各一段，共十二韵。正书。

一五七、隋故金紫光禄大夫右武卫武贲郎将江阳公张府君墓志铭并序 《目》四五 《石》一八七 《芒》四（三）三二上

咸亨元年（670）□□月廿日

讳晓，字士明，清河武城人，徙河南偃师。以□荫□□转左监门，迁务德府鹰扬郎将。唐高祖登极“公横戈挺剑，应接义旗”。武德二年（619）四月四日卒于□州官舍，年五十。

曾祖真，梁武州刺史。祖磻，梁邵陵王府谘议。父仲，陈雄勇将军、□州刺史。

碑共三十三行，行三十四字。铭四言（末两句六言），二十八韵。正书。

一五八、大唐故承务郎前相州林虑县丞奇府君墓志铭并序 《目》四五

咸亨二年（670）五月十四日

讳玄表，字护，其先燕人，今洛阳人。永徽之际（650—655），授登仕郎。麟德二年（665）冬，选蒙拟相州林虑县丞。又授承务郎。

曾祖献，齐齐州长史。祖续，隋并州太原县令。父师。嗣子仲祥。

碑共二十二行，行二十四字。铭四言，九韵。正书。

有盖篆书：奇府君铭。

一五九、□唐故武骑尉岐州雍县主簿谢君墓□并序 《目》四六

咸亨二年（670）七月十二日

讳庆夫，□阙人。咸亨二年三月十二日卒于雍县。

子乘景。

碑共二十二行，行二十二字。铭四言（末两句六言），十七韵。正书。

一六〇、大唐故洛州王君墓志铭并序 《目》四六

咸亨三年（671）正月廿二日

讳师，太原人。咸亨三年正月十日卒，年七十一。

嗣子文表。

碑共十九行，行二十字。铭四言（第九、十两句八言），九韵。正书。

有盖篆书：王君之志。（四旁有四天官图案。）

一六一、唐故上柱国王君墓志铭（原刻斛斯夫人铭总章二年五月廿九日） 《目》四六 《石》一八七 《芒》四（三）三五上

咸亨三年（671）五月廿四日

讳玄，字明感，太原晋阳人。咸亨三年五月九日卒，年四十九。

父君德，武德盐官县令。嗣子阿八。

碑共二十一行，行二十二字。铭四言，十二韵。正书。

末行记云：大唐咸亨三年岁次癸酉五月庚寅（朔）廿四日壬子其日用巽时。

一六二、唐故河州大夏县主簿武骑尉张君墓志铭并序　　《目》四六

咸亨三年（671）十月廿七日

讳弘，字爽，清河清河人。永徽三年（652），授今职。咸亨三年八月十六日卒，年五十九。

曾祖柰，隋瓜州司马。祖昉，隋滑州白马县丞。父达，唐卫州恭城县主簿。

碑共二十四行，行二十四字。铭四言，十五韵。正书。

末行记云：咸亨三年十月廿七日写。

一六三、□□故处士李君墓志铭并序　　《目》缺

咸亨三年（671）十二月三日

讳子如，字仁静，陇西狄道人。咸亨三年十一月十八日卒，年七十九。

夫人南阳韩氏，永徽二年（651）十一月卒。

碑共二十二行，行二十字。铭四言，九韵。正书。

一六四、□唐故张处士墓志铭并序　　《目》四七

咸亨三年（671）十二月廿二日　　《石》一八七

讳义，字成，南阳西鄂人。咸亨三年十月廿日卒，年五十五。　　《芒》四（三）三八下

祖□，齐大都督。父见，左监门录事。

碑共十九行，行二十字。铭四言，十五韵。正书。

一六五、唐故三品孙慕容君墓志铭并序

咸亨四年（673）二月廿八日　　《目》四七

讳知礼，字思恭，昌黎棘城人。前燕高祖武宣皇帝之十一代孙，雅擅词藻，尤工篆隶。显庆四年（659）七月七日卒，年十九。　　《石》一八八　　《芒》三，三四下

曾祖绍宗，魏尚书左仆射、东南道大行台。祖参藏，隋金紫光禄大夫、淮南太守。父正言，唐朝请大夫、行兖州都督府司马。

铭四言，十六韵。正书。

有盖篆书：慕容君志。

一六六、大唐故王夫人墓志铭并序 《目》四七

咸亨四年（673）四月五日

夫人□□并州太原人，咸亨四年（673）三月廿二日卒，年八十一。

祖□，汝、益二州司马。父珍，不仕。嗣子亮征。

碑共二十行，行二十二字。铭四言，十二韵。正书。

一六七、洛州洛阳县张处士墓志铭并序 《目》四七

咸亨四年（673）五月十七日

讳翌，字善宜，邓州南阳人。“精诚布施，勤修无怠；伽蓝营构，远近必臻；经像□书，大小咸预。屋润陶公之宝，家丰车子之钱。”卒年不详，年六十四。

祖僧护，同许州县令。父伽，唐曲□县令。

碑共十八行，行二十字。铭四言，十二韵。正书。

一六八、大唐故上柱国边君墓志铭并序 《目》四七

咸亨四年（673）六月廿六日

讳真，字行感，西凉人。咸亨四年六月五日卒，年五十四。

曾祖清，隋和州司马。祖端。嗣子仁则。

铭四言，十二韵。正书。

一六九、大唐故武骑尉韩君墓志铭 《目》四七

咸亨四年（673）八月二日

讳节，字謩，昌黎人。咸亨四年七月六日卒，年五十二。

祖胡，隋中牟县丞。父才，唐隰州永和县令。

夫人乐氏。

碑共二十一行，行二十二字。铭四言（末段六言），十韵。正书。

有盖篆书：韩君墓铭。

一七〇、大□□黄州行参军韩府君墓志铭并序 《目》四七 《石》一七九有同姓名者

咸亨四年（673）九月廿一日

讳仁师，字子敬，河南人。乾封二年（667）五月九日，授黄州行参军。咸亨二年（671）六月廿六日卒，年五十二。

曾祖超，祖通，父政。子令□。

碑共十八行，行十八字。铭四言（末二句七言），八韵。正书。

一七一、大唐故前齐府直司杨君墓志铭并序 《目》四七

咸亨四年（673）十月三日

讳晟，字世雄，弘农华阴人。隋末释褐建节尉。武德二年（619），任齐王府司直。显庆四年（659）正月十三日卒，年八十四。

祖超，陈鄱阳府长史。父正峦，陈太子洗马。

夫人陇西李氏，泾州司马琼之女，咸亨四年合葬。

碑共二十五行，行二十八字。铭四言，十韵。正书。

一七二、唐故处士王君墓志铭并序

《目》四七
《石》一八八
《芒》四（三）四〇上

咸亨四年（673）十月四日

讳俭，字甑生，太原人。贞观十一年（637）五月廿九日卒，年三十九。

曾祖灵，周昭武校尉。祖珫，隋苏州昆山县令。父彛，隋齐王府亲事。嗣子文殊。

夫人刘氏，咸亨四年八月五日卒，年七十一。

碑共二十九行，行二十九字。铭四言，十六韵。正书。

有盖篆书：王君之铭。

一七三、唐故夫人史氏墓志铭并序

《目》四八

咸亨五年（674）二月廿九日

夫人□□郧人，“崇遵释教，颀信首于法城，标觉蘖于情原，绚心□于意树。”咸亨五年正月廿五日卒，年五十三。

祖河，隋陈州刺史。父仁，朝议郎。子敬忠。

碑共二十行，行二十二字。铭四言，分四段（次段有阙文），十六韵。正书（间有行体）。

一七四、大唐故黄府君墓志铭并序

《目》四八

咸亨五年（674）四月卅日

讳素，字方，江夏安陆人。咸亨五年四月三日卒，年七十四。

祖道，隋岐州郿县令。父满，隋曹州参军事。子玄义，卫尉寺守宫署丞。

碑共二十三行，行二十四字。铭四言（末两句六言），分四段，共十六韵。正书。

有盖篆书：“黄府君铭”，四边各有动物三只，能辨出者有龙、兔、虎、犬、狐、鸡、羊、马、蛇。

一七五、大唐故骑都尉张君墓志铭 《目》四八

咸亨五年（674）七月十四日

讳玄景，字元晖，武城人。咸亨五年七月一日卒，年五十二。

碑共十八行，行十八字。铭（疑有阙文）。正书。

有盖篆书：张君志铭。

一七六、唐故处士王君墓志铭并序 《目》四八 《石》一八八 《芒》四（三）四四下

上元元年（674）十一月廿五日

讳义，字思贞，本太原晋阳人（今京兆人）。上元元年七月七日卒，年五十九。

高祖毅，仕西魏。祖操，牟州刺史。父逸，黄梅令。

碑共二十一行，行二十一字。铭四言，十韵。正书。

一七七、大唐故千牛岐州司户参军事杨君墓志铭并序 《目》四八

上元二年（675）十一月二日

讳□哲，字茂道。华州华阴人。上元二年十月廿日卒，年四十八。

曾祖绍，周骠骑大将军，燕、豳、汾、饶、文、成、鄜、登等八州诸军事，八州刺史，凉州都督，傥诚信公。祖达，隋黄门、中书二侍郎，二部吏部三尚书纳言，遂宁郡公；唐赠尚书左仆射。父则，邛州临邛县令，袭遂宁公。

碑共二十行，行二十字。铭四韵，首四句四言，中两句五言，末两句六言。正书。

有盖篆书：杨君之铭。

一七八、大唐陕州司户张君程夫人墓志铭并序 《目》四八

上元二年（675）十一月九日

夫人讳大燕，洺州平恩人。咸亨五年（674）二月八日卒于陕州司户官舍。

曾祖贵，齐益阳长。大父良，隋广平郡主簿。显考振，蒲州刺史、右骁卫大将军、上柱国、东平郡开国公。

太夫人东平夫人，博陵崔氏。

碑共二十三行，行二十四字。铭四言，十八韵。正书。

有盖篆书：大唐故程夫人墓志铭。

一七九、唐故处士张君墓志铭并序 《目》四八

上元二年（675）十一月九日

讳冲儿，字守忠，南阳宛人。上元二年五月一日卒，年廿八。

曾祖秋，周雍州咸阳县令。祖明，隋岐州雍县丞。父谅，唐都水监、河渠署令。

碑共二十一行，行二十二字。铭四言，七韵。正书。

一八〇、□唐故乔君墓志铭 《目》四九

上元二年（675）十一月廿日 《石》一八八

讳难，字玄，宋都陈留人。上元二年□月十二日卒，年七十一。 《芒》三，三五上

祖信，青州刺史。父娄，雍州蓝田郡守。

碑共二十行，行二十二字。铭四言，八韵。正书。

有盖篆书：乔君之铭。

一八一、大唐故郑州中牟县主簿杨君墓志铭并序 《目》四九

上元二年（675）十一月廿一日 《石》一八八

讳轨，弘农人。上元二年八月卅日卒，年卅六。 《芒》四（三）四五下

曾祖崱，齐扬州江都县令。祖□，隋怀州武陟县丞。父□，不仕。

碑共十七行，行十九字。铭四言，八韵。正书。

一八二、□寿墓志（原缺，据目补） 《目》四九

上元二年（675）十一月廿一日（记在末行） 《石》一八八

讳□，字寿，昌黎人。上元二年十一月四日卒，年四十八。父端，唐隰（州）永和县令。 《芒》四（三）四六上

碑共十八行，行十八字。铭分五段，十韵，前四段四言，末段六言。正书。

一八三、大唐故并州晋阳县令李君羡夫人彭城刘氏墓志铭并序 《目》四九

上元二年（675）十二月一日

夫人讳□，彭城人，上元二年十一月十九日卒，年八十八。

祖文琰，隋汝州郏城县令。父普曜，隋相州别驾。

碑共二十五行，行二十六字。铭四言，分五段，十七韵。正书。

一八四、大唐陈府君墓志铭并序 《目》四九

上元三年（676）正月廿二日 《石》一八八

讳怀俨，字道，颍川人。以时务甲第，授襄州襄阳县尉、南昌惠。改授仁、智宫监，食货监丞。上元二年九月十二日卒，年七十八。 《芒》四（三）四八上

曾祖显，齐奉车都尉、除青州司马。祖琉，隋齐王府记室参军、迁幽州范阳令。父通，隋检校偃师县正，唐初任豫州新息县令、河南惠。长子简至，文林郎武骑尉。次子梁客，门下省令史。

夫人皇甫氏，先卒。

碑共二十六行，行二十七字。铭四言，十六韵。正书。

一八五、大唐故史氏赵夫人墓志铭并序 《目》四九

上元三年（676）正月廿二日

夫人□其先晋人，上元二年十二月五日卒，年八十。

祖步，隋许州刺史。父贵，官汾州别驾。嗣子敬传，左卫亲卫。

碑共二十六行，行二十六字。铭分五段，二十韵，四言（末两句五言及六言）。正书（间有行书）。

一八六、唐故上轻车都尉马君墓志铭并序 《目》四九

上元三年（676）二月廿二日 《石》一八九

讳怀，字亮，河南洛阳人。上元三年□月九日卒，年廿□。 《芒》四（三）四九下

曾祖道，隋雍州泾阳县令。□寂，唐□戎校尉。

碑共十七行，行十七字。铭四言，分三段，十一韵。正书。

一八七、唐故处士武君墓志铭并序 《目》四九

上元三年（676）四月廿九日 《石》一八九

讳怀亮，太原人。上元三年四月十九日卒，年□□。 《芒》续（中）二〇上

父奉四，隋雍州栎阳县令，泾州长史。

碑共十四行，行十六字。铭四言，二韵。正书。

一八八、唐巂州邛都丞张君墓志之铭 《目》四九

上元三年（676）十月八日 《石》一八九

讳客，字知仁，南阳人。上元三年六月五日卒，年六十一。 《芒》四（三）五一上

曾祖泰，齐青州长史。祖诩，隋恒州九门县令。父懿，益州道江尉。子待问、待宾。

夫人李氏，先卒。

碑共二十四行，行二十四字。铭四言，十六韵（末段疑缺二韵）。正书。

有盖篆书：张君墓志。

一八九、大唐故施州司马张府君王夫人墓志铭并序 《目》五〇

仪凤二年（677）十二月十八日

夫人□，琅邪临沂人，仪凤二年十一月廿九日卒，年八十四。

祖元一，隋清河县令。父宣，唐钜鹿县令。

碑共二十一行，行二十一字。铭四言，九韵。正书。

一九〇、唐故司马处士墓志洺（铭）并序 《目》五〇

仪凤三年（678）五月十七日

讳道，字安师，洛阳都会乡人。仪凤三年五月二日卒，年五十八。

祖遷，父林（不仕）。

碑共二十行，行二十字。铭分三段，十二韵，首二段四言，末段首四句五言，五、六句六言，七、八句七言。正书。

一九一、唐故王君墓志铭并序 《目》五〇

仪凤三年（678）十二月廿日（记在末行）

讳文晓，字仲晖，太原祁人。唐初以功授上仪

同陪戎副尉。仪凤三年十二月一日卒，年八十三。

曾祖玉，齐襄州司马。祖爽，周并州长史。父勣，隋泾州阴盘县令。嗣子大明。

碑共二十四行，行二十四字。铭四言（末四句六言），九韵。正书。

有盖篆书：王君志铭。

一九二、霍王府亲事姬恭仁殡志（原无题，据目补）

《目》五〇

仪凤四年（679）三月□一日

碑共七行，行八字。铭阙。正书。

一九三、大唐故处士李府君墓志铭并序

《目》五一
《石》一九〇
《芒》四（三）五五下

调露元年（679）七月十九日（记在末行）

讳弘裕，字大师，陇西成纪人，后徙阳翟。调露元年七月六日卒，年五十八。

曾祖进，隋大府左藏署令。祖子徽，隋相州临河县令。父善智，唐初赤牒检校怀州河内县丞。

碑共二十六行，行二十六字。铭四言（末段三、四句六言），十六韵。正书。

一九四、唐故将仕郎王君墓志铭

《目》五一
《石》一九〇
《芒》四（三）五七上

调露元年（679）八月十二日

讳庆，字君膺，太原人。“永徽六年（655）授将仕郎非其好也”。仪凤四年（679）六月二日卒，年七十一。

父满，唐陪戎副尉。长子游艺，将作监左校署监作，次子游道。

碑共十八行，行十八字。铭七言，二韵。

有盖篆书：王君墓志。

一九五、大唐故郎州都督元府君墓志铭并序 《目》五一

调露元年（679）十月二日

讳仁师，河南洛阳人。武德（618—626），释褐西府库真长史长上别将。贞观元年（627），授左卫郎将，转右亲卫中郎将，授嘉州刺史。又迁郎州都督，累勋上柱国，锡爵襄乡县开国伯。贞观廿年（646）十二月十六日卒于郎州，年五十。

祖谅，周益州都督、左□卫大将军、鸿胪大卿、阁内大都督、安喜公。父善积，隋同州善政府鹰扬郎将、渝州刺史、右卫将军、柱国，袭爵安喜公。

碑共二十六行，行二十六字。铭四言，十六韵。正书。

有盖篆书：元君墓志。

一九六、大唐故平州平夷戍主康君墓志铭并序 《目》五一

调露元年（679）十月八日

讳续，字善，河南人。仪凤二年（677）十二月十二日卒，年五十五。

曾祖德，齐凉州都督。祖暹，齐京畿府大都督。父老，唐左屯卫翊卫。嗣子忠素。

碑共二十二行，行二十二字。铭四言，六韵。正书。

一九七、大唐故特进行右卫大将军兼检校右羽林军仗内供奉上柱国卞国公赠并州大都督泉君墓志铭并序 《目》五一 《石》一九〇 《芒》四补二〇下

调露元年（679）十二月廿六日

中书侍郎兼检校相王府司马王德真撰。

朝议大夫行司勋郎中上骑都尉渤海县开国男欧阳通书。

讳男生，字元德，辽东郡平壤城人。年十五，授中里小兄。年十八，授中里大兄。年廿三，任中里位头大兄。年廿四，兼授将军。年廿八，任莫离支，兼授三军大将军。年卅二，加太莫离支。朝鲜乱，君率众内附。乾封元年（666），遣子献诚入朝，拜特进太大兄。二年（667），奉敕追公入朝。总章元年（668），授使持节辽东大都督，上柱国，玄菟郡开国公，食邑二千户。其年秋，与李勣入平壤，虏其王高藏及男建，三韩遂定。入京，授右卫大将军，进封卞国公，食邑三千户，特进勋官如故。兼检校右羽林军，仍令仗内供奉。仪凤二年（677），奉敕存抚辽东，改置州县。仪凤四年（679）正月廿九日卒于安东府官舍，年四十六。

曾祖子游，祖太祚，并任莫离支。父盖金，任太大对卢。子卫尉寺卿献诚。

碑共四十六行，行四十七字。铭四言，三十二韵。正书。

有盖篆书：大唐故特进泉君墓志。（四边有花纹二重。）

一九八、唐故安君墓志铭并序　　《目》五一

调露二年（680）正月廿八日卒（记在末行）　　《石》一九〇

讳神俨，河南新安人。调露二年正月廿六日卒，年五十八。　　《芒》三，四〇上

祖君恪，隋永嘉府鹰扬。父德，左屯卫别将。

夫人史氏，咸亨五年（674）正月廿五日卒。

碑共二十一行，行二十二字。铭分三段，共十二韵，首两段四言，末段六言。正书。

一九九、大唐故嘉州龙游县尉索□墓志铭　　《目》五二

永隆元年（680）十一月廿三日

讳义弘，洛阳人。解褐许州扶沟县尉。永隆元

年十一月九日卒，年四十七。

祖歆，父彦。子崇泰。

碑共二十二行，行二十二字。铭四言，八韵。正书。

二〇〇、大唐故游击将军康府君墓志铭并序 《目》五二

永淳元年（682）四月三日

讳磨伽，其先源于西海，后家周之河南。以检校果毅伐匈奴有功，授游击将军、上柱国。永淳元年四月三日卒于京。

曾祖感，凉州刺史。祖迴德，安西都护府果毅。父洛，唐上柱国。子阿善。

碑共二十五行，行二十五字。铭四言，十韵。正书。

有盖篆书：大唐故游击将军康府君墓志。

二〇一、大唐鄜州仓参军事李君亡妻裴氏墓志铭并序 《目》五二

永淳元年（682）四月七日

夫人讳太一，字贝多，河东闻喜人。年十八归李氏，即司空英武公之孙，太仆少卿饶州使君之第四子。永淳元年三月廿六日卒，年廿二。

曾祖道，唐朗州武陵县令。祖义实，魏州贵乡县令。父悌么，长安尉太府主簿、将作丞。

碑共二十三行，行二十四字。铭四言，十韵。正书。

末行记云：姑夫著作佐郎弘文□□□□舍人里供奉□万顷制。

二〇二、唐故秘书省校书郎赵郡李君墓志铭 《目》五二

永淳元年（682）七月廿九日

讳元轨，字玄悊，赵郡栾城人。年廿四，补国

子生。龙朔二年（662）二月廿二日，射策高第，拜国子监大成。征为北门学□教羽林军飞骑，迁秘书省校书郎，检校婺州常山县丞。途次洛阳而卒。

祖□，隋赵郡丞。父□唐左亲卫军。

外表弟冯鸿为立石。

碑共二十五行，行二十四字。铭四言，十二韵。正书。

二〇三、大唐故游击将军守左清道率频阳府长上果毅康府君墓志铭并序

《目》五三
《石》一九〇
《芒》续（中）二一下

永淳元年（682）十月十四日

讳夻买，本西州之义族，后因锡命，为河南人。永淳元年七月十七日卒。

曾祖感，凉州刺史。祖逘德，安西都护府果毅。父洛，唐上柱国。

碑共二十七行，行二十七字。铭十七韵，四六言杂用。正书。

二〇四、大唐故苏州嘉兴县令燕君墓志铭

《目》五三

永淳元年（682）十一月十三日

讳秀，字文绪，其先上谷人，今寓河南偃师。贞观中（627—649），以门荫授右卫勋卫，释褐蒋王府参军。

又转太府寺北市署令，又绵州显武苏州嘉兴二县令。永淳元年十月十五日卒，年六十一。

曾祖贵，隋鹰扬郎。父德林，唐河阳月城总管。嗣子承祚。

夫人宁氏，早卒。

碑共二十六行，行二十五字。铭四言，二十韵。正书。

有盖篆书：燕君之铭。

二〇五、大唐故淄州高苑县丞赵君墓志铭并序 《目》五三

永淳元年（682）十一月廿五日 《石》一九〇

洛州进士王允元撰。 《芒》四（三）三九下

讳义，字怀敬，天水人。弱冠补四门馆学生。永徽元年（650），应试甲科，授文林郎。显庆元年（656），授洺州曲周县尉。乾封二年（667），授淄州高苑县丞。又为造船大使判官。调露二年（680）八月十二日卒，年五十四。

祖玄，唐孝廉，举魏州顿丘县令。父吉祥，宋州下邑县令。

碑共二十九行，行三十一字。铭四言，廿四韵，分六段。正书。

有盖篆书：赵君之志。

二〇六、大唐故光禄大夫行太常卿使持节熊津都督带方郡王扶余君墓志 《目》五三 《石》一九〇

永淳元年（682）十二月廿四日（记在末行） 《芒》四（三）六一上

讳隆，字隆，百济辰朝人。“显庆之始，王师有征。公……奉珍委命……以为熊、津都督，封百济郡公。仍为熊津道总管，兼马韩道安抚大使……奉诏修好新罗。……迁太常卿，封王带方郡。……留宿卫，卒，赠辅国大将军。”

祖璋，百济国王。贞观（627—649）年授开府仪同三司、柱国，带方郡王。父美，显庆（656—660）年授金紫光禄大夫、卫尉卿。

碑共二十六行，行二十七字。铭四言，十六韵。正书。

二〇七、大唐故房州竹山县主簿杨君夫人杜氏墓志铭并序 《目》五三

永淳二年（683）二月十四日

夫人讳芬，京兆杜陵人。永淳二年正月十五日卒，年五十四。

曾祖良，北齐镇远将军、冀州刺史。祖延之，隋寿州□□府长史。父政，隋光州□思县令、唐上柱国。有子五人：将士郎礼、上柱国忠、秘书省正字约。

碑共二十六行，行二十六字。铭四言（末四句六言），九韵。正书。

二〇八、唐故孟氏麻夫人铭并序

《目》五三
《石》一九一
《芒》四（三）六二下

永淳二年（683）十一月十七日

夫人□，洛阳人，永淳二年十月廿一日卒，年五十二。

父君师，唐上轻车都尉。

碑共十四行，行十四字。铭四言，四韵。正书。

有盖篆书：大唐故麻夫人墓志铭。

二〇九、大唐故王府君墓志铭并序

《目》五三

嗣圣元年（684）二月九日

讳宝，字奇珍，汝州梁县人。嗣圣元年正月廿一日卒，年□。曾祖纵，梁赵州刺史。祖衷，梁平州刺史。父智，隋春陵郡清谈县令。

碑共十九行，行二十字。铭（疑有缺字）。正书。

二一〇、大唐上柱国孙君墓志并序

《目》五三
《石》一九一
《芒》四（三）六三上

文明元年（684）七月十二日

讳通，字德宝，吴郡富阳人。咸亨元年（670）五月廿九日卒，年卅八。

祖玄，元州录事。父善，莱州司户。有女修定，景福寺尼。

夫人韩氏，河南人，父素，泗州司马。文明元年六月十四日卒，年五十二。

碑共二十二行，行二十二字。铭四言，十韵。正书。

二一一、唐故师州录事参军王府君墓志铭并序

《目》五三

《石》一九一

《芒》四（三）六四上

文明元年（684）八月五日嗣子神祐书（记在末行）

讳岐，字太嶷，太原人。以明经擢第，释褐施州录事参军，又授师州录事参军。贞观十八年（644）十月廿七日因使终于渔阳郡官舍，年五十五。

祖湖，齐直□正都督。父子绍，隋竟陵郡书佐。

夫人京兆孙氏，随州录事之女。文明元年闰五月二日卒，年八十二。

碑共二十二行，行二十二字。铭四言，十三韵。正书。

有盖篆书：大唐故王府君墓志铭。

二一二、□唐盅君夫人李氏墓志铭并序

《目》五三

光宅元年（684）十一月廿五日

讳娘，陇西人。光宅元年十月廿五日卒，年六十一。

碑共十三行，行十四字。铭四言，四韵。正书。

有盖篆书：李夫人墓志铭。

二一三、大唐洛州河南县故张夫人墓志铭并序

《目》五四

《石》一九一

《芒》续（中）二三上

垂拱元年（685）三月十六日

夫人讳贞，字无丑，南阳白水人。垂拱元年二月廿五日卒，年五十四。

祖寿，隋鹰扬郎将。父才。

碑共十九行，行二十字。铭四言，十六韵。正书。

二一四、大唐故泉州刺史乐平公孙柳君墓志铭并序

《目》五四
《石》一九一
《芒》四（三）六八上

垂拱元年（685）七月廿一日（记在末行）

讳永锡，河东人。卒于南阳，卒年廿四。

曾祖机，后周内史、车骑大将军，隋少宗伯纳言、太子宫尹、开府仪同三司、建安公，谥曰简。祖□，唐屯田、职方二郎中，散骑常侍，泉州刺史，上柱国，乐平县开国公。父侃，不仕，其父之第三子，长兄崇约。

碑共二十七行，行二十八字。铭四言（末二句五言），二十韵，分五段。正书。

二一五、□唐故蒋王府参军张府君墓志铭并序

《目》五四

垂拱二年（686）三月廿日

讳览，字智周，清河人。贞观十六年（642）四月，住东宫右卫翊卫文简及第，随牒蒋王府参军。“南朝士族，音韵清通，讽咏谈端，声高兰坂……”垂拱二年二月卅日卒，年七十九。

曾祖洽，陈太学博士、金部郎中，祖载，陈度支郎中，隋资阳县令。父谚，唐户部、刑部二郎中，交、泉二州长史。嗣子琰。

夫人济阳蔡氏，陈兵部尚书景歷之孙，唐临淄县令悦之第四女。

碑共二十六行，行二十七字。铭四言，八韵。正书。

二一六、大唐故管公墓志并序

《目》五四

垂拱二年（686）六月四日（记在末行）

讳基，字阿㲋，洛州河南人。垂拱二年五月九日卒，年六十六。

曾祖逮，祖贵，父卿。

碑共二十三行，行二十四字。铭四言，二十韵，分五段。正书。

二一七、大唐轧封主簿樊浮丘李夫人墓志铭并序 《目》五五

垂拱三年（687）十月廿九日

夫人□□渤海蓨人，垂拱元年（685）三月廿五日卒于西京，年卅二。

高祖洁，齐镇远将军、司徒、右长史。曾祖茂，隋贡秀才，不仕。祖思玄，唐深州司法参军。父孝孙，雍州同官县尉。

碑共二十五行，行二十五字。铭四言，十六韵（第十九句缺一字）。正书。

二一八、乐师□□墓志（原缺题，据目补） 《目》五五

垂拱三年（687）十月廿九日

洛阳人，咸亨年卒。“雅好琴樽，情□□借”。

夫人张氏南阳人，垂拱三年十月一日卒。

碑共十五行，行十六字。铭四言，九韵。正书。

二一九、唐故怀州河内县丞李府君墓志铭并序 《目》五五

垂拱四年（688）正月廿三日（记在末行）

讳善智，字有□，陇西成纪人。永徽三年（652）四月十九日卒，年六十九。

曾祖凝，周观州从事。祖进，隋司府寺左藏署令。父子徽，隋相州临河县令。

夫人刘氏，彭城人。周奉车都尉运之次女，唐右威卫翊府郎将满才之姊。（夫人卒年不载）

碑共二十七行，行二十七字。铭四言，十六韵，分四段（有衍文）。正书。

二二〇、大唐故田君亡妻衡墓志铭

《目》五五
《石》一九二
《芒》四（三）七〇下

垂拱四年（688）五月一日（记在末行）

夫人讳某，河南人。垂拱四年四月十四日卒，年六十六。

碑共二十行，行二十字。铭（颂）四言，八韵。正书。

有盖篆书：玄达先生田公墓志铭。

二二一、□唐韩府法曹参军息兰陵萧君之志

《目》五五

垂拱四年（688）五月廿七日（记在末行）

讳洛宾，字阅书，兰陵人。先二日其父卒，以哀伤过度，“魂离魄散，才经二日，俄隧九泉”。垂拱四年（688）五月十六日卒，年廿四。

高祖造，刑、礼二部尚书，太子太保，上柱国，梁郡开国公。曾祖凤，朝散大夫、林州长史，袭梁郡公。祖仁表，越州余姚县令、青州长史、洛州新都县令，加朝散大夫，袭梁郡公。父桢，韩府法曹参军。垂拱四年五月十四日卒。

碑共二十一行，行二十二字。无铭文。正书。

二二二、大唐汲郡吕君墓志铭并序

《目》五五

垂拱四年（688）七月十七日

讳行端，字张仵，本汲郡人，迁河南洛阳。先君长子，七岁丧亲，弱冠授陪戎尉。垂拱四年六月卅日卒，年四十。

祖君道，隋秘书录事。父德威，唐上骑都尉。

碑共二十行，行二十字。铭四言，十一韵，分三段。正书。

二二三、大唐故左监门卫校尉武骑尉弘农杨公墓志铭并序

《目》五五
《石》一九二
《芒》四（三）七一下

垂拱四年（688）十月廿四日

讳宝，字贞，弘农仙営人。上元三年（676）正月廿四日卒，年五十九。

祖武，隋荔州广平县丞。父兴，唐朝散大夫。

夫人张氏，垂拱四年五月十一日卒，年六十七。

碑共二十七行，行二十八字。铭四言，二十韵，分五段。正书。

二二四、慕容夫人墓志

《目》五五

载初元年（690）六月十五日

讳稚英，河南洛阳人。载初元年五月五日卒，年六十六。祖英，父远。子仁悊。

碑共二十四行，行二十四字。铭四言（末二句六言），二十韵，分五段。正书。

有盖篆书：慕容夫人。

二二五、大周故河南郡丞格善义妻斛斯氏墓志并序

《目》五六
《石》一九三，四（四）一上

天授二年（691）二月七日

夫人河南郡人，年十六适格氏。天授元年（690）十月廿六日卒，年七十七。

司宾寺□仪署令礼之姊，父叔，怀州主簿、永嘉府司仓参军事。长子上骑都豊都，小子将仕郎公土、处冲。

碑共二十四行，行二十四字。铭分四段，首三段各二韵，四言；末段首二句四言，三、四句七言，五、六句四言，七、八句六言。正书。

有盖篆书：大周斛斯夫人墓志铭。

《目》五六

二二六、大周唐故文林郎焦府君墓志铭并序 《石》一九三

天授二年（691）十月廿四日 《芒》续（中）二五下

讳松，字贞节，安定人。永昌元年（689）七月三日卒，年六十九。

祖仲，隋扬州六□县令。父宝，唐文林郎。嗣子善庆。

夫人种氏，河南洛阳人。垂拱二年（686）三月十五日卒，年□□。

碑共二十六行，行二十七字。铭四言，十九韵，分六段。正书。

有盖篆书：焦君之铭。

二二七、大周朝散大夫行右千牛卫长史上骑都尉高阳郡公士许琮故妻赞皇县君李氏墓志铭并序 《目》五七 《石》一九三

长寿二年（693）缶（正）月廿九日（记在末行） 《芒》四（四）三下

夫人□赵郡赞皇人，天授二年（691）三月十三日，加五品，授赞皇县君。如意元年七月十八日卒，年四十四。

曾祖显，隋赵州赞皇县令。祖继，隋朝请大夫，行蔚州长史。父静，唐上柱国、隰州司马。嗣子惟忠，右卫翊二府翊卫。

碑共二十四行，行二十四字。铭四言（末二句七言），十六韵。正书。

二二八、大周绛州稷山县右豹韬卫翊府右郎将昝君墓志铭 《目》五八作沓 《石》一九三

长寿二年（693）八月廿八日 《芒》四（四）四下作昝

讳斌，字务斌，平阳人。释褐除徐王府记室，迁左玉铃卫丽山府左果毅、右羽林军长上，又除游击将军、左金吾卫、邑阳府左果毅、依旧长上。周

除右豹韬卫翊府右郎将，别检校安西都护、检校嶲州都督，别敕西京皇城留守。“惟忠惟孝，乃武乃文，实称巡警之才。”长寿二年八月廿一日卒，年五十六。

祖悦，隋卫州汲县令、洵阳县开国公。父敬，本唐云夷二州刺史、上柱国、永城县开国公。

碑共二十三行，行二十四字。铭四言，十二韵，分三段。正书。

有盖篆书：大周故昝府君墓志铭。

二二九、大周故朝散大夫行司宫台奚官局令莫公墓志铭并序　　《目》五八

长寿二年（693）腊月十三日

讳义，字承符，京兆万年人。授云骑尉，转陪戎校尉，加智果校尉，授朝议郎、行司宫台奚官局令。长寿二年正月十七日卒，年六十七。

曾祖登，祖隆，父廸。子守满。

碑共二十七行，行二十八字。铭四言（末四句六言），二十韵，分五段。正书。

二三〇、唐故齐君墓志铭并序　　《目》五八

证圣元年（695）一月十七日　　《石》一九四

讳朗，字明，河间人。咸亨二年（671）八月廿五日卒于南市，年七十八。同年九月十七日权殡北邙山。　　《芒》四（四）七上

祖弘，隋冀州司户。父隆，唐徐州司马。

夫人王氏，证圣元年腊月廿一日终于南市，年六十三。

碑共二十三行，行二十二字。铭四言，十二韵，分三段。正书。

二三一、大周故封府君墓志铭并序 《目》五九

天册万岁元年（695）十月廿八日 《石》一九四

讳抱，字义，河南洛阳人。证圣元年（695）五月廿日卒，年六十八。 《芒》四（四）八上

曾祖君明，隋怀、冀二州刺史，渤海公，食邑七百户。祖宾行，隋汾州录事参军。父孝瑜，唐龙门主簿、巩县丞。

碑共二十四行，行二十四字。铭十四韵，分四段。首二段四言四韵，三段四言三韵，末段三韵四句，七言六言各二句。正书。

二三二、大周故文林郎骑都尉王君墓志铭并序 《目》五九

天册万岁二年（696）正月十一日

讳思讷，字慎言，太原人。早年曾与征朝鲜之役。永淳（682—683）随军征匈奴。垂拱（685—688）征西域，授检校果毅，桂永等州蛮变，君染疫卒。证圣元年（695）五月廿日卒于桂州军次（年□□）。

曾祖绪，沧州治中。祖寿，隋洛阳县丞。父本，上柱国。子庭芝、庭训。

夫人乙娄氏，亦卒，合葬。

碑共二十四行，行二十四字。铭五言，四句三韵，用兮字。正书。

二三三、大周天官石侍郎第二息所生故马夫人墓志铭并序 《目》五九

万岁登封元年（696）一月九日

夫人讳二娘，扶风始平人。“专心释教，始终如一。”万岁登封元年一月四日卒，年卅五。

祖贤，父智琮。

碑共十三行，行十四字。铭四言，二韵，共四

句。正书。

有盖篆书：大周故马夫人墓志铭。

二三四、大周故左卫翊卫天官常选梁君墓志铭并序

《目》五九
《石》一九四
《芒》（中）二上

万岁通天元年（696）五月廿日

讳暾，字重光，河南□人。万岁通天元年五月二日卒，年卅四。曾祖庆衎，隋使持节蔚、泽二州诸军事，蔚、泽二州刺史，宜阳郡开国公。祖敏，唐饶州别驾。父幼成，唐峡州远安县令。

碑共十八行，行十八字。铭四言，八韵。正书。

有盖篆书：大周故梁府君墓志铭。

二三五、大周崔锐夫人高氏墓志并序

《目》五九

万岁通天元年（696）七月六日

夫人高漆娘，渤海人。万岁通天元年六月十四日卒，年五十四。

父信德。嗣子利宾。

碑共二十行，行二十一字。铭四言，十七韵。正书。

有盖篆书：大周故高夫人墓志铭。

二三六、周故殿中省尚乘局奉乘上柱圀（国）彭城刘府君墓志铭

《目》六〇

万岁通天二年（697）五月二日

讳洪预，彭城人。万岁通天二年四月十四日卒，年七十一。

曾祖彦，隋普州别驾。祖世荣，唐上开府永宁府骠骑。长子守璋，越州余姚县主簿。次子守珪，天官常选。

碑共二十一行，行二十一字。铭四言，隔句末用兮字，四韵八句。正书。

二三七、大周前承务郎行赵州赞皇县主簿刘舍章故李夫人墓志铭并序

《目》六〇

万岁通天二年（697）六月廿一日

夫人讳五娘，字玉京仙，陇西成纪人。其父之第五女，年十六嫔于弘农刘氏。万岁通天二年六月八日卒，年廿三。

曾祖纂，隋蒲州虞乡县丞。祖信，隋并州清源令。父承嗣，唐施州清江县主簿。

碑共二十行，行二十字。铭四言，五韵。正书。

二三八、大周文林郎上护宣韩府君墓志铭并序

《目》六〇
《石》一九四
《芒》四（四）一二上

万岁通天二年（697）八月廿一日

讳仁惠，南阳人。万岁通天二年六月廿三日卒，年□□□。

祖隐，梁汝州鲁山县令、蕲州司马。父如意，隋滑州司户参军，唐幽州良乡县令。

夫人京兆密县丞皇甫晦之女。

碑共二十三行，行二十三字。铭四言，八韵，用四部，部二韵，不分段。正书。

二三九、大周故上柱张府君墓志铭并序

《目》六〇
《石》一九五
《芒》四（四）一三上

神功元年（697）十月廿二日

讳素，南阳白水人。龙朔（661—663）中与征朝鲜之役摧玄菟。永隆元年（680）十月廿八日卒，年五十六。

曾祖懿，齐青州刺史。祖晟，隋相州别驾。父陁，唐赵州栾城县令。嗣子童侠游击将军，上柱国；次子元瓘游击将军，行幽宋城镇将，上柱国；次子元及昭武校尉，桂州百丈镇将，上柱国。

夫人赵氏，万岁通天二年四月廿四日卒，年六

十八。

碑共三十行，行二十九字。铭四言（末二句六言），十五韵，用四部分四段，部四韵（末段三韵）。正书。

二四〇、大周故国（正）议大夫行太子左谕德裴公墓志铭并序 《目》六一

圣历元年（698）十月己酉

讳咸，字思容，河东闻喜人。解褐益州道江尉、华州郑县尉、雍州栎阳尉。历左台监察御史、里行右台监察御史、殿中侍御史、行侍御史文昌天官员外郎、秋官郎中给事中、太子左谕德。圣历元年八月丙辰卒，年六十三。

曾祖孝忠，齐著作佐郎、中书舍人。祖湙，隋司农丞、随州司马。考方产，唐侍御史尚书比部左司二郎中、雍州长安县令。无子。

碑共二十七行，行二十七字。铭四言，二十韵。正书。

二四一、大周姚府君墓志铭并序 《目》六一

圣历二年（699）一月廿八日

讳恭，洛阳人。圣历二年腊月十日卒，年七十。

曾祖璋，周游击将军。祖明，隋上柱国。父恭，唐文林郎。

夫人陈氏，洛阳人。

碑共二十四行，行二十四字。铭四言，十五韵，分五段。正书。

有盖篆书：大周故姚府君墓志铭。

二四二、大周故文林郎贞隐子先生墓志铭并序 《目》六一

圣历二年（699）二月十七日 《石》一九五

族承烈撰。 《芒》四（四）一

讳弘则，字崇道，太原祁县人。“中岁求仕，位至散郎。”圣历元年（698）七月一日卒，年六十六。 五上

曾祖弼，隋齐郡录事参军。祖才，隋河南郡缑氏尉。父德琮，唐征士。子思敬。

夫人马氏，扶风人。隋鹰扬郎将仁感之女。

碑共二十行，行二十字。铭四言，二韵。正书。

二四三、大周故朝散大夫上柱国安西录事参军程君墓志并□ 《目》六一

圣历二年（699）七月二日

讳瞻，字师仁，雍州咸阳县人。前任嶲州台登县丞，敕授安西录事参军，朝散大夫，上柱国。六月十四日卒，年六十四。

祖嵩，邢州任远县令。父衡，端州录事参军、上骑都尉。嗣子壸冰，次子纽直。

碑共二十行，行二十二字。铭四言，十二韵，三段，首段三韵，次四韵，末五韵。正书。

有盖篆书：大周故程府君墓志铭。

二四四、夏官郎中慕容君唐故夫人费氏墓志铭并序 《目》六一 《石》一九五 《芒》四（四）一六上

圣历二年（699）八月九日

夫人姓费氏，讳婉，字德，河南洛阳人。上元三年（676）八月廿九日卒于雍州。

曾祖遂，魏骠骑大将军，隋晋州刺史。祖曜，唐沁州刺史。考大辩，益州都督府士曹参军。

碑共二十六行，行二十六字。铭五、六、七言杂用共十一韵。正书。

有盖篆书：慕容君妻费氏墓志铭。

二四五、大周故金花府司马张君墓志铭并序 《目》六二

圣历二年（699）十月廿八日

讳达，字文远，南阳白水人。圣历元年（698）十一月三日卒，年八十五。

曾祖贤，祖义，父干，唐朝请大夫、左鹰扬卫郎将。嗣子神庆。

夫人鲁国邹氏。

碑共二十三行，行二十四字。铭四言，十韵。正书。

有盖篆书：大周故张府君墓志铭。

二四六、大周故苑北面监积翠屯主上柱国弘农郡杨府君墓志并序 《目》六三

大足元年（701）二月廿九日

（阙名讳）

碑共十七行，行十七字。铭四言，十二韵，分三段。正书。

二四七、大周前汉州绵竹县主簿张廉故夫人樊氏之墓志铭并序 《目》六三

长安二年（702）十二月十日

夫人樊氏，沛人。长安二年十一月廿八日卒，年卅二。父行睐，洛州河南县丞。

碑共十四行，行十四字。铭四言，四韵。正书。

有盖篆书：大周故樊夫人墓志铭。

二四八、周故吉州长史刘君墓志铭 《目》六三

长安三年（703）正月四日

讳齐贤，字景山，广平人。起家弘文生，授赵王西阁祭酒。累迁左庶□□，掌吏部选事，守侍

中。三代掌铨衡，优于纶诰。左迁普、辰二州刺史、吉州长史，卒于长沙任所。年六十二。

曾祖会，周濮阳太守、仪同三司、大将军、城阳□公。祖□□，唐吏部侍郎。父祥道，文昌左相、广平公，致仕赠幽州都督。

夫人陇西李氏。

碑共二十六行，行二十五字。铭四言（末两句六言），十五韵。正书。

二四九、大周昭武校尉右鹰扬卫平原府左果毅都尉上柱国王公墓志铭

《目》六四

长安三年（703）二月十七日

讳嘉，字感，太原人。释褐右亲卫，涉玄兔，麟德中（664—665），授右鹰扬卫、平原府左果毅。永淳元年（682）四月二十八日卒，年六十一。

高祖翯，尚书右仆射，随魏氏迁于洛邑，祖阤，沂州司马。

父僧，隋相州安阳令。子元伯，昭武校尉，上柱国。次子元奖，右武威卫将军，检校左羽林卫事，检校胜州都督。

夫人李氏。

碑共二十二行，行二十四字。铭分四段，首三段四言，末段六言，十六韵。正书。

二五〇、大周扬州大都督府六合县尉王公墓志并序

《目》六四

长安三年（703）四月十一日

讳则，字遗宪，太原祁人。以资荫补江王府队正，解褐授扬州六合县尉。长安三年三月十二日卒，年五十四。

碑共十八行，行十八字。铭四言，八韵。正书。

有盖篆书：大周故王府君墓志铭。

二五一、大周宣德郎李符妻挚墓志铭 《目》六五

长安四年（704）三月五日

夫人挚氏，年十五适李氏。长安四年二月廿五日卒，年七十一。

父护儿，高尚不仕。

碑共十三行，行十四字。铭四言，五韵。正书。

有盖篆书：挚夫人铭。

二五二、大周故壮武将军行右鹰扬卫翊府左郎将王君墓志□并序 《目》六五

长安四年（704）九月廿三日

讳敏，字元敏，太原晋阳人。仪凤三年（678），应□及第，解褐。以上骑都尉任左领军卫长上掖师。调露二年（670），别奏定襄军行，得勋上柱国。垂拱元年（685），授右卫长上。载初元年（690），授右豹韬卫、临高府长上果毅。天授二年（691）九月九日，恩制加阶，授游击将军。延载元年（694），应举试高第，授左卫白渠府长上折冲。圣历元年（698），充桂永道副使，立功，授右鹰扬卫翊府右郎将，赐物一百段，银盘、银擎、金屈厄、金腰带并七事。长安二年（702）二月，授明威将军；六月，授宣威将军。长安三年（703）恩制加阶，授壮武将军。长安四年八月六日卒，年六十一。

曾祖安，隋雅州刺史。祖济，隋荆州刺史。父才，唐并州护曹。长子胡师，次子英浦，女十娘。

碑共二十八行，行二十八字。铭四言，二十一韵，分五段。正书。

二五三、故定远将军上柱国守右玉铃卫金池府折冲都尉杨公墓志 《目》六五

长安四年（704）十月廿一日

讳亮，字善文，弘农人。长安四年六月三日卒，年六十九。

曾祖休，隋上开府仪同三司，泸、兖二州刺史，平武县公。祖洽，隋宗正卿、陵州刺史、河山县公。父宽，唐朝请大夫、婺州长史。

夫人荥阳郑氏，阳武县君。圣历二年（699）正月十八日卒，年六十九。

碑共二十三行，行二十三字。铭四言，八韵。正书。

有盖篆书：杨君之铭。

二五四、大唐故上柱国孙府君夫人李氏墓志并序 《目》六七

神龙二年（706）五月七日

讳惠，字智藏，乐安人。圣历元年（698）七月八日卒，年七十三。

夫人长安四年（704）正月十四日卒，年八十。

曾祖哙，隋正谏大夫。祖颠，唐文林郎。嗣子成德，右领军卫翊卫。次子德俨，登侍郎，行光禄寺太官署监膳、武骑尉。

碑共二十六行，行二十七字。铭四言（末二句六言），十六韵，分四段。正书。

二五五、大唐太原王君故夫人赵郡李氏墓志铭并序 《目》六七 《石》一〇七 《芒》三，四七上

神龙三年（707）四月六日

夫人讳清禅，赵郡人。年十九嫔于太原。神龙三年三月廿九日卒，年廿五。

曾祖德盛，隋西域守，唐赠魏州刺史，谥献公。祖义府，唐中书令右相、河间郡公；周赠扬州都督，唐赠太子少保。父泽，周桂坊司直。

碑共二十行，行二十字。铭六句五韵，首二句九言，次二句七言，末二句八言。正书。

有盖正书：大唐赵郡李氏墓志铭。

二五六、大唐八品亡宫□人志文并序 《目》六七

神龙三年（707）八月十九日

“亡宫者，不知何许人也。”神龙三年八月十九日卒，年□□。

碑共十五行，行十五字。铭（不能辨）。正书。

二五七、大唐故申州罗山县令王府君墓志铭并序 《目》六八

景龙二年（708）二月廿四日 《石》一九下

讳素臣，中山人。明经擢第，解褐并州益县尉。宋州虞城丞、申州罗山令。长安五年（705）七月廿九日卒，年六十。 《芒》三，四九下

曾祖崇，隋太子率□。祖恕，唐赵州司马。父德感，绛州万泉县令。嗣子无亏，前同州东河府别将。

妻河间刘氏。曾祖会，秘书监。祖玄，德州司马。父德，左卫将军。神龙元年（705）十一月十一日卒，年六十一。

碑共二十四行，行二十四字。铭四言（末二句六言），十二韵。正书。

二五八、大唐故太中大夫泗州刺史赵本质妻温氏晋阳郡君墓志并序 《目》六八

景龙二年（708）十月廿六日

夫人温氏（卒年不载）。

祖大雅，礼部尚书，赠右仆射。父无隐，瀛州

剌史。

碑共十六行，行十八字。铭四言，十韵。正书。

二五九、大唐故游骑将军守永嘉府右果毅都尉上柱国于府君墓志铭并序 《目》六八

景龙二年（708）十一月廿七日

左御史台殿中侍御史张嘉之撰。

讳赍，字履谦，东海郯人。以门绪授左卫勋卫。解褐，调拟徐州司户参军事，应选诛平江淮僭逆。被剑南道存抚使奏充判官，加授五品游击将军，行左武威卫方司阶，授游骑将军，守永嘉府右果毅都尉。圣历元年（698）四月廿七日卒，年五十三。

曾祖晟，周壮武将军、南城郡公。祖诠，隋长沙郡守、襄城郡公。父士俊，唐使持节延州诸军事、延州刺史、上柱国、东海郡公，赠瀛州刺史。长子光业，行蒲州猗氏县丞。次子天宫寺僧住禅。三子光佑，吏部常选。四子光彦，右千牛。

夫人河东柳氏。

碑共三十一行，行三十二字。铭四言（末四句六言），二十二韵，正书。

有盖篆书：大唐故于府君墓志铭。

二六〇、大唐洛州合宫县千金乡麟德里陈守素故妻李夫人墓志铭并序 《目》六九

景龙四年（710）五月十日

（本篇实无序，除记日期外全篇皆铭。）景龙四年四月廿一日卒，年七十三。

碑共十七行，行十八字。铭四言不分段。正书。

有盖篆书：大唐故李夫人墓志铭。

二六一、故张府君故妻赵氏夫人墓志铭记 《目》六九

景云二年（711）五月四日

张冬至，洛州河南县人。

妻赵氏，咸亨二年（671）七月廿日卒。

碑共十行，行十字。铭阙。正书。

二六二、□唐王屋县丞白知新妻荥阳郑氏墓志铭并序 《目》六九

景云二年（711）十月十九日

夫人讳叔，荥阳开封人。景云二年五月廿九日卒，年四十。

曾祖筠，唐卫尉卿，眉、邛、绵、梓四州诸军事，四州刺史。

祖孝子升，桂州始安县令。父瑞，安南都护府法曹参军。

碑共二十行，行二十字。铭九言（末二句八言），第五字用"兮"，六韵。正书。

二六三、大唐故朝请郎前行绛州稷山县丞何府君墓志铭 《目》七〇

太极元年（712）二月十日

讳（缺），景云二年（711）十月廿四日卒于隰州隰川县，年七十八。

碑七行，行十一字。铭阙。正书。

有盖正书：大唐故何府墓志铭。

二六四、大唐故杭州于潜县尉会稽贺府君墓志铭并序

《目》七〇

《石》一九八

《芒》四（五）八下

太极元年（712）三月四日

讳玄道，字道，会稽山阴人。长安四年（704）卒于杭州于潜官第。

曾祖潮，扬州太中丞。祖绲，临水县正。父纪，"学总儒墨，才兼文史，助撰唐礼，修封禅仪注，累迁府玺郎、太子洗马"。

碑共二十一行，行二十一字。铭四言，十二韵。正书。

二六五、大唐故游击将军上柱国萧府君墓志铭并序 《目》七〇 《石》一九八 《芒》续（下）一上

延和元年（712）七月十八日

讳贞亮，兰陵郡人。起家授上药奉御，迁左卫翊一府游击将军。延和元年七月七日卒，年五十八。

祖琰，本郡守。隋将作监少匠。父善，唐汾州司马。子元珪，左翊卫一府，翊卫安东道，立殊功第一等，兵部别敇选上柱国。

碑共二十三行，行二十三字。铭四言，十四韵，分三段。正书（杂行书字）。

二六六、大唐故青州司仓参军上柱国天水赵府君墓志铭并序 《目》七〇

先天元年（712）十一月十九日

讳克廉，颍川长社人。检校靡州司户，累迁合州司仓参军事，擢授朝议郎，行青州司仓参军，上柱国。延和元年（712）八月六日卒于官舍，年六十一。

曾祖才□，越□参军、常州功曹、山阳令、上柱国。祖山松，皇苏州司法参军，符离县令。父福，朝议郎，行嶲府法曹参军、上柱国。子裔。

夫人彭城刘氏，相州澄阳令表之第五女，景云二年（711）七月十五日卒，年五十三。

碑共二十九行，行二十九字。铭四言（末二句六言），分三段，十二韵。正书。

二六七、大唐故处士王府君墓志铭并序 《目》七一 《石》一九九

开元三年（715）三月廿四日

讳颀，字玄鉴，太原郡人。（卒年不载）卒于蜀郡（“春秋若干”）。 《芒》四（五）一三上

祖某，安州孝昌县令。父某，吏部常选。子思元。

碑共二十二行，行二十二字。铭分二段，首段有阙文，次段四言（末二句五言），四韵。正书。

二六八、大唐故陪戎副尉赵府君墓志并序 《目》七二

开元五年（717）十一月六日

讳（缺），字敬玄，天水人。开元五年十月廿九日卒，年六十一。

曾祖徽，“文章洞晓，经史宏博”。祖宾，万年县录事。子琦。

碑共十五行，行十五字。铭四言，四韵。正书。

二六九、大唐故正议大夫行光禄寺少卿太原王府君墓志铭并序 《目》七二

开元六年（718）正月十三（四）日

讳子麟，字楚子，太原祁人。陵川公子，解褐授越王府仓曹。历尚辇直长，太子典设郎，符玺郎，泽州司马，常州长史，黄、沔、歙、果四州刺史，左卫中郎将，潭、越二府都督，光禄少卿。开元五年（717）十二月十二日卒，年五十八。

曾祖才，武贲中郎将。祖公政，定州刺史，上柱国，陵川公。父元纲，轨散大夫，离狐县令，袭爵陵川公。孚子冲之。

夫人长乐冯氏，豫州朗山主簿村节之第五女。

碑共二十行，行二十字。铭四言，七韵。隶书。

有盖篆书：大唐故王府君墓志铭。

二七〇、大唐故燕府君墓志铭 《目》七二

开元六年（718）五月三日

讳绍，字承祐，涿郡平昌人。解褐汾州参军，转博州司功参军、潞州司户参军、宣州宣城县令。“□卤以开畎，凿山铜以兴利。”（卒年不载）年七十五。

曾祖荣，周晋州刺史、仪同三司，隋青、扬二州总管，使持节瀛、恒、定、幽、易等十二州总管，金吾大将军，洛丛公。祖宝寿，隋开府仪同三司、楚州刺史。父敬嗣，唐鄂、郓二州刺史，昌平郡公。嫡子钦裕。

夫人弘农刘氏，代州都督文器之女，先没。

碑共二十行，行二十字。铭四言（末句九言），三韵。正书。

二七一、大唐前崇文生吏部常选蒋楚宾故夫人于氏墓志铭并序 《目》七二 《石》一九九 《芒》三，五二上

开元六年（718）七月十日

夫人姓于氏，东海□人。年十六归于蒋氏。

曾祖保宁，唐泸州司马。祖承庆，益州温江令。父处直，越州山阴令。

碑共十八行，行十八字。铭四言，三韵。正书。

有盖篆书：大唐故于夫人墓志铭。

二七二、大唐故仪州辽城府左果毅刘府君墓志铭 《目》七二

开元六年（718）十一月十九日

讳元超，字元超，中山人。恒州□谷镇将，迁仪州辽城府左果毅。景云二年（711）正月十一日卒。

曾祖处弘，隋司直大理正恤狱、唐管州皇台

令、商（商）州商洛令。

夫人陇西李氏。开元元年（713）四月廿八日卒。

碑共三十行，行三十字。正书。

有盖篆书：刘君墓志。

二七三、故莱州长史王府君妻墓志铭并序 《目》七一

志于大足之岁卒，经十八载方葬，乃开元六年。

夫人梁郡睢阳人，故汝州刺史桥府君第十一女。大足（701）八月六日卒。

碑共十八行，行十七字。铭四言，四句，三韵。正书。

有盖正书：太唐故王君之墓志铭。

二七四、大唐故营州平辽镇副上柱国贾焄（府君合文）墓志铭并序 《目》七四

开元九年（721）作噩之岁中吕（四月）之月九日，孙广书。

讳感，字□，襄陵人。以良家子刅军，以功授豊州盐池戍主。仍宿卫玉阶，命将师专征江淮猗君，俄而凯归。授营州平辽镇副、上柱国。长寿元年（692）十月廿三日卒，年五十五。夫人东粱郡鲜于氏，开元七年（719）九月十九日卒。

子庭玉、庭金、奉节、令忠。

碑共二十二行，行二十二字。铭七言用兮字，六句（末字残损）。正书。

有盖篆书：大唐故贾府君墓志铭。

二七五、大唐故楚州司马桓府君墓志铭并序 《目》七四

开元九年（721）七月十六日

讳归秦，字归秦，谯郡龙亢人。长寿三年

(694)，解褐恒州灵寿县丞，转曹州司士参军。“堂弟彦轨，劳甲兵于北军，王必李氏，殄枭鲸于中掖。”“弟业广，惟勤功崇，愪志，图政弗难，有废有兴，居宠亡危，弗畏入畏。”公坐，因谪降括州司功参军。武氏灭，迁朝议郎，行楚州司马，上柱国。开元九年五月廿一日卒，年六十八。

曾祖子玉，陈员外散骑常侍。祖法嗣，唐朝请大夫、太子洗马、雍王府咨议、修文馆学士。父思敬，朝议郎、襄州襄阳县令。无子，有女一人。

碑共二十九行，行二十九字。铭十九韵，四言(末二句六言)。正书。

二七六、□□□左千牛卫长史樊君墓志并序 《目》七四

开元九年（721）十月廿八日

讳□览，字玄览，本南阳人。公垂拱四年(688)卒，年五十三。

祖信，父惠。

夫人赵郡李氏，沂□主簿成之次女。夫人神龙(701—702)年随子任于贝丘，卒于道左，年六十三。

碑共十六行，行十六字。铭节录《蓼莪》章之四句。正书。

有盖篆书：大唐故樊府君墓志铭。

二七七、大唐故滕王府记室参军田府君墓志 《目》七五

开元十一年（723）正月廿八日

讳嵩，字峤，河南临武人。“善玄论，能雅歌，兼览群籍，尤精三礼。弱冠乡贡明经擢第，授滕王府记室参军事。”年八十六终于私第。

祖直，银青光禄大夫、同州刺史、乐平侯。父谌，朝散大夫、定州长史。子灵之，肥乡县丞，不幸短命。次子景昭。

夫人清河张氏，沧州饶安令铉之长女，年卌一

早殒。

碑共十九行，行二十一字。铭四言，八韵。正书。

有盖正书：大唐故田府君之墓志。

二七八、大唐故董府君墓志铭并序

《目》七五

《石》二〇〇

《芒》四（五）一六上

开元十一年（723）二月一日

讳守贞，字崇，陇西狄道人。圣历中（698—700），肆科及第。明年调选，授左威卫司戈，直紫微省，历职五正，迁游击将军左卫、窦泉府左果毅都尉、上柱国。开元十年（722）闰五月，奉诏岭南按抚，染厉，卒于潭州塘田驿。

开元十年（722）八月七日卒，年五十七。

曾祖颜，宇文朝征南将军，扬、洛二州刺史御正，临池郡公，淮南郡守。祖信皎，唐庐州治中。父志静，广府录事参军。

夫人兰陵县君萧氏，唐武、易、蕲、陵四州刺史锴之第六女。

碑共二十八行，行二十八字。铭四言，八韵，分二段。正书。

有盖篆书：董君之志。

二七九、故宋州虞城县令樊君墓志铭并序

《目》七五

开元十一年（723）四月廿一日

讳晋客，字晋客，南阳人。褐衣拜岐州麟游县尉，调补金州录事参军、申王府户曹参军，拜宋州虞城县令。开元十一年三月廿四日卒，年七十四。

曾祖泰，隋洽州司户参军。祖伯通，唐泸州都督。父睿，都水使。子恒。

碑共二十行，行二十字。铭四言，八韵，分四段。正书。

有盖篆书：大唐故樊府君墓志铭。

二八〇、大唐故中大夫行定州鼓城县令王君墓志铭并序

《目》七五

开元十一年（723）十月十日（合葬）

讳玄起，字子升，太原祁人。以宣州司户参军与平定江淮之乱，授朝散大夫，行和州历阳县令。“御史韦安石廉君清白，状闻，除太子左司御率府长史。”调补定州鼓城县令。天子告成于嵩岳，诸侯会计于洛师，君以葭莩，预陪典礼。万岁通天元年（696）四月十九日卒，年四十八。景龙三年（709）十月二日葬于洪池。

高祖德，后魏侍中、开府仪同三司，尚文成公主驸马都尉，泾、宁、河、渭、鄜、同、宜、太、甘、凉、东雍、北雍十二州诸军事，十二州刺史，河间郡开国公，谥曰献，配食周庙，周书有传。曾祖端，周大内史、开府仪同三司，隋高、延、亳、许、郑五州刺史，光禄卿，乐平公，兼吏部尚书，改封修武郡开国公，见周书、隋史。祖せ朗，隋陇西东曹掾、著作郎，袭修武郡开国公。父大礼，唐右千牛、尚遂安公主驸马都尉，绥、歙二州刺史。子熊，库部郎中。

碑共三十行，行三十字。铭共四章，以“哉”字结句，每章三句，首句三字，次句四字，末句四字，首末句用韵，共八韵。正书。（末行疑后加入。）

二八一、大唐故王府君夫人故赞皇郡太君赵郡李氏墓志铭并序

《目》七五

开元十一年（723）十月十日

前卫州司马上柱国社昆吾撰。

夫人李氏，赵郡赞皇人。其夫王公乃唐遂安长公主之子，授太中大夫、定州鼓县城县令，先卒。开元十年（722）九月十四日卒于门乡县，年七十七。

曾祖钦，齐开府仪同三司，封竟陵郡王。祖德玮，隋江夏郡司户书佐。父文敬，唐邓州内乡县令。子熊，历官驾部员外郎，库部郎中，洛阳县令，申、郢、光、潭四州刺史，先卒。

夫人初封赞皇郡君，以子贵，改封太君。

第三子象，虢州阌乡县令，夫人随于住所。

碑共三十行，行三十字。铭四言，分五段，十八韵。正书。

二八二、大唐故肥乡县丞田府君墓志铭并序 《目》七六

开元十一年（723） 《石》二〇一

讳灵芝，字先奇，河南武临人。与前相中书侍郎苏公有忘言之契，自勋卫授瑕丘县尉，以清白闻；授洛州肥乡县丞。开元十年（722）九月十日卒，年六十一。 《芒》四（五）一七下

祖谌，定州长史。父峤，滕王府记室参军事。无子。

夫人太原王氏，安州吉阳尉令轨之元女，年四十先卒。

碑共二十行，行二十一字。铭六韵，四、五、六言杂用。正书（杂行字）。

二八三、大唐故雍州明堂县丞纪君墓志铭并序 《目》七六

开元十二年（724）十一月廿八日

讳茂重，丹阳郡人。永淳二年（683）七月卒，年六十二。

曾祖融，宇文朝任车骑大将军、仪同三司，陇西太守。祖弘整，隋太府少卿、吏部侍郎。父仁卿，隋朝散大夫、永州长史。有子四人。

夫人河南元氏，年八十卒。

碑共二十二行，行二十二或二十三字。铭四言（末二句六言），五韵。正书。

二八四、唐故潭州衡山县令郑府君墓志铭并序 《目》七七

开元十四年（726）五月十九日 《石》二〇二

讳戎，字思训，河南偃师人。以门荫调补房州永清尉。秩满，授随州来阳主簿。转徐州符离县尉，迁衡山县令。开元十二年（724）闰十二月十七日卒于江州，年七十一。 《芒》续下五上

曾祖颖，隋扬州江都县令。祖祎，左卫郎将。父慈，开州新浦县丞。嗣子尧臣，前江州参军。

碑共二十一行，行二十一字。铭四言（末二句七言），七韵，分三段。正书。

有盖篆书：大唐故郑府君墓志铭。

二八五、唐故沁州安乐府别将上骑都尉张君墓志铭并序 《目》七七

开元十四年（726）十一月十日

讳诠，字敬仙，南阳人。开元十四年九月三日卒，年六十。

夫人李氏。

碑共十七行，行十七字。铭五言，四句三韵，皆以"兮"字结句。正书。

二八六、大唐故并州阳曲县主簿朱君墓志铭并序 《目》七八

开元十五年（727）二月十七日 《石》二〇二

讳行旼，字行斌，沛国人。州举孝廉擢第，拜滁州参军，又摄濮州临濮县丞，迁并州阳曲县主簿。载初元年（690）六月一日卒，年五十。 《芒》四（五）一九上

曾祖英，隋扬州都督府司录。祖嵩，隋怀州河内县丞。父信，不仕。嗣子昭乘。

夫人刘氏，讳娘子，彭城人。父明，赵州象城县令。万岁通天元年（696）卒，年五十四。

碑共二十五行，行二十五字。铭四言，十二

韵。正书。

有盖篆书：大唐故朱府君墓志铭。

二八七、大唐故袁州参军李府君墓志铭并序 《目》七八

开元十五年（727）六月十三日 《石》二〇二

讳和，字孝忠，陇西成纪人。起家调补袁州行参军事。开元十五年五月廿六日卒，年四十。 《芒》四（五）二十上

曾祖善，常州武进县丞。祖玄，将仕郎。父大，不应州郡之辟。

碑共十六行，行十七字。铭十二句，六韵，首四句四言，第五句八言，第六句七言（疑缺一字），余六句六言。正书。

有盖篆书：大唐故李府君墓志铭。

二八八、唐故睦州参军王公女十八娘铭 《目》七八

开元十五年（727）八月九日

（序铭皆阙。）正书。

二八九、唐故朝散大夫行吉州长史娄君夫人西河县君靳氏墓志铭 《目》七九

开元十六年（728）二月五日（记在末行）

（无序，全篇皆铭。）开元戊辰（728）正月□□日卒，年十八。

碑共十三行，行十四字。铭四言，十六韵，三十二句。正书。

二九〇、唐故□南尉刘府君墓志铭并序 《目》七九

开元十七年（729）十一月十六日

讳龙树，彭城人。卒年七十五。

夫人姚氏。

碑共十八行，行十九字。铭四言，四韵。正书。

有盖篆书：大唐故刘府君墓志铭。

二九一、大唐故忠武将军河南府怀音府长上折冲上柱国河间郡刘府君墓志铭并序

《目》八〇
《石》二〇三
《芒》三，五三上

开元十八年（730）十月十六日

讳□，字庭训，沛国丰人（今河南伊阙人）。以良家子补引驾长上右卫司戈、左羽林军中候戈，迁岩邑府果毅。随大总管李多祚征契丹，为谋主，有功，授通乐府果毅。张易之叛乱，"公翼奉圣躬，亲当矢石"，加游击将军，赐勋七转，乱彩百段。迁龙兴府折冲，转太平公主府典军。加忠武将军，迁崇信、怀音二府长上折冲都尉。

祖敬，豪、饶二州司法，朝散大夫，滑州匡城令。父节，青州千乘主簿。嗣子栖梧。

碑共三十行，行三十一字。铭四言，十六韵，四段。正书。

二九二、大唐汝州鲁阳府别将胡明期母曹夫人志铭并序

《目》八〇

开元十九年（731）四月七日（记在序首）

前国子助教、特敕知太常仪注骞国俊撰。

（缺名讳）开元十九年二月廿六日卒。

碑共十四行，行十五字。铭七言（次句八言），四句，二句一行，四韵。正书。

有盖：大唐故（篆书）曹夫人（正书）墓志铭（篆书）。

二九三、唐故朝散郎行潞州长子县尉太原王公墓志铭并序

《目》八一
《石》二〇三
《芒》四（五）二〇下

开元廿年（732）九月二日

朝议郎、检校大理正、上柱国雍惟良撰。

讳怡，字友睦，太原人。由母亲抚育成人。未婚而卒。开元廿年七月七日卒，年卅六。

曾祖绘，隋朝散大夫、北浍州别驾。祖琰，唐青州北海县令。父晋俗，益州蜀县尉，转大理评事。

碑共二十六行，行二十六字。铭四言，十三韵，正书。

二九四、大唐故上柱国赵君墓志并序 《目》八一

开元廿年（732）九月二日

讳□□，字南山，洛阳人。年七十卒。

曾祖邃，□州刺史。祖清，郓州须昌县丞。父德，唐潞州礼会府折冲。嗣子嘉猷。

夫人太原郭氏。

铭四言（第三句五言），三韵。正书。

二九五、唐河南府温县尉房君故夫人崔氏墓志铭并序

开元廿一年（733）四月十三日

夫人讳顺，字顺，博陵安平人。府君次女，年十六适房君，寝疾七年而卒。开元廿一年后二月十五日卒，年四十三。

曾祖仪表，相州洹阳县令。祖逵，京兆府富平县主簿。父高丘，卫州司兵参军。子四人：宽、宇、修、良。

碑共二十三行，行二十一字。铭共八韵，前六韵五言四言间行，末二句八言及七言。正书。

陕州河北县尉崔镇撰，子宽书。（记在末行。）

有盖篆书：大唐故崔夫人墓志铭。

二九六、棣王府户曹参清河张嵒故妻钜鹿魏夫人墓志铭并序 《目》八一 《石》二〇三 《芒》四（五）二二上

开元廿一年（733）七月廿五日

夫人□□钜鹿郡人，笄年归张门。年四十五卒。

曾祖满行，刑、户二侍郎，赠侍中。祖正见，库部郎□，宣、彭等五州牧。父瞮，终衡州县丞。嗣子锽。

碑共十七行，行十七字。铭四言（第七、八二句六言），五韵。正书。

有盖正书：大唐故魏夫人墓志铭。

二九七、唐监察御史杜公故夫人张氏墓志铭并序 《目》八二

开元廿一年（733）八月八日

夫人张氏，清河人。开元廿一年七月八日卒，年卌八。

曾祖发，岐州刺史。祖约，博州长史。父义，陵川令。

碑共十五行，行十六字。铭共五韵，三言及七言。正书。

二九八、大唐故庆王府典军江府君墓志并序 《目》八二

开元廿一年（733）十一月廿二日

讳璀，字思庄，济阳金乡人。府君之第三子，应制科，武艺超绝，举及第。调授左卫翊壹府队正长上。秩满，转左金吾卫司戈；次调右金吾卫中候；拜右领军卫士司阶，策勋上和国。开元十七年（729），拜庆王府典军，“王即今上爱子”。

“国家北巡，有汾阴之礼，制加一等，授游击将军”，敕未出而君已先卒。开元廿一年七月廿一日卒，年五十四。

曾祖沺，隋太子少詹事。祖仁友，唐徐州长史。父臣，棣州阳信县令。嗣子滉。

碑共二十九行，行二十九字。铭四言（末六句六言及七言），十韵。正书。

二九九、□故宣德郎守潞州大都督府参军事裴肃墓志铭并序 《目》八二

开元廿二年（734）三月廿二日

讳肃□□，河东人。开元十六年（728），自左清道率府、兵曹参军员外、置同正员□□潞州大都督府参军事。曾祖基，隋河间令。祖夹，隋饶阳令。父玮，唐恒州长史。

碑共十七行，行十七字。铭三韵三句，中用“兮”字，首末句八言，中句七言。正书。

右卫兵曹兼集贤院大学士洪孝昌撰。

三〇〇、故吏部常选辽西段府君墓志并序 《目》八二

开元廿二年（734）八月廿四日

讳贞，字处默，京兆长安人。开元廿二年六月十四日卒。嗣子万硕。

碑共十七行，行十六字。铭共八句，四至八言杂用，六韵（坠疑堕之误）。正书。

三〇一、大唐故清夷军仓曹兼本军总管张君墓志铭并序 《目》八三 《石》二〇四 《芒》四（五）二二下

开元廿二年（734）十月廿二日

朝议郎、行冀州下博主簿、集贤院学士万俟余庆撰。

宣德郎、行许州许昌县丞、直集贤院、南阳张若芬书。

讳休光，字芬，清河人。以良家子调补清夷军仓曹，兼本军总管，以军功赏绯鱼袋。征东胡之役，与其次子游秦同殁军中。（按《旧唐书·玄宗纪》：“开元廿一年闰三月，幽州道副总管郭英杰等讨契丹，为所败于都山下，英杰死之。”）

曾祖素，祖陇，父泰。长子游晋。

夫人柏氏。

碑共二十二行，行二十二字。铭四言，十二韵。隶书。

三〇二、唐故太中大夫使节青州诸军事青州刺史上柱国荥阳郑公墓志铭并序

《目》八三

《石》二〇四

《芒》四(五)二四下

开元廿三年（735）二月廿三日

讳谌，字叔信，荥阳开封人。年七岁，丁内忧。弱冠国子明经高第，授州州参军。丁父忧。解，补始州参军。丁继母忧。解，历齐、泾、定、王、洛州五掾，廉察使引为判官。转安邑、尉氏、江都、伊阙四宰。入为符玺郎。佐徐、曹、许三州，守归、楚、莱三郡。拜青州刺史，致仕。开元廿二年（734）二月廿三日卒。

五代祖先护德，授右仆射，勋封襄城公。（高祖）伟，仕魏，官立开府仪同三司、华州刺史，加少傅。（曾祖）大仕，隋开府仪同三司、渠州刺史，袭襄城公。（祖）仁基，隋通事舍人。父敞，洛阳宰。嗣子六人：元一、贞厂、太一、志一、兴一、令一。

夫人杨氏，撰本碑文者之祖姑，先卒。

碑共三十行，行三十字。铭四言五言间行，共十三韵，二十六句，不分段，单句第五字用“兮”字。正书。

朝请郎、行右金吾卫兵曹参军事杨宗撰。

外孙、前宁王东阁祭酒元光济衔哀书丹。镌工陈项达。

三〇三、大唐故开州录事参军渤海李君夫人南阳邓氏墓志铭并序

《目》八四

《石》二〇四

《芒》四(五)二六上

开元廿五年（737）十一月十四日

南阳滕少逸撰。

讳勖，渤海人。开元廿五年正月五日卒，年五十七。

曾祖昶。祖裕，相州临河县令。父仁皎，濮州濮阳县令。嗣子邈。

夫人邓氏，南阳人。年八十二卒于梁园官舍。曾祖森，中大夫、定州长史。祖玄德，怀州王屋县令。父希庄，幽府仓曹参军。

碑共二十五行，行二十五字。铭四言，十四韵，二十八句，分四段，首三段各三韵，二、四段四韵。正书。

三〇四、大唐故河南元氏夫人墓志铭并序 《目》八四

开元廿六年（738）五月十七日

夫人□□。开元廿六年三月十九日卒，年五十二。

父振，唐维州蓝田县令。

碑共十四行，行十七字。铭四言，六韵十句，不分段。正书。

三〇五、大唐故忠王府文学上柱国琅邪王府君墓志铭并叙 《目》八四 《石》二〇四 《芒》四（五）二七上

开元廿六年（738）闰八月六日

讳固己，字炅，琅邪临沂人。解褐，补滑州卫南尉。秩满，授左千牛卫兵曹参军，又领尚乘直长。天灾流行，帝以良宰，校宋州单父县令。丁母忧，去职。服阕，授忠王府文学。开元廿六年六月八日卒，年六十一。

曾祖翥，隋安都太守、石泉侯。祖弘训，唐御史中丞。父方智，户部郎中。嗣子玙。

夫人范阳卢氏。

碑共二十三行，行二十四字。铭四言，六韵十句，不分段。正书。

三〇六、大唐故吏部常选陇西李府君吴兴朱夫人墓志铭并序 《目》八四

开元廿六年（738）正月四日

侄再昌撰并书。

讳敬固，字悳。开元十四年（726）卒于伊阙别业，年六十。曾祖纂并州□原令。祖信，相州尧城丞。父承嗣，施州清江主簿。

夫人朱氏，年十九适李氏，曾祖玄，隋魏州冠氏令。祖良，衢州龙丘令。父斌，并州阳曲簿。

诞四男五女：长子延昌、次克昌、次全昌，长女适扶风马氏，次适太原王氏。

碑共二十三行，行二十三字。铭四言（末二句八言），六韵十二句，不分段。正书。

三〇七、大唐故汴州封丘县令白府君墓志铭并序 《目》八五 《石》二〇五 《芒》三，五六下

开元廿七年（739）十月十四日

讳知新，太原晋阳人。解巾，授常州武进县主簿，累蜀州清城县丞、越州诸暨县丞，又迁河南府王屋县丞、汴州封丘县令。开元三年（715）九月十七日卒，年六十一。

高祖建，北齐司空。曾祖逊，北齐散骑常侍。祖慜，唐嘉州刺史。父弘严，潭州录事参军。子岩之、嶷之、子兰。

夫人荥阳郑氏。□□二年五月廿九日卒，年四十。祖孝升，唐桂州长史。父嘉瑞，安南法曹参军。

碑共二十九行，行二十九字。铭四言，二十韵，分五段。正书。

有盖篆书：大唐故白府君墓志铭。

三〇八、宣义郎上轻车都尉前行台州司仓参军赵庭秀墓志

《目》八五

《石》二〇五

《芒》三，五八上

开元廿七年（739）十月廿六日

碑共七行，行九字。铭阙。正书。

有盖篆书：大唐故赵府君墓碑铭。

三〇九、大唐故右威卫翊府左郎将康公墓志铭

《目》八六

开元廿八年（740）十月十七日

讳庭兰，壮武将军，行右威卫翊府左郎将，上柱国。开元廿八年九月□日卒，年六十五。

曾祖匿，唐游击将军，守左卫翊府中郎将。祖宁，归德将军行右领军卫将军。父烦陁，云麾将军、上柱国。嗣子韶亘。

碑共二十三行，行二十三字。铭四言（末二句六言），六韵，不分段。行书。

三一〇、果毅都尉裴公墓志铭

《目》八六

《石》二〇六

《芒》四(五)二九上

开元廿九年（741）二月廿日

讳坦，字光胤，河东正平郡人。晋州羊邑府左果毅。开元廿八年（740）十二月十二日卒，年七十九。

祖昂，徐州司马，父怀义，吏部常选。长子顼之。

碑共二十行，行二十字。铭七言，八句七韵。正书。

夫人陇西李氏。

有盖篆书：大唐故裴府君墓志铭。

三一一、大唐故忠武将军摄右金吾卫郎将上柱国豆府君墓志并序

《目》八六

开元廿九年（741）八月十八日

讳善富，字晖，先扶风平陵人，后迁辽海。以□牧子解□，授□□参军事，擢授潞州铜鞮府左□毅□尉、□游击将军，授上柱国，转□州□城府□。开元十二年（724）中扈从东封，加忠武将军，进□州士□□折冲都尉。□国公萧嵩按节朔方，兼巡河右，请为裨将。侍御史郐充昌请以君监东都大和库，摄右金吾卫郎将。开元廿九年六月七日，以哀太夫人之疾暴殂。开元廿九年六月七日卒，年五十八。

父夫卒，唐师征辽，至玄菟，斩将归诚，以为犁、木二州□□诸军事，赐紫金鱼。嗣子温璲。

碑共二十六行，行二十六字。铭四言，九韵十八句，分三段。正书。

有盖篆书：大唐故豆府君墓志铭。

三一二、□故右监门卫兵曹参军张君墓志铭 《目》八六

开元廿九年（741）十一月廿五日

右威卫仓曹参军张楚金序，大理评事马巽铭。

讳景阳，字再，清河人。以太学孝廉擢第，解褐魏州莘县尉，博学举登科。迁右监门卫兵曹参军。

曾祖昶，隋卫州司功。祖秤，唐易州录事参军。父烈，盐州白池县令。嗣子呈。

夫人马氏。

碑共十九行，行二十字。铭四言，四韵。垴疑校之误。正书。

三一三、大唐故朝散大夫登州司马赵府君墓志铭并序 《目》八七

天宝元年（742）四月二十三日

讳巨源，字巨源，天水郡。释褐豊凉二府法曹参军，历博州清平县长，转黄、登二州司马，加朝散大夫。天宝元年三月十八日卒，年九十四。

高祖卧龙，周秦、凉二州刺史，池阳县开国公。曾祖览，隋安平郡太守，袭池阳公。祖行德，唐江、松、武、邵、婺五州刺史，湘阴县开国男。父仁果，韩王府录事参军，出广州浛安县令。嗣子琬。

碑共二十七行，行二十七字。铭四言，九韵十八句，分三段。正书（杂行字）。

有盖正书：大唐故赵府君墓志铭。

三一四、大唐故兖州瑕丘县令崔府君夫人吴县君朱氏墓志铭并序 《目》八七

天宝元年（742）四月廿三日

夫人讳□□，吴郡钱唐人。开元廿八年（740）十一月十日卒，年八十四。

曾祖长仁，隋水部员外郎、朝请大夫、司勋侍郎。祖延度，隋尚书仓部郎中。父景微。子希先。

碑共二十三行，行二十三字。铭四言，十韵二十句。正书。

有盖篆书：朱夫人志。

三一五、唐故正议大夫行袁州别驾上柱国苑府君墓志铭并序 《目》八七 《石》二〇五 《芒》（中）一六上

天宝元年（742）十一月十九日

吏部常选梁普□。

讳玄亮，南阳人。解褐授蔡州□渡府别将。从将军总管绝漠，以疋马□□为千夫之长。敕迁吉安府左果□，赐绯鱼袋，上柱国。迁龙勒府折冲、新泉军大使，赐紫金鱼袋。迁济北、唐安二府折冲，试松州别驾，都知钔南道节度兵马使。以守姚州别驾，迁资州别驾，加拜夏州都督府别驾、远城使，知十将兵马。属□师信安郡王。贬锦州别驾，移□州别驾。

曾祖侃，唐代州长。祖璋，安州刺史。父师本，晋州刺（史）。

长子赡、次子贻、次子赈、次子惟谨、五子惟慎、六子惟明、侄□宾。

夫人陇西李氏。

碑共三十一行，行三十一字。铭八韵，十四句，四、五、七言杂行。正书。

三一六、□故朝散郎行临海郡乐安县尉姚君墓志铭并序 《目》八七

天宝二年（743）十月廿日

四兄通理撰。

讳晅，字玢，河东郡虞舜嫡嗣胤裔人。授临海郡乐安县尉。

天宝元年（742）十一月六日卒于任所，年五十。

曾祖威，隋荆州大都督府长史、金紫光禄大夫、河东郡开国公，食邑五百户。祖宝，唐朝议大夫，袭河东公，行□阳郡曲阿县令。父怀亮，唐召拜殿中侍御史内供奉，迁少府监丞、司农寺丞、殿中丞，迁营缮监少留守京，检校蔺菀宫城总监事，摄司卫寺少卿、太中大夫、河东县开国男。嗣子二人。

碑共二十一行，行二十二字。铭分三段，十二韵，二十四句。正书。

三一七、大唐故东平县君吕夫人墓志铭并序 《目》八八

天宝三载（744）闰二月三日 《石》二〇六

夫人　　东平郓人。笄年适陇西李公讳祎，游骑将军济王府典军。天宝三载二月九日卒，年四十七。 《芒》四（五）三一下

曾祖长，隋平原郡长史。祖爽，唐绛郡龙门县

令。父非熊，故大理评事。嗣子晏。

碑共十七行，行十七字。铭四言，八句六韵，分两段。正书。

有盖篆书：大唐故吕夫人之志铭。

三一八、唐故司农主簿范阳卢府君墓志铭并序 《目》八八

天宝三载（744）三月九日

济阴郡冤句县尉郑齐敷撰。

讳友度，字友度，范阳人。孝廉擢第，拜德州安陵尉。尝为从叔吏部尚书从愿所器，寻转北京汶水簿，授东京巩县尉，迁洛阳簿，擢司农主簿。天宝三载闰二月卒，年五十八。

曾祖凯，隋吏部尚书。祖义丘，千牛备身。父习训，豪州钟维县丞。嗣子逖詹。

碑共二十一行，行二十三字。铭三、四、七言杂行，不分段。正书。

三一九、□故桂阳郡临武县令王府君墓志铭并序 《目》八八

天宝四载（745）二月廿一日

讳训，字庭训，先太原人。垂拱四年（688），以神童擢第。先天三年（714），拜和义郡参军。开元十四年（726），转□安郡肤施县丞。天宝三载（744）三月，迁桂阳郡临武县令。天宝三载（744）七月卒于桂阳，年六十八。

高祖隋洛阳县丞。祖敬太，唐和州司仓参军。父□诏，绛郡冯翊府果毅。

夫人会稽朱氏。天宝四载正月卒，年六十五。

碑共十九行，行十九字。正书。

三二〇、大唐故太子右庶子任城县开国男刘府君墓志铭并序 《目》八八

天宝四载（745）十月十三日

右补阙李翊撰。

讳升，字陟遐，彭城人。早年随父贬蜀，“其少也多艰”。

“射策甲科，三入清宪，累兵、户二员外，中书舍人，右庶子。”开元十八年（730）六月廿九日卒，年五十五。于京兆，父彭州刺史。子长曰颖，不寿；次曰觊，左骁卫兵曹参军，早逝。

夫人京兆韦氏。

碑共二十四行，行二十四字。铭八韵八句，七、八言间。行书。

三二一、赵郡李府君墓志并序 《目》九○

天宝六载（747）十一月廿五日

讳迪，字安道，赵国人。先公元子，孝廉擢第，卅解褐授官，首任扬州大都督府□子县尉，次任岐州雍县主簿，其次任河南府永宁县主簿。公事被劾，左授建州参军，移清河郡宗城县尉。年六十五卒。

四代祖澈，字伯伦，尚书左丞，见北齐书。高祖纯，字正义，尚书左部郎中，隋太常丞，广、介二州刺史，见北齐书。

曾祖德旻，隋太常丞，洛阳县令。祖玄同，侍御史度支员外郎、朝散大夫、赞皇县开国男。父愿，仓部员外、给事中，博、陈二州刺史，朝请大夫，袭赞皇县上柱国开国男。

碑共二十行，行十九字。铭七句，三、四、七言间行，共四韵。正书。

三二二、大唐前汉中郡都督府□□李少府公故夫人扶风窦氏墓志铭并序 《目》九○

天宝七载（748）十一月廿四日

夫人□□，扶风人，天宝二载（743）七月六日卒于西县，年廿五。

曾祖保，谯国公驸马都尉、左卫大将军，赠特进。祖孝谦，丹、坊、鄜、恒、定、洺六州刺史。父宣文，蜀郡大都督府法曹参军、唐安郡晋原县令。外祖陇西李景晤，光禄大夫。子总。

碑共二十三行，行二十四字。铭四言，八韵十六句。正书。

有盖篆书：大唐故窦夫人墓志铭。

三二三、大唐故前济阳郡卢县令王府君并夫人裴氏墓志铭并序 《目》九〇

天宝七载（748）十一月卅日

息乡贡进士孤子稷撰，息税书。

讳同福，字长卿，陇西狄道人。尝应茂才举，未第。廿一解褐，补常州武进县主簿，再授苏州昆山县丞。以先后丁父母忧，罢仕十五岁。授蒲州解县丞，为监盐判官，再领南河运使，加朝议郎，拜济州卢县令。天宝七载十月廿五日卒，年六十二。高祖故，周都官尚书，管、蔡、廉、洺等五州刺史。曾祖孝源，隋朝请大夫、屯田郎中。祖文鼎，唐朝散大夫、申州义阳县令。父思温，朝议郎、黄州黄陂县令。子税、稹、稷。

夫人讳雍熙，字太和。河东闻喜人。曾祖正，隋长平郡赞治。

祖德，太学明经出身，不仕。父守祚，唐泗州下邳县令。天宝七载十月十八日卒，年五十。

碑共二十七行，行二十七字。铭四言，八句六韵。正书。

三二四、大唐故酋长康国大首领回使入朝检校折冲都尉康公故夫人汝南上蔡郡翟氏墓志铭并序 《目》九一

天宝八载（749）八月十日

夫人翟氏，汝南上蔡郡人。天宝八载六月九日

卒，年七十八。

曾祖瓒，隋朝议郎，检校马邑郡司马。祖君德，唐朝散大夫、太常寺丞。父方裕，清河郡清河县尉。嗣子从远。

碑共十八行，行十八字。铭四言，五韵十句，用一部。正书。

有盖篆书：大唐故翟夫人墓志铭。

三二五、大唐故谯郡城父县尉卢府君墓志铭　《目》九一

天宝九载（750）二月廿三日　《石》二〇七

乡贡进士林慎言撰。　《芒》四（五）三六下

讳溲，字子休。起家惠宣太子挽郎，调补谯郡城父县尉。天宝八载（749）九月四日卒，年卅六。

五代祖思道，北齐黄门侍郎。高祖赤松，唐太子率更令、范阳郡开国公。曾祖承基，主客郎中、郢州刺史。祖元庄，通议大夫、嘉州刺史。父知远，朝议大夫、襄阳郡司马。无子。

夫人陇西李氏，父道坚，宗正卿，赠礼部尚书，嗣鲁王。

碑共二十五行，行二十六字。铭四言，十韵二十句。正书。

三二六、故前东京国子监大学进士上骑都尉李府君墓志铭并序　《目》九二

天宝九载（750）十二月七日

前河南府进士窦公衡撰。

讳华，字华，渤海蓨人。天宝九载六月十六日卒，年四十四。

五代祖纲，隋尚书右丞，唐礼、吏二尚书，师保太子，袭新昌公。高祖彦□，隋秘书郎。曾祖敬，唐右羽林大将军。祖孝信，绵州司户参军。父光忠，太□大夫、上柱国、普宁郡别驾。

夫人崔氏，故银川太守博陵崔□佺第廿五女。

碑共二十一行，行二十一字。正书。

三二七、唐故慕容氏女神□□墓志铭并序 《目》九二

天宝十载（751）四月十八日

神护师，□□出家。“慕二仪之德，继三光之容，回命氏焉。”

天宝十载四月十一卒。

曾祖正言，唐□府司马。祖知□，□仆卿。父珣，吏部侍郎。

碑共十八行，行十八字。铭四句，三韵，四、七言各二句。正书。

三二八、唐故中郎将献陵使张府君夫人太原郭氏临淄县君墓志铭并序 《目》九二

天宝十载（751）八月廿二日

夫人讳班，太原人。年十六适常山阎君，有五子焉。府君中年早逝，叔父夺志，更醮张门。念育前孤，允厘今馈，张君亦早亡。天宝十载八月九日卒，年七十三。

祖善志，大将军，唐史有传。父虔友，邻山郡太守。嗣子伋。

碑共十八行，行十八字。铭四言（末二句五言），五韵十句。正书。

三二九、唐故潞府参军裴府君夫人北平阳氏合祔志铭并序 《目》九二

天宝十载（751）十月廿四日

讳肃，字子敬。解褐左清道率府兵曹。官停，转补潞州大都督府参军。开元廿二年（734）三月八日卒，年四十三。

曾祖爽，唐礼部员外郎。祖基，瀛洲刺史。父

琇，恒州长史。无子，从侄阳宽承祧。

夫人北平阳氏。曾祖文瓘，唐中书舍人、青州刺史。祖大经，国子司业、坊州刺史。父钦庄，齐州录事参军。天宝六载（747）十一月六日卒于广陵，年四十七。

碑共二十三行，行二十三字。铭八言（中四句四言），九韵十一句。正书。

子婿前吴郡常熟县主簿阳宽撰。

三三〇、大唐故长安县尉左授襄阳郡谷城县尉又移南阳郡临湍县尉琅邪王公袝葬墓志铭序

《目》九二
《石》二〇七
《芒》四（五）三七下

天宝十载（751）十一月五日

讳志悌，字子金，琅邪临沂人。□□甲科，授相州成安县尉。又迁长安县尉，贬襄阳郡谷城县尉，又移南阳郡临湍县尉。卒年五十五。

五代祖褒，周吏部尚书司空、石泉公。高祖鼒，隋安都、竟陵二郡守。曾祖弘让，隋工部、宪部郎中书舍人。祖方泰，皇朝中书舍人、司府少卿。父鸿，同州冯翊县丞。嗣子胡子。

继室崔氏之子。恩侄阳子。

夫人陇西李氏，先卒。

碑共十七行，行十七字。无铭。正书。

有盖篆书：唐故王府君夫人志铭。

三三一、故彭城刘府君夫人墓志铭并序

《目》九三

天宝十一载（752）十一月廿七日

夫人号光赞，太原王人。刘君早卒。天宝十一载七月十四日卒，年六十二。

曾祖察，朝散大夫、平原郡长史。祖悌，游将军、京兆府、甘泉府折冲。父彻，朝议郎、谯郡临涣县令。子浑，前左金吾卫，河南府、千秋府别将。次子浦，前左武卫上党郡礼会府别将。次子泽，武部选。次子澥，武部选。

碑共二十一行，行二十二字。铭四言，十二句六韵，不分段。正书（杂行书）。

有盖篆书：大唐故刘夫人墓志铭。

三三二、唐故高士通直郎贾府君并夫人京兆杜氏墓志铭并序 《目》九三

天宝十二载（753）二月廿四日

夫人从侄芳撰。

讳隐，字思敬，平阳人。弱冠，以叙余勋八级，计阶从六品，拟通直郎、吏部选。开元十载（722）九月廿八日卒，年六十。

祖强，以隋爵秩入于唐。父玄应，郡举贤良，官至令长。有三子，长早亡。

夫人京兆杜氏。天宝初，少子转寿春郡长史，母由子贵，授蓝田县太君。天宝十一载（752）十一月廿二日卒，年八十八。

碑共二十六行，行二十六字。铭四言，十五韵三十句，不分段。正书。

三三三、博陵崔府君墓志铭并序 《目》九四

天宝十二载（753）十一月九日

讳焊，字焊，博陵人。天宝十一载（752）十月十一日卒，年卅七。

碑共十八行，行十八字。铭四言，八韵十六句，分四段。正书。

三三四、清河张公墓志铭并序 《目》九四

天宝十三载（754）五月七日

文部常选赵昙撰，河南褚凑书。

讳崈，字慎交，清河人。天宝十三载三月卒，年五十六。

祖揩，唐丹阳郡太守。父仁，获嘉县令。嗣子澄。

碑共二十一行，行二十一字。铭四、五、六言杂行，六韵十二句，不分段。正书。

三三五、(供养人碑记)

天宝十四载（755）正月卅日

此碑图占四分之三，文占四分之一，分刻左右上角。右为韵语一段：夫人韩兮贞女，忆故夫兮羁侣，立浮图兮长□，□生死兮齐举。天宝十四载正月卅日立。弟韩贞瓒、女二娘□□二姑。左段为佛经，中列供养人名字二人，残损不可读。左方为“罗候罗□弟子韩八娘一心供养”。正书。

三三六、夫人博陵崔氏墓志（原无题，据目补） 《目》九五

天宝十四载（755）九月十七日

夫人□□。适范阳卢氏。天宝十四载七月廿二日卒，年七十。

高祖旷，□□□大将军、□州牧、武康郡开国公。曾祖顺，使持节松、渝、□、简、平、湖等六郡太守，左散骑常侍，袭□康公。祖元孙，河东郡司马。父承嗣，□□□郡别驾。胤子专题。

碑共十七行，行十七字。铭四句二韵，五、四言间行。正书。

有盖篆书：大唐故崔夫人墓志铭。

三三七、渤海李征君墓志文并序（左行） 《目》九五

大燕圣武元年（756）十二月五日

处士琅辅撰，外甥胡涀书。

讳玢，字宣，渤海蓨人。圣武元年十一月十五日卒。

高祖愔，青州司马。祖彦，甘州长史。父玄恭，左岭军卫。

夫人河东裴氏，先卒。

碑共二十行，行十九字。铭四言，九韵十八句，不分段。正书。

三三八、唐濮州临濮县尉窦公故夫人崔氏墓志铭并序 《目》九六

大历四年（769）十月廿日

季父检校吏部郎中，兼侍御史祐甫述。

夫人讳缊，字□□，博陵安平人。年廿二，归扶风窦氏，连丁父母忧，又丧二子，有一女。宝应二年（763）四月三日卒于洪州妙脱寺尼舍，年卅九。

曾祖暟，卫尉少卿。祖渲，监察御史。父□孙，向城县令。

碑共二十一行，行二十二字。铭五、四言间行，单句用兮字，四韵八句。正书（杂行字）。

有盖篆书：唐故窦公夫□墓志铭。

三三九、唐故相州临河县尉张府君墓志铭并序 《目》一〇二

贞元十八年（802）十二月一日

渤海高弘规撰。

讳游艺，清河贝人。以经术升第，由凉州畨禾主簿应辟于安西，授相州临河尉。贞元十八年十一月十日启殡。

祖镗，隋千牛卫、录事参军。父伦，唐沙州长史。子六人：延诚，延州都督。延议，丹州门山县主簿。延诚、延识先卒。延训，监州功曹参军。延议，左卫兵曹参军。女三人：长适太原王氏。次适高阳齐氏，有三子：暤，试秘书省校书郎；㬇，摄监察御史；煦，膺秀士之撰。次适太原王氏。

夫人同郡傅氏。

碑共二十五行，行二十二字。铭四言，四韵八句。正书。

有盖正书：唐故张府君墓志之铭。

三四〇、唐故庆州长史赵郡李府君墓志 《目》一〇三

永贞元年（805）十二月□日

从弟乡贡进士茂正撰。

讳肃，字正言，河南汜水县龙水乡汉井里人。贞元廿年（804）六月廿七日卒于扬州，年四十四。

曾祖岳，唐洺州刺史。祖献，汝州郏城县丞。父益，怀州河内县尉。弟系，宣州宁国主簿，早卒。长妹童年出家，法名义蕴，修持于东都安国寺。幼妹适彭城刘丕，任许州殷水县尉。嗣子制则。

夫人颍川陈氏。曾祖敬之，扬府长史采访本道。父邕，饶州纪纲掾。

堂弟峒茂。

碑共二十三行，行二十七字。铭四言，八韵十六句，分四段。正书。

有盖正书：李府君墓志铭。

三四一、唐故朝散郎前太子左赞善大夫高府君墓志铭并序 《目》一〇三 《石》二一八 《芒》四（六）五上

元和二年（807）八月十七日

讳岑，字柳奴，渤海蓨人。贞元十四年（798）闰五月五日卒，年六十三。

五代祖祐，隋左散骑常侍。高祖侃，唐左监门卫大将军，辽东、陇西两道持节大总管，平原郡开国公，食邑二千户，赠左武卫大将军，谥威公。曾祖崇礼，云麾将军，行左卫率府中郎将。祖元琮，

遂州司户参军。长子幼成，邠宁节度押衙，兼右随四厢兵马使，知邠州留后兵马事，银青光禄大夫、检校太子宾客，兼监察御史。

夫人弘农尚氏。贞元十八年（802）九月十三日卒，年七十六。

碑共二十七行，行二十七字。铭四言，十二韵二十四句，分三段。正书。

从侄朝散大夫试濮州长史岳撰。

三四二、唐故左威卫丹州通化府折冲都尉陈郡袁公墓志铭并序

《目》一〇四
《石》二一九
《芒》三，六一上

元和五年（810）二月二日

乡贡进士陇西李播撰。

讳秀岩，陈州陈人。壮岁受宁远将军，迁左威卫、丹州通化府折冲、上柱国，赐紫金鱼袋。元和四年（809）孟夏之月十二日卒，年六十五。曾祖钊，唐试太子通事舍人。祖深，少府监。父庭琬，左金吾卫大将军，知中军兵马事。

夫人西河任氏、陇西李氏（有子谔）、弘农杨氏。“于公之先殁矣，今以殉葬。”

碑共二十五行，行二十四字。铭十六韵，十六句，四言及七言。正书。

三四三、唐右千牛卫长史王公夫人薄氏墓志

《目》一〇四

元和六年（811）十一月十二日

乡贡进士杜师义撰。

夫人□□，雁门郡人。年十五出嫔。元和六年十月廿四日卒，年四十四。

曾祖镮，许州长史。祖甫，徐州司马。父浩，遂州司马。子二人：行本、全度。

碑共二十三行，行二十三字。铭四言，七韵十二句。正书。

有盖篆书：薄夫人铭。侄弘乂书。

三四四、唐故谯郡永城县令赵郡李府君墓志 《目》一〇五

元和十二年（817）六月二十四日 《石》二二一

讳岗，赵郡赞皇人。释褐署相州内黄县尉，补龙武军卫佐。《芒》三，六二下

满岁，授谯郡永城县。安史乱起，卒于任所。

五代祖希骞，元魏黄门侍郎，沧、冀等四州刺史，侍中，聘梁使主，谥文宪公。祖晋客，唐仓部郎中、万年县令、司农少卿、元氏县男。父贞简，唐河南府武临县令。嗣孙泾，前秘书省秘书郎；次孙绛，前兵部尚书高邑县子。

夫人太原王氏。父爰景，江陵府参军。

碑共二十七行，行二十八字。铭四言五韵八句。正书。

三四五、唐故朝散大夫使持节都督邕州诸军事守邕州刺史兼御史中丞充本管经略招讨处置等使赐紫金鱼袋张公墓志铭并序 《目》一〇五

元和十二年（817）八月三日

弟殿中侍御史、赐绯鱼袋士阶奉述，侄承廉书。

讳士陵，字公器，安定人。年八岁，以通古文尚书、论语登春官上第。既冠，调补郑州荥阳县尉。秩满，江西观察路寰辟为支吏，授试左骁卫仓曹府。罢，授左神武军录事。淮南算度使王谔署为参谋，改试大理评事，兼监察御史。拜京兆府王曹，擢殿中侍御史，转侍御史，迁尚书仓部员外郎，除虔州刺史。“黄寇狡徒，啸聚山谷，公始练卒，命将爰事讨除。”

卒于任所。元和十一年（816）九月四日卒，年五十四。

曾祖克茂，唐滁州刺史。祖具瞻，尚书兵部郎中。父翔，殿中侍御史。子四人：助、勉、宗廉、金龟。长男未冠，幼女未笄。女四人：长适昌黎韩复，试秘书省正字，唐随节度掌书记。次女前年夭于荒裔。

夫人京兆杜氏，故太傅岐国公之女。先十五载而殁于扬州。

碑共三十五行，行三十七字。铭四言，二十一韵四十句，分五段。正书。

有盖正书：唐故邕州刺史兼御史中丞张公墓志铭。

《世系图》

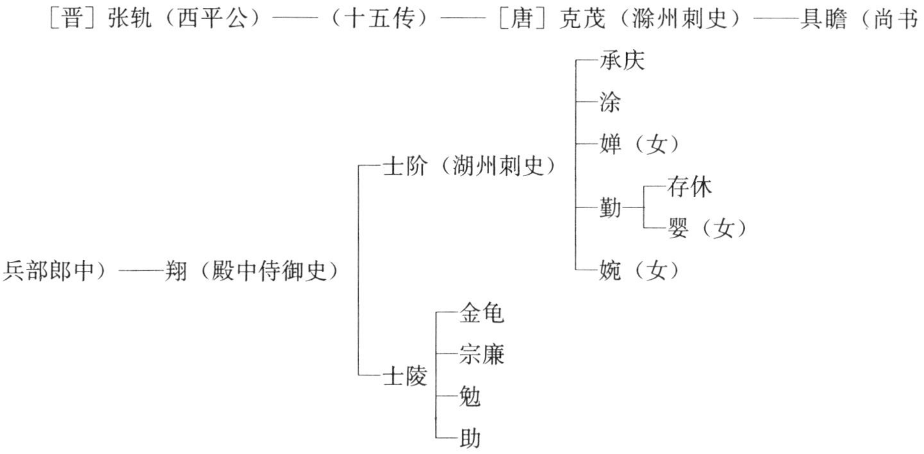

三四六、张氏亡女墓志铭　　《目》一〇八

长庆三年（823）九月廿二日

父士阶撰。

讳婉，安定人。长庆三年六月十三日卒，年二十。

祖翔，赠秘书监。父士阶，湖州刺史。

碑共二十一行，行二十四字。正书。

三四七、唐故中大夫澧州刺史赐紫金鱼袋范阳卢府君墓志铭并序

《目》一〇八

大和三年（829）十月廿六日

孙朝散大夫、守尚书工部郎中、上柱国商撰。

讳昂，字子皋，燕人。以明经解褐参陕州军事。三迁至鄠县令，自郎将谪邓州司马，以劳锡金紫贵阶。鲁炅委以留事。卒全樊、邓。擢隋州刺史。改沣州刺史。诛叛卒二百余人，自是地方宁靖。永泰元年（765）六月十八日卒，年七十。

曾祖幼孙，常州刺史。祖献，黄门侍郎。父翊，鄂州刺史。嗣：长，故河西县令；次广，河南县丞，赠右司□□；子商，总角伶俜；别子僧号守真。

夫人清河郡君房氏，吏部侍郎颖□之孙，恒州刺史光庭之女，宝应二年（763）九月卒，年六十二。

碑共三十三行，行三十三字。铭分四段，十六韵，每段前六句三言，末句七言用兮字。正书。

《世系图》

植（汉侍中）——毓——珽——志——谌——玄玄子度世（学行季杰光于元魏）——

- 尚
- 昶
- 敏—〇—〇—幼孙—献—翊
- 渊

三四八、唐故东渭桥给纳判官试太常寺协律郎扶风马君墓志铭并序

《目》一〇九
《石》二二八
《芒》四（六）九上

葬年泐大和六年二月廿一日

朝散大夫守江陵少尹上柱国赵倂撰，男柎书。

讳徵，字伯起，扶风人。泽潞节度使（泐数字）汝□刺史爱其才，署防御巡官，使穆□□，辟为判□……以疾辞。太和六年（832）正月四日卒

于江陵。

曾祖庄，唐滑州□□□令。祖□，郴州司马、□□州刺史。父参，监察御史。男四人：长曰权。女二人：长适戴氏，幼才数岁。

夫人陇西李氏，父汾州㫃休[①]县令。

弟仿，登进士第。

碑共三十行，行约三十字。铭沕。正书。

三四九、唐故鄂州永兴县尉汝南周君墓志铭并序 《目》一一〇

大和八年（834）十一月八日 《石》二二六

乡贡进士侯琏撰。 《芒》四（六）七下

讳著，字老彭。早岁穷二经，举孝廉。贞元十六年（800），擢上第。元和（806—820）中，释褐，补晋州霍邑尉。

秩满，次调鄂州永兴尉。大和八年六月五日卒于扬州河南县，年六十八。

曾祖玄达，唐户部尚书。祖释否，京兆府美原尉。父容，洺州鸡泽尉。有子二人：好古、好问。女二人：喜奴、媚奴。

妻燕郡平氏，故岳州昌江令陟之子。

碑共二十一行，行二十二字。铭七韵，十四句，四、五言间行。正书。

三五〇、唐故宣州旌德县尉李君墓志铭并序 《目》一一〇

大和九年（835）二月廿二日

(其兄撰文、名沕。)

讳绅，字宗今，嗣曹王绛之季弟，本姓崔氏。以天荫选授斯任，得廉察使沈传师之知称奖荐。秩满，薄游，遇疾于扬州南堰王之私第，四十日卒。大和八年（834）九月十三日卒，年卅五。

① 此处疑有误。

未娶，有子三人：宝、重、小重。

碑共十六行，行十六字。铭四言，八韵十六句，四段。正书。

三五一、唐故崔夫人墓志 《目》一一一

开成三年（838）四月丁酉

（夫）彭城桂休源撰。

讳霞，字幼云，清河人。十岁通何论、古诗。大和三年四月归。其夫未娶而有子一人，夫人抚如已出。开成二年（837）十二月乙卯卒，年廿四。

五代祖元综，黄门侍郎。高祖令同，陵州司马。曾祖琚，伊阙令。祖倬，泽州刺史。父亮，美原尉，夫人陇西李氏。

碑共二十二行，行二十二字。无铭。正书。

三五二、唐故乡贡进士颍川陈君墓志 《目》一一二

开成五年（840）四月廿一日

兄淮南节度使推官、儒林郎、监察御史里行修古撰。

讳宣鲁，字子周，颍川人。期之三举进士无所成，疾困长安孀姊韦氏之家，累月而卒。开成五年四月一日卒，年卅三。

曾祖叔，国子主簿。祖璧，婺州司兵参军。父谏，仓部郎中道州刺史。外曾叔祖房琯，相国，赠太尉。外曾祖刑部郎中琨。外祖汉州司马式。

兄修古、弟鄘、甥韦武当，皆与办丧事。

修古有男可思。

碑共二十二行，行二十四字。无铭（“今之叙述，纪其实而略哀辞”）。正书。

三五三、有唐张氏女墓志铭并序 《目》一一二

开成五年（840）五月九日

兄乡贡进士涂述并书。

名婵，小字印奴，先君第三女。八岁而孤。自笄迄今，首尾凡十载，未尝一日能强履而暂离床衽间。心宗黄老，自号灵隐。开成五年二月廿一日卒，年廿五。

曾祖具瞻，兵部郎中。祖翔，殿中侍御史，赠秘书监。父士阶，湖州刺史。夫人陇西李氏。长庆（821—824）中，卒于任所。

幼弟勋。

碑共二十七行，行二十七字。铭四言（末句六言），六韵，不分段。正书。

有盖正书：有唐张氏之女墓志铭。

三五四、唐故河南府司录参军赵郡李府君墓志铭并序

《目》一一二

《石》二二九

《芒》三，六四上

会昌元年（841）十一月廿四日

朝请大夫、行尚书司勋员外郎崔玙撰，外兄登仕郎、前守左监门卫兵曹参军裴儋书，前监察御史里行崔础篆额。

讳璆，字子韫。李绛之长子，补太常寺协律，调天官氏，得大理寺主簿，易江陵师表参军，□□试大理司直，殿中侍御史录□。罢职，除京兆府士曹。绛“以忠鲠，盗憎起难，冤强即世”。君至京伏阙请仇，宰渑池，抚字有方，河南尹请为府司录。会昌元年九月十日卒，年四十二。

曾祖岗，亳州永城令，赠吏部侍郎。祖元善，襄州录事参军，赠司空。父绛，元和宰相，赠司徒。生四子三夭：一子陶，神武军录事参军。六女：长适宋州砀山尉崔铦，次适前明经卢获。

夫人卢氏，诸舅范阳同州录事参军佐之女。

弟：项，云阳令；璋，进士。

碑共三十行，行三十字。铭四言，八句八韵，不分段。正书。

三五五、唐故河南府河清县丞曲府君墓志并序 《目》一一三

会昌二年（842）八月廿三月

乡贡进士卢希颜撰并书。

讳元缜，字知柔，陕府安邑人。先君第四子，贞元（785—805）初，解褐亳州参军。秩满调授衢王府功曹。罢秩，调授河南府河清县丞。会昌元年（841）十二月八日卒，年四十八。

曾祖彬，唐太仆寺南史七正监，怀州刺史，赠工部尚书。祖环，检校左仆射，陈、许等州节度、观察、处置等使，赠太师。父良翰，左领卫上将军，赠潞州大都督。长子思直、次思玄、次思言、季思立，并举孝廉，未第。长女适陇西李方之，守泽州录事参军。

夫人陇西李氏，男女八人，三非所出。

碑共二十八行，行二十八字。铭四言，十三韵二十二句，不分段。正书。

三五六、唐故平阳贾公墓志铭并序 《目》一一三

会昌三年（843）八月廿八日

天水赵超述。

讳政，字自政，平阳人。会昌二年（842）九月七日卒，年七十三。

父千秋，不仕。长女及笄归谯郡曹忠义。

夫人广平程氏，先十六年卒。

碑共十八行，行十九字（末行字较多）。铭四言，四韵八句，不分段。正书。

有盖篆书：唐故平阳贾公墓志铭。

三五七、唐故陇西郡夫人墓志铭并序 《目》一一五

大中五年（851）九月二日

前试左武卫兵曹参军杜行修撰。乡贡学究曲璘书。

讳□，姓李氏。大中五年七月十八日卒，年六十一。

祖通，有大功于德宗时，终寿州刺史、上柱国、晋昌郡王，赠尚书。

夫曲元缜，河清丞，先十年卒。

碑共二十三行，行二十三字，铭四言、五言，韵十一句，不分段。正书。

三五八、唐东都留守宴设使朝散大夫检校太子中允上柱国朱敬之三妻范阳卢夫人墓志铭

《目》一一六
《石》二二二
《芒》四（六）一五下

大中七年（853）四月十三日

夫人讳子玉，范阳人。年十七归朱氏。大中六年（852）十一月八日卒，年卅。

父稹，试宣州司马。母吴兴姚氏。子二人：君爽、善庆。

碑共二十一行，行二十一字。铭四言，六韵十二句，不分段。正书。

有盖正书：大唐故卢夫人墓志铭。

三五九、唐故荥阳郑夫人墓志铭并序

《目》一一六

大中八年（854）二月廿九日

（夫）给事郎、守国子监国子助教卢知宗撰并书。

夫人字子章，“维姬与姜，寔曰卢郑，历二千祀，代为婚姻。”

年十四归作者，时参京兆府军事。大中七年（853）十二月廿四日卒，年廿三。

曾祖谅，魏郡冠氏主簿，赠右仆射。祖珣瑜，吏部尚书，同中书门下平章事，赠太师。父朗，今刑部尚书，荥阳公。母范阳卢氏，范阳郡君。（作者从祖始）外祖父卢顼，泽州刺史。

生三子二女：小夏、震儿（后夫人十九日夃失）、继儿、上客。

大中七年（853）十月廿五日育幼女，浃月遘病卒。

碑共三十行，行三十字。铭七言，八句八韵，不分段。正书。

三六〇、唐安定张氏亡女墓志铭并序 《目》一一六

大中九年（855）十月廿六日

父勤撰，仲弟存休书。

讳婴，“先小君李夫人抚之，等已子”。大中七年（853）十月，方为择配得旧姻武阳李持。九年（855）二月持愿遵前期，以就和鸣，天不与寿，七月卒。大中九年七月十四日卒于孟川河阴县之别墅，年廿二。

祖士阶，皇□封郎中湖州刺史。父勤，侍御史内供奉。

碑共二十一行，行二十一字。铭四言，八句四韵，不分段。正书。

有盖正书：唐安定张氏亡女墓铭。

三六一、唐故平阳贾君墓志铭 《目》一一七

大中十年（856）七月一日

（岳丈）清河张弘庆撰。

讳从贽，妻为作者元女，归廿年。大中十年二月十五日卒，年五十五。

曾祖□，祖千秋，父政，不仕。有三子二女：闰郎、石老、宜郎、丽丽。

碑共十九行，行二十一字。铭四、五、六言，五韵十句。正书。

三六二、唐河南府洛阳县尉孙嗣初妻京兆韦夫人墓志铭并序 《目》一一八

大中十四年（860）二月廿七日

三从侄前京兆府渭南县尉、充集贤理纾撰，哀子郑九扶力书。

夫人□□京兆杜陵人，年十七归乐安孙氏。大中十年（856），今少府李监任亳州刺史，辟嗣初为团练判官，来谯。大中十三年（859）十二月廿六日卒。

曾祖威，尚书司勋郎中。祖覃，长安县令、卢、楚等州刺史。父本仁，越州录事参军、润州延陵县令、越州刺史。母阎氏。外祖济美，浙东观察使、太子少保。子六人：长郑九，前宋州谷孰尉，次阿陁、吴门、海客、彭寿、群儿，“或修进士业，或在龆龀”。女五人：长适京兆韦琏，见应进士举，余皆幼弱。有姊一人，适敬氏；弟一人，名逢。

碑共二十九行，行三十一字。铭四言，十四韵二十八句，不分段。正书。

有盖正书：大唐故韦夫人墓志铭。

三六三、唐故乡贡进士荥阳郑府君墓铭并序 《目》一一八

大中十四年（860）十月廿一日

仲兄前乡贡明经迪撰。

讳堡，字子固，荥阳人。大中十四年九月廿七日卒，年廿五。

曾祖之秀，升州司功参军。祖脩，辰州录事参军。父质，殿中侍御史，知福先院。无嗣，以犹子小温继绍于后。

碑共十六行，行十六字。铭四言，五韵十句，不分段。正书。

三六四、王氏殇女墓铭 《目》一二二

咸通三年（862）七月十八日 《石》二三八

仲文刻铭。 《芒》三，六五下

名容，太原晋阳人。咸通三年六月廿三日卒，年十八。父长仁，早卒。

碑共十三行，行十三字。全篇皆铭，七言二十一韵，句句用韵，不分段。正书。

有盖正书：唐故太原王氏女墓铭。

三六五、唐朝散大夫摄邕州长史兼监察御史上柱国琅邪□公夫人崔氏墓志铭并序 《目》一一九

咸通三年（862）十月八日

将士郎、守秘书省正字田石撰。

夫人□□清河崔氏。大中十四年（860）十月，自西秦结褵，归于东平。公才及庙见，携家邕南，遽属蛮乱。咸通二年（861）九月卒于桂林，年卅一。

曾祖，检校驾部员外郎。祖勉，侍御史。父敬章，随州录事军。母太原王氏，继亲太原王氏。长姑鲁国太夫人。舅鸿胪卿，赠工部尚书。

碑共二十三行，行二十四字。铭四言，十四韵二十八句，不分段。正书。

有盖正书：崔氏墓志。

三六六、唐故处州刺史赵府君墓志 《目》一一九

咸通三年（862）十月十四日

兄中大夫、守衢州刺史璘撰。

讳璜，字祥牙，兄璘、弟珪，开成三年（838），礼部侍郎高锴奖拔孤进，与再从兄琏同时登进士第，作者亦以前进士吏部考判高等。会昌（841—846）末，选授秘书省校书郎，除鄠县尉。尚书韦损节度武昌，奏监察、殿中二御史，皆掌书记府。历京兆

府户曹、大理正秘书丞，阶至朝散大夫，迁缙云刺史。咸通三年四月十一日卒，年五十九。

九代祖静，封晋陵公于元魏。八代祖鉴，袭爵于高齐。唐以来位卑。五代祖仁泰，邢州南和令。高祖慎己，相州内黄主簿。曾祖曹，玄宗时制举，自同州韩城令擢拜京兆府士曹，转河阴令，再迁扶风郡长史。祖涉，进士擢第，累佐藩府，至朝散大夫、检校著作郎，兼侍御史。父伉，自建中至元和（780—820），伯仲五人登进士第。堂舅即苏州刺史韦应物。“道义相契，篇什相知，舅甥之善，近世少比。”佐盐铁府，官至监察御史里行。大中（847—860）末，再赠尚书吏部郎中。有一子辐，二女。

夫人上邽县君苏氏，丞相□□贞公五代孙，城门郎佐之孙，秘书省校书郎巢之女，丞相襄武公李公之外孙。

碑共二十九行，行三十字。无铭。正书。

三六七、唐故留守兵马使魏公墓志 《目》一二一

咸通九年（868）七月十八日 《石》二三七

留守衙前判官、文林郎、试左内率府曹参军郝乘撰。 《芒》四（六）一八下

乡贡进士李诚书。

讳涿，字燕夫，钜鹿人。弱冠，婚逐福李氏幼女。年廿一，授留守衙前虞候。副知茶务。廿四，迁衙前将务，获正专。廿八，迁散兵马使。咸通八年（867）八月廿日卒，年卅。

父弘章，留守押衙。无子，取犹男曰小申。

碑共二十四行，行二十八字。铭分二段，首段四言四韵八句，次段七言四韵六句，句中皆有“兮”字。正书。

三六八、唐故承议郎使节都督登州诸军事守登州刺史孙府君墓志铭并序

咸通九年（868）八月十一日

长男邺撰，第十六侄郢书。

讳方绍，字比琏，魏郡武水人。未弱冠，以门荫补授怀州参（军）。秩满，授汝州司户参军。会竹林典仵之任，不行，居家。册二房兄受虔州唐牧郎中辟命，寻卒。明年，册四房弟又萦风疾，手足频伤，孤稚满室。大中十一年（857），授大理寺丞，在法官二载，迁拜本寺正。今上（懿宗）拜东牟太守，中风水之疾，卒于任所。咸通六年（865）五月十七日卒，年五十四。

曾祖逖，刑部侍郎，赠尚书右仆射，谥文公。祖成，桂管观察使，赠太子太保，谥孝公。父微仲，沔州刺史。母陇西李氏。外祖父士龙，邓州向城县令。子二人：邺、牢。

碑共二十四行，行二十七至三十字不等。铭四言，五韵八句，不分段。正书。

三六九、唐京兆府鄠县丞安定张君亡妻中山刘氏夫人墓志并序

《目》一二二

咸通十五年（874）闰四月十四日

侄乡贡进士绍仁撰。

夫人讳冰，字比德，中山人。笄年归张氏。咸通九年（868）三月廿日卒于孟州河阴县别墅，年四十三。

曾祖怦，幽州卢龙军节度使，赠太傅，谥恭。祖济，幽州节度使司徒，兼中书令，赠太师，谥□武。父约，宣武军节度使，检校吏部尚书，赠左仆射。母姑臧李氏。子三人：由仪、由庚、由训。

碑共二十六行，行二十七字。铭首十二句四言六韵，末二句七言二韵，不分段。正书。

有盖正书：唐故中山刘夫人墓志。

三七〇、唐故处州刺史赵府君妻上邽县君苏氏夫人墓志铭 《目》一二二

乾符元年（874）十一月廿七日

堂舅将仕郎、守京兆府泾阳县尉李淡撰，侄男乡贡进士赵称书。

夫人讳嗣君，字庆仲，武功人。在母家长大，年廿四归赵氏。

赵府君讳璜，登进士高第，累为名府从事。咸通二年（861）夏，封上邽县君。府君剖符缙云，卒于处州。咸通十五年（874）十月九日卒于长安，年五十六。

曾祖来，晋州刺史。祖佐，城门郎。父巢，襄州校书。母陇西李氏，作者之堂姊。外祖父丞相武都公。有一子曰骈，举进士。别产三女：长适洛阳尉李渎，次适开封主簿杜沆，三曰汴娘。

碑共二十五行，行二十四字。铭四言（两句六言）八韵，十六句，不分段。正书。

三七一、大唐故赠尚书左仆射长沙吴府君夫人谯郡曹氏墓志铭并序 《目》一二六 《石》二四三 《芒》四（六）二七下

同光三年（925）正月廿二日

门吏将仕郎、守监察御史崔匡撰，将仕郎、试秘书省校书郎第光业书。

夫人□□谯郡人，曾祖珪，祖□，皆历州县官。父，不仕。母安定梁氏。乾宁（894—898）初，归吴氏。祖据，父毗，江南西道推官、将仕郎、试大理事，累赠户部郎中。母封河东郡太君。同光二年（924）四月十六日卒，年四十二。有子三人：长女适彭城刘袭吉前邠节推、朝散大夫、检校户部员外郎。次女婢婢。男冯七，官名昭嗣，见

补右千牛。

碑共二十六行，行二十六字。铭四言，六韵十二句，不分段。正书。

三七二、唐故朝散大夫守尚书工部侍郎柱国赐紫金鱼袋乐安孙公墓铭并序 《目》一二六

天成二年（927）二月十五日

表侄朝议郎、守尚书刑部郎、中柱国、赐绯鱼袋王骞撰，孤子乡贡进士书。

讳拙，字几玄，武水乐安人。举进士擢第甲科。解褐户部巡官、秘校京兆参军，直弘文馆。由相国孔鲁公纬之奏职也。相国裴公贽任御史中丞，奏授监察御史，不赴。复拜察视，俄迁右补阙，授河南府长水令。秩满，授殿中侍御史，逾年不赴任。复拜殿中侍御史，俄拜礼部员外，再乞任登封令，加检校礼部郎中，复加考功郎中。入拜司勋员外郎，出宰汴州浚仪令。授职方员外郎，知制诰，拜中书舍人、金紫。出使浙、越，改左谏议大夫，迁左散骑常侍，留司洛京。乞授西都留守副使，加检校礼部尚书。庄宗（923—926）之纂复中兴，拜工部侍郎。天成元年（926）五月十二日卒，年六十九。

曾祖会，庐、常等五州牧，累赠吏部尚书，宣州观察使。祖公乂，庐、饶等五州牧，工部尚书致仕，累赠太尉。父瑝，前御史中丞，累赠司空。母陇西县君李氏，追封国太夫人。

外祖父福，故司徒太子太师，致仕赠太尉。子昼。

夫人扶风窦氏，讳回，封本郡县君。

碑共三十行，行三十五字。铭四言，二十二韵四十四句。正书。

有盖正书：唐故尚书工部侍郎孙公墓志。

三七三、故朝议郎前峡州司马柱国清河郡公墓志并序 《目》一二六

天成二年（927）十一月壬子

讳稹（姓张氏）天成二年九月十八日卒。

子：知鲁，知浦，殿前承旨；知晏，知训。

碑共二十五行，行二十四字。铭四言，十七韵三十四句，不分段。正书。

三七四、大晋故竭忠匡运佐国功臣横海军节度沧景德州观察处置管内河堤等使充北面行营步车左右厢都指挥使特进检校太师使持节沧州诸军行沧州刺史兼御史大夫上柱国太原郡开国公食邑三千户食实封一百户□侍中王公墓志铭 《目》一二七

开运二年（945）四月十四日

乡贡进士苏畋撰。

讳廷胤，字绍基，并州太原人。后唐庄宗以公任前直都指挥使，兼贝州刺史，因而侍从。天成元年（926），除授祈州史。明宗长兴二年（931），授密州刺史，次加司徒。长兴四年（923），授澶州刺史，又授隰州刺史。闵帝登基（934），加转太保。末帝（934—936）授咱州刺史。

后晋天福三年（938），范延光作□于铜台，君上付之以甲马，充魏府行营中军都指挥使，兼贝州防御使。乱平，授相州节度使，加太傅。又分茅士，授横海军节度使。出帝登基，天福七年（942）加太尉。天福八年（943），授幽州□□营右厢都□阵使。开运元年（944），改授太师，充北面行□□左右厢都指挥使。自天祐五年（908）至开运元年（944），七典郡符，□分节制，奉侍七朝。开运元年（944）九月廿三日卒，年五十四。

曾祖宗，兴元节度使，检校司空，守金吾卫大将军，充街使，赠太傅。祖处存，易、定节度使，

检校太保兼侍中，赠太师，以盛绩颁宣于铁券，仗节于中山。叔祖处直，易、定节度使，检校太师兼中书令，赠守太师。父郕，晋、慈、隰等州节度使，检校司空，赠太保。舅李克用（“河东故先晋武皇帝讳克用是公之亲舅也”）。表兄李存勖（“庄宗皇帝是公之亲表兄也”）。弟廷和，任河东□□军使。姊适赵殷图，任太原府西尹。妹适扬廷颜，任龙门镇遏使。

夫人沛郡周氏，先卒。

再娶清河张氏，有子五人：昭敏任横海军衙内都指挥使、银青光禄大夫、检校工部尚书兼御史大夫、轻车都尉。昭懿任横海军中军使、银青光禄大夫、检校太子宾客兼武骑尉。昭煦任横海军□院使、银青光禄大夫、检校国子祭酒兼骑都尉。昭素任横海军山河使、银青光禄大夫、检校御史中丞兼武骑尉。合子见无所仕。

碑共四十四行，行四十五字。铭四言，十六韵三十二句，不分段。正书。

三七五、大周故光禄大夫检校司徒行右金吾卫将军兼御史大夫上柱国兰陵县开国男食邑三百户赠汉州防御使萧公墓志铭并序

《目》一二七
《石》二四四
《芒》三，六六上

显德三年（956）七月廿四日

从侄前乡贡进士士明撰，乡贡进士石惟忠书。

讳处仁，字正己，兰陵人。先君第四子，年十七，荫千牛备身。二十授四门博士，复选沁水主簿，后除通事舍人。转西上阁门副使，其后安陆畔援，常山俶扰，公又承前监护刻日扫除。转东上阁门使，又复收襄阳，转四方馆主，兼卫尉少卿。后守边十年，至于太原，出于大漠，东西千里，累转官阶，继有锡赖。后除坊州刺史，及奉诏归阙，百姓遮留，不得去者旬日，卒单骑赴朝，授左武卫将军检校司徒。周太祖（951—954）加食邑，除浮州节度副使。世宗（954—959）诏还，授魏府节度副使。诏还，授右金吾卫将军、检校司徒。江表不庭，天子亲征，公为前锋，兵马都监。帝驻跸寿春，公攻取滁州，铠马才临，江城莫守，遂入北郭，及于大逵。公以捕逐遗寇，为流矢所伤而没。显德三年二月八日卒，年五十四。

曾祖濬，唐饶州刺史。祖元，苏州别驾。父符，历任唐、梁二朝，自河北道招讨判官，累迁右威卫大将军□藏库使，终于所任，赠右金吾卫上将军。母琅邪王氏，累赠本郡太君，有四男四女。子二人：守勋，怀州武陟簿；守彬，从公南行，执事左右，及公殁，补西头供奉。女一人适襄州节度副使康长子怀正。

三娶夫人，皆清河张氏。

碑共三十六行，行四十字至四十六字。铭四言及五言，不分段，二十三韵。正书。

三七六、大宋故承奉郎前守国子四门助教扶风马公墓志铭并序 《目》一二八

开宝三年（970）十月十七日

乡贡进士卫渎撰。

讳测，字广川，本贯邺台，徙家京洛。父母早卒，壮年从孟师刘公所辟，假职节推焉。周祖即位（951），告退。世宗（954—959）下命应私家收得史馆所阙群籍者许以进官，公出三百余篇塞诏，金马上，即赐比学究出身。入宋，授将仕郎、守国子四门助教。终秩，加承奉郎。开宝三年二月二十八日卒，年五十三。

曾祖悦，祖诩，考嗣，不仕。长兄微，宋州虞城令。次兄则，故安远军记室。男三人：长晃，娶

陇西李氏；次旱，娶太原郭氏，俱修进士业；次晏。女一人。犹子：晟，秀才擢第，职汝州御推。昺，明法成名，官太子校书。旦，乡贡学究。昱、昂，皆进士。

夫人颍川于氏。

碑共三十二行，行三十二字。铭用赋体，不分段。正书。

三七七、前磁州刺史药公墓志铭

《目》一二九

太平兴国九年（984）四月二日

侄男永图撰。

讳继能，字国章，应州金城人。明宗朝（926—933）考进，补授东头供奉官，累历任使，名达帝聪。至晋（937—946）转授阁门通事舍人，建六家店，为军专事犬戎，未数月而功告成，俄降制为德清军差，公督之。至汉（947—950）转授东上阁门副使，充越国加恩官告使，使闽越。周兴（951—960），从法驾届逆垒，除兖城之患。俄改授内园使，充安州兵马都监。周世宗嗣位（955）之初，改授左武卫将军，充定州监护。未期年而宋兴（960），赴阙，携制命，权典全州。不数年加充全州刺史，又命权守桂林。数岁后，奉旨赴阙，授磁州刺史，权知潞州军府事。太平兴国四年（979），罢磁任，赴阙。六年（981），差充襄邑县兵马都监。太平兴国九年二月一日卒于襄邑，年六十九。

曾祖父迁，赠右武卫将军。祖通，赠左千牛卫将军。父彦稠，字众先，后唐明宗朝（926—933）任静难军节度使。有一子名玄保，八女，四早卒。

夫人：早娶彭城县君刘氏，次娶清河县君张氏，又娶陇西李氏（上皆早卒），长安县君田氏，后眷也。天水赵氏、鲁昌唐氏，陪侍也。

碑共三十二行，行三十三字。铭分四行，十三韵，首三行七言，末行六、七、八言皆有兮字。正书。

有盖篆书：大宋故药公墓志铭。

三七八、大宋故推诚佐理功臣光禄大夫检校太保使持节蔡州□□……□□防御使兼御史大夫上柱国武都郡开国公食邑三千五百户赠镇东军节度使苻公墓志铭并序

《目》一二九
《石》二四五
《芒》三，六九下

咸平四年（1001）八月庚申

前进士陈舜封撰，元从押衙知客李仁璲书，和彧刻字。

讳昭愿，字致恭，晋开运二年（945）秋七月丙午，其母虢国杨夫人生于豊沛。出生后其父“凡珥貂蝉、崇保傅、进王爵，四移大旆，方居于郸都”。周显德元年（954）八月，被银印青绶秩，视骑省，隶天雄军衙内都指挥使。翌日超授检校尚书左仆射，遥领兴州刺史，充职如故，时年九岁。宋太祖建隆元年（960）正月，迁检校司徒，进阶金紫。乾德初（963—968），爵以开国男，始赐奉邑。开宝二年（969）七月，其父移镇凤翔，称疾，诏就养于龟洛，授恩州刺史。五年（972）春，迁罗州刺史。八年夏六月癸丑，父卒，起为西京作坊副使。九年（976）冬十月，太宗即位，授尚食使。是年盗起淮北数郡，为陈蔡等道都巡捡使，宋巡警之职自此始。盗平，开河治水，论者称之。太平兴国二年（977），帝北狩，以公王室之亲，诏扈戎辂。命为御营四面都巡捡使，兼车驾拦前收后提辖给遣等事。五月平晋，凯旋，授使持节蔡州刺史。九年（984）朝京，及期从民请，再典并门。雍熙四年（987）秋，出师命将，诏公统禁卫屯于邢台。端拱之初（988—989），迁检校太保，进开国公，仍益封户。复理太原，兼驻泊马步军副都部署。二年（989）夏五月壬申，丁母忧（母即太宗之岳母）。授起复云麾将军，充蔡州团练使，知京兆府事，兼陕西道都巡捡使。淳化（990—994）中，移典梓州，兼东川路提辖兵马桥道事。寻落起复，进阶二品，秩封如故。政成受代，遣归于淮西。至道二年（996）春，陪祭上帝于圆丘。孟夏，天堑溃于比畿，任为滑台守，以藏提防之役。三年（997），太宗崩，真宗即位。十月，率内诸司步骑三千充太宗山陵防援使。

先帝祔庙，赐推诚佐理功臣，增井赋之数。咸平（998—1003）春，领兵符，为参师，戍于铜台。二年（999）秋，移邢州，驻泊兵马钤辖。冬十一月，帝始就阳展礼载益疏封。三年（1000）夏四月，归朝，九月以相师张卫公捐馆，委公作牧于漳川，所至皆理。四年（1001）疾笃，诏肩舆而归。夏五月，授蔡州防御使，以长子承煦迁左侍禁，次子承度为右班殿。咸平四年五月乙未卒，年五十七。

曾祖楚，封吴王。祖存审，后唐宣武军节度使，中书令，秦王。父彦卿，守太师尚书令，魏王。周世宗宣懿皇后及恭帝太后、宋太宗懿德皇后皆公之姊也。有女四人：长适殿中丞直史馆王希逸，今定师汉南使相之子；次适光禄寺丞李宗谅故司空相之子；次为尼，普济大师；次幼在室。

夫人李氏，封江夏郡君，故华师之女。

卒诏供备库副使杨永遵、内殿崇班蔡诏恩监护丧事。

碑共三十七行，行五十至五十八字。铭四言及七言，九韵十八句。正书。

三七九、大宋故监门卫将军符君墓志铭并序

景祐元年（1034）三月十三日

高平范隐之撰，乡贡进士王载书，翟文会刻。

讳承煦，由门任殿直侍禁，寄内侍班祗候，补供奉官，徙閤门祗候，除内殿崇班，被命使外方。年三十四，居京师，管库敦近事，掌马政。以病求闲官，拜千牛卫将军，敕判金吾衔仗、六军仪仗事。迁监门卫，职事不改。周世宗、宋太宗两朝三后，皆其诸姑，以外戚勋旧而不得大用。积阶银青光禄大夫，检校兼官至太子宾客、御史大夫，赐勋上骑都尉，爵为男，食临沂县户三百。明道二年（1033）十二月戊戌年卒，年五十九。

父昭愿，蔡州防御使，赠太师。曾祖存审，祖彦卿，仍世有大功业，为将、相、爵、王、国秦、魏。子四人：惟恭，侍禁；惟让，三班奉职；惟俭，未仕；惟仲，借职。女一人：嫁侍禁张宗庆。

夫人冯氏，由君封河间县男。

碑共二十四行，行二十二字。铭四言，五韵十句，不分段。正书。

三八〇、宋故银青光禄大夫检校太子宾客兼御史大夫内殿崇班骑都尉钜鹿县开国男食邑三百户魏公志铭

嘉祐三年（1058）十二月戊申

宣德郎、守秘书丞、充编修唐书官吕夏卿撰，男孝孙谨书，前进士王伯纯篆盖，广文馆进士王仝署讳，东平康坦勒。

讳处约，字知方，开封人。年十九试广文馆进士，书名第一。真宗（998—1022）录大臣之后，召以布衣入朝于延和殿。以平阳恭懿王长女玉城县主妻之（平阳为潞恭宪王之子，恭宪乃帝兄也）。

即赐袭衣、黄金马，释褐，出东华。起家补右班殿直。乾兴时（1022），宰相有罪没籍，权贵请市以贱价，公按实售之民，以富国用。章献明肃太后遣诸婿赐诸路衣裘，公独不辱命。太后临朝，公上疏请还政天子，以是忤太后，久不迁。皇帝亲政，为作“睿智日新颂”以献（明道二年（1033）三月甲午）。累迁左右侍禁、东西头供奉官、内殿崇班、检校太子宾客兼御史大夫，封钜鹿男，食邑三百户。凡仕四十年，八迁，官皆录劳，未尝出于势援：宰相王沂公曾将荐于朝，恳辞而罢。武恭王公德用，公之故人。方其任枢密时，避而不见，及致仕乃诣门下数陪燕射。武恭复起，公遂不来。自少工诗，为秘书监李公惟简所赏，与李公及僧惠崇为章句之友，著《家山》、《白日》、《今体》三集。总角失恃，事兄如父，厚朋友亲族，以七世共居，抚阖□益严谨，有惮之者，请官析产出居，公内耻之，作“义巢记”。嘉祐二年（1057）十月癸亥卒，年六十三。

曾祖殷，赠左监门卫大将军。祖丕，复州刺史、检校太保判左右金吾六军仪卫事，事太祖、太宗、真宗，历度支、户部使，以名臣闻，传在国史。父廷杲，赠右武卫将军。母郭氏，永宁县太君。生三子，公为季子。长子孝孙，东头供奉官；次孝称，西头供奉官；次孝祥，左侍禁；次孝明，三班奉职。女新兴县君，适西染从副使、阁门通事舍人郑馀懿。次安居、钜鹿、宋城三县君，适吴冀王孙、左监门卫大将军、惠州刺史世茂，左监门卫大将军世祚，右监门卫将军世雄。一未适人。孙男八人，铨、钊三班借职；终、钧、鉴、铣、镛、镈未仕。孙女五人。

碑共四十三行，行四十三字。铭四言，十二韵二十四句，不分段。正书。

三八一、宋故赠左屯卫大将军魏侯夫人玉城县主墓志铭 《目》一三一

熙宁二年（1069）闰十一月十五日

朝奉郎、尚书屯田员外郎、骑都尉、赐绯鱼袋苏畋撰，西京左藏库副使张守诚篆盖，进士刘育书讳，男孝明书，康度刊。

讳□□，年十八适魏氏，真宗为择配，章宪皇后躬临妆泽。

年三十被命封邑，历侍四朝君后，未尝恃恩邀宠。弟妹四十人，廿五人先卒。自夫卒后，虔心事佛。熙宁二年九月十日卒，年六十八。

曾祖，宋太宗。祖，魏恭宪王元佐。父，平阳恭懿王允升，母崇国夫人。弟，大宗正、崇信节度君宗旦。子四人，孝孙，西京左藏副使。孝称，供备库副使。皆笃礼法而励官守，所至有善闻。孝祥，东头供奉官。孝明，右侍禁。女五人：长新兴县君，适故中书令郑守忠男宫苑副使馀懿。次安居县君，次钜鹿县君，适故冀王惟吉孙东阳侯世茂、富水侯世祚。次宋城县君，适故越王德昭曾孙宪州团练使世雄。一未及笄。

孙男十人：铨、钊、鋑皆右班殿直，钧、鉴未仕，铣三班借，镛、镈、铉、铎未仕。孙女三人：长昌乐县君，适故越王玄孙、右监斗，大将军令铄，次二人尚幼。

碑共三十八行，行三十八字。铭四言，十六韵，二十九句，不分段。正书。

三八二、宋故南阳县君宇文夫人墓志并序 《目》一三一

元丰七年（1084）十二月十九日

朝议大夫致仕、轻车都尉、赐紫金鱼袋吴执中撰，表侄进士侯宗质书，河南阎忠美刻。

夫人宇文氏，姓始于后周。三岁丧母，长于外氏，年十九归吴氏。皇姑京兆太君，信奉佛教。元丰七年九月十八日卒，年七十七。

祖愚，入礼部，登进士第，终司勋员外郎。父诰，不仕。母侯氏，故中书令益之孙。子孝立，前孟州济源县主簿。女一人，嫁士，早亡。孙四人：安祖、安礼皆补太庙斋郎，安寿、安本，并幼。孙女三人：长适进士张兢，其二在室。曾孙儿女三人。

碑共二十五行，行二十六字。铭四言，七韵十四句。正书。

三八三、宋故崇仪副使知文州吴（君墓志）（原缺） 《目》一三二

元祐七年（1092）八月初九

讳赉，字克雍。至和二年（1055）正月廿四日卒，年五十七。

子天锡（合文作𥒋），内殿承制。孙卞彦、父衮、彦能谨记。

碑共八行，行十字。无铭。正书。

三八四、宋故供备库副使致仕苻君墓志铭 《目》一三三

崇宁四年（1105）正月十三日

朝请郎、守少府少监、骁骑尉、赐绯鱼袋蔡天辅撰，承奉郎、充泾原路经略安抚司、勾当公事王万书，朝散郎、御史台捡法官、飞骑尉、赐绯鱼袋郑景平篆盖，刘友谅刊。

讳守诚，字亶夫，先宛丘人。幼孤。长以娶宗室女，恩补右班殿直，始获试吏。迁左班殿直，历侍禁供奉官。既升通籍，由内殿崇班改承制，又迁供备库副使。初监洪州武宁县酒税，秩满，主两浙漕计者以姑苏会郡榷沽之利，岁入越十余万缗。因

荐任之次，勾当京东窑务，又西京同巡检陕府兵马都监，勾当车营致远务。以疾致仕，休于祥符县永昌坊里第，阅岁而卒。崇宁三年（1104）十月十二日卒，年六十四。

六代祖秦王存审，从李克用屡建奇功。后事庄宗，以将相位高天下。曾祖昭矩，如京使。祖承训，内殿崇班阁门祇候。父惟熙，东头供奉官、累赠左千牛卫大将军。母毕氏，追封仙居县太君。子一人：世美，右侍禁。女三人：长适皇叔坊州防御使仲；次适皇兄宁武军节度观察留后孝骘；次在室。孙三人，皆幼。

夫人宗室定州观察使从质之女。

碑共二十九行，行二十八字。铭四言，七韵十四句。正书。

三八五、钱昷墓志（原缺题，据目补） 《目》一三三

政和二年壬辰（1112）十二月十九日

讳昷，字彦恭。元符二年己卯（1099）九月六日卒，年廿四。始以堂叔母周国大长公主遇郊祀大礼，奏授假承务郎，调华州华阴县尉，到任未及岁而卒。

曾祖惟演，相国文僖公。祖晦，赠司空。父景祥，朝散郎，管勾兖州宫会真宫。母李氏，封同安县君。二女，一嫁邢师颜，一尚幼。

妻后三年归父母家（李氏，朝奉大夫详之女）。

碑共十二行，行十四字。无铭（此志由其父所立）。正书。

三八六、钱旦墓志（原缺题，据目补） 《目》一三三

政和二年（1112）十二月十九日

讳旦，字彦周。娶宗女得官，授三班奉职，覃恩迁右班殿直。

调授兴平县酒税监，未赴而亡。建中靖国元年（1101）十二月八日卒，年廿。

曾祖惟演，相国文僖公。祖晦，赠司空。父景祥，朝散郎，管勾兖州宫会真宫。母李氏，封同安县君。无子，妻后复嫁他族。

碑共十一行，行十二字。无铭。正书。

三八七、宋故安定胡和叔墓记 《目》一三四

政和七年（1117）十二月壬午

忠训郎孟琦撰，承信郎赵不巳书，承节郎赵不伐篆盖，袁异刊。

讳琮，字和叔。幼孤，养于叔父。平生葺馆舍，购经史，迎宿学之士以教子孙。政和五年（1115）五月丁酉卒，年五十九。

曾祖哲，祖兴，父士辛，族弟瑛。子三人：逵，早卒；宗彦，娶张氏，张有巨产而无后，欲以遗婿，和叔竟不使受。宗奭升贡辟廱先和叔三日卒。女四人：长适孔彦，次适王琦，次许适吕衍，皆卒。次适王汝言。孙舜温、舜恭，尚幼。

妻石氏，先卒；继室荆氏，政和七年十二月丁卯卒。

碑共二十三行，行二十七字。铭四言，四句二韵。正书。

三八八、宋故族姬赵氏墓志铭 《目》一三四

宣和元年（1119）四月二十七日 《石》二四九

夫人族姬赵氏。政和六年（1116）正月二十日卒，年廿六。 《芒》四（六）四七上

曾祖克常，故赠建宁军节度使、开府仪同三司、永国公。祖叔邑，故赠崇信军节度使、汉东郡公。父述之，任武翼郎。子师明，女一人，皆幼。

夫保义郎郝瑋，字廷瑞。祖武庄公质。父武节

公惟贤。政和五年（1115）十月，廷瑞得官池之石埭，夫人随夫赴任而卒。

碑共二十五行，行二十七字。铭五言，四韵八句。正书。

附录一　武德、贞观墓志目

武德

二年

苏玉华墓志　五月（《金石契》、《八琼》、《十二研著录》伪）

邢国公李密墓铭　《濬县金石录》

三年

黄叶和尚墓志　《八琼》著录（伪）

韦匡伯墓志　（王世充郑开明二年七月）《匋斋》、《芒洛》著录

五年

张□高墓志　武德五年二月廿四日（北京图书馆目）

六年

崔公妻库狄夫人墓志　武德六年六月朔五日己酉

八年

李夫人月相墓志　十二月廿五日

颜人墓志　二月十八日

九年

洛州总管府司马崔长先墓志并盖　二月廿三日

贞观

元年

关道爱墓志　二月十九日

隋息州长史崔志墓志　二月廿九日

唐吴国公府参军记室刘粲墓志　七月廿二日

隋唐仪同三司黎阳镇将程钟墓志　十月五日

二年

洛州长史金乡县公杨奴墓志　十月十二日

故段夫人张氏（羡）墓志　冬十一月癸卯朔七日乙酉

安定故永墓志并盖　十一月卅日

沁州沁源县令郭通墓志　十一月卅日

三年

谭伍墓志　六月廿五日

蒋国夫人墓志　七月廿八日

左光禄大夫蒋国公屈突通墓志　七月廿八日

四年

安定故胡质墓志　正月十九日

李彦墓志并盖　四月廿四日

蒲州河东县令李彻墓志　十一月廿一日朱子奢撰

永安男吴景达刘氏夫人墓志　十一月廿三日

五年

唐□祎墓志　二月十六日

房仁守墓志　三月十三日

开府仪同三司刘节墓志　七月十五日

隋北平襄公第七息段世弘墓记　十月十四日（罗目），参《隋书·段文振传》

六年

永嘉府队正郭伦妻杨氏墓志　二月十八日

宜君县子张纂妻赵氏墓志　五月廿九日

文林郎新喻县丞故胡俨墓志　九月四日

法界寺比丘尼正性墓志　十月八日

河阴县主簿张濬墓志　十一月五日

七年

平原郡将陵令张伯墓志　二月一日

隋越王府司兵参军事贾通墓志　六月十四日

唐故玄昭监张明墓志　七月廿四日

隋左光禄大夫耿士隆墓志　十月五日

唐故□远墓志　十月廿八日

唐处士张叡墓志

八年

隋征士解深墓志　正月廿一日

永嘉府羽林张岳墓志（并盖）　三月四日

河南县录事邢弁墓志　三月廿三日

蒲州虞乡县丞王安墓志　五月十七日

韩仁师墓志　五月卅日

处士李继叔墓志　八月廿一日

田夫人墓志　八月廿二日

左武侯长史□孝敏墓志　十一月五日

故左武侯骠骑将军清淇公墓志　十一月五日

唐行尚书祠部员外郎裴□墓志　十二月十九日卒　裴朏撰书

静信乡君张夫人妃墓志

九年

唐东宫门大夫长孙家庆墓志

耿君墓志　十一月四日

十年

太原王夫人墓志

十一年

隋仪同三司王护墓志　二月廿九日

校尉陈公夫人刘氏墓志（并盖）　七月二日

唐安山县侯罗君副墓志　八月廿一日

唐特进右仆射虞恭公温彦博墓志　十月廿二日　欧阳询撰书

唐通事舍人长孙仁并夫人陆氏墓志　十月廿二日

故张举墓志

十二年

唐魏王府主簿唐逊夫人柳婆归墓志　闰二月廿七日

唐潘基墓志　九月十日

十三年

唐沧州景城县令萧瑶墓志　二月七日

唐建节尉张骚墓志　十一月四日

朔方节度使游击将军臧日华墓志　十一月廿一日

故李护墓志　十一月廿九日　　父宝。张启法寺碑末一行云“开皇四年创立此寺”……陇西李宝镌。即是一人

十四年

故张君夫人秦详儿墓志　正月十七日

唐弘农杨士汉墓志　七月七日

故魏君夫人雷氏墓志　十一月三日

故梁开府漳州郡太守山阴县开国侯孟保同墓志　十一月九日

唐故潘孝基墓志　十一月十日（一作隋滕王府记室参军潘孝基墓志，日期同，应为一人）

十五年

贾仕通墓志　五月十一日

唐薄夫人墓志（并盖）　五月廿五日

处士梁凝达墓志　九月十五日

隋沧州饶安县令侯君妻刘夫人墓志　十月九日

故洛阳县处士李英墓志　十月廿七日（一作五日）

唐清平县公世子李道素墓志　十一月十五日

唐苏州吴县丞杜荣墓志　十二月十五日

十六年

故刘夫人墓志　二月廿四日

隋故车骑将军金行举墓志　五月八日

唐刘粲墓志　六月廿五日

唐毗沙妻杨夫人玉姿墓志　七月二十日

唐张行密墓志　九月十二日

隋故西平郡化隆县长刘政墓志　十一月廿日

唐史部将仕郎范阳卢君妻冯氏墓志　十一月廿日

十七年

唐故随毗陵郡无锡县令姚孝宽墓志　十月廿七日

唐蓝田尉王宾墓志　十一月十四日

唐蘩昌县令马志道墓志　十二月廿八日

十八年

唐开封右尚令王仁则墓志　二月五日

唐□怀文墓志　二月五日

唐冯信墓志　二月十六日

唐故司徒信墓志　二月十六日

唐处士霍恭墓志　七月十一日

唐处士王通墓志　十月九日

唐张钟葵墓志　十月九日

十九年

唐张夫人杨氏墓志　五月三日

唐隋故邛州司户参军明雅墓志　六月廿四日

唐霍汉墓志　六月廿五日

唐董君夫人任氏墓志　七月十八日

唐何相墓志铭　九月七日

唐张缌墓志　十月十四日

唐杨华墓志　十二月十二日

唐洛州伊阙县令刘德墓志　十二月十二日

二十年

隋故处士傅叔墓志　正月十四日

唐班夫人墓志　二月廿七日

唐杨德墓志　四月廿四日

唐洛州河南县崇政乡君齐夫人墓志　五月十一日

唐齐府功曹参军尹贞墓志　五月廿九日

唐李护墓志　六月一日

唐魏文德铭　六月十二日

唐左宗卫大都督杨士达墓志（并盖）　七月十二日

韩忠墓志　九月廿日

薛朗墓志　九月廿九日

唐骑都尉王夫人马氏墓志　十月十五日

唐范相墓志　十月廿七日

唐隋故殷州刺史段师志铭　十一月二日　段达子，王世充党，见《隋书·元文都传》。罗振玉有跋，见后丁戊稿

忠州垫江令王才墓志　十二月十五日

故睦州桐庐县主簿李桀墓志　十二月廿四日

二十一年

唐□举墓志　二月廿八日

洛州征士万德墓志　六月五日

唐万年县尉孔长宁墓志　八月廿八日

涪川永安县令轻车都尉乐善文墓志　十月八日

刘夫人徐氏墓志　十月十日

征士向英墓志　十一月廿日

杨达墓志　十二月廿一日

元质墓志　（芒洛）

二十二年

唐武骑尉张秀□墓志　正月廿八日

唐武骑尉杨宽墓志　正月廿八日

隋平州录事参军张育墓志　二月廿一日

唐赵昭墓志　三月四日

唐文安县主墓志　三月廿二日

唐张行满墓志　四月廿三日

唐益州新津县丞丘蕴墓志（并盖）　六月廿三日

唐武骑尉范雅墓志　七月七日卒

故殿中直长张通墓志　七月廿七日

唐右领军果毅毛盛墓志　九月十八日

唐梁基墓志　九月廿八日

唐□□墓志　十一月七日

唐霍宽铭志　十一月十三日

唐处士任道墓志　十二月九日

唐郢州参军胡宝墓志　十二月廿四日

唐隋故仓部侍郎辛衡卿墓志　十二月廿四日

处士宋君元盛墓志（即宋荣）　闰十二月廿七日

二十三年

唐宋国公记室贾昂墓志　正月十六日

唐赵字荣墓志　二月廿二日

唐赵妻曲夫人墓志　三月二日

唐关英墓志（并盖）　三月十一日

唐杨昭墓志　三月十七日

唐和州香林府长史张云墓志铭　四月十一日

唐禹艺墓志并序　四月廿八日

唐郡君杨夫人成其墓志　六月十八日

唐故青州录事参军李良墓志　六月十八日

唐郑州新郑县令刘文墓志　八月十六日

唐邓州司仓张舒墓志　八月廿二日

唐故燕明墓志　八月廿五日

唐集州录事参军王文鹭夫人赵氏墓志　九月四日

唐故姚秀墓志铭　九月十八日

唐唐州刺史平舆县公周仲隐墓志　十月廿五日

唐坊州司仓参军董柱墓志　十一月廿日

斛斯达墓志　十一月卒

以上皆史语所藏曾经眼之拓片

附录二　新出土重要唐宋墓志目

郑（王世充）大将军郢公曲举墓志　开明二年五月。

洛阳出土（拓本见《考古》1978，(3)）。

裴氏残墓志　开明二年。

（同上）

赵公权宾砖志　武德八年。

1955年洛阳涧西出土（残文见《考古学报》1959，(2)）。

淮安靖王李寿墓志　贞观五年十二月。

1973年陕西三原县出土（《文物》1974，(9)）。

荆州都督虢国公张士贵墓志铭　显庆二年丁巳十一月，陪葬昭陵。弘文馆学士上官仪制，文长二千八百九十字，张玄靓书，字在虞、褚之间。

陕西礼泉县出土（拓本见《考古》1978，(3)）。

尚登宝墓志　显庆二年葬于武威。

1957年河北磁县出土（《考古》1959，(7)）。

凉州刺史同安郡开国公郑广墓志铭　字仁泰，唐书长孙无忌传误作仁恭，事见《东夷传》。卒于龙朔三年，麟德元年陪葬昭陵（拓本见《文物》1972，(7)）。

大唐故刘夫人墓志铭　麟德元年。

1954年武威管家坡出土（《文参》1956，(6)）。

司刑太常伯李爽墓志铭　　总章元年十一月崔行功撰文。

1956年西安出土（拓本见《文物》1959，(3)）。

朝散大夫行少府监中尚署令王定墓志铭　　定为唐初画家，名见《历代名画记》。总章二年卒，年八十九，周万岁登封元年葬。

1956年西安出土（拓本见《文物》1965，(8)）。

玄都观主牛（弘满）法师墓志　　咸亨三年。

1972年西安出土（拓本见《文物丛刊》一，201页）。

王深墓志铭　　调露元年十月。

1954年山西长治出土（《考古通讯》1957，(5)）。

乐方墓志　　仪凤四年。

1960年山西长治出土（拓本见《考古》1965，(9)）。

临川郡公主墓志铭　　名李孟姜，高宗第十二姊。永淳元年十二月葬。秘书少监郭正一撰文。

1972年礼泉县出土（又石刻诏书多件）昭陵陪葬墓之一（拓本见《文物》1977，(10)）。

乐道仁墓志　　字佳、唐骁骑尉。文明元年。

1960年山西长治出土（拓本见《考古》1965，(9)）。

张雄及妻曲氏墓志　　志题“唐故伪高昌左卫大将军”，其次子即张怀寂。永昌元年。

1972年出土（拓本见《文物》1975，(7)）。

大周赵君墓志　　万岁登封元年。

1953年太原董茹庄出土（《文参》1954，(12)）。

魏王李泰墓志

湖北郧县大王坟出土，碑存湖北博物馆。

张礼臣墓志　　张怀寂子。

1972年出土（拓本见《文物》1975,?）。

大周故牛府君绪墓志铭　　长安元年。

1954年武威管家坡出土（《文参》1956，(6)）。

文林郎崔沈墓志铭　　神龙二年十月。褚璆撰文。

1957年河南偃师出土（拓本见《文参》1958，(8)）

唐故雍王墓志之铭　　神龙二年，由巴州迁回长安，以雍王身份改葬。文长一千六百字，未题撰人名。

永泰公主墓志铭　神龙二年合窆乾陵。徐彦伯撰文。

武伯纶考证（拓本见《文物》1963，(1))。

韦泂墓志　韦后弟，卒于容州，赠并州大都督淮阳王。神龙二年葬。

1959年西安出土（拓本见《文物》1959，(8))。

任夫人墓志　神龙三年。

1954年西安郭家滩出土（拓本见《考古通讯》1956，(6))。

唐故章怀太子并妃清河房氏墓志铭　景云二年，追赠太子，陪葬乾陵。

岐王傅卢粲撰文，岐王李范书，两文皆俪体（拓本见《文物》1972，(7))。

杨履庭墓志　景云二年与妻薛氏合葬温县。

1956年温县出土（拓本见《考古》1964，(6))。

代州五台县令张仁墓志铭　开元四年。

1963年山西长治出土（文见《考古》1964，(8))。

太子少保豫州刺史越王李贞墓志铭　太宗第八子，反武氏遇害，两唐书有传。开元六年葬。骈文。

1972年发掘，昭陵陪葬墓之一（拓本见《文物》1977，(10))。

薛莫及夫人史氏墓志　开元十六年。

1955年西安出土（拓本见《考古通讯》1956，(6))。

钊濬墓志　刘仁轨子，终于广州，开元十八年与夫人李氏合祔于其父陪葬之乾陵，葬地即裴度之绿野堂。

1960年乾县出土（拓本见《文物》1965，(12))。

姜义贞墓志　广胜州榆林县人。开元十九年。

1963年内蒙古托克托县出土（《文物》1976，(6))。

秦君妻故李夫人墓志铭　开元廿二年。墨书。

1960年郑州市南关外出土（《文物》1980，(8)、(9))。

张九龄阴堂志铭　开元廿九年。徐安贞撰。

1960年韶关罗源洞山出土（拓本见《文物》1961，(6))。

检校蛤转戍主韩贞墓志铭　妻双氏。天宝三载甲申葬。

1972年辽宁朝阳镇出土（拓本见《考古》1973，(6))。

内侍雷府君夫人宋氏墓志铭　天宝四载九月。梁涉撰并书。

1955年西安出土（《考古通讯》1957，(5))。

内侍苏思勖墓志　天宝四载十一月葬于万年。崔倕撰文。

1952 年西安出土，有壁画（《考古》1960，(1)）。

吴守忠墓志　　羽林军长史。天宝七载卒，葬咸宁县。

1955 年西安高楼村出土（《文参》1955，(7)）。

大唐赠清源县主墓志　　寿王李瑁第六女，肃宗之侄。至德三年二月，有五方镇墓石，秦立信撰文。

1957 年西安庞留村出土（拓本见《文参》1968，(10)）。

潞城县王休恭墓铭　　字佳。大历六年。

1964 年山西长治县出土（拓本见《考古》1965，(8)）。

司天监瞿昙譔墓志铭　　天文家瞿昙悉达第四子。大历十一年十月。屯田员外郎张翃撰，张士谚书。

1977 年西安出土（拓本见《文物》1978，(10)）。

顺政郡王赠夔州都督李良墓志铭　　顺政郡在陕西略阳。李良名见《唐书·李希烈及李皋传》。贞元十六年卒，杜黄裳撰，护皇帝庙丞苏谅书。

西安白鹿原出土（拓本见《考古学报》1956，(3)）。

解府君少卿墓志铭　　妻蔡氏墓志。殁于大和九年及大中四年，葬扬子县凤亭坊。表弟颍川陈正言撰文。

1970 年扬州出土（拓本见《文物》1973，(5)）。

郑季芳墓志　　太子宾客。大中五年。

泉州出土（《文参》1953，(12)，拓本见《泉州宗教石刻》，161 页）。

姚潭墓志　　广州都督府长史禔一之长女。大中十一年卒。

广州出土（拓本见《基建工程文物》，205 页）。

时清府君王夫人墓志　　大中十二年合葬。

1965 年河北永年出土（《考古》1966，(1)）。

王韵墓志　　中和二年三月。志侧刻云："其年黄巢坐长安，李帝奔属(蜀)"。

唐石父考证（拓本见《文参》1958，(7)）。

渤海吴公夫人徐氏墓志铭　　光启二年卒。裴子章撰文。

1963 年扬州五台山出土（拓本见《考古》1964，(6)）。

太原王府君涣墓志　　随徐彦若南来，天祐三年卒。撰人卢光济，文长一千七百字。

1954 年广州越秀山出土。岑仲勉考证（《中山大学学报》）。

渤海高晖墓志 妻蜀故清河张氏墓志。后唐长兴三年崔昭象撰文。

1952年成都出土（拓本见《考古通讯》1955，(6)）。

吴守海州刺史赵思虔夫人太原孙君王氏墓铭 大吴大和五年。秘书省校书郎孙霁撰。

1956年江苏新海连市出土（拓本见《文参》1957，(3)）。

祆教徒苏谅及妇马氏墓志 汉文与婆罗钵文合刻。

1955年西安发现（拓本见《考古》1964，(9)）。

裴氏小娘子墓志 外兄卢献卿撰。

墓出黑人陶俑（《文物》1979，(6)）。

钱镠父钱宽墓志 盖镌“唐故彭城钱府君墓志”。

（《文物》1979，(12)。）

杜夫人墓志 唐南平郡王钟传女，杜镐妻，参《宋史·镐传》。

1957年南京出土（《考古》1963，(6)）。

徐的墓志铭 宋庆历五年卒。吴秘撰文，袁文雅刊字。

1957年江宁东冯村出土（《考古》1959，(9)）。其他徐氏墓志尚多，不具记。

宋故天水郡姜氏墓志 姜济女。治平三年。

1952年江苏泰州市出土（《文参》1957，(11)）。

章岷墓志铭 熙宁四年卒。

镇江出土（拓本见《文物》1977，(3)）。

王用昨墓志 熙宁十年，其妻游氏所立。

（拓本见《文参》1954，(8)。）

阎良佐墓志铭 政和三年。

1964年，湖北麻城出土（拓本见《考古》1965，(1)）。

田茂墓志 政和四年。周邦彦撰，阴阳人温远刊字。

1957年山西忻县出土（《文物参考》1958，(5)）。此文王国维《清真先生遗事》所未知，殊有裨于考证。简报不言撰人。

魏王赵頵墓志 范祖禹撰文（《范太史集》不载）。又夫人墓志 郑居中撰。

1961年巩县出土（拓本见《考古》1964，(7)）。

中散大夫张颙墓志铭 张问撰赵瞻书。

1976年湖南常德河洑镇出土，碑藏湖南博物馆。

故宜人王氏墓志铭　　绍兴六年。

成都东跳蹬河出土（影片见《考古通讯》1956，(6)）。

张应龙墓内志　　双流大夫张应卯墓内志。嘉定二年。

1955年四川绵阳出土（《考古通讯》1956，(5)）。

任晞靖墓志铭　　嘉定六年。

武昌卓刀泉出土（《考古》1964，(5)）。

以上所录，以三十年来新出土而见于著录者为限。宋代墓志殊少，金坛南宋太学生周瑀墓，只出牒文（见《考古学报》1977，(1)）。辽金元墓葬出土碑志不少，兹概从略。

年代索引

唐

武德

贞观

永徽

36 张药　37 郝荣　38 孙迁
39 魏德　40 张洛　41 刘裕
42 张逸　43 李智　44 周藻
45 段会　46 郭嘉　47 王才
48 李信　49 韩怀　50 杨贵
51 卢万春　52 黄罗汉　53 刘妙姜
54 高俨仁　55 王宽

显庆

56 赵通　57 韩玄　58 程鹭
59 王段　60 元则　61 段秀
62 张相　63 王立　64 缑纲
65 孔□（梁夫人）　66 姚忠节　67 慕容丽
68 工法　69 王媛（张夫人）　70 张端（爨夫人）
71 霍万　72 张安都　73 支怀
74 董明　75 李三　76 张英（赵夫人）
77 翟惠隐　78 贾元叡　79 颜襄子
80 任德　81 张怀文　82 韩氏（李夫人）
83 茹氏（关预仁妻）　84 耿文训　85 姚弟（梁夫人）
86 张武　87 朱琳　88 王敏

龙朔

89 王宽　90 王朗及夫人魏氏　91 谭二娘（侯夫人）
92 竹妙　93 爨□　94 房宝
95 郭寿　96 张宝　97 李护
98 贾令□（刘夫人）　99 张伯通　100 窦氏（侯夫人）
101 冯氏（王夫人）　102 董氏　103 张章
104 索玄　105 秦冲（宫夫人）　106 宋氏（孙夫人）
107 段文会　108 程令秀（张夫人）　109 张氏（斛斯夫人）
110 李英　111 袁相

麟德

112 秦宝　113 乐玄德　114 孟师
115 段赜　116 梁秀　117 袁弘毅
118 强伟　119 王达　120 刘尚（成夫人）
121 侯僧达　122 王师（任夫人）　123 史信
124 索达　125 宇文氏（柳尚远妻）　126 杨客僧
127 玉仁表　128 周氏（程夫人）　129 田氏（魏夫人）
130 张仁

乾封

131 边敏　132 崔冲　133 梁氏（赵夫人）
134 王道智　135 成公义（张夫人）　136 陈寿
137 王纂　138 王和　139 孙智（黄夫人）
140 娄敬仁　141 谢通　142 杜庆
143 张鬼　144 靖彻及夫人王氏

总章

145 阎氏（通夫人）　146 彭义　147 李泰
148 王德　149 广达　150 杨行祎
151 惠氏（耿夫人）　152 兰德

咸亨

153 程义　154 张轨　155 赵夫人
156 乐玄　157 张晓　158 奇玄表
159 谢庆夫　160 王师　161 王玄
162 张弘　163 李子如　164 张义
165 慕容知礼　166 王夫人　167 张翌
168 边真　169 韩节　170 韩仁师
171 杨晟　172 王俭　173 史氏
174 黄素　175 张玄景

垂拱

213 张贞　214 柳永锡　215 张览
216 管基　217 李氏（樊浮丘妻）　218 乐师□□
219 李善智　220 田夫人　221 萧洛宾
222 吕行端　223 杨宝

载初

224 慕容稚英

天授（周）

225 斛斯氏（格善义妻）　226 焦松

长寿（周）

227 李氏（许琮妻）　228 咎斌　229 莫义

证圣（周）

230 齐朗

天册万岁（周）

231 封抱　232 王思讷

万岁登封（周）

233 马二娘

万岁通天（周）

234 梁瞰　235 高漆娘　236 刘洪预
237 李五娘（刘舍章妻）　238 韩仁惠

神功（周）

239 张素

圣历（周）

240 裴咸　241 姚恭　242 贞隐子
243 程瞻　244 费婉（慕容夫人）　245 张达

大足（周）

246 杨君

长安（周）

247 樊氏（张廉妻）　248 刘齐贤　249 王嘉
250 王则　251 挚氏（李符妻）　252 王敏
253 杨亮

神龙

254 李惠（孙夫人）　255 李清禅（王夫人）　256 亡宫□人

景龙

257 王素臣　258 温氏（赵本质妻）　259 于赍
260 李氏（陈守素妻）

景云

261 赵氏（张冬至妻）　262 郑叔（白知新妻）

太极

263 何君　264 贺玄道

延和

265 萧贞亮

先天

266 赵克廉

开元

267 王颀　268 赵敬玄　269 王子麟
270 燕绍　271 于氏（蒋楚宾妻）　272 刘元超
273 桥氏（王君妻）　274 贾感　275 桓归秦
276 樊玄览　277 田嵩　278 董守贞
279 樊晋客　280 王玄起　281 李氏（王夫人）
282 田灵芝　283 纪茂重　284 郑戎
285 张诠　286 朱行斌　287 李和
288 王十八娘　289 靳氏（娄夫人）　290 刘龙树
291 刘庭训　292 曹氏（胡夫人）　293 王怡
294 赵南山　295 崔顺（房夫人）　296 魏氏（张嵒妻）
297 张氏（杜夫人）　298 江璀　299 裴肃
300 段贞　301 张休光　302 郑谌
303 李勖　304 元氏　305 王固己
306 李敬固　307 白知新　308 赵庭秀
309 康庭兰　310 裴坦　311 豆善富
312 张景阳

天宝

313 赵巨源　314 朱氏（崔夫人）　315 苑玄亮
316 姚晅　317 吕氏（李祎妻）　318 卢友度
319 王训　320 刘升　321 李廸
322 窦氏（李夫人）　323 卢同福　324 翟氏（康夫人）
325 卢滰　326 李华　327 慕容氏
328 郭班（张夫人）　329 裴肃及夫人阳氏　330 王志悌
331 刘夫人　332 贾隐　333 崔锝
334 张崧　335（供养人碑记）　336 崔氏

圣武（燕）

337 李玢

大历

338 崔缊（窦夫人）

贞元

339 张游艺

永贞

340 李肃

元和

341 高岑 342 袁秀岩 343 薄氏（王夫人）
344 李岗 345 张士陵

长庆

346 张氏亡女

太和

347 卢昂 348 马儆 349 周著
350 李绅

开成

351 崔霞（桂林源妻） 352 陈宣鲁 353 张婵

会昌

354 李璆 355 曲元缜 356 贾政

大中

357 李氏（曲元缜妻） 358 卢子玉（朱敬之妻） 359 郑子章（卢知宗妻）
360 张婴 361 贾从赟 362 韦氏（孙嗣初妻）
363 郑堡

咸通

364 王容　365 崔氏　366 赵璜
367 魏涿　368 孙方绍　369 刘冰（张夫人）

乾符

370 苏嗣君（赵璜妻）

后唐

同光

371 曹氏（吴夫人）

天成

372 孙拙　373 张稹

后晋

开运

374 珽胤

后周

显德

375 萧处士

宋

开宝

376 马测

太平兴国

377 药继能

咸平

378 符昭愿

景祐

379 符承煦

嘉祐

380 魏处约

熙宁

381 玉城县主

元丰

382 宇文氏（吴夫人）

元祐

383 吴赍

崇宁

384 符守诚

政和

385 钱昷　386 钱旦　387 胡琮

宣和

388 赵氏（郝瑋妻）

饶宗颐

二十世纪学术文集

卷十三　艺术（下）

中国人民大学出版社

· 北京 ·

卷十三 艺术

目录

黄公望及《富春山居图》

卷十三

目　录

小　引

黄大痴值元季稠浊之世，弃仕入道，放浪江海，尝终日踯躅于巅涯崛峠之间，以遂其山林长往之愿，故所绘山水，力争造化神奇，卓绝一世。其事迹见于《录鬼簿》及《画史》，其篇翰著于《元诗选》，其画诀载于陶宗仪《辍耕录》、田汝成《西湖游览志余》。世之钩稽大痴遗事者，类能言之。然同时词流，若杨载、邵亨贞、杨维桢、王逢、张炎辈，皆有与大痴往还之作，诸家之集俱在，存而观之，亦足为知人论世之助焉。至若大痴与全真教之关系，亦有可征者，金蓬头、郑无用、方方壶皆此道中人，与大痴有师友之谊。至其平生剧迹《富春山》一卷，论者至誉为亘古第一画。明以来，临摹者不一而足，石田有浅绛本，华亭有三癸本，俱驰誉艺林。入清而后，临写益众，沈颢、邹之麟实导其先路，远在石谷，麓台之先。此两卷现均藏香港。石天一卷，在利氏北山堂。卷后吴家诸题跋，均为穰梨馆所失录，尤有裨于考史，为云起楼焚卷事增一重要物证。余既为《富春图》考论，得睹沈卷，为之惊喜累日。利君荣森、屈君志仁，谓是宜重为纂录，勒成专刊。书成，爰记其颠末如此。

1975年3月

黄公望事迹摭佚

元画家黄大痴事迹，温肇桐所辑《黄公望史料》大体颇称完备，惟不无疏漏。本文所考，略效涓埃之助，谅为留心一峰佚事者所乐闻欤。

一、黄公望之宦绩

大痴事迹，见同时人钟嗣成《录鬼簿》卷下有小传云：

> 黄子久名公望，松江人。先充浙西宪吏，后在京为权豪所中，改号一峰，以卜术闲居，弃人间事，易姓名为苦行，号净墅，又号大痴。公之学问，不在人下。天下之事，无所不知。薄技小艺亦不弃，善丹青，长词，落笔即成，人皆师事之。

明贾仲明《续录鬼簿》云：

> 浙西宪吏。性廉直，经理钱粮获罪归，号一峰，卜术将人间弃。易姓名为净墅号大痴。天下事无不周知，学问深不加文饰，一家丹青妙笔，与人为宗主时习。

子久以吏获罪一事，王逢《梧溪集》卷四上：《题黄大痴山水诗》，有序云："子久杭人。尝掾中台察院，会张闾平章被诬，累之，得不死，遂入道云。”张闾事见《元史》九十三《食货志》，孙楷第于《元曲家考略》尝加以考证。子久之被辟，乃由于徐琰。徐琰字子方，号容斋，又称汶叟，东平人。元世祖时，累官浙西道肃政廉访使①。至元甲午三十一年（1294），琰尝为行省照磨李作略作《夜山图歌》②，图为高房山（彦敬）所绘，其人亦风雅士也。

大痴本为词曲家，曲存《醉中天》一首，题李嵩髑髅纨扇。其词今不可见。吴其贞《书画记》卷六第738页载大痴画题有长短句辞一首，纸墨漶漫，残缺其半。末句曰："直待云收月在空。"故目其图曰"云收月空"，唯此断句而已。又张雨《贞居词》中有《木兰花慢·和黄一峰闻筝》、《百字令》，《寿玄览真人次黄一峰韵》、《石州慢》和《黄一峰秋兴》等阕，惜一峰原制不存，知亦擅倚声。玄览真人即王寿衍，杨瑀《山居新话》记："杭州开元宫住持玄览真人王眉叟寿衍有铜水滴一枚。"玄览住杭州开元宫，大痴、贞居亦居杭州，往来三吴，故多往还也。

郑元祐《遂昌杂录》："杭人王溪月讳寿衍，字眉叟，少年为道士……后以宏文辅道粹德真人管领开元宫江浙省都事……"孙凤《孙氏书画钞》记东坡竹柯九思跋："此图王眉叟真人所藏也。"其人亦好书画。

公望与倪瓒之兄文光同时，虞集《文光墓碑》云：

> 元贞初，东平徐公琰，按察浙西，招文光议，幕中甚奇之，荐诸行省，授学道书院山长，吴人祠子由处也。

元贞为至元甲午之翌年，可推知子久盖与倪文光同出仕，为徐琰所擢用。杨载（仲弘）有诗次子久韵句有云："解组归来学种田。"时仲弘方由浮梁州同知秩满归田，在延祐间。仲弘复有二诗：《次韵黄子久喜晴三十韵呈汪知府》、《再用韵赠黄子久》，录其次首云：

> 自惟明似镜，何用曲如钩。未获唐臣荐，徒遭汉吏收。悠然安性命，复此纵歌讴。石父能无辱，虞卿即有愁。归田终寂寂，行世且浮浮。不假侪群彦，真堪客五侯。高人求替洽，末俗避喧啾。
>
> 藜杖常他适，绳枢每自缪。与人殊用舍，在己寡愆尤。济济违班刻，

① 参见《浙江通志》一一六。

② 元金华吴福生编《夜山图题咏》录是诗。

依依远匹俦。能诗齐杜甫，分道逼庄周。达饮千钟酒，高登百尺楼。艰危仍蜀道，留滞复荆州。鹤度烟霄涧，龙吟雾雨稠。

东行观海岛，西逝涉江流。自拟需于血，何期涣有丘。古书尝历览，大药岂难求。抚事吟梁父，驰田赋远游。堂名希莫莫，亭扁效休休。槛日迎东济，窗风背北飕。鸣琴消永昼，吹律效清秋。

雅俗居然别，仙凡迥不侔。多闻逾束皙，善对迈杨修。进有匡时略，宁无切己忧？尘埃深灭迹，霜雪暗盈头。始见神龟梦，终营狡兔谋。雪埋东郭履，月满太湖舟。急景谁推毂，流年孰唱筹？

凌波乘赤鲤，望气候青牛。好结飞霞佩，胡为此淹留？

诗中“徒遭汉吏收”句，显指子久获罪事。汪知府即松江知府汪从善（婺源人）。《松江府志·知府表》列其名于延祐六年后，知子久释后，在仁宗延祐末，已为黄冠，故杨仲弘比之休休亭之司空图云。

二、黄公望与全真教

陶九成《辍耕录》八记张勾曲（雨）《戏题黄大痴小像》云：“全真家数，禅和口鼓，贫子骨头，吏员脏腑。”可谓戏谑而不为虐者也。“吏员脏腑”者，或指其尝充浙西宪吏；全真家数则谓大痴入道，属于全真教。考陈铭珪著《长春道教源流》卷七，有《黄公望传》，称其隐居西湖之筲箕泉，已而归富春，卒年八十六。自注称“金月岩盖公望之师”。沈曾植《海日楼札丛》第358页记大痴与全真教关涉二事。白云霁《道藏目录》，所收金丹直指等书，题曰：“嗣全真正宗金月岩编，嗣全真大痴黄公望传。”今正统《道藏》洞真部方法类，有长春真人丘处机述《大丹直指》二卷①。又有下列三书，俱题“金月岩编，黄公望传”者：

《纸舟先生全真直指》一卷②。论形与神七返七真合同之法。

《抱一子三峰老人丹诀》一卷③。书论真性命出阳神，是天仙大成之法。附七绝十六首。

《抱一函三秘诀》一卷④。参以易数，有《生成图说》、《火候要旨》等。

① 称字号下。以为金丹之秘，在一性一命而已。

② 称字上，在方法类。

③ 芥子下，在众术类。

④ 大字下，此在洞玄部众术类。

金月岩即金蓬头。赵道一编《历世真仙体道通鉴》续编有传，略云：

> 金蓬头，永嘉人也。名志阳，号埜庵，素蓬头一髻，世因以为号……师全真道士李月溪。
>
> 月溪乃真常李真人之徒，真常又长春丘真人之高弟也……元统癸酉后，隐武夷山，居玉蟾之止止庵，浙东元帅李太平闻而礼之……至元丙子岁四月十日，令徒书一颂坐逝……弟子则劳养素、郭处常、李西来、张天全、殷破衲、方方壶、皆以道闻于世。①

金氏弟子以道著闻者，画家方方壶亦在其列，明朱存理《铁网珊瑚》卷五、卞永誉《式古堂书画汇考》二十三，有金蓬头像，题赞者多至二十人。其末即为大痴之赞云：

> 师之道大，此特其迹。普愿学者，唯师是式。大痴道仆黄公望稽首拜赞。

由上知黄大痴与方方壶实同出金蓬头之门，皆属全真道徒。陶宗仪书引《全真纪实》卷二十九云："金主亮贞元元年，有吏员咸阳人王中孚者，倡全真教，谈、马、丘、刘和之，其教盛焉。"此书今无传，"咸阳吏员"，即王重阳喆也。然则张雨所谓"吏员脏腑"，或亦谓大痴承重阳之教，"吏员"一语意亦双关耶？

张雨亦为道士，吴郡人，虽非全真道徒，然每周旋于王溪月、金蓬头之间。《辍耕录》九记其尝从王溪月真人入燕京。王溪月即眉叟寿衍也。雨题《金蓬头赞》云："圣井山高日上迟，采云甘露碧淋漓，下山拾得一茎草，不见庵中金老师。"自署"方外承学张雨谨赞"，亦以后辈自居。王溪月之师李志常，王鹗撰有《真常真人李志常道行碑》，载《甘水仙源录》卷三。兹将黄大痴在全真教传授表列如下：

> 长春丘处机——李志常（真常）——王溪月——金志扬（蓬

① 卷五十六，《道藏》羽字号上。

头）—┬—黄子久
　　 └—方方壶

公望有“富春大岭图轴”，款署“大痴为复孺画”，现藏南京博物院，下有“大痴”、“一峰道人”二印。复孺即邵亨贞字，华亭人，生于至大二年，至正间为松江训导，入明卒，年九十三。所著全集为《野处集》四卷，《蛾术诗选》八卷，又《蛾术词选》四本，《诗词选》现有《四部丛刊》三编本，其卷一有“全真师郑无用北游”五古云：

往昔柱下史，翩翩跨青牛。示彼众妙门，契此玄学流。往来群仙籍，往往在北州。至今燕赵间，斯道良可求。郑师宦门子，气寂业乃修。行当得所遇，逝将与之游。稽首谢埃壒，长啸昆仑丘。

此全真师郑无用，殆即“富春山图”自跋所称“至正七年，仆归富春山居，无用师偕往”之无用师其人也。郑无用为全真师，知其为郑姓。翰林《杨仲弘集》中诗题，有数首与郑师来往者，一为《寓长春道院春雨即事呈郑尊师》二首[①]，一为《偕郑尊师饮余氏池亭》[②]，皆七律。又一为《题墨竹四首为郑尊师作五绝》[③]。以长春道院推之，意即邵复孺诗云全真师郑无用乎？

金蓬头像诸赞中，唐珙有题记云：

至正廿四年，岁甲辰，七月朔旦，访郑无用链师，出其师金野庵先生小像征赞，走笔书于上。

唐珙字温如，雷门人[④]。又另有一赞云：

昭兮我师，应静无迹，自然而然，是为道式。法嗣郑玄辅拜书。

疑郑玄辅即郑无用链师之名。列赞中有王国器、王蒙父子之赞及诗，又

① 卷六，45页。
② 卷七，49页。
③ 卷八，53页。
④ 《式古》二十有其《题米海岳烟峦晓景图》。

虞集撰赞，而邵亨贞写之。蓬头此像，为郑无用所藏，无用与邵复孺固属至交。而无用实与黄大痴同门，俱为金蓬头之弟子。

《书史会要》记道士郑樗，字无用，盱江人。又号空同生，工隶书，学《孙叔敖碑》[①]，樗亦字无用，与全真教之郑无用是否一人，待考。

三、杭州隐处之筲箕泉

公望在杭州，隐居赤山下之筲箕泉。1920年，胡祥翰著《西湖新志》云："赤山在苏堤第一桥西南，与玉岑山对峙。《杭州府志》旧志以兔岭为赤山之阴。宋建炎中，金元帅宗弼，兵进临安，突至赤山。"又云："筲箕泉出赤山之阴，流合于惠因涧。《辍耕录》作箫箕泉。"据李翥辑《慧因高丽寺志》卷二"筲箕泻泉"一景云："俗呼筲箕泉，以石形相肖，名甚不典，在寺西北南高峰之麓。怪石磊砢，一泓涵澹，倾珠漱玉，折而东南，与慧因涧合。元黄子久公望筑室其上，号大痴庵。今榛莽萎迷，不能辨其遗址矣。"又该志卷四云："赵子昂每至武林，必停桡赤埠，徘徊慧因（按慧因禅寺，后唐天成二年初称慧因禅院），谓人曰：君独爱其古寂，为手书碑数通。"又云："慧因禅院面玉岑，背兔岭，赤山，左翼南高，右踞箕泉。蛟窗二水，合流而南，绕于寺门，环转而东北，迳回龙桥，复南出赤山埠达于西湖。当是时，画船箫鼓，犹得集于箕泉之下，信风气所萃也。"志又称："黄子久公望卜筑筲箕泉之旁，画七祖堂四壁，见《绘乘》。"《绘乘》未知何书，惟据此知其所居绘有壁画。

大痴所居筲箕泉，张雨曾为撰《筲箕吟》书黄山人石壁，其辞曰："石为箕，不可以簸扬，箕盛水，瓢饮足滥觞。一漱一咽洗髓肠。载援斗柄挹天浆。半夜箕犯月，大风卷地我欲狂。起骑筲尾跨石梁。长啸应谷惊下方。张皇醉降黄姑房，哆然大笑箕口张，水流月明天苍苍。"此诗见顾瑛《草堂雅集》五，《勾曲外史诗集》不载。《辍耕录》九记云："杭州赤山之阴曰筲箕泉，黄大痴所尝结庐，其徒弟沈生，狎近侧一女道姑，闾门有欲，白之于师，沈惧引厨刀自割。"有此一段趣闻，即发生于筲箕泉。

筲箕泉因公望而成为胜迹，钱塘徐胤翘有《筲箕泉诗》。徐胤翀作《探筲箕泉有感》诗：

泉流纡转可浮杯，不道荒凉碧草隈，一自大痴骑鹤去，词人更与剪

① 亦见《佩文斋书谱》。

蒿莱。

则有怀大痴而作。

清人题咏尤多，兹略记如次：张炳[①]《南屏百咏》引朱彭[②]《黄公望寓居》一诗及自注云："赤山深处结茅茨，此地尝居老画师。檐外浮岚飞醉墨[③]，袖中秃笔写枯枝[④]。樵童谁觅黄荃宅，坏壁空吟张雨诗[⑤]。闻道筲箕泉尚在，雨余涤砚忆当时。"

许承祖（字绳武，海宁人）《雪庄西湖渔唱》卷三《赤山诗》及注云：

名胜志：在太子湾西，其土赤埴故名。下为赤山埠，有筲箕泉，出山之阴，合于惠因涧。元时，黄子久公望者，号大痴，卜居泉上。子久善画，著《山水诀》传于世。又有玉礼泉，见《钱塘县志》。

林峦诘曲贮丹砂，辉映清溪白日斜；仿佛晓屏天际列，九光疑是赤城霞。

陈若莲（海昌人）《西湖杂咏》云：

筲箕泉上滃烟云，供养童颜理玉文，笑蹑蓬头径归去，人间底事惜离群。

原注云：《游览志》：子久卜居筲箕泉。泉在赤山之阴。又按（李日华）《紫桃轩杂缀》：子久年九十余，碧瞳丹颊。一日，于虎跑同数客立石上，忽四山云涌，遂不见子久，以为仙去，而疑耽画者饰之，今缁《道藏》玉文金笈，经公望编录者非一。其师金蓬头，友则莫月鼎、冷启敬、张三丰，乃知此老原从十洲来，绘事特其狡狯之一耳。

陈文述《西泠仙咏》卷二：《虎跑泉咏黄大痴》小序并诗云：

---

① 字芑培，钱塘人，乾隆己酉进士，有《来鹊山居诗稿》。

② 字青湖，隐居吴山，著《抱山堂诗集》。

③ 大痴飞醉墨，王国器题子久"溪山雨意图"。

④ 子久常袖笔墨，遇景即摹之。

⑤ 雨曾作《筲箕吟》题壁。

黄公望，字子久，本姓陆，世家常熟，继永嘉黄氏，遂徙富春。善画工诗，有《大痴山人集》。居西湖赤山之筲箕泉，后于虎跑石上，乘云仙去。按《紫桃轩杂缀》载，黄子久年九十余，碧瞳丹颊，一日过虎跑泉，与数客立石上，忽四山云雾涌溢，遂不见，初疑耽画者饰之，今繙《道藏》金文玉笈，经子久编录非一，以金蓬头为师，莫月鼎、冷启敬、张三丰为友，生有夙慧，其仙去也宜哉！

扁舟载酒傍花还，画派荆关伯仲间。旧隐烟波尚湖水，卜居岩壑富春山。秋林霜染红千树，夜涧寒澄碧一湾。真个乘云竟仙去，筲箕泉上草堂闲。

虎跑泉相传为大痴仙化之地，故后人亦形诸吟咏，因备记之，以供谈助。

四、三教堂与三教图

清钱陆灿《常熟县志》云："（黄公望）绝意仕途，放浪湖海，所交皆当世名士，开三教堂于吴门，高僧方士，多执弟子礼。游钱塘，与陈存甫论性命之理。爱杭之南山筲箕泉，结庵其上，将为终老计。已而倦于应酬，归富春，八十六而终。"《长春教源流》与朱谋垔《画史会要》，均称大痴开三教堂于苏州之文德桥，后隐于富春。考李龙眠先有"三教图卷"，继马远亦有之，大痴均有题记。李伯时图黄公望跋云：

右三教图一卷，李伯时画，忠定公赞，宋高宗札，许先生跋。其超凡入神之笔，驱今迈古之文，龙飞凤翥之字，辟邪卫正之心，萃在斯卷矣。愚小子敢肆言哉？至正元年花朝日，黄公望谨沐手书。[①]

马远"三教图卷"，上有大痴题句云：

昔在姬周时，养得三个儿。不论上中下，各各弄儿嬉。胡为后世人，彼此互瑕疵。犹如龙舌头，三峡而一歧。我不分彼我，只作如是辞。一峰。[②]

---

① 《式古堂书画汇考》卷十二。

② 《式古堂书画汇考》卷十四。

三教合一，原为全真教之中心教义，《辍耕录》三十载有“三教一源图”。燕南芝《庵唱论》称：“三教所尚，道家唱情，僧家唱性，儒家唱理。”虞集题马待诏“三教图”谓：“近年吴兴赵子昂，尝自称三教弟子。”倪云林为顾仲瑛题顾玉山像，名曰“三教小像”，有云“儒衣僧帽道人鞋，天下青山骨又埋”[①] 之句。大痴以三教名其堂，亦出一时风会也。陶宗仪记元时改易浙西园林为三教堂一事云：

> 吴氏之园曰竹庄，盖元有池陂数十亩，天然若湖。莹之尝买得水殿图，据图位置构亭，水心潇洒莫比。哗讦之徒，欲闻诸官，亟塑三教像于中，易曰三教堂，人不可得而入矣。莹之卒，荐遭兵燹，今无一存者。[②]

可见塑三教像，及造三教堂之事，在元季盛行之况。

董其昌《画旨》云：“黄子久有三教堂，所至之处，三教高流皆就之谈道，机锋电发，其博学乃为画所掩耳。”盖袭取石田题无用师卷语（见下）。姜绍书《无声诗史》，称其“改名坚，隐于杭之筲箕泉，往来三吴，与曹知白及方外莫月鼎、冷启敬、张三丰友善”。孙承泽《庚子销夏记》谓：“元季高人，不愿出仕，如金蓬头、莫月鼎、冷启敬、张三丰，子久与之为师友，恣意元修，以求出世，大约皆负才之士，不屑隐忍以就功名者也。”莫月鼎事迹，见宋濂撰碑[③]。冷启敬即冷谦也[④]。周亮工《书影》，及钱曾《有学集》注称：“大痴晚年游华山，憩车箱谷，吹仙人所遗铁笛，白云翳起足下，拥之而去。”按钱牧斋题邹臣虎画扇起句：“大痴吹笛度秦关”，即指此事。盖后人对大痴逝世后，加以神化者。观姜绍书所述大痴交往人物，如莫月鼎者，能驱役群鹤，苏州玄妙观尝为立像，宋濂为撰碑[⑤]，则大痴当日在吴门道教中地位之重要可想而知。

杨瑀《山居新话》云：“黄子久公望，自号大痴，吴人。博学多能之士。

---

① 《式古堂书画汇考》卷二十。

② 《辍耕录》二十六。

③ 《銮坡后集》卷一。

④ 谦事详见陈景钟辑《清波三志》。

⑤ 事见《吴门表隐》。

阎子静、徐子方、赵松雪诸名公，莫不友爱之。一日，与客游孤山，闻湖中笛声，子久曰：‘此铁笛声也。’少顷，子久亦以铁笛自吹下山。”大痴吹笛故事，实出于此，大痴与阎、徐、赵诸巨公交游之笃，于此可见。阎子静即阎复，《元史》一百六十有传，袁桷为撰墓志铭①。阎氏曾为浙西道肃政廉访使。杨瑀书又记及徐子方琰为浙西宪使时佚事。至赵松雪与大痴来往，《松雪斋集》中无资料可考。

大痴后来隐于富春，据其“秋山招隐图”题记云：

> 结茅离市廛，幽心幸有托。开门尽松桧，到枕皆丘壑。山色晴阴好，林光早晚各。景固四时佳，于秋更匆礴。坐纶砌石竿，意岂在鱼跃。行忘溪桥远，奚顾穿草屩。兹癖吾侪久，入来当不约。莫似桃源渔，重寻路即借。此富春山之别径也，予向构一堂于其间。每春秋时焚香煮茗，游焉息焉。当晨岚夕照，月户雨窗，或登眺，或凭栏，不知身世在尘寰矣。额曰小洞天。图之以报朴夫隐君同志。一峰老人黄公望画并题。②

由此诗题。可想见大痴在富春山生活之实况。

虞氏集《倪文光碑》称：“今刘君大彬，奉其《大洞经》法，为之宗师。文光晚乃从之游，每一造之，弥旬乃返，神契冥感，勾曲人爱慕之，而文光有远举之志矣。”文光及勾曲张雨，皆从大彬游。今《茅山志》题曰：“上清嗣宗师刘大彬造。”其书实出张雨之手，《萨天锡集·酬张伯雨寄茅山志》，有“恨余未识茅君面，喜得茅山道士书”③ 之句。《茅山志》卷十二云：“刘大彬号玉虚子，吴郡钱塘人，延祐四年袭四十四代宗师王道孟（牧斋）位。”虞集《崇寿观碑》称：“泰定元年，上清四十五代宗师刘君大彬，朝京师，授予始末，俾为之次第焉。张君，吴郡人，名天雨，内名嗣真，字伯雨，别号贞居。年二十，弃家入道，遍游天台、括苍诸名山。吴人周大静，先为许宗师弟子，得许遗书，张君从而以为师，悉受其说。”张雨入道事迹，莫详于此。王逢题大痴画句云：“近注虚皇《大洞经》。”则大痴尝注《大洞经》，已如倪文光、张雨熏沐于刘大彬之教者多矣。

---

① 《清容居士集》二十七。
② 《辛丑销夏记》卷四。
③ 《萨天锡诗集后集》。

五、僦金图中之静坚及子明其人

《倪云林集》六《题黄子久画》一绝云："白鸥飞处碧山明，思入云松第几层？能画大痴黄老子，与人无爱亦无憎。"云林自题"六君子图"有："大痴老师见之必大笑也"一语，则称之为老师，与老子皆尊称。

子久为黄冠及隐君作画，《平生壮观》九录为子明画绢款题云：

> 无尘真人领致道，而余留杭，及至琴川，而真人又回钱塘。独乃弟子明留方丈，此来假榻两旬，朝莫与子明手谈之乐，临行出此幅征拙笔，遂信笔图之，以当僦金之酬。他日无尘老子观之一笑云。至元戊寅闰八月一日，大痴道人静坚稽首。又余时作此，意未足，兴尽而回。越十有三年，至正辛卯夏四月，复为士瞻足之。大痴道人再题，时年八十有二。

又一幅"丹崖翠嶂图"，有"一峰为子明作"款[1]。考《图绘宝鉴》，"欧阳楚翁，江西人，字无尘，龙虎山道士，善山水、窠木、竹石、及水墨梅花"。王奕（敬伯）《玉斗山人词》有《水调歌头》"舟过桃源适逢初度和欧阳楚翁一词"[2]。奕为江西玉山人，至元癸巳（三十年）前补玉山教谕，可见楚翁与之同时，无尘真人当即欧阳楚翁，则亦为道士也。大痴称之为无尘老子，与云林称彼为"大痴黄老子"正同。

《录鬼簿》谓大痴改号净墅，曹楝亭刊本作"易姓名，为苦行净竖"。《平生壮观》记"僦金图"自署为"大痴道人静坚"。净、静一字，墅、竖、坚三字形近，如顾复无误，则作"坚"为是。姜绍书《无声诗史》作改名坚，夺一"静"字。俞樾以为坚与久义相应[3]，可从。马廉校本未引此条。

《辍耕录》十记："义兴（宜兴）王子明，家饶于财，所藏三代彝鼎，六朝以来法书名画，实冠浙右。至正壬辰，寇起蕲黄，将由义兴取道犯浙西。子明罄其所藏，凿深窖以埋之。"东坡书"天际乌云"帖，元时尝为子明收藏，后有柯九思至正三年跋，称"此卷天历间得之都下，携归江南，会荆溪王子明同予所好，携之而去，他日再阅于环庆堂。旁观者子明之兄德斋等"。又有张雨和柯丹丘韵，题"癸未十一月张雨为子明王君写"。此为宜兴子明好

---

① 参见《大观录》。
② 《强村丛书》本。
③ 《茶香室丛钞》。

收藏之事迹。翁方纲《天际乌云帖考》谓义兴王子明字光大。

倪瓒《集用王子明韵》七律一首云：

从俗浮沉多厚颜，醉筵舞袖作弓弯。雉罗孰是逃三窟，豹管能窥见一斑。纵酒已拚时共弃，歌诗犹与世相关。采薇岩穴聊终隐，林下闲云自往还。①

诗称“采薇岩穴聊终隐”，则此人亦隐君子也。云林又有三月十日义兴王子明送竹箘赋诗五律：“犹带雨露气，更怀泉石乡。此日山中客，笋蕨得新尝”之句。“富春山图”后加款云：“子明隐君将归钱塘，索画山居景，图此赠别。”称曰“子明隐君”。见于大痴画款之子明，原即王子明，为宜兴人，其人如云林以多赀而好古入道者。

至任仁发字子明，官水监而非隐君，早卒于泰定四年。又杨廉夫曾住其家之张彦材，其子名子时，号雪山道人，《画史汇传》子时作子明，然其人于永乐间诏至京，年辈较晚，当非大痴所与游者也。

六、黄公望之文友与画友

张雨集中，题黄子久画有三首：一为辞，首句“大山坳兮矗立”，一为四言，《题黄子久小幅山水》起句：“一丘桓桓，曲折余地，石濑浅浅，林薄翳翳②……”一为七言诗，诗云：“中峰大面削铁如，岩岫绮错非一途。上连阛道旁屋庐，寻窗数户愁崎岖。米颠所制三尺图，笔力视此微粗疏。阆苑之台迟子久，不归正为松江鲈。”此又见于张外史与袁子英所写杂诗卷五十五篇之中，后有至正二十一年杨维祯跋③。张雨又有《题大痴画山水》五绝一首云：“独得荆关法，金壶墨未多，异时传画谱，谁识病头陀？”④

《画苑大观册》第十四幅，黄子久“云壑幽居图”，款书“至正四年春日，黄公望送伯雨链师归句曲山”⑤，上有张肯题绝句。又《名画大观》第二十三幅，子久“深山亭子图”，张雨题七律云：“深山亭子曙光迟，萝茑萧森蔽四

① 《诗集》卷四。

② 《句曲外史集》卷一，3、4页。

③ 参见《式古堂书画汇考》卷十九。

④ 顾瑛《草堂雅集》五。

⑤ 《式古堂书画汇考》卷四。

垂。大木百围阴渗漉，青溪千仞碧淋漓。政须润色烟岚语，为洗苍顽林壑姿。只忆莆田陈应奉，争墩会有寄来诗。张天雨。”此首《句曲外史集》中所缺。

张雨藏有钱选画“浮玉山居图”，大痴为题句云：

雪溪翁，吴兴硕学，其于经史，贯串于胸中，时人莫之知也。独与敖君善，讲明酬酢，咸诣理奥，而赵文敏公尝师之，不特师其画，至于古今事物之外，又深于音律之学，其人品之高如此，而世间往往以画史称之，是特其游戏而遂掩其所学。今观贞居所藏此卷，并题诗其上，诗与画称，知诗者乃知其画矣。至正八年九月八日大痴学人黄公望稽首敬题，时年八帙。①

观舜举自题诗句，极以晋人招隐之篇。唯知诗然后可以知画，钱氏不特为画史，且为硕学也。大痴于钱氏可谓推崇备至。张雨题语云：“吴兴公蚤岁得画法于舜举。舜举多写人物花鸟，故所图山水，当世传罕。此卷盖写山居，景趣既高，笔墨精妙，尤为合作。诗亦雅丽，非近人语。仆以戊子秋七月，得于书肆，如获古图史云。”其器重霅溪，所见与大痴正同。张雨在杭州，初居西马塍建菌阁，后居葛岭，有西丹房、隐真馆，大痴亦居筲箕泉，故往来甚密。

王逢与大痴交稔，屡有题赠。《梧溪集》卷一，《奉简黄大痴尊师》云：

十年淞上籍仙关，猿鹤如童守大还。故旧尽骑箕尾去，渔樵长共水云闲。吹笙夜半桃花碧，倚杖春深竹笋斑。顾我丹台名有在，几时来隐陆机山。

又卷四《题黄大痴山水》云：

十年不见黄大痴，笔锋墨渖元气垂。绝壁双巑万古铁，长松离立五丈旗。蜀江巫峡动溟涬，阴岚夜束鱼龙冷（原作吟，宜从一本作冷）。峨眉更插空青间，差似胸中之耿耿。大痴与我忘年交，高视河岳同儿曹。天寒岁晚鸿鹄远，风雨草树余萧骚。风雨草树余萧骚，大痴真是人中豪。

① 《式古堂书画汇考》卷十七。

此篇系有小序文已见上。又大痴至正九年赠孙元璘画，王逢题句云：

大痴笔力破沧溟，为写巫阳十二屏。丹至夜寒霞气赤，石淋春雨土华青。不辞千日中山酒，新注虚皇《大洞经》。近得老杨长铁笛，天坛惟许小龙听。席帽山人王逢。

诗见《式古堂书画汇考》。邵复孺与王逢亦友善。至正乙丑，逢尝题《复孺屯田先生家世谱》，在《贞溪诸名胜词翰卷》中[1]。又大痴之“九珠峰翠图”上角王逢题句云：

层峦叠嶂青岌嵸，深坞微露儒人宫。晴霏矞矞吹不断，下覆春水光溟濛。谁家相对缘溪住，石梯蛇折黄华路。何当著我沙棠舟，放歌流下前滩去。梧溪王逢为草玄道人题大痴尊师画。

王逢，字原吉，号席帽山人，江阴人。事迹见《明史·文苑传》及《无锡志·流寓传》。

萨都剌《雁门集》卷三有《为姑苏陈子平题山居图黄公望作》诗七古句云：“那如隐君不出户，读尽万卷人间书。有生穷壤贵自摅，布韦轩冕奚锱铢。便当买山赋归欤，石田老我扶黎钼。”陈子平即陈谦。考杨维桢《西湖竹枝集》，谦和诗云：“楼下摊钱还上楼，花前夜醉晓扶头，不知命犯何星宿，一日猖狂百日愁。”附有小传，称“陈谦字子平，吴郡人，博经史，工文章，金华黄公晋卿为一时词宗，慎许可。见其文，必咨嗟以为不易逮也。尝悼时流文气不古，手编《西汉文类》若干卷，行于时”。晋卿即黄溍也。明陆容（文量）《菽园杂记》卷十五：“《逊志斋集》三十卷，其二十八卷内，勉学诗二十四章，本苏士陈谦子平所作，误入方集耳。子平，元末人。张士诚兵至吴，有突入其室者，胁其兄训使拜，不屈，刃其胸，子平以身翼蔽，并遇害。平生著述甚富，兵后散亡，独所著《易解诂》二卷，及古今诗数十篇，传于世。”陈谦《勉学诗》，陈石遗《元诗纪事》录其一首[2]。又张翥《寄陈子平时

① 参见《式古堂书画汇考》卷二十。
② 参见卷十九，《明诗综》仍误作为方孝孺作。

寓扬州》、《常以所作琼花诗见示》七律[①]，有“璚花新制人争写，应使扬州纸价高”之句。陈子平事迹可考，大略如此，其人籍姑苏，尝居扬州，与杨维桢、张翥、萨都剌唱和，大痴亦与素稔，故为作“山居图”也。

潘纯字子素，庐州合肥人，与黄大痴、杨维桢多往还。《辍耕录》记其佚事云：“嘉兴林叔大，掾江浙行省时，贪墨鄙吝，然颇交接名流，以沽美誉。其于达官显宦，则刲羔杀豕，品馔甚盛，若士夫君子，不过素汤饼而已。一日，延黄大痴作画，多士毕集，而此品复出，讥谑交作，叔大赧甚，不敢仰视，遂揖潘子素求题其画。子素即书一绝句云：‘阿翁作画如说法，信手拈来种种佳，好水好山涂抹尽，阿婆脸上不曾搽。’大痴笑谓曰：‘好水好山，言达官显宦也。阿婆脸不搽，言素面也。’言未已，子素复加一句云：‘诸佛菩萨摩诃萨。’俱不解其意，子素曰：‘此谢语，即僧家忏悔也。’哄堂大笑而散，叔大数日羞见客。”

邵亨贞与黄一峰往复诗词，又有下列各首：

(1)《一峰道人画“九山雪霁”》：

大雪漫空暗九山，晋人遗迹杳难攀，老仙只在扶桑外，借得瑶京鹤驾还。

(2)《题黄一峰画扇》七绝，不录。

(3)《暗香》：吴中顾氏“四时月色亭，陆壶天倡始用白石先生元韵以咏，黄一峰持卷索赋。”

水边寒色，又怎禁、傍晚一声长笛。广苑日斜，玉蕊疏疏未快摘。回首江南、旧梦何处觅。黄昏诗笔。纵近日雪满西泠，谁解为移席。

萧瑟。更幽寂。记驻马断桥，顿觉愁积。倚风暗泣。离黍残碑尚追忆。绝艳无人管领，潮自落、吴山横碧。便想象、风景好，可能再得。（卷二）

“九山雪霁”即“九峰雪霁”，此图另有高手摹本。张丑《书画舫》云：“子久绢本‘九峰雪霁’，至正九年为班彦功作，笔意简古，理趣无穷。”彦功为班惟志字，又号恕斋。官浙江儒学提举，大梁人。与张雨、许有壬屡有唱

① 参见顾瑛《玉山草堂雅集》卷四。

和[①]。邵远平《元史类编》（二十三），及席世臣《元诗选》癸集（丙）有传。张庚《图画精意识》云：

是图大痴极经营之作，无平日本色一笔，洵属神化，直夺右丞、营丘之席。以其纯用空勾，不加点缀，非具绝大神通不能也。

盖为大痴精心之作。

公望获罪归后，更名一峰。元人颇有投赠。张炎《南楼令送黄一峰游灵隐》云：

重整旧渔蓑。江湖风雨多。好襟怀，近日消磨。流水桃花随处有，终不似，隐烟萝。

南浦又渔歌。挑云泛远波。想孤山、山下经过。见说梅花都老尽，凭为问，是如何？[②]

此首向未经人引用，故为录出，时大痴方归隐西湖也。

大痴尝为杨维桢写“铁崖图”，款云：“大痴为廉夫画。”唐棣题云：“一峰道人，晚年学画山水，便自精到，数年来笔力又觉超绝，与众史不侔矣。今铁崖先生出示此图，披玩不已，当为之敛衽也。”此图现在故宫，简目列成二二七，京都小川氏家亦有铁崖图，皆为后仿本。贝琼撰《铁崖先生传》，谓“（维桢之）父宏，为筑万卷楼铁崖山中，使读书楼上，去梯，辘轳传食……因号铁崖[③]”。铁崖盖绍兴之山名也。大痴至正九年赠孙元璘画，有杨铁崖题句，署辛丑冬十一月廿有二日，铁笛道人在吴氏桂隐堂试刘士先经贡墨书[④]。

维桢目大痴子黄公望为奇士[⑤]尝与大痴扁舟游东西泖间[⑥]。其交情可见。又尝和大痴艳体，见《四部备要》本《铁崖逸编》。

杨维桢有《西湖竹枝集》。自序作于至正八年，称闲居西湖七八年，与茅

① 《贞居词》有《满江红》玉簪次班彦功韵，许有壬《圭塘乐府》有《沁园春》次班彦功韵。

② 《山中白云》，《全宋词》3493页。

③ 《贝清江集》卷一。

④ 《式古堂书画汇考》卷十八。

⑤ 《东维子文集》二十八《鲁钝生传》。

⑥ 同上集《跋君山吹笛图》。

山外史张贞居（雨）、苕溪郯九成辈唱和。是集收黄公望和作一绝云：

水仙祠前湖水深，岳王坟上有猿吟，湖船女子唱歌去，月落沧波无处寻。

又系小传云：

黄公望字子久，自号大痴哥，富春人。天姿孤高，试吏弗遂，归隐西湖筲箕泉，博书史，尤通音律图纬之学，诗工晚唐，画独追关仝。其据梧隐几，若忘身世，盖游方之外，非世士所能知者也。

杨氏《西湖竹枝集》，有“中央图书馆”藏明季诸暨陈于京刊本，又丁丙《武林掌故丛编》本，记当日湖上文友，各人附有小传，极饶史料价值。其称公望自号“大痴哥”，多一“哥”字，甚为有趣。大痴此诗，收入《元诗纪事》二十一。明陆容《菽园杂记》谓杨铁崖《西湖竹枝词》，和者一百二十二人，大痴即其一也。

故宫藏大痴“九珠峰翠图”，中间杨维桢句云：“九珠峰翠接云间，无数人家住碧湾。老子嬉春三日醉，梦回疑对铁崖山。铁笛。”此幅上有“邵氏容春堂书画印”，盖无锡邵宝旧藏。李霖灿认为真迹。大痴作品，经铁崖题句，不一而足。上述大痴所绘“铁崖图”，式古堂著录较故宫本多赵奕、潘纯等人题句。赵奕诗云：“铁崖道人吹铁笛，一声吹破云烟色，却将写入图画中，云散青天明月白。古汴赵奕。至正十年岁庚寅十月二十日，书于清胜轩。”按，赵奕字仲光，为故宋王孙文敏仲子。潘纯字子素，淮南人，已见上考。喜为今乐府，杨氏《西湖竹枝集》中均有诗赠之。诸人皆西湖吟侣，至正十年铁崖正居西湖，故可定大痴此幅乃在西湖时所绘。元时画人集中之地，论者每举苏州为中心，实则杭州亦一重要地区，而杨铁崖之领袖群伦，提挈之功，亦不可忽视也。

大痴画友，张雨、倪瓒均为道教中人，故交契特厚。元时画人，其名绘多经大痴题识，如吴镇“墨菜图”，张渥“渊明像”，方方壶之“松岩萧寺图”，曹知白之“重溪暮霭图”，倪瓒之“六君子图”，均见温氏所辑《史料》。其与画人合作之幅，“江山胜览”，与云林合笔，先后十年。与王蒙合作“竹趣图”，大痴题句云：“叔明公子，文敏公之外孙也。天姿神品，其于翰墨，深入晋汉，至于鉴裁，尤所精诣，沤波之宅相，非子而谁耶？至正壬辰冬，公望。”又与王渊合作“东山隐图”，上有道士张无为诗笺。上举诸例，具见大痴与元时诸画坛交往之笃，故吴镇于至元二年丙子，尝为大痴作“中山图卷”焉①。

顾嗣立《元诗选》有《大痴集》，收诗甚多，大半为题画之作。题顾恺之“秋江晴嶂图”云：“一日太朴出示，惊赏不已。”题王维“秋林晚岫”云：“不谓太朴于中州友人家，又得此卷。”太朴即危素也。又题李成画册云：“今见善夫先生所藏十册，不觉心怡神爽。”原迹真伪未可知。善夫即顾信，赵子昂之门人也。尝官浙江军器提举，见附录“善夫”考。

《图绘宝鉴》卷五：“张中字子政，松江人，画山水，师黄一峰，亦能墨戏。”子政与一峰同乡，故及其门。顾复收其“困学斋图”，白纸短卷，子政笔也。款一峰道人，后人以黄子久氏图书盖之，固可以齐驱子久，但款字不类。“困学斋图”必为鲜于伯枢作。顾氏又云：“山景纸幅，亦子政笔也。后人剜其款识，而存云林诗题，谓之云林。”此皆张中画混为黄倪，且加一峰伪款之例。子政山水今未见，故宫存其花鸟三轴，桃花幽鸟尤有名。杨铁崖题句“几年不见张公子，忽见玄都观里春”者也。大痴伪画，前有人取张中画为之者，鉴赏家不可不知也。

附　“善夫”考——跋子昂为善夫写竹

美国克利佛兰博物馆有赵子昂竹石一幅。题云：“为善夫写。”善夫即顾善夫，名信，为赵文敏学生，从其学书，侍笔砚间，几二十年。赵书《归去来词》，善夫为刻石。末署“延祐九月，门生崑山顾信善夫摹勒上石”。在镇洋县学②。《吴郡金石目》赵文敏兰竹款：“顾善夫以公事至都，将南旋，用此纸求画，乃为作此图，子昂。”今其石不知所在，是善夫屡以子昂画泐石也。柯九思有顾善夫《怡乐堂序》，称其仕宦数年，旋返故里，构别业于玉峰之阳，题其堂曰怡乐③。善夫事迹，亦见《六研斋二笔》，称其官浙江军器提举。其墓志近年出土，罗振玉尝为跋④。罗氏藏善夫楷书《金刚经》。善夫刻赵文敏法书曰“墨妙亭帖”。册首题“墨妙亭书法”，末署“泰定改元，岁在甲子，

① 参见《湖社月刊》一至十册。
② 参见韩崇《宝铁斋金石跋尾》下。
③ 至正辛巳作，曹元忠辑《丹丘集》据《宝绘录》十三。
④ 参见《永丰乡人丙稿》四《元顾信墓志跋》。

仲春十有九日，门生崑山顾信善夫摹勒上石，及姑苏吴世昌刻款”。于其师服膺拳拳，可谓能得其薪传者。

黄公望题李成画册：“今见善夫先生所藏十册不觉心怡神爽，正如离尘壒而入蓬壶也。”此册真伪不可知而善夫当即顾信。

“清明上河”有一伪赵雍临本，题“皇庆□□春，为善夫摹张择端‘清明上河图’，吴兴赵雍仲穆”。款有白文印：“玉峰顾信善夫收藏印。”善夫侍文敏久，故仲穆为其作画，唯此本乃伪托。或仲穆原有此稿，好事者重据临摹耶[①]？

顾善夫曾集十大家书，加以珍袭[②]。善夫晚号善乐居士，至正九年二月卒。

七、大痴之书法

大痴书法，见于著录者，有黄大痴手札，“顿首宁极路教先生阁下……欲求大笔，临‘黄庭’，‘乐毅论’二帖，以为矜式”一篇，又“黄子久书《世说新语》”，俱载《式古堂书画汇考》卷十八。张丑《清河书画舫》云：“黄子久好作小楷，圆熟中饶古意，别有一种韵度。盖自赵文敏公而下，指不多屈，在俞和、倪瓒以上。今观所书《世说新语》，如飞鸟依人，翩翩可喜，真赏者当亟见也。”大痴《芝兰室铭》有长篇小楷题识，董其昌云：“黄子久小楷，如此遒古，不减晋唐当行字。而题画右款草率具体，竟掩其真书。古人深远善藏，不必一一自见。至如此画之老以取力，此书之嫩以取态，皆变体也。”张董二家皆极赏其小楷。大痴书画有学云林者，如“春林远岫图”，《书画舫》云：“小幅全学倪云林，清逸可爱，上方题咏，作蝇头细楷，生平罕睹。”可见大痴小字之精。

大痴老年题画款识最可信者，为故宫所藏曹云西“群峰雪霁图”中题语，书法印章，与《无用师卷》上款印完全相同。其跋云：

> 云翁为西瑛作此，时年七十有九，而目力了然。笔意古澹，有摩诘之遗韵，仆之点染，不敢企也。至正庚寅五月十一日，大痴学人识。[③]

---

① 参见刘渊临《清明上河图考证》。

② 柯九思《丹丘集》。

③ 《故宫书画录》卷五。

至正庚寅为十年（1350），盖与“富春山卷”同岁所书。遒劲沈著，可谓人书俱老。视子明卷款之用笔偏侧，草率乏力，不可以道里计。吴其贞谓“书法与题臧良‘双雀图’无异[①]。”又大痴为云西题“重溪暮霭图”云：

云老与仆年相若，执笔濡墨，既有年矣：老而益进于今诸名胜。善画家求之，巧思者甚多；至于韵度清越，则此翁当独步也。至正九年五月廿五日，大痴学人公望题识，时年八十又一。[②]

时为至正九年，则先一年写者。其他较长之题跋，见于著录，而为人所忽者，记之如次：

（一）跋文信国诸札：

呜呼！此文山先生真迹也。详玩此书，乃空坑之败之后，遗其所知者之书。盖是时天厄甫脱，劲敌在后，流离颠沛之际，荒迷不次之秋也，而其笔意乃雍容娴雅，无一毫惊惧荒迫之状如此。然非素存素养之，孰能如是乎？毛氏幸得此书，今读其辞，想其事，令人心胆奋扬，精神凛冽，有不胜其感激者焉。因泣下而谓，夫后世之为人者，其立心操行亦当如何耶？一峰。

（二）跋李倜临右军明府诸帖卷：

员峤作画，息斋伯仲间。其临摹又颉颃于松雪、困学二老，时有三君子，而能追及之，可谓难矣。员峤至今存，虽独步可也，翰墨特其余事。至于立身宦途，而志趣常超然于物表，此吾所以起敬者也。至顺辛未仲春望日后学黄公望。

大痴书文信国札。温氏《史料》未收，款署一峰，以其题马远“三教图”亦署“一峰”证之，必为大痴所作。又题李倜临王帖，倜字士弘，号员峤真逸，官集贤侍读学士。此卷赵子昂跋，称李氏无帖不临。黄石翁跋，称“拟晋斋临帖，用笔精到”。大痴则誉其书可颉颃赵松雪与鲜于伯几，尤叹其志趣超然，令人起敬。员峤以“拟晋”名斋，犹米老宝晋之流欤。此二跋不知书

① 《书画记》，244 页。

② 《式古堂书画汇考》卷廿二。

于何时。观其措辞慨当以慷，诚如戴表元赞，称大痴“呻吟盘礴，欲援笔而著书，又将为齐鲁之学”。岂可徒以寻常画家目之耶？

大痴又有《天马赋跋》。董氏《画禅室随笔》云：“（米）襄阳书《天马赋》，所见已四本，一在新都吴氏，后有黄子久诸元人跋。子久云：‘展现之时，有一大星贯斗而坠，其声如雷[①]。’”此又大痴书跋之断句。《平生壮观·九》记钱选“山居图”、赵孟頫“古本幽禽”，俱有大痴题跋云。

① 《临天马赋书后》。

沈周、董其昌临富春卷及有关问题

（以下各节图版见图一——九）

董其昌《画旨》云：

余以丙申冬得黄子久“富春大岭图卷”，以丙寅秋得沈启南仿痴翁“富春卷”，相距三十一年，二卷始合。初闻白石翁有出蓝之能，乃多本家笔，又杂以米家笔戏，其有似者过半，不若逊之。此图气韵位置，遂欲乱真也。丁卯夏五日雨窗观。长蘅鉴定，书此以志崇慕。

又清青浮山人辑董华亭《书画录》云：

仿黄大痴“富春大岭图画卷”凡四接，长二丈二尺。

黄子久富春大岭图，沈启南家藏物也。锡山谈参军得之，后归周台幕。友人华中翰为予购之。

尚有启南拟作一卷，在锡山吴太学家，因临其位置识之。董玄宰。

茂先此卷，得之新安罗氏，为太史的笔。余谛审之，款杨不弃所摹，适太史过访西湖，出以相质，谓是二十年前笔，今不复作此伎俩。盖公初学子久，后泛滥于五代南北宋，故笔法先今微有不同，具眼者当自辨之耳。徐尔垣。[1]

① 《灵鹅阁丛书》本。

观此二条，知董华亭于丙申冬得“富春大岭图卷”，年月与《无用师卷董跋》之题“丙申十月七日”正合，盖即万历二十四年。此一长卷，董其昌称之为“富春大岭图卷”。又云以丙寅秋得石田临本，丙寅即天启六年，相隔三十年，大痴原卷及石田临本，二卷始合并归董氏。《画旨》董题在丁卯，请李流芳（长蘅）鉴定，丁卯为天启七年，即丙寅之翌岁也。石田摹本，著录于《大观录》卷二十。卷末亦有董氏跋云：

大痴“富春大岭图”，旧为余所藏，今复见石田翁背临长卷，冰寒于水，信可方驾古人而又过之。不如是，安免重儓之诮。丙寅九月望，观于惠山，其昌。

与《画旨》称丙寅秋得沈启南仿痴翁“富春卷”事亦吻合。《书画录》引董跋，乃为董氏临本卷后自题识，谓启南拟作一卷，在锡山吴太学家，而此云观于惠山，则乃得自无锡吴氏也。

石田摹本，《平生壮观》卷十称曰“‘富春图’纸六幅，长几三丈，高尺余，浅绛色，与原出稍异。”吴升《大观录》卷二十记云：“纸本，跋书尾纸，极力追摹子久丘壑位置，小同大异。但黄翁水墨淋漓，此设色浅淡，黄行笔如绵裹铁，此苍古挺劲，骨胜于肉。黄淘汰董巨，独标性灵，此则荟萃董巨之长，另辟元人妩媚。虽摹痴翁，骎骎有度骅骝之势。”沈本先有沈周自跋（见下），继有成化丁未姚绶《题溪山胜处图歌》云：“溪山有胜处，每恨不到眼。今日见画图，百里归一览。昔年落笔云是谁，井西道人黄大痴。若推北苑作大匠，未信释巨真吾师。远树浅绿近山赤，长波不动天光碧。岂无村庄闹鸡犬，亦有渔船并吹笛。汀花岸草各自媚，竹屋茅亭相阒寂。绝怜临者能逼真，不甚用墨多丰神。郡斋政简恣开阖，欲与溪山为主宾。溪茫茫，山历历，溪平铺练山列戟。唯尊泰岱数峰青，未数扬州五湖白。我生亦与世味澹，见此撩动溪山癖。便呼笔砚来我前，凌驾大痴逼巨然。欲游巨室闯北苑，一丝写出江南天。书题此卷还郡斋，狂言问君惬所怀。涉溪安得与君采芳芷？寻山信我踏青鞋。我将送君北上御史台，画船凌风挂席来。更与溪山增气象，人识君有磊落澄清才。他时相忆复披展，溪山如旧故人远。吴郡节推樊君舜举，得大痴临本，喜甚，征余作歌，溪山胜处，画得之，歌则不逮焉。成化丁未重九前一日姚绶题。”按石田临本自跋作于成化丁未中秋日，而姚公绶诗题于同年重九，是沈氏临本成不久，该卷即归樊舜举所有。次为吴宽七古，起句“大痴道人唐郑虔”。《匏翁集》卷二十录此，题作“沈石田先生追仿黄大痴长卷为林御史舜举题”，“林”字乃“樊”之误。即石田跋之节推樊公也。其次为隆庆四年文彭及辛未九月周天球题记。

隆庆时周天球等同时得并观黄大痴之“无用师卷”及石田摹本于天籁堂。兹将两卷沈、文、周题跋，比较如下：

无用师卷	石田摹本
沈跋：	沈跋：
大痴黄翁，在胜国时，以山水驰声东南，其博学惜为画所掩。所至三教之人，杂然问难，翁论辩其间，风神竦逸，口如悬河。今观其画，亦可想见其标致。墨法笔法，深得董巨之妙。此卷全在巨然风韵中来。后尚有一时名辈题跋，岁久脱去，独此画无恙，岂翁在仙之灵，而有所护持耶？旧在余所，既失之，今节推樊公重购而得，又岂翁择人而阴授之耶？……	大痴翁此段山水，殆天造地设，平生不见多作。作辍凡三年始成。笔迹墨华，当与巨然乱真，其自识亦甚惜。此卷尝为余所藏，因诗题于上。遂为其子乾没，其子后不能有，出以售人。余贫又不能为直以复之，徒系于思尔。即其思之不忘，乃以意貌之，物远失真，临纸惘然。成化丁未中秋日，长洲沈周。
文跋：	文跋：
右大痴长卷，昔在石田先生处。既失去，乃想象为之遂还旧观，为吾苏节推樊公得之，是成化丁未岁也。至弘治改元，节推公复得此本，诚可谓之合璧矣！今又为吾思重所得，岂石田所谓择其人而授之者耶？思重来南京，出二卷相示，为题其后。隆庆庚午四月，后学文彭记。	石田尝临大痴小画，自题云：恰好二百年来翻身，出身作怪，盖自拟于大痴矣！然世之人不以为过，而辄亦谓之大痴，以其胸中有大痴力量耳！不然，几何不为东家施耶？观于此卷，尤信。思重太常，既得大痴之卷，而又复得此，诚可谓合璧矣！隆庆四年，岁在庚午初夏，后学文彭题于金陵寓舍。

王题：

隆庆辛未中秋后三日，敬观于梁溪谈氏澄怀阁，太原王稚登。

周题：

百谷阅后四十二日，周天球在天籁堂，得并观二卷者弥日。

辛未九月廿八日，周天球在天籁堂，纵观竟日。

按樊舜举既于成化丁未得石田临本，吴宽为之作歌。至弘治改元，复获大痴长卷，继而两卷悉归谈志伊。辛未即隆庆五年，“无用师卷”天球跋云：“百谷（即王稚登）阅后四十二日……得并观二卷”，计至九月二十八日，恰为四十二日。“二卷”皆在天籁堂并观弥日，所谓“二卷”其一为大痴原制，其一即石田此摹本也。文彭于石田卷跋称：“思重太常，既得大痴之卷，而又复得此，诚可谓合璧矣！”谓谈思重并得黄、沈两卷，而文、王、周三氏得合观之，诚奇遇也。

董氏所仿“富春大岭图画”卷，徐尔垣谓初疑为杨不弃所摹。不弃为杨名时字，歙人，善临摹，见《无声诗史》。又谓得之新安罗氏，由卷中钤印，知指罗世良。青浮山人录董华亭自跋称：“是图沈启南家藏物也。锡山谈参军得之，后归周台幕，友人华中翰为予购之。”观其在大痴“无用师卷”，万历丙申十月七日自跋则云：“忆在长安，每朝参之隙，征逐周台幕，请此卷一观。……顷奉使三湘，取道泾里，友人华中翰为予和会。”所记较为翔实。查“无用师卷”中，有“周炳文”一印。《无锡金匮志》十六选举表有周炳文，顺治十一年举人。年代较晚。炳文，字文季、又号筠如。生于万历四十年，卒于康熙七年（1612—1668），年五十五。其先人徙居无锡之景云乡，土人称其乡曰周泾。清代学者为炳文撰传志者有二人：一为王源所作之《周孝廉传》[1]，一为汪琬之《周文季墓志铭》[2]。王源称周氏为文赡逸，工书法，而技勇绝人，负文武才，惜其不为世用。周台幕未知何人。谈思重即谈志伊字，号学山，无锡人，官中军督府经历，事迹详赵用贤《松石斋集》卷十九《谈君墓志铭》[3]。思重工书画，事迹详《无声诗史》。历代名画高册有谈思重“墨

① 《居业堂文集》卷四。

② 《尧峰文钞》卷十五。

③ 思重为谈恺之子，恺嘉靖五年进士，尝镇两广，平寇有功，著《平粤录》。

荷翡翠图"，在第二十一幅[①]。彼又字"公望"，岂以得大痴此卷而取名耶？《无锡志》二六艺术传谓"志伊既而遭家多难，先业荡废，乃尽斥余产走金陵逐游治"，此两卷殆于是时散出。此卷嗣由谈志伊归周台幕。由董氏丙申自跋。彼于周台幕处见此卷，乃在长安（北京）征逐之际，而华中翰为其购入，则在彼取道泾里之时。泾里在无锡，其地为顾宪成读书处[②]。而此卷又有安绍芳及懋卿父各一印[③]。绍芳字懋卿（一作茂卿），无锡人，又号砚亭居士。《无声诗史》有详传，居无锡之胶山，叶昌炽称其"胶山楼观甲天下"者也[④]。后更名泰来，又字未央。山水摹大痴、懒瓒。又有安广誉，字无咎，亦工山水，出自子久。《桐阴论画》称"无咎山水源本家学，取法子久"，"丘壑间静穆之气，深得痴翁三昧"。广誉从子璿，字孟公，亦善山水，隐居罨画楼，藏书万卷[⑤]。安氏安国桂坡之后，一门俊彦，累世皆画家。故《故宫周刊》有安绍芳扇面山水[⑥]。是"无用师卷"亦一度经安绍芳收藏，此可补吴湖帆该图收藏沿革表之缺。

安绍芳、广誉画皆学子久，以其家藏有此"富春山卷"，绍芳之年与董其昌相反，安是无锡人。而泾里一地，正在无锡，由此恍然于董其昌万历丙申（二十四年）十月七日，跋中所谓"奉使三湘，取道泾里，友人华中翰为余会合，获购此图"数句之事实，即指彼取道无锡，通过华某之疏通，可能向安绍芳家中购得此卷。是卷本来即在无锡，隆庆时藏于谈志伊，不知何时流入安绍芳家。安氏为高赀巨族，在无锡与高、顾理学，华、秦文采，地位可以互相颉颃，故董其昌委托华中翰代为"和会"接洽焉。

张丑（青父）《清河书画舫》云："黄一峰画卷，自当以'富春山图'压卷，'江山胜览'次之。"又补云："黄子久'富春山图'，小墨纸本轴卷，今在宜兴吴氏，后有李贞伯、沈启南跋，极称许之。在吾家'溪山雨意图'上，或以简洁少之，过矣。"青父此书编成，据其自序署丙辰中秋，即万历四十四年，所录书画，非尽目睹，其言"富春卷"在宜兴吴氏，此条记于"补"录部分，则当为丙辰以后事耳。青父为张应文（茂实）之子，茂实藏书曰"清

① 《式古堂书画汇考》卷四。

② 详见附录"泾里考"。

③ 《石渠宝笈》三编"懋"误作"樊"。

④ 《藏书纪事诗》。

⑤ 《清诗纪事》卷一。

⑥ 《周刊》一百六十一期。

秘藏"者，王稚登（百谷）序谓取倪瓒清閟阁意者也。百谷亲见黄卷沈摹两卷于无锡谈思重处，张青父则见之于吴氏，谅必在大痴此卷已由董华亭质于吴氏时也。

"无用师卷"大痴自题"书于云间夏氏知止堂"。知止堂于明时为松江夏世泽所居，世泽之子为夏濬，字仲深（或作仲渊）。其先世夏椿藏法书名画之所，赵孟頫为题"知止堂"匾。黄大痴即于此作画。见李日华《六研斋三笔》。

南京博物馆之"富春大岭图"为邵亨贞作者，诗塘有明祝允明、清吴锡麒题，画幅两侧有翁方纲、宋葆淳、王拯、李佐贤四跋，又有宋葆淳、何昆玉、何瑗玉兄弟、冯敏昌、李宗瀚等人印章。此画盖尝传入粤东，故有何李等印。是图上题"富春大岭图"五字，下有"黄"字印。张庚《图画精意识》记："狄生讷斋，持大痴'富春大岭图'问余。是图特写严江真景，危峰连绵而峻上，其下子陵祠堂，纯用湿笔，连皴带染而成。……黄鹤山人诗，墨气淋漓貌得真。云林子跋，笔墨奇绝可宝，二公能手，故能道其妙，王诗倪跋并附。'千古高风挹富春，倦游何日见嶙峋？先生百世称同调，墨气淋漓貌得真。黄鹤山人王蒙。''大痴老师画富春大岭图，笔墨奇绝，令人见之，长水高山之风宛然在目，信可宝也。至正廿二年壬寅倪瓒记。'"此为另一幅之"富春大岭图"，其上有王蒙诗，及云林至正廿二年题识，南京博物馆藏轴则无之。

"富春大岭图"，正德间石田亦有临本，其诗题云："酒散灯残梦富春，墨痕依约见嶙峋。山光落眼浑如雾，莫怪芙蓉看不真。征明灯下强余临大痴'富春大岭图'，老眼昏花，执笔茫然，以诗自诵不工尔。八十翁沈周丙寅。"（《郁逢庆书画记》）《平生壮观》云："富春大岭，水墨，中短纸幅，诗跋灯下为文衡山作。虽云仿富春山，而能自运笔墨。"（卷十）时石田已八十翁矣，丙寅即正德元年也。

《十百斋书画录》下，董其昌论书画卷内记大痴"富春山图"。《铁网珊瑚・九》董其昌论大痴山水跋云："子久论画，凡破墨须由淡入浓。此图曲尽其妙，平淡天真，从巨然风韵中来。余家所藏'富春山卷'，正与同参也。甲寅春三月，董其昌题。"甲寅即万历四十二年。是时富春卷仍在董氏手中。

顾凝远《画引》自述闻见云："流览三十年，闻见杂糅，未遑概举，要其至者，间尝寓目。凡山水如惠崇卷，黄大痴'富春山图'，赵松雪'鹊华秋色'、'水村图'，赵干'江行初雪'，大米'大姚村'，小米'云山'，徽宗

‘雪江归棹’，惟巨然小卷，实范宽笔也。海内收藏家，琅函玳匣，见少闻多，未能甲乙。”按顾书诗瘦阁本刊于崇祯八年乙亥，时董尚未卒，书中屡提及董氏，其见大痴“富春山图”，谅于华亭处见之。

又明末画人多仿此图：

（一）项德新

项德新“仿大痴山水”并题：云过钓处峰疑吐，石瞰桐江水自湾，信手拈来竟谁是，神游子久富春山。仿大痴笔，项德新。①

（二）李日华

竹懒仿子久“富春山图”并题卷：雪消春水动涵光，冻柳垂枝未破黄，不信沧江有诗句，富春山下问渔郎。竹懒写于淡然无营斋。②

足见明季项德新、李日华均见过此图，而“富春山图”之名，在此际已名噪一时可知矣。

董其昌临“富春卷”，又有所谓“三癸”者，王澍《虚舟题跋》卷十云：

董文敏自为庶常时，始见大痴老人“富春卷”。此卷经始癸巳，去其为庶常时才五年，盖正初学大痴时作。自癸巳至癸酉，中更四十年，乃始成之，计此时公年老矣。而瘦清纯，与少年不异，用力深，故久而不变也。世人朝学执笔，暮便失之，辄以自诧于人曰：学贵善变。嗟乎！彼直未尝学耳！岂知学之不变，乃始能变。孙虔礼言，学之者贵精，拟之者贵似，书与画无二理也。

董文敏临“富春图”，余篆题卷首曰“三癸”。三癸者，颜鲁公刺湖州，为亭于杼山妙喜寺东南，以癸丑岁十一月，癸卯二十一日，癸亥建，故名曰“三癸”。文敏此卷，经始癸巳，润色癸亥，成于癸酉。余本其精链之意，历时之久。故亦以“三癸”名之。庚戌春，帆溟携来九龙山斋，杜生受兹为华十五淀山临一卷，并属帆溟书董跋其上，受兹年才二十，援毫濡墨，便足排突长老，淀山殊赏之。固其宜矣。

---

① 《式古堂书画汇考》，522 页。

② 《式古堂书画汇考》，531 页。

此卷经始于癸巳，即万历二十一年，润色于癸亥，为天启三年，成于癸酉，为崇祯六年。按董购得大痴原卷在丙申（万历二十四年）冬，得沈石田摹本在丙寅（天启六年）。癸巳作此画时，大痴原卷尚在他人之手。癸亥犹未得沈本，至癸酉始完成之，前后历四十年。又三载即谢世矣。

石田临本淡设色，徐邦达谓民国初在汪士元家，见《麓云楼书画记》。

故宫又有另一“富春山图”临本，有款识云：“子明隐君，将归钱塘，需画山居景，图此赠别。大痴道人公望，至元戊寅秋。”四行，下有“黄氏子久”一印，字体草率，与大痴题曹云西“群峰雪霁”款，书法相去悬远，知出于后添。拖尾有孔谔七古，书法古拙。其前有邹之麟跋四行。考《阙里志》，孔谔字贞伯，为永乐六年进士，岂有邹臣虎反在其前之理？孔诗必从他处截取拼接。卷末有“成化丙戌九月，完庵刘珏鉴藏”十二字，卷前有“完庵”一印，卷后有“延美”一印，皆可疑。前隔水董其昌跋七行，后隔水邹之麟跋四行，均后人自“无用师卷”中董邹两跋加以节录之伪跋。此卷末段最精彩之高峰及平坡远山被截去。前部较烬余之“无用师卷”多出三段有奇[①]。起段大致同于美国弗瑞尔美术馆（Freer Gallery of Art）所藏王石谷于康熙十一年壬子为笪重光所摹之本。此“子明卷”既无吴之矩等藏印，与云起楼藏物全不相干，分明为另一临本。卷内有“唐氏孔明”、“半园外史”及“瞿起田、耕石斋”等收藏印。如唐、瞿两家印为真，则此卷必为明时摹本。考瞿式耜耕石斋藏画甚早。士林“故宫”藏董其昌画册，自识云：“此册余数年前所画，为友人持去。偶过虞山，访稼轩先生于耕石斋，出所藏书画见示，重觏此册。”末署“丁卯春三月题董其昌”[②]。丁卯为天启七年，明年即崇祯元年戊辰，钱谦益《有学集》哭稼轩一百十韵，自注云：“已下叙其戊辰后归田燕游之事。”观董氏此跋，耕石斋藏画实在崇祯以前，且所藏书画，董氏实曾寓目。此“子明卷”末段后，切去“瞿稼轩”收藏押缝印，只存四分之三，自非重裱时盖上，则作伪者在瞿氏之前。岂瞿氏心知此卷为临本，故未出示董氏欤？董氏从未提及瞿家有此卷。及归于唐家，唐氏似亦不作真本看待也。

唐孔明即唐宇昭，为唐顺之后人，与泰兴季氏为亲戚。季沧苇（寓庸次子）夫人唐氏即唐孔明父之女，荆川四世孙也[③]。唐宇昭与吴问卿时有往来，彼于己丑仲冬，尝观唐寅之“高士图”于云起楼。是图有宇昭子唐光跋，略云：

---

① 指《故宫周刊》影出四五八—四六一各期所载。

② 《故宫书画录》一，126 页。

③ 见彭元瑞《知圣道斋读书跋》。

此六如先生“高士图”卷，乃荆溪吴氏物也。己丑岁曾侍先君同观于云起楼。明年庚寅，其主人病不起，拟以素所珍爱诸物殉葬，虑不能如愿，遂于临逝时，集置榻前，付之一炬。此卷与黄子久“富春图”，同遭厄劫，作罢论久矣。居恒讨论及此，辄为浩叹！癸亥冬过荆溪，偶于一俗贾手获观此段，且惊且喜，惜前后尽成灰烬，犹幸存高士图三字影，暨王跋一段，而识悉归乌有。使非先君有抄录原本在，不几为千古疑案耶？遂多方购之，以作枕中秘。

“高士图”亦为吴氏云起楼烬余之物，与“富春卷”同遭回禄之厄。此残卷现藏士林“故宫博物院”，院藏尚有唐寅之“秋墅闲吟图”，内容相同，乃明时摹本，而有文徵明真跋。题子明款之“富春山卷”，及乾隆跋云：“原名山居图。”以内容与“无用师卷”相同，故乾隆谓旧签题偶遗去“富春”两字。此“子明卷”，董邹两跋之为后加，早成定谳，但此可视为一较早之临本，不必详论。

又清初丹徒吴子远，亦尝临子久“富春图”，周亮工记其自题画云：“观子久‘富春图’，纯用中锋，如右军作草书法，乃知世人所摹，尽隔数壁，乙巳初夏，漫为临此。”该卷有李渭清、邹祗谟讦士等题句，见《读画录》。

《十百斋书画录》记李永昌山水画多卷，其一为李永昌“九峰雪霁”，自题云：“子久‘九峰雪霁’，孙无逸临成副本，直欲夺蓝。此幅余以意为之，不欲向子久喉下讨气也，一笑。李永昌书。”是永昌尝仿大痴“九峰雪霁图”也。永昌字周生，休宁人①，有诗四卷②，名曰《画响》，皆阐扬画理。吴其贞记其曾得梅道人“高松平远图”。又于戊寅九月十三日，同观王蒙“南冈草堂图”于毓石上人处③。永昌为汪之瑞师，收藏颇富。之瑞字无瑞，号乘槎老人，休宁人。悬肘中锋，运渴笔焦墨作山水，尝言“厚不因多，薄不因少”④北山堂藏有汪画一帧。

---

① 《无声诗史》作新安人。

② 见《徽州志》。

③ 《书画记》一。

④ 《国朝画征录》。

附　泾里考

“富春山图卷”万历丙申董其昌跋称“取道泾里”。泾里一地所在，《无锡县志》卷十四古迹云：

> 小心斋在泾里，明顾端文宪成读书处。旁有同人堂，月集诸从游者……弟允成亦有小辨斋，在城东隅箬叶巷。①

又卷十二“赠侍郎顾学墓在泾里”。考顾宪成集名《泾皋藏稿》，宪成又号泾阳。其弟允成，号泾凡，皆与泾里地名有关。泾里在胶山下，即顾氏读书之处，故又称泾皋。高攀龙《承贤桥记》云：

> 锡城中有箭沙九通者一而已……唯在冉泾里者，计丈百有三十，而通者且百有十，是为文庄公邵二泉先生故里。②

按卷三《水利》以“冉泾河”为第三箭河，其名冉泾里者，当以此河得名，冉泾河所在，可称冉泾里，可见泾字得与“里”字连属，以为地名。

胶山为安氏世居之地。《藏书纪事诗》引《无锡志》云：“安国字民泰、富几敌国，居胶山，因山治圃，植丛桂于后冈，延袤二里余，因自号桂坡，好古书画彝鼎，购异书。”又“安绍芳，字懋卿，所居胶山西林，广池十顷，带以华薄，蔚然深靓，曲桥飞楼，逶迤夭矫，杂置图书彝鼎其中。名士过从，置酒刻烛，至忘日夜”。又“西林胶山，安氏园也。嘉靖中，安桂坡穿池广数百亩，中为二山，以拟金焦。至国孙绍芳，即故业大加丹雘，与天下名士游赏其中。二百年以来，东南一名区也”。安绍芳之西林，即在胶山下泾里。黄大痴为无用师写之卷，一度为绍芳收藏，故董其昌于奉使归途，亲往其地，由友人华中翰之介绍而购得之。

---

① 引《金匮志》。

② 《无锡县志》三十七。

图一　王翚《仿富春山居图卷》（部分）

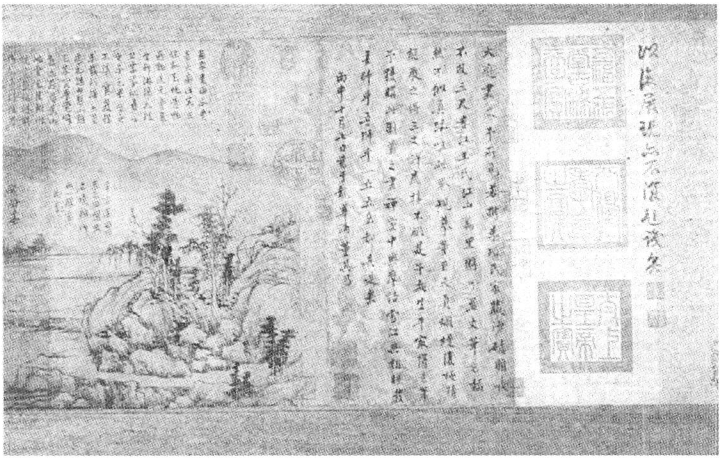

图二　富春山居图（子明卷）

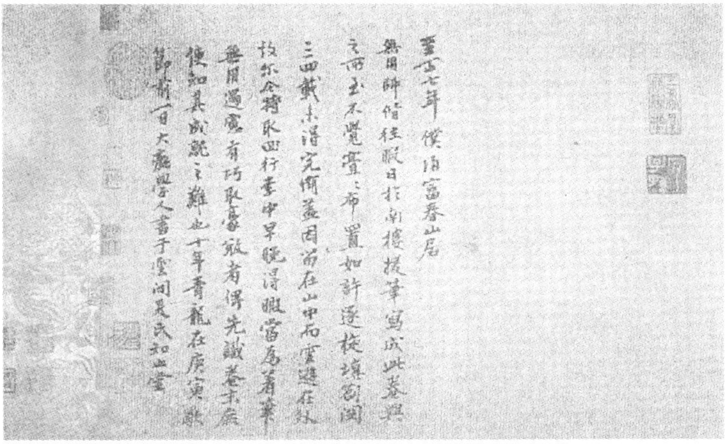

图三　富春山居图（无用师卷）

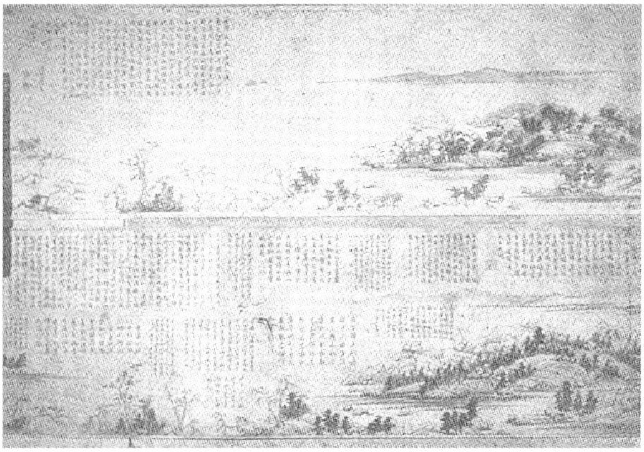

图四　富春山居比较图（一）

图五　富春山居比较图（二）

图六　富春山居比较图（三）

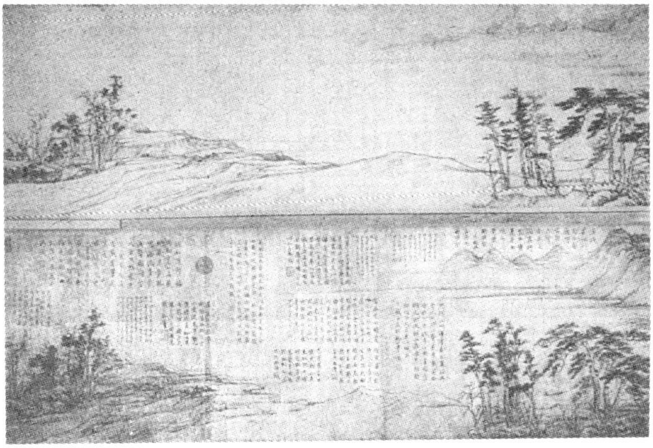

图七　富春山居比较图（四）

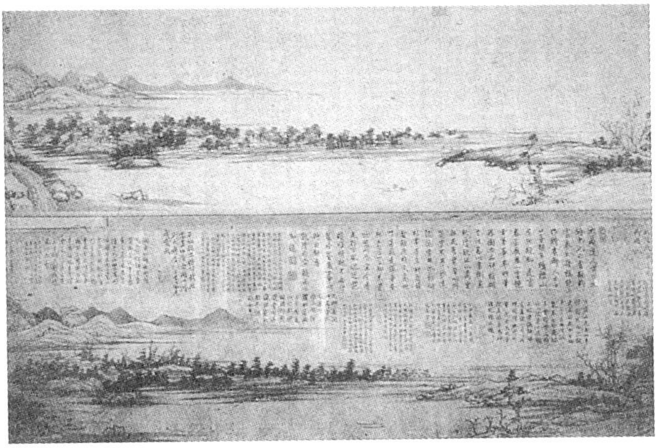

图八　富春山居比较图（五）

图九　黄公望《剩山图》卷

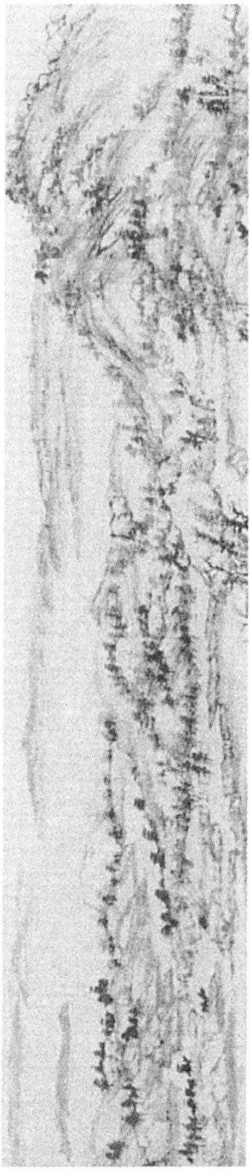

（一）

（二）

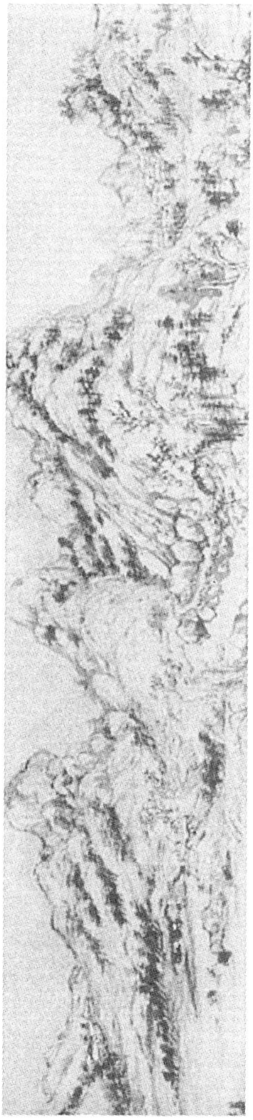

（三）

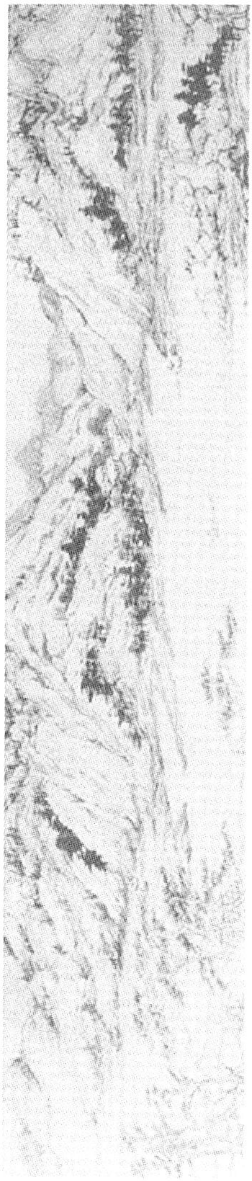

（四）

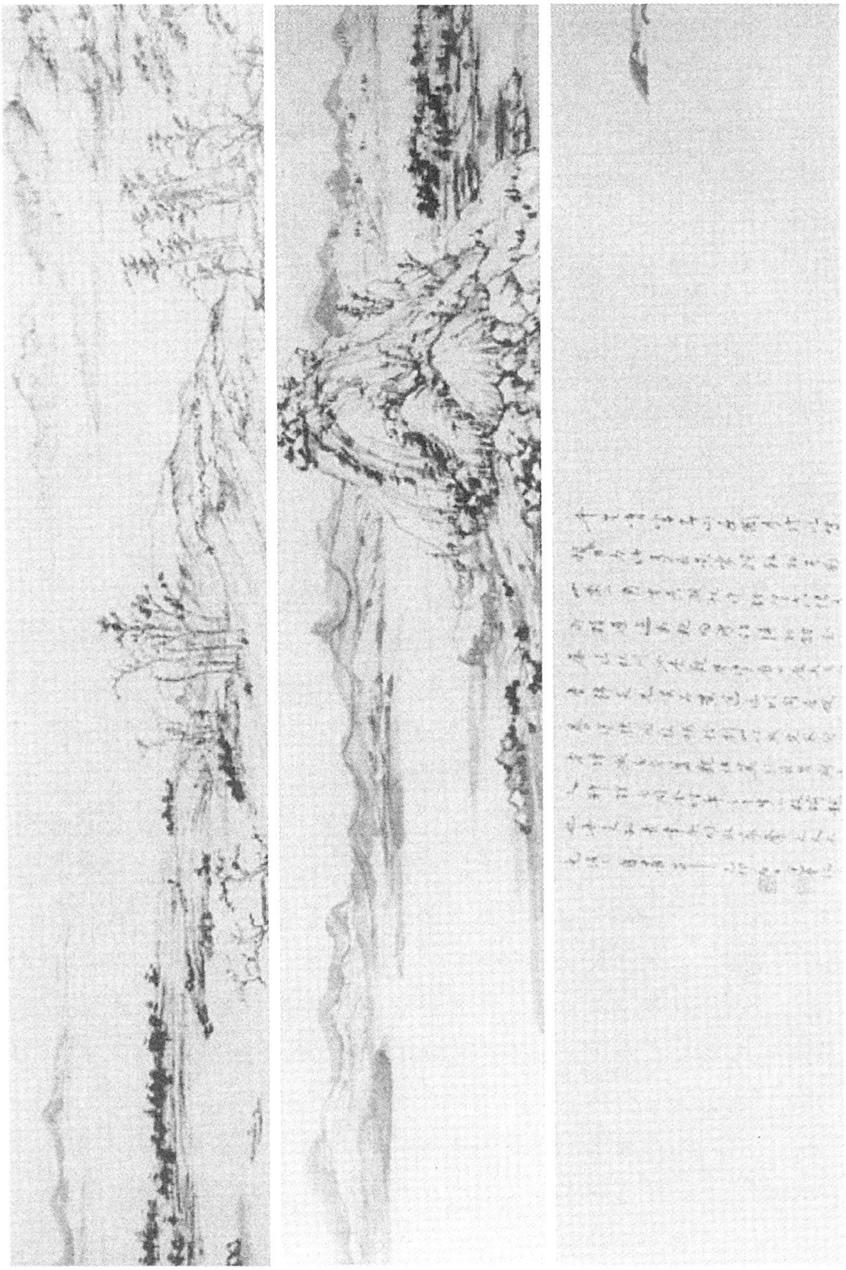

（五）　（六）　（七）

图十　饶宗颐临富春山居图

沈颢临富春山卷与吴家题跋

清人临大痴“富春山卷”，似以沈石天灏为最早。石天之临本有二：其一见于秦潜《曝画纪余》所著录者，为顺治八年辛卯（1651），乃参考周颖侯之摹本而成，原卷未见。又一十五年戊戌临本，原物现在香港，藏利荣森先生北山堂，原为吴骞藏品，绢本，上有“拜经楼”及“兔林真赏之章”诸印，后归陆心源。卷有止叟题签，为盛家故物，故流入粤东。

顺治八年临本，秦氏记云：

> 沈石天摹大痴“富春山图”卷长八尺有余，高八寸。楮本墨笔。左幅山溪错落，作三起状，右侧平坡一行，老树数本，芦荻迎风，渔舟并驾，由伟观而趋于平淡焉。笔墨松秀，渲晕处浓淡相间，颇极自然，非名手未易臻此。原题录如下：“二十年前，荆溪吴贰公觏止于梁鸿溪上，载予游铜官玉女诸胜。时问卿孝廉邀予过云起楼，出子久富春山中所图长卷。纵观之，惊喜往复，不忍释手。同观者蒋泽罍、吴石雪两知己。问卿语予曰，此卷系玄宰年伯质予先太仆千金，惜玄老寻即仙去，永为吾家甄叔意珠，应作难遭想也。遂留予昕夕饱玩。阅百余日，临摹稿本始归。近闻问卿诀时，命付祖龙意欲携众香国去。幸火未半，急取烬余，留度人间。里中周颖侯司李手摹一过，随游湖上。辛卯初夏，予得解逅颖侯甚欢。偶索临本一观，虽十之四五，宛然如接故人。予追及旧摹笔意穷日课成卷。并录子久暨石祖原题，志其缘起如此。后学沈颢题于武

林之昭丘禅阁。时年六十又六。至正七年仆归富春山居，无用师偕往。暇日于南楼援笔写成此卷，兴之所在，不觉亹亹布置如许，逐旋填札。阅三四载。未得完备。盖因留在山中而云游在外故尔。今特取回行李中，早晚得暇，当为著笔。无用过虑有巧取豪夺者。俾先识卷末，庶使知其成就之难也。十年青龙在庚寅歜节前一日，大痴学人书于云间夏氏知止堂。大痴黄翁在胜国时，以山水驰声东南。其博学惜为画所掩。所至三教之人杂然问难，翁论辩其间，风神竦逸，口如悬河。今观其画，想见其标致。笔法墨法，深得巨源之妙。此卷全在巨然风韵中来。后尚有一时名辈题跋，岁久脱去，独此卷无恙。今节推樊公重购而得。又岂翁择人而阴授之耶。节推莅吾吴，文章政事，著为名流，雅好翁笔。特因其人品可尚，不然岂无涂硃抹绿者，其水墨淡淡，安足致节推重如此。初翁之画，未必期后世之识，后世自不无扬子云也。噫！以画名家者，亦须看人品何如耳。人品高则画亦高，古人论书法亦然。弘治新元立夏长洲沈周题下有'白石翁'印。大痴画卷。予所见檇李项氏家藏'砂碛图'，长不及三尺。娄江王氏'江山万里图'，可盈丈。笔意颓然，不似真迹。惟此卷规摹董巨，天真烂漫，复极精能，展之得三丈许，应接不暇。是子久生平最得意笔。往在朝参之隙，征逐周台幕，请此卷一观。如诣宝所。虚往实归。自谓一日清福，心脾俱畅。顷奉使三湘，取道泾里。友人华中翰为予和会获购此图，藏之画禅室中，与摩诘'雪江'，共相映发。吾师乎。吾师乎。一丘五岳，都在是矣。丙寅十月七日书于龙华浦舟中。董其昌。"

沈颢追述吴氏此卷得自董其昌经过甚悉。董卒于崇祯九年丙子[1]，故此卷遂得永为吴氏云起楼之物。沈跋作于辛卯初夏，即顺治八年（1651，邹臣虎仿此卷则在是年冬），而其获观此卷即在二十年前，由辛卯上推二十年，应为崇祯四年辛未（1631）。时董尚生存，与沈颢同观者，尚有蒋、吴两人。沈氏留此卷临摹，凡阅百余日。其言"近闻"问卿付火，时为庚寅，适在辛卯前一年。辛卯间，沈则借周颖侯临本补绘而成。周氏临本，南田讥为如小儿涂鸦，沈氏则称十得四五，意其丘壑位置，自不无可取之处。沈跋末云："并录子久暨石祖原题。"石祖即指沈石田，细看沈颢所录题尾，实包括三篇：

① 《明史》卷二百八十八。

(1) 大痴书于云间夏氏知止堂原跋。

(2) 沈周弘治新元立夏题跋。

(3) 董其昌丙寅十月七日书于龙华浦舟中跋。

三篇文字与今卷相同，过录微有删减。足证沈颢在崇祯四年于吴家观此卷。大痴自跋及沈、董二跋必先时录存。诸跋崇祯初年沈氏均已见之，自非后人所能伪者，唯沈颢录董跋作“丙寅十月七日”，万历无丙寅，当是“丙申”笔误。董跋原作“丙申”，是也。

陈眉公尝记黄子久“富春山卷”，由董氏归吴家之经过。《续穰梨》十四收王石谷临董香光卷，康熙癸巳中秋后王翚题记外，并录原题，计有：

(1) 乙卯九月（万历四十三年）玄宰题。

(2) 乙丑中秋（天启五年）玄宰重题。

(3) 崇祯陈继儒题。

眉公题云：

思翁藏黄子久“富春山卷”，归之万溪吴光禄，叹惜不去口。……此平生铭心绝品，真可与“富春山卷”并传也。崇祯闰四月十九日得观于神清之室，余年八十矣。陈继儒题。

王石谷跋云：

此卷……都从董巨风韵中来，兼得富春象外之趣。

继儒卒于崇祯十二年己卯（1639），年八十二，其题此卷年八十，则应在崇祯十年丁丑（1637）矣。又董华亭《书画录》记董其昌于万历四十四年为吴之矩绘之“潇湘奇境图”，有继儒于崇祯七年题跋云：“思翁有大痴‘富春山卷’，归之澈如光禄。”可见眉公屡屡提及此事。

吴之矩收藏至富。顾起元（太初）《懒真草堂集》中云起楼为吴之矩比部赋一诗，有“君家高楼隐天际，爱看山中云起时”之句。其集卷十八又有

"'善卷洞卷'为吴比部之矩跋",又有"跋吴之矩比部藏张元春所画'东溪卷'"。《平生壮观》卷十"董其昌绘'荆溪招隐卷',辛亥作于宝鼎斋,拖尾上寸余行草,为彻如再题跋可六尺,后款称'年家弟'。董跋后吴彻如长跋,叙与玄宰平生交契之情"。彻如即吴之矩,辛亥实万历三十九年(1611)。是岁董氏为吴之矩作"荆溪招隐卷",原卷今不知在何处。唯美国Freer Gallery藏有米芾山水画,上绫边为董其昌行书"云起楼图"四大字,左方跋云:"光禄吴彻如年丈属余作书'(云)起楼图'卷轴团扇其三帧,余未惬意,以此图贻之[①]。"董氏三度为之矩作画,而未称意,故贻以此图。具见友谊之笃。

顺治十五年临本。上有沈颢跋云:

> 黄子久师友董巨,为南宗最上一乘,常用五墨法,尤精焦破二种,曾作"富春山墨戏长卷",玄宰宗伯质阳羡吴澈如千南金,为长公秘藏。三十年前同蒋泽罍开府,吴石雪兵宪同鉴于铜官山房。墨渖淋漓,云烟灭没,令人置身层巘澥间,真千古奇遘也。阅其自题,非关富春形胜,乃为一苾刍,画于富春山中,五年始成。后为家石祖购藏,亦有临本,予及见之。今戊戌寎月,遏承石翁公祖出鹅缣三丈余,征图是卷,惝怳徊徨,觉子久腕中物,捻入毫端,并志之。石天洞长沈颢[②]。有"朦禅"一印。

跋言三十年前,同观者有蒋泽罍、吴石雪,与《曝画纪余》所记,其事相同。蒋泽罍者,钱牧斋《初学集》十六有《迎春曲春夜别阳羡蒋泽罍》七古[③]。辛卯岁沈氏摹本亦作蒋泽罍、"吴石雪",查《穰梨录》误作"蒋泽口,莫石云",应正。颢又称:"后为石祖(指沈石田)购藏,亦有临本,予及见之。"是沈颢亦曾目睹石田之临本。戊戌即顺治十五年。沈颢临摹,计前后两度。且言"阅其自题,非关富春形胜,乃为一苾刍画于富春山中"。按此卷实大痴于富春山中所作,而非写富春景物,其说良是。唯谓为一苾刍而作,苾刍即比丘,不知无用师乃全真道教中人,不得目为僧人也。沈跋言董玄宰质于阳羡吴彻如处,又谓鉴于铜官山房。铜官山为宜兴一邑之镇,或云山昔产铜,有司采之,故名。明都穆有《南岳铜官二山记》。

---

① 此卷李佐贤《书画鉴影》著录,图见《明报月刊》一一三。

② 《穰梨馆过眼录》卷三十五。

③ 在《丙舍集》为庚辰年作。

此卷后又钞存吴遼、吴麟祥、吴应运、吴雯、吴贞度壬辰诸跋，疑自辛卯临本转录，陆心源书未载，集有关考证，兹录于后：

（一）吴遼跋：

“富春卷”先光禄藏之久，先孝廉毁之半，今且付之乌有矣。见石天临本，独得其神骏，归节培年兄赏鉴。卷虽毁，痴仙精灵，烨烨犹未没也。

壬辰阳月吴遼草。

壬辰小春荆溪吴湛、吴之甲同观。

（二）吴近功跋

羊裘山人去不返，富春寂寞烟波淡。大痴笔墨千古奇。泼来三丈鹅溪茧。烟峦缥缈如有神，江流浩荡如闻声。卧游无不叹奇绝，伎两一旦通神明。庚寅年画庚寅化，劫灰应信东方话。恼乱江南好事家，追踪谁者能驱驾？沈君石天今子久，仿佛神情世稀有。朱蓝为青无二观，是沈是黄非两手。神物荼毗舍利存，子久闻之莞然否？

义兴弟吴近功跋。

（三）吴麟祥跋：

沈石天“富春山图”，临黄公望笔也。公望卷为余伯氏枫隐世宝，竟以临终付之荼毗，虽为家伯仲于烈焰中救出，然火遒其半矣。神物不传，信有之耶？今观石天所临，神骨宛肖，而色相逼真，公望卷可谓不焚矣。喜赋长篇以呈节培年社兄词家，用纪两图全毁因缘，不自知其言之俚陋也。曲曲烟岚半杳霭，客星渔隐无乃是。昔年黄公得其意，落向老僧千尺纸。半尺风波万丈奇，笔端变化神为之。有时高松自发响，转眼欹石如奔驰。平江荡桨意摇曳，层林策杖神游移。画归余家几百年，一朝劫变艮明灰。存余偷向秦炉出，焦头烂额犹奇特。半壁乾坤烟过后，观者徘徊忆畴昔。梁溪高子真风雅，妙属石天绘元化。以意摹成最胜观，风流不在黄公下。危崖摩挲树缥缈，纯将我法争驱驾。为雨为风势不穷，疑朝疑暮光空蒙。平江万里烟波净，倒峡一帆云雾浓。余宗观者叹奇绝，痴仙复向人间谪。当时一炬万卷残，谁知孔氏壁尚全。兰亭已归寝陵去，遂良本付高士廉。乃知神物不存两，乘除代谢非虚妄。梅花寂寞富春轩，补我残图有公望。

壬辰寎月荆溪年社小弟吴麟祥具草。

（四）吴应运跋：

画派犹禅，亦分南北二宗。南宗自王摩诘以来，递至元四大家，首推一峰道人，以其清远苍秀，凌跨群雄故也。先伯父光禄，枕秘名迹虽多，实以富春为甲观。后贻家季问卿，临终不能割，竟付祖龙，虽救得其半，此杀风景事，鄙不足道。但当什袭时，亦尝听人展阅，无能追半笔，惟吴门沈石天风骨峻逸，克绍恒吉、启南正传，昔年来游荆溪，坐卧云起楼，时时踪（纵）观此图，略其玄黄，得其神骏，遂以意背临此卷。予从临摹之暇，亦究心六法，知其不以形似，超绝一时，大都临画与临书，如骤遇异人，止观其举止笑语，其精神流露处，绝去摹仿之迹，故称名家，此可与知者道，寄语高节培年社兄，今后直谓沈石天"富春图"，亦无不可。

（诗略）

壬辰立冬三日荆溪社弟吴应运跋并题。

（五）吴雯跋：

……秋霜春雨变化奇，苍苍漭漭谁为之？吾将此理问高子，不问腥禅与大痴。

壬辰冬日为节培年社兄题石天"富春图"，年弟吴雯。

（六）吴贞度跋：

子久"富春图"，为予先祖光禄澈如公所宝，后贻先叔父问卿，珍重异常，卷置云起楼中，坐卧与俱，非识赏家不出一示。忆甲戌之秋，先大人筮仕富春，余时尚幼，舟行但见长江绝巘而已，然亦心知其胜。年来每思富春山水，即往云起楼索观子久卷，以当卧游。前庚寅冬，先叔父将辞逆旅，欲以为殉，又虑落他人之手，强起焚之。火炽逾时，叔父以不支就枕，余与家昆随掬出火。先是子久卷长三丈，出火时才二丈许耳。每展弥深痛惋。今观石天所临，不规规形似，而神骨逼真。闻石天曾在云起楼纵观子久画，故最得其妙耶？展玩之次，恍疑身坐云起楼时，为语石天，黄公望子久矣。

壬辰冬为节培年社兄　　年社弟吴贞度。

（七）陈均跋：

近世所摹"富春山图"极多，予昔在京师，曾于查映山给谏处，见石谷子摹本，于何雪蕉比部，见杨子宥（晋）摹本。之二者不特神气恬熟，且布置大概亦复不同，此卷用笔生竦，造意在离合之际，不使观者有局束之境，非朗翁亲见真迹，留此吉光，我辈又安知五季意匠之妙？

嘉庆丁卯重九日龙山登高返櫂桐溪，槎客尊丈出此卷命观，即跋数语于尾。后学陈均识。

上诸题识，以吴贞度跋为有关焚卷事迹最重要之文献。

卷中题咏诸家，考之《宜兴县旧志》，略记如下：

吴邃为吴正己之子，崇祯九年举人，官溧阳教谕。

吴湛字又郫，吴洪裕族孙，崇祯九年副榜。陈其年尝撰《吴湛传》，见《迦陵文集》卷五。

吴近功为吴正心之子，顺治八年辛卯举人，据印章知又字远和，号朗函。

吴麟祥，跋称贞度为伯仲，又称枫隐（即问卿）为伯氏。

吴应运不知何人之子，观跋称先伯父光禄公（指之矩），家季问卿，其人必与洪裕同辈，为正志之侄行。

按吴正己字舆己，万历四十三年举人，年七十一。正心字诚先，正己弟，崇祯三年举人。崇祯十三年特用进士云南布政，《宜兴志》两人均有传。正己、正心与吴正志，皆排“正”字，为从兄弟行。

正志为吴达可子，本名秉忠。后更今名。万历十七年己丑焦竑榜进士，官江西佥事。达可字安节，又字叔行，万历五年丁丑沈懋学榜进士，官通政使。

达可本生父吴骙，官通判，以达可貤赠南京光禄寺卿，其嗣父吴驷，亦以达可赠南京光禄寺卿。

骙弟骕，子达德，字叔懋，与达可字叔行辈序相同。达德以子正己赠户部主事。

正志有子三：长子洪亮，字允执，万历三十七年举人。次子洪昌，崇祯七年甲戌刘理顺榜进士，官礼部主事。幼子洪裕，即问卿，万历四十三年乙卯举人。洪亮没年三十一，子贞吉，崇祯九年举人，能诗，有

《春曙楼集》[①] 洪昌子吴贞度，顺治十二年乙未史大成榜进士，庶吉士。贞度子元臣，康熙二十一年壬戌进士，桂林知府。

达可、正志、洪亮、洪裕、洪昌，《宜兴志》俱有传。《达可传》称："子正志进士，孙洪亮、洪裕举人，曾孙贞吉举人，贞度进士，元孙元臣进士，五世科甲蝉联，人以为德业之报云。"《宜兴志·正志传》称字子矩，按应作"之矩"为是。封赠表吴俭以孙达可致赠南京光禄寺卿，则俭乃驷、骙之父也。兹附吴氏世系表如下：

吴俭—吴驷—吴达可—吴正志—吴洪亮—吴贞吉
吴俭—吴驷—吴达可—吴正志—吴洪昌—吴贞度—吴元臣
吴俭—吴驷—吴达可—吴正志—吴洪裕（问卿）
吴俭—吴骙

吴骕—吴达德—吴正己—吴邃
吴骕—吴达德—吴正心—吴近功

吴贞度即吴洪裕（问卿）之侄，字子文，号静庵，即救出"富春山卷"于烬余者也。著有《临风阁偶存》[②]。贞度跋称甲戌秋，先大夫筮仕富春，盖其父洪昌尝授建德知县，跋记出富春卷于付火事较他书所记特详。"富春图"先为吴正志（之矩）所藏，上有"之矩印"，之矩为吴达可之子。达可即尚书吴俨从孙，官至南京太仆卿进通政使，《明史》卷二百二十七有传[③]。俨字克温，成化二十三年进士，正德官南京礼部尚书，《明史》卷一百八十四有传[④]。自吴俨下至之矩、问卿，为宜兴盛族，显宦相仍，此其家世之可考者也。

吴问卿没后，侯方域曾撰《云起楼记》，于问卿焚"富春图"一事有所评论，略云：

吾闻是楼之下曰富春轩，孝廉尝藏黄子久所画"富春图"于此。其死时，若有慨其后之不能守者，命投诸火以殉。或曰：孝廉于是乎不达

① 《宜兴志》八《行谊传》。
② 道光《宜兴续志·文艺门》。
③ 校点本，5972 页。
④ 校点本，4888 页。

观矣。夫天下事而苟付之得其所，则贻之子孙与传之其人无以异也。昭烈谓诸葛亮曰：嗣子如不可辅，君自取之。天下之大，尚且如此，而况于一图，况于藏此图之一轩一楼哉？……孝廉死时，岁在庚寅。余后二年始至，为壬辰，先是孝廉之父纳言公之作是楼也，当明神宗时，今五十余年矣。纳言尝延梁溪高忠宪公，坐卧其上，而属云间董尚书为之题，今尚在。盖孝廉守其志以无失类如此。呜呼！所谓五十年者，固不可追而问矣！即庚寅与壬辰，相去不过一二岁，而余曾不得及孝廉之在时，一观此楼之盛，其后当何如也。……孝廉又有南岳别墅死时舍为寺。[①]

问卿殁于庚寅，即顺治七年，越二载，顺治九年壬辰，侯方域氏始登云起楼，并为之记。由于侯氏之论，知当日人士对问卿以卷付火事，有“不达观”之诮，故侯氏为之解嘲也。《宜兴县旧志》八《侨寓传》：“方域明末避兵，寓居宜兴，与陈贞慧结姻而去。顺治九年复至宜兴，与诸名士为诗会。”其撰《云起楼记》，即在此时。

是卷同观者吴湛，亦宜兴人，事迹见陈其年《湖海楼诗集》卷四感旧绝句吴秀才又郿下云：

风情毰毸偏无赖，笔墨萧闲也不群。忆得秋城鸦万点，垫巾常与立斜曛。

秀才讳湛，吾邑中高材生也。申酉间，以诗酒自废。淡淹历落。酷似晋人，与余交最善，卒后，一女嫁为余犹子妇。

清初有一吴雯，字天章，蒲州籍辽阳人，诸生，康熙己未举鸿博，著有《莲洋集》[②]。其人生于顺治元年，卒于康熙二十三年。此题识在壬辰冬，即顺治九年，时天章方九龄，知必为另一吴雯。考盛镳（字叔清）辑《清代画史增编》卷四，据彭蕴灿之《耕砚田斋笔记》，有吴雯字天翊，太仓人。山水宗娄东正派。未稔即此人否？

陈维崧其年与吴家有姻亲之谊。《湖海楼诗集》卷四感旧诗自注，记吴问卿事甚悉。《湖海楼词》亦有数首，与吴家有关，兹录之如左：

---

① 《壮悔堂文集》六。

② 见《清诗汇》四六。

暗香　吴静安姑丈临风阁上赏梅

玉堂人物。况阶前琼树，一枝先发。近手花歆，小倚晴楼汎香雪。料理茶铛棋局，更乍破、蛟冰芳冽。恰糁入片片繁英，和取索郎啜。

幽绝。恁时节。又脆管娇丝，隔垣低揭。红绒半折。脉脉相看倍亲切。若待盈枝烂漫，怕误了，人生作达。薄醉也，压帽是，一堆粉月。

解语花　吴静安姑丈堂中闽兰盛开，约同人过赏，时有二校书在座。

玉堂窈窕，珍簟虚无，细压真珠榨。萝阴石罅。随风皱、一带回廊曲榭。　　暗中香泻。列翠盎，轻扶红架。羡高情、楚畹湘潭，助幽人消夏。　　万朵珠承雪亚。更花边浅立，人比姑射。鬓蝉低卸。微嗅处、不数海天冰麝。裛来盈把。总罨住、竹房茶舍。倩紧絃、并鼓猗兰，将晚凉乱惹。

吴静安即贞度，维崧之姑丈也。《宜兴志》十《艺文》载贞度《枫隐禅林碑记》。枫隐寺即洪裕吴问卿别墅，没而舍为寺者。顺治七年十月，问卿将终，舍其别业与僧万如为禅院，静安于十五年作碑以记其事。

维崧又有《八六子》　枫隐寺感旧

弄丝杨。重过废馆，闲池顿起思量。正仿佛，纸鸢旧处，依稀竹马，儿时巡檐绕墙。　　当年无限风光。月照千山裙幄，莺啼一院糟床。渐舞榭成坟，歌台作寺，松雏已老，梅妻都嫁，只剩乱涧，闲腾鼯鼬，矮坡斜下牛羊。太苍茫。疏林一抹夕阳。

《宜兴志》八《隐逸·吴洪裕传》云：

洪裕字问卿，参议正志子，万历乙卯举于乡，不复赴会试，自号枫隐。有别业曰兰墅，擅一邑胜，名人王登、董其昌皆从之游，为绘图作记。洪裕常寝处其间，日召客饮酒，醉后辄讽陶、杜诗。卒时，舍为僧院。

问卿之行谊大致如此。其年感旧之词，即为问卿而作也。

宜兴吴氏，自吴俨以后，代有达人，多能诗文。正志有《云起楼诗》，贞吉有《春曙楼集》，但未闻有工于绘事者。正志书迹，有“片言期许帖”，《式古堂书画汇考》著录，但有正志署名[①]。仅有书而无画。

沈颢初临本曾归高节培处，高氏无锡人。仕履未详。次本归吴骞拜经楼，吴氏撰有《沈朗倩富春山居图跋》，载《愚谷文存续编》。后转入陆心源，此卷签署“沈石天临黄子久‘富春山卷’，光绪乙酉重装，存斋题”。

沈颢此卷，实为以意背临，与一峰原绘无甚关系。观吴应运跋谓：“知其不以形似，绝去摹仿之迹，可谓沈石天之‘富春图’。”可见临本有全不摹仿原作而以意为之者，斯其一例也。

陈撰《玉几山房画外录》卷上云：“黄子久为画，一卷三年，舟至富春山下而始完，因题为‘富春图’，初非写富春山也。旧藏义兴吴孝廉问卿家，问卿将死，令出所有书画焚之以殉。问卿昏乱，侍妾于火中窃出二卷，其一为怀素帖，一即此图也。然已焚去丈余，后归丹阳张氏，今归泰兴季氏。侯朝宗作《云起楼记》。投诸火以殉，盖不知侍妾之能留也[②]。”此卷后自吴家转入丹阳张氏，吴其贞《书画记》云：

> 此卷后有沈石田、周公暇、王百谷、董思白、邹臣虎等题跋。……曩为藏卷主人宜兴吴问卿病笃焚以殉，其从侄子文俟问卿目稍他顾，将别卷从火中易出，已烧焦前段四尺余矣。今将前烧焦一纸揭下，仍五纸长三丈，为丹阳张范我所得，乃冢宰赤函先生长君也。……予于壬辰五月二十四日偕庄澹庵往谒借观。……其图揭下烧焦纸尚存尺五六寸。……今为余所得，名为“剩山图”。

范我为张伯骏字，事迹见《无声诗史》。其父冢宰赤函即张捷，《平生壮观》五“南京死节诸贤遗墨”下载：“张捷，太子太保，吏部尚书，字赤函。”《小腆纪年》云：“南都立，以捷为吏部左侍郎。”又记“顺治二年乙酉，多铎入南京，吏部尚书张捷微行至鸡鸣寺，以佛幡自缢死。或曰捷闻百姓殴王铎，惧祸及，自裁也”。陆丽京《纤言》记张捷与王铎逸闻[③]。赤函之事略如此。与其贞至张家同观大痴卷之庄澹庵即庄冏生，武进人，顺治四年进士，画入逸品。顺治十一年二月，吴其贞尝至庄氏园，观董源之“龙宿郊民图”。

---

① 帖中有“寓荆溪未有合者”语，知即吴之矩。

② 引王宏撰《记画》。

③ 《古学汇刊》本。

又吴氏《书画记》卷四，记在泰兴季寓庸家观书画云：“先生讳寓庸，戊辰进士，由祥符令终吏部郎，富于财。欲收尽天下法书名画。……是日所观，如苏东坡‘九歌’、‘前后赤壁赋’……黄大痴‘富春山图’……吴彩鸾《诗韵》，陈以谓《集宋元画册》百幅计四本，皆名物也。……时丙申四月二十五日。”“富春图”当初邹臣虎无力购入，顺治九年壬辰，已由吴问卿家转入丹阳张伯骏（范我）处，其贞于是年五月二十四日亲见之。至是又再易主人。丙申即顺治十三年（1656），吴湖帆“沿革表”称季氏得此卷在康熙时，误也。“富春山图”既于是时入季家，故翌年丁酉程正揆得见之，摹仿成卷。今“无用师卷”上，钤季氏藏印，不一而足。

《十百斋书画录》记程正揆“江山胜览”卷，黄子久本，程青溪临，乙酉春跋云：

……所未入彀者，惟子久“富春山图”，并“江山胜览”耳。二卷曾展玩友人处，往来胸中十许年矣，因以意作此卷始于壬午（崇祯十五年）北行，舟中临稿……乙酉（顺治二年）春稍为卒业。……同方尔张设色，青溪程正揆记。

又跋云：

“富春山图”，甲乙间（即甲申乙酉）遭兵火，失去中一段，犹存十之七，今归泰兴季氏。“江山胜览”，传在扬之真州吴某，好古者咸觅一见不可得。闻索价颇高，余亦心慕之。后至江宁求售，友人孙韫生与善，遂借观，竟赝本也。且神色黯然，想原卷已作广陵散矣。惜哉！时丙午（康熙五年）九月青溪又记。

方尔张即方维，嘉善人，山水学郑重①。

又程氏“江山胜览”跋云：

庐州太守王用宾，辽阳人，侨寓扬州，亦事收藏。余见“富春图”残帧，乃首段，仅二尺余，曾欲语李（应作季）君求完全以归，诚为破

① 见《读画录》卷四。

镜之合。未果，而王亦回旗去，殊可惜也！记之。青溪丙辰（康熙十五年）。

王用宾盖旗人，侨寓扬州，此青溪自述其目睹“剩山图”之经过也。“江山胜览图”有影本见《支那名画宝鉴》，《故宫已佚画目》谓其现存东北博物馆。

光绪《泰兴县志》：季寓庸字因是，天启二年进士，知余姚，调临海、济源、祥符。吏部主事。寓庸工书画，仿沈周而能登其室[①]。《祁彪佳集》中有《题赠季吏部寓庸园亭诗》云“丈人季夫子，楼台碧霄里，回萦几曲朱阑干，鼓乐宛从青天起”者也。寓庸所居曰嘉树园，姜宸英为记，称其“家食优游，垂三十年”[②]。余见港大藏康熙六年（1667）静思堂校刊钱牧斋笺注《杜诗》卷一，尾页有“泰兴县八十老人季寓庸因是氏校”一行。寓庸于顺治十三年丙申，得“富春卷”，其时年亦七十矣。寓庸生子七人，长开生。次振宜最有名，时有双凤之目。开生字天中，顺治己丑（1649）进士，才华卓烁，祁彪佳誉其如“风胡出冶”。工山水，笔致萧散，论者谓其“仿宋元名迹，得子久三昧”[③]，殆以家藏“富春卷”，有所得益乎？振宜号沧苇，官山西道监察御史，名藏书家，世所悉知，不复赘述。

① 《无声诗史》。

② 《湛园未定稿》。

③ 《清代画史续》。

邹之麟临本及其师法黄大痴

吴问卿筑富春轩以藏大痴此名卷，邹臣虎为书匾额，复于顺治七年庚寅为题跋语，其略云：

（问卿）家有云起楼，山有秋山庵……环而拱一“富春图”。……国变时，问卿一无所问，独徒跣而携此卷。嗟呼！此不第情好寄之，直性命徇之矣。彼五岳有真形图，而富春亦有之，可异也。……庚寅画画，题画人来，又适庚寅，可异也。虽然余欲加一转语焉，绘画小道耳，巧取豪（夺），何必早计，载之记中也。……野老邹之麟记。

是跋即题于大痴为郑无用所作卷之拖尾，邹氏巧取“何必早计”之评论，即针对大痴原跋“无用（师）过虑有巧取豪夺者”而发。大痴跋识“十年青龙在庚寅”，邹跋云：“庚寅画画”，如是巧合，故邹跋云“可异也”。邹氏跋作于庚寅，即顺治七年。是岁冬问卿病亟，以卷投火，幸其侄贞度救出。沈颢临本吴近功题句谓：“庚寅年画庚寅化。”即指此也。至八年辛卯冬，臣虎仿作此卷。原物现在香港，藏黄秉章先生处。邹氏自跋云：

子久“富春图”，余曾一再见于枫隐主人（即吴问卿）处，业为为题识卷尾。……

即指庚寅年之长跋，又后二年，顺治十年癸巳六月，复题二绝句于卷之中央，其辞云：

山川图画自天然，何必丹青借笔传，此日真形已残败，却怜纸上化为烟。

似盼分明是画图，一翻过眼一翻无，劫灰已作千年话，何有区区一卷乎？

诗中“此日真形已残败”，“真形”二字，即拈其庚寅年跋语中“五岳有真形图，而富春亦有之”句，盖借用道教“五岳真形图”之典故，以相比况。子久为道教中人，十分切当。今本《神仙传》卷七《帛和传》，言其见到“‘三皇天文’大字，及‘五岳真形图’，皆著石壁”。葛洪有《五岳真形图文》。宋代目录书著录不一而足，在《抱朴子·遐览篇》已详记此事。《道藏》正乙部有《五岳真形序论》一卷。云“此日真形已残败”句，乃借道教五岳真形以比“富春山图”已尝付火，且慨叹时事，故下句接言“却怜纸上化为烟”。钱谦益跋顾与治藏大痴画卷有云：“大痴‘富春山图’，已为焦尾琴烧竹笋矣。”亦指此事，故以焦尾琴为喻。周亮工《读画录·邹臣虎传》云：

晋陵吴问卿家，藏子久“富春山图”长卷，为子久生平第一画，先生极爱之，比之右军“兰亭”。屡欲求售不可得，时时借观，每一过目，辄题其后。后问卿殁，欲以此图为殉，病笃时，投之火中，旋即晕愦，其子急以他卷易之，已焚前一段矣。其子即携致先生，高索千金，时先生方困乏，无力售之，把对浩叹，复题数百言于后，以纪其事，悒悒者月余，其嗜古之癖如此。

所记救出“富春卷”于烬余，应是问卿之侄贞度，而非问卿之子；观沈颢临本吴贞度跋语，可以概见。

恽南田称“子久‘富春山’卷，予香山翁（恽向）有模本，略得大意。邹衣白先生有拓本，半园唐氏有油素本，庶几不失丘壑位置”。拓本指钩摹①，可能臣虎先尝钩存位置，故于焚后之翌年辛卯冬，仿制此卷，而仍保存平沙

① 详《历代名画记》。

五尺余之首段。观沈颢所临，且有二本，则臣虎之先有拓本后成临本，了不足怪。南田称："周颖侯以千金玩具抵吴家借临此卷，未竟还之。火后乃从吴氏更索残本足成。恒自夸诩一峰富春真迹已残，惟摹本独完。人人谓得见周氏本，可想全图之胜。"颖侯屡向吴家借临，未卒其事。故火后又再借残本续临，但后来经石谷核对，仍缺去首段，因初次未将前段画成，及火后再借时，前段已焚去，故无从补写，而乃夸为完本，以致为人讥笑。今观美国藏石谷为笪江上临本，及周氏摹本，皆缺去起首平沙五尺余一段，而黄家所藏臣虎此本，平沙五尺余宛然在目，故知唯有此邹氏临本方是完本。

黄秉章先生藏邹之麟仿"富春山居图"，引首为民国辛卯腊月陈颙（协之）题"痴翁一体"四字，并录恽南田题跋二段。该卷前隔水上有万贡珍题识云：

> 昧庵老人此卷寄意遥深，远在笔墨之外，三年前见之，辗转不忍释手，为题一截归之。涧筠今夏重过，复得竟阅，敬步原韵，以志景仰之私。剩水残山一惘然，诗中遗慨画中传，试看霜鬓描丹壑，已作元云化紫烟。千古沧桑此画图，羊裘不作客星无，谁传一种兴亡感，山色江声其庶乎。戊戌夏至日二鼓，倚装草草，赋此即请涧筠大兄大人政。荔门弟万贡珍自夷门返浦重题。

审其印记，一为"贡"，一为"珍"。万贡珍疑与万贡璆有亲属关系。拖尾又有贡珍诗并跋。贡璆字香巢，宜兴人。与李兆洛、包世臣相友，工书画，苍朴有韵，事迹见《清朝书画录》。彼为嘉庆、乾隆间人，此戊戌为道光十八年（决非顺治十五年）。涧筠姓娄，南昌人，由汜水令摄篆郑州，见此卷末永丰郭仪霄跋。

邹之麟又有"富春遗兴图"，见天津博物馆藏画，亦以富春为画题。吴其贞《书画记》四："唐人双钩'万岁通天帖'一本，此卷藏嘉兴项笃寿先生家，向在夫人处，邹臣虎先生曾以千金求之不得。"[①] 邹氏自非窘于资者。邹氏藏大痴画甚多，吴其贞记于"壬辰仲秋六日，观于邹臣虎先生家。是日所见黄大痴画数十幅，未悉记"[②]。可证。问卿以"富春卷"为殉，而邹氏死时，

---

① 《书画记》，379页。
② 同上书，284页。

亦以所藏大痴之“江山胜览图”殉葬，孙承泽尝记其事。《庚子销夏记》卷三云：

“江山图”乃长卷，石翁晚年之作。笔势苍古超越，全用黄大痴之法，而运以自己之魄力。忆崇祯壬午，余自楚中回，经过金陵，住年友钱云将家。时有大痴长卷在金陵，取至寓所，其卷乃大痴为倪云林所作，笔酣墨饱，元气淋漓，自题十年乃成。石翁此卷乃仿黄卷也，识力悉足相敌，在开封王半庵惟俭家，张孝廉民表购以赠余，今相依三十年矣。黄卷闻为邹衣白所收，今已殉葬，彼时金陵即有一临本，不知邹所收真乎？临乎？

此段论大痴为倪云林作“江山胜览图”卷，其沈石田所临者，由王惟俭家转入孙承泽处。至于大痴原卷，在当时即有金陵临本，邹臣虎殉葬者，未必即为真本，日本泷精一有《江山胜览图》一文[①]，闻最近北京已发现“江山胜览图”一段。是图孙氏颇著疑似之词。倘为真物，吴其贞于壬辰（顺治九年）仲秋，于臣虎见大痴画数十幅，必在其中。但未见著录指出，则吴氏不以为真本可知。吴其贞于“富春图”卷评云：

黄大痴“富春图”纸画一大卷，画法柔软，松放秀嫩，盖效董巨二家，绝无虞山丘壑面目，绘写富春山水也。坂上一片松木，宛如倪云林，溪峰一带松树，逼似王叔明，变幻无穷，高韵悠然。长有三四丈，望之使人清爽欲仙。此图不唯大痴第一画，当为亘古第一画！

可见大痴为无用师作此卷之为人重视。不仅为大痴第一画，且被视为亘古第一画，无怪邹氏不能得手而题赞再三，非无故也。

邹氏之画，得力于大痴至多，而行笔浑圆，全用中锋。孙承泽述邹氏习画经过云：

衣白甫登第，即以科场事降上林苑。余从之游，彼时初学画，仅作小便面，萧萧数笔。后升工部，误窜身宣城邪类中，为时不容，落职家

① 《国华》五一八——九三四。

居，始肆力于画。此帧淡着色，仿黄子久，气韵高迈，为生平最得意之作，盖不多见者。[1]

此帧乃晚年最佳之画，用笔如草书，如篆籀，力深韵逸，近代无此敌手。画于崇祯十四年至十六年，重题之，自亦矜秘之甚。[2]

邹氏与张捷于弘光初，同为刘泽清疏荐，起官尚宝丞[3]。《明史·职官志》三，尚宝司一人，同丞三人，主请宝用宝之事，正六品。邹氏作画，以落职后致力始勤，盖已在晚岁矣。邹氏“富春遣兴图”轴，上有题识云：

衣白道人以章草运而为画法，后之操渲之士，第赏其皴染简朴，如太羹元酒，而卒莫测其趸尾钗股所自出也。阿赐足不达户衢，手不屑斤斤一编，吾更不识山阴父子之法何如，而其技竟可使衣白北面耶？旁观者儿子拙损、式庄。甲申送额灶神毕，微醉书此。

下有“蕙亭”一印，及“程钔之印”，及“邹之麟印”。程氏谓衣白以章草而为画法，与孙退庵说可相证发。知其作画，乃得力于书法者也。

何氏至乐楼藏“邹之麟拟大痴山水图轴”题识云：

每得子久画，辄摩挲爱好，如头目脑髓，恨不见其新时又恐此后日损日少，直欲为渠作一后身，度此一派。此幅拟议，略觉有合。崇祯乙亥，二月晦日，为昌裔画，逸老。

乙亥为崇祯八年（1635）。此跋可见臣虎对大痴之倾慕，故有欲作后身之想。

李念慈《跋邹衣白画》云：

隐深削拔，简洁孤秀，画家悬腕中锋，而无荒杂枯寒之病者，近代仅靓。先生风格性情，毕见是幅。[4]

---

① 《庚子销夏记》卷三“邹衣白仿黄子久”条。

② “衣白小幅山水”条。

③ 见《小腆纪年》，204 页。

④ 语见《读画录》又《玉几山房画外录》卷上。

又曹尔堪《题邹衣白画》云：落笔无一毫近人气，此其可贵。（同前）

《画征续录》记臣虎事云：万年少介任城僧，郢子求臣虎画上题一偈云："画画者谁寄者谁？一为居士两为僧，江山笔墨浑闲事，何日同参最上乘。"机锋之言，倍添禅趣矣！

臣虎亦留心史事，尝与程正揆合著《先朝遗事》一书，不分卷，现存钞本一册，藏于"中央图书馆"。

邹臣虎卒于何年，画史似未见言及[①]。考钱牧斋《有学集》卷五《题邹臣虎画扇》云：

> 大痴吹笛度秦关，邹子仙游又不还。
> 破墨烟峦余黯淡，夕阳粉本在关山。

《有学集》所收之诗篇，用编年方法纂辑而成。第五卷名为"绛云余烬诗下"，时间起甲午年而尽乙未秋。此诗恰列于乙未年之前，似应在甲午冬。诗云"邹子仙游"，可见臣虎于此时已死。吴其贞《书画记》卷三末，有一条记杨少师神仙起居法云："此卷在邹先生之昧庵，观于陈以谓手[②]，时甲午仲秋二十日也。"自此以后，吴书不复记于何时与邹臣虎同观书画，可见臣虎之卒，正在甲午秋后，与牧斋之诗年次符合。臣虎尝于顺治十年癸巳六月题两绝句于所仿"富春山图卷"内，彼在乙未以前即去世，是其卒年必在甲午，为顺治十一年，即在仿作"富春山图"之后三年也。

《读画录》谓邹衣白画法全模子久，晚年应酬之作，皆出捉刀人。唯有"阿谁"章者为其得意笔。又记周亮工藏有臣虎画数幅，其一有邹程村题云："先伯大父中丞，生平笔墨矜重，不轻为人作画，或有偶落数笔，为门下生所足成者，亦□善本。"又载王阮亭（渔洋）一绝云："云岚半幅落人间，衣白山人去不还，却忆题诗东涧老，夕阳粉本出关山。"渔洋即用钱牧斋旧句为亮工题画。东涧老即指牧斋，《有学集》第十二、十三卷，名曰《东涧诗集》可证。

臣虎画迹传世甚多，南京博物院收其《薜萝山房图轴》。《十百斋》著录

---

① 《宋元明清书画家年表》不载，1966 年出版的《南京博物院藏画集》亦说其生卒年不详。

② 陈为扬州收藏家。

有邹之麟山水："试晋砚画，逸老。（痴绝），纸本浅绛。"又《邹之麟山水十二册》："崇祯丁丑秋日，写于古香亭。逸老。"（丁卷）又邹之麟"舟行纪胜"卷，长三丈，有康熙丁卯查士标长跋于待雁楼，称"衣白老人，从毗陵入新安江行所作"。

余所见如北山堂藏"仿大痴溪山无尽轴"巨幅，题识云："'溪山无尽图'大痴得意之作也。壬午秋中展玩竟日喜而仿之。逸老。"壬午为崇祯十五年。此幅笔笔用中锋，浑厚有力，的是佳品。虚白斋藏轴题："辛卯初夏，昧庵间墨。"辛卯为顺治八年，与"富春卷"同年，而下笔较弱。又《宋元明清画大观》，收为吴梅村画"山水图轴"，款署"辛卯秋日，为梅村词坛，野老之麟"，则布局谨严，用心之作。"神州大观"一帧，只署"逸老"二字，极萧寥之致。又"续神州大观"四，收西湖写景一帧，未为佳构。天津博物馆之"富春逸兴图轴"，行笔振迅，诚得力于章草，取大痴之神而遗其貌，知其深得力于"富春山卷"者。吴山涛云："善学大痴，唯我臣虎，此作在黄、邹之间[①]。"邹最善学黄，早已有定评矣。

① 周亮工《集名家山水册》，《故宫》六，279页。

附　略记王石谷及其他临本

石谷临本：

（一）康熙元年壬寅

在华亭宋家桢修吉堂为唐禹昭临（吴芝《真迹题跋钞》）。南田云："壬子前十余年，为半园摹长卷。"石谷云："曩在毗陵半园唐氏借摹粉本后，凡再四临仿。"（见康熙丙寅跋）

（二）康熙十一年，石谷四十一岁

在润州为笪重光摹，有癸丑王时敏长跋，称许备至。原卷后有时敏与石谷长札及曹溶跋。

（三）康熙间

为宜兴潘氏三梧阁临，见恽氏《瓯香馆画跋》。

（四）康熙二十五年丙寅

石谷在玉峰池馆临。原物现存辽宁博物馆：有石谷跋，拖尾又有王澍及阮元跋。

（五）康熙

在北京始模粉本，似是时始得见"无用师卷"。

（六）康熙三十九年庚辰　石谷年六十九

自跋云："曩于燕台寓斋，首模粉本，得遂赏心。庚辰夏，裹足山园，复为重仿，仅存形似。"兼钞大痴原跋，见李佐贤《书画鉴影》九著录。

（七）康熙四十一年壬午秋　石谷年七十一

见《过云楼书画记》。

吴历《墨井题跋》称共临"富春山"烬余本凡二卷，一为王时敏奉常，一为惠子，后者前尝在陈仁涛处。王麓台临富春卷已见《穰梨》著录，余英时教授家藏有麓台仿一卷，在美国密芝根，惜不及印出，附记于此。

方琮有"仿黄公望富春山居图卷"，现存。见《故宫已佚书画目校注》（35页）。琮字黄山，名见《熙朝名画钞》。

补　记

顾文彬《过云楼书画记》六石谷临富春山图卷下有云："香光丙申冬所得者，乃'富春大岭图'，见《容台集》题跋，非此卷也。"按董氏所得所临"富春大岭"有二：一为卷，一为轴。董氏所临"富春大岭卷"，清时藏于叶氏海录轩[①]毕涵又有再摹本，赵怀玉《亦有生斋集》卷九题毕宥函"富春大岭图卷"云：

> 昔人论画，以大痴为元四家之冠，而"富春山图"尤为大痴之冠。此卷长盈二丈，焦麓山人从思翁临本摹出，不特近得董之神髓，且可远追黄之面目。所谓狮子捉象，以全力赴之者也。思翁原本，向为舅氏叶心人先生藏弆。先生童时，即能作擘窠字，尤工六法，精于鉴别，所居海录轩，法书名画，充牣其中。及之官黔中，携以自随，逆旅不戒于火，遂尽毁。其最重者，则米元晖山水卷也。山人与先生交莫逆，故得借摹此卷。

毕涵（1732—1807）字有涵，江苏武进人，号焦麓山人（又号止庵道人）。事迹详恽树勋编《清代毗陵名人手札小传》。据赵跋，董思翁原本，即藏于其舅氏叶心人（澍藩）处。此卷长盈二丈，当如大痴"富春山居图卷"，

① 即刻《昭明文选》之叶氏。

此董氏所谓“富春大岭卷”，亦指“富春山卷”之确证也。董氏又有“临富春大岭图”，八大山人亦尝临之，大风堂《藏画》第三集八大山人专册。临董者有一图题云：“娄江道中，展黄子久‘富阳大岭图’，拈笔写此，玄宰。”八大临本今存，题语照录，而标曰：“黄子久‘富阳大岭图’。”不作“富春”而作“富阳”，盖兴之所至，或题“富春”，或题“富阳”，随意为之。此董氏所临确为另一本之“富阳大岭”直幅。前已言沈石田在正德元年尝临“富春大岭”，王石谷亦有仿大痴“富春大岭图意”①，又恽南田摹“富春大岭图轴”②，故知子久原构，实有一卷一轴，石田皆临之，思翁亦并临之，不得以卷为真，而目轴为赝也。

沈石天颢临“富春山卷”共二次，彼于吴氏铜官山房观“无用师卷”，则早在崇祯初年。初临此卷，兼录大痴及石田、香光等原跋于卷后，足证“无用卷”绝非顺治九年方始出现，后者石天跋明言“阅其自题，非阅富春形胜，乃为一苾刍画于富春山中，五年始成”。循是言之，前人已明言此卷非描绘富春景物，但因画于富春山中，故称之曰“富春山图”，或“富春山居图”耳。子久居富春山中之事实，由于此卷之自题，无人不深信之，故晚明画人，凡提及子久必涉富春山。其仿“富春山图”者，实繁有徒，兹再列举如次：

李日华竹懒仿子久“富春山图”并题卷③。

项元汴第三子项德新仿大痴画，题诗有“神游子久富春山”句④。

蓝瑛有仿大痴道人富春山之法长卷，款云：“大痴道人富春山之法，画于鸳湖云井精舍。时庚寅清和，蝶叟蓝瑛。”庚寅即顺治七年，见李铸晋著《千岩万壑》。

瑛山水，士林“故宫”藏者有一款题“大痴‘富春山图’”，署款“乙酉小春”，即顺治二年⑤。

八大题句有云：“净云四三里，秋高为森爽，比之黄一峰，家住富阳上。”

朱彝尊《曝书亭集》五四题黄子久“浮岚暖翠图”：

> 顺治十七年十一月，饮于莱阳宋公之廨……公出黄子久“浮岚暖翠

---

① 《故宫录》六，112页。

② 《过云楼书画记》六。

③ 《式古》，531页。

④ 《式古》，522页。

⑤ 《故宫书画录》六，92页。

图”，高六尺，广三尺。如坐我富春江上，浑忘身之官舍也。画额题子久时年八十有三。……

上列众说，皆谓子久尝居富春，诸人悉为艺海巨匠，所记未必全属谰言也。

石天戌戌临“富春卷”与蓝瑛用富春山法卷，均属意临，不循原卷丘壑位置。石天此卷，原为吴兔床藏物。吴骞亦有跋，载《愚谷文存续编》[①]。

大痴作画据云有历十年以上始完成者，《平生壮观》所收为子明画“僦金图”款云“越十三年，至正辛卯复为士瞻足之”一幅是也。此图闻已焚去，真伪莫悉。然明季屡为人所称述。《穰梨》二十九著录邵瓜畴崇祯甲戌（七年）仿赵文敏“泉隐图”，邵氏殁后，有丙戌（顺治三年）金俊明（耿庵）跋云：

昔大痴翁为无尘道人作一画未竟，阅十三年复归鲁士瞻，始足其笔。轮者谓此亦幸耳，盖有时为事所夺，或非意所欲为，有置之动踰岁月，久而亡去者。……

即援据此“僦金图”款以立论。彭龚明兄指出钱舜举“牡丹卷”后有杭州释净标一名士瞻诗题，仇远（山村）有书与士瞻上人诗十首，可能即大痴款上之士瞻，然金耿庵称之曰鲁士瞻，多一“鲁”字，盖据该图上元时莫昌跋，士瞻乃莫昌之甥。

余前考泾里地名，尝疑即无锡顾宪成之泾皋。顷友人自京都寄示顾贞观订补之《顾端文公（宪成）年谱》[②]，该谱首行即云：“嘉靖二十九年，公生于泾里。”谱前又云：“公父南野公，讳学，字文博。徙家泾皋，僦廛而市，弇州王公为撰墓志。”泾皋一名见于此。该谱又称：“子四人，长性成，号泾田公，次自成，佐二弟下帷泾水之上，晚刻其所为文，号泾白公，又次即宪成[③]与泾凡公允成。”四子均以“泾”为号，盖因居泾里，在泾之上故也。由是观之，泾里当在无锡，确不可易。

安绍芳（茂卿）所居在无锡胶山下之西林，王世贞为撰《西林记》，其文

---

① 续集此间惜尚未能觅得。

② 贞观为宪成曾孙。

③ 世称泾阳先生。

甚长[①]，略谓“懋卿故有客癖贻书友人王世贞俾为记”。为列三十二景。顾文彬《过云楼书画记》五有张元春《安氏西林图册》，款署“万历”庚辰为茂卿先生写西林三十二景，盖神宗八年也。绍芳所著《青萍》、《芳景》、《二京》诸集，清初其子璜汇而刻之统名《西林》，魏禧为之序，璜时已七十五岁矣。魏序谓（绍芳）生嘉靖中，其殁也在万历乙巳，是集刻于万历己未[②]。乙巳为万历三十三年，董其昌跋其得“富春卷”在万历二十四年丙申，适在绍芳殁前九年。

姜绍书《无声诗史》称：“黄公望，字子久，号一峰，富阳人。”此说盖有所本。杨维桢《西湖竹枝集》黄公望小传即云：“字子久，自号大痴哥，富春人。”是集原有至正八年维桢自序，知此书出于杨氏所集。而天顺三年和维序称：“（是）集成，维桢既加评点，仍于诸家姓氏之下，注其平昔出处之详，版行海内。未几，元社既屋，版亦随毁，全集罕见，所存无几。”据此，《竹枝》和者小传，乃维桢所自注，元时尝已刊行。今易见之本为光绪辛巳钱唐丁氏刊者，未有万历甲辰（三十二年）冯梦祯跋，丁氏乃据万历间冯校本。足见一峰为富春人一说，元明以来已有之，且出自杨维桢《竹枝集》之小传，非至顺治九年，方有此说，彰彰明甚[③]。维桢于富春多所涉览，称其门人吴复曰“富春吴君见心[④]。”其目大痴为富春人，岂以大痴尝构堂于富春山别径额曰小洞天（见大痴“秋山招隐图”款）之故耶？

大痴《画诀》，初见《辍耕录》，其注释最详者，见《图绘宝鉴》。顾氏《过云楼书画记》著录：“一峰道人手书《画理册》，孙雪居（克弘）旧藏，都二十七叶，三百五十九行，惟第廿二叶脱去九行，以它纸补缀之，署款至正五年六月廿又七日，后学黄公望书，时年七袠又七。”原物不知流落何许。余绍宋《书画解题》深以顾氏不将原文录出为可惜之事。

“三教图”现存石刻，有嵩山少林寺金大安元年（1209）刻“三教圣像碑”[⑤]。元人之“三教图”，由此可想见其仿佛。

班惟志法书，见金王庭筠“枯槎幽竹图卷”跋[⑥]，又台“中央博物院”藏

---

① 见《弇州续集》卷六十。

② 《魏叔子文集》卷八。

③ 又若蓝田叔仿大痴画题“富春山”名目者，一在顺治二年，一在顺治七年，均在吴氏火焚该卷之前。

④ 复为辑《铁崖古乐府》。

⑤ 图片见《文物》1975（3），温玉成文。

⑥ 日本《书品》第三十已印出。

王渊“鹰逐愁眉轴”上，有班惟志题句，其印“彦□”，当即彦功[①]。

吴其贞《书画记》卷五记丙午（康熙五年）二月十七日于泰兴季太翁家观画[②]，后第三日又于季太翁三令郎沧苇处，观赵千里等四种。称“沧苇丁亥（顺治四年）进士（时年十八岁），笃好古玩，有太翁风”[③]。此以沧苇为季寓庸之第三子，与志书称为次子异，实误，当以次子为是[④]。季氏以行盐致巨富，唯寓庸名在逆案。寓庸长子开生远戍尚阳堡，卒于顺治十六年，年仅三十三。康熙九年，振宜亦夺职，季氏之业已衰。此“富春山无用师卷”，寓庸于顺治十三年购入，卷上又钤“周炳文印”，案炳文（文季）生于万历四十年，卒于康熙七年，岂此卷由张家入季氏前曾一度转入文季之手耶？

《书画记》卷三吴其贞于壬辰（顺治九年）八月，在唐家见董北苑“夏山图”绢画及其他元画四事，记云：

> 以上六图观于常州唐云客、茂宏、仁玉三兄弟家，乃大鉴赏君瑜之子，荆川先生曾孙也。八代皆元魁，惟间君瑜一代，云客丙子、茂宏己卯皆登贤书，好古玩，嗜茶香，鉴赏目力亦过人，时壬辰八月二日也。[⑤]

又与唐云客屡有画品交换[⑥]，或同往观画[⑦]等事。云客即唐禹昭（字昭）半园，与吴其贞亦至熟稔，是年八月吴氏在唐家所见剧迹，并无所谓“山居图卷”或“富春山卷”。今“子明卷”分明有唐氏藏印，顺治九年时，“子明卷”必在其家。如“子明卷”确为大痴真本，以唐氏之巨眼，何以不出示其贞？可见唐氏本人不以此卷为真，仅视作一摹本而已。苟唐氏此卷上先已有“子明隐君”等大痴题记，且确为真物，吴其贞亦必不加以漠视，而不致赞叹于同年五月二十四日在张家所见之烬余本，至誉为“亘古第一”，即此可推知唐氏眼中并不以此卷为真，且是时卷上未必有大痴题记，其为后加，至为明显。又恽南田、王石谷均与唐氏交契，而石谷临本始终不录“子明卷”上之

---

① 《故宫书画录》卷五，185 页。

② 内有黄大痴“草堂图”。

③ 523 页。

④ *Eminent Chinese of the Ching Period*, p. 118。季振宜传亦云：“second of the seven sons of Ji Yuyong（季寓庸）。”

⑤ 《书画记》，276 页。

⑥ 同上书，如 285 页。

⑦ 同上书，如 301 页。

题记，历次临摹皆录“无用师卷”之题识，则王石谷之不以子明卷为真，亦灼然可见。

吴历“墨井题跋”自称：“在广陵所临者，为‘富春’烬余本，质之奉常公（即王时敏），公有石田临本，勘对毫无遗失。”其《墨井诗钞》[1] 卷首有戊申（康熙七年）半园唐宇昭序，知唐氏与吴历交谊亦深。而墨井跋云：“大痴晚年归富阳，写‘富春山卷’，笔法游戏如草篆。闻有二本，一不知其详，一即烬余本。”如唐氏藏所谓“子明卷”为大痴真迹，墨井焉有不知之理？

《国朝画识》引《无锡县志》“安广誉，字无咎，希范少子，善山水”。又“安璿字孟公，希范孙，广居子”。按希范与东林讲学之会，《明史》卷二百三十一有传。《画家辞典》谓广誉为安绍芳子，恐误。

Freer Gallery 藏王石谷为笪重光临“富春山卷”，王时敏跋之后，又附时敏致石老（石谷）长札，盖康熙壬子（时敏八十一岁）王氏侧室沈硕人卒，翌岁，子掞归，为致奠于拙修堂。此函答谢石谷远唁之厚意。询及泰兴之行，岂此时石谷拟至季家一观“富春卷”真迹耶？

《书画鉴影》卷九王石谷仿大痴“富春山水卷”，纸本高一尺四寸二分，长二丈九尺五寸，自跋云：

> 子久“富春山”，脍炙艺林，为海内第一名迹。沈征君，董文敏先后标题，画学渊源，阐扬已尽。曩获观于燕台寓斋，曾模粉本，得遂赏心。庚辰夏裹足山园，复为重仿，仅存形似，但拟议神明，深有愧于痴翁也。虞山后学王翚并录原题于左。

此云庚辰，即康熙三十九年。

顾文彬《过云楼书画记》六《王石谷临黄大痴富春山图卷》下，石谷自跋云：

> 大痴真迹流传日少，此卷行笔布置，皆从董巨风韵中来，荒寒简率，妙得象外之趣。壬午秋，北窗闲寂，适有佳纸，心摹手追，殊有所得，因记之。

---

① 《小石山房丛书》本。

壬午为康熙四十二年。石谷“富春山图”尚有壬寅长夏避暑修吉堂临本，见吴芝《真迹题跋录》。前此四十一年，年三十一，临此则年已七十一矣，石谷一生服膺“无用师卷”，临摹再四，至老不懈。如谓“无用师卷”为顺治时人之赝作，竟能使石谷终生心折如是，自属不可能之事。

为辨析史事发生先后，不能不运用考据方法。顾人之所知，不若其所不知，我人从所见到部分之知，以揣量其所未知，苟轻易而下断语，不免有默证之嫌。至于鉴赏，更不能专恃考据，此中甘苦，知者自知耳。本篇之作，于大痴交游，宗教活动种种，不揣固陋，略举所知，妄加论次，自觉无当；至于拾遗订伪，仍有待于来哲也。

1976 年 8 月 4 日

附 记

高士奇《江村书画目》在“无跋收藏手卷”项内，有明王孟端（绂）摹王子久“富春大岭图”一卷，三两。注云：“赝。”（案此误“黄”为“王”，自属伪物。）又“永存秘玩上上神品”项，画贰号内，有元黄冰壶“富春山图”一卷，八两。注云：“真迹逸品。”是项为康熙乙酉（四十四）年审定。高氏以为真迹，复著录于《江村消夏录》，从其款识，题曰黄潜仿大痴“富春山图卷”。此卷上有高士奇“抱瓮翁”印。向尝为苏州吴子深所得，后其女浣蕙拜张大千先生习画，用作贽礼，遂归大风堂，今卷上钤有“大风”、“大千供养”等印。卷后有五古一首，记浣蕙执弟子礼之经过，亦艺林韵事也。彭龚明兄曩以影本见贻，因屡迁居，久已遗失。日前于丛残中检出，因为附刊于此，以供研究。徐邦达谓尝见过原迹，浅设色，疑是清初伪品。今持较“子明卷”，最为接近①。卷头比“子明卷”稍减第一小段②，末段亦略同“子明卷”③，唯删去江流中乱石，及被截存之近陂，其远山则添数峰作结。全图自成起讫，留余纸甚多，卷尾题“至正三年秋冰壶外史黄潜笔”一行。旁有“黄潜之印”章。吴子深代其女署耑曰：“元黄文献公临大痴道人‘富春山图’。”意以为黄溍笔。按宋濂撰《金华黄先生行状》，称溍清风高节，如冰壶玉鉴。是款自署冰壶外史，唯款及印均作“黄潜”，不作“溍”，且至正三年，

① “无用师卷”之剩山图部分，此卷有之，故知非临烬余本。

② 相当《故宫周刊》该图卷之一，即从卷之二开始。

③ 《周刊》该卷之二十二。

早于“无用师卷”四年，绝无是理[①]。此卷似是临“子明卷”，而稍加删略者[②]。原必无款，而浅人后加至正一行，而误溍为潜，弥见其伪。此卷既见高士奇《画目》，自是康熙乙酉以前物，故极有参考之价值。

近年纽约朱博士尝以清人临“无用师卷”见示，其笔墨未臻上乘，又不记绘者名氏，无从考证。意者“无用师卷”久在中秘，外间不易睹，或满族士人能出入宫廷者所临写者。

① 现三字第一画中添一竖笔，更为后增。
② 如钓蓬人物多略去。

征引书目

《元史·食货志》
《明史·文苑传》
《小腆纪年》
《白云霁道藏目录》
《正统道藏》　“称”字号上下、“芥”字号下、“大”字号下。
赵道一《历世真仙体道通鉴续编》
《神仙传》
《刘大彬茅山志》
《甘水仙源录》
陈垣《南宋初道教考》
陈铭珪《长春道教源流》
马廉《录鬼簿校》　卷下黄子久传
孙楷第《元曲家考略》
温肇桐《黄公望史料》
宗典《柯九思史料》
《浙江通志》
《杭州府志》
《宜兴县旧志》
《无锡金匮县志》

《钱塘县志》
《常熟县志》
《光绪泰兴县志》
田汝成《西湖游览志余》
胡祥翰《西湖新志》
李翥《慧因高丽寺志》(《武林掌故丛编》本)
陶宗仪《辍耕录》、《书史会要》
李日华《六研斋三笔》
杨瑀《山居新话》
郑元祐《遂昌杂录》
陆丽京《纤言》(《古学汇刊》本)
陆容《菽园杂记》(《墨海金壶》本)
周亮工《书影》
俞樾《茶香室丛钞》
沈曾植《海日楼札丛》
唐圭璋《全宋词》
顾瑛《草堂雅集》(《四库全书》本)
吴福生《夜山楼题咏》
顾嗣立《元诗选》
顾奎光纂《元诗选》
陈石遗《元诗纪事》
晚晴簃《清诗汇》
邓之诚《清诗纪事》
叶昌炽《藏书纪事诗》
张丙《南屏百咏》
许承祖《雪庄西湖渔唱》
陈文述《西泠仙咏》
邵亨贞《蛾术诗词选》
袁桷《清容居士集》
王逢《梧溪集》
杨载《翰林杨仲弘诗集》
萨都剌《萨天锡诗集》、《雁门集》

倪瓒《云林先生诗集》
张雨《勾曲外史诗集》、《贞居词》(《强村丛书》本)
王奕《玉斗山人词》(同上)
许有壬《圭塘乐府》(同上)
张炎《山中白云词》
张翥《蜕庵诗集》
张三丰《全集》(重刊《道藏辑要》毕集)
贝琼《清江集》
柯九思《丹丘集》
虞集《道园学古录》
杨维桢《东维子集》、《西湖竹枝集》
危素《危太朴集》
宋濂《銮坡后集》
吴宽《匏庵集》
顾起元《懒真草堂集》
王世贞《弇州山人续集》
李日华《恬致堂文集》
《祁彪佳集》
董其昌《容台集》、又《画旨》、又《画禅室随笔》
钱谦益《有学集》
侯方域《壮悔堂文集》
陈维崧《迦陵文集》、《湖海楼诗集》、《词集》
吴骞《愚谷文存续编》
朱彝尊《曝书亭集》
魏禧《魏叔子文集》
赵怀玉《亦有生斋集》
恽格《瓯香馆集补遗》
王源《居业堂文集》
姜宸英《湛园未定稿》
汪琬《尧峰文钞》
罗振玉《永丰乡人丙稿》
夏文彦《图绘宝鉴》

朱存理《铁网珊瑚》
郁逢庆《书画记》
张丑《清河书画舫》
孙凤《孙氏书画钞》(《涵芬楼秘笈》本)
朱谋垔《画史会要》
姜绍书《无声诗史》
顾凝远《画引》
顾复《平生壮观》
吴其贞《书画记》
《佩文斋书画谱》
卞永誉《式古堂书画汇考》
周亮工《读画录》
孙承泽《庚子销夏记》
张庚《图画精意识》、又《国朝画征录》
吴荣光《辛丑销夏记》
青浮山人辑《董华亭书画录》
吴升《大观录》
李佐贤《书画鉴影》
王澍《虚舟题跋》
陈撰《玉几山房画外录》
陆心源《穰梨馆过眼录》
顾文彬《过云楼书画记》
秦潜《曝画记余》
汪士元《麓云楼书画记》
盛镳《清代画史增编》
彭元瑞《知圣道斋读书跋》
翁方纲《天际乌云帖考》
韩崇《宝铁斋金石跋尾》
何耀光《至乐楼画书录》
《天津博物馆藏画集》
《南京博物院藏画集》
《故宫书画录》

《故宫周刊》

《故宫季刊》

《神州大观》、《续神州大观》

《宋元明清画大观》

《大风堂藏画第三集》

李铸晋《千岩万壑》

吴湖帆《元黄大痴富春山居图卷烬余本》（《古今》五七）

张谷雏《元画综》（港大中文学会辑识）

李霖灿《黄公望的九珠峰翠和铁崖图》（《中国名画研究》上）

徐邦达《黄公望和他的富春山居图》[《文物参考资料》1958（6）]

又《溪山雨意图真伪四本》[《文物》1973（5）]

泷精一《江山览胜图卷》（《国华》五一八）

翁同文《冷谦考略》（《新社学报》二）

恽树勋《清代毘陵名人手札小传》

庄申《元季四画家诗校辑》

《故宫已佚书画目》

《湖社月刊》

《明报月刊》

原载《香港中文大学文物馆专刊》，1975 年初版

附录　黄大痴二三事

（一）大痴之痴。有人以虎头痴说之，只说得“痴”字而不及“大”。余考真谛译《金七十论》有偈云：

说暗有八分，痴八大痴十。

解之云：

大痴十者，有五唯喜乐为相，是诸天尘，是五尘与五大相应。……此十尘中，梵及人兽等生执著缚，谓离此外无别胜尘，因此执著不平等智及解脱法，皆执著尘，不求解脱，故名大痴。[①]

《金七十论》是《数论僧佉派》的经典。“痴”与“暗”对言，“暗”为“喜”、“忧”、“暗”三德之一。是大痴乃指三毒之痴，谓执著之甚者，非如长康三痴之痴绝也。痴翁主三教堂，道、释二者兼通。彼另有仙馆僦金图，元人题记马斯、杨重英诗句之外，至正壬辰莫昌识语云：“大痴翁天趣高远，笔力苍老，时辈中号为卓绝。……凡口郡豪门，禅林、道域，览历殆遍，故所□者广，所蓄者富，一举笔则胸中磊魄者盈于缣素不能自已也。”幅上翁方纲

---

① 《大正》册五五，1256 页。

七古云："大痴本是学佛人，虞山山寺住兼旬，戗金亦是佛偈语，信笔所触来天真。"可见痴翁时用释家内典故实，不能纯以道教徒目之也。

（二）"富春山居图"之最早临本为沈周，现藏天津私人（1985 第 2 期《紫禁城杂志》介绍）。沈氏自跋书尾纸有云："此卷尝为余所藏，因请题于人，遂为其子干没，其子后不能有，书以售之，余贫又不能为直以复之，徒系于思耳。即其思之不忘，乃以意貌之，物远失真，临纸惘然。成化丁未（二十三年）中秋日（年六十一岁）沈周识。"卷后有姚绶、吴宽等跋。据许忠陵研究，沈周此临本结尾自作改动，不同于无用师本，似是另有所本。可见"富春山居图"在弘治以前，除无用师本外，还流传有其他本子。又称现存无用师本卷后沈周跋乃从另件手卷移过来，非原来之题跋①。

1986 年 11 月，我于八大山人讨论会完毕后，在江西博物馆库房看画，见明画一大捆，乃群公为况氏作之"秋江送别图卷"，其中诗画累累共数十家，内有杜琼、王越辈之作，应是成化间物。其后系山水一长卷，开首即为无用师写之"富春山图"之末段，稍后为该图中间松亭泛舟之一段，显系临摹子久之作。可见当成化沈石田题跋之前，子久此图久已流传，似当时未装池，分为若干纸幅，故临摹者昧其前后，任意倒置。此一新知，可为初期是图流传经过，添一公案。

（三）《西清砚谱》卷十四收黄公望藏砚一方，端溪旧坑石。右侧刻"痴庵"二字，别无他语。乾隆御题诗一首，定为黄公望砚。明上元史忠亦号痴翁，以痴庵即大痴，似尚乏证。

（四）"剩山图"（图九），现藏浙江博物馆，余屡过杭州，三度索观，若有夙缘。图之四周，吴湖帆钤印七八方，几无隙地，与乾隆之题富春山子明卷，同一可恨。去岁十一月余在昆明博物馆库房，获观大痴另一绢本雪景山水，上题"至正九年正月□士贤画，二十五日题，大痴道人时年八十有一"。钤"黄子久氏"方印一。无收藏印记。此轴与"九峰雪霁图"为班惟志彦功所作者适为同年同月之作，士贤未详何人。唯此兼记"二十五日"。吴其贞《书画记》卷六曾加以著录，称之为"剡中访戴图"，云"观于金陵李升之家"。九峰在松江，"富春山居图"自记时地为"至正十年庚寅歠节（端午）于云间夏氏知止堂"。云间亦即松江，盖至正九、十年冬夏之间，大痴在松江

① 北京《故宫博物院院刊》，1987（2）。

留甚久也。“剩山图”之名原出吴其贞所定①，彼于顺治九年壬辰夏得此尺五六寸烬余之物，至康熙七年戊申归于王建宾师臣。今此物尚无恙，余何幸，得多次摩挲，又于七十二岁高龄，获睹此《剡溪图》于滇池，与吴其贞因缘可相伯仲，故附记之，以志我眼福。

1989 年 3 月记

① 《书画记》卷三。

供春壶考略

卷十三

饶宗颐二十世纪学术文集·艺术

目　录

供春壶考略

宜兴茗壶甲天下，溯其所始，皆谓明时吴仕颐山家僮供春，仿金沙寺僧捏土为之。清初吴梅鼎《阳羡磁壶赋序》云：

余从祖拳石公读书南山，携一童子，名供春，见土人以泥为缶，即澄其泥以为壶，极古秀可爱，世所谓供春壶是也。

又赋云：

爰有供春，侍我从祖。……过土人之陶穴，变瓦瓿以为壶。信异僧而琢山，斸阴凝以求土。

自注：

时有异僧，绕白砀、青龙、黄龙诸山，指示土人曰卖富贵。土人异之，凿山得五色土，因为壶。[1]

考宜兴有茶山，唐时贡焙。李郢《茶山贡焙歌》有："蒸之馥之香胜梅，

① 《重刊宜兴旧志》卷十，477 页。

研膏架重轰如雷；茶成拜表贡天子，万人争瞰春山摧”之句[①]。故王世贞《石亭山居记》谓：“去阳羡四郭之外，无非山水；山水之所交荫，则皆沃野，有稻米菞茗美箭柿栗之属。”[②] 盖实录也。

石亭者，吴仕之所居。仕字克学，正德九年进士。仕终四川参政，著有《颐山诗稿》。仕撰有《石亭歌》，见《荆溪外纪》[③]。弇州记称：“吴大夫讳仕，以文行显。尝三拜学使者而三弃之，学士称为颐山先生。”即供春之主人。仕父吴隐君纶，字大本，号心远居士，宜兴之逸人也。王鏊表其墓，称：“其人偏嗜茗饮，出必阳羡顾渚，非其地者，辄能辨之。其掇之必精，藏之必温，烹之必法，有茶经所不载。其炉灶、融鬲、灰承、炭挝、火筴之属，亦皆精绝古雅，甚自贵重。坐客四五人，勺少许，沫饽纷馥，三四啜已罄，必啜者有余思，始复进，终亦不令饫也。人又曰其古陆鸿渐之流耶!”[④] 人但知颐山有僮能制壶，而不知颐山之父好茶之甚，茶炉茶灶，以贻友好；故供春之制壶，实出于吴隐君之熏陶。吴大本筑别墅于阳羡溪山间，与沈石田交最厚，时有酬唱。石田诗，《桃溪客话》具载之。颐山，盖山名，东连洞灵诸峰，属于蜀山；唐陆希声著有《颐山录》，此吴仕称颐山之由来也。

元时孙道明嗜茶好书。陶宗仪作映雪斋为孙明叔链师句云：“展席缗书延倒景，煮茶敲火送深更。”蔡司沾《霁园丛话》：“余白下得紫砂罐，书‘且吃茶’、‘清隐’草书，故知为孙高士遗物也。”道明于洪武中以“写字诵经”著闻，（《七修类稿》四十）郑元祐为撰孙高士赞（《侨吴集》七）全真教主关真人号之曰清隐处士。蔡霁园得其紫砂罐有“清隐”题名，是元明之际，紫砂壶已流行矣。

清初人记宜兴瓷壶制作之法最详者，为鄞县周容。其言曰：“今吴中斗茶者，壶必言宜兴瓷云。始万历间，大朝山老僧传供春。供春者，吴氏小史也。至时大彬最著。僧始止削竹如刃，刳山土为之；供春更斲木为模，时悟其法，则又弃模。”又云：“后起数家有徐友泉、李茂林父子。甲午春，予寓阳羡，主人致工于园，见甚悉。工曰：僧草创，供春取华于土，发声色，尚已。时为人敦雅，壶如之。”《宜兴甆壶记》容又记：“宜兴磁壶著六十年，时大彬为最，今乃得龙文许氏。”为之撰传，称造壶要无过方、圆二法。（《春酒堂文

① 《全唐诗》卷五百九十。

② 《石亭山居记》，见《弇州续稿》六十。

③ 吴仕事迹见《宜兴旧志》卷八《文苑》。《荆溪外纪》为沈敕编，李文校正。

④ 《国朝献征录》一百十六。

存》二杂忆七传之一）许龙文亦荆溪人，工于花卉。周氏亲见时大彬，所言自详悉可信。孔尚任《享金簿》记时大彬瓷壶有三执。其一款“戊午年日时大彬制”，“时”与“日”字连可疑。其一扁如柿饼，不得容杯水，紫质坚厚，此时壶之小者。陈贞慧称：“供春之后四家：董翰、赵良、袁锡，其一即大彬父时朋也。彬弟子李仲芳；芳父小圆壶。李四老官，号养心，在大彬之上，为供春劲敌，今罕有见者。”（《秋园杂佩》）案李仲芳即李茂林之子，万历间人。茂林以制小圆式著名，为阳羡小壶之祖。仲芳更师事大彬，以刀法遒劲称。董翰字后溪，始造菱花式，赵梁则为提梁式，俱能别出心裁。其时壶人多累代相承，若时朋、大彬与李皆父子为名工；人才之盛，以万历为最。徐渭诗有句：“紫砂新罐买宜兴。”渭卒于万历二十一年，正值宜兴壶之全盛期也。

张岱《陶庵梦忆》记砂罐锡注云：“宜兴罐以供春为上，时大彬次之，陈用卿又次之。”“一砂罐一锡注，直跻之商彝周鼎而无惭色。”其见重于时流可知。用卿壶则以浑成醇饬称。（吴梅鼎《茗壶赋》）明季好事者且开茶馆，喜品茶者有如精赏鉴，桃叶渡之闵汶水即其一，故茶具尤须讲求。陶庵称其：“明窗净几，荆溪壶，成宣窑瓷瓯十余种，皆精绝。”信茶史之佳话。

江阴周高起伯高著《阳羡茗壶系》云：“尝于吴冏卿家见（时）大彬所仿，则刻‘供春’二字，足折聚讼”云云。按吴冏卿当即吴洪裕问卿，以藏黄大痴富春卷著闻，号枫隐主人，其别业曰兰墅，陈其年《湖海楼诗集》卷四感旧诗注，记问卿行事甚详悉[①]。如伯高言，吴问卿家中砂壶镌有“供春”款者，已出时大彬所仿。瞿式耜与问卿为同年，崇祯辛巳（十四年）有长诗赠之，其句云：“绕架牙签林坞癖，小潭花屿竹床明；瓯添白乳浮香细，盏注黄流拂坐轻。”[②] 诗中称其瓯添白乳，盏注黄流，足见其有茶癖。陈贞慧《秋园杂佩》[③] 记：“余家藏白定百折杯，诚茶具之最韵。”又称：“余友问卿家藏鹦鹉啄金杯……每过云起楼，促膝飞觥，出成（化）杯劝酒。”自注：“云起楼吴问卿先姑丈城中宅，栏槛花名甚丽。”贞慧与问卿固属姻亲。宜兴壶之兴起，与吴家关系最深。周高起既叙见时大彬壶于吴问卿家，又有诗《过吴迪美朱萼堂看壶歌兼呈贰公》。贰公者，即吴洪化。沈颢富春山卷临本跋称：

---

① 恽南田画跋云：“吴冏卿生平所爱玩者有二卷：一为智永千文真迹，一为富春图。”亦作“冏卿”。

② 《瞿忠宣公集》七。

③ 《粤雅堂丛书》本。

“二十年前荆溪吴贰公觐止于梁鸿溪上。”《全清词钞》一：“洪化字贰公，宜兴人，明崇祯九年举人，有《屑云词》。入清，官教谕。”《宜兴县志》七：“吴洪化，崇祯九年举人，正己子。”洪化盖吴正己之子，与问卿为从兄弟①。吴达可、达德一家皆富收藏，又籍宜兴，宜其藏砂壶之多且精也。

项氏《历代名瓷图谱》记供春褐色壶云：“宜兴一窑出自本朝武庙（正德）之世，有名工供春者，宜兴人，以粗砂制器，专供茗事，往往有变者。”故友蔡守（寒琼）翁《题宜兴储简翁藏供春树瘿壶》诗云：“项氏名瓷图，亦载有二器；制造太纤巧，我固疑是伪。”则称其不可信。今传世有供春款之砂壶，多作树瘿形。考宋吕公著有《瘿木壶诗》，其由来已远。吴大澂尝得供春树瘿壶于南京，但已失盖，仿制十柄，分馈朋好。后供春壶为储南强所得，继落于梁鸿志之手，梁有诗记之②。此壶后归王梅痴，今在香雪庄陈之初处。

康熙二十年辛酉，陈维崧赠高澹人（士奇）以宜壶二器，并系以诗，有句云：“宜壶作者推供春，同时高手时大彬；碧山银槎濮谦竹，世间一艺俱通神。彬也沈郁并老健，沙粗质古肌理匀；有如香盦乍脱藓，其土刻画蝉凫蹲。又如北宋没骨画，幅幅硬作麻皮皴。”（《湖海楼诗集》八）时壶之工巧，为诗人所赞美有如此者。诗中提及朱碧山之冶银，濮仲谦之刻竹，皆吴中绝技也。（详《陶庵梦忆》）

张虹所撰《砂壶图考》上册，录陈维崧词《满庭芳》一首，其序云：“吾邑茶具俱出蜀山，暮春泊舟山下漫赋。”句云：“看鸥彝扑满，磊磊邱樊。而我偏怜茗器，温而栗，湿翠难扪。”原词见《迦陵词集》卷十三。蜀山以产茗器著闻，《重刊宜兴旧志》一：“蜀山在县东南三十八里，一峰屹立，水环其麓，亦名独山，罨画溪自南而北。”又云：“唐黄山临罨画溪，以唐时产茶入贡故名；金沙泉即在其下。”金沙寺即以此得名。传说金沙僧刻制陶壶，亦缘其地产茶故也。今宜兴制壶陶业，正集中于蜀山云。

刘光鼐《题供春壶拓本贺新凉次湖海楼韵》云：

何物供春者。四百年、龙腾虎变，凌虚而化。少贱由来多能事，传得山僧弓冶，早名噪、蜀山原野。古朴敦庞非小器，与文窗、三代彝盘亚。值得被、俗工骂。　　略施毡蜡张图画。恍曲廊、石泉烹熟，跳珠

① 拙作《黄公望及〈富春山居图〉》，考吴氏家世甚详。

② 参见顾廷龙《吴愙斋年谱》附图十七“愙斋制壶”。梁鸿志诗句有云：“纵然尚有供春在，狱卒前头不敢尝。”盖狱中所作。《爰居阁诗集》所无。

响瓦。饮我廿年浑不识，负此一星炳夜。视三大、风斯在下。除架断壶场圃肃，遍征题、奚啻秋风打。甘匏系、细摩把。

此首盖步湖海楼赠何生铁原韵[1]。铁，镇江人，工篆刻，与茶具无关，刘氏但借用其韵。刘词世所罕见，张虹《砂壶图考录》录词只一首，兹并附拓本，以供参考[2]。杨镇荣君赠余杨无恙绘供春壶扇面，其自题句云："新办供春壶一把，清谈长过露兄园。"注云："露兄园，闵老子茶室名。见《陶庵梦忆》。"按露兄者，陶庵取米颠"茶甘露有兄"句以名茶馆也。另一面为铁琴铜剑楼主人瞿启甲书吴省钦、陈鳣辈论宜壶绝句，可见以供春壶入画者之多。

明代饮茶初用茶盏，中叶以后，瓷壶及紫砂壶渐流行。文震亨《长物志》云："壶以砂为上，盖既不夺香，又无熟汤气。"（茶壶条）万历间，许次纾《茶疏瓯注》条云："茶瓯，纯白为佳，兼贵于小，定窑最贵。……其次油瓷壶，亦可，必如柴、汝、宣、成之类，然后为佳。近日饶州所造，极不堪用。往时供春茶壶，近日时彬所制，大为时人宝惜。盖皆以粗砂制之，正取砂无土气耳。"（民俗丛书专号本）供春壶所以见重于人者以此。周容亦称："时（大彬）故入以砂，链土克谐，审其燥湿，展之名曰土毡。《宜兴瓷壶记》则以砂入土，乃时大彬所改进者。"明张大复《梅花草堂集笔谈》云："赵凡夫倩人制茶壶，式类时彬，辄毁之。或云：求胜彬壶，非也。时彬壶不可胜，凡夫恨其未极壶之变故尔尔。闻有'钧雪'藏钱受之家。"《骨董琐记》卷一有"赵凡夫宜兴壶"一则袭此。新印本误排作"钩雪"。凡夫即赵宧光，其制壶也，憎时样而别出心裁，遗物存钱谦益处，钱氏曾为凡夫子均撰墓铭，盖为通家之好云。

清初有人《绘百砂壶图》卷，为康熙所激赏。尔时砂壶式样已甚繁多。扬州东园天宁寺，道旁屋舍如买卖街做法，谓之十三房；香雪居在焉，中设宜兴壶肆。李斗《扬州画舫录》卷四云："香雪居在十三房，所鬻皆宜兴土产砂壶。茶壶始于碧山冶金，吕爱冶银，泉驶茗腻，非扁以金银，必破器染味。砂壶创于金沙寺僧，团紫砂泥作壶具，以指罗纹为标识。……供春见之，遂习其技，成名工，以无指罗纹为标识。宋尚书时彦裔孙名大彬，得供春之传，毁甓以杵舂之，使还为土，范为壶燀。以熠火审候以出……彬技指以柄上拇

① 《迦陵词全集》卷二十八。
② 此拓本为友人何觉所藏。

痕为标识[1]。”据是诸家制作之标识，先以指罗纹，供春则无指罗纹，时大彬（按大彬枝指，见《骨董琐记》）更作柄上拇痕，以此定其差别。星洲香雪庄主人陈之初先生精鉴别，富收藏，所庋宜兴砂壶尤为一时之冠。其藏品计署“供春”者一，署“大彬”者三，署“友泉”者二：其一题“戊午秋日”，盖万历四十六年（1618）；署“伯荂”者一，为万历癸丑，则四十一年（1613）制。署“陈子畦”者一。其杂物陶品，署“陈鸣远”者十。斲轮削锯，具见苦心，洵可宝也。之初藏供春瘿形壶，其柄上两处分明有指罗纹。

李斗虽或见实物，而辨认未精，故有供春无指纹之谕。说未必确，供春仍是循金沙僧之法也。之初室名香雪庄，与扬州香雪居命名巧合。所藏壶及其他杂物共三十七事，兹为次其目，略记其巨细体制，并述供春壶原委，以当喤引。

茶具记载，已详陆羽《茶经》二及蔡襄《茶录》下篇，然见于诗者尚伙。唐人诗咏茶具者，陆龟蒙《茶瓯》句云：“直使于阗君，从来未赏识。”[2] 证以施肩吾《蜀茗词》：“越碗初盛蜀茗新。”及僧皎然《饮茶歌》：“青瓷雪色缥沫香。”[3] 知其时茶瓯乃用青瓷，故陆羽云碗以越州为上也。天宝元年，水陆转运使韦坚，穿广运潭，以通舟楫，其豫章郡船，即载名瓷、酒器、茶釜、茶铛、茶碗。（《旧唐书》卷一百五坚传）江西茶具之供应，且有专船载货。宋梅尧臣谢蔡君谟寄茶诗，有句云：“小石冷泉留早味，紫泥新品泛春华。”[4] 倘紫泥即指紫砂，则北宋已有紫砂陶之制作矣。余游宜兴，闻蠡野村羊角山紫砂窑址今尚存云。

闽人嗜茶，向有“功夫茶”之目。或谓乃“君谟茶”之讹。（周凯《厦门志》十五）余亦有茶癖，瀹茗之余，喜浏览壶书。念清季朱坚（石梅）著有《壶史》（《见墨林今话》），同州蔡卓勋亦撰《壶史》，两家之书今俱不可见。往者友人张虹尝得石梅砂壶拓本，咏以绝句，有“壶史于今见亦难”之叹。余藏石梅手制壶一，今并影附于是编之末，借志鳞爪。

丁巳长夏初稿，戊辰改订

① 乾隆乙卯，自然盦刊本及清代史料笔记丛书本，皆称供春壶无指纹。
② 陆氏《甫里文集》卷五，和茶具十咏。
③ 《昼上人集》卷七《饮茶歌》。
④ 见《宛陵集》卷十五。

参考资料

文震亨《长物志》卷十二品茶，有“茶壶”条。

王稚登《荆溪疏》。

许次纾《茶疏》“瓯注”条。

张大复《梅花草堂集笔谈》“钓雪”条。

陈定生《秋园杂佩记》“时大彬壶”一条，《粤雅堂丛书》本。

张岱《陶庵梦忆》“砂罐锡注”、“闵老子茶”二条。

沈敕、李文《荆溪外纪》。

吴骞《桃溪外纪》。

李斗《扬州画舫录》卷四《香雪居》。

《宜兴县旧志》卷十《吴梅鼎阳羡磁壶赋并序》，卷末《杂志》记制陶名家。

王世贞《弇州续集》卷六十《石亭山居记》。

周容《春酒堂文存》卷三《宜兴甆壶记》，卷二《杂忆》七《传记》陶工许龙文，《四明丛书》本。

陈其年《湖海楼诗集》卷八。又《迦陵词全集》卷十三。

孔尚任《享金簿》，《孔尚任诗文集》卷八，记时壶。

周凯《道光厦门志》卷十五《俗尚》。

吴骞《阳羡名陶录》，《拜经楼丛书》本。

陈鳣《简庄缀文》卷六，时大彬壶铭。

邓之诚《骨董琐记》卷五“砂壶”条，卷一“赵凡夫宜兴壶”条。
周伯高《阳羡茗壶系》，《翠琅玕馆丛书》本，F. Brinkley 英译。
张虹李景康《阳羡砂壶录》。
顾廷龙《吴愙斋年谱》。
王梅痴《紫砂茗壶》。[《蚬马杂志》1963（4）]

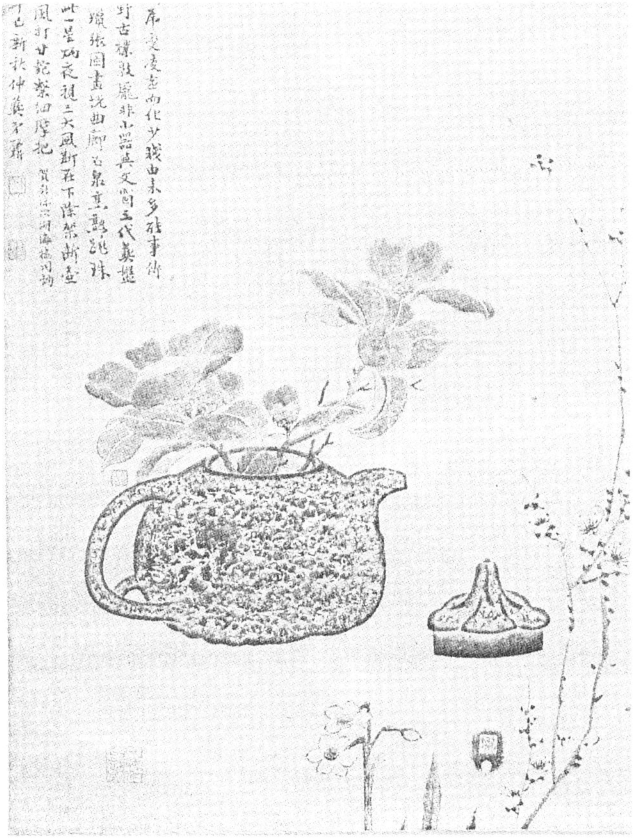

图一　刘鼒题词之供春壶拓本（何觉藏）

图二　供春壶

图三　瞿启甲书咏案砂壶诗

图四　杨无咎绘供春砂壶图

明遗民书画初论

卷十三

饶宗颐二十世纪学术文集·艺术

目　录

至乐楼藏明遗民书画解题

一、遗民与士气

晚明是一个可泣可歌的时代，亦是一个文学和书画艺术最有卓绝造诣的时代。刘勰称建安之世，“世积乱离，风衰俗怨……故梗概而多气”（《文心雕龙·时序》）。晚明在文学上的成就亦有同然。乐府诗歌，有点和建安相似，像归庄的《万古愁》、尤侗的《读离骚》① 都是惊心动魄的作品。至于绘画与书法更是突出多彩多姿，为历代所不及，且为建安所没有。这一时期特出的画家，几乎都不是职业性的画家，而多是文人以其余力从事书画。刘荣嗣（半舫）《与恽道生（向）书》云：“本朝文沈，无不以文人得画名，读书破万卷，岂独为诗用耶。”可见破万卷的功夫，既用之于诗，亦复用之于画。

---

① 尤侗《读离骚》为《钧天乐传奇》中的一种。《万古愁》在《归庄集》卷二（中华书局本），又有《击筑余音》本（即将《万古愁》区分段落及拍数）。

所以这时期的画家，他们最大的特点是士气的表现[1]。什么是士气？此处试征引顾复所言二事说明之。他评钱选的画云：

画苑既设，谬习相师。苑中人以讹传讹，而不知有作家士气者。相将二百年。钱舜举能扫除谬悠而引入大雅，有功于画道不少。……舜举甘心遗民，终身其题画不书年月，诗句郁纡不迫，以寄当歌当泣之深衷。呜呼！画家知士气，胜国得完人。(《平生壮观》卷九，页一三)

又，他评高柄的画云：

元世东南人士，皆以无声之诗，寄其胸中磊落抑郁，故称有士气焉。庄文昭（麟）、华以愚（晞颜）、王安道（履），载之画史；邵思宜（谊）、高漫士（柄），无名而亦佳，然皆元世遗老也，犹存士气云[2]。(《平生壮观》卷十，页一八)

顾复以为士气出于遗民[3]，因为遗民有他的独立的人格与性格。明季画人，他们反对异族的统治，把精神寄托于绘画，或养晦庭庐，与木石为偶，或游情山水，而遁入空门，既不受过去画院中画题的限制，又不受当前政治上人事的约束，精神独与天地相往来，萧然之极，浸润于无畏（无所惧）、无为（无所求）的生活中，去作纯艺术的追求，实际可谓已达到一种无意的

---

① 参见李亚农《论钱舜举在中国美术史上的地位》(《中华文史论丛二》) 及启功《戾家考》(《艺林丛录》五)。关于士气的问题，向来有许多争论。最初提出的是钱选。他对赵子昂书画本来同一问题的回答："画之士气，隶体耳。"有人解释为"隶者异于描，所谓写画，须令八法通也。"这是以书法来解释的，乃是代表一种看法。其实隶家即戾家，和行家相反。明人谈士气的，像屠隆《画笺》云："士气画者，乃士林中能作隶家画，画品全法，气韵生动，不求物趣，以得天趣为高。观其曰写，而不曰画者，盖欲脱尽画工院气故耳。"这指要脱离物而得天趣，不滞于形象。董其昌《画禅室随笔》称："李昭道一派为赵伯驹、赵伯骕，精工之极，又有士气，后人仿者得其工，不能得其雅。"士气最少必达到"雅"的地步。后来恽南田论画又说："不落畦径，谓之士气。"这样又未免太狭。上举诸人论士气，都和顾复从精神上去看士气问题完全不同。

② 庄麟有翠雨轩图，见《故宫名画》第六辑，37页，有章草题识。王履以华山图著名，已印入《画苑掇英》。高柄以著《唐诗品汇》著名，《平生壮观》收其云山小横披，署题高漫士，后人误为高房山。柄著《高漫士木天清气集》十四卷，日本静嘉堂有钞本二册；《啸台集》十二卷，有成化十九年黄镐刊本，"中央图书馆"藏。邵谊，休宁人，自号瓜圃，洪武初与弟邵孜（思善），皆以画称。

③ 顾复有他独特的看法。复承其家学，其父顾隐亮，皇甫钝（鲁仲）为其画像，卷今存，见南京博物院藏画集上册。

"解脱"境界。石涛题担当画有云："观此画大有解脱。"便是这个道理。胡琪序石涛画谱云：

> 且数十年来，仰观俯察，益自解脱。嵩事笔墨，而死生醉饱于历代名流之堂奥；又久进乎技矣，而旁通之，及乎巧矣，而拙成之。笔之所至，非往古成法所得而羁縻之也。

其实不止清湘一人为然，其他各个画人都是走着这一共同的路向，以求自我解悦，旁通以成其技，由巧而返乎拙。由于学养性分及取法之不同，故形成种种面目。

"遗民"因为是有所遗于世，故特别有所造于艺术。尤其山水画是画人心灵中的"天地"境界，在笔墨上的反映。遗民有如《庄子》所谓畸人——畸于人而侔于天（《大宗师》）；他们畸于世而侔于画，所以有这种造诣。亡国之痛使他们完全舍弃政事，不侔于人，而得假于笔墨，托于山水，来发泄他们胸中抑塞磊落的奇气。这样的士气，更非一般浅薄的看法，像宋濂在画原中所说"有士韵而无俗姿"的"士韵"，只是品格的雅俗高下而已[①]。晚明的"士气"，是有生命的，是具有烧到白热度的情感在作品中奔腾的。

明遗民画应该成为一个独立"范畴"，在中国画史上有它的特殊地位。近人目为幻想派（Fantastic）。这一时期的画家各有他的理想与意境，由于他们本来先有一套独特的文艺基础，像诗文书法的修养，运用到绘画上面，遂有许多崭新的创获[②]。

二、明遗民画家之多才艺

这一时期的画家，论他们的才艺都是多方面的，而且几乎无一个不是诗人。我们看陈田的《明诗纪事》辛签卷二十七上下，从王时敏到张穆，都是诗人而兼画家。他们有的亦是坚苦的学者，例如金陵八家之首的龚贤，为编撰《全唐诗》这一工作的先驱。他在"笔墨之暇，赋诗自适。诗又不肯苟作，

① 宋濂《画原》载《宋学士集栾坡前集》卷十，称南徐徐君景阳旁通绘事，有士韵。

② 以前夏目漱石为中村不折的《俳画》作序，指出 Grotesgue。为东洋画的特征，丰子恺尝采其说（见《东方杂志》第二十四卷第十一号中国画的特色）。按德文作 Grotesk 同，义为怪诞。用 Fantastic 一词来形容晚明画的特色，自然比较 Grotesk 来得妥帖一点。

呕心抉髓而后成”（《读画录》）。福建魏宪（惟度）评选清初人作品的《诗持》一书即由龚贤担任参阅。他花了许多工夫在中、晚唐诗的搜集和校刻，现存有《中晚唐诗》五十九卷。晚唐诗始项斯。而终女校书薛涛[1]。所以孔尚任赠诗有“年年笔研选中唐”之语。这点和明初高柄之以画人而编《唐诗品汇》，可以后先媲美。又如萧云从尝著《杜律细》，主张杜律无拗体，开《声调谱》的先河。其说虽不为王渔洋所取，但他佩服其援据甚博（池北偶谈）。他的七言律，郭麟称为谷音、晞发之流（《爨余丛话》）。作画与浙江一系的郑旻亦手辑《杜诗笺注》（《黄山画苑略》）。张大风诗词秀警，又通等韵之学，著有《一门反切》，为平生得意之作（见《读画录》）。其他画人诗句为人传诵的，像珂雪（即李肇亨）的“得雨空芜回旧绿，被霜衰柳学新黄”，见称于陈眉公（《六砚斋二笔》），杨古农（补）的“闲鱼食叶如游树，高柳眠阴半在池”。为钱牧斋所激赏，以为文外独绝，书之扇头（《有学集》）。这类例子甚多，不胜枚举。

他如吴历、万寿祺之能琴（万年少曾和名琴家徐青山〔谼〕——《大还阁琵谱》作者——合弹）[2] 倪元璐工巧，窗槛皆手自绘画（《静志居诗话》），方以智除博综群书外，又精于射覆（《仁和陆培与骧武书》，见《尺牍新钞》卷八）。释大汕亦巧艺百出。这里偶举一二以示例。

尚有一些画家，是堆假山垒石的能手，像石涛便是此中佼佼者。钱泳《履园丛话》卷十二“艺能”谓“堆假山者，国（清）初以张南垣为最，康熙中则有石涛和尚”。张南垣为张涟字，以画家而专工垒石。黄宗羲、吴梅村都认为他是学愚公之术而善变者。他的砌石，还有一套理论和技法，能够规模大势，在寻丈之间，做成“天坠地出”的格局。在书斋之前，作出荆、关老笔对峙之状。黄吴两诗人认为其术可传，特为立传（见黄氏《撰杖集》和《吴梅村家藏稿》五十二《张南垣传》）[3]。这是足画法“旁通”于砌石的技巧的。他尝说道：“画之皴涩向背，独不可通之为叠石乎？画之起伏波折，独不可通之为堆土乎？人之好山水者，其会心正在不远。”（黄宗羲撰《张南垣传》）有的画家，把玲珑的怪石入画（像高阳的 Strange Rocks，见 The Restless Landscape-46），自然砌石亦是画材之一，以之入画，很容易生色的。

这一时期的画家，实在应该称他们为多型艺术家。他们虽然是多方面发

---

① 龚贤编《中晚唐诗》五十九卷九册，汇集明末野香堂、贞隐堂等刊本，台北“中央图书馆”藏。

② 万寿祺夜同徐谼鼓琴诗，有“心知畴昔自历历，客与太古高濛濛”之句，见《隰西草堂集》。

③ 谢国桢著《张南垣父子事辑》，见《明清笔记谈丛》，297 页。

展的，但很能够把握某种艺术的特殊性，而抉发它的内在本质和真义，从实践上把握“旁通”的法则而有所创造，并不像18世纪德国的批评家，说诗如画，画如诗等等，专从理论去做功夫①，把各种艺术特别强调它们的共通性，构成为“一锅煮”的论调。明季那些画家，是通过实践去求创造，偶尔虽有一些理论，都是亲身体会到的经验累积的结晶，而不是企图建立一套空洞理论的间架。所以是艺而不成为学，但他们的看法，学即在艺之中，离艺便没有学了。这一点很是重要，应该提出详细讨论。

三、以诗法、书法入画

其时画人常运用诗法作为画法，如石涛论写四时之景谓：

> 古人寄景于诗……予拈诗是以为画意，未有景不随时者。满目云山随时而变，以此哦之，可知画即诗中意，诗非画里禅乎？（《画谱》第十四）

“画即诗中意，诗是画里禅”。借诗作为画的题材（theme），取画作为诗亲证之资，画与诗相得而益彰。石涛画册的用杜甫、东坡诗意，这是取之古人的。亦有取之近人的，像“上山月在野，下山月在山”则取自谭友夏诗意，以及至乐楼藏写黄砚旅诗意山水册，都是借诗材为画材的显例。

凭借着画及题句来表露沧桑之感的，像石涛的“零碎山川颠倒树”；八大的“一峰还写宋山河”；担当的“老僧只点旧时苔”、“为君专写向南枝”，这些都是名句。这与宋季郑思肖、龚开具有同样的心理和手法。

胡琪说石涛：“变化之殊，或寓韬略，或用书法。”今试申其说，茅止生（元仪）好谈兵，通知古今兵略；他在《暇老斋笔记》上说：

> 石室老人（文同）以书法画竹，山谷老人以画竹法作书，然不阐破三昧。或曰：画竹干如篆，枝如草，叶如真，节如隶。余以为枝如草，其意尚在影响间，节如隶不如叶如隶也。我尝有诗曰：八分为叶篆为枝。然恐得其形似，而未得其用笔。又曰：叶如蟹足折钗枝篆之一语，古人

---

① 罗马Horace谓诗如画（ut Pictura-Poesis），后来德国G. E. Lessing在Laokoon有所辨析，谓诗是时间艺术，画是空间艺术。

曾云。其三者则余直揭破秘密藏矣。

这个道理，赵孟頫早已说破，但没有他说得那样的深刻。

钱谦益《题吴历桃溪诗稿》谓："渔山不独善画，其于诗尤工，思清格老，命笔造微，盖亦以其画为之，非欲以涂朱抹粉争妍于时世者。昔之论画者，谓画之为竹木，犹书之有篆籀，二者之法相近，故郭恕先俱为第一。而荆浩然答僧画山水图书、五言四十字，平生山水诀尽在其中，士固未有不汲古，不攻文而可谓之善画者也。"（《有学集》四十八）可见诗书画二道之互为表里，不能为真诗的，自然亦不易写成真画；道理是相通的。

王铎在顺治辛卯所作山水，上面题云："画之皴法十余家，非一例论也。如字之诸体可一辙议乎？此道甚难，略识于此。辛卯四月初六。"（《宋元人画大观》，378页）觉斯是当日书界的凤凰，当他兴酣落笔，真可摇五岳；牧斋称他的书才有如"风雨发作于行间，鬼神役使其指臂"（《有学集》三十《宫保孟津王公墓志铭》）。画的皴法，变化多端，笔之于皴，足开生面，随形以制宜，而操运在我。豢养之灵，运用之神，视乎其人之兴会、题材，不可一概而论。亦如书法的点画波磔，层见侧出，不可端倪，情况正是一样。

除王觉斯之外，其他画人亦有同样论调。有主张以草书入画的，例如：

董其昌说："陈道复草书作画，有米元晖意。余亦以此代云山之戏。"（《神川大观》七）

程式庄题邹之麟富春逸兴图云："衣白道人以章草运而为画法，后之操翰之士，叹赏其皴染简朴，如太羹元酒，而卒莫测其虿尾钗股所自出也。"（《天津博物馆画集》续集八十二）

吴期远自题画云："观子久富春图纯用中锋，如右军作草书，乃知世人所摹，尽隔数壁。乙巳初夏，漫为临此。"（《读画录》四）

这些都是说明如何以草法入画，陈道复、邹臣虎是此中能手，陈则得力于米元晖，邹则取法于黄子久。查士标题程正揆画云："昔人论书之既得平正，须近奇险。青溪先生今之所书，名家也。书画无二致，讵不间然！"（《读画录》二）这说明书画原是一鼻孔出气的。石溪在题程青溪的山水轴云："书家之折钗股、屋漏痕、锥画沙、印印泥，飞鸟出林，惊蛇入草，银钩虿尾，同是一笔，与画家皴法，同一关钮。"程氏以书法用笔，通于画学，石溪能体会到，而且说得出，他自己亦是把握这样的原则去写画的。

袁于令（箨厂）跋王子京（遂）画云：“画法即书法所在，画至脱化谱格，即书家所谓离钩也。”（《读画录王子京传》）什么是离钩呢？明钱塘潘之淙（无声）著有《书法离钩》一书。他的自序说道：“语境，则醉墨濡头者豪于致，败豪成冢者勇于力，怒猊渴骥者奇于气，惊沙舞剑者悟于神，绿蕉覆云者博于趣，脱巾啸傲者逸于姿，境可殊而法不变也。……是必深于法者，而后可离法；又必超于法者，而后可与进法。”境界是现象，可以千变万化。而法度却是原则，它是不变的。他的朋友叶秉敬（三衢）为序，发挥他的道理，加以补充说：“夫谓之钩，则不可离矣。既谓之离，则不复言钩矣。岂其不离为离，实钩而非钩乎？……欲知离钩，当先知吞钩；善吞钩者，无往非钩。”这即是说，必先精熟于法，然后可以离法；但最后必须离开法，方算是最能够精于法的人，否则停滞在“初地”的阶段，仍是能入而不能出。这即是离钩的道理。在书法如此，在画法何曾不是如此。

四、“禅机画”与画中理想境界

僧人的画，则喜欢拿偈语来题句，如石溪（报恩寺图的长篇文字）、担当（为秘传作山水图）、无可（《书画禅册》）都是。淡归（金堡）题药地画有一则云：

> 所已游者，以意游之，意中有画；所未游者，以画游之，画中有意。药地和尚作此补足。（《遍行堂续集》）

没有游过的地方，可用画来补足，这分明说幻想可以代替现实。画中的山水，正是作画者理想的所在。这一类作品，即所谓“禅机画”，《读画录》释无可传云：“于是谢绝一切，惟意兴所至，或诗或画，偶一为之，然多作禅语自喻而已，不期人解也。施尚白（闰章）公：‘予昔同无道人，自苍梧抵庐山，见其乘兴作画，多用秃笔，不求甚似。尝戏示人曰：若猜此何物？此正无道人得无处也。’拈此二则，则道人之‘禅机画’，亦露一斑矣。”“禅机画”一词，即见于此。

号升州道士喜欢署款真香佛空之张风，亦有极高妙的画论，兹录二则如下：

> 画要近看好，远看又好，此即仆之观画法，实则仆之心印。盖近看

看小节目，远看看大片段。画多有近看佳，而远看不必佳者，是他大片段难也。昔人谓北苑画多草草点缀，略无行次；而远看则烟村篱落，云岚沙树，灿然分明，此是行条理于粗服乱头之中，他人为之，即茫无措手，画之妙理，尽于此矣。绝非近日承学家所指之董。（《与郑汝器》，载周亮工辑《尺牍新钞》）

善棋者，落落布子，声东击西，渐渐收拾，遂使段段皆赢，此奕家之善用松也。画亦莫妙于用松，疏疏布置，渐次层层点染，遂能潇洒深秀，使人即之，有轻快之喜。（《与程幼洪》，同上）

大风的观画法，要近看远看皆好，又要“用松”才使人感到轻快。他的杰作：人物像诸葛孔明，树石如与烔伯社师，前者深秀可爱，后者粗服乱头而条理井然，都可作为他的理论的印证。《十百斋书画录》龚贤《山水册》有题识云：“《棋谱》云：‘妙莫妙于用松。’吾谓用松二字，画画秘诀也。笔松理密，岂易几乎？”这一说和张大风相同；并引证下棋方法以论画，其间必有互相因袭之处。方密之为璠王孙题画亦引杨龙友告我曰“松”。是用松一法，明末画人都喜欢运用的。

五、临摹与收藏

明季临摹的风气甚盛，吴派自沈、唐、文以后，董其昌为江左开辟新的天地。这时他最服膺的前代画家是黄大痴，一时成为风气，山水都以大痴为师法。钱牧斋记其事云：“余闻子久居乌目，傍小山饮酒，所至辄画。自湖桥低拂水，放舟两湖，画横卷长数十丈，稿本未经装裱，民家束入竹筒，置复壁中，访求不可得。华亭为抚掌叹息，舣舟湖山间，坐卧累日，语予曰：‘子久数十大卷，今饱我腹笥，异时当为公倒囊出之。’华亭仙去三十余年，山窗水榭，未尝不追忆斯言也。”（《有学集》卷四十六《吴渔山临宋元人缩本题跋》）这一故事，向来为人所未注意，对大痴的尊重，可以说是董氏所提倡。黄子久的富春图，董氏题跋再三说：“吾师乎！吾师乎！”可见他对此图的景慕。是图由董氏质于宜兴吴氏云起楼之后，再转入张伯骏，季因是辈之手，在这一段时间，江南画家都从事摹仿，计有沈颢、周颖侯、邹之麟、程正揆、吴历等人，而王石谷临写更有许多次。他在康熙十一年（壬子）和恽南田在毗陵连床夜话达四十日，他为笪重光摹仿是本。翌年（癸丑），王时敏题跋，略云：

元四大家画，皆宗董巨，秾纤淡远，各极其致。惟子久神明变化，不拘守其师法，每见其布景用笔，于浑厚中仍饶峭峭，莽苍处转见娟妍，纤细而气益闳，填塞而境愈廓，意味无穷，故学者罕窥其津涉。独石谷妙得神髓，不徒以形似为能。然子久真迹，余生平所见几及二十余帧，家藏亦有三四，今皆散佚无存，犹忆董文敏公云黄画固此纸尺璧，毕竟以富春长卷为第一，恨未之见。数年前闻石谷为晋陵唐氏临写一卷，亦未得寓目，但悬拟神韵，题数语于别幅，聊以志羡慕之意。旧冬石谷偶游润州，复为在翁（笪重光）侍御对临真本。今将赴焦山度夏之约，过娄话别，因携此卷见视，始见其笔墨纵横，超逸入神，有运斤成风之妙，而总归于平淡。大痴二百年来翻身出世作证，白石翁所以自况者，征之今日，端不多让，残年何幸，获此巨观，虽欣羡有心，未敢轻请。乃承石谷概许舐笔，兼欲索侍御题识见贻，闻之益不胜狂喜。……（原物现藏 Freer Gallery）

是时王时敏年已八十有二，他不能见到富春山卷的原迹，十分遗憾，故请石谷再为临写。可见清初临摹风气及大痴的画对四王正统派影响之大。其他如沈士充的仿子久天池石壁（《支那名画宝鉴》），程邃的仿子久深岩飞瀑（《知鱼堂书画录》），程正揆的仿大痴江山胜览（《十百斋书画录》），更不待论。李永昌题山水画云："逮元子久始以画为寄，作文人前茅，余又寄之寄者。"（《黄山画苑略》）明季画人以画为寄，即是师法子久的。

江南地方，特别是苏州、杭州和扬州一带名家，收藏极为丰富，像无锡的安氏、毗陵唐氏，泰兴季氏，画人都和他们发生关系，获得观摩临摹的机会。而若干画人，私人都藏有剧迹。庄冋生的阎立本职贡图，张伯骏的顾恺之女史箴图，从吴其贞《书画记》所载，可以看明末清初（崇祯八年至清康熙十六年间），江南地区保存书画剧迹的丰富，许多都已失传了。再从该记中的藏家及名迹作一统计，可以看出当日一些收藏家[①]及画商的名字，和那些业

① 明末画家收藏名迹，见于吴其贞所记，略举数事为例：
（一）李会嘉（原误作嘉会，即日华子肇亨。）藏大痴溪山风雨图，其贞云："当时人仿。"（338页）
（二）庄冋生有董北苑龙宿郊民图（316页）。
（三）查士标家有黄大痴幽亭图（105页），盛懋仿松雪青绿山水图（352页）。
（四）陈丹衷家有阎立本《文姬十八拍图绢册》（353页）。
（五）王鉴家有关同溪山积雪图，其贞谓是元人笔（377页）。
（六）宋琬藏大痴溪岚暖翠图（504页）。
（七）李永昌得梅道人高松平远（94页）。这里不遑详细列举。

已失传的画迹，对画史及画迹流传沿革的研究，将有极大的帮助[①]。

藏画和写画，有非常密切的关系。著《平生壮观》的顾复，他本人亦是画家。他的画迹，保存在故宫藏的周亮工《集名家山水册》的第三幅：有自题云："昔人云：'画至云林，殆不可学。'神妙如石田，以不能得其三昧为恨。此无他，云林全以韵胜，非学力所能到。戊申冬，戏仿家藏安处斋图，虽结想差近，殊类效颦，如何！如何！顾复。"可见云林的安处斋图，原藏在他家里，这幅即模仿该图的。

著《书画记》的吴其贞，生平不详。向来只知道他字公一，号寄谷，徽州人。（从王廷宾的黄大痴剩山图跋语知之）故宫藏倪瓒江岸望山图轴。收传印记有其贞、吴玙之印，则他本名吴玙，这幅是他所收藏。

吴书记同张范我于丹阳姜二酉家观米元章《多景楼诗》（274页），二酉即著无声诗史的姜绍书。姜氏又著有《韵石斋笔谈》，书中记当日古董商人王（廷珸）越石和黄（正宾）黄石纠纷之事，叶昌炽尝附着于《藏书纪事诗》之末。王黄二家和吴其贞都有往来，《书画记》载初观展子虔春山游骑图及王蒙破窗风雨图三件于王越石家，记道："越石，居安人，与黄石为姑表兄弟，系颙若亲叔也。一门数代皆货古董，目力过人。惟越石名著天下，士庶莫不服膺。客游二十年始归，特携诸玩物访余于怡春堂，盘桓三日而返。时壬午五月既望日。"壬午即是崇祯十五年。又记："观于居安黄山家，黄山则黄石之兄，为士夫中赏识名家。"（20页）又记："观李唐放游图于扬州王晋公寓舍，晋公越石之侄，鉴赏书画，得于家传。"（348页）上举数事，可补叶书之未及。王廷珸（越石），黄正宾（黄石），都是徽州籍，和吴其贞是同乡，所以对他们的事非常熟悉。故宫藏的倪瓒雨后空林，据《清河画舫》载："王廷珸出示此图。"则该图原藏在王氏家。又吴镇清江春晓画轴上装裱纸条题云：

① 吴其贞说："忆昔我徽之盛，莫如休歙二县。其风始开于汪司马兄弟，行于溪南吴氏，丛睦坊汪氏。"其贞是徽州人，他身历目击，故记载得十分清楚。明季清初，许多古物集中在徽州商人手上。溪南吴氏，便是其中重要人物。其贞所记的溪南吴氏，有如吴藩、吴家凤辈。吴湔字振鲁，歙之（南）溪南人，商于淮阳，好古玩，所藏重器，得于榆村程氏、丛睦坊之汪氏者居多（347页）。吴家凤字琮生，为巨富赏鉴，吴新宇第五子。弟兄五人，行皆凤字，故时人呼之为五凤，皆好古玩（《书画记》）（127页）。又称溪南吴本文鉴赏书画，目力为吴氏白眉（124页）。又如颜鲁公《祭侄文稿》，吴其贞见于汪天锡、吴国珍、宋元仲处。原为吴江村之物，后属于五凤昆仲，而宋元仲等系五凤家人也（39页）。又观唐人廓填右军《中郎帖》云："观之于汪三益；汪，溪南吴氏门客。"（45页）这些贾人都是溪南吴氏门下出来的。又江孟明，歙之南溪人，两淮大商，多收藏（167页）。宜兴吴子文（即吴问卿侄静庵）的《吴忠惠杂诗》，其贞即为江孟明得之（360页）。又钱谦益藏画，实多得自溪南丛睦坊（208页）。这些全赖吴其贞的记录，得以稽考。

"辛巳仲冬望日，以五十金易之王越石。张觐宸识。"（《故宫书画录》，200页）这两件名迹的流传，即曾经过王廷珸之手，尚有登记纸条保存着，这可算是明末书画贩卖史上一桩重要的掌故。

吴其贞书中记当日画家及贾贩作伪情形，非常有趣；如记郑千里以松雪临王右丞之千岩霁雪图有一行题识，书在左边者切去，指为右丞，售于魏国公，得值千金（317页）。又记陆机《平复帖》的元人题识，为葛君常折售于人，配在伪本勘马图后（430页）。又称陈以谓所集书画册子，多用大幅切为纨扇者，人谓之书画刽子手（369页）。又记裱手朱启明劝张范我，将江贯道之万壑千岩图切为两段，以后段并题跋为一卷，前段又切为三小卷（371页）。这些例子，可见书画在明末到了估人手上被摧残的程度，和他们的惯用伎俩。

六、画人家庭与画人间之相互关系

江南一带，自元明以来，画风鼎盛。世代相承，若太仓王氏，世所共悉，故不备述。兹先以长洲文氏一家，表之如次：

长洲文氏　文徵明
- 文彭→文（元发）—
  - →文（震孟）
  - →文（震亨）→
- →文点→文赤
- 文嘉→文元善——
  - →文从简
    - →文楠——文掞
    - 文俶（女）
- 文台
- 文伯仁————
  - →文从昌
    - →文承光
    - 文世光
  - →文从忠
  - →文从龙

文震孟父元发，卫辉同知，见《明史》卷二百五十一《震孟传》。震亨则阁学震孟之弟也（见《明画录》）。文俶为寒山赵宧光之媳，其子均之配（顾凝远《画引》)。

至若父子叔侄，蔚为一家之秀者，尤不可缕指。上元胡宗仁、宗信兄弟，即其一例。宗仁与钟伯敬书云：

> 公询寒门诸子弟，敬以名字相闻。弟宗信字可复，以字行。世所称雪村者，名宗智。耀昆、起昆，仆之子。玉昆、士昆，雪村子也。皆学画。荜门昼掩，茗烟炉香间，阁笔盈案，妄拟堆笏满床。昔人一门五贵，七叶蝉联，想如是耶！公闻之得毋喷饭？(《尺牍新钞》十二)

试为表列如下：

上元胡氏　胡宗仁→耀昆
　　　　　　　　　起昆
　　　　　宗信
　　　　　宗智→玉昆（元润）
　　　　　　　　士昆（元青）

像胡氏这样的画家，尚有许多，略举数例如次：

(一) 华亭顾氏　顾正谊　┆元庆（大有）
　　　　　　　　　　　┆胤光（从子）
　　　　　　　　　　　┆　　天植
　　　　　　　　　　　┆懿德…善有

(二) 嘉兴李氏　李日华→肇亨（即珂雪）
　　　　　　　　　　→琪枝
　　　　　　　　　　→｜含淑
　　　　　　　　　　　｜含泽
　　　　　　　　　　　｜含渼
　　　　　　　　　　　｜含涎
　　　　　　　　　　　（见《国朝画征录》）

(三) 嘉定李氏　李流芳——抗之（僧筏）

(四) 四明赵氏　赵　备——赵龙

（五）诸暨陈氏　陈洪绶——陈字

陈无名（季子，见《玉几山房画外录》）

（六）长洲盛氏　盛茂烨（煜）——年（大有）

茂焌

茂颖

（七）江宁盛氏　盛胤昌（懋开）——丹

琳

这些有的虽是小名家，但可看出当时家庭习画风气之盛。至于详细情形，有待他日考证，兹暂从略[1]。

画人除家学渊源者外，必有师承。故寻究其间之师友关系，对于某一画人造就之了解，有特别意义。大抵有下列三事，可供研究：

（1）名迹之观摩；

（2）技法之传授；

（3）代笔。

兹举画人间之相互关系数人为例：

（一）吴彬与米万钟

“万钟绘事，楷模北宋以前，施为巧艺，位置渊深，不作残山剩水观。盖与中翰吴彬朝夕探讨，故体裁相仿佛焉。”（见《无声诗史》）

① 以上若干小名家画迹，曾印入近年画册者，略著于下，以备参考：

文从昌　《甫里陆龟蒙祠堂图册》，《南京博》上四十九。

文　楠　与金俊明、金传合作《岁寒三友》，《南京博》下二十六。

胡宗仁　送张隆甫归武夷山水，万历戊戌作，自署懒仁，学倪迂。《南京博》上七十六。

胡宗信　秋林书屋，甲辰作，《南京博》上七十七。

胡玉昆　金陵古迹十二幅，有“周栎园藏印”，见《明清之际画展》，原物闻在香港。又 RL 五十九。

顾懿德　山水，RL 四一。

顾天植　山水，RL 三八。

赵　备　竹石流泉图长卷，作于庚戌（万历三十八年）、《苏州博十九》十九—二十二。

赵　龙　木竹碧石图，《南京博》七十五。

盛茂烨　山水、人物、扇面，RL 十二、十三、十四、十五。

顾正谊、顾懿德、顾凝远、吴彬、文元善、文从简、郑重诸人画，亦见故《宫书画录》，兹不复著。

米氏山水，不似晚明他家之作残山剩水，盖受吴彬之影响。（《天津艺术博物馆续集》有吴彬绘的明皇幸蜀图轴。四川是他到过的地方，所以写来格外生动。同集有米万钟的秋山萧寺图，题“丁巳秋（万历四十五年）日，写于清源署中。”叠岭稠密，风格与吴彬为近。）

（二）石涛与深度

深度为粤名僧，佛山赖氏子，原名镜；读书增城白水山，号白水山人。后逃禅万寿寺，号释孟容。张二乔之殁，孟容为植宫柳二株（见《莲香集·山中捐植记》）。《莲香集》之刊，彼题以七绝（《莲香集·怀仙志》）。高剑父主持佛山美术院，其址即深度庙。传说他常发现深度为石涛改过的画稿。北山堂藏深度画轴，上题：“丁未阳月白水镜。”笔墨淋漓，极近石涛一路。丁未或即康熙六年（1667）；此帧上有张乐房印。

（三）王铎与赵澄、樊圻

“（赵澄）画善临摹，常入长安，从王孟津（铎）游，多见大内旧藏，皆缩为小幅，无一笔不肖。尝为周亮工仿旧二十幅，继归之王逸庵，后为流球国王所得。雪江又作四十幅，皆有孟津满幅小楷。”（《读画录》三）金陵八家的樊圻，王铎甚赏识他，更喜欢他的小幅，但和他不认识，尝把圻的别字会公误作洽公。王年六旬，灯下作蝇头小楷，题其上云：“洽公吾不知为谁？此幅全模赵松雪、赵大年，穆然恬静，若扆德淳儒，敦庞湛凝，无忒无佻，灯下睇观，觉小雷大雷，紫溪白岳一段，忽移于尺幅间矣。”又云：“是古人笔，不是时派，时派即钟谭诗也。小印模糊，误视会公为洽公。”“会公后即以洽公行，感知己也。”（《读画录》卷三）从上面两则，可见王铎跟赵澄、樊圻的交往，和画家互相倾慕的情形。

（四）高岑与陈旻昭（涉江）

陈旻昭（昕公）笔墨妙天下，又收藏最富，高岑常与永夜静谈，舌本相生，别多幽绪，以此益入微妙（见《读画录》）。高为金陵八家之一，其画之冷隽简远，盖得之于陈涉江。

（五）归庄与黄向坚

《过云楼画记》卷五，有《黄孝子万里寻亲册》；苏州博物馆有《向坚万里寻亲册》十二页，作于顺治十三年丙申（1656），时年四十八岁。归庄尝撰《黄孝子传》，于向坚（端木）事迹记载最详，传云：“孝子之父孔昭，字含美，与先兄同举于乡，余以孝子故始识之。”可见其交谊之深。

（六）吴伟业与邵僧弥

邵氏见画中九友歌。僧弥之死，其门人僧道开乞梅村为志其墓（《梅村家藏稿》四十六）其铭曰：“文字禅，书画史，其死也不死。”

（七）杨龙友与盛含、盛琳（林玉），施霖（雨咸）

《读画录·杨龙友传》：“人有求者，率皆盛伯含、林玉兄弟及施雨咸捉刀。”又施雨咸（霖）传云：“马瑶草（士英）、杨龙友作画，但能小小结构耳。其大幅皆倩两咸为之。”这是代笔的事实，鉴古者不可不知。

七、画人与大自然之接触

画家自模仿入手，而以能师法造化为最后成功阶段。从大自然获得新的启示，悟到特出的技法，布局，才有崭新的创获。明季以来，画家各因不同的机缘，从不同的山川，取得奇峰，以打草稿，以构成他们的独特风格。即远郊小景，亦可取得灵感。杨无补自题云：“永嘉郊外山川，点点皆倪黄粉本也。”行处皆可人画，只看如何剪取、变化而已。兹略举著者如下：

吴彬　剑门、峨嵋

彬入为供奉，曾观剑门、峨嵋之胜，下笔益奇（《兰陔诗话》）。

吴彬画有题杜甫句：“百年地辟柴门迥，五月江深草阁寒。”分明即写四川栈道（EE 二九）

杨文聪　天台、雁荡

龙友有台荡等图（见《画禅室随笔》）。

吴彬亦有天台图，丁未岁写（见 RL 四二）。

黄道周

黄道周有雁宕图（《天津续》），可见模山范水之所自。

戴本孝　华山

有华岳全图册十二页，见陆氏《穰梨馆》三十一。（康熙七年）戊申九月绘。

卞文瑜　武夷山

有武夷山色图，自题云：“癸酉夏日，游武夷归，而仿佛图此。”（《天津续》六九）

担当　鸡足山

担当（唐泰）生于云南晋宁，顺治以后居鸡足山，如为秘传作山水图卷，题“初入山来，未知此山道路”云云。现藏丽江文化馆（见《担当画集》）。

黄向坚

黄向坚有鸡足山图卷。

石涛、弘仁、梅清　黄山

石涛有《黄山八胜景册》。（日本住友藏）

弘仁有《黄山图册》及《真景册》；宣城梅清亦以擅写黄山著闻。论者谓石涛得黄山之灵，梅清得黄山之影，渐江得黄山之质。（贺天健说）

叶荣　庐山

自言于匡庐得画法。（《图绘宝鉴续纂》）

以上所举，只是一些著例。每个画家，从不同的山水体会，因之形成不同的面目。所谓古人真本，即在天地之间。戴本孝华山图自题云：“关同、范宽辈，笔法皆以太华为真本。余家贫，不能得见古人名迹，不知古人真本，何尝一日不在天地间？但识其意者寡耳。”这即是说，直接把自然界看作图画的粉本，以自然山水代替古人真本。来得更直接。所以，每个画人各自寻觅他们的天地，“自然”便是他们取之不尽、用之不竭的对象。

画家和自然界接触，除山水之外，动物的写生，亦是一重要项目。顾凝远《画引》论写生云：“顾恺之论画不及禽鸟。张爱宾（彦远）谓：‘禽鸟为下，草虫又次之。’不知宋孝武赐何戢弹雀图，是顾景秀所画，当时最知名。至宋，黄筌、林椿、赵昌、马世昌辈，及徽宗、子昂宗姓尤多，惜恺之不及睹耳！以余所见，不下四五十册，皆其至者。国朝谭思重志伊、陆叔平治辈，肆意摹之，犹不能及。盖写生非细事也，须先识其形体名件……得其性情便知生动，知生动便能穷形极态矣。”可见明代画人，对禽虫写生仍是非常重视。收藏富春山图卷的谭思重（志伊），亦是此中能手。晚明之世，大家都向山水方面发展，惟文俶女史，最精此道。她摹写动物，图得千种，无不逼真。而采撷山中名物摹写，正是直接取之自然的办法。“中央图书馆”藏《金石昆虫草木状》二十六卷十二册，为文俶于万历四十五至四十八年彩绘底稿本，明赵均手写序文及目录，文从简手写标题，张凤翼、杨廷枢、徐汧各手书题记，殊足珍重。文俶，画家辞典作文淑。士林“故宫”有赵文俶画春蚕食叶轴及花蝶轴，题“天水赵氏文俶画”，印亦作俶，则作文俶为是。

八、至乐楼藏遗民书画的点滴考证

番禺何耀光先生，富收藏，于明代遗民书画好之尤笃，往尝辑著《至乐楼书画录》，久已不胫而走，流布海内外。顷者，应中文大学文物馆之邀，尽出所藏，以供展观；文物馆特为举办研讨会，遍请海外专家，共同观摩，提供宝贵意见，相得益彰，可谓盛事。至乐楼藏品之精，世所共悉，已有同好作若干专件之研究。余特注意其中题识，有可考见画家交游状况者，试拈数事论之。

（一）至乐楼藏戴本孝拟云林十万图：

戴氏题句云："倪高士晚年作十万图，各自题跋。"元至正癸丑，云林为陶南村（九成）写十万图，昔贤谓寄韵设色，并极神秀化工之笔。刘体仁《七颂堂识小录》云："云林十万图，本荆溪陈定生物，侯朝宗为之记。"考朝宗记称："壬辰（顺治九年）过阳羡之毫村，定道人（贞慧）出此图相示。道人自乙酉金陵变后，绝迹不入城市。更命其二子弃去诸生，其亦云林不忘至正之意耶！"（《壮悔堂文集》卷八）清人仿十万图者，除戴氏外，又有王愫（见《题画诗钞》）。

（二）陈贞慧《自书诗》：

署款云："严滩作似古农词丈。"古农即杨补，甲申后隐邓尉山，渔洋诗云"布衣曾说杨无补，笔墨风流又一时"者也。

（三）无可和尚截断红尘图：

款题："特地为中峰拈出。"方以智族孙方苞跋云："此幅乃为摄山中峰张白云先生所作。"白云即张怡，字瑶星，张大风即其仲也。怡与程端伯书尝言及白云砦图事迹。《望溪集》卷八有《白云先生传》。怡有《卜算子》题王子京（遂）画，见《全清词钞》(27 页)。

（四）石涛《黄研旅诗意册》：

石涛写黄研旅诗意册，为大涤子平生合作。此册黄之隽《唐堂集》纪之，誉为"宇宙之奇，大涤作此画时年已老。"据册中石涛题记年月，有辛巳长至后一日，及壬午夏日，即康熙四十、四十一年（1701—1702）也。又有李国宋大村跋，及甲申（康熙四十三年）十二月先著跋。李跋称研旅癸未秋再入粤经年，石涛先生为图写景物。癸未为康熙四十二年。又称甲申冬，同洪去芜、先蠲斋于案头取册子展玩，自恨衰老。蠲斋即是先著，时国宋年亦七十矣。国宋字锡山，为李瀚之子，兴化人，著有《赢隐集》及《珠尘集》（详《清诗纪事》，524页）。先著与程洪同辑有《词洁》六卷，有名于时。著字渭求，一字迁甫，先世泸州人，居江宁。有《严许集》、《药里集》、《劝影堂词》，合称《之溪老生集》。又丙申王式丹跋，式丹字方若，号楼村，江苏宝应人，王懋竑《白田草堂存稿》有其行状，丙申即康熙五十五年，时石涛已下世矣。砚旅即黄燕思，淮南人，尝刊《元次山集》。

（五）八大山人为黄研旅写山水册：

研旅戊寅题记谓得袚斋代求获此。袚斋即程京萼，为程庭祚之父，上元人，工书。事迹见《青溪集》十二廷祚所撰《行状》。

（六）归庄《墨竹卷》：

此卷作于戊戌，即顺治十五年（1658）也。陆心源《穰梨馆》三十二已著录。曾印入《艺林旬刊》五十二期，引首顾苓云美题记，苓又字浊斋，诸生，他书亦作顾岺，审此卷以作“苓”为是。钱谦益撰《顾象垣墓志》云：“长子苓。”苓尝居虎丘塔影园，旧为文肇祉所筑，顾氏更名云阳草堂，读书其间，谦益为之记。（《有学集》卷二十六）

题句诸家为录唐宋人诗。金侃即玄恭婿，与金上震皆金俊明子。《明诗纪事》引《百城烟水》云：“春草闲房在吴县卧龙街双林里，金孝章所构宅后书斋也。公高蹈不仕，拥书万卷，日与四方名贤，暨二子上震、侃咏歌其中。”徐树丕字武子，长洲人，著有《识小录》，备载归庄《万古愁遍数》。李模字子木，太仓人，曾序陈子升集，自著有《碧幢集》（《千顷堂书目》二十七）。

（七）程邃读书秋树根图：

程氏题识云：“白庵先生常见属，余窃得其神情，八十四朽弟。”白庵殆即冯行贞，常熟人，字服之，号白庵，善山水，有云林意。邃卒于康熙三十年，年八十七。是图作于八十四岁，应是康熙二十七年戊辰（1688）。

上举各点，为研读所得，略作考证，附记于此，以质高明。

九、结论——明遗民画之特色

明代画风，自吴派以后，即有复古的倾向。从唐寅至丁云鹏，都喜欢规模宋人。唐氏之师法李唐，尤为显著。明季有一些人，像郑千里（重）、魏子一（学濂）之流，仍是侧重技法，以植基础。观方密之所述郑千里以“法”，魏子一以“埃”、“干”教人，可以见之。（千里作品，可从东京程氏所藏一帧看出他崇尚法度的情形。魏氏所谓“埃”、“干”大意是指不特用力于基干处，还要用心于细微处。见拙作《方以智之画论》。）

可是，自崇祯以至明亡之后，画人大都走上元人荒率的道路。因为一方面而没有画院的规范，文人们每把画材和诗意拍成一片，各人各自握其龙蛇之珠，各走一路，不受到六法在格律上的限制。这时期画家的特色，总括言之，有下列数事：

（1）即景　每每随地取材，片段写生，自成馨逸，有如诗之即景成题。石涛《画谱·蹊径章》论，写山六种原则，所论更为具体。

（2）着我　拟议以成其变化，作画虽取资前人，但着重个性表现。

（3）渴笔　各人以其对书法的心得、造诣，发而为画，所以多彩多姿，各极其胜，但以使用渴笔，最为普通。屈大均作《画砚铭》有云：“平生交好，多善画者。吴中若申茗青（浦）、方药地（以智），龚柴丈（贤）、张大风（飌）、徐昭法（枋）为尤善。尝见诸君作画，多以渴笔取妍。其惜水也，亦如惜墨。其笔之所到者，山水未尝有；笔之所未到者，山水未尝无。使天机深者得其素，天机浅者得其绘。”（《翁山文外》）颇能道出渴笔妙用之处。

（4）用空　把庄子虚室生白的道理，用于画面。担当云：“要从白处想鸿蒙。”便是此理。亦曰用空，《读画录·胡元润传》云：“李君实（日华）尝言，作画惟空境最难。以余所见，善于用空者，其惟胡三褐公欤！褐公一字元润……性孤僻，作画如之。用笔设色，好作缥缈虚无态，故咫尺间，觉千万里为遥。余蓄画册自君始。”用空和留白，是很重要的。这与宋画堆得密麻麻的画法截然不同。

（5）妙悟　化繁为简，往往寥寥数笔，善于用松，行条理于乱头粗服之中。张风与其兄瑶星（怡）论画谓：“此事有悟亦有证，悟得十分，苟能证得三分，便是快事。”悟是知的事，证是行的事，先悟后证；知者未必能行，不悟则全是无知，直是死路歧途。这样论画和作画，简直好像是参禅了。

他们可以“更改烟云作画师”（担当句），大自然在他们手上可以随意安排。他们不是照实状来描写，而是通过心源的酝酿，脱胎换骨，变熟为生，好像佛门“转识成智”的本领一样。

袁枚的《续诗品》中“即景”说：“诗如化工，即景成趣。逝者如斯，有新无故。”画家的取景为图，正如诗家的即景成趣，时时要翻陈出新，自然产生奇特的风格。这正是明遗民画的特色。

Carl Jung 在 *Modern Man in Search of a Soul* 中尝说过：“一个伟大的艺

术品，像一个梦。”诗篇像梦一般，画亦有同然。明季画家，不少以梦喻画。方以智在名著《药地炮庄》书中，尝引楂与斋的妙语云：“画家不善画空，千古缺处也。画是醒时做梦。”楂氏即查继佐伊璜。此次展出至乐楼藏张氏适园旧物的山水十图，下笔高妙，别开生面，饫人眼福不浅。查氏说梦，原文又云：“梦或无理却有情，画不可无理，正妙有情。非多读书，负上慧，能作奇梦者，莫望涯涘。”能作“奇梦”的人，必有许多博学、上慧、阅历等先决条件，有奇才然后有奇想，有奇想然后发奇梦，这是能作奇画（Fantastic）的内在因素，谈何容易。查氏所论，十分奇警，无怪博学上慧而能作奇梦的无可上人，尚且檃括他的话头作为《炮庄》之用。明季的聪明人，是这样出类拔萃的，所以画品之高，构图之奇，造型之富，有如此者。如果Jung氏亦研究中国画，他必为之拍案惊奇。明的遗民便是这样地在绘画上去作他们的“噩梦”（借王船山的书名），去追求他们崇高的艺术理想，因举查氏隽语，以结吾篇。

参考书目（举要）

《支那名画宝鉴》
《宋元明清名画大观》
《神州大观》
《故宫书画录》
《画苑掇英》
《南京博物院藏画上下册》一九六六
《天津市艺术博物馆画集》、《续集》
《苏州博物馆藏画集》一九六三
《辽宁省博物馆藏画集》
《担当书画集》一九六三
郑振铎《遗民画》
何耀光《至乐楼书画录》
《图绘宝鉴续纂》
姜绍书《无声诗史》
周亮工《读画录》
徐　沁《明画录》

张　庚《清朝画征录》
《十百斋书画录》，microfilm 本（港大图书馆）
顾　复《平生壮观》
吴其贞《书画记》
陆心源《穰梨馆过眼录又续录》
顾文彬《过云楼书画记》
盛　镛《清代画史增编》
刘体仁《七颂堂识小录》
石　涛《石涛画谱》
顾凝远《画引》
周亮工《尺牍新钞》
潘之淙《书法离钩》
陈　田《明诗纪事》
魏　宪《诗持》（新加坡大学藏）
徐世昌《晚晴簃清诗汇》
叶恭绰《全清词钞》
邓之诚《清诗纪事》
朱彝尊《静志居诗话》
拙作《方以智的画论》
《千顷堂书目》
《“中央图书馆”善本书目》
宋　濂《画原》（《宋学士集》）
钱谦益《有学集》
李日华《恬致堂集》
黄宗羲《撰杖集》
方以智《浮山集》
金堡（淡归）《遍行堂续集》
陈洪绶《宝纶堂集》
释大汕《离六堂集》
释成鹫《咸陟堂诗文集》
万寿祺《隰西草堂集》
彭孟阳《莲香集》

吴伟业《梅村家藏稿》
侯朝宗《壮悔堂文集》
屈大均《翁山文外》
归　庄《归庄集》
孔尚任《诗文集》
方　苞《望溪集》
王懋竑《白田草堂存稿》
黄之隽《唐堂集》
章学诚《章实斋遗文》
方以智《药地炮庄》
王渔洋《池北偶谈》
郭　麟《爨余丛话》
董其昌《画禅室随笔》
李日华《六砚斋二笔》
钱　泳《履园丛话》
茅元仪《暇老斋笔记》
姜绍书《韵石斋笔谈》
谢国桢《明清笔记丛谈》
黄宾虹《黄山画苑略》
高　柄《唐诗品汇》
龚半千《中晚唐诗》
袁　枚《续诗品》
王　愫《题画诗钞》
叶昌炽《藏书纪事诗》
黄涌泉《陈洪绶年谱》
傅抱石《石涛上人年谱》
汪宗衍《天然和尚年谱》
《兰陔诗话》
《艺林旬刊》
《艺林丛录》第五编：俞剑华：利家、戾家、隶家、隶体；启功：戾家考
丰子恺《中国画的特色》(《东方杂志》二十四卷十一号)
李亚农《论钱举在中国美术史上的地位》(《中华文史论丛》二)

江兆申《新入寄存故宫的明逸民画》(《故宫季刊》第八卷第三期)

英文参考书目

1. James Cahill: *Fantastic and Eccentrics in Chinese Painting*, The Asia Society, Inc. 1967

2. *Special Exhibition of Paintings from the Ming and Ch'ing Dynasties*, 故宫博物院, 1970

3. *Exhibition of Paintings of the Ming and Ch'ing Periods*, City Museum and Art Gallery, Hong Kong, 1970

4. James Cahill: *The Restless Landscape: Chinese Paintings of the Late Ming Period*, University Art Museum, Berkeley, 1971

5. Chu-tsung Li: *A Thousand Peaks and Myriad Ravines* Vol. II, Charles A. Drenowatz Zurich, 1974

6. *The Freer Gallery of Art, I. China*, Compiled by the Freer Gallery of Art, Washington D. C., 1971

7. Marilyn and Shen Fu: *Studies in Connoisseurship: Chinese Paintings from the Arthur M. Sacker Collection in New York and Princeton*, Princeton, 1973

8. *The Paintings of Tao Ch'i: Catalogue of an Exhibition*, 1967. Held at the Museum of Art, University of Michigan, edited by Richard Edwards, Ann Arbor, 1967

晚明画家与画论

一、王上宫人物卷

明季人物画，推丁云鹏、吴彬、郑千里（重），若王龙如上宫之画，世极罕觏。顾起元（太初）《懒真草堂集》（卷十八）有《为吴叔任跋王上宫画十八罗汉卷》云：

王生此卷，用笔缥缈轻飏，殆似游丝之袅空，细发之拂面。而慈威相好，无不具足。谛观之，令人生庄严净土想。……若以心观，则所以必阿罗汉者，即颖如此墨如海，无可摹勒处，又何以从王生指尖捉笔时识取也。

《佩文斋书画谱》（卷五十七）有王上宫传，寥寥数语，只据顾集撮录。星洲友人陈之初君藏有王画一卷，为《文会图》，末有款一行云："万历癸巳春日，吴郡龙如写。"有印记二：一曰"云中君"，一曰"王印上宫"，知其字龙如，吴郡人，可补画家辞典之漏略。万历癸巳即二十一年。《宋元明清名画大观》载王上宫《仿唐人忠孝图卷》，郭味渠年表据以著录，系于是年，合此可为双璧，同为万历癸巳所绘。

此卷有"俞文葆"、及"俞明震印"、及"宝翰楼印"，卷后有俞某跋。

二、陈明卿与僧豁堂

黄宝熙先生藏陈明卿画有二卷：一为《雪江归棹图》卷（图一），有王时敏、王圆照、吴梅村及释正岩题跋；又一为《十二月山水卷》，有壬戌（天启二年）陈继儒跋（时年六十五）。陈廉画，世所罕见。其人生于万历间，卒于崇祯九年，年五十六。王时敏《奉常题跋》记其画迹有二事：一为《雪图卷》，一仿黄子久《富春山图卷》（《奉常题跋》上二二、二五），福开森《历代著录画目》所录仅此。此《雪江归棹》卷上有四贤题跋，其中正岩之名较僻。正岩跋云：

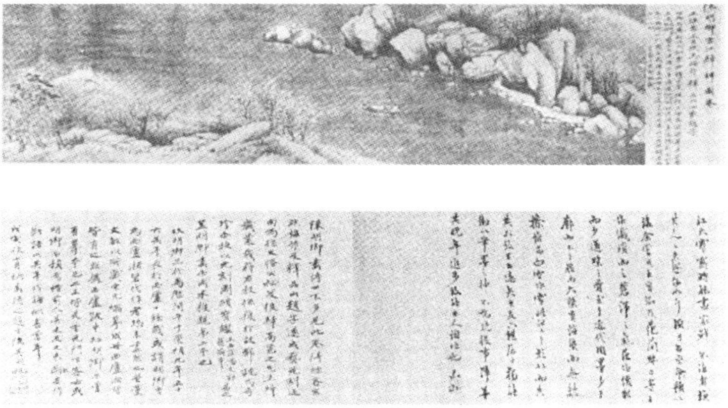

图一　黄宝熙先生藏陈明卿《雪山归棹》卷及（附）释正岩、吴湖帆跋

> 江天雪霁时，能画家鲜不值者，观其人之意趣何如耳！顷自右丞命题以后，余尝见王晋卿及范简叔二卷。王作纤琐而乏苍浑之气；范作缓散而少遒紧之骨。至于近代，用墨多于廓而不于腔内，大概有渲染而无皴擦，唯留白空作雪，此但工于形似而失其品致，去古远矣。吾友六堪居士，独能御以笔墨之神，不为境役事阵，盖其晚年进步，故能出人头地也。岩。

钤印三："茱庵"、"正岩之印"、"随山隐史"。考《云自在龛随笔》二："王奉常仿古十图册，纸本，奉常自跋两段；为文邃开士画。有王廉州跋。茱庵印文曰：'玉正岩'、曰'随山'、曰'南屏隐叟'、曰'茗上人'，署款曰

‘品山寸草庵主’。”（56页）此卷署名品山，知即释正岩，而随山、苿庵，皆其别号。

正岩事迹见于画史者，略如下：

《图绘宝鉴续纂》二：

僧豁堂，名正岩，号苿庵，本姓郭，武林人，诗画俱优，尤喜仿元四大家山水，住西湖净慈寺。

《海虞画苑略》云：

释岩字奯堂，又号随山，仁和郭氏子。初依灵隐，后圆具于三峰。

正岩俗姓郭，又号奯堂。奯即豁字。

《说文》大部：“奯，空大也。”玉篇：“奯，空也；大目也。”（《广韵》入声十四黠：豁、豁训豁达；奯训大开目。皆呼括切，异字而同音。）二字音义略同，故释氏以豁字当空门之空。正岩自号奯堂，殆取此义耶？

王时敏有《寿豁堂和尚书》（《奉常跋》下四），二人交谊至深，故西庐及明卿之画俱有豁堂跋。豁堂且工词，其题圣因寺壁《点绛唇》一首，传诵于时，名家词话均记之。

《释氏疑年录》十一：“杭州净慈豁堂正岩，豁堂为金陵郭氏，康熙九年卒，年七十四。”见冯溥撰《塔铭》，龚鼎孳撰《道行碑》、《净慈寺志》十九、《五灯全书》八十二。《清诗别裁》作“止岩，仁和徐氏，名继恩。”陈垣云：此“误以净挺为豁堂”，是也。

附

查礼《铜鼓书堂词话》：

来往烟波，此生自号西湖长。轻风小桨，荡出芦花港。得意高歌，夜静声偏朗。无人赏，自家拍掌，唱彻千山响。茂州陈时若大牧最喜歌此调云。武林一老僧所填《点绛唇》也，忘其名。余闻之辄录出，往复咏叹，音调超绝。噫！此亦红姜老人之俦匹也。

李调元《雨村词话》卷四：

《奯堂词》

西陵释正岩，字夤堂，所著有《同凡草》。词有湖上《点绛唇》一阕，题圣因寺壁间，最工致。余及见之，后不知为何人拭去。词云：“来往烟波，此生自号西湖长。轻风小桨。荡出芦花港。得意当歌，夜静声偏朗。无人赏。自家拍掌，唱得千山响。”出语不凡，奇僧也。

三、葛征奇山水跋

北山堂藏葛征奇山水卷。学大痴，笔笔用中锋，颇近邹臣虎一路（图二）。署已卯清和写于西湖之临花舫，盖崇祯十二年也。

图二　北山堂藏葛征奇《山水》卷

征奇，浙江海宁人，字无奇，号介龛，崇祯元年戊辰进士，官光禄寺卿。著《芜园集》十二卷（见《千顷堂书目》卷二十八）。《无声诗史》卷七有传，称其善写山水。惟征奇明末尝莅官广东，阮元《广东通志·职官表》九：“广东巡按御史葛征奇，浙江海宁人，崇祯十年任。”《明清史料》乙编第八本有广东巡按葛征奇为粤兵会剿楚寇题本（740 页），残。又乙编第八本有兵部题“失名”会同两广总督张镜心题残稿（751～756 页），其中兵部题云：“督臣张镜心，按臣葛征奇，道臣郑觐光筹划有方……各宜叙赉，以奖成劳”云云，失名当即按臣葛征奇。此题共七千六百余言，叙崇祯十年秋冬间虎门事件甚详，为中英贸易外交史上极重要史料。其时主要角色即为地方官兼为画家之葛征奇。题本中云：臣“自肇庆遵海而南，按历高、廉、琼三郡”，则征奇往粤足迹且及海南岛也。张镜心实于崇祯十年闰四月以兵部右侍郎总督两广军务。镜心，河南磁州人，天启二年进士，著有《云隐堂集》（见《清诗纪事初编》，143 页），又有《驭交记》（《粤雅堂丛书》本）。

征奇妾李因，字今是，又字今生，号是庵，会稽人，工画花卉翎毛，有《竹笑轩吟草》（崇祯十六年癸未刊本）。征奇序略云："是庵家西子湖，间作韵语自适，顾家贫落魄，余偶得其梅诗，有'一枝留待晚春开'之句，遂异而纳之，偕与泝太湖，渡金焦，涉黄河，泛济水，达幽燕，从游者十五载。时余方挟有画癖，宗云林、子久、梅道人，辄不得恒似。是庵独摹大小米，具体而微，所谓以云烟供养也。"《海宁州志稿》陶梁《红豆树馆书画记》卷八收葛氏山水卷，题"崇祯丁丑春日写于燕山邸舍，海上葛征奇"。陶氏云："光禄不以画名；此幅笔墨雄健，颇类其箎室李是庵，疑为香闺中捉刀也。"观征奇序是庵诗，知捉刀说之为无稽。丁丑为崇祯十年，是年春征奇犹在燕京，未莅粤也。

征奇又有《溪山清趣图》，为崇祯七年甲戌绘，见《支那名画宝鉴》。征奇画迹流传甚稀，不若其妾是庵之多，故极可贵。其卒在顺治二年，北山堂卷乃崇祯十二年作于湖上，时已由粤北返，流连湖上之水光山色，为晚年作品，尤有可观者。

四、跋七处和尚画册

北山堂藏七处和尚画册，题款云："丙戌冬日坐栖霞与雪庄上人论禅。"又一"秋夜与雪庄出神策门步月憩王氏紫霞庵谈禅论诗"云云，此册盖顺治三年丙戌为雪庄上人作者。雪庄名道悟，又号云舫、惺堂；安徽歙县人，住黄山，著有《黄山图》；罗振玉《吉石盦丛书》四集印行之，又有《黄山丛刊》本（民二十四年苏宗仁辑）。胡积堂《笔啸轩书画录》，著录有雪庄《黄山图》十册（下三二、四一），即此人也。

册中钤有"天眷"一印，殆示为天汉帝胄。七处本名朱睿왕，盖齐藩之裔。周晖《金陵琐事》称其为"睿爚弟，画笔清绝，迥无俗尘"。睿爚字渤海，工诗，画法云林。《金陵诗征》三十录朱睿炳、睿爚、睿왕、睿燧等人诗。睿燧字冷庵，尝筑栖贤庵，逃禅以终。四人者，行辈皆为"睿"，下字偏旁皆从"火"，当为同辈兄弟。《诗征》朱睿왕小传云：

> 睿왕一名翰之，应天人，齐藩裔，晚逃禅，自称七处和尚。七处工

画，楮墨之外，别有生趣；苍古之外，寓以妍秀。晚削发，构数椽南郭外，萧然瓢笠，不轻为人落笔，人称之曰“七师”。子知鄦。

收其题《仙鹤观》七律，有“戏鞭龙腹千峰雨，飞控鸾腰万丈霞”之句。其所以为应天人者，《明史·地理志》南京应天府，洪武元年八月建都曰南京。又《明史·诸王传》：“齐王榑，太祖第七子。洪武三年封，十五年就藩青州……建文初……废为庶人，与周王（橚）同禁锢……景泰五年，徙齐庶人、谷庶人置南京……嘉靖十三年，释高墙庶人长鏊，榑曾孙也。万历中，有承彩者，亦榑裔。”齐藩之裔于景泰时徙置南京，故翰之遂为应天人。齐藩虽以罪南迁，然子孙尚有卓绝非常之士，如五世孙承彩其裔朱庆槩、庆槩均以诗鸣，文采风流，为一时名士之领袖，事迹俱详《金陵诗征》卷二十三、二十七。《诗征》二十三云：“太祖第七子齐王榑，永乐中以疑忌，与子贤炬、贤炅、贤昱俱暴卒，幼子贤爀废为庶人，养于西内，景泰出之南部，赐以谷庶人三山里第。贤爀子能振，字坦斋；孙长锵，字守静。守静长子可涅，字泉亭，工诗，有《同春集》，读书通大义，不事科举。积勤丰财，辟一园名同春，盖不欲以丘壑自专，而与公卿大夫宗党宾客共乐之也，远近争慕其贤。子完玘、完琸、完嗣、完玉、孙循礼、循美、循德、循寿。次子可潢，字巨源，亦工诗。从李如真、焦澹园游。时张广筵，集众宾，谈经论古，发音中的，名驰四方，士大夫以得交为快。投赠盈笥，巨源汇为《小山元赏》行之。”（朱承彩《传》下）据《金陵诗征》，庆槩弟庆槩，即完玉（引《宗世系》云：完玉请于朝，始名庆棐，可证）。而庆槩子为睿燧，故知睿字辈皆庆字辈之子侄也。承彩（国华）工写生禽鸟，庆槩弟庆棐则善画山水枯木竹石，是睿爚、睿졸之擅山水，亦有渊源。日本内阁文库藏《皇明开运英武传》八卷，卷一题云：“原板南京齐府刊行，书林明峰杨氏重梓。”又木记云：“皇明万历辛卯重刻。”是南京齐藩亦尝刻书也。（孙楷第《日本所见小说书目》，75页，则疑齐府刊书不可信，非是）

故宫藏周亮工《集名家山水册》，其十四开《疏林远岫》署款：“丙戌秋日，为陶庵先生，弟眘。”陶庵即亮工：丙戌则与此册同为顺治三年所绘。翰之子知郑，字思远，亦工画能诗，魏宪刻《诗持》亟称赏之。《金陵诗征》卷三十二录其《留宿周敏求斋中晓起》诗，称其“幼与周敏求齐名，避居溧水山中，诗颇奇凿，画有父风，偶入城，卒于承恩寺舍”。敏求即周亮工之从兄也。亮工兄弟与翰之父子均属至交，故其《读画录》卷一中有朱翰之、朱知鄦父子传，称其“常询翰之先生画于君（知鄦），君曰：家公笔下，只是打发得开。余曰：打发得开何足云？君曰：君到打发不开处，始思吾言。世间生死大事，以及文章经济，到绝顶处，只是打发得开耳！君谓有他异邦？予甚旨其言”。打发得开为作画做事要诀，七处之画论，于此可窥一斑。

《穰梨馆过眼录》三十四释七处《四季渔家乐图》卷引首周亮工书篆，而周其皇系以小词四首，后有袁于令诗、陈舒（康熙三年甲辰）、唐允中、张风（顺治十七年庚子）、纪映钟（庚子）、（柳）格培（康熙八年乙酉）、方亨咸（康熙八年）、姜廷干诸人跋。桐城方与三尝跋七处《画册》云：“凡作诗文字画，须楮墨之外别有生趣迎人，令阅者目动心摇，始称快笔。然又非狐媚取悦，须极苍古中寓以秀好，极点染处寓其清空，始称合作。七师所画，吾无间然。”（《玉几山房画外录》上）七处又有辛亥《秋山道侣图》中堂幅，龚半千题句云：“画家只有黄公望，粗服蓬头笔砚中；老岁共传仙去矣，至今师亦有遗风。髺师深得子久三昧，笔劲高古。予见兹图静简而幽，不啻峄山之感。癸亥夏月半亩贤记。”（秦潜《曝画纪余》卷五）皆备极称许。辛亥为康熙十年，时师尚存，半千于康熙二十二年癸亥题诗，则七处已下世矣。

七处画迹见于著录者，有《三山书院卷》（日本考槃社《支那名画选集》），款题：“《三山书院图》，辛卯八月僧髺。”辛卯盖即顺治八年（1651）。是卷现藏大阪，印入夕可庵桥本（末吉）《收藏明清画目录》（七七）。又有《为阳庵作山水图》（《读画楼书画集萃》）及《山水扇》（北京故宫）等，皆未寓目。

士林“故宫”藏《明人画幅集册》第十八开水墨山水，款云：“丙辰六月写，朱文实。”钤印“翰之”，画笔颇拙；以“翰之”一印度之，“文实”或为其早年之名。丙辰即万历四十四年，周亮工称：“师望八始寂去。”则此或可能师早年之作，尚待考定。

五、跋石涛《费氏先茔图》

此卷现藏法京 Guimet 博物馆，石涛为新繁费密此度作也（经印入张氏《大风堂名迹》清湘专辑之七、八）。密以诗为牧斋、渔洋所激赏。其“大江流汉水，孤艇接残春”二句，渔洋誉为“十字须千古”；而《北征》长古，牧斋称其必传。今传有《燕峰诗钞》一卷，仅六十一首。石涛为此卷时，密已下世，故追写以贻其嗣子。石涛题识略云：“此度先生，生前乞予为先茔图，孝子之用心也。……三数月后，而先生之讣闻于我矣。令子甫訇携草稿，请副成之。”此度有二子，曰锡琮，字厚蕃，有《掣鲸堂诗选》。曰锡璜，字滋衡，著《贯道堂文集》。石涛又题句云：“传经奕叶心期切，削迹荒乡岁暮孤；何意野田便永诀，不堪吾老哭潜夫。”死生契阔，情见乎辞。考费氏《家乘》载，《中文先生私谥议》云：“康熙四十年辛巳，成都费燕峰先生卒于江都之野田村。”则诗中之野田乃村名，密奉其父经虞卜居于此。密中年负笈百泉，孙奇逢《送费生南还诗序》云：“其尊人鲜民公阅余《岁寒居集》，令其徒步事余于空山清寂之中。”密之及夏峰之门，乃禀其家训。密著《中传正纪》百二十卷，章实斋颇讥之（见《文史通义》外篇二《书（费锡璜）贯道堂文集后》）。然其《弘道书》三卷，足以羽翼圣门，纲维伦纪（今有成都《怡兰堂丛书》本），诚命世之鸿儒，非徒以诗鸣而已（详《清儒学案》卷二百七诸儒学案十三）。世传三费时，赵熙称其父经虞得风人之旨；子滋衡固沈悫士所称：疑又犷于燕峰者，俱载《清诗别裁》卷二十五。《清诗别裁》又载其长子锡琮《黄河诗》力遒气雄，绰有唐音。此先茔图卷题咏甚伙，可考其交游；时人题赠之作，多有可观者。据道光十八年朱其兰跋称：“癸巳初冬，在灵石同获两卷，其一小者为李十三鹤生索去。”则石涛为此度所作《费氏图》，又不止此卷也。

石涛住扬州，复工垒石；扬州名园以垒石胜，如余元甲（葭白）之万石园，山中大小石洞数百，即出石涛之手（《扬州画舫录》二及十五）。又费密故宅，在扬州，草屋三四楹，自密移家入城，遂为蓄养文鱼之院（《画舫录》三）。费氏为纯儒，石涛所心折，复同居维扬，两写《费氏先茔图》，足见费氏与石涛交契之深也。

六、跋石涛《金陵八景图册》

石涛《金陵八景图册》，北山堂藏。计一、《兲（天）坛勒骑》（图三），署梦懂生；二、《秦淮春渡》，署大畣（本）堂若極（极）；三、《平堤跃马》，署钝根；四、《栖霞胜概》，署零丁老人；五、《钟山紫气》；六、《长桥艳赏》，署大涤子若极；七、《雨花闲眺》，署大涤子阿长；八、《东山在望》（图四）“一册为立翁作此”者，末署金陵枝下陈人朽极。每幅对题有周向山（京）诗，盖石涛在南京一枝寺时所作者。石涛寓金陵长干之一枝阁历八年之久，故被称为“金陵一枝石涛济禅师”（《五灯全书》）。其与周向山来往之画幅世所悉知者有：

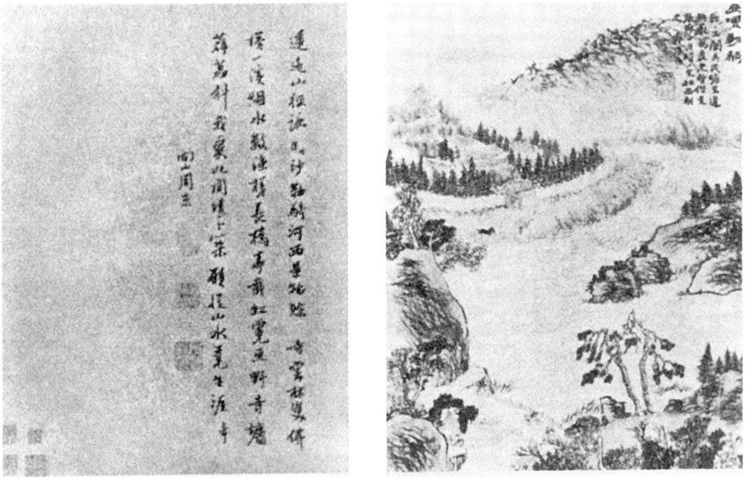

图三　石涛金陵八景图《癶（天）坛勒骑》及周京题诗

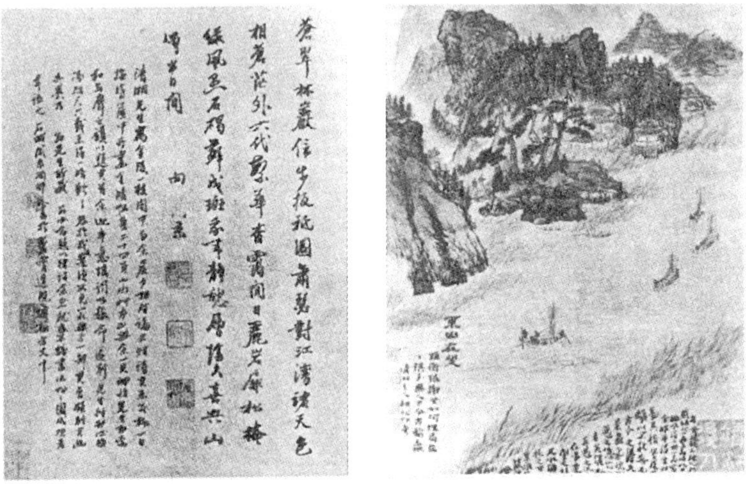

图四　石涛金陵八景图《东山在望》及周京题诗

（一）日本藏《授易图》轴，款署“写于秦淮之向山草堂”，为庚申夏五月，即康熙十九年。

（二）《释道济书画册》第五开：“九日程穆倩、周向山、黄仙裳、冯蓼庵诸公置酒，邀余同家喝（涛）兄登周处台分赋。”其第六开有《江东秋日怀张瑶星、周向山、张僧持、汤燕生、戴务旃、杜苍略、柳公含、吴野人、周真梅诸布衣》七古诗。

上举资料郑拙庐已有考证，谓属康熙二十二年数年内事。唯对周向山为谁氏，尚未详考。今据此北山堂册及钤印，知周向山实即周京，其《江东》七古前有句云："白云老翁倏地去，青□复作丛霄游。"白云指张怡；丛霄即周京，此册有印曰"丛霄"可证；惜诗题款"青"下一字残泐。

> 案清初有二周京：一为江宁人，著有《向山诗钞》一卷，及《近代诗钞》十三卷，康熙十一年向山堂刊（见孙殿起《清代禁书知见录》，106页）。此周京字雨郇；署石城者，盖指金陵。其字曰雨郇者，《诗·曹风·下泉》第三章云："忾我寤叹，念彼京师。"第四章云："芃芃黍苗，阴雨膏之。四国有王，郇伯劳之。"雨与郇两字联用，义即本此，宛然有黍离之思。另一周京乃鄞人，全祖望《鲒埼亭诗集》十九有《周穆门墓志铭》：穆门名京，字西穆，一字少穆，主湖社，年七十三，杭大宗世骏为之传。

石涛题识称"一册为立翁作"，立翁疑即饶至立。北山堂另藏石涛法书卷《癸丑怀雪次家喝（涛）兄韵》，又七律二首有题记云："一冬无雪，昨与家兄次怀雪韵，今对雪同饶子至立、吴惊远、家喝涛兄唱和，余为首赋罢，随兴以澹墨染之，清湘石涛济敬亭之双塔寺。"此当在宣城时所书，故知立翁即饶至立。至于吴惊远，石涛及吴肃公晴岩时与为诗酒之会，见江注诗集《宛陵诗》。

七、石涛人物花卉册中之祖命考

石涛墨笔《人物花卉册》，原藏大风堂，现归美国 Arthur M. Sakler 收藏（见傅申书附图 XX-BB）。墨竹上有祖命题，引徐青藤句，署名归云庄农，又一印章曰"祖命字薪禅"。此祖命向来未详，今按即唐元甲也。《清词钞》卷五："唐元甲，号祖命，字薪禅，又字心传，江苏武进人，有《殢花词》一卷。"元甲字薪禅，与石涛画上印章正合。《殢花词》有赵氏诒琛《又满楼丛书》本。题"晋陵唐祖命薪禅，一字心传著"。集中《满江红》自题殢花行者小照，知其尝自号曰殢花行者。

清初又有一唐祖命，乃宣城人。钱牧斋有《唐祖命诗稿序》云："余同年友宣城唐君平，有才子曰允甲，字祖命。自其弱冠，才名藉甚，有请数百篇。……祖命起家中翰，遭谗放黜，丧乱屏退，长为旅人，而年亦已五十矣。”（《有学集》卷十八）牧斋为撰序时，祖命已年届不惑。郝莲《国朝诗选》钞本，唐允甲字祖命，宣城人，明官中书，著《耕坞山人诗集》。收其还山诗。《清诗汇》：“唐允甲，字祖命，宣城人，有《耕坞山人集》。”《雪桥诗话》云：“祖命善书法，明季尝为中书，鼎革后隐居不复出。”《诗汇》录其《题朱石者半水园次李梅公韵》七律（卷十六），李梅公即江西李元鼎也。王渔洋《精华录》有《梦与唐祖命游黄山》五绝（卷五），及《答梅渊公赠画兼寄唐祖命》二首有句云：“耕坞先生袂又分。”（卷六）此人亦与梅清交好，因同为宣城人也（梅清卒于康熙三十六年，年七十五）。此祖命乃唐允甲（耕坞），而非唐元甲（薪禅）。为石涛题画之祖命，必非唐允甲，而为唐元甲，由“字薪禅”一印可以定之。正如牧斋辛卯（顺治八年，1651）赠石涛开士，以其自庐山致萧伯玉（士玮）书，于其归作十四绝句以贻之。此石涛乃庐山雪峤圆信门下之弘铠石涛（参吴烟修之《庐山续志》），时主开先寺法席，而非画僧之石涛[①]。顺康之际，有两石涛，又有两唐祖命，事之巧合有如此者，故不殚缕缕为之辨析。

《清诗汇》二八，钱陆燦有与袁箨庵、唐祖命、方尔止、张瑶星、余澹心、黄俞邰诸君子集牡丹花下诗。此唐祖命当是唐允甲。考袁箨庵即袁于令，方尔止即方文，张瑶星即张怡，余澹心即余怀，黄俞邰即黄虞稷。石涛《黄山胜册》之七题云：“炼丹台逢箨庵、吼堂诸君子。”石涛与名曲家袁于令原亦熟稔[②]，尝同登黄山。

故宫藏周亮工集名家山水第十四幅，对题唐允甲题识云：“七大师品地高洁，尘视簪绂，故其落笔翛然，不可一世。学倪清闷者，当以此为道师。……七师有子，明贡士，亦善画。允甲，唐允甲印。”（《故宫书画录》六，280页）七师指七处。此第十四幅为《疏林远岫》，题“丙戌（顺治三年，1646）秋日为陶庵先生（即亮工），弟簪，印翰之。”正为七处所绘。周亮工《赖古堂集》卷十有《同唐祖命、梅杓司、王玉式集任贞生雪礞即席赋》一律。

至乐楼藏万年少《南硐图》，在间水绫上有唐允甲小字长诗云：

① 叶叶《萧士玮、闵麟嗣赠石涛上人诗考》，《大陆杂志》五〇卷之二。

② 孟森《心史丛刊》二集《袁于令西楼记传奇考》八，考证于令事迹最为详尽。

一卷双图题者谁，隰西老人前画师。袖来示我程左车，泪雨如珠覆清颐。云是先师手泽在，一点一画皆提诲。老眼昏矇看不明，展开细细寻渲绘。劈头一幅归来图，空山四壁天为徒。萧条仿佛同谷县，子美黄精今有无？二图蓊郁千峰幻，引水成溪宇南涧（村名。是左车结宇奉养尊甫恭倩先生处）。有人抱瓮歌停云，承颜菽水娱清晏。图中高寄不可量，才壶弱水清风扬。不恃能事夸王宰，笔精墨妙驱长康。十年世事如车轴，天边恶鸟栖金屋。周民但饱西山薇，申生何处秦庭哭。一丘一壑老此中，桃源避地君堪续。君不见世将作画训兄子，为写孔门高弟尔。又不见孔璠表谥李先生，梁摧栋折心茕茕。愿君守此长勿失，僾然如见墙羹立。要使金石有时渝，此卷光芒亘日月。呜呼！此卷光芒亘日月。左车道兄属题，为作小歌。耕坞唐允甲草。

罗振玉辑《万年少年谱》，顺治七年庚寅，姑熟唐祖命舍人二月流连唱和得诗。十七年有《唐九允甲过访草堂诗》：“唐生作客庚寅岁，羸马弊车临大河。万里披图淮北尽，六年溉釜海南多。浮云天外愁春草，落日山中泣暮娥。惭愧访予深巷里，共看剑影夜婆娑。”允甲自家来访，留草堂者（《徐州二遗民集》卷二）。又附录收《宣城唐允甲祖命万年少赠徐君平书画册跋》，庚寅七月朔日。又万年少《先生醒世图跋》，甲午十一月朔，耕坞樵允甲题，此唐祖命而号耕坞者也。归庄诗稿亦有为程左车题万年少画《南涧图》三首。万、归诸人皆与祖命缔交，归庄又有《赠唐祖命中翰》诗云：“一自宗周九鼎沦，天涯漂泊有遗臣。心悲旧日宫廷事，眼识当今草泽人。谢朓山头常醉月，谪仙楼上漫游春。凤池久已生秋草，羁旅尤应入梦频。”自注云：“宣州人，今流寓姑熟，名允甲。”

《穰梨》三十四释七处《四季渔家乐图》卷有唐耕坞跋云：

其皇诗词婉丽，非七处不能绘出；七处画笔淹润，非张、陈不能道出。至于两家胜场，诗中有画，画中有诗，则又尽于戆叟一篇中，三绝四胜，可谓兼有。再四展玩，唯有赞叹欢喜，安能复置一语！耕叟允中题。唐印允中、耕坞。

是跋署名则作耕叟允中。耕叟即耕坞，允中或允甲之讹。跋称张、陈，指张颿及陈舒二跋；戆叟指纪映钟。纪跋云：“其皇周子，诗辞婉丽绝尘，与和尚方外莫逆。”其皇则周其皇也。此卷又有袁于令题四绝句。余怀《玉琴斋词》有《水龙吟》饮其皇水阁，《百字令》集饮陈原舒寓园，《满江红》寿省斋，又同邵村（即方亨咸）省斋集笠鸿浮白轩听曲二首。笠鸿即李渔字。由上引钱陆燦等集牡丹花下诗题观之，当日袁（于令）、周（其皇）、余（怀）与唐祖命（允甲）诸人，盖屡有文酒之会。

渐江弟子江注诗集，有《忆唐祖命前辈》诗云：

> 曾闻公昉已游仙，宛水荒凉此数年。故国衣冠悲画省，名山花石叹平泉。想谈风月登楼晚，疑为兵戈避世先。手泽仪型何处觅，文心书法有家传。(《安徽丛书》第一集本)

江注歙人，此唐祖命与之来往，可能即宣城人之唐祖命矣。渐江《黄山画册》十帧有唐祖命等跋，百一研斋藏（见黄宾虹《渐江师画目》）。

至为石涛题句《殢花词》作者之晋陵唐祖命薪禅，据该词集卷首锡山王志喜（燕公）序中自注云：“昔都门盛传击筑一社，罗致一时人才，薪禅其一也。”又《月下笛》词题云：“较月午词，追悼半园伯父。”半园即唐宇昭；此唐祖命者，盖宇昭之侄也。

八、洪正治画像石涛补景卷跋

沙可乐藏画，有《洪正治像石涛补景》长卷，已收入傅申所著 *Studies in Connoisseurship*（Princeton University Press，1974）书中拖尾题句凡三十一人。于洪正治或称之曰廷老，或称之曰陔翁，向来皆谓其为石涛门人，而未详其行谊。按李锴《铁君文钞》下有《洪陔华传》云：

> 洪正治，字廷佐，陔华其号也，歙桂林里人。曾祖故太常卿谥庄定公文衡。庄定公生隐君嗣宪，隐君生玉振；玉振字叔俨，晚自号成斋，正治之公也。遭世乱，隐君避地昌化，成斋君从日左右艰危中。隐君殁，乃奉母东迁于扬。……成斋君力敦内行，而以朴诚遇物，正治济之以和，家尚俭，循古风。然人有缓急，拯之若不逮，正治体之，出纳当其意。岁甲午，歙饥，成斋君赡桂林族，正治广其惠，复太常故宅，隐君读书堂及里中旧，费不赀，正治多方画之，事皆集。……仆尝挟重赀亡，一

旦遇之，阳不顾而逸之去，曰先君子之教也。以故郡人争啧啧，嘉戚斋之仁，而服正治之孝。年六十有二卒。成斋君尝曰："吾歙人，死必葬我徽。"比正治卒，两氏皆反葬于徽。正治择交审，所从游者，先渭裘、张仰高，宗人秋士三处士，及清湘大涤子极而已。善画兰，工诗，所著有《华萍书屋集》。子七人，烝烝秀出，肇、楙成雍正癸卯进士。（《辽海丛书》本）

正治事迹大略如此，其人盖纯厚君子，徙居扬州，自其父玉振以高赀见称，故能广赡宗族。李锴自言四走江南北，皆主正治家。锴即以著《尚史》出名者也。此卷李锴行书题句云："披青巾，按长剑。凭虚御风，泠然而善。神仙耶？豪杰耶？吾不可得而辨。但见身如游龙，目如飞电。长啸一声山水变。"自署襄平世弟，于正治倾倒之至。此传谓正治从游者有三处士及青湘大涤子极（石涛自署若极，亦称大涤子极），则其人之耿介可知矣。屡与石涛交往，以同住扬州，故正治画像，石涛为之补景。

此卷中之嘉植有四言赞及长跋，自署"戊子秋八月朔汇村叔氏嘉植书"。盖即正治之叔，故不著姓。嘉植号去芜，又号汇村，勿庵梅文鼎题五古云"我友汇村翁"者，即指嘉植；勿庵盖清初历算名家。嘉植著有《大荫堂集》（康熙间刊，见《清代禁书知见录》，19 页。"中央图书馆"藏有旧抄本四册）。香港赵崇衍华光草堂藏石涛画扇款有云："文野先生过访，得老友洪去芜消息，乙酉（康熙四十四年）文野老弟……"足见嘉植亦石涛之好友。《黄山志续集》卷七收录嘉植诗不少。考洪钛《七峰草堂诗稿》有《洪去芜文集序》，谓新安黄自先、洪去芜皆奇人，不得志，而以天下为己任，去芜即钛之兄也（《清诗纪事初编》卷五，578 页）。去芜与先著（蠲斋）亦至交，《黄研旅山水册》国宋跋云："甲申冬，同去芜、先蠲斋于案头取册子展玩，忽俯仰长叹，自恨衰老为汗背者久之，大村李国宋跋，时年七十。"甲申为康熙四十三年，是时必黄研旅，以石涛画求国宋题识，因得与洪嘉植（去芜）、先著（蠲斋）同观于案头间。今正治画像卷题句又有染庵先著《卜算子》词。

李氏撰传称其曾祖父文衡。考《明史》，列传一百三十有传。文衡字平仲，万历十七年进士，与何乔远善，以光禄少卿致太常，督四夷馆（《明史》，6285 页）。洪嘉植跋所称太常公是也。

为洪氏题跋者，以宜兴储氏、谢氏昆仲最为特色。储氏有掌文、大文、郁文、雄文四人。掌文为古文家储欣（同人）之孙，康熙五十六年丁酉举人，纳溪知县。余皆储方庆子；方庆生子五人，长右文，次大文，次在文，次郁文，次雄文，并登甲乙榜，一时艺林传为美谈。方庆著有《遁庵文集》十二卷。郁文字允韬，康熙五十三年甲午举人，辛丑进士，官徽州府教授。雄文字汜云，康熙五十年辛卯举人，辛丑进士，殚精诗律，为渔洋所赏，著有《浮青水榭集》四卷。大文则康熙五十三年举人，主东南坛坫，人推祭酒，世称画山先生者也（见其《尽山楼记》)。著《存研楼文集》十六卷二集二十五卷。其题洪像仅四句："声在树外，香在云外，人在山外，剑在天外。"叠用四外字，奇崛可喜。诸谢事迹具详《宜兴旧志·文苑传》。谢氏兄弟则谢遴孙；方琦字应云，康熙三十五年丙子举人；芳连字皆人，方琦弟，工诗，渔洋拟之如世尊拈花迦叶微笑，事迹及诗篇均见《宜兴旧志·人物》及《艺文》。方琦为陔华题照云："此陔华之照耶？吾以十字呼之。曰：昂然独立者为名臣之裔。以九字像之，曰：嶙嶙绝壁秋水光凝紫。以八字发之。曰：气压万空目空余子。以七字畅之，曰：乘风破浪吾徒事。以六字原之，曰：丈夫志在千里。以五字旷之，曰：侠儒均寄耳。以四字实之，曰：锋沉锷鸷。以三字括之，曰：勇敢士。然后以二字叩之，曰：其似？恍若以一字应之，曰：是。"由十字句减至一字，大有佳趣，足见文思之巧。

石涛又为正治画兰册，原迹不知何在？唯各家题跋，均录人大涤子《诗画题跋》中。

九、石涛所称许之陈道山

石涛论当代画派，以陈道山与白秃（石溪)、青溪同目为高古，为一代之解人（见《程鸣六写山水册》)。道山即陈舒也，字原舒，浙江嘉善人，事迹详《读画录》卷四、《国朝画征录》卷上、《桐阴论画》上卷，均不言其为进士，但《进士题名碑》记其登顺治六年进士。《故宫司道职名册》有广西驿传道副使陈舒，进士，实职参议，浙江人。顺治陆年伍月改授。

陈道山画花鸟草虫，在道复、青藤之间，石涛誉其高古，与二溪并列。道山曾题石溪山水卷云："此公书画，岂可以文辞譬喻赞叹耶？故寓、卮、重等皆不能尽其蕴，值是一物不成，两物见在，观者见趣，任其高下，更不得著一语其上，便蛇足也。"而自署侍者陈舒，可见其对石溪服膺之笃。借《庄子》寓言、卮言、重言诸法论画，虽修辞多方，要能恰到好处，增之一分则太长，减之一分则太短，繁简得宜，毋庸加损，功夫至此，非言语所能形容，非石溪不易有此造诣也。

《穰梨》卷三十九有陈道山山水花卉册对题，兹录其诗跋数首为例：

春去气逾霭，作为三日霖。落炤开曲港，密绿生奇阴。返景灿半阁，暗烟飞素禽。仰谷一相望，胸中横古今。此图幽密静深，烟光与水气相耀，自非目得心维手谐情会者，则不知开染之妙，徒赞丹青之工矣。盖语知己，勿因俗传，乃觉言之诬，殊匪狂夫自僭，呵呵！原舒。

庚寅年题于嘉定。都称方朔是狂夫，使酒诙谐傲帝都。记得玉墀曹射覆，破开丹笔画灵符。陈原舒诗句。

乱泉如奏众山通，返炤深林紫闪红。巢月鹤来琪树秃，卧云人去草堂空。寻常杖履应难到，殊异渔樵岂可逢。寂历莫须论岁月，孤亭终古爱高风。陈舒，一字申老。

道山结发辛苦，苍头无成，唯听泉竹中固有归计想。恒公虽处荣泽，而清晏独行之怀颇深，一向乃与下士之谣，用招贤者之隐，诗犹未足，图而观之。

老计转生活，求名泉石理。昼眠当远游，放鹤常蚤起。纱帽笼白头。朱衣炤秋水。撑持七尺篙，委曲几沙嘴。岂有长生图，须无世间喜，天地空寥寥，道心乐如此。余既喜泉石，亦玩鱼鸟。然缨于贫贱，谋食尘俗，虽思止有归，而拂然未得，乃窃间写《放鹤图》，又题此诗，以明愚抱与。恒文沈太傅参之，盖欲公勇退耳。法社弟道山，俗字原舒，俗姓陈名舒，浙江人。

初太傅沈恒文公，有文徵仲画册十帧，高深灵治，稀世珍宝。后假而亡之，其人思有以偿之，求之不得，乃以用世之物三十两，请于浙民陈道山作云石树屋花草共十幅，而装潢绢素不与焉，越三月完好以归于公，盖雅情也，不可不记。

此册乃为沈太傅恒文作，欲其勇退，有深意存焉。其人之潇洒狂放，于兹可见。

又七处和尚《渔乐图》，道山题跋云：

其皇出此，自赏夏秋二帧已足。黄幼仆所以要著语其后，盖欲拖带风光也。甲辰十二月五日陈舒。甲辰观七处画便发诗兴，戊申读其皇诗

如得画理。谓七处不知诗则不可，庸有其皇不知画者耶？酒醒必叩其要。原舒重观。（《穰梨》卷三十四）

观画便发诗兴，读诗如得画理，诗画互相参，自得机要，何待酒醒耶！

康熙三年甲辰，周亮工有长书索陈元舒画云：“某既家白门，既与原舒相去数百里而遥，原舒又时时往来白门，白门诸同人为之友者，又皆为某友。某虽老，今年始五十又三，尚能说饼挽黄间似未必即死。闻原舒饮益豪，笔墨之气益勃勃蓬蓬，则亦未必便厌好花大月而行。两人相值，自有其时，正不必以此效世人作怅怅语。独是某生平嗜画，三十年来积同人笔墨至千余卷，慕原舒笔墨每形之梦寐，常从玉式处见所画一帙，欲遽夺去，佯谓玉式曰：‘姑再观已。’乃从册中窃数幅入吾巨帙中，语玉式曰：‘不知为何氏窃也。’玉式亦匿笑不禁。原舒固以笔墨妙天下，然使人梦寐之而不得，至于甘心作穿窬焉，度亦其中之所不忍也。……原舒虽兀傲，必有以处我矣。原舒懒答人书，故去人虽特遣，而不令其往索报章，但冀有以慰我之诚，多至千万幅，少至十余幅，纤微至三数幅惟命。或以为栎下生之言荒唐无伦，竟置之，终无一水一石焉，亦惟命。”（《赖古堂集》卷二十）。同年阳月，胡士昆（元青）作《兰花卷》，陈氏为题跋云：

昨过法喜禅院，见元青一竹梢，枯石三四拳，飘三四叶，却不见发花，而山中春气与幽谈拂拂而至，非谀我友，故出此言也，弟陈舒观。（《穰梨》卷三十二）

笔意轻灵，如兰之馨，实至佳之小品。龚贤（半庵）亦题一首七古，句云：“龙友横波近代人，亦能笔墨同飞舞；复有胡君此艺精，高崖邃谷通其灵。”（同上，卷三十二）今《南画大成》十五有胡士昆为周亮工作《墨兰卷》，可见元青之功力。

道山与僧石溪及张怡多相往还，《藏弆集》录二人与道山书，石溪书云：

童求来持手札，说近况痛苦，此亦老僧家常茶饭，但我原道人开场做了好戏文，末后不柰此苦。若以道眼反观，那片不是精底人生，各赋一种性气，造化能使渠啼笑无端。若以鄙见观之，道人实未减风流，何至乃尔？眼昏久未作答，偶晴窗下，书尽此纸，所谓“曾为浪子偏怜客”

者也。此字在笥中，胸不快意时出者一遍，管取猢狲子不跳也。呵呵！

张怡书云：

《宣和画谱》称诸葛武侯能画，故八阵图之形势见于分布，粲然可观。马援聚米为山谷，定是好手，此岂濡豪舐墨，规唐模宋者所能梦见耶？

黄宾虹谓道山以新朝显宦，能与高僧遗逸相切磨，其志识必有大过人者。其花卉潇洒，得元人意，与沈石田、周服卿、陈白阳俱不同调，而超逸过之。

原舒移居金陵，构小园于雨花台下，余怀《玉琴斋词》三有《集饮陈原舒寓园百字令》云：

南冈小巷，问何人款客，孟公投辖。百尺高楼君独卧，剥啄花间惊聒。霜叶翻阶，露葵堆砌，掩映陈蕃榻。斫地悲歌，一时真是狂杀。

剩此六代江山，供虎头驱染，尽发挥、痴黠插剑。酒酣肝胆出，莫问魏三张八。秋水当门，江鱼入馔，劝尔休弹铗。斜阳归骑，儿童笑指红颊。

此词不啻为其生活之写照。《平津馆鉴藏书画记》43页a著录有陈道山山水一帧。孙星衍云："（道山）居金陵，好用熟纸作画。此幅疏秀闲冶，若不经意，而笔墨拔俗千丈矣（嘉庆十一年五和居士题于安德使署让枣轩）。"道山能倚声，有《蝶恋花》纪梦一首云：

试着罗衣寒尚悄。紫雾团烟，月在藤花晓。推枕起来还睡倒。欲寻去梦程多少？　　活水春塘行遍了。山远斜阳，一碧围芳草。待唤吟魂天杳杳。醒来人与春同老。（《全清词钞》，58页）

去梦难寻，醒来则人与春同老矣。感慨万千，生世如梦，作画亦如纪梦，此阕足征其心声。张庚称道山"荒干乱丛，若不经意"。此其所以为石涛所心折也欤。

乐在轩藏画有李鱓乾隆《芭蕉图》，款云："拟道山意，书启南诗。"道山即陈舒也。

附　陈舒画目

（一）《山厨旨蓄》卷

《石渠宝笈》三编卷三、《西清札记》卷四著录："陈舒画《山厨旨蓄》卷，纸本设色。画菜、茄、笋、瓜、菱、柚子、扁豆、百合、芦菔、丝瓜、茭白、莲蓬，蔬果共十有二种。别画菊花、水仙、山茶，自题：'莫云老汉不慈悲，互相食啖当如此。高田荒草删锄去，种菜收油尽滋味。柚子虽云满树垂，酸苦只堪供玩瞟。木奴结实可换钱，但恐官商要征税。今年预卜时节好，依旧良苗获丰岁。垂垂累累秋塍暮，担釜扛钟呼小大。山歌水调唱不分，饱闷鸡豚忘罪过。这回算出二十七，多收十斛思易妇。老农贪得又种瓜，蔓长叶厚绕篱笆。烂煮一锅春酱汁，且担满椀对黄花。闻说健脾惟扁豆，遮阳覆屋曾消受。即今寒露生复生，蒸晒随宜厌童幼。曾诵伯温蔬菜略，试作一歌公听著。茄子分明唤紫茄，落苏押韵称苏落（原注此谑耳）。板桥芦菔衢州笋，贵贱虽殊皆妙品。消痰清火亦同功，作脯为齑亦无损。岁癸丑秋八月三日，拙民陈舒字原舒，别号道山，于康居阁下写供借云关主老和尚大发慈悲一笑。'"引首行楷书，旨蓄足山厨，款道山。戴祁跋云："先生笔墨包含万有，题咏亦绰有高致，当与青藤方驾并驱。此卷尤为得意，诗亦非烟火人语。笠公携弃，住山餐霞，以疗朝饥，道山之画为香积精馔，因采徐公幼文菜茧句书卷首以归之。七十老人祁识。印：'三花饮临池'、'戴祁私印'、'三登天柱'。"

（二）《三山书院图》卷

题"辛卯八月朔写，浙氓陈舒。"图现存日本，载桥本收藏《明清画目录》（七七）。

（三）《花卉册》八叶

神州国光社 1929 年上海出版，黄宾虹题签及说明。各页题："牵得春光一树华"、"包藏天地春"、"自得芳心锦绣春"、"月色不可辨，晚香无用烧"、"醮酒闻莺"、"为惜分阴坐春昼，高冈凤翙子情遐。原舒"、"难系可怜春"、"渔人不问津"。此为于湖王子卿太山泽旧藏，有其藏印。

（四）《花卉》四叶

见《南画大成》，一题"萋萋以秋，盈盈留蝶，如何我心，思之不撤。"署道山。余三叶已见神州国光社《花卉册》。

（五）《花果册》十二叶

康熙二十年辛酉作，见《历代流传书画作品编年表》，139页。

（六）《天中佳卉轴》

（七）《新年大吉轴》

以上见《宝笈三编》第五册2167页著录，延春阁旧藏，今在士林“故宫”，见《故宫书画录》简目《成》一八七、《调》二三九。

（八）《菊花册》、《花鸟册》

见《十百斋画录》卷六、十五著录。

十、石涛与戴鹰阿及天根道人

画人与画人间屡有往来，石涛与梅清之交契，众皆知之，其与戴本孝亦属至好。香港明德堂藏有石涛《访戴图》，水墨着色，纸本，款云：

迢迢老翁昨出谷，夜深还向长干宿。朝来杖策访高踪，入座开轩写林麓。细雨霏霏远烟湿，墨痕落纸虬松秃。君时住笔发大笑，我亦狂歌起相逐。但放□颠得捧腹，太华五岳争飞瀑。观者神往莫疑猜，暂时戴笠归去来。

夏日访迢迢谷戴鹰阿，于长干里纵观作画，雨中戴笠而归。此诗昨于画中偶得之，今图中三老，仿佛当时，因书其上。

戊寅（康熙三十七年，1698）菊月清湘陈人，大涤子济。

本孝画，其印章时见“迢迢谷”，即长干里地名。石涛住金陵长干一枝寺时，作诗有句云：“近日鹰阿成懒癖，往来时卧长干楼；一枝崱屴寄空外，默张冷眼虚搜求。”懒指戴本孝；此为《江东秋日怀人诗》，寄张瑶星……吴野人、周真棲诸布衣，见《画苑掇英》下九《山水册》，对开，其画石涛题云：“古人径无人，流水折空谷；幽鸟识春心，响入千山腹。”此帧多用干皴，似学鹰阿之画法。

石涛另有与退翁信云：

屏早就，不敢久留，恐老翁想思日深。遣人送到，或有药，小子领回。天霁自当谢，不宣，上退翁先生，大涤子顿首。天根道兄统此。

信末问候之天根向不知为何人，《虚斋名画录》四戴鹰阿山水册，每署款“天根本孝”，或“天根道人”，如：

林霭欲浮春，崖光动幽照；应知净业人，忘言亦微笑。

笔墨乃性情之事，于依稀仿佛中有非笔墨所可传者，惟吾乐园能静讨得之。天根本孝。

似此云泉树，生居黄农天；奇影落人世，悔作画图传。

黟海松石，古人多未见，况画可摹邪？引为近玩，仙帝所嗔，余与友渐公（即渐江）不能无谴也。

彼盎松囊云者，当复如何？天根道人。（天下“鹰阿”、“戴”二印）

故知石涛札中之天根道兄，谅指本孝。清初有李天根，原名大本，为李松之子，江陵人，入清不应试，著《爝火录》（《清诗纪事初编》，49 页），当是另一人。《黄山志续集》，收有僧传本，字天根诗，为僧传悟雪洲师弟，有《智幻者次天根和尚韵》，更仍是另一人。

上述此册，对题又有吴云题句，录如下：

岂是乘槎泛斗中，并无织女在溪头；人间自有银河好，博望何劳天上浮。舵翁题。（印“吴云”）石径流古涧泉，疏林不挂半丝烟；高人自有悠闲意，岂是长斋绣佛边。吴云题。

此吴云又号“舵翁”，《广雅》卷九《释水》：“舵谓之桄。”《集韵》卷二：“舵、船前桄也。”考吴云别字舫翁，施闰章有《吴舫翁集序》称：“吴子舫翁……少为安成名士，明末自髡为僧，尝从青原药禅师（方以智）游。”《吉安府志》有传：“云字天门，安福人，拔贡……先是丁明季国变，云苦节自高，诸大吏征聘皆不起。时孤吟古松下，闲寄兴书画……徜徉潇水、泸水间，著述终其身，卒年七十九。”为鹰阿题诗之吴云，当即此人，盖方以智门徒也。

康熙十三年甲寅，石涛在宣城，其自写《种松小照》，幅上有戴本孝、汤燕生等人题跋。又仿戴本孝作《华山梦游图》，具见其交谊之笃。

石涛另一山水题款有：“怒猊抉石、渴骥奔泉”等句。又：“己未（康熙十八年）夏日秦淮之怀谢楼，飞涛先生笔墨知己，偶亦补款，请正。戊辰（康熙二十七年）一月邗江之树下。石道人。”（香港博物美术馆《明清绘画展览》四八著录明德堂藏立轴。）按清初号飞涛者有二人：一为浙江仁和人丁澎，顺治十二年进士；一为歙县人程澎，皆字飞涛。程澎诗亦见《黄山志》。石涛笔墨知己之飞涛，意即程澎，以石涛与歙人来往较密故也。吴嘉纪《陋轩诗集》与程飞涛来往诗什甚多。如：黄叶和程飞涛（卷二）。程飞涛送苦蒿酒，题程飞涛独坐抱琴图（卷三）。飞涛为孝子，曾割股肉二次疗亲（卷五《挽程母》诗注）。又黄山歌一长古赠程飞涛（卷六），当即此人。

十一、跋程穆倩《读书秋树根图》

右图署款八十四朽弟程邃。考垢道人卒于康熙三十年辛未，年八十七，此当是康熙二十七年戊辰（1688）之作，行以颤笔而干裂秋风，洵晚岁妙品也。题识草书十行近九十字，如春蚓秋蛇，辨认为艰，言“眊目复明，望九老人，忽发童心勃勃，技痒难名。正亦不知所起，起于知己乔宝应诸君子也。白庵先生常见属，余窃得其神情之表，偶制此楮，是读书秋树根，诸教正之”。怂恿其重操绘事之乔宝应殆指乔莱。莱，宝应人，父可聘，明季官河南道御史，入清高蹈不仕，年过八十，系东南人望。莱登康熙四年进士，官至侍读，二十六年谪归，卒于三十三年，年五十三（见《清史列传·文苑》）。此图恰写于莱南归后翌年，故知乔宝应必指莱也。至白庵先生或即常熟冯行贞，为钝吟先生冯班次子，善山水有云林意，松石纯用水墨皴染，文秀绝伦，侨居吴之娄门，年七十余，事迹见《海虞画苑略》。

十二、徐武子及其隶书引首

《千顷堂书目》二十八徐树丕有《埋庵集》，字武子，长洲人。武子工隶书，清初遗民画卷引首，多由其题字。兹列所知如次：

（一）王节山水册

前副叶二开隶书“烟云供养”，款署墙东徐树丕书（《故宫》六，91页）。

（二）钦揖摹古册

前副页有徐树丕隶书“岩水澄华”四大字（《故宫》六，100页）。揖、吴县人，字远犹，尝作《离骚图》。

（三）黄向坚《寻亲纪历山水册》

何氏至乐楼藏，周寿昌旧物，引首题“孝子行踪”，墙东徐树丕题，时年八十有七。

（四）邵僧弥山水卷

李研山藏，印入书画集（248页），引首隶书“霞表澄观”，墙东徐树丕书。武子与归庄，沈颢石天，金孝章俊明均友善。至乐楼藏归庄《墨竹卷》，引首顾苓书，卷后分录前人诗句，武子为录杨按察题陈维寅《竹间烧笋》诗，与金耿庵父子、李模并列。沈石天《梅花册》，引首亦为顾苓题“名花倾国两相欢”句，册中取明季闺秀名句，如叶纨纨、柳如是辈。徐武子为录二首，皆叶昭齐句。又计南阳亦为书二首（《续梨》一二）。

树丕，长洲人，明季诸生，吴郡姚希孟妻以女。希孟著有《清闷全集》五十八卷（崇祯刻本共十四册），曾为王铎《拟山园诗序》，明季名士也。树丕博学，工八分，卒于康熙癸亥（二十二年，1683）；子晟，亦六十六矣。所著《识小录》，手稿本影入《涵芬楼秘笈》，题曰“活埋庵道人徐树丕笔”。其集名《埋庵集》；树丕为明遗民，亦王船山“七尺从天乞活埋”之微意也。《识小录》中时及明季掌故，如季寓庸条，记欲以十万金收尽江南北之古董。乙酉、丙戌兵荒之后，贫人赖以济。张捷立身条，记其弘光立，起家冢宰；弘光逃，缢而死之，亦为死节。李长蘅条，记丙寅（天启六年，1626）春赠山水一幅，仿北苑，极为时贤所赏，因录其《西湖绝句》七首，皆有裨于考证。

顾苓于分、隶工力湛深，明季画家引首亦每由其操翰，尝代郑谷口（簠）答方涂山书，尤见其邃于字学。顾氏著《塔影园集》，罗振玉刊于《殷礼在斯堂丛书》，集中卷四《跋老莲水浒图》，为有关画史之作。

十三、赵宧光草篆

赵寒山凡夫宧光，徐武子谓其人当入独行传（《识小录》三）。凡夫以著《说文长笺》名，牧斋颇讥之（《列朝诗集小传》至谓凡夫之说行而小学废），亭林又纠擿其书。而刘献廷则谓“凡夫六书之学，近代人无出其右，其《长笺》虽未尽合于理，然亦弘博可观。又称其以谐声之故，求之等字，有真定淖公精五天梵书，凡夫师之，供养于法螺庵，衡宇相望”（《广阳杂记》之一）。则凡夫亦留心韵学者也。献廷又称：“寒山草篆……从容于法度中，故

能变化于规矩之外，今人未尝一日从事于玉箸，执笔辄拟寒山，所谓学邯郸之步，未有不失其故者也。”（《广阳杂记》卷四）

李启严藏王宠大行书卷，赵宧光引首“雅宜狂草”，《石渠初编》下册卷四 940 页著录。故宫藏明五家《寒山诗募缘疏》，引首赵宧光书“普明禅院宝殿缘疏”篆书，钤印三，又题“不住布施”（《书画录》，157 页）。

《续穰梨》八周叔宗书《洛神赋册》，引首四字为宧光书草篆，有董香光、陈继儒二跋；又石友王望霖跋云：“交芦居士名祖，字叔宗，以字行。……有赵宧光为题其首。宧光字凡夫，太仓人，笃意仓、史之学，创作草篆，盖原《天玺碑》而小变焉。”宧光篆盖从《天发神谶》而来，选堂藏有赵氏书《梅花诗》一轴，附以备览。（图五）

北山堂藏有杨文骢卷，题戊寅冬为寒山盟兄画者，其上恽向题云：“此仁百乞龙友画为寒翁寿也。寒翁品居世法之外；龙友画在笔墨之外，仁百交谊形骸之外，正可相视一笑。社小弟恽本初题。”具见宧光与恽氏交谊之笃。

十四、招隐诗与遗民画

晚明遗民作画，就题材（themes）而言，以隐居为最常见之现象。

自淮南小山有《招隐士》之篇，左太冲、陆士衡有《招隐》之诗，以“隐居”为诗文题材，在易代之际，最为习见。元黄子久有《秋山招隐图》（《辛丑销夏记》卷四）。明末画人，多以“隐”为画题，举例如次：

（一）项圣谟：《三招隐图卷》

甲申（崇祯十七年）正月，画《三招隐图》，并作《隐居诗》三十首，兼有长序，引首有易庵（圣谟号）

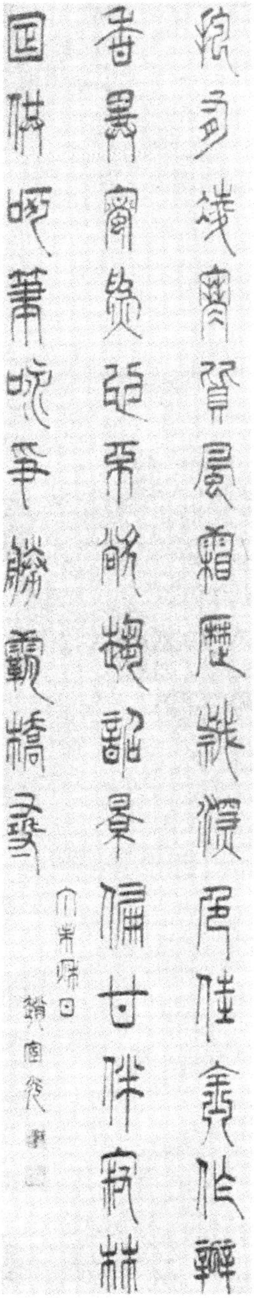

图五　选堂藏赵宧光《梅花诗》轴

居士自题“隐居放言”四字。又重题咏三十韵，称丁亥（顺治四年，1647）十月寓梅花庵（指梅道人），寝食和尚塔前，忽遇奚儿于里中，已为僧矣。始犹怒其背主，而数叱，及愿归是卷，意稍解。又明年戊子为补跋。《穰梨》卷三十一著录。奚儿不知指何人；再和《隐居诗》中充满亡国之痛。此图特借题发挥愤懑耳。

（二）徐枋：《涧上草堂图》

陈田《明诗纪事》辛签卷十六云：“余见俟斋《涧上草堂图》，墨笔山水，草屋数间，后有遗像，附遗嘱一纸……甲戌年（康熙三十三年，1694）九月二十日巳刻。”《草堂图》前后二十余页，有王兰泉（昶）等人题跋。徐昭法高节，详罗振玉撰《徐枋年谱》。

（三）陈洪绶：《隐居十六观册》

《石渠宝笈》初编养心殿著录，有款云：“洪绶画赠石天先生，时辛卯（顺治八年，1651）中秋。”又款云：“辛卯八月十五夜，烂醉西子湖，时吴香扶磨墨，卞云装吮管授余，乐为朗翁书赠。”盖画赠沈颢，犹令人想见其风流倜傥时也。册有宋荦子“宋致审定”及“朱之赤印”，现存士林“故宫”。（《书画录》六，87页）

（四）万寿祺：《南涧图》

万道人为其门人程左车画，归庄题绝句三首，已见集中。又胡从中作《南涧》三章；从中字天仿，淮安人。周亮工《尺牍新钞》载其《与龚半千书》。年少《南涧图》见《萱晖堂书画录》（125页），有叶恭绰等跋。至乐楼藏品外，东京程氏亦有之。

（五）祝昌：《溪山无尽长卷》

款云：“归隐者，余以言志也。未遂买山之心，空负泉石之性，聊以笔墨寓意烟霞。丙午暮春，偶抹长卷三十尺……吴子滨臣，意欲怀之。……山史祝昌。”（《苏州博物馆藏画》）画人放怀山水，与隐士高蹈之旨趣相通，故不期而著之笔墨焉。昌为顺治六年进士，已非遗民，仍怀归隐之情，当日画坛之风气，固如此也。

十五、明季印尼画本传入中国考

印尼之 makasa，明清人音译作吗咖吵。周亮工《赖古堂文集》卷二十二，为林铁崖《题吗咖吵国画》云：“铁崖勇于为善，每不计后之利害。吗咖吵国人贸易之舰，镇将没入元，赖公得免。然幸镇将溪壑已满，公因得左右其归。使小人不利其所有，而公然借外叛以加贸人，公必与争。”亮工别有《题陈章侯（老莲）画寄林铁崖》云：“丙申以此卷寄铁公，时公方备琼海兵。戊戌余归自闽赴廷尉质，抵西营，不十日而公亦中谗逮至。”

梁同书《频罗庵遗集》卷十三《吗伽吵国渔牧图卷跋》云：“吗伽吵国画，目所未睹，亦莫名其宝；而铁崖林公一段逸事可传，又得诸名公，大书特书，洵足珍也。公讳嗣环，福建晋江人。康熙间，云间孙鋐《皇清诗选》载其诗。”

《福建通志》卷七十二《经籍》引邓孝威云：“铁崖罢琼海观察归，侨居西湖，自号澈果子。”嗣环登顺治己丑进士，于琼海兵备任内，尝得吗咖吵国之画，同亮工为之跋，清中叶梁同书又记其事。

考清卞永誉《式古堂书画汇考》卷四，著录历代名画高册，其第二十三幅为葛喇巴国人画本风景图。卞氏记该图内容云：

> 长方纸印本，如乌丝罗文。高树密林，林中人物狰狞变幻，衣履刀械，种种殊异。袒裼者、披衣者、里衣若介胄者、披发者、冠者、缠头者，男女老少，朱发碧睛，宛然在目。虽非六法正宗，用以示观览者识职责之一。右角下横书本国字款。

按吗咖吵国与华人往来甚早，据该地同治六年立《天后庙碑》云：

> 锡江之天后宫……始自甲必丹王悦拾地立庙，只筑一椽，坐山面海，以为往来艘联拜之所。乾隆戊午年，甲必丹李如璋修葺，始改坐海朝山矣。越十八载，仍又数次修理，只是依旧而已。迨至嘉庆十八年，甲必丹黄雅重修，始筑拜亭、禅堂。……嗣李公织德甲、梁公华国甲，杨公映水甲，修于道光前后等年。自戊午年改造迄今，百有余载，墙垣崩塌，殿宇倾颓，若不重新翻盖，非所以崇祀典也。……大清同治六年岁次丁卯仲秋吉旦。

法国友人 C. Lombard 屡至该地调查华人概况，著有 *La Communaute Chinoise Le Mak-asar Vie Religiuse*（《通报》五五，一九六九）。此碑即载于其论文中。其地之有天后庙，经始于乾隆嘉庆以前，明末吗咖吵人与华贸易，由来远矣。林嗣环之获该国画本，亦非偶然。吗咖吵一名，后又译作望加锡，其地同为葛喇巴属国。葛喇巴即今之雅加达，《海岛逸志》云：

> 葛喇巴国……统辖属国，东有望加锡、安汶、万澜、涧仔低；东北有马辰；西有巴东；西北有马六甲、柔佛，其余荒壤之国，但入贡而已。

又阙名《葛喇巴传》云：

> 唐人之到呀瓦（自注呀瓦即爪哇之音转）大洲立埠头者，自明朝始。及至顺治年，福建同安人多离本地往葛喇巴贸易耕种，岁输丁票银五六金，此后每有厦门巨艚船，载万余石赴葛喇巴及钣马廊埠头。

印尼与华自明清以来屡有交往，故其图画得随时传入中国。

予旅游雅加达、万隆等地，见其国人好画，作品每于市上求售。而峇厘岛绘艺尤为发达，所绘皆趋向写实，如卞永誉所述画本国风景者，极为普遍。因记明季林嗣环得印尼图画一事，以备言南洋交通史者之参考。

十六、论明人以杜诗入画

龚半千山水卷题记："画于众技中最末，及读杜老诗有云：'刘侯天机精，好画入骨髓。'世固有好画而入骨髓者矣。"（《虚斋》六）半千特取杜老"好画"二字以为话头。尝考自"诗中有画，画中有诗"之说兴，画人即喜以唐诗入画。

北宋赵大年画王摩诘诗意元王恽有跋，见《秋涧大全集》卷七十三，南宋赵葵作《丛竹图》，题句："夹路修篁千万竿。"（见《画苑掇英》五）用杜甫诗意"竹深留客处，荷净纳凉时"句。此为宋人用杜句见于现存画迹者。

又有先书诗句而绘画以配之者，如韩道亨（颖泉）书李白《蜀道难》卷，而张宏（君度）为之补图（《石渠宝笈续》第三册，1702 页）以李白蜀道为画题，明人时见之，若万历癸丑（四十一年），陈焕（尧峰）作《蜀道奇观图》（《支那名画宝鉴》），是其例也。

董其昌亦善以唐诗入画，如故宫藏《董氏书画合璧册》之五，即题："溪云初起日沈阁，山雨欲来风满楼"二警句（《书画录》八，69 页）。又其《泉光云彩》轴，上方题云："泉光云影，翠绿空濛；是无声诗，岂让杜翁！壬申秋日为君常年丈，玄宰。"（《书画录》五，460页）欲以无声之诗追杜陵之笔力，故李乔曾记之云：

> 气霁地表，云敛天末；洞庭始波，木叶微脱。春草碧色，春水绿波，送君南浦，伤如之何！四更山吐月，残夜水明楼；海风吹不断，江月照还空。董思白尝欲以此数则征名手图小景，然又叹少陵无人谪仙死，文、沈之后，《广陵散》绝矣！岂谓昔人诗中有画，今人画中遂无诗哉！（《虚斋画录》十三）

其中"四更山吐月"一联，即杜之名句也。

杜句"五月江深草阁寒"，画人每以入画，至今犹习见。黄宝熙先生藏唐寅《江深草阁图·赠次明吴君》，该画《珊瑚网·画录》卷十六、《式古堂书画汇考》画卷二十七著录。考天启丙寅（六年），姚岩（会昌）作《五月江深草阁寒册》页（《明贤书画真迹册》），而唐寅《赠次明吴君图》题曰"五月江深草阁寒"（《明清画展》一〇，香港大会堂），则滥觞自明时。

自董氏以后，用杜句入画，继轨者大有其人，张尔唯之图《秋兴》、戴本孝之图《秦州山水》，皆其著者也。

（一）张尔唯学曾之《秋兴诗册》

此册作于崇祯十年丁丑，应李小有而作。小有之弟乔有跋记之，余如陆启浤叔度跋称："诗画三昧都在无字句处。少陵《秋兴》，镜中花水中月矣。尔唯从而图之，镜水俱空，花月缥缈。……今尔唯画《秋兴图》时，方二月春云烂烂，上林枝发，忽觉玉树凋伤，萧森满眼，笔墨之妙，能夺化工如此。小有曰尔唯深于少陵诗法，余固乞其图此，是又在无画处有一段暎发。"学曾自跋云：

> 丁丑春日长安邸中，小有社兄命予以少陵《秋兴》谱图，无论拙腕不能仿佛万一，且其情事种种原非景物所能状。小有以为画取形似，邻于儿童，老坡已言之矣。强余卒业，然少陵有诗中画，正不必求予画中诗，观者暗中摸索可也。因并书八诗于左，月建卯之朔，对雪命酌，识此。弟张学曾。

对雪题句，于冬写秋，倍见逸兴遄飞。其从无字句处迸出墨汁，欲代杜说法，不独秋为然也。又有画人恽本初、杨龙友、郑元勋诸人题跋，并录如左：

余与尔唯同居长安凡数年，未尝得其全帧数笔，小有客燕才几月，乃扃门绝酒以《秋兴》八帧强之。夫《秋兴》岂可画者，小有出题而尔唯作文：亦一奇也。其力钜如巨灵斧，其法密如窦娘机，其境静如渊明琴，其理微如辅嗣易，而有而不有，不有而有处，又如子晋笙，微微天外，盖所谓文章之能事，丹青之绝群者矣。然不有小有痴绝，扃门断酒以处，尔唯安得此种流传人世？使子美在焉，呼之或出。戊寅夏日，题于敝庐之竹中，盟弟恽本初。

子瞻谓为诗为此诗，便非知诗人。余亦谓为画为此画，便非知画人。故郭象注《庄子》，孝标注《世说》，皆不许俗人梦见。尔唯《秋兴》八册，与工部同一寄托，要在笔墨以外，非寻章摘句者比。余曾见虎头画《洛神赋》，未免著象，便下尔唯数等矣。弟杨文骢跋。

尔唯流寓长安，一椽如舫，竹窗明静，图史连屋，客至呼酒啸歌，典衣无吝，怀才落魄，不异子美，而独无其囊中一钱之叹，又不屑依依，岂古今人不相及耶！今绘此图，墨池激壮，政足相敌，而□慨攸分，尔唯□有不忮不求之意。严武己卯初夏，影园主人郑元勋题于泳庵。

此册不知现在何许，以诗入画，此为极上品。尔唯为吴梅村画中九友之一，其画极鲜见。尔唯画萧疏简远，周亮工谓其移入诗中，可入香山、苏州两庑（《读画录》卷三）。

（二）戴本孝水墨十二页，录杜诗十二首，有山川名胜登临之制，如白盐崖、东柯谷、麦积山、仇池是也，有名园山林闲居之什，如平台左庄、江村东屯之类是也。以画法喻之，前者属于高远深远，后者合为平远。戴氏题记极精，以诗通画，义旨渊深，如云：

少陵《晓望》一首，俨然荆、关遗迹，遂用其法摹之，翠深红结之句，唐人神妙之笔。……少陵生气写照，千古如新若此。

画家能绘影不能绘光，能绘色不能绘声，尝叹画月者作一圆象，无乃过呆耶！

《秦州杂诗》，历记其山川形胜，千载如画，后人以其诗当画读，余乃欲以画作诗观，宁不谓余痴且陋耶？聊以当无声无字句之笺注可耳。

（三）石涛《杜甫诗册》

摘录杜句题景，以七律中一联为多，如“高江急峡雷霆斗，古木苍藤日月昏”。“秋水才深（杜句原作添）四五尺，野航恰是两三人”等，此册人所熟知，不必深论。近印道济《野色册》，亦多摭李、杜句，且有改字换意者。又何绍基《跋苦瓜和尚画少陵诗意册》云：“苦瓜和尚作小帧画，至精警盖世；若作大幅，往往气局散缓。意其人似狂实狷，故其画理之精妙至此。”（《东洲草堂文集》卷二）谓石涛似狂实狷，极为中肯。

明季批注杜诗之风气甚盛，而集其大成于康熙间。仇兆鳌《杜诗详注》凡例，“历代注杜”及“近人注杜”二条，已详言之。仇氏所列举诸书皆未亡佚，近日黄永武辑《杜诗丛刊》，不少已见翻印。

画家注杜之书，大都为新安人，如萧云从有《杜律细》，郑旻有《杜诗笺注》，似与白山黄生互有启牖之功，而洪钍钞荟唐人诗逾万首，戴名世颇称其所注杜诗。钍亦歙人（《清诗纪事初编》卷五，577 页）：黄山艺人之嗜杜，似与画风不无关系也。

十七、晚明画论中之抽象观念

画理与哲学，往往相通，尤以山水画写枯淡苍莽之意境，令人生“天地氤氲”之概。垢道人秃笔破墨写乱峰古洞，上题律句有“望里半氤氲，林疏尽白云”之语（《过云楼书画记》五），此一例也。作指画者，更可联想《庄子·齐物论》“天地一指”。释成鹫诗题人指头画，亦其例也。清初画人，慧解尤胜，弥多妙悟，故方以智作意在笔外之图，戴鹰阿为象外意中之卷。观道于画，得其环中。而半千《与胡玉昆书》，更发为浑沦之论，可谓为无为而无不为，笔法与墨气融合，致乎太和，画之极挚，无逾此矣。兹略举诸家说，聊当管窥，而以朱德润《浑沦图》之说附焉。览者勿以玄之又玄视之，庶无负予之微意云。

戴本孝“象外意中”图卷

此康熙三十年（辛未，1691）绘，戴时年七十一，为晚岁作品。该卷尝印成册，本孝自跋云：

> 六法师古人，古人师造化，造化在乎手，笔墨无不有。虽会诸家以成一家，亦各视其学力天分所至耳。脱尽廉纤刻画之习，取意于言象之外，今人有胜于古人。盖天地运会，与人心神智相渐，通变于无穷，君子于此观道矣。余画初下笔，绝不敢先有成见，一任其所至以为起止，屈子《远游》所谓“一气孔神”，无为之先，宁不足与造化相表里耶！是卷枯颖迅扫，摵摵有声，未卜精鉴作何臧否也？辛未九月，长真璚秀洞天樵夫本孝识于东皋，时年七十有一。

按司空图二十四《诗品》第一雄浑句云：“超以象外，得其环中。”此用其语。《楚辞·远游》云：“审壹气之和德。曰道可受兮，不可传；其小无内兮，其大无垠。无淈滑而魂兮，彼将自然。壹气孔神兮，于中夜存。虚以待之兮，无为之先。庶类以成兮，此德之门。”《列子·仲尼》引亢仓子云：“我体合于心，心合于气，气合于神，神合于无。”故云“壹气孔神”。鹰阿深有会于此旨，故云：“天地运会，与人心神智相渐，通变于无穷。”于此可明“写画”与“绘画”之区别，亦即匠笔与文笔之别。绘画者先确定布局，然后运笔，如是则笔每每为图形所役，不能肆焉；写画者则不然，不敢先有成见，随意所至，如是气与神行，气力所运，浩乎沛然，而神理自足，故曰“孔神”。此图名曰《象外意中》者，不为形象所拘，而能外之，意随笔行，自得其环中，以应无穷，故曰意中。

龚贤：浑沦说

贤与胡元润书云：

> 画十年后，无结滞之迹矣。二十年后，无浑沦之名矣。无结滞之迹者，人知之也。无浑沦之名者，其说不亦反乎！然画家亦有以模糊而谓之浑沦者，非浑沦也，唯笔墨俱妙。而无笔法墨气之分，此真浑沦矣。足下兄弟世其家学，沉酣梦寐于枯毫顽石间四十年，吾竟不能窥所至。夫未离阛阓，而谈五岳之奇，虽称亦谤也，余何敢。（《尺牍新钞》卷十）

浑沦一词，见《列子·天瑞》：“气形质具而未相离，故曰浑沦。浑沦者，言万物相浑沦而未相离也。”

浑沦同于浑沌。《庄子·应帝王》：“中央之帝为浑沌。”《经典释文》二十八引三家说：

崔譔云：“浑沌，无孔窍也。”

李颐云：“清浊未分也，比喻自然。”

简文帝云：“倏忽取神连为名；浑沌以合和为貌。神连譬有为，合和譬无为。”

是浑沌、浑沦者，或以喻自然，或以譬和合。杨维桢《逸编》有《崆峒浑沦歌》，已用“浑沦”二字。半千借道家语以喻画，指出浑沦非模糊之谓，乃笔与墨二者各极其妙，笔法与墨气之和合，方是真浑沦。兹就其说，表之如下：

第一阶段　无结滞之病，十年工夫；去笔法与墨气之毛病。

第二阶段　无浑沦之名，二十年工夫；免于模糊。

第三阶段　真浑沦，四十年工夫；已无笔法、墨气之分，而纯任自然。

释成鹫观乐块然大师作指头画，赠诗云：

天地之大一指也，造物化工成造化。山川草木露精神，风云雷雨供挥洒。混沌初开假即真，大地平沉真复假。高悬一指在虚空，留与人间作图画。先生先生人也天，自称块然非块然。手灵心敏破常格，指头揭出拈花禅。爪生甲长一粟许，涵盖乾坤三大千。扁舟过我坐未稳，大惊小怪呈空拳。空拳竖起无名指，一阖一辟机锋圆。须臾索纸见技痒，管城老矣甘归田。甲端点墨指点水，浓淡浅深皆至理。溟濛云水自空来，突兀孤峰从地起。老眼傍观得未曾，天工人代难思议。大哉伟丈夫，善哉奇男子。耳目迥尘根，肝胆无渣滓。浩气横空亘古今，万象森罗方寸里。区区一指何足多，指天指地须如此。

直是大谈庄学，借指画以发挥天地一指之恉，不啻漆园之义疏耳。

山水画之涉及哲学问题者，元朱德润《浑沦图》卷，颇引起明人之讨论。此卷尝著录于陆心源《穰梨》卷八，现不知流落何处。是图详细记录如下：

图纸高九寸许，横宽二尺五寸强，画老松一本，上牵藤蔓，而右旋飘出外，下作一大圆如镜，径三寸半，下补一石并坡草，皆苍古秀润，笔简而多幽趣，画之右有赞语，首题《浑沦图赞》，其下即接写赞词云："浑沦者，不方而圆，不圆而方，先天地生者，无形而形存；后天地生者，有形而形亡。一翕一张，是岂有绳墨之可量哉？至正乙丑秋九月二十六日，空同山人朱德润画。"赞行书，共六行，字径七八分，给体颇类赵吴兴，后有方阴阳文"翁同山人"及方阳文"朱氏泽民"两图章。画之大圆后，又有方阳文"与造物游"及"睢阳世家"两印。图前别纸引首，有万历戊申陈献之廷策八分书《浑沦图》三字；前有二印，上曰"松声阁印"，下曰"师来山道者"。画幅后别纸，书题跋赞传等共十有九人，多长而有至数百言者。

文徵明嘉靖戊申跋谓："此浑沦不知所谓，味其赞语，似是养生家言，然不可知也。而画法秀润，自有一种士风。"张凤翼万历癸丑跋则云："浑沦一图，似有深意；圆之为言，元也。赞云不方而圆者，叹其生于元也；不圆而方者，即其不囿于元也。"又云："题讫有客问予曰：'子以圆为元，似矣；后著树石者何？'予云：'易知也。意以生于元者，当与木石居，正见立朝非其意也。倪云林山水不画人，郑所南兰不画地，意正与此同。'"先有此二说，其后题者纷纷提出不同看法，略举数家如下：

文震孟云：

本是一幅胜国佳画，只因多个圈子，惹却后来无数是非，曰无极，曰太极，曰先天，曰后天，乃至以圆为元，以方为不囿于元，以解浑沦，何破碎也！且于圈子有甚交涉？幸其无交涉，故于浑沦犹存些儿影子，然终不如一松一石，光光明明，映照后代。崇祯癸酉孟夏之望文震孟题于清瑶屿。

周启祥云：

泽民先生，渊源家学，超悟象图。自作《浑沦图》，傍稍点缀木石，其意殆欲斩尽棘篱，孤存太朴，正使二气五行，囊括于浑然一极中。非有非无，非同非殊，何上何下，何终何始，万劫升沉，颠扑不破，褒博之士，复何处描头画脚，偎墙凿壁，以为千古聚讼之端，斯即先生《太极图赞》，所谓天高地下，岳峙渊渟之旨也。后之人求其说而不得，一以为养生家言，一以为指斥胜国之义。嗟乎！此图之所以为浑沦也……崇祯壬申腊月四日，同里后学周启祥拜识。

画家归昌世更为之赞云：

至人玄览，超然帝先。有象斯隐，无言乃全。琴不在指，月不在川。彼芸芸者，以无为天。三物已支，一贯则圆，匪坐乃忘，不唯亦传。兹图何为，意在图前。岁寒消歇，葛藤谁缠。是实语者，非玄非禅。我披此图，隐几嗒然。

陈继儒题诗云：

浑沌须眉无窍，先天太极难安。谁把虚空打碎，免教人吃疑团。

画中添此一圈子，竟有十九人议论之多。明代理学盛行，故滋多异说，亦一时风气也。

明清之际禅画南传与海外文化交流

黄宾虹云："释氏衣钵，盛于博山，黄山之僧弘济，弘仁，实衍其宗，而渐江师者，尤以其禅独称于世。"不知八大之师弘敏。大杲（石溪）、大启（龚贤）及大汕等皆师觉浪，俱出博山门下，只石涛别出临济之道忞，四高僧中其三禅灯皆可溯源于博山。黄君只道得一半而已。

饶宇朴《个山小像跋》："戊子（顺治五年，1648）现比丘身，癸巳（顺治十年）遂得正法于吾师耕庵老人，诸方藉藉，又以为博山有后矣。"

博山在明末地位至高，本住江西上饶之能仁寺，历三十六年，其《博山参禅警悟》一书，风行及日韩各地。书家张瑞图亦及博山门下，见《卍字藏》有博山著《宗教答响序》末署"戊辰秋月弟子张瑞图书于博山丛林"。博山元来历住建州董岩寺及仰山寺，福州鼓山寺、金陵天界寺皆有《语录》。

石涛题十六应真卷："丁未年，天童忞之孙，善果月之子，石涛济。"担当唐泰曾乞木陈大师小楷一绝："偶因便羽致殷勤，何意僧中有右军。顾我虽非刘道士，孤鸿也可当鹅群。"

道忞致觉浪书（第六件）有云："（博山老人）今化去三十年，法雷不响，法雨无施，法堂前徒有衰草弥天……客来闻大师（指觉浪）将应信州缁白之请往主其席。"觉浪曾于顺治十年至广信扫博山先师之塔。是时道忞与觉浪仍属心交之辈。迨至顺治十六年（1659）道忞应顺治之召入京，遂有《北游集》

之作①。道忞书法为顺治所推重，事见王山史《山志》。《北游集》记道忞于顺治面前答问先老和尚（指密云）与雪峤书法孰优一事，具见其书法功夫。密云门下多工书、费隐及隐元笔迹，尚保存于日本宇治川醍醐山及福清黄檗山万福寺②。

方以智随永历奔桂林。《小腆纪年》称其"褫衣散发，卖药五岭间"。在桂林时为瞿式耜座上客，时与两广总督嘉兴朱治憪（子暇）相唱和，见其《岭外稿》。以智从觉浪剃发，法名无可。其画迹，多题以禅语。香港藏家所见题识，如"未发居士属拈树石，草草成此，聊以发未发之笑。无可书"（北山堂藏）；"截断红尘石万寻，冲开碧落松千尺。特地为中峰拈出。拈个什么？可惜，可惜。无可道人"。（至乐楼藏）此即周亮工称其"多作禅语"者。中峰据图中康熙壬午（四十一年）族孙方苞题记谓"此幅乃为摄山中峰张白云先生作者也"，盖为张怡所作。此有关金陵之禅画文物，故为拈出。

大汕康熙十七年为陈其年作迦陵填词图，丰颐美髯，一时名流题咏殆遍。

大汕有自画像，原存峡山寺，后在澳门普济禅院。大汕南浮海至安南，先在广南顺化寺，后至会安弥陀寺，又重修顺化天姥寺。彼于1696年回粤募款，重修长寿寺及峡山寺与澳门普济禅院，对澳门禅宗传播贡献至巨。该寺历代祖师莲座，普济第一代住持即大汕长寿寺之循智法楷和尚。

大汕画出沈颢。据上海古籍印明清掌故丛刊《救狂砭语》中李莱圃来书谓其"幼时从吴下画者沈朗倩习仕女画"。朗倩即沈颢石天，为人见陈继儒《赞》。彼著有《画麈》。陈老莲之《隐居十六观册》，即为朗翁作也。大汕受其熏陶，故画格特高，观其《离六堂集》卷前生活图绘，似亦受到陈洪绶之影响。

婺源县博物馆有弘仁为（汪）于鼎作《黄山图》，辛丑岁作，即1661年（顺治十八年）。内汤燕生题记称："于鼎老道兄藏渐师妙画，自云与所居祺中相似。"黄宾虹《黄山画苑略》曰："汪洪度字于鼎；洋度字文治，歙松明山人。兄弟并有才名，洋度早世，（洪度）专志山水，著《息庐文集》，画法为时所重。"是于鼎即汪洪度也。广东清画家有汪后来，山水画风甚似渐江。康熙五十二年（1713）任佛山千总。弟子颇众，邓堂、林云轩均有名。广州美术馆及香港中文大学文物馆有汪后来画。汪后来之父为汪清度，莅官于粤，

① 见《潮学研究》（一）姜伯勤《论木陈道忞》。
② 见林雪光编《黄檗文化》及《神田喜一郎追悼中国学论集》中拙文《谈道忞及其布水台集》。

落籍番禺。汪清度与汪洋度、汪洪度必为兄弟行。故渐江画派由汪氏南传至粤。

附　禅家画学统系表

紫柏(真可)——密藏(幻余)
⋮
董其昌

曹洞系

- 三十五 (1546—1618) 慧经无明 —— 三十六 (1575—1630) 博山元来
  - 张端图
  - 三十七世 奉新弘敏 —— 三十八 (即八大山人) 传綮　入粤　为佛山千总
  - 汪清度——汪后来
  - 汪洪度(见《黄山画苑略》)
    ⋮
  - (洞上) 古航 —— 渐江弘仁
  - (天界) 觉浪道盛 (1592—1659)
    - 无可(即方以智)　入粤
    - 大启
    - 大杲(石溪)　师沈颢
    - 大汕 (石濂)　来粤及澳门,弘法于安南,著《海外纪事》
    - 大振 (上博有其与龚贤合作画册)

临济系

- (1566—1642) 密云园悟
  - 破山海明
  - (1593—1672) 木陈道忞 —— 旅庵善果本月 —— 道济石涛
  - (1592—1660) 费隐通容 —— 隐元隆琦——木庵性瑫……池大雅(日本画家)　顺治十一年渡日,开黄檗寺,书家。
- (1549—1614) 龙池幻有

八大山人画说

卷十三

饶宗颐二十世纪学术文集·艺术

目　录

八大山人禅画索隐

一、泛论禅与艺术

有人问：什么是禅？我不作答。姑且举前代两位大德的话，代我作答：

(1) 问：如何是禅？(柘溪从实师) 曰："不与白云连。"

(2) 问：如何是禅？(新罗百岩) 师曰："古塚不为家。"曰：如何是道？师曰："徒劳车马迹。"曰：如何是教？曰："贝叶收不尽。"

这些答案与问题，从表面结构看来，好像黏不着边。但细察它的深层，却蕴藏着无穷的意义。这种用类比、曲喻的语言，反观古来的传统文学里面，有点像诗的比兴。这样的语言技巧本身已具有极高的艺术性。"不与白云连"，读起来很像谢灵运的诗句："白云抱幽石"；"徒劳车马迹"，有点像陶公的句子："而无车马喧"，分明是诗家的警句。禅家采用诗句型的语言来说明深奥的本体问题，摆脱去名理上纠缠不清的逻辑性的语言，单刀直入地用文学上"立片言之警策"的方法来启发人们心理上的睿智，是人类祛除无明、获得醒悟的不二法门。这种办法可说是"致知"上的一种艺术手段。禅家本来不立文字，但仍保存许多语录，那些传下来的禅偈，大部分可说是诗，表现于偶然拈花微笑的谈吐之间，禅的世界，几乎亦是诗的世界。

禅是积极的，马祖曾说："一日不作，一日不食。"又是严肃的，我人稍一检看《百丈清规》，便可明白禅僧基本要受到严格的拘束，并不如后来的狂禅那样放纵与随便。禅的产生、传播地区，主要在湖南、江西、粤北一带的山地，禅僧与山民共同生活，所体会到的大自然是空阔、无垠和自在，他们生活在大化之中，精神已得到无上的解放。从"禅"得到的宁静，本身已是一种生活中艺术的享受了。南岳石头禅师答道悟问："如何是佛法大意?"说道："不得不知。"悟曰："向上更有转处也无?"师曰："长空不碍白云飞。"道悟问："什么是禅?"石头曰："碌砖。"问："如何是道?"曰："木头。"在他们四周围所接触到的事物，一草一木，一山一石，未尝不可以悟道。一弹指，一扬眉，一呵欠，一咳嗽，无非佛性，"一悟便至佛地"。任何场合，可以吟诌几句禅偈。饮水、挑柴，都是妙理，把他们的精神实体——佛性，融会于日常实验生活之中，随时随处，得到领会，使用艺术的语言——诗偈，作为传道的媒介。禅僧，可以说生活在艺术里面，处处可以体会到诗的意境。比方，有人问：

"如何是和尚利人处?"曰："一雨普滋，千山秀色。"

"如何是西来意?"曰："白猿抱子来青嶂，蜂蝶御花绿叶间。"

这种诗样的语言艺术，便成为禅僧的口头禅。整部《传灯录》，其中禅偈充斥，几乎成为诗的渊薮了。

"禅"的梵言原是禅那，我在印度参观许多禅窟，禅僧都要枯坐寂灭，在深林古洞里，去习苦行。在华则可活活泼泼地运用于日常生活，行动上都可从禅机取得亲证。六祖已指示：禅不是光静坐，而是要培养心中湛然一片光明海。中国的禅，已与印度的禅那大异其趣。加上禅偈的发达，中国的禅僧和诗几乎是分不开的。

宋代的诗人，不少从禅家取得灵感。黄山谷写的诗，有的简直是禅偈。例如："罗侯（罗茂衡）相见无杂语，苦问沩山有无句。春草肥牛脱鼻绳，菰蒲野鸭还飞去。"第三句的肥牛，在禅宗语录中是常用的"牯牛"典故[①]。末句则用百丈怀海禅师侍马祖行次见一群野鸭飞过的故事[②]。禅家破除分别相，

① 《五灯会元》卷五（标点本），260页。

② 《五灯会元》卷三，131页。

通“有”道“无”都是谤！所谓“沩山”（灵祐禅师）的有无句[①]，有与无均要打破，禅是不重比量而用现量的。

我的好友已故戴密微教授（Paul Demiéville）尝注译《临济语录》，又选译中、日一些名人死前的诗，以禅僧占最多数。第一首为僧肇（374—414）的诗，名句有：“将头临白刃，犹似斩春风。”他译成法文：

Lorsque ma fête approchera la lame nue，
Ce sera comme pour décapiter le vent de primtemps.
（见 Poèmes chinois d'avant la mort，p. 15）

这是多么美丽的句子！这样看来，死，亦可被理解为生活上一种艺术的形态。

他指出中国思想的特质，在紧握现实、返回即时的直觉。在中国，“抽象”与“系统”几乎全为具体的直觉所代替。又云：“此种思想使吾人（欧洲）感觉困惑。他认为：但假如有一人加以品尝，便完全觉得抽象理论之无味。”（Les Entretiens de Lin-tsi，p. 80）哲理与诗的密切联系形成禅家吸引人的特殊力量，这种神秘的象征的由直觉所演出的诗样语言，隐藏着深度思想，与其说是宗教的，不如说是艺术的，更为合适。

生死问题在佛家看来是人间一大事。死是解脱。

禅学家认为禅不是用分别识的智慧可以了解的（如铃木大拙），他们太着重禅的公案，其实，如果对诗的语言艺术没有深透的理解，死抱“公案”，不免亦隔一尘。禅的“顿悟”，主要教育目的在使人开窍，读许多书的人，未必真能开窍。黄龙（寺）晦堂师对山谷引论语“吾无隐乎尔”一句请其解说。山谷诠释再三，他都不满意。时秋香满院，晦堂点出：汝闻到木樨香否？山谷至此方才了悟，因为得到了亲证，有切实的感受。禅还是要亲证的。由比兴得到的初步了悟，与诗的伎俩何异！明代许多理学家每每借用禅家“当下即是”的老套来显示日用的道理。禅的意识更深入民间，由于历代的禅师把道理与生活打成一片，许多“口头禅”便习用于一般的俗语里面，宋以后的社会浸润于禅的教化愈深而不自觉，许多日用俗语往往出于禅门，久而不自知，从语言学上有需要重新去省察的。画家有时亦可运用禅理去建立他的构

① 《会元》卷九，523 页。

图方案。禅的语言上的“取譬”所具备的艺术技巧，只写景而不必说理，玄理自在其中。这样，禅已成为一把美丽的切玉刀，而可以得到因人不同的充分利用；它和各种艺术结下良好姻缘，越来越是分不开的。

二、江西禅门灯统之传綮

八大山人是一位禅僧，又是大画家，他在画面的题句，一向以艰涩著名，由于他使用许多禅门典故，所以不易读懂，本文便试从这一方面加以探索。试先考述他的禅学渊源。

从饶宇朴的《个山小像跋》内：“戊子现比丘身，癸巳遂得正法于吾师耕庵老人，诸方藉藉，又以为博山有后矣。”一段赞美八大山人的文字，证知八大早年在弘敏门下得到禅林推许的情形。他是在顺治五年戊子（1648）出家，至十年癸巳，始皈依弘敏的门下，法名传綮，号刃庵。由于他的勇猛精进，竟能“竖拂称宗师”，博得“禅林拔萃之器”的称誉。关于弘敏的事迹，《五灯全书》卷百十六小传云：

> 洪都奉新头陀颖学弘敏禅师，宜丰陈氏子。……参博山誾，入侍寮。……随往浙主大慈，掌记室……复自武林还瀛山师，为第一座，誾叩以偈。……是冬，誾涅槃……头陀开法。

另据超永《续灯存稿》卷百十六[①]所载：

> 建州松溪弘恩（瑞昌王氏）投博山来，落髪，次参瀛山誾。　　末注：“雪关誾嗣。”
>
> 信州瀛山成峦（饶州余氏子）投博山誾。　　末注：“雪关誾关（嗣）。”
>
> 洪都奉新弘敏（宜丰陈氏）参博山誾。　　末注：“雪誾嗣。”

从上列记述看来，弘敏三人都尝参过雪关誾，所以注称：“雪誾嗣。”雪关的事迹如下：

---

① 《卍字续藏》第一四〇册。

信州瀛山雪关訚禅师，上饶傅氏子。……依景德寺傅公和尚出家。一日，见坛经“火烧海底”句，疑之。乃参博山来，来令究船子藏身公案，急切提撕。……六载，大彻源底，开法瀛山。[1]

《正源略集》云：“寿昌经禅师法嗣四人，首为信州瀛山雪关訚。”[2] 是雪关訚与博山来为同辈，故弘敏同参二人，兹列其世系如次：

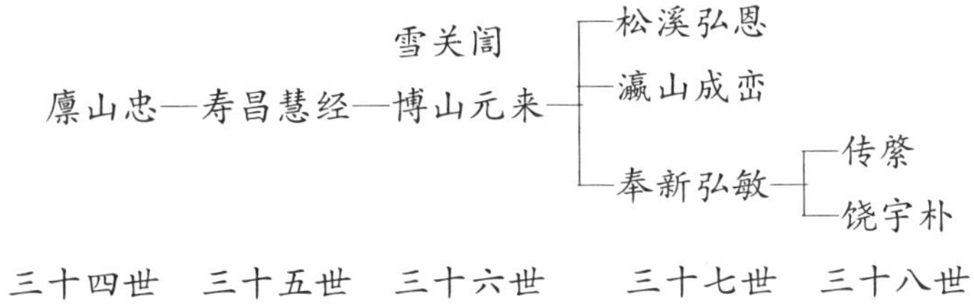

博山元来本住于丰邑（今上饶），博山之能仁寺历三十六年，著作甚多，其《博山参禅警语》一书，极为风行，远及日、韩等地，宗风大震于天下。此书日本除译文外，又有守中编《博山禅警语鞭影录》五卷。个山出弘敏门下，在当时被许为“博山有后”，可想见其禅学湛深，否则何来此“借借”之美名？

本文后面将从八大使用的各种名号，来窥测他的命名在禅学上的根据。

三、八大前后期名号解说

（一）说驴、驴年、驴屋与个山

八大何以自称为驴？又屡用“驴年”一词，自来有许多说法。有人牵涉到“奆”字，像启功的新说，他认为“奆”盖“驴”的俗字[3]。这一说颇为人所采用。但查阎尔梅的《白奆山人集》，他自号曰白奆山人，事实上和驴没有一点关系。奆字见《集韵》，原训大耳，不必拉上驴字。

在禅宗语录里面，驴字的使用很普遍，有它的特别含义，列举如次：

---

① 《正源略集》卷三，160 页。

② 《卐字藏》册一四五，157 页。

③ 《启功丛稿》，312 页。

南泉　（池州鲁祖山宝云禅）师：寻常见僧来，便面壁。南泉问曰：我寻常向师僧道：向佛未出世时会取，尚不得一个半个。他恁么驴年去?[1]

注引福州长庆（大安）云："退己让于人，万中无一个。"八大自称"个"，亦取自禅偈，"驴年"二字。似南泉初使用之，此事亦见《万松老人评唱天童觉颂》"鲁祖面壁"条。

赵州　从谂与文远论义。远曰：请和尚立义。师曰："我是一头驴。"远曰："我是驴胃。"

师曰："我是驴粪。"远曰："我是粪中虫。"师曰："你在彼中作什么?"远曰："我在彼中过夏。"师曰："把将果子来。"[2]

景岑　长沙景岑招贤禅师，问：南泉迁化，向什么处去?师曰："东家作驴，西家作马。"曰："学人不会此意如何?"师曰："要骑即上，要下即下。"[3]按景岑即南泉法嗣。

杨岐《语录》（勘辨）：师问僧："什么处来?"僧云："堂中来。"师云："圣僧道什么?"僧近前不审。师曰："东家作驴，西家作马。"僧云："过在什么处?"师云："万里崖州。"[4]

临济　《语录》云：一日，普化在僧堂前吃生菜。师见云："大似一头驴。"普化便作驴鸣。师云："这贼!"[5]

义玄　临终语曰："谁知吾正法眼藏?向这瞎驴边灭却。"言讫，端坐而逝[6]。

曹山　本寂抚州语录：师又问（德上座）："佛真法身，犹若虚空，应物现形，如水中月；作么生说应底道理?"德曰："如驴觑井。"师曰："道则大杀。道只道得八成。"德曰："和尚又如何?"师曰："如井觑驴。"[7]

西睦　益州西睦和尚上堂，有俗士举手曰：和尚便是一头驴。师曰："老僧被汝骑。"士无语[8]。（西睦为赵州谂法嗣）

杨岐　《方会语录》，自术（述）真赞，"似驴非驴，似马非马。咄哉杨

---

① 《会元》，168 页，中华书局标点本，下同。

② 同上书，203 页。

③ 同上书，208 页。

④ 《方会语录》、《大正》四七册，645 页。

⑤ 《大正》册四七，503 页。

⑥ 《会元》，649 页。

⑦ 《大正》册四七，527 页。

⑧ 《会元》，246 页。

岐，牵犁拽杷。”

“拾驴又无尾，唤牛又无角。进前不移步，退后敢收脚……”[①]

师远　常德县山廓庵师远师，上堂举杨岐三脚驴子话。乃召大众……更听一颂：“三脚驴子弄蹄行，直透威音万丈坑，云在岭头闲不澈，水流涧下太忙生。”……师有《十牛图并颂》行于世[②]（师为大随净禅师法嗣）。

云门　匡真庵录：“问如何是诸佛出身处？佛前装香佛后合掌。……问：如何是触目菩提？师曰：拈却露柱。学云：露柱岂干他事？师云：驴年会么？”[③] 师曰：者野狐精三家村里汉，复云东来不？是尔道饭是自己。僧云：是。师曰：驴年梦见三家村里汉。

师有时云：真空不坏有，真空不异色。僧便问：作么生是真空？师云：还开钟琴么？僧云：此是钟声。师云：驴年梦见么[④]？师云：古人是什么眼目？僧云：和尚作么生？师云：驴年会么？僧无对。

举无情说法，忽闻钟声云：释迦老子说法也。举起拄杖问僧，这个是什么？僧云：拄杖子。师云：驴年梦见[⑤]。僧举灌溪上堂曰：“十方无壁落，四面亦无门。净裸裸，赤洒洒，没可把。”师曰：“举即易，出亦大难。”曰：“你适来与么举那?”曰“是!”师曰：“你驴年梦见灌溪?”曰：“某甲话在。”师曰：“我问你，十方无壁落，四面亦无门，你道大梵天王与帝释天商量什么事?”曰：“岂干他事”。师喝：“逐队吃饭汉。”[⑥]

从上引各家资料，可以了解到南泉是最先言及“驴年”的一人，以后云门屡屡袭用。《文偃语录》中凡数见。亦有和尚自称为驴，毫无顾忌地道：“我是一头驴。”乃出自南泉弟子赵州从谂。他与文远那一段精辟的对话，开了后来许多话头，以后临济临终有瞎驴之称，赵州法嗣西睦亦言和尚是一头驴，至于杨岐复有“三脚驴”之目。《碧岩录》卷七十九言僧问投子：一切声是佛声，是否？投子云“是!”……粗言及细言，皆归第一义，是否？投子云：“是!”僧云：唤和尚作一头驴得么？投子便打。……颂云：投子投子，机轮无阻。放一得二，同彼同此。可怜无限弄潮人，毕竟还落潮中死。忽然

① 《大正》一九九四，册四七，648 页。
② 《会元》，1325 页。
③ 《大正》一九八八，册四七，录上，547 页。
④ 又见《会元》文偃，931 页。
⑤ 同上书，554 页。
⑥ 《会元》，933 页。

话，百川倒流闹㶁㶁。其说明云："……又道唤和尚作一头驴，得么?"这便是弄潮处。这僧作画伎俩，依前死在投子句中，投子便打。此僧毕竟还落潮中死。雪窦出，这僧云："忽然话"，便与掀倒禅床，投子也须倒退三千里①。……可见唤和尚为一头驴，在禅门中已是司空见惯的事情。宋灵峰克文禅师尝垂一足，复收足，喝一喝曰："佛手驴脚。"……问："江西佛手驴脚接人，和尚如何接人?"师曰："鲇鱼上竹竿。"向来指江西禅客为"佛手驴脚"。驴字泛用之广，可见一斑。八大自称"没毛驴"。又在己巳闰八月绘的"瓜片图"上题句云："驴年瓜熟为期。"说者每每误认里面有反清复明的含意。试看传綮前辈万历间绍兴云门圆证（三十六世）亦曾说过："诸人者还解笑，一切不曾欠少；若也更问如何，驴年与也未了。"② 这时还是大明的天下。今知"驴年"是禅家的惯语，则不必去多作推测了。

八大在题款印章上大量使用"驴"字，如：钤"驴"字印，署"驴"屋、驴屋驴，以及人屋，等等，"驴屋"、"人屋"之别，原出自黄檗的偈语。考《黄檗断际禅师宛陵录》云：

> （裴相公休）问：本既是佛，那得更有四生六道种种形貌不同？师云：诸佛体圆，更无增灭，流入六道，处处皆圆。万类之中，个个是佛。譬如一团水银，分散诸处，颗颗皆圆；若不分时，只是一块。此一即一切，一切即一，种种形貌，喻如屋舍，舍驴屋，入人屋，拾人身，至天身，乃至声闻、缘觉、菩萨、佛屋，皆是汝取舍处。所以有别；本源之性，何得有别?③

从本源看来，原是一体，若妄生分别，则驴屋、人屋以至佛屋，都是可以取舍之处。以前王方宇兄曾引用《雍正御定语录》以说"驴屋"④，不知它的远源是出于胆敢向后来做了皇帝的小沙弥加以批颊的断际禅师之名言。陈鼎《八大山人传》云："既而自摩其顶曰：吾为僧矣，何可不以驴名？遂更号曰个山驴。"这些话一点也没有错。黄檗说："舍驴屋，入人屋"，八大拿来作为名号，是很有趣地加以活用。

① 《大正》四八，236页。
② 《续灯存稿》十一。
③ 《大正》四八《黄檗宛陵录》，386页。
④ 《八大山人论集》上册，352页。

许多人对八大之大量采用“驴”字来做名字，有种种不同的误解。甚至说他“自称为驴、驴汉、驴屋，驴屋驴奇事，一鼓作气做下如此释教中人不可能做的事”（叶叶语）。又有人推断他发狂了，还俗以后，方才取“驴”字来命名，放下袈裟，返回世俗，不惜自我挖苦，自己承认“黔驴技穷”。这些都是不明白“驴”字在禅门的意义，而浅之乎来看八大了。其实，八大后期虽然还俗，采用驴字命名，仍然是要保存“僧”号，实际上“驴”正是他还俗而不愿放弃禅门灯统的一个标记。驴屋、人屋，本是一体，为僧为人，名号虽殊，而佛性则一。

至若“个山”之个，亦取诸禅理，洪州云居道膺禅师，洞山问师：“甚处去来?”师曰：“蹋山来。”山曰（按以下皆指洞山良价）：“那个山堪住”? 师曰：“那个山不堪住?”山曰：“恁么则国内总被阇黎占却。”师曰：“不然。”山曰：“恁么则不得个入路?”师曰：“无路。”山曰：“若无路，争得与老僧相见?”师曰：“若有路，即与和尚隔山去也。”山乃曰：“此子以后，千人万人把不住去在。”① 可见“个山”一名乃从洞山而来。又黄檗说：“个个是佛”，“颗颗皆圆”。故知个山小像中蔡受题语所谓“个为圆中一点”，亦是“一即一切、一切即一”的意思。八大诗句如“个个指月饼子”，“个个”一语，禅语中亦复层出不穷，试拈一例：宝峰克文禅师坐夏大沩山：

> （僧）问：马祖下尊宿，一个个阿漉之地，唯有归宗老较些子。黄龙下儿孙，一个个硬剥剥地，只有真净老师较些子。学人恁么还扶得也无?师曰：“打叠面前搕𢶍。”……“僧提起坐具，曰：“争奈这个何?”师便喝。②

“个个”与“个”，指什么便是什么，圆通无碍，禅心如此，佛性亦如此。

（二）八大二字与哭笑问题

个山读到《八大人觉经》一书，在壬申年（康熙三十一年，1692）写出下面题识：

> 经者，径也。何处现此《八大人觉经》? 山人陶“八”，八遇之已。

---

① 《会元》，794页。

② 同上书，1104页。

壬申五月。

这段文字，已有许多人讨论过。《八大人觉经》后汉安世高译。《开元释教录》云："见宝唱录"，即指梁宝唱之书。知唐以前其书已通行。《八大人觉经》不特赵子昂书写之，至元三十一年十二月，雪庵亦为其弟子惠□书之。万历辛卯包柽芳镌石以广其传。达观可道人跋云："此经凡三百七十一字，言简口丰，遮照精深，有而能无，无而能有，能得一觉，□梦顿醒，况能八觉者乎？"此石刻在嘉兴东塔寺[①]，可见是经自元以来讽诵的普遍。八大跋语云："山人陶八。""八"是佛门一个重要法数，梵文"八"称Astaka，如八正道、八解脱、八关斋、八世法、八部众以至八不中道等，山人深通禅理，他陶写、陶醉在"八"的法数里面，深刻地体会到"八"的意义，陶字用为动词，有"喜"的意思。《广雅·释言》："陶，喜也……"故云：以"八遇之"。在八大的画中多题署"甲子年"（即康熙二十三年，1684）的作品，已见到"八大"的名字，可见壬申以前八载，他已使用这"八大山人"这一个题款[②]。

张庚《清画征录》说："或曰山人固高僧，尝持八大人觉经，因以为号。余每见山人书画，款题'八大'二字，必连缀其画，山人二字亦然，类哭之笑之，于意盖有在也。"一般论者都从张庚此说八大二字类哭之笑之而加以猜度，以为是出于亡国之思。这是用俗谛来解说的。但我们看禅家语录，屡屡道及哭与笑二事，可以进一步从"道谛"有关方面来加以观察，试举一二例：

（1）百丈侍马祖行次，见一群野鸭飞过。祖曰：是什么？师曰：野鸭子。祖曰：什么生也。师曰：飞过去也。祖遂把师鼻扭，负痛失声。祖曰："又道飞过去也。"师于言下有省。却归侍者寮，哀哀大哭，同事问曰：汝忆父母邪？师曰：无。曰：被人骂邪？师曰：无。曰：哭作什么？师曰：我鼻孔被大师扭得痛不澈。同事曰：有什因缘不契？师曰：汝问取和尚去。同事问大师曰："海侍者有何因缘不契？在寮中哭，告和尚与某甲说。"大师曰："是伊会也，汝自问取他。"同事归寮曰：和尚道汝会也，教我自问汝。师乃呵呵大笑。同事曰："适来哭，如今为什却笑？"师曰：适来哭，如今笑[③]。……

（2）南泉圆寂，院主问（宣州刺史陆互大夫）曰："大夫何不哭先师？"

① 详见《两浙金石志》卷十四。

② 参见钟银兰、朱旭初《关于八大山人名号之由来》一文。

③ 《会元》三，130页。

陆曰："院主道得即哭。"院主无计，长庆代云："合笑不合哭。"[1]

《圆悟碧岩录》卷十二"麻三斤"偈："因思长庆陆大夫，解道合哭不合笑"，其说明云：

> 因思长庆、陆夫大解道合笑不合哭。若论他颂，只头上三句，一时颂了。我且问尔：都卢只是个麻三斤。雪窦却有许多葛藤。只是慈悲忒杀，所以如此。
>
> 陆亘大夫作宣州观察使，参南泉，泉迁化，亘闻丧入寺下祭，却呵呵大笑。院主云，先师与大夫，有师资之义，何不哭？大夫云：道得即哭。院主无语。亘大哭云：苍天苍天，先师去世远矣。后来长庆闻云：大夫合笑不合哭。雪窦借此意大纲道：尔若作这般情解，正好笑莫哭。[2]

陆亙事亦详《嵩松老人评唱》第九十一则"南泉牡丹"条。

"八大"二字联书，看来像"哭"亦像"笑"，你尽管说他"合笑不合哭"也好，要他哭而不笑也好，横竖都卢只是个"麻三斤"[3]，又何必费去许多文字上的葛藤！一般从世俗观点来尚论八大的身世，必欲涉及他的亡国的情绪，虽然他有时亦钤上"西江弋阳王孙"之印，一往未能忘情于故国；但他早已悟到"麻三斤"的禅家妙谛。"适来哭，如今笑"，本是百丈祖师的警语，正可耐人仔细玩味！他在胡亦堂座上"忽痛哭忽大笑竟日"，我认为是一种顿悟后的心理变态，并非精神错乱。哭笑由他，出世、入世，只是分别相，乃由比量观之，若从八不中道来看，何有种种分别？他的"陶八，以八遇之"，正说明他已能够了解道谛的深度。八大在胡亦堂处佯狂以后，却很正常，照样写画吟诗，后来石涛还说他登山如飞。所以，不必像高居翰教授的说法，硬说他有高度精神病。

附说"掣颠"与"刃庵"

八大另外有一印，文曰"掣颠"。"颠"的观念，在禅家亦很是常见，唐释宝通号曰大颠，他上堂说："学道人须识自家本心，将心相示，方可见道。"

"掣"有特别意义，尤其是出于洞山的遗教。临济宗宝峰克文禅师上堂

---

① 《会元》四，216页。

② 《大正》四八，153页。

③ "都卢"二字犹言"统统也"，与"都来"义同，参见张相《诗词曲语辞汇释》，366页。

说："你拟不要见洞山，鼻索又在洞山手里。擬瞌睡也，把鼻子一掣，只见眼孔定动，又不相识也，不要你识洞山，但识得自己也得。"①

弘敏的师父雪关訚上堂，说："山僧道赵州禅如神庙里签，千掣千应，万掣万灵，初不曾安排吉凶，使人规避祸福也。"② 可见掣的含意，并不寻常。

在传綮署名的画册上，亦用"刃庵"一印。刘恸城《题个山象赞》有云："白刃颜庵"，即指此号。宝峰克文禅师条云："洞山门下无佛法与人，只有一口剑，凡是来者一一斩断，使伊性命不存，见闻俱泯③……"洞山延法嗣初问雪峰，开法上蓝院，僧问："如何是上蓝无刃剑?"④ 刃的运用是洞宗的不二法门。《碧岩录》中对于此义，甚多发挥，如云"金刚宝剑当头截"⑤、"若向此剑刃上行得"⑥，今不详述。

1987 年 5 月 5 日稿

四、八大绘画构图与临济曹洞法门

八大山人绘画构图的奇崛而缜密，已成为一般写意画家追求的对象。李苦禅曾说，他"一生最佩服八大的章法"。其"意境空阔"，"绘物配景，全不自画中成之，而从画外出之"。又云："在构图的疏密安排方面，八大乃大疏之中有小密，大密之中有小疏。"其"严谨则不只体现在画面总的气势和分章布白中，至如一点一划也做到位置得当，动势有序"。苦禅一生致力八大笔墨，工力深至，故有一针见血之论。但他谈八大章法说："究其渊源，当是南宋马、夏遗范。"则似乎还未能探骊得珠，击中要害。八大自少深契禅机，早得正法于耕庵，而耕庵为曹洞宗博山元来的嫡裔，故八大于临济、洞山之奥旨，了然于胸。观黄安平所绘个山小像。八大自题有一则云："生在曹洞临济有，穿过临济曹洞有。曹洞临济两俱非，羸羸然若丧家之狗。还识得此人么?罗汉道底?""道底"也者，意思是指"说什么"? 多说已是太过饶舌了，待来

---

① 《会元》十七，1115 页。
② 《正源略集》三，160 页。
③ 《会元》，114 页。
④ 《会元》一四，849 页。
⑤ 《大正》册四八，221 页。
⑥ 同上书，222 页。

痛打一顿呢（黄檗对大愚语）。八大对临济、曹洞都参过。禅门掌故中，有人问定上座："如何是禅河深处？须穷到底!"八大在署名个山时期，久已濡呴于禅河深处。我想他把临济的宾主句、曹洞的五位义这些妙谛，尽量用于写画上，所以在构图布局，能够别开生面。

这是怎样讲呢？先谈宾主，（镇州）义玄示众：

参学之人，大须仔细。如宾主相见，便有言论往来，或应物现形，或全体作用。……如有真正学人，便喝先拈出一个胶盆子。善知识不辨是"境"，便上他"境"上作模作样；便被学人又喝，前人不肯放下，此是膏肓之病，不堪医治。——唤作"宾"看"主"。

或是善知识，不拈出物，只随学人问处即夺，抵死不肯放。——此是"主"看"宾"。

或有学人应一个清净境，出善知识前，知识辨得是境，把得挑向坑里。学人言：大好善知识。

知识即云：咄哉？不识好恶。学人便礼拜。——此唤作"主"看"主"。

或有学人，披枷带锁，出善知识前，知识更与安一重枷锁，学人欢喜，彼、此不辨。——唤作"宾"看"宾"。

义玄这四种方式，目的是在"辨魔拣异"，使人能知邪正。在境上装模作样，不肯放下的是以宾作主；其病最深；虽不拈出物，但仍放不下的是以主作宾；已能辨得什么是境，放得下，但不辨好与坏的，是从主中认主；最下的是既放不下身着枷锁，再加上一重枷锁，这是宾上加宾。临济的宾主分别，历然明白，所以义玄说："未容拟议主宾分"，是不许强作拟议来分别主宾的!

至于曹洞五位，据曹山本寂禅师之说，要旨如下：

正位——空界本来无物。（"无中有路隔尘埃"）

偏位——即色界，有万象形。

正中偏——背理就事。（如"三更初夜月明前"）

偏中正——舍事入理。（"休更迷头犹认影"）

兼（带）中正——冥应众缘，不坠绪有。（"两刃交锋不须避"）

若以君臣作譬，则君为正位，臣为偏位，臣向君是偏中正，君视臣是正中偏，若臣道合是兼带。

综观二者所说，万种万般不离这个真理“不二”的法门。临济宾主句为消极义，曹洞五位是积极义。要在破除装模作样，免滞于境，泯色、空之界，以达到事理合一。个山从这一理路悟入来作画，便有一番解脱俗缚，尤以布局更表现得超脱迥绝、与众不同。他的构图法：有时周边写满而在中间留空白，有时相反的中间实而四周虚。有时偏于左或右而一边全作空白，有时上虚下实，上方只写寥寥数笔柳条，下面作繁柯怪石栖禽，为其重心所在；有时上方浓密而下疏淡，上以浓墨写竹叶，下方芭蕉浅设色，为强烈之对比。他又最擅为呼应之术，巨幅直轴，鱼鸟上下相对相依时，必俯仰照顾，神态自足，宛如宾主相见，无不尽欢。

画册页、扇面，往往偏于一角，空处则以题句补足之，或上面浓叶繁柯、陂石栖鸟，其下全留虚白。或上方偏隅处怪石嶙峋，下方留空，缀以游鱼三两。他总是喜欢侧重一边，强调重心在左右或上下，以不平衡处见平衡，恰是符合偏中正、正中偏及正中兼带的原理。

我认为个山采用禅理作为构图的不二法门，有四个要点：一是以虚实浓淡表现空、色异相之辨，二是以左右、疏密显呈偏正变化之美，来安顿整幅画的重心，三是从上下、前后呼应以尽画中兼带之妙，四是以笔墨之轻重、繁简，作开阖排奡之势，构成“境”和“人”的互相渗透。最紧要是兼中正，务使冥会众缘，使整幅画浑然一体，这是最高造诣的境界。他的友契南昌释机质赠八大诗偈云：“梵音撇在千峰外，拍手拊掌会捏怪，识破乾坤暗里訚。光明水镇通三界。”訚字是吃紧语。《论语·乡党》孔注：“訚訚，中正貌”。《说文》训訚为“和悦而诤”，表示在争论中取得和谐。乾坤的奥妙即在暗里的訚，从黑漆的墨团中拓开画的新境界[①]，从偏正中取得和谐，从宾主获得调协，非于禅理深造自得，不易获有这样的成果，我故谓八大的构图法不是一般画人所循的途径，而是出自“教外别传”，这并非穿凿附会，而是顺理成章的。

个山早年题画的诗句，尚有些“食古不化”，摭用禅典而令人感觉生硬，徘徊于临济语录之间，仍是未敢“抛向坑里”而“抵死不肯放”的：像《故宫传綮写生册》：“尿天尿床无所说。”[②] 临济曾对洛浦交谈，浦说：“与么则万

---

① 参见拙作《固庵文录》，338 页。

② 临济定上座对雪峰说：“若不是这个老汉，搵杀这尿床儿子。”。

种千般也。”师曰：“屙尿见解。”我说个山用“尿天尿床”的句儿，岂是怕人说他不懂“屙尿见解”的道理么？陈文希所藏“个山杂册”题句有云：“欲把问西飞，鹦鹉秦州陇。”这两句一向未明。后来我看《五灯会元》十一，“临济法嗣、虎豁庵主”条云：

> 师曰：“得恁么无宾主？”曰：“犹要第二喝在。”师便喝。有僧问：“和尚何许人事（氏）？”师曰：“陇西人。”曰：“承闻陇西出鹦鹉，是否？”师曰：“是。”曰：“和尚莫不是否？”师便作鹦鹉声。僧曰：“好个鹦鹉。”师便打。

方知“鹦鹉秦州陇”句本事即出此，这些地方，具见个山熟悉禅典“穿过临济”的深度。

上面引临济说：“或有学人在一个清净境。”他常常说：“佛者心清净是；法者心光明是；道者处处无碍净光是。”佛心是一片清净，一幅画莫重要于能写出一个清净境。我们看八大题句，时时不忘这个“净”字，如：

> 净云四三里，秋高为森爽。
> 微云点缀之，天月偶然净。
> 写此工部“深红净绮罗”时也。

他论画主“净”，正因为净是作画的第一谛。

八大用“驴”字署名，近人考证，引起许多误会，我已经有所辨正，记得临济义玄临终时说：“谁知吾正法眼藏，向这瞎驴边灭却。”言讫而逝。

义玄自称曰“瞎驴”。他向驴边入灭，完成他的“自我涅槃”。驴的含义，深远可见。八大以驴自许，处处不忘临济教义，这亦是一个不能否认的例证。

原载《故宫文物月刊》九七期八大山人专辑下

“个山小像”之“新吴”与饶宇朴题语

《文物》1986年第8期刊出汪世清先生《再论八大山人不是朱道朗》一文，其中引用南昌青云谱所藏的个山小像自跋，字作章草。有一段文云：

此赞……容安老人复书于新□之狮山。

在地名“新”字下留一空格，不辨为何字。同年十一月二十三至二十八日，在南昌举行八大山人书画艺术学术讨论会，余被邀参加，与汪先生同往参观，该像悬于大厅中央，多年渴思一睹原迹，现得亲手摩挲，欣慰无极。因共同辨认，余谓似是“新吴”，汪先生疑莫能决。顷检《百丈清规》内“百丈忌”条云：

属马祖阐化江西，法席之盛……道过新吴，憩止车轮峰下。

《宋高僧传》卷十有《新吴百丈山怀海传》云：

后檀信请居新吴界，有山峻极，可千尺许。

《五灯会元》卷三《怀海传》：

请于洪州新吴界，住大雄山以居处，岩峦峻极，故号百丈（131页）。

怀海事迹，详见《全唐文》四百四十六闽县陈诩撰《唐洪州百丈山故怀海禅师塔铭》。赵之谦纂光绪《江西通志》卷五十："百丈山在奉新县西一百四十里，冯水倒出，飞下千尺，西北势出群山，又名大雄山。……唐宣宗尝潜游至此，距山西南里许有驻跸山，一名车轮峰，宣宗迎回驻跸于此。"宣宗有句云："大雄真迹枕危峦，梵宇层楼耸万般。日月每从肩上过，山河长在掌中看。"唐时马祖即在此处弘法，怀海为马祖门下首座，其制定《百丈清规》，书名百丈，即指百丈山。大雄山、车轮峰，皆在此山范围之内。故后人为之语曰："大雄创寺，百丈开田。"[①]《元和郡县图志》卷二十八洪州，管县七，其一为新吴。百丈怀海之时，新吴正是洪州所属之一县。《晋书地理志》新吴属豫章郡，明以后为南昌府之奉新县。个山跋称"新吴之狮山"，盖用旧时地名。《江西通志》五十："登高山在奉新县治北百余步，一名龙山，又名狮山。其巅平坦。"狮山当指此。

何以名曰"新吴"？考晋有新吴县侯涂钦。刘宋有新吴县侯刘韶（《宋书·江夏王传》），新吴县子秦立（《宋书·顺帝纪》），南齐有新吴县男左兴盛（《南齐书·王敬则传》），新吴县侯萧景先（《南齐书》本传），俱详《江西通志·封爵表》。《元和郡县图志》云："新吴县，后汉灵帝中平中，分海昏县置。隋开皇九年省入建昌。武德五年又置。旧隶楚，今新属吴，故曰新吴。"盖指三国之吴地，此即其命名之由。

由上考证，新下不应留空一字，当是"新吴"，毫无疑问。

八大皈依弘敏门下，于洞宗为三十八世。其题画诗每每引用马祖故实，如"一口吸尽西江水"语，即用过二次，一见今在台湾之传綮册，一见在北京故宫之杂画册。这一句话在禅林已成陈腔滥调，大家皆耳熟能详。大慧《普觉禅师语录》："一口吸尽西江水，甲乙丙丁庚戊己，咄咄咄！啰啰哩。"[②]耿延禧序《佛果语录》谓："吸尽西江水，亦无非此音"是也。吾人游庐山，在九江附近便可发现马祖山一地名。马祖门下鼎盛，弟子八十四人。庐山之有牯牛岭，当亦与禅门有关。百丈法嗣沩山灵祐，上堂云：老僧百年后向山下作一头水牯牛。惟俨云：成一头水牯牛去也。南泉亦云：山下作一头水牯

① 《禅苑蒙求》，《卐字藏》一四八。
② 《大正》一九九八，835页。

牛。不烦多举。牯岭之牯，义必有取于是。八大所处之环境，自五代以来成为禅宗圣地，故受禅宗教育之熏陶特深，绝不是偶然的事！

江西人民出版社印行《八大山人研究》，附录一为饶宇朴题个山小像轴，末段标点断句有误，应如下读：

> 咦！愽飰（饭），火种刀耕。有先德钁头边事，在瓫里何曾失却！予且喜圆悟老汉，脚跟点地矣。

这段寥寥数句，却用许多禅宗典故，需要加以说明：

栽田博饭　北宋杨杰元祐三年题杨岐《会老语录》云："杨岐会老跨三脚驴，入水牯牛队中，拽把牵犁，'种田博饭'，横吹玉笛，饱吞栗蒲。四十年来，丛林以为奇特。"题句的"栽田愽饭"，即是"种田博饭"。博字写作愽。《万松语录》亦云："争如我这里种田博饭吃！"①

火种刀耕　南岳玄泰禅师，与贯休、齐己为友。尝以衡山多被山民斩伐烧畬。乃作《畬山谣》云："畬山儿！畬山儿！无所知。年年斫断青山嵋。芝术失根茆草肥。年年斫罢仍再锄。千秋终是难复初。……"② 火种刀耕是畬民生活，禅家居山上兰若，与山民日夕相处，故借用其语。

钁头　出黄檗与其徒临济义玄故事。"檗问：钁在何处？（义玄）师曰：有一人将去也。檗竖起钁曰：只这个天下人拈掇不起。师就手掣得，竖起曰：为什么却在某甲手里？……师曰：诸方火葬，我这里活埋。"③ 又汝州广慧真禅师尝往风穴作园头。（穴）问："如何是和尚家风？"师曰："锨爬钁子④。"《类篇》："锨检，泄水器。又虚严切，锹属。"此当指锹。《临济语录》马防序云："钁头劚地，几被活埋。"其后《洞山语录》亦云："放下钁头作么生？"所谓"先德钁头边事"，即用临济典故。

瓫里　洛浦山元安师作礼，辞去。明日临济升堂曰："临济门下有个赤梢鲤鱼，摇头摆尾向南方去，不知向谁家齑甕里淹杀？"⑤ 甕与瓫一字，见《类篇》。

---

① 《大正》，244 页。
② 《五灯会元》，314 页。
③ 《会元》，643 页。
④ 同上书，683 页。
⑤ 同上书，317 页。

脚跟　（云门文偃师）上堂：要识祖师么？以拄杖指曰：祖师在你头上跨跳。要识祖师眼睛么？在你脚跟下[1]。（宝峰克文师）曰："何不脚跟下荐取。僧以坐具一拂。师曰：争柰脚跟下何？"《杨岐语录》："总在诸人脚跟下。""脚跟下"亦禅家常语。可见饶氏亦沐禅门教化，故侈用禅语以题八大小像，因为同是弘敏的门下。"圆悟老汉"者，宗成都昭觉寺克勤佛果禅师，建炎初入对，赐圆悟禅师。有人问：此回不是梦，真个到庐山。师曰：高著眼。[2] 其示众曰："一言截断，千圣消声。一剑当头，横尸万里。所以道，句能铲意、意能铲句。"[3] 八大为僧别号又曰"刃庵"，想亦取义于此。圆悟佛果禅师有语录，为其门人虎丘绍隆等编。可以参看[4]。

八大在木瓜图中用一闲章"学二半"，虽用《古文尚书·说命》之"惟敩学半"成句，其实禅家亦惯用"敩"字。洪州百丈（山）惟政禅师上堂：百丈今日不惜唇吻，与你诸人注破。……问："上行下敩，未是作家。背楚投吴，方为达士，岂不是和尚语？"师曰："是。"[5] 敩即效，在百丈山的禅师们久已通用，不足为奇！八大属于洞宗灯统。洞宗良价自唐大中以后教化于豫章高安之洞山（在筠州），其门下本寂往曹溪礼祖塔回吉水后，名其山曰曹山（抚州）。八大，虽属此一系统，但时时参用临济之机锋语。故其另一自题小像句云："生在曹洞临济有，穿过临济曹洞有。曹洞临济两俱非，羸羸然若丧家之狗。还识得此人么？罗汉道底？个山自题。"所谓"生在曹洞"，以其原出洞宗为三十八世。但又参用临济，故云"临济有"。下句又云"穿过临济"，其义相同。"丧家之狗"语，本出《史记·孔子世家》。乡人或谓子贡，讥仲尼之不得志，"累累若丧家之狗"，此借用其语自作嘲戏。"道底"犹"作底"、"缘底"，底即什么，语录习见。八大深于禅理，处处可以见之。

---

① 《会元》，932 页。
② 同上书，1255 页。
③ 同上书，1257 页。
④ 《大正藏》1997 号。
⑤ 《会元》，734 页。

《传綮写生册》题句笺

故宫博物院所藏《传綮写生册》，共纸本15页，其中绘画12页（参见图一、二），题字3页。有题跋署己亥。传世八大作品中，此为最早之一件。为彼在江西进贤县介冈主持灯社时之作。其一写于顺治十六年十二月朔日。其中钤有“释传綮印”不止一方。据饶宇朴题八大四十九岁小像称：“戊子（顺治五年，1648），现比丘身。”传綮之前加一“释”字，是时八大正居弘敏门下，被称为“禅门拔萃之器”。此册题诗共十首。王方宇兄尝作研究，取与其他署名传綮之画件，详细比较。① 诸诗亦收入汪子豆编之《八大山人诗抄》。方宇云：“诗中语言，俗语与典章并列，不尽可解。”是时八大身在禅门，喜作禅语，所用乃禅家常典，皆有根据，非不尽可解。试为疏说，聊当解颐。

西瓜题诗三首云：

（一）无一无分别。无二无二号。吸尽西江水，他能为汝道。

《潭州道吾真禅师语要》：“上堂：一切智智清净，无二无二分。”又道：“无法可说是名说法。”② 八大“无二无二号”句语与此相同。佛家言不一又言不二。《辩中边论》：“彼处无有二”。（梵文：dvayam tatrana vidyate）是为中道，统摄有、无。

宋《宏智禅师广录》，送超然居士诗：“一口汲尽西江水，马师家风擢然

---

① 参见王方宇著《故宫传綮写生册与八大山人早期作品》，此文收入《八大山人论集》上册，319页。

② 《杨岐方会和尚语录》，《大正》一九九四号，643页。

图一　《传綮写生册》莱

图二　《传綮写生册》蹲鸱

起。老庞俯伏嗣芳尘，古也今也谁如此。”[①] 按此出自襄州庞蕴居士故事。庞居士后参马祖，问曰：“不与万法为侣者是什么人？”祖曰：“待汝一口吸尽西江水，即向汝道。”士于言下顿领玄旨[②]（见《五灯会元》卷三）。八大袭用其语。

（二）和盘拓出大西瓜，眼里无端已着沙。寄语士人休浪笑，拨开荒草事丘麻。

按“眼里着沙”乃禅家语。万松老人《评唱天童觉和尚颂古从容录》第七十三则：

> 师云：眼里着沙，不得底太局狭生！曹山道：若是世间重贪嗔痴，虽难断却是轻；若是无事无为净洁，此个重无以加也。[③]

拔草亦是禅家典故，举数事为证：

> 《筠州洞山悟本禅师语录》：师与密师伯经由次，见溪流菜叶，师曰：“深山无人，因何有菜随流，莫有道人居否？”乃共议拔草。[④]
>
> 龙湖普闻禅师，（唐）僖宗时，辞石霜去至邵武城外，见山郁然深秀，遂拔草，至烟起处有一苦行居焉。[⑤]

《碧岩录》卷三第二十二条：“雪窦出他云门，所以一时拔却，独存云门一个。这韶阳知重拔草，盖为云门知他，雪峰道南山有一条鳖鼻蛇落处，所以重拔草。”[⑥] 韶阳即指云门文偃。可见拔开芳草实是禅家惯语。

“事丘麻”三字，《故宫书画录》释为“事如麻”，非。细审之，当是“丘”字，盖用《诗经·王风》“丘中有麻”句意。

（三）从来瓜瓞咏绵绵，半熟香飘道自然。不似东家黄叶落，谩将心印补西天。己亥畅月广道人题。

瓜瓞用《诗经·大雅·绵》篇：“绵绵瓜瓞”句。心印者，“马祖引《楞伽经》文，以印众生心地。故《楞伽经》以佛语心为宗，无门为法门”（《会

① 见《大正》二〇〇一号，273页。
② 此卷全为江西马祖道一法嗣。庞蕴事在卷末，点校本186页。
③ 《大正》二〇〇四号，273页，参看《宏智广录》卷二，25页。
④ 《大正》一九八六号，508页。
⑤ 见《五灯会元》六，315页。
⑥ 见《大正》二〇〇三号，164页。

元》卷三《马祖传》)。

(四)蹲鸱(芋)题句:

洪崖老夫煨榾柮,拨尽寒灰手加额。是谁敲破雪中门,愿举蹲鸱以奉客。

"洪崖老夫"为八大自称,其时居新建县西山洪崖一带。《类篇》:"柮,断也,又昨没切。榾柮,短木。"(云居)问雪峰:"门外雪消也未?"曰:"一片也无,消个什么?"(《会元》十三,796页)雪中门一语正带着禅味。

(五)题墨花:

尿天尿床无所说,又向高深辟草莱。不是霜寒春梦断,几乎难办墨中煤。

首句最难懂,其实亦禅门熟典。

《潭州道吾真禅师语要》:"师上堂,举洞山云:五台山上云蒸饭,佛殿塔前狗尿天。幡竿头上煎钟子,三个猢狲夜播钱。"① 尿天一词原出瑞州洞山良价悟本禅师。

尿床亦为禅家常用语汇,所谓"尿床鬼子"也。临济义玄初参黄檗,继参大愚,愚曰:"黄檗与么老婆心切,为汝得彻困,更来这里问有过无过。"师言下大悟,乃曰:"元来黄檗佛法无多子。"愚搊住曰:"这尿床鬼子,适来道有道无过,如今却道黄檗佛法无多子。你见个什么道理?速道!速道!"②

"钦山曰:何不道赤肉团上非无位真人。"师便擒住曰:"无位真人与非无位真人相去多少?"钦上山被擒,直得面黄面青,语之不得。岩头、雪峰曰:"这新戒不识好恶,触忤上座,且望慈悲。"师曰:"若不是这两个老汉,㧗杀这尿床鬼子。"③ 此处之师指"定上座",为临济及门。尿床鬼子是骂人语。八大借用尿天、尿床二词,言一切无从说起,又新辟草莱,疑自言其泼墨写葱,事属新创,类尿天尿床之随意,示方便耳。

---

① 《大正》一九九四号《杨岐语录》,643页。

② 《五灯会元》十一,643页。

③ 《会元》卷十一,662页"定上座"条。

（六）石下隶书题句：

击碎须弥腰，折却楞伽尾。浑无斧凿痕，不是惊神鬼。

《云门匡真禅师语录》上："上堂云：眼睫横亙十方、眉毛上透乾坤，下透黄泉。须弥山寒却汝咽喉，还有会处么？若会得，拽取占波国，共新罗国门额。"[①] 意谓宇宙在胸，充塞天地。万松《古从容录》第十九则即为"云门须弥"。天童觉和尚举其"不起一念还有过也无？云门云：'须弥山'"为最胜义[②]。九峰道虔禅师论"乾坤眼"。有人问："一笔丹青为什么貌志公真不得？"师曰："僧繇却许志公。"曰："未审僧繇得什么人证旨，却许志公？"师曰："乌龟稽首须弥柱。"（《会元》六，306页）画家须具有乾坤眼，要礼拜须弥柱。八大画石，却要击碎须弥山腰，并断却棱伽国（即锡兰）之尾，是何等气概！须弥为云门公案，是八大亦用禅语以作题咏。

此册以上面数首较难解，故为作郑笺，其余从略。有人赠传綮诗，称其"诗画入禅真"。其题句有如打哑谜，实则句句皆从禅门语录而来。向来索解人不得，因为误以为是俗语，其实多是禅语，大家走错了方向，故解说者如同摸象。

日本金冈酉三君藏八大花鸟册，记年为癸，钤有一印曰"二九一十八生"。解说者有许多不同推测（参谢稚柳说），顷悟得此亦禅家语。记洪州云居道膺禅师有一段故事：

僧问：羚羊挂角时如何？师曰：六六三十六。曰挂角后如何？师曰：六六三十六。僧礼拜。师曰：会么？曰：不会。师曰：不见道无踪迹。其僧举似赵州。州曰：云居师兄犹在。僧便问：羚羊挂角时如何？州曰：九九八十一。曰：挂角后如何？州曰：九九八十一。曰：得恁么难念。州曰：有什么难会。（《会元》十三，796页）

明白"羚羊挂角"之理，则无迹可寻。六六三十六与九九八十一，都是一理。八大所镌印之"二九一十八"与"六六三十六"、"九九八十一"，取义

① 《大正》一九八八号，552页。
② 《大正》二〇〇四号，239页。

无殊，皆是表示羚羊挂角，无踪迹无执著。“生”二九一十八，所谓“‘二九一十八’生”即谓能悟彻此理之人，以数字扣紧禅关，示能勘破。此一解与“者”取义相同。此印或即八大自明已悟得羚羊挂角六六三十六、九九八十一之理，改其数字为说，或较三十六计不得已而出家为胜，聊附记之，以俟知者。

个山自题像赞试释

黄安平所绘个山小像（图三），于五十年代前后，在江西省奉新县发现，像上有个山自题六则，及其同门禅友饶宇朴题跋一、彭文亮赞一、蔡受跋文说个山字义者一，实为研究八大山人早期在禅门活动最重要之史料。关于发现经过，李旦有文介绍。王方宇兄曩岁曾过录一遍见寄，嘱为考释。久久未能著笔。叶君亦尝钞出全文附于所作之后①。惟诸家移录断句，微有疏失。叶君复深慨此一资料在海外未能引起足够之重视。个山此像署款甲寅，又钤传綮印，故宫藏有传綮题己亥年写生册。又周亮工集名家山水册龚贤题记之后，有饶宇朴题句，云“辛亥六月偶客承恩梵刹，栎翁太夫子命题应教”。是宇朴之父盖出周亮工之门，正可互相参证。余近时多读禅籍，于个山像中题句，奇辞奥恉，粗有所悟，爰不揣固陋，就个山自题各则，试为解说，聊以质诸同好。

（一）个山小像篆书下题云：

甲寅蒲节后二日，遇老友黄安平，为余写此，时年四十有九。钤印三：“释传綮印”（白文方印）、刃庵（朱文）、法堀（长圆印）。

按甲寅为康熙十三年（1674），前此康熙丙午（1666）十二月四日，个山

① 参见《八大山人论集》，91页。

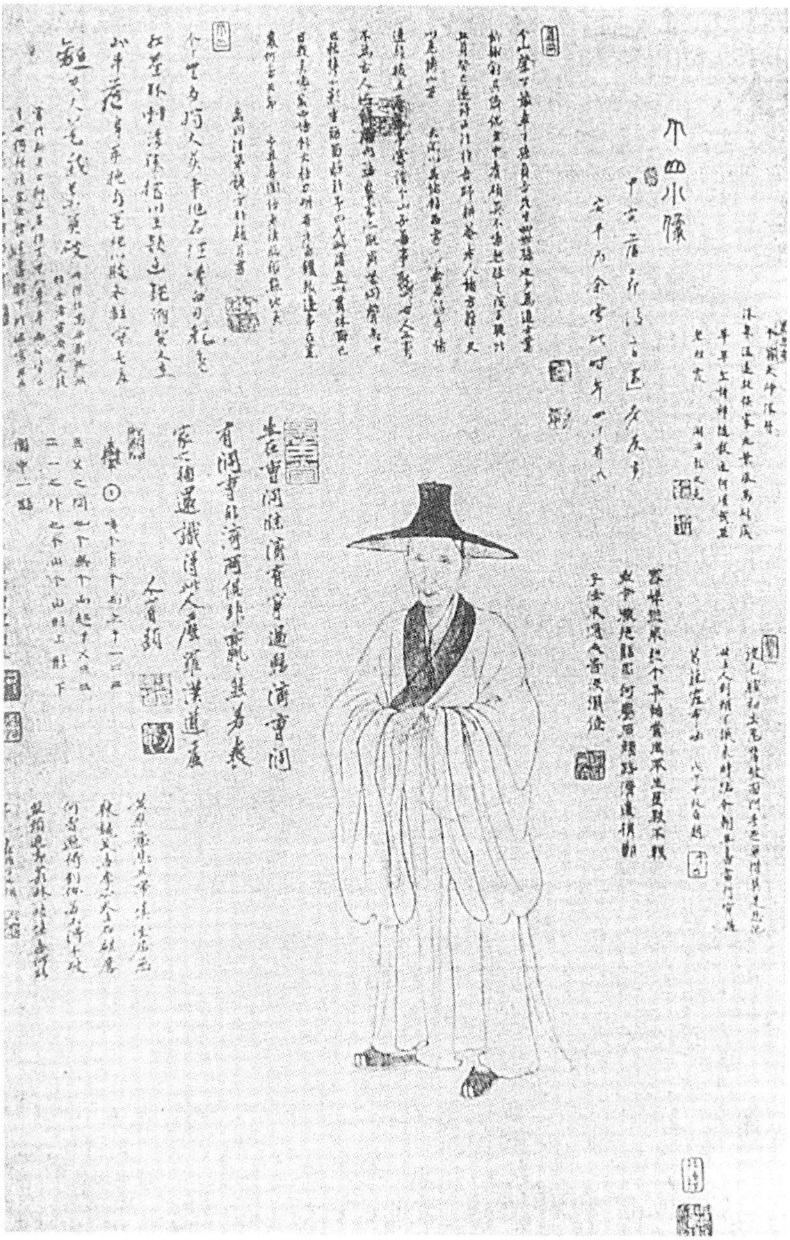

图三　黄平安绘个山小像并个山自题像赞

在西湖精舍作水墨花卉卷，亦钤——释传綮、法堀、雪个、刃庵诸印。是时彼已入居奉新县新兴乡芦田之耕香院，为洞宗弘敏头陀入室弟子。

（二）“个个无多独大，美事抛名理唾。白刃颜庵，红尘粉锉。清胜辋川王，韵过鉴湖贺。人在北斗藏身，手挽南箕作簸。冬离寒矣夏离炎，大莫裁兮小莫破。”以上大字作章草四行。

“此赞高安刘恸城贻余者，容安老人复书于新吴之狮山，屈指丁甲八年耳。两公皆已去世，独余凉笠老僧，逍遥林下，临流写照，为之慨然。个山刃庵传綮又识。”以上小字行书五行。

钤印二：雪个、个山。

刘氏此赞为韵语，大、唾、锉、贺、簸、破叶去声三十八个及三十九过韵。

新吴之狮山者，《百丈清规》内百丈忌条：“属马祖阐化江西，法席之盛。……道过新吴，憩止车轮峰下。”新吴原为洪州所属之一县。《晋书·地理志》：“新吴属豫章郡。”明以后为南昌府之奉新县。《江西通志》卷五十：“登高山在奉新县治北百余步，一名龙山，又名狮山，其巅平坦。”个山所言新吴之狮山即指此。

“个个”二字为禅家常用语。《五灯会元》十七宝峰克文禅师条：“问：马祖下尊宿，一个个阿漉漉地，唯有归宗老较些子。黄龙下儿孙，一个个硬剥剥地，只有真净老师较些子。”是其例。山人其他诗句，如“个个指月饼子”，亦用“个个”字，既自号个山，又称雪个。个字含义至深，别详蔡受跋语。云门上堂示众：古德道：“药病相治，尽大地是药，那个是你自己？”……僧问：如何是超佛越祖之谈？师曰：“糊饼。”[1] 又上堂：“闻声悟道，见色明心。”遂举起手曰：“观世音菩萨，将钱买糊饼。”放下手曰：“元来只是馒头。”……僧曰：“刘茆来。”师曰：“刘得几个祖师？”曰：“三百个。”故《碧岩录》及万松老人之《从容庵录》，称为“云门糊饼”[2]。个山师父弘敏头陀开法文中有云：

> ……七穿八穴，带累他古今多少人薰沐归心，向胡饼里讨活计。……争似我头陀老人示一机一境；造次之流，向死桩上话句里描写不来，正不知缁素分明机缘有在！……

向胡饼里讨活计，如不能相机活用，亦是徒然，故须抛去名相、唾弃理

---

① 《会元》卷十五。

② 《大正》二，六〇四号，27页。

路，方是美事！

“白刃颜庵”者，颜是动词，个山又号刃庵。宝峰克文禅师条：“洞山门下无佛法与人，只有一口剑。凡是来者一一斩断，使伊性命不存，见闻俱泯。……”刃之运用是洞宗之不二法门。《碧岩录》尤多发挥，如示众曰：“一言截断，千圣消声，一剑当头，横尸万里。”又“若向此剑刃上行得。”此即刃庵之取义。

辋川王谓王维，鉴湖贺谓贺知章。“南箕作簸”用《诗·小雅·大东》末章“维南有箕，不可以簸扬”。南箕与北斗对文。“北斗藏身”亦为禅家惯语。云门文偃师下：僧问：“如何是透法身句？”师曰：“北斗里藏身。”① 又见云居自圆条。杨岐《方会语录》：偈颂有“北斗藏身偈”：“云门透法身，从此觅疏亲。尽道和风煖，三春寒更新。”② 是北斗藏身乃出云门典故。冬夏句见《洞山良价传》。“问：寒暑到来，如何回避？”师曰：“何不向无寒无暑处去？”曰：“如何是无寒暑处？”师曰：“寒时寒杀阇黎，热时热杀阇黎。”个山即活用是语。

（三）“没毛驴，初生兔。嫎破门，手足无措。莫是悲他世上人，到头不识来时路。今朝且喜当行，穿过葛藤露布。咄！戊午中秋自题。”共三行，楷书，引首有“耕香”朱文印。下钤个山朱文长方印。

此赞兔、措、路、布叶韵。驴为和尚自称，禅门惯用之。赵州从谂云：“我是一头驴。”普化在僧堂前吃生菜，临济师见云：“大似一头驴。”杨岐颂曰：“三脚驴子弄蹄行。”皆其著例。自比“初生兔”者，兔即月也。云门文偃传：“有讲僧参经时，乃曰未到云时，恰似初生月。及乎到后，曲弯弯地。”初生兔犹初生月。自谦尚未闻道。“当行”亦禅家语。云峰克文条：“问：远远驰符命，禅师俯应机，祖会当行也，方便指群迷。”此可明“喜当行”之义。葛藤者，云门语汇尤多，如：“且向葛藤社里看”、“踸踸诇诇地聚头说葛藤”③，万松《从容录》，“夹山截断老葛藤”，例不胜举。

（四）“雪峰从来，疑个布衲。当生不生，当杀不杀。至今路绝韶阳，何异石头路滑。这（俏）郎子，汝未遇入时，没傝㑩。”

共三行，楷书。未署名，下盖“灯社綮衲”白文方印。

雪峰指福州义存真觉禅师。《碧岩录》卷三：“雪窦只为爱云门，契证得

---

① 《会元》卷十五。

② 《大正》一九九四号，645 页。

③ 云门《匡真语录》。

雪峰意。”其颂云：“韶阳知重拔草。”又卷六：“雪窦道我爱韶阳新定机，一生与人抽钉拔楔。”韶阳即指云门。万松《从容录》第二十四则“雪峰弄蛇”条：“师云：南山鳖鼻虽是死蛇，象骨岩前解弄也活。……”其颂云：“果见韶阳下手弄，下手弄，激电光中看变动。”此阐述死也可以弄活之道理。马祖所以戒死于句下也。

石头路滑句，八大他诗屡用之，如送僧往南岳句云“西江道向岳南路，滑若石头攀短藤”是。石头指南岳希迁，时称石头和尚。《五灯会元》三《马祖传》：“邓隐峰辞师。”师曰：“什么处去？”曰：“石头去。”师曰：“石头路滑。”即此典故来历。傝偧见《玉篇》，训恶也。《广雅·释诂》：“偧，恶也。”《疏证》引字书云：“偧偧，丑也。偧偧声义并同。”

（五）“黄檗慈悲且带嗔。云居恶辣翻成喜。李公天上百麒麟，何处邈得到你。若不得个破笠头遮却丛林，一时嗔喜何能已。”下小字题“中秋后二日又题”。以上行书五行，下钤“掣颠”白文长方印。

黄檗指洪州希运禅师，幼于本州黄檗山出家，为百丈法嗣，后号断际禅师。破笠头即用黄檗典故。希运辞南泉，泉门送，提起师笠曰：“长老身材没量，大笠子大小生。”师曰：“虽然如此，大千世界总在里许。”此一破笠即是和尚印信，没有这笠子，便做不了和尚，则嗔与喜都无了期矣。嗔为三毒之一，喜亦不能执著。云居谓洪州云居山道膺禅师，师参洞山，山被问得禅林震动，遂许为室中领袖。曹山本寂传：“乃问石霜，如何是枯木里龙吟？”霜曰：“犹带‘喜’在。”曰：“如何是髑髅里眼睛？”霜曰：“犹带识在。”……遂示偈曰：“枯木龙吟真见道，髑髅无识眼初明。喜识尽时消息尽，当人那辨浊中清。”浊里有清，死中见活。不悟者，喜与识永远滞着；嗔与喜之不能已，情形正相同。

石麒麟用宝志故事，彼摩徐陵顶曰：天上石麒麟也。见《南史》及《祖庭事苑》二。禅家有时亦称道玉麒麟。《云居元祐传》：“问：如何是祖师西来意？师曰：胡天雪压玉麒麟。”是其例。邈得即貌得。

（六）“生在曹洞临济有，穿过临济曹洞有。曹洞临济两俱非，羸羸然若丧家之狗，还识得此人么？罗汉道底？个山自题。”此用山谷书体。钤印三：“释传綮印”、“刃庵”、“怀古堂”（引首印）。

八大灯统属于洞宗三十八世。洞宗自唐大中末良价教化于豫章高安之洞山（在筠州），其门下本寂往曹溪礼六祖塔，回吉水，名其山曰曹山（在抚州）。八大属此一系统而原同出西江马祖，故宫《传綮写生册》，西瓜上题句云：“吸尽西江水，他能为汝道。”在另一杂画册亦题此句。耿延禧序《佛果语录》谓“吸尽西江水，亦无非此意”。此出马祖故实，已成禅门之熟典。传綮当日在弘敏门下被誉为禅林拔萃之器，已贯通各家，出入曹洞与临济，又悟得黄檗之慈悲，云居之恶辣。从其诗句，可见禅理之湛深。其题墨花句云：“尿天尿床无所说。”即用临济骂定上座：“⿱扭土杀这尿床鬼子”语[①]。《类篇》：⿱扭土，塞也（侧六切）。此即“穿过临济”之证。丧家之狗出《史记·孔子世家》。乡人或谓子贡，讥仲尼之不得志，累累然若丧家之狗。此借用其语自作嘲戏。“道底”犹言“作底”、“缘底”，底即什么。语录习见。

以上解个山自题六则讫。“个山”一名，蔡受跋语即加以发挥，兹附述其说：

> 木
> “火土水⊙咦！个有个，两立于一二三四×（五）之间也；个无个，而超于×（五）四三二一
> 金
> 之外也。个山个山，形上形下，圆中一点。”“减余居士蔡受，以供个师已，而为世人说法如是。”钤印“减余圆者”（其余从略）。

此作偈语体，先将五行之金木水火土凑合成一会意字，下绘圆形，中有一点。《五灯会元》径山道钦传：“马祖令人送书到，书中作一圆相。师发缄，于圆相中著一点，却封回。”又《南泉普愿传》：“良钦问：祖祖相传，合传何事?”师曰：“一二三四五。”此一至五蔡氏以五行解之。又岩头全豁传：“僧参，于左边作一圆相，又于右边作一圆相，又于中心作一圆相，欲成未成，被师以手一拨，僧无语。……”师曰：“只如适来左边一圆相作么生?”曰：“是有句。”师曰：“右边圆相聻?”曰：“是无句。”师曰：“中心圆相作么生世”曰：“是不有不无句。”师曰：“只如吾与么又作么生?”曰：“如刀画水。”此述三圆相以表二边与中道。禅家作圆相已是极寻常之事。蔡氏此文特强调圆中一点以表示“个”之意。个有个、个无个，是有与无二边，圆中一点是可统摄形上形下，一可立于五行之中，亦起于五行之外，一入一出，不离此“个”。蔡氏就个山名字为世人说法，采取径山之圆中一点来说“个”之义。

---

① 《会元》卷十一。

其实曹山之五位、五相说，⊙即五相之一，其偈云："焰里寒冰结，梅花九月飞；泥中吼水面，木马逐风嘶。"蔡氏非不知，乃别作此偈为个山树立新解耳。个山之"个"字纯从禅理立义，今人欲以俗谛说之，迂曲不成文理；故聊举蔡文，略为辨析。

个山深于禅学，既自诮为"没毛驴"，其后更取黄檗《宛陵语录》，原署驴室、人屋。一般多不谙其来历，以不治禅学故昧其取义。其实不特禅僧以驴自命，即功业之士亦复如此。君不见佐成吉思汗开车书同一基业之耶律楚材乎？师法万松老人，其深造乃独在临济云门棒喝之机用，著黄龙三关颂，其第二为"我脚何似驴脚"[①]。借宗门之机锋以佐命开国。八大后期书画之卓绝，实亦得之禅理，以为其关捩，此一谛尚有待乎发挥，兹但取其自题像赞，略为抉发，以俟有道者之棒喝云。

原载《蒋慰堂先生颂寿文集》

① 参见《湛然居士文集》十四。

八大画札记
——论八大以廉写画及题画

八大屡用“河水一担直三文”一语以题句，《大风堂名迹》第三集中，八大书画合璧卷有山水自题云：

> 方语河水一担直三文，《三辅录》安陵郝廉饮马投钱。谐声会意。所云郝者，曷也；曷其廉也！予所画山水图，每每得少而足，更如东方生所云，又何廉也。八大山人记。

按此用《汉书·东方朔传》：“朔来！朔来！受赐不待诏，何无礼也？拔剑割肉，壹何壮也？割之不多，又何廉也？归遗细君，又何仁也？”“又何廉也”一语即出此。《三辅录》，即赵岐之《三辅决录》。旧有晋挚虞注，原书已失传。清张澍（《二百堂丛书》本）、黄奭（《逸书考》本）所辑不全。郝谐声曷，郝廉即“曷其廉也”之意。八大喜用隐语，此亦一例。

八大作画，“每每得少而足”，故自云“曷其廉也”。“廉”为彼写画及题画之总原则。画面简，笔墨省，以构成其特色；即题识亦复从廉。八大册页有时若干幅始作一总题，如为黄研旅所写山水十一幅，末仅题以“郭家皴法云头小、董老麻皮树上多，想见时人解图画，一峰还写宋山河。三月十九日写十一页并题，八大山人”一绝。又不甚喜倩人对题，不若石涛翁之多题，及喜遍征友人滥题，有如元人之习气。八大画册如《穰梨馆过眼录》三十所收，内有朱容重、牧行者（即罗饭牛）、江上叟（李彭年即松庵）、彭廷典、刘元兼、吴起湘等对题者，必由该册持有者征求他人补题，此例在八大作品中甚为少见。虽以程祓斋之交好及工书，未见其为八大题句，此八大狷介性格不同于石涛者也。

八大以“廉”作画，亦以廉题画。既以“一诗为总题”，如此十一幅，只于末帧总题一首，而且往往一诗多题，即以同一首诗一题再题。有时还写成另一格式，如此首“郭家皴法云头小”，传世复有书轴。末句文字且微有不同：“一峰”作“一般”。“一峰还写宋山河”，“一峰”二字，表面是指一座山峰，语实双关，一峰亦指黄公望，暗示画家身份，自己与黄一峰相似。八大在《兰亭诗画册》山水上题云：“净云四三里，秋高为森爽；比之黄一峰，家在富阳上。”可见其善用“一峰”名字入诗不止一次。香港大学藏抄本郝莲《国朝诗选》第四册，录“郭家”诗亦作“一峰”，与至乐楼册页相同，而诗轴改作“一般”，又无年月，不知书写时间。此种歧异可能是涉笔作书，一时误记，为常有之事。

八大山人“世说诗”解

1926年出版之《八大山人真迹》第二集，包括山水花鸟册，共有8页；山水计5页，又一鸟一鱼，最后一页为书法，其上题五古一首，起句“使剑一以术”诗后题“世说二十首之一”。所谓“世说二十首”，必是山人读《世说》的杂诗。这是二十首中之一。山人诗集据邵长蘅于康熙二十七年戊辰在南昌北兰寺见山人时为写《八大山人传》，传中有云：

> 淡公（淡雪）[①] 语予，山人有诗数卷，藏箧中秘不令人见。予见山人题画及其题跋皆古雅，间杂以幽涩语，不尽可解。

则其诗原有数卷之多，当日且有人为他传钞。他寄呈李梅野绝句云：“传闻江上李梅野，一见人来江右时，由拳[②]半百开元钞，索写南昌故郡词。”“南昌故郡”语出王勃《滕王阁序》，因为他住在江西，所以用这一典故。清代总集中，选录八大诗的，如钱塘郝莲的《国朝诗选》，只选八大山人诗一首，有

---

① 康熙十六年丁巳，僧淡雪从浙西驻锡南昌，创建北兰寺。雍正《南昌旧志》十四：“北兰亭，在德胜门外，南岳让禅师道场。康熙十六年临济派下僧淡雪由浙江来重建。”八大离开道院青云谱，即住于淡雪之北兰寺。淡雪事迹，见《新建县志·方峨传》。详见李旦《八大山人丛考》[《文物》1960(7)]。

② 由拳，县名，秦置，汉志属会稽郡，古之槜李也，即今嘉兴。八大“河上花歌”有“万一出拳拳大白”句。明屠隆著有《由拳集》三十二卷。

小传云：

“凤阳人，善书画，世高其品”；又朱笔批语云“人间赝作甚多，一见真迹，天渊之别矣”。

所选诗即何氏至乐楼藏八大为黄研旅绘十一页，册上题句：“郭家皴法云头小，董老麻皮树上多[1]，想见时人解图画，一峰还写宋山河。”（图四）并无其他世说诗。郝莲此书，所知只有香港大学冯平山图书馆藏抄本一部[2]，非常珍贵，可惜只收这一首而已。世说二十首之一，题在山水册八叶之后，似总题该册，而录旧作世说诗一首，是可作为诗跋看待的。其中二幅，尝印人《苏州博物馆藏画集》[3]。据编者说明，此册只共六叶，与《八大山人真迹》第二集所载是册原为八叶不相符，不知这首世说诗是否在其中？

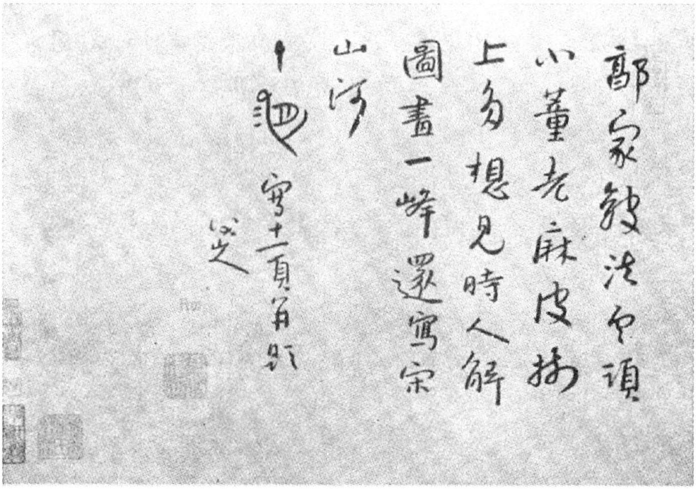

图四　八大为黄研旅《写山水册》题识

此诗原文云：

使剑一以术。铸刀若为笔。钝弱楚汉水，广汉粹爽烈。何当杂涪川，

---

① 郭家皴法，指郭熙，见《林泉高致》；董老麻皮，指董源披麻皴。

② 郝莲《国朝诗选》，共76册，嘉业楼旧藏。莲字青门，号饭山，钱塘人，工六法。详见拙著《香港大学冯平山图书馆善本书目提要》。

③ 参见《苏州博物馆藏画集》四六及四七。

元公乃刀划。明明水一划，故此八升益。昔者阮神解，暗解荀济北。雅乐既以当，推之气与力。元公本无力，铜铁断空廓。

《世说》二十首之一。率录并画意求正。　　八大山人（图五）

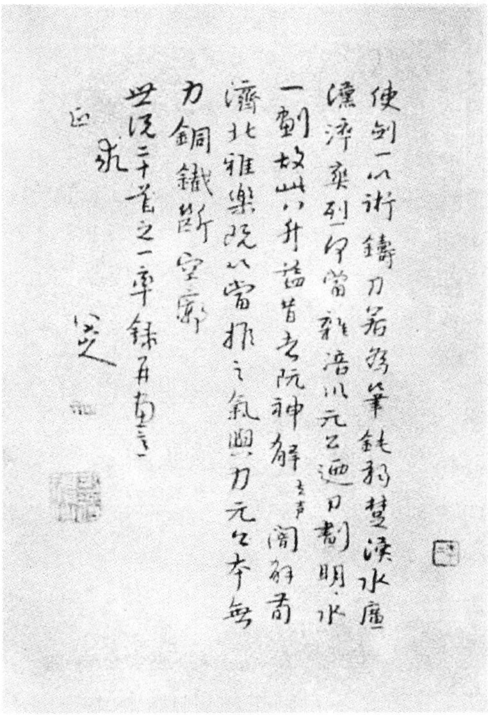

图五　八大“世说诗”二十首之一

意思十分难懂，向来无人加以理会。最近王方宇教授著《八大山人的世说新语诗》，承其远道将未刊稿寄示。文中第八首即解释此诗，王教授云：

这首诗只有两句和《世说新语》有关。这两句是：

“昔者阮神解，暗解荀济北。”

在第二十篇《术解》有：

荀勖善解音声，时论谓之暗解。遂调律吕，正雅乐。每至正会殿庭作乐，自调宫商，无不谐韵。阮咸妙赏，时谓神解。每公会作乐，而心谓之不调。既无一言直勖，意忌之，遂出。阮为始平太守，后有一田父耕于野，得周时玉尺，便是天下正尺。荀勖以校己所治钟鼓、金石、丝竹，皆觉短一黍，于是伏阮神识。

荀勖字公曾，亦称荀济北。

除去这两句以外，其他不但和《世说新语》没有关系，并且也不能读通，实在是无法可解。

作者得他的启发，甚感兴趣，尝去函与他商榷。告知八大这一世说诗，其实是运用《蒲元传》的典故。《蒲元传》是很僻的一篇文字，只见于《艺文类聚》卷六十军器部，及《太平御览》卷三四五兵部七六，兹录二书原文如下：

《蒲元传》曰：君性多奇思，于斜谷为诸葛亮铸刀三千口。刀成，自言汉水钝弱，不任粹用；蜀江爽烈，是谓大金之元精，天分其野，乃命人于成都取江水，遂以涪水八升益之。以竹筒内铁珠满中，举刀断之，应手虚落，因曰神刀。金属耳环者，乃是其遗范。（《艺文类聚》中华书局本，1083～1084 页）

《蒲元传》曰：君性多奇思，得之天然，触类之事出若神。不尝见锻功，忽于斜谷为诸葛亮铸刀三千口，镕金造器，特异常法。刀成，白言汉水钝（鲍本误作纯）弱，不任粹用；蜀江爽烈，是谓大金之元精，天分其野，乃命人于成都取之。有一人前至。君以淬，乃言杂涪水不可用。取水者犹悍言不杂；君以刀画水，云杂八升，何故言不？取水者方叩头首伏。云：实于涪津渡负倒，覆水惧怖，遂以涪水八升益之。于是咸共惊服，称为神妙。刀成，以竹筒密内铁珠满其中，举刀断之，应手灵落（《图书集成》作“露落”），若薙生刍，故称绝当世，因曰神刀。今之屈耳环者，是其遗范也。（《太平御览》卷三四五。中华景宋本，1589 页）

又《图书集成》刀剑部亦引此传（见《戎政典》卷二八八，860 页。全录《御览》，略去前数句）。

《蒲元传》不知撰者何人，其事亦不见于《三国志》[①]。《北堂书钞》卷六八“掾”有“蒲元作木牛”条。引《蒲元别传》云：

① 王祖彝编《三国志人名录》，158 页，蒲氏只收魏将蒲忠一人，并无蒲元。

元为丞相诸葛亮西曹掾，亮欲北伐，患粮难致。元牒与亮曰："元辄率雅意，作一木牛，廉仰双辕，人行六尺，牛行四步，人载一岁（孔广陶刊本作"一藏"）之粮也。"

严可均《全三国文》卷六十二收蒲元文一则，即录是篇。《蜀志·诸葛亮传》裴注引《诸葛亮集》有"作木牛流马法"（今收入中华书局本《诸葛亮集》卷二），杜佑《通典》述亮推己意作木牛流马。今据《北堂书钞》，木牛实是蒲元所发明的。

《蒲元传》[①] 亦作《蒲元别传》。清张澍辑《诸葛亮故事》引《蒲元传》称："元于斜谷为诸葛亮造刀三千口云云，与《诸葛亮别传》同。"（查《御览引得》只有"诸葛亮别传"一条，见卷四三〇，非记蒲元事）

姚振宗著《三国艺文志》始著录《蒲元别传》（《廿五史补编》本，3240页）。晋以来别传的体例很盛行，《蒲元传》应是《蒲元别传》的简称。

八大此诗所有字眼，均出自《蒲元传》。铸刀即蒲元为诸葛亮铸刀三千口；钝弱是传之"汉水钝弱"，八大增一"楚"字，作楚汉水。传言"蜀江粹烈"，八大作"广汉粹爽烈"。汉高六年，蜀分置广汉郡；明《一统志》引有《广汉图经》及《广汉土地谱》等佚书。"杂涪川"、"益八升"亦见该传，故知元公必指蒲元无疑。

这诗何以牵涉及荀济北。考《世说新语·巧艺》云：

钟会是荀济北从舅，二人情好不协。荀有宝剑，可直百万金，常在母钟太夫人许。会善书，学荀手迹，作书与母取剑，仍窃去不还。荀勖知是钟，而无由得也，思所以报之。后钟兄弟以千万起一宅。始成，甚精丽，未得移往；荀善画，乃潜往画钟门堂，作太傅形象，衣冠状貌如平生。二钟入门，便大感动，宅遂空废。

这一故事亦见《历代名画记》卷五，可见荀勖写画功力之深，他很能够传神。刘孝标注引孔氏《志怪》云："于时咸谓勖之报会，过于所失数十倍。

① 马念祖编《〈水经注〉等八种古籍引用书目汇编》，仅《艺文类聚》、《太平御览》二处引《蒲元传》。

彼此书画，巧妙至极。”[①]《历代名画记》称荀勖，与张墨同品，有维摩诘像杂白画，捣练图，及大列女、小列女图。钟会书法则摹仿任何人都可以乱真。郭颁《世语》[②] 记着：

> 会善效人书，于剑阁要艾章表白事，皆易其言，令辞旨悖傲，多自矜伐。又毁文王报书，手作以疑之，艾由此被收也。

他又伪为全辉、全仪作书[③]，皆由于善书的缘故。荀勖的人物画和钟会之书法，都有出神入化的功夫，所以孔氏赞叹他们“彼此书画，巧妙之极”。

荀勖于晋武帝受禅初，封济北侯，故称荀济北[④]。《晋书·乐志》上云：

> 荀勖又作新律笛十二枚，以调律吕，正雅乐，正会殿庭作之，自谓宫商克谐，然论者犹谓勖暗解。时阮咸妙达八音，论者谓之神解。咸常心讥勖新律声高，以为高近哀思，不合中和。每公会乐作，勖意咸谓之不调，以为异己，乃出咸为始平相。后有田父耕于野，得周时玉尺，勖以校己所治钟鼓金石丝竹，皆短校一米，于此伏咸之妙，复征咸归。（《晋书》，693 页）

这即阮的“神解”和荀的“暗解”的本事，《晋书》乃是根据《世说》敷演成文的。荀氏以新律笛，正雅乐，这便是八大诗所谓“雅乐既以当”，“当”是“正”的意思。

荀勖是音乐家又是书画家；书画要讲究气与力。王羲之《记白云先生书诀》云：“书之气必达乎道，同混元之理，阳气明则华壁立，阴气大则风神生，把笔抵锋，肇乎本性，力员则润，势疾则涩。”[⑤] 可见气与力是书法的主要条件，画理亦有同然。八大《兰亭诗画册》之一题句：“云光此图画，何处

---

① 孔氏《志怪》，据《隋书·经籍志》史部有志怪四卷孔氏撰，不详何人。类尝征引，见章宗源《考证》。

② 《世语》此文，见《三国志·钟会传》，裴注及《世说·巧艺》刘注俱引之。

③ 二全事见卢弼《三国志集解·钟会传》：全辉为全怿兄子，全仪为全绪之子。参《吴志》十五全悰传。

④ 《三国志·诸葛亮传》，《诸葛亮集》陈寿序，有荀勖署衔济北侯。

⑤ 王羲之《记白云先生书诀》，见宋陈思《书苑菁华》卷十九。（《翠琅玕馆丛书》本作“书之‘器’，必达乎道”。）

气与纸；来日方山人，著书荒村里。”即提到“气”字。八大此诗云“推之气与力”，意思可以了然；亦即赞赏荀氏画艺的巧妙，而能使钟会弟兄辈见到其父亲钟繇的形象，十分感动悲痛，自动不愿搬进花去千万钱建成的大屋。荀勖的宝剑价值百万，后人称之为“百万宝剑”[①]。八大诗开头二句云：“使剑一以术，铸刀若为笔。”从剑写起，当然与荀勖的宝剑有关联。诗中“阮神解”、“荀暗解”和荀氏宝剑都出自《世说》，这诗所以列入《世说》二十首之中，原因可以推想而知。

这首诗多处采用《蒲元传》的典故，而捋扯成篇。揣度八大的用意，最紧要的是“铸刀若为笔”一句，为笔有如铸刀，功夫须时时加以淬砺。淬是铸刀剑时把火烧红了的兵器，放入水中。其字有时作焠。《汉书·王褒传》云：“巧冶铸干将之朴，清水焠其锋。”颜师古注：“焠谓烧而内诸水中以坚之。”焠与淬字通。《说文》训淬为“灭火器”。徐锴曰：“淬，剑烧而入水也。”徐灏《说文段注笺》云：“盖冶刀剑者，火炼而水淬之，使其消烁而愈精，每淬则火必暂灭，故曰灭火器，非熄之也。……以水淬之谓之淬，自其用火而言之，则改从火。《史记·天官书》云：火与水合为焠。《汉书·天文志》作淬，是二字古通。”淬刀时所用的水，是不能够乱杂的。蒲元的铸刀，他认为汉水钝弱，而蜀江淬烈。古人对于水性的辨别很有讲究，《管子·水地》篇云：“齐之水道躁而复”，“楚之水淖弱而清”，“越之水浊重而泊”，“秦之水泔冣而稽”，“齐晋之水枯旱而运、淤滞而杂”，“燕之水萃下而弱、沈滞而杂”，“宋之水轻劲而清”。蒲元谓汉水钝弱，和管子称“楚水淖弱”，意思有点相同。因为水性不同，如果弄杂了则淬刀不精。铸刀如此，于笔何独不然。作画临池，都需要淬冶的功夫，所以八大用铸刀的道理来设喻。淬亦有陶淬之意，《书谱》云：“东晋士人，互相陶淬。至于王谢之族，郗庾之伦，从不尽其神奇，咸亦挹其风味。”又云：“犹埏埴之罔穷，与工炉而并运。”彼此间互相陶冶锻淬，自然艺事上易有所成就。李日华《紫桃轩杂缀》云：“古人作一段书，必别立一种意态……断断乎不可在笔墨间得者，可不于自己灵明上，大加淬治来！”（卷一）淬冶灵明，是书家别立意态，创辟境界的准备功夫。蒲元的神刀，可以断铁，应手虚落，故八大的诗，结句云：“铜铁断空廓。”空廓即是虚落的意思。“蒲元本无力”而可以断铁，因其为神刀故也。神刀刃如出新硎，不必用力，自然奏功。“蒲元本无力”句即指其不费力而著

① 见《图书集成》刀剑部。

神效。虞世南《笔髓论》云："书道玄妙，必资于神通，不可以力求也"[1]，正是这个道理。书画之道，有如铸刀。此八大自道其工力所至，示人以机窍。若徒以力求而不能自然，即孙过庭所谓："鼓努为力[2]，标置成体，岂独工用不侔，亦乃神情悬隔。"所以能入化境者本自无力，否则是失之"鼓努为力"了。从这诗可窥测八大作书画的关键语，他这一诗跋，非常重要，为后人点出理路，读八大的画，应该充分加以注意。

《世说》一书，自黄山谷作为文章渔猎之资（沈作哲《寓简》卷八竟说他离《庄子》、《世说》一步不得）[3]。后代文人无不仰之为馈贫粮。黄大痴有小楷书《世说新语》（《式古书考》十八），画人且手写之，以增加艺术生活上的体会；八大酷嗜是书，自非偶然。八大写《临河叙》，其正文同于《世说·企羡》刘注所引之王羲之《临河叙》，兹比较如下：

世说注引《临河序》	八大书《临河集序》
永和九年，岁在癸丑；莫春之初，会于会稽山阴之兰亭，修禊事也。群贤毕至，少长咸集。此地有崇山峻岭，茂林修竹；又有清流激湍，映带左右；引以为流觞曲水，列坐其次。是日也，天朗气清，惠风和畅，娱目骋怀，信可乐也。虽无丝竹管弦之盛，一觞一咏，亦足以畅叙幽情矣。故列序时人，录其所述。……（据《四部丛刊》影明嘉趣堂本）	永和九年暮春，会于会稽山阴之兰亭，修禊事也。群贤毕至，少长咸集。此地乃峻岭崇山也，茂林修竹；更清流激湍，映带左右；引以为流觞曲水，列坐其次。是日也，天朗气清，惠风何畅，娱日骋怀，洵可乐也。虽无丝竹管弦之盛，一觞一咏，亦足以畅叙幽情已。故列序时人，录其所述。此为王逸少《临河集叙》；近世所传定武本，凡三百廿五字；《临河序》止得百字。……

按八大所书《临河序》，略去"岁在癸丑"、"之初"等字，"此地乃峻岭崇山"不作"有"；"更清流"不作"又有"；"何畅"不作"和畅"；"娱日"

---

① 虞世南《笔髓论》，见《虞秘监集》卷一，《契妙》章（《四明丛书》第一集）。

② 包世臣自跋删拟《书谱》云："鼓努者，屈铁抽刀之类，据置者，让头舒抑之类，此在右军无定法，而子敬真行所不能逸。"

③ 钱钟书《谈艺录》"山谷渔猎世说"条。

本作“娱目”；“洵”原作“信”；“已”原作“矣”；及称王逸少《临河集叙》多一“集”字。可见八大《临河序》仅有一些小出入。此序山人一再临摹。他有印曰“禊堂”。在《兰亭诗画册》中：“向者约南登，往复宗公子；荆巫水一斛，已涉图画里。”一首后题识有云：“漫临兰亭一卷，并小作六首，己卯秋，八月既望，八大山人”在这一册自称是“临兰亭”，其实这是“临河序”，最初当从《世说》钞写出来，但八大《临河叙》写本有多种，所据何帖，尚待细考。

八大题诗的通例，一般来说，比较显著的，要算“一诗总题”和“一诗多题”的办法。在册页上，他高兴时便每页都给予题句，亦有在最后才系以诗的。这样的题句等于一个跋尾；但这不是对任何一页的说明，而是全册的总述，像上面讨论世说诗二十首之一“使剑一以术”这篇，后面正写着“《世说》二十首之一，卒录并画意求正，八大山人”便是总题，所以论及如“铸刀若为笔”这一类实际上原则性道理，几乎成为一篇重要的画论了。至于至乐楼藏册页上题“郭家皴法云头小”一绝，亦是总题，因为后面还有“三月十九日（花押）写十一页并题，八大山人”的题识。

王方宇兄谈八大甲戌（1694）曾作一首题画鱼的诗：“到此偏怜憔悴人，缘何花下两三旬，定昆明在鱼儿放，木芍药开金马春。”所见甲戌年所画鱼至少有三张曾题此诗。到了第二年乙亥（1695），画鱼的扇面上仍题此诗[①]，题有此诗的扇面是方宇兄家中珍藏品，这是八大“一诗题多次”最有趣的例子。这诗后面两句，很不易懂。查典故出自辛氏《三秦记》：“昆明池人钓鱼，纶绝而去。梦于汉武帝，求去其钩。明日帝游于池，见大鱼衔索，帝曰昨所梦也。取而去之，帝后得明珠。”诗中昆明指昆明池：“鱼儿放”谓汉武帝除去鱼的钩索。八大喜欢画鱼，又最爱题此诗，用意何在，向来未明。按“金马春”应指金马门。《汉书·公孙弘传》“待诏金马门”。班固《两都赋》序言：“武宣之世”，“内设金马石渠之署”。这诗用金马门字样，可能暗指康熙十八年（1679）开博学宏词科，翌年试太和殿事。又八大题辛夷诗：“是笔摇春举，平明梦作花；判官用不完，金马试谁家。”他用“金马”典实，不止一次。当他五十四岁时，清廷开博学鸿词科，临川县令胡亦堂刚由新昌调任，延请山人作客官舍。山人于临川官舍住年余，终于佯狂走回南昌，事见李旦所撰《丛考》。这诗言“鱼儿放”，当指那些遗逸不肯上钩者，意甚明显。是

① 参见王方宇故宫《传綮写生册》与八大山人早期作品。

诗作于康熙三十三年甲戌（1694），在开博学鸿词科后 14 年，八大自然不满意那些趋炎附势前赴金马门待诏的前明遗民。“缘何花下两三旬”句，显然有自悯遭遇，或者对这班人有冷嘲热讽的意味。他的画鱼，分明寓意还我一个自由自在的天地（八大《青云谱志跋》所云“欲觅一个自在场头”）。方宇兄对这诗没有详细说明，我顺便在这里越俎代庖为他补充，尤盼有以教我！

“甲子花鸟册”诗释

此册藏新加坡画家陈文希处。曩年曾撰文介绍。共九首，书画对题。诗共九首，一为七言，余皆五言。汪子豆辑《八大诗钞》，已为录入。其中“萧峰鸾尾西”句，向不知何所指，及游青云谱，登西山，方知其用当地胜迹入诗。兹重订前作，更为疏记如次：

尔玉请为图，兰芳倩谁扶；燕支一围罢，少小落瞿俞。

欧阜明月湖，鬼载盈仓箱；仓箱似蹲鸱，读易休为王（图六）。

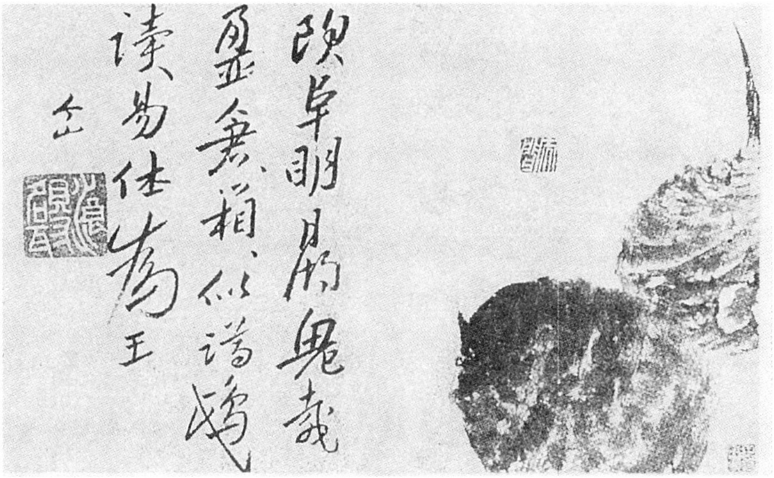

图六　《甲子花鸟册》之一

湖天霞散鲤鱼斑，绿竹晴梢八月间，况尔秦皇千顷烧，大头鳑死免君山。（图七）

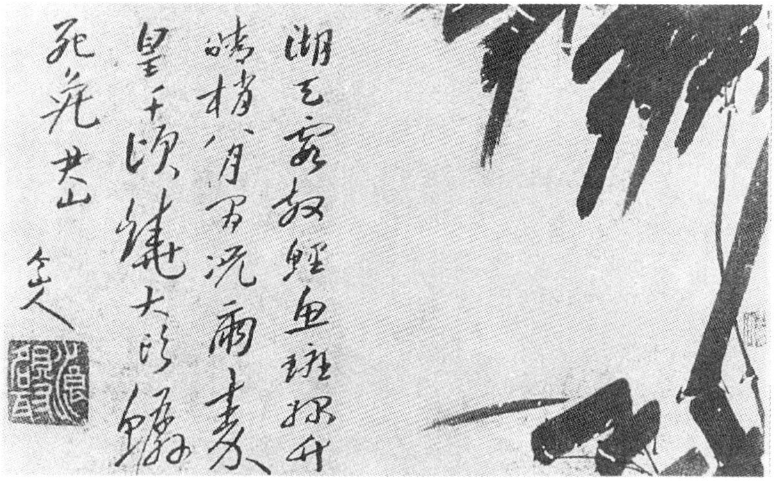

图七 《甲子花鸟册》之二

萧峰鸾尾西，土产湖东鲫，持此径寸言，会得郎心一（图八）。

图八 《甲子花鸟册》之三

朱弦渺难度，锦瑟落谁傍，却扫柳枝竹，成都香瀣棠（图九）。

下第有刘蕡，捉月无供奉，欲把问西飞，鹦鹉秦州陇（图一〇）。

衿翠鸟唤哥，吭圆哥唤了，八哥语三号，南飞鹧鸪少（图一一）。

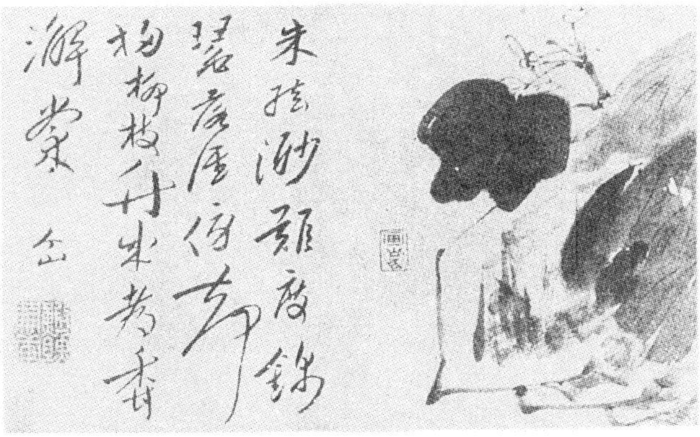

图九　《甲子花鸟册》之四

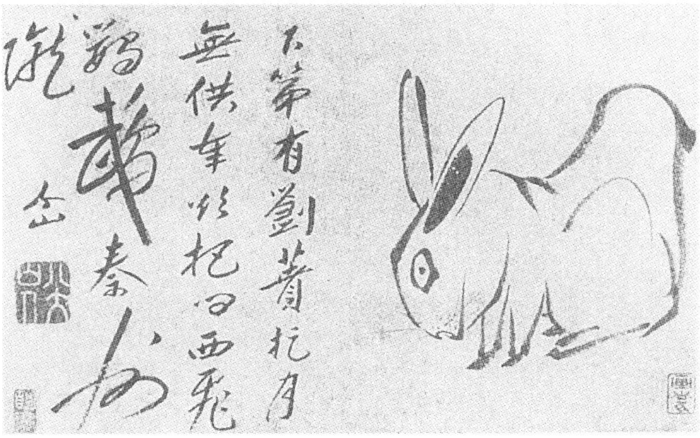

图一〇　《甲子花鸟册》之五

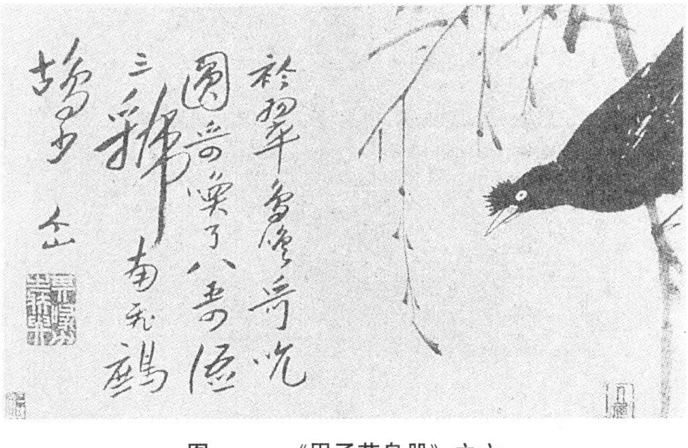

图一一　《甲子花鸟册》之六

东风不受吹，西风吹不受，父母爱儿曹，仙人汉贤右（图一二）。

图一二　《甲子花鸟册》之七

点笔鰕蟆屯，荒园水闭门，蕉心鼓雷电，叶与人飞翻。

甲子春正，屏书社兄，拉往东轩为画，并题，正十二　　个山（图一三）

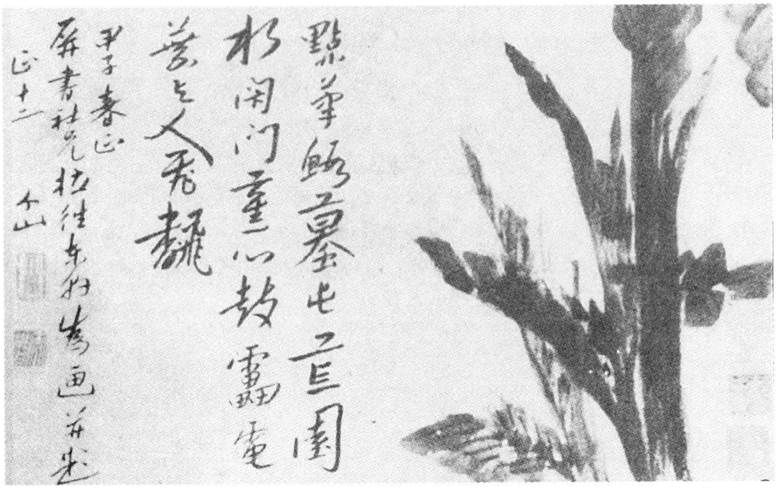

图一三　《甲子花鸟册》之八

第一首：尔玉必是求他写画的人；燕支即胭脂，东坡《黄州寒食诗》：“泥汙燕支雪。”“一围”二字，《北齐书》（平阳已陷）：“淑妃请更合一围。”

（卷五十《高阿那肱传》）故李商隐有“更请君王猎一围”之句。瞿俞即氍毹，《风俗通》：“纤毛褥谓之氍毹。”王世贞诗：“织成紫氍毹。”

第二首：欧阜，在南昌之北云居山，明月湖在其山间。

明月湖之名，亦见苏轼诗：“敕赐诗人明月湖。”又《题冯通直明月湖诗后》（卷二十四）句：“闻道牂江云抱珥，年来合浦自还珠。”此明月湖在武昌县南，另是一地。“鬼载盈仓箱”，用《易·睽》上九，见豕负涂载鬼一车事。此首题“芋”，故云蹲鸱。左思《蜀都赋》：“蹲鸱所伏。”刘逵注：“蹲鸱，大芋也。其形类蹲鸱，故卓王孙曰：‘吾闻岷山之下，沃野下有蹲鸱，至死不饥。’《易·睽》云：‘往遇雨则吉。’”这首诗意思似说仓箱载满著像芋头的鬼物，读过《易·睽》的人休为他而神王。这些鬼物，必有所指，可想而知。

第三首：《史记·始皇本纪》：“至湘山祠，逢大风，几不得渡。上问博士曰：湘君神？……于是始皇大怒，使刑徒三千人，皆伐湘山树，赭其山。”君山在洞庭湖中湘君所游处，诗中“秦皇千顷烧”指此。鳎字见《集韵》，字亦作鳎与鲺 。《述异记》：“尧二女泪下沾竹，竹上文为之斑斑然。”李白《远别离》诗：“竹上之泪乃可灭。”八大此诗题竹，故用湘君典故，鲤鱼斑亦影射竹沾泪之斑斑然。免，避也。讽秦皇烧赭君山，殃及湖鱼。

第四首：“萧峰鸾尾西。”萧峰指南昌西山之主峰。新建裘君弘《萧仙峰诗》，有“萧峰绝顶与天通”之句。以民间有萧史与弄玉传说，故名萧峰。《江西通志》五十：“西山，《水经注》作散原山，为道家第十二洞天，名曰天宝极元；峰曰大萧、小萧，萧史所尝游也。……最高……曰鸾岗，洪崖先生乘鸾所憩也。”则此诗之鸾尾即指鸾冈，与萧峰皆用当地故实。向所未知，及亲临其地，始悉其句非虚设。鲫是鲫鱼。左思《咏史诗》：“以彼径寸茎。”兹云“持此径寸言。”取其句法。

第六首：题兔用刘蒉事。刘蕡于太和二年策试切论黄门事，贬柳州司户。李商隐赠诗有“江风吹浪动灵根”句。供奉即李白，抱月沉江。《典略》：“兔者，明月之精。”古艳歌：“茕茕白兔，东走西顾。”（《御览》九百七引）《南州异物志》：“广雷等州，多鹦鹉，但稍小，不及陇山者。”（《御览》九二四引）鹦鹉出陇西，临济义玄嗣虎溪庵主，“有僧问：和尚何处人事。师曰：陇西人。曰：承闻陇西出鹦鹉是否？师曰是。曰：和尚莫不是否？师便作鹦鹉声，僧曰：好个鹦鹉。师便打。”（《会元》，660 页）古乐府：“东飞伯劳西飞燕，黄姑织女时相见。”又古诗：“西飞迷雀东羁雌。”顾况诗：“灵潮若可迅，寄言西飞鸟。”西飞义本此。

第七首：此首咏八哥，即鸜鹆，本作鸲，《说文》段注："今之八哥也。"三虢指西虢、南虢、东虢[①]。《左传·僖公五年》记虢之亡，其童谣有云："鹑之贲贲，虢公其奔。"鹑为星名之鹑火，此借鸲以比鹑。《南越志》："鹧鸪虽东西回翔，然开翅之始，必先南翥，亦胡马嘶北之义也。"又《异物志》："鹧鸪，其志怀南不思北。"是诗云"八哥语三虢"，"南飞鹧鸪少"，讥虢（指明）亡之后，忠臣如鹧鸪之志切怀南者，殊不多见。

第八首：咏灵芝。《御览》引《抱朴子》云："火芝下茎青，赤松子服之，常在西王母前，随风上下，往来东西。"诗中东风、西风或指此。《遐览篇》著录有木芝、菌芝、内芝、石芝、大魄杂芝图各一卷。唐法琳《辩正论》引芝草图六卷。芝草古来有图，《抱朴子·仙药》篇记载各芝种类甚悉，且云："此辈复百二十种，自有图也。"汉时重仙术，故八大诗云："仙人汉贤右。"右谓尊高也。南昌仙域，向产灵芝，陆游有《玉隆得丹芝诗》"手持芝草已身轻"句。

此册写于甲子年，署名均作"个山"、"个山人"。甲子为康熙二十三年（1684）。考八大以"八大山人"四字签署，大概在康熙二十四年乙丑（1685）至四十四年乙酉（1705）前后，有年份签署"八大山人"的画迹，最早是乙丑年。这册恰在乙丑之前一载，应是成熟期以前的作品，是时八大年 59 岁。王方宇兄利用故宫署名传綮的写生册，分析八大早期作品，甚为精细。这册尚未署"八大山人"，值得重视。册中藏章有"芄园鉴藏之印"。又画芭蕉页右角钤"曹步郇印"白文方印，据刘九庵云：北京故宫博物院藏蔡玉卿代笔所书的黄道周楷书《孝经卷》，其中即钤有"芄园鉴赏之印"白文及"芄园曹氏平生真赏"朱文二印，知芄园即曹步郇之别字。

八大在四十九岁时自题个山小像，署号传綮，故宫的《传綮写生册》15页，内有几个地方题己亥岁。己亥即顺治十六年（1659），时八大 34 岁。陈氏这册绘画工力比故宫传綮为优，书法更胜一筹。在黄安平所画个山小像，上面有饶宇朴题云：

> 个山……于丁巳秋，携小影重访菊庄，语予曰："兄此后直以贯休、齐己目我矣。"

---

① 三虢，《帝王世纪》："虢有三焉。"《续汉郡国志》载三虢荥阳，虢叔国为东虢，大阳虢邑为北虢，陕县虢仲国为西虢。参吴仁杰《两汉刊误补遗》三虢条。

丁巳为康熙十六年（1677），时八大53岁。《故宫书画录》卷六清周亮工集名家山水册，龚贤题记后有饶宇朴题识云：

> 十年梦读看山句，展卷幽然悟别峰；凉色乍添萧寺古，不知身入画图中。辛亥六月，偶客承恩梵刹，栎翁太夫子命题应教，南州后学饶宇朴稿。
>
> 插天古木碧参差，夹岸平冈带浅沙；若种桃花三百树，便随渔父共移家。宇朴又题。

宇朴之父是周亮工的弟子，所以他称周氏为太夫子。

至乐楼藏八大山人山水册及其相关问题

——谈卖画与程京萼关系及交游

何耀光先生至乐楼藏八大山人绘画有四事，俱著录于其《书画录》(36～42页)，其中以八大为黄研旅写之山水十一开并题识最为特色。此册神州国光社曾以玻璃版印行。页内钤有小印，惟“思”字可辨（按研旅名燕思）。何耀光先生跋谓：“即‘砚思’二字，砚思即砚旅别名。”第十二开为题识，云：

郭家皴法云头小，董老麻皮树上多；想见时人解图画，一峰还写宋山河。写十一页并题，八大山人。

此一花押为“三月十九日”，习见早期作，晚期作，而此幅作，又复不同。十字作，似金文之“十字”之写法。此花押每书于闰月之年份。

至乐楼此册，原尝为佛山梁允恭旧藏，嗣为李尚铭所得，有其收藏印记，册后有黄研旅题识云：

八公墨妙，今古绝伦。余心求之久矣，而无其介。丁丑春，得祓斋书，倾囊中金为润，以宫纸卷子一册十二，邮千里而丐焉。越一岁，戊寅之夏，始敌得之。展玩之际，心怡目眩，不识天壤间更有何乐能胜此也！因念祓斋文人，书既诚恳，八公固不以草草之作付我，如应西江盐贾者矣。有真赏者其共为我宝之。戊寅首夏研旅于双清馆之梅花树北，时小雨未霁。

题跋年份是戊寅，为康熙三十七年（1698），是时八大已73岁。此册为其晚年精品，花押三月十九日亦属于晚期者。

黄研旅在戊寅题识，记其因袚斋之介，向八大远求宝绘，一岁始收得之。袚斋即程京萼，为经学家程廷祚绵庄之父，字韦华，一字袚斋，金陵上元人，世籍新安，其人与八大交契甚深。八大卖画，实赖京萼为之游扬，故八大甚德之。廷祚《青溪集》卷十二有《先府君行状》云：

> 八大山人，洪都隐君子也；或云明之诸王孙，不求人知，时遣兴泼墨为画，任人携取，人亦不知贵。山人老矣，常忧冻馁。府君客江右访之，一见如旧相识，因为之谋。明日投笺索画于山人，且贻以金，令悬壁间。笺云："士有代耕之道而后可以安其身。公画超群轶伦，真不朽之物也；是可以代耕矣。"江右之人，见而大哗，由是争以重赀购其画，造庐者踵相接，山人顿为饶裕，甚德府君。山人名满海内，自得交府君始。

袚斋为八大筹谋，卖画代耕。观黄研旅即由袚斋之手，向八大倾金丐画，足见青溪所记最近情实，唯此事人所罕知，宜为之表彰。据行状，京萼生于顺治（二年）乙酉（1645），卒于康熙（五十四年）乙未（1715），春秋七十一。八大为黄研旅作此画册在戊寅，即康熙三十七年（1698）。

京萼工书，亳州梁巘论书帖称："韦华得执笔法，学山谷空灵瘦硬。"[①] 包世臣《艺舟双楫》国朝书品，列其行书于逸品下十六人之一。青溪撰行状言其"爱山水……王母没，始为江汉之游，登黄鹤，眺晴川，近地如滁阳之醉翁、丰乐，宛陵之敬亭山，亦多题咏，率常往来广陵，以卖字为业"。京萼卖字，八大卖画，京萼游踪常至扬州，当为鬻书故耳。

黄研旅旧藏《石涛山水精品》册，民国间在徐行可（恕）处，现归日本住友宽一，辛酉（1921）间曾由上海美术工艺社珂罗版印行，后又印入《南画大成续集》，158～169页。册中题诗句有熹儒、吴肃公、黄生、汪洋度、桑豸、李国宋及程京萼等七人。京萼题句凡三，字体亦不同，或署韦华老。于吴晴叟肃公题诗后又书楷书一绝，系丙子九月二十五日，即康熙三十五年（1696），足见京萼与石涛交契之厚。又至乐楼藏石涛所绘《黄研旅诗册》，后

① 《书林藻鉴》十二引。

有甲申（康熙四十三年）李国宋跋时已七十，及同年甲申十二月先着跋，时寓广陵，又丙申（康熙五十五年）王式丹题句。就中李国宋、先著，皆与石涛为至交。石涛为其门人洪正治所写兰册，题句有署号染庵者，实即先著。其句云："雪个西江住上游，苦瓜连岁客扬州；两人踪迹风颠甚，笔墨居然是胜流。"石涛此册为庚辰（康熙三十九年）所写；观先著甲申题《黄研旅诗册》末题"时客广陵"，可知康熙三十九年至四十三年之顷，先着实与石涛同寄居扬州，八大则始终居于江西。先著又字蠲斋，甲申冬李国宋题《黄研旅诗册》跋云：

> 黄子研旅好游，北登医无闾，望塞外风沙，驼马往来，几案前南过五岭，上越王台。览古今兴废遗迹，屯守战争处，何其壮也！癸未秋，再入粤，经年始归，其所历皆有题咏，共得诗若干首。石涛先生为图写景物，而各系诗于其上，于是诗中有画，画中有诗，遂成双绝。余宿抱山水癖，而迹所至，邮顿可数，虽近在庭户，亦不能尽到，天限之乎？抑济胜之资少也。甲申冬，同洪去芜、先蠲斋于案头取册子展玩，忽俯仰长叹，自恨衰老，为汗背者久之。大村李国宋跋，时年七十。

黄研旅行踪，于李氏此跋，可得其梗概。称其癸未秋再入粤经年；癸未为康熙四十二年，翌年甲申冬，国宋与洪去芜先蠲斋取册子展玩，先蠲斋即先著也。石涛与蠲斋缔交甚早，《穰梨馆过眼录》三十六石涛方文山书画合册为乙亥（康熙三十四年，1695）作，内有石涛题句云："雨过夕阳留，荷深好荡舟，凉风初去暑，偏趁帢衣游。种纸与蠲斋，诗兴不能休；菲菲犹未至，既至当何求？"又自跋云："作'江村泛舟'卷子，蠲斋、种纸、菲泉诸君，各赋二绝。余复书其末。"此卷之蠲斋即先著。先著题《研旅诗册》末云："……一语备众态，篇篇不可遗。即此是粤装，遑问千金赀。清湘瘦面客，为君手写之。经营如目睹，触手天机随。画有元笔高，诗无宋格卑。值我偶来日，是君初愈时。把杯还展册，爱赏都忘疲。甲申冬十二月寓广陵多疚庵主先著题。"诗谓清湘为瘦面客，则其人清瘦可知。据此跋知先著又号曰多疚庵主。著为清初词人，著有《劝影堂词》三卷，尝与程洪合辑《词洁》一书流传于世。著本四川泸州人，侨居江宁，复流寓扬州，故与石涛交契。有《之溪老生集》八卷[①]。先著工书，包世臣《国朝书品》，先著行书列入佳品。

李国宋为石涛题画，不一而足，题洪正治藏石涛画册之外，又于《八大山人、石涛上人书画合册》[②] 中，国宋有跋云："八公、石公皆故宗室，而高出赵承旨远甚。其书画超绝；笔墨外有遗世独立之意。展对之际，不觉神与俱化，大村李国宋。"足见其对八大、石涛两人之倾倒。石涛精品，自题"岚气尽成云"诗，其对题李国宋五古云："繁云抱空山，沧沧杳无际，高蹈一老翁，游戏鸿蒙内。"一老高蹈即谓石涛也。国宋字锡山，又字汤孙，号大村，扬州兴化人，为李瀚子。兴化李氏，以风流文采，照耀一时，瀚兄清，即著《南北史合注》者也。国宋康熙甲子（二十三年）举人，不赴公车，裒其诗为《瀛隐集》七卷。国宋与其叔李沂艾山，俱工诗，称高士[③]。又《石涛山水精品册》，及为洪正治《写兰册》，并有（王）熹儒题句，熹儒字勿斋，先著《珍珠帘》词"甚紫藤花发，留君不住"句下自注云："时勿斋家书至，以庭中紫藤将花，欲促其归。"[④] 勿斋即王熹儒也。熹儒与兄仲儒齐名；仲儒著有《西斋集》[⑤]；与李国宋皆为兴化人。李氏且为仲儒母族，仲儒明亡弃诸生，妻李氏，焚所选时文以激之，教仲儒及弟熹儒勿习功令文，故二儒皆不忘故国[⑥]，喜与方外缔交。熹儒亦工书。此外桑豸字楚执，亦扬州人，工山水，事迹见《扬州画舫录》及汪鋆《扬州画录》。为研旅藏石涛山水精品题句者，又有吴肃公者，字雨若，号晴岩，又称晴叟，宣城人，诸生，入清不事进取，卖字行医，授徒自给[⑦]。肃公康熙乙亥（三十四年）有跋石涛《墨色人物花卉册》[⑧]，此册芭蕉亦有李国宋题五绝。吴肃公《街南文集》云："予不善竺乾氏教，而与石师游，以画、以书、以诗；而石画尤著，盖睥睨今古，横溢矩矱者也。"[⑨] 盖吴肃公亦以明遗民与石涛交好，但非信佛者。墨笔册中亦有黄生题句；或署白山，亦署白叟。黄生号白山，歙人，以著《字诂》、《杜诗说》著名[⑩]。其《杜诗说》凡例，称是编成，研旅携示维扬诸公，黄生亦黄砚旅之

① 康熙时作，北京有。

② 上海有正书局印本。

③ 《清诗记事》，103、524 页。

④ 《全清词钞》，111 页。

⑤ 《西斋集》十八卷，康熙梦华山房刻本四册，北京图书馆有。

⑥ 《清诗纪事》，104 页。

⑦ 《清诗纪事》，126 页。

⑧ 《大风堂名迹》第二集。

⑨ 参傅抱石著《石涛年谱》，77 页。

⑩ 此书有康熙一本堂刊本。

挚交。《精品》为黄燕思画黄山对题有汪洋度书牧翁《黄山记》一段。钤“始信峰草堂”闲章。钱谦益有《游黄山记》九首，见《初学集》四十六。洋度字文治，亦歙人，为汪洪度弟，事迹见黄宾虹著《黄山画苑略》。《扬州画舫录》记南园之盛，由（汪玉枢）恬斋始也，康熙间王躬符曾于是园征《城南宴集诗》，与会文人，其一即汪洋度，盖亦时至扬州，故与石涛屡有往来也。汪洪度有《息庐诗》上卷[①]。石涛为洪正治写《兰册》十二页，作跋语者王熹儒、染庵，考已见上。又有黄云、周斯盛、望子等。黄云字仙裳，泰州人，著《悠然堂集》[②]、《倚楼词》[③]，黄云又有《桐引楼诗》三十卷[④]，与石涛交最久。黄云跋石涛上人己卯为廷佐（即洪正治）写《兰册》云：“石大师与余交近三十年，最爱其画，而所得不过吉光片羽。”即此人也。周斯盛者，字屺公，浙江鄞县人，顺治十八年进士，官山东即墨知县[⑤]，与王庭灿、毛先舒、陆嘉淑、姜宸英相过从[⑥]，又与钱澂之、曾灿、杜濬、费密、吴绮及顾嗣协酬唱[⑦]。望子即方熊，新安人[⑧]，皆清初名士。《扬州画舫录》十六：“曹楝亭巡视两淮，其时如卓尔堪、孔东塘诸人有诗。王楼村殿撰式丹山堂结诗社，今可知者杜紫绶、黄云二人。”黄云且及与状元王式丹订诗盟，其人且享大年。式丹题《黄研旅诗册》在康熙丙申（五十五年，1716），时石涛已下世矣。

曹寅在扬州，诸名士多与往还。据《程廷祚府君行状》云：

> 先是管理织造事，楝亭曹公主持风雅，四方之士多归之。求见府君，府君闻其疏于礼貌。不往。又尝遣所亲谓府君曰：“诚能为我假托董华亭墨迹，吾当任其终岁之计。”府君答以平生不能作伪，曹公闻而惮之。及公辖盐务于两淮，金陵之士从而渡江者十八九，惟府君不可强致。曹公尝语人曰：“诸君自以为高，如真高者当不造吾门矣。”意盖有所谓也。

① 北京目六五。

② 《清诗汇》三十九。

③ 《清诗钞》，144页。

④ 康熙二十四年吴家滑刻本，北京目六六。

⑤ 《清词钞》，100页。

⑥ 《清诗纪事》，807页。

⑦ 《清诗纪事》，329页。

⑧ 钱谦益《有学集》卷十三有“答新安方望子”七律，又卷二十有“新安方氏伯仲诗序”；其弟名宝臣。

独程京萼不肯屈，故世称为真隐。京萼题黄研旅藏《石涛山水精品册》有一则云：

虎吻内置二樵者，吾谓泉声中有杀机焉，亦如螳螂之捕蝉也。石公犯之，笑笑，祓斋。

石涛原题云："寻药炉丹井，复看鸣絃泉，傍有山君岩，今以二樵子点出。"祓斋所谓泉声，即指鸣絃泉。此跋用《后汉书·蔡邕传》言琴声中有杀心；弹琴者曰："我向鼓弦，见螳蜋方向鸣蝉，蝉将去而未飞，螳蜋为之一前一却，吾心怵然，唯恐螳蜋之失之也。此岂为杀心而形于声者乎?"祓斋用此典故以儆石涛，且言："石公犯之，笑笑。"语讽而婉，盖是时文网屡兴，出事新朝者，每不获善终，祓斋隐有所指，其故可深长思也。石涛北游之后，博尔都（问亭）送其南还，有句云："飞锡竟何之，遥指广陵树。"[①] 其居扬州，冠盖往还，声气自广，为其题句者，亦以扬州人为多。

黄研旅与石涛原亦旧识，乙亥尝访石涛于维扬，大涤子题画诗跋[②]墨笔山水册，其二款云："燕思、仲宾、天容诸君之广陵，戏为之请正。"其六款云："冬日喜燕思、仲宾、天容诸君见访于真州学道处，时梅花大放，燕老从吴越携归宣纸六帧，命瞎尊者作图，予戏为之，博笑！乙亥。"乙亥为康熙三十四年（1695），又《石涛山水精品》有题识云："余得黄山之性，不必指定其名，寄上燕思道兄，与昔时所游之处神会也。"燕思即黄研旅也。同册熹儒题七律注云："己卯季夏吴楷亭招同黄宫允研芝、费文右、潘受安、黄燕思、程退夫游红桥，即席和研芝留别原均。"己卯即康熙三十八年（1699），是时研旅正在扬州。黄之隽《唐堂集》跋石涛《研旅诗册》称："大涤作此画时年已老，予不及交其人；而砚旅与予相识于京师，亦年逾五十矣。需次一官，若郁郁无所洩其奇者。"则之隽与研旅亦尝相晤于北京。之隽跋云不及见石涛，当在康熙四十六年以后。八大因程祓斋之介，为黄研旅作画，在丁丑戊寅（康熙三十六七年）之际，翌年研旅即在扬州。至八大与研旅后来尝否结识，迄无他证，此册又有省斋跋云：

---

① 《诗汇》九。
② 神州国光社本。

己卯秋，过八大山人于南浦旅次，掀髯倾倒，情如旧契，更举古古德言句，皆急切人。已而为予作画，多啧啧自赏，谓红粉如宝刀，未尝轻授。愧余不敏，倾盖邀青，岂夙缘之有在耶？遂志于华款之末，省斋主人书。

八大札中之石尊者，当指石涛。省斋疑是方兆曾。据黄宾虹《黄山画苑略》："方兆曾，字沂梦，号省斋，歙人，少为萧尺木所赏，寓芜湖，与汤岩夫同居十七年，工画。"又《汤燕生传》云："流寓芜湖，教授方沂梦家。"岩夫即燕生字。《地名大辞典》，南浦为安徽当涂县之大信河，又一在南昌县西南，旧有南浦亭（用王勃诗）。方兆曾籍芜湖，"南浦旅次"，自可指当涂。己卯为康熙三十八年，故此省齐可能即方兆曾。兆曾著有诗集三卷。

至乐楼又藏浅绛山水轴纸本，上题"向者约南登，往复宗公子；荆巫水一斛，已涉图画里"一绝。宗公子即宗炳。《宋书·隐逸传》："宗炳，字少文，南阳涅阳人也。祖承，宜都太守，父繇之，湘乡令，母同郡师氏，聪辩有学义，教授诸子。"炳"棲丘饮谷，三十余年"，"每游山水，往辄忘归"。传又称其："好山水，爱远游，西陟荆巫，南登衡岳。""凡所游履，皆图之于室。""元嘉二十年卒。"炳有《画山水序》云："眷恋庐衡，契阔荆巫，不知老之将至。"又云："是以观画图者，徒患类之不朽，不以制之小而累其似。"八大诗中，"荆巫"、"图画"，语即本此。《世说》"刘伶一饮一斛"，八大诗云："荆巫水一斛。"言宗炳所至，虽涔蹄之水，亦可入画；八大盖以宗炳自比。

陆心源《穰梨馆续录》卷十著录"八大山水轴"，亦题此首"往复宗公子"诗，但为绫本水墨，印章有"各园"朱文，"遥属"白文，则是另一幅。惟诗颇有误录："约"字误"羽"，"斛"字误为"斗"，"里"误为"意"。

此诗八大屡屡用以题画，复见他画所知者有四次：

（1）至乐楼藏山水轴。纸本浅绛。

（2）穰梨馆藏。绫本，水墨。

（3）《兰亭诗画册》，大风堂旧藏。

（4）《安晚册》（甲戌为退翁作），现在日本。

八大作品以住友所藏《安晚册》最著名，共二十二页画，其第五亦题"向者约南登，往复宗公子"一首云。

日本东京金冈氏藏个山癸年画册跋

这是八大山人画迹未经发表的新资料。钤印曰“二九一十八生”，更为前所未见，题句隐晦，不能尽晓，试为解读。作者记。

1980年秋，余在京都，林君宏作出示此册照片，询其中钤印“二九一十八生”（图一四）一语何所取义，苦思久未得其解也。1982二年冬，如东京，此册已归金冈酉三君所有。承金冈君好意，邀至其家，出示原物，纸墨精新，诧为至宝。题句多讥讽语，用典亦至冷僻，观摩之顷，略为点破一二，未能

图一四　东京金冈氏藏八大画之一

尽懂。其题句五首，近辑八大诗集所未载，殊为足珍。迩者刘九庵先生莅港，为谈及此印文，刘君颇韪余说，深夜发兴，试作郑笺，扪烛扣盘，恐难符原意耳。

八哥

墨行儒名鹰眼多，儒名墨行少人过。退之骂出僧文畅，为写龙城柳八哥。　　　个山（图一五）

图一五　东京金冈氏藏八大画之二

此借八哥骂人。韩愈送浮屠文畅师序云："人固有儒名而墨行者，问其名则是，校其行则非，可以与之游乎？如有墨名而儒行者，问之名则非，校其行则是，可以与之游乎？"八大此诗，直用其语。墨行儒名，指名是而行则非者。墨名儒行，指名非而行则是者。揆八大之意，于墨行儒名之名是而行则非者，固嫉之如仇，若"儒名墨行"，则又似是而非，人少有过责之者，以其鱼目可以混珠也。八大不径用退之"墨名儒行"，上句"墨行儒名"，于下句倒言曰"儒名墨行"，用意更深。退之又有《送文畅师北游诗》，句云："胡为不自暇，飘戾逐鹯鹰。"又"从兹富裘马，宁复茹藜蕨。"即八大所谓"骂出"者，题句"鹰眼"谓非善类，鹯鹰是也。此诗讥携贰者，殆暗斥僧道忞辈忘其"新蒲绿之旧恨，北游以承恩宠"。柳宗元亦有《送文畅登五台游河朔序》。陈少章谓作序时柳尚未仕[1]。世传宗元著《龙城录》，柳坐王叔文党，八司马同贬。八大写八哥鸟，直指言“龙城柳八哥”，殆寓意指一般朋党为奸者。

鸭　人屋（图一六）

鸡

不似当年河上公，何来秦地祝鸡翁，人情日去月来事，渴得云飧中鸟笼。　　驴（图一七）

图一六　东京金冈氏藏八大画之三

图一七　东京金冈氏藏八大画之四

《神仙传》：“河上公，孝景时结草庵于河上，景帝好老子，有所不解，闻公以问之，以素书二卷与帝。”[2] 祝鸡翁事出《列仙传》。《风俗通佚文》云：“呼鸡曰朱朱。俗说鸡本朱氏翁化而为之，今呼鸡皆朱朱也。”《说文》：“朙，读若祝。”故祝鸡亦作朙鸡。杜甫《寄河南韦尹》句：“尸乡余土室，谁话祝鸡翁。”

此诗言已既羞为河上公之事汉，处土室之中，但呼鸡朱朱。秦地安有祝鸡翁者，言不帝秦也：祝鸡朱朱，义不忘本姓也。若渴而思得一餐，则成羁禽，如笼中物矣。寄意深远。李驎题八大山人遗像称其：“独絜其身，无辱皇祖。”深得其用心矣。

芋

云居鬼蘋屿嵝蘋，僧寺疏山与蜀嵓（岩），却上画图人脍炙，未同江

---

① 章士钊考证谓可能是三十岁后手笔，非贞元十九年作。《指要》，1991 页。

② 《御览》六六二引。

澥（海）说长劖（镵）。屋（图一八）

云居、岣嵝皆在南岳。宋陈田夫《南岳总胜集》上：云居峰下有云居寺，石桥当游山之大路。又岣嵝峰，徐灵期《衡山记》云：“云密峰有禹治水碑，皆蝌蚪文字。”即韩愈所咏者也。云居及岣嵝之蓣者，借蓣以指芋。《广韵》九御：芌字云：薯芌。菌字云：薯菌，俗。蓣乃芌之俗字。衡岳泉禅师偈有“寒来烧枯衫，饥飧大紫芋。”又偈云：“能服榾柮御冬寒，随分衣衫破不补。会栽蔬，能种芋。”泉禅师游云峰寺，迁宝真庵，坐祝融峰下，有松妖及飞来罗汉种种神怪，故称其芋为鬼蓣，八大盖以泉师自况也。

蜀岩借用“岷山之沃野，下有蹲鸱”，为芋之熟典。长劖即长镵。《广韵》劖与岩同在二十七衔韵。杜甫同谷歌：“长镵长镵白木柄，我生托子以为命。”镵，吴人云犁铁。诗言以芋入盛馔，则与隐者长镵，异其趣矣。

荔枝

荔挺如今擗荔枝，豆笾筵里酒肴迟，南人几传陆梁马，号国成丹吐核儿。　　个山（图一九）

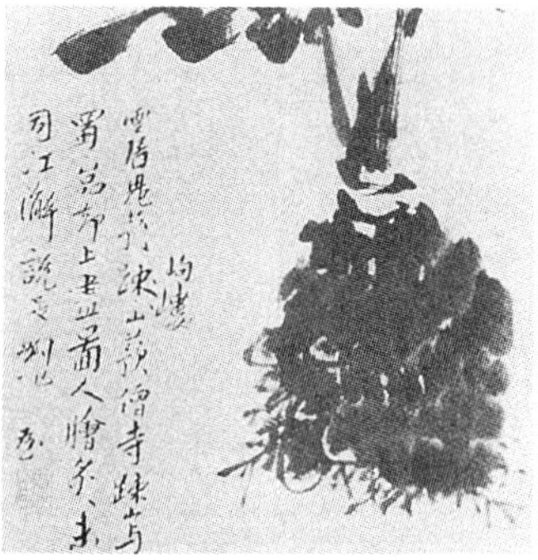

图一八　东京金冈氏藏八大画之五

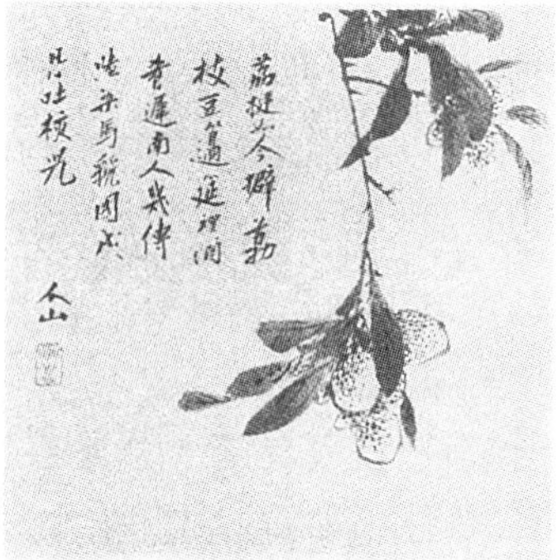

图一九　东京金冈氏藏八大画之六

荔挺作主词用。《淮南子·时则》：“仲冬，荔挺出。”郑玄注《月令》：“荔挺，马薤也。”《通俗文》：“又名马藺。”《御览》一〇〇〇记刘缗呼某僧为荔挺法师。此诗以荔挺兴起荔枝，八大自喻为荔挺师也，陆梁指岭南地。杨贵妃好荔枝，每岁南海飞驰以进，故云陆梁马。号国谓号国夫人，暗指杨家。竺法真登罗山疏：“其细核者谓之焦核，荔枝之最珍也。”核儿即此。

虾　人屋（图二〇）

鱼

癸八月圆日，驴画。（图二一）

图二〇　东京金冈氏藏八大画之七

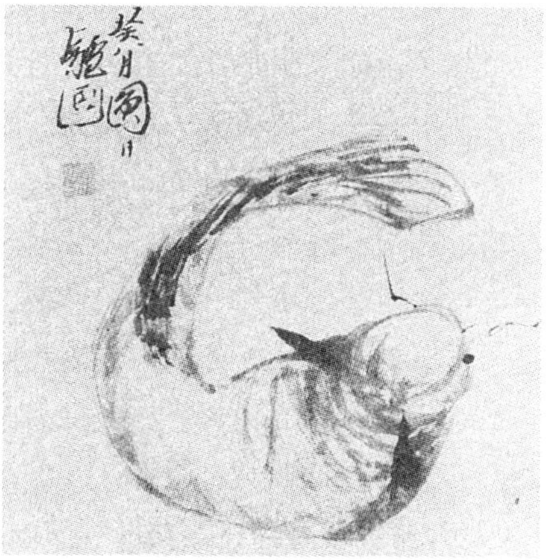

图二一　东京金冈氏藏八大画之八

蟹

郎住九江头。妾住九江尾。摇摇八把桨，双双宁有几。人屋（图一四）

蟹二螯八足，八把桨即喻八足，双双谓二螯，八大一生足迹不出江西之奉新、南昌、新昌诸地，九江正是其所居之处。

题鱼一叶，署癸年八月月圆之日，此癸当是康熙二十二年癸亥（1683），时八大58岁。是年在南昌①。此册署名个山及驴，人屋。早于星洲陈文希所藏甲子册一年。其八哥构图完全相同。

附一　金冈氏函

今日拜受选堂教授论文暨个山丁巳画册照片。感谢感谢。一读诗解，就觉得云开日出之感。兹有所想若干。此册之癸年想是癸亥（1683）。新加坡甲子画册的前一年。八大山人是在庚申、辛酉（1680—1681）五十五六岁时发疯。病愈之后，开始画上签驴字。辛酉以前为僧时代没有见过驴字。又在荔

① 八大于康熙十一年壬子，在奉新，始交裘琏。《裘氏释超则诗序》云："往岁壬子客江右，获交芦田释雪个。"可证。翌年，黄安平为绘个山像。参见《文物》1960（7）。

枝画上钤“画瓮”图章。壬戌年有瓮颂（启功先生藏有此书法拓本）恐是同时所刻，此事又与驴印相关。尊意如何。

此册还有二幅燕雀图、白头鸟图。

今朝已作杏花郎，天上碧桃谁在傍；叵耐巢空迎燕雀，不教燕贺两朝阳。

何必相如未嫁时，文君一肖老文姬；白头引子援归茼，护草忘忧任蔡儿。

个山梅花册，很有乐趣。是丁巳（1677）52岁所作。此期作品现存者，丙午（1666）故宫墨花卷，41岁、辛亥（1671），46岁，王方宇藏题画诗书法轴，此丁巳画册而已。此三点书法有共通相似处，均有董其昌笔意。此梅花之写法，和台湾“故宫”的《传綮写生册》中梅枝相似。又，雪花的墨点和《写生册》里的奇石图上墨点相同，后来没见。第五、六两副有钤“掣颠”白文印。此图章罕见。甲寅个山小像有几次题跋，最后1678（戊午）53岁又题。下面才可以看见“掣颠”。关于此章有一件事。1930年日本聚乐社出版《八大山人名画谱》，其内有一本杂画册，当时为权野氏藏。到现在下落不明。此权野藏册各画幅是自早期起至晚年乙酉止，年代较长。有早期的“梅石图”一幅、钤此“掣颠”章。年来不能决定此画幅的制作年份，现在才知丁巳、戊午。

专颂

大安。

1983年1月29日　金冈酉三上

梅石图在讲谈社“水墨画大系、八大山人、扬州八怪”后面，参考图版中有小图。又及。

附二　答汪世清问释机质赠八大偈语书

世清先生座右

九月十一日惠翰，谨悉一是。询及机质赠八大偈语，兹陈鄙见如次：

梵音撇开在千山之外，则不必借梵音而能直指心源，识破天地之秘。惟能捏怪、振奇者可造此境界，故拍手、拊掌（《哀江南赋序》“陆士衡闻而抚掌，是所甘心”，《晋书・文苑・左思传》“陆机入洛闻（思）作之，抚掌而笑”。拊，抚古今字，见段注拊字注）以称赞之。

“乾坤暗里訚”者，訚，《说文》言部云：“和说而诤也。”最为确诂。洙泗之间，訚訚如也。《论语·乡党》“与上大夫言訚訚如也。”孔训訚訚，中正貌。然訚为争论中取得和悦、和谐。天地间之臭味处，可以领略得辩证的统一。以佛理言，从无明得到真如，以画理言，从一堆黑漆漆墨团开辟新意境，则永得光明，常操胜算矣，此八大之成就也。三界泛指宇宙一切事物。释氏法数，三界（Tri-būmi）有数义，通常指欲界、色界、无色界。

以上妄说，不知有当否，尚乞裁正。此即

著绥

饶宗颐拜覆　9月19日

附三　汪世清先生来书

八大友人释机质（字季彬，江西南昌人，著有《广陵三山草》）有诗二首，附呈青览。

赠八大山人偈语

梵音撇在千峰外，拍手拊掌会捏怪。识破乾坤暗里訚，光明永镇通三界。

怀八大山人

昔年萍聚话林丘，几度同登凝翠楼。闻道比来醒蝶梦，遥天引领忆无休。

诗载朱观辑《国朝诗正》卷六。第二首诗末朱观评注曰：“山人予好友，读此益深葭苍露白之思。”

第一首尤费解，如蒙指迷，尤所企盼。

肃此布复，只颂

文祉！

弟汪世清拜上

1984年9月11日

虚白斋藏书画解题

卷十三

饶宗颐二十世纪学术文集·艺术

目　录

绘　画

——着色图版篇

一、文徵明　竹林深处图　轴

绢本淡彩　纵七二公分　横四一公分

题：竹林深处小亭开，独鹤徐行啄紫苔。小扇不摇纱帽侧，晚凉青鸟忽飞来。世称王摩诘诗中有画，画中有诗，松雪翁此诗真可画也。夏日斋话，诵而乐之，因衍为此图，惜无摩诘思致，有愧于松雪耳。丁亥夏六月既望停云馆书。征明。钤印一"文徵明印"。

王宠题句：牢落江湖一草亭，绕檐萧飒竹千林。澄怀默观通元化，触目云山韶濩音。王宠。钤印一"王宠私印"。

藏印："苍岩"、"棠村审定"。

写双松骈立高耸，拳石依倚其间。丛筱之内，一草亭焉。高士箕踞，童子侍侧。远山淡染，石加皴擦，倍觉韶秀清拔。

文徵明（1470—1559），名壁，亦作璧，以字行，字征仲。以世居湖南衡山麓，复号衡山，长洲人。师事沈周。嘉靖元年以荐授翰林待诏，预修《武宗实录》。五年致仕归里，筑室名玉磬山房，啸咏其中，作画出入宋元诸家，工致尤不可及，为明四大家之一。卒年九十，著有《甫田集》。（事迹见《明史》卷二百八十七《文苑传》）

二、文嘉　蓝水双峰图　轴

绢本青绿　纵一一四公分　横三〇公分

自题：蓝水远从千涧落，玉山高并两峰寒。文嘉。钤印二“肇锡余以嘉名”、“文嘉之印”。

此杜甫诗句。

写二人登高远眺，林寒涧肃，石罅百重泉，泻入清溪。尺缣中间留空，居然有万里之势，杜诗此句，明人每以入画，休承此作，更为迁想妙得。

文嘉（1501—1583），字休承，彭弟。贡生，乌程训道，和州学正。

三、文从简　松阴书屋图　轴

纸本淡彩　纵一六七公分　横五二点五公分

题：闭户著书多岁月，种松皆作老龙麟。文从简写于云卧室。钤印三“文从简印”、“字彦可”、“雁门世家”。

题签：文彦可写少陵诗意图真迹。心远草堂鉴藏。

藏印：“何昆玉印”、“剑泉鉴藏”、“端溪何叔子瑗玉号蘧盦过眼经籍金石书画印记”、“徐邦达珍赏印”、“心远居士”。

作高松两列五株，露根如盘龙，而俯仰偃蹇，各尽其态。青山半笼云雾，张彦远谓“潜蓄岚籁”，斯图有焉。着色尤高雅，了无尘俗之气。

文从简（1574—1648），文元善长子，字彦可，号枕烟老人。崇祯拔贡，入清不仕。

四、文伯仁　园林十五景图　卷

纸本淡彩　纵二四公分　横五〇点五公分

文彭题咏：

莹心亭　清晖楼

箕颍元无入世情，端居静虑有余清，孤亭寂寂娱庄梦，屈指浮名总未论。高阁春深树遍栽，虚窗日日受斜晖。春光随处俱堪赏，领略佳时偏好怀。文彭。钤印二“文彭印”、“文寿承氏”。

蔷薇幕　漱玉泉

架上蔷薇蕊正开，狂蜂争采不思回，一春烂漫知多少，拟向花前进酒杯。闻说高人曾漱流，且将身世学巢由。仙翁寄迹今何在，遗药犹从丹井留。文彭。（印同上）

春雨亭　涤烦矶

新柳轻盈带晚烟，渐看池畔雨纤纤。不愁花事多零落，尚有空庭春鸟喧。独对清泉坐钓矶，始知尘网不堪羁，惊鳞时向波纹起，俗念俱从潭影移。文彭。（印同上）

月榭　潜虬

桂殿云屏月色新，高台长啸足登临。堪惊玉兔千年杵，遍化秋声万户砧。深阁垂帘堪自幽，读残艳句几淹留。谁知数武潜踪处，不羡人间万乘游。文彭。（印同上）

续玄阁　静龛

遥思杨子草玄时，十载萧条只自知。君亦有心追往哲，名园正可蓄奇书。小洞清幽春尚寒。结跏趺坐习枯禅。疏钟隐隐初传后，不是金仙即地仙。文彭。（印同上）

垂云峰　雪舫

荡漾轻云覆绿阴，扶疏春树遍成林，黄鹂乱啭不知处，唯有奇峰似削成。似飞如舞自霏霏，一望萧条百草摧，恍觉渔歌时四起，垂纶何必在寒江。文彭。（印同上）

玉泓馆

秋水泓然彻底清，虚斋萧寂不生尘，同人挥麈常无事，飒飒潇湘弄晚晴。文彭。（印同上）

玉涧　石梁

极目盈盈一水长，平溪斜度石为梁。波间一带皆春水，策杖翻疑在沅湘。

碧波绿影正悠悠，万顷汪洋总莫俦。况是松涛盈耳奏，一声长笛水边秋。

文彭识。（印同上）

己酉秋雁门文伯仁写。钤印二“五峰”、“文伯仁”。

此仿卢鸿草堂。“涤烦矶”一名即取自彼也，且多以三字命名。写十五景共得八幅，一幅有时不止一景。第一幅作柳梢亭子，流水层楼。第二幅作竹架蔷薇，太湖石畔有井六角。第三幅作水边垂柳，亭后梅花，又石矶丛筱，伴以老树。第四幅作重榭临水，护以短垣，小树乱石，清溪可以濯足，若有潜虬，以媚幽姿焉。第五幅作假山石洞，有阁翼然，图书满桌，可草玄于其中，下有小洞，锡名静龛。第六幅作磐石小径，芭蕉苍松，四围修竹，画舫位于其中。第七幅作台榭环水，户后高梧丛竹，宿儒与诸生讲论堂中。第八幅作石梁曲水，山树相依，溪岸前面留空，益见夐远。

各帧有文彭对题诗句，洵是“二难并”之佳构。己酉即嘉靖二十八年。

文彭（1498—1573），字寿承，号三桥，征明长子。以诸生授秀水训道，擢国子助教。诗画工绝。

文伯仁（1502—1575），字德承，号五峰，又号葆生，长洲人，文徵明从子。所作山水，岩壑茂密，布局尤出心裁。年 74 岁。

五、沈士充　移梅图　轴

纸本淡彩　纵八一点五公分　横三六公分

题款：壬申春日沈士充补图。钤印二“子居”、“沈士充印”。

诗塘：眉公为竹解

唤将梅竹小茶来，非色非空共一台，竹影不辞窗月冷，先生帐底有花开。

又为梅竹解

梅花道人一唤来，为尔写竹清凉台，更添长松十万树，雪里月明相对开。

陈继儒书于顽仙庐。钤印二“陈继儒印”、“眉公”。

藏印：“梁清标印”、“蕉林秘玩”、“紫雪山房鉴藏书画印”。

绘小桥流水，修竹茅庐，曲径通幽处，老梅数株，两名士伫立对话，三老工肩担大树，作移植状。诗塘陈眉公题句，更添新趣。壬申即崇祯五年。

沈士充，字子居，华亭人。出宋旭之门，兼师赵左。丘壑葱茜，皴染苍润，云间之上驷。

六、蓝瑛　松壑高秋图　轴

纸本淡彩　纵二〇〇公分　横七八公分

题：法赵仲穆松壑高秋之意，时于西溪凝紫山庄。石坞雪头陀蓝瑛。钤印二“蓝瑛之印”、“田叔”。

藏印：“周庆生鉴赏印”。

绘孤松耸立，老树合围，有隐者独坐。而峰岭稠叠，烟雾中萧寺，具见高秋气象。

蓝瑛（1585—1664），字田叔，号蝶叟，晚号石头陀，钱塘人。工于摹古，各体皆工，而穷极变化，为浙派后劲。

七、陈洪绶　醉吟图　轴

绢本着色　纵一三八点五公分　横五〇公分

题：老迟洪绶画于静者居。钤印二“陈洪绶印”、“章侯”。

藏印：“南海梅溪”、“梅溪莫氏所藏”、“张爰之印”、“大千居士”。

绘二人对饮，一人以手取勺纳酒缸中，竹几上置炉壶杯具，笔甚高古。自题画于静者庵，士林“故宫”藏其梅花山鸟轴，款与此同（见《变形主义》图四八七，定为顺治三年作品）。其署名老迟，大抵为亡国后作。

陈洪绶（1598—1652），字章侯，号老莲，诸暨人。甲申后自署悔迟，出家后又称云门僧，年五十五。作人物，衣纹古劲峬峭，山水能别出机杼。著有《宝纶堂集》。

八、萧云从　松阴抚轸图　轴

纸本淡彩　纵三〇四公分　横一〇三公分

题：先生昔见年芳兹。研石龙飞绕红丝。巍嵓万尺遂初上，静坐松阴饮玉饴，优游山水悉名理，出处浮花竞流沚。抚轸自爱烟月深，碧海独弄金鹅蕊。君不见，江南梅，早春趁雪千枝开。晓风漫引锦帆动，歌进临歧三雅盃。乙巳十二月作画，适来翁年台解维，随笔志别。七十老弟萧云从。钤印一"前丙申生"。

此曾揭载于《名人书画集》。

极巨幅，布局甚奇。石皆峬峭，奇崛连蜷，作折带法，施以横点。松杉奇树，穿插甚古，水声潺潺，隐者膝上拥琴而坐，童子携榼自仄径下来。高处有楼观，山腰屋舍，悬桥可渡，是其幽栖处。

乙巳为康熙四年，此晚岁合作。来翁疑是萧山来风季之子钦之，著《离骚述注》。云从写《离骚图》，似出钦之之牖迪。

萧云从（1596—1673），字尺木，号无闷道人，晚号钟山老人，芜湖人。崇祯丙子壬午副榜，入清不仕，筑室种梅，号曰梅筑，康熙十二年卒，年七十八。所作《离骚图》行世。黄钺辑其遗作《七律》，与汤雨生合刻入萧汤二老诗。

九、龚贤　奇峰开叶图　轴

纸本着色　纵一七八公分　横四九点五公分

题：奇峰开数叶，叶叶似莲花，积翠中天迥，飞来半紫霞，楼台填峻谷，云冷宿檐牙。笑谓陶贞白，神仙亦有家，会勾人迹至，客出泛胡麻。渺渺闻鸡犬，相逢但鹿麋，不愁樵路断，桥印卧渔槎。岁久藤为树，林端发异葩。洞书诠福地，此地遍金沙。幽事调琴瑟，歌声莩绿华。瑶觞斟玉液，薄醉浩无涯。乱掷安期枣，锄挥五色瓜。至人惟味道，下士养丹砂。儿辈钱铿是，谁将西母夸。请窥无极始，亦足解颐耶。龚贤自题。钤印一"龚贤"。

藏印："沈德寿所宝名迹"。

此帧绘茂树成列，山中老屋数椽，危桥可渡，阒其无人。而重峦叠嶂，飞泉远泻，香霭空濛处，弥见幽异。浓皴着色，近“木叶丹黄”一路，上题五古一首，奇情壮采，足与画相敌。

龚贤（1619—1689），江苏昆山人，字半千，又字野遗。生于万历四十七年［据汪世清说。《文物》1978（5）］，卒于康熙二十八年，明亡，至泰州依徐逸，顺治十五年移居扬州，酷嗜中晚唐诗，搜罗百余家，部分刻于广陵。流寓金陵，筑半亩园以居，著有《草香堂集》。

十、髡残　天都溪流图　轴

纸本淡彩　纵一〇一点五公分　横三八点五公分

题识：尝与青溪读史论画，每晨夕登峰眺远，益得山灵真气象耳。每谓不读几卷书，不行几里路，皆眼目之见，安足论哉；亦如古德云尔，当亲授受，得彼破了蒲团诀。时余归天都，写溪流之胜，林木茂翳，总非前辈所作之境界也耶。庚子秋八月五日，幽楱石溪残道者。钤印三“石溪”、“介丘”、“游目骋怀”。

题签：石溪和尚天都溪流图真迹，马氏晚闻堂藏。（余）越园题签。钤印一“余绍宋”。

藏印：“越园审定”、“张元曾藏”、“新化周游收藏”、“游于艺”、“挹翠阁”、“游子长物”。

张爰跋：十年以来，海内外藏家莫不推崇二石、八大，搜求甚力。而石溪尤少，所见真迹而精者才数幅耳。日人住友报恩寺图，朴茂中饶有淡远之致。月湖周杏村江山胜览图，则全师子久，笔笔如生铁铸成，设色古艳，赭红如血，能令观者骇诧。黄君璧道兄一幅，则生纸渴笔，于拙率中时露幽邃，所谓老树著花无丑枝也。此幅旧为吴中孙氏所藏。设想尤奇，两山中劈，一泓如泻，此人所不能写者也，非不能写，特无胆识也，此意惟吾老友邓昙殊知之。予与孙氏往还甚久，而求此画不得，乃为数千里外诗人马武仲先生所有，傥所谓墨缘也耶。披图恍然有羊叔子识环之感。癸酉十月羊城拜观题记，蜀人张大千。钤印二“张爰印”、“大千”。

天都峰在黄山，此绘两山中劈，一泓如泻，仙居寄迹，云树低回。石溪屡游黄山，南京有其山水题句云：“我来黄岳已年余，登顿苦无缘壁技。”末署庚子冬日，盖与此同时，庚子为顺治十七年。

青溪即程正揆，与髡残同为湖广同乡。程于顺治十四年至南京，时至牛首，时号二溪。

髡残，武陵人，本姓刘，字石溪，一字介丘，号电住，又号白秃，自称残道人，住江宁牛首寺。所作云峰山迹，迥绝天机。

十一、髡残　黄峰千仞图　轴

纸本淡彩　纵一四一公分　横三八点五公分

自题：黄峰千仞十日宿，烟雾如幄堕茆屋。局促辕下胡为乎，辜负奇峰三十六。忽然逸空心胸开，仰之踞峰发狂叫，何物墨滓点奇□，焂忽云君玩众妙。携将碧落千里翠，散作青冥五色文。君不见，百尺倒泻如匹练，晴空寒玉起纷纷。辛丑九月天阙山房作此，莄（天）壤石溪残道人。钤印三“石谿”、“残道者”、“介丘”。

864 天阙山房在南京，以牛首两峰得名，晋王道称为双阙者也，故名天阙山。牛首与祖堂山毗连，祖堂山原名幽棲山，上有幽棲寺，贞观时，法融修行此山，石溪自称幽棲者，以此。

写茂树清溪，一棹晚泛，苍山百仞，烟雨迷蒙，飞瀑如匹练，直泻而下，笔拙率而意至幽邃，石溪胜处在此。题署辛丑，即顺治十八年，与天都溪流为先后一年之作。

十二、王时敏　仿大痴设色山水　长卷

纸本淡彩　纵二八点五公分　横四七五公分

丙申秋日，小憩西庐，案头偶有素纸，用大痴笔意写成长卷，自愧笔墨荒率，不能及古人万一也。王时敏。钤印一“王时敏印”。

题签：王烟客仿大痴浅绛山水真迹。钤印一“真趣”。

成亲王跋：自文衡山以苍润二字为盛时泰题轩之后，江湖间奉为准绳。多以此镌小印者，西庐亦有之，珂雪亦有之，至麓台振其家风，然拘于供奉，如九英照人，颇乏江梅野趣，逮张宗苍出，天资卓绝，家数甚大，虽西庐不

能不畏后生矣。时嘉庆辛酉六月积雨快晴，题此。钤印二“成亲王”、“诒晋斋印”。

苍远秀润，是大痴一派笔意，而深静少逊。兰扆观。钤印一“韨”。

吴谷人诗：井西画本流传少，此笔清苍欲肖之，不读一遍山水诀，谁知董巨是渠师。草树丛边略点苔，溪流折处数峰开。岚头深厚矾头活，已入诗人三昧来。嘉庆辛未四月谷人吴锡麒题。钤印二“锡麒”、“谷人”。

烟客平生画卷极少，长卷尤矜慎，不易著笔。北方仅余与陈伯潜各藏其一，陈系赐自内府，较余卷更佳。成邸于跋尾甚推重张墨岑，可谓门外汉，篁村实画苑一俗工，不足登大雅之堂，较烟翁有仙凡之别也。丁巳寒夜，瓢叟记。

西庐老人仿大痴长卷，运笔空灵，设色古艳，纯以神遇，几夺化工，一展卷间，令人胸鬲为之调畅。成邸一跋，游骑无归，有如寱语，墨存惯用渴笔，苍而不润，虽异俗工，要非上驷，如欲追逐前贤，纵竭力鞭策，相去奚止十驾，固不足辨也。衰年避嚣村舍，不意获睹此卷，如观索靖碑，坐卧其下三日不能去。戊辰冬日，王同愈。钤印一“王胜之”。

成邸为一代书家而不谙六法，其论画自是门外，此跋当为篁村而发，意必篁村之画盖有“苍润”图章，遂乃搬演苍润故实以实篇幅，文不对题，窘态可想。一端未了，蓦将麓台牵入。乱次以济，一发可笑。九英江梅二语，以喻麓台画，适得其反，行文到此，可谓到处荆榛。其以烟翁作陪，抬高篁村声价，题跋家往往而然，固不为怪。市贾不识文义，移花接木，以为法书名画，合则两美，而不知张冠李戴，倒果为因，欲为烟客生色，而亦适得其反，则尤为可叹尔。栩缘又识，时年七十又四。钤印一“胜之一字栩缘”。

苍松杂树及溪流，学子久，远山作米点，烟雨空濛，而着色绚丽，引人入胜。吴谷人题句颇能道出其妙处。

按丙申为顺治十三年，西庐65岁，时居西田（顾文彬撰《烟客年谱》）。

王时敏（1592—1680），本名赞虞，字逊之，号烟客，自称西庐老人，太仓人。祖锡爵，万历间大学士。崇祯间，以荫仕太常卿。画学董巨，于大痴尤为深诣。布置皴擦，皆合法度，又享高龄，卒年89岁，故能立宗开派，冠绝一时。

十三、王翚　仿古山水　巨册

纸本淡彩　共十二页　纵四四—四五点五公分　横三三—三五点五公分

清道人题：王石谷仿古山水巨册十二帧神品。梁氏仙石书屋鉴藏。己未九月，清道人。钤印一“阿梅”。

耕烟散人摹古十二帧巨册。宣统三年秋八月，芋花盦主饬苏州阮子英池装。枥园邓䶮英题。钤印一“君展”。

（1）杏林归牧。刘松年纨扇本有赵承旨题识，今在娄东王氏。董宗伯亦称宋画第一。钤印二“石谷子”、“王翚之印”。

（2）翠岭晴云。小变赵伯驹法，去刻画而趋清润，吴兴一生宗尚如此。（印下同）

（3）仿董源夏山烟雨图。实处见笔力，虚处得神韵，虚实相发，画法尽之。余会从此语悟入。

（4）赵令穰湖庄清夏本，秀润可法，此分一曲，致有余妍。

（5）元时高尚书画，学米家父子，戏拟其意，犹不失宋人风格。

（6）黄子久一丘一壑亦自过人。

（7）倪高士画，天真幽淡，独超象表，古趣荒荒，无插花美女之态，时人多以拙率浅易索云林，则失云林矣。

（8）从广陵李给谏家见关仝尺幅，云峦奔会，神气郁密，真足夺人目精，余仿其法作太行山色，似有北地沉雄之气，不以姿致取妍。

（9）溪山秋霁，用叔明萧寺图法。萧寺图昔在吾吴，今归秦藏，不复可见矣。因写是图，叹息久之。

（10）寒林叠巘，摹许道宁，非郭河阳也。道宁学营丘称入室，故气韵乃殊胜。

（11）寒林烟起，宿鸟晨开，用李成法。危柯劲挺，崩崖郁盘，未识于营丘笔精，略存半规否。

（12）摹王右丞辋川雪霁图。

乙卯二月既望，为御远尊先生仿古十二帧，乌目山中人王翚。钤印一“臣翚”。

吴荣光跋：王烟客招石谷游大江南北，尽得观模收藏名画家秘本，石谷既神悟力学，又亲受二王指授，遂为一代作者。此册仿古山水十二帧，乙卯所作，是为康熙十四年，石谷年四十四岁，盖在寓居续灯庵之后，正锐意学古已成之证，可宝也。道光壬午六月得之闽中，并记于臬署之看山问雨轩。钤印一“吴荣光印”。

辛仿苏跋：石谷此册正是中年临模得意之作，归吾粤近百年，惜微有虫伤，幸遇阮子英重装，顿还旧观。……御远黄之騄号，金州人，见清晖阁赠贻尺牍。子英装此画后不及三月遂下世，绝技无传，惜哉。甲寅十一月廿八夜展读因题。钤印二“仿苏”、“芋花盦主”。

又有己未南海梁世鸿跋，记此册由邓君展处转入辛仿苏手。

乙卯即康熙十四年，为黄氏之騄作也。

是册为石谷中年精诣，自入吴氏筠清馆之后，遂为粤中最著名迹，其《辛丑消夏记》限断限止于明，故未收录。册中藏印累累，有：“吴氏荷屋平生真赏”、“伯荣审定”（吴荣光）、“唐中冕印”、“孙尔准平生真赏”、“许乃普印”、“望琼仙馆秘藏”、“宝镄铭心绝品”、“潘宝镄图书记”、“海山仙馆主人”、“潘仕成印”等。

每叶各自题识，可知其悟入处，仿赵伯驹、赵令穰、关仝、李营丘各幅，最为精绝，临古功夫，足叹观止。

王翚（1632—1717），字石谷，号耕烟散人，自号清晖主人，又称乌目山人，常熟人。生于崇祯五年，卒于康熙五十六年，师事王时敏，昕夕临摹，尽得其法，时有画圣之目。卒年 86 岁。

十四、王翚　设色山水图　轴

纸本淡彩　纵九一点五公分　横四八公分

题款：笔意峭拔，则本荆关，山容浑厚，则法大痴，善摹古人者，原在脱化，不求形似也。岁次癸酉九月既望，石谷子王翚识。钤印一“王翚之印”。

诗塘有王图炳题二绝：仲举无心除一室，雪鸿有句写千峰，欲参筲帚闲中意，九点秋山雨后容。十月江南野色分，渔庄荻浦见沙痕，若为剪取吴淞水，着我微茫笠泽云。王图炳。钤印三“王图炳印”、“麟照氏”、“漱芳”。

写高松老屋，乱山叠涧，浑厚处在皴擦功夫，且以渲染取胜。

十五、王原祁　寒岫溪亭图　轴

纸本淡彩　纵八六点五公分　横五一点五公分

题：流水声中视公事，寒山影里见人家。余炼笔即写倪黄法，侍直后归寓，整肃之后，暂得闲适，弄笔借以娱情，因成此图，信笔所之，学者窃取气机，刻意摹仿，已落后一著矣。白石翁诗云：笔踪要自存苍润，如此而已矣。康熙壬辰春正望后画于谷诒堂并题。王原祁。钤印四“王原祁印”、“麓台”、“御书画图留与人看”、“西庐后人”。

藏印：“赐砚斋珍藏印”、“宝勤堂书画印”、“宋氏漫堂审定”、“会藏潘氏水山楼”、“顾淡明藏”、“蕴正斋”。

写疏林松舍，竹坞亭子，遥岑在望，合倪黄两家，笔踪存苍润，良然。

王原祁（1642—1715），字茂京，号麓台，时敏孙，太仓人。康熙庚戌进士，历官少司农，供奉内庭，鉴定名迹，充佩文斋书画谱总裁官。卒年74岁。

十六、石涛　长干风塔图　轴

纸本淡彩　纵二三〇公分　横九九公分

自题：住看海风吹火树，霹空爆竹恰当然。撩人眼处事非一，惯折心时碎月边。几欲呼笙坐霄汉，无端仙乐梦归船，秋霜点染到窗尽，小阁玲珑十万钱。戊寅腊八日写，为定老道翁博教。清湘大涤子济。钤印五“瞎尊者”、“膏盲（肓）子济”、“大涤子”、“赞之十世孙阿长”、“搜尽奇峰打草稿”。

清道人跋：石涛此幅，元气浑沦，涉笔成趣，要非山川云物往来于胸中莫办，亦非倚傍前人门户循蹊觅径者所梦见，是以高耳。此为宣城画社社友吕定生作，当时社友如梅瞿山、雪坪、高阮怀、蔡晓原辈，飙举云兴，极一时之盛矣，要皆从画中求画，岂若此老独于法外立法耶。乙卯三月清道人题记。钤印三“阿某”、“清道人”、“黄龙砚斋”。

刘海粟题：元气淋漓障犹湿，真宰上诉天应泣。年来见大涤画至多，而莫有若此幅之精之奇者，原为临川李氏旧藏，今为朱君国良所得，洵可宝贵。辛巳刘海粟拜观。钤印一“海粟无恙”。

藏印：“广陵焦眉卿鉴赏之章”、“听桐吟馆珍藏书画印”。

写松树石桥，拾径直上古寺，有塔耸峙，远处石梁飞瀑，云山无尽，帆樯往来。

李驎撰石涛传，称其自宣城孤身至秦淮，养疾长干寺山上，危坐一龛，自题壁立一枝，盖自庚申息影，于此共六载，长干风塔诗盖是时所作，见本集收石涛为觉四书风塔诗扇面四首，此图仅录住看海风一首，署款戊寅，则为康熙三十七年，时仍往来于扬州南京之间，且用大涤子一印，盖大涤堂已落成矣。（石涛自燕京南返，于扬州大东门外，临水结屋，榜曰大涤堂，此堂落成殆在康熙丙子、丁丑之间。）

石涛（1642—1707?），俗姓朱，出明靖江王守谦之后，幼以家难，为仆臣负出，逃至武昌，落发为僧，名原济，字石涛。生于崇祯十五年壬午，卒年待考。［有据《李驎集》谓卒于康熙四十六年丁亥。见《文物》1979（12）］早岁居武昌最久，由越中至宣城，定居敬亭山，居敬亭十有五年，后移秦淮长干寺，中间至燕，留四载而还。晚年寓扬州东门外，临水结屋，榜曰大涤堂，请八大山人为作图。大抵在宣城时自称为小乘客，在南京号苦瓜和尚，在扬州号大涤子，亦称瞎尊者，膏肓子，若极，皆晚年别号。平生事迹以李驎撰《大涤子传》，最为详核。（见《虬峰文集》）

十七、石涛　宋元吟韵　册

纸本淡彩　共十二页　纵二三公分　横一八公分

题：大涤子画宋元吟韵。

（1）春草绵绵未有名，水边□上乱抽萦，似嫌车马繁华地，才入城门便不生。宋刘攽春草。钤印一“零丁老人”。

（2）晴霭翠纷纷，春桥水乍分，山家何处是，松外万重云。元王行松云二十图。钤印一“前有龙眠济”。

（3）江上往来人，尽爱鲈鱼美。君看一叶舟，出没风涛里。宋寇准赠钓者。钤印一“老涛”。

(4) 草枯根不死，春到又敷荣，独有愁根在，非春亦自生。宋真德秀草。钤印一“前有龙眠济”。

(5) 一径汾崖踏苍壁，半坞寒云抱泉石，山翁酒熟不出门，残花满地无人迹。宋郭祥正访隐者。钤印一“清湘老人”。

(6) 远近皆僧刹，西村八九家，得鱼无处卖，沽酒入芦花。宋郭祥正西村。钤印一“前有龙眠济”。

(7) 秋水春云万里空，酒壶书卷一孤篷，多情最是闲鸥鹭，留得诗人作钓翁。元黄庚林水云居。钤印二“零丁老人”、“头白依然不识字”。有“素亭”一印。

(8) 寂寞亭基野渡边，春流平岸草芊芊，一川晚照人闲立，满袖杨花听杜鹃。郑协溪桥晚兴。钤印一“零丁老人”。

(9) 甲子峰头乌臼树，微霜未落已先红。凭阑高看复下看，半在石池波影中。宋林逋水亭秋日偶成。钤印一“清湘老人”。

(10) 沧江无尽水，夜夜随潮去，若复作潮来，沧江止不住。宋徐直方观水。钤印一“老涛”。

(11) 木叶西风古道，稻花北垄新田，流水美人何处，夕阳荒草连天。宋陈普野步。钤印一“痴绝”。

(12) 客行谓已旦，出视见落月，瘦马入荒陂，霜花重如雪。宋孔文仲早行。钤印一“痴绝”。

素翁以洋纸索余写画，因取宋元诸公吟韵图成一十二幅，寄上索笑，清湘大涤子。钤印一“老涛”。

藏印：“挹翠阁”、“玺书楼珍赏”、“黄氏怀萱堂藏”。

据册内素亭一印，知素翁即素亭。萧山金辂字以宾，号素亭，能书，乾隆时人。歙县郑书逊字晋公，亦号素亭，工墨笔人物山水（黄宾虹黄山画苑略郑旼条）。金辂年代过迟，素亭疑是歙之郑书逊。

《宋元吟韵》，神州国光社出版。南画大成翻印缺二幅。

(1) 写荒城云山，清墨淡染，神采飞越。原诗乃刘敞作，见公是集卷二十八。“上”字上缺“原”，应补入。

(2) 写双松高低，岭云在望，桥畔二士共语。

(3) 写江干树下钓人居，扁舟一叶，随波上下，水留空白，异常凸出。

(4) 林屋江边，有人独立，远浦曲折，以色写之，有山雨欲来之概。

(5) 写老屋数间，不知谁是主人，寒山云锁，苍翠欲滴。

(6) 梵寺隐树间，扁舟宿芦荻，隔岸酒村，遥遥可望。

(7) 断崖千尺，孤篷荡漾清江，欲投芦花，作为宿处。

(8) 有人闲立江边，前村茂草芊芊，遥山如梦。

(9) 写蓑竹四围绕屋，一人凭栏独立，仰视孤峰在杳霭中，似先渍染然后加点皴，纯用中锋笔，淋漓浑厚，足叹观止。

(10) 短篱山腰，俯临沧海，青山一抹，碧波无尽。

(11) 写野步疏林，山容峦色，自成隐蔚。

(12) 写瘦马行旅，如踏残月，近树远山，正是破晓景色。

十八、高凤翰　三绝　册

纸本淡彩　共八页　纵二三点七公分　横三〇点五公分

(1) 天池僧话。钤印一“宁作我”。

游天池山二百字。雍正癸丑十二月作：

读画爱名山，天池结梦想。（向在新城王司寇家，曾读黄一峰天池石壁图，至今追想，犹在胸臆）窃恐未必然，毋乃笔墨罔。即今叩山灵，初至犹惚恍。槛薛（猿）笼鹤人，顿觉天地敞，临水坐空明，魂精招半晌。性定耳目真，乃敢纵俯仰。群峰罗殊形，名目各不爽。披拂莲花青，突兀云关朗，憨态坐老蟆，瘦纹开仙掌，石浪涌波涛，窿洼破伏莽。（莲花云关诸名皆山中秀峰，石浪涧中积石如群羊，建瓴陡注，有奔湍叠浪之状）想见秋瀑涨。玉龙走莽苍。高下万象呈，环池浸滐泱。静涵绿玻璃，融膏同一酿。譬如百宝珠，金碧溷玉盎。开匣出雪藤，铺石试摹仿。灵异未许追，所得但皮象。缅焉怀昔人，几辈成孤往。神游太古初，目极青冥上。松风吹野心，高梦逐云响。

坐天池上，与寺僧试茶，再得小诗，并书此以志画意。一勺金碧膏，活火烹嫩乳，中有万山精，白石不须煮。甲寅中秋日南村并题。钤印七“高”、“凤翰私印”、“南村书画”、“老呆”、“甲寅”、“心赏”、“介亭”。

(2) 邗沟春汎。西亭笔。钤印一“髯”。

麦陇青接菜花开，曲曲山桃抱岸回，短櫂低篷插杨柳，莲花瓣子载春来。

三月一日清明节由岳墩看桃花，即挐舟公办。维扬水乡风物，节序清妍，即目口号，都忘钉铰打油叫街语也。莲花瓣河中小舡名。维扬京口一带多有之。石鳌馆主人。钤印五“河上草堂”、“高氏凬（风）髯”、“凤翰”、“南村”、“介亭”。

（3）东牟奇松。

在山东宁海州城隍庙殿之西阶，本高不满五六尺，顶折平偃，直走西南隅可三四十步，翠鬣丹鳞，如结宝幄，皮皴嶺岈，空腔瓮窒，鸟衔花子坠其中，久且成丛，朱粉陆离，俨如错绣，真奇观也。南村并记。钤印四“磊落嵚崎”、“幻药”、“古临海军人”、“臣翰”。

“曾选黄山松画图，卧龙接引怪尤殊。岂知老去风尘眼，亲向天东见一株。”向曾为友人作黄山松画。钤印三“山东书生”、“高凤翰印”、“南村”。

其二：“偃梢直走二千尺，绿鬣苍鳞带藓痕。此树化龙真有分，应愁雷雨入黄昏。”看松得此二绝句，仍书题画，请方家并正之。钤印一“西园”。

（4）秋树图

仿李营村旧本，翰。钤印三“南村”、“渤海”、“高”。

老树不知名，枝枝作苍雪，中缚一把茅，时有云来歇。山中野唱，施之画作最宜，如何如何。翰。钤印二“要使金石生肺俯”、“凤翰”。

邓尔疋题十绝：

笔下蹬踞万古松，点睛怪凤或奇龙，传神阿堵吾能道，人是名山岳所钟。
胸中先有一峰画，印证天池石壁图，皕字野心高梦句，令人隐几见华胥。
小舡花瓣载春时，只有风人墨客知，我亦少年曾入画，今题钉铰打油诗。
造化兴秋世已知，但看红叶浅深时，暗中先豫为春地，权属风师与画师。
劲利沉雄总自然，挥毫泼墨化云烟，似焦欲淡仍圆润，鼎鼎春心子细研。
草兼分隶合章程，见舞观蛇状叵名，书画由来同一法，成连海上各移情。
书城南面砚盈千，花乳灯光一律镌，石印芝泥钤四堵，赏奇白满又珠员。
病废人言臂不仁，试看心画四时春，分明居右全非左，勾勒清遒点砮纯。
好山好水未能廉，神品相看百不厌，特健药为无价宝，笑佗一字仅三缣。
几案应夸所获奇，高风三绝画书诗，勃余幸草山灵护，鸿爪归云足自怡。
口占十首膺均量先生之属，邓尔疋。钤印二“尔疋”、“吉”。

题签：高南村三绝册。仪真馆珍藏。七四田父黄葆钺题。钤印三“仪真馆”、“黄氏”、“葆钺之印”。

藏印：“清玩草堂”、“瑞廷鉴赏书画之印”。

第一页：写松林满山，池水沦漪，二僧共话，不胜云树苍茫之感。

第二页：岸柳可攀，客舟上下，远浦阡陌纵横，是维扬景色。

第三页：写奇松偃蹇苍翠，上与云齐。

第四页：秋树柯枝横斜，学李成法。

高凤翰（1683—1749），字西园，号南村，亦自称南阜山人，山东胶州人。生于康熙二十二年，卒于乾隆十四年。雍正间应贤良方正，考列一等，授歙县丞。美须髯，自署为髯高。年五十五，病废右臂，自此改用左手，书画更奇，号后尚左生。工诗，论诗有异境，有妙境。蓄研石多至千百方，著《研史》一书。去官后寓居扬州，画益奇肆，年67岁。

十九、张崟　泰岳袖云图　轴

纸本淡彩　纵一三六点五公分　横二九公分

题：泰岳袖云图，为廉甫世讲作。

罡风凉卷袖联翩。五色云裁作锦笺。绝顶近天惟尺五，欲书奇句问青天。

廉甫书法诗才，飘飘有凌云之致。自昨岁登岱，胸次遂具一览未了之气，氤氲一片，偶尔携归。他日发轫云程，自可探诸怀袖耳。因为制图，并题一截，丙子七月望后十日张崟志。钤印三“张崟之印”、“宝岩”、“清河仲子”。

昔年积雪阻岱游，日观不复开峰头，马前云拥乍出没，呼吸一气连齐州。其时同行蹋空绉，洪崖共挹浮邱袖。（己未二月偕稚存先生同北上，至新泰。积雪竟夕，登岱之兴遂罢）九天想见碧霞宫，汉柏秦松结孤秀。云云亭亭云一亭，到顶尽白无空青，峨眉夭矫出人世，未卜何宅栖神灵。郭君登山竹兜迓，袖里挐云成变化，携归一片置金焦，压倒金箱作图画。他日云程垂半天，南天门上有神仙，亦如瀑布空中挂，涌出芝罘一道泉。岁丙子，廉甫八弟登东岳，归时张君为补东岳袖云图，少陵诗“齐鲁青未了”，真此景也。嗣绾记。钤印一“绾”。

岱顶登临信大观，行人经过鲜磐桓，少年乌帽黄尘里，山色都从马上看。闻向峰头袖白云，俯临齐鲁眼空群。余生我只耽幽隐，槃涧团瓢好待君。廉甫八兄属，舸斋张镠题。钤印一“方外司马”。

海脉一支，天腹万古，归烟何处，散为仙尘，御风而来，顿作奇想，此灵气也，呼云语之，可乎。景纯其人，有道之亚，管下有岳，帝座吟诗，袖霎而回，以券冲举。阴齐阳鲁，栖神万变之图，拔地倚天，缩本一拳之石。迷漫低空，荡荡四壁，呼吸皓露，青青五松。幻楼台之金银，鱼眼射水，发光怪于紫赤，驭轮浴波，可以猎芝罘于锦囊，卷水帘于墨海矣。西笑作客，东归未能。我之怀矣，楚尾吴头，子好游乎，天门日观。英英苍苍，飞来笔端，云云亭亭，神与古会。花散西极，平插金天之冠，气浮中原，下压嵩山而卧，不可及也，庶乎诗之。天门一长啸，声落碧海东，屐底登封烟，掣走苍精龙。大袖盛苍生，哺以天人乳，五百道功成，友风而子雨。日出秦松上，蒸为五色霞，飞泉洗鳞甲，红晕古桃花。七十二峰头，不知所起处，还向石边寻，层层有云路。此道光癸未在都门晤小岩八兄于宣武坊南，为题画册如右，庚寅余从楚南旋里，复承寄示此幅命题，计余自蜀浮湘，由湘返里，八年于兹矣，因录旧作，再续五绝句于后。拨霎见榑桑，登云有仙骨，屐底九州烟，空中三丈日。我登大峨峰，双眉翠可撷，鹤翅秋空凉，八十三盘雪。一轮洞庭月，九画潇湘云，手采南岳花，遥酹云中君。到海一匹练，吴门白马回，荡胸云万叠，可自大东来。丽生弟严学淦续题。钤印二“学淦”、“丽生”。

此帧构图绝佳，层云叠巘，神出鬼没，南天门一线直上通天，尤见巧思，渲染功夫，更不可及。

丙子为嘉庆二十一年，据鲍鼎撰《夕庵年谱》（默厂所著书之三），夕庵时年56岁，据谱是年事迹只云：“辑其父此亭先生遗诗而已。”是图题记极多，可补年谱之缺。

张崟（1761—1829），字宝岩，号夕庵，又号且翁，江苏丹徒人。父自坤，字此亭，善花卉。

绘　画
——单色图版篇

一、谢缙　溪隐图　轴

纸本水墨　纵九八公分　横七二公分

一身萧散寸心闲，势利奔趋总不关。白眼看人成一笑，水边林下对青山。葵丘自号溪隐，有所取焉。复写是图，征余诗。余观此图置景空阔，无纤毫丽笔，有古淡趣，可羡可羡。遂题一绝以归之，工拙弗暇计也。时宣德六年秋七月上吉，尚素老人识。钤印五“文鼎”、“琴书自娱”、“山水之间”、“陶写性情”、“尚素斋”。

又沈周题诗：山上云生春雨后，树头花落午风余。道人兀坐碧溪石，下有流泉应读书。沈周。

藏印：“蓉峰刘恕审玩”、“石闾”、“高士奇图书记”、“张祥凝收藏记”。

《江村消夏录》卷三著录。

写板桥流水，疏林萧瑟，隐者于茅亭独坐，孤舟系岸，一童抱琴，过桥前来。两岸芦荻，欲作秋声，令人有尘外翛然之想。笔简而不繁，远山一抹，深得一峰神理。

《无声诗史》称，“谢缙中州人，号葵丘，善山水，师赵松雪。”又作谢晋，吴江人。此题记言“葵丘自号溪隐”，可补字号索引之缺。《大观录》十九有“谢葵丘西庄图”，宣德二年为沈周父作，亦有沈周题句。顾复云：“葵丘长逝，友石云亡，公（东原）与完庵砥柱中流，延一线而授之石田。”葵丘盖石田之前辈。

按文鼎即金铉。徐沁《明画录》云：“金铉字文鼎，华亭人，诗文流丽，有《凤城稿》，《尚素斋集》。所画山水苍劲幽润，时称三绝。”《图绘宝鉴续纂》有金文鼎，即此人，字号索引六六八页“尚素”下“金铢，松江人，元至正二年（1361）生，明正统元年（1436）卒，年七十六。”孙韬公画家辞典作金铢，按字书无铢，当据徐沁作铉。

（易鼎上九爻辞鼎玉铉，其名与字相应，盖取易卦。文鼎与尚素乃一人，《无声诗史》分为二，误。）

二、林良　孝友图　轴

绢本水墨　纵一七〇公分　横一二五公分

款：林良。

写枯树槎丫，两乌一张翼而飞，一竦立而叫，其下陂塘凫雁，嘤鸣若相求意。走笔快疾，有孤篷自振之概。

林良，字以善，广东人。天顺中供奉内廷，以翎毛擅胜。子郊字子达，传其学。

三、沈周　岁暮送别图　轴

纸本淡彩　纵一四三公分　横六二点五公分

诗塘自题七古一首：与君桑梓阴相望。母党况为兄弟行。我之老母姊君母，少日拜姨今未忘。两家昆季昔数人，君我聊存属余长。羡君读书事长勤，早见新文合时样，学资浩荡德华腴，外度舒徐中倜傥。我惭白发血气衰，君喜青云年力壮。北京初还受铜墨，风雪充途神转王。挈家便欲沿牒去，河上敲冰进官舫。田园岂是容易别，自说县中官署旷。唯民不可日无教，有爵相担畏人让。北来随地说饥馑，未必陈留独无恙。不徒口慰要心存，莫以茧丝先保障。又闻陈许间未远，甫有肤庵可酬唱。故人所在即故乡，天涯诗酒知佳况。独予困置秖牖下，枕书昏眠眼脂涨。升沉由来自有时，已信老怀齐得丧。尚期诸辈各努力，要在致君尧舜上。

成化乙巳十二月二十六日，抑夫出宰陈留，岁且尽，行且速，情有所不既，因抒而为诗赠之，继为图连书于上，纳诸行李，以寓弟兄之私。抑闻陈留去许甚迩，并致意肤庵施君云。沈周。钤印三“沈氏启南”、“白石翁”、“沈周”。

藏印：“景松山馆秘笈”、“南海陈仙洲藏”。

按乙巳为成化二十一年，石田五十九岁，诗跋中所致意之肤庵施君即施文显，字焕伯，长洲人，成化举人，授许州同知。详邵宝撰《施君墓表》（见《献征录》九十四）。其任许州职在是年，与石田为同乡，且有酬唱之乐，故石田句云：“又闻陈许间未远，甫有□庵可酬唱。”庵上缺文可以“肤”字补之。宰陈留之抑夫，即马骙，骙字抑夫，见《兰台法鉴录》（万历刊本）卷十三。

写晓岸疏柳丹枫，兰桡待发，依依揖别，纸短情长，远处疏林长坂，云山迢递。诗塘题七古长篇，为石田中岁精心结撰之作。

沈周（1427—1509），字启南，号石田，晚号白石翁，江苏长洲县人。祖澄，能画，父恒吉，以诗文名。幼师陈宽醒庵，其四十一岁所绘庐山高图，即寿醒庵而作。郡守汪浒欲举贤良不果，耿介独往。书法山谷，遒劲奇崛，画初宗黄倪，晚得梅花道人神理。为明四大家之一，年八十三。事迹见《明史》卷二百九十八《隐逸传》。

四、沈周　云截溪山图　轴

纸本淡彩　纵一四八公分　横六八公分

云截溪山半露青，峰前刚见一茅亭，何人把卷消长日，静许读声猿鹤听。沈周。钤印二“启南”、“石田”。

写孤亭半倚山脚，一人独坐，仰视浮云驰，横锁断山腰。丛树秃枝，高下取态，山作小斧劈，苍苔浓点，倍见浑厚佳趣。

五、文徵明　夏窗晴瀑图　轴

纸本水墨　纵七七点五公分　横二二公分

题：潭潭虚阁带湾碕，山木苍苍结夏帏，最是晚凉残酒醒，满窗晴瀑雨飞飞。征明。钤印二“征明”、“停云”。

藏印：“戴植秘玩”、“泰泉诗孙”、“竹坡赵氏珍藏”、“赵松之印”。

写老屋数楹，在丛林岩壑之间，开窗临水，闲共清话。泉水自远峰曲折泻下，远岫短树，作浓墨横点，令人神观飞越。

传略见前。

六、唐寅　抱琴归去图　轴

绢本淡彩　纵七四点五公分　横三七点五公分

自题：抱琴归去碧山空，一路松声两鬓风，神识独游天地外，低眉宁肯谒王公。唐寅。钤印三“禅仙”、“唐居士”、“南京解元”。

藏印：“湘涛所得”、“寒中”。

写山村清夏，流水潺湲，板桥横卧两岸，一高士闲步，童子抱琴将归。群山高峙，浅皴而不加点，北宗清峭多势之极致也。

唐寅（1470—1523），字伯虎，更字子畏，吴人。戊午试应天府第一，以事牵黜，狂逸不羁，归心释氏，自号六如，治桃花坞，日饮宴其中。书得赵吴兴之娴雅，画则融合南北，挺秀夐绝，卒年五十四。事迹见《明史》卷二百八十六《文苑传》。

七、仇英　溪山楼隐图　轴

纸本淡彩　纵一二一公分　横四七点五公分

题款：仇英实父为怀云制。钤印三“十州”（朱文葫芦印）“仇英之印”、

"游方之外"。

藏印："吴子思印"、"润生"、"张曾裕印"、"昆绍"、"双石□□"等。

写高林重屋，隐者独坐楼头。叠嶂重山，行旅奔峭，辽处层楼杰观，在平林漠漠烟霭之中，构图繁复，不落寻常窠臼。

仇英，字实父，号十洲，太仓人，移居吴县。事周臣，工写山水，仕女，精丽艳逸，巧夺天工。

八、陈淳　秋兰图　轴

纸本淡彩　纵八八公分　横三二点五公分

癸卯冬日道复为三愚写。钤印二"复父氏"、"白阳山人"。

诗塘薛冈题：白阳先生写花卉如化工无意，笔下有一种生气，非人可学而至。权奇词兄召名手装潢精好，示余，谓是其尊公景纯先生所爱玩，对之如见尊公。权奇罔极之思，触物即见，余因题数语，以表权奇之孝。辛巳冬日甬东八十一翁薛冈题。钤印二"千仞"、"灰晤关"。

龚贤题：自昔秋兰堪作佩，岂徒芳洁充吾爱，高人纫此夫何为，以明吾志之所在。墨胎之后有灵均，宗臣见逐遭长喙，抱此孤忠而汨罗，因搴湘草增余慨。阿谁写此冰雪姿，空山无人众泉汇。十花一干挺然生，新抽碧叶无柔态。静壁高悬领异芬，舞风乱月清光碎。自煮精茶擎素磁，闲中只许先生对。庚戌春伸野遗龚贤题。钤印一"蓬蒿人"。

题签：白阳山人兰石图。番禺黄氏怀萱堂藏。

藏印："金陵马藕村鉴赏印"、"松管斋"、"黄氏怀萱堂藏"、"胡晚姓（晴）鉴定印"、"罗振玉"。

按薛冈字千仞，鄞人，著《天爵堂集》。《甬上耆旧集》称千仞年八十，集其生平元旦除夕诗为一卷，起万历庚辰，至崇祯庚辰（十三年），福建林茂之叙之（《明诗纪事·庚签》二十六）。其题白阳此轴，署曰八十一翁，时在辛巳，即崇祯十四年，适为裒诗之翌岁。

（灰字见正字通，炭为烎讹字，灰又为烎之讹字，见《中华大字典》火部）

写拳石，幽兰，有蕊落水中，寥寥数笔，简淡无匹，而神趣自足。癸卯为嘉靖二十二年，此图尝在《书苑》揭载。

陈淳（1483—1544），字道复，号白阳山人，长洲人。从文衡山游，行书出杨凝式，老笔纵横，草篆尤工。画则专精花卉，虽一枝半叶，极疏斜历乱之致。年六十二。

九、文嘉　墨梅花图　轴

纸本水墨　纵八八公分　横三二公分

题：万历己卯二月望，鸥江过归来堂，见几间梅枝奇古，请予像之，并录四词于上。文嘉。钤印二“文嘉休承”、“文氏休承”。

寒尽寻春，几回冲雪，小桥犹隔。偶至溪边，瞥然相见，浑如曾识。莫教寒鹊争枝，恐踏碎、琼瑶可惜。吩咐东风，且迟开放，悄寒轻勒。

右未开。

正拟论量，如何开折，已露新妆。欲敛难收，将静未可，半吐幽香。贞心一点难藏，疏篱外、有人断肠。月色朦胧，搅人魂梦，吟绕回廊。

右半开。

竹捺松搭，煖风吹动，不容时霎。万树杳云，满林晴雪，几重开匝。朝来花底闲行，早已觉、帽檐低压。恨不折来，幽斋相对，胜添金鸭。

右盛开。

竹外斜枝，香飘点点，懊恨来迟。雪圃瑶林，风吹狼藉，雨打离披。枝头青子催期，底须怨、笛声太悲。半蕊将舒，盛开欲坠，俱是佳时。

右将残。

咏梅四首调寄柳梢青。钤印二“文嘉休承”、“文水道人”。

藏印：“养芷鉴赏”、“曾在黄中陶处”、“李尚铭家珍藏”、“积祚”（马氏）、“孟嘉真赏”。

写梅干著蕊二三，更题柳梢青四首，此学杨无咎，极古隽之致。己卯即万历七年也。

传略见前。

十、钱谷　听松飞瀑图　扇面

金笺　横五五公分

题款：乙卯谷雨日写松亭高逸。钱谷。钤印一“叔宝”。

写苍松五株，山亭有人对坐，童子携琴而至，对飞泉奔泻，高山流水，绰有清音，山石勾勒有力。乙卯殆嘉靖三十四年。

钱谷（1508—1578），字叔宝，长洲人。自号磬室。游文衡山门下，山水、兰竹均擅一时之胜。

十一、居节　松壑高闲图　轴

纸本着色　纵七〇公分　横三二点五公分

题款：松壑高闲。万历辛巳新秋居节制。钤印四“居节印”、“士贞父”、“居仲”、“□壑芝清”。

藏印：“朱马思赞印”（朱文印）、“南楼珍藏神物”、“沈堪审定”、“武仲瘠痳所求书画记”。

写松林数株，蛟根束鳞，危根凌霄，两名士坐松荫下对语。群山在望，悬泉百叠，乱石嶙峋，而层次井然。构图颇繁，具见经营位置之苦心。辛巳为万历九年。

居节，字士贞，号商谷，吴县人。画笔得文家薪传，简逸有致，僦居虎丘。

十二、侯懋功　秋山高士图　轴

纸本淡彩　纵一四七公分　横四二点五公分

题款：万历戊寅中秋前一日写，侯懋功。钤印二“延赏”、“侯懋功印”。

董其昌题：古人作画皆有深意运思，落笔必有过人处。侯夷门此幅仿叔明秋山高士图，萧散秀润，最为逼古，亦平生得意笔也。其昌。钤印一

"昌"。

写高士三人，松下闲坐，右侧崇山峻岭，拔地而起。有人结茅于山巅、水崖之际，远处楼阁可望，极高远之致。构图盖自王蒙出，香光称其萧散秀润，良然。戊寅即万历六年。

侯懋功，字延赏，号夷门，吴县人。初事钱谷，山水入元人之室。

十三、周之冕　岁寒三友图　扇面

金笺　横五一点五公分

题款：丁酉秋日周之冕戏写。钤印一"之冕"。

藏印："□宜静盦"。

写月下梅花雪竹。丁酉或万历二十五年。

周之冕，字服卿，号少谷，长洲人。善画花鸟。

十四、陈元素　幽兰图　轴

明笺纸水墨　纵一二二公分　横二九点五公分

款：陈元素。钤印二"陈元素印"、"古白"。

诗塘写幽兰赋：起"唯幽兰之芳草，禀天地之纯精"。讫"虽处幽林与穷谷，不以无人而不芳"。余不录。此唐杨炯《幽兰赋》，见《幽忧子集》。

题：泰昌改元之冬，良月廿有四日画并书，吴郡陈元素。钤印二"元"、"素"。

藏印："杜复"。

绘蘽兰一株，题三字正书。诗塘写杨炯赋，界以丝栏，画疏而字密，相形更有清致。明人喜写《幽兰赋》，如胡俨，宣德间有隶书《幽兰赋》（《壮陶阁著录》）是也。

陈元素，字古白，长洲人。入文衡山之门，以善画兰名。工书，入清卒，私谥贞文先生。

十五、文点　溪谷晚凉图　轴

纸本水墨　纵七五公分　横三七公分

题款：癸未秋写于南云丈室。文点。钤印一“文点”。

又题：长安道上逐尘忙，何似溪头生晚凉。落日时摇清影动，野风遥送白苹香。竺坞山樵。钤印二“文点印”、“竹坞草庐”。

南云先生为文肃公孙，枕岩栖谷，猿鹤弗惊，衣冠古朴，尘坱自远，可谓不堕先烈者也。画特其寄怀处。然蹊径萧闲，无外闲匠气，观者勿于画师中遇之，则南云出矣。德潜。钤印二“确士”、“大小山”。

藏印：“含青楼”、“讷庵”、“丽父审定”、“喜雨楼藏”、“黄氏怀萱堂藏”、“传经堂鉴赏”、“挹翠阁”、“蓉峰宝玩”、“丽圃私印”、“花步刘氏家藏”、“蓉峰”、“田溪书屋”、“冠五清赏”、“三水何氏田溪书屋鉴藏书画”、“卢江”、“花步”。

写秋林晚景，溪头闲坐，望青山夕照，寄情虚旷。癸未即康熙四十二年。

文点（1633—1704），震亨子，字与也，号南云山樵，山水得自家法，用笔细秀。

十六、徐渭　富贵神仙图　轴

纸本水墨　纵一二四公分　横四九公分

题：花居一纸不异春，人在人中岂异人，山人窗隙观四海，坐见毫端收一尘。天池漱人渭。抹花已，为作一偈。钤印三“佛寿”、“天池漱仙”、“与木石居”。

藏印：“古歙汪氏珍藏”、“何瑗玉印”、“曾藏何蘧盦处”、“曾在方梦园家”。

只写一边，构图甚新，兰竹兼作双钩，与牡丹，梅蕊相厕，浓淡疏密，自是神品，异人异花，两臻其妙。此图《方氏梦园书画录》著录。

徐渭（1521—1593），字文清，更字文长，号天池，又号青藤山人，山阴人。奔放不羁，书画如其人，花虫竹石尤高妙，作曲与诗文皆逸品，事迹见

《明史》本传（卷二百八十八《文苑传》）。

十七、马守真　翠竹幽兰图　轴

纸本水墨　纵五七公分　横三八点五公分

翠竹幽兰小笔仙，寄来犹记是春天。十年浪迹空相忆，冷雨秋窗夜不眠。雪林张山题于浔阳官署。钤印一“山”。

己亥春月写寄雪林先生，湘兰马守真。钤印一“湘兰”。

藏印：“鹿洞砚斋珍藏”。

丛兰疏竹，小石幽草，题轻倩小楷，更觉婉丽可人。己亥为万历二十七年，是年守真曾作水仙卷赠王稚登（《壮陶阁》著录）。

马守真（1548—1604），金陵人。小字元儿，又号月娇，南画中人，居秦淮胜处，与王伯谷相善（《明画录》）。又称马湘兰，以善写兰著称。（见《列朝诗集小传》）

十八、李麟　寒林钟馗图　轴

纸本水墨　纵七九公分　横三二公分

篆古文：己丑夏日画。次公李麟。钤印五“麟”、“次公”、“檐花落研”、“一日之迹”、“钟山樵客”。

藏印：“少石审定”。

《宝迂阁书画录》卷一著录，称其“取径萧远，皴点用焦墨而不失其润，松针竹草用细笔而不涉于纤，钟馗白描坐石观瀑，一鬼捧琴肃立，神气懔然”……

寒林用宋人法，流泉五七叠，石桥修竹，其景绝幽。构图不蹈文衡山旧蹊，具见别出心裁。己丑为万历十七年。

李麟字次公，浙江鄞县人，万历崇祯间人。

十九、董其昌　为许翰公仿大痴山水　卷

纸本水墨　纵二八点五公分　横二四五点五公分

题：拟大痴笔意。玄宰。钤印一“董其昌”。

此余为许翰公作，屈指又数年矣。今许公从中州来，持以见示，因重识之。其昌。钤印一“昌”。

藏印：“种石轩”、“狄氏曼农”、“花步刘氏家藏”、“刘氏寒碧庄印”、“蓉峰鉴赏”。

湿笔苍润，云烟迷蒙，直近小米长卷。遥山岸草，具见大痴法度。

董其昌（1555—1636），字玄宰，号思白，又号香光，华亭人。万历十七年进士，历官湖广提学副使，南京礼部尚书，论文敏，事具《明史》本传。书画为一代大家，长于鉴赏，行草妙绝，如迅霆飞电。刻戏鸿堂法帖，著《画禅室随笔》、《容台集》等。

二十、董其昌　云藏雨散图　轴

绢本水墨　纵一〇一公分　横四一公分

题款：云藏神女观，雨散楚王宫。玄宰写。钤印二“董其昌”、“太史氏”。

梁章钜跋：尝见香光画，多清秀绝伦之品，而往往嫌病于嫩。今观此作，老笔沉古，红光贯户，实兼吴项之长，米虎儿所不及也，此真香光平生第一杰制，直可作宋元神迹观之矣。道光丙申冬十月下浣。福州梁章钜题。钤印二“长乐梁氏”、“梁章钜印”。

以卧笔大点作米家树法，比之高房山，可谓登堂入室矣。

二十一、程嘉燧　赠别图　轴

纸本淡彩　纵一三一公分　横三一公分

题：去马嘶春草，归人立夕阳。元知数日别，要使两情伤。天启七年三月，连叔兄来，暂会辄别去，作图赠之，并书此诗。偈庵老人程嘉燧。钤印一“孟阳”。

图作高柳二株，两贤揖别江干，远岑耸翠，是云林家法，而近陂略作勾勒，更见古简。诗淡远，亦如其画。

程嘉燧（1565—1643），字孟阳，歙人，侨居嘉定。钱谦益筑耦耕堂，邀与读书其中，极重其诗，著有《松圆阁集》。卒于崇祯十六年十二月，年七十九。

二十二、李流芳 山水图 册

纸本水墨 共十页 纵二五点七公分 横一二点二公分

题签：李长蘅仿宋元山水。钤印一“陆时化藏”。

李流芳行书题记：余以病且感时事，久罢公车。丁卯十月送计偕者于吴门，闻有旨尽毁当祠，无不额手。余虽垂老投闲，幸作太平民矣。舟中连日觉耳目清明，笔墨快适，适有宋笺册数帧，纵笔点染，不觉其竟，因复记此以为它年佳话也。慎娱道人李流芳。钤印三。“李流芳印”、“长蘅氏”、“小自在”。

褚廷琯题跋：长蘅用笔潇洒，有出尘之致，酷似董北苑画法，然自行己意，虽谓不师古人可也。砚民琯题。钤印三“褚廷琯印”、“研耘氏”、“褚研耟监赏章”。

嘉庆壬戌十月严钰观。钤印一“香府珍赏”。

乙丑嘉平十二月弇山毕诒□观。钤印一“勋阁经眼”。

又戊辰长乐黄葆钺跋称：“此林磊斋藏长蘅精品，为陆氏（时化）故物，《吴越所见书画录》载十幅中七幅，钤有李流芳印……”

藏印：“怀烟阁陆氏珍藏书画印”、“远湖所藏”、“磊斋审定”、“星斋鉴赏”、“朗盦所见铭心绝品”、“林朗盦鉴藏印”、“宝宋室”。

此山水册共十图。第一图平林叠岭。第二图烟柳楼阁，小舟荡漾。第三图山亭观泉。第四图萧寺重峦。第五图遥岑亭子，自倪迂来。第六图绝壁松篠，泼墨沈厚。第七图层峦高树，近大痴笔法。第八图树用米而山学郭忠恕。第九图松嶂悬泉，彩色韶秀。第十图山作披麻，涧树萧爽。此为陆时化旧藏，作于魏珰既除之后，心境闲旷，故有此等佳笔墨。《吴越所见书画录》卷二著录云："以朱书经文宋纸背画……浅色三幅，水墨七幅。"丁卯为天启七年。此册曾印行。

李流芳（1575—1629），字长蘅，号檀园，歙之溪南人，籍嘉定，万历丙午举人。崇祯二年卒，年五十五。吴梅村称其学梅道人。墨沈淋漓。有《檀园集》。

二十三、杨文骢　九峰三泖图　卷

纸本水墨　纵一五点二公分　横三六四公分

沈士充题：风蒲猎猎忆江乡，疏柳依依绕曲塘，几叠远山无限意，却教展卷对斜阳。　春水拖蓝一带流，布帆几幅宛中州，双鱼入手须珍玩，想见高人寄兴幽。龙友自吉州寄惠此卷，漫成二截句酬之，并书画上。沈士充。钤印一"沈士充印"。

柳径云溪暮霭重，缄书遥寄附飞鸿，画图写得江乡景，却入吟怀秀句中。周之蕃。钤印一"周之蕃印"。

自题：庚辰夏日写九峰三泖图，吉州杨文骢。钤印二"文骢"、"龙友氏"。

藏印："虞轩"、"献厂"、"乐道主人"、"季云审定真迹"、"李氏珍秘"、"正谊书屋珍藏图书"、"完颜景贤精鉴"。

恩庆跋：是卷道光丁未为白下陆静轩所获，出以相示，方恨于公之手迹无所收藏，请以乾隆御题董文敏着色山相易，遂得归余秘笈，携诸行囊。尔来忽阅八载，公余寂处，兀坐无聊，展玩自遣，写其梗概，编入《爱吾庐画记》，因并书此。时咸丰甲寅秋八月三日，甘凉官舍。庆。钤印一"恩庆之印"。

又跋：公风流文采，晚节卓卓。至于画境，清雄秀逸，当与香光抗手，非一时俦辈所及，收藏家断不可阙。搜求十余年，真迹绝少，仅见一轴而未能致。白下蔡小石家藏吴梅村所歌九友画悉备，内一轴亦真迹，徒生劳观之羡。幸得此卷，且为公用意之作，崇山巨壑，高柯疏林，蹊磴勾连，长流浩渺，以无限大观收之尺幅，情移神会，直令身入其中，虽公平生妙笔，殆无复出其右矣。丁巳孟春廿又六日，庆再记。钤印二"觑奥"、"北平季子"。

又题：湖边多少莫愁家，名士佳人尽自夸，谁识贞姿完末节，桃花写罢写梅花。甲寅新秋题。

写九峰三泖，轻柳远陂，芦花帆影，重冈近隩。时在吉州，作此卷与沈士充，笔至高简，毫无烟火气，洵是逸品。庚辰为崇祯十三年，时年四十四，越五载殉国。（顺治三年清兵取严州，文骢走处州，闽中立，拜兵部右侍郎，进援衢州，败死。见《小腆纪年》十二）

杨文骢（1597—1645），字龙友，贵州卫人。万历四十六年举人，福王时擢右佥都御史，唐王立，进浙江总督，顺治三年殉节于浦城。文骢曾裒所得诗文图画，题曰白水移，以谒董其昌，大受激赏，时仅三十三。为画中九友之一，卒年四十九。

二十四、卞文瑜　梅花书屋图　轴

纸本淡彩　纵一〇七公分　横四九公分

题：梅花书屋。辛卯小春卞文瑜画。钤印二“文瑜”、“润甫”。

藏印：“积祚审定”、“伯元审定”。

写松泉山影，老屋有人，修竹护墙，梅花绕宅，画略敷彩，更见精神。辛卯为顺治八年。

卞文瑜，字润甫，号浮白，长洲人。或谓其本姓徐，因有所避而托者。

二十五、程正揆　危峰寒瀑图　轴

纸本淡彩　纵一〇二公分　横五一点五公分

题：壬寅冬十二月石城为韫生兄作，青溪道人。钤印二“程正揆”、“端伯氏”。

藏印：“顾斋”、“劫余”、“仲瑛所藏书画”。

写山石但勾勒轻染，不施皴擦，著树不多。长阪峻岭，悬泉千尺，极简远之致。

程正揆，本名正蔡，字端伯，号鞠陵，又号青溪道人。骢歙县人，籍孝感。崇祯四年进士，历官尚宝寺卿。入清，官至工部侍郎，年七十四。诗多题画之作，有《青溪遗稿》。

二十六、赵左　山水图　卷

纸本水墨　纵一四公分　横一三七点五公分

题款：丙辰秋九月写寄纯仁兄。赵左。钤印二“文度”、“赵左”。

董题拖尾：文度余畏友也，山水深得子久山樵遗法，而秀润时或过之。此小卷峰峦浑厚，蹊径迂回，把玩令人不忍释手。纯仁持示索题，漫书数语于后。时戊午仲秋既望。董其昌。钤印二“董其昌”、“思翁”。

藏印：“汪向叔藏”、“向叔古缘”、“平阳汪氏家藏”、“寂盦鉴定”、“曾在方梦园家”、“裴氏壮陶阁藏”、“麓云楼”。

文度此卷有干有湿，点与横皴，间用渴墨，较华亭更见劲峭。盖能于干处呈秀，于湿处见润，此与华亭多用湿笔，有间然矣。丙辰即万历四十四年，迭为汪氏麓云楼，裴氏壮陶阁，方氏梦园所藏。

赵左，字文度，华亭人。受业宋旭，远宗董源，兼倪黄笔法，开苏、松一派。

二十七、魏克　水仙图　轴

纸本水墨　纵一〇五点五公分　横五八公分

题：万历岁丁巳三月望后写。钜鹿魏克。钤印一“魏克”。

此学赵孟坚法，小草拳石。尤秀倩萧散，不食人间烟火，逸品也。丁巳即万历四十五年。

魏克，又名之克，字叔和，为之璜弟，上元人。工诗，写水仙妙极古今，得赵子固遗意。

二十八、米万钟　碧溪垂钓图　轴

纸本水墨　纵一二三点五公分　横四六公分

题：庚申写于汶阳空明馆中。石隐米万钟。钤印一“北地米万钟仲诏父印”。

写峭壁枯枝，藤蔓四垂，江干杨柳，细草随风。有人坐钓，而一叟策杖而行。近浦溪流，远山隐约在望，天真自适，余味挹之无尽。庚申即泰昌元年。《神州国光集》揭载。

米万钟（？—1628），字仲诏，号友石，宛平人。万历二十三年进士，历官江南按察使，崇祯三年，起拜太仆少卿，卒官。好蓄奇石，有米颠之癖，行草亦得南宫家法，与董其昌有南董北米之誉，画亦气势颢瀚。

二十九、陈洪绶　梅石图　轴

绢本水墨　纵一〇七点五公分　横四六点五公分

题：陈洪绶写于溪亭。钤印一“陈洪绶印”。

写石只勾轮廓，浓点如线，石下衬竹叶数笔，古梅树枝奇崛，著蕊寥寥可数，张大千称此老莲盛年之作，运笔布局俱超上乘。

传略见前。

三十、沈颢　山水图　册

纸本淡彩　共十二页　纵二四点七公分　横二三点七—二四点四公分

（1）极文秀，极高简，必从唐人中来，文水肖之。钤印一“石天”。

（2）郭恕先细心人，笔腕方有入处。钤印一“石天”。

（3）仙崖春霁，道宁能摹之。钤印二“沈”、“颢”。

（4）观潮图。霍元镇意。钤印一“沈颢”。

（5）卢浩然越馆诸景，有双松阁。钤印一“石天”。

（6）倪幼（幻）霞小年庵清玩，颇似关仝，此最省焉。钤印一“石天”。

（7）虎儿溪阁吟荷。钤印二“沈”、“颢”。

（8）河南阿仝晚年笔意。钤印一“石天”。

（9）翟院深奇本匠心。境多闽中山水。钤印二“沈”、“颢”。

（10）叔明法北苑或有此。钤印一“石天”。

（11）雪山栈，郭河阳晚年，绝无院中气矣。钤印二“沈颢朗倩”、“石天长”。

（12）关山策蹇，李成妙境也。钤印一“石天”。

①绘清泉绕屋，修竹芭蕉，园日涉以成趣，风格近文嘉。

②枯枝浦溆，俯仰无端，学郭忠恕。

③琼岛仙观，驾舟洪涛，蓬莱仿佛似之，仿许道宁。

④松屋临江，共观海潮澎湃，题云霍元镇意，元镇规模董北苑、米南宫父子，写山水云物，殊有标致。（虞道园赠以七古，见《学古录》卷二十八）霍氏去明未远，画久无传，石天谅见其观潮图也。

⑤松窗人坐，修竹满墙，题曰卢浩然越馆。按卢鸿山居十志有樾馆题识云：“樾馆者，盖即林取材基巅，拓架茆茨。”此作越馆，省木旁。

⑥枯槎丛筱，曲栏通幽。题云“倪幼霞”，按即云林子，应作幻霞。

⑦荷塘溪阁，西山雨后，爽气满林。

⑧孤松亭坐，曲泉潜通，苍然山色，青坠几席。

⑨岛上奇峰，仙家松观，题云似闽中山水。

⑩瀑布三折，柴门深闭，坐听潺湲。

⑪津渡栈道，雪中行旅，学郭熙。

⑫关山茂树，策蹇独行，学李成。

沈颢（1586—1661）吴县人，字朗倩，一字石天，卒顺治十八年，年七十六。画以疏逸胜，著有《画麈》行世。

三十一、丁云鹏　溪山深秀图　轴

纸本淡彩　纵七七公分　横二九点五公分

题：癸未春日写上怀琴先生赐览。丁云鹏。钤印三“丁云鹏印”、“南羽”、“嘉树林”。

题签：丁南羽溪山深秀图轴，无上神品。泗上杨士骢旧藏，今归张氏琎斋。钤印一“琎斋”。

南羽白描，画鉴谓其酷肖龙眠，而山水殊不多见。此幅细笔□□，余拟以晚年□□，□矩大痴，而重山复嶂，层叠而不繁，宜其深造之以道，而名传于后世也。今秋装褫，漫□□末，识者其将责我以续貂之诮哉。乾隆壬寅夏月，宾岑曹怿识。钤印一“宾岑自赏书画印”

藏印：“宾岑曹氏珍藏”、“马积祚印”、“积祚审定”、“泗州杨氏所藏”、“张祥凝藏”、“琎斋”（一方印，一葫芦印）、“斋秘笈”。

写连冈叠嶂，水榭池馆，远树若荠，一棹容与碧波间，峰峦不施矾头，略加横点，而神态自足。癸未为万历十一年。

丁云鹏，字南羽，号圣华居士，休宁人。父瓒，工书画。南羽以白描人物名，山水杂画亦各臻其妙。

三十二、萧云从　梅竹文石图　轴

纸本水墨　纵一〇〇公分　横三九公分

题：古梅盘错石玲珑，细竹铿玱弄雨风。不识东墙人未睡，好分月影醉华秾。七十四翁云从。钤印一“钟山老人”。

题签为胡毅生书：萧尺木梅竹文石轴，“民国”九年夏日，隋斋题。

藏印：“素心人”、“程□藩印”。

写山石一拳，竹作双勒，梅根盘错其间，一枝秀出，亦晚岁作。

传略见前。

三十三、萧云从　黄山云海图　卷

纸本淡彩　纵二三公分　横五五五公分

自题：忆此画几卅余年，当时气力强壮，纵横自适，今余年七十有四，重一相遇，如赵侍御见昌黎藏卷抚然叹曰，今不复能矣。谁谓画师必老而后传神。友人蓄之笥中，颇亦矜爱，乃割之以赠他人，正若在萧子也，昌黎反璧于赵，乃觉多事。萧云从。钤印一“钟山老人”。

诗塘题篆：黄山云海。夔臣观察得萧尺木山水长卷，定为黄山云海图，众壑森列，涛气回旋，奄有其胜。光绪癸巳六月，汪洵书耑。钤印二“子渊又字渊若”、“听芝馆”。

藏印：“长白延煦号树南字绍甫行一收藏书画图籍之印”。

写丛树翠岭，孤客渡过木桥之后，一路连山无际，烟云卷舒，如游龙，如惊蛇，蜿蜒起伏，石梁飞瀑，溅泻无地，终之以大江帆影，构图新颖，蔚为奇观。

三十四、萧一芸　山水图　卷

纸本淡彩　纵二四公分　横五七五公分

题：戊申秋月写于吴陵客舍，于湖萧一芸。钤印二“萧一芸”、“阁有”。

萧云从子侄数人皆工画山水，其名上字皆以一行，而下字从草，曰一荐，一萁者，云从子。曰一芸者，其犹子也。一芸画，南服殊罕见。此卷皴法，仍循尺木步武，干笔勾勒，微擦而浅染之，法度不稍逾越。曩见云从黄山图，蟠云巨壑如常山之蛇，惊叹久之。此幅结构尤奇，重峦叠嶂，崇冈复岭，密无留罅，高绝处反似吴彬。乃悟山水长卷，难在布局。壮迈之怀，岂徒一丘一壑所能副；信经营位置，迥非易事！明季画家，喜作变形，为态多方，观此而益信矣。戊午选堂为均量题。

卷长盈丈，山石嵯峨，微擦轻染，仍是云从法度。惟重冈复岭，稠叠密无间隙，奇险反似吴彬，善于经营位置，信一奇矣。

戊申或为康熙七年。

三十五、弘仁　仿王孟端山水图　扇面

纸本　横五一点五公分

题：偶见王孟端小册，用儗其意，寄龙超居士。乙未蒲月，时客区湖，渐江僧。钤印一“渐江”。

藏印：“天景楼”、“慧吾观止”、“燕如心赏”、“尚名”、“冠五清赏”、“钦州钟氏”、“仁阶心赏”。

萧寥秋树，平坡数椽，疏柳溪居，小桥柱渚。乙未为顺治十二年，此粤中向有千金扇面之称。

弘仁（？—1663），字无智，号渐江，歙县人。俗姓江，名韬，字六奇，明诸生，甲申后为僧，画师孙无修，山水开新安派画风，萧寥高远，故王阮

亭云："歙画多宗渐江。"著有《画偈》。

三十六、弘仁　山水图　轴

纸本淡彩　纵一八七点五公分　横七六公分

题：渐江学人弘仁写。钤印一"渐江"。

藏印："□斋收藏"、"陈□生清玩"。

写平冈叠嶂，近系孤槎，上有茅茨，一老珊珊然来，小童循微径而上，平陂处古梅数株，偃仰成趣。

三十七、郑旼　古木危桥图　轴

纸本水墨　纵二五点五公分　横四〇点五公分

题：古木危桥碧水湾，颓毫破研伴予闲。频年熟踏清溪路，兴到聊拈指顾问。并题进绥庵尊舅教槩。郑旼。钤印二"慕倩"、"辛亥"。

诗塘跋云：慕倩翁山水，擅诸家之长，而用笔运意，得之倪黄间最多，要之清逸秀韵，又自有一种潇洒出尘之趣，正不在皮骨里许也。昔赵文敏为元大家，王叔明出，人谓甥掩其舅，慕倩为绥翁从甥，渭阳氏之诗中画，与慕倩翁之画中诗，正见其相得益彰耳。即以两人为今日之松雪与黄鹤山樵，亦无不可。青溪弟徐运昌跋。钤印三"运昌私印"、"五其"、"墨禅"。

写山石用侧锋，枯颖干皴，危桥在古木间，远岫飞泉，倍觉腴秀，纯是倪迂家法。

郑旼，字慕倩，歙人。入清，服如野僧。父淡成，刻贞白家风录，故旼嗜理学，著有集多种，事迹见汤燕生作《郑慕倩像记》，录其"癸亥三月告逝，年五十一耳"。实卒于康熙二十二年。（详姚翁望《安徽画家汇编》，313页）

三十八、查士标　山居抱膝图　轴

纸本水墨　纵二〇四点五公分　横七九点五公分

自题：溪阁藏深树，晴峦浮远天，何人同领略，抱膝意悠然。辛亥初夏画于邗上。查士标。钤印二“士标之印”、“二瞻”。

藏印：“□尚”、“砚香过眼”、“寄翁鉴藏”。

写柳下水居，高人独坐，对面秋林亭子，云山数叠，涧边幽草，足以移情。辛亥为康熙十年。

查士标（1615—1698），字二瞻，号梅壑，休宁籍。生于万历四十六年，卒于康熙三十七年。明诸生，家饶裕，多收藏，与弘仁、孙逸、汪之瑞称新安四大家。性疏懒，畏接宾客，临池挥洒，必于深夜。年84岁。宋荦为之传。

三十九、查士标　仿石田山水　轴

纸本水墨　纵八〇公分　横九四公分

自题：几家成聚落，鸡犬夕阳时，人影临流静，鸥行拂树移。积禾高屋脊，落叶厚茆茨。邻并尤淳朴，常通无有私。仿石田先生意，似青扶道长兄正。查士标。钤印二“梅壑”、“二瞻”。

藏印：“海阳王洪春澥珍藏金石书画印”、“微尚斋鉴藏书画印记”（汪兆镛印）。

题曰仿石田，而神似倪迂。疏林亭子，板桥上有客行吟，重用湿笔，惜墨如金，自然荒远。

四十、汪家珍　破琴图　轴

纸本水墨　纵二五公分　横六三公分

题识：晋武陵王晞遣使聘戴安道，戴对使破琴曰：安道不能为王门伶人。良其风轨有足怀矣。乃山阴乘兴，及门而返，少微星变，求死不得，当时之论贵人无已，竟戴贤或劣于王谢耶，吾不知之也。图此上穆翁老词坛公断，时丁未阳月，弟汪家珍识。钤印三“汪家珍印”、“璧人”、“不从门入”。

藏印：“薛邦襄藏”。

绘使者于门外系马来访，一童子取琴前来，寒舍孤松，小桥藤蔓，具见寒门蓬户之状。

汪家珍，字叔向，号璧人，歙人。与江之瑞齐名。

四十一、梅清　黄山胜景图　册

纸本水墨　共八页　纵二六点三公分　横三四点二公分

题：

（1）日落峰阴乱，山空瀑响齐。断云闲不去，幽鸟寂还啼。投足仙源近，回看世路迷。中宵眠更起，孤月在岩西。松谷。钤印二“梅清”、“存耕堂”。

（2）仙根谁手种，大地此开花，直引半天露，齐擎五色霞。人从香国转，路借玉房遮。莲子何年结，沧溟待泛槎。莲华峰。钤印三“梅”、“瞿山”、“汪埙之印”。

（3）黄山奇绝信难求，独有兹峰境最幽。不尽松声随步起，何来溪水接云流。翠微峰。钤印五“清”、“梅子”、“直上云门一放歌”、“莲花峰顶三生梦”、“慎立之印”。

（4）千树奇松尽不群，一奇如此更稀闻。朝来风雨凌空起，仿佛移山出晓云。绕龙松。钤印三“梅清”、“瞿山氏”、“汪埙”。

（5）狮子峰头石，高人此结庐。孤筇无著处，双屐尽凌虚。钤印三“瞿老人”、“游戏三昧”、“已卯再生”。

（6）巉岩五供养，簠簋对金尊。独坐向何处，长吟松树根。五供养。钤印三“古人在我”、“梅清私印”、“汪埙印”。

（7）无款。钤印三“梅屋”、“无事散神仙”、“用耻堂”。

（8）一声长啸问浮丘，疑是乘艖海上游，三十六峰在何处，挥毫尽（此字衍）仿佛碧天秋。此浮丘三峰也，雨窗稍晦，为飞熊道兄写教。瞿山梅清。钤印一“老梅”。

藏印：“二分明月楼”、“竹溪鉴赏”、“祓江”、“赵伦”。

共八页。第一写松谷；密林深寺，远山争耸。第二莲花峰；淡扫成嶂，一松树偃仰行人道上。第三翠微峰；写密筱中有梵塔，幽人沿溪独往。第四绕龙松；断崖孤松倒挂，遥山在下。第五连冈直起，绝顶结庐，俯临千峰。第六写双松相望，人倚松而坐，诸峰卓立天外。第七绘一松一枯枝，与三山相望，不署款。第八写浮丘三峰，缥缈天际，近处树木三株，笔极简远。

梅清（1633—1697），字渊公，一字远公，号瞿山，宣城人。作黄山景尤有名，著《天延阁诗》，年75岁。

四十二、梅翀　孤松图　轴

绫本水墨　纵一七一点五公分　横四九公分

题：仿松年笔意，梅翀。钤印三“梅翀私印”、“培翼”、“柏枧山口人家”。

藏印：“王氏简堂家藏之章”、“南海梁志文印”、“华国文章”、“南海黄绍昌所藏经籍书画金石文字□孙其万年永宝”。

写虬松孤干，分枝，在水崖之侧，有兰有竹，相与掩映。

梅翀，宣城人。字培翼（本逍遥游语。《画家大辞典》误作翌）。《宁国府志》称其善松石有奇趣。

四十三、吴山涛　简笔山水图　卷

纸本水墨　纵二三点一公分　横一〇五公分

题：西湖吴山涛画于长安松寺。钤印二“吴山涛印”、“岱观氏”。

题签：清吴山涛江天寥廓图。己巳春莫，北游南归，舣舟歇浦，宾虹先生以此赠行。（关）寸草喜记于南越木刻斋中。六月十日。钤印一“寸草”。

引首题篆：江山寥廓。龙在蝉嫣，律中黄钟。东官邓尔雅。钤印二“邓尔雅印”、“可久长”。

黄宾虹跋：吴塞翁世居歙之泽富村，以明崇祯孝廉，授陕西成县令，三年致仕。时秦中初平，城尤湫隘，居无官舍，唯以石作几，终日晏如，赋诗不辍，秦抚深敬爱之。乃请于抚，以纵情诗酒纠罢其官，延之幕府，遂得遨游塞外，著有西塞诗。后侨居钱塘，终老吴山，啸歌自得，种秫为娱。更浮家泛宅，往来苕霅之间。朱竹垞太史赠以诗云：“诗人吾爱塞翁好，风格西陵别擅场。嗜酒肯淹千里驾，罢官为起七歌堂。云山画出无前辈，暑雨灯前话故乡。角里菜畦原未卖，归时休只恋余杭。”盖纪实也。塞翁画多简笔，遒媚如邹衣白，疏散类查二瞻，胸襟潇洒，意境高超，是得大痴神髓，而成逸品，宜非寻常画史可能望其项背矣！纫秋先生具慧眼，而有此卷，洵古缘也。喜而题之。庚辰之夏，黄宾虹。钤印二“片石居”、“潭上质印”。

邓尔雅跋：纵情诗酒官宜罢，不使人间造孽钱。潇洒高超成逸品，胸中寥廓此江天。吴山涛山水，均量仁兄属题，邓尔雅。钤印一“雅”。

张大千跋：山涛于前人及并世画家，少所称许，独曰：“黄子久耶？邹臣虎耶？俛仰古今，何处著我？”以是知其画法源流所自也。又尝见其题所画云：“率然为之，已成绝调。”其高自位置如此。今观此卷，草草若不经意，其不可一世之概，邹臣虎尚下一头地，宜其目无余子也。丙申秋大热，在香港高岭梅斋中，为均量仁兄方家题，张爰。钤印二“张爰之印信”、“大千居士”。

此作极简远。写石畔孤月，峭壁当前。岸树远汀，高迴独绝。

吴山涛，字岱观，自号塞翁，歙人，原居杭州。崇祯己卯乡荐，授陕西成县知县，调同谷知县，秦抚劾罢其官，因得遨游塞外，赋诗自遣，归西湖，以画自娱。康熙四十九年卒，年八十七。

四十四、普荷　山水图　轴

绫本水墨　纵一四九公分　横四四公分

自题七绝：寻春佳客日相催，十二朱楼花盛开。市上小鲜堪佐酒，钓台高处有谁来。普荷。钤印二“普荷”、“担当”。

颐斋题签：明普荷上人山水立幅。颐斋宝藏。钤印一“顾斋”。

藏印：“次屏秘玩金石书画印”、“南海郭氏殿藩审定”、“孙氏顾斋书画记”、“顾斋审定”（顾斋即孙仲瑛）、“简溪陈氏玉阶珍藏”。

写钓台在崇岩峻壁之侧，二人对坐崖巅，老树倒垂，芦荻间有渔人捕鱼，笔简而神足。

普荷（1593—1683），云南晋宁人。俗姓唐，名泰，字大来，天启选贡，入董其昌之门。徐霞客游滇，与之订交。后从无住受戒，名普荷，号担当，结茅鸡足山。其诗云：“要从白处问鸿濛”，可窥其画理。康熙二十二年卒，年八十一。

四十五、邹之麟　南山乔木图　轴

纸本淡彩　纵一六四公分　横五六公分

题：仿子久南出乔木。逸老。钤印一“臣虎”。

藏印：“宝迂阁书画记”、“古黔陈少石收藏名迹”。

此幅《宝迂阁》著录。构图不凡，虬松耸出磐石之侧，设一杂树衬托之。

孙承泽称“衣白落职家居，始肆力于画，又谓其小幅山水为晚年佳作，用笔如草如篆籀，力深韵逸”（《庚子销夏记》三）。观于此帧益信。

邹之麟，字臣虎，号昧庵，又号衣白，自称逸老，万历庚戌进士，乙酉后杜门，肆力于翰墨，山水得子久法，书亦清拔。

四十六、邹之麟　山水图　扇面

纸本　横四九点五公分

题：又墨。钤印一“臣虎”。

藏印：“春雨楼秘笈”、“冠五珍藏”、“天景楼”、“慧吾观止”。

写孤松矗立，小桥在丛筱乱苇中。远山信手涂抹，自然高逸。

四十七、张穆　丛竹图　扇面

纸本　横五一公分

题：甲寅孟冬似仁甫道兄。张穆。钤印二“张穆”、“穆之”。

藏印：“挹翠阁”。

写丛竹翔禽，平陂乱石。

张穆，字穆之，号铁桥，广东东莞人，尝读书罗浮。擅画马，山水亦苍秀，绰有生气。

四十八、冒襄　兰竹图　轴

纸本水墨　纵九四公分　横四四公分

题：塞老盟翁属，雉皋冒襄。钤印二“巢民冒襄印”、“辟疆”。

写石罅丛兰，上下两株，淡墨疏竹，偃映成趣。款署塞老盟翁，疑是吴塞翁山涛，未知然否。

冒襄（1611—1693），如皋人。字辟疆，号巢民，又号朴庵，崇祯壬午副贡，授台州府推官，不就，与侯朝宗辈称四公子。有《水绘庵诗集》。

四十九、方亨咸　观瀑图　轴

绫本水墨　纵一三二公分　横四九公分

题：壬寅三月十二日湘翁老伯父属，年家子方亨咸画。时塞外初归，诸绪纷错，率尔应教，殊惭巧速。钤印三“方亨咸字吉偶”、“别号邵村”、“庞谷”。

绘一人坐山坡观瀑。画平平无特色。壬寅为康熙元年。周亮工《读画录》称其“患难后，自塞上归，一借不聿，舒写其抑郁无聊之气，故其画更进。”此帧即是时作。

藏印：未详。

亨咸，桐城人，号邵村，为坦庵（方拱乾）仲子，顺治四年进士，十四年谪戍宁古塔。

五十、张风　书画　合卷

纸本水墨　纵二〇点七公分　横八七公分

引首：大风墨戏神品，己巳秋日客居三岛，此卷携在行箧，晴窗展读，忘形漫题，爰。钤印一“大千居士”。

画题款：此画作与炯伯社师，上元张飌，时戊子冬十二月也。钤印一

“风”。

书文：塞雨连空翠，诸天尽紫烟，阁疑峰对面，崖与树平肩。木末解新箨，云根袅细泉，西林有瀑布，定落石梁前。雨中紫峰阁作。似书老社长正之，弟风。钤印一“大风”。

藏印：“清赏”、“莫元瓒印”、“元瓒秘笈”、“白梅清赏”、“白梅”、“马伯梅审定章”、“伯梅真赏”、“马秋江鉴定真迹”、“梦魁私印”、“白梅氏”、“寻乐轩”、“寄翁”、“集兰斋鉴藏”、“湖帆鉴赏”、“松石赏”、“野残”、“张爰”、“大千好梦”、“大风堂”、“藏之大千”。

昔大风尝与郑谷口论画，言北苑画多草草点缀，略无行次，而远看则烟村篱落，云岚沙树，灿然分明，此是行条理于粗服乱头之中，他人为之，即茫无措手。余观赵松雪画，山水工于人物舟车，而写山石树木，又极荒率。今大风此卷，笔亦相类，其寝馈于宋元名画深矣。周栎园谓大风画无所师授，偶以己意为之，遂臻化境，尚未克罄其所自来也。大千社长研精六法，请教以为何如，天都黄宾虹。钤印一“黄宾公”。

晋陵冯超然，松江费龙丁同观于嵩山草堂。钤印一“超然心赏”。

大风此卷，十年前余曾见之，此十年中梦寐渴想者，又不知几千百念，壬申二月廿六日大千道兄视此，惊喜交并，如逢故人，正不料一生能得几回看也。大风全师松雪，而超逸过之，如行空天马，不可以迹象求之，是为神品。吴湖帆获观。钤印一“宋某（梅）郑桑之室”。

尝闻作诗要从古人想不到处思索，今人做不到处着力，便无陈腐之病。大风高士所为诗书画，迨合斯旨者乎？故其造诣不落凡庸，独运天倪，笔腾墨跃，得象外趣，所谓逸韵者耶！善子，大千两兄宝之，宝之，壬申三月楼辛壶。钤印二“辛壶”、“楼虚”。

抱琴差有絃中味，得意相寻纸上音，二百年来犹一脉，阳春白雪未消湛。大风堂拜观题诗，玉岑居士。钤印一“谢”。

以书法入画，便见纵逸，大风之画，以书论则草圣也，以画法入书，益形神韵，大风之书，以画论则董巨也。大千以为何如？壬申初夏剡溪郑午昌拜观于大风堂。钤印一“郑午昌”。

此写乱石高峙，一树横伸，枝叶葰茂，走笔如疾风骤雨，令人惊愕。石上苔点，浑厚绝伦，高士伫立，小童抱琴，随后而至。此画写与炯伯，即杨大郁，一字鹿园，江宁庠生，与余怀酬唱颇多，名见《玉琴斋词》，屈大均诗“虎踞关前客（自注龚贤），鸡鸣寺里人（自注杨子郁）。”其人盖与龚贤齐名。

张风，或自写作飌，号大风，江南上元人。兄张怡，字瑶星，亦工画。

五十一、张风　虬松图　轴

纸本水墨　纵一〇一公分　横三五点五公分

题：道人明日城中去，先生留我图松树，高干虬枝万丈长，好挂茆斋读书处。松声风声吹不休，浩浩落落一发胸中趣。己丑仲冬留别，弟张风。钤印二“张大风”、“一榻坐临水片心闲对云”。

写苍松独立，藤蔓交垂，笔纵肆而爽利。

五十二、龚贤　山水　长卷

纸本水墨　纵二六点八公分　横三九九公分

只题二字：龚贤。钤印二“龚贤”、“野遗”。

藏印：“云巢心赏”。

陈仁涛跋：半千山水，水墨淋漓，积染数十百次而成，然细审点画可辨，故苍莽中景物历历如见真境，董玄宰所谓淡墨，浓墨，泼墨，破墨，积墨，焦墨，尽于此图，诚千古之绝诣也。甲午孟春陈仁涛题于金匮室。钤印一“陈氏仁涛”。

写云杪飞瀑，丛树槎丫，烟雾缭绕，篱落人家。更有古洞悄深，幽径直入无际。山石皴擦，纯用横点累积，茂密中见疏朗，盖黑龚而间以白者。

传略见前。

五十三、龚贤　袖岳图　册

纸本水墨　共八页　纵二三点一公分　横三七点七公分

引首：袖岳。半亩题。钤印一“龚贤”。

自题云：画苑云：王摩诘诗中有画，画中有诗。读至此，真令我愧极矣！唐诸名人何曾诗中无画，但不能画，不得谓之诗中有画。宋元诸画家何曾画中无诗，但不能诗，即能诗，不敌右丞，不得谓之画中有诗。今画家见诗人必妒，余谓何不妒王右丞，直甘心焉。独让右丞诗中有画，画中有诗。余于画实无所知，于诗更无所知，奈时代无人多屈一指，真令我愧极矣！真令我愧极矣！因书此以自励并呈知己者。半亩龚贤记。钤印三“龚贤”、“山青水碧鸟语花香”、“半千”。

张爰跋：此册三十年前五羊城西田溪书屋见之。顷来香江，友人携过寓斋，复得留观经日，虽无款识，望而知为真迹。其笔墨直进董巨，构思尤多新意，不似廉州辈，但袭董巨面貌也。己亥夏五月，蜀郡张大千爰。钤印二“张爰之印”、“大千居士”。

藏印：“小玲珑馆书画印”、“孝禹长物”、“何昆玉印”、“叶蔗田珍赏章”、“田溪书屋”、“冠五珍藏”。

引首自题“岫岳”二字，神韵独绝。

第一页：绘孤亭叠嶂，远浦征帆，有天地寥廓之感。

第二页：竹篱茅舍，野树萧疏。

第三页：曲岸溪亭，遥岑在望。

第四叶：近林长坂，冈峦起伏。遥山一抹，以深墨为之，掩映成趣。流水杂树，纯用中锋，笔笔不苟，而疏朗峭拔，更见工力之深。

第五页：两山云锁，构屋其间，蓊郁近林，泉落九天之外，取景不凡。

第六页：小桥山市，杂树成林。

第七页：烟江云壑，山雨欲来，白屋墨林，相映成趣。

第八页：秋树茅亭，孤舟一系，远山松径，更见经营位置苦心，有尺幅千里之胜。

题记过于扮谦，论诗画相倚之理，洵一针见血。此册可称神品。

五十四、吴宏　茆亭嘉荫图　轴

绫本水墨　纵一四九公分　横四五公分

行书题：茆亭荫嘉木，幽人共来游。苍苔衬行履，芳草蔽河洲。溪水绕层峦，远郭岚气浮。既欣风日美，复爱林泉幽。觞咏淡忘归，景物能相留。浴沂有深志，愿与斯人俦。元人笔意，写于韩江凤城莲舫。金溪吴宏。钤印三“吴宏私印”、“远度”、“读画”。

藏印：“宝迂阁书画记”。

此帧绘茅亭中，两客对话，老树槎丫，远陂芦苇丛生，似吴仲圭笔法，而纵横森秀。此帧《宝迂阁书画录》卷二著录，称其笔力岸伟，又得平远之势，至佳。

吴宏字远度，江西金溪人，金陵八子之一。曾渡黄河，游大梁，归而笔墨大变。

五十五、法若真　层云叠嶂图　轴

绫本水墨　纵一五〇点五公分　横四八公分

题草书：云瞻年台委画，以当大噱。黄山弟法若真。钤印二“法若真印”、“黄山衲”。

乱石嶙峋，云树蓊郁，悬泉下泻，缥缈虚无之间，石耶云耶？隐约莫辨，有印曰“黄山衲”。若真归隐于州西之黄山，著有黄山诗留，得诗近四千首，非黟之黄山也。

法若真（1613—1696）字汉儒，号黄石，胶州人。顺治三年进士，仕终江南右布政使，归隐于州西黄山，卒于康熙三十五年，年八十四。

五十六、王时敏　仿董北苑山水　卷

纸本水墨　纵四四公分　横一四〇公分

郑孝胥隶书引首：“西庐墨妙。”莲溪方伯雅属。孝胥。钤印二“郑氏孝胥”、“苏戡”。

题款：屏迹西田，仿董北苑笔意。西庐老人王时敏。钤印二“王时敏印”、“烟客”。

题签：西庐老人仿董北苑笔意。壶隐珍藏，汪洵题。钤印一“汪洵之印”。

藏印：“北枝生”、“秀水唐氏”、“荫北鉴藏”、“壶公心赏”、“绿溪山庄收藏之印”、“壶中墨缘”、“香翰屏珍藏印”、“黄氏怀萱堂藏”、“梦诗庐藏”。

拖尾端方跋：莲溪方伯近年收画数十百种，自著画录，鉴别精严，评次公当，如奉常此卷，尤其弆藏之杰出者。奉常画法，力穷大痴阃奥，梅村烟客七千寿序，谓先朝论画，取元四大家为宗，由石田山人后，宗伯为集其成，而奉常略与相亚。王贻上芝廛集序谓太常公以风流宏长，岿然为江左文献，尤擅长六法，世之论者，以比黄公望。此卷苍浑深逸，非与大痴酣战数十年，安得有此境界。莲公以卷端略有阙损，微惜其不成完璧，弊藏大痴秋山无尽图卷，卷端为火所灶，与此卷情事略同，自来著录家，竞推为海内瑰宝，未闻引以为焦桐之戚者，吾正因阙损之故，谓此卷可与秋山无尽肩随也。光绪三十三年三月廿三日，浭阳端方题记。钤印一“端方印信”。

吴祭酒画中九友歌，独低首于董宗伯，其次则王太常，取法元四家，一扫宋人积习，纯以士气独往独来，自以宗伯为冠；而经营惨淡，溪壑层出不穷，奉常尤以长卷擅胜。生平于四家中独造一峰老人极诣，顾谦抑自谓仅得形似，究之，形神俱得，精到处，不唯麓台司农所不逮，即当时如廉州耕烟诸大家，亦望尘弗及。此卷归隐西田后作，拟董北苑，一改本来面目，浑灏流转，苍老中却极秀嫩，秦逸芬《桐阴论画》谓画至苍老，便乏逸趣。耕烟之苍老，耕烟之微有未至，太常之秀嫩，此太常所以独神，洵为确论。惜卷首尾为火所灶，中段署款独留数行，安知非神物呵护，留待莲溪方伯鉴藏，以示后学，而传之无穷。余自丙午冬来游江右，与匋斋尚书、莲溪方白、缪筱山太史、况阮盦舍人、王孝禹、王汉夫、俞恪士、傅苕生、李梅盦五观察评画，殆无虚日，拟制九友歌，既才薄不敢操觚，复未敢俨然以梅村自况。尚书遍历瀛寰，所购欧洲画本，山川草木，率多类此，其眼界视宗伯何如？宗伯又视奉常何如？后之视余九人又何如也。光绪丁未初夏，汪山村民程志和题记。钤印一“汪山村农”。

光绪丁未孟夏初吉，长白德谦，福山王崇烈同观。

画家之有玄宰，犹古文家之有震川。玄宰宗法董巨，以逮黄、王、倪、吴，犹震川宗法马、班，以逮韩、柳、欧、苏，皆正法眼藏，不落傍门。若望溪之于震川，其犹烟客之于玄宰乎。望溪后有刘姚梅曾，烟客后有三王吴恽，又镫镫相续，不坠宗风者也。此卷为太常生平合作，镕铸唐宋，自具炉锤，不仅效法大痴而已。生平所见，此为甲观，卷端有“秀水唐氏”朱文小方印，卷尾有“绿溪山庄收藏之印”朱文长方印，此即鉴赏家所谓半亩园唐氏者也，石谷南田屡主其家，风流好事与江上外史相埒。此卷有其印记，倘以张怀瓘之例估之，当又增价数百千矣，且以首尾俱有印记证之，如此卷在国初已残毁，传至今日，直作完本观可矣。左庵道兄富藏弆，精鉴别，得此珍如拱璧，不以其残损而少之，真有前辈之风，且熟于古文词源流派别，著书满家，故以鄙见古文家与画家流别相举似，未知宗匠以为何如也？丁未仲夏，义州李葆恂。钤印一“猛庵”。

廿年来所见奉常遗迹，不下二十余事，而其致精者，莫过于八十四岁仿古十叶。此册旧藏杨息柯老人，展转入李筠庵，复出之，欲易千金，丙午得观于鄂，以值昂，吝而未收。丁未在金陵言于陶斋尚书，尚书亟索之筠厂，如数以酬，诚以奉常晚年笔墨，固可珍也。乃不旬日，又见奉常仿古十叶，为宋牧仲中丞旧藏，校之前册少逊，而亦为精品，盖前册为八十四岁作，此册为七十六岁作，造诣犹有浅深耳。爰以五百金收之，亦幸琳琅入吾手矣。特持以与此卷校，则苍老精浑皆不及此，顾惜其会遭火劫，意颇自歉，偶以视雄庵水部，展卷赞美，亟携与匋斋尚书共赏，匋斋遂宠而题识，雄老和之，猛庵观察来自长沙，见之复赞赏，谓平生所见奉常画，此为甲观，并识于后。三君子皆具正法眼藏，富鉴藏，与昌又同属莫逆交，得其一言，既足为名迹流传，重尤足征夙心相印，雅好同修，不啻于明窗棐几案牍劳形之余，闲暇卷轴陶写兴趣，时与三君晤对也。若奉常遗墨，余一得之而再得之，且得其精者已，而复有至精者为吾得，是何墨缘，独若与奉常深缔也。欲求其故，还以质之三君子，能为我下一转语否。丁未五月李佳继昌莲畦自跋。钤印二“李佳”、“左庵审定”。

卷端有秀水唐氏朱文小方印，即半亩园唐氏，卷尾有“绿溪山庄收藏之印”。

自记云“屏迹西田”，公自顺治三年丙戌秋筑西田于归泾，吴梅村为作归村躬耕记，时方五十五岁，此卷殆六十前后作。

首绘松林多株，次为枯树若干组，清溪绝壑，有人卸舟而陆。楼观位于穷谷嵁岩之中，山麓人家，有栈道可以攀登，山转青翠，流泉潺湲。布局甚清幽，用心之作。

王时敏（1592—1680），本名赞虞，字逊之，号烟客，自称西庐老人，太仓人。祖锡爵，万历间大学士。崇祯间，以荫仕太常卿。画学董巨，于大痴尤为深诣。布置皴擦，皆合法度，又享高龄，卒年八十九，故能立宗开派，冠绝一时。

五十七、王鉴　陡壑密林图　轴

纸本水墨　纵一二三点五公分　横五〇公分

题：董文敏论子久画设色者以秋山图为第一，淡墨者以陡壑密林为杰作，秋山向在京口张修羽家，余曾同思翁借观，因此画名重海内，谋者甚众，故相戒秘不示人。近闻为好古者易去，恐属叶公之龙，真者尚在，惟密林图乃奉常烟翁珍藏，昨岁已售与山左友人，二图俱作广陵散矣。今夏寓清凉精舍，漫仿其淡墨笔意，知不免学步邯郸耳。娄水王鉴。钤印二“员照”、“王鉴之印”。

藏印：“一枝”、“叶氏图书”、“芸翘宝藏”、“时花小馆”、“张祥凝考藏记”。

张祥凝题签：王廉州仿子久陡壑密林图轴，无上神品。《庞虚斋名画录》载，亦有廉州仿子久此图，题云烟客所藏子久原迹，今归山左友人，时为戊申，此轴题云昨岁，乃戊申翌年己酉也，戊申七十一，己酉七十二作，今原迹既渺，此当如痴翁觌面可宝也。钤印一“玶斋”。

此仿子久构图，沿旧构作长披麻，笔墨自臻化境，具见摹古工深。戊申为康熙七年。

王鉴（1598—1677），字圆照，号湘碧，自署染香庵主，太仓人，官廉州太守。摹古工深，山水用墨浓润，树木蓊蔚，渍染着色尤精，与烟客方驾，年 80 岁。

五十八、王翚　写唐解元诗意图　轴

纸本淡彩　纵一四五公分　横五七公分

题：乱山杂雾晓葱茏，遥见悬鱼是梵宫。倚杖谩行行复坐，一声啄木在林中。写唐解元诗意，癸酉春正诗正商翁先生。耕烟散人王翚。钤印三“王翚之印”、“吴山石谷”、“意在丹丘黄鹤白石青藤之间”。

藏印：“李白子”、“仙山草堂”。

此写唐寅诗意，而树态山容，皴法亦复似之。

传略见前。

五十九、王翚　仿巨然山水图　轴

纸本淡彩　纵一八六公分　横七八公分

题：芙蓉天半冷春阴，湿翠横空千树林，过桥路向清溪转，入此云崖几许深。康熙岁次癸酉初夏为子翁黄老先生仿巨然笔意。耕烟散人王翚。钤印五“王翚之印”、“吴山石谷”、“意在丹丘黄鹤白石青藤之间”、“双溪”、“太原”。

写板桥流水，疲驴行客。远处宫观巍然，林谷幽茜，溪流迂曲，塍畦村落，有人共话桑麻。叠嶂重峦，施以长披麻，偶作矾头，有巨然笔意。癸酉为康熙三十二年。

六十、王翚　渔浦秋晴图　卷

纸本水墨　纵一五点二公分　横三〇〇公分

引首—朱彝尊分书：渔浦秋甠（晴），朱彝尊书。钤印三“南洄”、“朱彝尊印”、“竹坨”。

题款：渔浦秋晴。壬午春仲十日画于清晖阁。耕烟外史王翚。钤印二“石谷”、“王翚之印”。

卷末沈宗敬跋云：耕烟先生今推绘事能品，更长于临摹宋元旧本，不落吴下钩描习气，此卷必有所自，笔意近大痴，亦有马文璧溪径。张伯雨题良常山馆图所谓大痴非痴者非耶？康熙丙申重阳后五日双鹤沈宗敬识。钤印一“沈宗敬”。

卷前隔水有识语：石谷真本绝少，商丘夫子手授此卷，喜不自胜，书此识感。受业李兰。钤印二“兰寿”“汀倩”。盖宋荦以赠李兰者，拖尾题诗人甚众，计甲申钱塘吴陈琰；丙申钱塘冯念祖，华亭廖赓轩；康熙丁酉缪曰藻；雍正十年吴兴沈三秀。不署年月者有高岑、汪应铨等作。

丁酉林佶跋记：兰挥先生集石谷小卷十余，此为甲观。其他观摩题名有王澍、陈鹏年（康熙丙申）、张玢、陈用光、姚元之（嘉庆丁丑）、高凤翰辈，皆一时名彦。

诗后李广滋识语云："石谷真本，先祖西园公所藏，云巢先生鉴赏。时由保阳秉臬闽省，濒付持此以赠，乙酉重阳日，右北平卷山李广滋谨跋。"西园即李兰字。乙酉乃由李兰后人赠与云巢者，此云巢疑是李景元。

又杨翰跋（息柯居士）："癸酉为根复题，时客广州小九曜山房。"

藏印有："文子审定"、"王澍审定"、"兰挥氏"、"宋筠"、"新兴李氏云麾楼藏"、"云麾楼藏"、"瑞符审定"、"潘氏德隅珍赏"、"曾藏顺德辛仿苏处"、"臣潘延龄"、"潘氏健庵"。

朱彝尊引首八分字亦高逸。

壬午年为康熙四十一年，石谷71岁。

卷极长，纯用大痴法。写岸柳平林，矮树萝竹，渔村花坞，远浦萦回，信平远之极致。卷末题句累累，名家如高岑、高凤翰，咸有识语，足见服膺者大有其人。最后为杨翰跋，杨北平人，有《息柯杂著》论艺之作。此卷粤中流传有素，虚白盖得自何氏之田溪书屋云。

六十一、王原祁　仿大痴山水图　轴

纸本淡彩　纵一〇〇公分　横四六点五公分

题：癸未春日仿大痴笔似诒孙贤甥，麓台祁。钤印三"扫花庵"、"王原祁印"、"麓台"。

重峦叠嶂，全从天池石壁得来。

传略见前。

六十二、王原祁　晴窗秋色图　轴

绢本淡彩　纵九七公分　横五三点五公分

题：大痴笔平淡天真而峰峦浑厚，全得董巨妙用，余弱冠时即极力揣摩，然此中三昧，终未梦见，迄今垂五十年矣。功力似觉稍进，适秋暑渐退，微雨初晴，窗几间饶有幽致，因作此图，未识能仿佛万一否。康熙甲午秋日于谷诒堂画并题，王原祁年七十有三。钤印五"王原祁印"、"麓台"、"笔随年老”、“御书画图留与人看”、“西庐后人”。

藏印：“兰茂堂藏”、“高香亭珍藏”。

此晚年合作，学大痴而能浑厚华滋。绢本着色，毫不着意，自然苍润，允为上品。

六十三、吴历　溪水人家图　轴

纸本淡纸　纵一二一公分　横五二点五公分

题：溪水东西合，人家高下居。写大痴道人，乙丑秋七月，墨井道人。钤印三“吴历”、“渔山”、“墨井”。

乙丑为康熙二十四年，渔山 54 岁，时在澳门修道，此帧有年月，可补陈垣所撰年谱之缺。

此帧构图繁复中有疏宕之致，涧岸萦纡，山岭稠叠，江干独树，一棹容与。

吴历（1632—1718），字渔山，常熟人。学诗于钱谦益，学画于王时敏。后入天主教，教名西满，居澳门七年，后归乡里。卒年八十有七。有《墨井集》。

六十四、吴历　湖山秋晓图　卷

纸本水墨　纵一七公分　横六〇〇公分

引首：吟秋山净。钤印四“渔山”、“墨井道人”、“吴历之印”、“延陵”。

签：墨井道人湖山秋晓卷。同治壬戌六月何溱题。钤印一“方谷”。

《湖山秋晓》荒荒淡淡秋树烟，元季之人游戏焉，毫间欲断意不断，使我追拟心茫然。画就展观而湖山佳处，放意如深入也。康熙甲申年重阳日，墨井道人并题。钤印三“墨井”、“延陵”、“墨井道人”。

自跋：予秋居之暇，捡得宣纸二，喜其长而嫌之太短，乘兴漫采痴黄黄鹤间笔法，又以己意参之，成一小卷，自谓稍稍得志，便可怀之出入，如米海岳袖中之石，但终袭稚子之事矣。虽然，予齿七十加三，腕力渐衰，墨毫久秃，向后欲如今之作儿戏，恐不复得，不能不为之惕然也。十月小春墨道人再跋。钤印三“墨井道人”、“吴历之印”、“延陵”。

藏印：“寒碧主人所好”、“刘氏寒碧庄印”、“蓉峰秘藏”、“行止清玩之印”。

按此跋并见墨井画跋，末有丁巳瓠叟跋，称此卷原藏伯珩（张葱玉）处。

康熙甲申为四十三年，吴历年七十三。

自题引首四字学东坡，浑厚有力。此卷构图别出心思，末段峭岸复壁，渔舟上下，异于江南景物，非浮家泛海者不能办，渔山久居濠镜，故不觉取以入画。勾勒，短皴，打点，笔笔用腕力，痛快沉着，晚岁方造此境界。

此卷见《梦园书画录》卷二十著录，《壮陶阁》卷十四亦有之，题识漏去数字。裴氏云：“前半沉厚滃润，后半湖天浩渺，诗题亦精，沪上有伪本，从吴越书画录摹出，诗题同，神气索然。”按《三秋阁书画录》下亦著录，题句少异，或出摹本，《壮陶阁》又有《睫暗偶记》及《景福题记》二段文字。

六十五、恽寿平　南山云起图　轴

纸本水墨　纵一〇二公分　横五七公分

题：曾见云林小帧，为层峰叠嶂，林木郁密，笔思在荆董之间。此景略用其意。今人欲以一树片石，率意点笔为云林，岂复知有云林哉。园客寿平题。钤印一“寿平”。

醉里常呼鸾鹤群，林风空翠落秋雯，隔溪自结黄茅屋，闲对南山起白云。庚戌南田草衣在静啸阁得句。钤印二“南田草衣”、“园客”。

张爰跋：南田不作山水，自是让石谷出一头地，其风义之不可及如此。观此临云林山水，真有啸树仙人、低腰舞女之妙，岂石谷子所能梦见邪？云青道兄行箧中有如此至宝，虽流离迁徙，亦当自快也。庚寅春同在曼谷，张爰。钤印一“张大千长年大吉又日利”。

藏印：“墨华”、“紫佩珍藏”、“石渠宝笈”、“宜子孙”、“乾隆御览之宝”、“乾隆鉴赏”、“三希堂精鉴玺”。

此帧近峦与遥岑，作折带而松秀可挹。小草倩丽，随风轻扬，具见逸致，远山低树浑厚而沥润，则取大痴富春遗意，非尽云林也。此幅有“石渠宝笈”印，查石渠二重华宫著录，有仿倪瓒古木丛篁图轴，与此不同，似失载。

恽寿平（1633—1690），武进人，初名格，又字正叔，号南田，别号云溪外史。少从其父日初参与闽义师，败，为僧于灵隐，王忭为作鹫峰传奇。初写山水，让石谷独步，改作花卉，敷色高绝，诗曰《瓯香馆集》，卒年五十八。

六十六、恽寿平　拟古山水　册

纸本水墨　共六页　纵二五点五公分　横三三公分

题：

（1）模燕文贵溪山图意。南田客。钤印二“恽”、“寿平”。

（2）模许道凝溪山云色图。云溪外史寿平。钤印二“叔子”、“寿平之印”。

藏印：“张祥凝藏”、“徐伯郊四十后所藏”。

（3）冰鳞雪干玉玲珑，夜月花溪一笛风，片片银云吹不散，美人知在有无中。拟赵吴兴大帧。钤印二“恽”、“寿平”。

（4）客来暂掩南华卷。戏写天游竹树图。南田。钤印二“南田草衣”、“恽正叔”。

（5）拟元人万壑吟泉图。钤印一“南田草衣”。

（6）柳溪载鹤图。模惠崇本。钤印二“恽”、“寿平”。

签：恽南田仿宋元六家山水册。共六帧，玶斋藏。钤印一“玶斋平生真赏”（即张祥凝）。

溥儒题：恽南田仿宋元六家山水册。溥儒题。

又跋：南田少孤穷，养于僧寺，天资颖悟，笔墨蹊径，超轶尘凡，若蓬岛飞仙，不食烟火，故虽尺素片缣，意趣高妙，伪作者断难貌似，可一望而识之也。溥儒题。钤印一“溥儒”。

第一叶拟燕文贵堤柳远帆，渔舟上下。第二拟许道凝（疑即道宁）作小雪渔舟，笔颇简远。第三拟赵孟頫踏雪寻梅，远处竹溪亭子。第四竹树清泉，杂用渴笔写陆天游，是南田胜处。第五写众泉奔湍，一人独坐吟咏。第六夹岸垂柳摇曳，孤舟载双鹤，仿惠崇，最为高绝之笔。

六十七、上叡　竹林七贤图　轴

纸本淡彩　纵八四点五公分　横四五公分

题：竹林七贤。康熙癸亥春日写。蒲室子叡。钤印一“目存”。

周准题句：七子风流总出群，竹间笑语带清芬，高吟却讶颜光禄，想慕惟传属五君。丙子仲春题句。迂村周准，时年七十有四。钤印二“周准之印”、“迂村”。

藏印：“喜雨庐藏”、“子韶审定”、“□治收藏书画之印”。

绘七贤箕踞，优游于长松下，童子依炉鼎而烹活火。竹林烟蔼，青山昂然，流泉可掬，微著青赭，风神秀绝。

上叡，吴人，字寻濬，号目存，又号蒲室子，居东禅寺。山水出石谷门下，花鸟法南田，工稳中独饶秀色。

六十八、石涛　四时花果图　卷

纸本水墨　纵一九公分　横二四二公分

自题：青藤笔墨人间宝，数十年来无此道，老涛不会论春冬，四时之气随余草。玉子马生，宁淡之士也，探奇索雅，喜亲笔墨，乐与清湘游，每于市头或睹余书画，则绻绻不能去。家虽贫，必以多金购得，然后始快。今冬乙丑大雪，玉子外来，欣然就座，谈及绘事，信心此笔墨种子者，似不可多得也。余故急取素纸，呵冻涤砚，无论四时，随笔洒去，以赠玉子，以消三载眼馋手渴之癖，大发一笑。清湘石涛济山僧长干一枝阁下。钤印五“苦瓜和尚”、“老涛”、“法本法无法”、“清湘济”、“石涛”。

引首：清湘老人四时写兴图卷。均量先生珍藏，丁巳冯康侯篆首。钤印三“始平”、“康侯”、“泥上偶然留指爪”。

张爰跋：此卷予廿年前旧藏也，今为均量仁兄所得，展卷恍然，如逢故人也。清湘用浑朴之笔写荒率之境，非天池所及，真神品，无上稀有。大千居士爰。钤印二“张爰之印信”“大千居”。

藏印：“七峰草堂”。

湿笔写花果，大千称其以浑朴之笔，写荒率之境。石涛有庚申闰八月初得长干一枝五律。庚申印康熙十九年，时石涛年39岁，自是寄迹长干，六载不复他出（《南画大成》第三卷道济梅花四图）。

此卷作于乙丑，为康熙二十四年，仍在长干。马生玉子未详。石涛门人。可确知者，洪正治陔华，程鸣松门外，又有此人。

传略见前。

六十九、石涛　山水图　轴

纸本水墨　纵一七六点五公分　横九一公分

自题：天地浑镕一气，再分风雨四时。明暗高低远近，不似之似似之。清湘大涤子论画之作，时壬午秋八月青莲草阁。钤印二“大涤子”、“搜尽奇峰打草稿”。

藏印：“天随阁”、“凌波仙馆”、“普心”、“崇川吴氏”、“思学斋”、“无等等庵收藏印”、“南通吴氏收藏书画印”。

写孤亭丛筱，疏林两株，远村叠嶂，平林漠漠。楼居翼然，全用湿笔，苍苍莽莽，倍见精神。

此题记见雍正汪绎辰辑《大涤子画诗跋》卷一，其《青牛遗迹跋》末亦识“广陵之青莲阁”，知其时在扬州。壬午为康熙四十一年，石涛卒前之五年，故此为晚岁作品（石涛卒于康熙四十六年丁亥，汪世清据李驎《虬峰文集》考定）。

七十、石涛　翠蛟峰观泉图　轴

纸本水墨　纵二四点五公分　横三七点五公分

题款：唐画，神品也，宋元之画，逸品也。神品者多而逸品者少。后世学者千般各投所识。古人从神品中悟得逸品，今人从逸品中转出时品，意求过人，而究无过人处。吾不知此理何故，岂非文章翰墨，一代有一代之神理，天地万类，各有种子，而神品终归于神品之人，逸品必还逸品之士，时品则自不相类也。若无斩关之手，又何敢拈弄笔墨，徙苦劳耳。余少不读书，而喜作书作画，中不识义，而善论诗，谈禅，自觉又是一不相类之一汇也。茂林石磴小亭边，遥望云山隔淡烟，却忆旧游何处似，翠蛟峰下看流泉。清湘大涤子并识。钤印三“粤山”、“半个汉”、“耕心草堂”。

张爰跋：今人但知清湘恣肆，而不知其谨严；但知清湘简远，而不知其繁密。学不通经谓之俗学，书不通篆谓之俗书，画不模古谓之俗画。此清湘老人中岁模古之作，刻意经营，时出新意，倪文正所谓善临摹者，只写自照足返他魂是也。观其树石泉源，勾勒皴擦，无一笔不自宋人得来，其写人物萧然挺秀，尤近鸥波与吾家上元老人，用笔殊途同归，不有今日之繁密谨严，安有后日之简远恣肆者哉？此又读清湘画者之不可不知者也。冠五道兄出此属题，流览高踪，钦佩无已，率书鄙见请正。癸酉十月蜀中张大千羊城行次。钤印二“张爰印”、“大千”。

藏印：“却扫今冯衍”、“欧阳林平”、“渤海后人”、“田溪书屋”、“冠五珍藏”。

细笔写枯枝层峦，泉流激荡，有客袖手静观。远山浮黛，近岚耸翠，石罅野竹复作双钩，谨严处笔笔不苟。李驎论石涛画“不稳则乱，而稳则易俗，不润则枯，而润则易肥，惟古为骨，始能无病”（见《书吴氏所藏大涤子画》后），可于此幅见之。

七十一、石涛　柳溪放棹图　轴

纸本水墨　纵一二八公分　横五四点五公分

题：沿堤高柳绿阴轻，溪畔人家放棹行。流水过桥复西去，长松倒影石门情。清湘瞎尊者漫设于大涤堂下。“老涛”、“我法”又一印不明。

藏印：“伯郊所藏”。

写山石纯用长披麻皴。两山相向，横以隄岸，而溪港交错，疏柳长松，点缀芦苇，层次井然。小舟半露于柳荫下，掩映成趣。由其自言作于大涤堂，知亦属晚年之作。

题诗言“石门情”者，谢灵运句“披云卧石门”，杜甫句“石门霜露白”。石门不必确指地名，山水诗习用之。意者，清湘谓其会心处，有如大谢之在石门欤？

七十二、高其佩　观泉图　轴

纸本淡彩　纵一三五公分　横八〇公分

题：□□高其佩指头生活。钤印二“佩”、“神来”。

藏印：“雨箬鉴赏”。

此帧绘双松交错，清湍激越，一人俯而掬泉，蘸墨作石，略施淡彩。

高其佩（1672—1734），字韦之，号且园，汉军镶白旗人。由知州官至都统。以指画名，其述举诗云：“吾画以吾手，甲肉掌背俱。”正自道所得。

七十三、华岩　松声草阁图　轴

纸本淡彩　纵一二五公分　横三一公分

题：松声草阁图。壬子七月新罗山人华岩写于拈花精舍。钤印三“华岩”、“秋岳”、“离垢”。

松枝幽涧，叠嶂重岑，布局高远，韶秀独绝，新罗精品也。

华嵒（1682—1763），字秋岳，号新罗山人，福建临汀人，居杭州。作画翛远骀宕，风致绝佳，诗尤工绝。年 82 岁。

七十四、华岩　松鹤图　轴

纸本淡彩　纵二四〇公分　横一三二公分

题：庚午夏六月新罗山人写于解弢馆。钤印三“华岩”、“秋岳”、“枝𢒼”（隐）。

绘孤松挺立，双鹤盘桓其间，石根浓点，小草数茎，别具意致。庚午为乾隆十五年。

七十五、华岩　遣兴三绝图　轴

纸本水墨　纵五八点五公分　横二九公分

题句：新罗山人含老齿，笑口微开咏素居。衡门自可携妻子，庭蔓青深乏力除。即能饮酒啖肉也非昔，要知披月读书总不如。赖有山水情怀依然好，濯翠沐云襟带舒。有时遣兴书复画，一水一山付樵渔。以兹烟云荡胸臆，便如野鹤盘清虚。华岩。钤印四“华嵒”、“秋岳”、“离垢”、“玉山上行”。

张祥凝题签云：华秋岳抒怀三妙图轴。新罗山人此轴为海内名迹，乃晚年寄意自用饰壁之合作也。会归韩氏夏山楼，孙氏虚静斋，郭会昌、王伯元、马积祚诸家递藏，吴霜崖题咏，今归张氏湃斋秘笈。钤印一“湃斋”。

华秋岳山水。辛未重午重装。破梦。钤印一“孙祖同”。

吴梅题诗：新罗小印曰离垢，此意领略在平居。世间龌龊一切法，宜事畚锸大扫除。唯有云山足供养，尺幅到眼了了如，拳山老树纵荒率，一室相对形神舒。洗涤尘氛恣幽讨，登山伐木临流渔，如君雅服漆园吏，相期避世逃空虚。伯元吾兄出示此图属题，即次秋岳原韵，壬申十月朔，霜崖吴梅。钤印一“老瞿”。

藏印：“夏山楼藏书画记”（韩氏）、“虚静斋藏”（孙氏）、“景熙审定”、“覃怀部会昌珍藏书画”、“伯元审定”（王氏）、“马积祚印”、“湃斋平生真赏”、“张祥凝藏”。

疏林远岫，秃柳扁舟，随手拈来，荒率不食人间烟火。

七十六、金农　独马图　轴

罗纹笺纸本水墨　纵一二〇点五公分　横五七公分

题：扑面风沙行路难，昔年曾蹑五云端，红鞯今敝雕鞍损，不与人骑更好看。七十四翁杭郡金农画毕又题。钤印二“金吉金印”、“生于丁卯”。

藏印：“映暗寓目”、“冠五珍藏”、“番禺何氏霝璧山房藏”、“三十二夫蓉山主曼盦”。

绘马似驴，蹄轻鬣壮，题句更饶风趣。冬心老年合作也。

金农（1687—1764），字寿门，号冬心，浙江仁和（今杭州）人。生于清康熙二十六年，卒于乾隆二十九年。以布衣举博学鸿词，不赴，流寓扬州。嗜金石文字，自言于汉唐八分之流别，心慕手追，得其神骨。工诗，所好在玉溪、天随之间，著有《冬心先生集》，以画佛像名，别具一格。卒年78岁。

七十七、黄慎　寿星图　轴

纸本淡彩　纵一五〇公分　横八五公分

题记：嘉祐七年十一月，京师有道人游卜于市，莫知所从来。体貌古怪不与常类，饮酒无筭（算）未尝觉醒，都人士异之，相与喧传，好事者潜图其状。后近侍，帝引见，赐酒一石，饮及七斗，时司天台奏寿星临帝座，忽失道人所在，仁宗即叹久之。阅世所写寿星图，不知有几，俛灶狎鹤，松柏荣错，粉饰鲜丽而已，于寿星之真，果何如也。我朝时天下熙熙，无物不春，宜乎寿星游戏人间，临见于帝，意其必有以感君而然也。珍礼是图，与民同寿，此真帝意也。时甲辰冬卫人邵雍敬题。

款：闽中黄慎。钤印二“黄慎字恭寿”、“瘿瓢山人”。

写北宋故事，一道人于巨瓮侧，饮酒无算，题以邵雍所记寿星。黄慎，字躬懋，号瘿瓢，闽之宁化人。师上官周，侨居扬州。擅草书，布衣以老。

七十八、李鱓　垂藤图　轴

纸本淡彩　纵一七七公分　横四五公分

题：复堂墨磨人李鱓。钤印二“墨磨人”、“真率斋”。

藏印：“梁相如印”、“张泽之印”、“藏之大千”。

作老树拳石，藤萝离披。

李鱓，字宗扬，号复堂，别号懊道人，江苏兴化人。官滕县知县，晚筑浮沤馆，以请画自娱。其画署名，乾隆十六年上半年前书鱓字为鱼旁，乾隆十六年后半年改用觯。卒于乾隆二十七年，年七十余。

七十九、郑燮　墨竹图　轴

纸本水墨　纵一八一公分　横四八公分

题：江南鲜笋趁鲥鱼，烂煮春风三月初。寄语厨人休斫尽，清光留此照摊书。板桥郑燮。钤印三“郑燮之印”、“二十年前旧板桥”、“存思六经结想五岳”。

藏印：“穗芬心赏”、“东官郑氏”、“德芬审定”、“恭绰偶得”、“嘉乐园赠”。

写墨竹二三株，新笋初茁，清健之笔，纸上生风。

郑燮（1693—1765），字克柔，号板桥，清江苏兴化人。生于康熙三十二年，卒于乾隆三十年，年73岁。乾隆元年进士，任山东潍县令，得罪大吏罢归。擅写兰竹，隶草相杂，号六分半，书自题：“乱石秋苔，古与媚偕”，画品亦如是。工小唱，袁子才尤赏其“月来满地水，云起一天山”之句。著有《板桥诗词钞》。

八十、李方膺　墨梅图　轴

罗纹笺纸本水墨　纵一二一公分　横四三公分

题记：元章炊断古今夸，天道如弓到画家，我是无田常乞米，借园终日卖梅花。乾隆十九年秋日写于金陵借园。李方膺。钤印四“深心托毫素”、“受孔子教”、“换米粘（糊）口”、“画外”。

藏印：“建业李渡仙舟氏藏”、“商城杨铎石卿珍藏”。

写墨梅一枝，俯仰取态，更见奇崛。

李方膺（1695—1754），字虬仲，号晴江，又号秋池、借园，江苏南通州人。生于康熙三十四年，卒于乾隆十九年，官山东兰山知县，调安徽合肥，以劾去。为人傲放不羁，写梅尤工，苍拙成趣，晚年卖画为生。年六十。

八十一、方畹仪　罗聘　竹图合璧　卷

绢本水墨　纵一八点四公分　横九五公分

吴昌硕题引首，篆书“香留墨妙”四字。

“野竹秋阴阴，遥山碧玉簪。白莲比仙子，夫婿抱禅心。中有广陵散，永无渔父寻。结庐容避地，千亩不愁深。”辛亥冬客沪，秋梅老兄属题，吴俊卿。钤印一“苦铁”。

款：畹婉仪偶笔。钤印一“白莲女史”。

罗聘书苏子瞻“文与可画筼当谷偃竹记”（文不录）。

绢本　纵一八点五公分　横六六公分

乾隆戊戌夏月看内子白莲画竹于香叶草堂，索予书此记，合装成卷以付儿子辈珍之。两峰道人罗聘时归至西江。钤印二“罗”、“聘”。

藏印：“曾藏宝宋室”、“芝农珍藏”、“秋枚宝爱”（邓氏）、“秋枚”、“风雨楼”、“林氏朗庵秘笈之印”、“润州戴氏倍万楼鉴真”、“戴倍之家珍藏”、“朗盦秘笈”、“朗庵秘玩”。

题签：两峰白莲合璧筼筜谷图记。长尾甲签。钤印一“石䍙”。

《澄怀堂书画目录》收。

水墨写仰竹，密叶疏枝，有管夫人遗意。断岩幽谷，略施苔点。长天渲染，呈雪后景色，更饶曲折之势。两峰手书东坡文，合璧生光，把玩无斁。

方畹仪（1732—1779），号白莲居士，歙县人。宗伯方石村女孙，江都罗聘室，著有《学陆集》。乾隆四十四年卒，年四十八。

罗聘（1733—1799），字遁夫，号两峰，江都人。通佛理，著起行录，能诗，好游，有《香叶草堂集》，以《登岱诗》著名。王兰泉称其鬼趣图宛然吴生地狱变相。嘉庆四年卒，年六十七。

八十二、罗聘　鬼趣图　卷

纸本着色　纵二七点二公分　横二五八点五公分

引首：鬼趣图。船山为小山书于光天化日之下。

题记：人非金石，草木同朽。何以谓人，此非我有。此题余初图鬼趣第八帧句也，前七趣题者如林，余不复赘，今为子千三兄书此，请试参之，望下一转语。嘉庆二年六月六日，时将出都门，衣云和尚罗聘记。钤印三“罗”、“聘”、“衣云和尚”。

吴湖帆题跋：谁家天下，任他鬼蜮横行施。朝朝暮暮相摧。搅得河山色变，云黯水行洄。问青天白日，怎没光辉。只招老馗，看尔敢肆淫威。平日妄尊自大，怕不形卑。离魂啾啾（啾读去声），一个个摭住摔成灰。才称我，浮白倾杯。婆罗门引，奉题两峰鬼趣图真迹第八卷，即请大千道兄两政。壬申岁暮吴湖帆。钤印二“某景（梅影）书屋”、“丑簃填词”。

许承尧题句：儒墨昔所争，厥在鬼有无。漆园最通达，紫阳苦支吾。王充汉明哲，大胆嘲朋诬。东坡固喜说，谑浪闲中娱。嗟兹花之僧，生就双绿胪。冥心偶有见，游戏传形模。冬心从授法，皃乃古佛癯。白莲善窈窕，绰约仙巾裾。回翔仙佛间，咄咄变相图。大千久闻道，珍此逾璠玙，聊佐酒边噱，莫谓人间殊。癸酉为大千道兄戏题。许承尧。钤印一“疑盦”。

鬘天兜率，是谁轻换笛中春。人间天上谁论。何限山阳凄感，悱恻与温存。费青袍翠袖，掩映黄昏。铜街缕尘。涴梦缬不成云。输与拈花小笑，展箧微颦。秋镫片痕。驻离合神光真未真。偎戏墨渐吐香芸。婆罗门引，君特四声。大千道兄正律。甲戌燕九城东夕归倚檠赋此。绍兴寿鉨玄尚精卢并记。钤印四“寿钵”、“石工”、“甲戌”、“柳边乱”。

首俯尻高万态殊，世间难免鬼揶揄。一方垣见幽都影，瞒得高人觑汝无。纨绝阴天自在游，笑从花下认风流。此中南面真堪乐，不待庄生问髑髅。大千八兄出视两峰鬼趣第八图，戏为题句，与湖帆、疑盦、石公三君子意又别矣。辛巳春分，时避寇同居沱水，思进。钤印二“清寂翁”、“长汀”。

藏印：“曾为小蓬所藏”、“不负古人告后人”、“大千之宝”、“张氏宝藏”、“大千游目”、“张泽之印”。

引首为张船山题字。考《船山诗草》卷十一戏题罗两峰鬼趣图云：

第一图黑气笼二鬼，隐约见头面，自肩以下，殆不可辨。

第二图一鬼锐头赤足，敝衣穿裤，抗手前行。一鬼削面瘦躯，两手扪腹，著缨帽随后，若主仆然。

第三图美人依红衣，左曳衣袖，右据男子臂，男子执篮媚之，幽情惨恋，偕行冷雾中，有高帽白衣鬼，持伞摇扇送之。

第四图短鬼卓杖而立，头大如身，一红衣小鬼偻背缩手首，捧盂侍其右。

第五图长身散发，竟体纯绿，鹰目血口，飞行云雾中。是两峰亲见于焦山者，殆水魈，非鬼也。

第六图三鬼，一鬼头大如丘，面目臃肿，身仅如首，两手复颔下，匍匐逐二鬼。一鬼绿色疏发，立张巨手如箕。一鬼首如桃实，上锐下丰，束手回顾，皆作惊避状。

第七图云雾浸谣，半鬼笼破帽前行，一鬼执伞荫，一鬼作避雨状，皆半身，伞上复隐隐有鬼面。

第八图青林黄草中黑石一丛，藏骷髅二具，皆人立，一倚石外向，一据石内向，盖男女也。

此题与霍氏所藏之鬼趣图符合。若此乃为卷，连绘不分段，船山所咏之第四图短鬼卓杖，此卷无之，又第八图骷髅二具，此则仅其一，是其不同处。岂罗氏写鬼趣图，不止一次，此卷船山只题引首，故与诗所述者不照欤。两峰生于雍正十一年，嘉庆四年卒，年六十七，此卷作于嘉庆二年六月，则在卒前二载。

吴湖帆题跋在壬申（1932），时大千年34岁。

八十三、罗聘　双钩兰竹图　轴

纸本水墨　纵一三七公分　横四〇点五公分

题：画竹有声风满堂，法从勾勒异寻常。鹦哥毛细休轻染，此是仙都白凤凰。两峰诗画，请新万尊兄指教。钤印三“聘印”、“人日生人”、“两峰诗画”。

藏印：“瑶仙收藏”、“四明蔡季子鸿鉴章”、“仲瑛审定书画”（孙氏）。

水墨双钩作风竹二株，一繁一简。兰花亦妩媚多姿，颇异常法。

八十四、方士庶　仿董北苑山水图　轴

纸本淡彩　纵九六公分　横四〇点五公分

题记云：北苑使董源作画不为奇峭之笔，尤工秋岚远景，率笔草草，不求形似，而远观则幽情远思，如睹异境。米海岳尝称董源一片江南，信然也。

此中山林树石，皆祖其夏山烟霭图画法。小师道人方士庶画于天慵书馆。钤印二“小师老人”、“方士庶印”。

董文敏谓北苑画有不作一笔小树者，秋山行旅图是也。又有作小树，都只远观似树，其实凭点缀以成形，此即米氏落茄源委，而画山即用画树之皴，浑然无笔墨迹，最为高雅，不在斤斤细巧也。士庶又书。钤印一“偶然拾得”。

绘小树成簇，篱落村舍，众山起伏，浦溆萦回，施以细椒点。石桥、秋草、人物，染以深青，自是董源本色。

方士庶（1692—1751），歙县人。字循远，号环山，又号小狮道人。受业于黄尊古，落笔苍秀，乾隆十六年卒，年六十。

八十五、钱澧　勒马图　轴

纸本水墨　纵六五公分　横四二公分

题：慎斋老前辈一粲，钱澧。钤印一“澧印”。

萧萧竹梧鸣不已，蝯叟独酌风雨里。壁间睹此画马图，敛容停杯深仰止。两公先朝之直臣，谏垣皆以纠慝闻。一持使节一主讲，簪盍几年湘水滨。通参余事到书画，忽貌骅骝恣雄跨。骁腾不肯受羁勒，世无伯乐谁驱驾。可笑文渊铸铜式，骨法相传如瑑刻。君不见，天街仗马粲成行，锦障银鞍好装饰。同治丁卯初冬道州后学何绍基。钤印二“何绍基印”、“子贞”。

此帧藏江右周建勋家，余于五年前见之，心仪已久，言于涇阳尚书，以重直辗转得之。公之爱士如爱马，今之伯乐王良，惜不多遇騕褭与骅骝耳。丁未嘉平汪山农程志和题。

南园侍御工书，曾值枢垣，所写交发册档，均为后辈携去，书之足重如此。又闻其工画马，比官长沙，为公昔日视学地，求其翰墨，得行楷字一二幅，马则物色终不得。迨移官武昌，始于汉阳叶氏，蕲水陈氏家睹之，洵有顾视清高之概，然未知其更能画人也。今在涇阳尚书斋复见此作，乃叹观止矣。公风节卓著，独能宴闲时，胸饶雅趣，较之宋广平赋梅花，固非道学头巾气所可语也。丁未李佳继昌题。钤印一“李佳”。

南园先生一生直节，为世所重，其书名赫奕，几于走卒皆知。画马本不多作，从来所见，未有真本，窃以为世间此物，仅存其名耳，不意此帧款字印章以及衣纹勾勒，无一不合先生本家笔法，真世间鲁灵光也。匋斋尚书见示，眼福为不浅矣。光绪丁未十二月，铜梁王瓘识。钤印二“王瓘私印”、“孝玉”。

画马者曹韩名于唐，龙眠山人名于宋，南园先生名于国朝。近数十年来，南园先生书画片纸重于十缣，此作人马勾勒尤精，可称为稀世有也：浭阳尚书命题，光绪丁未嘉平福山王崇烈谨识。钤印二“王崇私印”、“汉甫”。

寒原月落长楸道，天马余吾迹如埽，立仗由来用不鸣，玉勒金靰为谁老。南园磊落人中英，登高四顾霜台清，主圣故应得臣直，迴立阊阖风云生。兴酣画马见殊状，雾鬣霜蹄屹相向。孤独苍茫托壮心，百年绢素留真赏。伯乐骊黄轶世寻，秋皋苜蓿气萧森。只应韩干传神手，犹见燕台市骏心。德清俞陛云。

国朝画马，世传吾邑张铁桥穆及钱南园先生。余家藏有铁桥画马册，颇饶神骏，今观南园先生此帧，发尾萧梢，神采超逸。大有不可羁勒之势，可称神品，铁桥不及也。浭阳尚书鉴，丁未嘉平月，东莞陈伯陶敬题。

东注侍御自题画诗，一不施控勒骑生马，一相马，一晚凉看洗马，一怪石，一溪出小筑，一柳溪书屋，艺事多能，世乃仅知其画马，其相马诗云：“牝牡骊黄难具论，毋徇世人为用舍。世人相马空举肥，美观则是适用非。”可以想见其孤根崛起，立论侃然之概。先生不以画重，即以画论，固非胸次凡近者所能。陶斋尚书出视此帧，为之神往。辽阳杨钟义谨识。钤印一“留垞”。

南园先生以直节著，书法力追鲁国，而画马尤为世重。余所见者多作寒林野牧，从未见有人物者，此轴独有之，当与云林龙门僧一图，并传千古矣。光绪丁未腊日观于浭阳尚书宝华盦中，为之叹绝，义州李葆恂题。

通参出昆明，立朝有正色。抗疏击老奸，劲草表臣节。平生慕鲁郡，凛凛此传笔，余事貌骅骝，虎怒作人立。靰勒亢不受，肯顾三品食。乃知权奇人，柔翰见傲骨。陵迟二百年，此意世莫识。呼号揭民贵，腹诽网逾密。宁闻胜朝事，士殿槛可折。国论纷蜩螗，牛骥混白黑。谅无金台求，伏枥老亦得。骧首试一鸣，望古意萧瑟。南园画马，端陶斋旧藏，今归梦诗先生，出示属题，即正，癸酉大寒，桴堂钟刚中。钤印二“钟刚中印”、“鲁酒斋”。

国朝书法师颜鲁公者，当推南园先生为巨擘，画则不易见也。今浭阳尚书以画马真迹见示，乌骓白蹢驳尻，一圉人以羁靮施之，若不受状，法元人本而神骏如生。北齐扬子华尝画马于壁，被听啮蹄长鸣如索水草，先生之笔，毋亦类是，真神品也。光绪三十四年戊申上元前五日雪夜，桐城张祖翼拜观谨识。钤印二“张祖翼”、“逖先”。

藏印：“功甫珍赏”、“陶斋鉴藏书画”。

南园画马颇负盛名，此幅画圉人以绳系之，马前蹄举起，作骁腾不肯受羁勒状，题咏累累，盖徇端方之征也。

钱沣（1740—1795），字南园，昆明人。乾隆进士，官御史，书法颜柳，工画马。

八十六、黎简　山水图　轴

纸本水墨　纵六九点五公分　横三八公分

题记：病后诗心淡亦秋，阔于烟海静如鸥，依俙昨梦芙蓉岸，晚拗霜花上小楼。乙卯八月中旬，颇伤风热，卧病竹平安馆，七日小康，夜坐亦适，因思草亭属予作山水，予诺之巳二年矣，欣然遂成此纸，黄五谓此中有真意，欲辩已忘言，不觉相视而笑，草亭宝之。一年如此夜，此夜如此画，画成有如此，解人不必可得也。二樵山人黎简并记。钤印二“石鼎道人”、“是真画者也”。

藏印：“今是斋藏”。

略仿倪迂，而枯枝疏竹，弥见简淡精灵。远山只作一笔钩成，不烦皴擦，最妙是远陂数点卧笔，浓淡相间，神采奕奕，二樵之妙品也。

乙卯为乾隆六十年，时 49 岁。此诗不载集中。题记之黄五，殆指黄虚舟也。

黎简（1748—1799），号二樵，又号石鼎居士，顺德人。乾隆五十四年拔贡，嘉庆四年卒，年五十二。工诗，著《五百四峰堂诗文钞》。

八十七、钱杜　梅花图　轴

纸本水墨　纵一二五公分　横三〇公分

题：一夜东风吹雪霁，前山空翠翠模糊，扁舟记过西溪渚，无数沙鸥伴老夫。

此丁未春与余君容若游西溪探梅，作销寒第十二集。诗则辛亥春在武昌补作以寄容君，屈指四十年，余归湖上，居野鸥庄，屡为西溪之游，而容若墓有宿草，回首云烟，老怀枨触，爰写斯图。时道光乙未七月之朔，壶道人钱叔美并题记。钤印三“壶公”、“钱未美”、“松壶”。

藏印：“宝迂阁书画记”、“绿蕉山馆珍藏”、“少石审定”、“计芬寓目”、“留余斋斋主”、“子昭心赏”（陈氏）。

戈载题记云：乙未孟冬晦日，戈载观于山塘校词读画斋，蒙近喜作梅，亦宗元章派，观此不胜仰止之叹，惜匆匆将赴广陵，不及填词题之，当俟诸异日。钤印二“顺”、“卿”。

西溪饱看古梅花，归隐湖庄拓画叉，中有自家风格在，不须铁石写槎丫。乙未冬初朱绶题于鳍鲟泾上小交芦馆，时天阴欲雪，微有寒意。钤印二“朱绶”、“环之父”。

岁寒盟不寒，梅本坚贞木，思惟人画时，年号在卷轴。百载数适齐，桑海为陵谷，幸草全未焦，劫后尚容读。吾曹心太平，岂但双眼福。国香同幽兰，上为邦家祝。倭寇之役，香港不守，值辛巳岁莫，距道光隶英吉利时恰一百年迨四，乙酉平乱受降而后，留余斋主人出示叔美写梅真迹属题，梅今人以为国花，感此口占。东官邓尔疋。钤印一“尔疋”。

鲟溪残劫问江梅，一代词流故纸堆。梦里依然门巷在，交芦馆外独徘徊。词笔吴中胜事传，也随离乱落南天。图间不著怀人句，怪我迟生七十年。己卯五月，违乱在港，于留余斋得见松壶老人墨梅直幅，赙间有朱环之戈顺卿题咏，纸角有计芬小印，皆吾乡先辈也，而小交芦馆又我葑溪故居邻屋，罣然怀旧，用题二诗。吴江杨天骥。钤印一“杨千里”。

路入西溪云水乡，重游思旧野鸥庄，欲从高士题红萼，不辨花香是墨香。留余斋主人出松壶老人墨梅见示属题，时己卯初秋旅居香港，云史杨圻。钤印一“江东杨圻”。

绘梅一株，虬枝繁蕊，间以一小株；时游西溪探梅，盖写实也。题咏累累，词人如戈载，朱绶辈，可考见其交游。此为宝迂阁旧藏。

钱杜（1763—1844），钱塘人。初名榆，字叔枚，更名杜，字叔美，号松壶。画梅师南宋，幽冷疏远，著有《松壶画忆》。年八十二。

八十八、汤贻汾　董琬贞　双梅图　轴

纸本水墨　纵一〇一公分　横四四公分

一双斑管共幽吟，昨夜梅妻梦故林。安得一枝来塞上，胆瓶青案对弹琴。

己卯新春汤雨生董琬贞合写于灵丘官舍，为云谷二兄社长一笑，并请正题。钤印七“忠孝子孙”、“雨生画印”、“隐园琴侣”、“董氏琬贞”、“董琬画印”、“画梅楼合笔印”、“汤白子画梅印”。

夫妇合写梅二枝，一大一小，一蕊作双钩而一否，疏落有致，令人神往。此轴必为叶云谷作，己卯即嘉庆二十四年，在灵丘官舍，时雨生四十一岁。

汤贻汾（1778—1853），字若仪，号雨生，晚号粥翁，武进人，寓居金陵。弹琴击剑，历官至浙江乐清县副都督。咸丰癸丑，金陵陷，殉节，年76岁。著《琴隐园集》。画梅疏秀冷隽，尤负盛誉。配董婉贞，武进人，画家董潮女孙，字双湖，号蓉湖，工画梅，题句亦妙。

书　法

一、宋元四家墨迹

（一）李纲　尺牍

纸本　纵二三公分　横四三公分

纲顿首再拜，提宫奉议友坐下：秋高气清，伏惟祠饭优游，动止蒙福。奉别云久，下情瞻仰。荐诲问，良荷眷勤，披会未涯，伏几珍护，以前宠渥。不宣。纲顿首再拜提宫奉议友坐下。

式古堂习汇考十三有一“近被诏书帖”行书。《故宫周刊》尝印出李纲墨迹一页。

李纲（1083—1140），字伯纪，邵武人。政和二年进士，历官太常少卿，兵部侍郎。南渡，拜尚书右仆射，兼中书侍郎。出知潭州，荆湖南路安抚。绍兴十年卒，年五十八，谥忠定。

（二）陈与义　尺牍

纸本　纵二三点五公分　横三四点五公分

霜寒，不审太尉起居何似。今晨蒙赐教墨，甚慰驰仰。病愈更加保爱。又闻湖南洞庭有寇。公宜择将擒获，不可迟也，恐滋养为患耳，卒难伐戮。

冒渎有罪，万祈恕察。陈与义顿太尉公阁下。

陈与义（1090—1138），字去非，号简斋。本蜀人，徙居河南。登政和三年甲科，绍兴中，历中书舍人，拜翰林学士，参知政事。八年卒，年四十九。式古堂卷十三有诗迹，称简斋河目海口，大耳耸峙，气节翰墨为中兴之翘楚，遗迹甚稀。

考胡稚陈简斋年谱，建炎三年己酉五月避贵寇入洞庭，过君山。《宋史》二十五《高宗本纪》：建炎三年正月京西贼贵仲正陷岳州，其夏六月贵仲正降。贵寇即指贵仲正，翌年二月甲午鼎州民钟相作乱，自称楚王，辛丑钟相陷澧州，杀守臣黄宗（《系年要录》作黄琮）。钟相至三月戊辰为孔彦舟所执，仅称王三十五日，然响应者十九县，其党杨么据洞庭，至绍兴五年，乃为岳飞所平。（详朱希祖撰《杨么事述考证》）此札称洞庭有寇，必指钟相事。

（三）唐棣　诗翰

纸本　纵三二公分　横七三公分

瑞雪林开讲

潮音渡口泛慈航，大士弘开大觉场。出世毒龙听法竟，凌虚天女散花忙。岚光入座衲衣湿，荷气侵轩经案凉。闻道华严新讲说，因之泉石倍辉光。

去夏宿雅公房

偶乘酷热到僧家，治具纷纷苦不奢。炉篆效勤烧栢子，笼炊作供裹藤花。水边移席看云影，松下横琴待月华。今日且留禅榻畔，一宵清梦绕烟霞。

赠月千江二首

遁世学无生，寻师偶出城。青山成旧识，白杜结新盟。月上鹤无梦，风来松有声。门前潭水碧，还许濯尘缨。

来往兹山久，宗门实典刑。虚堂鸣绿绮，硬纸写黄庭。瓶贮云根冷，松蟠石髓馨。松阴师塔在，谁与置碑铭。

题李庭瑞五泉卷尾

山韬玉芍泉孕珠，闻有骊龙水中居。骊龙含珠上天去，遗以一片青璠玙。试扣源头那有极，万壑争移泻晴壁，静聆环佩声珊珊，却厌松风响萧瑟。悬知神授青囊经，发闷探玄岂容默，故来结屋瞰兹泉，日夕弦歌任游息。君家已卜长庚明，更勉锄云种深德。

鄙作五首奉呈四窗雪林二师法席。唐棣和南上覆。钤印二“唐棣”、“唐氏子华”。

唐棣（1286—1354），字子华，吴兴人。幼从赵孟頫习画。仁宗朝，以马煦荐，绘嘉禧殿御屏。待诏集贤院，授嘉兴路照磨，除徽州路休宁县尹，进平江路吴江州知州，致仕卒，年六十九。事迹详张羽撰墓碣。（文载《吴兴艺文》补）

（四）张仲寿　临右军

纸本　纵二八公分　横七八点五公分

羲之顿首，阔别稍久，眷与时长。寒严，足下何如，想清豫耳。　披怀之暇，复何致乐。诸贤从就，理当不疏。吾之朽疾，日就羸顿，加复风劳，诸无意赖。促膝未近，东望慨然。所冀日月易得，还期非远耳。深敬宜音问在数，遇信匆遽，万不一陈。钤印二“畴斋”、“笔研精良人生一乐”。

右羲之阔别帖见黄伯思法帖刊误，论之至详，盖病其末后八字殊非晋人语也。今朝寒气大烈，二月中旬所融之冰，皆复结冻，指冷不宜书，偶然对临。奉呈处垕（厚）兼呈性初老仙尊师。延祐六年三月初四日仲寿书于有何不可之阁，畴斋。钤印二“有何不可”、“畴斋书翰”。

诗塘题篆：宋元名哲四家诗翰。丁巳端午，七十叟冯康侯篆耑。钤印一“冯”。

题签：宋先儒李忠定公尺牍，陈资政去非尺牍，元唐子华诗翰，张畴斋临右军帖。咸丰庚申正月，海盐陈德大审定宝藏法墨。

藏印：“陆树声鉴赏章”、“陆氏叔同眼福”、“云松审定”、“槜李李氏鹤梦轩珍藏记”、“容斋所爱”、“家珍藏”、“项墨林父秘笈之印”、“项墨林鉴赏章”、“项元汴印”、“寄傲”、“古香楼”、“曾鼎山房法书名画”、“德大”、“懒翁”、“德大平生真赏”、“德大审定”、“载德堂书画印”、“休阳汪氏季青审定墨宝”、“汪氏柯庭秘笈”、“休阳汪季青审定墨宝”。

张仲寿（1251—1324）字畴斋，泰定元年卒，年七十三。《书史会要》：“内臣张仲寿字希静，号畴斋，钱塘人，官至翰林学士承旨。行草宗羲献，甚有典则。”姜夔《绛帖平》卷六录此，引山谷云：“此好事者戏为之耳，书未为甚恶，而以乱逸少则不可，如云吾之朽矣，日就羸顿，皆怀素高闲辈鄙语。”是指此帖为伪者乃山谷也。然大观间黄伯思《法帖刊误》下云：“阔别稍久，眷与时长。”实正作“眷”，又云：“字既甚恶，而笔语乃尔，非逸少书无疑。”则伯思亦疑其伪。绛帖平作“眷与时长”，今畴斋临本此字应释“眷”，作“眷”（《丛书集成》据《聚珍版丛书》）实误。

二、吴全节　行书白云观七律诗　卷

澄心堂纸　纵二六点二公分　横七三公分

题白云观

王仙出岫本无心，惹起浮名亘古今。天赐龙章红雾湿，地连鹤顶白云深，千年洞府藏丹鼎，一径松萝锁绿阴。金箓坛前成大礼，袖香冲雨快登临。

至大三年夏五月六日吴全节书于牧斋真人华阳道境之方丈。钤印二“吴全节章”、“□□□”（鸟篆莫辨）。

藏印：“至圣七十世孙广陶印”、“岳雪楼鉴藏宋元书画真迹印”、“南海孔广镛鉴藏书画真迹印”、“□□阁主”、“范鉴斋”、“州东老渔”、“手泽书屋”、“钟仁阶家珍藏”、“钟仁阶藏”。

周锡培跋：晋人作书以韵胜，唐人作书以法胜，宋人作书以意胜。今观宗师吴闲闲之书，殆犹有宋人之遗意乎？何笔意之相肖也。公为元道士，名全节，闲闲其字，元主封为特进上卿玄教大宗师崇文宏道玄教广教真人，其恩遇之殊，时无其比。至其书，无一毫俗气，却与天雨方壶诸隐流，同一清逸。书史称其草法雄逸，信不虚也。钤印二“周锡培印”、“无风□□”。

吴全节，字成季，号闲闲，饶州安江人。《书史会要》称其“制授特进上卿，玄教大宗师，崇文弘道玄德广化真人。草书亦英拔”。《式古堂画记》有许有壬赞绍先为全节写像，事在至元四年戊寅。时进上卿玄教大宗师，年已七十岁矣。事迹详虞集撰《河图仙坛之碑》。（《道园学古录》二十五）。此轴写于武宗至大三年，全节仅四十许，自署书于牧斋真人处。考张雨有《茅山宗师牧斋王君升仙谣》（《勾曲外史诗集》四），殆即其人。平生壮观四有《全节白云观诗正书青纸》二幅，题泰定丙寅，不知视此何如耳。

三、徐泰　草书铁砚歌　卷

纸本　纵三四公分　横一三〇点七公分

乌龙泥蟠几千载，霹雳声中忽飞出。幻形宛若小盘盂，积锈浑身古苔色。龙岩道人得之不任喜，石潭清泉手自涤。毛生楮生浑墨卿，何幸良友同几席。

君不闻，举世所珍端溪石，研磨岁久有时泐。君不闻，铜雀高台已芜没，败瓦空遗老奸迹。五凿之精岂凡质，青州熟质尤发墨。龙岩滥通文墨事，虽欲磨穿恐无日。於虖龙岩听我歌，世间隐显得丧安可必。顾兹儒家物，今为僧家得。老桑能铸不能写，忽入僧手岂佛力。呜呼龙岩但恐龙性不可驯，一朝挐云挟雨飞去终堕儒生笔床侧。

右《铁砚歌》十年前为龙岩道人作。尝书龙岩山房壁上。己酉菊月茶谷出是卷求书，遂乘酣捉笔于曲水堂中。丰厓九二翁徐泰元伯父识。钤印三“丰翁”、“徐氏子元”、“霜红亭”。

诗塘题篆：奇觚众异。畸斋道兄属，邓尔雅。钤印二“邓”、“尔”。

藏印：“张燕昌印”、“金粟山人”、“梁中子”、“天景心景”、“棫亭”、“慧吾所藏”、“慧吾”、“以己之心赏”、“天影楼”、“畸斋心赏”（即官祎）、“畸斋卅年精力所聚”、“历劫多无恙”、“娱老书巢乐饥之品”。

徐泰，字子元，浙江海盐人，弘治甲子举人，授桐城教谕。有《玉池稿》，见《明诗综小传》。（明有另一徐泰，号白生，江阴人）此卷有王蘧（秋湄）跋谓“子元书仅于明代书翰见其一叶，此外绝少”，按此卷有“丰翁”一印，自署“丰崖九二翁”，其人极高寿。书画家字号索引无“徐泰”名，此可补其缺。

卷末有王蘧及叶恭绰跋。

四、沈周　诗词　卷

纸本　纵二五公分　横一〇五点五公分

野水浮云荡夕光，仙舟两宿古溪傍。新诗感旧频翻案，浊酒谋邻再过墙。烛跋不知春夜永，雨声殊为故人长。卫家剪韭今传美，他日宁无有竹庄。

右匏庵过访灯下次韵

九十芳晨才屈指，换个年头，百事宜人意。唯叹镜中吾老矣。霜髯雪鬓今如许。浊酒聊聊诗耳耳。随日挨排，待尽乾坤里。如此余生知有几。梅花报道春还未。

右春日赋此长短句。长洲沈周。钤印一“启南”。

翁方纲跋谓“有竹庄灯下一诗盖匏庵里居时”作，非也。案吴宽原诗见《匏翁家藏集》二十二，题曰：“夜宿启南宅，风雨大作。宾筵灯烛对清光，更许扁舟系岸傍，众窍尽号风在野，旧痕犹记水侵墙。草堂突兀春星暗，柳市回环海浪长。天意莫言能殢客，老年难自别西庄。”知沈诗云：“雨声殊为故人长。”盖记实也。西庄为沈周祖沈澄（孟渊）宅名。有竹居亦为沈家园名，石田伯父沈贞所作山水，署云八十三翁贞题于有竹居。（《式古画》二十五）谢缙尝为写西庄图，石田亦用“有竹居”为印章，见米芾《蜀素帖》沈周跋（《故宫书画录》一，五十八）。又尝作“有竹居图”题句云：“小桥溪路有新泥，半日无人到水西，残酒欲醒茶未熟，一帘春雨竹鸡啼。”跋云：“此余有竹居即景诗也。”启南又作“有竹居图卷”，题句皆吴中名彦，吴匏庵题五律一首，有“系舟高柳下，又是十年余，遥踏无媒径，重寻有竹居”。跋云：“余访启南一宿有竹别业，今复过之，不觉十五年矣。”署戊戌二月十八日（俱见《式古堂画考》二十五）。戊戌为成化十四年（1478），沈诗云“仙舟两宿”即指匏庵两度莅止也，附记以见有竹别业之故实。石田新诗浊酒一联，清初岭南大诗家梁佩兰尝书为大字楹联，附载于此。（亦虚白斋藏物）

题签：沈石田先生诗翰卷。铁梅花馆，乙酉冬。

另隶书签：石田诗翰。庚申七夕，吴秉权题。

题跋：予所藏白石老人枫桥饯别，卷末系以诗，群称三绝，而诗词之妙，不及此册也。嘉庆九年七夕，与云谷游琉璃厂，云谷获此，予得傅青主书草书歌诀，归而呼酒赏之，汀州伊秉绶记。钤印二“墨卿”、“伊秉绶印”。

云谷农部所藏白石翁诗词手草，墨卿郡伯持来苏斋鉴赏，属为题后。甲子七月九日，方纲。钤印一“覃溪”。

《有竹庄灯下》一诗，盖匏庵里居时也，闻西村史氏藏石田风雨过从一诗手迹，曾属友人为予访西村所刻坡书天际乌云帖，因语及之，至今梦想。方纲。钤印一“苏斋”。

元明以后画人，诗无过石翁者，倪云林、文徵仲皆不及，无论董思翁。仁和马履太识。钤印一“骑部曲将”。

余藏吴沈题董北苑溪山风雨图倡和诗卷，与此册笔意，微有不同，岁月有前后也，世人必执定某笔法为某家，何异胶柱鼓瑟耶。乙丑二月石云山人吴荣光（钤一花押印）。烛跋不知春夜永，雨声殊为故人长。是月廿三雨夜，对此移晷，恍遇诗境。浊酒聊聊诗耳耳，几不成语，然诗人游戏神通，酷有奇趣，老船诗中常学之。张问陶。钤印一“仲冶”。

石田翁此诗，已刻入叶氏风满楼集帖中，真迹益宜宝重。嘉庆九年七夕，墨卿都转，与云谷农部游琉璃厂，都转得傅青主草书歌诀册，农部得是诗，可称双绝。余于客秋八月曾见傅青主此册，后有“风满楼珍藏印”，盖印墨翁所得本也。竹朋六兄既购此诗，惜未能以青主草书歌诀并得之，附装此诗之后，亦翰墨中一奇缘耳。咸丰十年七夕识于羊城之挹爽小轩，小亭吴秉权。钤印一“吴秉权”。

翁覃溪、马秋药、张船山诸老题跋，用笔俱有石田翁意，而秋药先生以汉骑部曲将印作己印，荷屋先生亦以元人花押铜章作印，颇有古趣。名士风流，无不可耳。钤印一“小亭”。

藏印：“梧竹山房”、“采芝仙”、“陶氏南□珍藏书画法帖之印”、“隽卿”、“闲云清旷”、“季彤秘玩”、“傅德谦印”、“聊复轩藏金石书画”、“集兰斋藏”、“忠孝堂”、“云鹏”、“吴荣光印”、“伊秉绶印”、“墨卿鉴赏”、“张问陶印”、“晓岚氏”、“纪昀之印”、“仁阶心赏”、“钦州钟氏”、“育民”、“莫元瓒”、“陈均之印”、“郑德芬藏”、“德芬审定”、“新化周游收藏”、“游于艺”。

传略见前。

五、吴宽　行书苏轼雪词　卷

纸本纵二八点九公分　横一五三点五公分

十二月二日雨后微雪，太守徐公君猷携酒见过，坐上作《浣溪沙》三首，明日酒醒雪大作，复作两首。

覆块青青麦未苏，江南［云］叶暗随车，临皋烟景世间无。　雨脚半收檐断线，雪床初下瓦跳珠（京师俚语谓霰为雪床），□（归）时冰颗乱黏须。

醉梦昏昏晓未苏，门前轹辘使君车。（公见访时方醉睡未起）扶头一盏怎生无。　废圃寒蔬排翠羽，小槽春酒冻真珠，清香细细□（嚼）梅须。

雪里餐毡例姓苏，使君载酒为回车。天寒酒色转头无。　荐士已曾飞鹗表（公近荐仆于朝）报恩应不用蛇珠。醉中还许揽桓须。

半夜银山上积苏，朝来九陌带随车，涛江烟渚一时无。　空腹有诗衣有结，湿薪如桂米如珠。冻吟谁伴撚髭须。

万顷风潮不记苏。（公有田在苏州，今岁风潮荡尽。）雪晴江上麦千车，但令人饱我愁无。　翠袖倚风萦柳絮，绛唇得酒烂樱珠，樽前诃手镊霜须。

偶阅东坡词录一过。匏翁。钤印二“太史氏印”、“玉延亭主”。

藏印："休宁朱之赤珍藏图书"、"乾隆御览之宝"、"乾隆鉴赏"、"三希堂精鉴玺"、"宜子孙"、"嘉庆御览之宝"、"石渠定鉴"、"宝笈重编"、"石渠宝笈"、"安仪周家珍藏"、"乾清宫鉴藏宝"、"安岐之印"、"朝鲜人"、"宣统御览之宝"、"心赏"、"柳溪所藏"。

东坡此数词亦见杨守敬序刻《景苏园帖》第五，文字及自注与匏庵所书者相同。残泐诸字为补入，傅干注本此题后多"时元丰五年也"六字，朱强村本从《纪年录》系于辛酉（元丰四年），文字亦微有出入（如雪床作雪林，排作挑是）。

宽书效东坡，其诗所谓"书家新样出眉山"者也，惟所学为坡公元丰间笔（顾复语）。观此册良信。然其跋东坡墨迹于黄、惠、琼、儋时书，亦非无所会意也（见《匏翁家藏集》卷五十一）。诗集中答宾之作书戏效拙体次韵五首云："长爱弱毫能瘦硬，戏将浓墨故烂斑。"论书宗旨可见。

吴宽（1435—1504）字原博，号匏庵，长洲人，成化八年进士第一，官至礼部尚书，谥文定。事迹见《明史》本传。

卷末向迪琮跋，饶宗颐和词不录。

六、李东阳　行书东曹官舍联句诗　卷

纸本　纵二七点二公分　横二〇九公分

斯堂欲就已离歌东阳五马双旌奈远何勋僰道风烟非旧日一清汉庭雨露有余波村门高铁限人犹拥东阳陌系青丝客重过勋回首天南定相忆一清碧山万里暮云多村

十年诗翰动京华一清出牧南邦荷宠嘉勋清酒百壶供祖廗（席）宾红尘夹道拥行车东阳秋高天际孤鸿远村日落江头一鹗斜勋想是怀人多赋咏一清春来应宿杜陵花宾

碧天霜冷雁来初宾城上风高落叶疏东阳秋色正当为别地勋乡心还托寄回书村伏波城外青山绕一清忠靖祠前化日舒宾今古登临无限意东阳不妨多暇驻篮舆勋

五马秋风出禁城村野亭杯酒送君行宾离情日与东流远勋阙望天连北斗横东阳十载江湖双鬓短一清满囊书画一官清村武陵溪上春如许宾佇听甘棠起颂声勋

客里闻砧未授衣勋归心先逐雁南飞东阳山川次第经吴楚一清诗酒寻常忆杜韦宾五袴宜歌廉叔度村澄江重咏谢玄晖勋清才茂绩须兼美东阳还有声名动省闱一清

与屠秋官元勋，杨中舍应宁，储中舍世资。偶会于思南之东曹官舍，陈考功朝用继至话别，得诗五首。时思南犹为人作草书，此吾诗成，已二十余幅矣。东阳识。钤印一“西涯”。

藏印：“王南屏珍藏印”、“南屏珍藏书画”。

卷末叶恭绰跋：西涯书法为伊墨卿所自出，知者甚稀。此卷乃中年作，尚未及纵横之致。然诗、字渊秀，固已不规规于台阁体矣。联句诸公，皆一时名隽，尤可宝也。遐翁绰。钤印一“恭绰之印”。

叶氏《矩园余墨》著录。李东阳是卷联句诸公，皆一时名隽（序跋第二辑），日本有竹斋藏先朝宝翰内有李东阳与杨一清、朱中孚、柳拱之等联句。此卷联句者屠勋，字元勋，号东湖，杨应宁即杨一清。

李东阳（1447—1516），字宾之，茶陵人，天顺八年进士。弘治八年入内阁，十年加太子太保，户部尚书，谨身殿大学士，赠太师，谥文正。行草书笔力矫健，小篆尤胜。事见《明史》本传。

七、祝允明　细楷汉樊毅修西岳庙记　册

纸本　纵一八点六公分　横一二点六公分

山经曰：“泰华之山，削成四方，其高五千仞，广十里。”《周礼·职方氏》：华谓之西岳。祭视三公者，以其能兴云雨，万物通精气，有益于民则祀之。故帝舜受尧历数，亲自迍（巡）省，设五鼎之奠，柴燎烟，致敬神祇，乂用昭明。百谷繁殖，黎民时雍，鸟兽率舞，凤凰来仪。暨夏殷周，末（未）之有改也。其德休明，则有祯祥，荒濡（淫）臊秽，笃灾必降。秦违其典，璧遗鄗池，二世以亡。高祖应运，礼遵陶唐，祭则获福，奕世克昌。亡新滔逆，鬼神不享。建武之初，彗扫顽凶，更率旧章，敢用玄牡，牲牷必充，天惟醇祐，万国以康。光和二年，有汉元舅，五侯之胄，谢阳之孙，曰樊府君，讳毅字仲德，承考让国于河南，究职州县，辟公府，除防东长，中都令。诛强虓，抚瘠民。二鄙以清，令守斯邦，威隆秋霜，恩踰冬日。景化既宣，由复夕惕，惟窥禄之报，顺民之则。孟冬十月，齐祀西岳，以传窄狭，不足处

尊卑，庙舍旧久，墙屋倾亚，世室不修，春秋作讯，特部行事荀班，与县令先党，以渐补治。设中外馆，图珍奇，画怪兽，岳渎之精，所出祯秀，役不干时，而功已著。暂劳久逸，神永有凭。自古太山，邸邑犹存，五岳尊同。哀此勤民，独不赖福，乃上复十里内，工商农赋，克猷帝心。嘉瑞仍答，风雨应起，瀸润品物，君举必书，况乃盛德，惠及神人，可无述焉。于是功曹郭敏，主簿魏袭，户曹史许礼等，遂刊玄石，勒鸿勋，垂曜灵轸，存有昭识。其辞曰：

二仪剖判，清浊始分，阳凝成山，阴积为川。泰气推否，洪波沉臻。尧命伯禹，决江开汶，川灵既定，恩覆兆民。乃刊祀典，辨于群神。因渎祭地，岳以配天，世主循遵，永享历年。赤锐煌煌，受兹介福，京夏密清，殊俗宾服。令问不违，可谓至德，德音孔昭，实唯我后。出自中兴，大汉之舅，本枝惟百，延庆长久，俾守西岳，连奉神祀，改传饰灵，则有攸齐。降瑞答神，景风凯悌，惟风及雨，成我稷黍，穑民用章，建义室寓（宇）。刊铭记诵，克配梁父。

长洲祝允明书。钤印一“吴下阿明”。

题签：祝枝山先生墨迹。甲申秋日，幼梅重装。

又：祝枝山书汉樊毅修西岳庙记。虚白斋藏，康侯。钤印二“老康”、“冯”。

藏印：“子孙保之”、“竹香”、“汪均之金石书画之章”、“寿熙氏”、“楚南周氏晓初珍藏”、“野园主人审定真迹”、“喻氏□仲父审定真迹”、“曾在张之英家”、“仲里方氏”、“张之英藏”、“平生真赏”、“西郭草堂”、“于野”、“竹香”。

祝允明（1460—1526），字希哲，长洲人。徐有贞外孙，生而右手枝指，因号枝指生。以举人授兴宁令，迁应天府通判，乞归。书益奇纵，而楷法精谨，实师妇翁李太仆应祯，论者谓其兼有二父之长，事迹见《明史》卷二百八十六《文苑传》。

八、文徵明　细楷落花诗　卷

纸本　纵一九点七公分　横二九六点五公分

落花各诗不再过录。

有序记云：

"弘治甲子之春，石田先生赋落花之诗十篇，首以示壁。壁与友人徐昌谷属而和之，先生喜从而反和之。是岁壁计随南京，谒太常卿吕公，又属而和之。先生益喜，又从而反和之。其篇皆□，而先生之篇累三十皆不更宿而成，成益易而语益工，其为篇益富而不穷益奇。窃思昔人以是诗称者，惟二宋兄弟，然皆一篇而止，固亦未有如先生今日之盛者。或谓古人于诗半联数语足以传世，而先生为是，不已烦乎，抑有所托而取以自况也，是皆有心为之。而先生不然，兴之所至，触物而成，盖莫知其所以始，而亦莫得究其所以终，而传不传，又何庸心哉。惟其无所庸心，是以不觉其言之出而工也。至于区区陋劣之语，既属附丽，其传与否，寔视先生，壁固知非先生之儗，然亦安得以陋劣自外也。是岁□月之吉，衡山文壁征明甫记。"钤印三"文璧印"、"衡山"、"停云"。

题签：文待诏书落花诗卷。丙申张氏玥斋珍弆。钤印一"玥斋"。

藏印："容文蔚印"、"影庐所藏"、"蔚"、"敦煌"、"玥"、"斋"、"张祥凝藏"、"玥斋心赏"、"玥斋秘笈"、"四无恙斋"、"黄般若藏"、"天壤至宝"、"鹤山冯氏春漪楼藏"。

另有张祥凝题跋：落花酬唱。此传世名迹，著录见有多本，庞虚斋一卷有图，黄氏静者居一卷亦有图，高野侯一册，顾公硕一卷，四本皆为石田谢世后，文待诏酬赠之作耳。今此袖卷无图，而叙词简肃，与四本有别，是乃衡山当时书奉石田之原本，且璜池尚存弘治间原装，历劫不磨，喜原装原本也。丙申凝记。钤印一"张祥凝"。

壮陶阁著录有《落花诗》。

顾文彬《过云楼书画记》有文待诏《落花诗卷》云："是岁十月，衡山以精楷书之，都四家六十篇，自为跋语，其后董思翁、陈眉公均有题记。"文氏书《落花诗》非止一卷也。

传略见前。

九、文徵明　行书煮茶七律　卷

纸本　纵二九点七公分　横三〇二点五公分

煮茶

绢封阳羡月，瓦缶惠山泉，至味心难忘，闲情手自煎，地炉残雪后，禅榻晚风前。为问贫陶谷，何如病玉川。

嘉靖庚戌九月十日书于玉磬山房，时年八十又一。征明。钤印三“征仲”、“文徵明印”、“玉兰堂印”。

藏印：“退止庵印”、“皇十一子永瑆鉴赏古书真迹珍藏之印”、“晚晴居士”、“沈”、“德潜私印”。

十、唐寅　文徵明 行书合璧 扇面

金笺　横五六点七公分

夜泊松陵系短篷，埠头灯火集船丛，人行烟雾长桥上，月出蒹葭漫水中。自古三江称禹迹，波涛五夜起秋风。鲈鱼味美村醪贱，放箸金盘不觉空。唐寅。钤印一。“□□居士”。

江南四月气清和，最爱城西宿雨过，斜日倚楼山拥翠，平湖移棹水增波。青春欲共残花去，白发还争落絮多。老大未输年少乐，诗成自倚洞箫歌。征明。钤印二“征明”、“衡山”。

藏印：“吴氏晴溪鉴古”。

传略见前。

十一、王宠　草书杜诗　轴

纸本　纵一一九公分　横二三点五公分

朝回日日典春衣，每向江头尽醉归，酒债寻常行处有，人生七十古来稀。穿花蛱蝶深深见，点水蜻蜓款款飞。传语风光共流转，暂时相赏莫相违。

王宠。钤印三“王履古印”、“大雅堂”、“辩斋”。

藏印：“香翰屏珍藏印”、“曾经自求斋所审定者”、“子孙永宝”、“寿农赏玩”、“黄万千”、“张祥凝藏”、“琍斋秘笈”、“琍”“斋”。

王宠（1494—1533），字履仁，后字履吉，号雅宜山人，吴县人。工诗善书，惜卒年仅四十。

十二、陆治　草书大吴歌　卷

金粟山藏经纸本　纵三一公分　横一一四点二公分

山人燕卧楞伽久，六合游神夸独有。碣石沧溟掌上开，太华蓬莱在吾肘。青霄灵籁本虚无，坐对空门日夕多，边笳六月愁霜雪，我向青萝发浩歌。当歌决眦乾坤小，灏气凭陵接天表。口吐精光射紫霓，赤脚趑踏苍龙道。苍龙御日游九州，轮回毂转无停休，乌飞二万六千里，恍惚西倾昧上头。谪仙长绳徒尔为，太傅空余鹏鸟悲。从前已矣不可谏，一忽千古浮云驰。我歌长跪君须听，让国空名称独圣。黄金宫阙尽消沉，唯有湖光雪如镜。万里长风扫黑霾，照见离离鹿走台。鹿死台荒两寂寞，征帆沙鸟空徘徊。霎时凄雨昼冥冥，尽是铅华未死情。千声万声枝上鸟，分明自唤吴姬名。湖水咽不流，山草青不已，娥眉白骨，干将不起。龙为鱼、虎变鼠、两国竟何所。穷崖鬼啸听猿泣，宝气沉埋剑光湿。黯黯凭凭作阵云，寒阴喷薄虬（蛟）螭蛰。歌声欲放不得发，我亦从之气于邑。回身只向草堂眠，白日青春月似年。山僧对语钵龙喜，半见天花散晴绮。岂将真性托缤缘，聊能独悟无生理。闻君愁病心转劳，作赋三都生二毛。何如弋者不闻鹄，任尔逍遥云汉高。

癸巳秋包山陆治读书石湖之上，时大暑力夷，天青云白，抚景怅然，乃作大吴之歌如左。冬日过尚质草堂，录似静观先生教览，甚可发一大笑耳。钤印二“包山子”、“陆生叔平”。

藏印：“晓亭珍藏”、“严荄藏真”、“水月山房”、“冠五清赏”、“庐江”、“金匮宝藏”、“和庵鉴定真迹”、“粤人谭敬印”、“谭氏区斋书画之章”、“章氏珍玩”、“仰居”、“杜复”。

癸巳或嘉靖十二年。

陆治（1496—1576），字叔平，吴县人。居洞庭包山，号包山子，游祝、文之门，写山水自出胸臆，卒年八十一。

十三、文嘉　细楷千字文　册

纸本　纵二六点二公分　横一三点七公分

原文不录。

款识：嘉靖甲子二月七日，书于北京寓舍。文嘉。钤印三“肇锡余以嘉名”、“文休承氏”、“文水”。

传略见前。

十四、徐渭　行书诗　卷

绢本　纵二七点二公分　横二六九公分

天瓦庵

天瓦禅居旧所登，今来新长几条藤。长髯已赴听经会，高岫谁悬施佛灯。问讯几多陪宿众，茶毗一个坐关僧。无端欲步留题韵，似上一层高一层。

坐底刹那三两日，小桃开尽蕊头花。深山落日听玄虎，风急寒泉走白蛇。懒性年来频忤俗，此身那得不离家。即今未必能秃发，且向茆庵傍煮茶。

右寒泉庵

闲来著罢景纯经，客舍樵居烟雾生。流水细分床畔响，群山高入笔端灵。春城笋茗来双客，夜火清明坐二更。最喜高峰飞蔼尽，明朝不用雨中登。

右注景纯经竟笺（点去），在阳明洞天偕门人马化龙吴系，适二客携笋茗至，约明日游云门，时万历改元之清明日也。

元夕饮钱氏宅作火杨梅诗

荔子还输热，枇杷只作黄。良宵灯下赏，稚子一枝妆。叶叶元非假，累累暂有芒。观时睛足眩，探处手疑汤，赤紫色互流，甘酸味叵尝。代灯华席挂，映月小林藏，湿雨应迷炟（焰），吹风似少香。泻筐难赠客，剪彩已殊芳。本是杨家果，今移钱氏堂。数丸烧枣造，才铁作丝长。红烛添重短，金樽饮不妨。堕枚珠激浦，落苐烬飞霜。抟雪狮辞巧，裁绡凤罢翔，天机人尽夺，春色蝶先忙。“幻术元几道”（此句点去）座客不辞醉，老夫应更狂。景真翻不（衍一不字）乐，事戏剧难忘。幻术元几道，明朝尚可觞。呼童重摇菜（采），再串数明当。

慕兰钱子索余书久矣。适清和之候，紫兰盛开，市樱烹笋，觞我于海月之楼，因为作此，偕门人马化龙。天池道士徐渭。钤印二“徐渭之印”、“天池漱仙”。

题签：徐天池诗卷。息庵珍藏。

又：徐天池诗卷。宾虹题。钤印一“黄宾虹”。

谢兰生跋：天池书画市上赝本最多，赝书尤鄙俗可厌，余往往一见斥去，窃疑享大名者，不应至是，及阅真本，纵笔写去，虽粗头乱服，亦有云鹤游天，群鸿戏海之妙。此卷笔气奇逸，章草一幅尤骎骎入古。天池尝云：“吾书第一，次诗，次文，次画。”今观此卷，益信。英圃其慎守之，戊子八月廿七日灯下，里甫谢兰生题（文见《常惺惺斋书画跋》）。“谢兰生印”、“里甫”。

天池评字自言：“吾学索靖书，虽梗概亦不得，然人并以章草视之，不知章稍逸而近分，索则超而仿篆。”观此卷杨梅诗，直以分作草，具见其于索书致力之深，所云梗概不得，乃谦辞耳。

徐渭纪游云：“清明日景纯书竟笺时，与门人国图马生寓宛委山龙瑞宫之东，若耶溪上樵舍，适吴承甫、胡应斗携笋茗来访，烧灯夜坐，约明日步阳明洞天，从郡山中越陡广孝寺……时万历改元二月之二十六日。”（《徐文长佚草》卷六）可与此天瓦庵诗即证二客即吴、胡，马化龙谅即马国图也，此时文长刚出狱不久，门人尚有吴系柳瀫时相过从，吴系父即侠士吴文明也（文长为撰《吴侠士墓志》，见《佚草卷》二十二），诗云笺景纯经，《绍兴府志》著录，渭有郭璞葬书注，然其所著青藤山人路史，谓葬书为伪，故此注弃而不传。

传略见前。

十五、张凤翼　张学曾　墨迹合卷

张凤翼

纸本　纵二五点五公分　横六二公分

河阳别业六咏为潘叔朗寿亲作

卞山崔嵬映苕水，一曲烟光漾青紫。千年玄鹤应来居，带月巢云鸣和子。朝从南极亲紫微，夕与宝婺争光辉。城郭人民共绵邈，不数辽城丁令威。

右鹤来居

淮南小山开桂藂，门前有客来八公。霅川桂堂自无隐，芬芳剩有河阳风。阶除垒石作岩谷，坡陀磈磊俨浮玉。传书何必下青鸾，扶舆自侈骖苍鹿。

右小山堂

曾闻幽人竟陵子，击木徘徊隐村里。著经应先顾渚茶，品泉定首金沙水。君今茶寮构家园，手烹蟹眼进鱼轩。甘露一杯倾玉液，清风两腋入金门。

右茗柯馆

高树千章荫长夏，高阁层檐甃鸳瓦。一厨名画顾凯封，万卷奇书邺侯架。阁中作赋金玉声，槛外万籁相和鸣。有时幻作钧天梦，直作虞廷闻九成。

右韵阁

有斐曾闻咏淇澳，虚心直干人为玉。名斋六逸迈七贤，万竿何必筼筜谷。漫言幽谷似筼筜，结实还堪饵凤凰。翠袖凌室时徙倚，龙孙欣见欲成行。

右竹林园

东齐雪宫浪得名，西域雪山空着声。何如惠连成赋后，四壁照耀瑶华生。俛仰无妨僵卧客，荏苒洪钧转阳律。岁寒坚白保贞心，不与梅花斗香色。

右雪苑

往年以题黄吉甫暮春诗卷，蒙许可于大中丞荆川公，时尚未识荆也。无何而邂逅公于华秋官梁溪圃中，得迩光霁，因缔交于重庵、凝庵二先生，间五十年于兹矣。展大兄修世谊，千采葑菲，呵冻应之，并识所感。万历庚戌嘉平月朔，张凤翼时年八十有四。钤印二“阳春堂印”、“张伯起”。

庚戌为万历三十八年。

张学曾

纸本 纵一九公分 横五六公分

杨无补高士入城见访，同宿西禅寺僧舍

寒日淡荒村，朝烟未启门，堆床书帙乱，高枕布衾温。久不来城市，俄焉辱过存，况当风雨夕，且共倒清尊。

春晚吴门棹，秋深江上帆，我行犹道路，自觉愧川岩。有客常招隐，因僧远寄缄。喜同萧寺榻，终夜话长镵。

寂然林野诗赠闻机上人

荒林远市朝，旷野亘阡陌。居人在村墟，已觉天地隔。闻师法苑秀，观化得安宅。岂惟绝嚣尘，亦复托幽僻。开林金锡飞，屏野茆庵窄。手口作因缘，檀信罕资借。云房净土深，雪岭慈容瘠。钟磬依梵声，茗粥出香积。经户若无人，残灯耿遥夕。时有邻翁来，悉秉高士格。（邻翁指南明无补而言）

相为文字禅，不随声闻迹。此外尽空天，其中无俗客。寂理固在斯，言诠讵能释。

西禅寺雨中为南明先生词宗书并正。张学曾。钤印三“约庵”、“学曾”、

“张尔唯氏”。

题签：明张凤翼、张尔唯墨迹合卷。梅影书屋，大风堂，田溪书屋递藏。乙酉卢子枢题。钤印二“卢”、“子枢”。

吴湖帆跋：“此亦尔唯太守中年作，其晚年书法略师眉山。三诗俱在西禅寺作，西禅寺者吾郡古刹也。又杨无补高士入城见访云云，应在顺治初，作郡苏州时作。南明者方南明也，名夏，吴中遗民也。”钤印一“湖帆书画”。

杨无补一字白补，号古农，先世清江人，移居长洲。甲申后隐邓尉，写山水师法倪、黄。

藏印：“子孙保之”、“湖帆审定”、“伍葆恒俪荃氏南雪斋图书印”、“藏之大千”、“惜芬”、“慧吾珍藏”、“春雨楼”、“田溪书屋”、“冠五珍藏”、“番禺张祥凝藏”、“新化周游收藏”、“铁梅馆主珍藏”、“周氏铁梅华馆藏真”、“游于艺”、“浮云游子意”。

张凤翼（1527—1613），字伯起，号灵虚，长洲人，嘉靖四十三年举人。

张学曾，字尔唯，号约庵，会稽人，由中书出仕吴郡太守，为吴梅村所作画中九友歌之一。

十六、王稚登　楷书蹋灯词　扇面

金笺　横四九公分

自入新年日日晴，韶光淑气似清明，家家结绮装檐额，灯火丛中锦绣城。
阊门紫陌锦云遮，灯烛薰天十万家，云母屏前交鸮鸟，水精帘下合欢花。
木兰堂上月娟娟，百鸟千花宝炬然，羡杀风流白刺史，要将灯火上丰年。
吴趋里接馆娃坊，火树银花掩月光，却似满城桃与李，神明茂宰在河阳。
丞相归田祝至尊，张灯待月坐黄昏，君心愿得如灯月，不照朱门照席门。
髻挽乌云试晚妆，衣裁白雪学霓裳，私邀女伴檐前立，半避灯光半月光。
龙舟水殿尽成灰，歌舞君王去不回，绣带流苏灯夹路，月中疑是锦帆来。
谁借银潢织女机，千丝万缕出深闺，内家颁下鳌山锦，火树龙衔上御衣。
梵宫仙宇夜深游，才访缁流又羽流，别是一般灯火样，渡河香象出关牛。
野烧浑如不夜城，农歌尽是竹枝双，虽然不比沉香火，牧笛聊堪当玉笙。
右蹋灯词十首。庚子上巳王稚登书。钤印二“稚”、“登”。

庚子为万历二十八年。

《吴越所见书画录》四有《王百谷蹋灯词》（十五首），《茶莉曲》卷文字略异，如第一首作“一入”，“始信吴王锦绣城”，第二首“阊门十里锦云斜”，第三首“谁识风流”，“烧灯只为卜丰年”，第四首“吴趋坊”，“火树星梢夜未央”，“裁花仙令在河阳”，第五首“烧灯”，第六首“衫裁白苎”，“门前走”，“不避灯光避月光”，第七首“已成灰”，“锦带”，第八首“出幽闺”，第九首“蕊宫莲宇夜深游”，第十首“不及”，此只余十首。

王稚登（1535—1612），字伯谷，其先江阴人，移居吴门。以书显，隶尤遒古，过于真草。事迹见《明史》卷二百八十八《文苑传》。

十七、董其昌　行书七绝　扇面

金笺　横五四公分

三竺溪流独木桥，逋仙于此发长谣，若为却入千峰去，黄鹤空中不可招。

题画一绝。其昌书。钤印一“董其昌印”。

藏印：“颀石鉴定”、“俊斋”。

传略见前。书极韶秀，摇曳生姿。

十八、董其昌　行书大唐中兴颂　卷

纸本　纵二八点三公分　横六一三点五公分

碑为唐上元二年元结撰，大历六年六月刻。文见《元次山文集》卷六，兹不录。董跋如下：

右浯溪中兴颂碑，颜鲁公真书，余以行体录之，仍存其刻撰岁月。乙巳校士衡阳，永州守以碑刻至，念祈（祁）阳犹远，不能往读碑，而箧中有赵吴兴画山谷浯溪读碑图，因作歌属守镌之。

题浯溪读碑图

漫郎左氏癖，鲁国羲之鬼。千载远擅场，同时恰对垒。有唐九庙随秋烟，一片中兴石不毁。几回吹律寒如春，几度看碑陈迹新。辽鹤归来认城郭，杜鹃声里含君臣。折钗黄绢森光怪，旧国江山余气概。当时富贵腹剑多，异代风流椽笔在。书生何负于国哉，元祐之籍何为来。子瞻饱吃惠州饭，涪翁夜上浯溪台。扶藜扫石溪声咽，不禁伎痒犹题碣。清时有味是无能，但漱湘流莫饶舌。董其昌书。

浯溪中兴碑名三绝碑，谓颜之书，元之颂与镜石内外莹澈为三耳。予闻而呵云：夫文章与书道，必以其人重，若元漫郎之高洁，颜清臣之忠义，为唐时人物冠冕，正使不文不书，自足名世，况颂之谨严有典诰体，书之瑰伟兼籀篆法如此碑者乎。柳子厚平淮雅似此颂，蔡君谟建桥记似此书，数百年来可与颉颃者仅见此两人。然君谟进凤团茶，已为东坡所叹，子厚又不在言矣，信乎三绝之难也。其昌。钤印三“董玄宰”、“玄赏斋”、“玄宰”。

题签：董文敏书大唐中兴颂墨迹。宝米斋秘笈。甲戌夏月，赵叔孺署。钤印一“赵时棡印”。

题跋：《江村书画目》著录，高士奇跋：在京师时，余既得文敏临柳诚悬兰亭诗卷。客曰：尚有临浯溪碑卷，因取观之，苍秀遒逸，各具一种法度，遂并为购易，携归重装。近来董迹日希，略草数行，皆索重价，似此精茧妙墨，真而且佳，即文敏在日，亦不多有，子孙当知宝爱，弗轻以示人。然世人以耳为目，实能鉴别者少，遇佳迹反忽视者，良可叹夫。康熙戊寅中秋，轻阴微凉，不似昨题兰亭卷，余暑困人也。江村侍莱衣人高士奇竹窗书于简静斋。钤印三“一乡看侍老莱衣”、“士奇”、“赞襄典学”。

此卷自首至尾纸六接，字一百廿行，文敏两次书名，并记之以防割裂。士奇又笔。钤印二“士奇”、“高淡人”。

叶德辉跋：明董文敏书画，集一代之大成。书迹流传至多，而精品最少，盖其随手挥洒，出于应酬者多，苟非其兴到临仿古人，未有十分可供赏鉴者。此卷本高江村旧藏题跋至再，并于接纸处钤有印章，恐人割裂分析，其为江村爱重至矣。江村消夏录未录文敏一书一画，而凡例末一则有“董文敏书画，为近代第一，所见真迹甚多，另为一卷”之语，使其书成，必以此为压卷品矣。辛酉正月惊蛰，后学叶德辉。钤印一“臣德辉”。

藏印：“乾隆鉴赏”、“三希堂精鉴玺”、“宜子孙”、“乾隆御览之宝”、“映山真赏”、“查嵤之印”、“竹南草堂珍藏书画印”、“古董周氏宝米室秘笈印”、“左田八十二翁”、“壹斋”、“季彤秘玩”、“真知此中之妙”、“高士奇图书记”、“高氏江村草堂珍藏书画之印”、“清河郡记”、“石渠宝笈”、“张长卿”、“依竹居士鉴赏书画印”、“黄钺”、“黄钺私印”、“宋氏菊州收藏”、“听帆楼藏”、“曾经雪盦收藏”。

按董书兴原碑多歧，原文“天宝十四载”，董书改为“十四年”，“为昏”句董作“为惛”，“繄晓我皇”董作“翳睨”，“我卒前驱”董作“戎卒”，“复服指期”董作“复复”误重，“凶徒逆俦，涵濡天休，死生堪羞”三句董作“凶徒天休，死生逆俦，涵濡堪羞”，似有倒置，或临笔时率意，故与原文未照。

十九、陈继儒　行书七绝　扇面

金笺　横四七点五公分

群峰盘尽吐平沙，修竹溪边见酒家。醉后日斜扶上马，丹枫一路似桃花。

山行。陈继儒。钤印二“醇”、“儒”。

藏印：“挹翠阁”。

陈继儒（1558—1639），字仲醇，一字眉公，华亭人，工诗文，偶作山水梅竹，苍秀劲逸，书法苏米，自摹刻晚香堂帖，著述宏富，辑《宝颜堂秘笈》，年82岁。

二十、文震孟　行书七律　扇面

金笺　横五五公分

栢樽狂倒醉亲知，共喜年华汎酒卮。领略光天无妄想，破除尘累有新诗。厌迎啼笑休观剧，懒问输赢不看棋。斜日半窗香一缕，百般时鸟贺春枝。

乙丑元日一首。文震孟。钤印一“文起氏”。

文震孟（1574—1636），字文起，号湛持，原名从鼎，祖彭，父元发，长洲人。天启二年进士第一，官至东阁大学士，礼部侍郎。

乙丑为天启五年，此为其中状元之后三载所书。

二十一、张瑞图　草书七绝　轴

纸本　纵一五九公分　横五二公分

笼烟紫翠日曈曈，宣政门当玉殿风，午刻阁前卿相出，下帘声在半天中。

瑞图。钤印四“张长公”、“张瑞图印”、“挥毫落纸如云烟”、“文学侍从之臣”。

张瑞图（1570—1644），字长公，号二水，自署白毫庵主，晋江人。万历丁未殿试三名及第，累官至建极殿大学士。以撰魏忠贤生祠碑遭人所劾，赎为民。山水气韵高绝，书法以翻笔方折，自成一家（事迹参《明史》卷三百六《阉党传》）。

二十二、李流芳　行书　卷

纸本　纵二六公分　横四七四公分

《月赋》，谢庄作，见《文选》，不录。

曹丕自叙，文见《典论》，及全《三国》文。

嵇康《绝交书》，文见《文选》。此只抄七不堪一段。

丁巳八月十七日偕孟阳至虎山桥看月，饭后舟次横塘，为书此卷。李流芳。钤印二“李流芳印”、“长蘅氏”。

藏印：“字曜春号萝裳又号小石”、“休阳程芝华印”、“白岳程芝华考藏金石书画印”、“小石”、“程季子”、“阿四”、“麋生获观”。

此卷为孟阳书者，董其昌画旨云：“长蘅平生交有二孟阳，一为程孟阳，善画，一为邹孟阳，善鉴画过于程。而邹孟阳居六桥三竺湖山间，每长蘅游屐所至，必与之俱乘，颓然微醉有意放笔时，辄以纸墨应。”（《式古》一，五十一）此卷之孟阳或是邹孟阳，非程嘉燧也。

丁巳即万历四十五年。

传略见前。

二十三、邹之麟　行书七律　扇面

纸本　横五一公分

忽焉垂实亦奇哉，莫是朱明受记来。一种香光分佛手，两圆果相出天栽，金茎色借花千点，玉露风临酒百杯。快读夜来诗句好，蚤知君有不群才。

兴吴阁拈笔书寄芳洲世交。昧庵老人麟。钤印一“臣虎”。

藏印："春雨楼秘笈"、"天景楼"、"冠五珍藏"。

昧庵行书当不在画下，尝摩挲杨少师神仙起居法（《吴其贞画记》，344页），盖其泽古者深矣。

传略见前。

二十四、米万钟　行书五绝　轴

纸本　纵一四一点五公分　横五五公分

飞楼危峡悬，雪瀑遥光驶，入境隔林深，高凭者谁子。

题画，米万钟。钤印三"书画船"、"米万钟字仲诏"、"海淀渔长"。

藏印："钟琴初考藏金石书画之章"、"萝峰主人"。

传略见前。

二十五、王铎　行书饮义楼诗　轴

绢本　纵二八六公分　横七三公分

开筵鸣画角，海上此登楼。芋水去无尽，旗山空复秋。清樽临断碣，高唱落长洲。战艘何年定，磨崖万载留。

饮义楼作之一，泰器大词宗正之。辛未十月夜一鼓。孟津王铎。钤印二"王铎之印"、"太史氏"。

辛未为崇祯四年。

王铎（1592—1652），字觉斯，号嵩樵，孟津人。天启二年壬戌进士，入清，官至礼部尚书，卒赠太保，谥文安。工诗，有《拟山园集》，行草苍郁雄畅，浩乎沛然。

二十六、王铎　行书净业寺西州作诗　轴

绌本　纵二三八公分　横五二公分

颇定鸬鹚羽，浊烟无复生。余情苏品物，残照下孤城。蛮鼓催荷蕊，军

人喜角声。低眉甘不语，石窦远琤琤。

净业寺西洲作，谷水老词宗教之。王铎。钤印二“痴庵”、“璚（琼）蕊庐”。

藏印：“子孙永保”、“萝峰主人”、“钟琴初考藏金石书画之章”、“孙氏顾斋书画记”、“仲瑛五十岁后所得”。

二十七、王铎　草书　轴

绌本　纵一八二公分　横四六公分

右军云吾真书过钟而草故不减张。深以为真不如钟，草不及张。所为世之所重，其言当不虚也。行至江浦，劳极临此，惛惛欲寝。孟津王铎。丁丑二月十七日雨晴。钤印二“王铎之印”、“太史氏”。

丁丑为崇祯十年。

二十八、王铎　琅华馆帖　册

纸本　纵二七点二公分　横三一公分

法书染翰目：

王羲之初月尚书二帖

王献之中秋帖　　陶弘景朱阳帖

吴融赠广利帖

智永四帖　　一帖分与刘巨济

欧阳询度尚·庾亮二帖

杨凝式昼寝帖　　凝式大仙帖

张长史秋深帖　　唐模十七帖

司空图度利帖　　张长史绢帖　归刘巨济

吴融博士帖

怀素去夏帖

梁模乐毅帖

颜真卿朱巨川帖

惠柑珍感！珍感！长茂者适用水煮起，甜甚，幸侵试之，余卜面谢，不一一。司谏台坐。

顿首再拜。淮山又得话平生，惜别得两府，经一旬日，为农师冲元约见，却不曾见得两禁遂行。老妻卧疾少愈，到此而妇属疾未损，自入京门迎医去耳。彦臣如何?

启：小雨，起居冲胜，来早无事，临顾一饭，少奉清言，幸临辱，敦礼阁下。

十二月望顿首，郊后无京递迄今，临西风，驰此情，皆为况，何如？甚安，冬和不废临揽，已二周，尝尝已合类，况曹子方不祈而迈乎！俟面谢，附使不具。司勋老阁下。

内翰必常常相见，不会得披晤，留刺尔。八日方过公方处矣。我薄禄未得归，相见何时，顿首，希声亲友。

两日入城，劳茶思，企企。高轩亦不入城，阻留语水馆，凉甚。小雨时隔，亦长物也。因入城，舟中可款，仲完。

左丞钧坐：恭审进位，庆同。在己探候上贺次。晴快，恭惟机政之暇，钧体动止万福。谨具状陈情不备。左丞钧席。

顿首：两应想佳快。彦舟粗炉，遂相赠吾友，炉何不至也？思企思企，济道。

启：昨日小款英谕，但深钦乡。辱教，审晨作冲裕，有暇过顾，幸甚，幸甚。再拜。

真盛事也，不及奉陪，书全是褱䬫帖，世间有此，但模本耳。近女仙作一辞，录去发笑，发笑。

大球三尺美无瞟。素业清风合立朝。此别何言赠君子，谠言忠论好禅尧。一生吏案发人狂，重入承明马齿长。书画不贤仓庚氏，便予赁舍植秋芳。左丞钧席。

余以右军帖于晋卿家易唐文皇手诏，因赞之曰：龙彩凤英，天开日升。亟勘多难，力致太平。云章每发，目倦昨夜，何不奓户发三书也。詹怀莫穷，皇恐因判押，遂使字有俗气。右军暮年方臻妙，正在林岩时，吾家收右军在会稽时与王述书，顿有尘气，又其验也。

近顾虎头金粟坐石存神像，李伯时见欲倾囊易也。

张颠书贺八清鉴，风流千载人也。帖凡七纸。苏太简家物，液献章子厚也。

赵子立收笔阵图，前有右军真，并笔势图，后为章子厚取之，使吴匠制，甚入用，今吴有其遗制，近知此书在章持房下，晋书古贤十人失其名。

画图品目：

王羲之自写真逸品

晋顾恺之维摩逸品

王维小轴神品

李成神品松石

范宽神品横轴

徐熙大桃花神品

李成雁阵图妙品

徐熙梅花妙品

李成扇妙品　花妙品

范宽扇妙品

荆浩妙品

韦马驴妙品

韩晋公老牛舐犊图妙品

易元吉牡丹四季妙品

韦伯益龟

苏子瞻石

书不师古，便落野俗一路，如作诗文有法而后合，所谓不以六律，不能正五音也。如琴棋之有谱然，观诗之风雅颂，文之夏商周秦汉，亦可知矣。故善师古者，不离古，不泥古；必置古不言者，不过文其不学耳。辛巳正月书此册，客辄至，轻三日始成，质之循如杨词丈以为何如?

孟津王铎书于怀州之东湖草堂。钤印五“王”、“铎”、“王铎之印”、“字觉斯”、“崤嵘云房”。

辛巳为崇祯十四年。

藏印：“杨奇蕴印”、“叶恭绰誉虎印”。

末叶恭绰早年跋不录。

按此册题曰“法书染翰”，似从宋人书信手摘录，如张颠书贺八清鉴一条，米芾书史云：“张伯高贺八清鉴帖楮纸真迹，字法劲古，不类他书，世间伯高第一书也。苏液家世多石刻，后归章惇家。”此云液献章子厚，即指惇也。

又颜鲁公朱巨川告刻入停云馆。此卷绢质，吴其贞曾见于溪南吴本文家，共六卷，此其一也。其中题顾长康洛神图，有王觉斯跋。（《书画记》二，124页）

又“王右军笔阵图前有自写真，纸紧薄如金叶，索索有声，赵竦得之于一道人，章惇借去不归”。此帖云赵子立，即竦也。

觉斯卒时年六十一，晚岁仕清，颇为人诟病，吴人谓其字中有面，诗中有葱，盖轻薄之（见《楝亭文钞》“题王觉斯先生画扇记”），毋乃过甚耶。翁覃溪跋王觉斯书，称觉斯于书法亦“专骋己意，而不知古法”，亦非持平之论。平生目学至富，观此册可以见之。钱牧斋撰墓志，称其“点画才波，错见侧出，如灯取影，不失毫发，是为公之书学”，当非阿其所好。

二十九、王铎　行书　轴

纸本　纵三〇九点五公分　横四九公分

此身五十外，所务入玄元。淡漠通花露，清虚住涧源。有闻不在我，深会惟繇门，桂馆难为说，还同野鸟言。

癸未愿为道士之二首。乙酉春日雪将降。书更生武老亲翁正。王铎。钤印二“王铎之印”、“大学士章”。

乙酉为顺治二年，觉斯五十，书已大成。

三十、王铎　行书　轴

绫本　纵一六五公分　横五二点五公分

东俾公春集太峰斋中，书十余帧，颇觉爽豁，燹惊颠沛，乃得优游燕衎。昨年江濊，安得有此欤。

太原王铎，丙戌正月。钤印二“王铎之印”、“烟潭渔叟”。

藏印：“何”、“荦”、“嘉乐园藏”。

丙戌为顺治三年。

三十一、王铎　行书为完老　轴

绨本　纵二〇七公分　横五五点五公分

使至辱书，如公所在，少可慰意。何言不云信，更复何似。时气渐冷，善将息也。所请景贤公，即宜留追，然后遣。若无好药，更遣拣择。

丙戌八月弟铎，完老大兄一笑。钤印二“王铎之印”、“文渊太傅”。

藏印：“毕氏家藏图章”、“海梯赏章”。

丙戌为顺治三年。

三十二、邵弥　诗翰

纸本　纵一八点二公分　横二四点八公分

同介杞兄登石塔分赋

客身居此日，会合付艰辛，客愁且勿道，陟彼南山林。荒凉积高树，步步幽怀深，花光散商气，石骨分秋文。坐此塔影静，共论寒苦心，苦心语复默，落叶疑有人。回首仰石佛，达生哂吾云。翻然起悲啸，湖光满秋襟。钤印一“吴下阿弥”。

藏印：“张祥凝藏”、“珝”“斋”。

邵弥，字僧弥，号瓜畴，长洲人，性迂癖，书画枯逸冷隽，一如其人，诗宗陶、韦，楷法逼虞、褚，画以尺幅为工。

三十三、傅山　草书五绝　轴

绨本　纵二〇九公分　横四八公分

四海重然诺，吾常闻白眉，秦城游侠客，相待半酣时。钤印一“傅山印”。

按此书孟浩然醉后赠马四句，“相待”二字明刊本（《四部丛刊》本）

作想得。霜红所见本有异。

傅山（1606—1683），字青主，号啬庐，太原人。明亡，居土室，戴黄冠，流寓四方，号朱衣道人。康熙十八年征博学鸿词，卧疾不赴。其论书宁拙勿巧，宁丑勿媚。有《霜红龛集》。

三十四、法若真　草书五古　轴

纨本　纵一七一公分　横四六点五公分

环海千畦稻，函江万树梅。山楼分水戒，竹箔断鱼来。忽塞微渠亩，重集上钓台。备安方置库，劀荔无余财。渔子偿高爵，武臣列上台。自公揽辔去，举酒望蓬莱。

法若真。钤印二“法若真印”、“黄山逸史”。

传略见前。

三十五、今释　行书七绝　轴

纸本　纵一二九公分　横三一点五公分

大星无角剑无芒，捉得麒麟也不祥，一念坐消无数劫，琼楼金殿日初长。

阿字座元示生颂。今释。钤印二“今释之印”、“淡归”。

藏印：“捆翠阁”、“喜雨楼藏”。

今释（1614—1680），字淡归，杭州人。本名金堡，字道隐，崇祯庚辰进士，官礼科给事中。永历间五虎之一。后从函是，披剃于韶州丹霞寺。康熙十九年卒，著《遍行堂集》。

三十六、查士标　行书七绝　轴

纸本　纵一二四点五公分　横五三公分

新蒲正绿乳凫鸣，水没鱼梁宿雨晴，看近清明沉种日，野人何事不归耕。

查士标。钤印三“查士标印”、“梅壑”、“二瞻氏”。

传略见前。

三十七、郑簠　隶书五绝　轴

纸本　纵一七五公分　横五四点五公分

仙宫云箔卷，露出玉帘钩，清光无所赠，相忆凤凰楼。

唐卢仝新月绝句一首。甲子三月上弦日偶书。谷口郑簠。钤印三“郑簠之印”、“脉望楼”、“书带草堂”。

郑簠（？—1694），字汝器，江宁人（一作莆田人），工隶书，篆刻。康熙三十三年卒。

三十八、朱耷　行书孟襄阳题鹿门山诗

纸本　纵三〇公分　横三四点五公分

孟襄阳题鹿门山云：青晓因兴来、乘流越江岘，沙禽近方识，浦树遥莫辨。渐到鹿门山，山明翠微浅，岩潭多屈曲，舟楫屡迴转。昔闻庞德公，采药遂不返，金涧饭芝术，石床卧苔藓。纷吾感耆旧，结缆事攀践。隐迹今尚存，高风邈已远。白云何时去，丹桂空偃蹇。探讨意未穷，回艇夕阳晚。

小春日八大山人书。钤印三“十得”、“何园”、“真赏”。

藏印：“别时容易”、“大千好梦”。

所录孟句与明本有小异，如起句“清晓”此作“青”，“采药”二字此作“采桊”，颇难辨认。“揽”此作“缆”，“回舻”此作“艇”等是。

朱耷（1626？—1705），江西南昌人，出明弋阳王后，原名统埜。祖多炡，字贞吉，工书。父谋鹳，字太冲，生而喑哑，镇国中尉。甲申后为僧，早年作画自署傳綮，后自号八大山人，又号雪个，个山，个山驴，人屋，驴屋等。自奉新洪崖，主南昌青云谱道院。又号破云樵者。其后或居北兰寺，自筑寤歌草堂以终老，卒于康熙四十四年。

三十九、朱耷　行书临兰亭序

纸本　纵三一点二公分　横二三点二公分

永和九年暮春，会于会稽山阴之兰亭，修禊事也。群贤毕至，少长咸集，此地乃峻岭崇山，茂林修竹，更清流激湍，映带左右，引以为流觞曲水，列坐其次。是日也，天朗气清，惠风何畅。娱目骋怀，洵可乐也。虽无丝竹管弦之盛，一觞一咏，亦足以畅叙幽情已。故列序时人，录其所述。

八大山人。钤印一“[illegible]”。

藏印：“大千钵”、“张爰”、“春”。

此据《世说》十六《企羡》刘注引王羲之临河叙，亦有一二处小异，如删“岁在癸丑”句及“之初”二字，“此地有”句此作“乃”，“和畅”作“何畅”是。

此二页皆自书册拆出者。

四十、石涛　行书长干风塔诗四首　扇面

纸本　横四九公分

静洗诸缘洁洗空，淡氲金紫碧氲红。从天插下飞龙影，就地擎来总不同。华藏海深谁贮（贮）雪，阎浮势抵劫翻风。老夫尽力悲歌起，三礼瞿昙腊夜中。空塔。

住看海风吹火树，霹空爆竹恰当然，缭人眼处事非一，惯折心时碎月边。几欲呼笙坐霄汉，无端仙乐梦归船。秋霜点染到窗尽，小阁玲珑十万钱。风塔。

古屋高枝夜不眠，仰瞻孤塔一峰悬。人间胜地莫如此，此地为僧非偶然。喝退枯禅无选佛，吟成煮字逼超仙。朦胧上下清如泻，远近同辉大彻缘。夜塔。

朝来日斗瑠璃影，烟际金轮眼界新。山鸟倦空惊且幻，江鱼跃水乍仝嗔。常舒五色通天顶，时网交罗入地匌。我欲私心恒托此，怪他石重忽生尘。晓塔。

《长干塔诗》四首书为觉四先生道长正之。清湘苦瓜和尚济。钤印二“老涛”、“□百峰中箬笠翁图书”。

藏印：“曾藏潘健盦处”。

《长干风塔诗》另见石涛巨绘上题句，（见本书石涛画部分）可补此箑上之缺字。

传略见前。

四十一、金农 隶书七绝 轴

纸本 纵八〇公分 横四七公分

瓜皮艇子黏天水，认得卢圻港口烟，一市霜丛有人语，晚风撑到卧床前。

予五十年前之作，忆而书之，以赠有道。杭人金农时年七十有一。钤印二“金吉金印”（另一花押印）。

题签：金冬心隶书诗立幅。师竹山房秘玩，甲子五月松窗题。钤印“里”“堂”。

藏印：“淮阴山阳毛氏宝书仙馆珍藏”、“礼华老人珍藏”、“李智超收藏记”、“高邕”、“琴舟墨缘”、“乐斋珍秘”、“师氏珍藏”、“半丁审定”、“秦仲文鉴赏印”。

传略见前。

四十二、郑燮 行书怀素自叙帖语 轴

纸本 纵一九三公分 横一一一公分

其述形似则有张礼部云：奔蛇走虺势入座，骤雨旋风声满堂。

王永州邕云：初疑轻烟淡古松，又似山开万仞峰。

朱处士瑶云：寒猿饮水撼枯藤，壮士拔山伸劲铁。

照公大和上丈室。板桥郑燮。钤印三“郑为东道主”、“丙辰进士”、“燮何力之有焉”。

传略见前。

四十三、郑燮　行书　轴

纸本　纵一八九公分　横四九点五公分

江边弄水挑菜，便过一日。若圣恩许假南归，得叚款一仆，与子众丈杨宗文之流，往来瑞草桥，对坐庄门，吃瓜子炒豆也。

板桥。钤印三“燮何力之有焉”、“丙辰进士”、“敢征兰乎”。

款应指款段马，此作叚。

四十四、刘墉　行书五律　轴

纸本　纵一一〇点五公分　横五六公分

爱竹能延客，求诗剩挂墙。风梢千纛乱，月影万夫长，谷鸟惊棋响，山蜂识酒香。只应陶靖节，会听北窗凉。

绿筠堂诗，清献先生为梁处士求坡公作。石庵。钤印三“刘塘印信”、“石盦”、“御赐仙舫”。

藏印：“竹朋真赏”。

刘墉（1719—1804），字崇如，初号木庵，后名石庵，诸城人。东阁大学士刘统勋之子，乾隆十六年进士，累官至体仁阁大学士，年八十五，谥文清。书学平原、坡翁，别具风格，刻有《清爱堂石刻》。

四十五、刘墉　行书　轴

纸本　纵八三公分　横二四公分

天台智者大师中夜诵法华经，至药王品曰：是真精进名法，供养如来，悟法华三昧，获旋陀罗尼，见灵山一会，俨然未散。

钤印三“石庵”、“刘墉之印”、“半轩松月”。

四十六、王文治　行书七言　联

纸本　纵一二五公分　横二七点五公分

窗悬虚室常生白，

帖仿萧斋欲过蓝。

梦楼王文治。钤印三“柿叶山房”、“王文治印”、“曾经沧海”。

藏印：“孟氏珍藏”、“德成心赏”、“仲□审定”、“冈州区氏双莲馆所藏”。

王文治（1730—1802），字禹卿，号梦楼，乾隆庚辰一甲三名进士，授编修，历官临安知府，有《梦楼集》。梦楼书名，与刘石庵颉颃，时有“浓墨宰相，淡墨探花”之语。少曾渡海至琉球，其国人争宝其翰墨，卒年七十三。

四十七、黎简　隶书七绝　轴

纸本　纵五一公分　横九六公分

桃花落尽柳花飞，渔父春江夜未归，水暖萍香（照）修竹，鲈鱼将到夏来肥。

《春江渔父词》一首。黎简。钤印三“二樵山人”、“狂简余事”、“石鼎”。

传略见前。

四十八、成亲王　楷书五律诗　轴

纸本　纵八六公分　横四九点五公分

卧闻到晓雨，飒飒竟如何。忽遽岁时改，参差秋草多。云低垂塞鹄，霜晚想池荷，尽少重衾梦，春愁未是过。

旧作秋雨诗。成亲王。钤印二“成亲王”、“诒晋斋印”。

藏印：“二世孙载治敬藏”。

成哲亲王永瑆（1752—1823），高宗乾隆十一子。著有《诒晋斋集》，工诗，能画梅。精通书学，有题华山碑七古，为人传诵。画法欧阳率更，峭逸秀劲。

四十九、伊秉绶 行书五绝 轴

纸本 纵一三五公分 横三五点五公分

云开见山高，木落知风劲，林下不逢人，夕阳淡秋影。

浩川大兄正之。辛未九秋，伊秉绶。钤印三“伊秉绶印”、“西湖长”、“柘湖”。

辛未即嘉庆十六年。

伊秉绶（1754—1815），字组似，号墨卿，宁化人。乾隆五十四年庚戌进士，官扬州知府。篆隶劲秀，冠绝一代。卒于扬州，年62岁。

五十、伊秉绶 隶书 匾额

纸本 纵三五点五公分 横九一点五公分

虚白。

嘉庆十六年秋，秉绶书。钤印二“默庵”、“柘湖”。

五十一、伊秉绶 隶书四言 联

纸本 纵一一〇公分 横二七公分

自然成野，

以赋新诗。

书为望亭二兄正，汀州弟伊秉绶。钤印三“墨卿”、“伊秉绶印”、“寒玉斋”。

藏印：“冈州吴氏捖翠阁印”。

五十二、阮元　隶书临乙瑛碑　轴

纸本　纵一二三公分　横五七点五公分

魏魏大圣，赫赫弥章。相乙瑛字少卿，平原高唐人。鲍叠字文公，上党陈留人。

乙少卿碑，芸台阮元。钤印二“仪征阮元”、“芸台”。

藏印：“桐月山房所藏书画印”、“江东孙氏”、“顾斋藏”、“百研室”。

阮元（1764—1849），字伯元，号云台，又号雷塘庵主，仪征人。乾隆己酉进士，官至体仁阁大学士，加太傅，谥文达。著《研经室集》，精金石之学，有《积古斋钟鼎彝器款识》，隶书信手写来，独树一格。

五十三、陈鸿寿　行书七绝　轴

纸本　纵一六八公分　横四八点五公分

扬子江头趁暮潮，瓜州驿火照停桡，舟中仰面看北斗，枕上卧歈（吹）碧玉箫。

陈鸿寿。钤印二“陈鸿寿印”、“洮湖长”。

藏印：“番禺黄伯厚收藏金石书画印”。

陈鸿寿（1768—1822），字子恭，号曼生，又号种榆道人，钱塘人。受学于阮元。嘉庆六年拔贡，官江南海防同知。宰宜兴，创砂壶新样，时号曼生壶。古隶得褒斜神髓，行书刚健隽爽，奏刀尤工，为西泠八家之一，卒年五十五。

选堂书画题跋集

卷十三

饶宗颐二十世纪学术文集·艺术

目　录

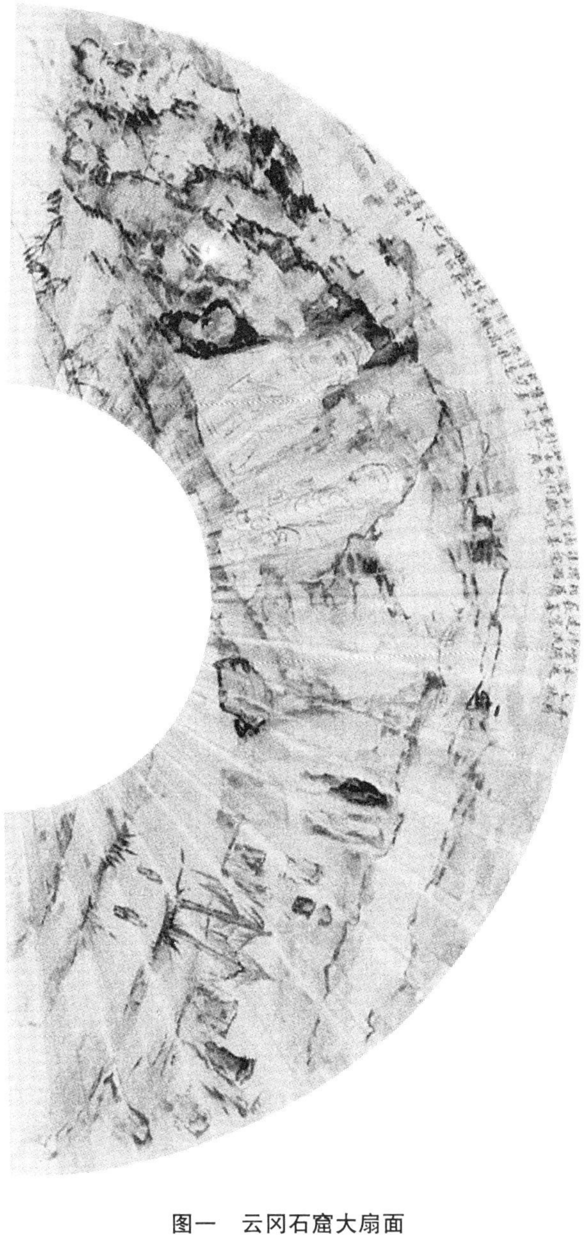

图一　云冈石窟大扇面

图二　美国大峡谷写生

图三　观世音菩萨

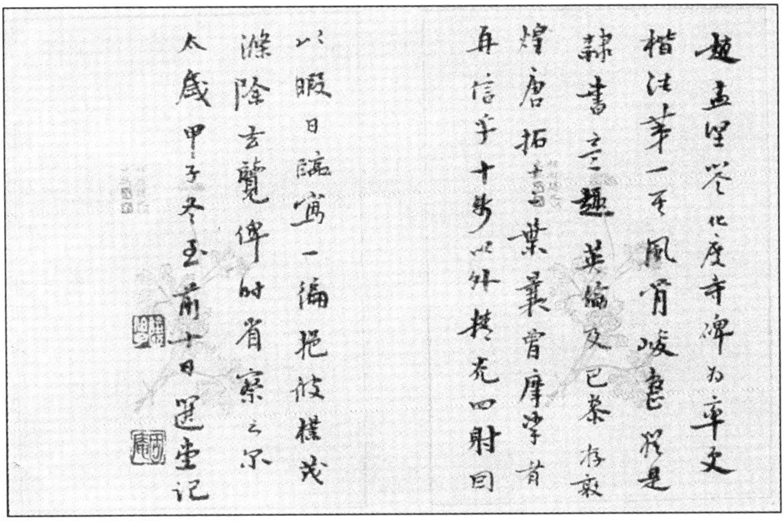

图四　题临化度寺碑残页

绘画题跋

一、题赤城山色四联屏

李白梦游天姥句云："天姥连天向天横，势拔五岳掩赤城，天台四万八千丈，对此欲倒东南倾。"余年前从鉴湖经新昌剡中，而临赤城，不用著屐已跻云梯，寻往日之烟霞，觉云霓之虚幻，深林层颠，历历可睹，乃知履险惬真，不若梦中之魂悸魄动也。是用断取丹青，聊代吟咏。岁在丙寅冬日，选堂画并记。

二、题云冈石窟大扇

辛酉九秋，余游云冈，涉流造窟，嵚峰相属，蹭蹬蹉跎，诵姜质庭山赋，"纤列之状一如古，崩剥之势似千年。不忆春于沙漠，遂忘秋于高阳"。辄为神往，遂忘其拙陋而图之。壬戌春日选堂。

三、题麦积山写生

自刘家峡舟行二时许，至唐述窟，迎面红岩无数，豪壮陡绝，非画笔所能罄，所谓"道河积石"，即此非耶。丁卯秋日选堂记。

四、题匡庐憩寂

庐山山上水，鄱湖湖上山，相看两不厌，人在一亭间。曩年临含鄱口，大风吹冻雨击面，至今尚有余悸。顷见清湘匡庐憩寂图，戏写以记前纵。戊辰春暮选堂。

五、题雁荡秋月

平生屡至乐清山水，移步换形，足下诸峯，非笔墨所能模拟。甲戌寓雪梨泼墨，选堂。

六、连江岸碛卷跋

北江自连江口以下，水湍悍急，夹岸皆荒茅篁竹，其景至幽。韩公送区册序谓“天下之穷处”者也。偶见渐江上人乱篁丛苇图卷，其境仿佛，因取百年旧纸，写其大意，记吾游踪。丙寅端午后十日。选堂并识于梨俱室。

七、题四天下四大屏

癸酉雨夕，以高房山、玉涧两家法，忆写巫峡所见。选堂于香港梨俱室。

余四过夔门，两岸连山，隐天蔽日，灌木萧瑟，令人有“率彼幽草，经营四方”之感。辛巳选堂并记。

青城山林木郁葱，拔地千仞，贯休道场在焉。己卯蜀游归来写此。选堂。

峨嵋三顶，俛瞰岷江，下临无际，燕子飞飞，又入清秋摇落时节矣。庚辰选堂于梨俱室。

八、题泰岱图

应劭《汉官仪》记，泰山盘道屈曲，仰视天门，如从穴中视天窗矣。又谓日观其峻如无道径，视岩石松树，郁郁苍苍如云中，此汉人所记之泰岱也，图以志之。甲子春选堂。

九、题金笺天台胜处通景四屏

接竹传波石作梯，山阴欲往苦难跻，当年界道今仍昔，不见天鸡向我啼。

启奇示兆费幽寻，犹有飞泉出远林，海客谈瀛空呓语，霞标终古见天心。

孙绰《天台山赋》：“理无隐而不彰，启二奇以示兆。”“赤城霞起而建标，瀑布飞流以界道。”方广寺建自晋世，今仍为天台胜处，李白梦游天姥吟，天台四万八千丈，语涉夸诞，近日陟赤城有诗，归来图此，借记游。甲子春仲。选堂并记。

十、狮子山图卷跋

狮子山坐对朝昏，悠然成咏，岁戊寅，作巨构新界山水，继写此小卷，以畅所怀。至大无外，至小无内，其是之谓乎。选堂并识，时年八十有二。

十一、题莫高窟图卷

河湟入梦若悬旌，铁马坚冰纸上鸣，石窟春风香柳绿，他生愿作写经生。

辛酉九秋，访古莫高赋此。记唐人歌咏有句云：“雪岭干青汉，云楼架碧空，重开千佛刹，旁出四天宫。”古迹灵奇，真不可究诘矣。乙亥夏挥汗作，聊记游踪。选堂并识。唐人所谓云楼，殆今编第九十六号窟之九层楼，崛起沙际，巍峨壮丽，远眺三危山，颠屼崛崥，不可向迩。而阳关故垒，近在咫尺，满目河山，历历如昔，不与世为穷通，残甃断壁，莽莽万重山中，八荒抉眦，纵有神工鬼斧，亦难形容也。选堂又记。

十二、溪山无尽图卷跋

壬戌之秋，自合肥游黄山，晨过巢湖，经当涂，渡江至泾县太平。遂入万山中，饱览三天子都之胜，归来试写溪山无尽图以记游迹。选堂并记。

十三、黄山灵窟册跋

壬戌中秋，宿黄山巅，迎月出，凌晨大雨，下天都时，雨态迷离，飞泉挂壁，一日之间，而四时之景具，诚奇观也。

十四、题净云秋树扇面

八大句云："比之黄一峰，家住富阳上。"往岁游钱唐富春，途中所见，净云秋树，心神为之一爽。选堂画并记。

十五、题吴哥窟写生卷

杏梁依旧晚鸦啼，燕子重来啄井泥。谁道星移惊世换，坏墙秋草与人齐。

寂寥宫殿日西斜，尽道芜城是帝家。蔓草难图人去后，一藤终古接天涯。

癸卯岁游吴哥窟，忽忽二十年矣。宗少文云："身所盘桓，目所绸缪"，追写成卷，不胜沧桑之感矣。壬戌秋选堂。

十六、题大峡谷写生

游大峡谷所见莽莽万重山。以陈道复笔法写之。干湿浓淡，亦复有伦有脊，聊博方家一笑。岁在己巳。选堂于梨俱室。

十七、澳洲掠影图册跋

余自九八年漫游蓝山。喜其岩壑林木之美。云露时得泫其枝，飞尘不能汙其叶。而南北澳奇峭诸胜，不可偻指，惜多未克亲履其境，神游而已。偶以暇晷，著笔拟状其尤遐深幽夐者，积久得十帧，聚为一集，聊志鸿爪。庚辰重阳。选堂并识于香瀣梨俱室。

十八、白山册跋

丙午八月戴密微教授招游瑞士，流连于白山黑湖之间，得诗甚多。长夏缙检旧篇，戏状雪岭景色。辛酉六月选堂记于香岛。

十九、题印尼神庙成扇

暗婆国神庙林立，曩岁历览，有“从古土阶轻黼黻，弥天乔木尽文章”之句。试图其概。丁丑选堂。

二十、题安哥窟写生成扇

真腊安哥窟，最早记载见郑怀德《艮斋诗集》注，世所未知，予始揭出。乙亥秋选堂。

二十一、题蒲甘一角成扇

其王自称饮咖喱百盘，可致涅槃，见佛塔碑铭。选堂记。

二十二、题安哥窟夜色

一九六三年自印度东返，经缅甸，与汪德迈同访真腊，时安哥窟已鞠为茂草。夜登巴雍宫，蝙蝠群飞，庄严神像，千百可睹，当时有“面面庄严孰化成，庙如老将树如兵”之句，至今追写，犹有余悸。辛巳选堂。

二十三、大峡谷写生册跋

壬申岁涉大峡谷，归来写此册，日月逾迈，匆匆十余载，余亦颓然老矣，略加点染，以为它日重游之券。选堂戊寅夏日识于梨俱室。

二十四、题青城山色图

三年前访三星堆，遂有青城山之行。唐杜光庭遗迹，仿佛可见，以尺幅写之。聊识游踪。辛巳岁暮，选堂并记于梨俱室。

二十五、云林笔意山水卷跋

汀烟冉冉覆湖波，六月寒生浅翠蛾。独爱窗前蕉叶大，绿罗高扇受风多。

点点青苔欲上衣，一池春水鹤雏飞。荒村暗寂无人到，只有书舟傍竹扉。

平生寝馈云林子，竹树涧松，可以暗记。疏窗日暖，迅笔抒写，不觉盈丈。幼霞画卷，惟师子林与安处斋。此卷陂陀起伏，笔未老而手已倦，故止于此，聊寄一时之逸兴尔。丁丑选堂时年八十。

二十六、题王麓台笔意山水

实外特松，奇中有淡，而真趣乃出，大痴尤精进头陀也，麓台画诀，正待参透。选堂壬戌作。

二十七、题高丽笺云林笔意山水

书画一关纽也，书家临拓，犹画之临摹也，所谓一笔画，一笔书，以其顾盼精神，笔意连属不断。故晋宋间人有此语也。懒瓒论书画相通之理，洵能鞭辟入里，因并记于纸端。丁卯秋日以高丽冷金发笺写意。选堂识。

二十八、四时氤氲山水跋

曩岁于扶桑，见雪舟四季山水，心甚慕之。顷在金陵，获睹王齐翰勘书图，其屏风山水用没骨法墨法，董香光跋赞为绝唱，兹仿其意以自怡悦。丙寅夏月，选堂于梨俱室北窗下。

二十九、题暮雨图

石涛师云："只须放笔直扫，千岩万壑，纵目一览，望之若惊电奔云，安问荆关董巨耶。"台风后写此，不觉意与之合。癸亥九月选堂并题。

三十、题雪山图

玉堂与予同有琴癖，而下笔荒率，此作不期近之。选堂。

三十一、风雨峡舟图卷跋

阳春召我以烟景。风雨中作此卷成，未题句。偶见柴丈人诗云："岂必三山住，宁从五岳游，仙家多水石，庄叟大春秋。变险频修栈，凌空更结楼，自怜飞洒盏，一啸碧天头。"忆去秋大雨中过瞿塘峡，栈道皆蒙雾所汩没，以人灭天，其终更灭于天。六凿相攘，果何为者？何须变险求狂怪，且放笔端风雨快。岁在乙亥阳月。选堂作于梨俱室。

三十二、风雨㚇散盘图跋

能来触暑更冲寒，南港北沟屡往还，凌晨驱车排日至，荒村寂寂证古欢。鸿都建业足侔匹，山光宝器同斑斓，毛公旧鼎摩挲久，郭熙发兴青林间。亦知望古古遥集，佳书直作故人看，平生一事最堪忆，暮雨满山㚇散盘。

曩岁与梀斋北沟紬读书画，庄尚严君冒雨饬人㚇散盘相示，五十年前事也，以图记于所临散盘铭后。辛巳选堂。

三十三、题日光写生

甲寅冬间，赴江户东南亚学会，白鸟芳郎，村田晴彦款余居多摩川，复为日光之游，初入谷大雾，既陟岭，潭水潨然，冲涛旋濑，怆情幽邃，寒入肌骨。至中禅寺而北风飘雪。一日之中而四时具。惟红叶满山，经雨有向荣之意。兹忆写成图，惜住持旧挚友福井康顺教授未能见此，不无虞渊之感。辛巳秋日。迭堂写于雪梨寄居。

三十四、题印度伽利洞涉水图

冒雨游印度伽利洞，汪德迈背余涉水数重，笑谓同登彼岸。辛巳迭堂忆写。

三十五、临富春山居图卷跋

平生嗜富春山居图，考证临写，颇耗目力。此卷为吴家烬余物，其剩山图一角，在吴湖帆处，钤印七八，恨其有损原迹。图现归浙江博物馆，余屡游杭州，必索观摩挲，历四度矣。友人曹锦炎兄嗤为黄迷。近顷闲居暇晷，涂抹片段，补绘剩山，以成完卷，间有增减，非尽旧观，但冀于兹略窥古人神理，非同金城辈之寸步不敢逾越也。世乏知音，幸无巧取豪夺之人，不免沾沾自喜耳。已卯夏日迭堂记。

三十六、江天暮雪卷跋

古诗云："王子复清旷，道中实潇洒"，戏写马钦山雪景一卷，似足以澡雪五脏也。已未冬至日。迭堂画并记之。

三十七、题古木寒塘

浙江上人写汪药房诗意："还撇寒塘谁管领，秋来待付与芦花。"古槎短荻，湛露揖风，渟泓可掬，试拟其概。甲子严冬迭堂。

三十八、临赵孟頫《双松平远》跋

山水本无南北宗之说，明季借禅家始发此异论。沈石天且移以谈人物之南北技法。然赵文敏言，唐以来如王右丞、大小李将军、郑广文奇绝之笔，不能一二见。至五代荆关董范辈出，皆与近世笔意辽绝。似维虔真笔，元时已不易睹。赵题所作双松平远，自谓视近世画手少异。观其行笔简绝，远与范董殊其轨辙。江山寥廓，正可于此印证。涤除玄览，别去繁冗。其蟹爪树法取之河阳，但取神而遗貌，此其所以卓越今古，非无故而然也。近顷旅居，绕屋树木扶疏，发兴临写一遍。弥叹其不可及。己卯岁尽日。选堂于雪梨。

三十九、石涛上人宋元吟韵继声册跋

石涛宋元吟韵十二纸（据早行题识云："取宋元诸公吟韵，图成一十二。"应称"吟韵"为是）曩曾由神州国光社泰山藏石楼印行成册。日本《南画大成续集（一）明清十一家山水集锦》影印只十幅，而缺其二。

上人所绘题刘攽《春草》一首，检攽著《彭城集》无之，实为刘敞所作。《武英殿聚珍版丛书》本《公是集》卷二十八有此首，云："春草绵绵不可名，水边原上乱抽荣。似嫌车马繁华处，才入城门不见生。"（《丛书集成》本同）石涛录此作"未有名"。末句"不见生"作"便不生"。第三句作"繁华地"，均异。清乾隆时江宁严长明用晦选"千首宋人绝句"，卷二亦收刘敞此首，作"才入城门便不生"，与石涛同。但第二句萦字作茎，知此句竟有荣、萦、茎三者之歧，不知石涛所据为何本，但误其作者刘敞为刘攽，以兄为弟，殆凭记忆，信手录出，偶疏忽耳。

去岁闻均量以钜金购入此册，海外未获快睹，一时兴之所至，取《南画大成》十帧，以竟夕之力，抚其大意，和以俚句，非敢附骥，但表心慕而已。及见原迹，始悟石涛用色之工，濡染淋漓，良不可及。余画一文不值，百世后不知如何？书此聊自解嘲。癸亥选堂。

四十、张大风笔意山水卷跋

登高谁解说山川，老树魁梧已百年。商略云端今四皓，人间回首几桑田。

古苔和墨翠如篸，乱石横空锁碧潭。入梦大风吹垢去，树犹如此人何堪。

是图成，或云近张大风。因忆《帝王世纪》，黄帝梦大风吹天下尘垢皆去。帝寤而叹曰：风为号令，遂得风后于海隅。张风取此为字，有微意存焉。因书大风之祥，一发轩辕之梦。丙辰冬至前十日，选堂又题。

四十一、题敦煌走兽人物卷

右法京所藏敦煌卷，列伯希和四〇六〇号，有会稽镇遏使罗祐通题记。后魏正光间，侨置会稽郡于此，唐末为曹氏六镇之一，此幅写人马神态自然，笔亦古峭有力。

右列伯希和四〇八二号，卷背观音白描，手执莲花，衣折疏简，笔稍杂乱，而流畅可喜。下半残缺。

与上同卷，正面绘狮子，系铃于颈，笔如波纹，若断若续，以破笔轻点出之，甚为生动。

右伯希和三〇五〇号人物。以颤笔勾勒，纵意写来，毫不矜持，石窟白画之上驷也。

辛酉夏月飓风中，以朱笔作莫高窟所出白描画稿。选堂记于梨俱室。

四十二、题地行仙图

香岩取诸方语要，一付煨烬，曰：画饼不可以充饥也。惟地行仙有此证悟。选堂。

四十三、题女娲补天国

李长吉诗：女娲链石补天处，石破天惊逗秋雨。余于成都见简阳所出汉画石，伏羲作伏希，同《风俗通》。女娲作女娃，世所罕见，特记于此。选堂并记。

四十四、题云中观音图

龙集戊寅，选堂敬造云中大士像，伏祈百姓安泰，家室康宁，永离悭贪，常餐甘露，以誓愿力，处处无厌。

四十五、题敦煌云中天王

法京伯希和文库，四五一四之十六，有毗沙门天王断片两幅，余尝缀合为一。衣纹稠叠，线条绚美，不意边陲画工有此佳品，信李公麟之前驱也。辛酉端午浴兰踏草之节，敬绘云中天王，以祓魑魅。选堂并识。

四十六、题敦煌如来

山谷称荆公学佛，所谓“吾以为龙又无角，吾以为蛇又有足”者也。窃以图写佛影，亦当如是，自可脱去流俗，吾尝试于敦煌画样求之。选堂识。

四十七、题敦煌沙弥

迦叶尊者一日踏泥吹，有沙弥见问尊者曰，何得自为。尊者曰：我若不为，谁为？我为，自知未悟，何处觅我？虔写菩萨，用期圣觉。乙丑岁选堂敬绘。

四十八、题敦煌白描菩萨

喜气满于眉宇之间，死生二法了无实相，智者莫以相参，一切声音，当以眼听，自得本寂静要，与菩萨对现矣。柔兆摄提格写法京所见菩萨画样竟题。选堂。

四十九、题敦煌孔雀菩萨

罗延天画样，骑鸟执骷髅杖，手怀孩子，示万物创造者，《涅槃经》翻为金刚，云是人生本。或翻坚固。见《翻译名义集》。此据大英博物院藏唐本摹写。选堂记。

五十、题吕洞宾像

黄龙曰："半升铛内煮山川，即不问如何是一粒粟中藏世界。"吕真人言下顿契。丙寅选堂敬绘。

五十一、题朱衣罗汉

罗汉梵语翻为杀贼，为杀无明贼也，又翻应供，言应天上人间之供也，又翻无生，了自性涅槃。本自不生，今亦非灭。选堂写窟中罗汉并题。

五十二、题拟唐人树下美人

张彦远称北齐刘士温画嫔嫱，当代第一，世无传本。近时吐鲁番出土仕女图残片，骨法敷采，与周昉无殊，洵可宝也。此扶桑树下美人，画体简细，绰约多姿，因取游丝描背临之，以存唐风。岁在甲子清和选堂于梨俱室。

五十三、题拟敦煌复笔罗汉

此法京吉美博物馆度伯希和取去比丘象，重设色，故拙著《敦煌白画》未采录，其侧有妻张一心供养。开元十七年题识，面部手掌多作复笔，世所罕觏。贯休变形绘法，疑从此出。选堂儗作并记，乙丑冬月。

五十四、题四睡图

平生何所应，此世绝缘过，日月如逝波，光阴石中火，任他天地移，我畅岩中坐。甲子春游天台国清寺，访丰干禅院，觅虎迹归来写此，并题拾得句，丰师得毋笑其饶舌也。乙丑选堂记。

五十五、题白描罗汉图

枯木突兀，傲睨万物，顶门上眼，正法中骨。双井赞沩潭语，禅悦境界超越，顾陆手亦画不得也。选堂并识。

五十六、沙州画样卷跋

右图见伯希和目三九九三号，正反面各绘菩萨，手执莲花，身披璎珞，运笔娟秀，一面有三小字倒书，残泐不易辨。

右图见伯希和目四五一八号之二十六，纯白描多面千手佛像，坐莲座上，手执法器，只具轮廓。

右图见伯希和目四五一八之二十四，绘二女相向坐，一手擎日月，日中有乌，月中有桂，带间略施浅绛，颊间涂两晕，余皆白描，一女手奉杯盘，盘中有犬，原为纸本，已污损，惟悬挂之带结尚存。此祆教神像也。

北宋寺院变相多有佛像位置小本或副本小样，为重临模之用。英伦藏敦煌所出木笔描绘普门品册子，即小本之一种，由僧徒保存，以供作壁画参考之用，以上各图皆敦煌莫高窟画样，残膏剩馥，沾溉后人多矣。丁巳秋日选堂背临竟并识。

五十七、题神牛图

唐戴嵩，韩滉巡官，师晋公之画，尤工水牛，其弟峄，亦以牛名，惜世无传本。余曾拟五牛图，未得百一，此取之敦煌壁画，以白画笔法为之，聊存西州旧本之梗概。岁在戊寅至日。选堂识。

五十八、骏骨图卷跋

燕君市骏马之骨，欲以致绝足也。傅岩负不羁之才，遭时废弃，取杜诗骨骼硉兀之态而貌之。榜其图曰骏马，以寓仍谋腾骧之志，其义深矣。元师南下，宋家箪食壶浆，君臣俱似骅骝在野，剥落泥滓之中。云林身衔切肤。题句尤恸，此缋高江村叹为出奇神发。曩年在大阪，获睹原卷，铁崖所云为忡忡者久之。顷东友以图照见贶，戏模其概，爰书杨、倪语句于末。聊暇日以省览云。甲戌秋选堂记于梨俱室。

五十九、六骏图卷跋

《杂阿含经》佛告比丘，有四种马，或见鞭影而悖，或触毛便能惊悚，或触肉然后乃惊，或彻骨然后方觉。如人之悟入，迟速不同，而良马千乘，顾鞭影而驰驶，要能善观御者形势，左右迟速，随御者心。是名第一德也。诸家画马，技进乎道，想必有会于此也。丁丑夏秋之交，为白描六骏，越两载濡翰补识。选堂年八十有三。

六十、摹李公麟《五马图》跋

右卷为李伯时记元祐间在骐骥院所进汗马。著其名者，有凤头骢、锦膊骢、好头赤，照夜白，皆神骏也。贡者有董毡，温溪心，俱吐蕃首领，足以证史。山谷尝语曾空青，谓伯时貌天闲满川花，放笔而马殂，盖精魄为其笔端摄去，诚咄咄怪事。记曩在五天竺，瞻美素儿王国私厩，皆天马绝足，惜无伯时笔力，不识鞭影，有负瞿昙多矣。壬戌夏选堂临摹毕并记。

六十一、题画鹿

西伯利亚摩崖动物画，行笔如生铁铸成。甲戌选堂。

六十二、题百禄是荷图

八大有河上花，任氏有万点青莲，皆逾丈上之巨构也。值港地回归在即，八方额庆，故写此图，借诗玄鸟篇句，语意双关，以为长久繁荣之祝。丙子秋选堂。

六十三、题十二呎荷花巨幅

芙蓉始发杂芰荷，紫茎屏风文绿波，宋本《御览》引《楚辞》句如此，盖取自《五臣注文选》，而王逸章句作缘波，一字之殊，意象遂异，图以写意，翻空则易奇，诗、画之别，其在此乎。己卯春选堂于梨俱室。

六十四、摹八大山人《河上花》跋

八大此卷为蕙岩先生作，世所称河上花者也。原物藏天津博物馆，后有水竹村人跋。予于辛酉中秋日，在津门获睹真迹。诚惊心动魄，古今未有之巨构，兹戏模之，并书其句，用自怡悦。癸亥岁暮。选堂记。

六十五、杂花图卷跋

庞虚斋藏石涛花卉卷，无论四时，随笔挥洒，略师其意，恨不能成章。不知世间嗜予画者，亦有眼馋手渴者乎。丙寅选堂于梨俱室。

六十六、古木竹石卷跋

石如飞白木如籀，写竹还将八法通，若也有人能会此，方知书画本来同。

石门作石籀为松，会得人天感遂通，书画向来一鼻孔，此中关纽古今同。

松雪古木竹石题句，引伸书画共通之理，既仿其体，并次原韵。辛巳人日，选堂年八十有五。

六十七、题松图

八大云所画山水图，每每得少而足，如东方生语，又何廉也。僦其意作孤松倒挂图。乙丑选堂。

六十八、古木竹石卷跋

金翰林修撰王庭筠，著书数百卷，一时无两，此图为幸存剧迹。余于一九五四年初莅京都，至有邻馆观其所藏，至今记忆犹新，老迈之年，重临一遍，若有鬼神助吾指臂，附记数语，时庚辰蒲月，选堂八十有四。

六十九、双清图卷跋

云林竹枝图卷末自题识："老懒无悰，笔老手倦，画止乎此，倘不合意，千万勿罪。"不知为何人作，此倘求者合意，画者未必当意，今重临一遍，老懒多事，庵主见之，得毋大笑乎。岁辛巳夏选堂于雪莱。

七十、题五台山色

余陟五台，喜其截断红尘而未极峻绝。戏以张瓤树法，集小乘客，写途中所见。丁卯中秋前十日，选堂并记。

书法题跋

一、临唐拓化度寺碑残页跋

赵孟坚誉化度寺碑为率更楷法第一。其风骨峻整，犹是隶书意趣。英伦及巴黎存敦煌唐拓十二页，曩曾摩挲者，真信乎十步以外，精光四射。因以暇日临写一遍，挹彼朴茂，涤除玄览，俾时省察云尔。

太岁甲子冬至前十日。选堂记。

二、题书郭店楚简老子句

郭店楚简老子，异文綦多，较马王堆本为古，若论其书，起笔奇崛，字虽细小，而体势浑重渟蓄，崭绝多姿，尤足师法，爰表出之。苍龙己卯、选堂记于梨俱室。

三、论书诗卷跋

青天歌者，长春真人丘处机之所作也，混然子王道渊尝为之注，谓其演音三十二句，乃按《度人经》三十二天运化之道，奇辞奥旨，赖以决发焉。近年吴中曹澄墓出土。徐文长行书青天歌，知明人喜诵此诗，即天池亦心折之，故形诸楮墨。徐书狂放，颇异常品，向尝肆笔疾写一遍，儿辈付之装池，长逾三丈。自顷旅居，久疏笔砚，惟暇复抚琴，睡足饭饱，重温长春此作，弥有所悟，用广其意，以论书云。己未春晚选堂时客巴黎。

四、“蹋天一磨”匾额题识

岳翁取长吉诗意，以论奏刀之趣。余谓书与印，理无二致。戏用茅龙写此，亦聊以鸣吾志云尔。辛未清明选翁。

五、书张颠自言帖

孟津王觉斯尝观此卷于孙北海处，原物为大麻纸本。字法圆转，显为双钩。谓出颠师，未敢必也。癸亥选堂书。

六、题临《瘗鹤铭》

昔年游焦山后岩，瘗鹤铭石刻，摩挲至再。恨原石碎裂，为人移置，填补失真。即流行拓本历经好事者拼凑，亦非旧观。六朝残迹，大字仅存者，唯此与云峰山诗，合称双璧。向传为上皇山樵书，今但泐存上皇二字，铭辞有甲午岁句，因以比附梁天监十三年，推其出陶弘景笔，未有他证也。要出于羽流之手。余审其书例，由左至右，迥异常规。前铭偶一二见，亦为变格。山谷擘窠自此出。宽绰从容，足以俯仰百代。旅居多暇，因取张伯英旧藏，同治间五石整幅本，依其原石位置，缺落部分，书写一遍，以自省览，岁庚辰人日前一夕。选堂记于雪莱寓居北窗之下。

七、题藏文六字真言

敦煌莫高窟六字真言偈碑，元至正八年五月十五日，功德主西宁王及妃子题名，僧守朗所立。碑现尚存。上泐梵、藏、汉、西夏、八思巴、回鹘六种文字。音读为唵嘛呢八迷吽，此藏之六字大明咒。以明珠莲花为喻，示清净不染，坚定不动，无往而不成功。兹不书梵而书藏者，以敦煌有一长时间为藏族统治。且藏文亦国书之一种也。庚辰秋自莫高归来书此。选堂谨识。

八、书月仪帖册跋

书仪起于西晋索靖，依十二月之序，纾寒暄之情，往来酬答。《初学记》元日引王羲之月仪书，有日往月来，元正首祚，太簇告辰，微阳此布，罄无不宜，和神养素等语。知其体制，由来远矣。台湾“故宫博物院”藏唐人月仪帖，未详何人所书，后题一行，“吾前后书，惟此本佳也”。解缙跋以为唐人书，意当日所写非止一本，间有误字，如以里为理，敦煌石窟写卷，属朋友书仪者，得十三事，其一题十二月相辨文者，词极瑰丽，每月末尾有此答书者，持较此本，语句多同，知出于一源，异写滋多，暇时为对校是本，缺正月二月五月，相辨文则缺正月，兹补写二五两简于后，俾成完璧云。辛巳仲冬之月选堂并记。

九、书徐文长诗卷跋

天池狂人狂书，予爱其诗，戏以茅龙笔书之，辛巳岁除，选堂。

十、书夏承碑跋

是碑以篆势入隶，与天玺之方笔籀体相杂，有异曲同工之妙。辛巳岁除，选堂临并识。

十一、临不婴毁铭跋

曩年暗诵兹器铭，略能上口，垂老以篆势临写一通，手尚未颤，弥寤作书笔阵，正如与戎大搏战，不陷于艰，方能擒纵自如也。辛巳选堂识。

十二、书怀素食鱼帖跋

此帖有食鱼食肉之语，前贤均赏其傥荡不羁，计其胸中无一毫讳吝，诚然轻世界而得真如者也，以秃笔临其大意，若谓屋漏屈铁，则吾岂敢。岁辛巳涂月，选堂时年八十有五。

十三、临怀素圣母帖跋

怀素圣母帖，仍存晋人法度，不似自叙之奇纵，戏临一遍。岁辛巳涂月。

十四、临散盘铭跋

散盘都三百五十字，雄峻恣肆，结体紧中带散，非娴熟形构，易致疏失。岁辛巳冬至前，奋笔临写一遍。选堂。

十五、题书东坡太白仙诗

东坡太白仙诗卷两首之一，铸词真奥义不可量，书亦逸势如飞翔，自言脱洒证道。不可企及也。辛巳选堂书于梨俱室。

十六、题书宋徽宗秾芳诗巨扇

道君书学薛稷而挺秀，自成一格，挑撇纵肆，垂笔必逗住，以相呼应，愧未得其神采。选堂辛巳书。

十七、书王羲之十七帖跋

右军十七帖，皆与周抚书札，儿时讽习，中岁见英、法所出敦煌零本，如龙保平安之类，乃唐人摹习，亦有可观。顷伟雄求临写一过，迅笔不稍矜持，殊无足观。几度入川，流连文翁石室，右军所嗟叹想慕者，仍能亲履其地，今人眼福，非前贤所及，聊复记之。选堂时年八十有五。

十八、题书马王堆老子甲本

马王堆老子甲本道德第一章，其下尚有同谓玄，玄之有玄，众妙之句，缺一门字，无欲与有欲，观妙与观微对言，可考古义。选堂并记。

十九、题书怀素论书帖

藏真此帖，自言往年颠形诡异，不知从何而来，似晚岁力返之正，追晋人风度。选堂并识。

二十、题悬针篆书古铭

第八洞天人王虚舟作篆，喜剪去锋颖，便于行笔，后人多效之，余书悬针，不取其法。选堂。

二十一、书裴将军诗卷跋

平生书是诗无虑数十遍，尝于沪上见董香光临本，疲苶乏扛鼎之力。顷伟雄以扶桑印忠义堂帖见示，爰奋笔再书，老迈何有龙骧之概。庚辰选堂时年八十有四。

二十二、临前秦广武将军碑跋

此碑与邓太尉祠，体在汉分及两爨之间，试写一遍。壬戌八月选堂。

二十三、题集天玺碑字七言联

焦山瘗鹤铭，旧传上皇写，未审何据。谢康乐诗以“上皇心”，与“末代诮”对言，非“道以神理超”者不能说出。江左诗笔，与法书同具仙心，此甚明彻，俟知者共证，树青兄其论定之，太岁丁丑冬至后，选堂书于梨俱室之北窗下。

二十四、题书郑板桥联句

板桥大字师涪翁，侧笔多，故乏浑涵之气。选堂。

二十五、书王孟津诗三首册跋

王孟津书如纵横家，俯仰捭阖，不可一世，屡过河洛之间，惜未一至其堂宇，聊书三律，识我心仪云尔。戊辰选翁。

二十六、书黄道周杂诗卷跋

此余自美返星所书，忽忽三十余载，故人零落，不可复问，漫识数语于卷后，聊舒子桓思旧之感。壬午开岁选堂时年八十有六。

二十七、临张黑女碑册跋

近贤工黑女者，世推农髯及任公，曾为书家之书，不免行家习气，梁则率意不求似，而神自似，以诗喻之，曾是“清新庾开府”，梁则“俊逸鲍参军”也。岁在辛巳除夕选堂。

二十八、题书好太王碑体联

曩在法京，见沙畹所得好太王碑整拓本有三，气势雄浑，此故人冯康侯所集句也，易其两字。辛未重阳日选堂书于梨俱室。

二十九、临虢子白盘铭跋

虢季子白盘，道光十八年郿县礼村出土，文体近诗《六月》、《采芑》，行笔圆劲，大篆之剧迹也。庚辰清和选堂。

三十、书前后赤壁赋跋

坡公赤壁赋，明人书者甚伙，祝枝生写之尤奇崛，迅疾若有神物助其指臂者。伟雄以茶和墨，取秃笔急就。选翁。

编后记

昔人以书画为文人余事，今画家多以诗句俪其所作。饶宗颐教授，今之硕儒，故人多以其书画为治学之余，抒怀之制。不知其于学于艺，主相携而并进。于画则浸淫宋元遗法，而不为所拘。兼广历山川，行迹遍九州，观山川木石之奇，察禽畜花木之趣。心源自得，流于笔端。既是学人之画，亦是画中学人。其书则铸古融今，不拘于一家一体。古文奇字，挥写自若，籀势隶古，碑情帖意，驱乎寸毫，而自成面目，知之者虽不观名款，亦知为其所作。至其于艺史、画人之研究，画迹、画法之论断，多所发明，刊布极丰，人多知之。唯其论述古今画法书风，则著笔较少，多散见于其书画题跋之中。短篇零句，多言及书画关纽，亦有记游踪，述交往，抒情怀，言事理之作。如东坡居士之词，无事不可书，无情不可写。故敢请辑录成篇，以为赏教授书画之一助。

壬午初秋邓伟雄谨记